Henssler/Willemsen/Kalb (Hrsg.) · **Arbeitsrecht Kommentar**

Arbeitsrecht Kommentar

herausgegeben von

Prof. Dr. Martin Henssler
Universität zu Köln

Prof. Dr. Heinz Josef Willemsen
Rechtsanwalt, Fachanwalt für Arbeitsrecht, Düsseldorf

Dr. Heinz-Jürgen Kalb
Vizepräsident des LAG Köln

2004

Bearbeiter

RA Dr. Georg Annuß, München
RiBAG Klaus Bepler, Erfurt
Ri Priv. Doz. Dr. Claudia Bittner, LL.M., Hofheim a. Ts.
RAin FAArbR Dr. Susanne Clemenz, Gütersloh
RA FAArbR Dr. Martin Diller, Stuttgart
RA FAArbR Dr. Boris Dzida, Hamburg
RA u. StB Dr. Benno Alexander Fischer, LL.M., Düsseldorf
DirArbG Dr. Hans Jörg Gäntgen, Siegburg
RA FAArbR Priv. Doz. Dr. Björn Gaul, Köln
Prof. Dr. Richard Giesen, Gießen
Ri Dr. Michael Gotthardt, ArbG Düsseldorf
Prof. Dr. Martin Henssler, Köln
RAin Dr. Carmen Silvia Hergenröder, Daxweiler
Prof. Dr. Curt Wolfgang Hergenröder, Mainz
RA FAArbR Dr. Klaus-Stefan Hohenstatt, Hamburg
VizePräs LAG Dr. Heinz-Jürgen Kalb, Köln
RA FAArbR Dr. Michael Kliemt, Düsseldorf
Prof. Dr. Rüdiger Krause, Erlangen
RA FAArbR Dr. Mark Lembke, LL.M., Attorney-at-Law (New York), Frankfurt/M.
VorsRiLAG Dr. Josef Molkenbur, Halle/S.
RA Dr. Thomas Müller-Bonanni, LL.M., Düsseldorf
Ltd. VDir Bernhard Nimscholz, Düsseldorf
RiLG Prof. Dr. Susanne Peters-Lange, Köln, Hennef
RiBAG Klaus-Günter Pods, Erfurt
VorsRiLAG Martin Quecke, Halle/S.
Prof. Dr. Hermann Reichold, Tübingen
Dr. Oliver Ricken, Bonn
RA Priv. Doz. Dr. Bernd Sandmann, Augsburg, Landsberg
VorsRiLAG Reinhard Schinz, Potsdam
RA FAArbR Dr. Johannes Schipp, Gütersloh
VorsRiBAG Harald Schliemann, Erfurt
RA FAArbR Notar Dr. Werner Schmalenberg, Bremen
RA FAArbR Dr. Peter Schrader, Hannover
RA FAStR Dr. Christoph H. Seibt, LL.M., Hamburg
RA Prof. Dr. Heinrich M. Stindt, Bergisch Gladbach, Leverkusen
Dr. Kerstin Strick, Köln
RiArbG Kathrin Thies, Stendal
Prof. Dr. Gregor Thüsing, LL.M., Attorney-at-Law (New York), Hamburg
RA FAArbR Prof. Dr. Heinz Josef Willemsen, Düsseldorf
VorsRiLAG Werner Ziemann, Bielefeld
RA FAArbR Ulrich Zirnbauer, Nürnberg

Zitierweise: HWK / *Bearbeiter*, § ... Gesetz ... Rz. ...

Bibliografische Information Der Deutschen Bibliothek
Die Deutsche Bibliothek verzeichnet diese Publikation in der Deutschen Nationalbibliografie; detaillierte bibliografische Daten sind im Internet über <http://dnb.ddb.de> abrufbar.

Verlag Dr. Otto Schmidt KG
Unter den Ulmen 96–98, 50968 Köln
Tel.: 02 21/9 37 38-01, Fax: 02 21/9 37 38-921
e-mail: info@otto-schmidt.de
www.otto-schmidt.de

ISBN 3-504-42647-0

© 2004 by Verlag Dr. Otto Schmidt KG

Das Werk einschließlich aller seiner Teile ist urheberrechtlich geschützt. Jede Verwertung, die nicht ausdrücklich vom Urheberrechtsgesetz zugelassen ist, bedarf der vorherigen Zustimmung des Verlags. Das gilt insbesondere für Vervielfältigungen, Bearbeitungen, Übersetzungen, Mikroverfilmungen und die Einspeicherung und Verarbeitung in elektronischen Systemen.

Das verwendete Papier ist aus chlorfrei gebleichten Rohstoffen hergestellt, holz- und säurefrei, alterungsbeständig und umweltfreundlich.

Umschlaggestaltung: Jan P. Lichtenford, Mettmann
Textvorformatierung: A. Quednau, Neuss
Satz: H & G Herstellung, Hamburg
Druck und Verarbeitung: Bercker, Kevelaer

Vorwort

Die arbeitsrechtliche Praxis ist in besonderem Maße auf eine verlässliche Hilfe durch arbeitsrechtliche Literatur angewiesen. Zum einen erschwert der Verzicht des Gesetzgebers auf eine Kodifikation die Rechtsanwendung. Zum anderen führen laufende Gesetzesänderungen innerhalb dieser zersplitterten Arbeitsrechtsordnung dazu, dass es erheblicher Anstrengungen bedarf, um stets über den aktuellen Gesetzesstand und die mit ihm verbundenen Rechtsfragen informiert zu bleiben. Nur eine Gesamtkommentierung des Arbeitsrechts, die in zügiger Auflagenfolge erscheint, kann den hieraus entstehenden Informationsbedarf decken.

Das vorliegende Werk unternimmt den Versuch, diesem Anliegen der Arbeitsrechtspraxis Rechnung zu tragen. Die Gesamtkommentierung übernimmt damit die Funktion, die eine Kodifikation des Arbeitsrechts erfüllen müsste. Ein zentrales Anliegen ist es, Arbeitsrechtswissenschaft, Rechtsprechung und Anwaltschaft gleichberechtigt im Autorenkreis zu berücksichtigen, um so zugleich auch all diese Nutzergruppen mit ihren spezifischen Informationsbedürfnissen anzusprechen. Gerade die Instanzgerichtsbarkeit und die Anwaltschaft werden – so hoffen die Herausgeber – einen großen Teil der Leserschaft stellen. Es lag daher nahe, Autoren aus diesen Berufsgruppen einzubinden. Der Leser soll auf einem soliden wissenschaftlichen Fundament eine verlässliche Richtlinie für die in der Praxis wichtigen Fragen erhalten, wobei der Zugang zu dem Werk durch eine klare alphabetische Struktur und ein ausführliches Stichwortverzeichnis erleichtert wird.

Inhaltlich wurden alle für die tägliche arbeitsrechtliche Praxis wichtigen Gesetze kommentiert; besonderer Wert wurde auf die europarechtlichen, sozialrechtlichen und steuerrechtlichen Bezüge gelegt. Der Leserfreundlichkeit dient die Konzentration auf einen einzigen Band. Sie zwang alle Autoren zu einem hohen Maß an Selbstbeschränkung und zur Begrenzung auf das Wesentliche. Bei den Nachweisen in den Fußnoten steht daher die aktuelle Rechtsprechung ganz im Vordergrund.

Der Kommentar befindet sich auf dem Gesetzesstand zum 1.1.2004. Die jüngsten Änderungen, die sich aus der Umsetzung der Agenda 2010 ergeben, sind in vollem Umfang berücksichtigt worden.

Die Herausgeber danken dem Verlag, namentlich Herrn Wilting und Frau Dr. Beck, für die gute und zuverlässige Zusammenarbeit. Sie war die Grundlage, die es ermöglicht hat, dass der enorme Aufwand, den die erste Auflage eines derartigen Großprojektes mit sich bringt, von allen Beteiligten mit Freude bewältigt wurde. Über Anregungen und Verbesserungsvorschläge aus dem Kreis der Leser freuen wir uns.

Köln, im April 2004

Martin Henssler   Heinz Josef Willemsen   Heinz-Jürgen Kalb

Bearbeiterverzeichnis

Dr. Georg Annuß	§§ 113, 120-128 InsO, SprAuG (zus. mit *Nicolai Girlich*)
Klaus Bepler	§§ 2a, 40-45, 72-77, 80-100 ArbGG
Dr. Claudia Bittner	§§ 621-625 BGB
Dr. Susanne Clemenz	§§ 87- 89 BetrVG
Dr. Martin Diller	§§ 42-46 BetrVG, § 110 GewO, §§ 59-87c HGB
Dr. Boris Dzida	§§ 47-59a, §§ 118-132 BetrVG (zus. mit *Hohenstatt*)
Dr. Benno Alexander Fischer	§ 3 Nr. 9, §§ 24, 34 EStG
Dr. Hans Jörg Gäntgen	ArbZG, § 630 BGB, § 109 GewO
Dr. Björn Gaul	§§ 15-17, 19-21 BErzGG, §§ 1-6, 77 BetrVG
Prof. Dr. Richard Giesen	EBRG, §§ 104-113 SGB VII, § 116 SGB X
Dr. Michael Gotthardt	§§ 305-310 BGB
Prof. Dr. Martin Henssler	TVG
Prof. Dr. Curt W. Hergenröder	Art. 3, 9, 12, 14 GG
Dr. Carmen Silvia Hergenröder	§§ 1-52 BBiG
Dr. Klaus-Stefan Hohenstatt	§§ 47-59a (zus. mit *Dzida*), §§ 111-117 BetrVG (zus. mit *Willemsen*), §§ 118-132 BetrVG (zus. mit *Dzida*)
Dr. Heinz-Jürgen Kalb	§§ 3-39, 64-71, 78, 79, 101-122 ArbGG
Dr. Michael Kliemt	§§ 76, 76a BetrVG, Anh. § 9 KSchG, NachwG
Prof. Dr. Rüdiger Krause	§§ 614-619a BGB
Dr. Mark Lembke	§§ 106-110 BetrVG (zus. mit *Willemsen*), §§ 105-108 GewO
Dr. Josef Molkenbur	§§ 2, 3 KSchG
Dr. Thomas Müller-Bonanni	§ 613a BGB (zus. mit *Willemsen*)
Bernhard Nimscholz	ATZG (zus. mit *Stindt*), §§ 216a, b SGB III
Prof. Dr. Susanne Peters-Lange	§§ 37b, 143, 143a, 144, 146, 147a, 169-179 SGB III
Klaus-Günter Pods	AÜG, §§ 4-14, 17-26 KSchG (§§ 4, 6, 23 zus. mit *Quecke*)
Martin Quecke	§§ 1, 1a KSchG (§ 1 zus. mit *Thies*), §§ 4, 6, 23 KSchG (zus. mit *Pods*)
Prof. Dr. Hermann Reichold	§§ 7-41, 74, 75 BetrVG
Dr. Oliver Ricken	§§ 92-105 BetrVG, §§ 7, 8 SGB IV, § 41 SGB VI
Dr. Bernd Sandmann	§§ 626-629 BGB
Reinhard Schinz	BUrlG
Dr. Johannes Schipp	BetrAVG
Harald Schliemann	EFZG, LFZG
Dr. Werner Schmalenberg	§ 620 BGB, TzBfG
Dr. Peter Schrader	§§ 60-73b, 78-86a, 90, 91 BetrVG
Dr. Christoph H. Seibt	§§ 76-77a, 81, 85, 87, 87a BetrVG 1952, MitbestG, Montan-MitbestG, WpÜG
Prof. Dr. Heinrich M. Stindt	ATZG (zus. mit *Nimscholz*)
Dr. Kerstin Strick	AEntG, JArbSchG, Internationales und Europäisches Arbeitsrecht
Kathrin Thies	§ 1 KSchG (zus. mit *Quecke*)
Prof. Dr. Gregor Thüsing	BeschSchG, §§ 119, 123, 611-613 BGB
Prof. Dr. Heinz Josef Willemsen	§§ 106-110 BetrVG (zus. mit *Lembke*), §§ 111-117 BetrVG (zus. mit *Hohenstatt*), § 613a BGB (ab Rz. 221 zus. mit *Müller-Bonanni*), §§ 322-325 UmwG
Werner Ziemann	§§ 1, 2, 46-63 ArbGG
Ulrich Zirnbauer	§ 2 ArbPlSchG, § 18 BErzGG, §§ 15, 16 KSchG, § 9 MuschG, §§ 85-92 SGB IX

Inhaltsverzeichnis

		Seite
Vorwort		VII
Bearbeiterverzeichnis		VIII
Abkürzungsverzeichnis		XI
Literaturverzeichnis		XVI
AEntG	Gesetz über zwingende Arbeitsbedingungen bei grenzüberschreitenden Dienstleistungen (Arbeitnehmer-Entsendegesetz)	1
ArbGG	Arbeitsgerichtsgesetz	18
ArbPlSchG	Gesetz über den Schutz des Arbeitsplatzes bei Einberufung zum Wehrdienst (Arbeitsplatzschutzgesetz) (Auszug) § 2	316
ArbZG	Arbeitszeitgesetz	319
ATZG	Altersteilzeitgesetz	379
AÜG	Gesetz zur Regelung der gewerbsmäßigen Arbeitnehmerüberlassung (Arbeitnehmerüberlassungsgesetz)	410
BBiG	Berufsbildungsgesetz (Auszug) §§ 1-52	465
BErzGG	Gesetz zum Erziehungsgeld und zur Elternzeit (Bundeserziehungsgeldgesetz) (Auszug) §§ 15-21	515
BeschSchG	Gesetz zum Schutz der Beschäftigten vor sexueller Belästigung am Arbeitsplatz (Beschäftigtenschutzgesetz)	536
BetrAVG	Gesetz zur Verbesserung der betrieblichen Altersversorgung	548
BetrVG	Betriebsverfassungsgesetz	645
BetrVG 1952	Betriebsverfassungsgesetz 1952 (Auszug) §§ 76-77a, 81, 85, 87, 87a	1271
BGB	Bürgerliches Gesetzbuch (Auszug) §§ 119, 123, 305-310, 611-630	1294
BUrlG	Mindesturlaubsgesetz für Arbeitnehmer (Bundesurlaubsgesetz)	1867
EBRG	Gesetz über Europäische Betriebsräte (Europäische-Betriebsräte-Gesetz)	1938
EFZG	Gesetz über die Zahlung des Arbeitsentgelts an Feiertagen und im Krankheitsfall (Entgeltfortzahlungsgesetz)	1977
LFZG	Gesetz über die Fortzahlung des Arbeitsentgelts im Krankheitsfalle (Lohnfortzahlungsgesetz)	2076
EStG	Einkommensteuergesetz (Auszug) § 3 Nr. 9, §§ 24, 34	2085
GewO	Gewerbeordnung (Auszug) §§ 105-110	2116
GG	Grundgesetz für die Bundesrepublik Deutschland (Auszug) Art. 3, 9, 12, 14	2161
HGB	Handelsgesetzbuch (Auszug) §§ 59-87c	2284

Inhaltsverzeichnis

InsO	Insolvenzordnung (Auszug) §§ 113, 120-128	2342
JArbSchG	Gesetz zum Schutze der arbeitenden Jugend (Jugendarbeitsschutzgesetz)	2360
KSchG	Kündigungsschutzgesetz	2395
MitbestG	Gesetz über die Mitbestimmung der Arbeitnehmer (Mitbestimmungsgesetz)	2649
Montan-MitbestG	Gesetz über die Mitbestimmung der Arbeitnehmer in den Aufsichtsräten und Vorständen der Unternehmen des Bergbaus und der Eisen und Stahl erzeugenden Industrie (Montan-Mitbestimmungsgesetz)	2705
MuSchG	Gesetz zum Schutze der erwerbstätigen Mutter (Mutterschutzgesetz) (Auszug) § 9	2725
NachwG	Gesetz über den Nachweis der für ein Arbeitsverhältnis geltenden wesentlichen Bedingungen (Nachweisgesetz)	2730
SGB III	Sozialgesetzbuch Drittes Buch – Arbeitsförderung – (Auszug) §§ 37b, 143, 143a, 144, 146, 147a, 434l, 169-179	2755
SGB IV	Sozialgesetzbuch Viertes Buch – Gemeinsame Vorschriften für die Sozialversicherung – (Auszug) §§ 7, 8	2821
SGB VI	Sozialgesetzbuch Sechstes Buch – Gesetzliche Rentenversicherung – (Auszug) § 41	2844
SGB VII	Sozialgesetzbuch Siebtes Buch – Gesetzliche Unfallversicherung – (Auszug) §§ 104-113	2851
SGB IX	Sozialgesetzbuch Neuntes Buch – Rehabilitation und Teilhabe behinderter Menschen – (Auszug) §§ 85-92	2881
SGB X	Sozialgesetzbuch Zehntes Buch – Sozialverfahren und Sozialdatenschutz – (Auszug) § 116	2894
SprAuG	Gesetz über Sprecherausschüsse der leitenden Angestellten (Sprecherausschussgesetz)	2919
TVG	Tarifvertragsgesetz	2948
TzBfG	Gesetz über Teilzeitarbeit und befristete Arbeitsverträge (Teilzeit- und Befristungsgesetz)	3043
UmwG	Umwandlungsgesetz (Auszug) §§ 322-325	3115
WpÜG	Wertpapiererwerbs- und Übernahmegesetz	3133

Internationales und europäisches Arbeitsrecht
A. Internationales Arbeitsrecht

EGBGB	Einführungsgesetz zum Bürgerlichen Gesetzbuch (Auszug) Art. 27, 30, 34	3143

B. Europäisches Arbeitsrecht

EGV	Vertrag zur Gründung der Europäischen Gemeinschaft (Auszug) Art. 39, 141, 234	3152

Stichwortverzeichnis	3184

Abkürzungsverzeichnis

AA – Agentur für Arbeit, Arbeitsamt
aA, AA – anderer Ansicht
ÄArbVtrG – Gesetz über befristete Arbeitsverträge mit Ärzten in der Weiterbildung
ABA – Arbeitsgemeinschaft für betriebliche Altersversorgung e.V.
AbgG – Abgeordnetengesetz
abl. – ablehnend
ABl. – Amtsblatt
ABM – Arbeitsbeschaffungsmaßnahme
Abs. – Absatz
aE – am Ende
AEntG – Arbeitnehmer-Entsendegesetz
AEV – Arbeitserlaubnisverordnung
AEVO – Ausbilder-Eignungsverordnung
aF – alte Fassung
AFG – Arbeitsförderungsgesetz
AFRG – Arbeitsförderungs-Reformgesetz
AG – Aktiengesellschaft; Amtsgericht
AGB – Allgemeine Geschäftsbedingungen
AGBG – Gesetz zur Regelung des Rechts der Allgemeinen Geschäftsbedingungen
AiB – Arbeitsrecht im Betrieb (Zeitschrift)
AktG – Aktiengesetz
Alg – Arbeitslosengeld
Alhi – Arbeitslosenhilfe
AMBl. – Amtsblatt des Bayerischen Staatsministeriums für Arbeit und Sozialordnung
AMBV – Arbeitsmittelbenutzungsverordnung
ANBA – Amtliche Nachrichten der Bundesanstalt für Arbeit
Anh. – Anhang
Anm. – Anmerkung
AO – Abgabenordnung; Anordnung
AP – Arbeitsrechtliche Praxis (Nachschlagewerk des Bundesarbeitsgerichts)
ArbG – Arbeitsgericht
ArbGeb – Arbeitgeber
ArbGG – Arbeitsgerichtsgesetz
Arbl. – Arbeitsloser
AR-Blattei – Arbeitsrecht-Blattei (Loseblattsammlung)
ArblV – Arbeitslosenversicherung
ArbN – Arbeitnehmer
ArbNErf – Arbeitnehmererfindung
ArbnErfG – Gesetz über Arbeitnehmererfindungen
ArbPlSchG – Arbeitsplatzschutzgesetz
ArbRB – Der Arbeitsrechtsberater (Zeitschrift)
ArbRGeg. – Das Arbeitsrecht der Gegenwart
ArbSchG – Arbeitsschutzgesetz
ArbStättV – Arbeitsstättenverordnung
ArbuR – Arbeit und Recht (Zeitschrift), auch AuR
ArbZG – Arbeitszeitgesetz
ARD – Arbeitsgemeinschaft der öffentlich-rechtlichen Rundfunkanstalten der Bundesrepublik Deutschland
ARGE/Arge. – Arbeitsgemeinschaften
ARS – Arbeitsrechtssammlung, Entscheidungen des Reichsarbeitsgerichts und der Landesarbeitsgerichte
ARST – Arbeitsrecht in Stichworten
Art. – Artikel
ASiG – Arbeitssicherheitsgesetz
ASR – Arbeitsstätten-Richtlinien
AtomG – Atomgesetz
ATZ – Altersteilzeit
ATZG – Altersteilzeitgesetz
AÜ – Arbeitnehmerüberlassung
AuA – Arbeit und Arbeitsrecht (Zeitschrift)
Aufl. – Auflage
AÜG – Arbeitnehmerüberlassungsgesetz
AuR – Arbeit und Recht, auch ArbuR
ausf. – ausführlich
AuslG – Ausländergesetz
AVE – Allgemeinverbindlicherklärung
AVG – Angestelltenversicherungsgesetz
AVmG – Altersvermögensgesetz
AVR – Arbeitsvertragsrichtlinien
AVwGebO – Allgemeine Verwaltungsgebührenordnung
AZO – Arbeitszeitordnung

BA – Bundesagentur für Arbeit, Bundesanstalt für Arbeit
BAG – Bundesarbeitsgericht
BAGE – Amtliche Sammlung der Entscheidungen des Bundesarbeitsgerichts
BAnz. – Bundesanzeiger
BArbBl. – Bundesarbeitsblatt
BAT – Bundesangestelltentarifvertrag
BAVAZ – bedarfsabhängige variable Arbeitszeit
BayObLG – Bayerisches Oberstes Landesgericht
BB – Der Betriebs-Berater (Zeitschrift)
BBergG – Bundesberggesetz
BBesG – Bundesbesoldungsgesetz
BBG – Beitragsbemessungsgrenze; Bundesbeamtengesetz
BBG-KV – Beitragsbemessungsgrenze in der Krankenversicherung
BBG-RV – Beitragsbemessungsgrenze in der Rentenversicherung
BBiG – Berufsbildungsgesetz
Bd. – Band
BDA – Bundesvereinigung Deutscher Arbeitgeberverbände
Bdb. – Brandenburg
BDSG – Bundesdatenschutzgesetz
BeamtVG – Beamtenversorgungsgesetz
beE – betriebsorganisatorische eigenständige Einheit
Begr. – Begründung
BENeuglG – Gesetz zur Zusammenführung und Neugliederung der Bundeseisenbahnen
BerBiFG – Berufsbildungsförderungsgesetz
BerHG – Beratungshilfegesetz

Abkürzungsverzeichnis

BErzGG – Bundeserziehungsgeldgesetz
BeschFG – Gesetz zur Förderung der Beschäftigung
BeschSchG – Gesetz zum Schutz der Beschäftigten vor sexueller Belästigung am Arbeitsplatz
BesG – Besoldungsgesetz
betr. – betreffend
BetrAV – Betriebliche Altersversorgung (auch als Zeitschrift)
BetrAVG – Gesetz zur Verbesserung der betrieblichen Altersversorgung
BetrSichV – Verordnung über Sicherheit und Gesundheitsschutz bei der Bereitstellung und Benutzung von Arbeitsmitteln sowie beim Betrieb überwachungsbedürftiger Anlagen
BetrVG – Betriebsverfassungsgesetz
BeurkG – Beurkundungsgesetz
BfA – Bundesversicherungsanstalt für Angestellte
BFH – Bundesfinanzhof
BGB – Bürgerliches Gesetzbuch
BGBl. – Bundesgesetzblatt
BGH – Bundesgerichtshof
BGHZ – Entscheidungen des Bundesgerichtshofs in Zivilsachen
BGSG – Bundesgrenzschutzgesetz
BiBB – Bundesinstitut für Berufsbildung
BildscharbV – Bildschirmarbeitsverordnung
BKGG – Bundeskindergeldgesetz
BKU – Bund Katholischer Unternehmer
BMA – Bundesminister für Arbeit und Sozialordnung
BMWA – Bundesministerium für Wirtschaft und Arbeit
BNotO – Bundesnotarordnung
BPersVG – Bundespersonalvertretungsgesetz
BQG – Beschäftigungs- und Qualifizierungsgesellschaft
BR – Betriebsrat, Bundesrat
BRAGO – Bundesgebührenordnung für Rechtsanwälte
BR-Drs. – Drucksache des Deutschen Bundesrates
BRG – Betriebsrätegesetz
BRRG – Beamtenrechtsrahmengesetz
BSG – Bundessozialgericht
BSHG – Bundessozialhilfegesetz
bspw. – beispielsweise
BT – Bundestag
BT-Drs. – Drucksache des Deutschen Bundestages
Buchst. – Buchstabe
BUrkG – Beurkundungsgesetz
BUrlG – Bundesurlaubsgesetz
BuW – Betrieb und Wirtschaft (Zeitschrift)
BV – Betriebsvereinbarung
BVerfG – Bundesverfassungsgericht
BVerfGE – Entscheidungen des Bundesverfassungsgerichts
BVerfGG – Bundesverfassungsgerichtsgesetz
BVerwG – Bundesverwaltungsgericht

BVG – Besonderes Verhandlungsgremium; Bundesversorgungsgesetz
BW – Baden-Württemberg
bzgl. – bezüglich
bzw. – beziehungsweise

CGD – Christlicher Gewerkschaftsbund Deutschland
ChemG – Chemikaliengesetz
CR – Computer und Recht

DA – Durchführungsanordnung
DB – Der Betrieb (Zeitschrift)
DCGK – Deutscher Corporate Governance Kodex
DEVO – Datenerfassungsverordnung
d. Gr. – der (Entscheidungs-)Gründe
DGB – Deutscher Gewerkschaftsbund
dh. – das heißt
diff. – differenzierend
Diss. – Dissertation
DRK – Deutsches Rotes Kreuz
Drs. – Drucksache
DruckLV – Druckluftverordnung
DVBl. – Deutsches Verwaltungsblatt
DVO – Durchführungsverordnung
DVO-TVG – Verordnung zur Durchführung des Tarifvertragsgesetzes

EAR – Europäisches Arbeitsrecht
EBR – Europäischer Betriebsrat
EBRG – Europäisches Betriebsräte-Gesetz
EEK – Entscheidungssammlung zur Entgeltfortzahlung im Krankheitsfalle
EFZG – Entgeltfortzahlungsgesetz
EG – Europäische Gemeinschaft
EGBGB – Einführungsgesetz zum Bürgerlichen Gesetzbuche
EGMR – Europäischer Gerichtshof für Menschenrechte
EGV – Vertrag zur Gründung der Europäischen Gemeinschaft
EhfG – Entwicklungshelfer-Gesetz
Einf. – Einführung
Einl. – Einleitung
EKD – Evangelische Kirche in Deutschland
EMRK – Konvention zum Schutze der Menschenrechte und Grundfreiheiten
endg. – endgültig
Erg.-Bd. – Ergänzungsband
ESC – Europäische Sozialcharta
ESt – Einkommensteuer
EStG – Einkommensteuergesetz
etc. – et cetera
EU – Europäische Union
EuGH – Gerichtshof der Europäischen Gemeinschaften
EuGRZ – Europäische Grundrechte-Zeitschrift
EuGVÜ – Europäisches Übereinkommen über die gerichtliche Zuständigkeit und die Vollstreckung gerichtlicher Entscheidungen in Zivil- und Handelssachen

Abkürzungsverzeichnis

Euro-AS – Informationsdienst europäisches Arbeits- und Sozialrecht
EUV – Vertrag über die Europäische Union
EuZW – Europäische Zeitschrift für Wirtschaftsrecht
EWR – Europäischer Wirtschaftsraum
EzA – Entscheidungssammlung zum Arbeitsrecht
EzAÜG – Entscheidungssammlung zum Arbeitnehmerüberlassungsgesetz

f., ff. – folgende(r); fortfolgende
FA – Fachanwalt Arbeitsrecht (Zeitschrift), Finanzamt
FamRZ – Zeitschrift für das gesamte Familienrecht
FernUSG – Fernunterrichtsschutzgesetz
FG – Finanzgericht
FGG – Gesetz über die freiwillige Gerichtsbarkeit
FlRG – Gesetz über das Flaggenrecht der Seeschiffe und die Flaggenführung der Binnenschiffe
Fn. – Fußnote
FS – Festschrift

G. – Gesetz
GBl. – Gesetzblatt
GDL – Gewerkschaft Deutscher Lokomotivführer
GefStoffV – Gefahrstoffverordnung
gem. – gemäß
GenG – Genossenschaftsgesetz
GenTG – Gentechnikgesetz
GesamtBR – Gesamtbetriebsrat
GewArch – Gewerbearchiv (Zeitschrift)
GewO – Gewerbeordnung
GG – Grundgesetz
ggf. – gegebenenfalls
GK – Gemeinschaftskommentar
GKG – Gerichtskostengesetz
GmbH – Gesellschaft mit beschränkter Haftung
GmbHG – GmbH-Gesetz
GmS OGB – Gemeinsamer Senat der Obersten Gerichtshöfe des Bundes
grds. – grundsätzlich
GRUR – Gewerblicher Rechtsschutz und Urheberrecht (Zeitschrift)
GS – Großer Senat
GSG – Gerätesicherheitsgesetz
GVBl. – Gesetz- und Verordnungsblatt
GVG – Gerichtsverfassungsgesetz

HAG – Heimarbeitsgesetz
Halbs. – Halbsatz
HandwO – Handwerksordnung
Hess. – Hessen, Hessischer
HGB – Handelsgesetzbuch
hL – herrschende Lehre
hM – herrschende Meinung
HRG – Hochschulrahmengesetz
HwB-AR – Handwörterbuch zum Arbeitsrecht
HwO – Handwerksordnung
HzA – Handbuch zum Arbeitsrecht

IAO – Internationale Arbeitsorganisation
IAR – Internationales Arbeitsrecht
idF – in der Fassung
idR – in der Regel
idS – in diesem Sinne
ieS – im engeren Sinne
IfSG – Gesetz zur Verhütung und Bekämpfung von Infektionskrankheiten beim Menschen
ILO – International Labour Organisation
insb. – insbesondere
InsO – Insolvenzordnung
iS – im Sinne
iSd. – im Sinne des
iSv. – im Sinne von
iVm. – in Verbindung mit

JArbSchG – Jugendarbeitsschutzgesetz
JAV – Jugend- und Auszubildendenvertretung
JurBüro – Das juristische Büro (Zeitschrift)
JZ – Juristenzeitung

Kap. – Kapitel
KAPOVAZ – kapazitätsorientierte variable Arbeitszeit
KG – Kammergericht; Kommanditgesellschaft
KlimaBergV – Klima-Bergverordnung
KMU – Kleine und mittelständische Unternehmen
KO – Konkursordnung
KODA – Ordnungen zur Mitwirkung bei der Gestaltung des Arbeitsrechts durch eine Kommission
KonzernBR – Konzernbetriebsrat
KostO – Kostenordnung
KSchG – Kündigungsschutzgesetz
Kug – Kurzarbeitergeld
KVRS – Die Krankenversicherung in Rechtsprechung und Schrifttum
kw – künftig wegfallend

LAA – Landesarbeitsamt
LAG – Landesarbeitsgericht
LAGE – Entscheidungen der Landesarbeitsgerichte
LASI – Länderausschuss für Arbeits- und Sicherheitstechnik
LFZG – Lohnfortzahlungsgesetz
LG – Landgericht
Lit. – Literatur
LJ – Lebensjahr
LPVG – Landespersonalvertretungsgesetz
LS – Leitsatz
LSchlG – Ladenschlussgesetz
LSG – Landessozialgericht
LSt – Lohnsteuer
LStDV – Lohnsteuer-Durchführungsverordnung
LStR – Lohnsteuerrichtlinien
lt. – laut
LVA – Landesversicherungsanstalt

Abkürzungsverzeichnis

MASSKS NRW – Ministerium für Arbeit, Soziales und Stadtentwicklung, Kultur und Sport des Landes NRW
MAVO – Mitarbeitervertretungsordnung
MDR – Monatsschrift für Deutsches Recht (Zeitschrift)
mE – meines Erachtens
MfS – Ministerium für Staatssicherheit
mHA – mit Hinweis auf
Mitbest. – Mitbestimmung
MitbestBeiG – Mitbestimmungs-Beibehaltungsgesetz
MitbestErgG – Mitbestimmungsergänzungsgesetz
MitbestG – Gesetz über die Mitbestimmung der Arbeitnehmer
MitbestR – Mitbestimmungsrecht
Montan-MitbestG – Gesetz über die Mitbestimmung der Arbeitnehmer in den Aufsichtsräten und Vorständen der Unternehmen des Bergbaus und der Eisen und Stahl erzeugenden Industrie
MTV – Manteltarifvertrag
MünchArbR – Münchener Handbuch zum Arbeitsrecht
MuSchG – Mutterschutzgesetz
MV – Mecklenburg-Vorpommern
MVG – Mitarbeitervertretungsgesetz
mwN – mit weiteren Nachweisen
mzwN – mit zahlreichen weiteren Nachweisen

n.rkr. – nicht rechtskräftig
Nachw. – Nachweis(e)
NachwG – Nachweisgesetz
Nds. – Niedersachsen
NdsRpfl – Niedersächsische Rechtspflege (Zeitschrift)
nF – neue Fassung
NJOZ – Neue juristische Online-Zeitschrift
NJW – Neue Juristische Wochenschrift
NJW-CoR – Computerreport der Neuen Juristischen Wochen-schrift
NJW-RR – NJW-Rechtsprechungsreport
Nr. – Nummer
NRW – Nordrhein-Westfalen
NTS – NATO-Truppenstatut
nv. – nicht veröffentlicht
NVwZ – Neue Zeitschrift für Verwaltungsrecht
NW – Nordrhein-Westfalen
NZA – Neue Zeitschrift für Arbeitsrecht
NZA-RR – Neue Zeitschrift für Arbeitsrecht/Rechtsprechungsreport
NZS – Neue Zeitschrift für Sozialrecht

OHG – Offene Handelsgesellschaft
ÖJZ – Österreichische Juristen-Zeitung
OLG – Oberlandesgericht
OLGR – OLGReport
OLGZ – Entscheidungen der Oberlandesgerichte in Zivilsachen einschließlich der freiwilligen Gerichtsbarkeit
OT-Mitgliedschaft – (Verbands-)Mitgliedschaft ohne Tarifbindung

OVG – Oberverwaltungsgericht
OWiG – Gesetz über Ordnungswidrigkeiten

PatG – Patentgesetz
PersR – Personalrat; Der Personalrat (Zeitschrift)
PersV – Die Personalvertretung (Zeitschrift)
PersVG – Personalvertretungsgesetz
PflVG – Pflichtversicherungsgesetz
PKH – Prozesskostenhilfe
PSA – Personal-Service-Agentur
PSVaG – Pensions-Sicherungsverein auf Gegenseitigkeit

RABl. – Reichsarbeitsblatt
RAG – Reichsarbeitsgericht
RdA – Recht der Arbeit (Zeitschrift)
RdErl. – Runderlass
Rdschr. – Rundschreiben
RDV – Recht der Datenverarbeitung (Zeitschrift)
RegE – Regierungsentwurf
RG – Reichsgericht
RGBl. – Reichsgesetzblatt
RGRK – Reichsgerichtsräte-Kommentar
Rh.-Pf. – Rheinland-Pfalz
RIW – Recht der internationalen Wirtschaft (Zeitschrift)
rkr. – rechtskräftig
RL – Richtlinie
Rpfleger – Der Deutsche Rechtspfleger (Zeitschrift)
RpflG – Rechtspflegergesetz
RRG – Rentenreformgesetz
Rspr. – Rechtsprechung
RV – Rentenversicherung
RVO – Reichsversicherungsordnung
Rz. – Randziffer
RzK – Rechtsprechung zum Kündigungsrecht

S. – Seite
s.a. – siehe auch
Sa.-Anh. – Sachsen-Anhalt
Saarl. – Saarland
Sachs. – Sachsen
SAE – Sammlung arbeitsrechtlicher Entscheidungen (Zeitschrift)
Schl.-Holst. – Schleswig-Holstein
SchwarbG – Gesetz zur Bekämpfung der Schwarzarbeit
SchwbG – Schwerbehindertengesetz
SE – Societas Europaea (Europäische Aktiengesellschaft)
SeemG – Seemannsgesetz
SE-VO – EU-Verordnung des Rates über das Statut der Europäischen Gesellschaft
SG – Sozialgericht
SGb – Die Sozialgerichtsbarkeit (Zeitschrift)
SGB – Sozialgesetzbuch
SGG – Sozialgerichtsgesetz
SigG – Signaturgesetz
SigV – Signaturverordnung
s.o. – siehe oben

Abkürzungsverzeichnis

sog. – so genannt
SozV – Sozialversicherung
SozVers – Die Sozialversicherung (Zeitschrift)
SprAuG – Sprecherausschussgesetz
st. Rspr. – ständige Rechtsprechung
StGB – Strafgesetzbuch
str. – streitig
StVG – Straßenverkehrsgesetz
StVO – Straßenverkehrsordnung
StVZO – Straßenverkehrs-Zulassungs-Ordnung
s.u. – siehe unten

Thür. – Thüringen
TRGS – Technische Regeln für Gefahrstoffe
TV – Tarifvertrag
TVG – Tarifvertragsgesetz
TzBfG – Teilzeit- und Befristungsgesetz

ua. – unter anderem/n
uam. – und andere mehr
UFITA – Archiv für Urheber-, Film-, Funk- und Theaterrecht (Zeitschrift)
ULAK – Urlaubs- und Lohnausgleichskasse für die Bauwirtschaft
umstr. – umstritten
UmwG – Umwandlungsgesetz
UrhG – Urheberrechtsgesetz
USK – Urteilssammlung für die gesetzliche Krankenversicherung
uU – unter Umständen
UVV – Unfallverhütungsvorschriften
UZwGBw – Gesetz über die Anwendung unmittelbaren Zwanges und die Ausübung besonderer Befugnisse durch Soldaten der Bundeswehr und zivile Wachpersonen

VAG – Versicherungsaufsichtsgesetz
VC – Vereinigung Cockpit
VereinsG – Vereinsgesetz
VerglO – Vergleichsordnung
VermBG – Gesetz zur Förderung der Vermögensbildung der Arbeitnehmer
VersR – Versicherungsrecht (Zeitschrift)

vgl. – vergleiche
VO – Verordnung
VOBl. – Verordnungsblatt
Vorb. – Vorbemerkung
VorsRi – Vorsitzender Richter
VVaG – Versicherungsverein auf Gegenseitigkeit
VVG – Gesetz über den Versicherungsvertrag
VwGO – Verwaltungsgerichtsordnung
VwKostG – Verwaltungskostengesetz
VwVfG – Verwaltungsverfahrensgesetz
VwVG – Verwaltungsvollstreckungsgesetz

WahlO, WO – Wahlordnung
WHO – Weltgesundheitsorganisation
WM – Wertpapier-Mitteilungen (Zeitschrift)
WpÜG – Wertpapiererwerbs- und Übernahmegesetz
WRV – Weimarer Reichsverfassung

ZA NTS – Zusatzabkommen zum Nato-Truppenstatut
ZAS – Zeitschrift für Arbeits- und Sozialrecht
zB – zum Beispiel
ZDG – Zivildienstgesetz
ZfA – Zeitschrift für Arbeitsrecht
ZfS – Zentralblatt für Sozialversicherung, Sozialhilfe und Versorgung (Zeitschrift)
ZGR – Zeitschrift für Unternehmens- und Gesellschaftsrecht
ZHR – Zeitschrift für das gesamte Handelsrecht und Wirtschaftsrecht
Ziff. – Ziffer
ZIP – Zeitschrift für Wirtschaftsrecht
ZPO – Zivilprozessordnung
ZRP – Zeitschrift für Rechtspolitik
zT – zum Teil
ZTR – Zeitschrift für Tarifrecht
ZUM – Zeitschrift für Urheber- und Medienrecht
zust. – zustimmend
zvE – zu versteuerndes Einkommen
ZVK – Zusatzversorgungskasse des Baugewerbes VVaG
zVv. – zur Veröffentlichung vorgesehen
ZZP – Zeitschrift für Zivilprozess

Literaturverzeichnis

(Übergreifende Lit.; spezielle Literaturangaben finden sich vor den einzelnen Kommentierungen)

Annuß/Thüsing, Teilzeit- und Befristungsgesetz, Kommentar, 2002, Heidelberg
APS/*Bearbeiter*, siehe *Ascheid/Preis/Schmidt*
AR-Blattei/*Bearbeiter*, siehe *Dieterich/Neef/Schwab*
Ascheid, Urteils- und Beschlußverfahren im Arbeitsrecht, 2. Aufl. 1998, Neuwied
Ascheid/Bader/Dörner/Leinemann/Schütz/Stahlhacke/Vossen/Wenzel, Gemeinschaftskommentar zum Arbeitsgerichtsgesetz, Loseblatt, Stand: August 2003, Neuwied (zit. GK-ArbGG/*Bearbeiter*)
Ascheid/Preis/Schmidt, Großkommentar zum Kündigungsrecht, 2000 mit Nachtrag 2001, München (zit. APS/*Bearbeiter*)
Auffarth/Schönherr, Arbeitsgerichtsgesetz, Loseblatt, Stand: 2002, Berlin

Bader/Bram/Dörner/Wenzel, Kommentar zum Kündigungsschutzgesetz und zu den §§ 620-628 BGB, Loseblatt, Neuwied (zit. BBDW/*Bearbeiter*)
Bauer, Arbeitsrechtliche Aufhebungsverträge, 6. Aufl. 1999, München (zit. *Bauer*, Aufhebungsverträge)
Bauer/Lingemann/Diller/Haußmann, Anwalts-Formularbuch Arbeitsrecht, 2001, Köln
Baumbach/Hopt, HGB, 31. Aufl. 2003, München
Baumbach/Hueck, GmbH-Gesetz, 17. Aufl. 2000, München
Baumbach/Lauterbach/Albers/Hartmann, Zivilprozeßordnung, 61. Aufl. 2003, München (zit. BLAH/*Bearbeiter*)
BBDW/*Bearbeiter*, siehe *Bader/Bram/Dörner/Wenzel*
Beck'sches Prozessformularbuch, hrsg. von *Locher/Mes*, 9. Aufl. 2003, München (zit. *Bearbeiter* in Beck'sches Prozeßformularbuch)
Becker/Etzel/Bader/Fischermeier/Friedrich/Lipke/Pfeiffer/Rost/Spilger/Vogt/Weigand/Wolff, Gemeinschaftskommentar zum Kündigungsschutzgesetz und zu sonstigen kündigungsschutzrechtlichen Vorschriften (KR), 6. Aufl. 2002, Neuwied (zit. KR/*Bearbeiter*)
Berscheid, Arbeitsverhältnisse in der Insolvenz, 1999, Herne/Berlin
Berscheid/Kunz/Brand (Hrsg.), Praxis des Arbeitsrechts, 2. Aufl. 2003
BLAH/*Bearbeiter*, siehe *Baumbach/Lauterbach/Albers/Hartmann*
Boemke, Gewerbeordnung, Kommentar zu §§ 105-110, 2003, Heidelberg
Boemke/Lembke, Arbeitnehmerüberlassungsgesetz, 1. Aufl. 2002 mit Nachtrag 2003, Heidelberg
Boldt, Mitbestimmungsgesetz Eisen und Kohle, 1952, München
Brox/Rüthers, Arbeitskampfrecht, 2. Aufl. 1982, Stuttgart
Brox/Rüthers, Arbeitsrecht, 15. Aufl. 2002, Stuttgart
Brox/Walker, Zwangsvollstreckungsrecht, 7. Aufl. 2003, Köln/Berlin/Bonn/München
Busemann/Schäfer, Kündigung und Kündigungsschutz im Arbeitsverhältnis, 4. Aufl. 2002, Berlin (zit. *Busemann/Schäfer*, Kündigung)

Caspers, Personalabbau und Betriebsänderung im Insolvenzverfahren, 1998, Köln

Dachrodt/Engelbert, Praktiker-Kommentar zum Betriebsverfassungsrecht, 2002, Berlin
Däubler (Hrsg.), Kommentar zum Tarifvertragsgesetz, Baden-Baden 2003
Däubler, Arbeitsrecht, 5. Aufl. 2004, Frankfurt/M.
Däubler, Tarifvertragsrecht: ein Handbuch, 3. Aufl. 1993, Baden-Baden
Däubler/Kittner/Klebe (Hrsg.), BetrVG – Betriebsverfassungsgesetz mit Wahlordnung, 8. Aufl. 2002, Frankfurt (zit. DKK/*Bearbeiter*)
Dauner-Lieb/Heidel/Lepa/Ring (Hrsg.), Das neue Schuldrecht in der anwaltlichen Praxis, 2002, Bonn (zit. Dauner-Lieb/Heidel/Lepa/Ring/*Bearbeiter*, Schuldrecht)
Dauner-Lieb/Konzen/Schmidt (Hrsg.), Das neue Schuldrecht in der Praxis, 2003, Köln (zit. Dauner-Lieb/Konzen/Schmidt/*Bearbeiter*, Schuldrecht)
Dersch/Volkmar, Arbeitsgerichtsgesetz, Kommentar, 6. Aufl. 1955, Berlin
Dieterich/Neef/Schwab, Arbeitsrecht-Blattei, Stand: 2002, Heidelberg (zit. AR-Blattei/*Bearbeiter*)
Dietz/Nikisch, Arbeitsgerichtsgesetz, 1954, München
DKK/*Bearbeiter*, siehe *Däubler/Kittner/Klebe*
Dorndorf/Weller/Hauck/Kriebel/Höland/Neef, Heidelberger Kommentar zum Kündigungsschutzgesetz, 4. Aufl. 2000, Heidelberg (zit. HK-KSchG/*Bearbeiter*)
Dörner/Luczak/Wildschütz, Handbuch Arbeitsrecht, 3. Aufl. 2002, Neuwied

Literaturverzeichnis

Dunkl/Moeller/Baur/Feldmeier, Handbuch des vorläufigen Rechtsschutzes, 3. Aufl. 1999, München
Dütz, Arbeitsrecht, 7. Aufl. 2002, München
Düwell (Hrsg.), Betriebsverfassungsgesetz, Handkommentar, 2002, Baden-Baden (zit. HaKo-BetrVG/
  Bearbeiter)
Düwell/Lipke, Arbeitsgerichtsverfahren – ArbGV, 2000, Fankfurt/M.

Ehricke/Ekkenga/Oechsler, Wertpapiererwerbs- und Übernahmegesetz, Kommentar, 2003, München
Eickmann/Flessner/Irschlinger/Kirchhof/Kreft/Landfermann/Marotzke, Heidelberger Kommentar zur
  Insolvenzordnung, 2. Aufl. 2001, Heidelberg (zit. HK-InsO/*Bearbeiter*)
Ennemann/Griese, Taktik des Arbeitsgerichtsprozesses, 1999, Herne/Berlin
Erfurter Kommentar zum Arbeitsrecht, hrsg. von *Dieterich/Hanau/Schaub*, 3. Aufl. 2003 und 4. Aufl.
  2004, München (zit. ErfK/Bearbeiter)
Erman, Handkommentar zum Bürgerlichen Gesetzbuch, 2 Bände, 10. Aufl. 2000 u. 11. Aufl. 2004, Köln

Fabricius/Kraft/Wiese/Kreutz/Oetker/Raab/Weber, Gemeinschaftskommentar zum Betriebsverfas-
  sungsgesetz, 7. Aufl. 2002, Neuwied (zit. GK-BetrVG/*Bearbeiter*)
Fitting/Kaiser/Heither/Engels/Schmidt, Betriebsverfassungsgesetz, 21. Aufl. 2002, München (zit. *Fit-
  ting*, § BetrVG Rz.)
Fitting/Wlotzke/Wißmann, Mitbestimmungsgesetz, Kommentar, 2. Aufl. 1978, München
FK-InsO/*Bearbeiter*, siehe *Wimmer*

Gagel (Hrsg.), SGB III – Arbeitsförderung, Loseblatt, München (zit.: Gagel/*Bearbeiter*)
Galperin/Löwisch, Betriebsverfassungsgesetz, 6. Aufl. 1982 mit Nachtrag 1985, Heidelberg
Gamillscheg, Kollektives Arbeitsrecht, Bd. I, 1997, München
Gaul, B., Aktuelles Arbeitsrecht, Band 1/2000 ff., Köln (zit. *Bearbeiter* in Gaul, AktuellAR Jahr, S.)
Gaul, B., Das Arbeitsrecht der Betriebs- und Unternehmensspaltung, 2002, Köln (zit. *Gaul*, Betriebs-
  und Unternehmensspaltung)
Geibel/Süßmann, Wertpapiererwerbs- und Übernahmegesetz, Kommentar, 2002, München
Gemeinschaftskommentar zum Mitbestimmungsgesetz, Loseblattsammlung, 1976 ff., Neuwied (zit.
  GK-MitbestG/*Bearbeiter*)
Germelmann/Matthes/Prütting/Müller-Glöge, Arbeitsgerichtsgesetz, 4. Aufl. 2002, München (zit.
  GMPM/*Bearbeiter*)
Geßler/Hefermehl/Eckardt/Kropff, Aktiengesetz, 1973 ff., München
Gift/Baur, Das Urteilsverfahren vor den Gerichten für Arbeitssachen, 1993, München (zit. *Gift/Baur*,
  Urteilsverfahren)
GK-ArbGG/*Bearbeiter*, siehe *Ascheid/Bader/Dörner/Leinemann ua.*
GK-BetrVG/*Bearbeiter*, siehe *Fabricius/Kraft/Wiese/Kreutz/Oetker/Raab/Weber*
GK-MitbestG/*Bearbeiter*, siehe Gemeinschaftskommentar zum Mitbestimmungsgesetz
GMPM/*Bearbeiter*, siehe *Germelmann/Matthes/Prütting/Müller-Glöge*
Gnade/Kehrmann/Schneider/Klebe/Ratayczak, Betriebsverfassungsgesetz, 10. Aufl. 2002, Frankfurt
Gotthardt, Arbeitsrecht nach der Schuldrechtsreform, 2. Aufl. 2003, München (zit. *Gotthardt*, Schuld-
  rechtsreform)
Grabitz/Hilf, Das Recht der Europäischen Union, Loseblatt, Stand: 2002, München
Großkommentar zum Aktiengesetz, 4. Aufl. 1992 ff., Berlin (zit. GroßkommAktG/*Bearbeiter*)
Grunsky, Arbeitsgerichtsgesetz, 7. Aufl. 1995, München
Grunsky/Moll, Arbeitsrecht und Insolvenz, 1997, Köln

Hachenburg, Gesetz betreffend die Gesellschaften mit beschränkter Haftung, Großkommentar,
  8. Aufl. 1989 ff. (zit. Hachenburg/*Bearbeiter*, § GmbHG Rz.)
Hanau/Adomeit, Arbeitsrecht, 12. Aufl. 2000, Neuwied
Hanau/Steinmeyer/Wank, Handbuch des europäischen Arbeits- und Sozialrechts, München 2002
Hanau/Ulmer, Mitbestimmungsgesetz, 1981, München
Handbuch zum Arbeitsrecht (HzA), hrsg. von *Leinemann*, Loseblatt, Neuwied (zit. HzA/*Bearbeiter*)
Hauck/Helml, Arbeitsgerichtsgesetz, 2. Aufl. 2003, München
HdbFAArbR/*Bearbeiter*, siehe *Leinemann/Wagner/Worzalla*
Heinze, Personalplanung, Einstellung und Kündigung, 1982 (zit. *Heinze*, Personalplanung)
Herbst/Bertelsmann/Reiter, Arbeitsgerichtliches Beschlußverfahren, 2. Aufl. 1998, Frankfurt
Hess, Insolvenzarbeitsrecht, 2. Aufl. 2000, Heidelberg
Hess/Schlochauer/Worzalla/Glock, Kommentar zum Betriebsverfassungsgesetz, 6. Aufl. 2003, Neu-
  wied (zit. HSWG/*Bearbeiter*)
Hess/Weis/Wienberg, Kommentar zur Insolvenzordnung mit EGInsO, 2. Aufl. 2001, Heidelberg
Heymann, Handelsgesetzbuch, Band 3 (§§ 238-342 a), 2. Aufl. 1999
HK-InsO/*Bearbeiter*, siehe *Eickmann/Flessner/Irschlinger/Kirchhof ua.*

Literaturverzeichnis

HK-KSchG/*Bearbeiter*, siehe *Dorndorf/Weller/Hauck/Kriebel/Höland/Neef*
Hoffmann/Lehmann/Weinmann, Mitbestimmungsgesetz, 1978, München
von Hoyningen-Huene, Betriebsverfassungsgesetz, 5. Aufl. 2002, München
von Hoyningen-Huene/Linck, Kündigungsschutzgesetz, 13. Aufl. 2002, München
Hromadka/Maschmann, Arbeitsrecht (Lehrbuch), Bd. 1 und 2, 2. Aufl. 2002/2001, Berlin
HSWG/*Bearbeiter*, siehe *Hess/Schlochauer/Worzalla/Glock*
Hueck/Nipperdey, Arbeitsrecht Band II Teilband 1, 7. Auflage 1970
Hüffer, Aktiengesetz, 6. Aufl. 2003, München
HzA/*Bearbeiter*, siehe Handbuch zum Arbeitsrecht

Jaeger/Röder/Heckelmann, Praxishandbuch Betriebsverfassungsrecht, 2003, München (zit. *Bearbeiter* in Jaeger/Röder/Heckelmann, Kap. Rz.)
Jarass/Pieroth, Grundgesetz für die Bundesrepublik Deutschland, 6. Aufl. 2002, München
Jauernig, BGB, 10. Aufl. 2003, München
Jauernig, Zivilprozeßrecht, 27. Aufl. 2002, München

Kaiser/Dunkl/Hold/Kleinsorge, Entgeltfortzahlungsgesetz, 5. Aufl. 2000, Köln
Kallmeyer (Hrsg.), UmwG, 2. Aufl. 2001, Köln
Kasseler Handbuch zum Arbeitsrecht, hrsg. von *Leinemann*, 2. Aufl. 2000, Neuwied (zit. Kasseler Handbuch/*Bearbeiter*)
Kasseler Kommentar Sozialversicherungsrecht, Loseblatt, Stand: 2002, München
KDZ/*Bearbeiter*, siehe *Kittner/Däubler/Zwanziger*
Kempen/Zachert, Tarifvertragsgesetz, 3. Aufl. 1997, Frankfurt
Kilger/Schmidt, Insolvenzgesetze, 17. Aufl. 1997, München
Kissel, Gerichtsverfassungsgesetz, Kommentar, 3. Aufl. 2001, München
Kittner/Däubler/Zwanziger, Kündigungsschutzrecht, Kommentar für die Praxis zu Kündigungen und anderen Formen der Beendigung von Arbeitsverhältnissen, 5. Aufl. 2001, Frankfurt (zit. KDZ/*Bearbeiter*)
Kittner/Zwanziger (Hrsg), Arbeitsrecht, 2. Aufl. 2003, Frankfurt
Kölner Kommentar zum Aktiengesetz, 2. Aufl. 1986 ff., Köln/Berlin/Bonn/München (zit. KölnKomm-AktG/*Bearbeiter*)
Kölner Kommentar zum Wertpapiererwerbs- und Übernahmegesetz, 2003, Köln/Berlin/Bonn/München (zit. KölnKommWpÜG/*Bearbeiter*)
Kötter, Gesetz über die Mitbestimmung der Arbeitnehmer in den Aufsichtsräten und Vorständen der Unternehmen des Bergbaus und der Eisen und Stahl erzeugenden Industrie vom 21. Mai 1951, 1952, Berlin (zit. *Kötter*, Mitbestimmungsrecht)
KR/*Bearbeiter*, siehe *Becker/Etzel/Bader/Fischermeier ua.*
Kübler/Prütting (Hrsg.), Kommentar zur Insolvenzordnung, Loseblatt, Köln
Küttner (Hrsg.), Personalbuch 2003, 10. Aufl. 2003, München (zit. Küttner/*Bearbeiter*, Stichwort, Rz.)

Landmann/Rohmer, Gewerbeordnung und ergänzende Vorschriften, Loseblatt, München
Larenz/Wolf, Allgemeiner Teil des Bürgerlichen Rechts, 8. Aufl. 1997, München
Leinemann/Linck, Urlaubsrecht, Kommentar, 2. Aufl. 2001, München
Leinemann/Wagner/Worzalla, Handbuch des Fachanwalts für Arbeitsrecht, 3. Aufl. 2001, Neuwied (zit. HdbFAArbR/*Bearbeiter*)
Lembke, Mediation im Arbeitsrecht, 2001, Heidelberg
Lieb, Arbeitsrecht, 8. Aufl. 2003
Löwisch, Arbeitsrecht, 6. Aufl. 2002, Düsseldorf
Löwisch, Kommentar zum Kündigungsschutzgesetz, 8. Aufl. 2000, Heidelberg
Löwisch, Taschenkommentar zum Betriebsverfassungsgesetz, 5. Aufl. 2000, Heidelberg
Löwisch/Kaiser, Betriebsverfassungsgesetz, 5. Aufl. 2002
Löwisch/Rieble, Tarifvertragsgesetz, 1992, München
Lutter/Hommelhoff, GmbH-Gesetz, Kommentar, 15. Aufl. 2000, Köln
Lutter/Krieger, Rechte und Pflichten des Aufsichtsrats, 4. Aufl. 2002, Köln (zit. *Lutter/Krieger*, Rz.)

Maunz/Dürig/Herzog, Grundgesetz, Loseblatt, Stand: Juni 2003, München
Müller/Lehmann, Kommentar zum Mitbestimmungsgesetz Bergbau und Eisen, 1952, Heidelberg (zit. *Müller/Lehmann*, Mitbestimmungsgesetz Bergbau und Eisen)
von Münch/Kunig (Hrsg.), Grundgesetz-Kommentar, Bd. 1, 5. Aufl. 2000, Bd. 2, 5. Aufl. 2001, Bd. 3, 4. Aufl. 2003, München
MünchArbR/*Bearbeiter*, siehe Münchener Handbuch zum Arbeitsrecht
Münchener Handbuch zum Arbeitsrecht, hrsg. von Richardi/Wlotzke, Bd. 1, Individualarbeitsrecht I, 2. Aufl. 2000, Bd. 2, Individualarbeitsrecht II, 2. Aufl. 2000, Bd. 3, Kollektives Arbeitsrecht, 2. Aufl. 2000, Erg.-Bd., Individualarbeitsrecht, 2. Aufl. 2001, München (zit. MünchArbR/*Bearbeiter*)

Literaturverzeichnis

Münchener Handbuch zum Gesellschaftsrecht, Band IV: Aktiengesellschaft, 2. Aufl. 1999, München (zit. MünchGesR/*Bearbeiter*, Bd. 4: AG § Rz.)
Münchener Kommentar zum Bürgerlichen Gesetzbuch, hrsg. von *Rebmann/Rixecker/Säcker*, Bd. 1, Allgemeiner Teil (§§ 1-240), 4. Aufl. 2001, Bd. 2, Schuldrecht, Allgemeiner Teil (§§ 241-432), 4. Aufl. 2001, Bd 4, 3. Aufl. 1997, München (zit. MünchKomm/*Bearbeiter*)
Münchener Kommentar zur Zivilprozessordnung, hrsg. von *Lüke/Walchshöfer*, 2. Aufl. 2001, München (zit. MünchKommZPO/*Bearbeiter*)
MünchGesR/*Bearbeiter*, siehe Münchener Handbuch zum Gesellschaftsrecht
Musielak, Zivilprozessordnung, Kommentar, 3. Aufl. 2002, München

Nehrlich/Römermann (Hrsg.), Insolvenzordnung, Loseblatt, Stand: 2002, München
Neumann/Fenski, Bundesurlaubsgesetz, 9. Aufl. 2003, München
Niesel (Hrsg.), SGB III, 2. Aufl. 2002, München
Nikisch, Arbeitsrecht, 2. Aufl. 1959

Ostrowicz/Künzl/Schäfer, Der Arbeitsgerichtsprozess, 2. Aufl. 2002

Palandt, Bürgerliches Gesetzbuch, 62. Aufl. 2003
Picot/Schnitker, Arbeitsrecht bei Unternehmenskauf und Restrukturierung, 2001, München
Preis, Der Arbeitsvertrag, 2002, Köln

Raiser, Mitbestimmungsgesetz nebst Wahlordnungen, Kommentar, 4. Aufl. 2002, Berlin
Reichold, Arbeitsrecht, 2002, München
RGRK - Das Bürgerliche Gesetzbuch mit besonderer Berücksichtigung der Rechtsprechung des Reichsgerichts und des Bundesgerichtshofes, 12. Aufl. 1974 ff., Bd. 2, Teillieferung 3-1 (§§ 611–620 BGB), 1997, Berlin/New York (zit. RGRK/*Bearbeiter*)
Richardi (Hrsg.), Betriebsverfassungsgesetz mit Wahlordnung, Kommentar, 2 Bände, 8. Aufl. 2002, München
Rosenberg/Schwab/Gottwald, Zivilprozeßrecht, 15. Aufl. 1993, München
Rowedder/Schmidt-Leithoff, GmbH-Gesetz, 4. Aufl. 2002, München
Rumpff/Boewer, Mitbestimmung in wirtschaftlichen Angelegenheiten, 3. Aufl. 1990, Heidelberg

Sachs, Grundgesetz, Kommentar, 3. Aufl. 2003, München
Schaub, Arbeitsgerichtsverfahren, 7. Aufl. 2001, München
Schaub, Arbeitsrechtliche Formularsammlung, 7. Aufl. 1999, München
Schaub, Arbeitsrechts-Handbuch, 10. Aufl. 2002, München (zit. *Schaub*, ArbRHdb)
Schilken, Zivilprozessrecht, 4. Aufl. 2002, Köln/Berlin/Bonn/München
Schliemann (Hrsg.), Das Arbeitsrecht im BGB, 2. Aufl. 2002, Berlin (zit. ArbR-BGB/*Bearbeiter*)
Schmidt-Bleibtreu/Klein, Kommentar zum Grundgesetz, 9. Aufl. 1999, Neuwied
Scholz, Kommentar zum GmbH-Gesetz, 9. Aufl. 2000/2002, Köln
Schrader, Rechtsfallen in Arbeitsverträgen, 2001, München
Schuschke/Walker, Vollstreckung und vorläufiger Rechtsschutz, Kommentar zum Achten Buch der Zivilprozeßordnung, Bd. 1 Zwangsvollstreckung §§ 704-915h ZPO, 3. Aufl. 2002, Bd. 2 Arrest, Einstweilige Verfügung §§ 916-945 ZPO, 2. Aufl. 1999, Köln/Berlin/Bonn/München (zit. *Schuschke/Walker*, Zwangsvollstreckung, Bd.)
Schwab/Walter, Schiedsgerichtsbarkeit, Systematischer Kommentar, 6. Aufl. 2000, München
Soergel, Bürgerliches Gesetzbuch, Band 1, 13. Aufl. 2000
Spiegelhalter, Beck'sches Personalhandbuch, Bd I: Arbeitsrechtslexikon, Loseblatt, Stand: 2003, München (zit. *Bearbeiter* im Arbeitsrechtslexikon)
Stahlhacke/Bader, Arbeitsgerichtsgesetz, 3. Aufl. 1991, Neuwied
Stahlhacke/Preis/Vossen, Kündigung und Kündigungsschutz im Arbeitsverhältnis, 8. Aufl. 2002, München (zit. *Stahlhacke/Preis/Vossen*, Rz.)
Staudinger, Kommentar zum Bürgerlichen Gesetzbuch mit Einführungsgesetz und Nebengesetzen, 13. Bearb. 1993 ff., Berlin/New York
Stege/Weinspach/Schiefer, Betriebsverfassungsgesetz, 9. Aufl. 2002, Köln
Stein/Jonas, Kommentar zur Zivilprozeßordnung, 8 Bände, 21. Aufl. 1993 ff., 22. Aufl. 2002 ff., Tübingen
Steinmeyer/Häger, WpÜG, Kommentar zum Wertpapiererwerbs- und Übernahmegesetz mit Erläuterungen zum Minderheitenauschluss nach §§ 327a ff. AktG, Berlin, 2002

Tettinger/Wank, Gewerbeordnung, 6. Aufl. 1999, München
Thomas/Putzo, Zivilprozeßordnung, 25. Aufl. 2003, München
Tschöpe (Hrsg.), Anwalts-Handbuch Arbeitsrecht, 3. Aufl. 2003, Köln (zit. *Bearbeiter* in Tschöpe, Arbeitsrecht, Teil Rz.)

Literaturverzeichnis

Ulmer/Brandner/Hensen, AGB-Gesetz, 9. Aufl. 2001, Köln

Walker, Der einstweilige Rechtsschutz im Zivilprozeß und im arbeitsgerichtlichen Verfahren, 1993, Tübingen
Weber/Ehrich/Burmester, Handbuch der arbeitsrechtlichen Aufhebungsverträge, 4. Aufl. 2004, Köln
Weber/Ehrich/Hörchens/Oberthür, Handbuch zum Betriebsverfassungsrecht, 2. Aufl. 2003, Köln
Weth, Das arbeitsgerichtliche Beschlussverfahren, 1995, München
Weth, Die Zurückweisung verspäteten Vorbringens im Zivilprozess, 1988, Köln
Wieczorek/Schütze, Zivilprozeßordnung und Nebengesetze, 3. Aufl. 1994 ff., Berlin/New York
Wiedemann (Hrsg.), Tarifvertragsgesetz, 6. Aufl. 1999, München
Wieser, Arbeitsgerichtsverfahren, 1994, Tübingen
Willemsen/Hohenstatt/Schweibert/Seibt, Umstrukturierung und Übertragung von Unternehmen, 2. Aufl. 2003, München
Wimmer (Hrsg.), Frankfurter Kommentar zur Insolvenzordnung, 3. Aufl. 2002, Neuwied (zit. FK-InsO/ *Bearbeiter*)
Wlotzke, Betriebsverfassungsgesetz, 2. Aufl. 1992, München
Wurm/Wagner/Zartmann, Das Rechtsformularbuch, 14. Aufl. 1998, Köln

Zirnbauer, Münchener Prozeßformularbuch: Bd. 5 Arbeitsrecht, 2000, München
Zöller, Zivilprozessordnung, 23. Aufl. 2002, Köln
Zöllner/Loritz, Arbeitsrecht, 5. Aufl. 1998, München
Zwanziger, Das Arbeitsrecht der Insolvenzordnung, 2. Aufl. 2002, München

Gesetz über zwingende Arbeitsbedingungen bei grenzüberschreitenden Dienstleistungen (Arbeitnehmer-Entsendegesetz – AEntG)

vom 26.2.1996 (BGBl. I S. 227),
zuletzt geändert durch Gesetz vom 23.12.2003 (BGBl. I S. 2848)

Vorbemerkungen

I. Entstehung und Zweck des Gesetzes 1	bb) Vereinbarkeit mit den Gleichbehandlungsgeboten in Assoziierungsabkommen 13
II. Vereinbarkeit des AEntG bzw. der Richtlinie 96/71 mit höherrangigem Recht 4	cc) Beispiele 14
1. Verfassungsrecht 4	(1) Mindestlohn 14
2. Recht der EG 6	(2) Urlaubsvergütung und Urlaub . . . 18
a) Richtlinie 96/71 6	(3) Prüfung und Kontrolle 21
b) AEntG 7	(4) Anmeldepflicht 22
aa) Vereinbarkeit mit Art. 49 EGV . . . 7	

Lit.: *Borgmann*, Die Entsendung von Arbeitnehmern in der Europäischen Gemeinschaft – Wechselwirkungen zwischen Kollisionsrecht, Grundfreiheiten und Spezialgesetzen, 2001; *von Danwitz*, Die Rspr. des EuGH zum Entsenderecht, EuZW 2002, 237; *Dörfler*, Die Nettolohnhaftung nach dem Arbeitnehmer-Entsendegesetz, 2002; *Fritzsche*, Die Vereinbarkeit des AEntG sowie der zu erfassten Tarifverträge mit höherrangigem Recht, 2001; *Giesen*, Posting: Social protection workers vs. fundamental freedoms?, CMLR 2003, 143; *Görres*, Grenzüberschreitende Arbeitnehmerentsendung in der EU, Wien 2003; *Gronert*, Die Entsendung von Arbeitnehmern im Rahmen der grenzüberschreitenden Erbringung von Dienstleistungen, 2001; *Koberski/Asshoff/Hold*, Arbeitnehmerentsendegesetz, 2. Aufl. 2002; *Kretz*, Arbeitnehmer-Entsendegesetz, 1996; *Schwab*, Das Arbeitnehmer-Entsendegesetz, AR-Blattei 370.3; *Schwab*, Das Arbeitnehmer-Entsendegesetz, NZA-RR, 2004, 1; *Ulber*, Arbeitnehmerüberlassungsgesetz und Arbeitnehmerentsendegesetz, 2. Aufl. 2002. Vgl. zudem die Literaturübersicht zum Internationalen Arbeitsrecht.

I. Entstehung und Zweck des Gesetzes. Der deutsche Gesetzgeber erließ am 26.2.1996 das AEntG, nachdem zunächst die Bemühungen um eine entsprechende Richtlinie auf der Ebene der EU gescheitert waren[1]. Die EU folgte dann jedoch mit der Richtlinie 96/71 über die Entsendung von ArbN im Rahmen der Erbringung von Dienstleistungen v. 16.12.1996[2] nach, welche durch das Erste SGB III-Änderungsgesetz[3] sowie das Gesetz zu Korrekturen in der SozV und zur Sicherung der ArbN-Rechte[4] ins deutsche Recht umgesetzt wurde. Weitere Änderungen erfolgten durch das Hartz III-Gesetz, insb. wurden die Zuständigkeiten auf die Zollbehörden konzentriert.

Ziel der Richtlinie und damit auch des AEntG in der jetzigen Fassung sind die Wahrung der Rechte der ArbN und die Förderung eines länderübergreifenden Dienstleistungsverkehrs durch einen fairen Wettbewerb[5]. Diesen fairen Wettbewerb sah die EU dadurch gefährdet, dass es – insb. in der Baubranche – verstärkt zur Entsendung ausländischer ArbN aus Ländern mit niedrigerem Lohn- und ArbN-Schutzniveau in Staaten kam, in denen einheimische ArbGeb höhere Löhne zahlen und mehr ArbN-Rechte wahren mussten. In den Genuss dieser Vorteile kamen die entsandten ArbN nicht, denn ihr Arbeitsverhältnis unterlag in aller Regel trotz der Entsendung dem Recht des entsendenden Staates. Dies liegt daran, dass im Geltungsbereich des Europäischen Schuldvertragsübereinkommens (vgl. Int. Arbeitsrecht Rz. 5) das Arbeitsverhältnis dem Recht des gewöhnlichen Arbeitsortes, dem Recht der einstellenden Niederlassung oder dem Recht unterliegt, mit dem das Arbeitsverhältnis die engste Verbindung aufweist (vgl. für Deutschland Art. 30 EGBGB, Int. Arbeitsrecht Rz. 11 ff.); alle drei Anknüpfungspunkte führen regelmäßig zum Recht des entsendenden Staates[6]. Auch § 285 Abs. 1 Satz 1 Nr. 3 SGB III, der bei ungünstigeren Arbeitsbedingungen die Versagung der Arbeitserlaubnis vorsieht, greift für ArbN aus anderen Mitgliedstaaten nicht ein (Europ. Arbeitsrecht Art. 39 EGV Rz. 34); im Übrigen vermittelt er keinen Vergütungsanspruch[7].

Für den entsendenden ArbGeb stellte die Ausnutzung des Lohn- und ArbN-Schutzgefälles einen wettbewerblichen Vorteil dar, der von den Staaten mit höherem Lohn- und ArbN-Schutzniveau als unge-

---

1 BGBl. I S. 227. | 2 ABl. EG Nr. L 18/1997, 1. | 3 V. 16.12.1997, BGBl. I S. 2970. | 4 V. 19.12.1998, BGBl. I S. 3843. | 5 Unter Abs. 5 der Erwägungsgründe zur Richtlinie 96/71. | 6 Näher Hanau/Steinmeyer/Wank/*Hanau*, § 15 Rz. 466 ff.; ErfK/*Schlachter* § 1 AEntG Rz. 1. | 7 BAG v. 25.6.2002 – 9 AZR 439/01, AP Nr. 15 zu § 1 AEntG.

rechtfertigt empfunden wurde („Sozialdumping"[1]). Die Richtlinie 96/71 ordnet daher in Art. 3 Abs. 1 an, dass unabhängig von dem Recht, welches nach allgemeinen Regeln auf das Arbeitsverhältnis anwendbar wäre, bestimmte Regelungen, die den ArbN in dem Land schützen, in das er entsandt ist, Anwendung finden müssen. Diese Regelungen sind in § 7 Abs. 1 und § 1 Abs. 1 bis 3 AEntG wiedergegeben; erfasst ist insb. auch der Mindestlohn. § 7 AEntG statuiert damit sog. Eingriffsnormen iSd. Art. 34 EGBGB, welche sich über das an sich anwendbare Recht hinwegsetzen (Int. Arbeitsrecht Rz. 32 ff.). Ob ein Verstoß gegen das AEntG zugleich einen Verstoß gegen § 1 UWG darstellen kann, ist noch unentschieden[2].

4 **II. Vereinbarkeit des AEntG bzw. der Richtlinie 96/71 mit höherrangigem Recht. 1. Verfassungsrecht.** U.a. wurde die Vereinbarkeit des § 1 Abs. 3a AEntG mit Art. 9 Abs. 3 GG bezweifelt, da durch die Norm ein Druck auf den ArbN ausgeübt werde, um der größeren Einflussmöglichkeit willen Mitglied einer der tarifvertragsschließenden Parteien zu werden. Das BVerfG hat die entsprechende Verfassungsbeschwerde nicht zur Entscheidung angenommen[3].

5 Nach Ansicht des BAG ist auch die Erstreckung der für allgemeinverbindlich erklärten TV in § 1 Abs. 3 AEntG, dh. die Einbeziehung ausländischer ArbGeb in das Sozialkassenverfahren, verfassungsgemäß[4]. Auch sei die in § 1a AEntG normierte Bürgenhaftung mit Art. 12 GG vereinbar[5].

6 **2. Recht der EG. a) Richtlinie 96/71.** Die Richtlinie 96/71 und das AEntG beschränken den entsendenden ArbGeb in seiner Dienstleistungsfreiheit gem. Art. 49 EGV (Art. 59 EGV aF). Dieser bestimmt in Absatz 1, dass Beschränkungen des freien Dienstleistungsverkehrs innerhalb der Gemeinschaft grundsätzlich verboten sind. Regelungen, welche geeignet sind, die Dienstleistungsfreiheit zu beschränken, bedürfen damit einer Ermächtigungsgrundlage. Als solche wurden Art. 57 Abs. 2, 66 EGV aF (jetzt: Art. 47 Abs. 2, 55 EGV) herangezogen; im Schrifttum wird dies jedoch als unzureichend kritisiert[6].

7 **b) AEntG. (aa) Vereinbarkeit mit Art. 49 EGV.** Der EuGH hat bislang nur zur Vereinbarkeit von Bestimmungen in nationalen Umsetzungsgesetzen mit Art. 49 EGV entschieden. Dabei ist zu beachten, dass im Falle der Unvereinbarkeit einer nationalen Regelung mit EG-Recht die nationale Norm nicht anzuwenden ist (Europ. Arbeitsrecht Vorb. Rz. 27). Dies gilt freilich nur, wenn der Anwendungsbereich des Art. 49 EGV eröffnet ist, also nicht gegenüber Drittstaaten. Zu einer Vorlage an den EuGH ist grundsätzlich nur das BAG verpflichtet (Europ. Arbeitsrecht Art. 234 EGV Rz. 12). Hält ein deutsches unterinstanzliches Gericht also eine Norm des AEntG für nicht mit Art. 49 EGV vereinbar, muss es die Norm **inzident verwerfen**.

8 Die Vereinbarkeit der nationalen Umsetzungsgesetze zur Richtlinie 96/71, insb. auch des AEntG, hatte der EuGH mittlerweile wiederholt zu prüfen: Das Gericht geht von dem Grundsatz aus, dass Art. 49 EGV nicht nur die Beseitigung jeder Diskriminierung des in einem anderen Mitgliedstaat ansässigen Dienstleistenden aufgrund seiner Staatsangehörigkeit verlange, sondern auch die Aufhebung aller Beschränkungen – selbst wenn sie unterschiedslos für inländische Dienstleistende wie für solche aus anderen Mitgliedstaaten gelten –, sofern die Beschränkungen geeignet sind, die Tätigkeiten des Dienstleistenden, der in einem anderen Mitgliedstaat ansässig ist und dort rechtmäßig ähnliche Dienstleistungen erbringt, zu unterbinden, zu behindern oder weniger attraktiv zu machen[7] (sog. **Beschränkungsverbot**, vgl. auch Europ. Arbeitsrecht Art. 39 EGV Rz. 45 ff.). Eine Beschränkung könne auch in nationalen Regelungen des Aufnahmemitgliedstaates bestehen, wenn diese zusätzliche administrative und wirtschaftliche Kosten und Belastungen für den Dienstleistenden verursachen. Die Regelungen des AEntG können also grundsätzlich gegen das Beschränkungsverbot verstoßen.

9 Für beschränkende Regelungen kommt allerdings eine **Rechtfertigung** in Betracht. Nach Ansicht des EuGH sind Beschränkungen gerechtfertigt, wenn sie auf zwingenden Gründen des Allgemeininteresses beruhen, soweit dieses Interesse nicht bereits durch Vorschriften geschützt wird, denen der Dienstleistende in dem Mitgliedstaat unterliegt, in dem er ansässig ist, und sofern sie geeignet sind, die Verwirklichung des mit ihnen verfolgten Zieles zu gewährleisten, ohne über das hinauszugehen, was zur Erreichung dieses Zieles erforderlich ist[8]; mit anderen Worten muss die Beschränkungen zwingenden Allgemeininteressen dienen und sie muss verhältnismäßig sein.

---

1 Der Begriff „Sozialdumping" sollte indes nur verwendet werden, wenn das Unterbieten ortsüblicher Preise auf rechtswidrigem Verhalten beruht, vgl. Hanau/Steinmeyer/Wank/*Hanau*, § 15 Rz. 464. | 2 *Koberski/Asshoff/Hold*, § 1 AEntG Rz. 402 ff.; *Schwab*, NZA 2004, 1, 3. | 3 BVerfG v. 18.7.2000 – 1 BvR 948/00, AP Nr. 4 zu § 1 AEntG. Weiterführend zu den verfassungsrechtlichen Bedenken *Ulber*, § 1 AEntG Rz. 58 ff.; *Koberski/Asshoff/Hold*, § 1 AEntG Rz. 101 ff. | 4 BAG v. 25.6.2002 – 9 AZR 405/00 und 439/01, AP Nr. 12 und 15 zu § 1 AEntG (unter 5c) bzw. 3 f.)). | 5 BAG v. 6.11.2002 – 5 AZR 617/01 (A), AP Nr. 1 zu § 1a AEntG. | 6 *Fritzsche*, S. 138 ff.; *Gronert*, S. 96 ff. Anders *Hanau*, NJW 1996, 1369, 1373. | 7 EuGH v. 24.1.2002 – Rs. C-164/99, Slg. 2002 I, 787, 812 – Portugaia Construções = AP Nr. 4 zu Art. 49 EG; v. 25.10.2001 – Rs. C-49, 50, 52–54, 68–71/98, Slg. 2001 I, 7831, 7901 – Finalarte = AP Nr. 8 zu § 1 AEntG; v. 15.3.2001 – Rs. C-165/98, Slg. 2001 I, 2189, 2122 – Mazzoleni = AP Nr. 2 zu EWG-Richtlinie 96/71. | 8 EuGH v. 24.1.2002 – Rs. C-164/99, Slg. 2002 I, 787, 813 = AP Nr. 4 zu Art. 49 EG; v. 15.3.2001 – Rs. C-165/98, Slg. 2001 I, 2189, 2221 f. – Mazzoleni = AP Nr. 2 zu EWG-Richtlinie 96/71.

Vereinbarkeit mit EU-Recht Rz. 18 **Vorb. AEntG**

Für das AEntG ist maßgeblich, dass auch der **ArbN-Schutz** zu den zwingenden Gründen des Allgemeininteresses gehört[1], insb. auch der soziale Schutz der ArbN des Baugewerbes[2]. Notwendig ist aber, dass die beschränkende Regelung den ArbN einen tatsächlichen Vorteil verschafft, der deutlich zu ihrem sozialen Schutz beiträgt[3]. Ob Regelungen des AEntG dem ArbN-Schutz dienen, hat das nationale Gericht anhand einer objektiven Betrachtung zu prüfen. **10**

In der Gesetzesbegründung zum AEntG hat der Gesetzgeber als Ziele des Gesetzes den Schutz der deutschen Bauwirtschaft und den Abbau der Arbeitslosigkeit genannt[4]. Indessen sind nach Ansicht des EuGH Ziele wirtschaftlicher Art, wie der Schutz der inländischen Unternehmen, nicht geeignet, eine Beschränkung zu rechtfertigen. Die in der Gesetzesbegründung dargelegte Absicht des Gesetzgebers ist allerdings nicht ausschlaggebend; sie kann aber ein Anhaltspunkt sein[5]. **11**

Insgesamt kommt es daher für die Vereinbarkeit des AEntG mit Art. 49 EGV darauf an, ob die einzelne Regelung dem ausländischen ArbN einen tatsächlichen, insb. materiellen Vorteil bringt. Ein Vorteil liegt nicht vor, wenn die Regelung einen Schutz bietet, den der ArbN auch ohne Eingreifen der Norm bereits vollständig oder im Wesentlichen innehat[6]. **12**

(bb) Vereinbarkeit mit den Assoziierungsabkommen. Die EG und ihre Mitgliedstaaten haben zB mit Polen, Ungarn und der Slowakei Assoziierungsabkommen geschlossen (Europ. Arbeitsrecht Art. 39 Rz. 10), die Regelungen enthalten, welche den ArbN einen beschränkten Zugang zum Arbeitsmarkt[7] und Gleichbehandlung gewähren. Der EuGH hat für das mit Polen geschlossene Abkommen eine unmittelbare Direktwirkung des Gleichbehandlungsgebots angenommen[8]. Für die in diesen Abkommen enthaltenen Bestimmungen über den Dienstleistungsverkehr und die Freizügigkeit der ArbN trifft dies nicht zu. Zum EU-Beitritt dieser Staaten Europ. Arbeitsrecht Vorb. Rz. 6. **13**

(cc) Beispiele. (1) Mindestlohn. Mit Art. 49 EGV ist es grundsätzlich **vereinbar**, wenn eine Norm einen Unternehmer mit Sitz in einem anderen Mitgliedstaat verpflichtet, die nach nationalem Recht festgelegten Mindestlöhne zu zahlen[9]; trotz der problematischen Gesetzesbegründung (oben Rz. 11) ist § 1 Abs. 1 Satz 1 Nr. 1 AEntG insoweit mit Art. 49 EGV vereinbar. **14**

Die Anwendung dieser Vorschrift kann jedoch **unverhältnismäßig** und damit mit Art. 49 EGV unvereinbar sein, wenn sie auf Beschäftigte eines grenznahen Unternehmens angewandt wird, die einen Teil ihrer Arbeit in Teilzeit und nur für kurze Zeiträume im Hoheitsgebiet eines oder mehrerer anderer Mitgliedstaaten erbringen[10]. Solche Fälle können daher die Unanwendbarkeit der Vorschrift zur Folge haben (vgl. Rz. 7). **15**

Gegen das Diskriminierungsverbot des Art. 49 EGV verstößt es, wenn sich ein in einem anderen Mitgliedstaat ansässiger ArbGeb anders als ein ArbGeb aus dem Aufnahmemitgliedstaat nicht der Pflicht zur Zahlung des in einem für allgemeinverbindlich erklärten TV festgesetzten Mindestlohns durch Abschluss eines **FirmenTV** entziehen kann[11]. **16**

(2) Bürgenhaftung. Das BAG bezweifelt die Vereinbarkeit der in § 1a AEntG geregelten Bürgenhaftung mit Art. 49 EGV, da diese besonders intensive Kontrollen und Nachweispflichten insb. ausländischer Nachunternehmer durch inländische Generalunternehmer auslöse. Diese Frage hat es daher dem EuGH zur Vorabentscheidung vorgelegt[12]. **17**

(3) Urlaubsvergütung und Urlaub. Unter den Voraussetzungen des § 1 Abs. 3 werden ArbGeb mit Sitz in einem anderen Mitgliedstaat verpflichtet, am deutschen Sozialkassenverfahren teilzunehmen. Daraus kann für den begünstigten ArbN ein Anspruch auf **Urlaubsvergütung** resultieren. Der EuGH **18**

---

1 EuGH v. 23.11.1999 – Rs. C-369/96, Slg. 1999 I, 8453, 8514 – Arblade; v. 15.3.2001 – Rs. C-165/98, Slg. 2001 I, 2189, 2222 – Mazzoleni = AP Nr. 2 zu EWG-Richtlinie 96/71; v. 24.1.2002 – Rs. C-164/99, Slg. 2002 I, 787, 813, 815 – Portugaia Construções = AP Nr. 4 zu Art. 49 EG. | 2 EuGH v. 23.11.1999 – Rs. C-369/96, Slg. 1999 I, 8453, 8514 – Arblade = AP Nr. 1 zu Art. 59 EG-Vertrag. | 3 EuGH v. 24.1.2002 – Rs. C-164/99, Slg. 2002 I, 787, 815 – Portugaia Construções = AP Nr. 4 zu Art. 49 EG; v. 25.10.2001 – Rs. C-49, 50, 52–54, 68–71/98, Slg. 2001 I, 7831, 7901 – Finalarte = AP Nr. 8 zu § 1 AEntG. | 4 BT-Drs. 13/2414, S. 6 f. | 5 EuGH v. 24.1.2002 – Rs. C-164/99, Slg. 2002 I, 787, 814 f. – Portugaia Construções = AP Nr. 4 zu Art. 49 EG; v. 25.10.2001 – Rs. C-49, 50, 52–54, 68–71/98, Slg. 2001 I, 7831, 7901 – Finalarte = AP Nr. 8 zu § 1 AEntG. | 6 EuGH v. 25.10.2001 – Rs. C-49, 50, 52–54, 68–71/98, Slg. 2001 I, 7831, 7902 – Finalarte = AP Nr. 8 zu § 1 AEntG; v. 23.11.1999 – Rs. C-369/96, Slg. 1999 I, 8453, 8518 f. – Arblade = AP Nr. 1 zu Art 59 EG-Vertrag. | 7 Zu den Entscheidungen BAG v. 25.6.2002 – 9 AZR 405/00 und 439/01, AP Nr. 12 und 15 zu § 1 AEntG (unter 5. b) cc) bzw. 3 e) bb))). | 8 EuGH v. 29.1.2002 – Rs. C-162/00, Slg. 2002 I, 1049, 1075 ff. (Rz. 24) – Pokrzeptowicz-Meyer = AP Nr. 11 zu § 57c HRG. Ebenso für das Niederlassungsrecht in Art. 44 Abs. 3 des Abkommens EuGH v. 27.9.2001 – Rs. C-63/99, Slg. 2001 I, 6369, 6408 f. – Gloszczuk. Zur Direktwirkung vgl. Europ. Arbeitsrecht Art. 39 EGV Rz. 10 und dort Vorb. Rz. 24 f. | 9 EuGH v. 15.3.2001 – Rs. C-165/98, Slg. 2001 I, 2189, 2222 – Mazzoleni = AP Nr. 2 zu EWG-Richtlinie 96/71; v. 24.1.2002 – Rs. C-164/99, Slg. 2002 I, 787, 813 – Portugaia Construções = AP Nr. 4 zu Art. 49 EG. Auch die Verpflichtung zur Zahlung von Arbeitgeberbeiträgen zu einem Schlechtwetter- und Treuemarkensystem kann mit Art. 49 EGV vereinbar sein, EuGH v. 23.11.1999 – Rs. C-369/96, Slg. 1999 I, 8453, 8519 – Arblade = AP Nr. 1 zu Art 59 EG-Vertrag. | 10 EuGH v. 15.3.2001 – Rs. C-165/98, Slg. 2001 I, 2189, 2223 ff. – Mazzoleni = AP Nr. 2 zu EWG-Richtlinie 96/71. | 11 EuGH v. 24.1.2002 – Rs. C-164/99, Slg. 2002 I, 787, 816 f. – Portugaia Construções = AP Nr. 4 zu Art. 49 EG. | 12 BAG v. 6.11.2002 – 5 AZR 617/01 (A), AP Nr. 1 zu § 1a AEntG sowie unten § 1a AEntG Rz. 2, 4.

hat über die Vereinbarkeit dieser Regelung mit Art. 49 EGV nicht endgültig entschieden; die Vereinbarkeit mit Art. 49 EGV sei jedoch gegeben, wenn durch das Verfahren den ArbN ein tatsächlicher Vorteil verschafft werde und die Anwendung der Regelung im Übrigen verhältnismäßig sei. Beides ist wohl zu bejahen[1]. Durch die Bestimmungen in § 1 Abs. 3 Satz 1 Nr. 1 und 2 wird eine Doppelbelastung des ArbGeb verhindert[2], so dass das Verfahren nur dann zum Zuge kommt, wenn dem ArbN tatsächlich aufgrund deutschen Tarifrechts ein höherer Anspruch auf Urlaubsvergütung zusteht. Der EuGH führt aus, dass es für den ArbGeb möglicherweise weniger belastend sein könne, wenn er die Urlaubsvergütung die dem ArbN nach den deutschen Vorschriften zustünde, unmittelbar an diesen zu zahlen hätte. Dagegen ist aber einzuwenden, dass ein Anspruch gegen die Urlaubskasse den ausländischen ArbN besser schützt[3]; das gilt allerdings nur, wenn er diesen Anspruch ohne verfahrensmäßigen Aufwand geltend machen kann[4].

19   Mit Art. 49 EGV vereinbar ist ebenfalls die zwingende Ausdehnung der **Urlaubslänge** gem. § 1 Abs. 1 Satz 1 Nr. 2, 1. Alt. auf die von in anderen Mitgliedstaaten ansässigen Dienstleistenden nach Deutschland entsandten ArbN[5].

20   Dagegen war es mit Art. 49 EGV nicht vereinbar, dass **Mischbetriebe** mit Sitz in einem anderen Mitgliedstaat durch Art. 1 Abs. 4 aF AEntG anders als deutsche Mischbetriebe stets unter die SozialkassenTV des Baugewerbes fielen[6]. Die Vorschrift wurde daher gestrichen.

21   **(4) Prüfung und Kontrolle.** Mit Art. 49 EGV ist es grundsätzlich vereinbar, dass bestimmte Unterlagen über das Arbeitsverhältnis des entsandten ArbN erstellt und am Arbeitsort oder an einem zugänglichen und klar bezeichneten Ort im Hoheitsgebiet es Aufnahmestaats von den mit der Durchführung von Kontrollen betrauten Behörden bereitgehalten werden müssen[7]. Das gilt auch für die Verpflichtung eines ArbN, der in einem anderen Mitgliedstaat ansässig ist, (zusätzliche) Auskünfte zu erteilen[8]. Dabei sind jedoch nur Maßnahmen zulässig, die zum Schutz der ArbN geeignet und erforderlich sind. Für die Anforderungen, die § 2 Abs. 3 stellt, dürfte dies insb. wegen der zeitlichen Begrenzung der Pflichten[9] anzunehmen sein. Im Übrigen ist diese Vorschrift gemeinschaftsrechtskonform auszulegen: Legt das in einem anderen Mitgliedstaat ansässige Unternehmen die Unterlagen vor, welche es nach dem Recht seines Niederlassungsstaates über das Arbeitsverhältnis führen muss, und genügen diese Unterlagen bereits, um den Schutz des ArbN sicherzustellen, können durch deutsche Behörden keine weiteren Unterlagen verlangt werden.

22   **(5) Anmeldepflicht.** Die in § 3 Abs. 1[10] bzw. Abs. 2[11] begründete Anmeldepflicht für ausländische ArbGeb soll grundsätzlich nicht gegen Art. 49 EGV verstoßen[12]. Nach der Entscheidung des BSG v. 6.3.2003 wurde der Anwendungsbereich jedoch eingeschränkt, vgl. unten § 3 Rz. 2.

1 *[Anwendungsbereich]*
(1) Die Rechtsnormen eines für allgemeinverbindlich erklärten Tarifvertrages des Bauhauptgewerbes oder des Baunebengewerbes im Sinne der §§ 1 und 2 der Baubetriebe-Verordnung vom 28. Oktober 1980 (BGBl. I S. 2033), zuletzt geändert durch Artikel 1 der Verordnung vom 13. Dezember 1996 (BGBl. I S. 1954), die

1. die Mindestentgeltsätze einschließlich der Überstundensätze oder

2. die Dauer des Erholungsurlaubs, das Urlaubsentgelt oder ein zusätzliches Urlaubsgeld

zum Gegenstand haben, finden auch auf ein Arbeitsverhältnis zwischen einem Arbeitgeber mit Sitz im Ausland und seinem im räumlichen Geltungsbereich des Tarifvertrages beschäftigten Arbeitnehmer zwingend Anwendung, wenn der Betrieb oder die selbständige Betriebsabteilung im Sinne des fachlichen Geltungsbereichs des Tarifvertrages überwiegend Bauleistungen gemäß § 211 Abs. 1 des Dritten Buches Sozialgesetzbuch erbringt und auch inländische Arbeitgeber ihren im räumlichen Geltungsbereich des Tarifvertrages beschäftigten Arbeitnehmern mindestens die am Arbeitsort geltenden tarifvertraglichen Arbeitsbedingungen gewähren müssen. Ein Arbeitgeber im Sinne des Satzes 1 ist verpflichtet, seinem im räumlichen Geltungsbereich eines Tarifvertrages nach Satz 1 beschäftigten Arbeitnehmer mindestens die in dem Tarifvertrag vorgeschriebenen Arbeitsbedingungen zu gewähren. Dies gilt auch für einen unter den Geltungsbereich eines Tarifvertrages nach Satz 1 fallen-

---

1 Anders für ArbGeb mit Sitz in Portugal; LAG Frankfurt v. 24.3.2003 – 16 Sa 874/02, noch nv. und nicht rechtskräftig. | 2 *Ulber*, § 1 AEntG Rz. 49 ff. | 3 EuGH v. 25.10.2001 – Rs. C-49, 50, 52–54, 68–71/98, Slg. 2001, 7831, 7906 – Finalarte = AP Nr. 8 zu § 1 AEntG. | 4 EuGH v. 25.10.2001 – Rs. C-49, 50, 52–54, 68–71/98, Slg. 2001, 7831, 7902 – Finalarte = AP Nr. 8 zu § 1 AEntG; dabei weist der EuGH ua. auf das Sprachproblem hin. | 5 EuGH v. 25.10.2001 – Rs. C-49, 50, 52–54, 68–71/98, Slg. 2001, 7831, 7905 – Finalarte = AP Nr. 8 zu § 1 AEntG. | 6 EuGH v. 25.10.2001 – Rs. C-49, 50, 52–54, 68–71/98, Slg. 2001, 7831, 7910 – Finalarte = AP Nr. 8 zu § 1 AEntG. | 7 EuGH v. 23.11.1999 – Rs. C-369/96, Slg. 1999 I, 8453, 8521 – Arblade = AP Nr. 1 zu Art 59 EG-Vertrag. | 8 EuGH v. 25.10.2001 – Rs. C-49, 50, 52–54, 68–71/98, Slg. 2001, 7831, 7907 f. – Finalarte = AP Nr. 8 zu § 1 AEntG. | 9 Vgl. EuGH v. 23.11.1999 – Rs. C-369/96, Slg. 1999 I, 8453, 8524 ff. – Arblade = AP Nr. 1 zu Art 59 EG-Vertrag. | 10 OLG Düsseldorf v. 16.3.2000 – 2b Ss (OWi) 2/00 – (OWi) 9/00 I, AP Nr. 1 zu § 3 AEntG. | 11 OLG Karlsruhe v. 25.7.2001 – 3 Ss 159/00, wistra 2001, 477. | 12 Ebenso *Ulber*, § 3 AEntG Rz. 3.

den Arbeitgeber mit Sitz im Inland unabhängig davon, ob der Tarifvertrag kraft Tarifbindung nach § 3 des Tarifvertragsgesetzes oder aufgrund der Allgemeinverbindlicherklärung Anwendung findet. Tarifvertrag nach Satz 1 ist auch ein Tarifvertrag, der die Erbringung von Montageleistungen auf Baustellen außerhalb des Betriebssitzes zum Gegenstand hat.

(2) Absatz 1 gilt unter den dort genannten Voraussetzungen auch für allgemeinverbindlich erklärte Tarifverträge im Bereich der Seeschifffahrtsassistenz.

(2a) Wird ein Leiharbeitnehmer von einem Entleiher mit Tätigkeiten beschäftigt, die in den Geltungsbereich eines für allgemeinverbindlich erklärten Tarifvertrages nach Absatz 1, Absatz 2 oder Absatz 3 oder einer Rechtsverordnung nach Absatz 3a fallen, so hat ihm der Verleiher zumindest die in diesem Tarifvertrag oder dieser Rechtsverordnung vorgeschriebenen Arbeitsbedingungen zu gewähren sowie die der gemeinsamen Einrichtung nach diesem Tarifvertrag zustehenden Beiträge zu leisten.

(3) Sind im Zusammenhang mit der Gewährung von Urlaubsansprüchen nach Absatz 1 die Einziehung von Beiträgen und die Gewährung von Leistungen durch allgemeinverbindliche Tarifverträge einer gemeinsamen Einrichtung der Tarifvertragsparteien übertragen, so finden die Rechtsnormen solcher Tarifverträge auch auf einen ausländischen Arbeitgeber und seinen im räumlichen Geltungsbereich des Tarifvertrages beschäftigten Arbeitnehmer zwingend Anwendung, wenn in den betreffenden Tarifverträgen oder auf sonstige Weise sichergestellt ist, dass

1. der ausländische Arbeitgeber nicht gleichzeitig zu Beiträgen nach dieser Vorschrift und Beiträgen zu einer vergleichbaren Einrichtung im Staat seines Sitzes herangezogen wird und
2. das Verfahren der gemeinsamen Einrichtung der Tarifvertragsparteien eine Anrechnung derjenigen Leistungen vorsieht, die der ausländische Arbeitgeber zur Erfüllung des gesetzlichen, tariflichen oder einzelvertraglichen Urlaubsanspruchs seines Arbeitnehmers bereits erbracht hat.

Ein Arbeitgeber im Sinne des Absatzes 1 Satz 1 ist verpflichtet, einer gemeinsamen Einrichtung der Tarifvertragsparteien die ihr nach Satz 1 zustehenden Beiträge zu leisten. Dies gilt auch für einen unter den Geltungsbereich eines Tarifvertrages nach Satz 1 fallenden Arbeitgeber mit Sitz im Inland unabhängig davon, ob der Tarifvertrag kraft Tarifbindung nach § 3 des Tarifvertragsgesetzes oder aufgrund der Allgemeinverbindlicherklärung Anwendung findet.

(3a) Ist ein Antrag auf Allgemeinverbindlicherklärung eines Tarifvertrages nach Absatz 1 Satz 1 oder Absatz 3 Satz 1 gestellt worden, kann das Bundesministerium für Wirtschaft und Arbeit unter den dort genannten Voraussetzungen durch Rechtsverordnung ohne Zustimmung des Bundesrates bestimmen, dass die Rechtsnormen dieses Tarifvertrages auf alle unter den Geltungsbereich dieses Tarifvertrages fallenden und nicht tarifgebundenen Arbeitgeber und Arbeitnehmer Anwendung finden. Vor Erlass der Rechtsverordnung gibt das Bundesministerium für Wirtschaft und Arbeit den in den Geltungsbereich der Rechtsverordnung fallenden Arbeitgebern und Arbeitnehmern sowie den Parteien des Tarifvertrages Gelegenheit zur schriftlichen Stellungnahme. Die Rechtsverordnung findet auch auf ein Arbeitsverhältnis zwischen einem Arbeitgeber mit Sitz im Ausland und seinem im Geltungsbereich der Rechtsverordnung beschäftigten Arbeitnehmer zwingend Anwendung. Unter den Geltungsbereich eines Tarifvertrages nach Absatz 1 oder Absatz 3 fallende Arbeitgeber mit Sitz im Inland sind verpflichtet, ihren Arbeitnehmern mindestens die in der Rechtsverordnung vorgeschriebenen Arbeitsbedingungen zu gewähren sowie einer gemeinsamen Einrichtung der Tarifvertragsparteien die ihr nach Satz 1 zustehenden Beiträge zu leisten; dies gilt unabhängig davon, ob die entsprechende Verpflichtung kraft Tarifbindung nach § 3 des Tarifvertragsgesetzes oder aufgrund der Rechtsverordnung besteht. Satz 4 Halbsatz 1 gilt auch für Arbeitgeber mit Sitz im Ausland und ihre im Geltungsbereich der Rechtsverordnung beschäftigten Arbeitnehmer.

I. Normzweck. Die Norm erstreckt die Anwendbarkeit allgemeinverbindlich erklärter TV über Mindestentgelte, Urlaubsdauer und Urlaubsentgelte auf ArbGeb mit Sitz im Ausland, soweit jene ArbN im räumlichen Geltungsbereich des TV beschäftigen. Die Anwendbarkeit dieser TV kann zudem durch Rechtsverordnungen nach Abs. 3a erweitert werden. Die jeweiligen Normen werden für zwingend anwendbar erklärt; dh. sie werden zu Eingriffsnormen iSd. Art. 34 EGBGB (vgl. Vorb. Rz. 3). Absatz 1 beschränkt sich dabei auf TV des Bauhaupt- und des Baunebengewerbes.

Die Norm ist im Zusammenhang mit § 7 AEntG zu sehen. § 1 Abs. 1 AEntG erfasst nur die Arbeitsbedingungen, Mindestentgelt, Urlaubsdauer und Urlaubsentgelte in allgemeinverbindlichen TV des Baugewerbes. Nach § 7 Abs. 2 AEntG sind zudem Arbeitsbedingungen in allgemeinverbindlichen TV des Baugewerbes nach § 7 Abs. 1 Nr. 1 und 4 bis 7 AEntG, dh. solche, die die Arbeitszeit, die AÜ, den dort genannten Arbeitsschutz ieS sowie die Gleichbehandlung betreffen, zwingend anzuwenden. Zudem erklärt § 7 Abs. 1 AEntG allgemein weitere Arbeitsbedingungen in Rechts- und Verwaltungsvorschriften für zwingend anwendbar. Die Norm gilt nicht nur, aber auch für das Baugewerbe.

II. Geltungsbereich nach Abs. 1. 1. Arbeitsverhältnis. Die Norm setzt voraus, dass zwischen dem ausländischen ArbGeb und seinem ArbN ein Arbeitsverhältnis besteht. Ob das Rechtsverhältnis als solches zu qualifizieren ist, beurteilt sich gem. Art. 2 Abs. 2 der Richtlinie 96/71 für nach Deutschland entsandte ArbN nach deutschem Recht (vgl. § 611 BGB Rz. 19 ff.); Scheinselbständige sind daher als ArbN zu behandeln. Zum Leiharbeitsverhältnis vgl. unten Rz. 9.

4   2. **ArbGeb.** Nach Abs. 1 gilt die Norm für ArbGeb mit **Sitz im Ausland**. Da aber nach dem in Art. 49 Abs. 1 EGV enthaltenen Diskriminierungsverbot ausländische ArbGeb keinesfalls schlechter gestellt werden dürfen als inländische, findet die Norm gem. Abs. 1 Satz 3 auch Anwendung, wenn ein ArbGeb mit Sitz im Inland einen ArbN im Inland beschäftigt. Die Norm erfasst auch ArbGeb mit Sitz im nicht europäischen Ausland[1]; die Beschäftigung erfolgt hier oftmals aufgrund von internationalen Abkommen (vgl. Europ. Arbeitsrecht Vorb. Rz. 4).

5   Der ArbGeb muss einen Betrieb führen, welcher **überwiegend Bauleistungen** iSd. § 211 Abs. 1 SGB III[2] erbringt; nach Abs. 1 Satz 4 sind Montagebetriebe miterfasst. Für das Überwiegen der Bauleistungen ist auf die Anzahl der Arbeitsplätze bzw. auf die Arbeitszeit abzustellen[3]. Mit dem Hartz III-Gesetz wurde der Anwendungsbereich der Norm auf selbständige Betriebsabteilungen iSd. fachlichen Geltungsbereichs des TV erweitert.

6   3. **ArbN.** Die ArbN müssen im räumlichen Geltungsbereich des TV beschäftigt werden; die Beschäftigung muss aber jedenfalls **im Inland** erfolgen[4]. Abs. 1 Satz 1 hat nur zur Voraussetzung, dass ein Arbeitsverhältnis zwischen einem ArbN und einem ArbGeb mit Sitz im Ausland besteht. Auf die Staatsangehörigkeit oder den Wohnsitz des ArbN kommt es nicht an und auch nicht darauf, ob der ArbN aus dem Ausland entsandt wurde[5].

7   4. **TV.** Für die Erstreckung der Normen des TV auf entsandte ArbN ist es notwendig, dass der TV für **allgemeinverbindlich** erklärt wurde, vgl. dazu § 5 TVG. Notwendig ist weiter, dass durch den TV alle inländischen ArbGeb auf den Tarif des **Arbeitsorts** verpflichtet werden (sog. Arbeitsortsprinzip). Auf die TV des Baugewerbes trifft dies zu.

8   Die Erstreckung des TV auf entsandte ArbN kann nunmehr auch für **verschiedene Lohngruppen** erfolgen[6]; diese Erweiterung steht im Einklang mit der Richtlinie 71/96[7]. Bislang wird im TV Mindestlohn davon kein Gebrauch gemacht, vgl. § 2 des im Anschluss abgedruckten TV.

9   **III. Schifffahrtsassistenz (Abs. 2).** Abs. 2 erstreckt den Regelungsbereich des Abs. 1 auf den Bereich der Schifffahrtsassistenz, dh. auf Schleppdienste in deutschen Seehandelshäfen.

10   **IV. Leiharbeitsverhältnisse (Abs. 2a).** Die Vorschrift wurde neu gefasst, nachdem der EuGH festgestellt hatte, dass § 1b AÜG aF, der eine grenzüberschreitende AÜ so gut wie unmöglich machte, mit Art. 49 EG nicht vereinbar war (vgl. § 1b AÜG Rz. 8)[8]. In der Neufassung erleichtert § 1b AÜG innerhalb des EWR die grenzüberschreitende AÜ. Nach § 1 Abs. 2a AEntG müssen den aus dem Inland oder aus dem Ausland entliehenen ArbN die Mindestarbeitsbedingungen gewährt werden, die für den im Bauhaupt- oder Baunebengewerbe tätigen Entleihbetrieb gelten. Die LeihArbN sind zudem in das Sozialkassenverfahren einzubeziehen.

11   **V. Einbeziehung in das Sozialkassenverfahren im Baugewerbe (Abs. 3).** Zur Abwicklung von Urlaubsansprüchen wurden in der Bauwirtschaft Sozialkassen als gemeinschaftliche Einrichtungen der TV-Parteien geschaffen. Das Verfahren ist im Tarifvertrag über das Sozialkassenverfahren im Baugewerbe (VTV) geregelt (vgl. § 13 BUrlG Rz. 74). Der ArbGeb, welcher ArbN nach Abs. 1 entsendet, wird in das Kassenverfahren einbezogen, dh. er zahlt monatlich für jeden entsandten ArbN Urlaubskassenbeiträge an die Urlaubs- und Lohnausgleichskasse der Bauwirtschaft (ULAK) in Wiesbaden. Die Vereinbarkeit dieser Norm mit Art. 49 EGV steht nicht endgültig fest; vgl. Vorb. Rz. 18 f.

12   Abs. 3 Satz 1 Nr. 1 und 2 bezwecken, eine Doppelbelastung des ausländischen ArbGeb zu vermeiden. Der ArbGeb muss daher die Beiträge nicht zahlen, wenn er bereits Beiträge zu einer vergleichbaren Einrichtung im Staate seines Sitzes leisten muss oder wenn und soweit er den Urlaubsanspruch bereits erfüllt hat[9]. Die Beitragspflicht gilt gem. Abs. 3 Satz 3 auch für inländische ArbGeb[10]. Nach § 65

---

1 BAG v. 25.6.2002 – 9 AZR 405/00 und 439/01, AP Nr. 12 und 15 zu § 1 AEntG; LAG Frankfurt v. 11.8.2003 – 16 Sa 976/00, nv. | 2 § 211 Abs. 1 SGB III lautet: „Ein Betrieb des Baugewerbes ist ein Betrieb, der gewerblich überwiegend Bauleistungen auf dem Baumarkt erbringt. Bauleistungen sind alle Leistungen, die der Herstellung, Instandsetzung, Instandhaltung, Änderung oder Beseitigung von Bauwerken dienen. Betriebe, die überwiegend Bauvorrichtungen, Baumaschinen, Baugeräte oder sonstige Baubetriebsmittel ohne Personal Betrieben des Baugewerbes gewerblich zur Verfügung stellen oder überwiegend Baustoffe oder Bauteile auf dem Markt herstellen, sowie Betriebe, die Betonentladegeräte gewerblich zur Verfügung stellen, sind nicht Betriebe iSd. Satzes 1. Betrieb iSd. Vorschrift über die Förderung der ganzjährigen Beschäftigung in der Bauwirtschaft ist auch eine Betriebsabteilung." Erfasst sind auch Fertigbauarbeiten, LAG Frankfurt v. 18.8.2003 – 16 Sa 1888/02, nv. | 3 BAG v. 18.4.1973 – 4 AZR 297/71 u. v. 12.12.1988 – 4 AZR 613/88 u.v. 24.8.1994 – 10 AZR 980/93, AP Nr. 13, 106, 181 zu § 1 TVG – Tarifverträge: Bau. | 4 *Krebber*, IPrax 2001, 22, 24; ErfK/*Schlachter*, § 1 AEntG Rz. 6. | 5 Ausf. *Koberski/Asshoff/Hold*, § 1 AEntG Rz. 12 ff. | 6 BT-Drs. 14/45, S. 25. | 7 ErfK/*Schlachter*, § 1 AEntG Rz. 10. | 8 EuGH v. 25.10.2001 – Rs. C-493/99, Slg. 2001 I, 8163, 8178 ff. – Kommission gegen Deutschland = AP Nr. 3 zu Art. 49 EG. Dazu *Raab*, ZfA 2003, 889 ff. | 9 Dazu *Koberski/Asshoff/Hold*, § 1 AEntG Rz. 325 ff. | 10 Vgl. LAG Frankfurt v. 14.7.2003 – 16 Sa 530/02, nv., zur Frage der Tarifpluralität.

VTV steht dem ausländischen ArbN ein Anspruch auf die Urlaubsvergütung direkt gegen die Urlaubskasse zu, vgl. auch Vorb. Rz. 18.

VI. Rechtsverordnungen des Bundesarbeitsministeriums (Abs. 3a). Die Erstreckung der Mindestarbeitsbedingungen in Abs. 1, 2 und 2a und des Sozialkassenverfahrens in Abs. 3 kann auch durch Rechtsverordnung erfolgen. Die Mindestarbeitsbedingungen und das Sozialkassenverfahren gelten damit für sämtliche inländischen ArbGeb, unabhängig von ihrer Tarifbindung, sowie für sämtliche ArbGeb mit Sitz im Ausland, welche ArbN in der Bundesrepublik Deutschland beschäftigen. Die Vorschrift ist nicht verfassungswidrig (Vorb. Rz. 4). Mittlerweile ist die Vierte VO über zwingende Arbeitsbedingungen im Baugewerbe ergangen; sie ist nachfolgend abgedruckt. 13

Voraussetzung für die VO ist, dass ein Antrag auf Allgemeinverbindlicherklärung (§ 5 TVG Rz. 15 ff.) gestellt wurde. Die Voraussetzungen, die § 5 TVG an eine Allgemeinverbindlicherklärung stellt, müssen nicht erfüllt sein[1]. 14

In Satz 4 sieht die Regelung vor, dass auch von inländischen ArbGeb mindestens die in der VO genannten Arbeitsbedingungen zu gewähren sind. Auch die Möglichkeit eines Unterschreitens dieser Bedingungen durch einen FirmenTV sollte damit ausgeschlossen sein[2]. 15

Vierte Verordnung über zwingende Arbeitsbedingungen im Baugewerbe

Vom 13. Dezember 2003

(Bundesanzeiger Nr. 242 vom 30. Dezember 2003, Seite 26 093)

Auf Grund des § 1 Abs. 3a des Arbeitnehmer-Entsendegesetzes vom 26. Februar 1996 (BGBl. I S. 227), der durch Artikel 10 Nr. 1 Buchst. d des Gesetzes vom 19. Dezember 1998 (BGBl. I S. 3843) eingefügt worden ist, in Verbindung mit § 1 des Zuständigkeitsanpassungsgesetzes vom 16. August 2002 (BGBl. I S. 3165) und dem Organisationserlass vom 22. Oktober 2002 (BGBl. I S. 4206), verordnet das Bundesministerium für Wirtschaft und Arbeit, nachdem es den in den Geltungsbereich der Verordnung fallenden Arbeitgebern und Arbeitnehmern sowie den Parteien des Tarifvertrages nach § 1 dieser Verordnung Gelegenheit zur schriftlichen Stellungnahme gegeben hat:

§ 1
Zwingende Arbeitsbedingungen

Die in der Anlage 1 zu dieser Verordnung aufgeführten Rechtsnormen des Tarifvertrages zur Regelung der Mindestlöhne im Baugewerbe im Gebiet der Bundesrepublik Deutschland vom 29. Oktober 2003 (TV Mindestlohn), abgeschlossen zwischen dem Zentralverband des Deutschen Baugewerbes e.V., Kronenstraße 55–58, 10117 Berlin, und dem Hauptverband der Deutschen Bauindustrie e.V., Kurfürstenstraße 129, 10785 Berlin, einerseits, sowie der Industriegewerkschaft Bauen-Agrar-Umwelt, Bundesvorstand, Olof-Palme-Straße 19, 60439 Frankfurt am Main, andererseits, finden auf alle nicht an ihn gebundenen Arbeitgeber und Arbeitnehmer Anwendung, die unter seinen am 1. November 2003 gültigen Geltungsbereich fallen, wenn der Betrieb überwiegend Bauleistungen im Sinne des § 211 Abs. 1 des Dritten Buches Sozialgesetzbuch erbringt. Die Rechtsnormen des Tarifvertrages gelten auch für Arbeitgeber mit Sitz im Ausland und ihre im Geltungsbereich der Verordnung beschäftigten Arbeitnehmer.

§ 2
Anwendungsausnahmen

(1) Die Verordnung erstreckt sich nicht auf Betriebe und selbständige Betriebsabteilungen von Arbeitgebern mit Sitz im Inland oder Ausland, die unter einen der in der Anlage 2 zu dieser Verordnung abgedruckten fachlichen Geltungsbereiche der am 1. Juli 1999 (Stichtag) geltenden Tarifverträge der holz- und kunststoffverarbeitenden Industrie, der Sägeindustrie und übriger Holzbearbeitung, der Steine- und Erden-Industrie, der Mörtelindustrie, der Transportbetonindustrie, der chemischen oder kunststoffverarbeitenden Industrie oder der Metall- und Elektroindustrie fallen.

(2) Für Betriebe und selbständige Betriebsabteilungen von Arbeitgebern mit Sitz im Inland gilt Absatz 1 nur dann, wenn sie

a) bereits am Stichtag unmittelbar oder mittelbar ordentliches Mitglied des Hauptverbandes der Holz und Kunststoffe verarbeitenden Industrie und verwandter Industriezweige e.V., der Vereinigung Deutscher Sägewerksverbände e.V., der Sozialpolitischen Arbeitsgemeinschaft Steine und Erden e.V., des Bundesverbandes der Deutschen Mörtelindustrie e.V., des Bundesverbandes der Deutschen Transportbetonindustrie e.V., des Bundesarbeitgeberverbandes Chemie e.V., der Verbände der kunststoffverarbeitenden Industrie oder eines Arbeitgeberverbandes im Gesamtver-

---

[1] Weiterführend *Ulber*, § 1 AEntG Rz. 60 ff.; *Schwab*, AR-Blattei 370.3 Rz. 32 ff. | [2] ErfK/*Schlachter*, § 1 AEntG Rz. 15.

band der metallindustriellen Arbeitgeberverbände (Gesamtmetall) waren. In diesem Fall wird unwiderlegbar vermutet, dass die Voraussetzungen des Absatzes 1 erfüllt sind;

b) nachweislich als Niederlassung eines Betriebes nach Absatz 1 (Stammbetrieb), der bereits vor dem Stichtag unmittelbar oder mittelbar ordentliches Mitglied eines der in Buchstabe a genannten Verbände war, nachgegründet worden sind, überwiegend solche Tätigkeiten ausführen, die zum fachlichen Geltungsbereich der in Absatz 1 genannten Tarifverträge gehören, und die ordentliche Mitgliedschaft in einem der in Buchstabe a genannten Verbände erworben haben. Wenn diese Betriebe nachweislich zu drei Viertel ihrer betrieblichen Arbeitszeit für den Stammbetrieb tätig sind, wird unwiderlegbar vermutet, dass sie unter einen der fachlichen Geltungsbereiche der in Absatz 1 genannten Tarifverträge fallen;

c) ohne selbst Mitglied in einem der Verbände nach Buchstabe a zu sein, nachweislich als Niederlassung eines Stammbetriebes nach Absatz 1, der bereits vor dem Stichtag unmittelbar oder mittelbar ordentliches Mitglied eines der in Buchstabe a genannten Verbände war, nachgegründet worden sind, unter einen der fachlichen Geltungsbereiche der in Absatz 1 genannten Tarifverträge fallen und zumindest zu drei Viertel der betrieblichen Arbeitszeit für ihren Stammbetrieb tätig sind.

(3) Für Betriebe und selbständige Betriebsabteilungen von Arbeitgebern mit Sitz im Inland, die bereits seit einem Jahr Fertigbauarbeiten ausführen, gilt die Ausnahme gemäß Absatz 1, wenn sie unmittelbar oder mittelbar Mitglied eines der in Absatz 2 Buchstabe a genannten Verbände geworden sind.

(4) Die Verordnung erstreckt sich nicht auf Betriebe und selbständige Betriebsabteilungen von Arbeitgebern mit Sitz im Inland,

1. die Bauten- und Eisenschutzarbeiten ausführen, sofern sie vom Rahmentarifvertrag für das Maler- und Lackiererhandwerk oder von dessen Allgemeinverbindlichkeit erfasst werden,

2. die mittelbar oder unmittelbar Mitglied im Hauptverband des Deutschen Maler- und Lackiererhandwerks sind, soweit sie überwiegend folgende Tätigkeiten ausüben:

   a) Anbringen von Wärmedämmverbundsystemen,

   b) Betonschutz- und Oberflächensanierungsarbeiten, soweit nicht Arbeiten zur Beseitigung statisch bedeutsamer Betonschäden verrichtet werden,

3. des Maler- und Lackiererhandwerks, die überwiegend Asbestbeschichtungen ausführen, die nicht im Zusammenhang mit anderen Asbestsanierungsarbeiten erfolgen,

4. des Maler- und Lackiererhandwerks in den Handwerkskammerbezirken Wiesbaden, Rhein-Main, Mainz, Erfurt, Suhl, Gera, Coburg, Oberfranken, Mittelfranken und Unterfranken, soweit nicht arbeitszeitlich überwiegend Putz-, Stuck- und dazugehörige Hilfsarbeiten ausgeführt und ohne Berücksichtigung der Putz-, Stuck- und dazugehörigen Hilfsarbeiten nicht arbeitszeitlich überwiegend andere Arbeiten im § 1 Abs. 2 Abschnitt IV oder V des Bundesrahmentarifvertrages für das Baugewerbe (§ 1 Abs. 2 TV Mindestlohn) aufgeführten Art ausgeführt werden,

5. die Spreng-, Abbruch- und Enttrümmerungsarbeiten ausführen, soweit ihre Leistungen nicht in einem unmittelbaren Zusammenhang mit anderen in den Betrieben oder in den selbständigen Betriebsabteilungen in erheblichem Umfang anfallenden baulichen Leistungen stehen,

6. die dem fachlichen Geltungsbereich des Bundesrahmentarifvertrages für gewerbliche Arbeitnehmer im Garten-, Landschafts- und Sportplatzbau vom 22. August 1989 unterliegen und überwiegend folgende Tätigkeiten ausüben:

   Herstellen und Unterhalten von Außenanlagen in den Bereichen des privaten und öffentlichen Wohnungsbaus (Hausgärten, Siedlungsgrün, Dach- und Terrassengärten u.Ä.), der öffentlichen Bauten (Schulen, Krankenhäuser, Verwaltungsgebäude, Kasernen u.Ä.), des kommunalen Grüns (städtische Freiräume, Grünanlagen, Parks, Friedhöfe u.Ä.) und des Verkehrsbegleitgrüns (Straßen, Schienenwege, Wasserstraßen, Flugplätze u.Ä.) sowie von Bauwerksbegrünungen im Außen- und Innenbereich,

   Herstellen und Unterhalten von Sport- und Spielplätzen, Außenanlagen an Schwimmbädern, Freizeitanlagen u.Ä., von landschaftsgärtnerischen Sicherungsbauwerken in der Landschaft mit lebenden und nicht lebenden Baustoffen sowie von vegetationstechnischen Baumaßnahmen zur Landschaftspflege und zum Umweltschutz, ferner Drän-, Landgewinnungs- und Rekultivierungsarbeiten,

   wenn sie

   a) am 22. August 1989, Betriebe und selbständige Betriebsabteilungen mit Sitz im Beitrittsgebiet am 1. Februar 1991 (Stichtag), dem Bundesverband Garten-, Landschafts- und Sportplatzbau e.V. unmittelbar oder mittelbar angehört haben oder

   b) nach dem Stichtag neu gegründet werden (als Neugründungen werden nicht angesehen Nachgründungen bereits bestehender Unternehmen des Baugewerbes oder Ausgliederungen von

Teilen bestehender Betriebe des Baugewerbes); solche Betriebe oder selbständige Betriebsabteilungen werden jedoch nach Ablauf eines Jahres seit der Produktionsaufnahme von der Verordnung erfasst, wenn für sie nicht bis zu diesem Zeitpunkt die Mitgliedschaft bei dem Bundesverband Garten-, Landschafts- und Sportplatzbau e.V. erworben worden ist; sie werden vor Ablauf eines Jahres seit der Produktionsaufnahme von der Verordnung erfasst, wenn für sie die Mitgliedschaft in einem der Verbände des Baugewerbes begründet worden ist;

diese Ausnahme gilt nicht für Betriebe oder selbständige Betriebsabteilungen,

in denen am Stichtag für die Mehrzahl der gewerblichen Arbeitnehmer die Rahmen- und Sozialkassentrifverträge des Baugewerbes angewandt wurden oder

für die nach dem Stichtag Mitgliedschaft in den Verbänden des Baugewerbes erworben worden ist und in denen für die Mehrzahl der gewerblichen Arbeitnehmer die Rahmen- und Sozialkassentarifverträge des Baugewerbes angewandt werden,

7. die Mitglied des Landesverbandes der Lohnunternehmer in Land- und Forstwirtschaft Schleswig-Holstein e.V. sind, soweit sie überwiegend landwirtschaftliche Flächen drainieren.

(5) Die Verordnung erstreckt sich nicht auf Arbeitgeber mit Sitz im Ausland, wenn sie überwiegend in Absatz 3 oder 4 aufgeführte Tätigkeiten ausüben.

§ 3
In- und Außerkrafttreten

Diese Verordnung tritt mit Wirkung vom 1. November 2003 in Kraft und am 31. August 2006 außer Kraft. Gleichzeitig mit dem In-Kraft-Treten dieser Verordnung tritt die Dritte Verordnung über zwingende Arbeitsbedingungen im Baugewerbe vom 21. August 2002 (BGBl. I S. 3 372) außer Kraft.

Rechtsnormen des Tarifvertrages
zur Regelung der Mindestlöhne im Baugewerbe im
Gebiet der Bundesrepublik Deutschland
(TV Mindestlohn)

vom 29. Oktober 2003

§ 1
Geltungsbereich

(1) Räumlicher Geltungsbereich: Das Gebiet der Bundesrepublik Deutschland.

(2) Betrieblicher Geltungsbereich: Betriebe, die unter den betrieblichen Geltungsbereich des Bundesrahmentarifvertrages für das Baugewerbe (BRTV) in der jeweils geltenden Fassung fallen.

...

(3) Persönlicher Geltungsbereich: Gewerbliche Arbeitnehmer (Arbeiter), die eine nach den Vorschriften des Sechsten Buches Sozialgesetzbuch – Gesetzliche Rentenversicherung – (SGB VI) versicherungspflichtige Tätigkeit ausüben. Nicht erfasst werden jugendliche Arbeitnehmer ohne abgeschlossene Berufsausbildung und gewerbliches Reinigungspersonal, das für Reinigungsarbeiten in Verwaltungs- und Sozialräumen des Betriebes beschäftigt wird.

§ 2
Löhne der Lohngruppen 1 und 2 / Mindestlöhne

(1) Der Gesamttarifstundenlohn (GTL) der Lohngruppen 1 und 2 nach § 5 Nr. 3 BRTV (die Definition der Lohngruppen 1 und 2 ist im Anhang enthalten) setzt sich aus dem Tarifstundenlohn (TL) und dem Bauzuschlag (BZ) zusammen. Der Bauzuschlag beträgt 5,9 v.H. des Tarifstundenlohnes. Der Bauzuschlag wird gewährt zum Ausgleich der besonderen Belastungen, denen der Arbeitnehmer insbesondere durch den ständigen Wechsel der Baustelle (2,5 v.H.) und die Abhängigkeit von der Witterung außerhalb der gesetzlichen Schlechtwetterzeit (2,9 v.H.) ausgesetzt ist; er dient ferner in Höhe von 0,5 v.H. dem Ausgleich von Lohneinbußen, die sich in der gesetzlichen Schlechtwetterzeit ergeben. Der Bauzuschlag wird für jede lohnzahlungspflichtige Stunde, nicht jedoch für Leistungslohn-Mehrstunden (Überschussstunden im Akkord), gewährt.

(2) Die Gesamttarifstundenlöhne der Lohngruppen 1 und 2 nach § 5 Nr. 3 BRTV sind zugleich Mindestlöhne im Sinne des § 1 Abs. 1 Nr. 1 AEntG für alle von dem persönlichen Geltungsbereich dieses Tarifvertrages erfassten Arbeitnehmer. Höhere Lohnansprüche aufgrund anderer Tarifverträge oder einzelvertraglicher Vereinbarungen bleiben unberührt.

(3) Der Tarifstundenlohn, der Bauzuschlag und der Gesamttarifstundenlohn betragen

AEntG § 1 TV-Mindeslohn

a) mit Wirkung vom 1. November 2003:

		TL Euro	BZ Euro	GTL Euro
im Gebiet der Bundesrepublik Deutschland, ausgenommen die Gebiete der Länder Brandenburg, Mecklenburg-Vorpommern, Sachsen, Sachsen-Anhalt und Thüringen	Lohngruppe 1	9,79	0,57	10,36
	Lohngruppe 2	11,78	0,69	12,47
im Gebiet der Länder Brandenburg, Mecklenburg-Vorpommern, Sachsen, Sachsen-Anhalt und Thüringen	Lohngruppe 1	8,46	0,49	8,95
	Lohngruppe 2	9,11	0,54	9,65

b) mit Wirkung vom 1. September 2004:

		TL Euro	BZ Euro	GTL Euro
im Gebiet der Bundesrepublik Deutschland, ausgenommen die Gebiete der Länder Brandenburg, Mecklenburg-Vorpommern, Sachsen, Sachsen-Anhalt und Thüringen	Lohngruppe 1	9,79	0,57	10,36
	Lohngruppe 2	11,78	0,69	12,47
im Gebiet der Länder Brandenburg, Mecklenburg-Vorpommern, Sachsen, Sachsen-Anhalt und Thüringen	Lohngruppe 1	8,46	0,49	8,95
	Lohngruppe 2	9,45	0,56	10,01

c) mit Wirkung vom 1. September 2005:

		TL Euro	BZ Euro	GTL Euro
im Gebiet der Bundesrepublik Deutschland, ausgenommen die Gebiete der Länder Brandenburg, Mecklenburg-Vorpommern, Sachsen, Sachsen-Anhalt und Thüringen	Lohngruppe 1	9,95	0,59	10,54
	Lohngruppe 2	11,97	0,71	12,68
im Gebiet der Länder Brandenburg, Mecklenburg-Vorpommern, Sachsen, Sachsen-Anhalt und Thüringen	Lohngruppe 1	8,59	0,51	9,10
	Lohngruppe 2	9,61	0,57	10,18

(4) Der Anspruch auf Mindestlohn wird spätestens am 15. des Monats fällig, der auf den Monat folgt, für den er zu zahlen ist.

Dies gilt nicht für Betriebe, soweit diese nachweislich eine betriebliche Arbeitszeitflexibilisierung unter den Voraussetzungen des § 3 Nr. 1.4 BRTV durchführen.

Werden Arbeitnehmer auf Arbeitsstellen in Ost und West eingesetzt, für welche der Mindestlohn in unterschiedlicher Höhe zu zahlen ist, so ist die Arbeitszeit getrennt nach diesen Arbeitsstellen monatsbezogen aufzuzeichnen.

(5) Abweichend von § 15 BRTV verfallen Ansprüche auf den Mindestlohn von Arbeitnehmern in den Lohngruppen 1 und 2 sechs Monate nach ihrer Fälligkeit.

(6) Für die Geltendmachung des Mindestlohnes, welcher nicht ausgezahlt worden ist, sondern dem Ausgleichskonto (§ 3 Nr. 1.43 BRTV) gutzuschreiben war, gilt § 15 BRTV nicht.

§ 3
Lohn der Baustelle und Lohn bei auswärtiger Beschäftigung

Es gilt der Mindestlohn der Arbeitsstelle. Auswärts beschäftigte Arbeitnehmer behalten jedoch den Anspruch auf den Mindestlohn ihres Einstellungsortes. Ist der Mindestlohn der auswärtigen Arbeitsstelle höher, so haben sie Anspruch auf diesen Mindestlohn, solange sie auf dieser Arbeitsstelle tätig sind.

1a *[Haftung zur Zahlung des Mindestentgelts]*
Ein Unternehmer, der einen anderen Unternehmer mit der Erbringung von Bauleistungen im Sinne des § 211 Abs. 1 des Dritten Buches Sozialgesetzbuch beauftragt, haftet für die Verpflichtungen dieses Unternehmers, eines Nachunternehmers oder eines von dem Unternehmer oder einem Nachunternehmer beauftragten Verleihers zur Zahlung des Mindestentgelts an einen Arbeitnehmer oder zur Zahlung von Beiträgen an eine gemeinsame Einrichtung der Tarifvertragsparteien nach § 1 Abs. 1 Satz 2 und 3, Abs. 2a, 3 Satz 2 oder Abs. 3a Satz 4 und 5 wie ein Bürge, der auf die Einrede der Vorausklage verzichtet hat. Das Mindestentgelt im Sinne des Satzes 1 umfasst nur den Betrag, der nach Abzug der Steuern und der Beiträge zur Sozialversicherung und zur Arbeitsförderung oder entsprechender Aufwendungen zur sozialen Sicherung an den Arbeitnehmer auszuzahlen ist (Nettoentgelt).

I. Normzweck. Die Vorschrift begründet eine verschuldensunabhängige, gesamtschuldnerische Haftung des Generalunternehmers auf das Nettoentgelt, welches den ArbN nach dem AEntG zu zahlen ist. Der Generalunternehmer haftet wie ein selbstschuldnerischer Bürge (§§ 773 Abs. 1 Nr. 1, 771 BGB). Die Haftung ist nicht auf aus dem Ausland entsandte ArbN beschränkt, sondern erfasst alle ArbN des Subunternehmens. Sie besteht nur gegenüber den ArbN bzw. der Urlaubskasse. Durch sie soll für den Generalunternehmer ein Anreiz gesetzt werden, nur mit korrekt handelnden Subunternehmern zusammenzuarbeiten. Gehaftet wird auch im Falle der Insolvenz. Dem Generalunternehmer ist anzuraten, sich wegen möglicher Forderungen aufgrund dieser Vorschrift durch Einbehaltung von Entgeltbestandteilen vertraglich abzusichern. **1**

Für den Generalunternehmer wird es regelmäßig schwieriger sein, die Korrektheit und Solvenz ausländischer Subunternehmer zu beurteilen; die Bürgenhaftung macht diese daher im Verhältnis zu deutschen Subunternehmern weniger attraktiv. Aus diesem Grunde könnte die Norm gegen die Dienstleistungsfreiheit (Art. 49 EG) verstoßen (oben Vorb. Rz. 17, unten Rz. 4)[1]. **2**

II. Unternehmer. Unternehmer iSd. Norm ist, wer Bauleistungen im Rahmen gewerblicher Tätigkeit an Dritte in Auftrag gibt. Auf die Rechtsform des Unternehmens kommt es nicht an. Bauherren, die Bauleistungen in Auftrag geben, sind dagegen nicht Unternehmer iSd. Norm[2]. Auch Unternehmen der öffentlichen Hand sind nicht erfasst. Der Generalunternehmer haftet nicht nur für ein Subunternehmen, sondern auch für von diesem beauftragte Sub-Subunternehmen. Der Subunternehmer selbst haftet ebenfalls für den Sub-Subunternehmer; aus dem Wortlaut der Norm ergeben sich insoweit keine Beschränkungen[3]. General- und Subunternehmer haften gem. §§ 774 Abs. 2, 426 BGB als Gesamtschuldner. **3**

III. Vereinbarkeit mit höherrangigem Recht. Insoweit die Norm eine verschuldensunabhängige Haftung begründet, wird ihre Vereinbarkeit mit Art. 12 GG bezweifelt[4]. Das BAG hat die Verfassungsmäßigkeit der Norm zwar bejaht, hält aber die Bürgenhaftung nicht für offenkundig mit Art. 49 EG vereinbar[5] und hat den EuGH um Vorabentscheidung ersucht (oben Rz. 2 und Vorb. Rz. 5, 17). Für Subunternehmer aus nicht EG-Staaten ist ein Verstoß gegen Art. 49 EG bzw. die Assoziierungsabkommen im Ergebnis abzulehnen[6]. **4**

2 *[Prüfung und Kontrolle]*
(1) Für die Prüfung der Arbeitsbedingungen nach § 1 sind die Behörden der Zollverwaltung zuständig.

(2) §§ 304 bis 306 sowie § 336a Abs. 1 Nr. 5 des Dritten Buches Sozialgesetzbuch sind entsprechend anzuwenden mit der Maßgabe, dass die dort genannten Behörden auch Einsicht in Arbeitsverträge, Niederschriften nach § 2 des Nachweisgesetzes und andere Geschäftsunterlagen nehmen können, die mittelbar oder unmittelbar Auskunft über die Einhaltung der Arbeitsbedingungen nach § 1 geben, und die nach § 306 Abs. 1 des Dritten Buches Sozialgesetzbuch zur Mitwirkung Verpflichteten diese Unterlagen vorzulegen haben. § 308 Abs. 3 des Dritten Buches Sozialgesetzbuch findet entsprechende Anwendung. Die genannten Behörden dürfen nach Maßgabe der datenschutzrechtlichen Vorschriften auch mit Behörden anderer Mitgliedstaaten des Europäischen Wirtschaftsraums, die entsprechende Aufgaben wie nach diesem Gesetz durchführen oder für die Bekämpfung illegaler Beschäftigung zuständig sind oder Auskünfte geben können, ob ein Arbeitgeber die Arbeitsbedingungen nach § 1 einhält, zusammenarbeiten. Für die Datenverarbeitung, die dem in Absatz 1 genannten Zweck oder der Zusammenarbeit mit den Behörden des Europäischen Wirtschaftsraums dient, findet § 67 Abs. 2 Nr. 4 des Zehnten Buches Sozialgesetzbuch keine Anwendung.

---

1 Weiterführend *Rieble/Lessner*, ZfA 2002, 29, 56 ff.; *Franzen*, SAE 2003, 190, 191 f. | 2 BAG v. 6.11.2002 – 5 AZR 617/01 (A), AP Nr. 1 zu § 1a AEntG. | 3 *Ulber*, § 1a AEntG Rz. 4; *Koberski/Asshoff/Hold*, § 1a AEntG Rz. 11. | 4 ErfK/*Schlachter*, § 1a AEntG Rz. 3. | 5 BAG v. 6.11.2002 – 5 AZR 617/01 (A), AP Nr. 1 zu § 1a AEntG; anders LAG Düsseldorf v. 10.7.2002 – 12 Sa 132/02, NZA-RR 2003, 10. | 6 So auch LAG München v. 21.5.2003, 9 Sa 281/02, noch nv. und nicht rechtskräftig. Vgl. oben Vorb. Rz. 13.

(2a) Soweit die Rechtsnormen eines für allgemeinverbindlich erklärten Tarifvertrages nach § 1 Satz 1 Nr. 1 oder einer entsprechenden Rechtsverordnung nach § 1 Abs. 3a auf das Arbeitsverhältnis Anwendung finden, ist der Arbeitgeber verpflichtet, Beginn, Ende und Dauer der täglichen Arbeitszeit des Arbeitnehmers aufzuzeichnen und diese Aufzeichnungen mindestens zwei Jahre aufzubewahren.

(3) Jeder Arbeitgeber mit Sitz im Ausland ist verpflichtet, die für die Kontrolle der Einhaltung der Rechtspflichten nach § 1 Abs. 1 Satz 2, Abs. 2a, 3 Satz 2 und Abs. 3a Satz 5 erforderlichen Unterlagen im Inland für die gesamte Dauer der tatsächlichen Beschäftigung des Arbeitnehmers im Geltungsbereich dieses Gesetzes, mindestens für die Dauer der gesamten Bauleistung, insgesamt jedoch nicht länger als zwei Jahre in deutscher Sprache, auf Verlangen der Prüfbehörde auch auf der Baustelle, bereitzuhalten.

1 **I. Normzweck.** Die Norm regelt die Prüfungsbefugnisse, welche die Aufsichtsbehörde bei der Überwachung der Arbeitsbedingungen nach § 1 innehat. In Abs. 3 werden dem ArbGeb entsprechende Pflichten zur Bereithaltung von Unterlagen auferlegt. Die Überwachung der Erfüllung der Pflichten aus § 1 dient insb. dem ausländischen ArbN, der seine Rechte oft nicht kennen bzw. nicht durchsetzen wird.

2 **II. Zuständigkeit.** Die Zuständigkeit der Behörden erstreckt sich (soweit nicht Zuständigkeiten nach einem anderen Gesetz begründet sind) nur auf die Kontrolle der Mindestarbeitsbedingungen nach § 1. Die Behörden haben daher zunächst den gem. § 2 TV Mindestlohn (vorstehend abgedruckt) zu zahlenden Mindestlohn zu ermitteln und diesen mit dem real gezahlten Lohn zu vergleichen. Dabei sind vom ArbGeb gezahlte Zulagen oder Zuschläge (mit Ausnahme des Bauzuschlags gem. § 2 Abs. 1 TV Mindestlohn) nicht mitzurechnen. Nach Ansicht des BayObLG sind demgegenüber alle Zahlungen des ArbGeb zu berücksichtigen, die nicht nur Aufwandsentschädigung (zB für Verpflegung), sondern Teil der Arbeitsvergütung (zB Schmutzzuschlag) sind[1].

3 Nach Abs. 1 sind die Behörden der Zollverwaltung zuständig. Daneben haben die in §§ 304 bis 306 SGB III genannten Behörden (BA, Behörden der Zollverwaltung, Sozialhilfeträger, Träger der Kranken-, Unfall- und RV, Finanzbehörden, Behörden, die für den Arbeitsschutz bzw. das Gesetz zur Bekämpfung der Schwarzarbeit zuständig sind, ua.) das Recht zur Einsichtnahme in die in Abs. 2 Satz 1 genannten Unterlagen. Gem. Abs. 2 Satz 2, der auf § 308 Abs. 3 SGB III verweist, ist die jeweils zuständige Behörde, ggf. auch die Ausländerbehörde zu unterrichten. Nach Abs. 2 Satz 3 kann auch eine Zusammenarbeit mit ausländischen Behörden erfolgen (vgl. auch § 4 der Richtlinie 96/71); der Datenschutz ist nach Abs. 2 Satz 4 eingeschränkt.

4 **III. Pflichten des ArbGeb.** Den ArbGeb, die ArbN und ggf. auch angetroffene Dritte treffen gem. Abs. 2 Satz 1 die Mitwirkungspflichten aus § 306 Abs. 1 SGB III und die Aufzeichnungs- und Bereithaltungspflichten aus Abs. 2a und 3. Zu den Unterlagen, die der ArbGeb vorzulegen hat, gehören die Niederschriften über die Arbeitsbedingungen nach § 2 NachwG und § 11 Abs. 1 AÜG, Lohnlisten, Kontrolllisten, Urlaubspläne, Arbeitszeitnachweise u.Ä. Die Behörde muss anhand der Unterlagen in der Lage sein, das reine Mindestentgelt (vgl. Rz. 2) zu ermitteln. Zu den Unterlagen gehören weiter Belege über die Überweisung von Beiträgen zu den Sozialkassen.

5 Die Vorschriften sind unter Berücksichtigung der Rspr. des EuGH gemeinschaftsrechtskonform, dh. unter Berücksichtigung der Dienstleistungsfreiheit des ArbGeb gem. Art. 49 EGV, auszulegen, vgl. Vorb. Rz. 21. Entsprechende Anordnungen der Behörden sind daher nur zulässig, wenn sie zum Schutz der ArbN geeignet und erforderlich sind. Legt das in einem anderen Mitgliedstaat ansässige Unternehmen die Unterlagen vor, welche es nach dem Recht seines Niederlassungsstaates über das Arbeitsverhältnis ohnehin führen muss, und genügen diese Unterlagen bereits, um den Schutz des ArbN sicherzustellen, können durch deutsche Behörden keine weiteren Unterlagen verlangt werden. Auf die Anordnung, die Unterlagen in deutscher Sprache vorzulegen[2], ist jedenfalls zu verzichten, wenn innerhalb der Behörde sprachkundige Mitarbeiter vorhanden sind.

3 *[Anmeldung]*
(1) Soweit die Rechtsnormen eines für allgemein verbindlich erklärten Tarifvertrages nach § 1 Abs. 1, 2a oder 3 oder einer Rechtsverordnung nach § 1 Abs. 3a auf das Arbeitsverhältnis Anwendung finden, ist ein Arbeitgeber mit Sitz im Ausland, der einen oder mehrere Arbeitnehmer innerhalb des Geltungsbereichs dieses Gesetzes beschäftigt, verpflichtet, vor Beginn jeder Bauleistung eine schriftliche Anmeldung in deutscher Sprache bei der zuständigen Behörde der Zollverwaltung vorzulegen, die die für die Prüfung wesentlichen Angaben enthält. Wesentlich sind die Angaben über

1. Namen, Vornamen und Geburtsdaten der von ihm im Geltungsbereich dieses Gesetzes beschäftigten Arbeitnehmer,
2. Beginn und voraussichtliche Dauer der Beschäftigung,

---

1 BayObLG v. 28.5.2002 – 3 ObOWi 29/02 und 27.11.2002 – 3 ObOWi 93/02, AP Nr. 10 und 13 zu § 1 AEntG.
| 2 Zu entsprechenden Bedenken der Kommission *Ulber*, § 2 AEntG Rz. 1.

3. den Ort der Beschäftigung (Baustelle),

4. den Ort im Inland, an dem die nach § 2 Abs. 3 erforderlichen Unterlagen bereitgehalten werden,

5. Name, Vorname, Geburtsdatum und Anschrift in Deutschland des verantwortlich Handelnden,

6. Name, Vorname und Anschrift in Deutschland eines Zustellungsbevollmächtigten, soweit dieser nicht mit dem in Nummer 5 genannten verantwortlich Handelnden identisch ist.

(2) Überlässt ein Verleiher mit Sitz im Ausland einen oder mehrere Arbeitnehmer zur Arbeitsleistung einem Entleiher im Geltungsbereich dieses Gesetzes, so hat er unter den Voraussetzungen des Absatzes 1 Satz 1 vor Beginn jeder Bauleistung der zuständigen Behörde der Zollverwaltung schriftlich eine Anmeldung in deutscher Sprache mit folgenden Angaben zuzuleiten:

1. Namen, Vornamen und Geburtsdaten der von ihm in den Geltungsbereich dieses Gesetzes überlassenen Arbeitnehmer,

2. Beginn und Dauer der Überlassung,

3. Ort der Beschäftigung (Baustelle),

4. den Ort im Inland, an dem die nach § 2 Abs. 3 erforderlichen Unterlagen bereitgehalten werden,

5. Name, Vorname und Anschrift in Deutschland eines Zustellungsbevollmächtigten,

6. Name und Anschrift des Entleihers. In dem Vertrag zwischen Verleiher und Entleiher kann vorgesehen werden, dass nach der ersten Meldung des Verleihers eintretende Änderungen bezüglich des Ortes der Beschäftigung von dem Entleiher zu melden sind.

(3) Der Arbeitgeber oder der Verleiher hat der Anmeldung eine Versicherung beizufügen, dass er die in § 1 vorgeschriebenen Arbeitsbedingungen einhält.

(4) Die zuständige Behörde der Zollverwaltung im Sinne des Absatzes 1 und 2 unterrichtet die zuständigen Finanzämter.

I. Normzweck. Im Bereich der Bauwirtschaft werden Bauleistungen oft nur über kurze Zeiträume erbracht. Die in der Vorschrift begründete Anmeldepflicht erleichtert damit den Aufsichtsbehörden die Überwachung der Mindestarbeitsbedingungen gem. §§ 1 und 2. Die Versicherung in Abs. 3 soll dem ArbGeb seine Pflichten vor Augen führen. Abs. 4 ermöglicht die Information anderer Prüfungsbehörden. Die Kommission plant, die als unverhältnismäßig eingestuften Verfahrensanforderungen zu erleichtern[1]. 1

II. Anwendungsbereich. Die Vorschrift kommt nur zu Anwendung, wenn **Bauleistungen grenzüberschreitend** erbracht werden. Sie gilt nur für ArbGeb bzw. Verleiher mit Sitz im Ausland; ein Verstoß gegen das Diskriminierungsverbot des Art. 49 EGV soll dadurch nicht begründet werden (vgl. Vorb. Rz. 22). Für die Meldpflicht des Verleihers nach Abs. 2 ist es gleichgültig, ob sich der Sitz des Entleihers im In- oder Ausland befindet. Nach einer entsprechenden Entscheidung des BSG[2] wurde der Wortlaut dahingehend eingeschränkt, dass nur Arbeitsverhältnisse anzumelden sind, auf welche ein für allgemeinverbindlich erklärter TV oder eine RechtsVO nach § 1 Anwendung finden, die einen Mindestlohn oder andere Mindestbedingungen vorsehen (Vorb. Rz. 22). Die Meldepflichten nach § 8 AÜG bleiben unberührt. Abzulehnen ist die Ansicht des OLG Karlsruhe, nach der die Meldpflicht entfallen soll, wenn der ausländische Verleiher nach eigener Prüfung mit Recht zu dem Ergebnis kommt, dass im konkreten Fall keine Mindestarbeitsbedingungen bei Entsendung von ArbN in den Geltungsbereich des AEntG einzuhalten sind[3]. 2

4 [Zustellung]

Für die Anwendung dieses Gesetzes gilt die im Inland gelegene Baustelle als Geschäftsraum und der mit der Ausübung des Weisungsrechts des Arbeitgebers Beauftragte als Gehilfe im Sinne des § 11 Abs. 3 des Verwaltungszustellungsgesetzes

Normzweck. Die Vorschrift erleichtert die Zustellung von Schriftstücken, insb. wenn die Meldung nach § 3 Abs. 1 Satz 2 Nr. 5 und 6 nicht erfolgt ist; sie gilt nur im Baubereich. 1

5 [Ordnungswidrigkeiten; Sanktionen]

(1) Ordnungswidrig handelt, wer vorsätzlich oder fahrlässig

1. entgegen § 1 Abs. 1 Satz 2 oder Abs. 3a Satz 5 als Arbeitgeber mit Sitz im Ausland oder entgegen § 1 Abs. 1 Satz 3 oder Abs. 3a Satz 4 als Arbeitgeber mit Sitz im Inland einem Arbeitnehmer eine dort genannte Arbeitsbedingung nicht gewährt,

1a. entgegen § 1 Abs. 2a den vorgeschriebenen Mindestlohn nicht zahlt,

---

1 Vgl. den Vorschlag der Kommission für eine Richtlinie über Dienstleistungen im Binnenmarkt. | 2 BSG v. 6.3.2003 – B 11 AL 27/02 R, SozR 4-7822 Nr. 1 zu § 3 AEntG; dazu *Kingreen*, SGb 2004, 127. | 3 OLG Karlsruhe v. 25.7.2001 – 3 Ss 159/00, wistra 2001, 477. Hier hätte ein Verbotsirrtum (vgl. § 5 Rz. 2) näher gelegen.

2. entgegen § 1 Abs. 3 Satz 2 oder Abs. 3a Satz 5 als Arbeitgeber mit Sitz im Ausland oder entgegen § 1 Abs. 3 Satz 3 oder Abs. 3a Satz 4 als Arbeitgeber mit Sitz im Inland einen Beitrag nicht leistet,

3. entgegen § 2 Abs. 2 Satz 1, auch in Verbindung mit § 306 Abs. 1 des Dritten Buches Sozialgesetzbuch, eine Prüfung nicht duldet, bei einer Prüfung nicht mitwirkt, eine genannte Unterlage nicht oder nicht vollständig vorlegt, eine Auskunft über Tatsachen, die darüber Aufschluss geben, ob die Arbeitsbedingungen nach § 1 eingehalten werden, nicht, nicht richtig oder nicht vollständig erteilt, entgegen § 2 Abs. 2 Satz 1 in Verbindung mit § 306 Abs. 1 des Dritten Buches Sozialgesetzbuch das Betreten eines Grundstückes oder eines Geschäftsraumes nicht duldet, entgegen § 2 Abs. 2 Satz 1 in Verbindung mit § 306 Abs. 2 Satz 1 des Dritten Buches Sozialgesetzbuch die erforderlichen Daten nicht oder nicht vollständig zur Verfügung stellt, entgegen § 2 Abs. 2a eine Aufzeichnung nicht, nicht richtig oder nicht vollständig erstellt oder nicht oder nicht mindestens zwei Jahre aufbewahrt, entgegen § 2 Abs. 3 eine Unterlage nicht, nicht in deutscher Sprache, nicht für die vorgeschriebene Dauer oder entgegen einem Verlangen der Prüfbehörde nicht auf der Baustelle bereithält oder entgegen § 3 die Anmeldung oder die Versicherung gegenüber der zuständigen Behörde der Zollverwaltung nicht, nicht richtig, nicht vollständig oder nicht rechtzeitig vorlegt.

(2) Ordnungswidrig handelt, wer Bauleistungen im Sinne des § 211 Abs. 1 des Dritten Buches Sozialgesetzbuch in erheblichem Umfang ausführen lässt, indem er als Unternehmer einen anderen Unternehmer beauftragt, von dem er weiß oder fahrlässig nicht weiß, dass dieser bei der Erfüllung dieses Auftrags

1. gegen § 1 verstößt oder

2. einen Nachunternehmer einsetzt oder zulässt, dass ein Nachunternehmer tätig wird, der gegen § 1 verstößt.

(3) Die Ordnungswidrigkeit kann in den Fällen des Absatzes 1 Nr. 1, 1a und 2 sowie des Absatzes 2 mit einer Geldbuße bis zu fünfhunderttausend Euro, in den Fällen des Absatzes 1 Nr. 3 mit einer Geldbuße bis zu fünfundzwanzigtausend Euro geahndet werden.

(4) Verwaltungsbehörden im Sinne des § 36 Abs. 1 Nr. 1 des Gesetzes über Ordnungswidrigkeiten sind die in § 2 Abs. 1 genannten Behörden.

(5) Die Geldbußen fließen in die Kasse der Verwaltungsbehörde, die den Bußgeldbescheid erlassen hat. Für die Vollstreckung zugunsten der Behörden des Bundes und der unmittelbaren Körperschaften und Anstalten des öffentlichen Rechts sowie für die Vollziehung des dinglichen Arrestes nach § 111d der Strafprozessordnung in Verbindung mit § 46 des Gesetzes über Ordnungswidrigkeiten durch die in § 2 Abs. 1 genannten Behörden gilt das Verwaltungs-Vollstreckungsgesetz. Die nach Satz 1 zuständige Kasse trägt abweichend von § 105 Abs. 2 des Gesetzes über Ordnungswidrigkeiten die notwendigen Auslagen; sie ist auch ersatzpflichtig im Sinne des § 110 Abs. 4 des Gesetzes über Ordnungswidrigkeiten.

(6) Die Behörden der Zollverwaltung unterrichten das Gewerbezentralregister über rechtskräftige Bußgeldentscheidungen nach den Absätzen 1 bis 3, sofern die Geldbuße mehr als zweihundert Euro beträgt.

(7) Gerichte und Staatsanwaltschaften sollen den nach diesem Gesetz zuständigen Behörden Erkenntnisse übermitteln, die aus ihrer Sicht zur Verfolgung von Ordnungswidrigkeiten nach den Absätzen 1 und 2 erforderlich sind, soweit nicht für das Gericht oder die Staatsanwaltschaft erkennbar ist, dass schutzwürdige Interessen des Betroffenen oder anderer Verfahrensbeteiligter an dem Ausschluss der Übermittlung überwiegen. Dabei ist zu berücksichtigen, wie gesichert die zu übermittelnden Erkenntnisse sind.

I. Normzweck. Verstöße gegen Bestimmungen des AEntG sind in der Praxis besonders häufig. Aus diesem Grunde begründet die Vorschrift einen umfangreichen Katalog von Ordnungswidrigkeiten bei Verstößen gegen §§ 1, 2 und 3. Abs. 2 schafft auch für den Generalunternehmer einen Bußgeldtatbestand. Verstöße gegen zwingende Arbeitsbedingungen nach § 7 stellen demgegenüber keine Ordnungswidrigkeit dar. Neben der Vorschrift kommt in den Fällen der Beschäftigung von Ausländern ohne Genehmigung (vgl. Vorb. Rz. 2) eine Ordnungswidrigkeit gem. § 404 Abs. 1 Nr. 2, Abs. 2 Nr. 2 bis 5 SGB III bzw. eine Straftat nach §§ 406, 407 SGB III in Betracht.

II. Allgemeines. Ordnungswidrigkeiten können gem. § 10 OWiG durch **vorsätzliches** sowie **fahrlässiges** Handeln begangen werden, soweit das Gesetz fahrlässiges Handeln ausdrücklich mit Geldbuße bedroht. In Abs. 1 und 2 erstreckt die Vorschrift den Anwendungsbereich auf Fahrlässigkeit. Der Täter kann sich gem. § 11 Abs. 1 OWiG auf einen Tatbestandsirrtum bzw. gem. § 11 Abs. 2 OWiG auf einen Verbotsirrtum berufen. Er handelte nicht schuldhaft, wenn der Verbotsirrtum unvermeidbar war, was bei Verstößen gegen §§ 1, 2 und 3 AEntG jedoch regelmäßig zu verneinen ist[1]. Auf einen Tatbestands-

---

[1] Einen Verbotsirrtum für einen kleineren, inländischen ArbGeb nimmt das BayObLG in seinem Urteil v. 13.10.1999 – 3 ObOWi 88/99, DB 2000, 231, an; anders OLG Brandenburg v. 3.4.2003 – 2 Ss (OWi) 158 B/02, IBR 2003, 510: Erkundigungspflicht eines kleineren Unternehmers.

irrtum kann sich der Generalunternehmer im Falle des Abs. 2 nicht berufen, wenn er konkrete Anhaltspunkte dafür hatte, dass der Subunternehmer gegen die Vorschriften des AEntG verstoßen könnte.

Beschäftigt ein Unternehmer an einem Tag mehrere ArbN unter Verstoß gegen Vorschriften des § 1, liegt in der Regel **Tateinheit** gem. § 19 OWiG vor. Zu prüfen ist, ob der Einsatz der ArbN auf einem oder mehreren Entschlüssen des Täters beruht[1]. Bei unterschiedlichen Verstößen gegen § 1 und § 2 bzw. 3 ist dagegen in der Regel Tatmehrheit (§ 20 OWiG) gegeben[2], so dass für jede Ordnungswidrigkeit gesondert eine Geldbuße festzusetzen ist.

III. Ordnungswidrigkeit des ArbGeb bzw. sonstiger Auskunftspflichtiger (Abs. 1). Täter nach Abs. 1 Nr. 1, 1a und 2 ist der ArbGeb. Handelt es sich um eine juristische Person, eine Personenhandelsgesellschaft oder eine nicht geschäftsfähige natürliche Person gilt § 9 Abs. 1 OWiG, dh. als Täter kommt der Vertreter in Betracht. Nach § 9 Abs. 2 OWiG kann Täter darüber hinaus eine beauftragte Person sein, wenn sie mit der Leitung des Betriebs, eines Betriebsteils oder mit der Erfüllung bestimmter Pflichten beauftragt ist. In den Fällen des Abs. 1 Nr. 3 können auch weitere Personen Täter sein, soweit sie Auskunfts- oder Mitwirkungspflichten nach § 2 Abs. 2 treffen.

IV. Ordnungswidrigkeit des Auftraggebers (Abs. 2). Nach Abs. 2 kommt als Täter auch ein Auftraggeber in Betracht, der Bauleistungen in erheblichem Umfang ausführen lässt. Von einem erheblichen Umfang ging die früher zuständige BA bereits bei einem Auftragsvolumen von 10.000 Euro aus. Zum Tatbestandsirrtum oben Rz. 2.

V. Zumessung der Geldbuße (Abs. 3). Die Geldbuße kann in den Fällen des Abs. 1 Nr. 1, 1a und 2 und des Abs. 2 500.000 Euro erreichen. Bei der Zumessung ist § 17 OWiG zu beachten. Nach § 17 Abs. 2 OWiG kann bei Fahrlässigkeit nur die Hälfte des angedrohten Höchstbetrages verhängt werden. Gem. § 17 Abs. 3 OWiG sind der Vorwurf, den der Täter trifft, seine wirtschaftlichen Verhältnisse sowie die Bedeutung der Ordnungswidrigkeit zu berücksichtigen. Dies verlangt eine Einzelfallbetrachtung. Nach § 17 Abs. 4 OWiG soll die Geldbuße den wirtschaftlichen Vorteil, den der Täter aus der Ordnungswidrigkeit gezogen hat, übersteigen. Dabei kann sogar das gesetzliche Höchstmaß überschritten werden.

Der wirtschaftliche Gewinn setzt sich zusammen aus der Differenz zwischen dem gezahlten Lohn und dem geschuldeten Mindestentgelt und dem Marktvorteil, den der Unternehmer erlangt hat. Dabei hielt die nach alter Rechtslage zuständige BA eine Orientierung an 20 % des Unternehmergewinns für zulässig. In den Fällen des Abs. 2 nannte die BA im Falle eines Auftragsvolumens von 10.000 bis 25.000 Euro eine Geldbuße in Höhe von 2/5 des Volumens als Richtwert für angemessen. Im Falle eines höheren Volumens sollte die Geldbuße nicht höher als 30 % sein. In jedem Fall ist jedoch eine Einzelfallbetrachtung nach Maßgabe des § 17 Abs. 3 OWiG vorzunehmen.

6 [Ausschluss vom Wettbewerb]

Von der Teilnahme an einem Wettbewerb um einen Liefer-, Bau- oder Dienstleistungsauftrag der in § 98 des Gesetzes gegen Wettbewerbsbeschränkungen genannten Auftraggeber sollen Bewerber für eine angemessene Zeit bis zur nachgewiesenen Wiederherstellung ihrer Zuverlässigkeit ausgeschlossen werden, die wegen eines Verstoßes nach § 5 mit einer Geldbuße von wenigstens zweitausendfünfhundert Euro belegt worden sind. Das Gleiche gilt auch schon vor Durchführung eines Bußgeldverfahrens, wenn im Einzelfall angesichts der Beweislage kein vernünftiger Zweifel an einer schwerwiegenden Verfehlung nach Satz 1 besteht. Die für die Verfolgung und Ahndung der Ordnungswidrigkeiten nach § 5 zuständigen Behörden dürfen den Vergabestellen auf Verlangen die erforderlichen Auskünfte geben. Die Vergabestelle fordert im Rahmen ihrer Tätigkeit beim Gewerbezentralregister Auskünfte über rechtskräftige Bußgeldentscheidungen wegen einer Ordnungswidrigkeit nach § 5 Abs. 1 oder 2 an oder verlangt von Bewerbern die Vorlage entsprechender Auskünfte aus dem Gewerbezentralregister, die nicht älter als drei Monate sein dürfen.

Norminhalt. Die Vorschrift sanktioniert Unternehmer bei erheblichen Verstößen gegen das AEntG, die Ordnungswidrigkeiten nach § 5 darstellen, zusätzlich mit einem Ausschluss vom Wettbewerb um öffentliche Liefer-, Bau- oder Dienstleistungsaufträge. Die Vorschrift durchbricht damit den vergaberechtlichen Grundsatz, nach welchem das wirtschaftlichste Angebot den Zuschlag erhalten muss (§ 97 Abs. 5 GWB). Nach § 97 Abs. 4 GWB ist der Unternehmer von der Auftragsvergabe auszuschließen.

Ein **erheblicher Verstoß** liegt vor, wenn eine Geldbuße von mindestens 2.500 Euro verhängt wurde. Der angemessene Zeitraum, für den der Ausschluss erfolgt, sollte zwei Jahre idR nicht überschreiten[3]. Der Ausschluss kann nach Satz 2 auch bereits vor Durchführung des Bußgeldverfahrens erfolgen. Die Auskunftserteilung erfolgt nach Satz 3 nur auf ein Verlangen der Vergabebehörden.

---

1 BayObLG v. 29.6.1999 – 3 ObOWi 50/99, wistra 1999, 476. | 2 ErfK/*Schlachter*, § 5 AEntG Rz. 3. | 3 *Ulber*, § 6 AEntG Rz. 8.

7 [Zwingende Arbeitsbedingungen]

(1) Die in Rechts- oder Verwaltungsvorschriften enthaltenen Regelungen über

1. die Höchstarbeitszeiten und Mindestruhezeiten,
2. den bezahlten Mindestjahresurlaub,
3. die Mindestentgeltsätze einschließlich der Überstundensätze,
4. die Bedingungen für die Überlassung von Arbeitskräften, insbesondere durch Leiharbeitsunternehmen,
5. die Sicherheit, den Gesundheitsschutz und die Hygiene am Arbeitsplatz,
6. die Schutzmaßnahmen im Zusammenhang mit den Arbeits- und Beschäftigungsbedingungen von Schwangeren und Wöchnerinnen, Kindern und Jugendlichen und
7. die Gleichbehandlung von Männern und Frauen sowie andere Nichtdiskriminierungsbestimmungen finden auch auf ein Arbeitsverhältnis zwischen einem im Ausland ansässigen Arbeitgeber und seinem im Inland beschäftigten Arbeitnehmer zwingend Anwendung.

(2) Die Arbeitsbedingungen nach Absatz 1 Nr. 1 und 4 bis 7 betreffenden Rechtsnormen eines für allgemeinverbindlich erklärten Tarifvertrages nach § 1 Abs. 1 finden unter den dort genannten Voraussetzungen auch auf ein Arbeitsverhältnis zwischen einem Arbeitgeber mit Sitz im Ausland und seinem im räumlichen Geltungsbereich dieses Tarifvertrages beschäftigten Arbeitnehmer zwingend Anwendung.

1 **I. Entstehungsgeschichte und Norminhalt.** Die Vorschrift wurde durch das Gesetz zu Korrekturen in der SozV und zur Sicherung der ArbN-Rechte (vgl. Vorb. Rz. 1) in das Gesetz eingefügt, um Art. 3 Abs. 1 der Richtlinie 96/71 umzusetzen. Nach dieser Regelung müssen ArbN, welche von einem Unternehmen mit Sitz in einem Mitgliedstaat in einen anderen Mitgliedstaat entsandt werden, die Arbeits- und Beschäftigungsbedingungen des Aufnahmestaates gewährt werden.

2 § 7 legt damit sog. Eingriffsnormen nach Art. 34 EGBGB fest (vgl. Int. Arbeitsrecht Rz. 32 ff.). Diese finden auf das Arbeitsverhältnis stets Anwendung, unabhängig von der Rechtsordnung, der das Arbeitsverhältnis unterliegt. Viele der Normen, welche durch § 7 als Eingriffsnormen bestimmt werden, wurden bereits vor Schaffung der Norm als solche qualifiziert. Im Übrigen ist zu beachten, dass das auf das Arbeitsverhältnis anwendbare Recht auch noch durch andere Vorschriften überlagert werden kann (vgl. Int. Arbeitsrecht Rz. 28 ff.). Insgesamt unterliegen solche Arbeitsverhältnisse damit einem „Mischrecht", wobei durch Schaffung des § 7 der Anteil anzuwendenden deutschen Rechts gestiegen ist.

3 **II. Anwendungsbereich (Abs. 1).** Die Vorschrift gilt bei grenzüberschreitender Beschäftigung in **jedem Wirtschaftszweig**, dh. nicht nur, aber auch in der Bauwirtschaft. Sie ist nur auf ArbGeb mit Sitz im Ausland anwendbar, welche ArbN im Inland beschäftigen. Auf eine „Entsendung" kommt es nicht an, die Vorschrift ist auch anzuwenden, wenn der ArbGeb mit Sitz im Ausland im Inland sog. Ortskräfte anwirbt. Zur Auslegung des Begriffs „Arbeitsverhältnis" vgl. § 1 Rz. 2. Auf Staatsangehörigkeit oder Wohnsitz des ArbGeb oder des ArbN kommt es nicht an.

4 Die in Abs. 1 genannten Mindestarbeitsbedingungen können in Rechts- oder Verwaltungsvorschriften enthalten sein. Dazu gehören gesetzliche Regelungen, Rechtsverordnungen, Verwaltungsvorschriften oder Runderlasse der BA. Nicht erfasst sind (für allgemeinverbindlich erklärte) TV (vgl. aber Rz. 6) oder BV.

5 Unter Abs. 1 **Nr. 1** fallen insb. die entsprechenden Bestimmungen des ArbZG und des LSchlG. **Nr. 2** erfasst den Mindesturlaub nach § 3 BUrlG und § 125 SGB IX bzw. nach den Zusatzurlaub gewährenden Landesgesetzen sowie das Mindesturlaubsentgelt nach § 11 Abs. 1 Satz 1 BUrlG. **Nr. 3** bezieht sich auf die Mindestentgeltsätze, doch sieht die deutsche Rechtsordnung Mindestlöhne nicht vor. Eine Anknüpfung wäre im Bereich des § 10 BBiG sowie an die Rspr. zum Lohnwucher (vgl. § 611 BGB Rz. 82) möglich[1]. Die Tatsache, dass die deutsche Rechtsordnung insoweit keine ausdrückliche Regelung bereithält, begründet keinen Verstoß gegen die Pflicht, Art. 3 der Richtlinie 96/71 umzusetzen[2]. Denn Art. 3 der Richtlinie fordert die Mitgliedstaaten lediglich auf, die Arbeitsbedingungen zu garantieren, die einheimischen ArbN zugute kommen. Die Mitgliedstaaten sind nicht verpflichtet, neue Arbeitsbedingungen erst zu schaffen. Unter den Bedingungen für die Überlassung von ArbN in **Nr. 4** sind sowohl die arbeitsrechtlichen, wie die gewerbe-, vermittlungs- und erlaubnisrechtlichen Bestimmungen zur AÜ zu verstehen. Die Norm ist nicht auf die gewerbsmäßige AÜ beschränkt[3]. Die Normen des Arbeitsschutzes ieS, die **Nr. 5** erfasst, galten auch schon vor Schaffung der Vorschrift als Eingriffsnormen iSd. Art. 34 EGBGB. **Nr. 6** bezieht sich insb. auf die Schutzvorschriften des MuSchG und des JArbSchG (vgl. insoweit bereits Int. Arbeitsrecht Rz. 35). **Nr. 7** erstreckt den Anwendungsbereich auf Nichtdiskriminierungsbestimmungen wie §§ 611a, 611b, 612 Abs. 3 BGB. Auch die zur Umsetzung der Richtlinie 2000/43 zur Anwendung des Gleichbehandlungsgrundsatzes ohne Unterschied der Rasse oder ethnischen Herkunft und der Richtlinie 2000/78 zur Festlegung eines allgemeinen Rahmens für

---

[1] ErfK/*Schlachter*, § 7 AEntG Rz. 2.   [2] So aber *Ulber*, § 7 AEntG Rz. 14.   [3] *Ulber*, § 7 AEntG Rz. 16.

die Verwirklichung der Gleichbehandlung in Beschäftigung und Beruf (Europ. Arbeitsrecht Art. 141 EGV Rz. 61 ff.) zu schaffenden Vorschriften werden hierunter fallen.

III. Arbeitsbedingungen bei grenzüberschreitenden Bauleistungen (Abs. 2). Bei grenzüberschreitenden Bauleistungen soll nach Art. 3 Abs. 1 Satz 1, 2. Spiegelstrich der Richtlinie 96/71 die Mindestarbeits- und Beschäftigungsbedingungen auch durch TV festgelegt werden können. Für das Mindestentgelt und den bezahlten Mindesturlaub wurde diese Bestimmung durch § 1 Abs. 1 und 3 umgesetzt; § 7 Abs. 1 Nr. 2 und 3 finden daher keine Anwendung, solange entsprechende tarifliche Bestimmungen bestehen. Darüber hinaus gewährt Abs. 2 den ArbN des Bausektors die in einem allgemeinverbindlichen TV zugesagten Arbeitsbedingungen, die in die Bereiche die, Abs. 1 Nr. 1 und 4 bis 7 aufzählt (vgl. auch § 1 Rz. 2). Fehlen entsprechende Bedingungen in den TV, greift Abs. 1 Nr. 1 und 4 bis 7 ein.

8 *[Klagemöglichkeit]*
Ein Arbeitnehmer, der in den Geltungsbereich dieses Gesetzes entsandt ist oder war, kann eine auf den Zeitraum der Entsendung bezogene Klage auf Gewährung der Arbeitsbedingungen nach §§ 1, 1a und 7 auch vor einem deutschen Gericht für Arbeitssachen erheben. Diese Klagemöglichkeit besteht auch für eine gemeinsame Einrichtung der Tarifvertragsparteien nach § 1 Abs. 3 in Bezug auf die ihr zustehenden Beiträge.

Norminhalt. Art. 6 der Richtlinie 96/71 fordert, dass der ArbN die ihm aufgrund der Richtlinie gewährten Arbeits- und Beschäftigungsbedingungen vor einem Gericht des Aufnahmestaates einklagen kann. Diese Klagemöglichkeit wäre ohne Einfügung des § 8 in Deutschland regelmäßig nicht gegeben, da nach den allgemeinen Vorschriften über die internationale Zuständigkeit (vgl. Int. Arbeitsrecht Rz. 3 f.) die deutschen Gerichte regelmäßig nicht zuständig gewesen wären[1]. § 8 begründet auch die sachliche Zuständigkeit der ArbG, und zwar auch für Ansprüche aus der in § 1a normierten Bürgenhaftung[2]. Daneben hat der Betroffene die Möglichkeit, eine Klage im Ausland nach den dort geltenden Regelungen über die internationale Zuständigkeit zu erheben.

Klagebefugt sind die in die Bundesrepublik Deutschland entsandten ArbN sowie gem. Satz 3 die gemeinsamen Einrichtungen der TV-Parteien wegen Ansprüchen nach § 1 Abs. 3. Für Klagen der ULAK (§ 1 Rz. 10) nach § 1a AEntG ist örtlich ausschließlich das ArbG Wiesbaden zuständig[3].

9 *[In-Kraft-Treten]*
Dieses Gesetz tritt am 1. März 1996 in Kraft.

---

1 ArbG Wiesbaden v. 7.10.1997 – 8 Ca 1172/97, AP Nr. 3 zu Art. 5 Brüsseler Abkommen. Jetzt dagegen LAG Frankfurt v. 17.8.1998 – 16 Sa 2329/97, ArbuR 1999, 146. |2 BAG v. 11.9.2002 – 9 AZR 3/02, AP Nr. 82 zu § 2 ArbGG 1979. |3 ArbG Hannover v. 17.9.2003 – 12 Ca 472/03, noch nv.

Arbeitsgerichtsgesetz

in der Fassung der Bekanntmachung vom 2.7.1979 (BGBl. I S. 853, 1036),
zuletzt geändert durch Verordnung vom 25.11.2003 (BGBl. I S. 2304)

Erster Teil. Allgemeine Vorschriften

1 *Gerichte für Arbeitssachen*
Die Gerichtsbarkeit in Arbeitssachen – §§ 2 bis 3 – wird ausgeübt durch die **Arbeitsgerichte** – §§ 14 bis 31 –, die **Landesarbeitsgerichte** – §§ 33 bis 39 – und das **Bundesarbeitsgericht** – §§ 40 bis 45 – (Gerichte für Arbeitssachen).

1 **I. Allgemeines.** Die Gerichtsbarkeit in Arbeitssachen wird durch die Vorschrift den Gerichten für Arbeitssachen in ausschließlicher Zuständigkeit zugewiesen. Was Arbeitssachen sind, wird in §§ 2 Abs. 1–3, 2a Abs. 1 und 3 festgelegt. Des Weiteren wird ein dreistufiger Aufbau für die Gerichte für Arbeitssachen festgeschrieben. Näheres zum Aufbau findet sich in §§ 14-31 für die ArbG, in §§ 33-39 für die LAG und in §§ 40-5 für das BAG.

2 Mit der Neufassung von § 48 und der in Bezug genommenen §§ 17–17b GVG durch das 4. VwGO-Änderungsgesetz vom 17.12.1990[1] hat der Gesetzgeber die Gleichwertigkeit aller Rechtswege verwirklicht. Zu diesen zählt auch die Arbeitsgerichtsbarkeit. Seitdem bildet die Arbeitsgerichtsbarkeit auch im Verhältnis zur ordentlichen Gerichtsbarkeit nicht eine andere sachliche Zuständigkeit, sondern einen eigenen Rechtsweg[2]. Ob es dabei bleibt, ist zweifelhaft. Die Herbstkonferenz der Justizministerinnen und Justizminister hat am 6.11.2003 beschlossen, „in einem 1. Schritt ... Vorschläge zur Errichtung einer einheitlichen öffentlichrechtlichen Fachgerichtsbarkeit" zu erarbeiten. Gegenstand der Diskussion war auch eine Zusammenlegung der Arbeitsgerichtsbarkeit mit der ordentlichen Gerichtsbarkeit.

3 **II. Deutsche Gerichtsbarkeit. 1. Territorialprinzip.** Der deutschen Gerichtsbarkeit unterliegen nach dem Territorialitätsprinzip alle natürlichen und juristischen Personen auf deutschem Staatsgebiet, damit Inländer wie Ausländer. Dem Staat steht diesen Personen gegenüber die hoheitliche Befugnis zur Ausübung der Rechtspflege, die sog. Gerichtshoheit zu, die auch mit dem Begriff der Gerichtsbarkeit bezeichnet wird. In diesem Sinne meint deutsche Gerichtsbarkeit den räumlichen und vor allem den persönlichen Umfang der Gerichtshoheit der Bundesrepublik Deutschland.

4 **2. Ausnahmen.** Grundsätzlich untersteht der gesamte Staatsraum der Bundesrepublik Deutschland ihrer Gerichtsbarkeit. Abweichungen können sich aber aus völkerrechtlichen Vereinbarungen ergeben[3]. In sog. **Exterritorialität** sind zB Gebäude, in denen diplomatische Missionen oder Konsuln tätig sind, von der deutschen Gerichtsbarkeit ausgenommen (§§ 18 und 19 GVG).

5 Für bestimmte Personen bestehen Ausnahmen von der deutschen Gerichtsbarkeit, sog. **Exemtionen**, insb. nach §§ 18, 19 GVG iVm. völkerrechtlichen Vereinbarungen. Die deutsche Gerichtsbarkeit erstreckt sich ferner nach § 20 Abs. 2 GVG nicht auf Personen, die gemäß den allgemeinen Regeln des Völkerrechts, auf Grund völkerrechtlicher Vereinbarungen oder sonstiger Rechtsvorschriften von ihr befreit sind. Nach allgemeinem Völkergewohnheitsrecht, bei dem es sich um bindendes Bundesrecht handelt (Art. 25 GG), sind Staaten der Gerichtsbarkeit anderer Staaten nicht unterworfen (sog. **Immunität**), soweit ihre hoheitliche Tätigkeit von einem Rechtsstreit betroffen ist. Dagegen besteht keine Regel des Völkerrechts, nach der die inländische Gerichtsbarkeit für Klagen in Bezug auf ihre nichthoheitliche Tätigkeit ausgeschlossen wäre[4]. Maßgebend für die Unterscheidung zwischen hoheitlicher und nicht hoheitlicher Staatstätigkeit ist nicht deren Form, Motiv oder Zweck, sondern die Natur der umstrittenen staatlichen Handlung bzw. der streitigen Rechtsverhältnisses. Dabei ist die Qualifikation mangels völkerrechtlicher Abgrenzungskriterien grundsätzlich nach nationalem Recht vorzunehmen[5]. Entscheidend kommt es darauf an, ob es sich um typisches Verhalten der Staatsgewalt handelt. Der auswärtige Staat soll im Kernbereich seiner diplomatischen/konsularischen Tätigkeit nicht behindert werden. Daher ist ein ausländischer Staat hinsichtlich arbeitsrechtlicher Bestandsstreitigkeiten mit Konsulatsangestellten, die nach dem Inhalt ihres Arbeitsverhältnisses originär konsularische (hoheitli-

---

1 BGBl. I S. 2809. | 2 BAG v. 26.3.1992 – 2 AZR 443/91, NZA 1992, 954; v. 28.10.1997 – 9 AZB 35/97, NZA 1998, 219; v. 24.4.1996 – 5 AZB 25/95, NJW 1996, 2948; *Walker*, Der einstweilige Rechtsschutz, Rz. 734. | 3 *Schilken*, Zivilprozessrecht, 2. Aufl., Rz. 281. | 4 BVerfG v. 30.4.1963 – 2 BvM 1/62, BVerfGE 16, 27; v. 13.12.1977 – 2 BvM 1/76, BVerfGE 46, 342; BAG v. 3.7.1996 – 2 AZR 513/95, BAGE 83, 262; v. 20.11.1997 – 2 AZR 631/96, BAGE 87, 144; v. 23.11.2000 – 2 AZR 490/99, AP GVG § 20 Nr. 2; v. 25.10.2001 – 2 AZR 501/00, BB 2002, 787; v. 16.5.2002 – 2 AZR 688/00, AP Nr. 3 zu § 20 GVG. | 5 BVerfG v. 30.4.1963 – 2 BvM 1/62, BVerfGE 16, 27; v. 12.4.1983 – 2 BvR 678/81 ua., BVerfGE 64, 1; BAG v. 16.5.2002 – 2 AZR 688/00, AP Nr. 3 zu § 20 GVG.

che) Aufgaben wahrzunehmen haben, grundsätzlich nicht der deutschen Gerichtsbarkeit unterworfen[1]. Auch Pressearbeit/Öffentlichkeitsarbeit für einen Staat oder eine Behörde wird der hoheitlichen Tätigkeit zugeordnet[2]. Nach § 20 Abs. 2 GVG erstreckt sich die deutsche Gerichtsbarkeit nicht auf zwischenstaatliche Organisationen, soweit die aufgrund völkerrechtlicher Vereinbarungen vor ihr befreit sind[3]. Dagegen unterliegen ausländische Staaten in Bestandsschutzstreitigkeiten mit an ihren diplomatischen Vertretungen in Deutschland nach privatem Recht (Arbeitsrecht) beschäftigten Ortskräften, die keine hoheitlichen Aufgaben zu erfüllen haben, der deutschen Gerichtsbarkeit[4].

3. Truppen der Vertragsstaaten des Nordatlantischen Verteidigungsbündnisses. Der deutschen Gerichtsbarkeit unterliegen die zivilen Arbeitskräfte bei den in Deutschland stationierten Truppen der Vertragsstaaten des Nordatlantischen Verteidigungsbündnisses. Auf Seiten der Vertragsstaaten handelt in Prozessstandschaft die Bundesrepublik Deutschland[5]. Nicht der deutschen Gerichtsbarkeit unterfallen jedoch die Mitglieder des zivilen Gefolges[6] und die ihnen durch völkerrechtliche Abkommen gleichgestellten Personen[7]. Für Streitigkeiten über die Rechte der Betriebsvertretungen kann die deutsche Gerichtsbarkeit gegeben sein[8].

4. Kirchen, andere Religionsgesellschaften und deren Einrichtungen. Rechtsstreitigkeiten zwischen Bürgern und Kirchen, anderen Religionsgesellschaften und deren Einrichtungen, können im Grundsatz durch staatliche Gerichte entschieden werden. Insoweit gelten für Rechtsstreitigkeiten dieser Art keine Besonderheiten bezüglich des Rechtswegs zu den staatlichen Gerichten[9]. ArbN, die Ansprüche aus ihrem Arbeitsverhältnis mit Kirchen, anderen Religionsgesellschaften oder deren Einrichtungen geltend machen, können daher Rechtsschutz im staatlichen arbeitsgerichtlichen Verfahren beanspruchen. Soweit sich die Kirchen der Privatautonomie zur Begründung von Arbeitsverhältnissen bedienen, findet auf diese Arbeitsverhältnisse das staatliche Arbeitsrecht Anwendung. Staatliche ArbG sind deshalb auch zuständig für Kündigungsschutzprozesse dieser ArbN[10]. Insoweit kann das den Religionsgesellschaften nach Art. 140 GG iVm. Art. 137 Abs. 3 WRV eingeräumte Recht, ihre Angelegenheiten selbständig innerhalb der Schranken des für alle geltenden Gesetzes zu ordnen und zu verwalten, nur den Inhalt des anwendbaren materiellen Arbeitsrechts beeinflussen. Die Verfassungsgarantie des Selbstbestimmungsrechts der Religionsgesellschaften bleibt für die Gestaltung der Arbeitsverhältnisse von Bedeutung[11]. Das Selbstbestimmungsrecht der Kirchen und Religionsgesellschaften führt nur in Ausnahmefällen zu einer Einschränkung des staatlichen Rechtsschutzes. Ausgenommen von der staatlichen Gerichtsbarkeit sind innerkirchliche Maßnahmen, die im staatlichen Zuständigkeitsbereich keine unmittelbaren Rechtswirkungen entfalten. Bei diesen innerkirchlichen Angelegenheiten sind die Kirchen nicht an das für alle geltende Gesetz gebunden[12]. Zu dem innerkirchlichen Bereich, in dem staatliche Gerichtsbarkeit in das Selbstbestimmungsrecht der Kirchen nicht eingreifen kann, gehören vor allem geistlich-seelsorgerische Angelegenheiten, Maßnahmen der Kirchenverfassung und -organisation[13]. Nach Art. 137 Abs. 3 Satz 2 WRV gehört zum innerkirchlichen, nicht nachprüfbaren Bereich auch das kirchliche Ämterrecht. Jede Religionsgesellschaft verleiht ihre Ämter ohne Mitwirkung des Staates oder der bürgerlichen Gemeinde. Staatliche Gerichte dürfen die Besetzung kirchlicher Ämter nicht kontrollieren[14].

5. Besondere Sachentscheidungsvoraussetzung. Das Bestehen der deutschen Gerichtsbarkeit ist eine besondere Sachentscheidungsvoraussetzung im engeren Sinne (selbstständiges Hindernis prozessualer Art)[15], so dass bei ihrem Fehlen die Klage nicht zuzustellen, bei dennoch erfolgter Zustellung als unzulässig abzuweisen ist[16]. Darüber hinaus ist jede gerichtliche Handlung nicht nur anfechtbar, sondern nach der hM sogar nichtig[17]. Auf die Befreiung von der deutschen Gerichtsbarkeit kann verzichtet werden[18].

III. Internationale Zuständigkeit. Die internationale Zuständigkeit ist eine in jeder Instanz von Amts wegen zu prüfende Prozessvoraussetzung[19]. Sie folgt grundsätzlich aus der örtlichen Zuständigkeit. Im Verhältnis zu verschiedenen Mitgliedstaaten der europäischen Gemeinschaft ist (bis auf das Verhältnis zu Dänemark) die EuGVVO vom 22.12.2000[20] maßgeblich. Im Verhältnis zu den EFTA-Staaten richtet sich die internationale Zuständigkeit nach dem im Wesentlichen gleich lautenden Parallel-Übereinkommen von Lugano (LugÜ)[21] vom 16.9.1988. Für Klagen von in die Bundesrepublik entsand-

---

1 BAG v. 25.10.2001 – 2 AZR 501/00, BB 2002, 787; v. 16.5.2002 – 2 AZR 688/00, NZA 2002, 386. | 2 BAG v. 23.11.2000 – 2 AZR 490/99, AP Nr. 2 zu § 20 GVG. | 3 BAG v. 10.11.1993 – 7 AZR 600/92, EzAÜG § 1 ArbGG Nr. 1. | 4 BAG v. 20.11.1997 – 2 AZR 631/96, AP Nr. 1 zu § 18 GVG. | 5 GK-ArbGG/*Dörner*, § 1 Rz. 10; BAG v. 17.10.1990 – 2 AZR 645/89, juris. | 6 GK-ArbGG/*Dörner*, § 1 Rz. 10. | 7 BAG v. 30.4.1992 – 2 AZR 548/91, juris. | 8 BAG v. 12.2.1985 – 1 ABR 3/83, AP Nr. 1 zu Art. 1 NATO-Truppenstatut. | 9 BAG v. 11.3.1986 – 1 ABR 26/84, AP Nr. 25 zu Art. 140 GG. | 10 BAG v. 11.3.1986 – 1 ABR 26/84, AP Nr. 25 zu Art. 140 GG; v. 21.10.1982 – 2 AZR 591/80, AP Nr. 14 zu Art. 140 GG. | 11 BVerfG v. 4.6.1985 – 2 BvR 1703, 1718/83 und 2 BvR 856/83, NJW 1986, 367, 368. | 12 BVerfG v. 17.2.1965 – 1 BvR 732, 64, BVerfGE 18, 385, 387f.; v. 21.9.1976 – 2 BvR 350, 75, BVerfGE 42, 312, 334. | 13 BAG v. 11.3.1986 – 1 ABR 26/84, AP Nr. 25 zu Art. 140 GG. | 14 BAG v. 11.3.1986 – 1 ABR 26/84, AP Nr. 25 zu Art. 140 GG. | 15 BAG v. 30.4.1992 – 2 AZR 548/91, juris. | 16 Zur Abweisung als unzulässig BAG v. 23.11.2000 – 2 AZR 490/99, AP Nr. 2 zu § 20 GVG. | 17 *Schilken*, Zivilprozessrecht, Rz. 283 mwN. | 18 BAG v. 27.1.1988 – 7 ABR 30/87, juris. | 19 Schwab/Weth/*Walker*, § 48 ArbGG Rz. 13. | 20 VO (EG) Nr. 44/2001, ABl. L 12/1 v. 16.1.2001. | 21 BGBl. II 1994, 2658.

ArbGG § 2

ten ausländischen ArbN sowie von gemeinsamen Einrichtungen der TV-Parteien nach dem AEntG folgt die internationale Zuständigkeit deutscher ArbG aus § 8 AEntG[1]. Die internationale Zuständigkeit kann grundsätzlich unter den Voraussetzungen der §§ 38, 40 ZPO und der Art. 23 EuGVVO/17 EuGVÜ/Art. 17 LugÜ vereinbart und durch rügelose Einlassung des Beklagten begründet werden[2].

2 *Zuständigkeit im Urteilsverfahren*
(1) Die Gerichte für Arbeitssachen sind ausschließlich zuständig für

1. bürgerliche Rechtsstreitigkeiten zwischen Tarifvertragsparteien oder zwischen diesen und Dritten aus Tarifverträgen oder über das Bestehen oder Nichtbestehen von Tarifverträgen;
2. bürgerliche Rechtsstreitigkeiten zwischen tariffähigen Parteien oder zwischen diesen und Dritten aus unerlaubten Handlungen, soweit es sich um Maßnahmen zum Zwecke des Arbeitskampfs oder um Fragen der Vereinigungsfreiheit einschließlich des hiermit im Zusammenhang stehenden Betätigungsrechts der Vereinigungen handelt;
3. bürgerliche Rechtsstreitigkeiten zwischen Arbeitnehmern und Arbeitgebern
    a) aus dem Arbeitsverhältnis;
    b) über das Bestehen oder Nichtbestehen eines Arbeitsverhältnisses;
    c) aus Verhandlungen über die Eingehung eines Arbeitsverhältnisses und aus dessen Nachwirkungen;
    d) aus unerlaubten Handlungen, soweit diese mit dem Arbeitsverhältnis im Zusammenhang stehen;
    e) über Arbeitspapiere;
4. bürgerliche Rechtsstreitigkeiten zwischen Arbeitnehmern oder ihren Hinterbliebenen und
    a) Arbeitgebern über Ansprüche, die mit dem Arbeitsverhältnis in rechtlichem oder unmittelbar wirtschaftlichem Zusammenhang stehen;
    b) gemeinsamen Einrichtungen der Tarifvertragsparteien oder Sozialeinrichtungen des privaten Rechts über Ansprüche aus dem Arbeitsverhältnis oder Ansprüche, die mit dem Arbeitsverhältnis in rechtlichem oder unmittelbar wirtschaftlichem Zusammenhang stehen,
    soweit nicht die ausschließliche Zuständigkeit eines anderen Gerichts gegeben ist;
5. bürgerliche Rechtsstreitigkeiten zwischen Arbeitnehmern oder ihren Hinterbliebenen und dem Träger der Insolvenzsicherung über Ansprüche auf Leistungen der Insolvenzsicherung nach dem Vierten Abschnitt des Ersten Teils des Gesetzes zur Verbesserung der betrieblichen Altersversorgung;
6. bürgerliche Rechtsstreitigkeiten zwischen Arbeitgebern und Einrichtungen nach Nummer 4 Buchstabe b und Nummer 5 sowie zwischen diesen Einrichtungen, soweit nicht die ausschließliche Zuständigkeit eines anderen Gerichts gegeben ist;
7. bürgerliche Rechtsstreitigkeiten zwischen Entwicklungshelfern und Trägern des Entwicklungsdienstes nach dem Entwicklungshelfergesetz;
8. bürgerliche Rechtsstreitigkeiten zwischen den Trägern des freiwilligen sozialen Jahres und Helfern nach dem Gesetz zur Förderung eines freiwilligen sozialen Jahres und bürgerliche Rechtsstreitigkeiten zwischen den Trägern des freiwilligen ökologischen Jahres und Teilnehmern nach dem Gesetz zur Förderung eines freiwilligen ökologischen Jahres;
9. bürgerliche Rechtsstreitigkeiten zwischen Arbeitnehmern aus gemeinsamer Arbeit und aus unerlaubten Handlungen, soweit diese mit dem Arbeitsverhältnis im Zusammenhang stehen;
10. bürgerliche Rechtsstreitigkeiten zwischen behinderten Menschen im Arbeitsbereich von Werkstätten für behinderte Menschen und den Trägern der Werkstätten aus den in § 138 des Neunten Buches Sozialgesetzbuch geregelten arbeitnehmerähnlichen Rechtsverhältnissen.

(2) Die Gerichte für Arbeitssachen sind auch zuständig für bürgerliche Rechtsstreitigkeiten zwischen Arbeitnehmern und Arbeitgebern,
a) die ausschließlich Ansprüche auf Leistung einer festgestellten oder festgesetzten Vergütung für eine Arbeitnehmererfindung oder für einen technischen Verbesserungsvorschlag nach § 20 Abs. 1 des Gesetzes über Arbeitnehmererfindungen zum Gegenstand haben;
b) die als Urheberrechtsstreitsachen aus Arbeitsverhältnissen ausschließlich Ansprüche auf Leistung einer vereinbarten Vergütung zum Gegenstand haben.

(3) Vor die Gerichte für Arbeitssachen können auch nicht unter die Absätze 1 und 2 fallende Rechtsstreitigkeiten gebracht werden, wenn der Anspruch mit einer bei einem Arbeitsgericht anhängigen oder gleichzeitig anhängig werdenden bürgerlichen Rechtsstreitigkeit der in den Absätzen 1 und 2

---

[1] Vgl. dazu BAG v. 11.9.2002 – 5 AZB 3/02, DB 2003, 780. | [2] Ausf. Schwab/Weth/*Walker*, § 2 ArbGG Rz. 268 ff. u. § 48 Rz. 13.

bezeichneten Art in rechtlichem oder unmittelbar wirtschaftlichem Zusammenhang steht und für seine Geltendmachung nicht die ausschließliche Zuständigkeit eines anderen Gerichts gegeben ist.

(4) Auf Grund einer Vereinbarung können auch bürgerliche Rechtsstreitigkeiten zwischen juristischen Personen des Privatrechts und Personen, die kraft Gesetzes allein oder als Mitglieder des Vertretungsorgans der juristischen Person zu deren Vertretung berufen sind, vor die Gerichte für Arbeitssachen gebracht werden.

(5) In Rechtsstreitigkeiten nach diesen Vorschriften findet das Urteilsverfahren statt.

I. Allgemeines 1	dd) Streitigkeiten um öffentlich-rechtliche
1. Zulässigkeit des Rechtswegs 2	Arbeitspapiere 86
2. Enumerative und abschließende Aufzählung . 3	f) Streitigkeiten aus Zusammenhang mit
3. Ausschließliche, fakultative und erweiterte	Arbeitsverhältnis gegen Arbeitgeber 92
Zuständigkeit 5	aa) Parteien des Rechtsstreits 93
4. Rechtswegzuständigkeit für besondere Verfahrensarten 8	bb) Rechtlicher Zusammenhang 94
a) Urteils- und Wechselprozess 8	cc) Unmittelbar wirtschaftlicher Zusammenhang 95
b) Mahnverfahren 10	g) Streitigkeit gegen gemeinsame Einrichtung . 96
c) Arrest- und Verfügungsverfahren 11	aa) Gemeinsame Einrichtungen 97
d) Zwangsvollstreckungsverfahren 12	bb) Sozialeinrichtungen des privaten
5. Vorfragenprüfungskompetenz 14	Rechts 99
6. Rechtswegzuständigkeit für Widerklage . . 18	h) Streitigkeiten aus Insolvenzsicherung . . 102
7. Rechtswegzuständigkeit bei Aufrechnung . 19	i) Streitigkeiten von Arbeitgebern gegen Einrichtungen 105
II. Rechtswegzuständigkeit 20	j) Entwicklungshelferstreitigkeiten 108
1. Bürgerliche Streitigkeiten 20	k) Streitigkeiten der Beteiligten am sozialen
2. Abgrenzung zur Verwaltungsgerichtsbarkeit . 21	oder ökologischen Jahr 109
3. Abgrenzung zur Sozialgerichtsbarkeit . . . 23	l) Streitigkeiten zwischen Arbeitnehmern . . 112
4. Abgrenzung zur Finanzgerichtsbarkeit . . . 27	aa) Ansprüche aus gemeinsamer Arbeit . 115
5. Abgrenzung zur ordentlichen Gerichtsbarkeit 28	bb) Ansprüche aus unerlaubter Handlung . 116
6. Prüfung der Rechtswegzuständigkeit . . . 31	m) Streitigkeiten aus SGB IX 117
III. Fallgruppen der Rechtswegzuständigkeit . . 32	n) Arbeitnehmererfindung/Urheberrecht . . 118
1. Tarifvertragsstreitigkeit 32	aa) Vergütung für Arbeitnehmererfindung . 120
a) Bürgerliche Rechtsstreitigkeit 33	bb) Vergütung für technische Verbesserungsvorschläge 124
b) Parteien der Rechtsstreitigkeit 35	
c) Streitigkeiten aus Tarifverträgen 37	cc) Vergütungen in Urheberrechtssachen . 125
d) Streitigkeiten über das Bestehen/Nichtbestehen von Tarifverträgen 40	o) Zusammenhangsklagen 128
	aa) Arbeitsgerichtliche Streitigkeit als Hauptklage 130
e) Erweiterte Rechtskraftwirkung 41	bb) Anhängigkeit der Hauptklage 131
2. Arbeitskampfstreitigkeit 44	cc) Zusammenhangsklage 133
a) Bürgerliche Rechtsstreitigkeit 45	dd) Zusammenhangsklage durch Klagenhäufung oder Klageerweiterung 135
b) Unerlaubte Handlung 49	
c) Maßnahmen zum Zwecke des Arbeitskampfes . 50	ee) Parteien der Zusammenhangsklage . 136
d) Parteien der Arbeitskampfstreitigkeit . . 54	ff) Folgen der Zusammenhangszuständigkeit 137
3. Vereinigungsfreiheitsstreitigkeit 58	
a) Allgemeines 59	p) Streitigkeiten der Organvertreter 138
b) Vereinigungsfreiheit und Betätigungsrecht der Vereinigungen 60	IV. Örtliche Zuständigkeit 141
	1. Allgemeines 141
4. Streitigkeiten zwischen Arbeitnehmern und Arbeitgebern 65	2. Allgemeiner Gerichtsstand 142
	3. Besonderer Gerichtsstand 143
a) Streitigkeit aus dem Arbeitsverhältnis . 69	a) Erfüllungsort 143
b) Streitigkeit über das Bestehen oder Nichtbestehen eines Arbeitsverhältnisses . . . 74	b) Niederlassung 145
c) Streitigkeit über das Eingehen und Nachwirken eines Arbeitsverhältnisses 76	c) Unerlaubte Handlung 148
	d) Widerklage 149
d) Streitigkeit aus unerlaubter Handlung . 79	e) Geschlechtsbedingte Benachteiligung . . 150
e) Streitigkeit über Arbeitspapiere 82	f) Mehrere Gerichtsstände 151
aa) Arbeitspapiere 83	4. Gerichtsstandsvereinbarung 152
bb) Bürgerliche Streitigkeiten 84	
cc) Streitigkeiten um arbeitsrechtliche Arbeitspapiere 85	

I. Allgemeines. Die Vorschrift regelt im Zusammenhang mit §§ 2a und 3 die Rechtswegzuständigkeit der Gerichte für Arbeitssachen. In § 2 Abs. 5 findet sich sodann eine Regelung, wonach für die Fälle von § 2 Abs. 1–4 das Urteilsverfahren stattfindet.

1. Zulässigkeit des Rechtswegs. Die Zulässigkeit des Rechtswegs zu den Gerichten für Arbeitssachen wird in §§ 2 und 3 für Rechtssachen des Urteilsverfahrens (§ 2 Abs. 5) und in § 2a für Rechtssachen des Beschlussverfahrens (§ 2a Abs. 2) geregelt. Bei der Zulässigkeit des Rechtsweges handelt es sich um eine von Amts wegen zu prüfende Prozessvoraussetzung. Es geht darum, in welcher Gerichtsbarkeit der Rechtsstreit abzuhandeln ist. Mit der Neufassung von § 48 und der in Bezug genommenen §§ 17–17b

GVG durch das 4. VwGO-Änderungsgesetz vom 17.12.1990[1] hat der Gesetzgeber die Gleichwertigkeit aller Rechtswege verwirklicht. Zu diesen zählt auch die Arbeitsgerichtsbarkeit. Seitdem bildet die Arbeitsgerichtsbarkeit auch im Verhältnis zur ordentlichen Gerichtsbarkeit nicht nur eine andere sachliche Zuständigkeit, sondern einen eigenen Rechtsweg[2]. Die Entscheidung über die Rechtswegzuständigkeit richtet sich nach § 48 Abs. 1 Satz 1 ArbGG iVm. §§ 17 bis 17b GVG.

3   **2. Enumerative und abschließende Aufzählung.** Im Gegensatz zu § 13 GVG und § 40 VwGO, welche die Zulässigkeit des Rechtswegs zu den ordentlichen bzw. zu den VerwG mittels einer Generalklausel bestimmen, regelt § 2 Abs. 1 durch eine enumerative Aufzählung die Zuständigkeit der ArbG, wobei die Aufzählung abschließend ist. Maßgeblich ist, ob der jeweilige Rechtsstreit einem der enumerativ aufgezählten Fälle unterfällt, und nicht, ob ein Tatbestand als solcher „arbeitsrechtlicher" oder „bürgerlich-rechtlicher" Natur ist. Die §§ 2 und 3 werden aber in der arbeitsgerichtlichen Rspr. weit ausgelegt. Die Rspr. orientiert sich an dem Grundsatz, dass es das Ziel des ArbGG ist, alle bürgerlich-rechtlichen Streitigkeiten, die überwiegend durch das Arbeitsverhältnis bestimmt werden, auch prozessrechtlich dem Arbeitsgerichtsverfahren zu unterstellen. Alle bürgerlich-rechtlichen Streitigkeiten, die nicht in § 2 bezeichnet sind, fallen wegen der umfassenderen Zuständigkeit für bürgerlich-rechtliche Streitigkeiten in die Rechtswegzuständigkeit der ordentliche Gerichte[3].

4   Die Aufzählung in § 2 ist abschließend[4]. Dies folgt nicht nur aus der detaillierten Aufzählung in Abs. 1 und der konkreten Ergänzung in Abs. 2, sondern auch aus den Regelungen in Abs. 3 über die Zusammenhangsklagen und in Abs. 4 über die begrenzte Zulässigkeit von Rechtswegvereinbarungen, die überflüssig wären, wenn die Rechtswegzuständigkeit ohnehin dispositiv wäre[5].

5   **3. Ausschließliche, fakultative und erweiterte Zuständigkeit.** Ausschließlich sind die Gerichte für Arbeitssachen im Urteilsverfahren in den Fällen des § 2 Abs. 1 Nr. 1–10 zuständig. Für diese Streitigkeiten ist allein der Rechtsweg zu den Gerichte für Arbeitssachen gegeben. Die Rechtswegzuständigkeit anderer Gerichte kann bis auf die in Abs. 4 geregelte Ausnahme nicht durch Parteivereinbarungen[6] und nicht durch rügeloses Verhandeln[7] begründet werden.

6   Fakultativ sind die Gerichte für Arbeitssachen zuständig in Sachen nach § 2 Abs. 2 („auch")[8]. Insoweit besteht für die klagende Partei ein Wahlrecht. Ebenfalls fakultativ zuständig sind die Gerichte für Arbeitssachen bei ausnahmsweise zugelassener Parteivereinbarung nach § 2 Abs. 4.

7   Erweitert wird die Rechtswegzuständigkeit der Gerichte für Arbeitssachen durch § 2 Abs. 3 für Zusammenhangsklagen.

8   **4. Rechtswegzuständigkeit für besondere Verfahrensarten. a) Urteils- und Wechselprozess.** Nach § 46 Abs. 2 Satz 2 finden die Vorschriften über den Urkunden- und Wechselprozess (§§ 592-605a ZPO) keine Anwendung im arbeitsgerichtlichen Urteilsverfahren. § 46 Abs. 2 Satz 2 enthält jedoch keine Rechtswegregelung für den Urkunden- und Wechselprozess, sondern er schließt diese Verfahrensart lediglich für Rechtsstreitigkeiten vor den Gerichten für Arbeitssachen aus. Dabei setzt § 46 Abs. 2 voraus, dass der Rechtsweg zu den Gerichten für Arbeitssachen eröffnet ist. Aus der Vorschrift lässt sich nicht folgern, dass wegen des Ausschlusses dieser Verfahrensart der Rechtsweg zu solchen, insb. zu den ordentlichen Gerichten eröffnet sei oder sein müsse, vor denen Urkunden- und Wechselprozesse geführt werden können. Vielmehr macht der Zusammenhang zwischen der Rechtswegregelung in § 2 Abs. 1 Nr. 4a und dem Ausschluss lediglich bestimmter Verfahrensarten deutlich, dass zwar der Rechtsweg zu den Gerichten für Arbeitssachen auch dann eröffnet ist, wenn zwischen ArbN oder deren Hinterbliebenen und ArbGeb über abstrakte Rechtsgeschäfte gestritten wird, die im rechtlichen oder unmittelbaren wirtschaftlichen Zusammenhang mit dem Arbeitsverhältnis stehen, dass dort aber die nur zunächst schnelle, dann aber durch das mögliche Nachverfahren nicht mehr raschere Verfahrensart des Urkunden- und Wechselprozesses nicht zur Verfügung steht[9].

9   Ansprüche aus Urkunden, die vor den Gerichten für Arbeitssachen im Urteilsverfahren durchzusetzen sind, können auch nicht alternativ vor den ordentlichen Gerichten im Urkunds- oder Wechselprozess geltend gemacht werden[10]. Die Regelung des § 46 Abs. 2 Satz 2 dient dem ArbN-Schutz. Durch sie wird gewährleistet, dass der ArbN als Beklagter nicht vorschnell im Urkundsprozess verurteilt wird[11].

10 **b) Mahnverfahren.** Für das Mahnverfahren vor den Gerichten für Arbeitssachen gelten die §§ 688 bis 703d ZPO, soweit nicht in § 46a Abs. 2 bis 8 anderes bestimmt ist (§ 46a Abs. 1). In Abweichung von § 689 Abs. 2 ZPO richtet sich die örtliche Zuständigkeit nach § 46a Abs. 2. Für die Rechtswegzuständigkeit besteht keine Sonderregelung, weshalb § 2 gilt[12].

---

1 BGBl. I S. 2809. |2 BAG v. 26.3.1992 – 2 AZR 443/91, NZA 1992, 954; v. 28.10.1997 – 9 AZB 35/97, NZA 1998, 219; v. 24.4.1996 – 5 AZB 25/95, NJW 1996, 2948; *Walker*, Der einstweilige Rechtsschutz, Rz. 734. |3 Schwab/Weth/*Walker*, § 2 ArbGG Rz. 5. |4 GMPM/*Germelmann*, § 2 ArbGG Rz. 5; GK-ArbGG/Wenzel, § 2 Rz. 51; *Grunsky*, § 2 ArbGG Rz. 131. |5 Schwab/Weth/*Walker*, § 2 ArbGG Rz. 6. |6 BGH v. 7.11.1996 – IX ZB 15/96, NJW 1997, 328. |7 Schwab/Weth/*Walker*, § 2 ArbGG Rz. 34. |8 Schwab/Weth/*Walker*, § 2 ArbGG Rz. 32. |9 BAG v. 7.11.1996 – 5 AZB 19/96, MDR 1997, 269. |10 BAG v. 7.11.1996 – 5 AZB 19/96, MDR 1997, 269; Schwab/Weth/*Walker*, § 2 ArbGG Rz. 9. |11 Schwab/Weth/*Walker*, § 2 ArbGG Rz. 9. |12 Schwab/Weth/*Walker*, § 2 ArbGG Rz. 7.

c) Arrest- und Verfügungsverfahren. Das Arrest- und das Verfügungsverfahren nach §§ 916 ff. ZPO findet über § 62 Abs. 2 Satz 1 auch im arbeitsgerichtlichen Urteilsverfahren Anwendung. Die Rechtswegzuständigkeit für diese Verfahren richtet sich mangels abweichender Regelungen nach §§ 2 und 3. Eine fakultative Zuständigkeit des AG der belegenen Sache nach §§ 919 und 942 ZPO scheidet selbst in dringenden Fällen aus, weil diese Normen nur die sachliche und örtliche Zuständigkeit des AG innerhalb des Rechtswegs zu den ordentlichen Gerichten regeln[1]. 11

d) Zwangsvollstreckungsverfahren. Ist für die Zwangsvollstreckung funktionell das Vollstreckungsgericht zuständig (Forderungspfändung nach §§ 828 ff. ZPO; Immobiliarvollstreckung nach §§ 864 ff. ZPO), so ist das AG (§ 764 Abs. 1 ZPO) als Vollstreckungsgericht zuständig[2]. Arbeitsrechtlich wird dies praktisch bei Zusammenrechnungsbeschlüssen nach § 850e ZPO[3]. 12

Ist dagegen das Prozessgericht 1. Instanz auch für die Zwangsvollstreckung zuständig (Handlungs- und Unterlassungsvollstreckung nach §§ 887, 888 und 890 ZPO), so ist das ArbG zuständig. Dieses ist auch für eine Vollstreckungsabwehrklage nach § 767 ZPO zuständig, sofern diese gegen einen arbeitsgerichtlichen Titel gerichtet ist. Gleiches gilt für die Vollstreckung aus anderen Titeln als Urteilen, wenn bei einer klageweisen Geltendmachung des titulierten Anspruchs die ArbG zuständig gewesen wären[4]. Demgegenüber entscheiden über die Drittwiderspruchsklagen nach § 771 ZPO die ordentlichen Gerichte, denn Gegenstand dieser Klagen ist die materielle Berechtigung der klagenden Partei am Vollstreckungsgegenstand und nicht der vom ArbG titulierte Anspruch[5]. Wurde in einem arbeitsgerichtlichen Vergleich eine Räumungsverpflichtung übernommen, ist über die Räumungspflicht nach § 794a ZPO durch das AG zu entscheiden, weil für die Mietstreitigkeit das AG zuständig gewesen wäre[6]. 13

5. Vorfragenprüfungskompetenz. Die Rechtswegzuständigkeit der ArbG wird nicht dadurch in Frage gestellt, dass über eine Vorfrage entschieden werden muss, die in eine andere Rechtswegzuständigkeit fällt. Über die Vorfrage können die Gerichte für Arbeitssachen mitbefinden[7], ohne in die Rechtswegzuständigkeit anderer Gerichte einzugreifen, weil der Entscheidung im Hinblick auf die Vorfrage keine Rechtskraft erwächst[8]. Entsprechend kann im Urteilsverfahren über solche zum Beschlussverfahren gehörenden Vorfragen entschieden werden und umgekehrt[9]. 14

Über die rechtswegfremde Vorfrage darf jedoch nicht durch **Zwischenfeststellungsurteil** nach § 256 Abs. 2 ZPO entschieden werden, denn hierfür müsste die Rechtswegzuständigkeit gegeben sein[10]. 15

Geht es um **europarechtliche Vorfragen**, besteht eine Vorlageberechtigung der ArbG und LAG und eine Vorlageverpflichtung beim BAG (Art. 234 EGV). 16

Der Vorsitzende kann die **Aussetzung des Verfahrens** anordnen, wenn die Entscheidung des Rechtsstreits ganz oder zum Teil von dem Bestehen oder Nichtbestehen eines Rechtsverhältnisses als Vorfrage abhängt, das den Gegenstand eines anderen anhängigen Rechtsstreits bilden oder von einer Verwaltungsbehörde festzustellen ist (§ 148 ZPO) oder sich im Laufe eines Rechtsstreits der Verdacht einer Straftat ergibt, deren Ermittlung auf die Entscheidung von Einfluss ist (§ 149 ZPO)[11]. Nach § 97 Abs. 5 ist ohne Rücksicht auf Verfahrensart und Gegenstand jedes Verfahren auszusetzen, in dem sich die Frage der Tariffähigkeit einer Vereinigung als Vorfrage stellt[12]. 17

6. Rechtswegzuständigkeit für Widerklage. Für die vor dem ArbG erhobene Widerklage muss die Rechtswegzuständigkeit nach §§ 2 bzw. 3 gegeben sein. § 33 ZPO enthält lediglich eine Bestimmung zur örtlichen Zuständigkeit. Die Rechtswegzuständigkeit für die Widerklage kann aber aus § 2 Abs. 3 folgen, wenn der mit der Widerklage verfolgte Anspruch mit der Hauptklage in rechtlichem oder unmittelbar wirtschaftlichem Zusammenhang steht und für seine Geltendmachung nicht die ausschließliche Zuständigkeit eines anderen Gerichts gegeben ist[13]. Fehlt für die Widerklage die Rechtswegzuständigkeit, muss das ArbG seine Rechtswegzuständigkeit insoweit verneinen, die Widerklage nach § 145 Abs. 2 ZPO abtrennen und diesen Teil des Rechtsstreits an das zuständige Gericht des zulässigen Rechtsweges verweisen[14]. 18

7. Rechtswegzuständigkeit bei Aufrechnung. Die Gerichte für Arbeitssachen sind gehindert, über zur Aufrechnung gestellte rechtswegfremde Forderungen zu entscheiden, sofern für diese eine ausschließliche anderweitige Rechtswegzuständigkeit gegeben ist. Dem steht nicht § 17 Abs. 2 GVG entgegen, wonach das Gericht des zulässigen Rechtswegs den Rechtsstreit unter allen in Betracht kommenden 19

---

1 Schwab/Weth/*Walker*, § 2 ArbGG Rz. 11. | 2 Schwab/Weth/*Walker*, § 2 ArbGG Rz. 12. | 3 BAG v. 24.4.2002 – 10 AZR 42/01. AP Nr. 5 zu § 850e ZPO. | 4 OLG Frankfurt v. 22.10.1984 – 17 W 46/84, DB 1985, 751, NZA 1985, 196; GMPM/*Matthes*, § 2 ArbGG Rz. 207; Schwab/Weth/*Walker*, § 2 ArbGG Rz. 13. | 5 Schwab/Weth/*Walker*, § 2 ArbGG Rz. 14. | 6 LAG Tübingen v. 22.7.1970 – 8 Ta 11/70, NJW 1970, 2046; Schwab/Weth/*Walker*, § 2 ArbGG Rz. 15; Zöller/*Stöber*, § 794a ZPO Rz. 4. | 7 BAG v. 5.3.1968 – 1 AZR 229/67, AP Nr. 6 zu § 611 BGB – Treuepflicht; v. 21.3.1984 – 5 AZR 320/82, AP Nr. 1 zu § 2 ArbGG 1979; LAG München v. 20.1.1988 – 5 Sa 869/87, LAGE § 9 KSchG 1969 Nr. 7; LAG Berlin v. 21.9.1981 – 9 Sa 65/81, LAGE § 2 ArbGG 1979 Nr. 1; GMPM/*Matthes*, § 2 ArbGG Rz. 143. | 8 Schwab/Weth/*Walker*, § 2 ArbGG Rz. 16. | 9 BAG v. 19.8.1975 – 1 AZR 613/74, AP Nr. 5 zu § 102 BetrVG 1972. | 10 GMPM/*Matthes*, § 2 Rz. 146. | 11 Vgl. iE § 55 Rz. 16–19. | 12 BAG v. 25.9.1996 – 1 ABR 25/95, AP Nr. 4 zu § 97 ArbGG 1979. | 13 LAG Frankfurt v. 20.1.2000 – 2 Ta 739/99, LAGE § 2 ArbGG 1979 Nr. 35. | 14 *Schwab*, NZA 1991, 663; Schwab/Weth/*Walker*, § 48 ArbGG Rz. 47.

rechtlichen Gesichtspunkten entscheidet. Sinn und Zweck dieser Norm bestehen darin, eine einheitliche Sachentscheidung durch ein Gericht zu ermöglichen, wenn derselbe prozessuale Anspruch auf mehrere, eigentlich verschiedenen Rechtswegen zugeordneten Anspruchsgrundlagen beruht. Eine Zuständigkeit für die Entscheidung über die Wirkung einer Aufrechnung mit einer rechtswegfremden Gegenforderung wird damit nicht begründet. Die Aufrechnung ist kein „rechtlicher Gesichtspunkt" iSv. § 17 Abs. 2 GVG, sondern ein selbständiges Gegenrecht, das dem durch die Klage bestimmten Streitgegenstand einen weiteren selbständigen Gegenstand hinzufügt. Die Zuständigkeit der Gerichte für Arbeitssachen kann sich aber bei Aufrechnungen aus § 2 Abs. 3 ergeben, doch gilt dies nicht, wenn die zur Aufrechnung gestellte Forderung in die ausschließliche Zuständigkeit einer anderen Gerichtsbarkeit fällt[1]. Im letztgenannten Fall wird das ArbG durch Vorbehaltsurteil iSv. § 302 ZPO entscheiden. Im Übrigen wird es den Rechtsstreit bis zur rechtskräftigen Entscheidung der zuständigen Gerichte über die zur Aufrechnung gestellten Gegenforderung aussetzen. Nach deren Vorliegen wird das ArbG das Nachverfahren durchzuführen haben[2].

20 **II. Rechtswegzuständigkeit. 1. Bürgerliche Streitigkeiten.** Nach § 2 besteht die Rechtswegzuständigkeit für alle Fallgruppen nur für bürgerliche Rechtsstreitigkeiten. Der Begriff der bürgerlichen Rechtsstreitigkeit deckt sich mit demjenigen aus § 13 GVG und betrifft die Abgrenzung zu den öffentlich-rechtlichen Streitigkeiten. Eine bürgerliche Rechtsstreitigkeit liegt dann vor, wenn der Streitgegenstand eine unmittelbare Rechtsfolge des Zivilrechts darstellt. Ist der Streitgegenstand eine unmittelbare Folge des öffentlichen Rechts, ist eine öffentlich-rechtliche Streitigkeit gegeben[3]. Ob ein Rechtsstreit bürgerlichrechtlicher oder öffentlich-rechtlicher Art ist, richtet sich nach der Natur des Rechtsverhältnisses, aus dem der Klageanspruch hergeleitet wird[4]. Dabei kommt es nicht darauf an, wie der Streitgegenstand von der klagenden Partei eingekleidet und rechtlich gewertet wird. Für die Beurteilung ist vielmehr entscheidend, ob die an der Streitigkeit Beteiligten zueinander in einem hoheitlichen Verhältnis der Über- und Unterordnung stehen, ob sich der Träger der hoheitlichen Gewalt der besonderen, ihm zugeordneten Rechtssätze des öffentlichen Rechts bedient, oder ob er sich zivilrechtlichen Regeln unterstellt[5].

21 **2. Abgrenzung zur Verwaltungsgerichtsbarkeit.** Streitigkeiten zwischen dem öffentlich-rechtlich verfassten Dienstherrn und den Angestellten und Arbeitern des öffentlichen Dienstes gehören in die Rechtswegzuständigkeit der Gerichte für Arbeitssachen. Den Anstellungsverhältnissen liegt ein Arbeitsvertrag zu Grunde. Auch dann, wenn der ArbN öffentliche Funktionen ausübt oder seine Rechtsbeziehungen inhaltlich dem Beamtenrecht angeglichen sind (zB bei Ersatzschullehrern), bleibt des bei der arbeitsgerichtlichen Zuständigkeit[6]. Auch für die sog. Dienstordnungs-Angestellten der SozV-Träger besteht der Rechtsweg zu den ArbG[7].

22 Der Verwaltungsrechtsweg ist hingegen gegeben bei Klagen aus dem **Beamtenverhältnis** (§ 172 BBG; § 126 BRRG). Bei Lehrbeauftragten hängt die Abgrenzung des Rechtswegs zu den VerwG von dem zu den ArbG von der konkreten Ausgestaltung des Beschäftigungsverhältnisses ab. Bei kurzfristigen Lehraufträgen liegt regelmäßig ein privatrechtliches Dienstverhältnis vor[8]. Ein öffentlich-rechtliches Dienstverhältnis besonderer Art wird jedoch begründet, wenn der Lehrauftrag durch eine einseitige Maßnahme der Hochschule erteilt wird. Entsprechendes gilt für Verwalter von Professorenstellen[9].

23 **3. Abgrenzung zur Sozialgerichtsbarkeit.** Die Gerichte der Sozialgerichtsbarkeit sind nach § 51 Abs. 1 SGG zuständig für öffentlich-rechtliche Streitigkeiten in Angelegenheiten der SozV, der ArblV und in den übrigen Angelegenheiten der BA sowie der Kriegsopferversorgung. Sie sind ferner in öffentlich-rechtlichen Streitigkeiten zuständig, für die durch Gesetz der Rechtsweg vor diese Gerichte eröffnet wird (§ 51 Abs. 4 SGG). Die Frage, ob eine Streitigkeit öffentlich-rechtlicher oder bürgerlich-rechtlicher Art ist, richtet sich nach der Natur des Rechtsverhältnisses, aus dem der Klageanspruch hergeleitet wird[10]. Entscheidend ist darauf abzustellen, ob der Klagebegründung vorgetragene Sachverhalt für die aus ihm hergeleitete Rechtsfolge, wenn es wie hier um die Abgrenzung zwischen Arbeits- und Sozialgerichtsbarkeit geht, von Rechtssätzen des Arbeitsrechts oder des Sozialrechts geprägt wird[11].

24 Öffentlich-rechtlicher Natur ist der Anspruch des ArbN auf einen **ArbGebZuschuss nach § 257 SGB V** (früher: § 405 RVO). Wird der Anspruch jedoch auf einen Vertrag zwischen ArbGeb und ArbN gestützt, dann sind die Gerichte für Arbeitssachen zuständig[12].

---

1 BAG v. 23.8.2001 – 5 AZB 3/01, AP Nr. 2 zu § 17 GVG; GMPM/*Matthes*, § 2 ArbGG Rz. 147-154; diff. Schwab/Weth/*Walker*, § 2 ArbGG Rz. 23-31. |2 BAG v. 23.8.2001 – 5 AZB 3/01, AP Nr. 2 zu § 17 GVG. |3 BAG v. 27.3.1990 – 3 AZR 188/89, AP Nr. 2 zu § 1 RuhegeldG Hamburg. |4 GmSOBG v. 4.6.1974 – GmS-OBG 2/73, AP Nr. 3 zu § 405 RVO; BAG v. 13.7.1988, AP Nr. 11 zu § 2 ArbGG 1979; v. 27.3.1990 – 3 AZR 188/89, AP Nr. 2 zu § 1 RuhegeldG Hamburg; v. 22.9.1999 – 5 AZB 27/99, NZA 2000, 88. |5 BAG v. 27.3.1990 – 3 AZR 188/89, AP Nr. 2 zu § 1 RuhegeldG Hamburg. |6 *Grunsky*, § 2 ArbGG Rz. 78; *Gift/Baur*, Urteilsverfahren, C. 75. |7 BAG v. 6.11.1985 – 4 AZR 107/84, AP Nr. 61 zu § 611 BGB – Dienstordnungs-Angestellte. |8 BAG v. 16.12.1957 – 3 AZR 92/55, AP Nr. 3 zu § 611 BGB – Lehrer, Dozenten. |9 BAG v. 15.4.1982 – 2 AZR 1111/79, AP Nr. 27 zu § 611 BGB – *Lehrer, Dozenten;* v. 27.6.1984, AP Nr. 42 zu § 611 BGB – Lehrer, Dozenten; v. 30.11.1984 – 7 AZR 511/83, AP Nr. 43 zu § 611 BGB – Lehrer, Dozenten. |10 GmSOBG v. 4.6.1974 – GmS-OBG 2/73, AP Nr. 3 zu § 405 RVO; BGH v. 23.2.1988 – VI ZR 212/87, BGHZ 103, 255 = NJW 1988, 1731. |11 BAG v. 13.7.1988 – 5 AZR 467/87, AP Nr. 11 zu § 2 ArbGG 1979. |12 GmSOBG v. 4.6.1974 – GmS-OBG 2/73, AP Nr. 3 zu § 405 RVO.

Strittig ist die Rechtswegzuständigkeit, wenn die Arbeitsvertragsparteien darüber streiten, ob die SozV-Beiträge in zutreffender Höhe abgezogen wurden. Klagt der ArbN auf eine höhere Nettovergütung mit der Begründung, der ArbGeb habe zu hohe SozV-Beiträge abgezogen, so wird vom BSG die Zuständigkeit der Sozialgerichtsbarkeit angenommen[1]. Von der Zuständigkeit der Gerichte für Arbeitssachen geht hingegen das BAG aus[2]. 25

Für die Klage des ArbGeb nach § 28g SGB IV (früher: §§ 394, 395 RVO) auf Erstattung der – nicht im Lohnabzugsverfahren einbehaltenen – SozV-Beiträge sind die Gerichte für Arbeitssachen zuständig[3]. Für Klagen auf Zahlung des ArbGebZuschusses zur gesetzlichen Kranken- und Pflegeversicherung sind die Gerichte für Arbeitssachen hingegen nicht zuständig[4]. 26

4. Abgrenzung zur Finanzgerichtsbarkeit. Geht es um Steuererstattungsforderungen des ArbGeb gegen den ArbN, weil jener vom FA zur Nachzahlung von LSt herangezogen wurde, so ist der Rechtsweg zu den Gerichten für Arbeitssachen gegeben. Der Freistellungs- und später Erstattungsanspruch findet seine Grundlage im Arbeitsverhältnis[5]. Klagt der ArbN gegen den ArbGeb Ansprüche auf eine höhere Arbeitsvergütung mit der Begründung ein, der ArbGeb habe zu viel LSt abgezogen und abgeführt, so finden auch diese Ansprüche ihre Grundlage im Arbeitsverhältnis, weshalb die Zuständigkeit der Gerichte für Arbeitssachen besteht[6]. Nimmt der ArbN den ArbGeb mit der Begründung, dieser habe keine oder zu wenig LSt an das FA abgeführt, auf Zahlung der LSt an das FA in Anspruch, soll ebenfalls von einer Rechtswegzuständigkeit der ArbG auszugehen sein (wobei es in der Praxis selten zu einem hinreichend bestimmten Antrag auf Abführung eines genau benannten Betrages, der abzuführen ist, kommt)[7]. Entsprechendes soll gelten, wenn der ArbN eine Nettolohnvereinbarung behauptet und Klage auf Abführung der LSt an das FA begehrt[8]. 27

5. Abgrenzung zur ordentlichen Gerichtsbarkeit. Bei der Zuständigkeitsabgrenzung zwischen ordentlichen und ArbG handelt es sich zwar nach den §§ 17 ff. GVG, § 48 ebenfalls um eine Frage der Rechtswegzuständigkeit; es geht dabei jedoch nicht um die Abgrenzung zwischen bürgerlich- und öffentlich-rechtlichen Streitigkeiten, sondern entschieden um die Auslegung der §§ 2 bis 5 und damit um eine andere als die vom Gemeinsamen Senat der obersten Gerichtshöfe des Bundes behandelte Rechtsfrage[9]. 28

Zur Abgrenzung unterscheidet das BAG drei verschiedene Fälle: 29

- Zunächst sind die Fälle zu nennen, in denen der Anspruch lediglich auf eine arbeitsrechtliche Anspruchsgrundlage gestützt werden kann, jedoch fraglich ist, ob die Voraussetzungen vorliegen (sog. sic-non-Fall). Hauptbeispiel ist die auf die Feststellung des Bestehens eines Arbeitsverhältnisses gerichtete Klage. Die entsprechenden Tatsachenbehauptungen des Klägers sind hier „doppelrelevant", nämlich sowohl für die Rechtswegzuständigkeit, als auch für die Begründetheit der Klage maßgebend.

- Davon zu unterscheiden sind diejenigen Fälle, in denen ein Anspruch entweder auf eine arbeitsrechtliche oder eine bürgerlich-rechtliche Anspruchsgrundlage gestützt werden kann, die in Betracht kommenden Anspruchsgrundlagen sich aber gegenseitig ausschließen (sog. aut-aut-Fall). Dazu gehört etwa die Klage auf Zahlung des vereinbarten Entgelts für geleistete Arbeit aus einem Rechtsverhältnis, das der Kläger für ein Arbeitsverhältnis, der Beklagte dagegen für ein – nicht arbeitnehmerähnliches – freies Mitarbeiterverhältnis hält.

- Weiter gibt es – wenn auch selten – Fälle, in denen ein einheitlicher Anspruch widerspruchslos sowohl auf eine arbeitsrechtliche als auch auf eine nicht arbeitsrechtliche Anspruchsgrundlage gestützt werden kann (sog. et-et-Fall).

Das BAG folgt nun der Ansicht, wonach in den Fällen, in denen die Klage nur dann Erfolg haben kann, wenn der Kläger ArbN ist, die bloße Rechtsbehauptung des Klägers, er sei ArbN, zur Begründung der arbeitsgerichtlichen Zuständigkeit ausreicht (sic-non-Fall)[10]. In den et-et-Fällen hat der Klä- 30

---

1 BSG v. 7.6.1979, AP Nr. 4 zu §§ 394, 395 RVO (betr. Klage auf Feststellung, dass Einbehaltung von Lohnanteilen für die vom Arbeitgeber entrichteten Beitragsanteile rechtswidrig ist). | 2 BAG v. 8.12.1981 - 3 AZR 71/79, AP Nr. 5 zu §§ 394, 395 RVO (betr. Klage auf Zahlung wg. Sozialversicherung einbehaltenen Vergütungsanteils); v. 21.3.1984 – 5 AZR 320/82, AP Nr. 1 zu § 2 ArbGG 1979 (betr. Klage auf Zahlung eines höheren Teils der Vergütung, weil der Arbeitgeber wegen des Nachholverbots nicht befugt gewesen sei, Sozialversicherungsbeiträge in dem geschehenen Umfang einzubehalten); LAG Berlin v. 21.9.1981 – 9 Sa 65/81, EzA Nr. 1 zu § 2 ArbGG 1979 (betr. Streit über Höhe einbehaltener Lohnsteuer). | 3 BAG v. 3.4.1958 – 2 AZR 469/56, BAGE 6, 7 = AP Nr. 1 zu §§ 394, 395 RVO; v. 12.10.1977 – 5 AZR 443/76, AP Nr. 3 zu §§ 394, 395 RVO; v. 14.1.1988 – 8 AZR 238/85, *BAGE* 57, 192 = AP Nr. 7 zu §§ 394, 395 RVO; v. 15.12.1993 – 5 AZR 326/93, AP Nr. 9 zu §§ 394, 395 RVO. | 4 BAG v. 1.6.1999 – 5 AZB 34/98, AP Nr. 1 zu § 257 SGB V. | 5 BAG v. 14.6.1974 – 3 AZR 456/73, BAGE 26, 187 = AP Nr. 20 zu § 670 BGB. | 6 LAG Hamm v. 16.6.1988 – 17 Sa 2204/87, DB 1988, 2316; LAG Berlin v. 21.9.1981 – 9 Sa 65/81, EzA § 2 ArbGG 1979 Nr. 1. | 7 *Gift/Baur*, Urteilsverfahren, C. 92. | 8 *Gift/Baur*, Urteilsverfahren, C. 92; aA LAG München v. 21.8.1985 – 5 Sa 62/85, LAGE § 2 ArbGG 1979 Nr. 4. | 9 BAG v. 24.4.1996 – 5 AZB 25/95, BAGE 83, 40 = AP Nr. 1 zu § 2 ArbGG 1979 – Zuständigkeitsprüfung. | 10 BAG v. 24.4.1996 – 5 AZB 25/95, BAGE 83, 40 = AP Nr. 1 zu § 2 ArbGG 1979 – Zuständigkeitsprüfung; v. 9.10.1996 – 5 AZB 18/96, AP Nr. 2 zu § 2 ArbGG 1979 – Zuständigkeitsprüfung (betr. auf KSchG gestützte Klage); v. 16.7.1997 – 5 AZB 29/96, BAGE 86, 178 = AP Nr. 37 zu § 5 ArbGG 1979 (betr. Klage von Franchisenehmer).

ger ein Wahlrecht, in welchem Rechtsweg er klagen will; erforderlich ist nur, dass das Gericht wenigstens für eine der in Betracht kommenden Anspruchsgrundlagen zuständig ist. Nach § 17 Abs. 2 Satz 1 GVG prüft „das Gericht des zulässigen Rechtswegs" (dh. das Gericht, das wenigstens für eine Anspruchsgrundlage zuständig ist), den Rechtsstreit „unter allen in Betracht kommenden rechtlichen Gesichtspunkte". Der Berechtigung des Gerichts entspricht eine Verpflichtung, alle Anspruchsgrundlagen zu überprüfen. Insbesondere steht es ihm nicht frei, den Rechtsstreit wegen bestimmter Anspruchsgrundlagen in einen anderen Rechtsweg zu verweisen oder eine Klageabweisung wegen fehlender Rechtswegzuständigkeit für einzelne Anspruchsgrundlagen vorzunehmen[1]. Für die aut-aut-Fälle ist daran festzuhalten, dass die klagende Partei die zuständigkeitsbegründenden Tatsachen schlüssig vortragen und ggf. auch beweisen muss (vgl. ausf. zur Darlegungs- und Beweislast § 48 Rz. 24).

31 **6. Prüfung der Rechtswegzuständigkeit.** Die Prüfung der Rechtswegzuständigkeit und die gebotenen gerichtlichen Entscheidungen richten sich nach § 48 ArbGG iVm. §§ 17 bis 17b GVG. Auf die Kommentierung zu § 48 wird verwiesen.

32 **III. Fallgruppen der Rechtswegzuständigkeit. 1. TV-Streitigkeit.** Nach § 2 Abs. 1 Nr. 1 besteht die Rechtswegzuständigkeit der Gerichte für Arbeitssachen für

- bürgerliche Streitigkeiten
  - aus TV
  - oder über das Bestehen/Nichtbestehen eines TV
- zwischen
  - TV-Parteien (bzw. tariffähigen Parteien)
  - oder zwischen diesen und Dritten (zB Verbandsmitglied oder Außenseiter).

33 **a) Bürgerliche Rechtsstreitigkeit.** TV-Streitigkeiten zählen regelmäßig zu den bürgerlichen Rechtsstreitigkeiten[2]. Auch der Streit zwischen TV-Parteien über die Wirksamkeit und Reichweite einer Allgemeinverbindlichkeitserklärung nach § 5 TVG zählt zu den bürgerlich-rechtlichen Streitigkeiten[3]. Keine bürgerlich-rechtliche Streitigkeit liegt jedoch vor, wenn zwischen einer TV-Partei und dem für Allgemeinverbindlichkeitserklärungen zuständigem Bundesminister für Wirtschaft und Arbeit oder der nach § 5 Abs. 6 TVG ermächtigten obersten Arbeitsbehörde eines Landes ein Streit darüber ausgetragen wird, ob ein TV für allgemeinverbindlich zu erklären oder erklärt worden ist. Insoweit liegt eine öffentlich-rechtliche Streitigkeit vor, für die der Rechtsweg zu den VerwG eröffnet ist[4]. Insoweit ist ungeklärt, ob im Hinblick auf die Rechtskraft der verwaltungsgerichtlichen Entscheidungen § 9 TVG analog gilt.

34 Die Rechtswegzuständigkeit bei **Streit über Allgemeinverbindlichkeitserklärungen** lässt sich wie folgt schematisch darstellen:

- Streit zwischen TV-Parteien über die Wirksamkeit und Reichweite einer Allgemeinverbindlichkeitserklärung nach § 5 TVG – Arbeitsgerichtsbarkeit
- Klage von TV-Partei auf Erteilung einer Allgemeinverbindlichkeitserklärung[5] – Verwaltungsrechtsweg
- Klage von TV-Partei gegen erfolgte Allgemeinverbindlichkeitserklärung (Klageart strittig) – Verwaltungsrechtsweg
- Rechtsschutz anderer Koalitionen gegenüber Allgemeinverbindlichkeitserklärung (zB Konflikt zwischen zwei Gewerkschaften) – Verwaltungsrechtsweg
- Rechtsschutz für Außenseiter (ArbGeb wegen „Zwangsanschluss" an Sozialkassen, ArbN wegen Verfallklausel) – Verwaltungsrechtsweg[6].

35 **b) Parteien der Rechtsstreitigkeit.** Nach § 2 Abs. 1 Nr. 1 ist Voraussetzung für die Rechtswegzuständigkeit ein Rechtsstreit zwischen TV-Parteien oder zwischen diesen und Dritten. **TV-Parteien** sind nach § 2 Abs. 1 TVG Gewerkschaften, einzelne ArbGeb sowie Vereinigungen von ArbGeb. Zusammenschlüsse von Gewerkschaften und von Vereinigungen von ArbGeb (Spitzenorganisationen) können ebenfalls selbst Parteien eines TV sein (§ 2 Abs. 3 TVG). TV-Parteien nach § 2 TVG können aber nur dann Parteien einer TV-Streitigkeit sein, wenn sie tatsächlich Partei eines TV sind, über dessen Bestehen oder Inhalt gestritten wird oder aus dem Rechte abgeleitet werden[7]. Nicht erforderlich ist, dass die Parteien tatsächlich tariffähig sind oder ob der TV wirksam ist. Diese Fragen sind nur bei der Prüfung der Begründetheit zu berücksichtigen[8]. So weit die Wirksamkeit eines TV von der Tariffähigkeit oder Tarifzuständigkeit einer TV-Partei abhängt, ist darüber vorab nach § 2a Abs. 1 Nr. 4 iVm. § 97 im

---

1 BAG v. 18.8.1997 – 9 AZB 15/97, AP Nr. 70 zu 3 74 HGB. | 2 Schwab/Weth/*Walker*, § 2 ArbGG Rz. 40. | 3 GMPM/*Matthes*, § 2 ArbGG Rz. 18; *Grunsky*, § 2 ArbGG Rz. 54. | 4 BVerwG v. 6.6.1958 – VII CB 187.57, AP Nr. 6 zu § 5 TVG; v. 3.11.1988 – 7 C 115/86, AP Nr. 23 zu § 5 TVG; GMPM/*Matthes*, § 2 ArbGG Rz. 18. | 5 BVerwG v. 3.11.1988 – 7 C 115/86, AP Nr. 23 zu § 5 TVG (Anspruch auf ermessensfehlerfreie Entscheidung). | 6 *Mäßen/Mauer*, NZA 1996, 121–126. | 7 GMPM/*Matthes*, § 2 ArbGG Rz. 25; Schwab/Weth/*Walker*, § 2 ArbGG Rz. 42. | 8 GMPM/*Matthes*, § 2 ArbGG Rz. 25.

Beschlussverfahren zu entscheiden, während die TV-Streitigkeit nach § 97 Abs. 5 auszusetzen ist. Die arbeitsgerichtliche Rechtswegzuständigkeit wird auch angenommen, wenn eine Koalition, die nicht Partei des TV ist, Klage auf Feststellung des Bestehens oder Nichtbestehens des TV erhebt[1].

Ausreichend ist auch, wenn die TV-Streitigkeit zwischen einer TV-Partei und einem Dritten geführt wird. **Dritter** kann sein, wer nach § 50 ZPO parteifähig und nicht Partei des TV ist. Hierzu zählen Mitglieder einer TV-Partei, aber auch Außenseiter[2]. Zu beachten ist, dass nach dem BAG für Unterlassungsansprüche der Gewerkschaften bei tarifwidrigen betrieblichen Regelungen das Beschlussverfahren gegeben sein soll[3]. 36

c) **Streitigkeiten aus TV.** Weitere Voraussetzung ist, dass der Streit aus einem TV oder über das Bestehen/Nichtbestehen eines TV geführt wird. Damit gehören Streitigkeiten zwischen einer TV-Partei und ihrem Mitglied über Beitragszahlungen und über Fragen der Mitgliedschaft nicht vor die Gerichte für Arbeitssachen, sondern vor die ordentlichen Gerichte[4]. 37

TV-Streitigkeiten können den **schuldrechtlichen Teil** des TV betreffen, zB bei der Durchsetzung der tariflichen Friedenspflicht[5], des tariflichen Einwirkungsanspruchs[6] und eines Schadensersatzanspruchs wegen Verletzung des TV[7]. Die Klärung eines Rechtsanspruchs auf Teilnahme einer TV-Partei an TV-Verhandlungen wird ebenfalls zu den TV-Streitigkeiten gezählt[8]. 38

Den **normativen Teil** des TV betreffende Streitigkeiten zählen nur dann zu den TV-Streitigkeiten, wenn diese Streitigkeit den eigentlichen Streitgegenstand bildet und nicht nur Vorfrage ist[9]. Dabei wird es sich in der Regel um Feststellungsklagen handeln, zB gerichtet auf die Feststellung des Inhalts oder des zeitlichen, räumlichen oder personellen Geltungsbereichs eines TV. Daran können die TV-Parteien im Hinblick auf den Umfang ihrer schuldrechtlichen Friedens- und Einwirkungspflichten interessiert sein[10]. Werden von ArbN Ansprüche aus dem normativen Teil des TV abgeleitet, folgt die Rechtswegzuständigkeit aus § 2 Abs. 1 Nr. 3a[11]. 39

d) **Streitigkeiten über das Bestehen/Nichtbestehen von TV.** Zu den Streitigkeiten über das Bestehen oder Nichtbestehen von TV rechnen Streitigkeiten über die Wirksamkeit des Tarifabschlusses, die Beendigung der Laufzeit des TV[12], die Wirksamkeit der außerordentlichen Kündigung eines TV[13], die inhaltliche Wirksamkeit des TV oder einzelner Tarifnormen oder -komplexe[14] oder die Auslegung von Tarifnormen[15]. Auch Streitigkeiten über den (räumlichen, fachlichen) Geltungsbereich eines TV werden von § 2 Abs. 1 Nr. 1 erfasst[16]. Die Möglichkeit der Führung eines Musterprozesses in der Form der Vergütungsklage oder Klage einer TV-Partei auf Durchführung des TV gegen die andere TV-Partei schließt das Rechtsschutzinteresse (regelmäßig Feststellungsinteresse) für TV-Streitigkeiten nicht aus[17]. Daher kann sich die TV-Streitigkeit schon wegen der erweiterten Rechtskraftwirkung gegenüber Musterprozessen und Massenverfahren als effektiver und prozessökonomischer darstellen, zB bei der auf zutreffende Eingruppierung einer ganzen, klar abgrenzbaren Gruppe von ArbN gerichteten Feststellungsklage[18]. 40

e) **Erweiterte Rechtskraftwirkung.** Rechtskräftige Entscheidungen der Gerichte für Arbeitssachen, die in Rechtsstreitigkeiten zwischen TV-Parteien (nicht zwischen nur einer TV-Partei und einem Dritten) aus dem TV oder über das Bestehen oder Nichtbestehen des TV ergangen sind, sind nach § 9 TVG in Rechtsstreitigkeiten zwischen tarifgebundenen Parteien sowie zwischen diesen und Dritten für die Gerichte und Schiedsgerichte bindend. Damit wird die grundsätzlich nur „inter partes" bestehende Rechtskraftwirkung ausgedehnt mit der Folge, dass die Entscheidung praktisch dieselbe Wirkung hat wie eine entsprechend gefasste TV-Klausel[19]. An dieser erweiterten Rechtskraftwirkung sollen trotz der allgemeinen Fassung von § 9 TVG allein die Entscheidungen über den normativen, nicht jedoch die über den obligatorischen Teil des TV teilnehmen[20]. Schließlich kommt nur einem Sach-, nicht einem Prozessurteil die erweiterte Bindungswirkung zu[21]. 41

---

1 GMPM/*Matthes*, § 2 ArbGG Rz. 26. | 2 Schwab/Weth/*Walker*, § 2 ArbGG Rz. 43. | 3 BAG v. 20.4.1999 – 1 ABR 72/98, AP Nr. 89 zu Art 9 GG; krit. Schwab/Weth/*Walker*, § 2 ArbGG Rz. 43. | 4 BGH v. 13.6.1966 – II ZR 130/64, AP Nr. 5 zu § 19 BetrVG; v. 4.7.1977 – II ZR 30/76, AP Nr. 25 zu Art. 9 GG; Schwab/Weth/*Walker*, § 2 ArbGG Rz. 43 u. 73; aA aber *Gift/Baur*, Urteilsverfahren, C. 22 u. 63 f. | 5 BAG v. 21.12.1982 – 1 AZR 411/80, AP Nr. 76 zu Art. 9 GG – Arbeitskampf. | 6 BAG v. 18.2.1998 – 4 AZR 363/96, AP Nr. 3 zu § 1 TVG – Durchführungspflicht; v. 29.4.1992 – 4 AZR 432/91, AP Nr. 3 zu § 1 TVG – Durchführungspflicht. | 7 Schwab/Weth/*Walker*, § 2 ArbGG Rz. 44. | 8 BAG v. 2.8.1963 – 1 AZR 9/63, AP Nr. 5 zu Art 9 GG. | 9 GMPM/*Matthes*, § 2 ArbGG Rz. 12. | 10 Schwab/Weth/*Walker*, § 2 ArbGG Rz. 46. | 11 GMPM/*Matthes*, § 2 ArbGG Rz. 13; Schwab/Weth/*Walker*, § 2 ArbGG Rz. 46. | 12 BAG v. 18.6.1997 – 4 AZR 710/95, AP Nr. 2 zu § 1 TVG – Kündigung. | 13 BAG v. 18.2.1998 – 4 AZR 363/96, AP Nr. 3 zu § 1 TVG – Kündigung; v. 18.6.1997 – 4 AZR 710/95, AP Nr. 2 zu § 1 TVG – Kündigung; v. 18.12.1996 – 4 AZR 129/96, AP Nr. 1 zu § 1 TVG – Kündigung; v. 26.9.1984 – 4 AZR 343/83, AP Nr. 21 zu § 1 TVG. | 14 BAG v. 28.9.1977 – 4 AZR 446/76, AP Nr. 1 zu § 9 TVG 1969. | 15 BAG v. 28.9.1977 – 4 AZR 446/76, AP Nr. 1 zu § 9 TVG 1969. | 16 BAG v. 10.5.1989 – 4 AZR 80/89, AP Nr. 6 zu § 2 TVG – Tarifzuständigkeit; Schwab/Weth/*Walker*, § 2 ArbGG Rz. 49. | 17 BAG v. 15.11.1957 – 1 AZR 610/56, AP Nr. 1 zu § 8 TVG. | 18 Schwab/Weth/*Walker*, § 2 ArbGG Rz. 50. | 19 *Dütz*, Das Arbeitsrecht der Gegenwart, Bd. 20, 1983, S. 33, 37 ff. | 20 *Rieble*, NZA 1992, 250; *Gift/Baur*, Urteilsverfahren, C. 30; aA *Dütz*, Das Arbeitsrecht der Gegenwart, Bd. 20, 1983, S. 33, S. 38; Schwab/Weth/*Walker*, § 2 ArbGG Rz. 51. | 21 *Grunsky*, § 2 ArbGG, Rz. 62.

42 Die erweiterte Rechtskraftwirkung gilt nach dem Wortlaut des § 9 TVG in Rechtsstreitigkeiten „zwischen tarifgebundenen Parteien sowie zwischen diesen und Dritten". Es genügt damit, dass nur eine Partei tarifgebunden ist. Darüber hinaus wird auch für Rechtsstreitigkeiten zwischen Arbeitsvertragsparteien, von denen keine tarifgebunden ist, von einer erweiterten Rechtskraftwirkung ausgegangen, wenn sie nur die Geltung des TV für das zwischen ihnen bestehende Arbeitsverhältnis vereinbart haben[1].

43 Die Rechte der gebundenen Dritten werden dadurch gewahrt, dass sie dem Rechtsstreit der TV-Parteien als Nebenintervenienten nach § 66 ZPO beitreten können[2]. Bei mehrgliedrigen TV besteht in aller Regel zwischen den TV-Parteien der gleichen Seite keine notwendige Streitgenossenschaft. Die Bindungswirkung des § 9 TVG beschränkt sich daher bei mehrgliedrigen TV regelmäßig auf die prozessbeteiligten Verbände[3] und deren Mitglieder[4]. Wurde jedoch ausnahmsweise ein EinheitsTV abgeschlossen, sind die beteiligten vertragsschließenden Parteien in einer TV-Streitigkeit notwendige Streitgenossen[5].

44 **2. Arbeitskampfstreitigkeit.** Der Rechtsweg zu den Gerichten für Arbeitssachen ist nach § 2 Abs. 1 Nr. 2 gegeben

- für bürgerliche Rechtsstreitigkeiten
- zwischen
  - tariffähigen Parteien
  - oder zwischen diesen und Dritten
- aus unerlaubten Handlungen,
- soweit es sich um Maßnahmen zum Zwecke des Arbeitskampfes handelt.

45 **a) Bürgerliche Rechtsstreitigkeit.** Werden Rechte geltend gemacht, die im Arbeitskampfrecht und damit im Privatrecht ihre Grundlage haben, so liegt eine bürgerliche Rechtsstreitigkeit vor. Daher fällt in die Zuständigkeit der Gerichte für Arbeitssachen ein von der Gewerkschaft geltend gemachter Unterlassungsanspruch, Beamte nicht auf bestreikten Arbeitsplätzen einzusetzen[6]. Dass ein solcher Einsatz von Beamten auf einer Anordnung des Dienstherrn der Beamten beruht und diesen gegenüber öffentlich-rechtlicher Natur ist, ist insoweit ohne Bedeutung. Es geht nicht um die Frage, ob die nach Beamtenrecht, also nach öffentlichem Recht, zu beurteilende Anordnung gegenüber den betroffenen Beamten wirksam ist, sondern um die Frage, ob der Dienstherr aus arbeitskampfrechtlichen Gründen der Gewerkschaft gegenüber verpflichtet ist, eine solche, dem Beamten gegenüber möglicherweise beamtenrechtlich wirksame Anordnung zu unterlassen.

46 Nicht in die Zuständigkeit der Gerichte für Arbeitssachen fallen dagegen Streitigkeiten, in denen sich eine tariffähige Partei gegen **hoheitliche Maßnahmen** im Zusammenhang mit einem Arbeitskampf zur Wehr setzt oder (umgekehrt) das Einschreiten des Hoheitsträgers gegen rechtswidrige Arbeitskampfmaßnahmen erzwingen will. Insoweit ist die Zuständigkeit der **VerwG** gegeben[7]. Schadensersatzansprüche aus Amtspflichtverletzungen im Zusammenhang mit hoheitlichen Maßnahmen oder der Unterlassung derselben sind nach Art. 34 Satz 3 GG vor den ordentlichen Gerichten zu verfolgen[8].

47 Vor die **SG** gehören wiederum die Streitigkeiten, in denen ArbN oder der BR die Gewährung von Kug oder Alg während eines Arbeitskampfes geltend machen und die AA die Leistung verweigert. Entsprechendes gilt bei der Verletzung der Neutralitätspflicht der BA durch Gewährung von Kug oder Alg während eines Arbeitskampfes (vgl. § 146 SGB III; früher § 116 AFG)[9].

48 Geht es dagegen um die Besteuerung einer Streikunterstützung, so sind die **FG** zuständig[10].

49 **b) Unerlaubte Handlung.** Der Begriff der unerlaubten Handlung wird von der Rspr. weit ausgelegt. Der § 2 Abs. 1 Nr. 2 will mit seiner weiten Fassung alle Rechtsstreitigkeiten aus der Beteiligung der Koalitionen am Arbeitskampf und aus dieser Betätigung am Arbeitsleben erfassen, deren Zulässigkeit und Rechtmäßigkeit umstritten ist[11]. Als unerlaubte Handlung wird nicht nur ein unter § 823 BGB fallendes Verhalten angesehen, sondern jedes Verhalten, das als Maßnahme zum Zwecke des Arbeitskampfes sich als rechtswidrig darstellen kann[12]. Es wird als ausreichend angesehen, dass die streitigen

---

1 GMPM/*Matthes*, § 2 ArbGG Rz. 22; aA Schwab/Weth/*Walker*, § 2 ArbGG Rz. 53 mwN. | 2 Schwab/Weth/*Walker*, § 2 ArbGG Rz. 51; GMPM/*Matthes*, § 2 ArbGG Rz. 23. | 3 BAG v. 28.9.1977 – 4 AZR 446/76, AP Nr. 1 zu § 9 TVG 1969. | 4 Schwab/Weth/*Walker*, § 2 ArbGG Rz. 52. | 5 BAG v. 15.7.1986 – 1 AZR 654/84, AP Nr. 1 zu Art. 3 LPVG Bayern. | 6 BAG v. 10.9.1985 – 1 AZR 262/84, BAGE 49, 303 = AP Nr. 86 zu Art. 9 GG – Arbeitskampf. | 7 GMPM/*Matthes*, § 2 ArbGG Rz. 29; *Gift/Baur*, Urteilsverfahren, C. 41; Schwab/Weth/*Walker*, § 2 ArbGG Rz. 54. | 8 Schwab/Weth/*Walker*, § 2 ArbGG Rz. 55; GMPM/*Matthes*, § 2 ArbGG Rz. 31. | 9 BSG v. 4.10.1994 – 7 KlAR 1/93, AP Nr. 3 zu § 116 AFG; BSG v. 5.6.1991 – 7 RAr 26/89, AP Nr. 2 zu § 116 AFG. | 10 BFH v. 24.10.1990 – X R 161/88, BFGE 162, 329 = AP Nr. 115 zu Art. 9 GG – Arbeitskampf. | 11 BAG v. 29.10.2001 – 5 AZB 44/00, AP Nr. 80 zu § 2 ArbGG 1979; v. 10.9.1985 – 1 AZR 262/84, BAGE 49, 303 = AP Nr. 86 zu Art. 9 GG – *Arbeitskampf*; v. 18.8.1987, AP Nr. 33 zu § 72a ArbGG – Grundsatz; BGH v. 28.3.2000 – VI ZB 31/99, AP Nr. 73 zu § 2 ArbGG 1979. | 12 BAG v. 2.8.1963 – 1 AZR 9/63, AP Nr. 5 zu Art. 9 GG; v. 29.6.1965 – 1 AZR 420/64, AP Nr. 6 zu Art. 9 GG; v. 14.2.1978 – 1 AZR 280/77, BAGE 30, 122 = AP Nr. 26 zu Art. 9 GG; v. 10.9.1985, BAGE 49, 303 = AP Nr. 86 zu Art. 9 GG – Arbeitskampf; v. 18.8.1987 – 1 AZN 260/87, AP Nr. 33 zu § 72a ArbGG – Grundsatz.

(verschuldensunabhängigen) Unterlassungs- und Beseitigungsansprüche oder die Schadensersatzansprüche aus der unerlaubten Handlung abgeleitet werden[1].

c) Maßnahmen zum Zwecke des Arbeitskampfes. Die Rechtswegzuständigkeit der Gerichte für Arbeitssachen ist nur gegeben im Hinblick auf unerlaubte Handlungen, soweit es sich um Maßnahmen zum Zwecke des Arbeitskampfes handelt. Das Verhalten muss auf eine Beeinflussung des Arbeitskampfes abzielen. Ohne Bedeutung ist für die Frage der Rechtswegzuständigkeit, ob es sich um einen rechtmäßigen oder rechtswidrigen Arbeitskampf handelt[2]. 50

Ob der Rechtsweg zu den Gerichte für Arbeitssachen auch noch gegeben ist, wenn es um sog. **Protestdemonstrationen, Demonstrationsstreiks, Sympathiestreiks** und **politische Streiks** geht, ist umstritten. Ein Teil der Lit. geht von einem weiten Begriff der „Maßnahmen zum Zwecke des Arbeitskampfes" aus und nehmen eine Zuständigkeit der Gerichte für Arbeitssachen an[3]. Der BGH geht von einem engeren Arbeitskampfbegriff zumindest im Hinblick auf politische Streiks aus und lehnt insoweit eine Zuständigkeit der Gerichte für Arbeitssachen ab[4]. 51

Keine Maßnahme zum Zwecke des Arbeitskampfes liegt jedoch vor, wenn ein Gewerkschaftssekretär auf einer Kundgebung vor Gewerkschaftsmitgliedern nicht deren ArbGeb oder Verband angreift, sondern sich gegen die Konkurrenztätigkeit anderer Unternehmer wendet[5]. 52

Nicht ausreichend sind unerlaubte **Handlungen bei Gelegenheit** eines Arbeitskampfes. Hier kann aber eine Rechtswegzuständigkeit nach § 2 Abs. 1 Nr. 3 oder Nr. 9 gegeben sein[6]. 53

d) Parteien der Arbeitskampfstreitigkeit. Als Parteien kommen in Betracht auf beiden Seiten tariffähige Parteien (Tariffähigkeit nach § 2 TVG) oder aber auf einer Seite eine tariffähige Person und auf der anderen Seite ein Dritter. Ausreichend ist, dass die klagende Partei sich der Tariffähigkeit berühmt. Ob die Tariffähigkeit vorliegt, ist in der Begründetheit zu prüfen[7]. Hängt die Entscheidung von der Klärung der Tariffähigkeit ab, muss nach § 97 Abs. 5 bis zur Erledigung des gebotenen Beschlussverfahrens nach § 2a Abs. 1 Nr. 4 die Aussetzung der Arbeitskampfstreitigkeit erfolgten[8]. Im Eilverfahren scheidet eine Aussetzung jedoch aus[9]. 54

Dritte in diesem Sinne können ua. die Organe der streikführenden Gewerkschaften bzw. der aussperrenden ArbGebVerbände oder die Streikleiter und Streikposten sein (wobei es erhebliche Probleme bei Formulierung des Passivrubrums geben kann)[10]. Insoweit kann, soweit die Klage des bestreikten ArbGeb gegen seine streikenden ArbN gerichtet ist, zugleich eine Rechtswegzuständigkeit nach § 2 Abs. 1 Nr. 3d bestehen. Die Anwendbarkeit des Abs. 1 Nr. 2 kann aber deshalb von Bedeutung sein, weil nur dann im Fall der Nichtzulassung der Revision durch das LAG die Nichtzulassungsbeschwerde nach § 72a Abs. 1 Nr. 3 iVm. § 72 Abs. 2 Nr. 1 wegen grundsätzlicher Bedeutung der Rechtssache möglich ist[11]. 55

Bei dem Streit um **Rechte oder Pflichten des BR im Arbeitskampf** handelt es sich um eine betriebsverfassungsrechtliche Angelegenheit, über die nach § 2a Abs. 1 Nr. 1 im Beschlussverfahren zu entscheiden ist. 56

Kommt es **zwischen ArbN** während eines Arbeitskampfes zu **unerlaubten Handlungen** (Nötigung, Körperverletzung, Sachbeschädigung), dann folgt die arbeitsgerichtliche Rechtswegzuständigkeit nicht aus § 2 Abs. 1 Nr. 2, denn insoweit fehlt es an der Tariffähigkeit wenigstens einer Partei. In Betracht kommt dann aber eine Zuständigkeit nach § 2 Abs. 1 Nr. 9. 57

3. Vereinigungsfreiheitsstreitigkeit. Für Vereinigungsfreiheitsstreitigkeiten ist die Rechtswegzuständigkeit der Gerichte für Arbeitssachen nach § 2 Abs. 1 Nr. 2 gegeben, wenn folgende Voraussetzungen vorliegen: 58

- bürgerliche Rechtsstreitigkeit
- zwischen
  - tariffähigen Parteien
  - oder zwischen diesen und Dritten
- so weit es sich um unerlaubte Handlungen
- im Zusammenhang mit Fragen der Vereinigungsfreiheit einschließlich der Fragen des Betätigungsrechts der Vereinigungen handelt.

---

1 GMPM/*Matthes*, § 2 ArbGG Rz. 35; *Gift/Baur*, Urteilsverfahren, C. 49. | 2 Schwab/Weth/*Walker*, § 2 ArbGG Rz. 65. | 3 GMPM/*Matthes*, § 2 ArbGG Rz. 36; Schwab/Weth/*Walker*, § 2 ArbGG Rz. 65; GK-ArbGG/*Wenzel*, § 2 Rz. 97. | 4 BGH v. 29.9.1954 – VI ZR 232/53, AP Nr. 2 zu § 2 ArbGG 1953; offen gelassen in BGH v. 28.3.2000 – VI ZB 31/99, AP Nr. 73 zu § 2 ArbGG 1979. | 5 BGH v. 28.3.2000 – VI ZB 31/99, AP Nr. 73 zu § 2 ArbGG 1979. | 6 Schwab/Weth/*Walker*, § 2 ArbGG Rz. 66. | 7 Schwab/Weth/*Walker*, § 2 ArbGG Rz. 57. | 8 Schwab/Weth/*Walker*, § 2 ArbGG Rz. 57. | 9 Schwab/Weth/*Walker*, § 2 ArbGG Rz. 58. | 10 *Gift/Baur*, Urteilsverfahren, C. 56. | 11 Schwab/Weth/*Walker*, § 2 ArbGG Rz. 60.

59 **a) Allgemeines.** Wegen der Voraussetzungen der unerlaubten Handlung und der Parteien der Streitigkeit gelten die einschlägigen Ausführungen zu den Arbeitskampfstreitigkeiten entsprechend (vgl. Rz. 49, 54–57).

60 **b) Vereinigungsfreiheit und Betätigungsrecht der Vereinigungen.** Fragen der Vereinigungsfreiheit umfassen den Streit um die positive oder negative Koalitionsfreiheit auf ArbN- und ArbGebSeite[1]. Um eine Angelegenheit der Vereinigungsfreiheit handelt es sich, wenn darüber gestritten wird, ob ArbN oder ArbGeb sich in einer Koalition zusammenschließen dürfen oder sich in ihrem Koalitionsrecht aus Art. 9 Abs. 3 GG beeinträchtigt fühlen, oder wenn zur Entscheidung steht, ob sich eine ArbN- oder ArbGeb-Koalition in bestimmter, von ihr in Anspruch genommener koalitionsspezifischer Weise betätigen darf[2]. **Unerlaubte Handlung** im Zusammenhang mit der Vereinigungsfreiheit ist das Verhalten eines Mitglieds einer Koalition, das in Ausübung seines Rechts auf koalitionsmäßige Betätigung erfolgt, sich aber als unzulässig erweisen kann, ebenso wie das Verhalten einer TV-Partei oder eines Dritten, das darauf gerichtet ist, dieses Recht auf koalitionsmäßige Betätigung zu behindern oder zu sanktionieren und sich als rechtswidrig erweisen kann[3].

61 Die Vereinigungsfreiheit und das Betätigungsrecht der Vereinigungen sind damit betroffen zB bei einem Streit über das Zugangsrecht einer Gewerkschaft zum Betrieb (unabhängig vom betriebsverfassungsrechtliches Zugangsrecht nach § 2 Abs. 2 BetrVG)[4], Gewerkschaftswerbung im Betrieb[5], das Recht zur Durchführung der Wahl von gewerkschaftlichen Vertrauensleuten[6], den Anspruch auf Unterlassung von Gewerkschaftsaustrittsforderungen des ArbGeb anlässlich der Einstellung von ArbN[7] und die ehrenrührige Äußerung (mangelnde Tariftreue) eines Gewerkschaftssekretärs über einen ArbGeb[8].

62 Für den allgemeinen **gewerkschaftlichen Unterlassungsanspruch** ist bezüglich der Verfahrensart zu differenzieren. Ein Urteilsverfahren kommt für den Unterlassungsanspruch dann in Betracht, wenn Regelungen angegriffen werden, die allein auf entsprechenden Vereinbarungen des ArbGeb mit den ArbN beruhen, ohne dass ein BR mitgewirkt hat. Die Rechtswegzuständigkeit folgt aus § 2 Abs. 1 Nr. 2[9]. Der Unterlassungsantrag einer Gewerkschaft, der sich gegen die Durchführung oder den Abschluss tarifwidriger Vereinbarungen der Betriebsparteien richtet, ist dagegen im Beschlussverfahren geltend zu machen. Er betrifft ungeachtet seiner Rechtsgrundlage eine betriebsverfassungsrechtliche Angelegenheit iSd. § 2a Abs. 1 Nr. 1[10]. Zielt der Antrag der Gewerkschaft hingegen darauf, die negativen Folgen einer tarifwidrigen Vorgehensweise für ihre Mitglieder auszugleichen, folgt die Rechtswegzuständigkeit aus § 2 Abs. 1 Nr. 1, wobei das Urteilsverfahren die zutreffende Verfahrensart ist[11].

63 Die Rechtswegzuständigkeit nach § 2 Abs. 1 Nr. 2 ist auch gegeben für Streitigkeiten zwischen konkurrierenden Gewerkschaften oder ArbGebVerbänden, zB im Hinblick auf die **Mitgliederwerbung**[12].

64 Streitigkeiten zwischen einer TV-Partei und ihrem Mitglied über **Beitragszahlungen** und über **Fragen der Mitgliedschaft** gehören nicht vor die Gerichte für Arbeitssachen, sondern vor die ordentlichen Gerichte[13]. Wird um die Aufnahme als Mitglied oder über den Ausschluss des Mitglieds gestritten, wird von der Rspr. der Rechtsweg zu den ordentlichen Gerichten angenommen[14].

65 **4. Streitigkeiten zwischen ArbN und ArbGeb.** Durch § 2 Abs. 1 Nr. 3 wird eine umfassende Zuständigkeit der Gerichte für Arbeitssachen für **individualrechtliche Ansprüche** aus dem Arbeitsverhältnis begründet[15]. Die Vorschrift wird im Hinblick auf Parteien außerhalb des Arbeitsverhältnisses durch § 2 Abs. 1 Nr. 4–10 und § 3 ergänzt.

66 Wer **ArbN** ist oder im arbeitsgerichtlichen Verfahren als solcher zu behandeln ist, folgt aus § 5. Auf die Kommentierung wird verwiesen.

---

1 *Gift/Baur*, Urteilsverfahren, C. 61. | **2** BGH v. 28.3.2000 – VI ZB 31/99, AP Nr. 73 zu § 2 ArbGG 1979 (betr. Arbeitnehmerkoalition); BAG v. 23.2.1979 – 1 AZR 540/77, AP Nr. 29 zu Art 9 GG; v. 8.12.1978 – 1 AZR 303/77, AP Nr. 28 zu Art 9 GG; Schwab/Weth/*Walker*, § 2 ArbGG Rz. 67. | **3** BAG v. 18.8.1987 – 1 AZR 260/87, AP Nr. 33 zu § 72a ArbGG 1979. | **4** BAG v. 14.2.1978 – 1 AZR 280/77, BAGE 30, 122 = AP Nr. 26 zu Art. 9 GG. | **5** BAG v. 29.6.1965 – 1 AZR 420/64, BAGE 17, 218 = AP Nr. 6 zu Art. 9 GG; v. 14.2.1967 – 1 AZR 494/65, BAGE 19, 217 = AP Nr. 10 zu Art. 9 GG; v. 23.2.1979 – 1 AZR 540/77, AP Nr. 29 zu Art. 9 GG; v. 26.1.1982 – 1 AZR 610/80, BAGE 41, 1 = AP Nr. 35 zu Art. 9 GG; v. 30.8.1983 – 1 AZR 121/81, AP Nr. 38 zu Art. 9 GG. | **6** BAG v. 8.12.1978 – 1 AZR 303/77, BAGE 31, 167 = AP Nr. 28 zu Art. 9 GG. | **7** BAG v. 2.6.1987 – 1 AZR 651/85, AP Nr. 49 zu Art 9 GG. | **8** BAG v. 29.10.2001 – 5 AZB 44/00, AP Nr. 80 zu § 2 ArbGG 1979. | **9** BAG v. 20.4.1999 – 1 ABR 72/98, AP Nr. 89 zu Art 9 GG. | **10** BAG v. 13.3.2001 – 1 AZB 19/00, AP Nr. 17 zu § 2a ArbGG 1979; v. 20.4.1999 – 1 ABR 72/98, AP Nr. 89 zu Art 9 GG; krit. Schwab/Weth/*Walker*, § 2 ArbGG Rz. 70. | **11** BAG v. 13.3.2001 – 1 AZB 19/00, AP Nr. 17 zu § 2a ArbGG 1979. | **12** Schwab/Weth/*Walker*, § 2 ArbGG Rz. 71; GMPM/*Matthes*, § 2 ArbGG Rz. 153; aA noch zur alten Rechtslage: BGH v. 7.1.1964 – VI ZR 58/63, AP Nr. 1 zu § 1004 BGB; v. 6.10.1964 – VI ZR 176/63, AP Nr. 6 zu § 54 BGB. | **13** BGH v. 13.6.1966 – II ZR 130/64, AP Nr. 5 zu § 19 BetrVG; v. 4.7.1977 – II ZR 30/76, AP Nr. 25 zu Art. 9 GG; Schwab/Weth/*Walker*, § 2 ArbGG Rz. 43 u. 73; aA aber *Gift/Baur*, Urteilsverfahren, C. 22 u. 63 f. | **14** BGH v. 13.6.1966 – II ZR 130/64, AP Nr. 5 zu § 19 BetrVG; v. 28.9.1972 – II ZR 5/70, AP Nr. 21 zu Art 9 GG; v. 27.2.1978 – II ZR 17/77, AP Nr. 27 zu Art 9 GG; v. 22.9.1980 – II ZR 34/80, AP Nr. 33 zu Art 9 GG; v. 30.5.1983 – II ZR 138/82, AP Nr. 9 zu § 20 BetrVG 1972; GMPM/*Matthes*, § 2 ArbGG Rz. 47; für die Rechtswegzuständigkeit der Gerichte für Arbeitssachen in Fällen unerlaubter Handlung der Mitglieder Schwab/Weth/*Walker*, § 2 ArbGG Rz. 72. | **15** BAG v. 23.2.1979 – 1 AZR 172/78, AP Nr. 30 zu Art 9 GG.

ArbGeb ist derjenige, der mindestens einen ArbN oder eine arbeitnehmerähnliche Person (§ 5 Abs. 1 Satz 2) beschäftigt[1]. ArbGeb kann sein eine natürliche oder eine juristische Person[2], nunmehr auch die GbR[3], mehrere natürliche oder juristische Personen (sog. einheitliches Arbeitsverhältnis)[4], ein sog. mittelbarer ArbGeb[5], der Verleiher bei der erlaubten AÜ bzw. der Entleiher nach § 10 AÜG bei der unerlaubten AÜ, die in Anspruch genommenen persönlich haftenden Gesellschafter einer Handelsgesellschaft[6], nicht jedoch der Kommanditist bei Geltendmachung der Einstandspflicht nach § 171 HGB[7] oder der GmbH-Geschäftsführer[8]. Wird über das Vermögen des ArbGeb das Insolvenzverfahren eröffnet, sind die Klagen gegen den Insolvenzverwalter zu richten[9]. 67

Kein ArbGeb ist der vollmachtlose Vertreter nach § 179 BGB. Wer als Vertreter ohne Vertretungsmacht einen Vertrag schließt, ist zwar dem anderen Teil kraft Gesetzes nach dessen Wahl zur Erfüllung verpflichtet (§ 179 Abs. 1 BGB). Er wird aber nicht selbst Vertragspartner und erwirbt keinen eigenen Erfüllungsanspruch. Er ist deshalb nicht ArbGeb iSv. § 2 Abs. 1 Nr. 3[10]. Nimmt eine Partei des Arbeitsvertrags jemanden als Vertreter ohne Vertretungsmacht auf die Erfüllung von Ansprüchen aus dem Arbeitsverhältnis oder auf Schadensersatz für solche Forderungen in Anspruch (§ 179 BGB), ist dennoch der Rechtsweg zu den Gerichten für Arbeitssachen gegeben. Der vollmachtlose Vertreter ist Rechtsnachfolger iSd. § 3[11]. 68

a) Streitigkeit aus dem Arbeitsverhältnis. Erfasst werden durch § 2 Abs. 1 Nr. 3a alle bürgerlichen Rechtsstreitigkeiten, die ihre Grundlage im Arbeitsverhältnis der Parteien haben, auch wenn dieses schon beendet ist. Ob ein solches rechtswirksam oder ggf. anfechtbar begründet wurde, ist unerheblich, so dass auch Ansprüche aus faktischen oder fehlerhaften Arbeitsverhältnissen darunter fallen[12]. Das BAG hat aber das Erfordernis einer vertraglichen Begründung der Arbeitspflicht als Voraussetzung des ArbN-Status auch zum Zwecke der Rechtswegbestimmung stets für unverzichtbar gehalten. Für faktische Arbeitsverhältnisse besteht insoweit keine Ausnahme. Die Grundsätze über das faktische Arbeitsverhältnis dienen der Regelung der Rechtsfolgen eines übereinstimmend in Vollzug gesetzten Arbeitsverhältnisses. Ihre Anwendung und damit die Zuständigkeit der ArbG setzt aber immer voraus, dass die Arbeit einvernehmlich erbracht worden ist. Erforderlich ist eine zunächst von beiden Parteien gewollte Beschäftigung des ArbN. Mag sich die vertragliche Grundlage auch als nichtig oder fehlerhaft erweisen, so muss doch stets jedenfalls dem Tatbestand nach ein Vertragsschluss vorgelegen haben[13]. Selbst wenn der ArbN sich mangels Schutzwürdigkeit nicht auf die Grundsätze eines fehlerhaften Arbeitsverhältnisses berufen kann, verbleibt es bei der Rechtswegzuständigkeit der Gerichte für Arbeitssachen. Auch ein ggf. nach § 850h ZPO fingiertes Arbeitsverhältnis genügt zur Begründung der Rechtswegzuständigkeit[14]. Entsprechendes gilt für ein nach § 10 AÜG fingiertes Arbeitsverhältnis. Ein Arbeitsverhältnis kann auch zwischen Familienangehörigen bestehen, sofern die Tätigkeit über die familienrechtliche Verpflichtung zur Mitarbeit (§ 1619 BGB) hinausgeht[15]. 69

Ehemalige **Zwangsarbeiter**, die gegen ihren Willen nach Deutschland verbracht und ohne vertragliche Grundlage zur Arbeit herangezogen wurden, können Entschädigungsansprüche nicht vor den Gerichten für Arbeitssachen geltend machen, sondern nur vor den ordentlichen Gerichten, denn sie wurden nicht als ArbN iSv. § 5 Abs. 1 beschäftigt[16]. Wurde in **Schwarzarbeit** eine Arbeitsleistung verrichtet, ist die Zuständigkeit der ArbG gegeben, weil die Schwarzarbeitsabrede regelmäßig nicht zur Nichtigkeit des Arbeitsvertrags führt[17], während die ordentlichen Gerichte zuständig sind, wenn ein Werk erstellt wurde[18]. Der prozessuale Anspruch muss seine Grundlage im Arbeitsverhältnis finden. Unerheblich ist ferner, ob sich der Anspruch aus einem TV, einer BV, einer einzelvertraglichen Abrede oder aus gesetzlichen Vorschriften ergibt oder ob es um Haupt- oder Nebenpflichten aus dem Arbeits- 70

---

1 Schwab/Weth/*Walker*, § 2 ArbGG Rz. 77; GMPM/*Matthes*, § 2 ArbGG Rz. 51. |2 Schwab/Weth/*Walker*, § 2 ArbGG Rz. 77. |3 Vgl. zur Parteifähigkeit BGH v. 29.1.2001 – II ZR 331/00, BGHZ 146, 341 = AP Nr. 9 zu § 50 ZPO 1979; v. 18.2.2002 – II ZR 331/00, NJW 2002, 1207; zur Arbeitgeberstellung *Diller*, NZA 2003, 401; dagegen die überholte Rspr. BAG v. 16.10.1974 – 4 AZR 29/74, AP Nr. 1 zu § 705 BGB. |4 BAG v. 27.3.1981 – 7 AZR 523/78, AP Nr. 1 zu § 611 BGB – Arbeitgebergruppe; offen gelassen in BAG v. 21.1.1999 – 2 AZR 648/97, AP Nr. 9 zu § 1 KSchG 1969 – Konzern; krit. *Schwerdtner*, ZIP 1982, 900; *Wiedemann*, Anm. zu AP Nr. 1 zu § 611 BGB – Arbeitgebergruppe. |5 BAG v. 9.4.1957 – 3 AZR 435/54, AP Nr. 2 zu § 611 BGB – Mittelbares Arbeitsverhältnis. |6 BAG v. 14.11.1979 – 4 AZR 3/78, AP Nr. 2 zu § 4 TVG – Gemeinsame Einrichtungen. |7 BAG v. 23.6.1992 – 9 AZR 308/91, AP Nr. 23 zu § 2 ArbGG 1979. |8 Schwab/Weth/*Walker*, § 2 ArbGG Rz. 80 (jedoch Rechtswegzuständigkeit nach § 3 möglich). |9 BAG v. 17.1.2002 – 2 AZR 57/01, EzA § 4 nF KSchG Nr. 62. |10 BAG v. 7.4.2003 – 5 AZB 2/03, AP Nr. 6 zu § 3 ArbGG; aA Schwab/Weth/*Walker*, § 2 ArbGG Rz. 79. |11 BAG v. 7.4.2003 – 5 AZB 2/03, AP Nr. 6 zu § 3 ArbGG; LAG Hamm v. 6.1.1997 – 9 Ta 172/96, AP Nr. 3 zu § 3 ArbGG 1979. |12 BAG v. 25.4.1963 – 5 AZR 398/62, BAGE 14, 180 = AP Nr. 2 zu § 611 BGB – Faktisches Arbeitsverhältnis. |13 BAG v. 14.12.1988 – 5 AZR 661/86, juris; v. 14.1.1987 – 5 AZR 637/85, AP Nr. 1 zu § 611 BGB – Faktisches Arbeitsverhältnis Nr. 1; v. 30.4.1997 – 7 AZR 122/96, AP Nr. 20 zu § 812 BGB; v. 19.7.1973 – 5 AZR 46/73, AP Nr. 19 zu § 611 BGB – Faktisches Arbeitsverhältnis; v. 16.2.2000 – 5 AZB 71/99, BAGE 93, 310 = AP Nr. 70 zu § 2 ArbGG 1979. |14 BGH v. 23.2.1977 – VIII ZR 222/75, AP Nr. 15 zu § 850h ZPO (offen lassend, ob durch § 850h ZPO ein Arbeitsverhältnis oder nur ein Vergütungsanspruch bestimmter Höhe fingiert wird). |15 Schwab/Weth/*Walker*, § 2 ArbGG Rz. 82. |16 BAG v. 16.2.2000 – 5 AZB 71/99, BAGE 93, 310 = AP Nr. 70 zu § 2 ArbGG 1979; zum Nichtbestehen von Ansprüchen vgl. BGH v. 27.5.2003 – VI ZR 389/02, MDR 2003, 1178. |17 BAG v. 26.2.2003 – 5 AZR 690/01, AP Nr 24 zu § 134 BGB (zur Wirksamkeit des Arbeitsvertrags). |18 *Gift/Baur*, Urteilsverfahren, C. 98.

verhältnis geht[1]. Die Rechtswegzuständigkeit ist auch bei Ansprüchen aus **ungerechtfertigter Bereicherung** (§§ 812 ff. BGB) oder **Auftrag** (§§ 662 ff. BGB) gegeben[2], ebenso bei Ansprüchen aus **Pflichtverletzung** (§ 280 BGB), **Schuldnerverzug** (§ 286 BGB) oder **Gläubigerverzug** (§ 293 BGB iVm. § 615 BGB). Unter Nr. 3a fallen außerdem Ansprüche nach § 612 BGB aus sog. **fehlgegangener Vergütungserwartung** (zB Arbeitsleistung im Hinblick auf zugesagte Eheschließung oder Erbeinsetzung)[3]. Bei Mitarbeit von Ehegatten oder Kindern kommt es für die Zuständigkeit darauf an, ob diese auf rein familienrechtlicher Grundlage (§§ 1360, 1619 BGB) oder im Rahmen eines Arbeitsverhältnisses erfolgt. Ein aus einem Arbeitsverhältnis stammender Anspruch behält seine arbeitsrechtliche Natur, auch wenn er Gegenstand eines **Vergleichs** (§ 779 BGB) oder **Schuldanerkenntnisses** (§ 781 BGB) geworden ist[4]. Auch Streitigkeiten über solche Ansprüche, über die ein **Wechsel** oder **Scheck** ausgestellt wurde oder die sich aus einem abstrakten Schuldanerkenntnis ergeben, fallen unter § 2 Abs. 1 Nr. 3[5].

71 Für die **Vollstreckungsabwehrklage** gegen ein arbeitsgerichtliches Urteil (§ 767 BGB) sind die Gerichte für Arbeitssachen zuständig[6]. Hat sich eine Arbeitsvertragspartei wegen eines arbeitsrechtlichen Anspruchs in einer notariellen Urkunde der sofortigen Zwangsvollstreckung unterworfen, und wird gegen den titulierten Anspruch Vollstreckungsabwehrklage erhoben, gilt Entsprechendes[7].

72 Wird während des **Insolvenzverfahrens** des ArbGeb eine Forderung aus dem Arbeitsverhältnis nach Grund oder Höhe bestritten, ist das ArbG für das Feststellungsverfahren nach §§ 179, 180 InsO zuständig, da die Insolvenzordnung an der Zuständigkeit gemäß § 2 Abs. 1 Nr. 3 nichts ändert. Ebenso sind die Gerichte für Arbeitssachen zuständig für nach § 55 InsO rückständige Lohnansprüche als Masseverbindlichkeiten[8]. Die Klage ist jeweils gegen den Insolvenzverwalter zu richten[9]. Wird jedoch von der BA Insolvenzgeld verlangt (§§ 183–189 SGB III), dann ist für die klageweise Geltendmachung der Rechtsweg zu den SG eröffnet (§ 51 Abs. 1 SGG)[10]. Im Umfang des beantragten Insolvenzgeldes nach § 183 SGB III wäre eine Klage auf Arbeitsvergütung gegen den ArbGeb unbegründet. Mit Stellung des Insolvenzgeld-Antrags geht der entsprechende Anspruch auf Arbeitsvergütung auf die BA über (§ 187 SGB III). Hängen die Streitigkeiten ausschließlich mit der Insolvenz des ArbGeb zusammen, werden sie von § 2 Abs. 1 Nr. 3a nicht erfasst, wie zB bei Ansprüchen nach einer Insolvenzanfechtung[11].

73 Zu unterscheiden ist bei der Bestimmung der Zuständigkeit der ArbG bei Streitigkeiten zwischen den Arbeitsvertragsparteien wegen einerseits **Werkmietwohnungen** (§ 576 BGB) und andererseits **Werkdienstwohnungen** (§ 576b BGB). Der Rechtsweg zu den Gerichten für Arbeitssachen ist für Streitigkeiten aus der Überlassung einer sog. Werkmietwohnung nicht eröffnet. Für Rechtsstreitigkeiten aus einem Mietverhältnis über Wohnraum sind nach § 23 Nr. 2a GVG die AG ausschließlich zuständig[12]. Die AG sind auch zuständig für Rechtsstreitigkeiten über sog. funktionsgebundene Werkmietwohnungen iSv. § 576 Abs. 1 Nr. 2 BGB[13]. Für Rechtsstreitigkeiten aus der Überlassung von Werkdienstwohnungen ist dagegen der Rechtsweg zu den Gerichten für Arbeitssachen nach § 2 Abs. 1 Nr. 3a eröffnet[14].

74 **b) Streitigkeit über das Bestehen oder Nichtbestehen eines Arbeitsverhältnisses.** Unter § 2 Abs. 1 Nr. 3b fallen Streitigkeiten darüber, ob zwischen den Parteien ein Arbeitsverhältnis begründet worden ist, ob es sich bei dem begründeten Rechtsverhältnis um ein Arbeitsverhältnis handelt, mit welchem Inhalt das Arbeitsverhältnis besteht/bestand und ob es noch besteht oder wann es beendet wurde[15]. Damit gehören unter Nr. 3b Verfahren über die Wirksamkeit einer Kündigung, Anfechtung, Befristungs- oder Bedingungsabrede, ferner Streitigkeiten über die Beendigung des Arbeitsverhältnisses wegen Erreichens der Altersgrenze oder wegen eines Aufhebungsvertrages. Die Rechtswegzuständigkeit nach § 2 Abs. 1 Nr. 3b erfasst auch Klagen auf Feststellung, dass ein Arbeitsvertrag wirksam zu Stande gekommen ist. Nach der hM unterfallen dieser Zuständigkeitsregelung auch die sog. Status- oder Feststellungsklagen von freien Mitarbeitern[16]. Selbst Streitigkeiten über den Inhalt des Arbeitsverhältnisses werden der Nr. 3b zugeordnet[17]. Auch über die Frage, ob zwischen Entleiher und Leih-ArbN nach Art. 1 § 10 AÜG ein Arbeitsverhältnis besteht, haben die Gerichte für Arbeitssachen nach Nr. 3b zu entscheiden[18].

---

1 *Gift/Baur*, Urteilsverfahren, C. 114; *Grunsky*, ArbGG, § 2 Rz. 89. | 2 *Gift/Baur*, Urteilsverfahren, C. 99. | 3 BAG v. 15.3.1960 – 5 AZR 409/58, AP Nr. 13 zu § 612 BGB; v. 19.2.1970 – 5 AZR 241/69, AP Nr. 26 zu § 612 BGB; v. 28.9.1977- 5 AZR 303/76, AP Nr. 29 zu § 612 BGB. | 4 *Grunsky*, ArbGG, 7. Aufl., § 2 Rz. 97; offen gelassen von BAG v. 7.11.1996 – 5 AZB 19/96, AP Nr. 1 zu § 46 ArbGG 1979, weil für Klage aus einem zwecks Bezahlung von Arbeitsentgelt begebenen Scheck der Rechtsweg zu den Gerichten für Arbeitssachen nach § 2 Abs. 1 Nr. 4a ArbGG eröffnet ist. | 5 Schwab/Weth/*Walker*, § 2 ArbGG Rz. 90; offen gelassen von BAG v. 7.11.1996 – 5 AZB 19/96, AP Nr. 1 zu § 46 ArbGG 1979. | 6 ArbG Hannover v. 19.1.1990 – 10 Ca 481/89, BB 1990, 928. | 7 *Grunsky*, ArbGG, § 2 Rz. 97; *Gift/Baur*, Urteilsverfahren, C. 105. | 8 Schwab/Weth/*Walker*, § 2 ArbGG Rz. 95. | 9 BAG v. 17.1.2002 – 2 AZR 57/01, EzA § 4 nF KSchG Nr. 62. | 10 *Gift/Baur*, Urteilsverfahren, C. 106. | 11 Schwab/Weth/*Walker*, § 2 ArbGG Rz. 96. | 12 BAG v. 2.11.1999 – 5 AZB 18/99, BAGE 92, 336 = AP Nr. 68 zu § 2 ArbGG 1979. | 13 BAG v. 2.11.1999 – 5 AZB 18/99, BAGE 92, 336 = AP Nr. 68 zu § 2 ArbGG 1979. | 14 BAG v. 3.6.1975 – 1 ABR 118/73, AP Nr. 3 zu § 87 BetrVG 1972; v. 23.8.1989 – 5 AZR 569/88, AP Nr. 3 zu § 365e BGB. | 15 Schwab/Weth/*Walker*, § 2 ArbGG Rz. 102. | 16 BAG v. 22.6.1977- 5 AZR 753/75, AP Nr. 22 zu § 611 BGB – Abhängigkeit; krit. *Gift/Baur*, Urteilsverfahren, C. 118. | 17 *Grunsky*, ArbGG, § 2 Rz. 99. | 18 GMPM/*Matthes*, § 2 ArbGG Rz. 67.

Rechtsstreitigkeiten darüber, ob zwischen einem Auszubildenden als Mitglied eines betriebsverfassungsrechtlichen Organs und dem ArbGeb nach § 78a BetrVG bzw. § 9 BPersVG nunmehr ein Arbeitsverhältnis besteht, sind ebenfalls Rechtsstreitigkeiten über das Bestehen oder Nichtbestehen eines Arbeitsverhältnisses. Über sie ist im Urteilsverfahren zu entscheiden[1]. **75**

c) Streitigkeit über das Eingehen und Nachwirken eines Arbeitsverhältnisses. Von § 2 Abs. 1 Nr. 3c werden erfasst ua. Ansprüche aus einem Vorvertrag auf Abschluss eines Arbeitsvertrages, aus einem sog. Einführungsverhältnis[2], auf Ersatz von Vorstellungskosten, auf Rückgabe von Bewerbungsunterlagen, auf Übertragung einer Beförderungsstelle oder auf neue Entscheidung über die Auswahl unter den Bewerbern (Konkurrentenklage)[3] und auf Schadensersatz aus Verschulden bei Vertragsschluss. Genügend ist, dass über den Abschluss eines Arbeitsvertrages verhandelt wurde, auch wenn die Parteien sich dann nicht einigten. Es muss sich aber um Verhandlungen über die Eingehung eines Arbeitsverhältnisses handeln[4]. Nicht in die Zuständigkeit der Gerichte für Arbeitssachen fallen Streitigkeiten über Verhandlungen über einen Werkvertrag, über einen Gesellschaftsvertrag oder über eine in Aussicht genommene Tätigkeit als Vertretungsorgan einer juristischen Person[5]. Klagen auf Aufnahme in eine Sozietät gehören auch nicht in die Zuständigkeit der ArbG, wenn die Zusage mit Rücksicht auf ein bestehendes Arbeitsverhältnis gegeben worden ist[6]. Dagegen ist die Rechtswegzuständigkeit der Gerichte für Arbeitssachen gegeben für Konkurrentenklagen selbst im Hinblick auf die Besetzung von Angestelltenstellen durch Beamte[7]. **76**

Um **Nachwirkungen** aus dem Arbeitsverhältnis geht es bei Ansprüchen aus einem nachvertraglichen Wettbewerbsverbot, auf Gewährung von betrieblichem Ruhegeld, auf Erteilung eines Zeugnisses oder sonstiger Bescheinigungen und auf Erteilung einer Auskunft nebst diesbezüglichen Schadensersatzforderungen[8]. **77**

Für den **ArbGeb** kommen Klagen auf Unterlassung von Wettbewerb, auf die Rückgabe von Arbeitsunterlagen oder Werkzeugen, auf Auskünfte über vom ArbN bearbeitete Geschäftsvorfälle sowie auf Rückzahlung von ArbGebDarlehen, von Ausbildungs-, Umzugskosten oder Gratifikationen bei vorzeitiger Lösung des Arbeitsverhältnisses in Betracht[9]. Auch der Anspruch des wirksam gekündigten ArbN auf Wiedereinstellung zählt zu den nachvertraglichen Ansprüchen[10]. **78**

d) Streitigkeit aus unerlaubter Handlung. Für die Fallgruppe des § 2 Abs. 1 Nr. 3d ist erforderlich eine unerlaubte Handlung des ArbN gegenüber dem ArbGeb oder umgekehrt (nicht: gegenüber Dritten). Kommt es zu unerlaubten Handlungen zwischen ArbN, ist § 2 Abs. 1 Nr. 9 einschlägig. Die Klage kann nicht nur auf Schadensersatz gerichtet sein, sondern auch auf Unterlassung, Beseitigung oder Widerruf. Ausreichend sind auch Tatbestände der Gefährdungshaftung[11]. Es genügt auch, dass der ArbGeb nach der Behauptung des Klägers für seine gesetzlichen Vertreter oder angestellten ArbN einzustehen hat (§§ 31, 831 BGB)[12]. **79**

Die unerlaubte Handlung muss mit dem Arbeitsverhältnis **im Zusammenhang** stehen. Dies ist der Fall, wenn die unerlaubte Handlung zu dem Arbeitsverhältnis der Parteien derart in einer engen Beziehung steht, dass sie in der besonderen Eigenart des Arbeitsverhältnisses und den ihm eigentümlichen Reibungen und Berührungspunkten wurzelt; ein lediglich äußerer oder zufälliger Zusammenhang ist nicht ausreichend[13]. Ein Zusammenhang mit dem Arbeitsverhältnis besteht auch bei einer unerlaubten Handlung vor Abschluss des Arbeitsvertrages (zB Diebstahl bei der Vorstellung) oder nach Beendigung des Arbeitsverhältnisses (zB Verletzung der Verschwiegenheitspflicht). Die innere Beziehung zum Arbeitsverhältnis fehlt, wenn andere Umstände, zB familiäre Streitigkeiten zwischen im selben Haus wohnenden Familien, für die unerlaubte Handlung maßgeblich sind[14]. **80**

Für den Rechtsweg bei **Verletzung von Betriebsgeheimnissen** gilt Folgendes[15]: Wird nach der Beendigung eines Arbeitsverhältnisses die Verletzung betriebsgeheimen Know-hows geltend gemacht und werden die entsprechenden Unterlassungs- und Schadensersatzansprüche ausschließlich auf die Verletzung arbeitsvertraglicher Geheimhaltungspflichten gestützt, sind die ArbG gemäß § 2 Abs. 1 Nr. 3d zuständig. Werden dagegen die Ansprüche in erster Linie auf § 17 Abs. 2 Nr. 2 UWG gestützt, sind die ordentlichen Gerichte zuständig Die ausschließliche Zuständigkeit der ArbG ist nur dann bei einer auf § 17 UWG gestützten Klage zu bejahen, wenn die Verletzung des Know-hows während des bestehenden Arbeitsverhältnisses erfolgt. **81**

---

1 BAG v. 22.9.1983 – 6 AZR 323/81, BAGE 44, 154, AP Nr. 11 zu § 78a BetrVG 1972; v. 23.8.1984 – BAGE 46, 270, AP Nr. 1 zu § 9 BPersVG; v. 13.11.1987 – 7 AZR 246/87, BAGE 57, 21 = AP Nr. 18 zu § 78a BetrVG 1972. |2 LAG Hamm v. 24.5.1989 – 15 Sa 18/88, LAGE § 611 BGB – Probearbeitsverhältnis Nr. 2. |3 Schwab/Weth/*Walker*, § 2 ArbGG Rz. 108 f. |4 *Gift/Baur*, Urteilsverfahren, C. 122. |5 *Gift/Baur*, Urteilsverfahren, C. 122. |6 BAG v. 15.8.1975 – 5 AZR 217/75, AP Nr. 32 zu § 2 ArbGG 1953 – Zuständigkeitsprüfung. |7 BAG v. 2.12.1997 – 9 AZR 445/96, AP Nr. 40 zu Art 33 Abs. 2 GG (LS 1). |8 *Gift/Baur*, Urteilsverfahren, C. 123 f. |9 GMPM/*Matthes*, § 2 ArbGG Rz. 72. |10 Schwab/Weth/*Walker*, § 2 ArbGG Rz. 112. |11 *Grunsky*, § 2 ArbGG, Rz. 102. |12 *Gift/Baur*, Urteilsverfahren, C. 127. |13 BGH v. 7.2.1958 – VI ZR 49/57, AP Nr. 48 zu § 2 ArbGG 1953; *Gift/Baur*, Urteilsverfahren, C. 128. |14 BAG v. 11.6.1995 – 5 AS 13/95, AP Nr. 32 zu § 2 ArbGG 1979. |15 OLG Frankfurt a.M. 15.8.1991 – 6 U 233/90, DB 91, 2680; *Gift/Baur*, Urteilsverfahren, C. 130.

82 **e) Streitigkeit über Arbeitspapiere.** Bei den Streitigkeiten über Arbeitspapiere geht es um Klagen auf Ausstellung/Ausfüllung, Herausgabe, Berichtigung, Ergänzung oder Schadensersatz wegen Pflichtverletzungen im Zusammenhang mit Arbeitspapieren[1].

83 **aa) Arbeitspapiere.** Arbeitspapiere sind alle Arten von Papieren, die für die berufliche Tätigkeit des ArbN Bedeutung haben. Zu den Arbeitspapieren zählen vornehmlich: LStKarte (§ 39 EStG) nebst LStBescheinigung (§ 41b EStG), Versicherungsausweis (§ 95 SGB IV; statt des bis 31.12.1998 notwendigen SozV-Nachweisheftes), Urlaubsbescheinigung (§ 6 Abs. 2 BUrlG), Arbeitsbescheinigung (§ 312 SGB III, früher § 133 AFG), Arbeitserlaubnis (§§ 285 SGB III), Arbeitsberechtigung (§ 286 SGB III), Gesundheitsbescheinigung (§ 43 JfSG, früher Gesundheitszeugnis nach §§ 17, 18 BSeuchG), Seefahrtsbuch (§ 11 SeemG), Schifferdienstbuch für Binnenschiffer und (tarifliche) Lohnnachweiskarte für Urlaub, Lohnausgleich und Zusatzversorgung im Baugewerbe, einfaches oder qualifiziertes Zeugnis oder Zwischenzeugnis.

84 **bb) Bürgerliche Streitigkeiten.** Nach § 2 Abs. 1 Nr. 3e sind die Gerichte für Arbeitssachen zuständig für bürgerliche Rechtsstreitigkeiten zwischen ArbN und ArbGeb über Arbeitspapiere. Nach der Gesetzesbegründung soll sich eine Streitigkeit über Arbeitspapiere wegen des engen Sachzusammenhangs nicht nur auf die Herausgabe der Arbeitspapiere, sondern auch auf deren Berichtigung beziehen[2]. Damit hat der Gesetzgeber aber nicht bewirkt, dass ein ArbN eine Klage auf Berichtigung eines öffentlich-rechtlichen Arbeitspapiers vor den Gerichten für Arbeitssachen verfolgen kann. Denn nach den Eingangsvoraussetzungen des § 2 Abs. 2 Nr. 3 werden nur „bürgerliche Rechtsstreitigkeiten" zwischen ArbN und ArbGeb „über Arbeitspapiere" erfasst. Wegen dieses eindeutigen, die Zuständigkeit auf bürgerliche Rechtsstreitigkeiten beschränkenden Wortlauts kann trotz der Entstehungsgeschichte nicht angenommen werden, es sei eine ausdrückliche Zuständigkeit der Gerichte für Arbeitssachen kraft Zuweisung ohne Rücksicht darauf begründet, ob es sich um eine öffentlich-rechtliche oder um eine bürgerlich-rechtliche Streitigkeit handelt[3].

85 **cc) Streitigkeiten um arbeitsrechtliche Arbeitspapiere.** Bei den Streitigkeiten um Zeugnisse, die Urlaubsbescheinigung und die Lohnnachweiskarte im Baugewerbe geht es um bürgerlich-rechtliche Rechtsstreitigkeiten. Der Klageanspruch wird aus dem Arbeitsverhältnis hergeleitet. Die Ansprüche finden in Rechtssätzen des Arbeitsrechts ihre Rechtsgrundlage. Diese Ansprüche fallen somit in die Rechtswegzuständigkeit der Gerichte für Arbeitssachen, unabhängig davon, ob die Erteilung (= Ausstellung/Ausfüllung und Herausgabe)[4], Berichtigung oder Ergänzung dieser Arbeitspapiere verlangt wird[5].

86 **dd) Streitigkeiten um öffentlich-rechtliche Arbeitspapiere.** Für Klagen auf Herausgabe der öffentlich-rechtlichen Arbeitspapiere, nämlich der LStKarte und der Arbeitsbescheinigung nach § 312 SGB III wird der Rechtsweg zu den Gerichte für Arbeitssachen bejaht[6]. Das Rechtsschutzinteresse für solche Klagen wird selbst dann angenommen, wenn der ArbN schon ein Verwaltungsverfahren (zB Antrag auf Arbeitslosenunterstützung) eingeleitet hat[7]. Auch für Klagen auf Ausfüllung und Ergänzung der öffentlich-rechtlichen Arbeitspapiere wird die Rechtswegzuständigkeit der Gerichte für Arbeitssachen angenommen. Das Rechtsverhältnis, aus dem der ArbN einen Anspruch auf Erteilung (Ausfüllung und Herausgabe) einer Arbeitsbescheinigung herleitet, wird von den Rechtssätzen des Arbeitsrechts geprägt und ist demnach bürgerlich-rechtlich[8]. Erteilung bedeutet in aller Regel die vollständige – mit Unterschrift und Datumsangabe versehene – Beantwortung aller Fragen des amtlichen Formblattes[9].

87 Von den Rechtsstreitigkeiten um die Erteilung eines öffentlich-rechtlichen Arbeitspapiers sind zu unterscheiden alle Rechtsstreitigkeiten, in denen es um den zutreffenden **Inhalt des Arbeitspapiers** geht, also um die Berichtigung der LStKarte und der Arbeitsbescheinigung nach § 312 SGB III. Denn insoweit bestehen öffentlich-rechtliche Verpflichtungen des ArbGeb[10].

88 Die Verpflichtung zur ordnungsgemäßen, dh. richtigen Ausfüllung der LStKarte ist eine Nebenpflicht des ArbGeb aus dem Arbeitsverhältnis. Daneben ist der ArbGeb aber auch nach § 41b EStG öffentlich-rechtlich verpflichtet, auf der LStKarte ua. die Dauer des Dienstverhältnisses zu bescheinigen und die LStBescheinigung dem ArbN auszuhändigen. Die Berichtigung etwaiger Fehler beim LStAbzug kann nach Abschluss des LStAbzugs gemäß § 42b Abs. 3 Satz 1 EStG durch den ArbGeb nur noch im Rahmen der EStVeranlagung des ArbN durchgeführt werden. Für eine Berichtigung der LStBescheinigung besteht kein Rechtsschutzbedürfnis mehr[11]. Prägend für die inhaltliche Ausgestaltung

---

1 Schwab/Weth/*Walker*, § 2 ArbGG Rz. 117. | 2 BT-Drs. 8/2535, S. 34. | 3 BAG v. 11.6.2003 – 5 AZB 1/03, EzA § 2 ArbGG 1979 Nr. 49; BSG v. 12.12.1990 – 11 RAr 43/88, NJW 1991, 2101. | 4 BAG v. 15.1.1992 – 5 AZR 15/91, AP Nr. 21 zu § 2 ArbGG 1979. | 5 *Gift/Baur*, Urteilsverfahren, C. 134. | 6 BAG v. 15.1.1992 – 5 AZR 15/91, AP Nr. 21 zu § 2 ArbGG 1979 (betr. Arbeitsbescheinigung); v. 13.3.1991 – 5 AZR 160/90, juris (betr. Arbeitsbescheinigung, ohne nähere Begründung); *Gift/Baur*, Urteilsverfahren, C. 135. | 7 BAG v. 15.1.1992- 5 AZR 15/91, AP Nr. 21 zu § 2 ArbGG 1979; aA BSG v. 12.12.1990 – 11 RAr 43/88, NJW 1991, 2101 (kein Rechtsschutzbedürfnis für Klage auf Herausgabe, Ausstellung, Berichtigung oder Ergänzung der Arbeitsbescheinigung nach Einleitung des Verwaltungsverfahrens); BFH v. 29.6.1993 – VI B 108/92, AP Nr. 20 zu § 2 ArbGG 1979 (kein Rechtsschutzinteresse für Klage auf Abführung von LSt bzw. Berichtigung der LStBescheinigung). | 8 BAG v. 15.1.1992 – 5 AZR 15/91, AP Nr. 21 zu § 2 ArbGG 1979 (betr. Arbeitsbescheinigung). | 9 BAG v. 15.1.1992 – 5 AZR 15/91, AP Nr. 21 zu § 2 ArbGG 1979 (betr. Arbeitsbescheinigung). | 10 BAG v. 15.1.1992 – 5 AZR 15/91, AP Nr. 21 zu § 2 ArbGG 1979 (betr. Arbeitsbescheinigung). | 11 BFH v. 19.10.2001 – VI R 36/96, DStRE 2002, 434.

der LStBescheinigung ist damit nicht die auf § 242 BGB beruhende Nebenpflicht des ArbGeb, sondern die lohnsteuerrechtliche Verpflichtung. Die arbeitsrechtliche Nebenpflicht wird inhaltlich durch Regelungen des EStG ausgestaltet. Es gibt keine konkrete arbeitsrechtliche Vorschrift, die bestimmt, wie eine LStBescheinigung auszusehen hat. Demzufolge liegt hier keine bürgerlich-rechtliche Streitigkeit, sondern eine steuerrechtliche Streitigkeit vor. Hierfür sind nicht die Gerichte für Arbeitssachen, sondern die FG zuständig[1]. Auch für eine Klage auf Berichtigung einer Bescheinigung zur Vorlage beim FA (hier: Umfang und Dauer des berufsbedingten Einsatzes an wechselnden Arbeitsorten und der dabei zurückgelegten Kilometer) ist der Rechtsweg zu den Gerichten für Arbeitssachen nicht gegeben, da es sich um eine öffentlich-rechtliche Streitigkeit über Abgabenangelegenheiten iSv. § 33 FGO handelt[2]. Dem gegenüber hat der BFH erkannt, dass das Klagebegehren auf Erteilung einer zutreffenden LStBescheinigung bzw. auf Berichtigung der LStBescheinigung im Kern eine bürgerlich-rechtliche Streitigkeit sei, für die der Finanzrechtsweg nicht gegeben sei[3].

Für die **Klage auf Berichtigung** einer nach § 312 SGB III zu erteilenden Arbeitsbescheinigung ist der Rechtsweg zu den SG und nicht zu den ArbG gegeben[4]. Denn alle Regelungen über den Inhalt der Arbeitsbescheinigung nach § 312 SGB III, insb. zu der Richtigkeit der vom ArbGeb gemachten Angaben, sind dem öffentlichen Recht zuzuordnen. Folglich gehört auch der vom ArbN gegen den ArbGeb erhobene Anspruch auf Berichtigung einer Arbeitsbescheinigung dem öffentlichen Recht an, so dass er vor den Gerichten der Sozialgerichtsbarkeit zu verfolgen ist[5]. Für eine Klage auf Berichtigung der Arbeitsbescheinigung fehlt allerdings das Rechtsschutzbedürfnis, wenn bereits ein Verwaltungsverfahren auf Leistung von ArblUnterstützung läuft[6]. 89

Entsprechendes muss für die **Bescheinigungen gegenüber den SozV-Trägern** gelten. Der Grundsatz, dass die ArbG für den Inhalt der öffentlich-rechtlichen Arbeitspapiere nicht zuständig sind, gilt auch für (ergänzende) mündlich oder fernmündlich erteilte Auskünfte des ArbGeb gegenüber den Behörden[7]. 90

Eine andere, nicht die Zuständigkeit betreffende Frage ist es, ob der ArbN materiell-rechtlich einen Anspruch darauf hat, dass der ArbGeb öffentlich-rechtliche Arbeitspapiere wie die LStKarte oder die Arbeitsbescheinigung nach § 312 SGB III mit einem bestimmten Inhalt ausstellt. Das wird verneint. Solche Arbeitspapiere haben in den einschlägigen Verwaltungsverfahren Beweisfunktion und stehen damit schriftlichen Zeugenaussagen gleich. Die Verurteilung einer Partei zu einer bestimmten Aussage ist aber unzulässig[8]. Gibt der ArbGeb als Grund für die Beendigung des Arbeitsverhältnisses vertragswidriges Verhalten des ArbN an, so muss dieser bei Verweigerung von Alg und erfolglosem Widerspruchsverfahren eine entsprechende Klage beim SG gegen die BA erheben[9]. 91

f) Streitigkeiten aus Zusammenhang mit Arbeitsverhältnis gegen ArbGeb. Durch Einfügung von § 2 Abs. 1 Nr. 4a sollte sichergestellt werden, dass auch Streitigkeiten um die betrAV von den Gerichten für Arbeitssachen entschieden werden[10]. Voraussetzung für diese Fallgruppe ist, dass nicht eine ausschließliche andere Rechtswegzuständigkeit besteht. Sowohl in § 2 Abs. 1 Nr. 4a als auch in § 2 Abs. 3 ist von einem „rechtlichen oder unmittelbar wirtschaftlichen Zusammenhang" die Rede, der sich bei Nr. 4a auf das „Arbeitsverhältnis" und bei Abs. 3 auf den Hauptprozess bezieht. Die engere Vorschrift der Nr. 4a führt dabei zu einer ausschließlichen Rechtswegzuständigkeit, während die weiter gefasste Vorschrift des Abs. 3 zu einer fakultativen Rechtswegzuständigkeit führt[11]. 92

aa) Parteien des Rechtsstreits. Neben dem ArbGeb können an dem Rechtsstreit nicht nur ArbN, sondern auch deren **Hinterbliebene** beteiligt sein. So weit es dabei um Erben geht, folgte die Rechtswegzuständigkeit bereits aus § 3, denn diese sind Rechtsnachfolger. Damit erfasst § 2 Abs. 1 Nr. 4a zusätzlich Hinterbliebene, die nicht Erben sind, denen aber nach dem Tode des ArbN eigenständige Ansprüche aus dem früheren Arbeitsverhältnis des ArbN erwachsen[12]. Wer Kläger oder Beklagter ist, ist unerheblich. **Ehemalige ArbN** werden in Nr. 4 nicht genannt, weil ihre Ansprüche, so weit sie auf dem Arbeitsverhältnis beruhen, ohnehin nach § 2 Abs. 1 Nr. 3a und 3c zur Zuständigkeit der ArbG gehören[13]. 93

bb) Rechtlicher Zusammenhang. Ein rechtlicher Zusammenhang ist gegeben, wenn der Anspruch auf dem Arbeitsverhältnis beruht oder durch dieses bedingt ist[14]. Dann ist aber in aller Regel auch die Rechtswegzuständigkeit nach § 2 Abs. 1 Nr. 3a gegeben[15]. Ansprüche des ArbN gegen den ArbGeb auf 94

---

1 BAG v. 11.6.2003 – 5 AZB 1/03, EzA § 2 ArbGG 1979 Nr. 49. | 2 ArbG Bielefeld v. 11.10.1989 – 2 Ca 1392/89, DB 1990, 1624. | 3 BFH v. 29.6.1993 – VI B 108/92, AP Nr. 20 zu § 2 ArbGG 1979; v. 19.10.2001 – VI R 36/96, DStRE 2002, 434. | 4 BAG v. 13.7.1988, AP Nr. 11 zu § 2 ArbGG 1979; BSG v. 12.12.1990 – 11 RAr 43/88, NJW 1991, 2101. | 5 Ebenso LAG Düsseldorf v. 9.9.1982 – 14 Sa 1022/82, EzA § 2 ArbGG 1979 Nr. 2; LAG Schl.-Holst. v. 9.10.1986 – 3 Ta 142/86, MDR 1987, 168; LAG Berlin v. 20.7.1987 – 9 Sa 47/87, DB 1987, 2662; LAG Frankfurt v. 5.1.1983 – 8 Ta 295/82, BB 1983, 2186. | 6 BSG v. 12.12.1990 – 11 RAr 43/88, NJW 1991, 2101. | 7 LAG Köln v. 8.11.1989 – 5 Sa 716/89, LAGE § 2 ArbGG 1979 Nr. 8. | 8 BGH v. 13.7.1965 – VI ZR 70/64, NJW 1965, 1803; vgl. auch *Matthes*, DB 1968, 1579 u. 1624; *Müller*, DB 1977, 997 und DB 1986 Beil. Nr. 5. | 9 BAG v. 13.7.1988 – 5 AZR 467/87, AP Nr. 11 zu § 2 ArbGG 1979. | 10 Schwab/Weth/*Walker*, § 2 ArbGG Rz. 125. | 11 Schwab/Weth/*Walker*, § 2 ArbGG Rz. 127. | 12 BAG v. 7.10.1981 – 4 AZR 173/81, BAGE 36, 274, AP Nr. 1 zu § 48 ArbGG 1979. | 13 BAG v. 17.1.1969 – 3 AZR 96/67, BAGE 21, 284, AP Nr. 1 zu § 242 BGB – Ruhegehalt-Pensionskassen; v. 17.5.1973 – 3 AZR 381/72, BAGE 25, 194, AP Nr. 6 zu § 242 BGB – Ruhegehalt-Unterstützungskassen. | 14 *Gift/Baur*, Urteilsverfahren, C. 140. | 15 Schwab/Weth/*Walker*, § 2 ArbGG Rz. 128, auch zur missglückten Gesetzesfassung.

Leistungen der betrAV folgen nämlich aus § 2 Abs. 1 Nr. 3a[1]. Nach dem BAG können Streitigkeiten über abstrakte Rechtsgeschäfte (Vergleich, konstitutives abstraktes Schuldanerkenntnis, Scheck, Wechsel usw.), die auf dem Arbeitsverhältnis beruhen, dem § 2 Abs. 1 Nr. 4a unterfallen, wenn sie nicht § 2 Abs. 1 Nr. 3a zugeordnet werden[2].

95 **cc) Unmittelbar wirtschaftlicher Zusammenhang.** Ein wirtschaftlicher Zusammenhang liegt vor, wenn der Anspruch nicht aus dem Arbeitsverhältnis resultiert, aber doch nur im Hinblick auf das Arbeitsverhältnis bestehen kann. Der Zusammenhang muss dergestalt sein, dass das Rechtsverhältnis, aus dem die Streitigkeit folgt, ohne das Arbeitsverhältnis nicht begründet worden wäre[3]. Gedacht ist an Rechtsstreitigkeiten über Nebenleistungen des ArbGeb, wie Möglichkeiten zum verbilligten Einkauf, die Benutzung von betrieblichen Sport- und sonstigen Einrichtungen oder Betriebssparplätzen, die Überlassung von Werkzeugen oder Maschinen und die Lieferung von Hausbrandkohle[4]. Auch Ansprüche aus einer privaten Unfallversicherung des ArbGeb zu Gunsten des ArbN gehören hierher. Bietet der ArbGeb dem ArbN unabhängig von der Höhe des Preisnachlasses eine Möglichkeit zum Wareneinkauf, die ein Außenstehender nicht erhalten hätte, und wird dabei vereinbart, den Kaufpreis mit Ansprüchen des ArbN aus der Vergütung von Überstunden zu verrechnen, so sind nach § 2 Abs. 1 Nr. 4a für die Klage wegen Kaufpreiszahlungen die ArbG zuständig[5].

96 **g) Streitigkeit gegen gemeinsame Einrichtung.** Durch § 2 Abs. 1 Nr. 4b wird die Rechtswegzuständigkeit auf Streitigkeiten erstreckt, bei denen nicht der ArbGeb, sondern eine gemeinsame Einrichtung der TV-Parteien oder Sozialeinrichtung des privaten Rechts Gegner des ArbN oder eines Hinterbliebenen ist.

97 **aa) Gemeinsame Einrichtungen.** Der Begriff der gemeinsamen Einrichtungen der TV-Parteien in Nr. 4b entspricht dem des § 4 Abs. 2 TVG[6]. Gemeinsame Einrichtungen sind von den TV-Parteien geschaffene und von ihnen abhängige Organisationen, deren Zweck und Organisationsstruktur durch TV festgelegt wird. Die von den TV-Parteien geschaffene Einrichtung muss von ihnen selbst beeinflusst werden, wobei eine paritätische Aufsicht und Kontrolle der TV-Parteien bestehen muss. Paritätisch heißt dabei nicht, dass das Organ nur aus Vertretern der Tarifpartner besteht, sondern es können daneben auch „unparteiische" Dritte in das Aufsichtsorgan berufen werden. Schließlich muss ihr Zweck bestimmt und ihre Organisationsstruktur durch TV festgelegt werden[7]. Die Einrichtung muss zumindest passiv parteifähig sein, weil es sonst nicht zu Streitigkeiten mit ihr kommen kann[8].

98 Von großer praktischer Bedeutung sind die gemeinsamen Einrichtungen im **Baugewerbe** (Lohnausgleichs-, Urlaubs- oder Sozialkassen) und der als gemeinsame Einrichtung anerkannte[9] Gesamthafenbetrieb.

99 **bb) Sozialeinrichtungen des privaten Rechts.** Der Begriff der Sozialeinrichtung ist identisch mit dem des § 87 Abs. 1 Nr. 8 BetrVG (zB Pensions- oder Unterstützungskassen). Nach dem Wortlaut von § 2 Abs. 1 Nr. 4b sind in den Zuständigkeitsbereich der Gerichte für Arbeitssachen nur solche Sozialeinrichtungen einbezogen, die in der Rechtsform des privaten Rechts organisiert worden sind; dagegen kommt es bei öffentlich-rechtlich organisierten Versorgungsanstalten nicht darauf an, ob das Benutzungsverhältnis privatrechtlich ausgestaltet ist[10].

100 Daher sind für die **betrAV im öffentlichen Dienst** die ordentlichen Gerichte zuständig, wenn die Versorgungsleistungen durch eine Anstalt des öffentlichen Rechtes nach privatrechtlichen Grundsätzen gewährt werden. Schlägt hingegen diese Versorgung aus Gründen fehl, die der öffentliche ArbGeb zu vertreten hat, sind für die daraus folgenden Schadenersatzansprüche wiederum die ArbG zuständig[11]. Auch für die verschuldensunabhängigen Verschaffungsansprüche sind die Gerichte für Arbeitssachen zuständig.

101 Eine Sozialeinrichtung iSv. § 2 Abs. 1 Nr. 4b liegt vor, wenn eine soziale Leistung des ArbGeb nach allgemeinen Richtlinien aus einer abgesonderten, besonders zu verwaltenden Vermögensmasse erfolgt[12]. Sie dient der Verbesserung der sozialen Lebensbedingungen der ArbN und/oder ihrer Hinterbliebenen[13]. Auch die Sozialeinrichtung muss zumindest passiv parteifähig sein, weil es sonst nicht zu Streitigkeiten mit ihr kommen kann[14].

102 **h) Streitigkeiten aus Insolvenzsicherung.** Von § 2 Abs. 1 Nr. 5 werden Streitigkeiten zwischen ArbN oder ihren Hinterbliebenen und dem Träger der Insolvenzversicherung über Ansprüche auf Leistungen der Insolvenzversicherung nach dem Vierten Abschnitt des Ersten Teils (§§ 7 bis 15) des BetrAVG erfasst. Die Vorschrift bezieht sich einerseits auf ArbN (auch ehemalige ArbN) und ihre Hinterbliebe-

---

1 BAG v. 29.4.1994 – 3 AZB 18/93, AP Nr. 26 zu § 2 ArbGG 1979. | 2 BAG v. 7.11.1996 – 5 AZB 19/96, AP Nr. 1 zu § 46 ArbGG 1979. | 3 OLG Karlsruhe v. 28.1.1992 – 18a U 149/91, MDR 1992, 384; Schwab/Weth/*Walker*, § 2 ArbGG Rz. 132. | 4 GMPM/*Matthes*, § 2 ArbGG Rz. 85; *Wenzel*, AuR 1979, 226. | 5 OLG Karlsruhe v. 28.1.1992 – 18a U 149/91, NJW-RR 1992, 562. | 6 BAG v. 28.4.1981 – 3 AZR 255/80, AP Nr. 3 zu § 4 TVG – Gemeinsame Einrichtungen; v. 25.1.1989 – 5 AZR 43/88, AP Nr. 5 zu § 1 GesamthafenbetriebsG. | 7 BAG v. 25.1.1989 – 5 AZR 43/88, AP Nr. 5 zu § 1 GesamthafenbetriebsG. | 8 Schwab/Weth/*Walker*, § 2 ArbGG Rz. 133. | 9 BAG v. 25.1.1989 – 5 AZR 43/88, AP Nr. 5 zu § 1 GesamthafenbetriebsG. | 10 BAG v. 28.4.1981 – 3 AZR 255/80, AP Nr. 3 zu § 4 TVG – Gemeinsame Einrichtungen. | 11 BAG v. 28.4.1981 – 3 AZR 255/80, AP Nr. 3 zu § 4 TVG – Gemeinsame Einrichtungen. | 12 BAG v. 24.4.1986 – 6 AZR 607/83, AP Nr. 7 zu § 87 BetrVG 1972 – Sozialeinrichtung. | 13 BAG v. 23.8.2001 – 5 AZB, AP Nr. 77 zu § 2 ArbGG 1979. | 14 Schwab/Weth/*Walker*, § 2 ArbGG Rz. 137.

nen (nicht etwa auf Dritte wie den geschiedenen Ehegatten mit einem Versorgungsausgleich[1]) und andererseits auf den Träger der Insolvenzversicherung. Dies ist der in Köln ansässige Pensions-Sicherungs-Verein (PSV) VVaG (§ 14 Abs. 1 BetrAVG). Auf die Parteistellung des ArbN, Hinterbliebenen oder Trägers kommt es nicht an. Das ArbG ist also auch dann zuständig, wenn der Träger gegen den ArbN oder seinen Hinterbliebenen klagt, etwa auf Erstattung überzahlter Leistungen.

Keine ArbN iS dieser Vorschrift sind wegen § 5 Abs. 1 Satz 3 Personen, die über den persönlichen Geltungsbereich des § 17 Abs. 1 Satz 1 BetrAVG hinaus in den Insolvenzschutz einbezogen sind (§ 17 Abs. 1 Satz 2 BetrAVG). Für Streitigkeiten dieser Personen (zB Geschäftsführer, Vorstandsmitglieder) und dem Träger der Insolvenzsicherung sind nicht die Gerichte für Arbeitssachen, sondern die ordentlichen Gerichte zuständig[2]. 103

Erforderlich ist eine **bürgerlich-rechtliche Streitigkeit**. Das trifft zu, wenn bei unmittelbarer Geltendmachung des Anspruchs des ArbN gegen den ArbGeb oder seine Versorgungseinrichtung oder umgekehrt die Zuständigkeit des ArbG nach § 2 Abs. 1 Nr. 4 gegeben wäre[3]. Da das Verhältnis zwischen ArbGeb und dem Träger der Insolvenzversicherung (PSV) öffentlich-rechtlicher Natur ist (vgl. § 10 Abs. 1 BetrAVG), gehören Streitigkeiten über Beitrags-, Mitteilungs- und Auskunftspflichten (§§ 10, 11 BetrAVG) vor das VerwG[4]. 104

i) Streitigkeiten von ArbGeb gegen Einrichtungen. Die Vorschrift des § 2 Abs. 1 Nr. 6 ergänzt § 2 Abs. 1 Nr. 4b und 5, als auch Rechtsstreitigkeiten der gemeinsamen Einrichtungen mit ArbGeb (in ihrer Eigenschaft als ArbGeb)[5] und zwischen solchen Einrichtungen der Rechtswegzuständigkeit der Gerichte für Arbeitssachen unterstellt werden. Von praktischer Bedeutung ist die Vorschrift für Rechtsstreite, an denen die Urlaubs- und Lohnausgleichskasse für die Bauwirtschaft – ULAK – in Wiesbaden oder die Zusatzversorgungskasse des Baugewerbes VVaG – ZVK – in Wiesbaden beteiligt ist[6]. 105

Der Anwendungsbereich von § 2 Abs. 1 Nr. 6 für Streitigkeiten zwischen ArbGeb und dem **Pensions-Sicherungs-Verein** (PSV) ist gering[7]. Für die Klage auf Feststellung der Möglichkeit zur Kürzung oder Einstellung von Versorgungsleistungen fehlt mittlerweile die Rechtsgrundlage. Ein ArbGeb, der die Kürzung oder Einstellung von Versorgungsleistungen wegen wirtschaftlicher Notlage nach § 7 Abs. 1 Satz 3 Nr. 5 BetrAVG aF anstrebte, musste vor der Kürzung den Träger der Insolvenzsicherung einschalten. Wenn der PSV als Träger der Insolvenzsicherung einer Kürzung oder Einstellung von Ruhegeldzahlungen nicht zustimmte, musste der ArbGeb vor Kürzung oder Einstellung im Wege der Feststellungsklage vor den Gerichten für Arbeitssachen auch gegen den PSV feststellen lassen, ob sein Kürzungsverlangen gerechtfertigt ist oder nicht[8]. Im Zuge der Änderung des BetrAVG ist der Sicherungsfall der wirtschaftlichen Notlage zum 1.1.1999 gestrichen worden[9]. 106

Erforderlich ist eine bürgerlich-rechtliche Streitigkeit. Da das Verhältnis zwischen ArbGeb und dem Träger der Insolvenzversicherung (PSV) öffentlich-rechtlicher Natur ist (vgl. § 10 Abs. 1 BetrAVG), gehören Streitigkeiten über Beitrags-, Mitteilungs- und Auskunftspflichten (§§ 10, 11 BetrAVG) vor das VerwG[10]. 107

j) Entwicklungshelferstreitigkeiten. Grundlage der Streitigkeit nach § 1 Abs. 1 Nr. 7 muss das Entwicklungshelfer-Gesetz (EhfG) vom 18.6.1969 sein. Dessen § 19 regelt den Rechtsweg ausdrücklich wie folgt: Für bürgerliche Streitigkeiten ist das ArbG zuständig (Abs. 1), für öffentlich-rechtliche Streitigkeiten ist der Rechtsweg zu den Gerichten der Sozialgerichtsbarkeit gegeben (Abs. 2). Der Entwicklungsdienstvertrag nach § 4 EhfG zwischen dem Träger und dem Helfer ist kein Arbeitsvertrag[11], weshalb eine Rechtswegzuständigkeit der Gerichte für Arbeitssachen nach § 2 Abs. 1 Nr. 3 ausscheidet. Der Helfer wird jedoch oft zu dem Projektträger im Ausland in einem Arbeitsverhältnis stehen. Ob auf dieses das deutsche Arbeitsrecht Anwendung findet, bestimmt sich nach den Vorschriften und Regeln des Internationalen Privatrechts (vgl. Art. 27 ff. EGBGB). Ob die deutschen ArbG für derartige Streitigkeiten zuständig sind, ist eine Frage der internationalen Zuständigkeit der deutschen Gerichte. 108

k) Streitigkeiten der Beteiligten am sozialen oder ökologischen Jahr. Die Rechtswegzuständigkeit der Gerichte für Arbeitssachen besteht nach § 1 Abs. 1 Nr. 8 auch für bürgerliche Rechtsstreitigkeiten zwischen den Trägern eines freiwilligen sozialen Jahres und Helfern nach dem Gesetz zur Förderung eines freiwilligen sozialen Jahres und bürgerliche Rechtsstreitigkeiten zwischen den Trägern des frei- 109

---

1 Schwab/Weth/*Walker*, § 2 ArbGG Rz. 142 (Rechtswegzuständigkeit der ordentlichen Gerichte). | 2 BAG v. 20.5.1998 – 5 AZB 3/98, NZA 1998, 1247; *Gift/Baur*, Urteilsverfahren, C. 155. | 3 Schwab/Weth/*Walker*, § 2 ArbGG Rz. 140. | 4 GMPM/*Matthes*, § 2 ArbGG Rz. 100; Schwab/Weth/*Walker*, § 2 ArbGG Rz. 143. | 5 Schwab/Weth/*Walker*, § 2 ArbGG Rz. 146. | 6 Vgl. zur Zulässigkeit der mit Formular eingereichten Klagen der ZVK BAG v. 10.4.1991 – 4 AZR 479/90, AP Nr. 141 zu § 1 TVG – Tarifverträge: Bau; v. 13.3.1996 – 10 AZR 721/95, AP Nr. 194 zu § 1 TVG – Tarifverträge: Bau. | 7 Schwab/Weth/*Walker*, § 2 ArbGG Rz. 148. | 8 BAG v. 6.12.1979 – AZR 274/78, AP Nr. 4 zu § 7 BetrAVG. | 9 Zur Rechtslage seit dem 1.1.1999 vgl. einerseits *Schwerdtner*, FS Uhlenbruck, S. 799 ff.; *Bepler*, BetrAV 19, 24; andererseits *Blomeyer/Otto*, Erg.-Heft zu BetrAVG, 2. Aufl., Verb. § 7 Rz. 82 ff.; noch offen gelassen in BAG v. 24.4.2001 – 3 AZR 402/00, AP Nr. 23 zu § 7 BetrAVG – Widerruf. | 10 GMPM/*Matthes*, § 2 ArbGG Rz. 100; Schwab/Weth/*Walker*, § 2 ArbGG Rz. 143. | 11 BAG v. 27.4.1977- 5 AZR 129/76, AP Nr. 1 zu § 611 BGB – Entwicklungshelfer.

willigen ökologischen Jahres und Teilnehmern nach dem Gesetz zur Förderung eines freiwilligen ökologischen Jahres.

110 Die Helfer im freiwilligen sozialen Jahr stehen nach dem allgemeinen arbeitsrechtlichen ArbN-Begriff zum Träger des freiwilligen sozialen Jahres in keinem Arbeitsverhältnis. Nach § 15 des Gesetzes zur Förderung eines freiwilligen sozialen Jahres finden „auf eine Tätigkeit im Rahmen eines freiwilligen sozialen Jahres die Arbeitsschutzbestimmungen und das Bundesurlaubsgesetz Anwendung". Nach dieser Regelung ist die Tätigkeit im Rahmen eines freiwilligen sozialen Jahres weder ein Arbeitsverhältnis noch einem Arbeitsverhältnis völlig gleichgestellt. Vielmehr handelt es sich um ein Rechtsverhältnis eigener Art, auf das nicht alle arbeitsrechtlichen Bestimmungen, sondern nur die ausdrücklich genannten anzuwenden sind. Diese Aufzählung ist abschließend. Diese gesetzliche Ausgestaltung des freiwilligen sozialen Jahres zeigt, dass die Helfer keine ArbN sein sollen. Bei ihrer Tätigkeit steht nicht die für ein Arbeitsverhältnis typische Verpflichtung zur Leistung fremdbestimmter Arbeit im Vordergrund. Vielmehr sollen ihnen vor allem soziale Erfahrungen vermittelt und ihr Verantwortungsbewusstsein für das Gemeinwohl gestärkt werden. Die Zielsetzung des sozialen Jahres führt dazu, dass die Helfer im freiwilligen sozialen Jahr auch keine zu ihrer Berufsausbildung Beschäftigten sind. Zweck des sozialen Jahres ist es nicht, auf bestimmte Berufe hinzuführen. Im Vordergrund steht vielmehr, jungen Menschen gesellschaftliche und zwischenmenschliche Erfahrungen zu verschaffen und ihre Erziehung dadurch abzurunden. § 2 Abs. 1 Nr. 8 bestätigt dies. Da die Helfer im freiwilligen sozialen Jahr weder ArbN noch zu ihrer Berufsausbildung Beschäftigte sind, aber die Gerichte für Arbeitssachen über Streitigkeiten zwischen ihnen und den Trägern des freiwilligen sozialen Jahres entscheiden sollen, ist es erforderlich gewesen, in § 2 Abs. 1 Nr. 8 ausdrücklich die sachliche Zuständigkeit zu regeln[1].

111 Entsprechendes gilt für die Streitigkeiten zwischen den Teilnehmern am freiwilligen ökologischen Jahr auf der Grundlage des Gesetzes zur Förderung eines freiwilligen ökologischen Jahres und den Trägern[2].

112 **l) Streitigkeiten zwischen ArbN.** Von § 2 Abs. 1 Nr. 9 werden erfasst bürgerlich-rechtliche Streitigkeiten zwischen ArbN iSv. § 5

- aus gemeinsamer Arbeit und
- aus unerlaubten Handlungen, so weit diese mit dem Arbeitsverhältnis im Zusammenhang stehen (nicht erforderlich ist, dass die Streitparteien beim gleichen ArbGeb beschäftigt sind)[3].

113 Die Vorschrift ist analog anzuwenden auf die nach § 2 Abs. 1 Nr. 7 und 8 geschützten Nichtarbeitnehmer und auch dann, wenn Hinterbliebene von ArbN an der Streitigkeit beteiligt sind[4].

114 Nicht in die Zuständigkeit der Gerichte für Arbeitssachen fallen Streitigkeiten zwischen ArbGeb zB wegen Abwerbung, Beschäftigung Vertragsbrüchiger oder wegen Schadensersatzes im Zusammenhang mit einem unrichtigen Zeugnis[5]. Hierfür sind jeweils die ordentlichen Gerichte zuständig[6].

115 **aa) Ansprüche aus gemeinsamer Arbeit.** Ansprüche aus gemeinsamer Arbeit kommen vor allem bei Gruppenarbeitsverhältnissen vor. Zu unterscheiden ist zwischen einer Betriebsgruppe, dh. ArbN, die jeweils einzeln und voneinander unabhängig ihren Arbeitsvertrag mit dem ArbGeb abgeschlossen haben und durch ihn aus arbeitsorganisatorischen Gründen zwecks Erreichung eines Arbeitserfolges zusammengeschlossen werden (zB Akkord-, Reparatur- oder Werbekolonne), und einer Eigengruppe, dh. ArbN, die sich zur gemeinsamen Arbeitsleistung aus eigener Initiative zusammengetan haben und als Gruppe ihre Arbeitsleistung dem ArbGeb anbieten: zB Kapelle, Orchester, Ernte- und Pflückergruppe oder Putzerkolonne. Ansprüche aus gemeinsamer Arbeit entstehen etwa bei einem Streit über die Verteilung des gemeinsamen Lohnes, bei Auflösung der Gruppe oder bei Leistung von Schadensersatz, ferner bei Fahrgemeinschaften oder gemeinsamer Anschaffung oder Benutzung von Werkzeugen oder Arbeitsmaterial. Dabei kann es auch um gesellschaftsrechtliche Ansprüche, Geschäftsführung ohne Auftrag (Hilfeleistung bei einem Arbeits- oder Wegeunfall) oder um Ansprüche aus ungerechtfertigter Bereicherung gehen[7].

116 **bb) Ansprüche aus unerlaubter Handlung.** Die ArbG sind auch zuständig für bürgerliche Streitigkeiten zwischen ArbN aus unerlaubter Handlung, so weit diese mit dem Arbeitsverhältnis im Zusammenhang steht. Der Zusammenhang zwischen der unerlaubten Handlung und dem Arbeitsverhältnis darf nicht bloß ein äußerer oder nur zufälliger sein[8]. Nötig ist vielmehr eine innere Beziehung zwischen beiden, dh. die unerlaubte Handlung muss in der besonderen Eigenart des Arbeitsverhältnisses und den ihnen eigentümlichen Reibungen und Berührungspunkten wurzeln[9]. Dazu gehören Körperverletzun-

---

[1] BAG v. 12.2.1992 – 7 ABR 42/91, AP Nr. 52 zu § 5 BetrVG 1972. [2] Schwab/Weth/*Walker*, § 2 ArbGG Rz. 155. [3] OLG Hamm 23.9.1999 – 6 W 31/99, NZA-RR 2000, 499; *Gift/Baur*, Urteilsverfahren, C. 171; Schwab/Weth/*Walker*, § 2 ArbGG Rz. 157. [4] Schwab/Weth/*Walker*, § 2 ArbGG Rz. 157 (unter Hinweis auf Ansprüche nach §§ 844, 845 BGB); GMPM/*Matthes*, § 2 ArbGG Rz. 112. [5] BGH v. 15.5.1979 – VI ZR 230/76, AP Nr. 13 zu § 630 BGB; v. 26.11.1963 – VII ZR 221/62, AP Nr. 10 zu § 826 BGB; OLG München v. 30.3.2000 – 1 U 624/99, OLGR München 2000, 337. [6] *Gift/Baur*, Urteilsverfahren, C. 172; Schwab/Weth/*Walker*, § 2 ArbGG Rz. 158. [7] Schwab/Weth/*Walker*, § 2 ArbGG Rz. 159. [8] OLG Hamm 23.9.1999 – 6 W 31/99, NZA-RR 2000, 499. [9] BAG v. 11.7.1995 – 5 AS 13/95, AP Nr. 32 zu § 2 ArbGG 1979; BGH v. 12.3.2002 – X ARZ 314/01, AP Nr. 56 zu § 36 ZPO; v. 7.2.1958 – VI ZR 49/57, AP Nr. 48 zu § 2 ArbGG 1953.

gen oder Sachbeschädigungen unter Arbeitskollegen während der Arbeit, auf dem Weg zur oder von der Arbeit und bei Betriebsfeiern und -ausflügen, nicht dagegen Vorkommnisse aus privatem Anlass (zB gemeinsamer Urlaub oder Tätlichkeiten auf dem Sportplatz)[1].

m) Streitigkeiten aus SGB IX. Die Gerichte für Arbeitssachen sind nach § 2 Abs. 1 Nr. 10 zuständig für bürgerliche Rechtsstreitigkeiten zwischen behinderten Menschen im Arbeitsbereich von Werkstätten für behinderte Menschen und den Trägern der Werkstätten aus den in § 138 SGB IX geregelten arbeitnehmerähnlichen Rechtsverhältnissen. Zwischen den Genannten kann ein Arbeitsverhältnis bestehen. Andernfalls liegt nach § 138 Abs. 1 SGB IX ein arbeitnehmerähnliches Rechtsverhältnis vor. Für Streitigkeiten aus diesem Rechtsverhältnis stellt § 2 Abs. 1 Nr. 10 klar, dass auch insoweit die Rechtswegzuständigkeit der Gerichte für Arbeitssachen gegeben ist. Nicht erfasst werden aber Streitigkeiten zwischen den behinderten Menschen und den Sozialleistungsträgern, die öffentlich-rechtlicher Natur sind[2]. 117

n) ArbN-Erfindung/Urheberrecht. Nach § 2 Abs. 2 sind die Gerichte für Arbeitssachen auch zuständig für bürgerliche Rechtsstreitigkeiten zwischen ArbN und ArbGeb, die ausschließlich Ansprüche auf Leistung einer festgestellten oder festgesetzten Vergütung für eine ArbNErf oder für einen technischen Verbesserungsvorschlag nach § 20 Abs. 1 des Gesetzes über ArbNErf (ArbNErfG) zum Gegenstand haben. Diese Vorschrift entspricht die Zuständigkeitsregelung des § 39 Abs. 2 ArbNErfG und des § 104 Satz 2 UrhG. 118

Die Gerichte für Arbeitssachen sind in Sachen nach § 2 Abs. 2 nicht ausschließlich, sondern nur fakultativ zuständig („auch")[3]. Insoweit besteht für die klagende Partei ein Wahlrecht. Die Parteien können durch Vereinbarung die Rechtswegzuständigkeit der ordentlichen Gerichte oder der Gerichte für Arbeitssachen begründen. 119

aa) Vergütung für ArbNErf. ArbNErf sind Erfindungen, die patent- oder gebrauchsmusterfähig sind (§ 2 ArbNErfG). Für alle Rechtsstreitigkeiten über Erfindungen eines ArbN sind nach § 39 ArbNErfG die für Patentstreitsachen zuständigen Gerichte ohne Rücksicht auf den Streitwert ausschließlich zuständig. Dies sind nach § 143 Abs. 1 PatG die Zivilkammern der LG ohne Rücksicht auf den Streitwert. Die Landesregierungen werden durch § 143 Abs. 2 PatG ermächtigt, durch Rechtsverordnung die Patentstreitsachen für die Bezirke mehrerer LG einem von ihnen zuzuweisen; die Landesregierungen können diese Ermächtigungen auf die Landesjustizverwaltungen übertragen. Ausgenommen von der Regelung in § 39 Abs. 1 ArbNErfG zur ausschließlichen Zuständigkeit der Zivilkammern der LG sind Rechtsstreitigkeiten, die ausschließlich Ansprüche auf Leistung einer festgestellten oder festgesetzten Vergütung für eine Erfindung zum Gegenstand haben (§ 39 Abs. 2 ArbNErfG). Hierfür sieht § 2 Abs. 2a die fakultative Zuständigkeit der Gerichte für Arbeitssachen vor. 120

Die Rechtswegzuständigkeit hat zur Voraussetzung, dass es um eine **festgestellte oder festgesetzte Vergütung** geht. Feststellung oder Festsetzung der Vergütung erfolgt nach § 12 ArbNErfG. Wird über die ArbNErf oder über die Richtigkeit der Vergütungsfestsetzung gestritten oder geht es um Schadensersatzansprüche des ArbN oder ArbGeb im Zusammenhang mit der ArbNErf, so sind die Zivilkammern der LG zuständig[4]. 121

Nach dem Wortlaut darf die Streitigkeit ausschließlich die **Vergütungsansprüche** betreffen. Werden daneben weitere Ansprüche im Zusammenhang mit der Erfindung geltend gemacht, sind für den gesamten Rechtsstreit die Zivilkammern des LG zuständig. Ein Teilurteil des ArbG darf nicht ergehen[5]. Für die übrigen Ansprüche besteht auch keine Rechtswegzuständigkeit nach § 3, weil sie einer ausschließlichen Rechtswegzuständigkeit unterliegen. Die Rechtswegzuständigkeit der Gerichte für Arbeitssachen wird jedoch hergestellt, wenn die rechtswegfremden Ansprüche vollständig entfallen[6]. 122

Die Rechtswegzuständigkeit der Gerichte für Arbeitssachen erstreckt sich auch auf **vorbereitenden Ansprüche**, also auf Auskunfts- und Rechnungslegungsansprüche, unabhängig davon, ob diese Ansprüche im Wege der Stufenklage geltend gemacht werden[7]. 123

bb) Vergütung für technische Verbesserungsvorschläge. Technische Verbesserungsvorschläge sind Vorschläge für sonstige technische Neuerungen, die nicht patent- oder gebrauchsmusterfähig sind (§ 3 ArbNErfG). Die in § 39 Abs. 1 ArbNErfG geregelte ausschließliche Zuständigkeit der für Patentstreitsachen zuständigen Gerichte gilt nur für Rechtsstreite über Erfindungen eines ArbN iSd. § 2 ArbNErfG, nicht dagegen für Rechtsstreite über technische Verbesserungsvorschläge eines ArbN iSd. § 3 ArbNErfG. Für diese sind gemäß § 2 Abs. 1 Nr. 3a die Gerichte für Arbeitssachen zuständig[8]. Nur für Vergütungsansprüche wegen qualifizierter Verbesserungsvorschläge nach § 20 ArbNErfG findet sich in § 2 Abs. 2a die speziellere Regelung zur Rechtswegzuständigkeit, die Parteivereinbarungen zur Rechtswegzuständigkeit zulässt[9]. 124

---

1 Gift/Baur, Urteilsverfahren, C. 175; Schwab/Weth/Walker, § 2 ArbGG Rz. 161. | 2 Schwab/Weth/Walker, § 2 ArbGG Rz. 163. | 3 Schwab/Weth/Walker, § 2 ArbGG Rz. 32 und 165. | 4 Schwab/Weth/Walker, § 2 ArbGG Rz. 168. | 5 Schwab/Weth/Walker, § 2 ArbGG Rz. 169; GMPM/Matthes, § 2 ArbGG Rz. 115. | 6 Schwab/Weth/Walker, § 2 ArbGG Rz. 170. | 7 GMPM/Matthes, § 2 ArbGG Rz. 114. | 8 BAG v. 30.4.1965 – 3 AZR 291/63, AP Nr. 1 zu § 20 ArbNErfG. | 9 Schwab/Weth/Walker, § 2 ArbGG Rz. 175.

125 **cc) Vergütungen in Urheberrechtssachen.** Für alle Rechtsstreitigkeiten, durch die ein Anspruch aus einem der im UrhG geregelten Rechtsverhältnisse geltend gemacht wird (Urheberrechtsstreitsachen), ist nach § 104 Satz 1 UrhG der ordentliche Rechtsweg gegeben. Für Urheberrechtsstreitsachen aus Arbeits- oder Dienstverhältnissen, die ausschließlich Ansprüche auf Leistung einer vereinbarten Vergütung zum Gegenstand haben, bleiben jedoch nach § 104 Satz 2 UrhG der Rechtsweg zu den Gerichten für Arbeitssachen und der Verwaltungsrechtsweg unberührt. Die Rechtswegzuständigkeit für Ansprüche auf Leistung einer vereinbarten Vergütung im Zusammenhang mit einem Arbeitsverhältnis findet ihre Grundlage in § 2 Abs. 2b.

126 Für Auseinandersetzungen zwischen ArbN und ArbGeb über die **Nutzung von Computerprogrammen**, die der ArbN geschaffen oder eingebracht hat, ist daher der Rechtsweg zu den ordentlichen Gerichten gegeben[1], denn es geht nicht um die vereinbarte Vergütung. Entsprechendes gilt für den Anspruch auf Wertersatz oder Sondervergütung für eine **Schaufensterdekoration** im Zusammenhang mit der Teilnahme des ArbGeb an einem Lieferantenwettbewerb[2].

127 Nach dem Wortlaut darf die Streitigkeit ausschließlich die **Vergütungsansprüche** betreffen. Ist die Vereinbarung der Vergütung umstritten, ist dies als Vorfrage von den Gerichte für Arbeitssachen zu klären. Verneint das ArbG eine wirksame Vergütungsvereinbarung, ist der Rechtsstreit von Amts wegen an das zuständige ordentliche Gericht zu verweisen[3]. Werden daneben **weitere Ansprüche** im Zusammenhang mit der Erfindung geltend gemacht, sind für den gesamten Rechtsstreit die Zivilkammern des LG zuständig.

128 **o) Zusammenhangsklagen.** Nach § 2 Abs. 3 können auch nicht unter § 2 Abs. 1 und 2 fallende Rechtsstreitigkeiten, die an sich in die Zuständigkeit der ordentlichen Gerichte gehören, als sog. Zusammenhangsstreitigkeiten vor die Gerichte für Arbeitssachen gebracht werden, wenn der Anspruch

- mit einer bei einem ArbG
  - anhängigen
  - oder gleichzeitig anhängig werdenden
- bürgerlichen Rechtsstreitigkeit der in den Absätzen 1 und 2 bezeichneten Art in
  - rechtlichem
  - oder unmittelbar wirtschaftlichem Zusammenhang steht
- und für seine Geltendmachung nicht die ausschließliche Zuständigkeit eines anderen Gerichts gegeben ist.

129 Eine vergleichbare Vorschrift für die ordentlichen Gerichtsbarkeit gibt es nicht. Die Vorschrift will die Teilung rechtlich oder wirtschaftlich zusammenhängender Verfahren zwischen ordentlichen und ArbG im gebotenen Umfang verhindern[4]. Sie ermöglicht einer Partei einseitig die klageweise Geltendmachung nichtarbeitsrechtlicher Ansprüche im Arbeitsgerichtsprozess. Es besteht kein Zwang, sondern ein Wahlrecht des Klägers[5]. Die Vorschrift begründet keine ausschließliche, sondern eine fakultative Zuständigkeit. Insoweit kann die Rechtswegzuständigkeit auch zwischen den Parteien vereinbart werden[6]. Eine Zuständigkeitsbegründung durch rügelose Einlassung scheidet jedoch aus, weil § 39 ZPO nicht für die Rechtswegzuständigkeit gilt[7]. Eine konkludente Aufhebung der Zuständigkeitsvereinbarung ist jedoch möglich.

130 **aa) Arbeitsgerichtliche Streitigkeit als Hauptklage.** Voraussetzung für eine Zusammenhangszuständigkeit ist zunächst die Anhängigkeit einer arbeitsgerichtlichen Streitigkeit nach § 2 Abs. 1 oder 2 (sog. Hauptklage). Dabei ist ohne Bedeutung, ob diese zulässig oder begründet ist. Nur die Rechtswegzuständigkeit des ArbG für die Hauptklage muss zweifelsfrei bestehen[8]. Eine unzulässige Zwischenfeststellungsklage auf Feststellung gerade des Rechtsverhältnisses, von dessen rechtlicher Qualifikation die Zuständigkeit des einen oder anderen Rechtswegs abhängt, reicht aber nicht als Hauptsacheklage aus, die nach § 2 Abs. 3 die Zusammenhangszuständigkeit begründen[9]. § 2 Abs. 3 findet auch keine Anwendung, wenn die Zuständigkeit für die Zusammenhangsklage allein aus der Verbindung mit einem sic-non-Antrag folgen kann. Werden zusätzlich zu einem Feststellungsantrag, der einen sic-non-Fall iSd. BAG-Rspr. darstellt, Leistungsanträge gestellt, muss für diese die Rechtswegzuständigkeit der Gerichte für Arbeitssachen nach § 2 Abs. 1 oder 2 gesondert festgestellt werden. Ein sic-non-Antrag kann für Zusammenhangsklagen nach § 2 Abs. 3 nicht die Zuständigkeit der Gerichte für Arbeitssachen begründen. Das BVerfG hat auf die Gefahr einer Manipulation bei der Auswahl des zuständigen Gerichts durch die klagende Partei hingewiesen, wenn diese im Wege der Zusammenhangsklage mit einem sic-

---

1 BAG v. 21.8.1996 – 5 AZR 1011/94, AP Nr. 42 zu § 2 ArbGG 1979. | 2 BAG v. 12.3.1997 – 5 AZR 669/95, AP Nr. 1 zu § 2 UrhG. | 3 Schwab/Weth/*Walker*, § 2 ArbGG Rz. 177. | 4 BAG v. 27.2.1975 – 3 AZR 136/74, AP Nr. 1 zu § 3 ArbGG 1953. | 5 GMPM/*Matthes*, § 2 ArbGG Rz. 118; *Gift/Baur*, Urteilsverfahren, C. 200; vgl. auch *Kluth*, NZA 2000, 1275, der § 2 Abs. 3 ArbGG für „unerkannt verfassungswidrig" hält. | 6 GMPM/*Matthes*, § 2 ArbGG Rz. 130; Schwab/Weth/*Walker*, § 2 ArbGG Rz. 181. | 7 Schwab/Weth/*Walker*, § 2 ArbGG Rz. 181; aA GMPM/*Matthes*, § 2 ArbGG Rz. 130. | 8 GMPM/*Matthes*, § 2 ArbGG Rz. 124. | 9 BAG v. 28.10.1993 – 2 AZB 12/93, AP Nr. 19 zu § 2 ArbGG 1979.

non-Fall weitere Streitgegenstände verbindet[1]. So könnten im Zusammenhang mit einer Statusklage, die nur erhoben wird, um den Rechtsstreit vor die ArbG zu bringen, Streitgegenstände vor die Gerichte für Arbeitssachen gelangen, für die andere Gerichte sachlich zuständig sind. Das wäre mit Art. 101 Abs. 1 Satz 2 GG nicht vereinbar, wonach der erkennende Richter normativ bestimmt sein muss. Der für den Einzelfall zuständige Richter hat aufgrund allgemeiner Kriterien festzustehen, um der Gefahr manipulierender Einflüsse – gleich von welcher Seite – vorzubeugen. Eine mit Art. 101 GG nicht zu vereinbarende Rechtswegschleichung kann nicht dadurch wirksam verhindert werden, dass dem Kläger die Berufung auf die Zusammenhangszuständigkeit in Missbrauchsfällen nach Treu und Glauben (§ 242 BGB) versagt wird. Hierfür fehlt es an handhabbaren und hinreichend klaren Kriterien[2].

bb) Anhängigkeit der Hauptklage. Die Hauptklage muss bei Einreichung der Zusammenhangsklage schon anhängig sein oder gleichzeitig anhängig gemacht werden. Wird zunächst nur der nichtarbeitsrechtliche Anspruch anhängig gemacht, dann fehlt es an der Rechtswegzuständigkeit. Dies hat zur Folge, dass die isolierte Zusammenhangsklage nach §§ 48 Abs. 1, 17a Abs. 2 GVG an das ordentliche Gericht zu verweisen ist. Wird jedoch vor der Verweisung die Hauptklage anhängig gemacht, dann wird dadurch die bis dahin fehlende Rechtswegzuständigkeit für den nichtarbeitsrechtlichen Anspruch geheilt[3]. Hat das ArbG bei zunächst isoliert erhobener Zusammenhangsklage die Zulässigkeit des Rechtswegs durch Beschluss nach §§ 48 Abs. 1, 17a Abs. 2 GVG verneint, der Kläger jedoch sofortige Beschwerde eingelegt und nunmehr Hauptklage erhoben, dann hat das LAG die Entscheidung des ArbG aufzuheben, sofern im Zeitpunkt der Entscheidung des LAG die Voraussetzungen des § 2 Abs. 3 vorliegen und also eine Rechtshängigkeit der Hauptklage gegeben ist[4]. 131

Strittig ist, wie zu verfahren ist, wenn die Anhängigkeit der Hauptklage zB durch Teilvergleich, -urteil, -klagerücknahme, -erledigungserklärung beendet wird und nur noch der vor die ordentlichen Gerichte gehörende Anspruch verbleibt. Zum Teil wird vertreten, dass durch den Wegfall der Hauptklage die einmal begründete Rechtswegzuständigkeit nicht berührt wird[5]. Demgegenüber ist das BAG der Ansicht, die Zuständigkeit der Gerichte für Arbeitssachen entfalle nach Sinn und Zweck der Bestimmung, wenn der Kläger die Hauptklage zurücknimmt, bevor der Beklagte zur Hauptsache verhandelt hat[6]. § 17 Abs. 1 Satz 1 GVG spricht für die erstgenannte Ansicht. 132

cc) Zusammenhangsklage. Gegenstand der Zusammenhangsklage muss eine bürgerliche Rechtsstreitigkeit sein[7]. Die Vorschrift will die Teilung rechtlich oder wirtschaftlich zusammenhängender Verfahren zwischen den ordentlichen Gerichten und den ArbG verhindern[8]. Die Zusammenhangsklage muss zur Hauptklage in einem rechtlichen oder unmittelbar wirtschaftlichen Zusammenhang stehen. Der Begriff ist nach dem Zweck der Vorschrift weit auszulegen[9]. Ein Zusammenhang im weitesten Sinne wird als ausreichend erachtet[10]. Der unmittelbare wirtschaftliche Zusammenhang ist gegeben, wenn die Hauptklage und die Zusammenhangsklage aus dem gleichen einheitlichen Lebenssachverhalt entspringen und nicht nur rein zufällig eine Verbindung zueinander haben[11]. Für den geforderten Zusammenhang müssen die mit der Haupt- und Zusammenhangsklage verfolgten Ansprüche aus demselben Tatbestand abgeleitet werden (zB Verfolgung von Schadensersatzansprüchen gegen Anstifter, Gehilfen oder Mittäter, die nicht im Arbeitsverhältnis stehen, oder Geltendmachung der Haupt- und Sicherheitsverbindlichkeit) oder dem Grunde nach auf demselben wirtschaftlichen Komplex beruhen (zB Beschäftigung). 133

Die Zusammenhangsklage ist ausgeschlossen bei ausschließlichem Gerichtsstand der Nichtarbeitssache, also zB bei Ansprüchen mit dinglichem Gerichtsstand (§ 24 ZPO) oder bei Streitigkeiten über Werkmietwohnungen (§ 29a ZPO iVm. § 23 Abs. 1 Nr. 2a GVG). 134

dd) Zusammenhangsklage durch Klagenhäufung oder Klageerweiterung. § 2 Abs. 3 regelt allein die Rechtswegzuständigkeit für die Zusammenhangsklage. Die sonstigen Zulässigkeitsvoraussetzungen müssen ebenfalls vorliegen. Die Zusammenhangsklage kann im Wege der Klagenhäufung oder der nachträglichen Klageerweiterung anhängig gemacht werden. Im letztgenannten Fall müssen für die 1. Instanz die Voraussetzungen für eine Klageänderung nach § 263 ZPO und für die 2. Instanz die strengeren Voraussetzungen nach § 533 ZPO vorliegen[12]. Die Zusammenhangsklage kann auch im Wege der Widerklage erfolgen[13]. Die Vorschrift des § 2 Abs. 3 findet auf eine Aufrechnung mit rechtswegfremder Forderung entsprechende Anwendung[14]. 135

ee) Parteien der Zusammenhangsklage. Voraussetzung für eine sog. Zusammenhangsklage ist, dass zumindest eine Partei des Hauptstreits als ArbN, ArbGeb, TV-Partei oder tariffähige Partei beteiligt 136

---

1 BVerfG v. 31.8.1999 – 1 BvR 1389/97, EzA § 2 ArbGG 1979 Nr. 47. | 2 BAG v. 11.6.2003 – 5 AZB 43/03, EzA § 2 ArbGG 1979 Nr. 60; aA Schwab/Weth/*Walker*, § 2 ArbGG Rz. 183. | 3 LAG Düsseldorf v. 28.11.1991 – 7 Ta 321/91, LAGE § 2 ArbGG 1979 Nr. 10; *Gift/Baur*, Urteilsverfahren, C. 207; GMPM/*Matthes*, § 2 ArbGG Rz. 122. | 4 *Gift/Baur*, Urteilsverfahren, C. 208. | 5 LAG Köln v. 28.2.1995 – 13 Ta 300/94, AP Nr. 37 zu § 2 ArbGG 1979; GMPM/*Matthes*, § 2 ArbGG Rz. 125; *Gift/Baur*, Urteilsverfahren, C. 209; Schwab/Weth/*Walker*, § 2 ArbGG Rz. 185. | 6 BAG v. 15.8.1975–5 AZR 217/75, AP Nr. 32 zu § 2 ArbGG 1953. | 7 Schwab/Weth/*Walker*, § 2 ArbGG Rz. 187. | 8 BAG v. 27.2.1975–3 AZR 136/74, AP Nr. 1 zu § 3 ArbGG 1953. | 9 GMPM/*Matthes*, § 2 ArbGG Rz. 119. | 10 Schwab/Weth/*Walker*, § 2 ArbGG Rz. 189. | 11 BAG v. 18.8.1997 – 9 AZB 15/97, AP Nr. 70 zu § 3 74 HGB. | 12 Schwab/Weth/*Walker*, § 2 ArbGG Rz. 193. | 13 LAG Frankfurt v. 20.1.2000 – 2 Ta 739/99, LAGE § 2 ArbGG 1979 Nr. 35. | 14 LAG Schl.-Holst. v. 14.9.1994 – 2 Ta 75/94, LAGE § 2 ArbGG 1979 Nr. 18.

ist; daneben können auch Dritte (zB Bürgen oder Gesamtschuldner) Kläger oder Beklagte sein (Bsp.: ArbN nimmt ArbGeb auf Lohnzahlung und daneben den Bürgen der Forderung gerichtlich in Anspruch). Bei einer Zusammenhangsklage nach § 2 Abs. 3 müssen also die Parteien der Zusammenhangsklage nicht identisch sein mit den Parteien der Hauptklage. Es genügt vielmehr, dass eine Partei der Hauptklage auch Partei der Zusammenhangsklage ist[1].

137 **ff) Folgen der Zusammenhangszuständigkeit.** Auch für die Zusammenhangsklage richtet sich das Verfahren nach dem ArbGG. Über Haupt- und Zusammenhangsklage kann nach § 301 ZPO getrennt entschieden werden. Zu beachten ist, dass sich in der 1. Instanz die Kostentragungspflicht auch für die Zusammenhangsklage nach § 12a Abs. 1 Satz 1 richtet[2].

138 **p) Streitigkeiten der Organvertreter.** Aufgrund einer Vereinbarung können nach § 2 Abs. 4 auch bürgerliche Rechtsstreitigkeiten zwischen juristischen Personen des Privatrechts und Personen, die kraft Gesetzes allein oder als Mitglieder des Vertretungsorgans der juristischen Person zu deren Vertretung berufen sind, vor die Gerichte für Arbeitssachen gebracht werden. Obwohl die sog. Organvertreter nicht als ArbN gelten (§ 5 Abs. 1 Satz 3), soll die Möglichkeit geschaffen werden, ihre Streitigkeiten vor dem ArbG auszutragen. Erfasst werden nur Vertreter juristischer Personen des Privatrechts, nicht des öffentlichen Rechts, auch wenn sie auf Grund privatrechtlichen Vertrages angestellt sind. Ebenso wenig gilt der fakultative Gerichtsstand für Streitigkeiten zwischen Personengesamtheiten und den kraft Satzung oder Gesellschaftsvertrages zu ihrer Vertretung berufenen Personen.

139 Zu den **Organvertretern** zählen bei der AG die Mitglieder des Vorstands (§ 78 Abs. 1 AktG), bei der GmbH die Geschäftsführer (§ 35 Abs. 1 GmbHG), bei der eG die Mitglieder des Vorstands (§ 24 Abs. 1 GenG), bei der KGaA der persönlich haftende Gesellschafter (§ 278 AktG iVm. §§ 161, 125 HGB) und beim eingetragenen Verein und der Stiftung privaten Rechts die Mitglieder des Vorstands (§§ 26 Abs. 2, 86 BGB). Wegen der Einzelheiten wird auf die Kommentierung zu § 5 verwiesen.

140 Die Zuständigkeitsvereinbarung kann bereits generell oder für bestimmte Einzelfälle im Dienstvertrag oder später schriftlich oder auch mündlich, ausdrücklich oder konkludent getroffen werden. Der § 2 Abs. 4 geht dabei der Vorschrift des § 38 ZPO als lex specialis vor[3]. Die Begründung der Rechtswegzuständigkeit durch rügelose Einlassung kommt jedoch nicht in Betracht, weil § 39 ZPO nicht für die Rechtswegzuständigkeit gilt[4].

141 **IV. Örtliche Zuständigkeit. 1. Allgemeines.** Eine besondere Regelung zur örtlichen Zuständigkeit findet sich im ArbGG nur in § 48 Abs. 2, nach dem die TV-Parteien im TV die Zuständigkeit eines an sich örtlich unzuständigen ArbG festlegen können. Im Übrigen gelten über § 46 Abs. 2 die Vorschriften der §§ 12 bis 37 ZPO.

142 **2. Allgemeiner Gerichtsstand.** Dies ist auf Beklagtenseite bei natürlichen Personen deren Wohnsitz (§§ 12, 13 ZPO) und bei juristischen Personen deren Sitz (§ 17 ZPO). Letzteres gilt ebenfalls für Beklagte in der Form einer parteifähigen Personengesamtheit (OHG oder KG) und für nicht rechtsfähige, aber parteifähige Prozesssubjekte, insb. in Fällen des § 10 (zB Gewerkschaften).

143 **3. Besonderer Gerichtsstand. a) Erfüllungsort.** Der Erfüllungsort iSd. § 29 ZPO bestimmt sich nach materiellem Recht, vor allem nach § 269 BGB. Für Klagen auf Erfüllung des Arbeitsvertrages ist das ArbG des Ortes zuständig, an dem die streitige Verpflichtung zu erfüllen ist[5]. Hiernach ist an sich für jede streitige Verpflichtung (zB Vergütungspflicht, Arbeitspflicht) der Erfüllungsort gesondert zu ermitteln. Die Auslegung des Arbeitsvertrages wird indes regelmäßig dazu führen, dass ein einheitlicher Erfüllungsort gewollt ist, oder dies ergibt sich aus den Umständen. So ist die Vergütungspflicht grundsätzlich dort zu erfüllen, wo die Arbeit geleistet wird. Für das Arbeitsverhältnis gilt als gemeinsamer Erfüllungsort für die beiderseitigen Leistungsverpflichtungen der Schwerpunkt des Vertragsverhältnisses, der durch die Arbeitsleistung innerhalb eines Betriebes bestimmt wird[6]. Fallen Arbeitsstätte und Betriebssitz zusammen, ist dieser auch Erfüllungsort. Bei Arbeit in einer Niederlassung oder Außenstelle ist der Ort des Zweigbetriebs zugleich der Erfüllungsort. Erbringt der ArbN seine Arbeitsleistung nicht stets am selben Ort, so sind zwei Fälle zu unterscheiden:

- Wird der ArbN für den Betrieb eingestellt und vom Betriebssitz aus immer wieder an verschiedene auswärtige Orte zur Ausführung von Arbeiten entsandt, wie zB Montagearbeiter und Kraftfahrer von Reisedienstunternehmen (sog. weisungsgebundene Entsendung), so ist der Wohn- bzw. Betriebssitz des ArbGeb Erfüllungsort für die Arbeitsleistung[7].

- Wird dem ArbN ein bestimmter, fest umrissener Bezirk zugewiesen, in dem er von seinem Wohnsitz aus tätig wird und an den er immer wieder – wenn auch nicht täglich – zurückkehrt, so ist dieser

---

1 BAG v. 2.12.1992- 5 AS 13/92, AP Nr. 24 zu § 2 ArbGG 1979. | 2 Schwab/Weth/*Walker*, § 2 ArbGG Rz. 195. | 3 GMPM/*Matthes*, § 2 ArbGG Rz. 137; Schwab/Weth/*Walker*, § 2 ArbGG Rz. 198. | 4 Schwab/Weth/*Walker*, § 2 ArbGG Rz. 198; aA GMPM/*Matthes*, § 2 ArbGG Rz. 137. | 5 LAG BW v. 25.3.1987 – 3 Sa 67/87, NZA 1988, Beil. 2 S. 22. | 6 BAG v. 19.3.1996 – 9 AZR 656/94, BAGE 82, 243 = AP Nr. 2 zu § 328 ZPO; BGH v. 26.11.1984 – II ZR 20/84, MDR 1985, 649. | 7 BAG v. 3.12.1985 – 4 AZR 325/84, AP Nr. 5 zu § 1 TVG – Tarifverträge Großhandel; BGH v. 26.11.1984 – II ZR 20/84, MDR 1985, 649; LAG Rh.-Pf. v. 29.11.1984 – 8 Sa 694/84, NZA 1985, 540.

Wohnort der Erfüllungsort. Dies gilt unabhängig davon, ob er täglich nach Hause zurückkehrt und in welchem Umfang er vom Betrieb Anweisungen für die Gestaltung seiner Reisetätigkeit erhält[1].

Der Widerstand in 1. Instanz gegen letztgenannte Rspr. des BAG ist erheblich. ZB wird vertreten, die Auslegung von § 29 ZPO durch das BAG sei contra legem[2]. Einschränkend wird anderweitig argumentiert, dass von einem einheitlichen Erfüllungsort nach Beendigung eines Arbeitsverhältnisses nicht ausgegangen werden könne[3]. Der einheitliche Erfüllungsort ist auf jeden Fall nur für (arbeits-)vertragstypische Leistungen gegeben[4].   144

b) Niederlassung. Der Gerichtsstand der Niederlassung nach § 21 ZPO ist ein besonderer Gerichtsstand allein für Passivklagen gegen das Unternehmen, die sich auf den Geschäftsbetrieb der Niederlassung beziehen[5]. Klagen des ArbGeb gegen den ArbN können nicht am Ort der Niederlassung erhoben werden[6], auch nicht im Wege der Widerklage[7].   145

Unter einer selbständigen Niederlassung iSd. § 21 ZPO ist jede von dem Geschäftsinhaber usw. an einem anderen Ort als dem seines (Wohn-)Sitzes für eine gewisse Dauer errichtete, auf seinen Namen und für seine Rechnung betriebene und in der Regel zum selbstständigen Geschäftsabschluss und Handeln berechtigte Geschäftsstelle usw. zu verstehen[8]. Für den besonderen Gerichtsstand nach § 21 ZPO ist im Arbeitsrecht notwendig, dass   146

- die Niederlassung Arbeitsverträge abschließt
- und hieraus ein Rechtsstreit gegeben ist.

Ein Abschluss durch die Hauptverwaltung für die Niederlassung genügt insoweit nicht; allerdings kann dann der Gerichtsstand nach § 29 ZPO (Erfüllungsort) gegeben sein.   147

c) Unerlaubte Handlung. Nach § 32 ZPO ist das ArbG zuständig, in dessen Bezirk die unerlaubte Handlung des ArbGeb oder ArbN begangen worden ist.   148

d) Widerklage. Für die Widerklage ist nach § 33 ZPO auch das Gericht zuständig, bei dem die Klage anhängig ist, wenn der Gegenanspruch mit dem in der Klage geltend gemachten Anspruch oder mit den gegen ihn vorgebrachten Verteidigungsmitteln im Zusammenhang steht. Das gilt nur dann nicht, wenn es sich um nichtvermögensrechtliche Ansprüche handelt oder wenn für die Widerklage ein ausschließlicher Gerichtsstand gegeben ist[9]. Eine Widerklage, die sich auch gegen eine bisher am Rechtsstreit nicht beteiligte Person (Drittwiderbeklagte) richtet, begründet für die Drittwiderbeklagte keinen Gerichtsstand nach § 33 Abs. 1 ZPO. Die Zuständigkeit des angerufenen Gerichts bedarf dann einer Gerichtsstandbestimmung nach § 36 Nr. 3 ZPO, wenn die Drittwiderbeklagte in ihrem allgemeinen Gerichtsstand verklagt werden soll und sich die örtliche Zuständigkeit des angerufenen Gerichts nicht bereits aus anderen Bestimmungen ergibt[10].   149

e) Geschlechtsbedingte Benachteiligung. Zur örtlichen Zuständigkeit in geschlechtsbedingten Diskriminierungsfällen findet sich in § 61b eine Sonderregelung.   150

f) Mehrere Gerichtsstände. Bei örtlicher Zuständigkeit mehrerer ArbG kann der Kläger wählen (§ 35 ZPO). Verklagt der ArbN den ArbGeb am Gerichtsstand des Erfüllungsortes, kann er im Falle des Unterliegens nicht mit Kosten belastet werden, die dadurch entstehen, dass der ArbGeb den Rechtsstreit von dem Hauptsitz der Firma aus geführt hat[11]. Da der Kläger nach § 35 ZPO die Wahl zwischen mehreren Gerichtsständen hat, muss sich der Beklagte an jedem normierten Gerichtsstand auf die Klage einlassen und kann der Kläger nur mit solchen Kosten belastet werden, die aus der Wahrnehmung der Termine aus dem Bezirk dieses Gerichts erwachsen[12].   151

4. Gerichtsstandsvereinbarung. Vereinbarungen über die Zuständigkeit eines an sich örtlich unzuständigen ArbG (zB im Arbeitsvertrag) sind grundsätzlich unzulässig. Denn § 38 Abs. 1 ZPO lässt eine solche Gerichtsstandsvereinbarung nur zu, wenn die Vertragsparteien Kaufleute, juristische Personen des öffentlichen Rechts oder öffentlich-rechtliches Sondervermögen sind. Um eine Umgehung dieses Verbots durch eine Abrede über den Erfüllungsort zu verhindern, findet sich eine dem § 38 Abs. 1 ZPO entsprechende Vorschrift auch in § 29 Abs. 2 ZPO. Auch im Prozess wird das Prorogationsverbot durch verschiedene Vorschriften gesichert (vgl. §§ 39 Satz 2, 331 Abs. 1 Satz 2 ZPO). Nur ausnahmsweise ist   152

---

1 EuGH 9.1.1997 – C-383/95, AP Nr. 2 zu Art. 5 Brüsseler Abkommen; BAG v. 12.6.1986 – 2 AZR 398/85, AP Nr. 1 zu Art. 5 Brüsseler Abkommen; ganz deutlich BAG v. 3.11.1993 – 5 AS 20/93, AP Nr. 11 zu § 17a GVG; BAG v. 23.7.1997 – 5 AS 19/87, juris; *Müller*, BB 2002, 1094; *Schulz*, NZA 1995, 14, 16; aA *Ostrop/Zumkeller*, NZA 1994, 644; *Krasshöfer-Pidde/Molkenbur*, NZA 1988, 236, 238. |2 ArbG Nürnberg v. 18.3.1997 – 5 Ca 104/97, nv.; vgl. auch Schwab/Weth/*Walker*, § 2 ArbGG Rz. 230 Fn. 481. |3 ArbG Herne v. 18.5.1995 – 4 Ca 1447/95, nv. (betr. Zahlungs- und Abrechnungsverpflichtung). |4 Palandt/*Heinrichs*, § 269 BGB Rz. 12. |5 BGH v. 7.10.1977 – I ARZ 494/77, MDR 1978, 207. |6 Schwab/Weth/*Walker*, § 2 ArbGG Rz. 227. |7 GK-ArbGG/*Wenzel*, § 2 Rz. 237; Schwab/Weth/*Walker*, § 2 ArbGG Rz. 228. |8 LAG Frankfurt v. 31.7.1987 – 13 Sa 1678/86, juris. |9 GMPM/*Matthes*, § 2 ArbGG Rz. 168. |10 BGH v. 28.2.1991 – I ARZ 711/90, NJW 1991, 2838; BAG v. 16.5.1997 – 5 AS 9/97, AP Nr. 53 zu § 36 ZPO. |11 LAG Düsseldorf v. 15.5.1991 – 7 Ta 141/91, MDR 1991, 996. |12 LAG Düsseldorf v. 15.5.1991 – 7 Ta 141/91, MDR 1991, 996; LAG Köln v. 9.6.1983–10 Ta 65/83, EzA § 91 ZPO Nr. 4; vgl. auch LAG Hamm v. 12.1.1984 – 8 Ta 242/83, EzA § 91 ZPO Nr. 5.

eine BeschlussGerichtsstandsvereinbarung auch im Arbeitsrecht zulässig, nämlich entweder wenn sie ausdrücklich und schriftlich getroffen wird und einer der beiden Fälle des § 38 Abs. 3 Nr. 1 und 2 ZPO vorliegt oder wenn die Voraussetzungen des § 38 Abs. 2 ZPO gegeben sind und eine schriftliche Abrede erfolgt. Letzteres ist beispielsweise der Fall, wenn ein deutscher ArbN bei einem ausländischen ArbGeb tätig ist und dieser keinen allgemeinen Gerichtsstand in der Bundesrepublik Deutschland hat[1].

2a Zuständigkeit im Beschlussverfahren

(1) Die Gerichte für Arbeitssachen sind ferner ausschließlich zuständig für

1. Angelegenheiten aus dem Betriebsverfassungsgesetz, soweit nicht für Maßnahmen nach seinen §§ 119 bis 121 die Zuständigkeit eines anderen Gerichts gegeben ist;
2. Angelegenheiten aus dem Sprecherausschussgesetz, soweit nicht für Maßnahmen nach seinen §§ 34 bis 36 die Zuständigkeit eines anderen Gerichts gegeben ist;
3. Angelegenheiten aus dem Mitbestimmungsgesetz, dem Mitbestimmungsergänzungsgesetz und dem Betriebsverfassungsgesetz 1952, soweit über die Wahl von Vertretern der Arbeitnehmer in den Aufsichtsrat und über ihre Abberufung mit Ausnahme der Abberufung nach § 103 Abs. 3 des Aktiengesetzes zu entscheiden ist;

3a. Angelegenheiten aus den §§ 94, 95, 139 des Neunten Buches Sozialgesetzbuch;

3b. Angelegenheiten aus dem Gesetz über Europäische Betriebsräte, soweit nicht für Maßnahmen nach seinen §§ 43 bis 45 die Zuständigkeit eines anderen Gerichts gegeben ist;

3c. Angelegenheiten aus § 18 a des Berufsbildungsgesetzes;

4. die Entscheidung über die Tariffähigkeit und die Tarifzuständigkeit einer Vereinigung.

(2) In Streitigkeiten nach diesen Vorschriften findet das Beschlussverfahren statt.

Lit.: *Fenn*, Dispositions- oder Offizialmaxime im arbeitsgerichtlichen Beschlussverfahren?, Festschrift für Gerhard Schiedermair, 1976, S. 117; *Fenn*, „Effektivere Gestaltung des Beschlussverfahrens" durch vermehrte Dispositionsbefugnisse für die Beteiligten, Festschrift 25 Jahre Bundesarbeitsgericht, 1979, S. 91; *Herbst*, Das arbeitsgerichtliche Beschlussverfahren, AiB 1998, 383; *Laux*, Beschlussverfahren, in Handbuch des Arbeits- und Sozialrechts, § 25 A X, Stand 8/02; *Molkenbur*, Verfahrensrechtliche Probleme des arbeitsgerichtlichen Beschlussverfahrens, DB 1992, 425; *Weth*, Das arbeitsgerichtliche Beschlussverfahren, 1995.

1 **I. Funktion der Norm.** Neben der Festlegung der ausschließlichen Zuständigkeit der Arbeitsgerichtsbarkeit dient die Bestimmung der Zuweisung der hier genannten Angelegenheiten in das besondere arbeitsgerichtliche **Beschlussverfahren**.

2 **II. Die Zuständigkeiten im Beschlussverfahren. 1. Angelegenheiten aus dem BetrVG (Abs. 1 Nr. 1). a) Negativabgrenzungen.** Die Zuständigkeit aus § 2a Abs. 1 Nr. 1 folgt dem Geltungsbereich des BetrVG (§ 1, § 130 BetrVG). Betriebe von Körperschaften des öffentlichen Rechts unterstehen den **Personalvertretungsgesetzen**. Für Konflikte aus diesen Gesetzen sind die **VerwG** zuständig (zB § 83, § 106 BPersVG). Im Einzelnen richtet sich die Abgrenzung danach, wie der Träger der jeweiligen Arbeitsorganisation verfasst ist. Eine privatrechtliche Verfassung, welche die Geltung des BetrVG und die Zuständigkeit nach § 2a zur Folge hat, besteht auch dann, wenn der **Betriebsinhaber** zwar von der öffentlichen Hand abhängig ist, es sich bei ihm aber um eine **juristische Person des Privatrechts** handelt[2]. Auch ein **Gemeinschaftsbetrieb**, an dem sowohl eine juristische Person des Privatrechts als auch eine Körperschaft des öffentlichen Rechts beteiligt ist, fällt in den Geltungsbereich des BetrVG, wenn die gemeinsame Führung – wie regelmäßig – auf einer privatrechtlichen Vereinbarung beruht[3].

3 Auch wegen der Abhängigkeit der Zuständigkeit nach Abs. 1 Nr. 1 vom Geltungsbereich des BetrVG sind die Gerichte für Arbeitssachen – insgesamt – **unzuständig** für Streitigkeiten aus dem **kirchlichen Mitarbeitervertretungsrecht**, das die Kirchen für ihren Bereich und ihre karitativen oder erzieherischen Einrichtungen geschaffen haben, um eine Mitwirkung und Mitbest. der im kirchlichen Dienst Beschäftigten zu verwirklichen (§ 118 BetrVG).

4 Aufgrund ausdrücklicher Anordnung sind die Gerichte für Arbeitssachen nicht zuständig für die gerichtlichen Verfahren nach den **Straf- und Bußgeldvorschriften** der §§ 119 bis 121 BetrVG[4], die den **ordentlichen Gerichten** zugewiesen sind.

5 **b) Betriebsverfassungsrechtliche Angelegenheiten.** Die Gerichte für Arbeitssachen sind ausschließlich zuständig für die Entscheidung von Streitfragen, welche die – aufgrund der Regelungen des Betriebsverfassungsrechts und unter Beteiligung der **Organe der Betriebsverfassung** geschaffene – be-

---

1 BAG v. 27.1.1983 – 2 AZR 188/81, AP Nr. 12 zu § 38 ZPO – Internationale Zuständigkeit. | 2 BAG v. 3.12.1985 – 4 ABR 60/84, BAGE 50, 258 = AP Nr. 2 zu § 74 BAT. | 3 BAG v. 24.1.1996 – 7 ABR 10/95, BAGE 82, 112 = AP Nr. 8 zu § 1 BetrVG 1972 – Gemeinsamer Betrieb. | 4 Zu speziellen Verfahrensfragen in diesem Zusammenhang: DKK/*Trümner*, § 119 BetrVG Rz. 20 ff., § 120 Rz. 18 f., § 121 Rz. 22 ff.; HSG/*Hess*, § 12 Rz. 14 ff.

triebliche Ordnung und die Rechte und Pflichten der Betriebsparteien betreffen[1]. Das damit zuständigkeitsauslösende **betriebsverfassungsrechtliche Rechtsverhältnis** muss Grundlage des Streits und seiner Entscheidung sein; es muss zum Zeitpunkt der gerichtlichen Entscheidung allerdings als solches nicht mehr bestehen[2].

Die gesetzliche Zuständigkeitsregelung ist **zu eng** gefasst. Der Rechtsweg zu den Gerichten für Arbeitssachen ist nicht nur für Streitfragen eröffnet, die im BetrVG selbst geregelt sind. Es genügt, dass es sich um eine betriebsverfassungsrechtliche Angelegenheit handelt, auch wenn sie ihre **Grundlage in einem anderen Gesetz** hat (zB § 17 KSchG; § 9 ArbSchG; § 14 AÜG; § 173, § 156 SGB III, § 93 SGB IX) oder auf einer **tarifvertraglichen Regelung** beruht[3]. Dabei geht es nicht nur um auf tarifvertraglicher Grundlage entstandene besondere ArbN-Vertretungen (§ 3, § 117 BetrVG), sondern auch um Konflikte über MitbestR des BR, die durch die TV-Parteien modifiziert wurden.

Obwohl für die Zivilbediensteten bei den Streitkräften der **NATO-Truppen** in der Bundesrepublik Deutschland das **Bundespersonalvertretungsrecht** gilt, entscheiden die deutschen **ArbG** im Beschlussverfahren auch über Streitigkeiten aus dieser Betriebsvertretung[4].

c) Zuordnung zum Beschlussverfahren. Während die ausschließliche Zuständigkeit für betriebsverfassungsrechtliche Angelegenheiten in aller Regel kaum Probleme bereitet, ist dies für die Festlegung, ob eine streitige Angelegenheit im Urteilsverfahren (§ 2, §§ 46 bis 79) oder im arbeitsgerichtlichen Beschlussverfahren (§§ 80 ff.) durchzuführen ist, anders. Grundsätzlich entscheidet über die Zuordnung das prozessuale Begehren des Antragstellers/Klägers, also der **Streitgegenstand** des Verfahrens. Ist der Streitgegenstand nach § 2 Abs. 1 iVm. Abs. 5 dem arbeitsgerichtlichen Urteilsverfahren zugewiesen, ändert sich daran auch dann nichts, wenn die einzig umstrittene Rechtsfrage, von der die Entscheidung des Rechtsstreits abhängt, aus dem Betriebsverfassungsrecht stammt, etwa die Wirksamkeit einer Kündigung nur davon abhängt, ob der BR ordnungsgemäß angehört worden ist, oder wenn der geltend gemachte Anspruch aus Annahmeverzug nur dann besteht, wenn das tatsächliche Beschäftigungsangebot unter Verstoß gegen § 87 Abs. 1 Nr. 2 BetrVG erfolgte[5].

Während also auch allein entscheidungserhebliche **betriebsverfassungsrechtliche Vorfragen** über die verfahrensmäßige Zuordnung des Rechtsstreits nicht entscheiden, bedarf es bei der Qualifizierung des Streitgegenstandes selbst häufig einer genaueren Überprüfung. Dies hängt damit zusammen, dass das BetrVG auch individuelle Rechte zuweist. Grundsätzlich erfolgt die Zuordnung zu einer der beiden Verfahrensarten danach, ob die **Grundlage** des gerichtlich ausgetragenen Streits im **BR-Amt** liegt oder unmittelbar ein **betriebsverfassungsrechtliches Rechtsverhältnis** betrifft, das im Verhältnis zwischen den Betriebsparteien ausgetragen wird (dann: Beschlussverfahren) oder ob der eigentliche Rechtsgrund im **Individualarbeitsverhältnis** liegt, das lediglich durch betriebsverfassungsrechtliche Bestimmungen näher ausgestaltet ist (dann: Urteilsverfahren).

Inzwischen unbestritten ist, dass die ArbGebAnträge nach **§ 78a Abs. 4 Nr. 1 und 2 BetrVG**, also auf Feststellung, dass ein Arbeitsverhältnis mit einem früheren Auszubildenden, der ein betriebsverfassungsrechtliches Amt inne hatte, nicht begründet wird, oder mit dem Ziel, das einmal entstandene Arbeitsverhältnis mit einem solchen ArbN aufzulösen, im arbeitsgerichtlichen Beschlussverfahren zu behandeln sind[6]. Dasselbe wird nach den Hinweisen in der neueren Rspr. des BAG auch zu gelten haben, wenn ein ArbGeb die Feststellung begehrt, ein Arbeitsverhältnis sei wegen Fehlens der Voraussetzungen der **Absätze 2 und 3** des § 78a BetrVG nicht begründet worden[7], oder der ArbGeb im Wege eines negativen Feststellungsantrages geltend machen will, die Voraussetzungen des § 78a BetrVG für ein Weiterbeschäftigungsverlangen seien nicht gegeben[8]. Das BAG will es so dem ArbGeb ermöglichen, möglicherweise durch eine Kombination von Haupt- und Hilfsanträgen die in Betracht kommenden Streitigkeiten aus § 78a BetrVG umfassend und in einem Verfahren zu verfolgen. Fraglich bleibt allerdings, ob auch ein isolierter ArbGebAntrag, der allein die Feststellung geltend macht, die Voraussetzungen des § 78 a Abs. 2 und Abs. 3 BetrVG lägen nicht vor, im arbeitsgerichtlichen Beschlussverfahren zu verfolgen ist. Da es im Verhältnis zwischen Urteilsverfahren und Beschlussverfahren keine § 2 Abs. 3 entsprechende Zuordnungsbestimmung gibt, spricht aber alles dafür, dass auch in einem solchen Fall im arbeitsgerichtlichen Beschlussverfahren zu entscheiden ist. Dann müsste allerdings auch der **Antrag des Auszubildenden** auf Feststellung des Bestehens eines Arbeitsverhältnisses aufgrund von § 78a BetrVG als Kehrseite eines solchen Antrages im arbeitsgerichtlichen Beschlussverfahren durchgeführt werden[9].

---

1 Weiter: GK-ArbGG/*Dörner*, § 2a Rz. 11. | 2 Im Ergebnis BAG v. 24.10.2001 – 7 ABR 20/00, BAGE 99, 208 = AP Nr. 71 zu § 40 BetrVG 1972. | 3 BAG v. 10.9.1985 – 1 ABR 15/83, AP Nr. 2 zu § 117 BetrVG 1972; v. 5.11.1985 – 1 ABR 56/83, AP Nr. 4 zu § 117 BetrVG 1972; Hauck/Helml/*Hauck*, § 2a ArbGG Rz. 7. | 4 Nr. 9 des Unterzeichnungsprotokolls zu Art. 56 Abs. 9 des Zusatzabkommens zum Nato-Truppenstatut; BAG v. 7.11.2000 – 1 ABR 55/99, AP Nr. 22 zu Art. 56 ZA – NATO-Truppenstatut. | 5 BAG v. 18.9.2002 – 1 AZR 668/01, AP Nr. 99 zu § 615 BGB. | 6 BAG v. 12.11.1997 – 7 ABR 73/96, BAGE 87, 110 = AP Nr. 31 zu § 78a BetrVG 1972; GMPM/*Matthes*, § 2a ArbGG Rz. 45 mwN. | 7 BAG v. 11.1.1995 – 7 AZR 547/94 – AP Nr. 24 zu § 78a BetrVG 1972. | 8 BAG v. 13.3.1986 – 6 AZR 424/85, nv. | 9 AA GK-ArbGG/*Dörner*, § 2a Rz. 47.

11 Im Zusammenhang mit dem **Einigungsstellenverfahren** enthält § 98 eine Sonderregelung, die in Satz 3 das Verfahren zur Klärung des Streites über die Person des Vorsitzenden der Einigungsstelle und die Zahl der Beisitzer (§ 76 Abs. 2 BetrVG) den Regeln über das arbeitsgerichtliche Beschlussverfahren zuweist. In das allgemeine Beschlussverfahren nach §§ 80 ff. gehören Streitigkeiten über die Zuständigkeit der Einigungsstelle, über das dort zu beachtende Verfahren[1] sowie über die Wirksamkeit und Anfechtung des Einigungsstellenspruchs nach § 76 Abs. 5 BetrVG und über den Umfang der vom ArbGeb zu tragenden Kosten der Einigungsstelle nach § 76a Abs. 1 BetrVG[2].

12 Der Gesetzgeber hat für zwei mögliche Streitigkeiten im Rahmen des **Insolvenzverfahrens** eine Durchführung im arbeitsgerichtlichen Beschlussverfahren vorgesehen: Nach § 122 InsO kann der Insolvenzverwalter, wenn nicht innerhalb von drei Wochen ein Interessenausgleich mit dem BR vereinbart worden ist, beim ArbG die Zustimmung zur Durchführung der Betriebsänderung beantragen; über den Antrag ist im Beschlussverfahren unter Beteiligung des Insolvenzverwalters und des BR zu entscheiden. Der Insolvenzverwalter kann im arbeitsgerichtlichen Beschlussverfahren auch einen Antrag nach § 126 InsO verfolgen; kommt es nicht zur Vereinbarung eines Interessenausgleichs mit Namensliste der zu kündigenden ArbN nach § 125 InsO, kann er die Zustimmung zur Kündigung der im Antrag namentlich benannten ArbN beantragen, wobei an diesem Verfahren neben dem Insolvenzverwalter und dem BR auch die in der Namensliste bezeichneten ArbN einschließlich der etwa schon gekündigten zu beteiligen sind[3].

13 Die Gerichte für Arbeitssachen sind im Beschlussverfahren sogar zuständig für **öffentlich-rechtliche Streitigkeiten**, wenn es nämlich darum geht, ob die oberste Arbeitsbehörde eines Landes eine **Schulungs- oder Bildungsveranstaltung** zu Recht nach § 37 Abs. 7 BetrVG als geeignet anerkannt hat[4]. In einem solchen Verfahren, in dem ein Spitzenverband antragsbefugt sein kann, ist die oberste Arbeitsbehörde des Landes Beteiligte.

14 Die ArbG müssen auch im arbeitsgerichtlichen Beschlussverfahren entscheiden, wenn es um **Rechte der Verbände**, insb. der im Betrieb vertretenen Gewerkschaften geht, die ihnen im Rahmen der Betriebsverfassung zugewiesen sind (zB Zutrittsrecht, Teilnahmerechte an Betriebsversammlungen und Sitzungen des Wirtschaftsausschusses).

15 Das arbeitsgerichtliche Beschlussverfahren ist schließlich auch dann die richtige Verfahrensart, wenn Inhalt, Wirkung und Wirksamkeit sowie Umsetzbarkeit einer von den Betriebsparteien oder für sie durch die Einigungsstelle geschaffenen oder von ihnen zumindest zu verantwortenden **betrieblichen Ordnung** in Frage stehen. Hierzu gehören Anträge des BR oder des ArbGeb auf Feststellung der Unwirksamkeit einer **BV** oder eines sie ersetzenden **Einigungsstellenspruchs**. Im arbeitsgerichtlichen Beschlussverfahren durchzuführen sind auch Verfahren, in denen die Betriebsparteien darüber streiten, inwieweit eine vorangegangene betriebliche Ordnung auf der Grundlage einer BV oder Gesamtzusage/ betrieblichen Übung durch eine neue BV anders zu beabsichtigt wird oder nur eingeschränkt abgelöst worden ist[5]. Dasselbe gilt für einen Streit der Betriebspartner darüber, welche Wirkung die Kündigung einer BV hat und in welchem Umfang sie noch fortgilt[6]. Das arbeitsgerichtliche Beschlussverfahren ist aber auch die richtige Verfahrensart, wenn ein einzelner ArbN, eine Gewerkschaft oder ein ArbGebVerband eine von den Betriebsparteien in Form einer BV geschaffene oder auf der Grundlage von Regelungsabsprachen oder einem abgestimmten Verhalten zu verantwortende betriebliche Ordnung wegen Verstoßes gegen höherrangiges Recht durch einen auf Feststellung der Nichtigkeit oder Unterlassung der Durchführung der getroffenen Regelung gerichteten Antrag angreifen. Ein solcher Angriff durch einen einzelnen ArbN wird allerdings häufig erfolglos sein, weil ihm für einen solchen Antrag regelmäßig die Antragsbefugnis fehlen wird. Unter dem Gesichtspunkt eines Streites um eine von den Betriebsparteien zu verantwortende betriebliche Ordnung ist es aber gut nachvollziehbar, dass für den **Unterlassungsantrag einer Gewerkschaft**, der sich **gegen tarifwidrige betriebliche „Bündnisse für Arbeit"** unter Beteiligung des BR richtet, das Beschlussverfahren die zutreffende Verfahrensart ist[7], wobei die **Antragsbefugnis** der Gewerkschaft in einem solchen Fall aus **Art. 9 Abs. 3 GG** herzuleiten ist[8]. Aus dieser Begründung für die Durchführung im arbeitsgerichtlichen Beschlussverfahren ergibt sich zugleich, dass die Gewerkschaft den Unterlassungsanspruch gegen tarifwidrige Bündnisse für Arbeit im Urteilsverfahren durchführen muss, wenn der ArbGeb ohne Mitwirkung des BR betriebseinheitlich tarifwidrige Arbeitsbedingungen durchzusetzen versucht.

16 **2. Sonstige Zuständigkeiten im Beschlussverfahren nach Abs. 1 Nr. 2 bis 3c.** Eine weit geringere praktische Bedeutung als § 2a Abs. 1 Nr. 1 haben die in Nr. 2 bis 3c aufgelisteten sonstigen ausschließlichen Zuständigkeiten der Gerichte für Arbeitssachen im arbeitsgerichtlichen Beschlussverfahren für kollektivrechtliche Streitigkeiten.

---

1 Vgl. hierzu *I. Schmidt*, Einigungsstellen vor Gericht, JbArbR Bd. 40 (2003) S. 121, 123 ff. mwN. | 2 BAG v. 27.7.1994 – 7 ABR 10/93, BAGE 77, 273 = AP Nr. 4 zu § 76a BetrVG 1972. | 3 BAG v. 29.6.2000 – 8 ABR 44/99, BAGE 95, 197 = AP Nr. 2 zu § 126 InsO. | 4 BAG v. 11.8.1993 – 7 ABR 52/92, BAGE 74, 72 = AP Nr. 91 zu § 37 BetrVG 1972. | 5 Zuletzt BAG v. 17.6.2003 – 3 ABR 43/02, zVv. | 6 BAG v. 17.8.1999 – 3 ABR 55/98 – AP Nr. 79 zu § 77 BetrVG 1972. | 7 BAG v. 13.3.2001 – 1 AZB 19/00, BAGE 97, 167 = AP Nr. 17 zu § 2a ArbGG 1979 m. abl. Anm. *Reuter* = SAE 2002, 287 m. Anm. *Leipold*. | 8 Ebenso *Leipold*, SAE 2002, 292.

Es sind dies nach **Nr. 2** Auseinandersetzungen über die Bildung von **SprAu**, die **Rechtsstellung** ihrer Mitglieder sowie die **Beteiligungsrechte** der SprAu. Im Zusammenhang mit der Feststellung der Wahlberechtigung und der Wählbarkeit sowie der Festlegung des Kreises der Personen, für die der SprAu Mitwirkungsbefugnisse hat, ist im Beschlussverfahren auch darüber zu entscheiden, ob ein ArbN oder eine Gruppe von ArbN den **Status** leitender Angestellten haben. 17

Bei der Zuständigkeit nach **Nr. 3** geht es insb. um Rechtsstreitigkeiten um die **Anfechtung** und **Nichtigkeit** der **Wahl** der ArbN-Vertreter zum **Aufsichtsrat** nach den in Nr. 3 aufgezählten Gesetzen über die Unternehmensmitbestimmung. Hierzu gehört **nicht** die Wahl der ArbN-Vertreter nach dem **Montan-Mitbestimmungsgesetz**, weil hier die ArbN-Vertreter von der Hauptversammlung der Anteilseigner gewählt werden und die Anfechtung dieser Wahl sich nach §§ 250 ff. AktG richtet, wofür die **ordentliche Gerichte** zuständig sind. Diese Gerichte sind auch zuständig für die Abberufung von ArbN-Vertretern im Aufsichtsrat nach § 103 Abs. 3 AktG sowie bei Streitigkeiten der ArbN-Vertreter im Aufsichtsrat über die sich aus ihrer Rechtsstellung ergebenden Rechte. 18

Nr. 3a, die 1996 eingeführt und im Jahre 2001 ergänzt wurde, legt die Zuständigkeit und die Verfahrensart für streitige, ihrer Art nach vielfach betriebsverfassungsrechtlichen Auseinandersetzungen vergleichbare Angelegenheiten der **Schwerbehindertenvertretung** (§§ 94, 95 SGB IX) und der **Werkstatträte** (§ 139 SGB IX) fest[1]. Angesichts der umfassenden Zuständigkeitsfestlegung sind die Gerichte für Arbeitssachen für die Entscheidung über die Anfechtung der Wahl einer Schwerbehindertenvertretung (§ 94 Abs. 6 SGB IX) auch dann zuständig, wenn es um die Schwerbehindertenvertretung in einer Dienststelle der öffentlichen Verwaltung geht[2]. 19

Außer in Straf- und Bußgeldsachen entscheiden die ArbG nun auch in Angelegenheiten der **Europäischen BR** (§ 2a Abs. 2 Nr. 3b). Dabei ging es bisher besonders um den Umfang von **Auskunftsansprüchen** im Zusammenhang mit der Bildung europäischer BR zur Effektuierung der Durchsetzung der in der EWG-Richtlinie 95/45 verfolgten Ziele[3]. 20

Da **Auszubildende**, die ihre praktische Berufsausbildung **außerhalb** der schulischen und **betrieblichen Berufsbildung** erhalten, regelmäßig keine ArbN sind und deshalb nicht zum BR wählen können[4], ist durch Gesetz vom 8.8.2002 für diesen Personenkreis in § 18a BBiG eine **eigene Interessenvertretung** eingeführt worden. Streitigkeiten, die dieses Vertretungsorgan betreffen, sind parallel dazu nach § 2a Nr. 3c der Zuständigkeit der ArbG im Beschlussverfahren zugewiesen (vgl. die entsprechenden Ergänzungen zur Parteifähigkeit in § 10 Satz 1 Halbs. 2 und zur Beteiligung im Beschlussverfahren in § 83 Abs. 3). 21

3. Entscheidungen über Tariffähigkeit und Tarifzuständigkeit (Nr. 4). Sehr viel älter als die zuletzt beschriebenen Zuständigkeiten ist die der ArbG für Entscheidungen über die Tariffähigkeit und die Tarifzuständigkeit einer Vereinigung, wobei § 97 für dieses Verfahren einige **besondere Verfahrensregeln** vorsieht[5]. Eine wesentliche Besonderheit dieses Verfahrens liegt darin, dass die Frage der Tariffähigkeit und der Tarifzuständigkeit einer Vereinigung stets in einem **gesonderten gerichtlichen Beschlussverfahren** geklärt werden muss. Die Frage kann **nicht als Vorfrage** in einem anderen gerichtlichen Verfahren beantwortet werden. Kommt es auf die Antwort an, muss dieses andere Verfahren bis zur Durchführung eines Beschlussverfahrens über die Tariffähigkeit oder Tarifzuständigkeit einer Vereinigung ausgesetzt werden (§ 97 Abs. 5). 22

Bei der Entscheidung über die **Tariffähigkeit** geht es um die Feststellung, ob eine **Vereinigung** fähig ist, Partei eines TV zu sein, ob es sich also um eine Gewerkschaft oder eine Vereinigung von ArbGeb iSv. § 2 Abs. 1 TVG handelt. Sehr zweifelhaft erscheint angesichts des Gesetzeswortlauts, ob auch über die **Tariffähigkeit eines einzelnen ArbGeb** ein – vorrangiges! – Beschlussverfahren nach § 2a Abs. 1 Nr. 4, § 97 durchgeführt werden muss. Dies käme etwa in Betracht, wenn ein ArbGeb seine Tariffähigkeit und damit auch die Zulässigkeit, ihn zu bestreiken, unter Hinweis darauf in Frage stellt, er sei Mitglied eines ArbGebVerbandes und deshalb nicht mehr individuell tariffähig[6]. 23

Entscheidungen über die **Tarifzuständigkeit** betreffen die Befugnis eines tariffähigen Verbandes, TV mit einem bestimmten **Geltungsbereich** abzuschließen. Dabei bestimmt sich die Tarifzuständigkeit grundsätzlich nach der **Satzung** der betreffenden Vereinigung. Streiten mehrere DGB-Gewerkschaften um ihre Tarifzuständigkeit für denselben Betrieb oder dasselbe Unternehmen, ist dieser Konflikt grundsätzlich nach § 16 der DGB-Satzung durch eine beim DGB angesiedelte **Schiedsstelle** verbindlich sowohl für die streitenden Gewerkschaften, als auch für die betroffene ArbGebSeite zu entschei- 24

---

1 Zur Zuständigkeit der Schwerbehindertenvertretung in Einrichtungen der beruflichen Rehabilitation BAG v. 16.4.2003 – 7 ABR 27/02, AP Nr. 1 zu § 95 SGB IX. |2 BAG v. 11.11.2003 – 7 AZB 40/03, AP Nr. 1 zu § 94 SGB IX |3 BAG v. 27.6.2000 – 1 ABR 32/99 (A), AP Nr. 1 zu EWG-Richtlinie Nr. 94/45. |4 BAG v. 20.3.1996 – 7 ABR 34/95, AP Nr. 10 zu § 5 BetrVG 1972 – Ausbildung m. Anm. *Schlachter*; v. 12.9.1996 – 7 ABR 61/95, AP Nr. 11 zu § 5 BetrVG 1972 – Ausbildung. |5 Vgl. dazu die Kommentierung zu § 97. |6 So GK-ArbGG/*Dörner*, § 2a Rz. 78; im Ergebnis richtigerweise aA BAG v. 10.12.2002 – 1 AZR 96/02, DB 2003, 1116, wo im Rahmen eines Schadensersatzprozesses wegen eines möglicherweise rechtswidrigen Arbeitskampfes ausdrücklich festgestellt wird, dass ein einzelner ArbGeb durch den Beitritt zu einem ArbGeb-Verband seine individuelle Tariffähigkeit nicht verliert.

den. Nach einer solchen Entscheidung der Schiedsstelle besteht nur noch eine **eingeschränkte Prüfungskompetenz** der ArbG im Beschlussverfahren nach § 2a Abs. 1 Nr. 4, § 97[1].

25 **III. Entscheidung über die richtige Verfahrensart.** Der Antragsteller/Kläger gibt durch die äußere Gestaltung der Antrags-/Klageschrift zunächst vor, ob der von ihm eingereichte Antrag im Urteils- oder im Beschlussverfahren behandelt wird. Die Sache ist entsprechend der von ihm getroffenen Wahl in die Register des ArbG einzutragen und nach dem Geschäftsverteilungsplan der danach zuständigen Kammer zuzuteilen, es sei denn, es ergibt sich auf den ersten Blick, dass die andere Verfahrensart die Richtige ist. Sie ist dann jedenfalls zunächst in der gewählten Verfahrensart zu behandeln[2].

26 Ist die Angelegenheit der **materiell unrichtigen Verfahrensart** zugeordnet worden, hat das Gericht durch Beschluss nach § 48 Abs. 1, § 80 Abs. 3 ArbGG, **§ 17a Abs. 2 GVG** vorab die Unzulässigkeit der gewählten Verfahrensart festzustellen und die Sache in die richtige Verfahrensart zu verweisen. Nach einer dieser Feststellung entsprechenden Neueintragung in die Register ist die Spruchkörper-Zuständigkeit nach dem Geschäftsverteilungsplan neu festzustellen.

27 Hält das ArbG die gewählte Verfahrensart für zulässig, kann es dies vorab aussprechen; es muss dies tun, wenn ein Beteiligter die Zulässigkeit der gewählten Verfahrensart rügt (§ 17a Abs. 3 GVG)[3]. Gegen Entscheidungen nach § 17a Abs. 2 und 3 GVG stehen die in § 17a Abs. 4 Satz 3 bis 5 GVG beschriebenen **Beschwerdemöglichkeiten** zur Verfügung, wobei eine Beschwerde gegen die Nichtzulassung der Rechtsbeschwerde durch das LAG nach § 17a Abs. 4 Satz 3 GVG nicht stattfindet[4].

3 Zuständigkeit in sonstigen Fällen

Die in den §§ 2 und 2a begründete Zuständigkeit besteht auch in den Fällen, in denen der Rechtsstreit durch einen Rechtsnachfolger oder durch eine Person geführt wird, die kraft Gesetzes an Stelle des sachlich Berechtigten oder Verpflichteten hierzu befugt ist.

1 **I. Zuständigkeit bei Rechtsnachfolge.** Die ausschließliche Zuständigkeit der Gerichte für Arbeitssachen nach den §§ 2 und 2a besteht auch für Rechtsstreitigkeiten, an denen Personen beteiligt sind, die nicht selbst Arbeitsvertragspartei gewesen sind, sondern als **Rechtsnachfolger auf Arbeitgeber- oder Arbeitnehmerseite** auftreten. Zur Begründung dieser Zuständigkeit reicht die Behauptung der Rechtsnachfolge aus[5]. Ob sie tatsächlich vorliegt, ist eine Frage der Begründetheit der Klage.

2 **1. Gesetzliche Rechtsnachfolge.** Erfasst wird die Einzel- und Gesamtrechtsnachfolge, gleich auf welcher Seite. Zur Einzelrechtsnachfolge kommt es in den **Fällen des gesetzlichen Forderungsübergangs**, zB nach den §§ 426 Abs. 2 und 774 BGB, 6 EFZG, 9 Abs. 2 BetrAVG sowie § 115 SGB X. Die Zuständigkeit der Gerichte für Arbeitssachen besteht daher auch für eine auf § 115 X SGB gestützte Klage der BA gegen den ArbN auf Zustimmung zur Auszahlung des vom ArbGeb hinterlegten Abfindungsbetrages wegen der Gewährung von ArblGeld[6]. Nicht um übergegangene arbeitsrechtliche Forderungen handelt es sich dagegen bei den originären Rückgriffsansprüchen der Berufsgenossenschaft nach den §§ 110, 111 SGB VII oder den Erstattungsansprüchen des AA nach § 147a SGB III, die in die Zuständigkeit der Sozialgerichte fallen.

3 Ein Rechtsnachfolger besonderer Art ist auch der **Pfändungsgläubiger**, dem eine Forderung nach den §§ 829, 835 ZPO zur Einziehung überwiesen worden ist. Er tritt bei der sog. **Drittschuldnerklage** an die Stelle des Forderungsinhabers, so dass die gepfändete Vergütungsforderung des Schuldners gegen den ArbGeb als Drittschuldner vor den ArbG einzuklagen ist. Gleiches gilt für den nach § 850h ZPO fingierten Arbeitsentgeltanspruch. Für Klagen des Pfändungsgläubigers auf Auskunft und Schadensersatz nach § 840 Abs. 1 und 2 ZPO sind dagegen die ordentlichen Gerichte zuständig, soweit sie nicht im Wege der Zusammenhangsklage nach § 2 Abs. 3 verfolgt werden[7].

4 Eine **Gesamtrechtsnachfolge** findet statt vor allem beim **Erbfall** nach § 1922 BGB, bei der **Verschmelzung** von Kapitalgesellschaften nach den §§ 2 ff. UmwG und bei den übrigen **Umwandlungen** nach dem UmwG (Spaltung, Vermögensübertragung, Formwechsel). Die Gerichte für Arbeitssachen sind auch für solche Ansprüche zuständig, die erst nach dem Erbfall in der Person des Erben entstehen, aber ihren Ursprung in dem Arbeitsverhältnis des Erblassers haben[8]. Ferner ist auch für die Geltendmachung von Schadensersatzansprüchen aus unerlaubter Handlung durch den ArbN gegen den **Insolvenzverwalter** der Rechtsweg zu den Gerichten für Arbeitssachen eröffnet, weil der Insolvenzverwalter kraft Gesetzes mit Eröffnung des Insolvenzverfahrens alle Rechte und Pflichten übernimmt, die sich aus der Arbeitgeberstellung der Gemeinschuldnerin ergeben[9].

---

1 Vgl. hierzu BAG v. 25.9.1996 – 1 ABR 4/96, BAGE 84, 166 = AP Nr. 10 zu § 2 TVG – Tarifzuständigkeit. | 2 GK-ArbGG/*Dörner*, § 2a Rz. 88. | 3 Vgl. BAG v. 13.3.2001 – 1 AZB 19/00, BAGE 97, 167 = AP Nr. 17 zu § 2a ArbGG 1979. | 4 BAG v. 19.12.2002 – 5 AZB 54/02, NZA 2003, 287. | 5 Vgl. ArbGV/*Krasshöfer*, § 3 ArbGG Rz. 1; aA GMPM/*Matthes*, § 3 ArbGG Rz. 4. | 6 BAG v. 12.6.1997 – 9 AZB 5/97, EzA § 2 ArbGG 1979 Nr. 38. | 7 BAG v. 31.10.1984 – 4 AZR 535/82, EzA § 840 ZPO Nr. 1; LAG Köln v. 17.11.1989 – 9 Sa 906/89, LAGE § 12a ArbGG 1979 Nr. 14; BAG v. 6.5.1990 – 4 AZR 56/90, EzA § 840 ZPO Nr. 3. | 8 BAG v. 7.10.1981 – 4 AZR 173/81, AP Nr. 1 zu § 48 ArbGG 1979; GK-ArbGG/*Wenzel*, § 3 Rz. 17. | 9 LAG Berlin v. 6.12.2002 – 9 Ta 1726/02, NZA 2003, 630.

2. Vertragliche Rechtsnachfolge. Zu einer vertraglichen Rechtsnachfolge kommt es im Fall der **Abtretung** arbeitsrechtlicher Ansprüche nach § 398 BGB, ferner in den Fällen der **Schuldübernahme** oder des Schuldbeitritts nach den §§ 414 ff. BGB und der **Firmenfortführung** oder des Eintritts eines Gesellschafters in das Geschäft eines Einzelkaufmanns nach den §§ 25, 28 HGB. Bei einer Betriebsübernahme nach § 613a BGB wird der Erwerber selbst ArbGeb, so dass die Zuständigkeit der ArbG schon nach § 2 begründet ist. 5

Der Begriff „Rechtsnachfolge" ist weit auszulegen. Rechtsnachfolger ist daher auch der vollmachtlose Vertreter, der auf die Erfüllung von Ansprüchen aus dem Arbeitsverhältnis oder auf Schadensersatz für solche Forderungen nach § 179 BGB in Anspruch genommen wird[1] 6

II. Prozessstandschaft. Der Rechtsweg zu den Gerichten für Arbeitssachen ist auch gegeben, wenn der Rechtsstreit durch eine Person geführt wird, die kraft Gesetzes an Stelle des sachlich Berechtigten oder Verpflichteten hierzu befugt ist. Dabei kann es sich insbesondere um den vorläufigen oder endgültigen **Insolvenzverwalter**, den Nachlassverwalter, den Testamentsvollstrecker, den **Zwangsverwalter** oder die Bundesrepublik Deutschland als Prozessstandschafter für die Stationierungsstreitkräfte nach Art. 56 Abs. 8 des Zusatzabkommens zum NATO-Truppenstatut handeln. Die ArbG bleiben auch bei Streitigkeiten über den Rang von Insolvenzforderungen jedenfalls dann zuständig, wenn der Rechtsstreit bereits vor der Eröffnung des Insolvenzverfahrens anhängig war. Dies folgt aus § 180 Abs. 2 InsO. 7

Die Vorschrift erfasst schließlich über ihren Wortlaut hinaus auch die **gewillkürte Prozessstandschaft**. Insoweit kann nichts anderes als bei der rechtsgeschäftlichen Rechtsnachfolge wie im Fall der Abtretung gelten. Davon zu unterscheiden ist die Frage, ob die Ermächtigung zur Prozessführung im Einzelfall zulässig ist. Voraussetzung dafür ist ein schützenswertes Interesse, das fremde Recht im eigenen Namen gerichtlich geltend zu machen[2]. Verneint das ArbG die Wirksamkeit der Prozessführungsermächtigung, hat es die Klage als unzulässig abzuweisen. 8

4 Ausschluss der Arbeitsgerichtsbarkeit

In den Fällen des § 2 Abs. 1 und 2 kann die Arbeitsgerichtsbarkeit nach Maßgabe der §§ 101 bis 110 ausgeschlossen werden.

Die Vorschrift betont und verstärkt die Ausschließlichkeitsregelung des § 2 Abs. 1 und 2. Sie soll sicherstellen, dass die Durchsetzung des materiellen Arbeitsrechts den dafür zuständigen Gerichten für Arbeitssachen vorbehalten bleibt. Unzulässig wäre etwa der generelle Ausschluss der gerichtlichen Entscheidung durch vertragliche Vereinbarung oder auch die Abrede der Zuständigkeit eines staatlichen Gerichts eines anderen Rechtsweges[3]. 1

Lediglich in den Grenzen der §§ 101 bis 110 kann die Arbeitsgerichtsbarkeit durch die Tarifparteien allgemein oder für den Einzelfall ausgeschlossen werden, wenn die Entscheidung durch ein Schiedsgericht erfolgen soll (dazu vgl. § 101 Rz. 7 ff.). Die Befugnis zum Abschluss einer solchen Schiedsvereinbarung steht **allein den Tarifparteien**, nicht auch den Betriebsparteien zu. Daher kann in einem Sozialplan nicht vereinbart werden, dass Meinungsverschiedenheiten zwischen ArbGeb und ArbN aus der Anwendung des Sozialplans durch einen verbindlichen Spruch der Einigungsstelle entschieden werden sollen[4]. 2

Wie die Bezugnahme auf § 2 Abs. 1 und 2 deutlich macht, wird die ausschließliche Zuständigkeit der Gerichte für Arbeitssachen im Beschlussverfahren nach § 2a nicht erfasst. Die Zulässigkeit einer Schiedsabrede **beschränkt** sich daher **auf Streitgegenstände des Urteilsverfahrens**. Für die Materie des Betriebsverfassungsrechts kommt sie nicht in Betracht: Der Ausschluss des Rechtsweges zu den ArbG kann auch nicht durch die Festlegung der Verbindlichkeit des Einigungsstellenspruchs erreicht werden[5]. 3

5 Begriff des Arbeitnehmers

(1) Arbeitnehmer im Sinne dieses Gesetzes sind Arbeiter und Angestellte sowie die zu ihrer Berufsausbildung Beschäftigten. Als Arbeitnehmer gelten auch die in Heimarbeit Beschäftigten und die ihnen Gleichgestellten (§ 1 des Heimarbeitsgesetzes vom 14. März 1951 – Bundesgesetzbl. I S. 191 –) sowie sonstige Personen, die wegen ihrer wirtschaftlichen Unselbständigkeit als arbeitnehmerähnliche Personen anzusehen sind. Als Arbeitnehmer gelten nicht in Betrieben einer juristischen Person oder einer Personengesamtheit tätige Personen, die kraft Gesetzes, Satzung oder Gesellschaftsvertrags allein oder als Mitglieder des Vertretungsorgans zur Vertretung der juristischen Person oder der Personengesamtheit berufen sind.

(2) Beamte sind als solche keine Arbeitnehmer.

---

1 BAG v. 7.4.2003 – 5 AZB 2/03, AP Nr. 6 zu § 3 ArbGG 1979. |2 Vgl. BAG v. 12. 4.1983 – 3 AZR 607/80, EzA § 9 BetrAVG Nr. 1; BSG v. 29.11.1988 – 11/7 Rar 79/87, BSGE 64, 199. |3 Vgl. GMPM/*Germelmann*, § 4 ArbGG Rz. 1. |4 BAG v. 27.10.1987 – 1 AZR 80/86, NZA 1988, 207, 208. |5 Vgl. BAG v. 20.11.1990 – 1 ABR 45/89, AP Nr. 43 zu § 76 BetrVG 1972.

(3) Handelsvertreter gelten nur dann als Arbeitnehmer im Sinne dieses Gesetzes, wenn sie zu dem Personenkreis gehören, für den nach § 92a des Handelsgesetzbuchs die untere Grenze der vertraglichen Leistungen des Unternehmers festgesetzt werden kann, und wenn sie während der letzten sechs Monate des Vertragsverhältnisses, bei kürzerer Vertragsdauer während dieser, im Durchschnitt monatlich nicht mehr als 1 000 Euro auf Grund des Vertragsverhältnisses an Vergütung einschließlich Provision und Ersatz für im regelmäßigen Geschäftsbetrieb entstandene Aufwendungen bezogen haben. Das Bundesministerium für Wirtschaft und Arbeit und das Bundesministerium der Justiz können die in Satz 1 bestimmte Vergütungsgrenze durch Rechtsverordnung, die nicht der Zustimmung des Bundesrates bedarf, den jeweiligen Lohn- und Preisverhältnissen anpassen.

1 **I. Arbeitnehmer im Sinne des Gesetzes.** Die Vorschrift bestimmt, wer ArbN iSd. ArbGG ist und damit den Rechtsweg zu den Gerichten für Arbeitssachen beschreiten kann. Da der Begriff des ArbN nicht näher definiert wird, muss der **allgemeine arbeitsrechtliche Arbeitnehmerbegriff** zugrunde gelegt werden. Danach ist ArbN, wer seine aufgrund eines privatrechtlichen Schuldverhältnisses geschuldete Leistung in persönlicher Abhängigkeit **im Rahmen einer fremden Arbeitsorganisation** erbringt. Dabei ist für die häufig erforderliche Abgrenzung zum Rechtsverhältnis eines freien Mitarbeiters der Grad der persönlichen Abhängigkeit und die mit der Eingliederung in eine fremde Arbeitsorganisation verbundene **Weisungsgebundenheit** maßgeblich[1]. Dies allein genügt jedoch für die Arbeitnehmereigenschaft nicht. Voraussetzung ist vielmehr auch, dass die Dienste **aufgrund eines privatrechtlichen Arbeitsverhältnisses** erbracht werden. Dieses wird idR durch einen Arbeitsvertrag begründet, kann aber ausnahmsweise auch durch Gesetz wie zB nach § 10 Abs. 1 AÜG oder nach § 78a Abs. 2 Satz 1 BetrVG zustande kommen[2].

2 **1. Arbeiter und Angestellte.** ArbN sind daher zunächst Arbeiter und Angestellte, wobei die genaue Zuordnung zu einer dieser Gruppen für die Rechtswegzuständigkeit keine Rolle spielt. Die Arbeitnehmereigenschaft ist nach Maßgabe der oben genannten Kriterien festzustellen. Dabei sind die Umstände der Arbeitsleistung für die Abgrenzung entscheidend, nicht etwa die Modalitäten der Entgeltzahlung oder andere formelle Merkmale wie die Abführung von Steuern und SozV-Beiträgen[3]. Es kommt auch nicht darauf an, wie die Parteien das Vertragsverhältnis bezeichnen. Durch Parteivereinbarung kann die Bewertung einer Vertragsbeziehung als Arbeitsverhältnis nicht abbedungen werden. Wenn Vertragsgestaltung und praktische Handhabung auseinander fallen, ist die praktische Durchführung des Vertragsverhältnisses entscheidend[4]. Nur in Zweifelsfällen, in denen aufgrund der tatsächlichen Umstände keine eindeutige Zuordnung möglich ist, ist der Wille der Parteien ausschlaggebend[5].

3 **Kein ArbN**, sondern selbständig und allenfalls arbeitnehmerähnlich ist nach der gesetzlichen Wertung des § 84 Abs. 1 Satz 2 HGB, wer im Wesentlichen frei seine Tätigkeit gestalten und seine Arbeitszeit bestimmen kann. Der Abstufung liegt also insgesamt ein dreigeteiltes System zugrunde, das zwischen ArbN, arbeitnehmerähnlichen Personen und Selbständigen unterscheidet[6].

4 **ArbG iSd. ArbGG** ist jeder, der einen ArbN beschäftigt. Während ArbN nur eine natürliche Person sein kann, handelt es sich beim ArbGeb vielfach auch um eine juristische Person.

5 **2. Auszubildende.** ArbN sind auch die zu ihrer Berufsausbildung Beschäftigten. Erfasst werden alle Bereiche der Berufsbildung nach § 1 Abs. 1 BBiG[7]. Ausschlaggebend für die Stellung als „Beschäftigter" ist weder der Lernort noch die Lehrmethode, sondern der Inhalt des Ausbildungsvertrages. Auch Auszubildende in berufsbildenden Schulen und „sonstigen Berufsbildungseinrichtungen" iSv. § 1 Abs. 5 BBiG können daher „zu ihrer Berufsausbildung Beschäftigte" nach § 5 Abs. 1 Satz 1 ArbGG sein[8].

6 Zur Berufsausbildung in diesem weiten Sinn gehört jede Maßnahme, die berufliche Kenntnisse und Fähigkeiten auf betrieblicher Ebene **aufgrund eines privatrechtlichen Vertrages** vermittelt[9]. Ob der Auszubildende eine Vergütung erhält, ist unerheblich[10]. Die Zuständigkeit der ArbG erstreckt sich daher auch auf **Umschüler** und **Teilnehmer an berufsvorbereitenden Maßnahmen**[11], Anlernlinge, Praktikanten und Volontäre, soweit sie zur Arbeitsleistung verpflichtet und nicht im Rahmen einer öffentlichrechtlich geregelten Schul- oder Hochschulausbildung beschäftigt sind. Auch Lernschwestern und Krankenpflegeschüler sind zu ihrer Berufsausbildung Beschäftigte[12].

---

1 Vgl. BAG v. 28.3.2001 – 7 ABR 21/00, EzA § 7 BetrVG Nr. 2; 25.3.1992 – 7 ABR 52/91, BAGE 70, 104; 3.6.1998 – 5 AZR 656/97, EzA § 611 BGB – Arbeitnehmerbegriff Nr. 70, zu II 1 der Gründe. | 2 Vgl. BAG v. 18.1.1989 – 7 ABR 21/88, BAGE 61, 7; 25.11.1992 – 7 ABR 7/92, BAGE 72, 12; 22.3.2000 – 7 ABR 34/98, EzA § 14 AÜG Nr. 4. | 3 Vgl. BAG v. 30.11.1994 – 5 AZR 704/93, EzA § 611 BGB – Arbeitnehmerbegriff Nr. 55 = NZA 1995, 622. | 4 Vgl. BAG v. 12.9.1996 – 5 AZR 1066/94, EzA § 611 BGB – Arbeitnehmerbegriff Nr. 58 = BB 1996, 2045; 16.3.1994 – 5 AZR 447/92, AP Nr. 68 zu § 611 BGB – Abhängigkeit. | 5 BAG v. 29.1.1992 – 7 ABR 25/91, AP Nr. 47 zu § 5 BetrVG 1972. | 6 Vgl. GMPM/*Müller-Glöge*, § 5 ArbGG Rz. 4. | 7 Vgl. BAG v. 24.9.2002 – 5 AZB 12/02, MDR 2002, 156. | 8 *BAG* v. 24.2.1999 – 5 AZB 10/98, EzA § 5 ArbGG 1979 Nr. 32. | 9 BAG v. 21.5.1997 – 5 AZB 30/96, NZA 1997, 1013. | 10 BAG v. 24.9.1981 – 6 AZR 7/81, AP Nr. 26 zu § 5 BetrVG 1972. | 11 BAG v. 10.2.1981 – 6 ABR 86/78, AP Nr. 25 zu § 5 BetrVG 1972; LAG Bremen v. 9.8.1996 – 2 Ta 15/96, BB 1996, 2363. | 12 BAG v. 29.10.1957 – 3 AZR 411/55, AP Nr. 10 zu § 611 BGB – Lehrverhältnis.

öffnet sein, wenn solche Personen aufgrund eines Gestellungsvertrags Dritten als ArbN überlassen werden und dieses Rechtsverhältnis betroffen ist[1].

Personen, deren Beschäftigung nicht in erster Linie ihrem Erwerb, sondern vorwiegend ihrer Heilung, Wiedereingewöhnung, sittlichen Besserung oder Erziehung dient, dürften zumeist schon wegen Fehlens eines privatrechtlichen Vertrags keine ArbN sein. Das gilt für **Strafgefangene** auch dann, wenn sie nicht in der Anstalt, sondern in einem fremden Betrieb arbeiten[2]. Für Rechtsstreitigkeiten zwischen behinderten Menschen im Arbeitsbereich von **Behindertenwerkstätten** und den Trägern der Werkstätten aus den in § 138 SGB IX geregelten arbeitnehmerähnlichen Rechtsverhältnissen folgt die arbeitsgerichtliche Zuständigkeit allerdings aus der Sondervorschrift des § 2 Nr. 10. 21

Jeweils besonders zu prüfen ist, ob **Familienangehörige** zueinander in einem Arbeitsverhältnis stehen oder die Mitarbeit nur im Rahmen familienrechtlicher Bindung etwa nach Maßgabe der §§ 1356, 1619 BGB stattfindet. Haben die Parteien zulässigerweise ein Arbeitsverhältnis begründet, so sind für die daraus entstehenden Streitigkeiten die ArbG zuständig. Für die Annahme eines ernstlich gewollten Arbeitsverhältnisses sprechen insbesondere die regelmäßige Zahlung eines angemessenen Entgelts, die Einhaltung der betriebsüblichen Arbeitszeit und die Einordnung unter die Weisungsverhältnisse des Betriebs[3]. 22

6 Besetzung der Gerichte für Arbeitssachen
(1) Die Gerichte für Arbeitssachen sind mit Berufsrichtern und mit ehrenamtlichen Richtern aus den Kreisen der Arbeitnehmer und Arbeitgeber besetzt.

(2) (weggefallen)

I. Allgemeines. Die Vorschrift enthält den Grundsatz für die Besetzung der Gerichte für Arbeitssachen in allen Rechtszügen. Die Einzelheiten sind für die ArbG in den §§ 14 bis 31, für die LAG in den §§ 33 bis 39 und für das BAG in den §§ 40 bis 45 festgelegt. 1

In allen Instanzen ist die Beteiligung von ehrenamtlichen Richtern aus den Kreisen der ArbN und ArbGeb vorgeschrieben. Die **starke Betonung des Laienelements** entspricht dem Grundsatz der sozialen Selbstverwaltung. Ihre Mitwirkung beruht auf der Erkenntnis, dass die Anschauungen der betrieblichen Praktiker bei der Rechtsfindung und der Entscheidung eine unerlässliche Voraussetzung für die Akzeptanz der gerichtlichen Entscheidungen sind. Ohne ihren Sachverstand könnten viele Probleme des Arbeitslebens nicht sachgerecht und für die Parteien des Arbeitslebens verständlich gelöst werden[4]. Zudem kommt der Tatsache, dass sich die typischen Interessengegensätze des Arbeitsgerichtsprozesses schon in der Besetzung der Richterbank widerspiegeln, eine nicht zu unterschätzende Befriedungsfunktion zu[5]. Es gilt der Grundsatz der paritätischen Besetzung der Gerichte für Arbeitssachen mit ehrenamtlichen Richtern beider Seiten[6]. 2

II. Berufsrichter. Abgesehen vom BAG werden die Berufsrichter ausschließlich als **Vorsitzende einer Kammer** tätig. Nähere Bestimmungen über die Rechtsstellung der Berufsrichter in der Arbeitsgerichtsbarkeit enthält das Gesetz nicht. Ihre statusrechtlichen Rechte und Pflichten ergeben sich daher aus der Verfassung, dem für die Berufsrichter aller Gerichtsbarkeiten geltenden Deutschen Richtergesetz (DRiG) und den ergänzenden Landesrichtergesetzen. 3

Nach Art. 97 Abs. 1 GG, § 25 DRiG sind Richter **sachlich und persönlich unabhängig**, also bei ihrer Rspr. nicht an Weisungen, sondern nur an das Gesetz gebunden. Die Weisungsfreiheit besteht umfassend sowohl gegenüber dem Dienstvorgesetzten als auch gegenüber Empfehlungen oder Vorgaben der Exekutive. Auch eine Bindung an Entscheidungen höherer Gerichte ist grundsätzlich nicht gegeben[7]. 4

Sofern die Rechtsprechungstätigkeit nicht berührt ist, untersteht auch der Berufsrichter nach § 26 DRiG der **Dienstaufsicht**. Dabei geht es um die Überwachung der äußerlich ordnungsgemäßen Ausübung der Amtsgeschäfte, etwa um die Sicherstellung eines angemessenen Verhaltens gegenüber den Prozessparteien, der Erledigung eines üblichen Pensums, der sachgerechten Ausbildung der Referendare uam. Den Streit darüber, ob eine Maßnahme der Dienstaufsicht die **richterliche Unabhängigkeit** verletzt oder nicht, entscheidet nach den §§ 26 Abs. 3, 61 ff. DRiG das mit Berufsrichtern besetzte spezielle Richterdienstgericht. 5

Die allgemeinen Pflichten der Berufsrichter sind geregelt in den §§ 38 bis 43 DRiG, ferner in den kraft Verweisung anwendbaren beamtenrechtlichen Vorschriften der §§ 52 bis 92 BBG, §§ 35 bis 58 BRRG in Verbindung mit den landesgesetzlichen Bestimmungen. Der **Richtereid** nach § 38 DRiG verlangt vom Richter Gesetzes- und Verfassungstreue, Unparteilichkeit und Unvoreingenommenheit gegenüber den 6

---

[1] GMPM/*Müller-Glöge*, § 5 ArbGG Rz. 13. [2] Vgl. BAG v. 3.10.1978 – 6 ABR 46/76, AP Nr. 18 zu § 5 ArbGG 1972. [3] Vgl. ArbG Siegburg v. 8.7.1986 – 4 Ca 2611/85, EzA § 1 KSchG – Verhaltensbedingte Kündigung Nr. 17 = NJW-RR 1987, 73. [4] Vgl. *Ide*, FS 100 Jahre DArbGV, S. 253, 254. [5] Vgl. GMPM/*Prütting*, § 6 ArbGG Rz. 4. [6] Vgl. BAG v. 21.9.1999 – 1 AS 6/99, NZA 2000, 389. [7] Vgl. *Schmidt/Luczak*, FS 100 Jahre DArbGV, S. 221, 232.

7 III. Ehrenamtliche Richter. Zur Rechtsstellung der ehrenamtlichen Richter enthält das DRiG nur einige grundsätzliche Aussagen in den §§ 44 bis 45a DRiG. Dabei geht es vor allem um eine Stärkung der persönlichen Unabhängigkeit der ehrenamtlichen Richter. Die nähere Ausgestaltung ihrer Rechte und Pflichten ist nach § 45 Abs. 9 DRiG den einzelnen Verfahrensordnungen vorbehalten. Das ArbGG regelt insoweit abschließend die Voraussetzungen und das Verfahren zur Berufung bzw. Abberufung der ehrenamtlichen Richter und enthält in § 26 eine Generalklausel zu ihrem Schutz.

8 Ehrenamtliche Richter nehmen ein **öffentliches Ehrenamt** wahr und sind ebenso wie die Berufsrichter nur an Recht und Gesetz gebunden und nur ihrem Gewissen unterworfen. Bei ihrer Entscheidung besteht **keinerlei Bindung an die Ansichten der Interessengruppen**, die sie nominiert haben. Die ehrenamtlichen Richter stehen den Berufsrichtern hinsichtlich ihrer Rechte und Pflichten grundsätzlich gleich. Ihnen kommt daher auch das sog. **Richterprivileg** der eingeschränkten Haftung nach § 839 Abs. 2 BGB zugute. Insbesondere haben sie als vollwertige Richter gleiches Stimmrecht, so dass bei den Arbeits- und Landesarbeitsgerichten der Berufsrichter unter Umständen überstimmt werden kann. Ihnen muss daher auch das Recht zugebilligt werden, die Akten einzusehen, um sich über die Grundlagen der Entscheidung zu vergewissern[2].

9 Für den mit der Wahrnehmung ihrer richterlichen Aufgaben verbundenen Verdienstausfall und Kostenaufwand steht den ehrenamtlichen Richtern eine Entschädigung in Geld nach dem Gesetz über die **Entschädigung der ehrenamtlichen Richter** vom 1.10.1969[3] zu. Die Entschädigung wird gezahlt für alle Aufwendungen, die durch die richterliche Tätigkeit bedingt sind, insbesondere also für die Teilnahme an den Kammersitzungen oder besonderen Beratungsterminen, für die Teilnahme an den Sitzungen des Beisitzerausschusses oder für die Teilnahme an Einführungs- und Fortbildungsveranstaltungen. Der Entschädigungsanspruch ist auf die dafür notwendige Zeit beschränkt[4].

10 Der ehrenamtliche Richter, der in einem Arbeitsverhältnis steht, ist für die Ausübung der richterlichen Tätigkeit von der Arbeit freizustellen. Reicht die gesetzliche Zeitversäumnisentschädigung nicht aus, um den Verdienstausfall vollständig abzudecken, ist der ArbGeb nach § 616 Satz 1 BGB zur ergänzenden Zahlung verpflichtet[5].

6a *Allgemeine Vorschriften über das Präsidium und die Geschäftsverteilung*

Für die Gerichte für Arbeitssachen gelten die Vorschriften des Zweiten Titels des Gerichtsverfassungsgesetzes nach Maßgabe der folgenden Vorschriften entsprechend:

1. Bei einem Arbeitsgericht mit weniger als drei Richterplanstellen werden die Aufgaben des Präsidiums durch den Vorsitzenden oder, wenn zwei Vorsitzende bestellt sind, im Einvernehmen der Vorsitzenden wahrgenommen. Einigen sich die Vorsitzenden nicht, so entscheidet das Präsidium des Landesarbeitsgerichts oder, soweit ein solches nicht besteht, der Präsident dieses Gerichts.
2. Bei einem Landesarbeitsgericht mit weniger als drei Richterplanstellen werden die Aufgaben des Präsidiums durch den Präsidenten, soweit ein zweiter Vorsitzender vorhanden ist, im Benehmen mit diesem wahrgenommen.
3. Der aufsichtführende Richter bestimmt, welche richterlichen Aufgaben er wahrnimmt.
4. Jeder ehrenamtliche Richter kann mehreren Spruchkörpern angehören.
5. Den Vorsitz in den Kammern der Arbeitsgerichte führen die Berufsrichter.

7 *Geschäftsstelle, Aufbringung der Mittel*

(1) Bei jedem Gericht für Arbeitssachen wird eine Geschäftsstelle eingerichtet, die mit der erforderlichen Zahl von Urkundsbeamten besetzt wird. Die Einrichtung der Geschäftsstelle bestimmt bei dem Bundesarbeitsgericht das Bundesministerium für Wirtschaft und Arbeit im Benehmen mit dem Bundesministerium der Justiz. Die Einrichtung der Geschäftsstelle bestimmt bei den Arbeitsgerichten und Landesarbeitsgerichten die zuständige oberste Landesbehörde.

(2) **Die Kosten der Arbeitsgerichte und der Landesarbeitsgerichte trägt das Land, das sie errichtet. Die Kosten des Bundesarbeitsgerichts trägt der Bund.**

---

1 Vgl. GMPM/*Prütting*, § 6 ArbGG Rz. 7; zum Ganzen ferner Schmidt/Luczak, FS 100 Jahre DArbGV, S. 221, 234 f. | 2 Vgl. *Künzl*, ZZP 104, 185; GMPM/*Prütting*, § 6 ArbGG Rz. 16. | 3 BGBl. I S. 1753. | 4 Vgl. BAG v. 26.9.1972 – 1 AZR 227/72, DB 1973, 1783; LAG Bremen v. 25.7.1988 – 2 Ta 72/87, LAGE § 26 ArbGG 1979 Nr. 1; LAG Hamm v. 23.3.1993 – 8 Ta 294/91, LAGE § 26 ArbGG 1979 Nr. 3. | 5 Vgl. LAG Bremen v. 14.6.1990 – 3 Sa 132/89, LAGE § 616 BGB Nr. 5.

8 *Gang des Verfahrens*
(1) Im ersten Rechtszug sind die Arbeitsgerichte zuständig.

(2) Gegen die Urteile der Arbeitsgerichte findet die Berufung an die Landesarbeitsgerichte nach Maßgabe des § 64 Abs. 1 statt.

(3) Gegen die Urteile der Landesarbeitsgerichte findet die Revision an das Bundesarbeitsgericht nach Maßgabe des § 72 Abs. 1 statt.

(4) Gegen die Beschlüsse der Arbeitsgerichte und ihrer Vorsitzenden im Beschlussverfahren findet die Beschwerde an das Landesarbeitsgericht nach Maßgabe des § 87 statt.

(5) Gegen die Beschlüsse der Landesarbeitsgerichte im Beschlussverfahren findet die Rechtsbeschwerde an das Bundesarbeitsgericht nach Maßgabe des § 92 statt.

9 *Allgemeine Verfahrensvorschriften*
(1) Das Verfahren ist in allen Rechtszügen zu beschleunigen.

(2) Die Vorschriften des Gerichtsverfassungsgesetzes über Zustellungs- und Vollstreckungsbeamte, über die Aufrechterhaltung der Ordnung in der Sitzung, über die Gerichtssprache, über die Wahrnehmung richterlicher Geschäfte durch Referendare und über Beratung und Abstimmung gelten in allen Rechtszügen entsprechend.

(3) Die Vorschriften über die Wahrnehmung der Geschäfte bei den ordentlichen Gerichten durch Rechtspfleger gelten in allen Rechtszügen entsprechend. Als Rechtspfleger können nur Beamte bestellt werden, die die Rechtspflegerprüfung oder die Prüfung für den gehobenen Dienst bei der Arbeitsgerichtsbarkeit bestanden haben.

(4) Zeugen und Sachverständige werden nach dem Gesetz über die Entschädigung von Zeugen und Sachverständigen entschädigt.

(5) Alle mit einem befristeten Rechtsmittel anfechtbaren Entscheidungen enthalten die Belehrung über das Rechtsmittel. Soweit ein Rechtsmittel nicht gegeben ist, ist eine entsprechende Belehrung zu erteilen. Die Frist für ein Rechtsmittel beginnt nur, wenn die Partei oder der Beteiligte über das Rechtsmittel und das Gericht, bei dem das Rechtsmittel einzulegen ist, die Anschrift des Gerichts und die einzuhaltende Frist und Form schriftlich belehrt worden ist. Ist die Belehrung unterblieben oder unrichtig erteilt, so ist die Einlegung des Rechtsmittels nur innerhalb eines Jahres seit Zustellung der Entscheidung zulässig, außer wenn die Einlegung vor Ablauf der Jahresfrist infolge höherer Gewalt unmöglich war oder eine Belehrung dahin erfolgt ist, dass ein Rechtsmittel nicht gegeben sei; § 234 Abs. 1, 2 und § 236 Abs. 2 der Zivilprozessordnung gelten für den Fall höherer Gewalt entsprechend.

I. Der Beschleunigungsgrundsatz (Abs. 1). Das aus dem Rechtsstaatsprinzip des Grundgesetzes folgende **Gebot des effektiven Rechtsschutzes** verlangt eine zügige Durchsetzung des Rechts. Die Prozesse sollen nicht nur materiell gerecht, sondern auch in angemessener Zeit entschieden werden[1]. Denn eine lange Verfahrensdauer entwertet nicht selten den schließlich errungenen Prozesserfolg[2]. Daher stellt Abs. 1 besonders heraus, dass das Verfahren vor den Gerichten für Arbeitssachen in allen Rechtszügen zu beschleunigen ist.

Bei der **Beschleunigungsmaxime** handelt es sich um eine verfahrensrechtliche Zielvorgabe, aus der sich konkrete Rechtsfolgen nicht ohne weiteres entnehmen lassen. Vielmehr bedarf es dazu der Umsetzung durch besondere Vorschriften, wie sie das Gesetz an vielen Stellen enthält. Beispielhaft seien genannt:

- Abkürzung der **Einlassungsfrist auf eine Woche** nach den §§ 47 Abs. 1, 80 Abs. 2 gegenüber zwei Wochen in der ordentlichen Gerichtsbarkeit;
- **Zurückweisung verspäteten Vorbringens** nach den §§ 56 Abs. 2, 61a Abs. 4 in Verbindung mit der vorrangigen Erledigung von Bestandsschutzstreitigkeiten;
- Abkürzung der **Einspruchsfrist** gegen Versäumnisurteile auf **eine Woche** nach § 59 Satz 1 gegenüber zwei Wochen in der ordentlichen Gerichtsbarkeit;
- der Beschluss über die Ablehnung von Richtern ist nach § 49 Abs. 3 anders als in der Zivilgerichtsbarkeit unanfechtbar;
- es gab und gibt in der Arbeitsgerichtsbarkeit **keine Gerichtsferien und keine Terminsverlegungspflicht** nach Maßgabe des § 227 Abs. 3 ZPO, wie § 46 Abs. 2 Satz 2 klarstellt;
- die **Unzulässigkeit der Zurückverweisung** wegen eines Verfahrensmangels nach § 68.

---

1 Vgl. BVerfG v. 16.12.1980 – 2 BvR 419/80, BVerfGE 55, 349, 369; ferner BVerfG v. 15.11.2001 – 1 BvR 793/01, juris.
| 2 Vgl. GMPM/*Prütting*, § 9 ArbGG Rz. 3.

3 Durch das am 1.5.2000 in Kraft getretene Gesetz zur Vereinfachung und Beschleunigung des arbeitsgerichtlichen Verfahrens – das sog. **Arbeitsgerichtsbeschleunigungsgesetz** – vom 30.3.2000[1] ist das Beschleunigungspotential ua. durch folgende Maßnahmen weiter erhöht worden:

- Ausbau des Güteverfahrens nach § 54 Abs. 1;
- Erweiterung der Alleinentscheidungsbefugnis des Vorsitzenden nach § 55;
- Entscheidung über nachträgliche Zulassung einer Kündigungsschutzklage auch ohne mündliche Verhandlung nach § 5 Abs. 4 KSchG;
- Anhebung der Berufungssumme nach § 64;
- Beschleunigung des Beschlussverfahrens durch Fristsetzung und Zurückweisung verspäteten Vorbringens nach § 83.

4 Der personell vergleichsweise kleinen Arbeitsgerichtsbarkeit ist es bislang trotz ständig gestiegener Belastung gelungen, für effektiven Rechtsschutz und Rechtsfrieden in ihrem Zuständigkeitsbereich zu sorgen[2]. Die nach der Beschleunigungsmaxime angestrebte Verfahrensdauer von maximal drei Monaten für das arbeitsgerichtliche Verfahren wird allerdings inzwischen deutlich überschritten, auch wenn sie im Durchschnitt immer noch unter fünf Monaten liegt. Aus § 9 Abs. 1 ergibt sich unter diesem Aspekt ein Regelungsauftrag an den Haushaltsgesetzgeber, die sachlichen und insbesondere personellen Ressourcen der Arbeitsgerichtsbarkeit so zu gestalten, dass diese ihrer Pflicht zu möglichst schnellerer Streitentscheidung gerecht werden kann.

5 **II. Entsprechende Anwendung des Gerichtsverfassungsgesetzes (Abs. 2).** Nach Abs. 2 gelten bestimmte Vorschriften des GVG in allen Rechtszügen entsprechend. Die Aufzählung ist nicht abschließend, wie etwa § 13 Abs. 2 mit dem Verweis auf die Bestimmungen über Rechtshilfe zeigt.

6 Entsprechend anwendbar sind insb. die §§ 176 bis 183 GVG über die Aufrechterhaltung der Ordnung in der Sitzung. Die sog. **Sitzungspolizei**, die von dem Hausrecht im und am Gerichtsgebäude zu trennen ist, obliegt grundsätzlich dem Vorsitzenden. Er ist für Maßnahmen nach den §§ 176, 177 GVG wie das Entfernen von Störern aus dem Sitzungssaal oder die Verhängung von Ordnungshaft gegenüber nicht am Verfahren beteiligten Personen allein zuständig. Soweit Parteien, Zeugen und Sachverständige von den Ordnungsmitteln betroffen sind, entscheidet die Kammer. Zu beachten ist, dass Ordnungsmaßnahmen gegen Rechtsanwälte, die als Prozessbevollmächtigte auftreten, grundsätzlich unzulässig sind[3]. Dieses Privileg erstreckt sich allerdings nicht auf Verbandsvertreter im Sinne des § 11, die in vollem Umfang der Sitzungspolizei des Gerichts unterliegen[4].

7 Anwendbar sind auch die Vorschriften über **Beratung und Abstimmung**. Nach § 194 Abs. 1 GVG leitet der Vorsitzende die Beratung, stellt die Fragen und sammelt die Stimmen. Der Vorsitzende, der für den ordnungsgemäßen Ablauf der Beratung und Abstimmung zu sorgen hat, entscheidet auch über die zeitlichen und räumlichen Umstände, also die Durchführung unmittelbar nach der Verhandlung, am Schluss des Sitzungstages oder an einem besonderen Tag. Nur bei Meinungsverschiedenheiten über den Beratungsvorgang selbst entscheidet nach § 194 Abs. 2 GVG das Gericht. Die Reihenfolge der Stimmabgabe legt § 197 GVG fest: Zunächst haben die ehrenamtlichen Richter ihre Stimmen nach dem Lebensalter abzugeben; der jüngere stimmt vor dem älteren. Zuletzt stimmt der Vorsitzende. Hieran wird deutlich, dass die ehrenamtlichen Richter bei der Beratung und Abstimmung gleichberechtigt mitwirken. Da nach § 196 Abs. 1 GVG die absolute Mehrheit der Stimmen entscheidet, kann der Kammervorsitzende im Einzelfall überstimmt werden. In der Praxis sind förmliche Abstimmungen außerordentlich selten, weil die Entscheidungen in aller Regel einstimmig ergehen.

8 **III. Einsatz und Aufgaben des Rechtspflegers (Abs. 3).** Entsprechend anzuwenden sind in allen Rechtszügen auch die Vorschriften über die Wahrnehmung der Geschäfte bei den ordentlichen Gerichten durch Rechtspfleger. Die Rechtspfleger werden daher in der Arbeitsgerichtsbarkeit wie in der ordentlichen Gerichtsbarkeit eingesetzt[5]. Nach Abs. 3 Satz 2 können nur Beamte als Rechtspfleger bestellt werden, die die Rechtspflegerprüfung oder die Prüfung für den gehobenen Dienst bei der Arbeitsgerichtsbarkeit bestanden haben. Der Rechtspfleger ist nach § 9 RPflG sachlich unabhängig und nur an Gesetz und Recht gebunden. Anders als der Richter ist er aber nicht auch persönlich unabhängig.

9 In der Arbeitsgerichtsbarkeit sind dem Rechtspfleger in entsprechender Anwendung des § 3 Nr. 3 und 4 RPflG insbesondere folgen Aufgaben übertragen:

- das gesamte **Mahnverfahren**, § 20 Nr. 1 RPflG;
- bestimmte Maßnahmen im Verfahren über die **Prozesskostenhilfe** nach § 20 Nr. 4 und 5 RPflG, vor allem die Bestimmung des Zeitpunkts für die Einstellung und eine Wiederaufnahme der Zahlungen

---

1 BGBl. I S. 333. | 2 Vgl. *Kalb*, FS Hanau, 1999, S. 19, 29. | 3 Vgl. *Kissel*, GVG, § 176 Rz. 40 ff. | 4 Vgl. ArbGV/*Krönig*/*Lipke*, § 9 ArbGG Rz. 14. | 5 Vgl. dazu und zur geschichtlichen Entwicklung *Hermann*, FS 100 Jahre DArbGV, S. 265 ff. mwN.

Allgemeine Verfahrensvorschriften Rz. 17 § 9 ArbGG

nach § 120 Abs. 3 ZPO sowie die Änderung und Aufhebung der Bewilligung der PKH nach den §§ 120 Abs. 4, 124 Nr. 2, 3 und 4 ZPO;

- die Erteilung der **vollstreckbaren Ausfertigung** in bestimmten Fällen, insbesondere bei Rechtsnachfolge, und die Erteilung weiterer vollstreckbarer Ausfertigungen nach § 20 Nr. 12 und 13 RPflG;
- das **Kostenfestsetzungsverfahren**, § 21 RPflG;
- nach § 24 Abs. 2 RPflG die Aufnahme von Klagen, Klageerwiderungen sowie anderen Anträgen und Erklärungen im Rahmen der sog. **Rechtsantragsstelle**, die Teil der Geschäftsstelle des ArbG nach § 7 ist[1].

Gegen die Entscheidungen des Rechtspflegers ist nach § 11 Abs. 1 RPflG das **Rechtsmittel** gegeben, das nach den allgemeinen verfahrensrechtlichen Vorschriften zulässig ist. Über die sofortige Beschwerde etwa nach § 104 Abs. 3 ZPO entscheidet das LAG als Beschwerdegericht, wenn und soweit ihr der Rechtspfleger nicht abhilft. Ist gegen die Entscheidung des Rechtspflegers an sich ein Rechtsmittel nicht gegeben, so findet nach § 11 Abs. 2 RPflG die befristete Erinnerung statt, die bei Nichtabhilfe dem Richter zur Entscheidung vorzulegen ist. 10

IV. Entschädigung von Zeugen und Sachverständigen (Abs. 4). Das Gesetz über die Entschädigung von Zeugen und Sachverständigen – ZSEG – gilt kraft der Verweisung in Abs. 4 auch im Arbeitsgerichtsverfahren. Es regelt die Entschädigungsansprüche dem Grunde und der Höhe nach abschließend. Soweit der Zeuge vom Gericht geladen war, besteht der Entschädigungsanspruch unabhängig von einer tatsächlichen Vernehmung. Der Zeuge hat nämlich auf die Ladung hin zu erscheinen, ohne dass ihm eine Prüfung der Zweckmäßigkeit seines Erscheinens zusteht[2]. Eine Entschädigung wird nach § 15 Abs. 1 ZSEG nur auf Verlangen gewährt, dem mittellosen Zeugen nach Maßgabe des § 14 ZSEG auch als Vorschuss. Davon abgesehen kann der Zeuge ergänzende Lohnfortzahlungsansprüche nach § 616 Satz 1 BGB bzw. tariflichen Vorschriften haben[3]. Auch wenn ein Verdienstausfall nicht eingetreten ist, erhält der Zeuge nach § 2 Abs. 3 ZSEG eine Mindestnachteilsentschädigung in Höhe von 2 Euro pro Stunde, es sei denn, dass er durch die Heranziehung ersichtlich keinen Nachteil erlitten hat[4]. 11

V. Notwendigkeit der Rechtsmittelbelehrung (Abs. 5). Alle mit einem befristeten Rechtsmittel anfechtbaren Entscheidungen müssen mit einer entsprechenden Belehrung versehen werden. Das gilt nach Abs. 5 Satz 2 auch für den umgekehrten Fall, dass ein Rechtsmittel nicht gegeben ist. Ob die Entscheidung im Urteils-, Beschluss- oder Beschwerdeverfahren ergeht, ist unerheblich. 12

1. Gegenstand der Belehrungspflicht. Die Belehrungspflicht knüpft an befristete Rechtsmittel an. Das **Rechtsmittel** unterscheidet sich vom **Rechtsbehelf** im weiteren Sinn dadurch, dass es den Eintritt der Rechtskraft hemmt (Suspensiveffekt) und die Rechtssache zur Entscheidung in der höheren Instanz anfällt (Devolutiveffekt). Im Vergleich zu den §§ 58 VwGO, 55 FGO und 66 SGG, die eine Belehrung auch über Rechtsbehelfe vorsehen, besteht die Belehrungspflicht nach Abs. 5 allgemein nur für Rechtsmittel im engeren Sinn. Ob auch über einen – befristeten – Rechtsbehelf zu belehren ist, hat der Gesetzgeber jeweils konkret normiert, wie etwa beim Einspruch gegen ein Versäumnisurteil nach § 59 Satz 3. 13

Befristete Rechtsmittel sind Berufung, Revision, Sprungrevision und Revisionsbeschwerde im Urteilsverfahren sowie Beschwerde, Rechtsbeschwerde und Sprungrechtsbeschwerde im Beschlussverfahren, ferner die sofortige Beschwerde und die Rechtsbeschwerde im Beschwerdeverfahren nach § 78. Soweit das Rechtsmittel wie etwa die Revision oder die Sprungrevision einer besonderen Zulassung bedarf, ist auch die Belehrung darauf auszurichten. 14

Nicht zu den Rechtsmitteln zählen die Wiederaufnahme des Verfahrens nach § 79, die Wiedereinsetzung in den vorigen Stand, die Abänderungs- und die Vollstreckungsgegenklage nach den §§ 323, 767 ZPO. Auch die **Nichtzulassungsbeschwerde** nach den §§ 72a, 92a stellt nach höchstrichterlicher Rspr., der die Instanzgerichte folgen, **kein Rechtsmittel** im engeren Sinn dar[5]. Daher laufen die Rechtsbehelfsfristen auch ohne gerichtlichen Hinweis auf die Möglichkeit der Nichtzulassungsbeschwerde[6]. 15

2. Form und Inhalt der Belehrung. Die Rechtsmittelbelehrung ist nach Abs. 5 Satz 1 notwendiger **Bestandteil der Entscheidung**. Sie kann – anders als die Belehrung über den Einspruch gegen ein Versäumnisurteil nach § 59 Satz 3 - nicht in einem Anhang auf der Rückseite oder einem Beiblatt erfolgen. Vielmehr muss sie von den zuständigen Richtern unterschrieben sein. Ansonsten beginnt die Rechtsmittelfrist nicht zu laufen[7]. 16

Die Belehrung darf sich nicht in Stichworten erschöpfen, sondern muss vollständig ausformuliert werden, so dass die rechtsunkundige Partei ohne weiteres Klarheit über die zur Wahrnehmung ihrer Rechte 17

---

1 Vgl. *Hermann*, FS 100 Jahre DArbGV, S. 265, 275 f. | 2 Vgl. *Zöller/Greger*, § 401 ZPO Rz. 3. | 3 Vgl. BAG v. 13.12.2001 – 6 AZR 30/01, EzA § 616 BGB Nr. 47. | 4 Vgl. *Meyer/Höver/Bach*, ZSEG, 21. Aufl., § 2 Rz. 20.5. | 5 BAG v. 1.4.1980 – 4 AZN 77/80, AP Nr. 5 zu § 72a ArbGG 1979; v. 12.2.1997 – 5 AZN 1106/96, AP Nr. 38 zu § 72a ArbGG 1979; aA ArbGV/*Krönig/Lipke*, § 9 ArbGG Rz. 42 mwN zum Streitstand. | 6 BAG v. 9.7.2003 – 5 AZN 316/03, DB 2003, 2184. | 7 Vgl. BAG v. 6.3.1980 – 3 AZR 7/80, AP Nr. 1 zu § 9 ArbGG 1979; v. 1.3.1994 – 10 AZR 50/93, NJW 1994, 3181.

gegebenen Möglichkeiten erhält. Dies erfordert zwar **mehr als eine abstrakte Belehrung** über die in Arbeitsrechtsstreitigkeiten gegebenen Rechtsmittel, macht es den Gerichten aber nicht zur Aufgabe, den Parteien individuell abgestimmte Belehrungen über ihre Möglichkeiten zu erteilen. Ausreichend ist es vielmehr, dass in der Belehrung das oder die **konkret in der jeweiligen prozessualen Situation in Betracht kommende(n) Rechtsmittel** bezeichnet werden[1]. Dabei entspricht es allgemeiner Ansicht, dass über die Möglichkeit einer Anschlussberufung nicht belehrt zu werden braucht. Die abstrakte Rechtsmittelbelehrung muss es den Parteien ermöglichen, sich allein aus der Rechtsmittelbelehrung über das für sie gegebene Rechtsmittel zu informieren. Hingegen wäre es unzureichend, wenn ohne Bezug zu der konkreten prozessualen Situation allgemein über die Rechtsmittelmöglichkeiten nach dem Arbeitsgerichtsgesetz belehrt würde[2]. Sind an einem Rechtsstreit auf Beklagtenseite mehrere Personen als einfache Streitgenossen beteiligt und gibt das arbeitsgerichtliche Urteil der Klage nur hinsichtlich eines dieser Streitgenossen statt und weist es sie im Übrigen als unbegründet ab, ist die vom ArbG erteilte Rechtsmittelbelehrung: „Gegen dieses Urteil kann das Rechtsmittel der Berufung eingelegt werden, sofern der Wert des Beschwerdegegenstandes 600 Euro übersteigt. ..." **hinreichend konkret**. Damit kann nämlich jede der betroffenen Parteien allein anhand der Rechtsmittelbelehrung jeweils für sich feststellen, ob für sie das konkret bezeichnete Rechtsmittel „Berufung" eröffnet ist oder nicht. Eine weiter gehende, individuell abgestimmte Rechtsmittelbelehrung wäre zwar möglich, ihr Fehlen macht aber die erteilte Belehrung nicht unrichtig im Sinne von § 9 Abs. 5 Satz 4[3].

18 Die Partei oder der Beteiligte muss nach Abs. 5 Satz 3 ferner über das Gericht, bei dem das Rechtsmittel einzulegen ist, die Anschrift des Gerichts sowie die **einzuhaltende Frist und Form** schriftlich belehrt werden. Daher ist die vollständige postalische **Adresse des Rechtsmittelgerichts** anzugeben[4]. Die Belehrungspflicht erstreckt sich auch auf den vor dem LAG bzw. BAG bestehenden **Vertretungszwang** und darauf, welche Personen (Rechtsanwälte/Verbandsvertreter) zur Einlegung des Rechtsmittels für die beschwerte Partei befugt sind[5].

19 Nicht erforderlich ist demgegenüber die Belehrung über die Notwendigkeit einer **Begründung des Rechtsmittels** und eine hierfür vorgesehene Frist. Die rechtsunkundige Partei muss lediglich darüber Bescheid wissen, dass ein Rechtsmittel gegeben ist und dass dieses Rechtsmittel von einem Prozessbevollmächtigten in einer bestimmten Form und Frist einzulegen ist. Für die notwendige Begründung ist dann der Parteivertreter verantwortlich[6].

20 **3. Rechtsfolgen fehlender oder fehlerhafter Belehrung.** Ist die Rechtsmittelbelehrung gänzlich unterblieben, unvollständig oder unrichtig, so beginnt die Rechtsmittelfrist nicht zu laufen, wie sich aus § 9 Abs. 5 Satz 3 ergibt. Allerdings ist auch dann die Einlegung des Rechtsmittels nicht unbefristet zulässig. Vielmehr bestimmt Abs. 5 Satz 4 im Interesse der Rechtssicherheit, dass in diesen Fällen eine **Jahresfrist seit Zustellung der Entscheidung** gilt. Davon gibt es nur zwei Ausnahmen:

21 Auch nach Ablauf der Jahresfrist kann das Rechtsmittel noch eingelegt werden, wenn die fristgerechte Einlegung **infolge höherer Gewalt** unmöglich war. Da es sich um eine Art der Wiedereinsetzung handelt, wie die Verweisung auf § 234 Abs. 1, 2 und § 236 Abs. 2 ZPO zeigt, muss das Merkmal der höheren Gewalt entsprechend § 233 ZPO iSv. „ohne das Verschulden der Partei" verstanden werden[7]. Bei derart unverschuldeter Versäumung der Jahresfrist ist das Rechtsmittel innerhalb einer zweiwöchigen Frist nach Behebung des Hindernisses einzulegen, und zwar nach § 236 Abs. 2 ZPO unter Angabe und Glaubhaftmachung der Tatsachen, die die Partei schuldlos an der rechtzeitigen Einlegung gehindert haben. Eines besonderen Antrags auf Wiedereinsetzung bedarf es nicht.

22 Die Jahresfrist kommt ferner nicht zur Anwendung, wenn eine Belehrung dahin erfolgt ist, dass ein Rechtsmittel nicht gegeben sei. Das Rechtsmittel kann dann an sich unbefristet eingelegt werden. Im Einzelfall kann sich der Gegner allerdings auf den Einwand der prozessualen Verwirkung berufen[8].

23 Enthält die Rechtsmittelbelehrung den Hinweis auf eine **längere Frist als die gesetzlich zutreffende**, so läuft die Rechtsmittelfrist aus Gründen des Vertrauensschutzes jedenfalls nicht vor dem angegebenen Zeitpunkt ab[9].

24 Erklärt die Rechtsmittelbelehrung demgegenüber ein **nicht statthaftes Rechtsmittel** für zulässig, so begründet dieser Fehler nicht die Anfechtbarkeit der Entscheidung. Denn eine fehlerhafte Rechtsmittelbelehrung kann nicht dazu führen, dass ein nicht vorgesehener Rechtsweg eröffnet wird oder eine bereits abgelaufene Rechtsmittelfrist erneut beginnt[10]. Die falsche Rechtsmittelbelehrung vermag

---

1 Vgl. BAG v. 20.2.1997 – 8 AZR 15/96, EzA § 9 ArbGG 1979 Nr. 11; GK-ArbGG/*Bader*, § 9 Rz 92; *Grunsky*, § 9 ArbGG Rz 24; *Stahlhacke* in Anm. zu EzA § 64 ArbGG 1979 Nr. 1; eine individuelle Belehrung fordern LAG Berlin v. 7.1.1980 – 9 Sa 100/79, EzA § 64 ArbGG 1979 Nr. 1; GMPM/*Prütting*, § 9 ArbGG Rz. 37–40. |2 BAG v. 20.2.1997 – 8 AZR 15/96, EzA § 9 ArbGG 1979 Nr. 11; LAG Bremen v. 24.7.2002 – 2 Sa 57/02, MDR 2003, 173. |3 BAG v. 20.2.1997 – 8 AZR 15/96, EzA § 9 ArbGG 1979 Nr. 11. |4 BAG v. 6.3.1980 – 3 AZR 7/80, AP Nr. 1 zu § 9 ArbGG 1979. |5 BAG v. 29.4.1983 – 7 AZR 148/81, AP Nr. 2 zu § 9 ArbGG 1979. |6 Vgl. GMPM/*Prütting*, § 9 ArbGG Rz. 41 ff. mwN. |7 Vgl. GMPM/*Prütting*, § 9 ArbGG Rz. 51; enger ArbGV/*Krönig/Lipke*, § 9 ArbGG Rz. 49. |8 Vgl. Zöller/*Gummer*, § 567 ZPO Rz. 10 mwN. |9 Vgl. BAG v. 23.11.1994 – 4 AZR 743/93, AP Nr. 12 zu § 9 ArbGG 1979. |10 BAG v. 6.8.1997 – 2 AZB 17/97, EzA § 9 ArbGG 1979 Nr. 12.

auch nicht die in den Tenor aufzunehmende Zulassung der Berufung oder Revision zu ersetzen[1]. Etwaige Gerichtskosten, die durch die Einlegung des unstatthaften Rechtsmittels anfallen, dürfen allerdings nach § 8 Abs. 1 GKG nicht erhoben werden, weil sie durch eine unrichtige Sachbehandlung verursacht worden sind[2].

Bei gänzlich unterbliebener Zustellung der Entscheidung ist zu berücksichtigen, dass die Rechtsmittelfrist nach den §§ 66 Abs. 1, 74 Abs. 1 in Übereinstimmung mit den §§ 517, 548 ZPO fünf Monate ab Verkündung zu laufen beginnt. Da der Fall der fehlenden Zustellung nicht anders behandelt werden kann als die Zustellung einer Entscheidung ohne Rechtsmittelbelehrung innerhalb der Fünf-Monats-Frist, muss diese Frist an die Stelle der in Abs. 5 Satz 4 vorgesehenen Zustellung treten. Fünf-Monats-Frist und Jahresfrist sind folglich zu addieren, so dass die Rechtsmittelfrist 17 Monate beträgt[3]. An dieser Rechtslage hat sich entgegen anderer Meinung durch die Neufassung der §§ 66, 74 ab dem 1.1.2002 nichts geändert (vgl. § 66 Rz. 10). 25

Mit Rücksicht darauf, dass die Rechtsmittelbelehrung Bestandteil des Urteils ist, wird eine **Nachholung oder Berichtigung** in unmittelbarer oder entsprechender Anwendung des § 319 ZPO für zulässig gehalten[4]. Dem ist jedenfalls aus Beschleunigungsgesichtspunkten im wohlverstandenen Interesse der Parteien zu folgen. Das Gericht ist nach § 319 Abs. 1 ZPO „von Amts wegen" zur Fehlerbehebung verpflichtet, wenn und sobald es von einem berichtigungsfähigen Fehler der Rechtsmittelbelehrung Kenntnis erlangt; im Übrigen prüft es die Berichtigung auf Antrag. Erst die Zustellung des Berichtigungsbeschlusses mit der richtigen Rechtsmittelbelehrung setzt den Lauf der Rechtsmittelfrist innerhalb der Grenzen des Abs. 5 Satz 4 in Gang. 26

10 *Parteifähigkeit*

Parteifähig im arbeitsgerichtlichen Verfahren sind auch Gewerkschaften und Vereinigungen von Arbeitgebern sowie Zusammenschlüsse solcher Verbände; in den Fällen des § 2a Abs. 1 Nr. 1 bis 3c sind auch die nach dem Betriebsverfassungsgesetz, dem Sprecherausschussgesetz, dem Mitbestimmungsgesetz, dem Mitbestimmungsergänzungsgesetz, dem Betriebsverfassungsgesetz 1952, dem § 139 des Neunten Buches Sozialgesetzbuch, dem § 18a des Berufsbildungsgesetzes und den zu diesen Gesetzen ergangenen Rechtsverordnungen sowie dem Gesetz über Europäische Betriebsräte beteiligten Personen und Stellen Beteiligte, in den Fällen des § 2a Abs. 1 Nr. 4 auch die beteiligten Vereinigungen von Arbeitnehmern oder von Arbeitgebern sowie die oberste Arbeitsbehörde des Bundes oder derjenigen Länder, auf deren Bereich sich die Tätigkeit der Vereinigung erstreckt.

I. Die Parteifähigkeit im Zivilprozess. Parteifähigkeit bedeutet, im eigenen Namen als Partei einen Prozess zur Rechtsverfolgung oder Rechtsverteidigung führen zu können. Die Grundnorm der Parteifähigkeit findet sich in § 50 ZPO, die kraft Verweisung in den §§ 46 Abs. 2, 80 Abs. 2 auch für das Verfahren vor den Gerichten für Arbeitssachen entsprechend gilt. Nach **§ 50 Abs. 1 ZPO** ist parteifähig, wer rechtsfähig ist. Das sind zunächst **alle natürlichen und juristischen Personen** des privaten und des öffentlichen Rechts, ferner aufgrund ausdrücklicher gesetzlicher Regelung nach den §§ 124 Abs. 1, 161 Abs. 2 HGB die **OHG** und die **KG** sowie **politische Parteien** nach § 3 PartG. Auch der **BGB-Außengesellschaft** wird neuerdings Rechtsfähigkeit und damit aktive wie passive Parteifähigkeit zuerkannt, soweit sie durch Teilnahme am Rechtsverkehr eigene Rechte und Pflichten begründet[5]. 1

Schließlich kann nach **§ 50 Abs. 2 ZPO** ein nichtrechtsfähiger Verein verklagt werden und hat insoweit die Stellung eines rechtsfähigen Vereins. Ob darüber hinaus im Anschluss an die Entscheidung des BGH zur BGB-Außengesellschaft die volle Parteifähigkeit des nichtrechtfähigen Vereins auch für Aktivprozesse besteht, ist fraglich[6], aber zu bejahen. Denn die Rechtsentwicklung auf dem Gebiet des materiellen Rechts, die zu einer Rechtsfähigkeit unterhalb der Schwelle der juristischen Person geführt hat, muss vom Prozessrecht nachvollzogen werden[7]. Die volle Parteifähigkeit des nichtrechtsfähigen Vereins folgt daher bereits aus § 50 Abs. 1 ZPO, so dass § 50 Abs. 2 ZPO obsolet ist[8]. 2

II. Parteifähigkeit im arbeitsgerichtlichen Urteilsverfahren. Über die allgemeine Regelung der Parteifähigkeit nach § 50 ZPO hinausgehend erklärt Halbs. 1 auch die **Gewerkschaften** und **Vereinigungen von Arbeitgebern** sowie Zusammenschlüsse solcher Verbände für alle Verfahren vor den Gerichten für Arbeitssachen für parteifähig, und zwar unabhängig von der jeweiligen Rechtsform. Die Sondervorschrift war notwendig, weil die Gewerkschaften traditionell als nichtrechtsfähige Vereine organisiert sind. Auch für den Zivilprozess ist die aktive Parteifähigkeit der Gewerkschaften inzwischen allgemein anerkannt[9]. 3

---

1 BAG v. 4.4.1989 – 5 AZB 9/88, AP Nr. 13 zu § 64 ArbGG 1979; 20.9.2000 – 2 AZR 345/00, NJW 2001, 224. | 2 Vgl. BAG v. 15.12.1986 – 2 AZR 289/86, DB 1987, 1204; GMPM/*Prütting*, § 9 ArbGG Rz. 57. | 3 BAG v. 23.11.1994 – 4 AZR 743/93, AP Nr. 12 zu § 9 ArbGG 1979; 8.6.2000 – 2 AZR 584/99, NZA 2001, 343. | 4 Vgl. ArbGV/*Krönig/Lipke*, § 9 ArbGG Rz. 55; GK-ArbGG/*Bader*, § 9 Rz. 101. | 5 Vgl. BGH v. 29.1.2001 – II ZR 331/00, NJW 2001, 1056; Zöller/*Vollkommer*, § 50 ZPO Rz. 18 mwN. | 6 Vgl. GMPM/*Matthes*, § 10 ArbGG Rz. 6 mwN. | 7 Zutr. Zöller/*Vollkommer*, § 50 ZPO Rz. 41. | 8 Vgl. *K. Schmidt*, NJW 2001, 993, 1002 f.; *Jauernig*, NJW 2001, 2232; *Hartmann*, NJW 2001, 2578. | 9 Vgl. BGH v. 6.10.1989 – V ZR 152/88, MDR 90, 141; Zöller/*Vollkommer*, § 50 ZPO Rz. 39.

ArbGG § 10 Rz. 4   Parteifähigkeit

4   Auch **Unterorganisationen einer Gewerkschaft** können den Gewerkschaftsbegriff im Sinne des § 10 erfüllen und damit parteifähig sein, wenn sie körperschaftlich organisiert, gegenüber der Gesamtorganisation weitgehend selbständig und selbst tariffähig sind[1]. Die nach § 56 ZPO von Amts wegen zu prüfende Parteifähigkeit entfällt, wenn die Gewerkschaft oder ihre Unterorganisation im Laufe des Rechtsstreits ihre Tariffähigkeit verliert[2].

5   Für „Vereinigungen von Arbeitgebern" ist die Sondervorschrift nur von Bedeutung, wenn es sich um nichtrechtsfähige Vereine handelt. Auch bei ihnen muss jedenfalls die Tariffähigkeit nach § 2 Abs. 1 TVG gegeben sein[3].

6   Parteifähig sind schließlich auch die **Spitzenorganisationen** von Gewerkschaften und Arbeitgebervereinigungen nach § 2 Abs. 2 und 3 TVG. Wenn die Parteifähigkeit gegeben ist, dann besteht sie unbeschränkt mit der Wirkung, dass die Organisationen auch als ArbGeb ihrer eigenen Beschäftigten klagen und verklagt werden können[4].

7   **III. Beteiligtenfähigkeit im arbeitsgerichtlichen Beschlussverfahren.** § 10 Halbs. 2 erweitert den Kreis der ohnehin nach § 50 ZPO und Halbs. 1 parteifähigen Personen und Organisationen für das arbeitsgerichtliche Beschlussverfahren. Da dieses Verfahren keine Parteien, sondern nur Beteiligte kennt, wird die Parteifähigkeit im Beschlussverfahren richtigerweise als Beteiligtenfähigkeit bezeichnet. Es handelt sich dementsprechend um die Fähigkeit, im eigenen Namen ein Beschlussverfahren zur Rechtsverfolgung oder Rechtsverteidigung zu betreiben[5].

8   Durch die besondere Regelung der Beteiligtenfähigkeit wird sichergestellt, dass auch die nach den aufgezählten Gesetzen beteiligten **Personen und Stellen** ihre Rechte im Beschlussverfahren geltend machen können. Beteiligtenfähig ist daher eine rechtlich unselbständige, aber im Handelsregister eingetragene Niederlassung einer ausländischen Aktiengesellschaft[6]. In Betracht kommende Personen sind etwa die Vertrauensleute der Schwerbehinderten, Beauftragte der Gewerkschaften und Arbeitgebervereinigungen, Betriebsrats- oder Aufsichtsratsmitglieder und Sprecherausschussmitglieder. Beteiligtenfähig sind grundsätzlich auch einzelne ArbN als natürliche Person. Ob sie am konkreten Beschlussverfahren zu beteiligen sind, ist nach näherer Maßgabe des § 83 zu beurteilen.

9   Die **Beteiligtenfähigkeit endet** mit dem Verlust der Rechtsfähigkeit, also bei natürlichen Personen mit dem Tod, bei juristischen Personen mit Ende ihrer rechtlichen Existenz. Wird eine juristische Person während eines Passivprozesses liquidiert, besteht ihre Beteiligtenfähigkeit allerdings bis zum Ende des anhängigen Verfahrens fort[7]. Gleiches gilt für den Fall, dass eine betriebsverfassungsrechtliche Stelle ihre Funktion während eines schwebenden Verfahrens verliert - zB der BR infolge der Beendigung der Arbeitsverhältnisse aller Betriebsratsmitglieder - und die Entscheidung des Gerichts noch Auswirkungen auf die Beteiligten haben kann[8]. Bei der **Funktionsnachfolge** zB durch den neugewählten BR ändert sich für die Beteiligtenfähigkeit nichts, weil die Identität der betriebsverfassungsrechtlichen Stelle erhalten bleibt[9]. Für die Beteiligtenfähigkeit einer Stelle ist es ebenso unerheblich, wenn sich ihre Zusammensetzung durch Tod, Rücktritt oder Ausschluss eines Mitglieds oder durch Nachrücken eines Ersatzmitglieds ändert. Denn die beteiligten Stellen sind selbst Verfahrenssubjekte, nicht dagegen ihre einzelnen Mitglieder, die folgerichtig als Zeugen und nicht als Partei zu vernehmen sind[10].

10 **IV. Rechtsfolgen fehlender Partei- oder Beteiligtenfähigkeit.** Nach § 56 ZPO hat das Gericht den Mangel der Parteifähigkeit, der Prozessfähigkeit, der Legitimation eines gesetzlichen Vertreters und der erforderlichen Ermächtigung zur Prozessführung jederzeit von Amts wegen zu berücksichtigen. Fehlte die Partei- oder Beteiligtenfähigkeit von Anfang an, ist die Klage/der Antrag – bei Unbehebbarkeit des Mangels – als unzulässig abzuweisen/zurückzuweisen. Bei einem **Streit über die Parteifähigkeit** oder die nach § 52 ZPO zu beurteilende Prozessfähigkeit gilt die Partei bis zur rechtskräftigen Feststellung des Mangels als partei- bzw. prozessfähig[11]. Ebenso ist beim Streit über die Beteiligtenfähigkeit im Beschlussverfahren zu verfahren[12]. Zeigt sich erst in der Rechtsmittelinstanz, dass der in der Sache verurteilte Rechtsmittelkläger nicht partei- oder prozessfähig gewesen ist, so ist nicht das Rechtsmittel als unzulässig zu verwerfen, sondern die Klage als unzulässig abzuweisen[13].

---

1 Vgl. BAG v. 22.12.1960 – 2 AZR 140/58, AP Nr. 25 zu § 11 ArbGG 1953: für den Ortsverein der IG Druck und Papier; LAG Hamm – 18 Sa 858/00, NZA-RR 2000, 535. |2 Vgl. BAG v. 25.9.1990 – 3 AZR 266/89, AP Nr. 8 zu § 9 TVG 1969. |3 Vgl. GK-ArbGG/*Leinemann*, § 10 Rz. 18. |4 Vgl. GMPM/*Matthes*, § 10 ArbGG Rz. 14. |5 Vgl. GMPM/*Matthes*, § 10 ArbGG Rz. 15. |6 Vgl. BAG v. 11.6.2002 – 1 ABR 43/01, NZA 2003, 226. |7 Vgl. BAG v. 17.10.1989 – 1 ABR 80/88, AP Nr. 29 zu § 111 BetrVG 1972. |8 Vgl. BAG v. 17.7.1964 – 1 ABR 3/64, AP Nr. 3 zu § 80 ArbGG 1953; zur Frage des Restmandats BAG v. 28.10.1992 – 10 ABR 75/91, AP Nr. 63 zu § 112 BetrVG 1972; ferner BAG v. 14.8.2001 – 1 ABR 52/00, NZA 2002, 109. |9 Vgl. BAG v. 27.1.1981 – 6 ABR 68/79, AP Nr. 2 zu § 80 ArbGG 1979. |10 Vgl. ArbGV/*Krönig*, § 10 ArbGG Rz. 13. |11 Vgl. BAG v. 22.3.1988 – 3 AZR 350/86, AP Nr. 6 zu § 50 ZPO; BAG v. 19.3.2002 – 9 AZR 752/00, juris; Zöller/*Vollkommer*, § 56 ZPO Rz. 13 mwN. |12 BAG v. 25.8.1981 – 1 ABR 61/79, AP Nr. 2 zu § 83 ArbGG 1979; v. 12.1.2000 – 7 ABR 61/98, NZA 2000, 669. |13 BGH v. 4.11.1999 – III ZR 306/98, NJW 2000, 289; Zöller/*Vollkommer*, § 56 ZPO Rz. 14 mwN.

11 *Prozessvertretung*
(1) Die Parteien können vor den Arbeitsgerichten den Rechtsstreit selbst führen oder sich vertreten lassen. Eine Vertretung durch Vertreter von Gewerkschaften oder von Vereinigungen von Arbeitgebern oder von Zusammenschlüssen solcher Verbände ist zulässig, wenn diese Personen kraft Satzung oder Vollmacht zur Vertretung befugt sind und der Zusammenschluss, der Verband oder deren Mitglieder Partei sind. Das Gleiche gilt für die Prozessvertretung durch Vertreter von selbständigen Vereinigungen von Arbeitnehmern mit sozial- oder berufspolitischer Zwecksetzung. Satz 2 gilt entsprechend für Bevollmächtigte, die als Angestellte juristischer Personen, deren Anteile sämtlich im wirtschaftlichen Eigentum einer der in Satz 2 genannten Organisationen stehen, handeln, wenn die juristische Person ausschließlich die Rechtsberatung und Prozessvertretung der Mitglieder der Organisation entsprechend deren Satzung durchführt und wenn die Organisation für die Tätigkeit der Bevollmächtigten haftet. Mitglieder der in Satz 2 genannten Organisationen können sich durch einen Vertreter eines anderen Verbandes oder Zusammenschlusses mit vergleichbarer Ausrichtung vertreten lassen; Satz 4 gilt entsprechend.

(2) Vor den Landesarbeitsgerichten und vor dem Bundesarbeitsgericht müssen die Parteien sich durch Rechtsanwälte als Prozessbevollmächtigte vertreten lassen; zur Vertretung berechtigt ist jeder bei einem deutschen Gericht zugelassene Rechtsanwalt. An ihre Stelle können vor den Landesarbeitsgerichten Vertreter von Gewerkschaften oder von Vereinigungen von Arbeitgebern oder von Zusammenschlüssen solcher Verbände treten, wenn sie kraft Satzung oder Vollmacht zur Vertretung befugt sind und der Zusammenschluss, der Verband oder deren Mitglieder Partei sind. Absatz 1 Satz 4 und 5 gilt entsprechend.

(3) Mit Ausnahme der Rechtsanwälte sind Personen, die die Besorgung fremder Rechtsangelegenheiten vor Gericht geschäftsmäßig betreiben, als Bevollmächtigte und Beistände in der mündlichen Verhandlung ausgeschlossen; § 157 Abs. 1 Satz 2 und Abs. 2 der Zivilprozessordnung ist entsprechend anzuwenden. Dies gilt nicht für die in Absatz 1 Satz 2 bis 5, Absatz 2 Satz 2 und 3 genannten Personen.

I. Prozessführung vor den Arbeitsgerichten (Abs. 1). 1. Durch die Parteien selbst. Das Verfahren vor dem ArbG ist grundsätzlich ein **Parteiprozess ohne Vertretungszwang**. Die Parteien können den Prozess ohne weiteres selbst führen, sofern sie auch prozessfähig sind. Dabei handelt es sich um die Fähigkeit, Prozesshandlungen selbst oder durch selbst bestellte Vertreter wirksam vorzunehmen oder entgegenzunehmen. Nach § 52 ZPO ist prozessfähig, wer sich – selbständig – durch Vertrag verpflichten kann, gleichgültig, ob er den Prozess für sich oder als Vertreter eines anderen führen will. Auch der etwaige Prozessvertreter muss daher selbst prozessfähig sein[1].

Geschäftsunfähige und beschränkt geschäftsfähige **natürliche Personen** sind demzufolge nicht prozessfähig und handeln durch ihren gesetzlichen Vertreter. Hat dieser den Minderjährigen nach § 112 BGB zum selbständigen Betrieb eines Erwerbsgeschäftes oder nach § 113 BGB zum Eintritt in Dienst oder Arbeit ermächtigt, besteht für die damit verbundenen Rechtsgeschäfte unbeschränkte Geschäftsfähigkeit. Im Umfang dieser Teilgeschäftsfähigkeit ist der Minderjährige dann auch aktiv und passiv prozessfähig. Die Regelung des § 113 BGB gilt allerdings wegen der besonderen Schutzbedürftigkeit des Auszubildenden nicht für den Abschluss eines Berufsausbildungsvertrages nach dem BBiG. Bei Streitigkeiten aus dem Berufsausbildungsverhältnis wird der minderjährige ArbN also durch seinen gesetzlichen Vertreter vertreten[2].

Prozessfähige **juristische Personen** oder rechtsfähige Vereinigungen müssen im Einzelfall durch ihre gesetzlichen Vertreter oder analog § 11 Nr. 3 SGB X durch besonders Beauftragte handeln[3].

Zweifeln an der Prozessfähigkeit einer Partei hat das Gericht nach § 56 ZPO **von Amts wegen** nachzugehen. Bis zur abschließenden Klärung ist die Partei als prozessfähig zu behandeln[4]. Das Gericht hat alle in Betracht kommenden Beweise, insbesondere durch Einholung von Sachverständigengutachten, zu erheben[5]. Kann nach Erschöpfung aller Beweismittel nicht festgestellt werden, ob die Partei prozessfähig ist, muss sie als prozessunfähig angesehen werden mit der Folge, dass ein Sachurteil nicht ergehen kann[6].

2. Durch Dritte. Wenn eine Partei den Rechtsstreit nicht selbst führen möchte, so kann sie sich durch einen **Rechtsanwalt**, einen **Verbandsvertreter** oder eine **andere – prozessfähige – Person** vertreten lassen. Als Bevollmächtigte und Beistände in der mündlichen Verhandlung ausgeschlossen sind allerdings nach Abs. 3 Satz 1 Personen, die die Besorgung fremder Rechtsangelegenheiten vor Gericht geschäftsmäßig betreiben. Dieser Ausschluss von der Vertretungsbefugnis betrifft etwa Prozessagenten, Steuerbevollmächtigte und sog. Rechtsbeistände, die nach § 209 BRAO in die Rechtsanwaltskammer aufgenommen sind[7]. Ausgeschlossen ist auch eine Vertretung des ArbGeb in der mündlichen Verhandlung vor dem ArbG durch ein Mitglied der Rechtsabteilung eines Konzernunternehmens[8].

---

1 Vgl. Zöller/*Vollkommer*, § 52 ZPO Rz. 2. | 2 Vgl. GMPM/*Germelmann*, § 11 ArbGG Rz. 21. | 3 Zöller/*Vollkommer*, § 52 ZPO Rz. 6a. | 4 BAG v. 22.3.1988 – 3 AZR 350/86, EzA § 50 ZPO Nr. 2. | 5 BGH v. 9.1.1996 – VI ZR 94/95, MDR 1996, 410. | 6 BGH v. 4.11.1999 – III ZR 306/98, MDR 2000, 223. | 7 Vgl. BAG v. 21.4.1988 – 8 AZR 394/86, EzA § 11 ArbGG 1979 Nr. 5; LAG Nds. v. 13.3.2001 – 11 Ta 474/00, AnwBl. 2001, 523. | 8 ArbG Wiesbaden v. 12.10.2001 – 8 Ca 2524/01, DB 2001, 2732.

6 Nach Abs. 1 Satz 1 iVm. Abs. 3 Satz 1 ist jeder bei einem deutschen Gericht zugelassene Rechtsanwalt vertretungsberechtigt. Dies gilt auch für **Syndikus-Anwälte** und Angestellte von ArbGeb, die gleichzeitig zugelassene Rechtsanwälte sind[1]. Im Rahmen seiner Prozessvollmacht kann der Rechtsanwalt einem bei ihm beschäftigten **Assessor oder Referendar** Untervollmacht erteilen[2]. Da eine Vertretung durch einen Anwalt vor dem ArbG nicht zwingend geboten ist, kann er notfalls auch sonstige Personen wie etwa den Bürovorsteher oder die Anwaltsgehilfin in Untervollmacht auftreten lassen[3].

7 Nach Maßgabe von Abs. 1 Satz 2 bis 5 ist auch eine Vertretung durch **Verbandsvertreter** zulässig, sofern sie hierzu kraft Satzung der Gewerkschaft bzw. des Verbandes oder besonderer Vollmacht befugt sind und der Zusammenschluss, der Verband oder deren Mitglieder Partei sind. In Betracht kommen:

- Vertreter von Gewerkschaften (zB IG Metall, CGM, IG Bau ua.)
- Vertreter von Arbeitgebervereinigungen[4] (zB Innungen[5], nicht dagegen Industrie- und Handelskammern sowie Handwerkskammern)
- Vertreter von Zusammenschlüssen von Gewerkschaften und Arbeitgebervereinigungen (zB DGB, BDA)
- Vertreter von selbständigen Vereinigungen von ArbN mit sozial- oder berufspolitischer Zielsetzung (zB KAB, DAV, Marburger Bund)
- Vertreter der DGB-Rechtsschutz GmbH[6].

8 Zeitgleich sind am 8.9.1998 aufgrund des Gesetzes zur Änderung der Bundesrechtsanwaltsordnung, der Patentanwaltsordnung und anderer Gesetze[7] die Neuregelungen in Abs. 1 Satz 4, die sog. lex DGB hinsichtlich der DGB-Rechtsschutz GmbH, und in Satz 5 in Kraft getreten, womit die **Möglichkeit wechselseitiger Verbandsvertretung** eröffnet wird. Danach ist die Vertretung „verschwisterter" Verbände aus anderen Regionen oder Branchen zulässig, wenn die vertretenen Parteien Mitglieder eines anderen Verbandes sind oder einem Zusammenschluss mit vergleichbarer Ausrichtung angehören. Satz 5 kann dagegen bereits nach seinem Wortlaut nicht auf die in Satz 3 genannten Vereinigungen von ArbN mit sozial- oder berufspolitischer Zwecksetzung angewendet werden.

9 **II. Prozessvertretung vor den Landesarbeitsgerichten und dem Bundesarbeitsgericht (Abs. 2).** In den Rechtsmittelinstanzen können die Parteien den Rechtsstreit nicht selbst führen. Vielmehr besteht **Vertretungszwang**, vor dem BAG sogar **Anwaltszwang**. Vor den LAG können anstelle der Anwälte auch Vertreter von Gewerkschaften oder von Vereinigungen von ArbGeb oder von Zusammenschlüssen solcher Verbände auftreten, wenn sie kraft Satzung oder Vollmacht zur Vertretung befugt sind und der Zusammenschluss, der Verband oder deren Mitglieder Partei sind. Abs. 1 Satz 4 und 5 gilt im Hinblick auf diese **Verbandsvertreter** entsprechend. Demgegenüber sind Vertreter von Arbeitnehmervereinigungen mit sozial- oder berufspolitischer Zielsetzung nicht vertretungsberechtigt. Deren auf die Vertretung vor dem ArbG beschränkte Zulassung verstößt nicht gegen Art. 9 Abs. 3 GG[8].

10 Ein Verbandsvertreter kann die Prozessvertretung für den Insolvenzverwalter einer insolvent gewordenen Mitgliedsfirma nicht übernehmen, wenn nach der Verbandssatzung die Mitgliedschaft der Gemeinschuldnerin geendet hat und der Insolvenzverwalter selbst nicht Mitglied des Verbandes ist[9]. Die Erteilung einer **Untervollmacht** durch den Verbandsvertreter setzt voraus, dass der Dritte ebenfalls die Anforderungen des Abs. 2 erfüllt[10].

11 Die Partei selbst kann demnach im Urteilsverfahren vor dem LAG wirksam keine Prozesshandlungen vornehmen. Erscheint sie ohne Prozessvertreter, so ist sie **als säumig zu behandeln**. Sie kann insbesondere ein von einem Prozessvertreter eingelegtes Rechtsmittel nicht zurücknehmen oder einen Prozessvergleich abschließen. In Betracht kommt allenfalls ein privatschriftlicher Vergleich, der zwar auch zur Erledigung des Rechtsstreits führt, aber als Vollstreckungstitel ausscheidet.

12 Prozesshandlungen der Partei sind **ausnahmsweise zulässig**, soweit sie zu Protokoll der Geschäftsstelle des LAG erklärt werden können. Das gilt vor allem für den Einspruch gegen ein Versäumnisurteil des LAG nach § 64 Abs. 7 iVm. § 59, für den Antrag auf Prozesskostenhilfe für die zweite Instanz nach § 117 Abs. 1 ZPO sowie für das Ablehnungsgesuch nach § 49 iVm. § 44 ZPO. Zulässig ist schließlich auch die Rücknahme eines mangels hinreichender Vertretung unzulässigen Rechtsmittels durch die Partei selbst.

13 Ein **Syndikusanwalt** kann in den Rechtsmittelinstanzen nur dann als Prozessvertreter agieren, wenn er die Verantwortung für die Prozesshandlungen unabhängig von den Weisungen seines Auftraggebers

---

1 Vgl. ArbGV/*Wolmerath*, § 11 ArbGG Rz. 18. | 2 BAG v. 22.2.1990 – 2 AZR 122/89, EzA § 11 ArbGG 1979 Nr. 7. | 3 Vgl. LAG München v. 10.3.1989 – 9 Ta 118/88, LAGE § 11 ArbGG 1979 Nr. 7. | 4 Bejahend auch für den Fall der OT-Mitgliedschaft LAG Hamm v. 25.10.2000 – 18 Sa 261/00, BuW 2002, 44. | 5 Vgl. BAG v. 27.1.1961 – 1 AZR 311/59, AP Nr. 26 zu § 11 ArbGG 1953. | 6 Vgl. LAG BW 8.10.1998 – 11 Sa 21/98, LAGE § 11 ArbGG 1979 Nr. 15; LAG Hamm v. 25.2.1999 – 17 Sa 2281/98, AuR 1999, 247. | 7 BGBl. I S. 2600. | 8 LAG Hamm v. 15.7.1997 – 16 Sa 1235/96, NZA 1998, 502. | 9 BAG v. 20.11.1997 – 2 AZR 52/97, EzA § 11 ArbGG 1979 Nr. 14. | 10 LAG Berlin v. 7.8.1995 – 9 Sa 67/95, LAGE § 11 ArbGG 1979 Nr. 10.

übernimmt[1]. Denn Abs. 2 soll sicherstellen, dass der Rechtsanwalt als unabhängiges Organ der Rechtspflege tätig wird. Demgemäß verbietet § 46 BRAO ausdrücklich das Handeln für den Dienstherrn bzw. ArbGeb vor den Gerichten in der „Eigenschaft als Rechtsanwalt". Mit Rücksicht darauf ist eine Berufung unzulässig, wenn sie von einem angestellten Syndikusanwalt auf einem Kopfbogen seines ArbGeb eingelegt wird, er mit dem Zusatz „Syndikusanwalt" unterzeichnet und auch im Übrigen nicht deutlich macht, dass er den Mandanten als unabhängiger Rechtsanwalt vertritt[2].

Zur Prozessvertretung vor dem BAG sind nach Abs. 2 Satz 1 ausschließlich Rechtsanwälte berechtigt. Verbandsvertreter sind nicht zugelassen. Nach § 4 Rechtsanwaltsdienstleistungsgesetz können **ausländische Rechtsanwälte** aus einem Mitgliedstaat der EG vor dem ArbG ohne besondere Zulassung auftreten. In den Rechtsmittelinstanzen ist das wegen des Vertretungszwangs nach Abs. 2 nur im Einvernehmen mit einem deutschen Anwalt zulässig[3]. 14

III. Besonderheiten im Beschlussverfahren. Die §§ 80 Abs. 2, 87 Abs. 2, 92 Abs. 2 verweisen wegen der Vertretung der Beteiligten auf § 11 Abs. 1. Daraus folgt, dass die Beteiligten sich **in allen Instanzen** selbst vertreten können. Eine Vertretung durch Rechtsanwälte oder Verbandsvertreter ist selbstverständlich zulässig und in der Praxis die Regel. 15

Auch wenn die Beteiligten im Beschwerdeverfahren vor dem LAG selbst auftreten, so muss jedenfalls die **Beschwerdeschrift** nach § 89 Abs. 1 von einem Rechtsanwalt oder einem postulationsfähigen Verbandsvertreter nach § 11 Abs. 2 unterzeichnet sein. Für das Rechtsbeschwerdeverfahren vor dem BAG bestimmt § 94 Abs. 1, dass die **Rechtsbeschwerdeschrift und die Rechtsbeschwerdebegründung** von einem Rechtsanwalt unterzeichnet sein muss. Im Übrigen besteht auch vor dem BAG im Beschlussverfahren weder Vertretungs- noch Anwaltszwang. 16

11a Beiordnung eines Rechtsanwalts, Prozesskostenhilfe

(1) Einer Partei, die außerstande ist, ohne Beeinträchtigung des für sie und ihre Familie notwendigen Unterhalts die Kosten des Prozesses zu bestreiten, und die nicht durch ein Mitglied oder einen Angestellten einer Gewerkschaft oder einer Vereinigung von Arbeitgebern vertreten werden kann, hat der Vorsitzende des Arbeitsgerichts auf ihren Antrag einen Rechtsanwalt beizuordnen, wenn die Gegenpartei durch einen Rechtsanwalt vertreten ist. Die Partei ist auf ihr Antragsrecht hinzuweisen.

(2) Die Beiordnung kann unterbleiben, wenn sie aus besonderen Gründen nicht erforderlich ist oder wenn die Rechtsverfolgung offensichtlich mutwillig ist.

(3) Die Vorschriften der Zivilprozessordnung über die Prozesskostenhilfe gelten in Verfahren vor den Gerichten in Arbeitssachen entsprechend.

(4) Das Bundesministerium für Wirtschaft und Arbeit wird ermächtigt, zur Vereinfachung und Vereinheitlichung des Verfahrens durch Rechtsverordnung mit Zustimmung des Bundesrates Vordrucke für die Erklärung der Partei über ihre persönlichen und wirtschaftlichen Verhältnisse (§ 117 Abs. 2 der Zivilprozessordnung) einzuführen.

I. Beiordnung eines Rechtsanwalts. Die Beiordnung eines Rechtsanwalts nach den Abs. 1 und 2, die nur vor dem ArbG erfolgen kann, stellt einen **Sonderfall der Prozesskostenhilfe** dar. Daher kann ein – unbegründeter – Antrag auf Prozesskostenhilfe hilfsweise ohne weiteres als Beiordnungsantrag behandelt werden[4]. Wie die Prozesskostenhilfe eröffnet die Beiordnung der Partei die Möglichkeit, den Prozess zunächst ohne eigene Vertretungskosten führen zu können. Denn die Staatskasse übernimmt gemäß § 121 BRAGO die Erstattung der Gebühren und Auslagen der Rechtsanwälte. Ein Kostenrisiko besteht nur hinsichtlich der Gerichtskosten. Mit der Beiordnung ist daher eine begrenzte Prozesskostenhilfe verbunden, die im Hinblick auf die Erfolgsaussicht weniger strenge Voraussetzungen als § 114 ZPO aufstellt. Im Übrigen sind nach Abs. 3 die §§ 114 ff. ZPO entsprechend anwendbar. 1

1. Sachliche und wirtschaftliche Voraussetzungen (Abs. 1). Die Beiordnung eines Rechtsanwalts setzt zunächst voraus, dass die **Gegenpartei durch einen Rechtsanwalt vertreten** ist. Diese Voraussetzung muss jedenfalls zum Zeitpunkt der Entscheidung über den Beiordnungsantrag gegeben sein. Eine einmal vorgenommene Beiordnung bleibt wirksam, auch wenn der Anwalt des Gegners später das Mandat niederlegt. Die Vertretung der Gegenpartei durch einen Verbandsvertreter reicht nicht aus. 2

Hinzukommen muss, dass eine Prozessvertretung der bedürftigen Partei durch einen Gewerkschafts- oder Arbeitgeberverbandsvertreter nicht möglich ist, weil etwa die Partei nicht Mitglied eines entsprechenden Verbandes ist oder die satzungsmäßigen Voraussetzungen für eine Rechtsschutzgewährung noch nicht erfüllt sind. Die **fehlende Vertretungsmöglichkeit durch einen Verbandsvertreter** kann ausnahmsweise auch dann angenommen werden, wenn aufgrund objektiver Umstände feststeht, dass ein hinreichendes Vertrauensverhältnis zwischen der Partei und ihrer Gewerkschaft/Arbeitgeberverband 3

---

1 Vgl. BAG v. 21.3.2002 – 6 AZR 144/01, NZA 2002, 1304. | 2 BAG v. 19.3.1996 – 2 AZB 36/96, NZA 1996, 671; LAG Hamm v. 16.11.1995 – 12 Sa 1319/95, LAGE § 11 ArbGG 1979 Nr. 11. | 3 Vgl. GMPM/*Germelmann*, § 11 ArbGG Rz. 46. | 4 Vgl. LAG Bremen v. 26.2.1986 – 4 Ta 65/85, LAGE § 11a ArbGG 1979 Nr. 3.

nicht mehr besteht[1]. Gleiches muss für den Fall gelten, dass der Verband die von seinem Mitglied beantragte Vertretung ohne zureichenden Grund ablehnt. Der Partei kann es nämlich nicht zugemutet werden, den ihr zustehenden Rechtsschutz in einem weiteren Prozess durchzusetzen[2].

4   Hilfsbedürftig ist nach Abs. 1 Satz 1 die Partei, die außerstande ist, ohne Beeinträchtigung des für sie und ihre Familie notwendigen Unterhalts die Kosten des Prozesses zu bestreiten. Damit knüpft das Gesetz an den Begriff der Armut in § 114 Abs. 1 ZPO aF an, der durch das am 1.1.1995 in Kraft getretene Gesetz zur Änderung von Vorschriften über die Prozesskostenhilfe[3] überholt ist. Die fehlende Anpassung beruht auf einem Redaktionsversehen, so dass Abs. 1 Satz 1 hinsichtlich der wirtschaftlichen Voraussetzungen aufgrund der Verweisung in Abs. 3 wie § 114 ZPO zu lesen ist[4]. Entscheidend ist daher, ob die Partei **nach ihren persönlichen und wirtschaftlichen Verhältnissen** die Kosten der Prozessführung nicht, nur zum Teil oder nur in Raten aufbringen kann. Die Prüfung erfolgt nach näherer Maßgabe des § 115 ZPO, der auch eine Tabelle über die vom einzusetzenden Einkommen abhängige Ratenzahlungshöhe enthält[5].

5   **2. Unterbleiben der Beiordnung (Abs. 2).** Die Beiordnung kann trotz erfüllter Voraussetzungen **ausnahmsweise** unterbleiben, wenn sie aus besonderen Gründen nicht erforderlich oder die Rechtsverfolgung offensichtlich mutwillig ist. Es handelt sich um eine „Kann"-Bestimmung, die dem Gericht einen Ermessensspielraum einräumt, wobei es vor allem den Aspekt der Chancengleichheit zu berücksichtigen hat[6].

6   **Besondere Gründe** können im Einzelfall darin liegen, dass der Rechtsstreit in tatsächlicher und rechtlicher Hinsicht einfach gelagert ist und daher von der Partei ohne jede Schwierigkeit selbst geführt werden kann. Treten im Verlauf des Prozesses wider Erwarten doch Komplikationen auf, muss der Partei auf erneuten Antrag – nach gebotenem Hinweis – ein Rechtsanwalt beigeordnet werden.

7   **Offensichtliche Mutwilligkeit** der Rechtsverfolgung oder Rechtsverteidigung setzt voraus, dass die Erfolglosigkeit auf den ersten Blick ohne nähere Prüfung erkennbar ist[7]. Die Prozessführung muss evident aussichtslos sein, etwa bei einer klar verfallenen Lohnforderung oder einer verfristeten Kündigungsschutzklage, die auch nicht mehr nachträglich zugelassen werden kann. Nicht offensichtlich mutwillig soll der Kläger handeln, der die Beiordnung für eine vom Ausgang des noch nicht entschiedenen Kündigungsschutzprozesses abhängige Lohnzahlungsklage begehrt[8].

8   **3. Verfahren.** Die Beiordnung kann **nur auf Antrag** erfolgen. Abs. 1 Satz 2 sieht ausdrücklich vor, dass die Partei auf ihr Antragsrecht hinzuweisen ist. Der Antrag kann bereits vor Klageerhebung oder zeitgleich mit ihr zu Protokoll der Geschäftsstelle oder bis zum Schluss der Instanz gestellt werden. Nach § 117 Abs. 2 ZPO sind eine Erklärung über die persönlichen und wirtschaftlichen Verhältnisse sowie entsprechende Belege beizufügen. Werden die Belege nicht innerhalb einer angemessenen Frist vorgelegt, so kann die Beiordnung entsprechend § 118 Abs. 2 Satz 4 ZPO abgelehnt werden.

9   Vor der Beiordnung ist dem Gegner nach § 118 Abs. 1 Satz 1 ZPO grundsätzlich Gelegenheit zur Stellungnahme zu geben. Die Entscheidung ergeht sodann durch **Beschluss**, für den nach ausdrücklicher Anordnung des Abs. 1 Satz 1 **stets der Kammervorsitzende** des ArbG zuständig ist. Der zu begründende Beschluss muss anordnen, welcher Anwalt der Partei beigeordnet wird, ob und ggf. in welcher Höhe Monatsraten zu entrichten oder Vermögenswerte, zB ein Teil der Kündigungsabfindung[9], einzusetzen sind. Gegen die Entscheidung findet analog § 127 Abs. 2 und 3 ZPO die sofortige Beschwerde statt. Die Beschwerdeentscheidung des Landesarbeitsgerichts ist unanfechtbar, es sei denn, die Rechtsbeschwerde wird nach § 78 zugelassen.

10 Die uneingeschränkte Beiordnung bewirkt, dass die Partei für die Streitgegenstände, die im Zeitpunkt der Entscheidung anhängig waren, von der Kostentragungspflicht hinsichtlich der Anwaltsgebühren und -auslagen befreit ist. Bei nachträglichen Erweiterungen der Gegenstände muss auch die Beiordnung ergänzt werden, und zwar wiederum durch Beschluss des Vorsitzenden ohne mündliche Verhandlung. Dies ist vor allem auch bei einem etwaigen Prozessvergleich unter Einbeziehung bisher nicht anhängiger Gegenstände zu beachten. Die **Wirkungen der Beiordnung** richten sich im Übrigen nach den entsprechend anwendbaren §§ 122 ff. ZPO. Daher ist auch eine Aufhebung der Beiordnung entsprechend § 124 ZPO zulässig.

11 **II. Prozesskostenhilfe (Abs. 3).** Die Vorschriften der ZPO über die Prozesskostenhilfe gelten nach Abs. 3 in Verfahren vor den Gerichten für Arbeitssachen entsprechend. Da sich die Beiordnung nach Abs. 1 und die Prozesskostenhilfe nach den §§ 114 ff. ZPO nicht gegenseitig ausschließen, wird in der Praxis regelmäßig die weiter gehende Prozesskostenhilfe beantragt und bewilligt. Denn die Bewil-

---

1 Vgl. LAG Köln v. 16.2.1983 – 5 Ta 185/82, EzA § 115 ZPO Nr. 7. | 2 Vgl. ArbGV/*Wolmerath*, § 11a ArbGG Rz. 6 mwN. | 3 BGBl. I S. 2954. | 4 Zutr. GK-ArbGG/*Bader*, § 11a Rz. 190 mwN. | 5 Vgl. dazu im Einzelnen Zöller/*Philippi*, § 115 ZPO Rz. 1 ff. | 6 Vgl. GK-ArbGG/*Bader*, § 11a Rz. 202. | 7 Vgl. LAG Düsseldorf v. 29.10.1986 – 14 Ta 245/86, LAGE § 11a ArbGG 1979 Nr. 4. | 8 LAG Frankfurt v. 22.10.1984 – 7 Ta 292/84, AuR 1985, 229. | 9 Vgl. LAG Köln v. 7.6.1988 – 10 Ta 75/88, LAGE § 115 Nr. 30; LAG Bremen v. 17.4.1998 – 4 Ta 20/98, LAGE § 115 ZPO Nr. 55.

Kosten § 12 ArbGG

ligung der Prozesskostenhilfe hat zur Folge, dass die Partei nicht nur von den Gebühren und Auslagen ihres Anwalts, sondern nach § 122 Abs. 1 Nr. 1a ZPO auch von den Gerichts- sowie Gerichtsvollzieherkosten befreit wird. Nach § 123 ZPO verbleibt es je nach Prozessausgang nur bei der Pflicht, die dem Gegner entstandenen Kosten zu erstatten.

Im **Unterschied zur Beiordnung** setzt die Gewährung von Prozesskostenhilfe voraus, dass die beabsichtigte Rechtsverfolgung oder Rechtsverteidigung **hinreichende Aussicht auf Erfolg** bietet und nicht mutwillig erscheint. Es reicht aus, wenn bei einer vorläufigen Prüfung der Parteivortrag als vertretbar bezeichnet werden kann, wobei die Anforderungen an die tatsächlichen und rechtlichen Voraussetzungen nicht überspannt werden dürfen; es genügt, wenn der Erfolg eine gewisse Wahrscheinlichkeit für sich hat, keineswegs ist eine überwiegende Wahrscheinlichkeit erforderlich[1]. Die Erfolgsaussicht ist zu verneinen, wenn der Klagevortrag unschlüssig bzw. die Klageerwiderung unerheblich ist. 12

Die Prüfung, ob die Voraussetzungen für die Bewilligung von Prozesskostenhilfe gegeben sind, hat „zum rechten Zeitpunkt" zu erfolgen. Das ist der **Zeitpunkt der Bewilligungsreife**. Bewilligungsreife ist eingetreten, wenn Prozesskostenhilfe hätte bewilligt werden können und müssen, wenn also alle Voraussetzungen für die Bewilligung und insbesondere auch Erfolgsaussicht im oben geschilderten Sinn vorhanden waren. Es geht nicht an, zu diesem Zeitpunkt nicht zu entscheiden und erst nach einer späteren Entscheidung in der Sache die Prozesskostenhilfe zu verweigern mit der Begründung, angesichts der Entscheidung in der Sache fehle es an hinreichender Aussicht auf Erfolg. Wird über den Antrag auf Bewilligung von Prozesskostenhilfe doch erst so spät entschieden, ist auf den früheren Zeitpunkt der Bewilligungsreife abzustellen mit der Folge, dass ohne Rücksicht auf die Entscheidung in der Sache die begehrte Prozesskostenhilfe **rückwirkend** auf den Zeitpunkt der Bewilligungsreife zu bewilligen ist; das gilt nur dann nicht, wenn inzwischen feststehen sollte, dass einer der Fälle des § 124 ZPO vorliegt[2]. 13

Auch die Prozesskostenhilfe wird **nur auf Antrag** gewährt. Gemäß § 127 Abs. 1 Satz 1 ergehen Entscheidungen im Verfahren über die Prozesskostenhilfe ohne mündliche Verhandlung **durch Beschluss**. Daher ist nach § 53 Abs. 1 Satz 1 in erster und zweiter Instanz **allein der Vorsitzende** zuständig. Für bestimmte Verfahrensabschnitte besteht daneben funktionell eine Zuständigkeit des Rechtspflegers[3]. 14

Eine **Aufhebung der Bewilligung** kommt nach Maßgabe des § 124 ZPO in Betracht. Das Verfahren wird von Amts wegen eingeleitet. Wenn die Partei die Erfolgsaussichten vorgetäuscht hat, fällt die Aufhebungsentscheidung in die richterliche Zuständigkeit. Die Kontrolle der übrigen Aufhebungsgründe nach § 124 Nr. 2 bis 4 ZPO obliegt dem Rechtspfleger. Diese Kompetenzverteilung gilt auch, wenn die Bewilligung nicht gänzlich aufgehoben, sondern nur zum Nachteil des PKH-Berechtigten geändert wird[4]. Der Rechtspfleger ist auch zuständig für spätere Zahlungsänderungen nach § 120 Abs. 4 ZPO bei wesentlicher Änderung der maßgebenden persönlichen und wirtschaftlichen Verhältnisse der Partei. 15

III. Vordrucke. Für die Erklärung über die persönlichen und wirtschaftlichen Verhältnisse muss die Hilfe suchende Partei den durch die Prozesskostenhilfevordruckverordnung vom 17.10.1994[5] eingeführten Vordruck verwenden, der auch für den Antrag auf Beiordnung eines Rechtsanwalts gilt. Benutzt die Partei den Vordruck nicht, so ist ihr Antrag in der Regel mangels genügender Substantiierung zurückzuweisen. Nach einer solchen Zurückweisung kann erneut Prozesskostenhilfe unter Vorlage des Vordrucks beantragt werden, solange die Instanz noch nicht beendet ist. Mit dieser Maßgabe muss auch das Beschwerdegericht nachgereichte Erklärungen und Belege berücksichtigen[6]. 16

12 Kosten

(1) Im Urteilsverfahren (§ 2 Abs. 5) werden Gebühren nach dem Verzeichnis der Anlage 1 zu diesem Gesetz erhoben.

(2) Im Verfahren vor dem Arbeitsgericht wird eine einmalige Gebühr bis zu höchstens 500 Euro erhoben. Die einmalige Gebühr bestimmt sich nach der Tabelle der Anlage 2 zu diesem Gesetz. Der Mindestbetrag einer Gebühr ist zehn Euro. Absatz 2 der Vorbemerkung zu Teil 9 des Kostenverzeichnisses der Anlage 1 zum Gerichtskostengesetz ist im Verfahren vor dem Arbeitsgericht nicht anzuwenden.

(3) Im Verfahren vor dem Landesarbeitsgericht und dem Bundesarbeitsgericht vermindern sich die Gebühren der Tabelle, die dem Gerichtskostengesetz als Anlage 2 beigefügt ist, um zwei Zehntel. Im Übrigen betragen die Gebühr für das Verfahren und die Gebühr für das Urteil im Verfahren vor dem Landesarbeitsgericht das Eineinhalbfache und im Verfahren vor dem Bundesarbeitsgericht das Doppelte der Gebühr.

(4) Kosten werden erst fällig, wenn das Verfahren in dem jeweiligen Rechtszug beendet ist, sechs Monate geruht hat oder sechs Monate von den Parteien nicht betrieben worden ist. Kostenvorschüsse

---

1 LAG Düsseldorf v. 29.11.1999 – 15 Ta 553/99, LAGE § 114 ZPO Nr. 36; zum Ganzen ferner BVerfG 10.8.2001 – 2 BVR 569/01, AP Nr 10 zu Art. 19 GG; LAG Köln v. 14.9.2001 – 6 Ta 195/01 nv. | 2 LAG Düsseldorf v. 29.11.1999 – 15 Ta 553/99, LAGE § 114 ZPO Nr. 36. | 3 Vgl. Zöller/*Philippi*, § 127 ZPO Rz. 8. | 4 Vgl. Zöller/*Philippi*, § 124 ZPO Rz. 5, 20. | 5 BGBl. I S. 3001. | 6 Vgl. Zöller/*Philippi*, § 117 ZPO Rz. 17.

werden nicht erhoben; dies gilt für die Zwangsvollstreckung auch dann, wenn das Amtsgericht Vollstreckungsgericht ist. Die Gerichtsvollzieher dürfen Gebührenvorschüsse nicht erheben. Soweit ein Kostenschuldner nach § 54 Nr. 1 oder 2 des Gerichtskostengesetzes haftet, ist § 49 des Gerichtskostengesetzes nicht anzuwenden. § 49 des Gerichtskostengesetzes ist ferner nicht anzuwenden, solange der Kostenschuldner nach § 54 Nr. 1 oder 2 des Gerichtskostengesetzes bei einer Zurückverweisung des Rechtsstreits an die Vorinstanz nicht feststeht und der Rechtsstreit noch anhängig ist; § 49 Satz 1 des Gerichtskostengesetzes ist jedoch anzuwenden, wenn das Verfahren nach Zurückverweisung 6 Monate geruht hat oder 6 Monate von den Parteien nicht betrieben worden ist.

(5) In Verfahren nach § 2a Abs. 1, § 103 Abs. 3, § 108 Abs. 3 und § 109 werden Kosten nicht erhoben.

(5a) Kosten für vom Gericht herangezogene Dolmetscher und Übersetzer werden nicht erhoben, wenn ein Ausländer Partei und die Gegenseitigkeit verbürgt oder ein Staatenloser Partei ist.

(5b) (aufgehoben)

(6) Die Justizverwaltungskostenordnung und die Justizbeitreibungsordnung gelten entsprechend, soweit sie nicht unmittelbar Anwendung finden. Bei Einziehung der Gerichts- und Verwaltungskosten leisten die Vollstreckungsbehörden der Justizverwaltung oder die sonst nach Landesrecht zuständigen Stellen den Gerichten für Arbeitssachen Amtshilfe, soweit sie diese Aufgaben nicht als eigene wahrnehmen. Vollstreckungsbehörde ist für die Ansprüche, die beim Bundesarbeitsgericht entstehen, die Justizbeitreibungsstelle des Bundesarbeitsgerichts.

(7) Für die Wertberechnung bei Rechtsstreitigkeiten über das Bestehen, das Nichtbestehen oder die Kündigung eines Arbeitsverhältnisses ist höchstens der Betrag des für die Dauer eines Vierteljahres zu leistenden Arbeitsentgelts maßgebend; eine Abfindung wird nicht hinzugerechnet. Bei Rechtsstreitigkeiten über wiederkehrende Leistungen ist der Wert des dreijährigen Bezugs und bei Rechtsstreitigkeiten über Eingruppierung der Wert des dreijährigen Unterschiedsbetrages zur begehrten Vergütung maßgebend, sofern nicht der Gesamtbetrag der geforderten Leistungen geringer ist; bis zur Klageerhebung entstandene Rückstände werden nicht hinzugerechnet. § 24 Satz 1 des Gerichtskostengesetzes findet keine Anwendung.

1   I. Allgemeines. Die Vorschrift enthält einige Sonderregelungen für die Kostenerhebung, mit denen das arbeitsgerichtliche Verfahren im Interesse vor allem des rechtssuchenden ArbN kostengünstiger gestaltet wird. Im Übrigen finden die allgemeinen Bestimmungen des GKG und der ZPO Anwendung[1]. Das gilt insbesondere für die Grundsätze der Kostentragungspflicht nach den §§ 91 ff. ZPO. Die Gerichtskosten umfassen **Gebühren und Auslagen**, für die das sog. Enumerationsprinzip gilt: Sie können nur aufgrund eines gesetzlichen Kostentatbestands in Ansatz gebracht werden.

2   **II. Kostenregelung für das Urteilsverfahren. 1. Gebühren.** Die Gerichtsgebühren im Urteilsverfahren richten sich nach dem **Gebührenverzeichnis** der **Anlage 1**, das als Anhang abgedruckt ist. Daraus ergibt sich, welche Verfahrenshandlung eine Gebühr in welcher Höhe des jeweiligen Tabellensatzes der anzuwendenden Gebührentabelle auslöst. Bestimmte Tatbestände der Beendigung des Verfahrens sind **gebührenrechtlich privilegiert**. Das gilt insbesondere für die Beendigung durch einen vor Gericht abgeschlossenen oder ihm mitgeteilten **Vergleich**. Wird der Rechtsstreit durch **Klagerücknahme, Verzicht** oder **Anerkenntnis** ohne streitige Verhandlung erledigt, so fallen nach Nr. 9112 beim ArbG ebenfalls keine Gebühren an. Hat eine mündliche Verhandlung stattgefunden, so vermindert sich die Gebühr nach Nr. 9113 des Gebührenverzeichnisses auf die Hälfte.

3   Im Verfahren vor dem **ArbG** wird im Unterschied zur ordentlichen Gerichtsbarkeit nur eine einmalige streitwertabhängige **Pauschgebühr bis zu höchstens 500 Euro** erhoben. Diese das gesamte Verfahren abdeckende Gebühr bestimmt sich nach der **Tabelle der Anlage 2**, die ebenfalls im Anhang abgedruckt ist.

4   Im Urteilsverfahren vor dem **LAG** und dem **BAG** können nach Abs. 3 wie im zivilprozessualen Verfahren zwei Gebühren, nämlich Verfahrens- und Urteilsgebühr anfallen. Die Gebührenhöhe richtet sich nach der Tabelle als **Anlage 2 zum GKG**, die im Anhang abgedruckt ist. Dabei sind allerdings zunächst zwei Zehntel abzuziehen und dann das Eineinhalbfache bzw. Doppelte der Gebühr anzusetzen. Diese umständliche Rechenoperation ist in dem Gebührenverzeichnis der Anlage 1 zum ArbGG für das Berufungs- und das Revisionsverfahren bereits berücksichtigt, so dass die streitwertabhängige Gebühr aus der Tabelle schlicht mit dem Ansatz aus dem jeweiligen Gebührentatbestand berechnet werden kann.

5   Abschnitt III des Gebührenverzeichnisses regelt die Gebührensätze im Verfahren über Anträge auf Anordnung, Abänderung oder Aufhebung eines Arrestes oder einer einstweiligen Verfügung. Da nicht die Verfahrenspauschgebühren aus der Anlage 2 zum ArbGG zur Anwendung kommen, sondern die

---

[1] Die Bundesregierung hat am 5.11.2003 den Entwurf eines Gesetzes zur Modernisierung des Kostenrechts beschlossen, wonach zum 1.7.2004 die Regelungen für die Gerichtskosten ebenso wie die Entschädigung für Zeugen, Sachverständige und ehrenamtliche Richter grundlegend neu gestaltet werden sollen.

Tabelle der Anlage 2 zum GKG zugrunde zu legen ist, können die Gebühren für das Verfahren des einstweiligen Rechtsschutzes bei gleichem Streitgegenstand höher ausfallen als im Hauptsacheprozess.

2. Auslagen. Als weiterer Teil der Gerichtskosten fallen neben den Gebühren die durch das Verfahren entstandenen Auslagen an, die **in allen Instanzen** gemäß § 1 Abs. 1 und 3 GKG nach näherer Maßgabe der Vorschriften des Teils 9 des Kostenverzeichnisses der Anlage 1 zum GKG zu erstatten sind. Mangels besonderer Bestimmungen für das Arbeitsgerichtsverfahren findet dieser Teil des Kostenverzeichnisses unmittelbare Anwendung mit der Ausnahme, dass nach Abs. 2 Satz 4 der Vorbemerkungen zu Teil 9 die pauschale Nichterhebung von Auslagen für Telekommunikationseinrichtungen und Zustellungen bis zum Betrag von 50 Euro im Verfahren vor dem ArbG nicht gilt, also dort auch Kleinbeträge zu erstatten sind.

Grundsätzlich sind nach dem Auslagentatbestand Nr. 9005 auch die nach dem Gesetz über die Entschädigung von Zeugen und Sachverständigen zu zahlenden Beträge in voller Höhe von dem jeweiligen Kostenschuldner zu tragen. Insoweit ist allerdings die Sondervorschrift des Abs. 5a zu beachten: Danach werden Kosten für vom Gericht herangezogene **Dolmetscher und Übersetzer** nicht erhoben, wenn ein Ausländer Partei und die Gegenseitigkeit verbürgt oder ein Staatenloser Partei ist. Die Kostenbefreiung erfasst neben den unmittelbaren Tätigkeitskosten auch die sonstigen Auslagen wie Wege- und Reisekosten, Portokosten, Mehrwertsteuer usw[1]. Die Kostenprivilegierung setzt in jedem Fall voraus, dass die Heranziehung des Dolmetschers oder Übersetzers vom Gericht angeordnet und nicht lediglich als Parteimaßnahme geduldet wird.

3. Fälligkeit. Nach Abs. 4 Satz 1 werden die Kosten im Unterschied zum Zivilprozess in der ordentlichen Gerichtsbarkeit erst fällig, wenn das Verfahren in dem jeweiligen Rechtszug beendet ist, sechs Monate geruht hat oder sechs Monate von den Parteien nicht betrieben worden ist. Ferner werden in allen Instanzen **keine Kostenvorschüsse** erhoben. Diese Regelung trägt den sozialen Belangen in Arbeitsrechtsstreitigkeiten Rechnung. Sie gilt auch für Maßnahmen der Zwangsvollstreckung aus arbeitsgerichtlichen Titeln, und zwar auch dann, wenn das AG nach § 764 Abs. 1 ZPO als Vollstreckungsgericht tätig wird. Nach ausdrücklicher Anordnung des Abs. 4 Satz 3 dürfen auch die Gerichtsvollzieher keine Gebührenvorschüsse, wohl aber Auslagenvorschüsse erheben.

Eine **Beendigung des Verfahrens** tritt regelmäßig mit der Entscheidung durch Endurteil über den gesamten Streitstoff ein, sei es durch Schlussurteil – nicht bereits durch Teilurteil –, durch Anerkenntnis- oder Verzichtsurteil oder durch Versäumnisurteil, wenn und solange kein Einspruch eingelegt wird. Der Rechtsstreit kann auch aufgrund von Parteidispositionen wie Klage- oder Rechtsmittelrücknahme, übereinstimmende Erledigungserklärung oder Prozessvergleich enden. Soweit im Einzelfall noch eine Kostengrundentscheidung zu treffen ist, etwa nach den §§ 91a, 269 Abs. 3 Satz 2, 516 Abs. 3 Satz 2 ZPO, beendet erst dieser Beschluss die Instanz und löst damit die Fälligkeit aus[2].

Das **Ruhen des Verfahrens** setzt eine förmliche Anordnung durch das Gericht nach den §§ 251 Abs. 1, 251a Abs. 3 ZPO voraus. Demgegenüber reicht für das **Nichtbetreiben des Verfahrens** aus, dass die Parteien den Rechtsstreit für die Dauer von sechs Monaten nicht in irgendeiner Weise gefördert haben, obwohl dies möglich gewesen wäre. Ein Nichtbetreiben kann daher wegen der Aufnahmemöglichkeit auch dann vorliegen, wenn das Verfahren nach den §§ 239 ff. ZPO unterbrochen oder nach den §§ 246 ff. ZPO vom Gericht ausgesetzt worden ist[3].

4. Kostenschuldner. Für die Bestimmung des Kostenschuldners sind grundsätzlich die §§ 49 ff. GKG heranzuziehen, soweit sich nicht aus Abs. 4 Satz 4 und 5 Abweichendes ergibt. Kostenschuldner ist daher nach § 49 GKG zunächst derjenige, der das Verfahren der Instanz beantragt hat, also der sog. **Antrags- oder Veranlassungsschuldner.** Darüber hinaus ist nach § 54 Nr. 1 GKG vor allem derjenige Kostenschuldner, dem durch **gerichtliche Entscheidung** die Kosten des Verfahrens auferlegt sind. Kostenschuldner ist nach § 54 Nr. 4 GKG ferner der Vollstreckungsschuldner für die notwendigen Kosten der Zwangsvollstreckung.

Durch den **Ausschluss der Zweitschuldnerhaftung** nach Maßgabe des Abs. 4 Satz 4 und 5 will das Gesetz den im Prozess erfolgreichen ArbN davor schützen, für die Kosten haften zu müssen, wenn sie vom unterlegenen ArbGeb nicht zu erlangen sind. Besteht nach § 54 Nr. 1 oder Nr. 2 GKG die Kostentragungspflicht einer Partei, kommt daneben eine subsidiäre Haftung des Antrags- oder Veranlassungsschuldners nach § 49 GKG nicht mehr in Betracht. Sie ist ferner dann ausgeschlossen, wenn und *solange* die Kostenschuld im Fall der Zurückverweisung des Rechtsstreits an die Vorinstanz nicht abschließend geklärt ist. Die Zweitschuldnerhaftung setzt wieder ein, wenn das Verfahren nach Zurückverweisung auf gerichtliche Anordnung sechs Monate geruht hat oder von den Parteien sechs Monate nicht betrieben worden ist.

III. Kostenfreiheit für bestimmte Verfahren (Abs. 5). Nach Abs. 5 werden Kosten in den dort genannten Verfahren nicht erhoben. Das betrifft vor allem die **Beschlussverfahren** nach § 2a Abs. 1 insbesondere

---

1 Vgl. GMPM/*Germelmann*, § 12 ArbGG Rz. 86a. | 2 Vgl. ArbGV/*Jurkat*, § 12 ArbGG Rz. 14. | 3 Vgl. LAG Düsseldorf v. 5.8.1982 – 7 Ta 72/82, LAGE § 12 ArbGG 1979 Nr. 2.

in Angelegenheiten aus dem BetrVG. Erfasst werden auch die besonderen Beschlussverfahren nach den §§ 97, 98. Die Kostenfreiheit gilt umfassend; es können weder Gebühren noch Auslagen erhoben werden, selbst wenn diese durch Zeugenentschädigung und Sachverständigenkosten in erheblichem Umfang anfallen. Dementsprechend darf auch keine Kostenentscheidung ergehen[1].

14 Die Kostenfreiheit bezieht sich **dagegen nicht** auf **Sekundärverfahren**, die nur aus Anlass eines Beschlussverfahrens durchgeführt werden, wie zB Beschwerdeverfahren im Zuge der Streitwertfestsetzung oder der Kostenfestsetzung. Für die hierdurch entstehenden Kosten gelten die jeweils einschlägigen Kostenregelungen. Für eine analoge Anwendung des Kostenprivilegs ist kein Raum[2].

15 **IV. Streitwertberechnung. 1. Sondervorschriften des Abs. 7.** Die in Abs. 7 enthaltenen Sonderregelungen für die Berechnung des Streitwerts verfolgen den sozialen **Zweck**, den Kostenaufwand bei Streitigkeiten über die wirtschaftliche Lebensgrundlage des ArbN zu begrenzen[3]. Sie beschränken das dem Gericht nach § 3 ZPO grundsätzlich eingeräumte Ermessen. Die Regelungen dienen zwar primär der Berechnung des Gebührenstreitwerts, wie auch der Ausschluss der Anwendbarkeit des § 24 Satz 1 GKG zeigt. Über § 9 BRAGO wirken sie sich aber auch auf die Berechnung der Anwaltsgebühren aus, weil die Werte zumeist übereinstimmen.

16 Nach Abs. 7 **Satz 1** ist für die Wertberechnung in den sog. **Bestandsstreitigkeiten**, die in der arbeitsgerichtlichen Praxis dominieren, höchstens der Betrag des für die Dauer eines Vierteljahres zu leistenden Arbeitsentgelts maßgebend, wobei eine eingeklagte Abfindung nicht hinzugerechnet wird. Die Vorschrift kommt immer dann zur Anwendung, wenn um den Bestand eines Arbeitsverhältnisses gestritten wird, also auch beim Streit über die Wirksamkeit einer Anfechtung oder eines Aufhebungsvertrages. Sie gilt auch für die Wertberechnung bei Rechtsstreitigkeiten über das Bestehen, das Nichtbestehen oder die Kündigung eines Berufsausbildungsverhältnisses[4].

17 Die in einer älteren Entscheidung des BAG vertretene Auffassung, bei dem Vierteljahresverdienst handele es sich nur um die Obergrenze für den vom Gericht nach freiem Ermessen festzusetzenden Streitwert[5], hat sich in der Rspr. der Landesarbeitsgerichte und der Kommentarliteratur nicht durchsetzen können[6]. Zwingende Anhaltspunkte für eine nach der Dauer des Arbeitsverhältnisses gestaffelte Bemessung des Streitwerts bis zu der genannten Obergrenze lassen sich dem Gesetz nicht entnehmen. Vielmehr muss sich die Streitwertberechnung auch hier nach dem prozessualen Anspruch richten, der in aller Regel auf die Feststellung des Bestands bzw. Fortbestands in der Zukunft gerichtet ist. Angesichts dieser Zukunftsbezogenheit der Bestandsstreitigkeiten ist im Regelfall nach Abs. 7 Satz 1 ein **Vierteljahresverdienst** anzusetzen, der insoweit den **Regelstreitwert** bildet. Das gilt bei „unbefristeter" Antragstellung auch vor Eingreifen des allgemeinen Kündigungsschutzes[7]. Eine niedrigere Bewertung kommt nur dann in Betracht, wenn sich aus dem Antrag und/oder seiner Begründung hinreichend deutlich ergibt, dass der Fortbestand des Arbeitsverhältnisses nur für einen kürzeren Zeitraum geltend gemacht werden soll[8].

18 Für die Berechnung des Vierteljahresverdienstes ist das Arbeitsentgelt zu berücksichtigen, auf das der ArbN im Fall des Annahmeverzuges Anspruch hätte. Erfasst werden daher auch Zuschläge und Sonderzahlungen sowie Naturalleistungen wie Dienstwagen und Werkdienstwohnung, die **Entgeltcharakter** haben. Ist etwa ein 13. Monatsgehalt als zusätzliches Arbeitsentgelt vereinbart, so ist es bei der Berechnung des Vierteljahreseinkommens anteilig zu berücksichtigen[9]. Bei Gratifikationen mit Mischcharakter ist die Rspr. uneinheitlich[10]. Maßgeblich ist regelmäßig das vom ArbGeb geschuldete **Bruttoentgelt**.

19 Werden **mehrere Kündigungen** eines Arbeitsverhältnisses angegriffen, so ist jedenfalls dann, wenn zwischen den Kündigungen ein Zeitraum von mehr als drei Monaten liegt, jeweils der Regelstreitwert anzusetzen bzw. eine Streitwertaddition gemäß § 5 ZPO vorzunehmen[11]. Spricht der ArbGeb in einem zeitnahen Zusammenhang und wegen des gleichen Lebenssachverhaltes vorsorglich eine zweite Kündigung aus, dann kann der auf die zweite Kündigung bezogene Klageantrag wegen wirtschaftlicher Identität mit dem auf die erste Kündigung bezogenen Klageantrag nicht mit dem Regelwert des § 12 Abs. 7 Satz 1 ArbGG bewertet werden. Unabhängig davon, ob durch die zweite Kündigung der beabsichtigte Beendigungszeitpunkt des Arbeitsverhältnisses um einige Monate verschoben werden könnte, ist der Wert des auf die **weitere Kündigung** bezogenen Klageantrags **regelmäßig mit einem Monatsgehalt** des Klägers anzusetzen. Für die Wertfestsetzung hat es in der Regel keine Bedeutung, ob der ArbN den auf

---

1 Vgl. BAG v. 31.10.1972 – 1 ABR 7/72, EzA § 40 BetrVG 1972 Nr. 3. |2 Vgl. LAG Köln v. 31.3.2000 – 10 Ta 50/00, LAGE § 10 BRAGO Nr. 10; GMPM/*Germelmann*, § 12 ArbGG Rz. 132 mwN. |3 Vgl. BAG v. 30.11.1984 – 2 AZN 572/82 (B), NZA 1985, 369. |4 BAG v. 22.5.1984 – 2 AZB 25/82, EzA § 12 ArbGG 1979 – Streitwert Nr. 33. |5 BAG v. 30.11.1984 – 2 AZN 572/82 (B), NZA 1985, 369. |6 Vgl. GK-ArbGG/*Wenzel*, § 12 Rz. 132 ff.; *Germelmann*, § 12 ArbGG Rz. 93 ff.; ArbGV/*Jurkat*, § 12 ArbGG Rz. 21; alle mwN. |7 Vgl. LAG Köln v. 17.7.2002 – 7 Ta 116/02, EzA-SD 2002, Nr. 20, 19; einschr. LAG Schl.-Holst. v. 28.5.2002 – 1 Ta 74/02, NZA-RR 2003, 219. |8 Vgl. LAG Köln v. 15.11.1985 – 9 Ta 185/85, LAGE § 12 ArbGG 1979 – Streitwert Nr. 42; LAG Köln v. 22.7.1991 – 10 Ta 102/91, LAGE § 12 ArbGG 1979 – Streitwert Nr. 92; zuletzt etwa LAG Hess. v. 21.1.1999 – 15/6 Ta 630/98, LAGE § 12 ArbGG – Streitwert Nr. 116 = NZA-RR 1999, 159. |9 Vgl. LAG Köln v. 17.11.1995 – 5 Ta 288/95, NZA-RR 1996, 392. |10 Vgl. die Nachw. bei GK-ArbGG/*Wenzel*, § 12 Rz. 140; GMPM/*Germelmann*, § 12 ArbGG Rz. 97. |11 Vgl. LAG Thür. v. 14.11.2000 – 8 Ta 134/00, MDR 2001, 538.

die erste Kündigung bezogenen Klageantrag im gleichen Verfahren um einen auf die zweite Kündigung bezogenen Antrag erweitert oder ob er in Bezug auf die zweite Kündigung ein weiteres Kündigungsschutzverfahren einleitet[1]. Für einen den Kündigungsschutzantrag ergänzenden **allgemeinen Feststellungsantrag** fällt regelmäßig ein besonderer Streitwert nicht an[2].

Wird zusammen mit der Kündigungsschutzklage im Wege der objektiven Klagehäufung der **Weiterbeschäftigungsanspruch** geltend gemacht, so ist er als weiterer Streitgegenstand auch gesondert zu bewerten. Über den zutreffenden Wertansatz gehen die Meinungen auseinander[3]. In letzter Zeit beginnt sich die Auffassung durchzusetzen, den Wert **regelmäßig mit einem Monatsgehalt** anzunehmen, wenn kein außergewöhnliches Beschäftigungsinteresse erkennbar ist[4]. Das gilt auch für den Fall, dass der Weiterbeschäftigungsanspruch als uneigentlicher Hilfsantrag verfolgt wird, also nur für den Fall des Erfolgs der Kündigungsschutzklage. Jedenfalls seit der Neufassung des § 19 Abs. 1 und 4 GKG durch das Kostenrechtsänderungsgesetz vom 24.6.1994 ist auch der uneigentliche Hilfsantrag zu addieren, wenn er beschieden oder in einen Vergleich einbezogen wird[5]. Hat allerdings schon die Kündigungsschutzklage keinen Erfolg oder bedarf es aus anderen Gründen keiner Entscheidung über die Weiterbeschäftigung, so bleibt der uneigentliche Hilfsantrag für den Streitwert der Gerichtsgebühren außer Betracht[6]. Für die Rechtsanwaltsgebühren dürfte er dagegen in jedem Fall nach § 31 Abs. 1 Nr. 1 BRAGO zu berücksichtigen sein, weil er Gegenstand der anwaltlichen Tätigkeit gewesen ist[7].

Nach den gleichen Grundsätzen ist bei der Kombination von Kündigungsschutz- und Leistungsklage zu verfahren. Werden gleichzeitig **Vergütungsansprüche** im Wege der objektiven Klagehäufung geltend gemacht, so hat nach der Grundregel des § 5 ZPO eine Addition der verschiedenen Streitgegenstände zu erfolgen. Das muss auch für den Fall gelten, dass Vergütung für die nach dem Beendigungszeitpunkt liegende Zeit eingeklagt wird, weil dies auf die Verschiedenartigkeit der Streitgegenstände keinen Einfluss hat[8]. Nur uneigentliche Hilfsanträge auf Zahlung der Vergütung finden keine Berücksichtigung, wenn bereits der Hauptantrag auf Feststellung der Unwirksamkeit der Kündigung abgewiesen wird.

Umstritten ist nach wie vor die zutreffende Bewertung einer **Änderungskündigung**, die der ArbN fristgerecht unter dem Vorbehalt des § 2 KSchG angenommen hat[9]. Grundsätzlich ist § 12 Abs. 7 Satz 1 anzuwenden, weil es der Sache nach um eine Bestandsstreitigkeit geht, die bei der Vorbehaltsannahme auf den Inhalt des Arbeitsverhältnisses beschränkt ist. Soweit die Änderungskündigung eine Verdienstminderung des ArbN betrifft, muss folgerichtig die vierteljährliche Vergütungsdifferenz zugrunde gelegt werden[10]. Andernfalls ist der Wert der Änderung gemäß § 3 ZPO zu schätzen, wobei das Vierteljahresentgelt die Obergrenze bildet. Unter dem Aspekt der Rechtssicherheit kommt insoweit auch eine Pauschalierung auf zwei Monatsgehälter in Betracht[11].

Nach ausdrücklicher gesetzlicher Regelung ist eine **Abfindung nicht streitwerterhöhend** zu berücksichtigen. Das gilt selbst dann, wenn der ArbN den Auflösungsantrag nach § 9 KSchG stellt und den Abfindungsbetrag beziffert[12]. Bleibt in diesem Fall die zugesprochene Abfindung hinter dem Antrag zurück, sind dem ArbN gleichwohl nach § 92 Abs. 1 ZPO anteilige Kosten aufzuerlegen. Das Additionsverbot des § 12 Abs. 7 Satz 1 greift allerdings nicht ein, wenn eine vom Ausgang des Kündigungsrechtsstreits unabhängige Abfindung eingeklagt wird, etwa aufgrund eines Sozialplans oder einer besonderen arbeitsvertraglichen Zusage.

Bei Rechtsstreitigkeiten über **wiederkehrende Leistungen**, zB über laufende Betriebsrentenansprüche, ist der Wert des dreijährigen Bezugs und bei Rechtsstreitigkeiten über **Eingruppierungen** der Wert des dreijährigen Unterschiedsbetrages zur begehrten Vergütung maßgebend, sofern nicht der Gesamtbetrag der geforderten Leistungen geringer ist. Abweichend von § 17 Abs. 4 GKG werden nach Abs. 7 Satz 2 Halbs. 2 bis zur Klageerhebung entstandene Rückstände nicht hinzugerechnet. Die Streitwertbegrenzung gilt auch dann, wenn ausschließlich die bis zur Klageerhebung angefallenen Rückstände aus wiederkehrenden Leistungen eingeklagt werden[13]. Der Wert einer Feststellungsklage, die wiederkehrende Leistungen zum Gegenstand hat, kann regelmäßig mit 80 % des Werts einer entsprechenden Leistungsklage angesetzt werden[14].

---

1 LAG Thür. v. 23.10.1996 – 8 Ta 109/96, LAGE § 12 ArbGG 1979 – Streitwert Nr. 107; zum Ganzen ferner GMPM/*Germelmann*, § 12 ArbGG Rz. 101 mwN. | 2 Vgl. LAG Hamm v. 3.2.2003 – 9 Ta 520/02, NZA-RR 2003, 321. | 3 Vgl. GK-ArbGG/*Wenzel*, § 12 Rz. 127 mwN. | 4 LAG Sachs. v. 15.5.1997 – 7 Ta 101/97, LAGE § 12 ArbGG 1979 – Streitwert Nr. 111; LAG Köln – 7 Ta 59/02, MDR 2002, 1441. | 5 Vgl. ArbGV/*Jurkat*, § 12 ArbGG Rz. 24. | 6 Vgl. GMPM/*Germelmann*, § 12 ArbGG Rz. 110. | 7 Zutreffend ArbGV/*Jurkat*, § 12 ArbGG Rz. 24 unter Hinweis auf LAG Hamm v. 26.5.1989 – 8 Ta 65/89, LAGE § 19 GKG Nr. 6. | 8 Vgl. GK-ArbGG/*Wenzel*, § 12 Rz. 159 mit umfangr. Nachw.; aA GMPM/*Germelmann*, § 12 ArbGG Rz. 106. | 9 Vgl. zum Streitstand ausf. GMPM/*Germelmann*, § 12 ArbGG Rz. 112. | 10 LAG Rh.-Pf. v. 25.4.1985 – 1 Ta 76/85, NZA 1986, 34; GK-ArbGG/*Wenzel*, § 12 Rz. 110. | 11 Vgl. LAG Berlin v. 29.5.1998 – 7 Ta 129/97 (Kost), LAGE § 12 ArbGG 1979 – Streitwert Nr. 114; GMPM/*Germelmann*, § 12 ArbGG Rz. 114. | 12 BAG v. 26.6.1986 – 2 AZR 522/85, NZA 1987, 139; LAG Bdb. v. 17.4.2003 – 6 Ta 62/03, EzA-SD 2003, Nr 11, 13. | 13 BAG v. 10.12.2002 – 3 AZR 197/02 (A), MDR 2003, 532. | 14 Vgl. BAG v. 19.7.1961 – 3 AZR 387/60, AP Nr. 7 zu § 3 ZPO.

25 Problematisch ist die Verknüpfung der Kündigungsschutzklage mit einer Leistungsklage auf **künftige Lohnzahlung**. Wenn dabei allein die Beendigung des Arbeitsverhältnisses im Streit steht, soll für die Festsetzung des Streitwerts ausschließlich Abs. 7 Satz 1 maßgebend sein[1].

26 2. Sonstige Streitwerte (Übersicht). Soweit die zuvor erläuterten besonderen Regelungen des Abs. 7 nicht eingreifen, sind gemäß § 1 Abs. 4 GKG für die Streitwertberechnung die Vorschriften der §§ 12 ff. GKG und ergänzend der §§ 3 bis 9 ZPO anzuwenden. Die Generalklauseln der §§ 3 ZPO, 12 Abs. 2 GKG und 8 Abs. 2 BRAGO räumen dem Gericht die Befugnis ein, den Gegenstandswert nach freiem oder billigem Ermessen zu bestimmen. Daraus hat sich eine kaum noch überschaubare Streitwertrechtsprechung entwickelt, die bisweilen erhebliche Bewertungsunterschiede aufweist[2]. Da die Rechtsbeschwerde im Bereich der Streitwertfestsetzung nach wie vor nicht zulässig ist (siehe § 78 Rz. 30), kommt es auch in Zukunft vor allem auf die Festsetzungspraxis des jeweils zuständigen LAG an. Die folgende Übersicht soll eine Orientierung über die wichtigsten Streitgegenstände geben.

- **Abmahnung:** Der Streit über die Berechtigung einer Abmahnung wird in aller Regel mit einem Monatseinkommen bewertet, und zwar je Abmahnung, wobei eine niedrigere oder höhere Bewertung je nach Bedeutung im Einzelfall nicht ausgeschlossen ist[3].

- **Arbeitspapiere:** Für Streitigkeiten über die Erteilung bzw. Ausfüllen von Arbeitspapieren (Lohnsteuerkarte, Versicherungsnachweise, Arbeitsbescheinigung, Verdienstbescheinigung zwecks Erlangung des Insolvenzgeldes) werden Beträge zwischen 300 DM und 600 DM, regelmäßig 500 DM, nunmehr also 250 Euro je Arbeitspapier angesetzt[4].

- **Arbeitszeitreduzierung:** Bei einer Klage des ArbN auf Teilzeitbeschäftigung nach § 8 TzBfG bemisst sich der Streitwert gemäß Abs. 7 Satz 2 auf das 36-fache der Vergütungsdifferenz, jedoch begrenzt auf das Vierteljahreseinkommen gemäß Abs. 7 Satz 1[5].

- **Aufrechnung:** Die Primäraufrechnung, die die Klageforderung an sich nicht in Frage stellt, bewirkt keine Streitwerterhöhung. Bei der Hilfsaufrechnung ist nach § 19 Abs. 3 GKG entscheidend, ob darüber entschieden oder eine Vergleichsregelung erzielt worden ist[6].

- **Beschäftigung:** Der im Rahmen eines Kündigungsschutzverfahrens gestellte Weiterbeschäftigungsantrag ist nach neuerer Rechtsprechung mit einem Monatsbruttoeinkommen zu bewerten[7].

- **Beschlussverfahren:** Die Bemessung des Gegenstandswerts für die anwaltliche Tätigkeit – Gerichtsgebühren werden nach Abs. 5 nicht erhoben – richtet sich im Allgemeinen nach der Generalklausel des § 8 Abs. 2 Satz 2 BRAGO. Danach ist der Gegenstandswert, soweit er nicht anderweitig feststeht, nach billigem Ermessen zu bestimmen; in Ermangelung genügender tatsächlicher Anhaltspunkte für eine Schätzung und bei nicht vermögensrechtlichen Gegenständen ist er auf 4.000 Euro, nach Lage des Falles niedriger oder höher, jedoch nicht über 500.000 Euro anzunehmen. Dies wird in den meisten Fällen zur Festsetzung des Regelwertes von 4.000 Euro führen[8]. In **Zustimmungsersetzungsverfahren bei personellen Angelegenheiten** nach § 99 BetrVG wird überwiegend eine Festsetzung in Anlehnung an die Grundsätze des § 12 Abs. 7 vorgenommen mit der Maßgabe, dass bei mehreren Einstellungen Einzelwerte zu bilden und zusammenzurechnen sind[9]. Dies gilt auch für die Fälle der **Zustimmungsersetzung zur Kündigung** eines Amtsträgers nach § 103 BetrVG[10]. Begehrt der BR gem. § 80 Abs. 3 Satz 2 BetrVG die Zustimmung des ArbGeb zur **Hinzuziehung eines Sachverständigen**, handelt es sich wegen der damit unmittelbar verbundenen Kosten nicht mehr um eine nicht vermögensrechtliche Streitigkeit. Die Festsetzung des Gegenstandswerts hat deshalb nach Maßgabe der veranschlagten Kosten des Sachverständigen zu erfolgen[11]. Bei einer **Betriebsänderung** sind auch die Zahl der betroffenen ArbN und der davon herrührende Prozentsatz der Belegschaft zu berücksichtigen[12]. In einem Beschlussverfahren, in dem streitig ist, ob ein **Betrieb mit**

---

1 Vgl. LAG Nürnberg v. 21.7.1988 – 1 Ta 6/88, LAGE § 12 ArbGG 1979 Nr. 74; diff. *Vossen*, DB 1986, 326, 327; nunmehr auch LAG Hamm v. 30.1.2002 – 9 Ta 591/00, MDR 2002, 1015 und 30.1.2002 – 9 Ta 652/98, NZA-RR 2002, 267–270. |2 Vgl. die umfangr. Sammlung in LAGE § 12 ArbGG 1979 – Streitwert Nr. 1 ff.; ferner GK-ArbGG/*Wenzel*, § 12 Rz. 103 ff.; *Berrisch*, FA 2002, 230 ff. |3 Vgl. LAG Schl.-Holst. v. 7.6.1995 – 1 Ta 63/95, LAGE § 12 ArbGG 1979 – Streitwert Nr. 103 mwN. |4 Vgl. LAG Hamm v. 18.4.1985 – 8 Ta 92/85, LAGE § 3 ZPO Nr. 1; LAG Düsseldorf v. 16.12.1996 – 7 Ta 344/96, LAGE § 3 ZPO Nr. 8; LAG Köln v. 13.12.1999 – 13 (7) Ta 366/99, LAGE § 10 BRAGO Nr. 9. |5 LAG Hamburg v. 8.11.2001 – 6 Ta 24/01, EzA SD 8/2002, 5; LAG Schl.-Holst. v. 23.1.2003 – 4 Ta 190/02, juris; aA LAG BW v. 15.2.2002 – 3 Ta 5/02, NZA-RR 2002, 325. |6 Vgl. LAG Hamm v. 19.8.1982 – 8 Ta 193/82, MDR 1982, 1052. |7 LAG Köln v. 21.6.2002 – Ta 59/02, EzA SD 19/2002, 15; LAG Chemnitz v. 14.6.1993 – 4 Ta 12/93, LAGE § 12 ArbGG 1979 – Streitwert Nr. 97; aA noch LAG Hamm v. 11.9.1986 – 8 Ta 218/86, LAGE § 12 ArbGG 1979 – Streitwert Nr. 56. |8 Vgl. LAG Köln v. 30.9.1997 – 5 Ta 196/97, LAGE § 8 BRAGO Nr. 36 mwN; LAG Schl.-Holst. v. 7.12.2000 – 2 Ta 127/00, LAGE § 8 BRAGO Nr. 48. |9 Vgl. LAG Hamm v. 19.3.1987 – 8 Ta BV 2/87, LAGE § 12 ArbGG 1979 – Streitwert Nr. 70; v. 23.2.1989 – 8 TaBV 146/88, LAGE § 8 BRAGO Nr. 12; speziell zu Versetzungen LAG Hamm v. 7.7.1994 – 8 TaBV 80/94, LAGE § 8 BRAGO Nr. 26; aA LAG Köln v. 30.9.1997 – 5 Ta 196/97, LAGE § 8 BRAGO Nr. 36; LAG Bremen v. 18.8.2000 – 1 Ta 45/00, LAGE § 8 BRAGO Nr. 46. |10 LAG Köln v. 22.3.1999 – 11 Ta 241/98, LAGE § 8 BRAGO Nr. 44a; LAG Nürnberg v. 2.4.1991 – 7 Ta 31/90, LAGE § 12 ArbGG 1979 – Streitwert Nr. 90. |11 LAG Hamm v. 12.6.2001 – 10 TaBV 50/01, LAGE § 8 BRAGO Nr. 50. |12 LAG MV v. 16.11.2000 – 1 Ta 67/00, LAGE § 8 BRAGO Nr. 47.

mehreren **Betriebsstätten** vorliegt, können ausgehend von dem Regelstreitwert nach § 8 Abs. 2 BRAGO als Multiplikationsfaktor die Stufen des § 9 BetrVG herangezogen werden[1]. Für das Verfahren zur Bestellung einer betriebsverfassungsrechtlichen **Einigungsstelle** wird die Auffassung vertreten, die geringere Bedeutung der Entscheidung nach § 76 BetrVG sowie das summarische Verfahren nach § 98 ArbGG rechtfertigten eine deutliche Herabsetzung des Regelwerts, er könne je nach Streitumfang insgesamt auf höchstens die Hälfte bemessen werden[2]. Bei der **Anfechtung eines Einigungsstellenspruchs** ist das mit der Anfechtung verfolgte Interesse zu schätzen. Ist ein Sozialplan betroffen, kann das streitige Volumen zugrunde gelegt werden[3].

- **Einstweilige Verfügung:** Mit Rücksicht auf die befristete Bedeutung und die nur summarische Prüfung wird regelmäßig ein Abschlag von 1/3 bis ½ vom Wert der Hauptsache gerechtfertigt sein. Der Ansatz des vollen Werts ist dagegen insbesondere bei sog. Leistungsverfügungen geboten, die die Entscheidung in der Hauptsache vorwegnehmen[4].

- **Nachteilsausgleich:** Zielt der Hauptantrag auf die Feststellung der Unwirksamkeit einer Kündigung und der hilfsweise gestellte Antrag auf Zahlung des Nachteilsausgleichs nach § 113 BetrVG, so hat bei Abweisung der Klage auch der Hilfsantrag einen eigenen Streitwert. § 12 Abs. 7 ArbGG ist nur auf Abfindungen nach dem KSchG anwendbar. Der Streitwert des Hilfsantrags kann aber nicht dem Streitwert des Kündigungsschutzantrages hinzugerechnet werden. Maßgeblich für den Streitwert ist vielmehr nach § 19 Abs. 1 Satz 3 GKG der höhere Wert[5].

- **Vergleich:** Der Streitwert für einen mitverglichenen nicht rechtshängigen **Zeugnisanspruch** ist in der Regel nur dann mit einem Monatseinkommen zu bewerten, wenn Gegenstand der Kündigung verhaltens- oder personenbedingte Vorwürfe waren. Besteht nur ein sog. **Titulierungsinteresse**, so ist allgemein nur ¼ des Monatseinkommens in Ansatz zu bringen[6]. Oft wird das Titulierungsinteresse auch nur pauschal mit 500 DM bzw. 250 Euro bewertet[7]. Bei der Einbeziehung streitiger, insbesondere bereits anderweit rechtshängiger Ansprüche erhöht sich der Vergleichswert entsprechend. Umstritten ist, ob eine vergleichsweise vereinbarte **Arbeitsfreistellung** bis zum Ende der Kündigungsfrist einen **Mehrwert** darstellt. Verbreitet werden hierfür 25 % der auf den Freistellungszeitraum entfallenden Vergütung angesetzt[8].

- **Zeugnis:** Ein Streitwert bis zu einem halben Monatseinkommen wird meist dem Titulierungsinteresse gerecht, wenn allein die **Erteilung eines Zeugnisses** oder Zwischenzeugnisses Streitgegenstand ist, ohne dass der Inhalt des Zeugnisses festgelegt werden soll[9]. Der Streit um eine **Zeugnisberichtigung** ist demgegenüber regelmäßig mit einem Monatseinkommen zu bewerten, und zwar unabhängig davon, ob es sich um ein Schluss- oder Zwischenzeugnis handelt[10].

3. Streitwertfestsetzung. Zu beachten ist, dass die Streitwertfestsetzung im arbeitsgerichtlichen Urteil für den Kostenstreitwert nicht bindend ist, weil § 24 Satz 1 GKG keine Anwendung findet. Sie kann zwar im Regelfall auch für die Gebührenberechnung durch das Gericht und den Anwalt zugrunde gelegt werden, schließt aber insbesondere bei unterschiedlichen Streitwerten für verschiedene Verfahrensabschnitte eine **gesonderte Festsetzung** nach § 25 Abs. 2 GKG nicht aus[11]. Das Prozessgericht hat danach den Wert „für die zu erhebenden Gebühren" **von Amts wegen** immer dann festzusetzen, wenn Gerichtsgebühren nach dem Streitwert zu berechnen sind. Einer solchen Festsetzung bedarf es daher insbesondere nicht bei einer Erledigung des Rechtsstreits vor dem ArbG durch Vergleich oder Klagerücknahme vor streitiger Verhandlung und generell nicht im Beschlussverfahren wegen der dort bestehenden Gebührenfreiheit. Falls das Gericht eine Festsetzung von Amts wegen vornimmt, ist den Parteien auch zur Vermeidung unnötiger Beschwerden zuvor rechtliches Gehör zu gewähren.

Der Streitwertbeschluss nach § 25 Abs. 2 GKG muss weder förmlich zugestellt noch mit einer Rechtsmittelbelehrung versehen werden. Denn bei der nach § 25 Abs. 3 GKG innerhalb einer Ausschlussfrist von 6 Monaten zulässigen Beschwerde handelt es sich nicht um ein befristetes Rechtsmittel iSd. § 9 Abs. 5. Die **einfache Beschwerde** ist statthaft, wenn der Wert des Beschwerdegegenstands 50 Euro übersteigt, es sei denn, das Rechtsmittelgericht hat den Beschluss erlassen, § 25 Abs. 3 Satz 2 GKG. Das Beschwerderecht ist vor allem deswegen von Bedeutung, weil nach § 9 Abs. 1 BRAGO der gemäß § 25 GKG festgesetzte Wert grundsätzlich auch für die Berechnung der Anwaltsgebühren maßgebend ist.

---

1 LAG Bremen v. 12.5.1999 – 1 Ta 16/99, LAGE § 8 BRAGO Nr. 43. | 2 LAG Schl.-Holst. v. 9.3.1993 – 4 Ta 13/93, LAGE § 8 BRAGO Nr. 19. | 3 LAG Düsseldorf v. 29.11.1994 – 7 Ta 1336/94, DB 1995, 52. | 4 Vgl. ArbGV/*Jurkat*, § 12 ArbGG Rz. 36. | 5 LAG Düsseldorf v. 17.1.1985 – 7Ta267/84, LAGE § 12 ArbGG 1979 Nr. 33. | 6 Vgl. LAG Düsseldorf v. 14.5.1985 – 7 Ta 180/85, LAGE § 3 ZPO Nr. 4. | 7 Vgl. GK-ArbGG/*Wenzel*, § 12 Rz. 177 mwN. | 8 Vgl. LAG Schl.-Holst. v. 20.5.1998 – 3 Ta 37/98 d, LAGE § 12 ArbGG 1979 – Streitwert Nr. 113; LAG Sa.-Anh. v. 22.11.2000 – 1 Ta 133/00, LAGE § 10 BRAGO Nr. 11; diff. LAG Köln v. 29.1.2002 – 7 Ta 285/01, LAGReport 2002, 225; LAG Rh.-Pf. v. 19.6.2002 – 2 Ta 531/02, MDR 2002, 1397. | 9 LAG Hamburg v. 12.1.1998 – 4 Ta 28/97, LAGE § 3 ZPO Nr. 9; LAG Sachs. v. 19.10.2000 – 9 Ta 173/00, LAGE § 12 ArbGG Nr. 12. | 10 LAG Düsseldorf v. 19.8.1999 – 7 Ta 238/99, LAGE § 3 ZPO Nr. 10; diff. LAG Köln v. 21.11.1986 – 5 Sa 984/86, LAGE § 64 ArbGG 1979 Nr. 13. | 11 Vgl. *Creutzfeldt*, NZA 1996, 956, 957.

29 Ist eine Wertfestsetzung für die Gerichtsgebühren – noch - nicht erfolgt oder für die anwaltliche Gebührenberechnung nicht bindend, so kann der Rechtsanwalt eigenständig nach §§ 9 Abs. 2, 10 BRAGO die Wertfestsetzung **beantragen**. Die Gebühren für die anwaltliche Tätigkeit berechnen sich dann nicht nach dem für die Gerichtsgebühren maßgebenden Wert, wenn die gebührenauslösenden Tatbestände nicht übereinstimmen. Das kann etwa der Fall sein bei teilweiser Klagerücknahme oder zeitweiliger Klageerweiterung.

30 Im Festsetzungsverfahren nach § 10 BRAGO sind **antragsberechtigt** der Rechtsanwalt, der Auftraggeber und ein erstattungspflichtiger Gegner sowie die Bundes- oder Landeskasse, wenn Prozesskostenhilfe bewilligt ist. Die Beteiligten sind vor der Entscheidung zu hören. Das Verfahren ist nach § 10 Abs. 2 Satz 4 gebührenfrei. Da der Beschluss bei einem Beschwerdewert von mehr als 50 Euro der **befristeten Beschwerde** nach § 10 Abs. 3 BRAGO unterliegt, muss die Entscheidung mit einer Rechtsmittelbelehrung förmlich zugestellt werden. Die davon oft abweichende gerichtliche Praxis kann sich für die Beteiligten nicht nachteilig auswirken. Denn ohne die nach § 329 Abs. 2 Satz 2 ZPO vorgeschriebene Zustellung wird eine Rechtsmittelfrist nicht in Gang gesetzt[1].

31 Hilft das ArbG der Beschwerde nicht ab, so ist sie dem LAG als Beschwerdegericht vorzulegen, das abschließend entscheidet. Im Beschwerdeverfahren gilt das **Verschlechterungsverbot**, dh. die Wertfestsetzung des ArbG darf nicht zum Nachteil des Beschwerdeführers abgeändert werden[2]. Abweichend von § 25 GKG ist die erfolglose Beschwerde gebührenpflichtig, so dass der zurückweisende Beschluss eine Kostenentscheidung treffen muss[3].

32 Die vom LAG für die Berufungsinstanz oder vom BAG für die Revisionsinstanz vorgenommene Streitwertfestsetzung ist unanfechtbar. Einwendungen können allenfalls im Wege der Gegenvorstellung vorgebracht werden.

12a *Kostentragungspflicht*

(1) In Urteilsverfahren des ersten Rechtszugs besteht kein Anspruch der obsiegenden Partei auf Entschädigung wegen Zeitversäumnis und auf Erstattung der Kosten für die Zuziehung eines Prozessbevollmächtigten oder Beistandes. Vor Abschluss der Vereinbarung über die Vertretung ist auf den Ausschluss der Kostenerstattung nach Satz 1 hinzuweisen. Satz 1 gilt nicht für Kosten, die dem Beklagten dadurch entstanden sind, dass der Kläger ein Gericht der ordentlichen Gerichtsbarkeit, der allgemeinen Verwaltungsgerichtsbarkeit, der Finanz- oder Sozialgerichtsbarkeit angerufen und dieses den Rechtsstreit an das Arbeitsgericht verwiesen hat.

(2) Werden im Urteilsverfahren des zweiten Rechtszugs die Kosten nach § 92 Abs. 1 der Zivilprozessordnung verhältnismäßig geteilt und ist die eine Partei durch einen Rechtsanwalt, die andere Partei durch einen Verbandsvertreter nach § 11 Abs. 2 Satz 2, 4 und 5 vertreten, so ist diese Partei hinsichtlich der außergerichtlichen Kosten so zu stellen, als wenn sie durch einen Rechtsanwalt vertreten worden wäre. Ansprüche auf Erstattung stehen ihr jedoch nur insoweit zu, als ihr Kosten im Einzelfall tatsächlich erwachsen sind.

1 **I. Allgemeines.** Die Vorschrift regelt die Kostentragungspflicht im arbeitsgerichtlichen Verfahren teilweise abweichend von den §§ 91 ff. ZPO. Mit dem weitgehenden Ausschluss der Kostenerstattung in erster Instanz soll die Prozessführung des wirtschaftlich schwächeren ArbN erleichtert werden. Die Regelung bewirkt eine **Risikominderung** und dient damit ebenso wie § 12 einer Kostenreduzierung für die rechtssuchenden Parteien. Mit der grundsätzlichen **Eigenbelastung** auch der obsiegenden Partei vor dem ArbG korrespondiert die **Belehrungspflicht** in Abs. 1 Satz 2. Die schuldhafte Verletzung dieser Hinweispflicht kann einen Schadensersatzanspruch der betroffenen Partei begründen, mit dem sie gegen den Vergütungsanspruch des Rechtsanwalts aufrechnen kann[4].

2 Die in Abs. 2 normierte Kostenteilung bei einer Vertretung durch einen Verbandsvertreter im Urteilsverfahren zweiter Instanz trägt der Besonderheit Rechnung, dass diese Vertretung für das vertretene Mitglied in aller Regel kostenfrei, aber mittelbar durch die Mitgliedsbeiträge finanziert ist. Die Sonderregelung verhindert eine Ungerechtigkeit, die bei der Kostenausgleichung nach allgemeinen Grundsätzen entstehen würde.

3 Abgesehen von diesen Besonderheiten richtet sich die Kostentragungspflicht im Arbeitsgerichtsverfahren nach den §§ 91 ff. ZPO. Auch die Bestimmungen über das **Kostenfestsetzungsverfahren** nach den §§ 103 ff. ZPO sind entsprechend anzuwenden.

4 **II. Urteilsverfahren vor dem Arbeitsgericht (Abs. 1).** Im Urteilsverfahren vor dem ArbG besteht im Unterschied zu § 91 Abs. 1 ZPO kein Anspruch der siegreichen Partei auf Entschädigung wegen Zeitversäumnis und auf Erstattung der Kosten für die Zuziehung eines Prozessbevollmächtigten oder Bei-

---

1 Vgl. Zöller/*Volkommer*, § 329 ZPO Rz. 26. | 2 Vgl. LAG Hess. v. 21.1.1999 – 15/6 Ta 630/98, LAGE § 12 ArbGG 1979 – Streitwert Nr. 116 mwN. | 3 LAG Köln v. 8.8.1991 – 11 Ta 127/91, LAGE § 10 BRAGO Nr. 4. | 4 Vgl. ArbGV/*Jurkat*, § 12a ArbGG Rz. 11.

standes. Daher können auch nicht anteilige Vergütungskosten für einen mit der Prozessführung betrauten Mitarbeiter der Partei geltend gemacht werden[1] Die gesetzliche Regelung ist verfassungskonform[2]. Der **Ausschluss der Erstattungsfähigkeit** gilt auch für die Vertretungskosten, die bei einem Nebenintervenienten oder Streitverkündeten anfallen[3]. Da es im Übrigen bei den allgemeinen Regeln verbleibt, können nach § 91 Abs. 1 Satz 2 ZPO jedenfalls die notwendigen Reisekosten der Partei, also Fahrt-, Übernachtungs- und Verpflegungskosten, ersetzt verlangt werden.

Die Sonderregelung gilt für alle Erscheinungsformen des Urteilsverfahrens im ersten Rechtszug, mithin auch im **Mahnverfahren** sowie im **Verfahren des einstweiligen Rechtsschutzes** bei Arrest und einstweiliger Verfügung. Unanwendbar ist sie dagegen im Verfahren der Zwangsvollstreckung, weil hier ein Grund zur Kostenschonung nicht mehr besteht. Es gilt die allgemeine Regelung des § 788 ZPO. Die **Vollstreckungsabwehrklage** nach § 767 ZPO und der **Drittschuldnerprozess** im Zuge der Lohn- und Gehaltspfändung gehören allerdings zum Urteilsverfahren im Sinne des Abs. 1 Satz 1[4].

Der Ausschluss der Kostenerstattung in dem bezeichneten Umfang betrifft nicht nur den prozessualen, sondern auch einen **materiell-rechtlichen Kostenerstattungsanspruch**. Die gesetzliche Regelung unterscheidet nämlich nicht nach der Anspruchsgrundlage[5]. Demzufolge können auch vorprozessuale Anwaltskosten für Mahnschreiben nicht im Wege des Schadensersatzes geltend gemacht werden[6].

Verletzt der ArbGeb jedoch als Drittschuldner die ihm nach § 840 Abs. 1 ZPO obliegende Erklärungspflicht, so umfasst der Anspruch des Pfändungsgläubigers auf **Schadensersatz gemäß § 840 Abs. 2 Satz 2 ZPO** auch die Kosten für die Zuziehung eines Prozessbevollmächtigten bei Eintreibung der gepfändeten Forderung[7]. Begründet wird dies zutreffend damit, dass der Schadensersatzanspruch wegen schuldhafter Fehlinformation vor einer Drittschuldnerklage nichts mit einem prozessualen Kostenerstattungsanspruch zu tun hat und daher auch kein Anlass für eine Begrenzung besteht. Der Regelungszweck des Abs. 1 Satz 1 verlangt nicht den Schutz des ArbGeb vor Kosten, die er dem Pfändungsgläubiger durch eigenes schuldhaftes Verhalten zugefügt hat. Der Schadensersatzanspruch kann bereits im rechtshängigen Drittschuldnerprozess durchgesetzt werden[8].

Die Regelung des Abs. 1 Satz 1 steht einer **Kostenübernahme durch Parteivereinbarung**, etwa in einem außergerichtlichen Vergleich oder in einem Prozessvergleich, nicht entgegen[9]. Allerdings ist in solchen Fällen eine schnelle gerichtliche Festsetzung nach § 103 ZPO nicht möglich, weil das verbilligte Kostenfestsetzungsverfahren nur für die Ermittlung der gesetzlichen Prozesskosten geschaffen worden ist[10]. Mit Rücksicht darauf empfiehlt sich eine bezifferte Festlegung unmittelbar im Prozessvergleich, die vollstreckbar ist.

Die Partei kann jedenfalls die **Reisekosten** zu den Terminen vor dem ArbG nach Maßgabe des § 91 Abs. 1 Satz 2 ZPO von dem unterlegenen Gegner erstattet verlangen. Die Kostenerstattungspflicht steht jedoch allgemein unter dem Prinzip der Verhältnismäßigkeit. Nimmt eine nicht im Bezirk des Gerichts wohnende Partei den Termin vor dem ArbG selbst wahr und entstehen dadurch Reisekosten in einer Höhe, die die Klageforderung um ein Vielfaches übersteigt, so handelt es sich um Kosten, die zur zweckentsprechenden Rechtsverfolgung nicht notwendig sind[11]. Lässt sich eine Partei im Verfahren vor dem ArbG durch einen nicht am Sitz des ArbG wohnenden Rechtsanwalt vertreten, so sind die Reisekosten des Rechtsanwalts insoweit erstattungsfähig, als die obsiegende Partei durch die Anwaltsbeauftragung **aufgrund hypothetischer Berechnung** Reisekosten erspart hat[12].

Zur Vorbereitung und Durchführung einer Drittschuldnerklage aufgewandte **Detektivkosten** sind regelmäßig nur erstattungsfähig, wenn sie zur Feststellung von Art und Umfang der vom Schuldner beim Drittschuldner erbrachten Arbeitsleistung dienen, und die im Einzelnen darzustellende Ermittlungstätigkeit insoweit konkrete und gerichtsverwertbare Umstände beibringt[13]. Detektivkosten, die dadurch entstehen, dass der ArbGeb den Verdacht eines zur Kündigung berechtigenden Fehlverhaltens des ArbN überprüfen lassen will, sind dagegen mangels unmittelbaren Zusammenhangs mit dem späteren Prozess keine Prozesskosten iSd. § 91 ZPO[14].

---

1 Vgl. LAG Hess. v. 5.12.2001 – 2 Ta 463/01, BRAGOreport 2002, 30. | 2 BVerfG v. 20.7.1971 – 1 BvR 231/69, AP Nr. 12 zu § 61 ArbGG. | 3 LAG BW v. 27.9.1982 – 1 Ta 182/82, AP Nr. 2 zu § 12a ArbGG 1979. | 4 Vgl. GMPM/*Germelmann*, § 12a ArbGG Rz. 24 mwN. | 5 BAG v. 30.4.1992 – 8 AZR 288/91, AP Nr. 6 zu § 12a ArbGG 1979; ArbG Heilbronn 22.5.2001 – 1 Ca 198/01, NZA-RR 2002, 494. | 6 BAG v. 14.12.1977 – 5 AZR 711/76, EzA § 61 ArbGG Nr. 3. | 7 BAG v. 16.5.1990 – 4 AZR 56/90, EzA § 840 Nr. 3. | 8 Vgl. BAG v. 16.5.1990 – 4 AZR 56/90, EzA § 840 Nr. 3; ArbG Gießen 27.2.2002 – 2 Ca 115/01, FA 2002, 149. | 9 LAG Hamm v. 26.2.1991 – 8 Sa 1497/90, LAGE § 12a ArbGG 1979 Nr. 15. | 10 Zutr. LAG Düsseldorf v. 1.4.1986 – 7 Ta 93/86, LAGE § 12a ArbGG 1979 Nr. 9; LAG Köln v. 2.1.2001 – 8 Ta 263/00, MDR 2001, 775. | 11 LAG Düsseldorf/Kammer Köln v. 8.4.1976 – 8 Ta 23/76, EzA § 91 ZPO Nr. 1. | 12 LAG Köln v. 15.10.1982 – 1/10 Ta 140/82, EzA § 91 ZPO Nr. 3; LAG München v. 27.6.2001 – 1 Ta 44/01, NZA-RR 2002, 161. | 13 LAG Köln v. 23.2.1993 – 12 (5) Ta 22/93, LAGE § 91 ZPO Nr. 21; LAG Hamm v. 7.11.1995 – 6 Sa 187/95, LAGE § 611 BGB – Arbeitnehmerhaftung Nr. 19. | 14 LAG Hamburg v. 7.11.1995 – 3 Ta 13/95, LAGE § 91 ZPO Nr. 26.

11 Auch sonstige **notwendige Kosten iSd. § 91 ZPO**, zB Aufwendungen für Fotokopien, Porto- und Telefonauslagen, bleiben im Grundsatz erstattungsfähig. Wegen der Einzelheiten wird auf die allgemeine Prozessrechtsliteratur verwiesen[1].

12 Für die Rechtswegverweisung nach **Anrufung eines unzuständigen Gerichts** gilt der Ausschluss der Kostenerstattung nach Satz 1 nicht, wie Abs. 1 **Satz 3** ausdrücklich anordnet. Die dem Beklagten vor dem ordentlichen Gericht entstandenen Anwaltskosten bleiben nach einer Prozessverweisung zum ArbG ohne Rücksicht darauf erstattungsfähig, ob der Anwalt die Vertretung vor dem ArbG fortführt oder nicht[2]. Verweist umgekehrt das ArbG den Rechtsstreit an das ordentliche Gericht, so bleibt es für das arbeitsgerichtliche Verfahren bei der Anwendung des Abs. 1 Satz 1. Erstattet werden nur diejenigen Gebühren, die durch die Tätigkeit des Anwalts vor dem ordentlichen Gericht entstanden sind[3].

13 **III. Urteilsverfahren vor dem Landesarbeitsgericht (Abs. 2).** In den Rechtsmittelinstanzen richtet sich die Kostenerstattung an sich uneingeschränkt nach den §§ 91 ff. ZPO. Das gilt für das Urteilsverfahren vor dem LAG nach Abs. 2 **Satz 1** mit der Maßgabe, dass bei einer Kostenverteilung nach § 92 Abs. 1 ZPO der auf einer Seite tätige Verbandsvertreter hinsichtlich der Kosten **fiktiv wie ein Rechtsanwalt** behandelt wird. Diese fiktiven Gebühren brauchen im Zuge der Kostenausgleichung nicht besonders angemeldet zu werden, soweit es sich um die üblichen Anwaltsgebühren handelt, die auch dem Rechtsanwalt des Gegners entstanden sind. Der Ansatz fiktiver Anwaltskosten in dieser Prozesskonstellation dient der kostenmäßigen Gleichbehandlung und der Abwehr gegnerischer Herauszahlungsansprüche. Will die Partei eigene Erstattungsansprüche geltend machen, so muss sie nach Abs. 2 **Satz 2** nachweisen, dass ihr die Kosten auch tatsächlich erwachsen sind[4].

14 **IV. Beschlussverfahren.** Die Sonderregelung des § 12a ist auf das Beschlussverfahren vor den Gerichten für Arbeitssachen nicht entsprechend anwendbar. Abgesehen davon, dass die Regelung ausdrücklich auf das Urteilsverfahren bezogen ist, besteht für eine Erstreckung auf das Beschlussverfahren auch kein Bedarf, weil eine prozessuale Kostenentscheidung nicht zu treffen ist[5]. Vielmehr richtet sich die Kostenerstattung nach den materiell-rechtlichen Vorschriften des BetrVG und des Personalvertretungsrechts. Der Erstattungsanspruch insbesondere nach § 40 BetrVG kann nicht durch die analoge Anwendung des Abs. 1 unterlaufen werden[6].

15 Aus den gleichen Gründen ist für eine analoge Anwendung des Abs. 2 im Beschwerdeverfahren des Beschlussverfahrens vor dem LAG kein Raum.

16 Unanwendbar ist § 12a aber nur bei der Rechtsverfolgung unmittelbar im Beschlussverfahren. Macht ein Betriebsratsmitglied demgegenüber seine auf § 37 Abs. 2 BetrVG gestützten Lohnansprüche im Urteilsverfahren geltend, so schließt Abs. 1 Satz 1 den Anspruch auf Erstattung der erstinstanzlich entstandenen Rechtsanwaltskosten aus[7]. Es kommt also entscheidend auf die jeweilige Verfahrensart an.

13 *Rechtshilfe*

(1) Die Arbeitsgerichte leisten den Gerichten für Arbeitssachen Rechtshilfe. Ist die Amtshandlung außerhalb des Sitzes eines Arbeitsgerichts vorzunehmen, so leistet das Amtsgericht Rechtshilfe.

(2) Die Vorschriften des Gerichtsverfassungsgesetzes über Rechtshilfe und des Einführungsgesetzes zum Gerichtsverfassungsgesetz über verfahrensübergreifende Mitteilungen von Amts wegen finden entsprechende Anwendung.

1 **I. Rechtshilfe im Inland.** Die Regelung knüpft an Art. 35 Abs. 1 GG an, der bestimmt, dass sich alle Behörden des Bundes und der Länder gegenseitig Amts- und Rechtshilfe leisten. **Rechtshilfe** liegt vor, wenn das ersuchende Gericht die Amtshandlung aufgrund seiner sachlichen Zuständigkeit selbst vornehmen könnte und das ersuchte Gericht nur aus Gründen der Zweckmäßigkeit tätig wird. Von **Amtshilfe** spricht man dann, wenn andere als die den Gerichten vorbehaltene Maßnahmen erbeten werden, etwa eine behördliche Auskunft, die Übersendung von Akten, die Überlassung von Räumen usw.[8].

2 Abs. 1 Satz 1 stellt zunächst klar, dass sich die **Arbeitsgerichte vorrangig selbst** Rechtshilfe leisten. Nur im Ausnahmefall kommt die Einschaltung eines AG in Betracht, nämlich dann, wenn die Amtshandlung außerhalb des Sitzes eines ArbG vorzunehmen ist. Theoretisch wäre es daher möglich, das AG um Rechtshilfe im – größeren – Gerichtsbezirk des ersuchenden ArbG zu bitten. Zweckmäßiger dürfte aber insoweit die in § 58 Abs. 1 Satz 2 vorgesehene Beauftragung des Kammervorsitzenden mit der Durchführung der Beweisaufnahme sein[9].

---

1 Vgl. Zöller/*Herget*, § 91 ZPO Rz. 13 mit umfangr. Nachw. | 2 HM, vgl. LAG Thür. v. 14.8.2000 – 8 Ta 87/00, NZA-RR 2001, 106; LAG Hamm v. 16.7.1987 – 8 Ta 197/87, LAGE § 12a ArbGG 1979 Nr. 10; LAG Schl.-Holst. v. 7.9.1988 – 5 Ta 134/88, LAGE § 12a ArbGG 1979 Nr. 11; aA LAG Bremen v. 5.7.1996 – 2 Ta 30/96, LAGE § 12a ArbGG 1979 Nr. 19. | 3 Vgl. LAG Schl.-Holst. v. 27.3.2003 – 2 Ta 31/03, juris; OLG Bdb. 9.3.2000 – 8 W 246/99, MDR 2000, 788; GMPM/*Germelmann*, § 12a ArbGG Rz. 19 mwN. | 4 Vgl. ArbGV/*Jurkat*, § 12a ArbGG Rz. 13. | 5 Vgl. BAG v. 31.10.1972 – 1 ABR 7/72, EzA § 40 BetrVG 1972 Nr. 3. | 6 Zutr. GMPM/*Germelmann*, § 12a ArbGG Rz. 34. | 7 BAG v. 30.6.1993 – 7 ABR 45/92, EzA § 12a ArbGG 1979 Nr. 10. | 8 Vgl. *Kissel*, § 156 GVG Rz. 3 und 4. | 9 Vgl. ArbGV/*Koch*, § 13 ArbGG Rz. 2.

Nach Abs. 2 sind die Vorschriften der §§ 156 bis 168 GVG für die Durchführung der Rechtshilfe im Inland entsprechend anzuwenden. Gemäß § 157 Abs. 1 GVG ist das Rechtshilfeersuchen an das ArbG zu richten, in dessen Bezirk die Amtshandlung vorgenommen werden soll. Das Ersuchen darf nach § 158 Abs. 1 GVG grundsätzlich nicht abgelehnt werden. Allein das Rechtshilfeersuchen eines im Instanzenzug nicht vorgesetzten Gerichts ist nach § 158 Abs. 2 GVG **abzulehnen**, wenn eine **unzulässige Amtshandlung** erbeten wird. Eine Rechtshilfehandlung ist dann verboten, wenn sie nach dem örtlichen Recht des ersuchten Gerichts oder nach dem Recht des ersuchenden und ersuchten Gerichts gegen Bundes- oder Landesrecht verstößt[1]. 3

§ 158 Abs. 2 GVG ist als Ausnahmevorschrift eng auszulegen[2]. Insbesondere darf das ersuchte Gericht die **Durchführung einer Beweisaufnahme** nicht ablehnen, weil es sie für überflüssig, unrechtmäßig oder wenig erfolgversprechend hält. Eine von dem ersuchten Gericht vorzunehmende Handlung ist vielmehr nur dann verboten, wenn sie schlechthin unzulässig ist, dh. dass sie ohne Rücksicht auf die konkrete prozessuale Situation (abstrakt) rechtlich unzulässig sein muss[3]. Die Frage der Zulässigkeit der Rechtshilfe im konkreten Fall obliegt hingegen allein der **Beurteilung durch das ersuchende Gericht**. Dieses hat zu überprüfen, ob die gesetzlichen Voraussetzungen zur Vornahme der Rechtshilfe im einzelnen Fall zutreffen. Daraus folgt, dass das ersuchte Gericht grundsätzlich nicht zu prüfen hat, ob der Beweisbeschluss verfahrensrechtlich zu beanstanden ist. Der ersuchte Richter ist vielmehr der verlängerte Arm des Prozessgerichts. Dessen Verfahrensfehler sind nur im Rechtszug der Prozessgerichte überprüfbar. Ein Ersuchen um Rechtshilfe darf daher vom ersuchten Gericht nicht mit der Begründung abgelehnt werden, das Prozessgericht habe die Voraussetzungen für eine Beweisaufnahme nach § 375 Abs. 1 Nr. 3 ZPO verkannt[4]. Umstritten ist, ob der sog. **Ausforschungsbeweis** zu den verbotenen Prozesshandlungen nach § 158 Abs. 2 Satz 1 GVG gehört. Jedenfalls dann ist die Durchführung der Rechtshilfe verboten, wenn der Beweisbeschluss keine hinreichenden Tatsachen enthält, über die der Rechtshilferichter eine Zeugenvernehmung durchführen könnte[5]. 4

Über die Berechtigung einer Ablehnung entscheidet entsprechend § 159 Abs. 1 GVG das **LAG**, zu dessen Bezirk das ersuchte ArbG gehört. Weist das LAG die Beschwerde des ersuchenden ArbG gegen die Ablehnung eines Rechtshilfeersuchens durch das ersuchte Gericht zurück, so kann das ersuchende ArbG **weitere Beschwerde zum BAG** einlegen, wenn die beteiligten ArbG in verschiedenen LAG-Bezirken liegen[6]. Beschwerdeberechtigt sind nach § 159 Abs. 2 GVG auch die Parteien und die vom ersuchten Gericht zu vernehmenden Personen. 5

Ist das ersuchte Gericht **örtlich unzuständig**, so gibt es das Ersuchen nach § 158 Abs. 2 Satz 2 GVG an das zuständige ArbG ab. Auch bei einer Ablehnung wegen örtlicher Unzuständigkeit kann die Entscheidung des übergeordneten LAG eingeholt werden. 6

Die Rechtshilfehandlung, zumeist eine Beweisaufnahme, wird von dem nach der Geschäftsverteilung zuständigen Kammervorsitzenden **ohne Hinzuziehung der ehrenamtlichen Richter** durchgeführt, § 53 Abs. 1 Satz 2. Zu einer Änderung oder Ergänzung eines Beweisbeschlusses ist er ebenso wenig berechtigt wie zu einer Beeidigung von Zeugen. Die Entscheidung darüber ist nach § 58 Abs. 2 Satz 1 der Kammer des ersuchenden Gerichts vorbehalten. 7

II. Rechtshilfe im Ausland. Für Rechtshilfeersuchen in das Ausland gelten aufgrund der Verweisung in § 46 Abs. 2 die §§ 199 bis 202 und 363 ZPO entsprechend. Die konkrete Durchführung richtet sich nach der Rechtshilfeverordnung für Zivilsachen vom 19.10.1956 – ZRHO – und der gemeinsamen Anordnung des Bundesministeriums der Justiz und des Bundesministeriums für Arbeit und Sozialordnung über den Rechtshilfeverkehr mit dem Ausland vom 30.12.1959 in Verbindung mit internationalen und zwischenstaatlichen Rechtshilfeabkommen[7]. Im Wesentlichen stehen zwei Möglichkeiten offen: 8

Kann die Beweisaufnahme nach Maßgabe der bestehenden Staatsverträge oder mit Einverständnis des ausländischen Staates durch einen Bundeskonsul erfolgen, so ist das Ersuchen gemäß § 363 Abs. 2 ZPO an ihn zu richten. Im Übrigen hat der Kammervorsitzende die zuständige ausländische Behörde um die Durchführung der Rechtshilfe zu ersuchen. Prüfstelle für die Erledigung ausgehender Rechtshilfeersuchen iSd. § 9 ZRHO sind der Präsident des BAG und die Präsidenten der LAG für ihren jeweiligen Zuständigkeitsbereich. 9

III. Datenübermittlung an Dritte von Amts wegen. Abs. 2 erklärt die Vorschriften der §§ 12 ff. EGGVG über verfahrensübergreifende Mitteilungen **von Amts wegen** auch im arbeitsgerichtlichen Verfahren für anwendbar. Diese Bestimmungen sollen die Amtshilfe im Verhältnis zu anderen Gerichten, Behörden und sonstigen Stellen unter Beachtung des notwendigen Datenschutzes sichern[8]. Praktisch bedeutsam ist vor allem der Austausch personenbezogener Daten im Verhältnis zu den Trägern der SozV und Sozialhilfe. Dabei hat das ArbG nach § 13 EGGVG eine Interessenabwägung mit den schutzwürdigen 10

---

[1] BAG v. 16.1.1991 – 4 AS 7/90, EzA § 13 ArbGG 1979 Nr. 1. | [2] BAG v. 26.10.1999 – 10 AS 5/99, EzA § 158 GVG Nr. 1 mwN; Zöller/*Gummer*, § 158 ZPO Rz. 4, 5. | [3] BGH v. 31.5.1990 – III ZB 52/89, NJW 1990, 2936 mwN. | [4] BAG v. 23. 1.2001 – 10 AS 1/01, EzA § 158 GVG Nr. 2. | [5] BAG v. 16.1.1991 – 4 AS 7/90, EzA § 13 ArbGG 1979 Nr. 1. | [6] BAG v. 16.1.1991 – 4 AS 7/90, EzA § 13 ArbGG 1979 Nr. 1. | [7] Vgl. Zöller/*Geimer*, § 363 ZPO Rz. 35 ff. | [8] Vgl. dazu ausf. Zöller/*Gummer*, Vorb. zu §§ 12–22 EGGVG Rz. 1 ff.

Belangen des Betroffenen vorzunehmen. Nach § 17 EGGVG ist die Übermittlung personenbezogener Daten insbesondere zur Verfolgung von Straftaten oder Ordnungswidrigkeiten zulässig. Ob eine Mitteilungspflicht besteht, richtet sich nach bereichsspezifischen Regelungen wie etwa § 183 GVG für Straftaten in der Sitzung.

11 Unberührt bleiben die Vorschriften für die verfahrensübergreifende Datenübermittlung **auf Ersuchen anderer Behörden oder Dritter** etwa nach § 299 ZPO, § 35 Abs. 1 SGB I, §§ 67 ff., 78 SGB X[1].

Zweiter Teil. Aufbau der Gerichte für Arbeitssachen

Erster Abschnitt. Arbeitsgerichte

14 *Errichtung und Organisation*
(1) In den Ländern werden Arbeitsgerichte errichtet.

(2) Durch Gesetz werden angeordnet
1. die Errichtung und Aufhebung eines Arbeitsgerichts;
2. die Verlegung eines Gerichtssitzes;
3. Änderungen in der Abgrenzung der Gerichtsbezirke;
4. die Zuweisung einzelner Sachgebiete an ein Arbeitsgericht für die Bezirke mehrerer Arbeitsgerichte;
5. die Errichtung von Kammern des Arbeitsgerichts an anderen Orten;
6. der Übergang anhängiger Verfahren auf ein anderes Gericht bei Maßnahmen nach den Nummern 1, 3 und 4, wenn sich die Zuständigkeit nicht nach den bisher geltenden Vorschriften richten soll.

(3) Mehrere Länder können die Errichtung eines gemeinsamen Arbeitsgerichts oder gemeinsamer Kammern eines Arbeitsgerichts oder die Ausdehnung von Gerichtsbezirken über die Landesgrenzen hinaus, auch für einzelne Sachgebiete, vereinbaren.

(4) Die zuständige oberste Landesbehörde kann anordnen, dass außerhalb des Sitzes des Arbeitsgerichts Gerichtstage abgehalten werden. Die Landesregierung kann ferner durch Rechtsverordnung bestimmen, dass Gerichtstage außerhalb des Sitzes des Arbeitsgerichts abgehalten werden. Die Landesregierung kann die Ermächtigung nach Satz 2 durch Rechtsverordnung auf die zuständige oberste Landesbehörde übertragen.

(5) Bei der Vorbereitung gesetzlicher Regelungen nach Absatz 2 Nr. 1 bis 5 und Absatz 3 sind die Gewerkschaften und Vereinigungen von Arbeitgebern, die für das Arbeitsleben im Landesgebiet wesentliche Bedeutung haben, zu hören.

15 *Verwaltung und Dienstaufsicht*
(1) Die Geschäfte der Verwaltung und Dienstaufsicht führt die zuständige oberste Landesbehörde. Vor Erlass allgemeiner Anordnungen, die die Verwaltung und Dienstaufsicht betreffen, soweit sie nicht rein technischer Art sind, sind die in § 14 Abs. 5 genannten Verbände zu hören.

(2) Die Landesregierung kann durch Rechtsverordnung Geschäfte der Verwaltung und Dienstaufsicht dem Präsidenten des Landesarbeitsgerichts oder dem Vorsitzenden des Arbeitsgerichts oder, wenn mehrere Vorsitzende vorhanden sind, einem von ihnen übertragen. Die Landesregierung kann die Ermächtigung nach Satz 1 durch Rechtsverordnung auf die zuständige oberste Landesbehörde übertragen.

16 *Zusammensetzung*
(1) Das Arbeitsgericht besteht aus der erforderlichen Zahl von Vorsitzenden und ehrenamtlichen Richtern. Die ehrenamtlichen Richter werden je zur Hälfte aus den Kreisen der Arbeitnehmer und der Arbeitgeber entnommen.

(2) Jede Kammer des Arbeitsgerichts wird in der Besetzung mit einem Vorsitzenden und je einem ehrenamtlichen Richter aus Kreisen der Arbeitnehmer und der Arbeitgeber tätig.

---

[1] Zu den Grenzen der Übersendung von Arbeitsgerichtsakten an Arbeitsämter und Sozialgerichte *Dörner*, NZA 1989, 950.

17 Bildung von Kammern

(1) Die zuständige oberste Landesbehörde bestimmt die Zahl der Kammern nach Anhörung der in § 14 Abs. 5 genannten Verbände.

(2) Soweit ein Bedürfnis besteht, kann die Landesregierung durch Rechtsverordnung für die Streitigkeiten bestimmter Berufe und Gewerbe und bestimmter Gruppen von Arbeitnehmern Fachkammern bilden. Die Zuständigkeit einer Fachkammer kann durch Rechtsverordnung auf die Bezirke anderer Arbeitsgerichte oder Teile von ihnen erstreckt werden, sofern die Erstreckung für eine sachdienliche Förderung oder schnellere Erledigung der Verfahren zweckmäßig ist. Die Rechtsverordnungen auf Grund der Sätze 1 und 2 treffen Regelungen zum Übergang anhängiger Verfahren auf ein anderes Gericht, sofern die Regelungen zur sachdienlichen Erledigung der Verfahren zweckmäßig sind und sich die Zuständigkeit nicht nach den bisher geltenden Vorschriften richten soll. § 14 Abs. 5 ist entsprechend anzuwenden.

(3) Die Landesregierung kann die Ermächtigung nach Absatz 2 durch Rechtsverordnung auf die zuständige oberste Landesbehörde übertragen.

18 Ernennung der Vorsitzenden

(1) Die Vorsitzenden werden auf Vorschlag der zuständigen obersten Landesbehörde nach Beratung mit einem Ausschuss entsprechend den landesrechtlichen Vorschriften bestellt.

(2) Der Ausschuss ist von der zuständigen obersten Landesbehörde zu errichten. Ihm müssen in gleichem Verhältnis Vertreter der in § 14 Abs. 5 genannten Gewerkschaften und Vereinigungen von Arbeitgebern sowie der Arbeitsgerichtsbarkeit angehören.

(3) Einem Vorsitzenden kann zugleich ein weiteres Richteramt bei einem anderen Arbeitsgericht übertragen werden.

(4) bis (6) (außer Kraft)

(7) Bei den Arbeitsgerichten können Richter auf Probe und Richter kraft Auftrags verwendet werden.

19 Ständige Vertretung

(1) Ist ein Arbeitsgericht nur mit einem Vorsitzenden besetzt, so beauftragt das Präsidium des Landesarbeitsgerichts einen Richter seines Bezirks mit der ständigen Vertretung des Vorsitzenden.

(2) Wird an einem Arbeitsgericht die vorübergehende Vertretung durch einen Richter eines anderen Gerichts nötig, so beauftragt das Präsidium des Landesarbeitsgerichts einen Richter seines Bezirks längstens für zwei Monate mit der Vertretung. In Eilfällen kann an Stelle des Präsidiums der Präsident des Landesarbeitsgerichts einen zeitweiligen Vertreter bestellen. Die Gründe für die getroffene Anordnung sind schriftlich niederzulegen.

20 Berufung der ehrenamtlichen Richter

(1) Die ehrenamtlichen Richter werden von der zuständigen obersten Landesbehörde oder von der von der Landesregierung durch Rechtsverordnung beauftragten Stelle auf die Dauer von fünf Jahren berufen. Die Landesregierung kann die Ermächtigung nach Satz 1 durch Rechtsverordnung auf die zuständige oberste Landesbehörde übertragen.

(2) Die ehrenamtlichen Richter sind in angemessenem Verhältnis unter billiger Berücksichtigung der Minderheiten aus den Vorschlagslisten zu entnehmen, die der zuständigen Stelle von den im Land bestehenden Gewerkschaften, selbständigen Vereinigungen von Arbeitnehmern mit sozial- oder berufspolitischer Zwecksetzung und Vereinigungen von Arbeitgebern sowie von den in § 22 Abs. 2 Nr. 3 bezeichneten Körperschaften oder deren Arbeitgebervereinigungen eingereicht werden.

21 Voraussetzungen für die Berufung als ehrenamtlicher Richter

(1) Als ehrenamtliche Richter sind Personen zu berufen, die das fünfundzwanzigste Lebensjahr vollendet haben. Es sind nur Personen zu berufen, die im Bezirk des Arbeitsgerichts als Arbeitnehmer oder Arbeitgeber tätig sind.

(2) Vom Amt des ehrenamtlichen Richters ist ausgeschlossen,

1. wer infolge Richterspruchs die Fähigkeit zur Bekleidung öffentlicher Ämter nicht besitzt oder wegen einer vorsätzlichen Tat zu einer Freiheitsstrafe von mehr als sechs Monaten verurteilt worden ist;
2. wer wegen einer Tat angeklagt ist, die den Verlust der Fähigkeit zur Bekleidung öffentlicher Ämter zur Folge haben kann;
3. wer das Wahlrecht zum Deutschen Bundestag nicht besitzt.

Personen, die in Vermögensverfall geraten sind, sollen nicht als ehrenamtliche Richter berufen werden.

(3) Beamte und Angestellte eines Gerichts für Arbeitssachen dürfen nicht als ehrenamtliche Richter berufen werden.

(4) Das Amt des ehrenamtlichen Richters, der zum ehrenamtlichen Richter in einem höheren Rechtszug berufen wird, endet mit Beginn der Amtszeit im höheren Rechtszug. Niemand darf gleichzeitig ehrenamtlicher Richter der Arbeitnehmerseite und der Arbeitgeberseite sein oder als ehrenamtlicher Richter bei mehr als einem Gericht für Arbeitssachen berufen werden.

(5) Wird das Fehlen einer Voraussetzung für die Berufung nachträglich bekannt oder fällt eine Voraussetzung nachträglich fort, so ist der ehrenamtliche Richter auf Antrag der zuständigen Stelle (§ 20) oder auf eigenen Antrag von seinem Amt zu entbinden. Über den Antrag entscheidet die vom Präsidium für jedes Geschäftsjahr im Voraus bestimmte Kammer des Landesarbeitsgerichts. Vor der Entscheidung ist der ehrenamtliche Richter zu hören. Die Entscheidung ist unanfechtbar. Die nach Satz 2 zuständige Kammer kann anordnen, dass der ehrenamtliche Richter bis zu der Entscheidung über die Entbindung vom Amt nicht heranzuziehen ist.

(6) Verliert der ehrenamtliche Richter seine Eigenschaft als Arbeitnehmer oder Arbeitgeber wegen Erreichens der Altersgrenze, findet Absatz 5 mit der Maßgabe Anwendung, dass die Entbindung vom Amt nur auf Antrag des ehrenamtlichen Richters zulässig ist.

22 *Ehrenamtlicher Richter aus Kreisen der Arbeitgeber*
(1) Ehrenamtlicher Richter aus Kreisen der Arbeitgeber kann auch sein, wer vorübergehend oder regelmäßig zu gewissen Zeiten des Jahres keine Arbeitnehmer beschäftigt.

(2) Zu ehrenamtlichen Richtern aus Kreisen der Arbeitgeber können auch berufen werden

1. bei Betrieben einer juristischen Person oder einer Personengesamtheit Personen, die kraft Gesetzes, Satzung oder Gesellschaftsvertrag allein oder als Mitglieder des Vertretungsorgans zur Vertretung der juristischen Person oder der Personengesamtheit berufen sind;
2. Geschäftsführer, Betriebsleiter oder Personalleiter, soweit sie zur Einstellung von Arbeitnehmern in den Betrieb berechtigt sind, oder Personen, denen Prokura oder Generalvollmacht erteilt ist;
3. bei dem Bunde, den Ländern, den Gemeinden, den Gemeindeverbänden und anderen Körperschaften, Anstalten und Stiftungen des öffentlichen Rechts Beamte und Angestellte nach näherer Anordnung der zuständigen obersten Bundes- oder Landesbehörde;
4. Mitglieder und Angestellte von Vereinigungen von Arbeitgebern sowie Vorstandsmitglieder und Angestellte von Zusammenschlüssen solcher Vereinigungen, wenn diese Personen kraft Satzung oder Vollmacht zur Vertretung befugt sind.

23 *Ehrenamtlicher Richter aus Kreisen der Arbeitnehmer*
(1) Ehrenamtlicher Richter aus Kreisen der Arbeitnehmer kann auch sein, wer arbeitslos ist.

(2) Den Arbeitnehmern stehen für die Berufung als ehrenamtliche Richter Mitglieder und Angestellte von Gewerkschaften, von selbständigen Vereinigungen von Arbeitnehmern mit sozial- oder berufspolitischer Zwecksetzung sowie Vorstandsmitglieder und Angestellte von Zusammenschlüssen von Gewerkschaften gleich, wenn diese Personen kraft Satzung oder Vollmacht zur Vertretung befugt sind. Gleiches gilt für Bevollmächtigte, die als Angestellte juristischer Personen, deren Anteile sämtlich im wirtschaftlichen Eigentum einer der in Satz 1 genannten Organisationen stehen, handeln und wenn die juristische Person ausschließlich die Rechtsberatung und Prozessvertretung der Mitglieder der Organisation entsprechend deren Satzung durchführt.

24 *Ablehnung und Niederlegung des ehrenamtlichen Richteramtes*
(1) Das Amt des ehrenamtlichen Richters kann ablehnen oder niederlegen,

1. wer das fünfundsechzigste Lebensjahr vollendet hat;
2. wer aus gesundheitlichen Gründen daran gehindert ist, das Amt ordnungsgemäß auszuüben;
3. wer durch ehrenamtliche Tätigkeit für die Allgemeinheit so in Anspruch genommen ist, dass ihm die Übernahme des Amtes nicht zugemutet werden kann;
4. wer in den zehn der Berufung vorhergehenden Jahren als ehrenamtlicher Richter bei einem Gericht für Arbeitssachen tätig gewesen ist;
5. wer glaubhaft macht, dass ihm wichtige Gründe, insbesondere die Fürsorge für seine Familie, die Ausübung des Amtes in besonderem Maße erschweren.

(2) Über die Berechtigung zur Ablehnung oder Niederlegung entscheidet die zuständige Stelle (§ 20). Die Entscheidung ist endgültig.

25 (weggefallen)

26 *Schutz der ehrenamtlichen Richter*
(1) Niemand darf in der Übernahme oder Ausübung des Amtes als ehrenamtlicher Richter beschränkt oder wegen der Übernahme oder Ausübung des Amtes benachteiligt werden.

(2) Wer einen anderen in der Übernahme oder Ausübung seines Amtes als ehrenamtlicher Richter beschränkt oder wegen der Übernahme oder Ausübung des Amtes benachteiligt, wird mit Freiheitsstrafe bis zu einem Jahr oder mit Geldstrafe bestraft.

27 *Amtsenthebung der ehrenamtlichen Richter*
Ein ehrenamtlicher Richter ist auf Antrag der zuständigen Stelle (§ 20) seines Amtes zu entheben, wenn er seine Amtspflicht grob verletzt. § 21 Abs. 5 Satz 2 bis 5 ist entsprechend anzuwenden.

28 *Ordnungsgeld gegen ehrenamtliche Richter*
Die vom Präsidium für jedes Geschäftsjahr im Voraus bestimmte Kammer des Landesarbeitsgerichts kann auf Antrag des Vorsitzenden des Arbeitsgerichts gegen einen ehrenamtlichen Richter, der sich der Erfüllung seiner Pflichten entzieht, insbesondere ohne genügende Entschuldigung nicht oder nicht rechtzeitig zu den Sitzungen erscheint, ein Ordnungsgeld festsetzen. Vor dem Antrag hat der Vorsitzende des Arbeitsgerichts den ehrenamtlichen Richter zu hören. Die Entscheidung ist endgültig.

29 *Ausschuss der ehrenamtlichen Richter*
(1) Bei jedem Arbeitsgericht mit mehr als einer Kammer wird ein Ausschuss der ehrenamtlichen Richter gebildet. Er besteht aus mindestens je drei ehrenamtlichen Richtern aus den Kreisen der Arbeitnehmer und der Arbeitgeber in gleicher Zahl, die von den ehrenamtlichen Richtern aus den Kreisen der Arbeitnehmer und der Arbeitgeber in getrennter Wahl gewählt werden. Der Ausschuss tagt unter der Leitung des aufsichtführenden oder, wenn ein solcher nicht vorhanden oder verhindert ist, des dienstältesten Vorsitzenden des Arbeitsgerichts.

(2) Der Ausschuss ist vor der Bildung von Kammern, vor der Geschäftsverteilung, vor der Verteilung der ehrenamtlichen Richter auf die Kammern und vor der Aufstellung der Listen über die Heranziehung der ehrenamtlichen Richter zu den Sitzungen mündlich oder schriftlich zu hören. Er kann den Vorsitzenden des Arbeitsgerichts und den die Verwaltung und Dienstaufsicht führenden Stellen (§ 15) Wünsche der ehrenamtlichen Richter übermitteln.

30 *Besetzung der Fachkammern*
Die ehrenamtlichen Richter einer Fachkammer sollen aus den Kreisen der Arbeitnehmer und der Arbeitgeber entnommen werden, für die die Fachkammer gebildet ist. Werden für Streitigkeiten der in § 22 Abs. 2 Nr. 2 bezeichneten Angestellten Fachkammern gebildet, so dürfen ihnen diese Angestellten nicht als ehrenamtliche Richter aus Kreisen der Arbeitgeber angehören. Wird die Zuständigkeit einer Fachkammer gemäß § 17 Abs. 2 erstreckt, so sollen die ehrenamtlichen Richter dieser Kammer aus den Bezirken derjenigen Arbeitsgerichte berufen werden, für deren Bezirke die Fachkammer zuständig ist.

31 *Heranziehung der ehrenamtlichen Richter*
(1) Die ehrenamtlichen Richter sollen zu den Sitzungen nach der Reihenfolge einer Liste herangezogen werden, die der Vorsitzende vor Beginn des Geschäftsjahres oder vor Beginn der Amtszeit neu berufener ehrenamtlicher Richter gemäß § 29 Abs. 2 aufstellt.

(2) Für die Heranziehung von Vertretern bei unvorhergesehener Verhinderung kann eine Hilfsliste von ehrenamtlichen Richtern aufgestellt werden, die am Gerichtssitz oder in der Nähe wohnen oder ihren Dienstsitz haben.

32 (weggefallen)

Zweiter Abschnitt. Landesarbeitsgerichte

33 *Errichtung und Organisation*
In den Ländern werden Landesarbeitsgerichte errichtet. § 14 Abs. 2 bis 5 ist entsprechend anzuwenden.

34 *Verwaltung und Dienstaufsicht*
(1) Die Geschäfte der Verwaltung und Dienstaufsicht führt die zuständige oberste Landesbehörde. § 15 Abs. 1 Satz 2 gilt entsprechend.

(2) Die Landesregierung kann durch Rechtsverordnung Geschäfte der Verwaltung und Dienstaufsicht dem Präsidenten des Landesarbeitsgerichts übertragen. Die Landesregierung kann die Ermächtigung nach Satz 1 durch Rechtsverordnung auf die zuständige oberste Landesbehörde übertragen.

35 *Zusammensetzung, Bildung von Kammern*
(1) Das Landesarbeitsgericht besteht aus dem Präsidenten, der erforderlichen Zahl von weiteren Vorsitzenden und von ehrenamtlichen Richtern. Die ehrenamtlichen Richter werden je zur Hälfte aus den Kreisen der Arbeitnehmer und der Arbeitgeber entnommen.

(2) Jede Kammer des Landesarbeitsgerichts wird in der Besetzung mit einem Vorsitzenden und je einem ehrenamtlichen Richter aus den Kreisen der Arbeitnehmer und der Arbeitgeber tätig.

(3) Die zuständige oberste Landesbehörde bestimmt die Zahl der Kammern. § 17 gilt entsprechend.

36 *Vorsitzende*
Der Präsident und die weiteren Vorsitzenden werden auf Vorschlag der zuständigen obersten Landesbehörde nach Anhörung der in § 14 Abs. 5 genannten Gewerkschaften und Vereinigungen von Arbeitgebern als Richter auf Lebenszeit entsprechend den landesrechtlichen Vorschriften bestellt.

37 *Ehrenamtliche Richter*
(1) Die ehrenamtlichen Richter müssen das dreißigste Lebensjahr vollendet haben und sollen mindestens fünf Jahre ehrenamtliche Richter eines Gerichts für Arbeitssachen gewesen sein.

(2) Im Übrigen gelten für die Berufung und Stellung der ehrenamtlichen Richter sowie für die Amtsenthebung und die Amtsentbindung die §§ 20 bis 28 entsprechend.

38 *Ausschuss der ehrenamtlichen Richter*
Bei jedem Landesarbeitsgericht wird ein Ausschuss der ehrenamtlichen Richter gebildet. Die Vorschriften des § 29 Abs. 1 Satz 2 und 3 und Abs. 2 gelten entsprechend.

39 *Heranziehung der ehrenamtlichen Richter*
Die ehrenamtlichen Richter sollen zu den Sitzungen nach der Reihenfolge einer Liste herangezogen werden, die der Vorsitzende vor Beginn des Geschäftsjahres oder vor Beginn der Amtszeit neu berufener ehrenamtlicher Richter gemäß § 38 Satz 2 aufstellt. § 31 Abs. 2 ist entsprechend anzuwenden.

Dritter Abschnitt. Bundesarbeitsgericht

40 *Errichtung*
(1) Das Bundesarbeitsgericht hat seinen Sitz in Erfurt.

(1a) (aufgehoben)

(2) Die Geschäfte der Verwaltung und Dienstaufsicht führt das Bundesministerium für Wirtschaft und Arbeit im Einvernehmen mit dem Bundesministerium der Justiz. Das Bundesministerium für Wirtschaft und Arbeit kann im Einvernehmen mit dem Bundesministerium der Justiz Geschäfte der Verwaltung und Dienstaufsicht auf den Präsidenten des Bundesarbeitsgerichts übertragen.

Lit.: *Linsenmaier*, Das Bundesarbeitsgericht, 2002.

41 Zusammensetzung, Senate

(1) Das Bundesarbeitsgericht besteht aus dem Präsidenten, der erforderlichen Zahl von Vorsitzenden Richtern, von berufsrichterlichen Beisitzern sowie ehrenamtlichen Richtern. Die ehrenamtlichen Richter werden je zur Hälfte aus den Kreisen der Arbeitnehmer und der Arbeitgeber entnommen.

(2) Jeder Senat wird in der Besetzung mit einem Vorsitzenden, zwei berufsrichterlichen Beisitzern und je einem ehrenamtlichen Richter aus den Kreisen der Arbeitnehmer und der Arbeitgeber tätig.

(3) Die Zahl der Senate bestimmt das Bundesministerium für Wirtschaft und Arbeit im Einvernehmen mit dem Bundesministerium der Justiz.

42 Bundesrichter

(1) Für die Berufung der Bundesrichter (Präsident, Vorsitzende Richter und berufsrichterliche Beisitzer nach § 41 Abs. 1 Satz 1) gelten die Vorschriften des Richterwahlgesetzes. Zuständiges Ministerium im Sinne des § 1 Abs. 1 des Richterwahlgesetzes ist das Bundesministerium für Wirtschaft und Arbeit; es entscheidet im Benehmen mit dem Bundesministerium der Justiz.

(2) Die zu berufenden Personen müssen das fünfunddreißigste Lebensjahr vollendet haben.

43 Ehrenamtliche Richter

(1) Die ehrenamtlichen Richter werden vom Bundesministerium für Wirtschaft und Arbeit für die Dauer von fünf Jahren berufen. Sie sind im angemessenen Verhältnis unter billiger Berücksichtigung der Minderheiten aus den Vorschlagslisten zu entnehmen, die von den Gewerkschaften, den selbständigen Vereinigungen von Arbeitnehmern mit sozial- oder berufspolitischer Zwecksetzung und Vereinigungen von Arbeitgebern, die für das Arbeitsleben des Bundesgebietes wesentliche Bedeutung haben, sowie von den in § 22 Abs. 2 Nr. 3 bezeichneten Körperschaften eingereicht worden sind.

(2) Die ehrenamtlichen Richter müssen das fünfunddreißigste Lebensjahr vollendet haben, besondere Kenntnisse und Erfahrungen auf dem Gebiet des Arbeitsrechts und des Arbeitslebens besitzen und sollen mindestens fünf Jahre ehrenamtliche Richter eines Gerichts für Arbeitssachen gewesen sein. Sie sollen längere Zeit in Deutschland als Arbeitnehmer oder als Arbeitgeber tätig gewesen sein.

(3) Für die Berufung, Stellung und Heranziehung der ehrenamtlichen Richter sowie für die Amtsenthebung und Amtsentbindung sind im Übrigen die Vorschriften der §§ 21 bis 28 und des § 31 entsprechend anzuwenden mit der Maßgabe, dass die in § 21 Abs. 5, § 27 Satz 2 und § 28 Satz 1 bezeichneten Entscheidungen durch den vom Präsidium für jedes Geschäftsjahr im Voraus bestimmten Senat des Bundesarbeitsgerichts getroffen werden.

44 Anhörung der ehrenamtlichen Richter, Geschäftsordnung

(1) Bevor zu Beginn des Geschäftsjahres die Geschäfte verteilt sowie die berufsrichterlichen Beisitzer und die ehrenamtlichen Richter den einzelnen Senaten und dem Großen Senat zugeteilt werden, sind je die beiden lebensältesten ehrenamtlichen Richter aus den Kreisen der Arbeitnehmer und der Arbeitgeber zu hören.

(2) Der Geschäftsgang wird durch eine Geschäftsordnung geregelt, die das Präsidium beschließt; sie bedarf der Bestätigung durch den Bundesrat. Absatz 1 gilt entsprechend.

45 Großer Senat

(1) Bei dem Bundesarbeitsgericht wird ein Großer Senat gebildet.

(2) Der Große Senat entscheidet, wenn ein Senat in einer Rechtsfrage von der Entscheidung eines anderen Senats oder des Großen Senats abweichen will.

(3) Eine Vorlage an den Großen Senat ist nur zulässig, wenn der Senat, von dessen Entscheidung abgewichen werden soll, auf Anfrage des erkennenden Senats erklärt hat, dass er an seiner Rechtsauffassung festhält. Kann der Senat, von dessen Entscheidung abgewichen werden soll, wegen einer *Änderung* des Geschäftsverteilungsplanes mit der Rechtsfrage nicht mehr befasst werden, tritt der Senat an seine Stelle, der nach dem Geschäftsverteilungsplan für den Fall, in dem abweichend entschieden wurde, nunmehr zuständig wäre. Über die Anfrage und die Antwort entscheidet der jeweilige Senat durch Beschluss in der für Urteile erforderlichen Besetzung.

(4) Der erkennende Senat kann eine Frage von grundsätzlicher Bedeutung dem Großen Senat zur Entscheidung vorlegen, wenn das nach seiner Auffassung zur Fortbildung des Rechts oder zur Sicherung einer einheitlichen Rechtsprechung erforderlich ist.

(5) Der Große Senat besteht aus dem Präsidenten, je einem Berufsrichter der Senate, in denen der Präsident nicht den Vorsitz führt, und je drei ehrenamtlichen Richtern aus den Kreisen der Arbeitnehmer und Arbeitgeber. Bei einer Verhinderung des Präsidenten tritt ein Berufsrichter des Senats, dem er angehört, an seine Stelle.

(6) Die Mitglieder und die Vertreter werden durch das Präsidium für ein Geschäftsjahr bestellt. Den Vorsitz im Großen Senat führt der Präsident, bei Verhinderung das dienstälteste Mitglied. Bei Stimmengleichheit gibt die Stimme des Vorsitzenden den Ausschlag.

(7) Der Große Senat entscheidet nur über die Rechtsfrage. Er kann ohne mündliche Verhandlung entscheiden. Seine Entscheidung ist in der vorliegenden Sache für den erkennenden Senat bindend.

Lit.: *Rüthers/Bakker*, Die Flucht vor dem gesetzlichen Richter, ZfA 1992, 199.

1 **I. Allgemeines.** Beim BAG ist ebenso wie bei allen anderen Obersten Gerichtshöfen des Bundes (§§ 132 bis 138 GVG, § 11 VwGO, § 11 FGO, § 41 SGG)[1] ein Großer Senat gebildet. Er hat in erster Linie die Aufgabe, innerhalb der Arbeitsgerichtsbarkeit die **Einheitlichkeit der Rspr.** sicherzustellen. Für die Rechtseinheitlichkeit über die Grenzen der Fachgerichtsbarkeiten hinweg hat der **Gemeinsame Senat der Obersten Gerichtshöfe des Bundes** zu sorgen, dessen Grundlage sich im Gesetz zur Wahrung der Einheitlichkeit der Rspr. der Obersten Gerichtshöfe des Bundes vom 19.6.1968[2] (RsprEinhG) findet. Neben der Sicherung der Rechtseinheit im Arbeitsrecht soll die Einrichtung des Großen Senats auch der Verstärkung der Möglichkeiten zur **Rechtsfortbildung** dienen.

2 **II. Zusammensetzung.** Der Große Senat des BAG besteht derzeit aus 16 Personen, dem Präsidenten als Mitglied kraft Gesetzes und neun weiteren Berufsrichtern sowie sechs ehrenamtlichen Richtern (§ 45 Abs. 5), die durch das Präsidium zu Mitgliedern des Großen Senats bestimmt werden. Der **Entscheidung des Präsidiums** liegen üblicherweise – an sich unverbindliche – Vorschläge aus den einzelnen Senaten und den ArbN- und ArbGebVerbänden zugrunde.

3 **III. Zuständigkeit.** § 45 beschreibt die Zuständigkeiten des Großen Senats abschließend: Er ist nur zuständig, wenn ein Senat ihm eine Rechtsfrage zur Entscheidung vorlegt, in der er von der Entscheidung eines anderen Senats oder des Gemeinsamen Senats abweichen will (**Divergenzvorlage**, Abs. 2, 3), oder über die nach seiner Auffassung im Interesse der Fortbildung des Rechts oder der Sicherung einer einheitlichen Rspr. der Große Senat entscheiden sollte (**Grundsatzvorlage**, Abs. 4). Der Große Senat ist nicht befugt, dann über eine Rechtsfrage zu entscheiden, wenn er meint, die Voraussetzungen einer Divergenzvorlage oder einer Grundsatzvorlage seien erfüllt. Eine Entscheidung durch den Großen Senat setzt stets einen **Vorlagebeschluss** eines Fachsenats voraus[3].

4 **1. Divergenzvorlage. a) Voraussetzungen.** Der Große Senat ist zuständig, wenn ein Senat in der Beantwortung einer **abstrakten Rechtsfrage** von der Entscheidung eines anderen Senats, also von dessen Antwort auf dieselbe abstrakte Frage, abweichen will, etwa zum Inhalt einer oder mehrerer, aber inhaltlich und systematisch gleich lautender[4] Rechtsnormen oder zu ungeschriebenen Rechtsregeln, wie etwa den Regeln über die betriebliche Übung oder den Gleichbehandlungsgrundsatz. Unter einer Abweichung ist die bewusste inhaltliche Änderung eines abstrakten Rechtssatzes zu verstehen. Eine **Fortentwicklung**, **Verdeutlichung** oder **Klarstellung** der bisherigen Rechtserkenntnis ist **keine Abweichung**. Der Große Senat ist also nur zuständig, wenn der vom vorlegenden Senat beabsichtigte und der früher aufgestellte abstrakte Rechtssatz einander ausschließen, **nicht gleichzeitig richtig** sein können[5]. Darüber hinaus müssen die beiden einander widersprechenden Rechtssätze für die jeweilige Entscheidung **erheblich** sein[6].

5 Eine Divergenzvorlage ist auch nur dann zulässig, wenn die Entscheidung, von der abgewichen werden soll, divergenzfähig ist. Sie muss eine **abschließende rechtliche Bewertung** des Spruchkörpers enthalten[7], und von einem Senat stammen, der eine **andere Ordnungsnummer** trägt als der vorlegende Senat. Für eine Abweichung von der Rspr. des eigenen Senats bedarf es keiner Anrufung des Großen Senats wegen Divergenz[8]. Ebenso scheidet eine Divergenzvorlage aus, wenn der Senat, der abweichen will, für die betreffende Rechtsfrage nunmehr allein zuständig ist (Arg. § 45 Abs. 3 Satz 2)[9]. In beiden Fällen kann allerdings eine Grundsatzvorlage in Betracht kommen.

6 Voraussetzung für eine Divergenzvorlage ist schließlich, dass der Senat, von dem abgewichen werden soll, an seiner **Rechtsauffassung** bis zum Vorlagezeitpunkt **festhält**. Eine Entscheidung ist nicht

---

[1] Vergleichend *Offerhaus*, FS 75 Jahre Reichsfinanzhof – Bundesfinanzhof, S. 623 ff. | [2] BGBl. 1968, S. 661; hierzu *Kissel*, FS 75 Jahre Reichsfinanzhof – Bundesfinanzhof, S. 591. | [3] GK-ArbGG/*Dörner*, § 45 Rz. 15. | [4] Zu § 4 RsprEinhG: GmS OGB v. 6.2.1973 – GmS-OGB 1/72, AP Nr. 1 zu § 4 RsprEinhG. | [5] Wohl enger *Rüthers/Bakker*, ZfA 1992, 199, 208, die bereits bei einer Änderung der „Identität" des Rechtssatzes von einer Abweichung sprechen wollen. | [6] ErfK/*Koch*, § 45 ArbGG Rz. 4; GK-ArbGG/*Dörner*, § 45 Rz. 26; aA (Entscheidungserheblichkeit nur beim anfragenden Senat) *Rüthers/Bakker*, ZfA 1992, 199, 206 f. | [7] GMPM/*Prütting*, § 45 ArbGG Rz. 17; ebenso zu § 72a; BAG v. 20.8.1986 – 8 AZN 244/86, AP Nr. 18 zu § 72a ArbGG 1979 – Divergenz; teilw. einschr. GK-ArbGG/*Dörner*, § 45 Rz. 27. | [8] Entsprechend für § 72 Abs. 2 Nr. 2: BAG v. 21.2.2002 – 2 AZN 909/01, AP Nr. 43 zu § 72a ArbGG 1979 – Grundsatz. | [9] GK-ArbGG/*Dörner*, § 45 Rz. 29.

mehr divergenzfähig, wenn der betreffende Senat seine Rspr. bereits selbst aufgegeben hat oder auf Anfrage des erkennenden Senats nach § 45 Abs. 3 Satz 1 erklärt hat, dass er an seiner Rechtsauffassung nicht festhält.

Da das Fortbestehen der Divergenz Voraussetzung einer Divergenzvorlage ist, ist sie unzulässig, wenn sie erfolgt, bevor das **Anfrageverfahren** nach § 45 Abs. 3 Satz 1 durchgeführt worden ist und zu dem dort vorgezeichneten Ergebnis geführt hat. Über die Anfrage entscheidet der jeweilige Senat unter **Beteiligung der ehrenamtlichen Richter**, die auch den Anfragebeschluss zu unterschreiben haben (§ 45 Abs. 3 Satz 3, § 75)[1]. Das entsprechende gilt für die Antwort des Senats, von dessen Erkenntnis abgewichen werden soll. Eine **Ausnahme** – Entscheidung nur durch die Berufsrichter des Senats – gilt wohl, wenn im Ausgangsverfahren über eine Revisionsbeschwerde nach § 77 zu entscheiden ist[2]. 7

b) Vorlagepflicht. Liegen die Voraussetzungen für eine Divergenzvorlage nach Abs. 2 und Abs. 3 vor, muss der betreffende Senat die Sache dem Großen Senat vorlegen. Der **Große Senat** ist in diesem Fall **gesetzlicher Richter** iSd. Art. 101 Abs. 1 Satz 1 GG[3]. War es unter keinem rechtlichen Gesichtspunkt vertretbar, also willkürlich, den Großen Senat nicht anzurufen, kann die Entscheidung des Fachsenats erfolgreich mit einer **Verfassungsbeschwerde** angegriffen werden[4]. 8

2. Grundsatzvorlage. a) Verfassungsrechtliche Bedenken. Die Grundsatzvorlage des § 45 Abs. 4 geht auf eine von nationalsozialistischem Gedankengut geprägte Änderung des Gerichtsverfassungsgesetzes vom 28.6.1935 zurück[5]. Die Regelung begegnet aber auch unabhängig davon verfassungsrechtlichen Bedenken[6]. Die Richter des nach Geschäftsverteilungsplan für einen Rechtsstreit zuständigen Fachsenats sind **gesetzliche Richter** iSd. Art. 101 Abs. 1 GG. Sie bleiben dies auch, wenn eine Rechtsfortbildung in Fragen grundsätzlicher Bedeutung in Betracht kommt. Es ist Sache der einzelnen Fachsenate, zur Rechtsfortbildung beizutragen, wie sich schon aus § 72 Abs. 2 ergibt, der die Zulassung der Revision an das BAG, nicht nur an dessen Großen Senat vorsieht[7]. Im Übrigen ist die Aufgabe der Wahrung der Rechtseinheit und der Rechtsfortbildung dem BAG insgesamt zugewiesen; diese Aufgabenstellung war überhaupt Anlass für die Einführung einer Revisionsinstanz in der Arbeitsgerichtsbarkeit. Das BAG entscheidet auch durch seine Spruchkörper, die Fachsenate. Soll an dessen Stelle der an demselben Gericht angesiedelte Große Senat der gesetzliche Richter sein, müsste **präzise und willkürfrei** geregelt sein, wann dies so ist und wann nicht. Eine solche Regelung fehlt. 9

Nach § 45 Abs. 2 hat der Fachsenat einen mit Art. 101 Abs. 1 Satz 2 GG unvereinbar weiten Ermessensspielraum bei der Entscheidung, ob er vor einer Sachentscheidung eine Grundsatzvorlage beschließt oder nicht, sich also seiner Aufgabe als gesetzlicher Richter entledigt. Eine **verfassungskonforme Auslegung**, die den Fachsenaten die ihnen vorrangig zugewiesene Aufgabe, in ihrem Zuständigkeitsbereich selbst zur Rechtsfortbildung beizutragen, nicht gänzlich entziehen kann, könnte dahin gehen, eine Vorlagepflicht anzunehmen, wenn eine Rechtsfrage von näher zu bestimmender grundsätzlicher Bedeutung zur Entscheidung ansteht, die **für mehrere Fachsenate entscheidungserheblich** sein kann[8]. 10

b) Der Tatbestand des Abs. 4. Die Beantwortung der Frage, wann eine Rechtsfrage iSv. § 45 Abs. 4 grundsätzliche Bedeutung hat, ist bislang **wenig konturiert**. Sie kann nicht allein unter Rückgriff auf die Rspr. zu § 72 Abs. 2 Nr. 1 festgestellt werden. Insbesondere dürfte die Zahl der von der Rechtsfrage betroffenen Arbeitsverhältnisse weniger bedeutsam sein. Entscheidend ist, ob die umstrittene Rechtsfrage von **wesentlichem, prägenden Gewicht** für die Rspr. und das Arbeitsleben ist. Hinzu muss kommen, dass die zur Rechtsfortbildung anstehende Frage nicht nur in die Zuständigkeit eines einzelnen Fachsenats fällt, nur dort entscheidungserheblich werden kann. 11

IV. Verfahren. Der Vorlagebeschluss des anfragenden Senats ist mit den Prozessakten dem Vorsitzenden des Großen Senats zuzuleiten, der zwei Berufsrichter zu Berichterstattern bestellt (§ 8 Abs. 2 der Geschäftsordnung). Nach Vorlage der Voten wird in der Sitzung aller Mitglieder des Großen Senats über die zur Beurteilung vorgelegten Rechtsfrage – nicht den Rechtsstreit, in dem sich diese Rechtsfrage stellt – durch Beschluss entschieden, dem eine **mündliche Verhandlung** vorangehen kann, aber nicht muss (Abs. 7 Satz 2). Dabei hat der Große Senat – ggf. vorab entsprechend §§ 280, 303 ZPO – über die Zulässigkeit der Vorlage zu entscheiden, also darüber, ob die Vorlage seitens des zuständigen Senats erfolgte[9], und ob ein Vorlagegrund nach Abs. 2 oder Abs. 4 auch tatsächlich besteht. Wird hiernach die Entscheidung der Rechtsfrage nicht – durch Beschluss – abgelehnt, ergeht ein Beschluss, in dem die Vorlagefrage beantwortet wird. 12

---

1 Düwell/Lipke/*Düwell*, § 45 ArbGG Rz. 11. | 2 Düwell/Lipke/*Düwell*, § 45 ArbGG Rz. 13. | 3 BVerfG v. 11.5.1965 – 2 BvR 259/63, BVerfGE 19, 38, 43; v. 9.6.1971 – 2 BvR 225/69, BVerfGE 31, 145, 171 f.; v. 29.6.1976 – 2 BvR 948/75, BVerfGE 42, 237, 241; zum Willkürmaßstab: *Offerhaus*, FS 75 Jahre Reichsfinanzhof – Bundesfinanzhof, S. 623, 637 f.; kritisch *Rüthers/Bakker*, ZfA 1992, 199, 219 f. | 4 BVerfG v. 11.5.1965 – 2 BvR 259/63, BVerfGE 19, 38, 43; v. 29.6.1976 – 2 BvR 948/75, BVerfGE 42, 237, 241 f. mwN. | 5 Vgl. etwa *Rudolf Lehmann*, JW 1935, 2327, 2328 f. | 6 Ebenso GK-ArbGG/*Dörner*, § 45 Rz. 36 ff.; ErfK/*Koch*, § 45 Rz. 6; Düwell/Lipke/*Düwell*, § 45 ArbGG Rz. 16 f. | 7 Zur allgemeinen Aufgabe der Rechtsfortbildung – auch – durch das BAG zB *Rose*, FS Dieter Stege, S. 186; *Dieterich*, RdA 1993, 67. | 8 ErfK/*Koch*, § 45 Rz. 6; GK-ArbGG/*Dörner*, § 45 Rz. 53. | 9 BAG v. 2.9.1983 – GS 1/82, AP Nr. 1 zu § 45 ArbGG 1979.

ArbGG § 45 Rz. 13 — Großer Senat

13 Bis zur Entscheidung bleiben die Prozessparteien, für die durch das Verfahren vor dem Großen Senat **keine zusätzlichen Kosten** entstehen, Herren des Verfahrens. Sie haben insb. das Recht, den Rechtsstreit durch Klagerücknahme, Rechtsmittelrücknahme, Verzicht, Vergleich oder Anerkenntnis zu beenden und so dem Verfahren vor dem Großen Senat die Grundlage zu nehmen[1]. Dies ist – möglicherweise aus stategischen Gründen – bereits zweimal geschehen.

14 **V. Wirkung der Entscheidung.** Der Fachsenat muss die Rechtsauffassung des Großen Senats bei seiner Sachentscheidung in dem Rechtsstreit, der Anlass der Vorlage war, zugrunde legen (Abs. 7 Satz 3). Eine darüber hinausgehende **Bindungswirkung** tritt durch den Beschluss des Großen Senats nicht ein. Bei rein rechtlicher Betrachtung handelt es sich im Übrigen nur um eine weitere divergenzfähige Entscheidung iSv. § 45 Abs. 2, § 72 Abs. 2 Nr. 2.

Dritter Teil. Verfahren vor den Gerichten für Arbeitssachen

Erster Abschnitt. Urteilsverfahren

Erster Unterabschnitt. Erster Rechtszug

46 *Grundsatz*
(1) Das Urteilsverfahren findet in den in § 2 Abs. 1 bis 4 bezeichneten bürgerlichen Rechtsstreitigkeiten Anwendung.

(2) Für das Urteilsverfahren des ersten Rechtszugs gelten die Vorschriften der Zivilprozessordnung über das Verfahren vor den Amtsgerichten entsprechend, soweit dieses Gesetz nichts anderes bestimmt. Die Vorschriften über den frühen ersten Termin zur mündlichen Verhandlung und das schriftliche Vorverfahren (§§ 275 bis 277 der Zivilprozessordnung), über das vereinfachte Verfahren (§ 495a der Zivilprozessordnung), über den Urkunden- und Wechselprozess (§§ 592 bis 605a der Zivilprozessordnung), über die Entscheidung ohne mündliche Verhandlung (§ 128 Abs. 2 der Zivilprozessordnung) und über die Verlegung von Terminen in der Zeit vom 1. Juli bis 31. August (§ 227 Abs. 3 Satz 1 der Zivilprozessordnung) finden keine Anwendung. § 127 Abs. 2 der Zivilprozessordnung findet mit der Maßgabe Anwendung, dass die sofortige Beschwerde bei Bestandsschutzstreitigkeiten unabhängig von dem Streitwert zulässig ist.

1 **I. Allgemeines.** In Abs. 1 wiederholt die Vorschrift die Regelung in § 2 Abs. 5, wonach in den Rechtsstreitigkeiten des § 2 Abs. 1 bis 4 das Urteilsverfahren stattfindet. Sodann ordnet sie in Abs. 2 an, welche Verfahrensvorschriften für das arbeitsgerichtliche Urteilsverfahren des ersten Rechtszugs gelten. Für die weiteren Rechtszüge finden sich ähnliche Regelungen in § 64 Abs. 6 und 7 (Berufungsverfahren) bzw. § 72 Abs. 5 (Revisionsverfahren).

2 **II. Urteilsverfahren.** Der Begriff des Urteilsverfahrens wird vom Gesetz vorausgesetzt. Das Urteilsverfahren ist das dem üblichen Zivilprozess der ZPO angeglichene gerichtliche Verfahren, für das der Grundsatz der Mündlichkeit, der Verhandlungsgrundsatz/Kooperationsgrundsatz, die Dispositionsmaxime, der Grundsatz der Unmittelbarkeit, der Grundsatz der Öffentlichkeit und der Beschleunigungsgrundsatz gelten und das der Rechtsverwirklichung in Form der individuellen Rechtsdurchsetzung (Klägerperspektive) bzw. Rechtsabwehr (Beklagtenperspektive) unter Wahrung der Parteiautonomie dient. In Abgrenzung wird im Beschlussverfahren auf Antrag eines Beteiligten über betriebsverfassungsrechtliche oder sonstige kollektivrechtliche Fragen iSv. § 2a Abs. 1 entschieden. Die Wahl der Verfahrensart steht nicht zur Disposition der Parteien bzw. Beteiligten[2].

3 **III. Verfahrensgrundsätze des arbeitsgerichtlichen Verfahrens.** Das Zivilverfahrensrecht baut auf bestimmten Verfahrensgrundsätzen (Prozessmaximen) auf, die die wichtigen Entscheidungen für die Gestaltung des Verfahrens enthalten. Diese gelten mit Modifikationen auch im ArbG-Verfahren. Sie konkretisieren sich in zahlreichen Einzelbestimmungen, sind aber darüber hinaus in einschlägigen Zweifelsfragen als Wertentscheidung des Gesetzgebers zu berücksichtigen. Als wichtige Verfahrensgrundsätze sind der Dispositionsgrundsatz, der Verhandlungsgrundsatz/Kooperationsgrundsatz, der Grundsatz der Mündlichkeit, der Unmittelbarkeit und der Öffentlichkeit, der Konzentrationsgrundsatz und der Grundsatz der freien richterlichen Beweiswürdigung zu nennen; als verfassungsrechtlich gebotene Prozessmaxime tritt dazu der Grundsatz der Wahrung rechtlichen Gehörs.

4 **IV. Anzuwendende Vorschriften. 1. Überblick.** Für das arbeitsgerichtliche Urteilsverfahren des ersten Rechtszugs gelten mit Vorrang die Normen des ArbGG. Soweit das ArbGG keine Regelung trifft, gelten

---

1 BAG v. 4.9.1987 – 8 AZR 487/80, AP Nr. 11 zu § 45 ArbGG 1979. | 2 GMPM/*Germelmann*, § 46 ArbGG Rz. 3; GK-ArbGG/*Schütz*, § 46 Rz. 4.

die Vorschriften der ZPO über das Verfahren vor den AG (§§ 495–510b ZPO) entsprechend. Für das Verfahren vor den AG gelten nach § 495 ZPO die Vorschriften über das Verfahren vor dem LG (§§ 253–494a ZPO), soweit nicht aus den allgemeinen Vorschriften des Ersten Buches der ZPO (§§ 1–252 ZPO) und aus den §§ 495–510b ZPO sich Abweichungen ergeben.

2. Ausdrücklich ausgenommene Vorschriften (Abs. 2 Satz 2). a) Früher erster Termin (§§ 275–277 ZPO). Die Vorschriften über den frühen ersten Termin zur mündlichen Verhandlung und das schriftliche Vorverfahren (§§ 275–277 ZPO) finden nach § 46 Abs. 2 Satz 2 keine Anwendung. Aufgrund der Vorschriften zum Güteverfahren (§ 54), zur Vorbereitung der streitigen Verhandlung (§ 56) und zur besonderen Prozessförderung in Kündigungsverfahren besteht hierfür auch kein Bedarf. Ein schriftliches Vorverfahren widerspräche auch der besonderen Betonung des Mündlichkeitsprinzips in §§ 54, 47 Abs. 2[1].

b) Verfahren nach billigem Ermessen (§ 495a ZPO). Ebenfalls keine Anwendung findet nach § 46 Abs. 2 Satz 2 das Verfahren nach billigem Ermessen des § 495a ZPO. Nach dieser Vorschrift kann das AG sein Verfahren nach billigem Ermessen bestimmen, wenn der Streitwert 600 Euro nicht übersteigt. Nur auf Antrag muss mündlich verhandelt werden.

c) Entscheidung ohne mündliche Verhandlung. § 46 Abs. 2 Satz 2 ordnet des Weiteren den Ausschluss der Entscheidung ohne mündliche Verhandlung nach § 128 Abs. 2 ZPO an und betont auch auf diese Weise den besonderen Stellenwert des Mündlichkeitsprinzips im arbeitsgerichtlichen Verfahren. Der Ausschluss des schriftlichen Verfahrens betrifft aber nur das erstinstanzliche Verfahren. In der Berufungs- und ebenfalls in der Revisionsinstanz ist das schriftliche Verfahren mangels Bezugnahme auf § 46 Abs. 2 in § 64 Abs. 7 bzw. § 72 Abs. 6 zulässig.

d) Urkunden- und Wechselprozess. Schließlich finden nach § 46 Abs. 2 Satz 2 die Vorschriften über den Urkunden- und Wechselprozess (§§ 592–605a ZPO) keine Anwendung. § 46 Abs. 2 Satz 2 enthält keine Rechtswegregelung für den Urkunden- und Wechselprozess, sondern er schließt diese Verfahrensart lediglich für Rechtsstreitigkeiten vor den Gerichten für Arbeitssachen aus. Dabei setzt § 46 Abs. 2 voraus, dass der Rechtsweg zu den Gerichten für Arbeitssachen eröffnet ist. Aus der Vorschrift lässt sich nicht folgern, dass wegen des Ausschlusses der Verfahrensart der Rechtsweg zu solchen, insb. zu den ordentlichen Gerichten eröffnet sei oder sein müsse, vor denen Urkunden- und Wechselprozesse geführt werden können. Vielmehr macht der Zusammenhang zwischen der Rechtswegregelung in § 2 Abs. 1 Nr. 4a und dem Ausschluss lediglich bestimmter Verfahrensarten deutlich, dass zwar der Rechtsweg zu den Gerichten für Arbeitssachen auch dann eröffnet ist, wenn zwischen ArbN oder deren Hinterbliebenen und ArbGeb über abstrakte Rechtsgeschäfte gestritten wird, die im rechtlichen oder unmittelbaren wirtschaftlichen Zusammenhang mit dem Arbeitsverhältnis stehen, dass dort aber die nur zunächst schnelle, dann aber durch das mögliche Nachverfahren nicht mehr raschere Verfahrensart des Urkunden- und Wechselprozesses nicht zur Verfügung steht[2].

e) Terminsverlegung. Schließlich findet die Regelung aus § 227 Abs. 3 Satz 1 ZPO zur erleichterten Möglichkeit der Terminsverlegung in der Zeit vom 1. Juli bis 31. August keine Anwendung. Für die Terminsverlegung bedarf es daher durchgehend eines erheblichen Grundes nach § 227 Abs. 1 Satz 1 ZPO.

V. Klage im arbeitsgerichtlichen Urteilsverfahren. Das arbeitsgerichtliche Urteilsverfahren wird durch die Klage, durch Mahnantrag oder durch Antrag im Verfahren des Arrestes oder der einstweiligen Verfügung eingeleitet.

1. Klage. Die Klage leitet ohne Rücksicht auf Zulässigkeit und Begründetheit das Urteilsverfahren ein. Sie begründet das Prozessrechtsverhältnis zwischen den Parteien und zwischen den Parteien und dem Gericht. Sie enthält das Gesuch an das Gericht, durch Urteil Rechtsschutz zu gewähren, und legt dessen Art (Leistungs-, Feststellungs- oder Gestaltungsurteil) und Umfang (§ 308 ZPO) fest[3].

2. Klagearten. a) Leistungsklage. Leistungsklagen dienen der Durchsetzung eines vom Kläger behaupteten Anspruchs zum Zwecke der Befriedigung. Der Anspruch kann gerichtet sein auf ein positives Tun, ein Unterlassen (§§ 241 Satz 2, 194 Abs. 1 BGB) oder ein Dulden. Das stattgebende Urteil enthält die rechtsbezeugende (deklaratorische), rechtskraftfähige Feststellung, dass der Anspruch besteht und den Leistungsbefehl an den Beklagten als Grundlage für die Zwangsvollstreckung[4].

b) Feststellungsklage. Feststellungsklagen (§ 256 ZPO) zielen auf die Feststellung, dass zwischen den Parteien ein Rechtsverhältnis besteht (positive Feststellungsklage) oder nicht besteht (negative Feststellungsklage). Sie können auch der Feststellung dienen, ob eine Urkunde echt oder unecht ist. Dabei beschränken sie sich auf die rechtsbezeugende (deklaratorische), rechtskraftfähige Feststellung; das Urteil enthält keinen vollstreckungsfähigen Leistungsbefehl. Ihr Ziel reicht nicht so weit wie bei den Leistungsklagen, ihr Gegenstand ist dagegen umfassender, sie kann Rechte und Rechtsverhältnisse jeder Art betreffen, nicht nur Ansprüche wie bei den Leistungsklagen. Feststellungsurteile sind auch die klageabweisenden Urteile und die Zwischenurteile[5].

---

1 GMPM/*Germelmann*, § 46 ArbGG Rz. 21. | 2 BAG v. 7.11.1996 – 5 AZB 19/96, MDR 1997, 269. | 3 *Thomas/Putzo*, Vorb. § 253 ZPO Rz. 1. | 4 *Thomas/Putzo*, Vorb. § 253 ZPO Rz. 3. | 5 *Thomas/Putzo*, Vorb. § 253 ZPO Rz. 4.

14 **aa) Besondere Prozessvoraussetzungen.** Die Feststellungsklage hat zwei besondere Prozessvoraussetzungen: Zum einen muss ihr als Streitgegenstand die Behauptung des Bestehens oder Nichtbestehens eines Rechtsverhältnisses zugrunde liegen, zum anderen muss der Feststellungskläger ein rechtliches Interesse an alsbaldiger Feststellung haben. Fehlt eine der beiden Voraussetzungen, ist die Feststellungsklage unzulässig. Gleichwohl lässt die Rspr. bei fehlendem Feststellungsinteresse ein klageabweisendes Sachurteil zu, weil das Fehlen des Feststellungsinteresses nicht ein Sachurteil überhaupt, sondern nur ein dem Kläger günstiges verhindere[1].

15 **bb) (Nicht-)Bestehen eines Rechtsverhältnisses.** Rechtsverhältnis ist eine aus dem vorgetragenen Sachverhalt abgeleitete Beziehung von Personen untereinander oder zu einem Gegenstand[2]. Es muss hinreichend konkret, dh. seinen wesentlichen Tatumständen nach eingrenzbar sein. Die Feststellung kann auch auf einzelne Folgen der Rechtsbeziehungen zielen, zB auf Feststellung eines einzelnen Anspruchs. Es kann auch um eine negative Feststellung gehen, dass kein Anspruch aus einer bestimmten selbständigen Anspruchsgrundlage besteht, wenn nach dem Sachverhalt andere, konkurrierende Anspruchsgrundlagen in Betracht kommen[3].

16 Das Rechtsverhältnis muss des Weiteren gegenwärtig sein. Es darf nicht erst künftig sein, kann aber noch bedingt oder betagt sein[4]. Dass es bereits vergangen ist, schadet nicht, wenn der Kläger daraus noch Wirkungen herleiten kann[5].

17 Kein Rechtsverhältnis sind bloße, auch rechtserhebliche Tatsachen, ferner einzelne Elemente oder Vorfragen eines Rechtsverhältnisses[6] oder auch abstrakte Rechtsfragen ohne Bezug auf ein konkretes Rechtsverhältnis. Hierzu gehören auch Rechtsfragen, die erst für die künftige Entstehung von Rechtsverhältnissen Bedeutung haben.

18 **cc) Feststellungsinteresse.** Das rechtliche Interesse an alsbaldiger Feststellung nach § 256 Abs. 1 ZPO ist eine besondere Ausprägung des Rechtsschutzinteresses als Sachurteilsvoraussetzung. Dabei muss es sich um ein eigenes[7], nicht ausschließlich wirtschaftliches oder persönliches Interesse handeln. Anstelle des Feststellungsinteresses tritt bei der Zwischenfeststellungsklage nach § 256 Abs. 2 ZPO die Vorgreiflichkeit. Fehlt in einem Rechtsstreit das Feststellungsinteresse, ist daher stets zu prüfen, ob nicht Vorgreiflichkeit iSv. § 256 Abs. 2 ZPO vorliegt. Das Rechtsverhältnis muss durch eine tatsächliche Unsicherheit gefährdet sein. Dies ist der Fall, wenn Streit zwischen den Parteien über Art und Umfang eines Anspruchs besteht, wenn der Beklagte Rechten des Klägers zuwiderhandelt oder sie ernstlich bestreitet[8], wenn sich eine Partei eines Rechts gegen die andere berühmt[9]. Das Feststellungsinteresse entfällt, sobald der Beklagte seinen bisherigen Standpunkt als Irrtum erkennt und endgültig aufgibt. Das angestrebte Feststellungsurteil muss geeignet sein, die Unsicherheit zu beseitigen[10]. „Alsbald" iSv. § 256 Abs. 1 ZPO bedeutet, dass das Bedürfnis auf Feststellung wenigstens in nicht ferner Zukunft besteht[11].

19 Das Feststellungsinteresse fehlt, wenn dem Kläger ein einfacherer Weg zur Verfügung steht, um sein Ziel zu erreichen. Dies trifft insb. in den Fällen zu, in denen eine Klage auf fällige Leistung möglich ist, ausgenommen die Feststellungsklage führt im Einzelfall unter dem Gesichtspunkt der Prozesswirtschaftlichkeit zu einer sinnvollen und sachgemäßen Erledigung der aufgetretenen Streitpunkte[12]. Für die negative Feststellungsklage entfällt das Feststellungsinteresse grundsätzlich, sobald die positive Feststellungsklage erhoben wird und einseitig nicht mehr zurückgenommen werden kann[13], außer wenn zu diesem Zeitpunkt die negative Feststellungsklage aus der Sicht der letzten mündlichen Verhandlung entscheidungsreif ist[14]. Entsprechendes gilt für die positive Feststellungsklage, wenn später Leistungsklage mit gleichem Streitstoff erhoben wird[15].

20 **dd) Zwischenfeststellungsklage.** Die Rechtskraftwirkung eines Urteils bezieht sich nur auf die Entscheidung über den prozessualen Anspruch selbst. Mit der Zwischenfeststellungsklage wird die Ausdehnung der Rechtskraft auf das ein Leistungsurteil bedingende Rechtsverhältnis und die tragenden Entscheidungsgründe bezweckt. Erhoben werden kann sie nur vom Kläger zusammen mit der Leistungsklage oder nachträglich (objektive Klagenhäufung, § 260 ZPO) oder vom Beklagten als Widerklage[16]. Eine zunächst allein erhobene selbständige Feststellungsklage wird zur Zwischenfeststellungsklage, wenn eine Leistungsklage oder Widerklage erst im Verlauf des Rechtsstreits nachgeschoben wird[17].

21 Das Rechtsschutzbedürfnis liegt in der Vorgreiflichkeit. Diese ist gegeben, wenn das inzidenter zu klärende Rechtsverhältnis zwischen den Parteien noch über den Streitgegenstand hinaus Bedeutung

---

1 BAG v. 3.5.1994 – 9 AZR 606/92, AP Nr. 65 zu § 74 HGB; v. 14.3.1978 – VI ZR 68/76, NJW 1978, 2031; aA *Hauck*, § 46 ArbGG Rz. 36. | 2 BGH v. 15.10.1956 – III ZR 226/55, NJW 1957, 21. | 3 BGH v. 3.5.1983 – VI ZR 79/80, MDR 1983, 1014. | 4 BGH v. 10.10.1991 – IX ZR 38/91, MDR 1992, 297. | 5 BAG v. 21.3.1993 – 9 AZR 580/90, AP Nr. 22 zu § 256 ZPO 1977. | 6 BGH v. 1.1.1994 – III ZR 137/93, MDR 1995, 105 (betr. Wiedergabe gesetzlichen Verbotstatbestands im Antrag). | 7 BGH v. 6.7.1989 – IX 280/88, NJW-RR 1990, 318. | 8 BGH v. 7.2.1986 – V ZR 201/84, MDR 1986, 743. | 9 BGH v. 29.11.1990 – IX ZR 265/89, MDR 1991, 627. | 10 BGH v. 22.6.1977 – VIII ZR 5/76. | 11 *Thomas/Putzo*, § 256 ZPO Rz. 17. | 12 BGH v. 9.6.1983 – III ZR 74/82, MDR 1984, 28. | 13 BGH v. 28.6.1973 – VII ZR 200/72, MDR 1973, 925. | 14 BGH v. 22.1.1987 – I ZR 230/85, MDR 1987, 558. | 15 BGH v. 21.12.1989 – IX ZR 234/88, MDR 1990, 540. | 16 *Thomas/Putzo*, § 256 ZPO Rz. 26. | 17 BGH v. 6.1.1989 – IX ZR 280/88, NJW-RR 1990, 318; v. 4.5.1994 – XII ZR 24/93, NJW 1994, 2759.

gewinnen kann[1]. Es fehlt, wenn das Rechtsverhältnis keine weiteren Folgen zeitigen kann als die mit der Hauptklage zur Entscheidung gestellten, diese Entscheidung also die Rechtsbeziehungen mit Rechtskraftwirkung erschöpfend klarstellt.

c) **Gestaltungsklage.** Gestaltungsklagen dienen der Durchsetzung eines vom Kläger behaupteten privatrechtlichen Rechts auf Begründung, Änderung oder Aufhebung eines Rechtsverhältnisses. Der Gestaltungsklage liegt kein Anspruch zugrunde. Sie ist vielmehr darauf gerichtet, durch ein rechtsänderndes (konstitutives Urteil) eine bisher nicht vorhandene Rechtsfolge zu schaffen, die mit der formellen Rechtskraft des stattgegebenen Urteils eintritt[2]. Anwendbar ist die Gestaltungsklage überall dort, wo das Gesetz für die Ausübung des Gestaltungsrechts Klage und Urteil voraussetzt (zB bei §§ 9, 10 KSchG; § 78a Abs. 4 Nr. 2 BetrVG). 22

46a *Mahnverfahren*

(1) Für das Mahnverfahren vor den Gerichten für Arbeitssachen gelten die Vorschriften der Zivilprozessordnung über das Mahnverfahren einschließlich der maschinellen Bearbeitung entsprechend, soweit dieses Gesetz nichts anderes bestimmt.

(2) Zuständig für die Durchführung des Mahnverfahrens ist das Arbeitsgericht, das für die im Urteilsverfahren erhobene Klage zuständig sein würde.

(3) Die in den Mahnbescheid nach § 692 Abs. 1 Nr. 3 der Zivilprozessordnung aufzunehmende Frist beträgt eine Woche.

(4) Wird rechtzeitig Widerspruch erhoben und beantragt eine Partei die Durchführung der mündlichen Verhandlung, so hat die Geschäftsstelle dem Antragsteller unverzüglich aufzugeben, seinen Anspruch binnen zwei Wochen schriftlich zu begründen. Bei Eingang der Anspruchsbegründung bestimmt der Vorsitzende den Termin zur mündlichen Verhandlung. Geht die Anspruchsbegründung nicht rechtzeitig ein, so wird bis zu ihrem Eingang der Termin nur auf Antrag des Antragsgegners bestimmt.

(5) Die Streitsache gilt als mit Zustellung des Mahnbescheids rechtshängig geworden, wenn alsbald nach Erhebung des Widerspruchs Termin zur mündlichen Verhandlung bestimmt wird.

(6) Im Falle des Einspruchs wird Termin bestimmt, ohne dass es eines Antrags einer Partei bedarf.

(7) Das Bundesministerium für Wirtschaft und Arbeit wird ermächtigt, durch Rechtsverordnung mit Zustimmung des Bundesrates den Verfahrensablauf zu regeln, soweit dies für eine einheitliche maschinelle Bearbeitung der Mahnverfahren erforderlich ist (Verfahrensablaufplan).

(8) Das Bundesministerium für Wirtschaft und Arbeit wird ermächtigt, durch Rechtsverordnung mit Zustimmung des Bundesrates zur Vereinfachung des Mahnverfahrens und zum Schutze der in Anspruch genommenen Partei Vordrucke einzuführen. Dabei können für Mahnverfahren bei Gerichten, die die Verfahren maschinell bearbeiten, und für Mahnverfahren bei Gerichten, die die Verfahren nicht maschinell bearbeiten, unterschiedliche Vordrucke eingeführt werden.

I. Allgemeines. Für das Mahnverfahren vor den Gerichten für Arbeitssachen gelten die §§ 688–703d ZPO, soweit nicht in § 46a Abs. 2 bis 8 anderes bestimmt ist (Abs. 1). Für das arbeitsgerichtliche Verfahren bestehen hauptsächlich Besonderheiten im Hinblick auf die örtliche Zuständigkeit, die Widerspruchsfrist und den Ausschluss des Urkunden- und Wechselverfahrens. Eine Automatisierung des Mahnverfahrens war für das arbeitsgerichtliche Verfahren zunächst nicht vorgesehen. Durch Gesetz vom 29.6.1998 hat der Gesetzgeber jedoch diese Möglichkeit für das Mahnverfahren vor den ArbG eröffnet (s. Absätze 1, 7 und 8). 1

II. Zulässigkeit des Mahnverfahrens. 1. Allgemeine Verfahrensvoraussetzungen. Für das arbeitsgerichtliche Mahnverfahren müssen die allgemeinen Prozessvoraussetzungen des arbeitsgerichtlichen Urteilsverfahrens vorliegen, nämlich der Rechtsweg zu den Gerichten für Arbeitssachen, Parteifähigkeit, Prozessfähigkeit, gesetzliche Vertretung, Rechtsschutzbedürfnis und örtliche Zuständigkeit. Das Vorliegen dieser Voraussetzungen hat der Rechtspfleger trotz Wegfalls der Schlüssigkeitsprüfung im Rahmen seines begrenzten Prüfungsrechts[3] zu prüfen. Insbesondere Rechtswegerschleichungen wird er jedoch im Regelfall nicht beggnen können. 2

2. Örtliche Zuständigkeit. In Abweichung von § 689 Abs. 2 ZPO richtet sich die örtliche Zuständigkeit nach Abs. 2. Danach ist für die Durchführung des Mahnverfahrens das ArbG zuständig, das für die im Urteilsverfahren erhobene Klage zuständig sein würde. Damit richtet sich die örtliche Zuständigkeit nach den §§ 12 bis 37 ZPO und nicht – wie im zivilprozessualen Verfahren – nach dem Wohnsitz oder Sitz des Antragstellers. Wirksame Gerichtsstandsvereinbarungen nach § 38 Abs. 3 ZPO gelten auch im Mahnverfahren[4]. Nach § 690 Abs. 1 Nr. 2 ZPO muss der Antragsteller in seinem Antrag auf Erlass des Mahnbescheids das Gericht bezeichnen, das für ein streitiges Verfahren zuständig ist. 3

---

1 BAG v. 3.3.1999 – 5 AZR 363/98, AP Nr. 21 zu § 611 BGB – Croupier; BGH v. 17.5.1977 – VI ZR 174/74, MDR 1977, 1009; v. 4.5.1994 – XII ZR 24/93, NJW 1994, 2759. | 2 *Thomas/Putzo*, Vorb. § 253 ZPO Rz. 5. | 3 Zöller/*Vollkommer*, § 691 ZPO Rz. 1. | 4 GMPM/*Germelmann*, § 46a ArbGG Rz. 13.

Durch die Bezeichnung des zuständigen ArbG übt der Antragsteller zugleich selbstbindend sein Wahlrecht nach § 35 ZPO aus. Geht das Mahnverfahren in das Hauptverfahren über, bleibt es bei der bestehenden örtlichen Zuständigkeit.

4   **3. Zahlungsanspruch.** Im Mahnverfahren kann nach § 688 Abs. 1 ZPO regelmäßig nur die Zahlung einer bestimmten Geldsumme in Euro geltend gemacht werden. Ausnahmsweise kann der Mahnbescheid auch auf eine bestimmte Geldsumme in ausländischer Währung lauten. Dies ist nach § 688 Abs. 3 ZPO der Fall, wenn das Anerkennungs- und Vollstreckungsausführungsgesetz vom 19.2.2001 (BGBl. I S. 288) dies vorsieht.

5   Das arbeitsgerichtliche Mahnverfahren ist dabei nur für Zahlungsansprüche zulässig, die im Urteilsverfahren geltend gemacht werden können (arg. § 46a Abs. 2). Soweit Zahlungsansprüche im Beschlussverfahren durchzusetzen sind, können sie nicht im arbeitsgerichtlichen Mahnverfahren verfolgt werden[1].

6   Mehrere Zahlungsansprüche können in einem Mahnantrag verbunden werden, wenn für jeden Zahlungsanspruch die allgemeinen und besonderen Verfahrensvoraussetzungen vorliegen (entspr. § 260 ZPO). Die gerichtliche Verbindung von Mahnbescheiden (entspr. § 147 ZPO) scheidet aus[2]. Bei Streitgenossen nach § 59 ZPO ergehen für und gegen jeden getrennte, teilweise inhaltlich gleich lautende, voneinander abhängige Mahnbescheide[3].

7   **4. Erbrachte Gegenleistung.** Das Mahnverfahren findet nach § 688 Abs. 2 Nr. 2 ZPO nicht statt, wenn die Geltendmachung des Anspruchs von einer noch nicht erbrachten Gegenleistung abhängig ist. Die Forderung muss im Zeitpunkt des Mahnbescheiderlasses fällig und unbedingt sein[4]. Ausgeschlossen sind künftige Ansprüche auf Arbeitsvergütung oder sonstige arbeitsvertragliche Geldleistungen, die ihren Rechtsgrund im Austauschverhältnis haben. Die §§ 257 bis 259 ZPO (Klage auf künftige Leistung, Klage auf wiederkehrende Leistung, Klage wegen Besorgnis der Nichterfüllung) finden im Mahnverfahren keine entsprechende Anwendung[5].

8   **5. Keine öffentliche Bekanntmachung.** Nach § 688 Abs. 2 Nr. 3 ZPO findet das Mahnverfahren nicht statt, wenn die Zustellung des Mahnbescheids durch öffentliche Bekanntmachung iSv. §§ 185 ff. ZPO erfolgen müsste. Wenn sich erst im Laufe des Mahnverfahrens herausstellt, dass eine Zustellung nur durch öffentliche Bekanntmachung möglich wäre, ist der Antrag auf Erlass eines Mahnbescheids zurückzuweisen (§ 691 Abs. 1 Satz 1 Nr. 1 ZPO), wobei der Antragsteller vorab zu hören ist (§ 691 Abs. 1 Satz 2 ZPO). Eine Abgabe entsprechend § 696 ZPO in das streitige Verfahren ist nicht möglich[6], weshalb vom Antragsteller Klage zu erheben ist.

9   **III. Durchführung des Mahnverfahrens. 1. Antrag. a) Form.** Das Mahnverfahren wird auf Antrag durchgeführt (§ 688 Abs. 1 ZPO). Der Antragsteller muss dafür das amtlich vorgeschriebene Formular benutzen (§§ 703c Abs. 2, 702 Abs. 1 Satz 2 ZPO, § 46a Abs. 7 iVm. der VO zur Einführung von Vordrucken für das arbeitsgerichtliche Mahnverfahren vom 15. 12. 1977[7]). Nach § 1 Abs. 1 Satz 2 der VO gilt dies nicht für Mahnverfahren, in denen der Antragsteller das Mahnverfahren maschinell betreibt und in denen der Mahnbescheid im Ausland oder nach Art. 32 des Zusatzabkommens zum NATO-Truppenstatut vom 3.8.1959 zuzustellen ist.

10 Der Antrag bedarf nach § 690 Abs. 2 ZPO der handschriftlichen Unterzeichnung. Hier gelten die gleichen Anforderungen wie für die Unterzeichnung eines bestimmenden Schriftsatzes (vgl. zum automatisierten Mahnverfahren Rz. 36). Die Einreichung des Antrags per Telefax wird als zulässig erachtet[8]. Der telegraphischen Einreichung steht der Vordruckzwang entgegen.

11 Im Mahnverfahren bedarf es des Nachweises einer Vollmacht nicht. Wer als Bevollmächtigter einen Antrag einreicht oder einen Rechtsbehelf einlegt, hat seine ordnungsgemäße Bevollmächtigung zu versichern (§ 703 ZPO).

12 Die Anträge und Erklärungen im Mahnverfahren können vor dem Urkundsbeamten der Geschäftsstelle abgegeben werden. Dabei werden die amtlichen Vordrucke ausgefüllt. Der Urkundsbeamte vermerkt unter Angabe des Gerichts und des Datums, dass er den Antrag oder die Erklärung aufgenommen hat (§ 702 Abs. 1 ZPO).

13 Der Antrag auf Erlass eines Mahnbescheids oder eines Vollstreckungsbescheids wird dem Antragsgegner nicht mitgeteilt (§ 702 Abs. 2 ZPO).

14 **b) Inhalt.** Der Mahnantrag muss entsprechend § 690 Abs. 1 Nr. 1 bis 4 ZPO enthalten:

- Nr. 1: die Bezeichnung der Parteien, ihrer gesetzlichen Vertreter und der Prozessbevollmächtigten;
- Nr. 2: Die Bezeichnung des Gerichts, bei dem der Antrag gestellt wird;

---

1 GK-ArbGG/*Bader*, § 46a Rz. 5. |2 GMPM/*Germelmann*, § 46a ArbGG Rz. 7. |3 GK-ArbGG/*Bader*, § 46a Rz. 10. |4 *Hauck*, § 46a ArbGG Rz. 5. |5 GMPM/*Germelmann*, § 46a ArbGG Rz. 6. |6 GK-ArbGG/*Bader*, § 46a Rz. 23; GMPM/*Germelmann*, § 46a ArbGG Rz. 8c. |7 Abgedr. in GK-ArbGG/*Bader*, § 46a Anh. 1. |8 *Hauck*, § 46a ArbGG Rz. 7; GK-ArbGG/*Bader*, Rz. 25.

- Nr. 3: Die Bezeichnung des Anspruchs unter bestimmter Angabe der verlangten Leistung; Haupt- und Nebenforderungen sind gesondert und einzeln zu bezeichnen;

- Nr. 4: Die Erklärung, dass der Anspruch nicht von einer Gegenleistung abhängt oder dass die Gegenleistung erbracht ist;

Die Bezeichnung des Gerichts, das für ein streitiges Verfahren zuständig ist (§ 690 Abs. 1 Nr. 5 ZPO), ist entbehrlich, weil eine Abgabe nach § 696 Abs. 1 Satz 1 ZPO wegen § 46a Abs. 2 nicht stattfindet.

Nach § 690 Abs. 1 Nr. 3 ZPO ist nicht nur die Bezifferung jedes einzelnen Zahlungsanspruchs erforderlich, sondern es müssen auch Angaben zur zeitlichen Abgrenzung gemacht werden, da andernfalls der Umfang der Rechtskraft nicht feststellbar ist. Daneben ist im Hinblick auf jede Einzelforderung anzugeben, ob es sich zB um Arbeitsvergütung, Vergütungsfortzahlung, Überstundenvergütung oder Urlaubsgeld handelt[1]. Nebenforderungen sind in Einzelforderungen aufzuschlüsseln (zB Auslagen, vorprozessuale Kosten). Durch diese Angaben, die keine substantiierte Anspruchsbegründung enthalten müssen, wird der Anspruch individualisiert und damit unterscheidbar gemacht[2].

2. Entscheidung. Zuständig für die Entscheidung über den Antrag auf Erlass eines Mahnbescheids ist der Rechtspfleger (§ 9 Abs. 3 Satz 1 ArbGG iVm. § 20 Nr. 1 RPflG). Dieser hat von Amts wegen zu prüfen, ob die allgemeinen Verfahrensvoraussetzungen und die besonderen Voraussetzungen für das Mahnverfahren vorliegen und ob der Antrag nach Form und Inhalt den gesetzlichen Anforderungen genügt. Der Gesetzgeber hat auf eine Schlüssigkeitsprüfung durch den Rechtspfleger verzichtet. Dies kann zu einem Missbrauch des Mahnverfahrens führen. Der Vollstreckung eines Vollstreckungsbescheids ist mit § 826 BGB zu begegnen, wenn die Wahl des Mahnverfahrens durch den Gläubiger als missbräuchliche Umgehung der im Klageverfahren stattfindenden Schlüssigkeitsprüfung bewertet werden kann[3].

a) Zurückweisung. Der Mahnantrag wird entsprechend § 691 Abs. 1 Satz 1 Nr. 1 ZPO zurückgewiesen, wenn:

- das Mahnverfahren nicht stattfindet;

- das angegangene ArbG nicht zuständig ist;

- der Mahnantrag von Form und Inhalt nicht den gesetzlichen Anforderungen genügt;

- nicht der amtlich vorgeschriebene Vordruck für den Mahnantrag verwendet wird;

- der Mahnbescheid nur wegen eines Teiles des Anspruchs nicht erlassen werden kann (keine Anspruchsteile sind mehrere Ansprüche; hier kann der Mahnantrag wegen der unbedenklichen Ansprüche erlassen und im Übrigen zurückgewiesen werden[4]). Vor der Zurückweisung ist nach § 691 Abs. 1 Satz 2 ZPO der Antragsteller zu hören. Dadurch erhält der Antragsteller die Gelegenheit, Mängel zu beheben, den Mahnbescheid zu beschränken oder zurückzunehmen. Handelt es sich um behebbare Mängel, hat der Rechtspfleger auf diese hinzuweisen und eine angemessene Frist zur Beseitigung zu setzen, verbunden mit dem Hinweis, dass bei fruchtlosem Fristablauf die Zurückweisung erfolgen wird[5].

Die Zurückweisung erfolgt durch Beschluss des Rechtspflegers. Der Beschluss ist zu begründen. Die Kosten hat entsprechend § 91 Abs. 1 ZPO der Antragsteller zu tragen. Der Beschluss ist zuzustellen (§ 329 Abs. 3 ZPO bzw. § 691 Abs. 2 ZPO[6]). Gegen den Zurückweisungsbeschluss des Rechtspflegers ist nach § 11 Abs. 2 Satz 1 RPflG iVm. § 577 Abs. 2 Satz 1 ZPO die befristete Erinnerung innerhalb von zwei Wochen möglich. Der Rechtspfleger kann der Erinnerung abhelfen (§ 11 Abs. 2 Satz 2 RPflG). Über die Erinnerung entscheidet der Richter (§ 11 Abs. 2 Satz 3 RPflG). Der Richter kann die Erinnerung zurückweisen oder aber den Rechtspfleger anweisen, den Mahnbescheid zu erlassen. Der Beschluss ist nicht anfechtbar (§ 691 Abs. 3 Satz 2 ZPO). Da dem zurückweisenden Beschluss keine materielle Rechtskraft zukommt, kann der Antragsteller seinen Anspruch erneut im Mahnverfahren geltend machen[7]. Er kann aber auch Klage im Urteilsverfahren erheben.

Sollte durch die Zustellung des Mahnbescheids eine Frist gewahrt werden oder die Verjährung neu beginnen oder nach § 204 BGB gehemmt werden, so tritt die Wirkung mit der Einreichung und Anbringung des Antrags auf Erlass des Mahnbescheids ein, wenn innerhalb eines Monats seit der Zustellung der Zurückweisung des Antrags Klage eingereicht und diese demnächst zugestellt wird (§ 691 Abs. 2 ZPO).

Bei fehlender Rechtswegzuständigkeit kommt keine Abgabe in die Gerichtsbarkeit des zuständigen Rechtswegs in Betracht, weil dem Rechtspfleger keine Kammerentscheidung nach § 48 Abs. 1 Nr. 2 möglich ist. Nach § 48 Abs. 1 Nr. 1 kann der Rechtspfleger jedoch bei fehlender örtlicher Zuständigkeit nach vorheriger Anhörung allein des Antragstellers (vor rechtswirksamer Zustellung des Mahnbescheids) das Mahnverfahren an das örtlich zuständige ArbG abgeben[8]. Sofern mehrere andere Ge-

---

[1] GK-ArbGG/*Bader*, § 46a Rz. 30. | [2] GK-ArbGG/*Bader*, § 46a Rz. 30. | [3] Zöller/*Vollkommer*, Vor § 688 ZPO Rz. 6a. | [4] Zöller/*Vollkommer*, § 692 ZPO Rz. 2. | [5] BGH v. 29.9.1983 – VII ZR 31/83, MDR 1984, 223. | [6] GK-ArbGG/*Bader*, § 46a Rz. 39. | [7] GMPM/*Germelmann*, § 46a ArbGG Rz. 16. | [8] GK-ArbGG/*Bader*, § 46a Rz. 17; ähnlich zur alten Rechtslage BAG v. 28.12.1981 – 5 AR 201/81, AP Nr. 28 zu § 36 ZPO; aA GMPM/*Germelmann*, § 46a ArbGG Rz. 13.

richte örtlich zuständig sind, wird an das vom Antragsteller auszuwählende Gericht abgegeben, ansonsten nach Bestimmung durch den Rechtspfleger (§ 17a Abs. 2 Satz 2 GVG). Der Beschluss des Rechtspflegers ist für das Gericht, an das abgegeben wird, bindend (§ 17a Abs. 2 Satz 3 GVG), wobei die Bindungswirkung auf das Mahnverfahren beschränkt bleibt[1].

22 **b) Erlass des Mahnbescheids.** Liegen die allgemeinen Verfahrensvoraussetzungen und die besonderen für das Mahnverfahren vor und genügt der Antrag nach Form und Inhalt den gesetzlichen Anforderungen, so erlässt der Rechtspfleger den Mahnbescheid. Der Mahnbescheid enthält nach § 692 Abs. 1 Nr. 1 bis 5 ZPO iVm. § 46a Abs. 3 folgende Angaben:

- die bereits bezeichneten Erfordernisse des Antrags (§ 690 Abs. 1 Nr. 1 bis 4 ZPO);
- den Hinweis, dass das Gericht nicht geprüft hat, ob dem Antragsteller der geltend gemachte Anspruch zusteht;
- die Aufforderung, innerhalb von einer Woche (vgl. § 46a Abs. 3) seit der Zustellung des Mahnbescheids, soweit der geltend gemachte Anspruch als begründet angesehen wird, die behauptete Schuld nebst den geforderten Zinsen und den dem Betrage nach bezeichneten Kosten zu begleichen oder dem Gericht mitzuteilen, ob und in welchem Umfang dem geltend gemachten Anspruch widersprochen wird;
- den Hinweis, dass ein dem Mahnbescheid entsprechender Vollstreckungsbescheid ergehen kann, aus dem der Antragsteller die Zwangsvollstreckung betreiben kann, falls der Antragsgegner nicht bis zum Fristablauf Widerspruch erhoben hat;
- den Hinweis, dass der Widerspruch mit einem Vordruck der beigefügten Art erhoben werden soll, der auch bei jedem ArbG erhältlich ist und ausgefüllt werden kann.

23 Der Mahnbescheid muss unterschrieben werden. An Stelle einer handschriftlichen Unterzeichnung genügt ein entsprechender Stempelabdruck (§ 692 Abs. 2 ZPO).

24 Der Mahnbescheid wird dem Antragsgegner von Amts wegen zugestellt (§ 693 Abs. 1 ZPO). Die Geschäftsstelle des ArbG setzt den Antragsteller von der Zustellung des Mahnbescheids in Kenntnis (§ 693 Abs. 2 ZPO). Soll durch die Zustellung eine Frist gewahrt werden oder die Verjährung unterbrochen werden, so tritt die Wirkung, wenn die Zustellung demnächst erfolgt, bereits mit der Einreichung oder Anbringung des Antrags auf Erlass des Mahnbescheids ein (§ 167 ZPO). Dabei wird die Verjährung auch unterbrochen, wenn ein Mahnbescheid rechtzeitig beim unzuständigen ArbG eingeht und dann antragsgemäß an das zuständige ArbG abgegeben wird, welches dann – demnächst – den Mahnbescheid nach Ablauf der Verjährungsfrist zustellt[2].

25 **3. Widerspruch.** Der Antragsgegner kann gegen den Anspruch oder einen Teil des Anspruchs bei dem ArbG, das den Mahnbescheid erlassen hat, schriftlich Widerspruch erheben (§ 694 Abs. 1 ZPO). Hierzu kann er sich des Urkundsbeamten der Geschäftsstelle des ArbG bedienen (§ 702 Abs. 1 Satz 1 ZPO). Der Widerspruch soll innerhalb einer Woche erfolgen (§ 46a Abs. 3). Dabei handelt es sich um keine verbindliche Ausschluss- oder Rechtsbehelfsfrist. Der Widerspruch kann vielmehr solange erhoben werden, wie der Vollstreckungsbescheid noch nicht verfügt ist (§ 694 Abs. 1 ZPO). „Verfügt" ist der Vollstreckungsbescheid, wenn er vom Rechtspfleger in den Geschäftsgang gegeben worden ist. Im Falle der Auslandszustellung beträgt die Widerspruchsfrist einen Monat (§ 34 Abs. 3 Satz 1 AVAG).

26 Ein verspäteter Widerspruch, der also eingeht, nachdem der Vollstreckungsbescheid schon verfügt ist, wird als Einspruch behandelt (§ 694 Abs. 2 Satz 1 ZPO). Dies ist dem Antragsgegner, der den Widerspruch erhoben hat, mitzuteilen (§ 694 Abs. 2 Satz 2 ZPO). Der Widerspruch ist schriftlich zu erheben (§ 694 Abs. 1 ZPO). Aufgrund der Ermächtigung in Abs. 8 Satz 1 ist mit VO vom 15. 12. 1977 (BGBl. I S. 2625) ein Vordruck für den Widerspruch eingeführt worden. Insoweit besteht aber kein Vordruckzwang für die Einlegung des Widerspruchs. In § 692 Abs. 1 Nr. 5 ZPO ist lediglich davon die Rede, dass der Widerspruch mit einem Vordruck der beigefügten Art erhoben werden soll. Daher reicht jeglicher schriftlicher Widerspruch, der auch durch Telefax oder Telegramm eingereicht werden kann. Der Antragsgegner soll mit dem Widerspruch die erforderliche Anzahl von Abschriften einreichen (§ 695 Satz 2 ZPO).

27 Der Widerspruch muss nicht begründet werden. Ist der Widerspruch vor Verfügung des Vollstreckungsbescheids eingelegt, wird das Mahnverfahren verlassen. Der Erlass eines Vollstreckungsbescheids ist unzulässig. Der Widerspruch kann auf einen der geltend gemachten Ansprüche oder einen abtrennbaren Anspruchsteil beschränkt werden. Dann kann wegen der Ansprüche oder der Anspruchsteile, die von dem Widerspruch nicht erfasst werden, ein Vollstreckungsbescheid ergehen. Ergibt der Teilwiderspruch gegen einen Mahnbescheid nicht eindeutig, gegen welche Teile des im Mahnbescheid bezeichneten Anspruchs er sich richtet, ist dem Antragsgegner Gelegenheit zur Klarstellung zu geben; bis zur Klarstellung ist der Widerspruch als unbeschränkt eingelegt zu behandeln[3].

---

[1] BAG v. 28.12.1981 – 5 AR 201/81, AP Nr. 28 zu § 36 ZPO. | [2] BAG v. 13.5.1987 – 5 AZR 106/86, AP Nr. 3 zu § 209 BGB. | [3] BGH v. 24.11.1982 – VIII ZR 286/81, MDR 1983, 224.

Das Gericht hat den Antragsteller von dem Widerspruch und dem Zeitpunkt seiner Erhebung in Kenntnis zu setzen (§ 695 Satz 1 ZPO). Beantragt nun eine Partei die Durchführung der mündlichen Verhandlung, so hat die Geschäftsstelle dem Antragsteller unverzüglich aufzugeben, seinen Anspruch binnen zwei Wochen schriftlich zu begründen (§ 46a Abs. 4 Satz 1). Der Antrag auf Durchführung der mündlichen Verhandlung kann bereits vom Antragsteller im Mahnantrag bzw. vom Antragsgegner im Widerspruch oder getrennt davon von einer der Parteien im Laufe des Verfahrens gestellt werden. Der Vorsitzende bestimmt unverzüglich nach Eingang der Anspruchsbegründung Termin zur mündlichen Verhandlung (vgl. § 46a Abs. 4 Satz 2). Dabei handelt es sich um einen Gütetermin. Geht die Anspruchsbegründung nicht rechtzeitig ein, so wird nach § 46a Abs. 4 Satz 3 bis zu ihrem Eingang der Termin nur auf Antrag des Antragsgegners bestimmt. 28

Die Streitsache gilt nur dann als mit Zustellung des Mahnbescheids rechtshängig geworden, wenn alsbald nach Erhebung des Widerspruchs Termin zur mündlichen Verhandlung bestimmt wird (§ 46a Abs. 5). 29

4. Vollstreckungsbescheid. Auf der Grundlage des Mahnbescheids erlässt das Gericht auf Antrag einen Vollstreckungsbescheid, wenn der Antragsgegner nicht rechtzeitig Widerspruch erhoben (§ 699 Abs. 1 Satz 1 ZPO) oder den Widerspruch zurückgenommen hat (§ 697 Abs. 4 Satz 1 ZPO). Der Antrag kann nicht – auch nicht vorsorglich – vor Ablauf der Widerspruchsfrist des § 46a Abs. 3 von einer Woche gestellt werden; er hat die Erklärung zu enthalten, ob und welche Zahlungen auf den Mahnbescheid geleistet worden sind (§ 699 Abs. 1 Satz 2 ZPO). Für den Antrag ist ein Vordruck zu verwenden (§ 46a Abs. 8). Ist Widerspruch nicht erhoben und beantragt der Antragsteller den Erlass des Vollstreckungsbescheids nicht binnen einer sechsmonatigen Frist, die mit der Zustellung des Mahnbescheids beginnt, so fällt die Wirkung des Mahnbescheids weg (§ 701 Abs. 1 Satz 1 ZPO). Dasselbe gilt, wenn der Vollstreckungsbescheid rechtzeitig beantragt ist, der Antrag aber zurückgewiesen wird (§ 701 Abs. 1 Satz 2 ZPO). Der Antrag auf Erlass eines Vollstreckungsbescheids wird dem Antragsgegner nicht mitgeteilt (§ 702 Abs. 2 ZPO). 30

Der Vollstreckungsbescheid wird durch den Rechtspfleger erteilt (§ 20 Nr. 1 RPflG) und dem Antragsgegner von Amts wegen zugestellt, wenn nicht der Antragsteller die Übergabe an sich zur Zustellung im Parteibetrieb beantragt hat (§ 699 Abs. 4 Satz 1 ZPO). 31

Der Vollstreckungsbescheid steht einem Versäumnisurteil gleich (§ 700 Abs. 1 ZPO). Die Streitsache gilt als mit der Zustellung des Mahnbescheids rechtshängig geworden (§ 700 Abs. 2 ZPO). 32

5. Einspruch. Gegen den Vollstreckungsbescheid kann entsprechend § 59 Einspruch eingelegt werden. Bei fehlender Rechtsbehelfsbelehrung verlängert sich die Einspruchsfrist nicht nach § 9 Abs. 5 Satz 4[1]. Die Einspruchsschrift muss die Bezeichnung des Vollstreckungsbescheids, gegen den der Einspruch gerichtet wird, und die Erklärung enthalten, dass gegen diesen Vollstreckungsbescheid Einspruch eingelegt wird (entspr. § 340 Abs. 2 ZPO). Eine Begründung des Einspruchs kann (entgegen § 340 Abs. 3 ZPO, der keine Anwendung finden kann) nicht erwartet werden, weil für den Mahn- und auch für den Vollstreckungsbescheid bereits die Begründung fehlt[2]. Im Falle des Einspruchs wird Termin bestimmt, ohne dass es eines Antrags einer Partei bedarf (§ 46a Abs. 6). Da der Vollstreckungsbescheid nach § 700 Abs. 1 ZPO einem Versäumnisurteil gleichgestellt wird, ist nach § 341a ZPO Termin zur mündlichen Verhandlung über den als Einspruch geltenden Vollstreckungsbescheid und die Hauptsache – damit Kammertermin – zu bestimmen und den Parteien bekannt zu machen. Die Anberaumung eines Gütetermins ist nicht möglich[3]. Ist der Einspruch jedoch bereits unzulässig, kann er nach § 341 Abs. 2 Satz 1 ZPO iVm. § 55 Abs. 1 Nr. 4 durch den Vorsitzenden als unzulässig verworfen werden[4]. 33

6. Kosten. Die Kosten des Mahnverfahrens richten sich nach dem Gebührenverzeichnis der Anlage 1 zu § 12 Abs. 1 (s. Anhang 1). In 1. Instanz besteht im Mahnverfahren wie im Urteilsverfahren kein Kostenerstattungsanspruch und keine Vorschusspflicht. Die Erstattung außergerichtlicher Kosten richtet sich nach § 12a Abs. 1. 34

7. PKH. PKH kann auch für das Mahnverfahren bewilligt werden, und zwar durch den Rechtspfleger[5]. Die Bewilligung erfasst nicht das sich ggf. anschließende Streitverfahren. Für eine Beiordnung eines Rechtsanwalts fehlt es an der Vertretung der Gegenseite durch eine Anwalt[6]. 35

IV. Automatisiertes Mahnverfahren. Das Gesetz sah zunächst in Abweichung zu § 703b ZPO keine Regelung für die Automatisierung des Mahnverfahrens im arbeitsgerichtlichen Verfahren vor. Durch Gesetz vom 29.6.1998 hat der Gesetzgeber jedoch diese Möglichkeit auch für das Mahnverfahren vor den ArbG eröffnet (s. Absätze 1, 7 und 8). Rechtsverordnungen nach Abs. 7 und Abs. 8 Satz 2 wurden bislang nicht erlassen. Bedeutung erlangen könnte die Automatisierung des Mahnverfahrens bei den 36

---

[1] LAG Köln v. 7.8.1998 – 11 Sa 1218/97, AP Nr. 3 zu § 59 ArbGG 1979. |[2] GMPM/*Germelmann*, § 46a ArbGG Rz. 30. |[3] GMPM/*Germelmann*, § 46a ArbGG Rz. 29. |[4] GK-ArbGG/*Bader*, § 46a Rz. 80; LAG BW v. 27.5.1993 – 16 Ta 6/93, LAGE § 700 ZPO Nr. 1; *Grunsky*, § 46a ArbGG Rz. 5; aA LAG Bremen v. 17.8.1988 – 4 Ta 31/88, LAGE § 46a ArbGG 1979 Nr. 1; LAG BW v. 11.12.1990 – 14 Ta 15/90, LAGE § 46a ArbGG 1979 Nr. 2; LAG Frankfurt v. 20.4.1983 – 10 Ta 97/83; LAG BW v. 2.12.1993 – 15 Ta 13/93. |[5] GK-ArbGG/*Bader*, § 46a Rz. 90. |[6] GK-ArbGG/*Bader*, § 46a Rz. 91; GMPM/*Germelmann*, § 46a ArbGG Rz. 34.

ArbG in Berlin und Wiesbaden, bei denen nach § 48 Abs. 2 Satz 1 Nr. 2 die Beitragsklageverfahren der Zusatzversorgungskasse für das Baugewerbe stattfinden[1].

46b *Einreichung elektronischer Dokumente*
(1) Soweit für vorbereitende Schriftsätze und deren Anlagen, für Anträge und Erklärungen der Parteien sowie für Auskünfte, Aussagen, Gutachten und Erklärungen Dritter die Schriftform vorgesehen ist, genügt dieser Form die Aufzeichnung als elektronisches Dokument, wenn dieses für die Bearbeitung durch das Gericht geeignet ist. Die verantwortende Person soll das Dokument mit einer qualifizierten elektronischen Signatur nach dem Signaturgesetz versehen.

(2) Die Bundesregierung und die Landesregierungen bestimmen für ihren Bereich durch Rechtsverordnung den Zeitpunkt, von dem an elektronische Dokumente bei den Gerichten eingereicht werden können, sowie die für die Bearbeitung der Dokumente geeignete Form. Die Landesregierungen können die Ermächtigung durch Rechtsverordnung auf die jeweils zuständige oberste Landesbehörde übertragen. Die Zulassung der elektronischen Form kann auf einzelne Gerichte oder Verfahren beschränkt werden.

(3) Ein elektronisches Dokument ist eingereicht, sobald die für den Empfang bestimmte Einrichtung des Gerichts es aufgezeichnet hat.

1 **I. Allgemeines.** Die Vorschrift wurde durch das „Gesetz zur Anpassung der Formvorschriften des Privatrechts und anderer Vorschriften an den modernen Rechtsverkehr" vom 13.7.2001[2] in das ArbGG eingefügt. Sie dient der Umsetzung der EG-Richtlinie 1999/93/EG vom 13.12.1999 über die gemeinschaftlichen Rahmenbedingungen für elektronische Signaturen[3] sowie der Richtlinie 2000/31/EG vom 8.6.2000 über den elektronischen Geschäftsverkehr[4]. § 46b ist wortgleich mit § 130a ZPO; wegen § 46 Abs. 2 wäre eine Aufnahme in das ArbGG nicht erforderlich gewesen. Eine Sondervorschrift für Mahnanträge in „maschinell lesbarer Form" bildet § 690 Abs. 3 ZPO.

2 Prozessrechtliche Sonderregelungen zu elektronischen Dokumenten finden sich in §§ 292a, 299 Abs. 3, 299a, 371 Satz 1 ZPO, die nach § 46 Abs. 2 auch im arbeitsgerichtlichen Verfahren entsprechend gelten. Nach § 292a ZPO kann der Anschein der Echtheit einer in elektronischer Form (§ 126a BGB) vorliegenden Willenserklärung, der sich auf Grund der Prüfung nach dem Signaturgesetz ergibt, nur durch Tatsachen erschüttert werden, die ernstliche Zweifel daran begründen, dass die Erklärung mit dem Willen des Signaturschlüssel-Inhabers abgegeben worden ist. Ist ein elektronisches Dokument Gegenstand des Beweises, wird der Beweis durch Vorlegung oder Übermittlung der Datei angetreten (§ 371 Abs. 1 Satz 2 ZPO). Soweit die Prozessakten als elektronische Dokumente vorliegen, ist die Akteneinsicht nach § 299 Abs. 3 ZPO auf Ausdrucke beschränkt; die Ausdrucke sind von der Geschäftsstelle zu fertigen. Sind die Prozessakten nach ordnungsgemäßen Grundsätzen zur Ersetzung der Urschrift auf einen Bild- oder anderen Datenträger übertragen worden und liegt der schriftliche Nachweis darüber vor, dass die Wiedergabe mit der Urschrift übereinstimmt, so können nach § 299a ZPO Ausfertigungen, Auszüge und Abschriften von dem Bild- oder dem Datenträger erteilt werden. Auf der Urschrift anzubringende Vermerke werden in diesem Fall bei dem Nachweis angebracht.

3 Durch die Vorschrift wird eine zusätzliche Möglichkeit der Einreichung von Dokumenten geschaffen, die neben den anderen Möglichkeiten (zB Schriftsatz, Fax, Telegramm) steht[5].

4 **II. Voraussetzungen.** § 46b regelt die rechtlichen Voraussetzungen für die Einreichung elektronischer Dokumente. Solange diese Voraussetzungen nicht erfüllt sind, können elektronische Dokumente nicht bei den Gerichte für Arbeitssachen eingereicht werden. Gegenwärtig ist nicht absehbar, wann die rechtlichen und technischen Voraussetzungen geschaffen werden.

5 **1. Rechtliche Voraussetzungen.** Nach § 46b Abs. 2 können die Bundesregierung und die Landesregierungen für ihren Bereich durch Rechtsverordnung den Zeitpunkt bestimmen, von dem an elektronische Dokumente bei den Gerichten eingereicht werden können, sowie die für die Bearbeitung der Dokumente geeignete Form. Die Landesregierungen wiederum können die Ermächtigung durch Rechtsverordnung auf die jeweils zuständige oberste Landesbehörde übertragen. Bislang wurde keine solche Rechtsverordnung für die Arbeitsgerichtsbarkeit in Kraft gesetzt[6].

6 Die Zulassung der elektronischen Form kann in der Rechtsverordnung auf einzelne Gerichte oder Verfahren beschränkt werden. Die Möglichkeit zur Einreichung elektronischer Dokumente muss daher nicht flächendeckend erfolgen, sondern kann zunächst für bestimmte Gerichte ermöglicht werden. Die Zulassung kann entsprechend der sukzessiv erfolgenden technischen Aufrüstung der ArbG folgen.

---

1 GK-ArbGG/*Bader*, § 46a Rz. 3; GMPM/*Germelmann*, § 46a ArbGG Rz. 10a. | 2 BGBl. I S. 1542. | 3 ABl. EG Nr. L 13 S. 12. | 4 ABl. EG Nr. L 178 S. 1. | 5 GK-ArbGG/*Schütz*, § 46b Rz. 19; GMPM/*Germelmann*, § 46b ArbGG Rz. 25. | 6 Zu Modellversuchen in anderen Gerichtsbarkeiten vgl. GK-ArbGG/*Schütz*, § 46b Rz. 9.

2. Technische Voraussetzungen. Die durch Rechtsverordnung bestimmten Gerichte für Arbeitssachen müssen ab dem in der Rechtsverordnung bestimmten Zeitpunkt technisch in der Lage sein, die für die elektronischen Dokumente vorgeschriebene Form zu verarbeiten. Wird die Einreichung elektronischer Dokumente durch Rechtsverordnung eröffnet, dürfen die aus den technischen Gegebenheiten dieses Kommunikationsmittels herrührenden besonderen Risiken nicht auf den Nutzer dieses Mediums abgewälzt werden[1]. Dies gilt im Besonderen für Störungen der Empfangseinrichtung im Gericht. In diesem Fall liegt die entscheidende Ursache für eine Fristsäumnis in der Sphäre des Gerichts. Aber auch Störungen der Übermittlungsleitungen sind dem gewählten Übermittlungsmedium immanent, sofern ein elektronisches Dokument über sie zum Empfangsgerät gelangt. Auch bei einer Leitungsstörung versagt daher die von der Justiz angebotene Zugangseinrichtung. Der Nutzer hat mit der Wahl eines anerkannten Übermittlungsmediums, der ordnungsgemäßen Nutzung eines funktionsfähigen Sendegeräts und der korrekten Eingabe der Empfängerangaben das seinerseits zur Fristwahrung Erforderliche getan, wenn er so rechtzeitig mit der Übermittlung beginnt, dass unter normalen Umständen mit ihrem Abschluss bis zum Ablauf der Frist zu rechnen ist[2].

III. Einreichung elektronischer Dokumente. 1. Elektronische Dokumente. Sämtliche Schriftsätze und deren Anlagen, auch die Klage-, die Widerklage- und die Rechtsmittelschrift und die Anträge wie auch sonstige Erklärungen der Parteien, für die Schriftform vorgesehen ist, können als elektronisches Dokument, also als Datei, die auf einem Datenträger aufgezeichnet werden kann[3], eingereicht werden. Dies gilt auch für Auskünfte, Aussagen, Gutachten und Erklärungen Dritter, für die Schriftform vorgesehen ist.

2. Signatur. Nach § 46b Abs. 1 Satz 2 soll die das elektronische Dokument verantwortende Person dieses mit einer qualifizierten elektronischen Signatur nach dem Signaturgesetz versehen. Umstritten ist, ob trotz der Fassung als Sollvorschrift davon auszugehen ist, dass elektronisch übermittelte Dokumente eine Signatur tragen müssen[4].

Zwar hat die Rspr. bisher grundsätzlich für bestimmende fristwahrende Schriftsätze, soweit sie nicht von Körperschaften oder Anstalten des öffentlichen Rechts oder von Behörden eingereicht wurden, die handschriftliche Unterschriftsleistung des Berechtigten verlangt, was nahe legte, für elektronische Dokumente die Signatur zu verlangen. Jedoch sind unter Hinweis auf den Sinn und Zweck des Schriftlichkeitserfordernisses im Rahmen des Prozessrechts insoweit schon in erheblichem Umfang Ausnahmen zugelassen worden[5]. Unter entsprechender Berücksichtigung der bisherigen Rspr. sollte die Signatur nur von Parteien oder deren Prozessbevollmächtigten verlangt werden, bei denen dafür die technischen Voraussetzungen nach § 2 Nr. 3 SigG vorliegen. Die Erfüllung des Signaturerfordernisses darf nicht zur unzumutbaren Belastung des Rechtssuchenden führen[6]. Maßgeblich für die Beurteilung der Wirksamkeit des elektronisch übermittelten Dokuments ist allein die auf Veranlassung der verantwortenden Person am Empfangsort (Gericht) in zugelassener Form und damit für die Bearbeitung durch das Gericht geeignete und aufgezeichnete Datei. Der alleinige Zweck der Signatur, die Rechtssicherheit und insb. die Verlässlichkeit der Eingabe zu gewährleisten, kann auch im Falle einer derartigen elektronischen Übermittlung gewahrt werden. Entspricht ein elektronisches Dokument inhaltlich den prozessualen Anforderungen eines bestimmenden Schriftsatzes, so ist die Person des Erklärenden in der Regel dadurch eindeutig bestimmt, dass in dem elektronischen Dokument der unmissverständliche Hinweis angebracht ist, dass der benannte Urheber wegen der gewählten Übertragungsform nicht signieren kann. Auch der Wille, ein solches Dokument dem Gericht zuzuleiten, kann in aller Regel nicht ernsthaft bezweifelt werden. Ist die verantwortende Person iSv. § 46b Abs. 1 Satz 2 jedoch zur Abgabe einer qualifizierten Signatur in der Lage, hat sie diese Möglichkeit zu nutzen.

3. Übermittlung. Wie die Übermittlung der elektronischen Dokumente zu erfolgen hat, wird durch das Gesetz nicht festgelegt. Die Übermittlung soll elektronisch oder durch Einreichen von Datenträgern (Diskette, CD-ROM), nicht jedoch (als elektronisches Dokument) durch Telefax oder Computerfax möglich sein[7]. Die Vorschrift zielt aber nur auf die elektronische Übermittlung, wie schon § 46b Abs. 3 zeigt, in der für den Zeitpunkt des Einreichens allein auf den Zeitpunkt der Aufzeichnung des elektronischen Dokuments abgehoben wird. Es steht zu erwarten, dass nur die Form der elektronischen Übermittlung durch die nach § 46b Abs. 2 gebotene Rechtsverordnung festgelegt wird wie auch die zugelassenen gerichtlich verarbeitungsfähigen Dateiformate.

IV. Eingang bei Gericht. Nach § 46b Abs. 3 ist ein elektronisches Dokument eingereicht, sobald die für den Empfang *bestimmte* Einrichtung des Gerichts es aufgezeichnet hat. In der Lit. werden die Risiken der Übermittlung der verantwortenden Person zugeschrieben. Dies erscheint aus den unter Rz. 7 genannten Gründen zu weit gehend.

---

1 AA GMPM/*Germelmann*, § 46b ArbGG Rz. 23; GK-ArbGG/*Schütz*, § 46b Rz. 17. | 2 BVerfG v. 21.6.2001 – 1 BvR 436/01, NJW 2001, 3473 (betr. Faxübermittlung). | 3 GK-ArbGG/*Schütz*, § 46b Rz. 12. | 4 Für Signaturzwang GK-ArbGG/*Schütz*, § 46b Rz. 13; gegen Signaturzwang Zöller/*Greger* § 130 ZPO Rz. 21 f. u. § 130a ZPO Rz. 4. | 5 GmSOGB v. 5.4.2000 – GmS-OGB 1/98, MDR 2000, 1089. | 6 BVerfG v. 4.7.2002 – 2 BvR 2168/00, NJW 2002, 3534 (betr. per Computerfax eingelegtes Rechtsmittel). | 7 GK-ArbGG/*Schütz*, § 46b Rz. 15.

47 *Sondervorschriften über Ladung und Einlassung**
(1) Die Klageschrift muss mindestens eine Woche vor dem Termin zugestellt sein.
(2) Eine Aufforderung an den Beklagten, sich auf die Klage schriftlich zu äußern, erfolgt in der Regel nicht.

1 **I. Allgemeines.** Die Vorschrift regelt in Abs. 1 nur noch die Einlassungsfrist für das arbeitsgerichtliche Verfahren. Die Bestimmung über die Ladungsfrist wurde durch die Beschleunigungsnovelle 1979[1] aufgehoben. Die Worte „Ladung und" in der Überschrift sind dadurch gegenstandslos geworden. Die Abkürzung der in der ordentlichen Gerichtsbarkeit geltenden Einlassungsfrist von zwei Wochen (§ 274 Abs. 3 Satz 1 ZPO) dient der besonderen Beschleunigung des arbeitsgerichtlichen Verfahrens.

2 **II. Einlassungsfrist (Abs. 1).** Mit „Einlassungsfrist" wird der Zeitraum bezeichnet, welcher der beklagten Partei zwischen der Zustellung der Klage und dem ersten Termin, in der Regel dem Gütetermin, mindestens verbleiben muss, um sich auf die Klage einzulassen, dh. zu ihr Stellung zu nehmen (§ 274 Abs. 3 Satz 1 ZPO). Die Einlassungsfrist ist eine Schutzfrist für die beklagte Partei; sie gewährleistet den Anspruch der beklagten Partei auf rechtliches Gehör (Art. 103 Abs. 1 GG).

3 **1. Anwendungsbereich.** Für die Dauer der Einlassungsfrist enthält Abs. 1 – abgesehen von dem Fall, dass die beklagte Partei im Ausland wohnt – eine abschließende Regelung, die einem Rückgriff über § 46 Abs. 2 auf § 274 Abs. 3 Satz 1 ZPO entgegensteht. Dabei wird nicht danach unterschieden, ob die beklagte Partei im Bezirk des ArbG oder außerhalb des Bezirks im Inland wohnt. Die Einlassungsfrist gilt nicht bei der Zustellung der Klage, sondern auch bei der Zustellung von objektiven und subjektiven Klageerweiterungen und von Widerklagen[2]. Nach Eingang eines Widerspruchs im Mahnverfahren oder eines Einspruchs gegen einen Vollstreckungsbescheid ist ebenfalls die Einlassungsfrist zu beachten. Diese beginnt mit Zustellung des den im Mahnbescheid geltend gemachten Anspruch begründenden Schriftsatzes.

4 Die Einlassungsfrist ist nicht zu wahren, wo eine mündliche Verhandlung und damit eine Einlassung der gerichtlichen Entscheidung nicht vorangehen muss. Daher ist bei der Anberaumung eines Termins zur mündlichen Verhandlung im Arrest- oder einstweiligen Verfügungsverfahren Abs. 1 nicht anwendbar[3].

5 **2. Dauer und Fristberechnung.** Die Einlassungsfrist beträgt – unabhängig vom inländischen Wohnort der beklagten Partei – eine Woche. Sie wird mit der Zustellung der Klage, Klageerweiterung oder Widerklage (jeweils und insoweit) in Lauf gesetzt. Unbeachtlich für den Beginn der Einlassungsfrist ist der ggf. vom Zugang der Klage abweichende Zeitpunkt des Zugangs der Ladung.

6 Die Berechnung der Frist richtet sich nach § 46 Abs. 2 ArbGG iVm. § 222 ZPO. Nach § 222 Abs. 1 ZPO gelten für die Berechnung der Frist die Vorschriften des BGB, damit die §§ 187 bis 193 BGB. Bei Bestimmung des Fristbeginns ist der Tag der Zustellung nach § 187 Abs. 1 BGB nicht mitzurechnen. Die Einlassungsfrist endet nach § 188 Abs. 2 BGB mit dem Ablauf des siebten Tages. Fällt der letzte Tag der Einlassungsfrist auf einen Sonntag, einen am Zustellungsort staatlich anerkannten allgemeinen Feiertag oder einen Sonnabend, so tritt an die Stelle eines solchen Tages der nächste Werktag (§ 222 Abs. 2 ZPO).

7 Ist der Aufenthaltsort der beklagten Partei unbekannt, so kann die Zustellung der Klage und der Ladung durch öffentliche Bekanntmachung (öffentliche Zustellung) erfolgen (§ 185 ZPO). Zur öffentlichen Zustellung wird ein Auszug des zuzustellenden Schriftstücks und eine Benachrichtigung darüber, wo das Schriftstück eingesehen werden kann, an der Gerichtstafel angeheftet (§ 186 Abs. 2 ZPO). Enthält das zuzustellende Schriftstück eine Ladung, so muss die Benachrichtigung den Hinweis enthalten, dass das Schriftstück eine Ladung zum Termin enthält, dessen Versäumung Rechtsnachteile zur Folge haben kann (§ 186 Abs. 2 ZPO). Das Prozessgericht kann nach § 187 ZPO zusätzlich anordnen, dass die Benachrichtigung einmal oder mehrfach im Bundesanzeiger oder in anderen Blättern zu veröffentlichen ist. Das Schriftstück gilt als zugestellt, wenn seit dem Aushang der Benachrichtigung ein Monat vergangen ist, wobei das Prozessgericht eine längere Frist bestimmen kann (§ 188 ZPO). Auch im Falle der öffentlichen Zustellung im Inland gilt die Einlassungsfrist von einer Woche, die ab dem Zeitpunkt, zu dem die Klage nach § 188 ZPO als zugestellt gilt, beginnt.

8 **3. Auslandszustellung.** Der spezielle Fall der Auslandszustellung ist in § 47 nicht berücksichtigt. Insoweit findet nach § 46 Abs. 2 die Regelung in § 274 Abs. 3 Satz 3 ZPO Anwendung. Danach hat der Vorsitzende bei der Festsetzung des Termins die Einlassungsfrist zu bestimmen, wenn die Zustellung im Ausland vorzunehmen ist. Diese muss mindestens eine Woche betragen, wird jedoch zur Gewährleistung des rechtlichen Gehörs diese Mindestfrist im Regelfall deutlich überschreiten müssen.

9 **4. Fristabkürzung.** Nach § 226 Abs. 1 ZPO kann die Einlassungsfrist auf Antrag einer Partei abgekürzt werden. Die Abkürzung der Einlassungsfrist wird nicht dadurch ausgeschlossen, dass infolge der Abkürzung die mündliche Verhandlung nicht durch Schriftsätze vorbereitet werden kann (§ 226 Abs. 2

---

* Amtl. Anm.: Die Worte „Ladung und" sind gegenstandslos. | 1 BGBl. I S. 545. | 2 *Hauck*, § 47 ArbGG Rz. 4; aA GMPM/*Germelmann*, § 47 ArbGG Rz. 2. | 3 *Walker*, Der einstweilige Rechtsschutz, Rz. 738.

Rechtsweg und Zuständigkeit § 48 ArbGG

ZPO). Im arbeitsgerichtlichen Verfahren ist die schriftsätzliche Vorbereitung im Regelfall nicht vorgesehen (Abs. 2). Der Abkürzungsantrag kann formlos gestellt werden; er bedarf der Begründung. Eine Glaubhaftmachung ist nicht vorgesehen. Der Gegner ist nicht zu dem Abkürzungsantrag anzuhören. Der Anspruch des Gegners auf rechtliches Gehör ist aber zu beachten. Der Vorsitzende entscheidet über den Antrag im Zusammenhang mit der Terminsbestimmung. Die Entscheidung ist kurz zu begründen und im Fall der ablehnenden Entscheidung mit der sofortigen Beschwerde nach § 78 Abs. 1 Satz 1 ArbGG iVm. § 567 Abs. 1 Nr. 2 ZPO anfechtbar.

5. Folgen bei Nichteinhaltung. Bei Nichteinhaltung der Einlassungsfrist ist der Erlass eines Versäumnisurteils gegen die beklagte Partei unzulässig (§ 335 Abs. 1 Nr. 3 ZPO). Die Partei kann im Termin eine Einlassung verweigern[1]. Verhandelt die beklagte Partei, so kann sie nach § 295 ZPO die Nichteinhaltung nicht mehr rügen. 10

III. Ladungsfrist. „Ladungsfrist" ist die Frist, die in einer anhängigen Sache zwischen der Zustellung der Ladung und dem Terminstag liegen soll. Sie dient der zeitlichen Vorbereitung des Termins, insb. der Freihaltung des Terminstages. Sie beträgt im erstinstanzlichen Verfahren nach § 46 Abs. 2 Satz 1 ArbGG iVm. § 217 ZPO mindestens drei Tage. Die Fristberechnung richtet sich wie bei der Einlassungsfrist nach § 46 Abs. 2 ArbGG iVm. § 222 ZPO (vgl. Rz. 6). Die Ladungsfrist ist bei jeder Terminanberaumung, bei Vertagungen[2] und Verlegungen zu beachten, und zwar unabhängig davon, ob sich die Partei im Inland oder Ausland aufhält. Sie soll nicht bei der Änderung der Terminsstunde gelten[3], was aber im Hinblick auf den Zweck, den Parteien eine Terminsplanung zu ermöglichen, wenig überzeugt. Die Ladungsfrist ist nicht einzuhalten bei Anberaumung eines Verkündungstermins. 11

Für die Berechnung und Abkürzung der Ladungsfrist und für die Folgen von deren Nichteinhaltung gelten die gleichen Grundsätze wie für die Einlassungsfrist. In dem Antrag auf Einleitung eines Arrest- oder einstweiligen Verfügungsverfahrens wird regelmäßig ein Antrag auf Abkürzung der Ladungsfrist enthalten sein[4]. 12

IV. Ausschluss des schriftlichen Vorverfahrens. Nach Abs. 2 soll eine Aufforderung an die beklagte Partei, sich auf die Klage schriftlich zu äußern, in der Regel nicht erfolgen. Diese Vorschrift erscheint rechtspolitisch problematisch, ist dem Vorsitzenden doch bei fehlender schriftsätzlicher Stellungnahme der beklagten Partei vor dem Gütetermin eine gründliche Vorbereitung des Termins sehr erschwert. Dies gilt insb. in den Bestandsschutzstreitigkeiten nach § 61a Abs. 1, in denen seitens der klagenden Partei lediglich der Bestand des Arbeitsverhältnisses vorzutragen ist. Auch die klagende Partei kann die Aussichten der Rechtsverfolgung allein aufgrund des mündlichen Vortrags der beklagten Partei im Gütetermin nur schwer abschätzen. Unter Berücksichtigung der außerordentlichen Belastung der ArbG, die zB eine Anberaumung von Güteterminen entgegen § 61a Abs. 2 nicht innerhalb von zwei Wochen gewährleisten können, wird zumindest in Bestandsschutzstreitigkeiten der Beschleunigungsgrundsatz geradezu eine Aufforderung zur schriftsätzlichen Vorbereitung des Gütetermins erfordern. 13

48 Rechtsweg und Zuständigkeit

(1) Für die Zulässigkeit des Rechtsweges und der Verfahrensart sowie für die sachliche und örtliche Zuständigkeit gelten die §§ 17 bis 17b des Gerichtsverfassungsgesetzes mit folgender Maßgabe entsprechend:

1. Beschlüsse entsprechend § 17a Abs. 2 und 3 des Gerichtsverfassungsgesetzes über die örtliche Zuständigkeit sind unanfechtbar.
2. Der Beschluss nach § 17a Abs. 4 des Gerichtsverfassungsgesetzes ergeht, sofern er nicht lediglich die örtliche Zuständigkeit zum Gegenstand hat, auch außerhalb der mündlichen Verhandlung stets durch die Kammer.

(2) Die Tarifvertragsparteien können im Tarifvertrag die Zuständigkeit eines an sich örtlich unzuständigen Arbeitsgerichts festlegen für

1. bürgerliche Rechtsstreitigkeiten zwischen Arbeitnehmern und Arbeitgebern aus einem Arbeitsverhältnis und aus Verhandlungen über die Eingehung eines Arbeitsverhältnisses, das sich nach einem Tarifvertrag bestimmt,
2. bürgerliche Rechtsstreitigkeiten aus dem Verhältnis einer gemeinsamen Einrichtung der Tarifvertragsparteien zu den Arbeitnehmern oder Arbeitgebern.

Im Geltungsbereich eines Tarifvertrags nach Satz 1 Nr. 1 gelten die tarifvertraglichen Bestimmungen über das örtlich zuständige Arbeitsgericht zwischen nicht tarifgebundenen Arbeitgebern und Arbeitnehmern, wenn die Anwendung des gesamten Tarifvertrags zwischen ihnen vereinbart ist. Die in § 38 Abs. 2 und 3 der Zivilprozessordnung vorgesehenen Beschränkungen finden keine Anwendung.

---

1 Zöller/*Greger*, § 274 ZPO Rz. 6. |2 Zöller/*Stöber*, § 217 ZPO Rz. 1. |3 GMPM/*Germelmann*, § 47 ArbGG Rz. 16. |4 GMPM/*Germelmann*, § 47 ArbGG Rz. 18.

ArbGG § 48

I. Allgemeines	1
II. Anwendungsbereich von Abs. 1	2
1. Rechtswegzuständigkeit	2
2. Internationale Zuständigkeit	4
3. Prozesskostenhilfeverfahren	6
4. Arrest- und Verfügungsverfahren	8
5. Schiedsgerichtsbarkeit	10
6. Geschäftsverteilungsplan	11
7. Mahnverfahren	12
8. Zwangsvollstreckungsverfahren	13
9. Richtige Verfahrensart	14
10. Sachliche Zuständigkeit	15
11. Örtliche Zuständigkeit	16
III. Prüfung von Amts wegen	17
1. Prüfungsreihenfolge	17
2. Maßgeblicher Zeitpunkt	18
3. Darlegungs- und Beweislast	19
a) Grundsätze	19
b) Darlegung der Rechtswegzuständigkeit	23
aa) Abgrenzung zur Verwaltungs-, Finanz- und Sozialgerichtsbarkeit	23
bb) Abgrenzung zur ordentlichen Gerichtsbarkeit	24
IV. Entscheidungen über die Rechtswegzuständigkeit	35
1. Zulässigkeit des beschrittenen Rechtsweges	36
2. Unzulässigkeit des beschrittenen Rechtsweges	39
a) Grundsätze	39
b) Objektive und subjektive Klagenhäufung	40
c) Widerklage	41
d) Aufrechnung	42
3. Form und Inhalt der Entscheidung	43
4. Anfechtbarkeit der Entscheidung	45
5. Rechtsbeschwerde	49
6. Rechtsmittel gegen inkorrekte Rechtswegentscheidung	53
a) Rechtsmittel gegen Inzidententscheidung	53
b) Rechtsmittel gegen Inzidententscheidung trotz Rüge	54
c) Rechtsmittel gegen Klageabweisung bei unzulässigem Rechtsweg	58
7. Bindungswirkung der Entscheidung	59
8. Entscheidung des Gerichts des zulässigen Rechtsweges	61
9. Kosten der Verweisung	65
10. Verweisung im PKH-Verfahren	66
11. Rechtsfolgen des Verweisungsbeschlusses	67
V. Entscheidung über die Verfahrensart	68
VI. Entscheidung über örtliche Zuständigkeit	72
1. Allgemeines	72
2. Besonderheiten bei Säumnis	75
3. Entscheidung des Arbeitsgerichtes	77
VII. Tarifvertragliche Regelung der örtlichen Zuständigkeit	84

1 I. Allgemeines. Die Vorschrift regelt zum einen das Verweisungsverfahren bei Rechtswegunzuständigkeit, örtlicher Unzuständigkeit und bei Wahl der falschen Verfahrensart und zum anderen die Möglichkeit der tariflichen Regelung der örtlichen Zuständigkeit.

2 II. Anwendungsbereich von Abs. 1. 1. Rechtswegzuständigkeit. Bei der Zulässigkeit des Rechtsweges handelt es sich um eine von Amts wegen zu prüfende Prozessvoraussetzung. Es geht darum, in welcher Gerichtsbarkeit der Rechtsstreit abzuhandeln ist. Mit der Neufassung von § 48 und der in Bezug genommenen §§ 17–17b GVG durch das 4. VwGO-Änderungsgesetz vom 17.12.1990[1] hat der Gesetzgeber die Gleichwertigkeit aller Rechtswege verwirklicht. Zu diesen zählt auch die Arbeitsgerichtsbarkeit. Seitdem bildet die Arbeitsgerichtsbarkeit auch im Verhältnis zur ordentlichen Gerichtsbarkeit nicht nur eine andere sachliche Zuständigkeit, sondern einen eigenen Rechtsweg[2].

3 Die Entscheidung über die Rechtswegzuständigkeit richtet sich nach § 48 Abs. 1 Satz 1 ArbGG iVm. § 17–17b GVG. Die Rechtswegzuständigkeit ist durch §§ 2 ff. besonders geregelt. Die Zuständigkeit ist teils eine ausschließliche, teils eine fakultative und teils eine erweiterte Zuständigkeit. Ausschließliche Zuständigkeit bedeutet, dass nur die arbeitsgerichtliche Zuständigkeit gegeben ist. Die Zuständigkeit eines anderen Gerichtszweiges kann weder durch Parteivereinbarung noch durch rügelose Einlassung (§ 39 ZPO) begründet werden. Auch eine tarifvertragliche Vereinbarung der Rechtswegzuständigkeit scheidet aus. § 48 Abs. 2 bezieht sich unmissverständlich nur auf die örtliche Zuständigkeit. Eine Ausnahme folgt aus § 2 Abs. 4. Danach können bürgerliche Streitigkeiten zwischen juristischen Personen des Privatrechts und den kraft Gesetzes oder kraft Organeigenschaft zur Vertretung berufenen Personen vor die Gerichte für Arbeitssachen gebracht werden.

4 2. Internationale Zuständigkeit. Die internationale Zuständigkeit ist eine in jeder Instanz von Amts wegen zu prüfende Prozessvoraussetzung[3]. Sie folgt grundsätzlich aus der örtlichen Zuständigkeit. Im Verhältnis zu verschiedenen Mitgliedstaaten der europäischen Gemeinschaft ist (bis auf das Verhältnis zu Dänemark) die EuGVVO vom 22.12.2000[4] maßgeblich. Im Verhältnis zu den EFTA-Staaten richtet sich die internationale Zuständigkeit nach dem im Wesentlichen gleich lautenden Parallel-Übereinkommen von Lugano (LugÜ)[5] vom 16.9.1988. Für Klagen in der Bundesrepublik entsandten ausländischen ArbN sowie von gemeinsamen Einrichtungen der TV-Parteien nach dem AEntG folgt die internationale Zuständigkeit deutscher ArbG aus § 8 AEntG[6]. Die internationale Zuständigkeit kann grundsätzlich unter den Voraussetzungen der §§ 38, 40 ZPO und der Art. 23 EuGVVO/17 EuGVÜ/Art. 17 LugÜ vereinbart und durch rügelose Einlassung des Beklagten begründet werden[7].

---

[1] BGBl. I S. 2809. | [2] BAG v. 26.3.1992 – 2 AZR 443/91, NZA 1992, 954; v. 28.10.1997 – 9 AZB 35/97, NZA 1998, 219; v. 24.4.1996 – 5 AZB 25/95, NJW 1996, 2948; *Walker*, Der einstweilige Rechtsschutz, Rz. 734. | [3] Schwab/Weth/*Walker*, § 48 ArbGG Rz. 13. | [4] VO (EG) Nr. 44/2001, ABl. L 12/1 v. 16.1.2001. | [5] BGBl. II 1994, 2658. | [6] Vgl. dazu BAG v. 11.9.2002 – 5 AZB 3/02, DB 2003, 780. | [7] Ausf. Schwab/Weth/*Walker*, § 2 ArbGG Rz. 268 ff. u. § 48 Rz. 13.

Auf die internationale Zuständigkeit der Gerichte für Arbeitssachen findet § 48 keine Anwendung. Es gelten nicht die Regeln des § 17a GVG über die Vorabentscheidung und deren Anfechtbarkeit[1]. Ist das angerufene deutsche ArbG international unzuständig, scheidet eine Verweisung des Rechtsstreits von Amts wegen an ein ausländisches Gericht aus. Die Klage oder der Antrag sind mangels internationaler Zuständigkeit als unzulässig abzuweisen. Ein Vorabentscheidungsverfahren nach § 17a Abs. 3, 4 GVG zur Klärung der internationalen Zuständigkeit ist nicht gegeben. Daher ist noch in der Berufungs- und in der Revisionsinstanz von Amts wegen die internationale Zuständigkeit zu prüfen und ihr Fehlen kann auch dann noch zur Abweisung wegen Unzulässigkeit führen[2].

3. PKH-Verfahren. Wird PKH im Rahmen eines anhängigen Verfahrens beantragt, gilt § 48 Abs. 1 für gebotene Verweisungsentscheidungen. Der Rechtsstreit wird samt PKH-Verfahren verwiesen.

Wird aber ein isolierter PKH-Antrag beim örtlich oder vom Rechtsweg her unzuständigen Gericht eingereicht, ist die Anwendbarkeit von § 48 Abs. 1 umstritten[3]. Gegen die Anwendbarkeit des Abs. 1 wird zutreffend der eingeschränkte Prüfungsumfang im PKH-Verfahren (§ 118 ZPO) eingewandt, der eine frühzeitige und endgültige Entscheidung über die Rechtswegzuständigkeit nicht erfordert[4]. Erfolgt dennoch ein Verweisungsbeschluss, wird dieser jedoch für das Adressatengericht entsprechend § 17a Abs. 2 Satz 3 GVG – nur für das PKH-Verfahren – als bindend angesehen[5].

4. Arrest- und Verfügungsverfahren. Auch das um vorläufigen Rechtsschutz nach §§ 916–945 ZPO ersuchte Gericht hat die Zulässigkeit des beschrittenen Rechtswegs nach § 17a GVG zu prüfen; dies gilt auch dann, wenn die Hauptsache schon anhängig und es das Gericht der Hauptsache iSd. § 937 ZPO ist[6]. Entsprechendes gilt für die örtliche Zuständigkeit[7].

Die Einreichung des Arrest- oder Verfügungsgesuchs bei einem vom Rechtsweg oder örtlich unzuständigen ArbG führt grundsätzlich zur Anwendung des § 48 Abs. 1. Der Rechtsstreit im Eilverfahren ist also von Amts wegen an das zuständige Gericht im zulässigen Rechtsweg zu verweisen (§ 17a Abs. 2 GVG). Der so eintretende Zeitverlust ist geringer als bei einer Abweisung des Antrags als unzulässig und daher mit dem Eilcharakter des Verfahrens vereinbar[8]. Nach zutreffender Ansicht sind die §§ 17–17b GVG jedoch nur unter Berücksichtigung des Beschleunigungszwecks des Eilverfahrens anwendbar. Daher kann bei besonderer Dringlichkeit oder bei der Notwendigkeit, den Antragsgegner mit der Arrest- oder Verfügungsentscheidung zu überraschen, weil andernfalls Vereitelungshandlungen zu befürchten sind, abweichend von § 17a Abs. 2 Satz 1 GVG die Verweisung auch ohne Anhörung der Parteien erfolgen. Unter diesen Voraussetzungen ist auch eine Sachentscheidung nicht nur ohne mündliche Verhandlung (§ 17a Abs. 4 Satz 1 GVG), sondern ohne jede Anhörung des Gegners möglich. Ferner muss die Verweisung entgegen § 48 Abs. 1 Nr. 2 nicht notwendig durch die Kammer beschlossen werden. Sie ist vielmehr dann, wenn die besonderen Dringlichkeitsvoraussetzungen des § 944 ZPO (lex specialis) vorliegen, auch durch den Vorsitzenden allein möglich. Zudem wird vertreten, dass entgegen § 17a Abs. 4 Satz 3 eine Anfechtbarkeit des Verweisungsbeschlusses im Eilverfahren ausgeschlossen ist[9].

5. Schiedsgerichtsbarkeit. § 48 findet keine Anwendung auf das Verhältnis zwischen der Arbeitsgerichtsbarkeit und der Schiedsgerichtsbarkeit[10]. Bei nach § 101 wirksamer Schiedsabrede ist eine dennoch erhobene Klage als unzulässig abzuweisen.

6. Geschäftsverteilungsplan. Bei der Abgabe an die nach dem Geschäftsverteilungsplan zuständige Kammer innerhalb desselben Gerichts handelt es sich um eine gerichtsinterne Angelegenheit, die ohne Anhörung der Parteien erfolgen kann und nicht gesondert anfechtbar ist[11].

7. Mahnverfahren. Das Mahnverfahren nach den §§ 688 ff. ZPO findet nur im Zusammenhang mit Ansprüchen aus dem Urteilsverfahren statt (arg. § 46a Abs. 2), nicht dagegen im Beschlussverfahren[12]. Die Rechtswegzuständigkeit der ArbG im Mahnverfahren richtet sich nach § 2 und die örtliche Zuständigkeit nach § 46 Abs. 2 nach der für eine Klage im Urteilsverfahren. Wenn ein Mahnbescheid bei einem ArbG beantragt wird, obwohl dessen Rechtswegzuständigkeit nicht gegeben ist, so ist dieser als unzulässig zurückzuweisen. Bei örtlicher Unzuständigkeit kann der Rechtspfleger jedoch nach vorheriger Anhörung allein des Antragstellers das Mahnverfahren an das örtlich zuständige Gericht abgeben[13].

---

1 Schwab/Weth/*Walker*, § 48 ArbGG Rz. 13. | 2 Schwab/Weth/*Walker*, § 48 ArbGG Rz. 14. | 3 Offen gelassen von BAG v. 27.10.1992 – 5 AS 5/92, NZA 1993, 285. | 4 Schwab/Weth/*Walker*, § 48 ArbGG Rz. 20. | 5 BAG v. 27.10.1992 – 5 AS 5/92, NZA 1993, 285. | 6 BAG v. 24.5.2000 – 5 AZB 66/99, AP Nr. 45 zu § 17a GVG. | 7 Schwab/Weth/*Walker*, § 48 ArbGG Rz. 22. | 8 *Walker*, Der einstweilige Rechtsschutz, Rz. 349; Schwab/Weth/*Walker*, § 48 ArbGG Rz. 23. | 9 *Walker*, Der einstweilige Rechtsschutz, Rz. 350 ff.; Schwab/Weth/*Walker*, § 48 ArbGG Rz. 24; GMPM/*Germelmann*, § 48 ArbGG Rz. 20; GK-ArbGG/*Bader*, § 48 Rz. 34; für Anfechtbarkeit des Verweisungsbeschlusses jedoch (ohne nähere Begründung) BAG v. 24.5.2000 – 5 AZB 66/99, AP Nr. 45 zu § 17a GVG; v. 29.10.2001 – 5 AZB 44/00, AP Nr. 80 zu § 2 ArbGG 1979. | 10 GMPM/*Germelmann*, § 48 ArbGG Rz. 10; GK-ArbGG/*Bader*, § 48 Rz. 9. | 11 GK-ArbGG/*Bader*, § 48 ArbGG Rz. 32a; GMPM/*Germelmann*, § 48 ArbGG Rz. 9. | 12 Schwab/Weth/*Walker*, § 48 ArbGG Rz. 17. | 13 GK-ArbGG/*Bader*, § 46a Rz. 17; ähnlich zur alten Rechtslage BAG v. 28.12.1981 – 5 AZR 201/81, AP Nr. 28 zu § 36 ZPO; aA GMPM/*Germelmann*, § 46a ArbGG Rz. 13; Schwab/Weth/*Walker*, § 48 ArbGG Rz. 18.

13 **8. Zwangsvollstreckungsverfahren.** Das mit einem Zwangsvollstreckungsgesuch angegangene Gericht muss seine örtliche Zuständigkeit und seine Rechtswegzuständigkeit von Amts wegen prüfen. Bei Unzuständigkeit ist nach § 48 Abs. 1 zu verweisen[1].

14 **9. Richtige Verfahrensart.** Urteils- und Beschlussverfahren schließen einander aus. Sie können auch nicht gemäß § 147 ZPO verbunden werden. Ebenso scheidet eine Vereinbarung über die Verfahrensart aus. Nach § 48 Abs. 1 sind die §§ 17–17b GVG auch für die Zulässigkeit der Verfahrensart entsprechend anzuwenden.

15 **10. Sachliche Zuständigkeit.** So weit in § 48 Abs. 1 von der sachlichen Zuständigkeit die Rede ist, handelt es sich um ein Redaktionsversehen des Gesetzgebers[2]. Im Bereich der Arbeitsgerichtsbarkeit hat die sachliche Zuständigkeit keine nennenswerte Bedeutung, denn im ersten Rechtszug sind nach § 8 die ArbG zuständig[3].

16 **11. Örtliche Zuständigkeit.** Für die Entscheidung zur örtlichen Zuständigkeit sieht § 48 Abs. 1 eine Modifizierung des Verweisungsverfahrens nach §§ 17–17b GVG vor.

17 **III. Prüfung von Amts wegen. 1. Prüfungsreihenfolge.** Die Zulässigkeit des Rechtswegs, die örtliche Zuständigkeit und die Wahl der richtigen Verfahrensart sind als Prozessvoraussetzungen von Amts wegen zu prüfen. Vorrang kommt der Prüfung der Rechtswegzuständigkeit zu, denn für die örtliche Zuständigkeit und die zutreffende Verfahrensart sind die Regeln des richtigen Rechtswegs maßgebend[4]. Sodann schließt sich die Prüfung der richtigen Verfahrensart an. Erst dann kann die Frage der örtliche Zuständigkeit beantwortet werden, weil sich die örtliche Zuständigkeit in den beiden Verfahrensarten nach unterschiedlichen Regeln bestimmt.

18 **2. Maßgeblicher Zeitpunkt.** Nach § 48 Abs. 1 ArbGG iVm. § 17 Abs. 1 Satz 1 GVG (ebenso § 261 Abs. 2 Nr. 2 ZPO) ist für die Prüfung der Rechtswegzuständigkeit und der örtlichen Zuständigkeit der Zeitpunkt der Rechtshängigkeit maßgeblich. Nach § 17 Abs. 1 Satz 1 GVG wird die Zulässigkeit des bestrittenen Rechtswegs durch eine nach Rechtshängigkeit eintretende Veränderung der sie begründenden Umstände nicht berührt. Entsprechendes gilt nach § 48 Abs. 1 auch für die Verfahrensart und die örtliche Zuständigkeit. Voraussetzung für die fortbestehende Zuständigkeit ist aber ein unveränderter Streitgegenstand. Wird dieser zB durch Klageerweiterung verändert, kommt allein im Hinblick auf den veränderten Teil des Rechtsstreits eine Verweisung in Betracht[5]. Lagen bei Eintritt der Rechtshängigkeit die Zulässigkeitsvoraussetzungen noch nicht vor, so reicht es jedoch, wenn deren Vorliegen im Zeitpunkt der Entscheidung über die Zulässigkeit festgestellt werden kann. Dies kann selbst im Rechtsmittelverfahren der Fall sein[6]. Ein zunächst unzuständiges Gericht kann nämlich noch im Laufe des Verfahrens zuständig werden, etwa durch zulässige rügelose Einlassung (nach Hinweis gem. § 504 ZPO) oder dadurch, dass der Beklagte beim angerufenen Gericht einen Gerichtsstand erwirbt[7].

19 **3. Darlegungs- und Beweislast. a) Grundsätze.** Für die Zulässigkeit des Rechtsweges ist der jeweilige Streitgegenstand maßgeblich. Den Streitgegenstand bestimmt grundsätzlich die klagende Partei. Das Klagebegehren ergibt sich aus dem Klageantrag in Verbindung mit der Klagebegründung, § 253 Abs. 2 Nr. 2 ZPO[8]. Sind die zuständigkeitsbegründenden Tatsachen streitig, muss ggf. Beweis erhoben werden[9]. Die Beweislast trifft grundsätzlich die klagende Partei[10]. Beruft sich die beklagte Partei jedoch auf eine abweichende Gerichtsstandsvereinbarung, so liegt die Beweislast für diese Behauptung bei der beklagten Partei[11].

20 Bei mehreren Streitgegenständen hat die Prüfung der Rechtswegzuständigkeit für jeden Streitgegenstand gesondert zu erfolgen[12]. Dies gilt für die subjektive und für die objektive Klagenhäufung. In Fällen der objektiven Klagenhäufung wird jedoch häufig eine Zusammenhangszuständigkeit des ArbG nach § 2 Abs. 3 vorliegen[13].

21 Stützt die klagende Partei ihr Begehren auf eine Haupt- und eine Hilfsbegründung, orientiert sich die Prüfung der Rechtswegzuständigkeit an der Hauptbegründung. Das zuständige Gericht des Rechtsweges, der nach der Hauptbegründung zulässig ist, kann die Begründetheit des Begehrens gem. § 17 Abs. 2 Satz 1 GVG auch unter dem rechtlichen Gesichtspunkt prüfen, der für die Hilfsbegründung maßgeblich ist[14].

---

1 Schwab/Weth/*Walker*, § 48 ArbGG Rz. 26. |2 BAG v. 26.3.1992 – 2 AZR 443/91, NZA 1992, 954; v. 4.1.1993 – 5 AS 12/92, NZA 1993, 522; BGH v. 19.12.1996 – III ZB 105/96, NJW 1998, 909; GMPM/*Germelmann*, § 48 ArbGG Rz. 8; GK-ArbGG/*Bader*, § 48 Rz. 12. |3 Schwab/Weth/*Walker*, § 48 ArbGG Rz. 11 unter Hinweis auf die Ausnahmevorschrift § 158 Nr. 5 SGB IX zum Geschäftsbereich des Bundesnachrichtendienstes. |4 Schwab/Weth/*Walker*, § 48 ArbGG Rz. 27. |5 BAG v. 28.10.1993 – 2 AZB 12/93, AP Nr. 19 zu § 2 ArbGG 1979. |6 GK-ArbGG/*Bader*, § 48 Rz. 43; Schwab/Weth/*Walker*, § 48 ArbGG Rz. 30. |7 GMPM/*Matthes*, § 2 ArbGG Rz. 185. |8 BAG v. 28.10.1993 – 2 AZB 12/93, AP Nr. 19 zu § 2 ArbGG 1979. |9 Schwab/Weth/*Walker*, § 48 ArbGG Rz. 31. |10 BAG v. 28.10.1993 – 2 AZB 12/93, AP Nr. 19 zu § 2 ArbGG 1979; v. 24.4.1996 – 5 AZB 25/95, AP Nr. 1 zu § 2 ArbGG 1979 – Zuständigkeitsprüfung. |11 Schwab/Weth/*Walker*, § 48 ArbGG Rz. 31. |12 BAG v. 24.4.1996 – 5 AZB 25/95, BAGE 83, 40 = AP Nr. 1 zu § 2 ArbGG 1979. |13 BAG v. 27.10.1960 – 5 AZR 578/59, AP Nr. 14 zu § 5 ArbGG; v. 24.8.1972 – 2 AZR 437/71, AP Nr. 2 zu § 611 BGB – Gemischter Vertrag. |14 Zöller/*Gummer*, § 17 GVG Rz. 7; Schwab/Weth/*Walker*, § 48 ArbGG Rz. 33.

Hat die klagende Partei neben einem Hauptantrag auch einen oder mehrere Hilfsanträge gestellt, ist die Zulässigkeit des Rechtsweges zunächst nur für den Hauptantrag zu prüfen[1]. Über ihn hat das zuständige Gericht im zutreffenden Rechtsweg zu entscheiden. Erst wenn auf Grund dieser Entscheidung der Hilfsantrag relevant wird, muss das dann mit der Sache befasste Gericht die Zulässigkeit des Hilfsantrages und damit auch die Rechtswegzuständigkeit prüfen. Insoweit kommt dann eine Weiterverweisung in einen anderen Rechtsweg, unter Umständen auch eine Rückverweisung in Betracht[2]. 22

b) Darlegung der Rechtswegzuständigkeit. aa) Abgrenzung zur Verwaltungs-, Finanz- und Sozialgerichtsbarkeit. Bei der Abgrenzung zur Verwaltungs-, Finanz- und Sozialgerichtsbarkeit ist die Frage zu beantworten, ob eine Streitigkeit öffentlich- oder bürgerlich-rechtlich ist. Sie richtet sich nach der Natur des Rechtsverhältnisses, aus dem der Klageanspruch hergeleitet wird. Entscheidend dafür ist die wahre Natur des Anspruchs, wie er sich nach dem Sachvortrag des Klägers darstellt. Maßgebend ist also danach im Regelfall der Vortrag der klagenden Partei, dessen Richtigkeit zu unterstellen ist. Bei der negativen Feststellungsklage ist auch der Vortrag der beklagten Partei heranzuziehen, um zu klären, welcher Natur die von ihr beanspruchten Rechte sind[3]. 23

bb) Abgrenzung zur ordentlichen Gerichtsbarkeit. Bei der Zuständigkeitsabgrenzung zwischen ordentlichen und ArbG handelt es sich zwar nach den §§ 17 ff. GVG, § 48 ebenfalls um eine Frage der Rechtswegzuständigkeit; es geht dabei jedoch nicht um die Abgrenzung zwischen bürgerlich- und öffentlich-rechtlichen Streitigkeiten, sondern entscheidend um die Auslegung der §§ 2 bis 5 und damit um eine andere als die vom Gemeinsamen Senat der obersten Gerichtshöfe des Bundes behandelte Rechtsfrage[4]. 24

Zur Abgrenzung unterscheidet das **BAG**[5] drei verschiedene Fälle: 25

- Zunächst sind die Fälle zu nennen, in denen der Anspruch lediglich auf eine arbeitsrechtliche Anspruchsgrundlage gestützt werden kann, jedoch fraglich ist, ob deren Voraussetzungen vorliegen (sog. sic-non-Fall). Hauptbeispiel ist die auf die Feststellung des Bestehens eines Arbeitsverhältnisses gerichtete Klage. Die entsprechenden Tatsachenbehauptungen des Klägers sind hier „doppelrelevant", nämlich sowohl für die Rechtswegzuständigkeit, als auch für die Begründetheit der Klage maßgebend.

- Davon zu unterscheiden sind diejenigen Fälle, in denen ein Anspruch entweder auf eine arbeitsrechtliche oder eine bürgerlich-rechtliche Anspruchsgrundlage gestützt werden kann, die in Betracht kommenden Anspruchsgrundlagen sich aber gegenseitig ausschließen (sog. aut-aut-Fall). Dazu gehört etwa die Klage auf Zahlung des vereinbarten Entgelts für geleistete Arbeit aus einem Rechtsverhältnis, das der Kläger für ein Arbeitsverhältnis, der Beklagte dagegen für ein – nicht arbeitnehmerähnliches – freies Mitarbeiterverhältnis hält.

- Weiter gibt es – wenn auch selten – Fälle, in denen ein einheitlicher Anspruch widerspruchslos sowohl auf eine arbeitsrechtliche als auch auf eine nicht arbeitsrechtliche Anspruchsgrundlage gestützt werden kann (sog. et-et-Fall).

Das BAG folgt nun der Ansicht, wonach in den Fällen, in denen die Klage nur dann Erfolg haben kann, wenn der Kläger ArbN ist, die bloße „Rechtsbehauptung" des Klägers, er sei ArbN, zur Begründung der arbeitsgerichtlichen Zuständigkeit ausreicht (**sic-non-Fall**). Diese Fallgruppe ist dadurch gekennzeichnet, dass mit der Verneinung der Zuständigkeit der Rechtsstreit auch in der Sache praktisch entschieden ist. Wird der Rechtsstreit nicht verwiesen, erhält der Kläger eine – wenn auch klageabweisende – Sachentscheidung des Gerichts, vor dem er geklagt hat. Mehr kann er nicht verlangen. Der Gegner hat ohnehin ein Interesse daran, dass die Klage möglichst schnell (als unbegründet) abgewiesen wird; an einer Verweisung in eine andere Gerichtsbarkeit hat er kein schutzwürdiges Interesse. In derartigen Fällen verlangt weder die gesetzliche Zuständigkeitsverteilung noch der Gedanke der Respektierung der Nachbargerichtsbarkeit eine Verweisung in einen anderen Rechtsweg. In diesem Zusammenhang kommt es nicht darauf an, ob der Vortrag des Klägers zur Rechtswegzuständigkeit schlüssig ist. Eine unterschiedliche Behandlung beider Fallgruppen (einerseits schlüssige, aber nicht bewiesene Behauptungen, andererseits bereits unschlüssige Behauptungen) ist nicht gerechtfertigt. Die Interessenlage ist dieselbe: Ein berechtigtes Interesse des Klägers daran, seinen Vortrag vor einem von ihm nicht angerufenen Gericht in tatsächlicher Hinsicht ergänzen zu können, ist nicht anzuerkennen. Das bedeutet: In sic-non-Fällen, also wenn die Klage nur dann Erfolg haben kann, wenn der Kläger ArbN ist, reicht die bloße Rechtsbehauptung des Klägers, er sei ArbN, in bürgerlich-rechtlichen Streitigkeiten zur Begründung der arbeitsgerichtlichen Zuständigkeit aus[6]. 26

---

1 Schwab/Weth/*Walker*, § 48 ArbGG Rz. 34. | 2 Schwab/Weth/*Walker*, § 48 ArbGG Rz. 34; Zöller/*Gummer*, § 17a GVG Rz. 13a. | 3 GmSOGB v. 29.10.1987 – GmSOGB 1/86, MDR 1988, 554; GmSOGB v. 10.7.1989 – GmSOGB 1/88, MDR 1990, 508. | 4 BAG v. 24.4.1996 – 5 AZB 25/95, BAGE 83, 40 = AP Nr. 1 zu § 2 ArbGG 1979 – Zuständigkeitsprüfung. | 5 BAG v. 24.4.1996 – 5 AZB 25/95, BAGE 83, 40 = AP Nr. 1 zu § 2 ArbGG 1979 – Zuständigkeitsprüfung. | 6 BAG v. 24.4.1996 – 5 AZB 25/95, BAGE 83, 40 = AP Nr. 1 zu § 2 ArbGG – Zuständigkeitsprüfung; v. 9.10.1996 – 5 AZB 18/96, AP Nr. 2 zu § 2 ArbGG 1979 – Zuständigkeitsprüfung (betr. auf KSchG gestützte Klage); v. 16.7.1997 – 5 AZB 29/96, BAGE 86, 178 = AP Nr. 37 zu § 5 ArbGG 1979 (betr. Klage von Franchisenehmer).

27 Macht eine beschäftigte Person geltend, das von ihr als Arbeitsverhältnis verstandene Rechtsverhältnis sei weder durch einen Aufhebungsvertrag noch durch eine fristlose Kündigung beendet worden, liegt ebenfalls ein sic-non-Fall vor, wenngleich der Aufhebungsvertrag und die fristlose Kündigung auch unabhängig von einem ArbN-Status unwirksam sein können. Entscheidend ist, ob die klagende Partei den Bestand des Arbeitsverhältnisses in der Weise zum Streitgegenstand macht, dass die Unwirksamkeit von Aufhebungsvertrag und Kündigung nicht unabhängig vom Status festgestellt werden sollen, sondern mit der weiteren Feststellung, dass es sich um ein fortbestehendes Arbeitsverhältnis handelt[1].

28 Die Zulässigkeit des Rechtswegs zu den Gerichten für Arbeitssachen folgt nicht bereits aus der Geltendmachung einer „Bruttoforderung". Hierin liegt kein sic-non-Fall, weil auch im Rahmen eines freien Dienstvertrags Bruttoentgeltforderungen erhoben werden können[2].

29 Diese Rechtsgrundsätze gelten aber nur, wenn zwischen den Parteien im Streit ist, ob der Kläger ArbN oder Selbständiger, insb. selbständiger Gewerbetreibender iSd. HGB oder freier Mitarbeiter ist. Sie finden jedoch keine Anwendung, wenn der Kläger zu dem Personenkreis gehört, der nach § 5 Abs. 1 Satz 3 nicht als ArbN anzusehen ist. Denn die Fiktion greift unabhängig davon ein, ob sich das der Organstellung zugrunde liegende Rechtsverhältnis materiell-rechtlich als freies Dienstverhältnis oder als Arbeitsverhältnis darstellt[3]. Auch wenn das Anstellungsverhältnis zwischen juristischer Person und Vertretungsorgan wegen starker interner Weisungsabhängigkeit als Arbeitsverhältnis anzusehen sein sollte und deshalb dem materiellen Arbeitsrecht unterliegt, sind für Entscheidung von Rechtsstreitigkeiten aus dieser Rechtsbeziehung wegen § 5 Abs. 1 Satz 3, § 13 GVG die ordentlichen Gerichte berufen. Nur dann, wenn die Rechtsstreitigkeit zwischen dem Mitglied des Vertretungsorgans und der juristischen Person nicht das der Organstellung zugrunde liegende Rechtsverhältnis, sondern eine weitere Rechtsbeziehung betrifft, greift die Fiktion des § 5 Abs. 1 Satz 3 nicht ein[4]. In den Fällen des § 5 Abs. 1 Satz 3 fehlt es an der notwendigen Doppelrelevanz der Frage, ob das zwischen den Parteien bestehende Vertragsverhältnis ein Arbeitsverhältnis ist. Bei Organvertretern ist diese Frage für die Zulässigkeit des Rechtsweges unerheblich. Sie ist allein für die Begründetheit der Klage von Belang.

30 In den et-et-Fällen hat der Kläger ein Wahlrecht, in welchem Rechtsweg er klagen will; erforderlich ist nur, dass das Gericht wenigstens für eine der in Betracht kommenden Anspruchsgrundlagen zuständig ist. Nach § 17 Abs. 2 Satz 1 GVG prüft „das Gericht des zulässigen Rechtswegs" (dh. das Gericht, das wenigstens für eine Anspruchsgrundlage zuständig ist), den Rechtsstreit „unter allen in Betracht kommenden rechtlichen Gesichtspunkte". Der Berechtigung des Gerichts entspricht eine Verpflichtung, alle Anspruchsgrundlagen zu überprüfen. Insbesondere steht es ihm nicht frei, den Rechtsstreit wegen bestimmter Anspruchsgrundlagen in einen anderen Rechtsweg zu verweisen oder eine Klageabweisung wegen fehlender Rechtswegzuständigkeit für einzelne Anspruchsgrundlagen. Insoweit besteht eine sog. rechtswegüberschreitende Kompetenz[5].

31 Für die aut-aut-Fälle ist daran festzuhalten, dass die klagende Partei die zuständigkeitsbegründenden Tatsachen schlüssig vortragen und ggf. auch beweisen muss. Um eine „Rechtswegerschleichungen" auszuschließen, muss schon im Rahmen der Zuständigkeitsprüfung entschieden werden, ob tatsächlich ein Arbeitsverhältnis besteht. Erforderlichenfalls ist darüber Beweis zu erheben.

32 Die Abgrenzung von sic-non-Fällen von aut-aut-Fällen kann schwierig sein. Wird Kündigungsschutz geltend gemacht, spricht dies für einen sic-non-Fall. Zweifelhaft wird dies schon, wenn die klagende Partei sich zusätzlich auf § 174 BGB beruft. Geht es um die Rechtswirksamkeit einer außerordentlichen Kündigung, liegt dagegen regelmäßig ein aut-aut-Fall vor (obwohl bei Umdeutung eine sic-non-Konstellation gegeben sein kann). Wird bei der außerordentlichen Kündigung aber nur ein Verstoß gegen § 102 BetrVG geltend gemacht, könnte ein sic-non-Fall vorliegen. Auch Erschleichungsfälle sind denkbar. Mit einer auf die Feststellung des Arbeitsverhältnisses gerichteten Klage gelangt die klagende Partei in die Rechtswegzuständigkeit der Gerichte für Arbeitssachen, um dann Entgeltzahlung (aut-aut-Fall) als Zusammenhangsklage geltend zu machen. Hier stellt sich die Frage, ob die unterstellte Zuständigkeit bei sic-non-Fällen für eine Zusammenhangsklage genügt[6].

33 Im sic-non-Fall ist daher die Gefahr einer Manipulation hinsichtlich der Auswahl des zuständigen Richters durch die klagende Partei gegeben, wenn diese im Wege der Zusammenhangsklage (§ 2 Abs. 3) damit weitere Streitgegenstände verbindet. Eine solche Umgehungsmöglichkeit, die der klagenden Partei de facto die Wahl des Rechtswegs überlässt, ist mit Art. 101 Abs. 1 Satz 2 GG nicht vereinbar[7].

---

[1] BAG v. 17.1.2001 – 5 AZB 18/00, AP Nr. 10 zu § 2 ArbGG 1979 – Zuständigkeitsprüfung. | [2] BAG v. 26.9.2002 – 5 AZB 19/01, AP Nr. 83 zu § 2 ArbGG 1979 (unter Hinweis auf BGH v. 1.12.1997 – II ZR 232/96). | [3] BAG v. 23.8.2001 – 5 AZB 9/01, AP Nr. 54 zu § 5 ArbGG 1979; v. 13.5.1996 – 5 AZB 27/95, AP Nr. 27 zu § 5 ArbGG 1979; v. 6.5.1999 – 5 AZB 22/98, AP Nr. 46 zu § 5 ArbGG 1979. | [4] BAG v. 23.8.2001 – 5 AZB 9/01, AP Nr. 54 zu § 5 ArbGG 1979; v. 6.5.1999 – 5 AZB 22/98, AP Nr. 46 zu § 5 ArbGG 1979. | [5] BAG v. 18.8.1997 – 9 AZB 15/97, AP Nr. 70 zu § 74 HGB. | [6] Reinecke, ZIP 1997, 1525 ff. | [7] BVerfG v. 31.8.1999 – 1 BvR 1389/97, EzA-SD 20/1999, 7; BAG v. 11.6.2003 – 5 AZB 43/03, EzA § 2 ArbGG 1979 Nr. 60; dazu Kluth, NZA 2000, 463; Kluth, NZA 2000, 1275; vgl. auch Kommentierung § 2 Rz. 130.

Die Rspr. des BAG zu den unterschiedlichen Anforderungen an den Vortrag der klagenden Partei für die Rechtswegbestimmung setzt voraus, dass die tatsächlichen Grundlagen für die Beurteilung des ArbN-Status überhaupt im Streit sind. Andernfalls kommt es auf die Frage, welche spezifische Fallgestaltung vorliegt, für die Bestimmung des zuständigen Gerichts nicht an. Sind im Rechtswegbestimmungsverfahren die entscheidungserheblichen Tatsachen unstreitig, muss das angerufene Gericht sogleich darüber entscheiden, ob die klagende Partei ArbN bzw. arbeitnehmerähnliche Person ist[1]. 34

IV. Entscheidungen über die Rechtswegzuständigkeit. Das Verweisungsverfahren für Entscheidungen zur Rechtswegzuständigkeit richtet sich nach § 48 Abs. 1 ArbGG iVm. §§ 17–17b GVG. 35

1. Zulässigkeit des beschrittenen Rechtsweges. Ist der beschrittene Rechtsweg zulässig, kann das Gericht dies vorab aussprechen (§ 17a Abs. 3 Satz 1 GVG). Ob es von dieser Möglichkeit Gebrauch macht, ist eine Frage der Anwendung des pflichtgemäßen Ermessens im Einzelfall[2]. Rügt eine Partei die Zulässigkeit des Rechtsweges, so muss das Gericht gemäß § 17a Abs. 3 Satz 2 GVG vorab entscheiden, und zwar – was sich aus § 17a Abs. 4 Satz 1 GVG ergibt – durch Beschluss. Dies gilt selbst dann, wenn die klagende Partei die Zuständigkeitsrüge erhebt[3]. 36

Vorabentscheidung bedeutet, dass isoliert von den Fragen der Zulässigkeit im Übrigen und den Fragen der Begründetheit und vor der Entscheidung in der Hauptsache entschieden wird. Entsprechend dem Sinn der Vorabentscheidung, Zweifel über die Zulässigkeit des Rechtsweges vor der Hauptsacheentscheidung zu klären, muss das Gericht 1. Instanz den Rechtsstreit im Übrigen gemäß § 148 ZPO aussetzen. Andernfalls könnte es bei Feststellung der Unzulässigkeit im Beschwerderechtszug zu Unvereinbarkeiten mit der Hauptsacheentscheidung kommen[4]. Auch ein Versäumnisurteil ist ausgeschossen[5]. 37

Die Rechtswegrüge ist in analoger Anwendung des § 282 Abs. 3 Satz 1 ZPO vor der Verhandlung zur Hauptsache anzubringen[6]. 38

2. Unzulässigkeit des beschrittenen Rechtsweges. a) Grundsätze. Ist der beschrittene Rechtsweg unzulässig, spricht das Gericht dies nach Anhörung der Parteien von Amts wegen aus und verweist den Rechtsstreit zugleich an das zuständige Gericht des zulässigen Rechtsweges. Die Entscheidung ergeht durch Beschluss und ist für das Gericht, an das der Rechtsstreit verwiesen worden ist, bindend (§ 17a Abs. 2 Satz 1 und 3 GVG). Eine vorherigen Rüge durch eine Partei bedarf es nicht[7]. Eine Abweisung der Klage als unzulässig ist nach dieser gesetzlichen Regelung nicht mehr statthaft[8]. 39

b) Objektive und subjektive Klagenhäufung. Allerdings können nicht verschiedene Ansprüche im Wege objektiver Klagenhäufung (§ 260 ZPO) einem bestimmten Rechtsweg zugeführt werden. In einem solchen Falle ist vielmehr für jeden einzelnen Anspruch die Zulässigkeit des Rechtsweges getrennt zu prüfen und eine Entscheidung nach § 17a Abs. 2 oder 3 GVG zu treffen. Das Gleiche gilt für abtrennbare Klageansprüche im Rahmen einer subjektiven Klagenhäufung[9]. 40

c) Widerklage. Ebenso ist bei Gegenansprüchen zu verfahren, die mittels einer Widerklage geltend gemacht werden. Das ArbG muss also ggf. seine Rechtswegzuständigkeit für die Widerklage verneinen, diese nach § 145 Abs. 2 ZPO abtrennen und diesen Teil des Rechtsstreits an das zuständige Gericht des zulässigen Rechtsweges verweisen[10]. 41

d) Aufrechnung. Die Gerichte für Arbeitssachen sind gehindert, über zur Aufrechnung gestellte rechtswegfremde Forderungen zu entscheiden, sofern für diese eine ausschließliche anderweitige Rechtswegzuständigkeit gegeben ist. Dem steht nicht § 17 Abs. 2 GVG entgegen, wonach das Gericht des zulässigen Rechtswegs den Rechtsstreit unter allen in Betracht kommenden rechtlichen Gesichtspunkten entscheidet. Sinn und Zweck dieser Norm bestehen darin, eine einheitliche Sachentscheidung durch ein Gericht zu ermöglichen, wenn derselbe prozessuale Anspruch auf mehrere, eigentlich verschiedenen Rechtswegen zugeordneten Anspruchsgrundlagen beruht. Eine Zuständigkeit für die Entscheidung über die Wirkung einer Aufrechnung mit einer rechtswegfremden Gegenforderung wird damit nicht begründet. Die Aufrechnung ist kein „rechtlicher Gesichtspunkt" iSv. § 17 Abs. 2 GVG, sondern ein selbständiges Gegenrecht, das dem durch die Klage bestimmten Streitgegenstand einen weiteren selbständigen Gegenstand hinzufügt. Die Zuständigkeit der Gerichte für Arbeitssachen kann sich aber bei Aufrechnungen aus § 2 Abs. 3 ergeben, doch gilt dies nicht, wenn die zur Aufrechnung gestellte Forderung in die ausschließliche Zuständigkeit einer anderen Gerichtsbarkeit fällt[11]. Im letztgenannten Fall wird das ArbG durch Vorbehaltsurteil iSv. § 302 ZPO entscheiden. Im Übrigen wird es den Rechtsstreit bis zur rechtskräftigen Entscheidung der zuständigen Gerichte über die zur Aufrechnung gestellten Gegenforderung aussetzen. Nach deren Vorliegen wird das ArbG das Nachverfahren durchzuführen haben[12]. 42

---

1 BAG v. 17.6.1999 – 5 AZB 23/98, AP Nr. 39 zu § 17a GVG. | 2 BGH v. 28.2.1991 – III ZR 53/90, NJW 1991, 1686; v. 12.11.1992 – V ZR 230/91, NJW 1993, 389. | 3 Schwab/Weth/*Walker*, § 48 ArbGG Rz. 42. | 4 BAG v. 26.3.1992 – 2 AZR 443/91, AP Nr. 7 zu § 48 ArbGG 1979. | 5 Schwab/Weth/*Walker*, § 48 ArbGG Rz. 43. | 6 *Schwab*, NZA 1991, 662. | 7 Schwab/Weth/*Walker*, § 48 ArbGG Rz. 44. | 8 BAG v. 26.3.1992 – 2 AZR 443/91, AP Nr. 7 zu § 48 ArbGG 1979. | 9 *Schwab/Klimpe-Auerbach*, ArbuR 1992, 114; *Kissel*, NJW 1991, 951; Schwab/Weth/*Walker*, § 48 ArbGG Rz. 47. | 10 *Schwab*, NZA 1991, 663; Schwab/Weth/*Walker*, § 48 ArbGG Rz. 47. | 11 BAG v. 23.8.2001 – 5 AZB 3/01, AP Nr. 2 zu § 17 GVG. | 12 BAG v. 23.8.2001 – 5 AZB 3/01, AP Nr. 2 zu § 17 GVG.

43 **3. Form und Inhalt der Entscheidung.** Die Vorabentscheidung erfolgt durch Beschluss (§ 17a Abs. 2 Satz 3 u. § 17a Abs. 4 Satz 1 GVG), der ohne mündliche Verhandlung ergehen kann (§ 17a Abs. 4 Satz 1 GVG). Vor der Verweisungsentscheidung sind die Parteien anzuhören (§ 17 Abs. 2 Satz 1 GVG). Die Anhörung kann schriftlich erfolgen[1]. Der Beschluss ist zu begründen (§ 17 Abs. 4 Satz 2 GVG) und mit einer Rechtsmittelbelehrung zu versehen (§ 9 Abs. 5 Satz 1).

44 Nach § 48 Abs. 1 Nr. 2 ergeht der Beschluss über die Rechtswegzuständigkeit auch außerhalb der mündlichen Verhandlung stets durch die Kammer[2].

45 **4. Anfechtbarkeit der Entscheidung.** Der Beschluss über die Zulässigkeit des vom Kläger beschrittenen Rechtsweges wird rechtskräftig, wenn er nicht angefochten wird[3].

46 Gegen den Beschluss nach § 17a Abs. 2 oder 3 GVG ist die sofortige Beschwerde nach den Vorschriften der jeweils anzuwendenden Verfahrensordnung gegeben (§ 17a Abs. 4 Satz 3 GVG). Einschlägig ist § 78 Satz 1, wonach hinsichtlich der Beschwerde gegen Entscheidungen der ArbG die für die Beschwerde gegen Entscheidungen der AG maßgebenden Vorschriften der ZPO, dh. die §§ 567 ff. ZPO über die sofortige Beschwerde gelten. Bei einer die Rechtswegzuständigkeit bejahenden Entscheidung kann die beklagte Partei beschwert sein, während bei einer die Rechtswegzuständigkeit verneinenden Entscheidung die klagende Partei beschwert ist. Bei Verletzung des rechtlichen Gehörs können beide Parteien beschwert sein[4].

47 Durch die rechtzeitige Einlegung der sofortigen Beschwerde erlangt die Rechtswegentscheidung keine Rechtskraft. Das Hauptsacheverfahren darf nicht fortgesetzt werden, sondern muss ausgesetzt bleiben oder werden[5].

48 Eine Überprüfung der Rechtswegentscheidung im Rechtsmittelverfahren der Hauptsache findet nicht statt (§ 17a Abs. 5 GVG).

49 **5. Rechtsbeschwerde.** Die Beschwerde gegen den Beschluss des LAG an das BAG steht den Beteiligten nur zu, wenn sie in dem Beschluss zugelassen worden ist (§ 17a Abs. 4 Satz 4 GVG). Die Beschwerde ist zuzulassen, wenn die Rechtsfrage grundsätzliche Bedeutung hat oder das LAG von der Entscheidung eines obersten Gerichtshofes des Bundes oder des Gemeinsamen Senats der obersten Gerichtshöfe des Bundes abweicht (§ 17 Abs. 4 Satz 5 GVG u. § 78 Satz 2 ArbGG iVm. § 72 Abs. 2 ArbGG). Das BAG ist an die Zulassung der Beschwerde gebunden (§ 17 Abs. 4 Satz 6 GVG).

50 Bei der nach § 17a Abs. 4 Satz 4 GVG vom LAG zugelassenen Beschwerde handelt es sich seit In-Kraft-Treten des Gesetzes zur Reform des Zivilprozesses vom 27.7.2001[6] um eine Rechtsbeschwerde iSd. §§ 574 ff. ZPO[7]. Diese ist nach § 575 Abs. 1 ZPO binnen einer Notfrist von einem Monat nach Zustellung des Beschlusses einzulegen und nach § 575 Abs. 2 ZPO, sofern die Beschwerdeschrift keine Begründung enthält, binnen einer Frist von einem Monat nach Zustellung der angefochtenen Entscheidung zu begründen. Ist die Rechtsmittelbelehrung der angefochtenen Entscheidung noch nach altem Recht erfolgt (Notfrist von 2 Wochen), beträgt die Beschwerdefrist nach § 9 Abs. 5 Satz 4 ein Jahr seit Zustellung der Entscheidung[8].

51 Ein Rechtsbehelf („Nichtzulassungsbeschwerde") gegen die Nichtzulassung der weiteren Beschwerde durch das LAG ist in § 17a Abs. 4 GVG nicht vorgesehen[9]. Hat das LAG im Rechtswegbestimmungsverfahren die weitere sofortige Beschwerde nicht zugelassen, so kommen diese oder eine gesonderte Nichtzulassungsbeschwerde als außerordentliche Rechtsbehelfe auch dann nicht in Betracht, wenn die Entscheidung des Beschwerdegerichts gegen ein Verfahrensgrundrecht verstößt. Auch unter dem Gesichtspunkt einer „greifbaren Gesetzwidrigkeit" kommt kein außerordentlicher Rechtsbehelf mehr in Betracht (vgl. zu § 57 Rz. 22).

52 Nach dem BAG bestehen keine Bedenken, im Vorabverfahren nach § 17 Abs. 4 GVG auch im Rahmen eines Gesuchs um vorläufigen Rechtsschutz die Rechtsbeschwerde zum BAG zuzulassen, auch wenn gegen das Urteil oder den Beschluss des LAG, mit dem dieses über das Gesuch als solches entscheidet, die Revision bzw. Rechtsbeschwerde nicht statthaft wäre (§ 72 Abs. 4, § 78)[10].

53 **6. Rechtsmittel gegen inkorrekte Rechtswegentscheidung. a) Rechtsmittel gegen Inzidententscheidung.** Hat das erstinstanzliche Gericht durch Urteil den Rechtsweg konkludent bejaht, sind die Rechtsmittelgerichte nach § 17a Abs. 5 GVG, §§ 65, 73 Abs. 2 gehindert, die Rechtswegfrage inhaltlich

---

1 Schwab/Weth/*Walker*, § 48 ArbGG Rz. 49, der zutr. darauf hinweist, dass im Eilverfahren ausnahmsweise keine vorherige Anhörung stattfinden muss. | 2 Zur Entscheidung allein durch den Vorsitzenden ausnahmsweise in Eilverfahren vgl. Schwab/Weth/*Walker*, § 48 ArbGG Rz. 51 u. *Walker*, Der einstweilige Rechtsschutz, Rz. 271; GMPM/*Germelmann*, § 48 ArbGG Rz. 47; GK-ArbGG/*Bader*, § 48 Rz. 49. | 3 BAG v. 1.3.1993 – 3 AZB 44/92, AP Nr. 25 zu § 2 ArbGG 1979. | 4 Schwab/Weth/*Walker*, § 48 ArbGG Rz. 60. | 5 BAG v. 26.3.1992 – 2 AZR 443/91, AP Nr. 7 zu § 48 ArbGG 1979. | 6 BGBl. I S. 1887. | 7 BAG v. 26.9.2002 – 5 AZB 15/02, AP Nr. 48 zu § 17a GVG; GMPM/*Germelmann*, § 48 ArbGG Rz. 96. | 8 BAG v. 26.9.2002 – 5 AZB 15/02, AP Nr. 48 zu § 17a GVG. | 9 BAG v. 22.2.1994 – 10 AZB 4/94, AP Nr. 2 zu § 78 ArbGG 1979; v. 22.10.1999 – 5 AZB 21/99, BAGE 92, 326 = AP Nr. 4 zu § 577 ZPO. | 10 BAG v. 24.5.2000 – 5 AZB 66/99, AP Nr. 45 zu § 17a GVG; aA Schwab/Weth/*Walker*, § 48 ArbGG Rz. 73.

zu überprüfen, wenn eine Vorabentscheidung des erstinstanzlichen Gerichts nicht geboten war, insb. weil eine Rüge der Rechtswegzuständigkeit nicht erhoben wurde[1].

b) Rechtsmittel gegen Inzidententscheidung trotz Rüge. Entscheidet das ArbG entgegen § 48 Abs. 1 ArbGG, § 17a Abs. 3 Satz 2 GVG trotz Rüge einer Partei über die Zulässigkeit des Rechtswegs nicht vorab durch Beschluss, sondern in den Gründen des der Klage stattgebenden Urteils, so kann die beklagte Partei gegen die inzident erfolgte Rechtswegentscheidung wahlweise sofortige Beschwerde oder Berufung einlegen (Grundsatz der Meistbegünstigung)[2]. 54

Wird keine Berufung eingelegt, hilft keine isolierte Anfechtung des Beschlusses nach § 17a Abs. 3 GVG, weil die Entscheidung in der Hauptsache dann in Rechtskraft erwächst[3]. Werden sowohl Berufung gegen das Urteil und auch sofortige Beschwerde gegen den inzident in dem Urteil erfolgten Beschluss zur Rechtswegzuständigkeit eingelegt, so hat das LAG den Rechtsstreit in der Hauptsache zunächst auszusetzen bis zur Rechtskraft der Entscheidung im Vorabverfahren zur Rechtswegzuständigkeit. Wird im Vorabverfahren (ggf. nach zugelassener Rechtsbeschwerde) die Entscheidung des ArbG zur Rechtswegzuständigkeit bestätigt, kann das Hauptsacheverfahren fortgesetzt werden. Wird jedoch die Rechtswegzuständigkeit der Gerichte für Arbeitssachen verneint, hat das LAG das Urteil durch Beschluss aufzuheben und den Rechtsstreit an das zuständige erstinstanzliche Gericht zu verweisen. 55

Wird hingegen Berufung eingelegt, so darf das LAG den Rechtsstreit nicht an das ArbG zurückverweisen; § 65 steht in diesem Fall einer eigenen Prüfung der Zulässigkeit des Rechtsweges nicht entgegen[4]. Bejaht das LAG die Zulässigkeit des Rechtsweges, hat es dies vorab durch Beschluss auszusprechen. Lässt es hiergegen gemäß § 17a Abs. 4 Satz 4 und 5 GVG, § 78 Satz 2 die Rechtsbeschwerde zu, hat es das Verfahren bis zur Entscheidung hierüber auszusetzen. Andernfalls hat es in der Hauptsache durch Urteil zu entscheiden. Hält das LAG die Zulässigkeit des Rechtsweges nicht für gegeben, so hat es dies ebenfalls durch Beschluss auszusprechen und unter Abänderung des arbeitsgerichtlichen Urteils den Rechtsstreit an das zuständige erstinstanzliche Gericht des zulässigen Rechtsweges zu verweisen. Lässt es hiergegen keine Rechtsbeschwerde zu, ist der Beschluss rechtskräftig und bindet das Gericht, an das verwiesen wurde, hinsichtlich des Rechtsweges[5]. 56

Die unterlassene Vorabentscheidung bleibt im Rechtsmittelrechtszug folgenlos, wenn die Rüge dort nicht weiterverfolgt, sondern fallen gelassen wird[6]. 57

c) Rechtsmittel gegen Klageabweisung bei unzulässigem Rechtsweg. Weist das ArbG die Klage als unzulässig ab, weil die Rechtswegzuständigkeit nicht gegeben sei, kann der Kläger hiergegen wahlweise sofortige Beschwerde oder Berufung einlegen (Grundsatz der Meistbegünstigung). Wird keine Berufung eingelegt, hilft wiederum keine isolierte Anfechtung des Beschlusses nach § 17a Abs. 3 GVG, weil die Entscheidung in der Hauptsache dann in Rechtskraft erwächst[7]. Werden sowohl Berufung gegen das Urteil und auch sofortige Beschwerde gegen den inzident in dem Urteil erfolgten Beschluss zur Rechtswegzuständigkeit eingelegt, so hat das LAG den Rechtsstreit in der Hauptsache zunächst auszusetzen bis zur Rechtskraft der Entscheidung im Vorabverfahren zur Rechtswegzuständigkeit. Wird im Vorabverfahren (ggf. nach zugelassener Rechtsbeschwerde) die Entscheidung des ArbG zur Rechtswegzuständigkeit bestätigt, kann das Hauptsacheverfahren fortgesetzt werden. Das LAG darf die Sache, soweit ihre weitere Verhandlung erforderlich ist, unter Aufhebung des Urteils an das ArbG zurückverweisen, wenn eine Partei die Zurückverweisung beantragt[8]. Ohne Zurückverweisungsantrag trifft das LAG eine eigene Sachentscheidung. Wird jedoch die Rechtswegzuständigkeit der Gerichte für Arbeitssachen verneint, hat das LAG das Urteil durch Beschluss aufzuheben und den Rechtsstreit an das zuständige erstinstanzliche Gericht zu verweisen[9]. 58

7. Bindungswirkung der Entscheidung. Hat ein Gericht den zu ihm beschrittenen Rechtsweg für zulässig erklärt, sind andere Gerichte an diese Entscheidung gebunden (§ 17a Abs. 1 GVG). Hat das ArbG den Rechtsweg zu den Gerichten für Arbeitssachen stillschweigend durch Erlass eines Urteils bejaht, ist das Rechtsmittelgericht nach § 17a Abs. 5 GVG, §§ 65, 73 Abs. 2 gehindert, die Frage des Rechtswegs zu prüfen. Etwas anderes gilt nur dann, wenn wegen der Rüge einer Partei eine Vorabentscheidung des ArbG geboten war[10]. Hat das Gericht den beschrittenen Rechtsweg für unzulässig erachtet und den Rechtsstreit an das zuständige Gericht des zulässigen Rechtsweges verwiesen, ist der Beschluss für dieses Gericht hinsichtlich des Rechtsweges verbindlich (§ 17a Abs. 2 Satz 3 GVG). Das Gericht, an das verwiesen worden ist, kann jedoch den Rechtsstreit wegen örtlicher Unzuständigkeit 59

---

1 BGH v. 19.11.1993 – V ZR 269/92, AP Nr. 21 zu § 17a GVG. |2 BAG v. 26.3.1992 – 2 AZR 443/91, AP Nr. 7 zu § 48 ArbGG 1979; v. 15.4.1993 – 2 AZB 32/92, AP Nr. 12 zu § 5 ArbGG 1979. |3 GK-ArbGG/*Bader*, § 48 Rz. 70. |4 BAG v. 26.3.1992 – 2 AZR 443/91, AP Nr. 7 zu § 48 ArbGG 1979; v. 28.2.1995 – 5 AZB 24/94, AP Nr. 17 zu § 17a GVG. |5 BAG v. 26.3.1992 – 2 AZR 443/91, AP Nr. 7 zu § 48 ArbGG 1979. |6 BAG Urt. v. 19.11.1997 – 5 AZR 21/97, AP Nr. 133 zu § 611 BGB – Lehrer, Dozenten. |7 GK-ArbGG/*Bader*, § 48 Rz. 70. |8 Schwab/Weth/*Walker*, § 48 ArbGG Rz. 45. |9 BAG v. 26.3.1992 – 2 AZR 443/91, AP Nr. 7 zu § 48 ArbGG 1979. |10 BAG v. 9.7.1996 – 5 AZB 6/96, AP Nr. 24 zu § 17a GVG; v. 21.8.1996 – 5 AZR 1011/94, AP Nr. 42 zu § 2 ArbGG 1979; v. 12.3.1997 – 5 AZR 669/95, AP Nr. 1 zu § 2 UrhG; v. 11.11.1997 – 1 ABR 21/97, BAGE 87, 64 = AP Nr. 1 zu § 36 BDSG; v. 24.3.1998 – 9 AZR 172/97, AP Nr. 4 zu § 21e GVG.

innerhalb „seines" Rechtsweges weiterverweisen[1]. Der wegen örtlicher Unzuständigkeit weiterverweisende Beschluss ist seinerseits nach § 48 Abs. 1 ArbGG, § 17a Abs. 2 Satz 3 GVG bindend.

60 Bislang sprach die Rspr.[2] offensichtlich gesetzwidrigen Beschlüssen die Bindungswirkung ab. Für diese Rspr. dürfte wegen der Abänderungsmöglichkeit nach § 572 Abs. 1 ZPO keine Grundlage mehr bestehen[3]. Zudem steht sie im Widerspruch zur Rspr. zum Wegfall der sog. außerordentlichen Rechtsmittel (vgl. § 57 Rz. 22).

61 **8. Entscheidung des Gerichts des zulässigen Rechtsweges.** Das Gericht des zulässigen Rechtsweges entscheidet den Rechtsstreit unter allen in Betracht kommenden rechtlichen Gesichtspunkten (§ 17 Abs. 2 Satz 1 GVG). Ausgenommen hiervon sind nach Absatz 2 Satz 2 lediglich Art. 14 Abs. 3 Satz 4 GG (Streit über die Höhe der Entschädigung bei Enteignung) und Art. 34 Satz 3 GG (Anspruch auf Schadensersatz und Rückgriff bei Amtspflichtverletzungen). Nach dieser Regelung müssen daher das ArbG, das von Anfang an angerufen worden ist und seine Zuständigkeit für gegeben erachtet bzw. ausdrücklich bejaht hat, und das ArbG, an das der Rechtsstreit bindend verwiesen worden ist, den Rechtsstreit unter allen in Betracht kommenden rechtlichen Gesichtspunkten entscheiden. Insoweit kommt es nicht darauf an, welchem Rechtsgebiet die Norm angehört. Es sind also auch Anspruchsgrundlagen zu prüfen, für die das ArbG an sich nicht zuständig wäre. Das gilt nicht nur für mehrere Anspruchsgrundlagen bei gemischten Rechtsverhältnissen und für Klagegründe, die zur Rechtswegzuständigkeit der ordentlichen Gerichte gehören (zB Werkvertrag oder Geschäftsführung ohne Auftrag), sondern auch für öffentlich-rechtliche Klagegründe[4]. Sofern es sich um ein und denselben Sachverhalt handelt, aus dem die klagende Partei Ansprüche herleitet, kommt eine von dieser veranlasste Beschränkung der Prüfung auf einzelne Anspruchsgrundlagen nicht in Betracht[5].

62 Eine Rückverweisung ist ausgeschlossen[6]. Entsprechendes gilt für eine Weiterverweisung an ein Gericht eines anderen Rechtswegs[7]. Wenn dennoch eine gesetzwidrige Rück- oder Weiterverweisung erfolgt, entfaltet allerdings auch sie die Bindungswirkung des § 17a Abs. 2 Satz 3 GVG, sobald sie rechtskräftig wird[8]. Die Bindungswirkung dieser zweiten Verweisung hat dann Vorrang vor der Bindungswirkung der Ursprungsverweisung.

63 Das Gericht, an das der Rechtsstreit von einem Gericht eines anderen Rechtsweges verwiesen worden ist, kann aber wegen örtlicher Unzuständigkeit innerhalb „seines" Rechtsweges weiterverweisen[9].

64 Erklärt das Gericht, an das der Rechtsstreit verwiesen wurde, sich gleichwohl für unzuständig, so kommt es zu einem Bestimmungsverfahren in entsprechender Anwendung des § 36 Abs. 1 Nr. 6 ZPO. Die Vorschrift betrifft ihrem Wortlaut und ursprünglichen Sinn nach zunächst nur Kompetenzkonflikte zwischen verschiedenen ordentlichen Gerichten im zivilprozessualen Verfahren. Es ist aber anerkannt, dass § 36 Abs. 1 Nr. 6 ZPO auch bei einem negativen Kompetenzkonflikt von Gerichten verschiedener Gerichtsbarkeiten entsprechend anwendbar ist, da andernfalls Rechtsschutzverweigerung einträte. In derartigen Fällen ist das zuständige Gericht von dem Obersten Gerichtshof des Bundes zu bestimmen, der zunächst um die Bestimmungen angegangen wurde. Die bindende Wirkung des Verweisungsbeschlusses ist auch im Bestimmungsverfahren des § 36 Abs. 1 Nr. 6 ZPO zu beachten. Nur so kann der Zweck des § 17a Abs. 2 Satz 3 GVG erreicht werden, unnötige und zu Lasten der Parteien gehende Zuständigkeitsstreitigkeiten zu vermeiden. Das bedeutet: Es ist das Gericht als zuständig zu bestimmen, an das die Sache durch den ersten Verweisungsbeschluss gelangt ist[10].

65 **9. Kosten der Verweisung.** Wird der Rechtsstreit an ein anderes Gericht verwiesen, so werden die Kosten im Verfahren vor dem angegangenen Gericht als Teil der Kosten behandelt, die bei dem Gericht erwachsen, an das der Rechtsstreit verwiesen wurde (§ 17b Abs. 2 Satz 1 GVG). Die entstandenen Mehrkosten sind dem Kläger auch dann aufzuerlegen, wenn er in der Hauptsache obsiegt (§ 17b Abs. 2 Satz 2 GVG).

66 **10. Verweisung im PKH-Verfahren.** Wird ein PKH-Verfahren von einem AG oder LG an ein ArbG verwiesen, so ist dieses daran gebunden, jedoch nur hinsichtlich des Rechtswegs (§ 17a Abs. 2 Satz 3 GVG entsprechend)[11]. Die Bindungswirkung des im PKH-Verfahren ergangenen Verweisungsbeschlusses erstreckt sich nicht auf das Hauptsacheverfahren[12]. Das ArbG darf die Erfolgsaussichten der beabsichtigten Klage nicht mit der Begründung verneinen, der Rechtsweg zu den ArbG sei nicht gegeben[13].

---

1 BAG v. 1.7.1992 – 5 AS 4/92, BAGE 70, 374 = AP Nr. 39 zu § 36 ZPO; v. 14.1.1994 – 5 AS 22/93, AP Nr. 43 zu § 36 ZPO; v. 20.9.1995 – 5 AZB 1/95, AP Nr. 23 zu § 17a GVG. | 2 BAG v. 1.7.1992 – 5 AS 4/92, BAGE 70, 374 = AP Nr. 39 zu § 36 ZPO; v. 22.7.1998 – 5 AS 17/98, AP Nr. 55 zu § 36 ZPO. | 3 Zur Problematik: BGH v. 7.3.2002 – IX ZB 11/02, BGHZ 150, 133 = NJW 2002, 1577; v. 12.3.2002 – X ARZ 314/01; *Lipp*, NJW 2002, 1700. | 4 *Schwab*, NZA 91, 663; *Klimpe-Auerbach*, ArbuR 92, 114. | 5 BAG v. 20.10.1995 – 5 AZB 5/95, AP Nr. 36 zu § 2 ArbGG 1979. | 6 Schwab/Weth/*Walker*, § 48 ArbGG Rz. 78. | 7 Schwab/Weth/*Walker*, § 48 ArbGG Rz. 78. | 8 BGH v. 12.3.2002 – X ARZ 314/01, NZA 2002, 1109, 1110; v. 24.2.2000 – III ZB 33/99, ZIP 2000, 598; v. 13.11.2001 – X ZR 266/01, NZA 2002, 637. | 9 BAG v. 14.1.1994 – 5 AS 22/93, AP Nr. 43 zu § 36 ZPO. | 10 BAG v. 14.12.1998 – 5 AS 8/98, AP Nr. 38 zu § 17a GVG; v. 3.11.1993 – 5 AS 20/93, AP Nr. 11 zu § 17a GVG; v. 22.7.1998 – 5 AS 17/98, AP Nr. 55 zu § 36 ZPO. | 11 BAG v. 27.10.1992 – 5 AS 5/92, AP Nr. 5 zu § 281 ZPO 1977. | 12 BAG v. 27.10.1992 – 5 AS 5/92, AP Nr. 5 zu § 281 ZPO 1977; Schwab/Weth/*Walker*, § 48 ArbGG Rz. 80. | 13 BAG v. 27.10.1992 – 5 AS 5/92, AP Nr. 5 zu § 281 ZPO 1977.

11. Rechtsfolgen des Verweisungsbeschlusses. Nach Eintritt der Rechtskraft des Verweisungsbeschlusses wird der Rechtsstreit mit Eingang der Akten bei dem im Beschluss bezeichneten Gericht anhängig. Die Wirkung der Rechtshängigkeit bleibt bestehen. Dies betrifft zum Einen die prozessualen Wirkungen der Rechtshängigkeit (§ 17 Abs. 1 GVG), zum anderen die materiellrechtlichen Wirkungen der Rechtshängigkeit wie die Hemmung der Verjährung (§ 204 BGB) oder die Wahrung von Klagefristen (§ 4 KSchG; § 17 TzBfG).

V. Entscheidung über die Verfahrensart. Urteils- und Beschlussverfahren schließen einander aus[1]. Sie können auch nicht gemäß § 147 ZPO verbunden werden. Ebenso scheidet eine Vereinbarung über die Verfahrensart aus. Nach § 48 Abs. 1 sind die §§ 17-17b GVG auch für die Zulässigkeit der Verfahrensart entsprechend anzuwenden

Die Geltung dieser Vorschriften für die Prüfung der zulässigen Verfahrensart bedeutet, dass auch über die Frage, ob über die gestellten Anträge im Urteils- oder Beschlussverfahren zu entscheiden ist, vorab eine gesonderte Entscheidung durch Beschluss des ArbG zu ergehen hat, der einer gesonderten Anfechtung unterliegt. Die § 17a und § 17b GVG müssen insoweit analog angewandt werden[2]. Hält das ArbG die eingeschlagene Verfahrensart für zulässig, unterlässt es eine entsprechende Vorabentscheidung und unterbleibt auch eine entsprechende Rüge seitens der Parteien bzw. Beteiligten, obwohl die Verfahrensart unrichtig ist, kommt es in der unzulässigen Verfahrensart zu einem Urteil bzw. Beschluss (§ 84). Zwar ist diese Entscheidung mit der Berufung bzw. Beschwerde (§ 87 Abs. 1) anfechtbar. Das LAG prüft jedoch nicht mehr, ob die Verfahrensart zulässig ist (§ 65 bzw. § 88).

Deshalb wird teilweise geltend gemacht, nicht nur das ArbG, sondern auch die zweite und die 3. Instanz müssten vom Beschluss- in das Urteilsverfahren und umgekehrt durch Beschluss verweisen können, so weit dem nicht eine rechtskräftige Vorabentscheidung entgegensteht[3].

Erachtet dagegen das ArbG die Verfahrensart für unzulässig, so hat es dies nach Anhörung der Parteien bzw. Beteiligten von Amts wegen auszusprechen und den Rechtsstreit in die zulässige Verfahrensart zu verweisen (§ 17a Abs. 2 Satz 1 GVG). Wird vom Urteils- in das Beschlussverfahren verwiesen, sind dem Kläger die entstandenen Mehrkosten aufzuerlegen (§ 17b Abs. 2 GVG). Im umgekehrten Fall bedarf es keiner Kostenentscheidung, weil im Beschlussverfahren Kosten nicht erhoben werden (§ 12 Abs. 5).

VI. Entscheidung über örtliche Zuständigkeit. 1. Allgemeines. Eine besondere Regelung zur örtlichen Zuständigkeit findet sich im ArbGG nur in § 48 Abs. 2, nach dem die TV-Parteien im TV die Zuständigkeit eines an sich örtlich unzuständigen ArbG festlegen können, und in § 61b Abs. 2 Satz 1 für Fälle geschlechtlicher Benachteiligung. Im Übrigen gelten über § 46 Abs. 2 die Vorschriften der §§ 12 bis 37 ZPO. Im Beschlussverfahren richtet sich die örtliche Zuständigkeit nach § 82.

Die örtliche Unzuständigkeit ist nur auf Einrede des Beklagten zu beachten. Dabei sind Rügen, welche die Zulässigkeit der Klage betreffen, von dem Beklagte gleichzeitig und vor der Verhandlung zur Hauptsache vorzubringen (§ 282 Abs. 3 Satz 1 ZPO).

Verhandelt der Beklagte mündlich zur Hauptsache, ohne die Unzuständigkeit geltend zu machen, wird dadurch die Zuständigkeit eines Gerichts des ersten Rechtszuges begründet (rügelose Einlassung – § 39 Satz 1 ZPO; nicht im Gütetermin!). Dies gilt indes nicht, wenn die gerichtliche Belehrung nach § 504 ZPO unterblieben ist (§ 39 Satz 2 ZPO).

2. Besonderheiten bei Säumnis. Ist der Beklagte säumig, ist zwar das tatsächliche mündliche Vorbringen des Klägers als zugestanden anzusehen (§ 331 Abs. 1 Satz 1 ZPO), nicht jedoch sein Vorbringen zur Zuständigkeit des Gerichts nach §§ 29 Abs. 2, 38 ZPO (§ 331 Abs. 1 Satz 2 ZPO).

Ist das Versäumnisurteil gegen den Kläger ergangen, kann nach Einspruchseinlegung der Beklagte wegen der Regelung in § 342 ZPO in dem neuen Termin noch die Einrede der örtlichen Unzuständigkeit erheben.

3. Entscheidung des ArbG. Hat der Beklagte die örtliche Zuständigkeit des angerufenen ArbG gerügt, so hat es hierüber nach Anhörung der Parteien zu entscheiden (§ 48 Abs. 1 ArbGG iVm. § 17a GVG).

- Verneint das ArbG seine örtliche Zuständigkeit, spricht es dies aus und verweist den Rechtsstreit zugleich an das örtlich zuständige ArbG (§ 17a Abs. 2 Satz 1 GVG). Sind mehrere ArbG zuständig, wird an das vom Kläger auszuwählende Gericht verwiesen oder, wenn die Wahl unterbleibt, an das vom ArbG bestimmte (§ 17a Abs. 2 Satz 2 GVG).

- Erachtet das ArbG die örtliche Zuständigkeit eines anderen ArbG für gegeben, hat es an dieses zu verweisen. Eine Abweisung der Klage als unzulässig durch Urteil ist auch dann gesetzwidrig, wenn der Kläger keinen Verweisungsantrag gestellt hat[4].

---

1 St. Rspr. seit BAG v. 3.4.1957, AP Nr. 46 zu § 2 ArbGG 1953. | 2 Vgl. BAG v. 20.8.1991, AP Nr. 2 zu § 77 BetrVG 1972 – Tarifvorbehalt. | 3 *Molkenbur*, DB 1992, 425; aA GMPM/*Matthes*, § 2a ArbGG Rz. 82 unter Hinweis auf den eindeutigen Wortlaut der als verfehlt gewerteten gesetzlichen Regelung. | 4 LAG Hamm v. 5.9.1991 – 16 Sa 629/91, NZA 1992, 136.

- Bejaht das ArbG seine örtliche Zuständigkeit, so hat es eine entsprechende Vorabentscheidung zu treffen (§ 17a Abs. 3 Satz 2 GVG).

78 Der Beschluss des ArbG nach Absatz 2 oder 3 kann ohne mündliche Verhandlung ergehen (§ 17a Abs. 4 Satz 1 GVG; § 55 Abs. 1 Nr. 7, Abs. 2 Satz 1). Für den Beschluss besteht ein Alleinentscheidungsrecht des Vorsitzenden (§ 55 Abs. 1 Nr. 7). Er ist zu begründen (§ 17a Abs. 4 Satz 2 GVG). Formelhafte Wendungen, wie die, es sei weder ein allgemeiner noch ein besonderer Gerichtsstand gegeben, stellen keine ausreichende Begründung dar. Allein dieser Umstand lässt einen Verweisungsbeschluss nicht in jedem Fall als offensichtlich gesetzwidrig erscheinen. Nach dem BAG ist eine fehlende Begründung dann unschädlich, wenn sich die Begründung aus der Akte ergibt[1].

79 Beschlüsse des ArbG nach § 17a Abs. 2 und 3 GVG über die örtliche Zuständigkeit sind unanfechtbar (§ 48 Abs. 1 Nr. 1). Sie binden das Adressatengericht (§ 17a Abs. 1 GVG). Bei einem negativen Kompetenzkonflikt erfolgt die gerichtliche Zuständigkeitsbestimmung nach § 36 Abs. 1 Nr. 6 ZPO[2]. Danach hat das zuständige LAG das örtlich zuständige ArbG zu bestimmen, wenn sich verschiedene ArbG für örtlich unzuständig erklärt haben. Liegen diese ArbG in verschiedenen LAG-Bezirken, erfolgt die Zuständigkeitsbestimmung durch dasjenige LAG, zu dessen Bezirk das zuerst mit der Sache befasste ArbG gehört (§ 36 Abs. 2 ZPO)[3].

80 Der Verweisungsbeschluss eines ArbG ist indes nach der bisherigen Rspr. ausnahmsweise nicht bindend, wenn der durch den Beschluss belasteten Partei entgegen § 17a Abs. 2 Satz 1 GVG kein rechtliches Gehör gewährt worden ist[4]. Beschlüsse, durch die der Rechtsstreit wegen örtlicher Unzuständigkeit verwiesen wird, sollen ausnahmsweise auch dann nicht bindend sein, wenn sich das verweisende Gericht über die Zuordnung des von ihm für maßgeblich gehaltenen Ortes (Wohnsitz, Sitz, Erfüllungsort, Begehungsort usw.) zu dem Bezirk des Gerichts, an das verwiesen worden ist, offensichtlich geirrt hat[5]. Gleiches soll gelten, wenn das verweisende Gericht offensichtlich über den Wohnsitz, Sitz, Erfüllungsort, Begehungsort usw. geirrt hat[6]. Das Gleiche wird angenommen, wenn der Irrtum des Gerichts auf falschen Angaben der klagenden Partei beruht[7]. Es erscheint zweifelhaft, ob auf Grund der Rspr. zum Wegfall der sog. außerordentlichen Rechtsbehelfe an dieser Rspr. festgehalten werden kann (vgl. § 57 Rz. 22).

81 Das LAG prüft im Berufungsverfahren nicht, ob das ArbG seine (örtliche) Zuständigkeit zu Unrecht angenommen hat (§ 65).

82 Im Revisionsverfahren beim BAG findet die Vorschrift des § 65 entsprechende Anwendung (§ 73 Abs. 2).

83 Die Verweisung eines Rechtsstreits (wegen örtlicher Unzuständigkeit) an ein Gericht desselben Rechtswegs schließt die Weiterverweisung in einen anderen Rechtsweg nicht aus[8].

84 **VII. Tarifvertragliche Regelung der örtlichen Zuständigkeit.** § 48 Abs. 2 regelt eine Ausnahme zur weit gehenden Beschränkung der Prorogationsfreiheit im arbeitsgerichtlichen Verfahren. Die TV-Parteien erhalten die Möglichkeit, kollektivrechtliche Prorogationsvereinbarungen zu treffen, um eine Konzentration von Rechtsstreiten in Bereichen ihrer Wahl zu erreichen[9]. Die tarifliche Regelung muss sich im normativen Teil des TV befinden[10]. Sie kann die ausschließliche oder nur eine zusätzliche örtliche Zuständigkeit eines ansonsten unzuständigen ArbG vorschreiben für bürgerliche Rechtsstreitigkeiten zwischen ArbN und ArbGeb aus einem Arbeitsverhältnis und aus Verhandlungen über die Eingehung eines Arbeitsverhältnisses, sofern sich das Arbeitsverhältnis nach einem TV bestimmt. Ohne Bedeutung ist, ob die Tarifbindung aufgrund normativer Tarifbindung, eines allgemeinverbindlichen TV oder aufgrund arbeitsvertraglicher Inbezugnahme – des gesamten TV[11] in seinem Geltungsbereich – gilt. Streitigkeiten über Nachwirkungen des Arbeitsverhältnisses unterfallen nach dem Wortlaut der Vorschrift nicht der kollektivrechtlichen Prorogation, damit auch nicht Streitigkeiten aus einem Ruhestandsverhältnis[12].

85 Nach § 48 Abs. 2 Nr. 2 kann eine kollektivrechtliche Prorogation auch für bürgerliche Rechtsstreitigkeiten aus dem Verhältnis einer gemeinsamen Einrichtung der TV-Parteien zu den ArbN oder ArbGeb erfolgen, nicht jedoch zu deren Hinterbliebenen[13].

86 Die Erstreckung der kollektivrechtlichen Prorogation auf Außenseiter hat zur Voraussetzung, dass der gesamte TV in Bezug genommen wird und dass das Arbeitsverhältnis dem Geltungsbereich des TV unterfällt[14].

---

1 BAG v. 3.11.1993 – 5 AS 20/93, AP Nr. 11 zu § 17a GVG. | 2 BAG v. 22.7.1998 – 5 AS 17/98, AP Nr. 55 zu § 36 ZPO. | 3 BAG v. 14.7.1998 – 5 AS 22/98, NZA 1998, 1189 f.; Schwab/Weth/*Walker*, § 48 ArbGG Rz. 99. | 4 BAG v. 29.6.1992 – 5 AS 7/92, NZA 1992, 1049; v. 1.7.1992 – 5 AS 4/92, BAGE 70, 374 = AP Nr. 39 zu § 36 ZPO; v. 27.10.1992 – 5 AS 5/92, AP Nr. 5 zu § 281 ZPO 1977. | 5 BAG v. 31.1.1994 – 5 AS 23/93, AP Nr. 44 zu § 36 ZPO. | 6 BAG v. 30.3.1994 – 5 AS 6/94. | 7 BAG v. 11.11.1996 – 5 AS 12/96, AP Nr. 51 zu § 36 ZPO. | 8 BAG v. 4.1.1993 – 5 AS 12/92, AP Nr. 42 zu § 36 ZPO. | 9 GMPM/*Germelmann*, § 48 ArbGG Rz. 99. | 10 GMPM/*Germelmann*, § 48 ArbGG Rz. 99. | 11 Wobei den Parteien jedoch die Herausnahme der tariflichen Prorogationsregelung aus der Inbezugnahme möglich ist, vgl. GMPM/*Germelmann*, § 48 ArbGG Rz. 106. | 12 GMPM/*Germelmann*, § 48 ArbGG Rz. 102. | 13 GMPM/*Germelmann*, § 48 ArbGG Rz. 103. | 14 GMPM/*Germelmann*, § 48 ArbGG Rz. 107.

§ 49 Ablehnung von Gerichtspersonen

(1) Über die Ablehnung von Gerichtspersonen entscheidet die Kammer des Arbeitsgerichts.

(2) Wird sie durch das Ausscheiden des abgelehnten Mitglieds beschlussunfähig, so entscheidet das Landesarbeitsgericht.

(3) Gegen den Beschluss findet kein Rechtsmittel statt.

I. Allgemeines. Ausschließung und Ablehnung dienen der Sicherung der Unparteilichkeit der Rspr. im konkreten Rechtsstreit und damit zugleich der Gewährleistung des gesetzlichen Richters (Art. 101 Abs. 1 Satz 2 GG). Das Gesetz unterscheidet zwischen Gründen, die der Gerichtsperson die Befugnis entziehen, in einem Verfahren ihr Amt auszuüben (Ausschließungsgründe), und Gründen, die der Partei/den Beteiligten das Recht geben, sie abzulehnen (Ablehnungsgründe).

§ 49 enthält gegenüber §§ 41 bis 49 ZPO vorgehende Sonderregelungen zum Verfahren bei Ausschließung und Ablehnung von Gerichtspersonen. Die materiellen Ausschließungs- und Ablehnungsgründe richten sich allein nach §§ 41, 42 ZPO

Die Vorschrift des § 49 gilt für das erstinstanzliche Urteils- und Beschlussverfahren (§ 80 Abs. 2). Für das zweitinstanzliche Verfahren gelten lediglich die Absätze 1 und 3 (§ 64 Abs. 7, § 87 Abs. 2). Im Revisions- und Rechtsbeschwerdeverfahren findet allein § 49 Abs. 1 sinngemäß Anwendung[1].

Lehnt eine Betriebspartei den **Vorsitzenden einer Einigungsstelle** wegen Besorgnis der Befangenheit ab, bestimmt sich das weitere Verfahren entsprechend den Vorschriften der ZPO über die Ablehnung von Schiedsrichtern im schiedsgerichtlichen Verfahren. Die für das arbeitsgerichtliche Urteilsverfahren geltenden Vorschriften der § 49, § 64 Abs. 7 iVm. § 49, § 72 Abs. 6 iVm. § 49 sowie § 80 Abs. 2 für das Beschlussverfahren betreffen die Ablehnung von Gerichtspersonen. Sie sind wegen des für das gerichtliche Verfahren vorgesehenen Eintretens eines durch Geschäftsverteilungsplan bestimmten Nachrückers anstelle eines erfolgreich Abgelehnten auf das Einigungsstellenverfahren nicht übertragbar. Dem Einigungsstellenverfahren ist eine Ersatzbestellung des Einigungsstellenvorsitzenden fremd[2].

II. Ausschließung. 1. Betroffener Personenkreis. „Ausschließung" ist die kraft Gesetzes eintretende und in jedem Stadium des Verfahrens von Amts wegen zu berücksichtigende Unfähigkeit von Gerichtspersonen zur Ausübung ihres Amtes in einem konkreten Rechtsstreit. Dies betrifft die Berufsrichter und ehrenamtlichen Richter, nach § 10 Satz 1 RPflG die Rechtspfleger sowie die Urkundsbeamten der Geschäftsstelle[3]. Nicht zu den Gerichtspersonen zählen die sonstigen Bediensteten des ArbG (zB Wachtmeister, Mitglieder der gerichtlichen Serviceeinheiten), Sachverständigen (§ 406 ZPO), Dolmetscher (§ 191 GVG) und Gerichtsvollzieher (§ 155 GVG).

2. Ausschließungsgründe. Die materiellen Ausschließungsgründe des § 41 Nr. 1 bis 6 ZPO gelten über die Verweisungsnorm des § 46 Abs. 2 auch im arbeitsgerichtlichen Verfahren. Die Aufzählung dort ist erschöpfend[4]. Den Ausschließungsgründen ähnliche Fallgestaltungen sind jedoch stets als Ablehnungsgründe iSv. § 42 ZPO zu würdigen[5]. Keine Ausschließungsgründe sind Hinderungsgründe, die der Ausübung richterlicher Tätigkeit überhaupt entgegenstehen, wie fehlende Richteramtsbefähigung, bestimmte körperliche und geistige Gebrechen oder Unzuständigkeit nach Geschäftsverteilungsplan. Liegen Hinderungsgründe vor, ist das Gericht nicht ordnungsgemäß besetzt. Dies kann nach § 68 ArbGG iVm. § 547 Nr. 1–3 ZPO (ohne Zurückverweisungsmöglichkeit), nach § 551 Nr. 1 ZPO und uU nach §§ 42 und 48 ZPO entsprechend geltend gemacht werden[6].

3. Ausschließungsverfahren. Liegt ein Ausschließungsgrund vor, so ist die Gerichtsperson kraft Gesetzes von der Ausübung des Amtes ausgeschlossen. An die Stelle der ausgeschlossenen Gerichtsperson tritt die nach dem Geschäftsverteilungsplan bestimmte Vertretung. Hat die Gerichtsperson Zweifel an der Ausschließung, kann sie eine Entscheidung von Amts wegen herbeiführen (§ 48 ZPO); hält die Gerichtsperson einen Ausschließungsgrund nicht für gegeben, kann ihn jede Partei/jeder Beteiligte in Form eines Ablehnungsgesuchs geltend machen (§ 42 Abs. 1 ZPO). In beiden Fällen findet gegen den Beschluss kein Rechtsmittel statt (§ 49 Abs. 3).

Hat die ausgeschlossene Gerichtsperson bei einer Entscheidung mitgewirkt, führt dies nicht zur Nichtigkeit, jedoch zur Anfechtbarkeit der Entscheidung (§ 547 Nr. 2 ZPO). Liegt nur eine Mitwirkung bei gerichtlichen Prozesshandlungen vor, so sind auch diese nicht nichtig; sie müssen während der Instanz in ordnungsgemäßer Besetzung wiederholt oder zurückgenommen werden. Die Unkenntnis der Gerichtsperson vom Ausschließungsgrund ist belanglos. § 295 ZPO (rügelose Einlassung) gilt nicht[7].

III. Ablehnung. Die Ablehnung einer Gerichtsperson wegen Besorgnis der Befangenheit bedarf stets besonderer Geltendmachung durch die Partei/den Beteiligten (Ablehnungsgesuch) oder durch die Gerichtsperson (Ablehnungsanzeige) und führt nur bei einer entsprechenden gerichtlichen Entschei-

---
[1] GK-ArbGG/*Schütz*, § 49 Rz. 4. | [2] BAG v. 11.9.2001 – 1 ABR 5/01, AP Nr. 15 zu § 76 BetrVG 1972. | [3] GMPM/*Germelmann*, § 49 ArbGG Rz. 3. | [4] So die hM, zB BGH v. 4.12.1989 – RiZ (R) 5/89, MDR 1990, 718. | [5] Zöller/*Volkommer*, § 41 ZPO Rz. 1. | [6] Zöller/*Volkommer*, § 41 ZPO Rz. 2. | [7] Zöller/*Volkommer*, § 41 ZPO Rz. 16.

dung zum Ausscheiden der Gerichtsperson aus dem Prozess. Ausschließungsgründe sind stets (auch) absolute Ablehnungsgründe. Das Ablehnungsverfahren richtet sich vorrangig nach § 49 und im Übrigen nach §§ 42 bis 49 ZPO; die Ablehnungsgründe folgen ausschließlich aus § 42 Abs. 1 ZPO.

10 **1. Ablehnungsrecht.** Das Ablehnungsrecht besteht gegenüber und für Gerichtspersonen, für die auch eine Ausschließung in Betracht kommt. Betroffen sind Arbeitsrichter einschließlich der ehrenamtlichen Richter, Rechtspfleger und die Urkundsbeamten der Geschäftsstelle, nicht jedoch die sonstigen Bediensteten des ArbG, Sachverständigen[1], Dolmetscher und Gerichtsvollzieher.

11 Das Ablehnungsrecht steht allen Parteien/Beteiligten zu, auch den Streitgehilfen (§ 67 ZPO); dies gilt selbst dann, wenn der Befangenheitsgrund nicht alle betrifft. Die Prozess- bzw. Verfahrensbevollmächtigten haben kein selbständiges Ablehnungsrecht aus eigener Person.

12 Ablehnbar sind bestimmte Gerichtspersonen, nicht ablehnbar sind das Gericht oder ein ganzer Spruchkörper, auch nicht eine einzelne Gerichtsperson allein wegen ihrer Zugehörigkeit zu einem Gericht oder Spruchkörper, es sei denn, der Ablehnungsgrund besteht gerade in der Mitwirkung an einer Kollegialentscheidung. Im Einzelfall kann die Ablehnung eines Spruchkörpers als Ablehnung bestimmter Mitglieder zu verstehen sein.

13 **2. Ablehnungsgründe.** Die Ablehnung von Gerichtspersonen kann nach § 42 Abs. 1 ZPO auf zwei Gründe gestützt werden: a) Vorliegen eines gesetzlichen Ausschließungsgrundes und b) Besorgnis der Befangenheit.

14 **a) Gesetzlicher Ausschluss.** Für den Ablehnungsgrund „Ausschluss kraft Gesetzes" gelten die materiellen Grundsätze zum Ausschluss von Gerichtspersonen nach § 41 ZPO. Die gerichtliche Entscheidung auf ein Ablehnungsgesuch hat nur feststellenden Charakter, weil die Gerichtsperson bereits kraft Gesetzes ausgeschlossen ist.

15 **b) Besorgnis der Befangenheit.** Nach § 42 Abs. 2 ZPO setzt die Ablehnung wegen Besorgnis der Befangenheit einen Grund voraus, der geeignet ist, Misstrauen gegen die Unparteilichkeit eines Richters zu rechtfertigen. Gründe für ein solches Misstrauen sind gegeben, wenn ein Beteiligter von seinem Standpunkt aus bei vernünftiger, objektiver Betrachtung davon ausgehen kann, dass der Richter nicht unvoreingenommen entscheiden werde. Bei Anlegung dieses objektiven Maßstabes kommt es entscheidend darauf an, ob die Prozesspartei, die das Ablehnungsgesuch angebracht hat, von ihrem Standpunkt aus Anlass hat, Voreingenommenheit zu befürchten. Es muss also die Befürchtung bestehen, dass der abgelehnte Richter in die Verhandlung und Entscheidung des gerade anstehenden Falles sachfremde, unsachliche Momente mit einfließen lassen könnte und dem ihm unterbreiteten Fall ohne Ansehen der Person nur aufgrund der sachlichen Gegebenheiten des Falles und allein nach Recht und Gesetz entscheidet. Damit ist unter „Befangenheit" ein Zustand zu verstehen, der eine vollkommen gerechte, von jeder falschen Rücksicht freie Einstellung zur Sache beeinträchtigt. Die bereits erfolgte Bildung einer bestimmten Meinung (zB zur Rechtslage oder zur Beurteilung des Sachverhalts) genügt danach nicht, wenn nicht der Verdacht der Unsachlichkeit bei Bildung oder Beibehaltung der Meinung besteht. Das Ablehnungsverfahren nach § 42 Abs. 2 ZPO dient dementsprechend allein dazu, die Beteiligten vor der Unsachlichkeit des Richters aus einem in seiner Person liegenden Grund zu bewahren. Eine den Beteiligten ungünstige und möglicherweise auch unrichtige Rechtsauffassung als Ursache für die Parteilichkeit des Richters kommt als Ursache nicht in Betracht, es sei denn, die mögliche Fehlerhaftigkeit beruhte auf einer unsachlichen Einstellung des Richters oder auf Willkür[2]. Nicht erforderlich ist, dass die Gerichtsperson tatsächlich befangen ist; unerheblich ist, ob sie sich für befangen hält[3]. Ablehnungsgründe sind vom Gericht in ihrer Gesamtheit zu würdigen; dabei ist auch eine bestehende Prozessvertretung der Partei/Beteiligten zu berücksichtigen. In Zweifelsfällen soll iS. einer Stattgabe des Ablehnungsgesuchs und nicht iS. seiner Zurückweisung zu entscheiden sein[4].

16 **3. Verlust des Ablehnungsrechts. a) Rügelose Einlassung.** Nach § 43 ZPO, der über § 46 Abs. 2 anwendbar ist, kann eine Partei/ein Beteiligter eine Gerichtsperson wegen der Besorgnis der Befangenheit nicht mehr ablehnen, wenn sie sich bei ihr, ohne den ihr bekannten Ablehnungsgrund geltend zu machen, in eine Verhandlung eingelassen oder Anträge gestellt hat.

17 Der Ablehnungsgrund muss der Partei/dem Beteiligten bekannt sein, Kenntnis der Prozess-/Verfahrensvertretung wird zugerechnet; Kennenmüssen des Ablehnungsgrundes reicht nicht. Als „Einlassen" in eine Verhandlung genügt jedes prozessuale und der Erledigung eines Streitpunktes dienende Handeln der Parteien/Beteiligten unter Mitwirkung der Gerichtsperson, zB Besprechung der Sach- und Rechtslage, Vergleichsverhandlungen, Einlegung der Beschwerde, aktive Teilnahme an einer Beweisaufnahme. Dies gilt auch für den Gütetermin.

18 **b) Rechtsmissbrauch.** Rechtsmissbräuchlich und damit unzulässig sind Ablehnungsgesuche, die nur der Verschleppung des Prozesses dienen sollen oder die exzessiv zur Verfahrenskomplikation ein-

---

[1] LAG Hamm v. 19.6.1986 – 8 Ta 16/86, AP Nr. 1 zu § 49 ArbGG 1979. | [2] BAG v. 10.7.1996 – 4 AZR 759/94 (A), AP Nr. 4 zu § 49 ArbGG 1979. | [3] BVerfG v. 4.6.1986 – 1 BvR 1046/85, AP Nr. 4 zu § 49 ArbGG 1979; v. 12.7.1986 – 1 BvR 713/83, NJW 1987, 430. | [4] Zöller/*Vollkommer*, § 42 ZPO Rz. 10.

gesetzt werden, die sich lediglich in der Wiederholung eines abgelehnten Gesuchs ohne neue Begründung erschöpfen, die nur Beleidigungen und Beschimpfungen der Gerichtsperson enthalten.

4. Ablehnungsverfahren. a) Ablehnungsgesuch der Parteien/Beteiligten. § 44 ZPO, der nach der Verweisung des § 46 Abs. 2 entsprechend anwendbar ist, regelt Form und Inhalt des Ablehnungsgesuchs. Das Ablehnungsgesuch ist nach § 44 Abs. 1 ZPO bei dem Gericht, dem die Gerichtsperson angehört, anzubringen; es kann vor der Geschäftsstelle zu Protokoll erklärt werden. Eine besondere Form oder ein Vertretungszwang sind nicht vorgeschrieben. Es kann mündlich oder schriftlich – auch von der Partei/dem Beteiligten selbst – beim ArbG, LAG oder BAG angebracht und bis zur Entscheidung zurückgenommen werden. Aus dem Gesuch muss sich ergeben, welche Gerichtsperson(en) abgelehnt werden soll(en). In dem Gesuch sind die Tatsachen anzugeben, die die Ablehnung rechtfertigen sollen. Sie sind – bis zur Entscheidung über das Gesuch – nach § 44 Abs. 2 Satz 1 ZPO glaubhaft zu machen, wobei die Partei/der Beteiligte zur Versicherung an Eides statt nicht zugelassen werden darf. Zur Glaubhaftmachung kann auf das Zeugnis des abgelehnten Richters Bezug genommen werden (§ 44 Abs. 2 Satz 2 ZPO); die ablehnende Person kann sich aller sonstigen Beweismittel bedienen (§ 294 Abs. 1 ZPO). Die abgelehnte Gerichtsperson hat sich nach § 44 Abs. 3 ZPO über den Ablehnungsgrund dienstlich zu äußern; diese Äußerung ist der ablehnenden Person und den übrigen Parteien/Beteiligten zur Kenntnis und Stellungnahme zu geben. Einer dienstlichen Äußerung bedarf es nicht bei offensichtlich querulatorischen Gesuchen[1].

b) Selbstablehnungsanzeige der Gerichtsperson. Das Ablehnungsverfahren kann nach § 48 ZPO auch von einer Gerichtsperson eingeleitet werden. § 48 ZPO findet gem. § 46 Abs. 2 im arbeitsgerichtlichen Verfahren Anwendung. Die Selbstablehnung der Gerichtsperson geschieht durch Anzeige von einem Verhältnis, das ihre Ablehnung rechtfertigen könnte, oder wenn aus anderer Veranlassung Zweifel darüber entstehen, ob die Gerichtsperson kraft Gesetzes ausgeschlossen ist. In der Anzeige sind die Selbstablehnung oder Ausschließung ggf. begründenden Tatsachen mitzuteilen, ohne dass es aber einer Glaubhaftmachung bedarf. Vor der Entscheidung über die Anzeige ist eine Anhörung der Parteien/Beteiligten erforderlich[2].

c) Entscheidung über das Ablehnungsgesuch. aa) Zuständiger Spruchkörper. Über die Ablehnung in 1. Instanz entscheidet nach § 49 Abs. 1 die Kammer des ArbG, der diese Gerichtsperson angehört, und zwar unabhängig davon, ob auf Grund mündlicher Verhandlung oder ohne mündliche Verhandlung entschieden wird, unter Beteiligung der ehrenamtlichen Richter. Bei Ablehnung eines Kammermitgliedes ist dieses durch die geschäftsplanmäßige Vertretung zu ersetzen.

Wird das Ablehnungsgesuch im Laufe einer mündlichen Verhandlung gestellt, so tritt an die Stelle des abgelehnten Berufsrichters dessen geschäftsplanmäßige Vertretung bzw. für den ehrenamtlichen Richter der nach der Liste nächstberufene Richter aus dem betroffenen Kreis der ArbN oder der ArbGeb. Es verbleibt bei dieser Zusammensetzung der Kammer, auch wenn später (Vertagung oder Entscheidung ohne mündliche Verhandlung) entschieden wird. Nach der Entscheidung über das Ablehnungsgesuch muss in dem Ersten dann stattfindenden Termin das Gericht in der Besetzung tätig werden, in der es zurzeit der Ablehnung tätig war; nur für den abgelehnten Richter tritt dann, wenn die Ablehnung für begründet erklärt worden ist, ein anderer Richter ein[3]. Das Ablehnungsverfahren erledigt sich nicht dadurch, dass nach § 39 der abgelehnte ehrenamtliche Richter ohnehin nicht zur weiteren Verhandlung hinzuzuziehen wäre.

Bei einem Ablehnungsgesuch außerhalb der mündlichen Verhandlung sind die nächstberufenen ehrenamtlichen Richter zuständig, auch wenn der Ablehnungsgrund aus Ereignissen in einer vorangegangenen mündlichen Verhandlung hergeleitet wird[4].

Werden die drei Richter einer Kammerbesetzung abgelehnt, so tritt an die Stelle des Vorsitzenden der geschäftsplanmäßig berufene Vertreter, für die ehrenamtlichen Richter sind die nach der Liste nächstberufenen heranzuziehen[5].

Wird die Kammer des ArbG durch Ausscheiden des abgelehnten Mitglieds beschlussunfähig, so entscheidet nach § 49 Abs. 2 das LAG, und zwar ebenfalls in voller Besetzung[6]. Die gleichen Grundsätze (vgl. Rz. 21–25) gelten bei Ablehnung von Gerichtspersonen in der 2. und 3. Instanz. Wird das LAG durch die Ablehnung beschlussunfähig, so muss das BAG über das Ablehnungsgesuch entscheiden[7].

Über die Selbstablehnungsanzeige entscheidet das Gericht durch Beschluss in der gleichen Besetzung wie über ein Ablehnungsgesuch.

Die Entscheidung über ein rechtsmissbräuchliches Gesuch soll unter Mitwirkung des abgelehnten Richters erfolgen können[8].

---

1 GMPM/*Germelmann*, § 49 ArbGG Rz. 29. | 2 BVerfG v. 8.6.1993 – 1 BvR 878/90, AP Nr. 3 zu § 49 ArbGG 1979. | 3 BAG v. 25.1.1963 – 1 AZR 527/61, AP Nr. 1 zu § 45 ZPO. | 4 GMPM/*Germelmann*, § 49 ArbGG Rz. 41. | 5 GMPM/*Germelmann*, § 49 ArbGG Rz. 42. | 6 BAG v. 30.5.1972 – 1 AZR 11/72, AP Nr. 2 zu § 42 ZPO. | 7 BAG v. 1.2.1968 – 5 AR 43/68, AP Nr. 3 zu § 41 ZPO. | 8 GMPM/*Germelmann*, § 49 ArbGG Rz. 32.

28 **bb) Form.** Die Entscheidung über das Ablehnungsgesuch bzw. über die Selbstablehnung ergeht durch Beschluss, der nach § 9 Abs. 5 Satz 2 eine Rechtsmittelbelehrung enthalten muss. Der Beschluss über das Ablehnungsgesuch ist zu begründen. Der Beschluss über eine Selbstablehnung soll dagegen keiner eingehenden Begründung bedürfen[1].

29 **cc) Verfahren nach der Ablehnung.** Ein abgelehnter Berufsrichter hat vor Erledigung des Ablehnungsgesuchs nur solche Handlungen vorzunehmen, die keinen Aufschub gestatten (§ 46 Abs. 2 ArbGG iVm. § 47 ZPO). Die Akte ist dem geschäftsplanmäßigen Vertreter vorzulegen.

30 **dd) Rechtsmittel.** Nach § 49 Abs. 3 findet gegen den stattgebenden oder auch zurückweisenden Beschluss über ein Ablehnungsgesuch kein Rechtsmittel statt. Dies ist verfassungsrechtlich unbedenklich[2]. Auch die Entscheidung des Gerichts zur Sache kann später nicht mit der Begründung angefochten werden, einer der mitwirkenden Richter habe wegen Besorgnis der Befangenheit abgelehnt werden müssen[3]. Der Rechtsmittelausschluss gilt auch für den Fall der unter Mitwirkung des abgelehnten Richters erfolgten Verwerfung des Gesuchs als rechtsmissbräuchlich[4]. Ein außerordentlicher Rechtsbehelf soll gegeben sein bei der Entscheidung allein des Vorsitzenden entgegen § 49 Abs. 1[5] und bei greifbarer Gesetzwidrigkeit[6]. Die außerordentliche sofortige Beschwerde wegen greifbarer Gesetzwidrigkeit der angefochtenen Entscheidung bleibe aber auf wirkliche Ausnahmefalle krassen Unrechts beschränkt[7]. Dem kann nicht mehr gefolgt werden. Vom BGH wurde in ständiger Rspr. ein außerordentlicher Rechtsbehelf in besonderen Ausnahmefällen als statthaft angesehen, wenn die angefochtene Entscheidung mit der geltenden Rechtsordnung schlechthin unvereinbar ist, weil sie jeder gesetzlichen Grundlage entbehrt und dem Gesetz inhaltlich fremd ist[8]. Demgegenüber reichte für die Zulassung eines außerordentlichen Rechtsbehelfs ein Verstoß gegen Verfahrensgrundrechte grundsätzlich nicht aus[9]. Dem Anliegen, Grundrechtsverstöße nach Möglichkeit durch Abhilfe innerhalb der jeweiligen Gerichtsbarkeit zu korrigieren, wurde dadurch Rechnung getragen, dass in solchen Fällen das Gericht, welches die Entscheidung erlassen hatte, als befugt angesehen wurde, diese auf Gegenvorstellung hin selbst dann zu überprüfen und ggf. zu korrigieren, wenn sie nach dem Prozessrecht grundsätzlich innerhalb der Instanz unabänderlich ist[10]. Nach der Neuregelung des Beschwerderechts durch das Zivilprozessreformgesetz lehnt der BGH ein außerordentliches Rechtsmittel auch im Hinblick auf Entscheidungen ab, wenn diese ein Verfahrensgrundrecht des Beschwerdeführers verletzen oder aus sonstigen Gründen „greifbar gesetzwidrig" sind. In einem solchen Fall sei die angefochtene Entscheidung durch das Gericht, das sie erlassen hat, auf (fristgebundene) Gegenvorstellung zu korrigieren. Werde ein Verfassungsverstoß nicht beseitigt, komme allein eine Verfassungsbeschwerde zum BVerfG in Betracht[11]. Das Plenum des BVerfG hat die bei einer behaupteten Verletzung von Verfahrensgrundsätzen praktizierten ungeschriebenen außerordentlichen Rechtsbehelfe beanstandet, weil sie gegen das rechtsstaatliche Gebot der Rechtsmittelklarheit verstießen[12]. Dem Gesetzgeber wurde aufgegeben, bis zum 31.12.2004 eine Lösung zu finden, soweit dies nicht schon durch das Zivilprozessreformgesetz vom 27. Juli 2001 geschehen sei. Bis zur gesetzlichen Neuregelung bleibe es bei der gegenwärtigen Rechtslage. Sollte der Gesetzgeber keine rechtzeitige Neuregelung treffen, sei das Verfahren auf Antrag vor dem Gericht fortzusetzen, dessen Entscheidung wegen einer behaupteten Verletzung des Anspruchs auf rechtliches Gehör angegriffen werde. Der Antrag sei binnen 14 Tagen seit Zustellung der Entscheidung zu stellen.

50 Zustellung

(1) Die Urteile werden von Amts wegen binnen drei Wochen seit Übergabe an die Geschäftsstelle zugestellt. § 317 Abs. 1 Satz 3 der Zivilprozessordnung ist nicht anzuwenden.

(2) Die §§ 174, 178 Abs. 1 Nr. 2 der Zivilprozessordnung sind auf die nach § 11 zur Prozessvertretung zugelassenen Personen entsprechend anzuwenden.

(3) (aufgehoben)

1 **I. Allgemeines.** Im arbeitsgerichtlichen Verfahren gelten nach § 46 Abs. 2 die Zustellungsvorschriften der ZPO. Diese werden im Hinblick auf die Frist für die Urteilszustellung, die Möglichkeit zur Vereinbarung des Hinausschiebens der Urteilszustellung und die Verbandsvertreter nach § 11 modifiziert. Nach § 64 Abs. 7 sind diese Modifikationen im Berufungsverfahren und nach § 72 Abs. 6 auch im Revisionsverfahren entsprechend anwendbar.

---

1 GMPM/*Germelmann*, § 49 ArbGG Rz. 36. | 2 BAG v. 14.2.2002 – 9 AZB 2/02, EzA § 49 ArbGG 1979 Nr. 8; v. 27.7.1998 – 9 AZB 5/98, AP Nr. 6 zu § 49 ArbGG 1979. | 3 BAG v. 18.3.1964 – 4 AZR 63/63, AP Nr. 112 zu § 3 TOA. | 4 LAG Rh.-Pf. v. 10.3.1982 – 1 Ta 18/82, LAGE § 49 ArbGG 1979 Nr. 2; GK-ArbGG/*Schütz*, § 49 Rz. 52. | 5 LAG Düsseldorf v. 19.12.2001 – 7 Ta 426/01, LAGE § 49 ArbGG 1979 Nr. 9; LAG Köln v. 18.8.1992 – 2 Ta 177/92, LAGE § 49 ArbGG 1979 Nr. 6. | 6 LAG Düsseldorf v. 17.4.1998 – 15 Ta 101/98; LAG Berlin v. 13.10.1997 – 9 Ta 10/97, LAGE § 49 ArbGG 1979 Nr. 8. | 7 BAG v. 14.2.2002 – 9 AZB 2/02, EzA § 49 ArbGG 1979 Nr. 8; v. 27.7.1998 – 9 AZB 5/98, AP Nr. 6 zu § 49 ArbGG 1979. | 8 BGH v. 10.5.2001 – V ZB 4/01, NJW-RR 2001, 1016; ebenso BAG v. 19.6.2002 – 2 AZB 9/02, ArbuR 2002, 470. | 9 BGH v. 9.9.1997 – IX ZB 92/97, ZIP 1997, 1757; v. 25.11.1999 – IX ZB 95/99, NJW 2000, 590. | 10 BGH v. 7.3.2002 – IX ZB 11/02, WM 2002, 775. | 11 BGH v. 7.3.2002 – IX ZB 11/02, MDR 2002, 901. | 12 BVerfG v. 30.4.2003 – 1 PBvU 1/02.

II. Zustellung arbeitsgerichtlicher Entscheidungen. 1. Zustellungsart. a) Urteile und Beschlüsse. Im arbeitsgerichtlichen Verfahren sind nach § 50 Abs. 1 Satz 1 ausnahmslos alle Urteile von Amts wegen zuzustellen. Die Zustellung erfolgt regelmäßig an alle Parteien, mit Ausnahme der Versäumnisurteile, die nur der unterlegenen Partei zuzustellen sind (§ 317 Abs. 1 Satz 2 ZPO). Dabei verbleibt das Original des Urteils in der Gerichtsakte, während eine Ausfertigung an die Parteien zugestellt wird. Die Amtszustellung ist Voraussetzung für die Zwangsvollstreckung. § 50 Abs. 1 geht insoweit der Bestimmung in § 750 Abs. 1 Satz 2 ZPO vor[1]. Entsprechendes gilt für einen Vollstreckungsbescheid; hier geht § 50 Abs. 1 dem § 699 Abs. 4 Satz 2 ZPO vor[2]. Nach § 80 Abs. 2 gilt für die Zustellung von Beschlüssen im Beschlussverfahren ebenfalls, dass diese nach § 50 Abs. 1 von Amts wegen zu erfolgen hat.

Ein Beschluss im Verfahren um Arrest oder einstweilige Verfügung ist nach §§ 62 Abs. 2, 46 Abs. 2 ArbGG iVm. §§ 922 Abs. 2, 936 ZPO und unter Berücksichtigung des nur Urteile nennenden § 50 im Parteibetrieb zuzustellen[3].

b) Zustellung sonstiger Entscheidungen. Für die Zustellung gerichtlicher Verfügungen und sonstiger Beschlüsse gilt § 329 ZPO. Danach sind nicht verkündete Beschlüsse und Verfügungen des Gerichts bzw. des Vorsitzenden oder eines beauftragten oder ersuchten Richters den Parteien/Beteiligten formlos mitzuteilen (§ 329 Abs. 2 Satz 1 ZPO). Hierzu genügt die Übersendung durch die Post, der Einwurf in den Wohnungsbriefkasten oder das gerichtliche Abholfach; selbst die fernmündliche Mitteilung kann ausreichen[4], sogar ohne einen entsprechenden Aktenvermerk. Enthält die Entscheidung jedoch eine Terminsbestimmung oder setzt sie eine Frist in Lauf, so ist sie von Amts wegen zuzustellen (§ 329 Abs. 2 Satz 2 ZPO). Eine Ausnahme bildet § 497 Abs. 1 Satz 1 ZPO (iVm. § 46 Abs. 2), wonach die Ladung des Klägers zu dem auf die Klage bestimmten Termin, sofern nicht das Gericht die Zustellung anordnet, ohne besondere Form mitzuteilen ist. Bei der Fristverlängerung bedarf es für die Aufhebung des ursprünglichen Fristes keiner Zustellung, wohl aber für die Festsetzung eines neuen Endtermins.

c) Zustellung sonstiger Schriftstücke. Ladungen (Aufforderungen, zum Termin zu erscheinen) werden von Amts wegen veranlasst (§ 214 ZPO) und durch Zustellung (§ 329 Abs. 2 Satz 2 ZPO) bekannt gemacht. Die Klageschrift (§ 271 Abs. 1 ZPO) und Schriftsätze, die Sachanträge oder eine Zurücknahme der Klage enthalten, sind ebenfalls von Amts wegen zuzustellen (§ 270 Abs. 1 und 2 Satz 1 ZPO), während die übrigen Schriftsätze und sonstigen Erklärungen der Parteien, sofern nicht das Gericht die Zustellung anordnet, ohne besondere Form mitzuteilen sind (§ 270 Satz 1 ZPO). Sachanträge sind solche, die sich auf den Inhalt der gewünschten Entscheidung beziehen; Sonstige nur den Verfahrensablauf betreffende Prozessanträge sowie die bloßen Verteidigungsanträge des Beklagten bedürfen keiner förmlichen Zustellung[5].

Prozessvergleiche unterfallen nicht § 50 Abs. 1. Sie stellen nach § 794 Abs. 1 Nr. 1 ZPO einen Vollstreckungstitel dar und sind nach § 795 ZPO iVm. § 750 Abs. 1 ZPO im Wege des Parteibetriebs zuzustellen[6].

2. Zustellungsfrist für Urteile. Nach § 50 Abs. 1 Satz 1 sind Urteile binnen drei Wochen seit Übergabe an die Geschäftsstelle zuzustellen. Das Urteil ist der Geschäftsstelle erst dann übergeben, wenn es in vollständiger Form abgefasst und von dem Richter 1. Instanz bzw. den Richtern der Berufungs- oder Revisionsinstanz unterzeichnet ist[7]. Nach § 50 Abs. 1 Satz 2 findet im arbeitsgerichtlichen Verfahren keine Anwendung die Vorschrift des § 317 Abs. 1 Satz 3 ZPO, wonach der Vorsitzende auf übereinstimmenden Antrag der Parteien die Zustellung verkündeter Urteile bis zum Ablauf von fünf Monaten nach der Verkündung hinausschieben kann.

Die Verletzung von § 50 Abs. 1 Satz 1 hat keine prozessuale Folgen. Insbesondere beginnt nicht nach Ablauf der Zustellungsfrist die Rechtsmittelfrist[8].

III. Sonderregelung für die Verbandsvertreter. Durch Abs. 2 werden die nach § 11 Abs. 1 Satz 2 und 3 und Abs. 2 Satz 2 zur Prozessvertretung zugelassenen Verbandsvertreter im Hinblick auf von Amts wegen vorzunehmende Zustellungen den Rechtsanwälten gleichgestellt. Die nach § 11 Abs. 1 Satz 4 den Verbandsvertretern iSv. § 11 Abs. 1 Satz 2 gleichgestellten Bevollmächtigten (insbes. Rechtssekretäre der DGB-Rechtsschutz GmbH) sind zu den in Abs. 2 angesprochenen zur Prozessvertretung zugelassenen Vertretern zu zählen.

Damit können Zustellungen an Verbandsvertreter nach § 174 ZPO gegen Empfangsbekenntnis erfolgen. Die Kosten für die Rücksendung des Empfangsbekenntnisses trägt der Prozessbevollmächtigte[9], wobei die Schriftstücke auch durch Telekopie zugestellt werden können. Auch die Übermittlung elektronischer Dokumente ist möglich. Die Ersatzzustellung kann nach § 50 Abs. 2 iVm. § 178 Abs. 1 Nr. 2 ZPO in Geschäftsräumen einer dort beschäftigten Person zugestellt werden. Die Sonderregelung für die Verbandsvertreter gilt nach § 80 Abs. 2 auch im Beschlussverfahren.

---

[1] LAG Frankfurt v. 29.8.1985 – 3 Ta 188/85; GMPM/*Germelmann*, § 50 ArbGG Rz. 7. | [2] GMPM/*Germelmann*, § 50 ArbGG Rz. 8; aA GK-ArbGG/*Schütz*, § 50 Rz. 63 (unter Hinweis auf § 46 Abs. 2). | [3] GK-ArbGG/*Schütz*, § 50 Rz. 64. | [4] BAG v. 20.3.1974 – 5 AZB 3/74, AP Nr. 28 zu § 519 ZPO. | [5] Zöller/*Greger*, § 270 ZPO Rz. 4. | [6] GK-ArbGG/*Schütz*, § 50 Rz. 66; GMPM/*Germelmann*, § 50 ArbGG Rz. 11. | [7] GK-ArbGG/*Schütz*, § 50 Rz. 67. | [8] GK-ArbGG/*Schütz*, § 50 Rz. 68. | [9] GMPM/*Germelmann*, § 51 ArbGG Rz. 26.

11 Die Regelung in § 195 ZPO über die Zustellung von Anwalt zu Anwalt findet aber auf die Verbandsvertreter keine entsprechende Anwendung.

12 Aufgrund der Anwendbarkeit von § 178 Abs. 1 Nr. 2 ZPO auf Verbandsvertreter kann eine Ersatzzustellung auch an vom Verband beschäftigte Personen erfolgen.

51 *Persönliches Erscheinen der Parteien*

(1) Der Vorsitzende kann das persönliche Erscheinen der Parteien in jeder Lage des Rechtsstreits anordnen. Im Übrigen finden die Vorschriften des § 141 Abs. 2 und 3 der Zivilprozessordnung entsprechende Anwendung.

(2) Der Vorsitzende kann die Zulassung eines Prozessbevollmächtigten ablehnen, wenn die Partei trotz Anordnung ihres persönlichen Erscheinens unbegründet ausgeblieben ist und hierdurch der Zweck der Anordnung vereitelt wird. § 141 Abs. 3 Satz 2 und 3 der Zivilprozessordnung findet entsprechende Anwendung.

1 **I. Allgemeines.** Die Möglichkeit zur Anordnung des persönlichen Erscheinens ist Ausprägung des Unmittelbarkeitsgrundsatzes im arbeitsgerichtlichen Verfahren, demzufolge mündliche Verhandlung und Beweisaufnahme unmittelbar vor dem erkennenden Gericht stattfinden müssen. Sie dient zugleich dem Beschleunigungsgrundsatz, indem in geeigneten Fällen verbesserte Bedingungen für eine Sachverhaltsaufklärung und vergleichsweise Beilegung des Rechtsstreits geschaffen werden können.

2 Die Vorschrift modifiziert die Regelungen in § 141 ZPO und geht daher § 141 Abs. 1 Satz 1 ZPO und § 279 Abs. 2 ZPO vor[1]. Eine weitere Möglichkeit zur Anordnung des persönlichen Erscheinens findet sich in § 56 Abs. 1 Nr. 3, wo es um die Vorbereitung der streitigen Verhandlung geht. Im Übrigen finden §§ 141 Abs. 2 und 3, 380, 381 ZPO Anwendung.

3 Nach § 64 Abs. 7 gilt nur § 51 Abs. 1 in der Berufungsinstanz. Ausgeschlossen ist für die 2. Instanz die Ablehnung der Zulassung eines Prozessbevollmächtigten nach § 51 Abs. 2, da dies dem Vertretungszwang nach § 11 Abs. 2 widersprechen würde. In der Revisionsinstanz ist § 51 nicht anwendbar, denn dort handelt es sich nicht um eine Tatsacheninstanz. Die Vorschrift des § 51 ist schließlich entsprechend anwendbar im Beschlussverfahren (§ 80 Abs. 2).

4 **II. Anordnung des persönlichen Erscheinens. 1. Anordnungsgrund.** Im Unterschied zu § 141 Abs. 1 Satz 1 ZPO ist die Anordnung des persönlichen Erscheinens an keine gesetzlich geregelten Voraussetzungen gebunden. Die Anordnung steht allein im pflichtgemäßen Ermessen des Vorsitzenden. Hierbei hat der Vorsitzende die Interessen der Parteien und diejenigen des Gerichts abzuwägen. Für die Anordnung muss immer ein im Verfahren liegender sachlicher Grund vorhanden sein[2]. Eine Anordnung ist regelmäßig gerechtfertigt, wenn sie zur Aufklärung des Sachverhalts (so bereits § 141 Abs. 1 Satz 1 ZPO) geboten erscheint. Die Anhörung der Parteien ist dann keine Beweisaufnahme iS einer Parteivernehmung (§ 448 ZPO); sie dient der Feststellung und Aufklärung des Sach- und Streitstandes im Rahmen des § 54 Abs. 1 Satz 2 (im Gütetermin) bzw. im Rahmen des § 139 Abs. 1, 2 ZPO (im Kammertermin). Die Anordnung ist grundsätzlich auch gerechtfertigt, wenn sie zur gütlichen Beilegung des Rechtsstreits geboten erscheint. Hat jedoch eine Partei oder deren Prozessbevollmächtigter nach Kenntnisnahme aller erörterungsfähigen Gesichtspunkte eine vergleichsweise Beilegung abgelehnt, so kommt eine Anordnung zum Zwecke der gütlichen Beilegung des Rechtsstreits regelmäßig nicht in Betracht. Auch dann, wenn eine Partei eindeutig zu erkennen gibt, dass sie jede Einlassung verweigern wolle, hat die Anordnung zu unterbleiben, weil keine Partei gezwungen werden darf, prozessuale Erklärungen abzugeben[3].

5 Nach § 141 Abs. 1 Satz 2 ZPO sieht das Gericht von einer Anordnung ab, wenn der Partei wegen großer Entfernung oder aus sonstigen wichtigen Gründen die persönliche Wahrnehmung nicht zuzumuten ist. Diese gesetzliche Wertung wird der Vorsitzende bei Ausübung seines pflichtgemäßen Ermessens zu beachten haben. Bei ArbGeb mit Sitz weit entfernt vom Bezirk des erkennenden Gerichts ist zu berücksichtigen, dass diesen häufig die Entsendung eines sachkundigen Vertreters vom Ort eines näheren Betriebs möglich und zumutbar ist. Ist eine Partei an der weiteren Aufklärung des Sachverhalts gehindert, weil sie selbst nicht informiert ist, steht dies der Anordnung nicht entgegen, weil die Partei einen informierten Vertreter nach § 141 Abs. 3 Satz 2 ZPO zur Verhandlung entsenden kann[4].

6 Die Anordnung kann in jeder Lage des Verfahrens, damit also für den Gütetermin, den Kammertermin und ggf. für einen Termin vor dem ersuchten Richter, erfolgen.

7 Der Vorsitzende kann nach pflichtgemäßem Ermessen sowohl das persönliche Erscheinen einer bestimmten als auch aller Parteien anordnen[5]. Die Anordnung richtet sich an eine Partei iSv. § 50 ZPO iVm. § 10. Zu den Parteien zählen auch der Insolvenzverwalter, der streitgenössische Streithelfer (§ 69 ZPO), nicht jedoch der *Nebenintervenient* (§ 66 ZPO). Bei einer juristischen Person und einer Handels-

---

[1] GK-ArbGG/*Schütz*, § 51 Rz. 3. [2] GMPM/*Germelmann*, § 51 ArbGG Rz. 8. [3] GK-ArbGG/*Schütz*, § 51 Rz. 11. [4] GMPM/*Germelmann*, § 51 ArbGG Rz. 8. [5] GK-ArbGG/*Schütz*, § 51 Rz. 18.

gesellschaft soll ein gesetzlicher Vertreter zu laden sein[1], der (im Falle mehrerer Vertreter) namentlich in der gerichtlichen Anordnung zu bestimmen sein soll[2]. Es könne nicht der die Ladung ausführenden Gerichtsangestellten überlassen bleiben, welchen der gesetzlichen Vertreter sie zum Termin lade[3]. Dies überzeugt nicht. Sicherlich ist die Ladung der Partei über den gesetzlichen Vertreter zuzustellen (§ 170 Abs. 1 Satz 1 ZPO), wobei bei mehreren Vertretern die Zustellung an einen von ihnen genügt (§ 170 Abs. 3 ZPO). Die Anordnung des persönlichen Erscheinens richtet sich jedoch allein an die Partei iSv. § 50 ZPO iVm. § 11 ArbGG, die der Verpflichtung durch Erscheinen eines ihrer Organe (nach ihrer Wahl) oder eines von dem Organ nach § 141 Abs. 3 Satz 2 ZPO Bevollmächtigten nachkommt[4]. Konsequenterweise kann das Ordnungsgeld im Falle des Nichterscheinens nach § 51 Abs. 1 Satz 2 iVm. §§ 143 Abs. 3, 380 ZPO nur gegen die Partei, nicht jedoch gegen deren gesetzlichen Vertreter festgesetzt werden[5]. In der Praxis empfiehlt sich bei der Anordnung des persönlichen Erscheinens eines größeren Unternehmens darauf hinzuweisen, dass das Erscheinen eines informierten Entscheidungsträgers (Personalleiter, Betriebsleiter) und weniger eines Organs erwünscht ist[6].

2. Anordnungsentscheidung. Die Anordnung erfolgt durch Verfügung des Vorsitzenden. Die nicht verkündete Anordnungsverfügung bedarf der Unterschrift des Vorsitzenden. Die Paraphe genügt nicht[7]. Gegen die Entscheidung ist kein Rechtsmittel gegeben (§ 567 Abs. 1 Nr. 1 ZPO). Strittig ist, ob im Zusammenhang mit der Vertagung eines Termins die Anordnungsentscheidung durch die Kammer erfolgen muss oder zumindest kann[8]. Der Wortlaut von § 51 Abs. 1 Satz 1 spricht für ein Alleinentscheidungsrecht des Vorsitzenden, weil diesem das Anordnungsrecht „in jeder Lage des Rechtsstreits" und damit auch für den Termin zur mündlichen Verhandlung zugesprochen wird. Zudem ist von dem Anordnungsrecht des Vorsitzenden die Rede, während nach – im arbeitsgerichtlichen Verfahren insoweit nicht anwendbaren – §§ 141 Abs. 1, 273 Abs. 1 ZPO das Anordnungsrecht beim „Gericht" liegt (mit der Folge eines Anordnungsrechts des Vorsitzenden nach § 53 Abs. 1 nur außerhalb der mündlichen Verhandlung). Andererseits unterliegt die sofort zu verkündende Vertagungsentscheidung nach § 57 Abs. 1 Satz 2 der Kammer. Auf diese gehen die Befugnisse des Vorsitzenden nach § 56 Abs. 1 über, damit auch die Kompetenz zur Anordnung des persönlichen Erscheinens nach § 56 Abs. 1 Nr. 3.

Zum Erfordernis der Begründung einer Anordnungsentscheidung wird vertreten, diese sei zweckmäßig[9], wobei spätestens bei Verhängung des Ordnungsgeldes der Grund der Anordnung angegeben und die darauf bezogene Ausübung des pflichtgemäßen Ermessens begründet werden müssten. Das Gesetz sieht aber keine Begründungs-, sondern lediglich eine Belehrungspflicht (§ 51 Abs. 2 Satz 2 ArbGG iVm. § 141 Abs. 3 Satz 3 ZPO) vor[10]. Eine Kurzbegründung (zB „zur Aufklärung des Sachverhalts"; „zu Vergleichszwecken") wird der Partei hinreichend die Entscheidung ermöglichen, ob ein Entsenden eines Vertreters oder ein persönliches Erscheinen geboten ist.

Nach § 51 Abs. 1 Satz 2 ArbGG iVm. § 141 Abs. 2 ZPO ist die Partei (bzw. deren gesetzliche Vertretung), deren Erscheinen angeordnet worden ist, von Amts wegen zu laden. Die Ladung ist der Partei selbst mitzuteilen, auch wenn sie einen Prozessbevollmächtigten bestellt hat. Die Prozessbevollmächtigten sind über die Anordnung zu unterrichten. Der Zustellung bedarf die Ladung nicht, die Mitteilung der Ladung kann also formlos erfolgen. Der Vorsitzende kann aber die förmliche Zustellung anordnen, was sich auch zum Nachweis des Zugangs empfiehlt[11]. Die Partei (bzw. ihre gesetzliche Vertretung) ist auf die Folgen ihres Ausbleibens in der Ladung hinzuweisen (§ 51 Abs. 2 Satz 2 ArbGG iVm. § 141 Abs. 3 Satz 3 ZPO). Der Hinweis muss die Möglichkeit sowohl der Verhängung eines Ordnungsgeldes nach § 51 Abs. 1 Satz 2 ArbGG iVm. § 141 Abs. 3 Satz 1 ZPO als auch der Ablehnung des Prozessbevollmächtigten nach § 51 Abs. 2 Satz 1 erwähnen. Fehlt der Hinweis, können Ordnungsmittel nicht ergriffen werden[12].

Die Ladungsfrist nach § 217 ZPO oder eine sonstige Ladungsfrist sollen nicht gelten. Allerdings soll bei der Entscheidung über die Ordnungsmittel geprüft werden, ob der Partei unter Abwägung der Umstände des Einzelfalles die Wahrnehmung des Termins möglich war[13].

Die Anordnungsentscheidung ist nicht anfechtbar (§ 567 Abs. 1 Nr. 1 ZPO)[14].

III. Wirkung der Parteierklärungen. Kommt die Partei der Anordnung nach und wird sie vom Vorsitzenden befragt, liegt darin keine Parteivernehmung iSv. § 448 ZPO. Den tatsächlichen Erklärungen ihres Prozessbevollmächtigten kann sie widersprechen. Dann gilt nur die Parteierklärung. Widerspricht die Partei in 2. Instanz den tatsächlichen Erklärungen ihres Prozessbevollmächtigten, dann muss das Ge-

---

1 LAG Köln v. 15.3.1996 – 11 (13) Sa 1221/95, ArbuR 1996, 459; LAG Rh.-Pf. v. 22.11.1984 – 1 Ta 243/84; *Tschöpe/Fleddermann*, NZA 2000, 1270. |2 LAG Frankfurt v. 4.7.1985 – 3 Ta 109/85. |3 LAG Düsseldorf v. 6.1.1995 – 7 Ta 212/94, MDR 1996, 98. |4 AA GK-ArbGG/*Schütz*, § 51 Rz. 19; GMPM/*Germelmann*, § 51 ArbGG Rz. 13. |5 LAG Hamm v. 25.1.1999 – 1 Ta 727/98, MDR 1999, 825. |6 Ebenso GK-ArbGG/*Schütz*, § 51 Rz. 20. |7 LAG Hamm v. 11.3.1982 – 8 Sa 32/82, MDR 1982, 612; LAG Rh.-Pf. v. 19.11.1993 – 6 Ta 242/93. |8 Dagegen GK-ArbGG/*Schütz*, § 51 Rz. 14. |9 GMPM/*Germelmann*, § 51 ArbGG Rz. 12; GK-ArbGG/*Schütz*, § 51 Rz. 14. |10 LAG Nürnberg v. 25.11.1988 – 4 Ta 93/88, LAGE § 141 ZPO Nr. 6; aA wohl LAG Bremen v. 24.1.2002 – 3 Sa 16/02, LAGE § 51 ArbGG 1979 Nr. 8. |11 GK-ArbGG/*Schütz*, § 51 Rz. 16. |12 GK-ArbGG/*Schütz*, § 51 Rz. 17. |13 GMPM/*Germelmann*, § 51 ArbGG Rz. 16. |14 GMPM/*Germelmann*, § 51 ArbGG Rz. 11; GK-ArbGG/*Schütz*, § 51 Rz. 40.

ArbGG § 51 Rz. 14 — Persönliches Erscheinen der Parteien

richt nach § 286 ZPO abwägen[1]. Beweiswirkung hat die Erklärung der Partei insoweit, als sie Inhalt der Verhandlung iSv. § 286 ZPO ist; auch die Nichtabgabe einer Erklärung kann hier frei gewürdigt werden.

14 **IV. Folgen des Ausbleibens der Partei. 1. Entschuldigtes Ausbleiben.** Die Partei, deren persönliches Erscheinen angeordnet und die ordnungsgemäß geladen wurde, ist zum Erscheinen in der mündlichen Verhandlung verpflichtet. Keineswegs ist sie jedoch verpflichtet, sich zur Sache einzulassen, wenngleich ihre Weigerung uU nach § 286 ZPO gewürdigt werden kann.

15 Die Partei braucht der Anordnung persönlichen Erscheinens nicht nachzukommen, wenn ein hinreichender Grund für das Nichterscheinen vorliegt, sie sich vor dem Termin entschuldigt hat und darauf die Anordnung aufgehoben wurde[2]. Insoweit ist von einer entsprechenden Anwendung von § 381 ZPO auszugehen. Die Entscheidung nach § 51 Abs. 2 Satz 1 über eine Ablehnung der Zulassung des Prozessbevollmächtigten kann nicht nachträglich aufgehoben werden. Ist es infolge des Ausschlusses des Prozessbevollmächtigten zu einem (Ersten) Versäumnisurteil gekommen, bleibt nur der Rechtsbehelf des Einspruchs.

16 **Entschuldigungsgründe** können sein: eine an der Terminswahrnehmung hindernde Krankheit (hier genügt nicht ohne weiteres eine Arbeitsunfähigkeit)[3], schwere Erkrankung oder Tod eines nächsten Angehörigen, unaufschiebbares und persönlich wahrzunehmendes Geschäft oder auch anderweitiger Gerichtstermin, urlaubsbedingte Abwesenheit, unzumutbare wirtschaftliche Belastung durch Anreise zum Gerichtsort. Ob sich die Partei auf eine Auskunft ihres Prozessbevollmächtigten verlassen darf und sie deshalb als genügend entschuldigt gelten kann, hängt ab von den Fähigkeiten der Partei zu erkennen, dass nur das Gericht über die Erscheinungspflicht und eine Befreiung von dieser befinden und verbindlich Auskunft geben kann[4]. Die bloße Mitteilung der Prozessbevollmächtigten an seine Partei, sie brauche den Termin nicht wahrzunehmen, entschuldigt das Fernbleiben regelmäßig ebenso wenig[5] wie eine entsprechende Auskunft einer Kanzleiangestellten[6]. Die Berufung auf ein Vergessen des Termins genügt ebenfalls nicht[7]. Nicht genügend entschuldigt ist die ausgebliebene Partei dann, wenn das Gericht über das bevorstehende Ausbleiben ohne ersichtlichen Grund derart knapp vor dem Termin informiert wird, dass das Gericht den Termin nicht mehr absetzen und die Beteiligten nicht rechtzeitig abladen kann[8]. Die Entschuldigung muss hinreichend substantiiert sein. Pauschales Vorbringen reicht nicht[9].

17 Die Entscheidung, ob ein ausreichender Entschuldigungsgrund vorliegt und ggf. ob dieser glaubhaft gemacht worden ist, trifft der Vorsitzende. Erst durch eine Aufhebung der Anordnung des persönlichen Erscheinens entfällt die Verpflichtung zum Erscheinen[10].

18 **2. Entsendung eines Vertreters.** Die Partei kann nach § 51 Abs. 1 Satz 2 ArbGG iVm. § 141 Abs. 3 Satz 2 ZPO zur mündlichen Verhandlung einen Vertreter entsenden, sofern dieser zur Aufklärung des Tatbestands in der Lage und zur Abgabe der gebotenen Erklärungen, insb. zu einem Vergleichsabschluss, ermächtigt ist. Die Sachkunde des Vertreters muss nicht notwendig auf eigenen unmittelbaren Wahrnehmungen beruhen; die gründliche Information durch die Partei kann genügen[11]. Daher kann die Vertretung auch durch einen Prozessbevollmächtigten erfolgen, wenn er für den Prozess umfassende Informationen erhalten hat[12], wobei jedoch die bloße Kenntnis der Schriftsätze nicht ausreicht[13]. Er muss in gleicher Weise Auskunft erteilen und Entscheidungen treffen können wie die Partei selbst[14]. Der Vertreter muss ferner zur Abgabe prozessual gebotener Erklärungen (zB Anerkenntnis, Erledigungserklärung) und zum Vergleichsabschluss bevollmächtigt sein, wobei die Vollmacht nur zu einem Widerrufsvergleich nicht ausreicht[15]. Gleichwohl kann die eigenständige Entscheidung des Vertreters, nur einen Widerrufsvergleich abschließen zu wollen, sachgerecht sein, zB wenn sozialrechtliche Konsequenzen zu bedenken und abzuklären sind[16]; sie spricht nicht für eine eingeschränkte Bevollmächtigung nur zum Abschluss eines Widerrufvergleichs[17]. Dem Auftreten als Vertreter iSv. § 141 Abs. 3 ZPO steht nicht entgegen, dass jemand zugleich als Zeuge bestimmt ist. § 394 Abs. 1 ZPO schließt die Anwesenheit eines Zeugen, der noch nicht gehört wurde, nur während der Vernehmung anderer Zeugen aus[18].

19 Kann die als Vertreter entsandte Person keine genügende Aufklärung geben oder hat ihr die Partei nicht eine ausreichende Vollmacht erteilt, so gilt die Partei als nicht erschienen. Eine besondere Zurückweisung des Vertreters ist nicht erforderlich. Vom Gegner kann beim Vorliegen der sonstigen Vo-

---

1 Zöller/*Vollkommer*, § 85 ZPO Rz. 7 f. |2 GMPM/*Germelmann*, § 51 ArbGG Rz. 19; GK-ArbGG/*Schütz*, § 51 Rz. 23. |3 LAG Köln v. 15.3.1996 – 11 (13) Sa 1221/95, ArbuR 1996, 459. |4 LAG Frankfurt v. 30.11.1995 – 4 Ta 292/95, LAGE § 141 ZPO Nr. 7. |5 LAG Köln v. 14.11.1994 – 5 (4)Ta 159/94, NZA 1995, 864; LAG Rh.-Pf. v. 22.11.1984 – 1 Ta 243/84. |6 LAG Frankfurt v. 17.7.1986 – 3 Ta 152/86, ArbuR 1987, 245–245. |7 LAG Düsseldorf v. 3.1993 – 7 Ta 142/92, LAGE § 51 ArbGG 1979 Nr. 4. |8 LAG Köln v. 15.3.1996 – 11 (13) Sa 1221/95, ArbuR 1996, 459. |9 GK-ArbGG/*Schütz*, § 51 Rz. 21. |10 GMPM/*Germelmann*, § 51 ArbGG Rz. 19. |11 GK-ArbGG/*Schütz*, § 51 Rz. 24. |12 LAG Frankfurt v. 23.11.1964 – 1 Ta 69/64, NJW 1965, 1042; LAG Rh.-Pf. v. 2.8.1985 – 1 Ta 170/85; GK-ArbGG/*Schütz*, § 51 Rz. 25; GMPM/*Germelmann*, § 51 ArbGG Rz. 20; *Tschöpe/Fleddermann*, NZA 2000, 1273. |13 GK-ArbGG/*Schütz*, § 51 Rz. 25. |14 LAG Rh.-Pf. v. 19.4.1985 – 1 Ta 70/85, LAGE § 51 ArbGG 1979 Nr. 2; GMPM/*Germelmann*, § 51 ArbGG Rz. 20. |15 GMPM/*Germelmann*, § 51 ArbGG Rz. 21. |16 GK-ArbGG/*Schütz*, § 51 Rz. 25; *Tschöpe/Fleddermann*, NZA 2000, 1270. |17 GK-ArbGG/*Schütz*, § 51 Rz. 29. |18 GK-ArbGG/*Schütz*, § 51 Rz. 24.

raussetzungen ein Versäumnisurteil beantragt werden. Das Gericht kann Zwangsmaßnahmen nach § 141 Abs. 3 Satz 1 ZPO bzw. § 51 Abs. 2 Satz 1 ergreifen.

3. Ordnungsgeld. Bleibt die Partei im Termin aus, so kann gegen sie nach § 51 Abs. 1 Satz 2 ArbGG iVm. §§ 141 Abs. 3 Satz 1, 380 Abs. 1 Satz 2 ZPO ein Ordnungsgeld wie gegen einen im Vernehmungstermin nicht erschienenen Zeugen festgesetzt werden. Die Pflicht zur Zahlung des Ordnungsgeldes trifft auch dann die Partei, wenn aufgrund der Anordnung ihre gesetzliche Vertretung zu erscheinen hatte[1]. Die Verhängung des Ordnungsgeldes steht im Ermessen des Gerichts. Die Rechtfertigung für ein Verhängen des Ordnungsgeldes liegt nicht in der Tatsache einer Missachtung des Gerichts, sondern nach § 51 Abs. 2 in der Vereitelung des Zwecks der Anordnung des persönlichen Erscheinens[2]. Kommt es trotz Nichterscheinens der Partei zur sachgerechten Aufklärung des Sachverhalts bzw. zur gütlichen Beilegung des Rechtsstreits, so kann ein Ordnungsgeld nicht verhängt werden[3]. Das Ordnungsgeld kann allein oder kumulativ neben der Ablehnung des Bevollmächtigten verhängt werden[4].

20

Das Mindestmaß für das Ordnungsgeld beträgt 5 Euro und das Höchstmaß 1000 Euro (Art. 6 Abs. 1 Satz 1 EGStGB). Weitere in § 380 ZPO angesprochene Ordnungsmittel bzw. Sanktionen (Auferlegung der durch Ausbleiben verursachten Kosten; Ordnungshaft) können nicht verhängt werden[5], ggf. aber eine Verzögerungsgebühr nach § 34 Abs. 1GKG.

21

Die Entscheidung über die Verhängung des Ordnungsgeldes ergeht nach §§ 51 Abs. 1 Satz 2, 53 Abs. 1 Satz 1 ArbGG iVm. § 141 Abs. 3 ZPO in der mündlichen Verhandlung durch die Kammer und außerhalb der mündlichen Verhandlung durch den Vorsitzenden[6]. Der Beschluss ist zu begründen und als Vollstreckungstitel förmlich zuzustellen (§ 329 Abs. 3 ZPO). Er unterliegt der sofortigen Beschwerde nach § 51 Abs. 1 Satz 2 ArbGG iVm. §§ 141 Abs. 3 Satz 1, 380 Abs. 3 ZPO. Nach § 51 Abs. 2 ArbGG iVm. §§ 141 Abs. 3 Satz 1, 381 Abs. 1 ZPO unterbleibt die Festsetzung des Ordnungsgeldes, wenn die nicht erschienene Partei glaubhaft macht, dass ihr die Ladung nicht rechtzeitig zugegangen ist, oder wenn sie ihr Ausbleiben genügend entschuldigt. Erfolgt die Glaubhaftmachung oder die genügende Entschuldigung nachträglich, so wird die Ordnungsgeldanordnung wieder aufgehoben. Die nicht erschienene Partei muss vortragen und ggf. glaubhaft machen, dass sie ohne ihr Verschulden an der Terminswahrnehmung gehindert war und dass es ihr nicht möglich war, den Hinderungsgrund bereits vor dem Termin dem Gericht mitzuteilen. Insoweit ist ihr das Verschulden des Prozessbevollmächtigten nicht nach § 85 Abs. 2 ZPO zuzurechnen[7]. Vielmehr ist darauf abzustellen, inwieweit die Partei auf Angaben des Prozessbevollmächtigten vertrauen durfte[8].

22

4. Ausschließung des Prozessbevollmächtigten. Neben der Verhängung eines Ordnungsgeldes kann der Vorsitzende den Prozessbevollmächtigten der nicht erschienenen Partei von der weiteren Verhandlung in dem konkreten Termin ausschließen, wenn die Partei trotz Anordnung des persönlichen Erscheinens unbegründet ausgeblieben ist und hierdurch der Zweck der Anordnung vereitelt wird (§ 51 Abs. 2 Satz 1). Diese Möglichkeit besteht aber nur in 1. Instanz. Die Gesetzesformulierung „die Zulassung eines Prozessbevollmächtigten ablehnen" geht zurück auf die Fassung des § 11 Abs. 1 Satz 3 ArbGG 1953, wonach der Vorsitzende über die Zulassung eines Rechtsanwalts im erstinstanzlichen Urteilsverfahren zu entscheiden hatte. Für die Ausschließungsentscheidung müssen folgende Voraussetzungen kumulativ vorliegen[9]:

23

- Das persönliche Erscheinen der Parteien muss zum konkreten Termin ordnungsgemäß durch den Vorsitzenden angeordnet sein,
- die Partei muss ordnungsgemäß mit Belehrung über die Folgen des Ausbleibens geladen sein,
- die persönlich geladene Partei darf sich nicht entschuldigt oder nur unzureichend entschuldigt haben;
- durch das Ausbleiben der Partei muss der vorher mitgeteilte Zweck der Anordnung vereitelt worden sein,
- es darf kein Vertreter entsandt sein, der zur Aufklärung des Sachverhalts und zur Abgabe der gebotenen Erklärungen in der Lage sowie zum Abschluss eines Vergleichs ermächtigt ist.

---

1 LAG Hamm v. 25.1.1999 – 1 Ta 727/98, LAGE § 51 ArbGG 1979 Nr. 6. | 2 LAG Nds. v. 7.8.2002 – 10 Ta 306/02, MDR 2002, 1333; LAG Düsseldorf v. 1.8.1985 – 7 Ta 264/85, LAGE § 51 ArbGG 1979 Nr. 3; LAG Rh.-Pf. v. 5.8.1987 – 4 Ta 147/87, ARST 1988, 79. | 3 LAG Nds. v. 7.8.2002 – 10 Ta 306/02, MDR 2002, 1333; LAG Schl.-Holst. v. 16.1.2003 – 5 Ta 218/02, NZA-RR 2003, 215; LAG Sa.-Anh. v. 24.2.1995 – 3 Ta 22/95, ArbuR 1995, 332; LAG Düsseldorf v. 21.2.1994 – 7 Ta 5/94; LAG BW v. 3.8.1987 – 13 Ta 6/87, NZA 1987, 827; LAG Düsseldorf 1.8.1985 – 7 Ta 264/85, LAGE § 51 ArbGG 1979 Nr. 3. | 4 GMPM/*Germelmann*, § 51 ArbGG Rz. 26; GK-ArbGG/*Schütz*, § 51 ArbGG Rz. 34. | 5 LAG Berlin v. 17.11.1988 – 9 Ta 7/77, AP Nr. 2 zu § 141 ZPO; GMPM/*Germelmann*, § 51 ArbGG Rz. 23. | 6 LAG Schl.-Holst. v. 16.1.2003 – 5 Ta 218/02, NZA-RR 2003, 215; LAG Bremen v. 4.8.1993 – 1 Ta 34/93, MDR 1993, 1007; GMPM/*Germelmann*, § 51 ArbGG Rz. 24; aA GK-ArbGG/*Schütz*, § 51 Rz. 34. | 7 LAG Köln v. 27.7.1987 – 3 Ta 162/87, LAGE § 141 ZPO Nr. 5; v. 14.11.1994 – 5 (4) Ta 159/94, NZA 1995, 864; aA LAG Rh.-Pf. v. 22.11.1984 – 1 Ta 243/84; v. 19.4.1985 – 1 Ta 70/85, LAGE § 51 ArbGG 1979 Nr. 2. | 8 GMPM/*Germelmann*, § 51 ArbGG Rz. 25; GK-ArbGG/*Schütz*, § 51 Rz. 36. | 9 LAG Bremen v. 24.1.2002 – 3 Sa 16/02, LAGE § 51 ArbGG 1979 Nr. 8; LAG Bdb. v. 23.5.2000 – 3 Sa 83/00, LAGE § 51 ArbGG 1979 Nr. 7; GK-ArbGG/*Schütz*, § 51 Rz. 26.

24 Der Ausschluss ist grundsätzlich in jeder Lage des Verfahrens möglich, auch in der Güteverhandlung[1]. Die Vorschrift des § 51 Abs. 2 Satz 1 enthält keine Einschränkung auf Kammertermine. Diese folgt auch nicht aus teleologischen Erwägungen. Im Gütetermin ist sowohl eine Aufklärung des Sachverhalts als auch eine gütliche Beilegung des Rechtsstreits anzustreben (§ 54 Abs. 1 Satz 2, 3), wenngleich eine streitige Entscheidung regelmäßig nicht ergehen kann.

25 Die Zurückweisung des Prozessbevollmächtigten erfolgt nach dem klaren Wortlaut des § 51 Abs. 2 Satz 1 – auch im Kammertermin – durch Beschluss des Vorsitzenden[2], der zu begründen ist[3]. Ausgeschlossen werden kann jeder Prozessbevollmächtigte der nicht erschienenen Partei, also ein Rechtsanwalt, ein Verbandsvertreter oder auch ein sonstiger Prozessbevollmächtigter nach § 11 Abs. 1. Wurde der Prozessbevollmächtigte ausgeschlossen, kann vom Gegner bei Vorliegen der sonstigen Voraussetzungen (Erstes oder Zweites) Versäumnisurteil beantragt werden. Hiergegen kann die nicht erschienene Partei Einspruch bzw. Berufung einlegen, wobei die Berufung nur darauf gestützt werden kann, dass ein Fall der schuldhaften Versäumung nicht vorgelegen habe, weil der Ausschluss zu Unrecht erfolgt sei (§ 64 Abs. 2 Buchst. d).

26 Allein gegen den Zurückweisungsbeschluss ist keine sofortige Beschwerde gegeben. Die Voraussetzungen des § 567 Abs. 1 Nr. 1 ZPO liegen nicht vor. In § 51 Abs. 2 Satz 2 ist ein Verweis auf § 380 Abs. 3 ZPO gerade ausgenommen, weshalb nicht von einer Lücke im Gesetz ausgegangen werden kann[4].

52 Öffentlichkeit

Die Verhandlungen vor dem erkennenden Gericht einschließlich der Beweisaufnahme und der Verkündung der Entscheidung ist öffentlich. Das Arbeitsgericht kann die Öffentlichkeit für die Verhandlung oder für einen Teil der Verhandlung ausschließen, wenn durch die Öffentlichkeit eine Gefährdung der öffentlichen Ordnung, insbesondere der Staatssicherheit, oder eine Gefährdung der Sittlichkeit zu besorgen ist oder wenn eine Partei den Ausschluss der Öffentlichkeit beantragt, weil Betriebs-, Geschäfts- oder Erfindungsgeheimnisse zum Gegenstand der Verhandlung oder der Beweisaufnahme gemacht werden; außerdem ist § 171b des Gerichtsverfassungsgesetzes entsprechend anzuwenden. Im Güteverfahren kann es die Öffentlichkeit auch aus Zweckmäßigkeitsgründen ausschließen. § 169 Satz 2 sowie die §§ 173 bis 175 des Gerichtsverfassungsgesetzes sind entsprechend anzuwenden.

1 **I. Allgemeines.** Der Grundsatz der Öffentlichkeit gehört zu den Prinzipien einer demokratischen Rechtspflege. Er ist zwar kein Verfassungsgrundsatz, aber ein auch in Art. 6 Abs. 1 Satz 1 MRK verankerter Leitgedanke der Prozessgesetze. Durch die Öffentlichkeit des Verfahrens soll das Vertrauen in die Rechtspflege gestärkt und eine öffentliche Kontrolle der rechtsprechenden Gewalt ermöglicht werden. Durch § 52 wird für das arbeitsgerichtliche Verfahren der in §§ 169 bis 175 GVG normierte Grundsatz der Öffentlichkeit modifiziert.

2 **II. Öffentlichkeit der Verhandlung. 1. Jedermann-Zugänglichkeit.** Nach Satz 1 der Vorschrift sind die Verhandlungen vor dem erkennenden Gericht einschließlich der Beweisaufnahme und der Verkündung der Entscheidung öffentlich. Dem wird genügt, wenn die Verhandlungstermine bekannt gemacht und die Verhandlungen für jedermann zugänglich sind. Zur Bekanntmachung der Termine genügt ein im Gericht frei einsehbarer Terminsaushang, auf dem für einen bestimmten Terminstag für jeden stattfindenden Rechtsstreit die Parteien in Kurzbezeichnung, die Terminsstunde und der Sitzungsraum verzeichnet sind. Kurzfristige räumliche oder zeitliche Veränderungen sind in gleicher Weise bekannt zu machen. Zudem muss zum Gerichtsgebäude und zum Sitzungsraum freier Zugang gewährleistet sein. Nicht erforderlich ist, dass sämtliche Zuhörer an der Verhandlung teilnehmen können. Allerdings darf der Raum nicht so eingeschränkt werden, dass praktisch die Teilnahme beliebiger Personen an der Verhandlung nicht mehr möglich ist[5]. Bei großem Andrang ist die Vergabe von Platzkarten nach einer allgemeinen Regel (zB Reihenfolge des Erscheinens, Pressekontingent) zulässig. Der Zugang darf aber nicht selektiv auf bestimmte Personen oder Gruppen beschränkt werden.

3 Der Zutritt zu öffentlichen Verhandlungen kann unerwachsenen und solchen Personen versagt werden, die in einer der Würde des Gerichts nicht entsprechenden Weise erscheinen (§ 52 Satz 4 ArbGG iVm. § 175 Abs. 1 GVG). In einer offenen Gesellschaft mit unterschiedlichen Kulturen muss hier ein großzügiger Maßstab gelten, soweit es um Äußerlichkeiten wie Kleidung, Schmuck und Frisur geht. Der Würde des Gerichts widerspricht aber zB die Anwesenheit Betrunkener, regelmäßig jedoch nicht eines ArbN oder ArbGeb in Arbeitskleidung.

---

1 GK-ArbGG/*Schütz*, § 51 Rz. 30; GMPM/*Germelmann*, § 51 ArbGG Rz. 28 (der einen Ausschluss jedoch für wenig sinnvoll hält); *Vonderau*, NZA 1991, 336, 340; aA LAG Hamm v. 22.12.1994 – 4 Sa 1125/94, LAGE § 51 ArbGG 1979 Nr. 5. | 2 LAG Bdb. v. 23.5.2000 – 3 Sa 83/02, LAGReport 2002, 357; GK-ArbGG/*Schütz*, § 51 Rz. 31; GMPM/*Germelmann*, § 51 ArbGG Rz. 30. | 3 LAG Bdb. v. 23.5.2000 – 3 Sa 83/00, LAGReport 2002, 357. | 4 LAG Hamm v. 20.4.1972 – 8 Ta 35/72, MDR 1972, 900; LAG Rh.-Pf. v. 24.9.1981 – 1 Ta 132/81; LAG München v. 20.10.1981 – 6 Ta 89/81; LAG Rh.-Pf. v. 11.11.1981 – 1 Ta 158/81; EzA § 61 ArbGG Nr. 1; LAG Düsseldorf v. 4.10.1984 – 7 Ta 227/84, MDR 1985, 435; LAG Schl.-Holst. v. 15.10.1987 – 6 Ta 181/87; GMPM/*Germelmann*, § 51 ArbGG Rz. 31. | 5 GMPM/*Germelmann*, § 52 ArbGG Rz. 3.

2. Öffentliche Verhandlung. Der Grundsatz der Öffentlichkeit gilt für jede Verhandlung, also für Gütetermin und Kammertermin einschließlich der von dem erkennenden Gericht in oder außerhalb des Gerichtsgebäudes durchgeführten Beweisaufnahme. Auch die dem Vorsitzenden nach § 58 Abs. 1 Satz 2 übertragene Beweisaufnahme ist öffentlich durchzuführen. Dagegen gilt nicht als Verhandlung iSv. § 52 Satz 1 die im Wege der Rechtshilfe (§ 13) erfolgende Beweisaufnahme, weshalb diese vom ersuchten Richter nicht öffentlich, jedoch parteiöffentlich (§ 357 ZPO) durchzuführen ist. Die Beweisführung mit einer notariellen Erklärung (zB über die Anzahl der im Betrieb beschäftigten Gewerkschaftsmitglieder) verletzt nicht die Grundsätze der Unmittelbarkeit, der Öffentlichkeit und der Parteiöffentlichkeit der Beweisaufnahme[1].   **4**

Auch die Verkündung von Entscheidungen hat öffentlich zu erfolgen, unabhängig davon, ob sie in dem Termin, auf Grund dessen sie erlassen wird, oder in einem besonderen Termin geschieht.   **5**

3. Verbot von Ton- und Filmaufnahmen. Ton- und Fernseh-Rundfunkaufnahmen sowie Ton- und Filmaufnahmen zum Zwecke der öffentlichen Vorführung oder Veröffentlichung ihres Inhalts sind unzulässig (§ 52 Satz 4 ArbGG iVm. § 169 Satz 2 GVG). Damit wird die mittelbare Öffentlichkeit (Möglichkeit, die Allgemeinheit über die Vorgänge in der gerichtlichen Verhandlung zu unterrichten) eingeschränkt. Die Berichterstattung in Wort und Schrift über die Verhandlungen ist aber, vom Ausnahmefall des § 174 Abs. 2 GVG (Ausschluss der Berichterstattung wegen Gefährdung der Staatssicherheit) abgesehen, frei[2].   **6**

Unzulässig sind sowohl Direktübertragungen als auch Aufzeichnungen der Verhandlungen, wenn die Aufnahme nachträglich öffentlich vorgeführt oder ihr Inhalt sonst der Öffentlichkeit bekannt gemacht werden soll. Vom Vorsitzenden als Inhaber der sitzungspolizeilichen Gewalt (§ 176 GVG) bzw. von der Justizverwaltung als Inhaberin des Hausrechts können solche Aufnahmen nur für Zeiten vor Beginn, der Sitzungspausen und nach Ende der Verhandlung zu- gelassen werden. Nicht unter die Vorschrift fallen Ton- und Filmaufnahmen für Zwecke des Gerichts, für die aber grundsätzlich eine Einwilligung der Beteiligten erforderlich ist. Ebenfalls von der Vorschrift nicht erfasst werden einfache Bildaufnahmen. Vom Vorsitzenden wird deshalb bestimmt, ob während der Verhandlung fotografiert werden darf.   **7**

III. Ausschließung der Öffentlichkeit. 1. Ausschließungsgründe. Das ArbG kann nach § 52 Satz 2 die Öffentlichkeit für die Verhandlung oder für einen Teil der Verhandlung ausschließen,   **8**

- wenn durch die Öffentlichkeit eine Gefährdung der öffentlichen Ordnung, insb. der Staatssicherheit, zu besorgen ist, oder

- wenn eine Gefährdung der Sittlichkeit zu besorgen ist oder

- wenn eine Partei den Ausschluss der Öffentlichkeit beantragt, weil Betriebs-, Geschäfts- oder Erfindungsgeheimnisse zum Gegenstand der Verhandlung oder der Beweisaufnahme gemacht werden,

- soweit Umstände aus dem persönlichen Lebensbereich eines Prozessbeteiligten, Zeugen oder durch eine rechtswidrige Tat (§ 11 Abs. 1 Nr. 5 StGB) Verletzten zur Sprache kommen, deren öffentliche Erörterung schutzwürdige Interessen verletzen würde, soweit nicht das Interesse an der öffentlichen Erörterung dieser Umstände überwiegt (§ 52 Satz 2 ArbGG iVm. § 171b Abs. 1 GVG).

2. Ausschließung von Amts wegen. Die Ausschließungsgründe der Gefährdung der öffentlichen Ordnung/Staatssicherheit und der Gefährdung der Sittlichkeit entsprechen denen in § 172 Nr. 1 GVG. Für die Ausschließung bedarf es keines Antrags. Das Gericht entscheidet von Amts wegen. Trotz der Formulierung der Vorschrift als Kann-Bestimmung ist der Ausschluss beim Vorliegen eines der Ausschließungsgründe vorzunehmen.   **9**

a) Gefährdung der öffentlichen Ordnung/Staatssicherheit. Es genügt eine nach objektiven Maßstäben begründete Befürchtung, dass eine Gefährdung eintreten würde. Dem Gericht steht bei der Wertung ein Beurteilungsspielraum zu[3].   **10**

Eine Gefährdung der öffentlichen Ordnung ist zu besorgen, wenn aus der Zuhörerschaft eine fortgesetzte Störung der Verhandlungen durch Kundgebungen zu befürchten ist, sofern wegen der unbestimmten Vielzahl von Störern Maßnahmen nach §§ 176, 177 GVG nicht ausreichen[4]. Um eine Gefährdung der Staatssicherheit geht es bei Bestrebungen nach § 92 Abs. 3 Nr. 2 StGB, also bei Bestrebungen, deren Träger darauf hinarbeiten, die äußere oder innere Sicherheit der Bundesrepublik Deutschland zu beeinträchtigen. Es muss die konkrete Gefahr bestehen, dass durch den Inhalt der Verhandlung die Allgemeinheit von Informationen erhält, deren Bekanntwerden die innere oder äußere Sicherheit der Bundesrepublik Deutschland gefährden würde. Dabei muss es sich nicht notwendig um Amtsgeheimnisse handeln. Nach Art. 38 ZA-NATO-Truppenstatut gilt dies auch, wenn Amtsgeheimnisse des Entsende- oder Aufnahmestaates oder für deren Sicherheit wichtige Informationen zur Sprache kommen[5].   **11**

---

1 BAG v. 25.3.1992 – 7 ABR 65/90, AP Nr. 4 zu § 2 BetrVG 1972; aA *Prütting/Weth*, DB 1989, 2273. |2 Zöller/*Gummer*, § 169 GVG Rz. 16. |3 BGH v. 19.3.1992 – 4 StR 73/92, MDR 1992, 702. |4 Zöller/*Gummer*, § 172 GVG Rz. 4; GK-ArbGG/*Schütz*, § 52 Rz. 10. |5 GK-ArbGG/*Schütz*, § 52 Rz. 11.

12 **b) Gefährdung der Sittlichkeit.** Der Ausschließungsgrund der Gefährdung der Sittlichkeit liegt vor, wenn in der Verhandlung sexuelle Vorgänge erörtert werden müssen, die geeignet sind, das Scham- und Sittlichkeitsgefühl Unbeteiligter erheblich zu verletzen. Dabei ist auf das sittliche Empfinden eines aufgeschlossenen Durchschnittsbürgers abzustellen. Gesichtspunkten des Jugendschutzes kann regelmäßig durch Ausschließung unerwachsener Personen nach § 52 Satz 4 ArbGG iVm. § 175 Abs. 1 GVG Rechnung getragen werden.

13 **c) Zweckmäßigkeitsgründe.** Im Gütetermin kann das Gericht die Öffentlichkeit bereits aus Zweckmäßigkeitsgründen ausschließen (§ 52 Satz 2), insb. um Vergleichsgespräche zu erleichtern. Schließt sich die weitere Verhandlung unmittelbar an (§ 54 Abs. 4), so ist die Öffentlichkeit wieder herzustellen. Sodann kann beim Vorliegen der Voraussetzungen nach § 52 Satz 2 vorgegangen werden.

14 **3. Ausschließung auf Antrag.** Der Schutz überwiegender Individualinteressen durch Ausschluss der Öffentlichkeit erfolgt grundsätzlich (Ausnahme: Schutz der Privatsphäre) nur auf Antrag. Die Ausschließung, weil Betriebs-, Geschäfts- oder Erfindungsgeheimnisse zum Gegenstand der Verhandlung oder der Beweisaufnahme gemacht werden, findet eine Entsprechung in § 172 Nr. 2 GVG, der jedoch auf wichtige Geheimnisse abhebt, durch deren öffentliche Erörterung überwiegende schutzwerte Interessen verletzt würden. Für den Ausschluss der Öffentlichkeit zum Schütze der Privatsphäre verweist § 52 Satz 2 Halbs. 2 ArbGG auf § 171b GVG.

15 **a) Geschäfts- und Betriebsgeheimnis.** Betriebs- oder Geschäftsgeheimnisse sind Tatsachen, die im Zusammenhang mit einem Geschäftsbetrieb stehen, nur einem eng begrenzten Personenkreis bekannt sind und nach dem bekundeten Willen des Betriebsinhabers geheim zu halten sind[1]. Betriebsgeheimnisse beziehen sich auf den technischen Betriebsablauf, insb. Herstellung und Herstellungsverfahren; Geschäftsgeheimnisse betreffen den allgemeinen Geschäftsverkehr des Unternehmens. Zu den Betriebsgeheimnissen können zB Kalkulationen, Marktstrategien und Kundenlisten zählen. Auch nicht patentfähiges technisches Know-how, Warenbezugsquellen, Kunden- und Preislisten, Inventuren, betriebswirtschaftliche Kennziffern zur Kreditwürdigkeit, im Rahmen des Arbeitsverhältnisses gemachte Erfindungen eines ArbN und Wettbewerbsverstöße des ArbGeb werden als schutzwürdig angesehen[2]. Bilanzen werden ebenfalls als schutzwürdig angesehen[3]. Dem kann nicht gefolgt werden, soweit die Unternehmen ua. nach § 325 HGB weit gehend zur Offenlegung der Bilanzen verpflichtet sind. Maßgeblich ist für den Ausschlussgrund der Geschäfts- und Betriebsgeheimnisse allein, dass ein berechtigtes Interesse an der Geheimhaltung besteht. Ein Ausschluss der Öffentlichkeit ist nicht nur in besonderen Ausnahmefällen zulässig, sondern bereits dann, wenn durch die öffentliche Erörterung überwiegende schutzwürdige Interessen eines Beteiligten verletzt würden[4]. Können Parteien, die es als unzumutbar bezeichnet haben, in einer öffentlichen Verhandlung Angaben über die Finanzlage ihres Unternehmens zu machen, ihrer Darlegungslast nur genügen, indem sie Betriebs- oder Geschäftsgeheimnisse offenbaren, muss das Gericht sie mit den Mitteln des Prozessrechts schützen[5]. Ist der Vortrag von Tatsachen unumgänglich, die als Verschlusssachen der Verschwiegenheitspflicht unterliegen, so ist die darlegungspflichtige Partei auf Antrag ihrem Prozessbevollmächtigten und dem Gericht gegenüber insoweit von der Verschwiegenheitspflicht zu entbinden[6]. In Betracht kommen in beiden Fällen der zeitweise Ausschluss der Öffentlichkeit und strafbewehrte Schweigegebote. Im Bereich der Verbände können Arbeitskampfstrategien schutzwürdig sein[7], jedoch kaum Strategien der Mitgliedergewinnung und -betreuung[8].

16 **b) Erfindungsgeheimnis.** Zum Schutzbereich der Erfindungsgeheimnisse werden die eine (auch nicht geschützte) Erfindung betreffenden Umstände gerechnet, an deren Geheimhaltung ein berechtigtes Interesse besteht[9]. Dadurch wird nicht nur die Erfindung geschützt, sondern jede Aktivität, die auf eine Erfindung abzielt und diese vorbereiten soll, wenn an der Geheimhaltung ein berechtigtes Interesse besteht[10].

17 **c) Steuergeheimnis.** Dem Amtsermittlungsgrundsatz (§ 88 AO) und den weitgehenden Mitwirkungspflichten des Steuerpflichtigen im Besteuerungsverfahren entspricht die Verpflichtung des FA, die ihm bekannt gewordenen Besteuerungsgrundlagen (das sind die tatsächlichen und rechtlichen Verhältnisse, die für die Steuerpflicht und die Bemessung der Steuer maßgebend sind) gegenüber der Kenntnisnahme Dritter zu schützen[11]. Die dem FA und den Steuerprüfern im Rahmen ihrer Tätigkeit bekannt gewordenen Daten und Verhältnisse der ArbN und der ArbGeb sind durch das strafbewehrte Steuergeheimnis geschützt (§ 30 AO, § 355 StGB). Im arbeitsgerichtlichen Verfahren ist das Steuergeheimnis mittelbar betroffen, wenn Steuerunterlagen in das Verfahren eingeführt, Auskünfte vom FA eingeholt oder die Steuerpflicht der Arbeitsvertragsparteien betreffende Umstände erörtert werden, weil der

---

1 BAG v. 15.12.1987 – 3 AZR 474/86, AP Nr. 5 zu § 611 BGB – Betriebsgeheimnis. | 2 GK-ArbGG/*Schütz*, § 52 Rz. 12; GMPM/*Germelmann*, § 52 ArbGG Rz. 20. | 3 GK-ArbGG/*Schütz*, § 52 Rz. 13. | 4 BAG v. 23.4.1985 – 3 AZR 548/82, AP Nr. 16 zu § 16 BetrAVG. | 5 BAG v. 21.11.1991 – 6 AZR 544/89; v. 23.4.1985 – 3 AZR 548/82, AP Nr. 16 zu § 16 BetrAVG. | 6 BAG v. 25.8.1966 – 5 AZR 525/65, AP Nr. 1 zu § 611 BGB – Schweigepflicht; LAG Nürnberg v. 30.9.1986 – 2 Sa 125/84, ZTR 1987, 246. | 7 GK-ArbGG/*Schütz*, § 52 Rz. 14. | 8 AA GMPM/*Germelmann*, § 52 ArbGG Rz. 21; GK-ArbGG/*Schütz*, § 52 Rz. 14. | 9 BLAH/*Albers*, § 172 GVG Rz. 3. | 10 GMPM/*Germelmann*, § 52 ArbGG Rz. 22. | 11 *Küttner*, Personalbuch 2003, Datenschutz Rz. 35.

ArbN mit Steuerangelegenheiten des ArbGeb oder der ArbGeb als Einziehungsstelle mit denen des ArbN befasst war. Die Wahrung des Steuergeheimnisses kann damit im schutzwerten Interesse beider Arbeitsvertragsparteien stehen[1]. In Abweichung zu § 172 Nr. 2 GVG wird das Steuergeheimnis in § 52 zwar nicht besonders erwähnt. Insoweit erscheint ein Rückgriff auf § 172 Nr. 2 GVG aber geboten[2].

d) Schutz der Privatsphäre. Die Öffentlichkeit kann nach § 52 Satz 2 iVm. § 171b Abs. 1 Satz 1 GVG auch ausgeschlossen werden, soweit Umstände aus dem persönlichen Lebensbereich eines Prozessbeteiligten, Zeugen oder durch eine rechtswidrige Tat (§ 11 Abs. 1 Nr. 5 StGB) Verletzten zur Sprache kommen, deren öffentliche Erörterung schutzwürdige Interessen verletzen würde, soweit nicht das Interesse an der öffentlichen Erörterung diese Umstände überwiegt. Diese Regelung räumt dem Schutz des Intimbereichs des Einzelnen grundsätzlich den Vorrang vor dem Öffentlichkeitsgrundsatz ein. Sie gibt dem Betroffenen unmittelbare Einflussmöglichkeiten darauf, ob seine Privatsphäre betreffende Umstände in öffentlicher Verhandlung erörtert werden oder nicht[3]. Umstände aus dem persönlichen Lebensbereich sind vor allem solche gesundheitlicher, familiärer oder sexueller Art, soweit sie aufgrund ihres Bezugs zur Privatsphäre unbeteiligten Dritten nicht ohne weiteres zugänglich sind und nach ihrem Inhalt in allgemeiner Anschauung Schutz vor Einblick Außenstehender verdienen. Im arbeitsgerichtlichen Verfahren kann der Schutz der Privatsphäre zB betroffen sein bei der Erörterung medizinischer Diagnosen des ArbN oder sexueller Belästigungen am Arbeitsplatz[4]. 18

Der Schutz der Privatsphäre durch Ausschluss der Öffentlichkeit kann von Amts wegen nach pflichtgemäßer Abwägung der Interessen angeordnet werden. Dies gilt nicht, soweit die Personen, deren Lebensbereiche betroffen sind, in der mündlichen Verhandlung dem Ausschluss der Öffentlichkeit widersprechen. Die Öffentlichkeit ist aber auszuschließen, wenn das Interesse eines Prozessbeteiligten hieran überwiegt und der Ausschluss von der Person, deren Lebensbereich betroffen ist, beantragt wird (§ 52 Satz 2 ArbGG iVm. § 171b Abs. 2 GVG). 19

e) Ausschlussverfahren. Der Ausschluss der Öffentlichkeit zum Schutz überwiegender Individualinteressen erfolgt im Übrigen nur auf Antrag (§ 52 Satz 2 ArbGG; § 171b Abs. 2 GVG). Auf die Möglichkeit des Antrags hat das Gericht ggf. nach § 139 ZPO hinzuweisen[5]. Antragsbefugt ist allein die Partei, deren schutzwürdige Verhältnisse betroffen sind[6]. Insoweit enthalten die Regelungen in § 171b Abs. 1 Satz 2, Abs. 2 GVG einen allgemeinen Rechtsgedanken. Der Antrag kann jederzeit zurückgenommen werden. In dem Fall ist die Öffentlichkeit sofort wieder herzustellen, ohne dass aber die unter Ausschluss der Öffentlichkeit vorgenommenen Prozesshandlungen zu wiederholen sind[7]. 20

Das Verfahren zur Entscheidung über den Ausschluss der Öffentlichkeit richtet sich nach § 52 Satz 2 ArbGG iVm. §§ 173 und 174 GVG. Der Antrag auf Ausschluss der Öffentlichkeit wird in öffentlicher Verhandlung gestellt. Über die Ausschließung ist sodann nur dann nach § 174 Abs. 1 Satz 1 GVG in nicht öffentlicher Sitzung zu verhandeln, wenn ein Beteiligter es beantragt oder das Gericht es für angemessen erachtet[8]. 21

Der Beschluss, der die Öffentlichkeit ausschließt, muss öffentlich verkündet werden; er kann in nicht öffentlicher Sitzung verkündet werden, wenn zu befürchten ist, dass seine öffentliche Verkündung eine erhebliche Störung der Ordnung in der Sitzung zur Folge haben würde (§ 174 Abs. 1 Satz 2 GVG). Bei der Verkündung ist anzugeben, aus welchem Grund die Öffentlichkeit ausgeschlossen worden ist (§ 174 Abs. 1 Satz 3 GVG). 22

Die Verkündung des Urteils erfolgt in jedem Fall öffentlich (§ 173 Abs. 1 GVG). Durch einen besonderen Beschluss kann, wenn der Schutz der Individualinteressen dies erfordert, auch für die Verkündung der Urteilsgründe oder eines Teiles davon die Öffentlichkeit ausgeschlossen werden (§ 173 Abs. 2 GVG). 23

f) Inhalt der Entscheidung. Der Ausschluss der Öffentlichkeit muss nicht die gesamte mündliche Verhandlung erfassen. Der Ausschluss erfolgt nur in dem durch den Ausschlussgrund gebotenen Umfang (§ 52 Satz 2). Hierüber entscheidet das Gericht nach pflichtgemäßem Ermessen. 24

Sofern der Schutz der Individualinteressen dies erfordert, kann das Gericht neben dem Ausschluss der Öffentlichkeit gegenüber den anwesenden Personen die Geheimhaltung von Tatsachen, die durch die Verhandlung oder durch ein die Sache betreffendes amtliches Schriftstück zu ihrer Kenntnis gelangen, zur Pflicht machen (§ 174 Abs. 3 Satz 1 GVG). Dieser Beschluss ist anfechtbar, wobei der Beschwerde keine aufschiebende Wirkung zukommt (§ 174 Abs. 3 Satz 3 und 4 GVG). Die Verhängung eines Schweigegebots ist auch gegenüber Verbandsvertretern möglich[9]. 25

---

1 AA GMPM/*Germelmann*, § 52 ArbGG Rz. 23 (wonach im Rahmen des Geschäftsgeheimnisses nur das Interesse des ArbGeb betroffen sei). | 2 Im Ergebnis wohl BAG v. 23.4.1985 – 3 AZR 548/82, AP Nr. 16 zu § 16 BetrAVG. | 3 Zöller/*Gummer*, § 171b GVG Rz. 1. | 4 GK-ArbGG/*Schütz*, § 52 Rz. 17. | 5 GK-ArbGG/*Schütz*, § 52 Rz. 20 | 6 GK-ArbGG/*Schütz*, § 52 Rz. 20; aA GMPM/*Germelmann*, § 52 ArbGG Rz. 15. | 7 GK-ArbGG/*Schütz*, § 52 Rz. 21. | 8 GK-ArbGG/*Schütz*, § 52 Rz. 28; aA GMPM/*Germelmann*, § 52 ArbGG Rz. 28 (wonach regelmäßig in nichtöffentlicher Sitzung zu verhandeln sei). | 9 BAG v. 23.4.1985 – 3 AZR 548/82, AP Nr. 16 zu § 16 BetrAVG.

ArbGG § 52 Rz. 26   Öffentlichkeit

26   **g) Rechtsmittel.** Die Entscheidung über den Ausschluss der Öffentlichkeit ist unanfechtbar[1]. Ausdrücklich geregelt ist dies nur im Hinblick auf den Ausschluss zum Schutz der Privatsphäre (§ 171b Abs. 3 GVG).

27   **IV. Rechtsfolgen bei Verletzung des Öffentlichkeitsgebots.** Wurde vom ArbG die Öffentlichkeit ausgeschlossen, ohne dass hierfür ein hinreichender Ausschlussgrund vorlag, so liegt ein schwerer Verfahrensverstoß vor, der aber wegen § 68 keine Zurückverweisung durch das LAG rechtfertigt. Bei einem entsprechenden Verfahrensverstoß durch das LAG liegt ein absoluter Revisionsgrund nach § 551 Nr. 6 ZPO vor[2], ohne dass die Revision deswegen auch statthaft sein muss. Die Vorschriften über die Öffentlichkeit der Verhandlung sind aber nur verletzt, wenn die Ausschließung oder Beschränkung der Öffentlichkeit entweder auf einer Anordnung des Gerichts beruht oder wenn eine tatsächlich eingetretene Beschränkung des Zugangs zum Sitzungssaal vom Gericht nicht sofort beseitigt wird, obwohl es die Beschränkung bemerkt hat oder bei Anwendung der gebotenen Aufmerksamkeit jedenfalls hätte bemerken müssen[3].

53 *Befugnisse des Vorsitzenden und der ehrenamtlichen Richter*

(1) Die nicht auf Grund einer mündlichen Verhandlung ergehenden Beschlüsse und Verfügungen erlässt, soweit nichts anderes bestimmt ist, der Vorsitzende allein. Entsprechendes gilt für Amtshandlungen auf Grund eines Rechtshilfeersuchens.

(2) Im Übrigen gelten für die Befugnisse des Vorsitzenden und der ehrenamtlichen Richter die Vorschriften der Zivilprozessordnung über das landgerichtliche Verfahren entsprechend.

1   **I. Allgemeines.** Bei den Gerichten für Arbeitssachen handelt es sich in allen Instanzen um Kollegialgerichte (§§ 16 Abs. 2, 35 Abs. 2, 41 Abs. 2). Da die ehrenamtlichen Richter nicht ständige Mitglieder der Spruchkörper sind, sondern zu den jeweiligen Sitzungen herangezogen werden (§§ 31, 39, 43), besteht ein praktisches Bedürfnis, den berufsrichterlichen Vorsitzenden mit prozessvorbereitenden und prozessleitenden Befugnissen auszustatten. Vom Grundsatz werden dem Vorsitzenden in verschiedenen Vorschriften Kompetenzen für die Prozessvorbereitung und Prozessleitung und der Kammer Kompetenzen für die eine Erledigung der Hauptsache betreffenden Entscheidungen zugewiesen. Kompetenzregelungen für den Vorsitzenden finden sich in § 9 Abs. 2 ArbGG iVm. §§ 176 bis 179, 180 GVG (sitzungspolizeiliche Befugnisse), § 9 Abs. 2 ArbGG iVm. § 194 GVG (Leitung der Beratung und Abstimmung), § 56 (Vorbereitung der streitigen Verhandlung) und § 55 (Alleinentscheidung trotz streitiger Verhandlung ua.). Diese Vorschriften modifizieren die allgemeine Kompetenzregelung in § 53. Die Kompetenzvorschriften sind nicht parteidispositiv (Ausnahme aufgrund „Öffnungsklausel" in § 55 Abs. 3).

2   Im Berufungsverfahren gilt die Vorschrift des § 53 entsprechend (§ 64 Abs. 7). Auch im Revisionsverfahren ist die Vorschrift des § 53 entsprechend anzuwenden (§ 72 Abs. 6), wobei jedoch anstelle des Senatsvorsitzenden der gesamte Senat ohne Hinzuziehung der ehrenamtlichen Richter (sog. Kleiner Senat) entscheidet[4]. Die Vorschrift des § 53 ist des Weiteren entsprechend in den drei Instanzen des Beschlussverfahrens anzuwenden (§§ 80 Abs. 2, 87 Abs. 2 Satz 1, 92 Abs. 2 Satz 1).

3   **II. Befugnisse des Vorsitzenden. 1. Befugnis zur Alleinentscheidung außerhalb der mündlichen Verhandlung.** Soweit das Gesetz nichts anderes bestimmt, erlässt der Vorsitzende die nicht auf Grund einer mündlichen Verhandlung ergehenden Beschlüsse und Verfügungen allein. Beschlüsse sind gerichtliche Entscheidungen, die weder über den Klageanspruch noch über Einzelne dafür erhebliche Streitpunkte entscheiden, also den Prozessstoff weder ganz noch teilweise in der Hauptsache erledigen. Verfügungen sind dagegen Anordnungen, die der Prozessleitung dienen. Entscheidungen des Gerichts, die nicht Urteile sind, können nach § 128 Abs. 4 ZPO ohne mündliche Verhandlung ergehen, soweit nichts anderes bestimmt ist.

4   Das Alleinentscheidungsrecht scheidet zunächst aus bei Beschlüssen, die zwar ohne mündliche Verhandlung ergehen, für die aber die Entscheidung durch die Kammer vorgeschrieben ist. Dies ist zB der Fall bei:

- Beschlüssen nach § 48 Abs. 1 Nr. 2 über die Rechtswegzuständigkeit,
- Beschlüssen über die Ablehnung von Gerichtspersonen nach § 49 Abs. 1,
- Verwerfung der Berufung nach § 66 Abs. 2 Satz 2,
- Verwerfung der Revision – durch den sog. Kleinen Senat – nach § 74 Abs. 2 Satz 3,
- Verwerfung der Beschwerde und Rechtsbeschwerde im Beschlussverfahren nach §§ 87 Abs. 2 Satz 1, 92 Abs. 2 Satz 1,
- nachträgliche Klagezulassung nach § 5 Abs. 4 Satz 1 KSchG,

---

1 *BLAH/Albers*, § 174 GVG Rz. 2; GK-ArbGG/*Schütz*, § 52 Rz. 33. |2 GMPM/*Germelmann*, § 52 ArbGG Rz. 34–36; GK-ArbGG/*Schütz*, § 52 Rz. 33. |3 BAG v. 12.4.1973 – 2 AZR 291/72, AP Nr. 24 zu § 611 BGB – Direktionsrecht. |4 GMPM/*Germelmann*, § 53 ArbGG Rz. 3.

Befugnisse des Vorsitzenden und der ehrenamtlichen Richter Rz. 8 § 53 ArbGG

Ferner scheidet das Alleinentscheidungsrecht aus für Beschlüsse, die nur auf Grund mündlicher Verhandlung ergehen dürfen, wie zB nach § 320 Abs. 3 Satz 1 ZPO für die Entscheidung über den Antrag auf Tatbestandsberichtigung. 5

Schließlich entfällt das Alleinentscheidungsrecht des Vorsitzenden in Fällen, in denen eine mündliche Verhandlung nicht vorgeschrieben ist, jedoch auf Grund Entscheidung des Vorsitzenden durchgeführt wurde; ob eine mündliche Verhandlung stattfindet, entscheidet der Vorsitzende nach pflichtgemäßem Ermessen. 6

Der Vorsitzende entscheidet – ohne (ggf. mögliche) mündliche Verhandlung – in folgenden Fällen allein: 7

- Festsetzung Gerichtsgebührenstreitwert nach § 25 Abs. 2 Satz 1 GKG (auch bei Entscheidung im Gütetermin[1],
- Festsetzung Rechtsanwaltsgebührenstreitwert nach § 10 Abs. 1 BRAGO,
- Bestimmung des zuständigen Gerichts nach § 37 Abs. 1 ZPO,
- Kostenentscheidung nach § 91a Abs. 1 Satz 2 ZPO,
- Entscheidung über PKH (§ 127 Abs. 1 ZPO) und Beiordnung nach § 11a ArbGG,
- Entscheidung im Zusammenhang mit der Bewilligung der öffentlichen Zustellung (§§ 186–188 ZPO),
- Friständerungen nach § 225 Abs. 1 ZPO,
- Abkürzung von Zwischenfristen nach § 226 Abs. 3 ZPO,
- Aufhebung oder Verlegung eines Termins nach § 227 Abs. 4 Satz 2 ZPO,
- Entscheidung wegen Klagerücknahme nach § 269 Abs. 4 ZPO,
- Berichtigung des Urteils nach § 319 Abs. 2 ZPO,
- Bemessung der Einspruchsfrist gegen ein Versäumnisurteil bei Zustellung im Ausland nach § 339 Abs. 2 ZPO,
- Bestimmung einer Beibringungsfrist nach § 356 ZPO,
- Änderung eines Beweisbeschlusses nach § 360 Satz 2 ZPO,
- Ersuchen um Beweisaufnahme im Ausland nach § 363 Abs. 1 ZPO,
- Ablehnung eines Sachverständigen nach § 406 Abs. 4 ZPO,
- Bestimmung der Vorlegungsfrist bei Vorlegung durch Dritte nach § 431 Abs. 1 ZPO,
- Entscheidung über Beweissicherungsverfahren nach § 490 Abs. 1 ZPO,
- Beschluss über Folgen der Zurücknahme der Berufung nach § 516 Abs. 3 Satz 2 ZPO,
- Abhilfe und Vorlageentscheidungen im Zusammenhang mit sofortiger Beschwerde (§ 572 ZPO)
- einstweilige Einstellung der Zwangsvollstreckung bei Wiedereinsetzungs- und Wiederaufnahmeantrag nach § 707 Abs. 2 Satz 1 ZPO,
- einstweilige Einstellung der Zwangsvollstreckung bei Rechtsmittel oder Einspruch nach § 719 Abs. 3 ZPO,
- Entscheidung über die Erinnerung gegen die Erteilung der Vollstreckungsklausel nach § 732 Abs. 1 Satz 2 ZPO,
- einstweilige Anordnungen bei Vollstreckungsabwehrklage (§ 767 ZPO), Klage gegen Vollstreckungsklausel (§ 768 ZPO) und Drittwiderspruchsklage (§ 771 ZPO) nach §§ 769 Abs. 3, 771 Abs. 3 ZPO,
- Anordnungen im Zusammenhang mit der Zwangsvollstreckung von vertretbaren Handlungen (§ 887 ZPO), unvertretbaren Handlungen (§ 888 ZPO) und zur Erzwingung von Unterlassungen und Duldungen (§ 890 ZPO) nach § 891 Satz 1 ZPO,
- Entscheidungen über Gesuche auf einstweiligen Rechtsschutz im Urteilsverfahren können in dringenden Fällen ohne mündliche Verhandlung ergehen, wobei § 53 die Vorschrift des § 944 ZPO verdrängt[2], dabei kann es sich auch um eine abweisende Entscheidung handeln (§ 62 Abs. 2 Satz 2),
- Erklärung der Vollstreckbarkeit eines Schiedsspruchs nach § 109 Abs. 2 (auch bei Anhörung in der mündlichen Verhandlung).

Nicht zu beteiligen sind die ehrenamtlichen Richter im Rahmen der Erledigung von Rechtshilfeersuchen nach § 13 (§ 53 Abs. 1 Satz 2). 8

---

1 Vgl. *Creutzfeldt*, NZA 1996, 956, 959. | 2 *Walker*, Der einstweilige Rechtsschutz, Rz. 736; GK-ArbGG/*Schütz*, § 53 Rz. 10; GMPM/*Germelmann*, § 53 ArbGG Rz. 11; aA LAG Nürnberg v. 10.4.1999 – 6 Ta 6/99, AP Nr. 6 zu § 85 ArbGG 1979.

9 In der arbeitsgerichtlichen Rspr. wenig geklärt ist die Frage des gesetzlichen Richters bei Entscheidungen über die **Wiedereröffnung der Verhandlung** nach § 156 ZPO[1]. Das Gericht kann nach § 156 Abs. 1 ZPO die Wiedereröffnung einer Verhandlung, die geschlossen war, anordnen. Es hat nach § 156 Abs. 2 ZPO ua. die Wiedereröffnung anzuordnen, wenn es ein entscheidungserheblicher und rügbarer Verfahrensfehler (§ 295 ZPO), insb. eine Verletzung der Hinweis- und Aufklärungspflicht (§ 139 ZPO) oder eine Verletzung des Anspruchs auf rechtliches Gehör feststellt. Die Frage der Wiedereröffnung stellt sich auch, wenn das Gericht einen Verkündungstermin anberaumte und zwischen dem letzten Termin zur mündlichen Verhandlung und dem Verkündungstermin ein – ggf. nachgelassener – Schriftsatz mit neuem und erheblichem Tatsachenvortrag eingeht. Folgende Fälle sind zu unterscheiden:

- Ist über das Urteil zu dem Zeitpunkt, in dem sich das Gericht mit dem Vorbringen aus dem nachgereichten Schriftsatz befasst oder bei ordnungsgemäßem Verfahrensgang zu befassen hätte, noch nicht abschließend beraten und abgestimmt, das Urteil also noch nicht iSd. § 309 ZPO gefällt, ergibt sich unmittelbar aus der genannten Vorschrift, dass auch an der Entscheidung über die Frage einer Wiedereröffnung nur die Richter mitwirken dürfen, die an der vorangegangen letzten mündlichen Verhandlung beteiligt waren[2]. § 309 ZPO ist aus dem Grundsatz der Mündlichkeit und Unmittelbarkeit der Verhandlung zu verstehen und legt fest, dass nur die Richter, die an der für das Urteil allein maßgeblichen mündlichen Verhandlung teilgenommen haben, die Sachentscheidung treffen dürfen[3]. Nur diese Richter können daher an der Beratung, die der Verhandlung nachfolgt, beteiligt sein und in deren Rahmen über die Vorfrage befinden, ob die mündliche Verhandlung wiedereröffnet und damit überhaupt über ein Urteil beraten und abgestimmt werden soll[4].

- Anders liegen die Dinge aber, wenn der nachgereichte Schriftsatz nicht mehr bei der Entscheidung über das Urteil Beachtung finden kann, sondern dem zuständigen Spruchkörper erst dann vorliegt, wenn das Urteil nach Beratung und Abstimmung bereits beschlossen, aber noch nicht verkündet ist. Da das Gericht in diesem Verfahrensstadium noch nicht an das Urteil gebunden ist, obliegt es ihm weiterhin, eingehende Schriftsätze zur Kenntnis zu nehmen und eine Wiedereröffnung der mündlichen Verhandlung zu prüfen (vgl. § 296a Satz 2 ZPO). Damit ist aber noch keine Aussage über die Besetzung getroffen, in der das Gericht, wenn das Urteil bereits iSd. § 309 ZPO gefällt ist, über eine etwaige Wiedereröffnung zu befinden hat. Auch § 309 ZPO ist hierfür keine Regelung zu entnehmen. Zwar folgt aus dieser Vorschrift, dass nur die Richter, die bereits an der mündlichen Verhandlung teilgenommen haben, befugt sind, das bereits beschlossene, jedoch noch nicht verkündete Urteil abzuändern[5]. Darum geht es hier aber nicht. Unterbleibt eine Wiedereröffnung, so wird über das Rechtsschutzgesuch der Klägerseite ohne Veränderung entschieden. Selbst im Fall eines Wiedereintritts in die mündliche Verhandlung wird kein in dieser Hinsicht verändertes Urteil erlassen, sondern es ergeht auf der Grundlage einer erneuten mündlichen Verhandlung ein Urteil durch die dann nach § 309 ZPO zur Entscheidung berufenen Richter. Mündlichkeit und Unmittelbarkeit sind auf diese Weise selbst dann gewahrt, wenn die neue Richterbank von der früheren Besetzung abweicht. Die Besetzung des Gerichts kann sich hiernach nur aus den allgemeinen Vorschriften ergeben. Es ist denkbar, dass die Richter über die Wiedereröffnung zu entscheiden haben, die zum Zeitpunkt der Beratung dieser Frage durch die Geschäftsverteilung als gesetzliche Richter ausgewiesen sind. Dagegen spricht, dass der Sachverhalt, der der Entscheidung über die Wiedereröffnung zugrunde liegt, mit dem vergleichbar ist, den das Gesetz für den Fall der Tatbestandsberichtigung in § 320 Abs. 4 Sätze 2 und 3 ZPO geregelt hat. Nach der genannten Vorschrift können allein die Richter, die bei dem betroffenen Urteil mitgewirkt haben, über eine beantragte Tatbestandsberichtigung entscheiden. Ist einer dieser Richter verhindert, so ergeht die Entscheidung – ohne Hinzuziehung eines anderen Richters – in der verbleibenden Besetzung der Richterbank[6]. Dies beruht auf der Vorstellung des Gesetzgebers, für eine Berichtigung des Tatbestandes sei das Vorbringen in der mündlichen Verhandlung maßgeblich, so dass nur die Richter über einen dahingehenden Antrag entscheiden sollen, die an dem Urteil und damit nach § 309 ZPO auch an der mündlichen Verhandlung mitgewirkt haben. Bei der Entscheidung über die Wiedereröffnung der mündlichen Verhandlung liegen die Dinge zumindest dann ebenso, wenn es darum geht, das durch § 156 ZPO eingeräumte Ermessen ordnungsgemäß auszuüben. Nur die an der Verhandlung und der nachfolgenden Beratung beteiligten Richter wissen, was von den Parteien vorgetragen und vom Gericht erörtert wurde. Nur ihnen ist ferner bekannt, welches tatsächliche Vorbringen und welche rechtlichen Gesichtspunkte im konkreten Fall Entscheidungserheblichkeit erlangen sollen. Sie allein können mithin einschätzen, ob das rechtliche Gehör verletzt, Hinweispflichten missachtet, Verfahrensfehler unterlaufen oder neues erhebliches Vorbringen erfolgt ist. Dies sind aber die Umstände, die für eine fehlerfreie und sachgerechte Ermessensausübung – auch im Hinblick auf eine zwingende Wiedereröffnung wegen eines Verfahrensfehlers (§ 156 Abs. 2 Nr. 1 ZPO) – maßgeblich sind. Nach alledem

---

1 Vgl. aber GK-ArbGG/*Schütz*, § 53 Rz. 8; GMPM/*Germelmann*, § 53 ArbGG Rz. 18. |2 BGH v. 1.2.2002 – V ZR 357/00, MDR 2002, 658. |3 BGH v. 8.2.2001 – III ZR 45/00, MDR 2001, 707. |4 BGH v. 1.2.2002 – V ZR 357/00, MDR 2002, 658. |5 BGH v. 8.11.1973 – VII ZR 86/73, MDR 1974, 219. |6 BGH v. 9.12.1987 – IVa ZR 155/86, MDR 1988, 389.

hat das Gericht über die Frage der Wiedereröffnung der mündlichen Verhandlung in der für den letzten Termin zur mündlichen Verhandlung maßgeblichen Besetzung zu entscheiden[1]. Ist zwischenzeitlich ein Richter ausgeschieden, treffen die verbleibenden Richter die Entscheidung über die Wiedereröffnung oder Nichtwiedereröffnung der Verhandlung[2].

- Lehnt das Gericht in der Besetzung der letzten mündlichen Verhandlung die Wiedereröffnung der Verhandlung ab, kann das ursprünglich gefällte Urteil verkündet werden. Die Verkündung muss nicht von denselben Richtern vorgenommen werden, die an der ihm zu Grunde liegenden mündlichen Verhandlung mitgewirkt und es beschlossen haben[3].

- Beschließt jedoch das Gericht in der Besetzung der letzten mündlichen Verhandlung die Wiedereröffnung der Verhandlung, so hat der Vorsitzende einen neuen Termin zur mündlichen Verhandlung zu bestimmen. Zu der Verhandlung sind die für diesen Termin geschäftsplanmäßig zuständigen Richter zu laden[4]. Die Wiedereröffnung der mündlichen Verhandlung auf Grund neuen, nicht nachgelassenen Vorbringens ist dabei, von dem Sonderfall eines Wiederaufnahmegrundes abgesehen, nur dann geboten, wenn dieses Vorbringen ergibt, dass es aufgrund eines nicht prozessordnungsmäßigen Verhaltens des Gerichts, insb. einer Verletzung der richterlichen Aufklärungspflicht (§ 139 ZPO) oder des Anspruchs auf rechtliches Gehör, nicht rechtzeitig in den Rechtsstreit eingeführt worden ist[5]. Im Übrigen steht der Wiedereintritt in die mündliche Verhandlung im freien Ermessen des Gerichts[6].

2. Sonstige Befugnisse. Im Übrigen gelten für die Befugnisse des Vorsitzenden und der ehrenamtlichen Richter die Vorschriften der ZPO über das landgerichtliche Verfahren entsprechend (§ 51 Abs. 2). Zu den wesentlichen Befugnissen des Vorsitzenden zählen insoweit

- Terminsbestimmung nach § 216 Abs. 2 ZPO,
- Eröffnung und Leitung der mündlichen Verhandlung nach § 136 Abs. 1 ZPO einschließlich Erteilung bzw. Entzug des Wortes (§ 136 Abs. 2 ZPO), Hinwirken auf eine erschöpfende Erörterung der Sache (§ 136 Abs. 3 ZPO), Wahrnehmung der sitzungspolizeilichen Befugnisse (§ 9 Abs. 2 ArbGG iVm. §§ 176 bis 179,180 GVG), Schließung der mündlichen Verhandlung (nach entsprechender Entscheidung der Kammer) nach § 136 Abs. 4 ZPO, Leitung der Beratung und Abstimmung (§ 9 Abs. 2 ArbGG iVm. § 194 Abs. 1 GVG),
- Wahrnehmung der Aufklärungspflicht nach § 139 ZPO,
- Entscheidung über das Absehen einer Hinzuziehung eines Urkundsbeamten der Geschäftsstelle (§ 159 Abs. 1 Satz 2 ZPO),
- Unterzeichnung und Berichtigung des Protokolls nach §§ 163 f. ZPO.

III. Befugnisse der ehrenamtlichen Richter. Für die ehrenamtlichen Richter besteht – außerhalb der Beratungs- und Entscheidungskompetenzen und unter Respektierung der Verhandlungsleitung durch den Vorsitzenden – ein jederzeitiges Fragerecht während der mündlichen Verhandlung. Nach § 136 Abs. 2 Satz 2 ZPO ist ihnen auf Verlangen vom Vorsitzenden das Stellen von Fragen zu gestatten. Der Vorsitzende hat grundsätzlich kein Recht, eine Frage des Beisitzers als ungehörig oder als zur Unzeit gestellt zurückzuweisen[7], er kann die Frage aber ggf. bei Störung seiner Verhandlungsleitung für eine angemessene Zeit zurückstellen.

Im landgerichtlichen Verfahren ist anerkannt, dass der Vorsitzende einzelne Aufgaben der sachlichen Prozessleitung (zB Vernehmung eines Zeugen) unter Beibehaltung seines Vorsitzes einem Beisitzer übertragen kann[8]. Für das arbeitsgerichtliche Verfahren wird dies abgelehnt, weil anders als beim LG (dort gibt es aber ehrenamtliche Beisitzer in der Kammer für Handelssachen) keine berufsrichterlichen Beisitzer vorhanden seien[9]. Dies überzeugt nicht. Es sind durchaus Situationen denkbar, wo die Übertragung einer einzelnen Aufgabe (zB Vernehmung eines sachverständigen Zeugen, für dessen Befragung sich der von Berufs wegen gleich oder ähnlich kompetente Beisitzer anbietet) gerade wegen der besonderen Kenntnisse der aus diesem Grund zur Mitentscheidung berufenen ehrenamtlichen Richter sachgerecht ist, zumal der Vorsitzende ja die formelle Prozessleitung behält und die sachliche Prozessleitung jederzeit an sich ziehen kann. Eine Anwendung von § 21f Abs. 2 GVG bei Verhinderung des Vorsitzenden oder gar eine Übertragung des Rechtsstreits auf den ehrenamtlichen Richter zur Entscheidung nach §§ 348 ff. ZPO kommt nicht in Betracht[10].

---

1 GMPM/*Germelmann*, § 53 ArbGG Rz. 18; aA GK-ArbGG/*Schütz*, § 53 Rz. 8 (der dem Vorsitzenden beim nachgelassenen Schriftsatz ein „Vorprüfungsrecht" zubilligt und die bisherige Kammerbesetzung nur bei einem „Antrag" auf Wiedereröffnung für maßgeblich erachtet, obwohl die Entscheidung nach § 156 ZPO von Amts wegen zu erfolgen hat – vgl. Zöller/*Greger*, § 156 ZPO Rz. 2). | 2 BGH v. 1.2.2002 – V ZR 357/00, MDR 2002, 658. | 3 BGH v. 8.11.1973 – VII ZR 86/73, MDR 1974, 219. | 4 BAG v. 16.5.2002 – 8 AZR 412/01, MDR 2003, 47. | 5 BGH v. 28.10.1999 – IX ZR 341/98, MDR 2000, 103. | 6 BGH v. 21.2.1986 – V ZR 246/84, MDR 1986, 663. | 7 BLAH/*Hartmann*, § 136 ZPO Rz. 20; GMPM/*Germelmann*, § 53 ArbGG Rz. 18 (der in § 140 ZPO – Kammerentscheidung bei Beanstandung der Prozessleitung des Vorsitzenden – eine Sonderregelung sieht). | 8 BLAH/*Hartmann*, § 136 ZPO Rz. 5. | 9 GMPM/*Germelmann*, § 53 ArbGG Rz. 19 f. | 10 GMPM/*Germelmann*, § 53 ArbGG Rz. 19, 21; GK-ArbGG/*Schütz*, § 53 Rz. 21.

54 Güteverfahren

(1) Die mündliche Verhandlung beginnt mit einer Verhandlung vor dem Vorsitzenden zum Zwecke der gütlichen Einigung der Parteien (Güteverhandlung). Der Vorsitzende hat zu diesem Zwecke das gesamte Streitverhältnis mit den Parteien unter freier Würdigung aller Umstände zu erörtern. Zur Aufklärung des Sachverhalts kann er alle Handlungen vornehmen, die sofort erfolgen können. Eidliche Vernehmungen sind jedoch ausgeschlossen. Der Vorsitzende kann die Güteverhandlung mit Zustimmung der Parteien in einem weiteren Termin, der alsbald stattzufinden hat, fortsetzen.

(2) Die Klage kann bis zum Stellen der Anträge ohne Einwilligung des Beklagten zurückgenommen werden. In der Güteverhandlung erklärte gerichtliche Geständnisse nach § 288 der Zivilprozessordnung haben nur dann bindende Wirkung, wenn sie zu Protokoll erklärt worden sind. § 39 Satz 1 und § 282 Abs. 3 Satz 1 der Zivilprozessordnung sind nicht anzuwenden.

(3) Das Ergebnis der Güteverhandlung, insbesondere der Abschluss eines Vergleichs, ist in die Niederschrift aufzunehmen.

(4) Erscheint eine Partei in der Güteverhandlung nicht oder ist die Güteverhandlung erfolglos, schließt sich die weitere Verhandlung unmittelbar an oder es ist, falls der weiteren Verhandlung Hinderungsgründe entgegenstehen, Termin zur streitigen Verhandlung zu bestimmen; diese hat alsbald stattzufinden.

(5) Erscheinen oder verhandeln beide Parteien in der Güteverhandlung nicht, ist das Ruhen des Verfahrens anzuordnen. Auf Antrag einer Partei ist Termin zur streitigen Verhandlung zu bestimmen. Dieser Antrag kann nur innerhalb von sechs Monaten nach der Güteverhandlung gestellt werden. Nach Ablauf der Frist ist § 269 Abs. 3 bis 5 der Zivilprozessordnung entsprechend anzuwenden.

1 I. **Allgemeines.** Die Güteverhandlung ist ein besonderer Verfahrensabschnitt, kein besonderes Verfahren, im arbeitsgerichtlichen Urteilsverfahren 1. Instanz. Sie ist Teil der mündlichen Verhandlung[1]. Sie dient zwei Zwecken. Zum einen soll sie eine gütliche Erledigung des Rechtsstreits fördern (Abs. 1 Satz 1). Insoweit verstärkt sie den Grundsatz aus § 57 Abs. 2. Mit Unterstützung des Vorsitzenden sollen die Parteien das Streitverhältnis unbefangen und ohne Präjudiz für den eventuellen streitigen Prozess erörtern, ihre Meinungsverschiedenheiten offen und ohne Rücksicht auf prozessuale Vorschriften darlegen und in jeder Hinsicht „frei reden können"[2]. Zum anderen zielt die Güteverhandlung für den Fall der Nichterledigung des Rechtsstreits im Gütetermin auf eine Vorbereitung der streitigen Verhandlung.

2 Die Vorschrift des § 54 verdrängt zusammen mit §§ 51 Abs. 1, 57 Abs. 2 als Sonderregelungen die §§ 278, 279 ZPO. Die Güteverhandlung findet nur im erstinstanzlichen Urteilsverfahren und im erstinstanzlichen Beschlussverfahren (§ 80 Abs. 2 Satz 2) statt.

3 Die Vorschrift eröffnet die Möglichkeit, „Rechtspflege als Konfliktmanagement"[3] zu betreiben. Die herkömmliche Verfahrenslehre verengt die Sicht auf den juristischen Streitgegenstand. Arbeitsgerichtliche Rechtspflege ist aber nach dieser Vorschrift nicht nur auf richterliche Streitentscheidung ausgerichtet, sondern lässt eine umfassende Streitbehandlung zu und kann sich so als Dienstleistung in Konfliktbehandlung darstellen. Ins Auge gefasst werden müssen dann nicht nur die rechtlichen Aspekte einer Entscheidung über den arbeitsrechtlichen Konflikt, sondern auch Aspekte, die über das Recht hinausgehen; diese Sicht wird mit dem Begriff „Streitbehandlungsgegenstand" umschrieben. Dieser Streitbehandlungsgegenstand hält den Konflikt für Lösungen offen, welche die Interessen der Beteiligten berücksichtigen, und bedeutet den Abschied von der reinen Streitentscheidungslehre. Er eröffnet das Tor zu einer noch zu entfaltenden Streitbehandlungslehre als einer „erweiterten Verfahrenslehre" und damit zum Konfliktmanagement. Erst diese erweiterte Perspektive lässt das arbeitsgerichtliche Verfahren nicht als bloßen Lieferanten von Rechtsentscheidungen, sondern als einen Modus von Konfliktbehandlungen verstehen[4], für die in dieser Vorschrift ein – verbesserungsbedürftiges, aber ausfüllungsfähiges – Verfahrensdesign angeboten wird.

4 II. **Verfahrensgrundsätze der Güteverhandlung. 1. Mündliche Verhandlung.** Nach Abs. 1 Satz 1 der Vorschrift beginnt die mündliche Verhandlung mit der Güteverhandlung. Die Güteverhandlung stellt sich damit als ein besonderer Verfahrensabschnitt in der einheitlichen Verhandlung vor dem ArbG dar. Während dieses Verfahrensabschnitts gilt das Gebot der Öffentlichkeit nach § 52 Satz 1, jedoch mit der nach § 52 Satz 3 erleichterten Möglichkeit eines Ausschlusses der Öffentlichkeit.

5 2. **Verhandlung vor dem Vorsitzenden.** Die Güteverhandlung findet vor dem Vorsitzenden statt (Abs. 1 Satz 1). Eine Heranziehung der ehrenamtlichen Richter ist für diesen Verfahrensabschnitt nicht zulässig. Auch die passive Teilnahme der ehrenamtlichen Richter an der Güteverhandlung ist unzulässig, rechtfertigt jedoch keine Zurückverweisung nach § 68[5]. Das Recht des Vorsitzenden, ihm zur Ausbildung zugewiesene Referendare an der Güteverhandlung teilnehmen und ggf. die Güteverhandlung (unter Aufsicht des Vorsitzenden) leiten zu lassen, folgt aus § 9 Abs. 2 ArbGG iVm. § 10 Satz 1 GVG.

---

[1] GMPM/*Germelmann*, § 54 ArbGG Rz. 9; GK-ArbGG/*Schütz*, § 54 Rz. 3 u. 5. | [2] LAG München v. 24.1.1989 – 2 Sa 1042/88, NJW 1989, 1502. | [3] *Gottwald*, „Betrifft JUSTIZ" 1996, S. 312, mwN zur Mediationsdebatte. | [4] *Gottwald*, „Betrifft JUSTIZ" 1996, S. 313. | [5] GMPM/*Germelmann*, § 54 ArbGG Rz. 6.

3. Obligatorisches Verfahren. Die Durchführung der Güteverhandlung ist obligatorisch. Weder können die Parteien darauf verzichten[1], noch kann der Vorsitzende von ihrer Durchführung wegen offenkundiger Aussichtslosigkeit absehen. Dies gilt sowohl für Streitigkeiten aus dem Arbeitsvertrag als auch für kollektivrechtliche Auseinandersetzungen zwischen TV-Parteien. Die Parteien können allerdings die Durchführung einer Güteverhandlung vermeiden, wenn sie zum anberaumten Gütetermin nicht erscheinen oder verhandeln, um sodann nach § 54 Abs. 5 Satz 2 Termin zur streitigen Verhandlung zu beantragen. Die Güteverhandlung ist keine Voraussetzung für eine den Rechtsstreit beendende Entscheidung des Gerichts[2].

Auch im Falle des Widerspruchs gegen einen Mahnbescheid ist – nach Eingang einer Anspruchsbegründung oder auf Antrag des Beklagten (§ 46a Abs. 4 Sätze 2 und 3) – zunächst Termin zur Güteverhandlung zu bestimmen[3]. Nach Einspruch gegen einen Vollstreckungsbescheid ist jedoch nach § 46a Abs. 6 ArbGG iVm. § 341a ZPO Termin zur Verhandlung über den Einspruch und die Hauptsache anzuberaumen[4].

Wird der Rechtsstreit von einem anderen ArbG wegen örtlicher Unzuständigkeit verwiesen, so ist eine Güteverhandlung beim Adressatengericht nur dann durchzuführen, wenn das abgebende Gericht noch keine Güteverhandlung durchgeführt hat. Bei Verweisung des Rechtsstreits aus einer anderen Gerichtsbarkeit an ein ArbG wegen unzulässigen Rechtswegs ist die Durchführung der Güteverhandlung obligatorisch, selbst wenn in der anderen Gerichtsbarkeit umfangreiche Verhandlungen durchgeführt wurden. Entsprechendes gilt bei Verweisungen eines Beschluss- in ein Urteilsverfahren[5], sofern bislang kein Gütetermin nach § 80 Abs. 2 Satz 2 durchgeführt wurde.

Kommt es nach erfolgloser Durchführung der Güteverhandlung zu Veränderungen der Streitgegenstände zwischen denselben Parteien (Klageerweiterung, Widerklage), so ist kein weiterer Gütetermin anzuberaumen. Wird jedoch durch das Gericht angeordnet, dass nach der Güteverhandlung erhobene Ansprüche in getrennten Prozessen verhandelt werden (Prozesstrennung nach § 145 ZPO), so ist wegen der später erhobenen und getrennt zu verhandelnden Ansprüche (ggf. jeweils) eine Güteverhandlung durchzuführen[6]. Entsprechend ist bei einer nach der Güteverhandlung eingetretenen subjektiven Klagenhäufung zu verfahren. Die Zwecke der Güteverhandlung erfordern regelmäßig für die später begründeten Prozessrechtsverhältnisse eine – für diese Parteien erstmalige – Durchführung einer Güteverhandlung.

Bei gewillkürtem Parteiwechsel nach der Güteverhandlung soll, weil dieser entsprechend einer Klageänderung zu behandeln sei, keine erneute Güteverhandlung erforderlich sein[7]. Dem kann nur gefolgt werden, wenn der neue Beklagte in die Übernahme des bisherigen Prozessergebnisses einwilligt. Ist dies nicht der Fall, ist für das neu begründete Prozessverhältnis die Durchführung der Güteverhandlung obligatorisch. Insoweit greift nicht die Regelung für den weiteren Gütetermin nach § 54 Abs. 1 Satz 5, weil in dem Prozessverhältnis nach dem gewillkürten Parteiwechsel noch keine Güteverhandlung stattfand.

Kommt es wegen Streits über die Nichtigkeit oder Beseitigung eines Prozessvergleichs zur Fortsetzung des für beendet gehaltenen Rechtsstreits[8], so ist keine weitere Güteverhandlung durchzuführen[9].

Schließlich ist eine Güteverhandlung auch in folgenden Fällen obligatorisch: Vollstreckungsabwehrklage nach § 767 ZPO, Klage auf Zulässigkeit der Vollstreckungsklausel nach § 768 ZPO, Klauselerteilungsklage nach § 731 ZPO, rechtskraftdurchbrechende Klage nach § 826 BGB, Wiederaufnahmeverfahren nach § 79 ArbGG iVm. §§ 578 ff. ZPO[10], nicht jedoch bei Klage auf Feststellung der Unwirksamkeit eines gerichtlichen Vergleichs, da dieses Verfahren durch Fortsetzung des Ursprungsverfahrens durchzuführen ist[11].

Das Gesetz sah in § 111 Abs. 2 Satz 8 aF von dem grundsätzlich obligatorischen Güteverfahren ausdrücklich eine Ausnahme vor, nämlich wenn zur Beilegung von Streitigkeiten zwischen Auszubildenden und Ausbildenden aus einem bestehenden Berufsausbildungsverhältnis ein Schlichtungsverfahren nach § 111 Abs. 2 einzuleiten war. Dies wurde mit Wirkung vom 1.5.2000 dahin geändert, dass nun auch in solchen Streitigkeiten die Durchführung des Gütetermins obligatorisch ist.

Eine Ausnahme gilt für den einstweiligen Rechtsschutz im Urteilsverfahren. Eine obligatorische Güteverhandlung im Verfahren des einstweiligen Rechtsschutzes führte zu Verzögerungen, weil im Regelfall das Scheitern der Güteverhandlung wegen der dann sich ergebenden Notwendigkeit der Heranziehung der ehrenamtlichen Richter zu einer Anberaumung eines weiteren Termins führte. Diese Verzögerung ist mit dem Beschleunigungszweck des Eilverfahrens nicht vereinbar. Hinter dem verfassungsrechtlichen Gebot, einen schnellen gerichtlichen Rechtsschutz zu ermöglichen, müssen daher die beiden

---

1 *Gift/Baur*, Urteilsverfahren, E Rz. 553; aA *van Venrooy*, ZfA 1984,342 ff.; *Wieser*, Rz. 143. |2 GK-ArbGG/*Schütz*, § 54 Rz. 7 f. |3 *Gift/Baur*, Urteilsverfahren, E Rz. 43, 556. |4 *Gift/Baur*, Urteilsverfahren, E Rz. 60, 556. |5 *Gift/Baur*, Urteilsverfahren, E Rz. 557 f. |6 *Gift/Baur*, Urteilsverfahren, E Rz. 560, 562. |7 *Gift/Baur*, Urteilsverfahren, E Rz. 561. |8 BAG v. 5.8.1982 – 2 AZR 199/80, AP Nr. 31 zu § 794 ZPO. |9 *Gift/Baur*, Urteilsverfahren, E Rz. 565 |10 *Gift/Baur*, Urteilsverfahren, E Rz. 563 f., 566. |11 GMPM/*Germelmann*, § 54 ArbGG Rz. 4a; GK-ArbGG/*Schütz*, § 54 Rz. 10.

Ziele der Güteverhandlung, die Parteien schon vor einem aufwendigen Verfahren zu einigen und eine eventuelle streitige Verhandlung vorzubereiten, zurückstehen. Die mündliche Verhandlung im arbeitsgerichtlichen Eilverfahren beginnt deshalb sogleich mit der Verhandlung vor der Kammer[1].

15   **4. Weitere Güteverhandlung.** In einer Reihe von Fällen sind die Prozessparteien aufgrund des Ergebnisses der Güteverhandlung und der dabei erörterten Rechtsfragen bereit, noch einmal über eine gütliche Beilegung des Rechtsstreits nachzudenken. Prozessual kann dem Rechnung getragen werden, wenn dem Vorsitzenden das Recht eingeräumt wird, die Güteverhandlung in einem weiteren Termin fortzusetzen. Die Durchführung eines weiteren „zeitnahen" Termins anstelle einer langfristig terminierten Kammersitzung kann in diesen Fällen zu einer schnelleren Beendigung des Rechtsstreits führen.

16   Daher ist nach § 54 Abs. 1 Satz 5 mit Zustimmung der Parteien eine Vertagung der Güteverhandlung iSv. § 227 Abs. 1 ZPO zulässig, wobei der Vorsitzende bei der Entscheidung über die Vertagung nicht an die Gründe des § 227 Abs. 1 Satz 2 ZPO gebunden ist, sondern hierüber nach pflichtgemäßem Ermessen zu entscheiden hat. Einer Anberaumung eines weiteren Gütetermins nach Abschluss der Güteverhandlung im vorherigen Gütetermin steht Abs. 4 entgegen, wonach bei erfolgloser Güteverhandlung und fehlender Möglichkeit der Durchführung des weiteren Termins ein Termin zur streitigen Verhandlung anzuberaumen ist. Die Regelung in Abs. 1 Satz 5 gehört rechtssystematisch zu Abs. 4, der die Möglichkeiten des Fortgangs des Verfahrens bei erfolgloser Güteverhandlung regelt.

17   Für die Vertagung muss wegen des Beschleunigungsgrundsatzes nach § 9 Abs. 1 und wegen Abs. 4 ein in dem Verfahren liegender dringender sachlicher Grund vorhanden sein. Zu den erheblichen Gründen zählen ua. die unmittelbar bevorstehende Klärung von streitscheidenden Rechts- und Sachfragen (angekündigte höchstrichterliche Entscheidung; bevorstehende Gesundheitsuntersuchung; Abschluss der Verhandlungen über Betriebserwerb) und die direkt im Anschluss an den ersten Gütetermin stattfindenden außergerichtlichen Aufklärungs- und Vergleichsbemühungen der Parteien. Kein dringender sachlicher Grund liegt jedoch vor, wenn die Vertagung vom Vorsitzenden als Druck- und Verzögerungsinstrument eingesetzt wird, um eine vergleichsweise Erledigung des Rechtsstreits nicht nur anzuregen, sondern faktisch zu erzwingen.

18   Die Vertagung ist nur zulässig, wenn der weitere Termin zur Güteverhandlung alsbald stattfindet. Nach der Gesetzesbegründung[2] soll es sich um einen „zeitnahen" Termin handeln. Nach Abs. 4 hat aber auch der Termin zur streitigen Verhandlung alsbald stattzufinden. Trotz des gleichen Gesetzeswortlauts wird bei Bemessung des zulässigen Zeitraums zwischen den Terminen zu unterscheiden sein. Der alsbald stattfindende Güte- und auch der entsprechende Kammertermin müssen unter Berücksichtigung des jeweiligen Terminsstandes bei den Güte- bzw. Kammerterminen der betroffenen Kammer so schnell wie nur möglich durchgeführt werden. Fallen die Zeiträume zwischen Terminsanberaumung und den stattfindenden Terminen bei Güte- und Kammerterminen nicht oder unwesentlich auseinander, wird unter Beachtung des Beschleunigungsgrundsatzes die Vertagung der Güteverhandlung unzulässig sein. Für Bestandsschutzstreitigkeiten wird der alsbald stattfindende Gütetermin nicht die Frist von zwei Wochen nach § 61a Abs. 2 überschreiten dürfen. Der Wortlaut von Abs. 1 Satz 4 („in einem weiteren Termin") lässt zudem nur die einmalige Vertagung der Güteverhandlung zu.

19   Die Vertagung darf nur mit Zustimmung aller Parteien erfolgen. Die Zustimmungserklärungen müssen ausdrücklich und eindeutig in der Güteverhandlung abgegeben werden. Sind Streitgenossen an dem Rechtsstreit beteiligt, ist auch deren Zustimmung erforderlich, nicht jedoch die von Nebenintervenienten[3].

20   **5. Vorbereitung der Güteverhandlung.** Die Vorschrift des § 56 scheidet als Grundlage für die Anordnung vorbereitender Maßnahmen durch den Vorsitzenden aus, weil sie nach Überschrift, Wortlaut und systematischer Stellung lediglich Vorbereitungsmaßnahmen für die streitige Verhandlung deckt[4]. Vorbereitende Maßnahmen für die Güteverhandlung können aber auf § 46 Abs. 2 Satz 1 ArbGG iVm. § 273 ZPO[5] gestützt werden, sofern diese der Zielsetzung der Güteverhandlung dienen und soweit das ArbGG nichts anderes bestimmt (§ 46 Abs. 2 Satz 1). Der Anwendbarkeit von § 273 ZPO steht § 56 nicht entgegen; § 273 ZPO wird im arbeitsgerichtlichen Urteilsverfahren nur im Anwendungsbereich von § 56 und damit allein im Hinblick auf Befugnisse für Anordnungen zur Vorbereitung der streitigen Verhandlung verdrängt[6]. Bereits der Wortlaut von § 273 Abs. 2 ZPO („Vorbereitung jedes Termins") verdeutlicht die Möglichkeit von Vorbereitungshandlungen, die natürlich dem Zweck der Güteverhandlung nicht zuwiderlaufen dürfen[7].

21   § 273 ZPO ist aber nicht umfassend anwendbar. Nach § 273 Abs. 2 Nr. 1 ZPO kann der Vorsitzende zur Vorbereitung jedes Termins den Parteien die Ergänzung oder Erläuterung ihrer vorbereitenden Schriftsätze sowie die Vorlegung von Urkunden und von anderen zur Niederlegung bei Gericht geeig-

---

[1] *Walker*, Der einstweilige Rechtsschutz, Rz. 739; aA *Grunsky*, § 54 ArbGG Rz. 1. | [2] BT-Drs. 14/626, S. 9. | [3] GMPM/*Germelmann*, § 54 ArbGG Rz. 28a. | [4] *Gift/Baur*, Urteilsverfahren, E Rz. 572. | [5] AA die hM, so: GMPM/*Germelmann*, § 54 ArbGG Rz. 13–18; GK-ArbGG/*Schütz*, § 54 Rz. 23. | [6] AA GMPM/*Germelmann*, § 54 ArbGG Rz. 14 (der unter Verkennung von §§ 278 f. ZPO meint, § 273 ZPO gehe auch im Bereich des zivilprozessualen Verfahrens davon aus, dass eine gesonderte Güteverhandlung vor der streitigen Verhandlung nicht vorgesehen sei). | [7] Zöller/*Greger*, § 273 ZPO Rz. 2.

neten Gegenständen aufgeben, insb. eine Frist zur Erklärung über bestimmte klärungsbedürftige Punkte setzen. Diese Vorschrift wird für das arbeitsgerichtliche Verfahren durch § 47 Abs. 2 eingeschränkt, wonach eine Aufforderung an den Beklagten, sich auf die Klage schriftlich zu äußern, in der Regel nicht erfolgt. Anordnungen nach § 273 Abs. 2 Nr. 1 ZPO können sich daher regelmäßig nur an den Kläger richten, um diesen zB zur Substantiierung seiner Klagebegründung, zur Klarstellung seines Sachvortrags oder zur bestimmten Fassung seiner bislang unbestimmten Anträge anzuhalten[1]. Der Regelung in § 273 Abs. 2 Nr. 3 ZPO, welche die Anordnung des persönlichen Erscheinens der Parteien betrifft, geht § 51 Abs. 1 vor. Anordnungen nach § 273 Abs. 2 Nr. 4 ZPO (betreffend die Zeugen- und Sachverständigenladung) kommen nicht in Betracht, weil eine Beweisaufnahme vor dem Vorsitzenden ausscheidet; sie erfolgt nach § 58 vor der Kammer[2]. Zulässig ist jedoch die Einholung amtlicher Auskünfte (§ 273 Abs. 2 Nr. 2 ZPO).

III. Ablauf der Güteverhandlung. 1. Erörterung. Die Güteverhandlung wird vom Vorsitzenden eröffnet (§ 53 Abs. 2 ArbGG, § 136 Abs. 1 ZPO) und beginnt mit dem Aufruf der Sache (§ 220 Abs. 1 ZPO). Liegt noch keine schriftsätzliche Stellungnahme des Beklagten vor, kann der Vorsitzende das Klagevorbringen kurz wiedergeben und sodann den Beklagten zur Klageerwiderung auffordern.

Sodann hat der Vorsitzende mit den Parteien das gesamte Streitverhältnis unter freier Würdigung aller Umstände zu erörtern (Abs. 1 Satz 2). Das Streitverhältnis wird nach überwiegendem Verständnis bestimmt durch den Streitgegenstand der Klage, ergänzt durch die kontradiktorische Position des Beklagten, wobei bereits eingebrachte oder beabsichtigte Angriffs- und Verteidigungsmittel (zB Aufrechnung, Widerklage) einzubeziehen sind[3]. Dieses Verständnis engt den Erörterungsgegenstand jedoch zu weit ein und verstellt ohne Not den Weg für eine an den Zielen der Effizienz, Parteiautonomie und Rechtsverwirklichung[4] orientierte Streitbeilegung. Das in der Vorschrift des Abs. 1 Satz 2 angesprochene Streitverhältnis ist der Gegenstand einer Konfliktmanagement betreibenden Arbeitsrechtspflege; er umfasst Vergangenheit und Zukunft des gestörten Rechtsverhältnisses und dessen Außenwirkungen. Die Erörterung kann daher über den prozessualen Streitgegenstand hinausgehen und sich auf die gesamten Rechtsbeziehungen der Parteien oder einer Partei zu Dritten erstrecken[5], sofern der Konflikt entsprechend angelegt ist. Wesentliches Ziel ist eine selbstbestimmte Regelung zwischen den Parteien, die sich nicht an dem richterlichen Lösungsmuster orientieren muss. Vielmehr erweist sich das gerichtliche Lösungsmodell (Modell des Nullsummenkonflikts statt der Interessenlösung) häufig als konfliktverstärkend.

Oft empfiehlt es sich, dass der Vorsitzende seine Rechtsansicht offen legt und die Erfolgschancen der Rechtsverfolgung und -verteidigung im Instanzenzug vorläufig bewertet. Die Erörterung erfolgt primär zum Zwecke der gütlichen Einigung (vgl. Abs. 1 Satz 1), ohne dass jedoch Druck auf die Parteien ausgeübt und die Sach- und Rechtslage mit Manipulationsabsicht verkürzt, einseitig oder verzeichnet dargestellt wird. Freilich sind die Grenzen zwischen unzulässigem Druck und dem gebotenen Aufzeigen der möglichen Konsequenzen einer streitigen Durchführung des Prozesses nur schwer zu bestimmen[6].

2. Aufklärung des Sachverhalts. Soweit der Sachverhalt aufklärungsbedürftig ist, kann der Vorsitzende alle Handlungen vornehmen, die sofort erfolgen können (Abs. 1 Satz 3). Eidliche Vernehmungen sind jedoch ausgeschlossen (Abs. 1 Satz 4). Diese Regelung widerspricht der sonst vorhandenen Tendenz der Unverbindlichkeit der Güteverhandlung, soweit davon das spätere streitige Verfahren betroffen sein kann. Es können nur solche Handlungen vom Vorsitzenden vorgenommen werden, die die Dispositionsbefugnisse der Parteien im weiteren Verfahren nicht beschränken[7]. In Betracht kommen insoweit zB die Einsichtnahme in Urkunden, die Inaugenscheinnahme von Gegenständen und die informatorische Befragung von Parteien und präsenten Zeugen oder Sachverständigen[8]. Im Einvernehmen mit den Parteien ist auch die informatorische (ausforschende) Befragung von Dritten (zB nicht als Zeuge benannter Sachbearbeiter, Steuerberater des ArbGeb oder eines Sachverständigen) zulässig, die auch mit Zustimmung der Parteien telefonisch durchgeführt werden kann, denn in Abs. 1 Satz 3 ist nur von „Handlungen" die Rede, also nicht allein von den prozessrechtlich zugelassenen Beweismitteln nach §§ 371 ff., 373 ff., 402 ff., 415 ff. und 445 ff. ZPO. Den Ergebnissen solcher Befragungen kommt aber im streitigen Verfahren kein Beweiswert zu, weil die Feststellungen entgegen § 58 Abs. 1 Satz 1 unter Ausschluss der ehrenamtlichen Richter getroffen wurden[9].

3. Antragstellung. Da die Güteverhandlung ein besonderer Verfahrensabschnitt im arbeitsgerichtlichen Urteilsverfahren 1. Instanz und keine in § 137 Abs. 1 ZPO vorausgesetzte streitige Verhandlung ist, wie ua. Abs. 5 Satz 2 deutlich macht, sind in der Güteverhandlung keine Anträge zu stellen[10].

4. Vorbringen von Angriffs- und Verteidigungsmitteln. Angriffs- und Verteidigungsmittel und insb. prozesshindernde Einreden müssen nicht bereits im Gütetermin vorgebracht werden. Im zivilprozessualen

---

1 IE ebenso *Gift/Baur*, Urteilsverfahren, E Rz. 413. | 2 *Gift/Baur*, E Rz. 413. | 3 *van Venrooy*, ZfA 1984, 337, 357 ff.; *Gift/Baur*, E Rz. 605; noch enger GMPM/*Germelmann*, § 54 ArbGG Rz. 20. | 4 *Gottwald*, „Betrifft JUSTIZ" 47 S. 314. | 5 *Grunsky*, § 54 ArbGG Rz. 9. | 6 *Grunsky*, § 54 ArbGG Rz. 10. | 7 GMPM/*Germelmann*, § 54 ArbGG Rz. 22. | 8 GMPM/*Germelmann*, § 54 ArbGG Rz. 23 f. | 9 GK-ArbGG/*Schütz*, § 36–38. | 10 LAG München v. 24.1.1989 – 2 Sa 1042/88, NZA 1989, 863; *Gift/Baur*, E Rz. 594–598; GMPM/*Germelmann*, § 54 ArbGG Rz. 29; GK-ArbGG/*Schütz*, § 54 Rz. 28; aA *Grunsky*, § 54 ArbGG Rz. 4.

Verfahren wird zB die örtliche Zuständigkeit eines Gerichts dadurch begründet, dass der Beklagte, ohne die Unzuständigkeit geltend zu machen, zur Hauptsache mündlich verhandelt. Nach § 46 Abs. 2 ArbGG iVm. § 504 ZPO setzt dies jedoch die richterliche Belehrung über die Unzuständigkeit voraus. Ferner hat im zivilprozessualen Verfahren jede Partei in der mündlichen Verhandlung ihre Angriffs- und Verteidigungsmittel, insb. Behauptungen, Bestreiten, Einwendungen, Einreden, Beweismittel und Beweiseinreden, so zeitig vorzubringen, wie es nach der Prozesslage einer sorgfältigen und auf Förderung des Verfahrens bedachten Prozessführung entspricht (§ 282 Abs. 1 ZPO). Anträge sowie Angriffs- und Verteidigungsmittel, auf die der Gegner voraussichtlich ohne vorhergehende Erkundigungen keine Erklärung abgeben kann, sind vor der mündlichen Verhandlung durch – richterlich angeordneten – vorbereitenden Schriftsatz so zeitig mitzuteilen, dass der Gegner die erforderlichen Erkundigungen noch einzuziehen vermag (§ 282 Abs. 2 ZPO). Schließlich sind Rügen, die die Zulässigkeit der Klage betreffen, vom Beklagten gleichzeitig und vor seiner Verhandlung zur Hauptsache vorzubringen (§ 282 Abs. 3 ZPO; nach § 54 Abs. 2 Satz 3 im Güteverfahren nicht anwendbar). Diese Vorschriften werden der Güteverhandlung als besonderem Verfahrensabschnitt der mündlichen Verhandlung nicht gerecht, weshalb ihre entsprechende Anwendung abzulehnen ist (vgl. auch § 54 Abs. 2 Satz 3). Ihre Anwendung würde die vom Gesetz intendierte Herstellung einer ungezwungenen Situation zur Erörterung der Sach- und Rechtslage in der Güteverhandlung erschweren[1].

28 **IV. Dispositionsmöglichkeiten der Parteien.** Der Ausgang der Güteverhandlung wird von den Parteien bestimmt. Neben der Einigung kommen verschiedene prozessuale Möglichkeiten der Erledigung des Rechtsstreits ohne Urteil in Betracht.

29 **1. Prozessvergleich.** Eine Vielzahl arbeitsgerichtlicher Rechtsstreite wird durch Prozessvergleich iSv. § 794 Abs. 1 Nr. 1 ZPO beendet. Die Rechtsnatur des Prozessvergleichs ist umstritten. Durchgesetzt hat sich die Auffassung von der „Doppelnatur". Danach ist der Prozessvergleich zugleich Prozesshandlung, deren Wirksamkeit sich nach den Grundsätzen des Prozessrechts richtet, wie auch privatrechtlicher Vertrag, der den Regeln des materiellen Rechts unterliegt[2]. Der Prozessvergleich muss zur Beilegung des Rechtsstreits geschlossen werden; er kann sich auf einen quantitativ abgrenzbaren, einem Teilurteil (§ 301 ZPO) zugänglichen Teil des Streitgegenstands beschränken. Zum Wesensmerkmal des Vergleichs gehört, dass ein gegenseitiges Nachgeben der Parteien vorliegt. Das Nachgeben braucht sich nicht auf die Hauptsache zu beziehen; es genügt, dass eine Partei einen Teil der Gerichtskosten übernimmt oder dass keine Regelung in dem Vergleich über die Tragung der Gerichtskosten getroffen wird, so dass sich die Kostentragung nach § 98 ZPO richtet[3].

30 Verbreitet ist der Abschluss eines Widerrufsvergleichs. Dieser wird erst nach Ablauf der ungenutzten Widerrufsfrist bzw. nach Verzicht auf das Widerrufsrecht wirksam. Der Widerruf muss wirksam erklärt werden. Ist im Vergleich festgelegt, dass der Widerruf durch schriftliche Anzeige an das Gericht zu erfolgen hat, kann der Vergleichswiderruf im Zweifel nicht wirksam gegenüber dem Prozessgegner ausgeübt werden[4]. Da es sich bei dem Vergleichswiderruf um einen bestimmenden Schriftsatz iSv. § 129 ZPO handelt, ist die eigenhändige Unterschrift erforderlich. Eine Paraphe genügt nicht[5]. Dem Frist- und Formrisiko kann dadurch begegnet werden, dass statt des Widerrufs die Vergleichsbestätigung gewählt oder die Anwendung der Wiedereinsetzungsvorschriften (§§ 233 ff. ZPO) vereinbart wird[6]. Insbesondere die Vereinbarung der aufschiebenden Bedingung, dass der Vergleich nur wirksam ist, wenn er innerhalb einer bestimmten Frist von einer oder beiden Parteien schriftlich bestätigt wird, vermeidet das Fristenrisiko eines üblichen Widerrufsvergleichs.

31 Ein gerichtlicher Vergleich kann auch dadurch geschlossen werden, dass die Parteien einen schriftlichen Vergleichsvorschlag des Gerichts durch Schriftsatz gegenüber dem Gericht annehmen. Das Gericht stellt dann das Zustandekommen und den Inhalt des Vergleichs durch Beschluss fest (§ 278 Abs. 6 ZPO)[7]. Bei Abänderungswünschen der Parteien kann das Gericht einen diese Wünsche berücksichtigenden neuen Vorschlag unterbreiten[8]. Die Parteien können beim Gericht auch anregen, einen von ihnen außergerichtlich abgeschlossenen Vergleich zum Gegenstand eines gerichtlichen Vergleichsvorschlags zu machen, um so ohne Erscheinen zu einem ansonsten erforderlichen Protokollierungstermin in den Genuss des den Vergleichsinhalts feststellenden Beschlusses nach § 278 Abs. 6 ZPO als Vollstreckungstitel zu kommen.

32 Der Prozessvergleich bedarf der Protokollierung (vgl. § 54 Abs. 2 ArbGG, § 160 Abs. 3 Nr. 1 ZPO) und der Verlesung/des Abspielens der Aufzeichnung und Genehmigung (§ 162 Abs. 1 ZPO).

33 **2. Klagerücknahme.** Der Rechtsstreit kann in der Güteverhandlung auch durch Klagerücknahme mit der Kostenfolge des § 269 Abs. 3 Satz 2 u. 3 ZPO beendet werden. Während nach § 269 Abs. 1 ZPO

---

[1] GMPM/*Germelmann*, § 54 ArbGG Rz. 11 f. | [2] BAG v. 10.11.1977 – 2 AZR 269/77, AP Nr. 24 zu § 794 ZPO; BAG v. 5.8.1982 – 2 AZR 199/80, AP Nr. 31 zu § 794 ZPO. | [3] BAG v. 19.9.1958 – 2 AZR 487/55, AP Nr. 1 zu § 611 BGB - Deputat. | [4] BAG v. 21.2.1991 – 2 AZR 458/90, AP Nr. 41 zu § 794 ZPO. | [5] BAG v. 31.5.1989 – 2 AZR 548/88, AP Nr. 39 zu § 794 ZPO. | [6] Thomas/Putzo, § 794 ZPO Rz. 23. | [7] Zur Anwendbarkeit im arbeitsgerichtlichen Verfahren GMPM/*Germelmann*, § 54 ArbGG Rz. 3a. | [8] GMPM/*Germelmann*, § 54 ArbGG Rz. 3b.

die Klage ohne Einwilligung des Beklagten nur bis zum Beginn der mündlichen Verhandlung des Beklagten zur Hauptsache zurückgenommen werden kann, ordnet Abs. 2 Satz 1 an, dass die Klage bis zum Stellen der Anträge ohne Einwilligung des Beklagten zurückgenommen werden kann. Da in der Güteverhandlung, dem nichtstreitigen besonderen Abschnitt der mündlichen Verhandlung, keine Anträge gestellt werden, kann die Klage bis zur Antragstellung in der streitigen Verhandlung zurückgenommen werden, ohne dass es der gegnerischen Zustimmung bedarf. Die Erklärung der Klagerücknahme ist nach § 160 Abs. 3 Nr. 8 ZPO zu protokollieren und nach § 162 Abs. 1 ZPO zu genehmigen.

Die Klagerücknahme hat den Widerruf des Gesuchs auf Rechtsschutz zum Inhalt. Den mit der Klage geltend gemachten materiell-rechtlichen Anspruch lässt sie unberührt. Die Rücknahme kann den ganzen prozessualen Anspruch oder einen selbständigen Teil davon betreffen. Als Prozesshandlung muss die Rücknahmeerklärung nicht ausdrücklich, aber eindeutig und unzweifelhaft sein und gegenüber dem Prozessgericht erfolgen. Sämtliche prozessualen Wirkungen der Rechtshängigkeit (§§ 261–266 ZPO) entfallen rückwirkend. Über die Kosten entscheidet der Vorsitzende nach § 55 Abs. 1 Nr. 1 in der sich unmittelbar an die Güteverhandlung anschließenden Verhandlung[1]. **34**

3. Verzicht und Anerkenntnis. Der Kläger kann des Weiteren eine prozessuale Verzichtserklärung abgeben. Verzicht ist die Erklärung des Klägers an das Gericht, dass der geltend gemachte prozessuale Anspruch nicht besteht. Er enthält die endgültige Zurücknahme der aufgestellten Rechtsbehauptung, führt deshalb zur sachlichen Klageabweisung[2]. Ein Teilverzicht ist möglich, wenn es sich um einen abtrennbaren Teil eines mehrgliedrigen Streitgegenstandes handelt[3]. Liegt eine prozessuale Verzichtserklärung vor, so ist der Kläger aufgrund des Verzichts mit dem (prozessualen) Anspruch abzuweisen (§ 306 ZPO). Die materielle Rechtskraft des Urteils steht der Neuerhebung des gleichen Anspruchs – anders als bei der bloßen Klagerücknahme – entgegen. **35**

Das prozessuale Gegenstück zum Verzicht des Klägers ist das Anerkenntnis des Beklagten. Das Anerkenntnis ist die Erklärung des Beklagten an das Gericht, dass der vom Kläger geltend gemachte prozessuale Anspruch besteht, die aufgestellte Rechtsbehauptung richtig ist[4]. Der Unterschied zum Geständnis besteht darin, dass dieses dem Gericht die Prüfung der Wahrheit einer Behauptung abnimmt, während sich das Anerkenntnis auf den prozessualen Anspruch bezieht und dem Gericht die rechtliche Prüfung abnimmt. Gegenstand des Anerkenntnisses ist damit der prozessuale Anspruch selbst, mag er auf Leistung, Feststellung oder richterliche Gestaltung gerichtet sein. Auch ein Teilanerkenntnis ist im Hinblick auf einen abtrennbaren Teil eines Streitgegenstands möglich. Liegt ein Anerkenntnis vor, so ist die anerkennende Partei dem Anerkenntnis gemäß zu verurteilen (§ 307 Abs. 1 ZPO). **36**

Ein Verzichts- bzw. ein Anerkenntnisurteil kann nicht im Gütetermin, sondern erst in der sich unmittelbar an den Gütetermin anschließenden weiteren Verhandlung getroffen werden[5]. **37**

4. Übereinstimmende Erledigungserklärungen. Der Rechtsstreit kann von den Parteien des Weiteren dadurch beendet werden, dass sie ihn übereinstimmend in der Hauptsache für erledigt erklären. Für abtrennbare Teile des Streitgegenstands kann eine Teilerledigung erklärt werden. Durch die übereinstimmenden Erledigungserklärungen wird der Prozess in der Hauptsache beendet und bleibt nur noch hinsichtlich der Kosten rechtshängig. Über die Kosten entscheidet das Gericht von Amts wegen (§ 308 Abs. 2 ZPO) nach § 91a Abs. 1 ZPO. Das Gericht muss nicht über die Kosten entscheiden, wenn die Parteien sich darüber vergleichen oder auf eine Kostenentscheidung verzichten[6]. Die Kostenentscheidung kann ohne mündliche Verhandlung durch den Vorsitzenden (§ 53 Abs. 1 Satz 1) oder in der sich unmittelbar an die Güteverhandlung anschließenden weiteren Verhandlung ebenfalls durch den Vorsitzenden ergehen, Letzteres aber nur, wenn die Parteien übereinstimmend eine Entscheidung durch den Vorsitzenden beantragen (§ 55 Abs. 3). **38**

V. Ergebnis der Güteverhandlung. Haben die Parteien von ihren Dispositionsmöglichkeiten Gebrauch gemacht, ist der Rechtsstreit (ggf. zum Teil) beendet. Ist die Güteverhandlung erfolglos, schließt sich nach dem Wortlaut des Abs. 4 die weitere Verhandlung unmittelbar an. Hieran müssten aber die ehrenamtlichen Richter teilnehmen, die aber regelmäßig nicht für den Fall erfolgloser Güteverhandlungen geladen werden. Da der unmittelbaren Durchführung der weiteren Verhandlung wegen der Abwesenheit der ehrenamtlichen Richter Hinderungsgründe entgegenstehen, hat der Vorsitzende Termin zur streitigen Verhandlung zu bestimmen, die alsbald stattfinden soll (vgl. Abs. 4). Mit Zustimmung der Parteien kann der Vorsitzende zudem die Güteverhandlung vertagen. **39**

VI. Säumnis. 1. Säumnis einer Partei. Erscheint eine Partei in der Güteverhandlung nicht, obwohl die Ladungs- und die Einlassungsfrist gewahrt wurden, so schließt sich die weitere Verhandlung unmittelbar an (Abs. 4). In dieser kann die erschienene Partei den Erlass eines Versäumnisurteils beantragen. Für die Entscheidung steht dem Vorsitzenden nach § 55 Abs. 1 Nr. 4 ein Alleinentscheidungsrecht **40**

---

[1] GMPM/*Germelmann*, § 54 ArbGG Rz. 5. | [2] *Thomas/Putzo*, § 306 ZPO Rz. 1. | [3] BAG v. 26.10.1979 – 7 AZR 752/77, AP Nr. 5 zu § 9 KSchG 1969. | [4] *Thomas/Putzo*, § 307 ZPO Rz. 1. | [5] GMPM/*Germelmann*, § 54 ArbGG Rz. 33. | [6] *Thomas/Putzo*, § 91a ZPO Rz. 25.

zu. Wurde die Ladungs- oder die Einlassungsfrist nicht gewahrt, ist erneut Termin zur Güteverhandlung anzuberaumen[1].

41 Erscheint die klagende Partei nicht, so ist auf Antrag der beklagten Partei das Versäumnisurteil dahin zu erlassen, dass die Klage abgewiesen wird (§ 330 ZPO). Erscheint hingegen die beklagte Partei nicht, so ist das tatsächliche mündliche Vorbringen der klagenden Partei als zugestanden anzunehmen, soweit es nicht das Vorbringen zur Zuständigkeit des ArbG nach § 29 Abs. 2 ZPO (Vereinbarung über Erfüllungsort) oder nach § 38 ZPO (Gerichtsstandsvereinbarung) betrifft. Soweit das Vorbringen den Klageantrag rechtfertigt, ist nach § 331 Abs. 2 Halbs. 1 ZPO nach dem Antrag zu erkennen (echtes Versäumnisurteil); soweit dies nicht der Fall ist, ist gem. § 331 Abs. 2 Halbs. 2 ZPO die Klage abzuweisen (unechtes Versäumnisurteil). Eine Entscheidung nach Lage der Akten kommt im Anschluss an die Güteverhandlung nicht in Betracht, weil noch nicht in einem früheren Termin mündlich verhandelt wurde (§§ 331a, 251a Abs. 2 Satz 1 ZPO).

42 **2. Säumnis beider Parteien.** Erscheinen oder verhandeln beide Parteien in der Güteverhandlung nicht, so ist nach Abs. 5 Satz 1 das Ruhen des Verfahrens anzuordnen. Diese Regelung geht dem § 251a Abs. 1 ZPO vor, wonach in einem solchen Fall eine Entscheidung nach Lage der Akten ergehen kann. Auf Antrag einer Partei, der nur innerhalb von sechs Monaten nach der Güteverhandlung gestellt werden kann (Abs. 5 Satz 3), ist Termin zur streitigen Verhandlung zu bestimmen (Abs. 5 Satz 2).

43 Nach Ablauf der Frist von sechs Monaten gilt die Klage als zurückgenommen. Der Rechtsstreit ist dann als nicht anhängig geworden anzusehen. Die klagende Partei ist verpflichtet, die Kosten des Rechtsstreits zu tragen. Auf Antrag der beklagten Partei ist dies durch den Vorsitzenden (§ 55 Abs. 1 Nr. 1) nach Gewährung des rechtlichen Gehörs durch Beschluss auszusprechen. Der Beschluss bedarf keiner mündlichen Verhandlung. Er unterliegt der sofortigen Beschwerde (Abs. 5 Satz 4 iVm. § 269 Abs. 5 ZPO). Die Klage kann aber erneut erhoben werden. In dem nach Ablauf von sechs Monaten gestellten Antrag auf Bestimmung eines neuen Termins kann keine neue Klage gesehen werden[2].

44 Ist das Verfahren aber über die Güteverhandlung hinaus gediehen und kommt es erst dann zur Ruhensanordnung, so kann nach Ablauf von sechs Monaten keine das Verfahren abschließende Kostenentscheidung zu Lasten des Klägers getroffen werden. Die Sondervorschrift des Abs. 5 Satz 4 kommt nur zum Zuge, wenn die Ruhensanordnung im Anschluss an den Gütetermin getroffen worden ist[3].

45 **VII. Verfahren nach ergebnisloser Güteverhandlung.** Ist die Güteverhandlung erfolglos, schließt sich nach Abs. 4 ebenfalls die weitere Verhandlung unmittelbar an. Falls der weiteren Verhandlung Hinderungsgründe entgegenstehen, ist vom Vorsitzenden Termin zur streitigen Verhandlung zu bestimmen, wobei diese alsbald stattzufinden hat.

46 Die streitige Verhandlung kann sich regelmäßig nur dann unmittelbar an die Güteverhandlung anschließen, wenn eine das Verfahren beendende Entscheidung ergehen kann und die Parteien übereinstimmend eine Entscheidung durch den Vorsitzenden beantragen (§ 55 Abs. 3).

47 Im Übrigen ist vom Vorsitzenden Termin zur streitigen Verhandlung zu bestimmen. Die ehrenamtlichen Richter, die an der Güteverhandlung nicht teilnehmen dürfen, sind regelmäßig für die anschließende Verhandlung zu laden, weil sie sich üblicherweise nicht vorsorglich für den Fall ergebnisloser Güteverhandlungen im ArbG aufhalten. Die Unmöglichkeit, die ehrenamtlichen Richter sofort heranziehen zu können, ist ein ausreichender Hinderungsgrund iSv. Abs. 4.

48 Der Termin zur streitigen Verhandlung ist sofort anzusetzen und zu verkünden. Eine Ladung der Parteien ist bei verkündetem Termin nicht erforderlich (§ 218 ZPO). Auch eine unverzügliche Terminsanberaumung nach der Güteverhandlung, regelmäßig verbunden mit einem sorgfältig abzusetzenden Auflagenbeschluss (§ 56 Abs. 1; § 61a Abs. 3 und 4), wird dem Beschleunigungsgrundsatz noch gerecht.

55 *Alleinentscheidung durch den Vorsitzenden*
(1) Der Vorsitzende entscheidet allein

1. bei Zurücknahme der Klage;
2. bei Verzicht auf den geltend gemachten Anspruch;
3. bei Anerkenntnis des geltend gemachten Anspruchs;
4. bei Säumnis einer Partei;
5. bei Säumnis beider Parteien;
6. über die einstweilige Einstellung der Zwangsvollstreckung;
7. über die örtliche Zuständigkeit;

---

1 *GMPM/Germelmann*, § 54 ArbGG Rz. 49; aA *van Venrooy*, ZfA 1984, 337, 378 f. | 2 LAG Frankfurt v. 22.8.1991 – 7 Sa 1427/90. | 3 LAG Hamm v. 21.7.1983 – 8 Ta 135/83, EzA § 54 ArbGG 1979 Nr. 2.

8. über die Aussetzung des Verfahrens;

9. im Fall des § 321a Abs. 4 der Zivilprozessordnung, sofern die Rüge als unzulässig verworfen wird oder sich gegen ein Urteil richtet, das vom Vorsitzenden allein erlassen worden ist.

(2) Der Vorsitzende kann in den Fällen des Absatzes 1 Nr. 1, 3 und 5 bis 8 eine Entscheidung ohne mündliche Verhandlung treffen. Dies gilt mit Zustimmung der Parteien auch in dem Fall des Absatzes 1 Nr. 2.

(3) Der Vorsitzende entscheidet ferner allein, wenn in der Verhandlung, die sich unmittelbar an die Güteverhandlung anschließt, eine das Verfahren beendende Entscheidung ergehen kann und die Parteien übereinstimmend eine Entscheidung durch den Vorsitzenden beantragen; der Antrag ist in die Niederschrift aufzunehmen.

(4) Der Vorsitzende kann vor der streitigen Verhandlung einen Beweisbeschluss erlassen, soweit er anordnet

1. eine Beweisaufnahme durch den ersuchten Richter;
2. eine schriftliche Beantwortung der Beweisfrage nach § 377 Abs. 3 der Zivilprozessordnung;
3. die Einholung amtlicher Auskünfte;
4. eine Parteivernehmung;
5. die Einholung eines schriftlichen Sachverständigengutachtens.

Anordnungen nach den Nummern 1 bis 3 und 5 können vor der streitigen Verhandlung ausgeführt werden.

I. Allgemeines. Die Befugnisse des Vorsitzenden werden insb. in den §§ 53, 55 und 56 geregelt. Während § 53 allein die Befugnisse des Vorsitzenden außerhalb der mündlichen Verhandlung bzw. im Rahmen der Rechtshilfe regelt, wird in § 55 das Alleinentscheidungsrecht des Vorsitzenden auch für Fälle festgelegt, in denen eine mündliche Verhandlung stattfinden muss. In § 56 wiederum sind die Befugnisse des Vorsitzenden zur Vorbereitung der streitigen Verhandlung geregelt. Nach § 64 Abs. 7 finden § 55 Abs. 1, 2 und 4 auch im Berufungsverfahren Anwendung. § 55 findet aber mangels Inbezugnahme weder im Revisionsverfahren (§ 72 Abs. 6) noch im Beschlussverfahren (§ 80 Abs. 2) Anwendung. Die abschließenden Regelungen des § 55 schließen eine Anwendung des § 349 Abs. 2 ZPO (Befugnisse des Vorsitzenden einer Kammer für Handelssachen), des § 358a ZPO (Beweisbeschluss vor mündlicher Verhandlung im amts- und landgerichtlichen Verfahren) und der §§ 526 f. ZPO (Befugnisse des Einzelrichters im Berufungsverfahren bei den ordentlichen Gerichten) aus[1]. In den nicht in § 55 erwähnten Fällen müssen regelmäßig die ehrenamtlichen Richter beteiligt werden. Soweit eine Befugnis des Vorsitzenden zur Alleinentscheidung besteht, ist die Beteiligung der ehrenamtlichen Richter an der Entscheidung unzulässig. Durch § 55 wird der gesetzliche Richter für besondere Fälle bestimmt[2]. Unschädlich ist jedoch die Teilnahme der ehrenamtlichen Richter an der mündlichen Verhandlung.

II. Alleinentscheidung aufgrund gesetzlicher Ermächtigung (Abs. 1). 1. Klagerücknahme (Nr. 1). Die Klagerücknahme ist der Widerruf des Gesuchs um Rechtsschutz in diesem Prozess. Den materiellrechtlichen Anspruch lässt sie unberührt. Die Klagerücknahme kann den ganzen prozessualen Anspruch oder einen selbständigen Teil davon betreffen. Zeitlich ist sie möglich ab Rechtshängigkeit (§ 261 ZPO) ohne Rücksicht auf die Zulässigkeit der Klage. Als Prozesshandlung muss sie nicht ausdrücklich, aber eindeutig und unzweifelhaft sein[3]. Die Rücknahmeerklärung ist in dem zu beendenden Rechtsstreit an das Prozessgericht entweder in der mündlichen Verhandlung oder durch Einreichen eines bestimmenden Schriftsatzes zu richten (§ 269 Abs. 2 Satz 2 ZPO). Die Klagerücknahme ist bindend. Sie kann nicht widerrufen und nicht angefochten, jedoch mit Einverständnis der beklagen Partei rückgängig gemacht werden. Die Einwilligung des Beklagten zur Klagerücknahme ist nötig, sobald die Anträge gestellt wurden (§ 54 Abs. 2 Satz 1). Die Einwilligung als Prozesshandlung unterliegt den gleichen Anforderungen wie die Klagerücknahme. Wird die Klagerücknahme durch Schriftsatz erklärt, ist dieser dem Gegner zuzustellen, wenn seine Einwilligung zur Wirksamkeit der Zurücknahme der Klage erforderlich ist. Widerspricht die beklagte Partei in diesem Fall der Zurücknahme der Klage nicht innerhalb einer Notfrist von zwei Wochen seit der Zustellung des Schriftsatzes, so gilt die Einwilligung als erteilt, wenn die beklagte Partei zuvor auf diese Folge hingewiesen worden ist (§ 269 Abs. 2 Satz 3 u. 4 ZPO). Aufgrund wirksamer Klagerücknahme entfallen rückwirkend sämtliche prozessualen Wirkungen der Rechtshängigkeit (§§ 261 bis 266 ZPO) und materiell-rechtlichen Wirkungen (§ 262 ZPO) nach sachlichem Recht, nicht aber die im Prozess abgegebenen privatrechtlichen Erklärungen, wie zB eine Aufrechnung. Verlangt die Ausschlussfrist gerichtliche Geltendmachung des Anspruchs, so entfällt die fristwahrende Wirkung der Klageerhebung, wenn die Klage zurückgenommen wird. Wird bei einer zweistufigen tariflichen Verfallfrist eine die Verfallfrist wahrende Klage zurückgenommen, so führt eine erneute Klage nach Ablauf der Verfallfrist nicht dazu, dass die Verfallfrist als durch die erste Klage eingehalten gilt[4]. Noch nicht rechtskräftig gewordene Entscheidungen werden ohne Aufhebung wirkungslos

---

1 GMPM/*Germelmann*, § 55 ArbGG Rz. 22. | 2 LAG Berlin v. 14.7.1997 – 9 Sa 52/97, LAGE § 626 BGB Nr. 108; GMPM/*Germelmann*, § 55 ArbGG Rz. 22a; GK-ArbGG/*Schütz*, § 55 Rz. 7; aA ArbG Bamberg v. 29.10.1997 – 1 Ca 675/97, NZA 1998, 904. | 3 BGH v. 22.5.1989 – VII ZR 129/88, MDR 1989, 536. | 4 BAG v. 19.2.2003 – 4 AZR 168/02.

(vgl. § 269 Abs. 3 Satz 1 Halbs. 2 ZPO). Die klagende Partei hat die ganzen Kosten des Rechtsstreits – auch den durch Säumnis der beklagten Partei entstandenen Teil – zu tragen (vgl. § 269 Abs. 3 Satz 2 ZPO), soweit nicht bereits rechtskräftig über sie erkannt oder sie dem Beklagten aus einem anderen Grund aufzuerlegen sind. Ist der Anlass zur Einreichung der Klage vor Rechtshängigkeit weggefallen und wird die Klage daraufhin unverzüglich zurückgenommen, so bestimmt sich die Kostentragungspflicht unter Berücksichtigung des bisherigen Sach- und Streitstandes nach billigem Ermessen (§ 269 Abs. 3 Satz 2 u. 3 ZPO). Wegen des Ausschlusses der Kostenerstattung im erstinstanzlichen Verfahren (§ 12a Abs. 1 Satz 1) betrifft die Kostentragungspflicht allein die bei Gericht entstandenen Kosten. Dabei entfällt die einheitliche Verfahrensgebühr bei einer Klagerücknahme vor streitiger Verhandlung im vollen Umfang (Nr. 9112 des Gebührenverzeichnisses zu § 12 Abs. 1, ab 1.7.2004 Nr. 8210 Abs. 2 KV GKG); bei Klagerücknahme nach streitiger Verhandlung (Nr. 9113 des Gebührenverzeichnisses zu § 12 Abs. 1; ab 1.7.2004 Nr. 8210 KV GKG) ermäßigt sich die Gebühr auf 0,4.

3   Auf Antrag der beklagten Partei sind die Wirkungslosigkeit eines bereits ergangenen Urteils und die Kostentragungspflicht durch Beschluss auszusprechen (§ 269 Abs. 4 ZPO). Der Beschluss bedarf keiner mündlichen Verhandlung (§ 55 Abs. 2 Satz 1); er unterliegt der sofortigen Beschwerde, wenn der Streitwert der Hauptsache 600 Euro übersteigt (§ 269 Abs. 5 ZPO). Ergeht der Beschluss außerhalb der mündlichen Verhandlung, folgt das Alleinentscheidungsrecht des Vorsitzenden aus § 53 Abs. 1; wird der Beschluss innerhalb der mündlichen Verhandlung erlassen, ergibt sich das Alleinentscheidungsrecht aus § 55 Abs. 1 Nr. 1, wobei die Entscheidung in Anwesenheit der ehrenamtlichen Richter getroffen werden kann[1].

4   Wird zwischen den Parteien über die Wirksamkeit einer Klagerücknahme gestritten, besteht kein Alleinentscheidungsrecht des Vorsitzenden. Darüber ist vielmehr von der Kammer unter Beteiligung der ehrenamtlichen Richter unter Fortsetzung des bisherigen Verfahrens zu entscheiden. Bei Annahme einer wirksamen Klagerücknahme ist dies durch Endurteil festzustellen und sodann durch Beschluss über die Kosten nach § 269 Abs. 3 Satz 2 ZPO zu entscheiden. Wird eine wirksame Klagerücknahme verneint, so ist dies entweder im Zusammenhang mit dem Urteil in der Hauptsache oder durch Zwischenurteil nach § 303 ZPO zu entscheiden[2].

5   Das Alleinentscheidungsrecht nach Abs. 1 Nr. 1 besteht nicht für den Fall beiderseitiger Erklärung des Rechtsstreits in der Hauptsache für erledigt. Durch diese Prozesserklärungen wird der Rechtsstreit in der Hauptsache beendet, während er hinsichtlich der Kostentragungspflicht rechtshängig bleibt. Wegen des Ausschlusses der Kostenerstattung im erstinstanzlichen Verfahren (§ 12a Abs. 1 Satz 1) betrifft die Kostentragungspflicht – wie bei der Klagerücknahme – allein die bei Gericht entstandenen Kosten. Die Kostenentscheidung kann ohne mündliche Verhandlung und in dem Fall nach § 53 Abs. 1 durch den Vorsitzenden ergehen. Im Falle der mündlichen Verhandlung entscheidet die Kammer über die Kosten (Ausnahme: § 55 Abs. 3).

6   **2. Verzicht (Nr. 2).** Verzicht (§ 306 ZPO) ist die Erklärung der klagenden Partei an das Gericht, dass der geltend gemachte prozessuale Anspruch nicht besteht. Er enthält die endgültige Zurücknahme der aufgestellten Rechtsbehauptung und führt deshalb auf Antrag zur sachlichen Klageabweisung. Die Verzichtserklärung muss nicht ausdrücklich, aber als Prozesshandlung eindeutig und bedingungslos sein. Aus § 55 Abs. 2 Satz 2 folgt mittelbar, dass in Abweichung von § 306 ZPO der Verzicht auch außerhalb der mündlichen Verhandlung erklärt werden kann[3]. Der Verzicht muss nicht den gesamten Klageanspruch erfassen; es genügt, wenn auf einen abtrennbaren Teil eines Anspruchs verzichtet wird[4]. Bei Teilverzicht muss wegen der dem § 301 Abs. 2 ZPO vorgehenden Regelung in § 306 ZPO ein Verzichts-Teilurteil ergehen[5].

7   Allein die Verzichtserklärung beseitigt nicht die Rechtshängigkeit des prozessualen Anspruchs[6], sie berechtigt die beklagte Partei jedoch zum Antrag auf Erlass eines Verzichtsurteils. Nach Abs. 1 Nr. 2 kann dieses durch den Vorsitzenden erlassen werden. Hierfür bedarf es grundsätzlich einer mündlichen Verhandlung. Mit Zustimmung der Parteien kann nach Abs. 2 Satz 2 ohne mündliche Verhandlung entschieden werden.

8   **3. Anerkenntnis (Nr. 3).** Anerkenntnis nach § 307 ZPO ist die Erklärung der beklagten Partei an das Gericht, dass der von der klagenden Partei geltend gemachte prozessuale Anspruch besteht. Gegenstand des Anerkenntnisses ist der prozessuale Anspruch selbst, mag er auf Leistung, Feststellung oder Gestaltung gerichtet sein. Die Erklärung muss als Prozesshandlung nicht ausdrücklich, aber eindeutig und bedingungslos sein. Aus § 55 Abs. 2 Satz 1 kann mittelbar entnommen werden, dass abweichend von § 307 Abs. 1 ZPO das Anerkenntnis auch außerhalb der mündlichen Verhandlung erklärt werden kann[7]. Verwahrung gegen die Kosten schadet nicht. Teilanerkenntnis ist wie Teilverzicht möglich.

---

1 GMPM/*Germelmann*, § 55 ArbGG Rz. 7. |2 GMPM/*Germelmann*, § 55 ArbGG Rz. 6. |3 GK-ArbGG/*Schütz*, § 55 Rz. 15; aA GMPM/*Germelmann*, § 55 ArbGG Rz. 10. |4 BAG v. 26.10.1979 – 7 AZR 752/77, AP Nr. 5 zu § 9 KSchG 1969. |5 GMPM/*Germelmann*, § 55 ArbGG Rz. 12. |6 BLAH/*Hartmann*, § 306 ZPO Rz. 3. |7 GK-ArbGG/*Schütz*, § 55 Rz. 15; aA GMPM/*Germelmann*, § 55 ArbGG Rz. 14.

Auf die Anerkenntniserklärung hin ist dem Anerkenntnis gemäß zu verurteilen, ohne dass es eines Antrags auf Erlass eines Anerkenntnisurteils bedarf. Dieses kann nach Abs. 1 Nr. 3 der Vorsitzende erlassen, wozu es nach Abs. 2 Satz 1 keiner mündlichen Verhandlung bedarf. 9

4. Säumnis einer Partei (Nr. 4). Säumnis einer Partei liegt vor, wenn sie nach Aufruf der Sache nicht erscheint (§ 330 ZPO) oder nicht verhandelt (§ 333 ZPO). Sie muss jedoch ordnungsgemäß, insb. rechtzeitig geladen sein (§ 335 Abs. 1 Nr. 2 ZPO). Ihr muss tatsächliches mündliches Vorbringen oder ein Antrag rechtzeitig mittels Schriftsatzes mitgeteilt worden sein (§ 335 Abs. 1 Nr. 3 ZPO) und das Gericht darf nicht dafür halten, dass die Partei ohne ihr Verschulden am Erscheinen verhindert ist (Vertagung von Amts wegen nach § 337 ZPO). 10

Im Fall der Säumnis einer Partei folgt für den Vorsitzenden aus Abs. 1 Nr. 4 ein Alleinentscheidungsrecht für alle Entscheidungen, die auf die Säumnis zurückzuführen sind. Der Vorsitzende ist berechtigt zum Erlass eines echten Versäumnisurteils (§ 330 ZPO), eines sog. unechten Versäumnisurteils (§ 331 Abs. 2 ZPO), zur Entscheidung nach Lage der Akten (§ 331a ZPO), zur Entscheidung über die Zurückweisung des Antrags auf Erlass des Versäumnisurteils nach § 335 ZPO oder zur Vertagung nach § 337 ZPO sowie zum Erlass des zweiten Versäumnisurteils nach § 345 ZPO[1]. Alle diese Entscheidungen bedürfen der mündlichen Verhandlung (vgl. Abs. 2 Satz 1). Wird nicht in der gesetzlichen Form und Frist Einspruch gegen das Versäumnisurteil eingelegt (§§ 338–340 ZPO), kann die Verwerfungsentscheidung nach § 341 Abs. 1 Satz 2 ZPO ohne oder auf Grund mündlicher Verhandlung durch – in jedem Fall zu verkündendes – Urteil des Vorsitzenden ergehen (§ 341 Abs. 2 ZPO iVm. § 55 Abs. 1 Nr. 4). In Anlehnung an die hM[2] zu § 349 ZPO ist die Entscheidung über die Zulässigkeit des Einspruchs als Entscheidung „bei Säumnis" anzusehen[3]. Eine Anwendung von § 53 ArbGG auf Urteile scheidet nach dem Wortlaut der Norm aus[4]. Die Zulässigkeit des Rechtsmittels folgt den allgemeinen Vorschriften. 11

5. Säumnis beider Parteien (Nr. 5). Bei Säumnis beider Parteien in der streitigen Verhandlung steht dem Vorsitzenden nach Abs. 1 Nr. 5 ein Alleinentscheidungsrecht zu. Dies umfasst die Kompetenz zur 12

- Entscheidung nach Lage der Akten (§ 251a Abs. 1 ZPO), selbst im ersten Kammertermin nach dem Gütetermin[5],
- Vertagung nach §§ 251a Abs. 3 ZPO iVm. § 227 ZPO[6] oder
- Anordnung des Rubens des Verfahrens nach § 251a Abs. 3 ZPO[7].

Die Entscheidungen können vom Vorsitzenden auch ohne mündliche Verhandlung getroffen werden (vgl. Abs. 2 Satz 1). Für die Güteverhandlung gilt für den Fall der Säumnis beider Parteien § 54 Abs. 5. 13

6. Einstweilige Einstellung der Zwangsvollstreckung. Wird ohne mündliche Verhandlung über den Antrag auf einstweilige Einstellung der Zwangsvollstreckung (§ 62 Abs. 1 Satz 2 ArbGG, §§ 707 Abs. 1, 719, 769 ZPO) entschieden (vgl. Abs. 2 Satz 1), folgt die Befugnis des Vorsitzenden zur Alleinentscheidung aus § 53 Abs. 1. In Fällen der Entscheidung aufgrund mündlicher Verhandlung ergibt sich das Alleinentscheidungsrecht aus Abs. 1 Nr. 6, wobei zur Verhandlung keine ehrenamtlichen Richter hinzugezogen werden müssen[8]. 14

7. Örtliche Zuständigkeit. Das Alleinentscheidungsrecht des Vorsitzenden über die örtliche Zuständigkeit nach § 48 Abs. 1 ArbGG iVm. §§ 17–17b GVG folgt aus Nr. 7. Nach der Gesetzesbegründung[9] handele es sich um eine wenig bedeutsame Verfahrensentscheidung, die nach der bisherigen Rechtslage die Kammersitzung unnötig belastet habe. Auf die Sachkunde der ehrenamtlichen Richter komme es bei dieser Entscheidung nicht an. 15

8. Aussetzung des Verfahrens. a) Allgemeines. Das Alleinentscheidungsrecht des Vorsitzenden über die Aussetzung des Verfahrens beruht auf Nr. 8. Der Vorsitzende kann die Aussetzung des Verfahrens anordnen, wenn die Entscheidung des Rechtsstreits ganz oder zum Teil von dem Bestehen oder Nichtbestehen eines Rechtsverhältnisses abhängt, das den Gegenstand eines anderen anhängigen Rechtsstreits bildet oder von einer Verwaltungsbehörde festzustellen ist (§ 148 ZPO) oder sich im Laufe eines Rechtsstreits der Verdacht einer Straftat ergibt, deren Ermittlung auf die Entscheidung von Einfluss ist (§ 149 ZPO). Auch eine Teilaussetzung kommt in Betracht[10]. Für eine Aussetzung allein wegen Zustimmung der Parteien fehlt die Rechtsgrundlage[11]; in der Sache geht es um die Anordnung des Ruhens des Verfahrens nach § 251 ZPO. 16

Das Verfahren muss vom Vorsitzenden ausgesetzt werden, wenn in Fällen des Todes, des Verlustes der Prozessfähigkeit, des Wegfalls des gesetzlichen Vertreters, der Anordnung einer Nachlassverwal- 17

---

1 GMPM/*Germelmann*, § 55 ArbGG Rz. 17; GK-ArbGG/*Schütz*, § 55 Rz. 17. | 2 Zöller/*Greger*, § 349 ZPO Rz. 9; BLAH/*Hartmann*, § 349 Rz. 11. | 3 *Griebeling*, NZA 2002, 1073; GK-ArbGG/*Schütz*, § 59 Rz. 75 („erwägenswert", jedoch für Entscheidung der Kammer). | 4 AA GMPM/*Germelmann*, § 59 ArbGG Rz. 40. | 5 LAG Frankfurt v. 31.10.2000 – 9 Sa 2072/99, MDR 2001, 517; GMPM/*Germelmann*, § 55 ArbGG Rz. 18. | 6 GMPM/*Germelmann*, § 55 ArbGG Rz. 18. | 7 GMPM/*Germelmann*, § 55 ArbGG Rz. 19. | 8 GMPM/*Germelmann*, § 55 ArbGG Rz. 20. | 9 BT-Drs. 14/626, S. 9. | 10 LAG Frankfurt v. 17.1.2000 – 9 Ta 32/00, juris. | 11 AA LAG Frankfurt v. 17.1.2000 – 9 Ta 32/00, juris.

tung oder des Eintritts der Nacherbfolge eine Vertretung durch einen Prozessbevollmächtigten stattfand (auf Antrag; § 246 ZPO).

18 **b) Aussetzung bei Vorabentscheidungsverfahren.** Keine reine prozessleitende Maßnahme liegt vor, wenn die Verfassungswidrigkeit von Gesetzen (Art. 100 Abs. 1 GG) oder europarechtliche Fragen (Vorabentscheidungsverfahren nach Art. 234 Abs. 1 u. 2 EGV) vorab zu klären sind. Insoweit ist von der Zuständigkeit der Kammer für die Vorlageentscheidung auszugehen. Es handelt sich insoweit keineswegs um eine wenig bedeutsame Verfahrensentscheidung, die die Kammersitzung unnötig belastet und für die es auf die Sachkunde der ehrenamtlichen Richter bei dieser Entscheidung nicht ankommt[1]. Die infolge Einleitung des Vorabentscheidungsverfahrens gebotene Aussetzungsentscheidung hat dann der Vorsitzende zu erlassen.

19 **c) Aussetzung bei Vorgreiflichkeit.** Die Aussetzung des Verfahrens nach §§ 148 f. ZPO ist eine prozessleitende Maßnahme, die – bei Vorliegen der Voraussetzungen für die Aussetzung – im pflichtgemäßen Ermessen des Gerichts steht und nicht der Prozessverschleppung Vorschub leisten darf[2]. Grundsätzlich ist dem Beschleunigungsgrundsatz (§§ 9 Abs. 1 Satz 1, 61a ArbGG) gegenüber der Aussetzungsmöglichkeit nach § 148 ZPO der Vorrang einzuräumen, wenn nicht gewichtige Gründe die Aussetzung gebieten[3]. Sie muss erkennen lassen, dass das ArbG die Vor- und Nachteile gegeneinander abgewogen hat[4]. Kann das ArbG, das mit verschiedenen Prozessen derselben Partei befasst ist, der Gefahr divergierender Entscheidungen in den Instanzen durch eine Verfahrensverbindung begegnen, so muss der Verfahrensverbindung regelmäßig gegenüber der Aussetzung der Vorzug gegeben werden[5]. Dies gilt auch, wenn mehrere Rechtsstreite um verschiedene Kündigungen rechtshängig sind[6]. Es ist nicht zulässig, von mehreren Parallelprozessen nur einen durchzuführen und die anderen auszusetzen. Treffen die Parteien eine Musterprozessvereinbarung, kommt die Anordnung des Ruhens des Verfahrens nach § 251 ZPO in Betracht.

20 In der arbeitsgerichtlichen Praxis ist die Aussetzung nach § 148 ZPO wegen einer anderen Entscheidung von besonderer Bedeutung. Die Entscheidung in dem anderen Rechtsstreit oder Verwaltungsverfahren muss vorgreiflich sein für die Entscheidung, die in dem auszusetzenden Verfahren ergehen soll. Dies ist nur der Fall, wenn in dem anderen Verfahren über ein Rechtsverhältnis entschieden wird, dessen Bestehen für den vorliegenden Rechtsstreit präjudizielle Bedeutung hat. Das Rechtsverhältnis muss den Gegenstand des anderen Verfahrens bilden, darf dort nicht nur Vorfrage sein[7]. Eine Aussetzung wegen Vorgreiflichkeit darf erst dann erfolgen, wenn feststeht, dass der anstehende Rechtsstreit nicht aus anderen Gründen zu einer Entscheidung gebracht werden kann; es reicht nicht aus, wenn der anstehende Rechtsstreit möglicherweise von dem Ausgang des anderen Rechtsstreits abhängt[8]. Insoweit hat der Vorsitzende auch die Vorfrage der Vorgreiflichkeit zu entscheiden.

21 Wird ein Entgeltprozess über kündigungsabhängige Entgeltansprüche gesondert geführt, so braucht das ArbG im Allgemeinen weder die Rechtskraft des gegenüber dem ArbN ergangenen Bestandsschutzurteils noch das Ergebnis des Berufungsverfahrens abzuwarten. Für eine Aussetzung des Rechtsstreits über die kündigungsabhängigen Entgeltansprüche ist regelmäßig kein Raum[9]. Eine Aussetzung des Verfahrens über einen Beschäftigungsanspruch bis zum rechtskräftigen Abschluss eines anhängigen Rechtsstreits über die Wirksamkeit der Kündigung ist nicht zwingend[10], sondern kommt nur in engen Grenzen in Betracht[11]. Ist ein Sozialplan wegen Wegfalls der Geschäftsgrundlage durch die Betriebsparteien anzupassen, ist ein Rechtsstreit über die Sozialplanabfindung in entsprechender Anwendung von § 148 ZPO auszusetzen[12]. Wird jedoch in einem Beschlussverfahren nach § 76 Abs. 5 Satz 4 BetrVG die Unwirksamkeit eines Sozialplans geltend gemacht, so führt das nicht zu einer Regelaussetzung[13].

---

1 So die Begründung zum Alleinentscheidungsrecht, BT-Drs. 14/626, S. 9; ebenso GMPM/*Germelmann*, § 55 ArbGG Rz. 21 f.; GK-ArbGG/*Schütz*, § 55 Rz. 26. | 2 GMPM/*Germelmann*, § 55 ArbGG Rz. 21g. | 3 BAG v. 26.9.1991 – 2 AZR 132/91, AP Nr. 28 zu § 1 KSchG 1969 – Krankheit; LAG Schl.-Holst. v. 25.9.1998 – 6 Ta 137/98, AP Nr. 5 zu § 148 ZPO; LAG München v. 22.2.1989 – 7 Ta 25/89, LAGE § 148 ZPO Nr. 20. | 4 LAG Düsseldorf v. 16.2.1989 – 7 Ta 56/89 LAGE § 148 ZPO Nr. 21. | 5 LAG Hamm v. 20.10.1983 – 8 Ta 291/83, LAGE § 148 ZPO Nr. 13; LAG Schl.-Holst. v. 25.9.1998 – 6 Ta 137/98, AP Nr. 5 zu § 148 ZPO; LAG Frankfurt v. 20.10.1995 – 16 Ta 414/95, juris; LAG Sa.-Anh. v. 22.9.1995 – 2 Ta 140/95, LAGE § 148 ZPO Nr. 29. | 6 LAG Schl.-Holst. v. 25.9.1998 – 6 Ta 137/98, AP Nr. 5 zu § 148 ZPO; LAG Frankfurt v. 13.8.1999 – 5 Ta 512/99, LAGE § 148 ZPO Nr. 36; v. 11.8.1999 – 5 Ta 513/99, LAGE § 148 ZPO Nr. 35; aA LAG Frankfurt v. 17.1.2000 – 9 Ta 32/00, juris (dass von dem Grundsatz der Aussetzung der Verhandlung über zeitlich später wirkende Kündigungen ausgeht). | 7 Zöller/*Greger*, § 148 ZPO Rz. 5. | 8 LAG Düsseldorf v. 11.3.1992 – 7 Ta 58/92, LAGE § 148 ZPO Nr. 25; GK-ArbGG/*Schütz*, § 55 Rz. 25. | 9 LAG Frankfurt v. 3.7.2002 – 10 Ta 213/02, BB 2002, 2075–2076; LAG Thür. v. 27.6.2001 – 6/9 Ta 160/00, juris; LAG Hamm v. 18.4.1985 – 8 Ta 96/85, LAGE § 148 ZPO Nr. 4; LAG Köln v. 21.11.1985 – 5 Ta 208/85, NZA 1986, 140–140; v. 17.12.1985 – 9 Ta 230/85, NZA 1986, 404; LAG Nürnberg v. 9.7.1986 – 3 Ta 8/86, NZA 1987, 211; LAG Düsseldorf v. 23.12.1982 – 7 Ta 299/82, EzA § 148 ZPO Nr. 13; LAG Köln v. 14.12.1992 – 11 Ta 234/92, LAGE § 148 ZPO Nr. 26; v. 24.11.1997 – 4 Ta 343/97, LAGE § 148 ZPO Nr. 32; aA LAG Berlin v. 2.12.1993 – 9 Ta 24/93, LAGE § 148 ZPO Nr. 28. | 10 BAG v. 27.2.1985 – GS 1/84, AP Nr. 14 zu § 611 BGB – Beschäftigungspflicht. | 11 LAG Köln v. 17.5.1991 – 5 Ta 107/91, LAGE § 148 ZPO Nr. 23. | 12 BAG v. 28.8.1996 – 10 AZR 886/95, AP Nr. 104 zu § 112 BetrVG 1972. | 13 LAG Berlin v. 22.11.1983 – 3 Ta 11/83, juris.

Solange die „Zweigleisigkeit" des Rechtsweges bei der Kündigung von schwerbehinderten oder diesen gleichgestellten behinderten Menschen besteht, muss immer mit divergierenden Entscheidungen der ArbG und der VerwG gerechnet werden. Das bedingt nach Auffassung des Sechsten Senats des BAG die Notwendigkeit der Aussetzung eines Kündigungsschutzprozesses, wenn die erteilte Zustimmung des Integrationsamtes angefochten wird[1], während es nach dem Zweiten Senat im Ermessen des Gerichts steht, ob es den von einem schwerbehinderten oder diesem gleichgestellten behinderten Menschen anhängig gemachten Kündigungsschutzprozess nach § 148 ZPO aussetzt, solange über die Anfechtung der Zustimmung des Integrationsamtes zu der Kündigung noch nicht rechtskräftig entschieden ist, wenn es die Kündigung für sozial gerechtfertigt hält[2]. Hat der ArbN im Kündigungsschutzprozess geltend gemacht, ein von ihm anhängig gemachtes Verfahren zur Feststellung der Schwerbehinderteneigenschaft sei noch nicht abgeschlossen, so kann eine Aussetzung erst in Betracht kommen, wenn zu überblicken ist, dass es entscheidend auf den Schwerbehindertenschutz ankommt[3].

§ 148 ZPO ist über seinen Wortlaut hinaus auf vergleichbare Fallgestaltungen entsprechend anwendbar, zB bei demnächst zu erwartender Klärung von Rechtsfragen durch das BAG, die für andere bei unteren Instanzengerichten anhängige Verfahren allein streitentscheidend sind[4].

d) Aussetzung bei Verdacht einer Straftat. Eine Aussetzung nach § 149 ZPO kommt nur in Betracht, wenn das aussetzende Gericht selbst davon überzeugt ist, dass sich ein Prozessbeteiligter dem Verdacht einer strafbaren Handlung ausgesetzt hat[5]. Liegt dem Strafverfahren und dem Verfahren vor dem ArbG nahezu derselbe Sachverhalt zugrunde, findet eine Aussetzung nicht statt[6]. Beschränkt sich der ArbGeb allerdings im Rechtsstreit über eine außerordentliche Verdachtskündigung gegenüber einem Angestellten darauf, den Inhalt des Haftbefehls als Tatsachengrundlage des kündigungsbegründenden Verdachts vorzutragen und dies ergänzend in das „Zeugnis" des ermittlungsführenden Staatsanwalts zu stellen, so ist eine Aussetzung des arbeitsgerichtlichen Verfahrens nicht ermessensfehlerhaft, sondern sogar angezeigt[7].

Aus Gründen der Prozessökonomie kann es ausnahmsweise zulässig sein, wenn es bei der Entscheidung auf die Gültigkeit eines Gesetzes ankommt, gegen das verfassungsrechtliche Bedenken bestehen, nicht nach Art. 100 GG zu verfahren, sondern den Rechtsstreit in entsprechender Anwendung des § 148 ZPO bis zur Entscheidung des BVerfG in einem bereits anhängigen Verfahren des BVerfG nach Art. 100 GG über die Gültigkeit der anzuwendenden Vorschrift auszusetzen[8].

e) Verfahren. Vor der Aussetzung des Verfahrens ist den Parteien Gelegenheit zur Stellungnahme zu geben, wozu die Gelegenheit zur schriftsätzlichen Stellungnahme ausreicht[9]. Die Aussetzungsentscheidung erfolgt durch Beschluss, der zu begründen ist (§ 329 ZPO). Gegen den Aussetzungsbeschluss oder die Zurückweisung des Aussetzungsantrags des ArbG ist die sofortige Beschwerde (§ 252 ZPO iVm. § 78) gegeben. Entscheidet das LAG, ist gegen den Beschluss des LAG nur dann die Rechtsbeschwerde gegeben, wenn sie von dem LAG nach § 78 Satz 2 zugelassen wurde[10].

9. Rüge der Verletzung rechtlichen Gehörs. Nach § 321a Abs. 1 ZPO ist auf Rüge der durch ein Urteil beschwerten Partei der Prozess vor dem Gericht des ersten Rechtszugs fortzuführen, wenn eine Berufung nicht zulässig ist und das Gericht des ersten Rechtszugs den Anspruch auf rechtliches Gehör in entscheidungserheblicher Weise verletzt hat. Die Rüge ist durch Einreichung eines Schriftsatzes (Rügeschrift) zu erheben. Die Rügeschrift muss enthalten die Bezeichnung des Prozesses, dessen Fortführung begehrt wird und die Darlegung der Verletzung des Anspruchs auf rechtliches Gehör und der Entscheidungserheblichkeit der Verletzung (§ 321a Abs. 2 Satz 1 ZPO). Die Rügeschrift ist innerhalb einer Notfrist von zwei Wochen bei dem Gericht des ersten Rechtszugs einzureichen (§ 321a Abs. 2 Satz 2 ZPO). Das Gericht hat von Amts wegen zu prüfen, ob die Rüge an sich statthaft und ob sie in der gesetzlichen Form und Frist erhoben ist (§ 321a Abs. 4 Satz 1 ZPO). Mangelt es an einem dieser Erfordernisse, so ist die Rüge als unzulässig zu verwerfen (§ 321a Abs. 4 Satz 2 ZPO). Diese Entscheidung ist nach § 55 Abs. 1 Nr. 9 vom Vorsitzenden allein zu treffen, wie auch die Entscheidung über die Begründetheit, wenn das Urteil vom Vorsitzenden allein erlassen wurde. Ist die Rüge eines von der Kammer erlassenen Urteils unbegründet, trifft auch die Kammer die Entscheidung über die Rüge[11]. Bei einer

---

1 BAG v. 25.11.1980 – 6 AZR 210/80, AP Nr. 7 zu § 12 SchwbG. | 2 BAG v. 26.9.1991 – 2 AZR 132/91, AP Nr. 28 zu § 1 KSchG 1969 – Krankheit; LAG Köln v. 3.2.1997 – 5 Ta 30/97, LAGE § 148 ZPO Nr. 31; LAG Berlin v. 25.7.1996 – 10 Sa 46/96, juris; LAG Frankfurt v. 11.2.1994 – 3 Ta 465/93, juris; v. 12.11.1993 – 15 Ta 346/93, BB 1994, 944; LAG Köln v. 17.3.1992 – 10 Ta 4/92, LAGE § 148 ZPO Nr. 24; LAG Frankfurt v. 15.3.1990 – 2 Ta 41/90, LAGE § 15 SchwbG 1986 Nr. 2. | 3 LAG Hamm v. 10.2.1983 – 8 Ta 363/82, ArbuR 1983, 187–187; LAG Berlin v. 24.6.1991 – 9 Sa 20/91, LAGE § 1 KSchG – Personenbedingte Kündigung Nr. 8; LAG Köln v. 21.6.1996 – 11 Sa 260/96, juris (betr. Gleichstellungsantrag); v. 19.12.1995 – 13 Sa 928/95, LAGE § 1 KSchG – Krankheit Nr. 22 (betr. Gleichstellungsantrag). | 4 BAG v. 12.3.1996 – 3 AZR 993/94, AP Nr. 1 zu § 24 TV Arb – Bundespost; LAG Sa.-Anh. v. 11.12.1997 – 4 (8) Ta 288/97, juris. | 5 LAG Frankfurt v. 8.3.1988 – 13 Ta 66/88, juris. | 6 LAG Berlin v. 12.10.1981 – 9 Ta 3/81, AP Nr. 1 zu § 149 ZPO 1977. | 7 LAG Frankfurt v. 26.2.1991 – 12 Ta 154/91, DB 1992, 48. | 8 BAG v. 28.1.1988 – 2 AZR 296/87, AP Nr. 24 zu § 622 BGB; LAG Düsseldorf v. 21.4.1994 – 7 Ta 71/94, juris. | 9 GMPM/*Germelmann*, § 55 ArbGG Rz. 21h. | 10 GMPM/*Germelmann*, § 55 ArbGG Rz. 21i. | 11 GMPM/*Germelmann*, § 55 ArbGG Rz. 21m.

28 **III. Alleinentscheidung auf Antrag beider Parteien (Abs. 3).** Die Parteien können nach Abs. 3 durch übereinstimmenden Antrag eine Entscheidung des Vorsitzenden allein herbeiführen, wenn in der Verhandlung, die sich unmittelbar an die Güteverhandlung anschließt, eine das Verfahren beendende Entscheidung ergehen kann[2]. Im Gütetermin darf keine Vertagung erforderlich sein. Eine der Alleinentscheidungsbefugnis entgegenstehende Unterbrechung soll bereits vorliegen, wenn zwischen der Güteverhandlung und der streitigen Verhandlung eine andere Sache verhandelt wird[3]. Dies erscheint zu formalistisch. In der Praxis werden nicht selten während der Gütesitzung Verhandlungen unterbrochen, andere Sachen vorgezogen, außerhalb des Sitzungssaals geführte Vergleichsgespräche oder telefonische Anfragen abgewartet. Auch die Parteien können nach gescheiterter Güteverhandlung ein Interesse haben, kurzfristig zu klären, ob eine Alleinentscheidung anzustreben ist. Der Vorschrift ist genüge getan, wenn die streitige Verhandlung sich in dem Sinne unmittelbar an den Gütetermin anschließt, als sie noch am Sitzungstag vor Anberaumung eines Kammertermins erfolgt[4].

29 In der Verhandlung muss eine das Verfahren beendende Entscheidung ergehen können. Ist eine Beweisaufnahme erforderlich, kommt eine Alleinentscheidung in Betracht, wenn jene aufgrund präsenter Beweismittel sofort durchgeführt werden kann. Dies wird der Sitzungsplan häufig aus Zeitgründen nicht zulassen. Bei Vertagung fehlt bzw. entfällt eine Voraussetzung für die Alleinentscheidungsbefugnis. Eine durchgeführte Beweisaufnahme ist in diesem Fall – entsprechend der Situation bei einer Vertagung der Verhandlung vor der Kammer – nicht zu wiederholen[5]. Des Weiteren wirken sämtliche Prozesshandlungen der Parteien, die in der streitigen Verhandlung vorgenommen wurden (zB Geständnisse, Klageänderungen, Antragstellungen) im weiteren Verfahren fort[6].

30 Die Befugnis des Vorsitzenden zur Alleinentscheidung besteht nur, wenn sämtliche am Rechtsstreit beteiligten Parteien bzw. Streitgenossen[7] übereinstimmend eine Entscheidung durch den Vorsitzenden beantragen. Der Antrag ist in das Protokoll aufzunehmen. Die Antragstellung erfolgt durch unwiderrufliche Prozesshandlungen und kann auf abtrennbare, teilurteilsfähige Teile des prozessualen Anspruchs beschränkt werden. Der Antrag ist für den Vorsitzenden bindend. Er allein ist gesetzlicher Richter[8].

31 Als verfahrensbeendende Entscheidungen kommen in Betracht: (Teil-)Urteil, Entscheidung nach § 5 KSchG über den Antrag auf nachträgliche Zulassung einer Kündigungsschutzklage[9], Entscheidung nach § 17 Satz 2 TzBfG (iVm. § 5 KSchG) über den Antrag auf nachträgliche Zulassung einer Befristungskontrollklage oder ein Verweisungsbeschluss.

32 **IV. Folgen unzulässiger Alleinentscheidung.** Entscheidet der Vorsitzende des ArbG trotz fehlender Befugnis zur Alleinentscheidung, liegt die Entscheidung eines nicht ordnungsgemäß besetzten Gerichts vor. Ist die Berufung statthaft, rechtfertigt der Fehler des Vorsitzenden nicht die Zurückverweisung (§ 68). Ist gegen die Entscheidung kein Rechtsmittel gegeben, besteht die Möglichkeit der Nichtigkeitsklage nach § 579 Abs. 1 Nr. 1 ZPO[10]. Entsprechendes gilt für die Entscheidung des Vorsitzenden des LAG. Bei statthafter, weil zugelassener Revision, liegt der absolute Revisionsgrund des § 547 Nr. 1 ZPO vor[11]. Ansonsten bleibt der Weg über die Nichtigkeitsklage.

33 **V. Beweisbeschluss vor streitiger Verhandlung (Abs. 4).** Unter Verdrängung von § 358a ZPO regelt Abs. 4 Satz 1 für das arbeitsgerichtliche Verfahren abschließend die Möglichkeit des Erlasses eines Beweisbeschlusses vor der streitigen Verhandlung durch den Vorsitzenden[12].

34 Der Vorsitzende kann nach Nr. 2 eine Beweisaufnahme durch den ersuchten Richter (§ 362 ZPO) anordnen, jedoch nach Maßgabe der Anordnungsmöglichkeiten nach § 55 Abs. 4 Nr. 2–5. Deshalb kann die Augenscheineinnahme durch den ersuchten Richter nicht vor der streitigen Verhandlung angeordnet werden[13], jedoch in der mündlichen Verhandlung durch die Kammer[14]. Die Beweisaufnahme erfolgt dann durch ein anderes Gericht im Wege der Rechtshilfe (§ 13). Insoweit kommen in Betracht die Anordnungen

- der Aufnahme des Zeugenbeweises nach § 375 Abs. 1 ZPO, wenn von vornherein anzunehmen ist, dass das Prozessgericht das Beweisergebnis auch ohne unmittelbaren Eindruck von dem Verlauf der Beweisaufnahme sachgemäß zu würdigen vermag, und (1.) wenn zur Ermittlung der Wahrheit die Vernehmung des Zeugen an Ort und Stelle dienlich erscheint oder nach gesetzlicher Vorschrift der Zeuge nicht an der Gerichtsstelle, sondern an einem anderen Ort zu vernehmen ist; (2.) wenn

---

1 GMPM/*Germelmann*, § 55 ArbGG Rz. 21o. | 2 Zu verfassungsrechtlichen Bedenken wegen Einfluss der Parteien auf Besetzung der Richterbank vgl. GMPM/*Germelmann*, § 55 ArbGG Rz. 27. | 3 GMPM/*Germelmann*, § 55 ArbGG Rz. 28. | 4 Ähnlich GK-ArbGG/*Schütz*, § 55 Rz. 33. | 5 GMPM/*Germelmann*, § 55 ArbGG Rz. 29; GK-ArbGG/*Schütz*, § 55 Rz. 36. | 6 GMPM/*Germelmann*, § 55 ArbGG Rz. 29. | 7 GMPM/*Germelmann*, § 55 ArbGG Rz. 30. | 8 Im Einzelnen GK-ArbGG/*Schütz*, § 55 Rz. 34. | 9 LAG Frankfurt v. 27.3.1987 – 13 Ta 74/87, LAGE § 55 ArbGG 1979 Nr. 2. | 10 GMPM/*Germelmann*, § 55 ArbGG Rz. 39. | 11 GMPM/*Germelmann*, § 55 ArbGG Rz. 40. | 12 GK-ArbGG/*Schütz*, § 55 Rz. 38; aA GMPM/*Germelmann*, § 55 ArbGG Rz. 35. | 13 GMPM/*Germelmann*, § 55 ArbGG Rz. 35; GK-ArbGG/*Schütz*, § 55 Rz. 39. | 14 GMPM/*Germelmann*, § 55 ArbGG Rz. 35.

Vorbereitung der streitigen Verhandlung § 56 ArbGG

der Zeuge verhindert ist, vor dem Prozessgericht zu erscheinen; (3.) wenn dem Zeugen das Erscheinen vor dem Prozessgericht wegen großer Entfernung unter Berücksichtigung der Bedeutung seiner Aussage nicht zugemutet werden kann;

- der Urkundsvorlegung nach § 434 ZPO, wenn eine Urkunde bei der mündlichen Verhandlung wegen erheblicher Hindernisse nicht vorgelegt werden kann oder wenn es bedenklich erscheint, sie wegen ihrer Wichtigkeit und der Besorgnis ihres Verlustes oder ihrer Beschädigung vorzulegen;
- der Ausführung der Parteivernehmung nach § 451 ZPO iVm. § 375 ZPO.

Nach Nr. 2 kann der Vorsitzende eine schriftliche Beantwortung der Beweisfrage nach § 377 Abs. 3 ZPO anordnen, wenn er dies im Hinblick auf den Inhalt der Beweisfrage und die Person des Zeugen für ausreichend erachtet. Der Zeuge ist darauf hinzuweisen, dass er zur Vernehmung geladen werden kann, wobei der Vorsitzende oder aufgrund mündlicher Verhandlung die Kammer die Ladung des Zeugen anordnet, wenn dies zur weiteren Klärung der Beweisfrage für notwendig erachtet wird (§ 377 Abs. 3 Satz 3 ZPO). Der Zeuge ist schriftlich zur Wahrheit zu ermahnen (§ 395 Abs. 1 ZPO) und über das Recht zur Zeugnisverweigerung aus persönlichen Gründen zu belehren (§ 383 Abs. 2 ZPO). Eine eidesstattliche Versicherung ist nicht vorgesehen[1]. 35

Des Weiteren kann der Vorsitzende nach Nr. 3 die Einholung amtlicher Auskünfte anordnen. Die Anordnung darf nur Beweiszwecken, nicht der Sachverhaltsermittlung dienen[2]. 36

Ferner kann der Vorsitzende nach Nr. 4 die Parteivernehmung anordnen, sofern die Voraussetzungen der §§ 445 ff. ZPO vorliegen. Einem Antrag auf Vernehmung des Beweisgegners kann der Vorsitzende nach § 445 Abs. 1 ZPO nachkommen, wenn eine Partei den ihr obliegenden Beweis mit anderen Beweismitteln nicht vollständig geführt oder andere Beweismittel nicht vorgebracht hat. Der Antrag ist nicht zu berücksichtigen, wenn er Tatsachen betrifft, deren Gegenteil das Gericht für erwiesen erachtet (§ 445 Abs. 2 ZPO). Der Vorsitzende kann auch die Vernehmung der beweispflichtigen Partei anordnen, wenn eine Partei es beantragt und die andere damit einverstanden ist. Ohne Antrag einer Partei und ohne Rücksicht auf die Beweislast kann das Gericht die Vernehmung einer Partei oder beider Parteien anordnen, wenn das Ergebnis der bisherigen Verhandlungen und einer etwaigen Beweisaufnahme nicht ausreicht, um seine Überzeugung von der Wahrheit oder Unwahrheit einer zu erweisenden Tatsache zu begründen. Dies kommt nur zur Vorbereitung eines ggf. erforderlichen weiteren Kammertermins in Betracht. 37

Schließlich kann der Vorsitzende nach Nr. 5 die Einholung eines schriftlichen Sachverständigengutachtens anordnen, um die Erledigung des Rechtsstreits in möglichst einem Kammertermin zu ermöglichen[3]. 38

Der Inhalt des Beweisbeschlusses richtet sich nach § 359 ZPO. Der Beweisbeschluss enthält die Bezeichnung der streitigen Tatsachen, über die der Beweis zu erheben ist (Nr. 1), die Bezeichnung der Beweismittel unter Benennung der zu vernehmenden Zeugen und/oder der zu vernehmenden Partei oder des Sachverständigen (Nr. 2) und die Bezeichnung der Partei, die sich auf das Beweismittel berufen hat (Nr. 3). 39

Bis auf die Parteivernehmung (Abs. 4 Satz 1 Nr. 4) können die Beweisbeschlüsse vor der streitigen Verhandlung auch ausgeführt werden (Abs. 4 Satz 2). 40

56 Vorbereitung der streitigen Verhandlung

(1) Der Vorsitzende hat die streitige Verhandlung so vorzubereiten, dass sie möglichst in einem Termin zu Ende geführt werden kann. Zu diesem Zweck soll er, soweit es sachdienlich erscheint, insbesondere

1. den Parteien die Ergänzung oder Erläuterung ihrer vorbereitenden Schriftsätze sowie die Vorlegung von Urkunden und von anderen zur Niederlegung bei Gericht geeigneten Gegenständen aufgeben, insbesondere eine Frist zur Erklärung über bestimmte klärungsbedürftige Punkte setzen;
2. Behörden oder Träger eines öffentlichen Amtes um Mitteilung von Urkunden oder um Erteilung amtlicher Auskünfte ersuchen;
3. das persönliche Erscheinen der Parteien anordnen;
4. Zeugen, auf die sich eine Partei bezogen hat, und Sachverständige zur mündlichen Verhandlung laden sowie eine Anordnung nach § 378 der Zivilprozessordnung treffen.

Von diesen Maßnahmen sind die Parteien zu benachrichtigen.

(2) Angriffs- und Verteidigungsmittel, die erst nach Ablauf einer nach Absatz 1 Satz 2 Nr. 1 gesetzten Frist vorgebracht werden, sind nur zuzulassen, wenn nach der freien Überzeugung des Gerichts ihre

---

1 GMPM/*Germelmann*, § 55 ArbGG Rz. 36b. |2 GMPM/*Germelmann*, § 55 ArbGG Rz. 36c. |3 BT-Drs. 14/626, S. 9.

ArbGG § 56 Rz. 1   Vorbereitung der streitigen Verhandlung

Zulassung die Erledigung des Rechtsstreits nicht verzögern würde oder wenn die Partei die Verspätung genügend entschuldigt. Die Parteien sind über die Folgen der Versäumung der nach Absatz 1 Satz 2 Nr. 1 gesetzten Frist zu belehren.

I. Allgemeines 1	f) Verzögerung des Rechtsstreits 54
II. Vorbereitung der streitigen Verhandlung (Abs. 1) 2	aa) Verzögerungsrelevanter Vortrag . . . 54
1. Pflicht zur Vorbereitung 3	bb) Kausalität 56
2. Vorbereitungsmaßnahmen 9	cc) Verzögerungsbegriff 58
a) Hinweis auf Darlegungslücken und Aufklärungsdefizite (Nr. 1 Alt. 1) 10	dd) Keine Mitursächlichkeit des Gerichts für Verzögerung 64
b) Anforderung von Urkunden und sonstigen Gegenständen (Nr. 1 Alt. 2) 15	g) Rechtliches Gehör wegen Vorwurfs der Verspätung 66
c) Anforderung amtlicher Auskünfte und Urkunden (Nr. 2) 28	h) Unzureichende Entschuldigung oder Glaubhaftmachung 67
d) Anordnung des persönlichen Erscheinens (Nr. 3) 30	i) Zurückweisungsentscheidung 70
e) Ladung von Zeugen und Sachverständigen (Nr. 4) 31	j) Folgen der Präklusion verspäteten Vorbringens 71
f) Sonstige Maßnahmen 35	k) Sonderfall: Eilverfahren 74
g) Benachrichtigung der Parteien 37	3. Zurückweisung nach § 296 Abs. 1 ZPO . . . 75
III. Zurückverweisung verspäteten Vorbringens . . . 38	4. Zurückweisung nach §§ 296 Abs. 2, 282 Abs. 1 ZPO 76
1. Allgemeines 38	a) Prozessförderungspflicht in mündlicher Verhandlung 77
2. Zurückweisung nach Abs. 2 40	b) Voraussetzungen für Präklusion 79
a) Konkrete gerichtliche Aufklärungsauflage . 42	5. Zurückweisung nach §§ 296 Abs. 2, 282 Abs. 2 ZPO 80
b) Angemessene Frist zum Vortrag der Angriffs- oder Verteidigungsmittel 43	a) Anordnung vorbereitender Schriftsätze . . 81
c) Form und Zustellung der Auflagen- und Fristsetzungsverfügung 45	b) Verspätete Mitteilung von Angriffs- und Verteidigungsmitteln 82
d) Belehrung über Folgen bei Fristversäumung 47	c) Voraussetzungen für die Präklusion . . . 83
e) Verspäteter Vortrag von Angriffs- oder Verteidigungsmitteln 51	6. Verhinderung der Zurückweisung 84
	a) Flucht in die Säumnis 84
	b) Flucht in die Berufungsinstanz 88

1 **I. Allgemeines.** Die Vorschrift des § 55 bringt den Beschleunigungs- und Konzentrationsgrundsatz zur Geltung, wie er auch in §§ 9 Abs. 1 Satz 1, 57 Abs. 1 Satz 1 und 61a Abs. 1 zum Ausdruck kommt[1]. Entsprechend ist sie im Berufungsverfahren (§ 64 Abs. 7 Satz 1), mangels Inbezugnahme aber nicht im Revisionsverfahren anwendbar. Im Beschlussverfahren gilt § 83 Abs. 1a.

2 **II. Vorbereitung der streitigen Verhandlung (Abs. 1).** Abs. 1 betrifft, wie der Wortlaut eindeutig ausweist, nur die Vorbereitung der streitigen Verhandlung, nicht die des Gütetermins[2]. Aufgrund einer Auflage nach Abs. 1 Nr. 1, die vor der Güteverhandlung erteilt worden ist, darf daher der Parteienvortrag, der „erst" in der Güteverhandlung erfolgt, nicht ausgeschlossen werden, weil damit die durch § 54 Abs. 1 Satz 2 zwingend vorgeschriebene Verpflichtung, das „gesamte Streitverhältnis" mit den Parteien zu erörtern, unterlaufen würde[3].

3 **1. Pflicht zur Vorbereitung.** In Abs. 1 Satz 1 wird dem Vorsitzenden die Pflicht auferlegt, die streitige Verhandlung so vorzubereiten, dass sie möglichst in einem Termin zu Ende geführt werden kann. Dadurch wird die Konzentrations- und Beschleunigungspflicht des Zivilgerichts nach § 273 Abs. 1 Satz 1 ZPO konkretisiert. Dem Vorsitzenden steht kein Ermessensspielraum zu, ob er sachlich gebotene Maßnahmen nach Abs. 1 anordnet. Er hat vielmehr alle Handlungen vorzunehmen, die im Interesse der Erledigung des Rechtsstreits im ersten streitigen Termin erforderlich sind. Ein Beurteilungsspielraum wird dem Vorsitzenden insoweit zugesprochen, als er prüfen muss, ob und welche Maßnahmen notwendig sind, um das Ziel der möglichst frühzeitigen Beendigung des Rechtsstreits zu erreichen[4].

4 Eilanordnungen werden jedoch vom Vorsitzenden nicht erwartet. Dem Gericht werden nur solche Vorbereitungsmaßnahmen zugemutet, die im normalen Geschäftsgang noch ausführbar sind[5].

5 Der Vorsitzende ist auch nicht gehalten, jede denkbare Maßnahme vorsorglich anzuordnen. Er ist nicht verpflichtet, jeden schriftlich angebotenen Beweis vor der streitigen Verhandlung vorzubereiten oder gar nach § 55 Abs. 4 zu erheben.

6 Die Vorbereitung einer Beweiserhebung kommt idR nur dann in Betracht, wenn durch einzelne Beweismittel bestimmte Streitpunkte in der Verhandlung geklärt werden können; ihr Zweck ist nicht, eine umfangreiche, nicht überschaubare Beweisaufnahme in der ersten Verhandlung zu ermöglichen. Daher wird eine Pflicht zur Vorbereitung der Beweiserhebung abgelehnt bei beiderseits umfangreichen Beweisantritten, bei Zweifeln über Fragen der Beweislast, bei erst kurz vor dem – zeitlich ausgebuchten

---

[1] GMPM/*Germelmann*, § 56 ArbGG Rz. 2.   [2] GMPM/*Germelmann*, § 56 ArbGG Rz. 5; aA *Grunsky*, § 56 ArbGG Rz. 1.   [3] LAG Nds. v. 12.12.1989 – 6 Sa 357/89, LAGE § 56 ArbGG 1979 Nr. 2.   [4] GMPM/*Germelmann*, § 56 ArbGG Rz. 6.   [5] BGH v. 30.5.1984 – VIII ZR 20/83, MDR 1984, 837.

– Termin angebotenen Beweisen sowie bei erkennbarer Unmöglichkeit, alle notwendigen Beweise bereits im ersten Termin zu erheben. Von der vorsorglichen Ladung von Zeugen und Sachverständigen kann Abstand genommen werden, wenn noch nicht absehbar ist, welche Tatsachen streitig bleiben. Entsprechendes gilt, wenn erst ein komplizierter Streitstoff in der mündlichen Verhandlung geklärt werden soll bzw. wenn möglicherweise eine solche Beweisaufnahme überflüssig werden könnte[1].

Generell wird die Sachdienlichkeit von kostenverursachenden Maßnahmen, wozu insb. die Zeugenladung gehört, zu verneinen sein, sofern es nicht unwahrscheinlich ist, dass sich die Maßnahmen als überflüssig erweisen[2]. Die Praxis in den Tatsacheninstanzen zeigt, dass nur in einem Bruchteil aller Rechtsstreite eine Beweisaufnahme stattzufinden braucht. Häufig ist der Rechtsstreit aus rechtlichen Gründen ohne Beweisaufnahme entscheidbar oder er wird aufgrund gütlicher Einigung (§ 57 Abs. 2) erledigt. Zeugenladungen auf Vorrat verzögern wegen der damit verbundenen Notwendigkeit, jeweils ausreichend Verhandlungszeit zu reservieren und entsprechend weniger Rechtsstreite am Terminstag anzusetzen, die Beschleunigung aller rechtshängigen Rechtsstreite. 7

Die Verletzung der gerichtlichen Konzentrations- und Beschleunigungspflicht ist prozessrechtlich sanktionslos. Überzogen und durch das Gesetz nicht gedeckt ist der Hinweis von Dörner, die Verfahrensweise eines Vorsitzenden, der die Akte zwischen Güte- und Verhandlungstermin nur mit der Verfügung „zur Frist" oder „zT." fülle, ohne die Erfüllung der den Parteien unter Fristsetzung erteilten Auflagen zu kontrollieren, sei „unverzeihlich" und „der Dienstaufsicht durchaus zugänglich"[3]. In Abs. 1 Satz 2 ist die richterliche Pflicht zur Setzung von Fristen normiert, nicht jedoch eine solche zur Erinnerung der mit ordnungsgemäßer Belehrung über die Folgen der Fristversäumung ermahnten Parteien an die abgelaufene Frist. 8

2. Vorbereitungsmaßnahmen. Welche Maßnahmen der Vorsitzende anordnet, ist von der jeweiligen Prozesslage, insb. von dem bereits erfolgten schriftlichen Vorbringen der Parteien und dem Ergebnis der Erörterung des gesamten Streitverhältnisses mit den Parteien im Gütetermin abhängig. Die Aufzählung möglicher Maßnahmen in Abs. 1 Satz 2 ist dabei nicht abschließend. 9

a) Hinweis auf Darlegungslücken und Aufklärungsdefizite (Nr. 1 Alt. 1). Das Gericht hat nach § 139 ZPO das Sach- und Streitverhältnis, soweit erforderlich, mit den Parteien nach der tatsächlichen und rechtlichen Seite zu erörtern und Fragen zu stellen. Es hat dahin zu wirken, dass die Parteien sich rechtzeitig und vollständig über alle erheblichen Tatsachen erklären, insb. ungenügende Angaben zu den geltend gemachten Tatsachen ergänzen, die Beweismittel bezeichnen und die sachdienlichen Anträge stellen. Auf einen Gesichtspunkt, den eine Partei erkennbar übersehen oder für unerheblich gehalten hat, darf das Gericht, soweit nicht nur eine Nebenforderung betroffen ist, seine Entscheidung nur stützen, wenn es darauf hingewiesen und Gelegenheit zur Äußerung dazu gegeben hat. Dasselbe gilt für einen Gesichtspunkt, den das Gericht anders beurteilt als die Parteien. Das Gericht hat auf die Bedenken aufmerksam zu machen, die hinsichtlich der von Amts wegen zu berücksichtigenden Punkte bestehen. Hinweise sind so früh wie möglich zu erteilen und aktenkundig zu machen. Ihre Erteilung kann nur durch den Inhalt der Akten bewiesen werden. 10

Das Gericht muss daher auf die Beseitigung von Sachverhaltslücken sowie auf Substantiierung ungenügender Angaben dringen und seine Schlüssigkeits- und Erheblichkeitsbedenken umfassend offenbaren. Aufklärungsdefiziten muss das Gericht entgegenwirken, indem es die Parteien bereits bei der Terminsvorbereitung zu einer Benennung der Beweismittel und Präzisierung der Beweisthemen anhält. Sobald die Darlegungs- und Aufklärungsdefizite dem Gericht bekannt werden, begründen sie im Zeitraum zwischen dem Gütetermin und den streitigen Verhandlungen die Pflicht des Vorsitzenden zu entsprechenden Hinweisen und Belehrungen, ohne das jedoch eine Amtsvermittlung betrieben oder parteilich vorgegangen werden darf. Die gerichtliche Hinweispflicht erfährt keine Einschränkung bei Vertretung der Parteien durch Rechtsanwälte oder Verbandsvertreter[4]. § 139 ZPO und § 56 Abs. 1 Nr. 1 ArbGG differenzieren nicht hinsichtlich der Prozessförderung zwischen persönlicher Parteibeteiligung und anwaltlicher bzw. verbandlicher Prozessvertretung. 11

Das Gericht darf sich nicht auf den rechtlichen Hinweis beschränken, sondern es muss der betroffenen Partei hinreichend Gelegenheit geben, die ggf. erforderlichen Tatsachen vorzutragen oder Beweise anzubieten[5]. 12

Die lapidare Aufforderung, zum Vortrag des Gegners Stellung zu nehmen, ist keine Maßnahme nach § 56 Abs. 1 Nr. 1. Im Gegensatz zu § 56 Abs. 1 Nr. 1 wird damit nicht die Ergänzung oder Erläuterung von vorbereitenden Schriftsätzen oder die Erklärung über bestimmte klärungsbedürftige Punkte angeordnet, sondern nur die Pflicht der Parteien zur schriftsätzlichen Vorbereitung des streitigen Termins begründet (§§ 129 Abs. 2, 282 Abs. 2 ZPO). Für eine Auflage nach § 56 Abs. 1 Nr. 1 ist unverzicht- 13

---

1 BGH v. 27.2.1980 – VIII ZR 54/79, MDR 1980, 574; v. 13.2.1980 – VIII ZR 61/79, MDR 1980, 487. | 2 *Gift/Baur*, Urteilsverfahren, E Rz. 715; aA GK-ArbGG/*Dörner*, § 56 Rz. 6, 13. | 3 GK-ArbGG/*Dörner*; § 56 Rz. 6. | 4 BGH v. 25.5.1977 – IV ZR 15/76, MDR 1977, 919; *Schilken*, Rz. 359. | 5 BGH v. 18.2.1992 – XI ZR 134/91, MDR 1992, 470.

bar, dass die klärungsbedürftigen Punkte genau bezeichnet werden[1]. Eine allgemein gehaltene Auflage mit Fristsetzung und Belehrung nach § 56 Abs. 2 Satz 2 genügt jedoch, wenn die einzelnen klärungsbedürftigen Punkte vorher im Rahmen der Erörterung der Sach- und Rechtslage genau bezeichnet und in der Niederschrift festgehalten worden sind[2].

14 Die vom Vorsitzenden zu machenden Hinweise sind aktenkundig zu machen (§ 139 Abs. 4 ZPO). Ist einer Partei eine sofortige Erklärung zu einem gerichtlichen Hinweis nicht möglich, so soll auf Antrag das Gericht eine Frist bestimmen, in der sie die Erklärung in einem Schriftsatz nachbringen kann (§ 139 Abs. 5 ZPO).

15 **b) Anforderung von Urkunden und sonstigen Gegenständen (Nr. 1 Alt. 2).** Der Vorsitzenden kann den Parteien oder auch Dritten die Vorlegung von in ihren Händen befindlichen Urkunden und sonstigen Unterlagen aufgeben. Nach § 142 Abs. 1 ZPO setzt eine solche Anordnung voraus, dass eine Partei sich auf diese Urkunden oder Unterlagen bezogen hat. Das Gericht kann hierfür eine Frist setzen sowie anordnen, dass die vorgelegten Unterlagen während einer von ihm zu bestimmenden Zeit auf der Geschäftsstelle verbleiben. Dritte sind zur Vorlegung nicht verpflichtet, soweit ihnen diese nicht zumutbar ist oder sie zur Zeugnisverweigerung nach §§ 383–385 ZPO berechtigt sind (§ 142 Abs. 2 ZPO).

16 Das Gericht kann zudem nach § 142 Abs. 3 ZPO anordnen, dass von in fremder Sprache abgefassten Urkunden eine Übersetzung beigebracht werde, die ein nach den Richtlinien der Landesjustizverwaltung hierzu ermächtigter Übersetzer angefertigt hat. Diese Anordnung kann aber nicht gegenüber Dritten ergehen (§ 142 Abs. 3 Satz 2 ZPO). Eine solche Anordnung ist regelmäßig nicht sachgerecht, wenn dadurch erhebliche Kosten entstehen und die Notwendigkeit der Übersetzung noch nicht feststeht. Vorgeschlagen wird insoweit, bei hinreichender Wahrscheinlichkeit der Entscheidungserheblichkeit zunächst die Vorlage einer privatschriftlichen Übersetzung aufzugeben, damit der Vorsitzende – eigene Fremdsprachenkenntnisse vorausgesetzt – beurteilen kann, ob weitere Anordnungen überhaupt erforderlich sind. Unter Umständen erübrigt sich die Anfertigung durch einen amtlichen Übersetzer auch deshalb, weil die Parteien nach Vorlage der privatschriftlichen Übersetzung den Inhalt der fremdsprachlichen Urkunde unstreitig stellen[3].

17 Des Weiteren kann das Gericht nach § 144 Abs. 1 ZPO zum Zwecke der Augenscheinseinnahme oder Sachverständigenbegutachtung einer Partei oder auch einem Dritten die Vorlegung eines in ihrem oder seinem Besitz befindlichen Gegenstands aufgeben und hierfür eine Frist setzen. Es kann auch die Duldung einer Augenscheinseinnahme aufgegeben, sofern nicht eine Wohnung betroffen ist (§ 144 Abs. 1 ZPO). Dritte sind zur Vorlegung oder Duldung nicht verpflichtet, soweit ihnen diese nicht zumutbar ist oder sie zur Zeugnisverweigerung nach §§ 383–385 ZPO berechtigt sind (§ 142 Abs. 2 ZPO).

18 Die Vorschrift des § 142 ZPO ist trotz der unterlassenen redaktionellen Anpassung (vgl. § 273 Abs. 1 ZPO) von § 56 Abs. 1 auch im arbeitsgerichtlichen Verfahren anwendbar, wie bereits die Formulierung „insbesondere" zeigt[4]. Wegen der Gefahr der Ausforschung des Gegners und des Eingriffs in Rechte Dritter ist jedoch sorgsam zu prüfen, ob eine gerichtliche Anordnung nach § 56 Abs. 1 iVm. §§ 142, 144 ZPO erfolgen soll. Es besteht nämlich die Gefahr, dass nach § 56 Abs. 1 Nr. 1 beigezogene Geschäftsunterlagen seitens der beweispflichtigen Partei zum Zwecke eines unzulässigen Ausforschungsbeweises verwendet werden, was dann der Fall ist, wenn unsubstantiiert die Vorlage von Geschäftsunterlagen verlangt wird mit dem Ziel, erst aus den Unterlagen Stoff für weiteres substantiiertes Vorbringen oder Beweismittel zu erhalten[5].

19 Als **Voraussetzungen für eine Vorlagepflicht von Urkunden** durch Dritte werden genannt[6]:

- Berufung einer Partei auf die Urkunde,
- Schlüssiger Vortrag dieser Partei,
- Genaue Bezeichnung der Urkunde,
- Angabe, was sich aus der Urkunde ergeben soll,
- Vorlage dient der Klärung einer streitigen Tatsache,
- Kein Zeugnisverweigerungsrecht des Dritten,
- Keine Unzumutbarkeit der Vorlage durch den Dritten (Kriterien: Erbringbarkeit des Beweises auf andere Weise, Umfang des Aufwandes des Dritten im Verhältnis zum Klagebegehren, berechtigtes Vertraulichkeitsinteresse des Dritten unterhalb der Schwelle des Betriebs- und Geschäftsgeheimnisses.

20 Die Anordnung kann sich auch auf die Vorlage von Urkundensammlungen wie Personalakten, Kundenakten, Projektakten ua. beziehen. Hier besteht besonders die Gefahr der unzulässigen Ausforschung.

---

1 BAG v. 19.6.1980 – 3 AZR 1177/79, AP Nr. 1 zu § 56 ArbGG 1979. | 2 LAG Nürnberg v. 18.12.1989 – 7 Sa 411/89, LAGE § 56 ArbGG 1979 Nr. 1. | 3 *Gift/Baur*, E.722. | 4 GMPM/*Germelmann*, § 56 ArbGG Rz. 9. | 5 BAG v. 10.9.1975 – 4 AZR 456/74, AP Nr. 24 zu § 1 TVG – Tarifverträge: Bau. | 6 *Schmidt/Schwab/Wildschütz*, NZA 2001, 1163.

Zudem ersetzt die Vorlage von Urkundensammlungen keinen substantiierten Vortrag. Die globale Bezugnahme auf solche Sammlungen kann gegen den Beibringungsgrundsatz verstoßen. Die Parteien haben die Tatsachen vorzutragen, die das Gericht seiner Beurteilung zugrunde legen soll; nicht das Gericht hat sie aus irgendwelchen ihm vorgelegten Schriftstücken zu ermitteln. Die Parteien erfüllen diese Aufgabe nicht, wenn sie dem Gericht Urkunden, Blattsammlungen, Akten oder Druckschriften vorlegen, aus denen das Gericht nach eigenem Ermessen die erheblichen Tatsachen auswählen soll. Unzulässig ist, wenn die darlegungspflichtige Partei nur Buchhaltungsunterlagen, Korrespondenzen oder andere Blattsammlungen vorlegt, aus denen das Gericht die Angaben heraussuchen müsste, die die Klage im Einzelnen begründen sollen; ebenso, wenn auf Akten anderer Verfahren – nicht nur auf einzelne Schriftsätze dort – zur Begründung Bezug genommen wird[1]. Eine Bezugnahme ist zudem unzulässig, soweit es um den notwendigen Inhalt eines bestimmenden Schriftsatzes geht. Die Klage muss ua. die bestimmte Angabe des Gegenstandes und des Grundes des erhobenen Anspruchs enthalten (§ 253 Abs. 2 Nr. 2 ZPO). Der Tatsachenkomplex, aus dem der Kläger die in Anspruch genommene Rechtsfolge herleiten will, muss soweit substantiiert werden, dass klargestellt ist, welche Ansprüche aufgrund welchen Sachverhalts rechtshängig sind. Die Klage muss wie jeder bestimmende Schriftsatz vom Verfasser unterschrieben sein. Gegenstand der Klage ist daher nur, was in den Text des Schriftsatzes aufgenommen und unterschrieben ist. Soweit der Schriftsatz nicht selbst die Anforderungen des § 253 Abs. 2 Nr. 2 ZPO erfüllt, sondern stattdessen auf andere Schriftstücke Bezug genommen wird, ist die Klage nicht wirksam erhoben und als unzulässig abzuweisen. Nur in Ausnahmefällen (Bezugnahme auf Schriftsatz in anderem Rechtsstreit zwischen den Parteien oder aus vorangegangenem einstweiligen Verfügungsverfahren) werden Bezugnahmen akzeptiert, wobei eine – nicht rückwirkende – Heilung durch Verzicht oder rügeloses Verhandeln nach § 295 ZPO umstritten ist[2]. Damit ist die in der arbeitsgerichtlichen Praxis anzutreffende Übung, Zahlungsklagen allein durch Bezugnahme auf beigefügte (Kopien von) Arbeitsvergütungsabrechnungen zu begründen, regelmäßig unzulässig[3].

Die Beiziehung von Personalakten steht im pflichtgemäßen Ermessen des Gerichts. Die Erwägung, dass es in Eingruppierungsprozessen des öffentlichen Dienstes im Allgemeinen zweckmäßig ist, die Personalakten des jeweiligen Bediensteten beizuziehen, rechtfertigt für sich allein keine andere rechtliche Beurteilung[4]. Dabei wird bereits die Beiziehung einer Personalakte wegen des davon betroffenen Persönlichkeitsrechts von der Zustimmung des Betroffenen abhängig gemacht[5]. Die Verwertung des Inhalts der Personalakte darf nicht gegen den Willen der Parteien erfolgen[6]. 21

Es steht auch im pflichtgemäßen Ermessen der Tatsachengerichte, ob sie zur Sachaufklärung bzw. zur Unterstützung des Prozessgerichts vorbereitende Maßnahmen wie die Beiziehung anderer Verfahrensakten von Amts wegen einleiten. Sind jedoch Art und Ausgang eines anderweitigen Verfahrens für die den Gerichten obliegende eigene rechtliche Beurteilung von möglicher rechtlicher Bedeutung und ist zudem das diesbezügliche Parteivorbringen ungenau, widersprüchlich und möglicherweise sogar entstellend, dann kann das Tatsachengericht sogar ermessensfehlerhaft und damit pflichtwidrig handeln, wenn es die Beiziehung der Akten zur Sachaufklärung unterlässt[7]. 22

Nach § 143 ZPO kann das Gericht anordnen, dass die Parteien die in ihrem Besitz befindlichen Akten vorlegen, soweit diese aus Schriftstücken bestehen, welche die Verhandlung und Entscheidung der Sache betreffen. Akten im Sinne dieser Vorschrift sind aber nur Schriftstücke, welche selbst Gegenstand der „Verhandlung und Entscheidung der Sache" wurden oder werden sollten, also Urkunden, welche Inhalt der Gerichtsakten sein sollten, jedoch dort (evtl. durch Verlust) fehlten[8]. 23

Das Gericht kann anordnen, dass die vorgelegten Schriftstücke während einer von ihm zu bestimmenden Zeit auf der Geschäftsstelle verbleiben (§ 142 Abs. 2 ZPO). 24

Daneben kann der Vorsitzende zur Erläuterung und Veranschaulichung des Vortrags auch die Vorlegung von anderen Unterlagen wie zB Stammbäumen, Plänen, Rissen und sonstigen Zeichnungen verlangen. Diese Unterlagen und wohl auch Fotos sind, soweit noch nicht vorhanden, anzufertigen. 25

Üblich ist es, dass nicht die Vorlage von Urkunden und sonstigen Unterlagen, sondern vorbereitend nur die Fertigung und Vorlage von Kopien dieser Unterlagen angeordnet wird. Regelmäßig wird deren Übereinstimmung mit den Originalen unstreitig. Dann ist ebenfalls unstreitig, dass die aus der Kopie (oder auch einer nicht unterzeichneten Durchschrift) ersichtliche als solche benannte Partei die in der Kopie enthaltene Erklärung abgegeben hat. Ein Beweis ist insoweit nicht mehr erforderlich. Die Kopie hat nur noch den Zweck, das Gericht mit dem eindeutigen Wortlaut der Erklärung bekannt zu machen. Rechtlich zu würdigen ist nur noch deren Erklärungsinhalt. 26

Schließlich kann das Gericht den Parteien die Vorlage von anderen zur Niederlegung bei Gericht geeigneten Gegenständen aufgeben. Von einem Beweisantritt oder einer Inbezugnahme durch eine Par- 27

---

[1] Lange, NJW 1989, 438, 442 f. | [2] Lange, NJW 1989, 438, 440. | [3] LAG Köln v. 21.11.1997 – 11 (13) Sa 845/97. | [4] BAG v. 13.2.1974 – 4 AZR 192/73, AP Nr. 4 zu § 70 BAT. | [5] GMPM/Germelmann, § 56 ArbGG Rz. 10. | [6] BAG v. 20.1.1975 – 2 AZR 534/73. | [7] BAG v. 10.3.1977 – 4 AZR 675/75, AP Nr. 9 zu § 313 ZPO. | [8] Zöller/Greger, § 142 ZPO Rz. 1.

tei ist die Anordnung ebenfalls nicht abhängig. Hierbei handelt es sich regelmäßig um Augenscheinsobjekte, wie zB fehlerhafte Werkstücke oder beschädigte Kleidungsstücke. Dazu gehören auch Ton- oder Bildaufnahmen und andere technische Aufzeichnungen oder Aufzeichnungsträger (Tonband, Festplatte, sonstige elektronische Speichermedien) ohne schriftliche Verkörperung[1].

28 c) **Anforderung amtlicher Auskünfte und Urkunden (Nr. 2).** Nach Nr. 2 (wortgleich mit § 273 Abs. 2 Nr. 2 ZPO) kann der Vorsitzende Behörden oder Träger eines öffentlichen Amtes um Mitteilung von Urkunden oder um Erteilung amtlicher Auskünfte ersuchen. „Behörde" ist ein in den allgemeinen Organismus der Anstalten und Körperschaften des öffentlichen Rechts eingefügtes Organ der Staatsgewalt, das dazu berufen ist, unter öffentlicher Autorität für die Erreichung der Zwecke des Staates unmittelbar oder mittelbar tätig zu sein. Reine Fiskalunternehmen sind, ebenso wie vom staatlichen Behördenaufbau losgelöste Anstalten (zB Bundesversicherungsanstalt für Angestellte), keine Behörden[2]. Als Behörden gelten Gerichte, Bundes-, Landes- und Gemeindebehörden, amtliche Berufsvertretungen, öffentlich-rechtliche Versicherungsanstalten, kirchliche Behörden, Universitäten, öffentliche Sparkassen, die Girozentralen, Industrie- und Handelskammern, Handwerkskammern und auch ausländische Behörden[3]. Dagegen sind keine Behörden juristische Personen des Privatrechts, selbst wenn ihnen öffentliche Aufgaben übertragen sind (zB TÜV, Rotes Kreuz). Zweifelhaft ist, ob die Einrichtungen der ehemaligen Bundespost noch als Behörde gelten können, nachdem durch das Poststrukturgesetz vom 8.6.1989 (BGBl. I S. 1026) die Deutsche Bundespost in die drei Teilbereiche Postdienst, Postbank und Telekom aufgeteilt und die privatrechtliche Ausgestaltung der bisher als hoheitlich angesehenen Tätigkeiten geregelt wurde. Geht es um Auskünfte allein aus dem Benutzerverhältnis zwischen den privaten Postunternehmen und privaten Dritten (zB Zustellung eines Einschreibens, Zeitpunkt von Gutschriften auf dem Postgirokonto), dürfte keine Behördeneigenschaft mehr vorliegen[4]. Entsprechende Probleme ergeben sich aufgrund der zivilrechtlichen Ordnung der Bahnbenutzung im Hinblick auf Auskünfte der jetzigen Bahn AG.

29 In Nr. 2 findet sich keine Ermächtigung zur Amtsermittlung, sondern nur eine Berechtigung zu einer das Parteivorbringen ergänzenden Stoffsammlung[5]. Als Urkunden kommen zB Gerichtsakten und Verwaltungsakten in Betracht. Die in Nr. 2 angesprochene, aber weder im ArbGG noch in der ZPO geregelte amtliche Auskunft ist ein selbständiges Beweismittel, also nicht nur eine Urkunde. Sie ersetzt bei einer Behörde die Zeugen- oder Sachverständigenvernehmung[6]. Im arbeitsgerichtlichen Verfahren kann es zB um die Einholung von Auskünften der AOK oder einer anderen öffentlich-rechtlich verfassten Krankenkasse, der BA, der Industrie- und Handelskammer, der Handwerkskammer, nicht aber der privatrechtlich verfassten Handwerksinnungen oder der Kreishandwerkerschaft gehen.

30 d) **Anordnung des persönlichen Erscheinens (Nr. 3).** In Nr. 3 ist die Anordnung des persönlichen Erscheinens der Parteien aufgeführt, die jedoch bereits in § 51 eine umfassende Regelung erfahren hat. Durch Nr. 3 wird insoweit nur verdeutlicht, dass die Anordnung des persönlichen Erscheinens der Parteien eine regelmäßig zu erwägende Vorbereitungsmaßnahme für eine streitige Verhandlung ist.

31 e) **Ladung von Zeugen und Sachverständigen (Nr. 4).** Durch Nr. 4 wird der Vorsitzende ermächtigt, Zeugen und Sachverständige zur streitigen Verhandlung zu laden. Daneben kann der Vorsitzende nach § 378 Abs. 1 Satz 1 ZPO dem Zeugen das Einsehen und Mitbringen bestimmter Unterlagen aufgeben.

32 Die vorsorgliche Zeugenladung ist nur zulässig, wenn eine Partei sich bereits auf Zeugen bezogen hat. Sie ist nur sachdienlich, wenn die Ladung der Aufklärung eines streitigen, entscheidungserheblichen Sachverhalts dient. Nr. 4 ermächtigt aber nur zu vorbereitenden Maßnahmen, nicht zur Durchführung der Beweisaufnahme. Die schriftliche Beantwortung der Beweisfrage nach § 377 Abs. 3 ZPO kann der Vorsitzende aber nach § 55 Abs. 4 Nr. 2 anordnen.

33 Nach Nr. 4 iVm. § 378 Abs. 1 Satz 1, Abs. 2 ZPO kann der Vorsitzende dem Zeugen aufgeben, Aufzeichnungen und andere Unterlagen einzusehen und zu dem Termin mitzubringen, soweit ihm dies die Aussage über seine Wahrnehmungen erleichtert. Der Zeuge muss diese Unterlagen nicht selbst in Besitz haben. Befinden sie sich nicht in seinen Händen, so besteht die Pflicht nur, wenn ihm Einsichtnahme und Mitbringen gestattet ist. Grenze dieser Pflicht ist die Zumutbarkeit. Der Zeuge ist nicht verpflichtet, derartige Unterlagen dem Gericht oder den Parteien vorzulegen oder auszuhändigen. Er ist kein Urkundenlieferant und kann daher frei entscheiden, ob er einem entsprechenden Ersuchen des Gerichts oder der Parteien auf Vorlage oder Aushändigung von Unterlagen oder Kopien davon entspricht[7]. Zur Vorlage ist er nur nach Maßgabe von §§ 429, 142 Abs. 1 ZPO verpflichtet (§ 378 Abs. 1 Satz 2 ZPO). Zwangsmaßnahmen gegen den die Anordnung missachtenden Zeugen nach §§ 378 Abs. 2, 390 ZPO sind nur zulässig, wenn dem Zeugen die Einsichtnahme und das Mitbringen unter konkreter Bezeichnung der Unterlagen aufgegeben und er über die Folgen eines Verstoßes belehrt wurde.

---

1 BLAH/*Hartmann*, Übers. § 371 Rz. 10. |2 Zöller/*Greger*, § 273 ZPO Rz. 8. |3 BLAH/*Hartmann*, § 415 Rz. 2. |4 Zöller/*Greger*, § 273 ZPO Rz. 8; zur Beweiskraft von Postzustellungsurkunden als öffentliche Urkunden vgl. LG Bonn 15.12.1997 – 13 O 421/97; OLG Koblenz 11.4.1997 – 2 U 4/96; FG Nds. v. 21.11.1996 – III 360/96; aA VG Frankfurt 11.9.1997 – 6 G 2031/97. |5 *Gift/Baur*, Urteilsverfahren, E Rz. 726. |6 BLAH/*Hartmann*, Übers. § 373 Rz. 33. |7 *Gift/Baur*, Urteilsverfahren, E Rz. 732.

Des Weiteren kann der Vorsitzende nach Nr. 4 die Ladung eines Sachverständigen zur streitigen Verhandlung anordnen. Dies kommt nur in Betracht, wenn eine Partei sich auf ein Sachverständigengutachten bezogen hat oder wenn das Gericht sich eines Sachverständigen von Amts wegen nach § 144 ZPO bedienen will. 34

f) Sonstige Maßnahmen. Die Aufzählung der Vorbereitungsmaßnahmen in Nr. 1 bis 4 ist nicht abschließend, wie bereits die Formulierung „insbesondere" ausweist[1]. Der Vorsitzende kann den Parteien zB den Nachweis von fremdem Recht und von Statuten aufgeben. 35

Im arbeitsgerichtlichen Verfahren von besonderer Bedeutung ist die Ermittlung des Tarifrechts. Auf tarifliche Normen sind die Grundsätze des § 293 ZPO anzuwenden. Ergibt sich aus dem Vortrag der Parteien, dass tarifliche Normen bestehen können, die für die Entscheidung des Rechtsstreits erheblich sind, so muss das Gericht diesem Vortrag nach Maßgabe des § 293 ZPO nachgehen. Es muss diese Normen ermitteln und daraufhin prüfen, ob sie auch das der Entscheidung unterliegende Arbeitsverhältnis betreffen. Dazu gehört auch die Klärung, ab wann ein TV wirksam geworden ist und ab wann er somit auf das Rechtsverhältnis der Parteien einwirken konnte[2]. Dabei kann das Gericht auf Tatsachen zurückgreifen, die ihm aufgrund amtlicher Tätigkeit in einem früheren Rechtsstreit zur Kenntnis gelangt und die damit bei dem Gericht „offenkundig" iSv. § 291 ZPO sind[3]. Sofern keine Offenkundigkeit vorliegt, kann der Vorsitzende den Parteien die Vorlage eines Exemplars des einschlägigen TV aufgeben oder bei den Verbänden eine „amtliche Auskunft" einholen. Dabei sollen Gewerkschaften und ArbGeb-Verbände wie Behörden „amtliche Auskünfte" erteilen können, zumal sie sowohl im Rechtsleben als auch in der „staatlichen Gesellschaft" Behörden vergleichbare Funktionen wahrnähmen. Darüber hinaus sei es unbedenklich rechtlich möglich, derartige Auskünfte der TV-Parteien dafür zu verwenden, um nach § 293 ZPO Mittel der Rechtsanwendung und die dazu erforderlichen Erkenntnisquellen zu gewinnen. Demgemäß können Auskünfte der TV-Parteien darüber eingeholt werden, ob für bestimmte Berufszweige TV bestehen, wann sie in Kraft getreten oder gekündigt worden sind, ob es zu TV Protokollnotizen oder vergleichbare Unterlagen gibt oder ob sich eine bestimmte tarifliche Übung mit Billigung der TV-Parteien herausgebildet hat[4]. 36

g) Benachrichtigung der Parteien. Von den terminsvorbereitenden Maßnahmen sind alle Parteien, nicht nur die von der Anordnung betroffene Partei, zu informieren (Abs. 1 Satz 3). So können die Parteien sich auf die streitige Verhandlung einstellen. Die Benachrichtigung entspricht zudem dem Gebot rechtlichen Gehörs. 37

III. Zurückverweisung verspäteten Vorbringens. 1. Allgemeines. Die Zurückweisungsmöglichkeit nach Abs. 2 Satz 1 dient der beschleunigten und sachgerechten Abwicklung des Rechtsstreits. Der verfassungsrechtliche Grundsatz des rechtlichen Gehörs nach Art. 103 Abs. 1 GG wird durch eine Zurückweisung verspäteten Vorbringens nicht verletzt. Nach der Rspr. des BVerfG bedeutet der Anspruch auf rechtliches Gehör, dass das entscheidende Gericht durch die mit dem Verfahren befassten Richter die Ausführungen der Prozessbeteiligten zur Kenntnis nehmen und in Erwägung ziehen muss[5]. Art. 103 GG gewährt aber keinen Schutz gegen Entscheidungen, die den – zur Kenntnis genommenen – Sachvortrag einer Partei aus Gründen des formellen oder materiellen Rechts teilweise oder ganz unberücksichtigt lassen[6]. Der Anspruch auf wirksamen Rechtsschutz, abgeleitet aus dem Rechtsstaatsprinzip (Art. 20 Abs. 3 GG), bedeutet auch Rechtsschutz innerhalb angemessener Zeit[7]. Dieses soll durch Anwendung der Beschleunigungsvorschriften erreicht werden. 38

Präklusionsvorschriften finden sich für das erstinstanzliche arbeitsgerichtliche Verfahren in §§ 56 Abs. 2 Satz 1 und 61a Abs. 5 Satz 1. Soweit diese Vorschriften nicht eingreifen, kommt die Anwendung der §§ 282 und 296 ZPO in Betracht. 39

2. Zurückweisung nach Abs. 2. Nach Abs. 2 Satz 2 sind Angriffs- und Verteidigungsmittel, die erst nach Ablauf einer nach Abs. 1 Satz 2 Nr. 1 gesetzten Frist vorgebracht werden, nur zuzulassen, wenn nach der freien Überzeugung des Gerichts ihre Zulassung die Erledigung des Rechtsstreits nicht verzögern würde oder wenn die Partei die Verspätung genügend entschuldigt. Die Zurückweisungsmöglichkeit besteht somit nur in Fällen einer Auflage an die Parteien mit Hinweis auf Darlegungslücken und Aufklärungsdefizite nach Abs. 1 Satz 2 Nr. 1. Der wortgleiche § 296 Abs. 1 ZPO tritt insoweit hinter der spezielleren Norm des § 56 Abs. 2 Satz 1 zurück. 40

Eine Zurückweisung verspäteten Vorbringens ist nur zulässig, wenn die folgenden Voraussetzungen sämtlich vorliegen: 41

- konkrete Aufklärungsauflage des Gerichts,
- ausreichende Frist für den schriftsätzlichen Vortrag,

---

[1] GMPM/*Germelmann*, § 56 ArbGG Rz. 17. | [2] BAG v. 9.8.1995 – 6 AZR 1047/94, AP Nr. 8 zu § 293 ZPO. | [3] BAG v. 9.8.1995 – 6 AZR 1047/94, AP Nr. 8 zu § 293 ZPO. | [4] BAG v. 16.10.1985 – 4 AZR 149/84, AP Nr. 108 zu §§ 22, 23 BAT 1975. | [5] BVerfG v. 23.11.1977 – 1 BvR 481/77, AP Nr. 30 zu Art. 104 GG. | [6] BVerfG v. 2.7.1979 – 1 BvR 1292/78, AP Nr. 31 zu Art. 103 GG. | [7] BVerfG v. 3.8.1989 – 1 BvR 1178/88, AP Nr. 40 zu Art. 103 GG.

- Unterzeichnung der Auflagen- und Fristsetzungsverfügung durch den Vorsitzenden,
- ordnungsgemäße Belehrung über Folgen der Versäumung der Frist,
- förmliche Zustellung der Aufklärungsauflage,
- Vortrag von – entscheidungserheblichen – Angriffs- oder Verteidigungsmitteln nach Fristablauf,
- kein Unterlassen zumutbarer Vorbereitungshandlungen durch das Gericht,
- Verzögerung des Verfahrens,
- Anhörung der betroffenen Partei zur Zurückweisungsabsicht des Gerichts,
- keine genügende Entschuldigung der Partei, ggf. keine ausreichende Glaubhaftmachung des Entschuldigungsgrundes durch die Partei.

42   **a) Konkrete gerichtliche Aufklärungsauflage.** Eine Zurückweisung kommt nur in Betracht, wenn der Vorsitzende die klärungsbedürftigen Punkte genau bezeichnet[1]. Eine allgemein gehaltene Auflage mit Fristsetzung und Belehrung nach Abs. 2 Satz 2 genügt dann, wenn die einzelnen klärungsbedürftigen Punkte vorher im Rahmen der Erörterung der Sach- und Rechtslage genau bezeichnet und in der Niederschrift festgehalten worden sind[2]. Die allgemeine gerichtliche Aufforderung an eine Partei, zum Vortrag des Gegners Stellung zu nehmen, ist keine Maßnahme nach Abs. 1 Satz 2 Nr. 1. Im Gegensatz zu Nr. 1 wird damit nicht die Ergänzung oder Erläuterung von vorbereitenden Schriftsätzen oder die Erklärung über bestimmte klärungsbedürftige Punkte angeordnet, sondern nur die Pflicht der Parteien zur schriftsätzlichen Vorbereitung des streitigen Termins begründet (§§ 129 Abs. 2 und 282 Abs. 2 ZPO).

43   **b) Angemessene Frist zum Vortrag der Angriffs- oder Verteidigungsmittel.** Der darlegungspflichtigen Partei muss eine ausreichende Frist[3] zur Beseitigung der Darlegungslücken und Aufklärungsdefizite eingeräumt werden. Die Länge der Frist ist abhängig vom Umfang der von der Partei zu erwartenden Darlegungen und der für sie notwendigen Nachforschungen, Rücksprachen und Berechnungen und auch davon, ob die Partei selbst oder ein beruflich belasteter Prozessbevollmächtigter den Schriftsatz zu fertigen hat. Besteht eine ausreichende Spanne bis zur streitigen Verhandlung, wird eine Frist von mindestens zwei Wochen, nicht weniger jedoch als eine Woche für angemessen gehalten[4]. Die richterliche Frist kann nach § 224 Abs. 2 ZPO auf Antrag beim Vorliegen erheblicher Gründe, die glaubhaft zu machen sind, verlängert werden. Der Antrag muss vor Fristablauf bei Gericht eingehen, während die Entscheidung nach Fristablauf möglich ist.

44   Hat der Vorsitzende die Frist zu kurz bemessen, so dass sie dem Anspruch auf rechtliches Gehör nicht genügt, ist die Frist durch Zulassung verspäteten Vorbringens zu korrigieren. Ob die Frist „angemessen" war, ist aus der Sicht im Zeitpunkt der Entscheidung über die Zulassung oder Zurückweisung des Vorbringens zu beurteilen[5].

45   **c) Form und Zustellung der Auflagen- und Fristsetzungsverfügung.** Die Auflagen- und Fristsetzungsverfügung bedarf nach § 329 Abs. 1 Satz 2 ZPO iVm. § 317 Abs. 2 Satz 1 ZPO der vollständigen Unterschrift durch den Vorsitzenden. Eine Paraphierung genügt nicht[6]. Die Unterschrift muss von dem nach dem Geschäftsverteilungsplan zuständigen Richter stammen[7].

46   Die Auflagen- und Fristsetzungsverfügung muss verkündet oder der betroffenen Partei bzw. deren Prozessbevollmächtigten (§ 172 ZPO) förmlich zugestellt werden (§ 329 Abs. 2 Satz 2 ZPO)[8]. Eine formlose Mitteilung an die betroffene Partei berechtigt im Falle verspäteten Vorbringens nicht zur Zurückweisung des Vorbringens nach Abs. 2 Satz 1. Dem Gegner kann die Verfügung formlos übermittelt werden.

47   **d) Belehrung über Folgen bei Fristversäumung.** Nach Abs. 2 Satz 2 ist die betroffene Partei über die Folgen der Versäumung der nach Absatz 1 Satz 2 Nr. 1 gesetzten Frist zu belehren. Dies gilt unabhängig davon, ob die Partei durch Rechtsanwalt oder Verbandsvertreter vertreten wird oder nicht[9].

48   Durch die Belehrung muss der betroffenen Partei vor Augen geführt werden, dass sie grundsätzlich nur innerhalb der gesetzten Frist vortragen und dass sie bei Versäumung der Frist allein deshalb im Rechtsstreit vollständig unterliegen kann[10]. Die Mitteilung des Wortlauts von § 56 Abs. 2 Satz 1 genügt als Belehrung hierüber nicht, wenn die Partei nicht vertreten wird[11]. Die Fristsetzung ist dann unwirksam[12].

---

1 BAG v. 19.6.1980 – 3 AZR 1177/79, AP Nr. 1 zu § 56 ArbGG 1979; GMPM/*Germelmann*, § 56 ArbGG Rz. 21. | 2 LAG Nürnberg v. 18.12.1989 – 7 Sa 411/89, LAGE § 56 ArbGG 1979 Nr. 1. | 3 Vgl. BGH v. 11.11.1993 – VII ZR 54/93, MDR 1994, 508 (zur Klageerwiderungsfrist). | 4 *Gift/Baur*, Urteilsverfahren, E Rz. 747. | 5 OLG Hamm 22.1.1982 – 6 U 61/82, MDR 1983, 63–63. | 6 BGH v. 5.3.1990 – II ZR 109/89, MDR 1990, 1095. | 7 BGH v. 27.6.1991 – IX ZR 222/90, MDR 1992, 185; GMPM/*Germelmann*, § 56 ArbGG Rz. 22. | 8 BGH v. 5.3.1990 – II ZR 109/89, MDR 1990, 1095; LAG Nds. v. 12.12.1989 – 6 Sa 357/89, LAGE § 56 ArbGG 1979 Nr. 2; GMPM/*Germelmann*, § 56 ArbGG Rz. 23 (förmliche Zustellung nicht zwingend erforderlich, aber empfehlenswert). | 9 LAG Schl.-Holst. v. 12.1.1989 – 6 Sa 544/88, NJW-RR 1989, 441; für § 277 Abs. 2 ZPO ebenso BGH v. 14.7.1983 – VII ZR 328/82, MDR 1983, 1017. | 10 *Gift/Baur*, Urteilsverfahren, E Rz. 753. | 11 GMPM/*Germelmann*, § 56 ArbGG Rz. 24. | 12 BGH v. 12.1.1983 – IVa ZR 135/81 zu § 296 Abs. 1 ZPO.

Wird die betroffene Partei durch Anwalt oder Verbandsvertreter vertreten, so ist umstritten, ob für eine ordnungsgemäße Belehrung über die Folgen bei Fristversäumung ausreicht: 49

- der bloße Hinweis auf § 56 Abs. 2 Satz 1 ohne kommentierende Erläuterung der Gesetzesvorschrift[1],
- die Wiederholung des Wortlautes des § 56 Abs. 2[2],
- nur eine konkrete Erläuterung der Folgen einer Fristversäumung[3],
- nur eine „individuell zur jeweiligen Auflage" formulierte Belehrung[4].

Eine Verpflichtung zur qualifizierten Rechtsfolgenbelehrung gegenüber durch Rechtsanwälte und Verbandsvertreter vertretenen Parteien ist abzulehnen, weil hier die Kenntnis der einschlägigen Verfahrensvorschriften vorausgesetzt werden kann[5]. Der Umfang gerichtlicher Belehrung richtet sich nach dem beim konkreten Empfänger voraussetzbaren Rechtsverständnis. Bei den nach § 11 Abs. 1 Sätze 2–4 als rechtskundig anerkannten Personen genügt daher der Hinweis auf die einschlägige Präklusionsvorschrift, zumindest aber die Wiederholung des Wortlautes. 50

e) Verspäteter Vortrag von Angriffs- oder Verteidigungsmitteln. Sind die genannten formellen Voraussetzungen für eine Präklusion von Parteienvortrag erfüllt, dann sind Angriffs- und Verteidigungsmittel, die nicht fristgerecht vorgebracht werden, nicht zuzulassen, wenn dadurch die Erledigung des Rechtsstreits verzögert würde oder wenn die Partei die Verspätung nicht genügend entschuldigt. Insoweit besteht eine Zurückweisungspflicht, die nicht zur Disposition der Parteien steht[6]. Die Frist ist versäumt, wenn die vom Gericht geforderte Erklärung nicht innerhalb der Frist bei Gericht eingeht. Die Partei darf allerdings die gesetzte Frist bis zuletzt ausschöpfen[7]. 51

Den Parteien können die schwerwiegenden Folgen der Versäumung richterlicher Erklärungsfristen nur dann zugemutet werden, wenn die förmlichen Voraussetzungen für eine Nichtzulassung von Angriffs- und Verteidigungsmitteln genau eingehalten werden. Deshalb ist von dem Gericht zu verlangen, dass es sich selbst bei Erlass der Verfügung an die gesetzlichen Förmlichkeiten und Zuständigkeitsregeln hält. Fehlt es an einer der genannten förmlichen Voraussetzungen, darf verspätetes Vorbringen nicht zurückgewiesen werden. Eine Heilung nach § 295 BGB findet nicht statt[8]. 52

Zurückgewiesen werden können nur Angriffs- und Verteidigungsmittel. Dazu zählt jedes sachliche und prozessuale Vorbringen, das der Durchsetzung bzw. Abwehr des geltend gemachten prozessualen Anspruchs dient, zB Behauptungen, Bestreiten, Einwendungen, auch Aufrechnungen, Einreden einschließlich der Tatsachenbehauptungen und Beweismittel zu ihrer Rechtfertigung, Beweisanträge und Beweiseinreden. Keine Angriffs- und Verteidigungsmittel sind Rechtsausführungen und verfahrensbestimmende Anträge wie Klage, Klageänderung, Klageerweiterung, Parteiänderung, Widerklage und Widerklageänderung oder -erweiterung und das Vorbringen zu ihrer Begründung. 53

f) Verzögerung des Rechtsstreits. aa) Verzögerungsrelevanter Vortrag. Solange nicht feststeht, dass die Gegenpartei verspätetes Vorbringen bestreitet, liegen die Voraussetzungen für ein Zurückweisen nach § 56 Abs. 2 nicht vor[9]. Vor einer Zurückweisung hat das Gericht verspätetes Vorbringen auf seine Erheblichkeit zu prüfen und, wenn es diese bejaht, den Gegner zur Stellungnahme zu veranlassen[10]. Kann sich der Prozessgegner auf ein verspätet vorgebrachtes Angriffs- oder Verteidigungsmittel im Verhandlungstermin nicht erklären, darf das Gericht dieses Vorbringen nur dann als verspätet zurückweisen, wenn der Gegner in einem nach § 283 ZPO nachgelassenen Schriftsatz den Vortrag bestreitet[11]. 54

Vor der Zurückweisung verspäteten Vertrags ist daher dem Gegner nach § 283 ZPO Gelegenheit zur Stellungnahme durch nachgereichten Schriftsatz zu geben. Erst danach ist über die Zurückweisung des bestrittenen und damit beweisbedürftig gebliebenen verspäteten Vorbringens zu entscheiden[12]. 55

bb) Kausalität. Zwischen der Verspätung des Vorbringens und der Verzögerung des Rechtsstreits muss ein alleinursächlicher Zusammenhang bestehen. Dieser besteht nicht, wenn es zur Verzögerung aus Gründen kommt, die dem Prozess allgemein und unabhängig davon innewohnen, ob die Partei rechtzeitig oder verspätet vorgetragen hat[13]. 56

---

1 OLG Oldenburg 2.12.1998 – 2 U 210/98; LAG Schl.-Holst. v. 12.1.1989 – 6 Sa 544/88, NJW-RR 1989, 441; OLG Hamm 16.3.1984 – 20 U 178/83, NJW 1984, 1566 (zu § 277 Abs. 2 ZPO); GMPM/*Germelmann*, § 56 ArbGG Rz. 24. | 2 BGH v. 23.10.1990 – XI ZR 20/90, MDR 1991, 436 (zu § 277 Abs. 2 ZPO, in einem Fall mit einem Rechtsanwalt als betroffener Partei). | 3 BGH v. 14.7.1983 – VII ZR 328/82, MDR 1983, 1017 (zu § 277 Abs. 2 ZPO). | 4 GK-ArbGG/*Dörner*, § 56 Rz. 30, unter Ablehnung jeglicher Belehrung durch „Merkblatt". | 5 *Gift*/*Baur*, Urteilsverfahren, E Rz. 756 f. | 6 *Gift*/*Baur*, Urteilsverfahren, E Rz. 763 f. | 7 BVerfG v. 25.2.1993 – 2 BvR 1066/91, AP Nr. 20 zu § 233 ZPO 1977; BAG v. 4.2.1994 – 8 AZB 16/93 (zur Berufungsbegründungsfrist); *Gift*/*Baur*, Urteilsverfahren, E Rz. 776. | 8 BGH v. 21.6.1991 – IX ZR 222/90, NJW 1991, 2774 zu § 296 Abs. 1 ZPO. | 9 OLG Naumburg v. 7.1.1994 – 3 U 69/93, NJW-RR 1994, 704 zu § 296 ZPO. | 10 OLG Frankfurt v. 8.10.1991 – 14 U 247/90, NJW-RR 1992, 1405. | 11 LG Berlin 4.2.1992 – 64 S 319/91, NJW-RR 1992, 958; KG v. 25.10.1982 – 24 U 2582/82, MDR 1983, 235. | 12 OLG Frankfurt v. 24.9.1986 – 17 U 20/85, MDR 1987, 330. | 13 BGH v. 5.5.1982 – VIII ZR 152/81, MDR 1982, 1012; v. 21.4.1986 – VIII ZR 125/85, MDR 1986, 1017.

57 Daher darf das Nichterscheinen eines ordnungsgemäß geladenen Zeugen nicht zur Benachteiligung der beweisführenden Partei verwertet werden[1]. Die durch das Ausbleiben eines Zeugen oder einer zu vernehmenden Partei eintretenden Verzögerungen müssen von der Rechtsordnung beim verspäteten Vorbringen ebenso wie beim rechtzeitigen Vorbringen notwendigerweise hingenommen werden[2]. Geht wegen verspäteten Beweisantritts die Ladung dem Zeugen nicht zu und erscheint er auch nicht freiwillig im Termin, steht der Annahme der Verzögerung des Rechtsstreits durch das Ausbleiben des Zeugen nicht entgegen, dass er sich der Partei gegenüber zum Erscheinen bereit erklärt hatte und möglicherweise auch bei rechtzeitiger Ladung ausgeblieben wäre[3]. Es fehlt an einer Verzögerung der Erledigung des Rechtsstreits, wenn auch bei fristgerechtem Eingang des Schriftsatzes mit dem verspäteten Vorbringen ein Beweisbeschluss hätte ergehen müssen und der Rechtsstreit folglich nicht erledigt worden wäre[4]. Verspätetes Vorbringen darf in einem Termin auch dann nicht zurückgewiesen werden, wenn nach der Sach- und Rechtslage des Streitfalles eine Streiterledigung in diesem Termin von vornherein ausscheidet[5], insb. weil keine ausreichenden Vorbereitungsmaßnahmen durch das Gericht ergriffen wurden[6], keine genügende Zeit für die Vernehmung von Zeugen vorgesehen wurde[7] oder die richterliche Verfahrensleitung und Terminsvorbereitung erkennbar unzulänglich sind[8].

58 **cc) Verzögerungsbegriff.** Von einer Verzögerung des Rechtsstreits kann die Rede sein, wenn

- die Zulassung des nach Fristablauf eingegangenen Vertrags – ohne Berücksichtigung des hypothetischen Verfahrensverlaufs bei rechtzeitigem Eingang des Vortrags – zu einer Verzögerung führte (absoluter Verzögerungsbegriff),

- die Dauer des Verfahrens durch die Zulassung des verspäteten Vortrags – relativ – verlängert wird gegenüber der Dauer des Verfahrens, die bei rechtzeitigem Vorbringen zu erwarten gewesen wäre (relativer oder hypothetischer Verzögerungsbegriff)[9].

59 Der BGH hat sich für den absoluten Verzögerungsbegriff entschieden[10]. Die Anwendung des absoluten Verzögerungsbegriffs ist grundsätzlich mit dem Anspruch auf rechtliches Gehör vereinbar. Verspätetes Vorbringen darf jedoch nicht ausgeschlossen werden, wenn offenkundig ist, dass dieselbe Verzögerung auch bei rechtzeitigem Vortrag eingetreten wäre[11].

60 Kann sich eine Partei zu erstmals vorgebrachten neuen Tatsachen des Prozessgegners, die ihr aus eigenem Wissen nicht bekannt sind, nicht erklären, bleibt nur die Möglichkeit, die Verhandlung zu vertagen, einen Schriftsatzvorbehalt zu gewähren oder das neue Vorbringen zurückzuweisen[12].

61 Die durch an sich verspätetes Vorbringen veranlasste Notwendigkeit, nach § 283 ZPO eine Erklärungsfrist zu gewähren, bedeutet für sich allein keine Verzögerung des Rechtsstreits[13].

62 Durch die Anberaumung eines Verkündungstermins wird die Erledigung des Rechtsstreits nicht in erheblicher Weise verzögert[14].

63 Ob eine Verzögerung eintritt, stellt das Gericht, bezogen auf den Zeitpunkt des Vorbringens, nach seiner freien Überzeugung fest[15].

64 **dd) Keine Mitursächlichkeit des Gerichts für Verzögerung.** Beruht die Verspätung eines Vorbringens oder das Unterlassen der Entschuldigung auch auf einer Verletzung der richterlichen Fürsorgepflicht, schließt die rechtsstaatlich gebotene faire Verfahrensführung eine Präklusion nach § 56 Abs. 2 aus[16]. Ist eine Verfahrensverzögerung durch zumutbare und damit prozessrechtlich gebotene Maßnahme vermeidbar, dient die Zurückweisung verspäteten Vorbringens nicht mehr der Verhinderung von Folgen säumigen Parteiverhaltens. Sie wirkt vielmehr einer Verzögerung entgegen, die erst infolge unzureichender richterlicher Verfahrensleitung droht[17].

65 Von der Möglichkeit des Ausschlusses von Parteivorbringen oder Beweismitteln wegen Verspätung kann kein Gebrauch gemacht werden, wenn ein Schriftsatz so rechtzeitig eingeht, dass die Ladung eines darin benannten Zeugen zu einem bereits anberaumten Termin möglich ist oder der betreffende Zeuge in dem Termin gestellt wird[18]. Mit Zeugenbeweis dem Gericht eingereichter Tatsachenvortrag kann nicht als verspätetes Vorbringen zurückgewiesen werden, wenn die Beweiserhebung dem Gericht zu dem bereits anberaumten Termin der mündlichen Verhandlung möglich wäre oder bei gehöriger Ter-

---

1 BGH v. 23.4.1986 – VIII ZR 128/85, MDR 1986, 1018. | 2 BGH v. 1.10.1986 – I ZR 125/84, NJW 1987, 502. | 3 BGH v. 19.10.1988 – VIII ZR 298/87, MDR 1989, 249. | 4 OLG Hamm v. 4.2.1994 – 9 U 192/93, NJW-RR 1995, 126. | 5 BGH v. 21.10.1986 – VI ZR 107/86, MDR 1987, 225. | 6 OLG Hamm v. 20.1.1989 – 20 U 78/88, NJW-RR 1989, 895. | 7 BVerfG v. 13.8.1991 – 1 BvR 72/91, NJW 1992, 299. | 8 BVerfG v. 22.8.1991 – 1 BvR 365/91, NJW 1992, 680; BVerfG v. 20.10.1994 – 2 BvR 1506/94, NJW-RR 1995, 377. | 9 LAG Berlin v. 7.5.1979 – 9 Sa 106/78, EzA § 528 ZPO Nr. 1. | 10 BGH v. 12.7.1979 – VII ZR 284/78, MDR 1979, 928; BGH v. 31.1.1980 – VII ZR 96/79, MDR 1980, 393. | 11 BVerfG v. 5.5.1987 – 1 BvR 903/85, MDR 1987, 904; dazu *Leipold*, JZ 1988, 93 und *Deubner*, NJW 1987, 2733. | 12 OLG Koblenz v. 5.2.1987 – 6 U 1319/86, NJW-RR 1987, 509. | 13 BAG v. 2.3.1989 – 2 AZR 275/88, AP Nr. 17 zu § 130 BGB; BGH v. 26.11.1984 – VIII ZR 217/83, MDR 1985, 487. | 14 OLG Frankfurt v. 8.10.1991 – 14 U 247/90, NJW-RR 1992, 1405. | 15 BGH v. 12.7.1979 – VII ZR 284/78, MDR 1979, 928. | 16 BVerfG v. 14.8.1987 – 1 BvR 162/84 MDR 1987, 814 (zu § 296 Abs. 1 ZPO). | 17 BVerfG v. 20.10.1994 – 2 BvR 1506/94, NJW-RR 1995, 377. | 18 BAG v. 23.11.1988 – 4 AZR 393/88, MDR 1989, 484.

minsvorbereitung möglich gewesen wäre¹. Die Zurückweisung des Vorbringens als verspätet verletzt daher den Grundsatz des rechtlichen Gehörs, wenn das Gericht entgegen seiner Prozessförderungspflicht einen Zeugen trotz ausreichender Zeit nicht lädt und dadurch die Verzögerung der Erledigung des Rechtsstreits mitverursacht². Die Pflicht zur Wahrung rechtlichen Gehörs erfordert aber nicht, schon vor Eingang der Klageerwiderung aufgrund des in der Klageschrift geschilderten vorprozessualen Streitstandes die hierzu benannten Zeugen für den Kammertermin zu laden³. Die Nichtzulassung verspäteten Zeugenbeweises ist ermessensfehlerhaft, wenn die Verzögerung des Verfahrensabschlusses damit begründet wird, der Verhandlungstermin sei bereits durch eine Parteivernehmung zum selben Beweisthema ausgelastet⁴. Die Vernehmung eines zunächst ohne ladungsfähige Anschrift, im Übrigen aber konkret und rechtzeitig benannten Zeugen darf nur unter den Voraussetzungen des § 356 ZPO abgelehnt werden. Die Ablehnung kann nicht stattdessen – wegen verspäteten Nachreichens der ladungsfähigen Anschrift – auf § 56 Abs. 2 gestützt werden⁵. Die Erledigung des Rechtsstreits wird aber verzögert, wenn der vom Beklagten verspätet erst in der mündlichen Verhandlung benannte Zeuge zwar präsent ist und deshalb vernommen werden könnte, seine Vernehmung aber bei einer dem Kläger günstigen Aussage die Vernehmung nicht präsenter Gegenzeugen erforderlich machen würde⁶.

g) **Rechtliches Gehör wegen Vorwurfs der Verspätung.** Der betroffenen Partei ist vom Vorsitzenden rechtliches Gehör zum Vorwurf der Verspätung des Vorbringens zu gewähren. Sie ist ausdrücklich nach möglichen Entschuldigungsgründen für die Verspätung zu befragen und ggf. zur Glaubhaftmachung der Entschuldigungsgründe aufzufordern. 66

h) **Unzureichende Entschuldigung oder Glaubhaftmachung.** Das Verschulden der Partei, ggf. ihres gesetzlichen Vertreters (§ 51 Abs. 2 ZPO) oder Prozessbevollmächtigten (§ 85 Abs. 2 ZPO) an der Fristversäumung wird vermutet. Die Partei muss sich entlasten, und zwar sofort, spätestens im folgenden Termin. Nur eine in 1. Instanz schuldlos unterlassene Entschuldigung für das verspätete Vorbringen kann mit der Berufung nachgeholt werden⁷. 67

An die Sorgfaltspflichten des Anwalts oder des Verbandsvertreters werden dabei strengere Anforderungen gestellt als an die Partei selbst⁸. Soweit es um ein Verschulden der Partei geht, wird danach gefragt, ob die Partei nach ihren persönlichen Kenntnissen und Fähigkeiten die Verspätung hätte vermeiden können und müssen⁹. Wegen der verfassungsrechtlichen Dimension und des Gebots der zurückhaltenden Anwendung von Präklusionsvorschriften wird die Vermeidung einer kleinlichen Betrachtung und ein Abstellen auf die Umstände des Einzelfalles angeraten¹⁰. 68

Das Gericht darf ein verspätetes Vorbringen nicht wegen Unglaubwürdigkeit des vorgetragenen Entschuldigungsgrundes zurückweisen, ohne dass es die Partei zur Glaubhaftmachung aufgefordert und ihr dazu in angemessener Weise – regelmäßig unter Einräumung einer kurzen Frist – Gelegenheit gegeben hat¹¹. 69

i) **Zurückweisungsentscheidung.** Liegen sämtliche Voraussetzungen für ein Zurückweisen verspäteten Vorbringens vor, so entscheidet die Kammer über die Zurückweisung des Vorbringens inzidenter in dem Urteil zur Hauptsache. 70

j) **Folgen der Präklusion verspäteten Vorbringens.** Die Zurückweisung verspäteten Vorbringens hat die Wirkung, dass die Sachprüfung so vorzunehmen ist, als hätte die Partei das verspätete Vorbringen nicht vorgetragen¹². 71

Angriffs- oder Verteidigungsmittel dürfen nicht durch Teilurteil als verspätet zurückgewiesen werden¹³. 72

Vorbringen, welches im Verfahren über einen im Wege der Stufenklage geltend gemachten Auskunftsanspruch ausgeschlossen worden ist, kann im Betragsverfahren erneut vorgetragen werden und kann dann auch nicht deshalb als verspätet zurückgewiesen werden, weil es nicht schon im Verfahren der ersten Stufe rechtzeitig und substantiiert vorgebracht worden ist¹⁴. 73

k) **Sonderfall: Eilverfahren.** Im Arrestverfahren und im einstweiligen Verfügungsverfahren ist es den Parteien erlaubt, im Verhandlungstermin neue Tatsachen vorzutragen. Eine Zurückweisung als verspätet kommt regelmäßig nicht in Betracht, weil grundsätzlich kein Anspruch auf Vertagung besteht und daher keine Verzögerung eintritt¹⁵. 74

3. Zurückweisung nach § 296 Abs. 1 ZPO. Ein Zurückweisen von Angriffs- und Verteidigungsmitteln nach § 296 Abs. 1 ZPO findet im arbeitsgerichtlichen Verfahren nicht statt. Die nahezu wortgleiche Vor- 75

---

1 BVerfG v. 10.2.1993 – 2 BvR 2218/92. | 2 BVerfG v. 16.6.1995 – 2 BvR 2623/93, NJW-RR 1995, 1469. | 3 BGH v. 30.9.1986 – X ZR 2/86, MDR 1987, 230. | 4 BGH v. 9.11.1990 – V ZR 194/89, MDR 1991, 518. | 5 BGH v. 31.3.1993 – VIII ZR 91/92, MDR 1994, 512 (zu § 296 Abs. 2 ZPO). | 6 BGH v. 26.3.1982 – V ZR 149/81, MDR 1982, 658. | 7 BVerfG v. 14.4.1987 – 1 BvR 162/84, MDR 1987, 814. | 8 *Gift/Baur*, Urteilsverfahren, E Rz. 784. | 9 OLG Hamm 15.2.1991 – 12 U 143/90, NJW-RR 1992, 122. | 10 *Gift/Baur*, Urteilsverfahren, E Rz. 785. | 11 BGH v. 10.3 1986 – II ZR 107/85, MDR 1986, 1002. | 12 BGH v. 17.4.1996 – VII ZB 60/95, NJW-RR 1996, 961. | 13 BGH v. 4.2.1993 – VII ZR 39/92, MDR 1993, 1058. | 14 OLG Karlsruhe v. 10.10.1984 – 6 U 81/83, MDR 1985, 239. | 15 OLG Hamburg v. 29.5.1986 – 3 U 17/86, NJW-RR 1987, 36; OLG Koblenz v. 5.2.1987 – 6 U 1319/86, NJW-RR 1987, 509.

schrift des § 56 Abs. 2 Satz 1 geht dem § 296 Abs. 1 ZPO vor. Die in § 296 Abs. 1 ZPO angesprochenen Fristen nach § 275 Abs. 1 Satz 1, Abs. 3, 4, § 276 Abs. 1 Satz 2, Abs. 3 und § 277 ZPO können zudem wegen § 46 Abs. 2 Satz 2 im arbeitsgerichtlichen Verfahren nicht gesetzt werden. Dies gilt auch für die in § 296 Abs. 1 ZPO genannte Frist nach § 273 Abs. 2 Nr. 1 ZPO, weil insoweit § 56 Abs. 1 Satz 2 Nr. 1 als speziellere Regelung vorgeht[1].

76 **4. Zurückweisung nach §§ 296 Abs. 2, 282 Abs. 1 ZPO.** Nach § 46 Abs. 2 ArbGG iVm. § 296 Abs. 2 ZPO können aber Angriffs- und Verteidigungsmittel, die entgegen § 282 Abs. 1 ZPO nicht rechtzeitig vorgebracht werden, zurückgewiesen werden, wenn ihre Zulassung nach der freien Überzeugung des Gerichts die Erledigung des Rechtsstreits verzögern würde und die Verspätung auf grober Nachlässigkeit beruht.

77 a) **Prozessförderungspflicht in mündlicher Verhandlung.** Nach § 282 Abs. 1 ZPO hat jede Partei in der mündlichen Verhandlung ihre Angriffs- und Verteidigungsmittel, insb. Behauptungen, Bestreiten, Einwendungen, Einreden, Beweismittel und Beweiseinreden, so zeitig vorzubringen, wie es nach der Prozesslage einer sorgfältigen und auf Förderung des Verfahrens bedachten Prozessführung entspricht. Die Zurückweisungsmöglichkeit nach §§ 296 Abs. 2, 282 Abs. 1 ZPO gründet damit nicht auf der Versäumung einer vom Gericht gesetzten Frist, sondern auf der Verletzung der allgemeinen Prozessförderungspflicht der Parteien.

78 In der mündlichen Verhandlung haben die Parteien ihre Angriffs- und Verteidigungsmittel so frühzeitig wie möglich und vernünftig, also konzentriert und nicht tröpfchenweise, vorzubringen. Besondere Bedeutung erlangt diese Zurückweisungsmöglichkeit bei einem erstmaligen und schriftsätzlich nicht angekündigten Vortrag erst in einem späteren Termin, auf den die Verhandlung vertagt wurde.

79 b) **Voraussetzungen für Präklusion.** Die zu § 56 Abs. 2 aufgeführten Voraussetzungen zur Verzögerung des Rechtsstreits müssen auch hier vorliegen, also ein verzögerungsrelevanter Vortrag, die Kausalität, keine Mitursächlichkeit eines die Parteien nicht zum Vortrag auffordernden Gerichts und das rechtliche Gehör wegen des Vorwurfs der Verletzung der Prozessförderungspflicht. Als Verschuldensgrad nennt das Gesetz die grobe Nachlässigkeit. Diese liegt vor, wenn die Partei oder ihr Prozessbevollmächtigter die prozessuale Sorgfalt in ungewöhnlich großem Maße verletzt und dasjenige unbeachtet gelassen hat, was jedem, der einen Prozess führt, hätte einleuchten müssen[2].

80 **5. Zurückweisung nach §§ 296 Abs. 2, 282 Abs. 2 ZPO.** Schließlich können Angriffs und Verteidigungsmittel nach § 46 Abs. 2 ArbGG iVm. §§ 296 Abs. 2, 282 Abs. 2 ZPO zurückgewiesen werden, die entgegen § 282 Abs. 2 ZPO nicht rechtzeitig mitgeteilt werden, wenn ihre Zulassung nach der freien Überzeugung des Gerichts die Erledigung des Rechtsstreits verzögern würde und die Verspätung auf grober Nachlässigkeit beruht.

81 a) **Anordnung vorbereitender Schriftsätze.** Nach § 282 Abs. 2 ZPO sind Anträge sowie Angriffs- und Verteidigungsmittel, auf die der Gegner voraussichtlich ohne vorhergehende Erkundigung keine Erklärung abgeben kann, vor der mündlichen Verhandlung durch vorbereitenden Schriftsatz so zeitig mitzuteilen, dass der Gegner die erforderliche Erkundigung noch einzuziehen vermag. Diese Pflicht trifft die Parteien im arbeitsgerichtlichen Verfahren nur, wenn ihnen nach § 129 Abs. 2 ZPO durch richterliche Anordnung aufgegeben worden ist, die mündliche Verhandlung durch Schriftsätze oder durch zu Protokoll der Geschäftsstelle abzugebende Erklärungen vorzubereiten.

82 b) **Verspätete Mitteilung von Angriffs- und Verteidigungsmitteln.** Angriffs- und Verteidigungsmittel können nach § 296 Abs. 2 ZPO auch dann zurückgewiesen werden, wenn sie zwar in der mündlichen Verhandlung rechtzeitig vorgebracht, entgegen § 282 Abs. 2 ZPO aber nicht rechtzeitig angekündigt waren. Voraussetzung der Zurückweisung ist demnach eine Verletzung des § 282 Abs. 2 ZPO; die bloße Nichteinhaltung der Schriftsatzfrist, also ein Verstoß gegen § 132 ZPO, genügt nach dem klaren Wortlaut des Gesetzes nicht. § 282 Abs. 2 ZPO verlangt, dass Angriffs- und Verteidigungsmittel, auf die der Gegner voraussichtlich ohne vorhergehende Erkundigung keine Erklärung abgeben kann, vor der mündlichen Verhandlung durch vorbereitenden Schriftsatz so zeitig mitzuteilen sind, dass der Gegner die erforderliche Erkundigung noch einzuziehen vermag. Diese Vorschrift hat vor allem Bedeutung für neue Tatsachenbehauptungen. Auf diese hat sich der Gegner gem. § 138 ZPO substantiiert und der Wahrheit gemäß zu erklären. Hierzu wird vielfach nicht nur eine Rückfrage des Anwalts beim Mandanten, sondern auch eine Erkundigung bei Dritten erforderlich sein. Anders ist es dagegen, wenn für eine bereits früher aufgestellte und streitig gewordene Behauptung neue Beweise angeboten werden. Diese sind, soweit sie eine materiell-rechtlich erhebliche Behauptung betreffen und keine prozessualen Hindernisse entgegenstehen, auch dann zu erheben, wenn der Gegner sein Bestreiten nicht wiederholt. Ausnahmen von dieser Regel sind denkbar[3]. Dass neues Vorbringen so rechtzeitig schriftsätzlich anzukündigen sei, dass das Gericht noch vorbereitende Maßnahmen nach § 273 ZPO treffen könne, verlangt § 282 Abs. 2 ZPO nicht. Nach der jetzigen Fassung dient die Vorschrift nicht dem Zweck, dem Richter die rechtzeitige Terminsvorbereitung zu ermöglichen. Wenn das Gericht sicherstellen will,

---

1 GMPM/*Germelmann*, § 56 ArbGG Rz. 3. | 2 BGH v. 24.9.1986 – VIII ZR 255/85, MDR 1987, 229. | 3 BGH v. 28.9.1988 – IV a ZR 88/87, MDR 1989, 49.

dass die Schriftsätze der Parteien bereits in einem Zeitpunkt bei Gericht eingehen, in dem noch die Ladung von Zeugen und andere vorbereitende Maßnahmen angeordnet werden können, bleibt ihm daher nur die Möglichkeit, nach §§ 56 Abs. 2, 61a Abs. 3, 4 Fristen zu setzen[1].

c) Voraussetzungen für die Präklusion. Die zu §§ 296 Abs. 2, 282 Abs. 2 ZPO aufgeführten weiteren Voraussetzungen zur Zurückweisung des Parteivorbringens müssen auch hier vorliegen. 83

6. Verhinderung der Zurückweisung. a) Flucht in die Säumnis. Der Zurückweisung verspäteten Vorbringens kann die betreffende Partei durch Nichtverhandeln im Termin zur mündlichen Verhandlung zu entgehen suchen. Gegen das auf Antrag des Gegners ergangene Versäumnisurteil kann Einspruch eingelegt werden. Zusammen mit dem Einspruch kann die Partei die Angriffs- oder Verteidigungsmittel bei Gericht anbringen[2]. 84

Das Säumnisverfahren (§§ 330 ff. ZPO) hebt jedoch eine vorangegangene Versäumnis von Erklärungsfristen nicht auf. Die säumige Partei ist aber mit dem in der Einspruchsbegründung nachgeholten Vorbringen zur Hauptsache nicht schlechthin ausgeschlossen. Durch den zulässigen Einspruch wird der Prozess in die Lage zurückversetzt, in der er sich vor Eintritt der Versäumnis der mündlichen Verhandlung befand (§ 342 ZPO). Damit werden alle früheren Prozesshandlungen oder Unterlassungen wieder erheblich. Das Gesetz nimmt zwar die dem Säumnisverfahren eigene Verzögerung des Rechtsstreits in Kauf, jedoch werden andere Versäumnisse durch den Einspruch nicht ausgeräumt. So sind die Rechtsfolgen einer Fristversäumung nach § 56 Abs. 2 auch allein aus der Sicht der auf den Einspruch folgenden Verhandlung zu beurteilen. Soweit eine Verzögerung in der Erledigung des Rechtsstreits durch zumutbare vorbereitende Maßnahmen für diese Verhandlung vermieden werden kann, darf das Gericht das Vorbringen auch dann nicht zurückweisen, wenn die gemäß § 56 Abs. 2 gesetzte Frist versäumt worden ist[3]. 85

Nach Eingang eines zulässigen Einspruchs hat der Vorsitzende des Prozessgerichts unverzüglich Termin zur Verhandlung zu bestimmen (§§ 216 Abs. 2, 341a ZPO). Die Verhandlung soll so früh wie möglich stattfinden (§ 272 Abs. 3 ZPO bzw. § 57 Abs. 1 Satz 2). Damit wäre es nicht vereinbar, wenn der Vorsitzende die auf den Einspruch anzuberaumende Verhandlung so weit hinausschieben müsste, dass in diesem Termin alle noch dem verspäteten Vorbringen in Betracht kommenden Beweise erhoben werden könnten. Zwar ist bei der Terminsbestimmung nach Möglichkeit eine Zeitspanne zur Beweisaufnahme einzuplanen, welche nach dem neuen Sachstand und Streitstand geboten und durchführbar erscheint. Dies bedeutet jedoch nicht, dass der Vorsitzende bei der Terminsbestimmung einen freien, den Umständen nach in Betracht kommenden Termin auslassen müsste, um alle nachteiligen Folgen der Verspätung des Parteivorbringens auszuräumen. Andernfalls würde die Regelung des § 296 ZPO durch ein Säumnisverfahren unterlaufen. Eine Zurückweisung verspäteten Vorbringens käme in all jenen Fällen nicht mehr in Betracht, in denen der Verhandlungstermin erst nach Eingang des verspäteten Schriftsatzes bestimmt wird. Der Beschleunigungszweck der gesetzlichen Neuregelung wäre verfehlt, eine „Flucht in die Terminsversäumnis" würde sich in allzu vielen Fällen doch lohnen[4]. 86

Beruht die Verzögerung der Erledigung des Rechtsstreits allein auf der Verspätung des Sachvorbringens in der Einspruchsbegründung, so kommt eine Zurückweisung nach §§ 340 Abs. 3 Satz 3, 296 Abs. 1 ZPO in Betracht. Insoweit ist die Anwendbarkeit im arbeitsgerichtlichen Verfahren nicht ausgeschlossen[5]. 87

b) Flucht in die Berufungsinstanz. Nach Ablauf der Ausschlussfrist für schriftsätzlichen Vortrag kann die betroffene Partei den Tatsachenvortrag in 1. Instanz unterlassen und in der Berufungsbegründung nachholen. In der Regel wird ein solchermaßen verspäteter Vortrag keine Verzögerung bewirken, weshalb eine Zulassung nach § 67 Abs. 2 erfolgen kann. Es bliebe nur die Kostensanktion des § 97 Abs. 2 ZPO[6]. 88

§ 57 Verhandlung vor der Kammer

(1) **Die Verhandlung ist möglichst in einem Termin zu Ende zu führen. Ist das nicht durchführbar, insbesondere weil eine Beweisaufnahme nicht sofort stattfinden kann, so ist der Termin zur weiteren Verhandlung, die sich alsbald anschließen soll, sofort zu verkünden.**

(2) **Die gütliche Erledigung des Rechtsstreits soll während des ganzen Verfahrens angestrebt werden.**

I. Allgemeines. Die Vorschrift des § 57 bringt den Beschleunigungs- und Konzentrationsgrundsatz zur Geltung, wie er auch in §§ 9 Abs. 1 Satz 1, 56 Abs. 1 Satz 1 und 61a Abs. 1 zum Ausdruck kommt. Sie ist entsprechend im Berufungsverfahren (§ 64 Abs. 7 Satz 1), Revisionsverfahren (§ 72 Abs. 6 unter Inbezugnahme von § 57 Abs. 2) und in den drei Rechtszügen des Beschlussverfahrens (§§ 80 Abs. 2, 87 Abs. 2 Satz 1, 92 Abs. 2 Satz 1) anwendbar. Außerdem betont die Vorschrift neben § 54 den Vorrang der gütlichen Erledigung eines Verfahrens. Über den Ablauf der streitigen mündlichen Verhandlung – nach 1

---

[1] BGH v. 28.9.1988 – IV a ZR 88/87, MDR 1989, 49. | [2] GMPM/*Germelmann*, § 56 ArbGG Rz. 33. | [3] BGH v. 23.10.1980 – VII ZR 307/79, MDR 1981, 309 (zu § 275 ZPO). | [4] BGH v. 23.10.1980 – VII ZR 307/79, MDR 1981, 309 (zu § 275 ZPO). | [5] GMPM/*Germelmann*, § 59 ArbGG Rz. 30. | [6] GMPM/*Germelmann*, § 56 ArbGG Rz. 34.

einem gescheiterten Gütetermin – enthält das ArbGG keine Regelungen, weshalb nach § 46 Abs. 2 Satz 1 die Vorschriften für das amtsgerichtliche (§§ 495 ff. ZPO) und das Verfahren vor den LG Anwendung finden.

II. Gang der mündlichen Verhandlung. 1. Eröffnung der mündlichen Verhandlung. Die Parteien verhandeln über den Rechtsstreit vor dem erkennenden Gericht mündlich (§ 128 Abs. 1 ZPO). Der Termin beginnt mit dem Aufruf der Sache (§ 220 ZPO) und der Eröffnung der mündlichen Verhandlung durch den Vorsitzenden (vgl. § 136 Abs. 1 ZPO). Sodann erfolgt die Protokollierung der für die Kennzeichnung der Sache und der Beteiligten erforderlichen Angaben (vgl. § 160 Abs. 1 ZPO), insb. die Feststellung der Namen der erschienenen Parteien, Vertreter, Bevollmächtigten, Zeugen und Sachverständigen (§ 160 Abs. 1 Nr. 4 ZPO). In bestimmten Fällen ist vorab das Vorliegen bestimmter Formalien festzustellen (zB Vollmacht des nichtanwaltlichen Vertreters – § 88 Abs. 2 ZPO). Werden Schriftsätze oder Telefaxschreiben unter Verstoß gegen § 132 ZPO, §§ 56, 61a erst im Termin überreicht, so muss auf jeden Fall durch Befragen, eventuell mündlichen Vortrag durch die überreichende Partei oder kurzes Überfliegen durch das Gericht, geklärt werden, ob sie neues tatsächliches Vorbringen enthalten. Bejahendenfalls ist zu prüfen, ob der Gegner sich hierauf einlässt, dh. eine Erklärung hierzu abgeben kann (Bestreiten, Zugestehen der neuen Tatsachen). Wird diese Einlassung verweigert, so hat das Gericht folgende Möglichkeiten: Weiterverhandeln bei unschlüssigem/unerheblichem neuem Vortrag, Schriftsatzvorbehalt (§ 283 ZPO) oder Vertagung (§ 227 Abs. 1 Nr. 2 ZPO).

2. Antragstellung. Die mündliche Verhandlung wird dadurch eingeleitet, dass die Parteien ihre Anträge stellen (§ 137 Abs. 1 ZPO). Der Vorsitzende hat dahin zu wirken, dass die Parteien sachdienliche Prozess- und Sachanträge stellen (vgl. § 139 Abs. 1 Satz 2 ZPO); er hat die Verbesserung unzweckmäßiger Anträge und die bestimmte Formulierung unklarer Anträge anzuregen. Bei mehreren Anträgen ist zu klären, in welchem Verhältnis diese zueinander stehen sollen. Hat sich die Prozesslage geändert (zB Erledigung der Hauptsache, Anspruchsübergang), hat der Vorsitzende auf eine Anpassung des Antrags an die veränderte Situation hinzuwirken. Nicht durch § 139 Abs. 1 ZPO gedeckt sind Anregungen des Gerichts, die auf neue, im Vortrag der Parteien nicht andeutungsweise enthaltene Klagegründe (Klageerweiterung) zielen. Soweit wegen der Antragstellung erforderlich, hat der Vorsitzende bereits jetzt das Sach- und Streitverhältnis mit den Parteien nach der tatsächlichen und der rechtlichen Seite zu erörtern (§ 139 Abs. 1 Satz 1 ZPO) und zunächst in den Sach- und Streitstand einzuführen, insb. auch mit dem Ziel der gütlichen Einigung (§ 57 Abs. 2). Nach § 297 ZPO erfolgt die Antragstellung entweder durch Verlesen aus den Schriftsätzen, durch Bezugnahme auf die Schriftsätze oder durch Aufnahme in das Protokoll. Die Aufnahme in das Protokoll bedarf der im pflichtgemäßen Ermessen des Vorsitzenden stehenden Gestattung (§ 297 Abs. 1 Satz 3 ZPO), die bei umfangreichen und schwierigen Formulierungen nicht erwartet werden kann[1]. Aus dem Grundsatz der Unteilbarkeit der mündlichen Verhandlung folgt, dass die einmal gestellten Anträge der Parteien in weiteren Terminen nicht wiederholt werden müssen. Etwas anderes wird für den Fall angenommen, dass ein Wechsel in der Besetzung des Gerichts (wie dies bei Vertagungen wegen der Heranziehung der Beisitzer nach § 31 Abs. 1 regelmäßig der Fall ist) eintritt. In diesem Fall soll eine Wiederholung der Anträge notwendig sein[2].

3. Einführung in den Sach- und Streitstand. Der Vorsitzende hat die Parteien nach der Antragstellung in den Sach- und Streitstand einzuführen, soweit dies nicht bereits vor Antragstellung geschehen ist. Den Umfang der Ausführungen bestimmt der Vorsitzende nach pflichtgemäßem Ermessen. Bei einfach gelagerten Fällen kann sich der Vorsitzende auf wenige Sätze beschränken, in denen der Inhalt des Klagebegehrens und das Verteidigungsvorbringen des Beklagten dargestellt werden. Je nach Lage des Falles kann auf die Einführung gänzlich verzichtet werden, sofern etwaige Hinweise des Gerichts bereits im Rahmen der Vorbereitung der streitigen Verhandlung erteilt worden sind und davon ausgegangen werden kann, dass der Sach- und Streitstand bekannt ist. Hauptzweck der Einführung in den Sach- und Streitstand ist, das tatsächlich oder rechtlich Erörterungsbedürftige aufzuzeigen[3], damit die Parteien bei ihrem Vortrag nach § 137 Abs. 2 ZPO auch im Einzelnen Stellung nehmen können.

4. Anhörung der Parteien. Die nun folgende Anhörung der Parteien dient der Gewährung des rechtlichen Gehörs. Die Parteien haben den Prozessstoff in freier Rede vorzutragen, wobei der Vortrag das Streitverhältnis in tatsächlicher und rechtlicher Beziehung zu umfassen hat (§ 137 Abs. 2 ZPO). Eine Bezugnahme auf Schriftsätze ist zulässig, soweit keine der Parteien widerspricht und das Gericht sie für angemessen hält (§ 137 Abs. 3 Satz 1 ZPO). Sie ist in der Praxis üblich. Ein mündlicher Vortrag wird oft von dem Gericht verlangt, wenn ein Schriftsatz verspätet vorgelegt wird, den das Gericht oder die Gegenpartei noch nicht kennt. Die Vorlesung von Schriftstücken findet nur insoweit statt, als es auf ihren wörtlichen Inhalt ankommt (§ 137 Abs. 3 Satz 2 ZPO). Die Parteien haben ihre Erklärungen über tatsächliche Umstände vollständig und der Wahrheit gemäß abzugeben (§ 138 Abs. 1 ZPO), wobei jede Partei sich über die vom Gegner behaupteten Tatsachen zu erklären hat (§ 138 Abs. 2 ZPO). Tatsachen, die nicht ausdrücklich bestritten werden, sind als zugestanden anzusehen, wenn nicht die Ab-

---

[1] BLAH/*Hartmann*, § 297 ZPO Rz. 14. | [2] BAG v. 16.12.1970 – 4 AZR 98/70, AP Nr. 1 zu § 308 ZPO; aA mit überzeugender Begründung GMPM/*Germelmann*, § 57 ArbGG Rz. 8. | [3] *Gift/Baur*, Urteilsverfahren, E Rz. 880.

sicht, sie bestreiten zu wollen, aus den übrigen Erklärungen der Partei hervorgeht (§ 138 Abs. 3 ZPO). Eine Erklärung mit Nichtwissen ist nur über Tatsachen zulässig, die weder eigene Handlungen der Partei noch Gegenstand ihrer eigenen Wahrnehmung gewesen sind (§ 138 Abs. 4 ZPO).

5. Richterliche Aufklärungs- und Hinweispflichten. Der Vorsitzende hat dahin zu wirken, dass die Parteien über alle erheblichen Tatsachen sich vollständig erklären, insb. auch ungenügende Angaben der geltend gemachten Tatsachen ergänzen und die Beweismittel bezeichnen. Auch insoweit hat der Vorsitzende, soweit erforderlich, das Sach- und Streitverhältnis mit den Parteien nach der tatsächlichen und der rechtlichen Seite zu erörtern und Fragen zu stellen (§ 139 Abs. 1 ZPO). Er hat auf Bedenken aufmerksam zu machen, soweit die Prüfung von Amts wegen stattfindet (§ 139 Abs. 3 ZPO). Hierher gehören insb. die Tatsachen, von denen die Zulässigkeit der Klage oder des Rechtsmittels abhängt. Auch Bedenken gegenüber der Schlüssigkeit bzw. Erheblichkeit des Parteienvortrags sind zu äußern. Auf einen rechtlichen Gesichtspunkt, den eine Partei erkennbar übersehen oder für unerheblich gehalten hat, darf das Gericht, soweit nicht nur eine Nebenforderung betroffen ist, seine Entscheidung nur stützen, wenn es darauf hingewiesen und Gelegenheit zur Äußerung dazu gegeben hat. Dasselbe gilt für einen Gesichtspunkt, den das Gericht anders beurteilt als beide Parteien (§ 139 Abs. 2 ZPO). 6

Der Vorsitzende hat die Parteien zu einer vollständigen Erklärung über alle nach seiner Beurteilung entscheidungserheblichen materiellen und prozessualen Tatsachen zu veranlassen. Wegen mangelnder Substantiierung darf eine Klage nicht abgewiesen werden, bevor nicht auf Ergänzung des Sachvortrags hingewirkt worden ist[1]. Dasselbe gilt für fehlende Schlüssigkeit[2]. Eine Differenzierung bei der Hinweispflicht nach anwaltlich vertretenen und nicht vertretenen Parteien sieht § 139 ZPO nicht vor[3]. Soweit die Bezeichnung der Beweismittel in § 139 Abs. 1 Satz 2 ZPO angesprochen wird, geht es ua. um den Hinweis auf offenkundig versehentlich unterlassene Beweisantritte, um die Aufforderung zur Klarstellung unbestimmter Beweisthemen und um die Klärung der Zuordnung von Beweisantritten. 7

Das Gericht darf sich nicht auf den rechtlichen Hinweis beschränken, sondern es muss der betroffenen Partei hinreichend Gelegenheit geben, die ggf. erforderlichen Tatsachen vorzutragen oder Beweise anzubieten[4]. 8

Soweit der Vorsitzende den Aufklärungs- und Hinweispflichten nachkommt, hat er den Geboten der Neutralität und Gleichbehandlung der Parteien gerecht zu werden[5]. 9

III. Erledigung im ersten Termin. Nach Abs. 1 Satz 1 ist die Verhandlung möglichst in einem Termin zu Ende zu führen. Durch die Beschränkung auf einen Termin kommt der Konzentrationsgrundsatz zum Ausdruck. Zugleich wird durch die Aufforderung, das Verfahren in dem Termin zu Ende zu bringen, der Beschleunigungsgrundsatz zur Geltung gebracht. 10

1. Vorbereitung der mündlichen Verhandlung. Die Erledigung des Rechtsstreits in einem Termin ist nur zu erreichen, wenn die Parteien und auch das Gericht den Termin sorgfältig vorbereiten. Der Vorsitzende ist nach § 56 Abs. 1 Satz 1 verpflichtet, die streitige Verhandlung so vorzubereiten, dass sie möglichst in einem Termin zu Ende geführt werden kann. Als Gegenstück zur Konzentrations- und Beschleunigungspflicht des Gerichts trifft die Parteien eine Prozessförderungspflicht. 11

Regelmäßig wird der Vorsitzende nach § 129 Abs. 2 ZPO (ggf. iVm. § 56 Abs. 1 Satz 1 bzw. § 61a Abs. 4) den Parteien durch richterliche Anordnung aufgeben, die mündliche Verhandlung durch Schriftsätze oder zu Protokoll der Geschäftsstelle abzugebende Erklärungen vorzubereiten. Insoweit bedarf es keiner Fristsetzung durch das Gericht. Vorbereitende Schriftsätze dienen der Ankündigung des Vortrags in der Verhandlung. Prozessual wirksam wird das Vorbringen im Bereich des Mündlichkeitsgrundsatzes erst durch Vortrag in der mündlichen Verhandlung[6]. 12

Die Parteien sind bei der Vorbereitung der mündlichen Verhandlung zur Prozessförderung verpflichtet. Nach § 282 Abs. 2 ZPO, der jedoch nur bei Anordnung der schriftsätzlichen Vorbereitung der mündlichen Verhandlung Anwendung findet, sind Anträge sowie Angriffs- und Verteidigungsmittel, auf die der Gegner voraussichtlich ohne vorhergehende Erkundigungen keine Erklärung abgeben kann, vor der mündlichen Verhandlung durch vorbereitenden Schriftsatz so zeitig mitzuteilen, dass der Gegner die erforderliche Erkundigung noch einzuziehen vermag. Das neue Vorbringen hat sich auf das zu erstrecken, was nach Sach- und Rechtslage notwendig ist, und ist so rechtzeitig schriftsätzlich anzukündigen, dass der Gegner im Termin darauf erwidern kann. Das ist im Fall der Klagebegründung entsprechend § 47 Abs. 1 eine Woche. Die schriftliche Ankündigung des Vorbringens ist überflüssig, wenn der Gegner sich vor der Verhandlung zum einschlägigen Tatsachenstoff schon geäußert hat[7]. Die Prozessförderungspflicht erfasst nicht den Vortrag von Rechtsansichten. 13

Verstoßen die Parteien gegen die Prozessförderungspflicht durch verspätetes Einreichen von vorbereitenden Schriftsätzen, kommt eine Zurückweisung der Angriffs- oder Verteidigungsmittel nach 14

---

1 BGH v. 22.1.1987 – VII ZR 376/85, NJW-RR 1987, 797. | 2 BGH v. 11.7.1990 – VIII ZR 165/89, NJW-RR 1991, 256. | 3 Str., zum Streitstand Gift/Baur, E Rz. 884. | 4 BGH v. 18.2.1992 – XI ZR 134/91, NJW 1992, 1620. | 5 Gift/Baur, Urteilsverfahren, E Rz. 883. | 6 BAG v. 15.12.1987 – 3 AZR 606/87, AP Nr. 6 zu § 130 ZPO. | 7 BGH v. 29.5.1984 – IX ZR 57/83, WM 1984, 924.

§ 292 Abs. 2 ZPO in Betracht, wenn ihre Zulassung nach der freien Überzeugung des Gerichts die Erledigung des Rechtsstreits verzögern würde und die Verspätung auf grober Nachlässigkeit beruht (§ 296 Abs. 2 ZPO). Wird das Vorbringen zugelassen, so hat eine unterlassene Gegenerklärung nicht die Folgen des § 138 Abs. 3 ZPO. Die verspätet vorgetragenen Tatsachen gelten nicht als zugestanden. In dieser Situation kann das Gericht zum einen auf Antrag des Gegners für diesen eine Frist bestimmen, in der dieser die Erklärung in einem Schriftsatz nachbringen kann; gleichzeitig ist ein Termin zur Verkündung einer Entscheidung anzuberaumen (§ 283 Satz 1 ZPO). Eine fristgerecht eingereichte Erklärung muss, eine verspätet eingereichte Erklärung kann das Gericht bei der Entscheidung berücksichtigen (§ 283 Satz 2 ZPO). Diese Verfahrensweise ist im arbeitsgerichtlichen Verfahren aufwendig, weil allein wegen der notwendigen Erörterung der Kammer über die zu verkündende Entscheidung nach Eingang des nachgelassenen Schriftsatzes eine erneute Heranziehung der ehrenamtlichen Richter erforderlich ist. Zum anderen kann das Gericht die Verhandlung vertagen (§ 227 Abs. 1 ZPO). Die Verletzung der Prozessförderungspflicht kann zudem eine Verzögerungsgebühr nach § 34 GKG (ab 1.7.2004: § 38 GKG) und eine nachteilige Kostenentscheidung nach § 95 ZPO nach sich ziehen. Regelmäßig wird der Vorsitzende zudem zur Vorbereitung der streitigen Verhandlung von den ihm nach §§ 55 Abs. 4, 56 und 61a eingeräumten Möglichkeiten Gebrauch machen.

15 **2. Prozessförderungspflicht in der mündlichen Verhandlung.** In der mündlichen Verhandlung haben die Parteien ihre Angriffs- und Verteidigungsmittel, insb. Behauptungen, Bestreiten, Einwendungen, Einreden, Beweismittel und Beweiseinreden, so zeitig vorzubringen, wie es nach der Prozesslage einer sorgfältigen und auf Förderung des Verfahrens bedachten Prozessführung entspricht (§ 282 Abs. 1 ZPO).

16 Da der erste Termin der streitigen Verhandlung (nicht der Gütetermin) der frühest mögliche Zeitpunkt für das Parteivorbringen ist, kann das Vorbringen in ihm nicht verspätet sein[1]. Die Bedeutung von § 282 Abs. 1 ZPO liegt bei Folgeterminen.

17 Rechtzeitig sind Angriffs- und Verteidigungsmittel vorgebracht, wenn nach Maßgabe eines objektiven (= Prozesslage) und subjektiven (= sorgfältige und förderungsbedachte Prozessführung) Tatbestands ein früheres Vorbringen nicht zuzumuten war[2]. Was noch ohne Beweisantritt behauptet wird, kann auch noch ohne Gegenbeweisantritt bestritten werden. Es besteht kein Zwang, von vornherein erschöpfend alles auch nur ganz eventuell im Prozessverlauf einmal Erhebliche vorzutragen und unter Beweis zu stellen. In den Grenzen der Wahrheits- und Lauterkeitspflicht nach § 138 ZPO ist eine gewisse Prozesstaktik zulässig[3]. Andererseits ist keine tröpfchenweise Information des Gerichts zulässig, um Zeit zu gewinnen. Bei einem unkomplizierten und übersichtlichen Sachverhalt ist eine alsbaldige, einigermaßen umfassende Klagebegründung oder Klageerwiderung notwendig, und zwar einschließlich aller Beweisantritte. Wenn sich auf denselben Anspruch mehrere selbständige Angriffs- oder Verteidigungsmittel beziehen, dann darf die Partei sich grundsätzlich nicht auf das Vorbringen Einzelner von ihnen beschränken, selbst wenn sie nach dem Sach- und Streitstand davon ausgehen darf, dass diese für die Rechtsverfolgung oder Rechtsverteidigung ausreichen[4].

18 **IV. Vertagung. 1. Vertagungsgründe.** Kann die Verhandlung nicht in einem Termin zu Ende geführt werden, so ist der Termin nach Abs. 1 Satz 2 zu vertagen. Als Vertagungsgrund wird im Gesetz der Fall der nicht sofort möglichen Beweisaufnahme angeführt. Hierbei handelt es sich aber um keine abschließende Regelung. Nach § 227 Abs. 1 Satz 1 ZPO kann eine Verhandlung aus „erheblichen Gründen" vertagt werden. Die erheblichen Gründe sind auf Verlangen des Gerichts glaubhaft zu machen (§ 227 Abs. 3 ZPO).

19 Als „erhebliche Gründe" für eine Vertagung kommen zB in Betracht: Verhinderung der Partei, deren persönliches Erscheinen angeordnet und unverzichtbar erscheint, oder die ihren Prozess selbst führt; Erfolg versprechende außergerichtliche Vergleichsverhandlungen; Verhinderung von Zeugen oder Sachverständigen; Verhinderung des Prozessbevollmächtigten aufgrund unverschuldeter Anreiseschwierigkeit und ggf. bei zu berücksichtigender Terminskollision[5]; wenn neues Tatsachenvorbringen oder neue Beweismittel erforderlich werden, weil im Termin neue tatsächliche und rechtliche Erkenntnisse gewonnen wurden.

20 „Erhebliche Gründe" für eine Vertagung sind aber nach § 227 Abs. 1 Nr. 1 bis 3 ZPO insb. nicht:

- das Ausbleiben einer Partei oder die Ankündigung, nicht zu erscheinen, wenn nicht das Gericht dafür hält, dass die Partei ohne ihr Verschulden am Erscheinen verhindert ist (Nr. 1);

- die mangelnde Vorbereitung einer Partei, wenn nicht die Partei dies genügend entschuldigt (Nr. 2);

- das Einvernehmen der Parteien allein (Nr. 3).

21 **2. Vertagungsentscheidung.** Über die Vertagung einer Verhandlung entscheidet die Kammer (vgl. § 227 Abs. 4 Satz 1 Halbs. 2 ZPO). Die Entscheidung ist sofort, also am Schluss des mündlichen Verhandlungsteils dieses Sitzungstages (Grundsatz der Einheit der mündlichen Verhandlung) zu verkün-

---

[1] BGH v. 1.4.1992 – VIII ZR 86/91, MDR 1992, 608. | [2] Zöller/*Greger*, § 282 ZPO Rz. 3. | [3] BLAH/*Hartmann*, § 282 ZPO Rz. 8. | [4] BLAH/*Hartmann*, § 282 ZPO Rz. 9. | [5] BLAH/*Hartmann*, § 227 ZPO Rz. 21 (mit strengen Anforderungen).

den (Abs. 1 Satz 2). Der verbreitete Beschluss „Neuer Termin wird von Amts wegen anberaumt" ist durch den klaren Wortlaut des Gesetzes nicht gedeckt[1]. Sofern das Gericht die weitere mündliche Verhandlung nach §§ 56, 61a ArbGG vorzubereiten hat, bleibt nur, den neuen Termin vorab festzusetzen, und im Übrigen dem Vorsitzenden die weitere Vorbereitung des Termins zu überlassen. Stehen der sofortigen Bestimmung des neuen Termins jedoch objektive Hinderungsgründe entgegen, kann die Anberaumung des neuen Termins dem Vorsitzenden vorbehalten werden. Solche Hinderungsgründe liegen zB vor, wenn nicht absehbar ist, wann ein Sachverständigengutachten vorliegt, ein Zeuge erreichbar ist (vgl. aber § 356 ZPO) oder eine erkrankte Partei wieder zur Verfügung steht.

22 Die Vertagungsentscheidung ist kurz zu begründen (§ 227 Abs. 4 Satz 2 ZPO). Sie ist grundsätzlich unanfechtbar (§ 227 Abs. 4 Satz 3 ZPO)[2]. Eine Anfechtung der Vertagungsentscheidung durch Beschwerde soll zulässig sein, wenn die Vertagung in ihrer Wirkung einer Aussetzung gleichkommt[3] oder wenn eine „greifbare Gesetzeswidrigkeit" vorliegt[4]. Dem kann nicht mehr gefolgt werden. Vom BGH wurde in ständiger Rspr. ein außerordentlicher Rechtsbehelf in besonderen Ausnahmefällen als statthaft angesehen, wenn die angefochtene Entscheidung mit der geltenden Rechtsordnung schlechthin unvereinbar ist, weil sie jeder gesetzlichen Grundlage entbehrt und dem Gesetz inhaltlich fremd ist[5]. Demgegenüber reichte für die Zulassung eines außerordentlichen Rechtsbehelfs ein Verstoß gegen Verfahrensgrundrechte grundsätzlich nicht aus[6]. Dem Anliegen, Grundrechtsverstöße nach Möglichkeit durch Abhilfe innerhalb der jeweiligen Gerichtsbarkeit zu korrigieren, wurde dadurch Rechnung getragen, dass in solchen Fällen das Gericht, welches die Entscheidung erlassen hatte, als befugt angesehen wurde, diese auf Gegenvorstellung hin selbst dann zu überprüfen und ggf. zu korrigieren, wenn sie nach dem Prozessrecht grundsätzlich innerhalb der Instanz unabänderlich ist[7]. Nach der Neuregelung des Beschwerderechts durch das Zivilprozessreformgesetz lehnt der BGH ein außerordentliches Rechtsmittel auch im Hinblick auf Entscheidungen ab, wenn diese ein Verfahrensgrundrecht des Beschwerdeführers verletzen oder aus sonstigen Gründen „greifbar gesetzwidrig" sind. In einem solchen Fall sei die angefochtene Entscheidung durch das Gericht, das sie erlassen hat, auf (fristgebundene) Gegenvorstellung zu korrigieren. Werde ein Verfassungsverstoß nicht beseitigt, komme allein eine Verfassungsbeschwerde zum BVerfG in Betracht[8]. Das Plenum des BVerfG hat die bei einer behaupteten Verletzung von Verfahrensgrundsätzen praktizierten ungeschriebenen außerordentlichen Rechtsbehelfe beanstandet, weil sie gegen das rechtsstaatliche Gebot der Rechtsmittelklarheit verstießen[9]. Dem Gesetzgeber wurde aufgegeben, bis zum 31.12.2004 eine Lösung zu finden, soweit dies nicht schon durch das Zivilprozessreformgesetz vom 27.7.2001 geschehen sei. Bis zur gesetzlichen Neuregelung bleibe es bei der gegenwärtigen Rechtslage. Sollte der Gesetzgeber keine rechtzeitige Neuregelung treffen, sei das Verfahren auf Antrag vor dem Gericht fortzusetzen, dessen Entscheidung wegen einer behaupteten Verletzung des Anspruchs auf rechtliches Gehör angegriffen werde. Der Antrag sei binnen 14 Tagen seit Zustellung der Entscheidung zu stellen.

23 Um keine Vertagung handelt es sich, wenn die Kammer einen Verkündungstermin anberaumt. Die Zulässigkeit dieser Verfahrensweise ist in § 60 Abs. 1 und 2 geregelt.

24 **V. Gütliche Erledigung.** Nach Abs. 2 soll die gütliche Erledigung des Rechtsstreits während des ganzen Verfahrens angestrebt werden. Hierdurch wird dem Gericht, wie bereits zu § 54 Abs. 1 Satz 1 erläutert, die Aufgabe der „Rechtspflege als Konfliktmanagement" zugewiesen. Die Regelung des Abs. 2 entspricht § 278 Abs. 1 ZPO. Nach § 278 Abs. 5 ZPO besteht sogar die Möglichkeit der Verweisung der Parteien für einen Güteversuch vor einem beauftragten oder ersuchten Richter.

25 Die Pflicht, eine gütliche Erledigung des Rechtsstreits anzustreben, betrifft nicht nur die mündliche Verhandlung. Auch außerhalb der mündlichen Verhandlung ist der Vorsitzende gehalten, auf eine gütliche Beilegung hinzuwirken. Zu diesem Zweck kann er den Parteien einen schriftlichen Vergleichsvorschlag unterbreiten.

26 Ein getrenntes Telefonieren mit den Parteien zum Zwecke der gütlichen Erledigung des Rechtsstreits gilt mangels Transparenz der jeweiligen Gesprächsinhalte für die Parteien als problematisch[10]. Zumindest ist der jeweilige Gesprächsinhalt gegenüber der am Telefonat gerade nicht beteiligten Person über einen Aktenvermerk oder auch telefonisch bekannt zu geben[11]. Solange den Gerichten die Durchführung von technisch möglichen Telefonkonferenzen mit beiden Parteien nicht durch entsprechende technische Ausstattung der Richterarbeitsplätze ermöglicht wird, sollten die Vorbehalte gegenüber dem telefonischen „Konfliktmanagement" nicht zur Überspannung der Anforderungen an diese schnelle, kostengünstige Verfahrenstechnik führen. Mit strengen Dokumentationsanforderungen geht der Vorteil des Einsatzes des Telefons verloren. Es sollte genügen, wenn die Parteien sich aus-

---

1 GMPM/*Germelmann*, § 57 ArbGG Rz. 24. |2 AA für Kündigungsschutzverfahren LAG Rh.-Pf. v. 2.1.1981 – 1 Ta 86/81, NJW 1981, 2272. |3 LAG München v. 12.9.1977 – 7 Ta 87/77. |4 LAG Köln v. 12.9.1995 – 6 Ta 100/95, LAGE § 57 ArbGG 1979 Nr. 1. |5 BGH v. 10.5.2001 – V ZB 4/01, MDR-RR 2001, 1016; ebenso BAG v. 19.6.2002 – 2 AZB 9/02, ArbuR 2002, 470. |6 BGH v. 9.9.1997 – IX ZB 92/97, ZIP 1997, 1757; BGH v. 25.11.1999 – IX ZB 95/99, NJW 2000, 590. |7 BGH v. 7.3.2002 – IX ZB 11/02, WM 2002, 775. |8 BGH v. 7.3.2002 – IX ZB 11/02, MDR 2002, 901. |9 BVerfG v. 30.4.2003 – 1 PBvU 1/02. |10 Abl. GMPM/*Germelmann*, § 58 ArbGG Rz. 27. |11 LAG Berlin v. 18.12.1996 – 18 Sa 97/96, LAGE § 49 ArbGG 1979 Nr. 7.

drücklich mit einer telefonischen Erörterung von Vergleichsmöglichkeiten in getrennten Telefonaten einverstanden erklären, sofern sie auf eine vollständige telefonische Information über die Gespräche zwischen dem Vorsitzenden und dem Gegner vertrauen dürfen. Die im Einigungsstellenverfahren anzutreffende Entgegennahme von vertraulichen, nicht für die Gegenseite bestimmten Informationen durch den Vorsitzenden lässt diese Verfahrensweise auf keinen Fall zu.

58 Beweisaufnahme

(1) Soweit die Beweisaufnahme an der Gerichtsstelle möglich ist, erfolgt sie vor der Kammer. In den übrigen Fällen kann die Beweisaufnahme, unbeschadet des § 13, dem Vorsitzenden übertragen werden.

(2) Zeugen und Sachverständige werden nur beeidigt, wenn die Kammer dies im Hinblick auf die Bedeutung des Zeugnisses für die Entscheidung des Rechtsstreits für notwendig erachtet. Im Falle des § 377 Abs. 3 der Zivilprozessordnung ist die eidesstattliche Versicherung nur erforderlich, wenn die Kammer sie aus dem gleichen Grunde für notwendig hält.

1 **I. Allgemeines.** Das ArbGG enthält zum Beweisrecht nur wenige Regelungen. Im Übrigen gilt aufgrund der Verweisung in § 46 Abs. 2 das Beweisrecht der ZPO. Die Vorschrift des § 58 findet im erstinstanzlichen Verfahren und nach § 64 Abs. 7 auch im zweitinstanzlichen Verfahren Anwendung. Da im Revisionsverfahren keine Tatsachenfeststellung erfolgt, sind die das Beweisverfahren betreffenden Vorschriften für dieses Verfahren ohne Bedeutung. Für das Beschlussverfahren des ersten Rechtszugs gelten nach § 80 Abs. 2 die für das Urteilsverfahren des ersten Rechtszugs maßgebenden Vorschriften über die Beweisaufnahme entsprechend, wobei das Gericht aber nach § 83 Abs. 1 Satz 1 den Sachverhalt im Rahmen der gestellten Anträge von Amts wegen erforscht und die Beteiligten nach § 83 Abs. 1 Satz 2 an der Aufklärung des Sachverhalts mitzuwirken haben.

2 **II. Grundlagen des Beweisverfahrens. 1. Zweck des Beweisverfahrens.** Die ArbG entscheiden über den Klageanspruch unter Anwendung des Rechts auf den zugrunde liegenden tatsächlichen Sachverhalt, der allerdings im Rahmen des Verhandlungsgrundsatzes weitgehend durch das Vorbringen der Parteien bestimmt wird. Soweit danach der tatsächliche Lebensvorgang unstreitig ist, beschränkt sich die gerichtliche Entscheidung auf die rechtliche Beurteilung dieses Sachverhalts im Rahmen des Klagebegehrens. Häufig wird aber zunächst um die tatsächlichen Grundlagen der rechtsanwendenden Entscheidung gestritten. Dann müssen vorab die für die anzuwendenden Rechtsnormen bedeutsamen Tatsachen geklärt werden. Nach § 286 Abs. 1 Satz 1 ZPO hat das Gericht unter Berücksichtigung des gesamten Inhalts der Verhandlungen und des Ergebnisses einer etwaigen Beweisaufnahme nach freier Überzeugung zu entscheiden, ob eine tatsächliche Behauptung für wahr oder für nicht wahr zu erachten ist. Der Herbeiführung einer solchen Überzeugung dient – neben den Verhandlungen – der Beweis. Zur Gewinnung des Beweises sieht die ZPO ein bestimmtes Verfahren, die Beweisaufnahme, mit speziellen Beweismitteln vor. Es müssen aber bestimmte Voraussetzungen erfüllt sein, bis es zu einem Beweisverfahren kommen kann. Ist die Beweisaufnahme abgeschlossen, so stellt sich die Aufgabe der Beweiswürdigung. Gelangt das Gericht dabei nicht zu einer sicheren Überzeugung über die tatsächlichen Grundlagen, so muss es trotz dieser Beweislosigkeit über die Klage entscheiden, und zwar nach den Regeln der Beweislast[1].

3 **2. Gesetzliche Grundlagen. a) Normen des ArbG-Verfahrens.** Zum Beweisverfahren finden sich im ArbGG die folgenden Einzelregelungen:

- § 9 Abs. 4, wonach Zeugen und Sachverständige nach dem Gesetz über die Entschädigung von Zeugen und Sachverständigen entschädigt werden (ab 1.7.2004: Entschädigung nach dem Justizvergütungs- und -entschädigungsgesetz);

- § 54 Abs. 1 Satz 3, wonach der Vorsitzende zur Aufklärung des Sachverhalts in der Güteverhandlung alle Handlungen vornehmen kann, die sofort erfolgen können;

- § 54 Abs. 1 Satz 4, der eine eidliche Vernehmung für die Güteverhandlung ausschließt;

- § 54 Abs. 2 Satz 2, der in der Güteverhandlung erklärten gerichtlichen Geständnissen nach § 288 ZPO nur dann eine bindende Wirkung zuspricht, wenn sie zu Protokoll erklärt worden sind;

- § 55 Abs. 4, wonach der Vorsitzende vor der streitigen Verhandlung einen Beweisbeschluss erlassen kann, soweit er eine Beweisaufnahme durch den ersuchten Richter, eine schriftliche Beantwortung der Beweisfrage nach § 377 Abs. 3 ZPO, die Einholung amtlicher Auskünfte, die Einholung eines schriftlichen Sachverständigengutachtens oder eine Parteivernehmung anordnet, wobei die Anordnungen (mit Ausnahme der Parteivernehmung) vor der streitigen Verhandlung ausgeführt werden können;

- § 58, der die Durchführung der Beweisaufnahme vor der Kammer, die Voraussetzungen für die Beeidigung von Zeugen und Sachverständigen bzw. die Abgabe der eidesstattlichen Versicherung regelt;

---

1 *Schilken*, Rz. 463.

- § 83 Abs. 1 Satz 1, wonach das Gericht im Beschlussverfahren den Sachverhalt im Rahmen der gestellten Anträge von Amts wegen erforscht;
- § 83 Abs. 1 Satz 2, der die Mitwirkung der am Beschlussverfahren Beteiligten bei der Aufklärung des Sachverhalts anordnet;
- § 83 Abs. 2, nach dem im Beschlussverfahren zur Aufklärung des Sachverhalts Urkunden eingesehen, Auskünfte eingeholt, Zeugen, Sachverständige und Beteiligte vernommen und der Augenschein eingenommen werden kann.

b) Zivilprozessuale Regelungen. Soweit das ArbGG keine Regelungen zum Beweisrecht enthält, richtet sich das Beweisverfahren nach den zivilprozessualen Regelungen (§ 46 Abs. 2 Satz 1). Insoweit sind einschlägig:

- §§ 284, 355–370 ZPO: allgemeine Vorschriften über die Beweisaufnahme;
- § 285 ZPO: Verhandlung nach Beweisaufnahme;
- §§ 286, 287 ZPO: freie Beweiswürdigung und Grundsätze der Schadensermittlung;
- §§ 288–290 ZPO: gerichtliches Geständnis;
- § 291 ZPO: offenkundige Tatsachen;
- § 292 ZPO: gesetzliche Vermutungen;
- § 293 ZPO: Ermittlung von fremdem Recht, Gewohnheitsrecht und Satzungen;
- § 294 ZPO: Glaubhaftmachung;
- §§ 371–372a ZPO: Beweis durch Augenschein;
- §§ 373–401 ZPO: Zeugenbeweis;
- §§ 402–414 ZPO: Beweis durch Sachverständige und sachverständige Zeugen;
- §§ 415–444 ZPO: Urkundenbeweis;
- §§ 445–455 ZPO: Beweis durch Parteivernehmung;
- §§ 478–484 ZPO: Abnahme von Eiden und eidesgleichen Bekräftigungen;
- §§ 485–494a ZPO: selbständiges Beweisverfahren.

c) Verfassungs- und europarechtliche Regelungen. Das „Recht auf Beweis" der Verfahrensbeteiligten ist verfassungsrechtlich gewährleistet. Es wird zum einen aus dem Justizgewährungsanspruch und damit letztlich aus dem Rechtsstaatsprinzip (Art. 20 GG) und zum anderen aus Art. 6 Abs. 1 EMRK hergeleitet. Inhalt des „Rechts auf Beweis" ist die Garantie, zur Beweisführung zugelassen zu werden, am Beweisverfahren teilzunehmen, zum Beweisergebnis Stellung zu nehmen sowie das Recht auf Unmittelbarkeit der Beweisaufnahme[1].

Der Grundsatz der Waffengleichheit gebietet es, dass jeder Partei eine vernünftige Möglichkeit eingeräumt werden muss, ihren Fall – einschließlich ihrer „Zeugenaussage" – vor Gericht unter Bedingungen zu präsentieren, die für die Partei keinen substantiellen Nachteil im Verhältnis zu ihrem Prozessgegner bedeuten[2]. Eine Verletzung dieses Gebots des fairen Verfahrens wird zB angenommen, wenn es einer juristischen Person verwehrt ist, ihr Organ als Zeugen für den Verlauf eines Gesprächs zu benennen, an dem nur der Alleingesellschafter und ein Vertreter der beklagten Partei teilgenommen haben, sofern andererseits der Gesprächsteilnehmer der beklagten Partei vom Tatgericht gehört wird[3]. Art. 6 Abs. 1 EMRK gebietet nicht die Vernehmung des heimlich mithörenden Zeugen. Das gilt jedenfalls dann, wenn die Partei, die ihn hat mithören lassen, keinen gewichtigen Grund dafür hatte, dieses heimlich zu tun[4].

III. Beweisverfahren. Die zivilprozessuale Beweisaufnahme erfolgt grundsätzlich im Rahmen eines förmlichen Verfahrens nach den §§ 355 ff. ZPO, im arbeitsgerichtlichen Verfahren unter Berücksichtigung von §§ 54 Abs. 1 und 2, 55 Abs. 4, 58 und 83 und unter Beschränkung auf die dort zugelassenen fünf Beweismittel (Zeugen, Parteivernehmung, Sachverständige, Urkunden und Augenschein). Andere Beweismittel sind ausgeschlossen; es gilt der sog. Strengbeweis.

Der sog. Freibeweis ist demgegenüber weder an die genannten Beweismittel noch an ein förmliches Verfahren gebunden; zudem kann er – wie allerdings auch die Strengbeweismittel mit Ausnahme des Zeugenbeweises – von Amts wegen erhoben werden. Der Freibeweis ist zulässig bei der Ermittlung fremden Rechts iSv. § 293 ZPO, bei der Ermittlung von Erfahrungssätzen[5] und bei den Umständen, die der Amtsprüfung unterliegen (zB Prozess- und Rechtsmittelvoraussetzungen). Dabei gilt der sog. Freibeweis lediglich für die Beweiserhebung; dieser senkt nicht die Anforderungen an die richterliche

---

1 GMPM/*Prütting*, § 58 ArbGG Rz. 3 a mwN. | 2 EGMR 27.10.1993 – 37/1992/382/460 – NJW 1995, 209. | 3 *Schloßer*, NJW 1995, 1404; *Zwanziger*, DB 1997, 776; krit. GMPM/*Prütting*, § 58 ArbGG Rz. 51. | 4 BAG v. 29.10.1997 – 5 AZR 508/96, AP Nr. 27 zu § 611 BGB – Persönlichkeitsrecht. | 5 Str., vgl. *Schilken*, Rz. 481.

Überzeugung, sondern stellt das Gericht – im Rahmen pflichtgemäßen Ermessens – nur freier bei der Gewinnung der Beweismittel und im Beweisverfahren[1].

9 **IV. Durchführung der Beweisaufnahme.** In § 58 Abs. 1 Satz 1 kommt der Grundsatz der Unmittelbarkeit der Beweisaufnahme zum Ausdruck. Danach erfolgt die Beweisaufnahme vor der Kammer, soweit sie an Gerichtsstelle möglich ist. Ist dies nicht möglich, kann die Beweisaufnahme dem Vorsitzenden übertragen werden (§ 58 Abs. 1 Satz 2) oder im Wege der Rechtshilfe (§ 13) erfolgen. Den Parteien ist gestattet, der Beweisaufnahme beizuwohnen (§ 357 ZPO). Dieser Grundsatz wird nicht verletzt durch Vorlage einer beim Notar abgegebenen und urkundlich verwerteten Aussage als Nachweis über das Vertretensein einer Gewerkschaft im Betrieb[2]. Es ist zwar ein das rechtsstaatliche Verfahren beherrschender Grundsatz, dass der Prozessgegner die Möglichkeit haben muss, Kenntnis von allen entscheidungserheblichen Tatsachen zu nehmen und die Angaben der darlegungs- und beweisbelasteten Partei selbst nachzuprüfen. Die Grundsätze des deutschen Zivilverfahrensrechts lassen es in der Regel nicht zu, die von einer Partei geheim gehaltenen Tatsachen zu deren Gunsten zu verwerten[3]. Eine davon abweichende Beurteilung kann aber ausnahmsweise gerechtfertigt sein, wenn die darlegungs- und beweisbelastete Partei ein erhebliches rechtliches Interesse an der Geheimhaltung bestimmter innerbetrieblicher Informationen hat und dem Prozessgegner aus der Verwertung der geheim gehaltenen Tatsachen keine unzumutbaren Nachteile erwachsen[4].

10 **V. Selbständiges Beweisverfahren.** Während oder außerhalb eines Streitverfahrens kann auf Antrag einer Partei die Einnahme des Augenscheins, die Vernehmung von Zeugen oder die Begutachtung durch einen Sachverständigen angeordnet werden, wenn der Gegner zustimmt oder zu besorgen ist, dass das Beweismittel verloren geht oder seine Benutzung erschwert erscheint. Das selbständige Beweisverfahren ist in §§ 485 bis 494a ZPO geregelt.

59 *Versäumnisverfahren*

Gegen ein Versäumnisurteil kann eine Partei, gegen die das Urteil ergangen ist, binnen einer Notfrist von einer Woche nach seiner Zustellung Einspruch einlegen. Der Einspruch wird beim Arbeitsgericht schriftlich oder durch Abgabe einer Erklärung zur Niederschrift der Geschäftsstelle eingelegt. Hierauf ist die Partei zugleich mit der Zustellung des Urteils schriftlich hinzuweisen. § 345 der Zivilprozessordnung bleibt unberührt.

1 **I. Allgemeines.** Das Versäumnisverfahren richtet sich grundsätzlich nach § 46 Abs. 2 Satz 1 iVm. §§ 330 bis 347 ZPO. In § 59 finden sich nur Regelungen zur Form und Frist des Einspruchs und zum Inhalt der Rechtsbehelfsbelehrung. Weil im arbeitsgerichtlichen Verfahren die Vorschriften über das schriftliche Vorverfahren keine Anwendung finden (vgl. § 46 Abs. 2 Satz 2), scheidet eine Anwendbarkeit der §§ 331 Abs. 3, 335 Abs. 1 Nr. 4 ZPO aus. Die Vorschrift des § 59 findet im Berufungsverfahren (§ 64 Abs. 7), mangels Inbezugnahme in § 72 Abs. 6 ZPO jedoch nicht im Revisionsverfahren Anwendung. In der Revisionsinstanz richtet sich das Versäumnisverfahren nach §§ 330 ff. ZPO[5].

2 Sofern das Versäumnisurteil ohne die Rechtsbehelfsbelehrung (oder mit unvollständiger Rechtsbehelfsbelehrung) zugestellt wird, läuft die Einspruchsfrist nicht an. Vielmehr ist eine erneute Zustellung des Urteils mit Rechtsbehelfsbelehrung erforderlich[6].

3 **II. Einspruch. 1. Rechtsbehelf.** Der Partei, gegen die ein Versäumnisurteil erlassen ist, steht gegen das Urteil der Einspruch zu (§ 338 ZPO). Der Einspruch ist kein Rechtsmittel, sondern ein Rechtsbehelf, weil er die Sache nicht in die höhere Instanz bringt (Devolutiveffekt) und nicht zur Nachprüfung des Versäumnisurteils, sondern zur Nachholung der versäumten Verhandlung führt. Der Einspruch ist nur gegen ein echtes Versäumnisurteil (auch Versäumnis-Teilurteil) statthaft. Gegen ein unechtes Versäumnisurteil und eine Entscheidung nach Lage der Akten verbleibt es bei den normalen Rechtsmitteln. Auf den Lauf der Rechtsmittelfristen hat die Einspruchseinlegung keinen Einfluss[7]. Die Einschränkung des Einspruchs auf einen Teil des Streitgegenstands, der einer Entscheidung durch Teilurteil zugänglich wäre, ist zulässig.

4 **2. Einspruchsfrist.** Der Einspruch kann nur binnen einer Notfrist von einer Woche nach Zustellung des Versäumnisurteils eingelegt werden (§ 59 Satz 1 ArbGG als Sonderregelung gegenüber § 339 Abs. 1 Satz 1 ZPO). Die Einlegung des Einspruchs nach Verkündung, jedoch vor Zustellung der Versäumnisentscheidung ist zulässig.

5 Muss die Zustellung des Versäumnisurteils im Ausland oder durch öffentliche Zustellung erfolgen, so hat der Vorsitzende[8] die Einspruchsfrist im Versäumnisurteil oder nachträglich durch besonderen Be-

---

1 BGH v. 4.6.1992 – IX ZB 10/92, AP Nr. 16 zu § 286 ZPO. | 2 BAG v. 25.3.1992 – 7 ABR 65/90, AP Nr. 4 zu § 2 BetrVG 1972; bestätigt durch BVerfG v. 21.3.1994 – 1 BvR 1485/93, AP Nr. 4a zu § 2 BetrVG 1972; aA GMPM/*Prütting*, § 58 ArbGG Rz. 45. | 3 BGH v. 15.4.1994 – V ZR 286/92, MDR 1994, 941. | 4 BGH v. 18.10.1995 – I ZR 126/93, MDR 1996, 276; vgl. aber BAG v. 19.3.2003 – 4 AZR 271/02, AP Nr. 41 zu § 253 ZPO. | 5 Hauck/*Helml*, § 59 ArbGG Rz. 1. | 6 GMPM/*Germelmann*, § 59 ArbGG Rz. 21; aA *Grunsky*, § 59 ArbGG Rz. 6. | 7 BGH v. 25.6.1986 – IVb ZB 83/85, MDR 1987, 39. | 8 GMPM/*Germelmann*, § 59 ArbGG Rz. 33.

schluss, der ohne mündliche Verhandlung und damit vom Vorsitzenden erlassen werden kann, zu bestimmen (§ 339 Abs. 2 ZPO). Die Auslandszustellung kommt nur in Betracht, wenn entgegen § 184 ZPO kein Zustellungsbevollmächtigter ernannt ist.

3. Form. Der Einspruch wird beim ArbG schriftlich oder durch Abgabe einer Erklärung zur Niederschrift der Geschäftsstelle eingelegt (§ 59 Satz 2). Die Einspruchsschrift muss die Bezeichnung des Urteils, gegen das der Einspruch eingelegt wird, und die Erklärung enthalten, dass gegen dieses Urteil Einspruch eingelegt werde (§ 340 Abs. 2 Satz 1 ZPO). 6

Soll das Urteil nur zum Teil angefochten werden, so ist der Umfang der Anfechtung zu bezeichnen (§ 340 Abs. 2 Satz 2 ZPO). 7

60 Verkündung des Urteils

(1) Zur Verkündung des Urteils kann ein besonderer Termin nur bestimmt werden, wenn die sofortige Verkündung in dem Termin, auf Grund dessen es erlassen wird, aus besonderen Gründen nicht möglich ist, insbesondere weil die Beratung nicht mehr am Tag der Verhandlung stattfinden kann. Der Verkündungstermin wird nur dann über drei Wochen hinaus angesetzt, wenn wichtige Gründe, insbesondere der Umfang oder die Schwierigkeit der Sache, dies erfordern. Dies gilt auch dann, wenn ein Urteil nach Lage der Akten erlassen wird.

(2) Bei Verkündung des Urteils ist der wesentliche Inhalt der Entscheidungsgründe mitzuteilen. Dies gilt nicht, wenn beide Parteien abwesend sind; in diesem Fall genügt die Bezugnahme auf die unterschriebene Urteilsformel.

(3) Die Wirksamkeit der Verkündung ist von der Anwesenheit der ehrenamtlichen Richter nicht abhängig. Wird ein von der Kammer gefälltes Urteil ohne Zuziehung der ehrenamtlichen Richter verkündet, so ist die Urteilsformel vorher von dem Vorsitzenden und den ehrenamtlichen Richtern zu unterschreiben.

(4) Das Urteil nebst Tatbestand und Entscheidungsgründen ist vom Vorsitzenden zu unterschreiben. Wird das Urteil nicht in dem Termin verkündet, in dem die mündliche Verhandlung geschlossen wird, so muss es bei der Verkündung in vollständiger Form abgefasst sein. Ein Urteil, das in dem Termin, in dem die mündliche Verhandlung geschlossen wird, verkündet wird, ist vor Ablauf von drei Wochen, vom Tag der Verkündung an gerechnet, vollständig abgefasst der Geschäftsstelle zu übergeben; kann dies ausnahmsweise nicht geschehen, so ist innerhalb dieser Frist das von dem Vorsitzenden unterschriebene Urteil ohne Tatbestand und Entscheidungsgründe der Geschäftsstelle zu übergeben. In diesem Fall sind Tatbestand und Entscheidungsgründe alsbald nachträglich anzufertigen, von dem Vorsitzenden besonders zu unterschreiben und der Geschäftsstelle zu übergeben.

I. Allgemeines. Die Vorschrift des § 60 enthält im Hinblick auf Besonderheiten des arbeitsgerichtlichen Verfahrens (Heranziehung der ehrenamtlichen Richter nach § 31 Abs. 2) Sonderregelungen, die in ihrem Anwendungsbereich die Bestimmungen der §§ 310 und 311 ZPO verdrängen. Zugleich konkretisiert sie den Beschleunigungsgrundsatz für den Fall der Entscheidungsverkündung. Ihr Anwendungsbereich ist beschränkt auf die zu verkündenden Entscheidungen[1]. 1

Nach § 69 Abs. 1 Satz 2 findet die Vorschrift des § 60 auch im Berufungsverfahren entsprechende Anwendung, jedoch mit der Modifikation, dass die Frist für das Absetzen des Urteils auf vier Wochen verlängert wird und Tatbestand und Entscheidungsgründe von sämtlichen Mitgliedern der Kammer zu unterschreiben sind. Für eine entsprechende Anwendung in der Revisionsinstanz fehlt es in § 72 Abs. 6 an einer Verweisung. 2

Im erstinstanzlichen Beschlussverfahren ist die Vorschrift entsprechend anwendbar (§ 84 Satz 3). Die Anwendbarkeit im Beschwerdeverfahren ist entsprechend der im Urteilsverfahren geregelt (§§ 91 Abs. 2 Satz 2, 69 Abs. 1 Satz 2). Ebenso fehlt es für die Rechtsbeschwerdeinstanz an einer entsprechenden Verweisung in § 96. 3

Mit Ausnahme des Beschlussverfahrens nach §§ 80 ff. gilt die Vorschrift nicht für Beschlüsse. Für diese findet § 329 ZPO Anwendung. 4

II. Verkündung von Urteilen und Beschlüssen. 1. Schließung der mündlichen Verhandlung. Urteile sind, wie sich aus Abs. 1 ergibt, regelmäßig im letzten Termin zur mündlichen Verhandlung zu verkünden. Der Vorsitzende schließt die Verhandlung ausdrücklich oder konkludent, wenn nach Ansicht des Gerichts – nicht des Vorsitzenden – die Sache vollständig erörtert ist (§ 136 Abs. 4 ZPO). Dies bedingt eine Abstimmung des Vorsitzenden mit den ehrenamtlichen Richtern, die ohne förmliche Beratung im Sitzungssaal durch Zuflüstern oÄ. herbeigeführt werden kann[2]. Konkludente Schließung der mündlichen Verhandlung liegt in der Bestimmung eines Verkündungstermins oder im Aufruf einer anderen Sache. Eine Protokollierung der Schließung als wesentlicher Vorgang ist angezeigt (vgl. § 160 Abs. 2). 5

---

1 GMPM/*Germelmann*, § 60 ArbGG Rz. 7. | 2 *Gift/Baur*, Urteilsverfahren, E Rz. 1472.

6   **2. Wiedereröffnung und nachgelassener Schriftsatz.** Nach Schluss der mündlichen Verhandlung können Angriffs- und Verteidigungsmittel nicht mehr vorgebracht und Sachanträge nicht mehr gestellt werden, es sei denn, das Gericht ordnet die Wiedereröffnung der Verhandlung (§ 156 ZPO) oder die Zulassung eines nachgereichten Schriftsatzes nebst Verkündungstermin an (§ 283 ZPO). Das Gericht hat nach § 156 Abs. 2 ZPO ua. die Wiedereröffnung anzuordnen, wenn es einen entscheidungserheblichen und rügbaren Verfahrensfehler (§ 295 ZPO), insb. eine Verletzung der Hinweis- und Aufklärungspflicht (§ 139 ZPO) oder eine Verletzung des Anspruchs auf rechtliches Gehör, feststellt. Die Frage der Wiedereröffnung stellt sich auch, wenn das Gericht einen Verkündungstermin anberaumte und zwischen dem letzten Termin zur mündlichen Verhandlung und dem Verkündungstermin ein – ggf. nachgelassener – Schriftsatz mit neuem und erheblichem Tatsachenvortrag eingeht. Bei nicht nachgelassenem neuen Vorbringen ist das Gericht nicht zur Wiedereröffnung der mündlichen Verhandlung verpflichtet[1]. Die Entscheidungen über die Wiedereröffnung trifft die Kammer (vgl. § 53 Rz. 9).

7   **3. Beratung der Kammer.** Unmittelbar nach Schließung der mündlichen Verhandlung oder im weiteren Verlauf des Sitzungstages findet die Kammerberatung statt. Für Beratung und Abstimmung gelten nach § 9 Abs. 2 die Vorschriften der §§ 192 ff. GVG. Als Ergebnis der Beratung wird regelmäßig die Urteilsformel schriftlich niedergelegt, denn nach § 311 Abs. 2 Satz 1 ZPO wird das Urteil durch Vorlesung der Urteilsformel verkündet. Die Vorlesung der Urteilsformel kann durch die Bezugnahme auf die Urteilsformel ersetzt werden, wenn bei der Verkündung von den Parteien niemand erschienen ist (§ 311 Abs. 2 Satz 2 ZPO). Versäumnisurteile, Anerkenntnis- und Verzichturteile und Urteile infolge einer Klagerücknahme können verkündet werden, auch wenn die Urteilsformel noch nicht schriftlich abgefasst ist (§ 311 Abs. 2 Satz 3 ZPO). Falls ein von der Kammer gefälltes Urteil ohne Zuziehung der ehrenamtlichen Richter verkündet wird, ist die Urteilsformel vorher von dem Vorsitzenden und den ehrenamtlichen Richtern zu unterzeichnen (Abs. 3 Satz 2).

8   **4. Zeitpunkt der Verkündung. a) Sofortige Verkündung.** Abs. 1 Satz 1 geht von dem Grundsatz aus, dass die Entscheidung am Schluss der Sitzung zu verkünden ist (sog. Stuhlurteil). Dem Erfordernis der sofortigen Verkündung wird auch eine Entscheidungsverkündung im Verlaufe oder am Ende des Sitzungstages, an dem mehrere Sachen verhandelt werden, gerecht[2].

9   **b) Besonderer Verkündungstermin.** Nur ausnahmsweise kann ein besonderer Termin zur Verkündung des Urteils bestimmt werden, nämlich wenn aus besonderen Gründen eine sofortige Verkündung nicht möglich ist (Abs. 1 Satz 1). Welche Gründe die Anberaumung eines Verkündungstermins rechtfertigen, regelt das Gesetz nicht abschließend. In Abs. 1 Satz 1 findet sich der Beispielsfall, dass die Beratung nicht mehr am Tage der Verhandlung stattfinden kann. Weitere Gründe können sein: eine besonders schwierige Sache mit weiter gehendem Prüfungs-, Überlegungs- und Beratungsbedarf; die Verhinderung eines ehrenamtlichen Richters an der abschließenden Beratung; die Prüfungs- und Beratungsbedürftigkeit neuen Sachvortrags; die Erschöpfung eines Kammermitglieds nach einem umfangreichen Sitzungstag; zwischen den Parteien andauernde Vergleichsgespräche; der Lauf einer Widerrufsfrist für einen Prozessvergleich.

10   Die Anberaumung des Verkündungstermins erfolgt unmittelbar in dem Termin, in dem die Verhandlung geschlossen wird. Bei Festlegung des Termins wirken die ehrenamtlichen Richter mit; die Bestimmung des Termins kann dem Vorsitzenden überlassen werden (Verkündungstermin wird von Amts wegen anberaumt), der dann hierüber und ggf. über eine Verlegung wegen Nichtvorliegens eines noch nicht abgesetzten Urteils (Abs. 4 Satz 2) nach § 53 Abs. 1 allein entscheidet[3].

11   Grundsätzlich darf die Verkündung nicht über drei Wochen nach Schließung der mündlichen Verhandlung hinausgeschoben werden (vgl. Abs. 1 Satz 2). Der Verkündungstermin wird nur dann über drei Wochen hinaus angesetzt, wenn wichtige Gründe, insb. der Umfang oder die Schwierigkeit der Sache, dies erfordern (Abs. 1 Satz 2). Dies gilt auch dann, wenn ein Urteil nach Lage der Akten erlassen wird (Abs. 1 Satz 3). Als wichtige Gründe für die Anberaumung eines Verkündungstermins nach drei Wochen kommen neben dem gesetzlichen Beispielsfall in Betracht: länger andauernde außergerichtliche Vergleichsverhandlungen; Widerrufsvergleich mit längerer Widerrufsfrist; Hinderung des Vorsitzenden am rechtzeitigen Absetzen der zu verkündenden Entscheidung durch Krankheit oder Überlastung des Vorsitzenden.

12   Ein Verstoß gegen Abs. 1 Satz 2 kann die Anfechtbarkeit des Urteils nicht begründen[4].

13   **5. Form der Verkündung.** Das Urteil ergeht im Namen des Volkes (§ 311 Abs. 1 ZPO). Es wird durch Verlesung der Urteilsformel verkündet (§ 311 Abs. 2 Satz 1 ZPO). Die Vorlesung der Urteilsformel kann durch die Bezugnahme auf die Urteilsformel ersetzt werden, wenn bei der Verkündung von den Parteien niemand erschienen ist (§ 311 Abs. 2 Satz 2 ZPO). Versäumnisurteile, Anerkenntnis- und Verzichturteile und Urteile infolge einer Klagerücknahme können verkündet werden, auch wenn die Ur-

---

[1] BGH v. 1.10.1992 – VIII ZR 199/91, MDR 1993, 173. |[2] *Gift/Baur*, Urteilsverfahren, E Rz. 1606. |[3] GMPM/*Germelmann*, § 60 ArbGG Rz. 13; aA *Gift/Baur*, Urteilsverfahren, E Rz. 1607. |[4] BAG v. 21.8.1967 – 3 AZR 383/66, AP Nr. 122 zu § 242 BGB – Ruhegehalt.

teilsformel noch nicht schriftlich abgefasst ist (§ 311 Abs. 2 Satz 3 ZPO). Die Wirksamkeit der Verkündung eines Urteils ist von der Anwesenheit der Parteien nicht abhängig. Die Verkündung gilt auch derjenigen Partei gegenüber als bewirkt, die den Termin versäumt hat (§ 312 Abs. 1 ZPO). Von der Anwesenheit der ehrenamtlichen Richter ist die Wirksamkeit der Verkündung ebenfalls nicht abhängig (Abs. 3 Satz 1). Die Verkündung kann auch in Anwesenheit anderer ehrenamtlicher Richter erfolgen als derjenigen, die bei der Urteilsfällung mitgewirkt haben[1].

Bei Verkündung des Urteils ist der wesentliche Inhalt der Entscheidungsgründe mitzuteilen, sofern wenigstens eine Partei anwesend ist. Dem Vorsitzenden steht ein Beurteilungsspielraum dahin zu, was als wesentlicher Inhalt der Entscheidungsgründe anzusehen ist. Die anwesenden Parteien können (nur gemeinsam) auf die Mitteilung verzichten. Die Anwesenheit von Zuhörern löst die Mitteilungspflicht nicht aus. Lediglich bei Abwesenheit „beider" (vgl. Abs. 2 Satz 2 Halbs. 1) – gemeint sind alle am Rechtsstreit beteiligten – Parteien genügt die Bezugnahme auf die – in diesem Fall nur vom Vorsitzenden unterzeichnete – Urteilsformel (Abs. 2 Satz 2 Halbs. 2). 14

Tatsache und Form der Verkündung sowie die anwesenden Richter und Parteien sind im Protokoll festzustellen (vgl. § 160 Abs. 3 Nr. 7 ZPO). Die fehlende Protokollierung ist rückwirkend nachholbar (§ 164 Abs. 1 ZPO). Der Urkundsbeamte der Geschäftsstelle hat auf der Urschrift des Urteils den Tag der Verkündung zu vermerken und diesen Vermerk zu unterschreiben (§ 315 Abs. 3 ZPO). An die Unterschrift des Urkundsbeamten sind dieselben Anforderungen zu stellen wie an die Unterschrift des Richters, Rechtsanwalts oder Verbandsvertreters[2]. Der Vermerk bezeugt die Übereinstimmung mit der verkündeten Formel, ersetzt jedoch nicht die Feststellung der Verkündung im Sitzungsprotokoll[3]. Ein Verstoß gegen § 315 Abs. 3 ZPO führt nicht zur Fehlerhaftigkeit des Urteils[4]. 15

III. Abfassung des Urteils. 1. Abfassung und Unterzeichnung des Urteils. Das Urteil nebst Tatbestand und Entscheidungsgründen ist in 1. Instanz (Abs. 4 Satz 1) vom Vorsitzenden allein, in 2. (§ 69 Abs. 1 Satz 1) und 3. (§ 75 Abs. 2) Instanz von sämtlichen an der Entscheidung beteiligten Richtern zu unterschreiben. Eine Paraphe genügt nicht; es muss sich um eine Unterzeichnung zumindest mit vollem Familiennamen handeln, wobei der Schriftzug individualisierbar sein muss. Eine fehlende Unterschrift kann nachgeholt werden, ggf. auch noch nach Einlegung eines Rechtsmittels. Die fehlende oder unzureichende Unterschrift hat zur Folge, dass eine wirksame Urteilszustellung nicht erfolgte und somit auch eine Rechtsmittelfrist nicht in Lauf gesetzt werden konnte[5]. Ist der Vorsitzende einer Kammer des ArbG verhindert, seine Unterschrift beizufügen, so scheidet eine Ersetzung seiner Unterschrift nach § 315 Abs. 1 Satz 2 ZPO aus, denn § 60 Abs. 4 Satz 1 ist lex specialis gegenüber § 315 Abs. 1 ZPO[6]. Ist dagegen der Vorsitzende einer Kammer des LAG verhindert, die Begründung eines bereits verkündeten Urteils abzusetzen, so können die beisitzenden Landesarbeitsrichter die schriftliche Begründung des Urteils fertigen oder sich einen Entwurf des Vorsitzenden zu Eigen machen[7]. Die Ersetzung der Unterschrift des Vorsitzenden erfolgt dann nach § 315 Abs. 1 Satz 2 ZPO. 16

2. Fristen für Urteilsabfassung. Ein Urteil, das in dem Termin, in dem die mündliche Verhandlung geschlossen wird, verkündet wird, ist vor Ablauf von drei Wochen, vom Tage der Verkündung an gerechnet, vollständig abgefasst der Geschäftsstelle zu übergeben (Abs. 4 Satz 3 Halbs. 1). Vollständig abgefasst ist das Urteil, wenn es handschriftlich oder maschinenschriftlich in der endgültigen Fassung mit Unterschrift des Vorsitzenden, nicht jedoch nur als Diktat (stenographiert oder auf Band) bei der Geschäftsstelle vorliegt. Kann das Urteil ausnahmsweise nicht rechtzeitig der Geschäftsstelle übergeben werden, so ist innerhalb der Drei-Wochen-Frist das von dem Vorsitzenden unterschriebene Urteil ohne Tatbestand und Entscheidungsgründe der Geschäftsstelle zu übergeben (Abs. 4 Satz 3 Halbs. 2). In diesem Fall sind Tatbestand und Entscheidungsgründe alsbald nachträglich anzufertigen, von dem Vorsitzenden besonders zu unterschreiben und der Geschäftsstelle zu übergeben (Abs. 4 Satz 4). Ausnahmsweise kann die Drei-Wochen-Frist überschritten werden in Fällen wie komplexer und umfangreicher Sachverhalt mit schwierigen Rechtsfragen, Erkrankung des Vorsitzenden, Kapazitätsengpässe im gerichtlichen Schreibdienst. Das Urteil sollte jedoch den Parteien vor Ablauf der Frist von drei Monaten seit Verkündung des Urteils zugestellt sein, weil sie sonst der Möglichkeit eines Tatbestandsberichtigungsantrags verlustig gehen (vgl. § 320 Abs. 2 Satz 3 ZPO). Sind die Nichteinhaltung der Urteilsabsetzungsfrist und sogar der Frist für den Tatbestandsberichtigungsantrag absehbar, so ist die Anberaumung eines Verkündungstermins dem Stuhlurteil vorzuziehen[8]. Wird das Urteil nicht in dem Termin verkündet, in dem die mündliche Verhandlung geschlossen wird, so muss es bei der Verkündung in vollständiger Form abgefasst sein (Abs. 4 Satz 2), ansonsten ist der Verkündungstermin zu verlegen. 17

---

1 BAG v. 21.1.1983 – 2 AZR 188/81, AP Nr. 12 zu § 38 ZPO – Internationale Zuständigkeit. | 2 BGH v. 27.10.1987 – VI ZR 268/86, MDR 1988, 218. | 3 BGH v. 7.2.1990 – XII ZB 6/90, MDR 1990, 919. | 4 BGH v. 11.12.1986 – VIII ZB 47/86, AP Nr. 3 zu § 516 ZPO. | 5 LAG Köln v. 23.2.1988 – 6 Ta 28/88, BB 1988, 768. | 6 *Gift/Baur*, Urteilsverfahren, E 1523; GMPM/*Germelmann*, § 60 ArbGG Rz. 35. | 7 BAG v. 18.6.1967 – 3 AZR 383/66, AP Nr. 122 zu § 242 BGB – Ruhegehalt; v. 30.4.1971 – 3 AZR 198/70, AP Nr. 15 zu § 9 ArbGG 1953. | 8 *Gift/Baur*, Urteilsverfahren, E Rz. 1632.

18 **IV. Folgen gerichtlicher Fristversäumnisse.** Die Drei-Wochen-Frist zur Urteilsabsetzung wird als Ordnungsvorschrift verstanden[1]. Die Verletzung dieser Frist durch das ArbG stellt einen Verfahrensmangel dar. Zu den Verfahrensmängeln, die eine Zurückverweisung nach § 68 nicht zulassen, zählt jedoch auch der Fall der verspäteten Urteilsabsetzung[2]. Der hiermit verbundene Verlust einer Instanz ist angesichts des für das arbeitsgerichtliche Verfahren besonders bedeutsamen Gebots der Beschleunigung hinzunehmen. Dies gilt selbst dann, wenn die Entscheidung wegen weit verspäteter oder unterlassener Urteilsabsetzung als nicht mit Gründen (§ 547 Nr. 6 ZPO) versehen zu werten ist[3]. Der Gemeinsame Senat der obersten Gerichtshöfe des Bundes hat zwar darauf erkannt, dass abweichend von der früheren Rspr. des BAG ein bei Verkündung noch nicht vollständig abgefasstes Urteil als nicht mit Gründen versehen anzusehen ist, wenn Tatbestand und Entscheidungsgründe nicht binnen fünf Monaten nach Verkündung schriftlich niedergelegt und von den Richtern unterschrieben der Geschäftsstelle übergeben worden sind[4]. Dieser Rspr. hat sich das BAG angeschlossen[5]. Ein absoluter Revisionsgrund liegt jedoch – nach bisheriger Rspr. des BAG – nicht vor, wenn das vollständige Berufungsurteil später als fünf Monate nach der letzten mündlichen Verhandlung, nicht aber später als fünf Monate nach der Verkündung der Geschäftsstelle übergeben wurde. Verlängert sich der Zeitraum zwischen mündlicher Verhandlung und Urteilsverkündung durch mehrmalige Verlegung des Verkündungstermins, können die Parteien sich mit der Beschwerde wehren, falls für die Terminsverlegung erhebliche Gründe iSd. § 227 ZPO nicht vorliegen[6]. Eine Überschreitung der fünfmonatigen Frist zur vollständigen Niederlegung von Tatbestand und Entscheidungsgründen liegt auch dann vor, wenn der letzte Tag der Fünf-Monats-Frist auf einen Sonnabend, Sonntag oder Feiertag fällt und das vollständig abgefasste Urteil erst am darauf folgenden Werktag von den Richtern unterschrieben der Geschäftsstelle übergeben wird[7].

19 Ein Urteil ist auch dann unterschrieben, wenn die Unterschrift eines an der Entscheidung beteiligten Richters durch einen Verhinderungsvermerk nach § 315 Abs. 1 Satz 2 ZPO wirksam ersetzt worden ist. Ein Verhinderungsvermerk, in dem unter Angabe des Verhinderungsgrundes niedergelegt ist, dass der betreffende Richter verhindert ist, ersetzt dessen Unterschrift, wenn er bei Unterschriftsreife der Entscheidung längere Zeit tatsächlich oder rechtlich gehindert war, seine Unterschrift zu leisten. Hierfür reicht es jedenfalls nicht aus, wenn er an einem Tag nicht erreichbar war[8].

20 Die Überschreitung der fünfmonatigen Frist zur vollständigen Niederlegung von Tatbestand und Entscheidungsgründen durch das LAG allein rechtfertigt nicht die Zulassung der Revision[9]. Das erklärt sich daraus, dass der absolute Revisionsgrund des § 547 Nr. 6 ZPO allein die Revision nicht statthaft macht. Er vermag die Revision lediglich zu begründen, die aber selbst nur nach § 72 Abs. 1 ArbGG statthaft sein kann[10]. Mithin kann die Überschreitung der Fünf-Monats-Frist nur dann zur Aufhebung des Urteils führen, wenn

- das LAG gegen sein Urteil die Revision zugelassen hat und
- die Überschreitung der Fünf-Monats-Frist ausdrücklich gerügt worden ist[11].

21 Da mit Überschreiten der Fünf-Monats-Frist endgültig feststeht, dass eine rechtsstaatlich unbedenkliche Begründung durch das LAG nicht mehr erfolgen kann, ist das BVerfG davon auszugehen, dass der Lauf der Frist zur Einlegung der Verfassungsbeschwerde gemäß § 93 BVerfGG zu diesem Zeitpunkt beginnt[12].

§ 61 Inhalt des Urteils

(1) Den Wert des Streitgegenstandes setzt das Arbeitsgericht im Urteil fest.

(2) Spricht das Urteil die Verpflichtung zur Vornahme einer Handlung aus, so ist der Beklagte auf Antrag des Klägers zugleich für den Fall, dass die Handlung nicht binnen einer bestimmten Frist vorgenommen ist, zur Zahlung einer vom Arbeitsgericht nach freiem Ermessen festzusetzenden Entschä-

---

1 BAG v. 7.12.1983 – 4 AZR 394/81, AP Nr. 82 zu §§ 22, 23 BAT 1975. | 2 BAG v. 24.4.1996 – 5 AZN 970/95, AP Nr. 2 zu § 68 ArbGG 1979; v. 24.2.1982 – 4 AZR 313/80, AP Nr. 1 zu § 68 ArbGG 1979. | 3 BAG v. 24.4.1996 – 5 AZN 970/95, AP Nr. 2 zu § 68 ArbGG 1979. | 4 GmSOGB v. 27.4.1993 – GmSOGB 1/92, AP Nr. 21 zu § 551 ZPO. | 5 BAG v. 4.8.1993 – 4 AZR 501/92, AP Nr. 22 zu § 551 ZPO; v. 7.10.1993 – 2 AZR 293/93, juris; v. 24.11.1993 – 10 AZR 371/93, juris; v. 16.12.1993 – 8 AZR 114/93, juris; v. 8.2.1994 – 9 AZR 591/93, AP Nr. 23 zu § 72 ArbGG 1979; v. 15.11.1995 – 2 AZR 1036/94, AP Nr. 34 zu § 551 ZPO; v. 17.8.1999 – 3 AZR 526/97, AP Nr. 51 zu § 551 ZPO. | 6 BAG v. 20.11.1997 – 6 AZR 215/96, AP Nr. 47 zu § 551 ZPO; BVerfG v. 26.3.2001 – 1 BvR 383/00, AP Nr. 33 zu Art 20 GG, legt aber auch insoweit die Wertung nahe, dass auch dann ein Urteil ohne Gründe vorliegt. | 7 BAG v. 17.2.2000 – 2 AZR 350/99, AP Nr. 52 zu § 551 ZPO. | 8 BAG v. 17.8.1999 – 3 AZR 526/97, AP Nr. 51 zu § 551 ZPO. | 9 BAG v. 13.12.1995 – 4 AZN 576/95, AP Nr. 36 zu § 72a ArbGG 1979. | 10 BAG v. 13.12.1995 – 4 AZN 576/95, AP Nr. 36 zu § 72a ArbGG 1979. | 11 BAG v. 23.11.1994 – 4 AZR 873/93, AP Nr. 190 zu §§ 22, 23 BAT 1975; v. 31.1.1995 – 1 ABR 35/94, AP Nr. 56 zu § 118 BetrVG 1972; v. 23.8.1995 – 4 AZR 191/94, AP Nr. 13 zu § 21 MTB II; v. 24.9.1997 – 4 AZR 469/96, AP Nr. 42 zu §§ 22, 23 BAT – Sozialarbeiter; v. 15.12.1998 – 1 AZR 216/98, AP Nr. 155 zu Art 9 GG – Arbeitskampf. | 12 BVerfG v. 26.3.2001 – 1 BvR 383/00, AP Nr. 33 zu Art. 20 GG; zu den Formalien einer ordnungsgemäße Verfassungsbeschwerde vgl. *Kreutzfeldt*, FA 2001, 297 f.

digung zu verurteilen. Die Zwangsvollstreckung nach §§ 887 und 888 der Zivilprozessordnung ist in diesem Fall ausgeschlossen.

(3) Ein über den Grund des Anspruchs vorab entscheidendes Zwischenurteil ist wegen der Rechtsmittel nicht als Endurteil anzusehen.

I. Allgemeines. Die Vorschrift enthält in ihrem Abs. 1 einzelne Regelungen zum Inhalt, in Abs. 2 zu Vollstreckungsmodalitäten und in Abs. 3 zur Rechtsmittelfähigkeit arbeitsgerichtlicher Urteile. Daneben gelten die §§ 313, 313a und 313b ZPO (betreffend Form und Inhalt des Urteils), § 9 Abs. 5 Satz 1 (betreffend Rechtsmittelbelehrung), § 64 Abs. 3a (betreffend Zulassung der Berufung) bzw. § 72 Abs. 2 (betreffend Zulassung der Revision) entsprechend. **1**

In 2. Instanz gelten lediglich Abs. 2 und 3 (§ 64 Abs. 7), und in 3. Instanz gilt allein Abs. 2 (§ 72 Abs. 6). Im Beschlussverfahren kommt § 61 nicht zur Anwendung; dort gilt § 84. **2**

II. Inhalt des Urteils. Aufgabe des Urteils ist es, über die in der Urteilsformel enthaltene Entscheidung hinaus die Parteien von der Richtigkeit zu überzeugen und dem Rechtsmittelgericht die Nachprüfung in materieller und formeller Hinsicht zu ermöglichen[1]. Das Urteil enthält **3**

- die Eingangsformel („Im Namen des Volkes", § 311 Abs. 1 ZPO),
- die Urteilsart (zB Versäumnisurteil, Zwischenurteil, Schlussurteil), und das Aktenzeichen (beides nicht im Gesetz erwähnt; Ausnahme: § 313b Abs. 1 Satz 2 ZPO) und im Übrigen nach § 313 Abs. 1 ZPO (bezogen auf den Zeitpunkt der Schließung der mündlichen Verhandlung),
- den Namen des entscheidenden Gerichts; des Spruchkörpers; die Namen der Richter, die bei der Entscheidung – zuletzt – mitgewirkt haben (§ 313 Abs. 1 Nr. 2 ZPO),
- die Bezeichnung der Parteien, ihrer gesetzlichen Vertreter und der Prozessbevollmächtigten (§ 313 Abs. 1 Nr. 1 ZPO),
- den Tag, an dem die mündliche Verhandlung geschlossen worden ist (§ 313 Abs. 1 Nr. 3 ZPO), oder – in der Rechtsmittelinstanz – die Angabe des Tages, an dem die Beratung im schriftlichen Verfahren nach § 128 Abs. 2 ZPO stattgefunden hat,
- die Urteilsformel (§ 313 Abs. 1 Nr. 4 ZPO), bestehend aus dem Spruch zur Hauptsache, der Kostenentscheidung, der Festsetzung des Streitwerts (§ 61 Abs. 1) und der Entscheidung über die Zulassung oder Nichtzulassung der Berufung (§ 64 Abs. 3a S. 1) bzw. der Revision (§§ 72 Abs. 1, 64 Abs. 3a),
- den Tatbestand (§§ 313 Abs. 1 Nr. 5, 313 Abs. 2 ZPO),
- die Entscheidungsgründe (§§ 313 Abs. 1 Nr. 6, 313 Abs. 3 ZPO) und
- die Rechtsmittelbelehrung (§ 9 Abs. 5 Satz 1 u. 2).

Die Urteilsformel (§ 313 Abs. 1 Nr. 4 ZPO) hat in möglichst knapper und genauer Form die Entscheidung des Gerichts zu enthalten. Schon im Hinblick auf die Erteilung der abgekürzten Ausfertigung (§ 60 Abs. 4 Satz 3 Halbs. 2) muss die Formel ohne Tatbestand und Entscheidungsgründe aus sich heraus verständlich sein und die Zwangsvollstreckung ermöglichen[2]. Wird zur Unterlassung einer Handlung verurteilt, dann muss der Unterlassungstenor den Gegenstand des Verbots deutlich bezeichnen, um eine geeignete Grundlage für das Vollstreckungsverfahren bilden zu können. Die bloße Wiederholung des Gesetzeswortlauts oder die Verwendung von Bezeichnungen, deren Bedeutung zwischen den Parteien umstritten ist, genügen dem Bestimmtheitserfordernis nicht[3]. **4**

Der Tatbestand (§ 313 Abs. 1 Nr. 5 ZPO) beurkundet das schriftliche und mündliche Vorbringen der Parteien. Er ist berichtigungsfähig (§ 319 ZPO) und beweiskräftig (§ 314 ZPO). Im Tatbestand sollen die erhobenen Ansprüche und die dazu vorgetragenen Angriffs- und Verteidigungsmittel unter Hervorhebung der gestellten Anträge nur ihrem wesentlichen Inhalt nach knapp dargestellt werden. Wegen der Einzelheiten des Sach- und Streitstandes soll auf Schriftsätze, Protokolle und andere Unterlagen verwiesen werden (§ 313 Abs. 2 ZPO), wobei die summarische Bezugnahme genügt[4]. Fehlende Angaben im Tatbestand können in den Entscheidungsgründen nachgeholt werden[5]. **5**

Die Entscheidungsgründe (§ 313 Abs. 1 Nr. 6 ZPO) enthalten nach § 313 Abs. 3 ZPO eine kurze Zusammenfassung der Erwägungen, auf denen die Entscheidung in tatsächlicher und rechtlicher Hinsicht beruht. Nicht nötig ist, dass jede Einzelheit des Parteivorbringens erörtert wird[6], jedoch müssen die Gründe nachvollziehbar sein und eine Überprüfung der Entscheidungsgründe durch die höhere Instanz ermöglichen. Klageansprüche dürfen nicht übergangen, wesentlicher Sachvortrag muss zur Kenntnis genommen und erwogen werden[7] und Abweichungen von der herrschenden Rspr. müssen **6**

---

1 Zöller/*Vollkommer*, § 313 ZPO Rz. 2. | 2 Zöller/*Vollkommer*, § 313 ZPO Rz. 8. | 3 BGH v. 2.4.1992 – I ZR 131/90, MDR 1992, 657; v. 9.4.1992 – I ZR 171/90, MDR 1992, 954. | 4 BGH v. 16.6.1992 – XI ZR 166/91, MDR 1992, 960. | 5 BGH v. 17.1.1985 – VII ZR 257/83, MDR 1985, 570; v. 25.4.1991 – I ZR 232/89, MDR 1992, 188. | 6 BVerfG v. 3.4.1979 – 1 BvR 733/78, NJW 1980, 278. | 7 BVerfG v. 30.1.1985 – 1 BvR 99/84, MDR 1985, 551.

begründet werden[1]. Die Bezugnahme auf ein anderes Urteil ist zulässig, wenn den Parteien dessen Gründe bekannt sind und das andere Urteil genau bezeichnet wird[2].

7 III. Weglassen von Tatbestand und Entscheidungsgründen. Des Tatbestandes bedarf es nicht, wenn ein Rechtsmittel gegen das Urteil unzweifelhaft nicht eingelegt werden kann (§ 313a Abs. 1 Satz 1 ZPO). In diesem Fall bedarf es auch keiner Entscheidungsgründe, wenn die Parteien auf sie verzichten oder wenn ihr wesentlicher Inhalt in das Protokoll aufgenommen worden ist (§ 313a Abs. 1 Satz 2). Wird das Urteil in dem Termin, in dem die mündliche Verhandlung geschlossen worden ist, verkündet, so bedarf es des Tatbestands und der Entscheidungsgründe nicht, wenn beide Parteien auf Rechtsmittel gegen das Urteil verzichten. Ist das Urteil nur für eine Partei anfechtbar, so genügt es, wenn diese verzichtet (§ 313a Abs. 2 ZPO). Der Verzicht auf das Rechtsmittel und die Entscheidungsgründe kann schon vor der Verkündung des Urteils, spätestens jedoch eine Woche nach dem Schluss der mündlichen Verhandlung gegenüber dem Gericht erfolgen (§ 313a Abs. 3 ZPO). Diese Regelungen zum Weglassen von Tatbestand und Entscheidungsgründen gelten nicht im Falle der Verurteilung zu künftig fällig werdenden wiederkehrenden Leistungen (§ 313a Abs. 4 Nr. 4 ZPO). Soll ein ohne Tatbestand und Entscheidungsgründe hergestelltes Urteil im Ausland geltend gemacht werden, so gelten die Vorschriften über die Vervollständigung von Versäumnis- und Anerkenntnisurteilen entsprechend (§ 313a Abs. 5 ZPO). Auch bei Versäumnisurteilen, Anerkenntnisurteilen und Verzichtsurteilen bedarf es nicht des Tatbestandes und der Entscheidungsgründe (§ 313b Abs. 1 ZPO), sofern nicht die Geltendmachung im Ausland zu erwarten ist (§ 313b Abs. 3 ZPO). Damit bedürfen Urteile 1. Instanz regelmäßig keines Tatbestandes und keiner Entscheidungsgründe, in denen der Beschwerdewert des § 64 Abs. 2 lit. b von mehr als 600 Euro nicht erreicht und in denen die Berufung nicht zugelassen wird. Ansonsten ist ein Rechtsmittelverzicht erforderlich. Von der Möglichkeit der Abkürzung des Urteils soll wegen der Rügemöglichkeit nach § 321a ZPO nur zurückhaltend Gebrauch gemacht werden[3].

8 Die Möglichkeit der Nichtzulassungsbeschwerde bei Berufungsurteilen lässt grundsätzlich die Feststellung, dass ein Rechtsmittel unzweifelhaft nicht eingelegt werden kann, nicht zu. § 313a ZPO kann hier nur angewandt werden, wenn die durch das Berufungsurteil beschwerte Partei auf die Einlegung eines Rechtsmittels verzichtet[4]. Wegen der weiteren Fragen des Inhalts und der Abkürzung des Berufungsurteils wird auf die Kommentierung zu § 69 verwiesen.

9 In der Revisionsinstanz kann § 313a ZPO entsprechend angewendet werden, denn gegen die Urteile des BAG findet kein Rechtsmittel statt. Bei der Verfassungsbeschwerde handelt es sich um kein Rechtsmittel iSv. § 313a ZPO.

10 IV. Streitwertfestsetzung (Abs. 1). 1. Bedeutung der Streitwertfestsetzung. Nach Abs. 1 hat das ArbG den Wert des Streitgegenstandes im Urteil festzusetzen. Die Bedeutung dieser Festsetzung war lange umstritten[5]. Durchgesetzt hat sich die Ansicht, nach der die Streitwertfestsetzung im arbeitsgerichtlichen Urteil eine gewisse Bedeutung für die Zulässigkeit der Berufung hat. Das Berufungsgericht ist im Rahmen des § 64 Abs. 2 an den vom ArbG festgesetzten Streitwert (Obergrenze) gebunden und hat aus diesem die Höhe der Beschwer zu ermitteln. Daraus ergibt sich, dass der Beschwerdewert im Regelfall nicht höher sein kann als der festgelegte Streitwert[6]. Dies gilt ausnahmsweise nicht, wenn die Festsetzung offensichtlich unrichtig ist, wenn sie nämlich in jeder Beziehung unverständlich und unter keinem vernünftigen Gesichtspunkt zu rechtfertigen ist sowie außerdem der zutreffende Streitwert auf den ersten Blick die für den Beschwerdewert maßgebende Grenze übersteigt oder unterschreitet[7]. Eine Bindung besteht auch nicht, wenn der Beschwerdewert des § 64 Abs. 2 nach anderen Kriterien als der festgesetzte Streitwert zu ermitteln ist. Das ist zB der Fall, wenn die Streitwertfestsetzung im erstinstanzlichen Urteil allein am klägerischen Interesse orientieren muss und das wirtschaftliche Interesse der unterlegenen Partei nach anderen Grundsätzen zu ermitteln ist. So ist die Sachlage bei der Stufenklage[8]. In den Fällen der Verurteilung zur Erteilung einer Auskunft ist für das Rechtsmittelinteresse des Verurteilten in erster Linie auf den Aufwand an Zeit und Kosten abzustellen, den die Auskunftserteilung voraussichtlich erfordern wird. Entsprechendes gilt bei der Abgabe einer eidesstattlichen Versicherung[9]. Ist die Auskunft mit keinem besonderen Aufwand verbunden, wird die Mindestbeschwer regelmäßig nicht erreicht[10];

11 Der Urteilsstreitwert hat keine Bedeutung für den Gerichtsgebührenstreitwert nach § 25 Abs. 2 GKG (ab 1.7.2004: § 63 Abs. 2 GKG) bzw. den Rechtsanwaltsgebührenstreitwert nach §§ 9, 10 BRAGO (ab 1.7.2004: §§ 32, 33 RVG)[11]. Vielmehr hat das ArbG nach § 25 Abs. 2 Satz 1 GKG (ab 1.7.2004: § 63 Abs. 2 GKG) den Gerichtsgebührenstreitwert durch Beschluss festzusetzen, sobald eine Entschei-

---

1 BVerfG v. 1.4.1992 – 1 BvR 1097/91, NJW 1992, 2556. |2 BGH v. 8.11.1990 – I ZR 49/89, MDR 1991, 506. |3 GMPM/*Germelmann*, § 61 ArbGG Rz. 6. |4 GMPM/*Germelmann*, § 61 ArbGG Rz. 7. |5 GMPM/*Germelmann*, § 61 ArbGG Rz. 11–13. |6 BAG v. 2.3.1983 – 5 AZR 594/82, AP Nr. 6 zu § 64 ArbGG 1979; v. 30.11.1984 – 2 AZN 572/82 (B), AP Nr. 9 zu § 12 ArbGG 1979; v. 27.5.1994 – 5 AZB 3/94, AP Nr. 17 zu § 64 ArbGG 1979; gegen die Bindung des Berufungsgerichts GMPM/*Germelmann*, § 61 ArbGG Rz. 13. |7 BAG v. 22.5.1984 – 2 AZB 25/82, AP Nr. 7 zu § 12 ArbGG 1979. |8 BAG v. 27.5.1994 – 5 AZB 3/94, AP Nr. 17 zu § 64 ArbGG 1979. |9 BGH v. 1.4.1992 – VIII ZB 2/92, MDR 1992, 1007. |10 BAG v. 27.5.1994 – 5 AZB 3/94, AP Nr. 17 zu § 64 ArbGG 1979. |11 GK-ArbGG/*Wenzel*, § 12 Rz. 56–59; aA GMPM/*Germelmann*, § 61 ArbGG Rz. 16.

dung über den gesamten Streitgegenstand ergeht oder sich das Verfahren anderweitig erledigt[1]. Nach § 9 Abs. 1 BRAGO (ab 1.7.2004: § 32 Abs. 1 RVG) ist der Gerichtsgebührenstreitwert grundsätzlich auch für die Berechnung der Rechtsanwaltsgebühren verbindlich. Dies gilt nur, wenn sich die anwaltliche Tätigkeit mit dem für die gerichtliche Festsetzung maßgebenden Gegenstand deckt. Stimmen die gebührenauslösenden Tatbestände nicht überein, so ist der Rechtsanwalt befugt, den Wert des Gegenstandes seiner Tätigkeit durch gesonderten Beschluss des ArbG nach § 10 Abs. 1 BRAGO (ab 1.7.2004: § 33 Abs. 1 RVG) festsetzen zu lassen. In der großen Masse der Fälle kann der im Urteil festgesetzte Rechtsmittelstreitwert der Kostenberechnung zu Grunde gelegt werden, weil dieselben Bemessungsgrundsätze gelten. Zuweilen sind jedoch Korrekturen geboten und möglich, zB weil ein fehlerhafter Betrag der Monatsvergütung berücksichtigt wurde[2].

Die Streitwertfestsetzung im Urteil nach Abs. 1 ist unanfechtbar[3]. Dies soll anders sein, wenn sich aus der Begründung des Urteils (zB Angabe des § 25 GKG in den Entscheidungsgründen) ergibt, dass zugleich der Gebührenstreitwert festgesetzt werden sollte. In diesem Fall soll die Beschwerde des § 25 Abs. 3 GKG gegeben sein[4].

2. Streitwertberechnung. Da die Streitwertfestsetzung für die Rechtsmittelfähigkeit der Entscheidung Bedeutung hat (Rz. 10), bemisst sich der Streitwert nach den letzten gestellten Anträgen[5]. Maßgeblicher Zeitpunkt ist mithin die letzte mündliche Verhandlung; wenn ausnahmsweise zwischen letzter mündlicher Verhandlung und einem anberaumten Verkündungstermin eine Klageteilrücknahme folgt, der schriftsätzlich vom Beklagten zugestimmt wird, sind die reduzierten Anträge maßgeblich[6]. Daraus folgt, dass zB eine Klageforderung, die im Laufe des Verfahrens ermäßigt worden ist oder ein durch Teilvergleich ausgeschiedener Streitgegenstand beim Urteilsstreitwert nicht zu berücksichtigen sind[7].

3. Form der Streitwertfestsetzung. Die Streitwertfestsetzung hat grundsätzlich in jedem Urteil zu erfolgen, also auch in Teilurteilen nach § 301 ZPO, Vorbehaltsurteilen nach § 302 ZPO und Urteilen über die Zulässigkeit der Klage nach § 280 Abs. 1 ZPO. Ausnahmsweise soll keine Festsetzung erforderlich sein in Urteilen, gegen die unzweifelhaft ein beschwerabhängiges Rechtsmittel nicht statthaft ist (zB bei Zwischenurteilen nach § 61 Abs. 3 ArbGG, §§ 387, 135 und 71 ZPO)[8].

Da die Streitwertfestsetzung mittelbare Bedeutung für die Berufungsfähigkeit des Urteils habe und die Anfechtbarkeit sofort feststehen müsse, habe sie – so die hM – grundsätzlich im Urteilstenor zu erfolgen[9]. Dem kann nicht gefolgt werden. Die hM orientiert sich an der überholten Rspr. des BAG zur Rechtsmittelzulassung. Nach dem Wortlaut von § 61 Abs. 1 ist der Wert des Streitgegenstands „im Urteil", und damit nicht zwingend im Urteilstenor festzusetzen, während die Entscheidung über die Zulassung oder Nichtzulassung der Berufung nach § 64 Abs. 3a in den Urteilstenor aufzunehmen ist.

4. Folgen unterbliebener Streitwertfestsetzung. Fehlt eine Streitwertfestsetzung im Tenor des Urteils und wurde sie auch nicht in das vollständig abgesetzte Urteil aufgenommen, kommt nur eine Urteilsergänzung entsprechend § 321 ZPO in Betracht[10].

V. Berufungszulassung. Nach § 64 Abs. 2 Buchst. a kann die Berufung eingelegt werden, wenn sie im Urteil des ArbG zugelassen worden ist, sofern sie nicht bereits nach § 64 Abs. 2 Buchst. b oder c statthaft ist. Die Entscheidung des ArbG, ob die Berufung zugelassen oder nicht zugelassen wird, ist in den Urteilstenor aufzunehmen. Ist dies unterblieben, kann binnen zwei Wochen ab Verkündung des Urteils eine entsprechende Ergänzung beantragt werden (§ 64 Abs. 3a).

VI. Verurteilung zur Vornahme einer Handlung (Abs. 2). Durch Abs. 2 werden die Regelungen in §§ 510b und 888a ZPO modifiziert und der Anwendungsbereich des § 259 ZPO dahin erweitert, dass die Verurteilung zu einer erst in Zukunft fällig werdenden Entschädigung ermöglicht wird, ohne dass die Voraussetzungen des § 259 ZPO vorliegen müssen.

1. Anwendungsbereich. Abs. 2 gilt nur für Verurteilungen zur Vornahme von Handlungen, die nach §§ 887 oder 888 ZPO zu vollstrecken sind, wobei unbeachtlich ist, ob im Einzelfall eine Vollstreckung überhaupt zulässig wäre. Damit kommt eine Entscheidung nach Abs. 2 auch im Falle der Verurteilung zur Leistung von Diensten iSv. § 888 Abs. 2 ZPO zur Anwendung, obwohl die Zwangsvollstreckung unzulässig wäre[11]. Die Nichtvornahme der Handlung muss lediglich Entschädigungsansprüche auslösen. Dies findet seine Berechtigung darin, dass Abs. 2 keine besondere Form der Zwangsvollstreckung regelt, sondern die Möglichkeit für eine beschleunigte Titulierung eines Schadensersatzanspruchs schafft. Die Verurteilung muss aber auf Leistung, nämlich auf Vornahme einer vertretbaren oder unvertretbaren Handlung, und darf nicht nur auf die Feststellung der Leistungsverpflichtung gerichtet sein[12].

---

1 *Creutzfeldt*, NZA 1996, 958. | 2 GK-ArbGG/*Wenzel*, § 12 Rz. 58. | 3 GMPM/*Germelmann*, § 61 ArbGG Rz. 15; GK-ArbGG/*Dörner*, § 61 Rz. 20. | 4 LAG Düsseldorf v. 2.3.2000 – 7 Ta 39/00, MDR 2000, 708 f. | 5 GMPM/*Germelmann*, § 61 ArbGG Rz. 17. | 6 *Creutzfeldt*, NZA 1996, 957. | 7 GMPM/*Germelmann*, § 61 ArbGG Rz. 18. | 8 GMPM/*Germelmann*, § 61 ArbGG Rz. 15. | 9 *Gift/Baur*, Urteilsverfahren, E Rz. 1528; GMPM/*Germelmann*, § 61 ArbGG Rz. 20. | 10 GMPM/*Germelmann*, § 61 ArbGG Rz. 21; GK-ArbGG/*Dörner*, § 61 Rz. 19. | 11 GMPM/*Germelmann*, § 61 ArbGG Rz. 26. | 12 GK-ArbGG/*Dörner*, § 61 Rz. 23; GMPM/*Germelmann*, § 61 ArbGG Rz. 27.

20 Eine Anwendung von Abs. 2 kommt grundsätzlich auch im einstweiligen Verfügungsverfahren in Betracht. Die Vorschrift knüpft nur an den Inhalt der Verurteilung, nicht an die Verfahrensart an. Voraussetzung für eine ersatzweise Verurteilung zur Entschädigung ist dann aber, dass auch für den Entschädigungsanspruch ein Verfügungsgrund besteht, was regelmäßig nicht der Fall ist[1].

21 Somit ist Abs. 2 anwendbar bei Verurteilungen auf:

- Vornahme der Arbeitsleistung, unabhängig davon, ob es bei der geschuldeten Arbeitsleistung um eine vertretbare oder unvertretbare Handlung geht und ob die Zwangsvollstreckung nach § 888 Abs. 2 ZPO unzulässig wäre[2];
- Ausfüllen von Arbeitspapieren (zB der LStKarte, der Arbeitsbescheinigung nach § 312 SGB III; Lohnnachweiskarte für Urlaub, Lohnausgleich und Zusatzversorgung im Baugewerbe) bzw. das Erteilen/Berichtigen von Arbeitspapieren (Urlaubsbescheinigung nach § 6 Abs. 2 BUrlG; Zeugnis), nicht jedoch die Verurteilung auf Herausgabe von Arbeitspapieren[3];
- Auskunft/Abrechnung betreffend Arbeitsvergütung, Provisionen; unzulässig ist jedoch Verbindung von Auskunftsklage, Antrag nach § 61 Abs. 2 und vom Ergebnis der Auskunft abhängiger Zahlungsklage[4];
- Beschäftigung/Weiterbeschäftigung, weil diese Ansprüche (gerichtet auf Zuweisung von Arbeit an einem bestimmten Arbeitsplatz) nach § 888 ZPO vollstreckt werden[5].

22 **Keine Anwendung** findet dagegen Abs. 2 bei Verurteilungen auf:

- Herausgabe einer Sache (Arbeitspapiere, Geschäftsunterlagen, Firmenfahrzeug), weil deren Vollstreckung sich nicht nach §§ 887 und 888 ZPO, sondern nach § 883 ZPO richtet[6];
- Abgabe einer Willenserklärung, denn hier richtet sich die Vollstreckung nach § 894 ZPO[7];
- Unterlassung einer Handlung oder zur Duldung der Vornahme einer Handlung, da sich insoweit die Vollstreckung nach § 890 ZPO richtet.

23 **2. Entschädigungsfestsetzung. a) Antrag des Klägers.** Die Verurteilung zu einer Entschädigung nach Abs. 2 Satz 1 setzt einen Antrag voraus, der zu einer objektiven Klagenhäufung nach § 260 ZPO führt, wobei der Entschädigungsantrag regelmäßig als unechter Hilfsantrag nur für den Fall gestellt wird, dass dem Hauptantrag stattgegeben wird[8].

24 Der Kläger muss in dem Antrag entweder selbst eine Frist benennen oder er muss die Festsetzung der Frist in das Ermessen des Gerichts stellen.

25 Ferner muss der Antrag beziffert werden, sofern nicht die allgemeinen Voraussetzungen für die Zulässigkeit eines unbezifferten Antrags vorliegen[9]. Es geht um einen normalen Schadensersatzanspruch, der grundsätzlich zu beziffern ist. Etwas anderes gilt, wenn der Kläger die Höhe des Schadensersatzes in das Ermessen des Gerichts stellt (§ 287 ZPO), weil ihm die Bezifferung nicht möglich bzw. aus besonderen Gründen nicht zumutbar ist. In diesem Fall müssen sich allerdings aus der Begründung des Antrags zur Höhe genügend Anhaltspunkte ergeben, die dem Gericht die Bewertung des Schadens ermöglichen.

26 Schließlich muss der Antrag insoweit begründet werden, als der Kläger darlegen muss, dass ihm durch die Nichtvornahme der Handlung tatsächlich ein Schaden entsteht und wie hoch dieser zu veranschlagen ist[10].

27 Der Entschädigungsantrag kann von vornherein mit dem Leistungsantrag der Klage verbunden sein, aber auch im Laufe des Verfahrens rechtshängig gemacht werden[11]; jedoch nicht mehr nach rechtskräftiger Entscheidung über den Leistungsantrag[12]. Wird der noch nicht rechtskräftig titulierte Auskunftsanspruch in der 2. Instanz zurückgenommen, ist die weiterverfolgte Entschädigungsklage abzuweisen, weil es jetzt an der Voraussetzung der Verurteilung zur Vornahme einer Handlung fehlt[13]. Der Entschädigungsantrag soll auch noch während des Berufungsverfahrens gestellt werden können[14]. Dies erscheint bei Beachtung von § 533 Nr. 2 ZPO zweifelhaft, weil die Klageänderung auf Tatsachen (den künftig eintretenden Schaden) gestützt wird, die das Berufungsgericht seiner Verhandlung und Entscheidung über die Berufung nicht nach § 529 ZPO zu Grunde zu legen hat. § 264 Nr. 3 ZPO hilft nicht, weil die Entschädigung nicht statt des ursprünglich geforderten Gegenstands gefordert wird und weil es nicht um eine Änderung des Anspruchsziels wegen später eingetretener Veränderung geht.

---

1 *Gift/Baur*, Urteilsverfahren, E Rz. 1652; GMPM/*Germelmann*, § 61 ArbGG Rz. 28. | 2 GMPM/*Germelmann*, § 61 ArbGG Rz. 28. | 3 GMPM/*Germelmann*, § 61 ArbGG Rz. 28. | 4 LAG Frankfurt v. 16.11.1998 – 16 Sa 29/98; GMPM/*Germelmann*, § 61 ArbGG Rz. 28. | 5 GMPM/*Germelmann*, § 61 ArbGG Rz. 28. | 6 BAG v. 23.1.1958 – 2 AZR 62/56, AP Nr. 22 zu § 61 ArbGG; GMPM/*Germelmann*, § 61 ArbGG Rz. 27. | 7 GMPM/*Germelmann*, § 61 ArbGG Rz. 27. | 8 *Gift/Baur*, Urteilsverfahren, E Rz. 1653. | 9 GK-ArbGG/*Dörner*, § 61 ArbGG Rz. 22. | 10 LAG Frankfurt v. 7.8.2001 – 2 Sa 106/01, LAGReport 2002, 52–55; GK-ArbGG/*Dörner*, § 61 ArbGG Rz. 24; GMPM/*Germelmann*, § 61 ArbGG Rz. 30. | 11 *Gift/Baur*, Urteilsverfahren, E Rz. 1654. | 12 LAG Berlin v. 12.3.1999 – 2 Sa 3/98, LAGE § 61 ArbGG 1979 Nr. 13. | 13 BAG v. 4.10.1989 – 4 AZR 396/89, AP Nr. 9 zu § 61 ArbGG 1979. | 14 *Gift/Baur*, Urteilsverfahren, E Rz. 1654; GMPM/*Germelmann*, § 61 ArbGG Rz. 29.

b) Festsetzung der Erfüllungsfrist. Die Bemessung der dem Schuldner für die Vornahme der Handlung einzuräumenden Frist steht im Ermessen des Gerichts. Hierbei sind nach der Rspr. im Wesentlichen zu berücksichtigen, wie lange die beklagte Partei für die Vornahme der Handlung benötigen wird und die gesetzlich eingeräumte Rechtsmittelfrist von einem Monat. Unzulässig ist die Festsetzung einer diese Zeiträume verkürzenden Frist[1]. 28

c) Festsetzung der Entschädigung. Bei der Entscheidung über den Entschädigungsantrag muss das Gericht für den Fall der nicht rechtzeitigen Vornahme der Handlung die Höhe der zu zahlenden Entschädigung beziffern[2]. Maßgebend ist der Schaden, der durch die Nichtvornahme der Handlung entsteht. Bei der Verurteilung zu einer Auskunft darf der Entschädigungsbetrag nicht dem Betrag entsprechen, der mit dem Auskunftsantrag ermittelt wird; als Regelwert wird vielmehr der um 20 % gekürzte Betrag des zu erwartenden Zahlungsanspruchs angesehen[3]. Ist der klagenden Partei bei Verurteilung zur Auskunfterteilung auch ohne Auskunft zur Bezifferung der offenen Forderungen in der Lage, soll die Entschädigung 20 % der Forderungen betragen[4]. Mit der festgesetzten Entschädigung sind in der Regel sämtliche Schadensersatzansprüche abgegolten[5]. 29

d) Unzulässigkeit eines Teilurteils. Über den Antrag auf Vornahme der Handlung kann nicht vorab durch Teilurteil nach § 301 ZPO entschieden werden. Dies gilt erst recht für den unechten Hilfsantrag auf Entschädigung nach Abs. 2 Satz 1. Bereits der Wortlaut der Vorschrift lässt erkennen, dass nur „zugleich" entschieden werden kann. Bei einer Vorabentscheidung durch Teilurteil bliebe zudem unklar, ob aus dem Teilurteil später noch vollstreckt werden kann[6]. 30

e) Zwangsvollstreckung. Wird der Antrag auf Verurteilung zur Vornahme einer Handlung abgewiesen, so bedarf der unechte Hilfsantrag auf Verurteilung zur Entschädigung keiner Entscheidung. Er wäre zudem unbegründet, weil die Leistungsverurteilung Voraussetzung für die Entschädigungsverurteilung nach Abs. 2 ist. 31

Kommt es zur Verurteilung der beklagten Partei zur Vornahme einer Handlung bei Abweisung des Entschädigungsantrags, kann der zusprechende Teil des Urteils nach §§ 887 und 888 ZPO vollstreckt werden. 32

Gibt das Gericht sowohl dem Leistungs- als auch dem Entschädigungsantrag statt, ist nach Abs. 2 Satz 2 die Zwangsvollstreckung des auf Vornahme einer Handlung gerichteten Titels ausgeschlossen. Es fehlt an der Vollstreckbarkeit des fortbestehenden Vornahmeanspruchs. Aus dem Ausschluss der Vollstreckbarkeit des Vornahmeanspruchs folgt nicht, dass damit der Vornahmeanspruch untergeht oder in einen Zahlungsanspruch umgewandelt wird. Der Ausschluss der Zwangsvollstreckung hat nur vollstreckungsrechtliche Bedeutung, lässt aber den Vornahmeanspruch unberührt. Daher kann der Vornahmeanspruch auch nach Fristablauf erfüllt werden[7]. Die Vollstreckung des Entschädigungstitels richtet sich nach den Vorschriften über die Zwangsvollstreckung wegen Geldforderungen (§§ 803–882a ZPO). Voraussetzung ist, dass die Frist zur Vornahme der Handlung, die in dem Urteil festgesetzt worden ist, abgelaufen ist (§ 751 Abs. 1 ZPO). Erfüllt der Schuldner den Anspruch auf Vornahme der Handlung aber noch während der gerichtlich gesetzten Frist, entfällt der Entschädigungsanspruch. Die Frist läuft mit Zustellung des den Rechtsstreit beendenden Urteils (ggf. erst das Revisionsurteil) an[8]. Betreibt der Gläubiger gleichwohl die Zwangsvollstreckung, kann der Schuldner Vollstreckungsabwehrklage nach § 767 ZPO erheben. Wird die Leistung aber nach Fristablauf erbracht, kann eine Vollstreckungsabwehrklage bezüglich der Entschädigungsverurteilung nur Erfolg haben, wenn der Gläubiger mit der verspäteten Leistung einverstanden war[9]. Die entsprechenden Instanzurteile, gerichtet auf Vornahme und ersatzweise Entschädigung, sind jedoch vorläufig vollstreckbar (vgl. § 62 Abs. 1 Satz 1). Nach Ablauf der Frist (gerechnet ab Zustellung des erst vorläufig vollstreckbaren Urteils) zur Vornahme der geschuldeten Handlung kann der Gläubiger bereits wegen der festgesetzten Entschädigung die Zwangsvollstreckung einleiten. Ob diese vorläufige Vollstreckung endgültigen Bestand hat, hängt aber vom rechtskräftigen Abschluss des Rechtsstreits ab. Wurde die Entschädigung bereits im Wege der Zwangsvollstreckung beigetrieben, wird aber der Entschädigungstitel später aufgehoben, so erfolgt die Rückabwicklung der Vollstreckung nach § 717 Abs. 2 ZPO[10]. 33

Nimmt der Gläubiger nach Ablauf der vom Gericht bestimmten Frist dennoch die ursprünglich zu bewirkende Leistung (Vornahme der Handlung), die endgültig und nicht nur zur Abwendung der Zwangsvollstreckung erbracht wird, mit dem Willen an, sie als geschuldete Leistung gelten zu lassen, 34

---

1 BAG v. 5.6.1985 – 4 AZR 533/83, AP Nr. 67 zu § 1 TVG – Tarifverträge: Bau; GMPM/*Germelmann*, § 61 ArbGG Rz. 35; krit. mit überzeugenden Gründen GK-ArbGG/*Dörner*, § 61 Rz. 28. | 2 GK-ArbGG/*Dörner*, § 61 Rz. 27. | 3 BAG v. 5.6.1985 – 4 AZR 533/83, AP Nr. 67 zu § 1 TVG – Tarifverträge: Bau; v. 27.8.1986 – 4 AZR 280/85, AP Nr. 70 zu § 1 TVG – Tarifverträge: Bau; v. 6.5.1987 – 4 AZR 641/86, AP Nr. 7 zu § 61 ArbGG 1979; gegen einen Regelwert überzeugend GMPM/*Germelmann*, § 61 ArbGG Rz. 36. | 4 LAG Frankfurt v. 12.2.2001 – 16 Sa 585/00, EzAÜG § 1 AEntG Nr. 1. | 5 BAG v. 20.2.1997 – 8 AZR 121/95, AP Nr. 4 zu § 611 BGB – Haftung des Arbeitgebers. | 6 *Gift/Baur*, Urteilsverfahren, E Rz. 1664; GK-ArbGG/*Dörner*, § 61 Rz. 26. | 7 BAG v. 4.10.1989 – 4 AZR 396/89, AP Nr. 9 zu § 61 ArbGG 1979. | 8 BAG v. 11.7.1975 – 4 AZR 396/89, AP Nr. 9 zu § 61 ArbGG 1979. | 9 LAG Frankfurt v. 30.4.1996 – 15 Sa 1521/95, juris. | 10 BAG v. 11.7.1976 – 4 AZR 396/89, AP Nr. 9 zu § 61 ArbGG 1979.

35 **VII. Zwischenurteil über den Anspruchsgrund (Abs. 3).** Nach § 304 Abs. 1 ZPO kann das Gericht über den Grund eines Anspruchs vorab entscheiden, wenn ein Anspruch nach Grund und Höhe streitig ist. Während das Urteil im Verfahren vor den ordentlichen Gerichten nach § 304 Abs. 2 ZPO als Endurteil gilt und selbständig anfechtbar ist, ordnet Abs. 3 an, dass ein über den Grund des Anspruchs vorab entscheidendes Zwischenurteil wegen der Rechtsmittel nicht als Endurteil anzusehen ist. Damit ist im arbeitsgerichtlichen Verfahren zwar ein Grundurteil zulässig, jedoch ist dieses nicht getrennt anfechtbar, sondern kann nur zusammen mit dem Schlussurteil rechtskräftig oder (ggf.) angefochten werden[3]. Es entfaltet aber für das erkennende Gericht nach § 318 ZPO Bindungswirkung. Die Anfechtbarkeit wird auch nicht durch eine falsche Rechtsmittelbelehrung[4], durch die Bezeichnung des Zwischenurteils als Teilurteil[5] oder durch Zulassungsentscheidung des ArbG bewirkt[6].

dann begibt er sich des Anspruchs auf die zugesprochene Entschädigung[1]. Wird dennoch vom Gläubiger die Zwangsvollstreckung aus dem die Entschädigung betreffenden Titel betrieben, kann der Schuldner sich hiergegen mit der Vollstreckungsgegenklage nach § 767 ZPO zur Wehr setzen. Nimmt der Gläubiger die Leistung nicht an Erfüllungs statt an, kann er weiterhin die Vollstreckung des Entschädigungstitels betreiben[2].

36 **VIII. Inhalt von Beschlüssen.** Für die unmittelbare Anwendung von § 61 ArbGG und von §§ 313, 313a ZPO auf Beschlüsse im Urteilsverfahren fehlt eine Verweisungsnorm. Der über § 46 Abs. 2 ArbGG anwendbare § 329 ZPO verweist nicht auf diese für Urteile geltenden Vorschriften[7]. Die Vorschriften §§ 313, 313a ZPO werden jedoch in der Praxis sinngemäß auf Beschlüsse angewendet[8]. Nicht vorgeschrieben sind zwar volles Rubrum, Tatbestand und Entscheidungsgründe; doch müssen Beschlüsse, die einem auch nur unter Umständen statthaften Rechtsmittel unterliegen, begründet werden[9]. In der Begründung müssen die wesentlichen der Rechtsverfolgung und Rechtsverteidigung dienenden Tatsachenbehauptungen verarbeitet werden (arg. Art. 103 Abs. 1 GG)[10]. Bloße Floskeln genügen nicht; eine Ermessensausübung muss nachprüfbar sein. Die gebotene Begründung ist spätestens im Rahmen der Abhilfeentscheidung nach § 572 Abs. 1 ZPO nachzuholen. Eine Ausnahme vom Begründungszwang besteht, wenn die Begründung unmittelbar aus dem Gesetz folgt, auf einer gefestigten Rspr. beruht oder sich ohne weiteres aus dem Streitstoff ergibt[11].

61a *Besondere Prozessförderung in Kündigungsverfahren*

(1) Verfahren in Rechtsstreitigkeiten über das Bestehen, das Nichtbestehen oder die Kündigung eines Arbeitsverhältnisses sind nach Maßgabe der folgenden Vorschriften vorrangig zu erledigen.

(2) Die Güteverhandlung soll innerhalb von zwei Wochen nach Klageerhebung stattfinden.

(3) Ist die Güteverhandlung erfolglos oder wird das Verfahren nicht in einer sich unmittelbar anschließenden weiteren Verhandlung abgeschlossen, fordert der Vorsitzende den Beklagten auf, binnen einer angemessenen Frist, die mindestens zwei Wochen betragen muss, im Einzelnen unter Beweisantritt schriftlich die Klage zu erwidern, wenn der Beklagte noch nicht oder nicht ausreichend auf die Klage erwidert hat.

(4) Der Vorsitzende kann dem Kläger eine angemessene Frist, die mindestens zwei Wochen betragen muss, zur schriftlichen Stellungnahme auf die Klageerwiderung setzen.

(5) Angriffs- und Verteidigungsmittel, die erst nach Ablauf der nach Absatz 3 oder 4 gesetzten Fristen vorgebracht werden, sind nur zuzulassen, wenn nach der freien Überzeugung des Gerichts ihre Zulassung die Erledigung des Rechtsstreits nicht verzögert oder wenn die Partei die Verspätung genügend entschuldigt.

(6) Die Parteien sind über die Folgen der Versäumung der nach Absatz 3 oder 4 gesetzten Fristen zu belehren.

1 **I. Allgemeines.** Die Vorschrift des § 61a zielt auf die beschleunigte und vorrangige Erledigung von Bestandsschutzstreitigkeiten. Sie regelt und verschärft die Beschleunigungspflicht nach § 9 Abs. 1. Ihre gerichtspraktische Bedeutung und Einhaltung wird zu Recht bezweifelt[12]. Ob Abs. 5 die Regelung in § 56 Abs. 2 verdrängt[13] oder daneben angewandt werden kann[14], ist umstritten und im Hinblick auf den Pflichtinhalt der gerichtlichen Aufforderung an die beklagte und ggf. auch an die klagende Partei von praktischer Bedeutung.

---

1 BAG v. 11.7.1975 – 5 AZR 273/74, AP Nr. 3 zu § 61 ArbGG 1953 – Zwangsvollstreckung. | 2 BAG v. 11.7.1975 – 5 AZR 273/74, AP Nr. 3 zu § 61 ArbGG 1953 – Zwangsvollstreckung. | 3 BAG v. 1.12.1975 – 5 AZR 466/75, AP Nr. 2 zu § 61 ArbGG 1953 – Grundurteil. | 4 GMPM/*Germelmann*, § 61 ArbGG Rz. 42. | 5 BAG v. 25.2.1999 – 3 AZR 232/97 (A), juris. | 6 GK-ArbGG/*Dörner*, § 61 Rz. 36; GMPM/*Germelmann*, § 61 ArbGG Rz. 42. | 7 GMPM/*Germelmann*, § 61 ArbGG Rz. 5a. | 8 BGH v. 13.10.1982 – IVb ZB 154/82, MDR 1983, 214. | 9 BGH v. 23.3.1988 – IVb ARZ 8/88, FamRZ 1988, 943; Zöller/*Vollkommer*, § 329 ZPO Rz. 24. | 10 Zöller/*Vollkommer*, § 329 ZPO Rz. 24. | 11 Zöller/*Vollkommer*, § 329 ZPO Rz. 24. | 12 GMPM/*Germelmann*, § 61a ArbGG Rz. 2. | 13 GMPM/*Germelmann*, § 61a ArbGG Rz. 4. | 14 *Grunsky*, § 61a ArbGG Rz. 17.

II. Besondere Beschleunigungspflicht bei Bestandsschutzverfahren. 1. Allgemeines. In Abs. 1 wird angeordnet, dass die Bestandsschutzstreitigkeiten gegenüber anderen Streitigkeiten vorrangig zu erledigen sind. Soweit der besondere Beschleunigungsgrundsatz nicht in den Absätzen 2 bis 6 konkretisiert wurde, ist es Sache des Gerichts, wie es dem gesetzgeberischen Auftrag nachkommt. In Betracht kommen die Einrichtung besonderer Kündigungsschutzkammern, spezielle Bestandsschutztermine, das Freihalten oder das Verlegen von Terminen wegen anhängiger Bestandsschutzverfahren. Dabei würde Abs. 2 einen „erheblichen Grund" iSv. § 227 ZPO für die Verlegungsentscheidung darstellen[1]. Die besondere Beschleunigungspflicht des Abs. 1 ist zudem bei der Ausübung pflichtgemäßen Ermessens bei Aussetzungsentscheidungen nach § 148 ZPO zu beachten.

2. Anwendungsbereich. Die besondere Beschleunigungspflicht besteht für Verfahren in Rechtsstreitigkeiten über das Bestehen, das Nichtbestehen oder die Kündigung eines Arbeitsverhältnisses, also für Verfahren iSv. §§ 2 Abs. 1 Nr. 3 Buchst. b, 12 Abs. 7 Satz 1. Hierzu zählen Verfahren über

- die Sozialwidrigkeit und/oder Rechtsunwirksamkeit einer Eigen- oder Fremdkündigung,
- die Rechtsunwirksamkeit einer Anfechtungserklärung,
- die Rechtsunwirksamkeit von Befristungs- und Bedingungsabreden,
- die Rechtsunwirksamkeit eines (ggf. angefochtenen) Aufhebungsvertrages,
- das Bestehen oder die Auflösung eines Anschlussarbeitsverhältnisses nach § 78a BetrVG,
- das Bestehen oder Fortbestehen eines Arbeitsverhältnisses.

In allen diesen Fällen geht es um die Klärung des (Fort-)Bestands eines Arbeitsverhältnisses. Geht der Streit um den Inhalt des Arbeitsverhältnisses, wie bei der Änderungsschutzklage nach §§ 2, 4 Satz 2 KSchG und der Statusklage, oder streben beide Parteien die Auflösung des Arbeitsverhältnisses durch beiderseitigen Auflösungsantrag nach §§ 9, 10 KSchG an, besteht kein Anlass zur Annahme einer besonderen Beschleunigungspflicht[2]. Entsprechendes gilt, wenn nur über den Bestand des Arbeitsverhältnisses in der Vergangenheit gestritten wird[3]. Nach Sinn und Zweck der Vorschrift unterliegt auch die Klage auf Einstellung, Fortsetzung oder Wiedereinstellung der besonderen Beschleunigungspflicht. Bestandsschutzstreitigkeiten bei freien Mitarbeiterverhältnissen, Rechtsverhältnissen der arbeitnehmerähnlichen Personen ua. unterfallen nicht dem § 61a.

Im Falle der Klagenhäufung begründet die Bestandsschutzstreitigkeit die besondere Beschleunigungspflicht auch für die übrigen prozessualen Ansprüche, sofern diese nicht abgetrennt werden oder die Bestandsschutzstreitigkeit nicht durch Teilurteil vorab beschieden wird[4].

3. Alsbaldiger Gütetermin (Abs. 2). In den ein Arbeitsverhältnis betreffenden Bestandsschutzstreitigkeiten soll nach Abs. 2 die Güteverhandlung innerhalb von zwei Wochen nach Klageerhebung stattfinden. Die Frist beginnt mit der Zustellung der Klageschrift (vgl. § 253 Abs. 1 ZPO). Zugleich ist aber die Einlassungsfrist nach § 47 Abs. 1 zu wahren. Entgegen der wohl verbreiteten gerichtspraktischen Handhabung wird allgemein eine Pflicht des Vorsitzenden angenommen, bei der Terminsplanung eine Einhaltung dieser Vorschrift zu gewährleisten. Nur beim Vorliegen unabänderlicher Gründe (Notwendigkeit öffentlicher Zustellung der Klageschrift, Terminstau nur mit Bestandsschutzverfahren, Krankheit oder Urlaub des Vorsitzenden) wird eine spätere Durchführung der Güteverhandlung für zulässig erachtet[5].

4. Alsbaldiger Kammertermin. Ist die Güteverhandlung erfolglos oder wird das Verfahren nicht in einer sich unmittelbar anschließenden Verhandlung abgeschlossen, richtet sich das weitere Verfahren grundsätzlich nach § 54 Abs. 4 und 5 bzw. § 55 Abs. 3. Auch dabei ist die besondere Beschleunigungspflicht durch Einräumung eines Vorrangs der Bestandsschutzverfahren bei der Terminierung zu beachten.

5. Aufforderung zur Stellungnahme an die beklagte Partei (Abs. 3). a) Voraussetzung für die Aufforderung. Wenn die beklagte Partei noch nicht oder nicht ausreichend auf die Klage erwidert hat, fordert der Vorsitzende nach Abs. 3 diese auf, binnen einer angemessenen Frist, die mindestens zwei Wochen betragen muss, im Einzelnen unter Beweisantritt schriftlich die Klage zu erwidern.

Voraussetzung für die Aufforderung des Vorsitzenden ist also, dass die beklagte Partei noch nicht oder nicht ausreichend auf die Klage erwidert hat. Hat die beklagte Partei bereits vor der Güteverhandlung oder in ihr eine erschöpfende schriftsätzliche Klageerwiderung vorgelegt, ist für die gerichtliche Aufforderung zur Stellungnahme kein Raum. Entsprechendes gilt, wenn die beklagte Partei in der Güteverhandlung erschöpfend mündlich vorgetragen hat und die sofortige Protokollierung dieses Vertrags zumutbar gewesen und daher erfolgt ist[6].

---

[1] GMPM/*Germelmann*, § 61a ArbGG Rz. 9. | [2] Ähnlich GK-ArbGG/*Dörner*, § 61a Rz. 6; aA GMPM/*Germelmann*, § 61a ArbGG Rz. 5. | [3] GMPM/*Germelmann*, § 61a ArbGG Rz. 6. | [4] *Grunsky*, § 61a ArbGG Rz. 8. | [5] GK-ArbGG/*Dörner*, § 61a Rz. 12. | [6] *Gift/Baur*, Urteilsverfahren, E Rz. 803.

10 Ferner muss es sich um eine erwiderungsbedürftige, nämlich zulässige und schlüssig begründete Klage handeln. Andernfalls führte die Aufforderung zur Stellungnahme an die beklagte Partei nur zu einer überflüssigen Verzögerung der Verfahrenserledigung[1].

11 **b) Inhalt der Aufforderung.** Inhalt der gerichtlichen Auflage an die beklagte Partei ist zum einen eine angemessene Frist von mindestens zwei Wochen und zum anderen die Aufforderung, im Einzelnen unter Beweisantritt schriftlich die Klage zu erwidern. Der Wortlaut von Abs. 3 weicht insoweit von § 56 Abs. 1 Satz 2 Nr. 1 ab, weshalb nicht in jedem Fall die strengen Voraussetzungen an eine hinreichend konkrete Aufklärungsauflage nach § 56 Abs. 1 Satz 2 Nr. 1 auf die Aufforderung zur Stellungnahme Anwendung finden[2]. Hat die beklagte Partei in der Güteverhandlung nicht oder nur pauschal zur Klage Stellung genommen, kann sich der Vorsitzende mit der nicht weiter konkretisierten Aufforderung zur Stellungnahme binnen der gesetzten Frist begnügen. Ist die dann bei Gericht eingehende Stellungnahme der beklagten Partei ergänzungs- oder erläuterungsbedürftig und ist eine weitere schriftsätzliche Vorbereitung des Kammertermins zeitlich möglich, greift die Pflicht des Vorsitzenden zur Formulierung eines konkreten Auflagenbeschlusses nach § 56 Abs. 1 Satz 2 Nr. 1. Hat die beklagte Partei jedoch vor oder in der Güteverhandlung ergänzungs- oder erläuterungsbedürftig vorgetragen, muss die Aufforderung der beklagten Partei zur Stellungnahme verbunden werden mit einer konkreten Auflage nach § 56 Abs. 1 Satz 2 Nr. 1.

12 **c) Form der Aufforderung.** Die Aufforderung zur Stellungnahme bedarf wie der Auflagenbeschluss nach § 56 der vollständigen Unterschrift durch den Vorsitzenden. Eine Paraphierung genügt nicht. Die Aufforderungsverfügung muss verkündet oder der betroffenen Partei bzw. deren Prozessbevollmächtigten (§ 172 ZPO) förmlich zugestellt werden. Eine formlose Mitteilung an die betroffene Partei berechtigt im Falle verspäteten Vorbringens nicht zur Zurückweisung des Vorbringens nach Abs. 5. Dem Gegner kann die Verfügung formlos übermittelt werden.

13 **d) Belehrung über Folgen bei Fristversäumung.** Die beklagte Partei ist über die Folgen der Fristversäumung zu belehren (vgl. Abs. 6). Dies gilt unabhängig davon, ob die Partei durch Rechtsanwalt oder Verbandsvertreter vertreten wird oder nicht. Insoweit gilt das zu § 56 Abs. 2 Satz 2 Ausgeführte.

14 **6. Aufforderung an die klagende Partei (Abs. 4).** Nach Abs. 4 kann der Vorsitzende auch der klagenden Partei eine angemessene Frist, die mindestens zwei Wochen betragen muss, zur schriftlichen Stellungnahme auf die Klageerwiderung setzen. Fristbeginn ist der Zeitpunkt des Zugangs der Klageerwiderung. Die Aufforderung an die klagende Partei kann zusammen mit der an die beklagte Partei gerichteten Aufforderung nach Abs. 3, aber auch nach Eingang der Klageerwiderung erfolgen. Ob die klagende Partei zur Stellungnahme aufgefordert wird, liegt im Ermessen des Vorsitzenden, ist aber in Bestandsschutzstreitigkeiten regelmäßig zwingend erforderlich, weil der Streitstoff erst durch die Stellungnahme der beklagten Partei erkennbar wird[3].

15 Zum Inhalt der Aufforderung gilt das bei der Aufforderung an die beklagte Partei Ausgeführte entsprechend. Hat die beklagte Partei in der Güteverhandlung nicht oder nur pauschal zur Klage Stellung genommen und ist in der Klageschrift noch kein konkreter Vortrag zu finden, kann sich der Vorsitzende auch gegenüber der klagenden Partei mit der nicht weiter konkretisierten Aufforderung zur Stellungnahme auf die zu erwartende Klageerwiderung binnen der gesetzten Frist begnügen. Ist die dann bei Gericht eingehende Stellungnahme der klagenden Partei ergänzungs- oder erläuterungsbedürftig und erfordert überhaupt der Vortrag der beklagten Partei – weil erheblich – eine Erwiderung und ist schließlich eine weitere schriftsätzliche Vorbereitung des Kammertermins zeitlich möglich, greift ebenfalls die Pflicht des Vorsitzenden zur Formulierung eines konkreten Auflagenbeschlusses nach § 56 Abs. 1 Satz 2 Nr. 1. Hat die klagende Partei jedoch vor oder in der Güteverhandlung ergänzungs- oder erläuterungsbedürftig vorgetragen, muss bereits die Aufforderung der klagenden Partei zur Stellungnahme verbunden werden mit einer konkreten Auflage wie nach § 56 Abs. 1 Satz 2 Nr. 1.

16 Zur Form der Aufforderung und der notwendigen Fristbelehrung nach Abs. 6 kann auf die obigen Ausführungen zur Aufforderung an die beklagte Partei verwiesen werden.

17 **III. Zurückweisung verspäteten Vorbringens (Abs. 5).** Die Möglichkeit zur Zurückweisung verspäteten Vorbringens in Abs. 5 entspricht in Voraussetzungen und Folgen der Vorschrift des § 56 Abs. 2, weshalb auf die dazu erfolgten Ausführungen verwiesen wird.

61b *Besondere Vorschriften für Klagen wegen geschlechtsbedingter Benachteiligung*

(1) Eine Klage auf Entschädigung nach § 611a Abs. 2 des Bürgerlichen Gesetzbuches muss innerhalb von drei Monaten, nachdem der Anspruch schriftlich geltend gemacht worden ist, erhoben werden.

---

[1] *Gift/Baur*, Urteilsverfahren, E Rz. 804.   [2] *Gift/Baur*, Urteilsverfahren, E Rz. 805; aA GMPM/*Germelmann*, § 61a ArbGG Rz. 14.   [3] *Gift/Baur*, Urteilsverfahren, E Rz. 812.

(2) Machen mehrere Bewerber wegen Benachteiligung bei der Begründung eines Arbeitsverhältnisses oder beim beruflichen Aufstieg eine Entschädigung nach § 611a Abs. 2 des Bürgerlichen Gesetzbuchs gerichtlich geltend, so wird auf Antrag des Arbeitgebers das Arbeitsgericht, bei dem die erste Klage erhoben ist, auch für die übrigen Klagen ausschließlich zuständig. Die Rechtsstreitigkeiten sind von Amts wegen an dieses Arbeitsgericht zu verweisen; die Prozesse sind zur gleichzeitigen Verhandlung und Entscheidung zu verbinden.

(3) Auf Antrag des Arbeitgebers findet die mündliche Verhandlung nicht vor Ablauf von sechs Monaten seit Erhebung der ersten Klage statt.

I. Allgemeines. Die Vorschrift regelt die arbeitsgerichtliche Durchsetzung des Anspruchs auf Entschädigung nach § 611a Abs. 2 BGB. Es geht um die Umsetzung der Richtlinie 76/207 EWG des Rates vom 9.2.1976 zur Verwirklichung des Grundsatzes der Gleichbehandlung von Männern und Frauen hinsichtlich des Zugangs zur Beschäftigung, zur Berufsausbildung und zum beruflichen Aufstieg sowie in Bezug auf die Arbeitsbedingungen[1]. Der erste Versuch der materiellrechtlichen Umsetzung dieser Richtlinie in nationales Recht war unzureichend[2]. Die Nachbesserung erfolgte durch das Gesetz zur Durchführung der Gleichberechtigung von Frauen und Männern (2. GleiBG v. 24.6.1994)[3]. Sie erwies sich ebenfalls als unzureichend[4]. In Umsetzung der Rspr. des EuGH hat der Gesetzgeber § 61b neu gefasst (Gesetz zur Änderung des Bürgerlichen Gesetzbuches und des Arbeitsgerichtsgesetzes vom 29.6.1998)[5]. 1

Der Anwendungsbereich der Vorschrift ist begrenzt auf Fälle der geschlechtsbedingten Diskriminierung. Andere Fälle der Benachteiligung (Abstammung, Rasse, Sprache, Heimat, Herkunft, Glauben, religiöse und politische Anschauungen, Behinderung) unterfallen ihr nicht. Eine entsprechende Anwendung findet nicht statt[6]. 2

II. Klagefrist. Der ArbGeb darf einen ArbN bei einer Vereinbarung oder einer Maßnahme, insb. bei der Begründung des Arbeitsverhältnisses, beim beruflichen Aufstieg, bei einer Weisung oder einer Kündigung, nicht wegen seines Geschlechts benachteiligen (§ 611a Abs. 1 Satz 1 BGB). Eine unterschiedliche Behandlung wegen des Geschlechts ist jedoch zulässig, soweit eine Vereinbarung oder eine Maßnahme die Art der vom ArbN auszuübenden Tätigkeit zum Gegenstand hat und ein bestimmtes Geschlecht unverzichtbare Voraussetzung für diese Tätigkeit ist (§ 611a Abs. 1 Satz 2 BGB). Verstößt der ArbGeb bei der Begründung eines Arbeitsverhältnisses gegen dieses Benachteiligungsverbot, so kann der hierdurch benachteiligte Bewerber eine angemessene Entschädigung in Geld verlangen; ein Anspruch auf Begründung des Arbeitsverhältnisses besteht nicht (§ 611a Abs. 2 BGB). Wäre der Bewerber auch bei benachteiligungsfreier Auswahl nicht eingestellt worden, so hat der ArbGeb eine angemessene Entschädigung in Höhe von höchstens drei Monatsverdiensten zu leisten (§ 611a Abs. 3 Satz 1 BGB), wobei als Monatsverdienst gilt, was dem Bewerber bei regelmäßiger Arbeitszeit in dem Monat, in dem das Arbeitsverhältnis hätte begründet werden sollen, an Geld- und Sachbezügen zugestanden hätte (§ 611a Abs. 3 Satz 1 BGB). Diese Entschädigungsansprüche müssen innerhalb der für die Geltendmachung im angestrebten Arbeitsverhältnis vorgesehenen Ausschlussfrist, die mindestens zwei Monate zu betragen hat, schriftlich geltend gemacht werden (§ 611a Abs. 4 Satz 2 BGB). Ist eine solche Frist für das angestrebte Arbeitsverhältnis nicht bestimmt, so beträgt die Frist sechs Monate (§ 611a Abs. 4 Satz 3 BGB). Entsprechendes gilt beim beruflichen Aufstieg, wenn auf diesen kein Anspruch besteht (§ 611a Abs. 5 BGB). Die Geltendmachungsfrist kann durch Erhebung der Leistungsklage gewahrt werden[7]. Die Frist läuft mit dem Zugang des Ablehnungsschreibens, spätestens mit Kenntniserlangung von den Tatsachen der Diskriminierung an[8]. 3

Innerhalb von – weiteren – drei Monaten, nachdem der Anspruch nach § 611a Abs. 2 BGB schriftlich geltend gemacht worden ist, muss nun nach § 61b Abs. 1 Klage erhoben werden. Damit findet die Klagefrist nur für die Entschädigungsklagen der benachteiligten Bewerber statt, die den unbegrenzten Anspruch nach § 611a Abs. 2 BGB geltend machen. Dies ist konsequent. Erst wenn das zuständige Gericht die anspruchsberechtigte Person nach § 611a Abs. 2 BGB bestimmt hat, können die verbleibenden diskriminierten Personen auf die begrenzte Entschädigung nach § 611a Abs. 3 BGB verwiesen werden[9]. 4

Die Fristenregelung in § 611a Abs. 4 BGB iVm. § 61b Abs. 1 wird als zweistufige materiell-rechtliche Ausschlussfrist verstanden[10]. Dies hat Konsequenzen für die rechtlichen Folgen einer Fristversäumung. Ausschlussfristen sind von Verjährungsfristen streng zu unterscheiden. Eine Ausschlussfrist zwingt den Berechtigten, sein Recht innerhalb des ihm gesetzten Zeitraums geltend zu machen; nach Ablauf der Frist wird er mit seinem Recht ausgeschlossen, und zwar regelmäßig auch dann, wenn er die betreffende Handlung *innerhalb der* Frist gar nicht vornehmen konnte oder wenn er von seinem Recht nicht unterrichtet war. Gesetzliche Ausschlussfristen können nicht verlängert werden und gegen ihre Versäu- 5

---

1 ABl. L 39, S. 40. | 2 EuGH v. 10.4.1984 – Rs. C 14/1983, AP Nr. 1 zu § 611a BGB. | 3 BGBl. I S. 1406. | 4 EuGH v. 22.4.1997 – Rs. C 180/95, AP Nr. 1 zu § 61b ArbGG 1979. | 5 BGBl. I S. 1694. | 6 GMPM/*Germelmann*, § 61b ArbGG Rz. 6. | 7 GMPM/*Germelmann*, § 61b ArbGG Rz. 12; für tarifliche Ausschlussfristen BAG v. 9.8.1990, EzA § 4 TVG Rz. 88 – Ausschlussfristen. | 8 GMPM/*Germelmann*, § 61b ArbGG Rz. 10 „europarechtskonforme Auslegung". | 9 GK-ArbGG/*Dörner*, § 61b Rz. 5. | 10 GK-ArbGG/*Dörner*, § 61b Rz. 6; GMPM/*Germelmann*, § 61b ArbGG Rz. 13.

mung gibt es keine Wiedereinsetzung in den vorigen Stand[1]. Die Einhaltung der Ausschlussfristen ist Anspruchsvoraussetzung für den Entschädigungsanspruch und daher bei der Schlüssigkeitsprüfung des Klagevortrags zu beachten. Bei Nichteinhaltung der Geltendmachungs- oder der Klagefrist ist die Klage unbegründet. Die Ausschlussfristen werden nicht dadurch hinausgeschoben, dass zunächst ein Anspruch auf Abschluss des Arbeitsvertrags oder ein Auskunftsanspruch hinsichtlich der Vergütungshöhe geltend gemacht wird[2]. Gegen die Versäumung der Geltendmachungs- und der Klagefrist kann regelmäßig nicht die Einrede der Arglist erhoben werden[3], es sei denn, der ArbGeb hat den Bewerber entgegen § 242 BGB von der rechtzeitigen Geltendmachung oder Klageerhebung abgehalten[4].

6   Die **Berechnung der Klagefrist** richtet sich nach § 222 ZPO iVm. §§ 187, 188 BGB. Fristbeginn iSv. § 187 Abs. 1 BGB ist der Zeitpunkt der schriftlichen Geltendmachung. Maßgeblich ist der Zeitpunkt, in dem das Geltendmachungsschreiben dem ArbGeb zugeht. Für die Tatsache des rechtzeitigen Zugangs nach § 611a Abs. 4 BGB trägt der ArbN die Darlegungs- und Beweislast[5]. In diesem Fall muss die Klage aber innerhalb der Frist des § 611a Abs. 4 BGB erhoben und dem ArbGeb zugestellt werden[6].

7   Die Klagefrist endet nach § 188 Abs. 2 BGB mit Ablauf desjenigen Tages des Letzten der drei Monate, welcher durch seine Zahl dem Tage entspricht, in den der Zugang des Geltendmachungsschreibens fällt. Fällt das Ende der Klagefrist auf einen Sonntag, einen allgemeinen Feiertag oder einen Sonnabend, so endet die Frist mit Ablauf des nächsten Werktages (§ 222 Abs. 2 ZPO).

8   Gewahrt wird die Klagefrist bei Eingang der – regelmäßig erforderlichen – Leistungsklage[7] beim ArbG innerhalb von drei Monaten, nachdem der Anspruch geltend gemacht wurde. Auch eine Feststellungsklage kann die Klagefrist wahren; sie wird jedoch regelmäßig wegen des Vorrangs der Leistungs- vor der Feststellungsklage unzulässig sein[8]. Zur Fristwahrung genügt aber, dass die Klage innerhalb der Frist vor einem örtlich unzuständigen Gericht erhoben wird, sofern der Rechtsstreit an das zuständige Gericht verwiesen wird[9]. Bei Klagerücknahme entfällt die fristwahrende Wirkung der Klageerhebung[10].

9   **III. Örtliche Zuständigkeit.** Mit § 61b Abs. 2 Satz 1 wird ein ausschließlicher Gerichtsstand für den Fall der Häufung von Klagen wegen geschlechtsbedingter Benachteiligung begründet. Danach ist, sofern der ArbGeb einen entsprechenden Antrag stellt, ausschließlich das Gericht örtlich zuständig, bei dem die erste Entschädigungsklage erhoben wurde. Insoweit ist § 261 Abs. 3 Nr. 2 ZPO eingeschränkt, wonach die Rechtshängigkeit bewirkt, dass die Zuständigkeit des Prozessgerichts durch eine Veränderung der sie begründenden Umstände nicht berührt wird. Der Antrag lässt auch die Bindungswirkung eines vorherigen Verweisungsbeschlusses nach § 48 Abs. 1 ArbGG iVm. § 17a Abs. 2 Satz 3 GVG entfallen. Der Antrag kann nur während des erstinstanzlichen Verfahrens gestellt werden[11], und zwar nur bis zum Ende der mündlichen Verhandlung der zuerst anhängig gemachten Klage[12]. Der ArbGeb muss jedoch keinen Antrag stellen und kann es bei der Zuständigkeit verschiedener Gerichte belassen. Dabei geht er jedoch das Risiko ein, dass die Gerichte verschiedene Bewerber als anspruchsberechtigt nach § 611a Abs. 2 BGB ansehen[13]. Zur Begründung des Antrags muss der ArbGeb vortragen, dass mehrere Klagen bei bestimmten Gerichten anhängig sind und bei welchem Gericht die erste Klage erhoben wurde[14]. Es genügt die Antragstellung bei einem der befassten Gerichte[15].

10 Die übrigen Rechtsstreite sind nach § 61b Abs. 2 Satz 2 von Amts wegen an das ArbG zu verweisen, bei dem die erste Entschädigungsklage erhoben ist, bei dem also zuerst die Klage zugestellt wurde[16]. Es bedarf keines Verweisungsantrags der Parteien. Die Verweisungsbeschlüsse sind nach § 48 Abs. 1 Nr. 1 unanfechtbar.

11 Nach Verweisung sind alle Rechtsstreite von der zuständigen Kammer des nunmehr insgesamt zuständigen ArbG von Amts wegen zur gleichzeitigen Verhandlung und Entscheidung zu verbinden (§ 61b Abs. 3 Satz 2 Halbs. 2). Insoweit steht dem ArbG kein Ermessen wie bei § 147 ZPO zu. Die Entscheidung zur Verbindung erfolgt durch Beschluss. Als prozessleitende Maßnahme bedarf der Beschluss keiner mündlichen Verhandlung. Nach § 53 Abs. 1 Satz 1 entscheidet der Vorsitzende. Entsprechendes gilt, wenn mehrere Klagen nach § 611a Abs. 2 BGB in verschiedenen Kammern desselben ArbG anhängig sind[17].

12 **IV. Zeitpunkt der mündlichen Verhandlung.** In den Verfahren wegen geschlechtsbedingter Benachteiligung findet nach § 61b Abs. 3 auf Antrag des ArbGeb die mündliche Verhandlung nicht vor Ablauf von sechs Monaten seit Erhebung der ersten Klage statt. Da die mündliche Verhandlung nach § 54 Abs. 1 mit dem Güteverfahren beginnt, darf auch dieses erst nach Ablauf von sechs Monaten stattfinden.

---

1 MünchKomm/*von Feldmann*, § 194 Rz. 7; GMPM/*Germelmann*, § 61b ArbGG Rz. 13; GK-ArbGG/*Dörner*, § 61b Rz. 7. |2 GMPM/*Germelmann*, § 61b ArbGG Rz. 11. |3 GMPM/*Germelmann*, § 61b ArbGG Rz. 14. |4 GK-ArbGG/*Dörner*, § 61b Rz. 8. |5 GMPM/*Germelmann*, § 61b ArbGG Rz. 9. |6 GMPM/*Germelmann*, § 61b ArbGG Rz. 12. |7 GMPM/*Germelmann*, § 61b ArbGG Rz. 16. |8 GMPM/*Germelmann*, § 61b ArbGG Rz. 16. |9 Zöller/*Vollkommer*, § 12 ZPO Rz. 17. |10 BAG v. 11.7.1990, AP Nr. 141 zu § 4 TVG – Ausschlussfristen. |11 GMPM/*Germelmann*, § 61b ArbGG Rz. 21. |12 GK-ArbGG/*Dörner*, § 61b Rz. 24. |13 GK-ArbGG/*Dörner*, § 61b Rz. 21. |14 GK-ArbGG/*Dörner*, § 61b Rz. 22. |15 GK-ArbGG/*Dörner*, § 61b Rz. 23. |16 GK-ArbGG/*Dörner*, § 61b Rz. 25. |17 GK-ArbGG/*Dörner*, § 61b Rz. 32.

Voraussetzung für die Durchbrechung des Beschleunigungsgrundsatzes (§ 9 Abs. 1 Satz 1) ist ein auf Hinausschieben der mündlichen Verhandlung gerichteter Antrag des ArbGeb. Voraussetzung für den Antrag ist, dass zumindest ein weiteres einschlägiges Verfahren anhängig ist[1]. 13

§ 62 Zwangsvollstreckung

(1) Urteile der Arbeitsgerichte, gegen die Einspruch oder Berufung zulässig ist, sind vorläufig vollstreckbar. Macht der Beklagte glaubhaft, dass die Vollstreckung ihm einen nicht zu ersetzenden Nachteil bringen würde, so hat das Arbeitsgericht auf seinen Antrag die vorläufige Vollstreckbarkeit im Urteil auszuschließen. In den Fällen des § 707 Abs. 1 und des § 719 Abs. 1 der Zivilprozessordnung kann die Zwangsvollstreckung nur unter derselben Voraussetzung eingestellt werden.

(2) Im Übrigen finden auf die Zwangsvollstreckung einschließlich des Arrests und der einstweiligen Verfügung die Vorschriften des Achten Buchs der Zivilprozessordnung Anwendung. Die Entscheidung über den Antrag auf Erlass einer einstweiligen Verfügung kann in dringenden Fällen, auch dann, wenn der Antrag zurückzuweisen ist, ohne mündliche Verhandlung ergehen.

I. Allgemeines 1	g) Beschäftigungsanspruch / Weiterbeschäftigungsanspruch 39
II. Vorläufige Vollstreckbarkeit 2	h) Einstellung/Wiedereinstellung 41
III. Ausschließung der vorläufigen Vollstreckbarkeit 6	i) Freistellungsanspruch 42
1. Antrag 7	j) Urlaub 43
2. Nicht zu ersetzender Nachteil 8	k) Wettbewerbsverbot 44
a) Grundsätze 8	l) Zeugnis 45
b) Beispiele nicht zu ersetzenden Nachteils . . 11	VII. Arrest und einstweilige Verfügung 46
aa) Vornahme, Duldung oder Unterlassung einer Handlung 11	1. Grundsätze 46
bb) Beschäftigung oder Weiterbeschäftigung 12	2. Arrest 47
	a) Grundsätze 47
cc) Zahlungsansprüche 15	b) Arrestverfahren 52
3. Glaubhaftmachung 17	c) Anordnung der Klageerhebung 60
4. Entscheidung 18	d) Aufhebung wegen veränderter Umstände . 61
IV. Einstellung der Zwangsvollstreckung nach §§ 707 Abs. 1 und 719 Abs. 1 ZPO 21	e) Vollziehung des Arrestes 63
1. Grundsätze 21	3. Einstweilige Verfügung 64
2. Verfahren 24	a) Sicherungsverfügung 64
3. Entscheidung 25	b) Regelungsverfügung 67
4. Rechtsbehelf 28	c) Verfahren 73
V. Einstellung der Zwangsvollstreckung nach anderen Vorschriften 30	d) Einzelfälle 74
	aa) Arbeitskampf 74
VI. Zwangsvollstreckung 32	bb) Arbeitsleistung 75
1. Grundsätze 32	cc) Arbeitspapiere 76
2. Vollstreckung arbeitsrechtlicher Titel 33	dd) Arbeitsvergütung 78
a) Abfindung 33	ee) Beschäftigungsanspruch / Weiterbeschäftigungsanspruch 83
b) Abmahnung 34	
c) Abrechnung von Arbeitsvergütung . . . 35	ff) Konkurrentenklage 87
d) Arbeitsleistung 36	gg) Teilzeitarbeitsanspruch 88
e) Arbeitspapiere 37	hh) Urlaub 89
f) Arbeitsvergütung 38	ii) Wettbewerbsverbot 92

I. Allgemeines. Im ArbGG befasst sich allein § 62 mit der Zwangsvollstreckung arbeitsgerichtlicher Entscheidungen. Soweit die Vorschrift keine Sonderregelung enthält, werden die Vorschriften des Achten Buchs der ZPO für anwendbar erklärt. Die Vorschrift gilt unmittelbar im erstinstanzlichen Urteilsverfahren. Für die Zwangsvollstreckung während des Berufungsverfahrens verweist § 64 Abs. 7 auf § 62. Dagegen nimmt § 72 Abs. 6 für die Revisionsinstanz nicht Bezug auf § 62. Dies ist insoweit konsequent, als Revisionsurteile mit ihrer Verkündung rechtskräftig werden, so dass es keiner Regelung zu einer vorläufigen Vollstreckbarkeit bedarf. Die fehlende Bezugnahme auf Abs. 2 beruht dagegen auf einem Versehen; auch die Vollstreckung von Revisionsurteilen richtet sich nach dem Achten Buch der ZPO[2]. Für das Beschlussverfahren 1. Instanz gilt für die Zwangsvollstreckung die Sonderregelung des § 85, der wiederum nach § 87 Abs. 2 Satz 1 im zweiten und nach § 92 Abs. 2 Satz 1 im dritten Rechtszug des Beschlussverfahrens entsprechend gilt. 1

II. Vorläufige Vollstreckbarkeit. Die vorläufige Vollstreckbarkeit ist in § 62 Abs. 1 für die Arbeitsgerichtsbarkeit wesentlich anders als für die ordentliche Gerichtsbarkeit geregelt. 2

Urteile des ArbG, gegen die der Einspruch oder die Berufung zulässig ist, sind kraft Gesetzes vorläufig vollstreckbar (§ 62 Abs. 1 Satz 1). Das gilt nach § 64 Abs. 7 auch für Urteile des LAG, die dem Einspruch oder der Revision unterliegen. Dagegen müssen Versäumnisurteile des BAG nach den allgemeinen ZPO-Vorschriften für vollstreckbar erklärt werden, weil § 62 mangels Verweises darauf in § 72 Abs. 6 für 3

---

1 GMPM/*Germelmann*, § 61b ArbGG Rz. 30. | 2 Schwab/Weth/*Walker*, § 62 ArbGG Rz. 3.

sie nicht gilt[1]. Durch § 62 Abs. 1 Satz 1 wird der klagenden Partei (in der Regel ein ArbN) eine sofortige Durchsetzung des titulierten Anspruchs ermöglicht. Dies findet seinen Grund darin, dass ArbN häufig zur Bestreitung ihres Lebensunterhalts auf eine zeitnahe Durchsetzung von Vergütungsansprüchen angewiesen sind[2]. Vorläufig vollstreckbar gemäß § 62 Abs. 1 Satz 1 sind übrigens auch Urteile im Kündigungsschutzprozess auf Zahlung einer Abfindung nach §§ 9, 10 KSchG hinsichtlich der zuerkannten Abfindungssumme[3].

4   Wird das Urteil des ArbG oder des LAG später aufgehoben oder abgeändert, tritt insoweit mit der Verkündung der Entscheidung die vorläufige Vollstreckbarkeit außer Kraft (§ 717 Abs. 1 ZPO).

5   Nicht von § 62 Abs. 1 erfasst werden Arrestbefehle und einstweilige Verfügungen, die jedoch nach §§ 929 Abs. 1, 936 ZPO iVm. § 62 Abs. 2 Satz 1 ohne weiteres vollstreckbar sind.

6   **III. Ausschließung der vorläufigen Vollstreckbarkeit.** Das ArbG/LAG hat auf Antrag des Vollstreckungsschuldners im Urteil die vorläufige Vollstreckbarkeit auszuschließen, wenn dieser glaubhaft macht, dass die Vollstreckung ihm einen nicht zu ersetzenden Nachteil bringen würde (§ 62 Abs. 1 Satz 2 bzw. § 64 Abs. 7). Voraussetzungen hierfür sind

- ein Antrag

- und ein nicht zu ersetzender Nachteil.

7   **1. Antrag.** Der Antrag kann entsprechend § 714 Abs. 1 ZPO bis zum Schluss der mündlichen Verhandlung, auf die das Urteil ergeht, gestellt werden[4]. Dies gilt für die 1. und auch für die 2. Instanz. Antragsberechtigt ist der Vollstreckungsschuldner. Dies kann – entgegen dem missglückten Wortlaut der Vorschrift – sowohl die klagende als auch die beklagte Partei sein[5].

8   **2. Nicht zu ersetzender Nachteil. a) Grundsätze.** Ein nicht zu ersetzender Nachteil setzt voraus, dass

- der Vollstreckungsschuldner ihn nicht durch sein Verhalten abwenden kann

- und dass der Vollstreckungsgläubiger nicht in der Lage ist, den Schaden mit Geld oder in anderer Weise bei späterem Wegfall des Vollstreckungstitels auszugleichen[6].

9   Ein solcher Nachteil liegt grundsätzlich vor, wenn die Wirkungen der Vollstreckung nicht mehr rückgängig gemacht werden können[7]. Es ist eine am Einzelfall orientierte Abwägung der beiderseitigen Interessen vorzunehmen, insb. des Sicherungsbedürfnisses des Vollstreckungsgläubigers und der Belange des Vollstreckungsschuldners[8]. Bei der Interessenabwägung darf aber nicht die gesetzgeberische Wertung unterlaufen werden, wonach arbeitsrechtliche Titel schnell und unkompliziert durchsetzbar sein sollen. Nach dieser Wertung genießt das Vollstreckungsinteresse des Gläubigers Vorrang vor dem Vollstreckungsabwehrinteresse des Schuldners, auch wenn dieses mit unersetzbaren Nachteilen begründet wird[9]. Wenn der Ausschluss der Vollstreckung für den Gläubiger vergleichbare Nachteile mit sich bringt wie die Durchführung der Vollstreckung für den Schuldner, dann muss der Gläubiger Vorrang genießen, weil er immerhin schon einen (wenn auch nur vorläufigen) Titel erstritten hat[10]. Bei der notwendige Interessenabwägung sind zumindest in rechtlich eindeutigen Fällen auch die Erfolgsaussichten des Schuldners im Rechtsmittelverfahren zu berücksichtigen[11]. Der Ausschluss der vorläufigen Vollstreckbarkeit soll den Schuldner nur vor solchen nicht zu ersetzenden Nachteilen schützen, die ungerechtfertigt sind[12]. Je eindeutiger die Rechtslage zu Gunsten des Gläubigers spricht, umso eher scheidet ein Vollstreckungsausschluss aus[13].

10   Ein nicht zu ersetzender Nachteil kann auch gegeben sein, wenn dieser nicht bei einer Vollstreckung schlechthin, sondern nur bei einer bestimmten Vollstreckungsmaßnahme oder ab einem bestimmten Vollstreckungsumfang zu erwarten ist[14]. In solchen Fällen ist die Vollstreckung nicht insgesamt, sondern nur hinsichtlich der konkret nachteiligen Vollstreckungsmaßnahmen auszuschließen[15].

11   **b) Beispiele nicht zu ersetzenden Nachteils. aa) Vornahme, Duldung oder Unterlassung einer Handlung.** Wird ein Anspruch auf Vornahme, Duldung oder Unterlassung einer Handlung vollstreckt, wird die Wirkung der Vollstreckung in der Regel nicht mehr wieder rückgängig gemacht werden können. Dies verdeutlicht das Interesse des Vollstreckungsschuldners an der Ausschließung der Vollstre-

---

[1] BAG v. 28.10.1981 – 4 AZR 251/79, AP Nr. 6 zu § 522 a ZPO. [2] Schwab/Weth/*Walker*, § 62 ArbGG Rz. 4. [3] BAG v. 9.12.1987 – 4 AZR 561/87, AP Nr. 4 zu § 62 ArbGG 1979. [4] Schwab/Weth/*Walker*, § 62 ArbGG Rz. 7. [5] Schwab/Weth/*Walker*, § 62 ArbGG Rz. 8. [6] GMPM/*Germelmann*, § 62 ArbGG Rz. 14. [7] LAG Düsseldorf v. 4.10.1979 – 14 (5) Sa 976/79, EzA § 62 ArbGG 1979 Nr. 1; v. 7.3.1980 – 8 Sa 59/80, EzA § 62 ArbGG Nr. 2; v. 20.3.1980 – 19 Sa 142/80, EzA § 62 ArbGG Nr. 3. [8] LAG Düsseldorf v. 20.3.1980 – 19 Sa 142/80, EzA § 62 ArbGG Nr. 3; LAG Bremen v. 25.10.1982 – 4 Sa 265/82, AP Nr. 2 zu § 62 ArbGG 1979. [9] Schwab/Weth/*Walker*, § 62 ArbGG Rz. 9. [10] Schwab/Weth/*Walker*, § 62 ArbGG Rz. 10. [11] LAG Düsseldorf v. 4.10.1979 – 14 (5) Sa 976/79, EzA § 62 ArbGG 1979 Nr. 1; v. 7.3.1980 – 8 Sa 59/80, EzA § 62 ArbGG Nr. 2; v. 20.3.1980 – 19 Sa 142/80, EzA § 62 ArbGG Nr. 3; *Dütz*, DB 1980, 1069; Schwab/Weth/*Walker*, § 62 ArbGG Rz. 11; krit. GMPM/*Germelmann*, § 62 ArbGG Rz. 14. [12] Schwab/Weth/*Walker*, § 62 ArbGG Rz. 11. [13] Schwab/Weth/*Walker*, § 62 ArbGG Rz. 11. [14] BAG v. 24.9.1958 – 2 AZR 395/58, AP Nr. 2 zu § 719 ZPO; *Dütz*, DB 1980, 1069; GMPM/*Germelmann*, § 62 ArbGG Rz. 19. [15] Schwab/Weth/*Walker*, § 62 ArbGG Rz. 16.

ArbGG § 62 Rz. 22　　　　　　　　　　　　　　　　　　　　　　　　　　Zwangsvollstreckung

nur unter derselben Voraussetzungen wie bei der Ausschließung der vorläufigen Vollstreckbarkeit eingestellt werden. Eine Einstellung gegen Sicherheitsleistung scheidet deshalb auch insoweit aus[1].

22　Nach Erlass des stattgebenden Urteils kann der Schuldner, der in die Berufung geht, wählen, ob er im Berufungsverfahren einen Antrag nach §§ 64 Abs. 7, 62 Abs. 1 Satz 2 stellt oder die Einstellung der Zwangsvollstreckung beantragt[2].

23　Voraussetzungen für die Einstellung der Zwangsvollstreckung sind

- ein Antrag
- Antrag auf Wiedereinsetzung (§ 233 ZPO) oder Wiederaufnahme eines durch rechtskräftiges Urteil abgeschlossenen Rechtsstreits oder Fortsetzung des Rechtsstreits nach der Verkündung eines Vorbehaltsurteils im Nachverfahren (§§ 302, 599 ZPO) oder
- Einspruch (§ 338 ZPO) gegen ein vorläufig vollstreckbares Versäumnisurteil (§§ 330 f., 708 Nr. 2 ZPO) oder
- Berufung (§ 64)
- nicht zu ersetzender Nachteil.

24　**2. Verfahren.** Für die Entscheidung über den Antrag auf Einstellung der Zwangsvollstreckung ist zuständig dasjenige Gericht, welches über das Wiedereinstellungsgesuch, den Wiederaufnahmeantrag, im Nachverfahren, den Einspruch oder die Berufung zu entscheiden hat[3]. Die Entscheidung wird beim ArbG und in der Berufungsinstanz (§ 64 Abs. 7) nicht von der Kammer, sondern von dem Vorsitzende allein getroffen (§ 55 Abs. 1 Nr. 6 und § 53 Abs. 1 Satz 1). Eine mündliche Verhandlung kann angeordnet werden (§§ 707 Abs. 2 Satz 1, 128 Abs. 4 ZPO). Vor dem Erlass der Entscheidung ist dem Vollstreckungsschuldner zumindest rechtliches Gehör zu gewähren[4]. Falls das wegen der Dringlichkeit der Einstellung nicht möglich ist, muss die Anhörung jedenfalls nachgeholt und die Einstellung ggf. wieder aufgehoben werden[5]. Insoweit empfiehlt sich, die Einstellung der Zwangsvollstreckung zunächst nur für einen Zeitraum vorzunehmen, in dem das rechtliche Gehör gewährt werden kann.

25　**3. Entscheidung.** Die Entscheidung über den Antrag auf Einstellung der Zwangsvollstreckung erfolgt durch Beschluss (§ 707 Abs. 2 Satz 1). Dieser ist zu begründen. Die Entscheidung über den Einstellungsantrag steht dabei im pflichtgemäßen Ermessen des Gerichts[6]. Es hat die Interessen des Gläubigers, aus dem erstrittenen (möglicherweise sogar schon rechtskräftigen) Titel zu vollstrecken, gegen das Abwendungsinteresse des Schuldners abzuwägen. In diese Interessenabwägung fließen auch die Erfolgsaussichten des Wiedereinsetzungsgesuchs, der Wiederaufnahmeklage, des Antrags im Nachverfahren (§ 707 ZPO), oder des Einspruchs oder der Berufung (§ 719 ZPO) ein[7]. Insoweit wird eine kursorische Prüfung der Rechtslage für ausreichend gehalten[8].

26　Die Einstellung ist idR zu versagen, wenn der Beklagte nur Gründe vorbringt, die das ArbG bereits bei der Prüfung der Ausschließung der vorläufigen Vollstreckbarkeit im Urteil als nicht ausreichend erachtet hat, wenn gerade die die Verurteilung tragenden Gründe auch den nicht zu ersetzenden Nachteil begründen sollen oder wenn die Berufung im Zeitpunkt der Entscheidung über den Einstellungsantrag nicht mindestens überwiegende Aussicht auf Erfolg hat[9].

27　Die Einstellung der Zwangsvollstreckung kann nur ohne Sicherheitsleistung angeordnet werden. Dies wird aus § 62 Abs. 1 Satz 1 hergeleitet, wonach das arbeitsgerichtliche Urteilsverfahren eine Zwangsvollstreckung gegen Sicherheitsleistung nicht kennt[10]. Auch die Aufhebung von Vollstreckungsmaßnahmen nach § 707 Abs. 1 Satz 1 ZPO kann nicht gegen Sicherheitsleistung erfolgen.

28　**4. Rechtsbehelf.** Gegen einstellende oder ablehnende Beschlüsse nach § 707 Abs. 1 ZPO findet nach § 62 Abs. 2 ArbGG Satz 1 iVm. § 707 Abs. 2 keine Anfechtung statt[11]. Bei greifbarer Gesetzeswidrigkeit

---

1 LAG Frankfurt v. 27.11.1985 – 13 Ta 344/85, LAGE § 62 ArbGG 1979 Nr. 12; GMPM/*Germelmann*, § 62 ArbGG Rz. 35; *Dütz*, DB 1980, 1074; aA LAG Düsseldorf v. 28.2.1992 – 12 Sa 111/92, LAGE § 62 ArbGG 1979 Nr. 18; LAG Rh.-Pf. v. 9.11.1979 – 4 Sa 426/79, LAGE § 62 ArbGG 1979 Nr. 4.　|2 Schwab/Weth/*Walker*, § 62 ArbGG Rz. 21. |3 Schwab/Weth/*Walker*, § 62 ArbGG Rz. 27.　|4 LAG Hamm v. 18.7.1971 – 8 Ta 53/71, MDR 1972, 362; Schwab/Weth/*Walker*, § 62 ArbGG Rz. 27.　|5 Schwab/Weth/*Walker*, § 62 ArbGG Rz. 27.　|6 LAG Frankfurt v. 8.1.1992 – 10 Sa 1901/91, NZA 1992, 427; *Dütz*, DB 1980, 1069; GMPM/*Germelmann*, § 62 ArbGG Rz. 32; GK-ArbGG/*Vossen*, § 62 Rz. 33; Schwab/Weth/*Walker*, § 62 ArbGG Rz. 28.　|7 BAG v. 6.1.1971 – 3 AZR 384/70, AP Nr. 3 zu § 719 ZPO; v. 22.6.1972 – 3 AZR 263/72, AP Nr. 4 zu § 719 ZPO; LAG Düsseldorf v. 4.10.1979 – 14 (5) Sa 976/79, EzA § 62 ArbGG 1979 Nr. 1; v. 7.3.1980 – 8 Sa 59/80, EzA § 62 ArbGG Nr. 2; v. 20.3.1980 – 19 Sa 142/80, EzA § 62 ArbGG Nr. 3; v. 20.12.1985 – 15 Sa 1125/85, LAGE Nr. 13 zu § 62 ArbGG 1979; LAG Berlin v. 4.7.1993 – 8 Sa 79/93, LAGE Nr. 20 zu § 62 ArbGG 1979; LAG Frankfurt v. 8.1.1992 – 10 Sa 1901/91, NZA 1992, 427; einschr. GMPM/*Germelmann*, § 62 ArbGG Rz. 30.　|8 BAG v. 6.1.1971 – 3 AZR 384/70, AP Nr. 3 zu § 719 ZPO; BAG v. 22.6.1972 – 3 AZR 263/72, AP Nr. 4 zu § 719 ZPO.　|9 LAG Frankfurt v. 8.1.1992 – 10 Sa 1901/91, NZA 1992, 427.　|10 LAG Frankfurt v. 27.11.1985 – 13 Ta 344/85, LAGE Nr. 12 zu § 62 ArbGG 1979; Schwab/Weth/*Walker*, § 62 ArbGG Rz. 24 u. 29; *Dütz*, DB 1980, 1069; GMPM/*Germelmann*, § 62 ArbGG Rz. 35; GK-ArbGG/*Vossen*, § 62 Rz. 36; aA LAG Düsseldorf v. 28.2.1992 – 12 Sa 111/92, NZA 1992, 618.　|11 LAG Berlin v. 28.4.1986 – 9 Ta 5/86, LAGE § 62 ArbGG Nr. 16; LAG Thür. v. 11.12.2000 – 9 Ta 137/2000 – NZA-RR 2001, 660; Schwab/Weth/*Walker*, § 62 ArbGG Rz. 30.

ckung[1]. Die Voraussetzungen für einen Ausschluss der vorläufigen Vollstreckbarkeit liegen aber trotzdem nicht vor, wenn die Nichtdurchsetzung des Titels für den Vollstreckungsgläubiger zu einem nicht zu ersetzenden Nachteil führen würde[2].

bb) Beschäftigung oder Weiterbeschäftigung. Es ist keineswegs so, dass die Vollstreckung eines auf Beschäftigung bzw. Weiterbeschäftigung des ArbN lautenden Urteils dem ArbGeb grundsätzlich einen nicht zu ersetzenden Nachteil bringt, wenn später ein derartiger Anspruch mangels eines bestehenden bzw. weiterbestehenden Arbeitsverhältnisses verneint wird, weil die darin liegende Willensbeeinträchtigung des ArbGeb nicht rückgängig gemacht werden kann. Für die mit der Beschäftigung verbundene Entgeltzahlung erhält der ArbGeb mit der Arbeitsleistung einen Gegenwert[3]. Ein unersetzlicher Nachteil kann vielmehr nur ein solcher sein, der über den allein darin bestehenden Nachteil, nicht nach seinem Belieben handeln zu dürfen, hinausgeht[4].

Die Beschäftigung/Weiterbeschäftigung muss also sonstige Schäden (Nachteile wirtschaftlicher oder immaterieller Art) befürchten lassen, für die aller Wahrscheinlichkeit nach vom ArbN kein Ersatz zu erlangen sein wird; die bloße Nichtrückabwicklungsmöglichkeit reicht nicht aus[5].

Ein derartiger Nachteil kann etwa darin liegen, dass die (Weiter-)Beschäftigung zu einer nicht absetzbaren Überproduktion führt, die Kosten verursachen und Verluste zur Folge haben würde, die im Falle des Obsiegens des ArbGeb nicht von dem gekündigten ArbN und auch nicht auf andere Weise zu ersetzen sind; hierbei spielt die Dauer des Rechtsstreits eine nicht unerhebliche Rolle[6].

cc) Zahlungsansprüche. Bei Geldansprüchen ist ein nicht zu ersetzender Nachteil noch nicht gegeben, wenn die Rückforderung mit Schwierigkeiten verbunden ist, sondern erst dann, wenn die Wiedererlangung des beigetriebenen Betrages wegen der Vermögenslage des Klägers von vornherein als aussichtslos erscheint. Die bloße Befürchtung mangelnder Rückforderbarkeit ist also unzureichend. Bei nur teilweiser Möglichkeit der Wiedererlangung kommt eine teilweise Ausschließung der vorläufigen Vollstreckbarkeit in Betracht[7]. Ein nicht zu ersetzender Nachteil kann aber auch bestehen, wenn die Pfändung eines wesentlichen Betriebsmittels zu außerordentlichen Betriebsstörungen führt[8]. Allein die Tatsache der Bewilligung von PKH ohne Ratenzahlung begründet nicht die Vermutung späterer Zahlungsunfähigkeit[9].

Bei einem ausländischen ArbN genügt nicht schon der Hinweis, dieser sei arbeitslos und/oder könne sich einer etwaigen Rückforderung durch Rückkehr in seine Heimat entziehen[10]. Dies gilt unabhängig davon, ob es sich um einen EU-Ausländer handelt oder nicht[11].

3. Glaubhaftmachung. Sind die den nicht zu ersetzenden Nachteil begründenden Tatsachen streitig, so muss der Vollstreckungsschuldner das Vorliegen dieser Tatsachen glaubhaft machen (§ 294 ZPO).

4. Entscheidung. Wenn das ArbG oder LAG dem Antrag des Vollstreckungsschuldners stattgeben will, muss es die vorläufige Vollstreckbarkeit ganz oder teilweise ausschließen. Dies soll im Tenor des Urteils erfolgen müssen[12]. Diese strenge Auffassung findet im Wortlaut der Vorschrift keine Grundlage, denn danach genügt die Ausschließung der vorläufigen Vollstreckbarkeit „im Urteil". Im ArbGG wird jedoch nicht immer streng zwischen dem Urteil iSv. § 313 ZPO und der Urteilsformel iSv. § 313 Abs. 1 Nr. 4 ZPO unterschieden[13]. Jedenfalls aus Gründen der Klarheit sollte die Entscheidung über den Antrag in die Urteilsformel aufgenommen werden. Die Ausschließung der vorläufigen Vollstreckbarkeit ist zu begründen[14]. Sie erfolgt immer ohne Anordnung einer Sicherheitsleistung.

Will das ArbG oder LAG dem Antrag nicht stattgeben, so ist strittig, ob dies in die Urteilsformel aufzunehmen ist[15].

Hat das Gericht den Antrag übersehen, kommt eine Urteilsergänzung nach § 321 ZPO in Betracht.

IV. Einstellung der Zwangsvollstreckung nach §§ 707 Abs. 1 und 719 Abs. 1 ZPO. 1. Grundsätze. Nach § 62 Abs. 1 Satz 3 kann in Fällen des § 707 Abs. 1 ZPO (Antrag auf Wiedereinsetzung oder Wiederaufnahme) und des § 719 Abs. 1 ZPO (Einlegung von Einspruch oder Berufung) die Zwangsvollstreckung

---

1 LAG Düsseldorf v. 4.10.1979 – 14 (5) Sa 976/79, EzA § 62 ArbGG 1979 Nr. 1; v. 7.3.1980 – 8 Sa 59/80, EzA § 62 ArbGG Nr. 2. | 2 BAG v. 22.6.1972 – 3 AZR 263/72, AP Nr. 4 zu § 719 ZPO; BGH v. 6.7.1979 – I ZR 55/79, AP Nr. 5 zu § 719 ZPO; Schwab/Weth/*Walker*, § 62 ArbGG Rz. 15. | 3 Schwab/Weth/*Walker*, § 62 ArbGG Rz. 14. | 4 BAG (GS) v. 27.2.1985 – GS 1/84, AP Nr. 14 zu § 611 BGB – Beschäftigungspflicht; LAG Berlin v. 26.9.1980 – 12 Sa 63/80, DB 1980, 2448; LAG Frankfurt v. 28.7.1983 – 3 Ta 173/83, DB 1983, 2640; LAG Hamm v. 25.1.1982 – 2 (11) Sa 1531/81, DB 1982, 653; LAG Rh.-Pf. v. 5.1.1981 – 3 Sa 688/80, EzA § 62 ArbGG 1979 Nr. 5. | 5 BAG (GS) v. 27.2.1985 – GS 1/84, AP Nr. 14 zu § 611 BGB – Beschäftigungspflicht; LAG Frankfurt v. 28.7.1983 – 3 Ta 173/83, DB 1983, 2640. | 6 BAG v. 22.2.1983 – 1 AZR 466/82, juris. | 7 BAG v. 24.9.1958 – 2 AZR 395/58, AP Nr. 2 zu § 719 ZPO; LAG Düsseldorf v. 20.12 1985 – 15 Sa 1125/85, LAGE § 62 ArbGG 1979 Nr. 13. | 8 Schwab/Weth/*Walker*, § 62 ArbGG Rz. 12. | 9 Schwab/Weth/*Walker*, § 62 ArbGG Rz. 12. | 10 LAG Bremen v. 25.10.1982 – 4 Sa 265/82, AP Nr. 2 zu § 62 ArbGG 1979; LAG Frankfurt v. 15.10.1979 – 8 Ta 111/79, ARST 80, 112. | 11 Schwab/Weth/*Walker*, § 62 ArbGG Rz. 12. | 12 GMPM/*Germelmann*, § 62 ArbGG Rz. 25; *Hauck/Helml*, § 62 ArbGG Rz. 8; GK-ArbGG/*Vossen*, § 62 Rz. 26. | 13 Vgl. § 61 Abs. 1, § 61 Abs. 2 Satz 1, § 64 Abs. 3a. | 14 Schwab/Weth/*Walker*, § 62 ArbGG Rz. 18. | 15 GK-ArbGG/*Vossen*, § 62 Rz. 26; *Hauck/Helml*, § 62 ArbGG Rz. 8; GMPM/*Germelmann*, § 62 ArbGG Rz. 26; aA Schwab/Weth/*Walker*, § 62 ArbGG Rz. 19.

wurde eine Ausnahme von der Unanfechtbarkeit gemacht[1]. Hieran wird nicht mehr festgehalten werden können[2].

Ein zurückgewiesener Einstellungsantrag erwächst nicht in Rechtskraft; er kann wiederholt, aber nur auf erst nach dem Tag der ablehnenden Entscheidung entstandene Tatsachen gestützt werden[3]. 29

V. Einstellung der Zwangsvollstreckung nach anderen Vorschriften. Nach der ZPO kommt die Einstellung der Zwangsvollstreckung in weiteren Fällen in Betracht, nämlich zB bei 30

- der Erinnerung gegen Erteilung der Vollstreckungsklausel (§ 732 Abs. 2 ZPO),
- der Erinnerung gegen Art und Weise der Zwangsvollstreckung (§§ 766 Abs. 1 Satz 2, 732 Abs. 2 ZPO),
- der Vollstreckungsabwehrklage (§ 769 Abs. 1 Satz 1 ZPO),
- dem Widerspruch gegen Arrest (§ 924 Abs. 3 Satz 2 ZPO).

Für diese Fälle ist streitig, ob entsprechend § 62 Abs. 1 nur eine Einstellung ohne Sicherheitsleistung in Betracht kommt und dafür ein drohender unersetzbarer Nachteil vorausgesetzt wird. Eine entsprechende Anwendung des § 62 Abs. 1 Satz 3 wird mit der Begründung bejaht, mit dem System der Zwangsvollstreckung im arbeitsgerichtlichen Verfahren sei eine Einstellung gegen Sicherheitsleistung nicht vereinbar[4]. Nach aA[5] soll jedenfalls eine Einstellung nach den §§ 769, 732 Abs. 2 und 766 Abs. 1 Satz 2 ZPO auch gegen Sicherheitsleistung möglich sein. 31

VI. Zwangsvollstreckung. 1. Grundsätze. Nach § 62 Abs. 2 finden im Übrigen auf die Zwangsvollstreckung die Vorschriften des Achten Buches der ZPO Anwendung. Entsprechendes gilt – leicht modifiziert nach § 85 Abs. 1 Satz 3 – im Beschlussverfahren. 32

2. Vollstreckung arbeitsrechtlicher Titel. a) Abfindung. Der Titel auf Zahlung einer Abfindung nach §§ 9, 10 KSchG ist vorläufig vollstreckbar[6]. Dagegen kann nicht eingewendet werden, der Anspruch auf die Abfindung entstehe erst mit Rechtskraft des Urteils des ArbG über die Auflösung des Arbeitsverhältnisses[7]. Der Anspruch auf den Abfindungsbetrag entsteht vielmehr durch die richterliche Festsetzung im Urteil und wird damit, frühestens jedoch zum Zeitpunkt des festgesetzten Endes des Arbeitsverhältnisses, fällig[8]. Zudem liegt die Situation, wonach die Verurteilung auflösend bedingt ist durch die Abänderung oder Aufhebung des Urteils, der vorläufigen Vollstreckbarkeit typischerweise zu Grunde[9]. 33

b) Abmahnung. Der Anspruch auf Entfernung der Abmahnung aus der Personalakte ist auf eine unvertretbare Handlung gerichtet, weil die Verfügung über die Personalakte durch einen Dritten nicht zulässig ist[10]. Die Vollstreckung richtet sich nach § 888 ZPO. 34

c) Abrechnung von Arbeitsvergütung. Abrechnungen können regelmäßig durch einen Buchsachverständigen vorgenommen werden, ohne dass der Abrechnungsverpflichtete mitwirken muss. Es geht dann bei der Erteilung der Abrechnung um eine vertretbare Handlung[11], die nach § 887 ZPO durch Ersatzvornahme vollstreckt werden kann. Sind die Unterlagen aber unvollständig oder bedarf es zu ihrer Auswertung besonderer Kenntnisse, die nur der Schuldner hat, handelt es sich um eine unvertretbare Handlung, die nach § 888 ZPO durch Verhängung eines Zwangsmittels vollstreckt wird[12]. 35

d) Arbeitsleistung. Für den Titel auf Arbeitsleistung ist umstritten, ob die Vollstreckung sich nach § 888 ZPO (unvertretbare Handlung) richtet, so dass eine Vollstreckung stets nach § 888 Abs. 3 ZPO ausscheidet[13], oder ob es auch um eine vertretbare Handlung gehen kann, so dass eine Vollstreckung nach § 887 ZPO in Betracht kommt[14]. Geht es um einfache Arbeitsleistungen, bei denen es dem ArbGeb egal ist, welche Person diese Arbeitsleistung erbringt, kann von einer vertretbaren Handlung ausgegangen werden, die durch Ersatzvornahme vollstreckt werden kann, ohne das der Ausschluss der 36

---

1 Vgl. umfassende Nachw. bei Schwab/Weth/*Walker*, § 62 ArbGG Rz. 30. | 2 Vgl. zum Fehlen außerordentlicher Rechtsbehelfe § 57 Rz. 22; Schwab/Weth/*Walker*, § 62 ArbGG Rz. 30. | 3 LAG Bremen v. 12.8.1982 – 4 Sa 170/83, EzA § 62 ArbGG 1979 Nr. 7; GMPM/*Germelmann*, § 62 ArbGG Rz. 34 u. 37. | 4 LAG Berlin v. 28.4.1986 – 9 Ta 5/86, LAGE § 62 ArbGG 1979 Nr. 16; LAG Bremen v. 24.6.1996 – 2 Ta 28/96, LAGE § 62 ArbGG 1979 Nr. 22; LAG Hamm v. 9.8.1984 – 8 Ta 144/84, AP Nr. 3 zu § 62 ArbGG 1979; für die Anwendbarkeit von § 62 Abs. 1 Satz 3 auf gerichtliche Vergleiche: LAG Hamburg v. 14.7.1981 – 1 Ta 8/81, ARST 1983, 16; LAG Köln v. 16.6.1983 – 3 Ta 86/83, DB 1983, 1827; LAG Berlin v. 28.4.1986 – 9 Ta 5/86, LAGE § 62 ArbGG 1979 Nr. 16. | 5 LAG Köln v. 16.6.1983 – 3 Ta 86/83, DB 1983, 1827; LAG Nürnberg v. 7.5.1999 – 7 Ta 89/99, BB 1999, 1387; GMPM/*Germelmann*, § 38 f. ArbGG; GK-ArbGG/*Vossen*, § 62 Rz. 39; Schwab/Weth/*Walker*, § 62 ArbGG Rz. 32. | 6 LAG BW v. 9.7.1986 – 7 Ta 5/86, DB 1986, 2192; LAG Frankfurt v. 14.8.1986 – 3 Ta 178/86, BB 1987, 552; LAG Bremen v. 31.8.1983 – 2 Ta 72/82, DB 1983, 2315; LAG Hamm v. 17.7.1975 – 3 Sa 251/75, BB 1975, 1068. | 7 So aber: LAG Berlin v. 17.2.1986 – 9 Sa 110/85, LAGE § 9 KSchG Nr. 1; LAG Hamburg v. 28.12.1982 – 1 Sa 6/82, DB 1983, 724. | 8 BAG v. 9.12.1987 – 4 AZR 561/87, AP Nr. 4 zu § 62 ArbGG 1979. | 9 Schwab/Weth/*Walker*, § 62 ArbGG Rz. 37. | 10 LAG Frankfurt v. 9.6.1993 – 12 Ta 82/93, NZA 1994, 288; GMPM/*Germelmann*, § 62 ArbGG Rz. 48; GK-ArbGG/*Vossen*, § 62 Rz. 45; Schwab/Weth/*Walker*, § 62 ArbGG Rz. 74. | 11 LAG Hamm v. 11.8.1983 – 1 Ta 245/83, ZIP 1983, 1253; LAG Köln v. 22.11.1990 – 12 (11) Ta 247/90, MDR 1991, 650; Schwab/Weth/*Walker*, § 62 ArbGG Rz. 68. | 12 Schwab/Weth/*Walker*, § 62 ArbGG Rz. 68. | 13 LAG Düsseldorf v. 17.9.1957 – 3 Sa 253/57, BB 1958, 82. | 14 GMPM/*Germelmann*, § 62 ArbGG Rz. 48 „Arbeitsleistung"; Schwab/Weth/*Walker*, § 62 ArbGG Rz. 66.

Vollstreckung nach § 888 Abs. 3 ZPO eingreift[1]. Dagegen richtet sich die Vollstreckung bei einem Titel auf Leistung höherwertiger Arbeiten, bei denen es nicht gleichgültig ist, welcher ArbN sie erbringt, nach § 888 ZPO, weshalb eine Vollstreckung nach § 888 Abs. 3 ZPO ausgeschlossen ist[2].

37 e) **Arbeitspapiere.** Der Anspruch auf Herausgabe der Arbeitspapiere wird nach § 883 ZPO[3] und der Anspruch auf Ausfüllen der Arbeitspapiere wird nach § 888 ZPO vollstreckt. Der Ausfüllungsanspruch zielt auf eine unvertretbare Handlung[4]. Ist der ArbGeb zur Herausgabe der Arbeitspapiere verurteilt worden und gibt er diese an den ArbN unausgefüllt oder nicht ordnungsgemäß ausgefüllt heraus, kann er mangels eines zur Vollstreckung geeigneten Titels nicht nach § 888 Abs. 1 Satz 1 ZPO durch Zwangsgeld oder Zwangshaft zur Vornahme der Eintragungen angehalten werden[5].

38 f) **Arbeitsvergütung.** Der Anspruch auf Zahlung der Arbeitsvergütung und die Durchsetzung sonstiger Vergütungsansprüche erfolgt nach §§ 803 ff. ZPO[6]. Die Klage auf Arbeitsvergütung ist zu richten auf die Zahlung der vereinbarten Vergütung, damit auf den Bruttobetrag. Bei der Zwangsvollstreckung aus einem solchen Urteil ist der gesamte Betrag einschließlich der einkommensteuerrechtlichen und sozialversicherungsrechtlichen Vergütungsbestandteile beizutreiben. Wird die LSt vom ArbGeb nicht abgeführt, etwa aufgrund falscher Berechnung der Steuer, darf der ArbGeb diesen Betrag nicht etwa einbehalten, sondern hat ihn an den ArbN auszuzahlen[7]. Alte Titel über „DM" müssen nicht umformuliert werden. Aus DM-Titeln kann ohne weiteres in Euro vollstreckt werden[8]. Wie sich aus § 244 BGB ergibt, kann eine im Inland zahlbare Geldschuld auch in ausländischer Währung ausgedrückt sein. Das deutsche Zivilrecht und Zivilprozessrecht lassen Klagen und Urteile, die auf Zahlung in fremder Währung lauten, zu[9]. Die Klagen auf Zahlung von Arbeitsvergütung können auf Brutto- oder auch auf Nettobeträge gerichtet sein, nicht jedoch in zulässiger Weise auf Beträge mit dem Zusatz „brutto" oder „netto"[10].

39 g) **Beschäftigungsanspruch/Weiterbeschäftigungsanspruch.** Der (Weiter-)Beschäftigungsanspruch zielt auf eine unvertretbare Handlung (§ 888 ZPO), nämlich auf die Zurverfügungstellung des vertragsgemäßen Arbeitsplatzes und die Zuteilung der Arbeit[11]. Eine für jeden Tag der Nichterfüllung des (Weiter-)Beschäftigungsanspruches bestimmte Zwangsgeldfestsetzung widerspricht nicht nur Eigenart und Zielrichtung von § 888 ZPO, sondern auch dem Gebot der Eindeutigkeit und Bestimmtheit vollstreckbarer gerichtlicher Entscheidungen. Daher ist das Zwangsgeld einheitlich festzusetzen[12].

40 Voraussetzung für die Vollstreckung ist, das der (Weiter-)Beschäftigungsanspruch hinreichend bestimmt tenoriert wurde. Im Anschluss an die Formulierung des Gesetzgebers in § 102 Abs. 5 BetrVG wird in der Praxis häufig die Beschäftigung zu „unveränderten Arbeitsbedingungen" oder auch „zu den bisherigen Arbeitsbedingungen" beantragt[13]. Dies ist im Hinblick auf das Bestimmtheitsgebot problematisch. Art, Zeit und Ort der Leistungsverpflichtung müssen sich aus dem Antrag entnehmen lassen. Die Übernahme der genannten Formulierung in den Tenor wird teilweise als nicht vollstreckbar angesehen. Im Vollstreckungsverfahren ist der Titel aber auszulegen; dazu können auch Tatbestand und Entscheidungsgründe herangezogen werden. Insoweit genügt es, wenn sich die „unveränderten Arbeitsbedingungen" aus dem Tatbestand und/oder den Entscheidungsgründen ergeben[14]. Der auf Beschäftigung zu „unveränderten Arbeitsbedingungen" gerichtete Antrag wird zudem als zulässig angesehen, solange zwischen den Parteien kein Streit über den Inhalt der Beschäftigungspflicht besteht[15].

41 h) **Einstellung/Wiedereinstellung.** Der Anspruch auf Einstellung/Wiedereinstellung ist auf die Abgabe des Angebots auf Abschluss eines Arbeitsvertrags oder auf die Annahme eines solchen Angebots gerichtet, weshalb die Vollstreckung sich nach § 894 ZPO richtet[16]. Geht es aber im Zusammenhang mit einer Konkurrentenklage um die Neuvornahme der Auswahlentscheidung, so erfolgt die Zwangsvollstreckung nach § 888 ZPO[17].

---

1 Schwab/Weth/*Walker*, § 62 ArbGG Rz. 66. | 2 GMPM/*Germelmann*, § 62 ArbGG Rz. 48 „Arbeitsleistung"; Schwab/Weth/*Walker*, § 62 ArbGG Rz. 66. | 3 GK-ArbGG/*Vossen*, § 62 Rz. 48. | 4 LAG Frankfurt v. 25.6.1980 – 8 Ta 75/80, DB 1981, 534; Schwab/Weth/*Walker*, § 62 ArbGG Rz. 73; GMPM/*Germelmann*, § 62 ArbGG Rz. 44; GK-ArbGG/*Vossen*, § 62 Rz. 48. | 5 GK-ArbGG/*Vossen*, § 62 Rz. 48. | 6 Schwab/Weth/*Walker*, § 62 ArbGG Rz. 77. | 7 BAG v. 11.2.1998 – 5 AZR 159/97, AP Nr. 19 zu § 611 BGB – Lohnanspruch. | 8 BAG v. 19.3.2002 – 9 AZR 29/01, AP Nr. 2 zu §§ 22, 23 BAT – Urlaubsgeld. | 9 BAG v. 26.7.1995 – 5 AZR 216/94, AP Nr. 7 zu § 157 BGB. | 10 Ausf. *Ziemann*, FS *Schwerdtner*, S. 715, 727. | 11 LAG Berlin v. 6.6.1986 – 9 Ta 6/86, DB 1986, 2192; LAG Hamm v. 29.8.1979 – 1 Ta 147/79, BB 1980, 160; LAG Köln v. 17.2.1988 – 5 Ta 244/87, DB 1988, 660; v. 24.10.1995 – 13 (5) Ta 245/95, NZA-RR 1996, 108; LAG München v. 11.9.1993 – 2 Ta 214/93, BB 1994, 1083; Schwab/Weth/*Walker*, § 62 ArbGG Rz. 69; GK-ArbGG/*Vossen*, § 62 Rz. 51; GMPM/*Germelmann*, § 62 ArbGG Rz. 48 „Weiterbeschäftigungsanspruch". | 12 LAG Berlin v. 5.7.1985 – 4 Ta 4/85, NZA 1986, 36; LAG Hamm v. 22.1.1986 – 1 Ta 399/85, LAGE § 888 ZPO Nr. 4; LAG Frankfurt v. 11.3.1988 – 9 Ta 20/88, LAGE §888 ZPO Nr. 16; LAG Köln v. 24.10.1995 – 13(5) Ta 245/95, NZA-RR 1996, 108; LAG München v. 11.9.1993 – 2 Ta 214/93, LAGE § 888 ZPO Nr. 34; Schwab/Weth/*Walker*, § 62 ArbGG Rz. 70; GMPM/*Germelmann*, § 62 ArbGG Rz. 48 „Weiterbeschäftigungsanspruch". | 13 So zB der Antrag in BAG v. 13.6.1985 – 2 AZR 410/84, AP Nr. 19 zu § 611 BGB – Beschäftigungspflicht. | 14 LAG Frankfurt v. 27.11.1992 – 9 Ta 376/92, LAGE § 888 ZPO Nr. 30; LAG Rh.-Pf. v. 7.1.1986 – 1 Ta 302/85, LAGE § 888 ZPO Nr. 6; sehr eng aber LAG Schl.-Holst. v. 6.1.1987 – 6 Ta 157/86, LAGE § 888 ZPO Nr. 10. | 15 LAG Schl.-Holst. v. 6.1.1987 – 6 Ta 157/86, LAGE § 888 ZPO Nr. 10; LAG Köln v. 7.7.1987 – 9 Ta 128/87, LAGE § 888 ZPO Nr. 15; weiter gehend LAG Rh.-Pf. v. 7.1.1986 – 1 Ta 302/85, LAGE § 888 ZPO Nr. 6. | 16 Schwab/Weth/*Walker*, § 62 ArbGG Rz. 76. | 17 Schwab/Weth/*Walker*, § 62 ArbGG Rz. 76.

i) Freistellungsanspruch. Beim Freistellungsanspruch handelt es sich nicht um eine Geldforderung, die nach §§ 803 ff. ZPO zu vollstrecken wäre, sondern um eine vertretbare Handlung[1]. Die Vollstreckung des Anspruchs auf Freistellung von einer Verbindlichkeit richtet sich daher nach § 887 ZPO. Die Vollstreckung kann durch Ersatzvornahme erfolgen.

j) Urlaub. Die Vollstreckung des Anspruchs auf Erteilung von Urlaub richtet sich nach § 894 ZPO, denn die Urlaubserteilung erfolgt durch eine den Urlaubsanspruch konkretisierende Willenserklärung[2].

k) Wettbewerbsverbot. Die Durchsetzung eines Wettbewerbsverbots erfolgt nach § 890 ZPO. Es geht um die Erzwingung des Unterlassens von Wettbewerbshandlungen[3].

l) Zeugnis. Der Anspruch auf Erteilung eines Zeugnisses ist auf eine unvertretbare Handlung gerichtet und wird nach § 888 ZPO vollstreckt[4]. Dies gilt sowohl für die Fertigung des qualifizierten Zeugnisses[5] als auch für die Erteilung des einfachen Zeugnisses[6].

VII. Arrest und einstweilige Verfügung. 1. Grundsätze. Für Streitigkeiten, die im Urteilsverfahren abgewickelt werden, verweist § 62 Abs. 2 hinsichtlich Arrest und einstweiliger Verfügung auf die Vorschriften des Achten Buches der ZPO (§§ 916 ff. ZPO). In § 62 Abs. 2 Satz 2 mit der Möglichkeit, ohne mündliche Verhandlung zu entscheiden, findet sich eine Sonderregelung.

2. Arrest. a) Grundsätze. Nach § 916 Abs. 1 ZPO findet der Arrest zur Sicherung der Zwangsvollstreckung in das bewegliche oder unbewegliche Vermögen wegen einer Geldforderung oder wegen eines Anspruchs statt, der in eine Geldforderung übergehen kann. Der Arrest zielt nur auf die Sicherung der Zwangsvollstreckung wegen einer Geldforderung, nicht auf die wenigstens vorläufige Befriedigung des Gläubigers.

Der Antrag ist nur zulässig, wenn die allgemeinen Prozessvoraussetzungen vorliegen[7]. Das gilt auch für die (Rechtsweg-)Zuständigkeit der ArbG. Ist diese nicht gegeben, ist auch im Arrest-/Verfügungsverfahren eine Rechtswegverweisung zulässig[8]. Ebenso ist eine Verweisung an das örtlich zuständige Gericht möglich[9].

Ferner muss ein Arrestanspruch gegeben sein. Arrestanspruch kann nur eine Geldforderung sein oder ein Individualanspruch, der in eine solche übergehen kann. Ein Übergang ist möglich bei Nichterfüllung. Es ist also nicht notwendig, dass der Anspruch bereits fällig ist.

Es muss außerdem ein Arrestgrund behauptet werden. Das Vorliegen eines Arrestgrundes wird nach hM als Zulässigkeitsvoraussetzung angesehen[10], so dass ein deshalb abgewiesener Antrag uU wiederholt werden kann.

Der Arrest ist begründet, wenn Arrestanspruch und Arrestgrund glaubhaft gemacht sind.

b) Arrestverfahren. Nach § 919 ZPO ist für die Anordnung des Arrestes sowohl das Gericht der Hauptsache als auch das Gericht zuständig, in dessen Bezirk der mit Arrest zu belegende Gegenstand oder die in ihrer persönlichen Freiheit zu beschränkende Person sich befindet. Die Zuständigkeit ist ausschließlich (§ 802 ZPO).

Gericht der Hauptsache ist in Arbeitssachen das örtlich für den Hauptprozess zuständige ArbG, solange der Hauptprozess dort noch anhängig ist (bis zum Eingang der Berufungsschrift beim Landesarbeitsgericht). Ist das Urteil des ArbG in der Hauptsache bereits mit der Berufung angefochten, ist Gericht der Hauptsache das LAG.

Die Anordnung eines Arrestes setzt einen Antrag voraus. Das Gesuch soll die Bezeichnung des Anspruchs unter Angabe des Geldbetrags oder des Geldwerts sowie die Bezeichnung des Arrestgrundes enthalten, wobei der Arrestanspruch und der Arrestgrund glaubhaft zu machen sind (§ 920 Abs. 1 und 2 ZPO). Das Gesuch ist schriftlich anzubringen. Es kann auch vor der Geschäftsstelle zu Protokoll erklärt werden.

Der Beschluss, durch den der Arrest angeordnet wird, ist dem Antragsteller von Amts wegen zuzustellen (§ 329 Abs. 3 ZPO). Dieser hat ihn dem Antragsgegner zustellen zu lassen. Es gilt insoweit nicht der Amtsbetrieb (§ 922 Abs. 2 ZPO). § 50 Abs. 1 ist nach seinem Wortlaut weder unmittelbar noch entsprechend anzuwenden. § 62 Abs. 2 verweist allein auf die ZPO-Vorschriften.

Gegen den Beschluss, der den Arrest anordnet, gibt es ein eigenes Verfahren. Nach § 924 Abs. 1 ZPO findet gegen ihn der Widerspruch statt. Der Widerspruch ist der Rechtsbehelf des Schuldners oder

---

1 BGH v. 22.10.1957 – VI ZR 231/56, JZ 1958, 57; BAG v. 30.4.1975 – 5 AZR 171/74, AP Nr. 1 zu § 67 KO; Schwab/Weth/*Walker*, § 62 ArbGG Rz. 67. | 2 GK-ArbGG/*Vossen*, § 62 Rz. 47. | 3 Schwab/Weth/*Walker*, § 62 ArbGG Rz. 75. | 4 LAG Düsseldorf v. 8.1.1958 – 6 Ta 64/57, BB 1959, 117; LAG Frankfurt v. 16.6.1989 – 9 Ta 74/89, LAGE § 630 BGB Nr. 7; LAG Hamburg v. 5.3.1969 – 2 Ta 3/69, BB 1969, 538. | 5 LAG Nürnberg v. 14.1.1993 – 6 Ta 169/92, BB 1993, 365. | 6 Schwab/Weth/*Walker*, § 62 ArbGG Rz. 72. | 7 Schwab/Weth/*Walker*, § 62 ArbGG Rz. 95. | 8 *Gift/Baur*, Urteilsverfahren, J Rz. 34. | 9 BGH v. 8.2.1989 – IVb ARZ 47/88, FamRZ 1989, 847. | 10 Vgl. *Gift/Baur*, Urteilsverfahren, J Rz. 21 mwN.

seines Rechtsnachfolgers gegen den Beschluss, und zwar gleichgültig, welche Instanz den Arrest angeordnet hat.

57 Die widersprechende Partei hat in dem Widerspruch die Gründe anzugeben, die sie für die Aufhebung des Arrests geltend machen will. Der Widerspruch hat schriftlich zu erfolgen, beim ArbG auch zu Protokoll der Geschäftsstelle unter Angabe der Gründe. Das Gericht hat dann von Amts wegen Termin zur mündlichen Verhandlung zu bestimmen. Die mündliche Verhandlung ist hier zwingend.

58 Durch die Erhebung des Widerspruchs wird die Vollziehung des Arrestes nicht gehemmt. Das Gericht kann einstweilige Anordnungen nach § 707 ZPO (einstweilige Einstellung der Zwangsvollstreckung) treffen, wobei § 707 Abs. 1 Satz 2 ZPO (Einstellung ohne Sicherheitsleistung) nicht anzuwenden ist (§ 924 Abs. 3 ZPO).

59 Wird Widerspruch erhoben, ist über die Rechtmäßigkeit des Arrestes durch Endurteil zu entscheiden (§ 925 Abs. 1 ZPO). Das Verfahren über die Rechtmäßigkeit des Arrestes entspricht dem normalen Urteilsverfahren. Das Urteil entscheidet über den Arrest, nicht über die Rechtmäßigkeit des Widerspruchs. Nach § 925 Abs. 2 ZPO kann das Gericht den Arrest ganz oder teilweise beseitigen, abändern oder aufheben. Die Beseitigung, Abänderung oder Aufhebung kann von einer Sicherheitsleistung abhängig gemacht werden. Die Kostenentscheidung ergeht nach §§ 91 ff. ZPO. § 12a findet auch im Arrestverfahren Anwendung. Gegen das Urteil gibt es die üblichen Rechtsmittel.

60 c) **Anordnung der Klageerhebung.** Der vom Arrest Betroffene kann nach § 926 Abs. 1 ZPO außerdem beantragen, dass die Partei, die den Arrestbefehl erwirkt hat, binnen einer zu bestimmenden Frist Klage zu erheben hat, wenn die Hauptsache nicht anhängig ist. Ordnet das Gericht die Klageerhebung an und wird ihr nicht Folge geleistet, ist auf Antrag die Aufhebung des Arrestes durch Endurteil auszusprechen (§ 926 Abs. 2 ZPO).

61 d) **Aufhebung wegen veränderter Umstände.** Nach § 927 ZPO kann ein Arrest wegen veränderter Umstände aufgehoben werden. Aufhebungsgrund ist die Erledigung des Arrestgrundes oder das Erbieten zur Sicherheitsleistung. Veränderte Umstände können den Arrestanspruch, zB Erlöschen der Forderung, oder den Arrestgrund, zB obsiegendes Urteil in der Hauptsache, betreffen. Gegenstand des Aufhebungsverfahrens ist allein die Rechtmäßigkeit der Fortdauer des Verfahrens. Zuständig ist das Gericht der Hauptsache (§ 943 ZPO), falls diese anhängig ist. Ist die Hauptsache nicht anhängig, ist das Gericht zuständig, das den Arrest erlassen hat.

62 Der Antrag ist begründet, wenn der Schuldner glaubhaft macht, dass sich die Umstände zu seinen Gunsten verändert haben. Das Urteil kann auf Aufhebung, auf Abänderung des Arrestes oder auf Zurückweisung des Antrags lauten.

63 e) **Vollziehung des Arrestes.** Nach § 928 ZPO sind auf die Vollziehung des Arrestes die Vorschriften über die Zwangsvollstreckung entsprechend anzuwenden, wobei folgende Besonderheiten gelten:

- Nach § 929 Abs. 1 ZPO bedürfen Arrestbefehle der Vollstreckungsklausel nur, wenn die Vollstreckung für einen anderen als den im Befehl bezeichneten Gläubiger oder gegen einen anderen als den im Befehl genannten Schuldner erfolgen soll.
- Die Vollstreckung ist unstatthaft, wenn seit dem Tag, an dem der Befehl verkündet oder der Partei, auf dessen Gesuch er erging, zugestellt ist, ein Monat verstrichen ist (§ 929 Abs. 3 ZPO).
- Die Vollziehung ist bereits vor der Zustellung des Arrestbefehls an den Schuldner zulässig. Sie ist jedoch ohne Wirkung, wenn die Zustellung nicht innerhalb einer Woche nach der Vollziehung und vor Ablauf der für diese in § 929 Abs. 2 ZPO bestimmten Frist erfolgt.

64 3. **Einstweilige Verfügung. a) Sicherungsverfügung.** Nach § 935 ZPO sind einstweilige Verfügungen in Bezug auf den Streitgegenstand zulässig, wenn zu besorgen ist, dass durch eine Veränderung des bestehenden Umstandes die Verwirklichung des Rechts einer Partei vereitelt oder wesentlich erschwert werden könnte, sog. Sicherungsverfügung. Die Sicherungsverfügung bezweckt die Sicherung von solchen Forderungen, die nicht auf Geld gerichtet sind und daher auch nicht durch Arrest gesichert werden können[1].

65 Voraussetzung für eine Sicherungsverfügung ist zunächst, dass die allgemeinen Prozessvoraussetzungen vorliegen. Außerdem muss ein sicherbarer, konkreter Anspruch bestehen. Der zu sichernde Anspruch, der als Verfügungsanspruch bezeichnet wird, ist jeder bürgerlich-rechtliche oder arbeitsrechtliche Individualanspruch, zB der auf Herausgabe überlassenen Arbeitsgeräts, nicht jedoch eine Geldforderung oder ein Anspruch, der in eine Geldforderung übergehen kann, weil insoweit der Arrest stattfindet.

66 Der Zweck der einstweiligen Verfügung besteht darin, die Verwirklichung des Anspruchs dadurch zu sichern, dass der bestehende Zustand in Bezug auf einen bestimmten Streitgegenstand erhalten bleibt. Dieser Grund für die Sicherung, der Verfügungsgrund, muss zur Abwendung einer Gefährdung des Gläubigerinteresses im Eilverfahren objektiv notwendig sein. Es müssen Umstände bestehen, die

---

1 Schwab/Weth/*Walker*, § 62 ArbGG Rz. 93.

nach dem Urteil eines vernünftigen Menschen befürchten lassen, die Verwirklichung des Anspruchs sei durch eine bevorstehende Veränderung des bestehenden Zustandes gefährdet, zB es droht ein wesentlicher Substanzverlust durch die unerlaubte Weiterbenutzung eines Gerätes oder weil der Schuldner dabei ist, seinen Wohnsitz ins Ausland zu verlegen.

b) Regelungsverfügung. Eine andere Art der einstweiligen Verfügung ist die zur Sicherung des Rechtsfriedens, die sog. Regelungsverfügung. Nach § 940 ZPO sind einstweilige Verfügungen auch zum Zweck der Regelung eines einstweiligen Zustandes in Bezug auf ein streitiges Rechtsverhältnis zulässig, sofern diese Regelung, insb. bei dauernden Rechtsverhältnissen zur Abwendung wesentlicher Nachteile oder zur Verhinderung drohender Gewalt oder aus anderen Gründen nötig erscheint. 67

Den Verfügungsgrund bildet hier das streitige Rechtsverhältnis. Dieses muss auf einen Zustand insb. von längerer Dauer gerichtet sein. Streitig ist das Rechtsverhältnis, wenn sein Bestand bestritten wird oder wenn ein unstreitig bestehendes verletzt wird. 68

Der Verfügungsanspruch und der Verfügungsgrund sind glaubhaft zu machen, wobei strenge Anforderungen zu stellen sind. Ein Verfügungsgrund liegt vor, wenn die Regelung notwendig ist. Dabei ist vom Interesse des Gläubigers auszugehen, wie es sich aufgrund der tatsächlichen Lage objektiv darstellt. Eine Dringlichkeit ist nicht gegeben, wenn der Gläubiger den beanstandeten Grund über längere Zeit untätig hingenommen hat (sog. Selbstverwirkung). 69

In Ausnahmefällen ist im Rahmen von § 940 ZPO eine sog. Leistungsverfügung zulässig[1]. Die Leistungsverfügung gewährt dem Gläubiger nicht nur eine Sicherung, sondern Erfüllung. 70

Nach neuerer Ansicht ist nur zwischen Sicherungs- und Befriedigungsverfügung zu unterscheiden. Jede Verfügungsart setze nämlich einen materiellen Verfügungsanspruch voraus, der entweder nur gesichert oder aber erfüllt werden könne. Für eine zwischen Sicherung und Befriedigung liegende Regelung sei kein Raum[2]. 71

Als unzulässig werden feststellende Verfügungen angesehen, weil sie weder der Sicherung der Zwangsvollstreckung noch zur vorläufigen Durchsetzung eines Anspruchs noch zur verbindlichen Klärung der Rechtslage geeignet sind[3]. 72

c) Verfahren. Die §§ 919 ff. ZPO gelten nach § 62 Abs. 2 ArbGG iVm. § 936 ZPO grundsätzlich für das Verfahren der einstweiligen Verfügung in der Arbeitsgerichtsbarkeit. Dabei sind folgende Besonderheiten zu beachten: 73

- Die Zuständigkeit des Gerichts ergibt sich aus § 937 ZPO. Es ist das Gericht der Hauptsache zuständig. Das ist bei arbeitsgerichtlichen Streitigkeiten das ArbG. Auch in dringenden Fällen besteht keine rechtswegübergreifende Zuständigkeit des AG der belegenen Sache (§ 942 ZPO)[4].

- Die Entscheidung kann in dringenden Fällen, auch dann, wenn der Antrag auf Erlass der einstweiligen Verfügung zurückzuweisen ist, ohne mündliche Verhandlung ergehen (§ 62 Abs. 2 Satz 2). Ein solcher Fall liegt nur vor, wenn im Interesse eines effektiven Rechtsschutzes die Warnung des Gegners oder die Zeitdauer, die mit einer mündlichen Verhandlung verbunden ist, vermieden werden muss, und wenn die zeitliche Dringlichkeit nicht auf ein zögerliches Verhalten des Antragstellers zurückzuführen ist[5].

- Im Verfahren des einstweiligen Rechtsschutzes beginnt die mündliche Verhandlung nicht mit der Güteverhandlung[6].

- Im arbeitsgerichtlichen Verfahren wird § 944 ZPO zur Eilkompetenz des Vorsitzenden durch § 53 verdrängt[7].

d) Einzelfälle. aa) Arbeitskampf. Einstweiligen Verfügungen können auch im Arbeitkampf ergehen. Dem stehen keine durchgreifenden verfassungsrechtlichen Gründe entgegen[8]. Im Rahmen der Interessenabwägung ist maßgeblich auf die Eindeutigkeit der Sach- und Rechtslage abzustellen[9]. 74

bb) Arbeitsleistung. Zielt der Anspruch auf Arbeitsleistung auf eine unvertretbare Handlung, steht § 888 Abs. 3 ZPO einer Befriedigungsverfügung entgegen[10]. Geht es hingegen bei der Arbeitsleistung um eine vertretbare Handlung, liegt ein Verfügungsanspruch vor. Regelmäßig wird aber ein Verfügungs- 75

---

1 Schwab/Weth/*Walker*, § 62 ArbGG Rz. 93. | 2 Vgl. zum Theorienstreit ausf. Schwab/Weth/*Walker*, § 62 ArbGG Rz. 93; *Walker*, Der einstweilige Rechtsschutz, Rz. 100–119. | 3 Schwab/Weth/*Walker*, § 62 ArbGG Rz. 93. | 4 GMPM/*Germelmann*, § 62 ArbGG Rz. 69; GK-ArbGG/*Vossen*, § 62 Rz. 86; Schwab/Weth/*Walker*, § 62 ArbGG Rz. 100. | 5 Schwab/Weth/*Walker*, § 62 ArbGG Rz. 101. | 6 LAG Frankfurt v. 16.2.1962 – 5 Sa 8/62, DB 1962, 1052; Schwab/Weth/*Walker*, § 62 ArbGG Rz. 102; GMPM/*Germelmann*, § 54 ArbGG Rz. 46. | 7 Schwab/Weth/*Walker*, § 62 ArbGG Rz. 103; GMPM/*Germelmann*, § 62 ArbGG Rz. 71. | 8 BAG v. 21.3.1978 – 1 AZR 11/76, DB 1978, 1647; LAG Hamm v. 8.8.1985 – 8 Sa 1498/85, NZA 1985, 743; LAG München v. 19.12.1979 – 9 Sa 1015/79, NJW 1980, 957; LAG Schl.-Holst. v. 10.12.1996 – 6 Sa 581/96, NZA-RR 1997, 401; v. 25.11.1999 – Sa 584/99, NZA-RR 2000, 143; Schwab/Weth/*Walker*, § 62 ArbGG Rz. 142; GK-ArbGG/*Vossen*, § 62 Rz. 81. | 9 Schwab/Weth/*Walker*, § 62 ArbGG Rz. 145. | 10 Schwab/Weth/*Walker*, § 62 ArbGG Rz. 117.

ArbGG § 62 Rz. 76   Zwangsvollstreckung

grund fehlen, denn die Einstellung eines Ersatzarbeitnehmers als Ersatzvornahme wird dem ArbGeb häufig möglich sein[1].

76   **cc) Arbeitspapiere.** Der Anspruch auf Herausgabe der – ordnungsgemäß ausgefüllten – Arbeitspapiere kann im Wege der einstweiligen Verfügung (Befriedigungsverfügung) durchgesetzt werden. Der ArbN hat für den Verfügungsanspruch vorzutragen,

- dass er sich bei Beendigung des Arbeitsverhältnisses vergeblich bemüht hat, von seinem ArbGeb die zur Herausgabe fälligen Arbeitspapiere ausgehändigt zu erhalten
- dass der neue ArbGeb die Einstellung von der Vorlage der Arbeitspapiere abhängig macht (Verfügungsgrund)
- oder die LStKarte für den LStJahresausgleich benötigt wird (Verfügungsgrund)[2]

77   Der ArbN benötigt idR beim neuen ArbGeb die LStKarte des laufenden Kalenderjahres, die Arbeitserlaubnis, das Gesundheitszeugnis, ggf. die Urlaubsbescheinigung nach § 6 Abs. 2 BUrlG und ggf. die Lohnnachweiskarte für Urlaub, Lohnausgleich und Zusatzversorgung nach § 2 Abs. 1 BRTV Bau. Die Interessenabwägung wird selten zugunsten des ArbGeb ausgehen, weil dieser regelmäßig kein berechtigtes Interesse an der Zurückhaltung der Arbeitspapiere hat[3].

78   **dd) Arbeitsvergütung.** Eine einstweilige Verfügung auf Zahlung von Arbeitsvergütung führt zu einer vorläufigen Befriedigung des Gläubigers. Für eine Leistungsverfügung (Befriedigungsverfügung) hat der ArbN darzulegen und ggf. glaubhaft zu machen, dass er sich ohne die Entgeltzahlung in einer Notlage befindet[4]. Wird das Entgelt wegen einer ausgesprochenen Kündigung vom ArbGeb nicht gezahlt, kommt eine einstweilige Verfügung auf Zahlung von Arbeitsvergütung nur in Betracht, wenn der ArbN

- zum einen die Unwirksamkeit der Kündigung glaubhaft macht,
- zum anderen darlegt, dass die Voraussetzungen des Annahmeverzuges vorliegen,
- im Übrigen zur Bestreitung seines Unterhalts dringend auf die Entgeltzahlung angewiesen ist[5],
- ggf., weshalb er von dritter Seite keine finanziellen Zuwendungen erhält.

79   Der ArbN kann nicht auf die Inanspruchnahme von Alg, Alhi oder Sozialhilfe verwiesen werden. Die Leistungen der Arbeitslosenversicherung und der Sozialhilfe sind subsidiär gegenüber den Entgeltansprüchen aus dem Arbeitsverhältnis[6]. Es fehlt aber dann an dem für den Erlass einer Leistungsverfügung erforderlichen Verfügungsgrund, wenn der ArbN bereits Alg, Alhi oder den Notbedarf deckende Sozialhilfe bezieht, weil dann eine Notsituation nicht vorliegt[7].

80   Auf die Inanspruchnahme von Bankkredit kann der ArbN nicht verwiesen werden. Hat der ArbN aber bereits zur Sicherung seines Lebensunterhalts einen Bankkredit aufgenommen, dann liegt ein Verfügungsgrund nicht mehr vor. Würde das Gericht in diesem Fall dem Verfügungsantrag stattgeben, dann würde die Entscheidung dem ArbN lediglich die Rückführung des Kredits ermöglichen[8].

81   Für die Interessenabwägung, die bei der Prüfung des Verfügungsgrundes im Rahmen von Befriedigungsverfügungen immer erforderlich ist, kommt es in erster Linie auf den voraussichtlichen Ausgang des Hauptsacheverfahrens an[9].

82   Die einstweilige Verfügung kann regelmäßig nicht in Höhe der Gesamtforderung erlassen werden, sondern nur in Höhe des für den Lebensunterhalt Notwendigen[10].

83   **ee) Beschäftigungsanspruch/Weiterbeschäftigungsanspruch.** Der Anspruch des ArbN gegen den ArbGeb auf tatsächliche Beschäftigung/Weiterbeschäftigung im unstreitig bestehenden/streitigen Arbeitsverhältnis kann wegen seiner Zeitgebundenheit nicht anders als durch eine Befriedigungsverfügung gesichert werden. Beschäftigungsverfügungen sind allgemein anerkannt[11].

84   Ein Verfügungsanspruch soll aus dem Gesichtspunkt der Selbstwiderlegung nicht vorliegen, wenn der ArbN den (Weiter-)Beschäftigungsanspruch nicht gerichtlich geltend macht[12].

---

1 Schwab/Weth/*Walker*, § 62 ArbGG Rz. 117. |2 *Baur* in Dunkl/Moeller/Baur/Feldmeier/Wetekamp, Handbuch des vorläufigen Rechtsschutzes, 2. Aufl., S. 249 Rz. 31; GMPM/*Germelmann*, § 62 ArbGG Rz. 90. |3 Schwab/Weth/*Walker*, § 62 ArbGG Rz. 140. |4 LAG Bremen v. 5.12.1997 – 4 Sa 258/97, ArbuR 1998, 206; LAG Hess. v. 9.7.1995 – 13 Ta 242/95, DB 1996, 48. |5 GMPM/*Germelmann*, § 62 ArbGG Rz. 82; Gift/*Baur*, Urteilsverfahren, S. 1479 Rz. 111. |6 Schwab/Weth/*Walker*, § 62 ArbGG Rz. 116; GMPM/*Germelmann*, § 82 ArbGG. |7 Gift/*Baur*, Urteilsverfahren, S. 1480 Rz. 111; Schwab/Weth/*Walker*, § 62 ArbGG Rz. 116. |8 Gift/*Baur*, Urteilsverfahren, S. 1480 Rz. 111. |9 Schwab/Weth/*Walker*, § 62 ArbGG Rz. 117. |10 GMPM/*Germelmann*, § 62 ArbGG Rz. 82 (Höhe der Pfändungsfreigrenzen als gesetzlicher Regelfall des notwendigen Lebensunterhalts). |11 LAG Hamm v. 27.9.2000 – 2 Sa 1178/00, NZA-RR 2001, 654; v. 18.2.1998 – 3 Sa 297/98, NZA-RR 1998, 422; LAG Chemnitz v. 8.3.1996 – 3 Sa 77/96, NZA-RR 1997, 4; LAG Hamm v. 9.3.1995 – 12 Sa 2036/94, NZA-RR 1996, 145; LAG München v. 10.2.1994 – 5 Sa 969/93, NZA 1994, 997; LAG BW v. 30.8.1993 – 15 Sa 35/93, NZA 1995, 683. |12 Schwab/Weth/*Walker*, § 62 ArbGG Rz. 126 (Selbstwiderlegung lässt ausnahmsweise Ver-

Der Verfügungsgrund soll regelmäßig gegeben sein, weil bei Nichtbeschäftigung wegen Zeitablaufs ein endgültiger Rechtsverlust drohe[1]. Die im Rahmen des Verfügungsgrundes bei einer Befriedigungsverfügung im Allgemeinen zusätzlich erforderliche Interessenabwägung spiele beim allgemeinen Beschäftigungsanspruch praktisch keine Rolle, weil eine solche schon der Prüfung des Verfügungsanspruchs zugrunde liegt[2]. Es wäre geradezu widersprüchlich, im Rahmen des Verfügungsgrundes die Interessen des ArbGeb an einer Nichtbeschäftigung überwiegen zu lassen, wenn der Verfügungsanspruch mit dem überwiegenden Beschäftigungsinteresse des ArbN begründet wurde. **85**

Der betriebsverfassungsrechtliche Weiterbeschäftigungsanspruch nach § 102 Abs. 5 Satz 1 BetrVG kann ebenfalls im Wege der einstweiligen Befriedigungsverfügung durchgesetzt werden[3]. Darüber ist im Urteilsverfahren zu entscheiden[4]. Es geht um einen Anspruch aus dem Arbeitsverhältnis, der lediglich durch die Vorschriften des BetrVG näher ausgestaltet ist[5]. Der Verfügungsgrund soll auch beim betriebsverfassungsrechtlichen Weiterbeschäftigungsanspruch regelmäßig gegeben sein, weil bei Nichtbeschäftigung wegen Zeitablaufs ein endgültiger Rechtsverlust drohe[6]. Eine Interessenabwägung sei ebenfalls nicht erforderlich, weil diese zur Prüfung des Verfügungsanspruchs gehöre. Daher liege in aller Regel ein Verfügungsgrund vor[7]. **86**

ff) Konkurrentenklage. Im Zusammenhang mit Konkurrentenklagen kann ein Bewerber durch einstweilige Verfügung untersagen lassen, die Stelle bis zum Abschluss des Hauptsacheverfahrens mit einem anderen Bewerber zu besetzen[8]. Dabei handelt es sich um eine Sicherungsverfügung[9]. Der Verfügungsgrund soll in aller Regel zu bejahen sein[10]. Für den Verfügungskläger bestehe nämlich die Gefahr, dass die Durchsetzung seines Anspruchs auf Neuvornahme der Auswahlentscheidung vereitelt oder erschwert werde, da mit der anderweitigen Besetzung der Stelle sein Anspruch untergehe[11]. Allein der Rechtsschutz im Hauptsacheverfahren wäre wegen der damit verbundenen Zeitdauer kein effektiver Rechtsschutz. Wenn der ArbGeb allerdings versichere, die Stelle bis zum rechtskräftigen Abschluss des Hauptsacheverfahrens nicht zu besetzen, fehle es an einem Verfügungsgrund. **87**

gg) Teilzeitarbeitsanspruch. Der Anspruch auf Verringerung der Arbeitszeit ist auf Abgabe einer Willenserklärung gerichtet. Obwohl eine Willenserklärung nach § 894 ZPO erst mit Rechtskraft des Urteils als abgegeben gilt, soll ausnahmsweise und in engen Grenzen eine Befriedigungsverfügung möglich sein, weil sie für ihre Geltungsdauer endgültige Verhältnisse schaffe[12]. **88**

hh) Urlaub. Häufig wird versucht, durch einstweilige Verfügung die Festlegung von Urlaub durchzusetzen. Dies ist grundsätzlich möglich[13]. Voraussetzung hierfür ist, dass dem ArbN keine andere Möglichkeit offen steht, die Festlegung des Urlaubszeitraumes zu erlangen. Der ArbN darf nicht durch eigenes Verhalten die Ursache für die Eilbedürftigkeit gesetzt haben[14]. **89**

An einem Verfügungsgrund soll es fehlen, wenn lediglich – ohne Vorgabe eines Zeitraumes – Urlaubsgewährung iHv. x Tagen angestrebt wird[15], oder wenn dem ArbN möglich ist, über den BR nach § 87 Abs. 1 Nr. 5 BetrVG eine zeitliche Festlegung des Urlaubs zu erzwingen[16]. Ein Verfügungsgrund soll vorliegen, wenn der ArbN aufgrund bewilligten Urlaubs eine Urlaubsreise gebucht, die Urlaubsgewährung jedoch vom ArbGeb aus betrieblichen Gründen widerrufen wurde. Nicht ausreichen soll, wenn der ArbN aus familiären Gründen an den Urlaubszeitraum gebunden ist oder eine teure Reise gebucht hat[17]. **90**

Neuerdings wird vorgeschlagen, das Begehren nicht auf Gewährung von Urlaub, sondern auf Gestattung des Fernbleibens von der Arbeit zu richten. Damit würde einerseits eine Erfüllung des Urlaubsanspruchs **91**

---

fügungsanspruch und nicht Verfügungsgrund entfallen, weil Interessenabwägung beim Beschäftigungsanspruch zum materiellen Anspruch zählt); für Wegfall des Verfügungsgrundes LAG Düsseldorf v. 6.2.1987 – 2 (4) Sa 1848/86, NZA 1987, 536; LAG Hamm v. 18.2.1986 – 11 Sa 1656/85, NZA 1986, 399. |1 LAG München v. 19.8.1992 – 5 Ta 185/92, NZA 1993, 1130; aA LAG Hamm v. 18.2.1998 – 3 Sa 297/98, NZA-RR 1998, 422. |2 LAG Chemnitz v. 8.3.1996 – 3 Sa 77/96, NZA-RR 1997, 4; LAG Köln v. 26.11.1985 – 1 Sa 975/85, NZA 1986, 136; LAG Hamm v. 9.3.1995 – 12 Sa 2036/94, NZA-RR 1996, 145; *Walker*, Der einstweilige Rechtsschutz, Rz. 686; Schwab/Weth/*Walker*, § 62 ArbGG Rz. 128; aA LAG Hamm v. 18.2.1998 – 3 Sa 297/98, NZA-RR 1998, 422. |3 LAG Berlin v. 15.9.1980 – 12 Sa 42/80, DB 1980, 2449; LAG Köln v. 18.1.1984 – 7 Sa 1156/83, NZA 1984, 57; LAG München v. 10.2.1994 – 5 Sa 969/93, NZA 1994, 997; Schwab/Weth/*Walker*, § 62 ArbGG Rz. 128; *Dütz*, NZA 1986, 209; GK-ArbGG/*Vossen*, § 62 Rz. 72; *Wenzel*, MDR 1978, 369. |4 LAG Düsseldorf v. 29.5.1974 – 6 Ta BV 39/74, DB 1974, 1342; Schwab/Weth/*Walker*, § 62 ArbGG Rz. 128. |5 GMPM/*Matthes*, § 2a ArbGG Rz. 12. |6 LAG Berlin v. 15.9.1980 – 12 Sa 42/80, DB 1980, 2449; LAG Nürnberg v. 27.10.1992 – 6 Sa 496/92, LAGE § 102 BetrVG 1972 – Beschäftigungspflicht Nr. 11; Schwab/Weth/*Walker*, § 62 ArbGG Rz. 130. |7 LAG Berlin v. 15.9.1980 – 12 Sa 42/80, DB 1980, 2449; LAG Hamburg v. 14.9.1992 – 2 Sa 50/92, NZA 1993, 140; LAG Köln v. 2.8.1984 – 5 Ta 133/84, NZA 1984, 300; Schwab/Weth/*Walker*, § 62 ArbGG Rz. 130; aA LAG BW v. 30.8.1993 – 15 Sa 35/93, NZA 1995, 683. |8 LAG Thür. v. 13.1.1997 – 8 Sa 232/96, NZA-RR 1997, 234. |9 Schwab/Weth/*Walker*, § 62 ArbGG Rz. 112; GMPM/*Germelmann*, § 62 ArbGG Rz. 95. |10 Schwab/Weth/*Walker*, § 62 ArbGG Rz. 113. |11 LAG Thür. v. 13.1.1997 – 8 Sa 232/96, NZA-RR 1997, 234. |12 LAG Köln v. 5.3.2002 – 10 Ta 50/02, LAGReport 2002, 336; Schwab/Weth/*Walker*, § 62 ArbGG Rz. 134; aA *Rolfs*, RdA 2001, 129. |13 LAG BW v. 29.10.1968 – 4 Ta 14/68, BB 1968, 1330; LAG Hamm v. 19.6.1970 – 8 Ta 35/70, DB 1970, 1396; LAG Köln v. 9.2.1991 – 8 Sa 94/91, NZA 1991, 396. |14 GMPM/*Germelmann*, § 62 ArbGG Rz. 81. |15 *Gift*/*Baur*, Urteilsverfahren, S. 1479 Rz. 109. |16 GMPM/*Germelmann*, § 62 ArbGG Rz. 82. |17 *Baur* in Dunkl/Moeller/Baur/Feldmeier/Wetekamp, Handbuch des vorläufigen Rechtsschutzes, 2. Aufl., S. 244 Rz. 26.

vermieden, andererseits aber erreicht, dass der ArbN seine an sich fortbestehende Arbeitspflicht nicht verletzt. Irgendwelcher Vollstreckungsakte bedürfe es im Falle einer gerichtlichen Gestattung nicht, weil es sich um eine rechtsgestaltende Verfügung handle. Das Schicksal des arbeitsvertraglichen Vergütungsanspruchs beurteilte sich dem Leistungsstörungsrecht. Habe der ArbN Anspruch auf Urlaubsgewährung gehabt, so habe es der ArbGeb zu vertreten, dass die Arbeitsleistung infolge der erlaubten Nichterbringung zur vorgesehenen Zeit unmöglich geworden sei, weshalb der ArbN seinen Vergütungsanspruch behielte. Stelle sich dagegen heraus, dass der ArbGeb nach § 7 Abs. 1 Satz 1 BUrlG berechtigt gewesen sei, den Urlaub zu versagen, so verlöre der ArbN seinen Vergütungsanspruch. Zudem machte sich der ArbN nach § 945 ZPO schadenersatzpflichtig, weil dafür kein Verschulden erforderlich sei[1].

92 ii) **Wettbewerbsverbot.** Die Einhaltung eines Wettbewerbsverbots kann durch eine Unterlassungsverfügung (Befriedigungsverfügung) durchgesetzt werden[2]. Für den Verfügungsgrund soll es genügen, wenn eine Wiederholungs- oder Erstbegehungsgefahr als Voraussetzung bereits des Verfügungsanspruchs vorliegt, weil eine Zuwiderhandlung nicht rückgängig gemacht werden könne, weshalb ein endgültiger Rechtsverlust drohe. Bei der Interessenabwägung sei im Wesentlichen der voraussichtliche Ausgang des Hauptsacheverfahrens zu berücksichtigen[3].

63 Übersendung von Urteilen in Tarifvertragssachen

Rechtskräftige Urteile, die in bürgerlichen Rechtsstreitigkeiten zwischen Tarifvertragsparteien aus dem Tarifvertrag oder über das Bestehen oder Nichtbestehen des Tarifvertrags ergangen sind, sind alsbald der zuständigen obersten Landesbehörde und dem Bundesministerium für Wirtschaft und Arbeit in vollständiger Form abschriftlich zu übersenden. Ist die zuständige oberste Landesbehörde die Landesjustizverwaltung, so sind die Urteilsabschriften auch der obersten Arbeitsbehörde des Landes zu übersenden.

1 **I. Allgemeines.** Mit der Vorschrift wird § 9 TVG prozessual ergänzt. Nach § 9 TVG sind rechtskräftige Entscheidungen der Gerichte für Arbeitssachen, die in Rechtsstreitigkeiten zwischen TV-Parteien aus dem TV oder über das Bestehen oder Nichtbestehen des TV ergangen sind, in Rechtsstreitigkeiten zwischen tarifgebundenen Parteien sowie zwischen diesen und Dritten für die Gerichte und Schiedsgerichte bindend. Hierdurch wird die Rechtskraft arbeitsgerichtlicher Entscheidungen über § 325 ZPO hinaus erweitert. Damit wird dem normativen Charakter tarifvertraglicher Bestimmungen Rechnung getragen. Zudem dient dies der Rechtssicherheit und Rechtsklarheit[4]. Durch die Begründung der Übersendungspflicht wird dabei sichergestellt, dass die einschlägigen Entscheidungen zugänglich sind. Aufgabe der obersten Arbeitsbehörde bzw. des Bundesarbeitsministeriums ist es, für eine geeignete Veröffentlichung Sorge zu tragen[5].

2 **II. Übersendungspflicht.** Die Übersendungspflicht betrifft ausschließlich Urteile, die zwischen TV-Parteien, nicht zwischen diesen und Dritten, ergangen sind. Der Anwendungsbereich des § 63 ist nicht deckungsgleich mit der Regelung zur Rechtswegzuständigkeit in § 2 Abs. 1 Nr. 1[6]. Es muss ferner in den Rechtsstreiten um Fragen aus dem TV oder über das Bestehen des TV – oder um einzelne tarifvertragliche Regelungen – gehen, wobei die Klageart keine Rolle spielt[7]. Hiervon werden insb. Rechtsstreitigkeiten über die Auslegung von TV erfasst[8]. Zu übersenden sind nur rechtskräftige Urteile beliebiger Instanz (vgl. § 64 Abs. 7 u. § 72 Abs. 6 ArbGG), von denen die Bindungswirkung nach § 9 TVG ausgehen kann, also nur Urteile, die Entscheidungen zu Sachfragen enthalten[9]. Wird ein Rechtsmittel als unzulässig verworfen, ist die dadurch rechtskräftig gewordene Sachentscheidung der Vorinstanz zu übersenden[10]. § 63 gilt entsprechend für die rechtskräftigen Beschlüsse von Gerichten für Arbeitssachen im Verfahren nach § 2a Abs. 1 Nr. 4, damit in Verfahren über die Tariffähigkeit und die Tarifzuständigkeit einer Vereinigung.

3 Die Urteile sind in vollständiger Form abschriftlich[11] zu übersenden. Kürzungen sind unzulässig, auch wenn nur ein Teil der Entscheidung die Übersendungspflicht auslöst; eine Anonymisierung soll geboten sein[12]. Die Pflicht zur Veranlassung der Übersendung trifft den Vorsitzenden des Spruchkörpers, der die Entscheidung getroffen hat. Die Verletzung der Übersendungspflicht hat keine prozessuale Folgen, stellt aber ein Dienstpflichtverletzung dar[13]. Adressat der zu übersendenden Entscheidung ist zum einen nach dem Gesetzeswortlaut das Bundesministerium für Arbeit und Sozialordnung. Gemeint ist das jeweils für Arbeitsordnung zuständige Bundesministerium (zZt. das Bundesministerium für Wirtschaft und Arbeit). Weiterer Adressat ist die zuständige oberste Landesbehörde (vgl. § 15 Abs. 1 Satz 1) des Bundeslandes, in dem das entscheidende Gericht seinen Sitz hat. Handelt es sich bei der obersten

---

1 Vgl. iE *Corts*, NZA 1998, 357. | 2 LAG Nürnberg v. 31.7.2001 – 6 Sa 408/01, NZA-RR 2002, 272; GK-ArbGG/*Vossen*, § 62 Rz. 79; Schwab/Weth/*Walker*, § 62 ArbGG Rz. 137. | 3 Schwab/Weth/*Walker*, § 62 ArbGG Rz. 138. | 4 BAG v. 28.9.1977 – 4 AZR 446/76, AP Nr. 1 zu § 9 TVG 1969. | 5 GMPM/*Germelmann*, § 63 ArbGG Rz. 2; GK-ArbGG/*Vossen*, § 63 Rz. 5. | 6 GMPM/*Germelmann*, § 63 ArbGG Rz. 3. | 7 GK-ArbGG/*Vossen*, § 63 Rz. 7. | 8 BAG v. 19.2.1965 – 1 AZR 237/64, AP Nr. 4 zu § 8 TVG. | 9 GK-ArbGG/*Vossen*, § 63 Rz. 8. | 10 GMPM/*Germelmann*, § 63 ArbGG Rz. 5. | 11 IdR Ablichtung, denn Fotokopie genügt als Abschrift, Zöller/*Stöber*, § 168 ZPO Rz. 8. | 12 GMPM/*Germelmann*, § 63 ArbGG Rz. 8. | 13 GK-ArbGG/*Vossen*, § 63 Rz. 11.

Landesbehörde um die Landesjustizverwaltung, so muss eine weitere Urteilsabschrift der obersten Arbeitsbehörde des Landes übersandt werden.

Zweiter Unterabschnitt. Berufungsverfahren

§ 64 Grundsatz

(1) Gegen die Urteile der Arbeitsgerichte findet, soweit nicht nach § 78 das Rechtsmittel der sofortigen Beschwerde gegeben ist, die Berufung an die Landesarbeitsgerichte statt.

(2) Die Berufung kann nur eingelegt werden,
 a) wenn sie in dem Urteil des Arbeitsgerichts zugelassen worden ist,
 b) wenn der Wert des Beschwerdegegenstandes 600 Euro übersteigt,
 c) in Rechtsstreitigkeiten über das Bestehen, das Nichtbestehen oder die Kündigung eines Arbeitsverhältnisses oder
 d) wenn es sich um ein Versäumnisurteil handelt, gegen das der Einspruch an sich nicht statthaft ist, wenn die Berufung oder Anschlussberufung darauf gestützt wird, dass der Fall der schuldhaften Versäumung nicht vorgelegen habe.

(3) Das Arbeitsgericht hat die Berufung zuzulassen, wenn
1. die Rechtssache grundsätzliche Bedeutung hat,
2. die Rechtssache Rechtsstreitigkeiten betrifft
 a) zwischen Tarifvertragsparteien aus Tarifverträgen oder über das Bestehen oder Nichtbestehen von Tarifverträgen,
 b) über die Auslegung eines Tarifvertrags, dessen Geltungsbereich sich über den Bezirk eines Arbeitsgerichts hinaus erstreckt, oder
 c) zwischen tariffähigen Parteien oder zwischen diesen und Dritten aus unerlaubten Handlungen, soweit es sich um Maßnahmen zum Zwecke des Arbeitskampfes oder um Fragen der Vereinigungsfreiheit einschließlich des hiermit im Zusammenhang stehenden Betätigungsrechts der Vereinigungen handelt, oder
3. das Arbeitsgericht in der Auslegung einer Rechtsvorschrift von einem ihm im Verfahren vorgelegten Urteil, das für oder gegen eine Partei des Rechtsstreits ergangen ist, oder von einem Urteil des im Rechtszug übergeordneten Landesarbeitsgerichts abweicht und die Entscheidung auf dieser Abweichung beruht.

(3a) Die Entscheidung des Arbeitsgerichts, ob die Berufung zugelassen oder nicht zugelassen wird, ist in den Urteilstenor aufzunehmen. Ist dies unterblieben, kann binnen zwei Wochen ab Verkündung des Urteils eine entsprechende Ergänzung beantragt werden. Über den Antrag kann die Kammer ohne mündliche Verhandlung entscheiden.

(4) Das Landesarbeitsgericht ist an die Zulassung gebunden.

(5) Ist die Berufung nicht zugelassen worden, hat der Berufungskläger den Wert des Beschwerdegegenstandes glaubhaft zu machen; zur Versicherung an Eides statt darf er nicht zugelassen werden.

(6) Für das Verfahren vor den Landesarbeitsgerichten gelten, soweit dieses Gesetz nichts anderes bestimmt, die Vorschriften der Zivilprozessordnung über die Berufung entsprechend. Die Vorschriften über das Verfahren vor dem Einzelrichter finden keine Anwendung.

(7) Die Vorschriften des § 49 Abs. 1 und 3, des § 50, des § 51 Abs. 1, der §§ 52, 53, 55 Abs. 1, 2 und 4, der §§ 56 bis 59, 61 Abs. 2 und 3 und der §§ 62 und 63 über Ablehnung von Gerichtspersonen, Zustellungen, persönliches Erscheinen der Parteien, Öffentlichkeit, Befugnisse des Vorsitzenden und der ehrenamtlichen Richter, Vorbereitung der streitigen Verhandlung, Verhandlung vor der Kammer, Beweisaufnahme, Versäumnisverfahren, Inhalt des Urteils, Zwangsvollstreckung und Übersendung von Urteilen in Tarifvertragssachen gelten entsprechend.

(8) Berufungen in Rechtsstreitigkeiten über das Bestehen, das Nichtbestehen oder die Kündigung eines Arbeitsverhältnisses sind vorrangig zu erledigen.

I. Statthaftigkeit der Berufung (Abs. 1). Das Rechtsmittel der Berufung findet nach Abs. 1 gegen **Endurteile der Arbeitsgerichte** statt. Dazu gehören auch **Teilurteile** nach § 301 ZPO, **Vorbehaltsurteile** nach § 302 ZPO, **Ergänzungsurteile** nach § 321 ZPO und **zweite Versäumnisurteile**. Die angegriffene Entscheidung wird im Rahmen der Berufung in tatsächlicher und rechtlicher Hinsicht durch das im Instanzenzug übergeordnete Landesarbeitsgericht überprüft.

Nicht berufungsfähig sind **Zwischenurteile** iSd. §§ 303, 304 ZPO. § 61 Abs. 3 bestimmt ausdrücklich, dass ein Zwischenurteil über den Grund des Anspruchs wegen der Rechtsmittel nicht als Endurteil anzusehen ist. Etwas anderes gilt für das Zwischenurteil über die Zulässigkeit der Klage, das nach § 280 Abs. 2 ZPO „in Betreff der Rechtsmittel" als Endurteil zu behandeln ist. Berufungsfähig ist auch ein Zwischenurteil über die Ablehnung der Wiedereinsetzung in den vorigen Stand[1]. In der Berufungsinstanz wird dann auch nur der Zwischenstreit anhängig. Bei erfolgreichem Rechtsmittel bleibt die Kostenentscheidung dem arbeitsgerichtlichen Endurteil vorbehalten[2].

3   Unstatthaft ist die Berufung in den seltenen Fällen, in denen gegen arbeitsgerichtliche Urteile nach § 78 das Rechtsmittel der sofortigen Beschwerde gegeben ist: Das gilt etwa für eine isolierte Anfechtung der Kostenentscheidung bei einem Anerkenntnisurteil nach § 99 Abs. 2 ZPO, für das Zwischenurteil über Zulassung oder Zurückweisung des Streithelfers nach § 71 Abs. 2 ZPO oder für die Entscheidung über das Aussageverweigerungsrecht eines Zeugen nach § 387 Abs. 3 ZPO.

4   Trifft das ArbG eine **formfehlerhafte Entscheidung**, also etwa einen Beschluss statt eines Urteils oder umgekehrt, so kann die beschwerte Partei nach dem **Grundsatz der Meistbegünstigung** sowohl das richtige als auch das der Entscheidungsform entsprechende Rechtsmittel einlegen[3]. Voraussetzung ist allerdings stets, dass das Rechtsmittel an sich statthaft ist. Denn durch die formfehlerhafte Entscheidung soll die Partei keinen über die wahre Rechtslage hinausgehenden Vorteil erlangen[4].

5   **II. Spezielle Voraussetzungen (Abs. 2).** Zulässigkeitsvoraussetzung einer jeden Berufung ist zunächst, dass der Berufungskläger beschwert ist. Beim **Kläger** wird regelmäßig eine **formelle Beschwer** vorausgesetzt, die gegeben ist, wenn der Klage nicht in vollem Umfang stattgegeben worden ist. Hat der Kläger beantragt, das Arbeitsverhältnis gemäß § 9 KSchG gegen Zahlung einer angemessenen Abfindung aufzulösen, so ist der ArbN nicht formell beschwert, wenn das ArbG auf Zahlung einer Abfindung erkennt, für die ein Mindestbetrag nicht konkret verlangt wurde. Der ArbN kann in einem derartigen Fall nicht allein mit dem Ziel Berufung einlegen, seinen erstinstanzlich gestellten Auflösungsantrag zurückzunehmen und eine Fortsetzung des Arbeitsverhältnisses zu erreichen[5].

6   Für den **Beklagten** reicht dagegen eine sog. **materielle Beschwer**, die danach zu beurteilen ist, ob er ganz oder zum Teil verurteilt wurde. Da der Beklagte jedenfalls auch gegen ein Anerkenntnisurteil Berufung einlegen kann, kommt es nicht darauf an, ob er der Verurteilung widersprochen hat oder nicht[6]. Materiell beschwert ist der Beklagte auch dann, wenn die Klage als unzulässig und nicht als unbegründet abgewiesen wurde[7]. Es genügt aber nicht, dass die Urteilsbegründung einem **Streithelfer** oder einem **Streitgenossen** nachteilig ist[8].

7   **1. Beschwerdewertberufung (Abs. 2, b).** Nach § 64 Abs. 2 b) ist die Berufung ohne weiteres statthaft, wenn der Wert des Beschwerdegegenstands **600 Euro** übersteigt. Die frühere Unterscheidung zwischen vermögensrechtlichen und nichtvermögensrechtlichen Streitigkeiten ist weggefallen[9]. Die erforderliche Beschwer von mehr als 600 Euro entspricht der Wertgrenze in dem neugefassten § 511 Abs. 2 Nr. 1 ZPO für die Zivilgerichtsbarkeit.

8   Der Wert des Beschwerdegegenstands richtet sich nach dem **Berufungsantrag**, wobei für die Berechnung auf den Zeitpunkt der **Einlegung der Berufung** abzustellen ist. Legt die in erster Instanz voll unterlegene Partei uneingeschränkt Berufung ein, entspricht die Beschwer regelmäßig dem im Urteil des ArbG festgesetzten Streitwert, den auch das Landesarbeitsgericht zugrunde zu legen hat. Diese Bindung besteht ausnahmsweise nicht, wenn die Streitwertfestsetzung offensichtlich unrichtig ist[10]. Maßgeblich ist die Beurteilung durch das Berufungsgericht, die auch erst in den Gründen der Endentscheidung vorgenommen werden kann[11].

9   Die **Berechnung der Beschwer** erfolgt nach den §§ 3 bis 9 ZPO, so dass die Werte mehrerer Streitgegenstände zusammengerechnet werden können (§ 5 ZPO) und Nebenforderungen wie Zinsen und Kosten unberücksichtigt bleiben (§ 4 Abs. 1 ZPO). Entgegen § 5 ZPO berechnet sich die Beschwer des hinsichtlich Klage und Widerklage unterlegenen Beklagten nach addierten Streitwerten[12]. Der Wert der Beschwer kann weder durch eine mit der Berufung verbundene **Klageerweiterung** noch durch eine **Widerklage** erhöht werden. Denn die Beschwer kann sich nur in Bezug auf den Streitgegenstand der ersten Instanz ergeben. Grundsätzlich sind nur Wertveränderungen bis zum Zeitpunkt der Einlegung des Rechtsmittels zu berücksichtigen[13].

10 Eine **nachträgliche Minderung** des Beschwerdewerts ist für die Zulässigkeit des eingelegten Rechtsmittels unschädlich, wenn der Berufungskläger nicht durch willkürliche Reduzierung seiner Anträge oder teilweise Klaglosstellung des Gegners bewirkt, dass die Rechtsmittelsumme nicht mehr erreicht

---

[1] Vgl. BGH v. 15.10.1981 – III ZR 74/80, NJW 1982, 184. | [2] Vgl. Zöller/*Greger*, § 280 ZPO Rz. 8. | [3] Vgl. BAG v. 26.3.1992 – 2 AZR 443/91, EzA § 48 ArbGG 1979 Nr. 5; LAG Hamm v. 28.2.2002 – 17 Sa 187/02, LAGReport 2002, 259. | [4] BGH v. 20.4.1993 – BLw 25/92, MDR 1994, 307 = NJW-RR 1993, 956. | [5] BAG v. 23.6.1993 – 2 AZR 56/93, EzA § 64 ArbGG 1979 Nr. 30. | [6] Vgl. Zöller/*Gummer*, vor § 511 ZPO Rz. 19a. | [7] BAG v. 19.11.1985 – 1 ABR 37/83, NJW 1987, 514. | [8] Vgl. Zöller/*Gummer*, vor § 511 ZPO Rz. 10 mwN. | [9] Vgl. zum Rechtszustand bis zum 30.4.2000 GMPM/*Germelmann*, § 64 ArbGG Rz. 14b ff. | [10] Vgl. BAG v. 27.5.1994 – 5 AZB 3/94, EzA § 64 ArbGG 1979 mwN. | [11] Vgl. Zöller/*Gummer*, § 511 ZPO Rz. 20a. | [12] Zöller/*Gummer*, vor § 511 ZPO Rz. 26b mwN. | [13] Vgl. GMPM/*Germelmann*, § 64 ArbGG Rz. 20.

ist[1]. Unschädlich ist insbesondere die Anpassung der Anträge an die vom Gegner – etwa durch zwischenzeitliche Zahlung – geschaffene prozessuale Lage, um eine Abweisung als unbegründet zu vermeiden[2]. Umgekehrt kann der Kläger nicht durch einen teilweisen Klageverzicht die bisher zulässige Berufung des Beklagten unzulässig machen.

Die Berufung des Beklagten wird allerdings unzulässig, wenn er seine mit der Berufung bekämpfte Leistungspflicht während des Berufungsverfahrens **freiwillig erfüllt**, so dass die Urteilsbeschwer wegfällt[3]. Der Beklagte nimmt sich die Beschwer auch dann, wenn er bereits vor Einlegung der Berufung die im arbeitsgerichtlichen Urteil festgelegte Verpflichtung nicht nur zur Abwendung der Zwangsvollstreckung, sondern endgültig erfüllt[4]. Im Zweifel ist davon auszugehen, dass mit der Leistung nur die Vollstreckung vermieden werden soll.

Stellt der Berufungskläger nach uneingeschränkt eingelegter Berufung zunächst einen zu niedrigen Antrag, so wird die Berufungssumme doch erreicht, wenn er den Antrag noch innerhalb der Begründungsfrist entsprechend erweitert, sofern nicht ein teilweiser Berufungsverzicht vorliegt[5].

2. Berufung in Bestandsschutzstreitigkeiten (Abs. 2, c). Durch das sog. Arbeitsgerichtsbeschleunigungsgesetz (BGBl. I S. 333) ist mit Wirkung vom 1.5.2000 neu geregelt worden, dass die Berufung in Rechtsstreitigkeiten über das Bestehen, das Nichtbestehen oder die Kündigung eines Arbeitsverhältnisses wegen der großen sozialen Bedeutung für den ArbN in jedem Fall zulässig ist. Ein besonderer Beschwerdewert ist ebenso wenig erforderlich wie die Zulassung durch das ArbG.

Unmittelbar kraft Gesetzes ist die Berufung daher immer statthaft in **Kündigungsschutzsachen** und in sämtlichen Verfahren, die den **Bestand oder das Zustandekommen** eines rechtswirksamen Arbeitsverhältnisses betreffen. Zur „Kündigung" gehören auch die Änderungs- und Teilkündigung. Auch bei dem Streit über die Wirksamkeit einer sog. Nichtverlängerungsmitteilung nach dem Bühnentarifrecht oder einer Befristung handelt es sich um eine Bestandsschutzstreitigkeit iSd. Vorschrift.

3. Berufung gegen ein Versäumnisurteil (Abs. 2, d). Diese Neuregelung, die am 1.1.2002 in Kraft getreten ist, beruht auf dem ZPO-RG und beseitigt die alte Streitfrage, ob eine hinreichende Beschwer nach Abs. 2b auch erforderlich ist, wenn sich die Berufung gegen ein zweites Versäumnisurteil richtet[6]. Ebenso wie in § 514 Abs. 2 ZPO wird nunmehr auch für das arbeitsgerichtliche Verfahren klargestellt, dass im Fall einer Säumnis beim ArbG die Berufung ohne weiteres statthaft ist, wenn der Rechtsmittelführer geltend macht und nachweisen kann, dass er **unverschuldet säumig** war[7].

Die Berufungsmöglichkeit setzt voraus, dass der Einspruch gegen das Versäumnisurteil an sich nicht statthaft ist. Das ist vor allem dann der Fall, wenn die säumige Partei im Einspruchstermin wieder nicht erschienen ist und der Einspruch durch **zweites Versäumnisurteil** nach § 345 ZPO verworfen wurde. Nicht statthaft ist der Einspruch gemäß § 238 Abs. 2 ZPO auch in dem eher seltenen Fall, dass ein Antrag auf Wiedereinsetzung in den vorigen Stand durch neues Versäumnisurteil zurückgewiesen wird.

Die Berufung kann **nur darauf gestützt** werden, dass ein Fall der Säumnis nicht gegeben oder diese unverschuldet war. Die fehlende Säumnis – bei Erlass des zweiten Versäumnisurteils – kommt in Betracht bei Ladungsmängeln oder fehlerhaftem Aufruf der Sache[8]. Auf die fehlenden Voraussetzungen für das erste Versäumnisurteil wegen Unzulässigkeit oder Unschlüssigkeit der Klage kann die Berufung demgegenüber nicht gestützt werden[9]. Entscheidend ist vielmehr, dass das zweite Versäumnisurteil nicht hätte ergehen dürfen.

Die Beurteilung des Verschuldens richtet sich nach den gleichen Maßstäben wie bei der Wiedereinsetzung in den vorigen Stand[10]. Eine **unverschuldete Verhinderung** liegt etwa vor bei plötzlicher Erkrankung, Autopanne oder Verkehrsbehinderung[11]. Grundsätzlich reicht das objektive Vorliegen eines solchen Vertagungsgrundes iSd. § 337 ZPO aus. Ist der Hinderungsgrund der Partei vor dem Termin bekannt, muss sie ihn aber dem Gericht rechtzeitig mitteilen, um eine Vertagung zumindest zu ermöglichen, soweit diese Mitteilung nicht unmöglich oder unzumutbar ist[12].

Die **Darlegungs- und Beweislast** für die fehlende oder unverschuldete Säumnis hat die Partei, die sich darauf beruft[13]. Werden die Voraussetzungen nicht innerhalb der Berufungsbegründungsfrist schlüssig vorgetragen, so ist die Berufung als unzulässig zu verwerfen[14]. Gelingt dem Berufungskläger dagegen der Nachweis, so kann das Berufungsgericht entweder nach § 538 Abs. 1 ZPO selbst abschließend

---

1 Vgl. BAG v. 9.7.2003 – 10 AZR 615/02, AP Nr. 33 zu § 64 ArbGG 1979; Zöller/*Gummer*, § 511 ZPO Rz. 14 mwN. | 2 Vgl. BGH v. 29.4.1992 – XII ZR 221/90, NJW-RR 1992, 1032. | 3 Vgl. BGH v. 16.1.1951 – I ZR 1/50, NJW 1951, 274. | 4 Vgl. LAG Frankfurt v. 11.11.1985 – 11 Sa 460/85, LAGE § 64 ArbGG 1979 Nr. 11. | 5 Vgl. Zöller/*Gummer*, § 511 ZPO Rz. 18. | 6 Vgl. einerseits BAG v. 4.4.1989 – 5 AZB 9/88, EzA § 64 ArbGG 1979 Nr. 27; andererseits LAG Hamm v. 10.9.1980 – 12 Sa 646/80, EzA § 345 ZPO Nr. 2. | 7 Vgl. *Holthaus/Koch*, RdA 2002, 140, 149. | 8 Vgl. Zöller/*Gummer*, § 514 ZPO Rz. 7 mwN. | 9 BGH v. 6.5.1999 – V ZB 1/99, MDR 1999, 1017; aA BAG JZ 95, 523; zum Meinungsstreit ferner Zöller/*Gummer*, § 514 ZPO Rz. 8b mwN. | 10 BGH v. 22.4.1999 – IX ZR 364/98, NJW 1999, 2120. | 11 Vgl. BGH v. 19.11.1998 – IX ZR 152/98, MDR 1999, 178; LAG Köln v. 29.10.1993 – 4 Sa 707/93, MDR 1994, 1046. | 12 LAG Köln v. 29.10.1993 – 4 Sa 707/93, MDR 1994, 1046. | 13 BAG v. 8.4.1974 – 2 AZR 542/73, AP Nr. 5 zu § 513 ZPO. | 14 LAG Köln v. 29.10.1993 – 4 Sa 707/93, MDR 1994, 1046.

entscheiden oder nach § 538 Abs. 2 Nr. 6 ZPO auf Antrag einer Partei den Rechtsstreit unter Aufhebung des Versäumnisurteils an das ArbG zurückverweisen. § 68 steht der Zurückverweisung nicht entgegen, weil eine Sachentscheidung beim ArbG nicht stattgefunden hat[1].

20 4. **Zulassung der Berufung (Abs. 2, a).** Soweit die Berufung nicht nach den vorstehenden Alternativen unmittelbar kraft Gesetzes statthaft ist, bedarf sie einer besonderen Zulassung durch das ArbG nach Maßgabe des Abs. 3. Die Entscheidung ist **von Amts wegen** zu treffen, so dass ein Antrag der Parteien nicht erforderlich ist. Raum für die Zulassung bleibt nur in den Fällen, in denen der Wert des Berufungsgegenstandes 600 Euro nicht übersteigt.

21 Durch das Arbeitsgerichtsbeschleunigungsgesetz vom 30.3.2000 (BGBl. I S. 333) ist aus Gründen der Rechtssicherheit und Rechtsklarheit in Abs. 3a normiert worden, dass die Entscheidung des ArbG, ob die Berufung zugelassen wird oder nicht, **in den Urteilstenor aufzunehmen** ist. Da auch die negative Entscheidung im Tenor festzuhalten ist, muss sich das ArbG in den nicht ohne weiteres berufungsfähigen Sachen stets mit der Zulassungsfrage befassen. Soll die Zulassung nur für einen Streitgegenstand oder sonst abtrennbaren Teil des Urteils gelten, muss dies ebenfalls eindeutig im Tenor formuliert werden[2].

22 Ist die Zulassungsentscheidung nicht im Tenor enthalten oder sogar gänzlich unterblieben, so kann nach Abs. 3a Satz 2 **binnen zwei Wochen** ab Verkündung des Urteils eine entsprechende **Ergänzung** beantragt werden. Darüber kann die Kammer, die das Urteil gefällt hat, ohne weitere mündliche Verhandlung durch Beschluss entscheiden. Eine Wiedereinsetzung in den vorigen Stand kommt nicht in Betracht, weil es sich bei der Zwei-Wochen-Frist nicht um eine Notfrist handelt. Nach Ablauf der Frist bleibt letztlich nur die Möglichkeit einer **Korrektur von Amts wegen**, soweit eine **offensichtliche Unrichtigkeit** des Urteils in Bezug auf die nicht tenorierte Zulassung vorliegt[3].

23 Gegen die **Nichtzulassung** der Berufung findet **kein Rechtsmittel** statt. Eine Nichtzulassungsbeschwerde ist anders als bei der Revisionszulassung in § 72a nicht vorgesehen. Hat das ArbG die Berufung gesetzwidrig nicht zugelassen, bleibt in krassen Fällen nur die Möglichkeit der Urteilsverfassungsbeschwerde. An die **Zulassung** ist das LAG nach ausdrücklicher Bestimmung des Abs. 4 **gebunden**.

24 Die **Zulassungsgründe** sind in Abs. 3 Nr. 1 bis 3 abschließend aufgeführt. Das ArbG muss die Berufung zulassen, wenn einer dieser Zulassungsgründe vorliegt. Ein Ermessensspielraum besteht nicht. Allerdings hat das ArbG einen gewissen Beurteilungsspielraum bei der Frage, ob die Rechtssache grundsätzliche Bedeutung im Sinne der Nr. 1 besitzt. Da eine Begründung der Zulassungsentscheidung nicht erforderlich ist, wirken sich etwaige Begründungsfehler nicht aus. Entscheidend ist allein die tatsächliche Zulassung, die das LAG selbst dann bindet, wenn ein Zulassungsgrund nach Maßgabe des Abs. 3 nicht vorliegt.

25 III. **Entsprechende Geltung der ZPO-Vorschriften über die Berufung (Abs. 6).** Für das Verfahren vor den LAG gelten die Vorschriften der **§§ 511 ff. ZPO** über die Berufung entsprechend, soweit das ArbGG nichts anderes bestimmt. So finden insbesondere die Vorschriften über das Verfahren vor dem Einzelrichter nach den §§ 526, 527 ZPO keine Anwendung. Bestimmte Alleinentscheidungsbefugnisse des Vorsitzenden ergeben sich jedoch aus der Verweisung des Abs. 7 auf die erstinstanzlichen Bestimmungen der §§ 53 und 55.

26 1. **Einlegung der Berufung.** Die Berufung wird entsprechend § 519 Abs. 1 ZPO durch Einreichung der **Berufungsschrift** innerhalb der einmonatigen Frist des § 66 Abs. 1 beim LAG eingelegt. Der Schriftsatz muss den in § 519 Abs. 2 ZPO bestimmten Inhalt haben und von einem nach § 11 Abs. 2 postulationsfähigen Prozessvertreter **handschriftlich und eigenhändig unterzeichnet** sein. Die Unterzeichnung mit einer Paraphe oder durch ein Faksimile reicht nicht aus[4]. Eine fehlende Unterschrift kann nachgeholt werden, soweit die Berufungsfrist noch läuft. Das Berufungsgericht ist allerdings auch bei drohendem Fristablauf nicht verpflichtet, auf den Mangel durch vorgezogene Mitteilung hinzuweisen. Die Verantwortung für die Unterschrift liegt vielmehr bei dem handelnden Prozessbevollmächtigten der Partei. Eine Wiedereinsetzung in den vorigen Stand scheidet regelmäßig aus.

27 Die Berufung kann auch mittels moderner Kommunikationstechnik eingelegt werden. Was früher bereits für **Telegramm** und **Fernschreiber** anerkannt war[5], gilt heute auch für **Telefax**[6] und **Computerfax**[7]. Dabei muss im Hinblick auf die Unterschrift der technische Standard, den die jeweilige Technik erlaubt, eingehalten werden. Entspricht ein bestimmender Schriftsatz inhaltlich den prozessualen Anforderungen, so ist bei dem sog. Computerfax die Person des Erklärenden in der Regel dadurch eindeutig bestimmt, dass seine Unterschrift eingescannt oder der Hinweis angebracht ist, der benannte Urheber könne wegen der gewählten Übertragungsform nicht unterzeichnen. Der beim LAG hergestellte Telefaxausdruck braucht in einem solchen Fall keine eigenhändige Unterschrift wiederzugeben[8]. Geht

---

1 Vgl. GK-ArbGG/*Vossen*, § 68 Rz. 27. | 2 Vgl. GMPM/*Germelmann*, § 64 ArbGG Rz. 34c. | 3 Vgl. *Appel/Kaiser*, AuR 2000, 281, 282. | 4 BAG v. 27.3.1996 – 5 AZR 576/94, EzA § 72 ArbGG 1979 Nr. 21. | 5 Grundl. RGZ 151, 82; ferner BGH v. 3.6.1987 – IVa ZR 292/85, MDR 1987, 917 = NJW 1987, 2586, 2587. | 6 BAG v. 14.1.1986 – 1 ABR 86/83, MDR 1986, 524. | 7 GmSOBG v. 5.4.2000 – 1/98, NZA 2000, 959; LAG Köln v. 10.4.2001 – 6 Ta 58/01, MDR 2001, 1316 mwN. | 8 Vgl. LAG MV v. 21.8.1997 – 1 Ta 18/97, MDR 1998, 367.

der unterschriebene Originalschriftsatz später bei Gericht ein, handelt es sich in aller Regel um dieselbe – einzige – Rechtsmittelerklärung. Die Bedeutung des Fax beschränkt sich daher im Ergebnis auf die Wahrung der Frist, wenn der Originalschriftsatz nicht rechtzeitig eingeht[1].

Von der weiter gehenden Möglichkeit des § 130a ZPO, elektronische Dokumente auch im Verkehr mit den Gerichten zuzulassen, ist bislang im Bereich der Arbeitsgerichtsbarkeit noch kein Gebrauch gemacht worden. Eine Berufungseinlegung durch **E-Mail** ist daher bis auf weiteres **unzulässig**. 28

Nach § 519 Abs. 2 ZPO muss die Berufungsschrift die **Bezeichnung des Urteils**, gegen das die Berufung gerichtet wird, und die Erklärung, dass gegen dieses Urteil Berufung eingelegt werde, enthalten. Die notwendigen Einzelangaben dienen dem Zweck, **Klarheit über den Gegenstand und die Beteiligten** des Berufungsverfahrens herzustellen. Daher muss angegeben werden, für wen und gegen wen Berufung eingelegt wird. Etwaige Mängel sind unschädlich, wenn sich aus sonstigen Angaben in der Berufungsschrift oder aus der beigefügten Abschrift des angefochtenen Urteils die benötigten Daten entnehmen lassen[2]. Fehlende Angaben können im Übrigen – auch auf richterlichen Hinweis – bis zum Ablauf der Rechtsmittelfrist ergänzt werden. Eine formfehlerhafte Berufung darf daher nicht sogleich nach ihrem Eingang als unzulässig verworfen werden. 29

Der Berufungsbeklagte muss mindestens **bestimmbar bezeichnet** sein oder innerhalb der Berufungsfrist erkennbar werden. Das Fehlen einer ladungsfähigen Anschrift des Rechtsmittelbeklagten oder seines Prozessbevollmächtigten ist demgegenüber unschädlich[3]. Diese Angaben können auch außerhalb der Berufungsfrist nachgeholt werden. 30

Die Berufung ist **bedingungsfeindlich** und kann insbesondere nicht daran geknüpft werden, dass die gleichzeitig beantragte **Prozesskostenhilfe** bewilligt wird[4]. Bei einer Bewilligung der Prozesskostenhilfe nach Ablauf der Berufungsfrist – unter besonderen Umständen auch bei einer Versagung – kann Wiedereinsetzung in den vorigen Stand nach Maßgabe der §§ 233 ff. ZPO gewährt werden[5]. 31

2. Begründung der Berufung. Für die Berufungsbegründung gilt **§ 520 ZPO entsprechend**, soweit das ArbGG nichts anderes bestimmt. Das bedeutet zunächst, dass die Berufungsbegründung in einem Schriftsatz bei dem LAG einzureichen ist, sofern sie nicht bereits in der Berufungsschrift enthalten ist. Die Anforderungen an den Inhalt richten sich im Wesentlichen nach § 520 Abs. 3 ZPO: 32

Nach § 520 Abs. 3 **Nr. 1** ZPO bedarf es konkreter **Berufungsanträge**, die deutlich machen, inwieweit das Urteil angefochten wird und welche Abänderungen begehrt werden. Fehlt es an einem besonders formulierten Berufungsantrag, so macht das die Berufung nicht ohne weiteres unzulässig. Vielmehr kann sich aus dem Begründungszusammenhang ergeben, in welchem Umfang das arbeitsgerichtliche Urteil angegriffen wird. Die Anträge können bis zum Schluss der mündlichen Verhandlung in entsprechender Anwendung der §§ 263, 264, 533 ZPO eingeschränkt oder erweitert werden[6]. 33

Die Berufungsbegründung muss nach näherer Maßgabe des § 520 Abs. 3 **Nr. 2 und 4** ZPO in Verbindung mit § 67 als Spezialvorschrift für das arbeitsgerichtliche Berufungsverfahren erkennen lassen, in welchen Punkten tatsächlicher oder rechtlicher Art der Berufungskläger das angefochtene Urteil für unrichtig hält. Die Aufgliederung in die Nummern 2–4 entspricht der neuen Systematik des Berufungsverfahrens, die für die Zivilgerichtsbarkeit in § 513 ZPO festgelegt ist. Da das LAG nach wie vor auch zweite Tatsacheninstanz ist, wie sich aus § 67 ergibt, kann die besondere Maßgabe des § 520 Abs. 3 Nr. 3 ZPO, mit der eine neue Tatsachenfeststellung erreicht werden soll, nicht zur Anwendung kommen. Im Übrigen bringen die neuen Gesetzesformulierungen gegenüber § 519 Abs. 3 Nr. 2 ZPO aF der Sache nach keine Änderungen oder Erleichterungen. Der Berufungsbegründung muss **auf den Streitfall zugeschnitten** sein und darf sich nicht in formelhaften Wendungen erschöpfen. Unzureichend ist etwa eine pauschale Urteilskritik, die das erstinstanzliche Urteil als „irrig" oder „unhaltbar" bezeichnet. Ausreichend, aber auch unerlässlich, ist eine kurze, auf die wesentlichen Gesichtspunkte beschränkte Darlegung[7]. Das Berufungsgericht nimmt dann im Rahmen der gestellten Anträge nach den §§ 528, 529 Abs. 2 Satz 2 ZPO eine **umfassende materiell-rechtliche Überprüfung** vor. 34

Vom Berufungskläger wird verlangt, dass er eine der **Eigenart des Falles** angepasste Begründung vorlegt, in der **im Einzelnen** ausgeführt wird, was er an Verfahrensweise, Beweiswürdigung oder Rechtsanwendung des Erstgerichts bemängelt und/oder welche neuen Tatsachen und/oder Beweismittel er zur Rechtfertigung seiner Änderungsanträge geltend macht. Eine solche Begründung kann auch schon vor der Zustellung des in vollständiger Form abgesetzten Urteils erster Instanz vorgenommen werden[8]. Die schlichte Verweisung auf erstinstanzliches Vorbringen reicht ebenso wenig aus wie die pauschale 35

---

1 BAG v. 19.5.1999 – 8 AZB 8/99, EzA § 518 ZPO Nr. 40; zum Ganzen ferner Zöller/*Gummer*, § 519 ZPO Rz. 18c. | 2 Vgl. BAG v. 27.8.1996 – 8 AZB 14/96, NZA 1997, 456. | 3 BAG v. 16.9.1986 – GS 4/85, MDR 1987, 347. | 4 Vgl. Zöller/*Gummer*, § 519 ZPO Rz. 1 mwN. | 5 Vgl. BGH v. 24.6.1999 – IX ZB 30/99, MDR 1999, 1159 = NJW 1999, 2823. | 6 Vgl. GMPM/*Germelmann*, § 64 ArbGG Rz. 54. | 7 Vgl. BAG v. 11.3.1998 – 2 AZR 497/97, BAGE 88, 171; Zöller/*Gummer*, § 520 ZPO Rz. 34. | 8 BAG v. 6.3.2003 – 2 AZR 596/02, AP Nr. 32 zu § 64 ArbGG 1979.

Bezugnahme auf Ausführungen Dritter (zB Stellungnahme der Partei, Sachverständigengutachten)[1]. Zulässig sind dagegen im Rahmen einer ansonsten hinreichenden Berufungsbegründung **konkrete Bezugnahmen** auch auf einzelne Schriftsätze der ersten Instanz, um unnötige Wiederholungen zu vermeiden. Werden nur die Rechtsausführungen des ArbG angegriffen, dann muss die abweichende eigene Rechtsansicht dargelegt werden. Eine Auseinandersetzung mit den Gründen des erstinstanzlichen Urteils ist entbehrlich, wenn die Berufung ausschließlich auf **neue Tatsachen und Beweise** gestützt wird[2].

36 Bei einer **Mehrheit von Ansprüchen**, die mit der Berufung verfolgt oder bekämpft werden, ist eine Begründung für jeden Einzelnen nötig. Eine Ausnahme gilt für den Fall, dass ein Rechtsgrund hinsichtlich aller Ansprüche durchgreifen soll (zB eine tarifliche Verfallklausel). Dann reicht der Angriff auf diesen Rechtsgrund, um die Prüfung auf alle Ansprüche zu erstrecken[3]. Hat das ArbG die Abweisung eines Klageanspruchs auf zwei rechtlich voneinander unabhängige Gründe gestützt, dann liegt eine hinreichende Berufungsbegründung nur vor, wenn sie sich auch mit beiden Aspekten auseinander setzt[4].

37 Entspricht die Berufungsbegründung nicht den gesetzlichen Anforderungen, so ist die Berufung nach § 66 Abs. 2 iVm. § 522 Abs. 1 ZPO als unzulässig zu verwerfen. Eine **unzulängliche oder lückenhafte Begründung** kann nach Fristablauf nicht über eine Wiedereinsetzung in den vorigen Stand ergänzt werden[5].

38 **3. Anschlussberufung.** Die nach Maßgabe des § 524 ZPO auch im arbeitsgerichtlichen Verfahren zulässige Anschlussberufung gibt dem Berufungsbeklagten die Möglichkeit, den Umfang der Überprüfung des angefochtenen Urteils mitzubestimmen und damit das Verschlechterungsverbot zu Lasten des Berufungsklägers auszuschalten. Die Vorschrift bezweckt vor allem den Schutz derjenigen Partei, die in Unkenntnis des Rechtsmittels der Gegenpartei trotz eigener Beschwer die Berufungsfrist im Vertrauen auf den Bestand des Urteils verstreichen lässt[6]. Wird der Berufungsbeklagte in dieser Hoffnung enttäuscht, so soll ihm ungeachtet eines bereits erklärten Rechtsmittelverzichts oder der inzwischen abgelaufenen Berufungsfrist die eigene Überprüfungsmöglichkeit durch die – **unselbständige** – Anschlussberufung erhalten bleiben. Konsequent sieht die gesetzliche Neuregelung durch das ZPO-RG vor, dass die mittels Anschließungserklärung eingelegte Berufung **stets in Abhängigkeit vom Hauptrechtsmittel** steht, mithin nach § 524 Abs. 4 ZPO ihre Wirkung verliert, wenn die Berufung verworfen, durch Beschluss zurückgewiesen oder zurückgenommen wird.

39 Abweichend vom bisherigen Recht (§ 522 Abs. 2 ZPO aF) ist die Möglichkeit der selbständigen Anschlussberufung entfallen, weil dafür kein Bedürfnis besteht: Will die Partei unabhängig vom Hauptrechtsmittel Berufung einlegen, so kann sie dies unter den gleichen Voraussetzungen wie auch der Berufungskläger[7]. Es handelt sich dann um eine eigenständige Berufung, die im Unterschied zur Anschlussberufung eine hinreichende Beschwer voraussetzt sowie fristgerecht eingelegt und begründet werden muss[8]. Hat der Berufungsbeklagte sein Rechtsmittel ausdrücklich als Anschlussberufung bezeichnet, so ist sie als solche zu behandeln, selbst wenn sie noch in der Berufungsfrist eingelegt worden ist[9].

40 Die Anschließung erfolgt gemäß § 524 Abs. 1 Satz 2 ZPO durch **Einreichung der Berufungsanschlussschrift** bei dem LAG. Sie ist nach § 524 Abs. 2 Satz 2 ZPO zulässig **bis zum Ablauf eines Monats nach Zustellung der Berufungsbegründungsschrift**. Unter Berücksichtigung des Zwecks der Anschlussmöglichkeit sah der Gesetzgeber keinen Grund mehr, die Anschließung über den genannten Zeitpunkt zuzulassen[10]. Die Anschlussschrift muss nach § 524 Abs. 3 ZPO auch eine **Begründung** enthalten. Insoweit kann auf das oben zur Begründung der Berufung Gesagte verwiesen werden. Werden die Form- und Fristvorschriften nicht beachtet, so ist die Anschlussberufung als unzulässig zu verwerfen, soweit sie nicht ohnehin nach § 524 Abs. 4 ZPO ihre Wirkung verloren hat.

41 Eine spätere Begründung innerhalb der noch laufenden Frist kann als erneute, nunmehr zulässige Anschlussberufung angesehen werden. Wird die Anschlussberufung bereits **vor Ablauf der Begründungsfrist für die Hauptberufung** und vor deren Begründung eingelegt, so verbleibt es bei der Frist zur Begründung der Anschließung von einem Monat nach Zustellung der Berufungsbegründung. Eine Verlängerung der Berufungsbegründungsfrist wirkt sich damit automatisch auch zugunsten des Anschließenden aus.

42 Wegen der **Entbehrlichkeit einer Beschwer** kann sich der erstinstanzlich voll obsiegende Kläger der Berufung des Beklagten zur **Klageerweiterung** anschließen[11]. Die Anschlussberufung kann auch bedingt erhoben werden, insbesondere für den Fall, dass dem Hauptantrag auf Zurückweisung der Berufung nicht entsprochen wird, sog. **Hilfsanschlussberufung**. Der Grundsatz der Bedingungsfeindlichkeit von Rechtsmitteln gilt nicht, weil die unselbständige Anschlussberufung kein Rechtsmittel im engeren

---

1 BGH v. 24.2.1994 – VII ZR 127/93, MDR 1994, 506; v. 9.3.1995 – IX ZR 142/94, MDR 1995, 1063; v. 9.3.1995 – IX ZR 143/94, MDR 1995, 738; v. 18.6.1998 – IX ZR 389/97, MDR 1998, 1114 = NJW 1998, 3126. | 2 BGH v. 4.10.1999 – II ZR 361/98, NJW 1999, 3784. | 3 BGH v. 27.9.2000 – XII ZR 281/98, NJW-RR 2001, 789. | 4 BAG v. 11.3.1998 – 2 AZR 497/97, NZA 1998, 959. | 5 BGH v. 13.2.1997 – III ZR 285/95, NJW 1997, 1309; Zöller/*Gummer*, § 520 ZPO Rz. 42a mwN. | 6 Vgl. Zöller/*Gummer*, § 524 ZPO Rz. 1. | 7 Vgl. BT-Drs. 14/3750, S. 69 f. | 8 Vgl. BAG v. 8.9.1998 – 3 AZR 368/98, EzA § 522 ZPO Nr. 2. | 9 Zutr. Zöller/*Gummer*, § 542 ZPO Rz. 6. | 10 Vgl. BT-Drs. 14/3750, S. 70. | 11 BAG v. 29.9.1993 – 4 AZR 693/92, EzA § 521 ZPO Nr. 1.

Sinne, sondern ein Antrag innerhalb des vom Prozessgegner betriebenen Rechtsmittelverfahrens ist[1]. Daher kann die Einlegung auch von der Prozesskostenhilfebewilligung abhängig gemacht werden[2].

Hinsichtlich der **Kostenlast der Anschlussberufung** ist zu unterscheiden: Wird die **Hauptberufung zurückgenommen**, so treffen nach neuem Recht den Berufungskläger stets auch die Kosten der damit wirkungslos gewordenen Anschlussberufung. Denn nach dem Wegfall des Zustimmungserfordernisses in die Berufungsrücknahme nach Beginn der mündlichen Verhandlung (§ 516 ZPO) entscheidet jetzt immer der Berufungskläger allein über das Schicksal der Anschlussberufung[3]. Wird dagegen die **Hauptberufung als unzulässig verworfen**, so hat der Anschlussberufungskläger die Kosten seiner Anschlussberufung zu tragen, weil er sich einer von vornherein unzulässigen Hauptberufung angeschlossen hatte[4]. Die Kosten sind dann nach § 92 Abs. 1 ZPO verhältnismäßig zu quoteln. Gleiches gilt für eine wegen eigener Mängel unzulässige oder sachlich unbegründete oder zurückgenommene Anschlussberufung. **43**

4. Zurücknahme, Verzicht und Erledigung. Nach dem entsprechend anwendbaren § 516 Abs. 1 ZPO ist eine **Rücknahme** der Berufung **bis zur Verkündung des Berufungsurteils** möglich. Auch nach Beginn der mündlichen Verhandlung ist dazu eine **Einwilligung** des Gegners im Gegensatz zum alten Recht **nicht mehr erforderlich**. Die Rücknahme muss **vor Beginn** der Urteilsverkündung erklärt sein. Hat das Gericht mit der Verkündung begonnen, so ist eine Rücknahme ausgeschlossen. **44**

Die von der Berufungsrücknahme zu unterscheidende **Klagerücknahme** bleibt nach § 269 ZPO bis zur Rechtskraft des Berufungsurteil **mit Einwilligung des Gegners** zulässig. Gleiches gilt für eine Erledigung der Hauptsache nach § 91a ZPO. Die Parteien können den Rechtsstreit auch vor Eintritt der Rechtskraft der Entscheidung durch einen Vergleich erledigen. **45**

Die Berufungsrücknahme ist ebenso wie die Klagerücknahme im anhängigen Berufungsverfahren gegenüber dem LAG zu erklären, und zwar in der mündlichen Verhandlung oder durch Einreichung eines Schriftsatzes. Für die Erklärung besteht Vertretungszwang nach § 11 Abs. 2[5]. Sie ist als Prozesshandlung **bedingungsfeindlich, unwiderruflich und unanfechtbar**. In Ausnahmefällen können die Rechtsfolgen der Rücknahme mit Treu und Glauben unvereinbar sein, wenn ein Irrtum für Gericht und Gegner offenkundig war oder der Irrtum durch den Gegner verursacht wurde[6]. **46**

Die Zurücknahme hat nach § 516 Abs. 3 ZPO den **Verlust des eingelegten Rechtsmittels** und die **Pflicht zur Kostentragung** zur Folge. Diese Wirkungen sind von Amts wegen durch Beschluss des LAG auszusprechen. Bei einer Rücknahme aufgrund eines außergerichtlichen Vergleichs kann je nach Lage des Falles die besondere Kostenregelung des § 98 ZPO eingreifen[7]. **47**

Der **Verzicht auf die Berufung** kann nach der Neuregelung des § 515 ZPO bereits vor dem erstinstanzlichen Urteil, nach Urteilserlass und in der Berufungsinstanz erklärt werden, ohne dass es der Zustimmung des Gegners bedarf. Eine Verzichtserklärung durch schlüssiges Verhalten setzt voraus, dass der Verzichtswille bei objektiver Betrachtung unzweideutig feststellbar ist. Die Erklärung „Kläger legt keine Berufung ein" reicht aus[8]. Der **gegenüber dem Gericht** erklärte Rechtsmittelverzicht ist als Prozesshandlung unanfechtbar und grundsätzlich unwiderruflich[9]. Der **gegenüber dem Gegner** erklärte Berufungsverzicht gibt diesem die Einrede des Rechtsmittelverzichts[10]. **48**

Die **übereinstimmende Erledigungserklärung** nach § 91a ZPO ist auch in der Berufungsinstanz zulässig. Die Erledigung kann **das Rechtsmittel selbst oder die Hauptsache** betreffen. Voraussetzung ist stets, dass das Rechtsmittel statthaft und zulässig war[11]. Die unzulässige Berufung ist trotz beiderseitiger Erledigungserklärung zu verwerfen. Die Rechtsmittelerledigung lässt die angefochtene Entscheidung also solche unberührt; das Berufungsgericht hat nur noch über die Kosten der Berufung entsprechend § 91a ZPO zu entscheiden. Bei Erledigung der Hauptsache – etwa durch Erfüllung – geht es um die Kosten des Rechtsstreits insgesamt. Gleiches gilt für eine **Erledigung zwischen den Instanzen**, die eine Rechtsmitteleinlegung entbehrlich machen kann[12]. **49**

5. Prüfungsumfang des LAG. Eine revisionsähnliche Einschränkung des Prüfungsumfangs, wie sie neuerdings aus § 513 Abs. 1 Alt. 1 ZPO iVm. § 546 ZPO abgeleitet wird[13], ist schon für die ordentliche Gerichtsbarkeit abzulehnen, weil die aus § 545 Abs. 1 ZPO im Revisionsrecht folgende Beschränkung auf revisibles Recht in der Berufungsinstanz nicht gilt[14]. Sie scheidet erst recht im arbeitsgerichtlichen Berufungsverfahren aus, weil die entsprechende Anwendung der ZPO-Vorschriften nach § 64 Abs. 6 Satz 1 an den Vorbehalt geknüpft ist, dass das ArbGG nichts anderes bestimmt. Wie insbesondere die Regelung des § 67 Abs. 4 deutlich macht, ist das LAG weiterhin eine volle zweite Tatsachen- **50**

---

1 BAG v. 29.9.1993 – 4 AZR 693/92, EzA § 521 ZPO Nr. 1 mwN. | 2 OLG Frankfurt 5.3.1999 – 1 UF 176/98, FamRZ 2000, 240. | 3 Zutr. Zöller/*Gummer*, § 524 ZPO Rz. 43. | 4 Vgl. LAG Hamm v. 7.10.1991, LAGE § 97 ZPO Nr. 1 mwN. | 5 Siehe aber oben § 12 Rz. 12. | 6 Vgl. LAG Köln v. 30.6.2000 – 6 Sa 750/99, AnwBl 2001, 71 mwN. | 7 Vgl. BGH v. 25.5.1988 – VIII ZR 148/87, MDR 1988, 1053; Zöller/*Herget*, § 98 ZPO Rz. 6 mwN. | 8 BGH v. 19.3.1991 – XI ZR 138/90, NJW-RR 1991, 1213; weitere Beispiele bei Zöller/*Gummer*, § 515 ZPO Rz. 5. | 9 BGH v. 6.3.1985 – VIII ZR 123/84, MDR 1986, 139. | 10 BGH v. 14.5.1997 – XII ZR 184/96, NJW-RR 1997, 1288. | 11 BGH v. 27.5.1968 – AnwZ (B) 9/67, Z 50, 197,198. | 12 Vgl. Zöller/*Vollkommer*, § 91a ZPO Rz. 21 mwN. | 13 Vgl. Holthaus/Koch, RdA 2002, 140, 154; ErfK/*Koch*, § 66 ArbGG Rz. 28. | 14 Zutr. Zöller/*Gummer*, § 513 ZPO Rz. 2.

instanz. Eine Einschränkung des Prüfungsmaßstabs nach revisionsrechtlichen Grundsätzen ist damit nicht vereinbar. Auch in der Auslegung von Individualerklärungen nach Maßgabe der §§ 133, 157, 242 BGB oder etwa in der Beurteilung der Angemessenheit einer Abfindung nach den §§ 9, 10 KSchG ist das LAG daher nicht beschränkt. Dabei handelt es sich letztlich um Tatfragen, die **in vollem Umfang** der Überprüfung durch das Berufungsgericht unterliegen. Gleiches gilt für die fallbezogene Anwendung unbestimmter Rechtsbegriffe wie Sozialwidrigkeit, gute Sitten oder wichtiger Grund. Hier wirkt sich aus, dass es in der Berufung als zweiter Tatsacheninstanz vor allem um eine gerechte Einzelfallentscheidung geht, während in der Revision die Entscheidung von Rechtsfragen mit grundsätzlicher Bedeutung im Vordergrund steht. Anders als im Verhältnis von Revisions- und Berufungsgericht[1] verbleibt dem ArbG kein Beurteilungsspielraum, der der landesarbeitsgerichtlichen Nachprüfung nicht zugänglich ist.

51 **IV. Entsprechende Geltung von Vorschriften des erstinstanzlichen Verfahrens (Abs. 7).** Abs. 7 zählt abschließend die Vorschriften des erstinstanzlichen Verfahrens auf, die für das Berufungsverfahren entsprechend gelten. Wegen der Einzelheiten wird auf die jeweiligen Erläuterungen verwiesen. Insbesondere findet § 53 in vollem Umfang Anwendung, der die **Befugnisse des Vorsitzenden und der ehrenamtlichen Richter** regelt. Nach § 53 Abs. 1 Satz 1 erlässt der Vorsitzende die nicht aufgrund einer mündlichen Verhandlung ergehenden Beschlüsse und Verfügungen allein, soweit nichts anderes bestimmt ist. Letzteres gilt etwa für den Beschluss über die Verwerfung der Berufung, der nach § 66 Abs. 2 Satz 2 stets durch die Kammer ergeht.

52 Ein **Alleinentscheidungsrecht des Vorsitzenden** besteht ferner in den Fällen des § 55 Abs. 1,2 und 4, selbst wenn aufgrund mündlicher Verhandlung entschieden wird. Die alleinige Entscheidungskompetenz besteht etwa bei Rücknahme der Berufung, Verzicht, Anerkenntnis und Säumnis einer Partei oder beider Parteien. Auch die Entscheidung über die einstweilige Einstellung der Zwangsvollstreckung und die Aussetzung des Verfahrens obliegt dem Vorsitzenden. Soweit der Vorsitzende hiernach allein zur Entscheidung berufen ist, trifft ihn eine **Pflicht zur Alleinentscheidung**[2]. Eine Entscheidung durch die Kammer würde gegen den Grundsatz des gesetzlichen Richters verstoßen.

53 Hervorzuheben ist, dass auch die Vorschrift des § 59 über das **Versäumnisverfahren** in der 2. Instanz entsprechende Anwendung findet[3]. Die **Einspruchsfrist** gegen ein Versäumnisurteil des LAG beträgt daher ebenfalls **nur eine Woche**. Der Einspruch kann auch von der Partei selbst durch Erklärung zur Niederschrift der Geschäftsstelle eingelegt werden[4].

54 Für die **Richterablehnung** gelten die Vorschriften des § 49 Abs. 1 und Abs. 3 entsprechend. Danach entscheidet die Kammer des LAG durch Beschluss, gegen den kein Rechtsmittel stattfindet. Dieser Rechtsmittelausschluss ist verfassungsgemäß[5].

55 **V. Besonderheiten des Berufungsverfahrens.** Da § 64 Abs. 7 keine Verweisung auf § 46 enthält, kann im Gegensatz zum Verfahren vor dem ArbG **§ 128 Abs. 2 ZPO** entsprechend angewendet werden, so dass das LAG mit Zustimmung der Parteien **im schriftlichen Verfahren** entscheiden kann. Die Abgabe der Zustimmungserklärungen unterliegt dem Vertretungszwang des § 11 Abs. 2. Das LAG entscheidet durch die vollbesetzte Kammer, anders als bei der **Entscheidung nach Lage der Akten** gemäß § 251a ZPO bei Säumnis beider Parteien, die der Vorsitzende allein zu treffen hat.

56 Für Berufungen in **Bestandsschutzverfahren** gilt nach Abs. 8 eine **besondere Beschleunigungspflicht**. Im Unterschied zu § 61a, der nicht entsprechend anwendbar ist, fehlt es jedoch an einer näheren prozessualen Ausgestaltung, so dass die gebotenen Maßnahmen im Ermessen des Gerichts liegen. Das LAG wird vor allem auf eine möglichst kurzfristige Terminierung achten, ohne dass deswegen andere Termine aufgehoben werden müssten[6]. Auch wenn die Frist zur Berufungserwiderung nach § 66 Abs. 1 Satz 3 einen Monat beträgt und nicht abgekürzt werden kann, so bestehen doch etwa im Hinblick auf eine Fortsetzung der mündlichen Verhandlung und/oder die vorsorgliche Ladung von Zeugen und Sachverständigen einige Möglichkeiten zur vorrangigen Erledigung solcher Verfahren.

65 Beschränkung der Berufung

Das Berufungsgericht prüft nicht, ob der beschrittene Rechtsweg und die Verfahrensart zulässig sind und ob bei der Berufung der ehrenamtlichen Richter Verfahrensmängel unterlaufen sind oder Umstände vorgelegen haben, die die Berufung eines ehrenamtlichen Richters zu seinem Amte ausschließen.

1 **I. Regelungsumfang und Regelungszweck.** Die ab dem 1.1.2002 geltende Fassung der Vorschrift beruht auf Art. 30 Nr. 7 ZPO-RG[7]. Im Hinblick auf den novellierten § 513 Abs. 2 Satz 1 ZPO, der nach § 64

---

1 Vgl. hierzu Zöller/*Gummer*, § 546 ZPO Rz. 12 mwN. | 2 Vgl. LAG Köln v. 14.12.2000 – 6 Sa 1183/00, juris. | 3 Vgl. zur Pflicht, bei Säumigkeit einer Partei auch durch Versäumnisurteil zu entscheiden, BAG v. 4.12.2002 – 5 AZR 556/01, MDR 2003, 520. | 4 BAG v. 10.7.1957 – GS 1/57, AP Nr. 5 zu § 64 ArbGG 1953. | 5 BAG v. 14.2.2002 – 9 AZB 2/02, EzA § 49 ArbGG 1979 Nr. 8. | 6 Vgl. GK-ArbGG/*Vossen*, § 64 Rz. 133. | 7 BGBl. I S. 1887.

Abs. 6 Satz 1 für das arbeitsgerichtliche Verfahren entsprechend gilt, konnte der Hinweis darauf entfallen, dass das Berufungsgericht – auch – nicht prüft, ob das Gericht des ersten Rechtszuges seine Zuständigkeit zu Unrecht angenommen hat. Am Regelungsinhalt hat sich dadurch nichts geändert: Der falsche Rechtsweg, die sachliche Unzuständigkeit und die unzutreffende Verfahrensart (Urteils- oder Beschlussverfahren) können nur nach Maßgabe des § 48 ArbGG iVm. den §§ 17 bis 17b GVG erstinstanzlich geltend gemacht werden. In diesen prozessualen Vorfragen soll möglichst schnell eine **bindende Vorabentscheidung** ergehen. Ist das Vorabentscheidungsverfahren rechtskräftig abgeschlossen, so ist das LAG daran nach den §§ 65, 17a Abs. 5 GVG gebunden. Für die örtliche Zuständigkeit folgt die Bindung schon aus § 48 Abs. 1 Nr. 1[1].

II. Die Prüfungssperren im Einzelnen. 1. Rechtsweg. Nach § 65 ArbGG, § 17a Abs. 5 GVG prüft das Berufungsgericht nicht, ob der beschrittene Rechtsweg zulässig ist. Mit der Einführung des Vorabentscheidungsverfahrens durch das Vierte Gesetz zur Änderung der Verwaltungsgerichtsordnung vom 17.12.1990[2] sollte der **Gleichwertigkeit aller Rechtswege** und praktischen Bedürfnissen Rechnung getragen werden. Die Frage der Rechtswegzuständigkeit soll zu einem möglichst frühen Zeitpunkt des Verfahrens abschließend geklärt werden, damit das weitere Verfahren nicht mehr mit dem Risiko eines später erkannten Mangels des gewählten Rechtswegs belastet wird[3]. Dementsprechend hat das Gericht, das über ein Rechtsmittel gegen eine Entscheidung in der Hauptsache entscheidet, nicht mehr zu prüfen, ob der beschrittene Rechtsweg zulässig ist. Das LAG hat dann über die Berufung unter allen in Betracht kommenden Gesichtspunkten zu entscheiden. Seine Prüfungskompetenz und -pflicht erstreckt sich in derartigen Fällen auch auf Schadensersatzansprüche wegen Amtspflichtverletzung[4].

Die Zulässigkeit des Rechtsweges hat zunächst das ArbG **von Amts wegen** zu prüfen. Ist der beschrittene Rechtsweg zu den Gerichten für Arbeitssachen nicht gegeben, so verweist das ArbG den Rechtsstreit gemäß § 48 Abs. 1 ArbGG iVm. § 17a Abs. 2 GVG nach Anhörung der Parteien an das zuständige Gericht des zulässigen Rechtsweges. Ein klageabweisendes Prozessurteil darf daher nicht ergehen. Auch wenn das Gericht den Rechtsweg für zulässig hält, **kann** dies nach § 17a Abs. 3 Satz 1 GVG vorab durch Beschluss ausgesprochen werden. Das ArbG **muss** vorab entscheiden, wenn eine Partei die Zulässigkeit des Rechtsweges rügt. Diese Beschlüsse sind nach § 17a Abs. 4 Satz 3 GVG **beschwerdefähig** und unterliegen nur insoweit der Überprüfung durch das LAG.

Die Prüfungssperre im Hauptsacheverfahren gilt im Grundsatz auch dann, wenn das ArbG den zu ihm beschrittenen Rechtsweg ohne weiteres **stillschweigend durch Urteil** bejaht hat[5]. Eine Ausnahme besteht nur für den Fall, dass wegen der Rüge einer Partei eine Vorabentscheidung des ArbG geboten war[6]. Entscheidet das ArbG entgegen § 48 Abs. 1 ArbGG, § 17a Abs. 3 Satz 2 GVG **trotz Rüge einer Partei** über die Zulässigkeit des Rechtsweges nicht vorab durch Beschluss, sondern in den Gründen des der Klage stattgebenden Urteils, so kann die beklagte Partei hiergegen nach dem Grundsatz der Meistbegünstigung **wahlweise sofortige Beschwerde oder Berufung** einlegen[7]. Wird Berufung eingelegt, so darf das LAG den Rechtsstreit nicht an das ArbG zurückverweisen. Es hat vielmehr zwei Möglichkeiten:

Bejaht das LAG die Zulässigkeit des Rechtsweges, so hat es dies **vorab durch Beschluss** auszusprechen. Lässt es hiergegen gemäß § 17a Abs. 4 Sätze 4 und 5 GVG die weitere Beschwerde zu, so hat es das Verfahren bis zur Entscheidung hierüber auszusetzen. Anderenfalls hat es in der Hauptsache durch Urteil zu entscheiden.

Hält das LAG die Zulässigkeit des Rechtsweges nicht für gegeben, so hat es dies ebenfalls durch Beschluss auszusprechen und unter **Abänderung des arbeitsgerichtlichen Urteils** den Rechtsstreit an das zuständige Gericht des zulässigen Rechtsweges **zu verweisen**. Lässt es hiergegen keine Rechtsbeschwerde zu, ist der Beschluss rechtskräftig und bindet das Gericht, an das verwiesen wurde, hinsichtlich des Rechtsweges[8].

Keine Prüfungssperre besteht schließlich auch dann, wenn das ArbG noch keine Prüfung vornehmen konnte, weil die Klage erst in der Berufungsinstanz geändert oder eine Aufrechnung erklärt oder eine Widerklage erhoben wurde. In diesen Fällen entscheidet das **LAG erstmals** über die Zulässigkeit des Rechtsweges unter Beachtung des § 17a GVG.

2. Zuständigkeit. Wegen der entsprechenden Geltung des § 513 Abs. 2 ZPO ist die **sachliche, örtliche und funktionelle Zuständigkeit** der Prüfung durch das Berufungsgericht entzogen. Die Frage der sachlichen Zuständigkeit tritt im Arbeitsgerichtsverfahren ohnehin hinter der Bestimmung des zutreffen-

---

1 BAG v. 5.9.1995 – 9 AZR 533/94, EZA § 65 ArbGG 1979 Nr. 2. | 2 BGBl. I S. 2809. | 3 BT-Drs. 11/7030 S. 36 f. | 4 BAG v. 14.12.1998 – 5 AS 8/98, EzA § 65 ArbGG 1979 Nr. 4; LAG Düsseldorf v. 12.2.2003 – 12 Sa 1345/02, juris. | 5 Vgl. BAG v. 21.8.1996 – 5 AZR 1011/94, EzA § 73 ArbGG 1979 Nr. 2; BAG v. 8.6.1999 – 3 AZR 136/98, EzA § 1 BetrAVG – Lebensversicherung Nr. 8. | 6 BAG v. 9.7.1996 – 5 AZB 6/96, EzA § 65 ArbGG 1979 Nr. 3; v. 21.8.1996 – 5 AZR 1011/94, EzA § 73 ArbGG 1979 Nr. 2. | 7 BAG v. 26.3.1992 – 2 AZR 443/91, EzA § 48 ArbGG 1979 Nr. 5; LAG Köln v. 3.4.1992 – 13/6 Ta 79/92, LAGE § 48 ArbGG 1979 Nr. 7. | 8 Vgl. BAG v. 26.3.1992 – 2 AZR 443/91, EzA § 48 ArbGG 1979 Nr. 5; BAG v. 28.2.1995 – 5 AZB 24/92, EzA § 4 KSchG nF Nr. 51; *Boin*, NJW 1998, 3747 ff.

den Rechtsweges zurück, während in der ordentlichen Gerichtsbarkeit die Zuweisung der Sachen an das AG oder LG als Eingangsgericht betroffen ist[1].

9   Im Übrigen finden nach § 48 Abs. 1 ArbGG die §§ 17 bis 17a GVG entsprechende Anwendung mit der Maßgabe, dass Beschlüsse des ArbG über die **örtliche Unzuständigkeit unanfechtbar** sind. Dabei verbleibt es auch, wenn das ArbG trotz Rüge die gebotene Vorabentscheidung unterlassen hat. Denn anders als bei der Rechtswegfrage hätte die beschwerte Partei auch bei einem ordnungsgemäßen Beschluss keine weitere Überprüfungsmöglichkeit gehabt[2].

10 **3. Verfahrensart.** Für die Überprüfung der richtigen Verfahrensart gelten die gleichen Grundsätze wie für die Zulässigkeit des Rechtsweges. Ob ein Rechtsstreit im Urteils- oder Beschlussverfahren auszutragen ist, kann nur und muss bei Rüge vom ArbG **vorab** entschieden werden. Über die dagegen nach § 48 Abs. 1 ArbGG iVm. § 17a Abs. 4 Satz 2 GVG zulässige **sofortige Beschwerde** befindet das LAG. Ansonsten gilt die Prüfungssperre, es sei denn, das ArbG hat sich über die Rüge hinweggesetzt und sogleich in der Sache entschieden[3].

11 **4. Berufung der ehrenamtlichen Richter.** Das Berufungsgericht prüft auch nicht, ob bei der Berufung der ehrenamtlichen Richter nach § 20 Verfahrensmängel unterlaufen sind oder Umstände vorgelegen haben, die nach den §§ 21 bis 23 die Berufung eines ehrenamtlichen Richters zu seinem Amt ausschließen. Die Prüfungssperre erfasst damit nur das Verfahren **bis zur Berufung** des ehrenamtlichen Richters, das mit dem Zugang des Ernennungsschreibens der zuständigen obersten Landesbehörde bzw. der von der Landesregierung beauftragten Stelle abgeschlossen ist. Etwaige Verfahrensmängel sind ebenso wie etwaige Ausschlussgründe, die zu einer Amtsentbindung nach § 21 Abs. 5 führen können, einer Kontrolle in der Berufungsinstanz entzogen.

12 Die Prüfungssperre besteht **nicht für sonstige Verfahrensmängel** bei dem Einsatz des ehrenamtlichen Richters. Die Berufung kann etwa darauf gestützt werden, dass ein ehrenamtlicher Richter nach § 41 ZPO kraft Gesetzes von der Ausübung des Richteramts ausgeschlossen oder mit Erfolg abgelehnt worden oder seine Amtsperiode abgelaufen war[4]. War das ArbG mit Rücksicht darauf nicht ordnungsgemäß besetzt, scheidet allerdings eine Zurückverweisung nach § 68 aus, so dass das LAG abschließend in der Sache entscheiden muss.

66 *Einlegung der Berufung, Terminbestimmung*

(1) Die Frist für die Einlegung der Berufung beträgt einen Monat, die Frist für die Begründung der Berufung zwei Monate. Beide Fristen beginnen mit der Zustellung des in vollständiger Form abgefassten Urteils, spätestens aber mit Ablauf von fünf Monaten nach der Verkündung. Die Berufung muss innerhalb einer Frist von einem Monat nach Zustellung der Berufungsbegründung beantwortet werden. Mit der Zustellung der Berufungsbegründung ist die Berufungsbeklagte auf die Frist für die Berufungsbeantwortung hinzuweisen. Die Fristen zur Begründung der Berufung und zur Berufungsbeantwortung können vom Vorsitzenden einmal auf Antrag verlängert werden, wenn nach seiner freien Überzeugung der Rechtsstreit durch die Verlängerung nicht verzögert wird oder wenn die Partei erhebliche Gründe darlegt.

(2) Die Bestimmung des Termins zur mündlichen Verhandlung muss unverzüglich erfolgen. § 522 Abs. 1 der Zivilprozessordnung bleibt unberührt; die Verwerfung der Berufung ohne mündliche Verhandlung ergeht durch Beschluss der Kammer. § 522 Abs. 2 und 3 der Zivilprozessordnung findet keine Anwendung.

1   **I. Allgemeines.** Die Vorschrift regelt teilweise abweichend von den zivilprozessualen Bestimmungen Einzelheiten zur Einlegung und Begründung der Berufung, Berufungsbeantwortung, Fristverlängerung, Terminbestimmung und Verwerfung einer unzulässigen Berufung. Sie gilt in der aktuellen Fassung aufgrund Art. 30 Nr. 8 ZPO-RG **seit dem 1.1.2002.** Das frühere Recht ist nach der **Übergangsvorschrift** des § 26 Nr. 5 Satz 1 EGZPO weiter anzuwenden, wenn die mündliche Verhandlung, auf die das mit der Berufung angefochtene Urteil ergangen ist, vor dem 1.1.2002 geschlossen worden ist.

2   Mit der Neufassung des Abs. 1 Satz 1 wird der Änderung in § 520 Abs. 2 ZPO Rechnung getragen, wonach die Frist für die Begründung der Berufung nicht mehr mit der Einlegung der Berufung, sondern mit der Zustellung des in vollständiger Form abgefassten Urteils beginnt und deshalb künftig zwei Monate beträgt. Satz 2 stellt klar, dass die **Fristen** für die Einlegung und die Begründung der Berufung einheitlich **mit der Zustellung** des anzufechtenden Urteils beginnen, **spätestens** aber mit Ablauf von fünf Monaten nach der Verkündung. Letzteres ergab sich früher bereits aus der Verweisung auf § 516 ZPO aF. Daraus folgt auch, dass die Berufung auch **schon vor Zustellung** des vollständigen arbeitsgerichtlichen Urteils eingelegt werden kann.

---

1 Vgl. Zöller/*Gummer*, § 513 ZPO Rz. 7. | 2 Vgl. BAG v. 5.9.1995 – 9 AZR 533/94, EzA § 65 ArbGG 1979 Nr. 2.
| 3 Vgl. BAG v. 20.4.1999 – 1 ABR 72/98, EzA Art. 9 GG Nr. 65; v. 19.3.2003 – 4 AZR 271/02, NZA 2003, 1221.
| 4 Vgl. GK-ArbGG/*Vossen*, § 65 Rz. 18.

Abweichend von §§ 520 Abs. 2, 521 Abs. 2 ZPO ist in § 66 Abs. 1 Satz 5 die **Verlängerungsmöglichkeit** der Fristen zur Begründung und Beantwortung der Berufung geregelt worden: Beide Fristen können – unabhängig von der Einwilligung des Gegners – auf Antrag vom Vorsitzenden **nur einmal** verlängert werden.

II. Berufungsfrist. Die Frist für die Einlegung der Berufung beträgt **einen Monat**. Es handelt sich wie bei § 517 ZPO um eine **Notfrist** iSd. § 224 ZPO, die **nicht verlängert oder abgekürzt** werden kann[1]. Gegen ihre Versäumung ist allein die Wiedereinsetzung in den vorigen Stand nach Maßgabe der §§ 233 ff. ZPO möglich.

Die Fristberechnung richtet sich nach den §§ 222 ZPO, 187, 188 BGB. Fällt das Fristende auf einen Sonntag, einen allgemeinen Feiertag oder einen Sonnabend, so endet die Frist nach § 222 Abs. 2 ZPO mit Ablauf des nächsten Werktages. Entscheidend ist, ob der Tag an dem Ort des Landesarbeitsgerichts, bei dem das Rechtsmittel einzulegen ist, ein gesetzlicher Feiertag ist[2]. Da die Frist mit Ablauf des letzten Tages, also um **24.00 Uhr**, endet, muss die Berufungsschrift bis dahin beim Landesarbeitsgericht eingegangen sein, etwa durch Einwurf in den **Nachtbriefkasten** oder durch **Telefax**. Das Berufungsgericht hat die Eingangsmöglichkeit bis zur letzten Minute durch geeignete Vorkehrungen sicherzustellen[3]. Die Beweislast für die Einhaltung der Frist trägt der Berufungskläger.

Die Berufungsfrist beginnt nach Abs. 1 Satz 2 mit der **Zustellung** des **in vollständiger Form** abgesetzten arbeitsgerichtlichen Urteils, wozu nach § 9 Abs. 5 auch die vom Richter unterschriebene **Rechtsmittelbelehrung** gehört. Nur die wirksame Zustellung von Amts wegen kann die Frist in Gang setzen. Unwirksam ist etwa die Zustellung eines noch nicht verkündeten Urteils, eines nicht unterschriebenen Urteils oder einer unbeglaubigten Abschrift[4]. Keine Unwirksamkeit liegt dagegen vor, wenn der Richter nach Anbringung eines Ablehnungsgesuchs die bereits vorher verkündete Entscheidung schriftlich vollständig abfasst und deren Zustellung veranlasst[5]. Die Zustellung eines **Scheinurteils** setzt die Frist an sich nicht in Gang[6]. Wird aber zulässigerweise Berufung eingelegt, um den Rechtsschein eines wirksamen Urteils zu beseitigen, so kann der Rechtsstreit unter besonderen Umständen entgegen § 68 an das ArbG zurückverwiesen werden[7].

Auf die Wirksamkeit der Zustellung und den Lauf der Berufungsfrist hat in der Regel **die Berichtigung eines Urteils gemäß § 319 ZPO** wegen offenbarer Unrichtigkeit keinen Einfluss. Gleiches gilt für die **Berichtigung des Tatbestands nach § 320 ZPO**. Ausnahmen müssen dann gemacht werden, wenn die Beschwer erst aus der Berichtigung folgt oder erheblich vergrößert wird[8]. Einen Sonderfall regelt der entsprechend anwendbare § 518 ZPO: Wird ein Urteil innerhalb der Berufungsfrist durch eine nachträgliche Entscheidung **ergänzt** (§ 321 ZPO), so beginnt mit der Zustellung dieser Entscheidung auch der Lauf der Berufungsfrist gegen das zuerst erlassene Urteil von neuem. Das gilt nicht, wenn die Berufungsfrist für das ergänzte Urteil bereits abgelaufen ist. Dann kann nur noch das Ergänzungsurteil mit der Berufung angegriffen werden, sofern die Voraussetzungen hierfür vorliegen.

Die **Berufungseinlegung nach Verkündung, aber vor Zustellung** des Urteils war früher mit dem Risiko verbunden, die Berufung nicht hinreichend nach Maßgabe des § 520 Abs. 3 Satz 2 ZPO innerhalb der einmonatigen Begründungsfrist ab Einlegung (§ 66 Abs. 1 Satz 1 aF iVm. § 519 Abs. 2 Satz 2 ZPO aF) begründen zu können. Eine Fristverlängerung kam regelmäßig nicht in Betracht, weil an einer verfrühten Berufung kein schutzwürdiges Interesse bestand. In der Praxis wurden solche Berufungen auf Hinweis des LAG zumeist zurückgenommen, um eine Verwerfung als unzulässig zu vermeiden. An dieser Verfahrensweise kann nach neuem Recht nicht mehr festgehalten werden, weil die Frist zur Berufungsbegründung nach § 66 Abs. 1 Satz 2 unabhängig von der Einlegung erst mit der Zustellung des in vollständiger Form abgefassten Urteils beginnt, spätestens fünf Monate nach der Verkündung. Wird also zulässigerweise sogleich nach Verkündung Berufung eingelegt, so läuft die zweimonatige Begründungsfrist erst ab Zustellung des schriftlich begründeten Urteils, ohne dass es einer Fristverlängerung bedarf[9]. Der Berufungskläger muss die einmal eingelegte Berufung jedoch bei ausbleibender Zustellung **spätestens bis zum Ablauf von sieben Monaten** begründen. Geschieht das nicht, so ist das Rechtsmittel nach § 522 Abs. 1 ZPO als unzulässig zu verwerfen. Ob dann später nach erfolgter Zustellung des arbeitsgerichtlichen Urteils noch einmal Berufung eingelegt werden kann, erscheint zweifelhaft, weil die mit dem an sich zulässigen Rechtsmittel vertraute und dies einsetzende Partei nicht den Schutz des § 9 Abs. 5 verdient.

Wird ein erstinstanzliches Urteil verspätet, sogar erst nach Ablauf der Fünf-Monats-Frist des § 66 Abs. 1 Satz 2 abgesetzt, so ist es ausreichend, wenn sich die vor Urteilszustellung abgefasste Berufungs-

---

1 Vgl. GMPM/*Germelmann*, § 66 ArbGG Rz. 5. | 2 BAG v. 16.1.1989 – 5 AZR 579/88, EzA § 222 ZPO Nr. 1. | 3 Vgl. BVerfG v. 1.8.1996 – 1 BV 121/95, NJW 1996, 2857; BGH 14.3.2001 – XII ZR 51/99, NJW 2001,1581. | 4 Vgl. BAG v. 23.7.1971 – 2 AZR 244/70, AP Nr. 3 zu § 242 BGB – Prozessverwirkung. | 5 BAG v. 28.12.1999 – 9 AZN 739/99, EzA § 233 ZPO Nr. 43. | 6 BGH v. 16.10.1984 – VI ZR 25/83, VersR 1984, 1192. | 7 Vgl. Hess. LAG v. 6.5.1994 – 9 Sa 1370/93, LAGE § 64 ArbGG 1979 Nr. 30; zum Ganzen ferner GK-ArbGG/*Vossen*, § 66 Rz. 7 ff. | 8 Vgl. BGH v. 21.5.1985 – VI ZB 4/85, MDR 1985, 838. | 9 Vgl. *Schmidt/Schwab/Wildschütz*, NZA 2001, 1217, 1218; aA *Holthaus/Koch*, RdA 2002, 140, 151.

begründung mit den möglichen und hypothetischen Entscheidungsgründen auseinander setzt[1]. Diese Erleichterung ist wegen der Garantie eines wirksamen Rechtsschutzes und der durch die Fünf-Monats-Frist angestrebten Verfahrensbeschleunigung **in Fällen verspätet abgesetzter Urteile** geboten. Damit wird der beschwerten Partei die Möglichkeit eröffnet, jedenfalls nach Ablauf von fünf Monaten seit der Verkündung, also zum Zeitpunkt des spätesten Fristbeginns, die Rechtssache mit einer zulässigen Berufung vor das LAG zu bringen und dort für einen Fortgang des Prozesses zu sorgen.

10 Die **Frist beginnt** nach § 66 Abs. 1 Satz 2 **spätestens fünf Monate nach der Verkündung** des arbeitsgerichtlichen Urteils. Liegt bis dahin aber keine Zustellung vor, so schließt sich wegen fehlender Rechtsmittelbelehrung die **Jahresfrist des § 9 Abs. 5 Satz 4** an mit der Rechtsfolge, dass die Berufung spätestens 17 Monate nach der Verkündung des Urteils eingelegt und begründet sein muss. Das war im Hinblick auf die verlängerte Einlegungsmöglichkeit bis zum Ablauf von 17 Monaten bislang allgemein anerkannt[2]. Die Beibehaltung dieser Rspr. wird neuerdings in Zweifel gezogen, weil die Neufassung des Abs. 1 Satz 2 den Beginn der Begründungsfrist unabhängig von der Einlegung des Rechtsmittels regelt[3]. Da der Gesetzgeber aber den § 9 Abs. 5 nicht angepasst hat und dessen Schutzfunktion gerade für die nicht anwaltlich vertretene Partei erhalten bleiben muss, ist auch weiterhin von der Kumulierung der Fristen auszugehen, allerdings wegen der Neuregelung von nun gleichzeitigem Anlauf der Begründungsfrist mit der Maßgabe, dass die Berufung **spätestens innerhalb von 17 Monaten** nach Verkündung des Urteils **eingelegt und begründet** sein muss[4]. Nur so wird auch der Widerspruch vermieden, dass die Berufungsfrist sonst bei nicht zugestellten Urteilen kürzer wäre als bei zugestellten Urteilen mit fehlender oder fehlerhafter Rechtsmittelbelehrung, für die unzweifelhaft die Jahresfrist des § 9 Abs. 5 Satz 4 gilt.

11 Wird innerhalb von 16 Monaten nach Verkündung das Urteil mit ordnungsgemäßer Rechtsmittelbelehrung zugestellt, so laufen ab Zustellung die Berufungs- und die Berufungsbegründungsfrist nach § 66 Abs. 1 Satz 1. Bei einer späteren Zustellung des Urteils bleibt es an sich bei der Frist von 17 Monaten nach §§ 66 Abs. 1 Satz 2, 9 Abs. 5 Satz 4[5]. Aus Gründen des Vertrauensschutzes kommt eine Ausnahme dann in Betracht, wenn sich der Berufungskläger auf eine fehlerhafte Rechtsmittelbelehrung verlässt und die Berufung innerhalb eines Monats nach Zustellung einlegt[6]. Erfolgt die Zustellung allerdings erst **nach Ablauf der 17-Monats-Frist**, so bleibt für diesen Vertrauensschutz kein Raum. Denn eine fehlerhafte Rechtsmittelbelehrung kann eine bereits abgelaufene gesetzliche Rechtsmittelfrist nicht erneut beginnen lassen[7].

12 **III. Berufungsbegründungsfrist.** Die Frist zur Berufungsbegründung beträgt nach der Neufassung des Abs. 1 Satz 1 unabhängig vom Zeitpunkt der Einlegung **zwei Monate**. Für Beginn und Berechnung gelten die gleichen Grundsätze wie bei der Berufungsfrist. Sie läuft grundsätzlich **ab Zustellung des in vollständiger Form abgefassten Urteils**. Da sie spätestens mit Ablauf von fünf Monaten nach der Verkündung beginnt, kann sich die verfügbare Frist bei einer Zustellung erst im sechsten oder siebten Monat verkürzen. In diesen Fällen hilft ein Antrag auf Fristverlängerung. Unterbleibt die Zustellung ganz und wird auch keine Berufung eingelegt, dann kann wegen der Rechtsfolge des § 9 Abs. 5 Satz 4 auch die Begründungsfrist nicht ablaufen. Vielmehr kann die Berufung unter Hinzurechnung der Jahresfrist bis zum Ablauf von 17 Monaten seit der Verkündung eingelegt und begründet werden (vgl. Rz. 10).

13 Die Berufungsbegründungsfrist kann nach Abs. 1 Satz 5 vom Vorsitzenden **auf Antrag einmal verlängert** werden, wenn nach seiner freien Überzeugung der Rechtsstreit dadurch nicht verzögert wird oder wenn die Partei erhebliche Gründe darlegt. Eine **weitere Verlängerung** ist daher im Unterschied zu § 520 Abs. 2 Satz 2 ZPO gesetzlich **ausgeschlossen**. Sie kommt selbst dann nicht in Betracht, wenn das Urteil noch nicht zugestellt ist oder erst durch die zweite Verlängerung eine insgesamt einmonatige Verlängerung erreicht würde[8]. Darauf sollte bei noch ausstehender Zustellung vorsorglich hingewiesen werden, weil eine Berufungsbegründung auch ohne Kenntnis der Entscheidungsgründe des ArbG möglich ist[9].

14 Die Fristverlängerung kann auch noch nach Ablauf der Begründungsfrist bewilligt werden, sofern der Antrag **rechtzeitig vor Fristablauf** beim Landesarbeitsgericht eingeht[10]. Dagegen scheidet die Verlängerung einer bereits abgelaufenen Frist schon begrifflich aus[11]. Der Antragsteller genießt insoweit keinen Vertrauensschutz, vielmehr ist eine irrtümlich beschlossene Verlängerung schlicht unwirksam.

---

1 Vgl. BAG v. 6.3.2003 – 2 AZR 596/02, AP Nr. 32 zu § 64 ArbGG 1979; v. 5.3.1997 – 4 AZR 532/95, EzA § 77 BetrVG 1972 Nr. 58; v. 13.9.1995 – 2 AZR 855/94, EzA § 66 ArbGG 1979 Nr. 22. | 2 BAG v. 8.6.2000 – 2 AZR 584/99, EzA § 9 ArbGG 1979 Nr. 15; v. 5.3.1997 – 4 AZR 532/95, EzA § 77 BetrVG 1972 Nr. 58 mwN. | 3 Vgl. *Schmidt/Schwab/Wildschütz*, NZA 2001, 1217, 1218; *Schwab*, FA 2003, 258; GMPM/*Germelmann*, § 66 ArbGG Rz. 15a; *Ostrowicz/Künzl/Schäfer*, Rz. 189a; LAG Nürnberg v. 28.10.2002 – 2 SHa 5/02, LAGReport 2003, 86; LAG Köln v. 24.9.2003 – 3 Sa 232/03, juris. | 4 So für die Einlegung nach bisherigem Recht BAG v. 6.8.1997 – 2 AZB 17/97, EzA § 9 ArbGG 1979 Nr. 12; LAG Nürnberg v. 5.9.1994 – 7 Sa 43/94, LAGE § 66 ArbGG 1979 Nr. 15; im Ergebnis auch GK-ArbGG/*Vossen*, § 66 Rz. 38, 38a; *Holthaus/Koch*, RdA 2002, 140, 151; ErfK/*Koch*, § 66 ArbGG Rz. 12; nunmehr auch LAG Köln v. 20.2.2003 – 10 Sa 801/02, NZA-RR 2003, V; v. 13.11.2003 – 5 Sa 759/03, bisher nv. | 5 BAG v. 8.6.2000 – 2 AZR 584/99, EzA § 9 ArbGG 1979 Nr. 15. | 6 BAG v. 23.11.1994 – 4 AZR 743/93, EzA § 9 ArbGG 1979 Nr. 9. | 7 BAG v. 6.8.1997 – 2 AZB 17/97, EzA § 9 ArbGG 1979 Nr. 12. | 8 BAG v. 13.9.1995 – 2 AZR 855/94, EzA § 66 ArbGG 1979 Nr. 22 mwN. | 9 BAG v. 6.3.2003 – 2 AZR 596/02, AP Nr. 32 zu § 64 ArbGG 1979. | 10 BAG v. 24.8.1979 – GS 1/78, EzA § 66 ArbGG 1979 Nr. 1. | 11 Vgl. BGH v. 17.12.1991 – VI ZB 26/91, EzA § 66 ArbGG 1979 Nr. 16.

Da die Entscheidung über die Fristverlängerung **im richterlichen Ermessen** liegt und nach § 225 Abs. 3 ZPO unanfechtbar ist, sollte sich der Antragsteller vor Fristablauf bei Gericht erkundigen, ob der Antrag eingegangen und wie er beschieden worden ist. Wird die Verlängerung nämlich abgelehnt und die Berufung nicht mehr fristgerecht begründet, so ist sie als unzulässig zu verwerfen. Bei der Ausübung des Ermessens hat der Vorsitzende jedoch **Aspekte des Vertrauensschutzes** zu beachten. Kann der Antragsteller mit großer Wahrscheinlichkeit nach Maßgabe der höchstrichterlichen Rspr. mit einer Fristverlängerung rechnen, so ist ihm im Falle der überraschenden Ablehnung Wiedereinsetzung in den vorigen Stand zu gewähren[1]. Die Versagung der Wiedereinsetzung verletzt unter diesen Umständen das Gebot einer rechtsstaatlichen Verfahrensgestaltung[2]. Zweifelhaft ist insbesondere, ob ein **pauschal mit Arbeitsüberlastung** begründeter Antrag auf Fristverlängerung ein weiteres abgelehnt werden kann und mit einem Erfolg auch nicht gerechnet werden konnte[3]. Die Verfahrensfairness gebietet es in solchen Fällen, dem Antragsteller rechtliches Gehör zu gewähren und ihm Gelegenheit zur Substantiierung zu geben. Reicht die Zeit hierfür nicht mehr aus, bleibt die Möglichkeit einer kurzfristigen Verlängerung, damit die Berufungsbegründung doch noch fristgerecht vorgenommen werden kann.

Auch die **Dauer der einmaligen Fristverlängerung** liegt mangels gesetzlicher Vorgabe im Ermessen des Vorsitzenden. Dabei ist einerseits der arbeitsgerichtliche Beschleunigungsgrundsatz des § 9 Abs. 1 zu berücksichtigen, andererseits aber auch der Tatsache Rechnung zu tragen, dass je nach Belastung des Berufungsgerichts ein kurzfristiger Termin ohnehin nicht möglich ist. Es wäre widersinnig, eine Fristverlängerung nicht oder nur eingeschränkt zu gewähren, den Verhandlungstermin dann aber erst relativ spät anberaumen zu können. Angesichts der gesetzlich normierten Dauer von Berufungs- und Berufungsbeantwortungsfrist wird eine Fristverlängerung von **einem Monat** regelmäßig unbedenklich sein, ohne dass es sich dabei um eine Höchstfrist handelt[4]. Entscheidend sind vielmehr die Umstände des Einzelfalls, die etwa in Bestandsschutzstreitigkeiten gemäß § 64 Abs. 8 für eine restriktive, gelegentlich aber auch für eine großzügige Bemessung sprechen können.

IV. Berufungsbeantwortungsfrist. Im Unterschied zu § 521 Abs. 2 ZPO statuiert § 66 Abs. 1 Satz 3, dass die Berufung **innerhalb eines Monats** nach Zustellung der Berufungsbegründung beantwortet werden muss. Dadurch soll eine Konzentration und Beschleunigung des Berufungsverfahrens erreicht werden. Es handelt sich um eine besonders gestaltete Einlassungsfrist, mit der die allgemeine Regelung des § 274 Abs. 3 ZPO modifiziert wird. Das Berufungsgericht hat die Frist bei der Terminsbestimmung zu beachten. Wird bereits vor Ablauf der Beantwortungsfrist terminiert, so kann der Berufungsbeklagte Terminsverlegung beantragen, um die Frist ausschöpfen zu können. Erscheint er mit Rücksicht darauf in dem zunächst anberaumten Termin nicht, so darf kein Versäumnisurteil gegen ihn ergehen[5]. Allerdings kann im Einverständnis mit dem Berufungsbeklagten auch vor Ablauf der Frist verhandelt und entschieden werden. Dies entspricht § 295 ZPO.

Der Berufungsbeklagte ist mit der Zustellung der Berufungsbegründung **ausdrücklich** auf die Frist für die Berufungsbeantwortung **hinzuweisen**. Unterbleibt der Hinweis, so kann verspäteter Vortrag nicht nach § 67 Abs. 4 zurückgewiesen werden. In der Zurückweisung verspäteten Vorbringens liegt im Übrigen die einzige **Sanktion für die nicht oder nicht rechtzeitig erfolgte Berufungsbeantwortung**. Wegen der Einzelheiten wird auf die Erläuterungen zu § 67 verwiesen.

Auch die Berufungsbeantwortungsfrist kann **auf Antrag einmal verlängert** werden, und zwar nach gleicher Maßgabe wie die Berufungsbegründungsfrist, so dass auf die dazu gegebenen Hinweise Bezug genommen werden kann. Die Fristverlängerung wird **regelmäßig nicht mehr als einen Monat** betragen dürfen. Bei seiner Ermessensentscheidung sollte der Vorsitzende des Berufungsgerichts auch den Aspekt der prozessualen Gleichbehandlung der Parteien im Sinne eines fairen Verfahrens berücksichtigen.

Dieser Aspekt ist auch bei einer **Abkürzung der Frist im einstweiligen Verfügungsverfahren** zu beachten, die grundsätzlich zulässig ist, weil eine strikte Einhaltung der Beantwortungsfrist von einem Monat mit dem Zweck der Gewährleistung schnellen und effektiven Rechtsschutzes nicht zu vereinbaren wäre[6]. Wenn allerdings der Berufungskläger die Begründungsfrist voll ausschöpft, besteht in aller Regel keine Veranlassung, die Beantwortungsfrist abzukürzen. Über eine etwaige Abkürzung der **Einlassungs- und Ladungsfrist** hat der Vorsitzende im Einzelfall nach § 226 ZPO bei der Terminsbestimmung zu befinden, worüber die Parteien mit der Ladung zu unterrichten sind.

V. Verwerfung der Berufung. Wird die **Berufungsfrist oder** die – verlängerte – **Berufungsbegründungsfrist** versäumt, so ist die Berufung nach § 522 Abs. 1 ZPO als unzulässig zu verwerfen. Dies geschieht entweder durch **Prozessurteil** oder durch **Beschluss** ohne mündliche Verhandlung, der nach § 66 Abs. 2

---

1 BAG v. 4.2.1994 – 8 AZB 16/93, EzA § 66 ArbGG 1979 Nr. 17; v. 27.9.1994 – 2 AZB 18/94, EzA § 66 ArbGG 1979 Nr. 18. | 2 BVerfG v. 10.8.1998 – 1 BvR 10/98, NJW 1998, 3703; ferner BVerfG v. 12.1.2000 – 1 BvR 1621/99, NZA 2000, 556. | 3 Vgl. einerseits LAG Köln v. 9.9.1993 – 5 Sa 603/93, LAGE § 233 ZPO Nr. 15; andererseits BAG v. 4.2.1994 – 8 AZB 16/93, EzA § 66 ArbGG 1979 Nr. 17; ferner GK-ArbGG/*Vossen*, § 66 Rz. 116c mwN. | 4 Vgl. GK-ArbGG/*Vossen*, § 66 Rz. 116a. | 5 Vgl. GMPM/*Germelmann*, § 66 ArbGG Rz. 19. | 6 Vgl. LAG Berlin v. 20.5.1985 – 9 Sa 38/85, LAGE § 7 BUrlG Nr. 9.

22 Falls die Partei an der Versäumung der Fristen kein Verschulden trifft, kann ihr auf Antrag nach § 233 ZPO **Wiedereinsetzung in den vorigen Stand** gewährt werden. Mit Rücksicht darauf ist dem Berufungskläger vor einer beabsichtigten Verwerfung der Berufung als unzulässig **rechtliches Gehör** zu gewähren[2]. Begehrt er die Wiedereinsetzung, so muss er die versäumte Prozesshandlung, etwa die Berufungsbegründung, gemäß § 236 Abs. 2 ZPO innerhalb der Antragsfrist von zwei Wochen nachholen. Über den Antrag auf Wiedereinsetzung entscheidet das LAG in aller Regel zusammen mit der Hauptsache, also entweder in einem Verwerfungsbeschluss oder durch Urteil nach mündlicher Verhandlung. Zu den Wiedereinsetzungsgründen hat sich eine umfangreiche Kasuistik entwickelt, die vor allem in den Kommentierungen zur ZPO dokumentiert ist[3]. Übersieht das LAG die Fristversäumnis und entscheidet zur Sache, so kann die Berufung auch in der Revision noch als unzulässig verworfen werden[4].

§ 67 Zulassung neuer Angriffs- und Verteidigungsmittel

(1) Angriffs- und Verteidigungsmittel, die im ersten Rechtszug zu Recht zurückgewiesen worden sind, bleiben ausgeschlossen.

(2) Neue Angriffs- und Verteidigungsmittel, die im ersten Rechtszug entgegen einer hierfür nach § 56 Abs. 1 Satz 2 Nr. 1 oder § 61a Abs. 3 oder 4 gesetzten Frist nicht vorgebracht worden sind, sind nur zuzulassen, wenn nach der freien Überzeugung des Landesarbeitsgerichts ihre Zulassung die Erledigung des Rechtsstreits nicht verzögern würde oder wenn die Partei die Verspätung genügend entschuldigt. Der Entschuldigungsgrund ist auf Verlangen des Landesarbeitsgerichts glaubhaft zu machen.

(3) Neue Angriffs- und Verteidigungsmittel, die im ersten Rechtszug entgegen § 282 Abs. 1 der Zivilprozessordnung nicht rechtzeitig vorgebracht oder entgegen § 282 Abs. 2 der Zivilprozessordnung nicht rechtzeitig mitgeteilt worden sind, sind nur zuzulassen, wenn ihre Zulassung nach der freien Überzeugung des Landesarbeitsgerichts die Erledigung des Rechtsstreits nicht verzögern würde oder wenn die Partei das Vorbringen im ersten Rechtszug nicht aus grober Nachlässigkeit unterlassen hatte.

(4) Soweit das Vorbringen neuer Angriffs- und Verteidigungsmittel nach den Absätzen 2 und 3 zulässig ist, sind diese vom Berufungskläger in der Berufungsbegründung, vom Berufungsbeklagten in der Berufungsbeantwortung vorzubringen. Werden sie später vorgebracht, sind sie nur zuzulassen, wenn sie nach der Berufungsbegründung oder der Berufungsbeantwortung entstanden sind oder das verspätete Vorbringen nach der freien Überzeugung des Landesarbeitsgerichts die Erledigung des Rechtsstreits nicht verzögern würde oder nicht auf Verschulden der Partei beruht.

1 I. **Allgemeines.** Die aktuelle Fassung der Vorschrift beruht auf Art. 30 Nr. 9 ZPO-RG und behält für das arbeitsgerichtliche Berufungsverfahren inhaltlich die bisherige Regelung des § 67 über die Zulassung neuer Angriffs- und Verteidigungsmittel bei. Die Neufassung übernimmt in den Absätzen 1 und 3 den Regelungsgehalt der bisherigen Verweisung in § 67 Abs. 1 Satz 3 auf § 528 Abs. 2 und 3 ZPO aF, in den Absätzen 2 und 4 ebenfalls unverändert den Inhalt des bisherigen Abs. 1 Satz 1, 2 und des Abs. 2. Damit wird dem Umstand Rechnung getragen, dass die Berufung im arbeitsgerichtlichen Verfahren nach wie vor eine **volle Tatsacheninstanz** eröffnet und neuer Sachvortrag grundsätzlich bis zum Schluss der mündlichen Berufungsverhandlung zulässig ist. Daraus folgt auch die volle tatrichterliche Überprüfungskompetenz des LAG, die nicht etwa revisionsähnlich beschränkt ist (vgl. hierzu § 64 Rz. 50). Soweit nach näherer Maßgabe des § 67 die Möglichkeit der **Zurückweisung verspäteten Vorbringens** besteht, handelt es sich um eine zulässige Einschränkung des Anspruchs auf rechtliches Gehör[5]. Die fehlerhafte Anwendung der Vorschriften kann allerdings einen Grundrechtsverstoß darstellen, der mit der Verfassungsbeschwerde geltend gemacht werden kann[6].

2 II. **Präklusion nach Abs. 1.** Streitiger Sachvortrag, der im ersten Rechtszug zu Recht zurückgewiesen worden ist, bleibt auch in der 2. Instanz ausgeschlossen. **Der Ausschluss ist endgültig**, ohne dass es auf eine Verzögerung der Erledigung des Rechtsstreits vor dem LAG ankommt. Hat das ArbG den verspäteten Vortrag aber entgegen § 56 Abs. 2 oder § 61a Abs. 5 zugelassen, so ist auch das Berufungsgericht daran gebunden[7].

3 Die Anwendung der Vorschrift setzt voraus, dass **bereits das Arbeitsgericht** Angriffs- und Verteidigungsmittel nach § 56 Abs. 2, 61a Abs. 5, § 296 Abs. 2 ZPO iVm. § 282 ZPO oder § 340 Abs. 3 Satz 3 ZPO

---

1 Zur Bindungswirkung von Verwerfungsbeschlüssen BAG v. 21.8.2003 – 8 AZR 444/02, AP Nr. 9 zu § 318 ZPO. | 2 BAG v. 15.8.1989 – 8 AZR 557/88, EzA § 233 ZPO Nr. 11. | 3 Vgl. etwa Zöller/*Greger*, § 233 ZPO Rz. 23. | 4 BAG v. 27.6.2002 – 2 AZR 427/01, NZA 2003, 573. | 5 Vgl. dazu näher GK-ArbGG/*Vossen*, § 67 Rz. 14 ff. mwN. | 6 BVerfG v. 14.4.1987 – 1 BvR 162/84, NJW 1987, 2003; v. 26.1.1995 – 1 BvR 1068//93, EzA § 67 ArbGG 1979 Nr. 6. | 7 BVerfG v. 26.1.1995 – 1 BvR 1068//93, EzA § 67 ArbGG 1979 Nr. 6.

zurückgewiesen hat. Bleibt Vorbringen aus anderen Gründen unberücksichtigt, etwa weil es nach Auffassung des ArbG unschlüssig ist, so kann in der Sachvortrag nach § 67 Abs. 4 auch in der zweiten Instanz berücksichtigt werden[1]. Für eine rechtzeitig aufgestellte Behauptung können mit der Berufungsbegründung auch ohne weiteres neue Zeugen benannt werden, wenn das ArbG einen verspäteten Beweisantrag zurückgewiesen hat[2].

Eine Präklusion scheidet aus, wenn das erstinstanzliche Vorbringen unstreitig war oder in 2. Instanz unstreitig geworden ist[3]. **Unstreitiger Sachverhalt ist stets zu berücksichtigen**, weil das Gericht nicht gezwungen sein kann, bewusst eine unzutreffende Entscheidung zu fällen. Das muss auch für offenkundige Tatsachen nach § 291 ZPO gelten. 4

Das LAG hat in vollem Umfang zu überprüfen, ob die Zurückweisung des Vorbringens durch das ArbG **zu Recht** erfolgt ist. Es ist festzustellen, dass alle gesetzlichen Voraussetzungen für eine Zurückweisung vorlagen, also bei Berücksichtigung des Vorbringens eine Verzögerung des Rechtsstreits eingetreten wäre, die Verzögerung nicht durch prozessleitende Maßnahmen des Gerichts hätte verhindert werden können und die Partei die Verspätung ihres Vortrags nicht genügend entschuldigt hat. Die Entschuldigung kann ausnahmsweise im Berufungsverfahren nachgeholt werden, wenn das ArbG der Partei keine Gelegenheit zur Stellungnahme gegeben hat[4]. Hat ein Prozessbevollmächtigter eine richterliche Frist zur schriftsätzlichen Vorbereitung der mündlichen Verhandlung nach § 129 Abs. 2 ZPO nicht eingehalten, so kann verspätetes Vorbringen wegen **Verletzung der allgemeinen Prozessförderungspflicht** nach den §§ 282, 296 Abs. 2 ZPO zurückgewiesen werden mit der Folge, dass die Partei damit auch in der 2. Instanz ausgeschlossen bleibt[5]. Das LAG hat insbesondere in den Fällen der **Zurückweisung nach Fristsetzung** aufgrund der §§ 56 Abs. 2 und 61a Abs. 5 zu prüfen, ob überhaupt eine wirksame Fristsetzung vorgenommen wurde. Das setzt vor allem eine genaue Bezeichnung der klärungsbedürftigen Punkte voraus[6]. 5

III. Zurückweisung wegen Verletzung der konkreten Prozessförderungspflicht (Abs. 2). Die Zurückweisungsmöglichkeit betrifft Angriffs- und Verteidigungsmittel, die entgegen einer vom ArbG nach § 56 Abs. 1 Satz 2 Nr. 1 oder § 61a Abs. 3 oder 4 gesetzten Frist nicht vorgebracht worden sind und daher **erstmals im Berufungsverfahren** geltend gemacht werden. Es geht mit anderen Worten um eine Sanktion für erstinstanzliche Fristversäumung. Voraussetzung ist zunächst wiederum die Wirksamkeit der Fristsetzung, die nicht nur eine genaue Bezeichnung der klärungsbedürftigen Punkte, sondern auch eine Belehrung über die Folgen der Fristversäumung erfordert[7]. 6

Erfasst werden **neue Angriffs- und Verteidigungsmittel**, nicht unstreitiger Sachvortrag oder Rechtsausführungen. Es handelt sich nach § 282 Abs. 1 ZPO insbesondere um Behauptungen, Bestreiten, Einwendungen, Einreden, Beweismittel und Beweiseinreden. Davon zu unterscheiden ist der **Angriff selbst**, wie Klage und Widerklage, Klageerweiterung und Klageänderung. Letztere ist wie **Aufrechnungserklärung und Widerklage** nach § 533 ZPO im Berufungsverfahren nur zulässig, wenn der Gegner einwilligt oder das Gericht dies für sachdienlich hält. Im Zulassungsfall kann das zur Begründung notwendige Tatsachenvorbringen nicht nach Abs. 1 bis 3 zurückgewiesen werden[8]. 7

Eine Zurückweisung nach Abs. 2 setzt weiter voraus, dass die **Erledigung des Rechtsstreits** durch eine Zulassung der neuen Angriffs- und Verteidigungsmittel **verzögert** würde **und** die Partei die Verspätung **nicht genügend entschuldigt**. Wird dies vom LAG festgestellt, so ist das neue Vorbringen von Amts wegen zurückzuweisen. Ein Ermessen steht dem Gericht insoweit nicht zu. Der Partei, deren Vorbringen zurückgewiesen werden soll, muss schon wegen der Entschuldigungsmöglichkeit zuvor Gelegenheit zur Stellungnahme gegeben werden[9]. 8

Eine **Verzögerung des Rechtsstreits** liegt nach der herrschenden absoluten Theorie vor, wenn der Rechtsstreit bei der Zulassung des verspäteten Vorbringens länger dauern würde als bei seiner Zurückweisung, also insbesondere bei einer notwendig werdenden **Vertagung**[10]. Diese Situation kann auch dann eintreten, wenn die verspätet vortragende Partei zum Termin präsente Zeugen stellt und die überraschte Gegenpartei Vertagung zur Einräumung des rechtlichen Gehörs beantragt, um etwa Rücksprache halten oder Gegenzeugen anbieten zu können[11]. Stets erforderlich ist allerdings, dass die Verzögerung **allein von der Partei** zu vertreten ist. Sobald eine **Mitverursachung durch das Gericht oder das Verhalten Dritter**, welches der Partei nicht zugerechnet werden kann, hinzu kommt, scheidet eine Zurückweisung des verspäteten Vorbringens aus[12]. Daraus folgt für das Gericht die Obliegenheit, voraus- 9

---

1 Vgl. GMPM/*Germelmann*, § 67 ArbGG Rz. 21 mwN. | 2 Vgl. GK-ArbGG/*Vossen*, § 67 Rz. 23. | 3 BVerfG v. 7.10.1980 – 1 BvL 50/79, BVerfGE 55, 72, 84 ff. | 4 BVerfG v. 14.4.1987 – 1 BvR 162/84, NJW 1987, 2003. | 5 LAG Köln v. 10.7.1984 – 1 Sa 415/84, EzA § 528 ZPO Nr. 2. | 6 Vgl. LAG Nürnberg v. 18.12.1989 – 7 Sa 411/89, LAGE § 56 ArbGG 1979 Nr. 1; LAG Hamm v. 22.7.1982 – 8 Sa 734/82, EzA § 340 ZPO Nr. 2. | 7 BAG v. 19.6.1980 – 3 AZR 1177/79, EzA § 56 ArbGG 1979 Nr. 1; BGH v. 11.7.1985 – I ZR 145/83, NJW 1986, 133. | 8 Vgl. zur Prozessaufrechnung in der Berufungsinstanz LAG Berlin v. 11.4.2003 – 6 Sa 2262/02, juris. | 9 Vgl. BGH v. 10.5.1984 – III ZR 29/83, NJW 1984, 2039. | 10 Vgl. nur BGH v. 19.10.1988 – VIII ZR 298/87, NJW 1989, 719; LAG Sachs. v. 26.3.2003 – 2 Sa 466/02, juris; GK-ArbGG/*Vossen*, § 67 Rz. 40 mwN. | 11 Vgl. LAG Köln v. 2.6.1995 – 13 Sa 127/95, LAGE § 67 ArbGG 1979 Nr. 4. | 12 Vgl. LAG Köln v. 4.2.1988 – 8 Sa 173/87, LAGE § 528 ZPO Nr. 3; LAG Hamm v. 2.2.1995 – 4 Sa 1850/94, LAGE § 67 ArbGG 1979 Nr. 3.

ArbGG § 67 Rz. 10   Zulassung neuer Angriffs- und Verteidigungsmittel

schauend zu terminieren, damit notwendige Beweisaufnahmen bereits im ersten Termin durchgeführt werden können[1]. Hält sich der Aufklärungsbedarf in Grenzen, können und müssen Zeugen prozessleitend geladen werden, um eine Verzögerung zu vermeiden. Andererseits braucht das Gericht nicht eine umfangreiche Beweisaufnahme einzuplanen, die den normalen Sitzungsablauf sprengen würde[2].

10   Auch wenn eine Verzögerung des Rechtsstreits stattfindet, ist das neue Vorbringen zuzulassen, wenn die Partei die Verspätung **genügend entschuldigt**. Der Entschuldigungsgrund ist nach Abs. 2 Satz 2 auf Verlangen des LAG glaubhaft zu machen. Erst die **kumulative Feststellung** der Verzögerung der Rechtsstreits und des Verschuldens der Partei bzw. Ihres Vertreters erlaubt die Zurückweisung des verspäteten Vorbringens.

11   **IV. Zurückweisung bei Verstößen gegen die allgemeine Prozessförderungspflicht (Abs. 3).** Der Regelungsgehalt des Abs. 3 entspricht der früheren Verweisung auf § 528 Abs. 2 ZPO aF. Eine Verletzung der allgemeinen Prozessförderungspflicht kommt insbesondere dann in Betracht, wenn richterliche Fristen missachtet worden sind, die nicht von § 67 Abs. 2 Satz 1 erfasst werden oder die dort genannten Fristsetzungen unwirksam sind. Nach § 282 Abs. 1 ZPO hat jede Partei in der mündlichen Verhandlung ihre Angriffs- und Verteidigungsmittel so zeitig vorzubringen, wie es nach der Prozesslage einer sorgfältigen und auf Förderung des Verfahrens bedachten Prozessführung entspricht. Nach § 282 Abs. 2 ZPO sind Anträge sowie Angriffs- und Verteidigungsmittel, auf die der Gegner voraussichtlich ohne vorhergehende Erkundigung keine Erklärung abgeben kann, vor der mündlichen Verhandlung durch vorbereitenden Schriftsatz so zeitig mitzuteilen, dass der Gegner die erforderliche Erkundigung noch einziehen vermag. Zwar gilt dieses Gebot der Rechtzeitigkeit vorbereitender Schriftsätze grundsätzlich nur im Anwaltsprozess. Jedoch kann auch das ArbG im Parteiprozess den Parteien aufgeben, die mündliche Verhandlung vor der Kammer durch Schriftsätze vorzubereiten (§ 129 Abs. 2 ZPO iVm. § 46 Abs. 2 Satz 1). Macht das ArbG davon Gebrauch, zumeist nach erfolglosem Güteversuch, so **kann** es verspätetes Vorbringen nach Maßgabe des § 296 Abs. 2 ZPO zurückweisen[3].

12   Ist die Partei ihrer allgemeinen Prozessförderungspflicht im erstinstanzlichen Verfahren nicht nachgekommen, sondern trägt sie ihre neuen Angriffs- und Verteidigungsmittel im Berufungsverfahren **erstmals** vor, so sind diese **nur zuzulassen**, wenn ihre Zulassung nach der freien Überzeugung des LAG die Erledigung des Rechtsstreits **nicht verzögern** würde **oder** wenn die Partei das Vorbringen im ersten Rechtszug **nicht aus grober Nachlässigkeit** unterlassen hat. Die Verzögerung bezieht sich allein auf das Berufungsverfahren. Die Beurteilungskriterien sind dieselben wie bei Abs. 2 Satz 1, so dass auf die dortigen Ausführungen verwiesen werden kann.

13   Ein grob nachlässiger Verstoß gegen die allgemeine Prozessförderungspflicht, der eine Zulassung des verspäteten Vortrags ausschließt, liegt vor, wenn die Partei oder ihr Vertreter die prozessuale Sorgfalt **in ungewöhnlich großem Maße** verletzt und dasjenige unbeachtet gelassen hat, was jedem, der einen Prozess führt, hätte einleuchten müssen[4]. Das ist zB bejaht worden in einem Fall, in dem die Partei entgegen einer Auflage im Gütetermin, bis zwei Monate vor dem Kammertermin die Kündigungsgründe näher darzulegen, erst drei Arbeitstage vor dem Termin einen umfangreichen Schriftsatz ohne eine nachvollziehbare Entschuldigung eingereicht hat[5]. Eine grobe Nachlässigkeit scheidet regelmäßig aus, wenn die Verspätung durch Fehler des Gerichts mitverursacht wurde, etwa durch unterbliebene Hinweise nach § 139 ZPO oder unrichtige Rechtsausführungen[6].

14   Kann eine grobe Nachlässigkeit nicht festgestellt werden, so ist der neue Sachvortrag selbst dann zuzulassen, wenn hierdurch der Berufungsrechtsstreit verzögert wird. Die Entscheidung über die Zulassung oder Zurückweisung des Vorbringens ist in dem abschließenden Urteil zu treffen und zu begründen. Obsiegt die Partei aufgrund des neuen Vorbringens, können ihr nach § 97 Abs. 2 ZPO die Kosten des Rechtsmittelverfahrens ganz oder teilweise auferlegt werden.

15   **V. Prozessförderungspflicht in der Berufungsinstanz (Abs. 4).** Soweit das Vorbringen neuer Angriffs- und Verteidigungsmittel nach den Absätzen 2 und 3 zulässig ist, sind diese vom Berufungskläger **in der Berufungsbegründung** und vom Berufungsbeklagten **in der Berufungsbeantwortung** vorzubringen. Einer besonderen Fristsetzung durch das LAG bedarf es nicht, weil sich die einzuhaltenden Fristen – abgesehen von einer möglichen Verlängerung – nach § 66 Abs. 1 unmittelbar aus dem Gesetz ergeben. Die Regelung bezweckt eine **Konzentration des Berufungsverfahrens**, so dass die Parteien mit verspätetem Vortrag außerhalb der vorbereitenden Schriftsätze grundsätzlich ausgeschlossen sind.

16   Von diesem Grundsatz lässt Abs. 4 Satz 2 nur drei **Ausnahmen** zu:

- Neue Angriffs- und Verteidigungsmittel sind **erst nach** der Berufungsbegründung oder der Berufungsbeantwortung **entstanden**.
- Die Berücksichtigung des verspäteten Vorbringens bewirkt **keine Verzögerung** des Verfahrens.

---

[1] Vgl. BVerfG v. 26.8.1988 – 2 BvR 1437/87, NJW 1989, 706. | [2] Vgl. BGH v. 18.5.1999 – X ZR 105/96, NJW 1999, 3272. | [3] Vgl. LAG Köln v. 10.7.1984 – 1 Sa 415/84, EzA § 528 ZPO Nr. 2. | [4] BGH v. 24.9.1986 – VIII ZR 255/85, NJW 1987, 501. | [5] LAG Köln v. 10.7.1984 – 1 Sa 415/84, EzA § 528 ZPO Nr. 2. | [6] Vgl. GK-ArbGG/*Vossen* § 67 Rz. 65.

- An der Verspätung des Vorbringens trifft die Partei **kein Verschulden**.

Für die Frage, ob neue Angriffs- und Verteidigungsmittel nach Berufungsbegründung oder -beantwortung entstanden sind, ist auf den **Zeitpunkt des Eingangs der Schriftsätze** beim LAG abzustellen. Danach entstanden sind auch Tatsachen, die auf der **Ausübung eines Gestaltungsrechts** der Partei beruhen, zB die Erklärung der Anfechtung oder Kündigung. Das entsprechende Vorbringen ist auch dann zuzulassen, wenn es zu einer Verzögerung der Erledigung des Rechtsstreits führt. Gleiches gilt kraft ausdrücklicher gesetzlicher Anordnung für den **Auflösungsantrag nach § 9 Abs. 1 KSchG**, der von jeder Partei bis zum Schluss der letzten mündlichen Verhandlung in der Berufungsinstanz gestellt werden kann. Die Antragstellung ist selbst dann zulässig, wenn die Verhandlung daraufhin wegen einer notwendigen Beweisaufnahme zur Klärung der Begründetheit vertagt werden muss. 17

Bereits früher entstandene Angriffs- und Verteidigungsmittel sind trotz Verspätung dann zu berücksichtigen, wenn dadurch die Erledigung des Rechtsstreits vor dem Berufungsgericht **nicht verzögert** wird. Es gelten an sich dieselben Grundsätze wie bei Abs. 2 Satz 1. Zu beachten ist allerdings, dass das LAG in aller Regel den **Verhandlungstermin bereits anberaumt** haben wird und dann ergänzend prüfen muss, ob der verspätete Vortrag noch durch zumutbare prozessleitende Maßnahmen des Vorsitzenden einbezogen werden kann, indem etwa noch Zeugen zum Termin geladen werden. Solche ergänzenden Maßnahmen werden umso eher zumutbar sein, je mehr Zeit bis zum Verhandlungstermin verbleibt. Zu unangemessenen Eilanordnungen und unvorhersehbar umfangreichen Beweisaufnahmen ist das Gericht aber nicht verpflichtet. Nach der Antiminierung kann es mit Rücksicht auf die Terminslage im Einzelfall ausgeschlossen sein, vorbereitend noch Beweisanordnungen zur Abwendung von Verfahrensverzögerungen zu treffen[1]. Das LAG entscheidet über die Zulassung des verspäteten Vorbringens im Hinblick auf den Nichteintritt einer Verzögerung nach seiner freien Überzeugung. 18

Nach der Berufungsbegründung und -beantwortung erstmals vorgebrachte Angriffs- und Verteidigungsmittel sind schließlich auch dann zuzulassen, wenn das verspätete Vorbringen nach der freien Überzeugung des LAG nicht auf einem Verschulden der Partei beruht. Schädlich ist im Unterschied zu Abs. 3 bereits **leichte Fahrlässigkeit**. Dabei muss sich die Partei auch das Verschulden ihres Prozessvertreters gemäß § 85 Abs. 2 ZPO zurechnen lassen. 19

67a (aufgehoben)

68 Zurückverweisung
Wegen eines Mangels im Verfahren des Arbeitsgerichts ist die Zurückverweisung unzulässig.

I. Verbot der Zurückweisung wegen eines Verfahrensmangels. Im Unterschied zu § 538 Abs. 2 Satz 1 Nr. 1 ZPO untersagt § 68 für das arbeitsgerichtliche Verfahren eine Zurückverweisung wegen eines Verfahrensmangels erster Instanz. Damit wird dem Grundsatz der **Verfahrensbeschleunigung**, wie er in § 9 Abs. 1 Satz 1 verankert ist, in besonderer Weise Rechnung getragen. Das LAG hat als **zweite Tatsacheninstanz** die notwendigen Beweise zu erheben und in der Sache selbst zu entscheiden. 1

Eine Zurückverweisung ist **auch bei schwersten Verfahrensfehlern** unzulässig. Das Verbot gilt selbst bei Verstößen gegen verfassungsrechtliche Grundsätze wie den des gesetzlichen Richters nach Art. 101 Abs. 1 Satz 1 GG oder den des rechtlichen Gehörs nach Art. 103 Abs. 1 GG. So rechtfertigt weder die falsche Besetzung der Richterbank noch eine Überraschungsentscheidung die Zurückverweisung des Rechtsstreits an das ArbG[2]. Auch eine Tenorierung, die über den gestellten Antrag hinausgeht, oder die Urteilsunterzeichnung durch einen dazu nicht mehr befugten Richter[3] oder das Fehlen von Entscheidungsgründen sind schwerste Fehler, die eine Zurückverweisung gleichwohl ausschließen. Um ein Urteil ohne Entscheidungsgründe handelt es sich auch, wenn das – arbeitsgerichtliche – Urteil nicht innerhalb von fünf Monaten nach seiner Verkündung vollständig abgefasst und von den beteiligten Richtern unterschrieben wurde[4]. Da eine Zurückverweisung ausscheidet, hat das LAG selbst die notwendige Sachaufklärung zu betreiben und in der Sache abschließend zu entscheiden[5]. 2

II. Ausnahmen bei nicht korrigierbaren Verfahrensmängeln. Das Verbot der Zurückverweisung greift **ausnahmsweise** dann nicht ein, wenn der Verfahrensverstoß im Berufungsverfahren **nicht mehr korrigiert** werden kann. Das ist insbesondere dann der Fall, wenn das ArbG den Antrag auf nachträgliche Zulassung im Kündigungsschutzprozess nicht vorab beschieden, sondern sofort zur Hauptsache erkannt hat. Dem LAG bleibt dann nur der Weg, das Urteil der 1. Instanz aufzuheben und den Rechtsstreit zur erneuten 3

---

[1] Vgl. BVerfG 26.8.1988 – 2 BvR 1437/87, NJW 1989, 706; GK-ArbGG/Vossen, § 67 Rz. 73. |[2] Vgl. BAG v. 13.9.1995 – 2 AZR 855/94, EzA § 66 ArbGG 1979 Nr. 22; LAG Hamm v. 22.7.1987 – 12 TaBV 30/87, LAGE § 80 BetrVG 1972 Nr. 6; LAG Köln v. 21.2.2003 – 4 Sa 1054/02, juris. |[3] LAG Sachs. v. 10.11.1999 – 2 Sa 265/99, NZA-RR 2000, 609, 610. |[4] Vgl. BAG v. 13.9.1995 – 2 AZR 855/94, EzA § 66 ArbGG 1979 Nr. 22. |[5] BAG v. 24.4.1996 – 5 AZN 970/95, EzA § 68 ArbGG 1979 Nr. 2; v. 8.6.2000 – 2 AZR 584/99, EzA § 9 ArbGG 1979 Nr. 15.

Verhandlung und Entscheidung – zunächst über den **Hilfsantrag auf nachträgliche Zulassung der Kündigungsschutzklage** – an das ArbG zurückzuverweisen[1]. Das gilt auch, wenn das LAG entgegen der Auffassung des ArbG eine Fristversäumung iSd. § 5 Abs. 1 KSchG bejaht oder der Hilfsantrag erst in der Berufungsinstanz gestellt wird[2].

4   Eine Zurückverweisung scheidet dagegen aus, wenn das ArbG formfehlerhaft gleichzeitig über den Zulassungsantrag und den Kündigungsschutzantrag durch Urteil entschieden hat. Auf die Berufung ist das weitere Verfahren zu trennen und – soweit es den Antrag auf nachträgliche Zulassung betrifft – als sofortige Beschwerde zu behandeln, über die durch Beschluss zu entscheiden ist. Erst danach kann über die Berufung zur Hauptsache durch Urteil entschieden werden[3].

5   Ein nicht korrigierbarer Verfahrensmangel, der eine Zurückverweisung ausnahmsweise zulässt, liegt nach herrschender Meinung auch dann vor, wenn das ArbG den ArbN entgegen **§ 6 Satz 2 KSchG** nicht darauf hinweist, dass er bei an sich rechtzeitig erhobener Klage noch den Kündigungsschutz geltend machen kann[4]. Nach anderer Auffassung soll sich der ArbN auch noch in der Berufungsinstanz auf die Sozialwidrigkeit der Kündigung berufen können[5]. Dies widerspricht allerdings der eindeutigen Fassung des § 6 Satz 1 KSchG.

6   **III. Zurückverweisung wegen nicht vollständiger Entscheidung des Arbeitsgerichts.** Hat das ArbG nicht oder nicht umfassend sachlich entschieden, darf eine weitere Verhandlung in der ersten Instanz stattfinden, wenn eine Partei dies beantragt. Dies folgt aus der entsprechenden Anwendung des **§ 538 Abs. 2 Nr. 2 bis 7 ZPO** nach § 64 Abs. 6 Satz 1, die durch § 68 nicht ausgeschlossen wird[6]. Da es im Arbeitsgerichtsverfahren keinen Urkunden- und Wechselprozess gibt und Grundurteile keiner selbständigen Anfechtung unterliegen, scheidet die Anwendung des § 538 Abs. 2 Nr. 4 und 5 ZPO allerdings grundsätzlich aus. Im Sonderfall der **Stufenklage** wird gleichwohl analog § 538 Abs. 2 Nr. 4 ZPO eine Zurückverweisung für zulässig gehalten, wenn nach Abweisung der Klage durch das ArbG zweitinstanzlich auf der ersten Stufe eine Verurteilung zur Auskunft erfolgt ist[7].

7   Ob das Berufungsgericht statt eigener Sachentscheidung die Zurückverweisung wählt, steht bei Vorliegen der sonstigen Voraussetzungen – Eingreifen einer Fallgruppe, Antrag einer Partei – in seinem Ermessen. Allerdings ist zu beachten, dass durch die Neufassung des § 538 ZPO die **eigene Sachentscheidung künftig die Regel ist**[8]. Ermessensfehlerhaft wäre eine Zurückverweisung wegen des Beschleunigungsgebots dann, wenn die Sache spruchreif ist. Im Einzelnen handelt es sich um folgende Zurückverweisungstatbestände:

8   **1. Verwerfung eines Einspruchs als unzulässig (§ 538 Abs. 2 Nr. 2 ZPO).** Erachtet das LAG den Einspruch für zulässig, dann darf **auf Antrag** zurückverwiesen werden, damit in 1. Instanz zur Sache verhandelt werden kann. Andernfalls ist die Berufung zurückzuweisen.

9   **2. Entscheidung nur über die Zulässigkeit der Klage (§ 538 Abs. 2 Nr. 3 ZPO).** Eine Zurückverweisung ist ferner möglich, wenn das ArbG nur über die Zulässigkeit der Klage entschieden hat, also die Klage als unzulässig abgewiesen wurde. Dies muss der tragende Entscheidungsgrund gewesen sein. Eine materiellrechtliche Hilfsbegründung steht der Zurückverweisung folglich nicht entgegen[9]. Die entsprechende Anwendung dieser Vorschrift ist mangels Sachentscheidung des ArbG auch geboten, wenn dieses den Fortgang des Verfahrens mit Hinweis auf die Wirksamkeit eines Prozessvergleichs, etwa wegen verspäteten Widerrufs, abgelehnt hat[10] oder zu Unrecht von einer wirksamen Klagerücknahme ausgegangen ist und deshalb die Klage abgewiesen hat[11].

10 **3. Zweites Versäumnisurteil nach § 345 ZPO (§ 538 Abs. 2 Nr. 6 ZPO).** Diese Zurückverweisungsmöglichkeit bezieht sich nur auf wirkliche Versäumnisurteile nach § 514 Abs. 2 ZPO, erfasst also nicht das unechte Versäumnisurteil des § 331 Abs. 2 ZPO. Erachtet das LAG einen Fall der **Versäumung nicht für gegeben**, so darf es den Rechtsstreit auf Antrag einer Partei an das ArbG zurückverweisen, weil auch in diesem Fall eine Sachentscheidung nicht stattgefunden hat. Beim **Anerkenntnisurteil trotz fehlenden Anerkenntnisses** kann entsprechend verfahren werden[12].

11 **4. Unzulässiges Teilurteil (§ 538 Abs. 2 Nr. 7 ZPO).** Eine Zurückverweisung kommt schließlich, wie nunmehr ausdrücklich gesetzlich geregelt, beim unzulässigen **Teilurteil** in Betracht. Nach § 301 ZPO dürfen Teilurteile nur ergehen, wenn das Streitverhältnis teilbar ist. Das ist bei einer **Kündigungsschutzklage nebst Auflösungsantrag** nicht der Fall, so dass nicht etwa getrennt durch Teilurteil über die Rechts-

---

1 Vgl. LAG Nürnberg v. 19.9.1995 – 2 Sa 203/95, LAGE § 5 KSchG Nr. 72; LAG Bdb. v. 13.6.1996 – 7 Sa 461/95, LAGE § 5 KSchG Nr. 77; LAG Köln v. 19.10.2000 – 10 Sa 342/00, MDR 2001, 517. | 2 Vgl. GMPM/*Germelmann*, § 68 ArbGG Rz. 5; GK-ArbGG/*Vossen*, § 68 Rz. 14 mwN. | 3 Vgl. BAG v. 14.10.1982 – 2 AZR 570/80, EzA § 5 KSchG Nr. 19. | 4 Vgl. GK-ArbGG/*Vossen*, § 68 Rz. 16; GMPM/*Germelmann*, § 68 ArbGG Rz. 6a. | 5 ErfK/*Ascheid*, § 6 KSchG Rz. 8. | 6 Vgl. nur GMPM/*Germelmann*, § 68 ArbGG Rz. 8 mwN. | 7 BAG v. 21.11.2000 – 9 AZR 665/99, EzA § 242 BGB – Auskunftspflicht Nr. 6; LAG Köln v. 11.8.1992 – 4 Sa 470/91, NZA 1993, 864; dazu ferner Zöller/*Gummer*, § 538 ZPO Rz. 48 mwN. | 8 Vgl. Zöller/*Gummer*, § 538 ZPO Rz. 2. | 9 Vgl. Zöller/*Gummer*, § 538 ZPO Rz. 37. | 10 BAG v. 18.7.1969 – 2 AZR 498/68, AP Nr. 17 zu § 794 ZPO. | 11 LAG Köln v. 24.10.2002 – 5 Sa 668/02, juris. | 12 OLG München v. 23.10.1990 – 5 U 3462/90, MDR 1991, 795; Zöller/*Gummer*, § 538 ZPO Rz. 54 mwN.

unwirksamkeit der Kündigung und durch Schlussurteil über die Auflösung befunden werden kann[1]. Entscheidet das ArbG nicht gleichzeitig über beide Anträge, muss in aller Regel zurückverwiesen werden.

Die Zurückverweisungsmöglichkeit soll der Gefahr vorbeugen, dass im Instanzenzug sachlich widersprechende Entscheidungen ergehen. Im Unterschied zu den anderen Fallgruppen ist daher auch nach dem ZPO-RG hier ein **Antrag der Partei nicht erforderlich**. Ausnahmsweise kann das Berufungsgericht zur Vermeidung divergierender Entscheidungen den beim ArbG anhängig gebliebenen Teil des Rechtsstreits an sich ziehen und dann gemäß § 538 Abs. 1 ZPO einheitlich entscheiden[2].

69 Urteil

(1) Das Urteil nebst Tatbestand und Entscheidungsgründen ist von sämtlichen Mitgliedern der Kammer zu unterschreiben. § 60 Abs. 1 bis 3 und Abs. 4 Satz 2 bis 4 ist entsprechend mit der Maßgabe anzuwenden, dass die Frist nach Absatz 4 Satz 3 vier Wochen beträgt und im Falle des Absatzes 4 Satz 4 Tatbestand und Entscheidungsgründe von sämtlichen Mitgliedern der Kammer zu unterschreiben sind.

(2) Im Urteil kann von der Darstellung des Tatbestandes und, soweit das Berufungsgericht den Gründen der angefochtenen Entscheidung folgt und dies in seinem Urteil feststellt, auch von der Darstellung der Entscheidungsgründe abgesehen werden.

(3) Ist gegen das Urteil die Revision statthaft, so soll der Tatbestand eine gedrängte Darstellung des Sach- und Streitstandes auf der Grundlage der mündlichen Vorträge der Parteien enthalten. Eine Bezugnahme auf das angefochtene Urteil sowie auf Schriftsätze, Protokolle und andere Unterlagen ist zulässig, soweit hierdurch die Beurteilung des Parteivorbringens durch das Revisionsgericht nicht wesentlich erschwert wird.

(4) § 540 Abs. 1 der Zivilprozessordnung findet keine Anwendung. § 313a Abs. 1 Satz 2 der Zivilprozessordnung findet mit der Maßgabe entsprechende Anwendung, dass es keiner Entscheidungsgründe bedarf, wenn die Parteien auf sie verzichtet haben; im Übrigen sind die §§ 313a und 313b der Zivilprozessordnung entsprechend anwendbar.

I. Zur Neufassung der Vorschrift durch das ZPO-RG. Durch Art. 30 Nr. 9a ZPO-RG sind der Vorschrift mit Wirkung vom 1.1.2002 die Absätze 2 bis 4 hinzugefügt worden. Anlass hierfür war die völlige Neugestaltung des § 540 ZPO, dessen Übernahme in das arbeitsgerichtliche Verfahren wegen der Besonderheiten vor allem im Hinblick auf die Beteiligung der ehrenamtlichen Richter nicht möglich war[3]. Mit der Neufassung des § 69 bleibt die **bisherige Rechtslage im Wesentlichen erhalten**: Die hinzugefügten Absätze 2 und 3 entsprechen bis auf eine kleine sprachliche Änderung wörtlich § 543 Abs. 1 und 2 ZPO aF, der bisher kraft Verweisung nach § 64 Abs. 6 Satz 1 Anwendung fand. Auch die bisher schon über § 523 ZPO aF anwendbaren §§ 313a aF, 313b ZPO sind gemäß Abs. 4 Satz 2 mit einer Maßgabe in Bezug auf § 313a Abs. 1 Satz 2 ZPO weiter entsprechend anwendbar. Schließlich stellt Abs. 4 Satz 1 klar, dass § 540 Abs. 1 ZPO, der eine gänzlich neue Form für das Berufungsurteil in Zivilsachen vorsieht, keine Anwendung findet.

II. Unterschriften der Richter und Verkündung (Abs. 1). Im Unterschied zum Urteil des ArbG ist das vollständige Berufungsurteil von allen Mitgliedern der Kammer des LAG zu unterschreiben. Damit wird der besonderen Bedeutung der in aller Regel abschließenden Entscheidung des arbeitsgerichtlichen Streitverfahrens in zweiter Instanz Rechnung getragen. Die mitwirkenden Richter, also **auch die ehrenamtlichen Richter**, haben die Unterschrift mit vollem Familiennamen zu leisten. Bei Meinungsverschiedenheiten über die Begründung ist nach näherer Maßgabe der entsprechend anwendbaren §§ 192 bis 197 GVG zu verfahren und im Einzelnen abzustimmen. Auch der etwa **überstimmte Richter** ist zur Unterschrift verpflichtet, weil durch sie nur bestätigt wird, dass die Urteilsgründe mit dem Ergebnis der Beratung übereinstimmen[4].

Eine fehlende Unterschrift kann jederzeit **nachgeholt** werden. Das Urteil muss dann allerdings erneut zugestellt werden[5].

Bei **Verhinderung eines Richters an der Unterschriftsleistung** ist dies nach § 64 Abs. 6 Satz 1 ArbGG in Verbindung mit §§ 315 Abs. 1 Satz 2, 525 Satz 1 ZPO unter Angabe des Verhinderungsgrundes von dem Vorsitzenden und bei dessen Verhinderung von dem ältesten beisitzenden Richter unter dem Urteil zu vermerken. Nur **triftige Gründe** wie beispielsweise das Ausscheiden eines Richters, längere Erkrankung oder berufliche Ortsabwesenheit kommen in Betracht. Kurzfristige Verhinderungen reichen dagegen nicht aus[6]. Weigert sich ein ehrenamtlicher Richter pflichtwidrig, eine getroffene Entscheidung zu unterschreiben, so liegt auch darin ein zureichender Ersetzungsgrund[7], der vom Vorsitzenden zu vermerken ist. Zu beachten ist, dass jeweils nur eine Unterschrift nach § 315 Abs. 1 Satz 2 ZPO ersetzt werden kann.

---

1 Vgl. BAG v. 4.4.1957 – 2 AZR 456/54, AP Nr. 1 zu § 301 ZPO; LAG Rh.-Pf. v. 10.7.1997 – 11 Sa 1144/96, LAGE § 68 ArbGG 1979 Nr. 4; LAG Köln v. 25.4.1997 – 11 Sa 1395/96, MDR 1997, 1132. | 2 Vgl. Zöller/*Gummer*, § 538 ZPO Rz. 55. | 3 Vgl. BT-Drs. 14/6036, S. 126. | 4 Vgl. Zöller/*Gummer*, § 195 GVG Rz. 1. | 5 LAG Köln v. 23.2.1988 – 6 Ta 28/88, BB 1988, 768. | 6 BAG v. 17.8.1999 – 3 AZR 526/97, EzA § 69 ArbGG 1979 Nr. 2. | 7 Vgl. GMPM/*Germelmann*, § 69 ArbGG Rz. 8.

5 Auch wenn das Unterschriftenerfordernis nur für das vollständig abgesetzte Urteil gilt, so hat sich doch die **Praxis** herausgebildet, bereits den zu verkündenden **Tenor der Entscheidung** durch die mitwirkenden Richter unterschreiben zu lassen. Darin kommt zum Ausdruck, dass ein bestimmtes Urteil beraten und in aller Regel auch verkündet worden ist. Diese Praxis erleichtert zudem die **Herstellung einer vollstreckbaren Kurzausfertigung des Urteils**, die nach § 317 Abs. 2 ZPO die Unterschrift der Richter voraussetzt.

6 Für die **Verkündung des Berufungsurteils** gilt § 60 Abs. 1 bis 3 entsprechend. Insbesondere ist die Anwesenheit der ehrenamtlichen Richter nicht erforderlich, wenn die Urteilsformel vorher von ihnen mit unterschrieben worden ist. Auch unter diesem Aspekt hat sich die Praxis der Unterzeichnung bereits des Urteilstenors nach Abschluss der Beratung bewährt. Die Nichteinhaltung der Verkündungsfrist nach § 60 Abs. 1 und der Umstand, dass das Urteil bei der Verkündung entgegen § 60 Abs. 4 Satz 2 nicht in vollständiger Form abgefasst ist, führen nicht zur Unwirksamkeit der Verkündung, weil lediglich Ordnungsvorschriften betroffen sind[1].

7 Die Frist zur vollständigen **Abfassung** des verkündeten Urteils beträgt abweichend von § 60 Abs. 4 Satz 3 **vier Wochen**. Es handelt sich um eine Ordnungsvorschrift, deren Verletzung auf die Wirksamkeit der verkündeten Entscheidung keinen Einfluss hat. Kann sie im Einzelfall nicht eingehalten werden, muss nach § 60 Abs. 4 Satz 3 sichergestellt werden, dass das unterschriebene Urteil ohne Tatbestand und Entscheidungsgründe innerhalb der Frist der Geschäftsstelle übergeben wird. Diesem Erfordernis wird bereits mit dem regelmäßig vorliegenden, von allen Richtern unterschriebenen Urteilstenor Rechnung getragen. Zu beachten ist aber, dass auch ein Berufungsurteil, das nicht innerhalb von **fünf Monaten** nach der Verkündung in vollständiger Form unterschrieben der Geschäftsstelle übergeben wird, als nicht mit Gründen versehen gilt. Da mit Überschreiten dieser Frist endgültig feststeht, dass eine rechtsstaatlich unbedenkliche Begründung durch das LAG nicht mehr erfolgen kann und damit auch eine Nichtzulassungsbeschwerde verhindert wird, beginnt die Frist zur Einlegung einer **Verfassungsbeschwerde** zu diesem Zeitpunkt[2].

8 III. Entbehrlichkeit bzw. Kurzfassung von Tatbestand und Entscheidungsgründen (Abs. 2 bis 4). Nach Abs. 2, der dem **§ 543 Abs. 1 ZPO aF** entspricht, kann von der Darstellung des Tatbestandes und, soweit das Berufungsgericht der angefochtenen Entscheidung folgt und dies ausdrücklich feststellt, auch von der Darstellung der Entscheidungsgründe abgesehen werden. Von dieser **Möglichkeit der erleichterten Urteilsabfassung** wird das LAG in der Regel nur dann Gebrauch machen, wenn in 2. Instanz nichts wesentlich Neues vorgetragen wurde und daher ohne weiteres der Tatbestand des arbeitsgerichtlichen Urteils zugrunde gelegt werden kann.

9 Ist allerdings gegen das Urteil – aufgrund entsprechender Zulassung durch das LAG – die **Revision statthaft**, so soll nach Abs. 3 Satz 1, der dem **§ 543 Abs. 2 Satz 1 ZPO aF** entspricht, der Tatbestand eine **gedrängte Darstellung des Sach- und Streitstandes** auf der Grundlage der mündlichen Vorträge der Parteien enthalten. Eine Bezugnahme auf das angefochtene Urteil sowie auf bestimmte Akteninhalte ist nach Abs. 3 Satz 2 zulässig, soweit hierdurch die Beurteilung des Parteivorbringens durch das Revisionsgericht nicht wesentlich erschwert wird. Die **Bezugnahme** auf den Tatbestand des arbeitsgerichtlichen Urteils ist danach erlaubt, wenn der Sachverhalt unstreitig ist, in 2. Instanz keine neuen Tatsachen vorgetragen worden sind und lediglich um Rechtsfragen gestritten wird[3].

10 Eine Unsicherheit hinsichtlich der zulässigen Verfahrensweise besteht wegen der Möglichkeit der **Nichtzulassungsbeschwerde**. Die Revision findet nämlich auch dann im Sinne des Abs. 3 Satz 1 statt, wenn sie erst vom BAG durch Beschluss nach § 72a Abs. 5 zugelassen worden ist. In einem solchen Fall ist das Berufungsurteil **ohne Tatbestand** von Amts wegen **aufzuheben** und der Rechtsstreit an das **LAG zurückzuverweisen**[4]. Das Urteil muss also bei statthafter Revision zumindest einen durch Bezugnahme auf das arbeitsgerichtliche Urteil feststellbaren Tatbestand enthalten. Eine schlichte Bezugnahme wird in aller Regel nicht ausreichen, weil sie die Fortentwicklung des Sach- und Streitstandes in der Berufungsinstanz unberücksichtigt lässt[5]. Enthält das Berufungsurteil nur wörtliche Zitate aus den Gründen des arbeitsgerichtlichen Urteils in einem Parallelfall und die Wertung, diese seien auf den Streitfall übertragbar, so ist das Urteil im Sinne des § 547 Nr. 6 ZPO nicht mit Gründen versehen[6]. Das LAG kann aber nach Abs. 2 von der Darstellung der Entscheidungsgründe auch bei revisiblen Urteilen absehen, wenn es den Gründen der angefochtenen Entscheidung folgt und dies ausdrücklich feststellt[7].

11 Ein völliges **Absehen von Tatbestand und Entscheidungsgründen** ist nach § 313a Abs. 1 ZPO nur zulässig, wenn ein **Rechtsmittel** gegen das Berufungsurteil **unzweifelhaft nicht eingelegt werden kann und die Parteien auf die Begründung** spätestens binnen einer Woche nach dem Schluss der mündlichen Verhand-

---

1 Vgl. BAG v. 16.5.2002 – 8 AZR 412/01, MDR 2003, 47. | 2 BVerfG v. 26.3.2001 – 1 BvR 383/00, NZA 2001, 348; BAG v. 1.10.2003 – 1 ABN 62/01, juris. | 3 BAG v. 22.11.1984 – 6 AZR 103/82, EzA § 543 ZPO Nr. 5. | 4 BAG v. 21.4.1993 – 5 AZR 413/92, EzA § 543 ZPO Nr. 8; v. 15.8.2002 – 2 AZR 386/01, EzA § 543 ZPO Nr. 12. | 5 BAG v. 28.5.1997 – 5 AZR 632/96, EzA § 543 ZPO Nr. 9. | 6 BAG v. 16.6.1998 – 5 AZR 255/98, EzA § 543 ZPO Nr. 10. | 7 Vgl. GK-ArbGG/*Vossen*, § 69 Rz. 14.

lung **verzichten**. Das kommt wegen der Möglichkeit der Nichtzulassungsbeschwerde wohl nur in Betracht, wenn die beschwerte Partei auf das Rechtsmittel der Revision eindeutig verzichtet hat[1]. In dem bloßen Begründungsverzicht kann in der Regel kein Rechtsmittelverzicht gesehen werden.

Des Tatbestandes und der Entscheidungsgründe bedarf es ferner nach § 313a Abs. 2 ZPO nicht, wenn beide Parteien auf Rechtsmittel gegen das in dem Termin, in dem die mündliche Verhandlung geschlossen worden ist, verkündete Urteil verzichten. Ist das Urteil nur für eine Partei anfechtbar, genügt deren Verzicht. Der **Rechtsmittelverzicht** kann ebenso wie der Begründungsverzicht nach § 313a Abs. 1 ZPO bereits vor der Verkündung des Urteils erfolgen; er muss gemäß § 313a Abs. 3 ZPO spätestens binnen einer Woche nach dem Schluss der mündlichen Verhandlung gegenüber dem Gericht erklärt sein. 12

Schließlich sind Tatbestand und Entscheidungsgründe nach Abs. 4 in Verbindung mit § 313b Abs. 1 Satz 1 ZPO entbehrlich bei **Versäumnisurteil, Anerkenntnisurteil oder Verzichtsurteil**, die als solche zu bezeichnen sind. Diese Erleichterung scheidet nach § 313b Abs. 3 ZPO aus, wenn zu erwarten ist, dass das Versäumnisurteil oder das Anerkenntnisurteil im Ausland geltend gemacht werden soll. 13

IV. Unanwendbarkeit des § 540 ZPO. Die Anwendbarkeit des § 540 Abs. 1 ZPO wird durch Abs. 4 Satz 1 mit Rücksicht auf die Besonderheiten des arbeitsgerichtlichen Berufungsverfahrens ausgeschlossen. Daher ist insbesondere das sog. **Protokollurteil** nach § 540 Abs. 1 Satz 2 ZPO **unzulässig**. Auch für die Heranziehung des § 540 Abs. 2 ZPO verbleibt kein Raum, weil insoweit die speziellere Regelung des Abs. 4 Satz 2 zur Anwendbarkeit der §§ 313a und 313b ZPO vorgeht. 14

§§ 70, 71 (aufgehoben)

Dritter Unterabschnitt. Revisionsverfahren

§ 72 *Grundsatz*
(1) Gegen das Endurteil eines Landesarbeitsgerichts findet die Revision an das Bundesarbeitsgericht statt, wenn sie in dem Urteil des Landesarbeitsgerichts oder in dem Beschluss des Bundesarbeitsgerichts nach § 72a Abs. 5 Satz 2 zugelassen worden ist. § 64 Abs. 3a ist entsprechend anzuwenden.

(2) Die Revision ist zuzulassen, wenn

1. die Rechtssache grundsätzliche Bedeutung hat oder

2. das Urteil von einer Entscheidung des Bundesverfassungsgerichts, von einer Entscheidung des Gemeinsamen Senats der obersten Gerichtshöfe des Bundes, von einer Entscheidung des Bundesarbeitsgerichts oder, solange eine Entscheidung des Bundesarbeitsgerichts in der Rechtsfrage nicht ergangen ist, von einer Entscheidung einer anderen Kammer desselben Landesarbeitsgerichts oder eines anderen Landesarbeitsgerichts abweicht und die Entscheidung auf dieser Abweichung beruht.

(3) Das Bundesarbeitsgericht ist an die Zulassung der Revision durch das Landesarbeitsgericht gebunden.

(4) Gegen Urteile, durch die über die Anordnung, Abänderung oder Aufhebung eines Arrestes oder einer einstweiligen Verfügung entschieden wird, ist die Revision nicht zulässig.

(5) Für das Verfahren vor dem Bundesarbeitsgericht gelten, soweit dieses Gesetz nichts anderes bestimmt, die Vorschriften der Zivilprozessordnung über die Revision mit Ausnahme des § 566 entsprechend.

(6) Die Vorschriften des § 49 Abs. 1, der §§ 50, 52 und 53, des § 57 Abs. 2, des § 61 Abs. 2 und des § 63 über Ablehnung von Gerichtspersonen, Zustellung, Öffentlichkeit, Befugnisse des Vorsitzenden und der ehrenamtlichen Richter, gütliche Erledigung des Rechtsstreits sowie Inhalt des Urteils und Übersendung von Urteilen in Tarifvertragssachen gelten entsprechend.

Lit.: *Bepler*, Der schwierige Weg in die Dritte Instanz, AuR 1997, 412; *Etzel*, Die Nichtzulassungsbeschwerde wegen grundsätzlicher Bedeutung der Rechtssache, ZTR 1997, 248; *Hauck*, Die Nichtzulassungsbeschwerde im arbeitsgerichtlichen Verfahren, NZA 1998, 925; *Holthaus/Koch*, Auswirkungen der Reform des Zivilprozessrechts auf arbeitsgerichtliche Verfahren, RdA 2002, 140, 156; *Leschnig/Gross*, Nichtzulassungsbeschwerde – Eine Unerträglichkeit anwaltlichen Seins, in Jahrbuch des Arbeitsrechts, Band 39 (2002), 37; *Schliemann*, Die Praxis der Rechtsmittelzulassung – ein Beitrag zur Zusammenarbeit der Landesarbeitsgerichte mit dem Bundesarbeitsgericht, Festschrift zum 50-jährigen Bestehen der Arbeitsgerichtsbarkeit in Rheinland-Pfalz, 1999, S. 655; *Schmidt/Schwab/Wildschütz*, Die Auswirkungen der Reform des Zivilprozesses auf das arbeitsgerichtliche Verfahren, NZA 2001, 1161 (Teil 1), 1217 (Teil 2).

---

1 Vgl. GK-ArbGG/*Vossen*, § 69 Rz. 8.

1 I. Überblick und Entwicklung. Auch in der Arbeitsgerichtsbarkeit besteht grundsätzlich die Möglichkeit, gerichtliche Entscheidungen in einer **Revisionsinstanz** auf der Grundlage der festgestellten Tatsachen auf **Rechtsfehler** hin überprüfen zu lassen, womit zugleich der Eintritt der Rechtskraft verhindert wird. Dabei kann das BAG die angefochtenen Urteile nicht nur aufheben und an die Vorinstanz zurückverweisen. Es kann auch an Stelle der Vorinstanz entscheiden, wenn die Voraussetzungen von § 72 Abs. 5 iVm. § 563 Abs. 3 ZPO vorliegen.

2 Seit der Beschleunigungsnovelle vom 23.5.1979 kennt das arbeitsgerichtliche Verfahren **nur** noch die **Zulassungsrevision**: Die Revision ist nur statthaft, wenn das anzufechtende Urteil **an sich revisibel** ist und das LAG die Revision in seinem Urteil oder das BAG sie nachträglich auf Beschwerde hin durch Beschluss zugelassen hat. Es gibt im arbeitsgerichtlichen Verfahren **keine Annahmerevision**. Der Grundsatz der Zulassungsrevision gilt auch dann, wenn die Revision auf einen absoluten Revisionsgrund iSv. § 547 ZPO gestützt werden soll. Auch dann ist die Revision nur nach Zulassung statthaft[1].

3 Ausnahmsweise ist entgegen der Auffassung des BAG[2] eine Revision auch ohne weiteres statthaft, wenn sie sich gegen ein **zweites Versäumnisurteil** des LAG richtet und darauf gestützt wird, ein Fall der Versäumung habe nicht vorgelegen (§ 72 Abs. 5 iVm. § 565, § 514 Abs. 2 ZPO)[3]. Entgegen der Auffassung von *Ascheid* hat sich hier auch nichts durch das ZPO-Reform-Gesetz geändert[4]. Die hier vertretene, letztlich auf Art. 103 GG und die weite Fassung von § 513 Abs. 2 ZPO aF (= § 514 Abs. 2 ZPO nF) zurückgehende Auffassung begründete schon nach altem Recht eine vom Wortlaut der Revisionszugangsbestimmungen abweichende besondere Ausnahme vom Grundsatz der Zulassungsrevision.

4 II. Revisible und nicht revisible Entscheidungen. Für eine Zulassung der Revision kommen von vornherein nur **Endurteile** der LAG in Betracht, also Sach- oder Prozessurteile, durch die über den Streitgegenstand oder einen Teil von ihm abschließend entschieden worden ist. Hierzu zählen Teilurteile, Ergänzungsurteile nach § 321 ZPO, Anerkenntnisurteile, Verzichtsurteile sowie unechte und zweite Versäumnisurteile. **Zwischenurteile** sind nur dann revisibel, wenn sie aufgrund gesetzlicher Anordnung wegen der Rechtsmittel als Endurteil anzusehen sind (§ 280 Abs. 2, § 302 Abs. 3 ZPO). Bei einem Zwischenurteil über den Grund des Anspruchs gilt dies allerdings nicht. § 61 Abs. 3 schließt dies als Spezialregelung zu § 304 ZPO aus. Ein solches Zwischenurteil ist ebenso wenig revisibel, wie ein Zwischenurteil, in dem nicht über einen Teil des Streitgegenstandes, sondern über einen innerhalb des Prozesses entstandenen verfahrensmäßigen Streit entschieden wird (zB § 303 iVm. § 238 Abs. 2 ZPO)[5].

5 Entscheidet das LAG in einer **unrichtigen Form**, also beispielsweise durch Zwischenurteil an Stelle des an sich gebotenen (Teil-)Endurteils[6], durch Beschluss statt durch Urteil oder umgekehrt, so kommt es für die Revisibilität der Entscheidung darauf an, ob die Entscheidung, wäre sie in der richtigen Form ergangen, revisibel wäre. Ist dies der Fall und hat das LAG ein Rechtsmittel gegen diese Entscheidung zugelassen, ist die Revision statthaft (**Grundsatz der Meistbegünstigung**). Die Zulassung der Revision erweitert allerdings nicht die Prüfungskompetenz des Revisionsgerichts: Hat ein LAG im Kündigungsschutzprozess statt vorab durch Beschluss innerhalb eines klageabweisenden Urteils einen Antrag auf nachträgliche Zulassung der Kündigungsschutzklage zurückgewiesen und die Revision gegen sein Urteil zugelassen, führt dies nicht dazu, dass auf Revision hin auch die Entscheidung über die nachträgliche Zulassung der Klage vom Revisionsgericht zu überprüfen wäre. Die Revision ist insoweit unzulässig[7].

6 Nicht revisibel sind aufgrund gesetzlicher Anordnungen die nur der Regelung eines vorläufigen Rechtszustandes dienenden und deshalb die Einheit der Rechtsordnung nicht gefährdenden[8] Urteile in **Arrest-** und **einstweiligen Verfügungsverfahren**. Eine gleichwohl erfolgende Zulassung ist wirkungslos.

7 III. Zulassung der Revision durch das LAG. 1. Entscheidung von Amts wegen. Das LAG hat vor jeder Verkündung eines an sich revisiblen Urteils von Amts wegen auch darüber zu entscheiden, ob es die Revision gegen sein Urteil zulässt oder nicht. Es hat seine Entscheidung – **negativ**[9] **wie positiv** – in den **Urteilstenor** aufzunehmen (Abs. 1 Satz 2, § 64 Abs. 3a). Lehnt es eine Zulassung ab, ist gegen diese Entscheidung die **Beschwerde nach § 72a** statthaft.

---

1 BAG v. 8.10.2002 – 8 AZR 259/02, NZA 2003, 287. | 2 BAG v. 10.12.1986 – 4 AZR 384/86, BAGE 53, 396 = AP Nr. 3 zu § 566 ZPO; ebenso *Dütz*, RdA 1980, 81, 95; GK-ArbGG/*Ascheid*, § 72 Rz. 11; Hauck/Helml/*Hauck*, § 72 ArbGG Rz. 4. | 3 *Grunsky*, § 72 ArbGG Rz. 9; *Vollkommer*, Anm. zu AP Nr. 2 zu § 566 ZPO; *Walchshöfer*, Anm. zu AP Nr. 3 zu § 566 ZPO; MünchArbR/*Brehm*, § 391 Rz. 21; Düwell/Lipke/*Bepler*, § 72 ArbGG Rz. 4; für den Zivilprozess; BGH v. 11.10.1978 – IV ZR 101/77, LM Nr. 5 zu § 513 ZPO; unentschieden GMPM/*Müller-Glöge*, § 72 ArbGG Rz. 4. | 4 BLAH/*Albers*, § 565 ZPO Rz. 2; im Ergebnis aA GK-ArbGG/*Ascheid*, § 72 Rz. 11. | 5 GK-ArbGG/*Ascheid*, § 72 Rz. 5 ff.; GMPM/*Müller-Glöge*, § 72 ArbGG Rz. 6, jeweils mwN. | 6 BAG v. 9.12.1955, 2 AZR 439/54, AP Nr. 1 zu § 300 ZPO. | 7 BAG v. 25.10.2001 – 2 AZR 340/00, EzA § 5 KSchG Nr. 33. | 8 GK-ArbGG/*Ascheid*, § 72 Rz. 12. | 9 Die Auffassung von *Ostrowicz/Künzl/Schäfer*, Rz. 226, eine Negativentscheidung sei nur dann notwendigerweise in den Tenor aufzunehmen, wenn die Zulassung beantragt worden sei, ist angesichts von Wortlaut und Systematik des § 64 Abs. 3a verfehlt.

Das LAG hat bei seiner Zulassungsentscheidung **keinen eigenen Beurteilungsspielraum**. Es ist an die Gründe des Abs. 2 gebunden, die aus der Funktion des BAG als Revisionsgericht entwickelt sind, die Rechtseinheit auf dem Gebiet des Arbeitsrechts sicherzustellen und zur Rechtsfortbildung beizutragen.

2. Zulassungsgründe. a) Grundsätzliche Bedeutung der Rechtssache. Eine Rechtssache hat grundsätzliche Bedeutung, wenn die Entscheidung des Rechtsstreits von einer klärungsfähigen und klärungsbedürftigen Rechtsfrage abhängt und diese Klärung entweder von allgemeiner Bedeutung für die Rechtsordnung ist oder wegen ihrer tatsächlichen Auswirkungen die Interessen der Allgemeinheit oder eines größeren Teils von ihr eng berührt[1]. Es muss also um eine **abstrakte Frage** gehen, die den Inhalt, den Regelungsbereich oder die Wirksamkeit einer geschriebenen oder ungeschriebenen Rechtsnorm zum Gegenstand hat und die vom Revisionsgericht mit einem abstrakten, fallübergreifenden Rechtssatz beantwortet werden kann. Die Frage, ob eine Rechtsnorm auf einen individuellen Lebenssachverhalt richtig angewendet worden ist, ist eine Frage der **Rechtsanwendung** und keine Rechtsfrage iSv. Abs. 2 Nr. 1.

Eine Rechtsfrage ist **klärungsfähig**, dh. im Wesentlichen: **Entscheidungserheblich**, wenn das Revisionsgericht sie nach dem ihm vorgegebenen Prüfungsmaßstab[2] beantworten kann, und ihre Beantwortung im Lösungsweg des LAG ein wesentliches Element ist[3]. Bleibt das Ergebnis des Rechtsstreits aus der Sicht des LAG aufgrund einer selbständig tragenden Hilfs- oder Alternativbegründung gleich, wenn die betreffende Rechtsfrage nicht beantwortet wird oder ihre Beantwortung anders ausfällt, muss sich auch das Revisionsgericht nicht mit ihr befassen. Die Frage ist nicht klärungsfähig; die Zulassung der Revision wegen grundsätzlicher Bedeutung ist nicht geboten[4].

Einer Rechtsfrage **fehlt das Klärungsbedürfnis**, wenn sie bereits in dem vom LAG vertretenen Sinn höchstrichterlich entschieden ist und gegen die Richtigkeit keine neuen Gesichtspunkte von einigem Gewicht vorgebracht worden sind[5]. Dasselbe gilt, wenn die richtige Antwort auf die anstehende Frage eindeutig und für jeden Kundigen ohne Zweifel erkennbar ist[6].

Damit eine Zulassung der Revision wegen grundsätzlicher Bedeutung geboten ist, muss die Beantwortung der klärungsfähigen und klärungsbedürftigen Rechtsfrage **über den Einzelfall hinaus bedeutsam** sein. Sie dient der Rechtseinheit und Rechtsfortbildung nur dann, wenn die Frage für einen größeren Kreis von etwa zwanzig Arbeitsverhältnissen Bedeutung erlangen kann[7]. Eine allgemeine Bedeutung fehlt einer Rechtsfrage auch dann, wenn sie sich aufgrund zwischenzeitlich **geänderter Normlage** in Zukunft so nicht mehr stellen wird[8]. Die **wirtschaftliche Tragweite** einer Entscheidung kann allenfalls dann für eine allgemeine Bedeutung der Rechtsfrage sprechen, wenn sie sich bei der Allgemeinheit oder einem größeren Teil von ihr einstellt; auf die wirtschaftliche Bedeutung der Angelegenheit allein für die Parteien kann es nicht ankommen[9]. In einem solchen Fall besteht ebenso wenig eine Gefahr für die Einheit der Rechtsordnung wie dann, wenn es um eine Rechtsfrage aus einer **Norm** geht, die sich nur **im Bezirk eines LAG** stellen kann, weil die Norm nur dort gilt[10]. Anders kann es sich verhalten, wenn es um Grundsatzfragen im Zusammenhang mit einem **Landesgesetz** geht, die sich entsprechend auch für andere, ganz ähnliche Landesgesetze stellen, zB **Landespersonalvertretungsgesetze**. Eine Verbandsklage über die Auslegung eines TV hat unabhängig von dessen Geltungsbereich schon im Hinblick darauf immer grundsätzliche, allgemeine Bedeutung, dass diese Entscheidung für alle Tarifunterworfenen in Rechtskraft erwächst (§ 9 TVG)[11].

b) Divergenz. Das LAG hat die Revision auch zuzulassen, wenn es in seinem Urteil von einer Entscheidung eines der in Abs. 2 Nr. 2 abschließend aufgezählten Spruchkörper und Gerichte abweicht und diese **Abweichung entscheidungserheblich** ist.

Eine Abweichung „von einer Entscheidung" liegt nur dann vor, wenn das LAG einen abstrakten, fallübergreifenden, zur Subsumtion geeigneten Rechtssatz[12] oder allgemeinen Erfahrungssatz[13] aufstellt, der im Widerspruch zu einem Rechtssatz aus einer divergenzfähigen Entscheidung steht, mit der dieselbe Rechtsfrage beantwortet wird. Eine solche Abweichung im Rechtssatz liegt nicht vor, wenn nur ähnliche Lebenssachverhalte von verschiedenen Gerichten unterschiedlich gewertet werden. Dabei stellt das LAG auch dann zur Divergenz geeignete Rechtssätze auf, wenn es sich Rechtsausführungen

---

1 BAG v. 26.9.2000 – 3 AZN 181/00, BAGE 95, 372, 374 ff. = AP Nr. 61 zu § 72a ArbGG 1979 – Grundsatz. | 2 *Etzel*, ZTR 1997, 248, 254; *Hauck*, NZA 1999, 925, 926. | 3 BAG v. 28.9.1989 – 6 AZN 303/89, BAGE 63, 58, 63 = AP Nr. 38 zu § 72a ArbGG 1979 – Grundsatz. | 4 GK-ArbGG/*Ascheid*, § 72 Rz. 23; aA GMPM/*Müller-Glöge*, § 72 ArbGG Rz. 14. | 5 BAG v. 8.9.1998 – 9 AZN 541/98, AP Nr. 56 zu § 72a ArbGG 1979 – Grundsatz. | 6 Ähnlich BAG v. 22.4.1987 – 4 AZN 114/87, AP Nr. 32 zu § 72a ArbGG 1979 – Grundsatz; v. 25.10.1989 – 2 AZN 401/89, AP Nr. 39 zu § 72a ArbGG 1979 – Grundsatz. | 7 So richtig ErfK/*Koch*, § 72 Rz. 13; abzulehnen ist eine starre Grenze von mindestens 20 Arbeitsverhältnissen (BAG v. 21.10.1998 – 4 AZN 588/98, AP Nr. 55 zu § 72a ArbGG 1979 – Grundsatz; v. 15.11.1995 – 4 AZN 580/95, AP Nr. 49 zu § 72a ArbGG 1979 – Grundsatz) oder von mindestens mehr als 20 Arbeitsverhältnissen (BAG v. 26.9.2000 – 3 AZN 181/00, BAGE 95, 372); vgl. hierzu auch *Etzel*, ZTR 1997, 248, 255. | 8 BAG v. 21.10.1998 – 10 AZN 588/98, AP Nr. 55 zu § 72a ArbGG 1979 – Grundsatz. | 9 ErfK/*Koch*, § 72 Rz. 14. | 10 GK-ArbGG/*Ascheid*, § 72 Rz. 24. | 11 BAG v. 17.6.1997 – 9 AZN 251/97, BAGE 86, 125 = AP Nr. 51 zu § 72a ArbGG 1979 – Grundsatz. | 12 St. Rspr., zB BAG v. 23.7.1996 – 1 ABN 18/96, AP Nr. 33 zu § 72 ArbGG 1979 – Divergenz. | 13 BAG v. 12.12.1968 – 1 AZR 238/68, AP Nr. 34 zu § 72a ArbGG 1953 – Divergenzrevision.

ArbGG § 72 Rz. 15   Grundsatz

1. Instanz nach § 69 Abs. 2 zu Eigen macht[1] oder Rechtserkenntnisse aus anderen Urteilen oder wissenschaftlichen Veröffentlichungen zustimmend wiedergibt[2]. Hatte sich das LAG durch Teil- oder Zwischenurteile für sein abschließendes Urteil selbst gebunden, sind die dort aufgestellten Rechtssätze Teil der abschließenden Entscheidung.

15 Abs. 2 Nr. 2 zählt die **Gerichte und Spruchkörper abschließend** auf, auf deren Rechtssätze es bei der Zulassung der Revision ankommen kann. **Nicht divergenzfähig** sind deshalb Entscheidungen der anderen obersten Gerichtshöfe des Bundes, wie des BGH[3], oder der Oberlandesgerichte. Auch Entscheidungen des **EuGH** sind noch nicht divergenzfähig; der Gesetzgeber plant hier wohl eine **Ergänzung des Abs. 2 Nr. 2**, die systematisch richtig ist, weil auch der EuGH gezielt und verbindlich gestaltend auf die Arbeitsrechtsordnung einwirkt. Entscheidungen des **LAG** sind nur divergenzfähig, wenn es noch keine Entscheidung des BAG zu der betreffenden Rechtsfrage gibt. Sie verlieren ihre Divergenzfähigkeit dann, wenn sie vom BAG aufgehoben wurden[4]. Entscheidungen **desselben LAG** sind nur divergenzfähig, wenn sie von einer – nach ihrer Ordnungszahl – anderen Kammer stammen. Entscheidungen derselben Kammer – in anderer Besetzung – sind nicht divergenzfähig[5].

16 Das LAG weicht in einem Rechtssatz von einem Rechtssatz eines der anderen im Gesetz genannten Gerichte und Spruchkörper nur ab und muss die Revision deshalb zulassen, wenn die einander gegenüberstehenden Rechtssätze jeweils **Teil der abschließenden gerichtlichen Stellungnahme** in einer Entscheidung sind. Divergenzfähig sind deshalb Kammer-, Senats- und Plenarentscheidungen des BVerfG, Urteile und Beschlüsse im Beschlussverfahren des BAG, ggf. auch der LAG sowie Beschlüsse des Großen Senats des BAG. Die Äußerung vorläufiger Rechtsmeinungen durch eines der genannten Gerichte ist demgegenüber **nicht divergenzfähig**, so Ausführungen in **Vorlagebeschlüssen** an den Großen Senat des BAG[6] oder an das BVerfG, sowie in **Vorabentscheidungsersuchen** an den EuGH, soweit es jeweils um die Rechtsfrage geht, um derentwillen die Sache vorgelegt wird. In Beschlüssen in **PKH-Sachen** werden nur vorläufige Rechtsauffassungen geäußert, die bei einer abschließenden materiell-rechtlichen Entscheidung nicht binden; sie sind deshalb nicht divergenzfähig[7]. Auch amtliche **Leitsätze**, die nicht Bestandteile der Entscheidungen selbst sind, enthalten grundsätzlich keine divergierenden Rechtssätze. Sie weisen regelmäßig nur darauf hin, dass sich in der Entscheidung selbst eine Divergenz finden kann[8].

17 Eine Entscheidung des BAG verliert ihre Divergenzfähigkeit für eine bestimmte dort beantwortete Rechtsfrage dann, wenn das BAG in einer späteren Entscheidung die Frage anders beantwortet hat. Entsprechendes gilt auch für die anderen divergenzfähigen Entscheidungen. Das LAG muss die **aktuelle Entscheidungslage** bei den genannten Gerichten und Spruchkörpern bei seiner Entscheidung berücksichtigen, ob es die Revision zulässt[9].

18 Eine Abweichung im Rechtssatz liegt nur dann vor, wenn das LAG mit seinem Rechtssatz eine **Rechtsfrage zu derselben** geschriebenen oder ungeschriebenen **Rechtsnorm** beantwortet hat, wie das Gericht, das den hiermit verglichenen Rechtssatz aufgestellt hat. Ist die betreffende Entscheidung zu einer anderen Norm ergangen, muss das LAG die Revision wegen Divergenz **nur** dann zulassen, wenn die betroffenen Normen im Wesentlichen wortgleich sind und sich aus ihnen und dem Normzusammenhang keine Gesichtspunkte dafür erkennen lassen, dass die Normgeber **unterschiedliche Regelungsabsichten** hatten[10].

19 Das LAG muss schließlich die Revision gegen sein Urteil wegen Divergenz nur dann zulassen, wenn seine **Entscheidung anders ausgefallen** wäre, hätte es nicht den selbst aufgestellten, sondern den abweichenden Rechtssatz angewendet. Nur dann beruht seine Entscheidung auf der Abweichung. Enthält das Urteil des LAG eine weitere allein tragfähige Begründung, fehlt es an dieser Entscheidungserheblichkeit[11]. Anders verhält es sich nur, wenn jede der selbständigen Begründungsansätze divergierende Rechtssätze enthält.

20 Während der vom LAG aufgestellte Rechtssatz hiernach entscheidungserheblich sein muss, bedarf es dieser Eigenschaft bei dem in der **divergierenden Entscheidung** aufgestellte Rechtssatz nicht. Dieser kann sich in einer Hilfsbegründung oder auch in einem obiter dictum finden. Aus dem Gesamtzusammenhang muss sich nur entnehmen lassen, dass in der divergenzfähigen Entscheidung ein abstrakter Rechtssatz aufgestellt werden sollte[12].

---

1 BAG v. 3.2.1981 – 5 AZN 503/80, AP Nr. 4 zu § 72a ArbGG 1979 – Divergenz. |2 GK-ArbGG/*Ascheid*, § 72a Rz. 61. |3 BAG v. 21.1.1986 – 1 ABN 33/85, nv. |4 BAG v. 5.12.1995 – 9 AZN 678/95, BAGE 81, 355 = AP Nr. 32 zu § 72a ArbGG 1979 – Divergenz. |5 BAG v. 21.2.2002 – 2 AZN 909/01, AP Nr. 43 zu § 72a ArbGG 1979 – Divergenz. |6 BAG v. 20.8.1986 – 8 AZN 244/86, BAGE 52, 394 = AP Nr. 18 zu § 72a ArbGG 1979 – Divergenz. |7 BAG v. 18.6.1997 – 2 AZN 333/97, nv. |8 BAG v. 26.3.1997 – 4 AZN 1073/96, nv. |9 BAG v. 15.7.1986 – 1 ABN 13/86, AP Nr. 5 zu § 92a ArbGG 1979. |10 Zuletzt BAG v. 20.8.2002 – 9 AZN 130/02, AP Nr. 45 zu § 72a ArbGG 1979 – Divergenz; GMPM/*Müller-Glöge*, § 72 ArbGG Rz. 19; Hauck/Helml/*Hauck*, § 72 ArbGG Rz. 7; strenger GK-ArbGG/*Ascheid*, § 72 Rz. 28. |11 BAG v. 9.12.1980 – 7 AZN 374/80, AP Nr. 3 zu § 72a ArbGG 1979 – Divergenz; *Grunsky*, FS Hilger/Stumpf, S. 261. |12 BAG v. 17.2.1981 – 1 ABN 25/80, AP Nr. 7 zu § 72a ArbGG 1979 – Divergenz; GMPM/*Müller-Glöge*, § 72 ArbGG Rz. 21.

3. Zulassungsentscheidung. a) Form der Entscheidung. Durch das Arbeitsgerichtsbarkeitsbeschleunigungsgesetz vom 30.3.2000 ist die lang umstrittene Frage, in welcher Form die Zulassungsentscheidung des LAG zu treffen ist[1], geklärt worden. Aufgrund der Einfügung des Satzes 2 in § 72 Abs. 1 und der Verweisung auf § 64 Abs. 3a steht fest, dass das LAG **im Tenor** verkünden muss, ob es die Revision gegen sein Urteil zulässt oder nicht. Auch die Entscheidung, die Revision nicht zuzulassen, ist nach der eindeutigen gesetzlichen Anordnung um einer möglichst frühzeitigen Klarstellung der Verfahrenssituation willen erforderlich[2]. Fehlt es an einer solchen Entscheidung, kann kein Rechtsmittel eingelegt werden. Ein **Zulassung in den Gründen** der Entscheidung oder eine Rechtsmittelbelehrung, wonach die Revision für eine der Parteien statthaft sei, **reicht nicht** aus. Hat das LAG in den Urteilstenor **keine Entscheidung** über die Zulassung der Revision aufgenommen, muss die durch sein Urteil beschwerte Partei innerhalb einer – leider nicht: Not- – **Frist von zwei Wochen** ab Verkündung des Urteils 2. Instanz die **Ergänzung** um einen Ausspruch zur Revisionszulassung **beantragen**. Sie muss sich deshalb unverzüglich darum kümmern, welche Entscheidung das LAG verkündet hat. Über den Ergänzungsantrag hat die Kammer des LAG in der Besetzung zu entscheiden, in der sie das zu ergänzende Urteil gefällt hat[3], wobei dies anders als in § 321 ZPO auch ohne mündliche Verhandlung durch Beschluss geschehen kann.

Hat das LAG die förmliche Entscheidung über die Revisionszulassung übergangen, kann diese Entscheidung **nicht von Amts wegen** ergänzt werden[4]. Dies gilt auch dann, wenn die beschwerte Partei die Frist für den Ergänzungsantrag nach § 72 Abs. 1 Satz 2, § 64 Abs. 3a schuldhaft **versäumt** hat. In einem solchen Fall ist weder eine Revision noch eine Nichtzulassungsbeschwerde statthaft. Es gilt der Vorrang des Ergänzungsverfahrens nach § 72 Abs. 1 Satz 2. Sehr zweifelhaft ist, ob eine solche Rechtsfolge auch dann greifen kann, wenn die Frist für den Ergänzungsantrag nach § 64 Abs. 3a Satz 2, § 72 Abs. 1 Satz 2 schuldlos versäumt wurde. Wohl aufgrund eines Versehens ist diese Frist **nicht als Notfrist** ausgestaltet worden, so dass eine Wiedereinsetzung in den vorigen Stand nicht in Betracht kommt. Dies erscheint verfassungsrechtlich bedenklich. Den Bedenken sollte man angesichts des eindeutig geregelten Ergänzungsverfahrens allerdings nicht über eine Ergänzung des Urteils von Amts wegen nach Ablauf der Frist begegnen. Es spricht mehr dafür, in einem solchen Fall den Vorrang des Ergänzungsverfahrens einzuschränken und die Möglichkeit der **Nichtzulassungsbeschwerde** zu eröffnen[5]. Eine Urteilsberichtigung nach § 319 ZPO scheidet in solchen Fällen in aller Regel aus; es ist zwar offenbar, dass eine an sich gesetzlich gebotene Entscheidung fehlt. Es ist jedoch weder offenbar, welche Entscheidung – Zulassung oder Nichtzulassung – fehlt, noch ob es überhaupt eine entsprechende Willensbildung der Kammer hierzu gegeben hat.

b) Beschränkte und unbeschränkte Zulassung. Lässt das LAG die Revision gegen sein Urteil zu, ohne diese Entscheidung zu modifizieren, kann jede durch sein Urteil **beschwerte Partei** Revision einlegen. Das LAG kann die Revisionszulassung aber auch einschränken. Dies kommt in Betracht, wenn nur bei einem von mehreren Streitgegenständen oder für einen **teilurteilsfähigen** Teil eines Streitgegenstandes die Voraussetzungen für eine Zulassung der Revision gegeben sind[6]. Sind durch ein Urteil **beide Parteien beschwert**, kann die Revisionszulassung nur dann auf eine Partei beschränkt werden, wenn nur hinsichtlich ihrer Beschwer die Rechtssache grundsätzliche Bedeutung hat oder insoweit eine Divergenz vorliegt (zB eine Klageforderung wird teilweise abgewiesen, weil eine tarifliche Ausschlussfristbestimmung in einem bestimmten Sinn verstanden wird). Ist auf diese Weise wirksam die Revisionszulassung eingeschränkt worden, ist die Revision für die Gegenpartei auch in Form der Anschlussrevision ausgeschlossen[7]. Dabei ist es Sache des Revisionsgerichts, die Wirksamkeit der Zulassungseinschränkung von Amts wegen zu **überprüfen**[8].

Während eine Beschränkung der Revisionszulassung auf einzelne Rechtsfragen oder Anspruchsgrundlagen nach allgemeiner Auffassung unzulässig ist[9], wird es als möglich angesehen, die Revisionszulassung auf einen von mehreren freiwilligen **Streitgenossen** zu beschränken[10], auf Klage oder Widerklage, auf die zur Aufrechung gestellte Forderung oder der Forderung, gegen die aufgerechnet worden ist[11]. Nach überwiegender Auffassung kann die Zulassung der Revision auch auf diejenigen Teile des Rechtsstreits beschränkt werden, über die ein **selbständig anfechtbares Zwischenurteil** (vgl. Rz. 4) hätte ergehen können, wobei hier sogar die Einschränkung des § 61 Abs. 3, § 64 Abs. 7 unerheblich sein soll, so dass auch eine Beschränkung der Zulassung auf den Grund des Anspruchs statthaft sein

---

1 Vgl. hierzu *Bepler*, AuR 1997, 421. | 2 AA *Ostrowicz/Künzl/Schäfer*, Rz. 226. | 3 GMPM/*Germelmann*, § 64 ArbGG Rz. 31 f.; *Düwell/Lipke/Bepler*, § 72 ArbGG Rz. 38. | 4 GK-ArbGG/*Vossen*, § 64 Rz. 62; GMPM/*Müller-Glöge*, § 72 ArbGG Rz. 27; ErfK/*Koch*, § 64 Rz. 12; aA *Appel/Kaiser*, AuR 2000, 281, 282; *Lakies*, BB 2000, 667, 669. | 5 Im Ergebnis ebenso GMPM/*Müller-Glöge*, § 72 ArbGG Rz. 27; *Germelmann*, NZA 2000, 1017, 1023, die diesen Weg aber möglicherweise auch bei schuldhafter Versäumung der Antragsfrist einräumen wollen. | 6 BAG v. 19.3.2003 – 5 AZN 751/02, BB 2003, 1183; GMPM/*Müller-Glöge*, § 72 ArbGG Rz. 29 ff. mwN. | 7 BAG v. 7.12.1995 – 2 AZR 772/94, BAGE 81, 371, 375 = AP Nr. 33 zu § 4 KSchG 1969. | 8 BAG v. 18.12.1984 – 3 AZR 389/83, AP Nr. 8 zu § 17 BetrAVG; GK-ArbGG/*Ascheid*, § 72 Rz. 48; GMPM/*Müller-Glöge*, § 72 ArbGG Rz. 42, jeweils mwN. | 9 BAG v. 9.3.1996 – 2 AZR 497/94, AP Nr. 123 zu § 626 BGB, unter II 1 d.Gr.; ErfK/*Koch*, § 72 Rz. 24; GMPM/*Müller-Glöge*, § 72 ArbGG Rz. 33. | 10 GMPM/*Müller-Glöge*, § 72 ArbGG Rz. 30. | 11 GK-ArbGG/*Ascheid*, § 72 Rz. 39 ff.; GMPM/*Müller-Glöge*, § 72 ArbGG Rz. 29 ff., jeweils mwN.

soll¹. Dem ist nicht zu folgen. Von einem selbständig anfechtbaren Teil des Streitgegenstandes kann nur ausgegangen werden, wenn das Gericht zuvor nach § 280 ZPO verfahren ist, also gesondert verhandelt und entschieden hat. Bei einheitlicher Verhandlung fällt die Privilegierung des § 280 ZPO weg².

25 Eine **Beschränkung** der Revisionszulassung ist nur wirksam und statthaft, wenn sie auch **im verkündeten Tenor** des Urteils oder im nachträglichen Ergänzungsbeschluss nach § 72 Abs. 1 Satz 2, § 64 Abs. 3a enthalten und nach ihrer Formulierung eindeutig bestimmt ist³.

26 Hat das LAG in seiner verkündeten Entscheidung, mit der es die Revision zugelassen hat, die Einschränkung der Zulassung nicht aufgenommen, oder hat es die Zulassung in einer Weise beschränkt, die **nicht eindeutig** oder **nicht statthaft** ist, ist die **Revision uneingeschränkt** für jede beschwerte Partei statthaft. Bei einer unzulässigen Beschränkung auf einzelne Rechtsfragen oder Anspruchsgrundlagen kann die Auslegung der Entscheidung allerdings ergeben, dass sich die Zulassung nur auf einen Streitgegenstand beziehen soll, in dem diese Rechtsfrage oder Anspruchsgrundlage eine Rolle spielt⁴.

27 **4. Wirkung der Zulassung.** Mit der wirksamen Zulassung der **Revision** durch das LAG ist die Revision zum BAG im Umfang der Zulassung für jede beschwerte Partei **eröffnet**. Das BAG ist an die Zulassung der Revision durch das LAG nach § 72 Abs. 3 **gebunden**. Das ist auch dann der Fall, wenn das LAG die Revision ohne rechtliche Veranlassung und deshalb rechtsfehlerhaft zugelassen hat⁵.

28 Eine **Bindung** tritt nur dann **nicht** ein, wenn das LAG die Revision gegen ein Urteil zugelassen hat, das als solches nicht revisibel ist (vgl. Rz. 6). Wird aufgrund einer solchen Revisionszulassung und einer entsprechenden Rechtsmittelbelehrung Revision eingelegt, die dann letztlich als unzulässig verworfen werden muss, sind keine Gerichtskosten zu erheben (§ 8 GKG)⁶.

29 **IV. Anwendbare Vorschriften. 1. Abs. 5: Vorschriften der ZPO.** Neben dem ausdrücklich genannten § 566 ZPO über die Sprungrevision, der durch § 76 verdrängt wird, werden auch weitere Bestimmungen der ZPO durch spezielle Regelungen des ArbGG ersetzt:

- §§ 542 bis 544 über die Zulassung der Revision durch § 72, § 72a;
- § 545, § 546, § 563 Abs. 4 ZPO zu den möglichen Revisionsgründen durch § 73;
- § 548 und § 553 ZPO zu Revisionsfrist und Terminsbestimmung durch § 74.

30 Die **übrigen Bestimmungen** der ZPO über das Revisionsverfahren **gelten entsprechend**, so insb. die Bestimmungen über die absoluten Revisionsgründe (§ 547 ZPO), über die – nach der ZPO-Reform nur noch unselbständig mögliche⁷ – Anschlussrevision (§ 554 ZPO) (vgl. § 74 Rz. 38 ff.), über den Verlust des Rügerechts (§ 556 ZPO), über die tatsächlichen Grundlagen der revisionsgerichtlichen Überprüfung (§ 559 ZPO), über zurückverweisende und ersetzende Revisionsentscheidung (§ 563 Abs. 1 bis Abs. 3 ZPO) und über die Begründung bei Verfahrensrügen (§ 564 ZPO).

31 **2. Abs. 6: Bestimmungen des ArbGG.** Die in Abs. 6 angeordnete entsprechende Anwendung der Bestimmungen über das erstinstanzliche Verfahren vor den ArbG bedeutet:

- Über die **Ablehnung eines** (Berufs- oder ehrenamtlichen) **Richters** des BAG hat der Senat einschließlich der ehrenamtlichen Richter mit Ausnahme des abgelehnten Richters zu entscheiden⁸, es sei denn das Ablehnungsgesuch wird in einem Verfahren angebracht, das durch eine Entscheidung nur der Berufsrichter beendet wird (zB Prozesskostenhilfe).

- Nach § 50 muss auch die **Zustellung der Revisionsurteile** binnen drei Wochen seit Übergabe des von sämtlichen Mitgliedern des erkennenden Senats unterschriebenen Urteils nebst Tatbestand und Entscheidungsgründen (§ 75) erfolgen.

- Die Verhandlungen vor dem Senat und die Verkündung der Entscheidungen des BAG sind entsprechend § 52 **öffentlich**. Soweit ausnahmsweise, etwa wegen der Feststellung prozessualer Zulässigkeitsvoraussetzungen, in der Revisionsinstanz eine Beweisaufnahme durchzuführen ist, gilt auch für sie das Öffentlichkeitsgebot. § 52 entscheidet auch darüber, ob der Senat die Öffentlichkeit ausschließen kann. Nach § 52 Abs. 4, § 169 Satz 2 GVG sind jedenfalls derzeit Ton- und Fernseh-, Rundfunkaufnahmen sowie Ton- und Filmaufnahmen von mündlichen Verhandlungen und Anhörungen zum Zwecke der öffentlichen Vorführung oder Veröffentlichung ihres Inhalts unzulässig, sobald die mündliche Verhandlung begonnen hat.

---

1 GMPM/*Müller-Glöge*, § 72 ArbGG Rz. 32; allgemein Hauck/Helml/*Hauck*, § 72 ArbGG Rz. 15, wobei dort allerdings die Möglichkeit einer Beschränkung auf den Grund des Anspruchs nicht angesprochen wird. | 2 Düwell/Lipke/*Bepler*, § 72 ArbGG Rz. 31. | 3 BAG v. 19.3.2003 – 5 AZN 751/02, AP Nr. 47 zu § 72a ArbGG 1979; GMPM/*Müller-Glöge*, § 72 ArbGG Rz. 34.; Hauck/Helml/*Hauck*, § 72 ArbGG Rz. 15; Ostrowicz/Künzl/*Schäfer*, Rz. 227. | 4 GK-ArbGG/*Ascheid*, § 72 Rz. 41; Düwell/Lipke/*Bepler*, § 72 ArbGG Rz. 32. | 5 BAG v. 16.4.1997 – 4 AZR 653/95, AP Nr. 35 zu § 72 ArbGG 1979 gegen eine überholte Rspr.; ebenso GMPM/*Müller-Glöge*, § 72 ArbGG Rz. 38; GK-ArbGG/*Ascheid*, § 72 Rz. 57. | 6 Ähnlich BAG v. 15.12.1986 – 2 AZR 289/86, AP Nr. 1 zu § 8 GKG 1975. | 7 Für sie bedarf es einer Beschwer der sich anschließenden Partei: Thomas/Putzo/*Reichold*, § 554 ZPO Rz. 2. | 8 BAG v. 29.10.1992 – 5 AZR 367/92, BAGE 71, 293 = AP Nr. 9 zu § 42 ZPO.

Nichtzulassungsbeschwerde §72a ArbGG

- Die entsprechende Anwendung des § 53 bedeutet, dass dort, wo diese Vorschrift die Befugnisse des Vorsitzenden klärt, ohne die ehrenamtlichen Richter tätig zu werden, in der Revisionsinstanz an die Stelle des Vorsitzenden der Kammer die **berufsrichterlichen Mitglieder des Senats** treten[1].
- Die Befugnisse des **Senatsvorsitzenden** im Verhältnis zu den übrigen berufsrichterlichen Mitgliedern des Senats bestimmen sich nach den Vorschriften der ZPO (§ 53 Abs. 2). Der Vorsitzende ist deshalb allein zuständig für die Terminierung (§ 216 Abs. 2)[2] und für die Führung der mündlichen Verhandlung (§ 136, auch § 140 ZPO).
- Auch in der Revisionsinstanz ist die **gütliche Erledigung** des Rechtsstreits anzustreben (§ 57 Abs. 2), die angesichts des Fehlens einer Güteverhandlung in der Revisionsinstanz sinnvoller Weise vielfach durch gerichtliche Hinweisschreiben vorbereitet wird.
- Was den Inhalt des Revisionsurteils angeht, so ist hier § 61 Abs. 1, der die Festsetzung des **Gegenstandswertes** im Urteil betrifft, ausdrücklich nicht in Bezug genommen; es gilt nur § 61 Abs. 2, wonach auf Antrag zur Zahlung einer vom Gericht festzusetzenden **Entschädigung** zu verurteilen ist, wenn eine Handlung, zu deren Vornahme verurteilt wurde, nicht innerhalb einer bestimmten Frist vorgenommen wurde.
- Rechtskräftige Urteile in **TV-Sachen** sind nach § 63 auch durch das BAG alsbald der obersten Arbeitsbehörde des Landes oder dem Bundesminister für Wirtschaft und Arbeit in vollständiger Form schriftlich zu übersenden. Dies betrifft nur rechtskräftige Entscheidungen in der Sache, nicht auch solche, durch die das Urteil der Vorinstanz aufgehoben und zurückverwiesen wird.

72a *Nichtzulassungsbeschwerde*

(1) Die Nichtzulassung der Revision durch das Landesarbeitsgericht kann selbständig durch Beschwerde angefochten werden, im Falle des § 72 Abs. 2 Nr. 1 jedoch nur dann, wenn die Rechtssache Rechtsstreitigkeiten betrifft

1. zwischen Tarifvertragsparteien aus Tarifverträgen oder über das Bestehen oder Nichtbestehen von Tarifverträgen,
2. über die Auslegung eines Tarifvertrags, dessen Geltungsbereich sich über den Bezirk des Landesarbeitsgerichts hinaus erstreckt, oder
3. zwischen tariffähigen Parteien oder zwischen diesen und Dritten aus unerlaubten Handlungen, soweit es sich um Maßnahmen zum Zwecke des Arbeitskampfes oder um Fragen der Vereinigungsfreiheit einschließlich des hiermit im Zusammenhang stehenden Betätigungsrechts der Vereinigungen handelt.

(2) Die Beschwerde ist bei dem Bundesarbeitsgericht innerhalb einer Notfrist von einem Monat nach Zustellung des in vollständiger Form abgefassten Urteils schriftlich einzulegen. Der Beschwerdeschrift soll eine Ausfertigung oder beglaubigte Abschrift des Urteils beigefügt werden, gegen das die Revision eingelegt werden soll.

(3) Die Beschwerde ist innerhalb einer Notfrist von zwei Monaten nach Zustellung des in vollständiger Form abgefassten Urteils zu begründen. In der Begründung müssen die Voraussetzungen des Absatzes 1 und des § 72 Abs. 2 Nr. 1 dargelegt oder die Entscheidung, von der das Urteil des Landesarbeitsgerichts abweicht, bezeichnet werden.

(4) Die Einlegung der Beschwerde hat aufschiebende Wirkung. Die Vorschriften des § 719 Abs. 2 und 3 der Zivilprozessordnung sind entsprechend anzuwenden.

(5) Das Landesarbeitsgericht ist zu einer Änderung seiner Entscheidung nicht befugt. Das Bundesarbeitsgericht entscheidet unter Hinzuziehung der ehrenamtlichen Richter durch Beschluss, der ohne mündliche Verhandlung ergehen kann. Die ehrenamtlichen Richter wirken nicht mit, wenn die Nichtzulassungsbeschwerde als unzulässig verworfen wird, weil sie nicht statthaft oder nicht in der gesetzlichen Form und Frist eingelegt und begründet ist, es sei denn, die Nichtzulassungsbeschwerde soll verworfen werden, weil die Voraussetzungen des Absatzes 1 und des § 72 Abs. 2 Nr. 1 nicht dargelegt sind. Dem Beschluss soll eine kurze Begründung beigefügt werden. Von einer Begründung kann abgesehen werden, wenn sie nicht geeignet ist, zur Klärung der Voraussetzungen des Absatzes 1 und des § 72 Abs. 2 beizutragen. Mit der Ablehnung der Beschwerde durch das Bundesarbeitsgericht wird das Urteil rechtskräftig. Wird der Beschwerde stattgegeben, beginnt mit der Zustellung dieser Entscheidung der Lauf der Revisionsfrist.

Lit.: Siehe Literatur zu § 72.

---

[1] BAG v. 10.12.1992 – 8 AZB 6/92, BAGE 72, 84 = AP Nr. 4 zu § 17a GVG. [2] BAG v. 4.2.1993 – 4 AZR 541/92, BAGE 72, 184 = AP Nr. 1 zu § 216 ZPO.

1 **I. Allgemeines. 1. Überblick.** Zusammen mit der Zulassungsrevision ist im Jahre 1979 die Möglichkeit in das Gesetz aufgenommen worden, gegen die Entscheidung des LAG, die Revision gegen sein Urteil nicht zuzulassen, Beschwerde beim BAG einzulegen. Mit diesem Rechtsbehelf[1], der nicht die Sachentscheidung des LAG sondern nur die eine Zulassung der Revision ablehnende **Verfahrensentscheidung** zur Überprüfung durch das BAG stellt, und dem das LAG nicht abhelfen kann (Abs. 5 Satz 1), wird die letzte Möglichkeit für die beschwerte Partei eröffnet, die Revisionsinstanz zu erreichen. Sie besteht weder gegenüber dem Beschluss des ArbG im Beschlussverfahren nach § 125 InsO[2] noch dann, wenn das LAG die Rechtsbeschwerde nach § 78 nicht zugelassen hat[3]. In beiden Bestimmungen ist § 72a nicht in Bezug genommen. Die 3. Instanz kann hier nur erreicht werden, wenn die anzufechtende Entscheidung diesen Weg eröffnet hat.

2 Schon durch die Einführung der Zulassungsrevision wollte der Gesetzgeber die **Revisionsinstanz entlasten** und hat dies auch erreicht, wie die – unterschiedlich – zurückhaltende Zulassungspraxis der LAG belegt[4]. Die ungewöhnlich hohe Zahl von Nichtzulassungsbeschwerden[5] spricht aber dafür, dass die neue Gesetzeslage nicht wesentlich zur **Rechtsbefriedung** beigetragen hat. Hinzu kommt, dass die Nichtzulassungsbeschwerden nur in einem sehr geringen, zuletzt sogar noch rückläufigen Umfang Erfolg haben[6]. Dies beruht auch darauf, dass die **Entscheidung** des LAG, die Revision nicht zuzulassen, nur **eingeschränkt überprüft** wird. Zwar genügt für die nachträgliche Zulassung der Revision das Vorliegen einer Divergenz, wie sie in § 72 Abs. 2 Nr. 2 angesprochen ist. Eine grundsätzliche Bedeutung der Rechtssache führt aber nur dann zur nachträglichen Zulassung, wenn die Rechtsstreitigkeit zusätzlich einen der in § 72a Abs. 1 abschließend aufgezählten Streitgegenstände betrifft.

3 **2. Abschließende Regelung. a) Derzeitige Rechtslage.** Die in § 72 Abs. 2, § 72a Abs. 1 Nr. 1 bis 3 genannten **Gründe** für eine nachträgliche Zulassung sind abschließend. Streitgegenstände außerhalb der in § 72a Abs. 1 Nr. 1 bis 3 genannten können nicht zum Erfolg der Nichtzulassungsbeschwerde führen. Diese Einschränkung hat das BVerfG verfassungsrechtlich nicht beanstandet. Weder das Rechtsstaatsprinzip noch Art. 103 Abs. 1 GG gebieten es, gegen eine gerichtliche Entscheidung stets ein Rechtsmittel an ein Gericht höherer Instanz zu eröffnen[7].

4 Auch ein wesentlicher Verfahrensmangel in 2. Instanz kann die nachträgliche Zulassung der Revision nicht rechtfertigen. § 72a sieht die Möglichkeit einer **Verfahrensbeschwerde nicht** vor. Dass es sich bei diesem Schweigen des ArbGG um ein beredtes handelt, ergibt sich zweifelsfrei aus einem Umkehrschluss zu § 132 VwGO, §§ 160, 160a SGG und § 115 Abs. 2, Abs. 3 FGG[8], die sämtlich eine solche Möglichkeit vorsehen, eine Nichtzulassungsbeschwerde zu begründen. Die im Jahre 2002 auch in die ZPO eingeführte Möglichkeit der Nichtzulassungsbeschwerde spricht die Verfahrensbeschwerde zwar nicht ausdrücklich an. In der amtlichen Begründung zu § 543 ZPO hat der Gesetzgeber aber deutlich gemacht, dass er den überkommenen Begriff der grundsätzlichen Bedeutung als Zulassungsgrund erweitern und auch bei Verstößen gegen Verfahrensgrundrechte eine Zulassung eröffnen will[9]. Im arbeitsgerichtlichen Verfahren kann nach geltendem Recht die nachträgliche Zulassung der Revision weder mit einem **absoluten Revisionsgrund** iSd. § 547 ZPO begründet werden[10] – also auch nicht damit, es liege auf Grund Überschreitung der Fünf-Monats-Höchstfrist für die Absetzung von Urteilen von Rechts wegen ein Urteil ohne Gründe vor[11]; in einem solchen Fall ist nach der Rspr. des ersten Senats des BAG nach derzeitiger Rechtslage überhaupt keine zulässige Nichtzulassungsbeschwerde möglich[12] – noch damit, das LAG habe bei der Entscheidungsfindung gegen **Verfahrensgrundrechte** verstoßen[13].

5 **b) Reformbedarf und -absichten.** Das **BVerfG** hat bereits in einem Beschluss vom 26.3.2001[14] darauf hingewiesen, der umfassende Ausschluss der Verfahrensbeschwerde im arbeitsgerichtlichen Verfahren sei aus rechtsstaatlicher Sicht auf Dauer **schwer hinzunehmen**. Im Plenarbeschluss vom 30.4.2003[15] hat es weiter festgestellt, es verstoße gegen das Rechtsstaatsprinzip iVm. Art. 103 GG, wenn eine Verfahrensordnung keine fachgerichtliche Abhilfemöglichkeit für den Fall vorsehe, dass ein Gericht in entscheidungserheblicher Weise den Anspruch auf rechtliches Gehör verletze. Dieser verfassungswidrige

---

1 Nicht: Rechtsmittel; dazu Rz. 9. | **2** BAG v. 14.8.2001 – 2 ABN 20/01, AP Nr. 44 zu § 72a ArbGG 1979 – Divergenz. | **3** BAG v. 19.12.2002 – 5 AZB 54/02, NZA 2003, 287. | **4** Vgl. *Schliemann*, FS 50 Jahre Arbeitsgerichtsbarkeit Rheinland-Pfalz, 1999, S. 655, 660. | **5** In den letzten Jahren sind mehr als doppelt so viele Nichtzulassungsbeschwerden wie Revisionen und Rechtsbeschwerden eingelegt worden. | **6** *Schliemann*, FS 50 Jahre Arbeitsgerichtsbarkeit Rheinland-Pfalz, 1999, S. 655, 663; *Leschnig/Gross*, JbArbR, Bd. 39, S. 37. | **7** BVerfG v. 11.6.1981 – 2 BvR 535/81, AP Nr. 9 zu § 72a ArbGG 1979; ebenso BAG v. 18.5.1999 – 9 AZN 209/99, AP Nr. 57 zu § 72a ArbGG 1979 – Grundsatz. | **8** BAG v. 26.6.2001 – 9 AZN 132/01, BAGE 98, 109 = AP Nr. 45 zu § 72a ArbGG 1979; ebenso zur derzeitigen Gesetzeslage BVerfG v. 26.3.2001 – 1 BvR 383/00, AP Nr. 33 zu Art. 20 GG, unter B I 2. | **9** BT-Drs. 14/3750, S. 75 = BR-Drs. 536/00, S. 265; zu ersten Erfahrungen mit der Nichtzulassungsbeschwerde in der Zivilgerichtsbarkeit: *Seiler*, MDR 2003, 785; *Baumert*, MDR 2003, 606; *Egon Schneider*, MDR 2003, 901, 904 mwN. | **10** BAG v. 20.2.2001 – 4 AZR 677/00, AP Nr. 45 zu § 72 ArbGG 1979; v. 26.6.2001 – 9 AZN 132/01, BAGE 98, 109 = AP Nr. 45 zu § 72a ArbGG 1979; *Grunsky*, NZA 1994, 305, 307. | **11** Vgl. hierzu GmS OGB v. 27.4.1993 – 1/92, AP Nr. 21 zu § 541 ZPO. | **12** BAG v. 1.10.2003 – 1 ABN 62/01, NZA 2003, 1356; dazu unten Rz. 7, 11. | **13** BAG v. 26.6.2001 – 9 AZN 132/01, BAGE 98, 109 = AP Nr. 45 zu § 72a ArbGG 1979. | **14** BVerfG v. 26.3.2001 – 1 BvR 383/00, AP Nr. 33 zu Art. 20 GG. | **15** BVerfG v. 30.4.2003 – 1 BvU 1/02, NJW 2003, 1924.

Zustand könne nur noch für eine Übergangszeit bis zum 31.12.2004 hingenommen werden. Auch von Seiten der Anwaltschaft wird das Fehlen einer Verfahrensbeschwerde als **unerträglich** empfunden[1].

Der Gesetzgeber wird deshalb bei nächster Gelegenheit eine **zusätzliche Möglichkeit** zu eröffnen haben, die Nichtzulassungsbeschwerde zu begründen, nämlich damit, das LAG habe gegen ein Verfahrensgrundrecht (insbes. Art. 101, Art. 103 GG) verstoßen, und dieser Verstoß könne für seine Entscheidung ursächlich gewesen sein. Für den absoluten Revisionsgrund des § 547 Nr. 6 ZPO, Urteil ohne Gründe, könnte sich ein Sonderweg anbieten, der unabhängig von der Ursächlichkeit des Verfahrensverstoßes für das anzufechtende Urteil eine **sofortige Zurückverweisung** der Sache ermöglicht.

3. Erschöpfung des Rechtsweges. Bevor gegen ein Urteil des LAG, in dem die Revision nicht zugelassen worden ist, **Verfassungsbeschwerde** eingelegt werden kann, muss der Rechtsweg erschöpft sein (§ 90 Abs. 2 BVerfGG) und deshalb auch das Nichtzulassungsbeschwerde-Verfahren durchgeführt werden. Dies soll nach der Rspr. des BVerfG dann nicht gelten, wenn die beschwerte Partei bei Einlegung der Nichtzulassungsbeschwerde nach dem Stand von Rspr. und Lehre nicht habe im Ungewissen sein können, dass diese Beschwerde unstatthaft oder unzulässig sei. Durch die Einlegung eines solchen Rechtsbehelfs werde die Monatsfrist zur Einlegung der Verfassungsbeschwerde nicht unterbrochen und mit der Entscheidung über die Nichtzulassungsbeschwerde neu in Gang gesetzt[2]. Wer nach derzeitiger Rechtslage[3] verfassungsrechtliche Bedenken gegen das Urteil eines LAG hat, in dem die Revisionszulassung abgelehnt wurde, sollte angesichts dessen in jedem Falle Verfassungsbeschwerde und Nichtzulassungsbeschwerde **gleichzeitig** einlegen und rechtzeitig begründen, auch wenn er die Nichtzulassungsbeschwerde für aussichtslos hält. Legt er nur Verfassungsbeschwerde ein, riskiert er deren Zurückweisung wegen Nichterschöpfung des Rechtsweges, legt er nur Nichtzulassungsbeschwerde ein, kann eine danach erhobene Verfassungsbeschwerde als verfristet angesehen werden. Dies gilt nach der Rspr. des ersten Senats des BAG allerdings **nicht**, wenn die anzufechtende Entscheidung infolge Fristablaufs als **Entscheidung ohne Gründe** (§ 547 Nr. 6 ZPO) anzusehen ist. Hier ist jede Nichtzulassungsbeschwerde von vornherein **offensichtlich** aussichtslos[4] und deshalb – nur – Verfassungsbeschwerde einzulegen[5].

II. Einlegung der Nichtzulassungsbeschwerde. 1. Form und Frist. Die Nichtzulassungsbeschwerde muss durch einen **Rechtsanwalt** (§ 11 Abs. 2)[6] schriftsätzlich und ordnungsgemäß unterzeichnet, nicht lediglich paraphiert[7], beim BAG eingereicht werden. Dies kann auch durch Fax oder Telebrief geschehen[8]. Die Beschwerdeschrift muss die **Entscheidung** des LAG, die angefochten werden soll, nach Gericht, Datum und Aktenzeichen **eindeutig benennen**[9], es sei denn, diese notwendigen Angaben lassen sich aus sonstigen Umständen, wie insb. einer der Beschwerdeschrift beigefügten Ausfertigung oder Abschrift des anzufechtenden Urteils entnehmen. Im Hinblick darauf sollte die Soll-Vorschrift des § 72a Abs. 2 Satz 2 aus anwaltlicher Vorsorge stets befolgt werden. Aus der Beschwerdeschrift muss sich weiter ergeben, für **welche Partei** Beschwerde eingelegt wird, und dass es dieser Partei darum geht, eine **nachträgliche Zulassung** der Revision zu erreichen.

Die Beschwerde kann nicht unter einer **Bedingung** eingelegt werden[10]. Die Beschwerde kann deshalb auch nicht nur für den Fall eingelegt werden, dass für ihre Durchführung **PKH**[11] bewilligt wird. Die Gegenauffassung[12] beruft sich zu Unrecht auf Gründe der Prozessökonomie. Die beschwerte Partei ist nicht gehindert, neben dem Antrag auf Bewilligung von PKH vorsorglich und – mit vollem Kostenrisiko – Nichtzulassungsbeschwerde einzulegen.

Die Nichtzulassungsbeschwerde ist innerhalb einer **Notfrist von einem Monat** nach Zustellung des in vollständiger Form abgefassten Urteils beim BAG einzulegen (Abs. 2 Satz 1). Eine Einreichung beim LAG wahrt die Frist nicht. Die Beschwerdeschrift muss jedenfalls im Ergebnis innerhalb der Monatsfrist beim BAG eingegangen sein[13].

Für den Beginn des Fristablaufs kommt es **nicht** darauf an, dass das LAG seinem Urteil eine **formgerechte Belehrung** über die Möglichkeit der Nichtzulassungsbeschwerde beigefügt hat. § 9 Abs. 5 Satz 4 ist unanwendbar. Die Nichtzulassungsbeschwerde ist **kein Rechtsmittel** im Sinne dieser Bestimmung, über das förmlich belehrt werden müsste. Ihr fehlt der hierfür wesentliche Devolutiv-Effekt. Auf die Beschwerde ist nur die Richtigkeit der Verfahrensentscheidung über die Nichtzulassung der Revision, nicht die Entscheidung über die Hauptsache zu überprüfen[14]. Es ist zwar üblich und anzuraten, dem Urteil, in dem die Revision nicht zugelassen wird, einen formlosen Hinweis auf die Möglichkeit der Nicht-

---

1 *Leschnig/Gross*, JbArbR, Bd. 39, 37, 44 ff. | 2 BVerfG v. 6.6.1978 – 1 BvR 98/76, BVerfGE 48, 341, 344; zuletzt bestätigt durch Beschl. v. 6.12.2001 – 1 BvR 1976/01, nv. | 3 Die Problematik wird nach der geplanten Gesetzesänderung (Rz. 5 f.) im Wesentlichen entfallen. | 4 BAG v. 1.10.2003 – 1 ABN 62/01, NZA 2003, 1356 | 5 Mit Aussicht auf Erfolg: BVerfG v. 26.3.2001 – 1 BvR 383/00, AP Nr. 33 zu Art. 20 GG. | 6 Die Einlegung durch einen Syndikus-Anwalt genügt nicht: BAG v. 19.3.1996 – 2 AZB 36/95, BAGE 82, 239 = AP Nr. 13 zu § 11 ArbGG 1979 – Prozessvertreter; vgl. aber auch BAG v. 27.9.2001 – 6 AZR 462/00, EzA § 11 ArbGG 1979 Nr. 15. | 7 BAG v. 27.3.1996 – 5 AZR 576/94, AP Nr. 67 zu § 518 ZPO. | 8 *Düwell*, NZA 1999, 291, 292; im Einzelnen § 74 Rz. 6. | 9 BAG v. 27.10.1981 – 3 AZN 283/81, AP Nr. 12 zu § 72a ArbGG 1979. | 10 BAG v. 13.8.1985 – 4 AZN 212/85, AP Nr. 22 zu § 72a ArbGG 1979. | 11 Zur Prozesskostenhilfe im Verfahren nach § 72a Rz. 41. | 12 GMPM/*Müller-Glöge*, § 72a ArbGG Rz. 23. | 13 BAG v. 4.11.1980 – 4 AZN 370/80, AP Nr. 7 zu § 72a ArbGG 1979. | 14 BAG v. 1.4.1980 – 4 AZN 77/80, AP Nr. 5 zu § 72a ArbGG 1979; ebenso GMPM/*Müller-Glöge*, § 72a ArbGG Rz. 4 mwN.

zulassungsbeschwerde beizufügen. Fehlt ein solcher Hinweis, ergeben sich daraus aber keine Rechtsfolgen[1]. Da die Begründung der Nichtzulassungsbeschwerde jedenfalls nach derzeitiger Rechtslage (vgl. Rz. 3–6) **Kenntnis der Entscheidungsgründe** des anzufechtenden Urteils voraussetzt, in dem die Revision nicht zugelassen worden ist, kommt de lege lata ein Beginn der Beschwerdefrist vor Zustellung des in vollständiger Form abgefassten Urteils nicht in Betracht[2]. Etwas anderes wird nach einer Gesetzesreform gelten können, wenn eine Beschwerde allein damit begründet werden kann, es liege wegen Fristüberschreitung ein verfahrensrechtswidriges Urteil ohne Gründe vor (§ 547 Nr. 6 ZPO). In diesem Fall wird es zur Begründung der Beschwerde keiner Kenntnis der Entscheidungsgründe mehr bedürfen. Nach dem Beschluss des BAG v. 1.10.2003[3] ist gegen eine Entscheidung iSv. **§ 547 Nr. 6 ZPO** eine **Nichtzulassungsbeschwerde nicht** mehr eröffnet. Es gebe bei einer solchen Entscheidung keine Entscheidungsgründe, anhand derer die Erfüllung der Voraussetzungen der § 72, § 72a überprüft werden könnten. Es bestehe nur die Möglichkeit einer Verfassungsbeschwerde. Die Entscheidung, auf die sich die Praxis bis zu einer Gesetzesänderung einzurichten haben wird, ist sehr problematisch. Sie nimmt die Wirkungen der durch den Gemeinsamen Senat angeordneten Fiktion allzu wörtlich und berücksichtigt nicht ausreichend, dass die Rüge, es liege ein Urteil ohne Gründe vor, nach dieser Rspr. verzichtbar ist.

12 **2. Mögliche Anträge.** Mit der Beschwerdeschrift, aber auch im Rahmen der Beschwerdebegründung kann der Beschwerdeführer die folgenden Anträge stellen: Hat das LAG die Revision gegen sein Urteil **insgesamt nicht zugelassen** oder hat es die Entscheidung über die Zulassung übergangen und die beschwerte Partei die Frist für den Ergänzungsantrag nach § 64a Abs. 3 Satz 2 schuldlos versäumt[4], kann diese beantragen,

die Revision gegen das Urteil des LAG ... vom ... – Az.: ... zuzulassen.

Sind mehrere Parteien beschwert, von denen jede Nichtzulassungsbeschwerde einlegen kann, empfiehlt sich für den einzelnen Antrag der Zusatz „für den Kläger" oder „für die Beklagte".

13 Hat das LAG die Revision nur **für** einen **Teil** des Streitstoffes **zugelassen** (vgl. § 72 Rz. 23 f.), kann wegen der teilweisen Nichtzulassung beantragt werden,

die Revision gegen ... auch zuzulassen, soweit es über den Anspruch auf ... entschieden hat.

Die beschwerte Partei kann schließlich auch, wenn die Revision insgesamt nicht zugelassen wurde, nur **wegen** eines **Teils** des Streitstoffes die **Zulassung** der Revision beantragen, also etwa

die Revision gegen ... zuzulassen, soweit es über den Anspruch auf ... entschieden hat.

14 **3. Wirkung.** Durch die Einlegung der Nichtzulassungsbeschwerde wird der Eintritt der **Rechtskraft** des anzufechtenden Urteils **gehemmt**. Dies gilt allerdings nicht, soweit der Beschwerdegegner durch dieses Urteil beschwert ist und insoweit weder die Revision zugelassen wurde, noch der Beschwerdegegner seinerseits Nichtzulassungsbeschwerde eingelegt hat. Dies ist nur dann anders, wenn der Beschwerdegegner, was bei einem einheitlichem Streitgegenstand in Betracht kommt, in der Lage ist, nach Zulassung der Revision für den Gegner durch Einlegung einer **Anschlussrevision** den gesamten Streitstoff zur Entscheidung durch das BAG zu stellen[5].

15 Die **aufschiebende Wirkung** der Nichtzulassungsbeschwerde hat zur Folge, dass dann, wenn die materielle Rechtslage von der Rechtskraft einer bestimmten Entscheidung abhängt, wie beispielsweise bei einer Verurteilung auf Abgabe einer Willenserklärung, die Rechtslage erst mit der Zurückweisung der Nichtzulassungsbeschwerde geändert wird. Dies gilt unabhängig davon, wie aussichtsreich die Nichtzulassungsbeschwerde ist[6]. Das anzufechtende Urteil des LAG ist auch bis zur Entscheidung über die Nichtzulassungsbeschwerde nur **vorläufig vollstreckbar**, weshalb der Beschwerdeführer zusammen mit der Nichtzulassungsbeschwerde nach § 72a Abs. 4 Satz 2 iVm. § 719 Abs. 2 und 3 ZPO die **einstweilige Einstellung der Zwangsvollstreckung** aus dem anzufechtenden Urteil beantragen kann. Hierüber hat das BAG ohne mündliche Verhandlung zu entscheiden. In der besonderen Situation nach Einlegung der Nichtzulassungsbeschwerde kommt eine Einstellung der Zwangsvollstreckung nur in Betracht, wenn sowohl die Nichtzulassungsbeschwerde als auch eine etwaige Revision Aussicht auf Erfolg haben. Ist dies nicht der Fall, oder würde einer zeitlich begrenzten Entscheidung der Vorinstanz durch eine einstweilige Einstellung jede Wirkung genommen, ist der Einstellungsantrag zurück zu weisen[7].

16 **III. Begründung der Nichtzulassungsbeschwerde. 1. Frist.** Nach Abs. 3 Satz 1 ist die Beschwerde innerhalb einer Notfrist von zwei Monaten nach Zustellung des in vollständiger Form abgefassten Urteils zu begründen. Diese Frist läuft auch ab, wenn die Beschwerdefrist versäumt wurde und bislang

---

1 BAG v. 9.7.2003 – 5 AZN 316/03, AP Nr. 49 zu § 72a ArbGG 1979. | 2 Düwell/Lipke/*Bepler*, § 72a ArbGG Rz. 11. | 3 BAG v. 1.10.2003 – 1 ABN 62/01, NZA 2003, 1356. | 4 Vgl. § 72 Rz. 22; weiter gehend, möglicherweise auch für den Fall einer schuldhaften Säumnis: GMPM/*Müller-Glöge*, § 72 ArbGG Rz. 27; Germelmann, NZA 2000, 1017, 1023. | 5 GK-ArbGG/*Ascheid*, § 72a Rz. 47; GMPM/*Müller-Glöge*, § 72 ArbGG Rz. 37, § 72a Rz. 30. | 6 BAG v. 9.7.1998 – 2 AZR 142/98, BAGE 89, 220 = AP Nr. 35 zu § 103 BetrVG 1972. | 7 BAG v. 27.6.2000 – 9 AZN 525/00, AP Nr. 42 zu § 72a ArbGG 1979; GMPM/*Müller-Glöge*, § 72a ArbGG Rz. 32.

über einen **Wiedereinsetzungsantrag** wegen des Ablaufs der Beschwerdefrist noch nicht entschieden wurde[1]. Die **Begründungsfrist kann nicht verlängert** werden[2].

Die **Fristenregelung** für Einlegung und Begründung der Nichtzulassungsbeschwerde war ursprünglich ungewöhnlich, weil sich die Begründungsfrist nicht an die Einlegung der Beschwerde anschließt, sondern Einlegungs- und Begründungsfrist unabhängig voneinander mit Zustellung des anzufechtenden Urteils zu laufen beginnen. Nachdem diese Fristregelung aber seit dem 1.1.2002 für die Rechtsmittel der ZPO (§ 517, § 520 Abs. 2; § 548, § 551 Abs. 2 Satz 3 ZPO) und in der Arbeitsgerichtsbarkeit (§ 66 Abs. 1; § 74 Abs. 1) allgemein gilt, handelt es sich nur noch um eine **Routinefrist**. Ihre Berechnung kann ein Rechtsanwalt regelmäßig seinem geschultem Büropersonal überlassen. Dort gleichwohl vorkommende Fehler schließen eine Wiedersetzung in den vorigen Stand nach § 233 ZPO nicht aus[3]. 17

2. Divergenzbeschwerde. Eine Nichtzulassungsbeschwerde wegen Divergenz ist begründet, wenn das anzufechtende Urteil einen abstrakten, zur Subsumtion geeigneten **Rechtssatz** aufgestellt hat, der von einem abstrakten Rechtssatz in einer Entscheidung eines der in § 72 Abs. 2 Nr. 2 genannten Gerichte und Spruchkörper **abweicht**, und das anzufechtende Urteil auf dieser Abweichung **beruht**[4]. Diese Voraussetzungen hat der Beschwerdeführer in seiner Beschwerdebegründung im Einzelnen **darzulegen** (§ 72 Abs. 3 Satz 2). 18

Der Beschwerdeführer hat die divergenzfähige Entscheidung (vgl. § 72 Rz. 15-17), von der das LAG abgewichen ist, nach Gericht, Datum und Aktenzeichen eindeutig zu **bezeichnen**. Dabei kann eine angezogene, an sich divergenzfähige Entscheidung nur dann eine Divergenzbeschwerde begründen, wenn sie **vor der Verkündung des anzufechtenden Urteils** ergangen ist; die Heranziehung eines späteren Urteils reicht nur dann aus, wenn dort lediglich wiederholend auf einen bereits zuvor aufgestellten Rechtssatz verwiesen wird[5]. 19

b) Abweichung im Rechtssatz. Der Beschwerdeführer muss weiter im Einzelnen darlegen, welche sich widersprechenden fallübergreifenden Rechtssätze zu einer bestimmten Rechtsfrage das anzufechtende Urteil und die angezogene divergenzfähige Entscheidung aufgestellt haben[6]. 20

Rechtsanwendungsfehler können eine nachträgliche Zulassung der Revision nicht rechtfertigen. Ausnahmsweise kann aber eine Divergenz in Betracht kommen, wenn das anzufechtende Urteil zwar nur **einzelfallbezogene Ausführungen** enthält, diesen Ausführungen aber **zwingend** entnommen werden muss, dass ihnen ein bestimmter abstrakter Rechtssatz zugrunde liegt, der im Widerspruch zu einer divergenzfähigen Entscheidung steht. Dass und warum dies so ist, muss der Beschwerdeführer im Einzelnen darlegen[7]. 21

Schließlich müssen die einander widersprechenden Rechtssätze grundsätzlich auch **dieselbe** geschriebene oder ungeschriebene **Rechtsnorm** betreffen (zu mögl. Ausnahmen vgl. § 72 Rz. 18). 22

c) Entscheidungserheblichkeit. Der Beschwerdeführer muss schließlich im Einzelnen darlegen, dass die festgestellte Divergenz für die Entscheidung insgesamt erheblich ist, dass die Entscheidung also anders ausgefallen wäre, wenn das LAG ihr statt des eigenen den divergierenden Rechtssatz zugrunde gelegt hätte (vgl. § 72 Rz. 19, 20). 23

3. Grundsatzbeschwerde. Eine Nichtzulassungsbeschwerde wegen grundsätzlicher Bedeutung ist begründet, wenn die Rechtssache grundsätzliche Bedeutung hat, die Entscheidung des Rechtsstreits also von einer erklärungsfähigen und klärungsbedürftigen Rechtsfrage abhängt und diese Klärung von einiger Bedeutung für die Rechtsordnung oder eines größeren Teils von ihr ist[8]. Dabei ist die Rechtssache anhand der Rechtsfragen zu würdigen, die das LAG behandelt hat[9]. Eine grundsätzliche Bedeutung der Rechtssache reicht für die nachträgliche Zulassung der Revision aber nicht aus. Es muss hinzu kommen, dass die Rechtssache einen der in Abs. 1 Nr. 1 bis 3 genannten besonderen kollektivrechtlichen Streitgegenstände betrifft. Dabei entspricht es für den Streitgegenstand der **Nr. 2** allgemeiner Auffassung, dass die **grundsätzliche Bedeutung gerade den privilegierten Streitgegenstand betreffen** muss. Ob dies auch für die beiden übrigen Streitgegenstände gilt, oder ob es dort ausreicht, dass irgend eine Rechtsfrage von grundsätzlicher Bedeutung aus Anlass der Befassung mit einem solchen Streitgegenständen entschieden werden muss, ist umstritten[10]. 24

---

1 BAG v. 26.7.1988 – 1 ABN 16/88, BAGE 59, 174 = AP Nr. 25 zu § 72a ArbGG 1979. | 2 ErfK/*Koch*, § 72a ArbGG Rz. 22; Hauck/Helml/*Hauck*, § 72a ArbGG Rz. 10. | 3 Anders noch zur alten Gesetzeslage BAG v. 20.6.1995 – 3 AZN 261/95, AP Nr. 42 zu § 533 ZPO 1977; v. 27.9.1995 – 4 AZN 473/95, AP Nr. 43 zu § 233 ZPO 1977; ebenso auch noch Hauck/Helml/*Hauck*, § 72a ArbGG Rz. 10. | 4 Std. Rspr.: zB BAG v. 20.8.2002 – 9 AZN 130/02, AP Nr. 45 zu § 72a ArbGG 1979 – Divergenz mwN. | 5 BAG v. 15.11.1994 – 5 AZN 617/94, AP Nr. 27 zu § 72a ArbGG 1979 – Divergenz; GK-ArbGG/*Ascheid*, § 72a Rz. 37. | 6 Zuletzt BAG v. 20.8.2002 – 9 AZN 130/02, AP Nr. 45 zu § 72a ArbGG 1979 – Divergenz. | 7 BAG v. 16.12.1982 – 2 AZN 337/82, AP Nr. 11 zu § 72a ArbGG 1979 – Divergenz; vgl. auch BAG v. 10.12.1997 – 4 AZN 737/97, AP Nr. 40 zu § 72a ArbGG 1979, zu 2.2.2 d.Gr. | 8 Im Einzelnen § 72 Rz. 9 bis 12; zum entsprechenden Begriffsverständnis im Rahmen von § 544, § 543 ZPO: BGH v. 27.3.2003 – V ZR 291/03, MDR 2003, 822; v. 1.10.2002 – XI ZR 71/02, NJW 2003, 65. | 9 Hauck/Helml/*Hauck*, § 72a ArbGG Rz. 2. | 10 Einerseits GK-ArbGG/*Ascheid*, § 72a Rz. 9; Düwell/Lipke/*Bepler*, § 72a ArbGG Rz. 35; andererseits GMPM/*Müller-Glöge*, § 72a ArbGG Rz. 7; *Etzel*, ZTR 1997, 248, 254.

25 **a) Die privilegierten Streitgegenstände.** Der Streit aus TV oder über das **Bestehen** oder Nichtbestehen von **TV** rechtfertigt nur dann eine nachträgliche Zulassung der Revision, wenn der Rechtsstreit zwischen einer **Gewerkschaft** und einem **ArbGebVerband** oder einem beim Abschluss des betreffenden TV unmittelbar beteiligten **ArbGeb** (§ 3 Abs. 1 TVG) ausgetragen wird. Anders als in Nr. 2 kommt es nicht darauf an, dass der betreffende TV über den Bezirk eines LAG hinaus gilt[1]. Nr. 1 ist unabhängig davon erfüllt, ob um den schuldrechtlichen oder den normativen Teil eines förmlich abgeschlossenen TV gestritten wird.

26 Die größte praktische Bedeutung im Rahmen des § 72a hat der Streit um die **Auslegung eines TV** mit einem über den Bezirk eines LAG hinausgehenden Geltungsbereich (Nr. 2). Dabei kann es stets nur um TV im Rechtssinne gehen.

27 Auslegungsstreitigkeiten sind nur dann privilegiert, wenn der auszulegende TV einen über den **Bezirk eines LAG** – nicht etwa nur den von Außenkammern des LAG[2] – hinausgehenden Geltungsbereich hat. Bei **FirmenTV** ist dies der Fall, wenn das Unternehmen derart in verschiedenen LAG-Bezirken tätig ist, dass für dort beschäftigte ArbN auch entsprechende **auswärtige Gerichtsstände** begründet sind[3]. Bei TV, die nur in einem LAG-Bezirk gelten, kommt ausnahmsweise dann eine Privilegierung nach Nr. 2 in Betracht, wenn der Beschwerdeführer darlegen kann, dass sich die **streitbefangene Regelung** in TV, die in anderen Bezirken gelten, **wortgleich** wiederfinden, und sich aus den TV im Übrigen keine Anhaltspunkte dafür ergeben, dass den Regelungen unterschiedliche Vorstellungen der TV-Parteien zugrunde liegen[4].

28 Die **Auslegung** eines TV ist Gegenstand einer Rechtssache, wenn der fallübergreifende, **abstrakte Inhalt** eines oder mehrerer **Tarifbegriffe** im Streit steht. Die Auseinandersetzung um die richtige Anwendung einer Tarifnorm auf den Einzelfall kann eine Nichtzulassungsbeschwerde ebenso wenig rechtfertigen, wie ein Streit um die Auslegung eines Begriffs, den die TV-Parteien ohne eigenständigen Regelungswillen aus dem Gesetz übernommen haben, oder um die richtige Anwendung allgemeinen Tarifrechts (zB Fortgeltung eines TV nach Betriebsübergang)[5].

29 Nach Nr. 3 sind Rechtsstreitigkeiten für eine nachträgliche Zulassung der Revision privilegiert, wenn zumindest eine Partei tariffähig (§ 3 Abs. 1 TVG) ist, und es um **Fragen der unerlaubten Handlung** im Zusammenhang mit **Arbeitskämpfen** oder mit der **Vereinigungsfreiheit** und ihrer Betätigung geht. Der Begriff der unerlaubten Handlung wird hier weit verstanden. Hierzu gehört sowohl der Rechtsstreit um ein Verhalten während eines Arbeitskampfes, das sich möglicherweise als rechtswidrig erweisen kann, als auch eine Auseinandersetzung um Aktivitäten einer TV-Partei, bei denen darüber gestritten wird, ob es auf eine Behinderung oder Sanktionierung koalitionsgemäßen Verhaltens gerichtet ist[6].

30 **b) Reformüberlegungen.** Nach derzeitiger, vom BVerfG insoweit nicht gerügter[7], Rechtslage führt zwar ein Streit um die Auslegung eines TV, der über den Zuständigkeitsbereich eines LAG hinaus gilt, in aller Regel zumindest zur nachträglichen Zulassung der Revision, bei Individualstreitigkeiten um die Wirksamkeit eines TV kann aber ebenso wenig die Zulassung der Revision erzwungen werden[8], wie bei einer, möglicherweise sogar erstmaligen Auseinandersetzung um den Inhalt eines Gesetzes. Diese Schieflage sollte wenn möglich durch Streichung der privilegierten Streitgegenstände beseitigt werden, so dass grundsätzlich das **Prüfprogramm** des LAG und des BAG für die Zulassung der Revision **gleich geschaltet** würde (wegen weiteren Reformbedarfs vgl. § 72 Rz. 15, § 72a Rz. 5 f.).

31 **4. Zusammengefasste Begründungsanforderungen.** Nach Abs. 3 Satz 2 iVm. Abs. 5 Satz 3 ist eine Nichtzulassungsbeschwerde als unzulässig zu **verwerfen**, wenn sie nicht den gesetzlichen Begründungsanforderungen entspricht. Dies bedeutet, dass die **Divergenzbeschwerde** nur zulässig ist, wenn der Beschwerdeführer im Einzelnen darlegt,

- von welcher nach Gericht, Datum und Aktenzeichen zu kennzeichnenden divergenzfähigen Entscheidung das LAG abgewichen ist,

- in welchen einander möglichst wörtlich gegenüber zu stellenden abstrakten Rechtssätzen die Abweichung liegt und

- dass das LAG, hätte es den Rechtssatz, von dem es abgewichen ist, zugrunde gelegt, anders entschieden hätte.

32 Es ist dann eine Frage der Begründetheit, ob die vorgetragene Abweichung tatsächlich besteht und ob sie wirklich entscheidungserheblich ist.

---

[1] BAG v. 17.6.1997 – 9 AZN 251/97, AP Nr. 51 zu § 72a ArbGG 1979 – Grundsatz. [2] BAG v. 29.9.1982 – 4 AZN 329/82, BAGE 39, 377 = AP Nr. 15 zu § 72a ArbGG 1979. [3] BAG v. 26.9.2000 – 3 AZN 181/00, BAGE 95, 372 = AP Nr. 61 zu § 72a ArbGG 1979 – Grundsatz. [4] BAG v. 24.3.1993 – 4 AZN 5/93, AP Nr. 21 zu § 72 ArbGG 1979; ErfK/*Koch*, § 72a ArbGG Rz. 11; Hauck/Helml/*Hauck*, § 72a ArbGG Rz. 4d; aA GK-ArbGG/*Ascheid*, § 72a Rz. 25; *Etzel*, ZTR 1997, 248, 251. [5] Hierzu GK-ArbGG/*Ascheid*, § 72a Rz. 17 ff. mwN. [6] BAG v. 18.8.1987 – 1 AZN 260/87, AP Nr. 33 zu § 72a ArbGG 1979 – Grundsatz. [7] BVerfG v. 11.6.1981 – 2 BvR 535/81, AP Nr. 9 zu § 72a ArbGG 1979. [8] BAG v. 16.12.1993 – 6 AZN 346/93, AP Nr. 44 zu § 72a ArbGG 1979 – Grundsatz; GK-ArbGG/*Ascheid*, § 72a Rz. 17; zweifelnd BAG v. 25.4.1996 – 3 AZN 316/95 (A), AP Nr. 10 zu § 76 ArbGG 1979.

Eine **Grundsatzbeschwerde** ist zulässig, wenn der Beschwerdeführer darlegt, dass das anzufechtende Urteil 33

- einen privilegierten Streitgegenstand nach Abs. 1 Nr. 1 bis 3 betrifft, wobei auch die einzelnen Tatbestandsmerkmale der betreffenden Streitgegenstände, wie etwa der betreffende TV und sein Geltungsbereich und die betreffenden Tarifbegriffe für Nr. 2, im Einzelnen dargelegt werden müssen, und

- grundsätzliche Bedeutung hat, also klärungsbedürftig, klärungsfähig und von über den Einzelfall hinausgehender allgemeiner Bedeutung ist.

IV. Entscheidung des BAG. 1. Verfahren. Das Verfahren bis zur Entscheidung über die Nichtzulassungsbeschwerde richtet sich nach der allgemeinen Regel. Die Beschwerde kann mit den Folgen des § 516 Abs. 3, § 565 ZPO iVm. § 72 Abs. 5 **zurückgenommen** oder – etwa nach außergerichtlichem Vergleich – entsprechend § 91 übereinstimmend für **erledigt** erklärt werden[1]. 34

2. Richterbank. Nach Abs. 5 Satz 2 wirken die ehrenamtlichen Richter bei der Entscheidung über die Nichtzulassungsbeschwerde grundsätzlich mit. Etwas anderes gilt nur dann, wenn eine Divergenzbeschwerde als unzulässig verworfen werden soll, weil sie nicht ordnungsgemäß begründet wurde, oder dann, wenn eine Beschwerdebegründung nicht erkennen lässt, dass überhaupt einer der beiden möglichen Begründungswege für eine Nichtzulassungsbeschwerde eingeschlagen werden soll. Ist erkennbar, dass der Beschwerdeführer sich auf eine grundsätzliche Bedeutung der Rechtssache berufen will, muss eine Entscheidung stets durch den Senat unter Beteiligung der ehrenamtlichen Richter ergehen[2]. Entscheidet der Senat in fehlerhafter Besetzung, liegt hierin ein Verstoß gegen den gesetzlichen Richter[3]. 35

3. Form. Über eine Nichtzulassungsbeschwerde ist durch **Beschluss** zu entscheiden, der ohne mündliche Verhandlung ergehen kann, in der Regel auch so ergeht. Ein Sachbericht muss nicht vorangestellt werden. Der Beschluss ist kurz zu **begründen**, es sei denn, eine Begründung ist nicht geeignet, zur abstrakten Klärung der Voraussetzungen des Abs. 1 und des § 72 Abs. 2 beizutragen (Abs. 5 Satz 5). 36

Eine **unzulässige Beschwerde** ist zu verwerfen. Ist sie **unbegründet**, wird sie zurückgewiesen. Liegen die Voraussetzungen für eine nachträgliche Zulassung der Revision hinsichtlich aller oder eines Teils der Streitgegenstände des Urteils 2. Instanz vor, ist die Revision ganz oder unter Zurückweisung oder Verwerfung im Übrigen teilweise[4] unabhängig davon zuzulassen, welche materiellen Erfolgsaussichten ihr beigemessen werden. 37

An sich überzeugend ist die Auffassung *Ascheids*[5], die **Zulässigkeit** einer Nichtzulassungsbeschwerde könne **dahin stehen**, wenn sie ohnehin unbegründet sei, weil es hier nicht um eine Sachentscheidung, sondern nur um die verfahrensrechtliche Frage geht, ob eine Sachentscheidung durch das Revisionsgericht eröffnet ist. Ihr ist gleichwohl im Hinblick auf Art. 101 GG (vgl. Rz. 35) **nur** zu folgen, soweit es um eine **Grundsatzbeschwerde** geht, die in jedem Falle vom Senat in voller Besetzung zu bescheiden ist. 38

4. Beurteilungszeitpunkt. Maßgebend für die Beurteilung der grundsätzlichen Bedeutung wie auch das Vorliegen einer Divergenz ist der **Zeitpunkt des Beschlusses**. Das BAG, das bei seiner Entscheidung über die Beschwerde nur die vom Beschwerdeführer konkret geltend gemachten Zulassungsgründe zu überprüfen hat[6], muss über die Zulassung der Revision danach befinden, ob durch eine Zulassung Rechtseinheit oder Rechtsfortbildung gefördert werden kann. Dies ist dann nicht der Fall, wenn zum Zeitpunkt seiner Entscheidung eine zuvor bestehende Divergenz durch eine mit dem anzufechtenden Urteil übereinstimmende neue höchstrichterliche Entscheidung weggefallen ist[7], oder die grundsätzliche Bedeutung einer bestimmten Rechtsfrage **nicht mehr** besteht, weil das BAG sie zwischenzeitlich beantwortet hat[8]. Dies gilt jedenfalls dann, wenn die Antwort des BAG mit der im anzufechtenden Urteil übereinstimmt. Bei abweichender Beantwortung dürfte ein fortbestehender Klärungsbedarf bestehen, der die Zulassung der Revision verlangt. 39

5. Wirkung der Entscheidung. Gegen die Entscheidung des BAG über die Nichtzulassungsbeschwerde gibt es kein Rechtsmittel, auch nicht die Möglichkeit einer erfolgreichen Gegenvorstellung[9]. Mit Verwerfung oder Zurückweisung der Beschwerde wird das Urteil des LAG rechtskräftig (Abs. 5 Satz 6). Mit der Zulassung der Revision wird das Urteil im – ggf. eingeschränkten – **Zulassungsumfang revisibel**. Mit der Zustellung des Zulassungsbeschlusses beginnt die **Revisionsfrist** zu laufen (Abs. 5 Satz 7), wenn der Beschluss eine Rechtsmittelbelehrung über Einlegung und Begründung der Revision enthält (§ 9 Abs. 5). Bei fehlender oder unrichtiger Rechtsmittelbelehrung kann die Revision innerhalb von sechs Monaten seit Zustellung des Zulassungsbeschlusses eingelegt werden (vgl. § 74 Rz. 12). Ist die Revision zugelas- 40

---

1 BAG v. 24.6.2003 – 9 AZN 319/03, AP Nr. 48 zu § 72a ArbGG 1979. | 2 Hauck/Helml/*Hauck*, § 72a ArbGG Rz. 16. | 3 Hauck/Helml/*Hauck*, § 41 ArbGG Rz. 9. | 4 BAG v. 6.12.1994 – 9 AZN 337/94, BAGE 78, 373 = AP Nr. 32 zu § 72a ArbGG 1979. | 5 GK-ArbGG/*Ascheid*, § 72a Rz. 77. | 6 Allg. Auffassung: GMPM/*Müller-Glöge*, § 72a ArbGG Rz. 39; Hauck/Helml/*Hauck*, § 72a ArbGG Rz. 15; zu § 544 ZPO: BGH v. 23.7.2002 – VI ZR 91/02, NJW 2002, 3334; aA *Seiler*, MDR 2003, 785. | 7 BAG v. 5.12.1995 – 9 AZN 678/95, BAGE 81, 355 = AP Nr. 32 zu § 72a ArbGG 1979 – Divergenz. | 8 BAG v. 16.9.1997 – 9 AZN 133/97, AP Nr. 54 zu § 72a ArbGG 1979 – Grundsatz; GMPM/*Müller-Glöge*, § 72a ArbGG Rz. 14 mzwN. | 9 BAG v. 15.5.1984 – 1 ABN 2/84 (2), AP Nr. 19 zu § 72a ArbGG 1979.

sen, kann der Beschwerdeführer im Rahmen seiner Revision auch Verfahrensrügen erheben, auf die er seine Beschwerde nicht stützen konnte (vgl. Rz. 4). Er kann allerdings im Rahmen seiner **Revisionsbegründung** anders als im Zivilprozess **nicht** auf die Begründung seiner **Nichtzulassungsbeschwerde Bezug** nehmen. § 551 Abs. 3 Satz 2 ZPO ist nicht über § 72 Abs. 5 entsprechend anwendbar: Die Nichtzulassungsbeschwerde ist nach § 72a, anders als in der ZPO (§ 544 Abs. 6 Satz 1 ZPO), in einem von der Revision getrennten Verfahren durchzuführen[1].

41 **V. PKH und Wiedereinsetzung.** Einer durch ein Urteil des LAG beschwerten Partei ist auf Antrag nach den allgemeinen Regeln PKH zu bewilligen, wenn sie die Kosten des Verfahrens nicht aufbringen kann. Die Unfähigkeit, die Kosten des Nichtzulassungsbeschwerde-Verfahrens aufzubringen, ist ein **Hinderungsgrund** zur Einhaltung der Beschwerde- und Beschwerdebegründungsfrist. Ist eine dieser Fristen oder sind beide bis zur Bewilligung der PKH abgelaufen, kann innerhalb von zwei Wochen nach Zustellung des Beschlusses über die Bewilligung von PKH Antrag auf **Wiedereinsetzung** in den vorigen Stand wegen der Versäumung der Beschwerdefrist nach § 233, § 234 Abs. 1 ZPO gestellt werden; gleichzeitig ist die Nichtzulassungsbeschwerde formgerecht einzulegen (§ 236 Abs. 2 Satz 2 ZPO). Ist der PKH-Antrag erst **nach Ablauf der Beschwerdebegründungsfrist** beschieden worden, hat der Beschwerdeführer ab Zustellung des Beschlusses, mit dem die Wiedereinsetzung wegen der Versäumung der Beschwerdefrist bewilligt worden ist, einen Monat Zeit, die Nichtzulassungsbeschwerde zu begründen[2]. Diese Sonderregeln gelten nicht, wenn der Beschwerdeführer vorsorglich – also unbedingt – Beschwerde eingelegt und gleichzeitig PKH beantragt hat[3].

42 **VI. Kosten.** Für die Durchführung des Nichtzulassungsbeschwerdeverfahrens wird eine 8/10-Gebühr (Nr. 9304 des Gebührenverzeichnisses) berechnet. Wird die Revision durch Beschluss zugelassen, ergeht keine Kostenentscheidung. Die Kosten des Beschwerdeverfahrens werden Teil der Kosten des Revisionsverfahrens, die der zu tragen hat, der im Revisionsverfahren unterliegt. War die Nichtzulassungsbeschwerde erfolglos, hat der Beschwerdeführer deren Kosten nach § 97 ZPO zu tragen. Die entsprechende Rechtsfolge tritt analog § 565, § 516 Abs. 3 Satz 1 ZPO iVm. § 72 Abs. 5 ein, wenn der Beschwerdeführer trotz erfolgreicher Nichtzulassungsbeschwerde keine Revision einlegt[4]. **Der Rechtsanwalt** erhält im Verfahren über die Nichtzulassungsbeschwerde eine 13/20-Gebühr, wenn keine mündliche Verhandlung stattgefunden hat (§ 11 Abs. 1 Satz 4, § 31 iVm. § 61 Abs. 1 Nr. 1 BRAGO)[5]. Daran hat sich durch den mit der Zivilprozess-Reform in Kraft getretenen § 61a Abs. 1 Nr. 2 BRAGO nichts geändert[6].

73 *Revisionsgründe*

(1) Die Revision kann nur darauf gestützt werden, dass das Urteil des Landesarbeitsgerichts auf der Verletzung einer Rechtsnorm beruht.

(2) § 65 findet entsprechende Anwendung.

1 **I. Allgemeines.** § 73 verdrängt als Spezialvorschrift § 545 Abs. 1 ZPO und erweitert die möglichen Revisionsgründe gegenüber dem Zivilprozess – und auch gegenüber den Möglichkeiten, nachträglich eine Zulassung der Revision nach § 72a zu erreichen (vgl. § 72 Rz. 17, § 72a Rz. 27) – dadurch, dass die Revision auf die Verletzung von Rechtsnormen **unabhängig** davon gestützt werden kann, ob deren **Geltungsbereich** über den Bezirk eines LAG hinaus erstreckt[7]. Dies unterstreicht die besondere Aufgabe des BAG, zur Rechtsfortbildung beizutragen. Im arbeitsgerichtlichen Verfahren ist aufgrund der umfassenden Formulierung in § 73 Abs. 1 auch anders als im Zivilprozess **ausländisches Recht** revisibel.

2 Die Bestimmung legt fest, dass es bei der Revision nicht darum geht, eine dritte Tatsacheninstanz zu eröffnen. Die Revision kann nur auf **Rechtsverletzungen** gestützt werden, also darauf, eine Rechtsnorm sei nicht oder nicht richtig angewendet worden (§ 546 ZPO, § 72 Abs. 5). Das BAG ist an den im Berufungsurteil festgestellten, ggf. auf Antrag nach § 320 ZPO berichtigten Tatbestand gebunden, sofern nicht bei dessen Feststellung Rechtsvorschriften verletzt worden sind und dies ordnungsgemäß gerügt worden ist (vgl. § 74 Rz. 25 ff.). Neues Vorbringen kann in der Revisionsinstanz nur in eng begrenzten Ausnahmefällen berücksichtigt werden (vgl. § 75 Rz. 10).

3 Die Revision kann auf die Verletzung aller Rechtsnormen gestützt werden, die zum **Zeitpunkt der Entscheidung** des BAG auf den zu entscheidenden Sachverhalt anwendbar sind. Dies kann zwischenzeitlich außer Kraft getretenes Recht ebenso sein, wie neues Recht, das wirksam rückwirkend in Kraft gesetzt worden ist[8]. Es ist für die Zulässigkeit einer Revision ohne Bedeutung, ob die vom Revisionsführer als verletzt angesehene Rechtsnorm überhaupt zur Anwendung gelangt. Es reicht aus, dass die Revisionsbegründung überhaupt die Verletzung einer Rechtsnorm darlegt[9].

---

1 AA GMPM/*Müller-Glöge*, § 74 ArbGG Rz. 22; *Schmidt/Schwab/Wildschütz*, NZA 2001, 1223; *Holthaus/Koch*, RdA 2002, 156/157. | 2 BAG v. 19.9.1983 – 5 AZN 446/83, BAGE 43, 297 = AP Nr. 18 zu § 72a ArbGG 1979. | 3 BAG v. 12.2.1997 – 5 AZN 1106/96, AP Nr. 38 zu § 72a ArbGG 1979. | 4 GMPM/*Müller-Glöge*, § 72a ArbGG Rz. 45; GK-ArbGG/*Ascheid*, § 72a Rz. 87. | 5 BAG v. 12.1.1996 – 9 AZN 1129/94, BAGE 82, 64 = AP Nr. 1 zu § 11 BRAGO. | 6 BAG v. 27.11.2003 – 8 AZB 52/03, nv. | 7 BAG v. 7.10.1981 – 4 AZR 173/81, AP Nr. 1 zu § 48 ArbGG 1979. | 8 BAG v. 14.11.1979 – 4 AZR 3/78, BAGE 32, 187 = AP Nr. 2 zu § 4 TVG – Gemeinsame Einrichtungen. | 9 BAG v. 20.7.2003 – 1 AZR 496/02, BAGReport 2003, 334.

II. Verletzung einer Rechtsnorm. 1. Materielles Recht. a) Gesetzes- und Satzungsrecht. Zu den Rechtsnormen, auf deren Verletzung eine Revision gestützt werden kann, gehört das gesamte staatliche Gesetzes- und Verordnungsrecht des Bundes und der Länder sowie das Recht der europäischen Gemeinschaften[1]. Außerdem zählt hierzu das kommunale Satzungsrecht und das Satzungsrecht der sonstigen juristischen Personen des öffentlichen Rechts und des Privatrechts[2]. Revisibel sind auch Dienstordnungen von SozV-Trägern[3], sowie **kirchliches Recht**, soweit es für die staatliche Rspr. entscheidungserheblich werden kann[4]. Zum nach § 73 revisiblen Recht gehört das **ausländische materielle Recht**[5]. Revisibel sind auch die Regeln des Gewohnheitsrechts, also des Rechts, das durch stetige, von Rechtsüberzeugung getragene Übung innerhalb der Rechtsgemeinschaft entstanden ist[6]. Schließlich werden zu den Rechtsnormen iSv. § 73 auch **Denkgesetze** und allgemeine Erfahrungssätze gerechnet[7], weshalb eine Revision auch auf einen nicht nach § 319 ZPO berichtigten Rechenfehler gestützt werden kann.

Das Revisionsgericht hat das auf den Sachverhalt anwendbare Bundes- und Landesrecht zu kennen. Geht es um Rechtsnormen iSv. **§ 293 ZPO**, also ausländisches Recht, Gewohnheitsrecht und Satzungsrecht, kann das Revisionsgericht über deren Inhalt **Beweis** erheben und verlangen, dass die **Prozessparteien** bei der Beibringung dieses Rechts in zumutbarem Umfang **mitwirken**[8]. Das Revisionsgericht ist aber nicht auf die von den Parteien beigebrachten Nachweise beschränkt, sondern kann auch andere Erkenntnisquellen benutzen, wie insb. Auskünfte oder Sachverständigengutachten einholen, oder den Rechtsstreit zur Ermittlung des betreffenden Rechts an das LAG zurückverweisen.

b) Kollektives Recht. Eine Revision kann auch darauf gestützt werden, Bestimmungen des normativen Teils eines **TV**[9] oder einer **BV**[10] seien nicht oder falsch angewendet worden. Entsprechendes gilt für die allgemeinverbindlichen TV gleichstehenden **bindenden Festsetzungen des Heimarbeitsausschusses** nach § 19 Abs. 1 HAG[11].

Das BAG muss nicht von Amts wegen prüfen, ob **TV** im Rechtsstreit auf ein Arbeitsverhältnis Anwendung finden[12]. Besteht aber nach dem Parteivortrag Anlass zu einer solchen Annahme, muss es sich Kenntnis vom Inhalt der TV verschaffen, wobei die Parteien eine Mitwirkungspflicht trifft. Bei entsprechender Veranlassung muss auch noch in der Revisionsinstanz geprüft werden, ob ein TV **wirksam** zustande gekommen und wirksam geblieben ist[13].

c) Kontrollmaßstab. Grundsätzlich überprüft das Revisionsgericht die vollständige und richtige Anwendung der Rechtsnormen durch das Berufungsgericht in vollem Umfang. Anders verhält es sich aber nach ständiger, allerdings kritisierter Rspr., wenn es um die Anwendung **unbestimmter Rechtsbegriffe** geht. Gemeint sind Begriffe, die einer rechtlichen und tatsächlichen Ausfüllung durch die Gerichte bedürfen, wie etwa „Verschulden"[14], „wichtiger Grund"[15], „Treu und Glauben"[16], „Sozialwidrigkeit"[17] oder die Tarifbegriffe der „Bedeutung"[18] oder der „selbständigen Leistung"[19] im Rahmen von Eingruppierungsbestimmungen. Solche unbestimmten Rechtsbegriffe sind in der Normensprache unumgänglich, um vielgestaltige, nicht im Einzelnen normierbare und ständigen Veränderungen unterworfene Lebenssachverhalte zu regeln[20]. Sie können vom Revisionsgericht nur daraufhin überprüft werden, ob das Berufungsgericht den Rechtsbegriff selbst verkannt hat, ob es ihn bei der Unterordnung des Sachverhaltes beibehalten hat, ob ihm bei der Anwendung Verstöße gegen Denkgesetze oder allgemeine Erfahrungssätze unterlaufen sind und ob es alle entscheidungserheblichen Umstände des individuellen Sachverhalts berücksichtigt hat[21]. Gegenüber der gegen diese Rspr. erhobenen Kritik wird zu Recht darauf hingewiesen, das Revisionsgericht sorge durch seine Prüfung, ob der Rechtsbegriff selbst verkannt wurde, in dem gebotenen und möglichen Umfang für die Rechtseinheit. Wenn im Einzelfall ähnliche Sachverhalte unterschiedlich beurteilt werden, ist dies hinzunehmen. Unbestimmte Rechtsbegriffe sollen gerade die Berücksichtigung aller Umstände des Einzelfalles ermöglichen und eine schematische Beurteilung vermeiden[22].

---

1 Dabei ist der Auslegungsvorrang des Europäischen Gerichtshofs aus Art. 234 EG zu beachten; MünchKomm-ZPO-Reform 2002/*J. Wenzel*, § 545 Rz. 5; BLAH/*Albers*, § 545 ZPO Rz. 9. |2 BAG v. 14.11.1974 – 3 AZR 547/73, AP Nr. 1 zu § 242 BGB – Ruhegehalt: Zusatzversorgung; GK-ArbGG/*Ascheid*, § 73 Rz. 20 mwN; zweifelnd GMPM/*Müller-Glöge*, § 73 ArbGG Rz. 13. |3 BAG v. 26.9.1984 – 4 AZR 608/83, BAGE 47, 1 = AP Nr. 59 zu § 611 BGB – Dienstordnungs-Angestellte. |4 GK-ArbGG/*Ascheid*, § 73 Rz. 21. |5 BAG v. 10.4.1975 – 2 AZR 128/74, BAGE 27, 99 = AP Nr. 12 zu Internationales Privatrecht, Arbeitsrecht. |6 Hauck/Helml/*Hauck*, § 73 ArbGG Rz. 4; GK-ArbGG/*Ascheid*, § 73 Rz. 15. |7 BAG v. 9.3.1972 – 1 AZR 261/71, AP Nr. 2 zu § 561 ZPO. |8 BLAH/*Hartmann*, § 293 ZPO Rz. 5. |9 BAG v. 30.9.1971 – 5 AZR 123/71, AP Nr. 121 zu § 1 TVG – Auslegung. |10 BAG v. 28.9.1965 – 1 AZR 73/65, BAGE 17, 305 = AP Nr. 1 zu § 4 1. VermBG. |11 BAG v. 5.5.1992 – 9 AZR 447/90, AP Nr. 14 zu § 19 HAG. |12 BAG v. 9.8.1995 – 6 AZR 1047/94, BAGE 80, 316 = AP Nr. 8 zu § 293 ZPO. |13 BAG v. 20.4.1994 – 4 AZR 354/93, BAGE 76, 276 = AP Nr. 9 zu § 1 TVG – Tarifverträge: DDR; v. 28.6.1994 – 3 AZR 546/93, BAGE 79, 149 = AP Nr. 16 zu § 1 TVG – Tarifverträge: DDR; v. 13.7.1994 – 4 AZR 699/93, BAGE 77, 201 = AP Nr. 12 zu § 1 TVG – Tarifverträge: DDR. |14 BAG v. 19.2.1998 – 8 AZR 645/96, AP Nr. 8 zu § 254 BGB. |15 BAG v. 26.7.2001 – 8 AZR 739/00, AP Nr. 13 zu § 628 BGB. |16 BAG v. 4.5.1999 – 10 AZR 417/98, AP Nr. 214 zu § 611 BGB – Gratifikation. |17 BAG v. 11.3.1999 – 2 AZR 507/98, AP Nr. 149 zu § 626 BGB. |18 BAG v. 14.4.1999 – 4 AZR 334/98, AP Nr. 263 zu §§ 22, 23 BAT 1975. |19 BAG v. 18.2.1998 – 4 AZR 581/96, AP Nr. 239 zu §§ 22, 23 BAT 1975. |20 BAG v. 28.2.1979 – 4 AZR 461/77, AP Nr. 9 zu § 1 TVG – Tarifverträge: Rundfunk. |21 BAG v. 17.11.1998 – 9 AZR 503/97, AP Nr. 26 zu § 1 Bildungsurlaubsgesetz NRW; v. 14.4.1999 – 4 AZR 334/98, AP Nr. 263 zu §§ 22, 23 BAT 1975; kritisch GK-ArbGG/*Ascheid*, § 73 Rz. 24 ff.; *Grunsky*, § 73 ArbGG Rz. 6. |22 GMPM/*Müller-Glöge*, § 73 ArbGG Rz. 7.

9 Eingeschränkt ist die revisionsgerichtliche Überprüfung auch in den Fällen, in denen die Rechtsnorm den Gerichten ein **Ermessen** bei der Entscheidung einräumt, etwa bei der Beurteilung von Direktionsmaßnahmen[1], bei der Bemessung des Schmerzensgeldes nach § 847 BGB[2] oder einer Abfindung nach §§ 9, 10 KSchG[3]. In solchen Fällen darf das Revisionsgericht nicht sein Ermessen an die Stelle des Berufungsgerichts setzen. Dessen Ermessensentscheidung ist nur daraufhin zu überprüfen, ob es überhaupt seine Ermessensfreiheit erkannt und von seinem Ermessen einen fehlerfreien Gebrauch gemacht hat, indem es alle relevanten Umstände gewürdigt hat und sich nicht von sachfremden Erwägungen hat leiten lassen[4].

10 2. Vertragskontrolle. a) Grundsatz. Verträge und einseitige Willenserklärungen sind keine Rechtsnormen. Ihren Inhalt festzustellen, ist **Tatsachenermittlung**. Die Auslegung von Verträgen und Willenserklärungen ist deshalb grundsätzlich Sache der Tatsachengerichte und von den Revisionsgerichten nur daraufhin zu überprüfen, ob bei der Auslegung die hierfür geltenden rechtlichen Bestimmungen (§§ 133, 157 BGB) richtig angewendet worden sind, ob der Tatsachenstoff vollständig verwertet wurde oder bei der Auslegung gegen Denkgesetze und Erfahrungssätze verstoßen wurde. Die Auslegung selbst ist nicht revisibel. Ist sie unter Anwendung der Auslegungsregeln möglich, ist sie vom Revisionsgericht hinzunehmen[5]. Der revisionsgerichtlichen Kontrolle unterliegt aber die Beurteilung des LAG, die Voraussetzungen für eine ergänzende Vertragsauslegung lägen vor; hier geht es wieder um die fallübergreifende Anwendung von Rechtsregeln[6].

11 **b) Uneingeschränkte Revisibilität.** Die Vertragsauslegung wird einer uneingeschränkten revisionsgerichtlichen Überprüfung unterzogen, soweit es sich um **typische Verträge** handelt, die in einer Vielzahl von Fällen angewendet werden und bei der ein besonderes Interesse an **einheitlichem Vertragsverständnis** besteht. Hierzu zählen **Formulararbeitsverträge**[7], **Gesamtzusagen**[8] oder Arbeitsverträge, die auf TV, Lehrer-Richtlinien oder kirchliche Arbeitsvertragsrichtlinien verweisen. In den beiden letztgenannten Fällen ist die Auslegung der ursprünglich nur internen, zum Vertragsgegenstand gemachten Verhaltensregeln durch das Berufungsgericht in vollem Umfang revisibel.

12 Uneingeschränkt revisible typische Verträge liegen auch dann vor, wenn sie nur von **einem ArbGeb**, aber in einer größeren Vielzahl von Fällen verwendet werden[9]. Der Gesichtspunkt, dass hier regelmäßig keine Gefahren für die Rechtseinheit drohen, verfängt angesichts des weiten Prüfungsansatzes des § 73 nicht.

13 Umstritten ist die revisionsgerichtliche Behandlung einer **betrieblichen Übung**. Überwiegend wird wohl angenommen, dass die Feststellung, ob überhaupt eine rechtsbegründende betriebliche Übung entstanden ist, und mit welchem genauen Inhalt sie die Einzelarbeitsverträge ausgestaltet hat, eine tatrichterliche Aufgabe ist, die nur einer eingeschränkten Kontrolle des Revisionsgerichts anhand der Rechtsregeln über die Tatsachenfeststellungen unterliegt[10]. Teilweise werden aber auch die aufgrund einer betrieblichen Übung typisiert gestalteten Arbeitsvertragsbestimmungen einer uneingeschränkten revisionsrichterlichen Überprüfung unterzogen[11].

14 Bei individuell ausgehandelten Verträgen mit **typischen Klauseln** ist die Auslegung der Letzteren uneingeschränkt in der Revisionsinstanz überprüfbar, es sei denn, es sind einzelfallbezogene Anhaltspunkte dafür ersichtlich, dass die betreffenden Klauseln von den Vertragsparteien in einem vom allgemein Üblichen abweichenden Sinn verstanden wurden[12].

15 **c) Auslegung von Prozesshandlungen und gerichtlichen Vergleichen.** Zu Recht wird allgemein angenommen, die Inhaltsermittlung von Prozesshandlungen unterläge der uneingeschränkten Auslegung durch das Revisionsgericht[13]. Daraus wird aber der unzutreffende Schluss gezogen, auch die Auslegung gerichtlicher Vergleiche sei uneingeschränkt revisibel[14]. Demgegenüber wird zu Recht eingewandt, dass die Auslegung des Prozessvergleichs nicht die darin liegende Prozesshandlung, die übereinstimmende Beendigung des Rechtsstreits, sondern die dem zugrunde liegende privatrechtliche Vereinbarung be-

---

1 BAG v. 21.4.1999 – 5 AZR 174/98, AP Nr. 5 zu § 4 MuSchG 1968. | 2 BAG v. 26.1.1971 – 1 AZR 304/70, AP Nr. 10 zu § 847 BGB. | 3 BAG v. 29.3.1960 – 3 AZR 568/58, BAGE 9, 131 = AP Nr. 7 zu § 7 KSchG. | 4 BAG v. 30.4.1975 – 4 AZR 351/74, AP Nr. 8 zu § 38 MTB II; v. 29.1.1992 – 5 AZR 266/90, AP Nr. 104 zu § 611 BGB – Lehrer, Dozenten; derselbe Maßstab gilt für die Überprüfung von Ermessensentscheidungen im Verfahrensrecht, etwa was die Aussetzung des Verfahrens oder die Zurückweisung von neuem Vorbringen angeht: GMPM/*Müller-Glöge*, § 73 ArbGG Rz. 8 mwN. | 5 BAG v. 20.2.2001 – 9 AZR 46/00, AP Nr. 11 zu § 1 TVG – Tarifverträge: Gaststätten, jeweils mwN. | 6 BAG v. 8.11.1972 – 4 AZR 15/72, AP Nr. 3 zu § 157 BGB. | 7 BAG v. 29.1.1992 – 5 AZR 266/90, AP Nr. 104 zu § 611 BGB – Lehrer, Dozenten; v. 25.9.2002 – 4 AZR 294/01, AP Nr. 26 zu § 1 TVG – Bezugnahme auf Tarifvertrag. | 8 BAG v. 11.12.2000 – 3 AZR 674/00, AP Nr. 21 zu § 1 BetrAVG – Berechnung. | 9 AA GMPM/*Müller-Glöge*, § 73 ArbGG Rz. 15. | 10 BAG v. 16.9.1998 – 5 AZR 598/97, AP Nr. 54 zu § 242 BGB – Betriebliche Übung; Hauck/Helml/*Hauck*, § 73 ArbGG Rz. 4; wohl auch GMPM/*Müller-Glöge*, § 73 ArbGG Rz. 15. | 11 BAG v. 1.3.1972 – 5 AZR 200/71, AP Nr. 11 zu § 242 BGB – Betriebliche Übung; tendenziell auch BAG v. 25.6.2002 – 3 AZR 360/01, AP Nr. 50 zu § 16 BetrAVG; GK-ArbGG/*Ascheid*, Rz. 42. | 12 GK-ArbGG/*Ascheid*, § 73 Rz. 39; aA BAG v. 16.10.1987 – 7 AZR 204/87, BAGE 57, 1 = AP Nr. 2 zu § 53 BAT; GMPM/*Müller-Glöge*, § 73 ArbGG Rz. 15. | 13 BAG v. 22.5.1985 – 4 AZR 427/83, AP Nr. 7 zu § 1 TVG – Tarifverträge: Bundesbahn; GMPM/*Müller-Glöge*, § 73 ArbGG Rz. 18; Hauck/Helml/*Hauck*, § 73 ArbGG Rz. 10. | 14 BAG v. 22.5.1985 – 4 AZR 427/83, AP Nr. 7 zu § 1 TVG – Tarifverträge: Bundesbahn; v. 16.7.2002 – 10 AZR 513/01, AP Nr. 74 zu § 74 HGB; v. 16.1.2003 – 2 AZR 316/01, nv.

trifft, die sich hier nicht von einer nur eingeschränkt überprüfbaren sonstigen Individualvereinbarung unterscheidet[1]. Man könnte allenfalls erwägen, gerichtliche Vergleiche, die nicht von den Parteien ausgehandelt wurden, sondern auf der Annahme eines gerichtlichen Vorschlags beruhen, wie typische Verträge zu behandeln[2], soweit sie in der Gerichtssprache allgemein übliche Klauseln enthalten.

3. Verfahrensrecht. a) Arten von Verfahrensmängeln. Die Revision kann auch darauf gestützt werden, das LAG habe Rechtsnormen des Verfahrensrechts verletzt. Bei den hier in Betracht kommenden Verfahrensmängeln sind diejenigen zu unterscheiden, die vom Revisionsgericht **von Amts wegen** zu überprüfen sind (dazu § 75 Rz. 5), und diejenigen, die – wie meist – nur **auf Rüge** zu prüfen sind (§ 75 Rz. 6; zu den Anforderungen an eine Verfahrensrüge § 74 Rz. 25 ff.). Dabei ist die Verfahrensrüge vom Revisionsführer bis zum Ablauf der Revisionsbegründungsfrist anzubringen (§ 551 Abs. 3 ZPO, § 72 Abs. 5)[3], während der Revisionsbeklagte hierfür bis zum Schluss der mündlichen Verhandlung in der Revisionsinstanz Zeit hat[4]. Als Verfahrensrechtsverstöße kommen etwa Fehler bei der **Beweiswürdigung** in Betracht (§ 286 ZPO), wenn zB eine Parteiaussage in 2. Instanz anders als vom ArbG gewürdigt wird, ohne dass die Partei erneut vernommen wurde[5], oder wenn auf der Grundlage eines Sachverständigengutachtens etwas als bewiesen angesehen wird, nach dem der Sachverständige nicht gefragt worden ist[6]. Zu den typischen Verfahrensfehlern nach **§ 139 ZPO** gehört es, wenn nicht auf eine **Antragstellung** hingewirkt wird, die dem erkennbaren Rechtsschutzziel der klagenden Partei entspricht[7]. 16

b) Absolute Revisionsgründe. Zu den Rechtsnormen des Verfahrensrechts, auf deren Verletzung eine Revision gestützt werden kann, gehören auch die in § 547 Nr. 1 bis 6 ZPO aufgelisteten absoluten Revisionsgründe, die im arbeitsgerichtlichen Verfahren nach § 72 Abs. 5 Anwendung finden: 17

Mit einer entsprechenden Rüge kann die Revision darauf gestützt werden, das Gericht, dessen Entscheidung angefochten wird, sei bei Schluss der mündlichen Verhandlung nicht vorschriftsmäßig **besetzt** gewesen (§ 547 Nr. 1 ZPO). Mit dieser einfachgesetzlichen Ausprägung des Art. 101 GG steht es im Widerspruch, wenn die für die anstehende Entscheidung zuständigen Richter nicht normativ-abstrakt im Geschäftsverteilungsplan vorherbestimmt, sondern nach freiem Ermessen festgelegt werden[8]. Deshalb liegen Verstöße gegen § 547 Nr. 1 ZPO insb. dann vor, wenn die beteiligten ehrenamtlichen Richter bewusst und ohne generell-abstrakte Grundlage im Geschäftsverteilungsplan abweichend von der Reihenfolge der **Liste nach § 39** herangezogen worden sind. Fehler, die dadurch entstehen, dass der Geschäftsstelle bei der Anwendung des § 39 ein Irrtum unterlaufen ist, reichen für eine erfolgreiche Rüge nach § 547 Nr. 1 ZPO allerdings ebenso wenig aus, wie davon ausgelöste Fehler bei der Heranziehung der ehrenamtlichen Richter in den Folgeterminen[9]. Verstöße gegen § 547 Nr. 1 ZPO liegen auch dann vor, wenn die beteiligten Berufsrichter nicht nach § 8 DRiG berufen worden ist, oder durch Geschäftsverteilungsplan eine Ermessensentscheidung eröffnet und genutzt wurde, über die Zuständigkeit für einen Rechtsstreit in dem einen oder anderen Sinne zu entscheiden[10]. Auf Fehler bei der Berufung der ehrenamtlichen Richter kann demgegenüber eine Revision nicht gestützt werden (§ 73 Abs. 2, § 65). 18

Hat ein Richter mitgewirkt, der kraft Gesetzes (§ 41) von der Mitwirkung ausgeschlossen war, liegt der absolute Revisionsgrund des § 547 Nr. 2 ZPO vor, es sei denn, das Nichtvorliegen des **Ausschlussgrundes** ist im Rahmen einer – unanfechtbaren (§ 49 Abs. 3) – Entscheidung über ein Ablehnungsgesuch, das diesen Grund geltend gemacht hatte, festgestellt worden. 19

Die absoluten Revisionsgründe der Nr. 3 (Mitwirkung eines erfolgreich abgelehnten Richters), Nr. 4 (nicht gesetzmäßige Prozessvertretung einer Partei) oder Nr. 5 (Verletzung der Vorschriften über die Öffentlichkeit des Verfahrens, § 173 bis 175 GVG iV § 52) spielen in der gerichtlichen Praxis eine untergeordnete Rolle. Sie sind ebenso nur auf Rüge hin zu berücksichtigen, wie der absolute Revisionsgrund der Nr. 6, die **Entscheidung ohne Gründe**. Eine solche Entscheidung ohne Gründe liegt vor, wenn § 69 verletzt ist, das Berufungsurteil also eine gedrängte Darstellung des Sach- und Streitstandes nicht enthält. Lässt das Berufungsgericht die Revision nicht zu, kann es zwar bei der Abfassung des Urteils nach § 69 Abs. 2 verfahren und von der Darstellung des Tatbestandes und der Entscheidungsgründe absehen, soweit es den Gründen der angefochtenen Entscheidung folgt[11]. Da eine nachträgliche Zulassung der Revision nicht ausgeschlossen ist, muss das Berufungsgericht zumindest die **Fortentwicklung des Sach- und Streitstandes** in der Berufungsinstanz **wiedergeben**[12]. Ist dies nicht geschehen, ist der absolute Revisionsgrund des § 547 Nr. 6 ZPO zwar nur auf entsprechende Rüge hin zu berücksichtigen. Da zugleich aber auch die tatsächlichen Grundlagen für eine rechtliche Beurteilung durch das Revisionsgericht fehlen, muss nach zugelassener Revision von Amts wegen eine Zurückverweisung erfolgen[13]. 20

---

1 GK-ArbGG/*Ascheid*, § 73 Rz. 43; *Ostrowicz/Künzl/Schäfer*, Rz. 269. | 2 Angedeutet in BAG v. 16.1.2003 – 2 AZR 316/01, nv. | 3 Hauck/Helml/*Hauck*, § 74 ArbGG Rz. 19. | 4 BAG v. 11.9.1997 – 8 AZR 4/96, AP Nr. 7 zu Art. 38 Einigungsvertrag; GK-ArbGG/*Ascheid*, § 73 Rz. 77. | 5 BAG v. 6.12.2001 – 2 AZR 396/00, BAGE 100, 52 = AP Nr. 33 zu § 286 ZPO. | 6 BAG v. 7.11.2002 – 2 AZR 599/01, AP Nr. 40 zu § 1 KSchG 1969 – Krankheitsbedingte Kündigung Nr. 40. | 7 BAG v. 18.2.2003 – 2 AZR 356/02, AP Nr. 1 zu § 8 TzBfG | 8 BAG v. 26.9.1996 – 8 AZR 126/95, BAGE 84, 189 = AP Nr. 3 zu § 39 ArbGG 1979. | 9 BAG v. 7.5.1998 – 2 AZR 344/97, AP Nr. 49 zu § 551 ZPO. | 10 BAG v. 22.3.2001 – 8 AZR 565/00, AP Nr. 59 zu Art. 101 GG. | 11 *Schmidt/Schwab/Wildschütz*, NZA 2001, 1217, 1219. | 12 GMPM/*Müller-Glöge*, § 73 ArbGG Rz. 37. | 13 BAG v. 15.8.2002 – 2 AZR 386/01, AP Nr. 12 zu § 543 ZPO 1977.

Ein Urteil ohne Gründe liegt darüber hinaus auch dann vor, wenn die Entscheidungsgründe des Berufungsgerichts in sich absolut unverständlich oder nichtssagend sind, zu wesentlichen Punkten nicht Stellung nehmen, zum Tenor im Widerspruch stehen oder nur die Gründe des erstinstanzlichen Urteils wiederholen, ohne auf neues Vorbringen des Berufungsklägers einzugehen[1].

21 Einer Entscheidung ohne Gründe iSv. § 547 Nr. 6 ZPO steht es gleich, wenn das vollständig abgesetzte Urteil **nicht innerhalb von fünf Monaten** seit seiner Verkündung von allen Richtern unterschrieben zur Geschäftsstelle des LAG gelangt ist; auch dies stellt nach **Rüge** durch eine der Parteien einen absoluten Revisionsgrund dar[2]. Entscheidend ist dabei der zeitliche Abstand zwischen Verkündung und Übergabe des vollständig schriftlich niedergelegten Urteils an die Geschäftsstelle (§ 75), nicht zwischen der letzten mündlichen Verhandlung und der Verkündung des Urteils in einem gesonderten Verkündungstermin[3]. Ein Urteil ist auch dann nicht innerhalb der Fünf-Monats-Frist mit Unterschriften zur Geschäftsstelle gelangt, wenn die Unterschrift eines der an der Entscheidung beteiligten Richters zwar durch einen Verhinderungsvermerk nach § 315 Abs. 1 Satz 2 ZPO ersetzt wurde, ein Verhinderungsgrund tatsächlich aber nicht vorlag. Dies ist vom Revisionsgericht ggf. durch Beweisaufnahme zu klären, wenn die rügende Partei im Einzelnen nachvollziehbar darlegt, dass der Vermerk auf willkürlichen oder sachfremden Erwägungen beruht oder darauf, dass der Rechtsbegriff der Verhinderung verkannt worden ist[4]. Ist die Rüge, es liege ein Urteil ohne Gründe vor, von einer Partei erhoben und nicht bis zum Ende der mündlichen Verhandlung vor dem Revisionsgericht zurückgenommen worden, ist das Urteil auch dann insgesamt ohne Stellungnahme zu den materiellen Erwägungen des Berufungsgerichts aufzuheben, wenn beide Parteien Revision eingelegt haben und nur **eine Partei** die Rüge erhoben hat[5].

22 c) **Irrevisibles Verfahrensrecht.** Nach § 73 Abs. 2 iVm. § 65 kann die Revision nicht auf die Verletzung bestimmter Rechtsnormen des Verfahrensrechts gestützt werden, nämlich zunächst darauf, das Berufungsgericht habe die Frage nach dem richtigen **Rechtsweg**, der **örtlichen Zuständigkeit** oder der **richtigen Verfahrensart** fehlerhaft beantwortet. Diese Fragen sind vorab im besonderen Verfahren nach § 17a GVG in den Tatsacheninstanzen abschließend zu klären. Eine Besonderheit gilt dann, wenn die Vorinstanzen trotz der von einer Partei erhobenen Rüge hierüber rechtsfehlerhaft nicht vorab durch Beschluss nach § 17a GVG, sondern nur in den Gründen des Sachurteils entschieden haben. Wird dies im Rahmen einer vom **LAG zugelassenen Revision** gerügt, gilt der Grundsatz der **Meistbegünstigung**: Das BAG hat an Stelle der Vorinstanzen durch Beschluss ohne mündliche Verhandlung und ohne Hinzuziehung der ehrenamtlichen Richter über Rechtsweg oder Verfahrensart durch Beschluss zu entscheiden und den Rechtsstreit ggf. in die andere Gerichtsbarkeit oder die andere Verfahrensart zu verweisen. Dies gilt nicht, wenn das Fehlen einer Vorabentscheidung über die **örtliche Zuständigkeit** gerügt wird, weil auch eine entsprechende Vorabentscheidung nicht anfechtbar gewesen wäre (§ 48 Abs. 1 Nr. 1), und dann, wenn die Revision auf **Nichtzulassungsbeschwerde** hin eröffnet worden ist, weil das Gesetz zwar eine nachträgliche Zulassung der Revision, nicht aber eine nachträgliche Zulassung der weiteren sofortigen Beschwerde kennt[6].

23 Nach § 73 Abs. 2, § 65 kann auch nicht mehr gerügt werden, bei der Berufung der ehrenamtlichen Richter nach § 20–§ 23 seien Verfahrensfehler unterlaufen. Darüber hinaus ist die Rüge, eine Klageänderung sei zu Unrecht als sachdienlich zugelassen worden, nach § 268 ZPO ebenso ausgeschlossen, wie die Beanstandung, das Berufungsgericht hätte verspätetes Vorbringen nicht zulassen dürfen[7].

24 **III. Ursächlichkeit des Rechtsfehlers.** Die Revision ist nur begründet, wenn die Entscheidung des LAG auf einem revisiblen Rechtsfehler beruht. Die Revision ist deshalb unbegründet, wenn sich das Urteil aus anderen Gründen unabhängig vom vorliegenden Rechtsfehler als richtig erweist (§ 561 ZPO). Dies gilt dann nicht, wenn einer der in § 547 Nr. 1–6 ZPO genannten absoluten Revisionsgründe vorliegt und ordnungsgemäß gerügt worden ist. In diesem Fall stellt das Gesetz die unwiderlegliche Vermutung auf, dass der betreffende Rechtsfehler für die angefochtene Entscheidung ursächlich ist. Der Rechtsstreit ist stets an das LAG zur Beseitigung des Rechtsfehlers zurück zu verweisen.

74 *Einlegung der Revision, Terminbestimmung*

(1) **Die Frist für die Einlegung der Revision beträgt einen Monat, die Frist für die Begründung der Revision zwei Monate. Beide Fristen beginnen mit der Zustellung des in vollständiger Form abgefassten Urteils, spätestens aber mit Ablauf von fünf Monaten nach der Verkündung. Die Revisionsbegründungsfrist kann einmal bis zu einem weiteren Monat verlängert werden.**

---

1 BAG v. 16.6.1998 – 5 AZR 255/98, AP Nr. 3 zu § 543 ZPO. | 2 GmS OGB v. 27.4.1993 – GmS OGB 1/92, AP Nr. 21 zu § 551 ZPO; BAG v. 4.8.1993 – 4 AZR 501/92, BAGE 74, 44 = AP Nr. 22 zu § 551 ZPO. | 3 BAG v. 20.11.1997 – 6 AZR 215/96, AP Nr. 47 zu § 551 ZPO. | 4 BAG v. 17.8.1999 – 3 AZR 526/97, AP Nr. 51 zu § 551 ZPO. | 5 BAG v. 15.11.1995 – 2 AZR 1036/94, AP Nr. 34 zu § 551 ZPO. | 6 BAG v. 26.3.1992 – 2 AZR 443/91, AP Nr. 7 zu § 48 ArbGG 1979; *Hauck/Helml/Hauck*, § 73 ArbGG Rz. 20; GMPM/*Müller-Glöge*, § 73 ArbGG Rz. 21; aA für den Fall der Rüge der fehlerhaft gewählten Verfahrensart BAG v. 28.4.1992 – 1 ABR 68/91, AP Nr. 11 zu § 50 BetrVG 1972, wo noch von einem endgültigen Verlust einer solchen Rügemöglichkeit in der Revisionsinstanz ausgegangen wird. | 7 BAG v. 31.10.1984 – 4 AZR 604/82, AP Nr. 3 zu § 42 TVAL II.

(2) Die Bestimmung des Termins zur mündlichen Verhandlung muss unverzüglich erfolgen. § 552 Abs. 1 der Zivilprozessordnung bleibt unberührt. Die Verwerfung der Revision ohne mündliche Verhandlung ergeht durch Beschluss des Senats und ohne Zuziehung der ehrenamtlichen Richter.

Lit.: Siehe Literatur zu § 72.

I. Allgemeines. Einlegung und Begründung der Revision sind in § 74 nur lückenhaft geregelt. Ergänzend gelten §§ 549 bis 553 ZPO (§ 72 Abs. 5). 1

1. Revisionsbefugnis. Zulässigkeitsvoraussetzung jeder – zugelassenen – Revision, durch deren rechtzeitige Einlegung der Eintritt der Rechtskraft des Berufungsurteils gehindert wird (§ 705 ZPO), ist eine **Beschwer** des Revisionsführers, also eine nachteilige Abweichung des Entscheidungsausspruchs des LAG von seinem letztem Antrag. Diese Voraussetzung ist für den Beklagten auch dann erfüllt, wenn der gegen ihn gerichtete Antrag nicht als unbegründet, sondern als unzulässig abgewiesen wurde[1], oder wenn eine Zahlungsklage zwar abgewiesen wurde, dies aber nicht wegen Nichtbestehens einer Forderung, sondern im Hinblick auf eine vorsorglich zur Aufrechnung gestellte Gegenforderung[2]. 2

Auch **Streithelfer** sind revisionsbefugt. Handelt es sich um eine einfache Streitgenossenschaft (§ 67 ZPO), bilden die Revision des Streithelfers und der unterstützten Partei ein einheitliches Rechtsmittel, dessen Form- und Fristanforderungen nur einmal erfüllt sein müssen[3]. Will nur der Streithelfer Revision einlegen, was der streitgenössische Nebenintervient (§ 69 ZPO) auch gegen den Willen der von ihm unterstützten Hauptpartei tun kann[4], muss er innerhalb der für die unterstützte Partei laufenden Frist Revision einlegen; die Revisionsfrist wird auch für ihn ausschließlich durch die Zustellung an die Partei in Gang gesetzt[5]. 3

2. Revision in unterbrochenen Verfahren. Ist ein Verfahren **nach Verkündung** des Berufungsurteils unterbrochen worden (§§ 239 ff. ZPO), läuft zwar keine Rechtsmittelfrist (§ 249 Abs. 1 ZPO). Eine gleichwohl formgerecht eingelegte Revision ist jedoch dem Revisionsgericht gegenüber wirksam; sie muss nach dem Ende der Unterbrechung **nicht wiederholt** werden[6]. Hat das LAG trotz Unterbrechung oder Aussetzung des Verfahrens über die Sache entschieden, kann hiergegen auch schon vor dem Ende der Unterbrechung Revision eingelegt werden, um diesen Mangel geltend zu machen[7], und im Zusammenhang damit insb. eine vorläufige Einstellung der Zwangsvollstreckung beantragt werden. 4

3. Wiederholte Revision. Innerhalb der laufenden Fristen kann von derselben Partei auch mehrfach Revision eingelegt werden, insb. um **Formmängel** einer vorangegangenen Revision zu **beseitigen**. Die im Zusammenhang mit wiederholten Revisionen aufgetretenen Probleme[8] spielen seit der Änderung der Fristbestimmungen für die Einlegung und die Begründung der Revision keine wesentliche Rolle mehr, weil die Revisionsbegründungsfrist nicht mehr mit der Einlegung der Revision zu laufen beginnt. Ist mehrfach Revision eingelegt worden und zumindest eine Revisionseinlegung form- und fristgerecht, müssen die Übrigen nicht mehr förmlich beschieden werden; es ist **nur ein Rechtsmittel** anhängig[9]. 5

II. Einlegung der Revision. 1. Form und Inhalt. Die Revisionsschrift ist ein bestimmender Schriftsatz, der von einem Rechtsanwalt (§ 11 Abs. 2) in einer Form unterzeichnet sein muss, die erkennen lässt, dass es sich um eine die Verantwortung für den unterzeichneten Schriftsatz übernehmende Unterschrift, nicht lediglich eine **Paraphe** handelt (§ 549 Abs. 2 iVm. § 130 Nr. 6 ZPO)[10]. Nach der relativ großzügigen Rspr. muss es sich um eine individuellen Schriftzug handeln - ohne lesbar sein zu müssen - als Wiedergabe eines Namens darstellt und die Absicht einer vollen Unterschriftsleistung erkennen lässt[11]. Auch diese großzügige Handhabung des § 130 Nr. 6 ZPO steht aber noch in einem Wertungswiderspruch zu dem höchstrichterlichen Bestreben, den Prozessbeteiligten bei der Abgabe von Prozesserklärungen gegenüber dem Gericht die Nutzung der **modernen Kommunikationsmittel** zu ermöglichen. So reicht es nach allgemeiner Auffassung für eine formgerechte Rechtsmitteleinlegung auch aus, wenn die Rechtsmittelschrift per **Telegramm, Fernschreiben** oder **Telefax** beim Rechtsmittelgericht eingeht. Dabei hat die Rspr. zwar bisher angenommen, ein bei einem Empfangsgerät des Gerichts eingehendes vom Originalschriftsatz gezogenes Fax[12] müsse die Originalunterschrift des Prozessbevollmächtigten wiedergeben[13]. Bei Schriftsätzen per Telegramm oder Telex reicht aber die maschinenschriftliche Wiedergabe der vom Absender geleisteten Unterschrift oder die aus dem Text des Telegramms oder aus der sog. **Kennung** des Fernschreibens zweifelsfrei ersichtliche Angabe der Person, welche die Nachricht als von 6

---

1 BAG v. 19.11.1985 – 1 ABR 37/83, BAGE 50, 179 = AP Nr. 4 zu § 2 TVG – Tarifzuständigkeit; die Beschwer fehlt allerdings im umgekehrten Fall: BAG v. 15.4.1986 – 1 ABR 55/84, BAGE 51, 345 = AP Nr. 36 zu § 99 BetrVG 1972. |2 BAG v. 24.1.1974 – 5 AZR 17/73, AP Nr. 24 zu § 72 ArbGG 1953 – Streitwertrevision. |3 BAG v. 16.9.1999 – 2 AZR 712/98, AP Nr. 1 zu Art. 4 GrO – Kath. Kirche. |4 BAG v. 15.1.1985 – 3 AZR 39/84, AP Nr. 3 zu § 67 ZPO. |5 BAG v. 17.8.1984 – 3 AZR 597/83, AP Nr. 2 zu § 67 ZPO. |6 BGH v. 30.9.1968 – VII ZR 93/67, BGHZ 50, 397. |7 GMPM/*Müller-Glöge*, § 74 ArbGG Rz. 5. |8 Vgl. zB BAG v. 19.5.1999 – 8 AZB 8/99, AP Nr. 72 zu § 518 ZPO. |9 BAG v. 16.8.1991 – 2 AZR 241/90, AP Nr. 2 zu § 15 SchwbG 1986. |10 BAG v. 27.3.1996 – 5 AZR 576/94, AP Nr. 67 zu § 518 ZPO. |11 BAG v. 30.8.2000 – 5 AZB 17/00, AP Nr. 12 zu § 130 ZPO. |12 Also kein Fax, das an einen privaten Anschlussinhaber übermittelt und von diesem eingereicht worden ist: BAG v. 5.7.1990 – 8 AZB 16/89, BAGE 65, 255 = AP Nr. 39 zu § 519 ZPO. |13 BAG v. 24.9.1986 – 7 AZR 669/84, BAGE 53, 105 = AP Nr. 12 zu § 72 ArbGG 1979.

ihr stammend abgesandt hat[1]. Nach Auffassung des Gemeinsamen Senats der Obersten Gerichtshöfe des Bundes[2] können bestimmende Schriftsätze sogar formwirksam durch elektronische Übertragung einer **Textdatei** mit **eingescannter** Unterschrift auf ein Faxgerät des Gerichts übermittelt werden[3].

7 Eine Partei ist bei der Revisionseinlegung auch dann ordnungsgemäß durch einen **Anwalt** vertreten, wenn der Schriftsatz auf dem Briefkopf eines Verbandes oder einer Gewerkschaft erstellt wurde, aber von einem Rechtsanwalt unterzeichnet wurde und sich aus dem Schriftsatz ergibt, dass der Unterzeichnende **in seiner Eigenschaft** als Rechtsanwalt die **Verantwortung** für die Prozesshandlung übernimmt[4].

8 Die Revision muss **unbedingt** eingelegt werden. Eine Einlegung für den Fall, dass **PKH** bewilligt wird, reicht nicht aus[5]. Hinsichtlich des notwendigen Inhalts einer Revisionsschrift gilt § 549 Abs. 1 Satz 2: Es muss das angefochtene **Urteil** nach Gericht, Datum und Aktenzeichen **bezeichnet** werden, so dass das Revisionsgericht die Identität des angefochtenen Urteils innerhalb der Revisionsfrist erkennen kann; es muss weiter eindeutig erklärt werden, dass gegen dieses Urteil das die Sachprüfung eröffnende **Rechtsmittel eingelegt** werden soll; auf die Bezeichnung als Revision kommt es nicht an[6]. Weiter sollen die Parteien und ihre gesetzlichen Vertreter bezeichnet werden; zumindest muss angegeben werden, **für wen** die **Revision** eingelegt wird. Sind die Angaben in der Revisionsschrift unvollständig oder ungenau, ist dies unschädlich, wenn sich die präzisen Angaben aus bis zum Ablauf der Revisionsfrist eingereichten **Unterlagen** ergeben, wie insb. der der Revisionsschrift beigefügten Ausfertigung oder beglaubigten Abschrift des angefochtenen Urteils (§ 550 Abs. 1 ZPO)[7]. Die Revisionsschrift ist auch dann ordnungsgemäß, wenn sie nicht die ladungsfähige Anschrift des Revisionsbeklagten oder seines Prozessbevollmächtigten enthält[8]. Nach § 549 Abs. 2 soll die Revisionsschrift auch die in § 130 ZPO weiter aufgelisteten Angaben enthalten, die aber auf das grundsätzlich nur der Rechtskontrolle dienende Revisionsverfahren im Allgemeinen nicht passen. Auch die beabsichtigten Revisionsanträge werden regelmäßig erst im Rahmen der Revisionsbegründungsschrift angekündigt.

9 Die Revisionsschrift ist nach § 550 Abs. 2 ZPO der gegnerischen Partei zuzustellen mit der Angabe seitens der Geschäftsstelle des BAG, wann die Revision eingegangen ist. Die Revisionsschrift soll deshalb mit einer entsprechenden Zahl von **beglaubigten Abschriften** eingereicht werden.

10 **2. Frist.** Nach § 74 Abs. 1 Satz 1 beläuft sich die **Notfrist** für die Einlegung der Revision auf einen Monat. Sie beginnt mit der Zustellung des in vollständiger Form abgefassten Urteils von Amts wegen. Ist ein Urteil an mehrere Prozessbevollmächtigte zuzustellen, beginnt die Frist **mit der ersten Zustellung** zu laufen[9]. Wird die Revision nach § 72 Abs. 1 Satz 2, § 64 Abs. 3a Satz 2 auf Antrag einer Partei durch Beschluss des LAG **nachträglich** durch **Ergänzung** des Urteilstenors zugelassen, beginnt die Revisionsfrist mit der Zustellung dieses Beschlusses, falls die Zustellung des Urteils bereits zuvor erfolgt sein sollte[10]. Wird die Revision nachträglich auf **Nichtzulassungsbeschwerde** hin vom BAG zugelassen, setzt die Zustellung des Zulassungsbeschlusses die Revisionsfrist in Gang (§ 72a Abs. 5 Satz 7).

11 Die Revisionsfrist beginnt auch dann mit Zustellung des Berufungsurteils, wenn es danach gemäß § 319 ZPO **berichtigt** wird; es läuft keine neue Rechtsmittelfrist[11]. Anders verhält es sich, wenn das anzufechtende Urteil durch Urteil nach § 321 ZPO **ergänzt** worden ist. Hier beginnt mit der Zustellung des Ergänzungsurteils der Lauf der Revisionsfrist auch gegen das ergänzte Urteil, in dem die Revision zugelassen ist, von neuem (§ 518 ZPO)[12], wenn die Rechtsmittelfrist nicht bereits vor Zustellung des Ergänzungsurteils abgelaufen war. Hinsichtlich der Revision ist das **Ergänzungsurteil** selbst als selbständiges Urteil anzusehen, es sei denn, es wurde lediglich die Kostenentscheidung ergänzt. Das ergänzende Urteil über einen zunächst übergangenen Anspruch ist deshalb nur revisibel, wenn auch insoweit im Ergänzungsurteil die Revision zugelassen worden ist[13].

12 Unabhängig von der den Ablauf der Monatsfrist auslösenden Zustellung eines vollständigen, mit einer zutreffenden Rechtsmittelbelehrung versehenen Urteils beginnt die einmonatige Revisionsfrist jedenfalls fünf Monate nach Verkündung des anzufechtenden Urteils zu laufen (§ 74 Abs. 1 Satz 2). Hierdurch ist die Jahresfrist des § 9 Abs. 5 Satz 4 verdrängt, die sich nach bisheriger Rspr. an die Fünf-Monats-(Höchst-)Frist des § 516 ZPO aF (= § 517 ZPO) anschloss, wenn ein verkündetes Urteil nicht – und damit auch keine Rechtsmittelbelehrung – zugestellt wurde[14]. Auch gegen verkündete, aber nicht zugestellte Urteile muss deshalb **spätestens** bis zum **Ablauf des sechsten Monats** nach ihrer Verkündung Revision eingelegt werden[15].

---

1 BGH v. 25.3.1986 – IX ZB 15/86, BGHZ 97, 238 = NJW 1986, 1759; BAG v. 9.3.1982 – 1 StR 817/81, BGHSt 31,7 = NJW 1982, 1470. | 2 Beschl. v. 5.4.2000 – GmS OGB 1/98, AP Nr. 2 zu § 129 ZPO. | 3 Vgl. hierzu insgesamt *Düwell*, NZA 1999, 291 ff.; *Zöller/Greger*, § 130 ZPO Rz. 5 ff. | 4 BAG v. 27.9.2001 – 6 AZR 462/00, EzA § 11 ArbGG 1979 Nr. 15. | 5 Wegen der Möglichkeiten einer Wiedereinsetzung in den vorigen Stand, wenn eine Partei nicht in der Lage ist, die Kosten der Rechtsmitteldurchführung aufzubringen: § 72a Rz. 41. | 6 BAG v. 3.12.1985 – 4 ABR 7/85, AP Nr. 1 zu § 74 BAT. | 7 BAG v. 23.8.2001 – 7 ABR 15/01, NZA 2001, 1214. | 8 BAG v. 16.9.1986 – GS 4/85, BAGE 53, 30 = AP Nr. 53 zu § 518 ZPO. | 9 BAG v. 23.1.1986 – 6 ABR 47/82, BAGE 51, 29 = AP Nr. 31 zu § 5 BetrVG 1972. | 10 GMPM/*Müller-Glöge*, § 74 ArbGG Rz. 6. | 11 BGH v. 9.11.1994 – XII ZR 184/93, NJW 1995, 1033. | 12 GMPM/*Müller-Glöge*, § 74 ArbGG Rz. 6. | 13 Vgl. BGH v. 20.6.2000 – VI ZR 2/00, NJW 2000, 3008. | 14 Zuletzt BAG v. 8.6.2000 – 2 AZR 584/99, AP Nr. 21 zu § 66 ArbGG 1979 mwN. | 15 BAG v. 1.10.2003 – 1 ABN 62/01, NZA 2003, 1356; GMPM/*Müller-Glöge*, § 74 ArbGG Rz. 5; Hauck/Helml/*Hauck*, § 74 ArbGG Rz. 6.

Die Revisionsschrift muss zur Fristwahrung bis zum Ablauf der nach § 222 ZPO, § 187, § 188 BGB[1] zu berechnenden Revisionsfrist **beim BAG** eingereicht sein. Der Zugang bei einem anderen Gericht wahrt die Frist nicht; anders nur, wenn die Revisionsschrift von dort weitergegeben innerhalb der Frist beim BAG eingeht. Ein Eingang beim BAG liegt vor, wenn die Revisionsschrift die Verfügungsmacht des Rechtsmittelführers verlassen hat und in die des Revisionsgerichts gelangt ist. Bei **elektronischer Übermittlung** kommt es auf die vollständige **Aufzeichnung** der Daten durch das **Empfangsgerät** des BAG an. Eingangsvermerke der Geschäftsstelle sind demgegenüber unbeachtlich[2]. Eine mangelhafte Wiedergabe des Gesendeten auf Grund eines Defektes im Empfangsgerät ändert an dem rechtzeitigen Zugang der Revisionsschrift bei einem rechtzeitigen Eingang der elektronischen Daten nichts[3]. Gehen die Daten demgegenüber auf Grund von Störungen unter oder des Empfangsgerätes nicht rechtzeitig bei Gericht ein, ist zwar die Revisionsfrist versäumt. Es ist jedoch **Wiedereinsetzung** in den vorigen Stand zu gewähren, wenn der Rechtsanwalt so rechtzeitig mit der Sendung des Fax begonnen hat, dass unter normalen Umständen vor Fristablauf um 24.00 Uhr mit dem Empfang beim Rechtsmittelgericht zu rechnen war, sich aber beim Sendevorgang herausstellte, dass die Leitung gestört war[4]. 13

III. Revisionsbegründung. 1. Form und Frist. Die Revisionsbegründung erfolgt durch einen bestimmenden, von einem Rechtsanwalt zu unterzeichnenden Schriftsatz. Eine **Bezugnahme** auf die Schriftsätze der Vorinstanz reicht ebenso wenig aus, wie eine auf die Begründung der erfolgreichen Nichtzulassungsbeschwerde; § 551 Abs. 3 Satz 2 ZPO ist, da es sich bei dem Nichtzulassungsbeschwerde-Verfahren im ArbGG um ein von der Revision in jeder Hinsicht getrenntes Verfahren handelt, nicht anwendbar[5]. Eine Bezugnahme auf Schriftsätze im Prozesskostenhilfe-Bewilligungsverfahren soll demgegenüber ausreichen[6]. 14

Die **Revisionsbegründungsfrist** beginnt gemeinsam mit der Revisionsfrist mit Zustellung des vollständig begründeten Urteils mit ordnungsgemäßer Rechtsmittelbelehrung oder den diesem Termin gleichstehenden Zeitpunkten (vgl. Rz. 10 ff.) und beträgt zwei Monate. Die Revisionsbegründungsfrist ist keine Notfrist; eine Wiedereinsetzung in den vorigen Stand ist aber möglich (§ 233 ZPO). Die Revisionsbegründungsfrist kann **nur einmal** bis zu einem weiteren Monat **verlängert** werden (§ 74 Abs. 1 Satz 2), wenn der Antrag auf Verlängerung vor Ablauf der Begründungsfrist beim Revisionsgericht eingeht; die Verlängerung kann auch noch nach Fristablauf erfolgen[7]. Der Verlängerungsantrag steht aber nicht der Revisionsbegründung gleich. Nicht er, sondern die Revisionsbegründung selbst ist die versäumte Prozesshandlung, die mit dem Antrag auf **Wiedereinsetzung** in den vorigen Stand wegen Versäumung der Revisionsbegründungsfrist nachgeholt werden muss (§ 236 Abs. 2 ZPO)[8]. 15

Wiedereinsetzung kann nach überwiegender Auffassung nicht mit dem Ziel gewährt werden, es dem Revisionskläger zu ermöglichen, einen weiteren **Revisionsgrund nachzuschieben**, der ohne sein Verschulden nicht rechtzeitig geltend gemacht werden konnte[9]. Dadurch wird allerdings nur das Nachschieben von Verfahrensrügen durch den Revisionskläger verhindert. Materiell-rechtliche Rügen können auch nach Ablauf der Revisionsbegründungsfrist vorgebracht werden, wenn die Revision als solche fristgerecht begründet worden ist. 16

Eine Verlängerung der Revisionsbegründungsfrist, die durch den Vorsitzenden allein erfolgt (§ 551 Abs. 2 Satz 5 ZPO), ist auch dann nur einmal möglich, wenn die Frist von einem **Monat** bei dieser Verlängerung **nicht ausgeschöpft** worden ist[10]. Ist die Revisionsbegründungsfrist um einen bestimmten Zeitraum verlängert worden, endet sie mit dem im Beschluss angegebenen Tag, auch wenn dadurch die Fristverlängerung im Widerspruch zur Höchstgrenze des § 74 steht[11]. 17

2. Inhalt. a) Antrag und Antragsänderung. Die Revisionsbegründung muss nach § 551 Abs. 3 Nr. 1 ZPO eine Erklärung darüber enthalten, in welchem Umfang das Berufungsurteil angefochten wird. Trotz § 551 Abs. 4, § 549 Abs. 2, § 130 Nr. 2 ZPO wird vertreten, der Revisionsantrag müsse nicht gesondert hervorgehoben und ausdrücklich formuliert werden[12]. Üblicher und sinnvoller Weise wird gleichwohl zur präzisen Bestimmung des Umfangs der Revisionseinlegung an den **Beginn der Revisionsbegründung** ein förmlicher **Antrag** gestellt. Der Antrag sollte so gefasst werden, dass dann, wenn der Revisionsführer mit ihm Erfolg hat, die Sachentscheidung verbleibt, die er anstrebt. **Beispiele:** Der Revisionsführer ist in allen Instanzen mit seiner Klage abgewiesen worden (bzw. antragsgemäß verurteilt worden): 18

---

1 Zu § 193 BGB: Maßgeblich sind die gesetzlichen Feiertage in Erfurt: Feiertagsgesetz des Freistaates Thüringen v. 21.12.1994 (GVBl. 1221), neben den neun üblichen zusätzlich der 31. Oktober. | 2 BAG v. 19.1.1999 – 9 AZR 679/97, BAGE 90, 329 = AP Nr. 79 zu § 615 BGB. | 3 Düwell/Lipke/*Düwell*, § 74 ArbGG Rz. 7. | 4 BVerfG v. 1.8.1996 – 1 BvR 121/95, NZA 1996, 1173. | 5 AA GMPM/*Müller-Glöge*, § 74 ArbGG Rz. 22; Holthaus/Koch, RdA 2002, 156/157; *Schmidt/Schwab/Wildschütz*, NZA 2001, 1223. | 6 BAG v. 2.2.1968 – 1 AZR 248/67, BAGE 20, 275 = AP Nr. 14 zu § 554 ZPO. | 7 BAG v. 24.8.1979 – GS 1/78, BAGE 32, 71 = AP Nr. 1 zu § 66 ArbGG 1979. | 8 BAG v. 16.1.1989 – 5 AZR 579/88, AP Nr. 3 zu § 222 ZPO. | 9 BAG v. 6.6.1962 – 3 AZR 296/59, AP Nr. 10 zu § 554 ZPO. | 10 BAG v. 6.12.1994 – 1 ABR 34/94, BAGE 79, 1 = AP Nr. 7 zu § 66 ArbGG 1979. | 11 BAG v. 14.3.1979 – 4 AZR 435/77, AP Nr. 17 zu §§ 22, 23 BAT 1975. | 12 BAG v. 6.10.1965 – 2 AZR 404/64, AP Nr. 4 zu § 59 BersVG 1955; wohl strenger Hauck/Helml/*Hauck*, § 74 ArbGG Rz. 13.

..., das Urteil des LAG (Ort, Datum, Aktenzeichen) aufzuheben, und auf die Berufung des Klägers (bzw. des Beklagten) das Urteil des ArbG (Ort, Datum, Aktenzeichen) abzuändern und den Beklagten zu verurteilen an den Kläger ... (bzw. ... und die Klage abzuweisen).

Der Revisionsführer hat in 1. Instanz obsiegt und ist in 2. Instanz unterlegen:

..., das Urteil des LAG ... aufzuheben und die Berufung des Beklagten (bzw. des Klägers) gegen das Urteil des ArbG ... zurückzuweisen.

Entsprechend sind die Anträge zu fassen, wenn der Revisionsführer in der Berufungsinstanz nur teilweise unterlegen ist und nur insoweit die Aufhebung des Urteils des LAG und die ein vollständiges Unterliegen bzw. Obsiegen herbeiführende Neuentscheidung an Stelle des LAG erreichen will. Will der Revisionsführer schließlich nur einen Teils des Antrags, mit dem er in der Berufungsinstanz unterlegen ist, zur Überprüfung durch das BAG stellen, muss er auch dies durch eine entsprechende Antragstellung deutlich machen, die etwa die Aufhebung des Berufungsurteils nur geltend macht, soweit es in einer bestimmten Höhe oder wegen eines bestimmten Gegenstandes der Klageforderung entsprochen bzw. die Klageforderung zurückgewiesen hat. Ein Antrag auf Zurückverweisung der Sache an das Berufungsgericht nach § 563 Abs. 1 ZPO ist überflüssig. Hierüber ist nach dem Stand der Tatsachenaufklärung von Amts wegen zu entscheiden.

19 Eine **Änderung des Sachantrages** ist in der Revisionsinstanz grundsätzlich **ausgeschlossen**, weil der Beurteilung des Revisionsgerichts nur dasjenige Parteivorbringen unterliegt, das aus dem Tatbestand des Berufungsurteils oder dem Sitzungsprotokoll ersichtlich ist[1]. Aus dieser Begründung ergibt sich zugleich die Ausnahme von der Regel: Eine Änderung des Klageantrags iSv. **§ 264 Nr. 2 oder Nr. 3 ZPO** ist auch in der Revisionsinstanz statthaft, wenn der geänderte Antrag auf den vom LAG festgestellten Sachverhalt und/oder auf unstreitiges tatsächliches Vorbringen gestützt wird[2]. Für grundsätzlich statthaft wird es auch gehalten, wenn der Kläger in der Revisionsinstanz vom **Leistungs- zum Feststellungsantrag** übergeht[3]. Gleiches gilt im **umgekehrten** Fall nur dann, wenn erst in der Revisionsinstanz die Voraussetzungen zur Geltendmachung der Leistung vorliegen und die notwendigen tatsächlichen Feststellungen für die Begründetheit des Leistungsantrags getroffen sind. War in der Berufungsinstanz an sich die Leistungsklage möglich, wurde aber Feststellungsklage erhoben, würde mit einem Erfolg eines erstmals in der Revisionsinstanz erhobenen Leistungsantrages mehr erreicht, als die aus dem Berufungsurteil folgende Beschwer des Revisionsklägers zu beseitigen. Dies kann nicht zulässiges Ziel einer Revision sein[4].

20 Sehr zweifelhaft ist es, ob ein in den Vorinstanzen als **Hilfsantrag** verfolgtes Rechtsschutzziel nunmehr in der Revisionsinstanz zum **Hauptantrag** erhoben werden kann[5]. Das BAG hat dies bislang nur in einem Fall angenommen, in dem der bisherige Hilfsantrag, ein Feststellungsantrag, ohnehin Teil des zunächst als Hauptantrag verfolgten Leistungsantrags war[6]. Es hat damit nur eine Änderung zugelassen, die auch ohne den bisherigen Hilfsantrag statthaft gewesen wäre.

21 **b) Auseinandersetzung mit dem Revisionsurteil.** Während nach § 554 Abs. 3 Nr. 3a ZPO aF, § 72 Abs. 5 in der Revisionsbegründung noch die verletzte **Rechtsnorm** konkret zu bezeichnen war, fordert § 551 Abs. 3 Nr. 2 ZPO nur noch die Angabe der **Revisionsgründe**. Dies wird näher dahin konkretisiert, dass die bestimmte Bezeichnung der Umstände gefordert wird, aus denen sich die Rechtsverletzung ergibt, und, soweit Verfahrensmängel geltend gemacht werden, die Tatsachen bezeichnet werden, die den Verfahrensmangel ergeben (§ 551 Abs. 3 Nr. 2a und b ZPO).

22 Auch nach dieser abgemilderten Gesetzesfassung genügt es für eine Revisionsbegründung **nicht**, wenn der Revisionsführer **allgemeine Ausführungen** dazu macht, das angefochtene Urteil sei unrichtig, es verletze das materielle Recht oder es „berücksichtige nicht die allgemeinen Regelungen des Europäischen Arbeitsrechts"[7]. Die neue Gesetzesfassung hat nichts an den relativ strengen Anforderungen geändert, die das BAG an eine für eine zulässige Revision erforderliche ordnungsgemäße Revisionsbegründung stellt. Es verlangt eine sorgfältige Begründung der Revision, die sich mit den Erwägungen des angefochtenen Urteils im Einzelnen auseinander setzt und darlegt, warum diese Erwägungen unrichtig sind. Geboten ist insb. eine Stellungnahme zu den tragenden Gründen der angefochtenen Entscheidung; eine bloße Wiederholung der in der Vorinstanz vertretenen eigenen Rechtsauffassung, die das LAG als nicht entscheidungserheblich angesehen hat, reicht beispielsweise nicht aus[8]. Dabei ist eine Revisionsbegründung nicht schon deshalb unzulässig, weil sie vor Zustellung des Berufungsurteils erstellt worden ist; sie muss nur eine hinreichende Auseinandersetzung mit dem Berufungsurteil enthalten, für dessen Inhalt sich auch schon aus dem Prozessverlauf, besonders aus der mündlichen Verhandlung hinreichend verlässliche Anhaltspunkte ergeben können[9].

---

1 St. Rspr. seit BAG v. 8.9.1971 – 4 AZR 405/70, AP Nr. 46 zu §§ 22, 23 BAT; GMPM/*Müller-Glöge*, § 74 ArbGG Rz. 27. |2 BAG v. 26.5.1993 – 4 AZR 149/92, AP Nr. 2 zu § 12 AVR – Diakonisches Werk. |3 BAG v. 3.9.1986 – 4 AZR 355/85, AP Nr. 125 zu §§ 22, 23 BAT 1975. |4 GK-ArbGG/*Ascheid*, § 73 Rz. 100; GMPM/*Müller-Glöge*, § 74 ArbGG Rz. 25; weiter gehend aber wohl Rz. 27. |5 Abl.: GK-ArbGG/*Ascheid*, § 73 Rz. 95. |6 BAG v. 23.4.1985 – 1 ABR 39/81, AP Nr. 11 zu § 87 BetrVG 1972 – Überwachung. |7 BAG v. 7.7.1999 – 10 AZR 575/98, AP Nr. 32 zu § 554 ZPO; GMPM/*Müller-Glöge*, § 74 ArbGG Rz. 33: Keine „rein formelhafte Begründung". |8 BAG v. 12.11.2002 – 1 ABR 60/01, AP Nr. 43 zu § 99 BetrVG 1972 – Einstellung; v. 18.2.1999 – 8 AZR 735/97, AP Nr. 31 zu § 611 BGB – Persönlichkeitsrecht. |9 BAG v. 16.4.2003 – 4 AZR 367/02, AP Nr. 1 zu § 551 ZPO.

Einlegung der Revision, Terminbestimmung Rz. 30 § 74 ArbGG

Die uneingeschränkt eingelegte Revision ist auch nur dann ordnungsgemäß begründet, wenn sie sich in der beschriebenen Weise auch mit **jedem selbständigen Streitgegenstand** – nicht notwendig: Mit jeder vom LAG behandelten Anspruchsgrundlage[1] – befasst, über den das LAG mit eigenständiger Begründung entschieden hat. Fehlt die Begründung hinsichtlich eines solchen Streitgegenstandes, ist die darauf bezogene Revision unzulässig[2]. Diese Anforderungen der ständigen Rspr. an die Revisionsbegründung werden nachvollziehbar **kritisiert**[3]. Es ist nicht ohne weiteres überzeugend, vom Revisionskläger die Darlegung einzelner Rechtsfehler des Berufungsurteils zu verlangen, wenn das Revisionsgericht das angefochtene Urteil im Rahmen der zugelassenen Revision unter jedem rechtlichen Gesichtspunkt zu überprüfen hat. Gleichwohl muss man sich auf diese Anforderungen einstellen. 23

Für die Zulässigkeit der Revision ist es ohne Bedeutung, ob die vom Revisionsführer geltend gemachten Rechtsfehler tatsächlich vorliegen oder auch nur plausibel sind. Der Revisionskläger ist auch frei, nach Ablauf der Revisionsbegründungsfrist aus seiner Sicht auf **weitere materielle Rechtsfehler** hinzuweisen, wenn er nur innerhalb der Frist eine den dargelegten Anforderungen entsprechende Revisionsbegründung vorgelegt hat[4]. 24

c) Insbesondere: Verfahrensrügen. Die Anforderungen an eine ordnungsgemäße Verfahrensrüge nach § 551 Abs. 3 Nr. 2 d ZPO, die der Revisionskläger bis zum Ablauf der Revisionsbegründungsfrist erhoben haben muss, während der Revisionsbeklagte hierfür bis zum Ende der mündlichen Verhandlung vor dem Revisionsgericht Zeit hat[5], werden in der gerichtlichen Praxis häufig nicht erfüllt (zu möglichen Verfahrensrügen und Arten von Verfahrensmängeln vgl. § 73 Rz. 16 bis 23, § 75 Rz. 4 bis 6). 25

Zu ihnen gehört idR nicht nur, dass die rügende Partei die **Tatsachen** anführt, aus denen sich nach ihrer Auffassung eine **Verletzung des Verfahrensrechts** ergibt. Sie muss auch dartun, wenn sich nicht aus der Art des Verfahrensmangels etwas anderes ergibt, dass das Urteil auf dem gerügten Verfahrensmangel **beruht**, dass das Berufungsgericht also bei richtiger Verfahrensweise möglicherweise anders entschieden hätte. 26

Wird also beispielsweise gerügt, das LAG habe eigenen **Prozessvortrag übergangen**, muss genau angegeben werden, aufgrund welchen Vortrags das LAG zu welcher Tatsachenfeststellung hätte gelangen müssen, und dass sich dies auf das Ergebnis des Rechtsstreits ausgewirkt hätte[6]. Wird eine Verletzung der gerichtlichen **Hinweispflicht** (§ 139 ZPO) gerügt, muss im Einzelnen vorgetragen werden, dass der Revisionskläger auf eine entsprechende Frage oder einen Hinweis des Gerichts einen bestimmten entscheidungserheblichen Sachverhalt vorgetragen hätte; dieser Vortrag muss im Zusammenhang mit der Rüge vollständig nachgeholt werden[7]. Wird gerügt, das Berufungsgericht habe einen **Beweisantritt übergangen**, ist diese Rüge nur zulässig, wenn die rügende Partei das Beweisthema wiedergibt, die Stellen im Parteivortrag oder bei Protokollerklärungen genau benennt, wo der Beweis in der Berufungsinstanz angetreten worden ist, und darlegt, welches Ergebnis die Beweisaufnahme voraussichtlich erbracht hätte, und dass sich dies auf das angefochtene Urteil ausgewirkt hätte[8]. Aufgrund einer solchen Rüge hat das Revisionsgericht dann auch zu überprüfen, ob der in der Tatsacheninstanz angetretene Beweisantritt zulässig war, oder ob es sich um einen unzulässigen Ausforschungsbeweis gehandelt hätte[9]. Auch die Rüge, ein Urteil sei **zu spät** zugestellt worden, um einen **Tatbestandsberichtigungsantrag** stellen zu können, ist nur dann ordnungsgemäß erfolgt, wenn angegeben wird, welche relevante Berichtigung beantragt worden wäre. 27

Wird zu den genannten Punkten durch die rügende Partei vorgetragen, ist die **Rüge zulässig**. Begründet ist sie dann, wenn der Verfahrensmangel tatsächlich vorliegt, und bei richtiger Verfahrensweise eine andere Entscheidung des Berufungsgerichts in Betracht gekommen wäre. 28

Eines Vortrags zur **Ursächlichkeit** des Verfahrensmangels für die Entscheidung des Berufungsgerichts bedarf es dann nicht, wenn ein Verfahrensmangel nach § 547 ZPO – wie grundsätzlich erforderlich – gerügt, also ein absoluter Verfahrensmangel geltend gemacht wird. Hier wird die Ursächlichkeit des Verfahrensfehlers für die Entscheidung **unwiderleglich vermutet**. 29

Verfahrensmängel, die **von Amts wegen** zu berücksichtigen sind, müssen weder gerügt werden, noch muss der Revisionskläger auf sie innerhalb der Revisionsbegründungsfrist hinweisen. Soweit sich solche Fehler nicht bereits nach Aktenlage ergeben, können beide Parteien zu ihnen in jedem Stadium des Revisionsverfahrens vortragen. Sind die vorgebrachten Tatsachen schlüssig, muss das Revisionsgericht ihnen nachgehen. 30

---

1 BAG v. 21.10.2003 – 1 ABR 39/02, AP Nr. 62 zu § 80 BetrVG 1972. | 2 BAG v. 13.3.2003 – 6 AZR 585/01, AP Nr. 7 zu § 11 BAT. | 3 GK-ArbGG/*Ascheid*, § 74 Rz. 57; *Grunsky*, § 74 ArbGG Rz. 7b. | 4 Statt aller: Hauck/Helml/*Hauck*, § 74 ArbGG Rz. 18. | 5 BAG v. 14.7.1965 – 1 AZR 343/64, BAGE 17, 236 = AP Nr. 2 zu § 276 BGB – Vertragsbruch. | 6 BAG v. 29.1.1992 – 7 ABR 27/91, AP Nr. 1 zu § 7 BetrVG 1972. | 7 BAG v. 12.4.2000 – 5 AZR 704/98, AP Nr. 72 zu § 1 TVG – Tarifverträge: Einzelhandel mwN. | 8 BAG v. 9.2.1968 – 3 AZR 419/66, AP Nr. 13 zu § 554 ZPO; v. 22.5.1997 – 8 AZR 103/96, nv. | 9 BAG v. 28.5.1998 – 6 AZR 618/98, AP Nr. 6 zu § 16 TV Ang Bundespost; v. 15.12.1999 – 5 AZR 566/98, AP Nr. 9 zu § 84 HGB.

31 **IV. Entscheidungen vor der Terminierung. 1. Verwerfung als unzulässig.** Bevor das Gericht nach Eingang der Revisionsbegründung, auf die der Revisionsbeklagte nicht **erwidern** muss, aber frühzeitig vor dem Termin erwidern sollte, nach § 74 Abs. 2 Termin zur mündlichen Verhandlung bestimmt, ist die **Zulässigkeit** der Revision zu **überprüfen** (Abs. 2 Satz 2 iVm. § 552 Abs. 1 ZPO). Ist die Revision unzulässig, weil sie nicht zugelassen wurde, weil sie nicht frist- und formgerecht eingelegt und/oder begründet wurde, oder weil der Revisionskläger durch die angefochtene Entscheidung nicht beschwert ist, ist sie nach § 552 ZPO – ggf. auch teilweise – als unzulässig zu verwerfen. Die Entscheidung kann ohne mündliche Verhandlung durch Beschluss der **berufsrichterlichen Mitglieder** des Senats ergehen (§ 74 Abs. 2 Satz 3). Ein solcher Beschluss ist nicht anfechtbar. Es ist aber eine erneute Einlegung der Revision möglich, was insb. in Betracht kommt, wenn eine Wiedereinsetzung in den vorigen Stand wegen Versäumung der Revisionsfrist gewährt werden kann. Ansonsten wird das Urteil des LAG mit der Verwerfung der Revision rechtskräftig.

32 Hat das Revisionsgericht die Revision **nicht** vorab durch **Beschluss** verworfen, sondern Termin zur mündlichen Verhandlung bestimmt, bedeutet dies nicht, dass es gehindert wäre, die Revision nach Durchführung der mündlichen Verhandlung als unzulässig zu verwerfen. Durch die Terminierung tritt insoweit **keine Selbstbindung** des Gerichts ein[1].

33 **2. Einstellung der Zwangsvollstreckung.** Auf Antrag hat das Revisionsgericht, wenn die Voraussetzungen des **§ 719 Abs. 2 ZPO** erfüllt sind, die Zwangsvollstreckung aus dem vorläufig vollstreckbaren Urteil des LAG einzustellen. Eine Einstellung **scheidet** aber **aus**, wenn die Revision offensichtlich keine Aussicht auf Erfolg hat oder dem Urteil des LAG aufgrund einer zeitlich beschränkten Verurteilung durch eine Einstellung der Zwangsvollstreckung jede Wirkung genommen würde[2]. Über den Einstellungsantrag haben die berufsrichterlichen Mitglieder des Senats ebenso ohne die ehrenamtlichen Richter zu entscheiden, wie über einen Antrag nach **§ 558 ZPO**, mit dem das Ziel verfolgt wird, ein Berufungsurteil, dessen vorläufige Vollstreckbarkeit nach § 64 Abs. 7, § 62 ausgeschlossen worden ist, nach Ablauf der Revisionsbegründungsfrist für vollstreckbar zu erklären, soweit es nicht mit der Revision angegriffen worden ist.

34 **V. Rücknahme der Revision und Verzicht.** Nach § 565 iVm. § 516 ZPO kann die Revision ohne Einwilligung des Revisionsbeklagten bis zum **Beginn der Verkündung** des Revisionsurteils[3] durch einen Rechtsanwalt gegenüber dem Gericht zurückgenommen werden. Dies kann schriftsätzlich geschehen oder zu Protokoll der mündlichen Verhandlung erklärt werden. Der Revisionskläger geht in diesem Fall der eingelegten Revision verlustig und hat deren Kosten zu tragen. Beides ist **von Amts wegen** durch **Beschluss** auszusprechen (§ 516 Abs. 3 Satz 2 ZPO)[4].

35 Anders als die Revisionsrücknahme bedarf die **Klagerücknahme** in der Revisionsinstanz nach § 269 ZPO der **Einwilligung** des Beklagten, die aber nach § 269 Abs. 2, Abs. 4 ZPO als erteilt gilt, wenn der Beklagte der Klagerücknahme innerhalb einer Notfrist von zwei Wochen seit Zustellung der schriftsätzlichen Klagerücknahme und Belehrung über diese Wirkung nicht widersprochen hat.

36 Nach § 565 iVm. § 515 ZPO kann jede Partei gegenüber dem Gericht oder dem Prozessgegner ohne dessen Zustimmung den **Verzicht** auf die Einlegung der Revision erklären. Eine Erklärung gegenüber dem Gericht ist von Amts wegen, eine Erklärung gegenüber dem Prozessgegner auf dessen Einrede hin zu berücksichtigen.

37 Ein einseitiger Verzicht auf die Einlegung der Revision ist nur nach Erlass des Berufungsurteils möglich. Vor dessen Erlass kann auf die Revision nur durch einen gesetzlich nicht geregelten Vertrag verzichtet werden. Er begründet wie der Revisionsverzicht gegenüber dem Prozessgegner nach einer dann doch eingelegten Revision ein **Rügerecht** des Revisionsbeklagten. Wird eine solche Rüge erhoben, muss das Revisionsgericht auch im Tatsächlichen überprüfen, ob ein Revisionsverzicht erklärt oder ein Verzichtsvertrag abgeschlossen worden ist. Wird dies festgestellt, ist der Verzicht unanfechtbar, es sei denn, es liegt ein **Anfechtungsgrund** vor, der auch als **Restitutionsgrund** geeignet wäre. Verzicht und Verzichtsvertrag führen dazu, dass die Revision als unzulässig zu verwerfen ist.

38 **VI. Anschlussrevision.** Das Gesetz kennt nach § 554 ZPO, § 72 Abs. 5 **nur** noch die **unselbständige Anschlussrevision**. Sie ist dadurch gekennzeichnet, dass derjenige, der das Rechtsmittel einlegt, sich – nur – dem Rechtsmittel der Gegenpartei anschließen will. Hiervon ist der Fall zu unterscheiden, dass beide Parteien unabhängig voneinander gegen ein Berufungsurteil Revision einlegen, in diesem Fall liegen **zwei selbständige Revisionen** vor. Nur durch eine solche Vorgehensweise, die auch den Begriff der Anschlussrevision vermeidet, entgeht die Partei, die als zweite Revision einlegt, den Folgen des § 554 Abs. 4 ZPO, dem Verlust des eigenen Rechtsbehelfs, wenn der Prozessgegner seine Revision zu-

---

1 GK-ArbGG/*Ascheid*, § 74 Rz. 73. | 2 BGH v. 5.5.1965 – VIII ZR 95/65, JZ 1965, 540; BAG v. 6.1.1971 – 3 AZR 384/70, AP Nr. 3 zu § 719 ZPO; v. 22.6.1972 – 3 AZR 263/72, BAGE 24, 331 = AP Nr. 4 zu § 719 ZPO. | 3 GMPM/*Müller-Glöge*, § 74 ArbGG Rz. 54. | 4 GMPM/*Müller-Glöge*, § 74 ArbGG Rz. 55; Hauck/Helml/*Hauck*, § 74 ArbGG Rz. 27.

rücknimmt oder sie als unzulässig verworfen wird. In Falle einer eigenständigen zweiten Revision muss die zweite Partei aber auch alle Zulässigkeitsvoraussetzungen einer Revision erfüllen.

Anders verhält es sich bei der Anschlussrevision nach § 554 ZPO. Es kommt zwar nur eine **Anschließung** an eine **zulässige Revision** in Betracht [1]. Diese ist aber auch dann statthaft, wenn der Revisionsbeklagte auf eine selbständige Revision verzichtet hat, seine Revisionsfrist verstrichen oder die Revision für ihn nicht zugelassen worden ist [2]; er muss nur die Anschließungsfrist von einem Monat nach Zustellung der Revisionsbegründung (§ 554 Abs. 2 Satz 2 ZPO) einhalten, die keine Notfrist ist, weshalb eine **Wiedereinsetzung** nach Fristversäumung ausscheidet. Die **Anschließungsschrift** muss den Anforderungen des § 559 ZPO entsprechen. Sie muss auch wie eine Revision begründet werden. 39

Dass eine Anschließung auch statthaft ist, wenn die Revision für den Revisionsbeklagten nicht zugelassen worden ist, bedeutet nicht, dass die Anschlussrevision auch Teile des Rechtsstreits wieder in das Revisionsverfahren einführen kann, für die die Revision nicht zugelassen worden ist. Diese **streitgegenständliche Beschränkung** der Zulassungsentscheidung gilt für Revisionskläger und Anschlussrevisionskläger in gleicher Weise [3]. 40

Die Anschließung verliert nach § 554 Abs. 4 ZPO nicht nur ihre Wirkung, wenn die Revision zurückgenommen wird, was nicht der Zustimmung des Anschlussrevisionsklägers bedarf, oder wenn sie als unzulässig verworfen wird. Auch bei Rücknahme der Klage, einem Verzicht auf die Revision oder einem Vergleich über den Gegenstand der Hauptrevision wirkt das Anschlussrechtsmittel nicht mehr. Im Falle der **Rücknahme der Klage** kann der Revisionsbeklagte dies aber verhindern, indem er nicht in die Zurücknahme der Klage einwilligt. Kommt es in der Hauptrevision zu einer Sachentscheidung oder tritt insoweit die Erledigung der Hauptsache ein, bleibt die Anschlussrevision erhalten; das Revisionsgericht muss über sie entscheiden. Verfolgt der Revisionsbeklagte seine Anschlussrevision weiter, obwohl sie ihre Wirkung verloren hat, ist sie als unzulässig zu verwerfen. Hat der Revisionskläger nach Rücknahme seiner Hauptrevision nach § 97 ZPO deren Kosten zu tragen, fallen ihm auch die Kosten der Anschlussrevision zur Last [4]. Dies soll dann nicht gelten, wenn sich der Revisionsbeklagte einer von Anfang an **unstatthaften Revision angeschlossen** hat. In diesem Fall hat der Revisionsbeklagte die Kosten seiner Anschlussrevision selbst zu tragen [5]. 41

75 Urteil

(1) Die Wirksamkeit der Verkündung des Urteils ist von der Anwesenheit der ehrenamtlichen Richter nicht abhängig. Wird ein Urteil in Abwesenheit der ehrenamtlichen Richter verkündet, so ist die Urteilsformel vorher von sämtlichen Mitgliedern des erkennenden Senats zu unterschreiben.

(2) Das Urteil nebst Tatbestand und Entscheidungsgründen ist von sämtlichen Mitgliedern des erkennenden Senats zu unterschreiben.

I. Überblick. Die Bestimmung regelt lediglich einige **Formalien** des Revisionsurteils, was dessen Verkündung und Unterzeichnung angeht. **Ergänzend** gelten über § 72 Abs. 5 und § 555 Abs. 1 ZPO die § 310 bis § 313b und § 315 ZPO sowie hinsichtlich des Gegenstandes des Revisionsurteils § 555 bis § 559 und § 562 bis § 565 ZPO. 1

II. Gegenstand der Revisionsentscheidung. 1. Bedeutung von Sachantrag und Revisionsgründen. Wenn das Revisionsgericht eine Revision nicht vorab durch Beschluss nach § 74 Abs. 2 Satz 3 verwirft, überprüft es das Berufungsurteil nach Maßgabe und im Rahmen der in der Revisionsinstanz zulässigerweise **angefallenen Sachanträge** auf seine materielle Richtigkeit. Auch ohne Anschlussrevision angefallen ist ein **Hilfsantrag**, über den das Berufungsgericht nicht entschieden hat, weil es nach dem Hauptantrag erkannt hat; dies gilt zumindest dann, wenn zwischen Haupt- und Hilfsantrag ein enger sachlicher und rechtlicher Zusammenhang besteht [6]. Eine Abänderung der angefochtenen Entscheidung zum Nachteil des Revisionsklägers ist ausgeschlossen. Sie liegt allerdings nicht schon darin, dass eine in der Vorinstanz als unzulässig abgewiesene Klage nun als unbegründet abgewiesen wird [7]. 2

Das Revisionsgericht überprüft das Urteil der Vorinstanz auf **alle** in Frage kommenden **materiellen Rechtsfehler** hin. Es ist nicht an die geltend gemachten, für eine zulässige Revision erforderlichen Revisionsgründe gebunden (§ 557 Abs. 3 ZPO), oder an die Gründe, die zur – ggf. nachträglichen (§ 72a) – Zulassung der Revision geführt haben. Der Revisionskläger kann die Überprüfungsaufgabe des Gerichts nicht auf einzelne Rechtsfragen beschränken; er muss von der Geltendmachung von Revisionsgründen abgesehen auch keine rechtlichen Würdigungen des angefochtenen Urteils vornehmen [8]. 3

---

1 BAG v. 7.5.1963 – 5 AZR 19/63, AP Nr. 2 zu § 556 ZPO. | 2 BAG v. 3.12.2003 – 10 AZR 124/03, nv. | 3 BAG v. 19.10.1982 – 4 AZR 303/82, BAGE 40, 250 = AP Nr. 1 zu § 72 ArbGG 1979. | 4 BAG v. 30.4.1958 – 2 AZR 506/57, AP Nr. 1 zu § 515 ZPO. | 5 BAG v. 7.5.1963 – 5 AZR 19/63, AP Nr. 2 zu § 556 ZPO. | 6 BAG v. 10.10.2002 – 2 AZR 597/01, AP Nr. 123 zu § 1 KSchG 1969 – Betriebsbedingte Kündigung; vgl. hierzu auch § 73 Rz. 3; v. 22.7.2003 – 1 AZR 496/02, BAGReport 2003, 334. | 7 BAG v. 31.1.1979 – 5 AZR 34/78, AP Nr. 1 zu § 611 BGB – Rundfunk, unter II d.Gr.; GK-ArbGG/*Ascheid*, § 73 Rz. 11. | 8 BAG v. 13.2.1975 – 3 AZR 211/74, AP Nr. 2 zu § 308 ZPO, zu II 1 d.Gr. mwN.

4 **2. Verfahrensmängel.** Anders als die materiell-rechtliche ist die verfahrensrechtliche Überprüfung durch das Revisionsgericht **beschränkt** (§ 557 Abs. 3 Satz 2 ZPO). Das angefochtene Urteil darf nur auf Verfahrensmängel überprüft werden, die **von Amts wegen** zu berücksichtigen sind, oder solche, die in der Revisionsbegründung in zulässiger Weise **gerügt** worden sind (vgl. § 74 Rz. 25 ff.). Nichts anderes gilt für die **absoluten Revisionsgründe** des § 547 ZPO, bei deren Vorliegen eine unwiderlegliche Vermutung für die Ursächlichkeit der Rechtsverletzung begründet wird, so dass die angefochtene Entscheidung in jedem Falle aufzuheben ist. Dies ändert aber nichts daran, dass auch die dort genannten Verfahrensmängel vom Revisionsgericht nur nach einer Rüge zu beachten sind[1].

5 Anhand des Prozessstoffes hat das Revisionsgericht auch **ohne Rüge** das angefochtene Urteil auf die folgenden möglichen Mängel hin zu überprüfen, die Parteien vor einer hierauf gestützten Entscheidung von sich aus auf Bedenken hinzuweisen und sie aufzufordern, etwa erforderliche Nachweise zur Beseitigung der Mängel zu beschaffen:

- Fehlen der **allgemeinen Prozessvoraussetzungen**[2] (Parteifähigkeit, Prozessfähigkeit der Partei und des Prozessbevollmächtigten[3] sowie Prozessführungsbefugnis);
- Nichtbestehen der **Prozessfortsetzungsbefugnis**; sie fehlt, wenn der Rechtsstreit bereits durch eine vorangegangene, nicht ordnungsgemäß und rechtzeitig angegriffene Entscheidung beendet worden ist[4];
- keine **internationalen Zuständigkeit**[5] und keine Zuständigkeit der **deutschen Gerichtsbarkeit**[6];
- **Fehlen** eines für eine Revisionsentscheidung verwertbaren, § 313 Abs. 2, § 540 Abs. 1 Nr. 1 ZPO genügenden und widerspruchsfreien **Tatbestandes**[7];
- keine hinreichende **Bestimmtheit** des Klageantrages, sowie des Umfangs und des Inhalts der angefochtenen gerichtlichen Entscheidung[8].

6 Die **übrigen Verfahrensfehler** sind nur auf eine in zulässiger Form erhobene **Rüge** hin zu überprüfen. Hierzu gehören insb. die Verletzung der gerichtlichen Hinweispflicht (§ 139 ZPO), eine zu Unrecht unterlassene Beweiserhebung oder die ungerechtfertigte Zurückweisung von Vorbringen (vgl. auch § 74 Rz. 25 ff.). Auch die absoluten Revisionsgründe sind nur auf Rüge hin zu überprüfen, wie etwa die nicht ordnungsgemäße Besetzung des Gerichts (§ 547 Nr. 1 ZPO)[9] oder die Überschreitung der fünfmonatigen Frist zur vollständigen Niederlegung von Tatbestand und Entscheidungsgründen, nach deren Ablauf von einem **Urteil ohne Gründe** auszugehen ist (§ 547 Nr. 6 ZPO)[10]. Während das Revisionsgericht Verfahrensrügen des Revisionsklägers nur nachgehen muss, wenn sie innerhalb der Revisionsbegründungsfrist erhoben wurden, hat der **Revisionsbeklagte** noch bis zum Schluss der mündlichen Verhandlung vor dem Revisionsgericht die Möglichkeit, Verfahrensrügen zu erheben[11].

7 Eine verfahrensrechtliche Überprüfung durch das Revisionsgericht findet **nicht** statt, soweit es um den eingeschlagenen **Rechtsweg**, die richtige **Verfahrensart** und die **örtliche Zuständigkeit** geht[12]. Die Rüge, das LAG habe eine Klageänderung zu Unrecht als sachdienlich zugelassen, ist nach § 268 ZPO ausgeschlossen. Entsprechendes gilt für die Beanstandung, das Berufungsgericht hätte **verspätetes Vorbringen** nicht zulassen dürfen[13].

8 **3. Tatsachenmaterial.** Nach § 559 ZPO hat das Revisionsgericht nur das **bisherige Parteivorbringen** zu berücksichtigen, soweit es aus dem Tatbestand, den dort in Bezug genommenen Schriftsätzen und Anlagen sowie den Sitzungsprotokollen ersichtlich ist[14]. Ein unrichtiger Tatbestand kann grundsätzlich nur über einen Antrag nach **§ 320 ZPO** berichtigt werden. Dasselbe gilt für eine Feststellung im Urteil, eine tatsächliche Behauptung sei nicht bestritten worden.

9 Hat das LAG festgestellt, dass eine Tatsachenbehauptung wahr oder nicht wahr ist, ist diese Feststellung nach § 559 Abs. 2 ZPO bindend. Die **Bindungswirkung** entfällt nur dann, wenn wegen des Verfahrens, das zu dieser Feststellung geführt hat, eine zulässige und begründete **Verfahrensrüge** erhoben worden ist. Beruht die Tatsachenfeststellung auf einer Beweiswürdigung, so ist diese nicht nur auf Rüge, sondern ohne weiteres daraufhin zu überprüfen, ob sie § 286 ZPO entspricht, insb. ob der gesamte Inhalt der Verhandlung berücksichtigt wurde, alle erhobenen Beweise gewürdigt worden sind und die

---

1 GMPM/*Müller-Glöge*, § 73 ArbGG Rz. 34; BLAH/*Albers*, § 547 ZPO Rz. 2. | 2 Vgl. hierzu BLAH/*Hartmann*, Grundz. § 253 ZPO Rz. 21 f. | 3 BAG v. 18.8.1965 – 1 AZR 77/65, AP Nr. 1 zu § 244 ZPO. | 4 Zuletzt BAG v. 15.8.2002 – 2 AZR 473/01, AP Nr. 55 zu § 519 ZPO; v. 21.11.2002 – 6 AZR 585/01, AP Nr. 63 zu § 611 BGB – Direktionsrecht; BGH v. 4.11.1981 – IV b ZR 625/80, NJW 1982, 1873; im Einzelnen GMPM/*Müller-Glöge*, § 75 ArbGG Rz. 7. | 5 BAG v. 5.9.1972 – 3 AZR 212/69, BAGE 24, 411 = AP Nr. 159 zu § 242 BGB – Ruhegehalt. | 6 BGH v. 7.6.1955 – I ZR 64/53, BGHZ 18, 1. | 7 ZB BAG v. 28.5.1997 – 5 AZR 632/96, AP Nr. 9 zu § 543 ZPO 1977. | 8 Zu Letzterem gehört auch die Prüfung, ob ein unzulässiges Teilurteil erlassen wurde; BAG v. 12.8.1993 – 6 AZR 553/92, BAGE 74, 85 = AP Nr. 1 zu § 2 BMT-G II SR 2a. | 9 BAG v. 7.5.1998 – 2 AZR 344/97, BAGE 88, 344 = AP Nr. 49 zu § 551 ZPO. | 10 GmS OGB v. 27.4.1993 – GmS OGB 1/92, AP Nr. 21 zu § 551; BAG v. 17.8.1999 – 3 AZR 526/97, AP Nr. 51 zu § 551 ZPO. | 11 BAG v. 11.9.1997 – 8 AZR 4/96, BAGE 86, 278, 287 = AP Nr. 7 zu Art. 38 Einigungsvertrag. | 12 § 545 Abs. 2 ZPO; § 48 Abs. 1, § 65, § 73 Abs. 2. | 13 BAG v. 31.10.1984 – 4 AZR 604/82, AP Nr. 3 zu § 42 TVAL II. | 14 BAG v. 14.6.1967 – 4 AZR 282/66, BAGE 19, 342 = AP Nr. 13 zu § 91a ZPO; v. 28.10.1999 – 6 AZR 243/98, insoweit nv.; BGH v. 17.1.1985 – VII ZR 257/85, LM ZPO § 543 Nr. 7.

Beweiswürdigung in sich widerspruchsfrei und frei von Verstößen gegen Denkgesetze und allgemeine Verfahrenssätze ist[1].

Vorbringen, das sich nicht aus dem Tatbestand des Berufungsurteils, den dort in Bezug genommenen Schriftsätzen und Anlagen oder den Sitzungsprotokollen ergibt, ist in der Revisionsinstanz als **neues Vorbringen** grundsätzlich ausgeschlossen. Etwas anderes gilt ausnahmsweise in den folgenden Fällen: Neues tatsächliches Vorbringen ist **zuzulassen**, wofür im Wesentlichen Gründe der Prozessökonomie sprechen:

- wenn es **unstreitig** oder seine Richtigkeit offenkundig ist,
- wenn das neue Vorbringen auch geeignet wäre, eine **Restitutionsklage** nach § 580 ZPO hinsichtlich des laufenden Verfahrens zu begründen[2];
- bei einer **Änderung** des Rechts oder der Rspr. nach Erlass des Berufungsurteils, wonach weitere tatsächliche Feststellungen für eine Entscheidung des Rechtsstreits erforderlich sind;
- soweit es von Amts wegen zu berücksichtigende **Prozessvoraussetzungen**, Prozessfortsetzungsbedingungen, das Fortbestehen des Rechtsschutzinteresses oder die nachträgliche Erledigung der Hauptsache betrifft;
- sowie dann, wenn die Parteien nach der Rechtsauffassung der Vorinstanz **keinen Anlass** hatten, bestimmte Tatsachen **vorzutragen**, auf die es nach Auffassung des Revisionsgerichts ankommt[3]; soweit die Parteienvertreter hierzu in der mündlichen Verhandlung vor dem Senat nicht in der Lage sind, ist ihnen durch **Zurückverweisung** des Rechtsstreits Gelegenheit zu ergänzendem Vortrag zu geben.

4. Entscheidungsalternativen. Ergibt die rechtliche Überprüfung des angefochtenen Urteils, dass in ihm **keine Rechtsnorm verletzt** wurde, ist die Revision unbegründet und **zurückzuweisen**. Dasselbe gilt, wenn das Berufungsgericht zwar eine Rechtsnorm verletzt hat, sich seine Entscheidung aber **aus anderen Gründen** im Ergebnis als **richtig** erweist. Das Revisionsgericht kann bei dieser Gelegenheit, solange der Rechtsstreit noch schwebt, auch offensichtliche **Unrichtigkeiten** im Tenor des Berufungsurteils nach § 319 Abs. 1 ZPO **berichtigen** („mit der Maßgabe ...")[4].

Beruht das Urteil demgegenüber auf einem materiellen oder zur Überprüfung des Revisionsgerichts stehenden Verfahrensfehler, ist es **aufzuheben** (§ 562 Abs. 1 ZPO). Dies gilt nach richtiger Auffassung auch dann, wenn das LAG eine Klage zu Unrecht **als unzulässig abgewiesen** hat, diese sich aber als **unbegründet** herausgestellt hat. Auch in diesem Falle ist das angefochtene Urteil unrichtig. Allenfalls kann die Revision mit der Maßgabe zurückgewiesen werden, dass die Klage nicht als unzulässig, sondern als unbegründet abgewiesen wird. Bei durchgreifenden Verfahrensmängeln ist zugleich auch das **Verfahren** insoweit **aufzuheben**, wie es durch den Mangel betroffen wird (§ 562 Abs. 2 ZPO).

Im Falle der – ggf. auch nur teilweisen – Aufhebung des Urteils ist die Sache zur **neuen Verhandlung und Entscheidung** an das Berufungsgericht zurückzuverweisen. Dabei kann die Zurückverweisung auch an einen anderen Spruchkörper des Berufungsgerichts erfolgen. Die Festlegung des anderen Spruchkörpers, der dann letztlich über die Sache zu entscheiden hat, ist nicht Sache des Revisionsgerichts; sie muss sich aus dem generell-abstrakt festgelegten **Geschäftsverteilungsplan** des Berufungsgerichts ergeben (Art. 101 GG)[5].

Das **BAG** darf den Rechtsstreit nicht an das LAG zurückverweisen, sondern **muss selbst entscheiden**, wenn sich die Klage als unzulässig erweist **oder** wenn die Sache bei richtiger Rechtsanwendung **entscheidungsreif** ist, weil weitere tatsächliche Feststellungen nicht aufgrund einer zulässigen und begründeten Verfahrensrüge geboten und auch nicht aufgrund der anderen Rechtsauffassung des Revisionsgerichts erforderlich sind[6]. Dabei kann das BAG seine ersetzende Sachentscheidung auch auf einen **Teil** der zu ihm gelangten Streitgegenstände **beschränken** und im Übrigen zur neuen Verhandlung und Entscheidung zurückverweisen.

Ist die Sache an das LAG zurückverwiesen worden, hat es die entscheidungserheblichen **rechtlichen Beurteilungen** des BAG seiner Entscheidung **zugrunde zu legen**. Festgestellte Verfahrensverstöße sind vom LAG zu beheben. Die **Bindungswirkung** bleibt allerdings nur solange bestehen, wie die tatsächlichen Feststellungen, die der Revisionsentscheidung zugrunde lagen, sich nicht ändern. Die Parteien können in der erneut eröffneten Tatsacheninstanz neue Tatsachen vorbringen und neue Angriffs- und Verteidigungsmittel geltend machen oder auch **andere Anträge**[7] stellen; das LAG muss dem nach den allgemeinen Regeln nachgehen[8]. Darüber hinaus entfällt die Bindungswirkung, wenn sich die ge-

---

1 BAG v. 13.2.2002 – 5 AZR 588/00, AP Nr. 22 zu § 11 MuSchG 1968. | 2 BAG v. 15.5.1997 – 2 AZR 43/96, BAGE 86,7 = AP Nr. 45 zu § 123 BGB; BSG v. 20.12.1962 – 3 RJ 85/55, AP Nr. 6 zu § 580 ZPO; GMPM/*Müller-Glöge*, § 75 ArbGG Rz. 23, jeweils mwN. | 3 BAG v. 27.4.2000 – 6 AZR 861/98, AP Nr. 1 zu § 14 BMT-G II. | 4 BAG v. 10.12.2002 – 1 ABR 36/90, AP Nr. 59 zu § 80 BetrVG 1972. | 5 Hauck/Helml/*Hauck*, § 75 ArbGG Rz. 4. | 6 BAG v. 25.10.2001 – 6 AZR 718/00, BAGE 99, 250 = AP Nr. 1 zu § 6 BMT-G II. | 7 Zur fortdauernden Bindung an die zurückverweisende Revisionsentscheidung, wenn damit keine Änderung des Klagegrundes verbunden ist: BAG v. 20.3.2003 – 8 AZR 77/02, AP Nr. 23 zu § 565 ZPO. | 8 GMPM/*Müller-Glöge*, § 75 ArbGG Rz. 42.

ArbGG § 75 Rz. 16 Urteil

setzliche Rechtslage oder die Rechtsauffassung des BAG nach der aufhebenden Entscheidung geändert haben[1].

16 Kommt der Rechtsstreit nach Aufhebung und erneuter Entscheidung des LAG wieder in die Revisionsinstanz, ist auch das **Revisionsgericht** in entsprechendem Umfang **an seine** im vorangegangenen Urteil geäußerte entscheidungserhebliche **Rechtsauffassung gebunden**, selbst wenn nun ein anderer Senat für die erneut zum BAG gelangte Sache zuständig ist. Dies gilt nur dann nicht, wenn es in der Zwischenzeit seine frühere Rechtsauffassung aufgegeben hat; eine erstmalige Änderung seiner Rechtsansicht anlässlich der erneuten Befassung mit derselben Sache ist ausgeschlossen[2].

17 **III. Form und Inhalt des Revisionsurteils.** Revisionsurteile müssen auch dann, wenn das BAG nach § 128 ZPO im schriftlichen Verfahren entscheidet, **verkündet werden**. Dies hat in dem Termin, in dem die mündliche Verhandlung geschlossen wird, oder in einem sofort anzuberaumenden Termin zu geschehen, der nur bei wichtigen Gründen über **drei Wochen** hinaus angesetzt werden kann (§ 72 Abs. 5 iVm. § 557, § 310 Abs. 1 ZPO). Wird das Urteil in einem **gesonderten Verkündungstermin** verkündet, muss es in vollständiger Form abgefasst sein. Ist dies nicht der Fall, wird die Verkündung damit allerdings nicht unwirksam.

18 Die **Verkündung** geschieht durch die **Verlesung der Urteilsformel** (§ 311 Abs. 2 Satz 1 ZPO), die eine Kostenentscheidung zu enthalten hat, wenn das Revisionsgericht selbst abschließend entscheidet. In einem besonderen Verkündungstermin genügt die Bezugnahme auf die Urteilsformel, wenn keine der Parteien erschienen ist. Hält es das Gericht für angemessen, kann es bei der Verkündung zugleich auch den **wesentlichen Inhalt der Entscheidungsgründe** mit verkünden (§ 311 Abs. 2 ZPO). Eine Pflicht zu einer solchen Verkündung besteht nicht; § 66 Abs. 2 Satz 1 gilt im Revisionsverfahren nicht[3].

19 Für den **Inhalt des Revisionsurteils** gilt § 313 ZPO. Es besteht aus dem Rubrum, der Bezeichnung des Gerichts, den Namen der Richter, dem Tag, an dem die mündliche Verhandlung geschlossen worden ist, der Urteilsformel und den Entscheidungsgründen. **Entscheidungsgründe** sind nicht erforderlich bei Versäumnis-, Anerkenntnis- oder Verzichtsurteilen sowie dann, wenn die Parteien nach § 313a Abs. 1 ZPO mit der Kostenprivilegierung nach Nr. 9134 des Gebührenverzeichnisses auf die Gründe einer den Rechtsstreit abschließenden Entscheidung verzichten. Da gegen Urteile des BAG ein Rechtsmittel grundsätzlich nicht gegeben ist, bedarf es keines förmlichen Tatbestandes; er ist allerdings üblich. Vom Tatbestand kann aber auch in Revisionsurteilen nicht abgesehen werden bei einer Verurteilung zu künftig fällig werdenden wiederkehrenden Leistungen oder dann, wenn zu erwarten ist, dass das Urteil im Ausland geltend gemacht werden wird (§ 313a Abs. 4 Nr. 4 und 5 ZPO)[4].

20 Tatbestand und Entscheidungsgründe sind **von sämtlichen Mitgliedern** des erkennenden Senates zu **unterschreiben**. Im Falle der Verhinderung ist nach § 315 Abs. 1 Satz 2 ZPO zu verfahren: Der Verhinderungsgrund ist anzugeben und von dem Vorsitzenden und bei dessen Verhinderung von dem dienstältesten beisitzenden Richter unter dem Urteil zu vermerken.

21 Kann – wie regelmäßig schon aufgrund der Postwege – das Urteil **nicht** innerhalb von **drei Wochen** (§ 315 Abs. 2 Satz 1 ZPO) in vollständiger Form der Geschäftsstelle übergeben werden, ist innerhalb der Frist das Urteil ohne Tatbestand und Entscheidungsgründe von sämtlichen Richtern zu unterschreiben und der Geschäftsstelle zuzuleiten (§ 315 Abs. 2 Satz 2 ZPO).

22 Das Revisionsurteil wird den Parteien von Amts wegen **zugestellt** (§ 72 Abs. 6, § 50). Da das BAG keine eigenen tatsächlichen Feststellungen trifft, kommt eine Tatbestandsberichtigung von Revisionsurteilen nicht in Betracht[5]. Offenbare Unrichtigkeiten können nach § 319 ZPO berichtigt werden.

23 **IV. Säumnisverfahren.** Vor dem BAG findet das Säumnisverfahren nach den §§ 333 ff. ZPO und § 539 ZPO statt, obwohl die letztgenannte Vorschrift nicht ausdrücklich in Bezug genommen ist[6]. Bei **Säumnis** oder dem gleich stehendem Nichtverhandeln **des Revisionsklägers** wird die Revision auf Antrag des Revisionsgegners durch Versäumnisurteil zurückgewiesen oder – bei Unzulässigkeit der Revision – verworfen. Bei **Säumnis** des **Revisionsbeklagten** wird über die Revision durch Versäumnisurteil sachlich entschieden, weil die Fiktion des § 331 Abs. 1 Satz 1 ZPO keine Rolle spielt. Das Revisionsgericht ist verpflichtet, auf der Grundlage des schon vom LAG festgestellten Sachverhalts zu entscheiden. Ein Versäumnisurteil ist nach § 708 Nr. 2 ZPO für **vorläufig vollstreckbar** zu erklären, weil § 62 im Revisionsverfahren nicht gilt[7].

24 Im Revisionsverfahren ist auch § 59 **nicht** anwendbar. Deshalb beträgt die **Einspruchsfrist** gegen ein Versäumnisurteil des BAG **zwei Wochen** (§ 565, § 525, § 339 ZPO). Der Einspruch, der dem **Anwaltszwang** unterliegt, ist stets durch Urteil zu bescheiden. Auch eine Verwerfung des Einspruchs als unzu-

---

1 GmS OGB v. 6.2.1973 – GmS OGB 1/72, BGHZ 60, 392 = AP Nr. 1 zu § 4 RsprEinhG. | 2 GmS OGB v. 6.2.1973 – GmS OGB 1/72, BGHZ 60, 392; BAG v. 28.7.1981 – 1 ABR 56/78, BAGE 36, 1 = AP Nr. 2 zu § 87 BetrVG 1972 - Provision; v. 19.2.1997 – 5 AZR 982/94, BAGE 85, 155 = AP Nr. 24 zu § 618 BGB; BLAH/*Albers*, § 563 ZPO Rz. 9. | 3 GK/ArbGG/*Ascheid*, § 75 Rz. 9. | 4 Hauck/Helml/*Hauck*, § 75 ArbGG Rz. 3. | 5 BAG v. 13.8.1985 – 4 AZR 304/83 – AP Nr. 5 zu § 320 ZPO; ErfK/*Koch*, § 75 ArbGG Rz. 10. | 6 GMPM/*Müller-Glöge*, § 75 ArbGG Rz. 54. | 7 BAG v. 28.10.1981 – 4 AZR 251/79, BAGE 36, 303 = AP Nr. 6 zu § 522 a ZPO.

lässig kann nach § 341 Abs. 2 nur durch Urteil erfolgen, das auch ohne mündliche Verhandlung ergehen kann. Da ein solches Urteil nicht in den Katalog der Entscheidungen fällt, die ohne ehrenamtliche Richter ergehen können, haben diese in jedem Falle an der Entscheidung über den Einspruch mitzuwirken[1].

V. Vergleich und Erledigung in der Hauptsache. Nach § 72 Abs. 6, § 58 Abs. 2 hat auch das Revisionsgericht die gütliche Erledigung des Rechtsstreits anzustreben. Deshalb können die Parteien in der Revisionsinstanz den Rechtsstreit **jederzeit durch Vergleich** erledigen. 25

Auch § 91a ZPO ist in der Revisionsinstanz anwendbar. Die Parteien können gemeinsam über den Streitgegenstand disponieren und den Rechtsstreit – nicht das Rechtsmittel – **übereinstimmend für erledigt erklären** und wechselseitige Kostenanträge stellen, wenn die Revision zulässig ist[2]. War die Revision unzulässig, ist die Erledigungserklärung wirkungslos und die Revision als unzulässig zu verwerfen[3]. 26

Auch die **einseitige Erledigungserklärung** in der Revisionsinstanz ist möglich[4]. Der Sachantrag ist danach auf die Feststellung der Erledigung der Hauptsache gerichtet. Er hat Erfolg, wenn die ursprüngliche Klage zulässig und begründet war und nachträglich ein Ereignis eingetreten ist, das den Kläger hindert, seine Klage weiterhin mit Erfolg zu betreiben. Eine entsprechende Klageänderung in der Revisionsinstanz ist allerdings nur statthaft, wenn das **erledigende Ereignis** selbst **außer Streit** steht; eine Beweisaufnahme vor dem Revisionsgericht darüber, ob ein erledigendes Ereignis eingetreten ist, ist ausgeschlossen[5]. Wegen der Unzulässigkeit der Änderung auf den Erledigungs-Feststellungsantrag bleibt der ursprüngliche Antrag zu bescheiden. 27

76 *Sprungrevision*

(1) Gegen das Urteil eines Arbeitsgerichts kann unter Übergehung der Berufungsinstanz unmittelbar die Revision eingelegt werden (Sprungrevision), wenn der Gegner schriftlich zustimmt und wenn sie vom Arbeitsgericht auf Antrag im Urteil oder nachträglich durch Beschluss zugelassen wird. Der Antrag ist innerhalb einer Notfrist von einem Monat nach Zustellung des in vollständiger Form abgefassten Urteils schriftlich zu stellen. Die Zustimmung des Gegners ist, wenn die Revision im Urteil zugelassen ist, der Revisionsschrift, andernfalls dem Antrag beizufügen.

(2) Die Sprungrevision ist nur zuzulassen, wenn die Rechtssache grundsätzliche Bedeutung hat und Rechtsstreitigkeiten betrifft

1. zwischen Tarifvertragsparteien aus Tarifverträgen oder über das Bestehen oder Nichtbestehen von Tarifverträgen,

2. über die Auslegung eines Tarifvertrags, dessen Geltungsbereich sich über den Bezirk des Landesarbeitsgerichts hinaus erstreckt, oder

3. zwischen tariffähigen Parteien oder zwischen diesen und Dritten aus unerlaubten Handlungen, soweit es sich um Maßnahmen zum Zwecke des Arbeitskampfes oder um Fragen der Vereinigungsfreiheit einschließlich des hiermit im Zusammenhang stehenden Betätigungsrechts der Vereinigungen handelt.

Das Bundesarbeitsgericht ist an die Zulassung gebunden. Die Ablehnung der Zulassung ist unanfechtbar.

(3) Lehnt das Arbeitsgericht den Antrag auf Zulassung der Revision durch Beschluss ab, so beginnt mit der Zustellung dieser Entscheidung der Lauf der Berufungsfrist von neuem, sofern der Antrag in der gesetzlichen Form und Frist gestellt und die Zustimmungserklärung beigefügt war. Lässt das Arbeitsgericht die Revision durch Beschluss zu, so beginnt mit der Zustellung dieser Entscheidung der Lauf der Revisionsfrist.

(4) Die Revision kann nicht auf Mängel des Verfahrens gestützt werden.

(5) Die Einlegung der Revision und die Zustimmung gelten als Verzicht auf die Berufung, wenn das Arbeitsgericht die Revision zugelassen hat.

(6) Verweist das Bundesarbeitsgericht die Sache zur anderweitigen Verhandlung und Entscheidung zurück, so kann die Zurückverweisung nach seinem Ermessen auch an dasjenige Landesarbeitsgericht erfolgen, das für die Berufung zuständig gewesen wäre. In diesem Falle gelten für das Verfahren vor dem Landesarbeitsgericht die gleichen Grundsätze, wie wenn der Rechtsstreit auf eine ordnungsmäßig eingelegte Berufung beim Landesarbeitsgericht anhängig geworden wäre. Das Arbeitsgericht und das Landesarbeitsgericht haben die rechtliche Beurteilung, die der Aufhebung zugrunde gelegt ist, auch ihrer Entscheidung zugrunde zu legen. Von der Einlegung der Revision nach Absatz 1 hat die Geschäftsstelle des Bundesarbeitsgerichts der Geschäftsstelle des Arbeitsgerichts unverzüglich Nachricht zu geben.

---

1 GMPM/*Müller-Glöge*, § 75 ArbGG Rz. 56; aA GK-ArbGG/*Ascheid*, der zu Unrecht auf § 53 Abs. 1 verweist; diese Bestimmung gilt nicht für Urteile. | 2 Zuletzt BAG v. 3.7.2002 – 2 AZR 147/00, EzA § 1 KSchG – Betriebsbedingte Kündigung Nr. 116. | 3 GK-ArbGG/*Ascheid*, § 73 Rz. 138. | 4 Zuletzt BAG v. 25.7.2002 – 6 AZR 31/00, AP Nr. 62 zu § 611 BGB – Direktionsrecht. | 5 BAG v. 5.9.1995 – 9 AZR 718/93, BAGE 80, 380, 382 = AP Nr. 67 zu § 74 HGB; Düwell/Lipke/*Düwell*, § 75 ArbGG Rz. 34; GK-ArbGG/*Ascheid*, § 73 Rz. 143; aA BGH v. 7.11.1968 – VII ZR 72/66, AP Nr. 14 zu § 91a ZPO; GMPM/*Müller-Glöge*, § 75 ArbGG Rz. 59.

ArbGG § 76 Rz. 1   Sprungrevision

1 **I. Sprungrevision als Sonderrechtsbehelf.** Die Sprungrevision ist, wie das relativ komplizierte, **immer wieder** zur **Unzulässigkeit** von Sprungrevisionen führende Verfahren zeigt, ein **Sonderrechtsbehelf** geblieben, von dem auch nur ganz ausnahmsweise Gebrauch gemacht werden sollte. Seine praktische Bedeutung soll nach der gesetzgeberischen Konzeption geringer sein als die der Sprungrechtsbeschwerde[1], wie schon der Umstand zeigt, dass für eine Zulassung der Sprungrevision zusätzliche Zulassungsvoraussetzungen erfüllt werden müssen.

2 Durch das ZPO-Reformgesetz vom 27.7.2001 ist das Verfahren der Sprungrevision in der **ZPO geändert** worden; § 566 ZPO weist dem Revisionsgericht die alleinige Entscheidung über die Zulassung der Sprungrevision zu[2]. § 76 hat seine Konzeption einer Zulassung durch das ArbG **beibehalten**. In Abs. 6 ist für das Verfahren vor dem Revisionsgericht an die Stelle der Verweisung auf die einschlägigen Bestimmungen der ZPO eine eigenständige Regelung getreten.

3 **II. Zulassungsverfahren. 1. Überblick.** Sprungrevision kann nur eingelegt werden, wenn sie vom ArbG zugelassen worden ist. Hierfür sieht § 76 **zwei Wege** vor, die beide den Antrag einer oder beider Parteien voraussetzen: Die Zulassung kann im Urteil 1. Instanz erfolgen oder durch einen nachträglichen Zulassungsbeschluss des ArbG. Der letztgenannte Weg verlangt, dass die **Zustimmung zur Einlegung** der Sprungrevision von den übrigen Prozessparteien **erteilt** und dem ArbG vorgelegt worden ist. Darüber hinaus setzt die Zulassung der Sprungrevision durch das ArbG eine grundsätzliche Bedeutung der Rechtssache sowie bestimmte im Gesetz genannte privilegierte Streitgegenstände voraus. Darüber hinausgehend ist die Möglichkeit der Sprungrevision nicht eröffnet. Sie besteht auch nicht gegenüber solchen Entscheidungen, die nach ihrem Gegenstand nicht mit der Revision angegriffen werden können (§ 72 Abs. 4).

4 **2. Antrag auf Zulassung.** Während des laufenden Rechtsstreits 1. Instanz kann von jeder Partei – auch beiden – bis zum Schluss der mündlichen Verhandlung formfrei[3] der Antrag gestellt werden, die Sprungrevision gegen das bevorstehende Urteil zuzulassen. Eine Zulassung von Amts wegen ist ausgeschlossen. Der Antrag ist unabhängig davon statthaft und zu bescheiden, ob die Partei, die den Antrag gestellt hat, dann durch das Urteil beschwert ist oder ob der Prozessgegner des Antragstellers der Einlegung der Sprungrevision zugestimmt hat.

5 Die Zustimmungserklärung des Prozessgegners ist dem Antrag demgegenüber beizufügen, wenn die Zulassung der Sprungrevision nicht bis zum Schluss der mündlichen Verhandlung 1. Instanz beantragt war. In diesem Fall kann jede vom Urteil 1. Instanz beschwerte Partei innerhalb einer Notfrist (§ 233 ZPO!) von einem Monat ab Zustellung des vollständigen Urteils die **nachträgliche Zulassung** der Sprungrevision beim ArbG schriftlich beantragen. Für diesen Antrag, der Teil des Verfahrens 1. Instanz ist, besteht **kein Anwaltszwang**.

6 **3. Zustimmungserklärung.** Die Zustimmungserklärung des Prozessgegners[4], die dem Antrag der durch das erstinstanzliche Urteil beschwerten Partei auf nachträgliche Zulassung der Sprungrevision oder – bei Zulassung bereits im Urteil – der (Sprung-)Revisionsschrift beizufügen ist, muss zweifelsfrei zum Ausdruck bringen[5], dass der Einlegung der Sprungrevision zugestimmt wird („In pp. wird der Einlegung der Sprungrevision gegen das Urteil des ArbG ... vom ... AZ. ... zugestimmt."); eine Zustimmung zur Zulassung der Sprungrevision ist überflüssig und rechtlich ebenso unerheblich[6], wie der Umstand, dass sich auch der Prozessgegner dem Antrag auf Zulassung der Sprungrevision angeschlossen hatte[7].

7 Die Zustimmungserklärung, für die **kein Vertretungszwang** besteht[8], muss grundsätzlich schriftlich, dh. auch **eigenhändig unterzeichnet**, abgegeben werden. Es reicht aber auch aus, wenn eine eigenhändig unterzeichnete Zustimmungserklärung **per Fax** dem **Antragsteller**/Revisionsführer zugeleitet wird. Die Zustimmung zur Einlegung der Sprungrevision kann auch zur Niederschrift des Urkundsbeamten der Geschäftsstelle oder zu Protokoll der mündlichen Verhandlung erklärt werden[9]. Die Zustimmungserklärung ist dem Zulassungsantrag oder der Revisionsschrift in der Form beizufügen, die bei der Einlegung eines Rechtsbehelfs zu beachten ist. Sie ist Teil des Antrags auf nachträgliche Zulassung oder der Einlegung der Sprungrevision. Deshalb ist regelmäßig die **original unterzeichnete** Erklärung vorzulegen. Bei einer Erklärung zur Niederschrift oder zu Protokoll genügt auch die Vorlage einer entsprechenden Fotokopie oder Abschrift in beglaubigter Form[10]. Ist die Zustimmung durch Telefax erfolgt, genügt es, wenn Antragsteller oder Revisionsführer das **Original-Fax** beifügen[11]. Die Vorlage der vom Antragsteller **beglaubigten Kopie** der Zustimmungserklärung **reicht nicht**[12].

---

1 *Wlotzke*, FS Gerhard Müller, 1981, 647, 660 f. | 2 Zu diesem Verfahren und dem Gebührenanspruch des Anwalts: *Norbert Schneider*, MDR 2003, 250. | 3 BAG v. 10.11.1993 – 4 AZR 316/93, AP Nr. 169 zu § 1 TVG – Tarifverträge: Bau. | 4 Hierzu *Bepler*, NJW 1989, 686. | 5 BAG v. 16.8.1998 – 5 AZR 67/97, BAGE 89, 95, 98 = AP Nr. 6 zu § 1 TVG – Tarifverträge: Schuhindustrie. | 6 Zuletzt BAG v. 16.4.2003 – 7 ABR 27/02, AP Nr. 1 zu § 95 SGB IX. | 7 BAG v. 16.6.1998 – 5 AZR 67/97, BAGE 89, 95, 98 = AP Nr. 6 zu § 1 TVG – Tarifverträge: Schuhindustrie. | 8 BAG v. 30.7.1992 – 6 AZR 11/92, BAGE 71, 68 = AP Nr. 1 zu § 1 TVAng Bundespost. | 9 GMPM/*Müller-Glöge*, § 76 ArbGG Rz. 17. | 10 GK-ArbGG/*Ascheid*, § 76 Rz. 3. | 11 BAG v. 30.5.2001 – 4 AZR 269/00, BAGE 98, 35 = AP Nr. 4 zu § 23 b BAT; BSG v. 12.11.1996 – 9 RvS 4/96, AP Nr. 11 zu § 76 ArbGG 1979. | 12 BAG v. 24.3.2001 – 4 AZR 367/00, AR-Blattei ES 160.10.3 Nr. 68.

Nach allgemeiner Meinung genügt es für eine **Beifügung** der Zustimmungserklärung iSv. Abs. 1 Satz 3, wenn diese zwar nicht zusammen mit Antragsschrift oder Revisionsschrift eingeht, bis zum Ablauf von Antrags- bzw. Revisionsfrist nachgereicht wird[1]. Lag dem Antragsteller/Revisionsführer die Zustimmungserklärung des Gegners rechtzeitig vor, wurde sie aber aufgrund eines von ihm nicht zu vertretenden Fehlers **nicht** innerhalb der Antrags- oder Revisionsfrist bei Gericht vorgelegt, kommt wegen der Versäumung der Fristen aus § 76 Abs. 1 Satz 2 oder § 74 Abs. 1 eine **Wiedereinsetzung** in den vorigen Stand (§ 233 ZPO) in Betracht[2]. 8

4. Zulassungsgründe. Das ArbG muss die Sprungrevision zulassen, wenn eine antragsbefugte Person (vgl. Rz. 4) den Antrag auf Zulassung gestellt hat, wenn – soweit erforderlich (vgl. Rz. 6) – die Zustimmungserklärung des Prozessgegners beigefügt worden ist, und wenn die in Abs. 2 abschließend aufgezählten materiellen Zulassungsvoraussetzungen vorliegen. Hiernach ist erforderlich, dass die Rechtssache grundsätzliche Bedeutung hat[3]. Darüber hinaus muss der Rechtsstreit einen der in Abs. 2 Nr. 1 bis 3 abschließend aufgezählten kollektivrechtlichen Streitgegenstände betreffen, um die es auch gehen muss, wenn auf **Nichtzulassungsbeschwerde** hin die Revision nachträglich wegen grundsätzlicher Bedeutung zugelassen werden soll (§ 72a Abs. 1 Nr. 1 bis 3). Wegen der Begriffsinhalte in dieser Aufzählung im Einzelnen wird auf die Kommentierung zu § 72a Bezug genommen. 9

5. Zulassungsentscheidung. a) Form der Zulassung und Rechtsmittelbelehrung. Soll die Sprungrevision für die beschwerte **Partei** bereits im Urteil des ArbG zugelassen werden, muss dies im **Urteilsausspruch** geschehen; eine Zulassung allein in den Gründen reicht nicht aus. Auch die den Antrag auf Zulassung **zurückweisende** Entscheidung des ArbG ist in den **Urteilstenor** aufzunehmen. Dabei kann unentschieden bleiben, ob man dieses Ergebnis auf eine entsprechende Anwendung des in § 76 nicht in Bezug genommenen § 64 Abs. 3a[4] oder darauf stützt, dass ein förmlich gestellter Antrag auch förmlich zu bescheiden ist[5]. Jedenfalls dann, wenn das ArbG den bis zum Schluss der mündlichen Verhandlung gestellten Antrag einer Partei auf Zulassung der Sprungrevision in seinem Urteil übergangen hat, entsprechend § 64 Abs. 3a Satz 2 oder § 321 ZPO ein **Ergänzungsbeschluss** herbeizuführen; für ihn ist – anders als für einen Antrag auf nachträgliche Zulassung der Sprungrevision nach § 76 Abs. 1 Satz 2[6], – die Zustimmung des Prozessgegners zur Einlegung der Sprungrevision nicht erforderlich. Andererseits hat die an der Einlegung der Sprungrevision interessierte Partei auch nicht die nach § 76 Abs. 1 Satz 2 zur Verfügung stehende Zeit, den Antrag auf Zulassung der Sprungrevision zu stellen. 10

Wird der Zulassungsantrag im **Urteil** beschieden, entscheidet die **Kammer**, unter den Voraussetzungen des § 55 Abs. 3 auch der Vorsitzende allein. Über den nachträglichen Zulassungsantrag nach § 76 Abs. 1 Satz 2 hat durch Beschluss die Kammer zu entscheiden, die für die Hauptsache zuständig war; dabei müssen nicht dieselben Richter wie bei der Hauptsacheentscheidung mitwirken[7]. Der Beschluss kann auch ohne mündliche Verhandlung ergehen und damit nach § 53 Abs. 1 durch den Vorsitzenden allein[8]. 11

Ein Urteil, in dem die Sprungrevision zugelassen wird, muss eine **Rechtsmittelbelehrung** für **Berufung und Sprungrevision** enthalten. Fehlt eine von ihnen, kann die beschwerte Partei das Rechtsmittel, über das sie nicht belehrt worden ist, an sich innerhalb der sich aus § 9 Abs. 5 Satz 4 ergebenden Frist einlegen; noch ungeklärt ist, ob auch insoweit § 9 Abs. 5 Satz 4 durch die **neuen Fristbestimmungen** in § 74 Abs. 2 Satz 2, § 66 Abs. 1 Satz 2 verdrängt wird (vgl. § 74 Rz. 12). Die Rechtsmittelbelehrung hinsichtlich der Sprungrevision muss darauf hinweisen, dass der Revisionsschrift die Zustimmung des Gegners zur Einlegung der Sprungrevision beigefügt werden muss. Fehlt dieser Hinweis, gilt – nach überkommenem Rechtsverständnis (s.o.) – ebenfalls § 9 Abs. 5 Satz 4: Die Sprungrevision kann innerhalb eines Jahres seit Zustellung der erstinstanzlichen Entscheidung unter Beifügung der Zustimmungserklärung des Gegners eingelegt werden[9]. Wird die Sprungrevision auf Antrag nachträglich durch Beschluss zugelassen, muss dieser Beschluss eine die Rechtsmittelbelehrung des Urteils ergänzende und den Anforderungen genügende Belehrung über die Einlegung der Sprungrevision enthalten. 12

b) Beschränkte Zulassung. Nach dem Gesetzeswortlaut ist es nicht ausgeschlossen, die Sprungrevision nur hinsichtlich einzelner Streitgegenstände zuzulassen. Eine solche Beschränkung der Zulassung ist aber nur wirksam, wenn sie in den Entscheidungsausspruch mit aufgenommen worden ist[10]. Sie sollte aber aus Gründen der Prozessökonomie und zur Vermeidung unnötiger Kosten möglichst unterbleiben, damit nicht ein Teil des Rechtsstreits in der Berufungs- und ein anderer Teil in der Revisionsinstanz fortgesetzt werden muss[11]. 13

---

1 BAG v. 25.4.1979 – 4 AZR 968/77, BAGE 31, 397 = AP Nr. 1 zu § 76 ArbGG 1953; v. 4.12.2002 – 10 AZR 83/02, AP Nr. 14 zu § 76 ArbGG 1979; Hauck/Helml/*Hauck*, § 76 ArbGG Rz. 9. |2 GK-ArbGG/*Ascheid*, § 76 Rz. 21. |3 BAG v. 21.10.1998 – 10 AZN 588/98, AP Nr. 55 zu § 72 ArbGG 1979 – Grundsatz; im Einzelnen § 72 Rz. 9 ff. |4 GMPM/*Müller-Glöge*, § 76 ArbGG Rz. 7. |5 Düwell/Lipke/*Bepler*, § 76 ArbGG Rz. 6. |6 Ihn und nicht den Ergänzungsantrag halten GMPM/*Müller-Glöge*, § 76 ArbGG Rz. 7 und Hauck/Helml/*Hauck*, § 76 ArbGG Rz. 4, bei einer solchen Fallgestaltung für geboten. |7 GK-ArbGG/*Ascheid*, § 76 Rz. 10. |8 BAG v. 9.6.1982 – 4 AZR 247/80, BAGE 39, 124 = AP Nr. 8 zu §§ 22, 23 BAT – Lehrer. |9 BAG v. 16.6.1998 – 5 AZR 67/97, BAGE 89, 95, 98 = AP Nr. 6 zu § 1 TVG – Tarifverträge: Schuhindustrie. |10 So für die Beschränkung der Revisionszulassung nach § 72: BAG v. 19.3.2003 – 5 AZN 751/02, BB 2003, 1183. |11 Düwell/Lipke/*Bepler*, § 76 ArbGG Rz. 8; ähnlich GMPM/*Müller-Glöge*, § 76 ArbGG Rz. 4.

14 **III. Wirkung der Zulassung. 1. Abschließende und verbindliche Entscheidung.** Hat das ArbG die Sprungrevision **nicht zugelassen**, ist diese Entscheidung **unanfechtbar** (Abs. 2 Satz 3); unter den Voraussetzungen des § 64 bleibt der beschwerten Partei nur die Berufung. Sie hat auch keine Möglichkeit mehr, eine Zulassung der Sprungrevision nachträglich durch Beschluss (§ 76 Abs. 1 Satz 2) zu erreichen, wenn ein Antrag auf Zulassung der Sprungrevision zuvor im Urteil zurückgewiesen worden ist[1]. Auch die Entscheidung, durch welche die Sprungrevision zugelassen worden ist, ist grundsätzlich unanfechtbar. Allenfalls dann, wenn das ArbG die Sprungrevision nachträglich durch Beschluss zugelassen hat, ohne dass ihm eine Zustimmung des Prozessgegners zur Einlegung der Sprungrevision vorlag, kommt für diesen eine Beschwerde nach § 78 in Betracht[2].

15 Auch das BAG ist an die Zulassung der Sprungrevision **gebunden** (Abs. 2 Satz 2). Nach überwiegender Auffassung gilt dies allerdings nicht, wenn das ArbG die Sprungrevision zugelassen hat, ohne dass ein privilegierter Streitgegenstand iSv. § 76 Abs. 2 Satz 1 Nr. 1 bis 3 betroffen war[3]. Diese Auffassung überzeugt angesichts der systematischen Stellung von Abs. 2 Satz 2 und der fehlenden Regelung dazu, was nach einer als unstatthaft verworfenen Sprungrevision zu geschehen hat, nicht. Die Entscheidung des ArbG, die Sprungrevision zuzulassen, bindet das BAG insgesamt, soweit es um die Erfüllung der Voraussetzungen von Abs. 2 Satz 1 geht[4].

16 **Fehlte** für eine Zulassungsentscheidung ein entsprechender **Antrag** oder – soweit erforderlich – die Zustimmungserklärung des Prozessgegners, dürfte demgegenüber eine Bindung des BAG nur eintreten, wenn das ArbG in seiner Entscheidung festgestellt hat, diese Voraussetzungen seien erfüllt[5]. Eine Bindung des Revisionsgerichts an die Zulassungsentscheidung tritt in keinem Falle ein, wenn die Sprungrevision in einer Sache zugelassen worden ist, die mit der Revision nicht angefochten werden kann (§ 72 Abs. 4).

17 **2. Möglichkeiten der beschwerten Partei.** Hat das ArbG den Antrag auf Zulassung der Sprungrevision im Urteil zurückgewiesen, ist die Sprungrevision endgültig ausgeschlossen. Der beschwerten Partei bleibt die Möglichkeit der **Berufung**, wobei die Berufungsfrist mit Zustellung des anzufechtenden Urteils zu laufen beginnt. Ist der nachträglich gestellte Antrag auf Zulassung der Sprungrevision durch Beschluss zurückgewiesen worden, gilt grundsätzlich dasselbe. Allerdings beginnt die **Berufungsfrist** und die Berufungsbegründungsfrist mit Zustellung dieses Beschlusses neu zu laufen. Dies setzt allerdings voraus, dass der Antrag auf Zulassung der Sprungrevision form- und fristgerecht gestellt worden ist und ihm eine ordnungsgemäße Zustimmungserklärung des Prozessgegners beigefügt war. Wurde der Antrag zurückgewiesen, weil er **formell mangelhaft** war, dürfte auch eine **Berufung ausscheiden**, weil die Berufungsfrist abgelaufen sein wird und eine Wiedereinsetzung in den vorigen Stand regelmäßig ausscheiden wird.

18 Hat das ArbG die Sprungrevision **zugelassen**, kann die hiervon begünstigte, durch das Urteil beschwerte Partei **wählen**, ob sie Sprungrevision oder Berufung einlegen will. Erst mit Einlegung der Sprungrevision verzichtet sie auf die Möglichkeit der Berufung (§ 76 Abs. 5). Dabei liegt in der Zulassung der Sprungrevision zugleich auch die Zulassung der Berufung, soweit es einer solchen Zulassung bedarf. Mit der **Einlegung** der zugelassenen Sprungrevision **endet** das **Wahlrecht** der betreffenden Partei. Eine zwischenzeitlich eingelegte Berufung wird unzulässig. Sie ist nach § 516 ZPO zurück zu nehmen; eine Erklärung nach § 91a ZPO scheidet von vornherein aus[6]. Die **gegnerische Partei**, die mit ihrer Zustimmungserklärung die Möglichkeit zur Einlegung der Sprungrevision eröffnet hat, verliert – erst! – mit deren Einlegung die Möglichkeit, falls auch sie beschwert ist, Berufung einzulegen oder sie weiter zu verfolgen[7]. Ihr bleibt die Möglichkeit der **Anschlussrevision**.

19 **3. Fristen.** Die Frist für die Einlegung und die Begründung der Sprungrevision (§ 74 Abs. 1) beginnt mit der **Zustellung** der Entscheidung zu laufen, in der die Sprungrevision zugelassen worden ist, wenn in dieser Entscheidung zugleich auch ordnungsgemäß über das Rechtsmittel der Sprungrevision belehrt wurde (vgl. Rz. 12).

20 **IV. Verfahren vor dem BAG. 1. Grundsatz.** Mit der Sprungrevision wird eine Tatsacheninstanz übersprungen und das Revisionsgericht unmittelbar erreicht. Deshalb gelten für das Verfahren der Sprungrevision grundsätzlich die allgemeinen **Regeln über das Revisionsverfahren**. Sie bestimmen nach wirksamer Einlegung der zugelassenen Sprungrevision den weiteren Gang des Revisionsverfahrens. Deshalb kann der Revisionsgegner auch Anschlussrevision einlegen, ohne dass der Revisionsführer dem zustimmen muss[8].

---

1 GMPM/*Müller-Glöge*, § 76 ArbGG Rz. 11. | 2 Hauck/Helml/*Hauck*, § 76 ArbGG Rz. 6; wohl aA GMPM/*Müller-Glöge*, § 76 ArbGG Rz. 18. | 3 BAG v. 16.11.1982 – 3 AZR 177/82, BAGE 40, 355 = AP Nr. 8 zu § 42 SchwbG; v. 15.10.1992 – 6 AZR 349/91, AP Nr. 19 zu § 17 BAT; GMPM/*Müller-Glöge*, § 76 ArbGG Rz. 20; GK-ArbGG/*Ascheid*, § 76 Rz. 15; Hauck/Helml/*Hauck*, § 76 ArbGG Rz. 7. | 4 Ebenso BAG v. 25.4.1996 – 3 AZR 316/95 (A), AP Nr. 10 zu § 76 ArbGG 1979; *Wieser*, Arbeitsgerichtsverfahren, 1994, Rz. 344. | 5 Ebenso GK-ArbGG/*Ascheid*, § 76 Rz. 15; weitergehend GMPM/*Müller-Glöge*, § 76 ArbGG Rz. 22. | 6 Düwell/Lipke/*Bepler*, § 76 ArbGG Rz. 27 mwN. | 7 GMPM/*Müller-Glöge*, § 76 ArbGG Rz. 25; Ostrowicz/Künzl/*Schäfer*, Rz. 258; GK-ArbGG/*Ascheid*, § 76 Rz. 17. | 8 BAG v. 12.6.1996 – 4 ABR 1/95, AP Nr. 2 zu § 96 a ArbGG 1979.

2. Verfahrensrügen. Grundsätzlich ist der Revisionsführer nach einer Sprungrevision mit Verfahrensrügen **ausgeschlossen**. Er kann sein Rechtsmittel also nicht auf Verfahrensmängel stützen, es sei denn, diese sind **von Amts wegen** zu berücksichtigen, wie dies beim Fehlen der staatlichen Rechtsprechungsgewalt oder der allgemeinen Prozessvoraussetzungen, wie etwa der Partei- oder Prozessfähigkeit, oder dem Fehlen der Prozessfortsetzungsvoraussetzung, sowie der Nichtbeachtung der Rechtskraft einer Vorentscheidung der Fall ist. Damit ist der Revisionsführer insb. mit Aufklärungsrügen ausgeschlossen. Will er nach Kenntnis des Urteils 1. Instanz geltend machen, das ArbG habe verfahrensfehlerhaft Parteivortrag übergangen, muss er an Stelle der Sprungrevision Berufung einlegen[1]. 21

3. Zurückverweisung. Das BAG, dessen **Geschäftsstelle** die Geschäftsstelle des ArbG innerhalb von 24 Stunden über die Einlegung der Sprungrevision **unterrichten** muss (§ 76 Abs. 6 Satz 4), hat nach pflichtgemäßem Ermessen darüber zu entscheiden, ob es dann, wenn der Rechtsstreit zur weiteren Sachaufklärung zurückverwiesen werden muss, die Sache an das ArbG oder an das für Berufungen gegen dessen Urteil zuständige LAG zurückverweist (§ 76 Abs. 6 Satz 1, 2). Das Gericht, an das zurückverwiesen worden ist, hat bei seiner Entscheidung die entscheidungserheblichen rechtlichen Beurteilungen des BAG in der Aufhebungsentscheidung zugrunde zu legen (näher § 75 Rz. 25 ff.). 22

77 *Revisionsbeschwerde*

Gegen den Beschluss des Landesarbeitsgerichts, der die Berufung als unzulässig verwirft, findet die Rechtsbeschwerde nur statt, wenn das Landesarbeitsgericht sie in dem Beschluss zugelassen hat. Für die Zulassung der Rechtsbeschwerde gilt § 72 Abs. 2 entsprechend. Über die Rechtsbeschwerde entscheidet das Bundesarbeitsgericht ohne Zuziehung der ehrenamtlichen Richter. Die Vorschriften der Zivilprozessordnung über die Rechtsbeschwerde gelten entsprechend.

Die Regelungen über die Revisionsbeschwerde sind im Zuge des Gesetzes zur Reform des Zivilprozesses vom 27.7.2001 geändert worden. Sie unterscheiden sich aber nach wie vor von der einschlägigen Regelung der ZPO (§ 522 Abs. 1 Satz 2) dadurch, dass die Rechtsbeschwerde gegen einen die Berufung als unzulässig verwerfenden Beschluss des LAG (§ 522 Abs. 1 ZPO, § 66 Abs. 2 Satz 1) nicht – wie dort – stets, sondern nur dann stattfindet, wenn das LAG sie im Verwerfungsbeschluss **zugelassen** hat. 1

Die Revisionsbeschwerde ist nur gegen **Beschlüsse**, welche eine Berufung verwerfen, nicht gegen verwerfende Urteile des LAG statthaft. Ist die Berufung durch Urteil verworfen worden, ist nur die – zugelassene – Revision statthaft. 2

Der Weg des § 77 gegen einen Verwerfungsbeschluss ist auch dann nicht eröffnet, wenn gegen ein verwerfendes Urteil eine – zugelassene – Revision nicht statthaft wäre, wie dies in Entscheidungen im **Arrest-** und **einstweiligen Verfügungsverfahren** der Fall ist[2]. Das vereinfachte Verfahren nach § 522 ZPO, § 66 Abs. 2 kann nicht zu einem weiter gehenden Rechtsmittelschutz führen, als er für das normale Verfahren vorgesehen ist. 3

Die Revisionsbeschwerde ist nur dann zulässig, wenn sie im **Tenor** des Verwerfungsbeschlusses **ausdrücklich** zugelassen worden ist. Eine nachträgliche **Ergänzung** des Verwerfungsbeschlusses ist **ausgeschlossen**. § 72 Abs. 1 Satz 2, § 64 Abs. 3a Satz 2 können nicht entsprechend angewendet werden[3]: Anders als § 64 Abs. 3a Satz 1 und § 72 Abs. 1 Satz 2 für die Zulassung von Berufung und Revision bestimmt § 77 nicht, dass die – positive und negative – Entscheidung über die Zulassung in den Beschlusstenor aufzunehmen ist. Es wird nur vorgeschrieben, dass die Zulassung im Verwerfungsbeschluss zu geschehen hat. Fehlt ein solcher Ausspruch, ist die Revisionsbeschwerde nicht zugelassen. Demgegenüber kann aus dem Fehlen der entsprechenden Entscheidungen zur Zulassung von Berufung und Revision in Urteilen 1. oder 2. Instanz noch nicht auf die Ablehnung der Zulassung geschlossen werden. Hier ist ein Ergänzungsbedarf auf Grund fehlender Entscheidung offensichtlich. 4

Das Berufungsgericht hat sich bei seiner Entscheidung, ob es die Revisionsbeschwerde zulässt, an § 72 Abs. 2 auszurichten. Es hat die Revisionsbeschwerde zuzulassen, wenn die Rechtssache **grundsätzliche Bedeutung** hat **oder** sein Beschluss in einem abstrakten Rechtssatz von einer Entscheidung eines der in § 72 Abs. 2 Nr. 2 genannten Gerichte und Spruchkörper **abweicht** (wegen Einzelheiten siehe § 72 Rz. 9-20). 5

Wird im Verwerfungsbeschluss die Revisionsbeschwerde **zugelassen**, ist der Beschluss mit einer **Rechtsmittelbelehrung** zu versehen. Gegen die **Nichtzulassung** der Revisionsbeschwerde ist **kein Rechtsmittel** gegeben. Die Möglichkeit einer Nichtzulassungsbeschwerde besteht hier nicht[4]. Die sich hieraus ergebende unterschiedliche Rechtslage für Verwerfungsbeschlüsse und Verwerfungsurteile (vgl. Rz. 2) ist **verfassungsrechtlich** unbedenklich[5]. 6

---

1 BAG v. 28.5.1998 – 6 AZR 349/96, AP Nr. 53 zu § 611 BGB – Bühnenengagementsvertrag. | 2 GMPM/*Müller-Glöge*, § 77 ArbGG Rz. 4. | 3 AA GMPM/*Müller-Glöge*, § 77 ArbGG Rz. 5; Hauck/Helml/*Hauck*, § 77 ArbGG Rz. 3; ErfK/*Koch*, § 77 ArbGG Rz. 2. | 4 BAG v. 23.5.2000 – 9 AZB 21/00, AP Nr. 10 zu § 77 ArbGG 1979. | 5 Ebenso bei etwas anderer Gesetzeslage BVerfG v. 10.8.1978 – 2 BvR 415/78, AP Nr. 19 zu § 77 ArbGG 1953.

7 Da § 77 Satz 4 die entsprechende Anwendung der §§ 574 bis 577 ZPO anordnet, ist die zugelassene Revisionsbeschwerde binnen einer **Notfrist von einem Monat** nach Zustellung des Verwerfungsbeschlusses durch Einreichen einer Beschwerdeschrift beim BAG einzulegen. Die Einlegung muss durch einen bevollmächtigten Rechtsanwalt erfolgen. Innerhalb **derselben Frist** muss die Revisionsbeschwerde auch **begründet** werden. Die Begründungsfrist kann mit Zustimmung des Beschwerdegegners, ansonsten bis zu zwei Monaten **verlängert** werden, wenn der Rechtsstreit durch die Verlängerung nicht verzögert wird oder der Beschwerdeführer erhebliche Gründe für die Verlängerung vorträgt (§ 575 Abs. 2 Satz 3, § 551 Abs. 2 Satz 5 und 6 ZPO).

8 Die Entscheidung über die Revisionsbeschwerde erfolgt stets **ohne Hinzuziehung der ehrenamtlichen Richter**. Ist sie zulässig und begründet, ist der Verwerfungsbeschluss aufzuheben. Da das LAG an diese Entscheidung nach § 563 Abs. 2 ZPO, § 77 Satz 4 gebunden ist, steht damit die Zulässigkeit der Berufung fest. Das zweitinstanzliche Verfahren ist fortzusetzen. In besonderen Ausnahmefällen kann die Entscheidung über die Revisionsbeschwerde aber auch auf **Aufhebung** und **Zurückverweisung** zur erneuten Verhandlung und Entscheidung über die Zulässigkeit der Berufung lauten, wenn das LAG verfahrensfehlerhaft entschieden hat oder eine abschließende Entscheidung über die Zulässigkeit der Berufung aufgrund fehlender Tatsachenfeststellungen noch nicht möglich ist. Wird die Revisionsbeschwerde als unzulässig verworfen oder als unbegründet zurückgewiesen, wird eine **8/10-Gerichtsgebühr** nach der Anlage 1 zum ArbGG (Nr. 9304) erhoben.

Vierter Unterabschnitt. Beschwerdeverfahren

78 *Beschwerdeverfahren*
Hinsichtlich der Beschwerde gegen Entscheidungen der Arbeitsgerichte oder ihrer Vorsitzenden gelten die für die Beschwerde gegen Entscheidungen der Amtsgerichte maßgebenden Vorschriften der Zivilprozessordnung entsprechend. Für die Zulassung der Rechtsbeschwerde gilt § 72 Abs. 2 entsprechend. Über die sofortige Beschwerde entscheidet das Landesarbeitsgericht ohne Hinzuziehung der ehrenamtlichen Richter, über die Rechtsbeschwerde das Bundesarbeitsgericht.

1 **I. Allgemeines.** Die aktuelle Fassung der Vorschrift beruht auf Art. 30 des ZPO-RG vom 27.7.2001[1] und passt das arbeitsgerichtliche Beschwerdeverfahren der **Neuordnung des Beschwerderechts** in der Zivilprozessordnung nach Art. 2 ZPO-RG an. Danach tritt gemäß Satz 1 auch im arbeitsgerichtlichen Verfahren an die Stelle der bisherigen einfachen – unbefristeten – Beschwerde die **sofortige Beschwerde** gegen Entscheidungen der ArbG oder ihrer Vorsitzenden. An die Stelle des in § 78 Abs. 2 aF bisher ausgeschlossenen Zugangs zum BAG tritt die **Rechtsbeschwerde**, wenn das LAG sie in seiner Entscheidung über die sofortige Beschwerde oder gegen eigene Beschlüsse oder Verfügungen entsprechend § 574 Abs. 1 Nr. 2, Abs. 2, 3 ZPO zulässt. Mit Rücksicht darauf ist auch § 70 aF, wonach die letztgenannten Entscheidungen grundsätzlich unanfechtbar waren, ersatzlos aufgehoben worden.

2 Satz 1 normiert die **entsprechende Geltung** der für das amtsgerichtliche Beschwerdeverfahren maßgebenden Vorschriften **der §§ 567 ff. ZPO**, und zwar anders als § 46 Abs. 2 hinsichtlich des erstinstanzlichen Urteilsverfahrens ohne jede Einschränkung. Daraus kann nur geschlossen werden, dass die Beschwerdevorschriften insgesamt einschließlich des Titels 2 über die Rechtsbeschwerde Anwendung finden, auch wenn eine besondere Verweisung hierauf fehlt. Wäre dies anders, so ergäbe Satz 2 keinen Sinn, der für die Zulassung der Rechtsbeschwerde auf die Kriterien des § 72 Abs. 2 verweist. Bestätigt wird dies auch durch die Ergänzung in Satz 3, dass für die Entscheidung über die Rechtsbeschwerde das BAG zuständig ist.

3 Eine Sonderform der Rechtsbeschwerde stellt die nach wie vor in § 77 geregelte **Revisionsbeschwerde** dar, die gegen einen die Berufung verwerfenden Beschluss nach § 522 Abs. 1 stattfindet, wenn das LAG sie in dem Beschluss zugelassen hat. Die Vorschriften der ZPO über die Rechtsbeschwerde gelten insoweit kraft ausdrücklicher Anordnung des Gesetzes entsprechend.

4 Im Unterschied zu der Beschwerde im Urteilsverfahren nach § 78 handelt es sich bei der Beschwerde im arbeitsgerichtlichen **Beschlussverfahren** nach § 87 um eine Beschwerde ganz anderer Art: Sie richtet sich gegen den das Hauptverfahren beendenden Beschluss des ArbG und entspricht der Berufung des Urteilsverfahrens. Ähnliches gilt für die Rechtsbeschwerde nach § 92, die an die Stelle der Revision des Urteilsverfahrens tritt. Soweit allerdings **Verfahrensbeschwerden oder Beschwerden in Nebenverfahren** betroffen sind (zB Ordnungsgeld-, Vollstreckungs- und Streitwertbeschwerden), findet gemäß § 83 Abs. 5 auch im Beschlussverfahren die Regelung des § 78 Anwendung[2].

5 Von der Beschwerde iSd. § 78 zu unterscheiden ist schließlich die befristete **Erinnerung**, die nach § 573 Abs. 1 ZPO gegen Entscheidungen des beauftragten oder ersuchten Richters oder des Urkunds-

---

[1] BGBl. I S. 1887. | [2] Vgl. BAG v. 28.2.2003 – 1 AZB 53/02, MDR 2003, 770.

beamten der Geschäftsstelle zur Herbeiführung der Entscheidung des Gerichts eingelegt werden kann. Erst gegen dessen Beschluss findet gemäß § 573 Abs. 2 ZPO die sofortige Beschwerde statt. Die praxisrelevanten Entscheidungen des Rechtspflegers im Kostenfestsetzungsverfahren nach den §§ 103 ff. ZPO, 19 BRAGO sind seit der Abschaffung der vorgeschalteten Durchgriffserinnerung durch das 3. Gesetz zur Änderung des Rechtspflegergesetzes vom 6.8.1998[1] aufgrund der Neufassung des § 11 Abs. 1 RPflG unmittelbar mit der sofortigen Beschwerde angreifbar. Für die befristete Erinnerung verbleiben nach § 11 Abs. 2 RPflG die Fälle, in denen nach den allgemeinen verfahrensrechtlichen Vorschriften ein Rechtsmittel nicht gegeben ist, also vor allem dann, wenn der gemäß § 567 Abs. 2 ZPO notwendige Beschwerdewert fehlt. Auch an der Abhilfebefugnis des Rechtspflegers kann wegen der Neuregelung des § 572 Abs. 1 ZPO kein Zweifel mehr bestehen[2].

II. Sofortige Beschwerde gegen arbeitsgerichtliche Entscheidungen. 1. Voraussetzungen. Mit der sofortigen Beschwerde können entsprechend § 567 Abs. 1 ZPO die im ersten Rechtszug ergangenen Entscheidungen der ArbG angegriffen werden, wenn dies **im Gesetz ausdrücklich bestimmt** ist oder es sich um Entscheidungen handelt, durch die ein **Verfahren betreffendes Gesuch zurückgewiesen** worden ist, ohne dass eine mündliche Verhandlung erforderlich war. Als besondere Zulassungsnormen kommen **auch Vorschriften außerhalb der ZPO oder des ArbGG** in Betracht, wie etwa § 5 Abs. 4 Satz 2 KSchG bei der nachträglichen Klagezulassung oder § 10 Abs. 3 BRAGO bei der Wertfestsetzung für die Anwaltsgebühren. Eine von Amts wegen getroffene Verfahrens- oder Nebenentscheidung des ArbG ist nur in den gesetzlich bestimmten Fällen anfechtbar, auch wenn dem Beschluss ein „Gesuch" einer Partei vorangegangen ist[3]. Daher ist eine sog. Terminierungsbeschwerde wegen der Bestimmung des Verhandlungstermins durch das ArbG grundsätzlich ausgeschlossen[4]. 6

Aufgrund ausdrücklicher **gesetzlicher Zulassung** ist die sofortige Beschwerde statthaft in folgenden Fällen: 7

- § 11a ArbGG iVm. § 127 Abs. 2 ZPO (Ablehnung der Beiordnung eines Rechtsanwalts)
- § 17a Abs. 4 GVG (Rechtswegentscheidung)
- § 91a Abs. 2 ZPO (Kostenentscheidung nach Erledigung der Hauptsache)
- § 99 Abs. 2 ZPO (Kostenentscheidung im Anerkenntnisurteil)
- §§ 104, 107 ZPO (Kostenfestsetzungsverfahren)
- § 127 Abs. 2, 3 ZPO (Entscheidungen im PKH-Bewilligungsverfahren)
- §§ 141 Abs. 3, 380 Abs. 3 ZPO (Ordnungsgeld gegen eine Partei)
- § 252 ZPO (Aussetzung des Verfahrens)
- § 269 Abs. 3 ZPO (Kostenentscheidung bei Klagerücknahme)
- § 319 Abs. 3 ZPO (Urteilsberichtigung)
- § 336 Abs. 1 Satz 1 ZPO (Ablehnung eines Versäumnisurteils)
- §§ 380 Abs. 3, 390 Abs. 3, 409 Abs. 2 ZPO (Maßnahmen gegen Zeugen und Sachverständige)
- § 793 ZPO (Beschlüsse im Rahmen der Zwangsvollstreckung)
- §§ 934 Abs. 4, 936 ZPO (Aufhebung eines Arrestes oder einer einstweiligen Verfügung).

Ein das **Verfahren betreffendes Gesuch** kann ohne mündliche Verhandlung zurückgewiesen werden zB in folgenden Fällen: 8

- § 62 Abs. 2 ArbGG iVm. §§ 922, 936 ZPO (Ablehnung eines Arrestes oder einer einstweiligen Verfügung)
- § 204 ZPO (Ablehnung der öffentlichen Zustellung)
- § 225 ZPO (Ablehnung der Verkürzung einer Frist)
- § 299 Abs. 1 ZPO (Ablehnung der Akteneinsicht durch die Parteien).

Die sofortige Beschwerde setzt ferner stets voraus, dass eine hinreichende **Beschwer** gegeben ist. Ist der Beschwerdeführer durch die angefochtene Entscheidung nicht beschwert, so ist die Beschwerde nach § 572 Abs. 2 ZPO als unzulässig zu verwerfen. Daher ist die auf Veranlassung der **Rechtsschutzversicherung** eingelegte Streitwertbeschwerde regelmäßig mangels Beschwer der Partei unzulässig[5]. Eine andere Beurteilung kommt allenfalls dann in Betracht, wenn der Beschwerdeführer konkrete Nachteile bei Nichtbefolgung der Weisung des Versicherers darlegen kann. Die nicht beschwerte Partei kann auch keine Streitwerterhöhungsbeschwerde zugunsten ihres Anwalts oder zu Lasten des erstat- 9

---

1 BGBl. I S. 2030. | 2 Vgl. früher bereits LAG Köln v. 24.9.1999 – 10 Ta 142/88, LAGE § 104 ZPO Nr. 2; aA LAG Schl.-Holst. v. 28.10.1999 – 1 Ta 135/99, LAGE § 104 ZPO Nr. 3. | 3 Vgl. GMPM/*Müller-Glöge*, § 78 ArbGG Rz. 2. | 4 Vgl. LAG Köln v. 12.9.1995 – 6 Ta 160/95, LAGE § 57 ArbGG 1979 Nr. 1. | 5 Vgl. LAG Bremen – 4 Ta 35/88, LAGE § 10 BRAGO Nr. 3.

tungspflichtigen Gegners einlegen[1]. Das Beschwerderecht steht nach § 10 Abs. 2 und 3 BRAGO dem jeweils beschwerten Beteiligten zu.

10   Für Kosten- und Streitwertbeschwerden gilt nach § 567 Abs. 2 ZPO eine betragsmäßige **Mindestbeschwer**. Bei Entscheidungen über die Verpflichtung, die Prozesskosten zu tragen, also den sog. Kostengrundentscheidungen, muss der Wert des Beschwerdegegenstandes **100 Euro** übersteigen. Bei Beschwerden nach den §§ 91a Abs. 2, 99 Abs. 2 und 269 Abs. 5 ZPO ist zusätzliche Voraussetzung, dass der Streitwert der Hauptsache die Berufungssumme von **600 Euro** übersteigt. In den übrigen Fällen, vor allem bei den Streitwertbeschwerden nach den §§ 10 Abs. 3 BRAGO, 25 Abs. 3 GKG, beträgt die Mindestbeschwer mehr als **50 Euro**.

11   Besonderes gilt auch für die sofortige Beschwerde gegen die Zurückweisung des Antrags auf Bewilligung von **Prozesskostenhilfe** mangels Erfolgsaussicht. Sie ist nach § 127 Abs. 2 Satz 2 ZPO nicht statthaft, wenn der Streitwert der Hauptsache die nach den §§ 511 ZPO, 64 Abs. 2b ArbGG maßgebende Berufungssumme von 600 Euro nicht übersteigt. Über die Beschwerde soll keine Instanz eröffnet werden, die für die Hauptsache nicht zur Verfügung steht. Im Einklang damit bestimmt § 46 Abs. 2 Satz 3, dass im Arbeitsgerichtsverfahren die sofortige Beschwerde nach § 127 Abs. 2 ZPO bei Bestandsschutzstreitigkeiten unabhängig von dem Streitwert zulässig ist.

12   **2. Einlegung der sofortigen Beschwerde.** Nach § 569 Abs. 1 ZPO ist die sofortige Beschwerde, soweit keine andere Frist bestimmt ist, binnen einer **Notfrist von zwei Wochen** bei dem Gericht, dessen Entscheidung angefochten wird, oder bei dem Beschwerdegericht einzulegen, und zwar nach § 569 Abs. 2 ZPO durch **Einreichung einer Beschwerdeschrift** oder nach Maßgabe des § 569 Abs. 3 ZPO **zu Protokoll der Geschäftsstelle**. Erst recht ist auch die Einlegung des Rechtsmittels zu richterlichem **Sitzungsprotokoll** zulässig[2]. Die Beschwerde kann auch telegrafisch, durch Telefax oder Computerfax erhoben werden[3].

13   Die Beschwerdefrist wird nach den §§ 329 Abs. 3, 569 Abs. 1 Satz 2 ZPO erst durch die **Zustellung** der Entscheidung in Gang gesetzt. Ist die Zustellung unterblieben, so beginnt die Notfrist spätestens mit dem Ablauf von fünf Monaten nach der Verkündung des Beschlusses. Bei **fehlender oder fehlerhafter Rechtsmittelbelehrung** schließt sich daran nicht die zweiwöchige Beschwerdefrist an, sondern die Jahresfrist des § 9 Abs. 5 Satz 4[4].

14   Bei schuldloser Versäumung der Beschwerdefrist kann nach §§ 233 ff. ZPO **Wiedereinsetzung** in den vorigen Stand beantragt werden. Liegen die Voraussetzungen der Nichtigkeits- oder Restitutionsklage vor, so kann die Beschwerde gemäß § 569 Abs. 1 Satz 3 ZPO auch noch nach Ablauf der Beschwerdefrist innerhalb der für diese Klagen geltenden Notfristen erhoben werden.

15   Da vor dem ArbG kein Vertretungs- und insbesondere kein Anwaltszwang besteht, können die Beteiligten – auch Zeugen, Sachverständige oder ehrenamtliche Richter – die Beschwerde ohne weiteres selbst einlegen. **Kein Vertretungszwang** besteht auch für das weitere Beschwerdeverfahren, wenn das Landesarbeitsgericht wie üblich im schriftlichen Verfahren entscheidet. Ordnet das Beschwerdegericht **ausnahmsweise mündliche Verhandlung** an, so greift § 11 Abs. 2 ein: Die Beteiligten müssen sich durch Rechtsanwälte oder durch Vertreter von Verbänden vertreten lassen.

16   Nach § 571 Abs. 1 ZPO „soll" die Beschwerde begründet werden. Es besteht also auch nach neuem Recht **keine Begründungspflicht**, sondern lediglich eine Obliegenheit, deren Nichtbeachtung auf die Zulässigkeit des Rechtsmittels keinen Einfluss hat, wohl aber Auswirkung auf die Begründetheit haben kann. Der Beschwerdeführer kann die Beschwerde auf **neue Angriffs- und Verteidigungsmittel** stützen, wie § 571 Abs. 2 Satz 1 ZPO ausdrücklich hervorhebt. Er kann aber nicht geltend machen, dass das ArbG seine Zuständigkeit zu Unrecht angenommen hat. Dies ist nur in dem besonderen Rechtswegbestimmungsverfahren nach § 17a GVG möglich.

17   Der Beschwerdegegner kann nach § 567 Abs. 3 ZPO **Anschlussbeschwerde** einlegen, selbst wenn er auf die Beschwerde verzichtet hat oder die Beschwerdefrist verstrichen ist. Einer eigenen Beschwer bedarf es in diesem Fall nicht[5]. Die Anschließung verliert ihre Wirkung, wenn die Beschwerde zurückgenommen oder als unzulässig verworfen wird. Da die Beschwerde bis zur Beendigung des Verfahrens ohne Einwilligung des Gegners zurückgenommen werden kann, hat der Beschwerdeführer jederzeit die Möglichkeit, der Anschlussbeschwerde die Grundlage zu entziehen.

18   **3. Abhilfe durch das Arbeitsgericht.** Eine wesentliche Neuerung des Beschwerderechts enthält § 572 Abs. 1 ZPO mit der **generellen Abhilfebefugnis** des erstinstanzlichen Gerichts: Erachtet das ArbG oder der Vorsitzende, dessen Entscheidung angefochten wird, die Beschwerde für begründet, so haben sie ihr abzuhelfen; andernfalls ist die Beschwerde unverzüglich dem Beschwerdegericht vorzulegen. Die Neuregelung führt gleichzeitig dazu, dass **auch der Rechtspfleger** gemäß § 11 Abs. 1 RPflG immer abhelfen kann. Durch die mögliche Eigenkorrektur einer nachträglich als unrichtig erkannten Festset-

---

[1] Vgl. GK-ArbGG/*Wenzel*, § 78 Rz. 63.   [2] Vgl. GK-ArbGG/*Wenzel*, § 78 Rz. 46 mwN.   [3] Vgl. LAG Köln v. 10.4.2001 – 6 Ta 56/01, MDR 2001, 1316 mwN.   [4] Vgl. BAG v. 8.6.2000 – 2 AZR 584/99, EzA § 9 ArbGG 1979 Nr. 15.   [5] Vgl. GK-ArbGG/*Wenzel*, § 78 Rz. 71.

zungsentscheidung wird der Anfall einer gerichtlichen Beschwerdegebühr vermieden und verhindert, dass das Beschwerdegericht mit der Vornahme von Bagatellkorrekturen befasst wird[1].

Falls die Beschwerde unmittelbar beim LAG eingelegt worden ist, muss sie zunächst dem ArbG zur **Abhilfeprüfung** vorgelegt werden. Je nach Lage des Falles kann die Beschwerde nach § 570 Abs. 3 ZPO eine **einstweilige Anordnung** erlassen. Das erstinstanzliche Gericht kann die Vollziehung der angefochtenen Entscheidung aussetzen (§ 570 Abs. 2). 19

Der Beschluss, mit dem das ArbG der Beschwerde ganz oder zum Teil abhilft, ist regelmäßig **zu begründen**. Mit einer umfassenden Abhilfeentscheidung endet das Beschwerdeverfahren, so dass auch über etwaige Kosten des Verfahrens zu entscheiden ist. Eine abändernde Entscheidung muss nach Maßgabe des § 329 Abs. 2 Satz 2 oder Abs. 3 ZPO zugestellt werden, weil sie nunmehr für den Gegner anfechtbar sein kann. 20

Andernfalls hat das ArbG die Sache mit einem ebenfalls zu begründenden **Nichtabhilfebeschluss oder Nichtabhilfevermerk** dem Landesarbeitsgericht zur Entscheidung vorzulegen. Die Nichtabhilfeentscheidung ist den Verfahrensbeteiligten in Abschrift zur Kenntnis zu geben, damit sie hierzu ergänzend Stellung nehmen können. Ist dies im Einzelfall unterblieben, so kann und muss das Beschwerdegericht den Mangel im Rahmen der Gewährung rechtlichen Gehörs vor seiner abschließenden Entscheidung beheben. Eine **Zurückverweisung** wegen eines schweren Verfahrensmangels wird nur bei **Fehlen jedweder Begründung** für die arbeitsgerichtliche Entscheidung in Betracht kommen[2]. 21

4. Entscheidung durch das Landesarbeitsgericht. Das LAG entscheidet über die Beschwerde nach § 572 Abs. 4 ZPO stets **durch Beschluss**, und zwar nach § 78 Satz 3 in jedem Fall **ohne Hinzuziehung der ehrenamtlichen Richter** unabhängig davon, ob eine mündliche Verhandlung stattgefunden hat. Eine Entscheidung durch die vollbesetzte Kammer ist nach neuem Recht ausgeschlossen. 22

Das Beschwerdegericht hat zunächst gemäß § 572 Abs. 2 ZPO von Amts wegen zu prüfen, ob die Beschwerde an sich statthaft und ob sie in der gesetzlichen Form und Frist eingelegt ist. Fehlt eine dieser Voraussetzungen, so ist die Beschwerde **als unzulässig zu verwerfen**. 23

Erweist sich das Rechtsmittel als zulässig, aber **unbegründet**, hat das LAG die Beschwerde durch Beschluss **zurückzuweisen**. Der Grund für den Misserfolg der Beschwerde kann nunmehr insbesondere auch in der **Zurückweisung verspäteten Vorbringens** liegen. Während das alte Beschwerderecht keine Präklusionsnormen enthielt und eine analoge Anwendung der §§ 296, 528 ZPO aF an verfassungsrechtlichen Bedenken scheiterte[3], räumt die Neuregelung des § 571 Abs. 3 Satz 1 ZPO dem Vorsitzenden des ArbG im Hinblick auf die Abhilfebefugnis oder dem Beschwerdegericht die Möglichkeit ein, den Beteiligten für das Vorbringen von Angriffs- und Verteidigungsmitteln Äußerungsfristen zu setzen, und schafft damit die Voraussetzungen für die Zurückweisung verspäteten Vorbringens nach Satz 2, der die Regelung des § 296 Abs. 1 ZPO auf das Beschwerdeverfahren überträgt. Verspäteter Vortrag darf nur zugelassen werden, wenn die Erledigung des Verfahrens nicht verzögert würde oder wenn die Partei die Verspätung genügend entschuldigt. Insoweit kommen die zum **Verzögerungs- und Verschuldensbegriff des § 296 ZPO** entwickelten Grundsätze zur Anwendung[4]. 24

Bei der **erfolgreichen Beschwerde** richtet sich der Tenor nach dem jeweiligen Beschwerdegegenstand: In Betracht kommt sowohl eine schlichte **Aufhebung** der angegriffenen Entscheidung, etwa der Verfahrensaussetzung, oder eine **ersetzende Sachentscheidung**, etwa die Gewährung der nachträglichen Klagezulassung in Abänderung des arbeitsgerichtlichen Beschlusses. Das Beschwerdegericht kann aber auch eine **Zurückverweisung nach § 572 Abs. 3 ZPO** vornehmen und dem ArbG die erforderliche Sachentscheidung übertragen. Mit der Zurückverweisung können konkrete Weisungen verknüpft werden, an die das ArbG nach näherer Maßgabe der Beschwerdeentscheidung gebunden ist[5]. Dieses Verfahren kann etwa bei einer umfangreichen Kostenfestsetzung geboten sein. 25

Darüber hinaus ist eine **Zurückverweisung wegen eines wesentlichen Verfahrensmangels** analog § 538 Abs. 2 Nr. 1 ZPO zulässig, wenn aufgrund dieses Mangels eine umfangreiche oder aufwändige Beweisaufnahme notwendig ist und eine Partei die Zurückverweisung beantragt. Das Zurückverweisungsverbot des § 68 steht dem nicht entgegen, weil es nur für das Berufungsverfahren gilt[6]. Eine Zurückverweisung sollte jedoch wegen des Beschleunigungsgebots nur im Ausnahmefall vorgenommen werden. Im vorgeschalteten Rechtswegbestimmungsverfahren nach § 17a GVG ist eine Zurückverweisung stets unzulässig[7]. Entscheidet das LAG abschließend in der Sache, hat es regelmäßig auch eine Kostenentscheidung gemäß den §§ 91 ff. ZPO zu treffen. 26

III. Rechtsbeschwerde gegen Entscheidungen des Landesarbeitsgerichts. Gegen einen Beschluss des LAG ist nach § 78 Satz 1 und 2 ArbGG iVm. § 574 Abs. 1 Nr. 2, Abs. 2, 3 ZPO die Rechtsbeschwerde zum BAG statthaft, wenn das LAG sie in seiner Entscheidung nach Maßgabe des § 72 Abs. 2 zuge- 27

---

1 Vgl. Begr. RegE ZPO-RG, S. 292 f. mwN. | 2 Vgl. GMPM/*Müller-Glöge*, § 78 ArbGG Rz. 12; GK-ArbGG/*Wenzel*, § 78 Rz. 79. | 3 Vgl. BVerfG v. 9.2.1982 – 1 BvR 799/78, NJW 1982, 1635. | 4 Vgl. Begr. RegE ZPO-RG, S. 290. | 5 Vgl. Zöller/*Gummer*, § 572 ZPO Rz. 30. | 6 Vgl. GK-ArbGG/*Wenzel*, § 78 Rz. 105 mwN. | 7 BAG v. 17.2.2003 – 5 AZB 37/02, NZA 2003, 517.

lassen hat. Das Rechtsbeschwerdegericht ist nach § 574 Abs. 3 Satz 2 an die Zulassung gebunden. Eine Nichtzulassungsbeschwerde sieht das Gesetz nicht vor und ist deshalb unzulässig[1]. Die **Zulassung** der Rechtsbeschwerde ist entsprechend §§ 64 Abs. 3a, 72 **in den Tenor des Beschlusses** aufzunehmen.

28 Die vom Gesetzgeber nach der Entwurfsbegründung zugrunde gelegte entsprechende Anwendung der Vorschriften über die Rechtsbeschwerde nach den §§ 574 ff. ZPO ist in der Gesetz gewordenen Regelung nur unvollkommen zum Ausdruck gekommen. In der Begründung zur Aufhebung des § 70 aF heißt es, gegen Beschlüsse und Verfügungen des LAG oder seines Vorsitzenden solle nach dem „im arbeitsgerichtlichen Berufungsverfahren entsprechend anzuwendenden § 574 Abs. 1 Nr. 2, Abs. 2, 3 ZPO-E" die Rechtsbeschwerde aufgrund besonderer Zulassung statthaft sein. Allerdings wird diese Rechtsfolge von der Verweisung des § 64 Abs. 6 auf die Vorschriften der ZPO lediglich über die Berufung nicht gedeckt. Es bleibt die Verweisungsnorm des § 78, die aber anders als § 77 auch keine ausdrückliche Bezugnahme auf die Vorschriften der Rechtsbeschwerde enthält. Erst aus der Gesamtregelung der Norm erschließt sich, dass die **entsprechende Anwendung der §§ 574 ff. ZPO** vorausgesetzt wird[2]. Ansonsten wäre insbesondere § 78 Satz 2 sinnlos. Aus der dort vorausgesetzten „Zulassung der Rechtsbeschwerde" folgt in Verbindung mit der ersatzlosen Aufhebung des § 70 aF letztlich auch die Statthaftigkeit bei Beschlüssen und Verfügungen des LAG im Berufungsverfahren und aufgrund der Verweisung in § 83 Abs. 5 auch im Beschlussverfahren[3].

29 Die Neuregelung des Beschwerderechts gilt nach der Entwurfsbegründung nur für die Beschwerden, die dem „Recht der Zivilprozessordnung" unterliegen. Daraus kann aber nicht geschlossen werden, dass die Rechtsbeschwerde auf Beschwerdeverfahren im engeren Bereich der ZPO beschränkt sei, also etwa im Fall der **nachträglichen Klagezulassung** nach § 5 Abs. 4 KSchG nicht in Betracht komme[4]. Denn auch die nach § 5 Abs. 4 Satz 2 KSchG eröffnete sofortige Beschwerde unterliegt in ihrer Durchführung dem Recht der Zivilprozessordnung als dem anwendbaren Verfahrensrecht[5]. Folglich muss das LAG nach neuem Recht auch die **Rechtsbeschwerde** zulassen können[6]. Das BAG hält sie demgegenüber nach wie vor für **nicht statthaft**[7], womit der Streit für die Praxis bis auf weiteres entschieden ist.

30 Für die Zulassung bedarf es nach § 574 Abs. 1 Nr. 2 ZPO keiner weiteren besonderen Ermächtigung. Sie ist nur ausgeschlossen, wenn **Spezialregelungen** den Zugang zum Rechtsbeschwerdegericht ausdrücklich versperren[8]. So bestimmen insbesondere die §§ 10 Abs. 3 Satz 2 BRAGO, 5 Abs. 2 Satz 3 GKG für den Bereich der Wertfestsetzung, dass eine Beschwerde an einen obersten Gerichtshof des Bundes nicht stattfindet. Bei den **Streitwertbeschwerden** nach den §§ 10 BRAGO, 25 GKG endet das Verfahren also nach wie vor beim LAG[9]. Die Zulassung einer Rechtsbeschwerde scheidet auch bei Streitwertbeschlüssen des Berufungsgerichts aus. Ebenso ist in Verfahren des einstweiligen Rechtsschutzes eine Rechtsbeschwerde auch dann nicht zulässig, wenn das LAG durch Beschluss entschieden und darin die Rechtsbeschwerde zugelassen hat[10]. Statthaft ist die Rechtsbeschwerde demgegenüber im **Kostenfestsetzungsverfahren** nach § 104 ZPO[11].

31 Wenn das LAG die Rechtsbeschwerde zugelassen hat, ist sie gemäß § 575 Abs. 1 und 2 ZPO binnen einer Notfrist von einem Monat nach Zustellung des Beschlusses einzulegen und zu begründen. Dies gilt auch für die weitere sofortige Beschwerde im Rechtswegbestimmungsverfahren nach § 17a Abs. 4 Satz 4 GVG, bei der es sich seit dem In-Kraft-Treten des ZPO-RG um eine Rechtsbeschwerde iSd. §§ 574 ff. ZPO handelt[12].

32 **IV. Außerordentliche Beschwerde bei greifbarer Gesetzwidrigkeit.** Eine an sich unanfechtbare Entscheidung der Instanzgerichte kann nach richterrechtlich entwickelten Grundsätzen ausnahmsweise angreifbar sein, wenn sie jeder gesetzlichen Grundlage entbehrt und dem Gesetz inhaltlich fremd ist[13]. Eine solche außerordentliche Beschwerde wegen greifbarer Gesetzwidrigkeit muss allerdings auf wirkliche **Ausnahmefälle krassen Unrechts** beschränkt bleiben[14]. Diese Voraussetzung ist dann gegeben, wenn die angegriffene Entscheidung mit der geltenden Rechtsordnung schlechthin unvereinbar ist. Die Nichtbeachtung wesentlicher Verfahrensvorschriften allein reicht nicht aus. Verfassungsverstöße,

---

1 BAG v. 19.12.2002 – 5 AZB 54/02, NZA 2003, 287; v. 27.8.2003 – 5 AZB 45/03, juris. | 2 Im Ergebnis ebenso *Bader*, NZA 2002, 121, 122; *Schmidt/Schwab/Wildschütz*, NZA 2001, 1217, 1226. | 3 Vgl. BAG v. 28.2.2003 – 1 AZB 53/02, MDR 2003, 770. | 4 So GK-ArbGG/*Wenzel*, § 78 Rz. 121; ferner *Stahlhacke/Preis/Vossen*, Rz. 1143g. | 5 Vgl. nur KR/*Friedrich*, § 5 KSchG Rz. 151. | 6 Im Ergebnis ebenso LAG Düsseldorf v. 28.3.2002 und 6.8.2002 – 15 Ta 91/02 und 15 Ta 282/02, EzA SD 19/2002, 11; ferner *Holthaus/Koch*, RdA 2002, 140, 158. | 7 BAG v. 20.8.2002 – 2 AZB 16/02, MDR 2003, 157. | 8 Vgl. Zöller/*Gummer*, § 574 ZPO Rz. 9. | 9 Vgl. *Bader*, NZA 2002, 121, 122 f.; BAG v. 17.3.2003 – 2 AZB 21/02, NZA 2003, 682. | 10 BAG v. 22.1.2003 – 9 AZB 7/03, MDR 2003, 650. | 11 Vgl. dazu näher *Schütt*, MDR 2001, 1278, 1280; BAG v. 4.2.2003 – 2 AZB 18/02, NZA-RR 2003, 320. | 12 BAG v. 26.9.2002 – 5 AZB 15/02, NZA 2002, 1302; BGH 16.10.2002 – VIII ZB 27/02, MDR 2003, 285. | 13 BGH v. 1.12.1985 – VI ZB 13/85, EzA § 127 ZPO Nr. 9; v. 4.3.1993 – V ZB 5/93, NJW 1993, 1865; dagegen nunmehr BGH v. 7.3.2002 – IX ZB 11/02, NJW 2002, 1577; zust. *Lipp*, NJW 2002, 1700 ff. | 14 BAG v. 21.4.1998 – 2 AZB 4/98, EzA § 49 ArbGG 1979 Nr. 6; v. 14.2.2002 – 9 AZB 2/02, EzA § 49 ArbGG 1979 Nr. 8.

zB die Verletzung des Anspruchs auf rechtliches Gehör nach Art. 103 Abs. 1 GG[1], sind bei Erschöpfung des Rechtswegs mit der Verfassungsbeschwerde geltend zu machen[2].

Um einen außerordentlichen Rechtsbehelf handelt es sich auch dann, wenn das Gesetz die Möglichkeit der weiteren sofortigen Beschwerde oder der Rechtsbeschwerde zwar vorsieht, sie aber von der – nicht erfolgten – Zulassung durch das erste Beschwerdegericht abhängig macht. In solchen Fällen besteht für die obergerichtliche Zulassung wegen greifbarer Gesetzeswidrigkeit so lange kein Bedürfnis, wie eine Korrektur der angegriffenen Entscheidung auf einem Weg möglich ist, der weniger stark in das gesetzliche Rechtsmittelsystem eingreift[3]. In Betracht kommt vor allem die **Möglichkeit einer Selbstkorrektur** durch das Beschwerdegericht, weil eine Bindungswirkung verfassungswidrig ergangener Beschlüsse zu verneinen ist. Dies entspricht der Aufforderung des BVerfG an die Fachgerichte, durch eine grundrechtlich orientierte Handhabung der Prozessvorschriften dafür zu sorgen, dass in ihrem Verfahren eingetretene Grundrechtsverstöße ohne den Umweg über eine Verfassungsbeschwerde ausgeräumt werden[4]. 33

V. Beschlüsse und Verfügungen des Bundesarbeitsgerichts. Gegen Entscheidungen des BAG als letztinstanzlichem Fachgericht ist kein Rechtsmittel gegeben. Wird gleichwohl gegen einen Beschluss oder eine Verfügung sofortige Beschwerde eingelegt, kann diese als **Gegenvorstellung** betrachtet werden, die zu einer Abänderung der Entscheidung führen kann, soweit keine Bindungswirkung eingetreten ist[5]. Selbst gebunden ist das Bundesarbeitsgericht an alle über ein Rechtsmittel, eine Nichtzulassungsbeschwerde oder einen Wiedereinsetzungsantrag getroffenen Entscheidungen[6]. 34

Fünfter Unterabschnitt. Wiederaufnahme des Verfahrens

79 *Wiederaufnahme des Verfahrens*
Die Vorschriften der Zivilprozessordnung über die Wiederaufnahme des Verfahrens gelten für Rechtsstreitigkeiten nach § 2 Abs. 1 bis 4 entsprechend. Die Nichtigkeitsklage kann jedoch nicht auf Mängel des Verfahrens bei der Berufung der ehrenamtlichen Richter oder auf Umstände, die die Berufung eines ehrenamtlichen Richters zu seinem Amt ausschließen, gestützt werden.

I. Grundsätzliche Verweisung auf die Vorschriften der ZPO. Nach Satz 1 finden die Vorschriften über die Wiederaufnahme des Verfahrens nach den §§ 578 ff. ZPO für die Rechtsstreitigkeiten, über die im **Urteilsverfahren** nach § 2 zu entscheiden ist, entsprechende Anwendung. Gleiches gilt im Übrigen aufgrund der Verweisung in § 80 Abs. 2 auch für das arbeitsgerichtliche **Beschlussverfahren**. 1

Die Wiederaufnahme eines durch rechtskräftiges Urteil – oder Beschluss im Beschlussverfahren - geschlossenen Verfahrens kann nach § 578 Abs. 1 ZPO durch **Nichtigkeitsklage** und durch **Restitutionsklage** erfolgen. Beide Klagen sind trotz ihres rechtsmittelähnlichen Charakters keine echten Rechtsmittel, sondern zielen auf die Beseitigung bereits eingetretener Rechtskraft durch neue Verhandlung und Entscheidung vor demselben Gericht, nicht höherer Instanz[7]. 2

Zu den anfechtbaren Entscheidungen gehören nicht nur die nach § 705 ZPO rechtskräftigen Endurteile, sondern auch **urteilsvertretende Beschlüsse**, mit denen das Verfahren formell rechtskräftig abgeschlossen wird, zB nach § 91a ZPO bei Erledigung der Hauptsache oder nach §§ 66 Abs. 2 Satz 2, 522 Abs. 1 ZPO bei Verwerfung einer unzulässigen Berufung[8]. Angreifbar ist auch ein Beschluss des BAG nach § 72a Abs. 5, durch den eine Nichtzulassungsbeschwerde verworfen oder zurückgewiesen wird[9]. 3

Die Parteien des Wiederaufnahmeverfahrens sind grundsätzlich dieselben wie in dem vorangegangenen Verfahren. Der Ablauf gliedert sich drei Abschnitte: Die **Prüfung der Zulässigkeit** (§ 589 ZPO), das **aufhebende Verfahren** mit der Prüfung, ob Wiederaufnahmegründe vorliegen, und schließlich das **ersetzende Verfahren** mit einer neuen Verhandlung der Hauptsache (§ 590 ZPO). Nach Ablauf von fünf Jahren seit Eintritt der Rechtskraft der anzugreifenden Entscheidung ist jede Wiederaufnahmeklage unstatthaft (§ 586 Abs. 2 Satz 2 ZPO). 4

II. Die Sonderregelung des Satzes 2. Nach § 579 Abs. 1 Nr. 1 ZPO findet die Nichtigkeitsklage ua. statt, wenn das erkennende Gericht nicht vorschriftsmäßig besetzt war[10]. Diese Klage kann jedoch nach ausdrücklicher Einschränkung des § 79 Satz 2 nicht auf Mängel des Verfahrens **bei der Berufung der ehrenamtlichen Richter** oder auf Umstände, die die Berufung eines ehrenamtlichen Richters zu seinem Amt 5

---

1 Zum Fall einer Überraschungsentscheidung BVerfG v. 2.1.1995 – 1 BvR 320/94, EzA Art. 103 GG Nr. 3. | 2 BAG v. 21.4.1998 – 2 AZB 4/98, EzA § 49 ArbGG 1979 Nr. 6 mwN; v. 27.7.1998 – 9 AZB 5/98, EzA § 49 ArbGG 1979 Nr. 7. | 3 BAG v. 22.10.1999 – 5 AZB 21/99, EzA § 78 ArbGG 1979 Nr. 4. | 4 BVerfG v. 9.12.1996 – 2 BvR 2316/96, NJW 1997, 1301. | 5 Vgl. GMPM/*Müller-Glöge*, § 78 ArbGG Rz. 18. | 6 BAG v. 21.7.1993 – 7 ABR 25/92, AP Nr. 4 zu § 579 ZPO. | 7 Vgl. näher Zöller/*Greger*, Vor § 578 ZPO Rz. 1. | 8 Vgl. GMPM/*Müller-Glöge*, § 79 ArbGG Rz. 4 mwN. | 9 BAG v. 18.10.1990 – 8 AS 1/90, SAE 1991, 112. | 10 Vgl. zur Subsidiarität der Verfassungsbeschwerde BVerfG v. 31.7.2001 – 1 BvR 304/01, NZA 2002, 284.

ausschließen, gestützt werden. Unschädlich sind damit Fehler im Berufungsverfahren nach den §§ 20 ff. durch die oberste Landesbehörde oder die beauftragte Stelle, insbesondere Ausschließungsgründe nach § 21. Möglich bleibt demgegenüber eine Nichtigkeitsklage wegen falscher Besetzung des Gerichts infolge fehlerhafter Heranziehung der ehrenamtlichen Richter zu den einzelnen Sitzungen nach den §§ 31, 39, 43[1]. Allerdings liegt eine nach Art. 101 Abs. 1 Satz 2 GG verfassungswidrige Entziehung des gesetzlichen Richters nicht bei jeder irrtümlichen Verkennung der Besetzungsregeln vor. Erforderlich ist vielmehr Willkür, die dann anzunehmen ist, wenn sich die Maßnahme so weit vom Grundsatz des gesetzlichen Richters entfernt, dass sie nicht mehr verständlich erscheint und unhaltbar ist[2].

6 Soweit die Sonderregelung nicht eingreift, können die Nichtigkeits- und Wiederaufnahmegründe nach näherer Maßgabe der §§ 579, 580 ZPO geltend gemacht werden. Insbesondere kann die Nichtigkeitsklage nach § 579 Abs. 1 Nr. 2 ZPO auch darauf gestützt werden, dass der ehrenamtliche Richter im Streitfall von der Ausübung des Richteramts kraft Gesetzes nach § 41 ZPO ausgeschlossen war.

7 Wegen der Zweispurigkeit des Schwerbehindertenschutzes haben folgende Wiederaufnahmetatbestände im arbeitsgerichtlichen Verfahren besondere Bedeutung: Der Restitutionsgrund des § 580 Nr. 6 ZPO ist gegeben, wenn der Zustimmungsbescheid der Hauptfürsorgestelle bzw. nunmehr des Integrationsamts zur Kündigung eines Schwerbehinderten im verwaltungsgerichtlichen Verfahren rechtskräftig aufgehoben wird, zuvor aber das ArbG wegen der Zustimmung die Wirksamkeit der Kündigung festgestellt hat[3]. Auch der nach Rechtskraft eines klageabweisenden Kündigungsschutzurteils erlassene Feststellungsbescheid des Versorgungsamtes, in dem eine zum Zeitpunkt der Kündigung bereits bestandene Schwerbehinderteneigenschaft festgestellt wird, stellt einen Restitutionsgrund analog § 580 Nr. 7b ZPO dar[4]. In diesen Fällen ist der Kündigungsschutzprozess neu zu verhandeln.

Zweiter Abschnitt. Beschlussverfahren

Erster Unterabschnitt. Erster Rechtszug

80 *Grundsatz*
(1) Das Beschlussverfahren findet in den in § 2a bezeichneten Fällen Anwendung.

(2) Für das Beschlussverfahren des ersten Rechtszugs gelten die für das Urteilsverfahren des ersten Rechtszugs maßgebenden Vorschriften über Prozessfähigkeit, Prozessvertretung, Ladungen, Termine und Fristen, Ablehnung und Ausschließung von Gerichtspersonen, Zustellungen, persönliches Erscheinen der Parteien, Öffentlichkeit, Befugnisse des Vorsitzenden und der ehrenamtlichen Richter, Vorbereitung der streitigen Verhandlung, Verhandlung vor der Kammer, Beweisaufnahme, gütliche Erledigung des Verfahrens, Wiedereinsetzung in den vorigen Stand und Wiederaufnahme des Verfahrens entsprechend, soweit sich aus den §§ 81 bis 84 nichts anderes ergibt. Der Vorsitzende kann ein Güteverfahren ansetzen; die für das Urteilsverfahren des ersten Rechtszugs maßgebenden Vorschriften über das Güteverfahren gelten entsprechend.

(3) § 48 Abs. 1 findet entsprechende Anwendung.

Lit. zu §§ 80 ff.: *Herbst/Bertelsmann/Reiter*, Arbeitsgerichtliches Beschlussverfahren, 2. Aufl. 1998; *Krause*, Rechtskrafterstreckung im kollektiven Arbeitsrecht, 1996; *Laux*, Die Antrags- und Beteiligungsbefugnis im arbeitsgerichtlichen Beschlussverfahren, 1985; *Molkenbur*, Verfahrensrechtliche Probleme des arbeitsgerichtlichen Beschlussverfahrens, DB 1992, 425; *Schlochauer*, Das arbeitsgerichtliche Beschlussverfahren, Festschrift zum 100-jährigen Bestehen des Deutschen Arbeitsgerichtsverbandes, S. 373; *Weth*, Das arbeitsgerichtliche Beschlussverfahren, 1995.

1 Das arbeitsgerichtliche Beschlussverfahren nach §§ 80 ff. findet in den in § 2a aufgeführten Streitigkeiten sowie in den in § 122, § 126 InsO genannten Angelegenheiten statt[5]. Ob das arbeitsgerichtliche Beschlussverfahren oder das Urteilsverfahren die richtige **Verfahrensart** ist, hat das angerufene ArbG **von Amts wegen** zu prüfen (§ 48 Abs. 1, § 80 Abs. 3, vgl. hierzu § 2a Rz. 28 f.). Beide Verfahrensarten schließen einander aus, so dass Gegenstände, die verschiedenen Verfahrensarten zugewiesen sind, auch nicht in einem Verfahren verbunden werden können[6]. **Entsprechende Anwendung** finden §§ 80 ff. nach § 83 Abs. 2 BPersVG für das verwaltungsgerichtliche Verfahren in bundespersonalvertretungsrechtlichen Angelegenheiten sowie über § 106 BPersVG auch im Landespersonalvertretungsrecht, soweit dort eine entsprechende Verfahrensregel geschaffen worden ist[7] (zB § 88 Abs. 2 MBG Schl.-Holst.).

---

1 Vgl. BAG v. 21.6.2001 – 2 AZR 359/00, EzA § 21e GVG Nr. 2. | 2 BAG v. 21.6.2001 – 2 AZR 359/00, EzA § 21e GVG Nr. 2 mwN. | 3 BAG v. 25.11.1980 – 6 AZR 210/80, EzA § 580 ZPO Nr. 1. | 4 BAG v.15.8.1984 – 7AZR558/82, EzA § 580 ZPO Nr. 2. | 5 Wegen der Abgrenzung zu Urteilsverfahren mit ähnlichem Streitgegenstand vgl. § 2a Rz. 2–15. | 6 Hauck/Helml/*Hauck*, § 80 ArbGG Rz. 3. | 7 BVerwG v. 16.12.1977 – VII P 27.77, Buchholz 238.3A § 106 BPersVG.

Grundsatz   Rz. 7 § 80 ArbGG

Das arbeitsgerichtliche Beschlussverfahren ist eine besondere Form der Rspr. in kollektivrechtlichen   2
Angelegenheiten. Es dient der Entscheidung von Rechtsstreitigkeiten und nicht der Regelung kollektiver Angelegenheiten. Letztere ist insb. in dem vom BetrVG näher bestimmten Umfang dem betriebsnahen Einigungsstellenverfahren vorbehalten. Das **Beschlussverfahren** ist durch eine Reihe terminologisch-formaler, aber auch inhaltlicher **Besonderheiten** im Vergleich zum Urteilsverfahren gekennzeichnet; in der Gesetzesentwicklung ist allerdings eine deutliche Annäherung an die dort geltenden Verfahrensregeln festzustellen: Das Beschlussverfahren wird nicht durch Klage, sondern durch einen Antrag eingeleitet. Das ArbG hat die an dem so durch den Antragsteller bestimmten Verfahrensgegenstand materiell **Beteiligten von Amts wegen** festzustellen und sie am Verfahren zu beteiligen (§ 83). Einen Antragsgegner kennt das Beschlussverfahren nicht. Die tatsächlichen Entscheidungsgrundlagen sind nicht vom Antragsteller und den übrigen Beteiligten beizubringen, sondern in Anwendung des **Untersuchungsgrundsatzes** von Amts wegen zu ermitteln, wobei die Beteiligten allerdings **wesentliche Mitwirkungspflichten** haben. Die instanzbeendende Entscheidung ergeht nicht durch Urteil, sondern durch Beschluss. Die Rechtsmittel im Beschlussverfahren sind Beschwerde (§ 87 f.) und Rechtsbeschwerde (§§ 92 ff.).

Soweit die §§ 81 bis 84 nicht etwas anderes bestimmen, gelten für eine Reihe von Regelungsgegenständen   3
im Beschlussverfahren die Vorschriften für das Urteilsverfahren 1. Instanz, die in § 80 Abs. 2 in Bezug genommen sind. So richtet sich die Prozessfähigkeit über § 46 Abs. 2 nach § 51 ZPO. Für die **Parteifähigkeit**, der im Beschlussverfahren die Beteiligtenfähigkeit entspricht, gibt es mit **§ 10** eine spezielle Regelung, die den besonderen Akteuren der kollektivrechtlichen Streitigkeiten nach § 2a die Beteiligtenfähigkeit zuerkennt.

Im Beschlussverfahren gilt für die **Prozessvertretung** § 11. Nach dieser Bestimmung dürfen Verbandsvertreter nur Mitglieder vertreten. Dies gilt auch im Beschlussverfahren. Ist ein betriebsverfassungsrechtliches Organ Antragsteller oder Beteiligter, genügt es, wenn wenigstens ein Mitglied dieses Organs dem betreffenden Verband angehört und das Organ eine entsprechende Vertretung beschlossen hat[1]. Auch § 11a über die Beiordnung eines Rechtsanwalts und über die Bewilligung von **PKH** findet Anwendung, wenn und soweit der Beteiligte eine natürliche Person ist. Im Übrigen folgt die **Kostentragungspflicht** im Beschlussverfahren materiellem Recht, insb. § 40 BetrVG und § 44 BPersVG. Für Ladungen, Termine und Fristen gelten § 46 Abs. 2 Satz 1, §§ 241 ff. ZPO, für die Ablehnung und Ausschließung von Gerichtspersonen § 49, sowie § 46 Abs. 2, §§ 41 ff. ZPO, wobei an die Stelle der dort genannten Parteien die Beteiligten zu setzen sind.

Die Regelungen über die **Zustellung** finden sich in § 50 sowie in § 46 Abs. 2, §§ 166 ff. ZPO. Zustellungen   5
an den BR, Personalrat oder andere Organe der Betriebsverfassung müssen entsprechend § 170 Abs. 2 ZPO an deren Vorsitzenden erfolgen. Eine Ersatzzustellung (§ 178 Abs. 1 ZPO) ist nur dann möglich, wenn der BR oder Personalrat ein eigenes Büro mit Bürokraft unterhält. Betrieb oder Dienststelle als solche sind nicht Geschäftsraum der ArbN-Vertretung[2]. Anders ist es, wenn die ArbN-Vertretung die Postannahmestelle des ArbGeb durchgängig damit betraut hat, für sie bestimmte Post entgegen zu nehmen und weiterzuleiten[3]. § 185 ZPO ist unter dieser Bedingung unanwendbar.

Auch im Beschlussverfahren kann das persönliche Erscheinen der Beteiligten nach § 51 ArbGG, § 141   6
ZPO angeordnet und durchgesetzt werden. Wegen des das arbeitsgerichtliche Beschlussverfahren – eingeschränkt – beherrschenden Untersuchungsgrundsatzes ist **§ 51 Abs. 2** allerdings **unanwendbar**; ein Verfahrensbevollmächtigter kann nicht mit der Begründung zurückgewiesen werden, der Beteiligte, dessen persönliches Erscheinen angeordnet worden war, sei unbegründet ausgeblieben. Für die Öffentlichkeit der Verhandlung und dem Ausschluss der Öffentlichkeit (§ 52 ArbGG, §§ 169, 173 ff. GVG) gelten keine Besonderheiten.

Wegen der **Befugnisse** des **Vorsitzenden** und der ehrenamtlichen Richter sind im Grundsatz § 53 und   7
§ 55 anwendbar; Besonderheiten gelten insoweit, als ein instanzabschließender Beschluss zwar ohne mündliche Verhandlung ergehen (§ 83 Abs. 4 Satz 3), nicht aber vom Vorsitzenden allein erlassen werden kann. Das Verfahren nach Antragsrücknahme ist speziell in § 81 Abs. 2 geregelt. Ein **Säumnisverfahren** gibt es im arbeitsgerichtlichen Beschlussverfahren **nicht**, weshalb § 55 Abs. 1 Nr. 3 und Nr. 4 unanwendbar sind. Durch das Arbeitsgerichtsbeschleunigungsgesetz vom 30.3.2000 ist § 80 Abs. 2 um Satz 2 ergänzt worden; seither hat der Vorsitzende die im pflichtgemäßen Ermessen stehende Möglichkeit, auch im Beschlussverfahren einen **Gütetermin** vorzuschalten[4]; eine Säumnis im grundsätzlich nach § 54 durchzuführenden Gütetermin bleibt aber wegen der hier fehlenden Möglichkeit einer Säumnisentscheidung folgenlos; auch kann nicht das Ruhen des Verfahrens nach § 54 Abs. 5 angeordnet werden[5]; im Falle der Säumnis ist Termin zur Anhörung vor der Kammer anzuberaumen, falls nicht bereits mit der Ladung zum Gütetermin auch zu einem etwa anschließenden Kammertermin geladen

---

[1] BAG v. 29.1.1992 – 7 ABR 29/91, AP Nr. 14 zu § 11 ArbGG 1979 – Prozessvertreter; GK-ArbGG/*Dörner*, § 80 Rz. 34. |[2] GMPM/*Matthes*, § 80 ArbGG Rz. 51. |[3] BAG v. 20.1.1976 – 1 ABR 48/75, AP Nr. 2 zu § 47 BetrVG 1972. |[4] Dessen Beschleunigungseffekt zweifelhaft ist: *Germelmann*, NZA 2000, 1017, 1024. |[5] Hauck/Helml/*Hauck*, § 80 ArbGG Rz. 7a.

worden ist. In diesem Fall kann durch die Kammer im unmittelbaren Anschluss entschieden werden, weil der Anhörungspflicht genügt ist[1].

8   *Dörner* ist zu Recht der Auffassung, dass trotz der umfassenden Verweisung in § 80 Abs. 2 das Güteverfahren weder im Verfahren nach § 98 noch bei der einstweiligen Verfügung im Beschlussverfahren stattfindet[2].

9   Für die Anhörung der Beteiligten vor der Kammer gilt § 57, für die Beweisaufnahme § 58, wobei die Beweisaufnahme durch Kammerbeschluss dem Vorsitzenden übertragen oder im Wege der Rechtshilfe durchgeführt werden kann. Auch im Beschlussverfahren ist eine gütliche Beilegung des Verfahrens nach § 57 Abs. 2 anzustreben, wobei ein **Vergleich** allerdings nur möglich ist, soweit die Beteiligten über den Verfahrensgegenstand verfügen können; § 278 Abs. 6 ZPO ist unanwendbar (vgl. § 83a Rz. 2 ff.). Schließlich gelten auch die Vorschriften über die **Wiedereinsetzung in den vorigen Stand** (§§ 233 ff. ZPO) und die Wiederaufnahme des Verfahrens (§ 80 Abs. 2, § 79 ArbGG, §§ 578 ff. ZPO).

10 Obwohl § 80 Abs. 2 keine allgemeine Verweisung auf die **ZPO** enthält, sind deren Vorschriften **subsidiär** anwendbar. Bleiben nach §§ 80 ff. und den dort in Bezug genommenen Bestimmungen Fragen ungeregelt, ist auf die Bestimmungen der ZPO zurückzugreifen, es sei denn der besondere Charakter des arbeitsgerichtlichen Beschlussverfahrens steht dem entgegen[3]. Auf dieser Grundlage werden nach allgemeiner Auffassung im Beschlussverfahren beispielsweise die Bestimmungen zur Aussetzung des Verfahrens (§ 148 ZPO), zur Rechtshängigkeit (§ 261 ZPO), sowie zur Bestimmtheit des Antrags und zum Feststellungsinteresse des Antragenden angewendet.

81 Antrag

(1) Das Verfahren wird nur auf Antrag eingeleitet; der Antrag ist bei dem Arbeitsgericht schriftlich einzureichen oder bei seiner Geschäftsstelle mündlich zur Niederschrift anzubringen.

(2) Der Antrag kann jederzeit in derselben Form zurückgenommen werden. In diesem Fall ist das Verfahren vom Vorsitzenden des Arbeitsgerichts einzustellen. Von der Einstellung ist den Beteiligten Kenntnis zu geben, soweit ihnen der Antrag vom Arbeitsgericht mitgeteilt worden ist.

(3) Eine Änderung des Antrags ist zulässig, wenn die übrigen Beteiligten zustimmen oder das Gericht die Änderung für sachdienlich hält. Die Zustimmung der Beteiligten zu der Änderung des Antrags gilt als erteilt, wenn die Beteiligten sich, ohne zu widersprechen, in einem Schriftsatz oder in der mündlichen Verhandlung auf den geänderten Antrag eingelassen haben. Die Entscheidung, dass eine Änderung des Antrags nicht vorliegt oder zugelassen wird, ist unanfechtbar.

1   I. Verfahrenseinleitung durch Antragsschrift. 1. Antragsschrift. Das arbeitsgerichtliche Beschlussverfahren, für das, soweit in §§ 80 ff. nicht besonders geregelt, die allgemeinen Prozessvoraussetzungen des Urteilsverfahrens erfüllt sein müssen, wird nicht von Amts wegen, sondern stets nur durch einen der Klage entsprechenden **Antrag eingeleitet**. Für ihn besteht **kein Vertretungszwang**, Vertretung ist aber nach den allgemeinen Regeln (§ 11) möglich. Es ist auch eine Antragstellung zu Protokoll der Geschäftsstelle statthaft. Wird die **Antragsschrift** beim ArbG eingereicht, muss sie vom Antragsteller oder seinem Verfahrensvertreter **unterzeichnet** sein. Es reicht aus, wenn eine entsprechende **schriftliche Vorlage** per Telegramm, Fernschreiben oder als Telefax, nach Auffassung des Gemeinsamen Senats der Obersten Gerichtshöfe des Bundes sogar als Textdatei mit **eingescannter Unterschrift** unmittelbar beim ArbG eingeht (einzelne Nachw. bei § 74 Rz. 6).

2   Die Antragsschrift muss den **Antragsteller** zweifelsfrei **erkennen** lassen. Einen förmlichen **Antragsgegner** gibt es im Beschlussverfahren **nicht**. Das Gesetz kennt nur den Antragsteller und die – übrigen – Beteiligten. Eine Person oder Stelle, der gegenüber im Beschlussverfahren Rechte in Anspruch genommen werden, kann zwar in einem materiellen Sinne Verfahrensgegner sein. Formell handelt es sich aber auch insoweit nur um einen von möglicherweise mehreren materiell **Beteiligten** (dazu § 83 Rz. 19 f.) mit grundsätzlich gleichen Verfahrensrechten[4]. Sie müssen in der Antragsschrift nicht im Einzelnen aufgeführt werden. Sie sind nach den Vorgaben des § 83 Abs. 3 **von Amts wegen** zu beteiligen[5].

3   Die Antragsschrift muss einen Sachantrag enthalten und den **Sachverhalt darstellen**, aus dem sich die dem Gericht zur Entscheidung vorgelegte Streitfrage ergibt (§ 253 Abs. 2 Nr. 2 ZPO), damit der Antrag zulässig erhoben ist und eine etwaige Frist eingehalten wird[6].

4   2. Funktionen des Antrags. Mit dem Antrag wird der **Streitgegenstand** des Verfahrens und der **Rahmen festgelegt**, innerhalb dessen allein eine gerichtliche Entscheidung statthaft ist (§ 308 ZPO); ande-

---

1 GK-ArbGG/*Dörner*, § 80 Rz. 53. |2 GK-ArbGG/*Dörner*, § 80 Rz. 56. |3 BAG v. 16.7.1996 – 3 ABR 13/95, AP Nr. 53 zu § 76 BetrVG 1972. |4 BAG v. 16.12.1986 – 1 ABR 35/85, BAGE 54, 36, 41 = AP Nr. 13 zu § 87 BetrVG 1972 – Ordnung des Betriebes, unter B I 3 d.Gr.; aA *Grunsky*, § 80 ArbGG Rz. 27; *Dunkl*, Der Begriff und die Arten der Beteiligten im arbeitsgerichtlichen Beschlussverfahren, 1979, S. 88 ff. |5 GK-ArbGG/*Dörner*, § 81 Rz. 27, 53. |6 Statt aller: ErfK/*Eisemann*, § 81 ArbGG Rz. 1.

res oder mehr als beantragt darf nicht zuerkannt werden[1]. Deshalb muss der Sachantrag derart **bestimmt** sein, dass ihm entnommen werden kann, über welche konkrete Streitfrage das Gericht mit Wirkung für die Beteiligten entscheiden soll. Eine antragsgemäße, auf eine Verpflichtung gerichtete Entscheidung muss einen **vollstreckbaren Inhalt** haben; ein Vollstreckungsschuldner muss genau wissen, welche Pflichten er erfüllen soll, was er zu unterlassen hat; eine erforderliche Konkretisierung der Verhaltenspflichten darf nicht in das Vollstreckungsverfahren verlagert werden[2]. Der Antrag muss die Maßnahme, den betrieblichen Vorgang oder auch die angestrebten Detailregelung genau bezeichnen, für die ein MitbestR in Anspruch genommen oder geleugnet wird, damit mit der Entscheidung über diesen Antrag zweifelsfrei feststeht, für welche Maßnahmen oder Vorgänge das MitbestR bejaht oder verneint worden ist; eine bloße Gesetzeswiderholung reicht nie aus[3].

Das ArbG kann zwar bei der gebotenen Festlegung des Streitgegenstandes durch **Auslegung des Sachantrages** helfen. Dabei ist aber nur ein Auslegungsergebnis möglich, das bei loyalem Verständnis des Vorbringens des Antragstellers im Übrigen als **Antragsziel** erkennbar ist. 5

Mit dem Antrag muss nicht – und kann auch **nicht** verbindlich – die **Verfahrensart gewählt** werden. Sie unterliegt nicht der Disposition eines Beteiligten. Sie ergibt sich aus dem mit dem Antrag bestimmten Streitgegenstand und der gerichtlichen Anwendung von § 2 und § 2a. Ein Antrag, für den die unrichtige Verfahrensart „gewählt" wurde, ist deshalb nicht unzulässig, sondern ohne weiteres nach § 48 von Amts wegen in der richtigen Verfahrensart zu behandeln. Nur dann, wenn der Antragsteller auf der „gewählten" Verfahrensart beharrt, ist hierüber nach § 48 ArbGG iVm. §§ 17 ff. GVG **vorab** zu **entscheiden**[4]. 6

Mit der **förmlichen Zustellung** der ordnungsgemäßen Antragsschrift an alle übrigen materiell am Verfahren Beteiligten, die nach § 80 Abs. 2, § 47 **von Amts wegen** zu erfolgen hat, obwohl § 81 Abs. 2 Satz 2 nur von der Mitteilung des Antrags spricht[5], wird der Streitgegenstand **rechtshängig**. Eine etwa einzuhaltende **Frist**[6] wird **gewahrt**. Im Hinblick auf § 270 ZPO und die Besonderheiten des Beschlussverfahrens reicht zur Fristwahrung aber in aller Regel bereits die rechtzeitige Einreichung der Antragsschrift bei Gericht. 7

Ebenso wie im Urteilsverfahren und unter denselben Voraussetzungen wie dort sind auch **Antragshäufungen**, **Hilfsanträge** und **Wideranträge** statthaft. Antragshäufungen sind angesichts der verbreiteten Unsicherheit über die präzise Fassung des Rechtsschutzziels im Beschlussverfahren häufig. Gelegentlich, wenn es um die Durchführung vorläufiger personeller Maßnahmen geht, werden sie sogar vom Gesetz angeordnet (§ 100 Abs. 2 und 3 BetrVG)[7]. **Für jeden** der nebeneinander stehenden Anträge müssen die **Zulässigkeitsvoraussetzungen** erfüllt sein, wozu beispielsweise auch deren Bedingungsfeindlichkeit gehört[8]. Diese besteht allerdings nur eingeschränkt, wenn es nicht um verfahrenseinleitende Anträge, sondern um Hilfsanträge geht, die nur unter der Bedingung gestellt sind, dass der Hauptantrag keinen Erfolg (echter H.) oder Erfolg hat (unechter H.). Auch für **Wideranträge** gibt es im Beschlussverfahren keine Besonderheiten. Sie sind wegen anderweitiger Rechtshängigkeit unzulässig, wenn sie lediglich das **genaue Gegenteil** dessen beinhalten, was mit dem Antrag angestrebt wird. Etwas anderes gilt, wenn es sich bei den beiden einander gegenüberstehenden Anträgen um Globalanträge handelt (unten Rz. 20 ff.) oder wenn mit dem Widerantrag zumindest teilweise ein anderer Streitgegenstand zur Entscheidung gestellt wird[9]. 8

II. Antragsteller und Antragsbefugnis. Jede beteiligtenfähige Person oder Stelle kann im Beschlussverfahren einen Antrag stellen, also jeder Parteifähige iSv. § 50 ZPO unter Einschluss einer GbR als ArbGeb[10]. Auch ein von einer solchen Person oder Stelle verfolgter Antrag ist aber unzulässig, wenn dem Antragsteller die von der Beteiligtenfähigkeit zu trennende **Antragsbefugnis** fehlt[11]. Diese Zulässigkeitsvoraussetzung dient entsprechend der Prozessführungsbefugnis im Urteilsverfahren dazu, **Popularklagen** auszuschließen. Sie ist in jedem Stadium des Verfahrens von Amts wegen und für jeden Antrag gesondert als Zulässigkeitsvoraussetzung zu prüfen. Sie liegt vor, wenn der Antragsteller vorträgt, Träger des streitbefangenen Rechts, durch die begehrte Entscheidung in seiner betriebsverfassungsrechtlichen Rechtsposition betroffen zu sein. Dies ist in aller Regel nur dann der Fall, wenn der Antragsteller **eigene Rechte geltend macht**[12] oder vom Gesetz ausdrücklich als antragsbefugt gekennzeichnet wird (zB § 19 Abs. 2 oder § 76 Abs. 5 Satz 4 BetrVG), wobei in letzterem Falle grundsätzlich andere Personen oder Stellen, als die im Gesetz benannten, nicht antragsbefugt sind[13]. 9

---

1 BAG v. 27.11.1992 – 1 ABR 17/92, AP Nr. 61 zu § 87 BetrVG 1972 – Lohngestaltung, unter A I 2 a d.Gr. | 2 BAG v. 3.6.2003 – 1 ABR 19/02, AP Nr. 1 zu § 89 BetrVG 1972. | 3 BAG v. 1.7.2003 – 1 ABR 20/02, AP Nr. 107 zu § 87 BetrVG 1972 – Arbeitszeit unter B II 3 d.Gr. | 4 GK-ArbGG/*Dörner*, § 81 Rz. 7. | 5 GMPM/*Matthes*, § 81 ArbGG Rz. 71; aA *Grunsky*, § 81 ArbGG Rz. 3, der nur eine Zustellung an den „Antragsgegner" für erforderlich hält. | 6 ZB nach § 19 Abs. 2 Satz 2, § 76 Abs. 5 Satz 4, § 78a Abs. 4, § 100 Abs. 2 Satz 3 BetrVG. | 7 BAG v. 15.9.1987 – 1 ABR 44/86, BAGE 56, 108 = AP Nr. 46 zu § 99 BetrVG 1972. | 8 BAG v. 7.5.1986 – 2 ABR 27/85, BAGE 52, 50 = AP Nr. 18 zu § 103 BetrVG 1972. | 9 BAG v. 3.6.2003 – 1 ABR 19/02, AP Nr. 1 zu § 89 BetrVG 1972. | 10 BGH v. 29.1.2001 – II ZR 331/00, BGHZ 146, 341 = AP Nr. 3 zu § 50 ZPO; v. 15.1.2003 – XII ZR 300/99, NJW 2003, 1043 (Rubrumsberichtigung von Amts wegen bei Gesellschafterklage!); für das Arbeitsrecht: *Diller*, NZA 2003, 401. | 11 BAG v. 23.2.1988 – 1 ABR 75/86, AP Nr. 9 zu § 81 ArbGG 1979; GK-ArbGG/*Dörner*, § 81 Rz. 64. | 12 BAG v. 18.2.2003 – 1 ABR 17/02, AP Nr. 11 zu § 77 BetrVG 1972, unter B III 2a d.Gr. mwN. | 13 GK-ArbGG/*Dörner*, § 81 Rz. 68.

10 Im Beschlussverfahren sind ebenso wie im Urteilsverfahren Leistungs-, Feststellungs- und Gestaltungsanträge statthaft[1]. Für **Leistungsanträge** besteht die Antragsbefugnis, weil ein Antragsteller, der eine Leistung an sich verlangt, damit zugleich auch geltend macht, ihm stehe ein entsprechendes Recht zu. Geht es um die **Feststellung** eines Rechtsverhältnisses, liegt Antragsbefugnis vor, wenn der Antragsteller nach seinem Antrag die Feststellung eines **Rechtsverhältnisses** begehrt, an dem er **selbst beteiligt** ist[2]. Die Feststellung eines Rechtsverhältnisses zwischen Dritten kann im Beschlussverfahren dann verfolgt werden, wenn der Antragsteller im Zusammenhang damit eigene betriebsverfassungsrechtliche Rechte verfolgt und die materielle Rechtsordnung dem Antragstelle eine **eigene Rechtsposition** zuordnet, die es ihm erlaubt, sich mittels eigener Antragstellung vor entsprechenden Rechtsbeeinträchtigungen zu schützen[3]. Hier ist ausnahmsweise bereits bei der Antragsbefugnis eine materielle Rechtseinräumung maßgeblich, die entsprechend auch für **Gestaltungsanträge** zu verlangen ist.

11 Auch im Beschlussverfahren kann sich die Antragsbefugnis aus einer gesetzlichen (zB § 23 Abs. 3 BetrVG) oder **gewillkürten Prozessstandschaft** ergeben, also einem privatautonom übertragenen Recht, eine fremde Rechtsposition in eigenem Namen gerichtlich zu verfolgen. So kann etwa der BR den GesamtBR, der GesamtBR den KonzernBR **beauftragen**, eine bestimmte Angelegenheit zu behandeln einschließlich ihrer gerichtlichen Klärung[4]. In einem solchen Fall ist nur der GesamtBR/KonzernBR, nicht der BR/GesamtBR beteiligungs- und antragsbefugt. Mit diesen gesetzlich eingeräumten Möglichkeiten sind aber soweit ersichtlich die einzigen Fälle angesprochen, in denen eine andere Stelle als der BR/GesamtBR deren Rechte im Wege der Prozessstandschaft verfolgen kann. Voraussetzung hierfür ist nämlich, dass der Rechtsinhaber nach **materiellem Recht befugt** ist, seine **Rechtsposition** auf einen anderen, den Prozessstandschafter, zu **übertragen**. Dies ist den Trägern der betrieblichen Mitbest., was ihre betriebsverfassungsrechtlichen Rechte angeht, sieht man § 50 Abs. 2 und § 58 Abs. 2 BetrVG ab, grundsätzlich versagt[5]. Im Übrigen gilt für die Zulässigkeit der Prozessstandschaft der allgemeine Grundsatz, dass hierfür neben der Ermächtigung durch den Rechtsinhaber ein eigenes rechtliches Interesse an der Durchsetzung der Rechtsposition zu fordern ist, damit **nicht die Beteiligtenstellung willkürlich verschoben** werden kann[6].

12 Ein BR kann auch unter dem Gesichtspunkt einer zulässigen Prozessstandschaft **nicht Rechte für betroffene Mitarbeiter** geltend machen, etwa in der Form, dass er die Feststellung beantragt, den Mitarbeitern stünden aus einer gekündigten BV noch bestimmte Rechte zu. Hier gilt entsprechendes wie im Verhältnis zwischen einer Gewerkschaft und den von einem von dieser Gewerkschaft abgeschlossenen TV begünstigten ArbN[7]. Ebenso wie dort die Gewerkschaft kann der BR aber die selbst mitgeschaffene Ordnung gegen Eingriffe verteidigen und etwa die – teilweise – Unwirksamkeit der Kündigung einer BV über betrAV geltend machen, wobei eine solche Entscheidung sogar für einzelne ArbN und Betriebsrentner **präjudiziell wirken** kann[8].

13 In einem Beschlussverfahren können – gelegentlich: müssen (zB § 19, § 23 Abs. 1 BetrVG) – auch **mehrere Beteiligte** einen oder mehrere **Sachanträge stellen**. Dabei ist durch Auslegung des Antrags und des Verfahrensverhaltens der Beteiligten zu klären, ob es sich jeweils um **eigenständige Antragstellungen** handelt, die in der abschließenden Entscheidung des ArbG auch gesondert beschieden werden müssen, oder ob lediglich **ein Sachantrag** vorliegt, der **durch mehrere Beteiligte** gestellt wird, oder von einem Beteiligten gestellt und von anderen Beteiligten **nur unterstützt** werden soll. Für das letztgenannte Verfahrensverhalten ist anders als bei selbständiger Antragstellung eine Antragsbefugnis nicht erforderlich[9].

14 **III. Einzelfragen zum Sachantrag. 1. Antragsauslegung.** Bei der Feststellung des genauen Inhaltes eines den Verfahrensgegenstand begrenzenden (§ 308 ZPO) Sachantrages ist wie stets nicht an dessen Wortlaut zu haften. Es geht um die **Ermittlung des Verfahrenszieles** des Antragstellers, bei der auch dessen tatsächliches Vorbringen, der von Amts wegen ermittelte Sachverhalt und der Anlass, der zu dem Verfahren geführt hat, mitberücksichtigt werden müssen. Dabei kann es auch so sein, dass in einem bestimmten Antrag regelmäßig auch ohne besondere Anhaltspunkte in dessen Wortlaut ein **anderer Antrag** mit entsprechendem Verfahrensziel **enthalten** ist, der ggf. ohne weiteres mit zu bescheiden ist. So ist im Antrag auf **Ersetzung der Zustimmung** des BR nach § 99 Abs. 4 BetrVG grundsätzlich der Antrag auf Feststellung enthalten, die Zustimmung gelte – wegen nicht ordnungsgemäßer Zustimmungsverweigerung – nach § 99 Abs. 3 Satz 2 BetrVG als erteilt[10], oder im **Wahlanfechtungsantrag** der Antrag, die Nichtigkeit der betreffenden BR-Wahl festzustellen[11].

---

1 Im Einzelnen GMPM/*Matthes*, § 81 ArbGG Rz. 14 ff.; GK-ArbGG/*Dörner*, § 81 Rz. 9 ff. | 2 BAG v. 15.8.2001 – 7 ABR 2/99, AP Nr. 10 zu § 47 BetrVG 1972, zum Antrag eines einzelnen BR-Mitglieds, die Unwirksamkeit einer Wahl im BR festzustellen. | 3 BAG v. 23.2.1988 – 1 ABR 75/86, AP Nr. 9 zu § 81 ArbGG 1979; *Weth*, Das arbeitsgerichtliche Beschlussverfahren, S. 195. | 4 BAG v. 6.4.1976 – 1 ABR 27/74, AP Nr. 2 zu § 50 BetrVG 1972. | 5 BAG v. 29.8.1985 – 6 ABR 63/82, BAGE 49, 267 = AP Nr. 13 zu § 83 ArbGG 1979. | 6 *Laux*, Antrags- und Beteiligungsbefugnis, S. 54 ff.; BLAH/*Hartmann*, ZPO, Grdz § 50 Rz. 30. | 7 BAG v. 20.4.1999 – 1 ABR 72/98, BAGE 91, 210, 229 = AP Nr. 89 zu GG Art. 9, unter B II 2c d.Gr.; zur fehlenden Befugnis des BR zB BAG v. 21.1.2003 – 1 ABR 5/02, AP Nr. 117 zu § 87 BetrVG 1972 – Lohngestaltung, unter B. I. 2 d.Gr. | 8 BAG v. 17.8.1999 – 3 ABR 55/98, BAGE 92, 203 = AP Nr. 79 zu § 77 BetrVG 1972; hierzu allgemein § 84 Rz. 11 ff. | 9 ErfK/*Eisemann*, § 81 ArbGG Rz. 9. | 10 BAG v. 18.10.1988 – 1 ABR 33/87, BAGE 60, 57 = AP Nr. 57 zu § 99 BetrVG 1972. | 11 BAG v. 13.11.1991 – 7 ABR 18/91, BAGE 69, 49, 53 = AP Nr. 3 zu § 27 BetrVG 1972 mwN.

2. Rechtsschutzinteresse. Ein Antrag ist und bleibt zulässig, wenn und **so lange** ein rechtlich geschütztes Interesse an seiner gerichtlichen Bescheidung besteht. Es liegt bei Leistungsanträgen regelmäßig vor und entfällt auch nicht durch während des Verfahrens eintretende Erfüllung; durch sie wird der Antrag allerdings unbegründet[1]. 15

Bei **Gestaltungsanträgen** kann das Rechtsschutzinteresse entfallen, wenn das Rechtsverhältnis, dessen gerichtliche Gestaltung angestrebt wird, nicht mehr besteht. Bei Anträgen nach § 23 Abs. 1 BetrVG oder einer Wahlanfechtung[2] entfällt ein rechtlich geschütztes Interesse an gerichtlicher Entscheidung deshalb mit dem **Ende der Amtszeit** des betreffenden BR-Mitgliedes oder des BR. Ein Rücktritt aller BR-Mitglieder beseitigt demgegenüber das Rechtsschutzinteresse für eine Wahlanfechtung nicht, wie ein Vergleich von § 13 Abs. 2 Nr. 3 mit Nr. 4 BetrVG vor dem Hintergrund des § 22 BetrVG zeigt[3]. Das Rechtsschutzbedürfnis, das auch in der Rechtsbeschwerdeinstanz noch bestehen muss, entfällt für einen Antrag auf Ersetzung der Zustimmung zu einer **personellen Einzelmaßnahme** dann, wenn die personelle Einzelmaßnahme oder das von dieser Maßnahme betroffene Arbeitsverhältnis **beendet** ist[4]. Hier kann sich die Frage nach einer Antragsänderung stellen. Dabei kommen ein Antrag auf Unterlassung bestimmter konkret zu bezeichnender personeller Einzelmaßnahmen ohne Zustimmung des BR oder ein entsprechender Feststellungsantrag in Betracht. 16

Ein Antrag auf **künftige Leistungen** ist auch im Beschlussverfahren nach § 259 ZPO zulässig, wenn den Umständen nach die Besorgnis gerechtfertigt ist, der Schuldner werde sich der rechtzeitigen Leistung entziehen, was insb. bei in die Zukunft gerichteten **Unterrichtungsansprüchen** in Betracht kommen wird[5]. Für **Feststellungsanträge** gilt § 256 ZPO entsprechend. Mit einem Feststellungsantrag kann das Bestehen oder Nichtbestehen eines Rechtsverhältnisses, nicht etwa das Vorliegen einer bestimmten gesetzlichen Voraussetzung für das Eingreifen von Beteiligungsrechten geltend gemacht werden; ein solcher Antrag kann aber regelmäßig dahin ausgelegt werden, dass es um die Feststellung der Verpflichtung des ArbGeb geht, den BR bei bestimmten Maßnahmen oder Vorgängen in einer konkret zu bezeichnenden Weise zu beteiligen[6]. Darüber hinaus verlangt § 256 Abs. 1 ZPO auch im Beschlussverfahren das Vorliegen eines rechtlichen Interesses an der alsbaldigen gerichtlichen Feststellung des umstrittenen Rechtsverhältnisses. Es gilt auch hier der **Vorrang des Leistungsantrags** vor dem Feststellungsantrag[7]. Dieser prozesswirtschaftliche Grundsatz steht der Zulässigkeit eines Feststellungsantrages aber nicht entgegen, wenn durch einen solchen Antrag der Streit der Beteiligten umfassend bereinigt werden kann, und wenn und soweit Leistungsanträge mit entsprechendem Rechtsschutzziel nur sehr schwer in der gebotenen Bestimmtheit (§ 253 Abs. 2 Nr. 2 ZPO) zu fassen sind[8]. 17

Das besondere **Feststellungsinteresse** fehlt etwa, wenn die begehrte Feststellung nur für einen bestimmten abgeschlossenen Vorgang angestrebt wird, etwa die Feststellung der Unwirksamkeit einer BV, die zwischenzeitlich gekündigt wurde und nicht mehr nachwirkt, so dass sie zum Zeitpunkt der gerichtlichen Entscheidung kein im Betrieb geltendes Regelwerk mehr ist[9]. Für einen durch einen **abgeschlossenen Vorgang in der Vergangenheit** ausgelösten Feststellungsantrag besteht aber dann das erforderliche Feststellungsinteresse, wenn mit ihm Mitwirkungsrechte für Vorgänge geltend gemacht werden, die sich so jederzeit wiederholen können[10]. Ein BR hat dann kein schützenswertes Interesse an der Feststellung eines bestehenden MitbestR mehr, wenn er zwar mit dem ArbGeb über den Bestand dieses MitbestR streitet, die Betriebsparteien sich aber unter Aufrechterhaltung ihrer Rechtsstandpunkte auf eine Regelung der betreffenden Angelegenheit verständigt haben[11]. Insgesamt wird das **Feststellungsinteresse im Beschlussverfahren eher** als im Urteilsverfahren zu bejahen sein, weil beim Streit um kollektivrechtliche Fragen ein besonderes Interesse daran besteht, Störungen der betrieblichen Zusammenarbeit möglichst bald und nachhaltig zu beseitigen[12]. 18

3. „Globalanträge". Auch deshalb, weil viele betriebliche Einzelvorgänge abgeschlossen oder durch Zeitablauf erledigt sind, bevor gerichtlich geklärt werden könnte, ob insoweit ein Mitwirkungsrecht oder ein sonstiges betriebsverfassungsrechtliches Recht bestanden hat, sind in Beschlussverfahren sog. Globalanträge häufig. Mit ihnen wird mit Unterlassungs- oder Feststellungsanträgen für **abstrakt beschriebene Vorgänge** oder Ereignisse das Bestehen eines betriebsverfassungsrechtlichen Rechts verfolgt, ohne dass nach Umständen des Einzelfalles differenziert wird, so dass sie eine **Vielzahl unterschiedlicher Fallgestaltungen erfassen**. Hierzu gehören etwa Anträge, durch die dem ArbGeb unter- 19

---

1 GMPM/*Matthes*, § 81 ArbGG Rz. 29; ErfK/*Eisemann*, § 81 ArbGG Rz. 8. | 2 BAG v. 13.5.1998 – 7 ABR 5/97, BAGE 89, 15 = AP Nr. 1 zu § 12 MitbestG. | 3 BAG v. 29.5.1991 – 7 ABR 54/90, BAGE 68, 67 = AP Nr. 5 zu § 4 BetrVG 1972. | 4 Zum Antrag auf Ersetzung der Zustimmung zur fristlosen Kündigung gegenüber einem BR-Mitglied BAG v. 27.6.2002 – 2 ABR 22/01, AP Nr. 47 zu § 103 BetrVG 1972. | 5 BAG v. 6.11.1990 – 1 ABR 60/89, BAGE 66, 186, 190 f. = AP Nr. 4 zu § 92 BetrVG 1972. | 6 BAG v. 26.10.1982 – 1 ABR 11/81, BAGE 41, 92, 101 = AP Nr. 10 zu § 111 BetrVG 1972. | 7 BAG v. 18.9.2002 – 1 ABR 54/01, AP Nr. 93 zu § 77 BetrVG 1972, unter B II 1 d.Gr. | 8 BAG v. 21.1.2003 – 1 ABR 5/02, AP Nr. 117 zu § 87 BetrVG 1972 – Lohngestaltung. | 9 BAG v. 18.2.2003 – 1 ABR 17/02, AP Nr. 59 zu § 80 BetrVG 1972. | 10 BAG v. 28.5.2002 – 1 ABR 35/01, BAGE 101, 232, 236 = AP Nr. 23 zu ZA-Nato-Truppenstatut Art. 56. | 11 BAG v. 11.6.2002 – 1 ABR 44/01, AP Nr. 70 zu § 256 ZPO 1977; v. 27.1.2004 – 1 ABR 5/03. | 12 Vgl. auch BAG v. 27.6.2001 – 7 ABR 50/99, BAGE 98, 151, 153 = AP Nr. 2 zu § 24 SchwbG; v. 22.3.2000 – 7 ABR 34/98, BAGE 94, 144, 148 = AP Nr. 8 zu § 14 AÜG, jeweils zu Anträgen, mit denen die Wahlberechtigung von bestimmt gekennzeichneten ArbN-Gruppen festgestellt werden sollte.

sagt werden soll, Mitarbeiterversammlungen durchzuführen, in denen Themen zur Sprache kommen, die zum Aufgabenbereich des BR gehören[1], ohne Zustimmung des BR Überstunden anzuordnen[2], und BR-Mitglieder abzumahnen[3].

20 Solche Anträge mit umfassendem Verfahrensziel sind zwar wie alle Sachanträge im Beschlussverfahren auf ihre hinreichende **Bestimmtheit** und das Vorliegen des erforderlichen **Rechtsschutzinteresses** hin zu überprüfen. Ihre **Besonderheit** liegt aber darin, dass sie bereits **dann unbegründet** sind, wenn nur hinsichtlich **einer** der **denkbaren Fallgestaltungen** das umstrittene **Recht nicht besteht** oder – bei umfassendem negativen Feststellungsantrag – doch besteht[4]. In einem solchen Fall kann dem gestellten Antrag grundsätzlich auch **nicht teilweise entsprochen** werden. Dies wäre nicht weniger, sondern etwas anderes, als beantragt wurde. Deshalb ist auch in der Rechtsbeschwerdeinstanz die erstmalige Einschränkung eines Globalantrages auf bestimmte Fallgestaltungen nicht mehr statthaft; es handelt sich um eine Antragsänderung, die Änderung des Streitgegenstandes[5]. Kann man allerdings einem umfassend formulierten Antrag und seiner Begründung auch in ihm enthaltene **Teilziele** mit hinreichender Bestimmtheit entnehmen, so dass im üblichen Wortgebrauch ein Globalantrag eigentlich nicht vorliegt, können auch Teilziele gesondert beschieden werden[6].

21 Eine Besonderheit des Globalantrages zeigt sich auch dann, wenn einem solchen Antrag mit einem ansonsten **wortgleichen negativen Widerantrag** begegnet wird. In einem solchen Fall besteht für den Widerantrag dann ein eigenständiges Rechtsschutzinteresse, wenn der Globalantrag des Antragstellers mit der Begründung abgewiesen wird, es gebe jedenfalls eine Fallgestaltung, in der er sich als unbegründet erweist. Regelmäßig wird ein leugnender Widerantrag auch nur für diesen Fall gestellt sein[7].

22 **4. Einigungsstelle und Beschlussverfahren.** Die betriebliche Einigungsstelle nach § 76 BetrVG ist nicht nur in dem besonders beschleunigten Verfahren zu ihrer Einrichtung (§ 98) Gegenstand von arbeitsgerichtlichen Beschlussverfahren. Entsteht auf Grund des Regelungsvorschlages eines Betriebspartners **Streit** darüber, **ob** hierfür ein erzwingbares MitbestR besteht und deshalb die **Einigungsstelle angerufen** werden kann, ist nach überwiegender Auffassung ein **Vorabentscheidungsverfahren** zur Feststellung des Bestehens oder auch des Nichtbestehens eines MitbestR statthaft. Ein solches Verfahren, in dem **nicht** die Mitbestimmungspflichtigkeit eines bestimmten **Regelungsentwurfs**, der ja jederzeit modifiziert werden könnte, **sondern** die bestimmter im Einzelnen zu beschreibender **Regelungsgegenstände in den Antrag** aufzunehmen ist[8], kann sowohl vom ArbGeb als auch vom BR eingeleitet werden. Es muss nicht zunächst die Einrichtung einer Einigungsstelle betrieben und deren Entscheidung abgewartet werden[9]. Zwar hat die Einigungsstelle selbst über ihre Zuständigkeit zu befinden. Deren Entscheidung bindet die ArbG aber nicht. **Einigungsstellenverfahren** und **Vorabentscheidungsverfahren** über das Bestehen oder Nichtbestehen eines MitbestR können **parallel** betrieben werden[10]. Erst wenn im Beschlussverfahren nach §§ 80 ff. das Fehlen eines MitbestR rechtskräftig festgestellt ist, fehlt die Grundlage für das Tätigwerden der Einigungsstelle. Bis dahin muss die nur im Falle offensichtlicher Unzuständigkeit nicht einzurichtende Einigungsstelle, wenn sie sich für zuständig hält, eine Regelung versuchen. Daraus folgt auch, dass das **Einigungsstellenverfahren grundsätzlich nicht** im Hinblick auf ein schwebendes Vorabentscheidungsverfahren **ausgesetzt** werden sollte[11]. Geschieht dies im Hinblick auf eine gerichtliche Klärung der mitbestimmungsrechtlichen Lage doch, ergibt sich bereits daraus das Feststellungsinteresse für die Durchführung eines Vorabentscheidungsverfahrens[12].

23 Hat die **Einigungsstelle** ihre Tätigkeit **durch einen Spruch beendet**, kann – nur – jeder der am Einigungsstellenverfahren beteiligten Betriebspartner beantragen, die **Unwirksamkeit** dieses Spruchs **festzustellen**. Der Antrag ist **nicht** auf eine **Aufhebung** des Einigungsstellenspruchs zu richten, weil der Spruch der Einigungsstelle seinem Rechtscharakter nach nicht einer gerichtlichen Entscheidung, sondern einer Einigung zwischen ArbGeb und BR gleichsteht. Ein Antrag auf „Aufhebung" eines Einigungsstellenspruchs ist regelmäßig als Antrag auszulegen, die Unwirksamkeit des Spruchs festzustellen[13]. Er ist an die **Zweiwochenfrist** des § 76 Abs. 5 Satz 4 BetrVG gebunden, wenn mit ihm die Überschreitung der Grenzen des der Einigungsstelle eingeräumten Ermessens geltend gemacht wird[14].

---

1 BAG v. 27.6.1989 – 1 ABR 28/88, BAGE 62, 192 = AP Nr. 5 zu § 42 BetrVG 1972. | 2 BAG v. 10.3.1992 – 1 ABR 31/91, AP Nr. 1 zu § 77 BetrVG 1972 – Regelungsabrede. | 3 BAG v. 3.6.2003 – 1 ABR 19/02, AP Nr. 1 zu § 89 BetrVG 1972. | 4 BAG v. 21.9.1999 – 1 ABR 40/98, AP Nr. 21 zu § 99 BetrVG 1972 – Versetzung; v. 3.6.2003 – 1 ABR 19/02, AP Nr. 1 zu § 89 BetrVG 1972. | 5 BAG v. 28.5.2002 – 1 ABR 40/01, AP Nr. 96 zu § 87 BetrVG 1972 – Arbeitszeit; v. 23.6.2003 – 1 ABR 19/02, AP Nr. 1 zu § 89 BetrVG 1972, unter B II 2a d.Gr. mwN. | 6 BAG v. 6.12.1994 – 1 ABR 30/94, BAGE 78, 379 = AP Nr. 24 zu § 23 BetrVG 1972; *Fitting*, Nach § 1 BetrVG Rz. 25. | 7 BAG v. 3.6.2003 – 1 ABR 19/02, AP Nr. 1 zu § 89 BetrVG 1972, unter B IV 2a d.Gr. | 8 BAG v. 6.12.1983 – 1 ABR 43/81, BAGE 44, 285, 290 = AP Nr. 7 zu § 87 BetrVG 1972 – Überwachung. | 9 BAG v. 28.10.1992 – 10 ABR 75/91, AP Nr. 63 zu § 112 BetrVG 1972; GK-ArbGG/*Dörner*, § 81 Rz. 134 ff. mwN; *Fitting*, BetrVG, nach § 1 Rz. 12; *I. Schmidt*, Einigungsstellen vor Gericht, in JbArbR, Bd. 40, S. 121, 123; aA *G. Rossmanith*, AuR 1982, 339; *Fitting*, Nach § 1 BetrVG Rz. 17. | 10 Zuletzt BAG v. 1.7.2003 – 1 ABR 20/02, AP Nr. 107 zu § 87 BetrVG 1972 – Arbeitszeit. | 11 BAG v. 10.12.1996 – 1 ABR 32/96, BAGE 85, 1 = AP Nr. 110 zu § 1 BetrVG 1972 – Arbeitszeit. | 12 BAG v. 1.7.2003 – 1 ABR 20/02, AP Nr. 107 zu § 87 BetrVG 1972. | 13 BAG v. 23.10.2002 – 7 ABR 55/01, AP Nr. 26 zu § 50 BetrVG 1972, unter II 2a d.Gr. mwN. | 14 Zur Überprüfung der wirtschaftlichen Vertretbarkeit eines von der Einigungsstelle beschlossenen Sozialplans BAG v. 6.5.2003 – 1 ABR 11/02, ZIP 2003, 2266.

Wird ein **Gesetzesverstoß** der Einigungsstelle, zB deren Unzuständigkeit, gerügt, kann dies auch außerhalb der Zweiwochenfrist geschehen. Solche Rügen können auch als **Vorfragen** im Streit um ein Recht aus dem Spruch der Einigungsstelle zu behandeln sein.

IV. Antragsänderung und Antragsrücknahme. 1. Änderung des Antrags. Der Begriff der Antragsänderung in Abs. 3 entspricht dem der Klageänderung (§ 263 ZPO). Eine klarstellende Umformulierung des Antrages ohne Änderung des durch Auslegung ermittelten materiellen Rechtsschutzziels ist keine Klageänderung. Andererseits reicht es für die Annahme einer Klageänderung, wenn der unveränderte Antrag auf einen neuen Lebenssachverhalt gestützt wird[1]. § 264 ZPO ist im Beschlussverfahren entsprechend anzuwenden, so dass bei gleichem Antragsgrund die Geltendmachung eines anderen Gegenstandes wegen einer zwischenzeitlich eingetretenen Veränderung nicht als Antragsänderung iSv. § 81 Abs. 2 gilt (§ 264 Nr. 3 ZPO). Demgegenüber liegt eine Antragsänderung und nicht ein Fall des § 264 Nr. 2 ZPO vor, wenn an Stelle eines **Globalantrages** ein auf bestimmte, konkret beschriebene Vorgänge bezogener Unterlassungsantrag gestellt wird[2].

Es ist eine häufig übersehene **Besonderheit** des arbeitsgerichtlichen **Beschlussverfahrens**, dass der **BR** als Antragsteller in einem bereits laufenden Beschlussverfahren den Streitgegenstand durch **Änderung** des Sachantrags nur ändern kann, wenn er hierüber einen entsprechenden **Beschluss** gefasst hat. Die allgemeine Prozessvollmacht für den Verfahrensbevollmächtigten allein reicht nicht aus, den Antrag für den BR zu ändern.

Nach der Rspr. des BAG ist ein **Wechsel** des **Antragstellers** oder der Beitritt eines weiteren Beteiligten mit eigenem Antrag nach den Regeln der Antragsänderung zu behandeln[3]. Das selbe gilt, wenn ein am Verfahren bereits Beteiligter im Laufe des Verfahrens **erstmals** einen eigenen **Sachantrag** stellt, durch den der Streitgegenstand des bislang anhängigen Verfahrens erweitert wird[4].

Bei einer Antragsänderung iSv. § 81 Abs. 3 setzt die inhaltlich Befassung mit dem Antrag voraus, dass die übrigen Beteiligten der Antragsänderung **zugestimmt** haben oder die Änderung sachdienlich ist. Es müssen **alle** am Beschlussverfahren **Beteiligten** die Zustimmung erklärt[5] oder sich in einem Schriftsatz oder in der mündlichen Verhandlung ohne Widerspruch gegen die Änderung auf den geänderten Antrag eingelassen haben. Eine so zustande gekommene Zustimmung ist **unwiderruflich**. Fehlt sie auch nur bei einem der Beteiligten, ist die Antragsänderung nur zulässig, wenn das ArbG sie für **sachdienlich** hält. Sie ist sachdienlich, wenn mit einer Entscheidung über den geänderten Antrag der Streit der Beteiligten besser beigelegt werden kann und ein weiteres Verfahren vermieden wird und wenn der bisherige Streitstoff und das bisherige Ergebnis des Verfahrens auch für die Entscheidung über den geänderten Antrag nutzbar gemacht werden können[6]. Sachdienlichkeit ist weder dadurch ausgeschlossen, dass auch der geänderte Antrag keine Erfolgsaussichten hat, noch dadurch, dass es für die Erledigung des Verfahrens nach der Antragsänderung weiterer tatsächlicher Feststellungen bedarf, sich das Verfahren also verzögert[7].

Bei einer zulässigen Antragsänderung ist nur noch über den geänderten Antrag zu entscheiden. Die **Zulässigkeit der Antragsänderung** kann **in den Gründen** festgestellt werden. Diese Feststellung ist ebenso wenig anfechtbar wie die Entscheidung, dass eine Antragsänderung iSd. § 81 Abs. 3 nicht vorliegt. Die Bewertung der Vorinstanz, eine Antragsänderung sei sachdienlich, **bindet das Rechtsbeschwerdegericht**[8]. Hält das ArbG die **Antragsänderung für unstatthaft**, hat es den geänderten Antrag als unzulässig zurückzuweisen. Ob über den ursprünglichen Antrag zu entscheiden ist, hängt davon ab, ob der Antragsteller ihn zumindest hilfsweise weiterverfolgt hat. Der Beschluss, durch den der Antrag als unzulässig zurückgewiesen wird, ist durch Beschwerde nach § 87 anfechtbar. Im Rahmen der Beschwerde hat das LAG auch zu **überprüfen**, ob die Antragsänderung entgegen der Auffassung des ArbG **sachdienlich** war.

2. Antragsrücknahme. Nach § 81 Abs. 2 Satz 1 kann der Antrag schriftlich oder zur Niederschrift der Geschäftsstelle oder im Anhörungstermin zu Protokoll unabhängig davon zurückgenommen werden, in welcher **Form** er eingereicht worden ist[9]. Bis zur Entscheidung 1. Instanz bedarf die Antragsrücknahme anders als die Klagerücknahme nach § 269 ZPO **nicht** der **Zustimmung** der übrigen Beteiligten. **Nach Verkündung der Entscheidung** 1. Instanz gilt § 87 Abs. 2 Satz 3 entsprechend; eine Antragsrücknahme ist **nur mit Zustimmung** aller übrigen Beteiligten möglich[10]. Hat der Antragsteller einen von mehreren Anträgen in 1. Instanz zurückgenommen, ist er entsprechend § 269 Abs. 4 ZPO nicht gehindert, diesen Antrag in 2. Instanz erneut zu stellen[11].

---

1 GMPM/*Matthes*, § 81 ArbGG Rz. 84. | 2 BAG v. 11.12.2001 – 1 ABR 3/01, AP Nr. 93 zu § 87 BetrVG 1972 – Arbeitszeit; oben Rz. 20. | 3 BAG v. 16.12.1986 – 1 ABR 35/85, BAGE 54, 36, 42 = AP Nr. 13 zu § 87 BetrVG 1972 – Ordnung des Betriebs; GK-ArbGG/*Dörner*, § 81 Rz. 163 mwN. | 4 BAG v. 31.1.1989 – 1 ABR 60/87, AP Nr. 12 zu § 81 ArbGG 1979. | 5 ErfK/*Eisemann*, § 81 ArbGG Rz. 7; GMPM/*Matthes*, § 81 ArbGG Rz. 87. | 6 GK-ArbGG/*Dörner*, § 81 Rz. 171. | 7 BAG v. 5.5.1992 – 1 ABR 78/91, AP Nr. 97 zu § 99 BetrVG 1972. | 8 BAG v. 12.11.2002 – 1 ABR 60/01, AP Nr. 43 zu § 99 BetrVG 1972 – Einstellung, unter B II 1b d.Gr. mwN. | 9 GK-ArbGG/*Dörner*, § 81 Rz. 153. | 10 GMPM/*Matthes*, § 81 ArbGG Rz. 74; Hauck/Helml/*Hauck*, § 81 ArbGG Rz. 10; aA *Weth*, Das arbeitsgerichtliche Beschlussverfahren, S. 323. | 11 BAG v. 12.11.2002 – 1 ABR 60/01, AP Nr. 43 zu § 99 BetrVG 1972 – Einstellung.

30 Von mehreren Antragstellern kann jeder Antragsteller seinen Antrag zurücknehmen, ohne dass sich dadurch etwas an der Anhängigkeit der übrigen Anträge änderte. Wird nach einer Antragsrücknahme die Zahl der erforderlichen Antragsteller, zB nach § 19 Abs. 2 oder § 23 Abs. 1 BetrVG, unterschritten, wird der Antrag der übrigen unzulässig[1].

31 Wird der Antrag zurückgenommen, hat der Vorsitzende des ArbG das Verfahren – ggf. teilweise – durch **Einstellungsbeschluss** von Amts wegen einzustellen. Nach ganz überwiegender Auffassung ist den Beteiligten zwar von der Einstellung Kenntnis zu geben, einer **förmlichen Zustellung** des Einstellungsbeschlusses bedarf es hiernach aber nicht[2]. Da der Beschluss nach § 81 Abs. 2 aber eine die Instanz beendende Entscheidung ist, gegen die das Rechtsmittel der Beschwerde nach § 87 gegeben ist[3], spricht mehr dafür, dass auch der Einstellungsbeschluss nach § 81 Abs. 2 – oder nach § 83a Abs. 2 – förmlich zugestellt werden muss.

82 *Örtliche Zuständigkeit*

Zuständig ist das Arbeitsgericht, in dessen Bezirk der Betrieb liegt. In Angelegenheiten des Gesamtbetriebsrats, des Konzernbetriebsrats, der Gesamtjugendvertretung oder der Gesamt-Jugend- und Auszubildendenvertretung, des Wirtschaftsausschusses und der Vertretung der Arbeitnehmer im Aufsichtsrat ist das Arbeitsgericht zuständig, in dessen Bezirk das Unternehmen seinen Sitz hat. Satz 2 gilt entsprechend in Angelegenheiten des Gesamtsprecherausschusses, des Unternehmenssprecherausschusses und des Konzernsprecherausschusses. In Angelegenheiten eines Europäischen Betriebsrats, im Rahmen eines Verfahrens zur Unterrichtung und Anhörung oder des besonderen Verhandlungsgremiums ist das Arbeitsgericht zuständig, in dessen Bezirk das Unternehmen oder das herrschende Unternehmen nach § 2 des Gesetzes über Europäische Betriebsräte seinen Sitz hat. Bei einer Vereinbarung nach § 41 des Gesetzes über Europäische Betriebsräte ist der Sitz des vertragschließenden Unternehmens maßgebend.

1 Die Bestimmung regelt abschließend und **zwingend** ohne die Möglichkeit, einen anderweitigen Gerichtsstand zu vereinbaren, die örtliche Zuständigkeit im Beschlussverfahren[4]. Dabei knüpft die Bestimmung nicht an die Beteiligten an, sondern an den **Ort des Konfliktes**[5]. Das ArbG hat seine örtliche Zuständigkeit von Amts wegen zu überprüfen. Es muss ggf. nach **§ 17a GVG**, § 48 Abs. 1 verfahren, wobei ein die örtliche Zuständigkeit feststellender Beschluss ebenso wenig wie ein Verweisungsbeschluss anfechtbar ist (§ 48 Abs. 1 Nr. 1).

2 § 82, der entsprechend auch für Angelegenheiten der Schwerbehindertenvertretung und des Werkstattrates gilt (§ 2a Abs. 1 Nr. 3a), legt in Satz 1 die örtliche Zuständigkeit für alle im Beschlussverfahren auszutragenden Angelegenheiten fest, die den **Betrieb** und die betriebsverfassungsrechtlichen Rechte und Pflichten dort betreffen. Zuständig ist das ArbG, in dessen Bezirk sich der Betrieb, bei mehreren über eine größere Fläche verteilten unselbständigen **Außenstellen**: die **Betriebsleitung**[6], befindet. Diese Zuständigkeit besteht auch für solche Angelegenheiten, die den einzelnen Betrieb betreffen, und nur **kraft Auftrages** (§ 50 Abs. 2 BetrVG) vom **GesamtBR** behandelt werden[7]. Der Gerichtsstand des Betriebes gilt auch für alle Konflikte nach § 18a BetrVG (Zuordnung der leitenden Angestellten bei Wahlen) und für Angelegenheiten nach § 18a BBiG, § 2a Abs. 1 Nr. 3c, die in § 82 nicht ausdrücklich genannt sind. Andererseits ergibt sich die örtliche Zuständigkeit nicht aus Satz 1 sondern aus Satz 2, wenn es um das Recht des BR geht, Vertreter in den Gesamt- oder KonzernBR zu entsenden[8].

3 Ist umstritten, ob ein **Gemeinschaftsbetrieb** aus mehreren in verschiedenen Gerichtsbezirken angesiedelten Teileinheiten gebildet ist, ist der Ort maßgeblich, von dem geltend gemacht wird, dass sich dort die Leitung des gemeinsamen Betriebs befindet. Ein Wahlrecht des Antragstellers besteht hier ebenso wenig wie in dem Fall, dass darüber gestritten wird, ob eine kleine Einheit nach **§ 4 BetrVG** als selbständiger Betrieb gilt. Hier richtet sich die Zuständigkeit danach, was der jeweilige Antragsteller geltend macht: Macht er geltend, die kleine Einheit sei unselbständiger Teil des zentralen Betriebes, ist dieser maßgeblich; wird die Feststellung angestrebt, es liege ein Fall des § 4 BetrVG vor, entscheidet der Sitz des Betriebsteils[9].

4 Für die Angelegenheiten der in Satz 2 aufgezählten überbetrieblichen Mitbestimmungsorgane ist der durch seine Satzung, ansonsten durch den Ort der Führung der Verwaltung (§ 17 ZPO) bestimmte **Sitz des Unternehmens** (bei Konzernangelegenheiten: des herrschenden Unternehmens) entscheidend. Bei **ausländischen** Unternehmen ist für die unter den Geltungsbereich des BetrVG fallenden inländischen Teile der inländische Ort maßgeblich, von dem aus der deutsche Unternehmensteil **gelei-**

---

1 BAG v. 10.6.1983 – 6 ABR 50/82, BAGE 44, 57 = AP Nr. 10 zu § 19 BetrVG 1972. | 2 GMPM/*Matthes*, § 81 ArbGG Rz. 79; GK-ArbGG/*Dörner*, § 81 Rz. 159. | 3 ErfK/*Eisemann*, § 81 ArbGG Rz. 6; GK-ArbGG/*Dörner*, § 81 Rz. 160 mwN auch zur Gegenauffassung. | 4 GMPM/*Matthes*, § 82 ArbGG Rz. 2. | 5 BAG v. 19.6.1986 – 6 ABR 66/84, AP Nr. 1 zu § 82 ArbGG 1979. | 6 ErfK/*Eisemann*, § 82 ArbGG Rz. 2; GMPM/*Matthes*, § 82 ArbGG Rz. 8. | 7 Fitting, § 50 BetrVG Rz. 78; GK-ArbGG/*Dörner*, § 82 Rz. 12. | 8 GMPM/*Matthes*, § 82 ArbGG Rz. 8. | 9 Ebenso GK-ArbGG/*Dörner*, § 82 Rz. 5b ff.; aA GMPM/*Matthes*, § 82 ArbGG Rz. 8, der ein Wahlrecht des Antragstellers annimmt.

tet wird[1]. Satz 2 gilt allerdings nur für originäre Angelegenheiten dieser Mitbestimmungsorgane. Wird das betreffende Gremium kraft Auftrags tätig, und sei es auch kraft **Auftrags aller** hierfür in Betracht kommenden **Mitbestimmungsorgane**, bleibt es bei der originären Zuständigkeit[2]: Ist der GesamtBR nach § 50 Abs. 2 BetrVG beauftragt, entscheidet der Sitz der beauftragenden Betriebe; handelt der KonzernBR auf Grund des § 58 Abs. 2 BetrVG, ist nicht der Sitz des herrschenden, sondern der beauftragenden Unternehmen maßgeblich. Der Sitz des Unternehmens ist auch maßgeblich, wenn es um die Vertretung der ArbN im Aufsichtsrat geht. Für alle Auseinandersetzungen über die Wahl ist stets das ArbG zuständig, in dessen Bezirk das mitbestimmte Unternehmen seinen Sitz hat[3].

Im Gesetz nicht geregelt ist die örtliche Zuständigkeit für Angelegenheiten einer nach § 3 BetrVG vom gesetzlichen Typus abweichend geregelten ArbN-Vertretung. Hier spricht alles dafür, dass der Ort maßgeblich ist, an dem die nach § 3 BetrVG zusammengefasste **organisatorische Einheit** ihre **Leitung** hat; dies wird regelmäßig das Unternehmen, kann aber auch das herrschende Unternehmen oder im Falle des § 3 Abs. 1 Nr. 5 BetrVG der Betrieb sein[4]. 5

Nach Satz 4 und 5 ist für Angelegenheiten des **europäischen BR** das ArbG zuständig, in dessen Bezirk das inländische Unternehmen liegt, das die Anwendbarkeit des Gesetzes über EBR nach § 2 EBRG begründet; gilt nach § 41 EBRG eine Vereinbarung über grenzübergreifende Unterrichtung und Anhörung an Stelle des EBRG, ist der Sitz des Unternehmens maßgebend, das diese Vereinbarung geschlossen hat. 6

§ 82 regelt nicht die örtliche Zuständigkeit für die Beschlussverfahren, die keinem bestimmten Betrieb oder Unternehmen zuzuordnen sind. Dies betrifft insb. die Streitigkeiten um die **Tariffähigkeit** oder die **Tarifzuständigkeit** einer Vereinigung sowie die Streitigkeiten über die **Anerkennung** einer **Schulungsveranstaltung** als geeignet nach § 37 Abs. 7 BetrVG. Im ersten Fall wird nach allgemeiner Meinung das ArbG örtlich zuständig, in dessen Bezirk die Vereinigung ihren Sitz hat, deren Tariffähigkeit oder Tarifzuständigkeit umstritten ist unabhängig davon, welche Rolle sie im Verfahren hat[5], im Letzteren das Gericht, in dessen Bezirk die oberste Arbeitsbehörde des Landes ihren Sitz hat, in dem der Träger der betreffenden Schulungsveranstaltung ansässig ist[6]. 7

83 Verfahren

(1) Das Gericht erforscht den Sachverhalt im Rahmen der gestellten Anträge von Amts wegen. Die am Verfahren Beteiligten haben an der Aufklärung des Sachverhalts mitzuwirken.

(1a) Der Vorsitzende kann den Beteiligten eine Frist für ihr Vorbringen setzen. Nach Ablauf einer nach Satz 1 gesetzten Frist kann das Vorbringen zurückgewiesen werden, wenn nach der freien Überzeugung des Gerichts seine Zulassung die Erledigung des Beschlussverfahrens verzögern würde und der Beteiligte die Verspätung nicht genügend entschuldigt. Die Beteiligten sind über die Folgen der Versäumung einer nach Satz 1 gesetzten Frist zu belehren.

(2) Zur Aufklärung des Sachverhalts können Urkunden eingesehen, Auskünfte eingeholt, Zeugen, Sachverständige und Beteiligte vernommen und der Augenschein eingenommen werden.

(3) In dem Verfahren sind der Arbeitgeber, die Arbeitnehmer und die Stellen zu hören, die nach dem Betriebsverfassungsgesetz, dem Sprecherausschussgesetz, dem Mitbestimmungsgesetz, dem Mitbestimmungsergänzungsgesetz, dem Betriebsverfassungsgesetz 1952, den §§ 94, 95, 139 des Neunten Buches Sozialgesetzbuch, dem § 18a des Berufsbildungsgesetzes und den zu diesen Gesetzen ergangenen Rechtsverordnungen sowie dem Gesetz über Europäische Betriebsräte im einzelnen Fall beteiligt sind.

(4) Die Beteiligten können sich schriftlich äußern. Bleibt ein Beteiligter auf Ladung unentschuldigt aus, so ist der Pflicht zur Anhörung genügt; hierauf ist in der Ladung hinzuweisen. Mit Einverständnis der Beteiligten kann das Gericht ohne mündliche Verhandlung entscheiden.

(5) Gegen Beschlüsse und Verfügungen des Arbeitsgerichts oder seines Vorsitzenden findet die Beschwerde nach Maßgabe des § 78 statt.

I. Überblick. § 83 behandelt die zentralen **Besonderheiten des Beschlussverfahrens**, den hier bestehenden Amtsermittlungs- oder **Untersuchungsgrundsatz**, und die an diesem Verfahren an Stelle der Prozessparteien des Urteilsverfahrens auch so bezeichneten **Beteiligten**. Abs. 1, 1a und 2 betreffen den Untersuchungsgrundsatz, die Pflichten der Beteiligten an der Aufklärung mitzuwirken, die Möglichkeiten des Gerichts, die Erfüllung dieser Pflichten durchzusetzen und die gerichtlichen Mittel zur Sachaufklärung. Abs. 3 und 4 nennen **Alternativen** für die Bestimmung derer, die am Beschlussverfahren zu beteiligen sind und legen fest, wie deren Beteiligung von Gerichtsseite zu erfolgen hat. Die Durchführung des Beschlussverfahrens betrifft auch Abs. 5, in welchem die **Rechtsmittelfähigkeit verfahrensbegleitender** – also nicht: -beendender – gerichtlicher **Beschlüsse** und Verfügungen festgelegt wird. 1

---

1 BAG v. 31.10.1975 – 1 ABR 4/74, AP Nr. 2 zu § 106 BetrVG 1972. | 2 GK-ArbGG/*Dörner*, § 82 Rz. 12; aA GMPM/*Matthes*, § 82 ArbGG Rz. 11, die nur einen Gerichtsstand am Unternehmenssitz annehmen. | 3 GMPM/*Matthes*, § 82 ArbGG Rz. 13. | 4 Im Einzelnen GK-ArbGG/*Dörner*, § 82 Rz. 13a bis 13g. | 5 MünchArbR/*Brehm*, § 389 Rz. 82; GK-ArbGG/*Dörner*, § 82 Rz. 18. | 6 Düwell/Lipke/*Koch*, § 82 ArbGG Rz. 4.

2 **II. Untersuchungsgrundsatz. 1. Begriffe.** Im arbeitsgerichtlichen Beschlussverfahren gilt ebenso wie im Urteilsverfahren die sog. **Dispositionsmaxime**[1]: Über die **Verfahrenseinleitung** und den **Gegenstand** des Verfahrens entscheidet der **Antragsteller** (§ 81), nicht, wie nach der Offizialmaxime, das Gericht. Auch über die **Beendigung** des Beschlussverfahrens entscheidet der Antragsteller, ggf. zusammen mit den übrigen Beteiligten; das Gericht hat hier nur in den gesetzlich vorgesehenen Fällen die Aufgabe, die von den Beteiligten getroffene Entscheidung durch förmlichen gerichtlichen Beschluss umzusetzen (§ 81 Abs. 2, § 83a).

3 § 83 Abs. 1 ändert hieran nichts. Die Bestimmung legt nur fest, dass im arbeitsgerichtlichen Beschlussverfahren im Grundsatz nicht – wie im Urteilsverfahren – die Parteien/Beteiligten, sondern das **Gericht** die **Verantwortung** dafür trägt, dass die entscheidungserheblichen **Tatsachen** in das Verfahren eingeführt und aufgeklärt werden. Es gilt also der Untersuchungs- nicht der Beibringungsgrundsatz. Das Ergebnis eines Beschlussverfahren wirkt in aller Regel nicht nur zwischen den unmittelbar am Verfahren Beteiligten, sondern im Ergebnis auch für Dritte, den Betrieb und die in ihm beschäftigten ArbN. Angesichts dessen darf es nicht allein den Verfahrensbeteiligten überlassen bleiben, welchen Lebenssachverhalt sie zur Entscheidung des Gerichts stellen[2].

4 Die genannten Prinzipien werden allerdings weder im Urteils- noch im Beschlussverfahren durchgehalten. Als **Durchbrechungen** des Beibringungsgrundsatzes im Urteilsverfahren lassen sich die weitgehenden materiellen Prozessleitungspflichten nach § 139 ZPO und die Möglichkeiten des Gerichts aus § 142 bis § 144 ZPO begreifen, von Amts wegen bestimmte tatsächliche Umstände aufzuklären. Umgekehrt wird der **Untersuchungsgrundsatz** im arbeitsgerichtlichen Beschlussverfahren dadurch **abgeschwächt**, dass den Beteiligten nicht nur die Mitwirkung an der Aufklärung des Sachverhaltes aufgegeben wird (Abs. 1 Satz 2), sondern dass sogar nach Abs. 1a **entscheidungserheblicher Tatsachenvortrag zurückgewiesen** werden kann, wenn er verspätet erfolgte. Unter diesen besonderen Umständen kann es so zur Maßgeblichkeit der eigentlich nur mit dem Beibringungsgrundsatz korrespondierenden „formellen Wahrheit" und nicht der dem Untersuchungsgrundsatz entsprechenden „materiellen Wahrheit" kommen. Es gilt deshalb eigentlich eine Mischform von Beibringungs- und Untersuchungsgrundsatz[3].

5 **2. Die Verantwortung für den Tatsachenstoff. a) Grundsätzliche Verantwortlichkeit des Gerichts.** Nach Abs. 1 Satz 1 hat das ArbG den entscheidungserheblichen Sachverhalt grundsätzlich **von Amts wegen im Rahmen** des vom Antragsteller und seinem Antrag **vorgegebenen Streitgegenstandes** (§ 81 Rz. 4, 15) zu ermitteln. Es ist nicht auf den von den Beteiligten vorgetragenen Prozessstoff beschränkt. Es kann von sich aus Beweis erheben[4], muss andererseits aber auch **Beweis- und Gegenbeweisangeboten** zu entscheidungserheblichen Tatsachen, wenn und solange es von deren Wahrheit nicht überzeugt ist, **unabhängig** davon nachgehen, von wem sie stammen[5]. Das Gericht ist weder an **Geständnisse** nach § 288 ZPO, § 46, noch an ein **Nichtbestreiten** gebunden[6], wobei beide tatsächliche Verhaltensweisen aber im Rahmen der gerichtlichen Würdigung, ob eine Tatsache als wahr oder noch nicht feststehend zu behandeln ist, eine Rolle zu spielen haben (§ 286 ZPO). Aus dem Untersuchungsgrundsatz ergibt sich schließlich auch, dass es im arbeitsgerichtlichen Beschlussverfahren keinen Versäumnisbeschluss entsprechend §§ 330 ff. ZPO geben kann[7]. Die Folgen einer unentschuldigten Säumnis ergeben sich allein aus § 83 Abs. 4 Satz 2 (Rz. 38).

6 **b) Bedeutung der Mitwirkungspflicht der Beteiligten.** Aus dem Nebeneinander von Dispositionsmaxime (Rz. 2) und Untersuchungsgrundsatz ergibt sich ein in Zweifelsfällen vielfach problematisches **Spannungsverhältnis** zwischen den Anforderungen an die **Mitwirkung** der Beteiligten, insb. des Antragstellers, und der **Pflicht des Gerichts**, den entscheidungserheblichen Sachverhalt von Amts wegen aufzuklären: Einerseits muss der Antragsteller nicht nur durch seinen **Antrag**, sondern auch durch den zu dessen Untermauerung erforderlichen **Sachvortrag** deutlich machen, welchen Gegenstand er zur Entscheidung des Gerichts stellt, wodurch die **äußeren Grenzen** der gerichtlichen **Aufklärungspflicht** definiert sind. Andererseits kann ein dem Untersuchungsgrundsatz unterworfenes Gericht **nicht** einfach den Vortrag eines am Verfahren Beteiligten **ohne weiteres** als **nicht ausreichend substantiiert** bezeichnen[8]. Nach richtiger Auffassung ergibt sich aus § 83 Abs. 1 Satz 2 und der gleichwohl geltenden Dispositionsmaxime eine **abgestufte Pflichtenverteilung** zwischen Antragsteller und Beteiligten auf der einen Seite und dem Gericht auf der anderen Seite: Zunächst hat der **Antragsteller** die aus seiner Sicht erforderlichen antragsbegründenden **Tatsachen darzulegen**. Hält das **Gericht** dieses Vorbringen, oder das dem entgegen gesetzte Vorbringen eines weiteren Beteiligten für **unzureichend**, hat es hierauf konkret **hinzuweisen** und Gelegenheit zu ergänzendem Vorbringen zu geben, wobei allen Beteiligten hierfür nach § 83 Abs. 1a **Fristen** gesetzt werden können[9].

---

1 *Fenn*, FS 25 Jahre BAG, 1979, S. 91; *Weth*, Das arbeitsgerichtliche Beschlussverfahren, 1995, S. 272 ff., jeweils mwN. |2 GK-ArbGG/*Dörner*, § 83 Rz. 121. |3 *Fitting*, Nach § 1 BetrVG Rz. 45. |4 BAG v. 13.3.1973 – 1 ABR 15/72, AP Nr. 1 zu § 20 BetrVG 1972, unter III 3 d.Gr. |5 BAG v. 25.3.1992 – 7 ABR 65/90, AP Nr. 4 zu § 2 BetrVG 1972. |6 BAG v. 10.12.1992 – 2 ABR 32/92, AP Nr. 30 zu § 103 BetrVG 1972. |7 *Fitting*, Nach § 1 BetrVG Rz. 48. |8 Vgl. BAG v. 11.3.1998 – 7 ABR 59/96, AP Nr. 57 zu § 40 BetrVG 1972, unter B I. 4. c) d.Gr.; v. 11.11.1998 – 7 ABR 75/97, AP Nr. 64 zu § 40 BetrVG 1972. |9 BAG v. 12.5.1999 – 7 ABR 36/97, AP Nr. 65 zu § 40 BetrVG 1972.

Es kommt also für das Gericht darauf an, in wieweit sich aus dem Vorbringen aller **Beteiligten**, die auch **7**
alle zur Mitwirkung bei der Sachaufklärung **verpflichtet** sind, zu dem durch den Antrag und seine Begründung gebildeten Streitgegenstand Anhaltspunkte dafür ergeben, dass der entscheidungserhebliche Sachverhalt noch weiterer Aufklärung bedarf[1]. Hieraus ist auch die Pflicht des ArbG abgeleitet worden, innerhalb einer die Anfechtung eines Einigungsstellen-Spruchs (§ 76 Abs. 5 Satz 4 BetrVG) betreffenden gerichtlichen Auseinandersetzung auch Anfechtungsgründen nachzugehen, die erst im Verlauf des Verfahrens sichtbar geworden sind[2]. Entsprechendes dürfte für nachträglich bekannt werdende Anfechtungs- oder Nichtigkeitsgründe im Rahmen einer Wahlanfechtung gelten. Andererseits reicht es **als Anlass** für eine **Amtsermittlung** nicht aus, dass ein Antrag gestellt und dieser völlig unzureichend mit Tatsachen untermauert wird, oder gar nur Rechtstatsachen behauptet werden. Zunächst muss der Antragsteller die Tatsachen vortragen, aus denen sich greifbare Anhaltspunkte für die Begründetheit seines Antrages ergeben, und die es den weiteren Beteiligten ermöglichen, hierauf konkret zu erwidern[3].

c) **Beweislast?** Aus dem Untersuchungsgrundsatz und der umfassenden Mitwirkungspflicht aller Be- **8**
teiligten an der Aufklärung des entscheidungserheblichen Sachverhaltes ergibt sich, dass es eine schlüssigkeitsbegründende **Darlegungslast** und eine **Beweisführungslast** im zivilprozessualen Sinne im Beschlussverfahren nicht gibt. Da es aber auch bei amtswegigen Ermittlungen immer wieder dazu kommen kann, dass sich entscheidungserhebliche Tatsachen nicht mit der gebotenen Gewissheit ermitteln lassen, bleiben auch hier die aus dem materiellen Recht abzuleitenden **Grundsätze der objektiven Beweislast** anwendbar: Bleiben erhebliche Zweifel am Vorliegen bestimmter rechtsbegründender oder rechtsvernichtender Tatsachen, treffen den Nachteil hieraus in aller Regel denjenigen, der ansonsten von ihrem Vorliegen begünstigt würde[4].

d) **Verspätete Mitwirkung.** Das Gericht kann zwar alle Beteiligten zur Mitwirkung bei der Sachverhalts- **9**
aufklärung auffordern. Es kann sie **zu** einer solchen **Mitwirkung** aber **nicht zwingen.** Erfolgt keine oder keine ausreichende Mitwirkung, was das Gericht nach § 286 Abs. 1 ZPO zu würdigen hat[5], und besteht keine erkennbare Möglichkeit zu weiterer Sachaufklärung, hat das Gericht auf der Grundlage des Sachverhalts, soweit er aufgeklärt ist, und im Übrigen nach den Regeln der objektiven Beweislast zu entscheiden.

Es ist aber auch nicht auszuschließen, dass der **Mitwirkungspflicht** zwar genügt wird, dies aber **so** **10**
spät geschieht, dass die Entscheidung des Verfahrens **verzögert** würde, ginge das Gericht dem neuen Vortrag nach. Im Beschlussverfahren nach § 122, § 126 InsO kann das Gericht in einem solchen Fall auf die Präklusionsvorschrift des § 61a Abs. 5 zurückgreifen (§ 122 Abs. 2 Satz 3 InsO).

Für das allgemeine Beschlussverfahren wurde mit Wirkung zum 1. Mai 2000 die **Präklusionsregelung** **11**
des **Abs. 1a** in das Gesetz eingefügt, danach wurde im Zuge der ZPO-Reform ein redaktionelles Versehen beseitigt[6]. Die Vorschrift ist im arbeitsgerichtlichen Beschlussverfahren ein **nicht unbedenklicher Fremdkörper**[7], weil trotz der **Wirkung** vieler Entscheidungen für nicht am Verfahren beteiligte **Dritte** (Rz. 3) eine **entscheidungserhebliche Tatsache** bei verspätetem Vortrag möglicherweise **unberücksichtigt** bleiben und so eine – objektiv – unrichtige Entscheidung ergehen kann. Auf der anderen Seite standen nach der alten Gesetzeslage mögliche Fälle eines **Missbrauchs**: Ein daran interessierter Beteiligter konnte durch Vortrag in letzter Minute weiteren Aufklärungsbedarf und damit eine Verzögerung der Entscheidung herbeiführen. Die Präklusionsbestimmung des Abs. 1a will dem gezielt begegnen: Voraussetzung für eine Präklusion ist zunächst, dass das ArbG **für ein Vorbringen** zu einem bestimmten, von ihm **konkret zu bezeichnenden Punkt** eine **angemessene**, angesichts des zu erwartenden Ermittlungsaufwandes ausreichende **Frist** gesetzt hat. Mit dieser Auflage verbunden sein muss der **Hinweis** auf die mögliche **Folge einer Verspätung**, wobei nicht der Hinweis auf das Gesetz, wohl aber die **wörtliche Aufnahme** des **Textes von Abs. 1a Satz 2** in den **Auflagenbeschluss** ausreicht. Wird die Auflage im Anhörungstermin erteilt, ist sie einschließlich der Belehrung über die möglichen Rechtsfolgen zu **protokollieren**[8].

Liegen diese Voraussetzungen vor, und geht der **Vortrag nach** Ablauf der gesetzten **Frist** bei Gericht **12**
ein, **kann** das Gericht auch entscheidungserheblichen Vortrag **unberücksichtigt lassen**, wenn zwei Voraussetzungen neben einander erfüllt sind: (1) Bei Berücksichtigung des Vorbringens **verzögerte** sich nach der freien Überzeugung des Gerichts die Erledigung des Beschlussverfahrens und (2) der Beteiligte hat die Verspätung **nicht genügend entschuldigt**.

Im Unterschied zum Urteilsverfahren (§ 56 Abs. 2) muss das ArbG im Beschlussverfahren Vorbringen **13**
nicht als verspätet zurückweisen, wenn die Voraussetzungen hierfür vorliegen, sondern es hat seine **Entscheidung** hierüber **nach pflichtgemäßem Ermessen** zu treffen. Dabei muss es abwägen, ob es der Beschleunigung statt weiterer Sachaufklärung den Vorzug gibt und dabei Gefahr läuft, nicht alle maß-

---

1 BAG v. 10.12.1992 – 2 ABR 32/92, AP Nr. 4 zu § 87 ArbGG 1979. | 2 BAG v. 26.5.1988 – 1 ABR 11/87, AP Nr. 26 zu § 76 BetrVG 1972. | 3 Am Beispiel eines Verfahrens, in dem eine über § 38 Abs. 1 BetrVG hinausgehende Freistellung beantragt wurde: BAG v. 26.7.1989 – 7 ABR 64/88, AP Nr. 10 zu § 38 BetrVG 1972. | 4 ErfK/*Eisemann*, § 83 ArbGG Rz. 5; GK-ArbGG/*Dörner*, § 83 Rz. 153; GMPM/*Matthes*, § 83 ArbGG Rz. 96. | 5 Düwell/Lipke/*Koch*, § 83 ArbGG Rz. 2; GK-ArbGG/*Dörner*, § 83 Rz. 126. | 6 Im Einzelnen *Holthaus/Koch*, RdA 2002, 140, 159 f.; *Schmidt/Schwab/Wildschütz*, NZA 2001, 1217, 1223. | 7 *Trittin/Backmeister*, DB 2000, 618, 620; *Fitting*, Nach § 1 BetrVG Rz. 49. | 8 GK-ArbGG/*Dörner*, § 83 Rz. 136.

gebenden Tatsachen für seine Entscheidung aufgeklärt zu haben[1]. Soweit sich das ArbG für eine **Zurückweisung** verspäteten Vorbringens entscheidet, steht diese Entscheidung zur Überprüfung durch das **Beschwerdegericht**. Eine Zulassung des Vorbringens ist nicht mehr korrigierbar.

14 Es spricht einiges dafür, angesichts der **besonderen Aufgaben des arbeitsgerichtlichen Beschlussverfahrens** zumindest dann, wenn die Entscheidung nicht außerordentlich dringlich ist, verspätetes entscheidungserhebliches Vorbringen nur dann zurückzuweisen ist, wenn ein missbräuchliches Verfahrensverhalten des Beteiligten nahe liegt.

15 3. **Mittel der Sachaufklärung (Abs. 2).** Das Gericht hat auch im arbeitsgerichtlichen Beschlussverfahren, wenn die Wahrheit einer entscheidungserheblichen Tatsache nicht feststeht, hierüber **Beweis zu erheben**. Es ist dabei nicht an Beweisanträge der Beteiligten gebunden. Es hat ihnen aber nachzugehen, wenn sie dem Nachweis oder der Widerlegung eines entscheidungserheblichen Tatsachenvortrages dienen[2]. Insgesamt hat das ArbG die in Abs. 2 aufgezählten Mittel zur Sachaufklärung zur Verfügung, zu denen auch die formlose Einholung **informeller Auskünfte** und ihre Einführung in das Verfahren zählen. Durch sie kann zwar eine Beweisaufnahme nicht ersetzt werden, es können aber Anhaltspunkte für weiteren Aufklärungsbedarf gewonnen werden[3].

16 Grundsätzlich gelten für die **Durchführung der Beweisaufnahme** die Regeln der ZPO über den Zeugenbeweis (§§ 373 ff.), die Einvernahme von Sachverständigen (§§ 402 ff.) und die Augenscheinseinnahme (§§ 337 ff.) sowie für den Urkundenbeweis (§§ 415 ff. ZPO)[4].

17 Nach § 80, § 56 Abs. 1 Nr. 3 kann auch im Beschlussverfahren das **persönliche Erscheinen der Beteiligten**, bei beteiligten Stellen von dessen Vorstand oder Vorsitzendem, angeordnet werden. § 83 Abs. 1b sieht zwar die Möglichkeit vor, **Beteiligte** zu **vernehmen**. Für diese Vernehmung gelten auch die Regeln über die Parteivernehmung nach § 450 bis § 455 ZPO, wobei bei der Beteiligung des BR nur dessen Vorsitzender als Beteiligter zu vernehmen ist, während die übrigen BR-Mitglieder als Zeugen vernommen werden können. Im Hinblick auf den Untersuchungsgrundsatz finden aber **§ 445 bis § 447 ZPO keine Anwendung**. Eine Einvernahme von Beteiligten kann von Amts wegen immer dann erfolgen, wenn das erkennende Gericht dies im Interesse einer Sachaufklärung für geboten hält.

18 **III. Die Beteiligten. 1. Grundsätze und Begriffe.** Das Gericht hat **zu Beginn des Verfahrens** und bis in die Rechtsbeschwerdeinstanz hinein[5] **von Amts wegen** die am Verfahren **Beteiligten festzustellen** und nach Abs. 3 und Abs. 4 vor einer Entscheidung zu hören. Wird eine Person oder Stelle, die von Rechts wegen hätte beteiligt werden müssen, zunächst **zu Unrecht nicht beteiligt**, kann deren Beteiligung und Anhörung nachgeholt werden. Ist eine gebotene Anhörung bis zur Entscheidung Erster Instanz unterblieben, ist ein von dieser Entscheidung materiell Betroffener auch ohne formelle Beteiligung am Verfahren nach den allgemeinen Regeln rechtsmittelbefugt. Dabei beginnt die Rechtsmittelfrist für ihn erst mit der – nachträglichen – Zustellung der erstinstanzlichen Entscheidung zu laufen. Im Übrigen handelt es sich bei einer zu Unrecht unterbliebenen Beteiligung um einen Verfahrensfehler, der in der Rechtsbeschwerdeinstanz gerügt werden kann und zur Aufhebung des angefochtenen Beschlusses führen kann. Erfolgt demgegenüber eine **Beteiligung zu Unrecht**, so ist dieser Fehler dadurch zu beseitigen, dass dieser formell Beteiligte nicht mehr am weiteren Verfahren beteiligt wird. Für einen etwaigen Konflikt über seine Beteiligung bleibt er am Verfahren beteiligt. Ansonsten führt die nur formelle Beteiligung nicht dazu, dass sich daraus Beteiligtenrechte iSd. §§ 80 ff. ergäben[6].

19 Nach herrschender Terminologie gehört zu den Beteiligten der **Antragsteller** als **formell Beteiligter**; er setzt das Verfahren in Gang und bestimmt den Streitgegenstand, auf seine materiell-rechtliche Betroffenheit kommt es nicht an[7]. Einen Antragsgegner kennt das ArbGG nicht, sondern **nur weitere Beteiligte** (Abs. 3). Die nach der Aufzählung in Abs. 3 in Betracht kommenden Personen und Stellen sind vom Gericht formell zu **beteiligen**, wenn eine **gesetzliche Regelung** dies ausdrücklich vorsieht (zB § 78a Abs. 4, § 103 Abs. 2 BetrVG) **oder** wenn sie am Streitgegenstand materiell beteiligt sind, wenn die betreffende **Person oder Stelle** also durch die angestrebte Entscheidung **in ihrer betriebsverfassungsrechtlichen oder mitbestimmungsrechtlichen Stellung unmittelbar materiell betroffen** wird[8].

20 Die **Beteiligtenstellung** ergibt sich allein auf der Grundlage dieses Prüfungsmaßstabs nach dem **materiellen Recht**. Sie kann **nicht durch Vereinbarung** begründet werden[9]. **Ändert sich** während des Beschlussverfahrens die materielle Befugnis zur Geltendmachung eines bestimmten betriebsverfassungsrechtlichen Rechtes, aus der sich die **materielle Betroffenheit** ergibt, dann **tritt** ohne weiteres der nunmehr materiell Beteiligte **an die Stelle** des bisherigen Beteiligten, zB ein neugebildeter GesamtBR an die Stelle eines EinzelBR, der BR eines aufnehmenden Betriebes an die Stelle des BR eines

---

1 So zutr. GK-ArbGG/*Dörner*, § 83 Rz. 157. | 2 BAG v. 25.3.1992 – 7 ABR 65/90, AP Nr. 4 zu § 2 BetrVG 1972. | 3 GK-ArbGG/*Dörner*, § 83 Rz. 138. | 4 Hauck/Helml/*Hauck*, § 83 ArbGG Rz. 7; ErfK/*Eisemann*, § 83 ArbGG Rz. 5. | 5 BAG v. 25.9.1996 – 1 ABR 25/96, AP Nr. 4 zu § 97 ArbGG 1979. | 6 Im Einzelnen GK-ArbGG/*Dörner*, § 83 Rz. 59 ff. mwN. | 7 Hauck/Helml/*Hauck*, § 83 ArbGG Rz. 8; zur Antragsbefugnis oben § 81 Rz. 9 bis 13. | 8 St. Rspr., zuletzt etwa BAG v. 10.12.2002 – 1 ABR 27/01, AP Nr. 42 zu § 95 BetrVG 1972, unter I d.Gr. mwN; GMPM/*Matthes*, § 83 ArbGG Rz. 14; GK-ArbGG/*Dörner*, § 83 Rz. 42. | 9 GK-ArbGG/*Dörner*, § 83 Rz. 50.

übernommenen und eingegliederten Betriebes oder der ArbGeb des übernehmenden Betriebes an die Stelle des bisherigen ArbGeb[1].

2. Einzelfälle materieller Betroffenheit. a) ArbGeb. Im Beschlussverfahren mit **betriebsverfassungsrechtlichem Streitgegenstand** ist der **ArbGeb immer** zu beteiligen. Dies hat nichts mit seiner Aufnahme in die nur beispielhafte Aufzählung in Abs. 3 zu tun. Es beruht darauf, dass der ArbGeb Beteiligter des **betriebsverfassungsrechtlichen Grundverhältnisses** ist und von Streitigkeiten über die betriebsverfassungsrechtliche Ordnung stets betroffen ist[2]. Der ArbGeb ist deshalb auch bei betriebsratsinternen Streitigkeiten oder im Wahlanfechtungsverfahren zu beteiligen, muss die sich hieraus ergebenden Rechte aber nicht wahrnehmen[3].

Geht es um eine betriebsverfassungsrechtliche Streitigkeit in einem **Gemeinschaftsbetrieb**, sind regelmäßig **alle** an diesem Gemeinschaftsbetrieb beteiligten Unternehmen/ArbGeb am Beschlussverfahren **zu beteiligen**, es sei denn, es geht materiell nur um ein bestimmtes Arbeitsverhältnis und dessen Gestaltung nicht durch die Führung des Gemeinschaftsbetriebes, sondern den entsendenden ArbGeb, wie dies bei einem Verfahren um die Zustimmung zur Eingruppierung der Fall ist[4].

b) BR. Auch die **Beteiligtenstellung des BR** hängt von seiner materiellen betriebsverfassungsrechtlichen Betroffenheit ab. Auch sie ist aber in betriebsverfassungsrechtlichen Angelegenheiten **regelmäßig gegeben**. Dies gilt auch für Grenzbereiche. So ist der BR etwa zu beteiligen, wenn ein **BR-Mitglied** die **Kostenerstattung** wegen der Teilnahme an Schulungsveranstaltungen vom ArbGeb verlangt; **anders** verhält es sich, wenn nach Abtretung des Kostenerstattungsanspruchs an die Gewerkschaft als Träger der Schulungsveranstaltung die Schulungsteilnehmer keinen Ansprüchen des Veranstalters mehr ausgesetzt sind, über die Kostenerstattungspflicht dem Grunde nach keine Meinungsverschiedenheiten bestehen und sich der Streit über die Höhe der Kostenerstattung auf die Frage beschränkt, ob die Kostenrechnung der Gewerkschaft aus koalitionsrechtlichen Gründen zu beanstanden ist; hier ist weder der betreffende Schulungsteilnehmer, noch der BR zu beteiligen[5]. Der BR ist auch zu beteiligen bei Verfahren, die sich mit der **Wahl einer JAV** befassen[6] oder dann, wenn es um den **Ausschluss eines BR-Mitglieds**[7] oder darum geht, die **Befugnisse des BR-Vorsitzenden** als Leiter einer **Betriebsversammlung** zu klären[8]. Materiell betroffen ist der Einzelne BR auch, wenn es um die Wirksamkeit der Errichtung eines GesamtBR oder darum geht, inwieweit eine GesamtBV wirksam ist[9]. Unproblematisch ist die Beteiligtenstellung des BR, wenn seine Mitwirkungs- und MitbestR, seine Wahl oder seine Binnenorganisation im Streit stehen.

Geht es nur um Befugnisse des **GesamtBR** im Verhältnis zur **Unternehmensleitung**, ist der **BR neben dem GesamtBR** zu beteiligen, wenn sich aus der Entscheidung über diese Befugnisse auch unmittelbare Wirkungen für die einzelnen Betriebe und BR ergeben, wie dies etwa bei einem Streit um die Errichtung eines GesamtBR oder dessen Zuständigkeit für den Abschluss von BV der Fall ist. BR und GesamtBR sind auch dann nebeneinander zu beteiligen, wenn es um den Inhalt einer GesamtBV oder darum geht, wie der GesamtBR richtig zusammengesetzt ist[10].

c) Einzelne BR-Mitglieder. Mitglieder eines betriebsverfassungsrechtlichen Organs sind nach § 103 Abs. 2 BetrVG **kraft Gesetzes** zu beteiligen, wenn die gerichtliche Ersetzung der Zustimmung einer Kündigung angestrebt wird, die ihnen gegenüber ausgesprochen werden soll. Im Übrigen sind sie immer dann beteiligt, wenn über ihre betriebsverfassungsrechtliche Rechte gestritten wird, etwa um die **Übernahme von Schulungskosten** oder darum, ob eine **betriebsratsinterne Wahl** wirksam war[11].

d) Einzelne ArbN. ArbN sind nur zu beteiligen, wenn es um ihre **individuellen betriebsverfassungsrechtlichen** oder **mitbestimmungsrechtlichen Rechte** geht, was insb. dann der Fall ist, wenn ihr persönliches aktives oder passives **Wahlrecht** im Streit steht[12].

Nicht zu beteiligen sind einzelne ArbN, wenn es nicht um ihr individuelles Wahlrecht, sondern um das **Wahlrecht einer nach abstrakten Merkmalen beschriebenen Gruppe** geht, der sie angehören[13]. Keine individuelle sondern nur eine **kollektive Betroffenheit**, die für eine Beteiligung nicht ausreicht, besteht auch dann, wenn um die **Auflösung des BR** oder um die **Wirksamkeit einer BR-Wahl** gestritten wird. Inzwischen unbestritten ist auch, dass einzelne ArbN **nicht** an betriebsverfassungsrechtlichen Strei-

---

1 BAG v. 21.1.2003 – 1 ABR 9/02, AP Nr. 1 zu § 21a BetrVG 2002; Hauck/Helml/*Hauck*, § 83 ArbGG Rz. 10. |2 GK-ArbGG/*Dörner*, § 83 Rz. 71; Hauck/Helml/*Hauck*, § 83 ArbGG Rz. 12; aA *Laux*, Die Antrags- und Beteiligungsbefugnis im arbeitsgerichtlichen Beschlussverfahren, S. 82 ff.; GMPM/*Matthes*, § 83 Rz. 40. |3 BAG v. 29.8.1985 – 6 ABR 63/82, AP Nr. 13 zu § 83 ArbGG 1979; im Ergebnis ebenso BAG v. 15.8.2001 – 7 ABR 2/99, AP Nr. 10 zu § 47 BetrVG 1972. |4 BAG v. 31.5.2000 – 7 ABR 78/98, AP Nr. 12 zu § 1 BetrVG 1972 – Gemeinsamer Betrieb. |5 BAG v. 15.1.1992 – 7 ABR 23/90, AP Nr. 41 zu § 40 BetrVG 1972. |6 BAG v. 13.3.1991 – 7 ABR 89/89, AP Nr. 2 zu § 60 BetrVG 1972. |7 BAG v. 1.8.1958 – 1 ABR 6/58, AP Nr. 1 zu § 83 ArbGG 1953. |8 BAG v. 19.5.1978 – 6 ABR 41/75, AP Nr. 3 zu § 43 BetrVG 1972. |9 BAG v. 30.10.1986 – 6 ABR 52/83, AP Nr. 6 zu § 47 BetrVG 1972; v. 31.1.1989 – 1 ABR 67/87, AP Nr. 15 zu § 87 BetrVG 1972 – Tarifvorrang. |10 Vgl. BAG v. 9.8.2000 – 7 ABR 56/98, AP Nr. 9 zu § 47 BetrVG 1972; v. 15.1.2002 – 1 ABR 10/01, AP Nr. 3 zu § 50 BetrVG 1972. |11 Vgl. BAG v. 14.11.2001 – 7 ABR 31/00, AP Nr. 24 zu § 38 BetrVG 1972; v. 15.8.2001 – 7 ABR 2/99, AP Nr. 10 zu § 47 BetrVG 1972. |12 Vgl. etwa BAG v. 23.1.1986 – 6 ABR 47/82, AP Nr. 31 zu § 5 BetrVG 1972. |13 BAG v. 10.2.1981 – 6 ABR 86/78, AP Nr. 25 zu § 5 BetrVG 1972.

tigkeiten nach § 99 Abs. 4 BetrVG zu **beteiligen** sind. In diesen Verfahren geht es nicht um betriebsverfassungsrechtliche Rechtspositionen der von einer personellen Einzelmaßnahme betroffenen ArbN, sondern um eine betriebsverfassungsrechtliche Kompetenzabgrenzung zwischen ArbGeb und BR; aus diesem Streit können sich nur individualrechtliche Reflexe für den einzelnen ArbN und seine arbeitsvertragliche Position ergeben[1].

28 e) **Gewerkschaften und ArbGebVerbände. Gewerkschaften** sind nach allgemeiner Auffassung am arbeitsgerichtlichen Beschlussverfahren **in aller Regel nur als Antragsteller** Beteiligte. Weitere Beteiligte sind sie weder bei der Anfechtung einer Wahl zum BR noch bei der Anfechtung einer Aufsichtsratswahl[2]. Nur soweit die Gewerkschaft selbst die Wahlanfechtung betreibt, ist sie in das arbeitsgerichtliche Beschlussverfahren einbezogen.

29 Eine betriebsverfassungsrechtliche Betroffenheit einer im Betrieb vertretenen Gewerkschaft ergibt sich auch dann **nicht**, wenn es um die Wirksamkeit der **Wahl des BR-Vorsitzenden**, um die **Freistellung von BR-Mitgliedern**, die Errichtung eines **GesamtBR**, die Zuordnung von **Nebenbetrieben** oder das aktive oder passive **Wahlrecht von ArbN** geht[3]. Streiten ArbGeb und BR darum, ob eine **BV wegen Verstoßes gegen einen TV unwirksam** ist, ist die Gewerkschaft zwar mittelbar als Koalition und TV-Partei, nicht aber unmittelbar in einer betriebsverfassungsrechtlichen Position betroffen. Deshalb ist nach der Rspr. des BAG auch in einem solchen Fall die Gewerkschaft nicht zu beteiligen[4].

30 **Ausnahmsweise** hat die Rspr. die **Beteiligung** einer im Betrieb vertretenen Gewerkschaft bejaht, wenn es um den Streit über das Recht auf **Entsendung eines Gewerkschaftsvertreters** zur Betriebsversammlung oder darum ging, ob ein solcher Beauftragter an Sitzungen des **Wirtschaftsausschusses** teilnehmen kann[5].

31 Den **ArbGebVerbänden** ist durch das Betriebsverfassungsrecht keine eigene betriebsverfassungsrechtliche Rechtsposition eingeräumt worden. Der zuständige ArbGebVerband ist deshalb **grundsätzlich nicht** am arbeitsgerichtlichen Beschlussverfahren **zu beteiligen**.

32 Etwas anderes gilt nur in den Verfahren über die **Anerkennung einer Schulungsveranstaltung** nach § 37 Abs. 7 BetrVG. Hier ist die Spitzenorganisation der ArbGebVerbände zu beteiligen, allerdings nicht der einzelne ArbGebVerband, sowie die Spitzenorganisation auf ArbN-Seite, es sei denn, es geht um die Anerkennung einer Schulungsveranstaltung, deren Träger eine bestimmte Gewerkschaft ist. Dann ist auch Letztere zu beteiligen[6].

33 f) **Weitere mögliche Beteiligte.** Die JAV ist **nur soweit** zu beteiligen, **wie eine betriebsverfassungsrechtliche Rechtsstellung** eingeräumt ist, also soweit, wie sie im Rahmen der §§ 60 ff. BetrVG und im Zusammenwirken mit dem BR Interessen der jugendlichen ArbN wahrzunehmen hat. Sie ist deshalb beteiligt in einem Verfahren über ihre Rechtsstellung und ihre Befugnisse sowie in Verfahren, in denen es um die Erforderlichkeit der Teilnahme eines ihrer Mitglieder an einer Schulungsveranstaltung geht[7]. Kraft gesetzlicher Anordnung ist die JAV im Verfahren nach § 78a Abs. 4 BetrVG Beteiligte.

34 Auch der **Wirtschaftsausschuss**, der lediglich eine Hilfsfunktion für den BR wahrnimmt, ist **regelmäßig nicht** an Beschlussverfahren zu beteiligen. Er ist nur dann Beteiligter, wenn Rechte ihm gegenüber geltend gemacht werden oder wenn es um seine Geschäftsführung und seine Aufgaben geht[8].

35 Der **Wahlvorstand** ist an allen Verfahren zu beteiligen, die im Laufe des Wahlverfahrens in Bezug auf die Durchführung der Wahl anhängig werden. Er bleibt bis zum Ende des Verfahrens Beteiligter, auch wenn die Wahl zwischenzeitlich abgeschlossen ist[9]. Dem gegenüber ist der Wahlvorstand **nicht** an einem **Wahlanfechtungsverfahren** zu beteiligen unabhängig davon, worauf die Wahlanfechtung gestützt wird. Hier ist das Organ Beteiligter, um dessen wirksame Wahl es geht.

36 **Schwerbehindertenvertretungen, Vertrauensleute der Zivildienstleistenden** und **Werkstatträte** sind zu beteiligen, wenn es um ihre betriebsverfassungsrechtlichen Rechte geht[10]. Mangels eigener betriebsverfassungsrechtlicher Rechtspositionen, in denen sie betroffen sein könnten, sind **grundsätzlich nicht** zu beteiligen: Vom BR hinzugezogene **Sachverständige** oder **Verfahrensbevollmächtigte**, wenn es um deren Kosten geht, die **Einigungsstelle** oder ihr Vorsitzender auch dann, wenn die Wirksamkeit eines

---

1 Statt aller GK-ArbGG/*Dörner*, § 83 Rz. 81 mwN. | 2 BAG v. 4.12.1986 – 6 ABR 48/85, AP Nr. 13 zu § 19 BetrVG 1972; v. 27.1.1993 – 7 ABR 37/92, AP Nr. 29 zu § 76 BetrVG 1952. | 3 GK-ArbGG/*Dörner*, § 83 Rz. 109 f. mwN. | 4 BAG v. 9.2.1984 – 6 ABR 10/81, AP Nr. 9 zu § 77 BetrVG 1972; möglicherweise muss diese Rspr. angesichts des anerkannten und grundsätzlich im Beschlussverfahren durchzuführenden Unterlassungsanspruch der Gewerkschaften gegen tarifwidrige Bündnisse für Arbeit (BAG v. 20.4.1999 – 1 ABR 72/98, BAGE 91, 210; v. 13.3.2001 – 1 AZB 19/00, BAGE 97, 167) noch einmal überprüft werden. | 5 BAG v. 18.3.1964 – 1 ABR 123/63, AP Nr. 1 zu § 45 BetrVG; v. 18.11.1980 – 1 ABR 31/78, AP Nr. 2 zu § 108 BetrVG 1972. | 6 BAG v. 6.4.1976 – 1 ABR 96/74, AP Nr. 23 zu § 37 *BetrVG 1972*; v. 11.8.1993 – 7 ABR 52/92, AP Nr. 92 zu § 37 BetrVG 1972. | 7 BAG v. 10.5.1974 – 1 ABR 47/73, AP Nr. 2 zu § 65 BetrVG 1972. | 8 BAG v. 5.11.1985 – 1 ABR 56/83, AP Nr. 4 zu § 117 BetrVG 1972. | 9 BAG v. 25.8.1981 – 1 ABR 61/79, AP Nr. 2 zu § 83 ArbGG 1979. | 10 GK-ArbGG/*Dörner*, § 83 Rz. 100.

Einigungsstellenspruchs in Rede steht, oder ein **Datenschutzbeauftragter**, dessen Rechte und Pflichten im Betrieb sich nicht aus dem BetrVG, sondern aus dem Datenschutzrecht ergeben[1].

IV. Anhörung der Beteiligten. Die Beteiligten sind nach Abs. 3 und Abs. 4 **grundsätzlich mündlich** und **von der Kammer des ArbG** anzuhören, auch wenn sie zuvor Gelegenheit hatten, sich an einer Güteverhandlung zu beteiligen. Für die **Anhörung** vor der Kammer gelten §§ 55 ff., weshalb auch ein **vorbereitender Beweisbeschluss** durch den Kammervorsitzenden (§ 55 Abs. 4) ergehen kann. Alle Beteiligten können sich zwar schriftlich äußern. Dies ändert aber nichts am **Gebot der mündlichen Anhörung**. 37

Allerdings ist der **Pflicht** zu dieser Anhörung nach Abs. 4 Satz 2 bereits dann **genügt**, wenn ein Beteiligter zum Anhörungstermin **geladen** und mit der Ladung darauf **hingewiesen** worden ist, dass auch dann der Pflicht zu seiner Anhörung genügt ist, wenn er dem Anhörungstermin unentschuldigt fern bleibt. Der Anhörungspflicht ist **nicht genügt**, wenn ein Beteiligter **entschuldigt fern bleibt**. In diesem Falle muss der Anhörungstermin **vertagt** werden. Zu diesem neuen Termin sind erneut **alle Beteiligten** zu laden, da ihre Anhörung in einem gemeinsamen Termin zu erfolgen hat[2]. 38

Nur dann, wenn **alle** am Verfahren Beteiligten sich hiermit **ausdrücklich einverstanden** erklärt haben, kann das Gericht nach § 83 Abs. 4 Satz 3 **ohne mündliche Anhörung** entscheiden; § 83a Abs. 3 Satz 2 findet keine Anwendung. Selbst wenn ein solches Einverständnis aller Beteiligten vorliegt, steht es **im Ermessen des Gerichts**, ob eine mündliche Anhörung stattfindet[3]. Entschließt sich das Gericht für das schriftliche Verfahren, weil der entscheidungserhebliche Sachverhalt vollständig aufgeklärt ist und es nur noch um Rechtsfragen geht, ist nach § 60 Abs. 1 ein **Verkündungstermin** anzuberaumen. Hier muss ein **vollständig** schriftlich abgefasster und von den ehrenamtlichen Richtern unterschriebener **Beschluss** vorliegen und verkündet werden (§ 84 Satz 3, § 60 Abs. 3 Satz 2, Abs. 4 Satz 2). 39

V. Verfahrensbeschwerde. Nach § 83 Abs. 5 findet gegen **Beschlüsse und Verfügungen** des ArbG oder seines Vorsitzenden die im Laufe des Verfahrens ergehen, also **nicht instanzbeendend** sind, die Beschwerde nach Maßgabe des § 78 statt. Seit der ZPO-Reform des Jahres 2001 handelt es sich hierbei um eine **sofortige Beschwerde** nach §§ 567 ff. ZPO. Eine **Spezialregelung** für die Anfechtung verfahrensbegleitender Beschlüsse enthält § 17a Abs. 4 Satz 3 GVG. Diese Bestimmung ist bei einer **Vorabentscheidung über die zutreffende Verfahrensart** nach § 80 Abs. 3, § 48 Abs. 1 anwendbar, eröffnet aber ebenfalls die sofortige Beschwerde nach § 567 ZPO. 40

83a — Vergleich, Erledigung des Verfahrens

(1) Die Beteiligten können, um das Verfahren ganz oder zum Teil zu erledigen, zur Niederschrift des Gerichts oder des Vorsitzenden einen Vergleich schließen, soweit sie über den Gegenstand des Vergleichs verfügen können, oder das Verfahren für erledigt erklären.

(2) Haben die Beteiligten das Verfahren für erledigt erklärt, so ist es vom Vorsitzenden des Arbeitsgerichts einzustellen. § 81 Abs. 2 Satz 3 ist entsprechend anzuwenden.

(3) Hat der Antragsteller das Verfahren für erledigt erklärt, so sind die übrigen Beteiligten binnen einer von dem Vorsitzenden zu bestimmenden Frist von mindestens zwei Wochen aufzufordern, mitzuteilen, ob sie der Erledigung zustimmen. Die Zustimmung gilt als erteilt, wenn sich der Beteiligte innerhalb der vom Vorsitzenden bestimmten Frist nicht äußert.

Die durch die Beschleunigungsnovelle in das Gesetz gekommene und auch im Instanzenzug über § 90 Abs. 2 und § 95 Satz 4 anwendbare Bestimmung hat für das arbeitsgerichtliche Beschlussverfahren die Tendenzen deutlich verstärkt, den Beteiligten **mehr Dispositionsbefugnisse** über das Verfahren, hier insb. dessen Beendigung, einzuräumen[4]. 1

Die Möglichkeit eines **gerichtlichen Vergleichs**, auf den das Gericht nach § 80 Abs. 2, § 57 Abs. 2 auch im Beschlussverfahren jederzeit hinwirken muss, und der ohne Einstellungsbeschluss verfahrensbeendende Wirkung hat, ist allerdings dadurch **gegenständlich beschränkt**, dass nur solche Vergleiche wirksam werden können[5], über deren Gegenstand alle am Verfahren materiell Beteiligte verfügen können[6]. Wirksamkeitsvoraussetzung für einen Vergleich ist auch, dass ihm **alle** materiell **Beteiligten** ausdrücklich und schriftlich, ggf. auf Aufforderung des Vorsitzenden nachträglich, **zustimmen** müssen. Eine Zustimmungsfiktion nach § 83a Abs. 3 Satz 2 kommt hier **nicht** in Betracht, weil es sich bei dem verfahrensbeendenden gerichtlichen Vergleich um einen Vollstreckungstitel handelt, der nicht auf diese Weise zustande kommen kann[7]. 2

§ 83a sieht nur die Möglichkeit eines Vergleichsschlusses zu Protokoll vor. Die Möglichkeit, einen gerichtlichen Vergleich auf schriftlichen Vorschlag des Gericht **verfahrensbeendend** im schriftlichen Ver- 3

---

1 BAG v. 11.11.1997 – 1 ABR 21/97, AP Nr. 1 zu § 36 BDSG. | 2 GK-ArbGG/*Dörner*, § 83 Rz. 168; aA *Grunsky*, § 83 ArbGG Rz. 24. | 3 ErfK/*Eisemann*, § 83 ArbGG Rz. 11 mwN. | 4 *Fenn*, FS 25 Jahre BAG, 1979, S. 91, 100 ff. | 5 GK-ArbGG/*Dörner*, § 83a Rz. 7, 10. | 6 ErfK/*Eisemann*, § 83a ArbGG Rz. 2; GMPM/*Matthes*, § 83a ArbGG Rz. 5; GK-ArbGG/*Dörner*, § 83a Rz. 7; *Dütz*, RdA 1980, 96, 99; aA *Grunsky*, § 83a ArbGG Rz. 3. | 7 ErfK/*Eisemann*, § 83a ArbGG Rz. 1.

fahren nach § 278 Abs. 6 ZPO abzuschließen, besteht **nicht**. Außergerichtliche Vereinbarungen können nur über eine übereinstimmende Erledigungserklärung zur Beendigung des Verfahrens führen.

4 Ob ein **Gegenstand** der **Verfügungsmacht** der Beteiligten unterliegt, richtet sich nach dem jeweiligen materiellen Recht. Regelmäßig wird man hiervon bei allen vermögensrechtlichen Streitigkeiten (zB nach § 37 oder § 40 BetrVG) ausgehen können, während eigenständige Vereinbarungen über die Errichtung, Zusammensetzung und Organisation des BR, über aktives und passives Wahlrecht sowie über die Durchführung der Wahl oder die Ausfüllung des Betriebsbegriffs nicht eröffnet sind. Auch **Mitwirkungs- und MitbestR** stehen grundsätzlich nicht zur Disposition von Beteiligten[1], wobei allerdings die Abgrenzung zwischen einem unzulässigen Verzicht auf MitbestR und einer zulässigen längerfristigen Bindung des BR in einer Rahmenregelung einige Schwierigkeiten aufwerfen kann[2]. Hiervon zu unterscheiden ist die Befugnis der Beteiligten, über den der Mitbest. unterliegenden umstrittenen Gegenstand, etwa Arbeitszeitfragen oder ein bestimmtes Ordnungsverhalten im Betrieb, auch vor Gericht eine Regelung zu treffen und so zugleich den Streit um das Bestehen oder den Umfang des betreffenden MitbestR zu erledigen.

5 Fehlt den Beteiligten die **Verfügungsbefugnis** über den Vergleichsgegenstand, muss das Gericht die Beteiligten vor einer Protokollierung hierauf hinweisen. Ein gleichwohl protokollierter Vergleich hat weder verfahrensbeendende Wirkung, noch kann aus ihm vollstreckt werden. Wird einem Beteiligten die mögliche Unwirksamkeit des Vergleichs erst später bewusst, kann er verbunden mit seinem ursprünglichen Sachantrag die **Fortsetzung des Verfahrens** beantragen, wobei dann zunächst zu klären ist, ob der Vergleich das Verfahren tatsächlich beendet hat oder nicht. Will der Antragsteller diesen Weg gehen, hat er seinen bisherigen Sachantrag zu stellen, ein sonstiger Beteiligter kann die Feststellung der Unwirksamkeit des Vergleichs beantragen[3].

6 Wird ein nach seinem Gegenstand an sich möglicher **Vergleich** im Anhörungstermin geschlossen, dem aber ein bei Vergleichsschluss **nicht anwesender Beteiligter** auch auf Nachfrage des Gerichts **nicht** ausdrücklich **zustimmt**, liegt ebenfalls kein vollstreckungsfähiger und verfahrensbeendender Vergleich vor. Die am Vergleichsschluss Beteiligten können im Hinblick auf die zwischen ihnen wirksam bleibende Vereinbarung das Verfahren aber übereinstimmend für erledigt erklären, so dass das Verfahren nach § 83a Abs. 3 Satz 2 erledigt werden kann. Noch einfacher ist eine Antragsrücknahme im Hinblick auf die getroffene Vereinbarung.

7 Wird das arbeitsgerichtliche Beschlussverfahren vom Antragsteller mit Zustimmung aller Beteiligten übereinstimmend **für erledigt erklärt**, hat das ArbG nicht zu prüfen, ob der Antrag ursprünglich zulässig und begründet war oder ein erledigendes Ereignis eingetreten ist[4]. Der Vorsitzende hat allein aufgrund der **Erledigungserklärung** und der ggf. über § 83a Abs. 3 Satz 2 fingierten **Zustimmung** aller übrigen Beteiligten das Verfahren durch förmlichen, verfahrensbeendenden Beschluss einzustellen, der den Beteiligten zur Kenntnis zu bringen ist. Gegen den Einstellungsbeschluss ist nach überwiegender Auffassung die Möglichkeit der Beschwerde nach § 87 eröffnet[5]. Der Einstellungsbeschluss hat allerdings keine materiellen Auswirkungen. Er steht insb. einem neuen Verfahren über den gleichen Streitgegenstand nicht entgegen[6].

8 Besonders bei vielen Beteiligten wird eine allseitige Zustimmung zur Erledigung des Verfahrens nur nach § 83a Abs. 3 Satz 2 zustande kommen. **Voraussetzung** dafür, dass eine Zustimmung hiernach als erteilt gilt, ist, (1) dass die Beteiligten unter förmlicher Setzung einer Frist, die mindestens zwei Wochen betragen muss, (2) vom Vorsitzenden aufgefordert worden sind mitzuteilen, ob sie der Erledigung zustimmen, (3) dass sie hierbei darüber belehrt wurden, dass ihrem Schweigen der entsprechende Erklärungswert zukommt[7], und (4) dass sie sich bis zum Ablauf der Frist nicht bei Gericht eingehend geäußert haben. Dabei ist wegen der Versäumnis der Frist, die weder eine Notfrist, noch eine sonstige in § 233 ZPO genannte Frist ist, eine **Wiedereinsetzung** in den vorigen Stand **nicht möglich**[8]. Eine nachträgliche Zustimmungserklärung ist ausnahmsweise entbehrlich, wenn ein Beteiligter bereits vorab erklärt hatte, er stimme einer etwaigen Erledigungserklärung zu[9].

9 Hat der Antragsteller das Beschlussverfahren für erledigt erklärt, aber zumindest einer der übrigen Beteiligten seine **Zustimmung** hierzu **verweigert**, muss das ArbG nur darüber **entscheiden**, ob tatsächlich ein **erledigendes Ereignis** eingetreten ist, ob also der Antrag nach Rechtshängigkeit unzulässig oder unbegründet geworden ist. Darauf, ob der Antrag vor Eintritt des erledigenden Ereignisses zulässig und begründet war, kommt es anders als im Urteilsverfahren nicht an[10]. Liegt ein erledigendes Ereignis vor, ist das Verfahren durch den Beteiligten **förmlich zuzustellenden Beschluss** nach § 83a Abs. 2

---

1 BAG v. 23.6.1992 – 1 ABR 53/91, AP Nr. 51 zu § 87 BetrVG 1972 – Arbeitszeit. | 2 BAG v. 3.6.2003 – 1 AZR 349/02, NZA 2003, 1155. | 3 GK-ArbGG/*Dörner*, § 83a Rz. 16 a ff. | 4 BAG v. 23.6.1993 – 2 ABR 58/92, AP Nr. 2 zu § 83a ArbGG 1979; *Fenn*, FS 25 Jahre BAG, S. 91, 101 f.; Düwell/Lipke/*Koch*, § 83a ArbGG Rz. 7. | 5 GMPM/ *Matthes*, § 83a ArbGG Rz. 14; GK-ArbGG/*Dörner*, § 83a Rz. 24; aA *Molkenbur*, DB 1992, 425, 429; *Grunsky*, § 87 ArbGG Rz. 2, die für eine Beschwerde nach § 83 Abs. 5, § 78 plädieren. | 6 GMPM/*Matthes*, § 83a ArbGG Rz. 145. | 7 GMPM/*Matthes*, § 83a ArbGG Rz. 17; GK-ArbGG/*Dörner*, § 83a Rz. 26. | 8 Statt aller ErfK/*Eisemann*, § 83a ArbGG Rz. 4. | 9 BAG v. 26.4.1990 – 1 ABR 79/89, BAGE 65, 105, 108 = AP Nr. 3 zu § 83a ArbGG 1979, unter B I 1 d.Gr. | 10 BAG v. 27.8.1996 – 3 ABR 21/95, AP Nr. 4 zu § 83a ArbGG 1979; v. 14.8.2001 – 1 ABR 52/00, AP Nr. 1 zu § 21b BetrVG 1972; GK-ArbGG/*Dörner*, § 83a Rz. 30 mwN.

Beschluss Rz. 4 § 84 ArbGG

mit der Beschwerdemöglichkeit nach § 87 einzustellen. Fehlt es am erledigenden Ereignis, ist über den Sachantrag zu entscheiden. Erledigende Ereignisse sind **beispielsweise** angenommen worden für das Verfahren nach § 103 Abs. 2 BetrVG bei einer nachträglichen Zustimmung des BR zur beabsichtigten Kündigung[1], im Verfahren nach § 99 Abs. 4 beim Ausscheiden eines gegen den Willen des BR eingestellten, umgruppierten oder versetzten ArbN[2]. Darüber hinaus werden sich Streitigkeiten über den Umfang eines MitbestR regelmäßig dann erledigen, wenn der betroffene Betrieb stillgelegt worden ist und deshalb kein Anlass mehr für eine geforderte Regelung oder die Anwendung einer in ihrer Wirksamkeit umstrittenen BV mehr besteht[3], oder wenn das letzte BR-Mitglied aus dem Betrieb ausgeschieden ist und deshalb jedes **betriebsverfassungsrechtliche Rechtsverhältnis erloschen** ist[4].

Die **Einstellung** eines arbeitsgerichtlichen Beschlussverfahrens wegen eines erledigenden Ereignisses ist ausgeschlossen, wenn der Antragsteller das Verfahren nicht für erledigt erklärt hat. Das Gericht darf insoweit **in keinem Falle von Amts wegen** entscheiden[5]. Dies gilt auch für Feststellungsanträge nach § 100 Abs. 2 Satz 3 BetrVG; auch insoweit tritt keine automatische Beendigung des Verfahrens ein[6]; auch ein solches Beschlussverfahren kann nicht von Amts wegen analog § 83a Abs. 2 eingestellt werden. 10

84 Beschluss
Das Gericht entscheidet nach seiner freien, aus dem Gesamtergebnis des Verfahrens gewonnenen Überzeugung. Der Beschluss ist schriftlich abzufassen. § 60 ist entsprechend anzuwenden.

Das ArbG entscheidet auf der Grundlage des unter Mitwirkung der Beteiligten von Amts wegen festgestellten Sachverhaltes, wobei zur Sachverhaltsfeststellung der Vortrag der Beteiligten nach § 286 Abs. 1 ZPO zu würdigen ist[7]. Die Entscheidungsmöglichkeiten des Gerichts werden durch das Rechtsschutzziel des Antragstellers, wie es in seinem Vorbringen zum Ausdruck kommt und – ggf. mit Hilfe des Gerichts – in eine entsprechende **Antragstellung** umgesetzt worden ist, begrenzt (§ 318 ZPO). Dabei hat das Gericht keinen Ermessensspielraum, sondern hat **Recht** nach seiner Rechtsüberzeugung **anzuwenden**. 1

Das Beschlussverfahren wird nicht durch Urteil, sondern einen von verfahrensleitenden Beschlüssen nach § 53, § 83 Abs. 5 zu unterscheidenden Beschluss beendet. Auf ihn sind §§ 300 ff. ZPO entsprechend anzuwenden. Bei Entscheidungsreife iSv. § 300 ZPO entscheidet die **Kammer unter Mitwirkung der ehrenamtlichen Richter**, selbst wenn nach § 83 Abs. 4 Satz 3 eine mündliche Verhandlung nicht stattgefunden hat. Eine Entscheidung durch den **Vorsitzenden allein** kommt **nur** ausnahmsweise nach § 80 Abs. 2, § 55 Abs. 3 im unmittelbaren Anschluss an eine erfolglose Güteverhandlung in Betracht, wenn einer solchen Entscheidung alle Beteiligten – nicht nur die im Anhörungstermin anwesenden – zugestimmt haben[8]. Ein instanzbeendender Beschluss, der zu Unrecht ohne die ehrenamtlichen Richter ergangen ist, ist anfechtbar, ggf. auch nach § 80 Abs. 2, § 79 ArbGG iVm. § 579 Abs. 1 Nr. 1 ZPO durch Nichtigkeitsklage angreifbar. 2

Der Beschluss kann auch bei nur teilweiser Entscheidungsreife als Teilbeschluss (§ 301 ZPO)[9] oder als Zwischenfeststellungsbeschluss[10], sowie als Zwischenbeschluss über die Zulässigkeit des Antrags oder als Vorbehaltsbeschluss ergehen. Ein Verzichts- oder Anerkenntnisentscheidungen nach § 306, § 307 ZPO sind möglich, während eine **Säumnisentscheidung** im arbeitsgerichtlichen Beschlussverfahren **ausgeschlossen** ist (§ 83 Abs. 4 Satz 2)[11]. 3

Der Beschluss hat ein Rubrum zu enthalten, in dem neben dem Antragsteller alle weiteren materiell Beteiligten, nicht nur die, die sich am Verfahren tatsächlich beteiligt haben, aufzuführen sind. Nach dem Entscheidungsausspruch folgen dann wie beim Urteil Tatbestand und Entscheidungsgründe, die im Beschlussverfahren überkommen in zweigeteilte „**Gründe**" aufgenommen werden. Die Entscheidungsformel enthält **keine Kostenentscheidung**, weil die Entscheidung im Beschlussverfahren gerichtskostenfrei ergeht (§ 12 Abs. 5) und sich die Erstattung sonstiger Verfahrenskosten nach materiellem Recht, insb. § 20 Abs. 3 BetrVG[12] und § 40 Abs. 1 BetrVG[13] richtet. Auch eine **Streitwertfestsetzung** erfolgt im Beschluss **nicht**. Sie ist gesondert auf Antrag nach § **10 Abs. 1 BRAGO** möglich[14]. 4

---

1 BAG v. 23.6.1993 – 2 ABR 58/92, AP Nr. 2 zu § 83a ArbGG 1979. |2 BAG v. 15.9.1987 – 1 ABR 44/86, BAGE 56, 108 = AP Nr. 46 zu § 99 BetrVG 1972; v. 10.2.1999 – 10 ABR 42/98, AP Nr. 5 zu § 83a ArbGG 1979. |3 ZB BAG v. 19.6.2001 – 1 ABR 48/00, AP Nr. 8 zu § 83a ArbGG 1979. |4 BAG v. 14.8.2001 – 1 ABR 52/00, AP Nr. 1 zu § 21b BetrVG 1972. |5 BAG v. 23.6.1993 – 2 ABR 58/92, AP Nr. 2 zu § 83a ArbGG 1979; ErfK/*Eisemann*, ArbGG § 83a Rz. 4. |6 Zutr. GK-ArbGG/*Dörner*, § 83a Rz. 34, 35 gegen BAG v. 18.10.1988 – 1 ABR 36/87, AP Nr. 4 zu § 100 BetrVG 1972; Hauck/Helml/*Hauck*, § 83a ArbGG Rz. 9; GMPM/*Matthes*, § 83a ArbGG Rz. 12, 25. |7 ErfK/*Eisemann*, § 84 ArbGG Rz. 1. |8 GK-ArbGG/*Dörner*, § 80 Rz. 55. |9 BAG v. 31.1.1995 – 1 ABR 35/94, AP Nr. 56 zu § 118 BetrVG 1972. |10 BAG v. 1.2.1989 – 4 ABR 86/88, BAGE 61, 66 = AP Nr. 63 zu § 99 BetrVG 1972. |11 Hauck/Helml/*Hauck*, § 84 ArbGG Rz. 2; GMPM/*Matthes*, § 84 ArbGG Rz. 7. |12 Hierzu: BAG v. 8.4.1992 – 7 ABR 56/91, BAGE 70, 126 = AP Nr. 15 zu § 20 BetrVG 1972; LAG Düsseldorf v. 25.10.1994 – 6 TaBV 78/94, LAGE § 20 BetrVG 1972 Nr. 10. |13 Zuletzt BAG v. 19.3.2003 – 7 ABR 15/02, AP Nr. 77 zu § 40 BetrVG 1972, unter II 1 d.Gr. mwN. |14 Zur Streitwertfestsetzung im arbeitsgerichtlichen Beschlussverfahren: GK-ArbGG/*Wenzel*, § 12 Rz. 269 ff.

5 Da eine Entscheidung im Beschlussverfahren nur bei vermögensrechtlichen Streitigkeiten **vorläufig vollstreckbar** ist, sollte in solchen Fällen zur Klarstellung eine Vollstreckbarkeitserklärung im Beschluss selbst erfolgen[1], wobei es sich für den Antragsteller empfiehlt, einen auf einen entsprechenden Entscheidungsausspruch gerichteten **Antrag** zu stellen. Da gegen einen Beschluss nach § 84 stets die Beschwerde nach § 87 eröffnet ist, kann **nicht** nach § 313a Abs. 1 ZPO auf die vom Vorsitzenden schriftlich abzufassenden und zu unterzeichnenden, Tatbestand und Entscheidungsgründe umfassenden Gründe verzichtet werden. Allerdings finden **§ 313a Abs. 2 und Abs. 3 entsprechende Anwendung**: Wird der Beschluss im Anschluss an einen mündlichen Anhörungstermin verkündet, und haben alle am Verfahren Beteiligten, die durch den Beschluss beschwert sind, innerhalb einer Woche nach Schluss der **mündlichen Verhandlung** gegenüber dem Gericht auf die Einlegung von Rechtsmitteln gegen den Beschluss verzichtet, kann von der schriftlichen Niederlegung von Tatbestand und Entscheidungsgründen abgesehen werden. Nach dem Gesetzeswortlaut ist diese Möglichkeit aber weder bei einer Entscheidung im schriftlichen Verfahren, noch bei einer Verkündung des Beschlusses in einem besonderen Verkündungstermin eröffnet[2].

6 Als Teil des Beschlusses ist über die möglichen **Rechtsmittel** zu **belehren**, wobei das ArbG dann, wenn es die **Sprungrechtsbeschwerde** nach § 96a zulässt, über Beschwerde nach § 87 **und** Sprungrechtsbeschwerde belehren muss. Entscheidet das ArbG im Beschlussverfahren nach **§ 122 Abs. 2** oder § **126 Abs. 2 InsO**, hat es nach § 122 Abs. 3 auch darüber zu **entscheiden**, **ob** es die **Rechtsbeschwerde** zulassen will, wobei es diese Entscheidung trotz fehlender Inbezugnahme des § 72 Abs. 1 Satz 2 entsprechend § 64 Abs. 3a in den **Beschlusstenor** aufzunehmen hat[3].

7 Die Verkündung des Beschlusses hat nach § 84 Satz 3, § 60 Abs. 4 zu erfolgen, wonach sich auch die Fristen für die Festlegung eines Verkündungstermins und die Absetzung der Entscheidung richten[4]. Der Beschluss ist nach § 80 Abs. 2 iVm. § 50 Abs. 1 an alle am Verfahren Beteiligten **zuzustellen**, unabhängig davon, ob sie sich tatsächlich beteiligt haben. Ein **Abhilfeverfahren** nach § 321a ZPO wegen Verletzung des Anspruchs auf rechtliches Gehör kommt im Beschlussverfahren **nicht** in Betracht, weil gegen alle Beschlüsse das Rechtsmittel der Beschwerde gegeben ist.

8 Ein Beschluss nach § 84 beendet die Instanz in dem in ihm beschiedenen Umfang (Rz. 3). Wird gegen den Beschluss nicht innerhalb eines Monats ab Zustellung Beschwerde eingelegt (§ 87 Abs. 2, § 66), oder bleiben Rechtsmittel erfolglos, ist er **formell rechtskräftig**. Er erwächst auch in **materieller Rechtskraft**, so dass dieselbe Streitfrage, derselbe aus Antrag und tragendem Lebenssachverhalt gebildete Streitgegenstand, nicht erneut zwischen denselben Beteiligten zur gerichtlichen Entscheidung gestellt werden kann. Geschieht dies doch, ist der Antrag als unzulässig zu verwerfen[5].

9 Die **Wirkung** der materiellen Rechtskraft erstreckt sich auf **alle** am Verfahren durch das Gericht **Beteiligte**, auch wenn sie sich tatsächlich nicht beteiligt haben[6]. Eine materielle Betroffenheit reicht aber **nicht** aus, wenn das Gericht den Betreffenden zu Unrecht nicht beteiligt hat und er deshalb bei der Beibringung der Entscheidungsgrundlagen nicht mitwirken konnte[7]. Die Rechtskraft von Entscheidungen in betriebsverfassungsrechtlichen Angelegenheiten erstreckt sich auf die **Beteiligten in ihrer** jeweiligen **Rolle**; Wechsel in den Personen sind unerheblich. Deshalb wirkt ein Beschluss auch für einen neu gewählten BR[8] oder einen neuen Betriebsinhaber/ArbGeb nach § 613a BGB[9]. Voraussetzung ist, dass die **Identität** des das betriebsverfassungsrechtliche Rechtsverhältnis bestimmenden **Betriebes** erhalten bleibt.

10 Die materielle Rechtskraft hindert ein neues Verfahren mit gleichem Antrag dann nicht, wenn sich der dem Antrag maßgeblich zugrunde gelegte **Lebenssachverhalt wesentlich geändert** hat, so dass ein neuer Streitgegenstand zur Entscheidung steht. **Gesetzesänderungen** oder Änderungen von gesetzesvertretendem Richterrecht hindern die Rechtskraftwirkung demgegenüber grundsätzlich nicht[10], es sei denn, die rechtlichen Verhältnisse ändern sich grundlegend und diese Änderungen treffen auf eine **Entscheidung mit Dauerwirkung**, wie etwa eine gerichtliche Feststellung der Gewerkschaftseigenschaft einer Organisation[11].

11 Noch nicht umfassend geklärt ist, inwieweit Entscheidungen im Beschlussverfahren **über** die **Verfahrensbeteiligten hinaus präjudiziell wirken**[12]. Eine solche Rechtskrafterstreckung weicht von der Grund-

---

1 ErfK/*Eisemann*, § 84 ArbGG Rz. 2; GMPM/*Matthes*, § 84 ArbGG Rz. 12. | 2 GMPM/*Matthes*, § 84 ArbGG Rz. 11. | 3 Die fehlende Verweisung dürfte darauf zurückgehen, dass § 72 Abs. 1 Satz 3 nach In-Kraft-Treten der InsO neu geschaffen wurde. | 4 Vgl. hierzu die Kommentierung zu § 60. | 5 BAG v. 20.3.1996 – 7 ABR 41/95, BAGE 82, 291 = AP Nr. 32 zu § 19 BetrVG 1972 m. Anm. *Krause*. | 6 BAG v. 27.8.1968 – 1 ABR 6/68, BAGE 21, 139 = AP Nr. 4 zu § 80 ArbGG 1953; v. 1.2.1983 – 1 ABR 33/78, BAGE 41, 316 = AP Nr. 14 zu § 322 ZPO. | 7 Düwell/Lipke/*Koch*, § 84 ArbGG Rz. 5; GK-ArbGG/*Dörner*, § 84 Rz. 26; missverständlich ErfK/*Eisemann*, § 84 ArbGG Rz. 3; aA GMPM/*Matthes*, § 84 ArbGG Rz. 25. | 8 BAG v. 27.1.1981 – 6 ABR 68/79, BAGE 35, 1 = AP Nr. 2 zu § 80 ArbGG 1979. | 9 BAG v. 5.2.1991 – 1 ABR 32/90, BAGE 67, 168 = AP Nr. 89 zu § 613a BGB. | 10 BAG v. 20.3.1996 – 7 ABR 41/95, BAGE 82, 291, 298 f. = AP Nr. 32 zu § 19 BetrVG 1972. | 11 BAG v. 6.6.2000 – 1 ABR 21/99, BAGE 95, 47, 55 ff. = AP Nr. 9 zu § 97 ArbGG 1979. | 12 Hierzu insbesondere *Krause*, Rechtskrafterstreckung im kollektiven Arbeitsrecht, 1996; *Dütz*, FS Gnade, 1992, S. 487; *Konzen*, FS Zeuner, 1994, S. 401; *Nottebohm*, RdA 2002, 292.

konzeption des § 325 ZPO ab. Sie ist aber insb. dann geboten, wenn und soweit **individualrechtliche Rechtspositionen** von Verhältnissen der **Betriebsparteien abhängig** sind, ja – wie im Falle des § 113 BetrVG und im Zusammenhang mit der These von der Wirksamkeitstheorie[1], sowie wohl auch beim Kündigungsschutz des BR-Mitglieds über § 103 Abs. 1 BetrVG[2] – sogar vorrangig oder zumindest auch der Effektuierung von betriebsverfassungsrechtlichen Rechten dienen.

Deshalb schließt zB die rechtskräftige Feststellung in einem Beschlussverfahren, eine mitbestimmungspflichtige **Betriebsänderung** habe **nicht** vorgelegen, die individualrechtliche Durchsetzung eines Anspruchs auf **Nachteilsausgleich** aus[3]. Ist festgestellt worden, dass dem BR bei einer bestimmten ArbGebWeisung **kein MitbestR** nach § 87 BetrVG zustand, kann ein ArbN im Folgeprozess **nicht** geltend machen, die betreffende **Weisung** sei ihm gegenüber wegen Verletzung eines MitbestR **unverbindlich**[4]; Entsprechendes dürfte für eine Entscheidung nach § 99 iVm § 95 Abs. 3 BetrVG gelten[5]. In beiden Fällen ist der klagende ArbN aber nicht gehindert, vertragliche Einwände gegenüber den erteilten Weisungen geltend zu machen. Ein Anspruch auf Nachteilsausgleich kann auch nicht mit der Begründung verfolgt werden, in einem gemeinsamen Betrieb sei § 111 BetrVG nicht beachtet worden, wenn zuvor in einem Beschlussverfahren nach § 18 Abs. 2 BetrVG rechtskräftig festgestellt worden war, in dem betreffenden Bereich sei kein gemeinsamer Betrieb mehrerer Unternehmen gebildet worden[6]. **12**

Eine präjudizielle Wirkung tritt auch ein, wenn zwischen ArbGeb und BR der **Inhalt einer BV** in einem bestimmten Sinne **festgestellt** worden ist; ArbN oder ArbGeb können sich im Individualprozess nicht zur Stützung ihrer Rechtsposition auf einen anderen Regelungsinhalt berufen[7]. Der Rechtsgedanke des § 9 TVG trägt auch hier. Eine entsprechende Bindung dürfte sich auch aus der gerichtlichen Entscheidung im Beschlussverfahren über die – eingeschränkte – **Wirkung der Kündigung einer BV** für Ansprüche aus dieser BV ergeben, soweit nicht individuelle Gesichtspunkte eine Rolle spielen, die im Beschlussverfahren nicht zu berücksichtigen waren[8]. Eine präjudizielle Wirkung für ein erneutes Beschlussverfahren ergibt sich auch über den Kreis der ursprünglich Beteiligten hinaus, wenn zunächst festgestellt wurde, bei einer bestimmten ArbN-Gruppe handele es sich um ArbN iSv. § 5 BetrVG, und dann in einem Folgeverfahren eine Wahlanfechtung nach § 19 BetrVG darauf gestützt werden soll, die betreffenden ArbN hätten **zu Unrecht mitgewählt**[9]. **13**

85 *Zwangsvollstreckung*

(1) Soweit sich aus Absatz 2 nichts anderes ergibt, findet aus rechtskräftigen Beschlüssen der Arbeitsgerichte oder gerichtlichen Vergleichen, durch die einem Beteiligten eine Verpflichtung auferlegt wird, die Zwangsvollstreckung statt. Beschlüsse der Arbeitsgerichte in vermögensrechtlichen Streitigkeiten sind vorläufig vollstreckbar; § 62 Abs. 1 Satz 2 und 3 ist entsprechend anzuwenden. Für die Zwangsvollstreckung gelten die Vorschriften des Achten Buches der Zivilprozessordnung entsprechend mit der Maßgabe, dass der nach dem Beschluss Verpflichtete als Schuldner, derjenige, der die Erfüllung der Verpflichtung auf Grund des Beschlusses verlangen kann, als Gläubiger gilt und in den Fällen des § 23 Abs. 3, des § 98 Abs. 5 sowie der §§ 101 und 104 des Betriebsverfassungsgesetzes eine Festsetzung von Ordnungs- oder Zwangshaft nicht erfolgt.

(2) Der Erlass einer einstweiligen Verfügung ist zulässig. Für das Verfahren gelten die Vorschriften des Achten Buches der Zivilprozessordnung über die einstweilige Verfügung entsprechend mit der Maßgabe, dass die Entscheidungen durch Beschluss der Kammer ergehen, erforderliche Zustellungen von Amts wegen erfolgen und ein Anspruch auf Schadensersatz nach § 945 der Zivilprozessordnung in Angelegenheiten des Betriebsverfassungsgesetzes nicht besteht.

Beschlüsse im Beschlussverfahren, gegen die ein Rechtsmittel nicht mehr gegeben ist, und gerichtliche Vergleiche nach § 83a sind **vollstreckungsfähig**, wenn sie einen zur Vollstreckung geeigneten Inhalt haben, also in einer für die Zwangsvollstreckung ausreichenden **Bestimmtheit** die **Verpflichtung** eines Beteiligten aus materiellem Recht festlegen, eine Handlung vorzunehmen, sie zu unterlassen oder zu dulden, Sachen herauszugeben oder Geld zu zahlen[10]. Beschlüsse, die nur die Rechtslage feststellen oder sie gestalten sollen[11], sind nicht vollstreckbar; dasselbe gilt für Unterlassungsverpflichtun- **1**

---

1 Hierzu etwa BAG v. 13.7.1977 – 1 AZR 336/75, AP Nr. 2 zu § 87 BetrVG 1972 – Kurzarbeit, unter 10. d.Gr. mwN; MünchArbGR/*v. Hoyningen-Huene*, § 300 Rz. 83 ff. |2 Zur Rechtskraftwirkung einer Zustimmungsersetzung nach § 103 Abs. 2 BetrVG in einem anschließenden Kündigungsschutzprozess und deren Grenzen zuletzt BAG v. 15.8.2002 – 2 AZR 214/02, AP Nr. 48 zu § 103 BetrVG mwN. |3 BAG v. 10.11.1987 – 1 AZR 360/86, BAGE 56, 304 = AP Nr. 15 zu § 113 BetrVG 1972. |4 BAG v. 10.3.1998 – 1 AZR 658/97, AP Nr. 5 zu § 84 ArbGG 1979 gegen BAG v. 15.1.1987 – 6 AZR 589/84, AP Nr. 21 zu § 75 BPersVG. |5 Zur präjudiziellen Wirkung beim Verfahren nach § 99 BetrVG zur Eingruppierung vgl. einerseits BAG v. 3.5.1994 – 1 ABR 58/93, BAGE 77, 1 = AP Nr. 2 zu § 99 BetrVG 1972 – Eingruppierung; andererseits GMPM/*Matthes*, § 84 ArbGG Rz. 28. |6 BAG v. 9.4.1991 – 1 AZR 488/90, BAGE 68, 1 = AP Nr. 8 zu § 18 BetrVG 1972. |7 BAG v. 17.2.1992 – 10 AZR 448/91, BAGE 69, 367 = AP Nr. 1 zu § 84 ArbGG 1979. |8 So tendenziell BAG v. 17.8.1999 – 3 ABR 55/98, AP Nr. 79 zu § 77 BetrVG 1972. |9 BAG v. 20.3.1996 – 7 ABR 41/95, BAGE 82, 291 = AP Nr. 32 zu § 19 BetrVG 1972. |10 GMPM/*Matthes*, § 85 ArbGG Rz. 2; Düwell/Lipke/*Krönig*, § 85 ArbGG Rz. 3. |11 ZB nach § 16 Abs. 2, § 23 Abs. 2, § 99 Abs. 4 oder § 24 Nr. 6 BetrVG – hierzu BAG v. 29.9.1983 – 2 AZR 212/82, AP Nr. 15 zu § 15 KSchG 1969.

ArbGG § 85 Rz. 2   Zwangsvollstreckung

gen in gerichtlichen Vergleichen, wenn von ihr im Vergleichstext nicht näher beschriebene Fallgestaltungen ausgenommen worden sind[1]. Die Wirkung gestaltender Entscheidungen tritt ohne weiteres mit Rechtskraft ein.

2 Nicht rechtskräftige Beschlüsse sind nicht ohne weiteres **vorläufig vollstreckbar**. Anders als im Urteilsverfahren (§ 62 Abs. 1) setzt die vorläufige Vollstreckbarkeit voraus, dass der Beschluss in einer – **unmittelbar** – **vermögensrechtlichen** Streitigkeit ergangen ist, wenn der Antragsteller in erheblichem Umfang wirtschaftliche Zwecke verfolgt[2]. Es muss letztlich um Geld oder geldwerte Leistungen gestritten werden[3]. Vorläufig vollstreckbar sind deshalb Beschlüsse, die nach § 20 Abs. 3 Satz 1 oder § 40 Abs. 1 zur Kostenerstattung oder dazu verpflichten, Sachmittel zur Verfügung zu stellen (§ 40 Abs. 2). **Nicht vorläufig vollstreckbar** sind auch dann, wenn sie einen erheblichen wirtschaftlichen Hintergrund haben, Beschlüsse, durch die der Bestand, die Wirkung oder die Durchführung von **MitbestR**, also die Teilhabe an der Betriebsgestaltung, Streitgegenstand ist[4]. Wegen der hier bestehenden Unklarheit sollte die vorläufige Vollstreckbarkeit stets in den **Beschlusstenor** aufgenommen werden. Ihr Ausschluss, der förmlich beantragt werden muss und nach Maßgabe des § 62 Abs. 1 Satz 2 möglich ist, ist in jedem Falle in den Entscheidungsausspruch aufzunehmen[5]. Bei einem nachträglichen Antrag im Rahmen einer Beschwerde nach § 87 ist hierüber gemäß § 718 ZPO nach Anhörung der Beteiligten durch Teilbeschluss in 2. Instanz vorab zu entscheiden[6]. Auch für die Einstellung der Zwangsvollstreckung gilt § 62 Abs. 1 (Satz 3 iVm. § 707 Abs. 1, § 719 Abs. 1 ZPO)[7].

3 Ist ein vorläufig vollstreckbarer Beschluss, aus dem die Zwangsvollstreckung betrieben worden ist, auf Rechtsmittel aufgehoben worden, findet **§ 717 Abs. 2 Satz 1 ZPO keine** entsprechende **Anwendung**. Dem Vollstreckungsschuldner bleibt nur ein Bereicherungsanspruch. Die Zuerkennung eines verschuldensunabhängigen Schadenersatzanspruches aus § 717 Abs. 2 Satz 1 ZPO stünde in einem nicht auflösbaren Widerspruch zu § 85 Abs. 2, der im Falle einer vollzogenen und später aufgehobenen einstweiligen Verfügung den entsprechenden Anspruch aus § 945 ZPO ausdrücklich ausschließt[8].

4 Für die Durchführung der Zwangsvollstreckung gilt das Achte Buch der ZPO mit zwei Besonderheiten: Wer Gläubiger und Schuldner ist, ergibt sich aus den Festlegungen der Pflichtenlage im Beschlusstenor (Abs. 1 Satz 3); außerdem ist in den im Gesetz genannten Fällen der § 23 Abs. 3, § 98 Abs. 5, § 101 und § 104 BetrVG die Verhängung von **Ordnungs- oder Zwangshaft** ausgeschlossen. In den genannten Bestimmungen finden sich zugleich § 890 Abs. 1 ZPO **verdrängende Absenkungen** des höchstmöglichen **Ordnungs- oder Zwangsgeldes**[9]. Für Beschlüsse außerhalb des Anwendungsbereichs der genannten Bestimmungen gelten demgegenüber die allgemeinen Regeln unter Einschluss des Rechts, die Festsetzung von Ordnungs- oder Zwangshaft zu beantragen[10]. Über die Verhängung von Ordnungsgeld oder die Festlegung von Zwangsgeld oder Zwangshaft, die jeweils auch schon in dem das Erkenntnisverfahren abschließenden Beschluss angedroht werden können[11], ist nach Maßgabe des Achten Buches der ZPO zu entscheiden. §§ 80 ff. gelten hier nicht. Demgemäß hat der Vorsitzende allein im schriftlichen Verfahren nach vorheriger Anhörung des Schuldners zu entscheiden (§ 891 ZPO)[12]. Seine Beschlüsse nehmen am Kostenprivileg des § 12 Abs. 5 teil und ergehen kostenfrei[13].

5 In der Zwangsvollstreckung nach § 85 können alle materiell Beteiligten unabhängig von ihrer Rechtsfähigkeit, ggf. also nach Maßgabe des § 10, **Gläubiger** und antragsbefugt sein[14]. Soweit ihnen im Beschlusstitel ein Anspruch zuerkannt worden ist, können sie im Wege der Zwangsvollstreckung auch **Rechte erwerben**, etwa Besitz an Sachen, die ihnen nach § 40 Abs. 2 BetrVG zugestanden wurden.

6 Schwieriger ist die Rechtslage, was die Stellung des **Vollstreckungsschuldners** angeht. Zwar kann gegenüber dem ArbGeb als Schuldner nach den allgemeinen Regeln und deren Modifikation durch § 85 Abs. 1 die Zwangsvollstreckung betrieben werden. Die Möglichkeiten **gegenüber** den **betriebsverfassungsrechtlichen Stellen** sind demgegenüber eingeschränkt, weil diese nicht vermögensfähig sind. Alle Vollstreckungsmaßnahmen, die ein Vermögen des Schuldners voraussetzen, scheiden aus[15]. Zwar kann gegenüber dem BR nach § 883 ZPO die Herausgabe von Sachen, die sich in seinem Besitz befinden, oder von bestimmtem Geld, das er als Vorschuss erhalten hat, erzwungen werden[16]. Eine Zwangsvollstreckung mit Hilfe von Zwangs- oder Ordnungsgeld oder eine Ersatzvornahme kommen unmittelbar gegenüber dem BR aber in keinem Fall in Betracht. Auf dem BR treuhänderisch zur Geschäftsfüh-

---

1 BAG v. 28.2.2003 – 1 AZB 53/02 – AP Nr. 2 zu § 78 ArbGG 1979. |2 BAG v. 28.9.1989 – 5 AZB 8/89, AP Nr. 14 zu § 64 ArbGG 1979, unter II 1 a d.Gr. |3 HAS/*Laux*, § 25 A X Rz. 102. |4 Düwell/Lipke/*Krönig*, § 85 ArbGG Rz. 4; GMPM/*Matthes*, § 85 ArbGG Rz. 6; Hauck/Helml/*Hauck*, § 85 ArbGG Rz. 4; aA *Weth*, Das arbeitsgerichtliche Beschlussverfahren, S. 347 f. |5 Hauck/Helml/*Hauck*, § 85 ArbGG Rz. 4; GK-ArbGG/*Vossen*, § 85 Rz. 14. |6 GMPM/*Matthes*, § 85 ArbGG Rz. 7. |7 Eine Rechtsbeschwerde ist gegen eine Einstellungsentscheidung des LAG stets ausgeschlossen: BAG v. 5.11.2003 – 10 AZB 59/03, AP Nr. 12 zu § 78 ArbGG 1979. |8 Ebenso GMPM/*Matthes*, § 85 ArbGG Rz. 26; GK-ArbGG/*Vossen*, § 85 Rz. 32; aA HAS/*Laux*, § 25 A X Rz. 102. |9 BAG v. 22.2.1983 – 1 ABR 27/81, BAGE 42, 11 = AP Nr. 2 zu § 23 BetrVG 1972. |10 LAG Düsseldorf v. 7.3.1991 – 7 TaBV 55/91, LAGE § 890 ZPO Nr. 2. |11 LAG Frankfurt v. 3.6.1988 – 12 TaBV 154/87, DB 1989, 536. |12 LAG Schl.-Holst. v. 27.12.2001 – 1 TaBV 15c/01, LAGE § 888 ZPO Nr. 48; ErfK/*Eisemann*, § 85 ArbGG Rz. 4. |13 GMPM/*Matthes*, § 85 ArbGG Rz. 25; GK-ArbGG/*Vossen*, § 85 Rz. 30. |14 Düwell/Lipke/*Krönig*, § 85 ArbGG Rz. 10. |15 GK-ArbGG/*Vossen*, § 85 Rz. 21. |16 Düwell/Lipke/*Krönig*, § 85 ArbGG Rz. 11.

Zwangsvollstreckung   Rz. 11 § 85 ArbGG

rung überlassene Geldmittel kann zu diesem Zweck nicht zurückgegriffen werden[1]. Zwangsmaßnahmen nach § 887, § 888 und § 890 ZPO gegenüber der betriebsverfassungsrechtlichen Stelle selbst kommen ebenfalls nicht in Betracht. Ein gegen eine solche Stelle gerichteter Titel kann weder unmittelbar gegen die Mitglieder der Stelle vollstreckt werden, noch kann er auf die Mitglieder umgeschrieben werden[2]. **Einzelne BR-Mitglieder** können nur in Anspruch genommen werden, wenn sich der **Titel auch gegen sie** richtet, was bereits bei der Antragstellung zu berücksichtigen ist. In diesem Fall gilt das allgemeine Vollstreckungsrecht nach Maßgabe des § 85 Abs. 1 ohne weitere Besonderheiten[3].

Auch im Beschlussverfahren gibt es **einstweiligen Rechtsschutz** in der Form der einstweiligen Verfügung[4], aber auch des – praktisch wenig bedeutsamen – Arrestes zur Sicherung von Geldforderungen[5]. Über den Antrag auf Erlass einer einstweiligen Verfügung entscheidet stets das ArbG der Hauptsache[6] in **voller Besetzung**, auch wenn es ausnahmsweise nach § 937 Abs. 2 ZPO wegen der Dringlichkeit ohne Anhörung der Beteiligten entscheidet[7]. Es ist umstritten, ob ganz ausnahmsweise auch eine Entscheidung des **Vorsitzenden allein** statthaft ist, wenn nach frühestmöglicher Antragstellung ehrenamtliche Richter in der zur Vermeidung eines endgültigen Rechtsverlusts zur Verfügung stehenden Zeit nicht erreicht werden können[8]. Die hinter der Besetzungsregel des § 85 Abs. 2 Satz 2 stehende Wertung, dass in jedem Fall praktischer Sachverstand aus den Betrieben in die gerichtlichen Entscheidungen im Eilverfahren einfließen soll, spricht gegen eine solche Möglichkeit; sie wird jedenfalls nur nach Ausschöpfung aller denkbaren Versuche, ehrenamtliche Richter in Anspruch zu nehmen, eröffnet sein.   7

Für das **Verfügungsverfahren** gelten die allgemeinen Regeln des Beschlussverfahrens, aus denen sich auch die Antragsbefugnis und der Kreis der von Amts wegen zu Beteiligten ergibt. Auch hier gilt der **Amtsermittlungsgrundsatz**, dem zu Folge das angerufene Gericht auf der Grundlage der vom Antragsteller nach Abs. 2 Satz 2 iVm. § 920 Abs. 2 ZPO geforderten **Glaubhaftmachung** von **Verfügungsanspruch** und **Verfügungsgrund** diejenigen Ermittlungen anzustellen hat, die unter Berücksichtigung der Dringlichkeit der angestrebten Entscheidung in angemessener Zeit möglich und zumutbar sind. Auch im Beschlussverfahren kommen Sicherungsverfügung (§ 935 ZPO), Regelungsverfügung (§ 940 ZPO) und – unter den hierfür entwickelten besonderen Voraussetzungen – auch eine Leistungs- oder Befriedigungsverfügung in Betracht.   8

Der durch eine solche Verfügung zu sichernde Verfügungsanspruch richtet sich nach dem materiellen Betriebsverfassungsrecht, zu dem auch einschlägige Regelungen in TV und BV gehören. Als **Verfügungsansprüche gegenüber dem ArbGeb** kommen zB in Betracht: Zugangsrechte von Gewerkschaftsbeauftragten nach § 2 Abs. 2 BetrVG[9] oder von BR-Mitgliedern, denen ein Hausverbot erteilt worden war, jedenfalls zur Durchführung von BR-Aufgaben; das Recht auf ungestörte BR- oder Wahlvorstandstätigkeit oder Freistellungsansprüche für BR-Mitglieder wegen des Besuches von Schulungsveranstaltungen[10].   9

Im Einzelnen ist vielfach problematisch, inwieweit **MitbestR** des BR im einstweiligen Verfügungsverfahren **vorläufig gesichert** werden können, wobei zusätzliche Fragen im Zusammenhang mit den Anforderungen an den Verfügungsgrund (hierzu Rz. 12 f.) bestehen. Für die MitbestR nach **§ 87 BetrVG** gilt, dass der dort jedenfalls unter der Voraussetzung des Bestehens einer Wiederholungsgefahr anerkannte vorbeugende Anspruch gegen den ArbGeb, eine mitbestimmungspflichtige Maßnahme bis zur ordnungsgemäßen Beteiligung des BR zu **unterlassen**[11], unter der Voraussetzung eines Verfügungsgrundes auch durch einstweilige Verfügung gesichert werden kann[12].   10

Besonders umstritten ist, inwieweit das Unterrichtungs- und **Beratungsrecht** des BR **vor Betriebsänderungen** (§ 111 BetrVG) gesichert werden kann, indem dem ArbGeb im Eilverfahren die Durchführung einer geplanten Betriebsänderung, insb. der Ausspruch von Kündigungen, untersagt wird, bis ein Interessenausgleich versucht worden ist. Das BAG[13] und ihm folgend die LAG Düsseldorf, Baden-Württemberg und Schleswig-Holstein halten eine solche Möglichkeit mit der zweifelhaften Begründung für nicht eröffnet, der BR habe kein eigenes zu sicherndes Recht auf Einhaltung des Interessenausgleichs. Die LAG Hessen, Berlin, Hamburg und Thüringen[14] haben demgegenüber ebenso wie ein   11

---

1 ErfK/*Eisemann*, § 85 ArbGG Rz. 2 mwN; aA *Grunsky*, § 85 ArbGG Rz. 5. |2 Hauck/Helml/*Hauck*, § 85 ArbGG Rz. 5; GK-ArbGG/*Vossen*, § 85 Rz. 25; Herbst/Bertelsmann/Reiter, Rz. 590. |3 Düwell/Lipke/*Krönig*, § 85 ArbGG Rz. 14 f.; Herbst/Bertelsmann/Reither, Rz. 591. |4 Umfassend aus Betriebsratssicht: Herbst/Bertelsmann/Reiter, Rz. 249 bis 573. |5 *Grunsky*, § 85 ArbGG Rz. 24. |6 Keine Ersatzzuständigkeit des Amtsgerichte: GMPM/*Matthes*, § 85 ArbGG Rz. 42; GK-ArbGG/*Vossen*, § 85 Rz. 69; ist die Hauptsache bereits beim LAG anhängig, ist dieses auch das Verfügungsgericht. |7 BAG v. 28.8.1991 – 7 ABR 72/90, BAGE 68, 232 = AP Nr. 2 zu § 85 ArbGG 1979. |8 Dafür Hauck/Helml/*Hauck*, § 85 ArbGG Rz. 14; Düwell/Lipke/*Krönig*, § 85 ArbGG Rz. 33; *Grunsky*, § 85 ArbGG Rz. 18; ErfK/*Eisemann*, § 85 ArbGG Rz. 7; aA wohl GMPM/*Matthes*, § 85 ArbGG Rz. 45; GK-ArbGG/*Vossen*, § 85 Rz. 80. |9 LAG Düsseldorf v. 5.12.1988 – 4 TaBV 140/88, LAGE § 2 BetrVG 1972 Nr. 6; Hauck/Helml/*Hauck*, § 85 ArbGG Rz. 10. |10 LAG Hamm v. 23.11.1972 – 8 TaBV 37/72, LAGE § 37 BetrVG 1972 Nr. 2. |11 Zuletzt etwa BAG v. 29.2.2000 – 1 ABR 4/99, AP Nr. 105 zu § 87 BetrVG 1972 – Lohngestaltung, unter B I 2 d.Gr. |12 LAG Hamburg v. 5.5.2000 – 3 TaBV 6/00, AuR 2000, 356; GMPM/*Matthes*, § 85 ArbGG Rz. 34; GK-BetrVG/*Wiese*, § 87 Rz. 1043; Hauck/Helml/*Hauck*, § 85 ArbGG Rz. 10; Düwell/Lipke/*Krönig*, § 85 ArbGG Rz. 29; HAS/*Laux*, § 25 A X Rz. 112. |13 BAG v. 28.8.1991 – 7 ABR 72/90, BAGE 68, 232, 241 f. = AP Nr. 2 zu § 85 ArbGG 1979. |14 Nachw. der LAG-Rspr. bei GK-ArbGG/*Vossen*, § 85 Rz. 47.

Teil des Schrifttums[1] die vorläufige Sicherung des Beratungsanspruchs des BR aus § 111 BetrVG durch Aufschiebung der geplanten Betriebsänderung im Wege der einstweiligen Verfügung grundsätzlich für rechtlich möglich gehalten. Dem ist zu folgen. Der Hinweis, § 113 BetrVG enthalte mit dem Nachteilsausgleich eine abschließende individualrechtliche Sanktion für die Verletzung des Beratungsrechtes[2], überzeugt nicht. Hierin liegt regelmäßig keine hinreichende Sicherung der dem BR vom Gesetzgeber wenn auch eingeschränkt zugewiesenen Mitgestaltungsaufgabe bei den langfristig und kollektiv wirkenden Betriebsänderungen. Es geht nicht darum, dass der BR einen materiellen Anspruch auf Unterlassung von Betriebsänderungen ohne seine Zustimmung hat; er kann aber mit gerichtlicher Hilfe nach § 938 Abs. 2 ZPO sicher stellen, dass sein Beratungsrecht nicht dadurch gegenstandslos wird, dass ohne vorherige Beratung vollendete Tatsachen geschaffen und die Betriebsänderung durchgeführt wird[3]. Darüber hinaus dürfte zumindest ab dem 23.3.2005, dem Ablauf der Umsetzungsfrist für die Unterrichtungs- und Anhörungsrichtlinie 2002/14/EG, eine Sicherungsverfügung mit dem Gebot des effet utile aus dieser Richtlinie (Art. 10 iVm. Art. 4 Abs. 2 Buchst. c, Abs. 4 Buchst. e) ergänzend gerechtfertigt werden können.

12 Auch dem ArbGeb kann **gegenüber dem BR** ein **Verfügungsanspruch** zur Seite stehen. Hier wird es insb. um die Sicherung der Pflichten des BR gehen, auf den **Betriebsablauf Rücksicht** zu nehmen. Einstweilige Verfügungen kommen deshalb zB in Betracht mit dem Ziel einer Verschiebung von Betriebsversammlungen[4], oder dem Antrag, einem BR-Mitglied die Teilnahme an einer bestimmten Schulungsveranstaltung zu untersagen, während deren seine Anwesenheit dem Betrieb dringend erforderlich ist. Darüber hinaus kann der ArbGeb im Wege der einstweiligen Verfügung die **betriebsverfassungsrechtliche Friedenspflicht** sichern[5]. Problematisch ist, inwieweit ein ArbGeb **gegen** eine bereits angesetzte **BR-Wahl** vorgehen kann[6]. Ein Antrag auf vorläufige Aussetzung der BR-Wahl wird regelmäßig ausscheiden, weil damit eine länger andauernde betriebsratslose Zeit verbunden wäre; etwas anderes gilt dann, wenn die erkennbaren Mängel der bevorstehenden BR-Wahl derartig schwerwiegend und offenkundig sowie in der bis dahin verbleibenden Zeit nicht mehr reparabel sind, dass die bevorstehende **Wahl** ohnehin **nichtig** wäre. Entsprechendes gilt für einen Antrag auf Abbruch der BR-Wahl wegen eines Wahlfehlers. Ein berichtigender Eingriff im Wege der einstweiligen Verfügung, etwa bei offenkundiger Verkennung des Betriebsbegriffs und damit einer gehörigen Fehlerhaftigkeit der Wählerliste wird demgegenüber in Betracht kommen, wenn eine Entscheidung hierüber so frühzeitig möglich ist, dass nach Berichtigung die bereits angesetzte Wahl noch ordnungsgemäß durchgeführt werden kann[7].

13 Eine vorläufige Sicherung von Verfügungsansprüchen kommt nur in Betracht, wenn dem Antragsteller auch ein **Verfügungsgrund** zur Seite steht, also die berechtigte Besorgnis besteht, dass die Verwirklichung eines Rechtes ohne die baldige gerichtliche Sicherung durch einstweilige Verfügung vereitelt oder wesentlich erschwert würde[8]. Bei der hier gebotenen umfassenden Interessenabwägung[9] ist mit abzuwägen, dass die Vollstreckung im Hauptsacheverfahren erst **nach** Eintritt der **Rechtskraft** möglich ist (Abs. 1). Auf der anderen Seite sind etwa eintretende Schäden auf Grund der Vollziehung einer im Ergebnis ungerechtfertigten einstweiligen Verfügung **nicht** nach § 945 ZPO auszugleichen (§ 85 Abs. 2). Weiter kann zu berücksichtigen sein, inwieweit anderweitiger Schutz der betroffenen ArbN vor den Wirkungen einer Verletzung von MitbestR gewährleistet ist, was etwa auch über das Prinzip geschehen kann, dass die Wahrung der MitbestR Wirksamkeitsbedingung der betreffenden Massnahme ist[10].

14 Eine einstweilige Verfügung ist **ausgeschlossen**, wo das **Gesetz** dies ausdrücklich **anordnet** oder durch abschließende Regelung einer anderweitigen Rechtsfolge verhindert. § 85 Abs. 2 ist kraft Gesetzes unanwendbar in den Fällen des § 97 (Abs. 2) und des § 98 (Abs. 1 Satz 3). Im BetrVG finden sich **verdrängende Sonderregelungen** in § 98 Abs. 5 Satz 3, § 100, § 101 sowie 104 Satz 2 zur Sicherung oder Sanktionierung der dort behandelten betriebsverfassungsrechtlichen Rechte. Dabei schließt **§ 101 BetrVG** sogar die Möglichkeiten eines – ggf. auch im Eilverfahren durchsetzbaren – Unterlassungsanspruchs nach § 23 Abs. 3 BetrVG grundsätzlich aus[11]. Etwas **anderes** gilt nur dann, wenn der ArbGeb, etwa bei der Einstellung kurzfristiger **Aushilfskräfte**, das MitbestR des BR nach § 99 BetrVG ständig und **bewusst unterläuft**, ohne dass hiergegen wegen der immer wieder vorher eintretenden Erledigung auf dem spezialgesetzlichen vorgezeichneten Weg eine gerichtliche Entscheidung herbeigeführt werden kann. Hier kann der BR nach § 23 Abs. 3 BetrVG im Wege der einstweiligen Verfügung vorgehen[12].

15 Erlässt die Kammer des ArbG die beantragte einstweilige Verfügung, so hat sie auf Antrag nach **§ 926 ZPO** dem Antragsteller aufzugeben, innerhalb einer von ihr zu bestimmenden Frist das **Hauptsacheverfahren** einzuleiten, falls dies noch nicht anhängig ist. Ist der Beschluss auf Grund einer **mündlichen Anhörung** ergangen, ist gegen ihn die Beschwerde nach **§ 87** statthaft. Über sie ist im Beschluss zu be-

---

1 ErfK/*Eisemann*, § 85 ArbGG Rz. 5; Düwell/Lipke/*Krönig*, § 85 ArbGG Rz. 30; HAS/Laux, § 25 A X Rz. 114; aA Jaeger/Röder/Heckelmann/*Röder/Baeck*, Kapitel 28 Rz. 165 mwN. | 2 So insbesondere GMPM/*Matthes*, § 85 ArbGG Rz. 37. | 3 *Fitting*, § 111 BetrVG Rz. 138 ff. | 4 LAG Düsseldorf v. 24.10.1972 – 11 (6) TaBV 43/72, DB 1972, 2212. | 5 GMPM/*Matthes*, § 85 ArbGG Rz. 31 mwN. | 6 Hierzu GK-ArbGG/*Vossen*, § 85 Rz. 51 ff.; HAS/*Laux*, § 25 A X Rz. 115; jeweils mwN. | 7 LAG BW v. 16.9.1996 – 15 TaBV 10/96, LAGE § 19 BetrVG 1972 Nr. 15. | 8 Hauck/Helml/*Hauck*, § 85 ArbGG Rz. 11. | 9 GK-ArbGG/*Vossen*, § 85 Rz. 80. | 10 Hauck/Helml/*Hauck*, § 85 ArbGG Rz. 11. | 11 BAG v. 6.12.1994 – 1 ABR 30/94, BAGE 78, 379, 382 f. = AP Nr. 24 zu § 23 BetrVG 1972. | 12 ErfK/*Kania*, § 101 BetrVG Rz. 9; Düwell/Lipke/*Krönig*, § 85 ArbGG Rz. 22.

lehren. Hat das Verfügungsgericht **ohne Anhörung** entschieden und den Antrag auf Erlass einer einstweiligen Verfügung zurückgewiesen, ist gegen diese Entscheidung sofortige Beschwerde nach § 567 ZPO gegeben. Die Beschwerde ist beim Verfügungsgericht einzulegen, das nach § 572 ZPO der Beschwerde abhelfen kann. Geschieht dies nicht, und weist das Beschwerdegericht die Beschwerde zurück, so ist kein weiteres Rechtsmittel gegeben, selbst wenn das Beschwerdegericht die Rechtsbeschwerde zugelassen hat (§ 92 Abs. 1 Satz 3)[1]. Hat das Verfügungsgericht die einstweilige Verfügung ohne Anhörung erlassen, kann der beschwerte Beteiligte hiergegen Widerspruch nach § 924 ZPO einlegen, über den das Verfügungsgericht nach mündlicher Anhörung entscheidet. Gegen den daraufhin ergehenden Beschluss 1. Instanz besteht die Beschwerdemöglichkeit nach § 87.

Hat das ArbG eine einstweilige Verfügung erlassen, ist diese zwar nach § 85 Abs. 2 Satz 2 von Amts wegen zuzustellen. Muss sie aber **vollzogen** werden, bedarf es zusätzlich noch deren **Zustellung im Parteibetrieb**, zB der Übergabe einer Beschlussausfertigung im Parteibetrieb an den Schuldner, um die Vollziehungsfrist des § 929 Abs. 2 iVm. § 936 ZPO zu wahren[2]. 16

86 (weggefallen)

Zweiter Unterabschnitt. Zweiter Rechtszug

87 Grundsatz

(1) Gegen die das Verfahren beendenden Beschlüsse der Arbeitsgerichte findet die Beschwerde an das Landesarbeitsgericht statt.

(2) Für das Beschwerdeverfahren gelten die für das Berufungsverfahren maßgebenden Vorschriften über die Einlegung der Berufung und ihre Begründung, über Prozessfähigkeit, Ladungen, Termine und Fristen, Ablehnung und Ausschließung von Gerichtspersonen, Zustellungen, persönliches Erscheinen der Parteien, Öffentlichkeit, Befugnisse des Vorsitzenden und der ehrenamtlichen Richter, Vorbereitung der streitigen Verhandlung, Verhandlung vor der Kammer, Beweisaufnahme, gütliche Erledigung des Rechtsstreits, Wiedereinsetzung in den vorigen Stand und Wiederaufnahme des Verfahrens sowie die Vorschriften des § 85 über die Zwangsvollstreckung entsprechend. Für die Vertretung der Beteiligten gilt § 11 Abs. 1 entsprechend. Der Antrag kann jederzeit mit Zustimmung der anderen Beteiligten zurückgenommen werden; § 81 Abs. 2 Satz 2 und 3 und Absatz 3 ist entsprechend anzuwenden.

(3) In erster Instanz zu Recht zurückgewiesenes Vorbringen bleibt ausgeschlossen. Neues Vorbringen, das im ersten Rechtszug entgegen einer hierfür nach § 83 Abs. 1a gesetzten Frist nicht vorgebracht wurde, kann zurückgewiesen werden, wenn seine Zulassung nach der freien Überzeugung des Landesarbeitsgerichts die Erledigung des Beschlussverfahrens verzögern würde und der Beteiligte die Verzögerung nicht genügend entschuldigt. Soweit neues Vorbringen nach Satz 2 zulässig ist, muss es der Beschwerdeführer in der Beschwerdebegründung, der Beschwerdegegner in der Beschwerdebeantwortung vortragen. Wird es später vorgebracht, kann es zurückgewiesen werden, wenn die Möglichkeit es vorzutragen vor der Beschwerdebegründung oder der Beschwerdebeantwortung entstanden ist und das verspätete Vorbringen nach der freien Überzeugung des Landesarbeitsgerichts die Erledigung des Rechtsstreits verzögern würde und auf dem Verschulden des Beteiligten beruht.

(4) Die Einlegung der Beschwerde hat aufschiebende Wirkung; § 85 Abs. 1 Satz 2 bleibt unberührt.

I. Überblick. Ebenso wie das Urteilsverfahren kennt auch das arbeitsgerichtliche Beschlussverfahren grundsätzlich eine **zweite Tatsacheninstanz**, die durch das an die Stelle der Berufung tretende Rechtsmittel der Beschwerde eröffnet wird. § 87 bis § 91 treffen hierfür nur einige wenige vorrangige **Sonderbestimmungen**. Im Übrigen findet auf Grund der Verweisungen in § 87 Abs. 2 das **Berufungsrecht des Urteilsverfahrens** sowie über die Verweisungen dort die **ZPO** Anwendung, soweit dem nicht Besonderheiten des arbeitsgerichtlichen Beschlussverfahrens entgegen stehen[3]. 1

II. Beschwerdefähige Entscheidungen. Die beim LAG einzulegende Beschwerde nach § 87 ist statthaft gegen alle **Entscheidungen** im arbeitsgerichtlichen Beschlussverfahren, die das **Verfahren** 1. Instanz ganz oder – bei Teil- oder Zwischenbeschlüssen – hinsichtlich einzelner Streitpunkte **beenden**[4]. Hierzu gehören auch Einstellungsbeschlüsse nach § 81 Abs. 2 Satz 2, § 83a Abs. 2[5]. Es kommt weder auf eine Mindestbeschwer noch darauf an, welcher Streitgegenstand vom ArbG beschieden worden ist. Einer Beschwerdezulassung durch das ArbG bedarf es nicht. 2

---

1 BAG v. 22.1.2003 – 9 AZB 7/03, AP Nr. 1 zu § 78 ArbGG 1979 nF = NZA 2003, 399. | 2 BAG v. 28.8.1991 – 7 ABR 72/90, BAGE 68, 232, 240 = AP Nr. 2 zu § 85 ArbGG 1979, unter II 2 a bb d.Gr.; aA LAG Hamm v. 7.8.1987 – 8 Sa 1369/86, NZA 1987, 825; GMPM/*Matthes*, § 85 ArbGG Rz. 45. | 3 GK-ArbGG/*Dörner*, § 87 Rz. 5. | 4 GMPM/*Matthes*, § 87 ArbGG Rz. 5. | 5 LAG Rh.-Pf. v. 25.6.1982 – 5 TaBV 10/82, LAGE § 92 ArbGG 1979 Nr. 1; GK-ArbGG/*Dörner*, § 87 Rz. 3 mwN auch zur Gegenauffassung.

3 Anders verhält es sich bei arbeitsgerichtlichen Beschlüssen nach § 122 und § 126 InsO. In diesem besonderen **beschleunigten Beschlussverfahren** ist gegen erstinstanzliche Beschlüsse nur die Rechtsbeschwerde nach § 92 eröffnet und auch dies nur, wenn das ArbG sie in seinem Beschluss zugelassen hat.

4 **Verfahrensbegleitende Beschlüsse** und Verfügungen des ArbG nach § 83 Abs. 5 können nicht mit der Beschwerde nach § 87 zur Überprüfung durch das zweitinstanzliche Gericht gestellt werden. Hier sind nur Beschwerde und im Falle der – nicht erzwingbaren[1] – Zulassung durch das LAG Rechtsbeschwerde nach **§ 78 ArbGG, §§ 567 ff. ZPO** statthaft.

5 **III. Beschwerdebefugnis und Beschwer.** Eine statthafte Beschwerde ist nur zulässig, wenn der Beschwerdeführer beschwerdebefugt und beschwert ist. Dabei richtet sich die **Beschwerdebefugnis** nach der **Beteiligtenbefugnis**. Beschwerdebefugt sind also der Antragsteller und alle durch das Verfahren in ihren betriebsverfassungsrechtlichen oder mitbestimmungsrechtlichen Positionen **unmittelbar Betroffenen**[2], auch wenn sie vom ArbG fälschlich nicht beteiligt wurden[3]. Hierzu zählt im Verfahren nach § 103 BetrVG auch das nach Abs. 2 Satz 2 dieser Bestimmung zu beteiligende **BR-Mitglied**, das deshalb auch gegenüber einem die Zustimmung zur Kündigung ersetzenden Beschluss **beschwerdebefugt** ist, selbst wenn der beteiligte BR die erstinstanzliche Entscheidung hinnimmt[4]. Eine zu Unrecht beteiligte Person oder Stelle ist demgegenüber auch dann nicht beschwerdebefugt, wenn das ArbG von einem von ihr gestellten Antrag abgewichen ist[5], oder ihr in der Rechtsmittelbelehrung – irrig – die Möglichkeit der Beschwerde eingeräumt hat.

6 Eine zulässige Beschwerde durch eine beschwerdebefugte Person oder Stelle setzt weiter voraus, dass diese **durch** die angefochtene **Entscheidung beschwert** ist und mit ihrer Beschwerde die Beseitigung eben dieser Beschwer verfolgt[6], dass sie also ein **Rechtsschutzbedürfnis** für ihre Beschwerde hat. Die aus Tenor und Gründen des erstinstanzlichen Beschlusses zu ermittelnde Beschwer ergibt sich für den Antragsteller ohne weiteres, wenn die Entscheidung **hinter** dem zuletzt gestellten und entsprechend dem Vorbringen ausgelegten **Sachantrag zurückbleibt**. Die **übrigen Beteiligten**, die im Verfahren 1. Instanz keinen Antrag stellen müssen, sind beschwert, wenn und soweit sie durch den angefochtenen Beschluss in ihrer materiellen Rechtstellung **objektiv nachteilig betroffen** sind[7]. Darauf, ob die sonstigen Beteiligten einen – für das Verfahren unerheblichen – Abweisungsantrag gestellt haben, kommt es nicht an; bei ihnen entscheidet allein die materielle Beschwer[8]. Diese Anforderung muss **auch** ein am Verfahren 1. Instanz **zu Unrecht nicht Beteiligter** erfüllen, es sei denn, seine Beteiligtenbefugnis ist gerade Gegenstand des Verfahrens[9].

7 Wird ein Antrag als unzulässig, nicht als unbegründet zurückgewiesen, sind nach allgemeiner Auffassung neben dem Antragsteller auch die übrigen Beteiligten beschwert, weil sie wegen einer **fehlenden abweisenden Sachentscheidung** einem erneuten Verfahren mit demselben Streitgegenstand ausgesetzt sein können[10]. Entsprechendes gilt für die Beschwer des BR, wenn das ArbG einen Zustimmungsersetzungsantrag des ArbGeb nach § 99 Abs. 4 BetrVG – fehlerhaft[11] – als unzulässig zurückgewiesen hat, weil die Zustimmung als erteilt gelte, statt dies als Minus durch entsprechende Entscheidung festzustellen, und so den BR zweifelsfrei zu beschweren.

8 **IV. Beschwerdeverfahren. 1. In Bezug genommene Regelungen (§ 87 Abs. 2 Satz 1).** § 87 Abs. 2 Satz 1 verweist für das Beschwerdeverfahren umfangreich auf die Regelungen über die Berufung im arbeitsgerichtlichen Urteilsverfahren, die ihrerseits vielfach die Bestimmungen des arbeitsgerichtlichen Verfahrens 1. Instanz und der ZPO in Bezug nehmen. Dass diese Bestimmungen nur entsprechend gelten sollen, unterstreicht hier besonders die Pflicht der Rechtsanwender, die in Bezug genommenen Regeln ggf. im Hinblick auf die **Besonderheiten des arbeitsgerichtlichen Beschlussverfahrens** zu modifizieren.

9 In diesem Zusammenhang ist darauf hinzuweisen:

- Die im ArbGG nicht geregelte **Prozessfähigkeit** richtet sich nach §§ 51 ff. ZPO; für die hier vorausgesetzte Parteifähigkeit – im Beschlussverfahren: **Beteiligtenfähigkeit**[12] – gilt neben § 50 ZPO im Hinblick auf die Träger betriebsverfassungsrechtlicher und mitbestimmungsrechtlicher Befugnisse § 10, Halbs. 2.

- Für **Ladungen, Termine** und **Fristen** kommt es über § 64 Abs. 6 ArbGG auf 525, §§ 214 ff. und auf § 523 ZPO an; zwischen der Ladung der Beteiligten und dem Termin zur mündlichen Anhörung müssen deshalb mindestens drei Tage liegen (§ 217 ZPO), weil das Beschwerdeverfahren kein „Anwalts-

---

1 BAG v. 19.12.2002 – 5 AZB 54/02, NZA 2003, 287. | 2 BAG v. 24.3.1996 – 7 ABR 34/95, AP Nr. 10 zu § 5 BetrVG 1972 – Ausbildung; GK-ArbGG/*Dörner*, § 89 Rz. 6 mwN. | 3 BAG v. 20.2.1986 – 6 ABR 5/85, AP Nr. 2 zu § 5 BetrVG 1972 – Rotes Kreuz. | 4 BAG v. 10.12.1992 – 2 ABR 32/92, AP Nr. 4 zu § 87 ArbGG 1979. | 5 BAG v. 25.8.1981 – 1 ABR 61/79, BAGE 37, 31, 43 = AP Nr. 2 zu § 83 ArbGG 1979. | 6 BAG v. 29.1.1992 – 7 ABR 29/91, AP Nr. 14 zu § 11 ArbGG 1979 – Prozessvertreter. | 7 BAG v. 29.1.1992 – 7 ABR 29/91, AP Nr. 14 zu § 11 ArbGG 1979 – Prozessvertreter. | 8 So zu Recht GMPM/*Matthes*, § 89 ArbGG Rz. 8; ErfK/*Eisemann*, § 89 ArbGG Rz. 5; gegen BAG v. 19.11.1974 – 1 ABR 20/73, BAGE 26, 345 = AP Nr. 2 zu § 5 BetrVG 1972. | 9 BAG v. 29.1.1992 – 7 ABR 29/91, AP Nr. 14 zu § 11 ArbGG 1979 – Prozessvertreter. | 10 BAG v. 22.10.1985 – 1 ABR 81/83, AP Nr. 24 zu § 99 BetrVG 1972. | 11 BAG v. 18.10.1988 – 1 ABR 33/87, BAGE 60, 57 = AP Nr. 57 zu § 99 BetrVG 1972. | 12 BAG v. 25.8.1981 – 1 ABR 61/79, BAGE 37, 31, 36 = AP Nr. 2 zu § 83 ArbGG 1979.

prozess" ist (Rz. 10), zwischen der Zustellung der Beschwerdeschrift und dem Anhörungstermin mindestens zwei Wochen (§ 523 Abs. 2 iVm. § 274 Abs. 3 Satz 1 ZPO)[1].

- Für **Zustellungen** gelten über § 64 Abs. 7, § 50 ArbGG §§ 166 ff. ZPO; die Anordnung des **persönlichen Erscheinens** der Beteiligten richtet sich nach § 51, wobei dessen Abs. 2 Satz 1 im Beschlussverfahren unter der Geltung des Untersuchungsgrundsatzes keine Anwendung finden kann[2]; § 52 regelt die **Öffentlichkeit** des Beschlussverfahrens 2. Instanz, § 53, inwieweit der **Vorsitzende** allein oder nur die Kammer unter Einschluss der **ehrenamtlichen Richter** tätig werden können.

- Auch im Beschlussverfahren hat der Vorsitzende durch vorbereitende Maßnahmen dafür zu sorgen, dass das Verfahren grundsätzlich in einem Termin beendet werden kann (§ 56 Abs. 1, § 57 Abs. 1), in dem wie stets eine gütliche Einigung zwischen den Beteiligten angestrebt werden soll (§ 64 Abs. 7 iVm. § 57 Abs. 2). Für die Durchführung der Beweisaufnahme, bei der die Besonderheiten des Untersuchungsgrundsatzes, wie etwa die – geringeren – **Anforderungen an einen Beweisantritt** zu berücksichtigen sind, sind neben § 58 ArbGG die §§ 284 bis 294 ZPO maßgeblich. Über die **Wiedereinsetzung** in den vorigen Stand nach Versäumung von Notfristen oder ihnen gleichgestellten Fristen[3], ist nach §§ 233 ff. ZPO zu entscheiden.

- Schließlich richtet sich auch die **Zwangsvollstreckung** aus zweitinstanzlichen Beschlüssen des LAG nach § 85 Abs. 1. Durch die uneingeschränkte Verweisung auf § 85 hat das LAG in dem Fall, dass das Beschlussverfahren in der Hauptsache bereits in der 2. Instanz anhängig ist, nach § 85 Abs. 2, §§ 937 Abs. 1, 943 Abs. 1 ZPO eine erstinstanzliche Zuständigkeit zum Erlass einer einstweiligen Verfügung[4]. Soweit es – im Hinblick auf den regelmäßig problematischen Verfügungsgrund: Ausnahmsweise – zum Erlass einer einstweiligen Verfügung durch das LAG kommt, ist hiergegen lediglich der Widerspruch möglich (§ 87 Abs. 2 Satz 1, § 85 Abs. 2 ArbGG, §§ 936, 924 ZPO). Ein Rechtsmittel zum BAG gibt es nicht (§ 92 Abs. 1 Satz 3).

2. **Vertretung im Verfahren.** Das Beschwerdeverfahren ist kein „Anwaltsprozess": auf Grund von Abs. 2 Satz 2 iVm. § 11 Abs. 1 können Antragsteller und Beteiligte das **Verfahren selbst führen** oder sich dabei von einem Verbandsvertreter vertreten lassen. Eine besondere Vertretungsregelung enthält nur § 89 Abs. 1 für die **schriftliche Einreichung der Beschwerde, ihre Begründung**[5] sowie **ihre Rücknahme**; diese bestimmenden Schriftsätze müssen jeweils von einem Rechtsanwalt oder einem Verbandsvertreter nach § 11 Abs. 2 Satz 2 unterschrieben sein.

3. **Antragsrücknahme und -änderung (Abs. 2 Satz 3).** Auch in der Beschwerdeinstanz ist eine Antragsrücknahme möglich. Sie bedarf aber – anders als die Rücknahme der Beschwerde – der **Zustimmung aller materiell Beteiligter** nicht nur der „Antragsgegner"[6]. Fraglich ist, ob die Regelung in Abs. 2 Satz 2, der § 83a Abs. 3 nicht in Bezug nimmt, abschließend ist, so dass eine **Zustimmung durch Schweigen** grundsätzlich ausscheidet[7], oder ob ergänzend § 269 Abs. 2 ZPO entsprechende Anwendung findet, so dass die Zustimmung eines Beteiligten zur Antragsrücknahme als erteilt gilt, wenn er innerhalb einer Notfrist von zwei Wochen seit der Zustellung der Antragsrücknahme dieser nicht widersprochen hat und zuvor auf die Folge der Zustimmungsfiktion hingewiesen worden ist[8]. Da ihr Wertungen des arbeitsgerichtlichen Beschlussverfahrens nicht entgegen stehen, spricht die größere Praktikabilität für die Anwendbarkeit des § 269 Abs. 2 ZPO.

Liegen alle erforderlichen Zustimmungen zur Antragsrücknahme vor, muss der Vorsitzende das Verfahren entsprechend § 81 Abs. 2 Satz 2 **durch Beschluss einstellen**, der denen gegenüber bekannt zu geben ist, denen auch der Antrag mitgeteilt worden war. Mit dem Einstellungsbeschluss **entfällt** die **Rechtshängigkeit** des Antrags und die Wirkung des erstinstanzlichen Beschlusses (§ 269 Abs. 3 Satz 1 ZPO). Diese Folgen sind vom Vorsitzenden im Einstellungsbeschluss auszusprechen, wenn ein Beteiligter dies beantragt. Gegen den Einstellungsbeschluss ist unter den Voraussetzungen ihrer Zulassung die Rechtsbeschwerde nach § 92 gegeben[9]. Die Antragsrücknahme steht, wie sich ohne weiteres aus § 269 Abs. 6 ZPO ergibt, einer **erneuten Antragstellung** im Beschlussverfahren nicht entgegen[10].

Eine Änderung oder Erweiterung des Streitgegenstandes durch **Antragsänderung** ist auch in der Beschwerdeinstanz zulässig, wenn die übrigen Beteiligten **zustimmen** oder das LAG die Änderung für **sachdienlich** hält. Auch hier bedarf es der Zustimmung aller Beteiligter, die auch in der Einlassung auf den geänderten Antrag liegen kann (§ 81 Abs. 3 Satz 2). Lässt das LAG die Änderung nicht zu, so besteht hiergegen nach § 81 Abs. 3 Satz 3 kein Rechtsmittel. Ein entsprechender (Zwischen-)Beschluss ist unanfechtbar[11].

---

1 GMPM/*Matthes*, § 87 ArbGG Rz. 13. | 2 GK-ArbGG/*Dörner*, § 87 Rz. 12. | 3 Wozu auch die Beschwerdebegründungsfrist gehört: GK-ArbGG/*Dörner*, § 87 Rz. 16. | 4 *Grunsky*, § 87 ArbGG Rz. 28; GK-ArbGG/*Dörner*, § 87 Rz. 19. | 5 § 89 Rz. 4. | 6 GMPM/*Matthes*, § 87 ArbGG Rz. 24; zum Sinn dieser Einschränkung: BAG v. 21.6.1957 – 1 ABR 1/56, AP Nr. 2 zu § 81 ArbGG 1953, zu II c bb d.Gr. | 7 So GK-ArbGG/*Dörner*, § 87 Rz. 24; GMPM/*Matthes*, § 87 ArbGG Rz. 25. | 8 So ErfK/*Eisemann*, ArbGG, § 87 Rz. 3. | 9 GMPM/*Matthes*, § 81 ArbGG Rz. 80. | 10 BAG v. 12.11.2002 – 1 ABR 60/01, AP Nr. 43 zu § 99 BetrVG 1972 – Einstellung. | 11 ErfK/*Eisemann*, ArbGG, § 87 Rz. 3.

14 **4. Verspätetes Vorbringen (Abs. 3).** § 87 Abs. 3 enthält seit dem Jahre 2000 eine **Sonderregelung** zur Behandlung **verspäteten Vorbringens** im Beschlussverfahren 2. Instanz. Die sehr viel strengeren Präklusionsbestimmungen der § 530, § 531 ZPO sind ebenso wenig anwendbar wie § 67, der allerdings in seinen Absätzen 1, 2 und 4 überwiegend den Bestimmungen in § 87 Abs. 3 entspricht; es kann deshalb ergänzend auf die Kommentierung des § 67 verwiesen werden. Die Abweichungen des Abs. 3 gegenüber § 67 sind in erster Linie den **Besonderheiten** des arbeitsgerichtlichen **Beschlussverfahrens** geschuldet: Statt um neue Angriffs- und Verteidigungsmittel geht es um **neues Vorbringen**, das ist jeglicher streitiger Tatsachenvortrag, auf den es ankommen kann und dem deshalb im Rahmen des Untersuchungsgrundsatzes nachzugehen wäre. Darüber hinaus wird dem **Beschwerdegericht** in den Fällen des Abs. 3 Satz 2 eine **abwägende Entscheidung** aufgegeben („kann"), ob es bei Vorliegen der Voraussetzungen neues Vorbringen tatsächlich zurückweist oder hiervon absieht. Dies sollte Anlass dafür sein, von der im Beschlussverfahren, das vielfach Drittinteressen berührt, an sich systemfremden Möglichkeit der **Zurückweisung** verspäteten Vorbringens nur **sehr sparsam Gebrauch** zu machen[1]. Eine Zurückweisung scheidet auch dann aus, wenn die Beteiligten die **Berücksichtigung** neuen Vorbringens **übereinstimmend anregen**; die Präklusionsvorschriften dienen in erster Linie den Interessen der Beteiligten an einer zügigen Erledigung des Verfahrens[2].

15 Im Einzelnen gilt:

- Unabhängig davon, ob seine Berücksichtigung die Erledigung des Verfahrens verzögern würde, ist **streitiges Vorbringen** in der Beschwerdeinstanz **zwingend ausgeschlossen**, wenn es bereits in 1. Instanz erfolgt war, **vom ArbG** aber im Rahmen des § 83 Abs. 1a Satz 2 und deshalb **zu Recht zurückgewiesen** worden war (vgl. hierzu § 83 Rz. 9 ff.).

- Vorbringen, das **erstmals in der Beschwerdeinstanz** erfolgt, für das aber in 1. Instanz eine Frist nach § 83 Abs. 1a Satz 1, Satz 3 gesetzt worden war, kann zurückgewiesen werden, wenn seine Zulassung die Erledigung des Verfahrens verzögern würde; eine mögliche Verzögerung ist hinzunehmen, wenn der Beteiligte die Nichteinhaltung der in 1. Instanz gesetzten Frist **genügend entschuldigt**.

16 Ist in 1. Instanz entgegen einer Fristsetzung unterlassenes Vorbringen in der Beschwerdeinstanz nach Abs. 3 Satz 2 zulässig, weil es die Erledigung des Verfahrens nicht verzögert oder das Fristversäumnis genügend entschuldigt ist, muss es vom Beschwerdeführer in der **Beschwerdebegründung**, von weiteren Beteiligten in der Beschwerdebeantwortung vorgetragen werden. Die aus § 67 Abs. 4 Satz 1 übernommene zweite Alternative passt auf das Beschlussverfahren nicht, weil es für denjenigen, zu dessen Gunsten der erstinstanzliche Beschluss ergangen ist, anders als für den Berufungsbeklagten nach § 66 Abs. 1 Satz 3 **keine Frist zur Beantwortung** der Beschwerde gibt. Darüber hinaus können alle übrigen Beteiligten außer dem Beschwerdeführer auf die Beschwerdebegründung antworten. Hierfür besteht jeweils Möglichkeit bis unmittelbar vor dem Anhörungstermin[3].

17 Neues tatsächliches Vorbringen nach Satz 2 und Satz 3 **außerhalb von Beschwerdebegründung** und Beschwerdebeantwortung kann nach Satz 4 **zurückgewiesen** werden, wenn

- es mit Beschwerdebegründung oder Beschwerdebeantwortung hätte vorgetragen werden können,

- die Zulassung des Vorbringens nach der freien Überzeugung des LAG die Erledigung des Verfahrens verzögern würde **und**

- die Verspätung auf Vorsatz oder Fahrlässigkeit des Beteiligten beruht.

18 Hat das Beschwerdegericht **Vorbringen zugelassen**, kann dies mit der Rechtsbeschwerde **nicht gerügt** werden, es sei denn, es hätte nach § 87 Abs. 3 Satz 1 unberücksichtigt bleiben müssen. Ansonsten gilt schon aufgrund des von Abs. 3 Satz 2 ausdrücklich eingeräumten Entscheidungsspielraums[4] des LAG bei Zulassung von Vorbringen („kann"), dass zugelassenes Vorbringen in der Rechtsbeschwerdeinstanz uneingeschränkt zu berücksichtigen ist. Die **Zurückweisung** verspäteten Vorbringens ist demgegenüber **auf Rüge** in der Rechtsbeschwerdeinstanz auf seine Berechtigung hin **zu überprüfen**. Die Kann-Bestimmung des § 87 Abs. 2 Sätze 2 und 4 ändert hieran nichts. Sie erweitert nur die Möglichkeiten der Zulassung, nicht die der Zurückweisung.

19 **V. Wirkung der Beschwerdeeinlegung (Abs. 4).** Die Beschwerde ist ein echtes Rechtsmittel. Sie bringt das Verfahren insgesamt in die nächsthöhere Instanz (**Devolutiveffekt**). Darüber hinaus schiebt sie den Eintritt der Rechtskraft des Beschlusses 1. Instanz hinaus (**Suspensiveffekt**). Der Beschluss bleibt allerdings, soweit es um eine vermögensrechtliche Streitigkeit geht, **vorläufig vollstreckbar** (§ 87 Abs. 2 Halbs. 2, § 85 Abs. 1). Die aufschiebende Wirkung der Beschwerde hängt nicht von deren Zulässigkeit ab; erst mit Verwerfung einer unzulässigen Beschwerde nach § 89 Abs. 3 wird der angefochtene Beschluss rechtskräftig[5].

---

1 Zum Ausnahmecharakter der Präklusionsbestimmungen BVerfG v. 26.1.1995 – 1 BvR 1068/93, AP Nr. 3 zu § 67 ArbGG 1979. | 2 ErfK/*Eisemann*, ArbGG § 87 Rz. 4. | 3 So zu Recht GK-ArbGG/*Dörner*, § 87 Rz. 31. | 4 So auch *Schmidt/Schwab/Wildschütz*, NZA 2001, 1224. | 5 ErfK/*Eisemann*, ArbGG, § 87 Rz. 5 mwN.

88 Beschränkung der Beschwerde
§ 65 findet entsprechende Anwendung.

Aufgrund der Verweisung auf § 65 ist es dem Beschwerdegericht, das an sich den Beschluss 1. Instanz in tatsächlicher und rechtlicher Hinsichtlich in vollem Umfang zu überprüfen hat, **verwehrt**, den angefochtenen Beschluss auf **bestimmte** mögliche **Verfahrensfehler** hin zu **überprüfen**. 1

Das Beschwerdegericht prüft grundsätzlich nicht mehr den beschrittenen **Rechtsweg** zu den Gerichten für Arbeitssachen **und** die vom Antragsteller gewählte und vom ArbG für richtig gehaltene **Verfahrensart**. Soweit in 1. Instanz insoweit Zweifel bestanden oder ein Beteiligter den beschrittenen Rechtsweg oder die gewählte Verfahrensart rügt, hat das ArbG hierüber unter Aussetzung des Hauptsacheverfahrens vorab durch Beschluss nach **§ 17a Abs. 3 Satz 2 GVG, § 48** zu entscheiden[1]. Wurde eine entsprechende Rüge nicht erhoben und hat das ArbG Rechtsweg und Verfahrensart – konkludent – für gegeben erachtet, oder ist nach § 17a Abs. 3 GVG hierüber rechtskräftig entschieden, kann der Beschluss des ArbG hinsichtlich der genannten Punkte **nicht mehr überprüft** werden (§ 17a Abs. 5 GVG). 2

Hat das ArbG seine **örtliche Zuständigkeit** innerhalb des Beschlusses nach § 84 bejaht oder ist dies im Rahmen eines Vorabbeschlusses nach § 17a Abs. 3 GVG, § 48 Abs. 1 Satz 1 Nr. 1 geschehen, ist dies ebenfalls für das Beschwerdegericht nicht mehr zu überprüfen. Dies ergibt sich allerdings nur aus § 64 Abs. 6 Satz 1 ArbGG iVm. § 513 Abs. 2 ZPO[2]. 3

Darüber hinaus prüft das Beschwerdegericht nach § 88, § 65 auch nicht mehr, ob bei der Berufung der am angefochtenen Beschluss beteiligten **ehrenamtlichen Richter** (§ 20) Verfahrensmängel unterlaufen sind oder ob deren Berufung in ihr Amt nach § 21 bis 23 ausgeschlossen war. **Weitere** denkbare **Mängel** im Zusammenhang mit der Teilnahme der ehrenamtlichen Richter an der Entscheidungsfindung, die **gerichtsintern** unterlaufen sein können, hat das Beschwerdegericht demgegenüber zu prüfen, wenn hierfür Anlass besteht: Die fehlende Beeidigung eines beteiligten ehrenamtlichen Richters; seine Heranziehung abweichend von der nach der Liste (§ 31) gebotenen Reihenfolge oder nach Ablauf seiner Amtszeit[3]. 4

Die **Einschränkung** der Prüfungskompetenz des Beschwerdegerichts aus § 88, § 65 gilt unter besonderen Umständen in einem **Teil** des Regelungsbereichs des § 65 **nicht**: Hat das ArbG trotz Rüge eines Beteiligten, was den eingeschlagenen Rechtsweg oder die gewählte Verfahrensart angeht, entgegen § 17a Abs. 3 Satz 2 GVG hierüber nicht vorab, sondern im Rahmen des Beschlusses in der Hauptsache entschieden, gilt zugunsten der beschwerten Beteiligten der Grundsatz der **Meistbegünstigung**. Wird gegen den Beschluss in der Hauptsache Beschwerde nach § 87 eingelegt, kann der Beschwerdeführer auch rügen, es sei zu Unrecht durch ein ArbG oder fehlerhaft im Beschlussverfahren entschieden worden. Seine Beschwerde ist dann – auch – als sofortige Beschwerde iSv. § 17a Abs. 4 Satz 3 GVG zu behandeln. Das Beschwerdegericht kann so das Verfahren in die richtigen Bahnen lenken[4]: Hält das Beschwerdegericht den Rechtsweg zu den ArbG nicht für gegeben, hebt es die Sachentscheidung des ArbG auf und verweist die Verfahren durch Beschluss an das zuständige Gericht 1. Instanz. Kommt es zu dem Ergebnis, die Sache sei nicht im Beschlussverfahren, sondern im Urteilsverfahren zu entscheiden, hat es hierüber vorab durch Beschluss zu entscheiden und dabei auch darüber zu befinden, ob es die **weitere Beschwerde** gegen diese Entscheidung **zulässt** oder nicht (§ 17a Abs. 4 Satz 4 GVG). Erst wenn dieser Beschluss rechtskräftig geworden ist, kann das Beschwerdegericht durch die dann nach dem Geschäftsverteilungsplan zuständige Kammer über die eingelegte Beschwerde als Berufung, also **im Urteilsverfahren**, entscheiden[5]. Problematisch ist, ob es einer **Vorabentscheidung** über den Rechtsweg und die Verfahrensart auch dann bedarf, wenn das Beschwerdegericht sich insoweit dem ArbG anschließen und die weitere Beschwerde gegen seine Entscheidung nicht zulassen will. Es spricht mehr dafür, dass eine solche Vorabentscheidung nur erforderlich ist, wenn das LAG deren Überprüfung durch das Rechtsbeschwerdegericht eröffnen will. Ansonsten kann unmittelbar nach § 91 über die Hauptsache entschieden werden[6]. 5

Der Grundsatz der Meistbegünstigung erweitert die Prüfungsaufgabe für das Beschwerdegericht nicht, wenn das ArbG die eigene **örtliche Zuständigkeit** trotz Rüge zu Unrecht **nur in** der **Hauptsacheentscheidung** und nicht vorab durch Beschluss festgestellt hat. Da eine solche Vorabentscheidung nach § 48 Abs. 1 Nr. 1 **unanfechtbar** und damit einer Überprüfung durch das Beschwerdegericht entzogen gewesen wäre, ist **auch** die erstmalige Feststellung der eigenen örtlichen Zuständigkeit in der Hauptsacheentscheidung des ArbG **nicht überprüfbar**. Das Meistbegünstigungsprinzip eröffnet keine rechtlichen Möglichkeiten, die auch bei einer richtigen Verfahrensweise nicht bestanden hätten[7]. 6

---

1 BAG v. 26.3.1992 – 2 AZR 443/91, AP Nr. 7 zu § 48 ArbGG 1979. | 2 GK-ArbGG/*Vossen*, § 65 Rz. 12. | 3 GK-ArbGG/*Vossen*, § 65 Rz. 14; wegen der rechtlichen Konsequenzen solcher Verstöße vgl. § 91 Rz. 3. | 4 BAG v. 26.3.1992 – 2 AZR 443/91, AP Nr. 7 zu § 48 ArbGG 1979. | 5 Teilweise aA Hauck/Helml/*Hauck*, § 88 ArbGG Rz. 3; GMPM/*Matthes*, § 88 ArbGG Rz. 7. | 6 GMPM/*Matthes*, § 88 ArbGG Rz. 7. | 7 GK/ArbGG/*Dörner*, § 88 Rz. 6.

89 Einlegung

(1) Die Beschwerdeschrift muss von einem Rechtsanwalt oder einer nach § 11 Abs. 2 Satz 2, 4 und 5 zur Vertretung befugten Person unterzeichnet sein.

(2) Die Beschwerdeschrift muss den Beschluss bezeichnen, gegen den die Beschwerde gerichtet ist, und die Erklärung enthalten, dass gegen diesen Beschluss die Beschwerde eingelegt wird. Die Beschwerdebegründung muss angeben, auf welche im Einzelnen anzuführenden Beschwerdegründe sowie auf welche neuen Tatsachen die Beschwerde gestützt wird.

(3) Ist die Beschwerde nicht in der gesetzlichen Form oder Frist eingelegt oder begründet, so verwirft sie die Kammer als unzulässig. Der Beschluss kann ohne vorherige mündliche Verhandlung ergehen; er ist endgültig. Er ist dem Beschwerdeführer zuzustellen. § 522 Abs. 2 und 3 der Zivilprozessordnung ist nicht anwendbar.

(4) Die Beschwerde kann jederzeit in der für ihre Einlegung vorgeschriebenen Form zurückgenommen werden. Im Falle der Zurücknahme stellt der Vorsitzende das Verfahren ein. Er gibt hiervon den Beteiligten Kenntnis, soweit ihnen die Beschwerde zugestellt worden ist.

1 Ein durch den Beschluss des ArbG in einem arbeitsgerichtlichen Beschlussverfahren beschwerter (§ 87 Rz. 6, 7) und beschwerdebefugter (§ 87 Rz. 5) Beteiligter muss bei der Einlegung und Begründung der Beschwerde **neben § 89 Abs. 1 und Abs. 2** auch die entsprechend heranzuziehenden Bestimmungen des ArbGG und der **ZPO** über die Einlegung und Begründung der Berufung berücksichtigen[1]. Abs. 3 regelt die gerichtliche Behandlung einer unzulässigen Beschwerde und die – gegenüber der ZPO eingeschränkten (Satz 4) – Möglichkeiten einer Vorabverwerfung. Das Verfahren bei Rücknahme der Beschwerde richtet sich nach Abs. 4.

2 Die Beschwerde ist beim **LAG** einzulegen[2]. Nur durch den Eingang dort werden Fristen gewahrt. Die Beschwerdeschrift muss von einem **Rechtsanwalt** oder einem **Verbandsvertreter** nach § 11 Abs. 2 Satz 2 unterzeichnet sein. Sie muss den angefochtenen **Beschluss** präzise – regelmäßig durch Angabe des Herkunftsgerichts, des Aktenzeichens und des Verkündungsdatums – **kennzeichnen**. Hierbei auftretende Fehler bleiben folgenlos, wenn der Beschwerdeführer entsprechend der Soll-Vorschrift des § 519 Abs. 3 ZPO eine Abschrift des angefochtenen Beschlusses beifügt. Es ist weiter notwendig, dass derjenige, der die Beschwerde führt, eindeutig benannt wird[3], während die übrigen Beteiligten nicht notwendig aufgeführt werden müssen. Der Beschwerdeschrift sollte aber eine der Zahl der Beteiligten 1. Instanz entsprechende Zahl von Abschriften beigefügt werden (§ 519 Abs. 4, § 133 Abs. 1 Satz 1 ZPO). Weiter muss die Beschwerdeschrift deutlich machen, dass ein erstinstanzlicher Beschluss im Beschlussverfahren mit dem hierfür **statthaften Rechtsmittel** beim nächsthöheren Gericht angefochten werden soll. Auf die richtige Bezeichnung des Rechtsmittels kommt es nicht an[4].

3 Die Beschwerde ist nach § 66 Abs. 1 Satz 1, § 87 Abs. 2 innerhalb einer Frist von **einem Monat einzulegen**, die mit Zustellung des vollständigen erstinstanzlichen Beschlusses zu laufen **beginnt**, **spätestens** aber **mit Ablauf von fünf Monaten** seit dessen Verkündung. Die Jahresfrist des **§ 9 Abs. 5 Satz 4** spielt seit der Änderung des Rechtsmittelrechts durch die ZPO-Reform auch für die Beschwerdeeinlegung **keine Rolle** mehr[5]. Bei der Beschwerdefrist handelt es sich um eine Notfrist iSd. §§ 233 ff. ZPO, die nicht gerichtlich verlängert werden kann[6].

4 Die **Beschwerde** muss auch schriftsätzlich **begründet** werden, wobei auch insoweit die Pflicht besteht, die Begründungsschrift von einem Rechtsanwalt oder einer nach § 11 Abs. 2 zur Vertretung befugten Person unterzeichnen zu lassen[7]. Die Beschwerdebegründung, für die neben § 89 Abs. 2 über § 87 Abs. 2, § 64 Abs. 6 ArbGG auch § 520 ZPO gilt, muss binnen einer Frist von **zwei Monaten** seit Zustellung des vollständigen Beschlusses Erster Instanz beim LAG eingegangen sein. Die Begründungsfrist beginnt ebenso wie die Einlegungsfrist spätestens fünf Monate seit der Verkündung des angefochtenen Beschlusses zu laufen (Rz. 3). Diese einer Notfrist gleichstehende Frist (§ 87 Abs. 2, § 64 Abs. 6 ArbGG iVm. § 233 ZPO) kann durch den Vorsitzenden der Kammer **nur einmal** auf Antrag **verlängert** werden. Eine Höchstfrist besteht hierfür nicht, jedoch wird regelmäßig im Hinblick auf den Beschleunigungsgrundsatz eine Verlängerung um mehr als einen Monat ausscheiden[8]. Der Verlängerungsantrag muss innerhalb der zweimonatigen Begründungsfrist beim LAG eingehen. Die Entscheidung hierüber steht im durch das Gebot des **fairen Verfahrens** begrenzten Ermessen des Vorsitzenden[9], und hat unverzüglich zu erfolgen.

---

1 ErfK/*Eisemann*, ArbGG, § 89 Rz. 1. | 2 Zu Adressierungsfehlern und ihrer rechtlichen Behandlung BAG v. 29.8.2001 – 4 AZR 388/00, AP Nr. 24 zu § 66 ArbGG 1979. | 3 BAG v. 23.8.2001 – 7 ABR 15/01, NZA 2001, 1214. | 4 BAG v. 3.12.1985 – 4 ABR 7/85, BAGE 50, 277, 281 = AP Nr. 1 zu § 74 BAT. | 5 Ebenso ErfK/*Eisemann*, § 89 ArbGG Rz. 4; Hauck/Helml/*Hauck*, § 89 ArbGG Rz. 4; für die Berufungseinlegung: GMPM/*Germelmann*, § 66 ArbGG Rz. 15a; *Schmidt/Schwab/Wildschütz*, NZA 2001, 1217; für die Rechtsbeschwerde- und Revisionseinlegung: BAG v. 1.10.2003 – 1 ABN 62/01, NZA 2003, 1356; aA GMPM/*Matthes*, § 89 ArbGG Rz. 11; GK-ArbGG/*Dörner*, § 89 Rz. 25. | 6 GK-ArbGG/*Dörner*, § 89 Rz. 21; GMPM/*Matthes*, § 89 ArbGG Rz. 12. | 7 So trotz des eher in gegenteilige Richtung deutenden Gesetzeswortlauts die hM: GMPM/*Matthes*, § 89 ArbGG Rz. 24; *Grunsky*, § 87 ArbGG Rz. 12; ErfK/*Eisemann*, ArbGG Rz. 5. | 8 GK-ArbGG/*Dörner*, § 89 Rz. 28 mwN. | 9 Hierzu im Einzelnen BAG v. 4.2.1994 – 8 AZB 16/93, BAGE 75, 350, 353 = AP Nr. 5 zu § 66 ArbGG 1979; v. 27.9.1994 – 2 AZB 18/94, BAGE 78, 68, 71 ff. = AP Nr. 6 zu § 66 ArbGG 1979.

Einlegung   Rz. 12 § 89 ArbGG

In der Beschwerdebegründung sollte durch einen **eindeutigen Antrag** deutlich gemacht werden, **in-**   **5**
wieweit der Beschluss Erster Instanz **angefochten** wird; eine Beschränkung auf Einzelne vom ArbG beschiedene Streitgegenstände ist möglich. Das Fehlen eines Beschwerdeantrages ist jedoch dann unschädlich, wenn klar ersichtlich ist, ob nach dem Begehren des Beschwerdeführers der gesamte vorinstanzliche Beschluss oder nur Teile davon abgeändert werden sollen[1]. Die Beschwerdebegründung muss sich darüber hinaus im Umfang der Anfechtung im Einzelnen **mit** den **tragenden Gründen** der angefochtenen Entscheidung zu allen beschiedenen Streitgegenständen **auseinander setzen** und deren Rechtsfehlerhaftigkeit aufzeigen und evtl. **neue Tatsachen**, die die Beschwerde stützen, benennen. Soweit Streitgegenstände des angefochtenen Beschlusses in der Beschwerdebegründung nicht behandelt werden, ist die Beschwerde unzulässig[2].

Der Beschwerdeführer muss bei der Bezeichnung der von ihm gerügten Rechtsfehler **nicht** die   **6**
Rechtsnormen benennen, deren Verletzung er geltend machen will. Die Überprüfungskompetenz des Beschwerdegerichts ist nicht beschränkt. Durch die Beschwerde wird eine **volle zweite Tatsacheninstanz** begründet. Die Restriktionen für das Berufungsverfahren durch § 513 Abs. 1 ZPO gelten im arbeitsgerichtlichen Beschlussverfahren **nicht**[3]. Auch in der Beschwerdeinstanz gilt deshalb weiterhin der Untersuchungsgrundsatz.

Da § 87 Abs. 2 Satz 1 nur der Bestimmungen über die Einlegung und Begründung der Berufung, nicht   **7**
auch der **Berufungsbeantwortung** in Bezug nimmt, unterliegt die Beschwerdebeantwortung keinen besonderen Regeln. **Alle** neben dem Beschwerdeführer am Verfahren **Beteiligten** können zur Beschwerdebegründung bis zum Anhörungstermin Stellung nehmen.

Auch wenn § 524 ZPO im Beschwerdeverfahren nicht ausdrücklich in Bezug genommen ist, wird die   **8**
Anschlussbeschwerde im arbeitsgerichtlichen Beschlussverfahren allgemein für zulässig erachtet[4]. Voraussetzung hierfür ist die Beschwerdebefugnis, also die materielle **Beteiligtenfähigkeit**[5]. Einer **Beschwer** bedarf es anders als bei einer neben einer ersten Beschwerde durch einen weiteren Beteiligten innerhalb der Beschwerdefrist eingelegten selbständigen zweiten Beschwerde **nicht**. Die Anschlussbeschwerde ist beim LAG einzulegen, wobei sich Inhalt und Form nach § 524 Abs. 3 ZPO iVm. § 519 Abs. 2, Abs. 4, § 520 Abs. 3, § 521 ZPO sowie § 89 Abs. 1 bestimmen. Die Anschlussbeschwerde ist innerhalb eines Monats nach Zustellung der Beschwerdebegründungsschrift statthaft. Sie muss mit der Anschließung begründet werden. Die Anschließung **verliert** nach § 524 Abs. 4 ZPO ihre **Wirkung**, wenn das Hauptrechtsmittel als unzulässig verworfen oder zurückgenommen wird. Im letztgenannten Fall ist diese Wirkung in den **Einstellungsbeschluss** nach § 89 Abs. 4 Satz 2 aufzunehmen. Die Anschlussbeschwerde wird unzulässig, wenn das Beschlussverfahren hinsichtlich der Beschwerde über alle Beteiligten für erledigt erklärt, der Sachantrag zurückgenommen oder wegen des Gegenstandes der Beschwerde ein Vergleich geschlossen wird[6].

Ausnahmsweise **ohne** mündlichen **Anhörungstermin** kann eine Beschwerde nach § 89 Abs. 3 von der   **9**
Kammer durch Beschluss **verworfen** werden, wenn die Beschwerde an einem formellen Mangel leidet. Dieser Beschluss ist anders als der Beschluss nach § 91 Abs. 1 Satz 1 stets **unanfechtbar** (Abs. 3 Satz 2), wobei dies auch dann gilt, wenn die auf **formelle Mängel** gestützte Verwerfungsentscheidung nach mündlicher Anhörung erfolgt ist[7].

Ein **Verwerfungsbeschluss**, der dem Beschwerdeführer **förmlich zuzustellen** ist, setzt voraus, dass die   **10**
Beschwerde nicht in der gesetzlichen Form oder Frist eingelegt oder begründet worden ist. Solchen bloßen Form- und Fristmängeln stehen **sonstige Unzulässigkeitsgründe** gleich, wenn es zu deren Bewertung keiner Beurteilung der materiellen, insb. betriebsverfassungsrechtlichen, Rechtslage bedarf; auch hier erfolgt die Verwerfung nach § 89 Abs. 3. **Im Übrigen** ist über die Zulässigkeit der Beschwerde stets auf Grund **Anhörungstermins** zu entscheiden. So kommt eine Verwerfung über den Wortlaut des § 89 Abs. 3 Satz 1 hinaus in Betracht, wenn eine Beschwerde von vornherein unstatthaft ist; sie scheidet aus, wenn es um die Berechtigung des Beschwerdeführers geht, Beschwerde einzulegen[8].

Aufgrund des **neu eingefügten** § 89 Abs. 3 Satz 4 steht fest, dass die Restriktionen des Berufungs-   **11**
rechts nach § 522 Abs. 2 ZPO im Beschwerdeverfahren keine Anwendung finden. Auch wenn eine Beschwerde keine Aussicht auf Erfolg hat, kann sie erst nach Anhörung der Beteiligten durch die Kammer nach § 91 als unbegründet zurückgewiesen werden.

Anders als der Sachantrag kann die **Beschwerde ohne Zustimmung** der übrigen Beteiligten jederzeit,   **12**
also bis zum Eintritt der Rechtskraft der Beschwerdeentscheidung oder der Einlegung der Rechtsbeschwerde, **zurückgenommen** werden[9]. Die Einlegung einer Nichtzulassungsbeschwerde nach § 92a nimmt die Möglichkeit der Beschwerderücknahme nicht. Sie muss in der Form des § 89 Abs. 1 erfolgen,

---

1 BAG v. 3.12.1985 – 4 ABR 60/85, BAGE 50, 258, 262 f. = AP Nr. 2 zu § 74 BAT. | 2 BAG v. 13.3.2003 – 6 AZR 585/01, AP Nr. 7 zu § 11 BAT. | 3 *Holthaus/Koch*, RdA 2002, 140, 159; ErfK/*Eisemann*, ArbGG Rz. 5. | 4 BAG v. 2.4.1987 – 6 ABR 29/85, BAGE 55, 202 = AP Nr. 3 zu § 87 ArbGG 1979; GK-ArbGG/*Dörner*, § 89 Rz. 39 mwN. | 5 § 87 Rz. 5. | 6 GK-ArbGG/*Dörner*, § 89 Rz. 47; ErfK/*Eisemann*, § 89 ArbGG Rz. 6. | 7 BAG v. 25.7.1989 – 1 ABR 48/88, AP Nr. 6 zu § 92 ArbGG 1979. | 8 GMPM/*Matthes*, § 89 ArbGG Rz. 46. | 9 GK-ArbGG/*Dörner*, § 89 Rz. 58.

wobei durch die dort genannten Personen auch eine Rücknahme zu Protokoll des Gerichts erklärt werden kann (§ 516 Abs. 2 ZPO). Nach Rücknahme der Beschwerde ist das Verfahren vom Kammervorsitzenden durch Beschluss einzustellen. Der Beschluss ist den Beteiligten nach Satz 3 bekannt zu geben. Er muss darüber hinaus auch förmlich zugestellt werden, weil es sich um einen verfahrensbeendenden, nach § 92 grundsätzlich anfechtbaren Beschluss handelt[1]. Mit der Rücknahme der Beschwerde wird eine bereits ergangene aber noch nicht rechtskräftige Entscheidung des Beschwerdegerichts gegenstandslos und die arbeitsgerichtliche Entscheidung rechtskräftig, es sei denn, es sind noch Beschwerden anderer Beteiligter anhängig.

13 Neben der Rücknahme der Beschwerde ist auch ein **Verzicht** auf die Beschwerde **möglich**, der zum endgültigen Verlust des Rechtsmittels führt und eine gleichwohl eingelegte Beschwerde unzulässig macht. Der Verzicht ist grundsätzlich nach Verkündung des arbeitsgerichtlichen Beschlusses möglich. Nach überwiegender Auffassung kann ein Verzicht auch schon **vor der Entscheidung des ArbG** erfolgen, wenn sich **alle Beteiligten** hierauf geeinigt haben[2].

90 Verfahren

(1) **Die Beschwerdeschrift und die Beschwerdebegründung werden den Beteiligten zur Äußerung zugestellt. Die Äußerung erfolgt durch Einreichung eines Schriftsatzes beim Beschwerdegericht oder durch Erklärung zur Niederschrift der Geschäftsstelle des Arbeitsgerichts, das den angefochtenen Beschluss erlassen hat.**

(2) **Für das Verfahren sind die §§ 83 und 83a entsprechend anzuwenden.**

(3) **Gegen Beschlüsse und Verfügungen des Landesarbeitsgerichts oder seines Vorsitzenden findet kein Rechtsmittel statt.**

1 Am Beginn der Verhandlung über eine Beschwerde im Beschlussverfahren muss die **Überprüfung** stehen, ob das **ArbG alle** vom Streitgegenstand des Beschlussverfahrens Betroffenen, also die **materiell Beteiligten** iSv. § 83 Abs. 3, auch tatsächlich beteiligt hat. An sie und nicht nur die vom ArbG formell Beteiligten oder diejenigen, die sich am Verfahren Erster Instanz auch tatsächlich beteiligt haben, sind Beschwerde- und Beschwerdebegründungsschrift mit der **Aufforderung zur Äußerung** förmlich zuzustellen, es sei denn, die Beschwerde wäre offensichtlich unzulässig[3]. Dies ist dann nicht der Fall, wenn wegen der Versäumung der Beschwerde- oder der Beschwerdebegründungsfrist eine **Wiedereinsetzung** in den vorigen Stand in Betracht kommt und vom Beschwerdeführer beantragt wird. In diesem Falle ist den übrigen Beteiligten im Hinblick auf den Wiedereinsetzungsantrag **rechtliches Gehör** zu gewähren[4]. War der Beteiligte in 1. Instanz durch einen Verfahrensbevollmächtigten (§ 11) vertreten, sind Beschwerdeschrift und Beschwerdebegründung an diesen von Amts wegen zuzustellen[5].

2 Für ihre Äußerung kann den übrigen Beteiligten eine angemessene **Frist** gesetzt werden, damit der **Anhörungstermin** vor der Kammer ordnungsgemäß vorbereitet werden kann. Nach dem **fruchtlosen** Ablauf einer solchen Frist kann **Vorbringen** bei Erfüllung der Voraussetzungen des § 83 Abs. 1a, § 90 Abs. 2 **zurückgewiesen** werden. Wenn mit der Zustellung Termin zur Anhörung bestimmt wird, muss die **Einlassungsfrist** mindestens **zwei Wochen** betragen. **Für die Äußerungen der Beteiligten im Verfahren** gilt § 87 Abs. 2 Satz 2, § 11 Abs. 1: Es besteht insoweit auch in der Beschwerdeinstanz **kein Vertretungszwang**; er gilt nur für die Einlegung und Begründung der Beschwerde (§ 89 Abs. 1). Die Äußerung kann schriftsätzlich an das Beschwerdegericht gerichtet werden, aber auch zu Protokoll der Geschäftsstelle des ArbG erklärt werden, das den angefochtenen Beschluss erlassen hat. Die **Beteiligten haben** zwar nach § 90 Abs. 2, § 83 Abs. 1 Satz 2 durch ihre Äußerungen an der Aufklärung des Sachverhalts **mitzuwirken**[6]. Unterbleibt eine Äußerung ergeben sich daraus aber **keine Rechtsfolgen**. Der Betreffende bleibt **Beteiligter** des Beschlussverfahrens. Er kann sich auch erstmals im **Anhörungstermin** melden und äußern, es sei denn, das Beschwerdegericht hatte ihm für seine Äußerungen eine Frist nach § 90 Abs. 2, § 83 Abs. 1a gesetzt und die Voraussetzungen für eine Zurückweisung des Vorbringens sind erfüllt[7]. Im Übrigen gilt für die Beschwerdebegründung ebenso wie für die Äußerungen der übrigen Beteiligten, dass **neues Vorbringen** nach Maßgabe von § 87 Abs. 3 Satz 1 **ausgeschlossen** oder nach § 87 Abs. 3 Satz 2 **zurückgewiesen** werden **kann**.

3 Für das Verfahren vor dem Beschwerdegericht gelten im Übrigen § 83 und § 83a entsprechend. Nach **Eingang** der Beschwerdebegründung ist alsbald **Termin zur Anhörung aller** materiell **Beteiligten** zu bestimmen, die förmlich unter Einhaltung einer Frist von **zwei Wochen** zu laden sind. Die Anhörung erfolgt vor der **Kammer** (§ 83 Abs. 4 Satz 1). Dies gilt auch dann, wenn sich die Beteiligten schriftlich geäußert haben. Dem Gebot **rechtlichen Gehörs** ist genüge getan, wenn **jeder Beteiligter die Möglichkeit** hatte, am Anhörungstermin **teilzunehmen**, worauf in der Ladung hinzuweisen ist (§ 83 Abs. 4

---

1 ErfK/*Eisemann*, § 89 ArbGG Rz. 8; aA GMPM/*Matthes*, § 89 ArbGG Rz. 57. | 2 ErfK/*Eisemann*, § 89 ArbGG Rz. 8 mwN auch zur Gegenauffassung. | 3 GMPM/*Matthes*, § 90 ArbGG Rz. 2, 3. | 4 AA GMPM/*Matthes*, § 95 ArbGG Rz. 3. | 5 § 87 Abs. 2 Satz 1, § 64 Abs. 7, § 50 Abs. 2 ArbGG; § 176, § 210a Abs. 1 ZPO. | 6 ErfK/*Eisemann*, § 90 ArbGG Rz. 1. | 7 GMPM/*Matthes*, § 90 ArbGG Rz. 5.

Satz 2). Das **LAG kann** über die Beschwerde auch **ohne mündliche Verhandlung** entscheiden, **wenn alle** materiell Beteiligten[1] ihr **Einverständnis** hiermit erklärt haben. Für die Form des erforderlichen Einverständnisses gilt § 90 Abs. 1 Satz 2. Auch das Beschwerdegericht hat auf eine gütliche Einigung der Beteiligten hinzuwirken, die, um das Verfahren ganz oder zum Teil zu erledigen, soweit rechtlich möglich (§ 83a Rz. 4 f.) einen **Vergleich** schließen oder das Verfahren für **erledigt erklären** können.

Nach § 90 Abs. 3 sind Beschlüsse und Verfügungen der Kammer des LAG oder des Vorsitzenden unanfechtbar, **soweit sie die Instanz nicht beenden;** § 83 Abs. 5 gilt in der Beschwerdeinstanz nicht entsprechend[2].   4

91 Entscheidung

(1) Über die Beschwerde entscheidet das Landesarbeitsgericht durch Beschluss. Eine Zurückverweisung ist nicht zulässig. § 84 Satz 2 gilt entsprechend.

(2) Der Beschluss nebst Gründen ist von den Mitgliedern der Kammer zu unterschreiben und den Beteiligten zuzustellen. § 69 Abs. 1 Satz 2 gilt entsprechend.

Die 2. Instanz in den Verfahren nach § 2a, §§ 80 f. wird durch einen Beschluss des Beschwerdegerichts ganz oder – bei Teilbeschlüssen – teilweise beendet. Dabei entscheidet grundsätzlich die **Kammer** des LAG unter Beteiligung der ehrenamtlichen Richter. Dies gilt auch dann, wenn keine mündliche Anhörung stattgefunden hat. Nur bei dem Beschluss, durch den das Beschlussverfahren vor dem Beschwerdeverfahren nach Rücknahme des Antrages, Rücknahme der Beschwerde, Vergleich oder Erledigterklärung **eingestellt** wird, entscheidet der **Vorsitzende allein**[3].   1

Die Beschwerdeentscheidung kann nur im Rahmen der gestellten Anträge ergehen. Eine **Zurückverweisung** an das ArbG ist **ausgeschlossen** (Abs. 1 Satz 2). Dies gilt anders als im Urteilsverfahren (§ 68) **umfassend**. Auch in den Fällen des § 538 Abs. 2 Nr. 2 bis 7, soweit sie überhaupt im Beschlussverfahren in Betracht kommen, kommt eine Zurückverweisung nicht in Betracht[4]. Hat das Beschwerdegericht **gleichwohl** das Beschlussverfahren an das ArbG **zurückverwiesen**, kommt gegen diese Entscheidung nur unter den dort geltenden besonderen Bedingungen eine **Rechtsbeschwerde** in Betracht, die, wenn sie zulässig ist, zur Aufhebung der Beschwerdeentscheidung und zur Zurückverweisung an das LAG führen muss. Wird die Beschwerdeentscheidung nicht auf diese Weise aufgehoben, muss das ArbG aufgrund der Zurückverweisung über den Antrag neu entscheiden[5].   2

Verfahrensmängel der Entscheidung 1. Instanz müssen durch das Beschwerdegericht bei seiner Entscheidungsfindung **behoben** werden[6]. Ist der Beschluss 1. Instanz **insgesamt** im Rahmen der Prüfungskompetenz des Beschwerdegerichts feststellbar (§ 88, § 65) **verfahrensfehlerhaft** ergangen – etwa, weil aufgrund gerichtsinterner Fehler nicht durch die gesetzlichen Richter verhandelt und entschieden wurde (§ 88 Rz. 4) oder der Entscheidung als Entscheidung ohne Gründe anzusehen ist[7] –, muss das Beschwerdegericht das Verfahren wie ein erstinstanzliches Gericht durchführen. Die sonst eröffneten erleichterten Verfahrensmöglichkeiten eines zweitinstanzlichen Gerichts, etwa durch Inbezugnahmen nach § 69 und die grundsätzlich gebotene Verwertung der erstinstanzlichen Beweisaufnahme, oder die Einschränkungen des Prüfungsumfangs nach § 529 Abs. 1 ZPO, § 64 Abs. 6[8] können hier grundsätzlich nicht Platz greifen. Bezieht sich der Verfahrensfehler nur auf einzelne Verfahrenshandlungen 1. Instanz, gilt das Ausgeführte hierauf beschränkt.   3

Der Beschluss in der Beschwerdeinstanz ist **schriftlich** abzufassen. Er ist auch dann zu **verkünden**, wenn er im schriftlichen Verfahren ergangen ist. Die Mitteilung des Entscheidung zugrunde liegenden Sachverhaltes und die eigentlichen materiellen Entscheidungsgründe werden üblicherweise unter der Überschrift „Gründe" zusammengefasst. Der vollständige Beschluss ist vom Vorsitzenden und den ehrenamtlichen Richtern zu unterschreiben; er ist vollständig schriftlich niedergelegt und unterschrieben vor Ablauf von **vier Wochen**, vom Tage der Verkündung an gerechnet, der **Geschäftsstelle** zu übergeben (§ 91 Abs. 2 Satz 2, § 69 Abs. 1 Satz 2, § 60 Abs. 4 Satz 3). Ein **Verzicht auf** die aus Tatbestand und Entscheidungsgründe bestehenden „**Gründe**" entsprechend § 313a Abs. 1 ZPO scheidet nach allg. Meinung[9] aus.   4

In den **Tenor** des Beschlusses im Beschwerdeverfahren ist die **Entscheidung** des Beschwerdegerichts über die **Zulassung** oder Nichtzulassung der **Rechtsbeschwerde** aufzunehmen[10]. Wird diese Entscheidung **übergangen**, kann binnen einer Frist von **zwei Wochen** ab Verkündung des Beschlusses dessen   5

---

1 Hauck/Helml/*Hauck*, § 83 ArbGG Rz. 24. | 2 Hauck/Helml/*Hauck*, § 83 ArbGG Rz. 24, § 90 Rz. 4. | 3 § 87 Abs. 2 Satz 3 iVm. § 81 Abs. 2 Satz 2; § 89 Abs. 4 Satz 2; § 90 Abs. 2 iVm. § 83a Abs. 2. | 4 GMPM/*Matthes*, § 91 ArbGG Rz. 3. | 5 GK-ArbGG/*Dörner*, § 91 Rz. 5. | 6 Hierzu gehört auch die Prüfung, ob das ArbG Vorbringen zu Recht als verspätet zurückgewiesen hat (§ 7 Abs. 3 Satz 1); zur Möglichkeit des Beschwerdegerichts, offensichtliche Unrichtigkeiten im angefochtenen Beschluss zu berichtigen: BAG v. 10.12.2002 – 1 ABR 7/02, AP Nr. 59 zu § 80 BetrVG 1972. | 7 Vgl. GmSOGB v. 27.4.1993 – GmS-OGB 1/92, AP Nr. 21 zu § 551 ZPO; BVerfG v. 26.3.2001 – 1 BvR 383/00, AP Nr. 33 zu Art. 20 GG. | 8 *Koch/Holthaus*, RdA 2002, 140, 154. | 9 Hauck/Helml/*Hauck*, § 91 ArbGG Rz. 4; GMPM/*Matthes*, § 91 ArbGG Rz. 5; GK-ArbGG/*Dörner*, § 91 Rz. 3. | 10 § 92 Abs. 1 Satz 2, § 72 Abs. 1 Satz 2, § 64 Abs. 3a; vgl. hierzu *Bepler*, AuR 1997, 421.

ArbGG § 91 Rz. 6   Entscheidung

Ergänzung um eine solche Entscheidung beantragt werden. Über diesen Ergänzungsantrag entscheidet die Kammer in der Besetzung des Beschlusses in der Hauptsache[1]. Darüber hinaus sollte eine Entscheidung über die **vorläufige Vollstreckbarkeit** in den Beschlusstenor aufgenommen werden. Beschlüsse im Beschwerdeverfahren werden nicht mit Verkündung rechtskräftig. Eine vorläufige Vollstreckbarkeit von Beschlüssen nach §§ 80 ff. ist nur bei vermögensrechtlichen Streitigkeiten möglich. Zur **Klarstellung** und Abgrenzung ist dies bereits im Beschlusstenor mitzuteilen[2].

6 Lässt das Beschwerdegericht die Rechtsbeschwerde gegen seine Entscheidung zu, muss der Beschluss eine **Rechtsmittelbelehrung** (§ 9 Abs. 5) enthalten. Anderenfalls bedarf es nur eines **Hinweises** auf die Möglichkeit der **Nichtzulassungsbeschwerde** nach § 92a, bei der es sich nicht um ein Rechtsmittel, sondern nur um einen Rechtsbehelf handelt[3]. Der Streitwert des Beschlussverfahrens muss im Beschluss selbst ebenso wenig festgesetzt werden, wie es einer Kostenentscheidung bedarf. Nach Beendigung der Instanz ist der Streitwert durch gesonderten Beschluss nach § **10 Abs. 1 BRAGO** auf Antrag eines der Beteiligten oder eines ihrer Rechtsanwälte festzusetzen. Die Festsetzung ist mit der Beschwerde nach § 10 Abs. 3 BRAGO anfechtbar.

7 Die **formelle Rechtskraft** des Beschlusses des LAG im Beschwerdeverfahren tritt erst mit Ablauf der **Frist** für die Einlegung der **Nichtzulassungsbeschwerde** ein; diese hat nach § 72a Abs. 4 Satz 1, § 92a Satz 3 aufschiebende Wirkung bis zu ihrer Erledigung[4]. Nur wenn hiernach formelle Rechtskraft eingetreten ist, treten auch materiell-rechtliche Wirkungen ein, die von der Rechtskraft der Entscheidung des LAG abhängen, wie etwa die **Ersetzung der Zustimmung** des BR zu einer personellen Einzelmaßnahme. Eine Wirkung bereits mit Verkündung der Beschwerdeentscheidung scheidet auch dann aus, wenn eine Nichtzulassungsbeschwerde offensichtlich nicht in Betracht kommt[5]. Deshalb ist eine vor formeller Rechtskraft eines Beschlusses über die Ersetzung der vom BR verweigerten Zustimmung zum Ausspruch einer außerordentlichen Kündigung nach § 103 Abs. 2 BetrVG ausgesprochene Kündigung unheilbar nichtig[6].

Dritter Unterabschnitt. Dritter Rechtszug

92 *Rechtsbeschwerdeverfahren, Grundsatz*
(1) Gegen den das Verfahren beendenden Beschluss eines Landesarbeitsgerichts findet die Rechtsbeschwerde an das Bundesarbeitsgericht statt, wenn sie in dem Beschluss des Landesarbeitsgerichts oder in dem Beschluss des Bundesarbeitsgerichts nach § 92a Satz 2 zugelassen wird. § 72 Abs. 1 Satz 2, Abs. 2 und 3 ist entsprechend anzuwenden. In den Fällen des § 85 Abs. 2 findet die Rechtsbeschwerde nicht statt.

(2) Für das Rechtsbeschwerdeverfahren gelten die für das Revisionsverfahren maßgebenden Vorschriften über Einlegung der Revision und ihre Begründung. Prozessfähigkeit, Ladung, Termine und Fristen, Ablehnung und Ausschließung von Gerichtspersonen, Zustellungen, persönliches Erscheinen der Parteien, Öffentlichkeit, Befugnisse des Vorsitzenden und die Beisitzer, gütliche Erledigung des Rechtsstreits, Wiedereinsetzung in den vorigen Stand und Wiederaufnahme des Verfahrens sowie die Vorschriften des § 85 über die Zwangsvollstreckung entsprechend, soweit sich aus den § 93 bis 96 nichts anderes ergibt. Für die Vertretung der Beteiligten gilt § 11 Abs. 1 entsprechend. Der Antrag kann jederzeit mit Zustimmung der anderen Beteiligten zurückgenommen werden; § 81 Abs. 2 Satz 2 und 3 ist entsprechend anzuwenden.

(3) Die Einlegung der Rechtsbeschwerde hat aufschiebende Wirkung. § 85 Abs. 1 Satz 2 bleibt unberührt.

1 **I. Überblick.** § 92 bis § 96a regeln nur **lückenhaft** den dritten – bei § 122, § 126 InsO, § 96a: zweiten – Rechtszug im arbeitsgerichtlichen Beschlussverfahren, die Rechtsbeschwerde. Wesentliche Regelungsaufgaben werden durch Verweis insb. auf das Revisionsverfahren erfüllt. Wie dort geht es auch im Rechtsbeschwerdeverfahren nur um eine Überprüfung der angefochtenen Entscheidung auf **Rechtsfehler**; die tatsächlichen Feststellungen der Vorinstanz sind zugrunde zu legen. § 92 Abs. 1 bestimmt, wann die Rechtsbeschwerde statthaft ist. Abs. 2 verweist weitreichend auf die Bestimmungen über das Revisionsverfahren, enthält aber, was die **Verfahrensvertretung** angeht, eine Besonderheit und regelt außerdem die **Antrags-** (nicht: Rechtsbeschwerde-)**Rücknahme** in der Rechtsbeschwerdeinstanz. Abs. 3 beschreibt die Wirkung der Einlegung der Rechtsbeschwerde.

2 **II. Statthaftigkeit (§ 92 Abs. 1). 1. Verfahrensbeendender Beschluss.** Die Rechtsbeschwerde findet gegen Beschlüsse des LAG nach § 91 statt, durch die das zweitinstanzliche Beschwerdeverfahren be-

---
1 GMPM/*Matthes*, § 91 ArbGG Rz. 8 b. |2 GMPM/*Matthes*, § 91 ArbGG Rz. 7. |3 GK-ArbGG/*Dörner*, § 91 Rz. 10; vgl. auch § 72a Rz. 11. |4 BAG v. 25.1.1979 – 2 AZR 983/77, BAGE 31, 253 = AP Nr. 12 zu § 103 BetrVG 1972. |5 BAG v. 9.6.1998 – 2 AZR 142/98, BAGE 89, 220 = AP Nr. 36 zu § 103 BetrVG 1972; aA ErfK/*Eisemann*, § 91 ArbGG Rz. 3. |6 BAG v. 9.7.1998 – 2 AZR 142/98, BAGE 89, 220 = AP Nr. 36 zu § 103 BetrVG 1972.

endet wird, sowie gegen Beschlüsse des ArbG nach § 122 und § 126 InsO. An sich sind auch Einstellungsbeschlüsse nach Antrags- oder Beschwerderücknahme, nach Vergleichsschluss oder Verfahrenserledigung[1] als verfahrensbeendende Beschlüsse rechtsbeschwerdefähig[2]; eine Rechtsbeschwerde scheitert hier aber regelmäßig an ihrer fehlenden Zulassung.

Auch verfahrensbeendende Beschlüsse sind von vornherein **nicht rechtsbeschwerdefähig**, wenn dies im Gesetz so bestimmt ist, also nach § 89 Abs. 3 Satz 2, § 92 Abs. 1 Satz 3, § 85 Abs. 2, § 98 Abs. 2 Satz 4.

Demgegenüber sind **Teilbeschlüsse** entsprechend § 301 ZPO oder selbständig anfechtbare Zwischenbeschlüsse grundsätzlich auch rechtsbeschwerdefähig, weil sie für den behandelten Teilbereich instanzbeendend sind[3].

2. Nicht verfahrensbeendende Beschlüsse. Verfahrensbegleitende Beschlüsse und Verfügungen **des LAG** oder seines Vorsitzenden sind endgültig; gegen sie findet kein Rechtsmittel statt (§ 90 Abs. 3). Demgegenüber können Entscheidungen des LAG über nicht verfahrensbeendende, **prozessleitende** Beschlüsse und Verfügungen 1. Instanz durch eine **von § 92 zu unterscheidende** Rechtsbeschwerde nach § 83 Abs. 5, § 78, § 72 Abs. 2 ArbGG iVm. § 574 Abs. 1 Nr. 2 ZPO anfechtbar sein. Seit der Änderung des Beschwerderechts kann das LAG auch im arbeitsgerichtlichen Beschlussverfahren die **Rechtsbeschwerde** gegen verfahrensbegleitende Beschlüsse **zulassen**, wenn es als Rechtsmittelgericht über eine sofortige Beschwerde nach § 78 ArbGG iVm. § 83 Abs. 5 entscheidet[4].

3. Zulassung der Rechtbeschwerde. Gegen eine an sich rechtsbeschwerdefähige Entscheidung ist die Rechtsbeschwerde nur statthaft, wenn sie auch zugelassen worden ist. Hierüber muss das LAG – in den Fällen des § 122, § 126 InsO: Das ArbG – von Amts wegen entscheiden und seine für das Rechtsbeschwerdegericht **verbindliche** (Abs. 1 Satz 2, § 72 Abs. 2 Satz 3) **Entscheidung**, ob es die Rechtsbeschwerde zulässt oder nicht, in den zu verkündenden **Entscheidungsausspruch** aufnehmen. Bei teilbaren Verfahrensgegenständen kann die Zulassung auch auf einen von mehreren Gegenständen beschränkt werden. Sind durch einen Beschluss mehrere Beteiligte beschwert, kann die Rechtsbeschwerdezulassung nur dann auf einen Beteiligten beschränkt werden, wenn nur hinsichtlich dessen Beschwer die Voraussetzungen für eine Zulassung gegeben sind (vgl. im Einzelnen § 72 Rz. 23 ff.). Eine **Beschränkung** der Rechtsbeschwerdezulassung muss in jedem Fall **in den Entscheidungsausspruch** selbst aufgenommen werden. Eine Beschränkung nur in den Gründen ist wirkungslos, die Rechtsbeschwerde ist dann uneingeschränkt statthaft[5]. Hat die Vorinstanz die Rechtsbeschwerde gegen eine an sich rechtsbeschwerdefähige Entscheidung **nicht zugelassen**, ist diese nur statthaft, wenn sie vom BAG auf die **Nichtzulassungsbeschwerde** hin (§ 92a) zugelassen worden ist. Die Zulassung der Rechtsbeschwerde gegen eine von vornherein **nicht rechtsbeschwerdefähige** Entscheidung (Rz. 3) ist demgegenüber unwirksam und bindet das BAG nicht[6].

Nach § 92 Abs. 1 Satz 2, § 72 Abs. 2 ist die Rechtsbeschwerde – ohne Beurteilungsspielraum – zuzulassen, wenn die Rechtssache **grundsätzliche Bedeutung** hat oder die Entscheidung von einer nach § 72 Abs. 2 Nr. 2 divergenzfähigen Entscheidung **abweicht** und auf dieser Abweichung beruht.

Grundsätzliche Bedeutung hat eine Rechtssache, wenn die Entscheidung des Rechtsstreits von einer klärungsfähigen und klärungsbedürftigen Rechtsfrage abhängt und diese Klärung entweder von allgemeiner Bedeutung für die Rechtsordnung ist oder wegen ihrer tatsächlichen Auswirkungen die Interessen der Allgemeinheit oder eines größeren Teiles von ihr eng berührt[7]. Aus welchem **Rechtsgebiet** die grundsätzlich bedeutsame Rechtsfrage stammt, ist **unerheblich**. Das LAG ist bei seiner Zulassungsentscheidung auch nicht auf die Streitgegenstände Tariffähigkeit und Tarifzuständigkeit beschränkt, die allein eine nachträgliche Zulassung der Rechtsbeschwerde wegen grundsätzlicher Bedeutung nach § 92a rechtfertigen können (zu den Begriffsmerkmalen der grundsätzlichen Bedeutung im Einzelnen § 72 Rz. 9 ff.).

Die Rechtsbeschwerde muss außerdem zugelassen werden, wenn der **Beschluss** des LAG von einer Entscheidung eines der in § 72 Abs. 2 Nr. 2 abschließend aufgezählten Gerichte und Spruchkörper **abweicht**. Dabei kommt es nicht darauf an, ob es sich um eine Entscheidung in einem Beschlussverfahren handelt[8]. Entscheidend ist, dass die Abweichung in einem abstrakten Rechtssatz liegt, also in einer subsumtionsfähigen allgemeinen Aussage zu einer bestimmten Rechtsfrage, und dass das LAG anders entschieden hätte, hätte es die Aussage zu dieser Rechtsfrage zugrunde gelegt, die in der divergierenden Entscheidung enthalten ist. Die **Aufzählung** der divergenzfähigen Entscheidungen in § 72 Abs. 2 Nr. 2 ist **abschließend**; sie umfasst alle Gerichte und Spruchkörper, die gezielt und verbindlich gestaltend auf die Arbeitsgerichtsordnung einwirken können mit Ausnahme des **EuGH**, dessen Entscheidungen wohl bei der nächsten Reform des ArbG-Verfahrens in die gesetzliche Liste aufgenommen werden.

---

1 § 87 Abs. 2 Satz 3, § 81 Abs. 2 Satz 2; § 89 Abs. 4 Satz 2; § 90 Abs. 2, § 83a Abs. 2 Satz 1. | 2 GK-ArbGG/*Dörner*, § 92 Rz. 5 mwN. | 3 GMPM/*Matthes*, § 92 ArbGG Rz. 5. | 4 BAG v. 28.2.2003 – 1 AZB 53/02, AP Nr. 2 zu § 78 ArbGG 1979 nF. | 5 BAG v. 19.3.2003 – 5 AZN 751/02, BB 2003, 1183. | 6 BAG v. 25.7.1989 – 1 ABR 48/88, AP Nr. 6 zu § 92 ArbGG 1979. | 7 Statt aller: BAG v. 26.9.2000 – 3 AZN 181/00, BAGE 95, 372, 374 ff. | 8 ErfK/*Eisemann*, § 92 ArbGG Rz. 2.

9 Mit der **Zulassungsentscheidung** wird die Rechtsbeschwerde **statthaft**. Gegen die Zulassung ist ein Rechtsmittel nicht gegeben. Die Nichtzulassung kann durch eine Nichtzulassungsbeschwerde nach § 92a angefochten werden, über die das BAG in einer nicht mehr rechtsmittelfähigen Entscheidung zu befinden hat.

10 **III. Rechtsbeschwerdeverfahren (Abs. 2).** Das Rechtsbeschwerdeverfahren ist in §§ 92 ff. nur in einigen **wenigen Punkten** speziell **geregelt**: § 93 legt fest, dass auch das Rechtsbeschwerdeverfahren ausschließlich der Rechtskontrolle dient. § 94 bestimmt Form und notwendigen Inhalt von Rechtsbeschwerde und Rechtsbeschwerdebegründung und regelt Form und Verfahren für die Rechtsbeschwerdebegründung. Wie die Anhörung der Beteiligten durchzuführen ist, bestimmt § 95, die Form der Entscheidung über die Rechtsbeschwerde § 96.

11 Im Übrigen finden über die Verweisung in § 92 Abs. 2 die Regelungen des arbeitsgerichtlichen Revisionsverfahren Anwendung, für das über § 72 Abs. 5 und Abs. 6 auch das Revisionsrecht der ZPO maßgeblich ist. Es sind nur wenige Besonderheiten zu beachten:

- Für die **Befugnisse** des **Vorsitzenden** und der **ehrenamtlichen Richter** gilt § 53; an Stelle des Vorsitzenden entscheiden in den Fällen dieser Vorschrift die Berufsrichter des Senats; die Bestimmung dient nur der Abgrenzung der Befugnisse von Berufsrichtern auf der einen und ehrenamtlichen Richtern auf der anderen Seite[1]. Dabei bedeutet die Möglichkeit, im Rechtsbeschwerdeverfahren alle Entscheidungen nach § 95 ohne mündliche Verhandlung zu treffen, nicht, dass deshalb die ehrenamtlichen Richter grundsätzlich aus dem Rechtsbeschwerdeverfahren ausgeschlossen wären. Richtigerweise ist § 53 über § 72 Abs. 6 im Rechtsbeschwerdeverfahren so anzuwenden, dass nicht die berufsrichterlichen Mitglieder des Senats allein, sondern auch die ehrenamtlichen Richter dann mitzuwirken haben, wenn die Entscheidung, wäre sie nach mündlicher Verhandlung ergangen, nur unter ihrer Mitwirkung statthaft gewesen wäre[2]. Dies bedeutet, dass die Entscheidungen über die Rechtsbeschwerde nach § 96 Abs. 1 Satz 1 stets vom **Senat in voller Besetzung** zu treffen sind. Nur dann, wenn die Rechtsbeschwerde nach § 94 Abs. 2 Satz 3, § 74 Abs. 2 ohne mündliche Verhandlung vorab als **unzulässig verworfen** wird, hat der Senat **ohne die ehrenamtlichen Richter** zu entscheiden (§ 94 Rz. 13).

- Hinsichtlich der **Vertretung der Beteiligten** verweist Abs. 2 auf § 11 Abs. 1, so dass zwar aufgrund von § 94 die schriftsätzliche Einlegung und Begründung der Rechtsbeschwerde sowie deren schriftsätzliche Rücknahme **durch** einen **Rechtsanwalt unterzeichnet** sein müssen. Im Verfahren **im Übrigen** brauchen sich die Beteiligten aber **nicht** vertreten zu lassen oder können eine Vertretung durch einen Verbandsvertreter wählen[3].

12 **IV. Antragsrücknahme (Abs. 2 Satz 3).** Ebenso wie nach § 87 Abs. 2 Satz 3 ist auch im Rechtsbeschwerdeverfahren jederzeit die **Rücknahme des Sachantrages** möglich; sie bedarf aber der **Zustimmung aller** am Verfahren materiell Beteiligter[4]. Nach wirksamer Antragsrücknahme ist es ebenso wie nach einer Rechtsmittelrücknahme erforderlich, dass der **Vorsitzende** das **Verfahren einstellt** (Abs. 2 Satz 3 Halbs. 2, § 81 Abs. 2 Satz 2 und 3). Daraus, das § 92 Abs. 2 Satz 3 nicht auf § 81 Abs. 3 verweist, ergibt sich – auch –, dass eine **Antragsänderung** in der **Rechtsbeschwerdeinstanz** grundsätzlich **nicht mehr möglich** ist[5].

13 **V. Wirkung der Rechtsbeschwerde (Abs. 3).** Mit Einlegung der Rechtsbeschwerde wird der Eintritt der **Rechtskraft** des zweitinstanzlichen Beschlusses **gehindert**. Durch sie wird zugleich der Verfahrensgegenstand in die nächsthöhere Instanz gebracht, sog. Devolutiv-Effekt. Die Einlegung der Rechtsbeschwerde ändert nichts daran, dass die Beschlüsse des LAG zu vermögensrechtlichen Streitigkeiten nach § 85 Abs. 1 Satz 2 **vorläufig vollstreckbar** bleiben.

92a *Nichtzulassungsbeschwerde*

Die Nichtzulassung der Rechtsbeschwerde durch das Landesarbeitsgericht kann selbständig durch Beschwerde angefochten werden, im Falle des § 92 Abs. 1 Satz 2 in Verbindung mit § 72 Abs. 2 Nr. 1 jedoch nur dann, wenn die Rechtssache Streitigkeiten über die Tariffähigkeit und Tarifzuständigkeit einer Vereinigung betrifft. § 72a Abs. 2 bis 5 ist entsprechend anzuwenden.

1 Die Möglichkeit, **nachträglich** auf Beschwerde hin eine Zulassung der **Rechtsbeschwerde** zum BAG zu **erreichen**, besteht grundsätzlich **für alle Beschlussverfahren**. Sie ist allerdings **nicht** eröffnet für die nachträgliche Zulassung von Rechtsbeschwerden in den beiden besonders beschleunigten Verfahren nach § 122 Abs. 3 und § 126 Abs. 2 InsO; diese Bestimmungen verweisen nur auf § 72, nicht auch auf § 72a oder § 92a[6].

---

[1] BAG v. 10.12.1992 – 8 AZB 6/92, BAGE 72, 84 = AP Nr 4 zu § 17a GVG. |[2] GK-ArbGG/*Dörner*, § 92 Rz. 20. |[3] BAG v. 20.3.1990 – 1 ABR 20/89, BAGE 64, 254 = AP Nr. 79 zu § 99 BetrVG 1972. |[4] GMPM/*Matthes*, § 92 ArbGG Rz. 23; GK-ArbGG/*Dörner*, § 92 Rz. 24. |[5] ErfK/*Eisemann*, § 92 ArbGG Rz. 3; zu Besonderheiten: § 94 Rz. 8 mwN. |[6] BAG v. 14.8.2001 – 2 ABN 20/01, AP Nr. 44 zu § 72a ArbGG 1979 – Divergenz.

Rechtsbeschwerdegründe   Rz. 1 § 93 ArbGG

Für das Beschlussverfahren gelten, was die **Einlegung** und die **Begründung** der Nichtzulassungs- **2**
beschwerde und deren **Wirkungen** angeht, die Regeln über die nachträgliche Zulassung der Revision
(**§ 72, § 72a**) **entsprechend**, so dass auf die Kommentierung dieser Vorschriften verwiesen werden kann.
Da die Nichtzulassungsbeschwerde den Eintritt der **formellen Rechtskraft** im Beschlussverfahren auf-
schiebt (§ 72a Abs. 4 Satz 1, § 92a Abs. 2), kann beispielsweise das Arbeitsverhältnis eines BR-Mitglieds
erst dann außerordentlich gekündigt werden, wenn ein LAG die Zustimmung des BR hierzu nach **§ 103
Abs. 2 BetrVG** ersetzt hat, ohne die Rechtsbeschwerde gegen seinen Beschluss zuzulassen, und die
hiergegen gerichtete Nichtzulassungsbeschwerde zurückgewiesen oder verworfen worden ist[1].

Es gibt im Beschlussverfahren ebenso wie im Urteilsverfahren die beiden Formen der Nichtzulas- **3**
sungsbeschwerde, die **Grundsatz-** und die **Divergenzbeschwerde**. Dabei sind die **Voraussetzungen einer Divergenzbeschwerde** völlig gleich, was die Abweichung im entscheidungserheblichen Rechtssatz
und die divergenzfähigen Entscheidungen angeht[2], wobei es bei den divergenzfähigen Entscheidungen nicht darauf ankommt, ob sie im Urteils- oder im Beschlussverfahren ergangen ist[3]. Eine **Abweichung** ergibt sich nur hinsichtlich der **Grundsatzbeschwerde**. Zwar bedarf es auch hier einer grundsätzlichen Bedeutung der Rechtssache, die dann festzustellen ist, wenn die Entscheidung des Rechtsstreits von einer klärungsfähigen und klärungsbedürftigen Rechtsfrage abhängt, und diese Klärung
entweder von allgemeiner Bedeutung für die Rechtsordnung ist oder wegen ihrer tatsächlichen Auswirkungen die Interessen der Allgemeinheit oder eines größeren Teils von ihr berührt[4]. Zusätzlich ist
Voraussetzung für eine nachträgliche Zulassung der Rechtsbeschwerde, dass die Rechtssache **Streitigkeiten über die Tariffähigkeit** und/oder[5] **Tarifzuständigkeit** einer **Vereinigung** betrifft, es sich also
um ein Verfahren nach § 2a Abs. 1 Nr. 4, § 97 handelt. Dies ist der Fall, wenn die Tariffähigkeit und/oder
Tarifzuständigkeit den **Streitgegenstand** der gerichtlichen Auseinandersetzung ausmacht und dort
nicht nur als Vorfrage angesprochen ist[6]. Es kommt allerdings nicht darauf an, dass die grundsätzliche
Bedeutung gerade in der streitgegenständlichen Auseinandersetzung liegt. Es genügt, wenn eine entsprechende Rechtsfrage im Zusammenhang mit einem Streit um Tariffähigkeit oder Tarifzuständigkeit **entscheidungserheblich** ist[7].

Weitere privilegierte Streitgegenstände, die eine nachträgliche Zulassung der Rechtsbeschwerde er- **4**
möglichen, sieht das Gesetz nicht vor. Auch Verstöße gegen Verfahrensgrundrechte können nicht über
§ 92a zu einer nachträglichen Zulassung der Rechtsbeschwerde führen[8].

Ausnahmsweise können auch die privilegierten **Streitgegenstände des § 72a Abs. 1 Nr. 1 bis 3** für eine **5**
nachträgliche Zulassung der Rechtsbeschwerde **Bedeutung** erlangen, nämlich dann, wenn das LAG
rechtsfehlerhaft, aber das BAG nach § 93 Abs. 2, § 65 bindend, eine Streitsache **im Beschlussverfahren**
und nicht im Urteilsverfahren entschieden hat. Hat es ein Rechtsmittel gegen seine Entscheidung
nicht zugelassen, kann die Nichtzulassungsbeschwerde nach dem Grundsatz der **Meistbegünstigung**
auch auf nachträgliche Zulassungsgründe aus dem Urteilsverfahren gestützt werden[9].

Die Nichtzulassungsbeschwerde kann **von** jedem **Beteiligten eingelegt** werden, der im Falle der Zulas- **6**
sung der **Rechtsbeschwerde** zu deren Einlegung **befugt** ist[10]. Nach allgemeiner Auffassung besteht für
die **Einlegung** und **Begründung** der Nichtzulassungsbeschwerde entsprechend § 94 Abs. 1 **Anwaltszwang**, während Stellungnahmen zur Nichtzulassungsbeschwerde durch die übrigen Beteiligten auch
ohne Einschaltung eines Verfahrensbevollmächtigten möglich sind[11]. Hat das BAG die Rechtsbeschwerde nachträglich zugelassen, hat es in seinem Zulassungsbeschluss, durch dessen Zustellung der
Lauf der Rechtsbeschwerdefrist in Gang gesetzt wird, über die Einlegung und Begründung der Rechtsbeschwerde zu belehren (§ 9 Abs. 5).

93 Rechtsbeschwerdegründe
**(1) Die Rechtsbeschwerde kann nur darauf gestützt werden, dass der Beschluss des Landes-
arbeitsgerichts auf der Nichtanwendung oder der unrichtigen Anwendung einer Rechtsnorm beruht.**
(2) § 65 findet entsprechende Anwendung.

Die Bestimmung, die inhaltlich mit § 73 übereinstimmt, schränkt die Rügemöglichkeiten des Rechts- **1**
beschwerdeführers und damit die Prüfungskompetenz des BAG ein. Abs. 1 legt fest, dass nur eine
Rechtskontrolle stattfindet. Abs. 2 iVm. § 65 **schließt** es **aus**, sich in der Rechtsbeschwerdeinstanz auf
bestimmte **Verfahrensmängel** zu berufen, nämlich darauf, die Frage nach dem richtigen Rechtsweg,
dem örtlich zuständigen Gericht oder der zutreffenden Verfahrensart sei fehlerhaft beantwortet worden,

---
1 BAG v. 9.7.1998 – 2 AZR 142/98, BAGE 89, 220 = AP Nr. 35 zu § 103 BetrVG 1972. | 2 Vgl. hierzu § 72a
Rz. 18–23. | 3 ErfK/*Eisemann*, § 92 ArbGG Rz. 2; GK-ArbGG/*Dörner*, § 92 Rz. 11. | 4 BAG v. 24.3.1993 –
4 AZN 5/93, BAGE 73, 4 = AP Nr. 21 zu § 72 ArbGG 1979; näher § 72 Rz. 9–12. | 5 Düwell/Lipke/*Bepler*, § 92a
ArbGG Rz. 3. | 6 BAG v. 23.10.1991 – 7 ABN 35/91, BAGE 68, 390 = AP Nr. 1 zu § 92a ArbGG 1979 – Grundsatz.
| 7 ErfK/*Eisemann*, § 92a ArbGG Rz. 1; GK-ArbGG/*Ascheid*, § 92a Rz. 9. | 8 Zuletzt BAG v. 26.6.2001 – 9 AZN
132/01, BAGE 98, 109, 112 = AP Nr. 45 zu § 72a ArbGG 1979 unter II 2 d d.Gr. mwN. | 9 GK-ArbGG/*Ascheid*,
§ 92a Rz. 12; Düwell/Lipke/*Bepler*, § 92a ArbGG Rz. 5. | 10 GMPM/*Matthes*, § 92a ArbGG Rz. 9. | 11 GMPM/
Matthes, § 92a ArbGG Rz. 10; GK-ArbGG/*Ascheid*, § 92a Rz. 17.

ArbGG § 93 Rz. 2 Rechtsbeschwerdegründe

oder bei der Berufung der ehrenamtlichen Richter sei es zu einem der in § 65 genannten Fehler gekommen. Insoweit kann auf die Kommentierung zu § 65 sowie zu § 73 (Rz. 22 f.) und § 88 verwiesen werden.

2 Die Beschränkung des Prüfungsmaßstabs auf **Rechtsfehler**, die darin liegen können, dass eine Rechtsnorm[1] nicht oder fehlerhaft angewendet worden ist, ist auch im Beschlussverfahren unter Geltung des Untersuchungsgrundsatzes verbindlich. Dies gilt auch für die eingeschränkten Möglichkeiten, die Anwendung eines **unbestimmten Rechtsbegriffs** durch das LAG in der Rechtsbeschwerdeinstanz zu überprüfen[2]. Der das Beschlussverfahren grundsätzlich beherrschende **Untersuchungsgrundsatz** steht der Beschränkung auf eine Rechtskontrolle in der Rechtsbeschwerdeinstanz und deren Bindung an die tatsächlichen Feststellungen des Beschwerdegerichts nicht entgegen[3]. Wie im Revisionsverfahren entfällt die **Bindung an Tatsachenfeststellungen** der Vorinstanz nur dann, wenn hierbei **Fehler in der Anwendung des Verfahrensrechts** unterlaufen sind und dies gerügt wird[4]. Hier können sich dann aber Besonderheiten aus dem Untersuchungsgrundsatz ergeben, insb. dadurch, dass hier ein Verstoß gegen das **Amtsermittlungsgebot** des § 83 Abs. 1 in Betracht kommt[5]. Zu den vom Rechtsbeschwerdegericht – je nach Rechtsfehler von Amts wegen oder auf Rüge[6] – zu überprüfenden Verfahrensbestimmungen gehört im Beschlussverfahren auch die Frage, ob ein materiell zu Beteiligender vom Beschwerdegericht nicht beteiligt worden ist oder eine Beteiligung ohne materiellrechtlichen Grund erfolgt ist[7]. Soll die Rechtsbeschwerde hierauf gestützt werden, muss dies gerügt werden; davon unabhängig besteht die Pflicht des Rechtsbeschwerdegerichts, von Amts wegen durch tatsächliche Beteiligung aller materiell am Streitgegenstand Beteiligten für deren rechtliches Gehör zu sorgen[8].

3 Auch im arbeitsgerichtlichen Beschlussverfahren ist die **Verletzung** einer Rechtsnorm für die Entscheidung in 3. Instanz **nur** dann **beachtlich**, wenn die angefochtene Entscheidung auf dieser Rechtsverletzung **beruht**, es sei denn, es liegt ein auch im Beschlussverfahren in Betracht kommender absoluter (Revisions- =) Rechtsbeschwerdegrund (§ 547 ZPO)[9] vor, bei dem die Ursächlichkeit des Rechtsverstoßes für die angefochtene Entscheidung unwiderleglich vermutet wird.

94 *Einlegung*

(1) Die Rechtsbeschwerdeschrift und die Rechtsbeschwerdebegründung müssen von einem Rechtsanwalt unterzeichnet sein.

(2) Die Rechtsbeschwerdeschrift muss den Beschluss bezeichnen, gegen den die Rechtsbeschwerde gerichtet ist, und die Erklärung enthalten, dass gegen diesen Beschluss die Rechtsbeschwerde eingelegt werde. Die Rechtsbeschwerdebegründung muss angeben, inwieweit die Abänderung des angefochtenen Beschlusses beantragt wird, welche Bestimmungen verletzt sein sollen und worin die Verletzung bestehen soll. § 74 Abs. 2 ist entsprechend anzuwenden.

(3) Die Rechtsbeschwerde kann jederzeit in der für ihre Einlegung vorgeschriebenen Form zurückgenommen werden. Im Falle der Zurücknahme stellt der Vorsitzende das Verfahren ein. Er gibt hiervon den Beteiligten Kenntnis, soweit ihnen die Rechtsbeschwerde zugestellt worden ist.

1 Die Befugnis, Rechtsbeschwerde einzulegen, folgt der Beteiligtenbefugnis unabhängig davon, ob der Beteiligte in der Vorinstanz einen Antrag gestellt hat oder nicht[10]. **Rechtsbeschwerdebefugt** ist deshalb jeder zu Recht Beteiligte und ein etwa zu Unrecht nicht Beteiligter[11]. Eine fehlerhafte Beteiligung begründet ebenso wenig eine Rechtsbeschwerdebefugnis wie eine fehlerhafte Rechtsmittelbelehrung[12]. Darüber hinaus muss der Rechtsbeschwerdeführer durch die angefochtene Entscheidung beschwert sein und sich gegen diese Beschwer wenden[13].

2 § 94 legt in Abs. 1 und Abs. 2 Form und Inhalt von Rechtsbeschwerde und Rechtsbeschwerdebegründung fest; ergänzend gelten über § 92 Abs. 2 die § 74 Abs. 1 und § 549 bis § 553 ZPO. Zugleich wird in Abs. 2 Satz 3 dieselbe Vorabverwerfungsmöglichkeit durch die berufsrichterlichen Mitglieder des Senats eröffnet, wie sie auch im sonstigen Rechtsmittelrecht besteht. Abs. 3 regelt die Rücknahme einer Rechtsbeschwerde und deren Behandlung durch das Rechtsbeschwerdegericht.

3 Für die schriftliche Einlegung, Begründung und Rücknahme der beim BAG einzulegenden Rechtsbeschwerde gilt einheitlich das Erfordernis des Abs. 1: Die betreffenden Schriftsätze müssen von einem

---

1 Zum Begriff der Rechtsnorm iSd. § 73, § 93: § 73 Rz. 5 ff. | 2 BAG v. 11.11.1998 – 7 ABR 57/97, AP Nr. 64 zu § 40 BetrVG 1972; v. 12.5.1999 – 7 ABR 36/97, AP Nr. 65 zu § 40 BetrVG 1972; zum eingeschränkten Prüfungsmaßstab § 73 Rz. 8. | 3 BAG v. 27.1.1977 – 2 ABR 77/76, AP Nr. 7 zu § 103 BetrVG 1972; ErfK/*Eisemann*, § 93 ArbGG Rz. 1. | 4 BAG v. 28.10.1986 – 1 ABR 16/85, BAGE 53, 237 = AP Nr. 32 zu § 118 BetrVG 1972. | 5 GMPM/*Matthes*, § 93 ArbGG Rz. 5. | 6 § 94 Rz. 10 f. | 7 Wegen der – begrenzten – Entscheidungserheblichkeit eines solchen Rechtsmangels § 96 Rz. 4. | 8 GK-ArbGG/*Dörner*, § 93 Rz. 5 mwN. | 9 Die Geltung des § 547 (früher: § 551) ZPO im Beschlussverfahren entspricht allgemeiner Auffassung: BAG v. 25.8.1983 – 6 ABR 31/82, BAGE 43, 258 = AP Nr. 11 zu § 551 ZPO; v. 27.6.2001 – 7 ABR 7/01, nv.; ErfK/*Eisemann*, § 93 ArbGG Rz. 1. | 10 BAG v. 4.12.1986 – 6 ABR 48/85, BAGE 53, 385 = AP Nr. 13 zu § 19 BetrVG 1972. | 11 Wegen der Einzelheiten vgl. § 87 Rz. 5. | 12 BAG v. 13.3.1984 – 1 ABR 49/82, AP Nr. 9 zu § 83 ArbGG 1979. | 13 BAG v. 29.1.1992 – 7 ABR 29/91, AP Nr. 14 zu § 11 ArbGG 1979 – Prozessvertreter, unter II 2a d.Gr.; Baumbach/*Albers*, ZPO, Grundz § 511 Rz. 13 mwN; zur Beschwer sonstiger Beteiligter, die keinen Antrag gestellt haben müssen vgl. § 87 Rz. 6.

Rechtsanwalt unterzeichnet sein[1]. Eine Vertretung durch Verbandsvertreter ist ausgeschlossen. Es genügt aber, wenn die Schriftsätze, auch wenn sie unter dem Briefkopf des Verbandes erstellt worden sind, von einem Rechtsanwalt unterzeichnet wurden, und sich aus dem Zusammenhang ergibt, dass der Unterzeichnende in seiner Eigenschaft als Rechtsanwalt die Verantwortung für die Verfahrenshandlung übernimmt[2]. Aus dem Erfordernis der anwaltlichen Vertretung bei den im Gesetz genannten Schriftsätzen ergibt sich nicht, dass der Rechtsbeschwerdeführer im gesamten Rechtsbeschwerdeverfahren anwaltlich vertreten sein muss. § 92 Abs. 2 Satz 2 verweist auf § 11 Abs. 1, so dass sich auch in der Rechtsbeschwerdeinstanz der Rechtsbeschwerdeführer **im Übrigen** grundsätzlich **selbst vertreten** oder durch einen Verbandsvertreter vertreten lassen kann[3]. **Dasselbe** gilt hinsichtlich jeder Prozesshandlung für die **übrigen** am Rechtsbeschwerdeverfahren **Beteiligten**

§ 94 Abs. 2 legt die Anforderungen an die schriftliche **Rechtsbeschwerdeschrift** entsprechend § 89 Abs. 2 Satz 1 und § 72 Abs. 5, § 553 Abs. 1 ZPO fest: Sie muss den angefochtenen **Beschluss** eindeutig **bezeichnen** und die **unbedingte**[4] **Erklärung** enthalten, dass gegen diesen Beschluss **Rechtsbeschwerde** eingelegt wird. Eines Antrags bedarf es nicht. Die Rechtsbeschwerdeschrift muss weiter den **Beschwerdeführer** eindeutig **benennen**. Zumindest muss sich dieser aus den innerhalb der Rechtsbeschwerdefrist vorliegenden Unterlagen zweifelsfrei entnehmen lassen[5].   4

Die **Frist für die Einlegung** der Rechtsbeschwerde beim BAG beträgt nach § 92 Abs. 2 Satz 1, § 74 Abs. 1 Satz 1 **einen Monat**. Bei dieser Frist handelt es sich eine Notfrist, die mit der **Zustellung** in **vollständiger** Form abgefassten anzufechtenden Beschlusses zu laufen beginnt. Eine solche Zustellung fehlt noch, wenn einzelne Seiten in der zugestellten Beschlussausfertigung fehlen **und deshalb** nicht im Einzelnen der Umfang der Beschwer erkennbar wird[6]. Wird die Rechtsbeschwerde durch Beschluss nachträglich zugelassen, beginnt die Einlegungsfrist mit der Zustellung dieses Beschlusses zu laufen[7]. Unabhängig davon, ob eine vollständige Beschwerdeentscheidung mit Rechtsmittelbelehrung zugestellt worden ist, beginnt die Rechtsbeschwerdefrist in jedem Falle **fünf Monate nach Verkündung** des anzufechtenden Beschlusses zu laufen (§ 92 Abs. 2 Satz 1, § 74 Abs. 1 Satz 2). Die Jahresfrist des § 9 Abs. 5 Satz 4, die sich nach der bisherigen Rspr. an die Fünf-Monats-(Höchst-)Frist des § 516 ZPO aF anschloss, wenn eine verkündete Entscheidung noch nicht zugestellt worden war, gilt nach der Änderung des Rechtsmittelrechts durch die ZPO-Reform **nicht mehr**. Auch gegen verkündete, aber nicht zugestellte Beschlüsse muss deshalb spätestens bis zum Ablauf des sechsten Monats nach ihrer Verkündung Rechtsbeschwerde eingelegt werden[8]. Die **Rechtsbeschwerde** kann auch schon **vor Zustellung** eines verkündeten Beschlusses wirksam eingelegt werden[9].   5

Die vorzeitige Einlegung einer Rechtsbeschwerde bleibt unabhängig davon wirksam, wann die Rechtsbeschwerdebegründung beim BAG eingeht, wenn dies nur rechtzeitig erfolgt. Die **Frist für die Begründung** der Rechtsbeschwerde beginnt gemeinsam mit der Rechtsbeschwerdefrist zu laufen (Rz. 5), und beträgt zwei Monate (§ 92 Abs. 2 Satz 1, § 74 Abs. 1 Satz 1). Sie kann vom Vorsitzenden auf Antrag um bis zu zwei Monate verlängert werden, wenn sich dadurch nach seiner Überzeugung der Rechtsstreit nicht verzögert; eine weiter gehende **Verlängerung** ist nur mit Zustimmung aller übrigen am Rechtsbeschwerdeverfahren Beteiligten möglich (§ 551 Abs. 2 Sätze 5, 6 ZPO). Aus der Verweisung auf das Revisionsrecht folgt, dass wegen der Versäumung der Frist für die Begründung der Rechtsbeschwerde die **Wiedereinsetzung** in den vorigen Stand **möglich** ist, obwohl es sich insoweit nicht um eine Notfrist handelt (§ 233 ZPO)[10].   6

Die inhaltlichen Anforderungen an die Rechtsbeschwerdebegründung ergeben sich aus § 94 Abs. 2 Satz 2, sowie über § 92 Abs. 2 Satz 1 einerseits aus § 74 Abs. 1 und andererseits über § 72 Abs. 5 aus § 551 ZPO. Die Beschwerdebegründung muss deutlich machen, **inwieweit** eine **Abänderung** des angefochtenen Beschlusses angestrebt wird. Der **Antrag** sollte in jedem Falle in die Rechtsbeschwerdebegründung aufgenommen werden. Eines ausformulierten Antrages bedarf es nur ausnahmsweise dann nicht, wenn zweifelsfrei ersichtlich wird, dass die zuletzt gestellten Sachanträge weiterverfolgt werden. Die **Verfahrensanträge** haben auf (1) – gänzliche oder teilweise – Aufhebung der im Einzelnen bezeichneten Beschwerdeentscheidung und (2a) Zurückweisung der Beschwerde oder (2b) Abänderung des genau gekennzeichneten Beschlusses 1. Instanz entsprechend dem dann folgenden Sachantrag zu lauten.   7

Eine den Streitgegenstand **erweiternde** oder **verändernde Antragsänderung** ist in der Rechtsbeschwerdeinstanz grundsätzlich **unzulässig**[11]. Etwas anderes gilt nur dann, wenn es sich lediglich um eine Beschrän-   8

---

1 Vgl. hierzu § 74 Rz. 6. |2 BAG v. 27.9.2001 – 6 AZR 462/00, EzA § 11 ArbGG 1979 Nr. 15. |3 BAG v. 20.3.1990 – 1 ABR 20/89, BAGE 64, 254, 256 = AP Nr. 79 zu § 99 BetrVG 1972. |4 BAG v. 8.12.1970 – 1 ABR 23/70, BAGE 23, 130 = AP Nr. 21 zu § 76 BetrVG 1952. |5 BAG v. 23.8.2001 – 7 ABR 15/01, NZA 2001, 1214. |6 BAG v. 22.4.1997 – 1 ABR 74/96, AP Nr. 16 zu § 99 BetrVG 1972 – Einstellung. |7 Zum Fristbeginn bei Berichtigungs- und Ergänzungsbeschlüssen vgl. § 74 Rz. 10 f. |8 So jetzt ausdrücklich BAG v. 1.10.2003 – 1 ABN 62/01, NZA 2003, 1356; ebenso GMPM/*Müller-Glöge*, § 74 ArbGG Rz. 5; Hauck/Helml/*Hauck*, § 74 ArbGG Rz. 6; ErfK/*Eisemann*, § 94 ArbGG Rz. 1; aA GK-ArbGG/*Dörner*, § 94 Rz. 11a. |9 So schon BAG v. 26.4.1963 – 1 ABR 10/62, AP Nr. 3 zu § 94 ArbGG 1959. |10 ErfK/*Eisemann*, § 95 ArbGG Rz. 2. |11 BAG v. 25.8.1981 – 1 ABR 61/79, BAGE 37, 31 = AP Nr. 2 zu § 83 ArbGG 1979; Hauck/Helml/*Hauck*, § 94 ArbGG Rz. 5.

kung oder Modifizierung des ursprünglichen Sachantrages auf der Grundlage des festgestellten Sachverhaltes handelt, etwa den Übergang vom Leistungsantrag zu einem auf denselben Gegenstand bezogenen Feststellungsantrag[1]. Hierbei wird es häufig erforderlich sein, den ursprünglichen **Antrag** daraufhin **auszulegen**, welche Rechtsschutzziele mit ihm verfolgt wurden. Zulässig ist es auch, wenn in der Rechtsbeschwerdeinstanz der bisherige **Hilfsantrag** als **Hauptantrag** weiterverfolgt wird[2].

9 Über § 551 Abs. 3 ZPO hinausgehend ist es im arbeitsgerichtlichen Beschlussverfahren erforderlich, dass die Beschwerdebegründung angibt, welche **Rechtsnormen verletzt** sind und **worin** die **Verletzung** besteht. **Darüber hinaus** ist stets eine **Auseinandersetzung** mit den tragenden Gründen der angefochtenen Entscheidung notwendig, damit Gegenstand und Richtung der Rechtsbeschwerde erkennbar werden[3]. Richtet sich die Rechtsbeschwerde gegen eine Entscheidung zu **mehreren Streitgegenständen**, muss ihre Begründung sich auf jeden gesondert beziehen[4]. Soweit dies nicht geschieht, oder nur formelhaft eine Rechtsnorm bezeichnet und ausgeführt wird, das Beschwerdegericht habe den darin enthaltenen Rechtsbegriff verkannt, muss die Rechtsbeschwerde (teilweise) als unzulässig verworfen werden[5]. Es ist allerdings **nicht** erforderlich, sich in der Rechtsbeschwerde mit jeder vom LAG behandelten **Anspruchsgrundlage** für den durch den Antrag bestimmten Streitgegenstand zu befassen[6].

10 **Verstöße** gegen **Verfahrensregeln** müssen im Beschlussverfahren ebenso wie im Urteilsverfahren[7] entsprechend § 551 Abs. 3 Nr. 2b ZPO vom Beschwerdeführer innerhalb der Beschwerdebegründungsfrist, im Übrigen innerhalb der Äußerungsfristen, spätestens bis zum Ende eines etwaigen Erörterungstermins **gerügt** werden, damit sich das Rechtsbeschwerdegericht mit ihnen auseinander setzen kann. Nur **ausnahmsweise** sind Verfahrensfehler **von Amts wegen** zu berücksichtigen[8]. Eine **Verfahrensrüge** hat nur dann Erfolg, wenn dargelegt wird, (1) welche Tatsachen die Verletzung (2) welcher Verfahrensvorschrift begründen und (3) inwiefern sich dies auf die Entscheidung ausgewirkt hat, warum es also bei fehlerfreiem Verhalten zu einer anderen Entscheidung gekommen wäre. Etwas anderes gilt nur, wenn ein **absoluter Rechtsbeschwerdegrund** (§ 547 ZPO) gerügt wird, bei dem diese Ursächlichkeit unwiderleglich vermutet wird.

11 Wird eine Verletzung der **Amtsermittlungspflicht gerügt**, muss jedenfalls dargelegt werden, (1) in welcher Richtung die Vorinstanz hätte weiter ermitteln müssen, (2) welche Beweismittel hierzu hätten herangezogen werden können, und (3) warum sich eine solche weitere Sachaufklärung hätte aufdrängen müssen. Problematisch aber wohl zu bejahen ist die Frage, ob im Beschlussverfahren für eine erfolgreiche Rüge (4) dargelegt werden muss, wie sich mögliche Ergebnisse auf die angefochtene Entscheidung ausgewirkt hätten. Angesichts des im Beschlussverfahren geltenden Amtsermittlungsgrundsatzes bedarf es zumindest nicht der Darlegung, welches konkrete Ergebnis die weiteren Ermittlungen gehabt hätten[9].

12 Im arbeitsgerichtlichen Beschlussverfahren ist auch die **Anschlussrechtsbeschwerde** zulässig[10]. Sie muss nach § 92 Abs. 2, § 72 Abs. 5 iVm. § 554 Abs. 1 ZPO **innerhalb eines Monats** nach Zustellung der Rechtsbeschwerdebegründung beim BAG eingelegt und innerhalb dieser Frist **auch begründet** werden[11]. Eine Fristverlängerung ist ausgeschlossen[12]. Die Anschlussrechtsbeschwerde ist auch statthaft, wenn sie nicht zugelassen worden ist (§ 554 Abs. 2 ZPO)[13].

13 Ist die **Rechtsbeschwerde** nach einer von Amts wegen erforderlichen Prüfung als nicht statthaft oder nicht form- und fristgerecht eingelegt und begründet festzustellen, kann sie ohne mündliche Anhörung und ohne Mitwirkung der ehrenamtlichen Richter von Amts wegen durch Beschluss **verworfen** werden (Abs. 2 Satz 3 iVm. § 74 Abs. 2 Satz 2 und § 552 Abs. 1 ZPO)[14]. Eine schriftliche Anhörung der übrigen Beteiligten hat aber zu erfolgen, wenn eine Frist versäumt wurde und vom Rechtsbeschwerdeführer formell ordnungsgemäß Wiedereinsetzung in den vorigen Stand beantragt worden ist. Werden die betreffenden Mängel erst auf Grundlage eines mündlichen Anhörungstermins festgestellt oder ist die Sache nach § 95 mit den **ehrenamtlichen Richtern** beraten worden, so sind die ehrenamtlichen Richter auch an der Verwerfungsentscheidung zu beteiligen.

14 Die Rechtsbeschwerde kann ebenso wie die Beschwerde (§ 89 Abs. 4) jederzeit ohne Zustimmung der übrigen Beteiligten durch einen von einem Rechtsanwalt unterzeichneten Schriftsatz (Abs. 1) **zurückgenommen** werden. In diesem Falle wird das Verfahren durch den **Vorsitzenden** des Senats allein[15] durch **Beschluss eingestellt**. Der Beschluss ist den Beteiligten formlos mitzuteilen.

---

1 BAG v. 10.4.1984 – 1 ABR 73/82, AP Nr. 2 zu § 81 ArbGG 1979. | 2 BAG v. 11.2.1992 – 1 ABR 49/91, AP Nr. 50 zu § 118 BetrVG 1972. | 3 BAG v. 7.7.1999 – 7 ABR 4/98, AP Nr. 19 zu § 20 BetrVG 1972. | 4 BAG v. 7.7.1999 – 7 ABR 4/98, AP Nr. 19 zu § 20 BetrVG 1972. | 5 BAG v. 10.4.1984 – 1 ABR 62/82, AP Nr. 1 zu § 94 ArbGG 1979. | 6 BAG v. 21.10.2003 – 1 ABR 39/02, AP Nr. 62 zu § 80 BetrVG 1972. | 7 GMPM/*Matthes*, § 94 ArbGG Rz. 16. | 8 Vgl. hierzu die Aufstellung in § 75 Rz. 4 bis 6, sowie § 73 Rz. 16 bis 23. | 9 GMPM/*Matthes*, § 94 ArbGG Rz. 16; zur streitigen Behandlung von Fehlern bei der Bestimmung der zu Beteiligenden § 96 Rz. 4. | 10 BAG v. 11.7.1990 – 7 ABR 23/89, AP Nr. 9 zu Art. 56 ZA-Nato-Truppenstatut, unter B I d.Gr. | 11 GMPM/*Matthes*, § 94 ArbGG Rz. 19. | 12 ErfK/*Eisemann*, § 94 ArbGG Rz. 4; GK-ArbGG/*Dörner*, § 94 Rz. 24; *Grunsky*, § 94 ArbGG Rz. 11. | 13 BAG v. 3.12.2003 – 10 AZR 124/03, nv. | 14 GK-ArbGG/*Dörner*, § 94 Rz. 25 ff. | 15 ErfK/*Eisemann*, § 94 ArbGG Rz. 5.

95 Verfahren

Die Rechtsbeschwerdeschrift und die Rechtsbeschwerdebegründung werden den Beteiligten zur Äußerung zugestellt. Die Äußerung erfolgt durch Einreichung eines Schriftsatzes beim Bundesarbeitsgericht oder durch Erklärung zur Niederschrift der Geschäftsstelle des Landesarbeitsgerichts, das den angefochtenen Beschluss erlassen hat. Geht von einem Beteiligten die Äußerung nicht rechtzeitig ein, so steht dies dem Fortgang des Verfahrens nicht entgegen. § 83a ist entsprechend anzuwenden.

§ 95, der weitgehend § 90 Abs. 1 für die Behandlung der Beschwerde im arbeitsgerichtlichen Beschlussverfahren **entspricht**, legt für das Rechtsbeschwerdeverfahren Regeln fest, die durch mehrere in § 92 **Abs. 2** in Bezug genommene Bestimmungen über das Revisionsverfahren **ergänzt** werden. Hiernach sind Rechtsbeschwerde und Rechtsbeschwerdebegründung **allen übrigen Beteiligten** (vgl. § 90 Rz. 1) **zuzustellen**. Auch im Rahmen des § 95 kann von einer Zustellung abgesehen werden, wenn die Rechtsbeschwerde ohne weiteres als unzulässig zu verwerfen ist. Dies ist dann nicht der Fall, wenn wegen der Versäumung der Rechtsbeschwerde- oder der Begründungsfrist eine **Wiedereinsetzung** in den vorigen Stand in Betracht kommt und vom Rechtsbeschwerdeführer beantragt wird. In diesem Falle ist den übrigen Beteiligten im Hinblick auf den Wiedereinsetzungsantrag **rechtliches Gehör** zu gewähren[1]. Es liegt nahe, den Beteiligten eine **Frist** zur Äußerung zu setzen, damit die **nicht rechtzeitige Äußerung** eines Beteiligten **festgestellt** und das Rechtsbeschwerdeverfahren fortgesetzt und **entschieden** werden kann[2]. Auf diese Möglichkeit sollte, obwohl § 83 Abs. 1a von § 95 nicht in Bezug genommen ist, mit der Aufforderung zur Äußerung **hingewiesen** werden. 1

Die **Beteiligten** können zwar zur Rechtsbeschwerde auch **ohne anwaltliche Vertretung** Stellung nehmen (§ 92 Abs. 2 Satz 2, § 11 Abs. 1); dies muss aber innerhalb einer vom BAG gesetzten Frist (Satz 3) **schriftsätzlich oder zu Protokoll** der Geschäftsstelle des LAG, das den angefochtenen Beschluss erlassen hat, geschehen. Nach Fristablauf besteht keine Sicherheit, den eigenen Rechtsstandpunkt einbringen zu können. § 95 Satz 4 verweist **nicht** auf § 83. Das **Rechtsbeschwerdeverfahren** ist deshalb grundsätzlich als **schriftliches Verfahren** angelegt[3]. Dies **schließt** eine **mündliche Anhörung** vor dem BAG aber **nicht aus**, wie der Verweis von § 92 Abs. 2 Satz 1 auf die Regeln über das persönliche Erscheinen der Parteien und über die Öffentlichkeit der Verhandlung belegt[4]. 2

Nach Satz 4 ist § 83a auch im Rechtsbeschwerdeverfahren entsprechend anzuwenden. Die Beteiligten können deshalb auch hier das Verfahren durch einen **Vergleich** über ihrer Disposition unterliegende Streitgegenstände erledigen oder das Verfahren übereinstimmend für **erledigt** erklären. In diesem Fall ist das Verfahren durch Beschluss der berufsrichterlichen Mitglieder des Senates, die an die Stelle des in § 83a Abs. 2 Satz 1 genannten Vorsitzenden treten, einzustellen. 3

96 Entscheidung

(1) Über die Rechtsbeschwerde entscheidet das Bundesarbeitsgericht durch Beschluss. Die §§ 562, 563 der Zivilprozessordnung gelten entsprechend.

(2) Der Beschluss nebst Gründen ist von sämtlichen Mitgliedern des Senats zu unterschreiben und den Beteiligten zuzustellen.

Auch in der Rechtsbeschwerdeinstanz ist **durch Beschluss** zu entscheiden. Darauf, ob der Entscheidung eine mündliche Anhörung der Beteiligten vorausgegangen ist oder nicht, kommt es nicht an. Dabei betrifft § 96 nur die Entscheidung über eine zulässige Rechtsbeschwerde. Ist sie **unzulässig**, muss sie durch Beschluss nach § 552 ZPO, § 74 Abs. 2 Satz 3, § 94 Abs. 2 Satz 3 als unzulässig **verworfen** werden[5]. Neben den in Abs. 1 Satz 3 ausdrücklich genannten § 562 und § 563 sind im Rechtsbeschwerdeverfahren auch § 559, § 561 und § 564 ZPO sowie die allgemeinen Bestimmungen der ZPO über Form und Inhalt gerichtlicher Entscheidungen entsprechend anwendbar[6]. 1

Das BAG entscheidet über die zulässige Rechtsbeschwerde im Rahmen der gestellten **Anträge** auf der Grundlage der **tatsächlichen Feststellungen** durch das Beschwerdegericht (§ 559 Abs. 2 ZPO), aber unter allen rechtlichen Gesichtspunkten. An die vom Rechtsbeschwerdeführer geltend gemachten Beschwerdegründe ist es nicht gebunden[7]. **Neues** tatsächliches **Vorbringen** in der Rechtsbeschwerdeinstanz ist ausgeschlossen, es sei denn, es betrifft von Amts wegen zu berücksichtigende Sachentscheidungsvoraussetzungen wie etwa das Rechtsschutzinteresse, das für eine Wahlanfechtung entfallen kann, wenn während des Verfahrens 3. Instanz die Amtszeit des gewählten Gremiums endet[8]. 2

---

1 AA GMPM/*Matthes*, § 95 ArbGG Rz. 3. |2 ErfK/*Eisemann*, § 95 ArbGG Rz. 1; weitergehend GMPM/*Matthes*, § 95 ArbGG Rz. 5. |3 BAG v. 22.10.1985 – 1 ABR 42/84, BAGE 50, 55 = AP Nr. 23 zu § 99 BetrVG 1972; GK-ArbGG/*Dörner*, § 95 Rz. 6. |4 GMPM/*Matthes*, § 95 ArbGG Rz. 6. |5 Vgl. § 94 Rz. 13. |6 GMPM/*Matthes*, § 96 ArbGG Rz. 3. |7 Hauck/Helml/*Hauck*, § 96 ArbGG Rz. 2; GK-ArbGG/*Dörner*, § 96 Rz. 4; unrichtig BAG v. 26.6.1973 – 1 ABR 24/72, AP Nr. 2 zu § 2 BetrVG 1972, wonach in der Begründung des Sachantrages für die Gerichte verbindlich festgelegt werden kann, dass ein tatsächliches Begehren (Zutrittsrecht zum Betrieb) nur unter einem bestimmten rechtlichen Gesichtspunkt überprüft werden soll. |8 BAG v. 13.3.1991 – 7 ABR 5/90, BAGE 67, 316 = AP Nr. 20 zu § 19 BetrVG 1972.

3 Auf **Verfahrensmängel** hin ist der angefochtene Beschluss nur nach ordnungsgemäßer[1] **Rüge** zu prüfen. Anderes gilt nur für Verfahrensmängeln, die **von Amts wegen** berücksichtigt werden müssen. Hierzu gehört etwa das Feststellungsinteresse nach § 256 ZPO[2], oder das Fehlen des Verfahrensfortsetzungsvoraussetzung für die Rechtsbeschwerde, weil bereits die Beschwerde unzulässig war[3].

4 Auf Rechtsbeschwerde hin ist die angefochtene Entscheidung ohne weiteres aufzuheben, wenn sie **keine Sachverhaltsfeststellungen** getroffen hat: Dies gilt auch dann, wenn die Rechtsbeschwerde erst aufgrund einer Nichtzulassungsbeschwerde zugelassen worden war[4].

5 Was die zu Beteiligenden angeht, ist zu unterscheiden: Das Rechtsbeschwerdegericht hat von Amts wegen festzustellen, ob alle materiell **Beteiligten** von der Vorinstanz auch formell beteiligt worden sind; soweit dies nicht geschehen ist, ist es in der Rechtsbeschwerdeinstanz **nachzuholen**. Eine Auswirkung auf die Entscheidung nach § 96 ergibt sich nur, wenn der zu Unrecht nicht Beteiligte diesen Verfahrensmangel **rügt**[5] **und darlegt**, dass er bei seiner Anhörung in der Tatsacheninstanz zusätzliche, für die Entscheidung des LAG möglicherweise entscheidungserhebliche Tatsachen dargelegt hätte[6]. **Überwiegend** wird **allerdings** angenommen, es genüge, wenn nur die **abstrakte Möglichkeit** besteht, dass die Beteiligung zu einem anderen Sachverhalt und damit zu einer anderen Entscheidung geführt hätte[7], oder sogar, es bedürfe keiner Begründung dafür, dass die Entscheidung mit zutreffender Beteiligung anders ausgefallen wäre[8]. Nach hier vertretener Auffassung muss sich die Möglichkeit einer anderen Entscheidung aus dem Vorbringen des neu Beteiligten ergeben. Ist dies der Fall, muss das Verfahren an die Beschwerdeinstanz **zurückverwiesen** werden, damit auf der Grundlage des neuen Vorbringens eine weitere Tatsachenermittlung stattfinden kann. Hält das Rechtsbeschwerdegericht eine **Verfahrensrüge** für **unbegründet**, muss es seine Entscheidung insoweit **nicht begründen**, es sei denn, die Rüge begrifft einen absoluten Rechtsbeschwerdegrund (§ 564 ZPO).

6 Das BAG hat die **Rechtsbeschwerde zurückzuweisen**, wenn sie **unbegründet** ist, weil die angefochtene Entscheidung rechtlich richtig oder zwar rechtsfehlerhaft, aber aus anderen Gründen im Ergebnis richtig ist (§ 561 ZPO). Es kann bei dieser Gelegenheit, solange das Verfahren noch schwebt, auch offensichtliche **Unrichtigkeiten** im Tenor der Beschwerdeentscheidung nach § 319 Abs. 1 ZPO **berichtigen** („mit der Maßgabe...")[9]. Ist die Rechtsbeschwerde **begründet**, weil die Entscheidung des Beschwerdegerichts auf einer Verletzung des materiellen Rechts oder des Verfahrensrechts beruht, ist der angefochtene Beschluss **aufzuheben** (§ 562 Abs. 1 ZPO); beruht der Beschluss auf einem Verfahrensmangel ist auch das dadurch betroffene Verfahren aufzuheben (§ 562 Abs. 2 ZPO). Ist das Verfahren nach dem festgestellten und nicht gerügten Sachverhalt für eine abweichenden Endentscheidung reif, hat das Rechtsbeschwerdegericht an Stelle des Beschwerdegerichts in der Sache **selbst zu entscheiden** (§ 563 Abs. 3 ZPO). Das Beschlussverfahren muss nur dann **zurückverwiesen** werden, wenn aus verfahrensrechtlichen oder materiell-rechtlichen Gründen weitere Sachaufklärung erforderlich ist (§ 563 Abs. 1 Satz 1) oder ein absoluter (Revisions-=) Rechtsbeschwerdegrund vorliegt. Auch im Rechtsbeschwerdeverfahren kann an eine **andere Kammer** des Beschwerdegerichts zurückverwiesen werden (§ 563 Abs. 1 Satz 2 ZPO).

7 Im Beschlussverfahren nach § **122** und § **126 InsO**, in denen es eine Beschwerdeinstanz nicht gibt und die Entscheidungen der ArbG nur aufgrund vom ArbG zugelassener[10] Rechtsbeschwerden möglich sind, erfolgt eine **Zurückverweisung** an das ArbG. Für diese besonderen Verfahren ist § 563 Abs. 1 Satz 2 ZPO, § 96 Abs. 1 Satz 2 im Sinne entsprechend anzuwenden, dass auch eine Zurückverweisung an eine **andere Kammer** des ArbG erfolgen kann[11]. Anders als allgemein im Beschlussverfahren und grundsätzlich auch im Rechtsbeschwerdeverfahren bedarf es bei einer Entscheidung des Rechtsbeschwerdegerichts in einem Beschlussverfahren nach § **126 InsO** einer **Kostenentscheidung**, durch die im Verhältnis zwischen **Insolvenzverwalter** und beteiligten ArbN die Erstattung der außergerichtlichen Kosten des Rechtsbeschwerdeverfahrens nach den Bestimmungen der ZPO geregelt werden muss (§ 126 Abs. 3 Satz 2 InsO)[12]. Der BR, der nicht iSd. ZPO prozessfähig ist, ist hieran nicht beteiligt; seine Kosten sind im Zweifel unabhängig vom Ausgang des Verfahrens nach § 40 Abs. 1 BetrVG vom ArbGeb zu tragen.

8 Der **Beschluss** des Rechtsbeschwerdegerichts ist mit Gründen **schriftlich** abzufassen und von den an der Beschlussfassung beteiligten Mitgliedern des Senats unter Einschluss der **ehrenamtlichen**

---

1 § 74 Rz. 25–30; zu denkbaren Verfahrensmängeln: § 75 Rz. 4 ff. | 2 Zuletzt etwa BAG v. 11.6.2002 – 1 ABR 44/01, AP Nr. 70 zu § 256 ZPO 1977. | 3 BAG v. 15.8.2002 – 2 AZR 473/01, nv. | 4 BAG v. 31.1.1985 – 6 ABR 25/82, AP Nr. 2 zu § 92 ArbGG 1979. | 5 BAG v. 15.1.2002 – 1 ABR 10/01, BAGE 100, 157, 159 = AP Nr. 23 zu § 50 BetrVG 1972; v. 10.12.2002 – 1 ABR 27/01, AP Nr. 42 zu § 95 BetrVG 1972. | 6 BAG v. 19.3.1974 – 1 ABR 44/73, BetrVG 1972 § 26 Nr. 1; zu weitgehend BAG v. 20.2.1986 – 6 ABR 25/85, wo angenommen wird, eine Zurückverweisung sei allein deshalb erforderlich, um dem bislang nicht Beteiligten Gelegenheit zu geben, sich in tatsächlicher Hinsicht im Verfahren zu äußern. | 7 GK-ArbGG/*Dörner*, § 96 Rz. 12; ebenso klar BAG 11.11.1998 – 4 ABR 40/97, BAGE 90, 135, 143 = AP Nr. 18 zu § 50 BetrVG 1972 unter B. II. 5. d.Gr. | 8 ErfK/*Eisemann*, ArbGG, § 94 Rz. 2; GMPM/*Matthes*, § 94 ArbGG Rz. 16. | 9 BAG v. 10.12.2002 – 1 ABR 36/90, AP Nr. 59 zu § 80 BetrVG 1972. | 10 BAG 14.8.2001 – 2 ABN 20/01, AP nr. 44 zu § 72a ArbGG 1979 – Divergenz. | 11 BAG v. 20.1.2000 – 2 ABR 30/99, BAGE 93, 267 = AP Nr. 1 zu § 126 InsO. | 12 *Fitting*, §§ 112, 112a BetrVG Rz. 74.

Richter zu unterschreiben. Hat vor der Beschlussfassung eine Anhörung stattgefunden, ist der Beschluss zu **verkünden**; ohne eine vorherige Anhörung genügt die Zustellung des Beschlusses an alle Beteiligte (§ 329 Abs. 1 ZPO)[1].

96a *Sprungrechtsbeschwerde*

(1) Gegen den das Verfahren beendenden Beschluss eines Arbeitsgerichts kann unter Übergehung der Beschwerdeinstanz unmittelbar Rechtsbeschwerde eingelegt werden (Sprungrechtsbeschwerde), wenn die übrigen Beteiligten schriftlich zustimmen und wenn sie vom Arbeitsgericht wegen grundsätzlicher Bedeutung der Rechtssache auf Antrag in dem verfahrensbeendenden Beschluss oder nachträglich durch gesonderten Beschluss zugelassen wird. Der Antrag ist innerhalb einer Notfrist von einem Monat nach Zustellung des in vollständiger Form abgefassten Beschlusses schriftlich zu stellen. Die Zustimmung der übrigen Beteiligten ist, wenn die Sprungrechtsbeschwerde in dem verfahrensbeendenden Beschluss zugelassen ist, der Rechtsbeschwerdeschrift, andernfalls dem Antrag beizufügen.

(2) § 76 Abs. 2 Satz 2, 3, Abs. 3 bis 6 ist entsprechend anzuwenden.

I. Systematik. Die Möglichkeit der Sprungrechtsbeschwerde, die Herbeiführung einer Rechtsbeschwerdeentscheidung unter **Übergehung der Beschwerdeinstanz**, entspricht in ihren Voraussetzungen und Wirkungen im Wesentlichen der von Anfang an im Gesetz vorgesehenen Sprungrevision[2]. 1

Die Statthaftigkeit der Sprungrechtsbeschwerde wie die der Sprungrevision hängt von bestimmten **Mitwirkungshandlungen** der am Verfahren **Beteiligten** ab. Der Rechtsbehelf des § 122 Abs. 3 InsO, der ebenfalls eine Übergehung der Beschwerdeinstanz bewirkt, ist deshalb kein Fall der Sprungrechtsbeschwerde, sondern ein **Sonderfall** der **Rechtsbeschwerde**. Gegen den Beschluss 1. Instanz findet hier kraft gesetzlicher Anordnung nicht die Beschwerde an das LAG, sondern – im Falle der Zulassung durch das ArbG – nur die Rechtsbeschwerde statt (§ 122 Abs. 3 Satz 1 InsO). 2

Die Sprungrechtsbeschwerde **unterscheidet sich von der Sprungrevision** in zwei Punkten: Bei den Gründen für die Zulassung des Sprungrechtsmittels und hinsichtlich derer, die antragsbefugt sind und deren Zustimmung zur Einlegung des Sprungrechtsmittels erforderlich ist. 3

II. Zulassungsverfahren. 1. Überblick. Für die Zulassung der Sprungrechtsbeschwerde, die nur durch das Gericht 1. Instanz erfolgen kann, gibt es **zwei Verfahrenswege**; sie setzen **beide** den **Antrag** eines Beteiligten voraus: Die Zulassung kann **in** der verfahrensbeendenden **Sachentscheidung** des ArbG erfolgen **oder** durch einen **nachträglichen** Zulassungsbeschluss dieses Gerichts. Die **Zustimmung** der übrigen Beteiligten **zur Einlegung** der Sprungrechtsbeschwerde ist nur Voraussetzung für die nachträgliche Zulassung. Eine Zustimmung zur Zulassung der Sprungrechtsbeschwerde durch die weiteren Beteiligten ist **ohne rechtliche Bedeutung**[3]. 4

2. Antrag auf Zulassung der Sprungsrechtsbeschwerde. Den Antrag auf Zulassung der Sprungrechtsbeschwerde kann **jeder materiell Beteiligte** iSd. § 83 Abs. 3 stellen, also jeder der vom Verfahrensgegenstand materiell-rechtlich betroffen ist. Dies gilt **auch** dann, wenn er vom ArbG zu Unrecht **nicht formell beteiligt** worden ist. **Fehlt** einem formell Beteiligten die **materielle Betroffenheit**, kann er auch keinen Antrag auf Zulassung der Sprungrechtsbeschwerde stellen[4]. Der Antrag kann schriftlich, aber auch zur Niederschrift bei der Geschäftsstelle oder zu Protokoll des Gerichts gestellt werden. **Vertretungszwang** besteht **nicht**. 5

Diese Grundsätze gelten auch für den innerhalb einer **einmonatigen Notfrist** (§ 233 ZPO) seit Zustellung der Sachentscheidung zu stellenden **Antrag auf nachträgliche Zulassung** der Sprungrechtsbeschwerde an das insoweit allein entscheidungsbefugte ArbG. Diesem Antrag ist zusätzlich die **Erklärung aller übrigen Beteiligten** hinzuzufügen, sie stimmten der Einlegung der Sprungrechtsbeschwerde zu. Ist dieses Rechtsmittel **bereits** mit der Sachentscheidung 1. Instanz **zugelassen** worden, sind die entsprechenden **Erklärungen** der **Rechtsbeschwerdeschrift beizufügen**. 6

3. Zustimmungserklärung. Sprungrechtsmittel sind ungewöhnlich **häufig** unzulässig. Dies liegt besonders daran, dass die Zustimmungserklärung nicht ordnungsgemäß beigefügt worden ist. Für dieses Erfordernis gilt: Die Zustimmungserklärung aller übrigen Beteiligten muss die **Einlegung**, **nicht** die **Zulassung** der Sprungrechtsbeschwerde betreffen; mit der Einlegung, nicht mit der Zulassung, ändern sich die verfahrensrechtlichen Möglichkeiten der übrigen Beteiligten[5]. Die Zustimmungserklärung, für die **kein Vertretungszwang** besteht, ist regelmäßig im **Original** vorzulegen. Eine **vom Beschwerdeführer beglaubigte** Kopie der Zustimmungserklärung **reicht nicht** aus[6] Bei einer Erklärung zur **Niederschrift** der Geschäftsstelle oder zu **Protokoll** des Anhörungstermins vor dem ArbG genügt 7

---

1 GMPM/*Matthes*, § 96 ArbGG Rz. 24; GK-ArbGG/*Dörner*, § 96 Rz. 10; aA Hauck/Helml/*Hauck*, § 96 ArbGG Rz. 3; *Grunsky*, Rz. 6, die annehmen, dass eine Verkündung unter keinen Umständen geboten ist. | 2 Deshalb wird zunächst allgemein auf die Komm. zu § 76 verwiesen. | 3 BAG v. 16.4.2003 – 7 ABR 27/02, AP Nr. 1 zu § 95 SGB IX. | 4 GK-ArbGG/*Ascheid*, § 96a Rz. 5. | 5 BAG v. 16.4.2003 – 7 ABR 27/02, AP Nr. 1 zu § 95 SGB IX. | 6 BAG v. 24.3.2001 – 4 AZR 367/00, AR-Blattei ES 160.10.3 Nr. 68.

ArbGG § 96a Rz. 8   Sprungrechtsbeschwerde

die Vorlage einer **Kopie** oder Abschrift hiervon in **beglaubigter** Form. Wird die Zustimmung per **Telefax** erteilt, genügt die Vorlage des **Originalfaxausdrucks**[1].

8   Zwar ist grundsätzlich die **Zustimmung aller** übrigen, am Beschlussverfahren **materiell Beteiligten** erforderlich. Ist ein materiell Beteiligter **tatsächlich nicht beteiligt** worden, **hängt** die Zulässigkeit der Sprungrevision oder von deren nachträglicher Zulassung durch das ArbG **nicht** von der Zustimmungserklärung dieses Beteiligten **ab**. Es fällt nicht in die Risikosphäre des Beschwerdeführers, die vom ArbG fehlerhaft nicht beteiligten Personen und Stellen selbst zu ermitteln und deren Zustimmung zur Einlegung der Sprungrevision einzuholen[2].

9   Auch wenn im Gesetz von einer Beifügung der **Zustimmungserklärung** die Rede ist, so genügt es doch, wenn eine eindeutige Zustimmungserklärung zwar dem Antrag auf nachträgliche Zulassung der Sprungrechtsbeschwerde oder der Sprungrechtsbeschwerdeschrift nicht beigefügt war, aber **bis zum Ablauf der Antragsfrist oder der Rechtsbeschwerdefrist** nachgereicht worden ist[3].

10 **4. Zulassungsgründe.** Das ArbG hat die Sprungrechtsbeschwerde zuzulassen, wenn die Rechtssache **grundsätzliche Bedeutung** hat. Anders als die Sprungrevision hängt die Zulassung der Sprungrechtsbeschwerde **nicht** davon ab, dass **bestimmte Streitgegenstände** betroffen sind. Es können deshalb alle in § 2a bezeichneten Angelegenheiten betroffen sein. Der Begriff der grundsätzlichen Bedeutung entspricht dem der §§ 72, 76 und 92[4]. Sieht das ArbG die von ihm entschiedene Rechtssache als grundsätzlich bedeutsam an, **muss** es die Sprungrechtsbeschwerde auf einen ordnungsgemäßen Antrag hin zulassen. Es hat keinen Ermessensspielraum.

11 **5. Zulassungsentscheidung.** Der Zulassungsantrag ist durch das ArbG stets **förmlich** im Entscheidungsausspruch zu **bescheiden**; eine **Zulassung** in den **Entscheidungsgründen** des Beschlusses nach § 84 reicht **nicht** aus. Dieses Ergebnis kann man auch auf eine entsprechende Anwendung des § 64 Abs. 3a stützen[5]. Entgegen einer verbreiteten Auffassung[6] ist im Falle einer **Übergehung** des vorab gestellten Zulassungsantrags im Beschluss nach § 84 nicht ein Antrag auf nachträgliche Zulassung nach § 96a Abs. 1 Satz 1 geboten; in einem solchen Fall ist durch einen Antrag entsprechend § 64 Abs. 3a Satz 2 oder über § 321 ZPO, § 80 Abs. 2 ein **Ergänzungsbeschluss** herbeizuführen, für den – anders als für eine nachträgliche Zulassung der Sprungrechtsbeschwerde und entsprechend dem gestellten, aber übergangenen Antrag – die Beifügung der Zustimmung der übrigen Beteiligten zur Einlegung der Sprungrechtsbeschwerde nicht erforderlich ist.

12 Die **Entscheidung** über die Zulassung der Sprungrevision hat die **Kammer** des ArbG zu treffen, wenn sie bereits im Hauptsachebeschluss erfolgt. Den Antrag auf nachträgliche Zulassung kann der **Vorsitzende** der Kammer im schriftlichen Verfahren bescheiden.

13 Die **Zulassung** kann auf einen von mehreren Streitgegenständen **beschränkt** werden, nicht allerdings auf einen von mehreren Beteiligten. Eine Beschränkung der Zulassung der Sprungrechtsbeschwerde auf einzelne Streitgegenstände ist wegen der möglicherweise in derselben Sache parallel durchzuführenden unterschiedlichen Rechtsmittel möglichst zu vermeiden.

14 Wird der Antrag auf Zulassung der Sprungrechtsbeschwerde bereits im Beschluss nach § 84 **zurückgewiesen**, ist auch dies in den **Entscheidungsausspruch** aufzunehmen. Wird in diesem Beschluss die Sprungrechtsbeschwerde zugelassen, muss eine **zweifache Rechtsmittelbelehrung** erfolgen, weil der beschwerte Beteiligte das Wahlrecht hat, ob er Beschwerde oder Rechtsbeschwerde einlegen will. Wird die Sprungrechtsbeschwerde erst auf nachträglichen Beschluss zugelassen, genügt die Belehrung über dieses Rechtsmittel. Dabei ist die Rechtsmittelbelehrung stets nur dann ordnungsgemäß, wenn die postalische Anschrift des Rechtsmittelgerichts mit Sitz und Straße angegeben ist; die Angabe der Postfachadresse reicht nicht aus[7].

15 Die **Ablehnung** der Zulassung der Sprungrechtsbeschwerde durch das ArbG ist **unanfechtbar** (§ 96a Abs. 2, § 76 Abs. 2 Satz 3). Dies schließt es auch aus, einen Antrag auf Zulassung der Sprungrechtsbeschwerde, der bereits während des laufenden Verfahrens 1. Instanz gestellt wurde und in dem Beschluss nach § 84 zurückgewiesen wurde, erneut mit dem Ziel einer nachträglichen Zulassung zu stellen[8].

16 **III. Verfahren nach der Entscheidung über den Zulassungsantrag.** Das **weitere Verfahren** nach der Entscheidung des ArbG über den Antrag, die Sprungrechtsbeschwerde zuzulassen, richtet sich nach § 76 Abs. 2 Satz 2 und 3 sowie **Abs. 3 bis 6** (§ 96a Abs. 2). Hat das ArbG die Zulassung der Sprungrechtsbeschwerde bereits in seinem Beschluss nach § 84 zurückgewiesen, gelten keine Besonderheiten; mit der Zustellung des Beschlusses in der Sache beginnt die Beschwerdefrist zu laufen. Hat das ArbG den

---

1 BAG v. 30.5.2001 – 4 AZR 269/00, BAGE 98, 35 = AP Nr. 4 zu § 23b BAT; BSG v. 12.11.1996 – 9 RVs 4/96, AP Nr. 11 zu § 76 ArbGG 1979. |2 ErfK/*Eisemann*, § 96 ArbGG Rz. 1. |3 BAG v. 25.4.1977 – 4 AZR 986/77, BAGE 31, 397 = AP Nr. 1 zu § 76 ArbGG 1953; v. 4.12.2002 – 10 AZR 83/02, AP Nr. 14 zu § 76 ArbGG 1979. |4 BAG v. 24.3.1993 – 4 AZN 5/93, BAGE 73, 4 = AP Nr. 21 zu § 72 ArbGG 1979; im Einzelnen § 72 Rz. 9 ff. |5 GMPM/*Müller-Glöge*, § 76 ArbGG Rz. 7. |6 GMPM/*Müller-Glöge*, § 76 ArbGG Rz. 7; Hauck/Helml/*Hauck*, § 96a ArbGG Rz. 4, § 76 Rz. 4; aA Düwell/Lipke/*Bepler*, § 76 ArbGG Rz. 6. |7 BAG v. 16.4.2003 – 7 ABR 27/02, AP Nr. 1 zu § 95 SGB IX. |8 GMPM/*Müller-Glöge*, § 76 ArbGG Rz. 11.

nachträglich gestellten Zulassungsantrag durch gesonderten Beschluss zurückgewiesen, beginnt mit der Zustellung des ablehnenden Beschlusses der Lauf der Beschwerdefrist von neuem, sofern der Antrag auf Zulassung der Revisionsbeschwerde form- und fristgerecht unter Vorlage der erforderlichen Zustimmungserklärungen gestellt wurde. War der **Antrag** auf nachträgliche Zulassung **nicht formgerecht** und ist deshalb zurückgewiesen worden, scheidet nicht nur die Sprungrechtsbeschwerde, sondern regelmäßig auch die Beschwerde zum LAG aus, weil zwischenzeitlich die Beschwerdefrist abgelaufen ist und ein Antrag auf Wiedereinsetzung in den vorigen Stand wegen des formellen Fehlers des Antragstellers ausscheiden dürfte[1].

Hat das ArbG die Sprungrechtsbeschwerde zugelassen, ist das **BAG** an diese Entscheidung auch dann **gebunden**, wenn das ArbG den Begriff der grundsätzlichen Bedeutung der Rechtssache verkannt hat (§ 76 Abs. 2 S. 2, 96a Abs. 2)[2]. Der beschwerte Beteiligte hat die **Wahl**, ob er innerhalb der laufenden Frist für das jeweilige Rechtsmittel Beschwerde oder Sprungrechtsbeschwerde einlegt. Mit der Einlegung der Sprungrechtsbeschwerde, für die die Rechtsbeschwerdefrist der § 92 Abs. 2, § 74 gilt, endet dieses Wahlrecht. Eine vorsorglich eingelegte Beschwerde wird unzulässig (§ 76 Abs. 5). 17

Eine Besonderheit der Sprungrechtsbeschwerde liegt darin, dass der Beschwerdeführer **mit Verfahrensrügen ausgeschlossen** ist (§ 76 Abs. 4, § 96a Abs. 2). Das BAG kann die angefochtene Entscheidung nur auf Verfahrensmängel hin überprüfen, die **von Amts wegen** berücksichtigt werden müssen. Außerdem kann ein materiell Beteiligter, den das ArbG nicht beteiligt hat und der erstmals in der Rechtsbeschwerdeinstanz hinzugezogen worden ist, seine **mangelnde Beteiligung** in 1. Instanz **rügen**; beruht die angefochtene Entscheidung auf diesem Verfahrensfehler, ist sie aufzuheben und die Sache zurückzuverweisen[3]. **Anschlussrechtsbeschwerden** sind im Sprungrechtsbeschwerdeverfahren nach den allgemeinen Regeln statthaft[4]. 18

Die Streitfrage, ob bei Aufhebung und Zurückverweisung der erstinstanzlichen Entscheidung eine **Zurückverweisung** nur an das LAG oder an ArbG oder LAG zu erfolgen hat[5], hat der Gesetzgeber im Zuge der ZPO-Reform in § 76 Abs. 6 iS eines ermessensfehlerfrei auszuübenden **Wahlrechts des BAG** entschieden. Je nach dem, in welche Instanz das Verfahren zurückverwiesen wird, gelten für das weitere Verfahren die dort maßgeblichen Verfahrensregeln. Das Gericht, an das zurückverwiesen worden ist, hat seiner Entscheidung die entscheidungserheblichen rechtlichen Beurteilungen des BAG in seiner zurückverweisenden Entscheidung zugrunde zu legen. 19

Vierter Unterabschnitt. Beschlussverfahren in besonderen Fällen

97 *Entscheidung über die Tariffähigkeit und Tarifzuständigkeit einer Vereinigung*

(1) In den Fällen des § 2a Abs. 1 Nr. 4 wird das Verfahren auf Antrag einer räumlich und sachlich zuständigen Vereinigung von Arbeitnehmern oder von Arbeitgebern oder der obersten Arbeitsbehörde des Bundes oder der obersten Arbeitsbehörde eines Landes, auf dessen Gebiet sich die Tätigkeit der Vereinigung erstreckt, eingeleitet.

(2) Für das Verfahren sind die §§ 80 bis 84, 87 bis 96a entsprechend anzuwenden.

(3) Die Vorschrift des § 63 über die Übersendung von Urteilen gilt entsprechend für die rechtskräftigen Beschlüsse von Gerichten für Arbeitssachen im Verfahren nach § 2a Abs. 1 Nr. 4.

(4) In den Fällen des § 2a Abs. 1 Nr. 4 findet eine Wiederaufnahme des Verfahrens auch dann statt, wenn die Entscheidung über die Tariffähigkeit und Tarifzuständigkeit darauf beruht, dass ein Beteiligter absichtlich unrichtige Angaben oder Aussagen gemacht hat. § 581 der Zivilprozessordnung findet keine Anwendung.

(5) Hängt die Entscheidung eines Rechtsstreits davon ab, ob eine Vereinigung **tariffähig** oder ob die **Tarifzuständigkeit** der Vereinigung gegeben ist, so hat das Gericht das Verfahren bis zur Erledigung des Beschlussverfahrens nach § 2a Abs. 1 Nr. 4 auszusetzen. Im Falle des Satzes 1 sind die Parteien des Rechtsstreits auch im Beschlussverfahren nach § 2a Abs. 1 Nr. 4 antragsberechtigt.

I. Überblick. § 2a Abs. 1 Nr. 4 weist mit der Tariffähigkeit und der Tarifzuständigkeit zwei für die Tarifautonomie zentrale Streitgegenstände dem arbeitsgerichtlichen Beschlussverfahren zu. Dies ist angesichts *des* hier herrschenden Untersuchungsgrundsatzes und der Möglichkeit sachgerecht, materiell Beteiligte von Amts wegen zum Verfahren hinzuzuziehen. § 97 enthält hierfür einige wenige Sonderregelungen: Der Kreis der möglichen **Antragsteller** wird **erweiternd** festgelegt (Abs. 1). Abs. 2 ordnet die Geltung der Regelungen des Beschlussverfahrens mit Ausnahme des § 85 an, der ohnehin keine praktische Bedeutung hätte, weil es hier stets um feststellende Erkenntnisse gehen wird[6]. Die Möglich- 1

---

1 Düwell/Lipke/*Bepler*, § 76 ArbGG Rz. 25. | 2 GMPM/*Müller-Glöge*, § 76 ArbGG Rz. 22. | 3 GK-ArbGG/*Ascheid*, § 96a Rz. 30. | 4 BAG v. 12.6.1996 – 4 ABR 1/95, AP Nr. 2 zu § 96a ArbGG 1979. | 5 Vgl. einerseits GMPM/*Matthes*, § 96a ArbGG Rz. 16; andererseits BAG v. 12.6.1996 – 4 ABR 1/95, AP Nr. 2 zu § 96a ArbGG 1979; GK-ArbGG/*Ascheid*, § 96a Rz. 31. | 6 GK-ArbGG/*Leinemann*, § 97 Rz. 2.

keiten einer **Wiederaufnahme** des Verfahrens werden in Abs. 3 **erweitert**. Schließlich wird festgelegt, dass für die Streitgegenstände des § 2a Abs. 1 Nr. 4 **keine Vorfragenkompetenz** besteht. Wo es auf Tariffähigkeit oder Tarifzuständigkeit ankommt, muss Verfahren oder Rechtsstreit ausgesetzt werden bis in einem Beschlussverfahren nach § 97 hierüber entschieden ist (Abs. 4).

2   **II. Entscheidung über Tariffähigkeit und Tarifzuständigkeit. 1. Tariffähigkeit.** Die Entscheidung über die Tariffähigkeit, also die rechtliche Möglichkeit, normativ wirkende TV mit dem sozialen Gegenspieler abschließen zu können[1], ist nur dann im besonderen Beschlussverfahren zu klären, wenn es um die Tariffähigkeit **von Vereinigungen** geht. Das Problem der – verbleibenden – Tariffähigkeit **einzelner ArbGeb** nach deren Beitritt zu einem tariffähigen Verband hat der Gesetzgeber offenbar **nicht** gesehen oder hielt seine gesonderte verfahrensrechtliche Behandlung nicht für geboten[2]. Im Rahmen des § 97 war bislang im Wesentlichen die Frage zu klären, ob eine bestimmte ArbN-Koalition auch eine tariffähige Gewerkschaft iSv. § 2 TVG ist[3]. Eine Festlegung der Begriffsmerkmale der Tariffähigkeit findet sich unter A III 2 des Gemeinsamen Protokolls über Leitsätze zum Vertrag über die Schaffung einer Klärungs-, Wirtschafts- und Sozialunion zwischen der Bundesrepublik Deutschland und der Deutschen Demokratischen Republik (**Erster Staatsvertrag**) vom 18.5.1990 (BGBl. II S. 537):

„*Tariffähige Gewerkschaften und Arbeitgeberverbände müssen frei gebildet, gegnerfrei, auf überbetrieblicher Grundlage organisiert und unabhängig sein sowie das geltende Tarifrecht als für sich verbindlich anerkennen; ferner müssen sie in der Lage sein, durch Ausüben von Druck auf den Tarifpartner zu einem Tarifabschluss zu kommen*".

3   Diese zumindest als wesentliche **Auslegungshilfe**[4] zu wertende Festlegung des Gesetzgebers geht, was die Voraussetzungen für einen tariffähigen ArbGebVerband angeht, wegen des auch hier geforderten Merkmals, Druck ausüben zu können, das herkömmlich als „**Mächtigkeit**" bezeichnet wird, über die ansonsten nur bestätigte ständige Rspr. des BAG[5] hinaus; nach seiner Auffassung[6] kommt es für die Tariffähigkeit von ArbGebVereinigungen nicht – besonders – auf deren Mächtigkeit an.

4   **2. Tarifzuständigkeit.** Die Tarifzuständigkeit bestimmt den fachlichen, betrieblichen, personellen und räumlichen **Geschäftsbereich** eines tariffähigen ArbN- oder ArbGebVerbandes, innerhalb dessen dieser TV abschließen kann. Sie richtet sich grundsätzlich nach dem in der **Verbandssatzung** selbst festgelegten Organisationsbereich, dessen Ausgestaltung und Änderung dem Verband freisteht (Art. 9 Abs. 3 GG)[7]. **Nur innerhalb** des verbandsautonom festgelegten Zuständigkeitsbereichs und für diesen oder einen Ausschnitt davon können tariffähige Verbände **wirksam TV** abschließen[8].

5   Zu Streitigkeiten über die Tarifzuständigkeit kann es insb. dadurch kommen, dass ein ArbGeb von einer Gewerkschaft unter Androhung von Arbeitskampfmaßnahmen aufgefordert wird, einen TV abzuschließen, und er der Auffassung ist, ein solcher TV könne mangels Tarifzuständigkeit nicht wirksam werden[9]. Nicht selten kommt es aber auch zu Auseinandersetzungen zwischen einzelnen Gewerkschaften um die Tarifzuständigkeit für bestimmte Betriebe oder Unternehmen[10]. In jüngerer Zeit hat außerdem die Frage eine Rolle gespielt, inwieweit die ArbGebVerbände einen Teil ihrer Mitglieder, sog. **OT-Mitglieder**, wirksam aus ihrer personellen Tarifzuständigkeit ausnehmen können[11].

6   **3. Mögliche Antragsteller.** § 97 Abs. 1 zählt für Verfahren nach § 2a Abs. 1 Nr. 4 mögliche Antragsberechtigte auf, zu denen bei einem solchen Verfahren veranlassenden Ausgangsrechtsstreit dessen Parteien kommen (Abs. 5). Dabei ist umstritten, ob diese Aufzählung grundsätzlich abschließend ist[12] oder ob auch **sonstige Antragsberechtigte** für einen solchen Antrag in Betracht kommen[13]. Für die zweite Auffassung spricht der Umstand, dass Abs. 1 nur die räumlich und sachlich zuständigen ArbN- und ArbGebVereinigungen anspricht, also Vereinigungen, die durch die Organisation, deren Tariffähigkeit oder Tarifzuständigkeit umstritten ist, im räumlichen oder sachlichen Bereich, in dem sie TV ab-

---

1 BVerfG v. 19.10.1966 – 1 BvL 24/65, AP Nr. 24 zu § 2 TVG. | 2 Zu dieser Fragestellung BAG v. 10.12.2002 – 1 AZR 96/02, AP Nr. 162 zu Art. 9 GG – Arbeitskampf unter B I 1 a aa mit zahlr. Nachw. auch zur Gegenauffassung. | 3 ZB BAG v. 25.11.1986 – 1 ABR 22/85, BAGE 53, 347 = AP Nr. 36 zu § 2 TVG; v. 6.6.2000 – 1 ABR 10/99, BAGE 95, 36 = AP Nr. 55 zu § 2 TVG. | 4 Hierzu BAG v. 6.6.2000 – 1 ABR 21/99, BAGE 95, 47 = AP Nr. 9 zu § 97 ArbGG 1979, unter B II 4 c d.Gr. mwN. | 5 Zuletzt zusammengefasst BAG v. 6.6.2000 – 1 ABR 10/99, BAGE 95, 36, 41 f. = AP Nr. 55 zu § 2 TVG, unter B II 1 d.Gr. mwN. | 6 BAG v. 20.11.1990 – 1 ABR 62/89, BAGE 66, 258 = AP Nr. 40 zu § 2 TVG. | 7 BAG v. 25.9.1996 – 1 ABR 4/96, BAGE 84, 166, 177 = AP Nr. 10 zu § 2 TVG – Tarifzuständigkeit, unter B III 1 d.Gr.; v. 14.12.1999 – 1 ABR 74/98, BAGE 93, 83, 91 f. = AP Nr. 14 zu § 2 TVG – Tarifzuständigkeit zu B III 2a d.Gr. | 8 BAG v. 27.11.1964 – 1 ABR 13/83, BAGE 16, 329 = AP Nr. 1 zu § 2 TVG – Tarifzuständigkeit. | 9 ZB BAG v. 22.11.1988 – 1 ABR 6/87, AP Nr. 5 zu § 2 TVG – Tarifzuständigkeit; v. 14.12.1999 – 1 ABR 74/98, BAGE 93, 83 = AP Nr. 14 zu § 2 TVG – Tarifzuständigkeit. | 10 ZB BAG v. 25.9.1996 – 1 ABR 4/96, BAGE 84, 166, 177 = AP Nr. 10 zu § 2 TVG – Tarifzuständigkeit; v. 12.11.1996 – 1 ABR 33/96, BAGE 84, 314 = AP Nr. 11 zu § 2 TVG – Tarifzuständigkeit. | 11 BAG v. 23.10.1996 – 4 AZR 409/95 (A), BAGE 84, 238 = AP Nr. 15 zu § 3 TVG – Verbandszugehörigkeit; vgl. auch einerseits Däubler/*Peter*, § 3 TVG Rz. 118 ff.; *Glaubitz*, FS für Dieter *Stege, 1997, S. 39*; auch Hanau/Kania, FS für Wolfgang Däubler, 1999, S. 437.; andererseits *Nicolai Besgen*, Mitgliedschaft im Arbeitgeberverband ohne Tarifbindung, 1998. | 12 So offenbar GK-ArbGG/*Leinemann*, § 97 Rz. 25 f., 31 f. | 13 GMPM/*Matthes*, § 97 ArbGG Rz. 15, 19.

schließen, betroffen sind[1]. Dadurch wird nicht nur deutlich gemacht, dass es sich bei diesen Antragstellern um **tariffähige Vereinigungen** handeln muss, also Gewerkschaften und ArbGebVerbände einschließlich ihrer Spitzenorganisationen, soweit sie tariffähig sind, sowie Innungen und Innungsverbände. Das Erfordernis der räumlichen und sachlichen Zuständigkeit der möglichen Antragsteller zeigt auch, dass hier die **Verbände, um deren Tariffähigkeit** oder Tarifzuständigkeit gestritten wird, **nicht angesprochen** sind. Bei ihnen macht eine solche einschränkende Antragsvoraussetzung keinen Sinn. Für diese Vereinigungen sowie **einzelne ArbGeb**, die ebenfalls in § 97 Abs. 1 nicht genannt werden, besteht vielmehr über § 2a Abs. 1 Nr. 4 nach den **allgemeinen Regeln**, insb. des § 81, die Möglichkeit, im Beschlussverfahren eine etwa bestrittene Tariffähigkeit oder die Reichweite von Tarifzuständigkeiten klären zu lassen[2].

Die **oberste Arbeitsbehörde** des Bundes, also der Bundesminister für Wirtschaft und Arbeit, ist nach § 97 Abs. 1 antragsbefugt, wenn die Tätigkeit des umstrittenen Verbandes sich über das Gebiet eines Bundeslandes hinaus erstreckt oder insoweit eine dieses **Gebiet übergreifende Tarifzuständigkeit** im Streit steht. Ansonsten besteht die Antragsbefugnis für die Arbeits- und/oder Sozialminister der betroffenen Bundesländer. 7

4. Weitere Beteiligte. Im Verfahren um die Tariffähigkeit oder Tarifzuständigkeit einer Vereinigung sind neben dem Antragsteller von Amts wegen alle diejenigen zu beteiligen, deren materielle **Rechtsstellung** durch die bevorstehende Entscheidung **unmittelbar betroffen** sein kann[3]. Dies sind zunächst die Vereinigungen selbst, um deren Tariffähigkeit oder Tarifzuständigkeit es geht. Darüber hinaus sind es konkurrierende Organisationen, deren TV verdrängt werden könnten oder ArbGeb und ArbGebVerbände, deren – **beabsichtigte** – TV in ihrer Wirksamkeit **von** der beabsichtigten **Entscheidung betroffen** sind. Ohne eine solche Beziehung zu der umstrittenen Vereinigung fehlt eine Beteiligtenfähigkeit[4]. 8

Nach Auffassung des BAG sind die **obersten Arbeitsbehörden** des Bundes oder eines Bundeslandes in dem jeweilig durch § 97 Abs. 1 bestimmten Zuständigkeitsbereich zwar in jeder Fallkonstellation mögliche Antragsteller. Wenn sie einen Antrag nicht gestellt haben, sollen sie **nur** dann zu beteiligen sein, wenn es darum geht, mit Wirksamkeit gegenüber jedermann (Rz. 15) die **Tariffähigkeit** einer Vereinigung festzustellen oder zu verneinen[5]. Wird dagegen nur um die Tarifzuständigkeit einer Vereinigung für bestimmte Betriebe und Unternehmen gestritten, sollen weder die obersten Arbeitsbehörden noch die Spitzenorganisationen auf ArbGeb- oder ArbN-Seite materiell beteiligt sein[6]. Diese Rechtsauffassung ist **zweifelhaft**. Der Gesetzgeber hat den obersten Arbeitsbehörden durch die Zuweisung der Antragsbefugnis eine **Wächterstellung** für zentrale Fragen der Tarifautonomie zugewiesen. Dem sollte auch nach anderweitiger Verfahrenseinleitung durch Beteiligung Rechnung getragen werden[7]. 9

5. Zulässigkeit des Antrags. Für die Antragstellung **örtlich zuständig** ist das ArbG, in dessen Bezirk die umstrittene Vereinigung ihren **Sitz** hat. Der Antrag, der im Allgemeinen auf die Feststellung der fehlenden Tariffähigkeit oder der Tarifunzuständigkeit einer Vereinigung für einen bestimmten Betrieb, ein Unternehmen oder eine Branche gerichtet sein wird, ist nur dann zulässig, wenn für ihn ein § 256 ZPO entsprechendes **Feststellungsinteresse** besteht. Dies ist immer dann der Fall, wenn die Tariffähigkeit oder Tarifzuständigkeit allgemein oder im Einzelfall umstritten oder aus sonstigen tatsächlichen Gründen – insb. aus der Sicht einer obersten Arbeitsbehörde – klärungsbedürftig sind. 10

6. Bedeutung des DGB-Schiedsverfahrens. Für die Feststellung der Tarifzuständigkeit im Konflikt **zwischen Einzelgewerkschaften** des Deutschen Gewerkschaftsbundes sieht § 16 der DGB-Satzung ein Vermittlungs- und Schiedsverfahren vor, das unter den beteiligten Einzelgewerkschaften die **Wirkungen** eines rechtskräftigen **Urteils** haben soll: Es ist im Ergebnis auch für einen ArbGeb oder ArbGebVerband verbindlich, was die für ihn zuständige DGB-Gewerkschaft angeht[8]. Auch die Gerichte haben die auf der Grundlage der **Koalitionsfreiheit** durch die DGB-Schiedsstelle in **authentischer Interpretation** und ggfls. Ergänzung der Einzelsatzungen festgestellte Zuständigkeit als verbindlich hinzunehmen, es sei denn die Schiedsstelle hätte selbst unter Berücksichtigung des ihr zustehenden **Beurteilungsspielraums** eine Satzung im Sinne einer Zuständigkeitserweiterung **ergänzt**[9]. 11

Schon im Hinblick hierauf **schließt** die Existenz der **Schiedsstelle** nach § 16 der DGB-Satzung oder ein Spruch von ihr die **Zulässigkeit** des Antrages einer DGB-Gewerkschaft **nicht** aus, die eigene Tarif- 12

---

1 Hierzu GK-ArbGG/*Leinemann*, § 97 Rz. 23 f. | 2 GMPM/*Matthes*, § 97 ArbGG Rz. 19; im Ergebnis auch – teilweise über § 97 Abs. 1: GK-ArbGG/*Leinemann*, § 97 Rz. 27, 31; BAG v. 25.11.1986 – 1 ABR 22/85, BAGE 53, 347, 351 = AP Nr. 36 zu § 2 TVG; v. 10.5.1989 – 4 AZR 80/89, BAGE 62, 44 = AP Nr. 6 zu § 2 TVG – Tarifzuständigkeit. | 3 BAG v. 25.9.1996 – 1 ABR 4/96, BAGE 84, 166, 176 = AP Nr. 10 zu § 2 TVG – Tarifzuständigkeit, unter B I 1 d.Gr.; v. 14.12.1999 – 1 ABR 44/98, BAGE 93, 83, 89 = AP Nr. 14 zu § 2 TVG – Tarifzuständigkeit, unter B I d.Gr. | 4 BAG v. 14.12.1999 – 1 ABR 74/98, BAGE 93, 83, 89 = AP Nr. 14 zu § 2 TVG – Tarifzuständigkeit, unter B I d.Gr. | 5 So BAG v. 25.11.1986 – 1 ABR 22/85, BAGE 53, 347 = AP Nr. 36 zu § 2 TVG; auch insoweit kritisch GK-ArbGG/*Leinemann*, § 97 Rz. 36, 71. | 6 BAG v. 25.9.1996 – 1 ABR 4/96, BAGE 84, 166, 175 = AP Nr. 10 zu § 2 TVG – Tarifzuständigkeit; v. 14.12.1999 – 1 ABR 74/98, BAGE 93, 83, 89 = AP Nr. 14 zu § 2 TVG – Tarifzuständigkeit Nr. 14. | 7 Ähnlich wohl GMPM/*Matthes*, § 97 ArbGG Rz. 23. | 8 Zuletzt BAG v. 14.12.1999 – 1 ABR 74/98, BAGE 93, 83 = AP Nr. 14 zu § 2 TVG – Tarifzuständigkeit. | 9 BAG v. 25.9.1996 – 1 ABR 4/96, BAGE 84, 166 = AP Nr. 10 zu § 2 TVG – Tarifzuständigkeit.

zuständigkeit im Verhältnis zu einer anderen DGB-Gewerkschaft festzustellen, zumal solche Konflikte im Allgemeinen unter Beteiligung von einzelnen ArbGeb oder ArbGebVerbänden stattfinden[1].

13 Eine für die ArbGebSeite verbindliche Festlegung der Tarifzuständigkeit kann sich auch aus einer **im Schiedsstellenverfahren** getroffenen und deshalb verbindlichen **Übereinkunft** der beteiligten Gewerkschaften ergeben[2], nicht jedoch aus einer – unverbindlichen – Unzuständigkeitserklärung einer DGB-Gewerkschaft außerhalb eines Schiedsverfahrens[3].

14 Ein Schiedsverfahren wird vielfach dann in Betracht kommen, wenn sich die in den Satzungen festgelegten **Organisationsbereiche** einzelner DGB-Gewerkschaften **überschneiden**. Solange hier eine – nicht erzwingbare – Klärung durch die DGB-Schiedsstelle nicht erfolgt ist, bleibt es bei der Zuständigkeit der **Gewerkschaft**, die **vor** Entstehen der **Konkurrenzsituation** als zuständig angesehen worden war[4].

15 **7. Rechtskraft und Entscheidungsübersendung.** Entscheidungen über die Tariffähigkeit und Tarifzuständigkeit, die stets durch die **Kammer** mit voller Besetzung zu treffen sind, erwachsen wie jeder Beschluss im Beschlussverfahren in materielle Rechtskraft. Dabei geht das BAG bislang zu Recht davon aus, dass sich die Rechtskraftwirkung einer Entscheidung über die Tariffähigkeit einer Organisation über den Kreis der am Beschlussverfahren Beteiligten hinaus erstreckt und die **rechtskräftige Feststellung** der **Tariffähigkeit** oder ihres Fehlens **gegenüber jedermann** wirkt[5]. Entscheidungen über die Tarifzuständigkeit wirken grundsätzlich nur zwischen den am Verfahren materiell Beteiligten, woraus sich auch deren **zwingende präjudizielle Wirkung** auf ein im Hinblick auf das Beschlussverfahren ausgesetztes **Hauptsacheverfahren** und dessen Parteien oder Beteiligte ergibt.

16 Nach Eintritt der Rechtskraft des Beschlusses eines Gerichts für Arbeitssachen über die Tariffähigkeit oder Tarifzuständigkeit einer Vereinigung ist diese Entscheidung entsprechend § 63 der zuständigen obersten Landesbehörde **und** dem Bundesministerium für Wirtschaft und Arbeit in vollständiger Form schriftlich zu übersenden (§ 97 Abs. 3).

17 § 97 Abs. 4 **erleichtert** die **Durchbrechung der Rechtskraft** von Beschlüssen über die Tariffähigkeit und Tarifzuständigkeit einer Vereinigung: Es genügt für eine Wiederaufnahme nach §§ 579, 580 ZPO, dass ein Beteiligter absichtlich unrichtige Angaben oder Aussagen gemacht hat. Dass diese Aussagen unter Eid gemacht wurden, ist nicht erforderlich. Soweit die Wiederaufnahme mit einer Straftat begründet werden soll, ist nicht erforderlich, dass insoweit eine rechtskräftige Verurteilung erfolgt ist, oder die Einleitung oder Durchführung des Strafverfahrens aus anderen Gründen als wegen des Mangels an Beweisen nicht erfolgen kann; § 581 ZPO ist unanwendbar.

18 **III. Tariffähigkeit und Tarifzuständigkeit als vorgreifliche Rechtsfragen (Abs. 5).** Alle Rechtsstreitigkeiten sind zur Durchführung eines Verfahrens nach § 97 von Amts wegen **auszusetzen**, für deren Entscheidung es darauf ankommt, ob eine ArbGeb- oder ArbN-Vereinigung tariffähig oder in einem bestimmten Bereich tarifzuständig ist oder ihre Tariffähigkeit insoweit wirksam beschränkt hat. Dies gilt **auch** für Rechtsstreitigkeiten **außerhalb der Arbeitsgerichtsbarkeit**, insb., aber nicht nur, für personalvertretungsrechtliche Streitigkeiten vor den VerwG[6]. Diese unabdingbare Pflicht gilt nur **nicht** in Verfahren auf Erlass einer **einstweiligen Verfügung**; hier muss das angerufene Gericht – vorläufig – selbst über Tariffähigkeit oder Tarifzuständigkeit mit erkennen, falls es hierauf für die Bescheidung des gestellten Eilantrages ankommt.

19 Eine **Aussetzung** zur Durchführung eines Verfahrens nach § 97, die grundsätzlich in jedem Stadium des Verfahrens geboten ist[7], hat allerdings zu **unterbleiben**, wenn die Tarifzuständigkeit oder Tariffähigkeit nicht umstritten ist **und** beim erkennenden Gericht auch insoweit **keine Bedenken** bestehen. Darüber hinaus bedarf es auch dann keiner Aussetzung, wenn über Tariffähigkeit oder Tarifzuständigkeit einer Vereinigung bereits in einer die Parteien oder Beteiligten des Hauptsacheverfahrens bindenden Weise **rechtskräftig entschieden** ist, oder schließlich die Frage der Tariffähigkeit oder Tarifzuständigkeit nicht (mehr) vorgreiflich ist, etwa deshalb, weil der gestellte **Sachantrag**, für den es hierauf angekommen wäre, **unzulässig (geworden) ist**[8].

20 Hat das Hauptsachegericht zu Unrecht das Verfahren nicht nach § 97 Abs. 5 ausgesetzt, kann dies als **Verfahrensmangel** geltend gemacht werden. Ein Aussetzungsbeschluss des ArbG ist nach § 78 ArbGG iVm. §§ 567 ff. ZPO **anfechtbar**. Eine **Überprüfung** des Aussetzungsbeschlusses durch das ArbG, das über das **Verfahren** nach § 97 zu entscheiden hat, scheidet jedoch aus.

---

1 Vgl. nur BAG v. 25.9.1996 – 1 ABR 4/96, BAGE 83, 166 = AP Nr. 10 zu § 2 TVG – Tarifzuständigkeit; v. 12.11.1996 – 1 ABR 33/96, BAGE 94, 83 = AP Nr. 14 zu § 2 TVG – Tarifzuständigkeit; aA offenbar GK-ArbGG/*Leinemann*, § 97 Rz. 48. |2 BAG v. 14.12.1999 – 1 ABR 74/98, BAGE 93, 83 = AP Nr. 14 zu § 2 TVG – Tarifzuständigkeit. |3 BAG v. 22.11.1988 – 1 ABR 6/87, AP Nr. 5 zu § 2 TVG – Tarifzuständigkeit. |4 BAG v. 12.11.1996 – 1 ABR 33/96, BAGE 84, 314 = AP Nr. 11 zu § 2 TVG – Tarifzuständigkeit. |5 BAG v. 25.11.1986 – 1 ABR 22/85, BAGE 53, 347 = AP Nr. 36 zu § 2 TVG – Tarifzuständigkeit; ebenso GMPM/*Matthes*, § 97 ArbGG Rz. 28 mwN; aA GK-ArbGG/*Leinemann*, § 97 Rz. 71. |6 Hauck/Helml/*Hauck*, § 97 ArbGG Rz. 8; GK-ArbGG/*Leinemann*, § 97 Rz. 60; GMPM/*Matthes*, § 97 ArbGG Rz. 11; ErfK/*Eisemann*, § 97 ArbGG Rz. 6. |7 BAG v. 23.10.1996 – 4 AZR 409/95 (A), AP Nr. 15 zu § 3 TVG – Verbandszugehörigkeit. |8 BAG v. 25.9.1996 – 1 ABR 25/96, AP Nr. 4 zu § 97 ArbGG 1979.

98 Entscheidung über die Besetzung der Einigungsstelle

(1) In den Fällen des § 76 Abs. 2 Satz 2 und 3 des Betriebsverfassungsgesetzes entscheidet der Vorsitzende allein. Wegen fehlender Zuständigkeit der Einigungsstelle können die Anträge nur zurückgewiesen werden, wenn die Einigungsstelle offensichtlich unzuständig ist. Für das Verfahren gelten die §§ 80 bis 84 entsprechend. Die Einlassungs- und Ladungsfristen betragen 48 Stunden. Ein Richter darf nur dann zum Vorsitzenden einer Einigungsstelle bestellt werden, wenn aufgrund der Geschäftsverteilung ausgeschlossen ist, dass er mit der Überprüfung der Auslegung oder der Anwendung des Spruchs der Einigungsstelle befasst wird. Der Beschluss des Vorsitzenden soll den Beteiligten innerhalb von zwei Wochen nach Eingang des Antrags zugestellt werden; er ist den Beteiligten spätestens innerhalb von vier Wochen nach diesem Zeitpunkt zuzustellen.

(2) Gegen die Entscheidungen des Vorsitzenden findet die Beschwerde an das Landesarbeitsgericht statt. Die Beschwerde ist innerhalb einer Frist von zwei Wochen einzulegen und zu begründen. Für das Verfahren gelten § 87 Abs. 2 und 3 und die §§ 88 bis 90 Abs. 1 und 2 sowie § 91 Abs. 1 und 2 entsprechend mit der Maßgabe, dass an die Stelle der Kammer des Landesarbeitsgerichts der Vorsitzende tritt. Gegen dessen Entscheidungen findet kein Rechtsmittel statt.

Lit.: *Pünnel/Isenhardt*, Die Einigungsstelle des BetrVG 1972, 4. Aufl. 1997, S. 8 ff.

1 Betriebliche Regelungen mitbestimmungspflichtiger Angelegenheiten, insb. nach § 87 Abs. 1 BetrVG, kommen nur bei Übereinstimmung der Betriebsparteien zustande. Zur im betrieblichen Interesse liegenden zügigen Auflösung eines Dissenses sieht § 76 BetrVG das Verfahren vor der **Einigungsstelle** vor. Die Einigungsstelle ist mit einem unparteiischen Vorsitzenden und einer gleichen Anzahl von Beisitzern besetzt, die vom ArbGeb und vom BR zu benennen sind[1]. § 98 stellt ein besonders **beschleunigtes Beschlussverfahren** für den Fall zur Verfügung, dass sich die Betriebsparteien über die Person des Vorsitzenden und die Zahl der von jeder Seite zu benennenden Beisitzer nicht einigen. Es geht hier weder um die materielle Regelungsfrage, noch um das Verfahren vor der Einigungsstelle[2], noch um die inhaltliche Kontrolle des Spruchs der Einigungsstelle[3]. Hierüber ist jeweils im allgemeinen Beschlussverfahren nach § 80 bis § 96a zu entscheiden.

2 Das besondere Beschlussverfahren nach § 98 dient dazu, ein **unverzügliches Tätigwerden** der Einigungsstelle (§ 76 Abs. 3 Satz 1 BetrVG) zu ermöglichen: Das Verfahren, an dem regelmäßig nur der ArbGeb und der BR zu **beteiligen** sind, wird durch einen **nicht fristgebundenen** Antrag eingeleitet. **Antragsbefugt** ist, wer die Einigungsstelle anrufen kann[4]. Dies sind regelmäßig **beide Betriebsparteien**[5], wobei auf Seiten des BR je nach Zuständigkeit auch der GesamtBR oder der KonzernBR antragsbefugt sein kann; eine besondere Antragsbefugnis an Stelle des EinzelBR ergibt sich für den GesamtBR aus § 47 Abs. 6 BetrVG und für dem KonzernBR nach § 55 Abs. 4 BetrVG. Es kommt aber auch eine Antragsbefugnis **nur des ArbGeb**[6] oder **nur des BR**[7] vor. Der Antrag sollte die **Person** des vom Antragsteller gewünschten Einigungsstellen-Vorsitzenden namentlich bezeichnen und die angestrebte **Zahl** der Beisitzer benennen, muss dies aber nicht[8]. Notwendig ist die Benennung des **Regelungsbereichs**, in dem die Einigungsstelle tätig werden soll, also zB die Festlegung eines Schichtplanes für eine bestimmte Abteilung. Der im Antrag beschriebene Gegenstand kann nicht durch **Widerantrag** verändert oder erweitert werden[9].

3 Der Antrag muss auch **begründet** werden (§ 253 Abs. 2 Nr. 2 ZPO). Es ist darzulegen, um die Regelung welcher konkreten **Angelegenheit** der notwendigen Mitbest. es geht (§ 76 Abs. 5 BetrVG), oder in welcher bestimmten Angelegenheit sich die Betriebspartner geeinigt haben, eine **freiwillige Einigungsstelle** nach § 76 Abs. 6 BetrVG zu errichten. Weiter ist das Rechtsschutzinteresse für den Antrag näher darzulegen. Es besteht, wenn der betriebliche Gegenspieler Verhandlungen zum Regelungsgegenstand von vornherein verweigert hat oder ernsthafte **Verhandlungen** in der Sache und über die Besetzung der Einigungsstelle **gescheitert** sind[10].

4 Das **gerichtliche Verfahren** zur Entscheidung über den Antrag richtet sich zunächst nach § 80 bis § 84; ein **einstweiliges Verfügungsverfahren** nach § 85 Abs. 2 ist damit **ausgeschlossen**[11]. Über die Besetzung der Einigungsstelle ist nach § 83 Abs. 1 grundsätzlich **mündlich** vor dem Vorsitzenden der Kammer allein zu **verhandeln**, die Beteiligten sind anzuhören. Eine Entscheidung ohne mündliche Verhandlung ist

---

1 Zur – allenfalls geringen – Bindung der Betriebsparteien bei der Auswahl dieser Beisitzer: *Fitting*, BetrVG § 76 Rz. 10; Jäger/Röder/Heckelmann/*Trappehl/Wolff*, Praxis-Handbuch Betriebsverfassungsrecht, Kap. 8 Rz. 22, jeweils mwN. | 2 Hierzu *Hennige*, Das Verfahrensrecht der Einigungsstelle, 1995; *I. Schmidt*, Einigungsstellen vor *Gericht*, in JbArbR, Bd. 40 (2003), S. 121 ff. | 3 Hierzu zuletzt BAG v. 6.5.2003 – 1 ABR 11/02, ZIP 2003, 2266; sowie *Richardi*, § 76 BetrVG Rz. 114 ff. mwN. | 4 Hauck/Helml/*Hauck*, § 98 ArbGG Rz. 2. | 5 §§ 39 Abs. 1, 87 Abs. 2, 91, 94 Abs. 1, 95 Abs. 2, 97 Abs. 2, 98 Abs. 4, 109, 112 Abs. 2, 116 Abs. 3 Nr. 2, 4 und 8 BetrVG sowie im freiwilligen Einigungsstellenverfahren nach § 76 Abs. 6 BetrVG. | 6 §§ 37 Abs. 6 Satz 5, 38 Abs. 2 Satz 4, 95 Abs. 1 Satz 2 BetrVG. | 7 § 85 Abs. 2 BetrVG. | 8 ErfK/*Eisemann*, § 98 ArbGG Rz. 3; GK-ArbGG/*Leinemann*, § 98 Rz. 41; aA Düwell/Lipke/*Koch*, § 98 ArbGG Rz. 11. | 9 Sächsisches LAG v. 12.10.2001 – 3 TaBV 22/01, LAGE § 98 ArbGG 1979 Nr. 37a; GK-ArbGG/*Leinemann*, § 98 Rz. 20. | 10 LAG BW v. 16.10.1991 – 12 TaBV 10/91, LAGE § 98 ArbGG 1990 Nr. 21. | 11 Ebenso Düwell/Lipke/*Koch*, § 98 ArbGG Rz. 15; GK-ArbGG/*Leinemann*, § 98 Rz. 9 mwN; aA J.H. *Bauer*, NZA 1992, 433, 436; *Bertelsmann*, AR-Blattei, Arbeitsgerichtsbarkeit XII A 3.d.

nur möglich, wenn alle Beteiligten hiermit einverstanden sind (§ 83 Abs. 4 Satz 2). Zur besonderen Beschleunigung des Verfahrens nach § 98, für das wie allgemein der **Untersuchungsgrundsatz** gilt[1], sind die Ladungs- und Einlassungsfristen von Gesetzes wegen auf 48 Stunden verkürzt mit dem – allerdings kaum erreichbaren – Ziel, die Entscheidung über die Besetzung der Einigungsstelle, die **der Vorsitzende der Kammer stets allein** zu treffen hat, innerhalb von zwei Wochen seit Antragseingang zustellen zu können. Das besondere Eilverfahren des § 98 **schließt** trotz der an sich umfassenden Verweisung in Abs. 1 Satz 3 die Durchführung eines **Gütetermins** nach § 80 Abs. 2 Satz 3 **aus**[2]. Aus dem selben Grund ist auch die **Aussetzung des Bestellungsverfahrens** mit der Begründung **ausgeschlossen**, es sei ein Beschlussverfahren über die Frage anhängig, ob in der Angelegenheit, in der die Einigungsstelle tätig werden solle, überhaupt ein MitbestR bestehe[3]. Im Verfahren nach § 98 hat der **Vorsitzende** anhand des Prüfungsmaßstabes der **nicht offensichtlichen Unzuständigkeit** (Rz. 5 f.) **durchzuentscheiden**.

5 **Gegenstand der Entscheidung**, die der Vorsitzende der Kammer nach § 98 zu treffen hat, ist allein die Bestimmung des unparteiischen Vorsitzenden der Einigungsstelle und/oder – je nach dem Verhandlungsstand der Betriebspartner im Vorfeld und dem gestellten Antrag – der Zahl der Beisitzer von jeder Seite. Er hat **weder positiv noch negativ** über die **Zuständigkeit** der Einigungsstelle für den angesprochenen Regelungsgegenstand zu befinden. Insoweit ist seine Entscheidung auch **nicht der Rechtskraft** fähig. Er kann einen zulässigen Besetzungsantrag nur dann **zurückweisen**, wenn die Einigungsstelle **offensichtlich unzuständig** ist (Satz 2), wenn also nach seiner fachkundigen Beurteilung sofort erkennbar ist, dass ein MitbestR unter keinem rechtlichen Gesichtspunkt in Frage kommt (§ 76 Abs. 5 BetrVG), es offensichtlich ist, dass das erforderliche Einvernehmen der Betriebsparteien in ein freiwilliges Einigungsstellenverfahren fehlt oder für den von den Betriebsparteien übereinstimmend angestrebten Regelungsgegenstand offensichtlich keine betriebsverfassungsrechtliche Regelungsbefugnis besteht (§ 76 Abs. 6 BetrVG). Bei jedem **rechtlichen Zweifel** ist die Einigungsstelle **einzurichten** und zu besetzen; **tatsächliche Zweifelsfragen** sind **aufzuklären**[4]. Im Hinblick auf das besondere Eilverfahren des § 98 gilt nicht nur für die Frage der Zuständigkeit, sondern auch für die Übrigen in diesem Verfahren zu entscheidenden Fragen der **Maßstab der Offensichtlichkeit**[5].

6 Der Einwand, es fehle für die Besetzung einer Einigungsstelle an einer mitbestimmungspflichtigen Angelegenheit, kann nur ausnahmsweise Erfolg haben, nämlich etwa dann, wenn nach ständiger, nicht ernsthaft angefochtener **höchstrichterlicher Rspr.** für den angestrebten Regelungsgegenstand **kein MitbestR** in Frage kommt; gibt es insoweit keine höchstrichterliche Rspr. und erscheint die Annahme eines MitbestR zumindest vertretbar, ist die Einigungsstelle nicht offensichtlich unzuständig[6]. Die gerichtliche Einrichtung einer Einigungsstelle scheidet auch dann aus, wenn zu dem angestrebten Regelungsgegenstand **bereits** eine voll wirksame und **ungekündigte BV** besteht[7], es für den Regelungsgegenstand zweifelsfrei eine einschlägige und **umfassende tarifliche Regelung** gibt oder der antragstellende **BR** offensichtlich nicht oder **nicht** mehr **im Amt** ist, weil seine Wahl nichtig oder wirksam angefochten worden ist[8]. Demgegenüber ist es Sache der vom ArbG zu bestellenden Einigungsstelle, sich über bestehende Zweifel an der eigenen Zuständigkeit selbst Klarheit zu verschaffen oder festzustellen, inwieweit sich aus einer Betriebsänderung ausgleichswürdige Nachteile für Belegschaftsmitglieder ergeben[9].

7 Hat der Vorsitzende der Kammer die **Vorfrage** dahin beantwortet, der Errichtung der Einigungsstelle stünden weder deren offensichtliche Unzuständigkeit noch sonstige offenkundige Mängel entgegen, hat er über die **Besetzungsanträge** zu entscheiden. Hat der Antragsteller eine bestimmte **Person** als unparteiischen Vorsitzenden **benannt**, ist das ArbG zwar nicht in dem Sinne an diese Benennung gebunden, das es dem Antrag nur entsprechen oder ihn zurückweisen kann[10]. Bevor es jedoch eine andere Person zum unparteiischen Vorsitzenden bestellt, muss es zumindest prüfen, ob und wenn ja welche Einwände gegen den Vorgeschlagenen erhoben werden. Eine völlige **Freiheit** bei der Auswahl des unparteiischen Vorsitzenden besteht **nicht**[11]. Das Gericht kann aber bereits dann von dem Vorschlag abweichen, wenn ihm die Einwände ernsthaft und nicht nur vorgeschoben erscheinen, weil dann bei einer Bestellung des Vorgeschlagenen der **Erfolg** der Einigungsstelle von vornherein **in Frage** steht[12].

---

1 § 83 Abs. 1 Satz 1; LAG Düsseldorf v. 10.12.1997 – 12 TaBV 61/97, LAGE § 98 ArbGG 1979 Nr. 31. | 2 § 80 Rz. 8 mwN. | 3 BAG v. 24.11.1981 – 1 ABR 42/79, AP Nr. 11 zu § 76 BetrVG 1972; *Fitting*, § 76 BetrVG Rz. 11; *Pünnel/Isenhardt*, S. 13 f. mwN zur teilweise divergierenden Rspr. der LAG. | 4 ZB LAG Düsseldorf v. 10.12.1997 – 12 TaBV 61/97, LAGE § 98 ArbGG 1979 Nr. 31; zum in Nuancen umstrittenen Prüfungsmaßstab im Bestellungsverfahren: GK-ArbGG/*Leinemann*, § 98 Rz. 29; ErfK/*Eisemann*, § 98 ArbGG Rz. 3; Düwell/Lipke/*Koch*, § 98 ArbGG Rz. 17; GMPM/*Matthes*, § 98 ArbGG Rz. 11, jeweils mwN. | 5 LAG Hamburg v. 2.11.1988 – 4 TaBV 6/88, LAGE § 98 ArbGG 1979 Nr. 16; Jaeger/Röder/Heckelmann/*Trappehl/Wolff*, Praxishandbuch Betriebsverfassungsrecht, Kapitel 8, Rz. 21 mwN. auch zur Gegenauffassung. | 6 LAG Nürnberg v. 21.9.1992 – 7 TaBV 29/92; LAG Köln v. 5.12.2001 – 7 TaBV 71/01, LAGE § 98 ArbGG 1979 Nr. 23, 38; noch enger GK-ArbGG/*Leinemann*, § 98 Rz. 38. | 7 LAG Düsseldorf v. 9.9.1977 – 8 TaBV 27/77, LAGE § 76 BetrVG 1972 Nr. 12. | 8 LAG Hamburg v. 2.11.1988 – 4 TaBV 6/88, LAGE § 98 ArbGG 1979 Nr. 16. | 9 LAG Hamburg v. 4.7.1991 – 1 TaBV 2/91, LAGE § 98 ArbGG 1979 Nr. 22. | 10 So nur Düwell/Lipke/*Koch*, § 98 ArbGG Rz. 18. | 11 AA ErfK/*Eisemann*, § 98 ArbGG Rz. 5; GMPM/*Matthes*, § 98 ArbGG Rz. 25. | 12 LAG Hess. v. 23.6.1988 – 12 TaBV 66/88, LAGE § 98 *ArbGG 1979* Nr. 12; enger LAG Schl.-Holst. v. 23.6.1989 – 6 TaBV 23/89, LAGE § 98 ArbGG 1979 Nr. 17; LAG Hamburg v. 8.5.1995 – 7 TaBV 2/95, LAGE § 98 ArbGG 1990 Nr. 29; GK-ArbGG/*Leinemann*, § 98 Rz. 42.

In jedem Fall müssen alle Beteiligten vom Gericht angehört werden, will es einen anderen als den Vorgeschlagenen zum Vorsitzenden bestellen.

Soll – wie üblich – ein **Richter der Arbeitsgerichtsbarkeit** zum Vorsitzenden der Einigungsstelle bestellt werden, bedarf dieser einer **Nebentätigkeitsgenehmigung**. Dabei, wie auch bei der Bestellung selbst, ist darauf zu achten, dass auf Grund der Geschäftsverteilung des Gerichtes ausgeschlossen ist, dass der Richter mit der Überprüfung, der Auslegung oder der Anwendung eines Spruchs der Einigungsstelle befasst wird (Abs. 1 Satz 5). Aus dieser gesetzlichen Regelung ergibt sich ohne weiteres, dass eine Tätigkeit als Einigungsstellenvorsitzender auch in einem Betrieb des **eigenen Gerichtsbezirks** möglich ist. Die vom Gesetz geforderte Verhinderung einer Nachbefassung durch die **Geschäftsverteilung** ist aber in aller Regel nur dann sichergestellt, wenn sich die Kammerzuständigkeit des betreffenden Gerichts nach dem Alphabet und dem Namen der am Verfahren beteiligten ArbGeb richtet, und das Einigungsstellenverfahren bei einem ArbGeb durchgeführt werden soll, für den der zu bestellenden Vorsitzende hiernach nicht zuständig ist.

Die Beteiligten können wegen der Person des unparteiischen Vorsitzenden ebenso wie wegen der Zahl der von jeder Seite zu benennenden Beisitzer einen **gerichtlichen Vergleich** nach § 83a schließen. Was die **Zahl der Beisitzer** angeht, hat sich in der Praxis als Ausgangspunkt eine Besetzung mit jeweils **zwei Beisitzern** bewährt[1]. Einige LAG gehen aber auch von einem Regelsatz von drei oder einem Beisitzer pro Seite aus. Entscheidend ist stets der **Einzelfall**, wobei insb. die Schwierigkeit des Regelungsgegenstandes, die Zahl und die Art der vom Regelungsgegenstand betroffenen ArbN-Gruppen, die Kosten des Einigungsstellenverfahrens und die Leistungsfähigkeit des ArbGeb sowie sonstige betriebliche Rahmenbedingungen von Bedeutung sein können. Dabei ist das ArbG auch hinsichtlich der **Zahl der Beisitzer nicht** an die Antragstellung **gebunden**[2]. Die Umstände des Einzelfalles können auch einmal dafür sprechen, dass das Gericht eine größere als die vom Antragsteller vorgesehene Zahl der Beisitzer bestellt[3].

Weder der vom Gericht eingesetzte Vorsitzende, noch die von den Betriebsparteien frei auszuwählenden Beisitzer, wobei auf BR-Seite ein förmlicher Beschluss erforderlich ist[4], müssen das **Amt** in der Einigungsstelle **übernehmen**. Lehnt dies der zum Vorsitzenden Bestellte ab, muss ggfls. ein neues Verfahren nach § 98 durchgeführt werden[5]. Eine gerichtliche **Abberufung** des bestellten Vorsitzenden ist nicht möglich. Die Betriebspartner können aber übereinstimmend das bisherige Einigungsstellenverfahren erledigen und sich auf einen neuen Vorsitzenden für ein neues Verfahren einigen.

Ist die Einigungsstelle durch Beschluss nach § 98 bestellt, kann es über den **Regelungsstreit** entscheiden, für den es **bestellt** worden ist. Darüber hinaus gehende Regelungen durch die Einigungsstelle sind nur dann möglich, wenn die Betriebsparteien die Einigungsstelle hierzu im laufenden Verfahren ermächtigen. Bestehen trotz der Bestellung der Einigungsstelle bei einer der Betriebsparteien weiterhin **Zweifel an der Zuständigkeit** der Einigungsstelle, kann dies nicht nur **vor** die **Einigungsstelle** gebracht, sondern auch in einem **gesonderten Beschlussverfahren** nach § 80 bis § 96a durch einen negativen Feststellungsantrag geklärt werden. Dieser Antrag kann **parallel** zum Einigungsstellenverfahren verfolgt werden, die Entscheidung hierüber ist für das Einigungsstellenverfahren aber **nicht vorgreiflich**. Darüber hinaus kann die Zuständigkeitsfrage bei der Anfechtung des Einigungsstellenspruchs nach § 76 Abs. 5 BetrVG mit aufgeworfen werden.

Die Entscheidung des ArbG nach § 98 kann durch eine Beschwerde beim **LAG** angefochten werden, die innerhalb einer **Notfrist**[6] von **zwei Wochen** ab Zustellung des Beschlusses eingelegt und begründet werden, wobei für die Beschwerdeschrift nach § 89 Abs. 1 Satz 3 die **Formerfordernisse** des § 89 Abs. 1 gelten. In der **Beschwerdebegründung** muss zweifelsfrei festgelegt werden, ob der Beschluss wegen der Entscheidung über die offensichtliche Unzuständigkeit, über die Person des Vorsitzenden und/oder die Anzahl der Beisitzer angefochten wird. Im **Umfang der Anfechtung** ist die Fehlerhaftigkeit der angefochtenen Entscheidung zu begründen. Der Vorsitzende der Kammer des LAG ist im Umfang der Anfechtung zur uneingeschränkten Überprüfung des Beschlusses 1. Instanz befugt. Gegen seine Entscheidung besteht dann **kein Rechtsmittel mehr**.

99, 100 (weggefallen)

---

1 *Pünnel*/Isenhardt, Die Einigungsstelle des BetrVG 1972, S. 20; GMPM/*Matthes*, § 98 ArbGG Rz. 31 jeweils mwN. | 2 Hauck/Helml/*Hauck*, § 98 ArbGG Rz. 6; ErfK/*Eisemann*, § 98 ArbGG Rz. 6. | 3 Str.; wie hier LAG Hamm v. 6.12.1976 – 3 TaBV 65/76, EzA § 76 BetrVG 1972 Nr. 13; GMPM/*Matthes*, § 98 ArbGG Rz. 26; aA LAG München v. 31.1.1989 – 3 TaBV 62/88, LAGE § 98 ArbGG 1979 Nr. 14; GK-ArbGG/*Leinemann*, § 98 Rz. 56. | 4 BAG v. 14.2.1996 – 7 ABR 24/95, AP Nr. 6 zu § 76a BetrVG 1972. | 5 Hauck/Helml/*Hauck*, § 98 ArbGG Rz. 7. | 6 Zutr. GMPM/*Matthes*, § 98 ArbGG Rz. 40.

Vierter Teil. Schiedsvertrag in Arbeitsstreitigkeiten

101 *Grundsatz*

(1) Für bürgerliche Rechtsstreitigkeiten zwischen Tarifvertragsparteien aus Tarifverträgen oder über das Bestehen oder Nichtbestehen von Tarifverträgen können die Parteien des Tarifvertrags die Arbeitsgerichtsbarkeit allgemein oder für den Einzelfall durch die ausdrückliche Vereinbarung ausschließen, dass die Entscheidung durch ein Schiedsgericht erfolgen soll.

(2) Für bürgerliche Rechtsstreitigkeiten aus einem Arbeitsverhältnis, das sich nach einem Tarifvertrag bestimmt, können die Parteien des Tarifvertrags die Arbeitsgerichtsbarkeit im Tarifvertrag durch die ausdrückliche Vereinbarung ausschließen, dass die Entscheidung durch ein Schiedsgericht erfolgen soll, wenn der persönliche Geltungsbereich des Tarifvertrags überwiegend Bühnenkünstler, Filmschaffende, Artisten oder Kapitäne und Besatzungsmitglieder iSd. §§ 2 und 3 des Seemannsgesetzes umfasst. Die Vereinbarung gilt nur für tarifgebundene Personen. Sie erstreckt sich auf Parteien, deren Verhältnisse sich aus anderen Gründen nach dem Tarifvertrag regeln, wenn die Parteien dies ausdrücklich und schriftlich vereinbart haben; der Mangel der Form wird durch Einlassung auf die schiedsgerichtliche Verhandlung zur Hauptsache geheilt.

(3) Die Vorschriften der Zivilprozessordnung über das schiedsrichterliche Verfahren finden in Arbeitssachen keine Anwendung.

1 **I. Allgemeines.** Durch das schiedsgerichtliche Verfahren wird die staatliche Gerichtsbarkeit nach Maßgabe der §§ 101 ff. ersetzt. Als Sondervorschriften des Arbeitsrechts verdrängen sie insoweit die Bestimmungen der Zivilprozessordnung über das schiedsrichterliche Verfahren (§§ 1025 ff. ZPO), deren Anwendung nach Abs. 3 ausdrücklich ausgeschlossen ist.

2 Zwar ist das schiedsgerichtliche Verfahren kein Teil des staatlichen Arbeitsgerichtsverfahrens, was insbesondere daran deutlich wird, dass ein Schiedsspruch nicht ohne weiteres vollstreckbar ist, sondern erst vom zuständigen ArbG für vollstreckbar erklärt werden muss (§ 109 Abs. 1). Funktionell betreiben aber auch die Schiedsgerichte Rspr.: Ein rechtskräftiger Schiedsspruch hat dieselben Wirkungen wie ein rechtskräftiges Urteil des ArbG (§ 108 Abs. 4).

3 Es besteht ein unmittelbarer Regelungszusammenhang mit § 4, wonach „nur" in den Fällen des § 2 Abs. 1 und 2 die Arbeitsgerichtsbarkeit nach Maßgabe der §§ 101 ff. ausgeschlossen werden kann. Daraus folgt, dass eine Schiedsvereinbarung nur im Urteilsverfahren und nicht im Beschlussverfahren zulässig ist.

4 Durch Schiedsvertrag kann die Arbeitsgerichtsbarkeit auch nur in den „Arbeitssachen" ausgeschlossen werden, die in den Abs. 1 und 2 beschrieben sind. Für die übrigen Arbeitsrechtsstreitigkeiten kann eine Schiedsvereinbarung weder nach dem ArbGG noch nach der ZPO getroffen werden[1].

5 **II. Parteien des Schiedsvertrages.** Beide Arten des Schiedsvertrages, die in Abs. 1 geregelte sog. **Gesamtschiedsvereinbarung** und die in Abs. 2 behandelte sog. **Einzelschiedsvereinbarung** sind den **Tarifvertragsparteien** vorbehalten, also den Gewerkschaften einerseits und dem ArbGeb sowie Arbeitgeberverbänden andererseits (§ 2 Abs. 1 TVG). Daraus folgt, dass weder die Arbeitsvertragsparteien durch Arbeitsvertrag noch die Betriebsparteien durch Betriebsvereinbarung wirksam ein Schiedsgericht installieren können. Unwirksam ist etwa die Regelung in einem Sozialplan, dass hieraus entstehende Streitigkeiten zwischen ArbGeb und ArbN durch eine Einigungsstelle verbindlich entschieden werden sollen[2]. Zulässig ist es demgegenüber, vorab die Einigungsstelle über die Rechtsfrage entscheiden zu lassen, welchen Inhalt eine abgeschlossene Betriebsvereinbarung hat[3].

6 Den Arbeitsvertragsparteien verbleibt allerdings die Möglichkeit, sich zur Leistungsbestimmung auf ein Schiedsgutachten nach Maßgabe der §§ 317, 319 BGB zu verständigen. Das Schiedsgutachten unterliegt jedoch, anders als der Schiedsspruch, einer inhaltlichen Kontrolle durch das staatliche Gericht[4].

7 **III. Das tarifbezogene Schiedsgericht (sog. Gesamtschiedsvereinbarung).** Für die in Abs. 1 genannten Rechtsstreitigkeiten **aus Tarifverträgen oder über das Bestehen oder Nichtbestehen von Tarifverträgen** können die Tarifparteien die Arbeitsgerichtsbarkeit allgemein oder für den Einzelfall durch die ausdrückliche Vereinbarung eines Schiedsgerichts ausschließen. Auch wenn eine besondere Form der Vereinbarung nicht vorgesehen ist, sollte schon aus Nachweisgründen wie bei dem TV selbst (§ 1 Abs. 2 TVG) die Schriftform gewählt werden. Letztlich genügt die ausdrückliche Erklärung vor dem Schiedsgericht, das Gericht solle den Rechtsstreit entscheiden.

---

[1] Vgl. ArbGV/*Schunck*, § 101 ArbGG Rz. 8. | [2] BAG v. 27.10.1987 – 1 AZR 80/86, AP Nr. 22 zu § 76 BetrVG 1972. | [3] BAG v. 20.11.1990 – 1 ABR 45/89, AP Nr. 43 zu § 76 BetrVG 1972. | [4] Vgl. BAG v. 18.12.1980 – 2 AZR 934/78, NJW 1982, 713.

Grundsatz   Rz. 16 § 101 ArbGG

Die Streitigkeiten können sowohl aus dem obligatorischen als auch aus dem normativen Teil des TV 8
resultieren. In Betracht kommen die schuldrechtlichen Pflichten zur Durchführung des TV und/oder
entsprechende Einwirkung auf die Verbandsmitglieder, zur Unterlassung von Arbeitskampfmaßnahmen, die gegen die tarifliche Friedenspflicht verstoßen, ferner der Streit um die Auslegung eines TV[1].
Stets muss es sich um **Rechtsstreitigkeiten** handeln, für die ohne den Schiedsvertrag das staatliche
ArbG zuständig wäre. Für **Regelungsstreitigkeiten**, etwa im Zusammenhang mit laufenden Tarifverhandlungen, kann nur das sog. **Schlichtungsverfahren** vereinbart werden.

Keine schiedsgerichtliche Zuständigkeit besteht auch für die zur Zwangsvollstreckung der ZPO ge- 9
hörenden **Eilverfahren (Arrest und einstweilige Verfügung)**. Die ohne weiteres vollstreckbaren Entscheidungen können nur von den staatlichen Gerichten für Arbeitssachen getroffen werden[2]. Gleiches
gilt für die **Vollstreckungsabwehrklage (§ 767 ZPO)** und die **Drittwiderspruchsklage (§ 771 ZPO)**.

IV. Das arbeitsvertragsbezogene Schiedsgericht (sog. Einzelschiedsvereinbarung). Für bestimmte 10
Berufsgruppen, nämlich für Bühnenkünstler, Filmschaffende, Artisten oder Kapitäne und Besatzungsmitglieder nach Maßgabe des Seemannsgesetzes kann die Arbeitsgerichtsbarkeit durch eine Schiedsvereinbarung für bürgerliche Rechtsstreitigkeiten aus einem Arbeitsverhältnis ausgeschlossen werden.
Als Bühnenkünstler erfasst werden **Schauspieler, Opernsänger, Chorsänger, Tänzer, Regisseure** und
technisches Personal der Bühnen, soweit es **künstlerische Aufgaben** mit einer gewissen Gestaltungsfreiheit wahrnimmt. Für andere als die im Gesetz genannten Berufsgruppen steht die Schiedsgerichtsbarkeit nicht zur Verfügung.

Sachlich erfasst werden **bürgerliche Rechtsstreitigkeiten aus einem Arbeitsverhältnis**. Aus dieser 11
knappen Formulierung lässt sich nicht ableiten, dass etwa Klagen auf Schadensersatz wegen Verschuldens bei Vertragsschluss oder Klagen mit dem Ziel, das Zustandekommen eines Arbeitsvertrages feststellen zu lassen, nicht vor die Schiedsgerichte gebracht werden könnten[3]. Vielmehr erstreckt sich die
schiedsgerichtliche Zuständigkeit je nach konkreter tariflicher Regelung der Schiedsgerichtsbarkeit auf
den **Gesamtkatalog der Streitigkeiten des § 2 Abs. 1 Nr. 3**. So ist zB in § 1 Abs. 1 des TV über die Bühnenschiedsgerichtsbarkeit für Opernchöre (BSchGO-C) zulässigerweise bestimmt, dass über bürgerliche
Rechtsstreitigkeiten iSd. § 2 ArbGG zwischen Theaterveranstaltern und Opernchorsängern sowie Tanzgruppenmitgliedern ständige Schiedsgerichte unter Ausschluss der Arbeitsgerichtsbarkeit entscheiden[4]. Erfasst werden daher insbesondere **auch alle Bestandsschutzklagen (Kündigungsschutzklagen,
Entfristungs- und Verlängerungsklagen)**. Gleiches gilt für Streitigkeiten aus **Nachwirkungen** eines Arbeitsverhältnisses und aus **unerlaubten Handlungen** im Zusammenhang mit einem Arbeitsverhältnis.

1. Unmittelbare Tarifgeltung (Abs. 2 Satz 2). Die beiderseitige Tarifgebundenheit nach § 3 Abs. 1 TVG 12
bewirkt gemäß § 4 Abs. 1 TVG eine unmittelbare und zwingende Geltung der Schiedsvereinbarung. Das
wird durch Abs. 2 Satz 2 lediglich klargestellt. Auch wenn die Tarifbindung ausnahmsweise aufgrund
einer **Allgemeinverbindlichkeit** nach § 5 TVG eintritt, besteht eine unmittelbare Bindung an die Schiedsvereinbarung als Teil der anzuwendenden Tarifnormen[5].

Die Schiedsklausel mit der vorrangigen Zuständigkeit des Schiedsgerichts ist für die tarifgebunde- 13
nen Arbeitsvertragsparteien **unabdingbar**. Bei den einschlägigen Regelungen handelt es sich um Inhaltsnormen iSd. § 4 Abs. 1 TVG, von denen nach § 4 Abs. 3 und 4 TVG nicht abgewichen werden darf,
weil eine Abweichung zugunsten der ArbN regelmäßig nicht in Betracht kommt[6].

2. Einzelvertragliche Übernahmevereinbarung (Abs. 2 Satz 3). Die allein zulässige tarifliche Schieds- 14
klausel kann auch durch einzelvertragliche Vereinbarung auf nicht tarifgebundene Arbeitsverhältnisse
erstreckt werden. Voraussetzung ist allerdings, dass sich das Arbeitsverhältnis **aus anderen Gründen
nach dem TV regeln muss**. Insoweit reicht jede – auch formlos mögliche – Inbezugnahme auf den TV
oder eine sog. Gleichstellungsabrede mit dem tarifgebundenen ArbGeb aus. Die lediglich herausgreifende Bezugnahme auf einzelne Bestimmungen eines TV erfüllt diese Voraussetzung nicht[7].

Die Erstreckung durch einzelvertragliche Vereinbarung ist auch auf Mitglieder anderer Gewerkschaf- 15
ten zulässig, wenn diese einer Schiedsgerichtsordnung kraft Tarifgebundenheit nicht – mehr – unterliegen und eine solche Schiedsklausel tariflich nicht gerade ausgeschlossen ist. Ist etwa die Schiedsgerichtsordnung von einer Gewerkschaft unter Ausschluss der Nachwirkung gekündigt worden, so
kann für die Mitglieder dieser Gewerkschaft durchaus die Anwendung der Schiedsvereinbarung mit
einer anderen Gewerkschaft verabredet werden[8].

Die von der einzelvertraglichen Inbezugnahme eines TV zu unterscheidende **besondere Übernahmever-** 16
einbarung hinsichtlich der Schiedsklausel muss **ausdrücklich und schriftlich** erfolgen. Wird die Schrift-

---

1 Vgl. zB § 15 BMTV Güterverkehrsgewerbe NRW; § 25 MTV – Einzelhandel NRW.　|2 Vgl. LAG Köln v.
7.9.1982 – 1 Sa 608/82, nv.; LAG Sachs. v. 2.9.1998 – 2 Sa 906/98, MDR 1999, 812.　|3 So aber ArbGV/*Schunck*,
§ 101 ArbGG Rz. 27, 28.　|4 Vgl. auch die Generalklausel in § 53 Normalvertrag Bühne vom 15.10.2002.
|5 Vgl. GMPM/*Germelmann*, § 101 ArbGG Rz. 23; aA ArbGV/*Schunck*, § 101 ArbGG Rz. 45.　|6 Vgl. ArbGV/
Schunck, § 101 ArbGG Rz. 46; GMPM/*Germelmann*, § 101 ArbGG Rz. 24 mwN.　|7 Zutr. GMPM/*Germelmann*, § 101 ArbGG Rz. 26.　|8 Vgl. BAG v. 10.4.1996 – 10 AZR 722/95, AP Nr. 4 zu § 101 ArbGG 1979.

form nach Maßgabe des § 126 BGB nicht eingehalten, so kann sich jeder Vertragspartner auf den Mangel der Form berufen.

17 Der Formmangel, aber nur dieser und nicht das Fehlen der übrigen Voraussetzungen, wird nach Abs. 2 Satz 3 Halbs. 2 **durch Einlassung** auf die schiedsgerichtliche Verhandlung **zur Hauptsache geheilt**. Die rügelose schriftliche Stellungnahme vor Beginn der mündlichen Verhandlung, die nach § 105 Abs. 2 vorgeschrieben ist, genügt nicht. Erforderlich ist vielmehr das rügelose Verhandeln zu den Sachanträgen bei der Anhörung vor dem Schiedsgericht. Eine Heilung tritt daher nicht ein, wenn eine Partei dem Verhandlungstermin unentschuldigt fernbleibt. In diesem Fall ist zwar nach § 105 Abs. 3 der Pflicht zur Anhörung genügt, aber keine Einlassung zur Hauptsache gegeben[1]. Die Klage muss wegen der Unzuständigkeit des Schiedsgerichts als unzulässig abgewiesen werde.

102 *Prozesshindernde Einrede*

(1) Wird das Arbeitsgericht wegen einer Rechtsstreitigkeit angerufen, für die die Parteien des Tarifvertrages einen Schiedsvertrag geschlossen haben, so hat das Gericht die Klage als unzulässig abzuweisen, wenn sich der Beklagte auf den Schiedsvertrag beruft.

(2) Der Beklagte kann sich nicht auf den Schiedsvertrag berufen,

1. wenn in einem Falle, in dem die Streitparteien selbst die Mitglieder des Schiedsgerichts zu ernennen haben, der Kläger dieser Pflicht nachgekommen ist, der Beklagte die Ernennung aber nicht binnen einer Woche nach der Aufforderung des Klägers vorgenommen hat;

2. wenn in einem Falle, in dem nicht die Streitparteien, sondern die Parteien des Schiedsvertrags die Mitglieder des Schiedsgerichts zu ernennen haben, das Schiedsgericht nicht gebildet ist und die den Parteien des Schiedsvertrags von dem Vorsitzenden des Arbeitsgerichts gesetzte Frist zur Bildung des Schiedsgerichts fruchtlos verstrichen ist;

3. wenn das nach dem Schiedsvertrag gebildete Schiedsgericht die Durchführung des Verfahrens verzögert und die ihm von dem Vorsitzenden des Arbeitsgerichts gesetzte Frist zur Durchführung des Verfahrens fruchtlos verstrichen ist;

4. wenn das Schiedsgericht den Parteien des streitigen Rechtsverhältnisses anzeigt, dass die Abgabe eines Schiedsspruchs unmöglich ist.

(3) In den Fällen des Absatzes 2 Nummern 2 und 3 erfolgt die Bestimmung der Frist auf Antrag des Klägers durch den Vorsitzenden des Arbeitsgerichts, das für die Geltendmachung des Anspruchs zuständig wäre.

(4) Kann sich der Beklagte nach Absatz 2 nicht auf den Schiedsvertrag berufen, so ist eine schiedsrichterliche Entscheidung des Rechtsstreits auf Grund des Schiedsvertrags ausgeschlossen.

1 **I. Die prozesshindernde Schiedseinrede (Abs. 1). 1. Berufung auf den Schiedsvertrag.** Die Erhebung der Einrede vor dem ArbG setzt zunächst voraus, dass eine wirksame Schiedsvereinbarung nach § 101 besteht und das staatliche Gericht wegen einer davon erfassten Rechtsstreitigkeit angerufen wird. Ausgeschlossen ist die Einrede von vornherein in den Fällen, in denen das Schiedsgericht mangels eigener Vollstreckungskompetenz nicht angerufen werden kann, nämlich bei Arrest und einstweiliger Verfügung, Vollstreckungsabwehr- und Drittwiderspruchsklage (siehe § 101 Rz. 9).

2 Mit der Schiedseinrede wird das Fehlen einer Prozessvoraussetzung gerügt. Die etwaige Zuständigkeit eines Schiedsgerichts wird **nicht von Amts wegen** geprüft. Es handelt sich vielmehr um eine jederzeit **verzichtbare prozesshindernde Einrede**, auf die sich der Beklagte in jeder Instanz berufen muss. Sie kann daher auch in der Revisionsinstanz noch entfallen[2].

3 Da die unter Umgehung des Schiedsgerichts sogleich vor dem ArbG erhobene Klage bis zur Erhebung der Einrede zulässig ist, werden dadurch gesetzliche oder tarifliche **Klagefristen** gewahrt. Diese fristwahrende Wirkung bleibt auch erhalten, wenn auf die Schiedseinrede hin die Klage beim ArbG zurückgenommen und unverzüglich Klage vor dem Schiedsgericht erhoben wird[3].

4 Der Beklagte muss die Einrede unter Beachtung der §§ 282 Abs. 3, 296 Abs. 3 ZPO rechtzeitig im Prozess erheben, um damit nicht ausgeschlossen zu sein. Er muss sie also grundsätzlich vor der Verhandlung zur Hauptsache, dh. spätestens bis zur Stellung der Anträge (§ 137 Abs. 1 ZPO), anbringen. In der höheren Instanz ist die Rüge nicht mehr zulässig, wenn sie in der Vorinstanz schuldhaft unterlassen worden ist[4].

5 **2. Rechtsfolgen.** Ist die Schiedseinrede wirksam erhoben worden, so hat das ArbG die **Klage als unzulässig abzuweisen**. Eine Verweisung an das Schiedsgericht kommt mangels gesetzlicher Zulassung nicht in Betracht. Möglich bleibt eine formlose Abgabe der Akten nach Klagerücknahme durch den Kläger, um das Verfahren beim Schiedsgericht nahtlos fortzuführen. Unzulässig ist eine Aussetzung

---

1 Zutr. *ArbGV/Schunck*, § 101 ArbGG Rz. 53; aA GMPM/*Germelmann*, § 101 ArbGG Rz. 29. | 2 BAG v. 30.9.1987 – 4 AZR 233/87, EzA § 72 ArbGG 1979 Nr. 9. | 3 Vgl. BAG v. 24.9.1970 – 5 AZR 54/70, AP Nr. 37 zu § 3 KSchG; ArbGV/*Schunck*, § 102 ArbGG Rz. 4. | 4 Vgl. BGH 1.4.1981 – VIII ZR 159/80, MDR 1981, 1011.

des Verfahrens durch das ArbG, bis das – gleichzeitig oder später – angerufene Schiedsgericht seine Entscheidung getroffen hat[1]. Denn eine Vorgreiflichkeit iSd. § 148 ZPO liegt nicht vor. Das rechtskräftige Prozessurteil des ArbG bindet das Schiedsgericht mit der Maßgabe, dass ein wirksamer Schiedsvertrag besteht und das Schiedsverfahren eröffnet ist.

Andererseits kann das ArbG in einem **Zwischenurteil** nach § 280 ZPO die Schiedseinrede verwerfen und seine Zuständigkeit bejahen. Nach Eintritt der Rechtskraft des Zwischenurteils kann die Schiedseinrede im weiteren Verfahren nicht erneut erhoben werden. Die rechtskräftige Entscheidung bindet auch das etwa angerufene Schiedsgericht, dessen Unzuständigkeit damit feststeht. 6

II. Verlust der Schiedseinrede (Abs. 2 bis 4). Der Beklagte kann sich nicht – mehr – auf den Schiedsvertrag berufen, wenn eine schiedsgerichtliche Entscheidung nicht oder nicht in zumutbarer Zeit zu erreichen ist. Die einzelnen Verlusttatbestände sind in Abs. 2 Nr. 1 - 4 normiert. Es handelt sich zunächst um **Verzögerungen bei der Bildung des Schiedsgerichts** (Nr. 1 und 2) und die **Verfahrensverschleppung durch das Schiedsgericht** (Nr. 3). Diese Vorschriften haben – soweit ersichtlich – keine praktische Bedeutung erlangt, weil die Bühnenschiedsgerichte im Hauptanwendungsbereich der Schiedsgerichtsbarkeit als ständige Einrichtungen mit personeller Dauerbesetzung bestehen und kurzfristig verhandeln können. 7

Ein Verlust der Schiedseinrede tritt nach Nr. 4 schließlich dann ein, wenn das Schiedsgericht den Streitparteien **anzeigt**, dass die **Abgabe eines Schiedsspruchs unmöglich** ist. Eine besondere Form der Anzeige oder eine Begründung ist nicht erforderlich. Unerheblich ist auch, ob die Abgabe eines Schiedsspruchs tatsächlich unmöglich ist. Es genügt die entsprechende Erklärung des Schiedsgerichts gegenüber den Streitparteien, weil diese eine – weitere – Durchführung des Schiedsverfahrens nicht erzwingen können. Zu denken ist etwa an den Fall, dass das Schiedsgericht infolge einer Richterablehnung nach § 103 Abs. 2 entscheidungsunfähig wird. 8

Liegt die Unmöglichkeitsanzeige seitens des Schiedsgerichts vor, etwa als Hinweis im Verhandlungsprotokoll, so kann der Kläger nunmehr das ArbG anrufen. Falls der Beklagte dort wider Erwarten die Schiedseinrede erhebt, hat das ArbG die Voraussetzungen des Einredeverlustes zu überprüfen und den jeweiligen Verlusttatbestand festzustellen. 9

Die Rechtsfolge des Einredeverlustes besteht nach Abs. 4 darin, dass eine schiedsrichterliche Entscheidung des Rechtsstreits fortan ausgeschlossen ist. Eine Zuständigkeit des Schiedsgerichts oder der zweistufigen Schiedsgerichtsbarkeit für den Streitfall besteht nicht mehr. Auch eine im selben Verfahren bereits ergangene Entscheidung vor dem erstinstanzlichen Schiedsgericht wird ohne weiteres unwirksam. Denn das Berufungsverfahren vor dem Oberschiedsgericht kann nicht mehr durchgeführt werden, so dass ein abschließender Schiedsspruch, der im Aufhebungsverfahren vor dem ArbG überprüft werden könnte, fehlt. In diesem Fall kann der Kläger unmittelbar Klage vor dem ArbG erheben, ohne den erstinstanzlichen Schiedsspruch zuvor mit der Aufhebungsklage beseitigen zu müssen[2]. 10

Die einmal nach Maßgabe des Abs. 2 weggefallene Zuständigkeit des Schiedsgerichts kann auch durch Vereinbarung der Streitparteien nicht erneut begründet werden. Der gesetzlich eingetretene Einredeverlust kann nicht mehr rückgängig gemacht werden. Mit Rücksicht auf die Rechtsfolge des Abs. 4 müsste sich das Schiedsgericht für unzuständig erklären und die Klage als unzulässig abweisen[3]. Eine gleichwohl noch ergehende Sachentscheidung des Schiedsgerichts wäre nach § 110 Abs. 1 Nr. 1 aufzuheben, weil jedenfalls die Fortsetzung des schiedsgerichtlichen Verfahrens unzulässig war. 11

103 Zusammensetzung des Schiedsgerichts

(1) Das Schiedsgericht muss aus einer gleichen Zahl von Arbeitnehmern und von Arbeitgebern bestehen; außerdem können ihm Unparteiische angehören. Personen, die infolge Richterspruchs die Fähigkeit zur Bekleidung öffentlicher Ämter nicht besitzen, dürfen ihm nicht angehören.

(2) Mitglieder des Schiedsgerichts können unter denselben Voraussetzungen abgelehnt werden, die zur Ablehnung eines Richters berechtigen.

(3) Über die Ablehnung beschließt die Kammer des Arbeitsgerichts, das für die Geltendmachung des Anspruchs zuständig wäre. Vor dem Beschluss sind die Streitparteien und das abgelehnte Mitglied des Schiedsgerichts zu hören. Der Vorsitzende des Arbeitsgerichts entscheidet, ob sie mündlich oder schriftlich zu hören sind. Die mündliche Anhörung erfolgt vor der Kammer. Gegen den Beschluss findet kein Rechtsmittel statt.

I. Zusammensetzung des Schiedsgerichts. Abs. 1 enthält zwingende Besetzungsregeln dahin, dass das Schiedsgericht aus einer gleichen Zahl von ArbN und von ArbGeb bestehen muss sowie keine Schiedsrichter mitwirken dürfen, denen die Fähigkeit zur Bekleidung öffentlicher Ämter aberkannt worden ist. Wird dagegen verstoßen, so ist das Schiedsgericht **nicht ordnungsgemäß besetzt** mit der 1

---

[1] AA GMPM/*Germelmann*, § 102 ArbGG Rz. 8. | [2] Vgl. ArbGV/*Schunck*, § 102 ArbGG Rz. 11. | [3] Vgl. GMPM/*Germelmann*, § 102 ArbGG Rz. 29.

Folge, dass der Schiedsspruch nach § 110 Abs. 1 Nr. 1 **aufhebbar** ist. Da aber regelmäßig keine Nichtigkeit anzunehmen ist, tritt bei versäumter Aufhebung die Rechtskraftwirkung des § 108 Abs. 4 ein.

2   Die konkrete Zusammensetzung des Schiedsgerichts können die Parteien des Schiedsvertrages im Rahmen der gesetzlichen Vorgaben festlegen. So wird beispielsweise das Bühnenschiedsgericht für Opernchöre in der Besetzung mit dem Obmann und je einem Beisitzer der Theaterleitungen oder der Theaterverwaltungen und einem aktiven oder ehemaligen Mitglied eines Opernchores bzw. einer Tanzgruppe tätig (§ 7 Abs. 1 BSchGO-C). Für das Bühnenoberschiedsgericht für Opernchöre sind neben dem Obmann je zwei Beisitzer vorgesehen (§ 7 Abs. 2 BSchGO-C). Die **paritätische Besetzung** mit Schiedsrichtern beider Seiten ist **zwingend**, während die Berufung von Unparteiischen fakultativ zulässig ist. Die Besetzung der Schiedsgerichte nach dem Vorbild der ArbG hat sich in der Praxis bewährt. Die Obmänner und die Beisitzer werden im Bühnenbereich von den TV-Parteien berufen. Auch die Hinzuziehung der Beisitzer zu den einzelnen Sitzungen ist Sache der TV-Parteien (§ 7 Abs. 4 BSchGO-C).

3   Über die Zahl und die Qualifikation der **Unparteiischen** trifft das Gesetz keine Aussage. Aus dem Satzzusammenhang ergibt sich lediglich, dass sie weder ArbGeb noch ArbN sein dürfen[1]. Werden Unparteiische herangezogen, so müssen die Tarifvertragsparteien sich auf ein Bestellungsverfahren einigen, das den Grundsatz der Parität wahrt. Damit wäre das Benennungsrecht nur einer Seite unvereinbar. In der Praxis erfolgt die Berufung zumeist durch **einvernehmliche Auswahl** der das Schiedsgericht tragenden Verbände, die auch eine bestimmte Qualifikation des/der Unparteiischen vorsehen können. So müssen die Obleute als Vorsitzende der Bühnenschiedsgerichte für Opernchöre die Befähigung zum Richteramt haben (§ 5 Abs. 2 BSchGO-C). Der/die Unparteiische muss nicht unbedingt den Vorsitz führen, auch wenn dies im Hinblick auf seine kennzeichnende Eigenschaft der praktische Regelfall sein dürfte.

4   Wie die Richter an den Gerichten für Arbeitssachen (s. für die ehrenamtlichen Richter § 21 Abs. 2 Nr. 1) müssen die Schiedsrichter die **Fähigkeit zur Bekleidung öffentlicher Ämter** haben. Sie darf ihnen nicht durch Richterspruch gemäß § 45 StGB aberkannt sein. Weitere Ausschließungsgründe sieht das Gesetz im Gegensatz zu § 21 Abs. 2 ArbGG und § 41 ZPO nicht vor, so dass bei den entsprechenden Tatbeständen allenfalls eine Ablehnung nach Abs. 2 in Betracht kommt.

5   **II. Ablehnungsgründe und Ablehnungsverfahren.** Mitglieder des Schiedsgerichts können unter denselben Voraussetzungen wie die Richter an den staatlichen Gerichten abgelehnt werden. Auf die Erläuterungen zu § 49 ArbGG iVm. §§ 42 ff. ZPO wird verwiesen. Da besondere Ausschlussgründe nicht wie in § 41 ZPO normiert sind, können diese Tatbestände nur als Ablehnungsgründe geltend gemacht werden[2]. So wäre zB die Ablehnung eines Schiedsrichters begründet, der in Sachen seines Ehegatten mitwirken wollte (§ 41 Nr. 2 ZPO). Auch eine **Selbstablehnung** des Schiedsrichters ist nach Maßgabe des entsprechend anwendbaren § 48 ZPO möglich.

6   Über die Ablehnung entscheidet die nach der Geschäftsverteilung zuständige Kammer des örtlich zuständigen ArbG in voller Besetzung. Das **Ablehnungsgesuch** kann sowohl beim Schiedsgericht selbst als auch beim ArbG angebracht werden. Vor der Entscheidung sind die Streitparteien und das abgelehnte Mitglied des Schiedsgerichts zu hören. Der Kammervorsitzende des ArbG kann eine schriftliche oder mündliche Anhörung anordnen. Hält er Letztere für erforderlich, so hat sie vor der Kammer stattzufinden, die schließlich durch **unanfechtbaren Beschluss** entscheidet (Abs. 3 Satz 4). Das Verfahren vor dem ArbG ist nach § 12 Abs. 5 gerichtskostenfrei.

7   Mit der Anbringung des Ablehnungsgesuchs ist das Schiedsverfahren unterbrochen. Es kann erst fortgesetzt werden, wenn das Gesuch zurückgenommen oder darüber entschieden worden ist. Die Entscheidung des ArbG **bindet das Schiedsgericht**. Wird das Ablehnungsgesuch vom ArbG zurückgewiesen, muss das Schiedsgericht in derselben Besetzung wie bei der Ablehnung fortfahren. Hat das Gesuch Erfolg, so tritt an die Stelle des abgelehnten Mitglieds ein bereits berufenes oder von den Schiedsvertragsparteien nachbenanntes Ersatzmitglied. Sollte das Schiedsgericht etwa infolge mehrfacher erfolgreicher Ablehnung entscheidungsunfähig werden, so muss es den Streitparteien anzeigen, dass die Abgabe eines Schiedsspruchs unmöglich ist (§ 102 Abs. 2 Nr. 4). Die Klage ist dann unmittelbar vor dem ArbG zu erheben.

104 *Verfahren vor dem Schiedsgericht*
Das Verfahren vor dem Schiedsgericht regelt sich nach den §§ 105 bis 110 und dem Schiedsvertrag, im Übrigen nach dem freien Ermessen des Schiedsgerichts.

1   **I. Allgemeine Verfahrensgrundsätze. 1. Bedeutung und Wirkung der Schiedsklage im Rechtssystem.** Auch wenn die Schiedsklage nicht Teil des Zivilprozesses ist, so handelt es sich doch um staatlich zugelassene Rspr. für bestimmte Sachbereiche, in denen die Tarifparteien eine besondere Regelungskom-

---

1 Vgl. GK-ArbGG/*Ascheid*, § 103 Rz. 5; GMPM/*Germelmann*, § 103 ArbGG Rz. 5. | 2 BAG v. 27.5.1970 – 5 AZR 425/69, AP Nr. 1 zu § 110 ArbGG 1953.

petenz haben. Die Rspr. muss sich wegen ihrer streitschlichtenden Funktion nach rechtsstaatlichen Regeln vollziehen. Daher müssen auch für das schiedsgerichtliche Verfahren **gewisse Grundregeln** gelten, die vor allem in den §§ 105 bis 110 enthalten sind sowie in dem zugrunde liegenden Schiedsvertrag weiter ausgestaltet werden können. Eine solche tarifautonome Regelung auf der Grundlage des § 104 beinhaltet beispielsweise der TV über die Bühnenschiedsgerichtsbarkeit für Opernchöre vom 30.3.1977 in der Fassung vom 23.1.1991 (BSchGO-C). Nur soweit danach **Freiräume** verbleiben, verfährt das Schiedsgericht nach eigenem Ermessen.

Die Klageerhebung vor dem Schiedsgericht bewirkt noch **keine Rechtshängigkeit iSd. ZPO oder des BGB**. Prozesszinsen nach § 291 BGB können daher erst ab Zustellung der Klage im Aufhebungsverfahren verlangt werden[1]. Auch die Einrede anderweitiger Rechtshängigkeit iS § 261 Abs. 3 Nr. 1 ZPO scheidet im Verhältnis von ArbG und Schiedsgericht aus. An ihre Stelle tritt ggf. die Schiedseinrede nach § 102 Abs. 1, mit der der Vorrang des Schiedsverfahrens durchgesetzt werden kann. 2

Soweit das Schiedsgericht materiell für die Streitentscheidung zuständig ist, werden durch die Schiedsklage **gesetzliche oder tarifvertragliche Fristen** gewahrt. Dies gilt insbesondere für die nach § 4 KSchG fristgebundene Kündigungsschutzklage. Eine Verfristung droht allerdings in dem Fall der sich nachträglich herausstellenden Unzuständigkeit des Schiedsgerichts, weil eine Verweisung an das staatliche ArbG zur Rettung der Frist nicht in Betracht kommt. Bei Zweifeln an der Zuständigkeit empfiehlt es sich daher, die Kündigungsschutzklage **vorsorglich bei beiden Gerichten** zu erheben. Wenn die Zuständigkeit des Schiedsgerichts zweifelsfrei feststeht, kann die Klage beim ArbG zurückgenommen werden – vor Beginn der streitigen Verhandlung sogar ohne Kostenfolge. Im Rahmen seiner Zuständigkeit hat das Schiedsgericht auch über eine nachträgliche Zulassung der Kündigungsschutzklage nach § 5 KSchG zu entscheiden. Der Beschluss kann nicht getrennt vorab, sondern erst später inzident als Teil der Hauptsacheentscheidung im Aufhebungsverfahren vor den ArbG überprüft werden[2]. 3

2. Anwendbare Regeln des staatlichen Prozessrechts. Zu den Grundregeln des staatlichen Prozessrechts, die auch im Schiedsverfahren Anwendung finden, gehören zunächst die allgemeinen und besonderen **Prozessvoraussetzungen**, die erfüllt sein müssen, damit das Schiedsgericht über das Klagebegehren verhandeln und entscheiden kann. Als persönliche Prozessvoraussetzungen müssen insbesondere die **Parteifähigkeit** (§ 50 ZPO), **Prozessfähigkeit** (§§ 51–57 ZPO) und die **Prozessführungsbefugnis** gegeben sein. Unverzichtbare sachliche Voraussetzungen sind die **Ordnungsmäßigkeit der Klageerhebung** (§ 253 ZPO), ein **Rechtsschutzbedürfnis** und die **Zuständigkeit** des Gerichts. Das Schiedsgericht muss also von Amts wegen prüfen, ob es sachlich und örtlich zuständig ist. Zwar können die Streitparteien nach § 101 Abs. 2 Satz 3 die Zuständigkeit des Schiedsgerichts auch durch rügelose Einlassung auf die Verhandlung zur Hauptsache begründen. Das setzt aber voraus, dass das Arbeitsverhältnis an sich einem der einschlägigen TV für die im Gesetz genannten Berufsgruppen unterfällt. Andernfalls ist die Schiedsklage als unzulässig abzuweisen[3]. 4

Bei einer **Feststellungsklage** muss abgesehen vom Sonderfall der Kündigungsschutzklage (§ 4 KSchG) als besondere Prozessvoraussetzung ein Feststellungsinteresse nach Maßgabe des § 256 Abs. 1 ZPO vorliegen. Allerdings gelten auch im Schiedsverfahren die weniger strengen Anforderungen bei Feststellungsklagen gegen juristische Personen des öffentlichen Rechts, wenn zu erwarten ist, dass schon ein Feststellungsurteil zu endgültiger Streitbeilegung führt[4]. 5

Auch eine **Streitgenossenschaft**, also eine Klage durch oder gegen mehrere Parteien, ist zulässig und in der bühnenschiedsgerichtlichen Praxis verbreitet. Die §§ 59–63 ZPO finden entsprechende Anwendung. 6

Unanwendbar sind demgegenüber die Vorschriften über die **Streitverkündung**, weil Schiedssprüche keine zivilprozessuale Rechtskraftwirkung iSd. §§ 68, 74 ZPO haben können. Auch die staatliche **Prozesskostenhilfe** (§§ 114 ZPO) steht für das Schiedsverfahren nicht zur Verfügung. Schließlich gibt es mit Rücksicht auf die Sondervorschrift des § 105 Abs. 3 **kein Säumnisverfahren**. Die §§ 330 ff. ZPO sind insgesamt nicht anwendbar. 7

Ein elementarer Grundsatz des rechtsstaatlichen Verfahrens ist das **Verbot der Überraschungsentscheidung**. Auch im schiedsgerichtlichen Verfahren ist den Parteien daher **rechtliches Gehör** zu gewähren (Art. 103 Abs. 1 GG, 139 Abs. 2 ZPO). Verstöße der Schiedsgerichte gegen diesen Verfahrensgrundsatz können im Aufhebungsverfahren gerügt werden[5]. 8

II. Regelungen im Schiedsvertrag. Stets zu beachten sind etwaige Verfahrensregelungen in dem zugrunde liegenden Schiedsvertrag. Im Bühnentarifrecht haben die Verbände spezielle **Bühnenschiedsgerichtsordnungen** geschaffen, die zum Teil vom staatlichen Prozessrecht abweichen. Das ist zulässig, soweit nicht zwingende Grundsätze des staatlichen Rechts, wie sie insbesondere in den §§ 105 bis 110 enthalten sind, entgegenstehen. So trägt etwa nach § 13 Nr. 1 BSchGO die unterliegende Partei schon 9

---

1 BAG v. 12.5.1982 – 4 AZR 510/81, AP Nr. 20 zu § 611 BGB – Bühnenengagementsvertrag. | 2 Vgl. im Einzelnen ArbGV/*Schunck*, § 104 ArbGG Rz. 7 ff. | 3 Vgl. GMPM/*Germelmann*, § 104 ArbGG Rz. 5. | 4 BAG v. 16.8.1962 – 5 AZR 366/61, juris; Zöller/*Greger*, § 256 ZPO Rz. 8 mwN. | 5 BAG v. 11.5.1983 – 4 AZR 545/80, AP Nr. 21 zu § 611 BGB – Bühnenengagementsvertrag m. Anm. v. *Schimana* u. *Fessmann*.

ArbGG § 104 Rz. 10 Verfahren vor dem Schiedsgericht

im erstinstanzlichen Verfahren abweichend von § 12a Abs. 1 Satz 1 auch die außergerichtlichen **Kosten des Gegners**. Demgegenüber sieht § 13 Abs. 1 des TV über die Bühnenschiedsgerichtsbarkeit für Opernchöre (BSchGO-C) vor, dass ein Anspruch der obsiegenden Partei auf Erstattung der Kosten für die Zuziehung eines Prozessbevollmächtigten oder Beistandes im ersten Rechtszug nicht besteht.

10 Soweit in den Bühnenschiedsgerichtsordnungen nichts anderes bestimmt ist, sind die gesetzlichen Bestimmungen des **GVG**, des **ArbGG** und der **ZPO** kraft ausdrücklicher Anordnung (§ 39 BSchGO, § 38 BSchGO-C) **entsprechend anzuwenden**. Damit haben die Tarifparteien sichergestellt, dass weitgehend auf die Verfahrensregeln des staatlichen Prozessrechts zurückgegriffen werden kann.

11 **III. Ermessen des Schiedsgerichts.** Das „freie Ermessen" des Schiedsgerichts zur Bestimmung seines Verfahrens besteht nur „im Übrigen". Nur soweit Grundsätze des staatlichen Prozessrechts nicht eingreifen oder seine Regeln nicht kraft Verweisung im Schiedsvertrag anwendbar sind oder der Schiedsvertrag keine Prozessnormen enthält, kann das Schiedsgericht selbst das Verfahren bestimmen.

12 Daraus soll sich etwa ergeben, dass im Aufhebungsverfahren von den staatlichen ArbG nicht mehr überprüft werden könne, ob eine Berufung im Schiedsverfahren form- und fristgerecht eingelegt worden sei[1]. Auch Verstöße gegen die prozessualen Vorschriften der §§ 139, 273 und 283 ZPO aF (Aufklärungspflicht des Gerichts, Vorbereitung des Verhandlungstermins, nachgereichte Schriftsätze) sollen unerheblich sein[2]. Dem kann in dieser Allgemeinheit nicht gefolgt werden, weil das Schiedsgericht nach § 104 eben auch an die Prozessnormen des Schiedsvertrags und weiter gehend an etwa in Bezug genommene Normen der ZPO gebunden ist[3].

105 *Anhörung der Parteien*
(1) Vor der Fällung des Schiedsspruchs sind die Streitparteien zu hören.

(2) Die Anhörung erfolgt mündlich. Die Parteien haben persönlich zu erscheinen oder sich durch einen mit schriftlicher Vollmacht versehenen Bevollmächtigten vertreten zu lassen. Die Beglaubigung der Vollmachtsurkunde kann nicht verlangt werden. Die Vorschrift des § 11 Abs. 1 gilt entsprechend, soweit der Schiedsvertrag nichts anderes bestimmt.

(3) Bleibt eine Partei in der Verhandlung unentschuldigt aus oder äußert sie sich trotz Aufforderung nicht, so ist der Pflicht zur Anhörung genügt.

1 **I. Anhörung der Parteien.** Das Gesetz schreibt gemäß gemäss dem Verfahrensgrundrecht des Art. 103 Abs. 1 GG eine Anhörung der Parteien vor der Fällung des Schiedsspruchs vor, die nach Abs. 2 Satz 1 **mündlich** erfolgen muss. Damit ist im Gegensatz zu § 1047 Abs. 1 ZPO ein schriftliches Verfahren auch im Einverständnis der Parteien ausgeschlossen. Allerdings ist dem Erfordernis der mündlichen Anhörung genügt, wenn sie einmal stattgefunden hat und das etwa nach einer auswärtigen Beweisaufnahme fortzusetzende Verfahren schriftlich durchgeführt wird. Wegen des Mündlichkeitsgrundsatzes wird dies aber nur mit Zustimmung der Parteien zulässig sein.

2 Die mündliche Anhörung, dh. die **mündliche Verhandlung der Parteien**, findet vor dem Schiedsgericht in **vollständiger Besetzung** statt. Wie im Verfahren vor den Gerichten für Arbeitssachen muss die Besetzung allerdings bei einer Vertagung der Verhandlung nicht identisch sein. Anders als das staatliche Gericht kann das Schiedsgericht aber durchaus im Rahmen seines Ermessens die Fortsetzung des Verfahrens in derselben Besetzung beschließen. Sinnvoll ist das insbesondere dann, wenn eine bereits begonnene Beweisaufnahme fortgesetzt werden soll. Den abschließenden Schiedsspruch haben jedenfalls die Schiedsrichter zu fällen und zu unterschreiben, die an der letzten mündlichen Verhandlung teilgenommen haben.

3 Der **Umfang der Anhörung** entspricht im Wesentlichen dem prozessualen Standard nach dem ArbGG und der ZPO, zumal die Bühnenschiedsgerichtsordnungen darauf verweisen, soweit sie keine Sonderregelungen enthalten. Zur Anwendung kommt vor allem § 139 ZPO mit den Vorschriften über die **richterliche Aufklärungspflicht**, die eine Überraschungsentscheidung verhindern sollen.

4 **II. Vertretung der Parteien.** Die Streitparteien können sich durch **schriftlich autorisierte Bevollmächtigte** vertreten lassen. Von Amts wegen ist das Vorliegen der Vollmacht nur zu prüfen, wenn kein Rechtsanwalt als Prozessvertreter auftritt (§ 88 Abs. 2 ZPO).

5 Da § 11 Abs. 1 entsprechend gilt, ist eine Vertretung auch durch **Vertreter von Gewerkschaften und Arbeitgeberverbänden** bzw. ihnen gleichgestellten Organisationen zulässig. Wegen der Einzelheiten wird auf die Kommentierung zu § 11 verwiesen. Der Schiedsvertrag kann eine abweichende Regelung treffen. So ist beispielsweise nach § 14 Abs. 1 BSchGO-C die Vertretung durch schlichte Privatpersonen ausgeschlossen.

6 **III. Säumnis einer Partei/beider Parteien.** Der Pflicht zur Anhörung ist nach Abs. 3 genügt, wenn eine Partei in der Verhandlung unentschuldigt ausbleibt oder sich trotz Aufforderung nicht äußert. Eine

---

1 BAG v. 12.5.1982 – 4 AZR 510/81, AP Nr. 20 zu § 611 BGB – Bühnenengagementsvertrag m. Anm. v. *Schimana* u. *Fessmann*. | 2 BAG v. 11.5.1983 – 4 AZR 545/80, AP Nr. 21 zu § 611 BGB – Bühnenengagementsvertrag m. Anm. v. *Schimana* u. *Fessmann*. | 3 Krit. auch ArbGV/*Schunck*, § 104 ArbGG Rz. 17.

ähnliche Regelung gilt nach § 83 Abs. 4 Satz 2 im arbeitsgerichtlichen Beschlussverfahren. Hier wie dort scheidet daher ein Säumnisverfahren entsprechend den §§ 330 ff. ZPO aus, weil trotz der Säumnis eine **abschließende Sachentscheidung** ergehen kann. Der Schiedsspruch ist mit dem normalen Rechtsmittel (Berufung zum Oberschiedsgericht oder Aufhebungsklage) angreifbar.

Vor der streitigen Entscheidung hat das Schiedsgericht zu prüfen, ob die gesetzlichen Voraussetzungen des unentschuldigten Ausbleibens erfüllt sind. Für die **Beurteilung der Säumnis** gelten die allgemeinen Grundsätze: Die Partei muss eine **ordnungsgemäße Ladung** zum anberaumten Termin erhalten haben, ferner müssen dem Beklagten das tatsächliche Vorbringen und die Sachanträge des Gegners **rechtzeitig mitgeteilt** worden sein (§ 335 Abs. 1 Nr. 2 und 3 ZPO), schließlich muss das **Ausbleiben unentschuldigt** sein. Liegt eine dieser Voraussetzungen nicht vor, so wird die Verhandlung **von Amts wegen vertagt**. Gleiches gilt für den Fall, dass nach Ansicht des Schiedsgerichts die Sache noch nicht zur Endentscheidung reif ist, etwa wegen des streitigen schriftlichen Sachvortrags noch eine weitere Aufklärung herbeigeführt werden muss. 7

Nicht ausdrücklich geregelt ist die Verfahrensweise beim unentschuldigten **Ausbleiben beider Parteien**. Nach Sinn und Zweck der Vorschrift, einen zügigen Abschluss des Verfahrens zu erreichen, kann nichts anderes als beim Ausbleiben einer Partei gelten[1]. Das Schiedsgericht hat damit praktisch die Möglichkeit einer Aktenlageentscheidung. In diesem Ausnahmefall findet zumindest im Ergebnis nur ein schriftliches Verfahren statt. 8

106 Beweisaufnahme

(1) Das Schiedsgericht kann Beweise erheben, soweit die Beweismittel ihm zur Verfügung gestellt werden. Zeugen und Sachverständige kann das Schiedsgericht nicht beeidigen, eidesstattliche Versicherungen nicht verlangen oder entgegennehmen.

(2) Hält das Schiedsgericht eine Beweiserhebung für erforderlich, die es nicht vornehmen kann, so ersucht es um die Vornahme den Vorsitzenden desjenigen Arbeitsgerichts oder, falls dies aus Gründen der örtlichen Lage zweckmäßiger ist, dasjenige Amtsgericht, in dessen Bezirk die Beweisaufnahme erfolgen soll. Entsprechend ist zu verfahren, wenn das Schiedsgericht die Beeidigung eines Zeugen oder Sachverständigen gemäß § 58 Abs. 2 Satz 1 für notwendig oder eine eidliche Parteivernehmung für sachdienlich erachtet. Die durch die Rechtshilfe entstehenden baren Auslagen sind dem Gericht zu ersetzen; die §§ 49 und 54 des Gerichtskostengesetzes finden entsprechende Anwendung.

I. Durchführung einer Beweisaufnahme. Das Schiedsgericht kann nur die Beweise erheben, die ihm „zur Verfügung gestellt werden". Es hat anders als das staatliche Gericht **keine Zwangsmittel**, um die Beweismittel zu beschaffen. So kommt etwa die Verhängung von Ordnungsgeld gegen ausbleibende Zeugen, Sachverständige oder bei Gutachtenverweigerung nicht in Betracht. 1

Andererseits ist das Schiedsgericht nicht daran gehindert, sich aller **Beweismittel der ZPO** (§§ 371–455 ZPO) zu bedienen. Es kann insbesondere zu Beweiszwecken das Erscheinen von Zeugen, Sachverständigen und Parteien sowie die Erstellung von Gutachten oder Vorlage von Urkunden anordnen. Auch die Einnahme des Augenscheins und die Einholung amtlicher Auskünfte sind zulässig. In allen diesen Fällen hängt die Beweiserhebung von der freiwilligen Mitwirkung des jeweiligen Adressaten ab. Eine etwaige Weigerung kann im Rahmen der freien Beweiswürdigung unter Umständen als **Beweisvereitelung** durch den Gegner des Beweisführers gewertet werden[2]. 2

Da eine bestimmte Form der Beweiserhebung nicht vorgeschrieben ist, kann das Schiedsgericht – vorbehaltlich konkreter Regelungen im Schiedsvertrag – von seinem **Ermessen** nach § 104 Gebrauch machen. So kann in Abweichung vom Grundsatz der Beweismittelbarkeit entsprechend § 375 ZPO einem Mitglied des Schiedsgerichts die Zeugenvernehmung übertragen oder entsprechend § 377 Abs. 3 ZPO die **schriftliche Beantwortung der Beweisfrage** angeordnet werden. 3

II. Rechtshilfeersuchen. Ein Rechtshilfeverfahren nach Abs. 2 ist nur bei Maßnahmen zulässig, die das Schiedsgericht nicht selbst vornehmen kann. Wenn etwa Zeugen oder Sachverständige nicht erscheinen oder nicht mitwirken wollen und das Schiedsgericht ihre **Vernehmung** oder ihre **Beeidigung** für notwendig hält, so kann das örtlich zuständige **Arbeitsgericht oder näher gelegene Amtsgericht** (§ 13) um Rechtshilfe ersucht werden. Das Rechtshilfeersuchen ist grundsätzlich von dem Schiedsgericht in vollständiger Besetzung – regelmäßig als Teil des Beweisbeschlusses – zu beschließen und sodann an das zuständige Rechtshilfegericht weiterzuleiten. Es muss die Amtshandlungen, die das staatliche Gericht vornehmen soll, im Einzelnen bezeichnen, insbesondere das konkrete Beweisthema und die zu vernehmenden/zu beeidenden Zeugen aufführen. 4

Die **Erledigung des Rechtshilfeersuchens** richtet sich nach den Vorschriften des staatlichen Prozessrechts (§§ 13 ArbGG, 156 ff. GVG, 375, 402, 434, 451 ZPO). Das ersuchte Gericht prüft von Amts wegen, 5

---

[1] Vgl. GMPM/*Germelmann*, § 105 ArbGG Rz. 9; ArbGV/*Schunck*, § 105 ArbGG Rz. 6. [2] Vgl. Zöller/*Greger*, § 286 ZPO Rz. 14 mwN.

ob die Voraussetzungen des Abs. 2 für seine Inanspruchnahme und die inhaltlichen Anforderungen an ein Rechtshilfeersuchen gegeben sind[1]. Die Prüfungskompetenz erstreckt sich dagegen nicht auf Fragen der Beweiserheblichkeit und der richtigen Beweislastverteilung. Nur in Ausnahmefällen kann die Durchführung der Rechtshilfe wegen der Unzulässigkeit eines Ausforschungsbeweises abgelehnt werden. Denn dem Rechtshilferichter darf nicht die Aufgabe eines Ermittlungsrichters übertragen werden. Das ist nicht Aufgabe des Rechtshilfeverfahrens[2].

6   Hinsichtlich der **Kosten der Rechtshilfe** folgt aus Abs. 2 Satz 3, dass für die Beweisaufnahme vor dem ArbG oder AG keine Gebühren anfallen. Nur die Auslagen für die Zeugen- und Sachverständigenentschädigung nach dem ZSEG sind zu ersetzen. Nach § 49 GKG ist Kostenschuldner regelmäßig die Partei, die das Schiedsgerichtsverfahren betreibt. Eine Haftung des Schiedsgerichts scheidet aus.

107 Vergleich
Ein vor dem Schiedsgericht geschlossener Vergleich ist unter Angabe des Tages seines Zustandekommens von den Streitparteien und den Mitgliedern des Schiedsgerichts zu unterschreiben.

1   **I. Voraussetzungen eines schiedsrichterlichen Vergleichs.** Der Vergleich muss „vor dem Schiedsgericht" in einem bereits **anhängigen Verfahren** geschlossen werden. Dies geschieht in der Praxis regelmäßig zu Protokoll des Schiedsgerichts in der mündlichen Verhandlung. Es genügt aber auch, wenn die Streitparteien dem Schiedsgericht eine beiderseits unterschriebene Urkunde übersenden. Das **Datum des Zustandekommens** ist spätestens vom Schiedsgericht hinzuzusetzen, wobei eine fehlerhafte Angabe des Tages die Wirksamkeit des Vergleichs im Übrigen nicht berührt.

2   Das Gesetz verlangt ferner die **Unterschriften der Streitparteien und der Mitglieder des Schiedsgerichts**. Nur ein derart formgerechter Vergleich kann später nach § 109 für **vollstreckbar** erklärt werden. Die Streitparteien können sich bei der Unterzeichnung durch ihre Prozessbevollmächtigten vertreten lassen. Wird die Form nicht beachtet, also der Vergleich nicht eigenhändig durch die genannten Personen unterzeichnet, so kommt bei Einigkeit über den Vergleichsinhalt jedenfalls ein bürgerlich-rechtlicher Vergleich iSd. § 779 BGB zustande, der die Parteien materiell verpflichtet. Liegen die notwendigen Unterschriften zB bei einem Vergleich zu Protokoll des Schiedsgerichts zunächst nicht vor, so können sie jederzeit **nachgeholt** werden, zumal eine Gleichzeitigkeit nicht erforderlich ist.

3   **II. Rechtliche Wirkungen des Vergleichs.** Je nach Vergleichsinhalt wird das anhängige Schiedsverfahren ganz oder teilweise beendet. Diese **prozessuale Beendigungswirkung** hat auch der lediglich zu Protokoll genommene, nicht von den Parteien und allen Schiedsrichtern unterschriebene Vergleich jedenfalls dann, wenn dies im Vergleich ausdrücklich vermerkt wird oder sonst hinreichend zum Ausdruck kommt.

4   Wie vor dem ArbG kann der Schiedsvergleich unter **Widerrufsvorbehalt** geschlossen werden. Zumeist wird vorgesehen, dass ein Widerruf binnen bestimmter Frist schriftlich beim Schiedsgericht eingehen muss. Der Widerruf ist unwiderruflich[3]. Geht der Widerruf nicht oder nicht rechtzeitig ein, so ist der Vergleich bestandskräftig. Eine Wiedereinsetzung gegen die Versäumung der Frist ist unzulässig[4].

5   Für **Nichtigkeit, Anfechtbarkeit, Rücktritt und Wegfall der Geschäftsgrundlage** gelten die allgemeinen Grundsätze[5]. Ein prozessual unwirksamer Vergleich führt nicht zur Beendigung des Schiedsverfahrens. Das bisherige Verfahren ist auf Antrag fortzusetzen, wobei zunächst die Frage zu klären ist, ob das Verfahren durch den Vergleich erledigt wurde.

6   Der Vergleich vor dem Schiedsgericht ist kein Prozessvergleich, also kein Vollstreckungstitel nach § 794 Abs. 1 Nr. 1 ZPO. Vollstreckbar wird er erst aufgrund besonderer **Vollstreckbarkeitserklärung durch das Arbeitsgericht nach § 109**. Selbst bei ausdrücklicher Unterwerfung des Schuldners unter die sofortige Zwangsvollstreckung gilt nichts anderes, weil das Schiedsgericht keine Amtsbefugnisse iSd. § 794 Abs. 1 Nr. 5 besitzt[6]. Vor der Vollstreckbarkeitserklärung prüft der zuständige Kammervorsitzende des ArbG von Amts wegen, ob die Voraussetzungen des § 107 erfüllt sind.

7   Die **Kostenfolgen des Vergleichs** ergeben sich in erster Linie aus der getroffenen Vereinbarung, ferner aus dem zugrunde liegenden Schiedsvertrag und hilfsweise aus dem staatlichen Prozessrecht (§ 98 ZPO). Ähnlich wie das staatliche Gebührenrecht sehen auch die Bühnenschiedsgerichtsordnungen eine Kostenprivilegierung vor (§§ 13 Abs. 2 BSchGO/BSchGO-C). Dies entspricht der auch im schiedsgerichtlichen Verfahren geltenden Maxime, den Rechtsstreit möglichst durch einen Vergleich zu erledigen (§ 21 BSchGO-C).

---

1 Vgl GMPM/*Germelmann*, § 106 ArbGG Rz. 16; aA ArbGV/*Schunck*, § 106 ArbGG Rz. 23. |2 BAG v. 16.1.1991 – 4 AS 7/90, MDR 1991, 476. |3 Vgl. Zöller/*Stöber*, § 794 ZPO Rz. 10d. |4 BAG v. 10.11.1977 – 2 AZR 269/77, AP Nr. 24 zu § 794 ZPO m. Anm. *Vollkommer*. |5 Vgl. Zöller/*Stöber*, § 794 ZPO Rz. 15 ff. mwN. |6 Vgl. ArbGV/*Schunck*, § 107 ArbGG Rz. 5.

108 *Schiedsspruch*
(1) **Der Schiedsspruch ergeht mit einfacher Mehrheit der Stimmen der Mitglieder des Schiedsgerichts, falls der Schiedsvertrag nichts anderes bestimmt.**

(2) **Der Schiedsspruch ist unter Angabe des Tages seiner Fällung von den Mitgliedern des Schiedsgerichts zu unterschreiben und muss schriftlich begründet werden, soweit die Parteien nicht auf schriftliche Begründung ausdrücklich verzichten. Eine vom Verhandlungsleiter unterschriebene Ausfertigung des Schiedsspruchs ist jeder Streitpartei zuzustellen. Die Zustellung kann durch eingeschriebenen Brief gegen Rückschein erfolgen.**

(3) **Eine vom Verhandlungsleiter unterschriebene Ausfertigung des Schiedsspruchs soll bei dem Arbeitsgericht, das für die Geltendmachung des Anspruchs zuständig wäre, niedergelegt werden. Die Akten des Schiedsgerichts oder Teile der Akten können ebenfalls dort niedergelegt werden.**

(4) **Der Schiedsspruch hat unter den Parteien dieselben Wirkungen wie ein rechtskräftiges Urteil des Arbeitsgerichts.**

I. Zustandekommen und Inhalt des Schiedsspruchs. Für die Entscheidungsfindung des Schiedsgerichts legt Abs. 1 zunächst zwingend fest, dass jeder Schiedsrichter bei der Abstimmung über den Spruch eine – gleichberechtigte – Stimme hat. Dies entspricht der Beteiligung der ehrenamtlichen Richter beim ArbG, die nach Maßgabe der entsprechend anwendbaren §§ 192 bis 197 GVG bei der **Beratung und Abstimmung** gleichberechtigt mitwirken (§ 9 Abs. 2). Ein Stimmvorrecht des Vorsitzenden (Obmanns) des Schiedsgerichts wäre damit unvereinbar. 1

Entscheidend ist die **relative Mehrheit** der Stimmen, falls der Schiedsvertrag nichts anderes bestimmt. Daraus folgt, dass ein Spruch auch bei einer Stimmenthaltung von Schiedsrichtern gefällt werden kann[1]. Da das Gesetz keine weiteren Vorgaben für Beratung und Abstimmung enthält, ist nach etwa ergänzenden Regelungen im Schiedsvertrag bzw. nach freiem Ermessen zu verfahren. Die Bühnenschiedsgerichtsordnungen sehen in Anlehnung an § 193 GVG vor, dass Beratung und Abstimmung nicht öffentlich sind (§ 25 BSchGO/BSchGO-C). Die Schiedsrichter haben entsprechend den §§ 43, 45 DRiG über den Hergang der Beratung und die Abstimmung zu schweigen. 2

Mangels besonderer Vorschriften im Schiedsvertrag wird man auch im Übrigen auf **Grundsätze der §§ 192 bis 197 GVG** zurückgreifen können. Bei Vorliegen der subjektiven Voraussetzungen kann das Schiedsgericht etwa die Anwesenheit Dritter analog § 193 GVG zu Ausbildungszwecken gestatten. Das **Ermessen des Schiedsgerichts** ist insoweit durch die Abstimmungsvorschrift des § 25 BSchGO/BSchGO-C nicht eingeschränkt. Abweichend vom Grundsatz der mündlichen Beratung kann es auch im schriftlichen Umlaufverfahren beraten und abstimmen, etwa durch nacheinander erfolgende Unterzeichnung des vollständig abgefassten Schiedsspruchs. Auf Verlangen eines Schiedsrichters muss allerdings mündlich beraten und abgestimmt werden. 3

Nach Abs. 2 Satz 1 ist der Schiedsspruch mit dem **Datum seines Zustandekommens** zu versehen und von sämtlichen Mitgliedern des Schiedsgerichts zu unterschreiben. Da eine besondere Verkündung im Gesetz nicht vorgesehen ist, kann die abschließende Entscheidung auch im schriftlichen Verfahren getroffen werden. Abweichend hiervon bestimmt etwa § 26 Abs. 1 Satz 2 BSchGO-C, dass der Schiedsspruch zu verkünden oder den Parteien zuzustellen ist. In der Praxis wird daher wie bei den Gerichten für Arbeitssachen regelmäßig im Anschluss an die mündliche Verhandlung der von den Schiedsrichtern unterschriebene Schiedsspruch verkündet. Bereits mit dem unterschriebenen Tenor der Entscheidung ist dem gesetzlichen Unterschriftserfordernis Genüge getan[2]. Gleichwohl werden regelmäßig auch die schriftlich begründeten Schiedssprüche vor der Zustellung an die Parteien **von allen Schiedsrichtern unterschrieben**. 4

Ist ein Richter an der Unterschrift verhindert, so wird dies entsprechend § 315 Abs. 1 Satz 2 ZPO unter Angabe des Verhinderungsgrundes von dem Vorsitzenden (Obmann) und bei dessen Verhinderung von dem ältesten beisitzenden Schiedsrichter unter dem Schiedsspruch vermerkt. Gleiches muss bei einer etwaigen **Unterschriftsverweigerung** eines überstimmten Richters gelten: Auch er ist grundsätzlich zur Unterschrift verpflichtet, weil durch sie nur bestätigt wird, dass der Spruch mit dem Ergebnis der Beratung übereinstimmt[3]. Mit der entsprechenden Anwendung des § 315 ZPO wird sichergestellt, dass nicht ein Schiedsrichter den Abschluss des Schiedsverfahrens verzögern oder gar völlig blockieren kann[4]. 5

An die **inhaltliche Gestaltung des Schiedsspruchs**, insbesondere die schriftliche Begründung, stellt das Gesetz keine besonderen Anforderungen, was die Tarifparteien nicht daran gehindert hat, in dem jeweiligen Schiedsvertrag eine an § 313 ZPO orientierte Regelung zu treffen (§ 26 BSchGO/BSchGO-C). Eine schriftliche Begründung des Schiedsspruchs ist nicht erforderlich, wenn die Streitparteien ausdrücklich darauf verzichten. Der Verzicht sollte schriftlich dokumentiert werden. 6

Bei **Fehlen** einer an sich erforderlichen Begründung ist der Schiedsspruch wegen eines Verfahrensmangels nach § 110 Abs. 1 Nr. 1 **ohne weiteres aufzuheben.** 7

---

[1] Vgl. GMPM/*Germelmann*, § 108 ArbGG Rz. 2. | [2] AA GMPM/*Germelmann*, § 108 ArbGG Rz. 13. | [3] Vgl. Zöller/*Gummer*, § 195 GVG Rz. 1 mwN. | [4] Ebenso ArbGV/*Schunck*, § 108 ArbGG Rz. 15; aA GMPM/*Germelmann*, § 108 ArbGG Rz. 8.

8 **II. Zustellung und Niederlegung.** Der „Verhandlungsleiter", also regelmäßig der im Bühnenbereich sog. Obmann, hat jeder Streitpartei eine von ihm unterschriebene **Ausfertigung des Schiedsspruchs** zuzustellen. Es handelt sich dabei um die wortgetreue Abschrift oder Fotokopie des vollständigen Schiedsspruchs, die im Rechtsverkehr die Urschrift ersetzen soll und deren Übereinstimmung mit der Urschrift beglaubigt wird.

9 Das **Zustellungsverfahren** richtet sich grundsätzlich nach den §§ 166 ff. ZPO. Ergänzend lässt Abs. 2 Satz 3 die vereinfachte Form der Zustellung durch **Einschreiben gegen Rückschein** zu. Noch einfacher und sehr verbreitet ist die **Zustellung gegen Empfangsbekenntnis**, die nach § 11 Abs. 2 BSchGO-C sowohl an die Partei selbst als auch an ihren Vertreter möglich ist. Schließlich kommt auch eine öffentliche Zustellung nach näherer Maßgabe der schiedsvertraglichen Regeln (§ 12 BSchGO/BSchGO-C) in Betracht.

10 Da das Gesetz eine von dem Verhandlungsleiter unterschriebene Ausfertigung verlangt, könnten die Streitparteien die Zustellung einer schlichten Fotokopie des Schiedsspruchs als ungenügend ablehnen. Bescheinigen sie gleichwohl den Empfang des Schriftstücks, so ist eine spätere Berufung auf den Zustellungsmangel regelmäßig ausgeschlossen[1].

11 Mit der **Niederlegung des Schiedsspruchs**, der Verfahrensakten oder Teilen der Akten bei dem zuständigen ArbG sollen vor allem die Zugriffs- und Informationsmöglichkeiten verbessert werden. Die Bühnenschiedsgerichtsordnungen sehen als Niederlegungsstelle einheitlich das ArbG in Köln vor (§ 28 BSchGO/BSchGO-C). In der Praxis wird von den Niederlegungsmöglichkeiten kaum Gebrauch gemacht. Das ist unschädlich, weil es sich bei der Niederlegungsobliegenheit um eine reine Ordnungsvorschrift handelt, deren Verletzung die Wirksamkeit des Schiedsspruchs nicht berührt.

12 **III. Rechtswirkungen.** Mit der Zustellung an die Streitparteien tritt die **urteilsgleiche Wirkung** des Schiedsspruchs nach Abs. 4 ein. Die Wirkungen sind grundsätzlich auf die **Parteien des Schiedsverfahrens** beschränkt. Allerdings binden Entscheidungen der Tarifschiedsgerichte nach § 101 Abs. 1 auch tarifgebundene Dritte, wenn die Voraussetzungen des § 9 TVG vorliegen[2]. Entsprechend § 325 ZPO findet eine Rechtskrafterstreckung auf die **Rechtsnachfolger der Parteien** zumindest dann statt, wenn die Rechtsnachfolge auch in der Bindung an die Schiedsklausel besteht[3].

13 Dieselben Wirkungen **wie ein rechtskräftiges Urteil des Arbeitsgerichts** kann der Schiedsspruch aber erst dann haben, wenn er im Schiedsverfahren mit Rechtsmitteln nicht mehr anfechtbar ist. Lässt der Schiedsvertrag wie im Bühnenbereich die Berufung zum Oberschiedsgericht zu, ist die Gleichstellungswirkung aufschiebend bedingt durch den letztinstanzlichen Schiedsspruch. Die Möglichkeit einer Aufhebungsklage nach § 110 hindert den Eintritt der Gleichstellungswirkung dagegen nicht, wie der Umkehrschluss aus § 109 Abs. 1 Satz 3 ergibt.

14 Die Rechtskraftwirkungen bestehen neben der **Selbstbindung des Schiedsgerichts** entsprechend § 318 ZPO vor allem darin, dass jede erneute Verhandlung und Entscheidung über denselben Streitgegenstand unzulässig ist (**Einwand der rechtskräftig entschiedenen Sache**). Ferner kann die rechtskräftig erkannte Rechtsfolge für einen weiteren Prozess vorgreiflich sein und einer abweichenden Entscheidung im Wege stehen (**Präjudizialität**)[4]. Richtigerweise sind diese Rechtskraftwirkungen stets von Amts wegen zu berücksichtigen[5], wobei es keinen Unterschied macht, ob die Prüfung vom Schiedsgericht oder vom ArbG vorgenommen wird.

§ 109 *Zwangsvollstreckung*

(1) Die Zwangsvollstreckung findet aus dem Schiedsspruch oder aus einem vor dem Schiedsgericht geschlossenen Vergleich nur statt, wenn der Schiedsspruch oder der Vergleich von dem Vorsitzenden des Arbeitsgerichts, das für die Geltendmachung des Anspruchs zuständig wäre, für vollstreckbar erklärt worden ist. Der Vorsitzende hat vor der Erklärung den Gegner zu hören. Wird nachgewiesen, dass auf Aufhebung des Schiedsspruchs geklagt ist, so ist die Entscheidung bis zur Erledigung dieses Rechtsstreits auszusetzen.

(2) Die Entscheidung des Vorsitzenden ist endgültig. Sie ist den Parteien zuzustellen.

1 **I. Schiedsgerichtliche Voraussetzungen.** Die Zwangsvollstreckung kann nur aus einem **Schiedsspruch** oder einem **Schiedsvergleich** betrieben werden. Andere Entscheidungen des Schiedsgerichts, etwa sog. Kostenfestsetzungsbeschlüsse nach § 13 Abs. 5 BSchGO-C, scheiden als vollstreckbare Titel aus. Zur Herbeiführung der Vollstreckbarkeit einer Kostenerstattungsforderung muss daher ein Schiedsspruch ergehen oder der bereits ergangene Spruch ergänzt werden. In der Praxis der Bühnenschiedsgerichte werden die Kostenfestsetzungsbeschlüsse regelmäßig akzeptiert, ohne dass es dieses umständlichen Verfahrens bedarf.

---

1 Vgl. BGH v. 8.10.1964 – III ZR 152/63, NJW 1965, 104. | 2 BAG v. 20.5.1960 – 1 AZR 268/57, AP Nr. 8 zu § 101 ArbGG. | 3 Vgl. ArbGV/*Schunck*, § 108 ArbGG Rz. 33; GMPM/*Germelmann*, § 108 ArbGG Rz. 30. | 4 Vgl. im Einzelnen Zöller/*Vollkommer*, Vor § 322 ZPO Rz. 21 ff. mwN. | 5 Zutr. ArbGV/*Schunck*, § 108 ArbGG Rz. 28; aA GMPM/*Germelmann*, § 108 ArbGG Rz. 29.

Vollstreckungsgeeignet sind im Übrigen nur Schiedssprüche und Schiedsvergleiche, die einen **vollstreckbaren Inhalt** haben. Sind diese Titel weder in der Hauptsache noch zumindest hinsichtlich der Kosten vollstreckbar, so fehlt einem Antrag auf Vollstreckbarkeitserklärung das Rechtsschutzbedürfnis. 2

II. Vollstreckbarkeitserklärung des Arbeitsgerichts. 1. Antrag und Zuständigkeit. Der an keine Frist gebundene Antrag auf Vollstreckbarkeitserklärung ist an das **Arbeitsgericht** zu richten, das für die Geltendmachung des Anspruchs zuständig wäre. Bei Zuständigkeit mehrerer ArbG hat der Antragsteller ein Wahlrecht. Aus der schiedsvertraglichen Prorogation des Aufhebungsgerichts iSd. § 110 folgt nicht ohne weiteres auch die Zuständigkeit als Vollstreckungsgericht. Für die Bestimmung der **örtlichen Zuständigkeit** gelten die allgemeinen Grundsätze der §§ 12 bis 40 ZPO. 3

Funktionell zuständig ist der „Vorsitzende des ArbG", nämlich der oder die **Vorsitzende der nach dem Geschäftsverteilungsplan zuständigen Kammer** des ArbG. Bisweilen sind die Vollstreckungsanträge in Schiedssachen einer bestimmten Kammer zugewiesen. Ansonsten sind sie als AR-Sachen im allgemeinen Register einzutragen und zu verteilen. Die Zuständigkeit des Landesarbeitsgerichts für die Vollstreckbarkeitserklärung ist unter keinem rechtlichen Gesichtspunkt denkbar[1]. 4

2. Prüfung und Entscheidung durch das Arbeitsgericht. Der zur Entscheidung berufene Kammervorsitzende prüft zunächst die örtliche Zuständigkeit des ArbG. Wird sie verneint, ist das Verfahren entsprechend § 48 durch Beschluss nach § 17a Abs. 2 GVG an das örtlich zuständige ArbG zu verweisen. 5

In die **Prüfungskompetenz des Arbeitsgerichts** fallen sodann die weiteren Voraussetzungen des § 109: Es hat insbesondere zu prüfen, ob die **Formalien der Vollstreckungstitel** nach Maßgabe der §§ 107, 108 vorliegen. Dabei hat es auch zu klären, ob das Schiedsverfahren erschöpft oder noch ein Rechtsmittel gegeben ist. Die urkundlichen Nachweise werden sich in aller Regel aus den Akten des Schiedsgerichts ergeben, die vom ArbG beigezogen werden können. 6

Das ArbG prüft schließlich auch, ob die vorgelegten Titel des Schiedsgerichts überhaupt einen vollstreckbaren Inhalt besitzen, insbesondere hinreichend bestimmt sind. Fehlt es daran, so ist das stets erforderliche **Rechtsschutzinteresse des Antragstellers** zu verneinen. Der Vollstreckung kann ferner der **Erfüllungseinwand** entgegenstehen: Zwar muss der Einwand rechtzeitiger Erfüllung vom Schuldner grundsätzlich durch Klage nach § 767 ZPO geltend gemacht werden. Da aber in jedem Zeitpunkt des Vollstreckungsverfahrens zu prüfen ist, ob die Vollstreckung – noch – notwendig ist, hat das ArbG jedenfalls eine unstreitige oder durch Urkundennachweis erwiesene Erfüllung des titulierten Anspruchs zu berücksichtigen[2]. 7

Keine Prüfungskompetenz besteht hinsichtlich **etwaiger Aufhebungsgründe** iSd. § 110, also im Hinblick auf Zulässigkeit und materielle Richtigkeit der schiedsgerichtlichen Entscheidung. Diese Prüfung ist dem Aufhebungsgericht vorbehalten. Das gilt auch für die Frage der **Rechtswegzuständigkeit**[3]. 8

Weist der Antragsgegner nach, dass die **Aufhebungsklage anhängig** ist, so ist gemäß Abs. 1 Satz 3 die **Entscheidung** über die Vollstreckbarkeitserklärung bis zur Erledigung dieses Rechtsstreits **auszusetzen**. „Erledigung" bedeutet die endgültige Beendigung des Aufhebungsverfahrens, sei es durch rechtskräftige Entscheidung oder durch Erledigungserklärung der Parteien nach § 91a ZPO. 9

Der zuständige Kammervorsitzende muss dem Antragsgegner vor der Entscheidung **rechtliches Gehör** gewähren. Dies kann im Rahmen einer mündlichen oder schriftlichen Anhörung geschehen. 10

Die abschließende Entscheidung trifft der Kammervorsitzende ohne Hinzuziehung der ehrenamtlichen Richter durch **Beschluss**, mit dem der genau zu bezeichnende Schiedsspruch/Schiedsvergleich für vollstreckbar erklärt wird oder der Antrag auf Vollstreckbarkeitserklärung zurückgewiesen wird. Der Beschluss hat eine Belehrung dahingehend zu enthalten, dass ein **Rechtsmittel nicht gegeben** ist (Abs. 2 Satz 1). Eine Kostenentscheidung und eine Streitwertfestsetzung sind dagegen nicht erforderlich, weil der Beschluss nach § 12 Abs. 5 gerichtskostenfrei ergeht und eine Anwaltsgebührenerstattung nach § 12a Abs. 1 Satz 1 ausscheidet. Jedenfalls die zurückweisende Entscheidung sollte auch kurz begründet werden. Der Beschluss ist den Parteien **von Amts wegen** förmlich **zuzustellen** (Abs. 2 Satz 2). 11

III. Die Zwangsvollstreckung nach der ZPO. Nach § 794 Abs. 1 Nr. 4a ZPO findet ua. aus rechtskräftigen Entscheidungen, die Schiedssprüche für vollstreckbar erklären, die Zwangsvollstreckung statt. Dafür müssen gemäß § 795 ZPO die allgemeinen **Vollstreckungsvoraussetzungen** erfüllt sein, insbesondere eine vollstreckbare Ausfertigung des Titels erteilt und die Zustellung erfolgt sein (§§ 724, 750 ZPO). Für die Klauselerteilung zuständig ist das ArbG, das die Vollstreckbarkeitserklärung vorgenommen hat. 12

Das ArbG ist als „Prozessgericht des ersten Rechtszuges" auch zuständig für eine **Vollstreckungsabwehrklage** nach § 767 Abs. 1 ZPO. Über eine **Vollstreckungserinnerung** nach § 766 ZPO entscheidet dagegen das AG als Vollstreckungsgericht. 13

---

[1] Vgl. LAG Bremen v. 18.7.2003 – AR 4/03, EzA SD 16/2003, S. 13.   [2] Vgl. Zöller/*Stöber*, § 888 ZPO Rz. 11 mwN.   [3] Ebenso ArbGV/*Schunck*, § 109 ArbGG Rz. 20, der zu Recht auf die ansonsten bestehende Gefahr divergierender Entscheidungen hinweist.

110 *Aufhebungsklage*
(1) Auf Aufhebung des Schiedsspruchs kann geklagt werden,
1. wenn das schiedsgerichtliche Verfahren unzulässig war;
2. wenn der Schiedsspruch auf der Verletzung einer Rechtsnorm beruht;
3. wenn die Voraussetzungen vorliegen, unter denen gegen ein gerichtliches Urteil nach § 580 Nr. 1 bis 6 der Zivilprozessordnung die Restitutionsklage zulässig wäre.

(2) Für die Klage ist das Arbeitsgericht zuständig, das für die Geltendmachung des Anspruchs zuständig wäre.

(3) Die Klage ist binnen einer Notfrist von zwei Wochen zu erheben. Die Frist beginnt in den Fällen des Absatzes 1 Nr. 1 und 2 mit der Zustellung des Schiedsspruchs. Im Falle des Absatzes 1 Nr. 3 beginnt sie mit der Rechtskraft des Urteils, das die Verurteilung wegen der Straftat ausspricht, oder mit dem Tage, an dem der Partei bekannt geworden ist, dass die Einleitung oder die Durchführung des Verfahrens nicht erfolgen kann; nach Ablauf von zehn Jahren, von der Zustellung des Schiedsspruchs an gerechnet, ist die Klage unstatthaft.

(4) Ist der Schiedsspruch für vollstreckbar erklärt, so ist in dem der Klage stattgebenden Urteil auch die Aufhebung der Vollstreckbarkeitserklärung auszusprechen.

1 **I. Grundsätze des Aufhebungsverfahrens.** Das Aufhebungsverfahren führt zu einer rechtlichen Überprüfung des Schiedsspruchs nach näherer Maßgabe des § 110. Es hat **revisionsähnlichen Charakter**[1]. Daraus folgt, dass neue Tatsachen und Beweismittel grundsätzlich nicht mehr vorgebracht werden können. Die Beweiswürdigung des Schiedsgerichts kann nur mit einer Verfahrensrüge als fehlerhaft angegriffen werden.

2 Das **Revisionsrecht** der ZPO ist **entsprechend anzuwenden**, soweit dies mit der selbständigen Ausgestaltung des Schiedsgerichtsverfahrens einerseits und des arbeitsgerichtlichen Aufhebungsverfahrens andererseits vereinbar ist[2]. Das Aufhebungsgericht ist daher gemäß **§ 557 Abs. 2 ZPO** nicht an die geltend gemachten Aufhebungsgründe gebunden. Allerdings dürfen Verfahrensmängel, die nicht von Amts wegen zu berücksichtigen sind, nur geprüft werden, wenn sie nach den §§ 551, 554 Abs. 3 ZPO rechtzeitig gerügt worden sind, dh. unverzüglich nach Erhebung der Aufhebungsklage, mindestens aber innerhalb der einmonatigen Revisionsfrist[3]. Anwendbar ist ferner § **559 Abs. 2 ZPO**, wonach das Aufhebungsgericht die vom Schiedsgericht festgestellten Tatsachen zugrunde zu legen hat.

3 Demgegenüber scheidet eine analoge Anwendung des § 563 ZPO im Verhältnis zwischen Schiedsgerichtsbarkeit und Arbeitsgerichtsbarkeit aus[4]: Eine **Zurückverweisung** des Rechtsstreits **an die (Bühnen-)Schiedsgerichtsbarkeit** ist **ausgeschlossen**, weil das Schiedsgerichtsverfahren mit dem Erlass des Schiedsspruchs verbraucht ist und die Kompetenz zur Sachentscheidung nach Aufhebung des Schiedsspruchs allein den Gerichten für Arbeitssachen zusteht. Eine andere Handhabung wäre auch mit dem Gebot einer effektiven Rechtsschutzgewährung kaum vereinbar.

4 Wenn das Arbeits- bzw. Landesarbeitsgericht weitere tatsächliche Feststellungen für erforderlich hält, hat es diese selbst zu treffen und den Rechtsstreit in der Sache abschließend zu entscheiden[5]. Voraussetzung dafür ist aber, dass neben dem **Aufhebungsverfahren** zugleich das **Sachverfahren** bei den Gerichten für Arbeitssachen anhängig ist. Der Schiedskläger kann das je nach Ausgangslage durch verschiedene Prozessmittel erreichen: Hat er vor dem Schiedsgericht obsiegt, so kann er als Beklagter der Aufhebungsklage seinen Sachantrag mit der **(Hilfs-)Widerklage** weiterverfolgen. War die Schiedsklage erfolglos, so kann er als Aufhebungskläger sein materielles Klageziel im Wege der objektiven **Klagehäufung** geltend machen. Wegen der Identität der Streitgegenstände steht dem „gleichartigen Antrag" zwar an sich der Einwand der Rechtshängigkeit entgegen. Das Bundesarbeitsgericht hält es aber aus Gründen der **Prozesswirtschaftlichkeit** für zulässig, dass zugleich vorsorglich über den erneuerten Sachantrag verhandelt und – unter dem Vorbehalt einer rechtskräftigen Aufhebung des Schiedsspruchs – auch entschieden werden kann[6].

5 Eine besondere Situation tritt im **Bühnenbereich** wegen des zweistufigen Schiedsgerichtsverfahrens dann ein, wenn der Kläger zwar in der ersten Instanz obsiegt, das Berufungsgericht aber den Schiedsspruch ändert und seine Klage abweist. In diesem Fall genügt der schlichte Aufhebungsantrag auch zur Durchsetzung des Sachbegehrens, weil durch die Aufhebung des Berufungsschiedsspruchs die für ihn günstige Sachentscheidung des Bühnenschiedsgerichts wiederhergestellt wird[7].

---

[1] BAG v. 18.4.1986 – 7 AZR 114/85, AP Nr. 27 zu § 611 BGB – Bühnenengagementsvertrag; v. 7.11.1995 – 3 AZR 955/94, AP Nr. 48 zu § 611 BGB – Bühnenengagementsvertrag. |[2] BAG v. 27.1.1993 – 7 AZR 124/92, EzA § 110 ArbGG 1979 Nr. 1. |[3] BAG v. 26.4.1990 – 6 AZR 462/88, AP Nr. 42 zu § 611 BGB – Bühnenengagementsvertrag; enger dagegen BAG v. 18.4.1986 – 7 AZR 114/85, AP Nr. 27 zu § 611 BGB – Bühnenengagementsvertrag. |[4] BAG v. 27.1.1993 – 7 AZR 124/92, AP Nr. 3 zu § 110 ArbGG 1979. |[5] LAG Köln v. 12.11.1998 – 6 Sa 1225/97, juris. |[6] BAG v. 27.1.1993 – 7 AZR 124/92, AP Nr. 3 zu § 110 ArbGG 1979. |[7] Ebenso ArbGV/*Schunck*, § 110 ArbGG Rz. 1c.

II. Aufhebungsgründe. 1. Unzulässigkeit des schiedsgerichtlichen Verfahrens. Der Aufhebungsgrund 6
des Abs. 1 Nr. 1 erfasst Mängel, die das gesamte Verfahren betreffen, also insbesondere seiner Einleitung
oder Fortsetzung entgegenstehen. Das schiedsgerichtliche Verfahren ist immer dann unzulässig, wenn
die Voraussetzungen des § 101 nicht gegeben sind.

Nicht zur Unzulässigkeit des Verfahrens in diesem Sinne führen einzelne Verfahrensfehler des Schieds- 7
gerichts, wenn das Verfahren an sich eröffnet ist[1]. Für eine solche Einbeziehung besteht auch kein Bedürfnis, weil Verfahrensverstöße nach Nr. 2 und Nr. 3 geltend gemacht werden können.

2. Verletzung einer Rechtsnorm. Der Aufhebungsgrund des Abs. 1 Nr. 2 erfasst wie § 73 Abs. 1 Ver- 8
stöße gegen **materielle und formelle Rechtsnormen**. Materielle Rechtsfehler sind wie im Revisionsverfahren von Amts wegen zu berücksichtigen[2]. Das folgt aus entsprechender Anwendung des § 557
Abs. 3 Satz 1 ZPO.

Dagegen darf der Schiedsspruch auf **Verfahrensmängel**, die nicht von Amts wegen zu berücksichtigen 9
sind, nur geprüft werden, wenn die Mängel nach den §§ 551, 554 ZPO gerügt worden sind. So muss etwa in
der Aufhebungsklageschrift oder spätestens in der Berufungsbegründung gegenüber dem Landesarbeitsgericht ausdrücklich beanstandet und näher dargelegt werden, dass das Schiedsgericht gegen den
Grundsatz der Gewährung rechtlichen Gehörs verstoßen habe oder fehlerhaft besetzt gewesen sei[3].

Materielle Rechtsfehler können in der falschen Auslegung von Willenserklärungen oder Verträgen 10
nach den §§ 133, 157 BGB oder auch von Tarifrecht liegen[4]. In Betracht kommen ferner Verstöße gegen
die Grundsätze der Darlegungs- und Beweislast sowie eine fehlerhafte Beweiswürdigung.

Die Rechtsprüfung durch das Aufhebungsgericht bezieht sich auf die Rechtslage, die zum Zeitpunkt des 11
Schiedsspruchs bestanden hat. Spätere Änderungen von Gesetzen oder Tarifnormen können mangels
Rückwirkung grundsätzlich ebenso wenig berücksichtigt werden wie neue Tatsachen. Erst wenn die Tatsachenfeststellung durch das Schiedsgericht infolge der Aufhebung des Schiedsspruchs keinen Bestand
mehr hat, können **im Rahmen des weiteren Sachverfahrens** auch neue Tatsachen vorgebracht werden.

3. Restitutionsklagegründe. Der Aufhebungsgrund des **Abs. 1 Nr. 3** ist an die Voraussetzungen ge- 12
knüpft, unter denen gegen ein gerichtliches Urteil nach § 580 Nr. 1 bis 6 ZPO die Restitutionsklage
zulässig wäre. Wegen der **Hilfsnatur der Restitutionsklage** muss entsprechend § 582 ZPO stets geprüft
werden, ob der Wiederaufnahmegrund nicht schon in dem früheren Verfahren einschließlich der normalen Aufhebungsklage binnen der zweiwöchigen Klagefrist geltend gemacht werden konnte.

Eine **Nichtigkeitsklage** nach Maßgabe des § 579 ZPO ist demgegenüber **ausgeschlossen**. Soweit Nich- 13
tigkeitsgründe vorliegen, müssen sie mit der normalen Aufhebungsklage als Rechtsverletzung nach Nr. 2
verfolgt werden.

III. Aufhebungsklage. Für die Klage ist nach Abs. 2 das ArbG **örtlich zuständig**, das für die Geltendma- 14
chung des Anspruchs zuständig wäre. Nach § 48 Abs. 2 können die Tarifparteien allerdings die Zuständigkeit eines an sich unzuständigen ArbG mit Wirkung für die Arbeitsvertragsparteien vereinbaren. Für den
Bühnenbereich ist eine solche **Prorogation** in den §§ 38 BSchGO, 37 BSchGO-C vorgenommen worden:
Danach ist die Aufhebungsklage gegen einen Schiedsspruch des Bühnenschiedsgerichts, gegen den eine
Berufung nicht zulässig ist, sowie gegen einen Schiedsspruch des Bühnenoberschiedsgerichts binnen
einer Notfrist von zwei Wochen ausschließlich beim **Arbeitsgericht Köln** zu erheben.

Da es sich bei der **Klagefrist von zwei Wochen** nach Abs. 3 Satz 1 um eine **Notfrist** handelt, kann bei 15
einer schuldlosen Versäumung Wiedereinsetzung in den vorigen Stand nach Maßgabe der §§ 233 ff. ZPO
beantragt werden.

Die Klagefrist beginnt – abgesehen von der Sonderregelung für die Restitutionsfälle – mit der Zustel- 16
lung des Schiedsspruchs gemäß den Anforderungen des § 108 Abs. 2 Satz 2 und 3. Der Fristbeginn richtet sich nach dem Zustellungszeitpunkt an die jeweils betoffene Partei. Insoweit kann nichts anderes
gelten als bei den Rechtsmittelfristen der §§ 66, 74. Die Ansicht, es sei einheitlich auf die Zustellung an
die letzte Partei abzustellen[5], vermag nicht zu überzeugen[6].

Der **Inhalt der Aufhebungsklageschrift** muss den Anforderungen des § 253 ZPO genügen, also ins- 17
besondere die „bestimmte Angabe des Gegenstandes und des Grundes des erhobenen Anspruchs" beinhalten. Dies bedeutet, dass der Aufhebungskläger bereits innerhalb der Klagefrist und zweckmäßig
sogleich in der Klageschrift die Aufhebungsgründe konkretisieren muss[7]. Die bloße Bezugnahme auf
früheren Vortrag im Schiedsverfahren reicht nicht aus. Zulässig ist aber, eine zunächst zur Fristwahrung eingereichte kurze Kennzeichnung der Aufhebungsgründe später zu vertiefen.

---

1 Str., vgl. einerseits ArbGV/*Schunck*, § 110 ArbGG Rz. 22; andererseits GMPM/*Germelmann*, § 110 ArbGG
Rz. 8. | 2 BAG v. 18.4.1986 – 7 AZR 114/85, AP Nr. 27 zu § 611 BGB – Bühnenengagementvertrag. | 3 Vgl.
noch enger BAG v. 12.1.2000 – 7 AZR 925/98, NZA 2000, 1345. | 4 BAG v. 11.5.1983 – 4 AZR 545/80, AP Nr. 21 zu
§ 611 BGB – Bühnenengagementvertrag. | 5 GK-ArbGG/*Ascheid*, § 110 Rz. 21. | 6 Vgl. ArbGV/*Schunck*,
§ 110 ArbGG Rz. 18; GMPM/*Germelmann*, § 110 ArbGG Rz. 18. | 7 BAG v. 26.2.1980 – 6 AZR 970/77, AP Nr. 3
zu § 110 ArbGG 1979.

18 **IV. Urteil des Arbeitsgerichts.** Das ArbG hat im Aufhebungsverfahren nur **zwei Entscheidungsmöglichkeiten**: Entweder weist es die Klage ab mit der Folge, dass der Schiedsspruch bestandskräftig wird, oder es hebt den Schiedsspruch ganz oder zum Teil auf mit der Folge, dass er insoweit jede Rechtswirkung einbüßt. Eine Zurückverweisung des Rechtsstreits an das Schiedsgericht in entsprechender Anwendung des § 563 Abs. 1 ZPO kommt nicht in Betracht[1].

19 Wird der Aufhebungsklage stattgegeben, so ist nach **Abs. 4** zugleich von Amts wegen eine zuvor erfolgte **Vollstreckbarkeitserklärung aufzuheben**. Schon vor Rechtskraft des Aufhebungsurteils kann die Einstellung der Zwangsvollstreckung gemäß den §§ 775, 776 ZPO erreicht werden[2].

20 Durch die Aufhebung des Schiedsspruchs kann die Rechtslage eintreten, dass über den Streitgegenstand **in der Sache keine abschließende Entscheidung** ergangen ist, und zwar unabhängig davon, ob die Klage vom Schiedsgericht abgewiesen oder zugesprochen wurde. Eine Ausnahme gilt für den **Sonderfall des zweistufigen Schiedsverfahrens** dann, wenn das Oberschiedsgericht die Entscheidung des Schiedsgerichts abgeändert hat. Die Aufhebung des zweitinstanzlichen Schiedsspruchs führt nach der Rspr. des Bundesarbeitsgerichts[3] zur Wiederherstellung der erstinstanzlichen Entscheidung und damit letztendlich **doch** zu einer schiedsgerichtlichen **Sachentscheidung**, die wegen der rechtskraftähnlichen Wirkung des § 108 Abs. 4 einem weiteren Verfahren entgegensteht.

21 In den übrigen Fällen kann und sollte wegen der nun bestehenden **Sachentscheidungskompetenz der Gerichte für Arbeitssachen** der Sachantrag vorsorglich in das Aufhebungsverfahren mit einbezogen werden, sei es als Klagehäufung des erfolglosen Schiedsklägers oder als (Hilfs-)Widerklage des Aufhebungsbeklagten, der vor den Schiedsgerichten obsiegt hatte (dazu bereits Rz. 4). Mit der Aufhebung des Schiedsspruchs ist nämlich das Schiedsgerichtsverfahren verbraucht. Eine erneute Zuständigkeit des Schiedsgerichts für den Streitgegenstand kann nicht begründet werden, zumal eine Zurückverweisung der Sache ausscheidet[4]. Wenn demgegenüber teilweise die Ansicht vertreten wird, das Verfahren werde nach Aufhebung auch ohne Zurückverweisung wieder bei dem Schiedsgericht (Oberschiedsgericht) anhängig[5], so ist dies auch mit dem Beschleunigungsgrundsatz des § 9 kaum vereinbar.

22 **De lege ferenda** sollte mit Rücksicht auf den Beschleunigungsgrundsatz erwogen werden, das Aufhebungsverfahren bei den Landesarbeitsgerichten beginnen zu lassen. Für einen fünfzügigen Instanzenzug, wie er im Bühnenbereich bei einer zweizügigen Schiedsgerichtsbarkeit derzeit oftmals Praxis ist, besteht kein Bedürfnis. Die schutzwürdigen Interessen der Parteien würden durch den Wegfall einer Aufhebungs- und Tatsacheninstanz nicht beeinträchtigt. Im Gegenteil würden sie schneller zu einer abschließenden Entscheidung kommen, selbst wenn das Landesarbeitsgericht die Revision zum Bundesarbeitsgericht zulässt.

Fünfter Teil. Übergangs- und Schlussvorschriften

111 *Änderung von Vorschriften*
(1) Soweit nach anderen Rechtsvorschriften andere Gerichte, Behörden oder Stellen zur Entscheidung oder Beilegung von Arbeitssachen zuständig sind, treten an ihre Stelle die Arbeitsgerichte. Dies gilt nicht für Seemannsämter, soweit sie zur vorläufigen Entscheidung von Arbeitssachen zuständig sind.

(2) Zur Beilegung von Streitigkeiten zwischen Ausbildenden und Auszubildenden aus einem bestehenden Berufsausbildungsverhältnis können im Bereich des Handwerks die Handwerksinnungen, im Übrigen die zuständigen Stellen iSd. Berufsbildungsgesetzes Ausschüsse bilden, denen Arbeitgeber und Arbeitnehmer in gleicher Zahl angehören müssen. Der Ausschuss hat die Parteien mündlich zu hören. Wird der von ihm gefällte Spruch nicht innerhalb einer Woche von beiden Parteien anerkannt, so kann binnen zwei Wochen nach ergangenem Spruch Klage beim zuständigen Arbeitsgericht erhoben werden. § 9 Abs. 5 gilt entsprechend. Der Klage muss in allen Fällen die Verhandlung vor dem Ausschuss vorangegangen sein. Aus Vergleichen, die vor dem Ausschuss geschlossen sind, und aus Sprüchen des Ausschusses, die von beiden Seiten anerkannt sind, findet die Zwangsvollstreckung statt. Die §§ 107 und 109 gelten entsprechend

1 **I. Zuständigkeit der Seemannsämter (Abs. 1 Satz 2).** Die Vorschrift enthält eine Ausnahme von der ausschließlichen Zuständigkeit der Gerichte für Arbeitssachen nach den §§ 2 und 2a hinsichtlich **der vorläufigen Entscheidung** von arbeitsrechtlichen Streitigkeiten in der **Seeschifffahrt**. Die endgültige Entscheidung obliegt den ArbG, wenn kein besonderes Schiedsgericht nach § 101 Abs. 2 Satz 1 für Ka-

---

1 BAG v. 27.1.1993 – 7 AZR 124/92, NZA 1993, 1102; aA LAG Köln v. 24.2.1992 – 4 (7) Sa 254/91, LAGE § 101 ArbGG 1979 Nr. 1. |2 GK-ArbGG/*Ascheid*, § 110 Rz. 32. |3 BAG v. 24.9.1986 – 7 AZR 663/84, AP Nr. 28 zu § 611 BGB – Bühnenengagementsvertrag. |4 BAG v. 27.1.1993 – 7 AZR 124/92, NZA 1993, 1102; v. 7.11.1995 – 3 AZR 955/94, NZA 1996, 487. |5 GMPM/*Germelmann*, § 110 ArbGG Rz. 26 ff. mwN.

pitäne und Besatzungsmitglieder iSd. §§ 2, 3 SeemG zuständig ist. Für Streitigkeiten in der **Binnenschifffahrt** bleibt es bei der alleinigen Zuständigkeit der ArbG.

Die Seemannsämter haben die Funktion von Sonderaufsichtsbehörden für die Seeschifffahrt. Außerhalb des Geltungsbereichs des Grundgesetzes sind dies die vom Auswärtigen Amt bestimmten diplomatischen und konsularischen Vertretungen der Bundesrepublik Deutschland (§ 9 SeemG). Zuständigkeit und Verfahren richten sich nach den **§§ 14 bis 19 der Seemannsamtsverordnung**.

Das zuständige Seemannsamt kann zum Beispiel von einem Schiffsbesatzungsmitglied im Ausland angerufen werden, um vorläufig über die Berechtigung einer außerordentlichen Kündigung nach § 69 SeemG oder einer Rückbeförderung nach § 72 Abs. 4 SeemG zu entscheiden. Ein Anrufungszwang besteht allerdings nicht. Die ArbN sind nicht daran gehindert, sogleich Klage vor dem für die endgültige Entscheidung zuständigen Schieds- oder ArbG zu erheben.

II. Ausbildungsstreitigkeiten (Abs. 2). Die Regelung über ein vorgeschaltetes Schlichtungsverfahren bei Ausbildungsstreitigkeiten ist umständlich, kompliziert und in allen wesentlichen Punkten umstritten. Zwar hat das Bundesarbeitsgericht im Jahre 1961 entschieden, dass damit nicht gegen das Prinzip des gesetzlichen Richters iSd. Art. 101 Abs. 1 GG verstoßen wird[1]. Es bestehen jedoch erhebliche Bedenken, ob die Norm mit dem rechtsstaatlichen Grundsatz des gleichmäßigen Zugangs zu Gericht vereinbar ist[2].

1. Bildung, Besetzung und Zuständigkeit der Schlichtungsausschüsse. Die Errichtung der Ausschüsse steht nach Abs. 2 Satz 1 im **Ermessen** der **Handwerksinnungen**, im Übrigen der zuständigen Stellen iSd. Berufsbildungsgesetzes. Das sind nach den §§ 75 ff. BBiG vor allem die **Berufskammern**, ua. die Industrie- und Handelskammern, die Rechtsanwalts- und Notarkammern sowie die Ärzte-, Zahnärzte- und Apothekerkammern. Von dem Ermessen wird unterschiedlich Gebrauch gemacht. Daher ist im Einzelfall zu prüfen, ob ein Schlichtungsausschuss für den jeweiligen Wirtschafts- oder Berufszweig gebildet worden ist.

Im Hinblick auf die **Besetzung der Ausschüsse** bestimmt das Gesetz lediglich, dass ihnen ArbGeb und ArbN in gleicher Zahl angehören müssen. Auch wenn die Heranziehung Unparteiischer nicht besonders erwähnt wird, muss sie wie nach § 103 Abs. 1 Satz 1 als zulässig und zweckmäßig erachtet werden, um Pattsituationen zu vermeiden. Bewährt hat sich eine Besetzung mit einem unparteiischen Vorsitzenden und je einem Arbeitgeber- und Arbeitnehmerbeisitzer. Wer dies sein kann, beantwortet sich in entsprechender Anwendung der §§ 21 bis 23. Die näheren Einzelheiten der Berufung können die zuständigen Stellen unter Beachtung rechtsstaatlicher Grundsätze selbst festlegen. Sie sollten auch eine Verfahrensordnung für den Ausschuss schaffen.

Welcher Ausschuss für die Beilegung der Streitigkeit **zuständig** ist, richtet sich nach der für den Ausbildungsberuf zuständigen Stelle. Das ist regelmäßig die Stelle, in deren Verzeichnis der Berufsausbildungsvertrag nach Maßgabe der §§ 31 ff. BBiG eingetragen ist oder sein müsste. Der bei ihr gebildete Schlichtungsausschuss muss angerufen werden.

2. Streitgegenstände der Schlichtung. Materiell zuständig ist der Schlichtungsausschuss zur Beilegung von **Streitigkeiten** zwischen Ausbildenden und Auszubildenden **aus einem bestehenden Berufsausbildungsverhältnis**, zB über die Höhe der Ausbildungsvergütung[3]. Wenn das Ausbildungsverhältnis unzweifelhaft beendet ist, etwa Schadensersatz wegen vorzeitiger Auflösung verlangt wird, kann sogleich vor dem ArbG geklagt werden[4]. Zu den Streitigkeiten „aus einem Berufsausbildungsverhältnis" gehören auch die **Bestandsschutzstreitigkeiten**, die in dem vorher begründeten Vertragsverhältnis ihren Ursprung haben[5].

Der Schlichtungsausschuss ist daher insbesondere zuständig für den Streit über die Wirksamkeit einer **Kündigung des Ausbildungsverhältnisses** nach § 15 BBiG[6] und über die **befristete Fortsetzung** bei Nichtbestehen der Abschlussprüfung nach § 14 Abs. 3 BBiG[7]. Diese Streitigkeiten stehen in der Praxis auch deswegen im Vordergrund, weil über eine schnelle und kompetente Schlichtung am ehesten eine gedeihliche Fortsetzung des Ausbildungsverhältnisses zu erreichen ist.

Keine Zuständigkeit des Schlichtungsausschusses besteht demgegenüber beim Streit darüber, ob überhaupt ein Berufsausbildungsverhältnis wirksam zustande gekommen ist oder ob Schadensersatz aus dem Gesichtspunkt des Verschuldens bei Vertragsschluss zu zahlen ist, wenn der Abschluss eines Berufsausbildungsvertrages gescheitert ist[8].

Das Schlichtungsverfahren ist subjektiv auf die **Parteien des Berufsausbildungsverhältnisses** beschränkt. Es gilt weder für Streitigkeiten von Auszubildenden untereinander, noch für Praktikanten, Volontäre und *sonstige Personen* iSd. § 19 BBiG, noch bei überwiegend schulisch ausgestalteter Ausbildung[9].

---

1 BAG v. 18.10.1961 – 1 AZR 437/60, AP Nr. 1 zu § 111 ArbGG 1953. | 2 Vgl. dazu näher GMPM/*Prütting*, § 111 ArbGG Rz. 71; demgegenüber BAG v. 26.1.1999 – 2 AZR 134/98, EzA § 4 KSchG nF Nr. 58. | 3 BAG v. 30.9.1998 – 5 AZR 690/97, EzA § 10 BBiG Nr. 4. | 4 Vgl. BAG v. 18.10.1961 – 1 AZR 437/60, AP Nr. 1 zu § 111 ArbGG 1953. | 5 HM vgl. GK-ArbGG/*Ascheid*, § 111 Rz. 8; GMPM/*Prütting*, § 111 ArbGG Rz. 17 mwN zum Streitstand. | 6 BAG v. 18.9.1975 – 2 AZR 602/74, AP Nr. 2 zu § 111 ArbGG 1953; v. 9.10.1979 – 6 AZR 776/77, AP Nr. 3 zu § 111 ArbGG 1953; v. 26.1.1999 – 2 AZR 134/98, EzA § 4 KSchG nF Nr. 58 mwN. | 7 BAG v. 15.3.2000 – 5 AZR 622/98, EzA § 14 BBiG Nr. 10. | 8 Vgl. ArbGV/*Schunck*, § 111 ArbGG Rz. 11. | 9 BAG v. 18.6.1980 – 4 AZR 545/78, AP Nr. 4 zu § 611 BGB – Ausbildungsverhältnis mwN.

3. Anrufungszwang (Satz 5) und Anrufungsfrist. Nach Abs. 2 Satz 5 ist die vorangehende Verhandlung vor dem Ausschuss **Prozessvoraussetzung der Klage vor dem Arbeitsgericht**[1]. Auf diese grundsätzlich von Amts wegen zu prüfende Zulässigkeitsvoraussetzung kann allerdings durch rügelose Verhandlung zur Hauptsache entsprechend § 295 ZPO verzichtet werden[2].

Die zunächst unzulässige Klage vor dem ArbG wird **nachträglich zulässig**, wenn das später - etwa nach Hinweis im arbeitsgerichtlichen Gütetermin – eingeleitete Schlichtungsverfahren beendet und ein ergangener Spruch nicht anerkannt wurde[3].

Ein **erneutes Schlichtungsverfahren** vor dem Ausschuss ist trotz anderen Streitgegenstands **entbehrlich**, wenn wegen einer wesentlichen Vorfrage bereits ein solches Vorverfahren erfolglos durchgeführt wurde[4]. Die entgegengesetzte formale Betrachtungsweise widerspricht nach Auffasung des Bundesarbeitsgerichts dem Zweck des Schlichtungsverfahrens, eine gerichtliche Auseinandersetzung zwischen den Parteien eines Ausbildungsverhältnisses nach Möglichkeit zu verhindern. War eine wesentliche Vorfrage für einen Anspruch bereits Gegenstand eines Schlichtungsverfahrens, blieb dieses erfolglos und muss dieselbe Frage nochmals gerichtlich nachgeprüft werden, so wäre es **unnütze Förmelei**, gleichwohl nochmals die Durchführung eines Schlichtungsverfahrens zu verlangen[5].

Sehr umstritten ist, ob der Auszubildende den Schlichtungsausschuss in Fällen des Kündigungsschutzes nach den §§ 15 BBiG, 13 Abs. 1 Satz 2 KSchG bei einer außerordentlichen Kündigung innerhalb der **Drei-Wochen-Frist des § 4 KSchG** anrufen muss[6]. Nach der Rspr. des Bundesarbeitsgerichts ist wie folgt zu differenzieren:

Die Vorschriften des KSchG über die fristgebundene Klageerhebung innerhalb von drei Wochen sind auf außerordentliche Kündigungen von Berufsausbildungsverhältnissen **dann nicht anzuwenden**, wenn eine Verhandlung vor einem nach § 111 Abs. 2 **gebildeten** Ausschuss stattfinden muss. Die Anrufung des Ausschusses und des ArbG ist daher **unbefristet zulässig**. Bei einer Versäumung der Klagefrist des § 4 Satz 1 KSchG greift die Wirksamkeitsfiktion des § 7 KSchG nicht ein. Der späteren Klageerhebung kann nur der Einwand der Prozessverwirkung entgegen gehalten werden[7].

Ist dagegen ein **Schlichtungsausschuss** von der zuständigen Stelle **gar nicht gebildet** worden, so muss auch der Auszubildende die außerordentliche Kündigung des Ausbildenden unter den Voraussetzungen des § 13 Abs. 1 Satz 2 KSchG gemäß § 4 KSchG durch **fristgebundene Klage beim Arbeitsgericht** innerhalb von drei Wochen angreifen[8].

Die Frage der Fristgebundenheit hängt daher entscheidend davon ab, ob für den betroffenen Berufsausbildungsvertrag ein Schlichtungsausschuss errichtet worden ist. In Zweifelsfällen kann nur empfohlen werden, vorsorglich fristwahrend vor dem ArbG zu klagen. Ein etwa bestehender Ausschuss kann auch noch nach der Frist des § 4 KSchG angerufen werden[9].

4. Durchführung und Abschluss des Schlichtungsverfahrens. In Abs. 2 Satz 2 ist zum Verfahren lediglich vorgeschrieben, dass der Ausschuss die Parteien **mündlich zu hören** hat. Insoweit kann auf die Erläuterungen zu der gleich lautenden Regelung des § 105 verwiesen werden. Ausreichend ist die Möglichkeit der Stellungnahme in einer mündlichen Verhandlung. Wird diese Möglichkeit von einer Partei oder beiden Parteien nicht genutzt, so kann gleichwohl ein abschließender Schlichtungsspruch gefällt werden. Das folgt aus der entsprechenden Anwendung des § 105 Abs. 3[10]. Ein Versäumnisverfahren iSd. §§ 330 ff. ZPO scheidet aus.

Das Verfahren richtet sich im Übrigen nach einer etwa vorhandenen Verfahrensordnung und dem Ermessen des Schlichtungsausschusses. Jedenfalls müssen elementare **rechtsstaatliche Grundsätze** eingehalten werden[11]. Dazu gehören die Gewährung rechtlichen Gehörs ebenso wie die Erhebung angebotener Beweise. Da der Ausschuss nicht über Zwangsmittel verfügt, kann er den Parteien nur aufgeben, benannte Zeugen und Sachverständige zu stellen. Folgen sie dem nicht, geht dies zu ihren Lasten.

Regelmäßig wird das Schlichtungsverfahren durch einen **Vergleich** oder einen **Schlichtungsspruch** abgeschlossen. Beide sind schon im Hinblick auf eine etwaige Zwangsvollstreckung schriftlich abzufassen. Aus rechtsstaatlichen Erwägungen muss entsprechend § 108 Abs. 2 auch angenommen werden, dass der **Spruch schriftlich zu begründen**, von den Mitgliedern des Ausschusses **zu unterschrei-**

---

1 BAG v. 25.11.1976 – 2 AZR 751/75, AP Nr. 4 zu § 15 BBiG. | 2 Str., wie hier BAG v. 17.9.1987 – 2 AZR 654/86, EzA § 15 BBiG Nr. 6; GK-ArbGG/*Ascheid*, § 111 Rz. 12, 24; ArbGV/*Schunck*, § 111 ArbGG Rz. 18; aA BAG v. 13.4.1989 – 2 AZR 441/80, EzA § 13 KSchG nF Nr. 4; GMPM/*Prütting*, § 111 ArbGG Rz. 20. | 3 BAG v. 25.11.1976 – 2 AZR 751/75, AP Nr. 4 zu § 15 BBiG. | 4 BAG v. 13.4.1989 – 2 AZR 441/88, EzA § 13 KSchG nF Nr. 4; v. 15.3.2000 – 5 AZR 622/98, EzA § 14 BBiG Nr. 10. | 5 BAG v. 13.4.1989 – 2 AZR 441/88, EzA § 13 KSchG nF Nr. 4. | 6 Vgl. GMPM/*Prütting*, § 111 ArbGG Rz. 22 mwN zum Streitstand. | 7 BAG v. 13.4.1989 – 2 AZR 441/88, EzA § 13 KSchG nF Nr. 4; v. 26.1.1999 – 2 AZR 134/98, EzA § 4 KSchG nF Nr. 58. | 8 BAG v. 5.7.1990 – 2 AZR 53/90, EzA § 4 KSchG nF Nr. 39; v. 26.1.1999 – 2 AZR 134/98, EzA § 4 KSchG nF Nr. 58. | 9 Vgl. GMPM/*Prütting*, § 111 ArbGG Rz. 25; ArbGV/*Schunck*, § 111 ArbGG Rz. 15. | 10 Vgl. ArbGV/*Schunck*, § 111 ArbGG Rz. 23; ähnlich GMPM/*Prütting*, § 111 ArbGG Rz. 31, 32. | 11 BAG v. 18.10.1961 – 1 AZR 437/60, AP Nr. 1 zu § 111 ArbGG 1953.

ben und den Streitparteien **zuzustellen** ist[1]. Einer Verkündung bedarf es zu seiner Wirksamkeit ebenso wenig wie bei einem Schiedsspruch. Allerdings muss der zugestellte Schlichtungsspruch eine unterschriebene **Rechtsmittelbelehrung** enthalten, weil ansonsten die zweiwöchige Klagefrist nach Abs. 2 Satz 4 in Verbindung mit § 9 Abs. 5 nicht zu laufen beginnt[2].

Das Schlichtungsverfahren kann analog § 102 Abs. 2 Nr. 4 auch durch die Anzeige des Ausschusses enden, dass die Fällung eines Spruchs unmöglich ist. Wenn die Durchführung eines Verfahrens abgelehnt wird, kann wie beim Fehlen eines Ausschusses sogleich Klage beim ArbG erhoben werden[3]. Gleiches muss bei Untätigkeit oder unzumutbarer Verzögerung des Verfahrens gelten[4]. 22

5. Wirkungen des Schlichtungsspruchs. Materielle Rechtskraft erlangt der Schlichtungsspruch nur, wenn er einen anerkennbaren Inhalt hat und wenn beide Parteien ihn anerkennen[5]. Für eine Klage vor dem ArbG besteht dann kein Rechtsschutzinteresse mehr. Nur bei rechtzeitiger **beiderseitiger Anerkennung** kann aus dem für vollstreckbar erklärten Spruch auch die Zwangsvollstreckung betrieben werden. 23

Die Anerkennung muss nach Abs. 2 Satz 3 **innerhalb einer Woche** durch ausdrückliche Erklärung entweder gegenüber dem Ausschuss oder gegenüber der anderen Partei erfolgen. Die Erklärung ist als Prozesshandlung bedingungsfeindlich und nicht widerruflich[6]. Sie kann daher auch nicht gemäß den §§ 119, 123 BGB angefochten werden[7]. Vielmehr kommen nur die Lösungsmöglichkeiten des Verfahrensrechts in Betracht[8]. 24

Die Wochenfrist beginnt mit der Zustellung des Schlichtungsspruchs zu laufen. Eine Anerkennung ist freilich auch schon vorher nach einer Verkündung möglich. Nach Ablauf der Wochenfrist kann eine Anerkennung die dargestellten Rechtswirkungen dagegen nicht mehr erzeugen. Auch eine Wiedereinsetzung in den vorigen Stand scheidet aus, weil die Anerkennungsfrist keine Notfrist darstellt[9]. Eine **verspätete Anerkennung** kann allenfalls als Angebot zum Abschluss eines außergerichtlichen Vergleichs gewertet werden. 25

6. Zwangsvollstreckung (Sätze 6 und 7). Geeignete Vollstreckungstitel sind sowohl **Vergleiche**, die vor dem Ausschuss geschlossen worden sind, als auch **Sprüche**, die von beiden Seiten anerkannt worden sind. 26

Durch die Verweisung auf § 107 wird klargestellt, dass ein Vergleich die dort normierten **formellen Voraussetzungen** erfüllen muss, insbesondere von den Streitparteien und den Mitgliedern des Ausschusses zu unterschreiben ist. Die Anforderungen an den Spruch entsprechen weitgehend denen des § 108 Abs. 2, wie bereits ausgeführt wurde. 27

Das Vollstreckbarkeitsverfahren durch das zuständige ArbG richtet sich nach § 109. Auf die dortigen Erläuterungen kann verwiesen werden. Die zusätzlich notwendige Anerkennung des Spruchs durch beide Parteien wird regelmäßig durch Urkunden zu belegen sein, notfalls sind die angebotenen Beweise zu erheben. 28

Lehnt das ArbG die Vollstreckbarkeitserklärung des Vergleichs oder des Spruchs wegen nicht behebbarer Mängel ab, so bleibt letztlich nur der Ausweg einer Klage vor dem ArbG mit dem Ziel, einen entsprechenden Vollstreckungstitel zu erlangen. Die Zwei-Wochen-Frist des Satzes 3 hindert daran nicht, weil sie nur eingreift, wenn der Spruch nicht von beiden Seiten anerkannt worden ist. 29

7. Anschließende Klage beim zuständigen Arbeitsgericht (Satz 3). Wird der Schlichtungsspruch von einer oder beiden Parteien nicht oder nicht rechtzeitig anerkannt, so hängt die **Art der zu erhebenden Klage** vom Ausgang des Schlichtungsverfahrens ab: 30

Der **unterlegene Antragsteller** muss sein Klagebegehren vor dem ArbG wiederholen, weil der nicht anerkannte Spruch keinerlei Rechtswirkung entfaltet. Für eine Aufhebung oder Abänderung des Spruchs bleibt kein Raum. 31

Gleiches gilt regelmäßig auch für den **siegreichen Antragsteller**, der etwa einen vollstreckbaren Zahlungstitel erstrebt, den er infolge der unterbliebenen Anerkennung bisher nicht erlangt hat. Der unterlegene Antragsgegner wird in diesen Fällen im Allgemeinen kein Rechtsschutzinteresse für eine „Anfechtungsklage" im Sinne negativer Feststellung haben, weil er durch den ihm nachteiligen, aber folgenlosen Spruch nicht beschwert ist[10]. 32

Anders ist die Rechtslage in **Bestandsschutzstreitigkeiten** zu beurteilen, in denen der ausbildende ArbGeb unterlegen ist. Wegen des zugunsten des Antragstellers erzeugten Rechtsscheins und im Hinblick auf akzessorische Ansprüche insbesondere aus dem Aspekt des Annahmeverzugs wird man ein schutzwürdiges Interesse an der Beseitigung des Schlichtungsspruchs anerkennen müssen. In diesen 33

---

1 Vgl. GK-ArbGG/*Ascheid*, § 111 Rz. 23. | 2 BAG v. 30.9.1998 – 5 AZR 690/97, EzA § 10 BBiG Nr. 4. | 3 BAG v. 17.9.1987 – 2 AZR 654/86, EzA § 15 BBiG Nr. 6. | 4 Vgl. ArbGV/*Schunck*, § 111 ArbGG Rz. 37. | 5 BAG v. 9.10.1979 – 6 AZR 776/77, AP Nr. 3 zu § 111 ArbGG 1953. | 6 GK-ArbGG/*Ascheid*, § 111 Rz. 25. | 7 Str., ebenso GMPM/*Prütting*, § 111 ArbGG Rz. 47: aA GK-ArbGG/*Ascheid*, § 111 Rz. 25. | 8 Vgl. Zöller/*Greger*, Vor § 128 ZPO Rz. 21 ff. | 9 Zutr. GMPM/*Prütting*, § 111 ArbGG Rz. 46. | 10 Vgl. ArbGV/*Schunck*, § 111 ArbGG Rz. 51.

Fällen dürfte regelmäßig eine Klage auf Feststellung, dass das Ausbildungsverhältnis zu einem bestimmten Zeitpunkt beendet worden ist, zulässig sein.

34 Die **Klagefrist** beträgt nach Satz 3 **zwei Wochen** und beginnt mit der **Zustellung** des mit einer ordnungsgemäßen Rechtsmittelbelehrung versehenen Schlichtungsspruchs. Denn § 9 Abs. 5 findet entsprechende Anwendung. Die Zwei-Wochen-Frist ist auch bei einer Kündigungsschutzklage einzuhalten, weil § 4 KSchG im Anwendungsbereich des Schlichtungsverfahrens nicht eingreift.

35 Die **Versäumung der Klagefrist** bewirkt lediglich prozessual, dass der Streitgegenstand des Schlichtungsverfahrens nicht mehr vor dem ArbG verhandelt werden kann. Eine entsprechende Klage ist unzulässig, wenn die hier mögliche Wiedereinsetzung in den vorigen Stand nach Maßgabe der §§ 233 ff. ZPO versagt wird[1]. Da der Spruch im Übrigen keine materielle Rechtskraft erlangt, kann das ArbG die von dem Ausschuss behandelte Frage in einem Folgeprozess als Vorfrage erneut prüfen und abweichend beurteilen[2].

36 **8. Kosten.** Der Rechtsanwalt erhält für die Vertretung vor dem Ausschuss nach § 65 Abs. 1 Nr. 2 BRAGO eine volle Gebühr, die auf die im arbeitsgerichtlichen Anschlussverfahren entstehenden Gebühren nicht angerechnet wird. Ein prozessualer Kostenerstattungsanspruch gegen die unterlegene Partei besteht nicht. Allerdings sind materielle Erstattungsansprüche im Rahmen geschuldeten Schadensersatzes durch § 12a nicht ausgeschlossen.

37 Die Beiordnung eines Rechtsanwalts nach § 11a ist im Schlichtungsverfahren ebenso wenig möglich wie die Bewilligung von Prozesskostenhilfe nach den §§ 114 ff. ZPO, weil diese Rechtsvorschriften nur im gerichtlichen Verfahren anwendbar sind[3].

112–116 (weggefallen)

117 Soweit in den Fällen der §§ 40 und 41 das Einvernehmen nicht erzielt wird, entscheidet die Bundesregierung.

118–120 (weggefallen)

121 *Überleitungsvorschriften aus Anlass des Gesetzes vom 21. Mai 1979*

(1) Für Verfahren in Arbeitssachen, für die durch das neue Recht die Zuständigkeit der Gerichte für Arbeitssachen begründet wird und die vor dem 1. Juli 1979 bei Gerichten anderer Zweige der Gerichtsbarkeit anhängig sind, bleiben diese Gerichte bis zum rechtskräftigen Abschluss der Verfahren zuständig.

(2) Auf Klagen oder Anträge, die vor dem 1. Juli 1979 eingereicht waren, sind die bis dahin geltenden Vorschriften über die Kosten, die Kostentragungspflicht, das Güteverfahren und die Gebühren weiterhin anzuwenden.

(3) Ist die mündliche Verhandlung vor dem 1. Juli 1979 geschlossen worden, so richten sich die Verkündung und der Inhalt der Entscheidung, die Zulässigkeit von Rechtsmitteln, die Rechtsmittelbelehrung, die Fristen zur Einlegung und Begründung eines zulässigen Rechtsmittels, die Begründung und die Beantwortung von Rechtsmitteln nach der bis zu diesem Zeitpunkt geltenden Fassung dieses Gesetzes. Für die Zulässigkeit von Rechtsmitteln gilt dies auch dann, wenn die anzufechtende Entscheidung nach dem 30. Juni 1979 verkündet worden ist.

121a *Überleitungsvorschriften aus Anlass des Gesetzes vom 26. Juni 1990*

(1) Für Verfahren in Arbeitssachen, für die durch Artikel 1 Nr. 1 die Zuständigkeit der Gerichte für Arbeitssachen begründet wird und die vor dem Inkrafttreten dieses Gesetzes bei Gerichten anderer Zweige der Gerichtsbarkeit anhängig sind, bleiben diese Gerichte bis zum rechtskräftigen Abschluss des Verfahrens zuständig.

(2) Bis zur Bestimmung der zuständigen obersten Landesbehörde iSd. Artikels 1 Nr. 2, 4 bis 14 und 16 bleibt die jeweilige oberste Arbeitsbehörde des Landes zuständig.

---

[1] Vgl. GMPM/*Prütting*, § 111 ArbGG Rz. 53 mwN.   [2] BAG v. 9.10.1979 – 6 AZR 776/77, AP Nr. 3 zu § 111 ArbGG 1953; v. 13.4.1989 – 2 AZR 441/88, EzA § 13 KSchG nF Nr. 4; v. 26.1.1999 – 2 AZR 134/98, EzA § 4 KSchG nF Nr. 58.   [3] Vgl. GK-ArbGG/*Ascheid*, § 111 Rz. 38; GMPM/*Prütting*, § 111 ArbGG Rz. 69.

Anlage 1 — Anhang zu § 12 ArbGG

122 (gegenstandslos)

Anhang

Anlage 1
(zu § 12 Abs. 1)

Gebührenverzeichnis

Nr.	Gebührentatbestand	Gebühr
	I. Mahnverfahren	Satz für die Gebühr nach der Tabelle der Anlage 2
9100	Entscheidung über den Antrag auf Erlass eines Mahnbescheids	1/2
		Die Gebühr darf nicht 1/2 einer Gebühr nach der Tabelle der Anlage 2 des GKG überschreiten
	II. Prozessverfahren	
	1. Prozessverfahren vor dem Arbeitsgericht	Satz für die Gebühr nach der Tabelle der Anlage 2
9110	Verfahren Im allgemeinen, soweit ein Mahnverfahren vorausgegangen ist	1 abzüglich der Gebühr 2100
9111	Verfahren im Allgemeinen, soweit kein Mahnverfahren vorausgegangen ist	1
9112	Beendigung des Verfahrens: Ohne streitige Verhandlung außer durch Versäumnisurteil oder durch Beschluss nach § 91a ZPO; durch einen vor Gericht abgeschlossenen oder ihm mitgeteilten Vergleich, auch wenn der Wert des Vergleichsgegenstandes den Wert des Streitgegenstandes übersteigt	Gebühren 9100, 9110 und 9111 entfallen
9113	Beendigung des Verfahrens: Durch Klagerücknahme, Anerkenntnis- oder Verzichtsurteil eine nach streitiger Verhandlung; durch Versäumnisurteil; durch ein Urteil, das nach § 313a ZPO Begründung nicht enthält oder nicht zu enthalten braucht	Gebühr 2110 entfällt, Gebühr 2111 ermäßigt sich auf 1/2
	Beschluss nach § 91a ZPO:	
9117	Beschluss enthält eine schriftliche Begründung; von ihr konnte bei entsprechender Anwendung des § 313a ZPO auch nicht abgesehen werden	Gebühr 2110 entfällt, Gebühr 2111 ermäßigt sich auf 1/2
9118	Beschluss enthält keine schriftliche Begründung oder braucht sie bei entsprechender Anwendung des § 313a ZPO nicht zu enthalten	Gebühr 2110 entfällt, Gebühr 2111 ermäßigt sich auf 3/10
	2. Berufungsverfahren	Satz für die Gebühr nach der Tabelle der Anlage 2 des GKG
9120	Verfahren im Allgemeinen	12/10
9121	Beendigung des Verfahrens durch einen vor Gericht abgeschlossenen oder ihm mitgeteilten Vergleich, auch wenn der Wert des Vergleichsgegenstandes den Wert des Streitgegenstandes übersteigt	Gebühr 2120 entfällt
9122	Beendigung des Verfahrens ohne streitige Verhandlung	Gebühr 2120 ermäßigt sich auf 4/10

ArbGG Anhang zu § 12 — Anlage 1

Nr.	Gebührentatbestand	Gebühr
9123	Grundurteil (§ 304 ZPO), Vorbehaltsurteil (§ 302 ZPO)	6/10
	Urteil, das die Instanz abschließt soweit ihm ein Grundurteil oder Vorbehaltsurteil nach Nummer 2123 vorausgegangen ist außer Prozessurteil, Anerkenntnisurteil, Verzichtsurteil und Versäumnisurteil gegen die säumige Partei:	
9124	Urteil enthält eine Begründung und muss sie enthalten	6/10
9125	Urteil enthält keine Begründung oder braucht sie nicht zu enthalten (§ 313a ZPO)	3/10
	Urteil, das die Instanz abschließt soweit ihm kein Grundurteil oder Vorbehaltsurteil nach Nummer 2123 vorausgegangen ist außer Prozessurteil, Anerkenntnisurteil, Verzichtsurteil und Versäumnisurteil gegen die säumige Partei:	
9126	Urteil enthält eine Begründung und muss sie enthalten	12/10
9127	Urteil enthält keine Begründung oder braucht sie nicht zu enthalten (§ 313a ZPO)	6/10
	Beschluss nach § 91a ZPO, soweit nicht bereits eine Gebühr nach den Nummern 2124 oder 2126 fällig geworden ist:	
9128	Beschluss enthält eine schriftliche Begründung; von ihr konnte bei entsprechender Anwendung des § 313a ZPO auch nicht abgesehen werden	4/10
9129	Beschluss enthält keine schriftliche Begründung oder braucht sie bei entsprechender Anwendung des § 313a ZPO nicht zu enthalten	2/10
	3. Revisionsverfahren	Satz für die Gebühr nach der Tabelle der Anlage 2 des GKG
9130	Verfahren im Allgemeinen	16/10
9131	Beendigung des Verfahrens durch einen vor Gericht abgeschlossenen oder ihm mitgeteilten Vergleich, auch wenn der Wert des Vergleichsgegenstandes den Wert des Streitgegenstandes übersteigt	Gebühr 2130 entfällt
9132	Beendigung des Verfahrens ohne streitige Verhandlung	Gebühr 2130 ermäßigt sich auf 4/10
	Urteil, das die Instanz abschließt außer Prozessurteil, Anerkenntnisurteil, Verzichtsurteil und Versäumnisurteil gegen die säumige Partei:	
9133	Urteil enthält eine Begründung und muss sie enthalten	16/10
9134	Urteil enthält keine Begründung oder braucht sie nicht zu enthalten (§ 313a ZPO)	8/10
	Beschluss nach § 91a ZPO:	
9138	Beschluss enthält eine schriftliche Begründung; von ihr konnte bei entsprechender Anwendung des § 313a ZPO auch nicht abgesehen werden	4/10
9139	Beschluss enthält keine schriftliche Begründung oder braucht sie bei entsprechender Anwendung des § 313a ZPO nicht zu enthalten	2/10
	III. Verfahren über Anträge auf Anordnung, Abänderung oder Aufhebung eines Arrestes oder einer einstweiligen Verfügung	
	1. Verfahren vor dem Gericht der Hauptsache	
9150	Verfahren vor dem Arbeitsgericht über einen Antrag auf Anordnung eines Arrestes oder einer einstweiligen Verfügung	Satz für die Gebühr nach der Tabelle der Anlage 2 des GKG 4/10

Anlage 1

Anhang zu § 12 ArbGG

Nr.	Gebührentatbestand	Gebühr
9151	Verfahren vor dem Arbeitsgericht über einen Antrag auf Aufhebung oder Abänderung eines Arrestes oder einer einstweiligen Verfügung (§ 926 Abs. 2, §§ 927, 936 ZPO)	Satz für die Gebühr nach der Tabelle der Anlage 2 des GKG 4/10
9152	Verfahren vor dem Landesarbeitsgericht über einen Antrag auf Anordnung eines Arrestes oder einer einstweiligen Verfügung	Satz für die Gebühr nach der Tabelle der Anlage 2 des GKG 4/10
9153	Verfahren vor dem Landesarbeitsgericht über einen Antrag auf Aufhebung oder Abänderung eines Arrestes oder einer einstweiligen Verfügung (§ 926 Abs. 2, §§ 927, 936 ZPO)	Satz für die Gebühr nach der Tabelle der Anlage 2 des GKG 4/10
9155	Beendigung des Verfahrens ohne Entscheidung über den Antrag oder nach Erledigung der Hauptsache oder Beendigung des Verfahrens durch einen vor Gericht abgeschlossenen oder ihm mitgeteilten Vergleich, auch wenn der Wert des Vergleichsgegenstandes den Wert des Streitgegenstandes übersteigt	Gebühren 2150, 2151, 2152, 2153 entfallen
	2. Berufungsverfahren	Satz für die Gebühr nach der Tabelle der Anlage 2 des GKG
9160	Verfahren im Allgemeinen	6/10
9161	Beendigung des Verfahrens durch einen vor Gericht abgeschlossenen oder ihm mitgeteilten Vergleich, auch wenn der Wert des Vergleichsgegenstandes den Wert des Streitgegenstandes übersteigt	Gebühr 2160 entfällt
9162	Beendigung des Verfahrens ohne streitige Verhandlung	Gebühr 2160 ermäßigt sich auf 2/10
	Endurteil außer Prozessurteil, Anerkenntnisurteil, Verzichtsurteil und Versäumnisurteil gegen die säumige Partei:	
9163	Urteil enthält eine Begründung und muss sie enthalten	6/10
9164	Urteil enthält keine Begründung oder braucht sie nicht zu enthalten (§ 313a ZPO)	3/10
	Beschluss nach § 91a ZPO:	
9168	Beschluss enthält eine schriftliche Begründung; von ihr konnte bei entsprechender Anwendung des § 313a ZPO auch nicht abgesehen werden	2/10
9169	Beschluss enthält keine schriftliche Begründung oder braucht sie bei entsprechender Anwendung des § 313a ZPO nicht zu enthalten	1/10
	IV. Selbständiges Beweisverfahren	
9200	Selbständiges Beweisverfahren vor dem Arbeitsgericht	Satz für die Gebühr nach der Tabelle der Anlage 2 des GKG 4/10
9210	Selbständiges Beweisverfahren vor dem Landesarbeitsgericht	Satz für die Gebühr nach der Tabelle der Anlage 2 des GKG 4/10
	V. Beschwerdeverfahren	Satz für die Gebühr nach der Tabelle der Anlage 2 des GKG
9300	Verfahren über Beschwerden nach § 71 Abs. 2, § 91a Abs. 2, § 99 Abs. 2, § 269 Abs. 3 ZPO [[ab 1.1.2002 Abs. 5]] sowie über Beschwerden gegen die Zurückweisung eines Antrags auf Anordnung eines Arrestes oder einer einstweiligen Verfügung	8/10

ArbGG Anhang zu § 12

Anlage 1

Nr.	Gebührentatbestand	Gebühr
9301	Verfahren über Rechtsbeschwerden gegen Beschlüsse in den Fällen des § 91a Abs. 1, § 99 Abs. 2, § 269 Abs. 4 oder § 516 Abs. 3 ZPO	8/10
9302	Verfahren über die Beschwerde gegen eine Entscheidung im Verfahren über die Prozesskostenhilfe: Die Beschwerde wird verworfen oder zurückgewiesen	25,00 Euro
	Wird die Beschwerde nur teilweise verworfen oder zurückgewiesen, kann das Gericht die Gebühr nach billigem Ermessen auf die Hälfte ermäßigen oder bestimmen, dass eine Gebühr nicht zu erheben ist	
9303	Verfahren über die Rechtsbeschwerde gegen eine Entscheidung im Verfahren über die Prozesskostenhilfe:	
	Die Rechtsbeschwerde wird verworfen oder zurückgewiesen	25,00 Euro
	Wird die Rechtsbeschwerde nur teilweise verworfen oder zurückgewiesen, kann das Gericht die Gebühr nach billigem Ermessen auf die Hälfte ermäßigen oder bestimmen, dass eine Gebühr nicht zu erheben ist	
9304	Verfahren über nicht besonders aufgeführte Beschwerden und Rechtsbeschwerden, die nicht nach anderen Vorschriften gebührenfrei sind:	
	Soweit die Beschwerde oder die Rechtsbeschwerde verworfen oder zurückgewiesen wird	8/10
9305	Verfahren über die Rüge wegen Verletzung des Anspruchs auf rechtliches Gehör (§ 321a ZPO):	
	Die Rüge wird in vollem Umfang verworfen oder zurückgewiesen	25,00 Euro
	VI. Verzögerung des Rechtsstreits	
9400	Auferlegung einer Gebühr nach § 34 GKG	wie vom Gericht bestimmt

Anlage 2
(zu § 12 Abs. 2)

Tabelle

Streitwert bis ... Euro	Gebühr ... Euro
150	10
300	12
450	18
600	24
750	30
900	36
1 050	42
1 200	48
1 350	54
1 500	60
1 750	70
2 000	80
2 250	90
2 500	100
2 750	110
3 000	120
3 250	130
3 500	140
3 750	150
4 000	160
4 250	170
4 500	180
4 750	190
5 000	200
5 500	220
6 000	240
6 500	260
7 000	280
7 500	300
8 000	320
8 500	340
9 000	360
9 500	380
10 000	400
10 500	420
11 000	440
11 500	460
12 000	480
über 12 000	500

Anlage 2 Anhang zu § 12 ArbGG

Tabelle
zu § 12 Abs. 3

GKG – Anlage 2
(zu § 11 Abs. 2) ¹) ²)

Streitwert bis ... Euro	Gebühr ... Euro
300	25
600	35
900	45
1 200	55
1 500	65
2 000	73
2 500	81
3 000	89
3 500	97
4 000	105
4 500	113
5 000	121
6 000	136

7 000	151
8 000	166
9 000	181
10 000	196
13 000	219
16 000	242
19 000	265
22 000	288
25 000	311
30 000	340
35 000	369
40 000	398
45 000	427
50 000	456
65 000	556
80 000	656
95 000	756

110 000	856
125 000	956
140 000	1 056
155 000	1 156
170 000	1 256
185 000	1 356
200 000	1 456
230 000	1 606
260 000	1 756
290 000	1 906
320 000	2 056
350 000	2 206
380 000	2 356
410 000	2 506
440 000	2 656
470 000	2 806
500 000	2 956

1 Anlage 2 neu neu gef. mWv. 1.1.2002 durch G v. 27.4 2001 (BGBl. I S. 751). | 2 Für das Gebiet der neuen Bundesländer beachte die Maßgaben nach dem Einigungsvertrag v. 31.8.1990 (BGBl. II 889, 935): Der danach geltende Ermäßigungssatz von 20 vH ist nach § 1 Ermäßigungssatz-AnpassungsVO v. 15.4.1996 (BGBl. I 604) mit Wirkung v. 1.7.1996 auf 10 vH festgesetzt worden. Für den betroffenen Teil des Landes Berlin kommt die Ermäßigung ab dem 1.3.2002 gemäß § 74 GKG nicht mehr zur Anwendung.

Gesetz über den Schutz des Arbeitsplatzes bei Einberufung zum Wehrdienst (Arbeitsplatzschutzgesetz – ArbPlSchG)

in der Fassung der Bekanntmachung vom 14.2.2001 (BGBl. I S. 253), geändert durch Gesetz vom 20.12.2001 (BGBl. I S. 4013)

– Auszug –

2 *Kündigungsschutz für Arbeitnehmer, Weiterbeschäftigung nach der Berufsausbildung*
(1) Von der Zustellung des Einberufungsbescheides bis zur Beendigung des Grundwehrdienstes sowie während einer Wehrübung darf der Arbeitgeber das Arbeitsverhältnis nicht kündigen.

(2) Im Übrigen darf der Arbeitgeber das Arbeitsverhältnis nicht aus Anlass des Wehrdienstes kündigen. Muss er aus dringenden betrieblichen Erfordernissen (§ 1 Abs. 2 des Kündigungsschutzgesetzes) Arbeitnehmer entlassen, so darf er bei der Auswahl der zu Entlassenden den Wehrdienst eines Arbeitnehmers nicht zu dessen Ungunsten berücksichtigen. Ist streitig, ob der Arbeitgeber aus Anlass des Wehrdienstes gekündigt oder bei der Auswahl der zu Entlassenden den Wehrdienst zu Ungunsten des Arbeitnehmers berücksichtigt hat, so trifft die Beweislast den Arbeitgeber.

(3) Das Recht zur Kündigung aus wichtigem Grund bleibt unberührt. Die Einberufung des Arbeitnehmers zum Wehrdienst ist kein wichtiger Grund zur Kündigung; dies gilt im Falle des Grundwehrdienstes von mehr als sechs Monaten nicht für unverheiratete Arbeitnehmer in Betrieben mit in der Regel fünf oder weniger Arbeitnehmern ausschließlich der zu ihrer Berufsbildung Beschäftigten, wenn dem Arbeitgeber infolge Einstellung einer Ersatzkraft die Weiterbeschäftigung des Arbeitnehmers nach Entlassung aus dem Wehrdienst nicht zugemutet werden kann. Bei der Feststellung der Zahl der beschäftigten Arbeitnehmer nach Satz 2 sind teilzeitbeschäftigte Arbeitnehmer mit einer regelmäßigen wöchentlichen Arbeitszeit von nicht mehr als 20 Stunden mit 0,5 und nicht mehr als 30 Stunden mit 0,75 zu berücksichtigen. Satz 3 berührt bis zum 30. September 1999 nicht die Rechtsstellung der Arbeitnehmer, die am 30. September 1996 gegenüber ihrem Arbeitgeber Rechte aus der bis zu diesem Zeitpunkt geltenden Fassung der Sätze 3 und 4 hätten herleiten können. Eine nach Satz 2 zweiter Halbsatz zulässige Kündigung darf jedoch nur unter Einhaltung einer Frist von zwei Monaten für den Zeitpunkt der Entlassung aus dem Wehrdienst ausgesprochen werden.

(4) Geht dem Arbeitnehmer nach der Zustellung des Einberufungsbescheides oder während des Wehrdienstes eine Kündigung zu, so beginnt die Frist des § 4 Satz 1 des Kündigungsschutzgesetzes erst zwei Wochen nach Ende des Wehrdienstes.

(5) Der Ausbildende darf die Übernahme eines Auszubildenden in ein Arbeitsverhältnis auf unbestimmte Zeit nach Beendigung des Berufsausbildungsverhältnisses nicht aus Anlass des Wehrdienstes ablehnen. Absatz 2 Satz 3 gilt entsprechend.

1 **I. Inhalt und Zweck.** Das ArbPlSchG soll verhindern, dass ein ArbN in Zusammenhang mit seiner Wehrpflicht Nachteile hinsichtlich seines Arbeitsplatzes erleidet; das Soldatengesetz verpflichtet den Bund, für das Wohl der Wehrpflichtigen zu sorgen, § 31 SoldatenG.

2 Als Nebengesetz zum WehrpflG regelt das ArbPlSchG die Auswirkungen des Wehrdienstes auf bestehende Arbeits- und sonstige Dienstverhältnisse als zwingendes Sonderrecht, das nicht der Disposition der Vertragsparteien unterliegt.

3 **II. Geschützter Personenkreis. 1. Wehrpflichtige.** Geschützt sind alle ArbN, Auszubildenden und Heimarbeiter, die zum Grundwehrdienst oder zu einer Wehrübung einberufen werden, §§ 1 Abs. 1, 15 Abs. 1, 7. ArbN sind auch Handelsvertreter (§ 8), Beamte und Richter (§ 9).

4 Die Wehrpflicht besteht für alle Männer ab dem vollendeten 18. Lebensjahr, die Deutsche iSd. Grundgesetzes sind und ihren ständigen Aufenthalt in der Bundesrepublik Deutschland haben, § 1 WehrpflichtG.

5 Auch ArbN des öffentlichen Dienstes fallen in den Schutzbereich, nicht jedoch ArbN öffentlich-rechtlicher Religionsgemeinschaften und ihrer Verbände, § 15 Abs. 2.

6 **2. Ausländische Wehrpflichtige.** Auf ausländische ArbN, die in ihrer Heimat Wehrdienst leisten, findet das ArbPlSchG keine Anwendung[1]; dies gilt zumindest für Ausländer aus Nicht-EU-Staaten; die-

---

1 BAG v. 20.5.1988 – 2 AZR 682/87, NZA 1989, 464.

sen soll für eine verhältnismäßig kurze Wehrdienstverpflichtung bis zu zwei Monaten analog §§ 616, 228, 904 BGB ein Leistungsverweigerungsrecht zustehen, sofern nicht die Arbeitsleistung für den geordneten Betriebsablauf von erheblicher Bedeutung ist und der ArbGeb durch den Arbeitsausfall in eine Zwangslage gerät[1]. Die Anwendbarkeit der Vorschriften des ArbPlSchG auf EU-Ausländer ist nach wie vor str., wird aber überwiegend bejaht. Zur Begründung wird angeführt, das Diskriminierungsverbot des Art. 5 EWGV iVm. Art. 7, 48 EWGV rangiere als vorrangiges Gemeinschaftsrecht vor dem Gegenseitigkeitsprinzip. Es sei zwar wünschenswert, dass andere EU-Staaten auch den deutschen Wehrpflichtigen einen dem ArbPlSchG verwandten Schutz einräumten, aber bis dies der Fall sei, sei gleichwohl eine Gleichbehandlung geboten[2].

3. Zivildienstleistende. Das ArbPlSchG gilt gem. § 78 Abs. 1 ZDG auch für Personen, die statt des Wehrdienstes Zivildienst leisten.

Zu Recht wird kritisiert[3], dass diejenigen Dienstpflichtigen, die sowohl den Dienst an der Waffe als auch den Ersatzdienst aus Gewissensgründen verweigern, aber zu einer Tätigkeit im Kranken-, Heil- oder Pflegebereich bereit sind (§ 15a ZDG), vom Anwendungsbereich des ArbPlSchG ausgenommen sein sollen. Denn obwohl diese Pflichtigen der Allgemeinheit wertvolle Dienste leisten, sind sie gezwungen, ihre Arbeitsverhältnisse zu beenden oder sonst wie ruhen zu lassen.

III. Zeitlicher Geltungsbereich. Der besondere Kündigungsschutz beginnt mit der Zustellung des Einberufungsbescheides und endet mit der Beendigung des Grundwehrdienstes bzw. der Wehrübung, § 2 Abs. 1. Wird der Wehrpflichtige zu einer Wehrübung aufgrund freiwilliger Verpflichtung einberufen, so gelten die Schutzvorschriften des ArbPlSchG nur, soweit diese Wehrübung allein oder zusammen mit anderen Wehrübungen im Kalenderjahr nicht länger als sechs Wochen dauert, § 10.

IV. Kündigungsschutz. Der besondere Kündigungsschutz des ArbPlSchG besteht neben dem allgemeinen Kündigungsschutz des KSchG. Dies ergibt sich auch daraus, dass § 2 Abs. 2 Satz 2 dem aus dringenden betrieblichen Erfordernissen (§ 1 Abs. 2 KSchG) kündigenden ArbGeb verbietet, bei der Auswahl der zu Entlassenden den Wehrdienst eines ArbN zu dessen Ungunsten zu berücksichtigen.

1. Ordentliche Kündigung. a) Während des Wehrdienstes. Von der Zustellung des Einberufungsbescheides bis zur Beendigung des Grundwehrdienstes sowie während einer Wehrübung besteht ein absolutes Kündigungsverbot, § 2 Abs. 1. Dies gilt auch für Kündigungen, die während der Probezeit ausgesprochen werden sollen.

Eine gleichwohl ausgesprochene Kündigung ist wegen Verstoßes gegen gesetzliche Vorschriften nichtig, § 134 BGB. Die Anfechtung muss innerhalb der einheitlichen Frist des § 4 KSchG erfolgen, wobei aber wegen § 2 Abs. 2 die Klagefrist erst zwei Wochen nach dem Ende des Wehrdienstes zu laufen beginnt.

b) Vor oder nach dem Wehrdienst. Außerhalb des zeitlichen Geltungsbereiches des Kündigungsverbotes, dh. vor oder nach dem Wehrdienst darf der ArbGeb nur mit Einschränkungen kündigen: Der Wehrdienst darf nicht Anlass für eine Kündigungserklärung des ArbGeb sein, § 2 Abs. 2 Satz 1. Anlass für die Kündigung gibt der Wehrdienst, wenn er zumindest mitbestimmendes Motiv des ArbGeb ist[4]. Auch eine aus Anlass des Wehrdienstes erklärte Kündigung ist wegen § 134 BGB nichtig.

Auch darf der ArbGeb bei der Auswahl der zu Entlassenden im Rahmen einer **betriebsbedingten Kündigung** den Wehrdienst eines ArbN nicht zu dessen Ungunsten berücksichtigen, § 2 Abs. 2 Satz 2.

Da es sich bei beiden Einschränkungen um innere Tatsachen beim ArbGeb handelt, die zu beweisen dem ArbN idR. schwer fallen dürfte, sieht § 2 Abs. 2 Satz 4 eine **Beweislastumkehr** vor: Ist streitig, ob der ArbGeb aus Anlass des Wehrdienstes gekündigt oder bei der Auswahl der zu Entlassenden den Wehrdienst zuungunsten des ArbN berücksichtigt hat, so trifft die Beweislast den ArbGeb. Dieser genügt er dadurch, dass er Gründe nennt, die unabhängig von der Einberufung bei einem verständig denkenden ArbGeb ein Motiv für die Auflösung des Arbeitsverhältnisses darstellen können[5].

2. Außerordentliche Kündigung. a) Während des Wehrdienstes. Auch während des Wehrdienstes bleibt das Recht des ArbGeb zum Ausspruch einer außerordentlichen Kündigung bestehen, § 2 Abs. 3. Ein wichtiger Grund liegt vor, wenn Tatsachen vorliegen, aufgrund derer dem Kündigenden unter Berücksichtigung aller Umstände des Einzelfalles und unter Abwägung der beiderseitigen Interessen die Fortsetzung des Arbeitsverhältnisses bis zum Ablauf der Kündigungsfrist nicht zugemutet werden kann.

Ausnahmsweise stellt die Einberufung einen wichtigen Grund zur außerordentlichen Kündigung dar, wenn der ArbGeb nur **fünf oder weniger ArbN** ausschließlich der Auszubildenden beschäftigt und der ArbN unverheiratet ist und einen Grundwehrdienst von mehr als sechs Monaten ableisten soll. Außerdem muss es dem ArbGeb infolge der Einstellung einer Ersatzkraft nicht zugemutet werden können, den ArbN nach der Entlassung aus dem Wehrdienst weiter zu beschäftigen, § 2 Abs. 3 Satz 2.

---

1 BAG v. 22.12.1982 – 2 AZR 282/82, DB 1983, 49. | 2 KR/*Weigand*, § 2 ArbPlSchG Rz. 4; *Riegel* BB 1978, 1422. | 3 KR/*Weigand*, § 2 ArbPlSchG Rz. 8. | 4 KR/*Weigand*, § 2 ArbPlSchG Rz. 32. | 5 LAG Frankfurt v. 7.3.1969 – 3 Sa 443/68, AP Nr. 1 zu § 2 ArbPlSchG.

Die Kündigung ist dann mit einer Frist von zwei Monaten für den Zeitpunkt der Entlassung aus dem Wehrdienst zulässig, § 2 Abs. 3 Satz 5.

18 Bei der **Zählweise** sind teilzeitbeschäftigte ArbN mit einer regelmäßigen wöchentlichen Arbeitszeit von nicht mehr als 20 Stunden mit 0,5 und nicht mehr als 30 Stunden mit 0,75 zu berücksichtigen. Unklar ist, was sich der Gesetzgeber unter der Voraussetzung der Unzumutbarkeit der Weiterbeschäftigung aufgrund Einstellung einer Ersatzkraft vorgestellt hat. Wohl nicht können Fälle gemeint sein, in denen der ArbGeb das Arbeitsverhältnis mit der Ersatzkraft nicht mehr lösen kann[1], denn erstens könnte dies durch einen von vorne herein befristeten Vertrag mit der Ersatzkraft vermieden werden und zweitens gilt diese Ausnahme ohnehin nur im Kleinbetrieb; die Ersatzkraft unterfällt daher nicht dem KSchG.

19 **b) Vor oder nach dem Wehrdienst.** Hier gilt das oben unter Rz. 13 ff. Gesagte: Der ArbGeb darf das Arbeitsverhältnis nicht aus Anlass des Wehrdienstes kündigen.

---

1 So KR/*Weigand*, § 2 ArbPlSchG Rz. 28; zust. *Schipp* in Tschöpe, Arbeitsrecht, Teil 3F Rz. 116.

Arbeitszeitgesetz (ArbZG)

vom 6.6.1994 (BGBl. I S. 1170)
zuletzt geändert durch das Gesetz vom 24.12.2003 (BGBl. I S. 3002)

Lit.: *Adam*, Die Bestimmung des Umfangs der zu vergütenden Arbeitszeit, AuR 2001, 481; *Anzinger*, Die aktuelle Entwicklung im Arbeitszeitrecht, RdA 1994, 11; *Anzinger*, Neues Arbeitszeitgesetz in Kraft getreten, BB 1994, 1492; *Baeck/Deutsch*, Arbeitszeitgesetz, 1999; *Breezmann*, Bereitschaftsdienst in deutschen Krankenhäusern – Auswirkungen der SIMAP-Entscheidung einmal anders, NZA 2002, 946; *Bundesmann-Jansen/Groß/Munz*, Arbeitszeit '99, Köln 2000; *Buschmann*, Was ist Arbeitszeit?, in Festschrift Hanau, 1999, S. 197; *Buschmann/Ulber*, Arbeitszeitgesetz, 3. Aufl. 2000; *Diller*, Fortschritt oder Rückschritt? – das neue Arbeitszeitrecht, NJW 1994, 2726; *Dobberahn*, Das neue Arbeitszeitgesetz in der Praxis, 2. Aufl. 1996; *Ebener/Schmalz*, Bereitschaftsdienst als Arbeitszeit i. S. des Arbeitszeitgesetzes, DB 2001, 813; *Erasmy*, Ausgewählte Fragen zum neuen Arbeitszeitrecht, NZA 1994, 1105 und NZA 1995, 97; *Heimlich*, Arbeitszeiten/Lenkzeiten: Die Reisebusse, AuR 2003, 285; *Junker*, Brennpunkte des Arbeitszeitgesetzes, ZfA 1998, 105; *Karthaus*, Bereitschaftsdienst der Ärzte ist wirklich Arbeitszeit, AuR 2001, 485; *Kilz/Reh*, Innovative Arbeitszeitsysteme nach dem neuen Arbeitszeitrecht, 1996; *Klenner/Ochs/Seifert*, Arbeitszeit und Strukturwandel, 1998; *Kraegeloh*, Arbeitszeitgesetz 1995; *Linnenkohl*, Arbeitszeitgesetz, 1996; *Linnenkohl*, Das „SIMAP"-Urteil des EuGH vom 3.10.2000 und seine Bedeutung für die tarifvertragliche Gestaltung der einzelvertraglichen Arbeitsbeziehungen (horizontale Wirkung), insbesondere im Hinblick auf § 7 ArbZG, AuR 2002, 211; *Litschen*, Die Zukunft des Bereitschaftsdienstes im öffentlich-rechtlichen Gesundheitswesen, NZA 2001, 1355; *Neumann/Biebl*, Arbeitszeitgesetz, 13. Aufl. 2001; *Roggendorff*; Arbeitszeitgesetz, 1994; *Schliemann*, Arbeitszeitgesetz, Losebl. 1997 ff.; *Schliemann/Förster/Meyer*, Arbeitszeitrecht, 1997; *Schnieders*, Sonntagsarbeit nach dem Arbeitszeitgesetz und tarifliche Regelung der Sonntagsarbeit, 1996; *Tietje*, Grundfragen des Arbeitszeitrechts, 2001; *Tietje*, Ist Bereitschaftsdienst wirklich Arbeitszeit?, NZA 2001, 241; *Weber*, Arbeitszeitgesetz, 1994; *Zmarzlik*, Das neue Arbeitszeitgesetz, Der Betrieb 1994, 1082; *Zmarzlik*, Arbeitszeit, AR-Blattei SD, 240; *Zmarzlik/Anzinger*, Kommentar zum Arbeitszeitgesetz, 1995

Erster Abschnitt. Allgemeine Vorschriften

1 *Zweck des Gesetzes*
Zweck des Gesetzes ist es,

1. die Sicherheit und den Gesundheitsschutz der Arbeitnehmer bei der Arbeitszeitgestaltung zu gewährleisten und die Rahmenbedingungen für flexible Arbeitszeiten zu verbessern sowie

2. den Sonntag und die staatlich anerkannten Feiertage als Tage der Arbeitsruhe und der seelischen Erhebung der Arbeitnehmer zu schützen.

I. Entstehungsgeschichte. Mit dem ArbZG, das als Artikel 1 des Gesetzes zur Vereinheitlichung und Flexibilisierung des Arbeitszeitrechts (Arbeitszeitrechtsgesetz – ArbZRG) vom 6.6.1994[1] verkündet worden ist, hat der Gesetzgeber die Arbeitszeitordnung (AZO) aus dem Jahre 1938, die Vorschriften der Gewerbeordnung über die Sonn- und Feiertagsarbeit (§§ 105b–105j GewO) sowie weitere 26 Gesetze und Rechtsverordnungen abgelöst und damit die Forderung aus Art. 30 Abs. 1 Nr. 1 des Einigungsvertrages erfüllt, wonach der gesamtdeutsche Gesetzgeber das öffentlich-rechtliche Arbeitszeitrecht einschließlich der Zulässigkeit von Sonn- und Feiertagsarbeit und den besonderen Frauenarbeitsschutz möglichst bald einheitlich neu zu kodifizieren hatte. Bereits zuvor hatte das BVerfG den Gesetzgeber aufgefordert, spezielle Teilbereiche des Arbeitszeitrechts neu zu regeln[2]. Schließlich enthält die Richtlinie 93/104/EG des Rates über bestimmte Aspekte der Arbeitszeitgestaltung vom 23.11.1993 – Arbeitszeitrichtlinie, Mindestvorschriften, die die Sicherheit und Gesundheit der europäischen ArbN schützen[3] und durch die nationalen Gesetzgeber umgesetzt werden den mussten. Das Gesetz hat viermal Änderungen erfahren, und zwar durch das 1

- Gesetz zur Änderung des Gesetzes über den Ladenschluss und zur Neuregelung der Arbeitszeit in Bäckereien und Konditoreien v. 30.7.1996[4], wodurch § 2 Abs. 3 geändert, § 10 Abs. 3 eingefügt und § 18 Abs. 4 aufgehoben worden sind,

- Gesetz zur Einführung des Euro (Euro-Einführungsgesetz – EuroEG) v. 9.6.1998[5], wodurch § 10 Abs. 4 eingefügt worden ist,

---

1 BGBl. I S. 1170. | 2 BVerfG v. 13.11.1979 – 1 BvR 631/78, BVerfGE 52, 369 = NJW 1980, 823 (zu § 1 des Gesetzes des Landes NRW über Freizeitgewährung für Frauen mit eigenem Hausstand vom 27.7.1948); v. 28.1.1992 – 1 BvR 1025/82, BVerfGE 85, 191 = NJW 1992, 964 = NZA 1992, 270 (zu § 19 AZO Nachtarbeitsverbot für Arbeiterinnen). | 3 BT-Drs. 12/5888, S. 20. | 4 BGBl. I S. 1186. | 5 BGBl. I S. 1242.

- Gesetz zur Einführung des Euro im Sozial- und Arbeitsrecht sowie zur Änderung anderer Vorschriften (4. Euro-Einführungsgesetz) v. 21.12.2000[1], wodurch § 22 Abs. 2 geändert worden ist und

- Gesetz zu Reformen am Arbeitsmarkt v. 24.12.2003[2], durch das §§ 5, 7, 12, 14, 15, 16, 17 und 25 Änderungen erfahren haben.

II. Inhalt und Zweck. 1. Öffentlich-rechtliches Arbeitszeitrecht. Das ArbZG regelt das öffentlich-rechtliche Arbeitszeitrecht, indem es festlegt, wie lange und zu welchen Zeiten der ArbGeb ArbN beschäftigen darf. Es steckt damit den zulässigen zeitlichen Rahmen ab, innerhalb dessen die privatrechtlich vereinbarte Arbeitsleistung zu erbringen ist[3]. Hingegen wird keine Verpflichtung der ArbN begründet, während der höchstzulässigen Arbeitszeiten durchgehend zu arbeiten[4]. Auch über die Vergütung der Arbeitszeit enthält das Gesetz abgesehen von § 6 Abs. 5 keine Aussagen.

2. Gesundheitsschutz der ArbN. Aufgabe des ArbZG ist es, den ArbN vor Gefahren zu schützen, die durch das Überschreiten der zeitlichen Leistungsgrenzen für die Gesundheit drohen. Zugleich soll dem ArbN im Interesse seiner Menschenwürde und der Erhaltung seiner Persönlichkeit ausreichend Freizeit erhalten bleiben[5]. Dies entspricht weitgehend dem Zweck der alten AZO, der darin bestand, den ArbN vor einer Beeinträchtigung seiner Leistungsfähigkeit und Gesundheit zu schützen, ihm Gelegenheit zur Erholung und Entfaltung seiner Persönlichkeit zu geben und ihm die Möglichkeit zur Teilnahme am Familienleben sowie am kulturellen und politischen Geschehen zu sichern[6].

3. Flexibilisierung. Hinzugekommen ist als Zweck des Gesetzes die Verbesserung der Rahmenbedingungen für flexible Arbeitszeiten[7]. So sollen zum einen die Betriebslaufzeiten ohne Rücksicht auf die individuellen Arbeitszeiten des ArbN erhöht werden können, zum anderen soll dem ArbN mehr Freiheit in der individuellen Gestaltung seiner Arbeitszeit gegeben werden[8]. Der Gesetzgeber hat dies als einen wichtigen Schritt zur Sicherung des Investitionsstandortes Deutschland angesehen[9].

4. Sonn- und Feiertagsarbeit. Schließlich führt das Gesetz als weiteren Zweck des neuen Arbeitszeitrechts die Regelung der Sonn- und Feiertagsarbeit an. Durch die gesetzliche Regelung der Sonn- und Feiertagsarbeit kommt der Gesetzgeber seinem verfassungsrechtlichen Auftrag nach, Art. 139 Weimarer Verfassung[10], der gem. Art. 140 GG Bestandteil des Grundgesetzes ist, inhaltlich näher auszugestalten[11].

III. Geltungsbereich. 1. Räumlicher Geltungsbereich. Das Gesetz gilt grundsätzlich[12] und unabhängig von der Staatsbürgerschaft für alle ArbN innerhalb der Bundesrepublik Deutschland, wobei Anknüpfungspunkt derjenige Ort ist, an dem der ArbN seine Arbeitsleistung erbringt[13]. Hingegen gilt es nicht für deutsche ArbN, die ihre Arbeitsleistung im Ausland erbringen[14].

2. Spezialregelungen. Es existieren arbeitszeitrechtliche Spezialvorschriften für

- **Jugendliche**: §§ 4, 8 ff. JArbSchG
- **Besatzungsmitglieder** auf Kauffahrteischiffen: SeemG[15]
- **Kraftfahrer**: Fahrpersonalverordnung iVm. der VO (EWG) Nr. 3820/85 des Rates vom 20. Dezember 1985 über die Harmonisierung bestimmter Sozialvorschriften im Straßenverkehr[16]. Zu den Sonderregelungen für Kraftfahrer siehe § 3 Rz. 14 ff.
- ArbN als **Besatzungsmitglieder in der Luftfahrt**: 2. DVO zur Betriebsordnung für Luftfahrtgerät[17]
- **Beamte**: Arbeitszeitverordnungen des Bundes und der Länder
- ArbN in **Verkaufsstellen**: § 17 LSchlG[18]

2 *Begriffsbestimmungen*
(1) Arbeitszeit im Sinne dieses Gesetzes ist die Zeit vom Beginn bis zum Ende der Arbeit ohne die Ruhepausen; Arbeitszeiten bei mehreren Arbeitgebern sind zusammenzurechnen. Im Bergbau unter Tage zählen die Ruhepausen zur Arbeitszeit.

---

1 BGBl. I S. 1983. | 2 BGBl. I S. 3002. | 3 MünchArbR/*Anzinger*, § 217 Rz. 13. | 4 MünchArbR/*Anzinger*, § 217 Rz. 13. | 5 BVerwG v. 19.9.2000 – 1 C 17/99, NZA 2000, 1232. | 6 BayObLG v. 23.3.1992 – 3 ObOWi 18/92, NZA 1992, 811. | 7 Zum Gesetzeszweck siehe BT-Drs. 12/5888, S. 23. | 8 *Neumann/Biebl*, § 1 ArbZG Rz. 4. | 9 *Anzinger*, BB 1994, 1492. | 10 Art. 139 WRV: „Der Sonntag und die staatlich anerkannten Feiertage bleiben als Tage der Arbeitsruhe und der seelischen Erhebung gesetzlich geschützt." | 11 *Zmarzlik/Anzinger*, § 1 ArbZG Rz. 8. | 12 Ausnahmen vom persönlichen Geltungsbereich enthält § 18 ArbZG. | 13 *Baeck/Deutsch*, § 18 ArbZG Rz. 13. | 14 BAG v. 12.12.1990 – 4 AZR 238/90, NZA 1991, 386, wonach die Festsetzung einer regelmäßigen wöchentlichen Arbeitszeit von 54 Stunden in Saudi-Arabien wirksam sein kann. | 15 Seemannsgesetz vom 26.7.1957, BGBl. II S. 713. | 16 Abl. Nr. L 370 vom 31. 12. 1985, S. 1–7. | 17 Zweite Durchführungsverordnung zur Betriebsordnung für Luftfahrtgerät (Flug-, Flugdienst- und Ruhezeiten von Besatzungsmitgliedern in Luftfahrtunternehmen und außerhalb von Luftfahrtunternehmen bei berufsmäßiger Betätigung sowie Dienst- und Ruhezeiten von Flugdienstberatern) – DVLuftBO vom 12.11.1974, BGBl. I S. 3181. | 18 Gesetz über den Ladenschluss vom 28.11.1956 (BGBl. I S. 875) – Ladenschlussgesetz.

(2) Arbeitnehmer im Sinne dieses Gesetzes sind Arbeiter und Angestellte sowie die zu ihrer Berufsbildung Beschäftigten.

(3) Nachtzeit im Sinne dieses Gesetzes ist die Zeit von 23 bis 6 Uhr, in Bäckereien und Konditoreien die Zeit von 22 bis 5 Uhr.

(4) Nachtarbeit im Sinne dieses Gesetzes ist jede Arbeit, die mehr als zwei Stunden der Nachtzeit umfasst.

(5) Nachtarbeitnehmer im Sinne dieses Gesetzes sind Arbeitnehmer, die

1. auf Grund ihrer Arbeitszeitgestaltung normalerweise Nachtarbeit in Wechselschicht zu leisten haben oder
2. Nachtarbeit an mindestens 48 Tagen im Kalenderjahr leisten.

§ 2 Abs. 3 geändert durch Gesetz zur Änderung des Gesetzes über den Ladenschluss und zur Neuregelung der Arbeitszeit in Bäckereien und Konditoreien v. 30.7.1996, BGBl. S. 1186

I. Inhalt und Zweck 1	d) Arbeitszeit (Beispiele) 7
II. Definitionen 2	e) Keine Arbeitszeit (Beispiele) 8
1. Arbeitszeit (§ 2 Abs. 1) 2	f) Arbeitszeiten bei mehreren ArbGeb . . . 9
a) Arbeitsschutzrechtlicher, arbeitsvertraglicher und betriebsverfassungsrechtlicher Arbeitszeitbegriff 3	g) Aufklärungspflichten bei mehreren Arbeitsverhältnissen 10
b) Konzeption des ArbZG 5	2. Arbeitnehmer (§ 2 Abs. 2) 11
c) Rückblick: Das SIMAP-Urteil und seine Folgen 6	3. Nachtzeit (§ 2 Abs. 3) 12
	4. Nachtarbeit (§ 2 Abs. 4) 13
	5. Nachtarbeitnehmer (§ 2 Abs. 5) 14
	III. Stichwort-ABC 15

I. Inhalt und Zweck. § 2 regelt nur die wichtigsten arbeitszeitrechtlichen Begriffe. Eigene und weitere Definitionen enthält Art. 2 der Arbeitszeitrichtlinie 93/104/EG.

II. Definitionen. 1. Arbeitszeit (§ 2 Abs. 1). Indem das Gesetz die Arbeitszeit formal als „die Zeit vom Beginn bis zum Ende der Arbeit ohne die Ruhepausen" definiert, lässt es die inhaltliche Tragweite des Begriffs unklar.

a) Arbeitsschutzrechtlicher, arbeitsvertraglicher und betriebsverfassungs-rechtlicher Arbeitszeitbegriff. Der arbeitsschutzrechtliche Begriff der Arbeitszeit im ArbZG ist nicht vollständig kongruent mit dem arbeitsvertraglichen Arbeitszeitbegriff. So können bestimmte Zeiten aufgrund vertraglicher oder tariflicher Regelung vergütungsrechtlich als Arbeitszeit gewertet werden, während sie arbeitsschutzrechtlich außer Betracht bleiben[1]. Zwar sind in aller Regel solche Zeiten, die iSd. ArbZG als Arbeitszeit gelten, auch individualrechtlich vergütungspflichtig. Umgekehrt kann aber nicht ausgeschlossen werden, dass eine vergütungspflichtige Arbeitsleistung vorliegt, die keine Arbeitszeit iSd. öffentlich-rechtlichen Schutzvorschriften des ArbZG darstellt[2]. Maßgeblich für die Auslegung des Begriffs „Arbeitszeit" iSd. § 2 sind allein **Sinn und Zweck des Arbeitsschutzes**[3]. Er besteht maßgeblich darin, den ArbN vor einer Beeinträchtigung seiner Leistungsfähigkeit und Gesundheit zu schützen, ihm Gelegenheit zur Erholung und Entfaltung seiner Persönlichkeit zu geben und ihm die Möglichkeit zur Teilnahme am Familienleben sowie am kulturellen und politischen Geschehen zu sichern[4]. Einen wiederum anderen Arbeitszeitbegriff kennt das BetrVG in § 87 Abs. 1 Nr. 2 und Nr. 3 BetrVG. Der dort verwendete Begriff der Arbeitszeit ist nicht deckungsgleich mit dem Begriff der vergütungspflichtigen Arbeitszeit und der Arbeitszeit iSd. Arbeitsschutzes. Er bestimmt sich vielmehr nach dem Zweck des MitbestR. Die Beteiligung des BR soll die Interessen der ArbN an einer sinnvollen Arbeitszeit- und Freizeiteinteilung und -gestaltung schützen[5].

b) Konzeption des ArbZG. Das deutsche Arbeitszeitrecht versteht unter „Arbeitszeit" die Zeit, in welcher der ArbN auf Weisung des ArbGeb zur Arbeitsleistung im Betrieb, dh. der Arbeitsstelle, an welcher er Arbeiten zu verrichten hat, zur Verfügung steht oder aber außerhalb des Betriebes tatsächlich arbeitet[6]. Maßgeblich sind insoweit für „Beginn und Ende der Arbeit" iSd. § 2 Abs. 1 die Zeitpunkte der Arbeitsaufnahme sowie deren Beendigung am Arbeitsplatz, der nicht mit der Arbeitsstätte oder der Werkstätte identisch sein muss (zB Baustelle)[7]. Regelmäßig enthalten wir TV Bestimmungen, wonach die Arbeitszeit an der Arbeitsstelle bzw. bei wechselnden Einsätzen oder größeren Baustellen an der sog. Sammelstelle beginnt und endet[8]. Es geht also um die Zeit, die vom ArbN in betriebsbezogener organisatorischer Einbindung im Interesse des ArbGeb verbracht wird[9]. Der arbeitszeitrechtliche **Gegenbegriff zur Arbeitszeit** ist die **Ruhezeit**, die ebenso wie die Arbeitszeit unterschiedliche Gestaltungen ermöglicht.

---

1 BAG v. 11.10.2000 – 5 AZR 122/99, NZA 2001, 458; BayObLG v. 23.3.1992 – 3 ObOWi 18/92, NZA 1992, 811. | 2 BAG v. 11.10.2000 – 5 AZR 122/99, NZA 2001, 458. | 3 BAG v. 11.10.2000 – 5 AZR 122/99, NZA 2001, 458. | 4 BayObLG v. 23.3.1992 – 3 ObOWi 18/92, NZA 1992, 811. | 5 BAG v. 23.7.1996 – 1 ABR 17/96, NZA 1997, 216; *Richardi*, § 87 BetrVG Rz. 256. | 6 BayObLG v. 23.3.1992 – 3 ObOWi 18/92, NZA 1992, 811. | 7 *Linnenkohl*, § 2 ArbZG Rz. 4. | 8 Etwa § 15 Abs. 7 BAT und § 3 Nr. 4 des Bundesrahmentarifvertrages für das Baugewerbe v. 3.2.1981 idF v. 15.5.2001. | 9 BayObLG v. 23.3.1992 – 3 ObOWi 18/92, NZA 1992, 811.

5	Arbeitszeit	**Vollarbeit** **Arbeitsbereitschaft:** Sie ist ein Fall der Vollarbeit, wenn von dem ArbN eine „wache Achtsamkeit im Zustand der Entspannung" verlangt wird[1]. Beispiel: Ein Kellner wartet auf Gäste. Arbeitsbereitschaft ist grds., falls keine Abschläge oder Pauschalabgeltungen vereinbart sind, wie Vollarbeit zu vergüten[2]. **Bereitschaftsdienst:** Das sind die Zeiten, in denen sich der ArbN außerhalb der regelmäßigen Arbeitzeit an einer vom ArbGeb festgelegten Stelle innerhalb oder außerhalb des Betriebs aufzuhalten hat, um bei Bedarf seine volle Arbeitstätigkeit unverzüglich aufzunehmen[3]. Beispiel: Ärzte oder Rettungssanitäter, die sich im Krankenhaus aufhalten und bei Notwendigkeit eingesetzt werden können. Bereitschaftsdienst zählt zur Arbeitszeit und ist vergütungspflichtig[4]. Dabei darf die Vergütung wegen der insgesamt geringen Inanspruchnahme des ArbN niedriger sein als bei Vollarbeit[5].
	Ruhezeit	**Rufbereitschaft**[6] (Hintergrunddienst): Hier ist der ArbN nur verpflichtet, auf Abruf die Arbeit aufzunehmen[7]. Er kann sich hierfür an einem Ort seiner Wahl aufhalten, der dem ArbGeb anzuzeigen ist oder von dem aus er jederzeit erreichbar ist (über „Piepser" oder „Handy")[8]. Der ArbGeb kann nicht die Zeit zwischen dem Abruf und der Arbeitsaufnahme im Voraus und für alle Fälle auf eine bestimmte Höchstdauer beschränken. Eine solche zeitliche Beschränkung liefe dem Wesen der Rufbereitschaft zuwider[9], da es an der Freiheit der Ortswahl fehlt[10]. Ein Angestellter des öffentlichen Dienstes, der auf Anordnung seines ArbGeb außerhalb der regelmäßigen Arbeitszeit ein auf Empfang geschaltetes Funktelefon mitführt, um von seinem Standort aus das Notwendige fernmündlich zu veranlassen (etwa Erteilung von Anordnungen oder Einsatzaufträgen), leistet während der Dauer dieser Verpflichtung Rufbereitschaft iSd. § 15 Abs. 6b BAT. Eine Ortsveränderung des ArbN ist nicht notwendig[11]. Rufbereitschaft ist keine Arbeitszeit, muss aber vergütet werden[12]. **Freizeit**

6 **c) Rückblick: Das SIMAP-Urteil und seine Folgen.** Nach der ursprünglichen Konzeption des ArbZG waren Zeiten des Bereitschaftsdienstes keine Arbeitszeit sondern Ruhezeit. Diese Konzeption war durch das sog. SIMAP-Urteil des EuGH vom 3.10.2000[13] (siehe Stichwort-ABC, Rz. 15) fraglich geworden und seit dem sog. Jaeger-Urteil des EuGH vom 9.9.2003[14] (siehe Stichwort-ABC, Rz. 15) nicht mehr haltbar. Der EuGH wertet den **Bereitschaftsdienst** insgesamt als **Arbeitszeit** iSd. Arbeitszeitrichtlinie. Nach den Urteilen vom 3.10.2000 und 9.9.2003 stand damit fest, dass das ArbZG in seiner alten Fassung gegen **Art. 2 Nr. 1 der Arbeitszeitrichtlinie 93/104/EG** verstieß. Darin ist Arbeitszeit als jede Zeitspanne definiert, während der ein ArbN gemäß den einzelstaatlichen Rechtsvorschriften und/oder Gepflogenheiten arbeitet, dem ArbGeb zur Verfügung steht oder Aufgaben wahrnimmt. Auch das BAG sah schon vor der Jaeger-Entscheidung des EuGH den Bereitschaftsdienst im vollen zeitlichen Umfang als Arbeitszeit an[15]. Da eine europarechtskonforme Auslegung des ArbZG nicht möglich war[16], musste der Gesetzgeber handeln. Mit dem Gesetz zu Reformen am Arbeitsmarkt v. 24.12.2003[17] ist er dieser Verpflichtung mit Wirkung zum 1.1.2004 nachgekommen.

---

1 BAG v. 10.1.1991 – 6 AR 352/89, NZA 1991, 516. |2 *Baeck/Deutsch*, § 2 ArbZG Rz. 40. |3 BAG v. 24.10.2000 – 9 AZR 634/99, NZA 2001, 449 = NJW 2001, 1813; vgl. § 15 Abs. 6a BAT: „Der Angestellte ist verpflichtet, sich auf Anordnung des ArbGeb außerhalb der regelmäßigen Arbeitszeit an einer vom ArbGeb festgelegten Stelle aufzuhalten, um im Bedarfsfalle die Arbeit aufzunehmen (Bereitschaftsdienst)." |4 *Baeck/Deutsch*, § 2 ArbZG Rz. 43; nach § 15 Abs. 6a BAT etwa wird die Zeit des Bereitschaftsdienstes einschließlich der geleisteten Arbeit entsprechend dem Anteil der erfahrungsgemäß durchschnittlich anfallenden Zeit der Arbeitsleistung als Arbeitszeit gewertet und mit der Überstundenvergütung vergütet. Die Bewertung muss mindestens 15%, vom achten Bereitschaftsdienst im Kalendermonat an mindestens 25% betragen. |5 BAG v. 28.1.2004 – 5 AZR 530/02. |6 Nach BAG v. 23.7.1996 – 1 ABR 17/96, NZA 1997, 216 kann Rufbereitschaft aber Arbeitszeit iSd. § 87 Abs. 1 Nr. 1 und Nr. 2 BetrVG sein. |7 Vgl. § 15 Abs. 6b BAT: „Der Angestellte ist verpflichtet, sich auf Anordnung des ArbGeb außerhalb der regelmäßigen Arbeitszeit an einer dem ArbGeb anzuzeigenden Stelle aufzuhalten, um auf Abruf die Arbeit aufzunehmen (Rufbereitschaft)." |8 BAG v. 24.10.2000 – 9 AZR 634/99, NZA 2001, 449 = NJW 2001, 1813. |9 BAG v. 31.1.2002 – 6 AZR 214/00, AuR 2002, 113. |10 So schon BAG v. 19.12.1991 – 6 AZR 592/89, NZA 1992, 560. |11 BAG v. 29.6.2000 – 6 AZR 900/98, NZA 2001, 165. |12 *Baeck/Deutsch*, § 2 ArbZG Rz. 49; so wertet etwa § 15 Abs. 6b BAT die Zeit der Rufbereitschaft mit 12,5 % als Arbeitszeit. |13 EuGH v. 3.10.2000 – RS C-303/98, NZA 2000, 1227 = AP Nr. 2 zu EWG-Richtlinie Nr. 93/104 = DB 2001, 818. |14 EuGH v. 9.9.2003 – RS C-151/02, NZA 2003, 1019 = NJW 2003, 2971. |15 BAG v. 18.2.2003 – 1 ABR 2/02, NZA 2003, 742. |16 BAG v. 18.2.2003 – 1 ABR 2/02, NZA 2003, 742. |17 BGBl. I S. 3002.

d) Arbeitszeit (Beispiele). Unerheblich für die Frage der Arbeitszeit ist, ob der ArbN wirtschaftlich produktiv ist[1]. Zur Arbeitszeit zählen daher:

- Arbeitsbereitschaft
- betriebsbedingte Wartezeiten[2]
- Vor- und Abschlussarbeiten (Aufräumen des Arbeitsplatzes, Material- und Werkzeugausgabe usw.)[3]
- Zuendebedienen der Kundschaft[4]
- Arbeiten, die der ArbN mit nach Hause nimmt und dort erledigt[5]
- Reisezeit von Handlungsreisenden und Berufskraftfahrern[6]
- Zeiten einer ärztlichen Untersuchung[7]
- Wegezeiten zwischen dem Betrieb und äußeren Arbeitsstellen[8]

e) Keine Arbeitszeit (Beispiele). Nicht zur Arbeitszeit gehören:

- Wasch- und Umkleidezeiten[9]
- Bereitschaftsdienst (sehr fraglich im Hinblick auf das SIMAP-Urteil des EuGH)[10]
- Wegezeit zwischen Wohnung und Arbeitsstätte[11]
- Dienstreisen, wenn während der Reisezeit keine Arbeit im eigentlichen Sinne (Konferenz, Aktenbearbeitung usw.) geleistet wird (str.)[12]
- Rufbereitschaft[13]
- Ruhepausen (mit Ausnahme der Ruhepausen im Bergbau, § 2 Abs. 1 Satz 2)[14]

f) Arbeitszeiten bei mehreren ArbGeb. Arbeitszeiten bei mehreren ArbGeb sind gem. § 2 Abs. 1 Satz 1 Halbs. 2 bei der Ermittlung der Arbeitszeit zusammenzurechnen. Außer Betracht bleiben diejenigen Zeiten, in denen nicht aufgrund eines Arbeitsverhältnisses gearbeitet wird[15], wie etwa bei selbständigen oder ehrenamtlichen Tätigkeiten. Schließt der ArbN mehrere Arbeitsverträge ab und überschreitet die festgelegte (Gesamt-) Arbeitszeit die gesetzliche Höchstgrenze, so ist der zeitlich spätere Arbeitsvertrag gem. § 134 BGB nichtig (Prioritätsprinzip)[16]. Im Einzelfall ist dabei nach allgemeinen Grundsätzen zu prüfen, ob eine geltungserhaltende Reduktion des Vertrages möglich ist. Dies soll davon abhängen, ob die zulässige Arbeitszeit erheblich überschritten wird (dann Gesamtnichtigkeit des späteren Arbeitsvertrages) oder nicht (dann geltungserhaltende Reduktion auf die zulässige Arbeitszeit, wenn das Arbeitsverhältnis auch mit verkürzter Arbeitszeit sinnvoll durchgeführt werden kann)[17].

g) Aufklärungspflichten bei mehreren Arbeitsverhältnissen. Da Verstöße gegen arbeitszeitrechtliche Vorschriften für den ArbGeb nach §§ 22, 23 straf- und bußgeldbewehrt sind, hat der ArbN den ArbGeb von sich aus über weitere Arbeitsverhältnisse aufzuklären[18]. Bestehen Anhaltspunkte für eine (verschwiegene) weitere Arbeitstätigkeit, ist der ArbGeb allerdings gehalten, sich bei dem ArbN hiernach zu erkundigen, will er sich nicht selbst dem Vorwurf der Fahrlässigkeit aussetzen. Solche Anhaltspunkte bestehen etwa, wenn der ArbN keine LStKarte vorlegt[19].

---

1 Kasseler Handbuch/*Schliemann*, 2.5 Rz. 45. | 2 *Baeck/Deutsch*, § 2 ArbZG Rz. 4. | 3 Kasseler Handbuch/*Schliemann*, 2.5 Rz. 48; *Zmarzlik/Anzinger*, § 2 ArbZG Rz. 6; *Buschmann/Ulber*, § 2 ArbZG Rz. 5. | 4 *Buschmann/Ulber*, § 2 ArbZG Rz. 5. | 5 Kasseler Handbuch/*Schliemann*, 2.5 Rz. 47; siehe auch § 2 Abs. 3 Satz 1 AZO: „Arbeitszeit ist auch die Zeit, während der ein im Übrigen im Betrieb Beschäftigter in seiner eigenen Wohnung oder Werkstätte oder sonst außerhalb des Betriebs beschäftigt wird." | 6 Kasseler Handbuch/*Schliemann*, 2.5 Rz. 76, 77. | 7 BAG v. 10.5.1957 – 2 AZR 56/55, AP Nr. 5 zu § 611 BGB – Lohnanspruch; *Neumann/Biebl*, § 2 ArbZG Rz. 13. | 8 BAG v. 23.7.1996 – 1 ABR 17/96, NZA 1997, 216; *Neumann/Biebl*, § 2 ArbZG Rz. 14; *Buschmann/Ulber*, § 2 ArbZG Rz. 8. | 9 BAG v. 25.4.1962 – 1 AZR 250/61, BB 1962, 715; BAG v. 11.10.2000 – 5 AZR 122/99, NZA 2001, 458: Es drohen bei den entsprechenden Verrichtungen auch nach Ausschöpfung der entsprechenden Verrichtungen keine Gefahren, denen durch Einbezug in die gesetzliche Arbeitszeit vorzubeugen wäre; *Zmarzlik/Anzinger*, § 2 ArbZG Rz. 6; Ausnahmen von diesem Grundsatz kommen in Betracht, wenn es um das An- und Ausziehen spezieller Sicherheitskleidung geht (LAG BW v. 12.2.1987 – 13(7) Sa 92/86, AiB 1987, 246; *Neumann/Biebl*, § 2 ArbZG Rz. 13) oder Umkleiden zur geschuldeten Arbeitsleistung gehört, wie etwa bei einem Model (Kasseler Handbuch/*Schliemann*, 2.5 Rz. 66). | 10 EuGH v. 3.10.2000 – Rs. C-303/98, EUGHE 2000, I-7963–8034 = NZA 2000, 1227 = AP Nr. 2 zu EWG-Richtlinie Nr 93/104 = DB 2001, 818. | 11 BAG v. 26.8.1960 – 1 AZR 421/58, AP Nr. 2 zu § 611 BGB – Wegezeit. | 12 *Neumann/Biebl*, § 2 ArbZG Rz. 15; aA *Buschmann/Ulber*, § 2 ArbZG Rz. 7, da auch PKW-Fahrten ohne zusätzliche Arbeiten sozialen Charakter haben und Dienstreisen soziale Belastungen mit sich bringen; *Adam*, AuR 2001, 481; *Buschmann*, FS Hanau, S. 197 (208 f.); häufig finden sich tarifliche Regelungen der Dienstreisezeit, wonach notwendige Reisezeit zu einem gewissen Anteil als vergütungspflichtige Arbeitszeit behandelt wird, etwa in § 5 Nr. II des Manteltarifvertrages für die Arbeiter, Angestellten und Auszubildenden in der Metall- und Elektroindustrie Nordrhein-Westfalens v. 24.8./11.9. 2001. | 13 BT-Drs. 12/5888, S. 27; bestätigt durch EuGH v. 3.10.2000 – Rs. C-303/98, NZA 2000, 1227 = AP Nr. 2 zu EWG-Richtlinie Nr 93/104 = DB 2001, 818. | 14 *Neumann/Biebl*, § 2 ArbZG Rz. 17. | 15 *Baeck/Deutsch*, § 2 ArbZG Rz. 16. | 16 *Baeck/Deutsch*, § 2 ArbZG Rz. 20. | 17 *Baeck/Deutsch*, § 2 ArbZG Rz. 22. | 18 ErfK/*Wank*, § 2 ArbZG Rz. 30. | 19 *Neumann/Biebl*, § 2 ArbZG Rz. 19.

11 2. **ArbN (§ 2 Abs. 2).** ArbN iSd. ArbZG sind nach § 2 Abs. 2 Arbeiter und Angestellte sowie die zu ihrer Berufsbildung Beschäftigten. Die Begriffsbestimmung lehnt sich an § 5 Abs. 1 Satz 1 BetrVG an, ersetzt jedoch den dort verwendeten Begriff der „Berufsausbildung" durch „Berufsbildung", um die Berufsbildungsverhältnisse zu erfassen, die weder Ausbildungsverhältnisse noch Arbeitsverhältnisse sind[1]. Die gesetzliche Definition hilft in der Praxis bei Zweifelsfällen nicht weiter, da auch die Begriffe des Arbeiters und des Angestellten die allgemeinen Merkmale des ArbN-Begriffs voraussetzen. ArbN ist nach der Rspr. des BAG[2], wer aufgrund eines privatrechtlichen Vertrages zur Arbeit im Dienste eines anderen verpflichtet ist. Arbeitsverhältnisse unterscheiden sich somit von anderen Rechtsverhältnissen durch den Grad der **persönlichen Abhängigkeit**, in der sich der zur Dienstleistung Verpflichtete befindet. ArbN ist derjenige, der seine vertraglich geschuldete Leistung im Rahmen einer von Dritten bestimmten Arbeitsorganisation erbringt. **Keine ArbN** iSd. Arbeitszeitrechts sind **Organmitglieder** juristischer Personen (Geschäftsführer, Vorstand), **Beamte** (wohl aber Dienstordnungsangestellte von Trägern der gesetzlichen Sozialversicherung), **Freiberufler, Ordensangehörige** und **Heimarbeiter**[3].

12 3. **Nachtzeit (§ 2 Abs. 3).** Als Nachtzeit legt der Gesetzgeber in § 2 Abs. 3 die **Zeit von 23 bis 6 Uhr** und für Bäckereien und Konditoreien die Zeit von 22 Uhr bis 5 Uhr fest. Dies steht im Einklang mit Art. 2 Nr. 3 der Arbeitszeitrichtlinie, wonach Nachtzeit jede in den einzelstaatlichen Rechtsvorschriften festgelegte Zeitspanne von mindestens 7 Stunden darstellt, sofern sie die Zeitspanne zwischen 24 und 5 Uhr umfasst. Gemäß § 7 Abs. 1 Nr. 5 kann in einem TV oder aufgrund eines TV in einer BV der Beginn des siebenstündigen Nachtzeitraums auf die Zeit zwischen 22 und 24 Uhr festgelegt werden.

13 4. **Nachtarbeit (§ 2 Abs. 4).** Nachtarbeit liegt gem. § 2 Abs. 4 vor, wenn die Arbeit **mehr als zwei Stunden** der Nachtzeit umfasst. Maßgeblich ist die für den Betrieb gültige Definition der Nachtzeit, die gemäß § 7 Abs. 1 Nr. 5 auch in einem TV oder in einer BV festgelegt sein kann. Nachtarbeit umfasst nicht nur den Zeitraum innerhalb der festgelegten Nachtzeit, sondern die Zeit von Anfang bis Ende der Arbeit, auch wenn diese teilweise nicht in die Nachtzeit fällt[4].

14 5. **NachtArbN (§ 2 Abs. 5).** NachtArbN ist gem. § 2 Abs. 5, wer aufgrund seiner Arbeitszeitgestaltung **normalerweise Wechselschicht** zu leisten hat, oder wer **Nachtarbeit an mindestens 48 Tagen im Kalenderjahr** leistet. Während es bei der ersten Alternative darauf ankommt, ob die Arbeitszeitgestaltung eine Nachtarbeit in Wechselschicht vorsieht („zu leisten haben"), stellt die zweite Alternative ihrem Wortlaut nach darauf ab, ob der ArbN tatsächlich an 48 Tagen im Kalenderjahr gearbeitet hat („leistet"). Ansprüche aus § 6, wie etwa der Anspruch auf Umsetzung auf einen Tagesarbeitsplatz, könnten daher frühestens nach Ablauf von 48 Arbeitstagen und regelmäßig nicht vor März eines Jahres entstehen, auch wenn der ArbN im vorausgegangenen Jahr bereits an 48 oder mehr Arbeitstagen Nachtarbeit geleistet hat[5]. Die besseren Argumente sprechen allerdings dafür, die Nachtarbeitnehmereigenschaft auch schon dann anzuerkennen, wenn mit Sicherheit davon auszugehen ist, der ArbN werde in dem Kalenderjahr Nachtarbeit in dem erforderlichen Umfang leisten[6]. Nicht unter den Begriff „Nachtarbeitnehmer" fällt hingegen derjenige, der nur als Ersatzmann im Schichtdienst einspringt oder in gewissen Zeitabschnitten in geringfügigem Maße in den Schichtplan aufgenommen wird[7].

15 III. **Stichwort-ABC**

Begriff	Fundstelle im Gesetz	Definition
Amorphe Arbeitszeit	kein Begriff des ArbZG	Bei der amorphen (= gestaltlosen) Arbeitszeit legen ArbGeb und ArbN zwar das Volumen der vom ArbN in einem bestimmten Zeitraum geschuldeten Arbeitszeit fest, lassen aber eine konkrete Verteilung der Arbeitszeit bewusst offen[8].
Arbeit auf Abruf	§ 12 TzBfG	Anderer Begriff: Kapazitätsorientierte variable Arbeitszeitgestaltung (Kapovaz). ArbGeb und ArbN vereinbaren, dass der ArbN seine Arbeitsleistung entsprechend dem Arbeitsanfall zu erbringen hat.
Arbeitsbereitschaft	§ 7 Abs. 1 Buchst. a	Fall der Vollarbeit, wenn von dem ArbN eine „wache Achtsamkeit im Zustand der Entspannung" verlangt wird[9]. Ist grds., falls keine Abschläge oder Pauschalabgeltungen vereinbart sind, wie Vollarbeit zu vergüten[10].
Arbeitzeit	§ 2 Abs. 1	Zeit vom Beginn bis zum Ende der Arbeit ohne Ruhepausen. Ausnahme im Bergbau: Ruhepausen zählen zur Arbeitszeit.

---

1 BT-Drs. 12/5888, S. 23. |2 BAG v. 19.11.1997 – 5 AZR 653/96, NZA 1998, 364; BAG v. 3.6.1998 – 5 AZR 656/97, NJW 1998, 3661 = NZA 1998, 1165–1167; BAG v. 30.9.1998 – 5 AZR 563/97, NZA 1999, 374. |3 *Linnenkohl*, § 2 ArbZG Rz. 26, 27. |4 *Neumann/Biebl*, § 2 ArbZG Rz. 25. |5 So *Baeck/Deutsch*, § 2 ArbZG Rz. 110. |6 *Neumann/Biebl*, § 2 ArbZG Rz. 30; ErfK/*Wank*, § 2 ArbZG Rz. 37. |7 *Erasmy*, NZA 1994, 1105 (106). |8 *Kilz/Reh*, S. 45. |9 BAG v. 10.1.1991 – 6 AR 352/89, NZA 1991, 516. |10 *Baeck/Deutsch*, § 2 ArbZG Rz. 40.

Begriffsbestimmungen Rz. 15 § 2 ArbZG

Begriff	Fundstelle im Gesetz	Definition
Arbeitszeitmodell	kein Begriff des ArbZG	Siehe Amorphe Arbeitszeit, Arbeit auf Abruf, Arbeitszeitkonto, Gleitzeit, Job-Sharing, Sabbatical, Santa-Clara-Modell, Tandem-Arbeitszeit, Vertrauensarbeitszeit, Zeitautonome Arbeitsgruppe
Arbeitszeitkonto	kein Begriff des ArbZG	Gegenüberstellung der Soll-Arbeitszeit und der Ist-Arbeitszeit. Anstelle einer gleichmäßig verteilten Arbeitszeit kann der ArbN seine Arbeitszeit individuell innerhalb eines bestimmten Rahmens variieren und längerfristig über den festgelegten Ausgleichszeitraum (Monat, Jahr, Leben) mittels Zeitguthaben und Zeitschulden ausgleichen. Beispiele: Gleitzeitkonto, Überstundenkonto
Arbeitszeitkorridor	kein Begriff des ArbZG	Differenz zwischen der erlaubten Anzahl von Plus- oder Minusstunden eines Arbeitszeitkontos. Häufig wird ein zuschlagsfreier Arbeitszeitkorridor eingerichtet, der innerhalb eines bestimmten Zeitraums ausgeglichen wird.
Ausgleichszeitraum	§ 3 Satz 2, § 7 Abs. 1	Zeitraum, in dem höhere werktägliche Arbeitszeiten ausgeglichen werden können.
Bedürfnisgewerbe	§ 13 Abs. 1 Nr. 2	Gewerbe, das der Befriedigung täglicher Bedürfnisse dient.
Bedovaz	kein Begriff des ArbZG	Bedarfsorientierte variable Arbeitszeitgestaltung
Bereitschaftsdienst	§ 5 Abs. 3, § 7 Abs. 2 Nr. 1	Ist gegeben, wenn der ArbN sich an einer vom ArbGeb festgelegten Stelle innerhalb oder außerhalb des Betriebs aufzuhalten hat, um bei Bedarf seine volle Arbeitstätigkeit unverzüglich aufzunehmen[1]. Zählt nach der Konzeption des ArbZG nicht zur Arbeitszeit. Nach dem Simap-Urteil des EuGH höchst umstritten. Bereitschaftsdienst, ist – wenn auch nicht wie Vollarbeit – vergütungspflichtig[2].
Chargenbetrieb	wichtig bei § 10 Abs. 1 Nr. 15	Bei der Chargenproduktion werden die Werkstoffe bedingt durch das Fassungsvermögen der Produktionseinrichtung mit zeitlicher Unterbrechung in das Arbeitssystem eingegeben und partieweise be- und verarbeitet (Brennöfen, Betonmischer, Färbebäder usw)[3]. Gegensatz: Konti-Betrieb (siehe dort)
Dienstreise	kein Begriff des ArbZG	Arbeitszeit nur dann, wenn auf der Reise Arbeit im eigentlichen Sinn geleistet wird (Konferenz, Aktenbearbeitung)[4].
diskontinuierliche Sonn- und Feiertagsarbeit		Siehe Chargenbetrieb
Ersatzruhetag	§ 11 Abs. 2	Dient dem Ausgleich von Sonn- und Feiertagsarbeit
Freizeit	kein Begriff des ArbZG	Teil der Ruhezeit ohne Verpflichtung, sich dem ArbGeb zur Verfügung zu halten
Gleitzeit	kein Begriff des ArbZG	Arbeitsbeginn und Arbeitsende werden von den ArbN selbst bestimmt, wobei häufig eine Kernzeit einzuhalten ist.
Hintergrunddienst		Siehe Rufbereitschaft

---

1 BAG v. 24.10.2000 – 9 AZR 634/99, NZA 2001, 449 = NJW 2001, 1813. |2 BAG v. 28.1.2004 – 5 AZR 530/02 Baeck/Deutsch, § 2 ArbZG Rz. 43. |3 Vgl. auch Gabler Wirtschaftslexikon, 15. Aufl. 2000, Stichwort „diskontinuierliche Produktion"; Beispiele aus Brockhaus, Die Enzyklopädie, 2001, Stichwort „Charge". |4 Neumann/Biebl, § 2 ArbZG Rz. 15.

Begriff	Fundstelle im Gesetz	Definition
Jaeger-Urteil		Urteil des EuGH vom 9.9.2003[1], wonach der in einem deutschen städtischen Krankenhaus angeordnete Bereitschaftsdienst als Arbeitszeit anzusehen ist.
Job-Sharing	§ 13 TzBfG	Arbeitszeitmodell, bei dem sich zwei ArbN einen Vollzeitarbeitsplatz teilen und die Arbeitszeiten entsprechend den persönlichen und betrieblichen Bedürfnissen absprechen. Unterfall der zeitautonomen Arbeitsgruppe.
Kapovaz		Siehe Arbeit auf Abruf
Kampagnebetrieb	§ 15 Abs. 1 Nr. 2	Betrieb mit einer von der Erntezeit abhängigen Produktionsweise[2] (Zuckerfabrik, Fischräucherei)
Kernzeit	kein Begriff des ArbZG	Zeitraum innerhalb eines Gleitzeitmodells, in dem der ArbN am Arbeitsplatz sein muss.
Konti-Betrieb	wichtig bei § 10 Abs. 1 Nr. 15; § 12 Satz 1 Nr. 4, § 15 Abs. 1 Nr. 1 Buchst. a	Bei der kontinuierlichen Produktion erfolgen Transporttätigkeiten und Produktionstätigkeiten simultan und ohne zeitliche Unterbrechung, weil die zu verarbeitenden Stoffe stetig durch einen Apparat laufen (Reaktionsapparat, Kolonne, Trockner usw.)[3] Gegensatz: Chargenbetrieb (siehe dort)
kontinuierliche Sonn- und Feiertagsarbeit		Siehe Konti-Betrieb
Kurzpause	§ 7 Abs. 1 Nr. 2	Kürzere Pause als die reguläre Ruhepause des § 4
LASI	kein Begriff des ArbZG	Länderausschuss für Arbeitsschutz und Sicherheitstechnik. Mitglieder sind die Vertreter der obersten Arbeitsschutzbehörden der Länder mit dem Bundesministerium für Arbeit und Sozialordnung und der BA für Arbeitsschutz und Arbeitsmedizin als ständigen Gästen. Zu den Aufgaben des LASI zählen Erörterung grundlegender Fragen des Arbeitsschutzes und der technischen Sicherheit, die Diskussion von Rechtsfragen des Arbeitsschutzes und der technischen Sicherheit, die Fortentwicklung der einschlägigen Rechtsvorschriften sowie die Behandlung organisatorischer Fragen des Arbeitsschutzes
Mehrarbeit	kein Begriff des ArbZG	Arbeit, die über die normale gesetzliche Arbeitszeit hinausgeht[4]. Mittlerweile wird der Begriff Mehrarbeit auch für Überarbeit verwendet[5].
Nachtarbeit	§ 2 Abs. 4	Jede Arbeit, die mehr als zwei Stunden der Nachtzeit umfasst
NachtArbN	§ 2 Abs. 5	ArbN, die normalerweise Nachtarbeit in Wechselschicht zu leisten haben oder an mindestens 48 Tagen im Kalenderjahr Nachtarbeit leisten
Nachtzeit	§ 2 Abs. 3	Zeit von 23 bis 6 Uhr, in Bäckereien und Konditoreien von 22 bis 5 Uhr
Opt-out	Art. 18 Arbeitszeitrichtlinie, § 7 Abs. 7	Möglichkeit, von der in Art. 18 Arbeitszeitrichtlinie enthaltenen Arbeitszeitbegrenzung abzuweichen

---

1 EuGH v. 9.9.2003 – RS C-151/02, NZA 2003, 1019 = NJW 2003, 2971 | 2 Gabler Wirtschaftslexikon, 15. Aufl. 2000, Stichwort „Kampagnebetrieb". | 3 Vgl. auch Gabler Wirtschaftslexikon, 15. Aufl. 2000, Stichwort „kontinuierliche Produktion"; Beispiele aus *Brockhaus*, Die Enzyklopädie, 2001, Stichwort „kontinuierlicher Betrieb". | 4 BAG v. 8.11.1989 – 5 AZR 642/88, NZA 1990, 309. | 5 Küttner/*Reinecke*, Personalbuch 2001, Überstunden Rz. 2.

Begriff	Fundstelle im Gesetz	Definition
Rufbereitschaft	§ 5 Abs. 3, § 7 Abs. 2 Nr. 1	Rufbereitschaft (Hintergrunddienst) verpflichtet den ArbN, auf Abruf die Arbeit aufzunehmen. Er kann sich hierfür an einem Ort seiner Wahl aufhalten, der dem ArbGeb anzuzeigen ist oder von dem aus er jederzeit erreichbar ist (über „Piepser" oder „Handy")[1]. Rufbereitschaft ist keine Arbeitszeit, ist aber wie Bereitschaftsdienst zu vergüten[2].
Ruhepause	§ 4	Muss im Voraus feststehen. Dauer bei Arbeitszeit von mehr als 6 bis zu 9 Stunden: 30 Minuten. Dauer bei Arbeitszeit von mehr 9 Stunden: 45 Minuten
Ruhezeit	§ 5	Zeit zwischen dem Ende der täglichen Arbeit und Beginn der nächsten täglichen Arbeitszeit. Muss grds. mindestens 11 Stunden betragen.
Sabbatical	kein Begriff des ArbZG	Aufgespartes Arbeitszeitguthaben, das für eine lange Freizeit verwendet wird.
Saisonbetrieb	§ 15 Abs. 1 Nr. 2	Betrieb, dessen Produktions- oder Absatzprogramm abhängig von der Jahreszeit oder Verbrauchsgewohnheiten größeren, regelmäßig wiederkehrenden Schwankungen unterliegt[3] Feriengastronomiebetriebe, Hersteller bestimmter Süßwaren, usw.)
Santa-Clara-Modell	kein Begriff des ArbZG	Arbeitszeitmodell, bei dem der Arbeitsvertrag aus der Bandbreite des Arbeitsvolumens und der Arbeitszeit nach den Wünschen des ArbN ausgestaltet wird. Benannt nach der kalifornischen Stadt Santa Clara, in der dieses Modell zum ersten Mal angewandt wurde[4].
Schichtarbeit	§ 6, § 7 Abs. 1 Nr. 2	Eine bestimmte Arbeitsaufgabe wird über einen erheblich längeren Zeitraum als die wirkliche Arbeitszeit eines ArbN hinaus erfüllt und daher von mehreren ArbN oder ArbN-Gruppen in einer geregelten zeitlichen Reihenfolge, teilweise auch außerhalb der allgemein üblichen Arbeitszeit, erbracht. Bei der Schichtarbeit arbeiten nicht sämtliche Beschäftigte eines Betriebes zu gleicher Zeit, sondern ein Teil arbeitet, während der andere Teil arbeitsfreie Zeit hat, beide Teile sich aber regelmäßig nach einem feststehenden und überschaubaren Plan ablösen[5].
SchichtArbN	§ 6 Abs. 1	Jeder ArbN, der Schichtarbeit leistet.
SIMAP-Urteil		Die Ärzte in der spanischen Region Valencia waren gehalten, häufig in Zwei-Tages-Schichten mit zwischenzeitlichem nächtlichen Bereitschaftsdienst zu arbeiten. Das Sindicato de Médicos de Asistencia Pública de la Comunidad Valenciana (SIMAP), eine Gewerkschaft der Ärzte im öffentlichen Gesundheitswesen, klagte deswegen gegen das Gesundheitsministerium der Regionalregierung von Valencia. Der EuGH hat diesen Bereitschaftsdienst im Urteil vom 3.10.2000[6] als Arbeitszeit iSd. Arbeitszeitrichtlinie 93/104/EG angesehen.
Tandemarbeitszeit	§ 13 TzBfG	Unterfall des Job-Sharing, wobei die ArbN zu bestimmten Zeiten anwesend sein müssen.

---

1 BAG v. 24.10.2000 – 9 AZR 634/99, NZA 2001, 449 = NJW 2001, 1813. | 2 *Baeck/Deutsch*, § 2 ArbZG Rz. 49. | 3 Gabler Wirtschaftslexikon,15. Aufl. 2000, Stichwort „Saisonbetrieb". | 4 Gabler Wirtschaftslexikon,15. Aufl. 2000, Stichwort „Santa-Clara-Modell". | 5 BAG v. 20.06.1990 – 4 AZR 5/90, NZA 1990, 861. | 6 EuGH v. 3.10.2000 – Rs. C-303/98, NZA 2000, 1227 = AP Nr. 2 zu EWG-Richtlinie Nr 93/104 = DB 2001, 818.

Begriff	Fundstelle im Gesetz	Definition
Telearbeit	kein Begriff des ArbZG	Telearbeit ermöglicht eine weitgehende Flexibilisierung von Arbeitszeit und Arbeitsort, wobei die Erreichbarkeit der ArbN zu bestimmten Zeiten regelmäßig im Arbeitsvertrag festgelegt wird.
Überarbeit (Überstunden, Überschichten)	kein Begriff des ArbZG	Arbeit, die über die für das jeweilige Beschäftigungsverhältnis aufgrund TV, BV oder Einzelvertrages festgelegte Arbeitszeit hinausgeht[1]. Mittlerweile wird hierfür auch der Begriff Mehrarbeit verwendet[2]. Tariflich nicht zulässige Überarbeit ist nach den Grundsätzen gesetzlich unzulässiger Mehrarbeit zu vergüten[3].
Umsetzungsanspruch	§ 6 Abs. 4	Anspruch des NachtArbN auf Umsetzung auf einen geeigneten Tagesarbeitsplatz
Vertrauensarbeitszeit	kein Begriff des ArbZG	Der ArbN erfüllt das vertraglich verabredete Arbeitszeitkontingent selbständig und eigenverantwortlich, wobei der ArbGeb auf eine Kontrolle der Zeiterfassung verzichtet. Zu den Rechten des BR siehe § 7 Rz. 26.
Wegezeit	kein Begriff des ArbZG	Arbeitszeit: Wegezeit zwischen Betrieb und äußerer Arbeitsstelle Keine Arbeitszeit: Wegezeit zwischen Wohnung und Arbeitsstelle[4]
Wechselschicht	§ 2 Abs. 5 Nr. 1	Wechselnde Schichtenfolge (etwa eine Woche Früh-, dann eine Woche Spät-, schließlich eine Woche Nachtschicht)[5]
Wochenarbeitszeit	§§ 12, 15 JArbSchG	Fünf-Tage-Woche für Jugendliche, keine ausdrückliche gesetzliche Regelung im ArbZG
Zeitautonome Arbeitsgruppe	kein Begriff des ArbZG	Die ArbN einer Organisationseinheit stimmen ihre persönliche Arbeitszeit untereinander nach den betrieblichen Bedürfnissen ab.

Zweiter Abschnitt. Werktägliche Arbeitszeit und arbeitsfreie Zeiten

3 *Arbeitszeit der Arbeitnehmer*
Die werktägliche Arbeitszeit der Arbeitnehmer darf acht Stunden nicht überschreiten. Sie kann auf bis zu zehn Stunden nur verlängert werden, wenn innerhalb von sechs Kalendermonaten oder innerhalb von 24 Wochen im Durchschnitt acht Stunden werktäglich nicht überschritten werden.

1   **I. Inhalt und Zweck.** Die Vorschrift entspricht dem Gesetzentwurf der Bundesregierung[6] und übernimmt den seit 1918 geltenden Grundsatz des Acht-Stunden-Tages aus § 3 AZO. Sie trägt damit den arbeitswissenschaftlichen und arbeitsmedizinischen Erkenntnissen Rechnung, wonach eine gesetzliche Regelung der täglichen Höchstarbeitszeit zum Schutz der Gesundheit der ArbN erforderlich ist[7]. § 3 unterscheidet sich von Art. 6 Nr. 2 der EG-RL 93/104 vom 23.11.1993, die lediglich eine durchschnittliche Höchstarbeitszeit von 48 Stunden pro Siebentageszeitraum vorsieht.

2   **II. Werktägliche Höchstarbeitszeit (§ 3 Satz 1).** Die gesetzlich zulässige werktägliche Arbeitszeit beträgt nach § 3 Abs. 1 höchstens acht Stunden. Maßgeblich ist nur die tatsächlich geleistete Arbeit, nicht etwa die für den Tag vorgesehene Arbeitszeit, die tatsächlich aber nicht gearbeitet wird[8].

3   **III. Verlängerung der werktäglichen Höchstarbeitszeit und Ausgleich (§ 3 Satz 2). 1. Gesetzliche Möglichkeiten.** Eine Verlängerung der täglichen Arbeitszeit auf höchstens 10 Stunden ist nach § 3 Satz 2 nur möglich, wenn innerhalb von 6 Kalendermonaten bzw. innerhalb von 24 Wochen ein Ausgleich auf die Durchschnittsgrenze von 8 Stunden werktäglich erfolgt. Durch dieses Kernstück der Arbeitszeitflexibilisierung[9] soll den Betrieben ausreichend Spielraum für flexible Arbeitszeiten eingeräumt werden[10]. Der

---

1 BAG v. 8.11.1989 – 5 AZR 642/88, NZA 1990, 309. |**2** Küttner/*Reinecke*, Personalbuch 2001, Überstunden Rz. 2. |**3** BAG v. 27.5.1993 – 6 AZR 359/92, NZA 1994, 708. |**4** *Neumann/Biebl*, § 2 ArbZG Rz. 14. |**5** *Baeck/Deutsch*, § 2 ArbZG Rz. 61. |**6** BT-Drs. 12/5888, S. 5. |**7** BT-Drs. 12/5888, S. 24. |**8** Kasseler Handbuch/*Schliemann*, 2.5 Rz. 200. |**9** *Neumann/Biebl*, § 3 ArbZG Rz. 6. |**10** BT-Drs. 12/5888, S. 24.

Ausgleichszeitraum ist arbeitnehmerbezogen, nicht etwa betriebsbezogen[1]. Lage und Dauer der Ausgleichsräume können bei den ArbN eines Betriebs daher durchaus verschieden sein.

a) Ausgleichzeiträume. Das Gesetz ermöglicht Ausgleichszeiträume von **6 Kalendermonaten oder 24 Wochen**. Umstritten ist, ob mit „Kalendermonat" dem Wortlaut entsprechend die mit Namen bezeichneten Monate oder Zeitmonate gemeint sind. Weder im Regierungsentwurf[2] noch in der Beschlussempfehlung und im Bericht des Bundestags-Ausschusses für Arbeit- und Sozialordnung[3] ist die Frage thematisiert. Gegen eine wörtliche Auslegung der Vorschrift spricht nur der Umstand, dass der alternative Ausgleichszeitraum 24 „Wochen" und nicht 24 Kalenderwochen beträgt und insoweit eine nicht verständliche Diskrepanz beim Beginn der Frist und der tatsächlichen Dauer des Ausgleichszeitraums auftreten kann[4]. Dies ändert jedoch nichts an dem klaren Wortlaut der gesetzlichen Regelung, der eine andere Auslegung nicht zulässt[5]. Der Ausgleichszeitraum beginnt daher stets mit dem Ersten eines Kalendermonats und endet 6 Monate später[6]. Bei dem nach Wochen (nicht Kalenderwochen) bemessenen Ausgleichszeitraum bestimmt sich dessen Ende nach § 188 Abs. 2 BGB[7]. Er endet mit Ablauf desjenigen Tages der letzten Woche, welcher durch seine Benennung dem Tag entspricht, an dem die Arbeitszeitgrenze überschritten worden ist. Der Wechsel von einem Ausgleichszeitraum zum anderen ist jederzeit möglich[8].

b) Festlegung, Lage und Wechsel des Ausgleichszeitraums. § 3 Satz 2 enthält keine Aussage darüber, ob der Ausgleichszeitraum durch den ArbGeb festgelegt werden muss.

aa) Keine Erforderlichkeit der Festlegung durch den ArbGeb. Wahl und Bestimmung eines bestimmten Ausgleichszeitraums durch den ArbGeb sind keine Voraussetzung für eine Arbeitszeitverlängerung nach § 3 Satz 2[9]. Die Ausgleichszeiträume des § 3 Satz 2 beschreiben nur eine **öffentlich-rechtliche Obergrenze**, innerhalb derer ein tatsächlicher Ausgleich der Arbeitszeitüberschreitung zu erfolgen hat[10]. Die Arbeitszeit der nächsten sechs Monate muss im Zeitpunkt der ersten Verlängerung nach § 3 Satz 2 weder im Voraus feststehen[11], noch muss der Ausgleich im Nachhinein erfolgen. Die Begründung des Regierungsentwurfes schien zwar für Letzteres zu sprechen, da dort, anders als im Gesetzeswortlaut des Regierungsentwurfes, von den „folgenden sechs Kalendermonaten bzw. 24 Wochen" die Rede ist[12]. Im Hinblick auf das gesetzgeberische Ziel, Rahmenbedingungen für flexible Arbeitszeiten zu schaffen, kann es aber keine Rolle spielen, ob die Arbeitstage mit längerer oder kürzerer Arbeitszeit am Anfang, Ende oder in der Mitte des Ausgleichszeitraums liegen[13]. Auch Sicherheit und Gesundheitsschutz der ArbN gebieten keinen nachfolgenden Ausgleichszeitraum[14]. **Bei einer Überschreitung der zulässigen werktäglichen Arbeitszeit von acht Stunden ist daher zu prüfen, ob in der zurückliegenden oder (!) der folgenden Zeit der Durchschnitt von acht Stunden erhalten geblieben ist.**[15] Hat der ArbN etwa am 20.9.2002 zehn Stunden gearbeitet, ist zu ermitteln, ob diese Überschreitung der Höchstarbeitszeitgrenze durch geringere Arbeitszeiten im Zeitraum von 6 Kalendermonaten oder 24 Wochen vor oder nach dem 20.9.2002 ausgeglichen wird.

bb) Festlegung durch den ArbGeb. Der ArbGeb ist berechtigt, Ausgleichszeiträume von vorneherein festzulegen[16]. Dies bedeutet jedoch nicht, dass jede während des Ausgleichszeitraums über acht Stunden täglich geleistete Arbeit nach § 3 Satz 2 innerhalb dieses Zeitraums auszugleichen ist[17]. Eine solche betriebliche Festlegung des Ausgleichszeitraums, selbst wenn sie in Form einer BV erfolgt, hat **keine arbeitsschutzrechtliche Bedeutung**[18]. Sie hat lediglich unternehmens- bzw. betriebsinterne Auswirkungen[19], indem sie die Leistungspflicht des ArbN im Rahmen des arbeitgeberseitigen Weisungsrechts konkretisiert[20]. Der ArbN muss nur dann mehr als acht Stunden arbeiten, wenn ein Ausgleich innerhalb des festgesetzten Ausgleichszeitraums erfolgt. Der öffentlich-rechtliche Arbeitszeitschutz ist von einer betrieblichen Festlegung des Ausgleichszeitraums aber unabhängig. Wird eine Überschreitung der werktäglichen Höchstarbeitszeitgrenze nicht in dem vom ArbGeb festgelegten Zeitraum ausgeglichen, muss die Aufsichtsbehörde alle möglichen gesetzlichen Ausgleichszeiträume prüfen[21].

---

[1] *Dobberahn*, Rz. 30. | [2] BT-Drs. 12/5888. | [3] BT-Drs. 12/6990. | [4] Kasseler Handbuch/*Schliemann*, 2.5 Rz. 164; *Neumann/Biebl*, § 3 ArbZG Rz. 8. | [5] *Baeck/Deutsch*, § 3 ArbZG Rz. 26; *Buschmann/Ulber*, § 3 ArbZG Rz. 7. | [6] *Zmarzlik/Anzinger*, § 3 ArbZG Rz. 21; *Baeck/Deutsch*, § 3 ArbZG Rz. 27: aA Kasseler Handbuch/*Schliemann*, 2.5 Rz. 164; *Neumann/Biebl*, § 3 ArbZG Rz. 8. | [7] *Baeck/Deutsch*, § 3 ArbZG Rz. 28. | [8] *Baeck/Deutsch*, § 3 ArbZG Rz. 30. | [9] So aber *Zmarzlik*, AR-Blattei SD, 240, Rz. 104. | [10] *Tietje*, Grundfragen des Arbeitszeitrechts, S. 138; *Neumann/Biebl*, § 3 ArbZG Rz. 9. | [11] *Erasmy*, NZA 1994, 1106 (1106). | [12] BT-Drs. 12/5888, S. 24; der Begriff „folgende" Kalendermonate bzw. Wochen ist, obwohl von Gewerkschaftsseite vehement gefordert, nicht ins Gesetz aufgenommen worden, vgl. *Erasmy*, NZA 1994, 1106 (1106). | [13] *Dobberahn*, Rz. 32; ErfK/*Wank*, § 3 ArbZG Rz. 11; *Neumann/Biebl*, § 3 ArbZG Rz. 9; *Baeck/Deutsch*, § 3 ArbZG Rz. 32; *Linnenkohl*, § 3 ArbZG Rz. 23; *Erasmy*, NZA 1994, 1105 (1106); aA *Buschmann/Ulber*, § 3 ArbZG Rz. 13, wonach der Sechsmonatsdurchschnitt zu keinem Zeitpunkt, weder zurück noch voraus, überschritten werden darf. | [14] *Baeck/Deutsch*, § 3 Rz. 32; zumindest missverständlich Kasseler Handbuch/*Schliemann*, 2.5 Rz. 175; wonach mit jeder tatsächlichen werktäglichen Arbeitsleistung von mehr als acht Stunden gemäß § 187 Abs. 1 BGB mit dem jeweils darauf folgenden Tag ein neuer Ausgleichszeitraum beginnen soll. | [15] *Neumann/Biebl*, § 3 ArbZG Rz. 9; *Baeck/Deutsch*, § 3 ArbZG Rz. 33; *Junker*, ZfA 1998, 105 (114); *Tietje*, Grundfragen des Arbeitszeitrechts, S. 141. | [16] *Zmarzlik*, AR-Blattei SD, 240, Rz. 104; *Baeck/Deutsch*, § 3 ArbZG Rz. 25; *Schliemann*, § 3 ArbZG Rz. 39, 46 ff. | [17] So aber Kasseler Handbuch/*Schliemann*, 2.5 Rz. 173. | [18] *Tietje*, Grundfragen des Arbeitszeitrechts, S. 139. | [19] *Baeck/Deutsch*, § 3 ArbZG Rz. 37; *Erasmy*, NZA 1994, 1105 (1106). | [20] *Tietje*, Grundfragen des Arbeitszeitrechts, S. 138. | [21] *Baeck/Deutsch*, § 3 ArbZG Rz. 37.

8 cc) **Informationen und Aufzeichnungen.** Eine Pflicht, den ArbN über die Festlegung des Ausgleichszeitraums zu unterrichten, besteht nicht, sofern die Festlegung nicht in einer BV erfolgt, die gemäß § 77 Abs. 2 Satz 3 BetrVG an geeigneter Stelle im Betrieb auszulegen ist[1]. Da der ArbGeb nach § 16 Abs. 2 verpflichtet ist, werktägliche Arbeitszeiten von mehr als acht Stunden aufzuzeichnen und mindestens zwei Jahre aufzubewahren, empfiehlt es sich, auch die Ausgleichszeiträume festzuhalten[2].

9 c) **Lange Arbeitszeitzyklen.** § 3 Satz 2 ermöglicht sehr lange Arbeitszeitzyklen, bei denen auch Ausgleichszeiträume mit reziproker Arbeitszeitverteilung aneinander gekoppelt werden können[3]. Zulässig ist danach selbst folgende Verteilung der Arbeitszeit[4]:

Januar bis Juni: 6 Wochen keine Arbeit
                  20 Wochen 60-Stunden-Woche
Juli bis Dezember: 20 Wochen 60-Stunden-Woche
                   6 Wochen keine Arbeit.

10 d) **Mögliche Ausgleichszeiten.** Nicht jeder Werktag, an dem der ArbN nicht beschäftigt wird, trägt zum Ausgleich der verlängerten Arbeitszeiten bei. Zeiten, in denen der ArbN aufgrund besonderer Tatbestände von der Verpflichtung zur Arbeitsleistung freigestellt ist, können nicht nochmals als Arbeitszeitausgleich berücksichtigt werden[5]. Im Einzelnen gilt Folgendes:

- **arbeitsfreier Samstag**: Beim Samstag handelt es sich um einen normalen Werktag, der zum Ausgleich beiträgt[6].
- **Arbeitsunfähigkeit**: Zeiten der Arbeitsunfähigkeit sind mit der üblichen Arbeitszeit an den betreffenden Tagen anzusetzen und kommen für einen Ausgleich nicht in Betracht[7].
- **Brauchtumstage**, die keine Feiertage sind, lassen einen Ausgleich zu[8].
- **Feiertag**: Er ist mit der üblichen Arbeitszeit an den betreffenden Tagen anzusetzen und kommt für einen Ausgleich ebenfalls nicht in Betracht[9].
- **Freistellung**: Zeiten der Freistellung tragen zum Ausgleich verlängerter Arbeitszeiten bei.
- **Rosenmontag**: Siehe Brauchtumstage.
- **Sonderurlaub mit Vergütungsfortzahlung** (für Hochzeit, Todesfall usw.): Er ist mit der üblichen Arbeitszeit an den betreffenden Tagen anzusetzen und kommt für einen Ausgleich nicht in Betracht[10].
- **Sonderurlaub ohne Vergütungszahlung**: Er gleicht verlängerte Arbeitszeiten aus, da er nur dazu dient, den ArbN von der Verpflichtung zur Arbeitsleistung zu befreien[11].
- **Sonntag**: Er kommt für einen Ausgleich nicht in Betracht[12].
- **Urlaub**: Er ist mit der üblichen Arbeitszeit an den betreffenden Tagen anzusetzen und kommt für einen Ausgleich nicht in Betracht[13].
- **Zusatzurlaub für Schwerbehinderte**: Er kann für den Ausgleich verlängerter Arbeitszeiten nicht herangezogen werden[14].

11 2. **Tarifvertragliche Möglichkeiten.** Eine Ausdehnung der werktäglichen Arbeitszeit auf über 10 Stunden ist durch TV oder durch eine BV auf Grund eines TV auch ohne Ausgleich nach § 7 Abs. 1 Nr. 1 Buchst. a möglich, wenn in die Arbeitszeit regelmäßig und in erheblichem Umfang Arbeitsbereitschaft fällt. Eine Verlängerung des Ausgleichszeitraums ist nach § 7 Abs. 1 Nr. 1 Buchst. b durch TV oder durch eine BV aufgrund eines TV möglich.

12 3. **Mitbest.** Nach § 87 Abs. 1 Nr. 2 BetrVG hat der BR ua. über Beginn und Ende der täglichen Arbeitszeit sowie über die Verteilung der Arbeitszeit auf die einzelnen Wochentage mitzubestimmen. Das MitbestR umfasst auch die Wahl oder die Änderung des Ausgleichszeitraums[15].

13 4. **Straf- und bußgeldrechtliche Sanktionen.** Beschäftigt der ArbGeb einen ArbN über die in § 3 festgelegte Grenze der Arbeitszeit hinaus, können ihn straf- und bußgeldrechtliche Sanktionen gem. §§ 22 Abs. 1 Nr. 1, 23 Abs. 1 treffen.

---

1 *Schliemann*, § 3 ArbZG Rz. 77. | 2 Vgl. Kasseler Handbuch/*Schliemann*, 2.5 Rz. 197. | 3 *Schliemann*, § 3 ArbZG Rz. 60. | 4 *Erasmy*, NZA 1994, 1105 (1106); aA *Buschmann/Ulber*, § 3 ArbZG Rz. 8. | 5 Kasseler Handbuch/*Schliemann*, 2.5 Rz. 205. | 6 *Neumann/Biebl*, § 3 ArbZG Rz. 10. | 7 Kasseler Handbuch/*Schliemann*, 2.5 Rz. 206; *Neumann/Biebl*, § 3 ArbZG Rz. 10; aA *Dobberahn*, Rz. 31. | 8 *Dobberahn*, Rz. 31. | 9 *Dobberahn*, Rz. 31; Kasseler Handbuch/*Schliemann*, 2.5 Rz. 206; *Neumann/Biebl*, § 3 ArbZG Rz. 10. | 10 Kasseler Handbuch/*Schliemann*, 2.5 Rz. 206; *Neumann/Biebl*, § 3 ArbZG Rz. 10. | 11 Kasseler Handbuch/*Schliemann*, 2.5 Rz. 206; Erlass des MASSKS NRW v. 18.5.1999 – 215–8435, Nr. 3.2. | 12 *Dobberahn*, Rz. 31. | 13 Str., wie hier: Kasseler Handbuch/*Schliemann*, 2.5 Rz. 206; *Neumann/Biebl*, § 3 ArbZG Rz. 10; gemäß dem Erlass des *MASSKS NRW v. 18.5.1999 – 215–8435*, Nr. 3.2 sind die über den gesetzliche Urlaubsanspruch von 24 Tagen hinausgehenden Urlaubstage als Ausgleichstage anzusehen; *Dobberahn*, Rz. 31 lässt Urlaubstage generell für den Ausgleich zu. | 14 Kasseler Handbuch/*Schliemann*, 2.5 Rz. 207. | 15 *Junker*, ZfA 1998, 105 (113); *Baeck/Deutsch*, § 3 ArbZG Rz. 53.

5. Sonderregelungen für Kraftfahrer. Für Kraftfahrer gelten mit der VO (EWG) Nr. 3820/85 des Rates vom 20.12.1985 über die Harmonisierung bestimmter Sozialvorschriften im Straßenverkehr[1] und der Fahrpersonalverordnung vom 22.8.1969[2] strengere Arbeitszeitvorschriften[3]. Dies betrifft Fahrer von Fahrzeugen, die der **Güterbeförderung** dienen und deren zulässiges Gesamtgewicht einschließlich Anhänger und Sattelanhänger mehr als 2,8 t beträgt, sowie Fahrer von Fahrzeugen, die der **Personenbeförderung** im Linienverkehr dienen und einschließlich Fahrer mehr als 9 Personen transportieren können[4]. 14

a) Wichtige Bestimmungen. Die wichtigsten Regelungen der VO (EWG) Nr. 3820/85 lauten: 15

aa) Lenkzeiten (Art. 6 Verordnung (EWG) Nr. 3820/85). Lenkzeiten umfassen alle Zeiten, die mit der Fahrtätigkeit in Zusammenhang stehen. Faustformel: Solange der Motor läuft, handelt es sich um Lenkzeit (also auch vor Ampeln, Bahnübergängen oder bei Staus)[5]. Die Tageslenkzeit beträgt maximal 9 Stunden und kann höchstens zweimal pro Woche auf 10 Stunden verlängert werden. Die Gesamtlenkzeit darf innerhalb von zwei Wochen maximal 90 Stunden betragen. 16

bb) Unterbrechungen (Art. 7 Verordnung (EWG) Nr. 3820/85). Nach 4,5 Stunden Lenkzeit muss eine Unterbrechung von mindestens 45 Minuten eingelegt werden. Diese Unterbrechung kann durch Unterbrechungen von jeweils mindestens 15 Minuten ersetzt werden, die in die Lenkzeit oder unmittelbar nach dieser einzufügen sind. 17

cc) Ruhezeit (Art. 8 Verordnung (EWG) Nr. 3820/85). Der Fahrer muss innerhalb jedes Zeitraums von 24 Stunden eine tägliche Ruhezeit von mindestens 11 zusammenhängenden Stunden einlegen. Diese Ruhezeit darf höchstens dreimal pro Woche auf nicht weniger als neun zusammenhängende Stunden verkürzt werden, sofern bis zum Ende der folgenden Woche eine entsprechende Ruhezeit zum Ausgleich gewährt wird. Die Ruhezeit kann an den Tagen, an denen sie nicht verkürzt wird, innerhalb von 24 Stunden in zwei oder drei Zeitabschnitten genommen werden, von denen einer mindestens 8 zusammenhängende Stunden betragen muss. In diesem Falle erhöht sich die Mindestruhezeit auf 12 Stunden. In jeder Woche muss eine Ruhezeit auf insgesamt 45 zusammenhängende Stunden erhöht werden. Diese Ruhezeit kann am Standort des Fahrzeugs oder am Heimatort des Fahrers auf eine Mindestdauer von 36 zusammenhängenden Stunden oder außerhalb dieser Orte auf eine Mindestdauer von 24 zusammenhängenden Stunden verkürzt werden. Jede Verkürzung ist durch eine zusammenhängende Ruhezeit auszugleichen, die vor Ende der auf die betreffende Woche Folgenden dritten Woche zu nehmen ist. 18

§ 4 Ruhepausen

Die Arbeit ist durch im Voraus feststehende Ruhepausen von mindestens 30 Minuten bei einer Arbeitszeit von mehr als sechs bis zu neun Stunden und 45 Minuten bei einer Arbeitszeit von mehr als neun Stunden insgesamt zu unterbrechen. Die Ruhepausen nach Satz 1 können in Zeitabschnitte von jeweils mindestens 15 Minuten aufgeteilt werden. Länger als sechs Stunden hintereinander dürfen Arbeitnehmer nicht ohne Ruhepause beschäftigt werden.

I. Inhalt und Zweck. Während §§ 12, 18 AZO noch unterschiedliche Pausenvorschriften für Männer und Frauen vorsahen, enthält § 4 aus Gründen der Gleichbehandlung und zur Vermeidung von betrieblichen Schwierigkeiten[6] eine einheitliche Pausenregelung. Für Jugendliche besteht eine Sonderregelung in § 11 JArbSchG. 1

II. Begriff der Ruhepause. 1. Allgemeine Begriffsbestimmung. Unter Ruhepausen sind Unterbrechungen der Arbeitszeit anzusehen, in denen der ArbN keine Arbeit leisten muss. 2

2. Bereitschaftsdienst und Rufbereitschaft während der Ruhepause. Fraglich ist, ob für die Zeit der Ruhepause Bereitschaftsdienst und Rufbereitschaft angeordnet werden kann. Während das BAG für die AZO die Auffassung vertreten hat, entscheidendes Kriterium für eine Ruhepause sei die Freistellung von jeder Dienstverpflichtung und von jeder Verpflichtung, sich zum Dienst bereitzuhalten[7], ging 3

---

[1] Abl. Nr. L 370 vom 31.12.1985, S. 1–7. | [2] BGBl. I S. 1307. | [3] Die Verordnung eröffnet dem ArbGeb des Verkehrsgewerbes nach Auffassung des LAG Thür. hingegen keine Erweiterung der nach § 3 ArbZG zulässigen Arbeitszeitgrenzen, LAG Thür. v. 19.3.2002 – 5 (6) 5 Sa 527/99, LAGReport 2002, 359. | [4] Die Verordnung (EWG) Nr. 3820/85 des Rates vom 20. 12. 1985 über die Harmonisierung bestimmter Sozialvorschriften im Straßenverkehr gilt gem. Art. 4 nicht für Beförderungen mit Fahrzeugen, (a) die zur Güterbeförderung dienen und deren zulässiges Gesamtgewicht, einschließlich Anhänger oder Sattelanhänger, 3,5 Tonnen nicht übersteigt; (b) die zur Personenbeförderung dienen und die nicht ihrer Bauart und Ausstattung geeignet und bestimmt sind, bis zu neun Personen – einschließlich des Fahrers – zu befördern; (c) die zur Personenbeförderung im Linienverkehr dienen, wenn die Linienstrecke nicht mehr als 50 km beträgt. Durch § 6 Fahrpersonalverordnung wird der Anwendungsbereich der Verordnung auf Fahrzeuge, die der Güterbeförderung dienen und deren zulässiges Gesamtgewicht einschließlich Anhänger und Sattelanhänger mehr als 2,8 und nicht mehr als 3,5 t beträgt sowie auf Fahrzeuge, die der Personenbeförderung dienen und einschließlich Fahrer mehr als 9 Personen transportieren können und die im Linienverkehr mit einer Linienlänge von bis zu 50 km eingesetzt sind, erweitert. | [5] *Heimlich*, Arbeitszeiten/Lenkzeiten, AuR 2003, 285. | [6] BT-Drs. 12/5888, S. 24. | [7] BAG v. 27.2.1992 – 6 AZR 478/90, AP Nr. 5 zu § 3 AZO.

die herrschende Meinung für das ArbZG davon aus, dass Bereitschaftsdienst und Rufbereitschaft einer Ruhepause nicht entgegenstehen, da sie arbeitszeitrechtlich nicht als Arbeitszeit anzusehen sind[1]. Dies ist nach den mit dem Gesetz zu Reformen am Arbeitsmarkt erfolgten Änderungen bezüglich des Bereitschaftsdienstes nicht mehr haltbar (siehe § 2 Rz. 6).

4   **III. Festlegung der Ruhepausen und Mitbest.** Die Ruhepausen müssen im Voraus feststehen[2], wobei zu beachten ist, dass der ArbN nicht länger als sechs Stunden ohne Unterbrechung beschäftigt werden darf (§ 4 Satz 3). Durch Letzteres ist etwa ausgeschlossen, dass bei einer Arbeitszeit von 9 Stunden entgegen ergonomischen Erkenntnissen und dem Zweck der Ruhepause erst nach 7 Stunden eine 45-minütige Unterbrechung gewährt wird[3]. Es ist Pflicht des ArbGeb, eine verbindliche Pausenregelung zu treffen[4]. Zu Beginn der tatsächlichen Arbeitszeit muss wenigstens ein zeitlicher Rahmen[5] feststehen, innerhalb dessen der ArbN seine Ruhepause ggf. in Absprache mit anderen ArbN in Anspruch nehmen kann[6]. Der ArbN muss sich auf die Pause einrichten können[7]. Der ArbGeb kann es nicht den ArbN überlassen, die Pausenlage eigenverantwortlich zu gestalten[8]. Nichtig ist somit eine BV, die einen pauschalen Pausenabzug von der vereinbarten Vergütung wegen möglicher Kurzpausen vorsieht, jedoch Zeitdauer und Lage der möglichen Kurzpausen offen lässt[9]. Freilich hat der ArbGeb bei der Festlegung der Pausen neben dem MitbestR des BR nach § 87 Abs. 1 Nr. 2 BetrVG auch die Grundsätze billigen Ermessens (§ 315 BGB)[10] zu beachten. Eine Pausenregelung entspricht billigem Ermessen, wenn sie die wesentlichen Umstände des Falles abgewogen und die beiderseitigen Interessen angemessen berücksichtigt hat. Versucht der ArbGeb, seine Interessen einseitig durchzusetzen, ohne ausreichend auf das Interesse der ArbN Rücksicht zu nehmen, widerspricht die Pausenregelung dem Grundsatz der Billigkeit[11].

5   **1. Arbeitszeit bis zu sechs Stunden.** Bis zu einer Arbeitszeit von sechs Stunden muss der ArbGeb keine Ruhepause gewähren. Hierdurch wird den Wünschen der TeilzeitArbN, ihre Anwesenheit im Betrieb nicht über Gebühr zu verlängern, gesetzgeberisch Rechnung getragen[12].

6   **2. Arbeitszeit zwischen sechs und nicht mehr als neun Stunden.** Beträgt die Arbeitszeit mehr als sechs Stunden und überschreitet sie nicht neun Stunden, muss eine Ruhepause von mindestens 30 Minuten gewährt werden. Dauert die Arbeitszeit mehr als 9 Stunden, muss die Gesamtdauer der Ruhepausen 45 Minuten betragen. Der ArbGeb darf die Pausen nicht an den Beginn und das Ende der Arbeitszeit legen[13]. Allerdings ist nicht gefordert, dass zwischen Pause und Arbeitsbeginn bzw. Arbeitsende eine bestimmte Mindestzeit liegen muss[14].

7   **3. Kurzfristige Überschreitung der Neun-Stunden-Grenze.** Wird kurz vor Ablauf von 9 Stunden erkennbar, dass diese zeitliche Grenze geringfügig um einige Minuten überschritten wird, ist die Einlegung einer weiteren Pause nicht erforderlich, weil so dem Gesundheitsschutz nicht wirkungsvoll Rechnung getragen und der ArbN unnötig lang an den Betrieb gebunden wäre[15]. Eine andere Betrachtungsweise wäre eine sinnlose, dem Gesundheitsschutz nicht mehr dienende Förmelei[16].

8   **4. Mindestdauer der Ruhepausen.** Der ArbGeb kann die Ruhepausen in Zeitabschnitte von jeweils 15 Minuten aufteilen (§ 4 Satz 2).

9   **5. Sanktionen.** Gewährt der ArbGeb schuldhaft keine Ruhepausen mit der gesetzlich vorgeschriebenen Mindestdauer, treffen ihn die Sanktionen der §§ 22 Abs. 1 Nr. 2, 23 Abs. 1. Hingegen hat der ArbN weder einen Abgeltungs- noch einen Schadensersatzanspruch, da die Ruhepause nicht vergütungspflichtig ist und ihre Vorenthaltung nicht zu einem ersatzfähigen Schaden führt[17].

10 **IV. Gestaltung und Ort der Ruhepause.** Wo der ArbN die Pause verbringt, bleibt grds. ihm überlassen[18]. Er ist daher auch berechtigt, das Betriebsgelände zu verlassen, sofern ihm dies nicht einzelvertraglich oder durch eine BV untersagt ist[19]. Nach § 29 Abs. 1 **Arbeitsstättenverordnung** muss der ArbGeb den ArbN einen leicht erreichbaren **Pausenraum** zur Verfügung zu stellen, wenn mehr als zehn ArbN beschäftigt sind oder gesundheitliche Gründe oder die Art der ausgeübten Tätigkeit es erfordern. Dies gilt jedoch nicht, wenn die ArbN in Büroräumen oder vergleichbaren Arbeitsräumen be-

---

1 Baeck/Deutsch, § 4 ArbZG Rz. 10; Neumann/Biebl, § 4 ArbZG Rz. 2; ErfK/Wank, § 4 ArbZG Rz. 3 und Zmarzlik/Anzinger, § 4 ArbZG Rz. 5, die beim Bereitschaftsdienst auf die Bindung und Belastung des ArbN abstellen; nach Kasseler Handbuch/Schliemann, 2.5 Rz. 248 sind Rufbereitschaft und Bereitschaftsdienst arbeitszeitrechtlich als Ruhezeit zu werten, die begrifflich nicht durch Ruhepausen unterbrochen werden können. Denn deren Sinn und Aufgabe sei es, Arbeit zu unterbrechen. |2 BT-Drs. 12/5888, S. 24; BAG v. 27.2.1992 – 6 AZR 478/90, AP Nr. 5 zu § 3 AZO. |3 BT-Drs. 12/6990, S. 43. |4 BAG v. 27.2.1992 – 6 AZR 478/90, AP Nr. 5 zu § 3 AZO; Baeck/Deutsch, § 4 ArbZG Rz. 29. |5 BAG v. 28.9.1972 – 5 AZR 198/72, DB 1972, 2404 hält einen zeitlichen Rahmen von 2 Stunden für zulässig. |6 BT-Drs. 12/5888, S. 24 unter Berufung auf BAG v. 27.2.1992 – 6 AZR 478/90, AP Nr. 5 zu § 3 AZO; Baeck/Deutsch, § 4 ArbZG Rz. 23; Neumann/Biebl, § 4 ArbZG Rz. 3. |7 Neumann/Biebl, § 4 ArbZG Rz. 3 mwN; aA nur Kasseler Handbuch/Schliemann, 2.5 Rz. 250. |8 BAG v. 27.2.1992 – 6 AZR 478/90, AP Nr. 5 zu § 3 AZO. |9 LAG Köln v. 23.8.2001 – 6 Sa 567/01, nv. |10 Baeck/Deutsch, § 4 ArbZG Rz. 35. |11 BAG v. 19.5.1992 – 1 AZR 418/91, NZA 1992, 978. |12 BT-Drs. 12/5888, S. 24. |13 Baeck/Deutsch, § 4 ArbZG Rz. 22; Neumann/Biebl, § 4 ArbZG Rz. 6. |14 Neumann/Biebl, § 4 ArbZG Rz. 6 |15 Erasmy, NZA 1994, 1105 (1107); Baeck/Deutsch, § 4 ArbZG Rz. 16. |16 Erasmy, NZA 1994, 1105 (1107). |17 Baeck/Deutsch, § 4 ArbZG Rz. 26. |18 Neumann/Biebl, § 4 ArbZG Rz. 8; Baeck/Deutsch, § 4 ArbZG Rz. 11. |19 Neumann/Biebl, § 4 ArbZG Rz. 9; Baeck/Deutsch, § 4 ArbZG Rz. 11, 12.

schäftigt sind und dort die Voraussetzungen für eine gleichwertige Erholung während der Pausen gegeben sind. Die Pausenräume müssen nach § 29 Abs. 4 Arbeitsstättenverordnung entsprechend der Zahl der ArbN, die sich gleichzeitig in den Räumen aufhalten sollen, mit leicht zu reinigenden Tischen, Sitzgelegenheiten mit Rückenlehne sowie mit Kleiderhaken, Abfallbehältern und ggf. mit Vorrichtungen zum Anwärmen und zum Kühlen von Speisen und Getränken ausgestattet sein. Der ArbGeb muss ferner Trinkwasser oder ein anderes alkoholfreies Getränk zur Verfügung stellen. Für jeden ArbN, der den Raum benutzen soll, muss eine Grundfläche von mindestens 1 m^2 vorhanden sein; in jedem Fall muss die Grundfläche eines Pausenraumes 6 m^2 betragen (§ 29 Abs. 3 Arbeitsstättenverordnung).

5 *Ruhezeit*

(1) Die Arbeitnehmer müssen nach Beendigung der täglichen Arbeitszeit eine ununterbrochene Ruhezeit von mindestens elf Stunden haben.

(2) Die Dauer der Ruhezeit des Absatzes 1 kann in Krankenhäusern und anderen Einrichtungen zur Behandlung, Pflege und Betreuung von Personen, in Gaststätten und anderen Einrichtungen zur Bewirtung und Beherbergung, in Verkehrsbetrieben, beim Rundfunk sowie in der Landwirtschaft und in der Tierhaltung um bis zu eine Stunde verkürzt werden, wenn jede Verkürzung der Ruhezeit innerhalb eines Kalendermonats oder innerhalb von vier Wochen durch Verlängerung einer anderen Ruhezeit auf mindestens zwölf Stunden ausgeglichen wird.

(3) Abweichend von Absatz 1 können in Krankenhäusern und anderen Einrichtungen zur Behandlung, Pflege und Betreuung von Personen Kürzungen der Ruhezeit durch Inanspruchnahmen während der Rufbereitschaft, die nicht mehr als die Hälfte der Ruhezeit betragen, zu anderen Zeiten ausgeglichen werden.

(4) Soweit Vorschriften der Europäischen Gemeinschaften für Kraftfahrer und Beifahrer geringere Mindestruhezeiten zulassen, gelten abweichend von Absatz 1 diese Vorschriften.

§ 5 Abs. 3 geändert durch Gesetz zu Reformen am Arbeitsmarkt v. 24.12.2003, BGBl. I S. 3002.

I. Inhalt und Zweck. § 5 enthält im Interesse des Gesundheitsschutzes der ArbN[1] Vorschriften über die Mindestruhezeit nach Beendigung der täglichen Arbeitszeit. Unter Ruhezeit ist dabei die Zeit zwischen zwei Arbeitsschichten zu verstehen. Eine Sonderregelung für Jugendliche findet sich in § 13 JArbSchG.

II. Mindestruhezeit (§ 5 Abs. 1). Entsprechend § 5 Abs. 1 muss die ununterbrochene tägliche Ruhezeit mindestens **11 Stunden** betragen. Während dieser Zeit darf der ArbN nicht zu Arbeiten herangezogen werden. Ihm steht insoweit, falls keine Notfallarbeiten iSd. § 14 zu erledigen sind, ein **Leistungsverweigerungsrecht** zu[2]. Grundsätzlich führen Unterbrechungen der Ruhezeit durch Arbeitszeit dazu, dass dem ArbN eine neue ununterbrochene Ruhezeit von 11 Stunden zu gewähren ist[3], auch wenn er zu Notfallarbeiten iSd. § 14 herangezogen war[4]. Eine Ausnahme wird man jedoch für **geringfügige Unterbrechungen der Ruhezeit** machen müssen, bei denen gesundheitliche Schäden des ArbN durch Überanstrengung ausgeschlossen sind und die Erholung des ArbN gewährleistet ist, etwa bei einer kurzen telefonischen Auskunft des ArbN[5]. Die gegenteilige Ansicht[6], wonach auch ganz kurze Zeit dauernde, leichte Tätigkeiten verboten sind, überzeugt nicht und würde zu unpraktischen Ergebnissen führen. Richtigerweise können daher bei unbedeutenden Unterbrechungen die Ruhezeiten vor und nach der Unterbrechung zusammengezogen werden[7]. Wird ein zur Rufbereitschaft eingeteilter ArbN zu Arbeiten herangezogen und muss wegen der angewendet vorgeschriebenen mindestens elfstündigen Ruhezeit für ihn am folgenden Tag die regelmäßige Tagesschicht ausfallen, so kann er für die ausgefallenen Stunden der Tagesschicht nach Auffassung des BAG keine Bezahlung verlangen, wenn nicht kollektiv- oder einzelvertraglich etwas anderes vereinbart ist[8].

III. Ausnahmen. 1. Ausnahmen für Krankenhäuser, andere Einrichtungen zur Behandlung, Pflege und Betreuung von Personen, Gaststätten, andere Einrichtungen zur Bewirtung und Beherbergung, Verkehrsbetriebe, für den Rundfunk sowie die Landwirtschaft und die Tierhaltung (§ 5 Abs. 2). Die Vorschrift lässt für die genannten Betriebe eine Verkürzung der Ruhezeit auf 10 Stunden zu, wenn für jede Verkürzung innerhalb eines Kalendermonats oder innerhalb von vier Wochen ein Ausgleich durch Verlängerung einer anderen Ruhezeit auf mindestens 12 Stunden erfolgt. Dies bedeutet nach richtiger Auffassung, dass auch eine Verkürzung der Ruhezeit von wenigen Minuten die Verlängerung einer anderen Ruhezeit um mindestens eine Stunde erfordert[9]. Demgegenüber wird auch die Auffassung vertreten, dass es ausreicht, wenn die Summe der Ruhezeiten im Durchschnitt des Ausgleichszeitraumes

---

[1] BT-Drs. 12/5888, S. 24. | [2] *Baeck/Deutsch*, § 5 ArbZG Rz. 17. | [3] *Baeck/Deutsch*, § 5 ArbZG Rz. 13; *Neumann/Biebl*, § 5 ArbZG Rz. 4. | [4] *Zmarzlik/Anzinger*, § 5 ArbZG Rz. 13; *Baeck/Deutsch*, § 5 ArbZG Rz. 17. | [5] *Baeck/Deutsch*, § 5 ArbZG Rz. 14. | [6] *Zmarzlik/Anzinger*, § 5 ArbZG Rz. 14; *Anzinger*, BB 1994, 1492 (1494): „Die Ruhezeit ist nur dann ununterbrochen, wenn der ArbN zu keiner wie auch immer gearteten Arbeitsleistung herangezogen wird." | [7] *Baeck/Deutsch*, § 5 ArbZG Rz. 14. | [8] BAG v. 5.7.1976 – 5 AZR 264/75, AP Nr. 10 zu § 12 AZO. | [9] *Baeck/Deutsch*, § 5 ArbZG Rz. 21; *Zmarzlik/Anzinger*, § 5 ArbZG Rz. 29, jeweils mwN.

11 Stunden nicht unterschreitet[1]. Als Ausgleichszeiträume stellt das Gesetz alternativ einen Kalendermonat oder 4 Wochen zur Verfügung, wobei es keine Rolle spielt, ob die Verlängerung der Ruhezeit der Verkürzung folgt oder ihr vorangeht[2].

4 **2. Weitere Ausnahmen für Krankenhäuser und andere Einrichtungen zur Behandlung, Pflege und Betreuung von Personen (§ 5 Abs. 3).** Die Bestimmung stellt sicher, dass ArbN in Krankenhäusern und den angeführten Einrichtungen, und zwar sowohl Ärzte und Pflegepersonal als auch sonstige Bedienstete, trotz Arbeitsleistung während der Rufbereitschaft ihre Tätigkeit aufnehmen können, ohne dass eine erneute Ruhezeit erforderlich wird, sofern ein Ausgleich erfolgt. Dabei darf die Kürzung der Ruhezeit nicht mehr als die Hälfte betragen. Den ArbN muss also eine ununterbrochene Ruhezeit von 5 ½ Stunden verbleiben. Anders als in § 5 Abs. 2 unterlässt es das Gesetz in § 5 Abs. 3, den Ausgleichszeitraum näher zu bestimmen. Entsprechend dem Zweck der Ruhezeit, Gesundheitsbeschädigungen der ArbN zu verhindern, wird der Ausgleich jedoch in angemessener Zeit zu erfolgen haben[3].

5 **3. Sonderbestimmungen für Kraftfahrer (§ 5 Abs. 4).** Die Vorschrift enthält eine Sondervorschrift für Kraftfahrer. Danach finden die Bestimmungen der VO (EWG) Nr. 3820/85 des Rates vom 20.12.1985 über die Harmonisierung bestimmter Sozialvorschriften im Straßenverkehr[4] Anwendung. Ferner ist auf das europäische Übereinkommen über die Arbeit des im internationalen Straßenverkehr beschäftigten Fahrpersonals (AETR) vom 1.7.1970[5] hinzuweisen. Zu den Sonderregelungen für Kraftfahrer siehe § 3 Rz. 14 ff.

6 **IV. Straf- und bußgeldrechtliche Sanktionen.** Gewährt der ArbGeb vorsätzlich oder fahrlässig entgegen § 5 Abs. 1 nicht die Mindestruhezeit oder gleicht er entgegen § 5 Abs. 2 eine Verkürzung der Ruhezeit nicht oder nicht rechtzeitig durch die Verlängerung einer anderen Ruhezeit aus, treffen ihn die Sanktionen der §§ 22 Abs. 1 Nr. 3, 23 Abs. 1 (siehe dort).

6 Nacht- und Schichtarbeit

(1) Die Arbeitszeit der Nacht- und Schichtarbeitnehmer ist nach den gesicherten arbeitswissenschaftlichen Erkenntnissen über die menschengerechte Gestaltung der Arbeit festzulegen.

(2) Die werktägliche Arbeitszeit der Nachtarbeitnehmer darf acht Stunden nicht überschreiten. Sie kann auf bis zu zehn Stunden nur verlängert werden, wenn abweichend von § 3 innerhalb von einem Kalendermonat oder innerhalb von vier Wochen im Durchschnitt acht Stunden werktäglich nicht überschritten werden. Für Zeiträume, in denen Nachtarbeitnehmer iSd. § 2 Abs. 5 Nr. 2 nicht zur Nachtarbeit herangezogen werden, findet § 3 Satz 2 Anwendung.

(3) Nachtarbeitnehmer sind berechtigt, sich vor Beginn der Beschäftigung und danach in regelmäßigen Zeitabständen von nicht weniger als drei Jahren arbeitsmedizinisch untersuchen zu lassen. Nach Vollendung des 50. Lebensjahres steht Nachtarbeitnehmern dieses Recht in Zeitabständen von einem Jahr zu. Die Kosten der Untersuchungen hat der Arbeitgeber zu tragen, sofern er die Untersuchungen den Nachtarbeitnehmern nicht kostenlos durch einen Betriebsarzt oder einen überbetrieblichen Dienst von Betriebsärzten anbietet.

(4) Der Arbeitgeber hat den Nachtarbeitnehmer auf dessen Verlangen auf einen für ihn geeigneten Tagesarbeitsplatz umzusetzen, wenn

a) nach arbeitsmedizinischer Feststellung die weitere Verrichtung von Nachtarbeit den Arbeitnehmer in seiner Gesundheit gefährdet oder

b) im Haushalt des Arbeitnehmers ein Kind unter zwölf Jahren lebt, das nicht von einer anderen im Haushalt lebenden Person betreut werden kann, oder

c) der Arbeitnehmer einen schwerpflegebedürftigen Angehörigen zu versorgen hat, der nicht von einem anderen im Haushalt lebenden Angehörigen versorgt werden kann,

sofern dem nicht dringende betriebliche Erfordernisse entgegenstehen. Stehen der Umsetzung des Nachtarbeitnehmers auf einen für ihn geeigneten Tagesarbeitsplatz nach Auffassung des Arbeitgebers dringende betriebliche Erfordernisse entgegen, so ist der Betriebs- oder Personalrat zu hören. Der Betriebs- oder Personalrat kann dem Arbeitgeber Vorschläge für eine Umsetzung unterbreiten.

(5) Soweit keine tarifvertraglichen Ausgleichsregelungen bestehen, hat der Arbeitgeber dem Nachtarbeitnehmer für die während der Nachtzeit geleisteten Arbeitsstunden eine angemessene Zahl bezahlter freier Tage oder einen angemessenen Zuschlag auf das ihm hierfür zustehende Bruttoarbeitsentgelt zu gewähren.

(6) Es ist sicherzustellen, dass Nachtarbeitnehmer den gleichen Zugang zur betrieblichen Weiterbildung und zu aufstiegsfördernden Maßnahmen haben wie die übrigen Arbeitnehmer.

---

[1] *Neumann/Biebl*, § 5 ArbZG Rz. 5; ErfK/*Wank*, § 5 ArbZG Rz. 6. | [2] *Baeck/Deutsch*, § 5 ArbZG Rz. 23; *Zmarzlik/Anzinger*, § 5 ArbZG Rz. 30; *Neumann/Biebl*, § 5 ArbZG Rz. 6. | [3] *Baeck/Deutsch*, § 5 ArbZG Rz. 46. | [4] Abl. Nr. L 370 vom 31.12.1985, S. 1–7. | [5] BGBl. II 1974, S. 1475.

I. Inhalt und Zweck. § 6 enthält entsprechend dem Auftrag des BVerfG aus dem Urteil vom 28.1.1992[1] **geschlechtsneutrale Schutzvorschriften für alle NachtArbN**[2]. Denn Nachtarbeit ist grundsätzlich für jeden Menschen schädlich. Sie führt zu Schlaflosigkeit, Appetitstörungen, Störungen des Magen-Darmtraktes, erhöhter Nervosität und Reizbarkeit sowie zu einer Herabsetzung der Leistungsfähigkeit[3], wenn auch festzustellen ist, dass Befindlichkeitsstörungen nicht allein durch Nachtarbeit verursacht werden und das Ausmaß der Beanspruchung auch von anderen Einflussgrößen wie den besonderen individuellen Eigenschaften und der physiologischen Anpassungsfähigkeit des ArbN sowie Faktoren aus seinem Tätigkeitsbereich abhängt[4]. Andererseits kann in einer modernen Industriegesellschaft nicht generell auf Nachtarbeit verzichtet werden. Die Anzahl der Beschäftigten, die regelmäßig Nacht- und Schichtarbeit leisten, hat seit 1995 vielmehr zugenommen und lag 1999 insgesamt bei 18% (Arbeiterinnen und Arbeiter 27%)[5].

II. Die einzelnen Bestimmungen. 1. Gestaltung der Nacht- und Schichtarbeitszeit durch den ArbGeb (§ 6 Abs. 1). Die Vorschrift verpflichtet den ArbGeb im Hinblick auf die drohenden Gesundheitsgefahren der Nachtarbeit, die Arbeitszeit der Nacht- und SchichtArbN nach den **gesicherten arbeitswissenschaftlichen Erkenntnissen über die menschengerechte Gestaltung der Arbeit** festzulegen.

a) Gesicherte arbeitswissenschaftliche Erkenntnisse über die menschengerechte Gestaltung der Arbeitszeit. Der Begriff der „gesicherten arbeitswissenschaftlichen Erkenntnissen über die menschengerechte Gestaltung der Arbeit" findet sich auch in § 90 Abs. 2 Satz 2 BetrVG, wonach ArbGeb und BR diese Erkenntnisse bei der technischen und organisatorischen Gestaltung der Arbeitsplätze, des Arbeitsablaufs und der Arbeitsumgebung[6] zu berücksichtigen haben. Ob es in Bezug auf die Nacht- und Schichtarbeit solche Erkenntnisse überhaupt gibt, ist umstritten[7]. Trotz intensiver Forschungen kann die Arbeitswissenschaft keinen optimalen Standardschichtplan angeben[8]. So gibt es nach Auffassung des BAG nicht einmal gesicherte arbeitsmedizinischen Erkenntnisse darüber, ob eine kurze oder längere Schichtfolge die Gesundheit der ArbN stärker beeinträchtigt[9].

b) Gestaltungsempfehlungen. Gleichwohl haben Wissenschaft und Praxis Gestaltungsempfehlungen entwickelt, die etwa das nordrhein-westfälische Arbeitsministerium den ArbGeb im Wege der Information und Beratung entsprechend § 21 ArbSchG nahe bringt. Hierzu gehören[10]:

- **dauerhafte Nachtschicht** nur in besonderen Ausnahmefällen
- in der Regel nicht mehr als **zwei bis vier Nachtschichten in Folge**
- ausreichende **Ruhezeiten** zwischen zwei Schichten, keinesfalls kürzer als 24 Stunden
- regelmäßig **freie Wochenenden** in kontinuierlichen Schichtsystemen
- **Wochenendfreizeiten von mindestens zwei Tagen**, darunter einen Samstag oder Sonntag
- Ausgleich der Mehrbelastung für Schichtarbeiter durch **zusätzliche Freizeit**
- keine Arbeitsperioden von **acht oder mehr Arbeitstagen in Folge**
- möglichst **keine langen Schichten**
- **Anpassung der Schichtlänge** an den Grad der körperlichen und geistigen Beanspruchung durch die Arbeit
- **Nachtschichten grundsätzlich kürzer** als Früh- und Spätschichten
- **vorwärts rotierende Schichtfolgen** bei kontinuierlichen Schichtsystemen (erst Früh-, dann Spät-, dann Nachtschicht)
- möglichst **später Beginn der Frühschichten**, möglichst **frühes Ende der Nachtschicht**
- Flexibilität bei den **Übergabezeiten**, etwa durch den Einsatz von Springern
- möglichst **Verzicht auf starre Anfangszeiten**
- **Regelmäßigkeit** in der **Schichtenfolge**
- **rechtzeitige Information** der ArbN über den Schichtplan
- **Vermeidung geteilter Schichten**

---

1 BVerfG v. 28.1.1992 – 1 BvR 1025/82, BVerfGE 85, 191 = NJW 1992, 964 = NZA 1992, 270 (zu § 19 AZO: Nachtarbeitsverbot für Arbeiterinnen). |2 BT-Drs. 12/5888, S. 25. |3 BVerfG v. 28.1.1992 – 1 BvR 1025/82, 1 BvL 16/83, 1 BvL 10/91, NZA 1992, 270 = NJW 1992, 964. |4 *Erasmy*, NZA 1994, 1105 (1108). |5 *Bundesmann-Jansen/Groß/Munz*, Arbeitszeit 1999, S. 14, 63 ff. |6 *Fitting*, § 90 BetrVG Rz. 1. |7 Verneinend etwa *Neumann/Biebl*, § 6 ArbZG Rz. 8; teilweise wird auf die Untersuchungsergebnisse der Europäischen Stiftung zur Verbesserung der Lebens- und Arbeitsbedingungen verwiesen, vgl. *Anzinger*, BB 1994, 1492 (1495) und *Baeck/Deutsch*, § 6 ArbZG Rz. 23; weitere Forschungseinrichtungen mit Anschriften bei Kasseler Handbuch/*Schliemann*, 2.5 Rz. 341. |8 Erlass des MASSKS NRW v. 18.5.1999 – 215–8435, Nr. 6.3. |9 BAG v. 11.2.1998 – 5 AZR 472/97, NZA 1998, 647. |10 Erlass des MASSKS NRW v. 18.5.1999 – 215–8435, Nr. 6.3.

Tatsächlich bleibt aber die menschengerechte Gestaltung des Arbeitsplatzes nach den gesicherten arbeitswissenschaftlichen Erkenntnissen wegen der Vielzahl der Einflussfaktoren immer auch eine **Frage des Einzelfalles**[1].

5   **c) Zivilrechtliche Sanktionen.** Umstritten ist, ob ein Verstoß des ArbGeb gegen § 6 Abs. 1 dem ArbN angesichts der inhaltlichen Unschärfe des Begriffs der „gesicherten arbeitswissenschaftlichen Erkenntnissen über die menschengerechte Gestaltung der Arbeit" ein **Zurückbehaltungsrecht** an seiner Arbeitsleistung gibt[2] und ob sich der ArbGeb **schadensersatzpflichtig** machen kann[3]. Die wohl hM[4] verneint dies, ohne allerdings neben den auftretenden praktischen Schwierigkeiten rechtlich überzeugende Gründe für ihre Ansicht anführen zu können[5]. *Erasmy*[6] bezeichnet § 6 Abs. 1 wegen seines unscharfen, offenen Tatbestandes als „**lex imperfecta**"[7], die der Gesetzgeber aus gutem Grund nicht bußgeld- bzw. strafbewehrt ausgestaltet hat.

6   **2. Werktägliche Arbeitszeit der NachtArbN (§ 6 Abs. 2).** Die werktägliche Arbeitszeit darf grundsätzlich **acht Stunden** nicht überschreiten und darf nur dann auf zehn Stunden verlängert werden, wenn innerhalb eines gegenüber § 3 Satz 2 aus Gründen des Gesundheitsschutzes[8] **stark verkürzten Ausgleichszeitraums** von einem Kalendermonat oder innerhalb von vier Wochen im Durchschnitt acht Stunden werktäglich nicht überschritten werden. § 6 Abs. 2 Satz 3 lässt hiervon entsprechend der Beschlussempfehlung des Ausschusses für Arbeit und Sozialordnung wiederum eine Ausnahme für diejenigen ArbN zu, die für längere Zeit nicht zur Nachtarbeit herangezogen werden[9]. Betroffen von dieser Ausnahmeregelung sind ArbN, die zwar nicht normalerweise Nachtarbeit in Wechselschicht, aber an mindestens 48 Tagen im Kalenderjahr Nachtarbeit leisten. Wann ein längerer Zeitraum vorliegt, ist gesetzlich nicht geregelt. Rspr. und Lit., die diesen Zeitraum exakt eingrenzt, existiert nicht. Ein längerer Zeitraum ohne Nachtarbeit lässt sich nur im Vergleich zu den Zeiträumen mit Nachtarbeit ermitteln und muss deutlich länger sein[10].

7   **3. Arbeitsmedizinische Untersuchung (§ 6 Abs. 3).** Nach § 6 Abs. 3 Satz 1 ist jeder NachtArbN berechtigt, sich vor der Aufnahme von einer mit Nachtarbeit verbundenen Tätigkeit und danach in regelmäßigen Zeitabschnitten von mindestens drei Jahren arbeitsmedizinisch untersuchen zu lassen.

8   **a) Arbeitsverweigerungsrecht und Beschäftigungshindernis.** Solange ein NachtArbN vor Beginn der Beschäftigung entgegen seinem Verlangen nicht arbeitsmedizinisch iSd. § 6 Abs. 3 untersucht worden und das Untersuchungsergebnis bekannt gegeben ist, kann er die Arbeit verweigern[11]. Der ArbN ist nicht verpflichtet, sich einer vom ArbGeb angeordneten arbeitsmedizinischen Untersuchung zu unterziehen[12]. Andererseits ist der ArbGeb nicht verpflichtet, einen ArbN, der sich einer solchen Untersuchung trotz Aufforderung nicht unterzieht, in Nachtarbeit zu beschäftigen. Er muss nicht abwarten, bis der ArbN seine Gesundheit gefährdet. Insoweit besteht bis zur Untersuchung ein Beschäftigungshindernis[13]. Ggf. kann der ArbGeb sogar kündigen, wenn der ArbN nur in Nachtarbeit beschäftigt werden kann und sich trotz wiederholter Mahnung einer arbeitsmedizinischen Untersuchung nicht unterzieht[14].

9   **b) Untersuchender Arzt.** Die Untersuchungen sind durch **Arbeitsmediziner** oder Ärzte mit einer arbeitsmedizinischen Fachkunde durchzuführen[15]. Die Ärzte bestimmen aufgrund ihrer Fachkunde Form und Inhalt der Untersuchung[16]. Hausärzte verfügen regelmäßig nicht über die erforderliche arbeitsmedizinische Fachkunde[17].

10   **c) Kosten der Untersuchung.** Die Kosten der Untersuchung muss grundsätzlich der **ArbGeb** tragen. Eine Kostentragungspflicht besteht nicht,

- wenn der ArbGeb die kostenlose Untersuchung durch einen Betriebsarzt oder einen überbetrieblichen Dienst von Betriebsärzten anbietet und der ArbN die Untersuchung durch einen Arzt seiner Wahl[18].

- oder wenn der ArbN eine Untersuchung durch einen Arzt ohne arbeitsmedizinische Fachkunde durchführen lässt[19].

11   **d) Freistellung und Entgeltfortzahlung.** Für die Dauer einer arbeitsmedizinischen Untersuchung während der Arbeitszeit hat der ArbGeb den ArbN für die Untersuchung freizustellen[20] und das Entgelt entsprechend allgemeinen Grundsätzen fortzuzahlen, wenn eine Untersuchung außerhalb der Ar-

---

1 *Erasmy*, NZA 1994, 1105 (1108). | 2 Bejahend Kasseler Handbuch/*Schliemann*, 2.5 Rz. 345; *Buschmann/Ulber*, § 6 ArbZG Rz. 8; aA die wohl hM, vgl. Nachweise bei *Baeck/Deutsch*, § 6 ArbZG Rz. 28. | 3 Bejahend Kasseler Handbuch/*Schliemann*, 2.5 Rz. 347. | 4 Nachweise bei *Baeck/Deutsch*, § 6 ArbZG Rz. 28. | 5 Nach *Diller*, NJW 1994, 2726 (2727) macht § 6 Abs. 1 ArbZG nur als Sollvorschrift Sinn. Denn es könne nicht Wille des Gesetzgebers gewesen sein, aufwendige Arbeitsgerichtsverfahren über die Berechtigung der Einteilung eines ArbN zur Nachtarbeit zu führen. | 6 *Erasmy*, NZA 1994, 1105 (1108). | 7 Hiergegen *Buschmann/Ulber*, § 6 ArbZG Rz. 8. | 8 *Baeck/Deutsch*, § 6 ArbZG Rz. 31. | 9 BT-Drs. 12/6990, S. 43. | 10 *Zmarzlik/Anzinger*, § 6 ArbZG Rz. 26. | 11 ErfK/*Wank*, § 6 ArbZG Rz. 12. | 12 *Zmarzlik*, AR-Blattei SD, 240, Rz. 184. | 13 *Zmarzlik*, AR-Blattei SD, 240, Rz. 184. | 14 *Zmarzlik*, AR-Blattei SD, 240, Rz. 184. | 15 MünchArbR/*Anzinger*, § 220 Rz. 35. | 16 *Anzinger*, BB 1994, 1492 (1495). | 17 MünchArbR/*Anzinger*, § 221 Rz. 41. | 18 *Zmarzlik*, AR-Blattei SD, 240, Rz. 185. | 19 ErfK/*Wank*, § 6 ArbZG Rz. 14. | 20 *Zmarzlik*, AR-Blattei SD, 240, Rz. 186.

beitszeit nicht möglich ist[1]. Der ArbN hat bei der Vereinbarung des Untersuchungstermins auf die betrieblichen Belange Rücksicht zu nehmen[2]. Bei **gleitender Arbeitszeit** hat der ArbN keinen Anspruch auf Arbeitsbefreiung für die Untersuchung, wenn sie in die Gleitzeit fällt[3]. Denn Regelungen über die gleitende Arbeitszeit verfolgen, soweit sie nicht die Kernarbeitszeit beteffen, den Zweck, innerhalb der festgelegten Gleitzeit dem Angestellten zu ermöglichen, die zeitliche Lage der Arbeitsleistung in freier Selbstbestimmung nach seinen Bedürfnissen und Wünschen festzulegen. Damit ist es dem ArbGeb letztlich unmöglich, den Angestellten während der zeitlichen Lage der Arbeitspflicht zu befreien[4]. Bei Untersuchungen **außerhalb der Arbeitszeit** besteht **keine Vergütungspflicht**[5].

e) **Untersuchungsergebnis.** Hinsichtlich des Untersuchungsergebnisses unterliegt der Arzt der **Schweigepflicht** (§ 203 Abs. 1 Nr. 1 StGB). Der ArbN entscheidet allein, ob und in welchem Umfang er dem ArbGeb den Befund mitteilt[6]. Mitteilen sollte er freilich, ob er für die Nachtarbeit gesundheitlich geeignet ist, da sich der ArbGeb anderenfalls auf ein Beschäftigungshindernis berufen könnte.

4. Umsetzungsanspruch (§ 6 Abs. 4). Nach § 6 Abs. 4 muss der ArbGeb den NachtArbN auf dessen Verlangen auf einen für ihn geeigneten Tagesarbeitsplatz umsetzen, wenn

- die **Gesundheit** der ArbN nach arbeitsmedizinischer Feststellung bei weiterer Verrichtung von Nachtarbeit **konkret**[7] **gefährdet** ist; die fachärztliche Prognose muss deutlich ergeben, dass der ArbN bei weiterer Verrichtung der Nachtarbeit gesundheitlich beeinträchtigt ist[8]; bei deutlichen Zweifeln an der Richtigkeit des ärztlichen Gutachtens kann der ArbGeb eine Nachuntersuchung, ggf. durch einen anderen Arbeitsmediziner verlangen[9]; oder

- ein **Kind unter 12 Jahren** im Haushalt des ArbN lebt, das nicht von einer im Haushalt lebenden Person betreut werden kann, oder

- der ArbN einen **schwerpflegebedürftigen** (vgl. § 15 SGB XI: mindestens Pflegestufe II[10]) **Angehörigen** zu versorgen hat, der nicht von einem anderen im Haushalt lebenden Angehörigen versorgt werden kann.

a) **Weiterbeschäftigungsmöglichkeit auf einem Tagesarbeitsplatz.** Der Umsetzungsanspruch des NachtArbN besteht nur im Rahmen der objektiven Weiterbeschäftigungsmöglichkeiten und setzt voraus, dass ein geeigneter Tagesarbeitsplatz frei ist[11]. Ein Umsetzungsanspruch des ArbN besteht nicht bei **entgegenstehenden dringenden Erfordernissen**. Dass diese betrieblichen Erfordernisse nicht so dringend wie in § 1 Abs. 2 KSchG sein sollen, da es nicht um den Verlust des Arbeitsplatzes gehe[12], überzeugt nicht, da die Gesundheit des NachtArbN ein mindestens genauso hohes Rechtsgut darstellt wie der Arbeitsplatz. Im Übrigen wäre es dem Gesetzgeber unbenommen gewesen, anstelle des aus § 1 Abs. 2 KSchG bekannten Begriffs der „dringenden betrieblichen Erfordernisse" eine andere Formulierung zu wählen[13]. Als betriebliche Erfordernisse kommen insb. in Betracht, dass die Tagesarbeitsplätze für den ArbN nicht geeignet sind, dass für einen qualifizierten NachtArbN kein geeigneter Ersatz gefunden werden kann oder dass ein geeigneter Tagesarbeitsplatz für den ArbN wegen Auftragsmangels oder Produktionsrückgangs weggefallen ist[14].

b) **Anhörung des BR.** Stehen der Umsetzung nach Auffassung des ArbGeb dringende betriebliche Erfordernisse entgegen, so muss er nach § 6 Abs. 4 Satz 2 den BR oder Personalrat hören. Diese können ihm nach § 6 Abs. 4 Satz 3 Vorschläge für eine Umsetzung unterbreiten. Die Anhörung des BR stellt **keine Wirksamkeitsvoraussetzung** für die Ablehnung des Versetzungsverlangens dar, da das Gesetz anders als etwa § 102 Abs. 1 Satz 3 BetrVG keine Nichtigkeitsfolge vorschreibt[15].

c) **Kündigungsrechtliche Folgen.** Krankheitsbedingte Leistungseinschränkungen eines NachtArbN können als eine kündigungsrechtlich relevante Beeinträchtigung der betrieblichen Interessen nur unter der Voraussetzung angesehen werden, dass der ArbGeb den ArbN nicht zumutbar seinem eingeschränkten Leistungsvermögen entsprechend unter Vermeidung von Nachtarbeit einsetzen kann. Eine Kündigung ist sozialwidrig, wenn im Kündigungszeitpunkt die Prüfung entgegenstehender betrieblicher Belange gemäß § 6 Abs. 4 Satz 2 und das in diesem Zusammenhang eingeleitete Einigungsstellenverfahren nach § 87 BetrVG wegen Änderung des Dienstplans noch nicht abgeschlossen sind[16].

---

1 *Baeck/Deutsch*, § 6 ArbZG Rz. 49. |2 *Zmarzlik*, AR-Blattei SD, 240, Rz. 186. |3 *Zmarzlik*, AR-Blattei SD, 240, Rz. 186. |4 BAG v. 16.12.1993 – 6 AZR 236/93, NZA 1994, 854. |5 *Baeck/Deutsch*, § 6 ArbZG Rz. 49. |6 *Zmarzlik*, AR-Blattei SD, 240, Rz. 183; MünchArbR/*Anzinger*, § 221 Rz. 41. |7 *Baeck/Deutsch*, § 6 ArbZG Rz. 64; ErfK/*Wank*, § 6 ArbZG Rz. 18; Kasseler Handbuch/*Schliemann*, 2.5 Rz. 384. |8 *Zmarzlik*, AR-Blattei SD, 240, Rz. 203. |9 *Neumann/Biebl*, § 6 ArbZG Rz. 204. |10 *Neumann/Biebl*, § 6 ArbZG Rz. 21; ErfK/*Wank*, § 6 ArbZG Rz. 20; *Zmarzlik/Anzinger*, § 6 ArbZG Rz. 53 und MünchArbR/*Anzinger*, § 221 Rz. 49 lassen die Pflegestufe I ausreichen; wie hier: *Baeck/Deutsch*, § 6 ArbZG Rz. 71 und Kasseler Handbuch/*Schliemann*, 2.5 Rz. 390; *Zmarzlik*, AR-Blattei SD, 240, Rz. 208. |11 BT-Drs. 12/5888, S. 26. |12 So aber *Zmarzlik/Anzinger*, § 6 ArbZG Rz. 43; Kasseler Handbuch/*Schliemann*, 2.5 Rz. 392 und ErfK/*Wank*, § 6 ArbZG Rz. 18; nach *Zmarzlik*, AR-Blattei SD, 240, Rz. 212, müssen dem Betrieb erhebliche Nachteile entstehen. |13 Wie hier: *Neumann/Biebl*, § 6 ArbZG Rz. 22. |14 *Zmarzlik*, AR-Blattei SD, 240, Rz. 212. |15 *Baeck/Deutsch*, § 6 ArbZG Rz. 62; wohl auch Kasseler Handbuch/*Schliemann*, 2.5 Rz. 400 (keine ausdrückliche Rechtsfolge); aA ErfK/*Wank*, § 6 ArbZG Rz. 23; *Neumann/Biebl*, § 6 ArbZG Rz. 23. |16 LAG Hamm v. 14.9.2000 – 8 Sa 307/00, nv.

17 d) **Beweislast.** Die Beweislast für das Vorliegen eines Umsetzungsanspruches, also für den freien Arbeitsplatz und den Umsetzungsgrund, trägt der **ArbN**. Die Beweislast für entgegenstehende dringende betriebliche Erfordernisse liegt beim **ArbGeb**[1]. Dabei kommen sowohl dem ArbGeb als auch dem ArbN die **Grundsätze der abgestuften Beweislast** entgegen[2]. Zeigt der gekündigte leistungsgeminderte ArbN auf, wie er sich eine leidensgerechte Beschäftigung vorstellt, so hat der ArbGeb im Rahmen der ihn gemäß § 1 Abs. 2 Satz 4 KSchG treffenden Darlegungs- und Beweislast das Fehlen einer derartigen Möglichkeit der leidensgerechten Beschäftigung darzulegen bzw. nachzuweisen[3].

18 **5. Ausgleich für Nachtarbeit (§ 6 Abs. 5).** Nach § 6 Abs. 5 hat der ArbGeb, soweit keine tarifvertraglichen Ausgleichsregelungen bestehen, für die Nachtarbeitsstunden nach seinem Ermessen[4] eine angemessene Anzahl freier Tage oder einen angemessenen Zuschlag auf das Bruttoentgelt zu gewähren. Ihm steht insoweit ein **Wahlrecht** iSd. § 263 BGB zu[5]. Aus dem Gesetz ergibt sich keine rechtliche Verpflichtung des ArbGeb, den Ausgleich in erster Linie in Form von Freizeit zu gewähren[6]. Bei der Entscheidung des ArbGeb darüber, ob ein Ausgleich für Nachtarbeit nach § 6 Abs. 5 durch bezahlte freie Tage oder durch Entgeltzuschlag zu gewähren ist, hat der BR nach § 87 Abs. 1 Nr. 7 und Nr. 10 BetrVG **mitzubestimmen**[7]. Die Entscheidung darüber, wie viele bezahlte freie Tage oder in welcher Höhe Entgeltzuschläge nach § 6 Abs. 5 zu beanspruchen sein sollen, ist nach § 87 Abs. 1 Eingangshalbsatz BetrVG hingegen mitbestimmungsfrei. Die Ermittlung des angemessenen Umfangs der Kompensation ist nicht der betrieblichen Regelung überlassen, sondern eine Rechtsfrage der Billigkeit[8].

19 a) **Freizeit.** Der Bundesrat hatte in seiner Stellungnahme zum Regierungsentwurf vorgeschlagen, nach jeweils 20 Tagen Nachtarbeitszeit mit täglich mehr als drei Stunden einen zusätzlichen freien Arbeitstag zu gewähren[9]. Dieser Vorschlag ist nicht Gesetz geworden. In Rspr. und Lit. wird es als angemessen angesehen, **für 90 Tage Nachtarbeit einen freien Tag** zu gewähren[10].

20 b) **Entgeltzuschlag.** Die Bestimmung des für die Nachtarbeit zu zahlenden Zuschlags obliegt dem ArbGeb. Einen Anhaltspunkt bei der Bemessung des entgeltlichen Nachtarbeitszuschlags bieten die Tarifsätze des jeweiligen BranchenTV[11]. Der Zuschlag muss aber nicht in jedem Fall **Tarifniveau** erreichen. Denn andernfalls würde der ArbGeb im Ergebnis an einen TV gebunden, an dessen Zustandekommen und Geltung er weder durch eine Mitgliedschaft in der tarifvertragsschließenden Partei noch durch einzelvertragliche Bezugnahme beteiligt ist[12]. Die Angemessenheit des Zuschlags richtet sich vielmehr nach den Umständen des Einzelfalles. Insoweit muss der ArbGeb die Grundsätze billigen Ermessens wahren[13]. Im Mittel betragen die tariflichen Nachtarbeitszuschläge 25 %. Wird die Größe deutlich überschritten, ist in der Regel ein Zuschlag von 30 % als angemessen iSd. Abs. 5 anzusehen[14].

21 **6. Gleichbehandlung bei weiterbildenden und aufstiegsfördernden Maßnahmen (§ 6 Abs. 6).** Gemäß § 6 Abs. 6 hat der ArbGeb ggf. durch Organisationsmaßnahmen sicherzustellen, dass NachtArbN denselben Zugang zu betrieblichen Fördermaßnamen haben wie andere ArbN[15]. Bei der Vorschrift handelt es sich um eine Konkretisierung des allgemeinen arbeitsrechtlichen Gleichbehandlungsgrundsatzes[16].

22 **III. Straf- und bußgeldrechtliche Sanktionen.** Der ArbGeb, der einen NachtArbN über die Grenzen der zulässigen Arbeitszeit hinaus beschäftigt, begeht nach § 22 Abs. 1 Nr. 1 eine Ordnungswidrigkeit bzw. unter den weiteren Voraussetzungen des § 23 Abs. 1 sogar eine Straftat.

23 **IV. Überwachung durch die Aufsichtsbehörde.** Die Überwachungspflicht der Aufsichtsbehörde nach § 17 Abs. 1 erstreckt sich auch auf die Durchführung der arbeitsmedizinischen Untersuchungen, wohingegen die in § 6 Abs. 3 bis 6 enthaltenen Rechte der NachtArbN nicht durch Anordnungen der Aufsichtsbehörde nach § 17 Abs. 2, sondern durch die ArbN selbst vor den ArbG durchzusetzen sind[17].

7 *Abweichende Regelungen*
(1) In einem Tarifvertrag oder auf Grund eines Tarifvertrags in einer Betriebs- oder Dienstvereinbarung kann zugelassen werden,

1. abweichend von § 3

---

1 Kasseler Handbuch/*Schliemann*, 2.5 Rz. 395 f. | 2 Kasseler Handbuch/*Schliemann*, 2.5 Rz. 395. | 3 LAG Hamm v. 14.9.2000 – 8 Sa 307/00, nv. | 4 Kasseler Handbuch/*Schliemann*, 2.5 Rz. 405; *Zmarzlik/Anzinger*, § 6 ArbZG Rz. 58; ErfK/*Wank*, § 6 ArbZG Rz. 24. | 5 BAG v. 5.9.2002 – 9 AZR 202/01, NZA 2003, 563; LAG Schl.-Holst. v. 21.1.1997 – 1 Sa 467/96, NZA-RR 1998, 200; LAG Hamm v. 29.1.2001 – 19 Sa 257/00, nv. | 6 BAG v. 26.8.1997 – 1 ABR 16/97, NZA 1998, 441. | 7 BAG v. 26.8.1997 – 1 ABR 16/97, NZA 1998, 441. | 8 BAG v. 26.8.1997 – 1 ABR 16/97, NZA 1998, 441; LAG Hessen v. 6.7.2000 – 5 TaBV 7/00, nv. | 9 BT-Drs. 12/5888, S. 41. | 10 BAG v. 5.9.2002 – 9 AZR 202/01, NZA 2003, 563; LAG Hamm v. 29.1.2001 – 19 Sa 257/00, nv.; *Zmarzlik/Anzinger*, § 6 ArbZG Rz. 58; Kasseler Handbuch/*Schliemann*, 2.5 Rz. 405. | 11 Vgl. LAG Hamm v. 29.1.2001 – 19 Sa 257/00, nv., wonach bei der Bemessung des entgeltlichen Nachtarbeitszuschlags die Tarifsätze des jeweiligen Branchentarifvertrages zugrunde zu legen sind, sofern sich im Einzelfall nichts anderes ergibt. | 12 BAG v. 5.9.2002 – 9 AZR 202/01, NZA 2003, 563. | 13 BAG v. 24.2.1999 – 4 AZR 62/98, AP Nr. 17 zu § 3 TVG. | 14 BAG v. 5.9.2002 – 9 AZR 202/01, NZA 2003, 563. | 15 ErfK/*Wank*, § 6 ArbZG Rz. 26. | 16 *Anzinger*, BB 1994, 1492 (1495). | 17 Erlass des MASSKS NRW v. 18.5.1999 – 215–8435, Nr. 6.5.

a) die Arbeitszeit über zehn Stunden werktäglich zu verlängern, wenn in die Arbeitszeit regelmäßig und in erheblichem Umfang Arbeitsbereitschaft oder Bereitschaftsdienst fällt,

b) einen anderen Ausgleichszeitraum festzulegen,

2. abweichend von § 4 Satz 2 die Gesamtdauer der Ruhepausen in Schichtbetrieben und Verkehrsbetrieben auf Kurzpausen von angemessener Dauer aufzuteilen,

3. abweichend von § 5 Abs. 1 die Ruhezeit um bis zu zwei Stunden zu kürzen, wenn die Art der Arbeit dies erfordert und die Kürzung der Ruhezeit innerhalb eines festzulegenden Ausgleichszeitraums ausgeglichen wird,

4. abweichend von § 6 Abs. 2

a) die Arbeitszeit über zehn Stunden werktäglich hinaus zu verlängern, wenn in die Arbeitszeit regelmäßig und in erheblichem Umfang Arbeitsbereitschaft oder Bereitschaftsdienst fällt,

b) einen anderen Ausgleichszeitraum festzulegen,

5. den Beginn des siebenstündigen Nachtzeitraums des § 2 Abs. 3 auf die Zeit zwischen 22 und 24 Uhr festzulegen.

(2) Sofern der Gesundheitsschutz der Arbeitnehmer durch einen entsprechenden Zeitausgleich gewährleistet wird, kann in einem Tarifvertrag oder auf Grund eines Tarifvertrags in einer Betriebs- oder Dienstvereinbarung ferner zugelassen werden,

1. abweichend von § 5 Abs. 1 die Ruhezeiten bei Rufbereitschaft den Besonderheiten dieses Dienstes anzupassen, insbesondere Kürzungen der Ruhezeit infolge von Inanspruchnahmen während dieses Dienstes zu anderen Zeiten auszugleichen,

2. die Regelungen der §§ 3, 5 Abs. 1 und § 6 Abs. 2 in der Landwirtschaft der Bestellungs- und Erntezeit sowie den Witterungseinflüssen anzupassen,

3. die Regelungen der §§ 3, 4, 5 Abs. 1 und § 6 Abs. 2 bei der Behandlung, Pflege und Betreuung von Personen der Eigenart dieser Tätigkeit und dem Wohl dieser Personen entsprechend anzupassen,

4. die Regelungen der §§ 3, 4, 5 Abs. 1 und § 6 Abs. 2 bei Verwaltungen und Betrieben des Bundes, der Länder, der Gemeinden und sonstigen Körperschaften, Anstalten und Stiftungen des öffentlichen Rechts sowie bei anderen Arbeitgebern, die der Tarifbindung eines für den öffentlichen Dienst geltenden oder eines im Wesentlichen inhaltsgleichen Tarifvertrags unterliegen, der Eigenart der Tätigkeit bei diesen Stellen anzupassen.

(2a) In einem Tarifvertrag oder auf Grund eines Tarifvertrags in einer Betriebs- oder Dienstvereinbarung kann abweichend von den §§ 3, 5 Abs. 1 und 6 Abs. 2 zugelassen werden, die werktägliche Arbeitszeit auch ohne Ausgleich über acht Stunden zu verlängern, wenn in die Arbeitszeit regelmäßig und in erheblichem Umfang Arbeitsbereitschaft oder Bereitschaftsdienst fällt und durch besondere Regelungen sichergestellt wird, dass die Gesundheit der Arbeitnehmer nicht gefährdet wird.

(3) Im Geltungsbereich eines Tarifvertrags nach Absatz 1, 2 oder 2a können abweichende tarifvertragliche Regelungen im Betrieb nicht tarifgebundener Arbeitgebers durch Betriebs- oder Dienstvereinbarung oder, wenn ein Betriebs- oder Personalrat nicht besteht, durch schriftliche Vereinbarung zwischen dem Arbeitgeber und dem Arbeitnehmer übernommen werden. Können auf Grund eines solchen Tarifvertrags abweichende Regelungen in einer Betriebs- oder Dienstvereinbarung getroffen werden, kann auch in Betrieben eines nicht tarifgebundenen Arbeitgebers davon Gebrauch gemacht werden. Eine nach Absatz 2 Nr. 4 getroffene abweichende tarifvertragliche Regelung hat zwischen nicht tarifgebundenen Arbeitgebern und Arbeitnehmern Geltung, wenn zwischen ihnen die Anwendung der für den öffentlichen Dienst geltenden tarifvertraglichen Bestimmungen vereinbart ist und die Arbeitgeber die Kosten des Betriebs überwiegend mit Zuwendungen iSd. Haushaltsrechts decken.

(4) Die Kirchen und die öffentlich-rechtlichen Religionsgesellschaften können die in Absatz 1, 2 oder 2a genannten Abweichungen in ihren Regelungen vorsehen.

(5) In einem Bereich, in dem Regelungen durch Tarifvertrag üblicherweise nicht getroffen werden, können Ausnahmen im Rahmen des Absatzes 1, 2 oder 2a durch die Aufsichtsbehörde bewilligt werden, wenn dies aus betrieblichen Gründen erforderlich ist und die Gesundheit der Arbeitnehmer nicht gefährdet wird.

(6) Die Bundesregierung kann durch Rechtsverordnung mit Zustimmung des Bundesrates Ausnahmen im Rahmen des Absatzes 1 oder 2 zulassen, sofern dies aus betrieblichen Gründen erforderlich ist und die Gesundheit der Arbeitnehmer nicht gefährdet wird.

(7) Auf Grund einer Regelung nach Absatz 2a oder den Absätzen 3 bis 5 jeweils in Verbindung mit Absatz 2a darf die Arbeitszeit nur verlängert werden, wenn der Arbeitnehmer schriftlich eingewilligt hat. Der Arbeitnehmer kann die Einwilligung mit einer Frist von sechs Monaten schriftlich widerrufen. Der Arbeitgeber darf einen Arbeitnehmer nicht benachteiligen, weil dieser die Einwilligung zur Verlängerung der Arbeitszeit nicht erklärt oder die Einwilligung widerrufen hat.

(8) Werden Regelungen nach Absatz 1 Nr. 1 und 4, Absatz 2 Nr. 2 bis 4 oder solche Regelungen auf Grund der Absätze 3 und 4 zugelassen, darf die Arbeitszeit 48 Stunden wöchentlich im Durchschnitt von zwölf Kalendermonaten nicht überschreiten. Erfolgt die Zulassung auf Grund des Absatzes 5, darf die Arbeitszeit 48 Stunden wöchentlich im Durchschnitt von sechs Kalendermonaten oder 24 Wochen nicht überschreiten.

(9) Wird die werktägliche Arbeitszeit über zwölf Stunden hinaus verlängert, muss im unmittelbaren Anschluss an die Beendigung eine Ruhezeit von mindestens elf Stunden gewährt werden.

§ 7 Abs. 2a, 7, 8 und 9 eingefügt durch Gesetz zu Reformen am Arbeitsmarkt v. 24.12.2003[1]

1 **I. Inhalt und Zweck.** Bei § 7 handelt es sich um eine der zentralen Vorschriften des ArbZG[2], durch die der Gesetzgeber ein völlig neues System der **Arbeitszeitflexibilisierung** eingeführt hat[3]. War bislang eine weiter gehende Flexibilisierung der Arbeitszeit von der Zustimmung staatlicher Gewerbeaufsichtsämter abhängig[4], schafft § 7 die Möglichkeit, die Grundnormen der §§ 3 bis 6 an die konkreten **betrieblichen Erfordernisse** anzupassen, indem die TV-Parteien abweichende Regelungen treffen oder Abweichungen in BV nach § 77 BetrVG oder in Dienstvereinbarungen nach den jeweiligen Personalvertretungsgesetzen zulassen[5]. Eine formlose Regelungsabrede[6] zwischen BR und ArbGeb reicht aber ebenso wenig aus wie eine Einigung zwischen ArbN und ArbGeb[7].

2 **II. Übersicht.** Die Vorschrift ist recht unübersichtlich geraten: Die umfangreichen Abweichungsmöglichkeiten des § 7 Abs. 1 und 2 zeigt folgender Überblick:

Vorschrift	Inhalt	Flexibilisierungs-grundlage	Flexibilisierungsmöglichkeit
§ 2 Abs. 3	Nachtzeit von 23 bis 6 Uhr in Bäckereien von 22 bis 5 Uhr	§ 7 Abs. 1 Nr. 5	Festlegung des Beginns des siebenstündigen Nachtzeitraums auf die Zeit zwischen 22 und 24 Uhr
§ 3	werktägliche Arbeitszeit maximal 8 Stunden verlängerbar auf 10 Stunden, wenn Ausgleich innerhalb von sechs Kalendermonaten/24 Wochen	§ 7 Abs. 1 Nr. 1 Buchst. a	verlängerbar auf über 10 Stunden werktäglich ohne Ausgleich, wenn regelmäßig und in erheblichem Umfang Arbeitsbereitschaft oder Bereitschaftsdienst anfällt
		§ 7 Abs. 1 Nr. 1 Buchst. b	anderer Ausgleichszeitraum möglich
			sofern Gesundheitsschutz der ArbN durch einen entsprechenden Ausgleich gesichert: Anpassung der werktäglichen Arbeitszeit
		§ 7 Abs. 2 Nr. 2	– in der Landwirtschaft an die Bestellungs- und Erntezeit sowie an die Witterungseinflüsse
		§ 7 Abs. 2 Nr. 3	– bei der Behandlung und Pflege von Personen an die Eigenart der Tätigkeit und das Wohl der Personen
		§ 7 Abs. 2 Nr. 4	– im öffentlichen Dienst an die Eigenart der Tätigkeit

---

1 BGBl. I S. 3002. | 2 *Baeck/Deutsch*, § 7 ArbZG Rz. 7. | 3 *Diller*, NJW 1994, 2726 (2727). | 4 Nach § 8 AZO konnte das Gewerbeaufsichtsamt nur beim Nachweis eines dringenden Bedürfnisses eine von den §§ 3, 4 und 7 abweichende befristete Regelung der Arbeitszeit zulassen. Eine über zehn Stunden täglich hinausgehende Arbeitszeit durfte das Gewerbeaufsichtsamt nur zulassen, wenn in die Arbeitszeit regelmäßig und in erheblichem Umfang Arbeitsbereitschaft fiel oder wenn die Arbeitszeitverlängerung aus dringenden Gründen des Gemeinwohls erforderlich war. | 5 BT-Drs. 12/5888, S. 26; ErfK/*Wank*, § 7 Rz. 3 vertritt die Auffassung, dass § 7 Abs. 1 u. 2 verfassungswidrig ist, soweit den Betriebspartnern durch eine Tariföffnungsklausel die Regelung der öffentlich-rechtlich zulässigen Dauer der Arbeitszeit eingeräumt wird. Denn die Betriebspartner seien nicht befugt, Regelungen der wöchentlichen Arbeitszeit mit normativer Wirkung für nichtorganisierte Arbeitnehmer (Außenseiter) zu treffen. Keine verfassungsrechtlichen Probleme sieht hingegen BAG v. 18.8.1987 – 1 ABR 30/86, NZA 1987, 779. | 6 *Neumann/Biebl*, § 7 ArbZG Rz. 6; *Baeck/Deutsch*, § 7 ArbZG Rz. 31. | 7 *Baeck/Deutsch*, § 7 ArbZG Rz. 31.

Vorschrift	Inhalt	Flexibilisierungsgrundlage	Flexibilisierungsmöglichkeit
		§ 7 Abs. 2a	verlängerbar auf über acht Stunden auch ohne Ausgleich, wenn regelmäßig Arbeitsbereitschaft oder Bereitschaftsdienst anfällt und durch besondere Regelungen sichergestellt wird, dass die Gesundheit der ArbN nicht gefährdet wird
§ 4	bei Arbeitszeit von sechs bis neun Stunden Ruhepause von mind. 30 Minuten	§ 7 Abs. 1 Nr. 2	Verteilung der Gesamtdauer der Ruhepausen in Schichtbetrieben und Verkehrsbetrieben auf Kurzpausen von angemessener Dauer
	bei Arbeitszeit von mehr als neun Stunden Ruhepause von mind. 45 Minuten		sofern Gesundheitsschutz der ArbN durch einen entsprechenden Ausgleich gesichert: Anpassung der Ruhepausen
		§ 7 Abs. 2 Nr. 3	– bei der Behandlung und Pflege von Personen an die Eigenart der Tätigkeit und das Wohl der Personen
		§ 7 Abs. 2 Nr. 4	– im öffentlichen Dienst an die Eigenart der Tätigkeit
§ 5 Abs. 1	ununterbrochene Ruhezeit von mind. 11 Stunden	§ 7 Abs. 1 Nr. 3	Kürzung der Ruhezeit um zwei Stunden, wenn Art der Arbeit dies erfordert und Ausgleich innerhalb eines festzulegenden Ausgleichzeitraums erfolgt.
			sofern Gesundheitsschutz der ArbN durch einen entsprechenden Ausgleich gesichert: Anpassung der Ruhezeit
		§ 7 Abs. 2 Nr. 1	– bei Rufbereitschaft an die Besonderheiten dieses Dienstes
		§ 7 Abs. 2 Nr. 2	– in der Landwirtschaft Anpassung der Ruhezeit an die Bestellungs- und Erntezeit sowie an die Witterungseinflüsse
		§ 7 Abs. 2 Nr. 3	– bei der Behandlung und Pflege von Personen an die Eigenart der Tätigkeit und das Wohl der Personen
		§ 7 Abs. 2 Nr. 4	– im öffentlichen Dienst an die Eigenart der Tätigkeit
		§ 7 Abs. 2a	Arbeitszeitverlängerbar auf über acht Stunden auch ohne Ausgleich, wenn regelmäßig Arbeitsbereitschaft oder Bereitschaftsdienst anfällt und durch besondere Regelungen sichergestellt wird, dass die Gesundheit der Arb nicht gefährdet wird
§ 6 Abs. 2	werktägliche Arbeitszeit der NachtArbN maximal 8 Stunden	§ 7 Abs. 1 Nr. 4 Buchst. a	verlängerbar auf über 10 Stunden ohne Ausgleich, wenn regelmäßig und in erheblichem Umfang Arbeitsbereitschaft anfällt
	verlängerbar auf 10 Stunden, wenn Ausgleich innerhalb von einem Kalendermonat/4 Wochen	§ 7 Abs. 1 Nr. 4 Buchst. b	anderer Ausgleichszeitraum

Vorschrift	Inhalt	Flexibilisierungs-grundlage	Flexibilisierungsmöglichkeit
			sofern Gesundheitsschutz der ArbN durch einen entsprechenden Ausgleich gesichert:
			Anpassung der werktäglichen Arbeitszeit der NachtArbN
		§ 7 Abs. 2 Nr. 2	– in der Landwirtschaft an die Bestellungs- und Erntezeit sowie an die Witterungseinflüsse
		§ 7 Abs. 2 Nr. 3	– bei der Behandlung und Pflege von Personen an die Eigenart der Tätigkeit und das Wohl der Personen
		§ 7 Abs. 2 Nr. 4	im öffentlichen Dienst an die Eigenart der Tätigkeit

3   **III. Die einzelnen Bestimmungen. 1. Abweichungen durch oder aufgrund eines TV (§ 7 Abs. 1).** Die Vorschrift erlaubt Abweichungen von den Bestimmungen des § 3 über die werktägliche Arbeitszeit der ArbN.

4   **a) § 7 Abs. 1 Nr. 1 Buchstabe a.** Regelmäßig fällt Arbeitsbereitschaft oder Bereitschaftsdienst an, wenn die Arbeitsbereitschaft oder der Bereitschaftsdienst vorhersehbar, etwa erfahrungsgemäß nur an bestimmten Tagen, auftritt[1]. Die Arbeitsschutzbehörden bejahen Arbeitsbereitschaft in erheblichem Umfang, wenn sie **mindestens 30 % der Arbeitszeit** beträgt[2]. Gleiches hat für den Bereitschaftsdienst zu gelten. Zulässig ist eine Ausdehnung der werktäglichen Arbeitszeit bis zur Höchstgrenze von 24 Stunden[3]. Für die Arbeitszeitverlängerung muss ein Zeitausgleich erfolgen, wobei der Ausgleichszeitraum nach Abs. 8 zwölf Kalendermonate betragen darf[4].

5   **b) § 7 Abs. 1 Nr. 1 Buchstabe b.** Der **Ausgleichszeitraum** darf 12 **Kalendermonate** nicht übersteigen (Abs. 8).

6   **c) § 7 Abs. 1 Nr. 2.** Die Vorschrift eröffnet Schicht- und Verkehrsbetrieben Flexibilisierungsmöglichkeiten durch eine Aufteilung der Ruhepausen in Kurzpausen. Die Kurzpausen müssen aber von angemessener Dauer sein und in der Regel mindestens 5 Minuten betragen[5].

7   **d) § 7 Abs. 1 Nr. 3.** Hiernach sind Verkürzungen der Ruhezeit zulässig. Eine Verkürzung der Ruhezeit auf bis zu neun Stunden ist möglich, wenn organisatorische oder branchenspezifische Gründe dies erfordern[6]. Den TV-Parteien und den Betriebspartnern ist bei der Beurteilung der Erforderlichkeit ein weiter Ermessensspielraum eingeräumt[7].

8   **e) § 7 Abs. 1 Nr. 4.** Die Vorschrift überträgt die Regelung des § 7 Abs. 1 Nr. 1 Buchst. a und b auf NachtArbN.

9   **f) § 7 Abs. 1 Nr. 5.** Die Bestimmung ermächtigt TV-Parteien und Betriebspartner, den Beginn des siebenstündigen Nachtzeitraums entsprechend den Branchenbedürfnissen jeweils um bis zu eine Stunde nach vorne oder nach hinten zu verschieben[8].

10   **2. Weitere Abweichungen durch oder aufgrund eines TV bei gewährleistetem Gesundheitsschutz der ArbN (§ 7 Abs. 2).** Die Vorschrift eröffnet weitere Abweichungsmöglichkeiten für die TV-Parteien und Betriebspartner bei Rufbereitschaft, ferner für die Landwirtschaft[9], Krankenhäuser, Pflege- und Betreuungseinrichtungen sowie für den öffentlichen Dienst. Zwingende Voraussetzung ist jedoch jeweils, dass der Gesundheitsschutz der ArbN durch einen entsprechenden Zeitausgleich gewährleistet ist. Der Zeitausgleich kann insb. nicht durch finanzielle Anreize ersetzt werden[10] und muss in den Fällen des Abs. 2 Nr. 2 bis 4 innerhalb von 12 Kalendermonaten erfolgen (Abs. 8).

---

1 *Neumann/Biebl*, § 7 ArbZG Rz. 18. |2 Vgl. Erlass des MASSKS NRW v. 18.5.1999 – 215-8435, Nr. 7.2L; in der Lit. schwanken die Auffassungen zwischen ¼ und ⅓ der werktäglichen Arbeitszeit, Nachweise bei *Neumann/Biebl*, § 7 Rz. 18. |3 Kasseler Handbuch/*Schliemann*, 2.5, Rz 456; neuerdings ist allerdings nach der SIMAP-Entscheidung des EuGH streitig geworden, ob die Verlängerung der Arbeitszeit ohne Ausgleich durch Tarifvertrag oder Betriebsvereinbarung, weil in die Arbeitszeit regelmäßig und in erheblichem Umfang Arbeitsbereitschaft fällt, nach § 134 BGB wegen Verstoßes gegen Art. 2 Nr. 1 der Arbeitszeitrichtlinie 93/104/EG unwirksam ist, vgl. *Linnenkohl*, Das „SIMAP"-Urteil des EuGH, AuR 2002, 211 (213). Dies ist indes abzulehnen, da bis zu einer etwa erforderlich werdenden Novellierung das Gesetz weiter anwendbar bleibt, vgl. § 2 Rz. 11. |4 BT-Drs. 15/1587, S. 35. |5 *Neumann/Biebl*, § 7 ArbZG Rz. 24; ErfK/*Wank*, § 7 ArbZG Rz. 8. |6 *Neumann/Biebl*, § 7 ArbZG Rz. 27. |7 *Neumann/Biebl*, § 7 ArbZG Rz. 27; ErfK/*Wank*, § 7 ArbZG Rz. 9. |8 BT-Drs. 12/5888, S. 27. |9 Umfasst sind alle Unternehmen, die der landwirtschaftlichen Unfallversicherung unterliegen, BT-Drs. 12/5888, S. 27; *Kraegeloh*, § 7 ArbZG Rz. 4. |10 *Neumann/Biebl*, § 7 ArbZG Rz. 32.

3. Verlängerung der werktäglichen Arbeitszeit auch ohne Ausgleich (§ 7 Abs. 2 a). Die durch das Gesetz zu Reformen am Arbeitsmarkt neu eingeführte Regelung soll den TV-Parteien die Möglichkeit eröffnen, Arbeitszeiten zuzulassen, die über den Rahmen der §§ 3 und 7 Abs. 1 hinausgehen. Sofern zu einem erheblichen Teil, also zu mindestens 30 %, **Arbeitsbereitschaft oder Bereitschaftsdienst** anfällt, dürfen die TV-Parteien zulassen, dass die Arbeitszeit auch ohne Ausgleich über acht Stunden täglich verlängert wird[1]. Die TV-Parteien können zudem entsprechende Öffnungsklauseln für Betriebs- und Dienstvereinbarungen vereinbaren. Voraussetzung ist ferner, dass der ArbN mit einer Verlängerung seiner Arbeitszeit ausdrücklich einverstanden ist und eine entsprechende schriftliche Erklärung angegeben hat (Abs. 7). Der TV selbst muss diese Freiwilligkeitsregelung nicht enthalten, da weder Abs. 2a noch Abs. 7 eine entsprechende Vorgabe machen. Auch die systematische Trennung der einzelnen Absätze zeigt, dass die Zustimmungserklärung nicht tariflich geregelt sein muss. Der einzelne ArbN ist durch den höherrangigen Abs. 7 hinreichend geschützt. Der ArbG darf also bei Vorliegen der sonstigen Voraussetzungen des Abs. 2a die Verlängerung der Arbeitszeit anordnen, wenn die schriftliche Zustimmung des ArbN in die Verlängerung der Arbeitszeit erteilt ist, auch wenn der TV selbst den Freiwilligkeitsvorbehalt nicht enthält. Zur Vorbeugung von Missverständnissen erscheint die Aufnahme eines entsprechenden Freiwilligkeitsvorbehalts in den TV allerdings empfehlenswert. Im Hinblick auf die mit überlangen Arbeitszeiten verbundenen Gesundheitsrisiken verpflichtet das Gesetz die TV-Parteien, durch geeignete Maßnahmen den Gesundheitsschutz der ArbN zu gewährleisten. Dabei hat der Gesetzgeber bewusst darauf verzichtet, einzelne Gestaltungsmöglichkeiten vorzugeben. Vielmehr hat er sich auf den Standpunkt zurückgezogen, dass die TV-Parteien von der ihnen eingeräumten Möglichkeit in verantwortungsvoller Weise Gebrauch machen und die angemessenen Schutzmaßnahmen vereinbaren[2]. Beispielhaft sind zu nennen:

- Begrenzung der Arbeitszeitverlängerung auf einen bestimmten Personenkreis,
- Vereinbarung verlängerter Ruhezeiten,
- besondere arbeitsmedizinische Betreuung der Betroffenen,
- Höchstgrenzen für Arbeitszeiten,
- bestimmte Zeiträume, für die sich die ArbN zu einer längeren Arbeitszeit bereit erklären

4. Tarifungebundene ArbGeb (§ 7 Abs. 3). Hiernach werden nicht tarifgebundenen ArbGeb im Geltungsbereich eines TV Möglichkeiten eingeräumt, eine oder mehrere abweichende tarifvertragliche Regelungen durch eine Betriebs- bzw. Dienstvereinbarung oder unter bestimmten Voraussetzungen durch eine schriftliche Vereinbarung mit dem einzelnen ArbN zu übernehmen[3]. Die Vorschrift ist **rechtspolitisch verfehlt**, da ein tarifungebundener ArbGeb abweichende tarifvertragliche Regelungen übernehmen kann, ohne an die Anwendung aller Vorschriften des TV gebunden zu sein. Diese Möglichkeit, sich allein die vorteilhaften Tarifbestimmungen auszusuchen, führt zu einer nicht gerechtfertigten Privilegierung tarifungebundener ArbGeb[4]. Zu prüfen wird sein, ob solche schriftlichen Vereinbarungen zwischen ArbGeb und ArbN über die Übernahme tarifvertraglicher Regelungen als allgemeine Geschäftsbedingungen einer **Inhaltskontrolle** nach § 307 BGB standhalten.

a) **§ 7 Abs. 3 Satz 1.** Durch § 7 Abs. 3 Satz 1 wird dem nicht tarifgebundenen ArbGeb im Geltungsbereich eines TV ermöglicht, eine oder mehrere abweichende Regelungen nach § 7 Abs. 1, 2 und 2 a zu übernehmen und zwar

- in Betrieben mit BR oder Personalrat nur durch eine Betriebs- oder Dienstvereinbarung[5] und
- in Betrieben ohne BR oder Personalrat durch eine schriftliche Vereinbarung mit dem einzelnen ArbN.

b) **§ 7 Abs. 3 Satz 2.** Die Vorschrift stellt klar, dass auch tarifungebundene ArbGeb aufgrund einer tarifvertraglichen Öffnungsklausel durch eine Betriebs- oder Dienstvereinbarung abweichende Regelungen von den §§ 3 bis 6 treffen können[6].

c) **§ 7 Abs. 3 Satz 3.** Die Vorschrift soll gewährleisten, dass der Verwaltungsaufwand der aus Bundesmitteln geförderten Einrichtungen in den für den Bund maßgeblichen Grenzen gehalten wird[7]. Aus diesem Grund sieht sie eine Ausnahme vom Grundsatz der Geltung abweichender tarifvertraglicher Regelungen aufgrund schriftlicher Übernahme durch BV oder Arbeitsvertrag vor, wenn

- zwischen den nicht tarifgebundenen Arbeitsvertragsparteien die Anwendung der für den öffentlichen Dienst geltenden tariflichen Bestimmungen (etwa BAT; BMT-G) vereinbart ist. Hierzu bedarf es nicht der Schriftform. Regelmäßig wird die tatsächliche Anwendung der für den öffentlichen Dienst geltenden tariflichen Bestimmungen auf eine entsprechende konkludente Vereinbarung schließen lassen[8].

und

---

1 BT-Drs. 15/1587, S. 35. | 2 BT-Drs. 15/1587, S. 35. | 3 BT-Drs. 12/5888, S. 27. | 4 *Erasmy*, NZA 1994, 1105 (1111). | 5 So soll sichergestellt werden, dass ein Betriebsrat nicht übergangen wird, vgl. BT-Drs. 12/5888, S. 27. | 6 BT-Drs. 12/5888, S. 27. | 7 BT-Drs. 12/5888, S. 27. | 8 *Zmarzlik/Anzinger*, § 7 ArbZG Rz. 81.

- der tarifungebundene ArbGeb die Kosten seines Betriebes überwiegend mit Zuwendungen iSd. Haushaltsrechts[1] deckt[2].

16 **5. Kirchen und Religionsgesellschaften (§ 7 Abs. 4).** Nach § 7 Abs. 4 können die Kirchen und Religionsgesellschaften die in § 7 Abs. 1, 2 und 2a genannten Abweichung in ihren Regelungen vorsehen. Zu den Kirchen gehören auch deren karitative und erzieherischen Einrichtungen[3]. Den Religionsgesellschaften sind gem. Art. 140 GG iVm. Art. 137 Abs. 7 WRV die Vereinigungen gleichgestellt, die sich die gemeinschaftliche Pflege einer Weltanschauung zur Aufgabe machen. Sie sind dementsprechend auch arbeitszeitrechtlich den Kirchen und Religionsgesellschaften gleichgestellt[4]. Der Begriff **„Religionsgesellschaft"** kommt aus dem deutschen Staatskirchenrecht und bezeichnete jene Vereinigungen, die sich im Gegensatz zum weltlichen Staat auf das gemeinsame Bekenntnis zu Gott gründeten und diesem Bekenntnis in kultischen Akten Ausdruck verliehen. Heute wird der Begriff weiter verwandt. Er erfasst alle Vereinigungen, die sich auf einen Konsens ihrer Mitglieder über ein außermenschliches Sein, eine außermenschliche Kraft, auf einen Glauben an ein Heiliges gründen[5]. Eine Vereinigung ist demnach dann als Religions- oder Weltanschauungsgemeinschaft iSd. Grundgesetzes anzusehen, wenn ihre Mitglieder oder Anhänger auf der Grundlage gemeinsamer religiöser oder weltanschaulicher Überzeugungen eine unter ihnen bestehende Übereinstimmung über Sinn und Bewältigung des menschlichen Lebens bezeugen. Sie verliert diese Eigenschaft nicht dadurch, dass sie überwiegend politisch oder erwerbswirtschaftlich tätig ist. Dienen aber die religiösen oder weltanschaulichen Lehren nur als Vorwand für die Verfolgung wirtschaftlicher Ziele, kann von einer Religions- oder Weltanschauungsgemeinschaft iSd. der Art. 4, 140 GG, 137 WRV nicht mehr gesprochen werden[6]. Demgemäß handelt es sich bei den **Scientology-Gemeinschaften** nicht um Religions- oder Weltanschauungsgemeinschaften[7].

17 **6. Bestimmte Branchen (§ 7 Abs. 5).** Die Vorschrift ermöglicht abweichende Regelungen von den §§ 3 bis 6 auch für solche Branchen, in denen üblicherweise keine TV existieren, sofern dies aus betrieblichen Gründen erforderlich ist und die Gesundheit der ArbN nicht gefährdet wird. Der Gesetzgeber selbst hatte insb. an

- Rechtsanwälte und Notare,
- Wirtschaftsprüfer, Unternehmens- und Steuerberater,
- ArbGeb- und Unternehmerverbände,
- Gewerkschaften sowie
- Industrie- und Handelskammern

gedacht[8]. Entsprechende ArbGeb können bei der zuständigen Aufsichtsbehörde eine Ausnahmebewilligung beantragen.

18 **7. Ermächtigungsgrundlage (§ 7 Abs. 6).** Die Bestimmung enthält die Ermächtigung für den Erlass einer Rechtsverordnung für den Fall, dass die Regelungen in § 7 Abs. 1, 2, 3 und 5 nicht ausreichen, die Ausnahmen aus betrieblichen Gründen erforderlich sind und die Gesundheit der ArbN nicht gefährdet wird[9]. Dass eine solche VO jemals erlassen wird, ist sehr zweifelhaft[10].

19 **8. Freiwilligkeitsprinzip und Benachteiligungsverbot (§ 7 Abs. 7).** Verlängerungen der Arbeitszeit nach § 7 Abs. 2a, 3, 4 und 5 dürfen nur nach schriftlicher Einwilligung des ArbN in eine Verlängerung seiner werktäglichen Arbeitszeit von über durchschnittlich acht Stunden erfolgen. Damit hat der Gesetzgeber von der in Art. 18 Abs. 1b der Arbeitszeitrichtlinie enthaltenen Möglichkeit Gebrauch gemacht, von der Arbeitszeitbegrenzung des Art. 6 der Arbeitszeitrichtlinie mit Zustimmung des ArbN abzuweichen (sog. **Opt-Out**). Die Einwilligung des ArbN kann unter Einhaltung einer Sechsmonatsfrist schriftlich widerrufen werden. Diese Frist ist erforderlich, damit der ArbGeb etwa notwendige organisatorische Änderungen treffen kann[11]. ArbN, die keine Einwilligung erklärt haben oder die ihre Einwilligung widerrufen haben, dürfen deswegen **nicht benachteiligt** werden, etwa bei einem beruflichen Aufstieg[12]. Ihnen steht ein **Leistungsverweigerungsrecht** bei Arbeitszeitverlängerungen nach § 7 Abs. 2a, 3, 4 und 5 zu.

20 **9. Ausgleichszeiträume (§ 7 Abs. 8).** Die TV-Parteien können Ausgleichszeiträume für Arbeitszeitverlängerungen von bis zu 12 Monaten vereinbaren. Innerhalb dieses Zeitraums darf die Arbeitszeit nicht höher sein als durchschnittlich 48 Stunden/Woche. Dasselbe gilt für die Fälle des § 7 Abs 3 und 4, bei denen die

---

1 Vgl. § 44 BHO, wonach Zuwendungen (Ausgaben und Verpflichtungsermächtigungen für Leistungen an Stellen außerhalb der Bundesverwaltung zur Erfüllung bestimmter Zwecke) nur dann gewährt werden dürfen, wenn der Bund an der Erfüllung durch solche Stellen ein erhebliches Interesse hat, das ohne die Zuwendungen nicht oder nicht im notwendigen Umfang befriedigt werden kann. Dabei ist zu bestimmen, wie die zweckentsprechende Verwendung der Zuwendungen nachzuweisen ist. Außerdem ist ein Prüfungsrecht der zuständigen Dienststelle oder ihrer Beauftragten festzulegen. |2 *Zmarzlik/Anzinger*, § 7 ArbZG Rz. 82. |3 BT-Drs. 12/5888, S. 28; *Baeck/Deutsch*, § 7 ArbZG Rz. 119. |4 BT-Drs. 12/5888, S. 28; *Baeck/Deutsch*, § 7 ArbZG Rz. 119. |5 *Friesenhahn/Scheuner/Jurina*, Handbuch des Staatskirchenrechts der Bundesrepublik Deutschland, 1975, Bd. I, S. 589. |6 BAG v. 22.3.1995 – 5 AZB 21/94, NZA 1995, 823 = NJW 1996, 143 mwN. |7 BAG v. 22.3.1995 – 5 AZB 21/94, NZA 1995, 823 = NJW 1996, 143 mwN. |8 BT-Drs. 12/5888, S. 28. |9 BT-Drs. 12/5888, S. 28. |10 *Baeck/Deutsch*, § 7 ArbZG Rz. 125. |11 BT-Drs. 15/1587, S. 36. |12 BT-Drs. 15/1587, S. 36.

tariflichen Möglichkeiten entsprechend genutzt werden dürfen, sowie für die Regelungen der Kirchen und Religionsgemeinschaften[1]. Nur in den Fällen des § 7 Abs. 5, in denen die Aufsichtsbehörde die Arbeitszeitverlängerung zulässt, beträgt der Ausgleichzeitraum sechs Kalendermonate oder 24 Wochen.

10. Mindestruhezeit (§ 7 Abs. 9). Einer Verlängerung der werktäglichen Arbeitszeit über zwölf Stunden muss eine Mindestruhezeit von elf Stunden folgen. 21

IV. Vorlagepflicht des ArbGeb. Der ArbGeb hat der Aufsichtsbehörde nach § 17 Abs. 4 Satz 2 auf Verlangen die TV oder Betriebs- bzw. Dienstvereinbarungen vorzulegen, aus denen sich die Abweichungen vom staatlichen Arbeitszeitrecht ergeben. Zudem ist entsprechend Art. 18 Abs. 1 b) Arbeitszeitrichtlinie ein Verzeichnis der ArbN zu führen, die in eine Verlängerung ihrer Arbeitszeit gem. § 7 Abs. 7 eingewilligt haben. 22

V. Flexible Arbeitszeiten durch Arbeitszeitkonten. Bereits seit den 60er Jahren des vorigen Jahrhunderts wurden verbreitet Arbeitszeitkonten eingerichtet. Im Zuge der Arbeitszeitverkürzungen der 80er Jahre wurden die Verkürzungen zunehmend in Form von Freischichten- oder Freie-Tage-Regelungen weitergegeben[2]. Das ArbZG eröffnet mit § 3 Satz 2 und insb. mit § 7 nunmehr einen noch weiteren Rahmen für flexible Arbeitszeitmodelle auf gesetzlicher, tariflicher und betrieblicher Ebene[3], der allerdings häufig, etwa hinsichtlich der regelmäßigen Arbeitszeit, durch tarifliche Arbeitszeitbestimmungen eingeschränkt wird[4]. Andererseits haben tarifliche Regelungen die Voraussetzungen für betrieblich vereinbarte variable Arbeitszeitverteilungen geschaffen. Heute sind im Wesentlichen folgende Arbeitszeitmodelle bzw. Möglichkeiten der Arbeitszeitflexibilisierung vorzufinden: 23

1. Überstundenkonten. Hier werden Überstunden auf dem Arbeitszeitkonto gutgeschrieben, um sie später als arbeitsfreie Zeit in Anspruch nehmen zu können[5]. 24

2. Gleitzeit. Bei dieser Urform des Arbeitszeitkontos, das einen relativ engen Flexibilisierungsspielraum aufweist[6], werden Arbeitsbeginn und Arbeitsende von den ArbN selbst bestimmt, wobei häufig eine Kernzeit einzuhalten ist. 25

3. Ansparmodelle. Hier wird die tägliche oder wöchentliche Arbeitszeit nicht um die tariflich vereinbarte Größe gekürzt. Sie verbleibt vielmehr auf dem ursprünglichen Niveau. Die Differenz zwischen effektiver und tariflicher Arbeitszeit wird auf einem Zeitkonto gutgeschrieben und durch einzelne freie Tage (Freischichten), mehrere Wochen umfassende Freizeitblöcke oder mehrmonatige Blöcke am Ende der Erwerbstätigkeit (Verkürzung der Lebensarbeitszeit) ausgeglichen[7]. 26

4. Bandbreitenmodelle. Hier wird die wöchentliche tarifliche Regelarbeitszeit als Durchschnittswert fixiert, um den die tatsächliche Arbeitszeit innerhalb eines vereinbarten Ausgleichszeitraums schwanken kann[8]. Dabei wird die tatsächlich geleistete Arbeitszeit auf einem individuellen Konto mit Grenzwerten für die Saldenstände geführt. Innerhalb dieser Grenzwerte können die Zeitkonten überzogen oder Arbeitszeitguthaben angespart werden[9]. 27

VI. Neuere Arbeitszeitformen. Noch nicht überall betrieblicher Alltag sind neuere Formen der Arbeitszeitgestaltung: 28

1. Vertrauensarbeitszeit. Hier erfüllt der ArbN das vertraglich verabredete Arbeitszeitkontingent selbständig und eigenverantwortlich. Der ArbGeb verzichtet auf eine Kontrolle der Zeiterfassung. Allerdings muss er dem BR nach § 80 Abs. 1 Nr. 1 BetrVG Beginn und Ende der täglichen Arbeitszeit und den Umfang der tatsächlich geleisteten wöchentlichen Arbeitszeit der ArbN mitteilen. Er kann dies nicht mit der Begründung verweigern, er wolle die Arbeitszeit der ArbN wegen der Vertrauensarbeitszeit bewusst nicht erfassen[10]. Ohnehin bleibt der ArbGeb verpflichtet, trotz der Vertrauensarbeitszeit die Einhaltung der arbeitszeitrechtlichen Vorschriften zu gewährleisten. 29

2. Sabbatical. Hier wird das aufgesparte Arbeitszeitguthaben für eine lange Freizeit, etwa ein Sabbat-Jahr, verwendet. 30

3. Santa-Clara-Modell. Bei diesem Arbeitszeitmodell wird der Arbeitsvertrag aus der Bandbreite des Arbeitsvolumens und der Arbeitszeit nach den Wünschen des ArbN ausgestaltet. Es ist nach der kalifornischen Stadt Santa Clara, in der dieses Modell zum ersten Mal angewandt wurde, benannt[11]. 31

4. Amorphe Arbeitszeit. Bei der amorphen (= gestaltlosen) Arbeitszeit legen ArbGeb und ArbN zwar das Volumen der vom ArbN in einem bestimmten Zeitraum geschuldeten Arbeitszeit fest, lassen aber eine konkrete Verteilung der Arbeitszeit bewusst offen[12]. 32

VII. Teilzeit und Telearbeit. Keine primär arbeitszeitrechtlichen Fragen betreffen bestimmte Formen des Teilzeitarbeitsverhältnisses wie Kapovaz, Bedovaz, Job-Sharing, Tandemarbeit und Telearbeit. Insoweit wird auf die kurzen Begriffserläuterungen im Stichwort-ABC zu § 2 (Rz. 15) verwiesen. 33

---

1 BT-Drs. 15/1587, S. 36. |2 *Bundesmann-Jansen/Groß/Munz*, S. 115. |3 *Klenner/Ochs/Seifert*, S. 156. |4 *Klenner/Ochs/Seifert*, S. 157; *Buschmann/Ulber*, § 3 Rz. 10. |5 *Bundesmann-Jansen/Groß/Munz*, S. 117. |6 *Bundesmann-Jansen/Groß/Munz*, S. 118. |7 *Klenner/Ochs/Seifert*, S. 150. |8 *Klenner/Ochs/Seifert*, S. 150. |9 *Klenner/Ochs/Seifert*, S. 150. |10 BAG v. 6.5.2003 – 1 ABR 13/02, NZA 2003, 1348. |11 Gabler Wirtschaftslexikon,15. Aufl. 2000, Stichwort „Santa-Clara-Modell". |12 *Kilz/Reh*, S. 45.

8 Gefährliche Arbeiten

Die Bundesregierung kann durch Rechtsverordnung mit Zustimmung des Bundesrates für einzelne Beschäftigungsbereiche, für bestimmte Arbeiten oder für bestimmte Arbeitnehmergruppen, bei denen besondere Gefahren für die Gesundheit der Arbeitnehmer zu erwarten sind, die Arbeitszeit über § 3 hinaus beschränken, die Ruhepausen und Ruhezeiten über die §§ 4 und 5 hinaus ausdehnen, die Regelungen zum Schutz der Nacht- und Schichtarbeitnehmer in § 6 erweitern und die Abweichungsmöglichkeiten nach § 7 beschränken, soweit dies zum Schutz der Gesundheit der Arbeitnehmer erforderlich ist. Satz 1 gilt nicht für Beschäftigungsbereiche und Arbeiten in Betrieben, die der Bergaufsicht unterliegen.

1 **I. Inhalt und Zweck.** Die in § 8 enthaltene Ermächtigung zum Erlass von Rechtsverordnungen erfasst neben Arbeitszeitbeschränkungen die Ausdehnung der Ruhepausen und Ruhezeiten nach Dauer und Lage[1]. Adressat der Ermächtigung ist die Bundesregierung, die wegen Art. 80 Abs. 2 GG nur mit Zustimmung des Bundesrates[2] entsprechende Regelungen treffen kann. § 8 löst die Ermächtigungsgrundlage des § 9 AZO ab. Von den aufgrund dieser Ermächtigungsgrundlage erlassenen Rechtsverordnungen gelten heute noch die VO über Arbeiten in Druckluft – Druckluftverordnung – vom 4.10.1972[3] und die VO zum Schutz vor gefährlichen Stoffen – Gefahrstoffverordnung – vom 26.10.1993[4].

2 **II. Einzelne Verordnungen. 1. Druckluftverordnung.** Bei Arbeiten unter einem mehr als 0,1 bar höheren als dem atmosphärischen Luftdruck (etwa Vortrieb von Tunneln, Untertunnelung von Flüssen, Taucherarbeiten) sind die ArbN erhöhten Gefahren für ihre Gesundheit ausgesetzt. Nach § 21 Abs. 3 DruckLV muss bei Arbeiten in Druckluft, die von einem ArbGeb gewerbsmäßig ausgeführt werden, zwischen zwei Arbeitsschichten eine arbeitsfreie Zeit von mindestens 12 Stunden liegen. Nach § 21 Abs. 4 DruckLV dürfen ArbN täglich höchstens 8 und wöchentlich höchstens 40 Stunden einschließlich Ein- und Ausschleusungszeiten in Druckluft beschäftigt werden. Wenn die Zeit des Aufenthalts in der Arbeitskammer 4 Stunden überschreitet, sind den Beschäftigten Pausen in der Gesamtdauer von mindestens einer halben Stunde zu gewähren (§ 21 Abs. 5 DruckLV).

3 **2. Gefahrstoffverordnung.** Nach § 15a GefStoffV dürfen ArbN täglich nicht länger als 8 Stunden und wöchentlich nicht länger als 40 Stunden – bei Vierschichtbetrieben 42 Stunden pro Woche im Durchschnitt von vier aufeinander folgenden Wochen – beschäftigt werden, wenn die Auslöseschwelle für Krebs erzeugende Gefahrstoffe überschritten wird.

4 **3. Klima-Bergverordnung.** Im Bergbau gelten die §§ 66 bis 68 BBergG, wonach durch Rechtsverordnung (Bergverordnung) bestimmt werden kann, dass die Beschäftigung bestimmter Personengruppen mit bestimmten Arbeiten nicht oder nur unter Einschränkungen zulässig ist und dass die Beschäftigung an bestimmten Betriebspunkten unter Tage eine bestimmte Höchstdauer nicht überschreiten darf. Von dieser Ermächtigung hat der Bundesminister für Wirtschaft im Einvernehmen mit dem Bundesminister für Arbeit und Sozialordnung mit Zustimmung des Bundesrates Gebrauch gemacht und die Bergverordnung zum Schutz der Gesundheit gegen Klimaeinwirkungen – Klima-Bergverordnung – am 9. Juni 1983 erlassen[5].

5 **a) Höchstzulässige Beschäftigungsdauer außerhalb des Salzbergbaus.** Wird außerhalb des Salzbergbaus eine Trockentemperatur von 28° C oder eine Effektivtemperatur von 25° C überschritten, so dürfen Personen innerhalb des täglichen Arbeitsablaufs gemäß § 3 KlimaBergV nicht länger beschäftigt werden als

- 6 Stunden, wenn sie täglich mehr als 3 Stunden bei Trockentemperaturen über 28° C bis zu einer Effektivtemperatur von 29° C oder bei Effektivtemperaturen über 25° C bis 29° C verbringen bzw.
- 5 Stunden, wenn sie täglich mehr als 2 1/2 Stunden bei Effektivtemperaturen über 29° C bis 30° C verbringen.

6 **b) Höchstzulässige Beschäftigungsdauer im Salzbergbau.** Wird im Salzbergbau eine Trockentemperatur von 28° C überschritten, so dürfen Personen innerhalb des täglichen Arbeitsablaufs nicht länger beschäftigt werden als

- 7 Stunden, wenn sie täglich mehr als 5 Stunden bei Trockentemperaturen über 28° C bis 37° C oder mehr als 4 ½ Stunden bei Trockentemperaturen über 37° C bis 46° C verbringen bzw.
- 6 ½ Stunden, wenn sie täglich mehr als 4 Stunden bei Trockentemperaturen über 46° C bis 52° C verbringen.

7 **c) Beschäftigung außerhalb des Salzbergbaus bei Temperaturen von mehr als 30° C.** Gemäß § 4 KlimaBergV dürfen außerhalb des Salzbergbaus Personen bei Effektivtemperaturen von mehr als 30° C grundsätzlich nicht beschäftigt werden. Ausnahmen gelten im Einzelfall bis zu einer Effektivtemperatur von 32° C nur, wenn

---

[1] BT-Drs. 12/5888, S. 28. |[2] *Baeck/Deutsch*, § 8 ArbZG Rz. 7. |[3] BGBl. I S. 1909. |[4] BGBl. I S. 1783. |[5] BGBl. I S. 685.

- die ArbN im Rahmen ihrer Beschäftigung ohne eine Unterbrechung von mindestens 6 Wochen höchstens 4 Monate Effektivtemperaturen von mehr als 30° C ausgesetzt sind,
- wenn ihre Beschäftigungszeit täglich höchstens 5 Stunden beträgt, sofern sie davon mehr als 2 ½ Stunden bei Effektivtemperaturen von mehr als 30° C verbringen und
- wenn in Abbaubetrieben außerdem höchstens ein Drittel der jeweiligen Beschäftigten Effektivtemperaturen von mehr als 30° C ausgesetzt ist.

Ferner kann die Aufsichtsbehörde unter bestimmten Voraussetzungen Ausnahmen zulassen.

d) Pausen. Nach § 7 KlimaBergV sind neben den gesetzlichen Pausen zusätzliche Pausen zu gewähren, und zwar

außerhalb des Salzbergbaus

- von 10 Minuten bei Effektivtemperaturen von mehr als 29° C bis 30° C
- von 20 Minuten bei Effektivtemperaturen von mehr als 30° C,

im Salzbergbau

- von 15 Minuten bei Trockentemperaturen von mehr als 37° C bis 46° C,
- von 30 Minuten bei Trockentemperaturen von mehr als 46° C.

Dabei sind die Pausen auf die Beschäftigungszeiten anzurechnen.

e) Eingewöhnungszeit. Nach § 8 KlimaBergV haben die ArbN einen Anspruch auf eine Eingewöhnungszeit von 2 Wochen, während der sie außerhalb des Salzbergbaus täglich mehr als 2 ½ Stunden bei einer Effektivtemperatur von mehr als 29° C oder im Salzbergbau täglich mehr als 4 Stunden bei einer Trockentemperatur von mehr als 37° C verbringen sollen.

III. Bußgeldrechtliche Sanktionen. Nach § 22 Abs. 1 Nr. 4 liegt eine Ordnungswidrigkeit vor, wenn der ArbGeb gegen eine Rechtsverordnung nach § 8 Abs. 1 verstößt, sofern diese Rechtsverordnung für einen bestimmten Tatbestand auf § 22 Abs. 1 Nr. 4 verweist.

Dritter Abschnitt. Sonn- und Feiertagsruhe

9 *Sonn- und Feiertagsruhe*

(1) Arbeitnehmer dürfen an Sonn- und gesetzlichen Feiertagen von 0 bis 24 Uhr nicht beschäftigt werden.

(2) In mehrschichtigen Betrieben mit regelmäßiger Tag- und Nachtschicht kann Beginn oder Ende der Sonn- und Feiertagsruhe um bis zu sechs Stunden vor- oder zurückverlegt werden, wenn für die auf den Beginn der Ruhezeit folgenden 24 Stunden der Betrieb ruht.

(3) Für Kraftfahrer und Beifahrer kann der Beginn der 24-stündigen Sonn- und Feiertagsruhe um bis zu zwei Stunden vorverlegt werden.

I. Inhalt und Zweck. § 9 konkretisiert § 1 Nr. 2, wonach der Zweck des ArbZG unter anderem darin liegt, den Sonntag und die staatlich anerkannten Feiertage als **Tage der Arbeitsruhe und der seelischen Erhebung** der ArbN zu schützen. Die Vorschrift dient der Umsetzung des verfassungsrechtlichen Gebots zum Schutz des Sonntags und der anerkannten Feiertage (Art. 140 GG iVm. Art. 139 WRV). Ihre primäre Schutzrichtung zielt zwar auf die Sonn- und Feiertage als solche. Mittelbar dient sie auch dem Schutz der ArbN vor zu langer Arbeitszeit und den damit verbundenen Gefahren für Sicherheit und Gesundheit[1]. Zahlreiche Ausnahmetatbestände enthalten die §§ 10 bis 13. Sonderregelungen finden sich für werdende und stillende Mütter in § 8 Abs. 1 MuSchG, für Jugendliche in §§ 17, 18 JArbSchG, für ArbN in einem Heuerverhältnis in §§ 84 ff. SeemG (siehe Erläuterung zu § 18 Rz. 8–14) und für ArbN in Verkaufsstellen in § 17 LSchlG (siehe Rz. 6–9).

II. Beschäftigungsverbot (§ 9 Abs. 1). § 9 Abs. 1 verbietet die Beschäftigung von ArbN an Sonn- und Feiertagen von 0 bis 24 Uhr. Maßgeblich ist der Kalendertag[2]. Bei Feiertagen kommt es im Hinblick auf die unterschiedlichen gesetzlichen Feiertage in den einzelnen Bundesländern auf den Ort der Beschäftigung an. Folgt auf den Sonntag ein Feiertag, beträgt die Dauer des Beschäftigungsverbotes insgesamt 48 Stunden[3].

Missverständlich ist der zuweilen verwendete Begriff „Betriebsruhe"[4], auch wenn das Gesetz in § 9 Abs. 2 selbst vom „Ruhen des Betriebes" spricht, da die Ruhezeit für den einzelnen ArbN, nicht für den

---

1 BVerwG v. 19.9.2000 – 1 C 17/99, NZA 2000, 1232. | 2 *Baeck/Deutsch*, § 9 ArbZG Rz. 6. | 3 ErfK/*Wank*, § 9 ArbZG Rz. 3. | 4 So etwa im Erlass des MASSKS NRW v. 18.5.1999 – 215–8435, Nr. 9.2.

Betrieb gilt[1]. Daher gilt auch keine Betriebsruhe für Automaten, die ohne Bedienungspersonal betrieben werden können (sog. „**Geisterschicht**")[2].

3 **III. Ausnahmen. 1.) Mehrschichtige Betriebe (§ 9 Abs. 2).** In mehrschichtigen Betrieben ist es nach § 9 Abs. 2 zulässig, den Beginn oder das Ende der Feiertagsruhe um bis zu sechs Stunden vor- oder zurückzuverlegen, wenn für die auf den Beginn der Ruhezeit folgenden 24 Stunden der Betrieb ruht. So kann etwa der Beginn der Ruhezeit auf Samstag, 18 Uhr vorverlegt werden, wenn die Ruhezeit bis Sonntag, 18 Uhr andauert. Auf diese Weise wird die Beibehaltung der **üblichen Schichtwechselzeiten** ermöglicht[3]. Eine Verlegung der Sonn- und Feiertagsruhe ist jedoch nur möglich, wenn für die auf den Beginn der Ruhezeit folgenden 24 Stunden der Betrieb ruht. Nach hM muss der gesamte Betrieb ruhen[4]. Die bloße Gewährung einer Ruhezeit von 24 Stunden an die ArbN ohne objektive Betriebsruhe soll nicht ausreichen[5]. Denn dies fordere der klare Schutzzweck des § 1 Nr. 2, der auch eine kollektive Komponente enthalte[6]. Verboten wären danach auch die selbständige Eigentätigkeit des ArbGeb und das automatische Weiterlaufenlassen einer am Werktag in Gang gesetzten Maschine ohne einen Menschen in einer „Geisterschicht"[7]. Zurecht wird jedoch darauf hingewiesen, dass das ArbZG selbst keine vollständige Betriebsruhe an Sonn- und Feiertagen sicherstellt. Denn neben den Ausnahmetatbeständen der §§ 10 ff. wird das Beschäftigungsverbot auch durch den beschränkten persönlichen Anwendungsbereich des § 18 durchbrochen[8].

4 **2. Kraftfahrer und Beifahrer (§ 9 Abs. 2).** Für Kraftfahrer und Beifahrer kann der Beginn der 24-stündigen Ruhezeit um bis zu zwei Stunden vorverlegt werden. Eine Zurückverlegung kommt nicht in Betracht. Mit der Sonderregelung für Kraftfahrer- und Beifahrer wird § 30 Abs. 3 StVO[9] Rechnung getragen, wonach an Sonn- und Feiertagen von 0 bis 22 Uhr ein grundsätzliches Fahrverbot für Lastkraftwagen mit einem zulässigen Gesamtgewicht von über 7,5 t sowie für Anhänger hinter Lastkraftwagen besteht[10]. § 9 Abs. 3 gilt jedoch für alle Kraftfahrer und Beifahrer unabhängig von dem Gesamtgewicht der benutzten Fahrzeuge[11]. Zu den Sonderregelungen für Kraftfahrer siehe § 3 Rz. 14 ff.

5 **3. ArbN in Verkaufsstellen (§ 17 LSchlG).** Für ArbN in Verkaufsstellen gilt § 17 LSchlG.

6 **a) Arbeitszeit an Sonn- und Feiertagen.** Nach § 17 Abs. 1 LSchlG dürfen ArbN in Verkaufsstellen an Sonn- und Feiertagen nur während der ausnahmsweise zugelassenen Öffnungszeiten und während insgesamt weiterer dreißig Minuten zur Erledigung von unerlässlichen Vorbereitungs- und Abschlussarbeiten beschäftigt werden. Dabei darf die Dauer der Beschäftigungszeit des einzelnen ArbN an Sonn- und Feiertagen acht Stunden nicht überschreiten (§ 17 Abs. 2 LSchlG).

7 **b) Arbeitszeit an Sonn- und Feiertagen bei Verkaufsstellen in Kur- und Erholungsorten.** Bei Verkaufsstellen in Kur- und Erholungsorten, die an Sonnabenden geöffnet sind, dürfen ArbN nach § 17 Abs. 2a LSchlG jährlich an höchstens 22 Sonn- und Feiertagen und sonnabends höchstens bis 18 Uhr beschäftigt werden. Ihre Arbeitszeit an Sonn- und Feiertagen darf vier Stunden nicht überschreiten.

8 **c) Ersatzfreistellungen.** ArbN, die an Sonn- und Feiertagen beschäftigt werden, sind, wenn die Beschäftigung länger als drei Stunden dauert, an einem Werktag derselben Woche ab dreizehn Uhr, wenn sie länger als sechs Stunden dauert, an einem ganzen Werktag derselben Woche von der Arbeit freizustellen; mindestens jeder dritte Sonntag muss beschäftigungsfrei bleiben. Werden sie bis zu drei Stunden beschäftigt, so muss jeder zweite Sonntag oder in jeder zweiten Woche ein Nachmittag ab dreizehn Uhr beschäftigungsfrei bleiben. Statt an einem Nachmittag darf die Freizeit am Sonnabend- oder Montagvormittag bis vierzehn Uhr gewährt werden. Während der Zeiten, zu denen die Verkaufsstelle geschlossen sein muss, darf die Freizeit nicht gegeben werden (§ 17 Abs. 3 LSchlG).

9 **d) Beschicker von Warenautomaten.** Mit dem Beschicken von Warenautomaten dürfen ArbN außerhalb der Öffnungszeiten der mit dem Warenautomaten in räumlichem Zusammenhang stehenden Verkaufsstelle nicht beschäftigt werden (§ 17 Abs. 5 LSchlG).

---

1 *Baeck/Deutsch*, § 9 ArbZG Rz. 6; aA *Zmarzlik/Anzinger*, § 9 ArbZG Rz. 13, wonach das Beschäftigungsverbot für alle ArbN ein Ruhen des Betriebs an Sonn- und Feiertagen von 0 bis 24 Uhr zur Folge hat, was auch durch die Worte „Sonn- und Feiertagsruhe" in der Überschrift zu § 9 zum Ausdruck komme. | 2 Erlass des MASSKS NRW v. 18.5.1999 – 215-8435, Nr. 9.3, der auch kurzfristige Kontrollen der Automaten zulässt. | 3 *Baeck/Deutsch*, § 9 ArbZG Rz. 22. | 4 *Neumann/Biebl*, § 9 ArbZG Rz. 6; *Zmarzlik/Anzinger*, § 9 ArbZG Rz. 46; *ErfK/Wank*, § 9 ArbZG Rz. 7; *Junker*, ZfA 1998, 105 (125). | 5 *Neumann/Biebl*, § 9 ArbZG Rz. 6; *Zmarzlik/Anzinger*, § 9 ArbZG Rz. 46; *ErfK/Wank*, § 9 ArbZG Rz. 7. | 6 *Kasseler Handbuch/Schliemann*, 2.5 Rz. 514; *Junker*, ZfA 1998, 105 (125). | 7 So *Zmarzlik/Anzinger*, § 9 ArbZG Rz. 46, anders der Erlass des MASSKS NRW v. 18.5.1999 – 215-8435, Nr. 9.3; vgl. auch *Junker*, ZfA 1998, 105 (125, Fn. 24), der die Frage, ob „Geisterschichten" eine Betriebsruhe ausschließen – zu Unrecht – für rein theoretischer Natur hält. | 8 *Baeck/Deutsch*, § 9 ArbZG Rz. 24. | 9 Feiertage iSd. § 30 Abs. 3 StVO sind Neujahr, Karfreitag, Ostermontag, Tag der Arbeit (1. Mai), Christi Himmelfahrt, Pfingstmontag, Fronleichnam (in BW, Bayern, Hessen, NRW, Rh.-Pf. und im Saarl.), Tag der deutschen Einheit (3.Oktober), Reformationstag (31. Oktober, in Brandenburg, MV, Sachsen, Sa.-Anh. und Thür.), Allerheiligen (1. November, in BW, Bayern, NRW, Rh.-Pf. und im Saarl.), 1. und 2. Weihnachtstag. | 10 *Baeck/Deutsch*, § 9 ArbZG Rz. 27. | 11 *Baeck/Deutsch*, § 9 ArbZG Rz. 29.

4. Mitbest. Eine Verschiebung der Sonn- und Feiertagsruhe ist gemäß § 87 Abs. 1 Nr. 2 BetrVG mitbestimmungspflichtig.

IV. Straf- und bußgeldrechtliche Sanktionen. Verstöße gegen § 9 Abs. 1 sind gem. § 22 Abs. 1 Nr. 5 und § 23 Abs. 1 bußgeld- bzw. strafbewehrt.

10 Sonn- und Feiertagsbeschäftigung

(1) Sofern die Arbeiten nicht an Werktagen vorgenommen werden können, dürfen Arbeitnehmer an Sonn- und Feiertagen abweichend von § 9 beschäftigt werden

1. in Not- und Rettungsdiensten sowie bei der Feuerwehr,
2. zur Aufrechterhaltung der öffentlichen Sicherheit und Ordnung sowie der Funktionsfähigkeit von Gerichten und Behörden und für Zwecke der Verteidigung,
3. in Krankenhäusern und anderen Einrichtungen zur Behandlung, Pflege und Betreuung von Personen,
4. in Gaststätten und anderen Einrichtungen zur Bewirtung und Beherbergung sowie im Haushalt,
5. bei Musikaufführungen, Theatervorstellungen, Filmvorführungen, Schaustellungen, Darbietungen und anderen ähnlichen Veranstaltungen,
6. bei nichtgewerblichen Aktionen und Veranstaltungen der Kirchen, Religionsgesellschaften, Verbände, Vereine, Parteien und anderer ähnlicher Vereinigungen,
7. beim Sport und in Freizeit-, Erholungs- und Vergnügungseinrichtungen, beim Fremdenverkehr sowie in Museen und wissenschaftlichen Präsenzbibliotheken,
8. beim Rundfunk, bei der Tages- und Sportpresse, bei Nachrichtenagenturen sowie bei den der Tagesaktualität dienenden Tätigkeiten für andere Presseerzeugnisse einschließlich des Austragens, bei der Herstellung von Satz, Filmen und Druckformen für tagesaktuelle Nachrichten und Bilder, bei tagesaktuellen Aufnahmen auf Ton- und Bildträger sowie beim Transport und Kommissionieren von Presseerzeugnissen, deren Ersterscheinungstag am Montag oder am Tag nach einem Feiertag liegt,
9. bei Messen, Ausstellungen und Märkten iSd. Titels IV der Gewerbeordnung sowie bei Volksfesten,
10. in Verkehrsbetrieben sowie beim Transport und Kommissionieren von leicht verderblichen Waren iSd. § 30 Abs. 3 Nr. 2 der Straßenverkehrsordnung,
11. in den Energie- und Wasserversorgungsbetrieben sowie in Abfall- und Abwasserentsorgungsbetrieben,
12. in der Landwirtschaft und in der Tierhaltung sowie in Einrichtungen zur Behandlung und Pflege von Tieren,
13. im Bewachungsgewerbe und bei der Bewachung von Betriebsanlagen,
14. bei der Reinigung und Instandhaltung von Betriebseinrichtungen, soweit hierdurch der regelmäßige Fortgang des eigenen oder eines fremden Betriebs bedingt ist, bei der Vorbereitung der Wiederaufnahme des vollen werktägigen Betriebs sowie bei der Aufrechterhaltung der Funktionsfähigkeit von Datennetzen und Rechnersystemen,
15. zur Verhütung des Verderbens von Naturerzeugnissen oder Rohstoffen oder des Misslingens von Arbeitsergebnissen sowie bei kontinuierlich durchzuführenden Forschungsarbeiten,
16. zur Vermeidung einer Zerstörung oder erheblichen Beschädigung der Produktionseinrichtungen.

(2) Abweichend von § 9 dürfen Arbeitnehmer an Sonn- und Feiertagen mit den Produktionsarbeiten beschäftigt werden, wenn die infolge der Unterbrechung der Produktion nach Absatz 1 Nr. 14 zulässigen Arbeiten den Einsatz von mehr Arbeitnehmern als bei durchgehender Produktion erfordern.

(3) Abweichend von § 9 dürfen Arbeitnehmer an Sonn- und Feiertagen in Bäckereien und Konditoreien für bis zu drei Stunden mit der Herstellung und dem Austragen oder Ausfahren von Konditorwaren und an diesem Tag zum Verkauf kommenden Bäckerwaren beschäftigt werden.

(4) Sofern die Arbeiten nicht an Werktagen vorgenommen werden können, dürfen Arbeitnehmer zur Durchführung des Eil- und Großbetragszahlungsverkehrs und des Geld-, Devisen-, Wertpapier- und Derivatehandels abweichend von § 9 Abs. 1 an den auf einen Werktag fallenden Feiertagen beschäftigt werden, die nicht in allen Mitgliedstaaten der Europäischen Union Feiertage sind.

§ 10 Abs. 3 eingefügt durch Gesetz zur Änderung des Gesetzes über den Ladenschluss und zur Neuregelung der Arbeitszeit in Bäckereien und Konditoreien v. 30.7.1996, BGBl. I S. 1186; § 10 Abs. 4 eingefügt durch Gesetz zur Einführung des Euro (Euro-Einführungsgesetz – EuroEG) v. 9.6.1998, BGBl. I S. 1242.

I. Inhalt und Zweck. § 10 fasst die **Ausnahmen vom Beschäftigungsverbot an Sonn- und Feiertagen** in einem Katalog zusammen[1]. § 10 erfasst vornehmlich ArbN im Dienstleistungsbereich[2]. Gemäß dem Einleitungssatz von § 10 Abs. 1, der für alle folgenden Ausnahmen gilt, ist die Beschäftigung an Sonn-

---
1 BT-Drs. 12/5888, S. 29. | 2 BT-Drs. 12/5888, S. 29.

ArbZG § 10 Rz. 2   Sonn- und Feiertagsbeschäftigung

und Feiertagen nur zulässig, sofern die Arbeiten nicht an Werktagen vorgenommen werden können. Dies ist der Fall, wenn die Arbeiten an Werktagen technisch unmöglich sind oder wenn die Verlagerung der Arbeiten auf Werktage wegen unverhältnismäßiger Nachteile wirtschaftlicher oder sozialer Natur unzumutbar ist. Hierfür sind die jeweiligen betrieblichen Verhältnisse maßgeblich[1].

2   **II. Die einzelnen Ausnahmebestimmungen. 1. Hilfsdienste (§ 10 Abs. 1 Nr. 1).** Erfasst sind neben den privaten, gemeinnützigen und öffentlichen Hilfsdiensten (ärztliche und zahnärztliche Notdienste, Flugwacht, Straßenwacht und Bergwacht[2]) auch die handwerklichen Notdienste sowie die Notrufzentralen, etwa von Automobilclubs[3]. Ferner fallen die Sperrannahmedienste der Banken und Kreditkartenorganisationen unter diese Vorschrift[4].

3   **2. Öffentliche Zwecke (§ 10 Abs. 1 Nr. 2)** Die Bestimmung enthält einen von der früher geltenden Gewerbeordnung nicht geregelten Tatbestand und soll die Aufrechterhaltung der öffentlichen Sicherheit und Ordnung, die Funktionsfähigkeit von Gerichten und Behörden und die Verteidigungsbereitschaft sichern[5]. Hierunter fallen auch **unaufschiebbar notwendige Straßenbauarbeiten**[6].

4   **3. Pflege (§ 10 Abs. 1 Nr. 3).** Die Vorschrift erfasst neben dem Bereich der Krankenpflege auch den Bereich der rein pflegerischen Versorgung, wie etwa die ambulanten Pflegedienste[7] und ununterbrochen betriebene Erziehungsheime[8].

5   **4. Gastronomie und Haushalt (§ 10 Abs. 1 Nr. 4).** Die Ausnahmeregelung umfasst neben den ArbN in der Gastronomie nebst Party-Service-Betrieben[9] auch die im **Haushalt** beschäftigten ArbN. Nach dem Entwurf der Bundesregierung sollte das ArbZG auf die im Haushalt beschäftigten ArbN wegen der besonderen Verhältnisses im Haushalt überhaupt keine Anwendung finden[10]. Dem widersetzten sich die Fraktionen von CDU und FDP, die der Auffassung waren, dass den Beschäftigten im Haushalt der gleiche Schutz wie den übrigen ArbN zuteil werden solle, freilich aber eine Ausnahme für das Verbot der Beschäftigung an Sonn- und Feiertagen erforderlich hielten[11].

6   **5. Kulturelle Veranstaltungen (§ 10 Abs. 1 Nr. 5).** Die Vorschrift erlaubt die Beschäftigung bei Musik- und Theateraufführungen sowie bei ähnlichen Schaustellungen, da solche Veranstaltungen vermehrt an Sonn- und Feiertagen in Anspruch genommen werden[12]. Proben für solche Veranstaltungen müssen hingegen in der Regel an Werktagen stattfinden[13].

7   **6. Wohltätige Veranstaltungen (§ 10 Abs. 1 Nr. 6).** Erfasst sind nunmehr auch die bislang nicht von der GewO umfassten nichtgewerblichen Aktionen und Veranstaltungen der Kirchen, Religionsgesellschaften, Verbände, Vereine, Parteien und anderer ähnlicher Vereinigungen[14]. Nichtgewerblich ist eine Veranstaltung auch dann, wenn sie einen finanziellen Ertrag erzielen soll, aber nicht auf Dauer angelegt ist (zB Wohltätigkeitsbasar)[15]. Wichtig ist, dass ein gemeinnütziger Zweck im Vordergrund steht[16].

8   **7. Sport, Freizeit, Erholung, Vergnügen (§ 10 Abs. 1 Nr. 7).** Die Ausnahmebestimmung trägt dem Gedanken der Daseinsvorsorge Rechnung, der sich wiederum aus dem Sozialstaatsprinzip des Art. 20 Abs. 1 GG ableitet. Dabei hat der Gesetzgeber berücksichtigt, dass die Mehrzahl der Bevölkerung die entsprechenden Veranstaltungen und Einrichtungen nur am Wochenende besuchen bzw. nutzen kann[17].

9   **8. Presse und Rundfunk (§ 10 Abs. 1 Nr. 8).** Die Regelung erfasst nicht nur **journalistische Tätigkeiten**[18], sondern auch das **Austragen** der Zeitungen[19], die **Herstellung** von Satz, Filmen und Druckformen für tagesaktuelle Nachrichten und Bilder sowie die **tagesaktuelle Aufnahme** auf Bild- und Tonträger[20]. Zu der in § 10 Abs. 1 Nr. 8 aufgeführten Tagespresse gehören auch **Sonntagszeitungen**, und zwar unabhängig davon, ob sie als reine Sonntagszeitungen nur am Sonntag erscheinen oder als siebte Ausgabe einer Tageszeitung am Sonntag erscheinen[21]. Dasselbe gilt für sog. **Anzeigenblätter**, nicht hingegen für reine Werbeveröffentlichungen[22]. Die Ausnahmebestimmung erfasst jedoch nicht die Beschäftigung zur Herstellung von **Zeitungsbeilagen**, die keinen tagesaktuellen Inhalt haben[23]. Die Bedeutung des Begriffs „**Rundfunk**" richtet sich nach den rundfunkrechtlichen Vorschriften. Daher sind der öffentlich-rechtliche Rundfunk sowie die Rundfunksender, denen eine Übertragungskapazität durch die Rundfunkanstalten der Länder zugebilligt worden ist, berechtigt, ArbN auch an Sonn und Feiertagen zu beschäftigen[24].

---

1 BVerwG v. 19.9.2000 – 1 C 17/99, NZA 2000, 1232. |2 MünchArbR/*Anzinger*, § 221 Rz. 33. |3 BT-Drs. 12/5888, S. 29. |4 BT-Drs. 12/5888, S. 29; *Anzinger*, BB 1994, 1492 (1496). |5 *Anzinger*, BB 1994, 1492 (1496). |6 Erlass des MASSKS NRW v. 18.5.1999 – 215–8435, Nr. 10.3.2. |7 BT-Drs. 12/5888, S. 29. |8 Erlass des MASSKS NRW v. 18.5.1999 – 215–8435, Nr. 10.3.8. |9 BT-Drs. 12/6990, S. 40; *Anzinger*, BB 1994, 1492 (1496). |10 BT-Drs. 12/5888, S. 10, 32. |11 BT-Drs. 12/6990, S. 40. |12 *Baeck/Deutsch*, § 10 ArbZG Rz. 37. |13 MünchArbR/*Anzinger*, § 221 Rz. 37. |14 *Anzinger*, BB 1994, 1492 (1496). |15 Kasseler Handbuch/*Schliemann*, 2.5 Rz. 538. |16 Erlass des MASSKS NRW v. 18.5.1999 – 215–8435, Nr. 10.3.6. |17 *Baeck/Deutsch*, § 10 ArbZG Rz. 51. |18 So aber noch der Gesetzentwurf der Bundesregierung, BT-Drs. 12/5888, S. 8. |19 Nicht hingegen die Verteilung reinen Werbematerials, MünchArbR/*Anzinger*, § 221 Rz. 41. |20 *Baeck/Deutsch*, § 10 ArbZG Rz. 67. |21 BT-Drs. 12/5888, S. 29. |22 MünchArbR/*Anzinger*, § 221 Rz. 40. |23 Str., wie hier: Erlass des MASSKS NRW v. 18.5.1999 – 215–8435, Nr. 10.3.8; wohl auch *Zmarzlik/Anzinger*, § 10 ArbZG Rz. 56; aA *Baeck/Deutsch*, § 10 ArbZG Rz. 60. |24 Erlass des MASSKS NRW v. 18.5.1999 – 215–8435, Nr. 10.3.8.

9. Messen und Ausstellungen (§ 10 Abs. 1 Nr. 9). Die Vorschrift trägt der Tatsache Rechnung, dass zu den sog. Marktprivilegien der nach § 69 GewO festgesetzten **Messen, Ausstellungen, Märkte und Volksfeste** seit jeher die Befreiung vom Verbot der Beschäftigung von ArbN an Sonn- und Feiertagen zählt[1]. Diese Vorschrift gilt allerdings nicht für **ArbN in Verkaufsstellen**, die in die Veranstaltung einbezogen werden. Hier gehen die Spezialregelungen im Ladenschlussgesetz vor[2]. Vom Beschäftigungsverbot befreit sind auch nicht die für gewerbliche Wiederverkäufer veranstalteten **Haus- und Ordermessen**[3].

10. Verkehrs- und Transportsysteme (§ 10 Abs. 1 Nr. 10). Zu den „Verkehrsbetrieben" nach § 10 Abs. 1 Nr. 10 zählen alle gewerblichen und nicht gewerblichen Betriebe des **Güternah- und Güterfernverkehrs**, des **Personennah- und Personenfernverkehrs** sowie alle öffentlichen und privaten Betriebe, deren Betriebszweck darin besteht, Güter, Personen oder Nachrichten zu befördern[4]. Zulässig ist auch die Beschäftigung von ArbN an Sonn- und Feiertagen bei dem Transport und der **Kommissionierung** (Aufbereiten, Verpacken, versandfertiges Zusammenstellen, Sortieren, Abfüllen, Umwickeln, Etiketierung)[5] von leicht verderblichen Waren iSd. § 30 Abs. 3 Nr. 2 StVO (frische Milch, frische Milcherzeugnisse, frisches Fleisch, frische Fleischerzeugnisse, frische Fische, lebende Fische, frische Fischerzeugnisse, leicht verderbliches Obst und Gemüse).

11. Versorgungs- und Entsorgungsbetriebe (§ 10 Abs. 1 Nr. 11). Energieversorgungsbetriebe iSd. § 10 Abs. 1 Nr. 11 sind alle öffentlichen und privaten Betriebe, die mit Strom, Gas und Wärme versorgen[6]. **Wasserversorgungsbetriebe** sind alle Betriebe zur Deckung des Wasserbedarfs mit Trink- und Brauchwasser[7]. **Abfallentsorgungsbetriebe** befassen sich mit dem Sammeln, der Abnahme und der Beseitigung von Abfallstoffen, Abfällen und Abgängen der Haushalte, der Industrie, des Handwerks, des Dienstleistungsgewerbes und der Krankenhäuser[8]. **Wasserentsorgungsbetriebe** sind alle Betriebe zur Sammlung und Klärung von Abwässern[9]. Erfasst sind auch die Erhaltung der Versorgungsnetze sowie die Fremdfirmen, die für die Versorgungsbetriebe tätig werden[10].

12. Landwirtschaft (§ 10 Abs. 1 Nr. 12). Die Ausnahmebestimmung trägt dem Umstand Rechnung, dass die Produktion in der Landwirtschaft zu einem Teil von nicht beeinflussbaren Faktoren abhängt, und Sonn- und Feiertagsarbeit zwingend notwendig machen kann[11]. Ferner sind Tätigkeiten in Einrichtungen zur Behandlung und Pflege von Tieren an Sonn- und Feiertagen zulässig. Voraussetzung ist jedoch, dass es sich um dringende Tätigkeiten handelt und nicht um normale ärztliche Untersuchungen, die auch noch an einem Werktag ausgeführt werden können[12].

13. Bewachungsgewerbe (§ 10 Abs. 1 Nr. 13). Die Vorschrift enthält eine Ausnahme für das Bewachungsgewerbe, also für die Beschäftigten in Unternehmen, die gewerbsmäßig Leben oder Eigentum fremder Personen bewachen (vgl. § 34a Abs. 1 GewO). Die Vorschrift erstreckt sich hingegen nicht auf solche ArbN, die mit der Überwachung anderer Personen beschäftigt sind (**Detektive**), oder auf **Auskunfteien**[13]. Zulässig ist ferner die Beschäftigung von ArbN zur Bewachung von Betriebsanlagen. Damit sind nur solche ArbN gemeint, die den unmittelbaren Wächterdienst über die Anlagen ausführen, wie **Pförtner, Nachtwächter, Werksfeuerwehrleute**. Nicht erfasst sind ArbN, die darüber hinaus gehende Kontrollen bei vollautomatischen Produktionsanlagen wahrnehmen[14], da es sich hierbei um eine der Produktion dienende Tätigkeit handelt[15].

14. Reinigungs-, Wartungs- und Vorbereitungsarbeiten sowie Datennetze und Rechnersysteme (§ 10 Abs. 1 Nr. 14). Die Bestimmung enthält drei Tatbestandsalternativen:

a) Reinigungs- und Instandhaltungsarbeiten (§ 10 Abs. 1 Nr. 14, Alt. 1). Erlaubt sind danach die Reinigung und Instandhaltung von Betriebseinrichtungen an Sonn- und Feiertagen, soweit hierdurch der regelmäßige Fortgang des eigenen oder eines fremden Betriebes bedingt ist. Ohne die Arbeiten zur Reinigung und Instandhaltung von Betriebsstätten, Maschinen, Apparaten und sonstigen Betriebseinrichtungen muss der eigene oder fremde Betrieb am nächsten Tag nicht in der regelmäßigen Art oder nicht im regelmäßigen Umfang fortgeführt werden können[16].

b) Vorbereitungsarbeiten (§ 10 Abs. 1 Nr. 14, Alt. 2). Erfasst sind nach diesem Ausnahmetatbestand die Vorbereitung der vollen Aufnahme des vollen werktätigen Betriebs (zB das Anfeuern von Öfen, die Inbetriebnahme von Förder- und Aufzugsanlagen oder der Betrieb von EDV-gestützten Verbundsystemen)[17]. Entscheidendes Kriterium für den zulässigen Umfang der Vorbereitungsarbeiten ist der Begriff des „vollen werktätigen Betriebs". Ein „voller werktätiger Betrieb" setzt die Funktionsfähigkeit aller regelmäßig betriebenen Maschinen in einem Umfang voraus, dass eine ausreichende Beschäfti-

---

1 BT-Drs. 12/5888, S. 29. | 2 Erlass des MASSKS NRW v. 18.5.1999 – 215–8435, Nr. 10.3.9. | 3 MünchArbR/*Anzinger*, § 221 Rz. 41. | 4 Erlass des MASSKS NRW v. 18.5.1999 – 215–8435, Nr. 10.3.10.1. | 5 *Baeck/Deutsch*, § 10 ArbZG Rz. 78. | 6 Erlass des MASSKS NRW v. 18.5.1999 – 215–8435, Nr. 10.3.11. | 7 Erlass des MASSKS NRW v. 18.5.1999 – 215–8435, Nr. 10.3.11. | 8 Erlass des MASSKS NRW v. 18.5.1999 – 215–8435, Nr. 10.3.11. | 9 Erlass des MASSKS NRW v. 18.5.1999 – 215–8435, Nr. 10.3.11. | 10 Erlass des MASSKS NRW v. 18.5.1999 – 215–8435, Nr. 10.3.11. | 11 *Baeck/Deutsch*, § 10 ArbZG Rz. 87. | 12 *Baeck/Deutsch*, § 10 ArbZG Rz. 90. | 13 *Neumann/Biebl*, § 10 ArbZG Rz. 36; *Baeck/Deutsch*, § 10 ArbZG Rz. 94. | 14 Kasseler Handbuch/*Schliemann*, 2.5 Rz. 561; *Neumann/Biebl*, § 10 ArbZG Rz. 36; *Baeck/Deutsch*, § 10 ArbZG Rz. 94. | 15 MünchArbR/*Anzinger*, § 221 Rz. 45. | 16 MünchArbR/*Anzinger*, § 221 Rz. 46. | 17 MünchArbR/*Anzinger*, § 221 Rz. 47.

gungsmöglichkeit für die volle Zahl der ArbN ermöglicht wird. Für Jahresinstandsetzungsarbeiten großer und kapitalintensiver Aggregate können auch mehrere Sonn- und Feiertage in Anspruch genommen werden. Hingegen zählen das Aufstellen neuer Maschinen und das Auswechseln ganzer Betriebseinrichtungen nicht zu den Instandhaltungsarbeiten iSd. § 10 Abs. 1 Nr. 14[1].

18 c) **Datennetze und Rechnersysteme (§ 10 Abs. 1 Nr. 14, Alt. 3).** Hier wird klargestellt, dass an Sonn- und Feiertagen auch die „Kontrolle der Funktionsfähigkeit von Datennetzen" zulässig ist. Der seit den 80er Jahren gestiegene bargeldlose Zahlungsverkehr erfordert den ununterbrochenen Betrieb von Großrechnern. Durch die Klarstellung soll die Funktionsfähigkeit der Rechner an allen Tagen des Jahres kontrolliert werden können[2].

19 15. **Arbeiten zur Verhütung des Verderbens von Naturerzeugnissen oder Rohstoffen oder des Misslingens von Arbeitsergebnissen sowie kontinuierlich durchzuführende Forschungsarbeiten (§ 7 Abs. 1 Nr. 15).** Die Vorschrift enthält drei Alternativtatbestände und erlaubt eine Beschäftigung an Sonn- und Feiertagen für solche Arbeiten, die bereits an dem vorangegangenen Werktag begonnen worden sind und nach an dem jeweiligen Sonn- oder Feiertag fertig gestellt werden sollen[3]. Bei dieser sog. **diskontinuierlichen Sonn- und Feiertagsarbeit**, die auch Chargenproduktion genannt wird, werden die Werkstoffe bedingt durch das Fassungsvermögen der Produktionseinrichtung mit zeitlicher Unterbrechung in das Arbeitssystem eingegeben und partieweise be- und verarbeitet (Brennöfen, Betonmischer, Färbebäder usw.)[4]. Darüber hinaus kann die Vorschrift auch eine **kontinuierliche Sonn- und Feiertagsbeschäftigung** rechtfertigen[5]. Bei der kontinuierlichen Produktion erfolgen Transporttätigkeiten und Produktionstätigkeiten simultan und ohne zeitliche Unterbrechung, weil die zu verarbeitenden Stoffe stetig durch einen Apparat laufen (Reaktionsapparat, Kolonne, Trockner usw.)[6].

20 a) **Verderben von Rohstoffen und Naturerzeugnissen (§ 10 Abs. 1 Nr. 15, Alt. 1).** Die Vorschrift soll das Verderben von Rohstoffen und Naturerzeugnissen, insb. tierischen und pflanzlichen Erzeugnissen in naturbelassenem Zustand[7], verhindern. Rohstoffe sind nicht nur die eigentlichen Rohprodukte, sondern auch die im Produktionsprozess anfallenden Zwischenprodukte (Halbfabrikate)[8]. Die **Grenze**, ab der ein Verderben vorliegt, kann nicht immer präzise festgelegt werden[9] und wird nicht allein durch toxikologische oder chemische Maßstäbe bestimmt[10]. Entscheidend sind vielmehr Zweckbestimmung, Verwendungsmöglichkeit, Konsumverhalten[11] und Marktanforderungen[12]. So liegt ein „Verderben" bei Frischobst schon bei einer Qualitätsminderung vor[13]. Sonn- und Feiertagsarbeit sind gleichwohl nur zulässig, wenn die allgemein gebräuchlichen und zumutbaren betriebstechnischen und organisatorischen Möglichkeiten ausgeschöpft sind, um das Verderben der Naturerzeugnisse und Rohstoffe zu verhindern wie etwa Kühlung, Einfrieren, Trocknen, Begasen, Einsalzen, schneller Transport zum Verbraucher oder besondere Verpackungen[14]. Das Verderben darf keinesfalls vom ArbGeb schuldhaft verursacht worden sein[15].

21 b) **Misslingen von Arbeitsergebnissen (§ 10 Abs. 1 Nr. 15, Alt. 2).** Diese Ausnahmeregelung hat den Begriff des „Misslingens von Arbeitsergebnissen" in das Arbeitszeitrecht eingeführt. Anders als die Vorgängervorschrift des § 105c Abs. 1 Nr. 4, Alt. 2 GewO, bei der von „Arbeitserzeugnissen" die Rede war, werden daher jetzt nicht nur die End- und Zwischenprodukte von Herstellungsprozessen, sondern die **Ergebnisse jeder Arbeit**, auch außerhalb von Herstellungsprozessen, erfasst[16].

22 aa) **Zweck und Erforderlichkeit der Arbeiten.** Die Beschäftigung an Sonn- und Feiertagen zur Verhütung des Misslingens von Arbeitsergebnissen schließt Arbeiten, die in Wirklichkeit anderen Zwecken wie der Produktionssteigerung, der besseren wirtschaftlichen Auslastung der Maschinen oder der Verringerung der Produktionskosten dient[17], aus. Erforderlich ist, dass es durch die Nichtarbeit an Sonn- und Feiertagen zu einer **Ausschussproduktion** kommen würde[18]. Die Sonn- und Feiertagsarbeit muss zur Erreichung dieses Zwecks nicht nur nützlich, sondern **erforderlich** sein. Der vom Gesetz bezweckte Schutz der ArbN erfordert die Beschränkung zulässiger Sonn- und Feiertagsbeschäftigung auf das Notwendige. Notwendig ist die Beschäftigung an Sonn- und Feiertagen dann nicht, wenn das Misslingen von Arbeitsergebnissen auch auf andere, zumutbare Weise verhütet werden kann[19]. Der ArbGeb muss die **allgemein**

---

[1] Erlass des MASSKS NRW v. 18.5.1999 – 215–8435, Nr. 10.3.14. | [2] BT-Drs. 12/5888, S. 29. | [3] BVerwG v. 19.9.2000 – 1 C 17/99, NZA 2000, 1232. | [4] Vgl. auch Gabler Wirtschaftslexikon, 15. Aufl. 2000, Stichwort „diskontinuierliche Produktion"; Beispiele aus *Brockhaus*, Die Enzyklopädie, 2001, Stichwort „Charge". | [5] BT-Drs. 12/5888, S. 29; *Zmarzlik*, DB 1994, 1082 (1085); durch die Verwendung des Wortes „kontinuierlich" in der dritten Alternative der Vorschrift soll nicht zum Ausdruck kommen, dass bei den ersten beiden Alternativen nur diskontinuierliche Sonn- und Feiertagsarbeit gemeint ist. Dies ergibt sich auch aus dem in § 1 Nr. 1 zum Ausdruck kommenden Flexibilisierungsgedanken, BVerwG v. 19.9.2000 – 1 C 17/99, NZA 2000, 1232. | [6] Vgl. auch, Gabler Wirtschaftslexikon,15. Aufl. 2000, Stichwort „kontinuierliche Produktion"; Beispiele aus *Brockhaus*, Die Enzyklopädie, 2001, Stichwort „kontinuierlicher Betrieb". | [7] *Zmarzlik*, DB 1994, 1082 (1085). | [8] Erlass des MASSKS NRW v. 18.5.1999 – 215–8435, Nr. 10.3.15. | [9] *Zmarzlik*, AR-Blattei SD, 240, Rz. 418. | [10] Erlass des MASSKS NRW v. 18.5.1999 – 215–8435, Nr. 10.3.15. | [11] Erlass des MASSKS NRW v. 18.5.1999 – 215–8435, Nr. 10.3.15. | [12] *Zmarzlik*, AR-Blattei SD, 240, Rz. 418. | [13] Erlass des MASSKS NRW v. 18.5.1999 – 215–8435, Nr. 10.3.15. | [14] *Zmarzlik*, AR-Blattei SD, 240, Rz. 421; Erlass des MASSKS NRW v. 18.5.1999 – 215–8435, Nr. 10.3.15. | [15] *Zmarzlik*, AR-Blattei SD, 240, Rz. 420. | [16] *Zmarzlik*, DB 1994, 1082 (1085). | [17] BVerwG v. 19.9.2000 – 1 C 17/99, NZA 2000, 1232. | [18] BVerwG v. 19.9.2000 – 1 C 17/99, NZA 2000, 1232. | [19] BVerwG v. 19.9.2000 – 1 C 17/99, NZA 2000, 1232.

gebräuchlichen und zumutbaren betriebstechnischen und organisatorischen Möglichkeiten ausschöpfen, um ein Misslingen von Arbeitsergebnissen so gering wie möglich zu halten[1]. Ggf. ist er gehalten, zumutbare Maßnahmen zur Modernisierung der Betriebsabläufe zu treffen, bevor er die Beschäftigung an Sonn- und Feiertagen anordnet[2]. Eine drohende Ausschuss-/Ausfallquote ist dann nicht zu berücksichtigen, wenn der Arbeitsprozess aus anderen Gründen einmal oder mehrmals pro Woche unterbrochen werden muss, sofern die Unterbrechung auf einen Sonn- oder Feiertag gelegt werden kann[3].

bb) Misslungene Arbeitsergebnisse. Bei einem Produktionsbetrieb sind Arbeitsergebnisse misslungen, wenn sie zu dem vorgesehenen Zweck nicht brauchbar sind, dh., wenn ihre bestimmungsgemäße Verwendung ausgeschlossen oder wesentlich beeinträchtigt ist[4]. Das **Nichtgelingen** ist die gravierendste Form des Misslingens. Auch Ergebnisse, die nicht vollständig missraten und noch absetzbar aber von **minderer Qualität** sind, können misslungen sein[5]. Für die Beurteilung ist auf die **Vorgaben des Unternehmens** abzustellen, da es im Interesse des Absatzes die Qualitätsanforderungen festlegt[6]. Werden von dem Unternehmen typischerweise, etwa wegen bestimmter Unterschiede in der Zusammensetzung der Rohmaterialien, Produkte von unterschiedlicher Qualität hergestellt (1. und 2. Wahl), liegt ein Misslingen der Arbeitsergebnisse nur dann vor, wenn auch Produkte der minderen Qualitätsstufe überhaupt nicht verkäuflich sind oder die vorgegebene Quote für Produkte der jeweiligen Qualitätsstufe deutlich verfehlt wird[7]. Ungeeignete Ausgangsstoffe oder ein fehlerhafter Herstellungsprozess rechtfertigen keine Sonn- und Feiertagsarbeit[8]. 23

cc) Misslingensquote. Nicht erforderlich ist, dass alle Arbeitsergebnisse ohne Sonn- und Feiertagsarbeit misslingen würden. Hier reicht eine relevante Misslingensquote, die allerdings nicht ohne Rücksicht auf das jeweilige Produkt festgelegt werden kann, aus. Die Begründung zum Regierungsentwurf[9] führt einen Anteil von **5% der Wochenproduktion** an und bietet damit einen Anhalt[10]. 5% der werktäglichen Wochenproduktion entsprechen 7,2 Arbeitsstunden und damit etwa einer Schicht[11]. Dabei ist als Bezugsgröße die fehlerfreie Wochenproduktion von Montag 0 Uhr bis Samstag 24 Uhr (144 Stunden) zugrunde zu legen[12]. Im Einzelfall kann auch eine Unterschreitung der 5%-Grenze ein „Misslingen von Arbeitsergebnissen" darstellen[13]. Eine starre 5%-Grenze als Voraussetzung für die Zulässigkeit der Sonntagsarbeit würde den unterschiedlichen Industriezweigen und den unterschiedlichen tatsächlichen Gegebenheiten nicht gerecht[14]. 24

dd) Beispiele. Folgende kontinuierlichen Herstellungsprozesse verlangen regelmäßig Sonn- und Feiertagsarbeit[15]: 25

- Produktion in der **chemischen Industrie**, bei der die geforderte Qualität nur bei genauer Einhaltung der Parameter Produktreinheit, Mischungsverhältnis, physikalische und sicherheitstechnische Daten gewährleistet ist;
- Herstellung von Kunststofffasern, Zement, keramischen Erzeugnissen, Glas, Koks, Zellstoff, Gleitschalungen, Obst- und Gemüsekonserven, Schokolade-, Karamell- und Keksriegeln, Bier, entkoffeiniertem Kaffee und Tiernahrung.

ee) Produktionsausfall. Vergleichbar mit den Fällen des „Misslingens von Arbeitsergebnissen" sind die Fallgestaltungen, in denen das Beschäftigungsverbot an Sonn- und Feiertagen zu einem werktäglichen Produktionsausfall von mindestens einer Schicht führen würde[16]. Insbesondere bei länger dauernden Arbeitsprozessen ist eine gleichmäßige Aufteilung auf die werktägliche wöchentliche Arbeitszeit nicht immer möglich. So können etwa beim **versetzten Chargenbetrieb** durch das Beschäftigungsverbot Produktionsausfälle von mehr als 8 Stunden auftreten, was einem Produktionsverlust von mehr als 5% entsprechen würde. Kann ein derartiger Produktionsausfall dadurch vermieden werden, dass das Verfahren am Sonn- und Feiertag zu Ende geführt wird, so sind die entsprechenden Arbeiten zulässig[17], und zwar unabhängig davon, ob vorhersehbar war, dass die Arbeit oder das Herstellungsverfahren nicht ohne Sonn- und Feiertagsarbeit zu Ende geführt werden kann[18]. Nicht zulässig ist jedoch ein Ansetzen neuer Chargen[19]. 26

c) Forschungsarbeiten (§ 10 Abs. 1 Nr. 15, Alt. 3). Die dritte Alternative des § 10 Abs. 1 Nr. 15 lässt die Beschäftigung von ArbN an Sonn- und Feiertagen bei kontinuierlich durchzuführenden Forschungsarbeiten zu. 27

---

1 Erlass des MASSKS NRW v. 18.5.1999 – 215–8435, Nr. 10.3.15. | 2 BVerwG v. 19.9.2000 – 1 C 17/99, NZA 2000, 1232. | 3 BT-Drs. 12/5888, S. 29. | 4 BVerwG v. 19.9.2000 – 1 C 17/99, NZA 2000, 1232. | 5 *Zmarzlik*, AR-Blattei SD, 240, Rz. 425. | 6 BVerwG v. 19.9.2000 – 1 C 17/99, NZA 2000, 1232. | 7 BVerwG v. 19.9.2000 – 1 C 17/99, NZA 2000, 1232. | 8 Erlass des MASSKS NRW v. 18.5.1999 – 215–8435, Nr. 10.3.15. | 9 BT-Drs. 12/5888, S. 29. | 10 BVerwG v. 19.9.2000 – 1 C 17/99, NZA 2000, 1232. | 11 *Zmarzlik*, AR-Blattei SD, 240, Rz. 439; dieser Maßstab findet sich vergleichbar in § 9 Abs. 2, womit der Verlust an Produktionszeit bei einem Schichtwechsel um 22 Uhr zwischen 22 und 6 Uhr (8 Stunden) vermieden werden kann, vgl. Erlass des MASSKS NRW v. 18.5.1999 – 215–8435, Nr. 10.3.15. | 12 Erlass des MASSKS NRW vom 18.5.1999 – 215–8435, Nr. 10.3.15. | 13 BT-Drs. 12/5888, S. 29. | 14 *Zmarzlik*, AR-Blattei SD, 240, Rz. 436. | 15 Beispiele nach *Zmarzlik*, AR-Blattei SD, 240, Rz. 442, 444. | 16 Erlass des MASSKS NRW v. 18.5.1999 – 215–8435, Nr. 10.3.15. | 17 Erlass des MASSKS NRW v. 18.5.1999 – 215–8435, Nr. 10.3.15. | 18 *Zmarzlik*, AR-Blattei SD, 240, Rz. 433. | 19 Erlass des MASSKS NRW v. 18.5.1999 – 215–8435, Nr. 10.3.15.

28 16. Arbeiten zur Vermeidung von Schäden an Produktionseinrichtungen (§ 10 Abs. 1 Nr. 16). Die Vorschrift lässt kontinuierliche Sonn- und Feiertagsarbeit auch dann zu, wenn die Produktionsunterbrechung zu einer Zerstörung oder erheblichen Beschädigung von Produktionseinrichtungen führen würde[1]. Dies wäre dann der Fall, wenn sie wegen der Arbeitsunterbrechung an Sonn- und Feiertagen sofort oder im Laufe der Zeit unbrauchbar oder in ihrer Haltbarkeit erheblich beschädigt oder beeinträchtigt würden[2].

29 17. Produktionsarbeiten (§ 10 Abs. 2). Nach § 10 Abs. 2 sind Produktionsarbeiten an Sonn- und Feiertagen auch dann erlaubt, wenn Unterbrechungen wegen zulässiger Reinigungs- und Instandhaltungsarbeiten iSd. § 10 Abs. 1 Nr. 14 den Einsatz von mehr ArbN erfordern würden als bei durchgehender Produktion. Mit dieser Regelung soll eine Verringerung der von Sonntagsarbeit betroffenen ArbN erreicht werden. Denn es dient nicht dem Sonn- und Feiertagsschutz, wenn infolge der Unterbrechung mehr ArbN beschäftigt werden müssten als bei fortlaufender Produktion. Maßgeblich ist nicht die Kopfzahl der ArbN, sondern die in dem jeweiligen Fall zu leistende Arbeitszeit[3].

30 18. Bäckereien und Konditoreien (§ 10 Abs. 3). Die Ausnahme des § 10 Abs. 3, wonach ArbN in Bäckereien und Konditoreien an Sonn- und Feiertagen bis zu drei Stunden mit der **Herstellung** und dem **Austragen** oder Ausfahren von Konditorwaren und an diesem Tag zum Verkauf kommenden Bäckerwaren beschäftigt werden, soll die durchgehende Versorgung der Bevölkerung mit frischen Back- und Konditorwaren sicherstellen[4]. Entgegen dem Wortlaut der Vorschrift müssen auch Konditorwaren noch am selben Tag zum Verkauf kommen. Es handelt sich um ein offensichtliches Redaktionsversehen des Gesetzgebers, der keine Privilegierung der Konditoreien beabsichtigt hatte[5].

31 19. Finanzgeschäfte (§ 10 Abs. 4). Diese Ausnahmebestimmung wurde durch die Einführung des Eil- und Großbetragszahlungssystems TARGET, das eine schnelle Abwicklung des bargeldlosen Zahlungsverkehrs in den Mitgliedstaaten der EU gewährleisten soll, erforderlich. Erfasst werden alle, nicht an einem Werktag vornehmbaren Arbeiten, die zur Durchführung des Eil- und Großbezahlungsverkehrs sowie des Geld-, Devisen-, Wertpapier- und Derivatehandels erforderlich sind, einschließlich der Hilfs- und Nebentätigkeiten, nicht hingegen der normale Massenzahlungsverkehr[6]. § 10 Abs. 4 erlaubt keine Arbeit an Feiertagen, die auf einen Werktag fallen, wenn sie in allen Tagen der EU Feiertage sind. Dies sind der 25. Dezember und der 1. Januar[7].

11 *Ausgleich für Sonn- und Feiertagsbeschäftigung*
(1) Mindestens 15 Sonntage im Jahr müssen beschäftigungsfrei bleiben.

(2) Für die Beschäftigung an Sonn- und Feiertagen gelten die §§ 3 bis 8 entsprechend, jedoch dürfen durch die Arbeitszeit an Sonn- und Feiertagen die in den §§ 3, 6 Abs. 2 und § 7 bestimmten Höchstarbeitszeiten und Ausgleichszeiträume nicht überschritten werden.

(3) Werden Arbeitnehmer an einem Sonntag beschäftigt, müssen sie einen Ersatzruhetag haben, der innerhalb eines den Beschäftigungstag einschließenden Zeitraums von zwei Wochen zu gewähren ist. Werden Arbeitnehmer an einem auf einen Werktag fallenden Feiertag beschäftigt, müssen sie einen Ersatzruhetag haben, der innerhalb eines den Beschäftigungstag einschließenden Zeitraums von acht Wochen zu gewähren ist.

(4) Die Sonn- oder Feiertagsruhe des § 9 oder der Ersatzruhetag des Absatzes 3 ist den Arbeitnehmern unmittelbar in Verbindung mit einer Ruhezeit nach § 5 zu gewähren, soweit dem technische oder arbeitsorganisatorische Gründe nicht entgegenstehen.

1 I. Inhalt und Zweck. § 11 enthält Ausgleichsverpflichtungen für Sonn- und Feiertagsbeschäftigung. Während der Regierungsentwurf noch vorsah, dass mindestens ein Sonntag im Monat beschäftigungsfrei bleiben sollte[8], wurde § 11 Abs. 1 im Hinblick auf die Beschlüsse des Ausschusses für Arbeits- und Sozialordnung dahingehend flexibler gestaltet, dass 15 Tage im Jahr beschäftigungsfrei bleiben müssen. Damit wurde dem Umstand Rechnung getragen, dass die Gewährung eines arbeitsfreien Sonntags in Saisonbetrieben sowie in den Bereichen, in denen typischerweise sonntags gearbeitet wird, nicht immer ohne weiteres möglich ist[9].

2 II. Die einzelnen Ausgleichsverpflichtungen. 1. Mindestzahl beschäftigungsfreier Sonntage (§ 11 Abs. 1). Nach § 11 Abs. 1 müssen mindestens **15 Sonntage** im Jahr beschäftigungsfrei bleiben. Maßgeblich ist die Zahl der tatsächlich beschäftigungsfreien Sonntage[10]. Auch Urlaubs- und Krankheitstage sind insoweit anrechenbar[11]. Bezugszeitraum ist nicht das Kalenderjahr[12] und auch nicht das Beschäftigungsjahr, das auf die erstmalige Sonntagsarbeit folgt[13]. Vielmehr kann der ArbGeb im Interesse der

---

[1] BT-Drs. 12/5888, S. 29. | [2] Erlass des MASSKS NRW v. 18.5.1999 – 215-8435, Nr. 10.3.16. | [3] ErfK/*Wank*, § 10 ArbZG Rz. 28. | [4] *Neumann/Biebl*, § 10 ArbZG Rz. 56. | [5] Kasseler Handbuch/*Schliemann*, 2.5 Rz. 594; *Baeck/Deutsch*, § 10 ArbZG Rz. 153; *Neumann/Biebl*, § 10 ArbZG Rz. 58. | [6] *Neumann/Biebl*, § 10 ArbZG Rz. 60. | [7] Kasseler Handbuch/*Schliemann*, 2.5 Rz. 595. | [8] BT-Drs. 12/5888, S. 8 u. 29. | [9] BT-Drs. 12/6990, S. 43. | [10] *Baeck/Deutsch*, § 11 ArbZG Rz. 7; Erlass des MASSKS NRW v. 18.5.1999 – 215-8435, Nr. 11.1. | [11] Erlass des MASSKS NRW v. 18.5.1999 – 215-8435, Nr. 11.1. | [12] *Baeck/Deutsch*, § 11 ArbZG Rz. 9; *Junker*, ZfA 1998, 105 (127). | [13] So aber *Neumann/Biebl*, § 11 ArbZG Rz. 2; *Baeck/Deutsch*, § 11 ArbZG Rz. 9.

Ausgleich für Sonn- und Feiertagsbeschäftigung   Rz. 8 § 11 ArbZG

mit dem ArbZG gewollten Flexibilisierung den Bezugszeitraum von 12 aufeinander folgenden Monaten individuell festlegen[1]. **Auf Feiertage** findet § 11 Abs. 1 **keine (analoge) Anwendung**. Der ArbGeb muss ArbN nicht von Feiertagsarbeit freistellen[2].

2. Arbeitszeitgrenzen (§ 11 Abs. 2). Gem. § 11 Abs. 2 sind aus Gründen des Gesundheitsschutzes der ArbN[3] auch bei der Sonn- und Feiertagsarbeit die Arbeitszeitgrenzen der §§ 3 bis 8 maßgeblich. Insbesondere sind Ruhepausen und Ruhezeiten wie an Werktagen zu gewähren[4], ebenso Zuschläge nach § 6 Abs. 5[5]. Da im ArbZG keine höchst zulässige Wochenarbeitszeit festgelegt ist, kommt somit sogar eine Beschäftigung von ArbN bis zu 70 Stunden/Woche in Betracht[6]. Sichergestellt sein muss indes, dass innerhalb des maßgeblichen Zeitraums ein Ausgleich erfolgt.

3. Ersatzruhetage (§ 11 Abs. 3). § 11 Abs. 3 regelt den erforderlichen Ausgleich von Sonn- und Feiertagsarbeit durch Ersatzruhetage. Der Ersatzruhetag für Sonntagsarbeit muss innerhalb eines den Beschäftigungstag einschließenden Ausgleichszeitraums von **zwei Wochen**, der Ersatzruhetag für Feiertagsarbeit, die auf einen Werktag fällt, muss innerhalb eines den Beschäftigungstag einschließenden Zeitraums von **8 Wochen** gewährt werden.

a) Geeignete Ersatzruhetage. Der Ersatzruhetag des § 11 Abs. 3 Satz 1 muss nach Konzeption und Zweck des ArbZG, das von der Sechs-Tage-Woche ausgeht, kein Tag sein, der ansonsten ein **Arbeitstag** wäre[7]; er muss aber auf einem **Werktag** liegen[8]. Ein Ersatzruhetag kann somit an einem ohnehin arbeitsfreien Samstag oder an einem schichtplanmäßig arbeitsfreien sonstigen Werktag gewährt werden[9]. Er kann auch vor dem Beschäftigungstag liegen[10] oder durch den Schichtplan „gewährt" werden, ohne dass er ausdrücklich als Ersatzruhetag bezeichnet sein müsste[11]. Sonn-, Feier- und Urlaubstage können aber nicht angerechnet werden[12]. Ein vorher festgelegter Ersatzruhetag entfällt nicht deswegen, weil der ArbN an diesem Tag unerwartet erkrankt[13]. Fällt ein Feiertag auf einen Sonntag, ist nur ein Ersatzruhetag zu gewähren[14]. Bei In-Kraft-Treten des ArbZG bestehende oder nachwirkende TV, die anstelle des Freizeitausgleichs einen Vergütungsausgleich vorsehen, verdrängen gemäß § 25 Satz 3 unabhängig von der Höhe des Zuschlags den Anspruch auf Ersatzruhetage[15].

b) Mitbest. Gem. § 87 Abs. 1 Nr. 2 BetrVG hat der BR bei der Festlegung der zeitlichen Lage des Ersatzruhetages mitzubestimmen. Dem MitbestR steht § 12 Satz 1 Nr. 2 nicht entgegen, wonach durch TV oder aufgrund eines TV durch BV zB der Wegfall von Ersatzruhetagen vereinbart werden. Denn es geht bei der Festlegung der Ersatzruhetage nicht um abweichende Regelungen, sondern um die zeitliche Lage der Tage. Hier lässt der Gesetzgeber in § 11 Abs. 3 einen Regelungsspielraum, in dessen Rahmen das MitbestR besteht[16].

4. Ersatzruhetag und Ruhezeit (§ 11 Abs. 4). Die Bestimmung gewährleistet, dass die Sonn- und Feiertagsruhe oder der Ersatzruhetag in Verbindung mit einer 11-stündigen Ruhezeit des § 5 liegt. Es soll damit eine wöchentliche Mindestruhezeit von 35 Stunden sicher gestellt werden[17]. Die 11-stündige Ruhezeit kann vor oder nach dem Sonn-, Feier- oder Ersatzruhetag liegen[18]. Abweichungen von der unmittelbaren Verbindung von Ruhetag und Ruhezeit sind bei technischen oder arbeitsorganisatorischen Gründen möglich. Eine Unterschreitung der 24-stündigen Ruhezeit an Sonn- und Feiertagen bzw. am Ersatzruhetag kommt jedoch nach § 11 Abs. 4 nicht in Betracht. Insoweit sind nur die Ausnahmetatbestände der §§ 10, 13, 14, 15 einschlägig[19]. Die Gründe nach § 11 Abs. 4 müssen so bedeutsam sein, dass dem ArbGeb die Einhaltung des Grundsatzes der unmittelbaren Verbindung nicht zugemutet werden kann[20]. Hierzu zählen:

- üblicher **Schichtwechsel**[21] von der Spätschicht am Samstag (Ende 22 Uhr) auf die Frühschicht am Montag (Beginn 6 Uhr)[22]
- Ende der **Verkaufszeit** im Einzelhandel an Samstagen nach 13 Uhr und früher Beginn der Arbeit am Montag[23]
- **Abschlussarbeiten** am Samstag nach 22 Uhr oder **Vorbereitungsarbeiten** am Montag vor 6 Uhr

III. Straf- und bußgeldrechtliche Sanktionen. Verstöße gegen § 11 Abs. 1 und 3 sind nach §§ 22 Abs. 1 Nr. 6, 23 Abs. 1 straf- und bußgeldbewehrt.

---

1 *Zmarzlik/Anzinger*, § 10 ArbZG Rz. 15; *Junker*, ZfA 1998, 105 (127). | 2 *Baeck/Deutsch*, § 11 ArbZG Rz. 7. | 3 BT-Drs. 12/5888, S. 29. | 4 *Neumann/Biebl*, § 10 ArbZG Rz. 5; *Baeck/Deutsch*, § 11 ArbZG Rz. 13. | 5 BAG v. 27.1.2000 – 6 AZR 471/98, NZA 2001, 41; *Neumann/Biebl*, § 10 ArbZG Rz. 5. | 6 *Dobberahn*, Rz. 29; *Baeck/Deutsch*, § 11 ArbZG Rz. 14. | 7 BAG v. 12.12.2001 – 5 AZR 294/00, DB 2002, 1111; LAG Sachsen v. 21.4.1999 – 2 Sa 1077/98, ZTR 1999, 477; *Dobberahn*, Rz. 122; *Neumann/Biebl*, § 11 ArbZG Rz. 18; aA *Zmarzlik/Anzinger*, § 11 ArbZG Rz. 31; *Buschmann/Ulber*, § 11 ArbZG Rz. 3; Erlass des MASSKS NRW v. 18.5.1999 – 215-8435, Nr. 11.2. | 8 *Neumann/Biebl*, § 11 ArbZG Rz. 8. | 9 BAG v. 12.12.2001 – 5 AZR 294/00, DB 2002, 1111. | 10 *Neumann/Biebl*, § 11 ArbZG Rz. 8; *Baeck/Deutsch*, § 11 ArbZG Rz. 11. | 11 BAG v. 12.12.2001 – 5 AZR 294/00, DB 2002, 1111. | 12 Erlass des MASSKS NRW v. 18.5.1999 – 215-8435, Nr. 11.2. | 13 Erlass des MASSKS NRW v. 18.5.1999 – 215-8435, Nr. 11.2. | 14 *Baeck/Deutsch*, § 11 ArbZG Rz. 16. | 15 BAG v. 12.12.2001 – 5 AZR 294/00, DB 2002, 1111. | 16 LAG Köln v. 24.9.1998 – 10 TaBV 57/97, NZA-RR 1999, 194; *Neumann/Biebl*, § 11 Nr. 10. | 17 BT-Drs. 12/5888, S. 30. | 18 *Baeck/Deutsch*, § 11 ArbZG Rz. 26. | 19 *Baeck/Deutsch*, § 11 ArbZG Rz. 28. | 20 *Baeck/Deutsch*, § 11 ArbZG Rz. 31. | 21 BT-Drs. 12/5888, S. 30. | 22 *Baeck/Deutsch*, § 11 ArbZG Rz. 31; *Neumann/Biebl*, § 11 ArbZG Rz. 15. | 23 *Baeck/Deutsch*, § 11 ArbZG Rz. 29.

§ 12 Abweichende Regelungen

In einem Tarifvertrag oder auf Grund eines Tarifvertrags in einer Betriebs- oder Dienstvereinbarung kann zugelassen werden,

1. abweichend von § 11 Abs. 1 die Anzahl der beschäftigungsfreien Sonntage in den Einrichtungen des § 10 Abs. 1 Nr. 2, 3, 4 und 10 auf mindestens zehn Sonntage, im Rundfunk, in Theaterbetrieben, Orchestern sowie bei Schaustellungen auf mindestens acht Sonntage, in Filmtheatern und in der Tierhaltung auf mindestens sechs Sonntage im Jahr zu verringern,
2. abweichend von § 11 Abs. 3 den Wegfall von Ersatzruhetagen für auf Werktage fallende Feiertage zu vereinbaren oder Arbeitnehmer innerhalb eines festzulegenden Ausgleichszeitraums beschäftigungsfrei zu stellen,
3. abweichend von § 11 Abs. 1 bis 3 in der Seeschifffahrt die den Arbeitnehmern nach diesen Vorschriften zustehenden freien Tage zusammenhängend zu geben,
4. abweichend von § 11 Abs. 2 die Arbeitszeit in vollkontinuierlichen Schichtbetrieben an Sonn- und Feiertagen auf bis zu zwölf Stunden zu verlängern, wenn dadurch zusätzliche freie Schichten an Sonn- und Feiertagen erreicht werden.

§ 7 Abs. 3 bis 6 findet Anwendung.

§ 12 Abs. 1 geändert durch Gesetz zu Reformen am Arbeitsmarkt v. 24.12.2003[1].

1 I. Inhalt und Zweck. Mit § 12 wird den TV-Parteien und den Betriebspartnern die Befugnis übertragen, die Dauer der Arbeitszeit bei gesetzlich zulässiger Sonn- und Feiertagsarbeit festzulegen sowie die Zahl der arbeitsfreien Sonntage und die Ersatzruhetage zu variieren[2].

2 II. Die einzelnen Bestimmungen. 1. Zahl der beschäftigungsfreien Sonntage (§ 12 Satz 1 Nr. 1). Die Bestimmung ermöglicht, die Zahl der nach § 11 Abs. 1 grundsätzlich 15 freien Sonntage in den näher bezeichneten Beschäftigungsbereichen zu verringern.

3 a) Reduzierung auf zehn Sonntage. Eine Reduzierung der beschäftigungsfreien Sonntage auf mindestens zehn im Jahr ist möglich bei Arbeiten

- zur Aufrechterhaltung der öffentlichen Sicherheit und Ordnung
- zur Aufrechterhaltung der Funktionsfähigkeit von Gerichten und Behörden,
- für Zwecke der Verteidigung,
- in Krankenhäusern und anderen Einrichtungen zur Behandlung, Pflege und Betreuung von Personen,
- in Gaststätten und anderen Einrichtungen zur Bewirtung und Beherbergung,
- im Haushalt,
- in Verkehrsbetrieben sowie
- beim Transport und Kommissionieren von leicht verderblichen Waren iSd. § 30 Abs. 3 Nr. 2 der Straßenverkehrsordnung.

4 b) Reduzierung auf acht Sonntage. Eine Reduzierung der beschäftigungsfreien Sonntage auf mindestens 8 im Jahr ist möglich bei Beschäftigung

- im Rundfunk,
- in Theaterbetrieben,
- in Orchestern und bei
- Schaustellungen.

5 c) Reduzierung auf sechs Sonntage. Eine Reduzierung der beschäftigungsfreien Sonntage auf mindestens sechs im Jahr ist möglich bei Arbeiten

- in Filmtheatern und
- in der Tierhaltung.

6 2. Ersatzruhetage für Feiertage (§ 12 Satz 1 Nr. 2). Die TV-Parteien bzw. die Betriebspartner können nach dieser Vorschrift Ersatzruhetage für Feiertage wegfallen lassen und abweichende Ausgleichszeiträume für die Gewährung von Ersatzruhetagen vereinbaren[3]. Eine zeitliche Grenze für den Ausgleichszeitraum besteht nicht[4]. Der Grund für die abweichende Regelungsmöglichkeit liegt darin, dass die Gewährung von Ersatzruhetagen und die in § 11 Abs. 3 bestimmten Ausgleichszeiträume in einigen Bereichen nicht für alle ArbN eingehalten werden können[5]. Nr. 2 gilt zwar für alle Arten von Betrieben, betrifft vor allem aber **Saisonbetriebe**, deren Produktions- und Absatzprogramm abhängig von der Jah-

---

[1] BGBl. I S. 3002. [2] BT-Drs. 12/5888, S. 30. [3] Baeck/Deutsch, § 12 ArbZG Rz. 12. [4] Baeck/Deutsch, § 12 ArbZG Rz. 14. [5] BT-Drs. 12/5888, S. 30.

reszeit oder Verbrauchsgewohnheiten größeren, regelmäßig wiederkehrenden Schwankungen unterliegt[1] (Feriengastronomiebetriebe, Hersteller bestimmter Süßwaren, usw.) sowie **Kampagnebetriebe** mit einer von der Erntezeit abhängigen Produktionsweise[2] (Zuckerfabriken, Fischräuchereien)[3].

3. Besonderheiten für die Seeschifffahrt (§ 12 Satz 1 Nr. 3). Die Regelung trägt den Besonderheiten bei der Beschäftigung auf Seeschiffen Rechnung, die nicht in den Anwendungsbereich des Seemannsgesetzes fallen[4]. Den TV-Parteien bzw. den Betriebspartnern ist es gestattet, Ersatzruhetage zusammenhängend zu gewähren, nicht jedoch die Zahl der Ersatzruhetage zu verringern oder die Höchstarbeitszeiten zu verlängern[5]. Die zusammenhängende Gewährung von Ersatzruhetagen setzt voraus, dass auch der Ausgleichszeitraum verlängert wird[6]. Betroffen sind Beschäftigte[7]

- in der Seefischerei,
- bei der Küstenwache,
- in der Seenotrettung,
- auf Fischereischutzbooten[8],
- auf Forschungsschiffen des Bundes[9],
- die nicht in einem Heuerverhältnis stehen (§ 7 SeemG),
- Angestellte eines Geschäfts an Bord sowie
- Hilfskräfte in einem Restaurantbetrieb.

4. Besonderheiten bei Konti-Betrieben (§ 12 Satz 1 Nr. 4). Die Ausnahmevorschrift hat den Zweck, den ArbN in vollkontinuierlichen Schichtbetrieben, also in Betrieben mit einer wöchentlichen Betriebszeit von 168 Stunden[10], **mehr beschäftigungsfreie Sonntage** zu ermöglichen[11]. Im Gegenzug kann die Sonn- und Feiertagsarbeit auf bis zu 12 Stunden verlängert werden. Die Vorschrift lässt im Gegensatz zu den abweichenden Regelungen nach § 7 keine Arbeitszeitverlängerung insgesamt zu. Sie ermöglicht lediglich eine andere Verteilung der Arbeitszeit[12].

5. Nicht tarifgebundene Betriebe und Kirchen (§ 12 Satz 2). Nach § 12 Satz 2 findet § 7 Abs. 3 bis 6 Anwendung, um in nicht tarifgebundenen Betrieben sowie bei den Kirchen und öffentlich-rechtlichen Religionsgemeinschaften ebenfalls die Abweichungsmöglichkeiten des § 12 Satz 1 Nr. 1 bis 4 zu eröffnen[13].

13 *Ermächtigung, Anordnung, Bewilligung*

(1) Die Bundesregierung kann durch Rechtsverordnung mit Zustimmung des Bundesrates zur Vermeidung erheblicher Schäden unter Berücksichtigung des Schutzes der Arbeitnehmer und der Sonn- und Feiertagsruhe

1. die Bereiche mit Sonn- und Feiertagsbeschäftigung nach § 10 sowie die dort zugelassenen Arbeiten näher bestimmen,

2. über die Ausnahmen nach § 10 hinaus weitere Ausnahmen abweichend von § 9

   a) für Betriebe, in denen die Beschäftigung von Arbeitnehmern an Sonn- oder Feiertagen zur Befriedigung täglicher oder an diesen Tagen besonders hervortretender Bedürfnisse der Bevölkerung erforderlich ist,

   b) für Betriebe, in denen Arbeiten vorkommen, deren Unterbrechung oder Aufschub

      aa) nach dem Stand der Technik ihrer Art nach nicht oder nur mit erheblichen Schwierigkeiten möglich ist,

      bb) besondere Gefahren für Leben oder Gesundheit der Arbeitnehmer zur Folge hätte,

      cc) zu erheblichen Belastungen der Umwelt oder der Energie- oder Wasserversorgung führen würde,

   c) aus Gründen des Gemeinwohls, insbesondere auch zur Sicherung der Beschäftigung,

zulassen und die zum Schutz der Arbeitnehmer und der Sonn- und Feiertagsruhe notwendigen Bedingungen bestimmen.

(2) Soweit die Bundesregierung von der Ermächtigung des Absatzes 1 Nr. 2 Buchstabe a keinen Gebrauch gemacht hat, können die Landesregierungen durch Rechtsverordnung entsprechende Bestimmungen erlassen. *Die Landesregierungen können diese Ermächtigung durch Rechtsverordnung auf oberste Landesbehörden übertragen.*

---

1 Gabler Wirtschaftslexikon,15. Aufl. 2000, Stichwort „Saisonbetrieb". | 2 Gabler Wirtschaftslexikon,15. Aufl. 2000, Stichwort „Kampagnebetrieb". | 3 *Baeck/Deutsch*, § 12 ArbZG Rz. 12. | 4 BT-Drs. 12/5888, S. 30. | 5 *Neumann/Biebl*, § 12 ArbZG Rz. 7. | 6 *Baeck/Deutsch*, § 12 ArbZG Rz. 15. | 7 Vgl. *Baeck/Deutsch*, § 12 ArbZG Rz. 15. | 8 BT-Drs. 12/5888, S. 30. | 9 BT-Drs. 12/5888, S. 30. | 10 *Baeck/Deutsch*, § 12 ArbZG Rz. 17. | 11 BT-Drs. 12/5888, S. 30. | 12 Erlass des MASSKS NRW v. 18.5.1999 – 215–8435, Nr. 12. | 13 *Baeck/Deutsch*, § 12 ArbZG Rz. 19.

(3) Die Aufsichtsbehörde kann

1. feststellen, ob eine Beschäftigung nach § 10 zulässig ist,

2. abweichend von § 9 bewilligen, Arbeitnehmer zu beschäftigen

   a) im Handelsgewerbe an bis zu zehn Sonn- und Feiertagen im Jahr, an denen besondere Verhältnisse einen erweiterten Geschäftsverkehr erforderlich machen,

   b) an bis zu fünf Sonn- und Feiertagen im Jahr, wenn besondere Verhältnisse zur Verhütung eines unverhältnismäßigen Schadens dies erfordern,

   c) an einem Sonntag im Jahr zur Durchführung einer gesetzlich vorgeschriebenen Inventur,

und Anordnungen über die Beschäftigungszeit unter Berücksichtigung der für den öffentlichen Gottesdienst bestimmten Zeit treffen.

(4) Die Aufsichtsbehörde soll abweichend von § 9 bewilligen, dass Arbeitnehmer an Sonn- und Feiertagen mit Arbeiten beschäftigt werden, die aus chemischen, biologischen, technischen oder physikalischen Gründen einen ununterbrochenen Fortgang auch an Sonn- und Feiertagen erfordern.

(5) Die Aufsichtsbehörde hat abweichend von § 9 die Beschäftigung von Arbeitnehmern an Sonn- und Feiertagen zu bewilligen, wenn bei einer weitgehenden Ausnutzung der gesetzlich zulässigen wöchentlichen Betriebszeiten und bei längeren Betriebszeiten im Ausland die Konkurrenzfähigkeit unzumutbar beeinträchtigt ist und durch die Genehmigung von Sonn- und Feiertagsarbeit die Beschäftigung gesichert werden kann.

1 I. Inhalt und Zweck. § 13 ermöglicht weitere Ausnahmen vom Beschäftigungsverbot an Sonn- und Feiertagen.

2 II. Die einzelnen Bestimmungen. 1. Verordnungsermächtigung der Bundesregierung (§ 13 Abs. 1). a) Verordnungsermächtigung zur Begegnung von Missbräuchen. § 13 Abs. 1 Nr. 1 soll die Bundesregierung in die Lage versetzen, durch Rechtsverordnungen mit Zustimmung des Bundesrates Missbräuche bei der Anwendung des § 10 Abs. 1 und 2 zu begegnen und Grundlagen für eine einheitliche und vorsehbare Verwaltungspraxis zu schaffen[1]. Bislang hat sie davon **keinen Gebrauch** gemacht. Die VO über Ausnahmen vom Verbot der Beschäftigung von ArbN an Sonn- und Feiertagen in der Eisen- und Stahlindustrie[2] und in der Papierindustrie[3] sind noch auf der Grundlage des § 105d GewO erlassen worden.

3 b) Verordnungsermächtigung hinsichtlich bestimmter Betriebe. § 13 Abs. 1 Nr. 2 ermöglicht weitere Ausnahmen vom Beschäftigungsverbot an Sonn- und Feiertagen durch Rechtsverordnungen, nämlich

- für das sog. **Bedürfnisgewerbe** (§ 13 Abs. 1 Nr. 2 Buchst. a), das Waren oder Dienstleistungen zum Gegenstand hat, die von einem wesentlichen Teil der Bevölkerung als täglich wichtig in Anspruch genommen werden[4].

- ferner für Betriebe, bei denen die Unterbrechung oder der Aufschub der Arbeiten nach dem Stand der Technik ihrer Art nach nicht oder nur mit erheblichen Schwierigkeiten möglich ist (§ 13 Abs. 1 Nr. 2 Buchst. b aa),

- für Betriebe, bei denen die Unterbrechung oder der Aufschub der Arbeiten besondere Gefahren für Leben und Gesundheit der ArbN zur Folge hätte (§ 13 Abs. 1 Nr. 2 Buchst. b bb),

- für Betriebe, bei denen die Unterbrechung oder der Aufschub der Arbeiten zu erheblichen Belastungen der Umwelt oder der Energie- oder Wasserversorgung führen würde (§ 13 Abs. 1 Nr. 2 Buchst. b cc),

- aus Gründen des Gemeinwohls, insb. auch zur Sicherung der Beschäftigung (§ 13 Abs. 1 Nr. 2 Buchst. c). Gründe des Gemeinwohls umfassen auch gesamtwirtschaftliche Gründe wie die Existenzgefährdung von Betrieben und den damit verbundenen drohenden Verlust von Arbeitsplätzen sowie die angespannte internationale Wettbewerbssituation in einer Branche[5].

4 2. Verordnungsermächtigung der Landesregierungen (§ 13 Abs. 2). Nach § 13 Abs. 2 haben die Landesregierungen die Möglichkeit, insb. bei regionalen Regelungsbedürfnissen in den Fällen des § 13 Abs. 1 Nr. 2 Buchst. a Rechtsverordnungen zu erlassen, soweit die Bundesregierung von ihrer Ermächtigung keinen Gebrauch gemacht hat[6]. Von dieser Ermächtigung haben zahlreiche Landesregierungen Gebrauch gemacht[7] und entsprechend einem **Musterentwurf des Länderausschusses für Arbeitsschutz und Sicherheitstechnik (LASI)** entsprechende VO erlassen. So sieht etwa die nordrhein-westfälische

---

1 BT-Drs. 12/5888, S. 30. | 2 Verordnung über Ausnahmen vom Verbot der Beschäftigung von ArbN an Sonn- und Feiertagen in der Eisen- und Stahlindustrie v. 31.7.1968, BGBl. I S. 885. | 3 Verordnung über Ausnahmen vom Verbot der Beschäftigung von ArbN an Sonn- und Feiertagen in der Papierindustrie v. 20.7.1963, BGBl. I S. 491. | 4 BVerwG v. 14.11.1989 – 1 C 14/88, NJW 1990, 1061. | 5 BT-Drs. 12/5888, S. 30. | 6 BT-Drs. 12/5888, S. 30. | 7 Etwa Bayerische Bedürfnisgewerbeverordnung vom 29.7.1997, GVBl. S. 295; der wesentliche Inhalt ist abgedr. bei *Neumann/Biebl*, § 13 ArbZG Rz. 11; baden-württembergische Bedarfsgewerbeverordnung v. 16.11.1998, GBl., S. 616.

Bedarfsgewerbeverordnung[1] vor, dass ArbN abweichend von § 9 an Sonn- und Feiertagen in den folgenden Bereichen beschäftigt werden dürfen, soweit die Arbeiten für den Betrieb unerlässlich sind und nicht an Werktagen durchgeführt werden können:

- in Blumengeschäften, Kranzbindereien und Gärtnereien mit dem Zusammenstellen und Binden von Blumen und Pflanzen bis zu zwei Stunden außerhalb der zulässigen Ladenöffnungszeiten,
- Arbeiten zur Ausschmückung für Fest- und Feierlichkeiten, die an Sonn- und Feiertagen stattfinden,
- im Bestattungsgewerbe,
- in Garagen und Parkhäusern,
- in Brauereien, Betrieben zur Herstellung alkoholfreier Erfrischungsgetränke sowie Betrieben des Großhandels, die deren Erzeugnisse vertreiben, zur Belieferung der Kundschaft vom 1. April bis 31. Oktober,
- in Roh- und Speiseeisfabriken und Betrieben des Großhandels, die deren Erzeugnisse vertreiben, mit der Herstellung und zur Belieferung der Kundschaft vom 1. April bis 31. Oktober,
- im Immobiliengewerbe mit der Begleitung und Beratung von Kunden bei der Besichtigung von Häusern und Wohnungen bis zu vier Stunden,
- in Musterhaus-Ausstellungen mit gewerblichem Charakter bis zu sechs Stunden,
- im Buchmachergewerbe bis zu sechs Stunden außer an stillen Feiertagen nach Maßgabe des Feiertagsgesetzes NW vom 23.4.1989[2]
- mit der telefonischen und elektronischen Entgegennahme von Aufträgen, der Auskunftserteilung und Beratung per Telefon und mittels elektronischer Medien sowie
- im telefonischen Lotsendienst.

3. Feststellungen der Aufsichtsbehörde (§ 13 Abs. 3 Nr. 1). Bei Zweifeln, ob eine Beschäftigung an Sonn- und Feiertagen nach § 10 Abs. 1 und 2 zulässig ist, soll die Aufsichtsbehörde nach § 13 Abs. 3 eine schnelle Klärung herbeiführen[3].

a) Sinn und Zweck der Feststellungen. Zwar darf der ArbGeb in den Fällen des § 10 ohne behördliche Gestattung ArbN beschäftigen. Dabei trägt er allerdings das Risiko, dass die gesetzlichen Voraussetzungen entgegen seiner Einschätzung nicht vorliegen und er deshalb mit der Beschäftigung ordnungswidrig handelt oder sich sogar strafbar macht. Um dieses Risiko zu verhindern, kann er die behördliche Feststellung nach § 13 Abs. 3 Nr. 1 beantragen. Auf diese Weise wird zugleich der Aufsichtsbehörde ermöglicht, anstelle einer Untersagungsverfügung gegenüber dem ArbGeb die weniger einschneidende Feststellung zu treffen[4]. Der Feststellungsbescheid ist nach den Verwaltungsgebührenordnungen der Länder gebührenpflichtig[5]. Er kann nach den allgemeinen verwaltungsprozessrechtlichen Grundsätzen angefochten, bzw. mit der Verpflichtungsklage durchgesetzt werden[6].

b) Klagebefugnis der ArbN. Der Bescheid stellt zwar an sich nur im Verhältnis zwischen ArbGeb und Aufsichtsbehörde fest, ob die Voraussetzungen des § 10 vorliegen. Er greift aber auch in mögliche Rechte der ArbN ein, weil er zugleich verhindert, dass die Aufsichtsbehörde auf Antrag oder Anregung der ArbN gegen den ArbGeb wegen nicht erlaubter Beschäftigung an Sonn- und Feiertagen gemäß § 17 Abs. 2 vorgeht[7]. ArbN, die arbeitsvertragsrechtlich an Sonn- und Feiertagen beschäftigt werden dürfen, sind daher befugt, gegen eine behördliche Feststellung zu klagen, wonach ihre Beschäftigung an Sonn- und Feiertagen zulässig ist[8].

c) Verfahren. Vor Erlass des Feststellungsbescheides kann der BR gehört werden, soweit dies zur Sachverhaltsaufklärung erforderlich ist[9].

4. Bewilligung von Sonn- und Feiertagsarbeit durch die Aufsichtsbehörde (§ 13 Abs. 3 Nr. 2). Nach § 13 Abs. 3 Nr. 2 kann die Aufsichtsbehörde ferner abweichend von § 9 die Sonn- und Feiertagsarbeit je nach Voraussetzungen an bis zu 10 Sonn- und Feiertagen im Jahr bewilligen. Sind die zugelassenen Arbeiten öffentlich bemerkbar, wird die jeweils zuständige Ordnungsbehörde hierüber unterrichtet oder die Bewilligung mit einer Nebenbestimmung versehen, wonach das für den Ort der Beschäftigung zuständige Ordnungsamt rechtzeitig vor Beginn der Beschäftigung entsprechend benachrichtigt wird[10]. Genehmigungen nach § 13 Abs. 3 Nr. 2 Buchst. a erteilen die Aufsichtsbehörden der Bun-

---

1 Verordnung über die Zulassung der Beschäftigung von ArbN an Sonn- und Feiertagen zur Befriedigung täglicher oder an diesen Tagen besonders hervortretender Bedürfnisse der Bevölkerung (Bedarfsgewerbeverordnung) vom 5.5.1998–SGV. NRW 805. | 2 GV. NW, S. 222. | 3 BT-Drs. 12/5888, S. 30. | 4 BVerwG v. 19.9.2000 – 1 C 17/99, NZA 2000, 1232. | 5 Etwa Tarifstelle 1.1.5 im Allgemeinen Gebührentarif der AVwGebO NRW v. 5.8.1980 – SGV. NW 2011, vgl. Erlass des MASSKS NRW v. 18.5.1999 – 215-8435, Nr. 13.3. | 6 MünchArbR/*Anzinger*, § 221 Rz. 66; *Neumann/Biebl*, § 13 ArbZG Rz. 12. | 7 BVerwG v. 19.9.2000 – 1 C 17/99, NZA 2000, 1232. | 8 BVerwG v. 19.9.2000 – 1 C 17/99, NZA 2000, 1232. | 9 Vgl. Erlass des MASSKS NRW v. 18.5.1999 – 215-8435, Nr. 13.3. | 10 Erlass des MASSKS NRW v. 18.5.1999 – 215-8435, Nr. 13.6.1.

desländer einheitlich[1] nur für Betriebe, in denen die ArbN auf Dauer, mindestens 6 Monate, beschäftigt sind[2].

10 **a) Ausnahmebewilligung für das Handelsgewerbe.** Ausnahmen vom Beschäftigungsverbot können für das Handelsgewerbe an bis zu zehn Sonn- und Feiertagen im Jahr, an denen besondere Verhältnisse einen erweiterten Geschäftsverkehr erforderlich machen, bewilligt werden.

11 **aa) Handelsbegriff.** Unter den arbeitszeitrechtlichen Handelsbegriff fällt der Umsatz von Waren aller Art und Geld[3]. Hierzu zählen insb.[4]

- der Groß- und Einzelhandel,
- der Geld- und Kredithandel,
- Buch-, Presse- und Zeitungsverlage,
- Hilfsgewerbe des Handels (Spedition, Kommission und Lagerung, aber auch der Änderungsdienst im Bekleidungshandel[5]).

12 **bb) Besondere Verhältnisse.** „Besondere Verhältnisse", die einen erweiterten Geschäftsverkehr erforderlich machen, liegen nur bei **außerbetrieblichen Besonderheiten** an bestimmten Sonn- und Feiertagen vor[6]. Die Sonn- und Feiertagsbeschäftigung wird nicht zu einem beliebigen, vom Antragsteller ausgewählten Zweck zugelassen, sondern nur für diejenigen Sonn- und Feiertage, an denen sich das Beschäftigungsverbot wegen der besonderen Verhältnisse und ohne das Zutun des Gewerbetreibenden als unbillig auswirken würde[7]. Besondere Situationen einzelner Betriebe wie Umsatzrückgänge oder Absatzschwierigkeiten kommen hier keinesfalls in Betracht[8]. Unerheblich ist auch, ob der Betrieb Wettbewerbsnachteile erleidet, wenn er einen Geschäftsverkehr gar nicht oder nur ohne Beschäftigung von ArbN durchführen kann[9]. Dasselbe gilt für Umstände, die der Antragsteller selbst geschaffen hat, um bestimmte Tätigkeiten, die üblicherweise an einem Werktag verrichtet werden, an einem Sonn- und Feiertag zu verrichten[10].

13 **cc) Beispiele.** Besondere Verhältnisse liegen hingegen vor bei

- Veranstaltungen für gewerbliche Wiederverkäufer (Haus- und Ordermessen, Musterungen, Nachmesseveranstaltungen), die von einem oder mehreren Unternehmen aus Anlass von festgesetzten (§ 69 GewO) Messen, Märkten oder Ausstellungen durchgeführt werden und in einem zeitlichen und sachlichen Zusammenhang hierzu stehen[11],
- Darbietungen eines repräsentativen Angebotes bei branchenüblichen Orderterminen des Großhandels[12].

14 **dd) Verfahren.** Der ArbGeb, der eine Ausnahmebewilligung beantragt, muss im Interesse der Verfahrensbeschleunigung des Verfahrens darlegen, worin die „besonderen Verhältnisse" begründet sind[13].

15 **b) Ausnahmebewilligung zur Schadensverhütung.** Für bis zu fünf Sonn- und Feiertage im Jahr kann die Beschäftigung von ArbN, wenn besondere Verhältnisse zur Verhütung eines unverhältnismäßigen Schadens dies erfordern. Unter Schaden in § 13 Abs. 3 Nr. 2 Buchst. b ist jeder Nachteil zu verstehen, den der ArbGeb erleidet, auch drohende Vertragsstrafen oder der Verlust eines guten Kunden[14]. Dies gilt selbst dann, wenn der ArbGeb selbst dazu beigetragen hat, dass besondere Verhältnisse eingetreten sind[15]. Zu diesen Verhältnissen zählen neben den Notsituationen bei Bränden, Überschwemmungen und Explosionen[16] auch die plötzliche Erkrankung eines Teils der Belegschaft, saisonaler Spitzenbedarf, die Erledigung eiliger Aufträge, Organisations- und Dispositionsmängel mit erheblichen Folgen[17] sowie Unterbrechungen des Fabrikationsbetriebes wegen verspäteter Lieferung von Rohmaterialien[18], nicht hingegen ein Streik[19].

16 **c) Ausnahmebewilligung für die Inventur.** Schließlich kann die Aufsichtsbehörde an einem Sonntag im Jahr Arbeiten zur Durchführung einer gesetzlich vorgeschriebenen Inventur, etwa nach § 240 HGB oder nach § 153 Abs. 1 Satz 1 InsO[20], bewilligen.

---

1 Erlass des MASSKS NRW v. 18.5.1999 – 215-8435, Nr. 13.5. | 2 Erlass des MASSKS NRW v. 18.5.1999 – 215–8435, Nr. 13.5.2.1. | 3 BVerwG v. 14.11.1989 – 1 C 29/88, NJW 1990, 1059; Kasseler Handbuch/*Schliemann*, 2.5 Rz. 670 | 4 MünchArbR/*Anzinger*, § 221 Rz. 67. | 5 Kasseler Handbuch/*Schliemann*, 2.5 Rz. 670. | 6 *Dobberahn*, Rz. 129. | 7 Erlass des MASSKS NRW v. 18.5.1999 – 215-8435, Nr. 13.5.2.3. | 8 *Dobberahn*, Rz. 129; Erlass des MASSKS NRW v. 18.5.1999 – 215– 8435, Nr. 13.5.2.3. | 9 Erlass des MASSKS NRW v. 18.5.1999 – 215–8435, Nr. 13.5.2.3. | 10 *Dobberahn*, Rz. 129; Erlass des MASSKS NRW v. 18.5.1999 – 215–8435, Nr. 13.5.2.3. | 11 *Zmarzlik/Anzinger*, § 13 ArbZG Rz. 61; Erlass des MASSKS NRW v. 18.5.1999 – 215–8435, Nr. 13.5.2.3.1. | 12 *Zmarzlik/Anzinger*, § 13 ArbZG Rz. 61; Erlass des MASSKS NRW v. 18.5.1999 – 215–8435, Nr. 13.5.2.3.2. | 13 Erlass des MASSKS NRW v. 18.5.1999 – 215–8435, Nr. 13.5.2.4. | 14 *Dobberahn*, Rz. 130. | 15 Erlass des MASSKS NRW v. 18.5.1999 – 215–8435, Nr. 13.6. | 16 *Zmarzlik/Anzinger*, § 13 ArbZG Rz. 73. | 17 *Zmarzlik/Anzinger*, § 13 ArbZG Rz. 74. | 18 *Dobberahn*, Rz. 130; *Zmarzlik/Anzinger*, § 13 ArbZG Rz. 73. | 19 *Zmarzlik/Anzinger*, § 13 ArbZG Rz. 75; *Baeck/Deutsch*, § 13 ArbZG Rz. 45. | 20 *Baeck/Deutsch*, § 13 ArbZG Rz. 47.

d) **Anordnungen über die Beschäftigungszeit.** Die Aufsichtsbehörde kann ferner Anordnungen über die Beschäftigungszeit unter Berücksichtigung der für den öffentlichen Gottesdienst bestimmten Zeit treffen. Die entsprechende Schlusspassage des § 13 Abs. 3 gilt nur für die Ausnahmebewilligung des § 13 Abs. 3 Nr. 2, nicht für die Feststellung nach § 13 Abs. 3 Nr. 1[1].

5. **Ausnahmebewilligungen aus naturwissenschaftlich-technischen Gründen oder aus Gründen der Arbeitsplatzsicherung.** § 13 Abs. 4 und 5 sieht Ausnahmebewilligungen für Arbeiten vor, die aus naturwissenschaftlich-technischen Gründen oder aus Gründen der Arbeitsplatzsicherung an Sonn- und Feiertagen verrichtet werden müssen. Auf diese Weise privilegiert ist häufig nur ein Teil der betrieblichen Gesamttätigkeit. Die Bewilligung wird daher regelmäßig nur auf die privilegierte Tätigkeit beschränkt[2]. Zur Sachaufklärung werden von den Aufsichtsbehörden teilweise auch Stellungnahmen des BR und der zuständigen Gewerkschaft gefordert[3]. Bei der Bewilligung einer Ausnahme vom Verbot der Sonn- und Feiertagsarbeit unterscheidet § 13 Abs. 4 und 5 – anders als die VO über Ausnahmen vom Verbot der Beschäftigung von ArbN an Sonn- und Feiertagen in der Eisen- und Stahlindustrie[4] und in der Papierindustrie[5] – nicht zwischen „hohen" Feiertagen (Weihnachts-, Oster- und Pfingstfeiertage), 1. Januar und 1. Mai) und „normalen" Sonn- und Feiertagen[6]. Gleichwohl werden die hohen Feiertage teilweise durch die Aufsichtsbehörden von der Bewilligung ausgenommen[7].

a) **§ 13 Abs. 4.** Nach § 13 Abs. 4 soll die Aufsichtsbehörde abweichend von § 9 die Beschäftigung von ArbN an Sonn- und Feiertagen bei Arbeitsverfahren bewilligen, die aus Gründen, die im Arbeitsverfahren selbst liegen, einen ununterbrochenen Fortgang des Verfahrens erfordern[8]. Während der Regierungsentwurf die Bewilligung noch in das pflichtgemäße Ermessen der Behörde stellte[9], sieht das Gesetz aufgrund des Beschlussempfehlung des Ausschusses für Arbeit- und Sozialordnung vor, dass die Aufsichtsbehörde zur Genehmigung der Sonn- und Feiertagsarbeit verpflichtet ist, wenn die gesetzlichen Voraussetzungen vorliegen. Ihr freies Ermessen wird insoweit ausgeschlossen[10]. „Erforderlich" iSd. § 13 Abs. 4 ist die Sonn- und Feiertagsbeschäftigung nicht nur, wenn ohne den ununterbrochenen Fortgang eine Durchführung der Arbeiten überhaupt nicht möglich ist. Eine Ausnahme soll vielmehr auch dann bewilligt werden, wenn eine Unterbrechung nicht zumutbar ist, wobei die Länder hier teilweise strenge Maßstäbe anlegen[11]. Hingegen bedarf es keiner intensiven Prüfung, auf welchen der in § 13 Abs. 4 genannten Gründe die Bewilligung gestützt wird, da mit den Begriffen „chemischen, biologischen, technischen oder physikalischen Gründe" nahezu alle betriebsbedingten Ursachen abgedeckt sind[12]. Auch Minder- und Ausschussproduktionen von weniger als 5 % sind mit zu berücksichtigen[13].

b) **§ 13 Abs. 5.** Diese Bestimmung verpflichtet die Aufsichtsbehörde, bei Vorliegen der gesetzlichen Voraussetzungen die Beschäftigung an Sonn- und Feiertagen zu bewilligen. Ihr steht insoweit **kein Ermessen** zu[14]. Die Vorschrift war im Gesetzgebungsverfahren sehr umstritten. Während der Gesetzentwurf der Bundesregierung erforderte, dass nachweisbar die Konkurrenzfähigkeit gegenüber dem Ausland wegen längerer Betriebszeiten oder anderer Arbeitsbedingungen im Ausland unzumutbar beeinträchtigt ist und durch die Genehmigung von Sonn- und Feiertagsarbeit die Beschäftigung gesichert werden kann[15], setzte der Ausschuss für Arbeit und Sozialordnung im Interesse einer einheitlichen Verwaltungspraxis[16] eine Präzisierung der Voraussetzungen durch. Nunmehr ist erforderlich, dass die Konkurrenzfähigkeit bei einer weitgehenden Ausnutzung der gesetzlich zulässigen wöchentlichen Betriebszeiten und bei längeren Betriebszeiten im Ausland unzumutbar beeinträchtigt ist.

aa) **Weitgehende Ausnutzung der zulässigen wöchentlichen Betriebszeit.** Eine weitgehende Ausnutzung der zulässigen wöchentlichen Betriebszeit von **144 Stunden** ist dann gegeben, wenn die tatsächliche Betriebszeit nur **geringfügig niedriger** liegt und eine vollständige Ausnutzung der zulässigen Betriebszeit aus betriebstechnischen Gründen (zB Umrüstzeiten), aus hygienischen Gründen (zB regelmäßige Reinigung der Anlagen) oder aus organisatorischen Gründen (zB Betriebsurlaub) nicht möglich ist[17]. In der Lit. wird bei der Frage nach der weitgehenden Ausnutzung der zulässigen wöchentlichen Betriebszeit auf Zeitspannen zwischen Montag 6 Uhr und Samstag 14 Uhr[18] bzw. 22 Uhr[19] abgestellt, um genügend Zeit für die Erledigung von Wiederaufnahme und Abschlussarbeiten zu lassen. Kürzere Betriebszeiten als 144 Stunden müssen gleichwohl regelmäßig vom Antragsteller begründet werden[20].

---

1 BVerwG v. 19.9.2000 – 1 C 17/99, NZA 2000, 1232.. | 2 Erlass des MASSKS NRW v. 18.5.1999 – 215-8435, Nr. 13.7.2. | 3 Erlass des MASSKS NRW v. 18.5.1999 – 215-8435, Nr. 13.7.4. | 4 Verordnung über Ausnahmen vom Verbot der Beschäftigung von ArbN an Sonn- und Feiertagen in der Eisen- und Stahlindustrie v. 31.7.1968, BGBl. I S. 885. | 5 Verordnung über Ausnahmen vom Verbot der Beschäftigung von ArbN an Sonn- und Feiertagen in der Papierindustrie v. 20.7.1963, BGBl. I S. 491. | 6 OVG Münster v. 10.4.2000 – 4 A 756/97, NZA-RR 2000, 491. | 7 Etwa gemäß Erlass des MASSKS NRW v. 18.5.1999 – 215-8435, Nr. 13.7.3. | 8 BT-Drs. 12/5888, S. 30. | 9 BT-Drs. 12/5888, S. 30, 31. | 10 BT-Drs. 12/6990, S. 44. | 11 So etwa ausdrücklich der Erlass des MASSKS NRW v. 18.5.1999 – 215-8435, Nr. 13.8. | 12 Erlass des MASSKS NRW v. 18.5.1999 – 215-8435, Nr. 13.8.1. | 13 Erlass des MASSKS NRW v. 18.5.1999 – 215-8435, Nr. 13.8.2. | 14 BT-Drs. 12/5888, S. 31. | 15 BT-Drs. 12/5888, S. 9, 31. | 16 BT-Drs. 12/6990, S. 44. | 17 Erlass des MASSKS NRW v. 18.5.1999 – 215-8435, Nr. 13.10.1.1. | 18 *Dobberahn*, Rz. 136. | 19 *Neumann/Biebl*, § 13 ArbZG Rz. 23. | 20 Erlass des MASSKS NRW v. 18.5.1999 – 215-8435, Nr. 13.10.1.1.

22 **bb) Betriebszeiten im Ausland.** Die zugelassenen Betriebszeiten im Ausland müssen mehr als 144 Stunden pro Woche betragen und für den Antragszeitraum anfallen[1]. Dies hat die Aufsichtsbehörde grundsätzlich von sich aus zu ermitteln[2]. Hierbei ist sie jedoch in der Regel auf die Auskünfte des Antragstellers angewiesen. Dass seine ausländischen Konkurrenten tatsächliche Betriebszeiten von mehr als 144 Stunden nutzen können, muss der Antragsteller der Aufsichtsbehörde daher überzeugend darlegen[3]. Dies empfiehlt sich zudem wegen der damit verbundenen Verfahrensbeschleunigung[4].

23 **cc) Konkurrenzsituation.** Eine Konkurrenzsituation mit einem ausländischen Betrieb, der auch zu einem konzernrechtlich verbundenen Unternehmen gehören kann, ist gegeben, wenn es sich um gleiche oder gleichartige Produkte handelt, die von der Konkurrenz auf **demselben Markt** abgesetzt werden oder werden sollen[5]. Der Wettbewerbsvorteil der ausländischen Konkurrenz muss so groß sein, dass sich der deutsche Antragsteller mit seinen Produkten am Markt nicht mehr behaupten kann[6]. Dabei dürfen an die **Unzumutbarkeit** im Hinblick auf das verfassungsrechtliche Gebot der Sonn- und Feiertagsruhe **keine geringen Anforderungen** gestellt werden[7]. Um von einer unzumutbaren Beeinträchtigung der Konkurrenzfähigkeit ausgehen zu können, reichen wirtschaftliche Einbußen allein nicht aus. Auf lange Sicht muss ein Verlust von Marktanteilen und letztlich eine Gefährdung des Betriebes zu gewärtigen sein[8]. Anhaltspunkte für die Beurteilung kann die Situation nationaler Wettbewerber geben. Wenn nationale Wettbewerber keine Sonn- und Feiertagsarbeit benötigen oder nicht einmal die zulässigen wöchentlichen Betriebszeiten ausschöpfen, spricht dies dafür, dass das Verbot der Sonn- und Feiertagsarbeit nicht der entscheidende Wettbewerbsnachteil ist[9]. Der ArbGeb ist zu deren Benennung jedoch nicht verpflichtet[10]. Die Bewältigung von Einzelaufträgen und das Auffangen von saisonalen Spitzen stellt in der Regel keine unzumutbare Beeinträchtigung der Konkurrenzfähigkeit dar, kann aber eine Ausnahmebewilligung nach § 13 Abs. 3 Nr. 2 Buchst. b rechtfertigen[11].

24 **dd) Kausalität.** Ferner muss die Beeinträchtigung der Konkurrenzfähigkeit nach der Verwaltungspraxis[12] entgegen der wohl hM im Schrifttum[13] in erheblichem Maße durch die längeren wöchentlichen Betriebszeiten im Ausland verursacht sein[14]. Es reicht nicht aus, wenn die Beeinträchtigung der Konkurrenzfähigkeit mit den längeren Betriebszeiten im Ausland nichts zu tun hat, sondern etwa auf anderen ausländischen Arbeitsbedingungen wie zB niedrigeren Lohn- und Lohnnebenkosten usw. oder Mängeln beim Betrieb des Antragstellers beruht[15].

25 **ee) Sicherung oder Schaffung von Arbeitsplätzen.** Die Erteilung der Ausnahmebewilligung muss Arbeitsplätze im Betrieb des Antragstellers sichern oder schaffen. Dies muss durch die **betriebswirtschaftlich relevanten Daten** der Vergangenheit und Prognosen für die Zukunft belegt sein[16]. Ggf. fordert die Aufsichtsbehörde ein betriebswirtschaftliches Gutachten an[17].

26 **ff) Kriterien.** Die Aufsichtsbehörden machen die Ausnahmebewilligung nach § 13 Abs. 5 von folgenden Kriterien abhängig[18]:

- Konkurrenzsituation mit vollkontinuierlich arbeitenden Betrieben im Ausland; sie ist regelmäßig ausgeschlossen bei hohen Transportkosten für Produkte mit geringer Wertschöpfung;

- Kapitalintensität der Produktion; betragen die Kosten des Arbeitsplatzes ein Mehrfaches der Lohnkosten, kann von einer hohen Kapitalintensität und einer erheblichen Beeinträchtigung der Konkurrenzfähigkeit ausgegangen werden;

- Zeitdauer der Maschinennutzung; bei schnellem technischen Wandel ist die vollkontinuierliche Nutzung der Maschinen oder die kurzfristige Herstellung hoher Stückzahlen von besonderer Bedeutung für die Konkurrenzfähigkeit;

- Standortgebundenheit bei Dienstleistungen; bei Dienstleistungen ergibt sich eine internationale Konkurrenzsituation nur in Ausnahmefällen, wenn etwa die Sprachbarriere oder die telefonische Übermittlung keine wesentlichen Schwierigkeiten bereitet.

---

1 *Erasmy*, NZA 1995, 97 (101); *Baeck/Deutsch*, § 13 ArbZG Rz. 76. | 2 *Dobberahn*, Rz. 137; *Baeck/Deutsch*, § 13 ArbZG Rz. 78. | 3 Erlass des MASSKS NRW v. 18.5.1999 – 215-8435, Nr. 13.10.1.2. | 4 *Dobberahn*, Rz. 137. | 5 Erlass des MASSKS NRW v. 18.5.1999 – 215-8435, Nr. 13.10.1.3. | 6 Erlass des MASSKS NRW v. 18.5.1999 – 215-8435, Nr. 13.10.1.3. | 7 *Neumann/Biebl*, § 13 ArbZG Rz. 26; *Buschmann/Ulber*, § 13 ArbZG Rz. 30. | 8 Erlass des MASSKS NRW v. 18.5.1999 – 215-8435, Nr. 13.10.1.4. | 9 Erlass des MASSKS NRW v. 18.5.1999 – 215-8435, Nr. 13.10.1.4. | 10 *Erasmy*, NZA 1995, 97 (101); *Dobberahn*, Rz. 137. | 11 Erlass des MASSKS NRW v. 18.5.1999 – 215-8435, Nr. 13.10.1.4. | 12 Die Bundesländer haben am 6.10.1994 einen Kriterienkatalog für Entscheidungen nach § 13 Abs. 5 aufgestellt, abgedr. bei *Schliemann/Förster/Meyer*, Rz. 788, dort 1.3.1; zust. *Buschmann/Ulber*, § 13 ArbZG Rz. 27. | 13 Vgl. *Zmarzlik/Anzinger*, § 13 ArbZG Rz. 127; *Schnieders*, S. 82; *Dobberahn*, Rz. 18 und *Baeck/Deutsch*, § 13 ArbZG Rz. 82 (mwN), die auf den Gesetzeswortlaut („bei längeren Betriebszeiten im Ausland") sowie darauf abstellen, dass im Gesetzgebungsverfahren das Wort „nachweisbar" im Gesetzentwurf der Bundesregierung gestrichen worden ist (BT-Drs. 12/6990, S. 17, 41). | 14 Vgl. auch *Buschmann/Ulber*, § 13 ArbZG Rz. 27; Erlass des MASSKS NRW v. 18.5.1999 – 215-8435, Nr. 13.10.1.3. | 15 *Neumann/Biebl*, § 13 ArbZG Rz. 26. | 16 Erlass des MASSKS NRW v. 18.5.1999 – 215-8435, Nr. 13.10.1.5. | 17 Erlass des MASSKS NRW v. 18.5.1999 – 215-8435, Nr. 13.10.5.5. | 18 Erlass des MASSKS NRW v. 18.5.1999 – 215-8435, Nr. 13.10.1.5, der auch in diesem Zusammenhang auf die besondere Bedeutung der Stellungnahmen von Betriebsrat und zuständiger Gewerkschaft zur Sachaufklärung hinweist.

gg) Vorgehen der Aufsichtsbehörden. Die Aufsichtsbehörde prüft die vorgelegten Antragsunterlagen auf Vollständigkeit und Schlüssigkeit. Fehlende Unterlagen werden angefordert. Zudem holt die Aufsichtsbehörde im Rahmen ihrer Aufklärungspflicht nötigenfalls **Auskünfte bei Industrie- und Handelskammern, ArbGebVerbänden, Gewerkschaften und beim BR** ein[1], auch wenn dies im ArbZG nicht ausdrücklich vorgesehen ist[2]. Ggf. wird ein wirtschaftswissenschaftliches Gutachten über die Situation der Branche eingeholt. Die Verhältnisse bei nationalen Konkurrenzbetrieben werden erforderlichenfalls bei den örtlich zuständigen Ämtern für Arbeitsschutz/Gewerbeaufsichtsämtern erfragt[3].

6. Genehmigungen nach dem Bundes-Immissionsschutzgesetz. Genehmigungen nach dem Bundes-Immissionsschutzgesetz sind anlagenbezogene behördliche Entscheidungen, die keine Ausnahmen von den personenbezogenen Arbeitszeitbestimmungen des § 13 Abs. 4 und 5 enthalten[4].

III. Mitbest. Die Zulassung von Sonn- und Feiertagsarbeit lässt die MitbestR des BR aus § 87 Abs. 1 Nr. 2 und 3 BetrVG unberührt[5].

IV. Rechtsschutz von ArbN und Konkurrenten. Der von bewilligter Sonntagsarbeit betroffene ArbN kann die Entscheidung der Aufsichtsbehörde über die Bewilligung von Sonn- oder Feiertagsarbeit durch Widerspruch und Anfechtungsklage anfechten und ggf. vorläufigen Rechtsschutz über § 80 Abs. 5 VwGO erhalten[6]. Ein **Konkurrent**, dessen Wettbewerbssituation durch die erteilte Ausnahmebewilligung beeinträchtigt wird, hat hingegen keine verwaltungsprozessualen Möglichkeiten, die Entscheidung der Aufsichtsbehörde anzufechten[7]. § 13 hat insoweit keinen drittschützenden Charakter.

V. Straf- und bußgeldrechtliche Sanktionen. Verstöße gegen eine Rechtsverordnung nach § 13 Abs. 1 oder 2 werden durch §§ 22 Abs. 1 Nr. 4, 23 Abs. 1 sanktioniert. Der Verstoß gegen eine vollziehbare Anordnung nach § 13 Abs. 3 Nr. 2 stellt gemäß § 22 Abs. 1 Nr. 7 eine Ordnungswidrigkeit und unter den Voraussetzungen des § 23 Abs. 1 eine Straftat dar.

Vierter Abschnitt. Ausnahmen in besonderen Fällen

§ 14 Außergewöhnliche Fälle

(1) Von den §§ 3 bis 5, 6 Abs. 2, §§ 7, 9 bis 11 darf abgewichen werden bei vorübergehenden Arbeiten in Notfällen und in außergewöhnlichen Fällen, die unabhängig vom Willen der Betroffenen eintreten und deren Folgen nicht auf andere Weise zu beseitigen sind, besonders wenn Rohstoffe oder Lebensmittel zu verderben oder Arbeitsergebnisse zu misslingen drohen.

(2) Von den §§ 3 bis 5, 6 Abs. 2, §§ 7, 11 Abs. 1 bis 3 und § 12 darf ferner abgewichen werden,

1. wenn eine verhältnismäßig geringe Zahl von Arbeitnehmern vorübergehend mit Arbeiten beschäftigt wird, deren Nichterledigung das Ergebnis der Arbeiten gefährden oder einen unverhältnismäßigen Schaden zur Folge haben würden,

2. bei Forschung und Lehre, bei unaufschiebbaren Vor- und Abschlussarbeiten sowie bei unaufschiebbaren Arbeiten zur Behandlung, Pflege und Betreuung von Personen oder zur Behandlung und Pflege von Tieren an einzelnen Tagen,

wenn dem Arbeitgeber andere Vorkehrungen nicht zugemutet werden können.

(3) Wird von den Befugnissen nach Absatz 1 oder 2 Gebrauch gemacht, darf die Arbeitszeit 48 Stunden wöchentlich im Durchschnitt von sechs Kalendermonaten oder 24 Wochen nicht überschreiten.

§ 14 Abs. 3 eingefügt durch Gesetz zu Reformen am Arbeitsmarkt v. 24.12.2003[8].

I. Inhalt und Zweck. § 14 sieht **Ausnahmeregelungen für Notfälle und andere außergewöhnliche Fälle** sowie für in Abs. 2 näher bestimmte Fallgestaltungen vor[9], um solche in jedem Betrieb auftretenden unvorhersehbaren Umstände bewältigen zu können, die Mehrarbeit unter Abweichung von den arbeitszeitrechtlichen Vorgaben erfordern[10].

II. Die einzelnen Ausnahmetatbestände. 1. § 14 Abs. 1. Die Vorschrift ist aus § 14 AZO übernommen worden, weil sich die Regelung in der Praxis bewährt hat[11]. Gestattet sind danach Abweichungen von den Bestimmungen über

- die höchstzulässige tägliche Arbeitszeit
- die Mindestruhepausen

---

1 So der von den Bundesländern am 6.10.1994 beschlossene Kriterienkatalog, abgedr. bei *Schliemann/Förster/Meyer*, Rz. 788, dort 2.; dementsprechend etwa der Erlass des MASSKS NRW v. 18.5.1999 – 215-8435, Nr. 13.10.2. | 2 Kritisch *Erasmy*, NZA 1995, 97 (102); *Dobberahn*, Rz. 140, 141. | 3 So der von den Bundesländern am 6.10.1994 beschlossene Kriterienkatalog, abgedr. bei *Schliemann/Förster/Meyer*, Rz. 788, dort 2. | 4 Erlass des MASSKS NRW v. 18.5.1999 – 215-8435, Nr. 13.9. | 5 *Neumann/Biebl*, § 13 ArbZG Rz. 30; *Baeck/Deutsch*, § 13 ArbZG Rz. 8. | 6 *Baeck/Deutsch*, § 13 ArbZG Rz. 94. | 7 *Baeck/Deutsch*, § 13 ArbZG Rz. 97; *Buschmann/Ulber*, § 13 ArbZG Rz. 34. | 8 BGBl. I S. 3002. | 9 BT-Drs. 12/5888, S. 31. | 10 *Baeck/Deutsch*, § 14 ArbZG Rz. 4. | 11 BT-Drs. 12/5888, S. 31.

- die Mindestruhezeiten
- die Beschäftigung an Sonn- und Feiertagen.

3 **a) Notfall.** Ein Notfall ist danach gegeben, wenn die Arbeiten zur Beseitigung eines Notstandes oder zur Abwendung einer dringenden Gefahr erforderlich sind[1]. Bei Arbeiten „in Notfällen" muss es sich um vorübergehende Arbeiten und um Fälle handeln, in denen nur durch Mehrarbeit oder durch Arbeit außerhalb der normalen Arbeitszeit geholfen werden kann. Diese Arbeiten müssen durch ein unvorhergesehenes Ereignis veranlasst sein, das unverzügliches Einschreiten erfordert und das ein Verschieben der dadurch gebotenen Arbeiten auf spätere Zeit nicht zulässt[2].

Dabei braucht es sich nicht um einen öffentlichen Notstand oder ein öffentliches Interesse an der Durchführung der Arbeiten zu handeln[3]. In jedem Fall muss der Eintritt des Bedürfnisses außerhalb des Bereichs unternehmerischer Vorhersehbarkeit liegen[4]. Der vom Notfall Betroffene muss nicht der ArbGeb selbst, sondern kann auch ein Dritter sein, zB ein Kunde des ArbGeb[5].

4 **aa) Beispiele für Notfälle:** Brände[6]; Einsturz von Gebäuden[7]; Erdbeben[8]; Explosionen[9]; Frost[10]; Totalausfall von Maschinen[11]; Unwetter[12]; ungewöhnliche Todesfälle, Erkrankungen oder Unfälle[13]; Wassereinbrüche[14]; Überschwemmungen[15].

5 **bb) Keine Notfälle.** Als Notfälle sind hingegen nicht solche Ereignisse anerkannt, die als Folge von fehlerhaften Entscheidungen des ArbGeb und von Organisationsmängeln aus dessen Verantwortungsbereich auftreten[16], wie zB:

- Überstunden in einem Betrieb der Damenkonfektion wegen vermehrten Arbeitsanfalls vor Pfingsten an 17 Tagen[17]
- Dringliche Arbeiten, die infolge verspäteten Eintreffens von Transportmitteln anfallen[18], sofern sie nicht auf Verkehrsstörungen beruhen[19]
- durch mangelnde Kapazität des Betriebes bei Auftragsballung verursachte Schwierigkeit, alle eingegangenen Aufträge fristgerecht zu erledigen (Unternehmerrisiko)[20]
- Streik[21] und Aussperrung; bei hierdurch verursachten Produktionseinbußen, die keine deutlich darüber hinausgehenden nachteiligen Folgen für den Betrieb nach sich ziehen, handelt es sich um typische Beeinträchtigungen durch Arbeitskampfmaßnahmen. Ihre Anerkennung als Ausnahmefall würde zur weitgehenden Unanwendbarkeit der Arbeitszeitvorschriften in Fällen des Streiks eines Teiles der Belegschaft führen und würde dem Streik trotz seiner Anerkennung als legitimem Mittel zur Interessendurchsetzung wesentliche Teile seiner Effektivität nehmen[22].
- Wunsch der Belegschaft nach Mehrarbeit.

6 **b) Außergewöhnliche Fälle.** Außergewöhnliche Fälle iSd. § 14 ARBZO brauchen keine Notfälle zu sein, sie müssen jedoch den Rahmen des Üblichen und Normalen überschreiten, unabhängig vom Willen des Betroffenen eintreten, und ihre Folgen müssen auf andere Weise nicht zu beseitigen sein. Außergewöhnlich ist ein Fall aber nur dann, wenn die Umstände, welche die Mehrarbeit bedingen, weder regelmäßig noch voraussehbar sind. Vor allem dürfen die Arbeiten zur Beseitigung des außergewöhnlichen Falles oder zur Abwendung der durch seinen Eintritt bedingten Gefahren nur vorübergehender Art sein. Dabei hat der ArbGeb in der Regel eine Güterabwägung vorzunehmen. Er muss prüfen, ob sich die Verkürzung der Arbeitsruhe gegenüber den durch das schädigende Ereignis bedrohten Rechtsgütern oder rechtlich geschützten Interessen als das geringere Übel darstellt[23].

7 **aa) Beispiele für außergewöhnliche Fälle:**

- Ein Schulhausmeister in Berlin ist verpflichtet, außerhalb seiner regelmäßigen Arbeitszeit Schnee und Eis vor 7.00 Uhr oder nach 20.00 Uhr zu beseitigen. Schneefall und Eisglätte sind in den Wintermonaten in Berlin nicht genau voraussehbar[24].
- In größeren Mengen unerwartet eingetroffene Lebensmittel müssen noch am selben Tag ausgeladen, gespeichert oder verarbeitet werden[25].

---

1 v. 16.2.1955 – Ss 137/54, BB 1955, 225. | 2 OLG Köln v. 9.2.1954 – Ss 362/53, BB 1954, 410. | 3 OLG Bremen v. 16.2.1955 – Ss 137/54, BB 1955, 225. | 4 OLG Bremen v. 16.2.1955 – Ss 137/54, BB 1955, 225. | 5 BVerwG v. 23.6.1992 – 1 C 29/90, NVwZ 1993, 185. | 6 OLG Bremen v. 16.2.1955 – Ss 137/54, BB 1955, 225. | 7 *Baeck/Deutsch*, § 14 ArbZG Rz. 7. | 8 *Baeck/Deutsch*, § 14 ArbZG Rz. 7. | 9 OLG Bremen v. 16.2.1955 – Ss 137/54, BB 1955, 225. | 10 *Baeck/Deutsch*, § 14 ArbZG Rz. 7. | 11 *Baeck/Deutsch*, § 14 ArbZG Rz. 7. | 12 *Baeck/Deutsch*, § 14 ArbZG Rz. 7. | 13 *Baeck/Deutsch*, § 14 ArbZG Rz. 7. | 14 OLG Bremen v. 16.2.1955 – Ss 137/54, BB 1955, 225. | 15 LAG Hamm v. 17.2.1956 – 4 Sa 654/55, DB 1956, 428. | 16 *Zmarzlik/Anzinger*, § 14 ArbZG Rz. 5. | 17 OLG Bremen v. 16.2.1955 – Ss 137/54, BB 1955, 225. | 18 LAG Hamm v. 17.2.1956 – 4 Sa 654/55, DB 1956, 428. | 19 *Zmarzlik/Anzinger*, § 14 ArbZG Rz. 5. | 20 OLG Düsseldorf v. 30.7.1959 – (1) Ss 494/59, BB 1959, 994. | 21 Erlass des MASSKS NRW v. 18.5.1999 – 215–8435, Nr. 14.4. | 22 OLG Celle v. 8.10.1986 – 2 Ss (Owi) 53/86, NZA 1987, 283. | 23 BAG v. 17.9.1986 – 5 AZR 369/85, nv. | 24 BAG v. 17.9.1986 – 5 AZR 369/85, nv. | 25 *Neumann/Biebl*, § 14 ArbZG Rz. 5.

Außergewöhnliche Fälle   Rz. 14 § 14 ArbZG

- Infolge einer Betriebsstörung muss ein unterbrochener Arbeitsprozess zu Ende geführt werden[1].

bb) Keine außergewöhnlichen Fälle. Zu den außergewöhnlichen Fällen zählen hingegen solche Vorfälle nicht, die als Folge von fehlerhaften Entscheidungen des ArbGeb und von Organisationsmängeln aus dessen Verantwortungsbereich auftreten sowie Ereignisse, die zur Eigenart des Betriebs gehören[2], wie zB: **8**

- Der ArbGeb nimmt Aufträge an, die er mit den vorhandenen Arbeitskräften nicht erledigen kann[3].
- Erkrankungen von Patienten in Krankenhäusern[4]
- Gästeandrang in Ausflugslokalen[5]
- Messen und Saisonverkäufe[6]
- Streik und Aussperrung; hier können jedoch Notstands- und Erhaltungsarbeiten zulässig sein[7].

c) Zulässige Arbeiten. Zulässig sind nach § 14 Abs. 1 solche Arbeiten, die nur **vorübergehend** sind. Die zeitliche Grenze richtet sich hier nach dem Einzelfall, so dass Zeiträume von wenigen Stunden bis zu mehreren Tagen in Betracht kommen. Die besondere Ausnahmesituation ist dann beendet, wenn ihr mit anderen Maßnahmen (Neueinstellung von Arbeitskräften, Umorganisation des Betriebes usw.) begegnet werden kann[8]. Je länger in einem Betrieb oder Betriebsteil unter Berufung auf § 14 Abs. 1 gearbeitet wird, umso höher sind die Anforderungen an den Nachweis zu stellen, dass die Folgen nicht auf andere betriebsorganisatorisch planbare Weise zu beseitigen sind[9].   **9**

d) Jugendliche. Nach der Spezialvorschrift des § 21 JArbSchG dürfen Jugendliche in Notfällen mit vorübergehenden und unaufschiebbaren Arbeiten nur betraut werden, soweit erwachsene Beschäftigte nicht zur Verfügung stehen.   **10**

e) Keine andere Abhilfemöglichkeit. Ferner dürfen die Folgen der Notfälle oder außergewöhnlichen Fälle nicht auf andere Weise beseitigt werden können. Sind Bereitschaftsdienste und Rufbereitschaften eingerichtet, um vorhersehbaren Betriebsstörungen zu begegnen, kann kein Notfall oder außergewöhnlicher Fall angenommen werden[10].   **11**

2. § 14 Abs. 2. Die Vorschrift lässt weitere Ausnahmen von den arbeitszeitrechtlichen Bestimmungen zu, wenn nur eine verhältnismäßig geringe Zahl von ArbN vorübergehend mit Arbeiten beschäftigt wird, deren Nichterledigung das Ergebnis der Arbeiten gefährden oder einen unverhältnismäßigen Schaden zur Folge haben würden, sowie bei Forschung und Lehre, bei unaufschiebbaren Vor- und Abschlussarbeiten sowie bei unaufschiebbaren Arbeiten zur Behandlung, Pflege und Betreuung von Personen oder zur Behandlung und Pflege von Tieren an einzelnen Tagen. § 14 Abs. 2 lässt im Gegensatz zu § 14 Abs. 1 Nr. 1 **keine Abweichung vom Verbot der Sonn- und Feiertagsbeschäftigung** zu. Die Arbeiten sind werktags abzuschließen. Ausnahmen kommen nur in Betracht, wenn der ArbGeb über eine Genehmigung nach § 13 Abs. 3 Nr. 2 Buchst. b (an bis zu fünf Sonn- und Feiertagen im Jahr, wenn besondere Verhältnisse zur Verhütung eines unverhältnismäßigen Schadens dies erfordern)[11] oder nach § 15 Abs. 2 (dringendes öffentliches Interesse)[12] verfügt.   **12**

a) Andere Vorkehrungen. Können dem ArbGeb andere Vorkehrungen technischer oder organisatorisch-personeller Art zugemutet werden, kommt eine Ausnahme nach § 14 Abs. 2 nicht in Betracht. Zumutbar sind andere Vorkehrungen dieser Art, wenn der Aufwand für den ArbGeb bei wirtschaftlicher Betrachtungsweise nicht außer Verhältnis zu der Belastung der ArbN steht[13]. Das ist etwa der Fall, wenn der ArbGeb **leistungsfähigere Maschinen** oder **Aushilfskräfte** einsetzen könnte[14]. Unzumutbar wäre es hingegen etwa, mehr Monteure auf eine Montagestelle zu schicken, als dort üblicherweise gebraucht werden[15].   **13**

b) Vorübergehende Beschäftigung zur Schadensverhütung. § 14 Abs. 2 Nr. 1 entspricht weitgehend der Regelung in § 14 AZO[16]. Dem ArbGeb wird hierdurch ermöglicht, eine während der normalen Arbeitszeit begonnene Arbeit ohne Unterbrechung zu beenden[17], selbst und insoweit abweichend von § 14 Abs. 1, wenn bei Beginn der Arbeit voraussehbar war, dass sie nicht ohne Abweichung beendet werden kann[18]. Voraussetzung ist, dass nur eine verhältnismäßig geringe Anzahl von regelmäßig nicht mehr   **14**

---

1 *Neumann/Biebl*, § 14 ArbZG Rz. 5. | 2 *Zmarzlik/Anzinger*, § 14 ArbZG Rz. 7. | 3 *Zmarzlik/Anzinger*, § 14 ArbZG Rz. 7. | 4 *Zmarzlik/Anzinger*, § 14 ArbZG Rz. 7. | 5 *Zmarzlik/Anzinger*, § 14 ArbZG Rz. 7. | 6 *Neumann/Biebl*, § 14 ArbZG Rz. 5. | 7 *Zmarzlik/Anzinger*, § 14 ArbZG Rz. 7. | 8 *Baeck/Deutsch*, § 14 ArbZG Rz. 16. | 9 Erlass des MASSKS NRW v. 18.5.1999 – 215–8435, Nr. 14.3. | 10 Erlass des MASSKS NRW v. 18.5.1999 – 215–8435, Nr. 14.1. | 11 *Zmarzlik/Anzinger*, § 14 ArbZG Rz. 11. | 12 *Baeck/Deutsch*, § 14 ArbZG Rz. 17. | 13 *Baeck/Deutsch*, § 14 ArbZG Rz. 23 mwN. | 14 *Zmarzlik/Anzinger*, § 14 ArbZG Rz. 22; *Baeck/Deutsch*, § 14 ArbZG Rz. 23 mwN. | 15 *Zmarzlik/Anzinger*, § 14 ArbZG Rz. 23. | 16 BT-Drs. 12/5888, S. 31; vgl. auch BT-Drs. 12/6990, 44, wonach der Ausschuss für Arbeit und Sozialpolitik lediglich eine unbedeutende redaktionelle Ersetzung des Tatbestandsmerkmals „an einzelnen Tagen" durch „vorübergehend" herbeigeführt hat. | 17 *Baeck/Deutsch*, § 14 ArbZG Rz. 24; *Zmarzlik/Anzinger*, § 14 ArbZG Rz. 12 drücken sich mE missverständlich aus, wenn sie verlangen, dass die Arbeit „am selben Tag" beendet werden muss. | 18 *Zmarzlik/Anzinger*, § 14 ArbZG Rz. 12.

als fünf[1] ArbN benötigt wird[2]. Ferner darf die Beschäftigung wie bei § 14 Abs. 1 nur vorübergehend sein. Schließlich muss ohne die Erledigung der begonnenen Arbeit deren Ergebnis gefährdet sein oder ein unverhältnismäßiger Schaden eintreten. Eine Gefährdung des Ergebnisses liegt vor, wenn der mit ihr verfolgte Zweck bei Abbruch nicht erreicht werden könnte[3]. Weitgehend kann hier auf die Fälle des „Misslingens von Arbeitsergebnissen" gem. § 10 Abs. 1 Nr. 15 verwiesen werden[4]. Unverhältnismäßig wäre ein Schaden, wenn es bei wirtschaftlicher Betrachtungsweise[5] der Billigkeit entspricht, den Arbeitszeitschutz seinetwegen zurücktreten zu lassen, etwa weil vorbereitetes Material am nächsten Tag nicht mehr verwendungsfähig wäre[6], oder wenn ein ArbN nur noch eine kurze Arbeitszeit bis zur Erledigung der Aufgabe, am nächsten Tag aber hohe Anfahrtskosten entstehen würden[7].

15 c) **Forschung und Lehre.** § 14 Abs. 2 Nr. 2 gestattet die genannten Abweichungen im Bereich der Forschung und Lehre. Während der Regierungsentwurf noch eine Ausnahme bei Forschungsarbeiten vorsah[8], wurde im weiteren Gesetzgebungsverfahren der Vorschlag des Ausschusses für Arbeit und Sozialordnung[9] übernommen, die Ausnahme auf Forschung und Lehre zu erstrecken. Eine pauschale Freistellung der Forschung und Lehre von den Anforderungen des Arbeitszeitschutzes soll damit gleichwohl nicht erfolgt sein. Vielmehr soll erforderlich sein, dass die Belange von Forschung und Lehre die Belange des Arbeitszeitschutzes überwiegen[10]. Der Ausnahmetatbestand erstreckt sich nicht nur auf die sog. „Denker, Experimentierer und Rechnenden", die kreativ tätig sind[11], sondern auch auf die nichtwissenschaftlichen Mitarbeiter[12] und die technischen Hilfskräfte[13].

16 d) **Vor- und Abschlussarbeiten.** § 14 Abs. 2 Nr. 2 entspricht hinsichtlich der Vor- und Abschlussarbeiten weitgehend § 5 Abs. 3 AZO. Vor- und Abschlussarbeiten sind

- Arbeiten zur Reinigung und Instandhaltung, soweit sich diese Arbeiten während des regelmäßigen Betriebs nicht ohne Unterbrechung oder erhebliche Störung ausführen lassen[14],
- Arbeiten, von denen die Wiederaufnahme oder Aufrechterhaltung des vollen Betriebs arbeitstechnisch abhängt[15] wie etwa, das Anheizen von Öl, das Ingangsetzen von Maschinen, das Anfahren von Kesseln usw.[16],
- Aufräumarbeiten[17],
- das Zuendebedienen der Kundschaft bis zu einer halben Stunde je Tag[18].

Die Arbeiten müssen unaufschiebbar sein und Nachteile verhindern, die schwerer wiegen würden als die Überscheitung der arbeitszeitrechtlichen Beschränkungen, etwa ein Produktionsausfall oder eine Störung des Publikumsverkehrs[19].

17 e) **Behandlung, Pflege und Betreuung.** Wegen der Geltung des Gesetzes für Krankenhäuser[20] darf ferner bei unaufschiebbaren Arbeiten zur Behandlung, Pflege und Betreuung von Personen von den in § 14 Abs. 2 genannten Vorschriften abgewichen werden. Dasselbe gilt für die Behandlung und Pflege von Tieren. Voraussetzung ist jeweils, dass die notwendigen Arbeiten unaufschiebbar sind.

18 3. **§ 14 Abs. 3 (Ausgleichspflicht):** Arbeiten in Notfällen und außergewöhnlichen Fällen unterlagen schon immer der Ausgleichspflicht des § 3[21]. Durch den neu eingeführten Absatz 3 wird klargestellt, dass der Durchschnitt von 48 Stunden/Woche nicht überschritten werden darf[22].

19 4. Ggf. ist ein MitbestR des BR aus § 87 Abs. 1 Nr. 2 oder Nr. 3 BetrVG zu beachten, nämlich wenn nicht nur einzelne spezielle ArbN von den Arbeiten betroffen sind[23].

15 *Bewilligung, Ermächtigung*
(1) Die Aufsichtsbehörde kann

1. eine von den §§ 3, 6 Abs. 2 und § 11 Abs. 2 abweichende längere tägliche Arbeitszeit bewilligen

   a) für kontinuierliche Schichtbetriebe zur Erreichung zusätzlicher Freischichten,

   b) für Bau- und Montagestellen,

2. eine von den §§ 3, 6 Abs. 2 und § 11 Abs. 2 abweichende längere tägliche Arbeitszeit für Saison- und Kampagnebetriebe für die Zeit der Saison oder Kampagne bewilligen, wenn die Verlängerung der

---

1 *Zmarzlik/Anzinger*, § 14 ArbZG Rz. 13; zweifelnd Kasseler Handbuch/*Schliemann*, 2.5 Rz. 738, der darauf verweist, dass das Gesetz keine derartige Zahlengrenze enthalte. | 2 *Zmarzlik/Anzinger*, § 14 ArbZG Rz. 13. | 3 *Baeck/Deutsch*, § 14 ArbZG Rz. 28; vgl. *Zmarzlik/Anzinger*, § 14 ArbZG Rz. 15. | 4 *Baeck/Deutsch*, § 14 ArbZG Rz. 28. | 5 *Baeck/Deutsch*, § 14 ArbZG Rz. 28. | 6 *Zmarzlik/Anzinger*, § 14 ArbZG Rz. 15. | 7 *Neumann/Biebl*, § 14 ArbZG Rz. 7. | 8 BT-Drs. 12/5888, S. 9, 31. | 9 BT-Drs. 12/6990, S. 44. | 10 *Baeck/Deutsch*, § 14 ArbZG Rz. 31. | 11 So aber *Zmarzlik/Anzinger*, § 14 ArbZG Rz. 17. | 12 Kasseler Handbuch/*Schliemann*, 2.5 Rz. 742. | 13 *Baeck/Deutsch*, § 14 ArbZG Rz. 33. | 14 BT-Drs. 12/5888, S. 31. | 15 BT-Drs. 12/5888, S. 31. | 16 *Baeck/Deutsch*, § 14 ArbZG Rz. 35. | 17 *Baeck/Deutsch*, § 14 ArbZG Rz. 35. | 18 BT-Drs. 12/5888, S. 31. | 19 *Baeck/Deutsch*, § 14 ArbZG Rz. 38. | 20 BT-Drs. 12/5888, S. 31. | 21 Erlass des MASSKS NRW v. 18.5.1999 – 215–8435, Nr. 14.2. | 22 BT-Drs. 15/1587, S. 36. | 23 *Baeck/Deutsch*, § 14 ArbZG Rz. 14.

Arbeitszeit über acht Stunden werktäglich durch eine entsprechende Verkürzung der Arbeitszeit zu anderen Zeiten ausgeglichen wird,

3. eine von den §§ 5 und 11 Abs. 2 abweichende Dauer und Lage der Ruhezeit bei Arbeitsbereitschaft, Bereitschaftsdienst und Rufbereitschaft den Besonderheiten dieser Inanspruchnahmen im öffentlichen Dienst entsprechend bewilligen,

4. eine von den §§ 5 und 11 Abs. 2 abweichende Ruhezeit zur Herbeiführung eines regelmäßigen wöchentlichen Schichtwechsels zweimal innerhalb eines Zeitraums von drei Wochen bewilligen.

(2) Die Aufsichtsbehörde kann über die in diesem Gesetz vorgesehenen Ausnahmen hinaus weiter gehende Ausnahmen zulassen, soweit sie im öffentlichen Interesse dringend nötig werden.

(3) Das Bundesministerium der Verteidigung kann in seinem Geschäftsbereich durch Rechtsverordnung mit Zustimmung des Bundesministeriums für Arbeit und Sozialordnung aus zwingenden Gründen der Verteidigung Arbeitnehmer verpflichten, über die in diesem Gesetz und in den auf Grund dieses Gesetzes erlassenen Rechtsverordnungen und Tarifverträgen festgelegten Arbeitszeitgrenzen und -beschränkungen hinaus Arbeit zu leisten.

(4) Werden Ausnahmen nach Absatz 1 oder 2 zugelassen, darf die Arbeitszeit 48 Stunden wöchentlich im Durchschnitt von sechs Kalendermonaten oder 24 Wochen nicht überschreiten.

§ 15 Abs. 4 eingefügt durch Gesetz zu Reformen am Arbeitsmarkt v. 24.12.2003[1].

I. Inhalt und Zweck. § 15 enthält drei unterschiedliche Regelungsmaterien, nämlich zum einen die Befugnis der Aufsichtsbehörde, nach Absatz 1 Ausnahmen von gesetzlichen Arbeitszeitregelungen für besondere Fallgestaltungen zuzulassen (§ 15 Abs. 1), zum anderen die Ermächtigung der Aufsichtbehörde, im öffentlichen Interesse Ausnahmeregelungen zu erlassen (§ 15 Abs. 2), und schließlich eine Verordnungsermächtigung für das Bundesministerium der Verteidigung aus zwingenden Gründen der Verteidigung (§ 15 Abs. 3).

II. Die einzelnen Bestimmungen. 1. Ausnahmebefugnisse der Aufsichtsbehörden (§ 15 Abs. 1). Die Vorschrift sieht Ausnahmen von den gesetzlichen Arbeitszeitbestimmungen vor. Nicht erlaubt sind Ausnahmebewilligungen von tariflichen Regelungen[2]. Existieren keine einschlägigen TV, kann die Aufsichtsbehörde ihre Bewilligung nicht mit der Begründung ablehnen, es stehe noch nicht fest, ob die TV-Parteien keine abweichenden Regelungen treffen[3].

a) 15 Abs. 1 Nr. 1. Hiernach ist die Aufsichtsbehörde befugt, die tägliche Höchstarbeitszeit für **kontinuierliche Schichtbetriebe** zur Erreichung **zusätzlicher Freischichten** sowie ohne besondere Voraussetzung für **Bau- und Montagestellen** auf über 10 Stunden zu verlängern. Eine Höchstgrenze für die Verlängerung der täglichen Arbeitszeit ist im Gesetz nicht festgelegt, jedoch wird eine Arbeitszeit vonmehr als 12 Stunden aus Gründen des Gesundheitsschutzes[4] sowie aus arbeitsorganisatorischen Gründen[5] nicht in Betracht kommen. Für die nach § 15 Abs. 1 Nr. 1 bewilligten längeren täglichen Arbeitszeiten muss die Aufsichtsbehörde keine Ausgleichsverpflichtung in dem Bewilligungsbescheid festlegen[6]. Regelmäßig wird sie dies jedoch mit guten Gründen tun[7].

aa) Konti-Betriebe. § 15 Abs. 1 Nr. 1 Buchst. a erfasst sowohl vollkontinuierliche Schichtbetriebe, die von montags 0 Uhr bis sonntags 24 Uhr arbeiten, als auch teilkontinuierliche Schichtbetriebe mit einer Arbeitszeit von regelmäßig Montag 6 Uhr bis Samstag 22 Uhr[8]. Erforderlich ist, dass zusätzliche Freischichten erreicht werden, so dass dem ArbN mehr freie Tage zur Verfügung stehen als ohne die Verlängerung der täglichen Arbeitszeit[9]. Dies wird der ArbGeb bei Antragstellung nachweisen müssen[10]. Indes ist nicht erforderlich, dass die zusätzlichen Freischichten der einzige Zweck der Arbeitszeitverlängerung ist. Der ArbGeb kann auch andere Ziele wie Produktionserweiterung, Beschäftigungssicherung oder Schaffung neuer Arbeitsplätze verfolgen[11].

bb) Bau- und Montagestellen. § 15 Abs. 1 Nr. 1 Buchst. b sieht eine Ausnahmebewilligung für Bau- und Montagestellen vor. Baustellen sind zeitlich begrenzte oder ortsveränderliche Arbeitsstellen, an denen Hoch- oder Tiefbauarbeiten ausgeführt werden[12]. Montagestellen sind Arbeitsstellen, auf denen vorgefertigte Teile oder Baugruppen zu einem fertigen Endergebnis montiert bzw. zusammengesetzt werden[13].

---

1 BGBl. I S. 3002. | 2 Kasseler Handbuch/*Schliemann*, 2.5 Rz. 763. | 3 Kasseler Handbuch/*Schliemann*, 2.5 Rz. 763; aA *Zmarzlik/Anzinger*, § 15 ArbZG Rz. 7. | 4 *Neumann/Biebl*, § 15 ArbZG Rz. 4. | 5 *Baeck/Deutsch*, § 15 ArbZG Rz. 10. | 6 *Neumann/Biebl*, § 15 ArbZG Rz. 3; *Baeck/Deutsch*, § 15 ArbZG Rz. 10. | 7 Vgl. Erlass des MASSKS NRW v. 18.5.1999 – 215–8435, Nr. 15.1, wonach die Aufsichtsbehörden gehalten sind, die Ausgleichsregelung in der Bewilligung festzulegen. | 8 *Baeck/Deutsch*, § 15 ArbZG Rz. 9. | 9 *Baeck/Deutsch*, § 15 ArbZG Rz. 11. | 10 Vgl. Erlass des MASSKS NRW v. 18.5.1999 – 215–8435, Nr. 15.1. | 11 *Baeck/Deutsch*, § 15 ArbZG Rz. 11. | 12 *Zmarzlik/Anzinger*, § 15 ArbZG Rz. 8 unter Hinweis auf Art. 2a der Richtlinie 92/57/EWG des Rates vom 24.6.1992 über die auf zeitlich begrenzte oder ortsveränderliche Baustellen anzuwendenden Mindestvorschriften für die Sicherheit und den Gesundheitsschutz der ArbN; *Neumann/Biebl*, § 15 Rz. 4; Kasseler Handbuch/*Schliemann*, 2.5 Rz. 756 stellt auf den bauordnungsrechtlichen Begriff der „Baustelle" ab; hiergegen *Baeck/Deutsch*, § 15 ArbZG Rz. 13. | 13 *Zmarzlik/Anzinger*, § 15 ArbZG Rz. 8; *Neumann/Biebl*, § 15 ArbZG Rz. 4.

6 b) § 15 Abs. 1 Nr. 2. Die Bestimmung räumt der Aufsichtsbehörde die Befugnis ein, für Saison- und Kampagnebetriebe für die Zeit der **Saison** bzw. **Kampagne** längere tägliche Arbeitszeiten zu bewilligen. Voraussetzung ist, dass ein Ausgleich durch eine entsprechende Verkürzung der Arbeitszeit zu anderen Zeiten erfolgt. Hier muss die Behörde im Rahmen des Abs. 4 eine entsprechende Festlegung treffen. Der Antragsteller sollte hier einen Ausgleichszeitraum vorschlagen, an dem sich die Behörde orientieren kann[1]. Sofern TV für Saison- und Kampagnebetriebe einschlägige Arbeitszeitregelungen enthalten, kommt eine Ausnahmebewilligung nach § 15 Abs. 1 Nr. 2 nicht in Betracht[2].

7 c) § 15 Abs. 1 Nr. 3. Die Vorschrift eröffnet für den Bereich des **öffentlichen Dienstes** die Möglichkeit zu flexiblen Regelungen von Lage und Dauer der Ruhezeit bei Arbeitsbereitschaft, Bereitschaftsdienst und Rufbereitschaft, was etwa bei Winterdiensten erforderlich werden kann[3]. Im äußersten Fall kann eine Ruhezeit vollständig gestrichen werden[4].

8 d) § 15 Abs. 1 Nr. 4. Der Ausnahmetatbestand ermöglicht es, zur **Herbeiführung eines regelmäßigen wöchentlichen Schichtwechsels**, zweimal innerhalb eines Zeitraums von drei Wochen eine von den §§ 5 und 11 Abs. 2 abweichende Ruhezeit zu bewilligen. Grund für diese Regelung ist der Umstand, dass die Belegschaft in verschiedenen Schichten regelmäßig an einem bestimmten Tag in der Woche ausgewechselt wird. Häufig geschieht dies am Wochenende[5]. In Konti-Betrieben kann ein solcher wöchentlicher Wechsel dadurch verwirklicht werden, dass für jeden SchichtArbN nach § 15 Abs. 1 Nr. 1 Buchst. a **für zwei Wochenenden eine Schicht von 12 Stunden** zugelassen wird[6]. Eine andere Möglichkeit besteht darin, jeden Schichtarbeiter **jeden dritten Sonntag** ebenfalls gemäß einer Ausnahmebewilligung nach § 15 Abs. 1 Nr. 1 Buchst. a **eine Doppelschicht von 16 Stunden** arbeiten zu lassen[7]. § 15 Abs. 1 Nr. 4 eröffnet schließlich die Möglichkeit, den regelmäßigen wöchentlichen Schichtwechsel durch eine **Verkürzung der Ruhezeit** herbeizuführen. Die Aufsichtsbehörde kann zulassen, dass der SchichtArbN innerhalb von drei Wochen zweimal seine neue Schicht nicht, wie sonst üblich, nach 16 Stunden Ruhezeit, sondern schon nach acht Stunden beginnt[8].

9 5. Ausnahmen im dringenden öffentlichen Interesse (§ 15 Abs. 2). Die Vorschrift entspricht § 28 AZO[9]. Das Tatbestandsmerkmal „dringendes öffentliches Interesse" bedarf besonders sorgfältiger Prüfung, da die gesetzlichen und durch die Aufsichtsbehörde bewilligten erteilten Ausnahmen nahezualle Sachverhalte abdecken, in denen eine Beschäftigung von ArbN erforderlich ist[10]. Maßgeblich sind die **Belange der Allgemeinheit**[11]. Hingegen haben bloße geschäftliche Interessen des ArbGeb[12] und wirtschaftliche Erwägungen wie die Folgen der Nichteinhaltung getroffener Vereinbarungen sowie Gründe der Kosten- und Preisgestaltung hinter dem Zweck der jeweiligen Arbeitszeitvorschrift zurück zu treten[13]. Ebensowenig reichen bloße Konsumerwartungen der Bevölkerung aus, um ein dringendes öffentliches Interesse zu begründen[14].

10 a) **Beispiele.** Ein dringendes öffentliches Interesse kann etwa angenommen werden bei

- der Schaffung einer nennenswerten Zahl von zusätzlichen oder dem Erhalt von bestehenden **Arbeitsplätzen**[15],
- Arbeiten zur Sicherung der **Ernährung** der Bevölkerung[16],
- Arbeiten zur Sicherung der **Versorgung** mit Elektrizität, Gas und Wasser[17],
- Notfällen und Katastrophen im Ausland, die sofortige Hilfe erfordern[18],
- Belangen der **Landesverteidigung**[19],
- Maßnamen zur Aufrechterhaltung des **Verkehrs**[20],
- Maßnahmen zum Schutz größerer Mengen von **Lebensmitteln** vor dem Verderben[21], wenn §§ 10 Abs. 1, 14 Abs. 1 nicht ausreicht aber ein überragendes öffentliches Interesse vorliegt[22],
- **dringendem Bedarf** für die Herstellung des Produkts oder das Angebot der Dienstleistung an Sonn- und Feiertagen[23],

---

1 Vgl. *Baeck/Deutsch*, § 15 ArbZG Rz. 21, wonach die Behörde aufgrund des Verhältnismäßigkeitsgrundsatzes an den Vorschlag gebunden ist, wenn der Vorschlag geeignet ist, dem Gesundheitsschutz der ArbN entsprechend Rechnung zutragen. |2 Kasseler Handbuch/*Schliemann*, 2.5 Rz. 759. |3 BT-Drs. 12/5888, S. 31. |4 *Zmarzlik/Anzinger*, § 15 ArbZG Rz. 16; *Neumann/Biebl*, § 15 ArbZG Rz. 6; *Baeck/Deutsch*, § 15 ArbZG Rz. 25. |5 *Zmarzlik/Anzinger*, § 15 ArbZG Rz. 19. |6 *Zmarzlik/Anzinger*, § 15 ArbZG Rz. 19; Kasseler Handbuch/*Schliemann*, 2.5 Rz. 762. |7 *Zmarzlik/Anzinger*, § 15 ArbZG Rz. 19; Kasseler Handbuch/*Schliemann*, 2.5 Rz. 762. |8 *Zmarzlik/Anzinger*, § 15 ArbZG Rz. 20. |9 BT-Drs. 12/588, S. 31. |10 Erlass des MASSKS NRW v. 18.5.1999 – 215–8435, Nr. 15.3.1. |11 Hamburgisches OVG v. 17.8.1982- Bf VI 5/82, BB 1983, 771 zum Nachtbackverbot. |12 *Neumann/Biebl*, § 15 ArbZG Rz. 9; *Baeck/Deutsch*, § 15 ArbZG Rz. 31. |13 Hamburgisches OVG v. 17.8.1982 – Bf VI 5/82, BB 1983, 771 zum Nachtbackverbot. |14 BayVGH v. 18.8.1980, 190 XXII 77, GewArch 1981, 22; *Zmarzlik/Anzinger*, § 15 ArbZG Rz. 29. |15 Erlass des MASSKS NRW v. 18.5.1999 – 215–8435, Nr. 15.3.2. |16 *Baeck/Deutsch*, § 15 ArbZG Rz. 32. |17 *Neumann/Biebl*, § 15 ArbZG Rz. 9; *Baeck/Deutsch*, § 15 ArbZG Rz. 32. |18 *Baeck/Deutsch*, § 15 ArbZG Rz. 32. |19 *Neumann/Biebl*, § 15 ArbZG Rz. 9. |20 *Baeck/Deutsch*, § 15 ArbZG Rz. 32. |21 *Neumann/Biebl*, § 15 ArbZG Rz. 9; *Baeck/Deutsch*, § 15 ArbZG Rz. 32. |22 *Zmarzlik/Anzinger*, § 15 ArbZG Rz. 29. |23 Erlass des MASSKS NRW v. 18.5.1999 – 215–8435, Nr. 15.3.2.

- **Existenzgefährdung eines Betriebs**[1], jedoch nicht, wenn und soweit der existenzgefährdete Betrieb in seinem gegenwärtigen Umfang auf der Übertretung arbeitszeitrechtlicher Vorschriften aufgebaut ist und die Existenzgefährdung allein daraus resultiert, dass die Aufsichtsbehörde auf die Einhaltung der geltenden arbeitszeitrechtlichen Vorschriften dringt[2],
- herausragender **strukturpolitischer Bedeutung**[3],
- einer besonderen **arbeitsmarktpolitischen Problemlage**[4],
- Arbeiten aus Anlass von Dienst-, Werk- und Sachleistungen im Rahmen **notstandsrechtlicher Regelungen**[5],

b) **Verfahren und Rechtsschutz.** Ausnahmen nach § 15 Abs. 2 setzen einen Antrag des ArbGeb voraus, der nach den Zuständigkeitsverordnungen der Länder regelmäßig nicht bei den Gewerbe- bzw. Arbeitsschutzämtern sondern bei den obersten Arbeitsschutzbehörden[6] bzw. bei der Bezirksregierung[7] zu stellen ist. Der ArbGeb hat keinen Anspruch auf Erteilung der Ausnahmebewilligung[8]. Er hat jedoch einen Anspruch auf ermessensfehlerfreie Entscheidung[9] und kann ggf. eine Untätigkeitsklage erheben[10]. Regelmäßig wird die Ausnahmebewilligung mit **Nebenbestimmungen** versehen[11]. So kann die Ausnahmebewilligung befristet und/oder mit einem Widerrufsvorbehalt versehen werden. Möglich sind auch **Auflagen** zur Vermeidung von Gesundheitsgefahren für die ArbN[12]. Ein **Dritter** kann nicht geltend machen, durch die einem Mitbewerber erteilte Ausnahmebewilligung in eigenen Rechten verletzt zu sein. § 15 Abs. 2 dient nicht dem Schutz des Konkurrenten[13]. Es besteht auch kein im Verwaltungsrechtsweg durchsetzbarer Anspruch eines Unternehmens darauf, dass die zuständige Arbeitsschutzbehörde gegen ein anderes Unternehmen zur Unterbindung von nichtgenehmigter Sonntagsarbeit **ordnungsbehördliche** oder **strafrechtliche Maßnahmen** einleitet[14].

3. Ermächtigung des Bundesministeriums der Verteidigung (§ 15 Abs. 3). Die Bestimmung enthält eine Ermächtigung für das Bundesministerium der Verteidigung, ArbN seines Geschäftsbereichs mit Zustimmung des Bundesministeriums für Arbeit und Sozialordnung aus zwingenden Gründen der Verteidigung ohne Rücksicht auf den Inhalt der Arbeitsverträge, TV und Dienstvereinbarungen zur Leistung von Mehrarbeit zu verpflichten und die gesetzlichen und tariflichen Arbeitszeitbestimmungen auszuschalten[15]. Die Rechtsnormen einer solchen VO gelten gemäß § 56 Abs. 1a des Zusatzabkommens zum NATO-Truppenstatut ohne weiteres auch für die Arbeitsverhältnisse der **zivilen Beschäftigten bei den Stationierungsstreitkräften** in Deutschland[16].

4. Ausgleichspflicht (§ 15 Abs. 4). Durch Abs. 4 wird klargestellt, dass bei den nach Absatz 1 und 2 zugelassenen Ausnahmen der Durchschnitt von 48 Stunden je Woche im Ausgleichszeitraum von sechs Kalendermonaten oder 24 Wochen nicht überschritten werden darf.

Fünfter Abschnitt. Durchführung des Gesetzes

16 *Aushang und Arbeitszeitnachweise*
(1) Der Arbeitgeber ist verpflichtet, einen Abdruck dieses Gesetzes, der auf Grund dieses Gesetzes erlassenen, für den Betrieb geltenden Rechtsverordnungen und der für den Betrieb geltenden Tarifverträge und Betriebs- oder Dienstvereinbarungen iSd. § 7 Abs. 1 bis 3 und des § 12 an geeigneter Stelle im Betrieb zur Einsichtnahme auszulegen oder auszuhängen.

(2) Der Arbeitgeber ist verpflichtet, die über die werktägliche Arbeitszeit des § 3 Satz 1 hinausgehende Arbeitszeit der Arbeitnehmer aufzuzeichnen und ein Verzeichnis der Arbeitnehmer zu führen, die in eine Verlängerung der Arbeitszeit gemäß § 7 Abs. 7 eingewilligt haben. Die Nachweise sind mindestens zwei Jahre aufzubewahren.

§ 16 geändert durch Gesetz zu Reformen am Arbeitsmarkt v. 24.12.2003[17].

I. Inhalt und Zweck. § 16 enthält einmal die Pflicht des ArbGeb, einen Abdruck der maßgeblichen arbeitszeitrechtlichen Bestimmungen im Betrieb zur Einsichtnahme auszulegen oder auszuhängen. Dies soll den ArbN ermöglichen, die für sie geltenden Schutzbestimmungen an geeigneter Stelle im

---

1 *Baeck/Deutsch*, § 15 ArbZG Rz. 32. | 2 BayVGH v. 18.8.1980, 190 XXII 77, GewArch 1981, 22. | 3 Erlass des MASSKS NRW v. 18.5.1999 – 215–8435, Nr. 15.3.2. | 4 Erlass des MASSKS NRW v. 18.5.1999 – 215–8435, Nr. 15.3.2. | 5 BT-Drs. 12/588, S. 31. | 6 *Zmarzlik/Anzinger*, § 15 ArbZG Rz. 36. | 7 So etwa in NRW gem. Anlage III, Nr. 4.1 der Verordnung zur Regelung von Zuständigkeiten auf dem Gebiet des Arbeits- und technischen Gefahrenschutzes vom 25.1.2000, GV.NRW 2000, S. 54. | 8 *Zmarzlik/Anzinger*, § 15 ArbZG Rz. 35; *Baeck/Deutsch*, § 15 ArbZG Rz. 37. | 9 *Neumann/Biebl*, § 15 ArbZG Rz. 10; *Baeck/Deutsch*, § 15 ArbZG Rz. 37. | 10 *Neumann/Biebl*, § 15 ArbZG Rz. 10. | 11 *Neumann/Biebl*, § 15 ArbZG Rz. 10. | 12 *Neumann/Biebl*, § 15 ArbZG Rz. 10. | 13 OVG Rh.-Pf. v. 8.2.1993 – 11 B 12228/92, NVwZ 1993, 699 zu § 28 AZO; *Baeck/Deutsch*, § 15 ArbZG Rz. 39; s. a. BVerwG v. 23.3.1982 – 1 C 157/79, NJW 1982, 2513 zu § 23 Abs. 1 Ladenschlussgesetz. | 14 VG Düsseldorf v. 30.6.1959 – 7 K 3731/58, WA 1959, 190 zu § 28 AZO. | 15 *Neumann/Biebl*, § 15 ArbZG Rz. 12. | 16 BT-Drs. 12/5888, S. 31. | 17 BGBl. I S. 3002.

Betrieb kennen zu lernen[1]. Ferner wird der ArbGeb verpflichtet, die über die werktägliche Arbeitszeit des § 3 Satz 1 hinausgehende Arbeitszeit der ArbN aufzuzeichnen und die Aufzeichnungen mindestens zwei Jahre aufzubewahren. Schließlich muss er ein Verzeichnis der ArbN führen, die einer Verlängerung ihrer Arbeitszeit zugestimmt haben, und dieses Verzeichnis mindestens zwei Jahre aufbewahren.

2 **II. Die einzelnen Pflichten. 1. Aushangpflicht (§ 16 Abs. 1). a) Umfang.** Die Aushangpflicht umfasst das ArbZG, die auf Grund dieses Gesetzes erlassenen, für den Betrieb geltenden **Rechtsverordnungen** und die für den Betrieb geltenden **TV** und **Betriebs- und Dienstvereinbarungen** iSd. § 7 Abs. 1 bis 3 und des § 12. ArbGeb, die regelmäßig mindestens drei **Jugendliche** beschäftigen, haben darüber hinaus gemäß § 48 JArbSchG einen Aushang über Beginn und Ende der regelmäßigen täglichen Arbeitszeit und der Pausen der Jugendlichen an geeigneter Stelle im Betrieb anzubringen.

3 **b) Ort des Aushangs.** Geeignet sind solche Stellen im **Betrieb**, an denen der ArbN sich in Ruhe mit den Vorschriften vertraut machen kann, ohne dass er sich von dem ArbGeb beaufsichtigt fühlt[2]. Beispiele: **Schwarze Bretter, Aufenthalts- und Pausenräume**[3]. Ungeeignet wäre die Auslegung der Vorschriften hingegen im Büro des Vorgesetzten, im Personalbüro oder beim ArbGeb selbst[4]. Führt der ArbGeb keinen Betrieb sondern lediglich einen **Privathaushalt**, in dem er ArbN beschäftigt, entfällt eine Auslege- und Aushangpflicht[5].

4 **c) Sanktionen.** Kommt der ArbGeb seiner Verpflichtung aus § 16 Abs. 1 nicht nach, handelt er ordnungswidrig (§ 22 Abs. 1 Nr. 8). Ein Schadensersatzanspruch des ArbN wegen einer Verletzung dieser Pflicht kommt jedoch nicht in Betracht, da § 16 Abs. 1 kein Schutzgesetz iSd. § 823 Abs. 2 BGB ist[6].

5 **2. Aufzeichnungs- und Nachweispflicht (§ 16 Abs. 2).** Die Vorschrift verpflichtet den ArbGeb, die über die werktägliche Arbeitszeit des § 3 Satz 1 hinausgehende Arbeitszeit der ArbN aufzuzeichnen und die Aufzeichnungen mindestens zwei Jahre aufzubewahren. Die Nachweispflicht des ArbGeb ist notwendig, um die **Überwachung des Gesetzes durch die Aufsichtsbehörden** sicherzustellen[7]. Im Hinblick auf die Erweiterung des Ausgleichszeitraums zur Erreichung der durchschnittlichen täglichen Arbeitszeit sowie der umfangreichen Möglichkeiten, durch TV und BV abweichende Regelungen festzulegen, wäre anderenfalls eine Überwachung durch die Aufsichtsbehörden nicht gewährleistet[8]. Durch die Beschränkung der Nachweispflicht auf die über die werktägliche Arbeitszeit des § 3 Satz 1 hinausgehenden Arbeitszeiten soll unnötiger Aufwand vermieden werden[9]. Während der Regierungsentwurf zunächst eine Aufbewahrungspflicht von mindestens einem Jahr vorgesehen hat[10], ist die Aufbewahrungsfrist gemäß den Vorschlägen des Bundesrates[11] und des Ausschusses für Arbeit und Sozialpolitik[12] im Hinblick auf die Verjährungsfrist von zwei Jahren für Ordnungswidrigkeiten (§ 31 Abs. 2 Nr. 2 OWiG) auf mindestens zwei Jahre verlängert worden. Seit dem 1.1.2004 ist der ArbGeb zudem verpflichtet, ein Verzeichnis der ArbN zu führen, die in eine Verlängerung ihrer Arbeitszeit nach § 7 Abs. 7 eingewilligt haben. Das Verzeichnis kann in schriftlicher Form oder als Datei geführt werden. Die Einwilligungen selbst müssen jedoch schriftlich vorliegen. Das Verzeichnis und die Einwilligungserklärungen sind mindestens zwei Jahre nach der letzten Verlängerung der Arbeitszeit eines der betroffenen ArbN aufzubewahren.

6 **a) Umfang der Aufzeichnungspflicht.** Aufzeichnungspflichtig sind nach Sinn und Zweck der Vorschrift nicht nur die werktäglichen Arbeitszeiten, die über acht Stunden hinausgehen, sondern auch der erforderliche Ausgleich der Mehrarbeit durch Arbeitszeitverkürzung an anderen Tagen innerhalb des Ausgleichszeitraums[13].

7 **b) Form.** Für die Arbeitszeitnachweise ist **keine bestimmte Form** vorgeschrieben. Es reicht aus, wenn sich aus ihnen die Überschreitung der Achtstundengrenze und der entsprechende Ausgleich ergeben[14]. Der Nachweis kann daher durch Stundenzettel, Stempeluhrkarten, Lohnlisten und andere Arbeitszeitkarten geführt werden, wenn sich aus ihnen die von den ArbN geleistete tägliche Arbeitszeit ergibt[15]. Zulässig sind auch Eigenaufschreibungen der ArbN sowie der Nachweis durch Datenverarbeitungsanlagen und Zeiterfassungssysteme, wenn die gespeicherten Daten für die Aufsichtsbehörde jederzeit abrufbar sind[16].

8 **c) Mehrere Arbeitsverhältnisse.** Bei ArbN mit mehreren Arbeitsverhältnissen muss derjenige ArbGeb die Zeitnachweise führen, bei dem die Achtstundengrenze überschritten wird[17].

9 **d) Aufbewahrungsfrist.** Die Aufbewahrungsfrist richtet sich nach §§ 187 Abs. 1, 188 Abs. 2 BGB[18]. Sie beginnt mit dem Tag, der auf den letzten Tag der Eintragung folgt und endet mit Ablauf des entspre-

---

1 BT-Drs. 12/5888, S. 31. | 2 *Neumann/Biebl*, § 16 ArbZG Rz. 1. | 3 *Neumann/Biebl*, § 16 ArbZG Rz. 1. | 4 *Neumann/Biebl*, § 16 ArbZG Rz. 1. | 5 *Baeck/Deutsch*, § 16 ArbZG Rz. 15; aA *Zmarzlik/Anzinger*, § 16 ArbZG Rz. 4. | 6 *Neumann/Biebl*, § 16 ArbZG Rz. 2. | 7 BT-Drs. 12/5888, S. 31. | 8 BT-Drs. 12/5888, S. 31. | 9 BT-Drs. 12/5888, S. 31. | 10 BT-Drs. 12/5888, S. 10. | 11 BT-Drs. 12/5888, S. 45. | 12 BT-Drs. 12/6990, S. 44. | 13 *Neumann/Biebl*, § 16 ArbZG Rz. 6; Kasseler Handbuch/*Schliemann*, 2.5 Rz. 776; Erlass des MASSKS NRW v. 18.5.1999 – 215–8435, Nr. 16.1; aA *Baeck/Deutsch*, § 16 ArbZG Rz. 24; ErfK/*Wank*, § 16 ArbZG Rz. 9. | 14 Erlass des MASSKS NRW v. 18.5.1999 – 215–8435, Nr. 16.2. | 15 *Zmarzlik/Anzinger*; § 16 ArbZG Rz. 12; ErfK/*Wank*, § 16 ArbZG Rz. 10; Erlass des MASSKS NRW v. 18.5.1999 – 215–8435, Nr. 16.2. | 16 *Zmarzlik/Anzinger*, § 16 ArbZG Rz. 12; ErfK/*Wank*, § 16 ArbZG Rz. 10. | 17 *Zmarzlik/Anzinger*, § 16 ArbZG Rz. 14. | 18 *Zmarzlik/Anzinger*, § 16 ArbZG Rz. 16; *Baeck/Deutsch*, § 16 ArbZG Rz. 33.

chenden Monatstages, an dem die Aufzeichnung erfolgte. Beispiel: Der ArbN arbeitet am 3.5.2002 mehr als acht Stunden. In diesem Falle beginnt die Aufbewahrungsfrist mit dem 4.5.2002 und endet am 3.5.2004. Liegt der Ausgleichszeitraum vor der geleisteten Mehrarbeit, sind die entsprechenden Unterlagen mit der Aufzeichnung der Mehrarbeit aufzubewahren.

e) **Bußgeldrechtliche Sanktionen.** Der schuldhafte Verstoß gegen die Aufzeichnungs- und Aufbewahrungspflicht stellt eine Ordnungswidrigkeit dar (§ 22 Abs. 1 Nr. 9). Dies ist hinsichtlich der Arbeitszeitnachweise eindeutig. Hingegen dürften Verstöße gegen die Verpflichtung, ein Verzeichnis der ArbN zu führen, die einer Verlängerung ihrer Arbeitszeit zugestimmt haben, nicht vom Wortlaut des § 22 Abs. 1 Nr. 9 erfasst sein, da der Gesetzgeber insoweit eine Folgeänderung unterlassen hat.   10

17 Aufsichtsbehörde

(1) Die Einhaltung dieses Gesetzes und der auf Grund dieses Gesetzes erlassenen Rechtsverordnungen wird von den nach Landesrecht zuständigen Behörden (Aufsichtsbehörden) überwacht.

(2) Die Aufsichtsbehörde kann die erforderlichen Maßnahmen anordnen, die der Arbeitgeber zur Erfüllung der sich aus diesem Gesetz und den auf Grund dieses Gesetzes erlassenen Rechtsverordnungen ergebenden Pflichten zu treffen hat.

(3) Für den öffentlichen Dienst des Bundes sowie für die bundesunmittelbaren Körperschaften, Anstalten und Stiftungen des öffentlichen Rechts werden die Aufgaben und Befugnisse der Aufsichtsbehörde vom zuständigen Bundesministerium oder den von ihm bestimmten Stellen wahrgenommen; das Gleiche gilt für die Befugnisse nach § 15 Abs. 1 und 2.

(4) Die Aufsichtsbehörde kann vom Arbeitgeber die für die Durchführung dieses Gesetzes und der auf Grund dieses Gesetzes erlassenen Rechtsverordnungen erforderlichen Auskünfte verlangen. Sie kann ferner vom Arbeitgeber verlangen, die Arbeitszeitnachweise und Tarifverträge oder Betriebs- und Dienstvereinbarungen iSd. § 7 Abs. 1 bis 3 und des § 12 vorzulegen oder zur Einsicht einzusenden.

(5) Die Beauftragten der Aufsichtsbehörde sind berechtigt, die Arbeitsstätten während der Betriebs- und Arbeitszeit zu betreten und zu besichtigen; außerhalb dieser Zeit oder wenn sich die Arbeitsstätten in einer Wohnung befinden, dürfen sie ohne Einverständnis des Inhabers nur zur Verhütung von dringenden Gefahren für die öffentliche Sicherheit und Ordnung betreten und besichtigt werden. Der Arbeitgeber hat das Betreten und Besichtigen der Arbeitsstätten zu gestatten. Das Grundrecht der Unverletzlichkeit der Wohnung (Artikel 13 des Grundgesetzes) wird insoweit eingeschränkt.

(6) Der zur Auskunft Verpflichtete kann die Auskunft auf solche Fragen verweigern, deren Beantwortung ihn selbst oder einen der in § 383 Abs. 1 Nr. 1 bis 3 der Zivilprozessordnung bezeichneten Angehörigen der Gefahr strafgerichtlicher Verfolgung oder eines Verfahrens nach dem Gesetz über Ordnungswidrigkeiten aussetzen würde.

§ 17 Abs. 4 geändert durch Gesetz zu Reformen am Arbeitsmarkt v. 24.12.2003[1].

I. Inhalt und Zweck. § 17 regelt die Überwachungsaufgaben der Aufsichtsbehörden und die hierzu notwendigen Befugnisse[2].   1

II. Die einzelnen Bestimmungen. 1. Bestimmung der Aufsichtsbehörden (§ 17 Abs. 1). Nach § 17 Abs. 1 werden die zuständigen Aufsichtsbehörden nach Landesrecht bestimmt. Denn nach Art. 83 GG wird das ArbZG als Bundesgesetz von den Ländern als eigene Angelegenheit durchgeführt[3]. Zuständige Behörden sind nach den Zuständigkeitsverordnungen der Länder in der Regel die **Staatlichen Ämter für Arbeitsschutz** bzw. die **Gewerbeaufsichtsämter.** Teilweise sind bestimmte Befugnisse übergeordneten Behörden vorbehalten. Die örtliche Zuständigkeit richtet sich nach den jeweiligen VwVfG.   2

2. Ermächtigung (§ 17 Abs. 2). In § 17 Abs. 2 werden die Aufsichtsbehörden zur Anordnung solcher Maßnahmen ermächtigt, die der ArbGeb zur Erfüllung der sich aus dem ArbZG und der hierauf gestützten Rechtsverordnungen, treffen muss. Hierdurch wird es den Aufsichtsbehörden ermöglicht, die Einhaltung der von ihr zu überwachenden Vorschriften durchzusetzen[4]. Den Aufsichtsbehörden stehen dabei die **Befugnisse der Ortspolizeibehörde** zu[5]. Stellt die Aufsichtsbehörde Verstöße fest, wird sie den ArbGeb regelmäßig zunächst auf die Zuwiderhandlungen hinweisen und zu gesetzmäßigem Handeln auffordern[6]. Besteht eine Wiederholungsgefahr, kann die Behörde durch Verwaltungsakt die notwendigen Anordnungen treffen[7], wobei sie ein ihr eingeräumtes Ermessen pflichtgemäß auszuüben und die Grundsätze der Gleichbehandlung und Verhältnismäßigkeit zu beachten hat[8]. Diese Maßnahmen unterliegen der vollen verwaltungsgerichtlichen Kontrolle[9].   3

---

1 BGBl. I S. 3002. |2 BT-Drs. 12/5888, S. 32. |3 BT-Drs. 12/5888, S. 32. |4 BT-Drs. 12/5888, S. 32. |5 BVerwG v. 4.7.1989 – 1 C 3/87, NJW 1990, 529; *Neumann/Biebl*, § 17 ArbZG Rz. 2. |6 *Zmarzlik/Anzinger*, § 17 ArbZG Rz. 10. |7 *Zmarzlik/Anzinger*, § 17 ArbZG Rz. 10. |8 *Zmarzlik/Anzinger*, § 17 ArbZG Rz. 9; *Baeck/Deutsch*, § 17 ArbZG Rz. 21. |9 *Neumann/Biebl*, § 17 ArbZG Rz. 2; *Zmarzlik/Anzinger*, § 17 ArbZG Rz. 10.

4 **3. Öffentlicher Dienst (§ 17 Abs. 3).** Die Vorschrift regelt die Überwachungszuständigkeit für den öffentlichen Dienst des Bundes sowie für die unmittelbaren Körperschaften, Anstalten und Stiftungen des öffentlichen Rechts[1].

5 **4. Auskunftspflicht (§ 17 Abs. 4).** Nach § 17 Abs. 4 Satz 1 ist der ArbGeb verpflichtet, den Aufsichtsbehörden alle Auskünfte zu erteilen, die zur Erfüllung ihrer Aufgaben notwendig sind[2]. Das Auskunftsverlangen muss nicht in Form einer Anordnung an den ArbGeb ergehen[3], sondern kann auch **mündlich** oder **telefonisch** ergehen[4]. Auf Verlangen muss der ArbGeb gemäß § 14 Abs. 4 Satz 2 auch die vorhandenen Unterlagen über die Arbeitszeit sowie die TV oder BV iSd. § 7 Abs. 1 bis 3 und des § 12 vorlegen. Diese Auskünfte und Unterlagen können **unabhängig von Besichtigungen** verlangt werden[5]. Benötigt der ArbGeb die Originalunterlagen für seine tägliche Arbeit, kann die Behörde nur in besonderen Fällen eine **Übersendung** verlangen[6]. Die **Kosten** der Übersendung trägt der ArbGeb[7]. Ob der BR nach § 89 Abs. 1 Satz 2 BetrVG berechtigt ist, der Aufsichtsbehörde auf einzelne ArbN bezogene Arbeitszeiten mitzuteilen, hängt davon ab, ob die Datenübermittlung im Einzelfall zur Wahrung der berechtigten Interessen des BR oder der Aufsichtsbehörde erforderlich ist und schutzwürdige Interessen der betroffenen ArbN nicht entgegenstehen[8].

6 **5. Befugnisse der Aufsichtsbehörde (§ 17 Abs. 5).** Nach § 17 Abs. 5 ist es den Beauftragten der Aufsichtsbehörde gestattet, die Arbeitsstätte ohne entsprechende Anordnung zu **betreten** und zu **besichtigen**[9]. Der ArbGeb ist insoweit zur Duldung verpflichtet[10]. Dieses Betretungsrecht steht den Beauftragten der Aufsichtsbehörde nicht nur zu den üblichen Betriebs- und Arbeitszeiten zu[11], sondern auch dann, wenn der Betrieb etwa ausnahmsweise an **Sonn- und Feiertagen** arbeitet[12]. Denn gerade in solchen Fällen setzt eine wirksame Kontrolle die Besichtigung der Arbeitsstätte voraus[13]. Insoweit wird das Grundrecht des ArbGeb aus Art. 13 GG (Unverletzlichkeit der Wohnung) eingeschränkt. **Außerhalb der Betriebs- und Arbeitszeit** bedarf das Betreten und die Besichtigung der Arbeitsstätten der **Einwilligung des ArbGeb**, es sei denn, dringende Gefahren für die öffentliche Sicherheit und Ordnung drohen. Dieselbe Voraussetzung gilt, wenn sich die Arbeitsstätte in einer Wohnung befindet. Der ArbGeb, der die Maßnahmen der Aufsichtsbehörde nicht duldet, handelt ordnungswidrig (§ 22 Abs. 1 Nr. 9 ArbZG).

7 **6. Auskunftsverweigerungsrecht (§ 17 Abs. 6).** § 17 Abs. 6 enthält eine übliche Regelung über das Auskunftsverweigerungsrecht[14]. Nach dem ausdrücklichen Gesetzeswortlaut bezieht sich das Auskunftsverweigerungsrecht nur auf die Auskünfte nach § 17 Abs. 4 Satz 1. Der ArbGeb kann daher nicht die Herausgabe von Unterlagen nach § 17 Abs. 4 Satz 2 mit dem Hinweis verweigern, dass er sich oder einen nahen Angehörigen der Gefahr einer strafrechtlichen Verfolgung oder eines Verfahrens nach dem OWiG aussetzen würde[15].

8 **III. Bußgeldrechtliche Sanktionen.** Wer vorsätzlich oder fahrlässig entgegen § 17 Abs. 4 eine Auskunft nicht, nicht richtig oder nicht vollständig erteilt, Unterlagen nicht oder nicht vollständig vorlegt oder nicht einsendet oder entgegen § 17 Abs. 5 Satz 2 eine Maßnahme nicht gestattet, handelt ordnungswidrig (§ 22 Abs. 1 Nr. 10).

Sechster Abschnitt. Sonderregelungen

18 *Nichtanwendung des Gesetzes*
(1) Dieses Gesetz ist nicht anzuwenden auf

1. leitende Angestellte iSd. § 5 Abs. 3 des Betriebsverfassungsgesetzes sowie Chefärzte,

2. Leiter von öffentlichen Dienststellen und deren Vertreter sowie Arbeitnehmer im öffentlichen Dienst, die zu selbständigen Entscheidungen in Personalangelegenheiten befugt sind,

3. Arbeitnehmer, die in häuslicher Gemeinschaft mit den ihnen anvertrauten Personen zusammenleben und sie eigenverantwortlich erziehen, pflegen oder betreuen,

4. den liturgischen Bereich der Kirchen und der Religionsgemeinschaften.

(2) Für die Beschäftigung von Personen unter 18 Jahren gilt anstelle dieses Gesetzes das Jugendarbeitsschutzgesetz.

(3) Für die Beschäftigung von Arbeitnehmern auf Kauffahrteischiffen als Besatzungsmitglieder iSd. § 3 des Seemannsgesetzes gilt anstelle dieses Gesetzes das Seemannsgesetz.

---

1 BT-Drs. 12/5888, S. 32. |2 BT-Drs. 12/5888, S. 32. |3 BT-Drs. 12/5888, S. 32. |4 ErfK/*Wank*, § 17 ArbZG Rz. 5. |5 BT-Drs. 12/5888, S. 32. |6 *Zmarzlik/Anzinger*, § 17 ArbZG Rz. 20. |7 *Zmarzlik/Anzinger*, § 17 ArbZG Rz. 20; ErfK/*Wank*, § 17 ArbZG Rz. 6. |8 BAG v. 8.6.2003 – 1 ABR 19/02, AP Nr. 1 zu § 89 BetrVG. |9 BT-Drs. 12/5888, S. 32. |10 BT-Drs. 12/5888, S. 32. |11 So noch der Regierungsentwurf, BT-Drs. 12/5888, S. 10. |12 BT-Drs. 12/6990, S. 44. |13 BT-Drs. 12/6990, S. 44. |14 BT-Drs. 12/5888, S. 32. |15 *Neumann/Biebl*, § 17 ArbZG Rz. 6; Baeck/Deutsch, § 17 ArbZG Rz. 38; *Zmarzlik/Anzinger*, § 17 ArbZG Rz. 33; Erlass des MASSKS NRW v. 18.5.1999 – 215-8435, Nr. 17.2; aA *Dobberahn*, Rz. 168.

Nichtanwendung des Gesetzes   Rz. 10 § 18 ArbZG

§ 18 Abs. 4 aufgehoben durch Gesetz zur Änderung des Gesetzes über den Ladenschluss und zur Neuregelung der Arbeitszeit in Bäckereien und Konditoreien v. 30.7.1996, BGBl. I S. 1186

I. Inhalt und Zweck. § 18 soll den Besonderheiten bei der Arbeitszeit bestimmter Personengruppen Rechnung tragen[1]. **1**

II. Die einzelnen Ausnahmen. 1. Leitende Angestellte (18 Abs. 1 Nr. 1). Die Vorschrift nimmt die leitenden Angestellten von dem Geltungsbereich des Gesetzes aus. Dabei verweist das Gesetz aus Gründen der Rechtssicherheit und Rechtsklarheit auf die Definition des leitenden Angestellten in § 5 Abs. 3 BetrVG[2]. **2**

2. Chefärzte (§ 18 Abs. 1 Nr. 1). Ferner sind die Chefärzte, nicht hingegen die übrigen Ärzte, in Anlehnung an § 3 i) BAT von dem Geltungsbereich des Gesetzes ausgenommen[3]. Unter einem „Chefarzt" versteht man im üblichen Sprachgebrauch den ärztlichen Leiter einer Krankenhausabteilung[4], der innerhalb seiner Zuständigkeit die ärztliche Gesamtverantwortung für die Patientenversorgung trägt und zugleich Vorgesetzter des ärztlichen und nichtärztlichen Dienstes seiner Abteilung ist[5]. Der Chefarzt als Leiter einer Abteilung eines Kreiskrankenhauses ist nicht leitender Angestellter iSd. § 5 Abs. 3 BetrVG[6], sofern ihm weder die Befugnis zur Einstellung und/oder Entlassung von Mitarbeitern seiner Abteilung noch eine Budgetverantwortung eingeräumt ist[7]. **3**

3. Dienststellenleiter und öffentlich Bedienstete mit Personalverantwortung (§ 18 Abs. 1 Nr. 2). In § 18 Abs. 1 Nr. 2 werden die Leiter von öffentlichen Dienststellen, deren Vertreter sowie ArbN im öffentlichen Dienst, die zu selbständigen Entscheidungen in Personalangelegenheiten befugt sind, vom Anwendungsbereich des Gesetzes ausgenommen[8]. Es handelt sich dabei um den Personenkreis, der nach Bundespersonalvertretungsrecht nicht zu den Personalvertretungen wählbar ist[9]. **4**

4. ArbN in häuslicher Gemeinschaft (§ 18 Abs. 1 Nr. 3). Der Regierungsentwurf von § 18 Abs. 1 Nr. 3 sah vor, dass die Beschäftigung von ArbN im Haushalt generell nicht dem Geltungsbereich des Gesetzes unterliegen sollte[10]. Entsprechend einem Vorschlag des Bundesrates[11] und der Beschlussempfehlung des Ausschusses für Arbeit und Sozialordnung wurde die vorgesehene Ausnahmeregelung nicht Gesetzesinhalt, da das Gesetz so flexibel konzipiert sei, dass es auch den besonderen Verhältnissen im Haushalt ausreichend Rechnung trage[12]. Das Gesetz gilt daher auch für im Haushalt beschäftige Personen. Ausgenommen sind hingegen ArbN, die in häuslicher Gemeinschaft mit den ihn anvertrauten Personen (Kinder, Jugendliche, Senioren, Behinderte, Drogenabhängige)[13] zusammenleben und sie eigenverantwortlich erziehen, pflegen und betreuen. Ein gemeinsames Wirtschaften ist insoweit nicht erforderlich[14]. Die besonderen Lebens- und Arbeitsbedingungen dieser ArbN lassen eine Unterscheidung zwischen Arbeitszeit und Freizeit nicht zu[15]. Mit dieser Ausnahmeregelung ist zugleich einer Petition der SOS-Kinderdörfer Rechnung getragen worden[16]. Hingegen bedurfte es keiner Ausnahme für mithelfende Familienangehörige, da sie die Arbeit allein auf einer familienrechtlichen Beziehung und nicht aufgrund einer arbeitsvertraglichen Vereinbarung leisten[17]. Soweit sie jedoch auf Grundlage eines Arbeitsvertrages tätig sind, fallen sie auch unter den Geltungsbereich des ArbZG[18]. **5**

5. Liturgischer Bereich der Kirchen (§ 18 Abs. 1 Nr. 4). Die Vorschrift stellt klar, dass das Gesetz im Hinblick auf Art. 4 Abs. 2 GG auf den liturgischen Bereich der Kirche und Religionsgemeinschaften keine Anwendung findet[19]. **6**

6. Jugendliche (§ 18 Abs. 2). Die Regelung verweist für die Beschäftigung von Jugendlichen auf die Bestimmungen des JArbSchG. **7**

7. ArbN auf Kauffahrteischiffen (§ 18 Abs. 3). Für ArbN auf Kauffahrteischiffen gelten die Bestimmungen des Seemannsgesetzes, das in den §§ 84 bis 90 Arbeitszeitvorschriften enthält. **8**

a) Seearbeitszeit und Hafenarbeitszeit. Das Gesetz unterscheidet zwischen Seearbeitszeit und Hafenarbeitszeit (§ 84 SeemG). Die Vorschriften über die Seearbeitszeit gelten von dem Zeitpunkt ab, in dem das Schiff zum Antritt oder zur Fortsetzung der Reise seinen Liegeplatz im Hafen oder auf der Reede zu verlassen beginnt. Die Vorschriften über die Hafenarbeitszeit gelten von dem Zeitpunkt ab, in dem das Schiff im Hafen ordnungsgemäß festgemacht oder auf der Reede geankert hat. **9**

b) Seearbeitszeit der Besatzungsmitglieder. § 85 SeemG regelt die Seearbeitszeit der Besatzungsmitglieder mit Ausnahme des Verpflegungs-, Bedienungs- und Krankenpflegepersonals. Die Seearbeitszeit der zum Wachdienst bestimmten Besatzungsmitglieder, die nach dem **Dreiwachenplan** eingeteilt wird, darf **acht Stunden** täglich nicht überschreiten. An Werktagen zwischen 18 und 6 Uhr sowie an Sonn- und **10**

---

1 BT-Drs. 12/5888, S. 32. | 2 BT-Drs. 12/5888, S. 32. | 3 BT-Drs. 12/5888, S. 32. | 4 *Laufs* in Laufs/Uhlenbruck, Handbuch des Arztrechts, 2. Aufl. 1999, § 12 Rz. 8. | 5 Kasseler Handbuch/*Schliemann*, 2.5 Rz. 812. | 6 LAG Thür. v. 6.7.2000 – 1 TaBV 16/99, LAGE Nr. 22 zu § 5 BetrVG 1972; siehe auch BAG v. 18.11.1999 – 2 AZR 903/98, NZA 2000, 427. | 7 Vgl. *Laufs* in Laufs/Uhlenbruck, Handbuch des Arztrechts, 2. Aufl. 1999, § 12 Rz. 8, der wohl eine Personalentscheidungsbefugnis für ärztliche Mitarbeiter fordert. | 8 BT-Drs. 12/5888, S. 32. | 9 BT-Drs. 12/5888, S. 32; *Neumann/Biebl*, § 18 ArbZG Rz. 6. | 10 BT-Drs. 12/5888, S. 11, 32. | 11 BT-Drs. 12/5888, S. 46. | 12 BT-Drs. 12/5888, S. 46; BT-Drs. 12/6990, S. 44. | 13 *Neumann/Biebl*, § 18 ArbZG Rz. 7. | 14 *Baeck/Deutsch*, § 18 ArbZG Rz. 22; aA Kasseler Handbuch/*Schliemann*, 2.5 Rz. 816. | 15 BT-Drs. 12/6990, S. 44. | 16 BT-Drs. 12/6990, S. 44. | 17 BT-Drs. 12/5888, S. 32. | 18 BT-Drs. 12/5888, S. 33. | 19 BT-Drs. 12/5888, S. 33.

Feiertagen dürfen diese Besatzungsmitglieder während der Wache neben dem Wachdienst nur mit gelegentlichen Instandsetzungsarbeiten sowie mit Arbeiten beschäftigt werden, die zur Sicherung des Schiffs und dessen Fahrt, zur Sicherung der Ladung, zum Segeltrocknen oder zum Bootsdienst unbedingt erforderlich sind. Die Seearbeitszeit der nicht zum Wachdienst bestimmten Besatzungsmitglieder mit Ausnahme des Verpflegungs-, Bedienungs- und Krankenpflegepersonals darf acht Stunden werktäglich nicht überschreiten und muss zwischen 6 und 18 Uhr liegen.

11   **c) Hafenarbeitszeit der Besatzungsmitglieder.** Die Hafenarbeitszeit der Besatzungsmitglieder darf nach § 86 SeemG von Montag bis Freitag **acht Stunden** täglich nicht überschreiten. Am **Sonnabend** darf die Hafenarbeitszeit fünf Stunden, bei Wachdienst acht Stunden nicht überschreiten. Die Hafenarbeitszeit muss, abgesehen vom Wachdienst, von Montag bis Freitag zwischen 6 und 18 Uhr, am Sonnabend zwischen 6 und 13 Uhr liegen. An Werktagen außerhalb dieser Zeiten sowie an Sonn- und Feiertagen dürfen die Besatzungsmitglieder nur mit notwendigem Wachdienst sowie mit unumgänglichen und unaufschiebbaren Arbeiten beschäftigt werden; hierzu gehört auch das Laden und Löschen der Post. An Sonn- und Feiertagen darf die Beschäftigung mit unumgänglichen und unaufschiebbaren Arbeiten fünf Stunden nicht überschreiten.

12   **d) See- und Hafenarbeitszeit des Verpflegungs-, Bedienungs- und Krankenpflegepersonals.** § 87 SeemG enthält Sondervorschriften für die See- und Hafenarbeitszeit des Verpflegungs-, Bedienungs- und Krankenpflegepersonals, die **acht Stunden** täglich nicht überschreiten darf. Nur wenn in die Arbeitszeit regelmäßig und in erheblichem Umfang **Arbeitsbereitschaft** fällt, darf die Arbeitszeit bis zu einer Stunde täglich verlängert werden. Die Arbeitszeit einschließlich Arbeitsbereitschaft muss auf See zwischen 6 und 20 Uhr, im Hafen und auf der Reede zwischen 6 und 18 Uhr liegen. Diese Zeiträume dürfen in besonderen Fällen für die auf Fahrgastschiffen ausschließlich zur Verpflegung und Bedienung der Fahrgäste bestimmten Besatzungsmitglieder auf Anordnung des Kapitäns und für das Krankenpflegepersonal auf Anordnung des Schiffsarztes oder des Kapitäns überschritten werden. Jedoch muss eine ununterbrochene Freizeit von mindestens acht Stunden gewährt werden. An Sonn- und Feiertagen darf das Verpflegungs-, Bedienungs- und Krankenpflegepersonal nur mit Arbeiten beschäftigt werden, die zur Verpflegung, Bedienung und Krankenpflege der an Bord befindlichen Personen unbedingt erforderlich sind.

13   **e) Notfälle und dringende Fälle.** In Notfällen kann der Kapitän nach § 88 SeemG eine Verlängerung der täglichen Arbeitszeit für Arbeiten zur Erhaltung des Schiffs in Fällen drohender Gefahr, zur Rettung von Schiff und Menschen, für Rollenmanöver auf See, für Hilfeleistungen zur Rettung anderer Schiffe oder von Menschen und für Segelmanöver anordnen. Zudem kann der Kapitän nach § 89 SeemG in sonstigen dringenden Fällen und bei Wachdienst im Hafen eine Verlängerung der täglichen Arbeitszeit anordnen. Mit dieser Mehrarbeit darf das Besatzungsmitglied **bis zu neunzig Stunden im Monat** beschäftigt werden; ist das Schiff in einem Fahrtgebiet eingesetzt, in dem es in kurzer Aufeinanderfolge mehrere Häfen anläuft, so darf das Besatzungsmitglied darüber hinaus bis zu weiteren dreißig Stunden im Monat mit Mehrarbeit beschäftigt werden, soweit es sich um Arbeiten handelt, die im unmittelbaren Zusammenhang mit dem Ein- und Auslaufen des Schiffs stehen. Darüber hinaus ist die Beschäftigung eines Besatzungsmitglieds mit Mehrarbeit nur zulässig, soweit es sich um Arbeiten handelt, die zur Abwendung von Gefahren für die Ladung, zur Verhinderung schwerer Störungen des Schiffsbetriebs oder zur Erfüllung öffentlich-rechtlicher Vorschriften über die Schiffssicherheit erforderlich sind.

14   **f) Sonn- und Feiertage.** Nach § 91 SeemG steht dem Besatzungsmitglied für jeden Sonn- und Feiertag, an dem sich das Schiff weniger als zwölf Stunden im Hafen befunden hat, ein Ausgleich durch einen arbeitsfreien Werktag zu. Dem Verpflegungs-, Bedienungs- und Krankenpflegepersonal sind im Monat mindestens zwei freie Tage zu gewähren. **Feiertage** sind innerhalb des Geltungsbereichs des Grundgesetzes die gesetzlichen Feiertage des **Liegeorts**, außerhalb des Geltungsbereichs des Grundgesetzes und auf See die Feiertage des **Registerhafens** (§ 84 Abs. 4 SeemG). Die freien Tage sind so bald wie möglich und in einem Hafen zu gewähren, in dem Landgang zulässig und möglich ist. Auf Verlangen des Besatzungsmitglieds kann der freie Tag auch auf See gewährt werden.

19   *Beschäftigung im öffentlichen Dienst*

Bei der Wahrnehmung hoheitlicher Aufgaben im öffentlichen Dienst können, soweit keine tarifvertragliche Regelung besteht, durch die zuständige Dienstbehörde die für Beamte geltenden Bestimmungen über die Arbeitszeit auf die Arbeitnehmer übertragen werden; insoweit finden die §§ 3 bis 13 keine Anwendung.

1   **I. Inhalt und Zweck.** § 19 räumt im **öffentlichen Dienst** den Dienstbehörden die Befugnis ein, die für Beamte geltenden Bestimmungen über die Arbeitszeit insgesamt auf die ArbN zu übertragen, sofern keine tarifliche Regelung besteht. Auf diese Weise wird dem Interesse an einer **einheitlichen Arbeitszeit** von zusammenarbeitenden **ArbN und Beamten** Rechnung getragen[1]. Dies hat zur Folge, dass die

---
[1] BT-Drs. 12/5888, S. 33.

Bußgeldvorschriften §22 ArbZG

§§ 3 bis 13 keine Anwendung finden[1]. Während der Regierungsentwurf noch entsprechend § 13 AZO keine Einschränkung bezüglich der Art der Arbeiten vorsah[2], beschränkt das Gesetz den Geltungsbereich der Vorschrift entsprechend der Empfehlung des Ausschusses für Arbeit und Sozialpolitik[3] auf die Wahrnehmung hoheitlicher Aufgaben. Dadurch wird es ausgeschlossen, die für Beamte geltenden Arbeitszeitbestimmungen auf ArbN für solche Fälle auszuschließen, in denen privatwirtschaftliche Aufgaben durch den öffentlichen Dienst wahrgenommen werden[4]. Dies dient der Vermeidung von Wettbewerbsverzerrungen[5].

II. Die Übertragung. Die Übertragung ist ein **gestaltender Akt besonderer Art**, der durch eine Verwaltungsanordnung, einen Erlass oder durch eine ähnliche Maßnahme erfolgen kann[6]. Möglich sind auch eine Dienstvereinbarung[7] und ein TV[8]. Ausgeschlossen ist hingegen ein entsprechender Verwaltungsakt, da die Behörde insoweit nicht hoheitlich handelt[9]. Mangels einer geeigneten Ermächtigungsgrundlage kommt insoweit auch keine Rechtsverordnung in Betracht[10]. 2

III. TV. Eine Übertragung kommt jedoch nur in Betracht, soweit kein TV besteht. Die praktische Bedeutung der Vorschrift ist somit gering, da die Arbeitszeit für die Angestellten und Arbeiter des öffentlichen Dienstes im BAT (§§ 15 bis 17) bzw. den entsprechenden TV für Arbeiter geregelt ist[11]. 3

20 Beschäftigung in der Luftfahrt
Für die Beschäftigung von Arbeitnehmern als Besatzungsmitglieder von Luftfahrzeugen gelten anstelle der Vorschriften dieses Gesetzes über Arbeits- und Ruhezeiten die Vorschriften über Flug-, Flugdienst- und Ruhezeiten der Zweiten Durchführungsverordnung zur Betriebsordnung für Luftfahrtgerät in der jeweils geltenden Fassung.

§ 20 trägt den Besonderheiten in der Luftfahrt Rechnung und lässt die aus Gründen der Verkehrssicherheit erlassenen Vorschriften den arbeitsschutzrechtlichen Bestimmungen vorgehen[12]. Für Besatzungsmitglieder von Luftfahrzeugen gelten daher die Bestimmungen der Zweiten Durchführungsverordnung zur Betriebsordnung für Luftfahrtgerät vom 12.11.1974[13] in der jeweils geltenden Fassung[14]. 1

21 Beschäftigung in der Binnenschifffahrt
Die Vorschriften dieses Gesetzes gelten für die Beschäftigung von Fahrpersonal in der Binnenschifffahrt, soweit die Vorschriften über Ruhezeiten der Rheinschiffs-Untersuchungsordnung und der Binnenschiffs-Untersuchungsordnung in der jeweils geltenden Fassung dem nicht entgegenstehen. Sie können durch Tarifvertrag der Eigenart der Binnenschifffahrt angepasst werden.

Grundsätzlich gelten die Bestimmungen des ArbZG in der Binnenschifffahrt. Nur die Vorschriften über Ruhezeiten der Rheinschiffs-Untersuchungsordnung[15] und der Binnenschiffs-Untersuchungsordnung[16] in der jeweils geltenden Fassung gehen diesen Regelungen vor[17]. 1

Siebter Abschnitt. Straf- und Bußgeldvorschriften

22 Bußgeldvorschriften
(1) Ordnungswidrig handelt, wer als Arbeitgeber vorsätzlich oder fahrlässig

1. entgegen § 3 oder § 6 Abs. 2, jeweils auch in Verbindung mit § 11 Abs. 2, einen Arbeitnehmer über die Grenzen der Arbeitszeit hinaus beschäftigt,

2. entgegen § 4 Ruhepausen nicht, nicht mit der vorgeschriebenen Mindestdauer oder nicht rechtzeitig gewährt,

3. entgegen § 5 Abs. 1 die Mindestruhezeit nicht gewährt oder entgegen § 5 Abs. 2 die Verkürzung der Ruhezeit durch Verlängerung einer anderen Ruhezeit nicht oder nicht rechtzeitig ausgleicht,

---
1 BT-Drs. 12/5888, S. 33. | 2 BT-Drs. 12/5888, S. 11, 33. | 3 BT-Drs. 12/6990, S. 20. | 4 BT-Drs. 12/6990, S. 44. | 5 BT-Drs. 12/6990, S. 44. | 6 Zmarzlik/Anzinger, § 19 ArbZG Rz. 25, 28. | 7 Zmarzlik/Anzinger, § 19 ArbZG Rz. 27. | 8 Baeck/Deutsch, § 19 ArbZG Rz. 23; Neumann/Biebl, § 19 ArbZG Rz. 2; aA Zmarzlik/Anzinger, § 19 ArbZG Rz. 26. | 9 Zmarzlik/Anzinger, § 19 ArbZG Rz. 24; Baeck/Deutsch, § 19 ArbZG Rz. 23. | 10 So zutr. Zmarzlik/Anzinger, § 19 ArbZG Rz. 24; Baeck/Deutsch, § 19 ArbZG Rz. 23; aA Neumann/Biebl, § 19 ArbZG Rz. 2. | 11 Neumann/Biebl, § 19 ArbZG Rz. 5; ErfK/Wank, § 19 ArbZG Rz. 4. | 12 BT-Drs. 12/5888, S. 33. | 13 Zweite Durchführungsverordnung zur Betriebsordnung für Luftfahrtgerät (Flug-, Flugdienst- und Ruhezeiten von Besatzungsmitgliedern in Luftfahrtunternehmen und außerhalb von Luftfahrtunternehmen bei berufsmäßiger Betätigung sowie Dienst- und Ruhezeiten von Flugdienstberatern) – DVLuftBO v. 12. November 1974, BGBl. I S. 3181. | 14 Fassung der Bekanntmachung v. 10.3.1982, BAnz. Nr. 62 v. 31.3.1982, zuletzt geändert durch das Arbeitszeitrechtsgesetz v. 6.6.1994, BGBl. I S. 1170. | 15 BGBl. I S. 773. | 16 Verordnung über die Schiffssicherheit in der Binnenschifffahrt v. 17.3.1988, BGBl. I S. 238, dort § 115 Dienst- und Ruhezeiten. | 17 BT-Drs. 12/5888, S. 33.

#4. einer Rechtsverordnung nach § 8 Satz 1, § 13 Abs. 1 oder 2 oder § 24 zuwiderhandelt, soweit sie für einen bestimmten Tatbestand auf diese Bußgeldvorschrift verweist,

5. entgegen § 9 Abs. 1 einen Arbeitnehmer an Sonn- oder Feiertagen beschäftigt,

6. entgegen § 11 Abs. 1 einen Arbeitnehmer an allen Sonntagen beschäftigt oder entgegen § 11 Abs. 3 einen Ersatzruhetag nicht oder nicht rechtzeitig gewährt,

7. einer vollziehbaren Anordnung nach § 13 Abs. 3 Nr. 2 zuwiderhandelt,

8. entgegen § 16 Abs. 1 die dort bezeichnete Auslage oder den dort bezeichneten Aushang nicht vornimmt,

9. entgegen § 16 Abs. 2 Aufzeichnungen nicht oder nicht richtig erstellt oder nicht für die vorgeschriebene Dauer aufbewahrt oder

10. entgegen § 17 Abs. 4 eine Auskunft nicht, nicht richtig oder nicht vollständig erteilt, Unterlagen nicht oder nicht vollständig vorlegt oder nicht einsendet oder entgegen § 17 Abs. 5 Satz 2 eine Maßnahme nicht gestattet.

(2) Die Ordnungswidrigkeit kann in den Fällen des Absatzes 1 Nr. 1 bis 7, 9 und 10 mit einer Geldbuße bis zu fünfzehntausend Euro, in den Fällen des Absatzes 1 Nr. 8 mit einer Geldbuße bis zu zweitausendfünfhundert Euro geahndet werden.

§ 22 Abs. 2 geändert durch Gesetz zur Einführung des Euro im Sozial- und Arbeitsrecht sowie zur Änderung anderer Vorschriften – 4. Euro-Einführungsgesetz v. 21.12.2000, BGBl. I, S. 1983.

23 Strafvorschriften

(1) Wer eine der in § 22 Abs. 1 Nr. 1 bis 3, 5 bis 7 bezeichneten Handlungen

1. vorsätzlich begeht und dadurch Gesundheit oder Arbeitskraft eines Arbeitnehmers gefährdet oder

2. beharrlich wiederholt,

wird mit Freiheitsstrafe bis zu einem Jahr oder mit Geldstrafe bestraft.

(2) Wer in den Fällen des Absatzes 1 Nr. 1 die Gefahr fahrlässig verursacht, wird mit Freiheitsstrafe bis zu sechs Monaten oder mit Geldstrafe bis zu 180 Tagessätzen bestraft.

I. Inhalt und Zweck. 1. Ordnungswidrigkeiten. Nach § 22 werden Verstöße des ArbGeb gegen die im Gesetz enthaltenen oder durch Rechtsverordnung zu schaffenden Verpflichtungen als Ordnungswidrigkeit geahndet. Dabei hat der Gesetzgeber formelle und materielle Verstöße bußgeldrechtlich im Wesentlichen gleich behandelt, da formelle Verstöße nach seiner Einschätzung idR eine Verschleierung materieller Verstöße bezwecken[1]. Lediglich bezüglich einer Verletzung der Aushang- bzw. Auslegepflicht nach § 16 Abs. 2 hat er den Bußgeldrahmen eingeschränkt, da ein Bußgeld von seinerzeit 30.000 DM, heute 15.000 Euro, nicht verhältnismäßig erschien[2].

2. Straftaten. § 23 qualifiziert darüber hinaus bestimmte ordnungswidrige Handlungen als **Straftaten**, wenn durch sie vorsätzlich die Gesundheit oder die Arbeitskraft von ArbN gefährdet wird oder wenn sie beharrlich wiederholt werden[3]. Strafbar ist danach, wer vorsätzlich einen ArbN über die Grenzen der Arbeitszeit hinaus beschäftigt, Ruhepausen nicht, nicht mit der vorgeschriebenen Mindestdauer oder nicht rechtzeitig gewährt, die Mindestruhezeit nicht gewährt oder die Verkürzung der Ruhezeit durch Verlängerung einer anderen Ruhezeit nicht oder nicht rechtzeitig ausgleicht, einen ArbN an Sonn- oder Feiertagen beschäftigt, einen ArbN an allen Sonntagen beschäftigt oder einen Ersatzruhetag nicht oder nicht rechtzeitig gewährt und einer vollziehbaren Anordnung nach § 13 Abs. 3 Nr. 2 zuwiderhandelt. Weitere Voraussetzung ist, dass dadurch die Gesundheit oder die Arbeitskraft von ArbN gefährdet wird oder dass der Verstoß beharrlich wiederholt wird.

II. Verantwortlichkeit. Verantwortlich iSd. §§ 22, 23 ist der **ArbGeb**.

1. Organe und Gesellschafter. Bei juristischen Personen trifft die Verantwortlichkeit gemäß § 9 Abs. 1 OWiG, § 14 Abs. 1 StGB das vertretungsberechtigte Organ (Vorstand, Geschäftsführer). Bei einer Personenhandelsgesellschaft ist der vertretungsberechtigte Gesellschafter haftbar. Das sind bei einer OHG und einer Gesellschaft bürgerlichen Rechts die Gesellschafter, bei einer Kommanditgesellschaft der Komplementär.

2. Vertreter. Ebenso ist verantwortlich, wer als Vertreter des ArbGeb handelt, etwa der gesetzliche Vertreter eines entmündigten ArbGeb[4]. Ist jemand von dem Inhaber eines Betriebes oder einem sonst dazu Befugten beauftragt, den Betrieb ganz oder zum Teil zu leiten, oder ausdrücklich beauftragt, in eigener Verantwortung Aufgaben wahrzunehmen, die dem Inhaber des Betriebes bzw. Unternehmens obliegen, und handelt er auf Grund dieses Auftrages, so ist er hierfür bei Verstößen gegen die bußgeldbewehrten

---

[1] BT-Drs. 12/5888, S. 33. [2] BT-Drs. 12/6990, S. 45. [3] BT-Drs. 12/5888, S. 33. [4] Neumann/Biebl, § 22 ArbZG Rz. 6; Baeck/Deutsch, § 22 ArbZG Rz. 11.

Verpflichtungen gemäß § 9 Abs. 2 OWiG, § 14 Abs. 2 StGB verantwortlich. Dies gilt sinngemäß auch für solche Personen, die auf Grund eines entsprechenden Auftrages für eine Stelle handeln, die Aufgaben der öffentlichen Verwaltung wahrnimmt (§ 9 Abs. 2 Satz 3 OWiG, § 14 Abs. 2 Satz 3 StGB). Die bußgeld- und strafrechtliche Verantwortung besteht auch dann, wenn die Rechtshandlung, welche die Vertretungsbefugnis oder das Auftragsverhältnis begründen sollte, unwirksam ist (§ 9 Abs. 3 OWiG, § 14 Abs. 3 StGB).

3. Verletzung der Aufsichtspflicht. Nach § 130 Abs. 1 OWiG handelt auch der **Inhaber** eines Betriebes oder Unternehmens ordnungswidrig, der vorsätzlich oder fahrlässig die erforderlichen Aufsichtsmaßnahmen unterlässt, wenn eine Zuwiderhandlung gegen § 22 begangen wird, die durch gehörige Aufsicht verhindert oder wesentlich erschwert worden wäre. Zu den erforderlichen Aufsichtsmaßnahmen gehören dabei auch die Bestellung, sorgfältige Auswahl und Überwachung von Aufsichtspersonen.

4. Bußgeld gegen die juristische Person oder Personenvereinigung. Nach § 30 Abs. 1 OWiG kann auch gegen eine juristische Person oder eine Personenvereinigung selbst ein Bußgeld verhängt werden, wenn ein vertretungsberechtigtes Organ, der Vorstand eines nicht rechtsfähigen Vereins, der vertretungsberechtigte Gesellschafter einer Personenhandelsgesellschaft, ein Generalbevollmächtigter oder ein in leitender Stellung tätiger Prokurist oder Handlungsbevollmächtigter eine Straftat oder Ordnungswidrigkeit begeht und dabei Pflichten der juristischen Person oder der Personenvereinigung verletzt. Eine leitende Tätigkeit iSd. § 30 Abs. 1 OWiG kann je nach Einzelfall auch der Disponent für das Fahrpersonal einer Kommanditgesellschaft sein[1].

III. Verjährung. Zuwiderhandlungen gegen § 22 verjähren gemäß § 31 Abs. 2 Nr. 2 OWiG nach **zwei Jahren**, Verstöße gegen § 23 gemäß § 78 Abs. 3 Nr. 5 StGB nach **drei Jahren**.

Achter Abschnitt. Schlussvorschriften

24 *Umsetzung von zwischenstaatlichen Vereinbarungen und Rechtsakten der EG*
Die Bundesregierung kann mit Zustimmung des Bundesrates zur Erfüllung von Verpflichtungen aus zwischenstaatlichen Vereinbarungen oder zur Umsetzung von Rechtsakten des Rates oder der Kommission der Europäischen Gemeinschaften, die Sachbereiche dieses Gesetzes betreffen, Rechtsverordnungen nach diesem Gesetz erlassen.

§ 24 soll eine etwa erforderlich werdende Erfüllung von Verpflichtungen aus zwischenstaatlichen Vereinbarungen oder die Umsetzung von Rechtsakten der Kommission oder des Rates der Europäischen Gemeinschaften durch Rechtsverordnung ermöglichen[2]. Die **praktische Bedeutung** der Vorschrift ist, soweit es um zwischenstaatliche Vereinbarungen geht, **gering**, da Verträge, welche die politischen Beziehungen des Bundes regeln oder sich auf Gegenstände der Bundesgesetzgebung beziehen, nach Art. 59 Abs. 2 GG der Zustimmung oder der Mitwirkung der jeweils für die Bundesgesetzgebung zuständigen Körperschaften in der Form eines Bundesgesetzes bedürfen[3]. Da Rechtsakte der Europäischen Gemeinschaften in Form von VO unmittelbar in jedem Mitgliedsstaat gelten und daher keiner Umsetzung bedürfen, kommen lediglich **Richtlinien** oder **verbindliche Entscheidungen** zur Umsetzung in Betracht[4].

25 *Übergangsregelung für Tarifverträge*
Enthält ein am 1. Januar 2004 bestehender oder nachwirkender Tarifvertrag abweichende Regelungen nach § 7 Abs. 1 oder 2 oder § 12 Satz 1, die den in diesen Vorschriften festgelegten Höchstrahmen überschreiten, bleiben diese tarifvertraglichen Regelungen bis zum 31. Dezember 2005 unberührt. Tarifverträgen nach Satz 1 stehen durch Tarifvertrag zugelassene Betriebsvereinbarungen sowie Regelungen nach § 7 Abs. 4 gleich.

§ 25 geändert durch Gesetz zu Reformen am Arbeitsmarkt v. 24.12.2003[5].

I. Inhalt und Zweck. Bestehende oder nachwirkende TV, die abweichende Regelungen iSd. §§ 7 Abs. 1 und 2, 12 Satz 1 treffen und den gesetzlich festgelegten Rahmen überschreiten, sowie entsprechende BV, die auf einem TV beruhen, hätten mit In-Kraft-Treten des Gesetzes im Jahr 1994 als höherrangigem Recht ihre Wirkung verloren. Sie sollten nach dem Willen des Gesetzgebers jedoch **fortbestehen**, wobei gemäß § 25 die Nachwirkung der unmittelbaren und zwingenden Geltung (§ 4 Abs. 1 TVG) gleich steht. Unerheblich ist, ob die Nachwirkung erst nach In-Kraft-Treten des ArbZG einsetzte. Der bestehende TV sollte entsprechend der jeweiligen Interessenlage in den unterschiedlichen Branchen so lange respektiert werden, wie ihm unmittelbare Wirkung zukommt. Der Gesetzgeber hatte dabei zunächst darauf verzichtet, eine feste zeitliche Grenze für die Weitergeltung der Tarifnormen zu bestimmen, damit die TV-Parteien ohne Zeitdruck über eine Neuregelung verhandeln können. Der Übergangszeitraum sollte

---
1 KG v. 8.7.1998 – 2 Ss 109/96, nv. | 2 BT-Drs. 12/5888, S. 33. | 3 *Zmarzlik/Anzinger*, § 24 ArbZG Rz. 6; *Baeck/Deutsch*, § 24 ArbZG Rz. 6. | 4 *Zmarzlik/Anzinger*, § 24 ArbZG Rz. 8 ff.; Baeck/Deutsch, § 24 ArbZG Rz. 8 ff. | 5 BGBl. I S. 3002.

erst enden, wenn die Tarifregelung abgelöst wird oder die TV-Parteien eine neue Entscheidung treffen[1]. Ebenfalls sollten bestehende oder nachwirkende tarifliche Regelungen unberührt bleiben, in denen für die Beschäftigung an Feiertagen anstelle der Freistellung ein Zuschlag gewährt wird[2]. Mit Wirkung vom 1.1.2004 ist die Weitergeltung der TV, die von § 7 Abs. 1 oder 2 oder § 12 Abs. 1 enthalten, auf die Zeit bis zum 31.12.2005 beschränkt worden. Tarifliche Regelungen, die für die Beschäftigung an Feiertagen anstelle der Freistellung einen Zuschlag vorsehen, sind mit dem 1.1.2004 außer Kraft getreten.

Streitig ist, ob die im Gesetz vorgesehene Übergangsfrist nur für TV gilt, die schon jetzt den Vorgaben der Arbeitszeitrichtlinie entsprechen. So wird die Auffassung vertreten, dass ArbG, die diese Vorgaben nicht einhalten, von der Übergangsfrist nicht profitieren können. Für sie gelte somit ab dem 1.1.2004 das neue ArbZG mit seiner strengeren Begrenzung der Dienstzeiten[3]. Dies würde indes Wortlaut sowie Sinn und Zweck der neuen Übergangsregelung widersprechen, den TV-Parteien eine angemessene Zeit zur Regelung der Arbeitszeit in den Betrieben zu gewähren.

2 **II. Neuabschlüsse von TV und BV.** Bei Neuabschluss eines TV bzw. einer BV, müssen die gesetzlichen Bestimmungen hingegen beachtet werden. Daher können abweichende Bestimmungen in einem abgelaufenen TV oder einer ausgelaufenen BV nicht durch eine vereinbarte Verlängerung weiter Gültigkeit behalten[4].

26 (aufgehoben)

---

[1] BAG v. 12.12.2001 – 5 AZR 294/00, DB 2002, 1111 (insoweit nicht abgedr.). |[2] BAG v. 12.12.2001 – 5 AZR 294/00, DB 2002, 1111; BT-Drs. 12/5888, S. 33. |[3] Etwa Pressemitteilung des Marburger Bundes Nr. 42 vom 18.12.2002. |[4] *Zmarzlik/Anzinger*, § 25 ArbZG Rz. 7; *Neumann/Biebl*, § 25 ArbZG Rz. 1; *Baeck/Deutsch*, § 25 ArbZG Rz. 9.

Altersteilzeitgesetz

vom 23.7.1996 (BGBl. I S. 1078)
zuletzt geändert durch Gesetz vom 23.4.2004 (BGBl. I S. 602)

Vorbemerkungen

Lit.: *Bauer*, Rechtliche und taktische Probleme der Altersteilzeit, NZA 1997, 401; *Boin*, Der „Störfall" in der Altersteilzeitarbeit, Lohn+Gehalt 1999, S. 27; *Debler*, Altersteilzeit – „Störfälle" und andere unvorhergesehene Ereignisse, NZA 2001, 1285; *Diller*, Das neue Altersteilzeitgesetz, NZA 1996, 847; *Höfer/Kempkes*, Rückstellungen für Altersteilzeit, DB 1999, 2537; *Hopfner/Hensel*, Ruhestand mit 60 in der privaten Versicherungswirtschaft, AuA 2001, 68; *Klammer/Weber*, Flexibel in den Ruhestand. – Ergebnisse und Überlegungen zur Altersteilzeit, WSI-Mitteilungen 2001, S. 102; *Marschner*, Novellierung des Altersteilzeitgesetzes zum 1.1.2000, BuW 2000, 205; *Moderegger*, Gesetz zur Fortentwicklung der Altersteilzeit, DB 2000, 90; *Nimscholz*, Neue Regelungen im Bereich der Altersteilzeit, Lohn+Gehalt 1999, S. 21; *Pahde*, Altersteilzeit – Probleme ihrer Umsetzung in der betrieblichen Praxis, AiB 2001, 136; *Recht*, Das Ende der Frühverrentung?, NZS 1996, 552; *Rittweger*, Die Novelle des Altersteilzeitgesetzes, DStR 2000, 161; *Rittweger*, Gesetz zur Fortentwicklung der Altersteilzeit, NZS 2000, 240; *Rittweger*, Altersteilzeit – Die Neuregelungen zum 1.7.2000, DStR 2000, 1097; *Rittweger*, Aktuelle Anpassungserfordernisse bei Altersteilzeit-Verträgen, DStR 2001, 1394; *Sander*, Neuregelungen zur Altersteilzeit, BuW 2000, 292; *Rombach*, Das sozialversicherungsrechtliche Flexigesetz unter Berücksichtigung seiner Anwendung im Rahmen der Altersteilzeitarbeit, RdA 1999, 194; *Schmalor*, Altersteilzeit und Sozialversicherung, ZfS 2001, 65; *Stindt*, Altersteilzeit und kollektivrechtliche Gestaltung, in Altersteilzeit – Neuer Weg in den Ruhestand, Dokumentation Fachtagung 1. Juli 1996, hrsg. v. der Bundesvereinigung der Deutschen Arbeitgeberverbände, Köln, 1996, S. 56; *Stindt*, Ziele, Anreize und Chancen des neuen Altersteilzeitgesetzes, DB 1996, 2281; *Weber*, Altersteilzeit: Neue Impulse, BArbBl 2000, 12; *Wolf*, Was sich bei der Altersteilzeit ändert: Neu im Jahr 2000, Arbeitgeber 2000, 16; *Wolf*, Die beiden Gesetze zur Fortentwicklung der Altersteilzeit, NZA 2000, 637. **Kommentare und Monographien:** *Allary/Birgel/Olschewski/Waldhorst*, Die neue Altersteilzeit, 2. Aufl. 2001; *Andresen*, Frühpensionierung und Altersteilzeit, 3. Aufl. 2003; *Doleczik/Oser/Schafer*, Altersteilzeit, 1998; *Drespa/Meyer/Slawik*, Altersteilzeit von Arbeitnehmern in öffentlichen Verwaltungen, Einrichtungen, Unternehmen und Sparkassen; *Gussone/Voelzke*, Altersteilzeitrecht, 2000; *Kerschbaumer*, Altersteilzeit im Betrieb, 2001; *Köster/Pogge*, Frühverrentung, Altersteilzeit, Arbeitslosengeld, 4. Aufl. 2002; *Langenbrinck/Litzka*, Altersteilzeit im öffentlichen Dienst für Angestellte und Arbeiter, 3. Aufl. 2002; *Leisbrock*, Altersteilzeitarbeit, Diss. 2001; *Nimscholz/Oppermann/Ostrowicz*, Altersteilzeit, Handbuch für die Personal- und Abrechnungspraxis, 3. Aufl. 2002; *Rittweger/Petri/Schweigert*, Altersteilzeit, 2. Aufl. 2002; *Schmidbauer/Schmidbauer*, Das neue Altersteilzeitgesetz, 4. Aufl. 2000; *Wagner*, Pioniere wider Willen? Ältere Männer in Teilzeitbeschäftigungsverhältnissen, Diss 2000.

I. Einführung	1
1. Drei Schritte zur Entstehung	2
a) Die Frühruhestandsproblematik '94	2
b) Das BKV-Modell '95	4
c) Das ATZ-Gesetz '96	5
2. Sechs Einzelziele	7
a) Beitrag zur allgemeinen Teilzeitförderung	8
b) Zugang zur Altersrente durch Arbeitszeitverzicht	9
c) Beitrag zur sozialverträglichen Personalanpassung	10
d) Beitrag zum qualifizierten Personalaustausch	11
e) Förderung individueller und flexibler Vertragsgestaltungen	14
f) Einfache oder doppelte Arbeitsmarktentlastung	16
3. Drei Praxisanreize	17
4. Zukunft weisendes Potenzial	20
II. Mustervertrag ATZ	26
III. Zehn häufig gestellte Fragen	27
IV. Änderung des ATZ-Gesetzes zum 1. Juli 2004	28
1. Vorbemerkung	28
2. Änderungen im Einzelnen	29
a) Einbeziehung von im europäischen Ausland zurückgelegten sozialversicherungspflichtigen Zeiten	29
b) Wegfall tariflicher Arbeitszeitgrenzen bei der Halbierung der Arbeitszeit	30
c) Vereinfachung der Berechnung der Aufstockungsleistungen	31
aa) Aufstockung zum Teilzeitentgelt	32
bb) Zusätzlicher RV-Beitrag	34
d) Verpflichtender Insolvenzschutz von Wertguthaben beim Blockmodell	35
e) Erstattung der Aufstockungsleistungen im Förderfall	42
f) Übernahme der Aufstockungsleistungen durch den ArbGeb außerhalb des Lohnfortzahlungszeitraumes im Förderfall	43
3. Übergangsregelung	44
4. Beabsichtigte Regelungen im Rentenrecht	45

I. Einführung. Der Gesetzgeber hat Mitte 1996 aus der Not heraus, als der sog. Frühruhestand ab 55 Jahren, der Weg über die Altersarbeitslosigkeit in die gesetzliche Rente, auf einem neuen Höhepunkt war, mit der ATZ eine Personalanpassungsmöglichkeit geschaffen, die inzwischen nicht nur in der Praxis akzeptiert ist, sondern langfristig das Potenzial hat, zu einem der innovativsten Personalanpassungsinstrumente überhaupt zu werden. Soweit die positive Sicht. Leider hat der Gesetzgeber sich im neuen „Gesetz zur Förderung eines gleitenden Übergangs in den Ruhestand" mit dem ATZ-Gesetz in Art. 1[1], im

---

[1] Vom 23.7.1996, BGBl. I S. 1078 ff.

Folgenden ATZG, sehr viel auf einmal vorgenommen. Kennzeichnend ist vor allem eine komplizierte Mischung aus Arbeits- und Sozialrecht sowie eine enge Zusammenarbeit zwischen ArbGeb und AA, die das Tagesgeschäft des Personalpraktikers schnell verlässt. Dass es dennoch relativ wenig Rechtsstreite gibt, ist der ausführlichen Kommentierung der BA in ihrem Dienstblatt-Runderlass[1], im Folgenden DA, und einer zunehmend pragmatischen Anwendung der Behörde zu verdanken. Die Kommentierung der Einzelvorschriften setzt sich deshalb aus der Sicht der Praxis bei wichtigen Weichenstellungen mit dieser dokumentierten Auslegung der Arbeitsbehörde auseinander.

2   1. Drei Schritte zur Entstehung. a) Die Frühruhestandsproblematik '94: Personalanpassung über Altersarbeitslosigkeit und Frührente. Das Thema der Personalkapazitätsanpassung unter Wahrung oder Verbesserung der Altersstruktur beschäftigt Unternehmen, Politik und Verwaltung seit Mitte der 80er Jahre. Der erste gesetzliche Steuerungsversuch betrieblicher Personalpolitik über § 128 AFG aF endete in einer so komplizierten Situation, dass im Anschluss an das Urteil des BVerfG von 1990[2] nur ein Pauschalvergleich und die Aufhebung der Altvorschrift[3] die Thematik bereinigen konnten. Zum „neuen" ab 1993 geltenden § 128 AFG[4] konnte erst mit einer vom Bundesarbeitsministerium gebilligten pragmatischen Haltung der BA im Dienstblatt-Runderlass[5] eine gemeinsame Linie für die Praxisbewältigung durch die AA und die Betriebe gefunden werden. Hierbei spielte insb. die Bewertung betriebsbedingter Kündigungen mit der Anerkennung einer ausgewogenen Personalstruktur eine herausragende Rolle[6]. Die praxisgerechte Haltung der BA hat mit der ausdrücklichen gesetzlichen Anerkennung im Kündigungsrechtsteil des arbeitsrechtlichen Beschäftigungsförderungsgesetzes[7] ihre Auszeichnung gefunden.

3 Mit dem § 128 AFG von 1993 hat der Gesetzgeber die vorzeitige Entlassung älterer ArbN zur Personalkapazitätsanpassung notgedrungen anerkennen müssen. Er wollte über die dort genannten Voraussetzungen jedoch mitsteuern, was ihm nach seiner eigenen Beurteilung nur völlig unzureichend gelungen ist. Insbesondere war das Ausmaß der Frühruhestandspraxis in 1993 und 1994 für ihn überraschend groß und führte zu erheblichen Belastungen der SozV-Systeme[8]. Die Gesetzesbegründung und der Abschlussbericht des A+S-Ausschusses zum neuen ATZG zitieren eine Verfünffachung der Frühverrentungsfälle von 1992 bis 1995, die die künftige Finanzierbarkeit der sozialen Sicherungssysteme gefährde. Angesichts dieser Entwicklung und der anhaltenden tendenziellen Überalterung vieler Belegschaften wurde die Suche nach Alternativen dringlich.

4   b) Das BKU-Modell '95: gemeinsame Lösungsalternative von BDA und DGB zur Vermeidung der Altersarbeitslosigkeit. Der Bund Katholischer Unternehmer e.V. (BKU), Köln, hat im Frühjahr 1995 im Zuge der allgemeinen Debatte der Teilzeitförderung für Personalanpassungsmaßnahmen ein Modell zum gleitenden Vorruhestand durch ATZ zwischen 55 und 60 Jahren und ohne Arbeitslosigkeit entwickelt. Ein Kernbestandteil war die gesetzliche Aufwertung der ATZ durch die Anerkennung als alternativer Zugang zur Altersrente statt über Arbeitslosigkeit, verbunden mit einer Änderung des § 38 SGB VI. Um die Trendwende zu erreichen und Akzeptanz bei ArbGeb und ArbN zu finden, sollte die Differenz zwischen Teilzeitentgelt und früherem Vollzeitentgelt weitgehend ausgeglichen werden mit Leistungen des ArbGeb und der BA ausgeglichen werden. Mitte 1995 haben BDA und DGB in einem gemeinsamen Brief an den Bundesarbeitsminister neben eigenen Varianten dieses Modell zur vertieften Diskussion empfohlen[9].

5   c) Das ATZ-Gesetz '96: Förderung eines gleitenden Übergangs in den Ruhestand (und von Neueinstellungen). Der Gesetzgeber hat im neuen ATZG das Kernelement des BKU-Vorschlags, die Gleichstellung des Verzichts auf Arbeit durch zweijährige hälftige Arbeitszeitreduzierung mit dem Verlust durch einjährige Altersarbeitslosigkeit, übernommen. Mit § 38 Nr. 2b SGB VI 1996[10], jetzt § 237 SGB IV und befristet auf die Jahrgänge bis einschließlich 1951, hat der Gesetzgeber im Unterschied zum Vorläufergesetz einen eigenen Rentenzugang wegen ATZ geschaffen.

6 Zur Bereitschaft der Praxis, die Frühruhestandspraxis zu ändern, hat die Anerkennung der Arbeitszeitblockung zu Beginn der ATZ als „Gleitmodell" beigetragen. Pionierarbeit leistete der erste Altersteilzeit-TV der Chemischen Industrie vom 17. Juli 1996, der noch während des Gesetzgebungsverfahrens abgeschlossen wurde.

---

1 Sammelerlass Altersteilzeit (ATZG-DA, AZ: 7317(2) A/5000(105) vom 18.9.1997, Stand Januar 2002. | 2 Urt. v. 23.1.1990 – 1 BvL 44/86 u. 48/87, BVerfGE 81, 156 ff. = DB 1990, 325 ff. | 3 Eingefügt durch Gesetz v. 18.12.1992, BGBl. I 1992, 2044 ff.; vgl. dazu *Pröbsting*, Personalführung 1991, S. 672 ff.; *Reß*, NZA 1991, 369 ff. | 4 Vgl. dazu BDA-Fachtagung „Der neue § 128 AFG" Dokumentation, Köln 1992; *Stindt*, DB 1993, 1361 ff. mit weiteren Quellenangaben. | 5 Dienstblatt der Bundesanstalt für Arbeit 11/93 vom 3.2.1993, überarbeitet als 11/94 vom 3.2.1994. | 6 Dienstblatt-Runderlass 11/94; in dessen Einleitung (S. 1) und in der Erläuterung zu § 128 Abs. 1 Satz 2 Nr. 4 AFG (betriebsbedingte Kündigung – S. 17) wurde das berechtigte Interesse des Arbeitgebers an einer leistungsfähigen Altersstruktur ausdrücklich berücksichtigt; vgl. dazu auch *Stindt*, DB 1993, 1361 ff. | 7 BR-Drs. 461/96 v. 28.6.1996, endgültig verabschiedet am 13.9.1996, vgl. dort Art. 1 Nr. 1 zu § 1 Abs. 3 Satz 2 KSchG. | 8 Vgl. zB die Gesetzesbegründung zum neuen Altersteilzeitgesetz, BR-Drs. 208/96 v. 22.3.1996, S. 1, 22 ff.; Beschlussempfehlung und Bericht des Bundestags-Ausschusses für Arbeit und Sozialordnung (11. BT-Ausschuss), BT-Drs. 13/4877 v. 12.6.1996, S. 31) | 9 Vgl. *Stindt*, Innovative Arbeitsförderung – aus Sicht der betrieblichen Praxis – Drei Vorschläge vom Bund Katholischer Unternehmer (BKU), in: Die Reform der Arbeitsförderung, Schriftenreihe der Bayer-Stiftung für deutsches und internationales Arbeits- und Wirtschaftsrecht, Bd. 2, 1997, S. 37 ff. | 10 BGBl. I S. 1078.

2. Sechs Einzelziele. Die ATZ dient der Beschäftigungssicherung und Beschäftigungsförderung. Der Gesetzgeber verfolgt gleichzeitig sechs differenzierte Ziele, was die Umsetzung des ATZG kompliziert macht.

a) Beitrag zur allgemeinen Teilzeitförderung. Das ATZ-Gesetz 1996 gehört in den größeren Rahmen der allgemeinen Teilzeitförderung. Mit Hinweis auf bestimmte Untersuchungen schätzt man ein zusätzliches Arbeitsplatzpotenzial von bis zu 2 Millionen. Das ATZG setzt bei dem derzeit noch größten Personalanpassungspotenzial an, den in den nächsten Jahren zahlenmäßig noch starken Jahrgängen zwischen 55 und 60.

b) Zugang zur Altersrente durch Arbeitszeitverzicht. Vor den Zugang zum Ruhestand hat der Gesetzgeber den Arbeitszeitverzicht des ArbN gesetzt. Während Altersarbeitslosigkeit auch erzwungen werden kann, zB durch ArbGebKündigung, soll das neue ATZ-Modell nur im Konsens ermöglicht werden. Der Gesetzgeber verlangt einen entsprechenden Vertrag zwischen ArbN und ArbGeb. Der ArbN muss im Vergleich zum bisherigen Zustand freiwillig verzichten; durch Anreize für ihn und den ArbGeb wird dies allerdings leichter gemacht. Die Gesetzesbegründung[1] wertet die Aufstockleistungen als ausreichende soziale Absicherung des in Teilzeit arbeitenden älteren ArbN durch den ArbGeb.

c) Beitrag zur sozialverträglichen Personalanpassung. ATZ soll als Ablösemodell wirken. Die Begründung[2] führt aus: „Mit dem vorliegenden Gesetzentwurf soll die Praxis der Frühverrentung von einer neuen sozialverträglichen Möglichkeit eines gleitenden Übergangs vom Erwerbsleben in den Ruhestand (ATZ-Arbeit) abgelöst werden. Durch den Einsatz von ATZ-Arbeit werden sich unumgängliche betriebliche Personalanpassungsmaßnahmen durchführen lassen, ohne dass auf die wertvollen Erfahrungen älterer ArbN, die einen wichtigen Wettbewerbsvorteil darstellen, verzichtet werden muss und ohne dass dies auf Kosten der Solidargemeinschaft der Versicherten geschieht." Der Frühruhestand diente ganz eindeutig der Personalreduzierung, wenn auch zu hohen betrieblichen und sozialversicherungsrechtlichen Kosten. Wenn das Neuinstrument ebenfalls für eine Personalanpassung zwar nicht nach Köpfen, aber über Arbeitszeitreduzierung geeignet sein soll, darf es – um von der Praxis angenommen zu werden – nicht teurer als der bisherige Frühruhestand sein. Die Waagschale neigt sich jedenfalls dann zu Gunsten der ATZ, wenn immaterielle (weiche) Faktoren zusätzlich gewichtet werden wie Halten der „wertvollen Erfahrungen älterer ArbN" und damit Verhinderung des Know how-Abflusses.

d) Beitrag zum qualitativen Personalaustausch. Der Gesetzgeber sieht die Hauptattraktivität auch für den ArbGeb darin, dass es zu einer Wiedervergabe des frei gewordenen Arbeitszeitkontingentes kommt. Dies soll eine Kombination der „wertvollen Kenntnisse und Erfahrungen älterer ArbN" mit Neueinstellungen von Ausgebildeten oder Arbl. interessanter machen. Die Berücksichtigung von Ausgebildeten ist neu gegenüber dem alten ATZ-Gesetz[3]. Durch die Verbindung von Erfahrungswissen und Ausbildungswissen verspricht sich der Gesetzgeber eine Qualitätsoptimierung oder gar einen Schub. Vergleichbares dürfte auch bei der Einstellung von Arbl., jedenfalls mit entsprechender Qualität oder nach Qualifizierung, erreichbar sein.

Die Tendenz zur qualitativen Verbesserung kann der Gesetzgeber in Krisenzeiten besser gewahrt wissen, wenn er, wie im Rahmen des BeschFG vom 25.9.1996[4] und zB im jetzt wieder diskutierten § 1 Abs. 3 Satz 2 KSchG, bei betriebsbedingten Kündigungen Beschäftigungsförderung und Leistung stärker verbinden würde. Seinerzeit war geregelt worden, dass ArbN nicht in die soziale Auswahl einzubeziehen sind, deren Weiterbeschäftigung, insb. wegen ihrer Kenntnisse, Fähigkeiten und Leistungen oder zur Sicherung einer ausgewogenen Personalstruktur, im berechtigten betrieblichen Interesse liegt. Vornehmlich dürften davon jüngere als 55-jährige ArbN profitieren. Selbstverständlich kann dies aber auch für ältere ArbN gelten, weil eine Kündigung trotz ATZ-Vereinbarung in der Arbeitsphase nicht ausgeschlossen ist.

Wichtig ist, dass der Gesetzgeber nicht starr nur die Verklammerung der unterschiedlichen Kenntnisse an einem konkreten Arbeitsplatz als Aktionsfeld fordert. Denn so wie bereits bei der Begründung der Zielsetzung[5] und der weiteren Begründung die Eignung der ATZ-Arbeit für unumgängliche betriebliche Personalanpassungsmaßnahmen gesehen wird, gilt dieses weitere Betätigungsfeld auch bei der Wiederbesetzung nach einer Umsetzung, die über den konkreten Arbeitsplatz des ATZ-ArbN hinausgeht.

e) Förderung individueller und flexibler Vertragsgestaltungen. ATZ kann tatbestandlich nur angenommen werden, wenn der einzelne **ArbN** dies vertraglich vereinbart, also individuell zustimmt. Die Begründung zu § 2 Abs. 1 Nr. 2 macht dies deutlich: „Der ArbN soll stets frei entscheiden können, ob er von der Möglichkeit der ATZ Gebrauch machen oder weiter seine Tätigkeit in ihrem bisherigen Umfang ausüben will."

Neben der Betonung der Individualität regt der Gesetzgeber auch eine Flexibilität bei der Vertragsgestaltung an und setzt dabei auch auf den ArbGeb. So heißt es im allgemeinen Teil der Gesetzesbegründung, dass bei der Ausgestaltung des Arbeitsplatzes des Wiederbesetzers dem **ArbGeb** viele Gestaltungsmög-

---

[1] BR-Drs. 208/96 v. 22.3.1996, A. Allgemeiner Teil II, S. 24. | [2] BR-Drs. 208/96 v. 22.3.1996, A. Allgemeiner Teil II, S. 22, 23. | [3] Das ATZG v. 20.12.1988, BGBl. I S. 2343, förderte in § 1 nur die Einstellung eines Arbeitslosen. | [4] BGBl. I S. 1476, Geltung vom 1.10.1996 bis 31.12.1998. | [5] BR-Drs. 208/96, A. Zielsetzung, S. 1.

lichkeiten gegeben sind. In der Begründung zur Einzelvorschrift des § 2 Abs. 1 Nr. 3 heißt es ausdrücklich: „Die Verteilung der Arbeitszeit bleibt den Arbeitsvertragsparteien überlassen, die am besten in der Lage sind, zu beurteilen, welche Ausgestaltung der ATZ-Arbeit der Situation am Arbeitsplatz am besten Rechnung trägt." Mit der nachgeschobenen Änderung in § 2 Abs. 2 leistete der Gesetzgeber laut Beschlussempfehlung und Bericht des BT-Ausschusses für Arbeit und Sozialordnung[1] sogar vor für ein neues Instrument: Mit der Ausdehnung des Teilzeitraumes auf bis zu 5 Jahre „können im Rahmen der ATZ auch längerfristige Arbeitszeitkonten angelegt werden." Der Zeitraum beträgt inzwischen sechs bzw. zehn Jahre.

16 f) **Einfache oder doppelte Arbeitsmarktentlastung.** Die vorgenannten differenzierten Zielsetzungen lassen sich schließlich wieder zu der entscheidenden Klammerzielsetzung zusammenführen: Beschäftigungssicherung und Beschäftigungsförderung sollen zu einer Arbeitsmarktentlastung beitragen. Dem Grundsatz in § 1 lässt sich entnehmen, dass der Gesetzgeber mit einer einfachen bzw. doppelten Arbeitsmarktentlastung rechnet. Wird die ATZ-Arbeit zur Personalkapazitätsanpassung über Arbeitszeitreduzierung benutzt, entsteht im Unterschied zum Frühruhestand für die Zeit zwischen 55 und 60 Jahren in Zukunft keine Arbeitslosigkeit mehr. Dies bringt bereits eine massive Entlastung des Arbeitsmarktes. Der Gesetzgeber stellt sich nun eine Verdoppelung des Entlastungseffektes vor, wenn die ATZ-Arbeit die Einstellung eines sonst arbeitslosen ArbN oder die Übernahme eines Ausgebildeten ermöglicht.

17 **3. Drei Praxisanreize.** Das ATZ-Gesetz bietet Anreize in drei aufeinander aufbauenden Stufen der Förderung bei einfacher bzw. doppelter Arbeitsmarktentlastung.

(1) Rentenzugang mit 60 (siehe Rz. 45),

(2) Steuer- und Beitragsfreiheit von Aufstockungsleistungen,

(3) Erstattung von Aufstockungsleistungen bei ursächlicher Neueinstellung.

Die Erläuterung erfolgt bei der Kommentierung der Einzelvorschriften.

18 Die Chancen für eine betriebliche Akzeptanz hängen entscheidend davon ab, wie die Anreize des Gesetzes im „Marketingkonzept" der BA, dh. im Dienstblatt-Runderlass greifen. Ergänzend zum Dienstblatt-Runderlass geben die „Hinweise der BA für ArbGeb und ArbN zum neuen ATZ-Gesetz"[2] eine Schnellübersicht.

19 Angeboten wird dort auch eine elektronisch gestützte Berechnung der finanziellen Auswirkungen für ArbN, die das Bundesministerium für Wirtschaft und Arbeit zur Verfügung stellt. Kostenprogramme für ArbGeb stellen zT ArbGebVerbände zur Verfügung.

20 **4. Zukunft weisendes Potenzial.** ATZ hat sicher Bedeutung gehabt für die Anpassung der Personalkapazitäten bei geburtenstarken Jahrgängen, die ab 1990 55 Jahre alt wurden. Die betriebliche Praxis hat das Instrument bisher hauptsächlich als Frühruhestandsersatz genutzt. Dieser extreme Bedarf wird in diesem Jahrzehnt auslaufen.

21 Das in die Zukunft weisende Potenzial steckt zunächst in der Möglichkeit, die Jahrgangszugangsschwelle (55 Jahre) ohne konstruktive Veränderung an die demografische Entwicklung anzupassen und schrittweise zu erhöhen, ähnlich wie die Rentenzugangsschwelle gesetzlich in Stufen erhöht wird.

22 Die künftige Bedeutung liegt jedoch vor allem in der besseren Nutzung des Flexibilitätspotenzials, das zwar viel gefordert wird, aber wenig praktiziert wurde. Der Gesetzgeber hat die Vertragsparteien bei der Arbeitszeitfeinverteilung nicht eingeschränkt. Spätestens bei einsetzender Arbeitskräfteknappheit und dem betrieblichen Interesse nach einer Verlängerung der Lebensarbeitszeit erfahrener ArbN wird die ATZ die Interessenausgleichsplattform für die unterschiedlichen Bedürfnisse sein. Es dürfte zu einer Entblockung und flexiblen Verteilung der Arbeitskapazität über die gesamten Verteilzeiträume kommen. Die Weitergabe des Erfahrungswissens an Jüngere oder die Wertsteigerung beim älteren ArbN selbst durch Nutzung seiner arbeitsfreien Zeiten für die berufliche Weiterbildung, intern oder extern, könnten als wertschöpfend erkannt werden und die moderne Rechtfertigung für eine überproportionale Vergütung sein. Die Gegenleistung für eine die hälftige Arbeitsleistung überschreitende steuerfreie Vergütung könnte aber auch die Anerkennung/Förderung außerbetrieblicher ehrenamtlicher Aufgaben sein.

23 Das Management und die Kombination der Ressourcen von ATZ-ArbN mit Erfahrungswissen und neu eingestellter Ausgebildeter mit Ausbildungswissen oder Arbl. mit externer Erfahrung und BA-gefördertem Weiterbildungswissen und/oder Eingliederungszuschüssen, kann betriebswirtschaftlich verblüffen. Es führt statistisch zu einer Kopfzahlerhöhung, aber gleichzeitig zu einer signifikanten Personalkostenreduzierung bei Qualitätssteigerung der Arbeit. Das ATZ-Instrument hat das Potenzial, den Nachweis zu erbringen, dass sich soziales Verhalten betriebswirtschaftlich rechnet.

24 Hinweise dazu und Beispiele mit Einsparpotential von 10 bis 30 % finden sich bei *Stindt,* ATZ: Chancen und Probleme der Kostensenkung und Qualitätserhöhung ohne Arbeitslosigkeit, in: Hanau/Schaub (Hrsg.), *Arbeitsrecht 1997,* Sammelband RWS-Forum 11, S. 271–290; *Stindt,* ATZ und deren Implemen-

---

[1] BT-Drs. 13/4877 v. 12.6.1996, S. 33. | [2] Im Internet verfügbar unter *www.arbeitsagentur.de*, Suchmaschine „Altersteilzeit" und „Hinweise für Arbeitgeber bzw. für Arbeitnehmer".

tierungschancen für Klein- und Mittelstands-Unternehmen (KMU) – dargestellt am einem Fallbeispiel –, in: Clermont/Schmeisser (Hrsg.), Betriebliche Personal- und Sozialpolitik, 1998, S. 589 ff.; *Vogel*, Rente mit 60 – Was kostet ein „freigemachter" Arbeitsplatz?, ASP 2000, 46 ff.; kritisch zur bisherigen Praxis *Menges*, ATZ – Problematisch ist weniger das Gesetz, sondern die Art und Weise, wie Unternehmen es nutzen, in: Personal 2001, S. 558 ff.; die Kombination der ATZ mit dem von der Volkswagen AG entwickelten Zeit-Wertpapier erläutern *Grawert/Knoll*, Flexibles Ende der Lebensarbeitszeit und ATZ, Das Beispiel des VW Zeit-Wertpapiers, Personal 2000, S. 114 ff.; zu Teilzeitformen *Andresen/Neise*, Rz. 520 ff.

Der ATZ wird zT entgegenhalten, sie passe nicht bei der Notwendigkeit eines schnellen Personalabbaus. Die Antwort richtet sich der Art und Höhe des Abbaubedarfs. Die sofortige Reduzierung überzähliger Arbeitszeit wird zu 50 % durch tatsächliche Halbierung der Arbeitszeit ohne Wiederbesetzung erreicht. Selbst bei Arbeitszeit-Blockbildung kann mit der Nutzung der Struktur-Kurzarbeit ein sofortiger Kapazitätsabbau erreicht werden, wenn die übrigen Voraussetzungen für Struktur-Kug vorliegen. Mitarbeiter in ATZ werden wie alle anderen Mitarbeiter einer relevanten Abteilung von struktureller Kurzarbeit erfasst. Anerkannt wird allerdings nicht, dass betriebsorganisatorisch eigenständige Einheiten nach den Vorschriften der strukturellen Kurzarbeit nur für ältere Jahrgänge gebildet werden. Im Einzelfall dürfte die Nutzung der ATZ von der Kostenbelastung abhängen. Die Vorschriften der Struktur-Kug sollten diesbezüglich gesetzlich angepasst werden. Es muss vermieden werden, dass die ArbGebBelastung bei Alg attraktiver als bei Kug ist.

II. Mustervertrag ATZ

(Kurzfassung auf der Grundlage eines Altersteilzeit-TV, ggf. mit ergänzender Betriebsvereinbarung)

Zwischen _____
und
Frau, Herrn _____
geboren am _____
wird in Abänderung des Arbeitsvertrages vom _____
auf der Grundlage
a) des ATZ-Gesetzes und
b) des TV zur Regelung der ATZ _____ (Branche/Geltungsbereich)
in der Fassung vom _____ (kurz ATZ-TV)
c) der Betriebsverfassung vom _____ über ATZ[1] Folgendes vereinbart:

§ 1 ATZ-Verhältnis

Das Arbeitsverhältnis wird nach Maßgabe der folgenden Regelungen ab _____
als ATZ-Arbeitsverhältnis fortgesetzt.

§ 2 Arbeitszeit und Aufgabenübertragung

Die Arbeitszeit wird auf die Hälfte der bisherigen wöchentlichen Arbeitszeit verringert, das sind im Durchschnitt des Gesamtverteilzeitraums xx Stunden wöchentlich (Altersteilzeit).
Die ATZ-Arbeit wird geleistet,
– im Blockmodell[2]:
Arbeitsphase vom _____ bis _____
Freistellungsphase vom _____ bis _____
– im flexiblen Teilzeitmodell, wie in der Anlage geregelt.

§ 3 Arbeitsentgelt, Aufstockungsleistungen

1. Der ArbN erhält für die Dauer des ATZ-Arbeitsverhältnisses Vergütung nach Maßgabe der gemäß § 2 reduzierten Arbeitszeit. Das Arbeitsentgelt ist unabhängig von der Verteilung der Arbeitszeit fortlaufend zu zahlen.
2. Außerdem erhält der ArbN Aufstockungsleistungen nach Maßgabe des § .... ATZ-TV.

§ 4 Steuer- und sozialversicherungsrechtliche Behandlung der Aufstockungsleistungen

1. Die vom ArbGeb erbrachten Aufstockungsleistungen (Aufstockung zum Entgelt und Zuschuss zur Rentenversicherung) sind nach den derzeitigen gesetzlichen Bestimmungen steuerfrei (§ 3 Nr. 28 EstG). Die Steuerfreiheit gilt auch für Beträge, die über die gesetzlich vorgesehenen Aufstockungsleistungen hinausgehen und vom ArbGeb freiwillig gezahlt werden. Nach § 32 b Abs. 1 Nr. 1 g EstG unterliegt die Aufstockung auf das Entgelt allerdings dem Progressionsvorbehalt, d.h. sie ist bei der Bestimmung des anzuwendenden Steuersatzes im Rahmen der Jahreseinkommensteuerveranlagung zum Einkommen hinzuzurechnen. Der so ermittelte höhere Steuersatz wird beim steuerpflichtigen Einkommen angesetzt. Deshalb werden die ATZ-Leistungen gesondert auf der LStKarte ausgewiesen. Etwaige Nachforderungen aufgrund des Progressionsvorbehalts gehen zu Lasten des ArbN.
2. Der Aufstockungsbetrag und der Zuschuss zur RV sind nach geltendem Recht sozialversicherungsfrei.
3. Der ArbN verpflichtet sich ausdrücklich, die gesetzlichen Hinzuverdienstgrenzen zu beachten.

§ 5 Arbeitsunfähigkeit

1. Im Fall krankheitsbedingter Arbeitsunfähigkeit leistet der ArbGeb Lohnfortzahlung nach den für das Arbeitsverhältnis jeweils geltenden Bestimmungen. Das gilt nicht, wenn der ArbN bei Blockzeit in der Phase der Freistellung arbeitsunfähig erkrankt.
2. Im Falle des Bezugs von Krankengeld, Versorgungskrankengeld, Verletztengeld oder Übergangsgeld nach Ablauf der Entgeltfortzahlung tritt der ArbN seine Ansprüche auf ATZ-Leistungen gegen die BA (§ 10 Abs. 2 ATZG) an den ArbGeb ab. Der

---

[1] Falls zum ATZ-TV eine ergänzende Betriebsvereinbarung abgeschlossen ist. [2] Die maximale Dauer (Arbeitsphase + Freistellungsphase) richtet sich nach dem anzuwendenden Altersteilzeit-Tarifvertrag.

ArbGeb erbringt ATZ-Leistungen insoweit anstelle der BA im Umfang der abgetretenen Ansprüche an den ArbN[1]. Darüber hinaus zahlt der ArbGeb im Nichtförderungsfall zusätzliche RV-Beiträge für die Dauer der Zahlung der Lohnersatzleistungen[2].

§ 6 Urlaub
Der ArbN erhält Urlaub nach den bisherigen Vereinbarungen entsprechend dem zeitlichen Umfang seiner Arbeitsleistung; bei Blockzeit entsteht während der Phase der Freistellung kein Urlaubsanspruch.

§ 7 Mitwirkungs- und Erstattungspflichten
1. Der ArbN hat jede Änderung der ihn betreffenden Verhältnisse, die für die Gewährung von Leistungen der BA an den ArbGeb erheblich sind, unverzüglich mitzuteilen.
2. Der ArbGeb hat ein Zurückbehaltungsrecht, solange der ArbN diesen Mitwirkungspflichten nicht nachkommt. Zu Unrecht empfangene Leistungen hat der ArbN zu erstatten, wenn er die unrechtmäßige Zahlung dadurch bewirkt hat, dass er den Mitwirkungspflichten nach Abs. 1 nicht nachgekommen ist.

§ 8 Geltung des TV
Für das ATZ-Arbeitsverhältnis sind die Regelungen des ATZ-TV in ihrer jeweils geltenden Fassung anzuwenden.

§ 9 Vertragsänderungen
Mündliche Nebenanreden bestehen nicht. Änderungen und Ergänzungen dieses Vertrages bedürfen der Schriftform.

Ort _____   Datum _____

_____   _____
für den ArbGeb   für den ArbN

Anlage: Vereinbarung zur flexiblen Verteilung der Arbeitszeit und Aufgabenerledigung zwischen Herrn/Frau (Arbeitnehmer) und Firma (Arbeitgeber)
Die Arbeitszeit kann nach näherer Vereinbarung mit Ihnen flexibel verteilt werden. Dabei können sich regelmäßig oder unregelmäßig der Abstand und die Dauer der Arbeitsphasen und Freizeitphasen verändern. Die Gesamtzahl der Arbeitsstunden wird zu Beginn der ATZ in einem Mehr-Jahres-Arbeitszeitkonto als Guthaben zu unseren Gunsten erfasst. Sie führen das Konto (Vertrauenskonto) und tragen die von Ihnen zur Aufgabenerledigung aufgewandte Arbeitszeit als Tages-, Wochen- oder Monatsverbrauch ein. Monatlich erfolgt eine Abstimmung der Wertguthabenführung in den Lohnunterlagen i.Sd. § 2 Abs. 1 Nr. 4 b der Beitragsüberwachungsverordnung (BÜVO). Wir werden uns gemeinsam bemühen, die Planbarkeit Ihrer Einsätze dadurch zu erhöhen, dass wir den voraussichtlichen aufgabenbezogenen Arbeitszeitbedarf für einen Zeitraum von wenigstens drei Monaten voraussschätzen. Dabei werden wir Ihre persönlichen Interessen angemessen berücksichtigen.
Wir können Ihnen neben oder anstelle Ihrer bisherigen Aufgaben gleichwertige andere Aufgaben zur eigenständigen Erledigung oder zur gemeinsamen Bearbeitung in einem Team übertragen, z.B. im Rahmen eines Projektes oder einer Recherche. Durch einen etwaigen Positionswechsel ändert sich weder Ihre bisherige Einstufung noch die vertraglich vereinbarte Vergütung.

Weitere Muster finden sich bei *Allary/Birgel/Olschewski/Waldhorst*, S. 252 ff., 290 ff.; *Andresen*, S. 251 ff.; *Gussone/Voelzke*, S. 189 ff.; *Langenbrinck/Litzka*, S. 302 ff. für den öffentlichen Dienst; *Nimscholz/Oppermann/Ostrowicz*, S. 445 ff.; *Rittweger/Petri/Schweigert*, S. 170 ff.

III. Zehn häufig gestellte Fragen

1. Was sind die Voraussetzungen der ATZ auf einen Blick?

Es müssen im Wesentlichen 8 Voraussetzungen beachtet werden:

(1) Der Vertragspartner des ArbGeb muss sozialversicherungspflichtig beschäftigter **ArbN** iSd. allgemeinen Arbeitsrechts und SozV-Rechts sein; (2) der ArbN muss bei Beginn der ATZ das **55. Lebensjahr vollendet** haben; (3) ArbGeb und ArbN müssen einen schriftlichen **individualrechtlichen Beschäftigungsvertrag** vor Beginn der ATZ-Phase geschlossen haben; (4) der Arbeitsvertrag muss zeitlich bis zur **Rentenbezugsmöglichkeit wegen Alters** reichen; (5) die bisherige durchschnittliche wöchentliche **Arbeitszeit** muss, bezogen auf die Gesamtlaufzeit der ATZ, **auf die Hälfte verringert** werden; (6) der ArbN muss **weiter sozialversicherungspflichtig beschäftigt** sein; (7) der ArbGeb muss mindestens im gesetzlich zwingenden Umfang das **Teilzeitentgelt erhöhen, Aufstockungsbetrag plus 20 %**, wenigstens 70 % des pauschalierten Vollzeitnettos, zusätzlich Aufstockung der **RV-Beiträge auf 90 %**, bezogen auf das bisherige Vollzeitentgelt; (8) der ArbN muss innerhalb eines **5-Jahres-Referenzzeitraums** vor Beginn der ATZ drei Jahre (1080 Tage) nach SGB III sozialversicherungspflichtig beschäftigt gewesen sein.

2. Was sind die Vorteile für ArbN?

Vorzeitiges Ausscheiden aus dem Arbeitsleben ohne Arbeitslosigkeit, Chance eines gleitenden Übergangs, finanzielle Absicherung, klarer und vom Gesetz bevorzugter Weg in die Rente, Beitrag zum „Generationenvertrag".

---

[1] Abs. 2 ist nicht zwingend und kann nur bei kontinuierlicher Altersteilzeitarbeit vereinbart werden, da nur dann während der Arbeitsunfähigkeit Förderleistungen der BA erbracht werden. | [2] Die Regelung ist nicht zwingend, aber nur unter dieser Voraussetzung handelt es sich uU um Altersteilzeitarbeit iSd. ATZG.

3. Was sind die Vorteile für ArbGeb?

Vermeiden von Entlassungen und Altersarbeitslosigkeit, Wählen des vom Gesetz privilegierten sozialverträglichen Wegs der Personalanpassung, Verbesserung der Altersstruktur, Sicherungsmöglichkeit des Know-how-Transfers, Reduzierung der Personalkosten, Vermeiden von Arbeitslosigkeit an der 2. Berufsschwelle, dh. für Ausgebildete, Hochschulabsolventen, Förderung der Übernahme von im eigenen Betrieb Ausgebildeten, Erleichterung einer mittelfristigen Personalplanung.

4. Gibt es einen Anspruch auf ATZ?

Das Gesetz gibt keinen Anspruch, ATZ beruht vielmehr auf beiderseitiger Freiwilligkeit. Viele TV geben hingeben einen Anspruch, zT unter Bedingungen.

5. Kann ATZ gekündigt werden?

Es gelten die allgemeinen Kündigungsbedingungen, Ausnahme: In der Regel keine Kündigung in der Freizeitphase bei Blockbildung.

6. Was passiert bei vorzeitiger Beendigung der ATZ?

Sog. „Störfälle" sind nur im Blockmodell problematisch. Es gilt der Grundsatz, dass keine Rückabwicklung im sozialversicherungsrechtlichen und steuerrechtlichen Sinne erfolgen kann. Die Arbeitszeit-Wertguthaben werden arbeitsrechtlich unterschiedlich je nach TV behandelt. Das arbeitsrechtliche Wertguthaben ist grundsätzlich vererblich.

7. Was sind die Auswirkungen auf die spätere Rente?

Bei Rentenzugang vor 65 hat der ArbN Rentenabschläge in Kauf zu nehmen, Ausnahme schwerbehinderte ArbN. Das Gesetz verlangt vom ArbGeb keinen Ausgleich. TV sehen unterschiedliche Lösungen mit einem teilweisen Ausgleich vor. Die Rentenabschläge gelten lebenslang.

8. Können Betriebsräte/Aufsichtsräte in ATZ gehen?

Alle ArbN ab 55 können, grundsätzlich unabhängig von einem Amt als BR oder Aufsichtsrat, in ATZ gehen. Besonderheiten gibt es nach der BAG-Rechtssprechung für die Freizeitphase. Mangels betrieblicher Eingliederung entfällt die Wahlberechtigung und Wählbarkeit für Ämter, so dass es zu arbeitsrechtlichen Problemen, nicht zum Problem des ATZ-Vertrags als solchem, kommt. Soll ein Amt fortgesetzt werden, empfiehlt sich die Vermeidung eines Blockmodells, vielmehr die passgenaue Verteilung der Arbeitszeit über den Gesamtzeitraum des ATZ-Vertrags.

9. Wie flexibel ist ATZ?

Das Gesetz macht bezüglich der Feinverteilung der ATZ keinerlei Einschränkungen.

10. Wie lange gibt es noch ATZ?

Das Gesetz sieht nur eine zeitlich befristete Förderung vor. Nach derzeitiger Regelung werden noch die ATZ-Modelle erfasst, die bis zum 31.12.2009 mit einer förderungsfähigen ATZ begonnen haben, zB mit einem 6-jährigen Verteilzeitraum und Blockbildung oder mit einem 10-jährigen Verteilzeitraum und kontinuierlicher Arbeitszeitverteilung, wenn die Förderung in den ersten sechs Jahren erfolgen soll.

IV. Änderung des ATZ-Gesetzes zum 1. Juli 2004

1. Vorbemerkung. Das Interesse an ATZ-Arbeit ist seit In-Kraft-Treten des ATZ-Gesetzes am 1.8.1996 sowohl bei ArbGeb als auch bei ArbN kontinuierlich gestiegen. Die Regelungen des ATZG, vor allem die Regelungen zur Berechnung der Aufstockungsleistungen, werden aber in der betrieblichen Praxis als zu kompliziert und wenig praktikabel wahrgenommen[1]. Dies vor allem, weil im Zusammenspiel von gesetzlichen Mindestsicherungen und tarifrechtlichen Vorschriften die Berechnung der Aufstockungsleistungen nur noch von wenigen Fachleuten durchschaut wird. Durch Art. 95 des **Dritten Gesetzes für moderne Dienstleistungen am Arbeitsmarkt** vom 23.12.2003[2] und durch Art. 42 des **Vierten Gesetzes für moderne Dienstleistungen am Arbeitsmarkt** vom 24.12.2003[3] wird das ATZG erheblich vereinfacht. Nach den Vorstellungen des Gesetzgebers sollen die Vereinfachungen das Instrument ATZ auch bei kleineren Unternehmen attraktiver und handhabbarer machen[4]. Die Änderungen werden erst für ATZ-Arbeitsverhältnisse wirksam, die nach dem 30.6.2004 beginnen (neuer § 15g ATZG).

2. Änderungen im Einzelnen. a) Einbeziehung von im europäischen Ausland zurückgelegten sozialversicherungspflichtigen Zeiten. Im Hinblick auf die Zunahme von Beschäftigungen im europäischen Ausland werden mit der Neuregelungen nicht nur inländische Versicherungszeiten nach dem SGB III sondern auch im europäischen Ausland ausgeübte versicherungspflichtige Beschäftigungen zur Erfüllung der Vorbeschäftigungszeiten herangezogen (neuer § 2 Abs. 1 Satz 1 Nr. 3 ATZG).

b) Wegfall tariflicher Arbeitszeitgrenzen bei der Halbierung der Arbeitszeit. Die an tarifliche Regelungen gekoppelte Vorschrift im ATZG, nach der die bisherige Arbeitszeit auch bei nicht tarifgebunde-

---

1 BT-Drs. 15/1515 S. 75. | 2 BGBl. I S. 2848 (2910). | 3 BGBl. I S. 2954 (2993). | 4 BT-Drs. 15/1515 S. 75.

nen ArbN auf maximal die Hälfte der tariflichen Arbeitszeit auch dann zu reduzieren ist, wenn individuell oder durch BV eine höhere als die durchschnittliche tarifliche Arbeitszeit vereinbart ist (§ 6 Abs. 2 Satz 3 ATZG), wird gestrichen, da sie sich in der Praxis als schwer handhabbar, bürokratisch und unflexibel erwiesen hat[1]. Zukünftig ist bei der Ermittlung der hälftig zu reduzierenden bisherigen wöchentlichen Arbeitszeit die tatsächliche regelmäßige wöchentliche Arbeitszeit unmittelbar vor Beginn der ATZ Ausgangsbasis, es sei denn, dass die Arbeitszeit unmittelbar vor Beginn der ATZ höher ist als die Arbeitszeit in den letzten 24 Monaten (§ 6 Abs. 2 Satz 2 ATZG). Die Bestimmung, dass Verblockungszeiten über drei Jahre hinaus einer tarifvertragliche Regelung bedürfen (§ 2 Abs. 2 ATZG), wird beibehalten.

31 c) **Vereinfachung der Berechnung der Aufstockungsleistungen.** Die Aufstockungsvorschriften des ATZG werden dadurch vereinfacht, dass als Berechnungsbasis zur Ermittlung der Aufstockungsleistungen nur noch auf das in § 6 Abs. 1 ATZG neu eingeführte Regelarbeitsentgelt zurückgegriffen wird. **Regelarbeitsentgelt** ist dabei das auf den jeweiligen Monat entfallende sozialversicherungspflichtige Arbeitsentgelt, das der ArbGeb im Rahmen des ATZ-Arbeitsverhältnisses regelmäßig zu erbringen hat. Das Regelarbeitsentgelt wird bei der Berechnung der Aufstockungsleistungen allerdings nur soweit berücksichtigt, als es die monatliche BBG des SGB III nicht übersteigt. Auch Arbeitsentgelte, die einmalig oder nicht regelmäßig gezahlt werden, werden bei der Ermittlung der Aufstockungsleistungen nicht mehr berücksichtigt. Bei regelmäßig anfallenden Entgeltbestandteilen, die aber monatlich in unterschiedlicher Höhe (variable Entgeltbestandteile) anfallen, ist das Regelarbeitsentgelt beim Blockmodell in der Arbeitsphase monatlich neu zu bestimmen.

32 aa) **Aufstockung zum Teilzeitentgelt.** Bisher ist das jeweilige monatliche Teilzeitarbeitsentgelt für die ATZ um 20 %, mindestens jedoch auf 70 % des pauschalierten Nettoentgeltes aus der bisherigen, durch die BBG gedeckelten Arbeitsentgeltes (Mindestnettobetrag) aufzustocken (§ 3 Abs. 1a ATZG). Nach der Neuregelung entfällt zukünftig die Vergleichsberechnung zur Ermittlung des monatlichen Aufstockungsbetrages. Es ist nur eine Aufstockung des Regelarbeitsentgeltes iSd. des § 6 Abs. 1 ATZG neu um 20 % erforderlich. Im Gegensatz zur bisherigen Regelung, die eine Begrenzung des 20 %igen Aufstockungsbetrages aus dem Teilzeitentgelt durch die monatliche BBG nicht vorsah, beträgt der gesetzlich erforderliche Aufstockungsbetrag maximal 20 % der monatlichen BBG der Arbeitslosenversicherung. Der ArbGeb kann auch weitere – über das Regelarbeitsentgelt hinausgehende Entgeltbestandteile – aufstocken (neuer § 3 Abs. 1 Nr 1 Buchst. a ATZG).

33 Die Grenze für über den gesetzlich erforderlichen Aufstockungsbetrag hinausgehende Aufstockung ergibt sich- wie bisher – aus den steuerrechtlichen Vorschriften, wonach der Nettoauszahlungsbetrag während der ATZ nicht höher sein darf als vor der ATZ (LStR R 18 Abs. 3). Diese über die 20 %ige Aufstockung des Regelarbeitsentgeltes hinausgehenden Entgeltbestandteile, die der ArbGeb zusätzlich aufstockt, werden im Förderfall aber nicht erstattet (§ 4 Abs. 1 Nr. 1 ATZG neu).

34 bb) **Zusätzlicher RV-Beitrag.** Die Ermittlung der Rentenaufstockungsleistungen wird dadurch vereinfacht, dass zukünftig zusätzliche, vom ArbGeb allein zu zahlende RV-Beiträge, aus 80 % des Regelarbeitsentgeltes – maximal 90 % der BBG – zu entrichten sind (§ 3 Abs. 1 Nr 1 Buchst. b ATZG neu). Damit entfällt die bisher erforderliche komplizierte und wenig praktikable Berechnung der zusätzlichen RV-Beiträge bei Einmalzahlungen. Das bisherige Aufstockungsniveau auf mindestens 90 % des bisherigen Arbeitsentgeltes bleibt im Ergebnis allerdings bestehen[2]. In bestimmten Sonderfällen, zB bei Mehrarbeit, wird ein höherer zusätzlicher RV-Beitrag als nach der bisherigen Regelung fällig. Darüber hinaus kann der ArbGeb freiwillig – wie bisher bereits – höhere Beiträge zur gesetzlichen RV unter Beachtung der jeweils gültigen BBG in der RV entrichten.

35 d) **Verpflichtender Insolvenzschutz von Wertguthaben beim Blockmodell.** Für den Bereich der ATZ wird eine spezielle, über die Regelung des § 7d SGB IV hinausgehende, Insolvenzsicherung für Wertguthaben im Blockmodell gesetzlich vorgeschrieben (neuer § 8a ATZG). Die Neuregelung wurde eingeführt, weil bisher nicht immer sichergestellt war, dass die durch Vorarbeit im Blockmodell entstandenen Wertguthaben der ArbN im Insolvenzfall ausreichend geschützt sind. Damit soll sich die Akzeptanz der ATZ, insb. bei den ArbN, die bei nicht tarifgebundenen ArbGeb beschäftigt sind und daher nicht von tariflichen Insolvenzsicherungsregeln profitieren, erhöhen[3].

36 Der ArbGeb wird verpflichtet, mit der ersten Gutschrift eines Wertguthabens im Blockmodell, wenn abzusehen ist, dass ein Wertguthaben aufgebaut wird, das den Betrag des dreifachen Regelarbeitsentgeltes einschließlich des darauf entfallenden Arbeitgeberanteils zur Gesamtsozialversicherung überschreitet, eine geeignete Insolvenzsicherung des Wertguthabens durchzuführen. Das Ausmaß der Absicherung ist damit gesetzlich verbindlich vorgegeben[4]. Die in vielen TV für den Störfall vorgesehene **Verrechnung** von steuer- und beitragsfreien Aufstockungsleistungen mit den beitragspflichtigen Entgelten im Wertguthaben ist bei der Insolvenzsicherung des Wertguthabens nicht zulässig (§ 8a Abs. 2 ATZG neu). Es *reicht daher nicht aus*, nur den arbeits- oder tariflichen Anspruch im Störfall abzusichern.

---

1 BT-Drs. 15/1515 S. 134. | 2 BT-Drs. 15/1515 S. 133. | 3 BT-Drs. 15/1515 S. 134. | 4 BT-Drs. 15/1515 S. 134.

Das Gesetz macht keine Vorgaben, was unter einer **geeigneten Insolvenzabsicherung** zu verstehen ist. Im Gesetz werden lediglich beispielhaft bestimmte Gestaltungsmodelle ausgeschlossen (§ 8a Abs. 1 Satz 2 ATZG neu), die sich in der Vergangenheit als nicht insolvenzfest erwiesen haben, wie zB eine Insolvenzsicherung durch eine Konzernbürgschaft oder finanzielle Rückstellungen[1]. In Betracht kommen als Insolvenzsicherung zB Bankbürgschaften, Absicherungen im Wege dinglicher Sicherheiten (zB Verpfändung von Wertpapieren, insb. Fonds) zu Gunsten der ArbN, bestimmte Versicherungsmodelle der Versicherungswirtschaft oder das Modell der doppelseitigen Treuhand.

Der ArbGeb hat gegenüber dem ArbN erstmals mit der ersten Gutschrift und anschließend alle sechs Monate die zur Sicherung des Wertguthabens ergriffenen Maßnahmen **nachzuweisen** und entsprechende Unterlagen zur Verfügung zu stellen (§ 8a Abs. 3 ATZG neu). Der Nachweis kann entweder schriftlich gegenüber jedem ArbN erbracht werden oder in anderer Form, wenn die Betriebsparteien eine gleichwertige Regelung zum Nachweis der Insolvenzsicherung treffen, die es den ArbN in ATZ weiterhin ermöglicht, eventuelle Ansprüche auf Insolvenzsicherung gegenüber dem ArbGeb geltend zu machen, die nicht so aufwendig ist, wie der Einzelnachweis[2].

Daneben besteht weiter die Verpflichtung, den **BR** nach § 80 Abs. 2 BetrVG **zu unterrichten**.

Die Durchführung eines Insolvenzschutzes ist aber **nicht Voraussetzung für die Wirksamkeit** des ATZ-Arbeitsverhältnisses. Sie geben dem in ATZ befindlichen ArbN einen **arbeitsrechtlichen Anspruch**, den Insolvenzschutz seines Wertguthabens in einem vorgegebenen Verfahren durchzusetzen, wenn die Voraussetzungen einer nach den gesetzlichen Vorgaben hinreichenden Insolvenzsicherung im Einzelfall nicht vorliegen. Kommt der ArbGeb seiner gesetzlichen Sicherungsverpflichtung nicht nach, oder sind die nachgewiesenen Maßnahmen unzureichend, kann der ArbN ihn schriftlich zum Nachweis bzw. zur Vornahme der entsprechenden Sicherungsmaßnahmen auffordern. Kommt der ArbGeb innerhalb eines Monats seiner Verpflichtung nicht nach, wird dem ArbN ein **gesetzlicher Anspruch** auf Sicherheitsleistung in Höhe des bestehenden Wertguthabens gegen seinen ArbG, entweder durch Stellung eines tauglichen Bürgen oder durch Hinterlegung von Geld oder Wertpapieren, die gem. § 234 Abs. 1 und 3 BGB zur Sicherheitsleistung geeignet sind, eingeräumt. Dabei hat der ArbN das Wahlrecht hinsichtlich der Sicherheitsleistungen (§ 8a Abs. 4 ATZG neu).

Ein Insolvenzschutz ist bei **öffentlichen ArbGeb**, über deren Vermögen die Eröffnung eines Insolvenzverfahrens nicht zulässig ist, nicht erforderlich (§ 8a Abs. 6 ATZG neu).

e) **Erstattung der Aufstockungsleistungen im Förderfall.** Im Förderfall waren die Aufstockungsleistungen bisher monatlich neu zu berechnen. Nach der Neuregelung werden die Aufstockungsleistungen auf Basis des Regelarbeitsentgelts im ersten Abrechnungsmonat nach dem Vorliegen der Fördervoraussetzungen (Wiederbesetzung des Arbeitsplatzes) für die gesamte Förderdauer ermittelt und festgelegt (§ 12 Abs. 2 Satz 1 ATZG neu). Es entfällt daher im Förderfall die bisher notwendige Neuberechnung der gesetzlichen Aufstockungsbeträge[3]. Sie werden nur dann angepasst, wenn sich das zu berücksichtigende Regelarbeitsentgelt um mindestens 10 Euro verringert (§ 12 Abs. 2 Satz 2 ATZG neu). Der ArbGeb muss daher nur noch nach Vorliegen der Fördervoraussetzungen einen Leistungsantrag bei den AA stellen. Er erhält dann die Erstattungsleistungen – solange dafür die Voraussetzungen vorliegen – nachträglich monatlich für die Gesamtförderzeit.

f) **Übernahme der Aufstockungsleistungen durch den ArbGeb außerhalb des Lohnfortzahlungszeitraumes im Förderfall.** Im Förderfall übernimmt die AA bei Krankheit eines in ATZ-Arbeit beschäftigten ArbN die Aufstockungsleistungen, wenn die Erkrankung über den Lohnfortzahlungszeitraum von sechs Wochen hinaus andauert (§ 10 Abs. 2 ATZG). Nach der bisherigen Gesetzeslage konnte der ArbG nur mit den Aufstockungszahlungen zum Teilzeitentgelt und nicht mit den zusätzlichen RV-Beiträgen in Vorleistung treten (§ 10 Abs. 2 Satz 1 iVm. § 12 Abs. 2 Satz 2 ATZG). Durch die Neuregelung kann zukünftig der ArbG auch im Förderfall – anstelle der BA – mit den zusätzlichen RV-Beiträgen in Vorleistung treten und sich die Leistungen, die er anstelle der BA erbracht hat, bei Vorliegen aller Voraussetzungen von der BA auf Antrag erstatten lassen (§ 12 Abs. 2 Satz 4 ATZG neu).

3. **Übergangsregelung.** Durch die Übergangsregelung des neuen § 15g ATZG wird festgelegt, dass ArbN, die mit der ATZ vor den Änderungen des Gesetzes zum 1.7.2004 begonnen haben, ihre ATZ-Arbeit zu den bisherigen – mit dem ArbGeb vereinbarten – Bedingungen planmäßig abwickeln können. Gleichwohl haben ArbGeb die Möglichkeit, auf Antrag auch bei bereits laufenden Erstattungsverfahren vom vereinfachten Erstattungsverfahren Gebrauch zu machen, wenn die Aufstockungsleistungen zumindest der ab 1.7.2004 geltenden Gesetzesfassung entsprechen. Eine Umstellung des ArbGeb auf das neue Erstattungsverfahren hat keine Auswirkungen auf die Ansprüche des ArbN gegenüber seinem ArbGeb.

4. **Beabsichtigte Regelungen im Rentenrecht.** Der Gesetzgeber beabsichtigt mit dem Entwurf des Gesetzes zur Sicherung der nachhaltigen Finanzierungsgrundlagen der gesetzlichen RV[4] das Rentenzugangsalter der Altersrente wegen Arbeitslosigkeit oder nach ATZ-Arbeit in Monatsschritten ab dem Geburtsjahrgang 1946 auf das 63. Lebensjahr anzuheben (Gesetzentwurf § 237 Abs. 5 SGB VI). Vertrau-

---

1 BT-Drs. 15/1515 S. 134. | 2 BT-Drs. 15/1728 S. 4. | 3 BT-Drs. 15/1515 S. 75. | 4 BT-Drs. 15/2149.

ensschutz soll für Versicherte gelten, die vor dem 1.1.2004 über die Beendigung ihres Arbeitsverhältnisses disponiert haben oder an diesem Tag arbeitslos waren.

1 Grundsatz

(1) Durch Altersteilzeitarbeit soll älteren Arbeitnehmern ein gleitender Übergang vom Erwerbsleben in die Altersrente ermöglicht werden.

(2) Die Bundesanstalt für Arbeit (Bundesanstalt) *[ab 1.7.2004: Bundesagentur für Arbeit (Bundesagentur)]* fördert durch Leistungen nach diesem Gesetz die Teilzeitarbeit älterer Arbeitnehmer, die ihre Arbeitszeit ab Vollendung des 55. Lebensjahres spätestens ab 31. Dezember 2009 vermindern und damit die Einstellung eines sonst arbeitslosen Arbeitnehmers ermöglichen.

1 Vgl. Vorbemerkungen vor § 1.

2 Begünstigter Personenkreis

(1) Leistungen werden für Arbeitnehmer gewährt, die

1. das 55. Lebensjahr vollendet haben,
2. nach dem 14. Februar 1996 aufgrund einer Vereinbarung mit dem Arbeitgeber, die sich zumindest auf die Zeit erstrecken muss, bis eine Rente wegen Alters beansprucht werden kann, ihre Arbeitszeit auf die Hälfte der bisherigen wöchentlichen Arbeitszeit vermindert haben, und versicherungspflichtig beschäftigt im Sinne des Dritten Buches Sozialgesetzbuch sind (Altersteilzeitarbeit) und
3. innerhalb der letzten fünf Jahre vor Beginn der Altersteilzeitarbeit mindestens 1.080 Kalendertage in einer versicherungspflichtigen Beschäftigung nach dem Dritten Buch Sozialgesetzbuch gestanden haben. Zeiten mit Anspruch auf Arbeitslosengeld oder Arbeitslosenhilfe sowie Zeiten, in denen Versicherungspflicht nach § 26 Abs. 2 des Dritten Buches Sozialgesetzbuch bestand, stehen der versicherungspflichtigen Beschäftigung gleich. § 427 Abs. 3 des Dritten Buches Sozialgesetzbuch gilt entsprechend.

[Fassung von § 2 Abs. 1 Nr. 3 ab 1.7.2004:]
3. innerhalb der letzten fünf Jahre vor Beginn der Altersteilzeitarbeit mindestens 1.080 Kalendertage in einer versicherungspflichtigen Beschäftigung nach dem Dritten Buch Sozialgesetzbuch oder nach den Vorschriften eines Mitgliedstaates, in dem die Verordnung (EWG) Nr. 1408/71 des Rates der Europäischen Union Anwendung findet, gestanden haben. Zeiten mit Anspruch auf Arbeitslosengeld oder Arbeitslosenhilfe sowie Zeiten, in denen Versicherungspflicht nach § 26 Abs. 2 des Dritten Buches Sozialgesetzbuch bestand, stehen der versicherungspflichtigen Beschäftigung gleich. § 427 Abs. 3 des Dritten Buches Sozialgesetzbuch gilt entsprechend.

[Fassung von § 2 Abs. 1 Nr. 3 ab 1.1.2005:]
3. innerhalb der letzten fünf Jahre vor Beginn der Altersteilzeitarbeit mindestens 1.080 Kalendertage in einer versicherungspflichtigen Beschäftigung nach dem Dritten Buch Sozialgesetzbuch oder nach den Vorschriften eines Mitgliedstaates, in dem die Verordnung (EWG) Nr. 1408/71 des Rates der Europäischen Union Anwendung findet, gestanden haben. Zeiten mit Anspruch auf Arbeitslosengeld oder Arbeitslosenhilfe, Zeiten des Bezuges von Arbeitslosengeld II sowie Zeiten, in denen Versicherungspflicht nach § 26 Abs. 2 des Dritten Buches Sozialgesetzbuch bestand, stehen der versicherungspflichtigen Beschäftigung gleich. § 427 Abs. 3 des Dritten Buches Sozialgesetzbuch gilt entsprechend.

(2) Sieht die Vereinbarung über die Altersteilzeitarbeit unterschiedliche wöchentliche Arbeitszeiten oder eine unterschiedliche Verteilung der wöchentlichen Arbeitszeit vor, ist die Voraussetzung nach Absatz 1 Nr. 2 auch erfüllt, wenn

1. die wöchentliche Arbeitszeit im Durchschnitt eines Zeitraums von bis zu drei Jahren oder bei Regelung in einem Tarifvertrag, auf Grund eines Tarifvertrages in einer Betriebsvereinbarung oder in einer Regelung der Kirchen und der öffentlich-rechtlichen Religionsgesellschaften im Durchschnitt eines Zeitraums von bis zu sechs Jahren die Hälfte der bisherigen wöchentlichen Arbeitszeit nicht überschreitet und der Arbeitnehmer versicherungspflichtig beschäftigt im Sinne des Dritten Buches Sozialgesetzbuch ist und
2. das Arbeitsentgelt für die Altersteilzeitarbeit sowie der Aufstockungsbetrag nach § 3 Abs. 1 Nr. 1 Buchstabe a fortlaufend gezahlt werden.

Im Geltungsbereich eines Tarifvertrages nach Satz 1 Nr. 1 kann die tarifvertragliche Regelung im Betrieb eines nicht tarifgebundenen Arbeitgebers durch Betriebsvereinbarung oder, wenn ein Betriebsrat nicht besteht, durch schriftliche Vereinbarung zwischen dem Arbeitgeber und dem Arbeitnehmer *übernommen werden.* Können auf Grund eines solchen Tarifvertrags abweichende Regelungen in einer Betriebsvereinbarung getroffen werden, kann auch in Betrieben eines nicht tarifgebundenen Arbeitgebers davon Gebrauch gemacht werden. Satz 1 Nr. 1, 2. Alternative gilt entsprechend. In einem

Bereich, in dem tarifvertragliche Regelungen zur Verteilung der Arbeitszeit nicht getroffen sind oder üblicherweise nicht getroffen werden, kann eine Regelung im Sinne des Satzes 1 Nr. 1, 2. Alternative auch durch Betriebsvereinbarung oder, wenn ein Betriebsrat nicht besteht, durch schriftliche Vereinbarung zwischen Arbeitgeber und Arbeitnehmer getroffen werden.

(3) Sieht die Vereinbarung über die Altersteilzeitarbeit unterschiedliche wöchentliche Arbeitszeiten oder eine unterschiedliche Verteilung der wöchentlichen Arbeitszeit über einen Zeitraum von mehr als sechs Jahren vor, ist die Voraussetzung nach Absatz 1 Nr. 2 auch erfüllt, wenn die wöchentliche Arbeitszeit im Durchschnitt eines Zeitraums von sechs Jahren, der innerhalb des Gesamtzeitraums der vereinbarten Altersteilzeitarbeit liegt, die Hälfte der bisherigen wöchentlichen Arbeitszeit nicht überschreitet, der Arbeitnehmer versicherungspflichtig beschäftigt im Sinne des Dritten Buches Sozialgesetzbuch ist und die weiteren Voraussetzungen des Absatzes 2 vorliegen. Die Leistungen nach § 3 Abs. 1 Nr. 1 sind nur in dem in Satz 1 genannten Zeitraum von sechs Jahren zu erbringen.

Die Vorschrift regelt die allgemeinen **arbeitnehmerbezogenen Voraussetzungen** für ATZ-Arbeit. ATZ iSd. ATZG, die auch den vorzeitigen Rentenzugang nach 24-monatiger ATZ-Arbeit mit vollendetem 60. Lebensjahr ermöglicht (§ 237 Abs. 1 Nr. 3b SGB VI), können nur abhängig Beschäftigte, die der Versicherungspflicht zur ArblV unterliegen, in Anspruch nehmen. Beamte und selbstständig Tätige gehören damit nicht zum begünstigten Personenkreis nach dem ATZG. Für Beamte kommt allerdings ATZ nach beamtenrechtlichen Vorschriften in Betracht (zB § 72b BBG). 1

ATZ-Arbeit wird durch einen zwischen ArbGeb und ArbN abgeschlossenen **schriftlichen ATZ-Vertrag** vor Beginn der ATZ vereinbart. Eine rückwirkende Vereinbarung von ATZ ist nicht zulässig[1]. 2

Durch den Vertrag wird das bisherige unbefristete Arbeitsverhältnis in ein **befristetes Teilzeitarbeitsverhältnis** geändert. 3

Der Abschluss eines ATZ-Vertrages beruht nach dem Gesetz auf **Freiwilligkeit**[2]. 4

Durch TV oder eine BV kann dem ArbN ein **Anspruch** auf Abschluss eines ATZ-Vertrages zugestanden werden (siehe aber auch § 3 Abs. 3). Zur Anspruchsbegründung nach TV für den Öffentlichen Dienst vgl. BAG vom 26.6.2001[3] und BAG vom 12.12.2000[4]. Auch wenn sich weder aus TV, BV oder dem Individualrecht ein Anspruch auf ATZ-Arbeit ergibt, kann der ArbGeb nicht nach freiem Belieben über einen Antrag entscheiden, vielmehr muss er über den Antrag sachlich entscheiden[5]. Ausreichend ist die Begründung des ArbGeb, er beabsichtige nicht, ATZ-Arbeit einzuführen[6]. Es bleibt dem ArbN nur die Durchsetzung eines (normalen) Teilzeitanspruchs nach dem TzBfG (ohne Aufstockungsleistungen). 5

Geförderte ATZ und damit ATZ überhaupt kann frühestens nach Vollendung des **55. Lebensjahres** des ArbN beginnen (§ 2 Abs. 1 Nr. 1). 6

Vor Beginn der ATZ muss der ArbN innerhalb der letzten fünf Jahre mindestens 1.080 Kalendertage (3 Jahre) in einer **versicherungspflichtigen Beschäftigung** nach dem SGB III, die nicht beim gleichen ArbGeb zurückgelegt sein muss, gestanden haben (§ 2 Abs. 1 Nr. 3 ATZG). Bei ATZ, die nach dem 30.6.2004 beginnt, werden auch im europäischen Ausland zurückgelegte versicherungspflichtige Beschäftigungszeiten berücksichtigt (siehe auch Vorb. Rz. 29). Der Beginn eines ATZ-Verhältnisses aus Arbeitslosigkeit gleichzeitig mit Beginn eines Beschäftigungsverhältnisses ist nicht zulässig[7]. 7

Hat der ArbN innerhalb der Fünfjahresfrist **Arbeitslosengeld/Alhi** oder eine andere Entgeltersatzleistung iSd. § 26 Abs. 2 SGB III (zB Krankengeld, Versorgungskrankengeld) bezogen, werden auch die Zeiten des Leistungsbezugs als versicherungspflichtige Beschäftigungszeiten berücksichtigt. 8

Ein Nahtloswechsel des 55-jährigen und der Start in ATZ bei einem anderen ArbGeb ist möglich. Zuvor Arbl. müssen zunächst in Vollzeit arbeiten (ggf. mit Eingliederungszuschuss), um dann in ATZ zu wechseln, wenn die übrigen Voraussetzungen des § 2 Abs. 1 Nr. 3 vorliegen. 9

Die ATZ **muss** zumindest bis zum frühestmöglichen Zeitpunkt reichen, zu dem der ArbN eine **Altersrente** (ggf. auch eine geminderte) beanspruchen kann. Dies muss nicht ein Rentenzugang nach 24-monatiger ATZ gem. § 237 SGB VI sein. Liegt das vereinbarte Ende der ATZ dagegen vor dem Erreichen des Rentenalters, sind die Voraussetzungen des ATZ-Gesetzes **nicht** erfüllt. Der Zeitpunkt des frühestmöglichen Rentenbeginns sollte durch eine entsprechende Auskunft des zuständigen RV-Trägers nachgewiesen werden. 10

§ 2 Abs. 1 Nr. 2 setzt des Weiteren voraus, dass ArbN „**ihre Arbeitszeit**" **auf die Hälfte** der bisherigen wöchentlichen Arbeitszeit **vermindert** haben. Es kommt auf die individuelle Arbeitszeit an, die sehr sorgfältig zu ermitteln ist. Dabei sind die Berechnungsvorschriften des § 6 Abs. 2 zu beachten. Das ATZG verlangt seit dem 1.1.2000 nicht mehr, dass der ArbN zuvor in Vollzeit beschäftigt war. Ist die 11

---

1 Rundschreiben der Spitzenverbände vom 6.9.2001, S. 24. | 2 BAG v. 12.12.2000 – 9 AZR 706/99, NZA 2001, 1209 ff.; v. 26.6.2001 – 9 AZR 244/00, NZA 2002, 44 ff. | 3 BAG v. 26.6.2001 – 9 AZR 244/00, NZA 2002, 44 ff. | 4 BAG v. 12.12.2000 – 9 AZR 706/99, DB 2001, 1995 ff. | 5 Vgl. BAG v. 29.11.1995 – 5 AZR 753/94, BAGE 81, 323 ff. | 6 *Ostrowicz* in Nimscholz/Oppermann/Ostrowicz, Altersteilzeit, S. 26. | 7 BSG v. 23.7.1992 – 7 RAr 74/91, NZA 1993, 287.

vereinbarte Arbeitszeit niedriger als der errechnete Durchschnittswert der letzten 24 Monate, ist nur die zuletzt vereinbarte Arbeitszeit Basis für die Halbierung. § 6 Abs. 2 Satz 2 regelt nur die Höchstgrenze. Eine Auf- oder Abrundung um die nächste volle Stunde ist zulässig[1]. Die Konsequenzen aus der ungenauen Beachtung (der Erstfassung des Gesetzes) behandelt BSG vom 29.1.2001[2].

12 Die verminderte Arbeitszeit muss der Versicherungspflicht iSd. SGB III unterliegen, zu beachten sind §§ 24, 25, 27, 28 SGB III. Der ArbN muss mehr als eine geringfügige Beschäftigung iSd. § 8 SGB IV (mehr als 400 Euro monatlicher Verdienst) ausüben.

13 Bei Arbeitszeitflexibilisierungsvereinbarungen ist die Halbierung auch anzuerkennen, wenn bei unterschiedlichen wöchentlichen Arbeitszeiten während des Kalenderjahres die wöchentliche durchschnittliche Arbeitszeit im maßgebenden Verteilzeitraum die Hälfte der bisherigen wöchentlichen Arbeitszeit geringfügig über- oder unterschreitet.

14 Wertguthaben iSd. § 7 Abs. 1a SGB IV, die zB auf Grund einer tariflich zulässigen Regelung über flexible Zeiten vor Beginn der ATZ angesammelt wurden, können grundsätzlich mit ATZ kombiniert werden und so die Arbeitsphase verkürzen. Vgl. zu Blockmodell und Entgeltersatzleistung im Übrigen § 10. Zur Berücksichtigung der Mehrarbeit vgl. § 5 Rz. 5 ff.

15 ATZ-ArbN, die im Unternehmen oder Betrieb **Organmitglieder** sind, zB ArbN-Vertreter im Aufsichtsrat oder BR-Mitglieder, verlieren ihre Wählbarkeit mit Eintritt in die endgültige Freistellungsphase; das BAG[3] begründet dies mit der fehlenden betrieblichen Einordnung. Soll der Status erhalten bleiben, sollte die Arbeitszeit vorsorglich vertraglich flexibel über die Gesamtlaufzeit verteilt werden, so dass nicht von einem endgültigen Ausscheiden aus der betrieblichen Organisation ausgegangen werden kann.

16 Das ATZG will die Vielfalt der Arbeitszeitmodelle nicht einschränken, vielmehr fördern. Dazu enthalten die Absätze 2 und 3 Regelungen, die allerdings der genauesten Beachtung bedürfen, um die rechtlichen Voraussetzungen der Förderung zu erfüllen. Der DA[4] nennt zB Modelle der degressiven ATZ, dh. ein stufenweises Reduzieren der Arbeitszeit. Der **höchstzulässige Verteilzeitraum** für ATZ-Vereinbarungen ohne tarifvertragliche Grundlage oder Regelung der Kirchen beträgt seit 1.1.1998 grundsätzlich drei Jahre. Innerhalb dieses Zeitraums kann die Arbeitszeit unterschiedlich auf Wochen oder unterschiedlich innerhalb einer Woche verteilt werden, solange die Gesamtarbeitszeit des 3–Jahres-Zeitraums im Durchschnitt die Hälfte der bisherigen wöchentlichen Arbeitszeit nicht überschreitet und die Grenzen des § 8 SGB IV nicht unterschritten werden.

17 Durch eine tarifvertragliche oder eine entsprechende kirchenrechtliche Regelung kann der Verteilzeitraum auf bis zu sechs Jahre ausgedehnt werden (§ 2 Abs. 2 Nr. 1, 2. Alt.). Das gleiche Ergebnis kann auf Grund einer BV erreicht werden, wenn ein entsprechender TV eine dahingehende Öffnungsklausel enthält.

18 ATZ-Vereinbarungen können auf der Grundlage eines TV oder einer Kirchenregelung auch einen Gesamtzeitraum von mehr als sechs Jahren (bis zu zehn Jahren) umfassen, Abs. 3. Die Förderung erstreckt sich allerdings maximal auf einen 6–Jahres-Zeitraum innerhalb des Gesamtzeitraums von bis zu zehn Jahren.

19 Die Voraussetzung des § 2 Abs. 1 Nr. 2 ist erfüllt, wenn die Arbeitszeit im Durchschnitt des Förderzeitraums die Hälfte der bisherigen wöchentlichen Arbeitszeit nicht überschreitet und die Beschäftigung sozialversicherungspflichtig iSd. SGB III ist.

20 Den **nicht tarifgebundenen ArbGeb** im Geltungsbereich eines TV wird die Möglichkeit eingeräumt, die tarifvertragliche Regelung zur ATZ durch BV bzw. in Betrieben ohne BR einzelvertraglich zu übernehmen. Es müssen in diesem Fall aber alle Regelungen des TV ATZ übernommen werden. Für Bereiche, in denen TV zur Verteilung der Arbeitszeit nicht getroffen oder üblich sind, können ATZ-Regelungen mit bis zu 10-jähriger Verteilzeit durch BV oder mangels BR einzelvertraglich vereinbart werden, zB für außertarifliche Angestellte und Freiberufler.

21 Eine Sonderregelung gibt es in der chemischen Industrie, die in langer Tradition für Akademiker TV abschließt und eine spezielle ATZ-Regelung vereinbart hat.

22 In der **Praxis** werden die über drei Jahre hinaus reichenden tariflichen Verteilzeiträume vielfach genutzt, man kann seit 1996 von insgesamt über 500.000 ATZ-Vereinbarungen ausgehen. ATZ-Verträge von über sechs und bis zehn Jahren in nennenswertem Umfang sind allerdings nicht bekannt geworden.

23 Abs. 2 Nr. 2 verlangt, dass das Arbeitsentgelt für die ATZ-Arbeit sowie der Aufstockungsbetrag nach § 3 Abs. 1 Nr. 1 Buchst. a fortlaufend gezahlt werden. Die kontinuierliche Zahlung hat Bedeutung für diskontinuierliche Arbeitsleistungen. Die Regelmäßigkeit bezieht sich auf das echte Arbeitsentgelt und die Aufstockungsbeträge, nicht auf die Aufstockungsbeiträge zur gesetzlichen RV.

24 Die Notwendigkeit der Rückstellungsbildung hängt von der Wahl des ATZ-Modells ab. Zur Ermittlung, Bewertung und Bilanzierung der Rückstellungen für ATZ vgl. BMF-Schreiben vom 11.11.1999[5].

---

1 Beispiele vgl. DA zu § 2, 2.2. | 2 BSG v. 29.1.2001 – B 7 AL 98/99 R, NZA-RR 2001, 596 ff. | 3 Beschl. v. 25.10.2000 – 7 ABR 18/00, NZA 2001, 461 f.; kritisch dazu: *Haag/Gräter/Dangelmaier*, DB 2001, 702 ff.; *Kaus*, AiB 2001, 359 f.; *Weiß*, AiB 2000, 351 f. | 4 Zu § 3, 1.3. | 5 BStBl. I S. 959 ff.

3 *Anspruchsvoraussetzungen*
(1) Der Anspruch auf die Leistungen nach § 4 setzt voraus, dass

1. der Arbeitgeber aufgrund eines Tarifvertrages, einer Regelung der Kirchen und der öffentlich-rechtlichen Religionsgesellschaften, einer Betriebsvereinbarung oder einer Vereinbarung mit dem Arbeitnehmer

   a) das Arbeitsentgelt für die Altersteilzeitarbeit um mindestens 20 vom Hundert dieses Arbeitsentgelts, jedoch auf mindestens 70 vom Hundert des um die gesetzlichen Abzüge, die bei Arbeitnehmern gewöhnlich anfallen, verminderten bisherigen Arbeitsentgelts im Sinne des § 6 Abs. 1 (Mindestnettobetrag), aufgestockt hat und

   b) für den Arbeitnehmer Beiträge zur gesetzlichen Rentenversicherung mindestens in Höhe des Beitrags entrichtet hat, der auf den Unterschiedsbetrag zwischen 90 vom Hundert des bisherigen Arbeitsentgelts im Sinne des § 6 Abs. 1 und dem Arbeitsentgelt für die Altersteilzeitarbeit entfällt, höchstens bis zur Beitragsbemessungsgrenze, sowie

   [Fassung von § 3 Abs. 1 Nr. 1 Buchst. a und b ab 1.7.2004:]

   a) das Regelarbeitsentgelt für die Altersteilzeitarbeit um mindestens 20 vom Hundert aufgestockt hat, wobei die Aufstockung auch weitere Entgeltbestandteile umfassen kann, und

   b) für den Arbeitnehmer zusätzlich Beiträge zur gesetzlichen Rentenversicherung mindestens in Höhe des Beitrags entrichtet hat, der auf 80 vom Hundert des Regelarbeitsentgelts für die Altersteilzeitarbeit, begrenzt auf den Unterschiedsbetrag zwischen 90 vom Hundert der monatlichen Beitragsbemessungsgrenze und dem Regelarbeitsentgelt, entfällt, höchstens bis zur Beitragsbemessungsgrenze, sowie

2. der Arbeitgeber aus Anlass des Übergangs des Arbeitnehmers in die Altersteilzeitarbeit

   a) einen beim Arbeitsamt *[ab 1.7.2004: bei einer Agentur für Arbeit]* arbeitslos gemeldeten Arbeitnehmer oder einen Arbeitnehmer nach Abschluss der Ausbildung auf dem freigemachten oder auf einem in diesem Zusammenhang durch Umsetzung frei gewordenen Arbeitsplatz versicherungspflichtig im Sinne des Dritten Buches Sozialgesetzbuch beschäftigt; bei Arbeitgebern, die in der Regel nicht mehr als 50 Arbeitnehmer beschäftigen, wird unwiderleglich vermutet, dass der Arbeitnehmer auf dem freigemachten oder auf einem in diesem Zusammenhang durch Umsetzung frei gewordenen Arbeitsplatz beschäftigt wird,

   oder

   b) einen Auszubildenden versicherungspflichtig im Sinne des Dritten Buches Sozialgesetzbuch beschäftigt, wenn der Arbeitgeber in der Regel nicht mehr als 50 Arbeitnehmer beschäftigt

und

3. die freie Entscheidung des Arbeitgebers bei einer über fünf vom Hundert der Arbeitnehmer des Betriebes hinausgehenden Inanspruchnahme sichergestellt ist oder eine Ausgleichskasse der Arbeitgeber oder eine gemeinsame Einrichtung der Tarifvertragsparteien besteht, wobei beide Voraussetzungen in Tarifverträgen verbunden werden können.

[Neuer § 3 Abs. 1 Satz 2 ab 1.1.2005:]

Die Beschäftigung eines Beziehers von Arbeitslosengeld II erfüllt die Voraussetzungen nach Satz 1 Nr. 2 Buchstabe a nur dann, wenn eine Zusage nach § 16 Abs. 2 Satz 2 Nr. 6 des Zweiten Buches Sozialgesetzbuch erfolgt ist.

(1a) *Bei der Ermittlung des Arbeitsentgelts für die Altersteilzeitarbeit nach Absatz 1 Nr. 1 Buchstabe a bleibt einmalig gezahltes Arbeitsentgelt insoweit außer Betracht, als nach Berücksichtigung des laufenden Arbeitsentgelts die monatliche Beitragsbemessungsgrenze überschritten wird. [Absatz 1a Satz 1 ist zum 1.7.2004 aufgehoben]* Die Voraussetzungen des Absatzes 1 Nr. 1 Buchstabe a sind auch erfüllt, wenn Bestandteile des Arbeitsentgelts, die für den Zeitraum der vereinbarten Altersteilzeitarbeit nicht vermindert worden sind, bei der Aufstockung außer Betracht bleiben.

(2) Für die Zahlung der Beiträge nach Absatz 1 Nr. 1 Buchstabe b gelten die Bestimmungen des Sechsten Buches Sozialgesetzbuch über die Beitragszahlung aus dem Arbeitsentgelt.

(3) Hat der in Altersteilzeitarbeit beschäftigte Arbeitnehmer die Arbeitsleistung oder Teile der Arbeitsleistung im Voraus erbracht, so ist die Voraussetzung nach Absatz 1 Nr. 2 bei Arbeitszeiten nach § 2 Abs. 2 und 3 *auch [zum 1.7.2004 gestrichen]* erfüllt, wenn die Beschäftigung eines beim Arbeitsamt *[ab 1.7.2004: bei einer Agentur für Arbeit]* arbeitslos gemeldeten Arbeitnehmers oder eines Arbeitnehmers nach Abschluss der Ausbildung auf dem freigemachten oder durch Umsetzung frei gewordenen Arbeitsplatz erst nach Erbringung der Arbeitsleistung erfolgt.

Die Vorschrift regelt die allgemeinen **arbeitgeberbezogenen Voraussetzungen** für ATZ-Arbeit und die Fördervoraussetzungen im Falle der Wiederbesetzung des durch den ATZ-ArbN freigemachten Arbeitsplatzes.

2   Neben der Halbierung der Arbeitszeit ist Vorraussetzung für ATZ im sozialversicherungsrechtlichen Sinne, dass der ArbGeb zum einen das Teilzeitarbeitsentgelt um 20% des Teilzeitbruttos, mindestens aber auf 70% des bisherigen Nettoentgeltes aufstockt (§ 3 Abs. 1a), und zum anderen dass zusätzliche RV-Beiträge für den Unterschiedsbetrag zwischen 90% des bisherigen Entgeltes und dem SozV-pflichtigem Entgelt für die Teilzeitarbeit entrichtet werden (§ 3 Abs. 1b). Die Berechnung der Aufstockungsleistungen des ArbGeb wird bei ATZ, die nach dem 30.6.2004 beginnt, vereinfacht (siehe auch Vorb. Rz. 31–34).

3   Fällt das SozV-pflichtige Entgelt für die Teilzeitarbeit unter die mit dem Zweiten Gesetz für moderne Dienstleistungen am Arbeitsmarkt[1] eingeführte Gleitzone (400,01 Euro bis 800,00 Euro), errechnet sich der ArbN-Anteil an den SozVBeiträgen nicht nach den besonderen Regelungen zur Gleitzone sondern nach der allgemeinen Regelungen[2].

4   Sowohl bei dem Aufstockungsbetrag zum Entgelt als auch bei den zusätzlichen Rentenversicherungsbeiträgen handelt es sich um gesetzlich vorgeschriebene Mindestbeträge. Der ArbGeb kann darüber hinaus Zahlungen entweder auf Grund eines TV, einer BV oder einer Individualvereinbarung erbringen.

5   Der **Aufstockungsbetrag** zum Teilzeitentgelt ist **steuerfrei** und somit auch sozialabgabenfrei, er unterliegt aber dem Progressionsvorbehalt (§ 3 Nr. 28 EStG iVm. § 1 ArEV). Die durch den Progressionsvorbehalt entstehende steuerliche Mehrbelastung muss der ArbGeb nicht ausgleichen[3]. Die Aufstockungsbeträge sind auch dann steuerfrei, wenn sie über den gesetzlich erforderlichen Mindestbetrag hinausgehen. Allerdings sind höhere Aufstockungszahlungen zum Entgelt nur bis zu 100% des bisherigen Nettoentgeltes (R 18 Abs. 3 LStR) steuerfrei. Der Aufstockungsbetrag zum Teilzeitentgelt ist auch dann steuerfrei, wenn der ArbGeb keinen Anspruch auf Erstattungsleistungen gegenüber der BA hat.

6   Der ArbGeb hat die Aufstockungsbeträge zum Entgelt zu bescheinigen (vgl. § 41 Abs. 1 und § 41b Abs. 1 Satz 2 Nr. 4 EStG). Auf die Auswirkungen des Progressionsvorbehaltes sollte der ArbN vor Abschluss des ATZ-Vertrages hingewiesen werden.

7   Zusätzliche RV-Beiträge können maximal bis zur BBG der RV entrichtet werden.

8   Auf welcher Grundlage der ArbGeb den Aufstockungsbetrag zum Teilzeitentgelt errechnet, ist unerheblich. Maßgebend ist, dass der Aufstockungsbetrag zumindest den auf gesetzlicher Grundlage ermittelten Aufstockungsbetrag erreicht.

9   **Grundlage für die Berechnung** des gesetzlichen Aufstockungsbetrages von 20% ist zunächst das im jeweiligen Abrechnungsmonat erzielte beitragspflichtige Teilzeitbruttoentgelt.

10 Zum beitragspflichtigen Teilzeitbruttoentgelt gehören ua. auch: Vermögenswirksame Leistungen, Anwesenheitsprämien, Leistungs- und Erschwerniszulagen, Zulagen für Sonntags-, Feiertags- und Nachtarbeit, pauschale Vergütungen für Bereitschaftsdienst und Rufbereitschaft im Bereich des öffentlichen Dienstes (nicht jedoch Entgeltzahlungen für im Rahmen von Rufbereitschaft geleistete Arbeitsstunden), einmalige und wiederkehrende Zuwendungen (Weihnachts- und Jubiläumszuwendungen, 13. und 14. Monatsgehälter, zusätzliches Urlaubsgeld), rückwirkende Lohnerhöhungen, Sachbezüge und sonstige geldwerte Vorteile.

11 Nicht mitberücksichtigt wird Entgelt für Mehrarbeit einschließlich der Mehrarbeitszuschläge.

12 Das Teilzeitbruttoentgelt, aus dem der Aufstockungsbetrag von 20% errechnet wird, ist nicht durch die monatliche BBG gedeckt. Nur dann, wenn durch die Zahlung einer Einmalzahlung im Abrechnungsmonat die monatliche BBG überschritten wird, erfolgt eine Deckelung auf die monatliche BBG (§ 3 Abs. 1a Satz 1).

13 Entgeltbestandteile, die für die gesamte Dauer der ATZ ungekürzt gezahlt werden, müssen nicht mit aufgestockt werden (§ 3 Abs. 1a Satz 2).

14 Der so ermittelte 20 %ige Aufstockungsbetrag wird dann zum individuellen Teilzeitnetto des Altersteilzeiters addiert. Bei der Ermittlung des Teilzeitnettos werden die auf der Steuerkarte des Altersteilzeiters vermerkte Steuerklasse und Steuerfreibeträge zu Grunde gelegt.

15 Steuerfreie Zuschläge (zB Zuschläge für Nachtarbeit), die an den ATZ-ArbN ausgezahlt werden, werden zum Nettoentgelt addiert.

16 Bei freiwillig oder privat krankenversicherten ArbN wird bei der Ermittlung des individuellen Nettoentgelts anstelle des Beitrags zur gesetzlichen Krankenversicherung ein Betrag in Höhe des ArbGeb-Zuschusses zur freiwilligen oder privaten Krankenversicherung in Abzug gebracht. Gleiches gilt für ATZ-ArbN, die von der gesetzlichen RV-Pflicht befreit sind.

17 Von der im Gesetz bestehenden Möglichkeit, statt auf das individuelle Nettoentgeltes auf ein durch Rechtsverordnung festzulegendes pauschaliertes Nettoentgelt zuzugreifen (§ 15 Nr. 2), hat der Bundesminister für Wirtschaft und Arbeit bisher keinen Gebrauch gemacht.

---

1 BGBl. I 2002 S. 4621. |2 Rundschreiben der Spitzenverbände zu den Beschäftigungsverhältnissen in der Gleitzone v. 25.2.2003, S. 17. |3 BAG v. 25.6.2002 – 9 AZR 155/01, DB 2002, 2491 ff.; BAG v 1.10.2002 – 9 AZR 298/01, nv. Zur aktuellen steuerlichen Behandlung ab 2002 nimmt *Macher*, NZA 2002, 142 ff. Stellung.

Anspruchsvoraussetzungen   Rz. 24 § 3 ATZG

In einem zweiten Schritt wird geprüft, ob der 20 %ige Aufstockungsbetrag zusammen mit dem indivi- 18
duellen Nettoentgelt zumindest 70 % des bisherigen Nettoentgeltes aus der Mindestnettotabelle nach
§ 15 Nr. 1 erreicht. Dazu wird zunächst fiktiv das Entgelt ermittelt, das der ArbN erhalten hätte, wenn
er seine Arbeitszeit nicht im Rahmen der ATZ auf die Hälfte reduziert hätte. Das fiktive bisherige Entgelt wird durch die monatliche BBG der ArblV gedeckelt (§ 6 Abs. 1). Mit dem so ermittelten fiktiven
bisherigen Entgelt wird das 70 %ige Nettoentgelt aus der Mindestnettotabelle abgelesen. Bei dem
70 %ige Nettoentgelt handelt es sich nicht um einen individuell ermittelten Nettobetrag sondern um
ein pauschaliertes Nettoentgelt.

Die Mindestnettobeträge werden durch das Bundesministerium für Wirtschaft und Arbeit durch 19
Rechtsverordnung[1] jeweils für ein Kalenderjahr festgelegt. Änderungen im Laufe des Kalenderjahres
werden nicht berücksichtigt.

Liegt der so ermittelte 70 %ige Mindestnettobetrag über dem Betrag aus 20 % des Teilzeitbruttoent- 20
geltes und dem individuellen Teilzeitnetto, ist der 20 %-Betrag aus dem Teizeitbrutto zusätzlich um
den Differenzbetrag aufzustocken.

Beispiel (Stand 2003):

Teilzeitbrutto:	1.000,00 Euro
Teilzeitnetto (Steuerklasse III/O):	791,50 Euro
20 % aus Teilzeitbrutto:	**200,00 Euro**
20 % Betrag plus Teilzeitnetto:	991,50 Euro
Bisheriges Entgelt:	2.000,00 Euro
70 % bisheriges Nettoentgelt (Tabellenwert):	1.058,33 Euro
zusätzlicher Aufstockungsbetrag:	66,83 Euro
Gesamtaufstockungsbetrag:	**266,83 Euro**

Ergibt sich kein zusätzlicher Aufstockungsbetrag, verbleibt es bei einem Aufstockungsbetrag in
Höhe von 20 % aus dem Teilzeitbrutto.

Neben dem Aufstockungsbetrag zum Teilzeitentgelt hat der ArbGeb noch **zusätzliche RV-Beiträge** für 21
den Unterschiedsbetrag zwischen 90% des bisherigen Entgeltes und dem Teilzeitentgelt aus der ATZ unter Berücksichtigung der jeweils geltenden BBG (2003 West: 90% von 5.100 Euro = 4.590 Euro/2002 Ost:
90 % von 4.250 Euro = 3.825 Euro) sowie des Beitragssatzes der gesetzlichen RV (RV der Arbeiter und Angestellten; 19,5 %) zu entrichten. Werden in einem Abrechnungsmonat diese Beträge allein schon durch
das Teilzeitentgelt mit Beiträgen belegt, fallen allein vom ArbGeb zu tragende RV-Beiträge
nicht an, es sei denn, der ArbGeb ist zur Zahlung von höheren zusätzlichen RV-Beiträgen verpflichtet.

Besteht in einem Abrechnungsmonat neben dem Anspruch auf Teilzeitentgelt auch ein Anspruch 22
auf eine Einmalzahlung, werden zusätzliche RV-Beiträge für einen Unterschiedsbetrag aus der Einmalzahlung fällig, wenn es sich um eine auf Grund der ATZ gekürzte Einmalzahlung handelt. Hierbei ist
für die Ermittlung des Unterschiedsbetrages allerdings nicht die monatliche BBG sondern die auf 90%
begrenzte altersteilzeitspezifische JahresBBG für den Zeitraum der ATZ zu berücksichtigen. Das Nähere ist im Rundschreiben der Spitzenverbände zur ATZ vom 6.9.2001 geregelt.

Die praxisgerechte Lösung der **Wiederbesetzungsproblematik** ist der eigentliche Schlüssel für die Ak- 23
zeptanz des ATZ-Gesetzes[2]. Das Schlüsselproblem enthält § 3 Abs. 1 Nr. 2. Es geht um die Frage, was
der ArbGeb nachzuweisen hat, wenn es aus Anlass des Übergangs in die ATZ-Arbeit zu einer (neuen)
Beschäftigung „auf dem freigemachten oder auf einem in diesem Zusammenhang durch Umsetzung frei
gewordenen Arbeitsplatz" kommt. Hier die Wiederbesetzung im Sinne einer Arbeitsplatzidentität oder
auch einer Arbeitsidentität zu verstehen, ginge an der Lebenswirklichkeit vorbei. Diese Auslegung
würde auch der Gesamttendenz des modernen Gesetzgebers des ATZ-Gesetzes zuwiderlaufen, mit einer mehrfach in der Gesetzesbegründung betonten Flexibilisierung der Arbeitsbedingungen zur Beschäftigungssicherung und Beschäftigungsförderung beizutragen. Weder wird eine Arbeitsplatz- oder
Aufgabenidentität verlangt, noch reicht eine generelle Arbeitszeitvolumenbetrachtung aus. Geboten
ist eine spezielle Arbeitsmittelkausalität. Nachzuweisen ist als zeitlicher und ursächlicher Zusammenhang zwischen Arbeitszeitverminderung und Neueinstellung, dass die frei gewordenen zeitbezogenen
Mittel, vor allem die neu verfügbare Arbeitszeit, die Beschäftigung des neuen Mitarbeiters ermöglichen.

§ 3 Abs. 1 Nr. 2 selbst geht nicht davon aus, dass es bei der Neueinstellung zu einer Arbeitsplatziden- 24
tität kommen muss. Denn es werden im selben Satz die Beschäftigung „auf dem freigemachten" oder

---
[1] Mindestnettobetrags-Verordnung nach § 15 Nr. 1 ATZG, MindestnettoVO 2003 v. 23.12.2002 (BGBl. I
S. 4648). |2 Ausf. dazu *Stindt*, DB 1996, 2281 ff.; vgl. auch *Andresen/Neise*, Rz. 534–542.

"auf einem in diesem Zusammenhang durch Umsetzung frei gewordenen Arbeitsplatz" genannt. Der Arbeitsplatzbegriff als solcher ist nicht konturenfest. Die §§ 81, 82 BetrVG zeigen, wie viele Faktoren einen Arbeitsplatz außer der Arbeitszeit bestimmen.

25 § 2 Abs. 1 Nr. 2 definiert nur die Reduzierung und den Umfang der Verminderung, aber nicht die Teilung. Die **Definition der Teilung** der Arbeitszeit findet sich in § 3 Abs. 1 Nr. 2. Das Ergebnis der Arbeitszeitverminderung ist die ATZ-Arbeit, das Ergebnis der Arbeitszeitteilung ist die Neueinstellung. Durch eine Arbeitszeitverminderung wird unmittelbar nur Arbeitszeit frei, schon logisch kein voller Arbeitsplatz. Für die Dominanz des Arbeitszeitfaktors bei der Lösung der Problematik spricht auch die Legaldefinition für „Arbeitsplatzteilung" im neuen § 13 Abs. 1 Satz 1 TzBfG; danach reicht, dass sich mehrere ArbN die Arbeitszeit an einem Arbeitsplatz teilen[1].

26 Das Gesetz selbst sagt nichts zum Nachweis der Teilung. Die BA geht in ihrem Dienstblatt-Runderlass inzwischen von einer **funktionsbereichsbezogenen Betrachtung** aus. Die Wiederbesetzung muss grundsätzlich beim gleichen ArbGeb erfolgen. Bei einem ArbGebWechsel im Verlauf der ATZ müssen ATZ-ArbN, Nachrücker und Wiederbesetzer zum neuen ArbGeb wechseln. Für die betriebliche Praxis ist diese Auslegung zu eng.

27 **Wiederbesetzung** des Arbeitsplatzes bedeutet nach der Weisungslage der BA[2], dass der konkrete, durch den ATZ-ArbN freigemachte Arbeitsplatz tatsächlich wiederbesetzt wird. Der Arbeitsplatz des ATZ-Mitarbeiters muss erhalten bleiben. Auf die konkrete Wiederbesetzung des Arbeitsplatzes des ATZ-ArbN wird nur bei ArbGeb mit bis zu 50 Beschäftigten und bei größeren ArbGeb mit abgrenzbaren Organisationsbereichen mit nicht mehr als 50 Beschäftigten verzichtet. Der Wiederbesetzer muss nicht in ein unbefristetes Beschäftigungsverhältnis übernommen werden.

28 Die Wiederbesetzung des durch den ATZ-ArbN freigemachten Arbeitsplatzes muss der ArbGeb nachweisen. Unproblematisch ist dieser Nachweis, wenn der zur Wiederbesetzung eingestellte Mitarbeiter **direkt** auf den freigemachten Arbeitsplatz des ATZ-Mitarbeiters einmündet.

29 Die Darstellung der **indirekten** Wiederbesetzung in größeren Einheiten kann durch die Bezugnahme auf **Funktionsbereiche** erleichtert werden, in die der Wiederbesetzer einmündet. Als Beispiele für die Bildung von Funktionsbereichen werden die Produktion, die Forschung und die Verwaltung eines Betriebes genannt. Eine weitere Untergliederung dieser Großfunktionsbereiche nach dem internen Betriebszweck der Funktionsbereiche ist möglich (zB Untergliederung des Funktionsbereiches Produktion bei einem PKW-Hersteller in Lackiererei, Lenkungsbau, Motorenbau, Karosseriebau etc.). Funktionsbereiche sind daher nicht immer mit einzelnen Betriebsorganisationen identisch. Sie gehen über die enge Betriebsorganisation – etwa Abteilungen – hinaus. Ein Funktionsbereich kann mehrere betriebsorganisatorische Bereiche umfassen. Voraussetzung ist, dass die aus dem internen Betriebszweck herleitbare Gemeinsamkeiten der Bereiche, die zu einem Funktionsbereich zusammengefasst werden, vorhanden sind. Funktionsbereiche können daher auch betriebsstättenübergreifend definiert werden. Eine einzelne Betriebsstätte selbst ist kein Funktionsbereich, da ein Funktionsbereich Teil einer oder mehrerer Betriebsstätten ist. Die Definition und Darstellung von Funktionsbereichen eröffnet für die betriebliche Praxis der Wiederbesetzung vielfältige Gestaltungsmöglichkeiten. Erfolgt die Wiederbesetzung des Arbeitsplatzes des ATZ-Mitarbeiters in einem Funktionsbereich, reicht es aus, dass in einem Funktionsbereich der Arbeitsplatz des ATZ-Mitarbeiters funktionsadäquat wiederbesetzt wird und in den Funktionsbereich ein arbeitslos gemeldeter ArbN oder ein Ausgebildeter einmündet. Auch eine funktionsbereichsübergreifende Wiederbesetzung beim selben ArbGeb ist möglich. In diesen Fällen muss jedoch der Wechsel eines Mitarbeiters von einem Funktionsbereich in den anderen Funktionsbereich (Kettenglied) nachgewiesen werden[3].

30 **ArbGeb mit bis zu 50 Beschäftigten**: Bei ArbGeb mit nicht mehr als 50 Beschäftigten muss der frei gewordene Arbeitsplatz des ATZ-Mitarbeiters nicht durch einen Nachrücker wiederbesetzt werden. Der Arbeitsplatz des ATZ-Mitarbeiters kann daher zB mit Beginn der Freizeitphase auch entfallen. Eine Förderung erfolgt schon dann, wenn ein Wiederbesetzer, der die Voraussetzungen erfüllt, eingestellt oder übernommen wird und entsprechend der durch den ATZ-Mitarbeiter freigemachten Arbeitszeit beschäftigt wird (§ 3 Abs. 1 Nr. 2a).

31 **Übertragung der 50er-Regelung auf größere Unternehmen**: Über den gesetzlichen Anwendungsbereich hinaus kann die 50er Regelung auch auf ArbGeb mit mehr als 50 Beschäftigten übertragen werden, wenn der in ATZ wechselnde Mitarbeiter in einem abgrenzbaren, eigenständigen Organisationsbereich bei diesem ArbGeb mit nicht mehr als 50 Beschäftigten beschäftigt ist. Von einer abgrenzbaren, eigenständigen Organisationseinheit kann dann ausgegangen werden, wenn die Organisationseinheit einen abgeschlossenen, eigenständigen Betriebszweck – auch Hilfszweck – verfolgt und wenn diese Organisationseinheit über eine eigene Leitung verfügt. Im DA[4] wird in diesem Zusammenhang auf die Weisungen zum Begriff der Betriebsabteilung im KugBereich (§ 171 SGB III) verwiesen.

---

1 Vgl. dazu auch *Rolfs*, Teilzeit- und Befristungsgesetz, 2000, S. 74. | 2 DA 3.1.3 ff. | 3 Kritisch zum Nachweis bei Wiederbesetzungsketten *Andresen/Kreßel*, Rz. 17 und *Andresen/Neise*, Rz. 534. | 4 § 3, 3.1.3 Abs. 10.

Leistungen § 4 ATZG

32 Für eine Förderung durch die BA reicht es bei ArbGeb mit nicht mehr als 50 Beschäftigten auch aus, dass ein **Auszubildender** aus Anlass des Überganges des Mitarbeiters in ATZ eingestellt wird (§ 3 Abs. 1 Nr. 2b). Mit der Berücksichtigung von ArbN nach Abschluss der Ausbildung gemäß § 3 Abs. 1 Nr. 2a hat der Gesetzgeber aus besonderem arbeitsmarktpolitischen Grund, nämlich der Verhinderung von Jugendarbeitslosigkeit nach Abschluss einer Ausbildung und indirekt der Förderung von zusätzlichen Ausbildungsplätzen, die gesetzliche Vermutung aufgestellt, dass der Personenkreis der Ausgebildeten, der aus Anlass des Übergangs in die ATZ-Arbeit eines ArbN eingestellt wird, immer zum förderungswürdigen Personenkreis gehört.

33 Bezüglich der Einstellungen sonst Arbl. bleibt es hingegen bei der Beurteilung durch die Arbeitsverwaltung.

34 Auch verblockte ATZ kann gefördert werden. Da allerdings erst mit Beginn der Freistellungsphase der Arbeitsplatz freigemacht wird, kann eine die Förderung auslösende Wiederbesetzung des Arbeitsplatzes erst mit Beginn der Freistellungsphase erfolgen.

35 Die Wiederbesetzung muss in einem **zeitlichen Umfang** erfolgen, in dem der ältere ArbN seinen Arbeitsplatz freigemacht hat. Das Gesamtvolumen der bisherigen Arbeitszeit muss also grundsätzlich erhalten bleiben. Die Anwendungspraxis der BA lässt geringfügige Abweichungen durch Über- oder Unterschreiten im Umfang von 10 % und Abrundungen zu. Beispiel bei Blockbildung: Bei einer bisherigen Arbeitszeit von 35 Stunden kann nicht nur um 3,5 Stunden (10 %) abgewichen werden, unschädlich ist auch die Abrundung um 0,5 Stunden, so dass die Wiederbesetzung bei einer Beschäftigung mit 31 Stunden wöchentlich anerkannt wird. Beispiel bei kontinuierlicher Arbeitszeitverteilung: Bisherige Arbeitszeit 35 Stunden, Reduzierung um die Hälfte auf 17,5, Abweichung um 1,75 (10 %) auf 15,75, zulässige Abrundung auf 15 Stunden wöchentlich. Die betriebliche Nutzung der Wiederbesetzung im zeitlichen Umfang wie dargestellt bietet ein zusätzliches Potenzial zur Personalkapazitätsanpassung über Arbeitszeitreduzierung in einem Umfang von ca. 15 %. In Anlehnung an den neuerdings tariflich ermöglichten arbeitsrechtlichen Arbeitszeitkorridor kann man hier von einem sozialrechtlichen Arbeitszeitkorridor sprechen.

36 § 3 Abs. 1 Nr. 3 zählt zu den Anspruchsvoraussetzungen der Leistungen nach § 4, nicht der ATZ, die Vermeidung einer arbeitgeberseitigen **Überforderung** durch übermäßige, vom Betrieb nicht zu verkraftende Inanspruchnahme von ATZ. Der ArbGeb soll tarifvertraglich eingeräumtem Anspruch frei entscheiden können, ob er einem ATZ-Vertrag noch zustimmt, wenn damit die 5 %-Grenze der Betriebsbelegschaft überschritten würde (Überforderungsklausel). Der ArbGeb soll vor finanzieller Überforderung geschützt werden[1].

37 Als Berechnungsgrundlage dient die Beschäftigtenzahl des Betriebs (nicht Unternehmens) im Durchschnitt der letzten zwölf Monate. Wenn kollektivrechtlich nicht anders geregelt, sind die Anspruchsteller in der zeitlichen Reihenfolge der Antragseingänge zu bedienen.

38 Ohne Anspruch hat der ArbGeb die Anträge nach **billigem Ermessen** zu behandeln. Die gesetzlich garantierte freie Entscheidungsmöglichkeit des ArbGeb geht als „gesetzliche Regelung" iSd. § 87 Abs. 1 Eingangssatz BetrVG dem MitbestR des BR bei der Arbeitszeit nach § 87 Abs. 1 BetrVG vor, ganz abgesehen davon, dass es sich im individuelle, nicht kollektive Regelungen handelt. Auch bei tariflichen Ansprüchen lösen freiwillige Vereinbarungen jenseits der 5 % Grenze kein MitbestR des BR aus, das zum gesetzlichen Vorrang nach § 87 Abs. 1 Eingangssatz BetrVG Gesagte gilt entsprechend[2]. Die Umwandlung eines bisherigen Vollzeitvertrags in einen ATZ-Vertrag löst auch kein MitbestR des Personalrats nach § 75 Abs. 1 Nr. 1 BPersVG aus, mitbestimmungspflichtig ist erst die Wiederbesetzung, zB mit einem bisher Arbl.[3]

39 In der Praxis hat die Überforderungsklausel zumindest in Großbetrieben die Erfüllung von ATZ-Anträgen nicht gebremst. Das Potenzial ist entweder nicht ausgeschöpft oder die Grenze wird willentlich überschritten. Angesichts der inzwischen ausformulierten Tarifregelungen und der aufgezeigten Vorteile auch für ArbGeb ist das nicht verwunderlich. Der gesetzliche Überforderungsschutz differenziert nicht nach Tarifgebundenheit der ArbN. Entscheidend ist die Zugehörigkeit zur Belegschaft[4].

4 Leistungen

(1) Die Bundesanstalt erstattet dem Arbeitgeber für längstens sechs Jahre

1. den Aufstockungsbetrag nach § 3 Abs. 1 Nr. 1 Buchstabe a in Höhe von 20 Prozent des für die *Altersteilzeitarbeit gezahlten Arbeitsentgelts*, jedoch mindestens den Betrag zwischen dem für die Altersteilzeitarbeit gezahlten Arbeitsentgelt und dem Mindestnettobetrag, und

2. den Betrag, der nach § 3 Abs. 1 Nr. 1 Buchstabe b in Höhe des Beitrags geleistet worden ist, der auf den Unterschiedsbetrag zwischen 90 vom Hundert des bisherigen Arbeitsentgelts im Sinne des § 6 Abs. 1 und dem Arbeitsentgelt für die Altersteilzeitarbeit entfällt.

---

1 BAG v. 18.9.2001 – 9 AZR 397/00, NZA 2002, 1161 ff.; zum Anspruch auf Altersteilzeitarbeit vgl. auch *Thüsing*, EWiR 2001, 935 f. | 2 So auch *Rittweger/Petri/Schweigert*, Rz. 71 | 3 BVerwG v. 12.6.2001 – 6 P 11/00, NZA 2001, 1091 f. | 4 BAG v. 18.9.2001 – 9 AZR 397/00, NZA 2002, 1161 ff.

ATZG § 4 Rz. 1   Leistungen

[Fassung des § 4 Abs. 1 ab 1.7.2004:]

(1) Die Bundesagentur erstattet dem Arbeitgeber für längstens sechs Jahre

1. den Aufstockungsbetrag nach § 3 Abs. 1 Nr. 1 Buchstabe a in Höhe von 20 vom Hundert des für die Altersteilzeitarbeit gezahlten Regelarbeitsentgelts und

2. den Betrag, der nach § 3 Abs. 1 Nr. 1 Buchstabe b in Höhe des Beitrags geleistet worden ist, der auf den Betrag entfällt, der sich aus 80 vom Hundert des Regelarbeitsentgelts für die Altersteilzeitarbeit ergibt, jedoch höchstens des auf den Unterschiedsbetrag zwischen 90 vom Hundert der monatlichen Beitragsbemessungsgrenze und dem Regelarbeitsentgelt entfallenden Beitrags.

(2) Bei Arbeitnehmern, die nach § 6 Abs. 1 Satz 1 Nr. 1 oder § 231 Abs. 1 und Abs. 2 des Sechsten Buches Sozialgesetzbuch von der Versicherungspflicht befreit sind, werden Leistungen nach Absatz 1 auch erbracht, wenn die Voraussetzung des § 3 Abs. 1 Nr. 1 Buchstabe b nicht erfüllt ist. Dem Betrag nach Absatz 1 Nr. 2 stehen in diesem Fall vergleichbare Aufwendungen des Arbeitgebers bis zur Höhe des Beitrags gleich, den die Bundesanstalt *[ab 1.7.2004: Bundesagentur]* nach Absatz 1 Nr. 2 zu tragen hätte, wenn der Arbeitnehmer nicht von der Versicherungspflicht befreit wäre.

1 Im Falle der **Förderung** durch die BA wird dem ArbGeb der gesetzlich erforderliche Aufstockungsbetrag zum Teilzeitentgelt (20 % vom Teilzeitbrutto mindestens 70% des bisherigen Nettoentgeltes aus der Mindestnettotabelle; § 4 Abs. 1 Nr. 1) und der Unterschiedsbetrag zur RV bis zu 90 % des bisherigen Arbeitsentgeltes vor Übergang in die ATZ für längstens sechs Jahre erstattet (§ 4 Abs. 1 Nr. 2 ATZG). Bei ATZ, die nach dem 30.6.2004 beginnt, wird wegen der Änderung der Berechnung der Aufstockungsleistungen auch die Höhe der durch die AA zu erstattenden Aufstockungsbeträge neu geregelt (siehe auch Vorb. Rz. 42).

2 Zahlt der ArbGeb auf Grund tarifvertraglicher Regelungen, einer BV oder auf Grund einer einzelvertraglichen Verpflichtung höhere Aufstockungsleistungen, so werden die den gesetzlich erforderlichen Aufstockungsbetrag übersteigenden Leistungen nicht erstattet.

3 Der Anspruch auf Förderung entsteht frühestens dann, wenn der Arbeitsplatz rechtswirksam mit einem arbeitslos gemeldeten ArbN, mit einem Ausgebildeten oder bei ArbGeb mit bis zu 50 Beschäftigten mit der tatsächlichen Beschäftigung eines Auszubildenden besetzt ist (§ 3 Abs. 2). Bei einem kontinuierlichen Arbeitszeitmodell entsteht der Anspruch demnach sofort nach erfolgter Wiederbesetzung. In einem Blockmodell kann die Wiederbesetzung des freigemachten oder frei gewordenen Arbeitsplatzes des ATZ-Mitarbeiters frühestens mit Beginn der Freizeitphase erfolgen, da erst im Zeitpunkt der Wiederbesetzung die Vorraussetzungen für eine Förderung der ATZ vorliegen (§ 3 Abs. 3).

4 Auch bei von der gesetzlichen RV befreiten ArbN werden im Förderfall Beitragszuschüsse des ArbGeb zu Gunsten des ArbN etwa an berufsständische Versorgungseinrichtungen maximal in der Höhe übernommen, in der zusätzliche Beiträge zur gesetzlichen RV bei entsprechender Versicherungspflicht vom ArbGeb zu entrichten wären (§ 4 Abs. 2).

Beispiel (Stand 2003):

Bisheriges Entgelt:	6.000,00 Euro
Teilzeitentgelt:	3.000,00 Euro
Zusätzliche Beiträge des Arbeitgebers an eine Versorgungseinrichtung:	500,00 Euro
Erstattung durch die Bundesanstalt:	**310,05 Euro**

(Im Falle der Versicherungspflicht zur gesetzlichen RV hätte der ArbGeb zusätzliche RV-Beiträge für den Unterschiedsbetrag von 90 % von 5.100 Euro = 4.590 Euro minus 3.000 Euro x 19,5 % zu erbringen).

5 *Erlöschen und Ruhen des Anspruchs*
(1) Der Anspruch auf die Leistungen nach § 4 erlischt

1. mit Ablauf des Kalendermonats, in dem der Arbeitnehmer die Altersteilzeitarbeit beendet oder das 65. Lebensjahr vollendet hat,

2. mit Ablauf des Kalendermonats vor dem Kalendermonat, für den der Arbeitnehmer eine Rente wegen Alters oder, wenn er von der Versicherungspflicht in der gesetzlichen Rentenversicherung befreit ist, eine vergleichbare Leistung einer Versicherungs- oder Versorgungseinrichtung oder eines Versicherungsunternehmens beanspruchen kann; dies gilt nicht für Renten, die vor dem für den Versicherten maßgebenden Rentenalter in Anspruch genommen werden können oder

3. mit Beginn des Kalendermonats, für den der Arbeitnehmer eine Rente wegen Alters, eine Knappschaftsausgleichsleistung, eine ähnliche Leistung öffentlich-rechtlicher Art oder, wenn er von der Versicherungspflicht in der gesetzlichen Rentenversicherung befreit ist, eine vergleichbare Leistung einer Versicherungs- oder Versorgungseinrichtung oder eines Versicherungsunternehmens bezieht.

(2) Der Anspruch auf die Leistungen besteht nicht, solange der Arbeitgeber auf dem freigemachten oder durch Umsetzung frei gewordenen Arbeitsplatz keinen Arbeitnehmer mehr beschäftigt, der bei Beginn der Beschäftigung die Voraussetzungen des § 3 Abs. 1 Nr. 2 erfüllt hat. Dies gilt nicht, wenn der Arbeitsplatz mit einem Arbeitnehmer, der diese Voraussetzungen erfüllt, innerhalb von drei Monaten erneut wiederbesetzt wird oder der Arbeitgeber insgesamt für vier Jahre die Leistungen erhalten hat.

(3) Der Anspruch auf die Leistungen ruht während der Zeit, in der der Arbeitnehmer neben seiner Altersteilzeitarbeit Beschäftigungen oder selbständige Tätigkeiten ausübt, die die Geringfügigkeitsgrenze des § 8 des Vierten Buches Sozialgesetzbuch überschreiten oder aufgrund solcher Beschäftigungen eine Entgeltersatzleistung erhält. Der Anspruch auf die Leistungen erlischt, wenn er mindestens 150 Kalendertage geruht hat. Mehrere Ruhenszeiträume sind zusammenzurechnen. Beschäftigungen oder selbständige Tätigkeiten bleiben unberücksichtigt, soweit der altersteilzeitarbeitende Arbeitnehmer sie bereits innerhalb der letzten fünf Jahre vor Beginn der Altersteilzeitarbeit ständig ausgeübt hat.

(4) Der Anspruch auf die Leistungen ruht während der Zeit, in der der Arbeitnehmer über die Altersteilzeitarbeit hinaus Mehrarbeit leistet, die den Umfang der Geringfügigkeitsgrenze des § 8 des Vierten Buches Sozialgesetzbuch überschreitet. Absatz 3 Satz 2 und 3 gilt entsprechend.

(5) § 48 Abs. 1 Nr. 3 des Zehnten Buches Sozialgesetzbuch findet keine Anwendung.

Der Anspruch auf Förderung **erlischt** immer dann, wenn das ATZ-Beschäftigungsverhältnis, sei es durch Fristablauf oder vorzeitig, beendet wird (§ 5 Abs. 1 Nr. 1). Auf den Grund für die Beendigung des ATZ-Arbeitsverhältnisses kommt es dabei nicht an. Von Gesetzes wegen erlischt der Anspruch auf Förderung mit Ablauf des Monats, in dem der ArbN das 65. Lebensjahr vollendet hat (§ 5 Abs. 1 Nr. 1). 1

Auch dann, wenn der ATZ-ArbN einen **Anspruch auf eine ungeminderte Altersrente** hat, erlischt der Anspruch auf Förderung selbst dann, wenn das ATZ-Arbeitsverhältnis weiter besteht, und die Höchstförderdauer noch nicht ausgeschöpft ist (§ 5 Abs. 1 Nr. 2 ATZG). Es empfiehlt sich daher, wenn eine Förderung des ATZ-Arbeitsverhältnisses von Seiten des ArbGeb beabsichtigt ist, die Dauer des ATZ-Arbeitsverhältnisses nicht über den Zeitpunkt hinaus zu vereinbaren, an dem der ArbN einen Anspruch auf eine ungeminderte Altersrente hat. Der Anspruch auf Förderung erlischt auch dann, wenn der ATZ-ArbN eine Rente oder eine Knappschaftsausgleichsleistung **tatsächlich bezieht** (§ 5 Abs. 1 Nr. 3). **Altersrenten**, die zum Erlöschen des Anspruches auf Förderung führen, sind: Die Regelaltersrente (§ 35 SGB VI), Altersrente für langjährig Versicherte (§§ 36, 236 SGB VI), Altersrente für schwerbehinderte Menschen (§§ 37, 236a SGB VI; Ausnahme siehe § 15e ATZG), Altersrente für langjährig unter Tage beschäftigte Bergleute (§ 40 SGB VI), Altersrente wegen Arbeitslosigkeit oder nach ATZ-Arbeit (§ 237 SGB VI) und die Altersrente für Frauen (§ 237a SGB VI). Darüber hinaus erlischt der Anspruch auf Förderung bei Zuerkennung einer Rente wegen voller Erwerbsminderung (§ 43 SGB VI). 2

Wenn der ATZ-Mitarbeiter von der Versicherungspflicht zur gesetzlichen RV befreit ist, erlischt der Anspruch auf Förderung mit Ablauf des Kalendermonats vor dem Kalendermonat, in dem der in ATZ beschäftigte Mitarbeiter einen Anspruch auf eine vergleichbare Leistungen einer Versicherungs-/Versorgungseinrichtung oder eines Versicherungsunternehmens hat (§ 5 Abs. 1 Nr. 3). 3

Ein Anspruch auf Förderleistungen besteht auch dann nicht, wenn der **Wiederbesetzer**, der die Förderung auslöst, nicht mehr beschäftigt wird (§ 5 Abs. 2). Wird der frei gewordene Arbeitsplatz innerhalb des Zeitraumes von 3 Monaten erneut besetzt, erfolgt die Förderung durchgehend auch für die Zeit, in der der Arbeitsplatz nicht entsprechend wiederbesetzt war. Für die Höchstförderdauer von sechs Jahren (§ 4 Abs. 1) ist es jedoch nicht erforderlich, dass der als Wiederbesetzer beschäftigte Mitarbeiter über die Gesamtförderdauer beschäftigt wird. Es reicht aus, dass der Wiederbesetzer für insgesamt vier Jahre beschäftigt wird (§ 5 Abs. 2 Satz 2). Die Beschäftigungsdauer des Wiederbesetzers von vier Jahren wird im Blockmodell schon nach zwei Jahren erfüllt. Dauert die vereinbarte ATZ weniger als vier Jahre, ist für das Auslösen der Förderung eine der ATZ-Vereinbarung entsprechende Wiederbesetzungsdauer erforderlich. 4

Der Anspruch auf Förderung **ruht**, wenn der ATZ-Mitarbeiter entweder eine mehr als geringfügige Tätigkeit bei einem anderen ArbGeb oder in mehr als geringfügigen Umfang Mehrarbeit iSd. § 8 SGB IV leistet. Das Gleiche gilt für die Ausübung einer (nicht bereits zuvor ausgeübten) selbständigen Tätigkeit, sobald diese die Geringfügigkeitsgrenze überschreitet (§ 5 Abs. 3 Satz 1). 5

Der Anspruch auf Förderung erlischt, wenn auf Grund mehr als geringfügiger **Mehrarbeit/Nebentätigkeit** der Anspruch auf Förderung mindestens 150 Kalendertage, die nicht zusammenhängen müssen, geruht hat (§ 5 Abs. 3 Satz 2). Unter Mehrarbeit versteht man nur die Zeiten, die nach den einschlägigen tarifrechtlichen Bestimmungen als Mehrarbeit definiert sind. Bereitschaftsdienst- und Rufbereitschaftsentgelte, etwa im öffentlichen Dienst, sind keine Mehrarbeit. Nur die im Rahmen der Bereitschaftsdienste tatsächlich geleisteten Arbeitsstunden stellt Mehrarbeit dar. Der Anspruch auf Förderung ruht bei der Überschreitung der Geringfügigkeitsgrenze an den Tagen, an denen die Mehrarbeit bzw. Nebentätigkeit zur Überschreitung der Geringfügigkeitsgrenze (Entgelt mehr als 400,00 Euro monatlich) führt. 6

7 Mehr als geringfügige Mehrarbeit führt dann nicht zum Ruhen des Anspruches auf Förderung, wenn sie nicht ausgezahlt wird und nicht in Freizeit ausgeglichen wird.

8 Die mehr als geringfügige Nebentätigkeit oder Mehrarbeit bringt nur den Anspruch auf Förderung zum Ruhen. Sie ändert an der sozialrechtlichen und steuerrechtlichen Bewertung des ATZ-Beschäftigungsverhältnisses nichts. Trotz der mehr als geringfügigen Nebentätigkeit oder Mehrarbeit liegt weiterhin ATZ im sozialversicherungsrechtlichen und steuerrechtlichen Sinne vor. Der Rentenzugang ist daher trotz einer Nebentätigkeit/Mehrarbeit oberhalb der Geringfügigkeitsgrenze nicht gefährdet[1].

9 Eine unselbständige oder selbständige Nebentätigkeit **oberhalb der Geringfügigkeitsgrenze** ist nur dann zugelassen, wenn der ATZ-Mitarbeiter diese innerhalb der letzten fünf Jahre vor Beginn der ATZ nicht nur gelegentlich sondern ständig ausgeübt hat (§ 5 Abs. 3 Satz 4). Es ist aber förderungsrechtlich nicht zulässig, die Nebentätigkeit während der ATZ auszudehnen. Mehrarbeit – auch ständige Mehrarbeit – **unterhalb der Geringfügigkeitsgrenze** ist nach den Weisungen der BA förderungsrechtlich unschädlich. Dies gilt in einem Blockmodell allerdings nur für die Dauer der Arbeitsphase[2].

10 Wurden für den Zeitraum des Ruhens oder Erlöschen des Förderanspruches, weil zB der ATZ-ArbN einer nicht umgehend angezeigten Nebenbeschäftigung nachgegangen ist, Förderleistungen erbracht, werden die an den ArbGeb schon gezahlten Förderleistungen von der BA nicht zurückgefordert (§ 5 Abs. 5). Kommt es zu einem Ruhen oder Erlöschen des Förderanspruches wird die Förderleistung mit **Wirkung für die Zukunft** und nicht vom Zeitpunkt der Änderung an aufgehoben (§ 5 Abs. 5).

6 Begriffsbestimmungen

(1) Bisheriges Arbeitsentgelt im Sinne dieses Gesetzes ist das Arbeitsentgelt, das der in Altersteilzeitarbeit beschäftigte Arbeitnehmer für eine Arbeitsleistung bei bisheriger wöchentlicher Arbeitszeit zu beanspruchen hätte, soweit es die Beitragsbemessungsgrenze des Dritten Buches Sozialgesetzbuch nicht überschreitet. § 134 Abs. 2 Nr. 1 des Dritten Buches Sozialgesetzbuch gilt entsprechend.

[Fassung des § 6 Abs. 1 ab 1.7.2004:]

(1) *Das Regelarbeitsentgelt für die Altersteilzeitarbeit im Sinne dieses Gesetzes ist das auf einen Monat entfallende vom Arbeitgeber regelmäßig zu zahlende sozialversicherungspflichtige Arbeitsentgelt, soweit es die Beitragsbemessungsgrenze des Dritten Buches Sozialgesetzbuch nicht überschreitet. Entgeltbestandteile, die nicht laufend gezahlt werden, sind nicht berücksichtigungsfähig.*

(2) Als bisherige wöchentliche Arbeitszeit ist die wöchentliche Arbeitszeit zu Grunde zu legen, die mit dem Arbeitnehmer vor dem Übergang in die Altersteilzeitarbeit vereinbart war. Zugrunde zu legen ist höchstens die Arbeitszeit, die im Durchschnitt der letzten 24 Monate vor dem Übergang in die Altersteilzeitarbeit vereinbart war. *Bei der Ermittlung der durchschnittlichen Arbeitszeit nach Satz 2 bleiben Arbeitszeiten, die die tarifliche regelmäßige wöchentliche Arbeitszeit überschritten haben, außer Betracht [Abs. 2 Satz 3 ist zum 1.7.2004 aufgehoben].* Die ermittelte durchschnittliche Arbeitszeit kann auf die nächste volle Stunde gerundet werden.

(3) *Als tarifliche regelmäßige wöchentliche Arbeitszeit ist zugrunde zu legen,*
1. *wenn ein Tarifvertrag eine wöchentliche Arbeitszeit nicht oder für Teile eines Jahres eine unterschiedliche wöchentliche Arbeitszeit vorsieht, die Arbeitszeit, die sich im Jahresdurchschnitt wöchentlich ergibt; wenn ein Tarifvertrag Ober- und Untergrenzen für die Arbeitszeit vorsieht, die Arbeitszeit, die sich für den Arbeitnehmer im Jahresdurchschnitt wöchentlich ergibt,*
2. *wenn eine tarifliche Arbeitszeit nicht besteht, die tarifliche Arbeitszeit für gleiche oder ähnliche Beschäftigungen, oder falls eine solche tarifliche Regelung nicht besteht, die für gleiche oder ähnliche Beschäftigungen übliche Arbeitszeit [Abs. 3 ist zum 1.7.2004 aufgehoben].*

1 § 6 definiert den Begriff des bisherigen Arbeitsentgeltes und der bisherigen Arbeitszeit. Die Definition des Begriffs der bisherigen Arbeitszeit wurde mit der Öffnung der ATZ für in Teilzeit beschäftigte ArbN durch das „Gesetz zur Fortentwicklung der Altersteilzeit" vom 20.12.1999[3] erforderlich. Für ATZ, die nach dem 30.6.2004 beginnen siehe Vorb. Rz. 31.

2 **Bisheriges Arbeitsentgelt** ist danach das beitragspflichtige Arbeitsentgelt, auf das der ArbN im jeweiligen Abrechnungszeitraum Anspruch hätte, wenn er seine Arbeitszeit im Rahmen der ATZ nicht reduziert hätte. Das bisherige Entgelt ist Ausgangspunkt für die Ermittlung des 70%igen Nettoentgeltes (§ 3 Abs. 1 Nr. 1 Buchst. a) aus der Mindestnettotabelle (§ 15 Nr. 1). Berücksichtigt wird das bisherige Entgelt aber nur insoweit, als es die monatliche BBG nicht übersteigt.

3 Nach den Weisungen der BA werden bei der Ermittlung des bisherigen Entgeltes alle Entgeltbestandteile berücksichtigt, auf die der ATZ-ArbN im konkreten Abrechnungsmonat tatsächlich Anspruch hat (konkrete Betrachtungsweise). Entfallen zB in einem Blockmodell in der Freistellungsphase Ent-

---

1 Rundschreiben der Spitzenverbände vom 6.9.2001, zu 2.1.1. | 2 DA zu § 5 ATZG 5.2 (2). | 3 BGBl. I S. 2494 f.

geltbestandteile – wie zB der Anspruch auf Urlaubsgeld – wird das Urlaubsgeld bei der Ermittlung des bisherigen Arbeitsentgeltes auch nicht berücksichtigt[1].

Bei **Ehegatten, Lebenspartnern und Verwandten** wird das Arbeitsentgelt nur dann zu Grunde gelegt, wenn es nicht höher als bei einem familienfremden Beschäftigten ist (§ 6 Abs. 1 Satz 2)[2]. 4

Bisherige Arbeitszeit, die im Rahmen der ATZ halbiert wird, ist zunächst die zuletzt vertraglich vereinbarte Arbeitszeit unmittelbar vor Übergang in die ATZ. Diese darf aber nicht höher sein, als die im Durchschnitt der letzten 24 Monate vor Übergang in die ATZ vereinbarte Arbeitszeit. Arbeitszeiten, die oberhalb der tariflichen regelmäßigen Arbeitszeit liegen, bleiben bei der Ermittlung des Durchschnittswertes außer Betracht. Zeiten der Nichtbeschäftigung (zB Freistellung von der Arbeit ohne Bezüge) verlängern den 24 Monatszeitraum nicht. 5

Der ermittelte Durchschnittswert kann auf die nächste volle Stunde gerundet werden. Um zu erreichen, dass von einer betrieblich umsetzbaren Arbeitszeit ausgegangen werden kann[3], ist eine Rundung sowohl nach unten als auch nach oben zulässig. Für ATZ, die nach dem 30.6.2004 beginnt siehe Vorb. Rz. 30. 6

Lassen TV Arbeitszeiten oberhalb der regelmäßigen tariflichen wöchentlichen Arbeitszeit innerhalb einer Quote zu (zB Metalltarifvertrag), so ist diese erhöhte Arbeitszeit vor Übergang in die ATZ zu halbieren, wenn die durch TV festgelegte Quote am entsprechenden Stichtag unmittelbar vor Übergang in die ATZ eingehalten wurde. Eine Durchschnittsberechnung erfolgt dann nicht. Ist die durch TV zugelassene Quote überschritten, ist bei höheren Arbeitszeiten als der regelmäßigen tariflichen wöchentlichen Arbeitszeit die regelmäßige tarifliche wöchentliche Arbeitszeit zu halbieren. 7

7 *Berechnungsvorschriften*

(1) Ein Arbeitgeber beschäftigt in der Regel nicht mehr als 50 Arbeitnehmer, wenn er in dem Kalenderjahr, das demjenigen, für das die Feststellung zu treffen ist, vorausgegangen ist, für einen Zeitraum von mindestens acht Kalendermonaten nicht mehr als 50 Arbeitnehmer beschäftigt hat. Hat das Unternehmen nicht während des ganzen nach Satz 1 maßgebenden Kalenderjahrs bestanden, so beschäftigt der Arbeitgeber in der Regel nicht mehr als 50 Arbeitnehmer, wenn er während des Zeitraums des Bestehens des Unternehmens in der überwiegenden Zahl der Kalendermonate nicht mehr als 50 Arbeitnehmer beschäftigt hat. Ist das Unternehmen im Laufe des Kalenderjahres errichtet worden, in dem die Feststellung nach Satz 1 zu treffen ist, so beschäftigt der Arbeitgeber in der Regel nicht mehr als 50 Arbeitnehmer, wenn nach der Art des Unternehmens anzunehmen ist, dass die Zahl der beschäftigten Arbeitnehmer während der überwiegenden Kalendermonate dieses Kalenderjahrs 50 nicht überschreiten wird.

(2) Für die Berechnung der Zahl der Arbeitnehmer nach § 3 Abs. 1 Nr. 3 ist der Durchschnitt der letzten zwölf Kalendermonate vor dem Beginn der Altersteilzeitarbeit des Arbeitnehmers maßgebend. Hat ein Betrieb noch nicht zwölf Monate bestanden, ist der Durchschnitt der Kalendermonate während des Zeitraums des Bestehens des Betriebes maßgebend.

(3) Bei der Feststellung der Zahl der beschäftigten Arbeitnehmer nach Absatz 1 und 2 bleiben schwerbehinderte Menschen und Gleichgestellte im Sinne des Neunten Buches Sozialgesetzbuch sowie Auszubildende außer Ansatz. Teilzeitbeschäftigte Arbeitnehmer mit einer regelmäßigen wöchentlichen Arbeitszeit von nicht mehr als 20 Stunden sind mit 0,5 und mit einer regelmäßigen wöchentlichen Arbeitszeit von nicht mehr als 30 Stunden mit 0,75 zu berücksichtigen.

[Neuer § 7 Abs. 4 ab 1.7.2004:]

(4) Bei der Ermittlung der Zahl der in Altersteilzeitarbeit beschäftigten Arbeitnehmer nach § 3 Abs. 1 Nr. 3 sind schwerbehinderte Menschen und Gleichgestellte im Sinne des Neunten Buches Sozialgesetzbuch zu berücksichtigen.

Die Berechnungsvorschrift des § 7 regelt die **Ermittlung der Beschäftigtenzahl** bei Wiederbesetzung des Arbeitsplatzes bei einem ArbGeb mit nicht mehr als 50 Beschäftigten oder in einer eigenständigen, abgrenzbaren Organisationseinheit mit nicht mehr als 50 ArbN (§ 3 Abs. 1 Nr. 2a und b). Beurteilungszeitraum ist das Kalenderjahr, das vor dem Jahr der Wiederbesetzung liegt (§ 7 Abs. 1 Satz 1). 1

Bei einem kontinuierlichen Arbeitszeitmodell ist dies das Jahr vor Übergang des Mitarbeiters in die ATZ. In einem Blockmodell ist dies das Jahr vor Beginn der Freistellungsphase und nicht schon das Jahr vor Übergang in die ATZ. 2

Bei der Ermittlung der Beschäftigtenzahl sind alle Beschäftigten zu berücksichtigen, unabhängig davon, ob sie sozialversicherungspflichtig sind. Nur schwerbehinderte Menschen und Gleichgestellte iSd. SGB IX sowie Auszubildende bleiben außer Betracht. 3

Teilzeitbeschäftigte werden anteilig berücksichtigt.

---

1 DA zu § 6 ATZG 6.1 (2). | 2 Einzelheiten dazu SGB aF §§ 129–139 Ziff. 4. | 3 BT-Drs. 495/99.

4 Stichtag für die Feststellung der Beschäftigtenzahl im Kalendermonat ist der 1. des Monats, wenn an diesem Tag in der Regel die höchste Beschäftigtenzahl des Kalendermonats erreicht wird[1].

8 *Arbeitsrechtliche Regelungen*

(1) Die Möglichkeit eines Arbeitnehmers zur Inanspruchnahme von Altersteilzeitarbeit gilt nicht als eine die Kündigung des Arbeitsverhältnisses durch den Arbeitgeber begründende Tatsache im Sinne des § 1 Abs. 2 Satz 1 des Kündigungsschutzgesetzes; sie kann auch nicht bei der sozialen Auswahl nach § 1 Abs. 3 Satz 1 des Kündigungsschutzgesetzes zum Nachteil des Arbeitnehmers berücksichtigt werden.

(2) Die Verpflichtung des Arbeitgebers zur Zahlung von Leistungen nach § 3 Abs. 1 Nr. 1 kann nicht für den Fall ausgeschlossen werden, dass der Anspruch des Arbeitgebers auf die Leistungen nach § 4 nicht besteht, weil die Voraussetzung des § 3 Abs. 1 Nr. 2 nicht vorliegt. Das Gleiche gilt für den Fall, dass der Arbeitgeber die Leistungen nur deshalb nicht erhält, weil er den Antrag nach § 12 nicht, nicht richtig, nicht vollständig oder nicht rechtzeitig gestellt hat oder seinen Mitwirkungspflichten nicht nachgekommen ist, ohne dass dafür eine Verletzung der Mitwirkungspflichten des Arbeitnehmers ursächlich war.

(3) Eine Vereinbarung zwischen Arbeitnehmer und Arbeitgeber über die Altersteilzeitarbeit, die die Beendigung des Arbeitsverhältnisses ohne Kündigung zu einem Zeitpunkt vorsieht, in dem der Arbeitnehmer Anspruch auf eine Rente nach Altersteilzeitarbeit hat, ist zulässig.

1 Der Kern der arbeitsrechtlichen Regelungen ist in § 2 Abs. 1 Nr. 2 (Legaldefinition ATZ-Arbeit) enthalten, § 8 enthält ergänzende arbeitsrechtliche Klarstellungen und Regelungen. Die geförderte ATZ, mithin die sozialrechtliche ATZ-Definition, ergibt sich erst aus der Gesamtschau der §§ 2 bis 5.

2 § 8 Abs. 1 stellt klar, dass die Möglichkeit zu einer Inanspruchnahme von ATZ **keinen Grund für eine** personenbedingte, verhaltensbedingte oder betriebsbedingte **Kündigung** gibt (§ 1 Abs. 2 Satz 1 KSchG)[2].

3 Die Möglichkeit in ATZ zu gehen, kann auch nicht durch **Änderungskündigung** erzwungen werden[3]. Der Gesetzgeber unterstreicht an dieser Stelle nochmals die Freiwilligkeit der ATZ-Vereinbarung.

4 Unbenommen bleibt dem ArbGeb in der Arbeitsphase des Blockmodells oder während der gesamten Dauer der kontinuierlichen ATZ-Arbeit die Kündigungsmöglichkeit aus allgemeinen Gründen.

5 Wie im Rahmen einer **sozialen Auswahl** bei betriebsbedingten Kündigungen zu entscheiden ist, insb. die Frage, ob teilzeitbeschäftigte ArbN vollzeitbeschäftigten ArbN vergleichbar sind, ist unter Berücksichtigung der Organisationsentscheidung des ArbGeb nach den gefestigten Grundsätzen zu § 1 Abs. 3 KSchG zu entscheiden. Es dürfte hier allerdings im Rahmen der Interessenabwägung von Gewicht sein, dass ein ATZ-ArbN mit dem freiwilligen Arbeitszeitverzicht bereits einen Beitrag zur Beschäftigungssicherung geleistet hat. Offen ist, ob die bisherige herrschende Meinung zum Vorrang der Organisationsentscheidung des ArbGeb weiter ohne Einschränkung gelten kann, nachdem das Teilzeit- und Befristungsgesetz den ArbN unter den dort genannten Voraussetzungen Ansprüche auf Durchsetzung der Verringerung der Arbeitszeit gewährt.

6 Noch weiter gehend kann der ArbN nach § 8 TzBfG auch noch die Feinverteilung seiner Arbeitszeit vorbestimmen bzw. mitbestimmen. § 9 TzBfG gewährt schließlich einen Anspruch auf Verlängerung der Arbeitszeit, dies allerdings unter den in der Vorschrift genannten Einschränkungen einschränkenden Bedingungen.

7 Seit BAG vom 5.12.2002[4] ist im Blockmodell eine Kündigung während der Freizeitphase nicht mehr möglich, wenn der ArbN bereits in der Arbeitsphase vorgeleistet hat. Zu Recht argumentiert *Rolfs*[5], dass es der Konstruktion eines Kündigungsverbotes aus § 242 BGB nicht bedarf, im Übrigen eine verhaltensbedingte Kündigung weiterhin möglich bleibt.

8 Für die Sicherung der Entgeltansprüche (Wertguthaben) im Blockmodell hatte der Gesetzgeber über die Regelung des § 7d SGB IV hinaus keine Regelungen getroffen. Mit der Neuregelung des ATZG durch das Dritte Gesetz für moderne Dienstleistungen am Arbeitsmarkt vom 23.12.2003 (BGBl. I S. 2910) wird mit dem neuen § 8a ATZG eine verbindliche Insolvenzsicherung von Wertguthaben bei ATZ im Blockmodell vorgeschrieben (siehe Vorb. Rz. 35 ff.)[6].

9 § 8 Abs. 2 verbietet vertragliche Vereinbarungen, in denen Aufstockungszahlungen davon abhängig gemacht werden, dass es zu einer Wiederbesetzung mit Erstattung der Aufstockungsbeträge in gesetzlichem Umfang kommt. Der Gesetzgeber will, dass das Risiko der Wiederbesetzung einschließlich der Dauer beim ArbGeb liegt. Nur dieser hat das Recht und die Verantwortung hinsichtlich des übernommenen ArbN.

10 Nicht versperrt ist der Weg zu Regelungen für den Fall, dass bei bereits gezahlten Aufstockungsbeträgen der ArbN, zB durch Eigenkündigung oder begründete ArbGebKündigung, die Ursache setzt, dass

---

[1] Näheres dazu im Merkblatt für Arbeitgeber 14b der BA und in *Nimscholz/Oppermann/Ostrowicz*, Altersteilzeit, S. 290. | [2] Vgl. BAG v. 2.4.1987 – 2 AZR 227/86, AP Nr. 1 zu § 612a BGB. | [3] *Stindt*, DB 1996, 2281. | [4] BAG v. 5.12.2002 – 2 AZR 571/01, zur Veröffentlichung vorgesehen. | [5] ErfK/*Rolfs*, § 8 ATZG Rz. 2; so auch *Nimscholz*, ZIP 2002, 1936, 1938. | [6] Mit der Gesamtthematik der Insolvenzsicherung befasst sich *Hanau*, ZIP 2002, 2028 ff.

die ATZ nicht mehr als förderungsfähig anerkannt wird[1]. Ob bzw. in welchem Umfang die Koppelung der Aufstockungsleistungen an Bedingungen zulässig ist, kann nur unter Heranziehung der einschlägigen tariflichen Regelungen entschieden werden, die wegen der unmittelbaren und zwingenden Wirkung des TV nach § 4 Abs. 1 TVG bzw. entsprechender BV nach § 77 BetrVG vorgehen.

Zulässig dürfte es sein, wegen der zwingenden gesetzlichen Regelung, die Grenzen der Nebentätigkeit einzuhalten, mit dem ArbN eine Erstattung des Schadens zu vereinbaren, der aus der Verletzung resultiert, so auch die Erstattung der Aufstockungsbeträge, die über den gesetzlichen Umfang hinausgehen[2]. **11**

Das Gesetz will den gleitenden Übergang vom Erwerbsleben in die Altersrente. Deshalb stellt § 8 Abs. 3 ausdrücklich klar, dass Vereinbarungen auf den Tag befristet werden können, an dem der ArbN die erstmaligen Voraussetzungen für den Bezug von Altersrente nach ATZ (§ 237 SGB VI) erfüllt, wobei die Voraussetzungen auch vorliegen, wenn der ArbN Abschläge von der gesetzlichen Rente wegen vorzeitiger Inanspruchnahme zu gewärtigen hat. Damit ist kraft gesetzlicher Spezialregelung zulässig, das rentenbezogene Ende des Arbeitsverhältnisses je nach Vereinbarung mehr als 2, 3, 6 oder 10 Jahre im Voraus festzulegen. § 8 Abs. 3 ist die Spezialregelung gegenüber § 41 SGB VI, die die Gültigkeit einer Befristungsregelung mit Bezug auf die Rentenbezugsmöglichkeit davon abhängig macht, dass diese innerhalb der drei Jahre vor dem Rentenbeginn schriftlich vereinbart bzw. bestätigt wird. **12**

Zulässig ist des Weiteren eine Vereinbarung, wonach das ATZ-Arbeitsverhältnis auf jeden Fall mit Vollendung des 65. Lebensjahres endet. **13**

§ 8 Abs. 3 geht als Spezialregelung im Übrigen auch § 14 TzBfG vor. **14**

Zum Zusammenhang der ATZ-ArbN-Eigenschaft und der **Wahlberechtigung und Wählbarkeit zum BR** bzw. Aufsichtsrat vgl. Kommentierung zu § 2. Hingewiesen wurde dort insb. auf die praxisgerechte Regelung, wenn ein Interesse an der weiteren Zugehörigkeit zu Organen besteht. Unabhängig von der wohl zu rigiden Haltung des BAG[3] bietet das geltende Recht genügend Anpassungsmöglichkeiten, um Situationen gerecht zu werden. **15**

[Neuer § 8a zum 1.7.2004:]

§ 8a Insolvenzsicherung

(1) Führt eine Vereinbarung über die Altersteilzeitarbeit im Sinne von § 2 Abs. 2 zum Aufbau eines Wertguthabens, das den Betrag des Dreifachen des Regelarbeitsentgelts nach § 6 Abs. 1 einschließlich des darauf entfallenden Arbeitgeberanteils am Gesamtsozialversicherungsbeitrag übersteigt, ist der Arbeitgeber verpflichtet, das Wertguthaben einschließlich des darauf entfallenden Arbeitgeberanteils am Gesamtsozialversicherungsbeitrag mit der ersten Gutschrift in geeigneter Weise gegen das Risiko seiner Zahlungsunfähigkeit abzusichern. Bilanzielle Rückstellungen sowie zwischen Konzernunternehmen (§ 18 des Aktiengesetzes) begründete Einstandspflichten, insbesonders Bürgschaften, Patronatserklärungen oder Schuldbeitritte, gelten nicht als geeignete Sicherungsmittel im Sinne des Satzes 1.

(2) Bei der Ermittlung der Höhe des zu sichernden Wertguthabens ist eine Anrechnung der Leistungen nach § 3 Abs. 1 Nr. 1 Buchstabe a und b und § 4 Abs. 2 sowie der Zahlungen des Arbeitgebers zur Übernahme der Beiträge im Sinne des § 187a des Sechsten Buches Sozialgesetzbuch unzulässig.

(3) Der Arbeitgeber hat dem Arbeitnehmer die zur Sicherung des Wertguthabens ergriffenen Maßnahmen mit der ersten Gutschrift und danach alle sechs Monate in Textform nachzuweisen. Die Betriebsparteien können eine andere gleichwertige Art und Form des Nachweises vereinbaren; Absatz 4 bleibt hiervon unberührt.

(4) Kommt der Arbeitgeber seiner Verpflichtung nach Absatz 3 nicht nach oder sind die nachgewiesenen Maßnahmen nicht geeignet und weist er auf schriftliche Aufforderung des Arbeitnehmers nicht innerhalb eines Monats eine geeignete Insolvenzsicherung des bestehenden Wertguthabens in Textform nach, kann der Arbeitnehmer verlangen, dass Sicherheit in Höhe des bestehenden Wertguthabens geleistet wird. Die Sicherheitsleistung kann nur erfolgen durch Stellung eines tauglichen Bürgen oder Hinterlegung von Geld oder solchen Wertpapieren, die nach § 234 Abs. 1 und 3 des Bürgerlichen Gesetzbuchs zur Sicherheitsleistung geeignet sind. Die Vorschriften der §§ 233, 234 Abs. 2, §§ 235 und 239 des Bürgerlichen Gesetzbuchs sind entsprechend anzuwenden.

(5) Vereinbarungen über den Insolvenzschutz, die zum Nachteil des in Altersteilzeitarbeit beschäftigten Arbeitnehmers von den Bestimmungen dieser Vorschrift abweichen, sind unwirksam.

(6) Die Absätze 1 bis 5 finden keine Anwendung gegenüber dem Bund, den Ländern, den Gemeinden, Körperschaften, Stiftungen und Anstalten des öffentlichen Rechts, über deren Vermögen die Eröffnung eines Insolvenzverfahrens nicht zulässig ist, sowie solchen juristischen Personen des öffentlichen Rechts, bei denen der Bund, ein Land oder eine Gemeinde kraft Gesetzes die Zahlungsfähigkeit sichert.

---

1 Beispiele finden sich bei *Diller*, NZA 1996, 847, 851 und *Bauer*, NZA 1997, 401, 405. | 2 In diesem Sinne auch *Reichling/Wolf*, NZA 1997, 422, 426; zweifelnd ErfK/*Rolfs*, § 8 ATZG Rz. 6. | 3 Vgl. dazu auch *Natzel*, NZA 1998, 1262, 1265.

9 Ausgleichskassen, gemeinsame Einrichtungen

(1) Werden die Leistungen nach § 3 Abs. 1 Nr. 1 aufgrund eines Tarifvertrages von einer Ausgleichskasse der Arbeitgeber erbracht oder dem Arbeitgeber erstattet, gewährt die Bundesanstalt *[ab 1.7.2004: Bundesagentur]* auf Antrag der Tarifvertragsparteien die Leistungen nach § 4 der Ausgleichskasse.

(2) Für gemeinsame Einrichtungen der Tarifvertragsparteien gilt Absatz 1 entsprechend.

10 Soziale Sicherung des Arbeitnehmers

(1) Beansprucht ein Arbeitnehmer, der Altersteilzeitarbeit (§ 2) geleistet hat und für den der Arbeitgeber Leistungen nach § 3 Abs. 1 Nr. 1 erbracht hat, Arbeitslosengeld, Arbeitslosenhilfe oder *Unterhaltsgeld [ab 1.7.2004: Arbeitslosengeld oder Arbeitslosenhilfe]*, erhöht sich das Bemessungsentgelt, das sich nach den Vorschriften des Dritten Buches Sozialgesetzbuch ergibt, bis zu dem Betrag, der als Bemessungsentgelt zugrunde zu legen wäre, wenn der Arbeitnehmer seine Arbeitszeit nicht im Rahmen der Altersteilzeit vermindert hätte. Kann der Arbeitnehmer eine Rente wegen Alters in Anspruch nehmen, ist von dem Tage an, an dem die Rente erstmals beansprucht werden kann, das Bemessungsentgelt maßgebend, das ohne die Erhöhung nach Satz 1 zugrunde zu legen gewesen wäre. Änderungsbescheide werden mit dem Tag wirksam, an dem die Altersrente erstmals beansprucht werden konnte.

(2) Bezieht ein Arbeitnehmer, für den die Bundesanstalt *[ab 1.7.2004: Bundesagentur]* Leistungen nach § 4 erbracht hat, Krankengeld, Versorgungskrankengeld, Verletztengeld oder Übergangsgeld und liegt der Bemessung dieser Leistungen ausschließlich die Altersteilzeit zugrunde oder bezieht der Arbeitnehmer Krankengeld von einem privaten Krankenversicherungsunternehmen, erbringt die Bundesanstalt *[ab 1.7.2004: Bundesagentur]* anstelle des Arbeitgebers die Leistungen nach § 3 Abs. 1 Nr. 1 in Höhe der Erstattungsleistungen nach § 4. *[Neuer Satz 2 ab 1.7.2004: Satz 1 gilt soweit und solange nicht, als Leistungen von § 3 Abs. 1 Nr. 1 vom Arbeitgeber erbracht werden.]* Durch die Leistungen darf der Höchstförderungszeitraum nach § 4 Abs. 1 nicht überschritten werden. § 5 Abs. 1 gilt entsprechend.

(3) Absatz 2 gilt entsprechend für Arbeitnehmer, die nur wegen Inanspruchnahme der Altersteilzeit nach § 2 Abs. 1 Nr. 1 und Nr. 2 des Zweiten Gesetzes über die Krankenversicherung der Landwirte versicherungspflichtig in der Krankenversicherung der Landwirte sind, soweit und solange ihnen Krankengeld gezahlt worden wäre, falls sie nicht Mitglied einer landwirtschaftlichen Krankenkasse geworden wären.

(4) Bezieht der Arbeitnehmer Kurzarbeitergeld oder Winterausfallgeld, gilt für die Berechnung der Leistungen des § 3 Abs. 1 Nr. 1 und des § 4 das Entgelt für die vereinbarte Arbeitszeit als Arbeitsentgelt für die Altersteilzeitarbeit.

(5) Sind für den Arbeitnehmer Aufstockungsbeträge zum Arbeitsentgelt und Beiträge zur gesetzlichen Rentenversicherung für den Unterschiedsbetrag zwischen dem Arbeitsentgelt für die Altersteilzeitarbeit und mindestens 90 vom Hundert des bisherigen Arbeitsentgelts nach § 3 Abs. 1 gezahlt worden, gilt in den Fällen der nicht zwecksprechenden Verwendung von Wertguthaben für die Berechnung der Beiträge zur gesetzlichen Rentenversicherung der Unterschiedsbetrag zwischen dem Betrag, den der Arbeitgeber der Berechnung der Beiträge nach § 3 Abs. 1 Nr. 1 Buchstabe b zu Grunde gelegt hat, und 100 vom Hundert des bis zu dem Zeitpunkt der nicht zwecksprechenden Verwendung erzielten bisherigen Arbeitsentgelts als beitragspflichtige Einnahme aus dem Wertguthaben; für die Beiträge zur Krankenversicherung, Pflegeversicherung oder nach dem Recht der Arbeitsförderung gilt § 23b Abs. 2 und 3 des Vierten Buches Sozialgesetzbuch. Im Falle der Zahlungsunfähigkeit des Arbeitgebers gilt Satz 1 entsprechend, soweit Beiträge gezahlt werden.

[Fassung des § 10 Abs. 5 ab 1.7.2004:]

Sind für den Arbeitnehmer Aufstockungsleistungen nach § 3 Abs. 1 Nr. 1 Buchstabe a und b gezahlt worden, gilt in den Fällen der nicht zwecksprechenden Verwendung von Wertguthaben für die Berechnung der Beiträge zur gesetzlichen Rentenversicherung der Unterschiedsbetrag zwischen dem Betrag, den der Arbeitgeber der Berechnung der Beiträge nach § 3 Abs. 1 Nr. 1 Buchstabe b zugrunde gelegt hat, und dem Doppelten des Regelarbeitsentgelts bis zum Zeitpunkt der nicht zwecksprechenden Verwendung, höchstens bis zur Beitragsbemessungsgrenze, als beitragspflichtige Einnahme aus dem Wertguthaben; für die Beiträge zur Krankenversicherung, Pflegeversicherung oder nach dem Recht der Arbeitsförderung gilt § 23b Abs. 2 und 3 des Vierten Buches Sozialgesetzbuch. Im Falle der Zahlungsunfähigkeit des Arbeitgebers gilt Satz 1 entsprechend, soweit Beiträge gezahlt werden.

1 Zur sozialen Sicherung des ATZ-ArbN, dessen ATZ-Beschäftigungsverhältnis vorzeitig vor Erreichen eines Anspruches auf eine gekürzte Altersrente endet, hat der Gesetzgeber eine **Sonderregelung für die Bemessung des Arbeitslosengeldes** eingeführt. Danach richtet sich die Höhe des Alg, solange der ATZ-Mitarbeiter noch keinen Anspruch auf eine Altersrente hat, nicht nach dem Entgelt für die ATZ-Arbeit sondern nach dem Entgelt, dass der ATZ-Mitarbeiter ohne Verminderung – also dem bisherigen Arbeitsentgelt – erzielt hätte (§ 10 Abs. 1 Satz 1). Sobald der ArbN während des Bezuges von Alg einen Anspruch auf eine auch gekürzte Altersrente erreicht hat, richtet sich die Höhe des Alg nur nach dem für die ATZ-Arbeit erzielten Entgelt (§ 10 Abs. 2 Satz 2). Gleiches gilt für die Bemessung der Alhi und des Unterhaltsgeldes.

Im Falle einer insolvenzbedingten vorzeitigen Beendigung des ATZ-Beschäftigungsverhältnisses bemisst sich das Alg in der Regel nicht nur bis zum frühestmöglichen Rentenzugang nach dem bisherigen Entgelt, sondern für die Gesamtdauer des Arbeitslosengeldanspruches, wenn die ATZ nicht länger als 3 Jahre vor dem Tag der Arbeitslosigkeit begonnen hat (§ 131 Abs. 2 Nr. 2 SGB III)[1]. 2

Anspruch auf Alg hat ein ATZ-ArbN, wenn alle Voraussetzungen für den Bezug von Alg (Arbeitslosigkeit, Arbeitslosmeldung und Erfüllung der Anwartschaftszeit) erfüllt sind bis zum vollendeten 65. Lebensjahr (§ 117 Abs. 2 SGB III) nicht nur für den Fall der vorzeitigen Beendigung des ATZ-Arbeitsverhältnisses sondern auch für den Fall des vertraglichen Ablaufes der ATZ, obwohl in diesem Fall der ATZ-Mitarbeiter einen Anspruch auf einen Rentenzugang erlangt hat. 3

Bei **Bezug von Entgeltersatzleistungen** (Krankengeld, Versorgungskrankengeld, Verletztengeld oder Übergangsgeld) tritt die BA im Förderfall nach Ablauf des Entgeltfortzahlungszeitraumes mit Beginn des Anspruches auf die Entgeltersatzleistung gem. § 10 Abs. 2 ATZG an die Stelle des ArbGeb und übernimmt die Aufstockungsleistungen zum Gehalt und die zusätzlichen RV-Beiträge in der gesetzlichen Höhe. Der ArbGeb kann allerdings während der Zeit des Bezuges der Entgeltersatzleistung die Aufstockungsleistungen zum Entgelt auch weiterzahlen und sich vom ArbN den Anspruch auf Erstattung abtreten lassen. Bei ATZ-Verhältnissen, die nach dem 30.6.2004 beginnen, kann der ArbGeb bei Krankheit des Mitarbeiters in ATZ außerhalb des Entgeltfortzahlungszeitraumes auch die zusätzlichen RV-Beiträge zahlen und im Förderfall sich von der AA erstatten lassen (siehe auch Vorb. Rz. 43). 4

Handelt es sich bei dem ArbN um einen privat Krankenversicherten mit einem Krankentagegeldanspruch in vergleichbarer Höhe zum Krankengeld, erfolgt eine Förderung in gleicher Weise, wenn der ArbN für die Zeit des Krankentagegeldbezuges eine Antragspflichtversicherung gem. § 4 Abs. 3 Satz 1 Nr. 2 SGB VI abgeschlossen hat. Der Abschluss einer Antragspflichtversicherung, deren Beiträge der ATZ-ArbN in voller Höhe selbst übernehmen muss, ist erforderlich, da im Gegensatz zum Krankengeldbezug eine RV-Pflicht bei privat krankenversicherten ArbN nach Ablauf des Entgeltfortzahlungszeitraumes nicht besteht[2]. 5

Im Nichtförderfall ist die Zeit einer Entgeltersatzleistung nur dann ATZ im rentenrechtlichen Sinne, wenn der Aufstockungsbetrag zum Entgelt **und** der zusätzliche RV-Beitrag vom ArbGeb weiter gezahlt wird[3]. 6

Während des Bezuges von Entgeltersatzleistungen in einem Blockmodell in der Arbeitsphase, in der die Aufstockungsbeträge und zusätzlichen RV-Beiträge gezahlt werden, wird kein Wertguthaben erarbeitet, so dass das außerhalb der Fehlzeiten erarbeitete Wertguthaben nicht ausreicht, die gesamte Freistellungsphase mit Arbeitsentgelt aus der Vorarbeit zu belegen. Von daher ist es erforderlich, im Vorfeld der ATZ zu klären, welche Auswirkungen die Fehlzeiten auf die ATZ haben. Fehlzeiten ohne Anspruch auf Entgeltzahlung haben nur während der Arbeitsphase Auswirkungen auf die ATZ. Fehlzeiten während einer Freistellungsphase in einem Blockmodell haben keine sozialrechtlichen Auswirkungen auf die ATZ, weil in diesen Fällen auf Grund der Vorarbeit in der Arbeitsphase ein Anspruch sowohl auf das Entgelt als auch auf den Aufstockungsbetrag zum Gehalt und die zusätzlichen RV-Beiträge aus dem Unterschiedsbetrag besteht. 7

Bei einem Bezug von **Kurzarbeitergeld** oder **Winterausfallgeld** wird die Höhe des vom ArbGeb allein zu zahlenden Aufstockungsbetrages und der zusätzlichen RV-Beiträge nicht aus dem Kurzlohn sondern aus dem ungekürzten Teilzeitentgelt ermittelt (§ 10 Abs. 4)[4]. 8

Für den Störfall (vorzeitige Beendigung des ATZ-Arbeitverhältnisses) in einem Blockmodell enthält § 10 Abs. 5 für die Berechnung der Beiträge zur RV aus dem Wertguthaben eine Sonderregelung gegenüber dem sonstigen in § 23b Abs. 2 und 3 SGB IV geregelten Beitragsverfahren[5]. 9

11 Mitwirkungspflichten des Arbeitnehmers

(1) Der Arbeitnehmer hat Änderungen der ihn betreffenden Verhältnisse, die für die Leistungen nach § 4 erheblich sind, dem Arbeitgeber unverzüglich mitzuteilen. Werden im Falle des § 9 die Leistungen von der Ausgleichskasse der Arbeitgeber oder der gemeinsamen Einrichtung der Tarifvertragsparteien erbracht, hat der Arbeitnehmer Änderungen nach Satz 1 diesen gegenüber unverzüglich mitzuteilen.

---

1 Näheres zu den Auswirkungen einer Insolvenz auf die Altersteilzeit BAG v. 5.12.2002 – 2 AZR 571/01, Pressemitteilung des BAG Nr. 88/02 v. 5.12.2002; *Nimscholz*, ZIP 2002, 1936 ff.; *Fischer*, Insolvenzsicherung für Altersteilzeit, Arbeitszeitkonten und Altersversorgung, Vermögensdeckung mit doppelseitiger Treuhand in der Praxis, DB 2001, Beilage Nr. 5, S. 21 ff.; *Hessling*, Finanzierung und Insolvenzsicherung von Arbeitszeitkonten, in: Betriebliche Altersversorgung im 21. Jahrhundert, FS für Wolfgang Förster, 2001, S. 405 ff. | 2 Rundschreiben der Spitzenverbände vom 6.9.2001, S. 55. | 3 Rundschreiben der Spitzenverbände vom 6.9.2001, S. 54, 85. | 4 Beispiel hierzu siehe Rundschreiben der Spitzenverbände vom 6.9.2001, S. 56. | 5 Näheres zur Verbeitragung im Störfall siehe Rundschreiben der Spitzenverbände vom 6.9.2001, S. 58 ff.; *Nimscholz/Oppermann/Ostrowicz*, Altersteilzeit, S. 239 ff.; *Debler*, NZA 2001, 1285 ff.; *Gussone/Voelzke*, S. 161 ff.; *Allary/Birgel/Olschewski/Waldhorst*, S. 71 ff.

(2) Der Arbeitnehmer hat der Bundesanstalt *[ab 1.7.2004: Bundesagentur]* die dem Arbeitgeber zu Unrecht gezahlten Leistungen zu erstatten, wenn der Arbeitnehmer die unrechtmäßige Zahlung dadurch bewirkt hat, dass er vorsätzlich oder grob fahrlässig

1. Angaben gemacht hat, die unrichtig oder unvollständig sind, oder

2. der Mitteilungspflicht nach Absatz 1 nicht nachgekommen ist.

Die zu erstattende Leistung ist durch schriftlichen Verwaltungsakt festzusetzen. Eine Erstattung durch den Arbeitgeber kommt insoweit nicht in Betracht.

1 Der ArbN hat alle Änderungen, die die Höhe der Leistung und deren Dauer beeinflussen können, dem ArbGeb bzw. der Ausgleichskasse/gemeinsamen Einrichtung der TV-Parteien unverzüglich anzuzeigen (§ 11 Abs. 1). Dies bezieht sich zB auf geänderte steuerrechtlich relevante Daten, aber auch auf Hinzuverdienste, die altersteilzeitschädlich sind. Der ArbGeb bestätigt mit dem Antrag auf Anerkennung der Voraussetzungen bzw. auf Vorabentscheidung, den in ATZ beschäftigten ArbN auf die Mitwirkungspflichten hingewiesen zu haben. Am besten wird eine entsprechende Klausel in den ATZ-Vertrag aufgenommen. Die Mitwirkungspflichten des ArbGeb als Empfänger der Leistungen nach dem ATZG ergeben sich aus den §§ 60 ff. SGB I. Gleiches gilt, wenn der ArbN Leistungen nach § 10 Abs. 2 unmittelbar von der BA erhält.

2 § 11 Abs. 2 Satz 1 bestimmt die **Voraussetzungen für eine Erstattungspflicht des ArbN**. Zwischen dem pflichtwidrigen Verhalten des ArbN und der unrechtmäßigen Leistungsgewährung an den ArbGeb muss ein adäquater Kausalzusammenhang bestehen. Leichte Fahrlässigkeit verpflichtet den ArbN nicht zur Erstattung der Leistung. Es gilt die Erfahrung: Je besser der Hinweis auf die Pflichten, desto größer die Chance der Regelbefolgung.

3 Wurden Leistungen nach § 10 Abs. 2 durch die BA unmittelbar an den ArbN zu Unrecht erbracht, finden die §§ 45, 48, 50 SGB X (und nicht § 11 Abs. 2) Anwendung.

4 Ist der ArbN seiner Anzeigepflicht nach § 11 Abs. 1 nachgekommen und hat der ArbGeb/die Ausgleichskasse versäumt, die sich hieraus ergebenden Verpflichtungen gegenüber der BA zu erfüllen, finden in Bezug auf den ArbGeb die §§ 45, 48, 50 SGB X Anwendung. Gleiches gilt, wenn der ArbGeb den ihm nach § 60 SGB I obliegenden Mitwirkungspflichten nicht nachkommt und deshalb Leistungen nach § 4 zu Unrecht gewährt werden.

12 *Verfahren*

(1) Das Arbeitsamt *[ab 1.7.2004: Die Agentur für Arbeit]* entscheidet auf schriftlichen Antrag des Arbeitgebers, ob die Voraussetzungen für die Erbringung von Leistungen nach § 4 vorliegen. Der Antrag wirkt vom Zeitpunkt des Vorliegens der Anspruchsvoraussetzungen, wenn er innerhalb von drei Monaten nach deren Vorliegen gestellt wird, andernfalls wirkt er vom Beginn des Monats der Antragstellung. In den Fällen des § 3 Abs. 3 kann das Arbeitsamt *[ab 1.7.2004: Die Agentur für Arbeit]* auch vorab entscheiden, ob die Voraussetzungen des § 2 vorliegen. Mit dem Antrag sind die Namen, Anschriften und Versicherungsnummern der Arbeitnehmer mitzuteilen, für die Leistungen beantragt werden. Zuständig ist das Arbeitsamt *[ab 1.7.2004: Die Agentur für Arbeit]*, in dessen *[ab dem 1.7.2004: deren]* Bezirk der Betrieb liegt, in dem der Arbeitnehmer beschäftigt ist. Die Bundesanstalt erklärt ein anderes Arbeitsamt *[ab 1.7.2004: Bundesagentur erklärt eine andere Agentur für Arbeit]* für zuständig, wenn der Arbeitgeber dafür ein berechtigtes Interesse glaubhaft macht.

(2) Leistungen nach § 4 werden nachträglich jeweils für den Kalendermonat ausgezahlt, in dem die Anspruchsvoraussetzungen vorgelegen haben, wenn sie innerhalb von sechs Monaten nach Ablauf dieses Kalendermonats beantragt werden. Leistungen nach § 10 Abs. 2 werden auf Antrag des Arbeitnehmers monatlich nachträglich ausgezahlt.

[Fassung des § 12 Abs. 2 ab 1.7.2004:]

(2) Die Höhe der Leistungen nach § 4 wird zu Beginn des Erstattungsverfahrens in monatlichen Festbeträgen für die gesamte Förderdauer festgelegt. Die monatlichen Festbeträge werden nur angepasst, wenn sich das berücksichtigungsfähige Regelarbeitsentgelt um mindestens 10 Euro verringert. Leistungen nach § 4 werden auf Antrag erbracht und nachträglich jeweils für den Kalendermonat ausgezahlt, in dem die Anspruchsvoraussetzungen vorgelegen haben. Leistungen nach § 10 Abs. 2 werden auf Antrag des Arbeitnehmers oder, im Falle einer Leistungserbringung des Arbeitgebers an den Arbeitnehmer gemäß § 10 Abs. 2 Satz 2, auf Antrag des Arbeitgebers monatlich nachträglich ausgezahlt.

(3) In den Fällen des § 3 Abs. 3 werden dem Arbeitgeber die Leistungen nach Absatz 1 erst von dem Zeitpunkt an ausgezahlt, in dem der Arbeitgeber auf dem freigemachten oder durch Umsetzung frei gewordenen Arbeitsplatz einen Arbeitnehmer beschäftigt, der bei Beginn der Beschäftigung die Voraussetzungen des § 3 Abs. 1 Nr. 2 erfüllt hat. Endet die Altersteilzeitarbeit in den Fällen des § 3 Abs. 3 *vorzeitig, erbringt das Arbeitsamt [ab 1.7.2004: die Agentur für Arbeit] dem Arbeitgeber die Leistungen für zurückliegende Zeiträume nach Satz 3, solange die Voraussetzungen des § 3 Abs. 1 Nr. 2 erfüllt sind und soweit dem Arbeitgeber entsprechende Aufwendungen für Aufstockungsleistungen nach § 3

Verfahren

Abs. 1 Nr. 1 und § 4 Abs. 2 verblieben sind. Die Leistungen für zurückliegende Zeiten werden zusammen mit den laufenden Leistungen jeweils in monatlichen Teilbeträgen ausgezahlt. Die Höhe der Leistungen für zurückliegende Zeiten bestimmt sich nach der Höhe der laufenden Leistungen.

(4) Über die Erbringung von Leistungen kann das Arbeitsamt *[ab 1.7.2004: Die Agentur für Arbeit]* vorläufig entscheiden, wenn die Voraussetzungen für den Anspruch mit hinreichender Wahrscheinlichkeit vorliegen und zu ihrer Feststellung voraussichtlich längere Zeit erforderlich ist. Aufgrund der vorläufigen Entscheidung erbrachte Leistungen sind auf die zustehende Leistung anzurechnen. Sie sind zu erstatten, soweit mit der abschließenden Entscheidung ein Anspruch nicht oder nur in geringer Höhe zuerkannt wird.

Das Antragsverfahren ist ein **zweistufiges Verfahren**. Die zuständige AA entscheidet zunächst über das Vorliegen der Fördervoraussetzungen auf Grund eines Anerkennungsantrages (§ 12 Abs. 1 Satz 1). Für die Erstattung der vom ArbGeb vorausgeleisteten Aufstockungsbeträge zum Entgelt und der zusätzlichen RV-Beiträge sind gesonderte Leistungsanträge erforderlich (§ 12 Abs. 1 Satz 2). 1

Der **Antrag auf Anerkennung** ist innerhalb von drei Monaten nach Vorliegen der Fördervoraussetzungen – erfolgter Wiederbesetzung – bei der zuständigen AA zu stellen, damit die Förderung vom Beginn der Wiederbesetzung nach Freimachung des Arbeitsplatzes erfolgen kann (§ 12 Abs. 1 Satz 2). Bei späterer Antragstellung beginnt die Förderung der ATZ erst vom Beginn des Monats der Antragstellung an (§ 12 Abs. 1 Satz 2). 2

Wird ATZ in einem Blockmodell durchgeführt, besteht die Möglichkeit, schon vor der Wiederbesetzung des Arbeitsplatzes des ATZ-Mitarbeiters einen Antrag auf Vorabentscheidung (Vordruck ATZG 1d) zu stellen, ob die Voraussetzungen für eine Förderung im Falle der Wiederbesetzung des Arbeitsplatzes vorliegen (§ 12 Abs. 1 Satz 3). 3

Wird der Arbeitsplatz mit Beginn der Freistellungsphase wiederbesetzt, ist noch ein Antrag auf Anerkennung der Fördervoraussetzungen (Antrag ATZG 1a) zu stellen, da erst mit diesem Antrag die Wiederbesetzungsvoraussetzungen dargestellt werden. 4

Zuständig für die Frage, ob eine Förderung in Betracht kommt, ist zunächst die AA, in deren Bezirk der Betrieb liegt, in dem der ATZ-ArbN beschäftigt ist. Hat ein ArbGeb mehrere Betriebsstätten, für die jeweils andere AA zuständig wären, kann eine AA sich auf seinen Wunsch hin für alle Grundentscheidungen für zuständig erklären, so dass die Beantragung der Förderfähigkeit auf eine AA konzentriert wird. Der ArbGeb muss allerdings ein berechtigtes Interesse an der Wahl einer bestimmten AA haben (§ 12 Abs. 1 Satz 6). 5

Die **Beantragung der Erstattung** der verauslagten Aufstockungsbeträge zum Entgelt und die zusätzlichen RV-Beiträge (Vordrucke ATZG 21 und ATZG 21a) müssen spätestens innerhalb von sechs Monaten nach Ablauf des entsprechenden Kalendermonats gestellt werden. Fällt das Ende des Monats auf einen Samstag, Sonntag oder einen gesetzlichen Feiertag, endet die Frist mit Ablauf des nächstfolgenden Werktages (§ 26 Abs. 3 SGB X). 6

Die Leistungen werden nachträglich jeweils für den Kalendermonat ausgezahlt, in dem die Anspruchsvoraussetzungen vorgelegen haben (§ 12 Abs. 2 Satz 1). Erstattet werden die gesetzlich erforderlichen Aufstockungsbeträge zum Entgelt und die zusätzlichen RV-Beiträge bis auf 90% des bisherigen Arbeitsentgeltes. Darüber hinaus vom ArbGeb erbrachte Leistungen werden nicht erstattet. 7

Im Blockmodell werden die Förderleistungen erst nach erfolgter Wiederbesetzung des freigemachten oder frei gewordenen Arbeitsplatzes ab Beginn der Freistellungsphase erbracht, da erst im Zeitpunkt der Wiederbesetzung die Voraussetzungen für eine Förderung der ATZ vorliegen (§ 12 Abs. 2 Satz 1). 8

Erstattet wird der gesetzlich erforderliche Aufstockungsbetrag zum Entgelt und die zusätzlichen RV-Beiträge bis auf 90% des bisherigen Arbeitsentgeltes für den laufenden Abrechnungsmonat in der Freistellungsphase. Dieser sich aus dem laufenden Abrechnungsmonat ergebende Betrag wird nach den Vorgaben des ATZ-Gesetzes (§ 12 Abs. 3 Satz 4) verdoppelt, soweit dem ArbGeb Aufwendungen für die Arbeitsphase entstanden sind. Waren die in der Arbeitsphase gezahlten Aufstockungsbeträge höher als die in der Freistellungsphase gezahlten Beträge, weil etwa der Dienstwagen in der Freistellungsphase nicht mehr zur Verfügung steht, erhält der ArbGeb von der BA auf Grund der gesetzlichen Regelung weniger als er tatsächlich aufgewandt hat. 9

Erhöht sich aber in der *Freistellungsphase* das Gehalt auf Grund einer Tariferhöhung und somit der vom ArbGeb zu zahlende Aufstockungsbetrag, wird dieser höhere Aufstockungsbetrag verdoppelt und erstattet, obwohl dem ArbGeb tatsächlich geringere Aufwendungen entstanden sind. 10

Endet die ATZ vorzeitig, und hat der ArbGeb den Arbeitsplatz schon rechtswirksam wiederbesetzt, oder besetzt er ihn nach der vorzeitigen Beendigung der ATZ in der Arbeitsphase, werden die ihm entstandenen Aufwendungen für zurückliegende Zeiträume, soweit sie im verblieben sind, erstattet (§ 12 Abs. 3 Satz 2). Die Dauer der Wiederbesetzung des Arbeitsplatzes muss dabei zeitlich zumindest dem Zeitraum entsprechen, für den Aufwendungsersatz beansprucht wird. Sieht die tarifvertragli- 11 che oder einzelvertragliche Vereinbarung der ATZ für den Fall der vorzeitigen Beendigung der ATZ etwa eine nachträgliche fiktive Umwandlung in ein Vollzeitbeschäftigungsverhältnis vor, und verbleiben dem ArbGeb keine Aufwendungen für Aufstockungsbeträge zum Entgelt und zusätzliche RV-Beiträge, kommt ein Aufwendungsersatz nicht in Betracht.

12 Hat die BA im Förderfall nach Ablauf des Entgeltfortzahlungszeitraumes mit Beginn des Anspruches auf Krankengeld die Aufstockungsleistungen übernommen (§ 10 Abs. 2), werden die Aufstockungsleistungen zum Entgelt auf Antrag des ArbN hin monatlich nachträglich ausgezahlt (§ 12 Abs. 2 Satz 2). In den Fällen, in denen der ArbGeb die Aufstockungsleistungen zum Gehalt während des Krankengeldbezuges weiter erbracht hat und sich die Ansprüche gegen die BA vom ArbN hat abtreten lassen (Vordruck ATZG 22), muss – trotz der Abtretung der Ansprüche des ArbN – die Antragstellung durch den ArbN selbst erfolgen. Dieser Antrag ist nicht fristgebunden und unterliegt somit nicht der Sechsmonatsfrist. Die Auszahlung erfolgt direkt an den ArbGeb. Zum Verfahren bei ATZ-Verhältnissen, die nach dem 30.6.2004 beginnen, siehe Vorb. Rz. 42 u. 43.

13 Im Nichtförderfall wird die Zeit des Krankengeldbezuges nur dann als ATZ im sozialversicherungsrechtlichen Sinne gewertet, wenn der ArbGeb für diesen Zeitraum sowohl die Aufstockungsleistungen zum Entgelt als auch die zusätzlichen RV-Beiträge übernimmt[1].

14 Wenn die Voraussetzungen für eine Förderung dem Grunde nach vorliegen (ATZ-Arbeitsverhältnis und Wiederbesetzung des Arbeitsplatzes), und eine unverzügliche Prüfung der vom ArbGeb eingereichten Abrechnungsliste nicht möglich ist, kann die AA auf Antrag des ArbGeb im Wege der vorläufigen Entscheidung die Förderleistungen auszahlen. Soweit Leistungen, die mit einer vorläufigen Entscheidung bewilligt wurden, zu Unrecht gewährt worden sind, sind die Leistungen vom ArbGeb zu erstatten (§ 12 Abs. 4).

13 Auskünfte und Prüfung
§ 304 Abs. 1, §§ 305, 306, 315 und 319 des Dritten Buches und das Zweite Kapitel des Zehnten Buches Sozialgesetzbuch gelten entsprechend.

1 Die Vorschrift regelt die **Prüfzuständigkeit** und die **Prüfrechte** der BA und die Auskunfts- und Mitwirkungspflichten der ArbGeb, der ATZ-ArbN und Dritter im Zusammenhang mit geförderter ATZ.

2 Danach haben die Mitarbeiter der AA das Recht, die Grundstücke und Geschäftsräume des ArbGeb während der Geschäftszeiten zu betreten und Einsicht in alle Unterlagen zu nehmen, aus denen sich Umfang, Art und Dauer des ATZ-Mitarbeiters ergeben (§ 304 Abs. 1 Satz 1 iVm. § 319 SGB III). ArbGeb und Dritte haben die Verpflichtung, an der Prüfung insb. durch Auskunftserteilung mitzuwirken (§ 306 Abs. 1 iVm. § 315 SGB III).

14 Bußgeldvorschriften
(1) Ordnungswidrig handelt, wer vorsätzlich oder fahrlässig

1. entgegen § 11 Abs. 1 oder als Arbeitgeber entgegen § 60 Abs. 1 Nr. 2 des Ersten Buches Sozialgesetzbuch eine Mitteilung nicht, nicht richtig, nicht vollständig oder nicht rechtzeitig macht,
2. entgegen § 13 in Verbindung mit § 319 des Dritten Buches Sozialgesetzbuch Einsicht nicht oder nicht rechtzeitig gewährt,
3. entgegen § 13 in Verbindung mit § 315 des Dritten Buches Sozialgesetzbuch eine Auskunft nicht, nicht richtig, nicht vollständig oder nicht rechtzeitig erteilt,
4. entgegen § 13 in Verbindung mit § 306 Abs. 1 Satz 1 oder 2 *[ab 1.7.2004: oder § 319]* des Dritten Buches Sozialgesetzbuch eine Prüfung oder das Betreten eines Grundstücks oder eines Geschäftsraumes nicht duldet oder bei der Ermittlung von Tatsachen nicht mitwirkt,
5. entgegen § 13 in Verbindung mit § 306 Abs. 2 Satz 1 des Dritten Buches Sozialgesetzbuch Daten nicht, nicht richtig, nicht vollständig, nicht in der vorgeschriebenen Weise oder nicht rechtzeitig zur Verfügung stellt.

(2) Die Ordnungswidrigkeit nach Absatz 1 Nr. 1 bis 4 kann mit einer Geldbuße bis zu fünfhundert Euro, die Ordnungswidrigkeit nach Absatz 1 Nr. 5 mit einer Geldbuße bis zu fünfundzwanzigtausend Euro geahndet werden.

(3) Verwaltungsbehörden im Sinne des § 36 Abs. 1 des Gesetzes über Ordnungswidrigkeiten sind die Arbeitsämter *[ab 1.7.2004: Agentur für Arbeit]*.

(4) Die Geldbußen fließen in die Kasse der Bundesanstalt *[ab 1.7.2004: Bundesagentur]*. § 66 des Zehnten Buches Sozialgesetzbuch gilt entsprechend.

---

[1] Näheres dazu siehe Rundschreiben der Spitzenverbände vom 6.9.2001 Ziff. 4.2 und 5.2; *Nimscholz/Oppermann/Ostrowicz*, Altersteilzeit, Kap. V und VIII S. 321.

(5) Die notwendigen Auslagen trägt abweichend von § 105 Abs. 2 des Gesetzes über Ordnungswidrigkeiten die Bundesanstalt *[ab 1.7.2004: Bundesagentur]*; diese ist auch ersatzpflichtig im Sinne des § 110 Abs. 4 des Gesetzes über Ordnungswidrigkeiten.

Die Verletzung der Auskunfts- und Mitwirkungspflichten stellt eine Ordnungswidrigkeit dar und ist mit Bußgeld bewehrt. Die Vorschrift bestimmt die einzelnen Bußgeldtatbestände (§ 14 Abs. 1), die Höhe des Bußgeldes (§ 14 Abs. 2) und die zuständige AA als Verwaltungsbehörde für die Durchführung des Ordnungswidrigkeitenverfahrens (§ 14 Abs. 3).   **1**

15 *Verordnungsermächtigung*

Das Bundesministerium für Arbeit und Sozialordnung kann durch Rechtsverordnung jeweils für ein Kalenderjahr

1. die Mindestnettobeträge nach § 3 Abs. 1 Nr. 1 Buchstabe a,
2. die Nettobeträge des Arbeitsentgelts für die Altersteilzeitarbeit

bestimmen. § 132 Abs. 3 und § 136 des Dritten Buches Sozialgesetzbuch gelten entsprechend. Der Kalendermonat ist mit 30 Tagen anzusetzen.

[Fassung des § 15 ab 1.7.2004:]

Das Bundesministerium für Wirtschaft und Arbeit kann durch Rechtsverordnung die Mindestnettobeträge nach § 3 Abs. 1 Nr. 1 Buchstabe a in der bis zum 30. Juni 2004 gültigen Fassung bestimmen. Die Vorschriften zum Leistungsentgelt des Dritten Buches Sozialgesetzbuch gelten entsprechend. Das bisherige Arbeitsentgelt im Sinne des § 6 Abs. 1 in der bis zum 30. Juni 2004 gültigen Fassung ist auf den Nächsten durch fünf teilbaren Euro-Betrag zu runden. Der Kalendermonat ist mit 30 Tagen anzusetzen.

Zur Erleichterung der Errechnung des gesetzlichen Aufstockungsbetrages zum Entgelt hat der Gesetzgeber dem Bundesministerium für Wirtschaft und Arbeit eingeräumt, in einer pauschalierten Tabelle zum einen den Mindestnettobetrag nach § 3 Abs. 1 Nr. 1 Buchst. a und zum anderen das Nettoentgelt aus der ATZ-Arbeit jeweils für ein Kalenderjahr pauschal durch Rechtsverordnung festzulegen.   **1**

Bisher legt der BMWA nur die Mindestnettobeträge nach § 3 Abs. 1 Nr. 1 Buchst. a fest. Von der mit dem „Zweiten Gesetz zur Fortentwicklung der Altersteilzeit" vom 27.6.2000[1] eingeführten Möglichkeit, auch ein pauschaliertes Nettoentgelt festzulegen (§ 15 Nr. 2), hat der BMWA bisher keinen Gebrauch gemacht.   **2**

Bei der jährlichen Festlegung der Mindestnettobeträgen (§ 15 Nr. 1) werden die bei ArbN gewöhnlich anfallenden Abzüge berücksichtigt. Hierzu zählen nach § 136 Abs. 2 SGB III die LSt, die Kirchensteuer nach dem im Vorjahr geltenden niedrigsten Kirchensteuer-Hebesatz, die Beiträge zur gesetzlichen Krankenversicherung, Pflegeversicherung, ArblV und RV mit jeweils dem halben Beitragssatz. Bei der Krankenversicherung wird dabei der zum 1. Juli des Vorjahres geltende Durchschnittsbeitragssatz berücksichtigt.   **3**

Steuer- und beitragsrechtliche Änderungen im laufenden Kalenderjahr (zB Beitragsänderungen in der gesetzlichen Renten-/Krankenversicherung) werden bei der Ermittlung der Mindestnettobeträge nicht berücksichtigt. Die Mindestnettotabelle wird generell durch die BBG begrenzt.   **4**

15a *Übergangsregelung nach dem Gesetz zur Reform der Arbeitsförderung*

Haben die Voraussetzungen für die Erbringung von Leistungen nach § 4 vor dem 1. April 1997 vorgelegen, erbringt die Bundesanstalt *[ab 1.7.2004: Bundesagentur]* die Leistungen nach § 4 auch dann, wenn die Voraussetzungen des § 2 Abs. 1 Nr. 2 und Abs. 2 Nr. 1 in der bis zum 31. März 1997 geltenden Fassung vorliegen.

Mit dem in Kraft treten des Arbeitsförderungsreformgesetzes[2] zum 1.4.1997 wurde das ATZG dahingehend geändert, dass im Rahmen der ATZ die reduzierte Arbeitszeit nicht mehr mindesten 18 Wochenstunden betragen muss sondern nur über der allgemeinen Geringfügigkeitsgrenze der SozV iSd. § 8 SGB IV liegen muss. Die Übergangsregelung stellte sicher, dass nicht alle vor dem 1.4.1997 umgesetzten ATZ-Verträge bezüglich der Arbeitszeit umgestellt werden mussten.   **1**

15b *Übergangsregelung nach dem Gesetz zur Reform der gesetzlichen Rentenversicherung*

Abweichend von § 5 Abs. 1 Nr. 2 erlischt der Anspruch auf die Leistungen nach § 4 nicht, wenn mit der Altersteilzeit vor dem 1. Juli 1998 begonnen worden ist und Anspruch auf eine ungeminderte Rente wegen Alters besteht, weil 45 Jahre mit Pflichtbeiträgen für eine versicherte Beschäftigung oder Tätigkeit vorliegen.

---

1 BGBl. I S. 910. |2 BGBl. I S. 594.

ATZG § 15b Rz. 1   Übergangsregelung

1   Das RRG 1999[1] eröffnet Versicherten, die vor dem 1.1.1942 geboren sind und 45 Jahre Pflichtbeitragszeiten in der gesetzlichen RV zurückgelegt haben, ab dem 1.1.1997 bzw. ab dem 1.1.2000 die Möglichkeit, vorzeitig eine ungeminderte Altersrente (Art. 1 Nr. 75 und 76, Art. 33 Abs. 9 und 13 RRG 1999) zu beanspruchen.

2   Die Übergangsregelung stellt sicher, dass der Förderanspruch nicht erlischt, wenn der ATZ-ArbN eine solche ungekürzte Rente in Anspruch nehmen könnte und die ATZ vor dem 1.7.1998 begonnen hat.

15c *Übergangsregelung nach dem Gesetz zur Fortentwicklung der Altersteilzeit*
Ist eine Vereinbarung über Altersteilzeitarbeit vor dem 1.1.2000 abgeschlossen worden, erbringt die Bundesanstalt *[ab 1.7.2004: Bundesagentur]* die Leistungen nach § 4 auch dann, wenn die Voraussetzungen des § 2 Abs. 1 Nr. 2 und 3 in der bis zum 1.1.2000 geltenden Fassung vorliegen.

1   Mit dem Gesetz zur Fortentwicklung der ATZ[2], das am 1.1.2000 in Kraft getreten ist, wurde die ATZ auch für Teilzeitbeschäftigte geöffnet. Die Übergangsregelung ist notwendig, damit die bestehenden ATZ-Verträge nicht an die neue Regelung der Arbeitszeit unmittelbar vor Übergang in die ATZ angepasst werden müssen.

15d *Übergangsregelung zum Zweiten Gesetz zur Fortentwicklung der Altersteilzeit*
Ist eine Vereinbarung über Altersteilzeitarbeit vor dem 1. Juli 2000 abgeschlossen worden, gelten § 5 Abs. 2 Satz 2 und § 6 Abs. 2 Satz 2 in der bis zum 1. Juli 2000 geltenden Fassung. Sollen bei einer Vereinbarung nach Satz 1 Leistungen nach § 4 für einen Zeitraum von länger als fünf Jahren beansprucht werden, gilt § 5 Abs. 2 Satz 2 in der ab dem 1. Juli 2000 geltenden Fassung.

1   Mit dem Zweiten Gesetz zur Fortentwicklung der ATZ vom 27.6.2002[3] wurde die Höchstförderdauer von fünf auf sechs Jahre erhöht. Im Gegenzug dazu muss der Wiederbesetzer nicht nur für drei sondern für vier Jahre beschäftigt werden, um die Höchstförderdauer zu erreichen. Mit der Übergangsregelung wird für vor dem 1.7.2000 abgeschlossene ATZ-Vereinbahrungen ein Wahlrecht eingeräumt, ob die neue Höchstförderdauer von sechs Jahren mit der Verpflichtung den Wiederbesetzer für vier Jahre oder die bis zum in Kraft treten des Gesetzes geltende Höchstförderdauer von fünf Jahren mit dreijähriger Wiederbesetzungspflicht gewünscht wird.

15e *Übergangsregelung nach dem Gesetz zur Reform der Renten wegen verminderter Erwerbsfähigkeit*
Abweichend von § 5 Abs. 1 Nr. 2 erlischt der Anspruch auf die Leistungen nach § 4 nicht, wenn mit der Altersteilzeit vor dem 17. November 2000 begonnen worden ist und Anspruch auf eine ungeminderte Rente wegen Alters besteht, weil die Voraussetzungen nach § 236a Satz 5 Nr. 1 des Sechsten Buches Sozialgesetzbuch vorliegen.

1   Durch das Gesetz zur Reform der Renten wegen Erwerbsfähigkeit vom 20.12.2000[4] wurde der Vertrauensschutz für schwerbehinderte Menschen neu gestaltet. Danach können schwerbehinderte Menschen mit vollendetem 60. Lebensjahr eine ungekürzte Rente in Anspruch nehmen, wenn sie bis zum 16.11.1950 geboren sind und am 16.11.2000 schwerbehindert, berufsunfähig oder erwerbsunfähig nach dem 31.12.2000 geltenden Recht waren. Die mit dem Altersvermögenergänzungsgesetz vom 21.3.2001[5] eingefügte Übergangsregelung stellt sicher, dass der Förderanspruch nicht erlischt, wenn der ATZ-ArbN eine ungekürzte Rente für schwerbehinderte Menschen in Anspruch nehmen könnte und die ATZ vor dem 17.7.2000 begonnen hat.

15f *Übergangsregelung nach dem Zweiten Gesetz für moderne Dienstleistungen am Arbeitsmarkt*
Wurde mit der Altersteilzeit vor dem 1. April 2003 begonnen, gelten Arbeitnehmer, die bis zu diesem Zeitpunkt in einer versicherungspflichtigen Beschäftigung nach dem Dritten Buch Sozialgesetzbuch gestanden haben, auch nach dem 1. April 2002 als versicherungspflichtig beschäftigt, wenn sie die bis zum 31. März 2003 geltenden Voraussetzungen für das Vorliegen einer versicherungspflichtigen Beschäftigung weiterhin erfüllen.

1   Die Übergangsregelung wurde durch die Änderung der Geringfügigkeitsgrenze des § 8 SGB IV durch das Zweite Gesetz für moderne Dienstleistungen am Arbeitsmarkt vom 23.12.2002[6] erforderlich.

2   Von dieser Übergangsregelung werden die Fälle erfasst, in denen das Teilzeitentgelt des ATZ-Ers zwischen der bis zum 31.3.2003 maßgeblichen Geringfügigkeitsgrenze von 325 Euro und der ab dem 1.4.2003

---

1 BGBl. I S. 2998. |2 BGBl. I S. 2494. |3 BGBl. I S. 910. |4 BGBl. I S. 1827. |5 BGBl. I S. 403.
|6 BGBl. I S. 4621.

geltenden neuen Geringfügigkeitsgrenze von 400 Euro liegt. Durch die Übergangsregelung wird sichergestellt, dass trotz der Anhebung der Geringfügigkeitsgrenze die sich in ATZ befindlichen ArbN auch weiterhin versicherungspflichtig iSd. SGB III (§ 2 Abs. 1 Nr. 1 ATZG) bleiben.

15g *[Neuer § 15g zum 1.7.2004:]*
Übergangsregelung zum Dritten Gesetz für moderne Dienstleistungen am Arbeitsmarkt
Wurde mit der Altersteilzeitarbeit vor dem 1. Juli 2004 begonnen, sind die Vorschriften in der bis zum 30. Juni 2004 geltenden Fassung mit Ausnahme des § 15 weiterhin anzuwenden. Auf Antrag des Arbeitgebers erbringt die Bundesagentur abweichend von Satz 1 Leistungen nach § 4 in der ab dem 1. Juli 2004 geltenden Fassung, wenn die hierfür ab dem 1. Juli 2004 maßgebenden Voraussetzungen erfüllt sind.

16 *Befristung der Förderungsfähigkeit*
Für die Zeit ab dem 1. Januar 2010 sind Leistungen nach § 4 nur noch zu erbringen, wenn die Voraussetzungen der §§ 2 und 3 Abs. 1 Nr. 2 erstmals vor diesem Zeitpunkt vorgelegen haben.

[Fassung des § 16 ab 1.7.2004:]
Für die Zeit ab dem 1. Januar 2010 sind Leistungen nach § 4 nur noch zu erbringen, wenn die Voraussetzungen des § 2 erstmals vor diesem Zeitpunkt vorgelegen haben.

Gefördert wird ATZ nach dem Gesetzeswortlaut, wenn die Wiederbesetzung des freigemachten Arbeitsplatzes bis zum 31.12.2009 erfolgt ist. Bei Wiederbesetzung nach dem 31.12.2009 wäre eine Förderung ausgeschlossen. 1

Die Weisungslage der BA geht allerdings davon aus, dass ATZ im Blockmodell auch dann noch gefördert werden kann, wenn der förderfähige Teil der ATZ (6-Jahres-Zeitraum) noch vor dem 1.1.2010 begonnen hat. 2

Ein Rentenzugang nach ATZ-Arbeit gem. § 237 SGB VI ist nur bis zum Jahrgang 1951 möglich, da ab 2012 der Rentenzugang wegen Arbeitslosigkeit oder ATZ-Arbeit entfällt (§ 237 Abs. 1 Nr. 1 SGB VI). 3

Gesetz zur Regelung der gewerbsmäßigen Arbeitnehmerüberlassung (Arbeitnehmerüberlassungsgesetz – AÜG)

in der Fassung der Bekanntmachung vom 3.2.1995 (BGBl. I S. 158),
zuletzt geändert durch Gesetz vom 23.4.2004 (BGBl. I S. 602)

Lit.: *Becker/Wulfgramm*, Kommentar zum Arbeitnehmerüberlassungsgesetz, 3. Aufl. 1985; *Böhm*, „Billig-Tarifverträge" in der Zeitarbeit – Wo genau liegt das Risiko?, DB 2003, 2598; *Boemke*, Arbeitnehmerüberlassungsgesetz, 2002; *Boemke*, Tariffähigkeit der Gewerkschaften im Bereich der Zeitarbeit, BB Heft 3/2004, S. I; *Boemke/Lembke*, Arbeitnehmerüberlassungsgesetz, Nachtrag, 2003; *Franßen/Haesen*, Arbeitnehmerüberlassungsgesetz, Loseblatt 1974; *Sandmann/Marschall*, Arbeitnehmerüberlassungsgesetz, Loseblatt, Stand: Juni 2003; *Schöne*, Erwiderung auf Böhm, DB 2003 S. 2598, DB 2004, 136; *Schubel/Engelbrecht*, Kommentar zum Gesetz über gewerbsmäßige Arbeitnehmerüberlassung, 1973; *Schüren*, Arbeitnehmerüberlassungsgesetz, 2. Aufl. 2003; *Ulber*, Arbeitnehmerüberlassungsgesetz, 2. Aufl. 2002.

1 *Erlaubnispflicht*

(1) Arbeitgeber, die als Verleiher Dritten (Entleihern) Arbeitnehmer (Leiharbeitnehmer) gewerbsmäßig zur Arbeitsleistung überlassen wollen, bedürfen der Erlaubnis. Die Abordnung von Arbeitnehmern zu einer zur Herstellung eines Werkes gebildeten Arbeitsgemeinschaft ist keine Arbeitnehmerüberlassung, wenn der Arbeitgeber Mitglied der Arbeitsgemeinschaft ist, für alle Mitglieder der Arbeitsgemeinschaft Tarifverträge desselben Wirtschaftszweiges gelten und alle Mitglieder auf Grund des Arbeitsgemeinschaftsvertrages zur selbständigen Erbringung von Vertragsleistungen verpflichtet sind. Für einen Arbeitgeber mit Geschäftssitz in einem anderen Mitgliedstaat des Europäischen Wirtschaftsraumes ist die Abordnung von Arbeitnehmern zu einer zur Herstellung eines Werkes gebildeten Arbeitsgemeinschaft auch dann keine Arbeitnehmerüberlassung, wenn für ihn deutsche Tarifverträge desselben Wirtschaftszweiges wie für die anderen Mitglieder der Arbeitsgemeinschaft nicht gelten, er aber die übrigen Voraussetzungen des Satzes 2 erfüllt.

(2) Werden Arbeitnehmer Dritten zur Arbeitsleistung überlassen und übernimmt der Überlassende nicht die üblichen Arbeitgeberpflichten oder das Arbeitgeberrisiko (§ 3 Abs. 1 Nr. 1 bis 3), so wird vermutet, dass der Überlassende Arbeitsvermittlung betreibt.

(3) Dieses Gesetz ist mit Ausnahme des § 1b Satz 1, des § 16 Abs. 1 Nr. 1b und Abs. 2 bis 5 sowie der §§ 17 und 18 nicht anzuwenden auf die Arbeitnehmerüberlassung

1. zwischen Arbeitgebern desselben Wirtschaftszweiges zur Vermeidung von Kurzarbeit oder Entlassungen, wenn ein für den Entleiher und Verleiher geltender Tarifvertrag dies vorsieht,

2. zwischen Konzernunternehmen im Sinne des § 18 des Aktiengesetzes, wenn der Arbeitnehmer seine Arbeit vorübergehend nicht bei seinem Arbeitgeber leistet, oder

3. in das Ausland, wenn der Leiharbeitnehmer in ein auf der Grundlage zwischenstaatlicher Vereinbarungen begründetes deutsch-ausländisches Gemeinschaftsunternehmen verliehen wird, an dem der Verleiher beteiligt ist.

1 **1. Regelungszweck und Regelungsmittel des Gesetzes.** Das AÜG bildet den rechtlichen Rahmen für die gewerbsmäßige AÜ. Es regelt deren zulässige Formen und bekämpft die illegalen Fälle der Überlassung von ArbN. Seine Bestimmungen sollen den arbeits- und sozialversicherungsrechtlichen Schutz der überlassenen ArbN sicherstellen. Bereits nach der Begründung des Regierungsentwurfes vom 15.6.1971 diente es dazu, bei der AÜ Verhältnisse herzustellen, die den Anforderungen des sozialen Rechtsstaats entsprechen und eine Ausbeutung der betroffenen ArbN ausschließen[1]. Dem Schutzbedürfnis der LeihArbN trägt das Gesetz Rechnung durch die Erlaubnispflicht für den Verleiher und die gesetzliche Fiktion eines Arbeitsverhältnisses zum Entleiher bei illegaler AÜ.

2 Allerdings trifft das Gesetz keine umfassende und abschließende Regelung der Rechtsbeziehungen im Rahmen der AÜ. Neben ausführlichen gewerberechtlichen Vorschriften enthält das Gesetz straf- und ordnungswidrigkeitenrechtliche Bestimmungen. Dagegen sind das Schuldrecht und das Arbeitsrecht nur auszugsweise und unsystematisch mit geregelt.

3 **2. Geltungsbereich des Gesetzes.** Der räumliche Geltungsbereich des Gesetzes ist nach dem Territorialprinzip auf das Gebiet der Bundesrepublik Deutschland beschränkt. Dazu gehören auch die unter *der Deutschen Bundesflagge* fahrenden Seeschiffe[2]. Ebenso gilt das Gesetz an Bord deutscher Luft-

---

1 BT-Drs. VI/2303, S. 9. | 2 BSG v. 29.6.1984 – 12 RK 38/82, BSGE 36, 276 = EzAÜG Nr. 31 zu § 10 AÜG – Fiktion.

Erlaubnispflicht Rz. 10 § 1 AÜG

fahrzeuge, die in die Luftfahrzeugrolle eingetragen sind. Auch ein Verleiher mit Geschäftssitz im Ausland benötigt eine Erlaubnis nach dem AÜG, wenn er in Deutschland, nach Deutschland hinein oder aus Deutschland heraus ArbN überlassen will. Diese Erlaubnispflicht steht nicht im Widerspruch zur gemeinschaftsrechtlichen Garantie des freien Dienstleistungsverkehrs gemäß den Art. 49, 50 EGV[1].

Der persönliche Geltungsbereich des Gesetzes beschränkt sich auf eine Rechtsbeziehung, an der ein ArbGeb als Verleiher, ein ArbN dieses Verleihers und ein Entleiher beteiligt sind. Nach seinem sachlichen Geltungsbereich betrifft das Gesetz nur die AÜ und nicht sonstige Formen eines drittbezogenen Personaleinsatzes. 4

3. Gewerbsmäßige AÜ (§ 1 Abs. 1 Satz 1). Nach der Legaldefinition in § 1 Abs. 1 liegt eine AÜ vor, wenn ein ArbGeb als Verleiher einem Dritten ArbN gewerbsmäßig zur Arbeitsleistung überlässt. Daher setzt die AÜ immer die Beteiligung von drei Rechtssubjekten voraus. Dabei handelt es sich neben dem Verleiher als ArbGeb um den LeihArbN und den Entleiher als Dritten. Ferner bedarf es einer Vereinbarung zwischen dem Verleiher und dem Entleiher, wonach der LeihArbN auf Grund der damit eingegangenen Verpflichtung seines ArbGeb bei dem Dritten zur Förderung von dessen Betriebszwecken tätig wird[2]. Allerdings ist der Einsatz eines ArbN der Muttergesellschaft bei einer Tochtergesellschaft keine AÜ im Sinne dieses Gesetzes, wenn die Tochtergesellschaft nicht über eine eigene Betriebsorganisation verfügt oder mit der Muttergesellschaft einen Gemeinschaftsbetrieb führt[3]. Der Einsatz eines ArbN in einer anderen Betriebsstätte des ArbGeb stellt bereits begrifflich keine AÜ dar, auch wenn diese Betriebsstätte an einem räumlich weit entfernten Ort oder im Ausland liegt[4]. Dagegen fällt die Überlassung von ArbN zwischen rechtlich selbständigen Unternehmen eines Konzerns unter das AÜG. Für die Anwendung des AÜG ist es unbeachtlich, ob zwischen Entleiher und Verleiher familienrechtliche Beziehungen bestehen[5]. 5

Die AÜ ist nur ein **Unterfall des drittbezogenen Personaleinsatzes**. Nach welchen Grundsätzen die AÜ von den übrigen Formen des drittbezogenen Personaleinsatzes abzugrenzen ist, regelt das AÜG selbst nicht. Tatsächlich kann die Arbeit im Rahmen eines drittbezogenen Personaleinsatzes jedoch beruhen auf einem Werkvertrag, einem Dienstvertrag, einem Geschäftsbesorgungsvertrag, einem Dienstverschaffungsvertrag oder einer Arbeitvermittlung. Zur Abgrenzung davon müssen für eine gewerbsmäßige AÜ iSd. § 1 Abs. 1 Satz 1 folgende Voraussetzungen erfüllt sein: 6

- Arbeitsverhältnis zwischen einem ArbGeb und einem ArbN (Leiharbeitsvertrag),
- vertragliche Beziehungen zwischen dem ArbGeb und einem Dritten, auf deren Grundlage der LeihArbN dem Dritten zur Arbeitsleistung überlassen wird (AÜ-Vertrag),
- tatsächliche Erbringung der Arbeitsleistung durch den ArbN bei dem Dritten,
- Gewerbsmäßigkeit der Überlassung,
- keine Arbeitsvermittlung.

a) Der Leiharbeitsvertrag. Der Leiharbeitsvertrag regelt die Bedingungen, unter denen der ArbN abweichend von § 613 Satz 2 BGB seine Arbeitsleistung bei einem Dritten zu erbringen hat. Die Begriffe des ArbN als LeihArbN und des ArbGeb als Verleiher nach dem AÜG entsprechen denen des Arbeitsrechts. Das Vorliegen eines **Arbeitsverhältnisses** ist auch für den Bereich der AÜ nach den allgemeinen Grundsätzen des Arbeitsrechts zu beurteilen. Danach ist ArbN, wer aufgrund eines privatrechtlichen Vertrags einem anderen gegenüber verpflichtet ist, eine fremdbestimmte, abhängige und weisungsgebundene Tätigkeit auszuüben[6]. 7

Beamte, Soldaten, Richter oder Strafgefangene, die in einem öffentlich-rechtlichen Dienst- oder Treueverhältnis stehen, kommen für eine AÜ von vornherein nicht in Betracht. Auszubildenden dürfen nach den Vorschriften des BBiG nur Verrichtungen übertragen werden, die dem Ausbildungszweck dienen. 8

Das Wesen der AÜ besteht aber gerade in der Überlassung von Personen zum Zweck der Arbeitsleistungen nach Weisung des Entleihers und damit gerade nicht zu Ausbildungszwecken. Auch die Durchführung der einem öffentlichen Träger obliegenden Jugendhilfemaßnahmen durch einen bei einem freien Träger angestellten ArbN ist jedenfalls dann nicht an den Vorschriften des AÜG zu messen, wenn sich das Zusammenwirken beider Träger auf der Grundlage der Spezialregelungen des SGB VII vollzieht[7]. Ob überlassene Personen als ArbN zu qualifizieren sind, richtet sich nicht nach der Auffassung oder der Bezeichnung der Vertragsparteien, sondern anhand objektiver Kriterien nach den tatsächlichen Verhältnissen[8]. 9

Freie Mitarbeiter sind mangels persönlicher Abhängigkeit und Weisungsgebundenheit gegenüber ihrem Auftraggeber keine ArbN. Als Selbständige können sie nicht einem anderen zur Arbeitsleistung überlassen werden. Auch Heimarbeiter und Hausgewerbetreibende können nicht einem Entleiher zur 10

---

1 EuGH v. 17.12.1981 – Rs. 279/80, EzAÜG EGV Nr. 1 = NJW 1982, 1203; krit. *Kienle/Koch*, DB 2001, 922. | 2 BAG v. 26.4.1995 – 7 AZR 850/94, AP Nr. 19 zu § 1 AÜG = DB 1995, 2427. | 3 BAG v. 3.12.1997 – 7 AZR 764/96, AP Nr. 24 zu § 1 AÜG = DB 1998, 1520. | 4 *Boewer*, DB 1982, 2033. | 5 BGH v. 10.7.1973 – VI ZR 66/72, NJW 1973, 2020. | 6 St. Rspr., BAG v. 10.4.1991 – 4 AZR 467/90, AP Nr. 54 zu § 611 BGB – Abhängigkeit. | 7 BAG v. 11.6.1997 – 7 AZR 487/96, BAGE 86, 113 = AP Nr. 1 zu § 2 SGB VII. | 8 BAG v. 22.6.1994 – 7 AZR 506/93, EzAÜG Nr. 4 zu § 13 AÜG.

weisungsabhängigen Arbeitsleistung überlassen werden. Ebenso wenig ist ArbN, wer aufgrund einer mitgliedschaftlichen Verpflichtung seine Arbeitsleistung zu erbringen hat. Das gilt für Mitglieder einer Produktionsgenossenschaft im Rahmen ihrer genossenschaftlichen Verpflichtung, für Vereinsmitglieder aufgrund ihrer Vereinszugehörigkeit, für die Mitarbeit eines Gesellschafters aufgrund des Gesellschaftsvertrags sowie für Mitglieder von Orden und Schwesternschaften, die ausschließlich aufgrund ihrer persönlichen Zugehörigkeit zum Orden oder zur Schwesternschaft tätig werden. Soweit diese aufgrund eines Gestellungsvertrags in Krankenhäusern oder anderen Einrichtungen Pflegeleistungen erbringen, handelt es sich nicht um AÜ im Sinne dieses Gesetzes[1].

11 Allerdings kann die Anwendung des AÜG nicht dadurch umgangen werden, dass eine Beschäftigungsgesellschaft in Form eines eingetragenen Vereins oder mit Hilfe von Gesellschaftern gegründet wird, deren einzige Einlage ihre Arbeitkraft ist. In diesen Fällen sind die Vereinsmitglieder und Gesellschafter als ArbN iSd. AÜG anzusehen[2]. In dem Leiharbeitsvertrag zwischen dem ArbN und dem ArbGeb werden die Voraussetzungen und Bedingungen vereinbart, unter denen der ArbN abweichend von § 613 Satz 2 BGB seine Arbeitsleistung nicht beim ArbGeb als seinem Vertragspartner, sondern bei einem Dritten zu erbringen hat.

12 **b) Der ArbN-Überlassungsvertrag.** Als weitere Voraussetzung für die gewerbsmäßige AÜ muss eine **vertragliche Beziehung zwischen dem ArbGeb und einem Dritten** bestehen, auf dessen Grundlage der LeihArbN dem Dritten zur Arbeitsleistung überlassen wird. Nach dem Wortlaut des Gesetzes reicht dafür allein das Tätigwerden des ArbN in einem fremden Betrieb nicht aus. Insbesondere liegt ein Überlassen des ArbN nach der Gesetzesbegründung nicht vor, wenn der ArbN aufgrund eines Werkvertrags seines ArbGeb als dessen Erfüllungsgehilfe in einem Drittunternehmen tätig wird[3].

13 Andere erlaubnisfreie Formen des drittbezogenen Personaleinsatzes können beruhen auf Dienstverträgen, Dienstverschaffungsverträgen oder Geschäftsbesorgungsverträgen. Für deren Abgrenzung von einer erlaubnispflichtigen AÜ kommt es entscheidend darauf an, ob der ArbN in den Betrieb des Dritten eingegliedert ist und den Weisungen des Dritten unterliegt[4].

14 Maßgeblich ist der objektive Geschäftsinhalt der zwischen den Beteiligten vereinbarten Verträge. Er lässt sich sowohl anhand der schriftlichen Vereinbarungen der Vertragspartner als auch anhand der praktischen Durchführung der Verträge ermitteln[5]. Widersprechen sich Vereinbarung und Durchführung, ist die tatsächliche Vertragsdurchführung für die Feststellung des Geschäftsinhalts maßgebend.

15 Dabei bedarf es einer umfassenden Würdigung sämtlicher Umstände des Einzelfalls. So kann es darauf ankommen, wem die Aufsicht über die ArbN obliegt, ob das Werkzeug und Material durch den Entleiher gestellt wird und ob der Verleiher nach seiner materiellen Ausstattung in der Lage ist, andere Geschäftszwecke als die AÜ zu verfolgen[6].

16 In der Theorie lassen sich **Werkvertrag** und AÜ-Vertrag rechtlich leicht voneinander abgrenzen. Bei der AÜ werden ArbN einem Dritten zur Arbeitsleistung zur Verfügung gestellt. Bei einem Werkvertrag verpflichtet sich der Unternehmer gegenüber dem Besteller zur Herstellung eines individuellen Werkes. Schwierig wird die Abgrenzung dadurch, dass auch ein durch Arbeits- oder Dienstleistung herbeigeführter Erfolg gemäß § 631 Abs. 2 BGB Gegenstand eines Werkvertrags sein kann.

17 Wichtiges Merkmal der AÜ ist die **arbeitsbezogene Weisungsbefugnis des Entleihers** gegenüber den ihm zum Arbeitseinsatz überlassenen ArbN. Denn der Entleiher als Empfänger der Arbeitsleistung hat einen unmittelbar gegen den ArbN des Verleihers gerichteten Anspruch auf Erbringung der Arbeitsleistung. Damit ist seine Befugnis verknüpft, im Wege des Direktionsrechts die vom ArbN geschuldete Leistung gemäß § 315 BGB zu konkretisieren. Demgegenüber beschränkt sich die Pflicht des Verleihers darauf, arbeitsbereite und arbeitsfähige ArbN zur Verfügung zu stellen. Er haftet nur für ein Verschulden bei der Auswahl der verliehenen ArbN. Um den Arbeitseinsatz der ihm überlassenen LeihArbN selbständig organisieren und diese gewinnbringend im eigenen Betrieb einsetzen zu können, steht dem Entleiher ein arbeitsbezogenes Weisungsrecht zu[7].

18 Dagegen organisiert ein Werkunternehmer den Arbeitseinsatz seiner ArbN in eigener Verantwortung. Die zur Ausführung des Werkvertrags eingesetzten ArbN unterliegen der **arbeitsrechtlichen Weisung des Werkunternehmers** und sind dessen Erfüllungsgehilfen gemäß § 278 BGB[8]. Allerdings ist der Besteller im Rahmen eines Werkvertrags gemäß § 645 Abs. 1 Satz 1 Alt. 2 BGB berechtigt, Anweisungen hinsichtlich der Modalitäten bei der Ausführung des von ihm in Auftrag gegebenen Werks zu erteilen. Dieses Recht besteht an sich nur gegenüber dem Werkunternehmer als Vertragspartner, kann beim Einsatz

---

1 BAG v. 6.7.1995 – 5 AZB 9/93, NZA 1996, 33; v. 4.7.1979 – 5 AZR 8/78, BAGE 32, 47 = AP Nr. 10 zu § 611 BGB – Rotes Kreuz. |2 LAG Hess. v. 13.7.1998 – 10 Sa 1791/97, nv. |3 BT-Drs. VI/2303, S. 10. |4 BAG v. 25.10.2000 – 7 AZR 487/99, AP Nr. 15 zu § 10 AÜG = EzAÜG Nr. 11 zu § 1 AÜG – Konzerninterne Arbeitnehmerüberlassung = EzA Nr. 10 zu § 10 AÜG m. Anm. *Hamann* = DB 2001, 767 = RdA 2002, 107 m. Anm. *Schüren/ Behrend*. |5 BAG v. 22.6.1994 – 7 AZR 506/93, EzAÜG Nr. 4 zu § 13 AÜG. |6 BAG v. 15.6.1983 – 5 AZR 111/81, AP Nr. 5 zu § 10 AÜG = DB 1983, 2420. |7 BAG v. 6.8.1997 – 7 AZR 663/96, EzAÜG Nr. 39 zu § 631 BGB – Werkvertrag. |8 BAG v. 25.10.2000 – 7 AZR 487/99, AP Nr. 15 zu § 10 AÜG.

von Erfüllungsgehilfen im Betrieb des Bestellers aber auch diesen gegenüber ausgeübt werden. Es beschränkt sich allerdings auf die Herstellung des geschuldeten Werks. Es richtet sich auf das Arbeitsergebnis als ganzes, nicht aber auf einzelne Arbeitsverrichtungen.

Demgegenüber erstreckt sich das arbeitsbezogene Weisungsrecht des Entleihers im Fall der AÜ auf den konkreten Arbeitseinsatz des LeihArbN und damit auf die nähere Bestimmung der individuellen Arbeitspflicht nach Art, Ort und Zeit der Arbeitsleistung. Dazu zählen die Zuweisung einzelner Aufgaben an einem bestimmten Arbeitsplatz, die Überwachung der Qualität einzelner Arbeitsschritte, die Bestimmung der täglichen Arbeitszeiten einschließlich der Pausen, die Festlegung des Arbeitstempos, die Anordnung von Überstunden oder die Durchführung von Arbeitszeitkontrollen. Der ArbN muss dem Entleiher also vollständig zur Verfügung stehen und während seines Arbeitseinsatzes ausschließlich dessen Weisungen unterliegen. 19

Erfüllt der ArbN dagegen ausschließlich Pflichten, die seinem ArbGeb gegenüber dem Auftraggeber obliegen, liegt eine AÜ an einen Dritten selbst dann nicht vor, wenn dieser Dritte die Tätigkeit des ArbN durch Weisungen steuert[1]. Verfügt der Werkunternehmer gar nicht über die betrieblichen oder personellen Voraussetzungen, die Tätigkeit der von ihm zur Erfüllung vertraglicher Pflichten im Betrieb eines Dritten eingesetzten ArbN vor Ort zu organisieren und ihnen Weisungen zu erteilen, ist hingegen von einer AÜ auszugehen[2]. 20

c) **Arbeitsleistung beim Dritten.** Im Rahmen einer gewerbsmäßigen AÜ nach § 1 Abs. 1 Satz 1 muss der LeihArbN seine Arbeitsleistung tatsächlich bei einem Dritten erbringen. Als Kriterium zur Abgrenzung der AÜ dient dabei die tatsächliche **Eingliederung** des ArbN **in die Betriebsorganisation des Entleihers**. Während bei einem Werkvertrag der Unternehmer für die Herstellung des geschuldeten Werkes verantwortlich bleibt, endet beim AÜ-Vertrag die Pflicht des Verleihers dann, wenn er den ArbN ausgewählt und dem Entleiher zur Arbeitsleistung zur Verfügung gestellt hat[3]. 21

Für eine Eingliederung in den Betrieb des Entleihers können die Zusammenarbeit der überlassenen ArbN mit denjenigen des Entleihers, die Übernahme von Tätigkeiten, die früher durch eigene ArbN des Entleihers ausgeführt wurden sowie die Gestellung von Werkzeug und Material durch den Entleiher sprechen[4]. Bereits die Ausstattung des ArbN mit einem Rufgerät, durch das er jederzeit vom Auftraggeber oder dessen ArbN dirigiert werden kann, stellt ein Anzeichen für eine AÜ dar[5]. Eine AÜ liegt gleichfalls vor, wenn im Rahmen eines sog. Regalfüllvertrags ArbN des Auffüllunternehmens ihre Arbeit erst erbringen können, wenn die einzusortierende Ware von dem Kaufhaus bereitgestellt worden ist und damit die Auffüllarbeiten nur durch eine unmittelbare Zusammenarbeit mit dem Personal des Kaufhauses geleistet werden können[6]. 22

Eine Abgrenzung zwischen AÜ und Werkvertrag kann auch anhand der **Bestimmung des Leistungsgegenstands** in dem zugrunde liegenden Vertrag vorgenommen werden. So setzt ein Werkvertrag eine von vornherein ausreichend präzise Beschreibung des zu erstellenden Werkes voraus, um dem Unternehmer einen abgrenzbaren Erfolg als eigene Leistung zurechnen zu können. Ganz allgemein gehaltene Vereinbarungen wie etwa das Mauern von Innenwänden oder die Bedienung eines Krans sprechen nicht für die Vereinbarung eines Werkvertrags, sondern für AÜ[7]. 23

Von dem AÜ-Vertrag unterscheidet den Werkvertrag ferner die gesetzliche **Risikoverteilung**. Der Werkunternehmer trägt bis zu Abnahme des Werkes die Vergütungsgefahr bei zufälligem Untergang. Dagegen hat der Verleiher bei der AÜ auch dann Anspruch auf die vereinbarte Vergütung, wenn das Werk vor der Fertigstellung zufällig untergeht. So ist die Übernahme der Gewährleistung ein Anzeichen für das Vorliegen eines Werkvertrags[8]. Danach deutet die Beschränkung oder gar der Ausschluss von Gewährleistungsansprüchen auf einen AÜ-Vertrag hin. 24

Die Art der Vergütungsregelung ist für die Abgrenzung der AÜ hingegen nicht aussagekräftig. So kann bei einem Einsatz von ArbN auf werkvertraglicher Basis ihre Bezahlung auf Stundenbasis erfolgen, während die Abrechnung nach Kubikmeter, Kilogramm oder Tonne auch im Rahmen der AÜ vertraglich vereinbart werden kann. 25

Bei einem **Dienstvertrag** treten nur dann Abgrenzungsschwierigkeiten zur AÜ auf, wenn sich der Dienstverpflichtete durch Erfüllungsgehilfen unterstützen lässt. Von einem Dienstvertrag kann nur dann die Rede sein, wenn die Erfüllungsgehilfen in dem Betrieb des Dienstberechtigten selbständige Dienstleistungen erbringen und der Dienstverpflichtete in eigener Verantwortung und nach eigenem Plan handeln muss[9]. Erhält der Dienstberechtigte gegenüber dem Erfüllungsgehilfen des Dienstverpflichteten auch nur teilweise ein eigenes Weisungsrecht, handelt es sich um AÜ. Danach werden Be- 26

---

1 BAG v. 22.6.1994 – 7 AZR 506/93, EzAÜG Nr. 4 zu § 13 AÜG. | 2 BAG v. 9.11.1994 – 7 AZR 217/94, AP Nr. 18 zu § 1 AÜG = DB 1995, 1566. | 3 BAG v. 6.8.1997 – 7 AZR 663/96, EzAÜG Nr. 39 zu § 631 BGB – Werkvertrag. | 4 BAG v. 15.6.1983 – 5 AZR 111/81, AP Nr. 5 zu § 10 AÜG = DB 1983, 2420. | 5 LAG Berlin v. 25.7.1988 – 12 Sa 9/88, EzAÜG Nr. 63 zu § 10 AÜG – Fiktion. | 6 LAG Hess. v. 11.7.1989 – 4 TaBV 211/88, EzAÜG Nr. 56 BetrVG = AiB 1990, 77. | 7 OLG Düsseldorf v. 16.11.1995 – 5 Ss (OWi) 387/95, BB 1996, 80. | 8 BSG v. 11.2.1988 – 7 RAr 5/86, AP Nr. 10 zu § 1 AÜG = DB 1989, 930. | 9 BayObLG v. 20.2.1979 – 3 ObOWi 242/78, AP Nr. 3 zu § 1 AÜG.

wachungsaufgaben in einem Drittunternehmen regelmäßig nicht im Wege der AÜ, sondern aufgrund eines Dienstvertrags erbracht[1].

27 Leichter ist die Abgrenzung des AÜ-Vertrags von einem **Geschäftsbesorgungsvertrag** gemäß § 675 BGB, der die selbständige Besorgung eines Geschäftsführers für einen anderen zum Gegenstand hat und bei dem auch Erfüllungsgehilfen zum Einsatz gelangen können. Denn bei einer Geschäftsbesorgung nimmt ein Geschäftsführer in völliger wirtschaftlicher Selbständigkeit fremde Vermögensinteressen wahr. Das gilt etwa für den Vertrag zwischen einem Rechtsanwalt und seinem Mandanten über die Führung eines Prozesses, für den Auftrag an eine Bank zur Vermittlung eines Kredits, für den Speditionsvertrag, für den Auftrag an einen Architekten zur Baubetreuung oder für die Durchführung von Werbemaßnahmen durch eine Agentur. Geschäfte dieser Art erfordern typischerweise nicht die Eingliederung von Hilfspersonen in die Betriebsorganisation des Geschäftsherrn.

28 Von der AÜ unterscheidet sich der **Dienstverschaffungsvertrag** dadurch, dass nicht ein ArbN zum Zweck der unselbständigen Arbeitsleistung überlassen wird, sondern die Verschaffung der selbständigen Dienstleistung eines Dritten geschuldet wird. Das gilt etwa für die Dienste eines Wirtschaftsprüfers, Unternehmensberaters oder Ingenieurs, der als freier Mitarbeiter in wirtschaftlicher und sozialer Unabhängigkeit und Selbständigkeit für den Auftraggeber tätig wird[2].

29 Verpflichtet sich dagegen der Auftragnehmer zur **Verschaffung von unselbständigen Diensten**, kann es sich um AÜ handeln. So kann neben einem Kaufvertrag oder einem Mietvertrag über Maschinen, Fahrzeuge oder EDV-Anlagen zusätzlich das zeitweilige Überlassen von Bedienungs- oder Montagepersonal vereinbart werden. Liegt darin nur eine eindeutige Nebenleistung, handelt es sich bereits nach der Gesetzesbegründung nicht um AÜ[3]. So stellt die **Gebrauchsüberlassung** von Flugzeugen einschließlich des fliegenden Personals keine gewerbsmäßige AÜ dar[4]. Für die Anwendbarkeit des ArbN-Überlassungsgesetzes ist maßgeblich, ob die Gebrauchsüberlassung der Maschine oder die Gestellung des Personals den Inhalt des Vertrags prägt. Es kommt darauf an, ob der Vertrag auch auf eine AÜ ausgerichtet ist. Daran fehlt es etwa, wenn das Personal nur in der Anfangsphase der Maschinennutzung oder nur zur Einweisung in die Maschinentechnik zur Verfügung gestellt wird. Dagegen kommt es auf den wirtschaftlichen Wert der Überlassung von ArbN im Verhältnis zu dem Wert der Maschine nicht an[5].

30 Im Unterschied zur gewerbsmäßigen AÜ, bei der der Verleiher selbständiger Unternehmer ist, handelt es sich bei dem Zwischenmeister im Rahmen eines sog. mittelbaren Arbeitsverhältnisses seinerseits um den ArbN eines Dritten[6].

31 Im Gegensatz zur AÜ schließt eine Personalführungsgesellschaft, die von mehreren miteinander verbundenen Unternehmen zum Zweck gemeinsamer Personalverschaffung und Personalzuweisung begründet worden ist, Arbeitsverträge nicht im eigenen Namen ab, sondern in Vertretung der angeschlossenen Einzelunternehmen.

32 **d) Gewerbsmäßigkeit.** Die Erlaubnispflicht nach § 1 Abs. 1 setzt voraus, dass der Verleiher gewerbsmäßig LeihArbN überlässt. Dabei ist der gewerberechtliche Begriff der Gewerbsmäßigkeit zugrunde zu legen[7]. Gewerbsmäßige AÜ setzt danach eine nicht nur gelegentliche, sondern auf eine gewisse Dauer angelegte und auf die Erzielung unmittelbarer oder mittelbarer wirtschaftlicher Vorteile gerichtete selbständige Tätigkeit voraus[8].

33 Die **Selbständigkeit** eines Gewerbetreibenden wird dadurch gekennzeichnet, dass er im eigenen Namen und für eigene Rechnung tätig wird und das Unternehmerrisiko trägt[9]. Werden die AÜ-Verträge mit den Entleihern durch Handelsvertreter oder Franchisenehmer abgeschlossen, sind diese trotz ihrer selbständigen Tätigkeit keine Verleiher iSd. AÜG. Vielmehr ist als Verleiher das Unternehmen anzusehen, in dessen Namen die Handelsvertreter oder Franchisenehmer die AÜ-Verträge abschließen[10].

34 Ferner ist die Gewerbsmäßigkeit der AÜ dadurch gekennzeichnet, dass sie nicht nur gelegentlich geschieht, sondern auf eine **gewisse Dauer** angelegt ist. Dabei kommt es weder auf die Dauer der einzelnen Überlassungen, den Umfang des Überlassungsgeschäftes hinsichtlich der Zahl der ArbN, die zeitliche Dichte der Verleihfälle oder die Verleihdauer an. Von gewisser Dauer ist die AÜ bereits dann, wenn ein Betrieb einen ArbN wiederholt eine Zeit überlässt, die über der Einsatzfrist von 12 bzw. 24 Monaten iSd. § 3 Abs. 1 Nr. 6 aF liegt (Fassung bis zum 31.12.2002)[11]. Nach der Intention des Gesetzes fällt damit aus

---

1 BAG v. 31.3.1993 – 7 AZR 338/92, AP Nr. 2 zu § 9 AÜG = DB 1993, 2337; v. 28.11.1989 – 1 ABR 90/88, AP Nr. 5 zu § 14 AÜG = DB 1990, 1139. | 2 LAG BW v. 28.6.1984 – 7 Sa 129/83, EzAÜG Nr. 30 zu § 10 AÜG – Fiktion. | 3 BT-Drs. VI/3505, S. 2. | 4 BAG v. 17.2.1993 – 7 AZR 167/92, AP Nr. 9 zu § 10 AÜG = DB 1993, 2287. | 5 So zutr. ErfK/*Wank*, § 1 AÜG Rz. 44. | 6 BAG v. 22.7.1982 – 2 AZR 57/81, EzAÜG Nr. 5 zu § 611 BGB – Leiharbeitsverhältnis. | 7 BAG v. 21.3.1990 – 7 AZR 198/89, AP Nr. 15 zu § 1 AÜG = DB 1991, 2282. | 8 BAG v. 10.2.1977 – 2 ABR 80/76, AP Nr. 9 zu § 103 BetrVG 1972 = DB 1977, 1273; v. 15.6.1983 – 5 AZR 111/81, AP Nr. 5 zu § 10 AÜG = DB 1983, 2420. | 9 *Sandmann/Marschall*, § 1 AÜG Anm. 36; *Schüren*, § 1 AÜG Rz. 294; LSG Celle v. 30.8.1977 – L 3 U 94/75, EzAÜG Nr. 5 – Sozialversicherungsrecht. | 10 BAG v. 24.5.1980 – 3 AZR 911/77, EzAÜG Nr. 12 zu § 1 AÜG – Gewerbsmäßige Arbeitnehmerüberlassung. | 11 BAG v. 18.2.1988 – 2 AZR 578/87, EzAÜG Nr. 4 zu § 613a BGB; v. 21.3.1990 – 7 AZR 198/89, AP Nr. 15 zu § 1 AÜG = DB 1991, 282.

seinem Anwendungsbereich nur die einmalige Überlassung eines ArbN aufgrund einer spontanen Entscheidung eines Unternehmens heraus.

Das Merkmal der **Gewinnerzielungsabsicht** setzt voraus, dass die AÜ auf den Erwerb eines unmittelbaren oder mittelbaren wirtschaftlichen Vorteils gerichtet ist. Ob ein Gewinn tatsächlich erzielt wird, ist dabei unerheblich. Der beabsichtigte Gewinn kann auch in der Verbesserung der Wettbewerbschancen des Verleihers, der Gewinnung zukünftiger Kunden oder steuerlicher Vorteile liegen. An der Gewinnerzielungsabsicht fehlt es, wenn es sich um gemeinnützige AÜ handelt[1]. Das gilt etwa für Dorfhelfer von Selbsthilfeorganisationen im Bereich der Landwirtschaft, für das Pflegepersonal von religiösen Genossenschaften oder Schwesternorganisationen, für Geistliche, die in Schulen Unterricht erteilen, und für Konsumvereine oder Genossenschaften, die keinen Gewinn erzielen wollen. Durch das Gesetz über die Schaffung eines besonderen ArbGeb für Hafenarbeiter vom 3.8.1950 ist den Gesamthafenbetrieben eine erwerbswirtschaftliche Tätigkeit ausdrücklich untersagt, so dass sie mangels Gewerbsmäßigkeit nicht unter das AÜG fallen[2]. 35

e) **Keine Arbeitsvermittlung.** Keine Anwendung findet das AÜG auf die Tätigkeit eines Verleihers, die ausschließlich auf eine Arbeitsvermittlung iSd. § 35 Abs. 1 Satz 2 SGB III gerichtet ist. Danach umfasst die Vermittlung alle Tätigkeiten, die darauf gerichtet sind, Ausbildungssuchende mit ArbGeb zur Begründung eines Ausbildungsverhältnisses und Arbeitsuchende mit ArbGeb zur Begründung eines Beschäftigungsverhältnisses zusammenzuführen. 36

4. Abordnung zu einer Arbeitsgemeinschaft (§ 1 Abs. 1 Satz 2 und 3). Unter bestimmten Voraussetzungen stellt die Abordnung eines ArbN zu einer Arbeitsgemeinschaft keine AÜ iSd. Gesetzes dar. Im Gegensatz zu der Freistellung eines ArbN, bei der sein ursprüngliches Arbeitsverhältnis ruht und ein neues mit einem anderen ArbGeb abgeschlossen wird, bleibt bei einer Abordnung sein Arbeitsverhältnis bestehen. Danach handelt es sich tatsächlich um eine AÜ, die aber aufgrund der gesetzlich nicht eingeschränkten und unwiderleglichen Fiktion des § 1 Abs. 2 Satz 2 nicht als solche betrachtet wird und damit nicht unter den Geltungsbereich des AÜG fällt. Durch diese Regelung soll eine wirtschaftlich sinnvolle Form der Zusammenarbeit verschiedener ArbGeb erleichtert werden[3]. 37

Diese gesetzliche Fiktion setzt zunächst voraus, dass ein ArbN zu einer Arbeitsgemeinschaft abgeordnet wird, die zur Herstellung eines konkreten Werks gebildet worden ist. Unter einer **Arbeitsgemeinschaft** ist der Zusammenschluss mehrerer Betriebe aufgrund eines entsprechenden Vertrags zu verstehen. Die Rechtsform dieses Vertrags ist ohne Bedeutung. Regelmäßig handelt es sich jedoch um eine Gesellschaft des bürgerlichen Rechts. Der gemeinsame Zweck der Arbeitsgemeinschaft muss in der Herstellung eines konkreten Werks bestehen. Die Herstellung einer unbestimmten Zahl von Werken genügt ebenso wenig wie die Erfüllung einer Dienstleistung oder der bloße Austausch von Arbeitskräften. 38

Der ArbGeb, der seinen ArbN zu einer Arbeitsgemeinschaft abordnet, muss selbst Mitglied dieser Arbeitsgemeinschaft sein, und ebenso wie alle übrigen Mitglieder dieser Arbeitsgemeinschaft zur selbständigen Erbringung von Vertragsleistungen verpflichtet sein. Seine Verpflichtung darf sich nicht darin erschöpfen, der Arbeitsgemeinschaft einen oder mehrere ArbN zu überlassen. Es genügt auch nicht, wenn der ArbGeb lediglich aufgrund eines Werkvertrags oder eines Dienstvertrags für die Arbeitsgemeinschaft tätig wird. Vielmehr muss er als Mitglied dieser Arbeitsgemeinschaft verpflichtet sein, selbständig in sich abgrenzbare Vertragsleistungen zu erbringen und dabei in eigener Verantwortung zu handeln[4]. 39

Schließlich setzt die gesetzliche Fiktion voraus, dass für alle Mitglieder der Arbeitsgemeinschaft die **TV desselben Wirtschaftszweiges** gelten. Auf diese Weise soll verhindert werden, dass im Wege der Abordnung von ArbN TV umgangen werden. Ob derselbe Wirtschaftszweig betroffen ist, beurteilt sich nach dem allgemeinen Sprachgebrauch. So stellen das Baugewerbe, die chemische Industrie oder der Bergbau Wirtschaftszweige iSd. § 1 Abs. 1 Satz 2 dar. Es müssen nicht für alle Mitglieder der Arbeitsgemeinschaft inhaltlich gleiche TV gelten. Diese können vielmehr durchaus unterschiedlich sein, etwa wenn einige Mitglieder der Arbeitsgemeinschaft zum Bauhauptgewerbe gehören, andere dagegen zum Baunebengewerbe. Die Anwendbarkeit der TV kann darauf beruhen, dass die Mitglieder der Arbeitsgemeinschaft tarifgebunden sind oder dass die TV für allgemeinverbindlich erklärt wurden. Nach dem Wortlaut des Gesetzes dürfte es auch genügen, dass ein nicht tarifgebundener ArbGeb die Geltung eines TV für das Arbeitsverhältnis mit einem ArbN vereinbart, den er zu einer Arbeitsgemeinschaft abordnet[5]. 40

Ein **ausländisches Unternehmen** kann sich nur dann an einer Arbeitsgemeinschaft beteiligen, wenn es eine Niederlassung in Deutschland gründet. Denn erst dann wird es von den Regelungen eines deutschen TV erfasst. Dieses Erfordernis einer festen Niederlassung, das sich indirekt aus § 1 Abs. 1 Satz 2 ergibt, verstößt gegen die in Art. 59 EGV garantierte Dienstleistungs- und Niederlassungsfreiheit[6]. Durch § 1 Abs. 1 Satz 3 wird die Regelung an das EG-Recht angepasst[7]. 41

---

1 BAG v. 4.7.1979 – 5 AZR 8/78, AP Nr. 10 zu § 611 BGB – Rotes Kreuz = DB 1979, 2282. | 2 BGBl. I 1950, S. 352. | 3 BT-Drs. X/4211, S. 32. | 4 BAG v. 1.6.1994 – 7 AZR 7/93, AP Nr. 11 zu § 10 AÜG = DB 1994, 2549. | 5 ErfK/*Wank*, § 1 AÜG Rz. 71. | 6 EuGH v. 25.10.2001 – Rs. C–493/99, NZA 2001, 1299. | 7 BT-Drs. XV/25, S. 38.

42 Für ArbGeb mit Geschäftssitz in einem anderen Mitgliedstaat des EWR, die sich an einer inländischen Arbeitsgemeinschaft beteiligen wollen, wird im Vergleich zu § 1 Abs. 1 Satz 2 auf die Tarifbundung verzichtet. Dagegen müssen die übrigen Voraussetzungen dieser Bestimmung erfüllt sein[1]. Der ausländische ArbGeb muss daher demselben Wirtschaftszweig angehören wie die übrigen Mitglieder der Arbeitsgemeinschaft und zur selbständigen Erbringung einer Vertragsleistung verpflichtet sein. Welchem Wirtschaftszweig der ausländische ArbGeb angehört, beurteilt sich nach der Gesamttätigkeit aller seiner ArbN im EWR[2].

43 Die Privilegierung nach § 1 Abs. 1 Satz 3 erfasst nur ArbGeb mit einem Geschäftssitz in Mitgliedstaaten der EU oder einem Vertragsstaat des EWR-Abkommens wie Norwegen, Island und Liechtenstein. Dabei ist unter dem Geschäftssitz nicht unbedingt der formelle satzungsmäßige Sitz des Unternehmens zu verstehen, sondern der Ort, von dem aus die Geschäfte tatsächlich ausgeübt werden[3].

44 Wenn die Voraussetzungen des § 1 Abs. 1 Satz 3 vorliegen, wird unwiderleglich vermutet, dass der ausländische ArbGeb keine AÜ betreibt. Er benötigt für die Abordnung von ArbN zu einer Arbeitsgemeinschaft keine Erlaubnis.

45 **5. Gesetzliche Vermutung der Arbeitsvermittlung (§ 1 Abs. 2).** Mit der Regelung in § 1 Abs. 2 stellt das Gesetz unter bestimmten Voraussetzungen die Vermutung auf, es handele sich bei der Überlassung von ArbN tatsächlich um Arbeitsvermittlung. Von dieser Regelung wird sowohl die gewerbsmäßige als auch die nicht gewerbsmäßige, nicht jedoch eine konzerninterne Überlassung von ArbN erfasst[4].

46 Im Gegensatz zu § 1 Abs. 1, der bereits bei der Absicht einer AÜ eingreift, setzt die Vermutung in § 1 Abs. 2 den tatsächlichen Vollzug der Überlassung eines ArbN voraus. Ferner muss einer der drei im Gesetz abschließend aufgezählten Vermutungstatbestände erfüllt sein. So gilt als Arbeitsvermittler, wer als Verleiher nicht die üblichen ArbGebPflichten oder nicht das ArbGebRisiko übernimmt oder gegen das Gleichstellungsgebot verstößt.

47 Wegen der **üblichen ArbGebPflichten** verweist das Gesetz auf § 3 Abs. 1 Nr. 1 u. 2. Dazu gehören neben der Lohnzahlungspflicht, der Pflicht zur Gewährung von Urlaub und der Fürsorgepflicht auch die Verpflichtung des ArbGeb zur Abführung von SozV-Beiträgen und Steuern. Maßgeblich ist, ob der ArbGeb seinen Pflichten tatsächlich nicht nachkommt, mögen diese vertraglich auch ausdrücklich abbedungen worden sein.

48 Das **ArbGebRisiko** ist durch den Hinweis auf die Regelung in § 3 Abs. 1 Nr. 3 abschließend definiert. Dieser Vermutungstatbestand erfasst Verleiher, die gegen das Gleichstellungsgebot verstoßen.

49 **6. Ausnahmen vom Anwendungsbereich (§ 1 Abs. 3).** Von dem Anwendungsbereich des AÜG sind drei besondere Fallgestaltungen der AÜ ausgenommen. Dabei handelt es sich um bestimmte Formen des Personalaustausches, bei denen weder der soziale Schutz der LeihArbN noch die Ordnung des Arbeitsmarktes die Anwendung der strengen Form- und Kontrollvorschriften des Gesetzes fordern[5]. Als Rückausnahme sind einzelne ausdrücklich aufgeführte Vorschriften des AÜG wiederum von der Nichtanwendung ausgeschlossen. Es handelt sich um Bestimmungen, durch die im Baubereich die AÜ eingeschränkt wird (§ 1b Satz 1), durch die Verstöße gegen die Einschränkung des Verleihs in das Baugewerbe mit Bußgeld bedroht werden (§ 16 Abs. 1 Nr. 1b u. Abs. 2) sowie um Vorschriften, mit denen der Verbleib der Geldbußen (§ 16 Abs. 5), die Zusammenarbeit bei der Verfolgung und Ahndung der Ordnungswidrigkeiten nach § 16 mit anderen Behörden (§ 18) sowie das Recht des BMWA zur Erteilung von fachlichen Weisungen an die BA (§ 17) geregelt wird.

50 a) **AÜ zur Vermeidung von Kurzarbeit und Entlassungen (§ 1 Abs. 3 Nr. 1).** Diese Norm diente ursprünglich dazu, die Praxis des Personalaustausches in der Norddeutschen Werftindustrie zu legalisieren. Einzelne Werften tauschten im Wege der sog. Nachbarschaftshilfe je nach Auftragsbestand ArbN untereinander aus, um in ihrem Unternehmen Kurzarbeit und Entlassungen zu vermeiden[6]. Im Gesetz wurde der Ausnahmetatbestand so allgemein formuliert, dass er für alle Wirtschaftszweige gilt. Allerdings wird nur der **Personalaustausch zwischen ArbGeb desselben Wirtschaftszweiges** begünstigt. Beide ArbGeb müssen daher demselben betrieblich-fachlichen Bereich eines TV unterfallen. Bei gemischten Unternehmen entscheidet der überwiegende Unternehmenszweck, wobei maßgeblich auf die überwiegend in diesem Unternehmen zu leistende Arbeit abzustellen ist[7].

51 Die Überlassung der ArbN muss dazu dienen, Entlassungen im arbeitsrechtlichen Sinn oder Kurzarbeit iSd. §§ 196 ff. SGB III zu vermeiden. Die Beweislast dafür trägt das Unternehmen, das sich auf die Ausnahmevorschriften beruft. Die AÜ muss objektiv geeignet sein, Kurzarbeit oder Entlassungen zu verhindern. Soweit es die Kurzarbeit angeht, muss es sich um eine lediglich vorübergehende, nicht branchentypische Form des Arbeitsausfalls handeln gemäß § 170 SGB III. Im Hinblick auf Entlassungen darf es sich gleich-

---

1 *Ulber*, AuR 2003, 7. | 2 BT-Drs. XV/25, S. 38. | 3 *Boemke/Lembke*, § 1 AÜG Rz. 9. | 4 BAG v. 21.3.1990 – 7 AZR 198/89, AP Nr. 15 zu § 1 AÜG = DB 1991, 282; v. 26.4.1995 – 7 AZR 850/94, AP Nr. 19 zu § 1 AÜG = DB 1995, 2427. | 5 *Sandmann/Marschall*, § 1 AÜG Anm. 68. | 6 Protokoll Nr. 45 des 11. BT-Ausschusses vom 16./17.1.1985, S. 307. | 7 BAG v. 17.2.1971 – 3 AZR 62/70, AP Nr. 8 zu § 1 TVG – Tarifverträge: Bau = BB 1971, 653.

falls nur um einen vorübergehenden Arbeitsausfall handeln, bei dem durch die AÜ Arbeitsplätze gerettet werden können. Sollen die Arbeitsplätze dagegen voraussichtlich ohnehin dauerhaft entfallen, sollen vorhandene Arbeitskräfte lediglich besser ausgenutzt werden oder sollen ausschließlich Saisonspitzen durch die überlassenen Arbeitskräfte abgedeckt werden, greift die Ausnahmebestimmung nicht ein.

Unter den genannten Voraussetzungen greift die Ausnahmebestimmung nur ein, wenn das ein **TV** vorsieht, der sowohl für den Entleiher als auch für den Verleiher gilt. Dabei muss es sich nach zutreffender Ansicht nicht um denselben TV handeln[1]. Bereits nach dem Wortlaut der Ausnahmebestimmung ergebe deren Beschränkung auf ArbGeb desselben Wirtschaftszweiges wenig Sinn, wenn ohnehin ein und derselbe TV für das überlassende und das die ArbN aufnehmende Unternehmen gelten müsste. Nach der Entstehungsgeschichte der Norm sollte die Praxis des Personalaustausches unter den norddeutschen Werften legalisiert werden, für die aufgrund ihrer Lage in unterschiedlichen Tarifbezirken verschiedene TV galten. Die Geltung des TV kann auf der Tarifbindung des Entleihers und des Verleihers beruhen oder auf der Allgemeinverbindlichkeit des TV. Richtigerweise kann die Geltung des maßgeblichen TV durch einen nichttarifgebundenen ArbGeb auch individualrechtlich vereinbart werden[2]. 52

b) AÜ im Konzern (§ 1 Abs. 3 Nr. 2). Das Gesetz ist nicht anwendbar auf eine AÜ zwischen Konzernunternehmen, wenn der ArbN seine Arbeit nur vorübergehend nicht bei seinem ArbGeb leistet. Auch bei dieser Fallgestaltung werden weder der Sozialschutz der ArbN noch Belange des Arbeitsmarktes gefährdet. Durch die Verweisung auf § 18 AktG ist der Begriff des Konzernunternehmens präzise bestimmt. Dazu zählt sowohl der Unterordnungskonzern, bei dem ein herrschendes Unternehmen und ein oder mehrere abhängige Unternehmen unter einer einheitlichen Leitung zusammengefasst sind. Ferner zählt dazu der Gleichordnungskonzern, bei dem keine Abhängigkeit der Unternehmen vorliegt. Aus dem Sinn und Zweck der Vorschrift, den Personalaustausch innerhalb eines Konzerns in gewissem Umfang zu erleichtern, folgt deren Anwendbarkeit auf Konzernunternehmen ohne Beschränkung auf die Rechtsform der AG oder KGaA[3]. 53

Die Ausnahmebestimmung ist auf eine vorübergehende Arbeitsleistung in dem anderen Konzern angehörigen Unternehmen beschränkt. Durch dieses Merkmal soll verhindert werden, dass über eine konzerninterne AÜ ein reines Verleihunternehmen innerhalb des Konzerns auf Dauer ArbN an andere Konzernunternehmen zur Arbeitsleistung überlässt[4]. Da eine Höchstdauer im Gesetz nicht festgelegt ist, kann selbst eine mehrjährige Abordnung zu einem anderen Konzernunternehmen noch als vorübergehend iSd. Ausnahmebestimmung angesehen werden[5]. 54

c) AÜ ins Ausland (§ 1 Abs. 3 Nr. 3). Auf die Überlassung von ArbN an ein ausländisches Gemeinschaftsunternehmen, an dem der Verleiher selbst beteiligt ist, findet das AÜG keine Anwendung, wenn dieses Unternehmen auf der Grundlage einer zwischenstaatlichen Vereinbarung gegründet wurde. Mit dieser Regelung sollte die Durchführung von sog. Joint-Ventures erleichtert und die Möglichkeit eröffnet werden, ArbN unabhängig von der Höchstüberlassungsdauer des § 3 Abs. 1 Nr. 6 aF dem Auslandsunternehmen zu überlassen[6]. Diese Ausnahmebestimmung gilt nicht für den Verleih von ArbN vom Ausland nach Deutschland. Bei dem Entleiher muss es sich um ein Unternehmen handeln, an dem sowohl ein deutsches als auch ein ausländisches Unternehmen beteiligt sind. Ferner muss es auf der Grundlage einer zwischenstaatlichen Vereinbarung gegründet worden sein, etwa der Anwerbestopausnahmeverordnung oder des deutsch-chinesischen Investitionsförderungs- und Schutzvertrages. Schließlich muss der Verleiher an dem deutsch-ausländischen Gemeinschaftsunternehmen beteiligt sein, wobei der Umfang seiner Beteiligung keine Rolle spielt. Auf die Staatsangehörigkeit des überlassenen ArbN kommt es ebenso wenig an wie auf die Dauer seiner Überlassung. 55

1a Anzeige der Überlassung

(1) Keiner Erlaubnis bedarf ein Arbeitgeber mit weniger als 50 Beschäftigten, der zur Vermeidung von Kurzarbeit oder Entlassungen an einen Arbeitgeber einen Arbeitnehmer bis zur Dauer von zwölf Monaten überlässt, wenn er die Überlassung vorher schriftlich der Bundesagentur für Arbeit angezeigt hat.

(2) In der Anzeige sind anzugeben

1. Vor- und Familiennamen, Wohnort und Wohnung, Tag und Ort der Geburt des Leiharbeitnehmers,

2. Art der vom Leiharbeitnehmer zu leistenden Tätigkeit und etwaige Pflicht zur auswärtigen Leistung,

3. Beginn und Dauer der Überlassung,

4. Firma und Anschrift des Entleihers.

---

1 *Sandmann/Marschall*, § 1 AÜG Anm. 78; *Schüren*, § 1 AÜG Rz. 532; aA *Ulber*, § 1 AÜG Rz. 234; *Becker/Wulfgramm*, § 1 AÜG Rz. 111; ErfK/*Wank*, § 1 AÜG Rz. 78. | 2 ErfK/*Wank*, § 1 AÜG Rz. 79; *Schüren*, § 1 AÜG Rz. 532; aA *Ulber*, § 1 AÜG Rz. 235; *Becker/Wulfgramm*, § 1 AÜG Rz. 111; Kasseler Handbuch/*Düwell*, 4.5 Rz. 194. | 3 BAG v. 5.5.1988 – 2 AZR 795/87, AP Nr. 8 zu § 1 AÜG = DB 1989, 1139. | 4 BT-Drs. X/3206, S. 33. | 5 *B. Gaul*, BB 1996, 1224. | 6 BT-Drs. XIII/4941, S. 248.

AÜG § 1a Rz. 1 — Anzeige der Überlassung

1 Unter bestimmten Voraussetzungen bedarf ein ArbGeb, der gewerbsmäßig AÜ betreibt, keiner Erlaubnis iSd. § 1 Abs. 1 Satz 1, wenn er die Überlassung von ArbN vorher schriftlich der BA angezeigt hat.

2 Dadurch sollen **Kleinbetriebe** in die Lage versetzt werden, Schwankungen des Arbeitsvolumens dadurch auszugleichen, dass sie ArbN an Dritte verleihen[1]. Das Gesetz umreißt in § 1a lediglich eine Ausnahme von der Erlaubnispflicht bei gewerbsmäßiger AÜ. Alle übrigen Bestimmungen des AÜG finden auch auf diese Form der AÜ Anwendung. Zulässig ist die erlaubnisfreie Überlassung von ArbN nur, wenn die materiellen Voraussetzungen des Gesetzes vorliegen und die formale Anzeige ordnungsgemäß erfolgt ist.

3 Der **persönliche Geltungsbereich** der Vorschrift beschränkt sich auf ArbGeb mit weniger als 50 Beschäftigten. Allerdings werden nicht diejenigen ArbGeb erfasst, die als Verleiher bereits eine Erlaubnis nach § 1 Abs. 1 Satz 1 besitzen[2]. Zu den Beschäftigten iSd. Gesetzes gehören neben den Arbeitern und Angestellten auch die Auszubildenden und Heimarbeiter. Da es auf die Arbeitszeit der Beschäftigten nicht ankommt, gehören dazu auch Teilzeitkräfte und geringfügig beschäftigte ArbN. Bei der Zahl der Beschäftigten ist auf den ArbGeb und nicht auf den Betrieb abzustellen, so dass bei ArbGeb, die mehrere Betriebe haben, die Beschäftigten aller Betriebe zusammengezählt werden. Dabei kommt es auf die Zahl der Beschäftigten im Zeitpunkt der Überlassung an.

4 Ebenso wie in § 1 Abs. 3 Nr. 1 muss die AÜ dazu dienen, Kurzarbeit oder Entlassungen zu vermeiden. Der Unterschied beider Regelungen besteht allerdings darin, dass es an einer tarifvertraglichen Grundlage fehlt und die AÜ iSv. § 1a zeitlich begrenzt ist. In beiden Fällen aber muss die AÜ auf einem Arbeitsmangel beruhen, der die Einführung von Kurzarbeit iSv. § 170 SGB III oder die Entlassung einer Mehrzahl von ArbN rechtfertigen würde. Dieser Arbeitsmangel darf allerdings voraussichtlich nur für einen Zeitraum von max. 12 Monaten bestehen, denn nur in diesem Zeitraum ist eine AÜ in Form dieser sog. **Kollegenhilfe** erlaubt.

5 Die Anzeige an die BA muss schriftlich erfolgen und inhaltlich den in § 1a Abs. 2 abschließend aufgeführten Anforderungen entsprechen. Unterbleibt die Anzeige, handelt es sich um illegale AÜ, bei der ein Arbeitsverhältnis zwischen dem ArbN und dem Entleiher gemäß § 10 Abs. 1 Satz 1 fingiert wird[3]. Liegen die Voraussetzungen für eine erlaubnisfreie AÜ vor, erfolgt die Anzeige aber inhaltlich unrichtig, unvollständig oder nicht rechtzeitig, begeht der Verleiher eine Ordnungswidrigkeit iSd. § 16 Abs. 1 Nr. 2a.

1b Einschränkungen im Baugewerbe

Gewerbsmäßige Arbeitnehmerüberlassung in Betriebe des Baugewerbes für Arbeiten, die üblicherweise von Arbeitern verrichtet werden, ist unzulässig. Sie ist gestattet
a) zwischen Betrieben des Baugewerbes und anderen Betrieben, wenn diese Betriebe erfassende, für allgemeinverbindlich erklärte Tarifverträge dies bestimmen,
b) zwischen Betrieben des Baugewerbes, wenn der verleihende Betrieb nachweislich seit mindestens drei Jahren von denselben Rahmen- und Sozialkassentarifverträgen oder von deren Allgemeinverbindlichkeit erfasst wird.

Abweichend von Satz 2 ist für Betriebe des Baugewerbes mit Geschäftssitz in einem anderen Mitgliedstaat des Europäischen Wirtschaftsraumes gewerbsmäßige Arbeitnehmerüberlassung auch gestattet, wenn die ausländischen Betriebe nicht von deutschen Rahmen- und Sozialkassentarifverträgen oder für allgemeinverbindlich erklärten Tarifverträgen erfasst werden, sie aber nachweislich seit mindestens drei Jahren überwiegend Tätigkeiten ausüben, die unter den Geltungsbereich derselben Rahmen- und Sozialkassentarifverträge fallen, von denen der Betrieb des Entleihers erfasst wird.

1 Das Gesetz untersagt die gewerbsmäßige AÜ für einen bestimmten Bereich des Arbeitsmarktes. Das Verbot des § 1b Satz 1 greift ein, wenn es sich beim Entleiherbetrieb um einen **Betrieb des Baugewerbes** handelt. Der Begriff des Baubetriebs wird in § 211 SGB III definiert. Danach handelt es sich um einen Betrieb, der gewerblich überwiegend Bauleistungen auf dem Baumarkt erbringt. Bauleistungen sind alle Leistungen, die der Herstellung, Instandsetzung, Instandhaltung, Änderung oder Beseitigung von Bauwerken dienen. Konkret und abschließend aufgeführt sind diese Bauleistungen in der Baubetriebeverordnung vom 28.10.1980[4].

2 Verfolgt der Entleiherbetrieb verschiedene Zwecke, wird er von dem gesetzlichen Verbot erfasst, wenn mehr als 50 % der betrieblichen Gesamtarbeitszeit auf baugewerbliche Tätigkeiten entfallen[5]. Das Überlassen von Baumaschinen mit Bedienungspersonal (§ 1 Abs. 2 Nr. 38 Baubetriebeverordnung) wird von dem Verbot der gewerbsmäßigen AÜ nicht erfasst, soweit dem Entleiherbetrieb gegenüber den entliehenen ArbN kein arbeitsbezogenes Weisungsrecht zusteht[6].

---

[1] BT-Drs. XI/4952, S. 9. | [2] BT-Drs. XI/4952, S. 12. | [3] BT-Drs. XI/4952, S. 9. | [4] BGH v. 17.2.2000 – III ZR 78/99, NJW 2000, 1557 = VersR 2001, 1513. | [5] BAG v. 18.5.1994 – 10 AZR 646/93, AP Nr. 180 zu § 1 TVG – Tarifverträge: Bau = RdA 1995, 60. | [6] BAG v. 16.6.1982 – 4 AZR 862/79, AP Nr. 41 zu § 1 TVG – Tarifverträge: Bau = BB 1983, 1343.

Ferner beschränkt sich das Verbot auf den Verleih für Arbeiten in Betrieben des Baugewerbes, die sonst üblicherweise von Arbeitern des Entleihbetriebs verrichtet würden. Danach ist die gewerbsmäßige AÜ nicht verboten, wenn es um Arbeiten geht, die üblicherweise von Angestellten verrichtet werden.

Maßgeblich sind die Verhältnisse im Entleiherbetrieb. Dabei kann zur Abgrenzung der Tätigkeiten von Arbeitern und Angestellten auf das Berufsgruppenverzeichnis des Bundesrahmentarifvertrags – Bau zurückgegriffen werden. Dort sind die Tätigkeiten der Baufacharbeiter und der ungelernten Arbeiter im Einzelnen aufgeführt. Andererseits kann auf § 133 Abs. 2 SGB VI zurückgegriffen werden, um die Tätigkeiten von Angestellten abzugrenzen.

Das Verbot der gewerbsmäßigen AÜ im Bereich des Baugewerbes verletzt weder das Grundrecht der Freiheit der Berufswahl noch das Grundrecht der Freiheit der Berufsausübung und ist daher mit dem GG vereinbar[1].

Eine Ausnahme von dem Verbot sieht § 1b Satz 2 lit. a für die AÜ zwischen Betrieben des Baugewerbes und anderen Betrieben vor, wenn diese Betriebe von für **allgemeinverbindlich erklärten TV** erfasst werden, die eine AÜ in das Baugewerbe gestatten. Da das Verbot nach § 1b Satz 1 nur eine AÜ in das Baugewerbe erfasst, kommt auch der Ausnahme nur Bedeutung zu, wenn der Entleiher dem Baugewerbe angehört. Im Gegensatz zu der Ausnahmeregelung in § 1b Satz 2 aF müssen die Betriebe des Verleihers und des Entleihers nicht demselben Tarifbereich unterfallen. Traditionell gliedert sich das Baugewerbe in vier Tarifbereiche. Dabei handelt es sich um den Garten- und Landschaftsbau, den Gerüstbau, das Dachdeckerhandwerk und das Bauhauptgewerbe. Nach § 1b Satz 2 lit. a müssen die Betriebe des Verleihers und des Entleihers lediglich von dem räumlichen, betrieblichen und fachlichen Geltungsbereich eines für allgemeinverbindlich erklärten branchenübergreifenden TV erfasst werden, der die AÜ zulässt.

Eine weitere Ausnahme von dem Verbot in § 1b Satz 1 sieht § 1b Satz 2 lit. b für Betriebe des Baugewerbes vor, wenn der verleihende Betrieb seit mindestens drei Jahren von denselben **Rahmen- und SozialkassenTV** oder deren Allgemeinverbindlichkeit erfasst wird wie der entleihende Betrieb. Dessen Tarifunterworfenheit wird nicht vorausgesetzt[2]. Um zu verhindern, dass Baubetriebe allein zu dem Zweck der AÜ in diesem Bereich gegründet werden, muss der verleihende Betrieb im Zeitpunkt der Überlassung bereits mindestens drei Jahre tarifgebunden sein.

Von dem Verbot in § 1b Satz 1 sind schließlich Baubetriebe mit Geschäftssitz in einem anderen Mitgliedstaat des EWR gemäß § 1b Satz 3 ausgenommen, wenn sie nicht von deutschen Rahmen- und SozialkassenTV oder für allgemeinverbindlich erklärten TV erfasst werden, aber seit mindestens drei Jahren überwiegend Tätigkeiten ausüben, die unter den Geltungsbereich derselben Rahmen- und SozialkassenTV fallen, von denen der Betrieb des Entleihers erfasst wird. Der Betrieb des ausländischen Verleihers ist dem Baugewerbe zuzuordnen, wenn mehr als die Hälfte der betrieblichen Gesamtarbeitszeit auf bauliche Leistungen entfallen. Dabei kommt es nicht darauf an, ob diese Leistungen in Deutschland, im EWR oder außerhalb erbracht werden[3]. Mit dieser Regelung wird das Verbot im Gegensatz zu § 1b Satz 2 aF, der die Niederlassungs- und Dienstleistungsfreiheit beeinträchtigte, an das EG-Recht angepasst[4].

2 Erteilung und Erlöschen der Erlaubnis

(1) Die Erlaubnis wird auf schriftlichen Antrag erteilt.

(2) Die Erlaubnis kann unter Bedingungen erteilt und mit Auflagen verbunden werden, um sicherzustellen, dass keine Tatsachen eintreten, die nach § 3 die Versagung der Erlaubnis rechtfertigen. Die Aufnahme, Änderung oder Ergänzung von Auflagen sind auch nach Erteilung der Erlaubnis zulässig.

(3) Die Erlaubnis kann unter dem Vorbehalt des Widerrufs erteilt werden, wenn eine abschließende Beurteilung des Antrags noch nicht möglich ist.

(4) Die Erlaubnis ist auf ein Jahr zu befristen. Der Antrag auf Verlängerung der Erlaubnis ist spätestens drei Monate vor Ablauf des Jahres zu stellen. Die Erlaubnis verlängert sich um ein weiteres Jahr, wenn die Erlaubnisbehörde die Verlängerung nicht vor Ablauf des Jahres ablehnt. Im Falle der Ablehnung gilt die Erlaubnis für die Abwicklung der nach § 1 erlaubt abgeschlossenen Verträge als fortbestehend, jedoch nicht länger als zwölf Monate.

(5) Die Erlaubnis kann unbefristet erteilt werden, wenn der Verleiher drei aufeinander folgende Jahre lang nach § 1 erlaubt tätig war. Sie erlischt, wenn der Verleiher von der Erlaubnis drei Jahre lang keinen Gebrauch gemacht hat.

1. Verfahren der Erlaubniserteilung (§ 2 Abs. 1). Die Erlaubnis zur AÜ wird auf **schriftlichen Antrag** erteilt. Antragsteller kann jeder sein, der auch Inhaber einer Erlaubnis nach § 1 Abs. 1 sein kann.

---

1 BVerfG v. 6.10.1987 – 1 BvR 1068, 1468, 1623/82, BVerfGE 77, 84 = NJW 1988, 1195. | 2 *Boemke/Lembke*, § 1b AÜG Rz. 18; *Ulber*, AuR 2003, 7. | 3 *Boemke/Lembke*, § 1b AÜG Rz. 28; aA *Sandmann/Marschall*, § 1b AÜG Rz. 17a. | 4 EuGH v. 25.10.2001 – Rs. C-493/99, NZA 2001, 1299.

2 Neben natürlichen Personen können das auch Personengesamtheiten (Vereine), Personengesellschaften (OHG und KG) sowie juristische Personen des Privatrechts (AG und GmbH) oder juristische Personen des öffentlichen Rechts (Kirchen u. Kommunen) sein. Der Antrag ist bei der BA als Erlaubnisbehörde gemäß § 17 zu stellen. Die Durchführung des Erlaubnisverfahrens und die Erteilung der Erlaubnisse nach dem AÜG ist den Regionaldirektionen übertragen[1].

3 Auf das Verwaltungsverfahren nach dem AÜG finden weder das VwVfG noch die Verwaltungsverfahrensvorschriften des SGB im SGB IV oder im SGB X Anwendung. Denn das AÜG ist in der ausdrücklichen Aufzählung aller Gesetze, die als besondere Teile des SGB gelten, unter Art. 2 § 1 SGB I nicht aufgeführt.

4 Das beruht nicht auf einem Versehen des Gesetzgebers, sondern darauf, dass das Recht der AÜ zum Grenzgebiet zwischen Verwaltungs-, Sozial- und Arbeitsrecht gehört. Für das Verwaltungsverfahren nach dem AÜG gelten neben den im Gesetz selbst enthaltenen Verfahrensvorschriften die allgemeinen Grundsätze des Verwaltungsverfahrensrechts[2].

5 Der Antrag auf eine Verleiherlaubnis muss schriftlich gestellt werden. Die Erteilung der Erlaubnis ist ein **mitwirkungsbedürftiger, begünstigender Verwaltungsakt**. Zusätzlich zu dem förmlichen Antrag trifft den Antragsteller die Obliegenheit, der Regionaldirektion die erforderlichen Auskünfte zu erteilen. Für die Erlaubnis selbst sieht das Gesetz keine besondere Form vor. Lediglich in einer Dienstanweisung der BA ist die Schriftform vorgeschrieben. Wirksam wird die Erlaubnis mit ihrem Zugang. Der Bescheid der Regionaldirektion wird regelmäßig durch Postzustellungsurkunde zugestellt.

6 **2. Nebenbestimmungen zur Erlaubnis (§ 2 Abs. 2 u. 3).** Die Erlaubnis zur AÜ kann entweder gemäß § 2 erteilt oder gemäß § 3 abgelehnt werden. Ferner kann die Erlaubnis mit Nebenbestimmungen versehen werden. In Betracht kommen insoweit die Bedingung, die Auflage, der Widerrufsvorbehalt und die Befristung.

7 Unter dem Begriff der **Bedingung** ist die Abhängigkeit der Erlaubnis von einem künftigen ungewissen Ereignis zu verstehen. Bei einer aufschiebenden Bedingung bleibt bis zum Eintritt des zukünftigen und ungewissen Ereignisses in der Schwebe, ob der Antragsteller die Erlaubnis zur AÜ erhält. Bei einer auflösenden Bedingung fällt die zunächst erteilte und wirksame Erlaubnis zur AÜ bei Eintritt des künftigen ungewissen Ereignisses fort. Während des Schwebezustandes ist ungewiss, ob die mit der Erlaubnis beabsichtigte Rechtsfolge eintritt oder bestehen bleibt. Da die Bedingung unselbständiger Teil der Erlaubnis ist, kann der Antragsteller nur die Erlaubnis einschließlich der Bedingung angreifen, nicht aber allein die Bedingung selbst.

8 Bei der Erlaubnis zur AÜ kommt eine aufschiebende Bedingung bereits nach dem Wortlaut von § 2 Abs. 2 Satz 1 nicht in Betracht. Denn die Bedingung darf sich nur auf Tatsachen beziehen, die nach der Erteilung der Erlaubnis eintreten. Auch eine Erlaubnis unter einer auflösenden Bedingung wird in der Praxis nur ausnahmsweise erteilt werden. Ob diese Bedingung eingetreten ist oder der Verleiher sie eingehalten hat, wird praktisch oft unmöglich oder nur schwer feststellbar sein. Das aber führt zu Zweifeln darüber, ob die in ihrem Bestand von dieser Bedingung abhängige Erlaubnis zur AÜ überhaupt wirksam ist oder nicht.

9 Durch eine **Auflage** wird der Antragsteller zu einem bestimmten Tun, Dulden oder Unterlassen verpflichtet. Diese Nebenbestimmung ist ein unselbständiger Teil der Erlaubnis, so dass sie allein angegriffen werden kann. Hält der Verleiher eine erteilte Auflage nicht ein, bleibt seine Erlaubnis zur AÜ gleichwohl wirksam. Allerdings begeht er eine Ordnungswidrigkeit gemäß § 16 und riskiert den Widerruf seiner Erlaubnis nach § 5 Abs. 1 Nr. 2. Die Auflage muss eine besondere Verpflichtung des Antragstellers betreffen, die sich nicht bereits zweifelsfrei aus dem Gesetz ergibt[3]. So kann sich die Auflage beziehen auf die Einrichtung des Geschäftsbetriebs, die betriebliche Organisation, die Einhaltung konkreter Bestimmungen des Arbeitsschutzes und die Ausgestaltung der Vertragsmuster. Die Erlaubnis zur AÜ kann gemäß § 2 Abs. 2 Satz 2 auch nachträglich mit einer Auflage verbunden werden. Eine ursprünglich erteilte Auflage kann nachträglich geändert, ergänzt oder erlassen werden[4].

10 Schließlich kann die Erlaubnis zur AÜ unter den **Vorbehalt des Widerrufs** gestellt werden gemäß § 2 Abs. 3. Diese Nebenbestimmung dient dem Interesse des Antragstellers an einer Verfahrensbeschleunigung. Sie ist allerdings nicht in das freie Ermessen der Regionaldirektion gestellt. Vielmehr kommt sie in Betracht, wenn eine abschließende Beurteilung des Antrags aus Gründen, die nicht in der Person des Antragstellers liegen, noch nicht möglich und ein Abwarten mit der Entscheidung dem Antragsteller nicht zuzumuten ist. Allerdings darf der Vorbehalt des Widerrufs nicht dazu genutzt werden, eine Erlaubnis zur AÜ auf Probe oder zur Bewährung zu erteilen.

11 Die Erlaubnis zur AÜ ist grundsätzlich mit einer **Befristung** auf ein Jahr zu versehen gemäß § 2 Abs. 4 Satz 1. Das gilt bei erstmaliger Erteilung der Erlaubnis ebenso wie in den beiden darauf folgenden Jah-

---

1 BAnz. 1972 Nr. 196, S. 5; BGH v. 17.2.2000 – III ZR 78/99, NJW 2000, 1557 = VersR 2001, 1513. | 2 *Sandmann/Marschall*, § 2 AÜG Anm. 7. | 3 BSG v. 14.6.1983 – 7 RAr 114/81, EzAÜG Nr. 3 zu § 2 AÜG – Erlaubnisarten. | 4 SG Hamburg v. 8.10.1986 – 13 Ar 89/86, EzAÜG Nr. 4 zu § 2 AÜG – Erlaubnisarten.

ren. Erst nach Ablauf von drei aufeinander folgenden Jahren kann eine unbefristete Erlaubnis erteilt werden gemäß § 2 Abs. 5 Satz 1.

3. Verlängerung der Erlaubnis (§ 2 Abs. 4). Der Inhaber einer Erlaubnis zur AÜ kann zur Vermeidung von Rechtsnachteilen deren Verlängerung spätestens drei Monate vor Ablauf der Jahresfrist stellen. Lehnt die Regionaldirektion die Verlängerung nicht bis zum Ablauf dieses Jahres ab, verlängert sich die Erlaubnis automatisch um ein weiteres Jahr. Allerdings kann die Erlaubnis mit den bisherigen oder auch mit neuen Nebenstimmungen versehen werden. Lediglich ein erneuter Widerrufsvorbehalt ist bei der Verlängerung der Erlaubnis ausgeschlossen, soweit er nicht auf neue Tatsachen gestützt wird. Wird der Antrag auf Verlängerung der Erlaubnis zur AÜ abgelehnt, fingiert § 2 Abs. 4 Satz 4 den Fortbestand der Erlaubnis für einen Zeitraum von maximal 12 Monaten. Allerdings darf dieser Zeitraum nur für die **Abwicklung** der zulässigerweise abgeschlossenen Verträge mit den Entleihern und den LeihArbN genutzt werden. Der Abschluss neuer Verträge ist unzulässig. Im Übrigen steht dem Verleiher ein Recht zur ordentlichen Kündigung der AÜ-Verträge und der Leiharbeitsverträge zu[1].

4. Erlöschen der Erlaubnis (§ 2 Abs. 5). Ist ein Verleiher über einen Zeitraum von drei aufeinander folgenden Jahren gewerbsmäßig mit der Überlassung von ArbN befasst, kann ihm der Regionaldirektion die Erlaubnis unbefristet erteilen. Ob es davon Gebrauch macht, steht in seinem Ermessen. Im Rahmen dieser Ermessensentscheidung ist zu berücksichtigen, dass kleinere Einzelverstöße gegen die Bestimmungen des AÜG es nicht rechtfertigen, die Erteilung einer unbefristeten Erlaubnis zu versagen[2]. Die Alternative besteht darin, die Verlängerung ganz abzulehnen oder wiederum nur eine befristete Erlaubnis zur AÜ zu erteilen.

Macht ein Verleiher von der unbefristeten Erlaubnis über einen Zeitraum von drei Jahren hinweg keinen Gebrauch, so erlischt seine Erlaubnis zur AÜ kraft Gesetzes gemäß § 2 Abs. 5 Satz 2. Dabei ist rechtlich unbeachtlich, aus welchen Gründen der Verleiher von der Erlaubnis keinen Gebrauch macht. Da sich die Erlaubnis auf die Person des Verleihers und nicht auf seinen Betrieb bezieht, erlischt sie auch bei dem Tod des Verleihers oder bei der Auflösung des Rechtsträgers[3]. Im Interesse des sozialen Schutzes der LeihArbN ist in entsprechender Anwendung des § 46 GewO iVm. § 4 Abs. 4 Satz 4 von einem Übergang der Erlaubnis zur AÜ auf die Erben auszugehen, die sich allerdings auf die Abwicklung der laufenden Geschäfte beschränkt[4].

2a Kosten

(1) Für die Bearbeitung von Anträgen auf Erteilung und Verlängerung der Erlaubnis werden vom Antragsteller Kosten (Gebühren und Auslagen) erhoben.

(2) Die Vorschriften des Verwaltungskostengesetzes sind anzuwenden. Die Bundesregierung wird ermächtigt, durch Rechtsverordnung die gebührenpflichtigen Tatbestände näher zu bestimmen und dabei feste Sätze und Rahmensätze vorzusehen. Die Gebühr darf im Einzelfall 2500 Euro nicht überschreiten.

Für die Bearbeitung von Anträgen auf Erteilung und auf Verlängerung der Erlaubnis zur AÜ werden vom Antragsteller Kosten in Form von Gebühren und Auslagen erhoben. Dabei ist nach § 2a Abs. 2 grundsätzlich das VwKostG anwendbar. Daneben hat die Bundesregierung aufgrund der Ermächtigung in § 2a Abs. 2 Satz 2 eine VO über die Kosten für die Erlaubnis zur gewerbsmäßigen AÜ vom 18.6.1982 (BGBl. I S. 692) erlassen. Danach beträgt die Gebühr für die Erteilung oder Verlängerung einer befristeten Erlaubnis bis zum 31.12.2002 625 Euro und ab 1.1.2003 750 Euro. Die Gebühr für die Erteilung einer unbefristeten Erlaubnis beträgt bis zum 31.12.2002 1.750 Euro und ab 1.1.2003 2.000 Euro.

Die Kostenpflicht entsteht bereits mit der Antragstellung und gilt für alle Antragsteller, auch wenn sie ihren Geschäftssitz in einem anderen Staat der EU haben. Ausnahmsweise können nur juristische Personen des öffentlichen Rechts von der Gebührenpflicht befreit werden gemäß § 8 VwKostG. Die Gebühr ist um ¼ zu ermäßigen gemäß § 15 Abs. 2 VwKostG, wenn die Erteilung oder Verlängerung der Erlaubnis abgelehnt, die Erlaubnis zurückgenommen oder widerrufen wird. Fällig werden die Kosten mit der Bekanntgabe der Kostenentscheidung an den Antragsteller gemäß § 17 VwKostG. Die Kostenentscheidung kann gemäß § 22 VwKostG zusammen mit der Sachentscheidung oder selbständig angefochten werden.

---

1 ErfK/*Wank*, § 2 AÜG Rz. 15,16; *Ulber*, § 2 AÜG Rz. 47, 48. | 2 SG Hamburg v. 14.3.1978 – 2 Ar 1067/76, nv. | 3 BSG v. 12.12.1991 – 7 RAr 56/90, DB 1992, 1636 = NZA 1992, 1006. | 4 *Schüren*, § 2 AÜG Rz. 97; *Boemke*, § 2 AÜG Rz. 40, ErfK/*Wank*, § 2 AÜG Rz. 20; *Ulber*, § 2 AÜG Rz. 53; *Becker/Wulfgramm*, § 2 AÜG Rz. 40; aA *Sandmann/Marschall*, § 2 AÜG Anm. 23, 34.

3 *Versagung*

(1) Die Erlaubnis oder ihre Verlängerung ist zu versagen, wenn Tatsachen die Annahme rechtfertigen, dass der Antragsteller

1. die für die Ausübung der Tätigkeit nach § 1 erforderliche Zuverlässigkeit nicht besitzt, insbesondere weil er die Vorschriften des Sozialversicherungsrechts, über die Einbehaltung und Abführung der Lohnsteuer, über die Arbeitsvermittlung, über die Anwerbung im Ausland oder über die Ausländerbeschäftigung, die Vorschriften des Arbeitsschutzrechts oder die arbeitsrechtlichen Pflichten nicht einhält;
2. nach der Gestaltung seiner Betriebsorganisation nicht in der Lage ist, die üblichen Arbeitgeberpflichten ordnungsgemäß zu erfüllen;
3. dem Leiharbeitnehmer für die Zeit der Überlassung an einen Entleiher die im Betrieb dieses Entleihers für einen vergleichbaren Arbeitnehmer des Entleihers geltenden wesentlichen Arbeitsbedingungen einschließlich des Arbeitsentgelts nicht gewährt, es sei denn, der Verleiher gewährt dem zuvor arbeitslosen Leiharbeitnehmer für die Überlassung an einen Entleiher für die Dauer von insgesamt höchstens sechs Wochen mindestens ein Nettoarbeitsentgelt in Höhe des Betrages, den der Leiharbeitnehmer zuletzt als Arbeitslosengeld erhalten hat; Letzteres gilt nicht, wenn mit demselben Verleiher bereits ein Leiharbeitsverhältnis bestanden hat. Ein Tarifvertrag kann abweichende Regelungen zulassen. Im Geltungsbereich eines solchen Tarifvertrages können nicht tarifgebundene Arbeitgeber und Arbeitnehmer die Anwendung der tariflichen Regelungen vereinbaren.

(2) Die Erlaubnis oder ihre Verlängerung ist ferner zu versagen, wenn für die Ausübung der Tätigkeit nach § 1 Betriebe, Betriebsteile oder Nebenbetriebe vorgesehen sind, die nicht in einem Mitgliedstaat der Europäischen Wirtschaftsgemeinschaft oder einem anderen Vertragsstaat des Abkommens über den Europäischen Wirtschaftsraum liegen.

(3) Die Erlaubnis kann versagt werden, wenn der Antragsteller nicht Deutscher im Sinne des Artikels 116 des Grundgesetzes ist oder wenn eine Gesellschaft oder juristische Person den Antrag stellt, die entweder nicht nach deutschem Recht gegründet ist oder die weder ihren satzungsmäßigen Sitz noch ihre Hauptverwaltung noch ihre Hauptniederlassung im Geltungsbereich dieses Gesetzes hat.

(4) Staatsangehörige der Mitgliedstaaten der Europäischen Wirtschaftsgemeinschaft oder eines anderen Vertragsstaates des Abkommens über den Europäischen Wirtschaftsraum erhalten die Erlaubnis unter den gleichen Voraussetzungen wie deutsche Staatsangehörige. Den Staatsangehörigen dieser Staaten stehen gleich Gesellschaften und juristische Personen, die nach den Rechtsvorschriften dieser Staaten gegründet sind und ihren satzungsgemäßen Sitz, ihre Hauptverwaltung oder ihre Hauptniederlassung innerhalb dieser Staaten haben. Soweit diese Gesellschaften oder juristische Personen zwar ihren satzungsmäßigen Sitz, jedoch weder ihre Hauptverwaltung noch ihre Hauptniederlassung innerhalb dieser Staaten haben, gilt Satz 2 nur, wenn ihre Tätigkeit in tatsächlicher und dauerhafter Verbindung mit der Wirtschaft eines Mitgliedstaates oder eines Vertragsstaates des Abkommens über den Europäischen Wirtschaftsraum steht.

(5) Staatsangehörige anderer als der in Absatz 4 genannten Staaten, die sich aufgrund eines internationalen Abkommens im Geltungsbereich dieses Gesetzes niederlassen und hierbei sowie bei ihrer Geschäftstätigkeit nicht weniger günstig behandelt werden dürfen als deutsche Staatsangehörige, erhalten die Erlaubnis unter den gleichen Voraussetzungen wie deutsche Staatsangehörige. Den Staatsangehörigen nach Satz 1 stehen gleich Gesellschaften, die nach den Rechtsvorschriften des anderen Staates gegründet sind.

1 Das Gesetz zählt die Gründe für die Versagung oder Nichtverlängerung einer Verleiherlaubnis abschließend auf. Aus anderen als den in § 3 genannten Gründen darf die Erlaubnis nicht versagt werden. Die zuständige Behörde hat insoweit kein Ermessen[1].

2 Der Antragsteller hat einen Rechtsanspruch auf Erteilung oder Verlängerung der Erlaubnis, wenn kein Versagungsgrund vorliegt. Dieser Anspruch leitet sich aus dem Grundrecht der Berufsfreiheit nach Art. 12 Abs. 1 GG und dem Grundsatz der Gewerbefreiheit nach § 1 Abs. 1 GewO ab. Das Grundrecht der Berufsfreiheit gilt nach Art. 19 Abs. 3 GG auch für inländische juristische Personen. Danach handelt es sich bei der Erlaubnispflicht gemäß § 1 rechtstechnisch um ein **präventives Verbot mit Erlaubnisvorbehalt**. Die zuständige Behörde hat lediglich zu prüfen, ob ein konkretes Verhalten die gesetzlichen Voraussetzungen erfüllt. Liegen die positiven Voraussetzungen vor, muss die Behörde die Erlaubnis erteilen. Liegen die negativen Voraussetzungen vor, muss sie die Erlaubnis versagen. Insoweit hat die Behörde kein Ermessen.

3 Durch die Verbindung des präventiven Verbots mit der gebundenen Erlaubnis wird der Konflikt zwischen der Berufsfreiheit des Verleihers gemäß Art. 12 GG und der aus dem Sozialstaatsprinzip des Art. 20 Abs. 1 GG folgenden Verpflichtung des Staates zum sozialen Schutz abhängig Beschäftigter gelöst. Es handelt sich um eine Berufsausübungsregelung iSv. Art. 12 Abs. 1 Satz 2 GG, die die ord-

---

1 *Sandmann/Marschall*, § 3 AÜG Anm. 1; *Schüren*, § 3 AÜG Rz. 27; *Becker/Wulfgramm*, § 3 AÜG Rz. 6; aA LSG Bremen v. 17.12.1975 – L 5 Ar 11/75, EzAÜG Nr. 11 zu § 3 AÜG – Versagungsgründe.

nungsgemäße Ausübung der Verleihtätigkeit im Interesse der LeihArbN bezweckt und deshalb nach der vom BVerfG entwickelten Stufentheorie verhältnismäßig ist[1].

Bei der Prüfung der Gründe für eine Versagung der Erlaubnis ist der Grundsatz der Verhältnismäßigkeit zu beachten und zu prüfen, ob die ordnungsgemäße Ausübung der AÜ auch durch weniger einschneidende Mittel wie etwa die Verhängung von Auflagen erreicht werden kann[2]. 4

1. Allgemeine Versagungsgründe (§ 3 Abs. 1). Das Gesetz enthält zunächst allgemeine materielle Versagungsgründe, die alle Verleiher betreffen. Dadurch sollen unzuverlässige Verleiher ausgeschlossen werden und gleichzeitig die zulässige AÜ von der Arbeitsvermittlung abgegrenzt werden. 5

Die Erlaubnisbehörde ist nicht verpflichtet, vor einer Ablehnung den Sachverhalt vollständig aufzuklären oder das Vorliegen eines Versagungsgrundes zu beweisen. Es genügt vielmehr der Nachweis von Tatsachen, aus denen mit hinreichender Sicherheit auf das Vorliegen von Versagungsgründen geschlossen werden kann. Maßgeblich ist dabei der Zeitpunkt, in dem eine Entscheidung der Erlaubnisbehörde ergeht. In diesem Zeitpunkt ist eine Prognose darüber anzustellen, ob der Antragsteller unter Berücksichtigung seines bisherigen Verhaltens auch in Zukunft die Pflichten des § 3 Abs. 1 beachten wird. 6

Nach dem Wortlaut des Gesetzes ist die Erlaubnis bereits dann zu versagen, wenn nur einer der Tatbestände des § 3 Abs. 1 vorliegt. Der Grundsatz der Verhältnismäßigkeit gebietet jedoch, nicht bereits bei einem geringfügigen Verstoß gegen die Verleiherpflichten mit einer Versagung der Erlaubnis zu reagieren. Vielmehr setzt eine Versagung voraus, dass ein schwerwiegender Verstoß oder mehrere geringfügige Verstöße gegen die Pflichten aus § 3 Abs. 1 Nr. 1–3 vorliegen[3]. 7

a) Unzuverlässigkeit des Antragstellers (§ 3 Abs. 1 Nr. 1). Die Erteilung oder die Verlängerung der Verleiherlaubnis ist zu versagen, wenn Tatsachen die Annahme rechtfertigen, dass der Antragsteller die für die AÜ erforderliche Zuverlässigkeit nicht besitzt. Zur Konkretisierung zählt das Gesetz einige Tatbestände als Regelbeispiele auf, die eine Unzuverlässigkeit indizieren. Der Begriff der erforderlichen Zuverlässigkeit ist im Gesetz nicht definiert. Bei dieser gewerberechtlichen Erlaubnisvoraussetzung handelt es sich um einen **unbestimmten Rechtsbegriff**, der gerichtlich in vollem Umfang nachprüfbar ist[4]. 8

Die gewerberechtliche Zuverlässigkeit ist nicht allgemein, sondern im Hinblick auf das **konkrete** Gewerbe zu bestimmen[5]. Danach fehlt die erforderliche Zuverlässigkeit, wenn aufgrund bestimmter Tatsachen in der Person des Antragstellers zu besorgen ist, dass er das gewerbsmäßige Überlassen von ArbN nicht im Einklang mit den bestehenden rechtlichen Vorschriften ausüben wird[6]. Dem Schutzzweck des Gesetzes entsprechend kommt es darauf an, ob der soziale Schutz der LeihArbN durch das Verhalten des Verleihers gefährdet sein könnte. Das ist insb. der Fall, wenn der Verleiher die ihm als ArbGeb gegenüber seinen LeihArbN obliegenden Kernpflichten verletzt[7]. 9

Im Rahmen der Prüfung kommt es wegen des **höchstpersönlichen Charakters** der Verleiherlaubnis bei natürlichen Personen auf deren Zuverlässigkeit an, bei Personengesellschaften auf die Zuverlässigkeit aller Gesellschafter und bei juristischen Personen auf die Zuverlässigkeit der vertretungsberechtigten Organe[8]. 10

Die Unzuverlässigkeit einer natürlichen Person kann sich auch daraus ergeben, dass sie einem **unzuverlässigen Dritten**, etwa ihrem Ehepartner oder einem Hintermann im Rahmen eines sog. „Strohmanngeschäfts", maßgeblichen Einfluss auf die Ausübung und Führung des Verleihunternehmens einräumt[9]. Der Antragsteller ist auch unzuverlässig, wenn er unzuverlässiges Stammpersonal mit Führungsaufgaben betraut[10]. 11

Da bei **Personengesellschaften** sämtliche Gesellschafter eine Verleiherlaubnis benötigen, kommt es darauf an, dass keiner dieser Gesellschafter unzuverlässig ist. Liegt die Zuverlässigkeit eines Gesellschafters nicht vor, ist die Erlaubnis insgesamt zu versagen[11]. Theoretisch bestünde in diesem Fall zwar die Möglichkeit, nur den zuverlässigen Gesellschaftern die Erlaubnis zur AÜ zu erteilen, allerdings nur unter der Voraussetzung, dass die Unzuverlässigkeit des einen Gesellschafters sich nicht auf die anderen auswirkt[12]. Dem dürfte bereits entgegenstehen, dass die Erlaubnisbehörde die Vertretungsmacht eines wenn auch unzuverlässigen Gesellschafters einer Personengesellschaft nicht beschränken kann. 12

---

1 BSG v. 6.2.1992 – 7 RAr 140/90, NZA 1992, 1006 = BB 1992, 2365. |2 BSG v. 22.3.1979 – 7 RAr 47/78, EzAÜG Nr. 2 zu § 2 AÜG – Erlaubnisverfahren. |3 BayLSG v. 29.7.1986 – L 08/AI 0040/83, EzAÜG Nr. 9 zu § 3 AÜG – Versagungsgründe; *Schüren*, § 3 AÜG Rz. 37; *Becker/Wulfgramm*, § 3 AÜG Rz. 9; *Boemke*, § 3 AÜG Rz. 6; aA *Sandmann/Marschall*, § 3 AÜG Anm. 1; *Ulber*, § 3 AÜG Rz. 16. |4 BayLSG v. 14.3.1985 – L 9/AI 146/83, EzAÜG Nr. 8 zu § 3 AÜG – Versagungsgründe = NZA 1986, 109. |5 BVerwG v. 27.6.1961 – I C 34/60, GewArch 1961, 166; LSG Rh.-Pf. v. 16.1.1981 – L 6 Ar 65/80, EzAÜG Nr. 5 zu § 3 AÜG – Versagungsgründe. |6 BSG v. 6.2.1992 – 7 RAr 140/90, NZA 1992, 1006 = BB 1992, 2365. |7 BayLSG v. 14.3.1985 – L 9/AI 146/83, EzAÜG Nr. 8 zu § 3 AÜG – Versagungsgründe = NZA 1986, 109. |8 ErfK/*Wank*, § 3 AÜG Rz. 3. |9 BVerwG v. 2.2.1982 – 1 C 3.81, DÖV 1982, 902 = MDR 1982, 1046. |10 *Schüren*, § 3 AÜG Rz. 59; *Sandmann/Marschall*, § 3 AÜG Anm. 7; *Ulber*, § 3 AÜG Rz. 23. |11 *Ulber*, § 3 AÜG Rz. 25; *Franßen/Haesen*, § 3 AÜG Rz. 17. |12 *Sandmann/Marschall*, § 3 AÜG Anm. 8; *Becker/Wulfgramm*, § 3 AÜG Rz. 17.

13 Liegt eines der im Gesetz aufgeführten **Regelbeispiele** vor, führt das nicht automatisch zur Versagung der Verleiherlaubnis oder ihrer Verlängerung. Maßgeblich ist vielmehr, ob im Einzelfall aufgrund der Schwere des jeweiligen Verstoßes bereits eine Unzuverlässigkeit des Antragstellers angenommen werden kann[1].

14 Darüber hinaus ist die Aufzählung der Regelbeispiele **nicht abschließend**. Vielmehr kann sich die Unzuverlässigkeit des Antragstellers auch aus weiteren Umständen ergeben. So sprechen ungeordnete Vermögensverhältnisse gegen eine Zuverlässigkeit, wenn die Gefahr besteht, dass der Antragsteller nicht in der Lage ist, den Leiharbeitern ihren Lohn zu zahlen. Er muss für Zeiten, in denen er die Leiharbeiter nicht einsetzen kann, eine Finanzreserve vorhalten. Auch die Abgabe einer eidesstattlichen Versicherung nach § 807 ZPO oder die Eröffnung des Insolvenzverfahrens über sein Vermögen sprechen gegen die Zuverlässigkeit des Antragstellers. Das gilt auch für Straf- oder Ordnungswidrigkeitenverfahren, wenn diese im Zusammenhang mit einer Tätigkeit des Antragstellers als Verleiher standen. Liegt der Verstoß des Antragstellers bereits längere Zeit zurück, sinkt dessen Bedeutung für die Prognose der Zuverlässigkeit mit dem größer werdenden zeitlichen Abstand[2].

15 Ein Antragsteller muss nicht über eine einschlägige Fachkunde oder Berufserfahrung verfügen, wohl aber über elementare **Grundkenntnisse auf dem Gebiet des Arbeits- und Sozialrechts**, da sonst nicht erwartet werden kann, dass er seine ArbGebPflichten erfüllt[3].

16 Die wichtigsten einschlägigen Gesetzesbestimmungen, bei deren Verletzung eine Unzuverlässigkeit des Antragstellers anzunehmen ist, führt das Gesetz ausdrücklich auf. Dabei umfassen die **Vorschriften des SozV-Rechts** alle Bestimmungen über die ArbGebPflichten im Bereich der Kranken-, Unfall-, Renten- und ArblV. Nach diesen in den verschiedenen Büchern des SGB und in den entsprechenden Nebengesetzen und VO enthaltenen Regelungen ist der ArbGeb verpflichtet, SozVBeiträge abzuführen, Versicherungsleistungen zu erstatten, Entgeltbescheinigungen auszustellen sowie seinen Melde-, Anzeige- und Auskunftspflichten nachzukommen. Meldet ein Verleiher LeihArbN nicht zur SozV an oder führt er SozVBeiträge für diese nicht ab, liegen Tatsachen vor, die die Annahme seiner Unzuverlässigkeit gemäß § 3 Abs. 1 Nr. 1 rechtfertigen[4].

17 Die **Vorschriften über die Einbehaltung und Abführung der LSt** sind §§ 38, 41a EStG sowie § 7 LStDV. Auch die Verletzung sonstiger steuerrechtlicher Verpflichtungen wie etwa die Hinterziehung von Körperschaft-, Einkommen- oder Mehrwertsteuer kann zur Versagung der Erlaubnis führen, wenn aus der Art der Pflichtverletzung auf eine Unzuverlässigkeit des Antragstellers geschlossen werden kann[5].

18 Die **Vorschriften über die Arbeitsvermittlung** sind die §§ 291 bis 301 SGB III. Danach ist die Arbeitsvermittlung nur aufgrund einer Erlaubnis der BA zulässig. Ein Verstoß gegen diese Erlaubnispflicht kann die Annahme einer Unzuverlässigkeit des Antragstellers iSv. § 3 Abs. 1 Nr. 1 rechtfertigen.

19 Zu den **Vorschriften über die Anwerbung im Ausland und über die Ausländerbeschäftigung** gehören die §§ 302 sowie 284 bis 288 SGB III. Für die Anwerbung von ArbN für eine Beschäftigung im Ausland außerhalb des EWR und für die Anwerbung von ausländischen ArbN, die nicht Staatsangehörige eines Mitgliedstaats des EWR sind, für eine Beschäftigung im Inland ist die vorherige Zustimmung der BA erforderlich. Diese Zustimmung wird grundsätzlich nur für eine Anwerbung von ArbN zur Einstellung im eigenen Unternehmen erteilt[6].

20 Ausländische ArbN dürfen grundsätzlich nur beschäftigt werden, wenn sie zuvor von der BA gemäß § 284 Abs. 1 SGB III eine **Arbeitserlaubnis** erhalten haben. Von dieser Erlaubnispflicht ausgenommen sind ArbN aus Mitgliedstaaten der EU und des EWR sowie heimatlose Ausländer. Das gilt auch für bestimmte ArbN-Gruppen nach § 9 AEV. Nach dieser VO erhalten ausländische ArbN, die erlaubnispflichtig sind und eine Tätigkeit als LeihArbN aufnehmen wollen, grundsätzlich keine erstmalige Arbeitserlaubnis. Diese Arbeitserlaubnis ist zu versagen, wenn das Arbeitsverhältnis im Wege einer unerlaubten Arbeitsvermittlung oder einer unerlaubten Anwerbung im Ausland zustande kommen soll. Beruht ein Verstoß des Antragstellers gegen die Erlaubnispflicht für eine Arbeitsvermittlung oder gegen die Vorschriften über die Beschäftigung ausländischer ArbN nicht auf seiner Tätigkeit als Verleiher, rechtfertigen diese Tatsachen gleichwohl die Annahme seiner Unzuverlässigkeit iSv. § 3 Abs. 1 Nr. 1[7].

21 Zu den **Vorschriften des Arbeitsschutzrechts** gehören neben dem Arbeitsschutzgesetz und dem Arbeitssicherheitsgesetz die Bestimmungen in § 120b GwO sowie die auf der Grundlage des § 120e GwO erlassenen bundes- und landesrechtlichen Vorschriften wie etwa die Arbeitsstättenverordnung, die Unfallverhütungsvorschriften der Berufsgenossenschaften, das ArbZG, das Ladenschlussgesetz und die speziellen Regelungen zum Schutz bestimmter ArbN-Gruppen im Mutterschutzgesetz, im Jugendarbeitsschutzgesetz und im SGB IX.

22 Die Verleiherlaubnis oder ihre Verlängerung ist auch dann zu versagen, wenn Tatsachen die Annahme rechtfertigen, dass der Antragsteller seine arbeitsrechtlichen Pflichten nicht einhält. Darunter fallen alle

---

[1] BSG v. 6.2.1992 – 7 RAr 140/90, NZA 1992, 1006 = BB 1992, 2365. | [2] LSG BW v. 15.3.1988 – L 5 Ar 2015/87, nv. | [3] BSG v. 6.2.1992 – 7 RAr 140/90, NZA 1992, 1006 = BB 1992, 2365. | [4] *Becker/Wulfgramm*, § 3 AÜG Rz. 19. | [5] *Becker/Wulfgramm*, § 3 AÜG Rz. 20. | [6] *Sandmann/Marschall*, § 3 AÜG Anm. 15. | [7] *Sandmann/Marschall*, § 3 AÜG Anm. 15a.

ArbGebPflichten, die nicht bereits in den übrigen Regelbeispielen des § 3 Abs. 1 Nr. 1 ausdrücklich erwähnt worden sind. Diese **ArbGebPflichten** können sich aus dem Arbeitsvertrag, aus BV, aus TV oder aus dem Gesetz ergeben. Auch die besonderen Verleiherpflichten nach den §§ 9 bis 11 zählen dazu. Praktisch bedeutsam sind die ArbGebPflichten aus dem BetrVG und den Mitbestimmungsgesetzen, die Pflicht zur Beschäftigung von Schwerbehinderten nach § 71 SGB IX, die Pflicht zur Gewährung von Erholungsurlaub und die Pflicht zur Entgeltfortzahlung im Krankheitsfall[1].

b) Mangelhafte Betriebsorganisation (§ 3 Abs. 1 Nr. 2). Die Verleiherlaubnis oder ihre Verlängerung ist zu versagen, wenn der Antragsteller nach der Gestaltung seiner Betriebsorganisation nicht in der Lage ist, die üblichen ArbGebPflichten ordnungsgemäß zu erfüllen. 23

Neben den Anforderungen an die persönliche Zuverlässigkeit des Verleihers gemäß § 3 Abs. 1 Nr. 1 muss auch der Betrieb des Antragstellers bestimmten organisatorischen Anforderungen entsprechen. Damit will das Gesetz Verleiher ausschließen, die lediglich formell „vom Sofa aus" als ArbGeb auftreten, ihre ArbGebFunktion jedoch aufgrund der tatsächlichen Beziehungen zwischen den Beteiligten nicht ausüben können[2]. 24

Der Antragsteller muss bestimmte organisatorische Vorkehrungen zur Erfüllung seiner ArbGebPflichten als Verleiher treffen. Danach setzt eine ordnungsgemäße Betriebsorganisation eine Betriebsstätte oder Geschäftsräume des Verleihers von gewisser Dauer voraus. Es muss auch der Zugang der üblichen Post sichergestellt sein. Dafür genügt ein Campingwagen, ein Hotelzimmer oder eine Baubude regelmäßig nicht. Denn bei derartigen sog. Rucksackfirmen ist es weder den Behörden noch den SozV-Trägern oder Gerichten möglich, den Verleiher zur Einhaltung seiner gesetzlichen Pflichten zu veranlassen[3]. 25

Der Umfang der Betriebsorganisation hängt von der Größe des Verleihunternehmens ab. Maßgebend ist das Ziel, die ArbGebPflichten des Verleihers ordnungsgemäß und sachgerecht erfüllen zu können. Dabei sind die üblichen ArbGebPflichten genauso zu definieren wie in § 1 Abs. 2. Neben den Pflichten aus dem Arbeitsvertrag zählen dazu die Abführung von SozVBeiträgen und LSt, die Einhaltung der entsprechenden Melde-, Anzeige- und Auskunftspflichten, die Überwachung des Arbeitsschutzes in den Entleihbetrieben und die statistischen Meldungen nach § 8. Je nach der Größe des Unternehmens und der Zahl der LeihArbN kann es notwendig sein, eine Buchhaltung und eine Personalabteilung einzurichten und diese mit Mitarbeitern zu besetzen, die über eine entsprechende fachliche Ausbildung verfügen. Bei der Einrichtung von Zweigniederlassungen kann es geboten sein, zuverlässigen Mitarbeitern Überwachungs- und Leitungsaufgaben zu übertragen[4]. 26

Erfordert das Unternehmen des Verleihers einen in kaufmännischer Weise eingerichteten Geschäftsbetrieb, ist die gewerbsmäßige AÜ Gegenstand eines Handelsgewerbes nach § 1 Abs. 2 HGB. Das gilt auch, wenn die Firma des Verleihunternehmens nach § 2 HGB in das Handelsregister eingetragen ist. 27

c) Verstoß gegen das Gleichstellungsgebot (§ 3 Abs. 1 Nr. 3). Die Verleiherlaubnis oder ihre Verlängerung ist zu versagen, wenn Tatsachen die Annahme rechtfertigen, dass der Antragsteller dem LeihArbN nicht die für einen vergleichbaren ArbN des Entleihers geltenden wesentlichen Arbeitsbedingungen gewährt und kein Ausnahmefall vorliegt. Mit dieser Regelung wird das arbeitsrechtliche Gleichstellungsgebot in den §§ 9 Nr. 2 und 10 Abs. 4 in gewerberechtlicher Hinsicht ergänzt. Die Bestimmung des § 3 Abs. 1 Nr. 3 erfasst nur die gewerbsmäßige AÜ, da sie allein gemäß § 1 Abs. 1 Satz 1 einer Erlaubnis bedarf. 28

Das Gleichstellungsgebot bezieht sich auf die dem LeihArbN zu gewährenden **wesentlichen Arbeitsbedingungen einschließlich des Arbeitsentgelts**. Zu den Arbeitsbedingungen gehören nach der Gesetzesbegründung alle nach dem allgemeinen Arbeitsrecht vereinbarten Bedingungen, wie die Dauer der Arbeitszeit und des Urlaubs sowie die Nutzung sozialer Einrichtungen[5]. Um zu bestimmen, welche Arbeitsbedingungen wesentlich sind, kann auf die Definition in Art. 3 Abs. 1d des Richtlinienentwurfs zur Leiharbeit zurückgegriffen werden[6]. Danach sind Arbeitsbedingungen wesentlich, die sich auf die Dauer der Arbeit, Ruhezeiten, Nachtarbeit, bezahlten Urlaub, arbeitsfreie Tage, die Arbeit von Schwangeren und Stillenden, Kindern und Jugendlichen sowie alle Maßnahmen zur Bekämpfung jeglicher Diskriminierung beziehen. Darüber hinaus kann auf Grund der Bezugnahme in § 11 Abs. 1 die Regelung in § 2 Abs. 1 NachwG als Orientierungshilfe bei der Bestimmung wesentlicher Arbeitsbedingungen dienen[7]. 29

Soweit sich das Gleichstellungsgebot auf das **Arbeitsentgelt** erstreckt, ist darunter nicht nur das laufende Entgelt, sondern auch Zuschläge und andere Lohnbestandteile zu verstehen[8]. Dabei kann es sich auch um Sozialleistungen in Form von Geld- und Sachzuwendungen handeln, die nicht der unmittelbaren Abgeltung der erbrachten Arbeitsleistung dienen, sonden mit Rücksicht auf den Bestand des Arbeitsverhältnisses gewährt werden[9]. Wenn sich diese Lohnbestandteile am Betriebsergebnis orientieren und erst nach Ablauf eines bestimmten Zeitraums, etwa dem Geschäftsjahr, ermittelt werden können oder wenn es sich um Leistungen wie Firmenwagen, Personalkauf oder Aktionsoptionen han- 30

---

1 BayLSG v. 14.3.1985 – L 9/AI 146/83, EzAÜG Nr. 8 zu § 3 AÜG – Versagungsgründe = NZA 1986, 109. | 2 BT-Drs. VI/2303, S. 11. | 3 *Sandmann/Marschall*, § 3 AÜG Anm. 19. | 4 *Sandmann/Marschall*, § 3 AÜG Anm. 20. | 5 BT-Drs. 15/25, S. 38. | 6 KOM (2002) 149 endg., ABl. EG Nr. C 203 v. 27.8.2002, S. 1. | 7 *Boemke/Lembke*, § 9 AÜG Rz. 37. | 8 BT-Drs. 15/25, S. 38. | 9 *Rieble/Klebeck*, NZA 2003, 23; *Ulber*, ZTR 2003, 7.

delt, die nicht nach Zeitabschnitten einer AÜ aufgeteilt werden können, kommt die Umrechnung in einen Geldwert in Betracht, der an den LeihArbN auszuzahlen ist[1]. Dabei ist allerdings zu beachten, dass eine derartige aus sachlichen Gründen gerechtfertigte Abweichung vom Gleichstellungsgebot, die in Art. 5 Abs. 1 des Richtlinienentwurfs noch vorgesehen war, inzwischen gestrichen ist[2].

31 Als Maßstab für einen Verstoß gegen das Gleichstellungsgebot gemäß § 3 Abs. 1 Nr. 3 dienen die kraft einzelvertraglicher Regelung oder kraft BV für einen **vergleichbaren ArbN des Entleihers** geltenden Arbeitsbedingungen. Bei diesem Vergleich kommt es allein auf den Zeitraum an, für den der LeihArbN dem Entleiher überlassen worden ist.

32 Mit dem LeihArbN sind nur die ArbN des Entleihers vergleichbar, die dieselbe oder zumindest ähnliche Tätigkeiten auszuführen haben[3]. Maßgeblich ist allein die Art der Tätigkeit, die entweder identische Arbeitsvorgänge aufweist oder nach dem Anforderungsprofil und der mit ihr verbundenen Belastung einen jederzeitigen Austausch der ArbN zulässt[4]. Dagegen kommt es für die Vergleichbarkeit grundsätzlich nicht auf Qualifikation, Beschäftigungsdauer, Berufserfahrung oder Lebensalter an. Lediglich bei einer betrieblichen Vergütungsordnung, die als konstitutives Merkmal der Eingruppierung auf bestimmte subjektive Merkmale abstellt, führt eine daraus resultierende unterschiedliche Vergütung des LeihArbN nicht zu einem Verstoß gegen das Gleichstellungsgebot[5]. Der Vergleichbarkeit steht eine unterschiedliche Arbeitszeit nicht entgegen. Allerdings kann ein teilzeitbeschäftigter LeihArbN nur die Arbeitsbedingungen und das Arbeitsentgelt beanspruchen, das ihm als Teilzeitbeschäftigter des Entleihers zustehen würde[6].

33 Wird im Betrieb des Entleihers **kein vergleichbarer ArbN** beschäftigt, läuft das Gleichstellungsgebot zwar seinem Wortlaut nach leer[7]. Das AÜG enthält auch keine dem § 2 Abs. 1 Satz 4 TzBfG entsprechende Regelung, nach der die Vergleichbarkeit in diesem Fall auf Grund des im Betrieb des Entleihers anwendbaren TV zu bestimmen wäre[8]. Aus dem Rechtsgedanken dieser Vorschrift und des § 612 Abs. 2 BGB lässt sich jedoch entnehmen, dass auf die üblichen Arbeitsbedingungen abzustellen ist, die sich nach dem für den Betrieb des Entleihers geltenden TV richten[9]. Dieser Anknüpfungspunkt ist auch in Art. 5 Abs. 5 des Richtlinienentwurfs vorgesehen[10].

34 Werden im Betrieb des Entleihers mehrere mit dem LeihArbN vergleichbare ArbN beschäftigt, deren Arbeitsbedingungen oder Arbeitsentgelt auf Grund individueller Vereinbarungen oder wegen ihrer unterschiedlichen Beschäftigungszeit verschieden sind, bezieht sich das Gleichstellungsgebot auf die jeweils ungünstigsten bzw. die Arbeitsbedingungen, die für neu eingestellte ArbN des Entleihers gelten[11].

35 Das Gleichstellungsgebot erlaubt dem LeihArbN nicht, sich die jeweils günstigsten Arbeitsbedingungen auszusuchen, etwa den längeren Urlaub beim Verleiher und das höhere Urlaubsgeld beim Entleiher. Vielmehr ist wie bei dem Günstigkeitsvergleich gemäß § 4 Abs. 3 TVG ein Sachgruppenvergleich vorzunehmen, der die Arbeitsbedingungen zusammenzieht, die in einem sachlichen inneren Zusammenhang stehen[12].

36 Ein Verstoß des Verleihers gegen das Gleichstellungsgebot nach § 3 Abs. 1 Nr. 3 liegt nicht vor, wenn der **LeihArbN** vor der Aufnahme des Leiharbeitsverhältnisses **arbeitslos** war, während der Überlassung an den Entleiher für sechs Wochen mindestens ein Nettoarbeitsentgelt in Höhe des Alg erhält, mit demselben Verleiher nicht bereits zuvor ein Leiharbeitsverhältnis bestanden hat und ein TV keine abweichende Regelung enthält. Der Begriff der Arbeitslosigkeit entspricht § 118 SGB III und erfasst auch Dauerarbeitslose, die zuletzt lediglich Anschlussarbeitslosenhilfe bezogen haben. Bereits nach dem Wortlaut der Ausnahmebestimmung gilt sie nicht für Berufsanfänger, Sozialhilfeempfänger oder Personen, die aus anderen Gründen kein Alg bezogen haben[13].

37 Nach § 3 Abs. 1 Nr. 3 Satz 3 kann ein **TV Regelungen zulassen**, die von dem Gleichstellungsgebot abweichen. Durch diese Ausnahme vom Gleichstellungsgebot sollen die TV-Parteien Gelegenheit erhalten, die Zeitarbeit flexibel zu gestalten, Pauschalierungen beim Arbeitsentgelt zuzulassen und die Leistungen für die Zeiten des Verleihs und Nichtverleihs in einem Gesamtkonzept zu regeln[14]. Es muss sich um einen TV handeln, der nach dem 15.11.2002 abgeschlossen worden ist, wie sich aus § 19 Satz 2 ergibt. Daher sind im Gegensatz zu Art. 5 Abs. 3 des Richtlinienentwurfs Ausnahmen durch bereits bestehende TV nicht zugelassen[15]. Allerdings genügt es ohnehin nicht, wenn ein TV nur allgemeine Regelungen über die Arbeitsbedingungen von LeihArbN und ihre Vergütung enthält. Vielmehr muss er die wesentlichen Arbeitsbedingungen und das Arbeitsentgelt während eines Einsatzes bei dem Entleiher iSd. § 3 Abs. 1 Nr. 3 ausdrücklich zum Gegenstand einer eigenständigen Regelung machen[16]. Dieser TV ist

---

1 Boemke/Lembke, § 9 AÜG Rz. 82; Bauer/Krets, NJW 2003, 537. | 2 KOM (2002) 701 endg., Vorschlag v. 28.11.2002, S. 1. | 3 BT-Drs. 15/25, S. 38. | 4 Annuß/Thüsing, § 3 TzBfG Rz. 13 und § 4 TzBfG Rz. 25. | 5 Ulber, ZTR 2003, 7; Boemke/Lembke § 9 AÜG Rz. 27; aA Bertram, ZESAR 2003, 205 unter Hinweis auf Art. 5 Abs. 1 des geänderten Richtlinienentwurfs. | 6 Boemke/Lembke, § 9 AÜG Rz. 28; Bertram, ZESAR 2003, 205. | 7 Thüsing, DB 2003, 446. | 8 Hanau, ZIP 2003, 1573. | 9 Boemke/Lembke, § 9 AÜG Rz. 29; aA Rieble/Klebeck, NZA 2003, 23. | 10 KOM (2002) 149 endg., ABl. EG Nr. C 203 v. 27.8.2002, S. 1. | 11 Bauer/Krets, NJW 2003, 537; Thüsing, DB 2002, 2218. | 12 Boemke/Lembke, § 9 AÜG Rz. 39 ff. mit Beispielen; Thüsing, DB 2003, 446. | 13 Schüren, § 9 AÜG Rz. 210; aA Boemke/Lembke, § 9 AÜG Rz. 49. | 14 BT-Drs. 15/25, S. 38. | 15 Bertram, ZESAR 2003, 205. | 16 Ulber, ZTR 2003, 7; aA Boemke/Lembke, § 9 AÜG Rz. 74.

auch nicht darauf beschränkt, das gesetzliche Gleichstellungsgebot lediglich auszugestalten, so dass der Tariflohn des LeihArbN einschließlich aller Nebenleistungen mindestens das Niveau eines neu eingestellten ArbN im Entleiherbetrieb erreicht[1]. Allerdings sind die TV-Parteien an den Gleichheitssatz des Art. 3 GG gebunden[2]. Diese Bindung verbietet eine willkürliche Schlechterstellung von LeihArbN durch tarifliche Regelungen und erlaubt eine Ungleichbehandlung gegenüber den vergleichbaren ArbN des Entleihers nur bei entsprechender sachlicher Rechtfertigung[3].

Die Ausnahme von dem Gleichstellungsgebot nach § 3 Abs. 1 Nr. 3 Satz 3 bezieht sich auf einen TV, der kraft **Tarifbindung** gilt. Dazu müssen sowohl der Verleiher als auch der LeihArbN kraft Mitgliedschaft im tarifschließenden Verband[4] oder der Verleiher als TV-Partei eines FirmenTV tarifgebunden sein. Für diesen Ausnahmetatbestand genügt es, wenn der TV zwar ausgelaufen oder gekündigt ist, aber gemäß § 4 Abs. 5 TVG noch nachwirkt[5]. 38

Nach § 3 Abs. 1 Nr. 3 Satz 4 gilt eine weitere Ausnahme von dem Gleichstellungsgebot, wenn nicht tarifgebundene ArbGeb und ArbN die **Anwendung tariflicher Regelungen vereinbaren**. Diese Vereinbarung kann in einer ausdrücklichen einzelvertraglichen Bezugnahme erfolgen oder konkludent kraft betrieblicher Übung geschehen[6]. Dabei genügt die Verweisung auf einzelne tarifliche Bestimmungen jedoch nicht. Ebenso wenig bedarf es der Bezugnahme auf das gesamte Tarifwerk. Ausreichend ist vielmehr die Verweisung auf sachlich und inhaltlich zusammenhängende tarifliche Regelungskomplexe[7]. Ferner müssen die Parteien des Leiharbeitsvertrags von dem räumlichen, fachlichen, persönlichen und zeitlichen Geltungsbereich des einschlägigen TV erfasst werden. 39

2. Versagungsgrund der fehlenden Betriebsstätte im EG-Raum oder EWR (§ 3 Abs. 2). Die Verleiherlaubnis oder ihre Verlängerung ist zu versagen, wenn sich die Betriebsstätte des Verleihers, von der aus er AÜ betreiben will, weder im Inland noch in einem Mitgliedstaat der EU oder in einem anderen Vertragsstaats des Abkommens über den EWR befindet. Durch diese zwingende Regelung wird eine AÜ vom Ausland außerhalb des EWR zum Schutz der LeihArbN ausnahmslos untersagt. Damit soll eine wirksame Kontrolle der Verleiher möglichst durch deutsche Behörden, mindestens aber durch Behörden eines Mitgliedstaates des EWR gesichert werden[8]. 40

Den Anknüpfungspunkt für diesen Versagungsgrund bildet allein der Ort, an dem die Verleihtätigkeit ausgeübt wird. Soweit es die Mitgliedstaaten der EU angeht, bestimmt sich der räumliche Geltungsbereich der Vorschrift nach Art. 299 des EG-Vertrags. Danach findet dieser Vertrag beispielsweise keine Anwendung auf die britischen Hoheitszonen auf Zypern, auf den Kanalinseln und auf der Insel Man. Soweit es die Vertragsstaaten des Abkommens über den EWR angeht, bestimmt sich der Geltungsbereich der Vorschrift nach dem Vertrag von Porto vom 2.5.1992. Danach gehören beispielsweise Island, Norwegen und das Fürstentum Liechtenstein zu den Vertragsstaaten[9]. 41

Da es für diesen Versagungsgrund allein auf den Ort ankommt, von dem aus die AÜ betrieben wird, muss der Verleiher am Einsatzort des LeihArbN keine Betriebsstätte haben. Das entspricht den europarechtlichen Vorgaben der Niederlassungs- und Dienstleistungsfreiheit nach der EG-Richtlinie 67/43 vom 12.1.1967[10]. 42

Als **Betriebsstätte des Verleihers** kommen neben seinem Betrieb auch Betriebsteile oder Nebenbetriebe in Betracht. Diese Begriffe sind im Gesetz nicht definiert. Daher ist auf die Begriffsbestimmungen zurückzugreifen, die dem allgemeinen Sprachgebrauch entsprechen und die in den §§ 1 und 4 BetrVG ihren Niederschlag gefunden haben[11]. Nach der von Rspr. und Lehre entwickelten Definition ist ein **Betrieb** die organisatorische Einheit, innerhalb deren ein ArbGeb mit Hilfe von technischen und immateriellen Mitteln bestimmte arbeitstechnische Zwecke fortgesetzt verfolgt, die sich nicht in der Befriedigung von Eigenbedarf erschöpfen[12]. 43

Bei einem **Betriebsteil** handelt es sich um eine räumlich und organisatorisch unterscheidbare Abteilung eines Betriebs, die ihrem Wesen nach an sich organisatorisch unselbständig ist und wegen ihrer Eingliederung in den Hauptbetrieb nicht allein bestehen könnte. Sie erfüllt lediglich eine bestimmte Aufgabe, die sich von anderen erkennbar unterscheiden lässt, in ihrer Zielrichtung jedoch dem arbeitstechnischen Zweck des Gesamtbetriebs dient. 44

Demgegenüber ist ein **Nebenbetrieb** ein organisatorisch selbständiger Betrieb, der unter einer eigenen Leitung einen eigenen Betriebszweck verfolgt, jedoch in seiner Aufgabenstellung auf Hilfeleistungen für einen Hauptbetrieb ausgerichtet ist[13]. 45

---

1 *Hanau*, ZIP 2003, 1537; aA *Schüren/Behrend*, NZA 2003, 521; *Reim*, ZTR 2003, 106. | 2 ErfK/*Dieterich*, Art. 9 GG Rz. 76. | 3 *Ulber*, ZTR 2003, 7; *Reim*, ZTR 2003, 106. | 4 Die Tariffähigkeit der „Tarifgemeinschaft Christliche Gewerkschaften Zeitarbeit und PSA" (CGZP) ist umstritten – vgl. auch zu den Rechtsfolgen: *Böhm*, DB 2003, 2598; *Schöne*, DB 2004, 136. | 5 *Thüsing*, DB 2003, 446. | 6 *Boemke/Lembke*, § 9 AÜG Rz. 68. | 7 *Thüsing*, DB 2003, 446. | 8 BT-Drs. VI/2303, S. 12. | 9 *Sandmann/Marschall*, § 3 AÜG Anm. 40a; *Schüren*, § 3 AÜG Rz. 156. | 10 *Schüren*, § 3 AÜG Rz. 157. | 11 *Franßen/Haesen*, § 3 AÜG Rz. 57. | 12 BAG v. 14.9.1988 – 7 ABR 10/87, AP Nr. 9 zu § 1 BetrVG 1972 = DB 1989, 127. | 13 BAG v. 24.2.1976 – 1 ABR 62/75, AP Nr. 2 zu § 4 BetrVG 1972 = DB 1976, 1579; v. 29.1.1992 – 7 ABR 27/91, AP Nr. 1 zu § 7 BetrVG 1972 m. Anm. *Kohte* = DB 1992, 1429.

46 Der Versagungsgrund setzt voraus, dass gerade der Betrieb, Betriebsteil oder Nebenbetrieb des Verleihers außerhalb des EWR für die Verleihtätigkeit vorgesehen oder an ihr beteiligt ist. Als Anhaltspunkt dafür dienen beispielsweise die Arbeitsverträge der LeihArbN oder die Geschäftsunterlagen im Zusammenhang mit der AÜ, wenn diese in einem Betriebsteil außerhalb des EWR verwaltet werden. Steht der Betriebsteil oder der Nebenbetrieb des Verleihers außerhalb des EWR mit der AÜ in keinem Zusammenhang, greift der Versagungsgrund dagegen nicht ein[1].

47 **3. Versagungsgrund für natürliche und juristische Personen außerhalb des EWR (§ 3 Abs. 3).** Die Verleiherlaubnis kann versagt werden, wenn der Antragsteller nicht Deutscher ist oder wenn eine Gesellschaft oder juristische Person den Antrag stellt, die entweder nicht nach deutschem Recht gegründet ist oder die weder ihren satzungsmäßigen Sitz noch ihre Hauptverwaltung noch ihre Hauptniederlassung im Geltungsbereich des AÜG hat. Danach haben die genannten natürlichen und juristischen Personen keinen Anspruch auf eine Verleiherlaubnis. Vielmehr steht die Erteilung dieser Erlaubnis im Ermessen der Erlaubnisbehörde. Dieses Ermessen kann die Erlaubnisbehörde nur innerhalb der allgemeinen und besonderen verfassungs- und verwaltungsrechtlichen Ermessensschranken ausüben.

48 Mögliche Ermessensfehler der Behörde können in einer Ermessensunterschreitung und einem Ermessensfehlgebrauch liegen. Um eine Ermessensunterschreitung handelt es sich, wenn die Behörde ihr Ermessen gar nicht ausübt, etwa in der Annahme, einem Antragsteller außerhalb des EWR generell die Verleiherlaubnis versagen zu können[2]. Um einen Ermessensfehlgebrauch handelt es sich, wenn die Erlaubnisbehörde von dem ihr eingeräumten Ermessen nicht dem Gesetzeszweck entsprechend Gebrauch macht, etwa indem sie entscheidungsrelevante Tatsachen außer Acht lässt oder falsche oder in Wahrheit nicht bestehende Tatsachen berücksichtigt[3].

49 Zwar hat der Antragsteller grundsätzlich nur einen Anspruch auf eine ermessensfehlerfreie Entscheidung der Erlaubnisbehörde. Im Zusammenhang mit anderen Rechtsvorschriften oder aufgrund der besonderen Umstände des Einzelfalls kann sich das Ermessen der Erlaubnisbehörde aber bereits aus rechtlichen Gründen auf null reduzieren, so dass ausschließlich die Erteilung der Verleiherlaubnis in Betracht kommt[4].

50 Da in § 3 Abs. 3 nur die Versagung der Verleiherlaubnis geregelt ist, kann die Verlängerung einer bereits erteilten Erlaubnis nicht nach dieser Vorschrift, sondern allenfalls auf der Grundlage des § 3 Abs. 1 und 2 versagt werden.

51 Zu den Deutschen iSd. Art. 116 GG zählen neben den deutschen Staatsangehörigen nach dem Staatsangehörigkeitsgesetz auch Flüchtlinge oder Vertriebene deutscher Volkszugehörigkeit oder deren Ehegatten oder Abkömmlinge, sofern sie im Gebiet des Deutschen Reichs nach dem Stand vom 31.12.1937 Aufnahme gefunden haben, und zwischen dem 30.1.1933 und dem 8.5.1945 Ausgebürgerte, soweit sie nach dem 8.5.1945 ihren Wohnsitz in Deutschland genommen und keinen entgegengesetzten Willen geäußert haben[5].

52 Im Gegensatz zu natürlichen Personen kommt es bei Gesellschaften und juristischen Personen nicht auf die Staatsangehörigkeit der Gesellschafter oder der Organe an. Bei ihnen kommt es vielmehr darauf an, ob sie nach deutschem Recht gegründet sind oder ihren satzungsmäßigen Sitz, ihre Hauptverwaltung oder ihre Hauptniederlassung im Geltungsbereich des Gesetzes haben. Der Begriff der Gesellschaft erfasst die Personengesellschaften ohne eigene Rechtspersönlichkeit. Zu den juristischen Personen gehören dagegen die mit eigener Rechtspersönlichkeit ausgestatteten Kapitalgesellschaften oder Genossenschaften. Der satzungsmäßige Sitz lässt sich der Gesellschaftssatzung oder dem Gesellschaftsvertrag entnehmen. Die Hauptverwaltung einer juristischen Person befindet sich an dem Ort, an dem ihre Organe die Leitung der Gesellschaft tatsächlich ausüben. Dagegen bildet die Hauptniederlassung den Schwerpunkt der gewerblichen Tätigkeit der Gesellschaft oder der juristischen Person[6].

53 **4. Gleichstellung von natürlichen und juristischen Personen aus dem EWR (§ 3 Abs. 4).** Handelt es sich bei dem Antragsteller um eine natürliche Person, wird durch § 3 Abs. 4 Satz 1 klargestellt, dass Staatsangehörige eines Mitgliedstaates des EWR mit deutschen Staatsangehörigen gleichbehandelt werden müssen. Auf diese Weise wird den europäischen Grundsätzen der Niederlassungsfreiheit und des freien Dienstleistungsverkehrs Rechnung getragen. Durch § 3 Abs. 4 Satz 2 werden diese natürlichen Personen Gesellschaften und juristischen Personen gleichgestellt, die nach den Rechtsvorschriften eines Mitgliedstaates des EWR gegründet sind und ihren satzungsgemäßen Sitz, ihre Hauptverwaltung oder ihre Hauptniederlassung innerhalb der Staaten des EWR haben.

54 Allerdings gilt diese Gleichstellung nur, wenn die Tätigkeit der Gesellschaften und juristischen Personen in tatsächlicher und dauerhafter Verbindung mit der Wirtschaft eines Mitgliedstaates oder eines Vertragsstaates des Abkommens über den EWR steht. Durch diese Einschränkung soll die Gründung

---

1 *Sandmann/Marschall*, § 3 AÜG Anm. 44. | 2 BSG v. 12.12.1990 – 11 RAr 49/90, EzAÜG Nr. 16 zu § 3 AÜG – Versagungsgründe = NZA 1991, 951. | 3 *Kopp*, § 40 VwVfG Rz. 27, 31. | 4 *Schüren*, § 3 AÜG Rz. 171; ErfK/*Wank*, § 3 AÜG Rz. 65. | 5 *Renner* ZAR 1999, 154; *Huber/Butzke*, NJW 1999, 2769. | 6 *Schüren*, § 3 AÜG Rz. 195.

sog. Briefkastenfirmen im EWR durch Unternehmen außerhalb dieses Raumes verhindert werden. Neben dem satzungsmäßigen Sitz der Gesellschaft oder der juristischen Person muss auch eine Zweigniederlassung oder eine Betriebsstätte in einem Mitgliedstaat der EU oder einem Vertragsstaat des EWR liegen, um eine tatsächliche und dauerhafte Verbindung der Tätigkeit des Verleihers mit der Wirtschaft dieses Staates anzunehmen. Um die Neugründung von Unternehmen nicht von vornherein auszuschließen, ist dabei der Begriff „dauerhaft" lediglich als Gegensatz zu einer rein gelegentlichen Verbindung der Verleihtätigkeit anzusehen[1].

5. Gleichbehandlung aufgrund internationaler Abkommen (§ 3 Abs. 5). Personen und Gesellschaften aus Drittstaaten, die sich aufgrund internationaler Abkommen im Geltungsbereich des AÜG niederlassen und bei ihrer Geschäftstätigkeit mit deutschen Staatsangehörigen gleichbehandelt werden müssen, erhalten auch unter den gleichen Voraussetzungen die Erlaubnis zur AÜ. Diese Vorschrift erlangt ihre Bedeutung im Zusammenhang mit Assoziierungsabkommen und sonstigen bilateralen oder multilateralen Verträgen zwischen der EU und dem EWR sowie Drittstaaten über die Erweiterung des EWR und der Gewährung von Niederlassungs- und Geschäftstätigkeitsrechten[2].   55

4 Rücknahme

(1) Eine rechtswidrige Erlaubnis kann mit Wirkung für die Zukunft zurückgenommen werden. § 2 Abs. 4 Satz 4 gilt entsprechend.

(2) Die Erlaubnisbehörde hat dem Verleiher auf Antrag den Vermögensnachteil auszugleichen, den dieser dadurch erleidet, dass er auf den Bestand der Erlaubnis vertraut hat, soweit sein Vertrauen unter Abwägung mit dem öffentlichen Interesse schutzwürdig ist. Auf Vertrauen kann sich der Verleiher nicht berufen, wenn er

1. die Erlaubnis durch arglistige Täuschung, Drohung oder eine strafbare Handlung erwirkt hat;
2. die Erlaubnis durch Angaben erwirkt hat, die in wesentlicher Beziehung unrichtig oder unvollständig waren, oder
3. die Rechtswidrigkeit der Erlaubnis kannte oder infolge grober Fahrlässigkeit nicht kannte.

Der Vermögensnachteil ist jedoch nicht über den Betrag des Interesses hinaus zu ersetzen, das der Verleiher an dem Bestand der Erlaubnis hat. Der auszugleichende Vermögensnachteil wird durch die Erlaubnisbehörde festgesetzt. Der Anspruch kann nur innerhalb eines Jahres geltend gemacht werden; die Frist beginnt, sobald die Erlaubnisbehörde den Verleiher auf sie hingewiesen hat.

(3) Die Rücknahme ist nur innerhalb eines Jahres seit dem Zeitpunkt zulässig, in dem die Erlaubnisbehörde von den Tatsachen Kenntnis erhalten hat, die die Rücknahme der Erlaubnis rechtfertigen.

Unter bestimmten Voraussetzungen kann eine **rechtswidrige Verleiherlaubnis** mit Wirkung für die Zukunft zurückgenommen werden. Demgegenüber kann eine ursprünglich rechtmäßige Verleiherlaubnis nur unter den Voraussetzungen des § 5 widerrufen werden. Die Begriffe der Rücknahme und des Widerrufs, die auf eine Aufhebung der Verleiherlaubnis als Verwaltungsakt abzielen, entsprechen der Terminologie des SGB X und des VwVfG[3].   1

Von der rechtswidrigen ist die **nichtige Verleiherlaubnis** zu unterscheiden. Sie entfaltet keine Rechtswirkungen, ist von Anfang an unwirksam und für alle Beteiligten unbeachtlich. Auch wenn sie keiner Rücknahme bedarf, ist diese gleichwohl zulässig. Diese Rücknahme hat nur deklaratorischen Charakter und löst keinen Ausgleichsanspruch nach § 4 Abs. 2 aus[4]. Allerdings ist eine Verleiherlaubnis nur dann nichtig, wenn der Fehler bei ihrer Erteilung besonders schwer und offenkundig ist, etwa wenn eine völlig unzuständige Behörde gehandelt hat, wenn eine Auflage tatsächlich oder rechtlich unausführbar ist, wenn durch die Erlaubnis gegen Strafgesetze oder die guten Sitten verstoßen wird.   2

Nach § 4 Abs. 1 kann eine rechtswidrig erteilte Erlaubnis ohne weiteres zurückgenommen werden. Der Erlaubnisinhaber kann sich weder auf einen Bestandsschutz noch darauf berufen, er habe auf die Aufrechterhaltung der Erlaubnis vertraut. Die ihm aus der Rücknahme erwachsenden Nachteile sind ausschließlich durch eine Entschädigung nach § 4 Abs. 2 auszugleichen.   3

Rechtswidrig ist eine Verleiherlaubnis, die nicht hätte erteilt werden dürfen, weil im Zeitpunkt der Erlaubniserteilung die entsprechenden gesetzlichen Voraussetzungen nicht vorlagen oder Gründe für eine Versagung nach § 3 bestanden. Unerheblich ist, ob der Erlaubnisbehörde die Versagungsgründe schon bei der Erlaubniserteilung bekannt waren oder aufgrund welcher Umstände sie ihr verborgen geblieben sind. Maßgeblich ist allein die objektiv bestehende Rechtswidrigkeit der Verleiherlaubnis im Zeitpunkt ihrer Erteilung. Tritt ein Versagungsgrund erst nach der Erteilung der Verleiherlaubnis ein, kann sie nicht mehr zurückgenommen, sondern nur widerrufen werden.   4

---

1 *Sandmann/Marschall*, § 3 AÜG Anm. 53; *Schüren*, § 3 AÜG Rz. 198. |2 *Sandmann/Marschall*, § 3 AÜG Anm. 56. |3 Vgl. §§ 45, 46 SGB X und §§ 48, 49 VwVfG. |4 *Becker/Wulfgramm*, § 4 AÜG Rz. 16.

5 Bei einer **Straftat** des Verleihers, die zu seiner Verurteilung führt, ist für die Bewertung seiner Zuverlässigkeit iSv. § 3 nicht das Urteil, sondern die zugrunde liegende Straftat maßgeblich. Lag diese vor der Erteilung der Verleiherlaubnis, während das Strafurteil erst danach ergangen ist, ist die Erlaubnis zurückzunehmen und nicht zu widerrufen[1].

6 **Unrichtige Angaben** des Antragstellers führen nicht zur Rechtswidrigkeit der Verleiherlaubnis, wenn ihm trotz seiner unrichtigen Angaben ein Anspruch auf diese Erlaubnis zustand. Verfahrens- oder Formfehler bei der Erlaubniserteilung führen nicht zu deren Rechtswidrigkeit, wenn sie zwischenzeitlich geheilt worden sind.

7 Ohne jeden Einfluss auf die Rechtmäßigkeit der Verleiherlaubnis sind bloße **Bagatellfehler**, wie etwa offenbare Schreib- oder Rechenfehler, die Verwendung eines rechtlich unzutreffenden Ausdrucks oder falsche Personen- oder Unternehmensbezeichnungen[2].

8 Im Zeitpunkt der Rücknahme muss die Verleiherlaubnis noch gegen geltendes Recht verstoßen. Das folgt aus dem Rechtsgedanken des § 5 Abs. 3, nachdem ein Widerruf unzulässig ist, wenn eine Erlaubnis gleichen Inhalts erneut erteilt werden müsste[3].

9 Grundsätzlich liegt die Rücknahme der rechtswidrigen Verleiherlaubnis im **Ermessen der Erlaubnisbehörde**. Sie muss bei ihrer Entscheidung dem Grundsatz der Verhältnismäßigkeit Rechnung tragen. Danach kommt eine Rücknahme erst in Betracht, wenn weniger belastende Entscheidungen, beispielsweise eine nachträgliche Auflage, nicht zu einer gesetzmäßigen Tätigkeit des Erlaubnisinhabers führen[4]. Im Gegensatz zu § 48 VerVfG kann die Verleiherlaubnis nur mit Wirkung für die Zukunft zurückgenommen werden. Für die Abwicklung laufender Verträge nach der Rücknahme steht dem Verleiher nach § 4 Abs. 1 Satz 2 iVm. § 2 Abs. 4 Satz 4 ein Zeitraum von sechs Monaten zur Verfügung.

10 Die **Beweislast** für die Rechtswidrigkeit der Verleiherlaubnis trägt die Erlaubnisbehörde. Sie muss im Streitfall beispielsweise die Tatsachen beweisen, die die Annahme der Unzuverlässigkeit des Verleihers rechtfertigen[5].

11 Im Fall der Rücknahme hat der Verleiher nach § 4 Abs. 2 Anspruch auf den **Ausgleich eines Vermögensnachteils**, wenn sein Vertrauen auf den Bestand der Verleiherlaubnis schutzwürdig ist. Dieser Ausgleichsanspruch stellt das notwendige Korrektiv für die uneingeschränkte Möglichkeit der Rücknahme rechtswidriger Verleiherlaubnisse ohne Rücksicht auf die Interessen des Verleihers dar[6]. Der Ausgleichsanspruch setzt voraus, dass der Verleiher aufgrund des Verhaltens der Erlaubnisbehörde auf den Bestand der Verleiherlaubnis vertraut hat. Auf dieses Vertrauen kann sich der Verleiher regelmäßig nicht berufen, wenn einer der im Gesetz ausdrücklich aufgeführten Ausschlusstatbestände vorliegt:

1. Erwirken der rechtswidrigen Erlaubnis durch eine arglistige Täuschung, Drohung oder strafbare Handlung des Verleihers;

2. Erwirken der rechtswidrigen Erlaubnis durch Angaben, die in wesentlicher Beziehung unrichtig oder unvollständig waren;

3. Kenntnis oder grob fahrlässige Unkenntnis des Verleihers von der Rechtswidrigkeit der Erlaubnis.

12 Da diese Aufzählung nicht abschließend ist, kann ein Vertrauen des Verleihers aus ähnlichen Gründen in seiner Person oder in der Person eines Vertreters entsprechend § 166 BGB ausgeschlossen sein[7]. Der Ausgleichsanspruch ist auf das negative Interesse des Verleihers beschränkt. Dabei handelt es sich um den Vermögensnachteil, den er dadurch erleidet, dass er auf den Bestand der Erlaubnis vertraut hat. Danach kann der Vermögensnachteil die tatsächlichen Aufwendungen zur Errichtung, Unterhaltung oder Erweiterung des Verleihbetriebs umfassen, nicht hingegen den entgangenen Gewinn aus seiner zukünftigen Verleihtätigkeit[8].

13 Die Rücknahme der Verleiherlaubnis ist nach § 4 Abs. 3 nur innerhalb eines Jahres seit dem Zeitpunkt zulässig, in dem die Erlaubnisbehörde von den Tatsachen Kenntnis erhalten hat, die die Rücknahme rechtfertigen. Maßgeblich ist die amtliche positive Kenntnis dieser Tatsachen, während ein Kennenmüssen nicht ausreicht. Allerdings hat sich die Erlaubnisbehörde die Kenntnis ihres gesamten Personals zurechnen zu lassen[9].

---

1 LSG Nds. v. 22.7.1977 – L 7 S(Ar) 31/77, EzAÜG Nr. 1 zu § 4 AÜG – Rücknahme. | 2 *Becker/Wulfgramm*, § 4 AÜG Rz. 10. | 3 *Franßen/Haesen*, § 4 AÜG Rz. 4; *Becker/Wulfgramm*, § 4 AÜG Rz. 13. | 4 LSG Bremen v. 17.8.1992 – L 2 Ar 68/90, DBlR Nr. 2070 zu § 5 AÜG. | 5 *Franßen/Haesen*, § 4 AÜG Rz. 7; *Becker/Wulfgramm*, § 4 AÜG Rz. 31. | 6 BT-Drs. VI/2303, S. 24. | 7 *Sandmann/Marschall*, § 4 AÜG Anm. 11; *Becker/Wulfgramm*, § 4 AÜG Rz. 43. | 8 *Sandmann/Marschall*, § 4 AÜG Anm. 10; *Becker/Wulfgramm*, § 4 AÜG Rz. 50. | 9 LSG Nds. v. 25.11.1993 – L 10 Ar 219/92, EzAÜG Nr. 1 zu § 5 AÜG; aA LG Hannover v. 29.2.1996 – 19 O 145/95, nv.

5 Widerruf

(1) Die Erlaubnis kann mit Wirkung für die Zukunft widerrufen werden, wenn
1. der Widerruf bei ihrer Erteilung nach § 2 Abs. 3 vorbehalten worden ist;
2. der Verleiher eine Auflage nach § 2 nicht innerhalb einer ihm gesetzten Frist erfüllt hat;
3. die Erlaubnisbehörde auf Grund nachträglich eingetretener Tatsachen berechtigt wäre, die Erlaubnis zu versagen, oder
4. die Erlaubnisbehörde auf Grund einer geänderten Rechtslage berechtigt wäre, die Erlaubnis zu versagen; § 4 Abs. 2 gilt entsprechend.

(2) Die Erlaubnis wird mit dem Wirksamwerden des Widerrufs unwirksam. § 2 Abs. 4 Satz 4 gilt entsprechend.

(3) Der Widerruf ist unzulässig, wenn eine Erlaubnis gleichen Inhalts erneut erteilt werden müsste.

(4) Der Widerruf ist nur innerhalb eines Jahres seit dem Zeitpunkt zulässig, in dem die Erlaubnisbehörde von den Tatsachen Kenntnis erhalten hat, die den Widerruf der Erlaubnis rechtfertigen.

Bei dem Widerruf handelt es sich um die Aufhebung einer ursprünglich rechtmäßig erteilten Verleiherlaubnis. Da es sich bei der Verleiherlaubnis um einen begünstigenden Verwaltungsakt handelt, kann sie nur aus besonderen Gründen widerrufen werden.

Diese Gründe müssen einerseits dem Bestands- und Vertrauensschutzinteresse des Verleihers entsprechen und andererseits dem öffentlichen Interesse an der Aufhebung des Verwaltungsaktes Rechnung tragen. Bei der Abwägung dieser Interessen hat die Erlaubnisbehörde ihr Ermessen nach denselben Grundsätzen wie bei der Rücknahme gemäß § 4 auszuüben. Der Widerruf selbst wirkt erst für die Zukunft, und zwar ab dem Zeitpunkt seiner Bekanntgabe[1].

Die **Gründe für einen Widerruf** sind in § 5 Abs. 1 abschließend aufgezählt. Nach § 5 Abs. 1 Nr. 1 kann die Verleiherlaubnis widerrufen werden, wenn sich die Erlaubnisbehörde diesen **Widerruf** nach § 2 Abs. 3 ausdrücklich **vorbehalten** hat. Neben diesem Widerrufsvorbehalt muss eine abschließende Prüfung des Antrags auf Erteilung einer Verleiherlaubnis ergeben, dass ein Versagungsgrund nach § 3 vorliegt. Allerdings genügt es, wenn sich im Rahmen einer vorläufig erteilten Erlaubnis herausstellt, dass die damit verbunden Risiken nicht länger tragbar sind[2]. In diesem Fall verschiebt sich die Beweislast zum Nachteil des Verleihers[3]. Von der Möglichkeit eines Widerrufs nach § 5 Abs. 1 Nr. 1 werden allerdings nicht die Fälle erfasst, in denen die Erlaubnisbehörde im Rahmen des § 3 Abs. 3 eine Verleiherlaubnis mit einem Widerrufsvorbehalt verbindet[4]. Dagegen spricht bereits der eindeutige Wortlaut des § 5 Abs. 1 Nr. 1. Nach dieser Spezialvorschrift, die der allgemeinen Bestimmung in § 3 Abs. 3 vorgeht, ist ein Widerruf in diesen Fällen nicht möglich.

Nach § 5 Abs. 1 Nr. 2 kann die Verleiherlaubnis widerrufen werden, wenn der Verleiher eine **Auflage** nach § 2 **nicht innerhalb einer ihm gesetzten Frist** erfüllt. Die Erlaubnisbehörde kann dem Verleiher eine Frist nur dann setzen, wenn sie ihm ein positives Tun auferlegt hat. Dagegen besteht kein Raum für eine Fristsetzung, wenn es sich bei der Auflage um ein Verbot handelt. Es kommt nicht darauf an, ob der Verleiher gegen eine Auflage Widerspruch eingelegt oder Klage erhoben hat. Diese Rechtsbehelfe haben keine aufschiebende Wirkung und der Vollzug von Auflagen kann auch nicht ausgesetzt werden[5]. Allerdings entfällt der Grund für den Widerruf, wenn sich eine Auflage im Verlauf des Widerspruchsverfahrens als rechtswidrig erweist[6]. Für den Widerruf kommt es nicht auf ein Verschulden des Verleihers an. Sein fehlendes Verschulden kann aber im Rahmen der Ermessensentscheidung berücksichtigt werden. Denn bei der Ausübung dieses Widerrufs muss die Erlaubnisbehörde den Verhältnismäßigkeitsgrundsatz beachten. Allein die Nichteinhaltung geringfügiger Auflagen rechtfertigt nicht bereits den Widerruf der Verleiherlaubnis. Vielmehr muss die Erlaubnisbehörde zunächst versuchen, die Auflage im Wege der Verwaltungsvollstreckung durchzusetzen. Darüber hinaus kommt in Betracht, ein Bußgeld nach § 16 Abs. 1 Nr. 3 gegen den Verleiher zu verhängen[7].

Die Verleiherlaubnis kann nach § 5 Abs. 1 Nr. 3 widerrufen werden, wenn die Erlaubnisbehörde aufgrund nachträglich eingetretener Tatsachen berechtigt wäre, diese Erlaubnis zu versagen. Diese Widerrufsmöglichkeit bezieht sich auf sämtliche **Gründe für eine Versagung nach § 3**, also die Unzuverlässigkeit des Verleihers, dessen mangelnde Betriebsorganisation, Umgehungen des ArbGebRisikos durch den Verleiher oder die Verlegung seines Geschäftssitzes außerhalb des EWR. Allerdings müssen für den Widerruf die Tatsachen, die eine Versagung der Verleiherlaubnis rechtfertigen, erst nachträglich eingetreten sein. Lagen diese Tatsachen bereits bei der Erteilung der Verleiherlaubnis vor und werden sie erst nachträglich bekannt, liegt ein Grund für die Rücknahme der Verleiherlaubnis nach § 4 vor[8].

---

1 Becker/Wulfgramm, § 5 AÜG Rz. 23. | 2 Schüren, § 5 AÜG Rz. 15. | 3 Franßen/Haesen, § 5 AÜG Rz. 4. | 4 Sandmann/Marschall, § 5 AÜG Anm. 3; Schüren, § 5 AÜG Rz. 12; Franßen/Haesen, § 5 AÜG Rz. 8; aA Ulber, § 5 AÜG Rz. 6. | 5 Sandmann/Marschall, § 5 AÜG Anm. 4. | 6 Franßen/Haesen, § 5 AÜG Rz. 6. | 7 Becker/Wulfgramm, § 5 AÜG Rz. 11; Schüren, § 5 AÜG Rz. 20; Franßen/Haesen, § 5 AÜG Rz. 8; aA Ulber, § 5 AÜG Rz. 6. | 8 LSG Nds. v. 22.7.1977 – L 7 S(Ar) 31/77, EzAÜG Nr. 1 zu § 4 AÜG – Rücknahme.

6 Schließlich kann die Verleiherlaubnis nach § 5 Abs. 1 Nr. 4 widerrufen werden, wenn die Erlaubnisbehörde aufgrund einer **geänderten Rechtslage** berechtigt wäre, die Erlaubnis zu versagen. Allerdings führt ein Widerruf nach dieser Bestimmung zu einem Ausgleichsanspruch des Verleihers in entsprechender Anwendung von § 4 Abs. 2. Die Änderung der Rechtslage kann sowohl durch eine Änderung der Gesetzgebung als auch durch eine Änderung der höchstrichterlichen Rspr. erfolgen[1].

7 Nach § 5 Abs. 2 erlischt die Verleiherlaubnis mit dem Wirksamwerden des Widerrufs. Allerdings wird dem Verleiher eine Frist von 12 Monaten zur Abwicklung der laufenden Verträge entsprechend § 2 Abs. 4 Satz 4 eingeräumt.

8 Nach § 5 Abs. 3 ist ein Widerruf unzulässig, wenn eine Verleiherlaubnis gleichen Inhalts neu erteilt werden müsste. Durch diese Bestimmung soll ein widersprüchliches Verhalten der Erlaubnisbehörde ausgeschlossen werden.

9 Nach § 5 Abs. 4 ist ein Widerruf nur innerhalb eines Jahres nach Kenntnis der Tatsachen zulässig, die einen Widerruf der Verleiherlaubnis rechtfertigen. Diese Bestimmung entspricht § 4 Abs. 3.

6 *Verwaltungszwang*

Werden Leiharbeitnehmer von einem Verleiher ohne die erforderliche Erlaubnis überlassen, so hat die Erlaubnisbehörde dem Verleiher dies zu untersagen und das weitere Überlassen nach den Vorschriften des Verwaltungsvollstreckungsgesetzes zu verhindern.

1 Die Erlaubnisbehörde ist kraft Gesetzes ermächtigt und verpflichtet, einem Verleiher, der die erforderliche Erlaubnis nicht besitzt, die gewerbsmäßige Überlassung von ArbN zu untersagen. Dieser Teil der Regelung in § 6 ergänzt die Bestimmungen über die Aufhebung der Verleiherlaubnis im Wege der Rücknahme nach § 4 und im Wege des Widerrufs nach § 5.

2 Ferner ermächtigt § 6 die Erlaubnisbehörde ausdrücklich, gegen die illegale Überlassung von ArbN nach den Vorschriften des VwVG einzuschreiten. Dabei handelt es sich um das VwVG des Bundes, da die BA nach § 17 mit der Durchführung des AÜG betraut ist.

3 Die Untersagungsverfügung nach § 6, die einen Verwaltungsakt iSd. § 35 VwVG darstellt, bildet den Vollstreckungstitel für weitere Maßnahmen nach dem VwVG[2]. Die Untersagungsverfügung konkretisiert das in § 1 Abs. 1 geregelte Verbot der AÜ mit Erlaubnisvorbehalt[3]. Denn dem Verleiher wird untersagt, die Überlassung von ArbN ohne gültige Verleiherlaubnis fortzusetzen.

4 Der Erlass einer Untersagungsverfügung kommt nicht erst dann in Betracht, wenn ein Verstoß gegen das Verbot nach § 1 Abs. 1 bereits vollzogen ist. Sie ist bereits möglich, wenn dieser Verstoß unmittelbar bevorsteht oder künftig zu erwarten ist. So genügt für ein Einschreiten der Erlaubnisbehörde nach § 6 bereits der Abschluss eines ArbN-Überlassungsvertrags, ohne dass der LeihArbN seine Arbeit beim Entleiher bereits aufgenommen hat. Darüber hinaus genügt es, wenn ein Verleiher ohne Erlaubnis am Markt werbend auftritt und potentiellen Entleihern seine Leistungen anbietet oder LeihArbN anwirbt. Denn bereits aufgrund dieser Werbung kann es unmittelbar zum Abschluss von ArbN-Überlassungsverträgen kommen[4].

5 Der Erlass einer Untersagungsverfügung steht nicht im Ermessen der Erlaubnisbehörde. Bereits nach dem Wortlaut von § 6 ist sie zu einem Einschreiten verpflichtet. Darüber hinaus lassen sich nur durch diese Untersagungsverfügung weitere Ordnungswidrigkeiten nach § 16 Abs. 1 Nr. 1 verhindern[5].

6 Der Adressat der Untersagungsverfügung ist der illegale Verleiher. Handelt es sich bei ihm um eine juristische Person, ist die Untersagungsverfügung gegen diese, vertreten durch ihre Organe, und nicht etwa persönlich gegen die Organe zu richten[6]. Bei einem sog. Strohmannverhältnis richtet sich die Untersagungsverfügung sowohl gegen den Strohmann als auch gegen den Hintermann[7].

7 Da es sich bei der Untersagungsverfügung um einen Verwaltungsakt handelt, muss ihre Form den allgemeinen Bestimmungen genügen. Sie muss schriftlich erfolgen, inhaltlich hinreichend bestimmt sein, eine Begründung enthalten und mit einer Rechtsbehelfsbelehrung versehen sein. Regelmäßig wird sie dem Adressaten mit einer Postzustellungsurkunde zugestellt. Als Vollstreckungstitel muss sie einen vollstreckungsfähigen Inhalt haben, also das ausdrückliche Verbot, die erlaubnispflichtige Tätigkeit fortzusetzen.

---

[1] BT-Drs. VI/3505, S. 3; aA *Franßen/Haesen*, § 5 AÜG Rz. 11. | [2] *Schüren*, § 6 AÜG Rz. 12. | [3] *Becker/Wulfgramm*, § 6 AÜG Rz. 5. | [4] BayObLG v. 22.12.1970 – 8 Ws(B) 19/70, BB 1971, 174; *Sandmann/Marschall*, § 6 AÜG Anm. 2; *Schüren*, § 6 AÜG Rz. 8; *Schubel/Engelbrecht*, § 6 AÜG Rz. 4; aA *Becker/Wulfgramm*, § 6 AÜG Rz. 8. | [5] *Noack*, BB 1973, 1313; aA *Sandmann/Marschall*, § 6 AÜG Anm. 3. | [6] LSG Nds. v. 24.2.1981 – L 7 Ar 78/79, EzAÜG Nr. 7 zu § 1 AÜG – Erlaubnispflicht; SG Frankfurt/Main v. 22.8.1986 – S 14 Ar 373/79, EzAÜG Nr. 16 zu § 1 AÜG – Erlaubnispflicht = NZA 1987, 40. | [7] BVerwG v. 2.2.1982 – 1 C 3.81, MDR 1982, 1046 = DÖV 1982, 902.

Anzeigen und Auskünfte

Rz. 2 § 7 AÜG

Zweckmäßigerweise kann in der Untersagungsverfügung bereits ein bestimmtes Zwangsmittel gemäß § 13 Abs. 3 VwVG angedroht werden. Diese Androhung ist zwar für die Wirksamkeit des Verwaltungsakts nicht notwendig, aber Voraussetzung für die Anwendung der weiteren Zwangsmittel. In Betracht kommen dabei die Ersatzvornahme, das Zwangsgeld und unmittelbarer Zwang nach § 9 Abs. 1 VwVG. Allerdings setzt die Anwendung von Zwangsmitteln voraus, dass die Untersagungsverfügung als Vollstreckungstitel unanfechtbar oder sofort vollziehbar ist. 8

Nach § 6 Abs. 2 VwVG ist die Anwendung von Verwaltungszwang ausnahmsweise auch ohne eine Untersagungsverfügung zulässig, wenn der sofortige Vollzug zur Verhinderung einer rechtswidrigen Tat, die einen Straf- oder Bußgeldtatbestand verwirklicht, oder zur Abwendung einer drohenden Gefahr notwendig ist. Dieser Fall mag vor allem dann vorliegen, wenn ein Verleiher ohne ausreichende Betriebsorganisation und ohne festen Geschäftssitz illegale AÜ betreibt und sich daher Zwangsmaßnahmen der Erlaubnisbehörde leicht entziehen kann[1]. 9

Gegen die Untersagungsverfügung kann sich ein Verleiher mit dem Widerspruch und mit der Anfechtungsklage zur Wehr setzen. Beide haben indessen keine aufschiebende Wirkung[2]. 10

7 Anzeigen und Auskünfte

(1) Der Verleiher hat der Erlaubnisbehörde nach Erteilung der Erlaubnis unaufgefordert die Verlegung, Schließung und Errichtung von Betrieben, Betriebsteilen oder Nebenbetrieben vorher anzuzeigen, soweit diese die Ausübung der Arbeitnehmerüberlassung zum Gegenstand haben. Wenn die Erlaubnis Personengesamtheiten, Personengesellschaften oder juristischen Personen erteilt ist und nach ihrer Erteilung eine andere Person zur Geschäftsführung oder Vertretung nach Gesetz, Satzung oder Gesellschaftsvertrag berufen wird, ist auch dies unaufgefordert anzuzeigen.

(2) Der Verleiher hat der Erlaubnisbehörde auf Verlangen die Auskünfte zu erteilen, die zur Durchführung des Gesetzes erforderlich sind. Die Auskünfte sind wahrheitsgemäß, vollständig, fristgemäß und unentgeltlich zu erteilen. Auf Verlangen der Erlaubnisbehörde hat der Verleiher die geschäftlichen Unterlagen vorzulegen, aus denen sich die Richtigkeit seiner Angaben ergibt, oder seine Angaben auf sonstige Weise glaubhaft zu machen. Der Verleiher hat seine Geschäftsunterlagen drei Jahre lang aufzubewahren.

(3) In begründeten Einzelfällen sind die von der Erlaubnisbehörde beauftragten Personen befugt, Grundstücke und Geschäftsräume des Verleihers zu betreten und dort Prüfungen vorzunehmen. Der Verleiher hat die Maßnahmen nach Satz 1 zu dulden. Das Grundrecht der Unverletzlichkeit der Wohnung (Artikel 13 des Grundgesetzes) wird insoweit eingeschränkt.

(4) Durchsuchungen können nur auf Anordnung des Richters bei dem Amtsgericht, in dessen Bezirk die Durchsuchung erfolgen soll, vorgenommen werden. Auf die Anfechtung dieser Anordnung finden die §§ 304 bis 310 der Strafprozessordnung entsprechende Anwendung. Bei Gefahr im Verzuge können die von der Erlaubnisbehörde beauftragten Personen während der Geschäftszeit die erforderlichen Durchsuchungen ohne richterliche Anordnung vornehmen. An Ort und Stelle ist eine Niederschrift über die Durchsuchung und ihr wesentliches Ergebnis aufzunehmen, aus der sich, falls keine richterliche Anordnung ergangen ist, auch die Tatsachen ergeben, die zur Annahme einer Gefahr im Verzuge geführt haben.

(5) Der Verleiher kann die Auskunft auf solche Fragen verweigern, deren Beantwortung ihn selbst oder einen der in § 383 Abs. 1 Nr. 1 bis 3 der Zivilprozessordnung bezeichneten Angehörigen der Gefahr strafgerichtlicher Verfolgung oder eines Verfahrens nach dem Gesetz über Ordnungswidrigkeiten aussetzen würde.

1. Inhalt und Zweck des Gesetzes. Das Gesetz erlegt dem Verleiher bestimmte Anzeige- und Auskunftspflichten auf und gewährt der Erlaubnisbehörde Prüfungs- und Eingriffsrechte bis hin zu Durchsuchungen. Dadurch soll eine ordnungsgemäße Durchführung der AÜ durch legale Verleiher sichergestellt werden. Demgegenüber sind die Regelungen des § 7 nicht auf die illegale Überlassung von LeihArbN zugeschnitten. Für die Verpflichtung nach § 7 Abs. 1 ergibt sich das bereits aus dem eindeutigen Wortlaut, der auf die Zeit nach der Erteilung der Erlaubnis abstellt[3]. 1

Zwar ist diese Einschränkung in den Abs. 2 bis 4 des § 7 nicht enthalten. Daraus kann indessen nicht der Schluss gezogen werden, dass diese Regelungen auch den illegalen Verleiher betreffen. Dieser wäre sonst von Pflichten freigestellt, die seine gesetzmäßig handelnden Konkurrenten treffen[4]. Vielmehr ist die Erlaubnisbehörde gegenüber illegalen Verleihern nicht auf die Aufsichts- und Überprüfungsrechte nach § 7 beschränkt. Sie kann gegen diese zunächst nach § 6 vorgehen. Ferner stehen ihr alle nach dem OWiG zulässigen Ermittlungshandlungen zu Gebote. Darüber hinaus sind die Vorschriften des § 7 nicht auf den illegalen Verleih zugeschnitten. Eine Anwendung von § 7 Abs. 2 würde dazu führen, dass der illegale Verleiher zu einer unserem Rechtssystem fremden Selbstanzeige oder Selbstbeschuldigung gezwun- 2

---

[1] Sandmann/Marschall, § 6 AÜG Anm. 9. | [2] Schüren, § 6 AÜG Rz. 43; Becker/Wulfgramm, § 6 AÜG Rz. 15; Franßen/Haesen, § 6 AÜG Rz. 7. | [3] Schüren, § 7 AÜG Rz. 5. | [4] Franßen/Haesen, § 7 AÜG Rz. 27; Ulber, § 7 AÜG Rz. 2.

gen wäre. Auch die Regelung über das Auskunftsverweigerungsrecht nach § 7 Abs. 5 bliebe unverständlich. Denn ein illegaler Verleiher wäre bei jeder Auskunft über die von ihm durchgeführte AÜ der Gefahr eines Ordnungswidrigkeitenverfahrens ausgesetzt. Indessen ist es gerade nicht die Aufgabe der Erlaubnisbehörde, den illegalen Verleih von ArbN zu verwalten, sondern diesen zu unterbinden[1].

3 **2. Anzeigepflichten (§ 7 Abs. 1).** Nach § 7 Abs. 1 Satz 1 ist der Verleiher verpflichtet, der Erlaubnisbehörde nach Erteilung der Erlaubnis unaufgefordert die **Verlegung, Schließung und Errichtung von Betrieben, Betriebsteilen oder Nebenbetrieben** im Voraus anzuzeigen, soweit diese die Ausübung der AÜ zum Gegenstand haben. Dabei muss die Anzeige so rechtzeitig vor dem Eintritt der Veränderung erfolgen, dass die Erlaubnisbehörde die Auswirkungen der beabsichtigten Veränderung auf die Verleiherlaubnis prüfen kann.

4 Durch diese Anzeigepflicht soll gewährleistet werden, dass der Verleiherlaubnis trotz der Veränderungen keine Hinderungsgründe gemäß § 3 Abs. 1 Nr. 2 entgegenstehen. Gleichzeitig dient die Anzeige auch dem Interesse des Verleihers. Denn die BA hat ihre Dienststellen angewiesen, dem Verleiher Mitteilung zu machen, wenn sich die angezeigte Veränderung auf die bestehende Verleiherlaubnis auswirken sollte[2].

5 Die Begriffe des Betriebs, des Betriebsteils und des Nebenbetriebs lassen sich anhand der entsprechenden Bestimmungen des Betriebsverfassungsgesetzes beurteilen. Um eine Verlegung handelt es sich bei jeder örtlichen Veränderung der Betriebsstätte unter Beibehaltung ihrer Identität. Zu der Schließung eines Betriebs gehört neben der endgültigen Einstellung auch dessen Veräußerung oder Verpachtung. Unter der Errichtung eines Betriebs versteht man dessen Eröffnung[3].

6 Allein die Anzeige nach § 7 Abs. 1 setzt noch nicht die Jahresfrist nach § 5 Abs. 4 für den Widerruf der Verleiherlaubnis in Gang. Vielmehr beginnt diese Frist erst, wenn die angezeigte Veränderung tatsächlich eingetreten ist[4].

7 Nach § 7 Abs. 1 Satz 2 ist der Verleiher außerdem verpflichtet, bestimmte **persönliche Veränderungen** bei einer Personengesamtheit, einer Personengesellschaft oder bei einer juristischen Person anzuzeigen. Die Anzeigepflicht erstreckt sich auf Veränderungen in der Geschäftsführung oder in der Vertretung kraft Gesetzes, Satzung oder Gesellschaftsvertrags. Die auf einem Rechtsgeschäft beruhende Veränderung der Vollmacht in Form der Prokura oder Handlungsvollmacht fällt nicht unter die Anzeigepflicht[5]. Denn diese Anzeigepflicht dient dazu, die Zuverlässigkeit eines Verleihers nach der Erteilung der Verleiherlaubnis zu überwachen. Die Zuverlässigkeit einer Gesellschaft richtet sich indessen nicht nach der Zuverlässigkeit ihrer rechtsgeschäftlichen Vertreter.

8 Die Anzeigepflicht kann notfalls im Wege des Verwaltungszwangs nach § 6 durchgesetzt werden[6]. Im Übrigen stellt die Verletzung der Auskunftspflicht eine Ordnungswidrigkeit gemäß § 16 Abs. 1 Nr. 4 bis 6 dar. Ein wiederholter Verstoß gegen Anzeigepflichten kann darüber hinaus die Annahme der Unzuverlässigkeit iSd. § 3 Abs. 1 Nr. 1 begründen und zum Widerruf der Erlaubnis nach § 5 Abs. 1 Nr. 3 führen.

9 **3. Auskunftspflichten (§ 7 Abs. 2).** Nach § 7 Abs. 2 ist der Verleiher verpflichtet, der Erlaubnisbehörde auf Verlangen die Auskünfte zu erteilen, die zur Durchführung des Gesetzes erforderlich sind. Dabei hat er die **Auskünfte wahrheitsgemäß, vollständig, fristgemäß und unentgeltlich** zu erteilen. Diese Auskunftspflicht ermöglicht der Erlaubnisbehörde die Überprüfung der materiellen Voraussetzungen für die Verleiherlaubnis. Gleichzeitig dient sie ggf. der Vorbereitung einer Entscheidung über die Erteilung von Auflagen, über die Rücknahme oder den Widerruf der Verleiherlaubnis oder über die Einleitung von Ordnungswidrigkeitenverfahren. Allerdings darf die Erlaubnisbehörde nur solche Auskünfte verlangen, die sich auf die Erfüllung der Vorschriften des AÜG beziehen. Danach wäre ein Auskunftsverlangen über geschäftliche Beziehungen zu Drittunternehmen und deren betriebliche Verhältnisse unzulässig[7].

10 Ggf. hat der Verleiher seine Auskünfte durch eine **Vorlage der Geschäftsunterlagen** zu beweisen oder glaubhaft zu machen. Dazu gehören alle schriftlichen Unterlagen, die mit der AÜ in irgendeiner Form zusammenhängen können. Dazu zählen neben den Arbeitsverträgen mit den LeihArbN und den Verleihverträgen mit den Entleihern auch die Unterlagen der Buchhaltung über die Abführung von SozV-Beiträgen und LSt sowie der Schriftwechsel mit anderen Behörden und Verleihern[8].

11 Bei **gemischten Unternehmen** kann die Erlaubnisbehörde die namentliche Bezeichnung aller Beschäftigten, getrennt nach LeihArbN und anderen ArbN, sowie Angaben zu ihrer Beschäftigungsdauer verlangen. Denn nur so kann sie bestimmte ArbN eindeutig dem Schutzbereich des AÜG zuordnen und unzulässige Vermischungen von Arbeitsbereichen verhindern[9].

---

1 Sandmann/Marschall, § 7 AÜG Anm. 3. | 2 Sandmann/Marschall, § 7 AÜG Anm. 9. | 3 Becker/Wulfgramm, § 7 AÜG Rz. 4; Schüren, § 7 AÜG Rz. 13. | 4 Franßen/Haesen, § 7 AÜG Rz. 5. | 5 Sandmann/Marschall, § 7 AÜG Anm. 10. | 6 BSG v. 12.7.1989 – 7 RAr 46/88, EzAÜG Nr. 2 zu § 7 AÜG – Auskunftspflicht = NZA 1990, 157; v. 29.7.1992 – 11 RAr 51/91, AP Nr. 3 zu § 3 AÜG = NZA 1993, 527 = DB 1993, 1477. | 7 Sandmann/Marschall, § 7 AÜG Anm. 12; aA Franßen/Haesen, § 7 AÜG Rz. 11. | 8 Sandmann/Marschall, § 7 AÜG Anm. 15; Franßen/Haesen, § 7 AÜG Rz. 11. | 9 LSG Berlin v. 26.1.1988 – L 14 Ar 7/86, EzAÜG Nr. 1 zu § 7 AÜG – Auskunftspflichten; LSG Rh.-Pf. v. 10.6.1988 – L 6 Ar 117/87, nv.

Auf welche Weise und in welchem Umfang die Erlaubnisbehörde von ihrer Möglichkeit zur Einholung von Auskünften Gebrauch macht, steht in ihrem Ermessen. Allerdings ist sie sowohl an den Gleichheitsgrundsatz als auch an den Grundsatz der Verhältnismäßigkeit gebunden. Eine Begründung für das Auskunftsverlangen ist nicht erforderlich. Denn im Interesse eines sozial- und arbeitsrechtlichen Mindestschutzes der LeihArbN sollen gesetzeswidrige Praktiken gar nicht erst entstehen[1].

Um eine wirksame Überprüfung durch die Erlaubnisbehörde zu ermöglichen, muss der Verleiher seine Geschäftsunterlagen nach § 7 Abs. 2 Satz 4 drei Jahre lang aufbewahren. Auch das Auskunftsverlangen und die Aufforderung zur Vorlage der Geschäftsunterlagen können im Wege des Verwaltungszwangs nach § 6 durchgesetzt werden. Verstößt der Verleiher gegen diese Pflichten, begeht er eine Ordnungswidrigkeit gemäß § 16 Abs. 1 Nr. 5 und Nr. 6. Hartnäckige und schwerwiegende Verstöße gegen die Pflichten aus § 7 Abs. 1 AÜG können den Widerruf der Verleiherlaubnis nach § 5 Abs. 1 Nr. 3 rechtfertigen.

4. Behördliche Nachschau (§ 7 Abs. 3). Nach § 7 Abs. 3 sind von der Erlaubnisbehörde beauftragte Personen befugt, in begründeten Einzelfällen Grundstücke und Geschäftsräume des Verleihers zur Vornahme von Prüfungen zu betreten. Allerdings ist diese behördliche Nachschau nur zulässig, um die Einhaltung der Vorschriften des AÜG zu überprüfen. Von einem begründeten Einzelfall kann dabei nur ausgegangen werden, wenn Tatsachen vorliegen, die den konkreten Verdacht begründen, dass eine Prüfung gesetzwidrige Zustände ergeben würde und hierzu ein Betreten der Geschäftsräume erforderlich ist[2]. Demgegenüber wären Stichprobenkontrollen ohne besonderen Anlass nicht gerechtfertigt.

Allerdings hat die Erlaubnisbehörde den Grundsatz der Verhältnismäßigkeit zu beachten. Dieser gebietet es regelmäßig, zunächst weniger einschneidende Maßnahmen zu ergreifen. Gleichwohl muss die Erlaubnisbehörde nicht etwa zunächst versuchen, Auskünfte bei dem Verleiher einzuholen, die von diesem nicht, nicht glaubhaft oder unvollständig beantwortet werden, bevor sie eine Nachschau nach § 7 Abs. 2 anordnet[3]. Vielmehr ist bei begründetem Verdacht auf Verstöße, die zum Widerruf der Erlaubnis berechtigen würden, eine Durchsuchung bereits dann zulässig, wenn die Erlaubnisbehörde von ihren Rechten aus § 7 Abs. 2 u. 3 zuvor keinen Gebrauch gemacht hat[4].

Da auch Geschäftsräume von dem Schutzbereich des Art. 13 Abs. 1 GG erfasst werden, ist deren Betreten und die Durchführung der Prüfung nur zu den Zeiten gestattet, in denen die Räumlichkeiten üblicherweise zur geschäftlichen oder betrieblichen Nutzung dienen[5]. Die Durchsuchung von Geschäftsräumen außerhalb der normalen Öffnungs- und Betriebszeiten ist ebenso wie die Durchsuchung von Wohnräumen nach § 7 Abs. 4 sowie im Rahmen eines Ordnungswidrigkeitenverfahrens möglich[6].

Das Betreten von Grundstücken und Geschäftsräumen des Verleihers ist nur Personen gestattet, die dazu von der Erlaubnisbehörde beauftragt sind. Neben den eigenen Bediensteten der Erlaubnisbehörde kann es sich dabei um Angehörige anderer Behörden oder um private Sachverständige handeln[7].

Der Verleiher hat die Maßnahmen im Rahmen der Behördennachschau zu dulden. Er muss dem Beauftragten der Erlaubnisbehörde den Zutritt zu seinen Grundstücken und Geschäftsräumen gestatten und seine geschäftlichen Unterlagen offen legen. Grundsätzlich beschränken sich seine Pflichten auf ein passives Gewährenlassen. Ein Mindestmaß an Tätigwerden wird dem Verleiher jedoch abverlangt, wenn es um die Öffnung verschlossener Räume und die Auskunft über den Aufbewahrungsort von Unterlagen geht[8]. Auch die behördliche Nachschau kann im Wege des Verwaltungszwangs nach § 6 durchgesetzt werden, wobei allein die Festsetzung eines Zwangsgelds in Betracht kommt. Duldet der Verleiher die Maßnahmen nicht, begeht er zudem eine Ordnungswidrigkeit nach § 16 Abs. 1 Nr. 6a.

5. Durchsuchungsrecht (§ 7 Abs. 4). Nach § 7 Abs. 4 steht der Erlaubnisbehörde sogar ein Durchsuchungsrecht zu. Dabei ist unter Durchsuchung die zwangsweise Suche gegen den Willen des Verleihers oder ohne seine Zustimmung auf Grundstücken und in Räumen zur Sicherstellung von Unterlagen zu verstehen. Vorgefundene geschäftliche Unterlagen, die sich auf AÜ durch den Verleiher beziehen, dürfen sichergestellt werden. Allerdings setzt die Durchsuchung voraus, dass andere Überwachungsmaßnahmen nach § 7 Abs. 2 und 3 keinen Erfolg versprechen. Darüber hinaus bedarf die Durchsuchung der richterlichen Anordnung. Für deren Erlass ist der Richter des AG zuständig, in dessen Bezirk die Durchsuchung vorgenommen werden soll. Sie kann im Gegensatz zur behördlichen Nachschau auch zur Nachtzeit erfolgen. Allerdings sind hier besonders hohe Anforderungen an die Wahrung des Verhältnismäßigkeitsgrundsatzes zu stellen.

In Betracht kommt etwa der begründete Verdacht des Zusammenwirkens des Verleihers mit bandenmäßig organisierten illegalen Unternehmen[9]. Der Verleiher kann die Durchsuchungsanordnung mit der Beschwerde nach § 304 StPO anfechten.

---

1 BSG v. 12.7.1989 – 11 RAr 46/88, NZA 1990, 157. | 2 BSG v. 29.7.1992 – 11 RAr 57/91, NZA 1993, 524. | 3 Schüren, § 7 AÜG Rz. 41; aA SG Duisburg v. 12.10.1988 – 16 Ar 135/86, EzAÜG Nr. 2 zu § 7 AÜG – Prüfrecht. | 4 BSG v. 29.7.1992 – 11 RAr 57/91, NZA 1993, 524. | 5 BVerfG v. 13.10.1971 – 1 BvR 280/66, NJW 1971, 2299; Becker/Wulfgramm, § 7 AÜG Rz. 13; aA Franßen/Haesen, § 7 AÜG Rz. 31; Schubel/Engelbrecht, § 7 AÜG Rz. 15. | 6 Schüren, § 7 AÜG Rz. 47. | 7 Sandmann/Marschall, § 7 AÜG Anm. 21. | 8 Sandmann/Marschall, § 7 AÜG Anm. 25; Schüren, § 7 AÜG Rz. 49. | 9 Sandmann/Marschall, § 7 AÜG Anm. 28.

21 Bei Gefahr im Verzuge sind Durchsuchungen auch ohne richterliche Anordnung während der Geschäftszeit möglich nach § 7 Abs. 4 Satz 3. Liegen konkrete Anhaltspunkte dafür vor, dass der Verleiher bis zur Anordnung der Durchsuchung Unterlagen beseitigt, verfälscht oder wegschafft, würde die vorherige Einholung der richterlichen Anordnung den Durchsuchungszweck gefährden[1]. Diese Gefahr besteht auch, wenn Verleiher nach dem Verlust ihrer Betriebsräume oder ihrer Organisation ihre Tätigkeit nunmehr ohne festen Geschäftssitz fortführen[2].

22 Eine Anfechtung der Durchsuchungsmaßnahme bei Gefahr im Verzug ist der Sache nach ausgeschlossen. Bei Vorliegen eines berechtigten Interesses kann der betroffene Verleiher jedoch eine sozialgerichtliche Nachprüfung über die nachträgliche Feststellungsklage erreichen[3].

23 Nach § 7 Abs. 4 Satz 4 ist sowohl bei der Durchsuchung auf richterliche Anordnung als auch bei der Durchsuchung auf Anordnung der Erlaubnisbehörde zwingend ein Protokoll aufzunehmen. Eine nachträgliche Anfertigung genügt nicht. In der Niederschrift müssen der Ort und die Zeit der Durchsuchung, sämtliche Anwesenden, der Gegenstand und der Grund der Durchsuchung sowie deren wesentliche Ergebnisse festgehalten werden. Das Protokoll muss auch die Tatsachen enthalten, die zur Annahme einer Gefahr im Verzug geführt haben. Wird gegen diese Formvorschrift verstoßen, ist die Durchsuchung nach Art. 13 Abs. 2 GG rechtswidrig. Dem Verleiher ist auf Wunsch eine Abschrift auszuhändigen[4].

24 **6. Auskunftsverweigerungsrecht (§ 7 Abs. 5).** Nach § 7 Abs. 5 kann der Verleiher die Auskunft auf solche Fragen verweigern, deren Beantwortung ihn selbst oder einen Angehörigen der Gefahr eines Straf- oder Ordnungswidrigkeitenverfahrens aussetzen würde. Bei Personengesamtheiten, Personengesellschaften und juristischen Personen steht dieses Recht dem Geschäftsführer oder den gesetzlichen Vertretern zu.

25 Der Verleiher muss sich auf sein Auskunftsverweigerungsrecht ausdrücklich berufen, da ihm sonst ein Verfahren nach § 16 Abs. 1 Nr. 5 droht. Einer Begründung seiner Auskunftsverweigerung bedarf es nicht, es sei denn, eine Straftat oder eine Ordnungswidrigkeit wäre nicht einmal entfernt ersichtlich[5]. Allerdings kann die Berufung auf das Auskunftsverweigerungsrecht die Erlaubnisbehörde dazu veranlassen, sich die zur Überprüfung notwendigen Informationen auf andere Weise zu verschaffen.

8 Statistische Meldungen

(1) Der Verleiher hat der Erlaubnisbehörde halbjährlich statistische Meldungen über

1. die Zahl der überlassenen Leiharbeitnehmer getrennt nach Geschlecht, nach der Staatsangehörigkeit, nach Berufsgruppen und nach der Art der vor der Begründung des Vertragsverhältnisses zum Verleiher ausgeübten Beschäftigung,
2. die Zahl der Überlassungsfälle, gegliedert nach Wirtschaftsgruppen,
3. die Zahl der Entleiher, denen er Leiharbeitnehmer überlassen hat, gegliedert nach Wirtschaftsgruppen,
4. die Zahl und die Dauer der Arbeitsverhältnisse, die er mit jedem überlassenen Leiharbeitnehmer eingegangen ist,
5. die Zahl der Beschäftigungstage jedes überlassenen Leiharbeitnehmers, gegliedert nach Überlassungsfällen,

zu erstatten. Die Erlaubnisbehörde kann die Meldepflicht nach Satz 1 einschränken.

(2) Die Meldungen sind für das erste Kalenderhalbjahr bis zum 1. September des laufenden Jahres, für das zweite Kalenderhalbjahr bis zum 1. März des folgenden Jahres zu erstatten.

(3) Die Erlaubnisbehörde gibt zur Durchführung des Absatzes 1 Erhebungsvordrucke aus. Die Meldungen sind auf diesen Vordrucken zu erstatten. Die Richtigkeit der Angaben ist durch Unterschrift zu bestätigen.

(4) Einzelangaben nach Absatz 1 sind von der Erlaubnisbehörde geheim zu halten. Die §§ 93, 97, 105 Abs. 1, 111 Abs. 5 in Verbindung mit § 105 Abs. 1 sowie § 116 Abs. 1 der Abgabenordnung gelten nicht. Dies gilt nicht, soweit die Finanzbehörden die Kenntnisse für die Durchführung eines Verfahrens wegen einer Steuerstraftat sowie eines damit zusammenhängenden Besteuerungsverfahrens benötigen, an deren Verfolgung ein zwingendes öffentliches Interesse besteht, oder soweit es sich um vorsätzlich falsche Angaben des Auskunftspflichtigen oder der für ihn tätigen Personen handelt. Veröffentlichungen von Ergebnissen auf Grund von Meldungen nach Absatz 1 dürfen keine Einzelangaben enthalten. Eine Zusammenfassung von Angaben mehrerer Auskunftspflichtiger ist keine Einzelangabe im Sinne dieses Absatzes.

1 Die Verpflichtung des Verleihers, detaillierte statische Meldungen über seine Verleihtätigkeit zu erstatten, dient dazu, der BA einen **Überblick über die Entwicklungen** auf dem Teilarbeitsmarkt der AÜ

---

[1] BVerwG v. 12.12.1967 – I C 112.64, DVBl 1968, 752. | [2] *Sandmann/Marschall*, § 7 AÜG Anm. 31; *Becker/Wulfgramm*, § 7 AÜG Rz. 17. | [3] LSG NW v. 11.4.1979 – L 12 Ar 236/77, EzAÜG Nr. 1 zu § 7 AÜG – Prüfrecht. | [4] *Sandmann/Marschall*, § 7 AÜG Anm. 34. | [5] *Sandmann/Marschall*, § 7 AÜG Anm. 36.

zu ermöglichen. Die Meldungen der Verleiher bilden darüber hinaus die Grundlage für die Erfahrungsberichte der Bundesregierung, die sie dem Bundestag turnusgemäß erstattet. Gleichzeitig verschaffen die statistischen Meldungen der Erlaubnisbehörde zumindest einen groben Überblick darüber, ob Verleiher die Bestimmungen des AÜG einhalten.

Die **statistischen Meldungen** der Verleiher sind der Erlaubnisbehörde halbjährlich unaufgefordert und unentgeltlich zu erstatten. Diese Meldungen werden entweder für einen bestimmten Stichtag, zu jedem Monatsende, zum Ende des Kalenderjahres oder aber als Gesamtzahl der innerhalb eines Kalenderhalbjahres eingetretenen statistischen Vorfälle erhoben[1]. Der Inhalt der statistischen Meldung ist in § 8 Abs. 1 Satz 1 Nr. 1 bis 5 im Einzelnen geregelt[2]. Der Umfang der Meldepflicht kann nach § 8 Abs. 1 Satz 2 durch die Erlaubnisbehörde eingeschränkt werden. Von dieser Möglichkeit hat die BA Gebrauch gemacht, indem sie für einen Teil der Daten nur eine Stichtagserhebung durchführt und auf eine Untergliederung dieser Daten nach Berufsgruppen und Wirtschaftsgruppen verzichtet. Darüber hinaus verlangt sie für Fälle der grenzüberschreitenden AÜ ins Ausland lediglich formlose Meldungen[3].

Nach § 8 Abs. 2 sind die statistischen Meldungen für das erste Kalenderhalbjahr bis zum 1. September des laufenden Jahres und für das zweite Kalenderhalbjahr bis zum 1. März des folgenden Jahres zu erstatten. Wenn die Verleiherlaubnis im Verlauf eines Kalenderhalbjahres erteilt wird oder erlischt, hat der Verleiher für den jeweiligen Rest des Kalenderhalbjahres die statistischen Meldungen abzugeben. Um die Aktualität der Arbeitsmarktbeobachtung nicht zu gefährden, dürfen die Meldetermine nicht überschritten werden. Nicht rechtzeitige statistische Meldungen stellen eine Ordnungswidrigkeit nach § 16 Abs. 1 Nr. 7 dar.

Die BA hat nach § 8 Abs. 3 für die statistischen Meldungen *Erhebungsvordrucke* herausgegeben. Der Verleiher ist verpflichtet, seine Meldungen auf diesen Vordrucken wahrheitsgemäß und vollständig zu erstatten und die Richtigkeit seiner Angaben durch Unterschrift zu bestätigen. Auch falsche oder unvollständige Angaben stellen eine Ordnungswidrigkeit nach § 16 Abs. 1 Nr. 7 dar.

Die **zuständige Erlaubnisbehörde** ist die Regionaldirektion, in dessen Bezirk der Verleiher seinen Geschäftssitz oder bei mehreren Niederlassungen seinen Hauptsitz hat. Für ausländische Verleiher ist die Regionaldirektion Hessen zuständig.

Nach § 8 Abs. 4 Satz 1 ist die Erlaubnisbehörde verpflichtet, die Einzelangaben der Verleiher nach § 8 Abs. 1 **geheim zu halten**. Diese Bestimmung zum Schutz des sog. Statistikgeheimnisses betrifft allerdings nur Einzelangaben über die persönlichen oder sachlichen Verhältnisse des Verleihers, wie die Art und den Umfang seines Betriebs, seinen Umsatz oder seine Gewinnspanne[4]. Sobald die Angaben in den statistischen Meldungen mehrerer Verleiher zusammengefasst werden, handelt es sich nicht mehr um geheimhaltungsbedürftige Einzelangaben[5]. Die Geheimhaltungspflicht der Erlaubnisbehörde erstreckt sich nach § 8 Abs. 4 Satz 2 abweichend von den allgemeinen Regeln der Abgabenordnung auch auf Auskünfte gegenüber Finanzbehörden.

Diese Geheimhaltungspflicht findet nach § 8 Abs. 4 Satz 3 ihre Grenze erst dort, wo die Finanzbehörden die Kenntnisse für die Durchführung eines Verfahrens wegen einer Steuerstraftat sowie eines damit zusammenhängenden Besteuerungsverfahrens benötigen, an deren Verfolgung ein zwingendes öffentliches Interesse besteht, oder soweit es sich um vorsätzlich falsche Angaben des Auskunftspflichtigen oder der für ihn tätigen Personen handelt. Nur bei Steuerstraftaten von erheblichem Umfang oder erheblichem Gewicht dürfte ein zwingendes öffentliches Interesse an der Verfolgung anzunehmen sein[6].

Neben dieser speziellen Regelung zum Schutz des Statistikgeheimnisses sind weitere **datenschutzrechtliche Pflichten** der Erlaubnisbehörde zum Schutz des Sozialgeheimnisses in § 35 SGB I und in den §§ 67 bis 77 SGB X sowie zum Schutz bei der Übermittlung personenbezogener Daten in den §§ 15, 16 BDSG vorgesehen. Allerdings erstreckt sich die Geheimhaltungspflicht nicht auf das Verhältnis der Erlaubnisbehörde zu anderen Dienststellen der BA, da die Geheimhaltungspflicht grundsätzlich nur gegenüber Dritten besteht, die nicht mit der Durchführung des AÜG befasst sind[7].

9 Unwirksamkeit
Unwirksam sind:

1. **Verträge zwischen Verleihern und Entleihern sowie zwischen Verleihern und Leiharbeitnehmern, wenn der Verleiher nicht die nach § 1 erforderliche Erlaubnis hat,**
2. Vereinbarungen, die für den Leiharbeitnehmer für die Zeit der Überlassung an einen Entleiher schlechtere als die im Betrieb des Entleihers für einen vergleichbaren Arbeitnehmer des Entleihers geltenden wesentlichen Arbeitsbedingungen einschließlich des Arbeitsentgelts vorsehen, es sei denn,

---

1 *Sandmann/Marschall*, § 8 AÜG Anm. 2. |2 Vgl. *Sandmann/Marschall*, § 8 AÜG Anm. 3–11. |3 *Becker/Wulfgramm*, § 8 AÜG Rz. 4a. |4 *Becker/Wulfgramm*, § 8 AÜG Rz. 9. |5 *Franßen/Haesen*, § 8 AÜG Rz. 12; *Schubel/Engelbrecht*, § 8 AÜG Rz. 5. |6 *Sandmann/Marschall*, § 8 AÜG Anm. 20. |7 *Sandmann/Marschall*, § 8 AÜG Anm. 22.

der Verleiher gewährt dem zuvor arbeitslosen Leiharbeitnehmer für die Überlassung an einen Entleiher für die Dauer von insgesamt höchstens sechs Wochen mindestens ein Nettoarbeitsentgelt in Höhe des Betrages, den der Leiharbeitnehmer zuletzt als Arbeitslosengeld erhalten hat; Letzteres gilt nicht, wenn mit demselben Verleiher bereits ein Leiharbeitsverhältnis bestanden hat; ein Tarifvertrag kann abweichende Regelungen zulassen; im Geltungsbereich eines solchen Tarifvertrages können nicht tarifgebundene Arbeitgeber und Arbeitnehmer die Anwendung der tariflichen Regelungen vereinbaren,

3. Vereinbarungen, die dem Entleiher untersagen, den Leiharbeitnehmer zu einem Zeitpunkt einzustellen, in dem dessen Arbeitsverhältnis zum Verleiher nicht mehr besteht; dies schließt die Vereinbarung einer angemessenen Vergütung zwischen Verleiher und Entleiher für die nach vorangegangenem Verleih oder mittels vorangegangenem Verleih erfolgte Vermittlung nicht aus,

4. Vereinbarungen, die dem Leiharbeitnehmer untersagen, mit dem Entleiher zu einem Zeitpunkt, in dem das Arbeitsverhältnis zwischen Verleiher und Leiharbeitnehmer nicht mehr besteht, ein Arbeitsverhältnis einzugehen.

1 **1. Gegenstand und Zweck der Regelung.** Neben den gewerberechtlichen Regelungen enthält das AÜG in den §§ 9–12 zivil- und arbeitsrechtliche Bestimmungen für die gewerbsmäßige AÜ. Allerdings handelt es sich nicht um eine umfassende Regelung der zivil- und arbeitsrechtlichen Aspekte der AÜ. Diese als rudimentäre arbeitsrechtliche Reglementierung des Leiharbeitsverhältnisses beklagte Beschränkung des Gesetzes konzentriert sich auf die Vorschriften, die der besonderen Lage und der besonderen Gestaltung der Rechtsbeziehungen zwischen den Beteiligten der AÜ Rechnung tragen[1].

2 Durch § 9 werden die gewerberechtlichen Vorschriften über die Erlaubnispflicht nach § 1 und der Versagungsgrund nach § 3 Abs. 1 Nr. 3 durch **zivilrechtliche Sanktionen** ergänzt. Gleichzeitig wird die in § 10 Abs. 1 geregelte Fiktion eines Arbeitsverhältnisses zwischen dem Entleiher und dem von einem illegal tätigen Verleiher überlassenen LeihArbN vorbereitet. Insoweit zielt das Gesetz darauf ab, Verleiher und Entleiher zu einem gesetzmäßigen Verhalten zu bewegen. Darüber hinaus erklärt das Gesetz Wettbewerbsabreden zum Nachteil des LeihArbN für unwirksam, soweit sie darauf gerichtet sind, den Abschluss von Arbeitsverträgen mit anderen potenziell vorhandenen ArbGeb zu verhindern oder einzuschränken. Damit räumt das Gesetz dem Erwerb einer dauerhaften Beschäftigung eindeutig Vorrang ein vor ungesicherten Beschäftigungsverhältnissen im Rahmen der AÜ.

3 Die in § 9 im Einzelnen aufgeführten Rechtsgeschäfte erklärt das Gesetz für unwirksam. Grundsätzlich gelten für unwirksame Rechtsgeschäfte die Bestimmungen des Bürgerlichen Gesetzbuchs über nichtige Rechtsgeschäfte. Während ein nichtiges Rechtsgeschäft jedoch von Anfang an ungültig ist und damit die rechtlichen Bindungen rückwirkend beseitigt werden, erfasst die Unwirksamkeit nach § 9 auch die Fälle, in denen das Rechtsgeschäft später ungültig wird und damit die rechtlichen Bindungen erst für die Zukunft beseitigt werden[2].

4 **2. Fehlende Verleiherlaubnis (§ 9 Nr. 1).** Nach § 9 Nr. 1 ist sowohl der **AÜ-Vertrag** zwischen dem Verleiher und dem Entleiher als auch der **Leiharbeitsvertrag** zwischen dem Verleiher und dem LeihArbN **unwirksam**, wenn der Verleiher nicht die nach § 1 erforderliche Erlaubnis hat. Dabei kommt es nicht darauf an, ob der Verleiher von Anfang an keine Verleiherlaubnis besaß oder ob diese erst später durch eine Rücknahme, einen Widerruf, den Eintritt einer auflösenden Bedingung oder die Ablehnung ihrer Verlängerung entfallen ist[3]. Jedoch erstreckt sich die Unwirksamkeit im Fall einer Rücknahme, eines Widerrufs oder einer Nichtverlängerung der Verleiherlaubnis nicht auf den Zeitraum der Abwicklungsfrist des § 2 Abs. 4 Satz 4. Auf die Kenntnis des Entleihers und des LeihArbN vom Fehlen oder Wegfall der Verleiherlaubnis kommt es nicht an. Allerdings ist der Verleiher gemäß den §§ 11, 12 dazu verpflichtet, sowohl den LeihArbN als auch den Entleiher darüber zu unterrichten.

5 Zwar erklärt das Gesetz sowohl den AÜ-Vertrag als auch den Leiharbeitsvertrag für unwirksam. Dieses Unwerturteil über die illegale AÜ richtet sich jedoch nur gegen den Verleiher und den Entleiher, während der Schutz des LeihArbN nicht gemindert werden soll. Demnach hat die Unwirksamkeit der einzelnen Rechtsgeschäfte zwischen den an der AÜ Beteiligten unterschiedliche Folgen.

6 Fehlte dem Verleiher bereits beim Abschluss des AÜ-Vertrags die Verleiherlaubnis, konnte er zwischen den Vertragsparteien keine Leistungspflichten begründen. Wurden gleichwohl Leistungen in Erfüllung des unwirksamen AÜ-Vertrags erbracht, sind sie nach den Grundsätzen des Bereicherungsrechts zurückzugewähren[4]. Da weder der Verleiher noch der Entleiher einem ArbN entsprechend schutzbedürftig sind, scheidet die Annahme eines fehlerhaften oder faktischen AÜ-Vertrags aus[5]. Daneben kommt eine faktische Rückabwicklung erbrachter Leistungen über den Gesamtschuldnerausgleich zwischen dem Verleiher und dem Entleiher in Betracht, soweit es die Arbeitsvergütung und die abgeführten SozVBeiträge angeht[6].

---

[1] *Becker,* BlStSozArbR 1976, 225; *Trieschmann,* BArbBl 1972, 668.   [2] *Sandmann/Marschall,* § 9 AÜG Anm. 18.
[3] *Becker/Wulfgramm,* § 9 AÜG Rz. 11.   [4] BGH v. 8.11.1979 – VII ZR 337/78, AP Nr. 2 zu § 10 AÜG; v. 17.1.1984 – VI ZR 87/82, EzAÜG Nr. 2 zu § 10 AÜG – Fiktion.   [5] *Becker/Wulfgramm,* § 9 AÜG Rz. 18; *Immenga,* BB 1972, 807.
[6] BGH v. 17.2.2000 – III ZR 78/99, NJW 2000, 1557 = VersR 2001, 1513; im Einzelnen *Schüren,* § 9 AÜG Rz. 43 ff.

Fällt die Erlaubnis des Verleihers zur AÜ erst in einem Zeitpunkt weg, in dem der AÜ-Vertrag mit dem Entleiher bereits vollzogen worden ist, entfaltet die Unwirksamkeit nach § 9 Nr. 1 keine Rückwirkung. Vielmehr endet der AÜ-Vertrag mit dem Wegfall der Verleiherlaubnis[1].

Wird die Verleiherlaubnis erst erteilt, nachdem der Verleiher den AÜ-Vertrag mit dem Entleiher abgeschlossen und bereits in Vollzug gesetzt hat, wird dieser Vertrag weder rückwirkend noch in entsprechender Anwendung des § 139 BGB für die Zukunft geheilt[2]. Vielmehr muss ein neuer AÜ-Vertrag abgeschlossen werden. Allerdings kann in der Fortführung des AÜ-Vertrags durch den Verleiher und den Entleiher regelmäßig der konkludente Abschluss eines neuen Vertrags gesehen werden[3].

War der Leiharbeitsvertrag zwischen dem Verleiher und dem LeihArbN aufgrund der fehlenden Verleiherlaubnis von Anfang an unwirksam gemäß § 9 Nr. 1, konnte auch dieser Vertrag grundsätzlich keine Leistungspflicht zwischen den Vertragsparteien begründen. Haben die Parteien jedoch ihre vermeintlichen Leistungspflichten erfüllt, fehlte dafür der Rechtsgrund, so dass die Rückabwicklung eigentlich nach den allgemeinen zivilrechtlichen Grundsätzen des Bereicherungsrechts vorgenommen werden müsste[4]. Da die Bestimmungen des Bereicherungsrechts dem Schutz des LeihArbN nicht hinreichend gerecht werden, sind auf den unwirksamen Leiharbeitsvertrag die arbeitsrechtlichen Grundsätze über das fehlerhafte bzw. **faktische Arbeitsverhältnis** anzuwenden[5].

Das gilt entsprechend, wenn die Verleiherlaubnis in einem Zeitpunkt wegfällt, in dem der Leiharbeitsvertrag zwischen dem Verleiher und dem LeihArbN bereits in Vollzug gesetzt worden ist. In diesem Zeitpunkt wird der Leiharbeitsvertrag unwirksam und das Leiharbeitsverhältnis wandelt sich in ein fehlerhaftes Arbeitsverhältnis um[6].

Erhält der Verleiher die Erlaubnis zur AÜ erst in einem Zeitpunkt, in dem ein Leiharbeitsvertrag mit einem LeihArbN bereits in Vollzug gesetzt wurde, wird dieser Vertrag nicht rückwirkend geheilt[7]. Auch in diesem Fall bedarf es für die weitere Durchführung des Leiharbeitsverhältnisses des Abschlusses eines neuen Leiharbeitsvertrags. Wiederum ist regelmäßig in der Fortführung des bisherigen Leiharbeitsverhältnisses ein konkludenter Neuabschluss zu sehen.

3. Verstoß gegen das Gleichstellungsgebot (§ 9 Nr. 2). Nach § 9 Nr. 2 sind Vereinbarungen, die für den LeihArbN für die Zeit der Überlassung an einen Entleiher schlechtere als die im Betrieb des Entleihers für einen vergleichbaren ArbN des Entleihers geltenden wesentlichen Arbeitsbedingungen einschließlich des Arbeitsentgelts vorsehen, grundsätzlich unwirksam. Durch diese arbeitsrechtliche Sanktion wird die gewerberechtliche Bestimmung in § 3 Abs. 1 Nr. 3 ergänzt. Von der Unwirksamkeit werden neben individualvertraglichen Abreden auch BV im Betrieb des Verleihers erfasst, die den LeihArbN für die Zeit der Überlassung schlechter stellen als einen vergleichbaren ArbN im Entleiherbetrieb[8]. An die Stelle dieser unwirksamen Vereinbarungen tritt gemäß § 10 Abs. 4 der Anspruch des LeihArbN auf Gleichstellung. Wegen der einzelnen Voraussetzungen des Gleichstellungsgebotes und der gesetzlichen Ausnahmeregelungen wird auf die Kommentierung zu § 3 Abs. 1 Nr. 3 Bezug genommen[9].

4. Einstellungsverbot im Überlassungsvertrag (§ 9 Nr. 3). Nach § 9 Nr. 3 sind Vereinbarungen unwirksam, die dem Entleiher untersagen, den LeihArbN zu einem Zeitpunkt einzustellen, in dem dessen Arbeitsverhältnis zum Verleiher nicht mehr besteht. Durch diese Vorschrift räumt das Gesetz dem Recht des LeihArbN, seinen Arbeitsplatz frei zu wählen und nach Beendigung des Leiharbeitsverhältnisses ein normales Arbeitsverhältnis einzugehen, Vorrang ein gegenüber den wirtschaftlichen Interessen des Verleihers[10]. Nach diesem Gesetzeszweck sind auch Vereinbarungen unwirksam, die es dem Entleiher verbieten, dem LeihArbN eine Tätigkeit in seinem Betrieb anzubieten[11].

Davon abzugrenzen sind jedoch jegliche unlautere Methoden der ArbN-Abwerbung. Dazu zählt etwa die Aufforderung, den Arbeitsplatz ohne Einhaltung der Kündigungsfrist gegenüber dem Verleiher zu wechseln. Diese Anstiftung zum Vertragsbruch stellt zum einen eine Verletzung von Nebenpflichten des Entleihers aus dem Überlassungsvertrag dar. Zum anderen verstößt der Entleiher gegen § 1 UWG[12]. **Unwirksam** ist nach § 9 Nr. 3 ausschließlich die Vereinbarung eines **Einstellungs- oder Abwerbungsverbots**, nicht jedoch der gesamte AÜ-Vertrag[13]. Wie sich aus § 9 Nr. 3 Halbs. 2 nunmehr ergibt, kann der Verleiher mit dem Entleiher die Zahlung einer Vergütung oder Vermittlungsprovision für den Fall der Übernahme des LeihArbN vereinbaren. Denn in aller Regel besteht der Sinn dieser Provision darin, die dem Verleiher entstehenden Rekrutierungskosten auf den Entleiher umzulegen. Solange sich diese Vermittlungsgebühr im üblichen Rahmen hält und sich bei fortschreitender Überlassungsdauer bis zum völligen Wegfall reduziert, dient sie nicht als Druckmittel, um eine Übernahme des Leih-

---

1 *Becker/Wulfgramm*, § 9 AÜG Rz. 11. | 2 So aber *Schüren*, 1. Aufl. § 9 AÜG Rz. 29. | 3 *Becker/Wulfgramm*, § 9 AÜG Rz. 11; ErfK/*Wank*, § 9 AÜG Rz. 10. | 4 *Sandmann/Marschall*, § 9 AÜG Anm. 7. | 5 BAG v. 26.6.1984 – 2 AZR 471/83, EzAÜG Nr. 18 zu § 1 AÜG – Gewerbsmäßige Arbeitnehmerüberlassung; BGH v. 31.3.1982 – 2 StR 744/81, AP Nr. 4 zu § 10 AÜG. | 6 *Schüren*, § 9 AÜG Rz. 37. | 7 LAG Köln v. 20.8.1985 – 1 Sa 416/85, EzAÜG Nr. 43 zu § 10 AÜG – Fiktion. | 8 *Boemke/Lembke*, § 9 AÜG Rz. 18. | 9 § 3 AÜG Rz. 28 ff. | 10 BT-Drs. VI/2303, S. 13. | 11 *Sandmann/Marschall*, § 9 AÜG Rz. 29; *Schüren*, § 9 AÜG Rz. 140. | 12 *Becker/Wulfgramm*, § 9 AÜG Rz. 30c; *Schüren*, § 9 AÜG Rz. 141. | 13 *Becker/Wulfgramm*, § 9 AÜG Rz. 30; *Schüren*, § 9 AÜG Rz. 142.

ArbN zu verhindern. Einer derartigen Vereinbarung steht der Schutz der freien Arbeitsplatzwahl des LeihArbN nicht entgegen[1].

15 **5. Einstellungsverbot im Leiharbeitsvertrag (§ 9 Nr. 4).** Nach § 9 Nr. 4 sind Vereinbarungen unwirksam, die dem LeihArbN untersagen, mit dem Entleiher zu einem Zeitpunkt, in dem das Arbeitsverhältnis zwischen Verleiher und LeihArbN nicht mehr besteht, ein Arbeitsverhältnis einzugehen. Diese Bestimmung dient wie § 9 Nr. 3 dem Ziel, das Recht des LeihArbN auf freie Wahl des Arbeitsplatzes zu sichern und seine Chancen auf ein gesichertes Normalarbeitsverhältnis im Anschluss an sein Leiharbeitsverhältnis zu verbessern. Der Regelung in § 9 Nr. 4 gebührt der Vorrang vor den Bestimmungen über die Vereinbarung von Wettbewerbsverboten nach den §§ 74 ff. HGB[2].

16 Die Regelung in § 9 Nr. 4 erfasst auch Nebenabreden, die in einem inneren sachlichen Zusammenhang mit einem unwirksamen Abschlussverbot stehen. Das gilt einmal für **Vertragsstrafenversprechen**, die den LeihArbN von der Begründung eines Arbeitsverhältnisses mit dem Entleiher abhalten sollen[3]. Das gilt aber auch für die Vereinbarung, nach der dem LeihArbN eine Abfindung gezahlt wird, falls er bei einem bestimmten Entleiher kein Arbeitsverhältnis begründet[4]. Wird diese **Abfindung** als eine Art Karenzentschädigung tatsächlich gezahlt, kann der Verleiher sie nach § 817 BGB selbst dann nicht zurückfordern, wenn der LeihArbN sich an die so abgesicherte Verpflichtung nicht hält. Vereinbarungen zwischen Verleihern und LeihArbN, die für die etwaige Aufnahme einer Tätigkeit bei dem Entleiher die Zahlung einer **Vermittlungsgebühr** vorsehen, sind nach § 9 Nr. 4 unwirksam.

17 Dagegen kann einem LeihArbN während der Dauer des Leiharbeitsverhältnisses selbstverständlich nach den allgemeinen Regeln eine Nebentätigkeit untersagt werden. Das setzt allerdings voraus, dass diese Nebentätigkeit die Erfüllung seiner Arbeitspflicht im Rahmen des Leiharbeitsverhältnisses erheblich beeinträchtigen würde[5].

18 In entsprechender Anwendung von § 60 HGB ist einem LeihArbN während der Dauer seines Leiharbeitsverhältnisses jede Form von Konkurrenztätigkeit zum Verleiher verboten[6]. Danach darf er nicht als selbständiger Verleiher tätig werden und etwa ehemaligen Entleihern andere LeihArbN überlassen oder mit ehemaligen Entleihern gemeinsam AÜ betreiben. Von diesem allgemeinen **Wettbewerbsverbot** wird allerdings die Vorbereitung des LeihArbN für die Zeit nach seinem Ausscheiden aus dem Leiharbeitsverhältnis nicht erfasst[7].

19 Die Unwirksamkeit nach § 9 Nr. 4 führt zur Nichtigkeit entsprechender Vereinbarungen zwischen Verleiher und LeihArbN einschließlich damit zusammenhängender Nebenabreden. Die Wirksamkeit des Leiharbeitsverhältnisses im Übrigen wird davon nicht berührt[8].

10 Rechtsfolgen bei Unwirksamkeit

(1) Ist der Vertrag zwischen einem Verleiher und einem Leiharbeitnehmer nach § 9 Nr. 1 unwirksam, so gilt ein Arbeitsverhältnis zwischen Entleiher und Leiharbeitnehmer zu dem zwischen dem Entleiher und dem Verleiher für den Beginn der Tätigkeit vorgesehenen Zeitpunkt als zustande gekommen; tritt die Unwirksamkeit erst nach Aufnahme der Tätigkeit beim Entleiher ein, so gilt das Arbeitsverhältnis zwischen Entleiher und Leiharbeitnehmer mit dem Eintritt der Unwirksamkeit als zustande gekommen. Das Arbeitsverhältnis nach Satz 1 gilt als befristet, wenn die Tätigkeit des Leiharbeitnehmers bei dem Entleiher nur befristet vorgesehen war und ein die Befristung des Arbeitsverhältnisses sachlich rechtfertigender Grund vorliegt. Für das Arbeitsverhältnis nach Satz 1 gilt die zwischen dem Verleiher und dem Entleiher vorgesehene Arbeitszeit als vereinbart. Im Übrigen bestimmen sich Inhalt und Dauer dieses Arbeitsverhältnisses nach den für den Betrieb des Entleihers geltenden Vorschriften und sonstigen Regelungen; sind solche nicht vorhanden, gelten diejenigen vergleichbarer Betriebe. Der Leiharbeitnehmer hat gegen den Entleiher mindestens Anspruch auf das mit dem Verleiher vereinbarte Arbeitsentgelt.

(2) Der Leiharbeitnehmer kann im Falle der Unwirksamkeit seines Vertrages mit dem Verleiher nach § 9 Nr. 1 von diesem Ersatz des Schadens verlangen, den er dadurch erleidet, dass er auf die Gültigkeit des Vertrages vertraut. Die Ersatzpflicht tritt nicht ein, wenn der Leiharbeitnehmer den Grund der Unwirksamkeit kannte.

---

1 *Rambach/Begerau*, BB 2002, 937; *Dahl*, DB 2002, 1374 m. Nachweis der Instanzrechtsprechung; *Sandmann/Marschall*, § 9 AÜG Anm. 29; *ErfK/Wank*, § 9 AÜG Rz. 26; *Thüsing*, DB 2003, 2122; aA BGH v. 3.7.2003 – III ZR 348/02, DB 2003, 2125. | 2 LAG Köln v. 17.5.1984 – 8 Sa 48/84, EzAÜG Nr. 3 zu KSchG; *Becker/Wulfgramm*, § 9 AÜG Rz. 33; *Franßen/Haesen*, § 9 AÜG Rz. 36. | 3 *Becker/Wulfgramm*, § 9 AÜG Rz. 33b; *Schüren*, § 9 AÜG Rz. 166. | 4 LAG Köln v. 22.8.1984 – 5 Sa 1306/83, EzAÜG Nr. 32 zu § 10 AÜG – Fiktion = DB 1985, 445. | 5 BAG v. 26.8.1976 – 2 AZR 377/75, AP Nr. 68 zu § 626 BGB m. Anm. *Löwisch/Röder* = DB 1977, 544. | 6 LAG Berlin v. 9.2.1981 – 9 Sa 83/80, EzAÜG Nr. 3 zu § 611 BGB – Leiharbeitsverhältnis = DB 1981, 1095. | 7 BAG v. 16.1.1975 – 3 AZR 72/74, AP Nr. 8 zu § 60 HGB m. Anm. *Beuthien/Janzen* = RdA 1975, 266. | 8 *Becker/Wulfgramm*, § 9 AÜG Rz. 34; *Sandmann/Marschall*, § 9 AÜG Anm. 32; *Schüren*, § 9 AÜG Rz. 166.

(3) Zahlt der Verleiher das vereinbarte Arbeitsentgelt oder Teile des Arbeitsentgelts an den Leiharbeitnehmer, obwohl der Vertrag nach § 9 Nr. 1 unwirksam ist, so hat er auch sonstige Teile des Arbeitsentgelts, die bei einem wirksamen Arbeitsvertrag für den Leiharbeitnehmer an einen anderen zu zahlen wären, an den anderen zu zahlen. Hinsichtlich dieser Zahlungspflicht gilt der Verleiher neben dem Entleiher als Arbeitgeber; beide haften insoweit als Gesamtschuldner.

(4) Der Leiharbeitnehmer kann im Falle der Unwirksamkeit der Vereinbarung mit dem Verleiher nach § 9 Nr. 2 von diesem die Gewährung der im Betrieb des Entleihers für einen vergleichbaren Arbeitnehmer des Entleihers geltenden wesentlichen Arbeitsbedingungen einschließlich des Arbeitsentgelts verlangen.

1. **Inhalt und Zweck der Norm.** Durch § 10 werden die Folgen eines unwirksamen Leiharbeitsvertrags, einer unwirksamen Kündigung und einer unwirksamen Befristung des Leiharbeitsvertrags geregelt. Dazu gehört die **Fiktion eines Arbeitsverhältnisses zum Entleiher**, die Begründung eines **Schadensersatzanspruchs des LeihArbN** gegen den Verleiher und dessen **gesamtschuldnerische Haftung** für Lohnnebenleistungen und Teile des Entgelts. Schließlich wird der Verleiher verpflichtet, die Arbeitsbedingungen des LeihArbN an diejenigen im Betrieb des Entleihers anzupassen.

Bei § 10 handelt es sich um einen Eckpfeiler der gesetzlichen Konstruktion der AÜ[1]. Er regelt allgemein die Abwicklung illegaler Leiharbeit, auch in der Form von Scheinwerk- und Scheindienstverträgen. Dabei dient die Regelung in erster Linie der sozialen Absicherung der LeihArbN. Zugleich hat sie eine abschreckende Funktion, indem sie einen Entleiher, der von einem illegal tätigen Verleiher einen ArbN ausleiht, durch die Fiktion eines Arbeitsverhältnisses weitreichend in die Pflicht nimmt. Schließlich sichert sie die Überwachungs- und Kontrollmöglichkeiten der Erlaubnisbehörde[2].

2. **Fiktion eines Arbeitsverhältnisses (§ 10 Abs. 1).** Ist der Leiharbeitsvertrag deswegen unwirksam, weil der Verleiher nicht die zur AÜ erforderliche Erlaubnis besitzt, wird zum Schutz des LeihArbN ein Arbeitsverhältnis zum Entleiher kraft gesetzlicher Fiktion begründet. Diese gesetzlich angeordnete Rechtsfolge kann von den Beteiligten weder abbedungen noch durch einen Widerspruch des LeihArbN verhindert werden[3]. Unter den Voraussetzungen des § 10 Abs. 1 kommt ohne eine vertragliche Einigung zwischen dem LeihArbN und dem Entleiher ein Arbeitsverhältnis zustande. Diese Rechtsfolge wird auch durch das Verbot einer gewerbsmäßigen AÜ in Betriebe des Baugewerbes nach § 1b nicht ausgeschlossen[4]. Allerdings muss das Leiharbeitsverhältnis zum Verleiher gerade deshalb unwirksam sein, weil ihm die Verleiherlaubnis von vornherein fehlt oder weil diese nachträglich weggefallen ist[5]. Beruht die ursprüngliche oder nachträglich eintretende Unwirksamkeit des Leiharbeitsvertrags dagegen auf anderen Gründen, greift die gesetzliche Fiktion des § 10 nicht ein. Das gilt etwa für Willensmängel, mangelnde Geschäftsfähigkeit oder fehlende Vertretungsbefugnis einer der Leiharbeitsvertragsparteien[6].

a) **Beginn des Arbeitsverhältnisses (§ 10 Abs. 1 Satz 1).** Das fingierte Arbeitsverhältnis kommt in dem Zeitpunkt zustande, der zwischen dem Entleiher und dem Verleiher für den Beginn der Tätigkeit des LeihArbN vorgesehen war. Danach greift die Fiktion des § 10 grundsätzlich immer gleichzeitig mit der Unwirksamkeit nach § 9 Nr. 1 ein. Wenn die Verleiherlaubnis bereits bei Abschluss des Leiharbeitsvertrags fehlt, kommt es auf den Zeitpunkt an, der für den Beginn der Tätigkeit des LeihArbN vorgesehen war. Bei einem späteren Wegfall der Erlaubnis tritt die Unwirksamkeit des Leiharbeitsvertrags und die Fiktion des Arbeitsverhältnisses zwischen Entleiher und LeihArbN erst mit dem Wegfall der Verleiherlaubnis ein. Fehlt in dem AÜ-Vertrag eine Vereinbarung über den Zeitpunkt des Einsatzes des LeihArbN, ist der Zeitpunkt seiner tatsächlichen Arbeitsaufnahme maßgeblich[7].

Allerdings kommt das kraft gesetzlicher Fiktion begründete Arbeitsverhältnis zwischen dem Entleiher und dem LeihArbN nur zustande, wenn die Beteiligten die AÜ in dem maßgeblichen Zeitpunkt auch noch tatsächlich durchführen wollen. Denn eine Bindung der Beteiligten für die Zukunft kann aufgrund der unwirksamen Vertragsbeziehungen zwischen den Beteiligten nicht eintreten. Nimmt der LeihArbN seine Arbeit beim Entleiher gar nicht erst auf, kommt ein fingiertes Arbeitsverhältnis nicht zustande. Überlässt der Verleiher dem Entleiher einen anderen als den vorgesehenen LeihArbN, tritt die gesetzliche Fiktion nur in der Person des tatsächlich entsandten ArbN ein[8].

Für den **Eintritt der Fiktion** ist es ohne Bedeutung, ob die Beteiligten das Fehlen der Verleiherlaubnis kannten oder kennen mussten[9]. Das Arbeitsverhältnis zwischen Entleiher und LeihArbN wird auch dann fingiert, wenn der Verleiher bei Abschluss der Verträge den Besitz einer Verleiherlaubnis vorspiegelt, de-

---

1 *Schüren*, § 10 AÜG Rz. 6. |2 OLG Hamm v. 14.11.1980 – 5 SsOwi 1967/80, AP Nr. 7 zu § 19 AFG. |3 *Schüren*, § 10 AÜG Rz. 35; *Becker/Wulfgramm*, § 10 AÜG Rz. 10; aA LAG Hess. v. 6.3.2001 – 2/9 Sa 1246/00, NZA-RR 2002, 73; *Seiter* in Anm. zu BAG v. 10.2.1977 – 2 ABR 80/76, AR Blattei D Entscheidung Nr. 11 – Leiharbeitsverhältnis. |4 BAG v. 8.7.1998 – 10 AZR 274/97, AP Nr. 214 zu § 1 TVG – Tarifverträge: Bau = DB 1999, 386. |5 BAG v. 27.7.1983 – 5 AZR 194/81, AP Nr. 6 zu § 10 AÜG = DB 1984, 54. |6 *Sandmann/Marschall*, § 10 AÜG Anm. 22; *Schüren*, § 10 AÜG Rz. 28. |7 BAG v. 10.2.1977 – 2 ABR 80/76, AP Nr. 9 zu § 103 BetrVG 1972 = DB 1977, 1273. |8 *Schüren*, § 10 AÜG Rz. 30. |9 BGH v. 8.11.1979 – VII ZR 337/78, BGHZ 75, 299 = AP Nr. 2 zu § 10 AÜG = EzAÜG Nr. 3 zu § 10 AÜG – Fiktion = NJW 1980, 452 = DB 1980, 347; LAG Düsseldorf v. 14.1.2002 – 5 Sa 1448/01, nv.

ren späteren Wegfall nicht anzeigt oder wenn die Beteiligten der Überzeugung waren, es handele sich um einen Werk- oder Dienstvertrag[1].

7   Der wegen fehlender Verleiherlaubnis unwirksame Leiharbeitsvertrag begründet zwischen dem Verleiher und dem LeihArbN bis zu dem Zeitpunkt der vorgesehenen Aufnahme der Tätigkeit beim Entleiher lediglich ein fehlerhaftes Arbeitsverhältnis. Fällt die Verleiherlaubnis erst nach dem Abschluss des Arbeitsvertrags weg, besteht bis zu diesem Zeitpunkt ein wirksames und erst danach ein fehlerhaftes Leiharbeitsverhältnis[2]. Fällt die Verleiherlaubnis dagegen erst nach Beginn der Arbeitsaufnahme beim Entleiher weg, entsteht das fingierte Arbeitsverhältnis zwischen LeihArbN und Entleiher erst in diesem Zeitpunkt. In den Fällen des Widerrufs, der Rücknahme oder der Nichtverlängerung der Verleiherlaubnis gilt das jedoch erst nach Ablauf der gesetzlich vorgesehenen Abwicklungsfrist in § 2 Abs. 4 Satz 4. Erhält der Verleiher die Erlaubnis erst nach dem Eintritt der gesetzlichen Fiktion, werden deren Rechtsfolgen dadurch nicht wieder beseitigt[3].

8   b) **Dauer des Arbeitsverhältnisses (§ 10 Abs. 1 Satz 2).** Wenn die Tätigkeit des LeihArbN bei dem Entleiher nur befristet vorgesehen war und ein die Befristung des Arbeitsverhältnisses sachlich rechtfertigender Grund vorlag, gilt auch das fingierte Arbeitsverhältnis zwischen dem Entleiher und dem LeihArbN als befristet. Damit fingiert das Gesetz eine Ausnahme zu dem Grundsatz in § 10 Abs. 1 Satz 4, nach dem nicht nur für den Inhalt, sondern auch für die Dauer des fingierten Arbeitsverhältnisses die für den Betrieb des Entleihers geltenden Vorschriften und sonstigen Regelungen maßgeblich sind.

9   Die **Fiktion der Befristung** des Arbeitsverhältnisses zwischen dem Entleiher und dem LeihArbN setzt kumulativ eine Befristungsabrede zwischen Entleiher und Verleiher sowie einen sachlich rechtfertigenden Grund für diese Befristungsabrede voraus. Ursprünglich knüpfte das Gesetz dabei an die Rspr. des BAG zur Wirksamkeit von Befristungen an[4]. Nunmehr kann auf die Regelung in § 14 TzBfG zurückgegriffen werden, die beispielhaft eine Reihe von sachlichen Gründen für die Befristung eines Arbeitsvertrags aufzählt.

10   Liegt ein **sachlicher Grund** für die Befristung des AÜ-Vertrags vor, endet nach § 10 Abs. 1 Satz 2 auch das fingierte Arbeitsverhältnis zwischen dem Entleiher und dem LeihArbN zu dem vereinbarten Zeitpunkt. Fehlt es an einer wirksamen Befristungsabrede, kommt ein unbefristetes Arbeitsverhältnis zwischen Entleiher und LeihArbN zustande. Zeitlichen Befristungen in dem AÜ-Vertrag gleichgestellt sind Zweckbefristungen[5]. Wird der Einsatz des LeihArbN über den im AÜ-Vertrag vereinbarten Zeitraum hinaus fortgesetzt, gilt das fingierte Arbeitsverhältnis zwischen Entleiher und LeihArbN gemäß § 625 BGB als auf unbestimmte Zeit abgeschlossen[6]. Im Übrigen kann das fingierte Arbeitsverhältnis zwischen dem Entleiher und dem LeihArbN nach den allgemeinen Grundsätzen durch den Abschluss eines Aufhebungsvertrags oder die Erklärung einer Kündigung beendet werden[7].

11   c) **Arbeitszeit (§ 10 Abs. 1 Satz 3).** Für das fingierte Arbeitsverhältnis zwischen dem Entleiher und dem LeihArbN gilt die Arbeitszeit als vereinbart, die zwischen dem Verleiher und dem Entleiher im AÜ-Vertrag vorgesehen war. Wiederum handelt es sich um eine Ausnahme von dem Grundsatz in § 10 Abs. 1 Satz 4, nach dem sich der Inhalt des fingierten Arbeitsverhältnisses nach den im Betrieb des Entleihers geltenden Vorschriften und sonstigen Regelungen richtet. Die **Fiktion der vereinbarten Arbeitszeit** erstreckt sich auch auf die zwischen Entleiher und Verleiher vereinbarte Tageszeit, während der der LeihArbN zum Einsatz kommen sollte. Nur so kann der LeihArbN dem Gesetzeszweck entsprechend vor unvorhersehbaren Änderungen seiner vertraglichen Pflichten geschützt werden[8]. Allerdings kann die Bindung des Entleihers an die Arbeitszeitregelungen in dem AÜ-Vertrag nicht weiter reichen als die des Verleihers im Rahmen des Leiharbeitsverhältnisses.

12   Grundsätzlich kann der Verleiher die Arbeitszeit gemäß § 315 BGB innerhalb der durch TV oder BV gezogenen Grenzen einseitig bestimmen. Durch die Fiktion des Arbeitsverhältnisses zwischen dem Entleiher und dem LeihArbN steht dieses Recht dem Entleiher zu[9]. Eine Beschränkung dieses Rechts muss ausdrücklich im Leiharbeitsvertrag vereinbart werden und entsteht nicht bereits dadurch, dass der Verleiher seine betriebsübliche Arbeitszeit zum Gegenstand des Leiharbeitsvertrags macht[10].

13   d) **Übriger Inhalt des Arbeitsverhältnisses (§ 10 Abs. 1 Satz 4).** Grundsätzlich gelten für den Inhalt des fingierten Arbeitsverhältnisses zwischen dem LeihArbN und dem Entleiher die für dessen Betrieb geltenden Vorschriften und sonstigen Regelungen. Fehlt es daran, gelten die Vorschriften und die Regelungen für vergleichbare Betriebe. Zu den Vorschriften und sonstigen Regelungen gehören alle einschlägigen arbeitsrechtlichen Gesetze und VO, TV, BV und die betriebliche Übung im Entleiherbetrieb. Insoweit schreibt das Gesetz die Gleichbehandlung des LeihArbN mit den übrigen ArbN des Entleihers fest.

---

1 *Becker/Wulfgramm*, § 10 AÜG Rz. 13; *Sandmann/Marschall*, § 10 AÜG Anm. 5. |2 *Becker/Wulfgramm*, § 10 AÜG Rz. 14,15. |3 LAG Schl.-Holst. v. 6.4.1984 – 3 (4) Sa 597/82, EzAÜG Nr. 35 zu § 10 AÜG – Fiktion. |4 BT-Drs. VI/2303, S. 14. |5 ArbG Oberhausen v. 9.4.1985 – 2 Ca 83/85, EzAÜG Nr. 38 zu § 10 AÜG – Fiktion. |6 LAG BW v. 19.10.1984 – 7 Sa 28/84, EzAÜG Nr. 33 zu § 10 AÜG – Fiktion. |7 *Schüren*, § 10 AÜG Rz. 97, 101. |8 *Becker/Wulfgramm*, § 10 AÜG Rz. 19. |9 *Schüren*, § 10 AÜG Rz. 79. |10 BAG v. 23.6.1992 – 1 AZR 57/92, AP Nr. 1 zu § 611 BGB – Arbeitszeit = DB 1993, 788 = NZA 1993, 89.

Das betrifft seine **Vergütung** ebenso wie alle übrigen Arbeitsbedingungen. Auch fortlaufende Sozialleistungen kann der LeihArbN unter dem Gesichtspunkt der Gleichbehandlung verlangen. Ist nur der Entleiher tarifgebunden, gelten gemäß § 3 Abs. 2 TVG für den LeihArbN nur die tariflichen Normen über betriebliche und betriebsverfassungsrechtliche Fragen. Die übrigen Bestimmungen der einschlägigen TV gelten nach § 3 Abs. 1 TVG nur, wenn sowohl der Entleiher als auch der LeihArbN tarifgebunden sind[1]. Sieht eine für den Entleiherbetrieb verbindliche Kollektivregelung Verfallfristen für Ansprüche auf Arbeitsentgelt vor, beginnen diese Fristen für den LeihArbN erst in dem Zeitpunkt, in dem der Entleiher seine ArbGebStellung eingeräumt hat[2]. 14

Das kraft gesetzlicher Fiktion begründete Arbeitsverhältnis steht einem durch einen normalen Arbeitsvertrag begründeten Arbeitsverhältnis in jeder Hinsicht gleich. Vereinbaren Entleiher und LeihArbN schließlich einen neuen Arbeitsvertrag, wandelt sich das fingierte Arbeitsverhältnis in ein normales um[3]. 15

Nach Ablauf der Wartezeit erwirbt der LeihArbN auch den Anspruch auf **Kündigungsschutz** nach § 1 KSchG. Für die Erfüllung dieser Wartezeit sind indessen nur die Zeiten des fingierten Arbeitsverhältnisses anzurechnen, nicht jedoch die Zeiten, in denen der LeihArbN vor Eintritt der Fiktion des Arbeitsverhältnisses beim Entleiher beschäftigt war[4]. 16

e) **Mindestarbeitsentgelt (§ 10 Abs. 1 Satz 5).** Im Rahmen des fingierten Arbeitsverhältnisses kann der LeihArbN von dem Entleiher mindestens das Arbeitsentgelt verlangen, das er im Rahmen des Leiharbeitsvertrags mit dem Verleiher vereinbart hatte. Dieser Mindestvergütungsanspruch des LeihArbN steht ihm für die Zeit zu, in der die übliche Vergütung im Betrieb des Entleihers niedriger liegt[5]. Unter den Begriff des Arbeitsentgelts fallen **alle Vergütungsbestandteile**, die als Gegenleistung für die Arbeit des LeihArbN angesehen werden können[6]. Sind der Entleiher und der LeihArbN tarifgebunden, kann der LeihArbN das tariflich vorgesehene Entgelt beanspruchen. Zahlt der Entleiher an seine Stammarbeitnehmer übertarifliche Löhne, kann der LeihArbN den gleichen Lohn im Wege der Gleichbehandlung beanspruchen. Liegt das mit dem Verleiher vereinbarte Arbeitsentgelt des LeihArbN höher, richten sich danach auch die Beiträge, die der Entleiher an gemeinsame Einrichtungen der TV-Parteien abzuführen hat[7]. Als vertraglich mit dem Verleiher vereinbartes Arbeitsentgelt gilt bei Tarifbindung von Verleiher und LeihArbN der für das Leiharbeitsverhältnis vorgeschriebene Tariflohn[8]. 17

3. Pflicht des Verleihers zum Schadensersatz (§ 10 Abs. 2). Ist der Leiharbeitsvertrag nach § 9 Nr. 1 unwirksam, kann der LeihArbN von dem Verleiher Ersatz des Schadens verlangen, den er dadurch erleidet, dass er auf die Gültigkeit des Vertrags vertraut, es sei denn, er kannte den Grund für dessen Unwirksamkeit. Mit dieser Regelung wollte der Gesetzgeber dem Umstand Rechnung tragen, dass anstelle des in Aussicht genommenen Leiharbeitsvertrags ein völlig neues Arbeitsverhältnis mit dem Entleiher zu möglicherweise stark abweichenden Bedingungen entsteht. Denn das fingierte Arbeitsverhältnis stellt keineswegs in allen Fällen ein angemessenes Äquivalent für die gesetzlich angeordnete Unwirksamkeit des Leiharbeitsvertrags dar[9]. Allerdings kommt es in der Praxis selten zu Vermögenseinbußen auf Seiten des LeihArbN, die nicht bereits durch seinen Vergütungsanspruch aus dem fehlerhaften Leiharbeitsverhältnis abgedeckt werden[10]. 18

Der Schadensersatzanspruch setzt voraus, dass die Unwirksamkeit des Leiharbeitsvertrags gerade auf § 9 Nr. 1 beruht. Daher führt nicht jeder Grund für eine Unwirksamkeit des Leiharbeitsvertrags zur Schadensersatzpflicht des Verleihers nach § 10 Abs. 2. Auch nach dem Gesetzeszweck ist es nicht geboten, den Verleiher für jede Fehlerhaftigkeit des Leiharbeitsvertrags einstehen zu lassen[11]. Allerdings kann die Unwirksamkeit des Leiharbeitsvertrags sowohl darauf beruhen, dass der Verleiher bereits bei Vertragsabschluss über keine Verleiherlaubnis verfügte, als auch darauf, dass die ursprünglich vorhandene Erlaubnis im Verlauf des Leiharbeitsverhältnisses wegfällt. In letzterem Fall greift die Schadensersatzpflicht erst ein, wenn die Rechtswirkungen der Verleiherlaubnis enden, im Fall ihrer Rücknahme, ihres Widerrufs oder ihrer Nichtverlängerung erst nach Ablauf der gesetzlich vorgesehenen Abwicklungsfristen. 19

Die Schadensersatzpflicht des Verleihers ist gemäß § 10 Abs. 2 Satz 2 nur dann ausgeschlossen, wenn der LeihArbN **positive Kenntnis** von dem Grund für die Unwirksamkeit des Leiharbeitsvertrags hatte. Allgemeine Vermutungen, Zweifel an der Legalität und selbst grob fahrlässige Unkenntnis des LeihArbN vom Fehlen der Verleiherlaubnis lassen die Schadensersatzpflicht nicht entfallen[12]. Danach musste der LeihArbN wissen, dass er im Rahmen einer gewerbsmäßigen AÜ eingesetzt wurde, für die der Verleiher 20

---

1 ErfK/*Wank*, § 10 AÜG Rz. 27. | 2 BAG v. 27.7.1983 – 5 AZR 194/81, AP Nr. 6 zu § 10 AÜG = DB 1984, 54; LAG Rh.-Pf. v. 19.10.1999 – 10 Ta 175/99, NZA-RR 2000, 523 = MDR 2000, 528. | 3 BAG v. 19.12.1979 – 4 AZR 901/77, AP Nr. 1 zu § 10 AÜG = DB 1980, 883. | 4 BAG v. 10.5.1989 – 7 AZR 450/88, AP Nr. 7 zu § 1 KSchG 1969 – Wartezeit m. Anm. *Berger-Delhey* = AuR 1990, 233 m. Anm. *Schüren*; ArbG Bochum v. 14.1.1982 – 2 Ca 495/81, DB 1982, 1623. | 5 BAG v. 21.7.1993 – 5 AZR 554/92, AP Nr. 10 zu § 10 AÜG = DB 1993, 2536. | 6 *Schüren*, § 10 AÜG Rz. 86; *Becker/Wulfgramm*, § 10 AÜG Rz. 25. | 7 LAG Hess. v. 7.6.1993 – 16 Sa 137/93, EzAÜG Nr. 92 zu § 10 AÜG – Fiktion. | 8 *Becker/Wulfgramm*, § 10 AÜG Rz. 28; ErfK/*Wank*, § 10 AÜG Rz. 24. | 9 BT-Drs. VI/2303, S. 14. | 10 *Schüren*, § 10 AÜG Rz. 135. | 11 BT-Drs. VI/2303, S. 19; *Sandmann/Marschall*, § 10 AÜG Anm. 24. | 12 *Schüren*, § 10 AÜG Rz. 182.

einer Erlaubnis bedurfte, und dass diese Erlaubnis dem Verleiher bereits bei Vertragsabschluss fehlte oder im Verlauf des Leiharbeitsvertrags weggefallen war.

21 Der LeihArbN kann von dem Verleiher als Schadensersatz die Herstellung der Vermögenslage verlangen, die bestehen würde, wenn er den unwirksamen Leiharbeitsvertrag nicht eingegangen wäre und seine Arbeitskraft anderweitig eingesetzt hätte. Damit umfasst der Schadensersatzanspruch gemäß § 10 Abs. 2 den **Vertrauensschaden ohne Begrenzung auf das Erfüllungsinteresse** wie etwa in den §§ 122 Abs. 1, 179 Abs. 2 BGB.

22 Dementsprechend hätte der Verleiher auch die Vermögenseinbußen des LeihArbN zu ersetzen, die diesem entstehen, wenn er anstatt des Leiharbeitsverhältnisses eine höher dotierte Stelle angetreten hätte[1]. Der Anspruch des LeihArbN umfasst auch die Schäden, die er erleidet, weil der Verleiher seinen Verpflichtungen nach § 10 Abs. 1 nicht nachkommt[2]. Ferner sind die Schäden zu ersetzen, die dem LeihArbN dadurch entstehen, dass sein Leiharbeitsverhältnis kraft Gesetzes endet. Der LeihArbN hat gegen den Verleiher auch einen Anspruch auf Auskunft über die Tatsachen, die er zur Durchsetzung etwaiger Ansprüche benötigt. Dazu genügt bereits der Verdacht auf eine unerlaubte AÜ[3].

23 **Ersatzfähige Schäden** können dem LeihArbN auch dadurch entstehen, dass er es im Vertrauen auf die Wirksamkeit des Leiharbeitsvertrags unterlassen hat, seine Ansprüche gegenüber dem Entleiher rechtzeitig, ggf. unter Beachtung tarifvertraglicher Ausschlussfristen, schriftlich oder gerichtlich geltend zu machen[4]. Dabei ist allerdings zu berücksichtigen, dass die Verfallfristen für den Entgeltanspruch des LeihArbN nach § 10 Abs. 1 erst zu laufen beginnen, wenn der Entleiher seine Schuldnerstellung eingeräumt hat[5]. Da der Schadensersatzanspruch gegen den Verleiher auch den Lohnanspruch des LeihArbN umfasst und damit an dessen Stelle tritt, erwirbt der LeihArbN im Fall der Insolvenz des Verleihers einen Anspruch auf Insolvenzgeld nach § 183 SGB III[6]. Wird der Entleiher insolvent, haftet der Verleiher nach § 10 Abs. 2, wenn der LeihArbN es in Unkenntnis des fingierten Arbeitsverhältnisses unterlässt, seinen Anspruch auf Insolvenzgeld innerhalb der gesetzlichen Ausschlussfrist geltend zu machen[7].

24 **4. Gesamtschuldnerische Haftung von Verleiher und Entleiher (§ 10 Abs. 3).** Ist ein Leiharbeitsvertrag nach § 9 Nr. 1 unwirksam, zahlt der Verleiher aber gleichwohl das vereinbarte Arbeitsentgelt ganz oder teilweise an den LeihArbN, haftet er neben dem Entleiher als **Gesamtschuldner auch für sonstige Teile des Arbeitsentgelts**, die bei einem wirksamen Leiharbeitsvertrag an einen anderen zu zahlen wären. Diese sonstigen Teile des Arbeitsentgelts umfassen die Beiträge zur gesetzlichen Kranken-, Renten- und Arbeitslosenversicherung, die Beiträge zur gesetzlichen Unfallversicherung, die LSt und ESt, die Beiträge zu einer freiwilligen höheren Renten- oder Krankenversicherung des LeihArbN, Beiträge zu seiner betrieblichen Altersvorsorgung, vermögenswirksame Leistungen sowie gepfändete oder abgetretene Teile seines Arbeitslohnes. Dabei gelten für die Abführung des GesamtSozV-Beitrags die Sondervorschriften des § 28e Abs. 2 SGB IV und für die LSt die Sondervorschrift des § 42d Abs. 6 EStG neben § 10 Abs. 3.

25 Nach seinem Wortlaut setzt die Haftung des Verleihers voraus, dass er trotz der Unwirksamkeit des Leiharbeitsvertrags das Arbeitsentgelt an den LeihArbN ganz oder teilweise ausgezahlt hat. Dabei ging der Gesetzgeber wegen der Unwirksamkeit des Leiharbeitsvertrags davon aus, dass der illegale Verleiher zur Zahlung einer Vergütung an sich nicht verpflichtet war[8].

26 Tatsächlich erwachsen jedoch aus einem unwirksamen, aber gleichwohl vollzogenen Leiharbeitsverhältnis jedenfalls für die Zeit dieses Vollzugs wechselseitige Ansprüche wie in einem wirksamen Arbeitsverhältnis. Daher muss sich die Haftung des Verleihers iSd. § 10 Abs. 3 auch auf den Zeitraum erstrecken, in dem das unwirksame Leiharbeitsverhältnis tatsächlich vollzogen wurde, ohne dass es darauf ankommt, ob er an den LeihArbN bisher tatsächlich ein Arbeitsentgelt gezahlt hat[9].

27 Bei illegaler AÜ ist die Durchsetzung der Haftung des Entleihers für die SozVBeiträge dann schwierig, wenn die Namen der LeihArbN nicht feststehen. Nach § 28f Abs. 2 SGB IV kann die Einzugsstelle den Gesamtsozialversicherungsbeitrag deswegen nach der Summe der insgesamt gezahlten Arbeitsentgelte berechnen. Aufgrund der gesamtschuldnerischen Haftung von Entleiher und Verleiher hat die Einzugsstelle darüber hinaus die Wahl, an welchen der beiden Beteiligten sie sich wenden will[10].

28 **5. Anspruch des LeihArbN auf Gleichstellung (§ 10 Abs. 4).** Ist ein Leiharbeitsvertrag nach § 9 Nr. 2 unwirksam, hat der LeihArbN Anspruch auf die im Betrieb des Entleihers für einen vergleichbaren ArbN des Entleihers geltenden wesentlich Arbeitsbedingungen einschließlich des Arbeitsentgelts. Dieser gesetzliche Anspruch ist allerdings subsidiär gegenüber tariflichen Ansprüchen, die ein tarifgebundener Verleiher nicht erfüllt[11]. Auf Grund der Bezugnahme auf § 9 Nr. 2 kommt ein Anspruch für einen zuvor arbeitslosen LeihArbN erst nach Ablauf eines Überlassungszeitraums von sechs Wochen in Betracht. Wegen der Verweisung auf § 9 Nr. 2 ist der Anspruch auf Gleichstellung ausgeschlossen,

---

1 *Schüren*, § 10 AÜG Rz. 184. | 2 *Becker/Wulfgramm*, § 10 AÜG Rz. 45. | 3 BAG v. 11.4.1984 – 5 AZR 316/82, AP Nr. 7 § 10 AÜG = NZA 1984, 161 = DB 1984, 2044. | 4 *Sandmann/Marschall*, § 10 AÜG Anm. 26. | 5 BAG v. 27.7.1983 – 5 AZR 194/81, AP Nr. 6 zu § 10 AÜG = DB 1984, 54. | 6 BSG v. 20.3.1984 – 10 RAr 11/83, BSGE 56, 211 = BB 1985, 665. | 7 *Becker/Wulfgramm*, § 10 AÜG Rz. 45a. | 8 BT-Drs. X/318, S. 53. | 9 *Schüren*, § 10 AÜG Rz. 208. | 10 *Sandmann/Marschall*, § 10 AÜG Anm. 26b. | 11 *Schüren*, § 10 AÜG Rz. 288.

wenn sich die Arbeitsbedingungen und das Arbeitsentgelt des LeihArbN nach einem einschlägigen TV richten. Wegen der einzelnen Voraussetzungen des Gleichstellungsanspruchs, insb. der Begriffe der wesentlichen Arbeitsbedingungen und des Arbeitsentgelts, sowie wegen des Vergleichsmaßstabes wird auf die Kommentierung zu § 3 Abs. 1 Nr. 3 Rz. 28 ff. verwiesen.

11 Sonstige Vorschriften über das Leiharbeitsverhältnis

(1) Der Nachweis der wesentlichen Vertragsbedingungen des Leiharbeitsverhältnisses richtet sich nach den Bestimmungen des Nachweisgesetzes. Zusätzlich zu den in § 2 Abs. 1 des Nachweisgesetzes genannten Angaben sind in die Niederschrift aufzunehmen:

1. Firma und Anschrift des Verleihers, die Erlaubnisbehörde sowie Ort und Datum der Erteilung der Erlaubnis nach § 1,

2. Art und Höhe der Leistungen für Zeiten, in denen der Leiharbeitnehmer nicht verliehen ist.

(2) Der Verleiher ist ferner verpflichtet, dem Leiharbeitnehmer bei Vertragsschluss ein Merkblatt der Erlaubnisbehörde über den wesentlichen Inhalt dieses Gesetzes auszuhändigen. Nichtdeutsche Leiharbeitnehmer erhalten das Merkblatt und den Nachweis nach Absatz 1 auf Verlangen in ihrer Muttersprache. Die Kosten des Merkblatts trägt der Verleiher.

(3) Der Verleiher hat den Leiharbeitnehmer unverzüglich über den Zeitpunkt des Wegfalls der Erlaubnis zu unterrichten. In den Fällen der Nichtverlängerung (§ 2 Abs. 4 Satz 3), der Rücknahme (§ 4) oder des Widerrufs (§ 5) hat er ihn ferner auf das voraussichtliche Ende der Abwicklung (§ 2 Abs. 4 Satz 4) und die gesetzliche Abwicklungsfrist (§ 2 Abs. 4 Satz 4 letzter Halbsatz) hinzuweisen.

(4) § 622 Abs. 5 Nr. 1 des Bürgerlichen Gesetzbuchs ist nicht auf Arbeitsverhältnisse zwischen Verleihern und Leiharbeitnehmern anzuwenden. Das Recht des Leiharbeitnehmers auf Vergütung bei Annahmeverzug des Verleihers (§ 615 Satz 1 des Bürgerlichen Gesetzbuchs) kann nicht durch Vertrag aufgehoben oder beschränkt werden; § 615 Satz 2 des Bürgerlichen Gesetzbuchs bleibt unberührt.

(5) Der Leiharbeitnehmer ist nicht verpflichtet, bei einem Entleiher tätig zu sein, soweit dieser durch einen Arbeitskampf unmittelbar betroffen ist. In den Fällen eines Arbeitskampfes nach Satz 1 hat der Verleiher den Leiharbeitnehmer auf das Recht, die Arbeitsleistung zu verweigern, hinzuweisen.

(6) Die Tätigkeit des Leiharbeitnehmers bei dem Entleiher unterliegt den für den Betrieb des Entleihers geltenden öffentlich-rechtlichen Vorschriften des Arbeitsschutzrechts; die hieraus sich ergebenden Pflichten für den Arbeitgeber obliegen dem Entleiher unbeschadet der Pflichten des Verleihers. Insbesondere hat der Entleiher den Leiharbeitnehmer vor Beginn der Beschäftigung und bei Veränderungen in seinem Arbeitsbereich über Gefahren für Sicherheit und Gesundheit, denen er bei der Arbeit ausgesetzt sein kann, sowie über die Maßnahmen und Einrichtungen zur Abwendung dieser Gefahren zu unterrichten. Der Entleiher hat den Leiharbeitnehmer zusätzlich über die Notwendigkeit besonderer Qualifikationen oder beruflicher Fähigkeiten oder einer besonderen ärztlichen Überwachung sowie über erhöhte besondere Gefahren des Arbeitsplatzes zu unterrichten.

(7) Hat der Leiharbeitnehmer während der Dauer der Tätigkeit bei dem Entleiher eine Erfindung oder einen technischen Verbesserungsvorschlag gemacht, so gilt der Entleiher als Arbeitgeber im Sinne des Gesetzes über Arbeitnehmererfindungen.

1. Gesetzeszweck. Zum Schutz des LeihArbN enthält das Gesetz besondere Bestimmungen über den Inhalt und die Form des Leiharbeitsverhältnisses als Ergänzung zu den §§ 9, 10. Durch eine Reihe von Informations- und Hinweispflichten des Verleihers wird die Stellung des LeihArbN verbessert. Dazu wird dem Verleiher der Rückgriff auf einige arbeitsvertragliche Gestaltungsmöglichkeiten durch die Verkürzung von Kündigungsfristen oder die Abwälzung des Betriebsrisikos verwehrt. Im Fall von Arbeitskämpfen steht dem ArbN ein Leistungsverweigerungsrecht zu. Schließlich ist der Entleiher dem LeihArbN gegenüber für die Einhaltung der öffentlich-rechtlichen Arbeitsschutzvorschriften in seinem Betrieb und für Vergütungsansprüche verantwortlich, die dem LeihArbN aufgrund von Erfindungen oder technischen Verbesserungsvorschlägen im Entleiherbetrieb zustehen.

Die Bestimmungen in § 11 sind nur auf die gewerbsmäßige AÜ anwendbar. Insoweit gehen sie den Regelungen des NachwG vor, die für andere Leiharbeitsverhältnisse und die übrigen Arbeitsverhältnisse gelten[1].

2. Nachweis der wesentlichen Vertragsbedingungen (§ 11 Abs. 1). Der Nachweis der wesentlichen Vertragsbedingungen des Leiharbeitsverhältnisses richtet sich gemäß § 11 Abs. 1 Satz 1 nach den Bestimmungen des NachwG. Nach § 2 Abs. 1 Satz 1 NachwG muss der ArbGeb die wesentlichen Vertragsbedingungen schriftlich niederlegen, die Niederschrift unterzeichnen und sie dem ArbN aushändigen.

---

[1] *Sandmann/Marschall*, § 11 AÜG Anm. 3; *Schüren*, § 11 AÜG Rz. 16; *Grüneberger*, NJW 1995, 2809; *Birk*, NZA 1996, 281; aA *Becker/Wulfgramm*, § 11 AÜG Rz. 5.

4 Hat der LeihArbN länger als einen Monat seine Arbeitsleistung außerhalb der Bundesrepublik Deutschland zu erbringen, muss ihm die Niederschrift bereits vor seiner Ausreise ausgehändigt werden. Sie muss gemäß § 2 Abs. 2 NachwG zusätzliche Angaben enthalten. Neben der Dauer der im Ausland auszuübenden Tätigkeit ist die Währung aufzuführen, in der das Arbeitsentgelt gezahlt wird, sowie ein zusätzliches mit dem Auslandsaufenthalt verbundenes Arbeitsentgelt, etwaige zusätzliche Sachleistungen und die vereinbarten Bedingungen für die Rückkehr des ArbN. Darunter fallen ein vereinbarter Kaufkraftausgleich, eine Umzugskostenzusage sowie ein Anspruch auf Weiterbeschäftigung nach der Beendigung der Auslandstätigkeit[1].

5 Grundsätzlich ist für den Abschluss des Leiharbeitsvertrags **keine besondere Form** vorgeschrieben. Das Leiharbeitsverhältnis kann demnach auch mündlich wirksam begründet werden. Dagegen muss der Nachweis über die wesentlichen Vertragsbedingungen schriftlich abgefasst werden, wobei die elektronische Form gemäß § 2 Abs. 1 Satz 3 NachwG ausdrücklich ausgeschlossen ist. Der Nachweis muss jedoch nicht in einer einheitlichen Urkunde erbracht werden, sondern kann durch die Aushändigung mehrerer Dokumente erfolgen. Ein Verstoß gegen die Verpflichtung nach § 11 Abs. 1 führt nicht zur Unwirksamkeit des Leiharbeitsvertrags. Vielmehr handelt es sich um eine Ordnungswidrigkeit des Verleihers iSd. § 16 Abs. 1 Nr. 8[2]. Bereits das Fehlen einer im Gesetz vorgesehenen Angabe in der Urkunde führt zu einer Ordnungswidrigkeit. Haben die Parteien des Leiharbeitsvertrags weiter gehende Abreden getroffen, die zum Wesen des Vertragsinhalts gehören, sind diese auch in die Urkunde aufzunehmen[3]. Denn der Katalog des § 2 Abs. 1 Satz 2 NachwG enthält nur Mindestangaben und ist keinesfalls abschließend.

6 Nach § 11 Abs. 1 Satz 2 Nr. 1 sind in die Niederschrift **die Firma, die Anschrift des Verleihers, die Erlaubnisbehörde sowie Ort und Datum der Erteilung der Verleiherlaubnis** anzugeben. Zu dem vollen Firmennamen gehört bei einer GmbH & Co. KG auch der volle Name der Komplementär-GmbH[4]. Dagegen müssen die vertretungsberechtigten Personen nicht benannt werden[5]. Die Angaben über die Erteilung der Verleiherlaubnis sollen den LeihArbN vor den Folgen einer fehlenden Erlaubnis schützen. Dabei ist als Erlaubnisbehörde die betreffende Regionaldirektion anzugeben und das Datum der Erlaubnis, die zuletzt erteilt worden ist.

7 Nach § 11 Abs. 1 Satz 2 Nr. 2 sind in die Niederschrift die **Art und Höhe der Leistungen** für Zeiten aufzunehmen, in denen der LeihArbN nicht verliehen ist. Da der Verleiher als ArbGeb grundsätzlich das Beschäftigungsrisiko trägt, muss die Niederschrift Angaben zu der Vergütung des LeihArbN für die Fälle enthalten, in denen er vorübergehend nicht an einen Entleiher überlassen werden kann. Allerdings bedarf es in diesem Zusammenhang keiner Angaben zu den Leistungen bei Krankheit, Urlaub, Feiertagen, Mutterschutz, Elternurlaub oder persönlicher Verhinderung iSd. § 616 BGB. Soweit diese gesetzlich geregelten Leistungen im Rahmen des Leiharbeitsverhältnisses aber zulässigerweise eingeschränkt oder erweitert werden sollen, ist eine solche Abrede in die Niederschrift aufzunehmen.

8 Nach § 11 Abs. 1 Satz 1 AÜG und § 2 Abs. 1 Satz 2 Nr. 1 NachwG sind **die persönlichen Daten des LeihArbN** in die Niederschrift aufzunehmen, um dessen Person hinreichend zu individualisieren. Dabei kann es sich wegen der besonderen Pflichten des Verleihers gegenüber ausländischen LeihArbN empfehlen, zusätzlich die Staatsangehörigkeit des LeihArbN aufzunehmen[6].

9 Nach § 11 Abs. 1 Satz 1 AÜG und § 2 Abs. 1 Satz 2 Nr. 2 NachwG ist der **Beginn des Leiharbeitsverhältnisses** in die Niederschrift aufzunehmen. Dabei handelt es sich weder um den Zeitpunkt des Vertragsabschlusses noch um den Anfang der tatsächlichen Arbeitsaufnahme. Maßgeblich ist allein der vereinbarte Beginn der Laufzeit des Leiharbeitsverhältnisses[7].

10 Nach § 11 Abs. 1 Satz 1 AÜG und § 2 Abs. 1 Satz 2 Nr. 3 NachwG ist bei **befristeten Leiharbeitsverhältnissen** deren vorhersehbare Dauer in die Niederschrift aufzunehmen. Der Angabe des Befristungsgrundes bedarf es dagegen nicht. Bei zweckbefristeten oder auflösend bedingten Leiharbeitsverhältnissen ist statt eines festen Termins der Zweck der Befristung oder die Bedingung im Einzelnen zu bezeichnen[8].

11 Nach § 11 Abs. 1 Satz 1 AÜG und § 2 Abs. 1 Satz 2 Nr. 4 NachwG ist in die Niederschrift der **Arbeitsort** aufzunehmen oder, falls der LeihArbN nicht nur an einem bestimmten Ort tätig sein soll, ein Hinweis darauf, dass er an verschiedenen Orten beschäftigt werden kann. Diese Angaben sind für LeihArbN von besonderer Bedeutung, da sie in aller Regel nicht nur für den Einsatz bei einem Entleiher eingestellt werden. Neben der Pflicht des LeihArbN zur Erbringung auswärtiger Arbeitsleistungen sind in der Niederschrift neben dem räumlichen Einsatzgebiet auch etwaige Sonderleistungen wie Fahrtkosten und Auslösung schriftlich festzuhalten[9].

12 Nach § 11 Abs. 1 Satz 1 AÜG und § 2 Abs. 1 Satz 2 Nr. 5 NachwG muss die Niederschrift eine **kurze Charakterisierung oder Beschreibung der** von dem LeihArbN zu leistenden **Tätigkeit** enthalten. Die

---

1 BAG v. 21.11.1996 – 6 AZR 222/96, ZTR 1997, 465. | 2 *Sandmann/Marschall*, § 11 AÜG Anm. 5; ArbG Stuttgart v. 18.3.1976 – 10 Ca 895/75, nv. | 3 *Sandmann/Marschall*, § 11 AÜG Anm. 7; *Schüren*, § 11 AÜG Rz. 18; Kasseler Handbuch/*Düwell*, 4.5. Rz. 330; aA ErfK/*Wank*, § 11 AÜG Rz. 5. | 4 *Grüneberger*, NJW 1995, 2809.
| 5 *Sandmann/Marschall*, § 11 AÜG Anm. 8. | 6 *Schüren*, § 11 AÜG Rz. 26. | 7 *Grüneberger*, NJW 1995, 2809.
| 8 *Birk*, NZA 1996, 281. | 9 *Schüren*, § 11 AÜG Rz. 32.

Tätigkeit kann konkret angegeben oder durch ein charakteristisches Berufsbild fachlich umschrieben werden, wie etwa Maurer, Schlosser oder Elektriker einschließlich der notwendigen Qualifikation[1]. Auch Nebenarbeiten oder etwaige vorübergehend zu erbringende andere Tätigkeiten sind exakt aufzuführen. Ist die vorübergehende Zuweisung berufsfremder Tätigkeiten vereinbart, kann der Verleiher einen als Angestellten beschäftigten LeihArbN nicht zu gewerblichen Arbeiten verleihen[2].

Nach § 11 Abs. 1 Satz 1 AÜG und § 2 Abs. 1 Satz 2 Nr. 6 NachwG muss die Niederschrift Auskunft geben über die **Zusammensetzung und die Höhe des Arbeitsentgelts** einschließlich der Zuschläge, Zulagen, Prämien und Sonderzahlungen sowie anderer Entgeltbestandteile und deren Fälligkeit. Neben der Angabe, ob im Zeit- oder Leistungslohn gearbeitet werden soll, und der Grundvergütung in der Form eines Monatsgehalts oder eines Stundenlohnes sind alle Bemessungsfaktoren aufzuführen, die sich bei der Berechnung von Zuschlägen, Prämien oder Provisionen auf die Höhe des Gesamtentgelts auswirken. Dazu gehören auch Lohnnebenleistungen mit Entgeltcharakter wie das Weihnachtsgeld, eine betrAV oder die maßgeblichen Auslösesätze[3]. Ferner sind die Zahlungsweise, der Zahlungstermin oder ein Anspruch auf Vorschuss in der Urkunde anzugeben[4]. 13

Nach § 11 Abs. 1 Satz 1 AÜG und § 2 Abs. 1 Satz 2 Nr. 7 NachwG muss die Niederschrift Angaben zu der vereinbarten **Arbeitszeit** enthalten. Danach ist die Dauer und die Lage der Arbeitszeit festzulegen. Deneben ist eine Verpflichtung des LeihArbN zur Leistung von Mehrarbeit, Schichtarbeit sowie Nacht- und Wochenendarbeit schriftlich zu fixieren. Auch flexible Formen der Arbeitszeit wie Arbeit auf Abruf sind zu dokumentieren[5]. 14

Nach § 11 Abs. 1 Satz 1 AÜG und § 2 Abs. 1 Satz 2 Nr. 8 NachwG muss die Niederschrift die **Dauer des jährlichen Erholungsurlaubs** enthalten. Damit soll zunächst die Gewährung des gesetzlichen Mindesturlaubs sicher gestellt werden. Darüber hinaus sind tarifliche oder individuell vereinbarte Regelungen aufzunehmen, die den LeihArbN besser stellen. 15

Nach § 11 Abs. 1 Satz 1 AÜG und § 2 Abs. 1 Satz 2 Nr. 9 NachwG sind in die Niederschrift die **Fristen für die Kündigung** des Leiharbeitsverhältnisses aufzunehmen. Das kann durch eine ausdrückliche Angabe der vereinbarten Fristen geschehen oder gemäß § 2 Abs. 3 NachwG durch einen Hinweis auf die entsprechenden gesetzlichen oder tariflichen Regelungen. 16

Nach § 11 Abs. 1 Satz 1 AÜG und § 2 Abs. 1 Satz 2 Nr. 10 NachwG muss die Niederschrift einen in allgemeiner Form gehaltenen **Hinweis auf die TV und BV** enthalten, die auf das Leiharbeitsverhältnis anwendbar sind. Einer Auflistung der konkreten kollektivrechtlichen Regelungen bedarf es dazu nicht. Grundsätzlich müssen nur die TV dokumentiert werden, die aufgrund einer Tarifbindung oder einer individualvertraglichen Abrede zwischen den Parteien des Leiharbeitsvertrags gelten. Durch den Hinweis auf die BV soll der LeihArbN einen Überblick über seine Rechte und Pflichten im Arbeitsverhältnis und im Betrieb erhalten. Da sie ebenso wie TV im Betrieb auszulegen sind, kann sich der LeihArbN über den aktuellen Inhalt der Vereinbarungen ohne weiteres Aufschluss verschaffen[6]. 17

Da es sich bei den Angaben gemäß § 11 Abs. 1 Satz 1 AÜG und § 2 Abs. 1 Satz 2 NachwG lediglich um Mindestangaben handelt, können weitere für den Inhalt des Leiharbeitsverhältnisses wesentliche Abreden in die Niederschrift aufgenommen werden. Dazu gehört die Vereinbarung einer **Vertragsstrafe** für den Fall, dass der LeihArbN seine Arbeit nicht oder nicht rechtzeitig aufnimmt oder sie grundlos und ohne Einhaltung einer Kündigungsfrist beendet und damit vertragsbrüchig wird[7]. 18

Die Niederschrift ist dem LeihArbN nach § 2 Abs. 1 Satz 1 NachwG spätestens einen Monat nach dem vereinbarten Beginn des Arbeitsverhältnisses auszuhändigen, im Falle einer Auslandstätigkeit spätestens vor der Abreise[8]. Einem ausländischen LeihArbN ist die Niederschrift auf Verlangen in seiner Muttersprache auszuhändigen gemäß § 11 Abs. 2 Satz 2. Jede nachträgliche Änderung einer Angabe in der Niederschrift ist nach § 3 NachwG spätestens einen Monat nach der Änderung dem LeihArbN schriftlich mitzuteilen. 19

3. Merkblatt der Erlaubnisbehörde (§ 11 Abs. 2). Bei dem Abschluss des Leiharbeitsvertrags hat der Verleiher dem LeihArbN ein Merkblatt der Erlaubnisbehörde über den wesentlichen Inhalt des AÜG auszuhändigen. Ausländische LeihArbN erhalten das Merkblatt auf Verlangen in ihrer Muttersprache. Den Text des Merkblatts legt die BA fest[9]. Sie hat dieses Merkblatt in nahezu allen europäischen Sprachen verfasst. Ist es gleichwohl in der Muttersprache des LeihArbN nicht vorhanden, muss es ihm der Verleiher auf eigene Kosten übersetzen lassen[10]. Dabei kommt es nicht darauf an, ob der ausländische ArbN im Einzelfall über hinreichende deutsche Sprachkenntnisse verfügt[11]. 20

---

1 *Schüren*, § 11 AÜG Rz. 33; *Richter/Mitsch*, AuA 1996, 7. | 2 LAG Berlin v. 27.7.1982 – 8 Sa 44/82, nv. | 3 LAG Bremen v. 23.10.1975 – 3 Sa 155/79, EzAÜG Nr. 3 zu § 1 TVG – Tarifverträge. | 4 *Franßen/Haesen*, § 11 AÜG Rz. 7; *Becker/Wulfgramm*, § 11 AÜG Rz. 13. | 5 *Schüren*, § 11 AÜG Rz. 44. | 6 Kasseler Handbuch/*Düwell*, 4.5. Rz. 344. | 7 BAG v. 20.4.1989 – 2 AZR 511/88, EzAÜG Nr. 7 zu § 611 BGB – Leiharbeitsverhältnis. | 8 *Becker/Wulfgramm*, § 11 AÜG Rz. 13b; *Franßen/Haesen*, § 11 AÜG Rz. 11. | 9 *Sandmann/Marschall*, Anhang 1. | 10 ErfK/*Wank*, § 11 AÜG Rz. 23. | 11 LSG Bremen v. 15.3.1983 – L 5 BR 11/82, nv.; LSG Rh.-Pf. v. 10.6.1988 – 6 Ar 117/87, nv.

4. Hinweis bei Wegfall der Erlaubnis (§ 11 Abs. 3). Der Verleiher muss den LeihArbN unverzüglich über den Zeitpunkt des Wegfalls der Verleiherlaubnis unterrichten und ihn auf das voraussichtliche Ende der Abwicklung einschließlich der gesetzlichen Abwicklungsfrist hinweisen. Letzteres gilt in den Fällen der Nichtverlängerung, der Rücknahme und des Widerrufs der Verleiherlaubnis. Denn der LeihArbN soll sich rechtzeitig auf die Beendigung seines Vertragsverhältnisses einstellen können. Da das Gesetz keine besondere Form vorschreibt, muss die Unterrichtung über den Wegfall der Verleiherlaubnis nicht schriftlich erfolgen[1].

5. Unabdingbarkeit (§ 11 Abs. 4). Das Gesetz versagt dem Verleiher einige rechtliche Gestaltungsmöglichkeiten, die nach allgemeinem Arbeitsrecht zulässig wären und durch die das Beschäftigungsrisiko des ArbGeb auf den LeihArbN abgewälzt würde[2]. Insoweit ergänzt § 11 Abs. 4 die Bestimmungen in §§ 3, 9 und 10. Zunächst verbietet § 11 Abs. 4 Satz 1 dem Verleiher, mit dem LeihArbN einzelvertraglich **Kündigungsfristen** zu vereinbaren, die kürzer sind als in § 622 Abs. 1 und 2 BGB. Dadurch wird dem Verleiher die Möglichkeit genommen, LeihArbN wie Aushilfskräfte zu behandeln. Eine Verkürzung der Kündigungsfristen kann sich danach nur aufgrund tarifvertraglicher Regelungen ergeben, soweit das Leiharbeitsverhältnis unter den Geltungsbereich eines TV fällt. Die einzelvertragliche Bezugnahme auf tarifvertragliche Abkürzungen von Kündigungsfristen ist jedoch ausgeschlossen[3].

Nach § 11 Abs. 4 Satz 2 ist es dem Verleiher untersagt, den Vergütungsanspruch des LeihArbN bei **Annahmeverzug** für beschäftigungslose Zeiten aufzuheben oder zu beschränken. Darunter fällt auch die vertragliche Verpflichtung des LeihArbN, seine Arbeitskraft unabhängig von einer Einsatzmöglichkeit täglich im Betrieb des Verleihers anzubieten[4]. Allerdings muss sich der LeihArbN wie jeder andere ArbN nach § 615 Satz 2 BGB auf seinen Verzugslohnanspruch anrechnen lassen, was er infolge des Unterbleibens seiner Arbeitsleistung erspart oder durch anderweitige Verwendung seiner Arbeitsleistung erwirbt oder zu erwerben böswillig unterlässt. Das wird durch § 615 Satz 3 BGB in gleicher Weise klargestellt wie durch § 11 Abs. 4 Satz 2 Halbs. 2. Allerdings kann diese Anrechnungsbestimmung durch die Parteien des Leiharbeitsvertrags abbedungen werden.

Zwar enthält § 615 BGB keine Bestimmung über die Anrechnung öffentlich-rechtlicher Leistungen. Erhält ein LeihArbN jedoch Alg, Arbeits- oder Sozialhilfe, geht sein Vergütungsanspruch gegenüber dem Verleiher gemäß § 115 Abs. 1 SGB X kraft Gesetzes auf den Träger der jeweiligen Sozialleistung über. Insoweit verliert der LeihArbN seine Stellung als Gläubiger des Vergütungsanspruchs. In Höhe der erhaltenen Leistungen kann der Verleiher Zahlungen verweigern[5].

6. Leistungsverweigerungsrecht bei Arbeitskämpfen (§ 11 Abs. 5). Der LeihArbN ist nicht verpflichtet, bei einem Entleiher tätig zu sein, dessen Betrieb unmittelbar durch einen Arbeitskampf betroffen ist. Auf dieses Leistungsverweigerungsrecht hat der Verleiher den LeihArbN hinzuweisen. Mit dieser Regelung trägt das Gesetz dem Umstand Rechnung, dass weder der Abschluss von Arbeitsverträgen mit Streikbrechern noch der Abschluss von Verträgen, die auf eine Überlassung von LeihArbN als Streikbrecher abzielen, verboten ist[6].

Der Geltungsbereich dieser Bestimmung beschränkt sich auf Arbeitskämpfe im Entleiherbetrieb. Bei Arbeitskämpfen im Betrieb des Verleihers richtet sich das Recht des LeihArbN, die Arbeit zu verweigern, nach den allgemeinen Grundsätzen des Arbeitskampfrechts. Durch das individuelle Leistungsverweigerungsrecht des LeihArbN bei Arbeitskämpfen im Entleiherbetrieb stellt das Gesetz sicher, dass das Kräftegleichgewicht zwischen ArbGeb und Gewerkschaften durch den Einsatz von LeihArbN weder zu Lasten noch zugunsten einer der streitenden TV-Parteien verschoben wird[7].

Immer dann, wenn der Betrieb des Entleihers von einem Arbeitskampf betroffen ist, wird die Leistungspflicht des LeihArbN gegenüber dem Verleiher eingeschränkt. Kann dieser den LeihArbN deswegen nicht einsetzen, bleibt er gleichwohl zur Zahlung der vereinbarten Vergütung verpflichtet. Dieses Lohnrisiko gehört typischerweise zu dem allgemeinen wirtschaftlichen Risiko eines Verleihunternehmens[8].

Der Entleiher ist nicht nur dann durch einen Arbeitskampf unmittelbar betroffen, wenn sein Betrieb bestreikt wird oder er ArbN aussperrt, sondern immer dann, wenn der Betrieb unter den räumlichen und fachlichen Geltungsbereich eines TV fällt, auf den sich ein Arbeitskampf bezieht[9].

Wenn der LeihArbN von seinem Leistungsverweigerungsrecht keinen Gebrauch macht, ist er trotz des Arbeitskampfes zur Arbeitsleistung im Betrieb des Entleihers verpflichtet. Beteiligt er sich dort allerdings an Arbeitskampfmaßnahmen, verletzt er damit seine Leistungspflicht gegenüber dem Entleiher und seine Treuepflicht gegenüber dem Verleiher[10].

---

1 *Becker/Wulfgramm*, § 11 AÜG Rz. 16; aA *Schüren*, § 11 AÜG Rz. 85. | 2 BT-Drs. VI/2303, S. 14. | 3 *Sandmann/Marschall*, § 11 AÜG Anm. 24; *Becker/Wulfgramm*, § 11 AÜG Anm. 28; aA *Franßen/Haesen*, § 11 AÜG Rz. 25. | 4 LAG Hess. v. 23.1.1987 – 13 Sa 1007/86, EzAÜG Nr. 2 zu § 626 BGB = DB 1987, 1741. | 5 *Becker/Wulfgramm*, § 11 AÜG Rz. 30a; *Schüren*, § 11 AÜG Rz. 100. | 6 *Sandmann/Marschall*, § 11 AÜG Anm. 28. | 7 *Ulber*, § 11 AÜG Rz. 76. | 8 BAG v. 1.2.1973 – 5 AZR 382/72, AP Nr. 29 zu § 615 BGB – Betriebsrisiko m. Anm. *Meyer-Maly* = NJW 1973, 1295 m. Anm. *Becker*. | 9 *Ulber*, § 11 AÜG Rz. 77a. | 10 *Schüren*, § 11 AÜG Rz. 107.

Der Verleiher ist verpflichtet, den LeihArbN bei jedem neuen Arbeitseinsatz auf dieses Leistungsverweigerungsrecht hinzuweisen, wenn der Betrieb des Entleihers von einem Arbeitskampf betroffen ist. Dazu reicht ein allgemein gehaltener Hinweis bei Abschluss des Leiharbeitsvertrags nicht aus[1]. Beginnt der Arbeitskampf erst, nachdem der LeihArbN seine Arbeit im Betrieb des Entleihers aufgenommen hat, muss der Hinweis des Verleihers unverzüglich erfolgen[2]. 30

7. Arbeitsschutz und ArbNErf (§ 11 Abs. 6 u. Abs. 7). Die im Betrieb des Entleihers geltenden öffentlich-rechtlichen Vorschriften des Arbeitsschutzrechts gelten auch für die dort eingesetzten LeihArbN. Zu diesen Arbeitsschutzvorschriften gehören unter anderem das Arbeitsschutzgesetz, das ArbZG, das Ladenschlussgesetz, die Gewerbeordnung, das Mutterschutzgesetz, das Jugendarbeitsschutzgesetz und das SGB IX über den Arbeitsschutz der Schwerbehinderten. Für die Einhaltung dieser Vorschriften sind Verleiher und Entleiher gemeinsam verantwortlich. Dabei ist der Entleiher verpflichtet, in seinem Betrieb die praktischen Maßnahmen zur Durchführung des Arbeitsschutzes zu ergreifen, während der Verleiher im Wesentlichen auf die Überwachung und die Kontrolle der Einhaltung dieser Bestimmungen beschränkt ist[3]. 31

Darüber hinaus ist der Entleiher verpflichtet, den LeihArbN vor Beginn der Beschäftigung und bei jeder Veränderung in seinem Arbeitsbereich über die Gefahren für seine Sicherheit und Gesundheit sowie über Maßnahmen und Einrichtungen zur Abwendung dieser Gefahren zu unterrichten. Diese **Unterrichtungspflicht des Entleihers** erstreckt sich auch auf die Notwendigkeit besonderer Qualifikationen, beruflicher Fähigkeiten, eine besondere ärztliche Überwachung sowie auf eine erhöhte besondere Gefahr des Arbeitsplatzes. Verletzt der Entleiher diese Pflichten, kann dem LeihArbN daraus ein Leistungsverweigerungsrecht erwachsen[4]. Die Pflicht zur Zahlung der Ausgleichsabgabe nach § 77 SGB IX trifft allerdings allein den Verleiher als vertraglichen ArbGeb des LeihArbN[5]. 32

Nach § 11 Abs. 7 gilt der Entleiher als ArbGeb iSd. ArbNErfG, wenn der LeihArbN während der Dauer der Tätigkeit bei ihm eine Erfindung oder einen technischen Verbesserungsvorschlag gemacht hat. Diese Bestimmung dient einer interessengerechten Zuordnung der Verwertungsrechte. Denn diese fallen grundsätzlich dem Entleiher zu, während der LeihArbN entsprechende Vergütungsansprüche ihm gegenüber erhält. Allerdings muss es sich um Erfindungen und technische Verbesserungsvorschläge handeln, die sich auf den Betrieb des Entleihers beziehen[6]. Die Vergütungsansprüche des LeihArbN können sich auch aus einem TV oder einer BV ergeben[7]. 33

12 *Rechtsbeziehungen zwischen Verleiher und Entleiher*
(1) Der Vertrag zwischen dem Verleiher und dem Entleiher bedarf der Schriftform. In der Urkunde hat der Verleiher zu erklären, ob er die Erlaubnis nach § 1 besitzt. Der Entleiher hat in der Urkunde anzugeben, welche besonderen Merkmale die für den Leiharbeitnehmer vorgesehene Tätigkeit hat und welche berufliche Qualifikation dafür erforderlich ist sowie welche im Betrieb des Entleihers für einen vergleichbaren Arbeitnehmer des Entleihers wesentlichen Arbeitsbedingungen einschließlich des Arbeitsentgelts gelten; Letzteres gilt nicht, soweit die Voraussetzungen einer der beiden in § 3 Abs. 1 Nr. 3 und § 9 Nr. 2 genannten Ausnahmen vorliegen.

(2) Der Verleiher hat den Entleiher unverzüglich über den Zeitpunkt des Wegfalls der Erlaubnis zu unterrichten. In den Fällen der Nichtverlängerung (§ 2 Abs. 4 Satz 3), der Rücknahme (§ 4) oder des Widerrufs (§ 5) hat er ihn ferner auf das voraussichtliche Ende der Abwicklung (§ 2 Abs. 4 Satz 4) und die gesetzliche Abwicklungsfrist (§ 2 Abs. 4 Satz 4 letzter Halbsatz) hinzuweisen.

Das Gesetz regelt die Rechtsbeziehungen zwischen Verleiher und Entleiher nur ansatzweise und schreibt lediglich einzelne Pflichten der Parteien des AÜ-Vertrags und dessen Form vor. Die vorgeschriebene Vertragsform und die Unterrichtungspflichten des Verleihers dienen dem Schutz des Entleihers. Die Angaben des Entleihers ermöglichen dem Verleiher, seiner Gleichstellungspflicht zu genügen. Sie dienen daher mittelbar dem Schutz des LeihArbN, während die Vorschrift insgesamt die Kontrolle und Überwachung durch die Erlaubnisbehörde erleichtern soll. 1

Dem **Schriftformerfordernis** nach § 12 Abs. 1 Satz 1 kann dadurch genügt werden, dass der AÜ-Vertrag von beiden Parteien auf derselben Urkunde unterzeichnet wird. Werden mehrere gleich lautende Urkunden aufgenommen, genügt es nach § 126 Abs. 2 Satz 2 BGB, wenn jede Vertragspartei die für die jeweils andere Partei bestimmte Urkunde unterzeichnet. Das Gesetz schreibt nicht vor, dass der AÜ-Vertrag in deutscher Sprache abgefasst sein muss. Es kann auch eine Kurzschrift oder eine Fremdsprache verwendet werden, die im Wege der Übersetzung allgemein ermittelt und verständlich gemacht werden kann[8]. 2

---

[1] *Schüren*, § 11 AÜG Rz. 109; *Sandmann/Marschall*, § 11 AÜG Anm. 30.   [2] *Becker/Wulfgramm*, § 11 AÜG Rz. 18; *Franßen/Haesen*, § 11 AÜG Rz. 19.   [3] *Becker/Wulfgramm*, § 11 AÜG Rz. 60; *Franßen/Haesen*, § 11 AÜG Rz. 45.   [4] BVerwG v. 13.12.2001 – 5 C 26/01, NZA 2002, 385.   [5] BAG v. 8.7.1971 – 5 AZR 29/71, AP Nr. 2 zu § 611 BGB – Leiharbeitsverhältnis m. Anm. *Söllner* = DB 1971, 1822.   [6] *Becker/Wulfgramm*, § 11 AÜG Rz. 47; *Franßen/Haesen*, § 11 AÜG Rz. 52.   [7] ArbG Frankfurt/Main v. 10.12.1985 – 8 Ca 50/75, EzAÜG Nr. 1 zu § 11 AÜG – Inhalt.   [8] *Schüren*, § 12 AÜG Rz. 11; *Sandmann/Marschall*, § 12 AÜG Anm. 2.

3 Die Formvorschrift bezieht sich auf das gesamte Rechtsgeschäft der AÜ einschließlich aller Nebenabreden und allgemeinen Geschäftsbedingungen. Das gilt auch für Vorverträge zwischen Verleiher und Entleiher[1]. Eine Ausnahme besteht für kurzfristige Verträge mit zuvor arbeitslosen ArbN iSd. §§ 3 Abs. 1 Nr. 3 und 9 Nr. 2. Ein **Formmangel** führt gemäß § 125 BGB regelmäßig zur Nichtigkeit des gesamten AÜ-Vertrags einschließlich aller Nebenabreden[2]. Die Rückabwicklung eines formnichtigen ArbN-Überlassungsvertrags erfolgt nach Bereicherungsrecht. Da weder der Verleiher noch der Entleiher einem ArbN vergleichbar sozial schutzbedürftig sind, können die Grundsätze über das fehlerhafte Arbeitsverhältnis auf diesen Fall nicht übertragen werden[3].

4 Ist ein formnichtiger AÜ-Vertrag **bereits vollzogen** worden, müssen die vom LeihArbN erbrachten Arbeitsleistungen und die vom Entleiher gezahlte Vergütung einander gegenüber gestellt werden, um den Umfang der Bereicherung zu ermitteln[4].

5 Bei einem AÜ-Vertrag besteht die **Hauptleistungspflicht des Verleihers** darin, dem Entleiher in dem vertraglich vorgesehenen Zeitraum und Umfang geeignete Arbeitskräfte zur Arbeitsleistung zur Verfügung zu stellen[5]. Danach schuldet der Verleiher nicht die Überlassung eines bestimmten ArbN, sondern einer für die vorgesehene Arbeitsaufgabe geeigneten Person, für deren Auswahl er dem Entleiher einzustehen hat[6]. Es handelt sich bei der AÜ um eine Gattungsschuld, ohne dass durch die Bereitstellung eines bestimmten LeihArbN eine endgültige Konkretisierung iSd. § 243 Abs. 2 BGB eintreten kann. Denn die Verpflichtung des Verleihers dauert während der gesamten Überlassungszeit an.

6 Dagegen wird bei einer konzerninternen Abordnung von ArbN und bei echter Leiharbeit nur ein ganz bestimmter ArbN zur Arbeitsleistung überlassen. In diesem Fall beschränkt sich die Pflicht des Verleihers darauf, diese Person bereit zu stellen und dafür Sorge zu tragen, dass er in dem vorgesehenen Zeitraum für den Entleiher arbeitet[7].

7 Zusätzlich zu der allgemeinen Nebenpflicht des Verleihers, die Vermögensinteressen des Entleihers zu wahren, schreibt das Gesetz in § 12 Abs. 2 bestimmte **Unterrichtungspflichten** fest. Diese beziehen sich zunächst auf den Zeitpunkt des Wegfalls der Verleiherlaubnis. In den Fällen der Nichtverlängerung, der Rücknahme oder des Widerrufs der Verleiherlaubnis erstrecken sich diese Unterrichtungspflichten auch auf das voraussichtliche Ende der Abwicklung und die gesetzlich Abwicklungsfrist. Dadurch soll dem Entleiher ermöglicht werden, sich auf das Ende der Überlassungszeit einzustellen[8].

8 Der AÜ-Vertrag **verpflichtet den Entleiher** in der Hauptsache zur Zahlung der vereinbarten Vergütung. Durch Vereinbarungen über die Zahlungsweise dieser Vergütung kann die grundsätzliche Vorleistungspflicht des Verleihers abbedungen werden[9]. Die Annahme der Arbeitsleistung des LeihArbN gehört nicht zu den Hauptpflichten des Entleihers. Denn er ist auch dann zur Zahlung der Überlassungsvergütung verpflichtet, wenn er die ihm vom Verleiher ordnungsgemäß angebotene Leiharbeitskraft nicht einsetzt. Die Annahme dieser Arbeitkraft stellt eine bloße Obliegenheit des Entleihers dar[10].

9 Über die allgemeine Fürsorgepflicht hinaus, die aus der Entgegennahme der Arbeitsleistung erwächst, gehört es zu den **Nebenpflichten des Entleihers**, für die Sicherheit der Arbeitsplätze zu sorgen, an denen er die LeihArbN beschäftigt, und den Verleiher über Arbeitspflichtverletzungen oder Leistungsmängel des LeihArbN zu unterrichten[11]. Nach § 12 Abs. 1 Satz 2 hat der Entleiher darüber hinaus in der Urkunde über den AÜ-Vertrag anzugeben, welche besonderen Merkmale die für den LeihArbN vorgesehene Tätigkeit hat und welche beruflichen Qualifikationen dafür erforderlich sind. Die Angaben müssen sich ferner auf die wesentlichen Arbeitsbedingungen einschließlich des Arbeitsentgelts erstrecken, die in seinem Betrieb für einen mit dem LeihArbN vergleichbaren ArbN gelten. Wegen der Einzelheiten zu den Begriffen der wesentlichen Arbeitsbedingungen und des Arbeitsentgelts wird auf die Kommentierung zu § 3 Abs. 1 Nr. 3 verwiesen (siehe dort Rz. 28 ff.). Die Vergleichbarkeit der in seinem Betrieb beschäftigten ArbN kann der Entleiher anhand der im AÜ-Vertrag angegebenen Tätigkeitsmerkmale und der erforderlichen Qualifikation feststellen. Sind in seinem Betrieb keine vergleichbaren ArbN beschäftigt, erübrigen sich die Angaben für den Entleiher[12]. Richten sich die Arbeitsbedingungen und das Arbeitsentgelt im Betrieb des Entleihers nach TV und BV, genügt er seiner Auskunftspflicht, wenn er auf diese Regelungen verweist und sie dem AÜ-Vertrag beifügt.

Im Fall einer Befristung **endet das AÜ-Verhältnis** mit Zeitablauf und im Fall einer auflösenden Bedingung mit deren Eintritt[13]. Neben dem gesetzlich verankerten Recht zur außerordentlichen Kündigung des Vertrags können die Parteien auch das Recht zur ordentlichen fristgerechten Kündigung vereinbaren. Schließlich kann der AÜ-Vertrag einvernehmlich aufgehoben werden. Der Vertrag endet nicht durch den Tod des LeihArbN, da sich die Leistungspflicht des Verleihers lediglich auf die Bereitstel-

---

1 *Franßen/Haesen*, § 12 AÜG Rz. 17. | 2 *Schüren*, § 12 AÜG Rz. 16. | 3 BAG v. 8.11.1978 – 5 AZR 261/77, AP Nr. 2 zu § 1 AÜG m. Anm. *Weber* = NJW 1979, 2636. | 4 BGH v. 17.1.1984 – VI ZR 187/82, DB 1984, 1194. | 5 OLG Hamburg v. 30.5.1973 – 5 U 33/73, EzAÜG Nr. 3 zu § 611 BGB – Haftung = BB 1973, 891. | 6 BGH v. 13.5.1975 – VI ZR 247/73, AP Nr. 1 zu § 1 AÜG = NJW 1975, 1695. | 7 *Schüren*, § 12 AÜG Rz. 29. | 8 *Becker/Wulfgramm*, § 12 AÜG Rz. 7. | 9 *Schüren*, § 12 AÜG Rz. 34. | 10 *Schüren*, § 12 AÜG Rz. 35; aA *Becker/Wulfgramm*, § 12 AÜG Rz. 27; *Ulber*, § 12 Rz. 19. | 11 *Schüren*, § 12 AÜG Rz. 37, 38. | 12 *Boemke/Lembke*, § 12 AÜG Rz. 6. | 13 *Becker/Wulfgramm*, § 12 AÜG Rz. 54.

lung eines geeigneten LeihArbN erstreckt. Stirbt der Verleiher, können dessen Erben die AÜ-Verträge in entsprechender Anwendung von § 2 Abs. 4 Satz 4 im Rahmen der gesetzlichen Abwicklungsfrist zu Ende führen oder das Verleihunternehmen mit einer eigenen Verleiherlaubnis fortsetzen.

13 *Auskunftsanspruch des Leiharbeitnehmers*
Der Leiharbeitnehmer kann im Falle der Überlassung von seinem Entleiher Auskunft über die im Betrieb des Entleihers für einen vergleichbaren Arbeitnehmer des Entleihers geltenden wesentlichen Arbeitsbedingungen einschließlich des Arbeitsentgelts verlangen; dies gilt nicht, soweit die Voraussetzungen einer der beiden in § 3 Abs. 1 Nr. 3 und § 9 Nr. 2 genannten Ausnahmen vorliegen.

Der Auskunftsanspruch des LeihArbN ergänzt die gewerberechtliche Regelung in § 3 Abs. 1 Nr. 3 und die arbeitsrechtlichen Bestimmungen zum Gleichstellungsgebot in den §§ 9 Nr. 2 und 10 Abs. 4. Der Anspruch erlaubt dem LeihArbN einen Vergleich zwischen den Leistungen, die ihm der Verleiher gewährt, und den Leistungen, die ihm nach dem Gleichstellungsgebot zustehen. 1

Der Auskunftsanspruch steht dem LeihArbN nur zu, wenn er im Rahmen einer erlaubten gewerbsmäßigen AÜ im Betrieb des Entleihers tätig wird[1]. Eine Ausnahme besteht für Vereinbarungen nach §§ 3 Abs. 1 Nr. 3 und 9 Nr. 2. Er entsteht mit der Aufnahme der Tätigkeit im Betrieb des Entleihers. Nach dem Zeitraum der Überlassung besteht der Auskunftsanspruch gegen den Entleiher solange fort, wie der LeihArbN seinen Gleichstellungsanspruch gegen den Verleiher mit Rücksicht auf tarifliche Verfallfristen, Verjährung und Verwirkung noch erfolgreich geltend machen kann. Wenn der Entleiher die Auskunft nur unvollständig, fehlerhaft oder gar nicht erteilt, stehen dem LeihArbN Ansprüche auf Schadensersatz zumindest gemäß § 823 Abs. 2 BGB iVm. mit dem Schutzgesetz des § 13 zu[2]. 2

14 *Mitwirkungs- und Mitbestimmungsrechte*
(1) Leiharbeitnehmer bleiben auch während der Zeit ihrer Arbeitsleistung bei einem Entleiher Angehörige des entsendenden Betriebs des Verleihers.

(2) Leiharbeitnehmer sind bei der Wahl der Arbeitnehmervertreter in den Aufsichtsrat im Entleiherunternehmen und bei der Wahl der betriebsverfassungsrechtlichen Arbeitnehmervertretungen im Entleiherbetrieb nicht wählbar. Sie sind berechtigt, die Sprechstunden dieser Arbeitnehmervertretungen aufzusuchen und an den Betriebs- und Jugendversammlungen im Entleiherbetrieb teilzunehmen. Die §§ 81, 82 Abs. 1 und §§ 84 bis 86 des Betriebsverfassungsgesetzes gelten im Entleiherbetrieb auch in Bezug auf die dort tätigen Leiharbeitnehmer.

(3) Vor der Übernahme eines Leiharbeitnehmers zur Arbeitsleistung ist der Betriebsrat des Entleiherbetriebs nach § 99 des Betriebsverfassungsgesetzes zu beteiligen. Dabei hat der Entleiher dem Betriebsrat auch die schriftliche Erklärung des Verleihers nach § 12 Abs. 1 Satz 2 vorzulegen. Er ist ferner verpflichtet, Mitteilungen des Verleihers nach § 12 Abs. 2 unverzüglich dem Betriebsrat bekannt zu geben.

(4) Die Absätze 1 und 2 Sätze 1 und 2 sowie Absatz 3 gelten für die Anwendung des Bundespersonalvertretungsgesetzes sinngemäß.

1. Betriebsverfassungsrechtliche Zuordnung der LeihArbN (§ 14 Abs. 1). Auch während der Zeit ihrer Arbeitsleistung bei einem Entleiher bleiben LeihArbN **Angehörige des entsendenden Betriebs** des Verleihers. Aus dieser Zuordnung zum Verleiherbetrieb folgt, dass die LeihArbN dort alle Rechte nach dem BetrVG haben. Auch wenn sie ihre Arbeitsleistung ständig außerhalb des Verleiherbetriebs erbringen, haben sie dort das aktive und passive Wahlrecht nach dem BetrVG[3]. 1

Sie können an den Betriebsversammlungen im Verleiherbetrieb teilnehmen und haben das Recht, die Sprechstunden des BR im Verleiherbetrieb aufzusuchen. Die Vergütung für die dazu erforderliche Zeit hat der Verleiher weiter zu zahlen. Ob er berechtigt ist, dem Entleiher diese Zeiten in Rechnung zu stellen, richtet sich nach dem Inhalt des AÜ-Vertrags[4]. 2

Die in den §§ 81, 82 Abs. 1 und 84 bis 86 BetrVG geregelten Rechte und Pflichten gelten auch im Verhältnis zwischen Verleiher und LeihArbN. Danach ist der Verleiher zur Unterrichtung über Unfall- und Gesundheitsgefahren und zur Erörterung von Veränderungen der Arbeitsabläufe und deren Auswirkungen auf den Arbeitsplatz des LeihArbN verpflichtet. Der LeihArbN hat gegenüber dem Verleiher *das Recht,* in betrieblichen Angelegenheiten angehört zu werden und die Berechnung und Zusammensetzung seines Arbeitsentgelts sowie die Beurteilung seiner Leistungen und die Möglichkeiten seiner beruflichen Entwicklung zu erörtern. 3

Darüber hinaus steht dem LeihArbN das Recht zu, sich bei den zuständigen Stellen des Verleiherbetriebs zu beschweren. Dazu gehört auch der in diesem Betrieb gebildete BR. Diesem stehen sämtliche Rechte nach dem BetrVG auch hinsichtlich der LeihArbN zu. Das betrifft insb. die Einstellung und 4

---
1 *Boemke/Lembke*, § 13 AÜG Rz. 6. | 2 *Boemke/Lembke*, § 13 AÜG Rz. 13. | 3 BT-Drs. IX/847, S. 8.
| 4 *Sandmann/Marschall*, § 14 AÜG Anm. 5.

die Kündigung von LeihArbN im Verleiherbetrieb. Bei der Anordnung oder Duldung von Überstunden im Entleiherbetrieb steht dem BR des Verleiherbetriebs nur dann ein MitbestR nach § 87 Abs. 1 Nr. 2 BetrVG zu, wenn der Verleiher dem Entleiher das Recht zur Anordnung von Überstunden im AÜ-Vertrag übertragen hat[1].

5   Diese Grundsätze gelten bei legaler AÜ ebenso wie bei den gesetzlich nicht geregelten Erscheinungsformen der nicht gewerbsmäßigen AÜ[2]. Besitzt der Verleiher nicht die erforderliche Erlaubnis, wird nach den §§ 9 Nr. 1, 10 Abs. 1 AÜG ein Arbeitsverhältnis zum Entleiher fingiert. In diesem Fall wird der LeihArbN auch betriebsverfassungsrechtlich dem Betrieb des Entleihers zugerechnet. Da die Überlassung dieses LeihArbN als Einstellung in den Betrieb des Entleihers anzusehen ist, hat dieser den in seinem Betrieb gebildeten BR zu unterrichten und seine Zustimmung einzuholen[3].

6   **2. Rechte des LeihArbN im Entleiherbetrieb (§ 14 Abs. 2).** LeihArbN sind bei der Wahl der ArbN-Vertreter in den Aufsichtsrat im Entleiherunternehmen und bei der Wahl der betriebsverfassungsrechtlichen ArbN-Vertretung **im Entleiherbetrieb nicht wählbar**. Danach steht LeihArbN ein passives Wahlrecht im Entleiherbetrieb selbst dann nicht zu, wenn sie für einen Zeitraum von mehr als sechs Monaten überlassen worden sind. Diesen Zeitraum einer Betriebszugehörigkeit setzt bereits § 8 BetrVG für die Wählbarkeit zum BR voraus.

7   Werden LeihArbN länger als drei Monate im Betrieb des Entleihers eingesetzt, steht ihnen das **aktive Wahlrecht** nach § 7 Satz 2 BetrVG zu. Unter denselben Voraussetzungen können sie gemäß § 10 Abs. 2 Satz 2 MitbestG und § 8 Abs. 2 Satz 2 Montan-MitbestG an der Wahl der ArbN-Vertreter in den Aufsichtsrat des Entleiherunternehmens aktiv teilnehmen. Diese Regelungen dienen dazu, eine Erosion der Stammbelegschaft und der damit verbundenen negativen Auswirkungen auf die Betriebsverfassung entgegenzuwirken[4]. Dieses aktive Wahlrecht steht neben den im Rahmen einer gewerbsmäßigen AÜ tätigen LeihArbN auch echten LeihArbN und denjenigen zu, die im Rahmen einer sog. Konzernleihe in einem anderen Betrieb desselben Konzerns eingesetzt werden[5].

8   Diese Regelung über das aktive Wahlrecht der LeihArbN im Betrieb des Entleihers unterliegt keinen verfassungsrechtlichen Bedenken. Denn der Entleiher übt gegenüber den LeihArbN kraft seiner Organisationshoheit und Dispositionsbefugnis teilweise ArbGebFunktionen aus. Damit wird auch der BR des Entleiherbetriebs partiell zuständig[6]. Denn die Zuständigkeit des BR für ArbN eines fremden ArbGeb beruht bereits darauf, dass diese in den Betrieb tatsächlich eingegliedert sind[7].

9   Bei der Berechnung betriebsverfassungsrechtlicher **Schwellenwerte** sind LeihArbN dagegen nicht zu berücksichtigen. Allein ihre Wahlberechtigung nach § 7 Satz 2 BetrVG macht sie nicht zu wahlberechtigten ArbN des Betriebs. Denn die Mitglieder der Stammbelegschaft bestimmen sich ausschließlich nach § 5 BetrVG. Demgegenüber stellen die LeihArbN allenfalls eine Art Randbelegschaft dar, die nur hinsichtlich einzelner Rechte den Betriebsangehörigen gleichgestellt ist[8].

10 LeihArbN sind auch berechtigt, die Sprechstunden der ArbN-Vertretungen im Verleiherbetrieb aufzusuchen und an den dortigen Betriebs- und Jugendversammlungen teilzunehmen. Im Verhältnis zum Entleiher stehen ihnen auch die Informations-, Anhörungs- und Beschwerderechte nach den §§ 81, 82 Abs. 2 und 84 bis 86 BetrVG zu. Danach kann der LeihArbN vom Entleiher auch eine Arbeitsfreistellung für einen Besuch bei dem BR des Verleihers verlangen[9]. War dieser Besuch erforderlich, steht ihm gegenüber dem Verleiher die vereinbarte Vergütung zu. Ob der Verleiher diese Kosten dem Entleiher in Rechnung stellen kann, hängt wiederum von den Vereinbarungen in dem AÜ-Vertrag ab.

11 Die Auskunfts- und Erörterungsrechte nach § 82 Abs. 2 BetrVG sowie das Einsichtsrecht in Personalakten nach § 83 BetrVG stehen dem LeihArbN ausschließlich im Verhältnis zum Verleiher zu. Die Rechte der LeihArbN im Entleiherbetrieb nach dem BetrVG sind in § 14 Abs. 2 nur beispielhaft aufgezählt[10]. So gelten für sie auch die Grundsätze für die Behandlung der Betriebsangehörigen nach § 75 BetrVG. Der Entleiher und der in seinem Betrieb gebildete BR haben auch im Hinblick auf LeihArbN darüber zu wachen, dass jede unterschiedliche Behandlung im Hinblick auf ihre Abstammung, Religion, Nationalität, Herkunft, politische oder gewerkschaftliche Betätigung oder Einstellung oder wegen ihres Geschlechts oder ihrer sexuellen Identität unterbleibt[11]. Die Feststellung weiterer Beteiligungsrechte des Entleiherbetriebsrats im Hinblick auf den LeihArbN bleibt der Rspr. vorbehalten[12].

12 **3. Rechte des Entleiherbetriebsrats (§ 14 Abs. 3).** Vor der **Übernahme eines LeihArbN** zur Arbeitsleistung ist der BR des Entleiherbetriebs nach § 99 BetrVG zu beteiligen. Dabei hat der Entleiher dem BR auch die

---

1 LAG Köln v. 21.10.1994 – 13/10 TaBV 45/94, EzAÜG Nr. 69 zu BetrVG = MDR 1995, 393. | 2 BAG v. 18.1.1989 – 7 ABR 62/87, AP Nr. 2 zu § 14 AÜG = NZA 1989, 728. | 3 BAG v. 31.1.1989 – 1 ABR 72/87, AP Nr. 33 zu § 80 BetrVG 1972 = EzAÜG Nr. 20 zu § 14 AÜG – Betriebsverfassung = DB 1989, 982 = NZA 1989, 932. | 4 *Sandmann/Marschall*, § 14 AÜG Anm. 7; *ErfK/Wank*, § 14 AÜG Rz. 4. | 5 BT-Drs. XIV/5741, S. 36. | 6 *Konzen*, RdA 2001, 76; *Brors*, NZA 2002, 123; *Däubler*, AiB 2001, 684; *Engels/Trebinger/Löhr-Steinhaus*, DB 2001, 532. | 7 *Fitting*, § 7 BetrVG Rz. 40; aA *Reichold*, NZA 2001, 857. | 8 BAG v. 16.4.2003 – 7 ABR 53/02, DB 2003, 2128. | 9 BAG v. 28.7.1992 – 1 ABR 22/92, AP Nr. 7 zu § 87 BetrVG 1972 – Werkmietwohnungen m. Anm. *Natzel* = DB 1993, 740 = NZA 1993, 272. | 10 *Schüren*, § 14 AÜG Rz. 73; *Sandmann/Marschall*, § 14 AÜG Anm. 11. | 11 *Schüren*, § 14 AÜG Rz. 214; *ErfK/Wank*, § 14 AÜG Rz. 13. | 12 BT-Drs. IX/847, S. 13.

schriftliche Erklärung des Verleihers über die ihm erteilte Verleiherlaubnis vorzulegen. Ferner ist er verpflichtet, Mitteilungen des Verleihers über den Zeitpunkt des Wegfalls der Erlaubnis, über das voraussichtliche Ende der Abwicklung und über die gesetzliche Abwicklungsfrist dem BR unverzüglich bekannt zu geben.

Diese Rechte stehen dem BR des Entleiherbetriebs auch bei anderen Formen eines drittbezogenen Personaleinsatzes zu. Das gilt einmal für die Formen echter Leiharbeit[1]. Entsprechende Anwendung findet § 14 Abs. 3 auch bei einer Abordnung zu einer Arbeitsgemeinschaft gemäß § 1 Abs. 1 Satz 2 und im Fall einer illegalen AÜ[2]. Werden ArbN von Fremdfirmen dagegen auf der Grundlage echter Dienst- oder Werkverträge eingesetzt, ist für die Anwendung des § 99 BetrVG kein Raum, da es an der Personalhoheit des Einsatzbetriebes fehlt[3]. 13

Da es sich bei der Verweisung in § 14 Abs. 3 nicht um eine Rechtsgrundverweisung, sondern um eine Verweisung auf die Rechtsfolgen des § 99 BetrVG handelt, ist der BR des Entleiherbetriebs zu beteiligen, wenn dort nur 20 oder weniger wahlberechtigte ArbN beschäftigt sind[4]. Jegliche Übernahme eines LeihArbN löst das MitbestR des EntleiherBR nach § 14 Abs. 3 Satz 1 aus. Auf die Dauer dieser Übernahme und etwaige Auswirkungen auf die Produktion im Entleiherbetrieb kommt es nicht an[5]. Soll der LeihArbN durch eine andere Person ausgetauscht werden oder soll sein Einsatzzeitraum verlängert werden, handelt es sich jeweils um eine erneute Übernahme iSd. Gesetzes[6]. Soll dem LeihArbN im Betrieb des Entleihers ein anderer Arbeitsplatz zugewiesen werden, handelt es sich allenfalls um eine zustimmungspflichtige Versetzung, nicht aber um eine Übernahme[7]. 14

Der BR im Entleiherbetrieb muss alle Informationen erhalten, die für seine Entscheidung nach § 99 Abs. 2 BetrVG von Bedeutung sein können. Er muss sich darüber vergewissern können, ob überhaupt ein Beteiligungsrecht nach § 14 besteht, ob es um eine gewerbsmäßige AÜ geht, ob der Verleiher die dazu erforderliche Erlaubnis besitzt oder ob etwa ein unmittelbares Arbeitsverhältnis zwischen dem LeihArbN und dem Entleiher kraft der gesetzlichen Fiktion des § 10 Abs. 1 begründet wird. Bei begründeten Zweifeln kann der BR die Vorlage aller Verträge mit Fremdfirmen über die Beschäftigung von LeihArbN verlangen[8]. Zur Wahrnehmung seiner Beteiligungsrechte bei der Personalplanung nach § 92 Abs. 2 BetrVG kann der BR darüber hinaus die Einsichtnahme in Listen verlangen, aus denen er die Einsatzzeiten der LeihArbN, deren Qualifikationen und persönliche Daten sowie die vorgesehenen Tätigkeiten im Entleiherbetrieb entnehmen kann[9]. 15

Ein MitbestR im Hinblick auf die **Eingruppierung des LeihArbN** steht dem EntleiherBR nicht zu. Die Höhe der Vergütung ist Bestandteil des Leiharbeitsvertrags, den der Verleiher weder gegenüber dem Verleiher noch gegenüber dessen BR offen legen muss[10]. Das gilt auch für Bewerbungsunterlagen des LeihArbN, da dessen Übernahme allein durch die Zuweisung des Verleihers erfolgt[11]. 16

Der EntleiherBR kann seine Zustimmung zur Übernahme des LeihArbN aus den in § 99 Abs. 2 Nr. 1 bis 6 BetrVG verweigern. Dabei kann er sich jedoch nicht auf eine Benachteiligung des LeihArbN stützen, die sich im Verhältnis zu den übrigen ArbN aus der gesetzlichen Ausgestaltung der AÜ ergibt[12]. 17

Der EntleiherBR kann seine Zustimmung wegen einer Benachteiligung des LeihArbN dann verweigern, wenn dieser für Arbeiten eingesetzt werden soll, die wegen ihrer Unbequemlichkeit oder Schwere von den Stammarbeitnehmern des Entleiherbetriebs nicht durchgeführt werden[13]. Seine Verweigerung der Zustimmung kann der EntleiherBR auch auf Verstöße gegen das AÜG stützen, durch die Kollektivinteressen der Belegschaft des Entleiherbetriebs betroffen sind[14]. 18

Streitigkeiten über das MitbestR des EntleiherBR können im Rahmen eines arbeitsgerichtlichen Beschlussverfahrens vor dem ArbG geklärt werden, in dessen Bezirk der Entleiherbetrieb liegt[15]. Allerdings kann der Einsatz von LeihArbN zunächst als vorläufige personelle Maßnahme nach § 100 BetrVG geführt werden. Der EntleiherBR kann dann ggf. die Aufhebung dieser Beschäftigung nach § 101 BetrVG verlangen[16]. Daneben hat er die Möglichkeit, durch Antrag auf Erlass einer einstweiligen Verfügung die Beschäf- 19

---

1 BAG v. 18.1.1989 – 7 ABR 62/87, AP Nr. 2 zu § 14 AÜG = DB 1989, 1419. | 2 BAG v. 6.6.1978 – 1 ABR 66/75, AP Nr. 6 zu § 99 BetrVG 1972 m. Anm. *Löwisch* = DB 1978, 1841; v. 14.4.1986 – 1 ABR 44/84, AP Nr. 35 zu § 35 BetrVG 1972 m. Anm. *Streckel*; v. 31.1.1989 – 1 ABR 72/87, AP Nr. 33 zu § 80 BetrVG 1972 = DB 1989, 982. | 3 BAG v. 5.5.1992 – 1 ABR 78/91, AP Nr. 97 zu § 99 BetrVG 1972 = DB 1992, 1936. | 4 *Sandmann/Marschall*, § 14 Anm. 16; *Becker/Wulfgramm*, § 14 AÜG Rz. 96; *Becker*, AuR 1982, 369; aA *Schüren*, § 14 AÜG Rz. 140 ff. | 5 *Schüren*, § 14 AÜG Rz. 148; *Sandmann/Marschall*, § 14 AÜG Anm. 18. | 6 *Schüren*, § 14 AÜG Rz. 151; MünchArbR/*Marschall*, § 168 Rz. 104. | 7 *Schüren*, § 14 AÜG Rz. 150. | 8 BAG v. 31.1.1989 – 1 ABR 72/87, AP Nr. 33 zu § 80 BetrVG 1972 = EzAÜG Nr. 20 zu § 14 AÜG – Betriebsverfassung = DB 1989, 982; v. 5.3.1991 – 1 ABR 38/90, EzAÜG Nr. 29 zu § 14 AÜG – Betriebsverfassung = DB 1991, 281; v. 9.7.1991 – 1 ABR 45/90, AP Nr. 94 zu § 99 BetrVG 1972. | 9 BAG v. 31.1.1989 – 1 ABR 72/87, AP Nr. 33 zu § 80 BetrVG 1972; LAG Nds. v. 22.6.1989 – 14 TaBV 20/89, EzAÜG Nr. 50, 55 BetrVG; LAG Köln v. 9.8.1989 – 5 TaBV 3/89, AiB 1990, 76. | 10 BAG v. 6.6.1978 – 1 ABR 66/75, AP Nr. 6 zu § 99 BetrVG 1972 m. Anm. *Löwisch* = DB 1978, 1841. | 11 BAG v. 18.12.1990 – 1 ABR 15/90, AP Nr. 85 zu § 99 BetrVG 1972 = DB 1991, 969. | 12 *Sandmann/Marschall*, § 14 AÜG Anm. 21; *Becker/Wulfgramm*, § 14 AÜG Rz. 102. | 13 *Sandmann/Marschall*, § 14 AÜG Anm. 22. | 14 BAG v. 28.9.1988 – 1 ABR 85/87, AP Nr. 60 zu § 99 BetrVG 1972 = DB 1989, 433; LAG Düsseldorf v. 4.10.2001 – 11(17) TaBV 23/01, DB 2002, 328 = BB 2002, 357 = AiB 2002, 65. | 15 *Sandmann/Marschall*, § 14 AÜG Anm. 17. | 16 BAG v. 1.8.1989 – 1 ABR 54/88, BAGE 62, 271 = AP Nr. 68 § 99 BetrVG 1972 = DB 1990, 483 = NZA 1990, 229.

tigung von ArbN zu untersagen[1]. Hat der Entleiher ein Verfahren auf Ersetzung der Zustimmung und Feststellung der Dringlichkeit nach § 100 BetrVG bereits eingeleitet, kann der BR in diesem Verfahren seinen Abweisungsantrag mit dem Antrag verbinden, die vorläufige personelle Maßnahme aufzuheben[2].

20 Da ein LeihArbN für die Zeit seiner Überlassung in die Betriebsorganisation des Entleihers eingegliedert wird und unter dessen Direktionsrecht seine Arbeitsleistung erbringt, erstreckt sich auf ihn auch das Beteiligungsrecht des EntleiherBR **in sozialen Angelegenheiten** gemäß § 87 BetrVG. Das gilt auch im Hinblick auf den Beginn und das Ende der täglichen Arbeitszeit von LeihArbN im Entleiherbetrieb[3].

21 Da der längerfristige Einsatz von ArbN Einfluss auf die Personalplanung eines Unternehmens hat und die Interessen der Stammbelegschaft des Unternehmens in wesentlichem Maß berühren, muss auch der **Wirtschaftsausschuss** gemäß § 106 BetrVG stets über den Einsatz von LeihArbN unterrichtet werden[4].

22 **4. Rechte der Personalvertretung (§ 14 Abs. 4).** Für den Anwendungsbereich des BPersVG gelten die betriebsverfassungsrechtlichen Regelungen des § 14 entsprechend. Für den Bereich des Personalvertretungsrechts der Länder ist es deren Sache, die Frage der Mitbest. und Mitwirkung der Personalvertretungen zu regeln[5]. Soweit keine ausdrückliche Regelung über die Anwendung des § 14 vorhanden ist, wie etwa in § 107c des Niedersächsischen Landespersonalvertretungsgesetzes, erfüllt die Aufnahme eines LeihArbN in eine Dienststelle zur Arbeitsleistung den Mitbestimmungstatbestand der Einstellung[6]. Allerdings verbleiben diese verliehenen ArbN des öffentlichen Dienstes auch während der Zeit ihrer Arbeitsleistung bei der entleihenden Dienststelle ArbN der verleihenden Dienststelle. Nur dort steht ihnen das aktive und passive Wahlrecht für die Personalvertretung zu[7].

23 In der entleihenden Dienststelle können sie die Sprechstunden der Personalvertretung besuchen und an Personalversammlungen teilnehmen. Die Beteiligung bei der Übernahme eines LeihArbN zur Arbeitsleistung in der entleihenden Dienststelle bestimmt sich nach § 75 Abs. 1 BPersVG. Danach steht dem Personalrat der entleihenden Dienststelle ein MitbestR bei Einstellungen, Versetzungen und Umsetzungen zu. Da § 14 auch insoweit keine abschließende Regelung enthält, können sich weitere Befugnisse der Personalvertretung aus der tatsächlichen Eingliederung der entliehenen ArbN und aus ihrem Verhalten in der Dienststelle ergeben[8].

15 Ausländische Leiharbeitnehmer ohne Genehmigung

(1) Wer als Verleiher einen Ausländer, der eine erforderliche Genehmigung nach § 284 Abs. 1 Satz 1 des Dritten Buches Sozialgesetzbuch nicht besitzt, entgegen § 1 einem Dritten ohne Erlaubnis überlässt, wird mit Freiheitsstrafe bis zu drei Jahren oder mit Geldstrafe bestraft.

(2) In besonders schweren Fällen ist die Strafe Freiheitsstrafe von sechs Monaten bis zu fünf Jahren. Ein besonders schwerer Fall liegt in der Regel vor, wenn der Täter gewerbsmäßig oder aus grobem Eigennutz handelt.

1 Mit § 15 beginnen die **Straf- und Ordnungswidrigkeitenbestimmungen des AÜG**. Dabei beziehen sich die §§ 15 und 15a auf die Beschäftigung von Ausländern. Diese Vorschriften entsprechen den §§ 406 und 407 SGB III über die illegale Vermittlung und Beschäftigung von Ausländern ohne Arbeitsgenehmigung nach § 284 Abs. 1 Satz 1 SGB III. Diese Vorschriften sollen die Einhaltung der Bestimmungen des Arbeitsgenehmigungsrechts sichern. Gleichzeitig dienen sie dem Schutz des deutschen Arbeitsmarktes. Darüber hinaus tragen sie dem erhöhten Schutzbedürfnis ausländischer ArbN Rechnung. Denn diese laufen in erhöhtem Maße Gefahr, von Verleihern ausgebeutet zu werden, weil sie sich bei einer Verletzung ihrer Rechte nicht an Behörden und Gerichte wenden können, ohne damit rechnen zu müssen, sich für die fehlende Arbeitserlaubnis zu verantworten[9].

2 Die Bedeutung der Straf- und Bußgeldvorschriften des AÜG kommt dadurch zum Ausdruck, dass sie sowohl in den Richtlinien für das Straf- und Bußgeldverfahren (RiStBV) als auch in der Anordnung über die Mitteilung in Strafsachen (MiStra) ausdrücklich erwähnt werden, um den Strafverfolgungsbehörden die Bedeutung dieser zum Nebenstrafrecht zählenden Bestimmungen deutlich zu machen[10].

3 Grundsätzlich gelten für die **Straftaten nach dem AÜG** die Bestimmungen des StGB. Da es sich um Vergehen iSd. § 12 Abs. 2 StGB handelt, ist eine versuchte Straftat mangels entsprechender Regelung nicht unter Strafe gestellt. Dagegen sind die Straftaten gemäß den §§ 15, 15a nach den allgemeinen Regeln teilnahmefähig. So können Dolmetscher, die bei einem illegalen Verleih von Ausländern mitwirken, oder die Überbringer von Lohngeldern an LeihArbN als Gehilfen strafbar sein[11].

---

1 ArbG Hameln v. 12.10.1990 – 2 BVGa 15/90, DB 1990, 2611. | 2 ArbG Stuttgart v. 26.3.1992 – 6 BV 161/91, AuR 1993, 187. | 3 BAG v. 15.12.1992 – 1 ABR 38/92, AP Nr. 7 zu § 14 AÜG = DB 1993, 888; v. 19.6.2001 – 1 ABR 43/00, EWiR 2002, 229 m. Anm. *Grimm* = SAE 2002, 41 m. Anm. *Kreft*; *Schüren*, § 14 AÜG Rz. 191; im Einzelnen *Ulber*, § 14 AÜG Rz. 95 ff. | 4 *Sandmann/Marschall*, § 14 AÜG Anm. 18a; ErfK/*Wank*, § 14 AÜG Rz. 29; aA *Schüren*, § 14 AÜG Rz. 323. | 5 BT-Drs. IX/847, S. 9. | 6 BVerwG v. 20.5.1992 – 6 P 4.90, DVBl 1993, 402. | 7 *Sandmann/Marschall*, § 14 AÜG Anm. 25; *Schüren*, § 14 AÜG Rz. 564; *Becker/Wulfgramm*, § 14 AÜG Rz. 137. | 8 *Schüren*, § 14 AÜG Rz. 579. | 9 BT-Drs. VI/2303, S. 15. | 10 *Sandmann/Marschall*, § 15 AÜG Anm. 1 bis 4. | 11 AG München v. 30.4.1979 – 71 Ls 336 Js 17558/68, nv.

Dagegen handelt es sich bei dem ausländischen LeihArbN selbst und dem Entleiher um sog. notwendige Teilnehmer an der Straftat des illegalen Verleihers. Daher können beide nicht als dessen Gehilfen nach § 27 StGB iVm. § 15 bestraft werden[1]. Ihnen droht allerdings eine Verfolgung nach den §§ 15a, 16 Abs. 1 Nr. 2.

Die Gründung oder das Betreiben einer Einzelfirma oder einer Personen- oder Kapitalgesellschaft zum Zweck der illegalen AÜ stellt noch keine Bildung einer kriminellen Vereinigung iSd. § 129 StGB dar, auch wenn die Mitglieder dieser Gesellschaft bei dem Betrieb des Unternehmens Straftaten begehen wollen. Dazu müssten die Straftaten aus einer fest organisierten Vereinigung heraus geplant und begangen werden[2].

Unter Strafe gestellt ist nach § 15 Abs. 1 zunächst die **Überlassung von ausländischen ArbN** ohne die erforderliche Arbeitsgenehmigung durch einen gewerbsmäßigen Verleiher, der eine Verleiherlaubnis nach § 1 nicht besitzt. Damit setzt der Tatbestand voraus, dass der Täter weder die erforderliche Erlaubnis zum Verleih von LeihArbN besitzt noch die Fiktion einer Erlaubnis nach § 3 eingreift. Handelt es sich bei dem Verleiher um eine Personengesellschaft oder eine juristische Person, richtet sich die Strafbarkeit nach § 14 StGB[3]. Fehlt es an der ArbGebEigenschaft des Täters, kommt eine Bestrafung wegen unerlaubter Arbeitsvermittlung nach § 406 SGB III in Betracht[4]. Zwischen beiden Strafbeständen ist allerdings eine Wahlfeststellung möglich[5].

Ausländer ist jeder, der weder die deutsche Staatsangehörigkeit noch die Rechtsstellung eines Deutschen gemäß Art. 116 Abs. 1 GG besitzt. Ob er als LeihArbN eine Arbeitsgenehmigung besitzen muss, richtet sich nach § 284 SGB III und der dazu erlassenen Arbeitserlaubnisverordnung sowie nach der Anwerbestopausnahme-VO[6]. Nach deren Bestimmungen sind grundsätzlich alle ausländischen und im Inland tätigen ArbN genehmigungspflichtig. Ausnahmsweise keiner Arbeitserlaubnis bedürfen die Angehörigen der EG-Mitgliedstaaten und der Vertragsstaaten des EWR.

Für eine Tätigkeit als LeihArbN kann eine **Arbeitserlaubnis** nicht erteilt werden. Nur diejenigen ausländischen ArbN, die bereits eine besondere Arbeitserlaubnis besitzen, können auch als LeihArbN tätig sein. Dabei handelt es sich um ausländische ArbN, die entweder in den letzten sechs Jahren vor Beginn der Geltungsdauer der Arbeitserlaubnis im Besitz einer Aufenthaltserlaubnis gewesen sind oder mit einem Deutschen in familiärer Lebensgemeinschaft leben und eine Aufenthaltserlaubnis besitzen. Ihnen gleichgestellt sind anerkannte Asylberechtigte und Ausländer, die im Besitz eines von einer deutschen Behörde ausgestellten Reisepasses sind[7].

Eine Strafbarkeit nach § 15 setzt vorsätzliches Handeln des illegalen Verleihers voraus, wobei sich der Vorsatz auf alle Tatbestandsmerkmale erstrecken muss. Danach muss der Täter wissen, dass er keine Verleiherlaubnis besitzt und einen ausländischen ArbN ohne Arbeitserlaubnis überlässt. Befindet er sich über eines dieser Tatbestandsmerkmale im Irrtum, handelt er gemäß § 16 Abs. 1 StGB nicht vorsätzlich und kann daher nicht bestraft werden.

Kennt der Täter zwar alle Tatumstände, nimmt aber irrtümlich an, er benötige für seine Tätigkeit keine Verleiherlaubnis oder der ausländische LeihArbN benötige keine Arbeitserlaubnis, liegt ein Verbotsirrtum nach § 17 StGB vor. In diesem Fall handelt der Täter nur dann schuldlos, wenn er diesen Irrtum nicht vermeiden konnte, anderenfalls ist seine Strafe zu mildern. Allerdings ist der Verleiher verpflichtet, sich nach den einschlägigen Rechtsvorschriften für die Überlassung ausländischer ArbN zuverlässig zu erkundigen[8]. Gegen diese Pflichten verstößt er auch dann, wenn er den ausländischen ArbN nicht nach seiner konkreten Staatsangehörigkeit befragt[9].

Der illegale Verleiher kann nach § 15 Abs. 1 mit einer Freiheitsstrafe bis zu drei Jahren oder mit einer Geldstrafe bestraft werden. Das Mindestmaß der Freiheitsstrafe beträgt nach § 38 Abs. 2 StGB einen Monat. Die Geldstrafe ist in Tagessätzen zu verhängen und beträgt mindestens 5 und höchstens 360 volle Tagessätze gemäß § 40 StGB. Für die Höhe dieser Geldstrafe kommt es nach § 40 Abs. 2, Abs. 3 StGB auf die persönlichen und wirtschaftlichen Verhältnisse des Täters an. Hat sich der illegale Verleiher durch die Tat bereichert oder versucht, sich durch diese Tat zu bereichern, kann neben einer Freiheitsstrafe nach § 41 StGB auch eine Geldstrafe verhängt werden.

In **besonders schweren Fällen** ist nach § 15 Abs. 2 eine Freiheitsstrafe zwischen sechs Monaten und fünf Jahren zu verhängen. Dabei liegt ein besonders schwerer Fall in der Regel vor, wenn der Täter gewerbsmäßig oder aus grobem Eigennutz handelt. Neben diesen ausdrücklich erwähnten Regelbeispielen liegt ein besonders schwerer Fall immer dann vor, wenn die objektiven und subjektiven Tatumstände die

---

1 *Schubel/Engelbrecht*, § 15 AÜG Rz. 6. | 2 BGH v. 13.1.1983 – 4 StR 578/72, AP Nr. 6 zu § 1 AÜG = NJW 1983, 1334 = MDR 1983, 416. | 3 *Becker/Wulfgramm*, § 15 AÜG Rz. 36. | 4 *Sandmann/Marschall*, § 15 AÜG Anm. 7. | 5 *Becker/Wulfgramm*, § 15 AÜG Rz. 3c. | 6 ErfK/*Wank*, § 15 AÜG Rz. 4. | 7 *Sandmann/Marschall*, § 15 AÜG Anm. 10. | 8 OLG Hamm v. 14.11.1980 – 5 Ss OWi 1967/80, AP Nr. 7 zu § 19 AFG = BB 1981, 122. | 9 OLG Düsseldorf v. 4.9.1979 – 5 Ss OWi 480/79, EzAÜG Nr. 10 zu § 1 AÜG – Gewerbsmäßige Arbeitnehmerüberlassung; AG Gießen v. 13.4.1987 – 54 OWi 15 Js 22376/86, EzAÜG Nr. 24 zu § 1 AÜG – Gewerbsmäßige Arbeitnehmerüberlassung.

üblicherweise vorkommenden an Strafwürdigkeit so übertreffen, dass der Strafrahmen für die üblicherweise zu ahndenden Fälle nicht ausreicht[1]. Das ist etwa anzunehmen, wenn der illegale Verleiher einen besonders großen Vorteil über einen langen Zeitraum hinaus erstrebt oder die Zwangslage der ausländischen LeihArbN zu besonders gefährlichen Arbeiten ausnutzt[2].

13 Da bereits der Tatbestand des § 15 Abs. 1 nur durch einen **gewerbsmäßig** handelnden Verleiher verwirklicht werden kann, ist der Begriff der Gewerbsmäßigkeit iSd. strafverschärfenden Regelbeispiels nach § 15 Abs. 2 Satz 2 in einem darüber hinausgehenden strafrechtlichen Sinn zu verstehen[3]. Danach muss sich die Gewerbsmäßigkeit gerade auch auf die Überlassung ausländischer ArbN ohne Arbeitserlaubnis beziehen[4]. Der illegale Verleiher muss sich gerade durch die wiederholte Überlassung ausländischer ArbN eine nicht nur vorübergehende Einnahmequelle verschaffen wollen, wobei sich die besondere Strafwürdigkeit gerade daraus ergibt, dass die ausländischen LeihArbN ausgebeutet oder auf andere Weise erheblich benachteiligt werden[5].

14 Aus **grobem Eigennutz** handelt ein illegaler Verleiher, wenn er in besonders anstößigem Maß nach wirtschaftlichen Vorteilen strebt[6]. Dazu genügt allerdings weder ein Streben nach deutlich höheren Gewinnspannen als üblich noch ein auffälliges Missverhältnis der Arbeitsbedingungen ausländischer ArbN zu denjenigen vergleichbarer deutscher ArbN. Vielmehr muss der illegale Verleiher von der Notlage der ausländischen ArbN skrupellos ausnutzen. Das ist insb. der Fall, wenn er ihnen unter Hinweis auf die drohende Ausweisung wegen fehlender Arbeitserlaubnis menschenunwürdige Arbeitsbedingungen aufzwingt oder einen Lohn zahlt, der eine Existenzsicherung nicht gewährleistet[7].

15a *Entleih von Ausländern ohne Genehmigung*

(1) Wer als Entleiher einen ihm überlassenen Ausländer, der eine erforderliche Genehmigung nach § 284 Abs. 1 Satz 1 des Dritten Buches Sozialgesetzbuch nicht besitzt, zu Arbeitsbedingungen des Leiharbeitsverhältnisses tätig werden lässt, die in einem auffälligen Missverhältnis zu den Arbeitsbedingungen deutscher Leiharbeitnehmer stehen, die die gleiche oder eine vergleichbare Tätigkeit ausüben, wird mit Freiheitsstrafe bis zu drei Jahren oder mit Geldstrafe bestraft. In besonders schweren Fällen ist die Freiheitsstrafe von sechs Monaten bis zu fünf Jahren; ein besonders schwerer Fall liegt in der Regel vor, wenn der Täter gewerbsmäßig oder aus grobem Eigennutz handelt.

(2) Wer als Entleiher

1. gleichzeitig mehr als fünf Ausländer, die eine erforderliche Genehmigung nach § 284 Abs. 1 Satz 1 des Dritten Buches Sozialgesetzbuch nicht besitzen, tätig werden lässt oder
2. eine in § 16 Abs. 1 Nr. 2 bezeichnete vorsätzliche Zuwiderhandlung beharrlich wiederholt,

wird mit Freiheitsstrafe bis zu einem Jahr oder mit Geldstrafe bestraft. Handelt der Täter aus grobem Eigennutz, ist die Strafe Freiheitsstrafe bis zu drei Jahren oder Geldstrafe.

1 Die Regelung des § 15a ist erst nachträglich in das Gesetz eingefügt worden und dient der **Bekämpfung der illegalen Ausländerbeschäftigung**. Während § 15 die Strafbarkeit von Verleihern betrifft, beschreibt § 15a die Voraussetzungen für eine Strafe des Entleihers, die gegenüber der Ordnungswidrigkeit nach § 16 Abs. 1 Nr. 2 in quantitativer Hinsicht qualifiziert ist. Durch diesen Straftatbestand sollen diejenigen Entleiher erfasst werden, die es illegalen Verleihern durch ihre kollusive Mitwirkung ermöglichen, SozV-Beiträge vorzuenthalten und Steuern zu hinterziehen[8].

2 Gegenüber dem „einfachen" Tätigwerdenlassen ausländischer LeihArbN ohne Arbeitserlaubnis iSd. § 16 Abs. 1 Nr. 2 enthält § 15a drei verschiedene Qualifikationen. Strafbar ist danach das Tätigwerdenlassen unter ausbeuterischen Arbeitsbedingungen (§ 15a Abs. 1 Satz 1), der umfangreiche Entleih (§ 15a Abs. 2 Satz 1 Nr. 1) und der beharrliche Entleih (§ 15a Abs. 2 Satz 1 Nr. 2), wobei in besonders schweren Fällen eine Strafschärfung vorgesehen ist[9].

3 Werden die ausländischen LeihArbN dem Entleiher von einem Verleiher überlassen, der nicht über eine Verleiherlaubnis verfügt, fingiert § 10 ein Arbeitsverhältnis zwischen Entleiher und LeihArbN.

4 Gleichzeitig begeht der Entleiher eine Ordnungswidrigkeit nach § 404 Abs. 2 Nr. 2 SGB III, wenn der ausländische LeihArbN keine Arbeitserlaubnis besitzt[10]. Vollzieht sich die AÜ unter ausbeuterischen Arbeitsbedingungen, macht sich der Entleiher nach § 406 Abs. 1 Nr. 3 SGB III strafbar.

5 Demgegenüber setzen die Straftatbestände des § 15a voraus, dass dem Entleiher die ausländischen LeihArbN von einem Verleiher überlassen werden, der über eine Verleiherlaubnis verfügt. Für die Strafbarkeit des Entleihers nach § 15a Abs. 1 Satz 1 kommt es darauf an, dass die **Arbeitsbedingungen des**

---

1 BGH v. 24.6.1987 – 3 StR 200/87, EzAÜG Nr. 1 zu § 15 AÜG. | 2 *Schüren*, § 15 AÜG Rz. 35. | 3 BayObLG v. 24.6.1977 – 4 St 93/76, DB 1977, 1561. | 4 BT-Drs. VII/3100, S. 7. | 5 BGH v. 14.4.1981 – 1 StR 676/80, DB 1981, 1568 = NJW 1982, 397 = JR 1982, 260. | 6 BT-Drs. VII/3100, S. 6. | 7 *Becker/Wulfgramm*, § 15 AÜG Rz. 16; *Ulber*, § 15 AÜG Rz. 18. | 8 BT-Drs. X/2102, S. 32. | 9 *Schüren*, § 15a Rz. 8; OLG Hamm v. 14.11.1980 – 5 Ss OWi 1967/80, AP Nr. 7 zu § 19 AFG = BB 1981, 122. | 10 *Sandmann/Marschall*, § 15a AÜG Anm. 3.

ausländischen LeihArbN in einem auffälligen Missverhältnis zu den Arbeitsbedingungen deutscher LeihArbN stehen, die die gleiche oder eine vergleichbare Tätigkeit ausüben. Maßgeblich sind damit die Bedingungen des Leiharbeitsvertrags. Beschäftigt der Verleiher keine vergleichbaren deutschen LeihArbN, ist auf vergleichbare deutsche LeihArbN eines vergleichbaren Verleihers abzustellen[1].

Gleich ist eine Tätigkeit dann, wenn sie in ihrer wesentlichen Ausgestaltung der Tätigkeit des ausländischen LeihArbN entspricht. Vergleichbar ist die Tätigkeit bereits dann, wenn sie zwar in wesentlichen Punkten abweicht, aber noch zum überwiegenden Teil Übereinstimmung mit der Tätigkeit des ausländischen LeihArbN ausweist[2].

Unter Arbeitsbedingungen ist die tatsächliche Ausgestaltung des Arbeitsverhältnisses nach Lohnhöhe, Urlaubsdauer, Umfang der Nebenleistungen und Kündigungsfristen zu verstehen. Die Abweichung muss eine auffällige zu missbilligende Ungleichheit darstellen. Bei der Höhe des Lohnes wird das erst bei einem Unterschied in Höhe von 20 % oder mehr anzunehmen sein[3]. Ein auffälliges Missverhältnis kann sich auch aus der Sittenwidrigkeit des Leiharbeitsvertrags zwischen dem ausländischen LeihArbN und dem Verleiher ergeben[4].

Nach § 15 Abs. 2 Satz 1 Nr. 1 macht sich der Entleiher strafbar, der **gleichzeitig mehr als fünf ausländische LeihArbN** ohne Arbeitserlaubnis beschäftigt. Dabei muss es sich nicht um dieselben LeihArbN handeln. Sie müssen auch nicht von demselben Verleiher überlassen worden sein[5].

Nach § 15a Abs. 2 Satz 1 Nr. 2 macht sich der Entleiher strafbar, der vorsätzlich ausländische LeihArbN ohne Arbeitserlaubnis einsetzt und diesen **Einsatz beharrlich wiederholt**. Danach muss er sich mindestens zweimal über das Verbot der Beschäftigung illegaler ausländischer LeihArbN hinweggesetzt haben. Beharrlich handelt er dann, wenn er deutlich auf die Ordnungswidrigkeit seines Handelns hingewiesen wurde, etwa durch eine Ahndung, Abmahnung oder Verwarnung der Erlaubnisbehörde. Erst eine trotzdem erfolgende Wiederholung des Verstoßes kann die erforderliche besondere Hartnäckigkeit oder Uneinsichtigkeit des Verleihers belegen[6]. Handelt der Entleiher aus grobem Eigennutz, erhöht sich seine Strafe nach § 15a Abs. 2 Satz 2.

16 Ordnungswidrigkeiten

(1) Ordnungswidrig handelt, wer vorsätzlich oder fahrlässig

1. entgegen § 1 einen Leiharbeitnehmer einem Dritten ohne Erlaubnis überlässt,

1a. einen ihm von einem Verleiher ohne Erlaubnis überlassenen Leiharbeitnehmer tätig werden lässt,

1b. entgegen § 1 b Satz 1 gewerbsmäßig Arbeitnehmer überlässt oder tätig werden lässt,

2. einen ihm überlassenen ausländischen Leiharbeitnehmer, der eine erforderliche Genehmigung nach § 284 Abs. 1 Satz 1 des Dritten Buches Sozialgesetzbuch nicht besitzt, tätig werden lässt,

2a. eine Anzeige nach § 1a nicht richtig, nicht vollständig oder nicht rechtzeitig erstattet,

3. einer Auflage nach § 2 Abs. 2 nicht, nicht vollständig oder nicht rechtzeitig nachkommt,

4. eine Anzeige nach § 7 Abs. 1 nicht, nicht richtig, nicht vollständig oder nicht rechtzeitig erstattet,

5. eine Auskunft nach § 7 Abs. 2 Satz 1 nicht, nicht richtig, nicht vollständig oder nicht rechtzeitig erteilt,

6. seiner Aufbewahrungspflicht nach § 7 Abs. 2 Satz 4 nicht nachkommt,

6a. entgegen § 7 Abs. 3 Satz 2 eine dort genannte Maßnahme nicht duldet,

7. eine statistische Meldung nach § 8 Abs. 1 nicht, nicht richtig, nicht vollständig oder nicht rechtzeitig erteilt,

8. einer Pflicht nach § 11 Abs. 1 oder Absatz 2 nicht nachkommt.

(2) Die Ordnungswidrigkeit nach Absatz 1 Nr. 1 bis 1b kann mit einer Geldbuße bis zu fünfundzwanzigtausend Euro, die Ordnungswidrigkeit nach Absatz 1 Nr. 2 mit einer Geldbuße bis zu fünfhunderttausend Euro, die Ordnungswidrigkeit nach Absatz 1 Nr. 2a und 3 mit einer Geldbuße bis zu zweitausendfünfhundert Euro, die Ordnungswidrigkeit nach Absatz 1 Nr. 4 bis 8 mit einer Geldbuße bis zu fünfhundert Euro geahndet werden.

(3) Verwaltungsbehörden im Sinne des § 36 Abs. 1 Nr. 1 des Gesetzes über Ordnungswidrigkeiten sind für die Ordnungswidrigkeiten nach Absatz 1 Nr. 1 bis 2a die Behörden der Zollverwaltung, für die Ordnungswidrigkeiten nach Absatz 1 Nr. 3 bis 8 die Bundesagentur für Arbeit.

(4) § 66 des Zehnten Buches Sozialgesetzbuch gilt entsprechend.

---

1 *Becker/Wulfgramm*, § 15a AÜG Rz. 6. | 2 *Sandmann/Marschall*, § 15a AÜG Anm. 4; *Ulber*, § 15a AÜG Rz. 9. | 3 *Becker/Wulfgramm*, § 15a AÜG Rz. 8. | 4 *Becker/Wulfgramm*, § 15a AÜG Rz. 8a. | 5 *Schüren*, § 15a AÜG Rz. 23. | 6 BT-Drs. X/2102, S. 32.

(5) Die Geldbußen fließen in die Kasse der zuständigen Verwaltungsbehörde. Sie trägt abweichend von § 105 Abs. 2 des Gesetzes über Ordnungswidrigkeiten die notwendigen Auslagen und ist auch ersatzpflichtig iSd. § 110 Abs. 4 des Gesetzes über Ordnungswidrigkeiten.

1 Im Gegensatz zu den Strafvorschriften der § 15, 15a sind die Tatbestände des Verwaltungsunrechts im Rahmen der gewerbsmäßigen AÜ in § 16 als Ordnungswidrigkeiten ausgestaltet. Denn sie weisen nicht die besondere Gefährlichkeit auf, die von einer illegalen Ausländerbeschäftigung im Rahmen der gewerbsmäßigen AÜ ausgeht[1]. Mit dieser Vorschrift erhält die Erlaubnisbehörde eine weitere Möglichkeit, geordnete Verhältnisse in dem Bereich der AÜ zu gewährleisten und die ordnungsgemäße Ausübung der Verleihtätigkeit zu sichern.

2 Neben der Anwendung von Verwaltungszwang nach § 6 und dem Widerruf der Verleiherlaubnis nach § 5 kann die Erlaubnisbehörde nach § 16 bei bestimmten Verstößen ein **Bußgeld** verhängen. Sie kann eine dieser Sanktionsmöglichkeiten nach pflichtgemäßem Ermessen auswählen und ggf. mehrere miteinander kombinieren. Bei geringfügigen Verstößen kommt nach dem Grundsatz der Verhältnismäßigkeit zunächst die Verhängung eines Bußgeldes oder die Anwendung von Verwaltungszwang in Betracht, da sie gegenüber dem Widerruf der Verleiherlaubnis die milderen Mittel darstellen[2].

3 Da die Tatbestände des § 16 als Ordnungswidrigkeiten ausgestaltet sind, finden die Bestimmungen des OWiG Anwendung. Handelt es sich bei dem Täter der jeweiligen Ordnungswidrigkeit nicht um eine natürliche **Person**, richtet sich das Bußgeldverfahren gemäß den §§ 9, 29 OWiG gegen die zur Geschäftsführung oder Vertretung berufenen Personen. Gegen juristische Personen oder Personengesellschaften kann nach § 30 OWiG als Nebenfolge auch eine Buße festgesetzt werden, wenn die Pflichten des Unternehmens verletzt wurden oder das Unternehmen bereichert wurde oder bereichert werden sollte[3].

4 Darüber hinaus kann nach § 130 OWiG ein Unternehmer verfolgt werden, der vorsätzlich oder fahrlässig Aufsichtsmaßnahmen unterlässt, die erforderlich sind, um in dem Betrieb oder Unternehmen Zuwiderhandlungen gegen straf- und bußgeldbewehrte Pflichten zu verhindern[4]. Beteiligen sich mehrere Personen an einer Ordnungswidrigkeit nach § 16 AÜG, kommt es nicht darauf an, ob sie als Mittäter, Anstifter oder Gehilfe handeln. Nach § 14 Satz 1 OWiG handelt jeder von ihnen ordnungswidrig. Das gilt allerdings nicht für die LeihArbN, soweit sie notwendige Teilnehmer einer Ordnungswidrigkeit des Verleihers oder Entleihers sind.

5 Eine Ordnungswidrigkeit nach § 16 kann sowohl **vorsätzlich** als auch **fahrlässig** begangen werden. Nach § 17 Abs. 2 OWiG kann fahrlässiges Handeln nur mit der Hälfte des zulässigen Höchstbetrags der Geldbuße geahndet werden.

6 Wer sich über ein Tatbestandsmerkmal des § 16 Abs. 1 im **Irrtum** befindet, begeht zwar keine vorsätzliche Ordnungswidrigkeit. Sein Verhalten kann aber gemäß § 11 Abs. 1 Satz 2 OWiG wegen eines fahrlässigen Verstoßes geahndet werden, wenn ihm seine Unkenntnis vorwerfbar ist. Der Versuch einer Ordnungswidrigkeit gemäß § 16 Abs. 1 kann nicht geahndet werden, da eine entsprechende ausdrückliche Regelung fehlt.

7 Eine Ordnungswidrigkeit gemäß § 16 Abs. 1 Nr. 1 begeht der **Verleiher**, der **ohne** die erforderliche **Erlaubnis** nach § 1 Abs. 1 gewerbsmäßig AÜ betreibt. Dieser Tatbestand setzt lediglich voraus, dass die überlassene Person in einem Arbeitsverhältnis zum entsendenden ArbGeb steht[5]. Jede einzelne Überlassung stellt eine eigene Ordnungswidrigkeit dar, auch wenn gleichzeitig mehrere LeihArbN überlassen werden. Ob der Verleiher seinen ArbGebPflichten aus dem fehlerhaften Leiharbeitsverhältnis nachkommt, ist für den Tatbestand der Ordnungswidrigkeit ohne Belang[6].

8 Überlässt der Verleiher dem Entleiher gleichzeitig mehrere LeihArbN, liegt Tateinheit nach § 19 OWiG vor. Überlässt der Verleiher dagegen mehrere LeihArbN an verschiedene Entleiher oder an denselben Entleiher aufgrund mehrerer Vereinbarungen oder Handlungen, liegt Tatmehrheit nach § 20 OWiG vor, so dass jeweils gesondert eine Geldbuße festzusetzen ist.

9 Handelt es sich bei der Ordnungswidrigkeit nach § 16 gleichzeitig um eine Straftat nach § 15, wird das Verhalten des Verleihers nach § 21 OWiG nur dann als Ordnungswidrigkeit geahndet, wenn keine Strafe verhängt worden ist.

10 Nach § 16 Abs. 1 Nr. 1a handelt ein **Entleiher** ordnungswidrig, wenn er einen LeihArbN tätig werden lässt, der ihn von einem Verleiher ohne Erlaubnis überlassen wurde. Da dieser Bußgeldtatbestand auch fahrlässig verwirklicht werden kann, ist der Entleiher verpflichtet, alle zumutbaren Anstrengungen zu unternehmen, um sich über das Vorliegen einer gültigen Verleiherlaubnis Gewissheit zu verschaffen[7].

---

[1] *Schüren*, § 16 AÜG Rz. 11.　|[2] BT-Drs. VI/2303, S. 15.　|[3] OLG Düsseldorf v. 16.11.1995 – 5 SsOWi 387/95, BB 1996, 79.　|[4] *Sandmann/Marschall*, § 16 AÜG Anm. 3a.　|[5] BayObLG v. 25.1.1991 – 5 ObWi 149/90, AP Nr. 1 zu § 16 AÜG = MDR 1991, 559.　|[6] *Becker/Wulfgramm*, § 16 AÜG Rz. 9.　|[7] OLG Hamm v. 14.11.1980 – 5 Ss OWi 1967/80, AP Nr. 7 zu § 19 AFG = BB 1981, 122.

Ohne entgegenstehende konkrete Anhaltspunkte darf er allerdings auf die Erklärung nach § 12 Abs. 1 Satz 2 vertrauen, ohne sich die aktuelle gültige Verleiherlaubnis vorlegen lassen zu müssen[1].

Nach § 16 Abs. 1 Nr. 1b handeln **Verleiher und Entleiher** ordnungswidrig, wenn sie sich an einer verbotenen **AÜ in Betriebe des Baugewerbes** beteiligen. Dabei kommt es nicht darauf an, ob der Verleiher im Besitz einer Verleiherlaubnis nach § 1 Abs. 1 ist. Wenn ein Verleiher feststellt, dass der LeihArbN für eine Tätigkeit eingesetzt wird, für die er ihn nicht überlassen darf, muss er für eine unverzügliche Beendigung des Einsatzes sorgen, um eine Ordnungswidrigkeit zu vermeiden[2]. **11**

Eine Ordnungswidrigkeit nach § 16 Abs. 1 Nr. 2 begeht der **Entleiher**, der einen **ausländischen LeihArbN** ohne die erforderliche Erlaubnis tätig werden lässt. Diese Bestimmung entspricht § 404 Abs. 2 Nr. 2 SGB III, der einen ArbGeb mit Geldbuße bedroht, wenn er einen Ausländer ohne die erforderliche Arbeitsgenehmigung beschäftigt. Der Tatbestand des § 16 Abs. 1 Nr. 2 erfasst nur die legale Überlassung ausländischer LeihArbN. Da auch diese Ordnungswidrigkeit fahrlässig begangen werden kann, muss sich der Entleiher die Arbeitserlaubnis des ausländischen LeihArbN zeigen lassen[3]. **12**

Nach § 16 Abs. 1 Nr. 2a handelt ein **Verleiher** ordnungswidrig, der eine **Anzeige für** eine **erlaubnisfreie Überlassung** von LeihArbN nach § 1a nicht richtig, nicht vollständig oder nicht rechtzeitig erstattet. Ordnungswidrig ist danach sowohl die Angabe einer falschen Zahl der bei ihm beschäftigten ArbN als auch die unrichtige Angabe des Namens des LeihArbN. Dagegen kann die unrichtige Beantwortung einer Frage dann nicht als Ordnungswidrigkeit geahndet werden, wenn sie sich nicht auf die in § 1 vorgeschriebenen Angaben bezieht[4]. **13**

Nach § 16 Abs. 1 Nr. 3 handelt der **Verleiher** ordnungswidrig, der einer **Auflage** nach § 2 Abs. 2 nicht, nicht vollständig oder nicht rechtzeitig nachkommt. Das Bußgeld kann auch bei der Anfechtung einer Auflage verhängt werden, da sie keine aufschiebende Wirkung hat. Allerdings wird die Erlaubnisbehörde aufgrund des Opportunitätsgrundsatzes das Bußgeldverfahren in der Regel so lange aussetzen, bis über die Auflage rechtskräftig entschieden ist[5]. **14**

Nach § 16 Abs. 1 Nr. 4 bzw. Nr. 5 handelt der **Verleiher** ordnungswidrig, der seiner **Anzeigepflicht** nach § 7 Abs. 1 bzw. seiner **Auskunftspflicht** nach § 7 Abs. 2 Satz 1 nicht, nicht richtig, nicht vollständig oder nicht rechtzeitig nachkommt. Kommt der Verleiher dagegen einer Aufforderung der Erlaubnisbehörde zur Vorlage seiner geschäftlichen Unterlagen oder zur anderweitigen Glaubhaftmachung seiner Angaben gemäß § 7 Abs. 2 Satz 3 nicht nach, handelt es sich dabei nicht um eine Ordnungswidrigkeit. Daher kann die Erlaubnisbehörde ihre Aufforderung nur im Wege des Verwaltungszwangs durchsetzen oder bei schwerwiegenden Verstößen die Verleiherlaubnis widerrufen. Ein Verstoß gegen die Anzeige- und Auskunftspflichten kann auch dann nicht als Ordnungswidrigkeit verfolgt werden, wenn dem Verleiher ein Auskunftsverweigerungsrecht nach § 7 Abs. 5 zusteht. **15**

Nach § 16 Abs. 1 Nr. 6 handelt ein **Verleiher** ordnungswidrig, wenn er seinen **Aufbewahrungspflichten** nach den §§ 7 Abs. 2 Satz 4 oder 11 Abs. 1 Satz 5 nicht nachkommt. Denn der Verleiher ist verpflichtet, die Geschäftsunterlagen und die Urkunde über die Vertragsbedingungen mit dem LeihArbN drei Jahre lang aufzubewahren. **16**

Nach § 16 Abs. 1 Nr. 6a wird nunmehr auch die Nichtduldung des Betretens von Grundstücken und Geschäftsräumen des Verleihers unter Bußgelddrohung gestellt. Dadurch sollen die Prüfrechte der BA verstärkt und effektive Kontrollen ermöglicht werden. **17**

Nach § 16 Abs. 1 Nr. 7 handelt ein **Verleiher** ordnungswidrig, der eine **statistische Meldung** nach § 8 Abs. 1 nicht, nicht richtig, nicht vollständig oder nicht rechtzeitig erteilt hat. Allerdings kann die Erlaubnisbehörde den Umfang der Meldepflichten nach § 8 Abs. 1 Satz 2 einschränken. **18**

Nach § 16 Abs. 1 Nr. 8 handelt ein **Verleiher** ordnungswidrig, der einer **Dokumentationspflicht** nach § 11 Abs. 1 oder Abs. 2 nicht nachkommt. Dieser Tatbestand betrifft die Verstöße gegen die Pflicht zur Dokumentation des wesentlichen Inhalts des Leiharbeitsverhältnisses, gegen die Pflicht zur Aushändigung der entsprechenden Niederschrift an den LeihArbN und gegen die Pflicht zur Aushändigung des Merkblatts der Erlaubnisbehörde. **19**

In § 16 Abs. 2 sind die **Höchstbeträge der Geldbußen** festgelegt, die für Ordnungswidrigkeiten nach § 16 Abs. 1 verhängt werden können. Im Einzelfall bestimmt sich die Höhe der Geldbuße nach dem Unrechtsgehalt der jeweiligen Ordnungswidrigkeit, dem Grad der Gefährdung der geschützten Rechtsgüter, der Häufigkeit der Verstöße und dem erstrebten Abschreckungsgrad[6]. Nach § 17 Abs. 3 Satz 2 OWiG können auch die wirtschaftlichen Verhältnisse des Täters berücksichtigt werden. Darüber hinaus kann auch der wirtschaftliche Vorteil ins Gewicht fallen, den der Verleiher oder der Entleiher aus **20**

---

1 Schüren, § 16 AÜG Rz. 25; Kasseler Handbuch/*Düwell*, 4.5. Rz. 290; aA *Becker/Wulfgramm*, § 16 AÜG Rz. 9a. |2 BayObLG v. 26.2.1999 – 3 ObOWi 4/99, DB 1999, 1019. |3 *Becker/Wulfgramm*, § 16 AÜG Rz. 10. |4 *Sandmann/Marschall*, § 16 AÜG Anm. 29a. |5 *Sandmann/Marschall*, § 16 AÜG Anm. 30; *Becker/Wulfgramm*, § 16 AÜG Rz. 11. |6 *Schüren*, § 16 AÜG Rz. 54.

AÜG § 16 Rz. 21   Ordnungswidrigkeiten

der Tat gezogen haben[1]. Das Minimum einer Geldbuße beträgt nach § 17 Abs. 1 OWiG 5 Euro, das Maximum nach § 16 Abs. 2 OWiG 500.000 Euro. Bei einer fahrlässigen Ordnungswidrigkeit ist der zulässige Höchstbetrag nach § 17 Abs. 2 OWiG zu halbieren.

21   Infolge der Übertragung der Zuständigkeit für Außenprüfung auf dem Gebiet der Bekämpfung illegaler Beschäftigung von der BA auf die Behörden der Zollverwaltung sind mit Ausnahme einiger Tatbestände des Leistungsmissbrauchs die Behörden der Zollverwaltung grundsätzlich für die Verfolgung aller Formen illegaler Beschäftigung zuständig. Sie sind nach § 16 Abs. 3 nunmehr auch Verwaltungsbehörde iSv. § 36 Abs. 1 Nr. 1 OWiG. Ihre Zuständigkeit erfasst damit die Fälle der illegalen AÜ, dh. des Verleihs ohne erforderliche Verleiherlaubnis oder ohne wirksame Anzeige, des Verleihs/Entleihs nichtdeutscher LeihArbN ohne erforderliche Arbeitsgenehmigung. Alle Ordnungswidrigkeitentatbestände im Zusammenhang mit dem Erlaubnisverfahren und den sonstigen Meldepflichten nach dem AÜG verbleiben hingegen in der Zuständigkeit der BA. Im Gegensatz zur Staatsanwaltschaft entscheidet die Erlaubnisbehörde nach pflichtgemäßen Ermessen darüber, ob sie wegen eines Verstoßes gegen das AÜG ein Bußgeldverfahren einleitet.

22   Aufgrund der entsprechenden Anwendung von § 66 SGB X in Verbindung mit § 16 Abs. 4 AÜG obliegt die Beitreibung der Geldbußen auf Ersuchen der BA den Hauptzollämtern der Länder[2].

23   Nach § 16 Abs. 5 fließen die Geldbußen nach dem AÜG in die Kasse der BA, die auch in Abweichung von den Regelungen des OWiG die notwendigen Auslagen des Verfahrens trägt und Vermögensschäden zu ersetzen hat, die durch eine Verfolgungsmaßnahme im Bußgeldverfahren unrechtmäßigerweise verursacht wurden.

17 Durchführung
Die Bundesagentur für Arbeit führt dieses Gesetz nach fachlichen Weisungen des Bundesministeriums für Wirtschaft und Arbeit durch. Verwaltungskosten werden nicht erstattet.

1   Das Gesetz überträgt der BA die Durchführung des AÜG als Auftragsangelegenheit und nicht etwa als Selbstverwaltungsangelegenheit. Dabei steht dem BMWA ein fachliches Weisungsrecht zu. Wegen des engen Zusammenhangs zwischen Arbeitsvermittlung und AÜ erscheint die Übertragung der Verwaltungsaufgaben nach dem AÜG auf die BA sachgerecht[3]. Aus dieser Aufgabenübertragung folgt die einheitliche Zuständigkeit der Sozialgerichtsbarkeit für Entscheidungen über öffentlich-rechtliche Streitigkeiten aus dem AÜG.

2   Da das AÜG keine eigenen Organisationsvorschriften enthält, bestimmen sich die Verwaltungsaufgaben nach der Satzung der BA. Danach legt deren Verwaltungsrat fest, von welchen Organen oder Dienststellen die Aufgaben nach dem AÜG wahrgenommen werden. So obliegt die Durchführung des AÜG den Regionaldirektionen, vormals Landesarbeitsämtern, sog. Stützpunkt-Arbeitsämtern und in einem beschränkten Umfang allen AA[4].

3   Die BA unterliegt nach § 401 SGB III grundsätzlich der Rechtsaufsicht durch das BMWA. Seine Kompetenzen werden durch § 17 dahin erweitert, dass er sowohl allgemeine fachliche Weisungen als auch Weisungen im Einzelfall erteilen kann[5]. Soweit die Erlaubnisbehörde ihre Entscheidungen nach pflichtgemäßem Ermessen zu treffen hat, kann das BMWA allerdings nur Richtlinien aufstellen, die Raum für Einzelfallentscheidungen lassen[6]. So wurde unter anderem auf Weisung des BMWA die Durchführungsanweisung der BA zum AÜG erlassen[7].

4   Nach § 17 Satz 2 werden der BA die bei der Durchführung des AÜG entstehenden Verwaltungskosten nicht erstattet. Sie werden teilweise durch die Gebühren und Auslagen nach § 2a und durch die Geldbußen gedeckt, die ihr nach § 16 Abs. 5 zufließen.

18 Zusammenarbeit mit anderen Behörden
(1) Zur Verfolgung und Ahndung der Ordnungswidrigkeiten nach § 16 arbeiten die Bundesagentur für Arbeit und die Behörden der Zollverwaltung insbesondere mit folgenden Behörden zusammen:

1. den Trägern der Krankenversicherung als Einzugsstellen für die Sozialversicherungsbeiträge,

2. den in § 63 des Ausländergesetzes genannten Behörden,

3. den Finanzbehörden,

---

1 BGH v. 13.1.1983 – 4 StR 578/82, AP Nr. 6 zu § 1 AÜG = NJW 1983, 1334; BayObLG v. 8.2.1990 – 3 ObOWi 5/90, EzAÜG Nr. 21 zu § 1 AÜG – Erlaubnispflicht. |2 *Sandmann/Marschall*, § 16 AÜG Anm. 46. |3 BT-Drs. VI/2303, S. 16. |4 *Sandmann/Marschall*, § 17 AÜG Anm. 3, 3a. |5 *Sandmann/Marschall*, § 17 AÜG Anm. 1; *Becker/Wulfgramm*, § 17 AÜG Rz. 2. |6 BSG v. 12.12.1990 – 11 RAr 49/90, EzAÜG Nr. 14 zu § 3 AÜG – Versagungsgründe = NZA 1992, 335. |7 *Ulber*, Anhang 3.

4. den nach Landesrecht für die Verfolgung und Ahndung von Ordnungswidrigkeiten nach dem Gesetz zur Bekämpfung der Schwarzarbeit zuständigen Behörden,

5. den Trägern der Unfallversicherung,

6. den für den Arbeitsschutz zuständigen Landesbehörden,

7. den Rentenversicherungsträgern,

8. den Trägern der Sozialhilfe.

(2) Ergeben sich für die Bundesagentur für Arbeit oder die Behörden der Zollverwaltung bei der Durchführung dieses Gesetzes im Einzelfall konkrete Anhaltspunkte für

1. Verstöße gegen das Gesetz zur Bekämpfung der Schwarzarbeit,

2. eine Beschäftigung oder Tätigkeit von Ausländern ohne erforderliche Genehmigung nach § 284 Abs. 1 Satz 1 des Dritten Buches Sozialgesetzbuch,

3. Verstöße gegen die Mitwirkungspflicht nach § 60 Abs. 1 Satz 1 Nr. 2 des Ersten Buches Sozialgesetzbuch gegenüber einer Dienststelle der Bundesanstalt für Arbeit, einem Träger der gesetzlichen Kranken-, Pflege-, Unfall- oder Rentenversicherung oder einem Träger der Sozialhilfe oder gegen die Meldepflicht nach § 8a des Asylbewerberleistungsgesetzes,

4. Verstöße gegen die Vorschriften des Vierten und Siebten Buches Sozialgesetzbuch über die Verpflichtung zur Zahlung von Sozialversicherungsbeiträgen, soweit sie im Zusammenhang mit den in den Nummern 1 bis 3 genannten Verstößen sowie mit Arbeitnehmerüberlassung entgegen § 1 stehen,

5. Verstöße gegen die Steuergesetze,

6. Verstöße gegen das Ausländergesetz,

unterrichten sie die für die Verfolgung und Ahndung zuständigen Behörden, die Träger der Sozialhilfe sowie die Behörden nach § 63 des Ausländergesetzes.

(3) In Strafsachen, die Straftaten nach den §§ 15 und 15a zum Gegenstand haben, sind der Bundesagentur für Arbeit und den Behörden der Zollverwaltung zur Verfolgung von Ordnungswidrigkeiten

1. bei Einleitung des Strafverfahrens die Personendaten des Beschuldigten, der Straftatbestand, die Tatzeit und der Tatort,

2. im Falle der Erhebung der öffentlichen Klage die das Verfahren abschließende Entscheidung mit Begründung

zu übermitteln. Ist mit der in Nummer 2 genannten Entscheidung ein Rechtsmittel verworfen worden oder wird darin auf die angefochtene Entscheidung Bezug genommen, so ist auch die angefochtene Entscheidung zu übermitteln. Die Übermittlung veranlasst die Strafvollstreckungs- oder die Strafverfolgungsbehörde. Eine Verwendung

1. der Daten der Arbeitnehmer für Maßnahmen zu ihren Gunsten,

2. der Daten des Arbeitgebers zur Besetzung seiner offenen Arbeitsplätze, die im Zusammenhang mit dem Strafverfahren bekannt geworden sind,

3. der in den Nummern 1 und 2 genannten Daten für Entscheidungen über die Einstellung oder Rückforderung von Leistungen der Bundesagentur für Arbeit

ist zulässig.

(4) Gerichte, Strafverfolgungs- oder Strafvollstreckungsbehörden sollen den Behörden der Zollverwaltung Erkenntnisse aus sonstigen Verfahren, die aus ihrer Sicht zur Verfolgung von Ordnungswidrigkeiten nach § 16 Abs. 1 Nr. 1 bis 2 erforderlich sind, übermitteln, soweit nicht für die übermittelnde Stelle erkennbar ist, dass schutzwürdige Interessen der Betroffenen oder anderer Verfahrensbeteiligter an dem Ausschluss der Übermittlung überwiegen. Dabei ist zu berücksichtigen, wie gesichert die zu übermittelnden Erkenntnisse sind.

Mit dieser Vorschrift verfolgt der Gesetzgeber das Ziel, eine wirksame Bekämpfung der illegalen Formen der Beschäftigung zu ermöglichen. Denn sie verstößt in ihren vielfältigen Erscheinungsformen gegen eine Vielzahl von Gesetzen. Entsprechend groß ist die Zahl der zu ihrer Bekämpfung zuständigen Behörden. Eine effektive Verfolgung und Ahndung dieser Gesetzesverstöße lässt sich nur erreichen, wenn die Zusammenarbeit der zuständigen Behörden verstärkt und koordiniert wird[1]. Dem gleichen Zweck dient der gesetzlich vorgeschriebene Informationsaustausch aller an der Bekämpfung illegaler Beschäftigung beteiligten Behörden[2].

Die Verpflichtung zur Zusammenarbeit nach § 18 Abs. 1 beschränkt sich nicht auf die Fälle einer illegalen AÜ im engeren Sinn, sondern erstreckt sich auf alle Tatbestände, die nach § 16 Abs. 1 eine Ordnungswidrigkeit darstellen. Denn häufig stehen die in § 16 Abs. 1 Nr. 3 bis 9 aufgeführten Tatbestände

---

[1] BT-Drs. IX/847, S. 8.   [2] BT-Drs. IX/847, S. 10.

in einem unmittelbaren Zusammenhang mit der illegalen Überlassung von LeihArbN[1]. Dagegen erfasst § 18 Abs. 1 seinem Wortlaut nach nicht die Verfolgung von Straftatbeständen nach den §§ 15, 15a. Deren Verfolgung obliegt in erster Linie den Staatsanwaltschaften und deren Ahndung den Gerichten. Allerdings handelt es sich bei den Straftatbeständen in den §§ 15, 15a lediglich um Qualifikationen der Ordnungswidrigkeitentatbestände des § 16 Abs. 1 Nr. 1 und 2. Aufgrund dessen erstreckt sich die Verpflichtung zur Zusammenarbeit nach § 18 Abs. 1 auch auf die Straftatbestände des Gesetzes[2].

3 Die Behörden, die nach § 18 Abs. 1 zu einer Zusammenarbeit mit der BA und den Behörden der Zollverwaltung verpflichtet sind, werden im Gesetz nicht abschließend aufgezählt. Nach § 18 Abs. 1 Nr. 1 gehören dazu in jedem Fall die **Träger der Krankenversicherung** als Einzugsstellen für die Gesamt-SozV-Beiträge. Diese sind im Einzelnen im 6. Kapitel des SGB V aufgezählt.

4 Es handelt sich um die Ortskrankenkassen (§§ 143 f. SGB V), Betriebskrankenkassen (§§ 147 f. SGB V), Innungskrankenkassen (§§ 157 f. SGB V), Seekrankenkassen (§ 165 SGB V), landwirtschaftliche Krankenkassen (§ 166 SGB V), die Bundesknappschaft (§ 167 SGB V) und die Ersatzkassen (§§ 168 f. SGB V).

5 Die Verpflichtung zur Zusammenarbeit ist nach § 18 Abs. 1 Nr. 2 auch den nach § 63 AuslG zuständigen **Ausländerbehörden** vorgeschrieben.

6 Zu den **Finanzbehörden** gemäß § 18 Abs. 1 Nr. 3 gehören neben den eigentlichen steuereinziehenden Behörden wie den FA, den Oberfinanzdirektionen und dem Bundesamt für Finanzen auch die Länderministerien für Finanzen und das Bundesfinanzministerium.

7 Die Pflicht zur Zusammenarbeit obliegt nach § 18 Abs. 1 Nr. 4 auch den Behörden, die nach Landesrecht für die Verfolgung und Ahndung von Ordnungswidrigkeiten nach dem Gesetz zur **Bekämpfung der Schwarzarbeit** zuständig sind. Diese Zuständigkeiten sind in den einzelnen Bundesländern unterschiedlich geregelt[3].

8 Zu den **Trägern der Unfallversicherung** nach § 18 Abs. 1 Nr. 5 gehören neben den Berufsgenossenschaften, die im Einzelnen in den Anlagen 1 und 2 zu § 114 SGB VII aufgeführt sind, der Bund, die Länder, die Gemeinden und die Gemeindeunfallversicherungsverbände.

9 Die Pflicht zur Zusammenarbeit erfasst nach § 18 Abs. 1 Nr. 6 auch die für den **Arbeitsschutz** zuständigen Landesbehörden. Dabei handelt es sich regelmäßig um die staatlichen Gewerbeaufsichtsämter. Daneben haben die Länder für einzelne Bereiche des Arbeitsschutzes die Zuständigkeit von Sonderbehörden begründet. Das gilt insb. für die Bergämter, die für den Arbeitsschutz im Rahmen der Bergaufsicht zuständig sind.

10 Das gilt auch für die **Träger der RV**, denen nach § 18 Abs. 1 Nr. 8 eine Pflicht zur Zusammenarbeit mit der BA auferlegt wird. Denn sie prüfen die ordnungsgemäße Entrichtung der SozV-Beiträge bei den ArbGeb. Für die sachgerechte Durchführung dieser Prüfung kann es bedeutsam sein, in welchen Fällen von der BA eine AÜ angenommen wird. Andererseits ergeben sich bei den Prüfungen der RV-Träger häufig Anhaltspunkte für illegale AÜ[4].

11 Schließlich trifft die Pflicht zur Zusammenarbeit nach § 18 Abs. 1 Nr. 9 auch die **Träger der Sozialhilfe**. Durch deren Zusammenarbeit mit der BA kann den verschiedenen Formen des Leistungsmissbrauchs besser entgegengewirkt werden[5].

12 Da das Gesetz keine abschließende Regelung enthält, kommt eine Zusammenarbeit der BA und der Zollbehörden mit weiteren Behörden und Stellen in Betracht, um eine effektive Bekämpfung der illegalen AÜ zu gewährleisten. Dabei kann es sich um die Polizeidienststellen der Länder, das Bundeskriminalamt und den Bundesgrenzschutz, die Bundesbaudirektion, die Industrie- und Handelskammern sowie die Handwerkskammern, die Staatsanwaltschaften sowie die Amts- und ArbG handeln[6].

13 Das Gesetz schreibt eine **Rechtspflicht zur Zusammenarbeit** vor. Sobald konkrete Anhaltspunkte für eine Ordnungswidrigkeit vorliegen, müssen daher die BA, die Behörden der Zollverwaltung sowie die in § 18 Abs. 1 aufgeführten Behörden dieser Pflicht nachkommen. Sie geht damit über die allgemeine Pflicht zur Amtshilfe nach Art. 35 Abs. 1 GG weit hinaus. Die konkrete Zusammenarbeit kann in Form gemeinsamer Schulungsmaßnahmen, der Einrichtung von Gesprächskreisen und Arbeitsgruppen oder durch gemeinsame Verkehrs- und Grenzkontrollen sowie Durchsuchungen erfolgen[7]. Die Mitarbeiter verschiedener Behörden können ArbN auf Baustellen gemeinsam überprüfen und sich gegenseitig Einrichtungen und Geräte bei der Bekämpfung illegaler AÜ zur Verfügung stellen[8].

14 Eine im Gesetz ausdrücklich geregelte Form der Zusammenarbeit stellt die **Unterrichtungspflicht** nach § 18 Abs. 2 dar. Dabei handelt es sich um eine einseitige Rechtspflicht der BA und der Behörden der Zollverwaltung gegenüber den im Gesetz abschließend aufgezählten Adressaten. Die Unterrichtungspflicht entsteht, wenn die BA oder die Behörden der Zollverwaltung bei der Durchführung des

---

[1] *Schüren*, § 18 AÜG Rz. 11. |[2] *Sandmann/Marschall*, § 18 AÜG Anm. 7. |[3] Im Einzelnen *Sandmann/Marschall*, § 18 AÜG Anm. 15. |[4] *Sandmann/Marschall*, § 18 AÜG Anm. 17b. |[5] BT-Drs. XIII/8994, S. 2. |[6] *Schüren*, § 18 AÜG Rz. 38 ff. |[7] *Schüren*, § 18 AÜG Rz. 47. |[8] *Sandmann/Marschall*, § 18 AÜG Anm. 25.

AÜG Erkenntnisse erlangten, die auf einen Verstoß der in § 18 Abs. 2 Nr. 1 bis 6 genannten Art hindeuten. Die Form der Unterrichtung steht im Ermessen der BA bzw. der Zollbehörden. Gewinnen sie ihre Erkenntnisse allerdings nicht im Rahmen der Durchführung des AÜG, sondern etwa im Rahmen der Arbeitsvermittlung, der Berufsberatung oder bei der Bearbeitung von Anträgen auf Alg, begründen diese Erkenntnisse keine Pflicht zur Unterrichtung[1].

Die Unterrichtungspflicht nach § 18 Abs. 2 findet ihre Grenzen in der Geheimhaltungspflicht nach § 8 Abs. 4 sowie der Pflicht zur Wahrung des Sozialgeheimnisses nach § 35 SGB I und des Steuergeheimnisses nach § 30 AO.

Nach § 18 Abs. 2 Nr. 1 entsteht eine Unterrichtungspflicht der BA bzw. der Behörden der Zollverwaltung, wenn sie bei ihrer Tätigkeit konkrete Anhaltspunkte für einen Verstoß gegen das Gesetz zur Bekämpfung der Schwarzarbeit erlangen.

Das gilt nach § 18 Abs. 2 Nr. 2 auch, wenn sie Erkenntnisse über eine Beschäftigung oder Tätigkeit von Ausländern ohne die erforderliche Arbeitserlaubnis gewinnen. Dabei wird von dem Begriff der Beschäftigung sowohl diejenige des LeihArbN durch den Verleiher als ArbGeb als auch diejenige durch den Entleiher erfasst[2].

Die Unterrichtungspflicht der BA und der Zollbehörden entsteht nach § 18 Abs. 2 Nr. 3 bei Anhaltspunkten für einen Verstoß gegen die Mitwirkungspflicht nach § 60 Abs. 1 Satz 1 Nr. 2 SGB I oder für einen Verstoß gegen die Meldepflicht nach § 8a des Asylbewerberleistungsgesetzes. Dagegen erstreckt sich die Unterrichtungspflicht nicht auf Fälle, in denen ein Arbeitsloser von vornherein falsche oder unvollständige Angaben über seine Einkünfte oder sein Vermögen gemacht hat[3].

Durch § 18 Abs. 2 Nr. 4 wird die Unterrichtungspflicht auch insoweit ausgelöst, als sich bei Verstößen nach § 18 Abs. 2 Nr. 1 bis 3 Anhaltspunkte für Verstöße gegen die Vorschriften des SGB IV und SGB VII über die Verpflichtung zur Zahlung von SozVBeiträgen ergeben. Dabei geht es in erster Linie um die Abführung der GesamtSozV-Beiträge und die Beiträge zur Unfallversicherung durch den jeweiligen ArbGeb.

Anhaltspunkte für einen Verstoß gegen die Steuergesetze führen nach § 18 Abs. 2 Nr. 5 zu einer Unterrichtungspflicht. Das betrifft alle bundes- und landesrechtlichen Regelungen über Steuern und Abgaben.

Schließlich erfasst die Unterrichtungspflicht nach § 18 Abs. 2 Nr. 6 auch Verstöße gegen das Ausländergesetz. Diese müssen nicht einmal mit illegaler Beschäftigung von LeihArbN zusammenhängen.

Im Zusammenhang mit Straftaten und Ordnungswidrigkeiten nach den §§ 15, 15a und 16 Abs. 1 begründet das Gesetz **Übermittlungspflichten** von Behörden und Gerichten gegenüber der BA und den Behörden der Zollverwaltung. So haben die Strafvollstreckungs- und Strafverfolgungsbehörden diesen bei Straftaten nach den §§ 15, 15a gemäß § 18 Abs. 3 Daten und Unterlagen zu übermitteln. Deren Zweck muss die Unterrichtung zur Verfolgung von Ordnungswidrigkeiten nach dem AÜG sein.

Die Übermittlungspflicht erstreckt sich bei der Einleitung eines Strafverfahrens auf die persönlichen Daten des Beschuldigten, den Straftatbestand, die Tatzeit und den Tatort. Bei der Erhebung einer öffentlichen Klage erstreckt sich die Übermittlungspflicht zusätzlich auf die verfahrensabschließende Entscheidung und deren Begründung. Bei der Verwerfung eines Rechtsmittels oder im Fall der Bezugnahme auf eine angefochtene Entscheidung ist auch diese zu übermitteln.

Durch § 18 Abs. 3 Satz 4 lässt das Gesetz die Verwendung von Daten auch außerhalb eines Bußgeldverfahrens zu und schränkt auf diese Weise den allgemeinen Datenschutz ein. Das betrifft zum einen die Verwendung übermittelter Daten von ArbN zu ihren Gunsten, die Daten des ArbGeb zur Besetzung seiner offenen Arbeitsplätze und diejenigen Daten, die bei der Einstellung oder Rückforderung von Leistungen der BA verwendet werden.

Neben den Strafverfolgungs- und Strafvollstreckungsbehörden werden durch § 18 Abs. 4 auch die Gerichte ermächtigt, den Behörden der Zollverwaltung Daten zu übermitteln, die für eine Verfolgung von Ordnungswidrigkeiten von Bedeutung sind. Nach dem Verhältnismäßigkeitsgrundsatz hat indessen eine Übermittlung von Erkenntnissen zu unterbleiben, wenn überwiegende schutzwürdige Interessen des Betroffenen oder anderer Verfahrensbeteiligter dem entgegenstehen.

19 *Übergangsvorschrift*

§ 1 Abs. 2, § 1b Satz 2, die §§ 3, 9, 10, 12, 13 und 16 in der vor dem 1. Januar 2003 geltenden Fassung sind auf Leiharbeitsverhältnisse, die vor dem 1. Januar 2004 begründet worden sind, bis zum 31. Dezember 2003 weiterhin anzuwenden. Dies gilt nicht für Leiharbeitsverhältnisse im Geltungsbereich eines nach dem 15. November 2002 in Kraft tretenden Tarifvertrages, der die wesentlichen Arbeitsbedingungen einschließlich des Arbeitsentgelts im Sinne des § 3 Abs. 1 Nr. 3 und des § 9 Nr. 2 regelt.

---

1 *Schüren*, § 18 AÜG Rz. 51. | 2 *Becker/Wulfgramm*, § 18 AÜG Rz. 21. | 3 *Schüren*, § 18 AÜG Rz. 72.

AÜG § 18 Rz. 1   Zusammenarbeit mit anderen Behörden

1   Die Vorschrift regelte das Übergangsrecht für die Zeit vom 1.1.2003 bis zum 31.12.2003 und hat seit dem 1.1.2004 keine Bedeutung mehr. Lediglich die neuen oder geänderten Bestimmungen für ausländische ArbGeb über die Abordnung zu Arbeitsgemeinschaften gemäß § 1 Abs. 1 Satz 3, für ausländische Baubetriebe gemäß § 1b Satz 3 und für die Pflichten des Verleihers zum Nachweis der wesentlichen Vertragsbedingungen einschließlich der Aushändigung des Merkblatts in der Muttersprache des LeihArbN gemäß § 11 Abs. 1 und Abs. 2 sind bereits unmittelbar am 1.1.2003 in Kraft getreten.

2   Für die neuen oder geänderten Regelungen in § 1 Abs. 2, § 1b Satz 2, § 3, § 9, § 10, § 12, § 13 und § 16 sah die Übergangsvorschrift des § 19 Satz 1 grundsätzlich vor, dass sie erst nach Ablauf eines Jahres ab dem 1.1.2004 Wirkung entfalten. Gleichzeitig sah das Gesetz für diesen Übergangszeitraum eine Tariföffnungsklausel vor. Danach sollten auch die in § 19 Satz 1 im Einzelnen aufgeführten Gesetzesänderungen bereits vor dem 1.1.2004 auf die Leiharbeitsverhältnisse angewendet werden, die in den Geltungsbereich eines TV fallen, der nach dem 15.11.2002 (Beschluss des Bundestages zur Neufassung des AÜG) in Kraft getreten ist, und der die wesentlichen Arbeitsbedingungen einschließlich des Arbeitsentgelts iSd. § 3 Abs. 1 Nr. 3 und des § 9 Nr. 2 regelt.

3   Durch diese Übergangsfrist sollte den Parteien des Leiharbeitsverhältnisses Gelegenheit gegeben werden, sich auf die neue Rechtslage einzustellen. Gleichzeitig sollten die TV-Parteien einen hinreichend großen zeitlichen Spielraum erhalten, auf der Grundlage der geänderten Vorschriften des AÜ-Rechts neue oder erstmalige tarifliche Regelungen auszuhandeln[1].

4   Mit dem In-Kraft-Treten eines entsprechenden TV sollten auch die neuen gesetzlichen Regelungen auf das Leiharbeitsverhältnis anwendbar sein[2]. Bereits am 24.2.2003 haben die Tarifgemeinschaft Christliche Gewerkschaften Zeitarbeit und PSA[3] und die Interessengemeinschaft Nordbayerischer Zeitarbeitunternehmen eV einen MantelTV, einen EntgeltrahmenTV und EntgeltTV vereinbart, die am 1.3.2003 in Kraft getreten sind. Zum Abschluss weiterer Branchen- und FirmenTV kam es im Verlauf des Jahres 2003. Ob deswegen tatsächlich bereits vor dem 1.1.2004 die neuen Regelungen des AÜ-Rechts anwendbar waren, erscheint zumindest zweifelhaft[4].

---

[1] BT-Drs. 15/25, S. 39.   [2] BT-Drs. 15/91, S. 17.   [3] Zu den Zweifeln an deren Tariffähigkeit s. § 3 Rz. 38.
[4] Im Einzelnen: *Ankersen*, NZA 2003, 421; *Böhm*, NZA 2003, 828; *Schüren/Behrend*, DB 2003, 521.

Berufsbildungsgesetz

vom 14. August 1969 (BGBl. I S. 1112),
zuletzt geändert durch Gesetz vom 24.12.2003 (BGBl. I S. 2954)

– Auszug –

Lit.: *Gedon/Spiertz*, Berufsbildungsrecht, Stand Juli 2003; *Götz*, Berufsbildungsrecht, 1992; *Hurlebaus* (Hrsg.), Entscheidungssammlung zum Berufsbildungsrecht (EzB), Stand September 2003; *Herkert*, Berufsbildungsgesetz, Stand Juni 1998; *Knigge*, AR-Blattei SD 400.1 „Übersicht über das Recht der Berufsausbildung"; *Knigge*, AR-Blattei SD 400.2 „Arbeitsrechtliche Vorschriften des Berufsbildungsgesetzes"; *Knigge*, AR-Blattei SD 400.3 „Die Zulässigkeitsvoraussetzungen für die Berufsausbildung"; *Knigge*, AR-Blattei SD 400.4 „Das Prüfungswesen nach dem Berufsbildungsgesetz und der Handwerksordnung"; *Knopp/Kraegeloh*, Berufsbildungsgesetz, 4. Aufl. 1998; *Leinemann/Taubert*, Berufsbildungsgesetz, 2002; *Natzel*, Berufsbildungsrecht, 3. Aufl. 1982; *Weber*, Berufsbildungsgesetz und Berufsbildungsförderungsgesetz, 13. Aufl. 1999; *Wohlgemuth*, Berufsbildungsgesetz, 2. Aufl. 1995.

Erster Teil. Allgemeine Vorschriften

1 *Berufsbildung*
(1) Berufsbildung im Sinne dieses Gesetzes sind die Berufsausbildungsvorbereitung, die Berufsausbildung, die berufliche Fortbildung und die berufliche Umschulung.

(1a) Die Berufsausbildungsvorbereitung dient dem Ziel, an eine Berufsausbildung in einem anerkannten Ausbildungsberuf oder eine gleichwertige Berufsausbildung heranzuführen.

(2) Die Berufsausbildung hat eine breit angelegte berufliche Grundbildung und die für die Ausübung einer qualifizierten beruflichen Tätigkeit notwendigen fachlichen Fertigkeiten und Kenntnisse in einem geordneten Ausbildungsgang zu vermitteln. Sie hat ferner den Erwerb der erforderlichen Berufserfahrungen zu ermöglichen.

(3) Die berufliche Fortbildung soll es ermöglichen, die beruflichen Kenntnisse und Fertigkeiten zu erhalten, zu erweitern, der technischen Entwicklung anzupassen oder beruflich aufzusteigen.

(4) Die berufliche Umschulung soll zu einer anderen beruflichen Tätigkeit befähigen.

(5) Berufsbildung wird durchgeführt in Betrieben der Wirtschaft, in vergleichbaren Einrichtungen außerhalb der Wirtschaft, insbesondere des öffentlichen Dienstes, der Angehörigen freier Berufe und in Haushalten (betriebliche Berufsbildung) sowie in berufsbildenden Schulen und sonstigen Berufsbildungseinrichtungen außerhalb der schulischen und betrieblichen Berufsbildung.

I. Berufsbildung und Berufsausbildung (Abs. 1, 2). Nach Abs. 1 ist **Berufsbildung** der Oberbegriff für die Berufsausbildungsvorbereitung, die Berufsausbildung, die berufliche Fortbildung und die berufliche Umschulung. Zu den **Maßnahmen der betrieblichen Berufsbildung** gehören insb. solche, die den ArbN die für die Ausfüllung ihres Arbeitsplatzes und ihrer beruflichen Tätigkeit notwendigen Kenntnisse und Fähigkeiten verschaffen wollen, zB **Seminare**[1] oder **überbetriebliche Ausbildungsstätten**, welche eine berufspraktische Ausbildung vermitteln sollen[2]. Der in § 98 BetrVG sowie in § 5 Abs. 1 Satz 1 ArbGG[3] verwandte Berufsbildungsbegriff ist weiter gefasst als der des Abs. 1[4]. Eine Defintion des Berufs enthält das BBiG nicht, orientiert sich vielmehr an **Art. 12 GG**[5]. 1

Durch Art. 9 des Zweiten Gesetzes für moderne Dienstleistungen am Arbeitsplatz vom 23.12.2002 (BGBl. I S. 4621) wurde die **Berufsausbildungsvorbereitung** in das BBiG aufgenommen. Sie richtet sich an lernbeeinträchtigte oder sozial benachteiligte Personen, deren Entwicklungsstand eine erfolgreiche Ausbildung noch nicht erwarten lässt. Die Berufsausbildungsvorbereitung stellt selbst keine Berufsausbildung iSd. § 1 Abs. 2 BBiG dar, sondern dient lediglich der Vorbereitung auf eine Berufsausbildung. Die Einzelheiten des Verfahrens sind in den §§ 50 ff. BBiG geregelt. 2

Abs. 2 legt Inhalt und Ziele der **Berufsausbildung** fest. Bei der Berufsausbildung handelt es sich grundsätzlich um eine **Erstausbildung** nach Beendigung der Vollzeitschulpflicht. Wird im Anschluss an eine erste, abgeschlossene Berufsausbildung eine **Zweitausbildung** begonnen, liegt keine Umschu- 3

---

1 BAG v. 23.4.1991 – 1 ABR 49/90, AP Nr. 7 zu § 98 BetrVG 1972. | 2 BAG v. 26.1.1994 – 7 ABR 13/92, AP Nr. 154 zu § 5 BetrVG 1972. | 3 BAG v. 21.5.1997 – 5 AZB 30/96, AP Nr. 32 zu § 5 ArbGG 1979. | 4 ErfK/*Schlachter*, § 1 BBiG Rz. 2 mwN. | 5 *Herkert*, § 1 BBiG Rz. 1 a; *Leinemann/Taubert*, § 1 BBiG Rz. 9; grundl. zum Begriff des Berufs BVerfG v. 11.6.1958 – 1 BvR 596/56, AP Nr. 13 zu § 12 GG.

lung, sondern eine erneute Berufsausbildung vor, wenn zwischen den beiden Ausbildungen keine erhebliche berufliche Betätigung in dem zuerst erlernten Beruf aufgenommen wurde[1].

4 Die Berufsausbildung muss in einem **geordneten Ausbildungsgang** (§ 25) erfolgen (**Abs. 2 Satz 1**). Sie besteht nach der Definition in Abs. 2 aus drei Teilen: einer beruflichen Grundausbildung, der beruflichen Fachbildung sowie dem Erwerb der erforderlichen Berufserfahrung (**Abs. 2 Satz 2**). Die erste Phase der Berufsausbildung kann in einzelnen Fällen in einem **Berufsgrundbildungsjahr** abgeleistet werden[2]. Die Berufsausbildung soll klar gegliedert und sachlich und zeitlich in einen konkreten Rahmen gestellt werden, um auf diese Weise ihre Qualität zu steigern (BT-Drs. V/4260 zu § 1 BBiG).

5 **II. Berufliche Fortbildung und Umschulung (Abs. 3, 4). Berufliche Fortbildung** (§ 46) setzt begrifflich eine abgeschlossene Berufsausbildung, eine langjährige berufliche Tätigkeit oder beides voraus. Sie soll vorhandene berufliche Kenntnisse und Fertigkeiten erweitern bzw. den neueren Entwicklungen anpassen[3]. Bei der beruflichen Fortbildung handelt es sich nicht um eine erneute Berufsausbildung i.S.v. § 1 Abs. 1, da eine eingeschlagene Fachrichtung beibehalten werden soll[4].

6 Die **berufliche Umschulung** (§ 47) soll zu einer anderen beruflichen Tätigkeit befähigen[5]. Im Rahmen einer beruflichen Neuorientierung soll ein Beruf mit einem anderen Inhalt erlernt werden[6]. Das setzt voraus, dass der Umschüler zuvor bereits beruflich tätig gewesen sein muss[7]. Eine vorherige Ausbildung ist nicht notwendig, der Umschüler kann vielmehr als Ungelernter tätig gewesen sein[8]. Ein gesetzlicher Anspruch auf **Erstattung** der durch den Besuch der Berufsschule **entstandenen Fahrtkosten** besteht nicht[9]. Problematisch ist die **Kündigung** von Umschulungsverhältnissen[10].

7 **III. Durchführung der Berufsbildung (Abs. 5).** Abs. 5 nennt die möglichen **Berufsbildungsstätten**. Sie findet insb. in Betrieben der Wirtschaft statt[11] sowie in den vergleichbaren Einrichtungen außerhalb der Wirtschaft, zB in inner- oder überbetrieblichen Stätten zur Vermittlung einer berufspraktischen Ausbildung, etwa in **Lehrwerkstätten oder Ausbildungszentren**[12]. Die Aufzählung ist nicht abschließend. Zum Teil kann das erste Jahr der Ausbildung als **Berufsgrundbildungsjahr** absolviert werden[13].

8 Schulische Berufsbildung findet ferner statt in **berufsbildenden Schulen**, wobei der Begriff „schulisch" eine bestimmte Organisationsform der Ausbildungsstätte und nicht eine bestimmte Lehrmethode voraussetzt[14]. Soweit diese den Schulgesetzen der Länder unterstehen, gilt das BBiG nicht (hierzu § 2 Rz. 1).

9 **Sonstige Berufsbildungseinrichtungen** sind zB Berufsbildungs- oder Berufsförderungswerke, reine Ausbildungsbetriebe oder Rehabilitationszentren[15].

2 *Geltungsbereich*

(1) Dieses Gesetz gilt für die Berufsbildung, soweit sie nicht in berufsbildenden Schulen durchgeführt wird, die den Schulgesetzen der Länder unterstehen.

(2) Dieses Gesetz gilt nicht für

1. die Berufsbildung in einem öffentlich-rechtlichen Dienstverhältnis,

2. die Berufsbildung auf Kauffahrteischiffen, die nach dem Flaggenrechtsgesetz vom 8. Februar 1951 (Bundesgesetzbl. I S. 79) die Bundesflagge führen, soweit es sich nicht um Schiffe der kleinen Hochseefischerei oder der Küstenfischerei handelt.

1 **I. Geltungsbereich des BBiG (Abs. 1).** Das BBiG findet Anwendung im Bereich der betrieblichen und außerschulischen Ausbildung. Die Berufsbildung in **berufsbildenden Schulen** wird vom Geltungsbereich des BBiG nicht erfasst. Sie unterfällt nicht der Gesetzgebungskompetenz des Bundesgesetzgebers, weil die schulische Ausbildung der Kultushoheit der Länder unterliegt. Dies gilt zB für **Berufs-**

---

1 BAG v. 3.6.1987 – 5 AZR 285/86, AP Nr. 85 zu § 1 TVG – Tarifverträge: Bau; ErfK/*Schlachter*, § 1 BBiG Rz. 3; *Gedon/Spiertz*, § 1 BBiG Rz. 11; *Wohlgemuth*, § 1 BBiG Rz. 3; aA *Knigge*, AR-Blattei SD 400.1 Rz. 90. |2 ErfK/*Schlachter*, § 1 BBiG Rz. 3; *Gedon/Spiertz*, § 1 BBiG Rz. 14. |3 ErfK/*Schlachter*, § 1 BBiG Rz. 4; *Gedon/Spiertz*, § 1 BBiG Rz. 18; *Wohlgemuth*, § 1 BBiG Rz. 6, § 46 Rz. 9. Beispiele aus der Rspr. finden sich etwa bei Kasseler Handbuch/*Taubert*, 5.1. Rz. 14. |4 Beispiele für berufliche Fortbildung finden sich bei Kasseler Handbuch/*Taubert*, 5.1. Rz. 14; *Leinemann/Taubert*, § 1 BBiG Rz. 25. |5 BT-Drs. V/4620 S. 4 zu § 1 BBiG; zur Abgrenzung Fortbildung – berufliche Umschulung BSG v. 19.3.1974 – 7 RAr 9/73, EzB Nr. 2 zu § 1 Abs. 3 BBiG. |6 Kasseler Handbuch/*Taubert*, 5.1. Rz. 15; *Leinemann/Taubert*, § 1 BBiG Rz. 51 mwN. |7 *Götz*, Berufsbildungsrecht, Rz. 11; *Herkert*, § 1 BBiG Rz. 14. |8 *Wohlgemuth*, § 1 BBiG Rz. 7 mwN. |9 ArbG Passau v. 17.10.1974 – 2 Ca 445/74, EzB Nr. 1 zu § 1 Abs. 4 BBiG. |10 Zum Streitstand ausf. *Leinemann/Taubert*, § 1 BBiG Rz. 67 ff. mwN. |11 Zum Begriff des Betriebs im Arbeitsrecht vgl. *Götz*, Berufsbildungsrecht, Rz. 13 mwN; ErfK/*Schlachter*, § 1 BBiG Rz. 5; *Leinemann/Taubert*, § 1 BBiG Rz. 74. |12 BAG v. 24.2.1999 – 5 AZB 10/98, AP Nr. 45 zu § 5 ArbGG 1979 = AR-Blattei ES 400 Nr. 97 unter II.4 c.bb.(1) der Gründe mwN. |13 Hierzu *Wohlgemuth*, § 1 BBiG Rz. 8 mwN. |14 BAG v. 24.2.1999 – 5 AZB 10/98, AP Nr. 45 zu § 5 ArbGG 1979; ErfK/*Schlachter*, § 1 BBiG Rz. 6. |15 BAG v. 15.11.2000 – 5 AZR 296/99, AP Nr. 9 zu § 10 BBiG; BAG v. 24.2.1999 – 5 AZB 10/98, AP Nr. 45 zu § 5 ArbGG 1979; *Gedon/Spiertz*, § 1 BBiG Rz. 44, *Leinemann/Taubert*, § 1 BBiG Rz. 93.

schulen und **Fachschulen**[1]. Gleichwohl kann sich die Abschlussprüfung (§ 35) auf den im Berufsschulunterricht vermittelten Lehrstoff beziehen[2].

II. Ausnahmen vom Geltungsbereich (Abs. 2). Das BBiG gilt nicht für die Berufsausbildung in einem **öffentlich-rechtlichen Dienstverhältnis (Nr. 2)**. Ein solches wird kraft Verwaltungsakt begründet wie zB das Beamten- oder Soldatendienstverhältnis. Keine Anwendung findet das BBiG darüber hinaus auf **privatrechtliche Berufsausbildungsverhältnisse**, die ausdrücklich mit dem ausschließlichen Ziel einer späteren Verwendung als Beamter begründet werden (§ 83)[3]. Gleiches gilt für den Abschluss eines privatrechtlichen Ausbildungsvertrages zum Zwecke der **Ablegung der Zweiten Staatsprüfung für das Lehramt an öffentlichen Schulen**[4]. Erfolgt die Ausbildung mit dem Ziel der späteren Verwendung als **Arbeiter oder Angestellter** im öffentlichen Dienst, findet das BBiG uneingeschränkt Anwendung[5].

Das BBiG gilt ferner nicht für die Berufsbildung auf **Kauffarteischiffen**[6], wohl aber auf Schiffen der kleinen Hochsee- oder Küstenfischerei, da die dort anzutreffenden Verhältnisse denen an Land eher vergleichbar sind als denen auf hoher See (BT-Drs V/4260 S. 5 zu § 2 BBiG)[7]. Es gilt das Seemannsrecht[8].

Zur Berufsbildung in **Heil- und Hilfsberufen** vgl. § 107 BBiG[9].

Zweiter Teil. Berufsausbildungsverhältnis

Erster Abschnitt. Begründung des Berufsausbildungsverhältnisses

3 *Vertrag*
(1) Wer einen anderen zur Berufsausbildung einstellt (Ausbildender), hat mit dem Auszubildenden einen Berufsausbildungsvertrag zu schließen.

(2) Auf den Berufsausbildungsvertrag sind, soweit sich aus seinem Wesen und Zweck und aus diesem Gesetz nichts anderes ergibt, die für den Arbeitsvertrag geltenden Rechtsvorschriften und Rechtsgrundsätze anzuwenden.

(3) Schließen Eltern mit ihrem Kind einen Berufsausbildungsvertrag, so sind sie von dem Verbot des § 181 des Bürgerlichen Gesetzbuches befreit.

(4) Ein Mangel in der Berechtigung, Auszubildende einzustellen oder auszubilden, berührt die Wirksamkeit des Berufsausbildungsvertrages nicht.

I. Berufsausbildungsvertrag (Abs. 1). 1. Rechtsnatur des Berufsausbildungsverhältnisses. Nach Abs. 1 wird das Berufsausbildungsverhältnis durch den Abschluss eines **privatrechtlichen Ausbildungsvertrages** begründet. Seine Rechtsnatur ist umstritten[10]. Richtiger Ansicht nach ist es ein durch Ausbildungsgesichtspunkte geprägtes Vertragsverhältnis mit Mischcharakter[11], welches nach Abs. 2 den für den Arbeitsvertrag geltenden Rechtsvorschriften und Rechtsgrundsätzen unterfällt[12].

Wird **im Rahmen des Strafvollzugs** zwischen dem Träger der Vollzugsanstalt und einem Strafgefangenen ein Ausbildungsvertrag geschlossen, handelt es sich nicht um ein privatrechtliches, sondern um ein öffentlich-rechtliches Rechtsverhältnis[13].

2. Vertragsparteien. Vertragsparteien sind der Auszubildende[14] auf der einen und der Ausbildende auf anderen Seite. Das BBiG verlangt für Auszubildende, anders als für Ausbildende (§ 20, vgl. dort Rz. 2) keine besondere Eignung. Der **minderjährige Auszubildende** (vgl. Rz. 7 f.), der in seiner Geschäftsfähigkeit beschränkt ist (§ 106 BGB), ist selbst Vertragspartner, nicht sein gesetzlicher Vertreter. Dieser ist auch nicht befugt, im eigenen Namen Ansprüche des Auszubildenden aus dem Ausbildungsverhältnis gerichtlich geltend zu machen[15]. Zu **Volontären, Praktikanten, Werkstudenten und Schülern**[16] vgl. § 19 Rz. 2 ff.

---

1 ErfK/*Schlachter*, § 2 BBiG Rz. 1; *Gedon/Spiertz*, § 2 BBiG Rz. 5 ff.; MünchArbR/*Natzel*, § 177 Rz. 198. Eine Zusammenstellung berufsbildender Schulen findet sich bei *Leinemann/Taubert*, § 1 BBiG Rz. 80 ff. |2 BVerwG v. 28.1.1974 – VII B 14/73, EzB Nr. 1 zu Art. 74 GG. |3 ErfK/*Schlachter*, § 2 BBiG Rz. 2; *Knigge*, AR-Blattei SD 400.1 Rz. 59; *Wohlgemuth*, § 2 BBiG Rz. 5. |4 BAG v. 23.8.1984 – 6 AZR 519/82, AP Nr. 1 zu § 9 BPersVG. |5 *Gedon/Spiertz*, § 2 BBiG Rz. 11; *Leinemann/Taubert*, § 2 BBiG Rz. 11; MünchArbR/*Natzel*, § 177 Rz. 200 mwN. |6 Zum Begriff *Leinemann/Taubert*, § 2 BBiG Rz. 12. |7 *Knopp/Kraegeloh*, § 2 BBiG Rz. 5. |8 ErfK/*Schlachter*, § 2 BBiG Rz. 2 mwN; *Wohlgemuth*, § 2 BBiG Rz. 7. |9 Vgl. die Nachw. bei ErfK/*Schlachter*, § 2 BBiG Rz. 3; *Knopp/Kraegeloh*, § 2 BBiG Rz. 7; *Wohlgemuth*, § 2 BBiG Rz. 8 f. |10 Zum Streitstand ErfK/*Schlachter*, § 3 BBiG Rz. 5; *Götz*, Berufsbildungsrecht, Rz. 30 ff. |11 BAG v. 13.12.1972 – 4 AZR 89/72, AP Nr. 26 zu § 611 BGB – Lehrverhältnis; *Knigge*, AR-Blattei SD 400.2 Rz. 5; *Leinemann/Taubert*, § 3 BBiG Rz. 5. |12 *Knopp/Kraegeloh*, § 3 BBiG Rz. 5. |13 BAG v. 18.11.1986 – 7 AZR 311/85, AP Nr. 5 zu § 2 ArbGG; BAG v. 3.10.1978 – 6 ABR 46/76, AP Nr. 18 zu § 5 BetrVG 1972; ErfK/*Schlachter*, § 1 BBiG Rz. 6; *Gedon/Spiertz*, § 3 BBiG Rz. 26. |14 Zum Begriff *Leinemann/Taubert*, § 3 BBiG Rz. 8. |15 LAG BW v. 9.4.1957 – IV Sa 103/56, AP Nr. 1 zu § 611 BGB – Lehrverhältnis. |16 *Wohlgemuth*, § 3 BBiG Rz. 2.

4 **Ausbildender** sind der Betriebsinhaber, die vertretungsberechtigten Gesellschafter von Personengesellschaften bzw. die juristische Person[1], nicht jedoch Prokuristen und Handlungsbevollmächtigte. Der Inhaber des Ausbildungsbetriebes muss den Ausbildungsvertrag nicht selbst abschließen, sondern kann die Ausbildungspflichten ganz oder teilweise auf Dritte übertragen[2]. Dritter kann auch eine überbetriebliche Ausbildungsstätte sein, sofern diese nicht den Schulgesetzen eines Landes unterliegt[3].

5 Ausbilden kann nur, wer **persönlich und fachlich** geeignet ist (§ 20 Rz. 1). Will er trotz mangelnder Eignung Auszubildende einstellen, muss er einen Ausbilder bestellen (§ 6 Abs. 1 Nr. 2)[4], der dann seinerseits persönlich und fachlich geeignet sein muss (§ 6 Rz. 5)[5]. Er ist vom Ausbildenden sorgfältig auszuwählen und dauernd zu beaufsichtigen[6].

6 **3. Abschluss des Ausbildungsvertrages.** Das Berufsausbildungsverhältnis wird nur durch Vertrag begründet, der mündlich, schriftlich oder durch schlüssiges Verhalten abgeschlossen werden kann. Eine **Formvorschrift** besteht nicht[7]. Wird ein Berufsausbildungsvertrag mündlich abgeschlossen, ist er spätestens vor Beginn der betrieblichen Berufsausbildung schriftlich niederzulegen (§ 4 Abs. 1). Die Wirksamkeit ist nicht von der Niederschrift des wesentlichen Inhalts des Vertrages gem. § 4 (hierzu § 4 Rz. 3 ff.) abhängig[8]. Hieran haben weder die Nachweisrichtlinie – RL 91/533/EWG – noch das NachweisG etwas geändert[9]. Der Ausbildungsvertrag verpflichtet den Ausbildenden zur Ausbildung, den Auszubildenden zum Erlernen des Ausbildungsberufes (§§ 6, 9)[10]. Für die **Aufhebung des Berufsausbildungsvertrages** gilt nunmehr § 623 BGB (vgl. § 3 Abs. 2)[11].

7 **4. Vertragsschluss mit Minderjährigen.** Wird ein Ausbildungsvertrag mit einem Minderjährigen abgeschlossen, muss der gesetzliche Vertreter in den Vertrag einwilligen (§ 107 BGB) oder diesen genehmigen (§ 108 BGB). § 113 BGB findet nach hM keine Anwendung, da bei Berufsausbildungsverhältnissen der Ausbildungszweck überwiegt[12].

8 Können sich die Eltern über die Ausbildung nicht einigen, kann das **Vormundschaftsgericht** angerufen werden[13]. Wurde für den Minderjährigen ein **Vormund** bestellt, bedarf dieser gem. § 1822 Nr. 6 BGB der Genehmigung des Vormundschaftsgerichts, sofern der Ausbildungsvertrag für längere Zeit als ein Jahr abgeschlossen wird[14].

9 **5. Vertragsabschluss mit Ausländern.** Ob ein ausländischer Auszubildender für den Abschluss des Ausbildungsvertrages bzw. dessen Kündigung **geschäftsfähig** ist, beurteilt sich nach deutschen Recht und nicht nach den Gesetzen des Staates, dem dieser angehört[15].

10 Soweit Ausländer eine **Arbeitserlaubnis nach § 284 SGB III** benötigen[16], kann ein Ausbildungsvertrag nur abgeschlossen werden, sofern diese im Besitz einer solchen Genehmigung sind[17]. Wird ein Ausbildungsvertrag ohne die erforderliche Arbeitserlaubnis geschlossen, ist dieser gleichwohl wirksam, kann jedoch gekündigt werden[18].

11 **6. Vertragsmängel.** Ausbildungsverträge können nach den allgemeinen Bestimmungen des BGB (§§ 116 ff.) **anfechtbar** oder **nichtig** sein[19]. Die Anfechtung durch einen **Minderjährigen** bedarf der Einwilligung bzw. Genehmigung des gesetzlichen Vertreters. Einen Sondertatbestand der Nichtigkeit enthält § 5 (hierzu näher § 5 Rz. 1 ff.). Wird ein Berufsausbildungsvertrag für Zeiten des Besuches einer allgemein bildenden Schule geschlossen, ist er nichtig[20].

12 **II. Anwendung arbeitsvertraglicher Regelungen (Abs. 2).** Auf das Berufsausbildungsverhältnis finden die für Arbeitsverhältnisse geltenden Rechtsvorschriften und die von Rspr. und Lehre erarbeiteten

---

1 ErfK/*Schlachter*, § 3 BBiG Rz. 3; *Knopp/Kraegeloh*, § 3 BBiG Rz. 1b; *Leinemann/Taubert*, § 3 BBiG Rz. 13 f.; *Natzel*, Berufsbildungsrecht, S. 141 f. |2 BAG v. 11.10.1995 – 5 AZR 258/94, AP Nr. 6 zu § 10 BBiG = AR-Blattei ES 400 Nr. 87. |3 *Wohlgemuth*, § 3 BBiG Rz. 3 mwN. |4 Der Begriff des Ausbilders ist im BBiG nicht ausdrücklich definiert. Vgl. hierzu *Eule*, Der Begriff des Ausbilders nach dem Berufsbildungsgesetz, BB 1991, 2366 ff. |5 *Natzel*, Berufsbildungsrecht, S. 142; *Wohlgemuth*, § 3 BBiG Rz. 4; *Sahrhage*, Die gesetzlichen Voraussetzungen zum Einstellen und Ausbilden von Auszubildenden, BB 1974, 513. |6 BAG v. 11.12.1964 – 1 AZR 39/64, AP Nr. 22 zu § 611 BGB – Lehrverhältnis. |7 BAG v. 21.8.1997 – 5 AZR 713/96, AP Nr. 1 zu § 4 BBiG; v. 22.2.1972 – 2 AZR 205/71, AP Nr. 1 zu § 15 BBiG; *Götz*, Berufsbildungsrecht, Rz. 34, 48; *Knigge*, AR-Blattei SD 400.2 Rz. 43; *Knopp/Kraegeloh*, § 3 BBiG Rz. 1c; *Wohlgemuth*, § 3 BBiG Rz. 7. |8 BAG v. 22.2.1972 – 2 AZR 205/71, AP Nr. 1 zu § 15 BBiG. |9 BAG v. 21.8.1997 – 5 AZR 713/96, AP Nr. 1 zu § 4 BBiG. |10 ErfK/*Schlachter*, § 3 BBiG Rz. 6; MünchArbR/*Natzel*, § 178 Rz. 82 ff., 144 ff. |11 ErfK/*Müller-Glöge*, § 623 BGB Rz. 4.; Palandt/*Putzo*, § 623 BGB Rz. 5; *Preis/Gotthardt*, NZA 2000, 348, 354. |12 *Knopp/Kraegeloh*, § 3 BBiG Rz. 2; Palandt/*Heinrichs*, § 113 BGB Rz. 2; Staudinger/*Hefermehl*, § 113 Rz. 2; *Wohlgemuth*, § 3 BBiG Rz. 8 jeweils mwN; zum Streitstand ErfK/*Schlachter*, § 3 BBiG Rz. 7 mwN. |13 *Natzel*, Berufsbildungsrecht, S. 145. |14 *Leinemann/Taubert*, § 3 BBiG Rz. 23; MünchArbR/*Natzel*, § 177 Rz. 175. |15 MünchArbR/*Natzel*, 178 Rz. 8; *Natzel*, Berufsbildungsrecht, S. 147. |16 Hierzu *Hergenröder*, AR-Blattei SD 180 „Arbeitspapiere" Rz. 13 f. |17 BSG v. 10.10.1978 – 7/12 RAr 39/77, EzB Nr. 8 zu § 3 Abs. 2 BBiG; BayObLG vom 29.7.1977 – 3 Ob OWi 123/77, BB 1977, 1402; *Gedon/Spiertz*, § 3 BBiG Rz. 17; *Leinemann/Taubert*, § 3 BBiG Rz. 9. |18 BAG v. 16.12.1976 – 3 AZR 716/75, AP Nr. 4 zu § 19 AFG; *Hergenröder*, AR-Blattei SD 180 „Arbeitspapiere", Rz. 14; MünchArbR/*Berkowsky*, § 136 Rz. 135; aA ErfK/*Schlachter*, § 3 BBiG Rz. 9. |19 *Götz*, Berufsbildungsrecht, Rz. 64 ff.; Kassler Handbuch/*Taubert*, 5.1. Rz. 53 ff.; MünchArbR/*Natzel*, § 178 Rz. 9 mwN; *Natzel*, Berufsbildungsrecht, S. 147 ff. |20 VG Aachen v. 30.11.1977 – 3 K 449/77, EzB Nr. 12 zu § 4 BBiG.

Rechtsgrundsätze Anwendung, soweit nicht Wesen und Zweck der Berufsausbildung bzw. das BBiG entgegenstehen[1]. Damit erhält der Auszubildende **arbeitsrechtlichen Schutz**.

III. Ausbildungsvertrag zwischen Eltern und Kindern (Abs. 3). Eltern können mit ihrem minderjährigen Kind einen Berufsausbildungsvertrag im eigenen Namen als Ausbildende und als gesetzlicher Vertreter ihres auszubildenden Kindes abschließen. Sie sind in diesem Falle von dem Verbot des Selbstkontrahierens befreit (§ 3 Abs. 3). Dies gilt auch, wenn nur **ein Elternteil** den Vertrag schließt[2]. Ein Berufsausbildungsvertrag zwischen Vater und Sohn stellt auch **steuerrechtlich** einen Arbeitsvertrag dar[3].

Für den **Vormund** oder den **Pfleger**, der einen Berufsausbildungsvertrag mit dem Mündel schließen will, gilt § 181 BGB. In diesem Fall muss ein weiterer Vormund oder Pfleger bestellt werden[4].

IV. Fehlende Berechtigung zur Ausbildung (Abs. 4). Nach Abs. 4 ist ein Berufsausbildungsvertrag auch dann wirksam, wenn dem Ausbildenden die Berechtigung zur Ausbildung fehlt. **Fehlt diese bereits bei Vertragsschluss**, kann der Auszubildende den Vertrag fristlos kündigen oder anfechten. Entfällt die Ausbildungsbefugnis **nach Vertragsschluss**, bleibt der Vertrag dennoch wirksam, kann aber gekündigt werden[5]. § 16 findet Anwendung.

Nach § 99 Abs. 1 Nr. 5 und 7 handelt **ordnungswidrig**, wer Auszubildende einstellt, obwohl die persönliche oder fachliche Eignung (§ 20) fehlt. Bestellt der Ausbildende einen Ausbilder, der seinerseits persönlich oder fachlich nicht geeignet ist, so handelt er ebenfalls ordnungswidrig (§ 99 Abs. 1 Nr. 6)[6].

4 *Vertragsniederschrift*

(1) Der Ausbildende hat unverzüglich nach Abschluss des Berufsausbildungsvertrages, spätestens vor Beginn der Berufsausbildung, den wesentlichen Inhalt des Vertrages schriftlich niederzulegen. In die Niederschrift sind mindestens aufzunehmen

1. Art, sachliche und zeitliche Gliederung sowie Ziel der Berufsausbildung, insbesondere die Berufstätigkeit, für die ausgebildet werden soll,
2. Beginn und Dauer der Berufsausbildung,
3. Ausbildungsmaßnahmen außerhalb der Ausbildungsstätte,
4. Dauer der regelmäßigen täglichen Ausbildungszeit,
5. Dauer der Probezeit,
6. Zahlung und Höhe der Vergütung,
7. Dauer des Urlaubs,
8. Voraussetzungen, unter denen der Berufsausbildungsvertrag gekündigt werden kann,
9. ein in allgemeiner Form gehaltener Hinweis auf die Tarifverträge, Betriebs- oder Dienstvereinbarungen, die auf das Berufsausbildungsverhältnis anzuwenden sind.

(2) Die Niederschrift ist von dem Ausbildenden, dem Auszubildenden und dessen gesetzlichem Vertreter zu unterzeichnen.

(3) Der Ausbildende hat dem Auszubildenden und dessen gesetzlichem Vertreter eine Ausfertigung der unterzeichneten Niederschrift unverzüglich auszuhändigen.

(4) Bei Änderungen des Berufsausbildungsvertrages gelten die Absätze 1 bis 3 entsprechend.

I. Inhalt der Vertragsniederschrift (Abs. 1). 1. Vertragsniederschrift. Der Inhalt des Berufsausbildungsvertrages ist unverzüglich nach dessen Abschluss vom Ausbildenden auf seine Kosten[7] schriftlich niederzulegen. Ein Verstoß gegen diese Vorschrift führt nicht zur **Nichtigkeit** des Vertrages[8], stellt jedoch eine **Ordnungswidrigkeit** dar (§ 99 Abs. 1 Nr. 1)[9]. Entsteht dem Auszubildenden aus dem Fehlen der Niederschrift ein Schaden, kann der Ausbildende haftbar gemacht werden[10].

Die Berufsausbildung darf nicht **vor Fertigung der Niederschrift** begonnen werden[11].

2. Wesentlicher Inhalt. § 4 Abs. 1 Satz 2 legt den Mindestinhalt der Vertragsniederschrift fest. Weitere Vereinbarungen sind zulässig[12]. Es empfiehlt sich, für die Fertigung der Niederschrift ein **Berufsausbil-**

---

1 *Schaub*, § 174 Rz. 4 f. | 2 *Knigge*, AR-Blattei SD 400.2, Rz. 63. | 3 BFH v. 13.11.1986 – IV R 322/84, EzB Nr. 22 zu § 3 Abs. 2 BBiG. | 4 *Götz*, Berufsbildungsrecht, Rz. 36. | 5 ErfK/*Schlachter*, § 3 BBiG Rz. 13; *Knopp/Kraegeloh*, § 3 BBiG Rz. 8; *Leinemann/Taubert*, § 3 BBiG Rz. 85. | 6 ErfK/*Schlachter*, § 3 BBiG Rz. 14; *Knopp/Kraegeloh*, § 3 BBiG Rz. 9. | 7 *Gedon/Spiertz*, § 4 BBiG Rz. 5; *Knigge*, AR-Blattei SD 400.2 Rz. 46a; *Leinemann/Taubert*, § 4 BBiG Rz. 7. | 8 BAG v. 21.8.1997 – 5 AZR 713/96, AP Nr. 1 zu § 4 BBiG = AR-Blattei ES 220.2 Nr. 16 mit Anm. *Krause;* v. 22.2.1972 – 2 AZR 205/71, AP Nr. 1 zu § 15 BBiG = AR-Blattei ES 400 Nr. 2; EuGH v. 8.2.2001 – Rs. C 350/99 AP Nr. 4 zu § 2 NachwG; MünchArbR/*Natzel*, § 178 Rz. 23. | 9 ErfK/*Schlachter*, § 4 BBiG Rz. 1. | 10 LAG Berlin v. 4.1.1966 – 5 Sa 96/65, BB 1966, 538. | 11 ErfK/*Schlachter*, § 4 BBiG Rz. 1; *Götz*, Berufsbildungsrecht, Rz. 49; *Knigge* AR-Blattei SD 400.2 Rz. 45. | 12 Beispiele finden sich etwa bei *Natzel*, Berufsbildungsrecht, S. 170 f.

dungsvertragsmuster zu verwenden, welches bei der zuständigen Stelle bezogen werden kann[1]. Die Verwendung dieses Musters darf von dieser Stelle nicht als formelle Voraussetzung für die Eintragung in das Verzeichnis der Berufsausbildungsverhältnisse (§ 31) vorgeschrieben werden[2].

4 Art und Ziel der Berufsausbildung (Nr. 1) ergeben sich aus § 25. Die Berufstätigkeit, für die ausgebildet werden soll, ist anzugeben. Zu vermerken ist, ob es sich um eine Stufenausbildung handelt[3]. Möglich ist es, nur Teilausbildungen in einem Betrieb vorzunehmen[4]. Die **zeitliche und sachliche Gliederung** ist in einem betrieblichen Ausbildungsplan festzuhalten, welcher die Grobplanung des Ausbildungsrahmenplans (§ 25 Abs. 2 Nr. 4, vgl. dort Rz. 6) den betrieblichen Verhältnissen anpasst. Detaillierte Angaben für den Ersten bis zum letzten Tag der Ausbildung müssen nicht gemacht werden[5].

5 Der **Beginn der Berufsausbildung (Nr. 2)** ist durch Angabe eines bestimmten Kalendertages anzugeben. Die **Dauer** richtet sich nach der jeweiligen Ausbildungsordnung (§ 25 Abs. 4). Eine Abkürzung oder Verlängerung der Ausbildungszeit ist nur im Rahmen des § 29 (vgl. dort Rz. 4 ff.) möglich und in die Niederschrift aufzunehmen, sofern ein entsprechender Antrag schon bei Abschluss des Ausbildungsvertrages gestellt wird[6]. Die Dauer der Berufsausbildung kann durch Vereinbarung nicht verlängert werden[7].

6 Nach **Nr. 3** sind **Ausbildungsmaßnahmen außerhalb der Ausbildungsstätte** (hierzu § 27) in die Niederschrift aufzunehmen. Hierzu zählen auch überbetriebliche Einrichtungen[8].

7 Die **tägliche Ausbildungszeit (Nr. 4)** ergibt sich für jugendliche Auszubildende vorrangig aus § 8 Abs. 1 JArbSchG, für Volljährige aus § 3 ArbZG. Sie beträgt grundsätzlich 8 Stunden. Daneben können tarifliche Regelungen bestehen. Eine **darüber hinausgehende Beschäftigung** ist besonders zu vergüten oder durch Freizeit auszugleichen (§ 10 Abs. 3, vgl. dort Rz. 10). **Kurzarbeit** darf für Auszubildende nicht eingeführt werden[9].

8 Die **Dauer der Probezeit (Nr. 5)** ergibt sich aus § 13 (vgl. dort Rz. 4). Es ist der Endzeitpunkt bzw. der Zeitraum in Monaten anzugeben.

9 Die **Höhe der Vergütung (Nr. 6)** richtet sich nach § 10 (vgl. dort Rz. 4 ff.). Daneben sind Angaben zur **Zahlung**, dh. ua. zum Zahlungsort und -termin zu machen[10].

10 Die **Dauer des Urlaubs (Nr. 7)** ergibt sich bei minderjährigen Auszubildenden aus dem JArbSchG, bei Volljährigkeit greifen das BUrlG bzw. TV, soweit solche bestehen. Sondervorschriften sind im SGB IX, im ArbPlSchG, im ZDG sowie im BErzGG enthalten.

11 Der Urlaub ist für die Gesamtdauer sowie für jedes Jahr der Berufsausbildung gesondert anzugeben. Ein Hinweis auf die gesetzlichen bzw. tariflichen Regelungen reicht nicht aus. Ein Anspruch auf **Bildungsurlaub** ist nicht in die Niederschrift aufzunehmen[11]. Er ist nicht auf den Urlaub anzurechnen[12].

12 Die Voraussetzungen der **Kündigung des Berufsausbildungsverhältnisses (Nr. 8)** sind trotz umfassender Regelung in § 15 aufzuführen. Ein Hinweis auf das BBiG bzw. auf einen TV genügt nicht[13]. Die Kündigungsgründe des § 15 dürfen weder erweitert noch eingeschränkt werden[14].

13 Nach **Nr. 9** sind auch **wesentliche Änderungen in TV, Betriebs- oder Dienstvereinbarungen**, die auf das Ausbildungsverhältnis anzuwenden sind, schriftlich niederzulegen, wobei ein in allgemeiner Form gehaltener Hinweis genügt[15]. Bei Verletzung der Hinweispflicht macht sich der Ausbildende schadensersatzpflichtig[16].

14 Über die genannten Punkte hinaus können die Parteien weitere Vereinbarungen treffen (zB. über freiwillige Sozialleistungen, Abtretung von Schadensersatzansprüchen bei Verkehrsunfällen etc.[17]). Streitig ist, ob eine Verletzung einer entsprechenden Hinweispflicht Schadensersatzansprüche begründen kann[18].

15 **II. Unterzeichnung und Aushändigung der Vertragsniederschrift (Abs. 2, 3).** Die Niederschrift ist von den Parteien zu unterzeichnen. Der Auszubildende kann die **Unterschrift verweigern**, wenn und solange die Vertragsniederschrift nicht den tatsächlichen Vereinbarungen entspricht[19].

---

1 Hierzu *Knigge*, AR-Blattei SD 400.1, Rz. 122 ff.; *Knigge*, AR-Blattei SD 400.2 Rz. 48; ein Abdruck des Mustervertrages findet sich bei *Natzel*, Berufsbildungsrecht, Anhang III 1. | 2 OVG Rh.-Pf. v. 26.4.1974 – 2 A 83/74, EzB Nr. 3 zu § 4 BBiG; VG Hannover v. 21.6.1974 – VII A 58/74, EzB Nr. 4 zu § 4 BBiG; *Knigge*, AR-Blattei SD 400.2 Rz. 49. | 3 *Leinemann/Taubert*, § 4 BBiG Rz. 11. | 4 *Bodewig*, Ausbildungsordnungen nach dem Berufsbildungsgesetz und Ausbildungspflichten der Betriebe, BB 1976, 983. | 5 *Götz*, Berufsausbildung, Rz. 49. | 6 *Leinemann/Taubert*, § 4 BBiG Rz. 18. | 7 BVerwG v. 8.6.1962 – VII C 78.61, AP Nr. 1 zu § 30 HandwO; ErfK/*Schlachter*, § 4 BBiG Rz. 3; *Wohlgemuth*, § 3 BBiG Rz. 18. | 8 ErfK/*Schlachter*, § 4 BBiG Rz. 3; *Leinemann/Taubert*, § 3 BBiG Rz. 28. | 9 *Natzel*, Berufsbildungsrecht, S. 137, 166; *Leinemann/Taubert*, § 3 BBiG Rz. 56; aA *Herkert*, § 3 BBiG Rz. 17c, der Kurzarbeit in besonderen Ausnahmefällen zulassen will. | 10 *Knopp/Kraegeloh*, § 4 BBiG Rz. 9; *Leinemann/Taubert*, § 3 BBiG Rz. 39. | 11 ErfK/*Schlachter*, § 4 BBiG Rz. 5 mwN. | 12 *Knopp/Kraegeloh*, § 4 BBiG Rz. 10a mwN. | 13 VG Kassel v. 30.8.1973 – IV E 218/73, EzB Nr. 2 zu § 4 BBiG. | 14 Zum Meinungsstand ErfK/*Schlachter*, § 4 BBiG Rz. 6. | 15 BAG v. 24.10.2002 – 6 AZR 743/00, EzB Nr. 37 zu § 4 BBiG; *Knigge*, AR-Blattei SD 400.2 Rz. 54; *Leinemann/Taubert*, § 4 BBiG Rz. 50. | 16 BAG v. 24.10.2002 – 6 AZR 743/00, AR-Blattei ES 400 Nr. 111. | 17 Vgl. hierzu *Schaub*, § 174 Rz. 10. | 18 Bejahend ErfK/*Schlachter*, § 4 BBiG Rz. 7; verneinend LAG Thüringen v. 27.9.2000 – 9 Sa 630/99. | 19 ArbG Siegen v. 12.10.1979 – 1 Ca 1081/79, EzB Nr. 45 zu § 15 Abs. 2 Nr. 1 BBiG.

Eine Ausfertigung der unterzeichneten **Niederschrift** ist dem Auszubildenden und dessen gesetzlichen Vertreter **auszuhändigen**. Es kann sich empfehlen, die Ausfertigungen **zunächst der zuständigen Stelle** zur Eintragung in das Verzeichnis der Berufsausbildungsverhältnisse zuzuleiten, damit abgewartet werden kann, ob der Inhalt von dieser anerkannt wird. Erst nach Rücksendung der Ausfertigungen soll der Ausbilder die „**unverzügliche**" **Pflicht zur Aushändigung** haben[1], die aber auf jeden Fall vor Beginn der tatsächlichen Ausbildung erfolgen muss. 16

III. Änderung des Berufsausbildungsvertrages (Abs. 4). Für nachträgliche Änderungen gelten die Abs. 1 bis 3 entsprechend, allerdings nur für **wesentliche Änderungen**, wie zB die Verlängerung oder Verkürzung der Ausbildungszeit nach § 29[2]. Ein Verstoß gegen § 4 kann als Ordnungswidrigkeit geahndet werden (§ 99 Abs. 1, 2)[3]. 17

5 Nichtige Vereinbarungen

(1) Eine Vereinbarung, die den Auszubildenden für die Zeit nach Beendigung des Berufsausbildungsverhältnisses in der Ausübung seiner beruflichen Tätigkeit beschränkt, ist nichtig. Dies gilt nicht, wenn sich der Auszubildende innerhalb der letzten sechs Monate des Berufsausbildungsverhältnisses dazu verpflichtet, nach dessen Beendigung mit dem Ausbildenden ein Arbeitsverhältnis einzugehen.

(2) Nichtig ist eine Vereinbarung über

1. die Verpflichtung des Auszubildenden, für die Berufsausbildung eine Entschädigung zu zahlen,
2. Vertragsstrafen,
3. den Ausschluss oder die Beschränkung von Schadensersatzansprüchen,
4. die Festsetzung der Höhe eines Schadensersatzes in Pauschbeträgen.

I. Nichtige Bindungsvereinbarung (Abs. 1). § 5 enthält neben den allgemeinen (hierzu § 3 Rz. 11) weitere, besondere Nichtigkeitsgründe. Die Vorschrift ist Ausdruck des in **Art. 12 Abs. 1 GG** verbürgten Rechts des Einzelnen, Beruf, Arbeitsplatz und Ausbildungsstätte frei zu wählen. Sie möchte den Schutz des Auszubildenen stärken und ihn in persönlicher und finanzieller Hinsicht vom Ausbildenden unabhängig machen[4]. **§ 139 BGB** greift nicht. Trotz Nichtigkeit einer Vereinbarung nach § 5 bleibt der Berufsausbildungsvertrag im Übrigen regelmäßig wirksam[5]. 1

1. Berufsbeschränkende Vereinbarung. § 5 Abs. 1 Satz 1 führt zur Nichtigkeit einer Vereinbarung, durch die der Auszubildende für die Zeit nach Beendigung des Berufsausbildungsverhältnisses in der Ausübung seiner beruflichen Tätigkeit beschränkt wird. Eine Vereinbarung, wonach sich der Auszubildende verpflichtet, nach Bestehen der Abschlussprüfung der **ersten Ausbildungsstufe** einen Berufsausbildungsvertrag für die **zweite Stufe** zu schließen, fällt nicht unter diese Vorschrift[6]. Dies gilt auch dann, wenn durch eine **Rückzahlungsvereinbarung** mittelbarer Druck auf den Auszubildenden ausgeübt wird, der dessen Berufsfreiheit unverhältnismäßig einschränkt[7]. 2

Nichtig sind **vertragliche Wettbewerbsabreden**, die es unterbinden, dass der Auszubildende in der Zeit nach der Ausbildung seine erlernten Fähigkeiten und Kenntnisse nach eigenem Ermessen frei verwerten kann[8]. Auch ist es dem ArbGeb nicht gestattet, mit Auszubildenden zu vereinbaren, dass sich an die Lehrzeit zunächst ein **Zeitarbeitsverhältnis** anschließt[9]. Unwirksam ist des Weiteren eine Vereinbarung, wonach sich an das erste ein **weiteres Ausbildungsverhältnis** anschließt[10]. 3

In einem Berufsausbildungsvertrag kann auch keine **Weiterarbeitsklausel** des Inhalts vereinbart werden, dass der Auszubildende drei Monate vor Beendigung des Ausbildungsverhältnisses dem Ausbildenden schriftlich anzeigen muss, falls er nach Ende der Ausbildung kein Arbeitsverhältnis eingehen will[11]. Ebenso ist eine **Weiterarbeitsklausel** nichtig, nach welcher beide Parteien spätestens drei Monate vor dem voraussichtlichen Ende des Ausbildungsverhältnisses anzeigen müssen, falls sie nicht anschließend ein Arbeitsverhältnis mit dem anderen eingehen wollen[12]. 4

2. Ausnahmen. a) Innerhalb der letzten sechs Monate des Berufsausbildungsverhältnisses kann sich der Auszubildende wirksam verpflichten, nach dessen Beendigung ein **Arbeitsverhältnis mit dem Ausbilder** einzugehen (**§ 5 Abs. 1 Satz 2**). Maßgebend für die Fristberechnung ist die vereinbarte Vertragslaufzeit. Bei einer Verkürzung der Ausbildungszeit nach § 29 Abs. 2 ist der voraussichtliche Zeitpunkt des Bestehens der Abschlussprüfung relevant[13]. Eine vor diesem Zeitraum getroffene Vereinbarung ist nichtig[14]. 5

---

1 So *Knigge*, AR-Blattei SD 400.2 Rz. 51; aA etwa *Leinemann/Taubert*, § 4 BBiG Rz. 56. | 2 So *Knigge*, AR-Blattei SD 400.2 Rz. 52 f.; *Leinemann/Taubert*, § 4 BBiG Rz. 61. | 3 *Knopp/Kraegeloh*, § 4 BBiG Rz. 14. | 4 Vgl. *Knigge*, AR-Blattei SD 400.2 Rz. 84 mwN. | 5 ErfK/*Schlachter*, § 5 BBiG Rz. 1; *Leinemann/Taubert*, § 5 BBiG Rz. 33; *Schaub*, § 174 Rz. 28. | 6 *Wohlgemuth*, § 5 BBiG Rz. 10. | 7 BAG v. 25.4.2001 – 5 AZR 509/99, AP Nr. 8 zu § 5 BBiG. | 8 BT-Drs. V/4260 S. 6 zu § 5 BBiG. | 9 ArbG Bocholt v. 15.11.1990 – 3 Ca 1343/90, EzB Nr. 32 zu § 5 BBiG. | 10 *Gedon/Spiertz*, § 5 BBiG Rz. 11; *Leinemann/Taubert*, § 5 BBiG Rz. 14. | 11 BAG v. 31.1.1974 – 3 AZR 58/73, AP Nr. 1 zu § 5 BBiG. | 12 BAG v. 13.3.1975 – 5 AZR 199/74, AP Nr. 2 zu § 5 BBiG; ArbG Bad Oldesloe v. 17.10.1972 – 1 Ca 381/72, EzB Nr. 4 zu § 5 BBiG. | 13 *Schaub*, § 174 Rz. 32. | 14 *Knigge*, AR-Blattei SD 400.2 Rz. 95; *Natzel*, Berufsbildungsrecht, S. 149.

6 b) Eine weitere Ausnahme enthält § 85. Danach gilt § 5 Abs. 1 Satz 1 nicht für Vereinbarungen, in denen der Auszubildende sich für die Zeit nach Abschluss der Berufsausbildung bis zur Dauer von vier Jahren als **Soldat auf Zeit** verpflichtet[1].

7 **II. Nichtige Zahlungsvereinbarungen (Abs. 2). 1. Entschädigung für Berufsausbildung.** Der Ausbildende hat die Kosten der Berufsausbildung zu tragen, wozu bei externer Ausbildung (§ 27) auch die Aufwendungen für Verpflegung und Unterkunft des Auszubildenden gehören[2]. Aus diesem Grunde sind nach Abs. 2 Nr. 1 Vereinbarungen über eine Entschädigung des Auszubildenden für die Berufsausbildung nichtig. So ist zB eine Vereinbarung nichtig, welche den Auszubildenden im Rahmen der Fachausbildung zum Berufskraftfahrer mit den Kosten des Fahrschulunterrichts belasten soll[3]. Auch die von den **Eltern eines Auszubildenden** übernommene Verpflichtung zur Zahlung einer Entschädigung ist nichtig[4]. Gleiches gilt für die Vereinbarung, wonach der Auszubildende die Kosten für Unterkunft und Verpflegung am auswärtigen Ort zurückzuzahlen hat, sofern es nicht zum Abschluss eines Anstellungsvertrages kommt bzw. dieser vor Ablauf von drei Jahren beendet wird[5]. Nichtig ist des Weiteren die Vereinbarung über eine Entschädigung für Ausbildungsmaßnahmen außerhalb der Ausbildungsstätte[6].

8 **Wirksam** ist hingegen eine Vereinbarung, wonach der Ausbildende die Kosten im Zusammenhang mit dem Besuch der staatlichen Berufsschule[7] bzw. die **Fahrt- und Übernachtungskosten bei Lehrabschlussprüfungen** zu tragen hat[8]. Erhält der Auszubildende Unterkunft und Verpflegung, kann hierfür eine Entschädigung vereinbart werden[9].

9 **2. Vertragsstrafen.** Abs. 2 Nr. 2 enthält ein Verbot für Vertragsstrafen, welche sich auf das Berufsausbildungsverhältnis beziehen. Dies gilt auch für Vertragsstrafen, zu denen **Eltern** verpflichtet werden sollen[10]. Wurde nach § 5 Abs. 1 Satz 2 wirksam ein Anstellungsvertrag geschlossen (vgl. Rz. 5), ist die Vereinbarung einer **Vertragsstrafe für den Fall des Nichtantritts der Arbeit** wirksam[11].

10 **3. Schadensersatzansprüche.** Nach Abs. 2 Nr. 3 dürfen Schadensersatzansprüche weder ausgeschlossen noch beschränkt werden. Damit haftet der Ausbildende dem Auszubildenden in voller Höhe. Nach allgemeiner Meinung schließt die Vorschrift hingegen Haftungsbeschränkungen zugunsten des Auszubildenden nicht aus[12].

11 Vereinbarungen über die Festsetzung der Höhe eines **Schadensersatzes in Pauschbeträgen** sind nichtig (Abs. 2 Nr. 4).

Zweiter Abschnitt. Inhalt des Berufsausbildungsverhältnisses

Erster Unterabschnitt. Pflichten des Ausbildenden

6 *Berufsausbildung*
(1) Der Ausbildende hat

1. dafür zu sorgen, dass dem Auszubildenden die Fertigkeiten und Kenntnisse vermittelt werden, die zum Erreichen des Ausbildungszieles erforderlich sind, und die Berufsausbildung in einer durch ihren Zweck gebotenen Form planmäßig, zeitlich und sachlich gegliedert so durchzuführen, dass das Ausbildungsziel in der vorgesehenen Ausbildungszeit erreicht werden kann,
2. selbst auszubilden oder einen Ausbilder ausdrücklich damit zu beauftragen,
3. dem Auszubildenden kostenlos die Ausbildungsmittel, insbesondere Werkzeuge und Werkstoffe zur Verfügung zu stellen, die zur Berufsausbildung und zum Ablegen von Zwischen- und Abschlussprüfungen, auch soweit solche nach Beendigung des Berufsausbildungsverhältnisses stattfinden, erforderlich sind,
4. den Auszubildenden zum Besuch der Berufsschule sowie zum Führen von Berichtsheften anzuhalten, soweit solche im Rahmen der Berufsausbildung verlangt werden, und diese durchzusehen,
5. dafür zu sorgen, dass der Auszubildende charakterlich gefördert sowie sittlich und körperlich nicht gefährdet wird.

---

1 *Knopp/Kraegeloh*, § 5 BBiG Rz. 4. |2 BAG v. 29.6.1988 – 5 AZR 450/87, EzB Nr 27 zu § 5 BBiG; v. 21.9.1995 – 5 AZR 994/94, AP Nr. 6 zu § 5 BBiG; LAG Brandenburg v. 15.9.1994 – 3 Sa 362/94, EzB Nr. 21 zu § 3 Abs. 1 BBiG. |3 BAG v. 25.4.1984 – 5 AZR 386/83, AP Nr. 5 zu § 5 BBiG. | 4 BAG v. 28.7.1982 – 5 AZR 46/81, AP Nr. 3 zu § 5 BBiG. |5 BAG v. 21.9.1995 – 5 AZR 994/94, AP Nr. 6 zu § 5 BBiG. | 6 BAG v. 29.6.1988 – 5 AZR 450/87, EzB Nr. 27 zu § 5 BBiG. |7 BAG vom 25.7.2002 – 6 AZR 381/00, AP Nr. 9 zu § 5 BBiG = AR-Blattei ES 400 Nr. 106. |8 BAG v. 14.12.1983 – 5 AZR 333/81, AP Nr. 1 zu § 34 BBiG. |9 *Schaub*, § 174 Rz. 35. |10 Kasseler Handbuch/*Taubert*, 5.1. Rz. 66. |11 BAG v. 23.6.1982 – 5 AZR 168/80, AP Nr. 4 zu § 5 BBiG; *Leinemann/Taubert*, § 5 BBiG Rz. 19. |12 ErfK/*Schlachter*, § 5 BBiG Rz. 16; Kasseler Handbuch/*Taubert*, 5.1. Rz. 67; *Leinemann/Taubert*, § 5 BBiG Rz. 30 f.; *Natzel*, Berufsbildungsrecht, S. 150.

(2) Dem Auszubildenden dürfen nur Verrichtungen übertragen werden, die dem Ausbildungszweck dienen und seinen körperlichen Kräften angemessen sind.

I. Pflichten des Ausbildenden (Abs. 1). 1. Pflicht zur Berufsausbildung. Das Gesetz nennt in **Abs. 1 Nr. 1** die wesentlichen Pflichten des Ausbildenden, die kraft Gesetzes Vertragsinhalt werden. Danach ist dieser verpflichtet, dem Auszubildenden eine **fundierte Berufsausbildung** zu vermitteln. Welcher Art die Fertigkeiten und Kenntnisse sind, die vermittelt werden müssen, ergibt sich insb. aus der **Ausbildungsordnung** und dem **Ausbildungsberufsbild** (§ 25), wobei umstritten ist, ob hiervon abgewichen werden darf[1].

Der Ausbildende hat dafür einzustehen, dass in seinem Betrieb die zur ordnungsgemäßen Ausbildung erforderlichen persönlichen (**Ausbildungskräfte**) und sachlichen (**geeignete Aufträge**) Voraussetzungen gegeben sind[2]. Unzulässig ist es, die Ausbildung an dem gerade vorhandenen betrieblichen Arbeitsanfall auszurichten[3]. Ggf. sind Ausbildungsmaßnahmen außerhalb der Ausbildungsstätte durchzuführen (§§ 22 Abs. 2, 27)[4]. Im Rahmen der Ausbildung ist der Auszubildende mit den **täglichen Betriebsabläufen** möglichst wirklichkeitsnah vertraut zu machen[5] (vgl. auch § 1 Abs. 2 Satz 2, Rz. 4).

Die **sachliche und zeitliche Gliederung** der Ausbildung ergibt sich aus dem **Ausbildungsrahmenplan** (§ 25 Abs. 2 Nr. 4). Die seit 1974 in den Ausbildungsordnungen enthaltene **Flexibilitätsklausel** erlaubt Abweichungen, soweit dadurch eine sinnvoll geordnete und planmäßig durchgeführte Ausbildung nicht gefährdet wird[6].

Verletzt der Ausbildende seine Ausbildungspflicht, hat er dem Auszubildenen den dadurch entstehenden **Schaden zu ersetzen**[7]. Der Auszubildende muss sich gem. § 254 BGB **mitwirkendes Verschulden** zurechnen lassen, wenn er sich nicht bemüht, das Ausbildungsziel zu erreichen (§ 9)[8]. Der Auszubildende kann seinen Anspruch auf tatsächliche Ausbildung nach **§ 888 Abs. 1 ZPO** vollstrecken[9].

2. Beauftragung eines Ausbilders. Besitzt der Ausbildende die erforderliche persönliche und fachliche Eignung zur Ausbildung nach § 20 nicht bzw. kann er die Ausbildung aus zeitlichen oder organisatorischen Gründen nicht selbst durchführen, muss er einen Ausbilder bestellen, der seinerseits die Voraussetzungen des § 20 zu erfüllen hat (**Abs. 1 Nr. 2**). Andernfalls liegt eine Ordnungswidrigkeit vor (§ 99 Abs. 1 Nr. 6).

Die Beauftragung muss ausdrücklich, entweder **mündlich** oder **schriftlich**, erfolgen und ist der **zuständigen Stelle anzuzeigen** (§ 33 Abs. 2 Nr. 2, vgl. dort Rz. 6)[10].

Dem bestellten Ausbilder sind die Pflichten aus § 6 Abs. 1 Nr. 1, 4, 5 und Abs. 2 zu übertragen[11]. Es muss organisatorisch sichergestellt sein, dass dem Ausbilder die **erforderliche Zeit** für die fachgerechte, planmäßige Ausbildung zur Verfügung steht[12]. Bei fehlerhafter Ausbildung haftet der Ausbilder aus dem Ausbildungsvertrag auf **Schadensersatz**[13].

An der Ausbildung sind desweiteren sog. **Ausbildungsgehilfen** beteiligt. Diese führen die Ausbildung rein faktisch durch, ohne für diese Verantwortung zu tragen. Für diesen Personenkreis bestehen keine gesetzlichen Regeln[14].

3. Kostenlose Überlassung von Ausbildungsmitteln. Dem Auszubildenden sind **Ausbildungsmittel** kostenlos – allerdings nur leihweise[15] – zur Verfügung zu stellen (**Abs. 1 Nr. 3**), da der Ausbildende die Kosten der Ausbildung zu tragen hat[16]. Geschieht dies trotz Aufforderung nicht, kann der Auszubildende die Ausbildungsmittel selbst kaufen und Ersatz der Kosten Zug um Zug gegen Übereignung der angeschafften Arbeitsmittel verlangen[17]. **Freiwillige Aufwendungen des Auszubildenden** müssen nicht ersetzt werden[18]. Eine **Kostenbeteiligung** des Auszubildenden bzw. seiner Eltern ist unzulässig[19]. Bücher und Schulmittel, die ausschließlich für den **Berufsschulunterricht** benötigt werden, muss der Ausbildende dagegen nicht finanzieren[20].

---

1 *Wohlgemuth*, § 6 BBiG Rz. 3 mwN. |2 BAG v. 11.12.1964 – 1 AZR 39/64, AP Nr. 22 zu § 611 BGB – Lehrverhältnis. |3 *Schaub*, § 174 Rz. 39. |4 OVG Rh.-Pf. v.17.10.1979 – 2 A 2/78, EzB Nr. 4 zu § 113 HandwO. |5 BVerwG v. 25.2.1982 – 5 C 1.81, EzB Nr. 21 zu § 32 BBiG. |6 Str., wie hier ErfK/*Schlachter*, § 6 BBiG Rz. 2; *Gedon/Spiertz*, § 6 BBiG Rz. 5; *Herkert*, § 4 BBiG Rz. 10; Kasseler Handbuch/*Taubert*, 5.1. Rz. 111; zum Meinungsstand *Leinemann/Taubert*, § 6 BBiG Rz. 11 sowie *Wohlgemuth*, § 6 BBiG Rz. 3. |7 ArbG Bremerhaven v. 31.1.1991 – 1 Ca 708/89, EzB Nr. 36 zu § 6 Abs. 1 Nr. 1 BBiG. |8 BAG v. 10.6.1976 – 3 AZR 412/75, AP Nr. 2 zu § 6 BBiG; v. 11.12.1964 – 1 AZR 39/64, AP Nr. 22 zu § 611 BGB – Lehrverhältnis. |9 LAG Berlin v. 19.1.1978 – 9 Ta 1/78, EzB Nr. 1 zu § 888 ZPO; *Gedon/Spiertz*, § 6 BBiG Rz. 8; Kasseler Handbuch/*Taubert*, 5.1. Rz. 112; *Wohlgemuth*, § 6 BBiG Rz. 3. |10 Kasseler Handbuch/*Taubert*, 5.1. Rz. 115; *Knopp/Kraegeloh*, § 6 BBiG Rz. 4; *Natzel*, Berufsbildungsrecht, S. 406; *Wohlgemuth*, § 6 BBiG Rz. 3; aA *Herkert*, § 33 BBiG Rz. 14. |11 Kasseler Handbuch/*Taubert*, 5.1. Rz. 116 mwN; *Leinemann/Taubert*, § 6 BBiG Rz. 20. |12 ArbG Duisburg v. 11.11.1976 – 1 Ca 955/76, EzB Nr. 2 zu § 6 Abs. 1 Nr. 2 BBiG. |13 Vgl. die Nachw. bei ErfK/*Schlachter*, § 6 BBiG Rz. 4. |14 *Schaub*, § 174 Rz. 14. |15 *Knopp/Kraegeloh*, § 6 BBiG Rz. 6. |16 BAG v. 21.9.1995 – 5 AZR 994/94, AP Nr. 6 zu § 5 BBiG. |17 BAG v. 16.12.1976 – 3 AZR 556/75, AP Nr. 3 zu § 611 BGB – Ausbildungsverhältnis; ErfK/*Schlachter*, § 6 BBiG Rz. 6; *Götz*, Berufsbildungsrecht Rz. 138; *Wohlgemuth*, § 6 BBiG Rz. 20. |18 *Schaub*, § 174 Rz. 43. |19 *Gedon/Spiertz*, § 6 BBiG Rz. 16; *Wohlgemuth*, § 6 BBiG Rz. 16. |20 So wie hier etwa *Götz*, Berufsbildungsrecht Rz. 133; *Leinemann/Taubert*, § 6 BBiG Rz. 27; *Natzel*, Berufsbildungsrecht, S. 182; zum Streitstand *Knigge*, AR-Blattei ES 400.2 Rz. 123 f. mwN.

BBiG § 6 Rz. 10   Berufsausbildung

10 **Werkstücke**, die der Auszubildende während seiner Ausbildung herstellt, gehen in das Eigentum des Ausbilders über (§ 950 BGB), während er an **Prüfungsstücken** regelmäßig Eigentum erwirbt, sofern es sich nicht um hochwertige Gegenstände wie etwa Schmuck handelt[1].

11 Nach Beendigung der Ausbildung sind die Gegenstände zurückzugeben, es sei denn, der Auszubildende muss die Prüfung wiederholen[2].

12 **4. Berufsschule und Berichtshefte.** Der Lehrstoff des Berufsschulunterrichts gehört nach § 35 (vgl. dort Rz. 3) zum Prüfungsstoff der Abschlussprüfung. Aus diesem Grunde soll der Ausbildende den Auszubildenden zum Besuch der Berufsschule **anhalten** (Abs. 1 Nr. 4), dh. auf ihn kontinuierlich und konkret einwirken, regelmäßig am Unterricht teilzunehmen. Dies kann durch mündliche oder schriftliche **Abmahnung** sowie **Rücksprache mit den Eltern und der Schule** geschehen[3].

13 **Berichtshefte (Abs. 1 Nr. 4)** dienen dem Nachweis des zeitlichen und sachlichen Ablaufs der Berufsausbildung und sind Zulassungsvoraussetzung für die Abschlussprüfung (§ 39 Abs. 1 Nr. 2, vgl. dort Rz. 4). Der Ausbildende hat den Auszubildenden aus diesem Grund dazu **anzuhalten** (zB durch Abmahnungen oder Rücksprache mit den Eltern), das Berichtsheft zu führen. Er ist verpflichtet, dieses regelmäßig **durchzusehen**, dh. die Eintragungen auf Form, sachliche Richtigkeit und Vollständigkeit zu überprüfen.

14 Nach dem Gesetz hat der Auszubildende keinen Anspruch darauf, das Berichtsheft **während der Ausbildungszeit zu führen**[4]. Ein entsprechendes Recht kann sich aus der Ausbildungsordnung bzw. aus dem Arbeitsvertrag ergeben[5]. Legt der Auszubildende die Berichtshefte nicht oder verspätet vor, kann eine **außerordentliche Kündigung** – nach erfolgloser Abmahnung – gerechtfertigt sein[6].

15 **5. Charakterliche Förderung und Abwehr von Gefährdungen.** Die Pflicht zur **charakterlichen Förderung** (Abs. 1 Nr. 5) betrifft sowohl minderjährige als auch erwachsene Auszubildende[7]. Sie besteht nur für die Zeit der Tätigkeit in der Ausbildungsstätte und nicht auch im **privaten Bereich**. Die Art der Maßnahmen hängt von der Persönlichkeit des Auszubildenden ab. Der Einsatz **körperlicher Gewalt** ist unzulässig. Dies ergibt sich für minderjährige Auszubildende aus § 31 JArbSchG.

16 Dem Ausbildenden obliegt zudem der **Schutz des Auszubildenden vor sittlicher und körperlicher Gefährdung** (Abs. 1 Nr. 5). Hierunter fallen auch das Verbot des Abs. 2 (hierzu Rz. 17), die Fürsorgepflichten nach dem JArbSchG sowie die für alle ArbN geltenden **Arbeitsschutzvorschriften**[8]. Eine körperliche Gefährdung kann auch von **Bildschirmarbeitsplätzen** ausgehen[9]. Art. 7 § 3a Abs. 1 der am 3.10.2002 in Kraft getretenen **Arbeitsstättenverordnung** erlegt dem ArbGeb nunmehr die Pflicht auf, die erforderlichen Maßnahmen zu treffen, damit die nichtrauchenden Beschäftigten in Arbeitsstätten wirksam vor den Gesundheitsgefahren durch **Tabakrauch** geschützt werden[10]. Zu beachten ist auch **§ 32 JArbSchG**. Nach dieser Vorschrift darf ein Jugendlicher erst nach Vorlage einer **Bescheinigung über die ärztliche Erstuntersuchung** beschäftigt werden[11].

17 **II. Übertragung von Verrichtungen (Abs. 2).** Nach **Abs. 2** dürfen dem Auszubildenden nur Verrichtungen übertragen werden, die entsprechend dem Berufsbild **dem Ausbildungszweck dienen**[12] und seinen körperlichen Kräften angemessen sind. Maßgebend ist die **körperliche Konstitution des Auszubildenden**. Untersagt ist die Übertragung minderwertiger oder **grober Reinigungsarbeiten**, die mit der Ausbildung nicht im Zusammenhang stehen. Hingegen dürfen aus berufspädagogischen Gründen Maßnahmen zur Aufrechterhaltung von Ordnung und Sauberkeit am Arbeitsplatz (**Reinigung von Werkzeug, Arbeitsmaterialien** etc.) übertragen werden[13]. Der Auszubildende im Friseurhandwerk darf auch mit der Reinigung des Fußbodens betraut werden, jedoch nur im angemessenen Verhältnis zu den berufsspezifischen Tätigkeiten[14]. Im ersten Ausbildungsjahr ist es wegen des Haftungsrisikos unzulässig, dem Auszubildenden aufzutragen, größere Geldbeträge zur Bank zu bringen[15].

18 Werden dem Auszubildenen entgegen Abs. 2 Arbeiten übertragen, muss er diese nicht ausführen, ohne vertragsbrüchig zu werden und den Anspruch auf die Vergütung zu verlieren[16]. Zudem liegt eine Ordnungswidrigkeit vor (§ 99 Abs. 1 Nr. 3).

---

1 BAG v. 3.3.1960 – 5 AZR 352/58, AP Nr. 2 zu § 23 HandwO; ErfK/*Schlachter*, § 6 BBiG Rz. 5; Kasseler Handbuch/*Taubert*, 5.1. Rz. 118 mwN; *Knopp/Kraegeloh*, § 6 BBiG Rz. 6. | 2 *Götz*, Berufsbildungsrecht, Rz. 134 mwN; Kasseler Handbuch/*Taubert*, 5.1. Rz. 120. | 3 Vgl. im Einzelnen ErfK/*Schlachter*, § 6 BBiG Rz. 7 mwN. | 4 BAG v. 11.1.1973 – 5 AZR 467/72, EzB Nr. 1 zu § 6 Abs. 1 Nr. 4 BBiG. | 5 *Götz*, Berufsbildungsrecht, Rz. 155 f.; Kasseler Handbuch/*Natzel*, 5.1. Rz. 125; *Knigge*, AR-Blattei SD 400.2 Rz. 141 f.; *Leinemann/Taubert*, § 6 BBiG Rz. 46. | 6 LAG Frankfurt v. 3.11.1997 – 16 Sa 657/97, EzB Nr. 82 zu § 15 Abs. 2 Nr. 1 BBiG. | 7 *Wohlgemuth*, § 6 BBiG Rz. 38 mwN. | 8 Hierzu ausf. etwa *Götz*, Berufsbildungsrecht, Rz. 165 f.; vgl. auch die Nachw. bei ErfK/*Schlachter*, § 6 BBiG Rz. 10. | 9 BAG v. 6.12.1983 – 1 ABR 43/81, AP Nr. 7 zu § 87 BetrVG 1972 – Überwachung. | 10 Zum Nichtraucherschutz am Arbeitsplatz BAG v. 19.1.1999 – 1 AZR 499/98, AP Nr. 28 zu § 87 BetrVG 1972 – Ordnung des Betriebes; v. 17.2.1998 – 9 AZR 84/97, AP Nr. 26 zu § 618 BGB; BVerfG v. 9.2.1998 – 1 BVR 234/97. | 11 *Hergenröder*, AR-Blattei SD 180 „Arbeitspapiere" Rz. 17; *Knopp/Kraegeloh*, § 6 BBiG Rz. 13. | 12 Hierzu OLG Karlsruhe v. 5.9.1988 – 1 Ss 134/88, NJW Nr. 6 zu § 6 Abs. 2 BBiG. | 13 *Knopp/Kraegeloh*, § 6 BBiG Rz. 12; *Schaub*, § 174 Rz. 41; *Wohlgemuth*, § 6 BBiG Rz. 52 ff. mwN. | 14 OLG Frankfurt v. 30.4.1981 – 2 Ws (B) 61/81, EzB Nr. 1 zu § 99 BBiG. | 15 LAG Düsseldorf v. 23.2.1973 – 8 Sa 598/72, EzB Nr. 1 zu § 6 Abs. 2 BBiG. | 16 ErfK/*Schlachter*, § 6 BBiG Rz. 12; *Götz*, Berufsbildungsrecht, Rz. 171; Kasseler Handbuch/*Natzel*, 5.1 Rz. 130 mwN.

7 Freistellung
Der Ausbildende hat den Auszubildenden für die Teilnahme am Berufsschulunterricht und an Prüfungen freizustellen. Das Gleiche gilt, wenn Ausbildungsmaßnahmen außerhalb der Ausbildungsstätte durchzuführen sind.

Eine Pflicht zur Freistellung des Auszubildenden besteht ausschließlich in drei Fällen: für die – auch freiwillige[1] – Teilnahme am Berufsschulunterricht, an Prüfungen sowie an Ausbildungsmaßnahmen außerhalb der Ausbildungsstätte. Unter **Berufsschulunterricht** wird insoweit allgemein die „planmäßige und tatsächliche schulische und damit berufsbezogene pädagogische Maßnahme im Rahmen der Berufsausbildung und zur Vorbereitung auf die Abschlussprüfung" verstanden[2]. Die Freistellung für die **Prüfung** gilt für die gesamte Prüfung, dh. für den theoretischen und für den berufspraktischen Teil[3]. 1

Der **Umfang der Freistellungspflicht** ergibt sich für jugendliche Auszubildende aus den §§ 9, 10 JArbSchG. Freizustellen ist für die Schul- und Prüfungszeit einschließlich der Pausen, der Wegzeiten zwischen Berufsschule bzw. Prüfungsort und Ausbildungsbetrieb sowie der erforderlichen Zeit zum Waschen und Umkleiden[4]. Der Besuch der Berufsschule geht der betrieblichen Ausbildung vor und ersetzt insoweit die Ausbildungspflicht, so dass eine **Nachholung der ausgefallenen betrieblichen Ausbildungszeit** bei jugendlichen ArbN von Gesetzes wegen (§ 9 Abs. 1 JArbSchG) ausgeschlossen ist[5]. Die Zeiten sind vielmehr auf die betriebliche Arbeitszeit anzurechnen[6]. Für erwachsene Auszubildende fehlt eine dem § 9 Abs. 1 JArbSchG entsprechende Anrechnungsvorschrift[7]. **Hausaufgaben** sind in der Freizeit zu erledigen[8]. 2

Für die Zeit der Freistellung hat der Auszubildende Anspruch auf Zahlung der ihm zustehenden **Vergütung** (§ 12 Abs. 1 Nr. 1, vgl. dort Rz. 1 ff.).Voraussetzung ist, dass der Auszubildende an den genannten Maßnahmen **tatsächlich teilnimmt**. Fällt Berufsschulunterricht aus oder bleibt der Auszubildende dem Unterricht unentschuldigt fern, besteht keine Fortzahlungspflicht des Ausbildenden. Die Vergütung kann anteilig gekürzt werden (hierzu § 11 Rz. 1). 3

Der **Umschüler** ist rechtlich wie ein Auszubildender zu behandeln. Er hat Anspruch auf Vergütung der Berufsschulzeit[9]. 4

Die Verletzung der Freistellungspflicht stellt eine **Ordnungswidrigkeit** dar (§ 99 Abs. 1 Nr. 4). 5

8 Zeugnis
(1) Der Ausbildende hat dem Auszubildenden bei Beendigung des Berufsausbildungsverhältnisses ein Zeugnis auszustellen. Hat der Ausbildende die Berufsausbildung nicht selbst durchgeführt, so soll auch der Ausbilder das Zeugnis unterschreiben.

(2) Das Zeugnis muss Angaben enthalten über Art, Dauer und Ziel der Berufsausbildung sowie über die erworbenen Fertigkeiten und Kenntnisse des Auszubildenden. Auf Verlangen des Auszubildenden sind auch Angaben über Führung, Leistung und besondere fachliche Fähigkeiten aufzunehmen.

I. Ausstellung des Zeugnisses (Abs. 1). Nach Beendigung der Berufsausbildung – gleich aus welchem Grunde – ist dem Auszubildenden ein Zeugnis selbst dann auszustellen, wenn dieser es nicht ausdrücklich verlangt bzw. darauf verzichtet. Ein Zeugnis ist auch auszustellen, wenn der Auszubildende nach der Ausbildungszeit im Betrieb weiterbeschäftigt wird[10] bzw. wenn das Ausbildungsverhältnis – zB durch Kündigung nach § 15 – vorzeitig beendet wird[11]. Der Anspruch hierauf ist **unabdingbar** (§ 18), eine abweichende Vereinbarung nichtig[12]. 1

Das Zeugnis ist vom Ausbildenden auszustellen und unter den Voraussetzungen des **Abs. 1 Satz 2** auch vom Ausbilder zu **unterschreiben**. Das Fehlen seiner Unterschrift macht das Zeugnis nicht unwirksam, da Satz 2 Sollvorschrift ist[13]. Wird der Ausbildungsbetrieb nach Eröffnung eines Insolvenzverfahrens vom **Insolvenzverwalter** weitergeführt, ist dieser zur Zeugniserteilung auch für die Zeit vor Verfahrenseröffnung verpflichtet[14]. 2

---

1 ArbG Bielefeld v. 8.3.1979 – 3 Ca 3076/78, EzB Nr. 18 zu § 4 BBiG. | 2 *Gedon/Spiertz*, § 7 BBiG Rz. 14. | 3 *Gedon/Spiertz*, § 7 BBiG Rz. 26. | 4 BAG v. 26.3.2001 – 5 AZR 413/99, EzB Nr. 16 zu § 12 Abs. 1 Satz 1 BBiG; LAG Köln v. 18.9.1998 – 12 Sa 549/98, EzB Nr. 31 zu § 7 BBiG; *Gedon/Spiertz*, § 7 BBiG Rz. 5b; Kasseler Handbuch/*Taubert*, 5.1. Rz. 141; *Leinemann/Taubert*, § 7 BBiG Rz. 12; MünchArbR/*Natzel*, § 178 Rz. 119; *Wohlgemuth*, § 7 BBiG Rz. 4. | 5 BAG v. 26.3.2001 – 5 AZR 413/99, EzB Nr. 16 zu § 12 Abs. 1 Satz 1 BBiG. | 6 LAG Hamm v. 24.2.1999 – 9 Sa 1273/98, EzB Nr. 32 zu § 7 BBiG; aA hinsichtlich der Wegezeiten LAG Köln v. 18.9.1998 – 12 Sa 549/98, EzB Nr. 31 zu § 7 BBiG; ErfK/*Schlachter*, § 7 BBiG Rz. 2. | 7 BAG v. 13.2.2003 – 6 AZR 537/01, AP Nr. 2 zu § 7 BBiG; v. 26.3.2001 – 5 AZR 413/99, EzB Nr. 16 zu § 12 Abs. 1 Satz 1 BBiG; ErfK/*Schlachter*, § 7 BBiG Rz. 2; *Knopp/Kraegeloh*, § 7 BBiG Rz. 2; *Leinemann/Taubert*, § 7 BBiG Rz. 31 ff. | 8 BAG v. 11.1.1973 – 5 AZR 467/72, AP Nr. 1 zu § 6 BBiG. | 9 ArbG Celle v. 28.6.1974 – 2 Ca 385/74, EzB Nr. 2 zu § 12 Abs. 1 Satz Nr. 1 BBiG; *Wohlgemuth*, § 7 BBiG Rz. 21. | 10 *Wohlgemuth*, § 8 BBiG Rz. 1 mwN. | 11 *Gedon/Spiertz*, § 8 BBiG Rz. 3; *Wohlgemuth*, § 8 BBiG Rz. 1. | 12 BAG v. 16.9.1975 – 5 AZR 255/74, AP Nr. 9 zu § 630 BGB; *Gedon/Spiertz*, § 8 BBiG Rz. 11; *Wohlgemuth*, § 8 BBiG Rz. 1. | 13 ErfK/*Schlachter*, § 8 BBiG Rz. 1; *Knopp/Kraegeloh*, § 8 BBiG Rz. 2; *Leinemann/Taubert*, § 8 BBiG Rz. 6; MünchArbR/*Natzel*, § 178 Rz. 325; aA *Herkert*, § 8 BBiG Rz. 23. | 14 BAG v. 30.1.1991 – 5 AZR 32/90, AP Nr. 18 zu § 630 BGB; *Leinemann/Taubert*, § 8 BBiG Rz. 8.

3 Ein vorläufiges bzw. ein Zwischenzeugnis kann verlangt werden, wenn der Auszubildende gekündigt hat und sich für eine andere Berufstätigkeit ausbilden lassen will (§ 15 Abs. 2 Nr. 2)[1] bzw. wenn er die Zwischenprüfung abgelegt hat (§ 42). Streitig ist, ob das Zwischenzeugnis bei Erteilung des Abschlusszeugnisses zurückzugeben ist[2].

4 Das Zeugnis ist **schriftlich abzufassen**[3] und auf dem für die Geschäftskorrespondenz üblichen Geschäftspapier zu erstellen[4] und zu unterzeichnen. Der Anspruch auf Erteilung eines Zeugnisses unterliegt der **Verwirkung**[5]. Dem Auszubildenden steht ein **Schadensersatzanspruch** zu, sofern der Ausbildende das Zeugnis gar nicht oder fehlerhaft ausstellt und der Auszubildende dadurch einen Schaden erleidet[6].

5 II. Inhalt des Zeugnisses (Abs. 2). 1. Einfaches Zeugnis. Abs. 2 Satz 1 legt den Inhalt des einfachen Zeugnisses fest. Bei der **Art der Ausbildung** ist anzugeben, ob diese ausschließlich im Betrieb oder ergänzend außerhalb der Ausbildungsstätte durchgeführt wurde. Das **Ziel der Berufsausbildung** ist mittels der durch die Ausbildungsordnung festgelegten Bezeichnung des Ausbildungsberufes anzugeben. Die **erworbenen Fertigkeiten und Kenntnisse werden** durch Angabe des erreichten Ausbildungszieles bzw. bei vorzeitiger Beendigung der Ausbildung durch Beschreibung des erreichten Ausbildungsstandes dokumentiert. Der **Beendigungsgrund** darf bei vorzeitiger Auflösung des Berufsausbildungsverhältnisses nur mit Zustimmung des Auszubildenden im Zeugnis aufgeführt werden[7].

6 Das Zeugnis muss **objektiv wahr** sein[8], andernfalls der Auszubildende **Berichtigung** verlangen kann[9]. Ein erfolgloser Ausbildungsabschluss wird i.d.R. angegeben werden dürfen[10]. Die **Beweislast für die Unrichtigkeit** obliegt dem Auszubildenden[11].

7 2. Qualifiziertes Zeugnis. Auf Verlangen des Auszubildenden ist ein qualifiziertes Zeugnis mit dem sich aus Abs. 2 Satz 2 ergebenden zusätzlichen Inhalt auszustellen. Die Beschränkung auf einen Teil der genannten zusätzlichen Angaben – nur Führung, Leistung oder besondere fachliche Fähigkeiten – ist unzulässig[12]. Das qualifizierte Zeugnis muss alle wesentlichen Tatsachen und Beurteilungen aufführen, die für das Gesamtbild des Auszubildenden von Bedeutung sind. Der Ausbildende darf nicht von sich aus ein qualifiziertes Zeugnis erstellen, andernfalls der Auszubildende Abänderung, dh. ein einfaches Zeugnis verlangen kann[13].

Zweiter Unterabschnitt. Pflichten des Auszubildenden

§ 9 *Verhalten während der Berufsausbildung*
Der Auszubildende hat sich zu bemühen, die Fertigkeiten und Kenntnisse zu erwerben, die erforderlich sind, um das Ausbildungsziel zu erreichen. Er ist insbesondere verpflichtet,

1. die ihm im Rahmen seiner Berufsausbildung aufgetragenen Verrichtungen sorgfältig auszuführen,

2. an Ausbildungsmaßnahmen teilzunehmen, für die er nach § 7 freigestellt wird,

3. den Weisungen zu folgen, die ihm im Rahmen der Berufsausbildung vom Ausbildenden, vom Ausbilder oder von anderen weisungsberechtigten Personen erteilt werden,

4. die für die Ausbildungsstätte geltende Ordnung zu beachten,

5. Werkzeug, Maschinen und sonstige Einrichtungen pfleglich zu behandeln,

6. über Betriebs- und Geschäftsgeheimnisse Stillschweigen zu wahren.

1 I. Lernpflicht (Satz 1). Satz 1 beinhaltet eine Lernverpflichtung des Auszubildenden, die der Ausbildungspflicht nach § 6 entspricht. Der Umfang dieser Pflicht bestimmt sich nach der Art der Ausbildung, dem zu erlernenden Beruf und nach Können, Fleiß und Fähigkeiten des Einzelnen. Nicht das Bestehen der **Abschlussprüfung**, sondern der Erwerb der notwendigen fachlichen Fertigkeiten und Kenntnisse ist **Ausbildungsziel**[14]. Ein bestimmtes Maß geistiger Bemühungen (zB das Lesen von Büchern) kann vom Auszubildenden außerhalb der Arbeitszeit verlangt werden[15]. Ein grober Verstoß gegen die Pflichten nach § 9 berechtigt zur Kündigung gem. § 15 Abs. 2 (vgl. dort Rz. 7).

---

1 Kasseler Handbuch/*Natzel*, 5.1. Rz. 338. | 2 *Schaub*, § 174 Rz. 50. | 3 BAG v. 21.9.1999 – 9 AZR 893/98, AP Nr. 23 zu § 630 BGB. | 4 BAG v. 3.3.1993 – 5 AZR 182/92, AP Nr. 20 zu § 630 BGB. | 5 BAG v. 17.2.1988 – 5 AZR 638/86, AP Nr. 17 zu § 630 BGB; v. 17.10.1972 – 1 AZR 86/72, AP Nr. 8 zu § 630 BGB; zur Kritik von Stimmen in der Literatur *Wohlgemuth*, § 8 BBiG Rz. 25 mwN. | 6 BAG v. 24.3.1977 – 3 AZR 232/76, AP Nr. 12 zu § 630 BGB; v. 25.10.1967 – 3 AZR 456/66, AP Nr. 6 zu § 73 HGB; *Gedon/Spiertz*, § 8 BBiG Rz. 36; *Leinemann/Taubert*, § 8 BBiG Rz. 46. | 7 ErfK/*Schlachter*, § 8 BBiG Rz. 2 mwN; Kasseler Handbuch/*Taubert*, 5.1. Rz. 339 mwN; *Leinemann/Taubert*, § 8 BBiG Rz. 19 mwN. | 8 BAG v. 29.7.1971 – 2 AZR 250/70, AP Nr. 6 zu § 630 BGB. | 9 BAG v. 23.6.1960 – 5 AZR 560/58, AP Nr. 1 zu § 73 HGB. | 10 *Schaub*, § 174 Rz. 51. | 11 *Knopp/Kraegeloh*, § 8 BBiG Rz. 3. | 12 *Götz*, Berufsbildungsrecht, Rz. 356 mwN. | 13 Kasseler Handbuch/*Taubert*, 5.1. Rz. 340; *Leinemann/Taubert*, § 8 BBiG Rz. 11. | 14 *Wohlgemuth*, § 9 BBiG Rz. 3 mwN. | 15 BAG v. 11.1.1973 – 5 AZR 467/72, AP Nr. 1 zu § 6 BBiG; *Leinemann/Taubert*, § 9 BBiG Rz. 4.

II. Einzelpflichten (Satz 2). 1. Sorgfältige Ausführung aufgetragener Verrichtungen. Nach Satz 2 Nr. 1 muss der Auszubildende die ihm im Rahmen der Berufsausbildung übertragenen Verrichtungen sorgfältig ausführen. Diese Vorschrift korrespondiert mit § 6 Abs. 2, wonach von dem Auszubildenden nur dem Ausbildungszweck dienende Arbeiten verlangt werden dürfen (vgl. dort Rz. 16).

Die **Sorgfalt der Ausführung** richtet sich nach der Einsichtsfähigkeit und den Kenntnissen, die von einem durchschnittlich begabten Auszubildenden je nach dem erreichten Ausbildungsstand erwartet werden können[1]. Die Anforderungen an die Gewissenhaftigkeit nehmen mit fortschreitender Ausbildungsdauer zu[2].

2. Teilnahme an Ausbildungsmaßnahmen. Satz 2 Nr. 2 verlangt von dem Auszubildenden, an Ausbildungsmaßnahmen teilzunehmen, für die er nach § 7 freigestellt ist. Damit erstreckt sich die Teilnahmepflicht auf den **Berufsschulunterricht**, auf **Prüfungen** sowie auf **Ausbildungsmaßnahmen außerhalb der Ausbildungsstätte** (vgl. § 7 Rz. 1)[3]. Ein Zwang zur Teilnahme an Prüfungen besteht nach hM nicht[4].

Teilnahme bedeutet nicht nur die körperliche Anwesenheit in der Schule, sondern auch die geistige Mitarbeit im Unterricht[5]. Verstößt der Auszubildende gegen die Teilnahmepflicht, kann der Ausbildende die **Ausbildungsvergütung für die Zeit unberechtigten Fehlens kürzen**[6] bzw. den Auszubildenden unter den Voraussetzungen des § 15 Abs. 2 Nr. 1 **fristlos kündigen**[7].

3. Befolgung von Weisungen. Weisungsbefugt sind nach **Satz 2 Nr. 3** neben dem Ausbildenden und dem Ausbilder andere weisungsberechtigte Personen wie zB Meister, Poliere, Vorarbeiter, Betriebsingenieure, Sachbearbeiter, Prokuristen, Personal- und Abteilungsleiter sowie der Personalchef oder Geschäftsführer[8]. Diese Personen können dem Auszubildenden Weisungen erteilen, ohne selbst Ausbilder zu sein. Voraussetzung ist, dass dieser bei ihnen entsprechend dem Ausbildungsplan eine gewisse Zeit tätig ist[9].

Die Weisungen müssen **im Rahmen der Ausbildung** erfolgen, also einen Bezug zum Ausbildungsziel haben. Nach allg. Meinung geht die Weisungsgebundenheit des Auszubildenden im Hinblick auf § 6 Abs. 1 Nr. 5 weiter als die des ArbN gegenüber dem ArbGeb[10]. Der Auszubildende hat allen Weisungen Folge zu leisten, die im weitesten Sinne zur Erreichung des Ausbildungszieles sowie zu seiner Erziehung notwendig sind. **Seine Grenze** findet das Weisungsrecht in den Vorschriften der Gesetze, der einschlägigen TV sowie des Ausbildungsvertrages; es darf nur nach **billigem Ermessen** ausgeübt werden[11]. Das Tragen einer bestimmten **Kleidung oder Haartracht** kann nur verlangt werden, soweit es der Geschäftsbetrieb[12] oder die Sicherheit des Betriebes erfordert.

4. Beachtung der Ordnung des Betriebes. Zu den Ausbildungsstätten i.S.v. **Satz 2 Nr. 4** zählen auch die in § 4 Abs. 1 Nr. 3 genannten externen Ausbildungsstätten[13].

Die Ordnung des Betriebes ergibt sich aus öffentlich-rechtlichen Schutzvorschriften (JArbSchG, Arbeitsstättenverordnung, Unfallverhütungsvorschriften) sowie aus eventuell bestehenden BV oder schriftlich bzw. mündlich festgelegten Betriebsordnungen[14].

5. Pflegliche Behandlung des Betriebsinventars. Satz 2 Nr. 5 verlangt von dem Auszubildenden die pflegliche Behandlung von Werkzeug, Maschinen und sonstigen Einrichtungen. Hieraus folgt auch die Pflicht zum **Aufräumen und Sauberhalten des Arbeitsplatzes**[15].

6. Verschwiegenheitspflicht. Die dem Auszubildenden nach **Satz 2 Nr. 6** auferlegte Verschwiegenheitspflicht besteht während des Berufsausbildungsverhältnisses bzw. des sich anschließenden Arbeitsverhältnisses sowie für die Zeit nach dessen Beendigung[16]. Sie besteht gegenüber jedermann und umfasst sämtliche Umstände, von denen der Auszubildende weiß oder vermutet, dass sie geheimhaltungsbedürftig sind. Ein Aussageverweigerungsrecht des Auszubildenden vor Gericht gewährt Nr. 6 nicht[17].

III. Rechtsfolgen bei Pflichtverletzung. Kommt der Auszubildene dauerhaft seinen Pflichten nach § 9 nicht nach, kann ein Grund zur **fristlosen Kündigung** gegeben sein[18]. (§ 15 Abs. 2 Nr. 1, vgl. dort Rz. 7). Je nach Schwere des Verstoßes ist der Auszubildende vor Ausspruch der Kündigung **abzumahnen**[19].

---

1 LAG Düsseldorf v. 23.2.1973 – 8 Sa 598/72, DB 1973, 974. | 2 Kasseler Handbuch/*Taubert*, 5.1. Rz. 156; *Knopp/Kraegeloh*, § 9 BBiG Rz. 2; *Leinemann/Taubert*, § 9 BBiG Rz. 9. | 3 Kasseler Handbuch/*Taubert*, 5.1. Rz. 157; *Leinemann/Taubert*, § 9 BBiG Rz. 10; *Wohlgemuth*, § 9 BBiG Rz. 7. | 4 LAG Bremen v. 19.4.1960 – 2 Sa 4/60, BB 1960, 1022; Kasseler Handbuch/*Taubert*, 5.1. Rz. 158 mwN; aA *Gedon/Spiertz*, § 9 BBiG Rz. 15; zum Meinungsstand ErfK/*Schlachter*, § 9 BBiG Rz. 3. | 5 BAG v. 5.12.1985 – 2 AZR 61/85, AP Nr. 10 zu § 620 BGB – Bedingung. | 6 Kasseler Handbuch/*Taubert*, 5.1. Rz. 159; *Knopp/Kraegeloh*, § 9 BBiG Rz. 5; *Leinemann/Taubert*, § 9 BBiG Rz. 25. | 7 *Leinemann/Taubert*, § 9 BBiG Rz. 11. | 8 ErfK/*Schlachter*, § 9 BBiG Rz. 4; *Knopp/Kraegeloh*, § 9 BBiG Rz. 7. | 9 *Herkert*, § 9 BBiG Rz. 8; *Knopp/Kraegeloh*, § 9 BBiG Rz. 7; *Wohlgemuth*, § 9 BBiG Rz. 10. | 10 *Gedon/Spiertz*, § 9 BBiG Rz. 18; Kasseler Handbuch/*Taubert*, 5.1. Rz. 160; *Schaub*, § 78 Rz. 75. | 11 BAG v. 27.3.1980 – 2 AZR 506/78, AP Nr. 26 zu § 611 BGB – Direktionsrecht; v. 14.12.1961 – 5 AZR 180/61, AP Nr. 17 zu § 611 BGB – Direktionsrecht. | 12 ArbG Bayreuth v. 7.12.1971 – 1 Ca 433/71, EzB Nr. 7 zu § 15 Abs. 2 Nr. 1 BBiG. | 13 *Leinemann/Taubert*, § 9 BBiG Rz. 19; aA *Wohlgemuth*, § 9 BBiG Rz. 21 mwN. | 14 ErfK/*Schlachter*, § 9 BBiG Rz. 5. | 15 MünchArbR/*Natzel*, § 178 Rz. 174; *Wohlgemuth*, § 9 BBiG Rz. 25. | 16 BAG v. 15.12.1987 – 3 AZR 474/86, AP Nr. 5 zu § 611 BGB – Betriebsgeheimnis; *Leinemann/Taubert*, § 9 BBiG Rz. 23; *Wohlgemuth*, § 9 BBiG Rz. 27. | 17 ErfK/*Schlachter*, § 9 BBiG Rz. 6. | 18 LAG München v. 7.10.1970 – 1 Sa 774/69, EzB Nr. 2 zu § 9 BBiG. | 19 Kasseler Handbuch/*Taubert*, 5.1. Rz. 167.

BBiG § 9 Rz. 13   Verhalten während der Berufsausbildung

13   Verursacht der Auszubildende schuldhaft einen Schaden, kommt eine **Haftung nach den allgemeinen Grundsätzen**[1] (§ 3 Abs. 2) in Betracht. Dabei ist zu beachten, dass an die Sorgfaltspflichten eines Auszubildenden geringere Anforderungen gestellt werden können als an die eines ArbN[2]. Zudem trifft den Ausbildenden eine **Verpflichtung zur Einweisung und zur Beaufsichtigung des Auszubildenden**. Kommt er der Verpflichtung nicht nach, findet dieser Umstand bei der Bemessung des Grades des Verschuldens Berücksichtigung[3]. Bei der Verrichtung **ausbildungsfremder Tätigkeiten** soll der Auszubildende bei auftretenden Schäden nur für Vorsatz und grobe Fahrlässigkeit haften[4].

14   Den Ausbildenden kann ein **Mitverschulden** treffen, wenn er seine Aufsichtspflicht verletzt[5] bzw. wenn ihm der unzuverlässige Charakter des Auszubildenden bekannt ist und er gleichwohl keine zusätzlichen Schutzmaßnahmen vorsieht[6]. Dies gilt auch im Umgang mit Maschinen und Werzeugen, wenn der Auszubildende hierin noch ungeübt ist und der Ausbildende ihn nicht ausreichend eingewiesen hat[7].

Dritter Unterabschnitt. Vergütung

10 *Vergütungsanspruch*
(1) Der Ausbildende hat dem Auszubildenden eine angemessene Vergütung zu gewähren. Sie ist nach dem Lebensalter des Auszubildenden so zu bemessen, dass sie mit fortschreitender Berufsausbildung, mindestens jährlich, ansteigt.

(2) Sachleistungen können in Höhe der nach § 160 Abs. 2 der Reichsversicherungsordnung[8] festgesetzten Sachbezugswerte angerechnet werden, jedoch nicht über fünfundsiebzig vom Hundert der Bruttovergütung hinaus.

(3) Eine über die vereinbarte regelmäßige tägliche Ausbildungszeit hinausgehende Beschäftigung ist besonders zu vergüten oder durch entsprechende Freizeit auszugleichen.

1   **I. Rechtsnatur der Vergütung.** Die Vergütung soll eine finanzielle Hilfe zur Durchführung der Ausbildung sein, die Heranbildung eines ausreichenden Nachwuchses an qualifizierten Fachkräften gewährleisten und schließlich eine Entlohnung darstellen[9]. Sie steht in keinem Austauschverhältnis zum Produktionsinteresse des ArbGeb, da ein Ausbildungsvertrag keine leistungsorientierte Gewinnwirtschaftung vorsieht[10]. **Steuer- und sozialversicherungsrechtlich** wird sie als Entgelt behandelt, dasselbe gilt **betriebsverfassungsrechtlich** (§ 87 Abs. 1 Nr. 4 BetrVG)[11]. Sie zählt zu den Erziehungsgeldern iSd. § 850 a Nr. 6 ZPO und ist damit **unpfändbar**[12]. Aus diesem Grunde kann sie weder **abgetreten** (§ 400 BGB) noch **verpfändet** werden (§ 1274 Abs. 2 BGB)[13].

2   Der Anspruch auf die Vergütung entsteht mit dem vertraglich vereinbarten und in der Niederschrift festgelegten ersten Tag des Berufsausbildungsverhältnisses. Der Auszubildende kann auf sie nicht **verzichten**, sie ist nach § 18 **unabdingbar**[14]. Die Vereinbarung, für die Zeit des Berufsschulbesuchs keine Vergütung zu zahlen, ist ebenfalls nichtig[15]. Möglich ist jedoch der Abschluss eines sog. Einführungsverhältnisses, dh einer unbezahlten Kennenlernphase zwischen ArbN und ArbGeb[16].

3   Unter § 10 fallen sämtliche Ausbildungsverhältnisse iSd. BBiG, nicht jedoch **öffentlich-rechtliche Berufsausbildungsverhältnisse** (§ 2 Abs. 2, vgl. dort Rz. 2 f.)[17]. Die Ausbildung in **Heil- und Hilfsberufen** wird von § 10 nur ausnahmsweise erfasst, wenn die praktische Ausbildung überwiegt[18]. Bei einem öffentlich finanzierten, dreiseitigen Ausbildungsverhältnis kann die Nichtanwendung von § 10 Abs. 1 Satz 1 BBiG geboten sein[19].

---

1 BAG GS v. 27.9.1994 – GS 1/89 (A), AP Nr. 103 zu § 611 BGB – Haftung des Arbeitnehmers. |2 ArbG Celle v. 26.11.1970 – Ca 517/70, EzB Nr. 1 zu § 3 Abs. 2 BBiG. |3 BAG v. 7.7.1970 – 1 AZR 507/69, AP Nr. 59 zu § 611 BGB – Haftung des Arbeitnehmers. |4 ArbG Kiel v. 24.4.1963 – 3a Ca 266/63, AP Nr. 21 zu § 611 BGB – Lehrverhältnis. |5 BAG v. 7.7.1970 – 1 AZR 507/69, AP Nr. 59 zu § 611 BGB – Haftung des Arbeitnehmers; v. 29.6.1964 – 1 AZR 434/63, AP Nr. 33 zu § 611 BGB – Haftung des Arbeitnehmers; ErfK/*Schlachter*, § 9 BBiG Rz. 7; *Schaub*, § 174 Rz. 73; *Wohlgemuth*, § 9 BBiG Rz. 30. |6 BAG v. 7.7.1970 – 1 AZR 507/69, DB 1970, 1886. |7 LAG Mainz v. 10.6.1958 – 1 Sa 61/58, DB 1958, 844; LAG Bremen v. 8.4.1959 – I Sa 15/59, BB 1959, 850. |8 § 160 Abs. 2 RVO aufgehoben; vgl. jetzt § 17 SGB IV. |9 Schriftlicher Bericht des Ausschusses für Arbeit, BT-Drs. V/4260, S. 9 zu § 10; BAG v. 25.7.2002 – 6 AZR 311/00, AP Nr. 11 zu § 10 BBiG = BB 2003, 1744; v. 30.9.1998 – 5 AZR 690/97, AP Nr. 8 zu § 10 BBiG; v. 11.10.1995 – 5 AZR 258/94, AP Nr. 6 zu § 10 BBiG. |10 BAG v. 17.8.2000 – 8 AZR 578/99, AP Nr. 7 zu § 3 BBiG. |11 *Götz*, Berufsbildungsrecht, Rz. 246; Kasseler Handbuch/*Taubert*, 5.1. Rz. 173; MünchArbR/*Natzel*, § 178 Rz. 194. |12 Str., so wie hier *Götz*, Berufsbildungsrecht, Rz. 247; Kasseler Handbuch/*Taubert*, 5.1. Rz. 173; *Leinemann/Taubert*, § 10 BBiG Rz. 27; MünchArbR/*Natzel*, § 178 Rz. 196; *Wohlgemuth*, § 10 BBiG Rz. 3. |13 ErfK/*Schlachter*, § 10 BBiG Rz. 2; *Knopp/Kraegeloh*, § 10 BBiG Rz. 1. |14 LAG Rh.-Pf. v. 7.3.1997 – 3 Sa 540/96, EzB Nr. 69 zu § 10 Abs. 1 BBiG. |15 ArbG Bayreuth v. 1.6.1978 – 2 Ca 25/78, EzB Nr. 15 zu § 4 BBiG. |16 LAG Bremen v. 25.7.2002 – 3 Sa 83/02, EzB Nr. 74 zu § 10 Abs. 1 BBiG. |17 *Wohlgemuth*, § 10 BBiG Rz. 1. |18 BAG v. 7.3.1990 – 5 AZR 217/89, AP Nr. 28 zu § 611 BGB – Ausbildungsverhältnis; v. 18.6.1980, 4 AZR 545/78, AP Nr. 3 zu § 611 BGB – Ausbildungsverhältnis. |19 BAG v. 6.1.2003 – 6 AZR 325/01, EzB Nr. 78 zu § 10 Abs. 1 BBiG; v. 15.11.2000 – 5 AZR 296/99, AP Nr. 9 zu § 10 BBiG.

II. Höhe der Vergütung (Abs. 1). Die Höhe der Vergütung kann tarif- oder einzelvertraglich vereinbart werden. Sie muss **angemessen** sein (**Abs. 1 Satz 1**)[1]. Das ist dann der Fall, wenn sie hilft, die Lebenshaltungskosten zu bestreiten und zugleich eine Mindestentlohnung für die Leistungen des Auszubildenden darstellt[2]. **Einschlägige tarifliche Vorschriften** stellen die Mindestentlohnung dar und sind stets angemessen[3]. Fehlt eine tarifvertragliche Regelung, kann zur Ermittlung der angemessenen Vergütung auf Empfehlungen von Kammern und Innungen zurückgegriffen werden[4]. Diese sind nicht berechtigt, Mindestsätze für die Vergütung verbindlich festzusetzen[5]. **Die Vergütung nicht tariflich gebundener Auszubildender** ist auf jeden Fall angemessen, wenn sie nach einem entsprechenden TV bemessen wird[6]. Eine erst nach Vertragabschluss erfolgte Absenkung der Tarifsätze mindert nicht die vertraglich geschuldete Leistung[7]. Unterschreitet die Vergütung den für einen Ausbildungsbetrieb einschlägigen TV um mehr als 20 %, ist sie nicht mehr angemessen[8]. 4

Wird die Vergütung **zu 100 % von der öffentlichen Hand finanziert**, kann diese, auch wenn sie erheblich unter den tariflichen Ausbildungsvergütungen liegt, noch angemessen sein[9]. Bei der Prüfung der Angemessenheit ist auf den **Zeitpunkt der Fälligkeit** und nicht auf den Zeitpunkt des Vertragsschlusses abzustellen[10]. 5

Die Vergütung muss nach **Abs. 1 Satz 2** das Lebensalter des Auszubildenden berücksichtigen und mindestens jährlich ansteigen – und zwar nach Ablauf des jeweiligen Berufsausbildungsjahres[11]. Wird eine **Zwischenprüfung** vorfristig erfolgreich abgelegt, besteht ein Anspruch auf die für den folgenden Ausbildungsabschnitt vorgesehene Vergütung[12]. **Verkürzungszeiten nach § 29 Abs. 1** gelten im Hinblick auf die Vergütung als abgeleistete Zeiten des Ausbildungsverhältnisses[13]. Bei einer **Verkürzung nach § 29 Abs. 2** besteht kein Anspruch auf eine entsprechend vorgezogene Erhöhung der Ausbildungsvergütung[14]. Eine **Verlängerung der Ausbildungszeit** ebenso wie deren **Verkürzung** infolge vorzeitiger Ablegung der Abschlussprüfung (§ 14 Abs. 2) haben auf die Höhe der Vergütung keine Auswirkung[15]. Bei **nicht bestandener Abschlussprüfung** kann das Ausbildungsverhältnis nach Maßgabe des § 14 Abs. 3 höchstens um ein Jahr verlängert werden (vgl. dort Rz. 4). In diesem Fall besteht Anspruch auf eine Vergütung in der zuletzt gezahlten Höhe und nicht etwa auf die Vergütung für ein tariflich vorgesehenes **viertes Ausbildungsjahr**[16]. 6

Ist die vertragliche Vergütung unangemessen, führt dies nicht zur **Nichtigkeit** des gesamten Ausbildungsvertrages (§ 139 BGB). Der Auszubildende kann in diesem Fall vielmehr die angemessene Vergütung einklagen[17]. 7

III. Anrechnung von Sachleistungen (Abs. 2). Sofern der Ausbildende Sachleistungen in Form von Wohnung, Heizung, Beleuchtung bzw. Verpflegung gewährt, können diese bis zu 75 % auf den Vergütungsanspruch kraft tarif- bzw. einzelvertraglicher Vereinbarung angerechnet werden[18]. 25% müssen dem Auszubildenden auf jeden Fall ausbezahlt werden[19]. Können Sachleistungen aus berechtigtem Grund nicht in Empfang genommen werden (Urlaub, Krankheit etc.), sind sie abzugelten[20]. 8

Die Höhe der anzurechnenden Sachbezüge ergibt sich aus der von der Bundesregierung auf der Grundlage des § 17 SGB IV jeweils für das Folgejahr erlassenen Sachbezugsverordnung[21]. 9

IV. Besondere Vergütung oder Freizeitausgleich bei Mehrarbeit (Abs. 3). Mehrbeschäftigung liegt vor, wenn die tarif- oder einzelvertraglich vereinbarte regelmäßige Dauer der Ausbildungszeit überschritten wird[22]. Die besondere Vergütung muss **angemessen sein** und ist zusätzlich zur vereinbarten Bezahlung zu gewähren. Selbst wenn die nach § 8 Abs. 1 JArbSchG bzw. § 3 ArbZG (hierzu § 4 Abs. 1 Satz 2 Nr. 4, Rz. 7) zulässige tägliche Ausbildungszeit überschritten wird, besteht ein Anspruch auf die 10

---

1 Hierzu *Natzel*, Zur Angemessenheit der Ausbildungsvergütung, DB 1992, 1521 ff. | 2 StRspr., BAG v. 30.9.1998 – 5 AZR 690/97, AP Nr. 8 zu § 10 BBiG; v. 11.10.1995 – 5 AZR 258/94, AP Nr. 6 zu § 10 BBiG; v. 10.4.1991 – 5 AZR 226/90, AP Nr. 3 zu § 10 BBiG. | 3 BAG v. 24.10.2002 – 6 AZR 626/00, AP Nr. 12 zu § 10 BBiG = AR-Blattei ES 400 Nr. 110; v. 7.3.1990 – 5 AZR 217/89, AP Nr. 28 zu § 611 BGB – Ausbildungsverhältnis; v. 18.6.1980 – 4 AZR 545/78, AP Nr. 4 zu § 611 BGB – Ausbildungsverhältnis. | 4 BAG v. 30.9.1998 – 5 AZR 690/97, AP Nr. 8 zu § 10 BBiG; v. 25.4.1984 – 5 AZR 540/82, EzB Nr. 41 zu § 10 Abs. 1 BBiG. | 5 BVerwG v. 26.3.1981 – 4 C 50.80, EzB Nr. 23 zu § 4 BBiG. | 6 BAG v. 18.6.1980 – 4 AZR 545/78, AP Nr. 3 zu § 611 BGB – Ausbildungsverhältnis. | 7 BAG v. 26.9.2002 – 6 AZR 434/00, AP Nr. 10 zu § 10 BBiG = AR-Blattei ES 400 Nr. 107. | 8 BAG v. 10.4.1991 – 5 AZR 226/90, AP Nr. 3 zu § 10 BBiG; BAG Nr. 16 zu § 72 ArbGG 1979; LAG Berlin v. 21.3.2000 – 5 Sa 81/00. | 9 BAG v. 24.10.2002 – 6 AZR 626/00, 990 Rz. 5; v. 11.10.1995 – 5 AZR 258/94, AP Nr. 6 zu § 10 BBiG; BAG v. zur Angemessenheit der Vergütung bei einer Finanzierung des Ausbildungsverhältnisses durch Spenden Dritter BAG v. 8.5.2003 – 6 AZR 191/02, AR-Blattei ES 400 Nr. 114 mit Anm. *Hergenröder*. | 10 BAG v. 30.9.1998 – 5 AZR 690/97, AP Nr. 8 zu § 10 BBiG. | 11 Ausschussbericht BT-Drs. V/4260 zu § 10; *Leinemann/Taubert*, § 10 BBiG Rz. 25; *Wohlgemuth*, § 10 BBiG Rz. 7. | 12 *Schaub*, § 174 Rz. 56. | 13 BAG v. 8.12.1982 – 5 AZR 474/80, AP Nr. 1 zu § 29 BBiG. | 14 BAG v. 8.12.1982 – 5 AZR 474/80, AP Nr. 1 zu § 29 BBiG; LAG Hamburg v. 23.1.1979 – 4 Sa 97/78, EzB Nr. 17 zu § 4 BBiG. | 15 MünchArbR/*Natzel*, § 178 Rz. 209 f. | 16 BAG v. 8.2.1978 – 4 AZR 552/76, AP Nr. 1 zu § 10 BBiG; 160.10.2 Nr. 86. | 17 LAG Nürnberg v. 29.5.1984 – 7 Sa 57/83, EzB Nr. 42 zu § 10 BBiG; *Leinemann/Taubert*, § 10 BBiG Rz. 29; *Schaub*, § 174 RZ. 58. | 18 LAG Nds. v. 31.10.1973 – 6a (6) Sa 263/72, EzB Nr. 3 zu § 10 Abs. 2 BBiG. | 19 ErfK/*Schlachter*, § 10 BBiG Rz. 5; *Leinemann/Taubert*, § 10 BBiG Rz. 35; *Wohlgemuth*, § 10 BBiG Rz. 13. | 20 *Schaub*, § 174 Rz. 62. | 21 *Leinemann/Taubert*, § 10 BBiG Rz. 36 mwN. | 22 *Gedon/Spiertz*, § 10 BBiG Rz. 50; *Wohlgemuth*, § 10 BBiG Rz. 14.

besondere Vergütung nach Abs. 3[1]. Der **Freizeitausgleich** tritt alternativ an die Stelle der besonderen Vergütung und ist grundsätzlich innerhalb eines Monats nach der Mehrbeschäftigung zu gewähren, um einen gewissen zeitlichen Zusammenhang zu wahren[2].

11 Bemessung und Fälligkeit der Vergütung

(1) Die Vergütung bemisst sich nach Monaten. Bei Berechnung der Vergütung für einzelne Tage wird der Monat zu dreißig Tagen gerechnet.

(2) Die Vergütung für den laufenden Kalendermonat ist spätestens am letzten Arbeitstag des Monats zu zahlen.

1 **I. Bemessung der Vergütung (Abs. 1).** Nach **Abs. 1 Satz 1** bemisst sich die Vergütung nach Kalendermonaten. Diese Vorschrift ist **unabdingbar** (§ 18)[3]. Bei der Bemessung für einzelne Tage wird jeder Monat mit 30 Tagen gerechnet, auch der Februar[4]. Die Vereinbarung eines kleineren Teilers ist zulässig[5]. Stunden- oder Schichtlöhne sowie vom Betriebsergebnis abhängige Vergütungen sind unzulässig[6]. Bei **unentschuldigtem Fehlen** des Auszubildenden kann die Vergütung für jeden Tag um 1/30 gekürzt werden[7].

2 **II. Fälligkeit der Vergütung (Abs. 2).** Die Vergütung für den laufenden Monat ist spätestens am letzten Arbeitstag des Monats fällig, frühere Zahlungen sind ebenso möglich wie **Vorschüsse** oder **Abschlagszahlungen**. Die Zahlung kann bar oder bargeldlos (per Überweisung oder Scheck) erfolgen[8]. Bei Barzahlung ist **Erfüllungsort** der Ort der Ausbildungsstätte[9].

3 An **minderjährige Auszubildende** kann die Vergütung direkt bezahlt werden. Sie sind nach § 113 Abs. 1 BGB grundsätzlich befugt, diese entgegenzunehmen, es sei denn, die Ermächtigung ist nach § 113 Abs. 2 BGB eingeschränkt[10].

4 Nach § 87 Abs. 1 Nr. 4 BetrVG hat der **BR ein MitbestR** bei Fragen von Zeit, Ort und Art der Auszahlung der Arbeitsentgelte[11].

12 Fortzahlung der Vergütung

(1) Dem Auszubildenden ist die Vergütung auch zu zahlen
1. für die Zeit der Freistellung (§ 7),
2. bis zur Dauer von sechs Wochen, wenn er
    a) sich für die Berufsausbildung bereithält, diese aber ausfällt, oder
    b) aus einem sonstigen, in seiner Person liegenden Grund unverschuldet verhindert ist, seine Pflichten aus dem Berufsausbildungsverhältnis zu erfüllen.

Wenn der Auszubildende infolge einer unverschuldeten Krankheit, einer Maßnahme der medizinischen Vorsorge oder Rehabilitation, einer Sterilisation oder eines Abbruchs der Schwangerschaft durch einen Arzt an der Berufsausbildung nicht teilnehmen kann, findet das Entgeltfortzahlungsgesetz Anwendung.

(2) Kann der Auszubildende während der Zeit, für welche die Vergütung fortzuzahlen ist, aus berechtigtem Grund Sachleistungen nicht abnehmen, so sind diese nach den Sachbezugswerten (§ 10 Abs. 2) abzugelten.

1 **I. Fortzahlung der Vergütung für die Zeit der Freistellung (Abs. 1 Satz 1 Nr. 1).** Soweit der Auszubildende nach § 7 (vgl. dort Rz. 2) freizustellen ist, besteht ein Fortzahlungsanspruch nach Nr. 1. Voraussetzung ist, dass dieser an den Ausbildungsmaßnahmen auch **tatsächlich teilnimmt oder entschuldigt fehlt**[12]. Fällt der Berufsschulunterricht aus und bleibt der Auszubildende unentschuldigt der Ausbildungsstätte fern, kann die Vergütung anteilig gekürzt werden[13]. Der Anspruch auf Fortzahlung der Vergütung für die Zeit des Besuchs der Berufsschule ist auch dann gegeben, wenn der Auszubildende **nicht mehr berufsschulpflichtig** ist[14]. Eine Vereinbarung, für die Zeit des Berufsschulunterrichts keine Vergütung zu zahlen, ist nichtig[15]. Dies gilt nicht für die Zeit nach Abschluss des Ausbildungsverhältnisses[16]. Es ist nur die Vergütung für die vertraglich vereinbarte tägliche Ausbildungszeit (§ 4 Abs. 1

---

1 BAG v. 3.10.1969 – 3 AZR 400/68, AP Nr. 12 zu § 15 AZO; v. 4.10.1963 – 1 AZR 461/62, AP Nr. 3 zu § 10 JArbSchG; ErfK/*Schlachter*, § 10 BBiG Rz. 6; *Gedon/Spiertz*, § 10 BBiG Rz. 58; *Knigge*, AR-Blattei SD 400.2 Rz. 186. |2 *Knopp/Kraegeloh*, § 10 BBiG Rz. 5b. |3 AA *Herkert*, § 11 BBiG Rz. 12, der eine Verkürzung des Bemessungszeitraums zulässt; zum Meinungsstand *Wohlgemuth*, § 11 BBiG Rz. 2. |4 *Leinemann/Taubert*, § 11 BBiG Rz. 6. |5 *Gedon/Spiertz*, § 11 BBiG Rz. 3; *Wohlgemuth*, § 11 BBiG Rz. 3. |6 ErfK/*Schlachter*, § 11 BBiG Rz. 1. |7 Kasseler Handbuch/*Taubert*, 5.1. Rz. 208. |8 ErfK/*Schlachter*, § 11 BBiG Rz. 2; *Gedon/Spiertz*, § 11 BBiG Rz. 5 ff., 11. |9 ErfK/*Schlachter*, § 11 BBiG Rz. 3; *Leinemann/Taubert*, § 11 BBiG Rz. 14. |10 *Leinemann/Taubert*, § 11 BBiG Rz. 16; Palandt/*Heinrichs*, § 113 BGB Rz. 4 f.; *Wohlgemuth*, § 11 BBiG Rz. 6. |11 *Fitting ua.*, BetrVG, 20. Aufl. 2000, § 87 Rz. 174 ff.; *Knopp/Kraegeloh*, § 11 BBiG Rz. 6; *Wohlgemuth*, § 11 BBiG Rz. 7. |12 Kasseler Handbuch/*Taubert*, 5.1. Rz. 219; *Leinemann/Taubert*, § 12 BBiG Rz. 5; *Wohlgemuth*, § 12 BBiG Rz. 2. |13 ErfK/*Schlachter*, § 12 BBiG Rz. 3; *Leinemann/Taubert*, § 12 BBiG Rz. 5. |14 ArbG Münster v. 20.12.1979 – 3 (2) Ca 658/79, EzB Nr. 7 zu § 12 Abs. 1 Satz 1 Nr. 1 BBiG. |15 ArbG Bayreuth v. 1.6.1978 – 2 Ca 25/78, EzB Nr. 6 zu § 12 Abs. 1 Satz 1 BBiG. |16 Vgl. die Nachw. bei ErfK/*Schlachter*, § 12 BBiG Rz. 2.

Satz 2 Nr. 4) zu zahlen, selbst wenn die Maßnahme, für die freizustellen ist, länger dauert[1]. Für eine **rein schulische Ausbildung** ist keine Vergütung zu zahlen[2].

Es gilt das **Lohnausfallprinzip**. Dh. der Auszubildende hat für die Dauer der Freistellung Anspruch auf die Vergütung, die ihm bei Anwesenheit in der Ausbildungsstätte gezahlt worden wäre[3]. Eine Verrechnung von unentschuldigten Fehltagen mit Urlaubstagen ist nicht möglich[4]. Der Anspruch nach Nr. 1 endet mit der **Beendigung des Ausbildungsverhältnisses**.

Abs. 1 Nr. 1 regelt nur die Fortzahlung der Vergütung für die Dauer der Freistellung, und begründet keinen Anspruch auf Übernahme der **Fahrtkosten zum Besuch der Berufsschule bzw. den Kosten des Berufsschulbesuchs**[5]. Ein solcher kann sich aber aus Betriebsübung[6] sowie aus tarif- oder einzelvertraglicher Vereinbarung ergeben. Bei einer **auswärtigen Lehrabschlussprüfung** besteht ebenfalls kein gesetzlicher Anspruch auf Übernahme der Fahrt- und Übernachtungskosten[7] (siehe auch § 5 Rz. 8).

II. Fortzahlung der Vergütung bei Ausfall der Berufsausbildung (Abs. 1 Satz 1 Nr. 2). 1. Ausfall der Berufsausbildung. Nach Abs. 1 Satz 1 Nr. 2 a) ist die Vergütung für die Dauer von sechs Wochen fortzuzahlen, wenn die Berufsausbildung aus vom Ausbildenden zu vertretenden Gründen ausfällt (zB Auftrags- oder Materialmangel, Stromausfall, Maschinenschaden, Liquiditätsengpässe, Erkrankung des Ausbildenden, Produktionsverbote etc.). Voraussetzung ist, dass der Auszubildende die Erfüllung seiner Pflichten ordnungsgemäß anbietet, dh. er muss jederzeit für die Fortführung der Berufsausbildung zur Verfügung stehen[8]. Fällt die Berufsausbildung infolge Streiks oder Aussperrung aus, besteht nach allgemeiner Meinung ein Vergütungsanspruch nach Nr. 2, sofern sich der Auszubildende an diesen Maßnahmen nicht beteiligt[9].

Der Anspruch auf Fortzahlung der Vergütung ist **unabdingbar** (§ 18).

2. Unverschuldete Verhinderung des Auszubildenden. Eine Fortzahlungspflicht besteht nach **Abs. 1 Satz 1 Nr. 2 b)** dann, wenn ein in der Person des Auszubildenden liegender Grund diesen unverschuldet daran hindert, seinen Pflichten aus dem Ausbildungsverhältnis nachzukommen (zB Arztbesuch, Wohnungswechsel, Hochzeit, Kindstaufe, Beerdigung, Teilnahme an einem Gerichtstermin usw.). Die Vorschrift entspricht § 616 BGB, ist aber im Gegensatz zu diesem **unabdingbar** (§ 18).

Ist es dem Auszubildenden aufgrund der **Witterungs- bzw. Verkehrsverhältnisse** unmöglich, seine Arbeitsstätte zu erreichen, besteht keine Vergütungspflicht[10].

In den Fällen 2 a) und 2 b) ist die Vergütung bis **zur Dauer von sechs Wochen** zu bezahlen. Für die Fristberechnung gelten die §§ 187, 188 BGB.

3. Anwendung des Entgeltfortzahlungsgesetzes. Kann der Auszubildende aus einem der in **Abs. 1 Satz 2** genannten Gründe nicht an der Berufsausbildung teilnehmen, findet das EFZG Anwendung. Damit hat der Auszubildende nach §§ 1 Abs. 2, 3 Abs. 1 EFZG für die **Dauer von bis zu sechs Wochen** einen Anspruch auf Fortzahlung der Vergütung für Zeiten, in denen er infolge der in Abs. 1 Satz 2 genannten Fälle nicht an der Berufsausbildung teilnehmen kann[11] (hierzu die Kommentierung von *Schliemann* zu § 3 EFZG Rz. 4 ff.). Die Ausbildungsunfähigkeit muss die Teilnahme an der Ausbildung verhindern und alleinige Ursache für die Unmöglichkeit der Teilnahme sein[12].

Der häufigste Fall ist die Nichtteilnahme infolge **unverschuldeter Krankheit** (hierzu die Kommentierung von *Schliemann* zu § 3 EFZG Rz. 11 ff.). Schuldhaft handelt insoweit, wer gröblich gegen die von einem verständigen Menschen im eigenen Interesse zu erwartende Verhaltensweise verstößt[13]. Bei der Prüfung des Verschuldens ist bei **jugendlichen Auszubildenden** deren gegenüber einem Erwachsenen nicht voll ausgereifter Entwicklungsstand zu berücksichtigen[14].

§ 12 normiert keinen gesetzlichen Forderungsübergang. Bei einem **Verschulden Dritter** ist der Auszubildende verpflichtet, im Umfange der Lohnfortzahlung seine Ansprüche an den Ausbildenden abzutreten[15].

III. Nichtabnahme von Sachleistungen (Abs. 2). Berechtigte Gründe iSd. Vorschrift sind ua. Urlaub, eine Kur, ein Krankenhausaufenthalt oder die Ausbildung in einer außerbetrieblichen Ausbildungsstelle

---

1 *Gedon/Spiertz*, § 12 BBiG Rz. 13; *Leinemann/Taubert*, § 12 BBiG Rz. 7; *Wohlgemuth*, § 12 BBiG Rz. 3. |2 BAG v. 16.10.1974 – 5 AZR 575/73, AP Nr. 1 zu § 1 BBiG; *Knopp/Kraegeloh*, § 12 BBiG Rz. 1 a. |3 BAG v. 17.11.1972 – 3 AZR 112/72, AP Nr. 3 zu § 13 JArbSchG; v. 3.9.1960 – 1 AZR 210/59, AP Nr. 1 zu § 13 JArbSchG. |4 BAG v. 5.2.1970 – 5 AZR 470/69, AP Nr. 4 zu § 3 BUrlG. |5 BAG v. 29.9.2002 – 6 AZR 486/00, AP Nr. 12 zu § 5 BBiG = AR-Blattei ES 400 Nr. 109. |6 BAG v. 11.1.1973 – 5 AZR 467/72, AP Nr. 1 zu § 6 BBiG; ArbG Regensburg v. 15.3.1989 – 6 Ca 2921/88, EzB Nr. 30 zu § 5 BBiG. |7 BAG v. 14.12.1983 – 5 AZR 333/81, AP Nr. 1 zu § 34 BBiG. |8 ErfK/*Schlachter*, § 12 BBiG Rz. 5. |9 So wie hier *Gedon/Spiertz*, § 12 BBiG Rz. 23; *Götz*, Berufsbildungsrecht, Rz. 283; Kasseler Handbuch/*Natzel*, 5.1. Rz. 41; *Leinemann/Taubert*, § 12 BBiG Rz. 18; aA *Natzel*, Berufsbildungsrecht, S. 252. Zum Streikrecht des Auszubildenden ErfK/*Schlachter*, § 4 BBiG Rz. 11 mwN. |10 BAG v. 8.12.1982 – 4 AZR 134/80, AP Nr. 58 zu § 616 BGB; v. 8.9.1982 – 5 AZR 283/80, AP Nr. 59 zu § 616 BGB; Kasseler Handbuch/*Taubert*, 5.1. Rz. 226. |11 Vgl. ErfK/*Dörner*, § 3 EFZG Rz. 4 ff. |12 ErfK/*Schlachter*, § 12 BBiG Rz. 9. |13 BAG v. 30.3.1988 – 5 AZR 42/87, AP Nr. 77 zu § 1 Lohn FG; v. 7.12.1972 – 5 AZR 350/72, AP Nr. 26 zu § 1 LohnFG, st. Rspr.; vgl. im Einzelnen ErfK/*Dörner*, § 3 EFZG Rz. 46. |14 *Gedon/Spiertz*, § 12 BBiG Rz. 29; *Leinemann/Taubert*, § 12 BBiG Rz. 42. |15 LAG Hannover v. 20.11.1973 – 8 S 175/73, EzB Nr. 2 zu § 12 Abs. 1 Satz 2 BBiG.

BBiG § 13 Rz.1   Probezeit

außerhalb des Wohnortes[1]. Kann der Auszubildende aus den genannten Gründen Sachleistungen nicht annehmen, sind diese unter Zugrundelegung der Sachbezugsverordnung (vgl. § 10 Rz. 9) abzugelten.

Dritter Abschnitt. Beginn und Beendigung des Berufsausbildungsverhältnisses

13 *Probezeit*
Das Berufsausbildungsverhältnis beginnt mit der Probezeit. Sie muss mindestens einen Monat und darf höchstens drei Monate betragen.

1   I. **Probezeit als Teil der Gesamtausbildung (Satz 1).** Jedes Berufsausbildungsverhältnis beginnt mit einer Probezeit, welche Teil der Gesamtausbildung ist und diesem nicht vorgeschaltet werden darf[2]. Die Beschäftigung als **Praktikant** vor Beginn der Berufsausbildung ist nicht anzurechnen[3].

2   Ab dem Beginn der Probezeit hat der Auszubildende Anspruch auf die **Ausbildungsvergütung**[4].

3   Die Probezeit soll es dem Auszubildenden ermöglichen, seine körperliche und geistige Eignung für den zu erlernenden Beruf festzustellen. Vereinbart der Auszubildende mit dem Ausbildenden ein **neues Ausbildungsverhältnis**, muss dieses wiederum mit einer Probezeit beginnen. Bei einem **Wechsel** des ArbGeb während der Ausbildungszeit kann eine neue Probezeit vereinbart werden[5]. Im Rahmen der **Stufenausbildung** ist die Vereinbarung einer Probezeit für die Folgestufen unzulässig[6].

4   II. **Dauer der Probezeit (Satz 2).** Die Probezeit darf höchstens drei Monate betragen und einen Monat nicht unterschreiten. Wird die Ausbildung während der Probezeit bspw. wegen Krankheit **unterbrochen**, verlängert sich diese nicht automatisch um die Dauer der Unterbrechung; die Parteien können dies jedoch vertraglich festlegen[7]. Die Vereinbarung einer sechsmonatigen Probezeit ist unzulässig[8]. In diesem Fall gilt die im Wege der **ergänzenden Vertragsauslegung** zu ermittelnde gesetzliche Höchstdauer von drei Monaten[9]. Eine generelle Verlängerung über drei Monate hinaus verstößt gegen § 18 BBiG[10]. Bei anderen Vertragsverhältnissen (zB bei Praktikanten oder Volontären) kann die Probezeit nach § 19 Satz 2 abgekürzt werden[11].

5   Während der Probezeit kann das Ausbildungsverhältnis ohne Einhaltung einer Kündigungsfrist und ohne Angabe von Gründen **gekündigt** werden (§ 15 Abs. 1, vgl. dort Rz. 3 f.). **§ 9 MuSchG**[12] findet Anwendung, **§§ 85 SGB IX ff.** kommen hingegen im Hinblick auf die sechsmonatige Wartezeit nach § 90 Abs. 1 Nr. 1 SGB IX nicht zum Tragen (§ 15 Rz. 2 mwN).

14 *Beendigung*
(1) Das Berufsausbildungsverhältnis endet mit dem Ablauf der Ausbildungszeit.

(2) Besteht der Auszubildende vor Ablauf der Ausbildungszeit die Abschlussprüfung, so endet das Berufsausbildungsverhältnis mit Bestehen der Abschlussprüfung.

(3) Besteht der Auszubildende die Abschlussprüfung nicht, so verlängert sich das Berufsausbildungsverhältnis auf sein Verlangen bis zur nächstmöglichen Wiederholungsprüfung, höchstens um ein Jahr.

1   I. **Beendigung des Ausbildungsverhältnisses (Abs. 1).** Das Ausbildungsverhältnis ist ein befristetes Vertragsverhältnis und endet grundsätzlich durch Zeitablauf (§ 4 Abs. 1 Nr. 2, vgl. dort Rz. 5). Dies gilt selbst dann, wenn der Auszubildende die Abschlussprüfung nicht besteht oder zu dieser nicht zugelassen wird[13]. Wird die Ausbildungszeit **abgekürzt** (§§ 29 Abs. 1 und 2) oder **verlängert** (§§ 29 Abs. 3, 14 Abs. 3), ist der jeweils vereinbarte Zeitpunkt maßgebend. Ein **Berufsgrundbildungsjahr** ist nach der Berufsgrundbildungsjahr-Anrechnungs-Verordnung[14] bei den in der Anlage zu dieser VO genannten Ausbildungsberufen anzurechnen[15]. Wird die Abschlussprüfung kurze Zeit nach Ablauf der Vertragszeit abgelegt und die Ausbildung bis zu diesem Zeitpunkt tatsächlich fortgesetzt, soll entgegen § 17 eine Verlängerung des Ausbildungsverhältnisses angenommen werden[16].

---

1 *Gedon/Spiertz*, § 12 BBiG Rz. 42. |2 LAG Rh.-Pf. v. 19.12.1986 – 6 Sa 979/86, EzB Nr. 21 zu § 13 BBiG; *Knopp/Kraegeloh*, § 14 BBiG Rz. 1a mwN. |3 LAG BW v. 25.8.1976 – 4 Sa 44/76, EzB Nr. 7 zu § 13 BBiG; *Gedon/Spiertz*, § 13 BBiG Rz. 5; *Leinemann/Taubert*, § 13 BBiG Rz. 8; aA ArbG Wetzlar v. 24.10.1989 – 1 Ca 317/89, EzB Nr. 24 zu § 13 BBiG; ErfK/*Schlachter*, § 13 BBiG Rz. 3; *Wohlgemuth*, § 13 BBiG Rz. 3 a. |4 *Leinemann/Taubert*, § 13 BBiG Rz. 3. |5 LAG Rh.-Pf. v. 19.4.2001 – 9 Sa 1507/00, EzB Nr. 29 zu § 13 BBiG; *Leinemann/Taubert*, § 13 BBiG Rz. 20. |6 BAG v. 27.11.1991 – 2 AZR 263/91, AP Nr. 2 zu § 13 BBiG. |7 BAG v. 15.1.1981 – 2 AZR 943/78, AP Nr. 1 zu § 13 BBiG, str., zum Meinungsstand *Wohlgemuth*, § 13 BBiG Rz. 3. |8 LAG BW v. 15.11.1975, 6 Sa 68/75, EzB Nr. 7 zu § 2 Abs. 1 BBiG. |9 *Gedon/Spiertz*, § 13 BBiG Rz. 6; *Schaub*, § 174 Rz. 79. |10 Zum Meinungsstand ErfK/*Schlachter*, § 13 BBiG Rz. 2 mwN. |11 Hierzu *Knopp/Kraegeloh*, § 13 BBiG Rz. 4. |12 LAG Hamm v. 7.2.1979 – A 14 Sa 1457/78, EzB Nr. 14 zu § 13 BBiG. |13 APS/*Biebl*, § 14 BBiG Rz. 4. |14 Vom 17.7.1978 (BGBl. I S. 1061), geändert durch VO v. 10.3.1982 (BGBl. I S. 229), abgedr. bei *Leinemann/Taubert*, Anh. Nr. 1 zu § 29. |15 *Knopp/Kraegeloh*, § 14 BBiG Rz. 1. |16 Vgl. die Nachw. bei ErfK/*Schlachter*, § 14 BBiG Rz. 2.

Daneben kommen weitere Beendigungsgründe in Betracht, namentlich die **Kündigung** (§ 15)[1], der Abschluss eines nach § 623 BGB schriftlichen **Aufhebungsvertrages** (§ 3 Rz. 6) bzw. die **Anfechtung** des Ausbildungsvertrages (§ 3 Rz. 11)[2]. Nach § 113 InsO kann der **Insolvenzverwalter** das Berufsausbildungsverhältnis unter Einhaltung der Kündigungsfrist, die für das angestrebte Arbeitsverhältnis gelten würde, kündigen[3]. Wird der Auszubildende zum **Grundwehrdienst** einberufen, ruht das Ausbildungsverhältnis (§ 1 Abs. 1 ArbPlSchG). Unzulässig ist eine Vereinbarung, wonach das Ausbildungsverhältnis bei einem **schlechten Zeugnis** ohne weiteres endet[4].

II. Vorzeitige Abschlussprüfung (Abs. 2). Wird der Auszubildende vor Ablauf der Ausbildungszeit zur Abschlussprüfung zugelassen (§ 40 Abs. 1, vgl. dort Rz. 1 ff.) und besteht er diese, endet ebenfalls das Ausbildungsverhältnis. **Bestanden** ist die Prüfung, wenn das Prüfungsverfahren abgeschlossen und das Ergebnis der Prüfung mitgeteilt worden ist[5]. Diese Voraussetzung ist i.d.R erfüllt, wenn der Prüfungsausschuss über das Ergebnis der Prüfung einen Beschluss gefasst und diesen bekannt gegeben hat. Die nach § 41 von der zuständigen Stelle erlassene Prüfungsordnung kann einen anderen Zeitpunkt festlegen, zu dem die Abschlussprüfung als bestanden gilt (§ 41 Rz. 8)[6].

III. Wiederholung der Abschlussprüfung (Abs. 3). Bei nicht bestandener Abschlussprüfung verlängert sich das Ausbildungsverhältnis auf Verlangen des Auszubildenden um höchstens ein Jahr. Das gilt auch, wenn dieser **krankheitsbedingt an der Prüfung nicht teilnehmen kann**[7] bzw. **entschuldigt in dieser fehlt**[8] oder wenn zu erwarten ist, dass die Wiederholungsprüfung nicht bestanden wird[9]. Wird die Wiederholungsprüfung bestanden, endet das Ausbildungsverhältnis. Andernfalls verlängert es sich auf Verlangen des Auszubildenden bis zur **zweiten Wiederholungsprüfung**, wenn diese noch innerhalb der Höchstfrist von einem Jahr abgelegt wird[10]. Das **Verlangen** bedarf keiner Form[11] und verlängert das Ausbildungsverhältnis unmittelbar, ohne dass der Ausbildende dies verweigern könnte[12].

Findet die Abschlussprüfung erst nach dem vereinbarten Vertragsende statt, kann der Auszubildende verlangen, dass die Ausbildung bis zu diesem Zeitpunkt fortgesetzt wird[13]. In diesem Fall richtet sich die **Vergütung** nach dem letzten regulären Ausbildungsjahr. Es besteht kein Anspruch auf die tarifliche Ausbildungsvergütung für ein 4. Ausbildungsjahr, soweit sich aus dem TV nichts anderes ergibt[14].

15 Kündigung

(1) Während der Probezeit kann das Berufsausbildungsverhältnis jederzeit ohne Einhalten einer Kündigungsfrist gekündigt werden.

(2) Nach der Probezeit kann das Berufsausbildungsverhältnis nur gekündigt werden

1. aus einem wichtigen Grund ohne Einhalten einer Kündigungsfrist,

2. vom Auszubildenden mit einer Kündigungsfrist von vier Wochen, wenn er die Berufsausbildung aufgeben oder sich für eine andere Berufstätigkeit ausbilden lassen will.

(3) Die Kündigung muss schriftlich und in den Fällen des Absatzes 2 unter Angabe der Kündigungsgründe erfolgen.

(4) Eine Kündigung aus einem wichtigen Grund ist unwirksam, wenn die ihr zugrunde liegenden Tatsachen dem zur Kündigung Berechtigten länger als zwei Wochen bekannt sind. Ist ein vorgesehenes Güteverfahren vor einer außergerichtlichen Stelle eingeleitet, so wird bis zu dessen Beendigung der Lauf dieser Frist gehemmt.

I. Allgemeines. Entgegen § 620 BGB kann das mit befristetem Vertrag abgeschlossene Berufsausbildungsverhältnis nach Maßgabe des § 15 gekündigt werden. Die Kündigung ist eine einseitige, empfangsbedürftige Willenserklärung; sie muss dem Erklärungsempfänger schriftlich zustellt werden[15].

---

1 Umfassend *Kreutzfeldt*, Rechtsfragen der Kündigung des Berufsausbildungsverhältnisses, DB 1995, 975 ff. |2 Hierzu ausf. *Große*, Rechtliche Gestaltungsmöglichkeiten zur vorzeitigen Beendigung des Berufsausbildungsverhältnisses, BB 1993, 2081 ff.; *Opolony*, Die Beendigung des Berufsausbildungsverhältnisses, BB 1999, 1706 ff. |3 BAG v. 27.5.1993 – 2 AZR 601/92, AP Nr. 9 zu § 22 KO; FK-InsO/*Eisenbeis*, 3. Aufl. 2002, § 113 Rz. 17 ff., 20; *Knopp/Kraegeloh*, § 15 BBiG Rz. 5. |4 BAG v. 5.12.1985 – 2 AZR 61/85, EzB Nr. 9 zu § 14 Abs. 1 BBiG. |5 BAG v. 16.2.1994 – 5 AZR 251/93, AP Nr. 6 zu § 14 BBiG; v. 31.10.1985 – 6 AZR 557/84, AP Nr. 15 zu § 78a BetrVG 1972; v. 7.10.1971 – 2 AZR 265/71, AP Nr. 1 zu § 14 BBiG; *Leinemann/Taubert*, § 14 BBiG Rz. 13. |6 BAG v. 5.4.1984 – 2 AZR 54/83, EzB Nr. 21 zu § 14 Abs. 2 BBiG. |7 BAG v. 30.9.1998 – 5 AZR 58/98, EzB Nr. 19 zu § 14 Abs. 3 BBiG. |8 LAG Rh.-Pf. v. 5.3.1985 – 3 Sa 984/84, EzB Nr. 11 zu § 14 Abs. 3 BBiG; *Leinemann/Taubert*, § 14 BBiG Rz. 23; aA ArbG Berlin v. 5.12.1985 – 1 Ca 281/85, EzB Nr. 4 zu § 29 Abs. 3 BBiG. Umfassend *Sarge*, Verlängerung der Berufsausbildung bei entschuldigtem Fehlen in der Abschlussprüfung, DB 1993, 1034 ff. |9 ArbG Emden v. 19.12.1973 – Ca 530/73, EzB Nr. 2 zu § 14 Abs. 3 BBiG. |10 BAG v. 15.3.2000 – 5 AZR 622/98, EzB Nr. 22 zu § 14 Abs. 3 BBiG; v. 26.9.2001 – 5 AZR 630/99, nv.; zum Meinungsstand APS/*Biebl*, § 15 BBiG Rz. 21 mwN; *Gedon/Spiertz*, § 14 BBiG Rz. 34; *Leinemann/Taubert*, § 14 BBiG Rz. 34; *Wohlgemuth*, § 14 BBiG Rz. 14. |11 MünchArbR/*Natzel*, § 178 Rz. 263. |12 Vgl. die Nachw. bei ErfK/*Schlachter*, § 14 BBiG Rz. 4 mwN. |13 ArbG Leipzig v. 21.5.1998 – 11 Ca 1804/98, EzB Nr. 12 zu § 14 Abs. 1 BBiG. |14 BAG v. 8.2.1978 – 4 AZR 552/76, EzB Nr. 21 zu § 10 Abs. 1 BBiG. |15 *Götz*, Berufsbildungsrecht, Rz. 297; *Leinmann/Taubert*, § 15 BBiG Rz. 5; *Wohlgemuth*, § 15 BBiG Rz. 6.

BBiG § 15 Rz. 2   Kündigung

2   Vor Ausspruch der Kündigung ist der BR ordnungsgemäß anzuhören (§ 102 Abs. 1 BetrVG)[1]. § 9 MuSchG[2] findet – auch während der Probezeit – Anwendung[3]. Nach § 85 SGB IX bedarf die Kündigung eines schwerbehinderten Auszubildenden der vorherigen Zustimmung des Integrationsamtes[4]. Im Hinblick auf die sechsmonatige Wartezeit nach § 90 Abs. 1 Nr. 1 SGB IX kann die Vorschrift auf die höchstens drei Monate dauernde Probezeit (§ 13, vgl. dort Rz. 5) keine Anwendung finden[5].

3   **II. Kündigung während der Probezeit (Abs. 1).** Bereits **vor Beginn der Berufsausbildung** ist eine ordentliche entfristete Kündigung möglich, sofern keine abweichende Regelung vereinbart wurde[6]. **Schadensersatzansprüche** des Ausbildenden werden hierdurch nicht begründet[7].

4   **Während der Probezeit** kann das Berufsausbildungsverhältnis jederzeit ohne Grund[8] fristlos gekündigt werden, sofern kein Verstoß gegen die guten Sitten oder gegen Treu und Glauben vorliegt (§§ 138, 242 BGB)[9]. Es handelt sich dabei um eine **entfristete ordentliche Kündigung**, die auch unter Zubilligung einer Auslauffrist erfolgen kann, sofern diese nicht zu einer unangemessen langen Fortsetzung des Berufsausbildungsvertrages führt[10]. Die Kündigung kann vom Ausbildenden **am letzten Tag der Probezeit** ausgesprochen werden[11]. Die **Schriftform** des Abs. 3 ist einzuhalten. Für die Unwirksamkeit einer Kündigung während der Probezeit wegen Verstoßes gegen den Grundsatz von Treu und Glauben ist der Kläger **darlegungs- und beweispflichtig**[12].

5   **III. Kündigung nach der Probezeit (Abs. 2). 1. Kündigung aus wichtigem Grund.** Nach Ablauf der Probezeit ist eine ordentliche Kündigung mit Ausnahme von Abs. 2 Nr. 2 unzulässig. Der Ausschluss kann nicht abbedungen werden (§ 18)[13]. Aus diesem Grund scheidet der Kündigungsschutz des § 1 KSchG für Auszubildende aus[14]. Anwendbar sollen nach der Rspr. indes §§ 13 Abs. 1 Satz 2, 4 Satz 1 KSchG sein[15], nicht jedoch § 13 Abs. 1 Satz 3 KSchG[16].

6   Nach **Abs. 2 Nr. 1** ist eine **fristlose Kündigung** aus wichtigem Grund zulässig. Ein **wichtiger Grund** ist in Anlehnung an § 626 Abs. 1 BGB zu ermitteln und liegt nur vor, wenn dem Kündigenden unter Berücksichtigung aller Umstände des Einzelfalls und unter Abwägung der Interessen beider Vertragsteile die Fortsetzung des Ausbildungsverhältnisses bis zum Ablauf der Ausbildungszeit nicht zugemutet werden kann[17] (hierzu die Kommentierung von *Sandmann* zu § 626 Rz. 79 ff.). Die Parteien können im Ausbildungsvertrag wichtige Gründe iSd. Nr. 1 näher konkretisieren, sofern die Eigenart des Ausbildungsverhältnisses hierbei Berücksichtigung findet[18]. Die Kündigung ist nur wirksam, wenn sie unter Angabe des Kündigungsgrundes **schriftlich** erfolgt[19]. Für das Erfordernis einer **Abmahnung** gelten die gleichen Grundsätze wie im Arbeitsverhältnis[20]. Abmahnungsberechtigt sind neben dem Ausbildenden alle im Hinblick auf die Durchführung der Berufsausbildung weisungsberechtigten Mitarbeiter[21]. **Verdachtskündigungen** sind im Berufsausbildungsverhältnis grundsätzlich unzulässig[22].

7   **Kündigt der Ausbildende fristlos**, muss der wichtige Grund in einem engen Zusammenhang mit dem Berufsausbildungsverhältnis stehen und das Ausbildungsziel bei objektivierender Vorschau zumindest erheblich gefährden. Kurz vor dem Prüfungstermin wird eine fristlose Kündigung des Auszubildenden deshalb kaum noch möglich sein[23]. **Als wichtige Gründe kommen in Betracht**[24]: **Verstöße gegen Pflichten des Auszubildenden im Betrieb** (Ableitung von Fahrstunden während der Krankschreibung[25], erheblicher Verstoß gegen die Ausbildungspflichten[26]), **gegen Berufsschulpflichten** (Nichtteilnahme am Berufsschulunterricht trotz wiederholter mündlicher und schriftlicher Ab-

---

[1] APS/*Biebl*, § 15 BBiG Rz. 4; ErfK/*Schlachter*, § 15 BBiG Rz. 1; *Gedon/Spiertz*, § 15 BBiG Rz. 95. |[2] LAG Hamm v. 7.2.1979 – A 14 Sa 1457/78, EzB Nr. 8 zu § 15 Abs. 1 BBiG; LAG Berlin v. 1.7.1985 – 9 Sa 28/85, EzB Nr. 4 zu § 9 MuSchG. |[3] APS/*Biebl*, § 15 BBiG Rz. 4; ErfK/*Schlachter*, § 15 BBiG Rz. 1; *Schaub*, § 174 Rz. 80. |[4] BAG v. 10.12.1987 – 2 AZR 385/87, AP Nr. 11 zu § 18 SchwbG; ErfK/*Schlachter*, § 15 BBiG Rz. 1. |[5] *Leinemann/Taubert*, § 15 BBiG Rz. 14. |[6] BAG v. 17.9.1987 – 2 AZR 654/86, AP Nr. 7 zu § 15 BBiG. |[7] ArbG Celle v. 23.2.1982 – 1 Ca 92/82, EzB Nr. 8 zu § 16 BBiG. |[8] *Götz*, Berufsbildungsrecht, Rz. 314; *Leinemann/Taubert*, § 15 BBiG Rz. 25 mwN. |[9] BAG v. 8.3.1977 – 4 AZR 700/75, EzB Nr. 6 zu § 15 Abs. 1 BBiG; LAG Hamm v. 22.8.1985 – 9 Sa 830/85, EzB Nr. 16 zu § 15 Abs. 1 BBiG. |[10] BAG v. 10.11.1988 – 2 AZR 26/88, AP Nr. 8 zu § 15 BBiG. |[11] ArbG Verden v. 9.1.1976 – Ca 404/75, EzB Nr. 2 zu § 15 Abs. 1 BBiG. |[12] ArbG Bielefeld v. 24.1.1991 – 1 Ca 2081/90, EzB Nr. 22 zu § 15 Abs. 1 BBiG. |[13] Allg. Meinung, vgl. nur *Leinemann/Taubert*, § 15 BBiG Rz. 3. |[14] *Gedon/Spiertz*, § 15 BBiG Rz. 14; Kasseler Handbuch/*Taubert*, 5.1. Rz. 257. |[15] BAG v. 26.1.1999 – 2 AZR 134/98, AP Nr. 43 zu § 4 KSchG 1969; v. 5.7.1990 – 2 AZR 53/90, NZA 1991, 671; ErfK/*Schlachter*, § 15 BBiG Rz. 11. |[16] BAG v. 29.11.1984 – 2 AZR 354/83, EzB Nr. 20 zu § 3 BBiG, *Gedon/Spiertz*, § 15 BBiG Rz. 14. |[17] LAG Köln v. 26.6.1987 – 10 Sa 223/87, EzB Nr. 64 zu § 15 Abs. 2 Nr. 1 BBiG; APS/*Biebl*, § 15 BBiG Rz. 14; *Götz*, Berufsbildungsrecht, Rz. 320; MünchArbR/*Natzel*, § 178 Rz. 284. |[18] BAG v. 22.11.1973 – 2 AZR 580/72, AP Nr. 67 zu § 626 BGB. |[19] BAG v. 10.2.1999 – 2 AZR 176/98, AP Nr. 2 zu § 54 BMT-G II. |[20] BAG v. 1.7.1999 – 2 AZR 676/98, EzB Nr. 86 zu § 15 Abs. 2 Nr. 1 BBiG; *Götz*, Rz. 304 ff.; *Leinemann/Taubert*, § 15 BBiG Rz. 35 mwN; MünchArbR/*Natzel*, § 178 Rz. 271. |[21] BAG v. 18.1.1980 – 7 AZR 75/78, AP Nr. 3 zu § 1 KSchG 1969 – Verhaltensbedingte Kündigung = DB 1980, 1351; *Götz*, Berufsbildungsrecht, Rz. 306. |[22] *Leinemann/Taubert*, § 15 BBiG Rz. 59; diff. ErfK/*Schlachter*, § 15 BBiG Rz. 4. |[23] BAG v. 10.5.1973 – 2 AZR 328/72, AP Nr. 3 zu § 15 BBiG; LAG Köln v. 26.6.1987 – 10 Sa 223/87, EzB Nr. 64 zu § 15 Abs. 2 Nr. 1 BBiG. |[24] Ausf. *Leinemann/Taubert*, § 15 BBiG Rz. 39 ff. mwN; Kasseler Handbuch/*Taubert*, 5.1. Rz. 275 ff.; *Leinemann/Taubert* § 15 BBiG Rz. 40 ff.; *Wohlgemuth*, § 15 BBiG Rz. 12. |[25] ArbG Stade v. 16.10.1970 – Ca 531/70, EzB Nr. 3 zu § 15 Abs. 2 Nr. 1 BBiG. |[26] LAG München v. 14.8.1978 – 4 Sa 95/78, EzB Nr. 40 zu § 15 Abs. 2 Nr. 1 BBiG.

mahnung[1], unentschuldigte Nichtteilnahme am Berufsschulunterricht unter Vorspiegelung des Vorliegens einer Arbeitsunfähigkeitsbescheinigung[2]) sowie **sonstige Verstöße gegen öffentliches und privates Recht** (grobe Beleidigung des Ausbildenden durch den Auszubildenden[3], Diebstahl[4], ernst gemeinte Androhung von Gewalt gegenüber Vorgesetzten[5], rassistisches Verhalten[6]).

Wichtige Gründe für eine Kündigung des Auszubildenden sind zB schwerwiegende Verstöße gegen das JArbSchG, unbegründete Verweigerung der Freistellung nach § 7 BBiG, schlechte Behandlung durch den Ausbildenden, Nichtgewährung von Urlaub etc.[7]. 8

2. Kündigung des Auszubildenden wegen Aufgabe oder Wechsel der Berufsausbildung. Nach Abs. 2 Nr. 2 kann der Auszubildende mit einer Kündigungsfrist von vier Wochen kündigen, wenn er die Berufsausbildung aufgeben oder sich für eine andere Berufstätigkeit ausbilden lassen will. Maßgebend ist der Wille im Zeitpunkt des Ausspruchs der Kündigung, die nicht unwirksam wird, wenn sich der Auszubildende später anders entscheidet[8]. Eine **andere Berufstätigkeit** iSd. Vorschrift ist auch bei einem Wechsel von einem betrieblichen Ausbildungsverhältnis zu einer **Fachschule** zu bejahen[9]. Die Kündigung muss **schriftlich unter Angabe der Gründe** erfolgen[10]. Die Fristberechnung erfolgt nach §§ 186 ff. BGB. 9

IV. Formvorschriften (Abs. 3). Die Kündigung muss nach Abs. 3 **schriftlich** erfolgen (vgl. auch § 623 BGB iVm. § 3 Abs. 2), andernfalls sie **nichtig** ist[11]. Das Kündigungsschreiben muss konkret nachvollziehbar darstellen, auf welche Tatsachen die Kündigung gestützt wird[12]. Eine Kündigung per **Telefax, Telegramm, E-Mail oder SMS** wahrt die Schriftform nicht[13]. Sie ist eigenhändig zu unterzeichnen (§ 126 Abs. 1 BGB). Dem Kündigenden obliegt die **Beweislast** für die Einhaltung der vorgeschriebenen Form[14]. 10

Kündigt ein **minderjähriger Auszubildender**, muss die Einwilligung des gesetzlichen Vertreters schriftlich vorliegen, ansonsten die Kündigung unwirksam ist (§§ 106, 111 BGB). § 113 BGB findet keine Anwendung[15]. Eine **Kündigung gegenüber einem minderjährigen Auszubildenden** kann grundsätzlich nur dem gesetzlichen Vertreter gegenüber wirksam erklärt werden[16]. Leben beide Eltern, muss die Kündigung nicht gegenüber jedem Elternteil besonders erklärt werden[17]. Zur Entgegennahme der Kündigungserklärung ist jeder Elternteil berechtigt[18]. 11

Bei Kündigungen nach **Abs. 2** sind die **Kündigungsgründe** in dem Kündigungsschreiben anzugeben; andernfalls ist die Kündigung nichtig (§ 15 Abs. 3 iVm. § 125 BGB)[19]. Die Nichtigkeit wird nicht dadurch geheilt, dass die **Begründung nachgeschoben** wird[20]. Nicht ausreichend ist, dass der Kündigende im Kündigungsschreiben auf die dem Gekündigten zuvor **mündlich mitgeteilten Gründe** Bezug nimmt[21]. Vielmehr müssen die Kündigungsgründe im Kündigungsschreiben so genau bezeichnet sein, dass im Prozess nicht ernsthaft streitig werden kann, auf welchen Lebenssachverhalt die Kündigung gestützt war[22]. 12

V. Unwirksamkeit der Kündigung (Abs. 4). Die Kündigung aus wichtigem Grund muss **innerhalb von zwei Wochen ab Kenntnis von dem Kündigungsgrund** erklärt und dem Kündigungsempfänger zugegangen sein; andernfalls ist sie unwirksam. Die Vorschrift entspricht § 626 Abs. 2 BGB und kann individual- bzw. kollektivvertraglich nicht geändert werden[23]. Es gelten die Grundsätze der Rspr. zu § 626 Abs. 2 BGB[24] (hierzu die Kommentierung von *Sandmann* zu § 626 Rz. 216 ff.). Die **Beweislast** für die Einhaltung der Frist obliegt dem Kündigenden[25]. 13

Nach §§ 111 Abs. 2 ArbGG iVm. § 102 muss vor Erhebung einer Klage zum ArbG ein **Schlichtungsverfahren** durchgeführt werden, sofern ein solcher Ausschuss besteht[26]. Die Anrufung des Schlichtungsausschusses ist in diesem Falle **unverzichtbare Prozessvoraussetzung** für die Klage[27], kann aber uU bis 14

---

1 LAG Düsseldorf v. 15.4.1993 – 5 Sa 220/93, EzB Nr. 76 zu § 15 Abs. 2 Nr. 1 BBiG; LAG Hamm v. 7.11.1978 – 6 Sa 1096/78, EzB Nr. 42 zu § 15 Abs. 2 Nr. 1 BBiG; LAG München v. 7.10.1970 – 1 Sa 774/69, EzB Nr. 2 zu § 15 Abs. 2 Nr. 1 BBiG. |2 ArbG Düsseldorf v. 8.12.1984 – 9 Ca 5595/84, EzB Nr 57 zu § 15 Abs. 2 Nr. 1 BBiG. |3 ArbG Göttingen v. 13.4.1976 – 1 Ca 1/76, EzB Nr. 26 zu § 1 Abs. 2 Nr. 1 BBiG. |4 LAG Düsseldorf v. 6.11.1973 – 11 Sa 561/73, EzB Nr. 15 zu § 15 Abs. 2 Nr. 1 BBiG. |5 LAG BW v. 5.1.1990 – 1 Sa 23/89, EzB Nr. 72 zu § 15 Abs. 2 Nr. 1 BBiG. |6 BAG vom 1.7.1999 – 2 AZR 676/98, AP Nr. 11 zu § 15 BBiG. |7 Vgl. im Einzelnen *Gedon/Spiertz*, § 15 BBiG Rz. 73 ff.; *Wohlgemuth*, § 15 BBiG Rz. 13 mit ausf. Rspr.-Übersicht. |8 *Leinemann/Taubert*, § 15 BBiG Rz. 114 mwN; *Schaub*, § 174 Rz. 94. |9 LAG Düsseldorf v. 2.2.1972 – 2 Sa 64/71, EzB Nr. 2 zu § 15 Abs. 2 Nr. 2 BBiG. |10 APS/*Biebl*, § 15 BBiG Rz. 10; ErfK/*Schlachter*, § 15 BBiG Rz. 9. |11 BAG v. 25.8.1977 – 3 AZR 705/75, AP Nr. 1 zu § 54 BMT-G II; LAG München v. 11.11.1977 – 6 Sa 632/77, EzB Nr. 15 zu § 15 Abs. 3 BBiG; ArbG Bamberg v. 10.7.1972 – 1 Ca 333/72, EzB Nr. 3 zu § 15 Abs. 3 BBiG. |12 LAG Köln v. 8.1.2003 – 7 Sa 852/02, AR-Blattei ES 400 Nr. 112. |13 Schaub/*Linck*, § 123 Rz. 29, 57 mwN; aA *Knopp/Kraegeloh*, § 15 BBiG Rz. 6. |14 LAG München v. 11.11.1977 – 6 sa 632/77, EzB Nr. 15 zu § 15 Abr. 3 BBiG. |15 APS/*Biebl*, § 15 BBiG Rz. 29; *Knigge*, AR-Blattei SD 400.2 Rz. 289. |16 BAG v. 25.11.1976 – 2 AZR 751/75, EzB Nr. 11 zu § 15 Abs. 3 BBiG. |17 LAG Düsseldorf v. 6.11.1973 – 11 Sa 561/73, EzB Nr. 6 zu § 15 Abs. 3 BBiG. |18 LAG Frankfurt v. 12.5.1975 – 10/8 Sa 813/75, EzB Nr. 9 zu § 15 Abs. 3 BBiG. |19 BAG v. 17.3.1998 – 2 AZR 741/97, EzB Nr. 83 zu § 15 Abs. 2 Nr. 1 BBiG; v. 25.11.1976 – 2 AZR 751/75, AP Nr. 4 zu § 15 BBiG; v. 22.2.1972 – 2 AZR 205/71, EzB Nr. 2 zu § 15 Abs. 3 BBiG; *Götz*, Berufsbildungsrecht, Rz. 303. |20 BAG v. 22.2.1972 – 2 AZR 205/71, EzB Nr. 2 zu § 15 Abs. 3 BBiG. |21 LAG Köln v. 26.1.1982 – 1/8 Sa 710/81, EzB Nr. 18 zu § 15 Abs. 3 BBiG. |22 BAG v. 10.2.1999 – 2 AZR 176/98, AP Nr. 2 zu § 54 BMT-G II. |23 BAG v. 19.1.1973 – 2 AZR 103/72, AP Nr. 5 zu § 626 BGB – Ausschlussfrist; *Knopp/Kraegeloh*, § 15 BBiG Rz. 7. |24 Kasseler Handbuch/*Taubert*, 5.1. Rz. 318. |25 *Gedon/Spiertz*, § 15 BBiG Rz. 86 mwN. |26 BAG 9.10.1979 – AZR 776/77, EzB Nr 17 zu § 15 Abs. 3 BBiG; v. 25.11.1976 – 2 AZR 751/75, AP Nr. 4 zu § 15 BBiG. |27 BAG v. 13.4.1989 – 2 AZR 441/88, EzB Nr. 23 zu § 111 ArbGG; v. 26.1.1999 – 2 AZR 134/98, EzB Nr. 18 zu § 4 KSchG.

zurstreitigen Verhandlung nachgeholt werden[1]. Die **Anrufung des Schlichtungsausschusses ist nicht fristgebunden**[2]. Der Lauf der zweiwöchigen Kündigungsfrist wird bis zur Beendigung des Güteverfahrens gehemmt (Abs. 4 Satz 2).

16 *Schadensersatz bei vorzeitiger Beendigung*
(1) Wird das Berufsausbildungsverhältnis nach der Probezeit vorzeitig gelöst, so kann der Ausbildende oder der Auszubildende Ersatz des Schadens verlangen, wenn der andere den Grund für die Auflösung zu vertreten hat. Dies gilt nicht im Falle des § 15 Abs. 2 Nr. 2.

(2) Der Anspruch erlischt, wenn er nicht innerhalb von drei Monaten nach Beendigung des Berufsausbildungsverhältnisses geltend gemacht wird.

1 I. **Vorzeitige Beendigung (Abs. 1 Satz 1).** Abs. 1 gewährt einen Schadensersatzanspruch, sofern eine Vertragspartei schuldhaft das Berufsausbildungsverhältnis vorzeitig nach Ablauf der Probezeit löst. Vorausgesetzt wird eine **tatsächliche, nicht notwendig rechtlich wirksame Beendigung**, so dass ein Ausscheiden unter Vertragsbruch genügt[3]. § 16 findet auch Anwendung, falls der Auszubildende nach der Probezeit schuldhaft Anlass zur **Anfechtung des Arbeitsverhältnisses gem. §§ 119, 123 BGB** gegeben hat[4]. Wird die Ausbildung nicht angetreten oder nach Ablauf der Probezeit beendet, besteht kein Anspruch[5]. § 16 **ist lex specialis zu § 628 Abs. 2 BGB**, lässt aber die Anwendung der Rechtsgrundsätze des allgemeinen Schadensrechts unberührt[6]. Der Abschluss eines **Aufhebungsvertrages** umfasst mangels anderweitiger Anhaltspunkte regelmäßig den gegenseitigen Verzicht auf Schadensersatzansprüche[7]. Der Anspruch nach § 16 ist unabdingbar (§§ 18, 5 Abs. 2 Nr. 3)[8].

2 II. **Schadensersatz (Abs. 1 Satz 1, 2).** Ein Schadensersatzanspruch besteht nur, wenn die andere Partei die vorzeitige Auflösung des Ausbildungsverhältnisses vorsätzlich oder fahrlässig zu vertreten hat[9], es sei denn, die Gründe für die Auflösung stammen aus der **Betriebssphäre** des Ausbildenden[10]. Im Fall der **Berufsaufgabekündigung nach § 15 Abs. 2 Nr. 2** ist ein Anspruch ausgeschlossen, was auch bei der vorzeitigen Lösung des Vertragsverhältnisses eines Volontärs oder eines Praktikanten nach Ablauf der Probezeit zu gelten hat (§ 19)[11]. Dies gilt auch, wenn die Ausbildung vom Auszubildenden nicht angetreten wird[12].

3 So kommt ein Schadensersatzanspruch in folgenden Fällen in Betracht: Bei schuldhaft mangelhafter Ausbildung des Auszubildenden, sofern er aus diesem Grunde ein Ausbildungsjahr in einem anderen Betrieb wiederholen muss[13]; bei einer Kündigung durch den Auszubildenden, weil die Eignungsvoraussetzungen des Ausbilders nicht vorliegen[14] bzw. weil kein geeigneter Ausbilder zur Verfügung steht[15]. Ein **Mitverschulden** des Auszubildenden ist anzurechnen[16].

4 Der Schadensersatzanspruch kann weder im Ausbildungsvertrag ausgeschlossen (§ 5 Abs. 2 Nr. 3) noch kann ein pauschalierter Schadensersatzanspruch festgelegt werden (§ 5 Abs. 2 Nr. 4)[17].

5 Zu ersetzen ist der **Erfüllungsschaden**, der sich aus einem Vergleich des nicht ordnungsgemäß erfüllten mit einem regulär beendeten Ausbildungsverhältnis ergibt[18]. Kündigt der Auszubildende, weil ihm die weitere Ausbildung verweigert wird, kann er Ersatz des **gesamten Schadens verlangen, der ihm durch die vorzeitige Lösung des Ausbildungsverhältnisses** entstanden ist (Aufwendungen für die Begründung eines neuen Berufsausbildungsverhältnisses, erhöhte Aufwendungen durch die Ausbildung an einem anderen Ort)[19]. Bei dem Schadensersatz handelt es sich um einen **Bruttoanspruch**[20].

6 Veranlasst der Auszubildende den Ausspruch der Kündigung, kann der Ausbildende **Ersatz entstandener Inseratskosten** für die Wiederbesetzung der Stelle verlangen[21].

7 III. **Erlöschen des Schadensersatzanspruchs (Abs. 2).** Nach Abs. 2 ist der Schadensersatzanspruch innerhalb einer **Ausschlussfrist** von drei Monaten geltend zu machen. Die Frist berechnet sich nach §§ 187

---

1 BAG v. 25.11.1976 – 2 AZR 751/75, AP Nr. 4 zu § 15 BBiG. |2 *Leinemann/Taubert*, § 15 BBiG Rz. 144 mwN. |3 BAG v. 17.8.2000 – 8 AZR 578/99, EzB Nr. 18 zu § 16 BBiG; ErfK/*Schlachter*, § 16 BBiG Rz. 2; *Gedon/Spiertz*, § 16 BBiG Rz. 3; *Wohlgemuth*, § 16 BBiG Rz. 3. |4 *Knopp/Kraegeloh*, § 16 BBiG Rz. 2; *Leinemann/Taubert*, § 16 BBiG Rz. 13. |5 ErfK/*Schlachter*, § 16 BBiG Rz. 2 mwN. |6 BAG v. 17.7.1997 – 8 AZR 257/96, AP Nr. 2 zu § 16 BBiG; *Gedon/Spiertz*, § 16 BBiG Rz. 1; Kasseler Handbuch/*Taubert*, 5.1. Rz. 363. |7 APS/*Biebl*, § 16 BBiG Rz. 37; *Gedon/Spiertz*, § 16 BBiG Rz. 4; Kasseler Handbuch/*Taubert*, 5.1. Rz. 369; *Knigge*, AR-Blattei SD 400.2 Rz. 319; *Wohlgemuth*, § 16 BBiG Rz. 3. |8 *Knopp/Kraegeloh*, § 16 BBiG Rz. 3; MünchArbR/*Natzel*, § 178 Rz. 314. |9 BAG v. 22.6.1972 – 2 AZR 346/71, AP Nr. 1 zu § 611 BGB – Ausbildungsverhältnis; 160.7. Nr. 103; LAG Kiel v. 9.11.1984 – 3 Sa 470/83, EzB Nr. 10 zu § 16 BBiG. |10 LAG Rh.-Pf. v. 15.8.1974 – 2 Sa 464/73, EzB Nr. 4 zu § 611 BGB – Haftung des Arbeitgebers; *Leinemann/Taubert*, § 16 BBiG Rz. 14. |11 *Knopp/Kraegeloh*, § 16 BBiG Rz. 5. |12 ArbG Celle v. 23.2.1982 – 1 Ca 92/82, EzB Nr. 8 zu § 16 BBiG. |13 ArbG Duisburg v. 30.10.1972 – 1 Ca 85/72, EzB Nr. 4 zu § 16 BBiG. |14 ArbG Deltmold v. 31.7.1979 – 2 Ca 304/79, EzB Nr. 6 zu § 16 BBiG. |15 LAG Frankfurt v. 6.2.1981 – 13/10 Sa 894/80, EzB Nr. 7 zu § 16 BBiG. |16 *Gedon/Spiertz*, § 16 BBiG Rz. 25 f.; *Götz*, Berufsbildungsrecht, Rz. 124. |17 *Knopp/Kraegeloh*, § 16 BBiG Rz. 3. |18 BAG v. 17.7.1997 – 8 AZR 257/96, AP Nr. 2 zu § 16 BBiG; APS/*Biebl*, § 15 BBiG Rz. 39. |19 BAG v. 11.8.1987 – 8 AZR 93/85, EzB Nr. 12 zu § 16 BBiG. |20 LAG Nürnberg v. 27.10.1987 – 7 Sa 90/86, EzB Nr. 13 zu § 16 BBiG. |21 BAG v. 26.3.1981, 2 AZN 410/80, AP Nr. 17 zu § 72a ArbGG 1979 – Grundsatz; *Leinemann/Taubert*, § 16 BBiG Rz. 33.

Abs. 1, 188 Abs. 2 BGB[1]. Aus Beweisgründen sollte der Anspruch **schriftlich** geltend gemacht werden, eine Formvorschrift besteht allerdings nicht[2]. Der Ausschuss für Lehrlingsstreitigkeiten muss vor einer Klage auf Schadensersatz nach § 16 nicht angerufen werden[3].

Vierter Abschnitt. Sonstige Vorschriften

17 Weiterarbeit
Wird der Auszubildende im Anschluss an das Berufsausbildungsverhältnis beschäftigt, ohne dass hierüber ausdrücklich etwas vereinbart worden ist, so gilt ein Arbeitsverhältnis auf unbestimmte Zeit als begründet.

Im Falle einer kommentarlosen Weiterbeschäftigung des Auszubildenden im Anschluss an das Berufsausbildungsverhältnis tritt die Fiktion des § 17 ein mit der Folge, dass ein **Arbeitsverhältnis auf unbestimmte Zeit** begründet gilt[4]. Voraussetzung ist, dass der Auszubildende **tatsächlich beschäftigt** wird[5], und zwar **unmittelbar im Anschluss an das Berufsausbildungsverhältnis**[6]. Findet die Abschlussprüfung vor dem Ablauf der Vertragslaufzeit statt und wird der Auszubildende nach bestandener Prüfung weiterbeschäftigt, soll ebenfalls ein Arbeitsverhältnis angenommen werden[7]. Das bloße Anbieten seiner Arbeitskraft genügt nicht[8]. 1

Hiervon abweichende Vereinbarungen muss die Partei **beweisen**, die sich darauf beruft[9]. Hat der Ausbildende erklärt, sich nach Bestehen der Abschlussprüfung von dem Auszubildenden trennen zu wollen, greift § 17 nicht[10]. 2

Voraussetzung ist, dass der Ausbildende **Kenntnis von der Weiterbeschäftigung und der Beendigung des Ausbildungsverhältnisses** hat bzw. einer nicht gewollten Weiterbeschäftigung nicht unverzüglich widerspricht[11]. Bietet der Ausbildende den Abschluss eines Arbeitsvertrages nur zu bestimmten Bedingungen an, die der Ausbildende nicht annimmt, tritt die Fiktion des § 17 nicht ein[12]. 3

Nach allgemeiner Meinung handelt es sich bei der Weiterbeschäftigung des Auszubildenden im Anschluss an das Berufsausbildungsverhältnis um eine **zustimmungspflichtige Einstellung iSv. § 99 Abs. 1 BetrVG**[13]. Vgl. auch § 78a BetrVG, § 9 BPersVG[14]. 4

Wird nach § 17 BBiG ein Arbeitsverhältnis auf unbestimmte Zeit begründet, hat der ArbN **Anspruch auf die branchen- bzw. ortsübliche oder die tarifliche Vergütung** (§ 612 BGB)[15]. 5

Unter gewissen Umständen kann eine Verpflichtung zur Begründung eines Arbeitsverhältnisses bestehen[16]. 6

18 Unabdingbarkeit
Eine Vereinbarung, die zuungunsten des Auszubildenden von den Vorschriften dieses Teils des Gesetzes abweicht, ist nichtig.

Die Vorschriften des Zweiten Teils des BBiG (§§ 3–18) sind zum **Schutz des Auszubildenden** zwingend anzuwenden. Sie dürfen weder einzel- noch kollektivvertraglich[17] **zuungunsten des Auszubildenden** abgedungen werden. Nichtig sind auch TV bzw. Betriebs- oder Dienstvereinbarungen, sofern sie Regelungen enthalten, welche zuungunsten des Auszubildenden abweichen[18]. 1

Ob dies der Fall ist, ist nach objektiven Maßstäben zu beurteilen[19]. **Zugunsten des Auszubildenden** darf von den Vorschriften abgewichen werden, sofern diesbezügliche Vereinbarungen nicht den zwingenden Regelungen des BBiG sowie anderer Rechtsvorschriften widersprechen[20]. Nichtige Vereinbarungen werden durch die gesetzlichen Regeln ersetzt[21]. 2

---

[1] APS/*Biebl*, § 15 BBiG Rz. 40; Kasseler Handbuch/*Taubert*, 5.1. Rz. 386; *Wohlgemuth*, § 16 BBiG Rz. 7. |[2] *Gedon*/*Spiertz*, § 16 BBiG Rz. 29, *Leinemann*/*Taubert*, § 16 BBiG Rz. 36. |[3] LAG Düsseldorf v. 26.6.1984 – 8 Sa 617/84, EzB Nr. 9 zu § 16 BBiG. |[4] LAG Düsseldorf v. 22.10.1985 – 8 Sa 1132/85, EzB Nr. 17 zu § 17 BBiG. |[5] APS/*Biebl*, § 17 BBiG Rz. 2; *Knigge*, AR-Blattei SD 400.2 Rz. 339; *Wohlgemuth*, § 17 BBiG Rz. 2. |[6] *Natzel*, Berufsbildungsrecht, S. 309; *Götz*, Berufsbildungsrecht, Rz. 376; *Leinemann*/*Taubert*, § 17 BBiG Rz. 11. |[7] ArbG Kiel v. 7.10.1970 – 1 a Ca 679/70, AP Nr. 1 zu § 17 BBiG; ErfK/*Schlachter* § 17 BBiG Rz. 1; *Wohlgemuth*, § 17 BBiG Rz. 5 mwN. |[8] MünchArbR/*Natzel*, § 178 Rz. 345. |[9] LAG Hamm v. 13.8.1980 – 12 Sa 550/80, EzB Nr. 7 zu § 17 BBiG. |[10] LAG Frankfurt v. 14.6.1982 – 11 Sa 141/81, EzB Nr. 12 zu § 17 BBiG; ArbG Emden v. 10.1.1977 – 1 Ca 864/77, EzB Nr. 6 zu § 17 BBiG. |[11] LAG Hamburg v. 12.9.1980 – 3 Sa 110/79, EzB Nr. 7 zu § 17 BBiG. |[12] BAG v. 4.11.1981 – 5 AZR 646/79, EzB Nr. 11 zu § 17 BBiG. |[13] BAG v. 20.4.1993 – 1 ABR 59/92, AP Nr. 106 zu § 99 BetrVG; aA MünchArbR/*Natzel*, § 178 Rz. 353; zum Meinungsstand *Leinemann*/*Taubert*, § 17 BBiG Rz. 28. |[14] Hierzu *Knopp*/*Kraegeloh*, § 17 BBiG Rz. 3. |[15] APS/*Biebl*, § 17 BBiG Rz. 4. |[16] Vgl. hierzu *Schaub*, § 174 Rz. 88 ff. mwN. |[17] ErfK/*Schlachter*, § 18 BBiG Rz. 1; *Knopp*/*Kraegeloh*, § 18 BBiG Rz. 1; *Natzel*, Berufsbildungsrecht, S. 103. |[18] *Knopp*/*Kraegeloh*, § 18 BBiG Rz. 2; *Wohlgemuth*, § 18 BBiG Rz. 2. |[19] *Leinemann*/*Taubert*, § 18 BBiG Rz. 3. |[20] *Gedon*/*Spiertz*, § 18 BBiG Rz. 14; *Knopp*/*Kraegeloh*, § 18 BBiG Rz. 2; *Leinemann*/*Taubert*, § 18 BBiG Rz. 8. |[21] BAG v. 13.3.1975 – 5 AZR 199/74, AP Nr. 2 zu § 5 BBiG.

18a Interessenvertretung

(1) Auszubildende, deren praktische Berufsausbildung in einer sonstigen Berufsbildungseinrichtung außerhalb der schulischen und betrieblichen Berufsbildung (§ 1 Abs. 5) mit in der Regel mindestens fünf Auszubildenden stattfindet und die nicht wahlberechtigt zum Betriebsrat nach § 7 des Betriebsverfassungsgesetzes, zur Jugend- und Auszubildendenvertretung nach § 60 des Betriebsverfassungsgesetzes oder zur Mitwirkungsvertretung nach § 36 des Neunten Buches Sozialgesetzbuch sind (außerbetriebliche Auszubildende), wählen eine besondere Interessenvertretung.

(2) Absatz 1 findet keine Anwendung auf Berufsbildungseinrichtungen von Religionsgemeinschaften sowie auf andere Berufsbildungseinrichtungen, soweit sie eigene gleichwertige Regelungen getroffen haben.

1 § 18a wurde eingefügt durch Art. 1 des Gesetzes zur Änderung des BBiG und des ArbGG vom 8.8.2002 (BGBl. I S. 3140), in Kraft getreten am 15.8.2002. Er sieht die Einrichtung einer Interessenvertretung für Auszubildende in außerbetrieblichen Ausbildungseinrichtungen vor, die bisher von keiner betrieblichen Interessenvertretung vertreten wurden. Denn anders als bei der betrieblichen Berufsbildung gehören Auszubildende in außerbetrieblichen Ausbildungseinrichtungen nicht zur Belegschaft des Ausbildungsbetriebes, da sie nicht im Rahmen des arbeitstechnischen Zwecks des Betriebes ausgebildet werden[1]. **Sie sind damit keine ArbN iSd. § 5 Abs. 1 BetrVG und damit auch nicht zur Wahl der JAV nach dem BetrVG befugt**[2].

2 § 18a führt damit eine weitere Interessenvertretung ein, zu der allerdings nur wahlberechtigt ist, wer nicht das aktive oder passive Wahlrecht zu den anderen, in Abs. 1 genannten Mitwirkungsvertretungen hat. Die Mindestzahl von fünf außerbetrieblichen Auszubildenden in Abs. 1 lehnt sich an die §§ 1 und 60 BetrVG an[3].

3 Abs. 2 ist – soweit Berufsbildungseinrichtungen von Religionsgemeinschaften vom Anwendungsbereich des Abs. 1 ausgenommen sind – durch das verfassungsrechtlich gewährleistete kirchliche Selbstbestimmungsrecht (Art. 140 GG iVm. Art. 137 Abs. 3 der Weimarer Verfassung) veranlasst. Abs. 2 zweiter Teilsatz berücksichtigt Regelungen wie § 118 BetrVG und § 112 BPersVG. Durch diese Bereichsausnahme wird anerkannt, dass bereits ohne Bestehen einer Rechtspflicht geschaffene gleichwertige Vertretungen anerkannt werden[4].

18b Verordnungsermächtigung

Das Bundesministerium für Bildung und Forschung bestimmt durch Rechtsverordnung mit Zustimmung des Bundesrates im Einzelnen die Fragen, auf die sich die Beteiligung erstreckt, die Zusammensetzung und die Amtszeit der Interessenvertretung, die Durchführung der Wahl, insbesondere die Feststellung der Wahlberechtigung und der Wählbarkeit sowie Art und Umfang der Beteiligung.

1 Die Vorschrift wurde eingefügt durch Art. 1 des Gesetzes zur Änderung des BBiG und des ArbGG vom 8.8.2002 (BGBl. I S. 3140) und ist am 15.8.2002 in Kraft getreten. Sie ist die Ermächtigungsgrundlage für den Erlass einer Rechtsverordnung über die Einzelheiten der Einrichtung, Ausgestaltung sowie Befugnisse der Interessenvertretung nach § 18a. Die Rechtsverordnung bedarf der Zustimmung des Bundesrates[5]. Die Interessenvertretung erfolgt direkt gegenüber dem ArbGeb, da der BR für die Auszubildenden in außerbetrieblichen Ausbildungseinrichtungen nicht zuständig ist[6]. Der Bundesrat hat mit Beschluss vom 12.7.2002 seine Zustimmung zu der vom Bundestag erlassenen Verordnung über die Vertretung von Interessen der Auszubildenden in sonstigen Berufsbildungseinrichtungen außerhalb der schulischen und betrieblichen Berufsausbildung (IVVO) verweigert (Drucksache 339/02).

19 Andere Vertragsverhältnisse

Soweit nicht ein Arbeitsverhältnis vereinbart ist, gelten für Personen, die eingestellt werden, um berufliche Kenntnisse, Fertigkeiten oder Erfahrungen zu erwerben, ohne dass es sich um eine Berufsausbildung im Sinne dieses Gesetzes handelt, die §§ 3 bis 18 mit der Maßgabe, dass die gesetzliche Probezeit abgekürzt, auf die Vertragsniederschrift verzichtet und bei vorzeitiger Lösung des Vertragsverhältnisses nach Ablauf der Probezeit abweichend von § 16 Abs. 1 Satz 1 Schadensersatz nicht verlangt werden kann.

1 **I. Andere Vertragsverhältnisse.** Der zweite Teil des BBiG (§§ 3–18) gilt grundsätzlich nur für Personen, die in einer Berufsausbildung nach § 1 Abs. 2 stehen (vgl. dort Rz. 2 f.). § 19 dehnt den Anwendungsbereich dieser Vorschriften auf Personen aus, die in **keinem Arbeitsverhältnis** stehen, aber eingestellt sind, **um außerhalb eines Berufsausbildungsverhältnisses berufliche Kenntnisse, Fertigkeiten oder Erfahrungen zu erwerben**. Auf Vertragsverhältnisse **Minderjähriger** findet § 19 keine Anwendung[7].

---

1 BAG v. 20.3.1996 – 7 ABR 46/95, AP Nr. 9 zu § 5 BetrVG 1972 – Ausbildung; v. 20.3.1996 – 7 ABR 34/95, AP Nr. 10 zu § 5 BetrVG 1972 – Ausbildung. |2 ErfK/*Schlachter*, § 18 a BBiG Rz. 1. |3 So die amtl. Begründung zu § 18a, BT-Drs. 14/8359 S. 5; *Gedon/Spiertz*, § 18 Rz. 10. |4 BT-Drs. 14/8359 zu § 18a S. 5; *Gedon/Spiertz*, § 18a Rz. 16 |5 Vgl. die Begründung zu § 18b, BT-Drs. 14/8359 S. 5. |6 ErfK/*Schlachter*, § 18b BBiG Rz. 3. |7 *Leinemann/Taubert*, § 19 BBiG Rz. 2.

Ein **Volontär** erstrebt keine vollständig abgeschlossene Ausbildung in einem anerkannten Ausbildungsberuf, sondern erhält systematisch vermittelte Einblicke in berufliche Tätigkeiten und soll sich bestimmte Fertigkeiten und gezielte Kenntnis aneignen[1]. Auf ihn ist § 19 anwendbar[2]. Volontäre erhalten gem. §§ 19, 10 Abs. 1 eine Vergütung; § 82a HGB ist richtiger Ansicht nicht anwendbar[3].

Das Praktikantenverhältnis ist nach allgemeiner Meinung eine Unterart des Volontärverhältnisses[4]. **Praktikanten** durchlaufen i.d.R. einen Teil einer geordneten Gesamtausbildung. Sie unterfallen § 19[5]. Dies gilt nicht für **Studenten**, die innerhalb eines Studiums und als dessen Bestandteil ein Praktikum absolvieren[6]. Die zwölfmonatige praktische Ausbildung von **Medizinstudenten** ist Teil des Studiums der Medizin und nicht „Praktikum", weshalb ein Anspruch auf eine angemessene Vergütung als Praktikant (§§ 19, 10 Abs. 1) nicht besteht[7].

Werkstudenten werden regelmäßig in einem befristeten Arbeitsververhältnis beschäftigt. Für sie gilt § 19 nicht[8].

Dem **Anlernling** sollen in kurzer Zeit in einem eng begrenzten Umfang Spezialkenntnisse oder Teilkenntnisse eines Vollberufs vermittelt werden. Er fällt nicht unter § 19, da er auf einen bestimmten Arbeitsplatz eingearbeitet wird und seine Leistungen im Rahmen eines Arbeitsverhältnisses erbringt[9].

Umschulungs- und Fortbildungsverhältnisse werden vom Regelungsbereich des § 19 nicht erfasst[10].

II. Anwendung der §§ 3–18. Soweit der unter I. genannte Personenkreis unter das Regelungswerk des § 19 fällt, gelten die §§ 3–18 mit folgenden Ausnahmen:

Die **gesetzliche Probezeit** kann abweichend von § 13 Satz 2 weniger als einen Monat betragen, darf jedoch nicht ganz gestrichen werden. Auf die **vorgeschriebene Vertragsniederschrift** (§ 4 Abs. 1 Satz 2, vgl. dort Rz. 3 ff.) kann verzichtet werden, gleichwohl muss der wesentliche Vertragsinhalt wie vorgesehen vereinbart werden. § 16 Abs. 1 Satz 1 findet keine Anwendung[11].

Dritter Teil. Ordnung der Berufsbildung

Erster Abschnitt. Berechtigung zum Einstellen und Ausbilden

20 *Persönliche und fachliche Eignung*
(1) Auszubildende darf nur einstellen, wer persönlich geeignet ist. Auszubildende darf nur ausbilden, wer persönlich und fachlich geeignet ist.

(2) Persönlich nicht geeignet ist insbesondere, wer

1. Kinder und Jugendliche nicht beschäftigen darf oder
2. wiederholt oder schwer gegen dieses Gesetz oder die auf Grund dieses Gesetzes erlassenen Vorschriften und Bestimmungen verstoßen hat.

(3) Fachlich nicht geeignet ist, wer

1. die erforderlichen beruflichen Fertigkeiten und Kenntnisse oder
2. die erforderlichen berufs- und arbeitspädagogischen Kenntnisse nicht besitzt.

(4) Wer fachlich nicht geeignet ist oder wer nicht selbst ausbildet, darf Auszubildende nur dann einstellen, wenn er einen Ausbilder bestellt, der persönlich und fachlich für die Berufsausbildung geeignet ist.

I. Eignung zum Einstellen und Ausbilden (Abs. 1). § 20 ist eine öffentlich-rechtliche Vorschrift, welche zwischen der **Einstellungs-** und der **Ausbildungsberechtigung** unterscheidet. Während für die Einstellung die persönliche Eignung gegeben sein muss, darf nur ausbilden, wer persönlich und fachlich geeignet ist. Ansonsten ist ein geeigneter Ausbilder zu bestellen (Abs. 4). Handelt es sich bei dem Aus-

---

1 *Knigge*, AR-Blattei SD 1740 „Volontär und Praktikant", Rz. 72; *Leinemann/Taubert*, § 19 BBiG Rz. 18; *Wohlgemuth*, § 19 BBiG Rz. 4. | 2 *Knopp/Kraegeloh*, § 19 BBiG Rz. 2; *Leinemann/Taubert*, § 19 BBiG Rz. 20; MünchArbR/*Natzel*, § 178 Rz. 375. | 3 So wie hier ErfK/*Schlachter*, § 19 BBiG Rz. 2; *Götz*, Berufsbildungsrecht, Rz. 396; *Wohlgemuth*, § 19 BBiG Rz. 4. | 4 *Knigge*, AR-Blattei SD 1740 „Volontär und Praktikant", Rz. 27; *Natzel* S. 318 ff.; zur Abgrenzung von Praktikanten- und Ausbildungsverhältnis Hess. LAG v. 25.10.2001 – 3 Sa 1818/99, EzB Nr. 28a zu § 19 BBiG. | 5 ErfK/*Schlachter*, § 19 BBiG Rz. 1 mwN; MünchArbR/*Natzel*, § 178 Rz. 366. | 6 BAG v. 19.6.1974 – 3 AZR 436/73, EzB Nr. 3 zu § 19 BBiG; LAG Hamburg v. 5.9.1980 – 3 Sa 37/80, EzB Nr. 10 zu § 19 BBiG. | 7 BAG v. 25.3.1981 – 5 AZR 353/79, AP Nr. 1 zu § 19 BBiG. | 8 ErfK/*Schlachter*, § 19 BBiG Rz. 4; *Gedon/Spiertz*, § 19 BBiG Rz. 26; *Knigge*, AR-Blattei SD 1810 „Der Werkstudent", Rz. 16; *Leinemann/Taubert*, § 19 BBiG Rz. 24; *Wohlgemuth*, § 19 BBiG Rz. 6. | 9 *Gedon/Spiertz*, § 19 BBiG Rz. 21; *Leinemann/Taubert*, § 19 BBiG Rz. 22; aA ErfK/*Schlachter*, § 19 BBiG Rz. 4. | 10 BAG v. 15.3.1991 – 2 AZR 516/90, AP Nr. 2 zu § 47 BBiG; v. 10.2.1981 – 6 ABR 86/78, EzB Nr. 13 zu § 19 BBiG; *Leinemann/Taubert*, § 19 BBiG Rz. 28; MünchArbR/*Natzel*, § 178 Rz. 359. | 11 Vgl. im Einzelnen *Schaub*, § 175 Rz. 4.

bildungsbetrieb um eine **juristische Person**, müssen die Eignungsmerkmale in der Person des gesetzlichen Vertreters gegeben sein[1]. Zum Vorliegen einer **Ordnungswidrigkeit** vgl. § 99 Abs. 1 Nr. 5–7.

2 **II. Persönliche Eignung (Abs. 2).** Abs. 2 enthält keine abschließende Aufzählung der Gründe, welche die persönliche Eignung zur Ausbildung ausschließen.

3 Nach **Nr. 1** ist nicht geeignet, wer **Kinder und Jugendliche nicht beschäftigen darf** (§ 25 JArbSchG[2]). Die persönliche Ungeeignetheit nach § 25 JArbSchG gilt für alle Ausbildungsverhältnisse, auch mit erwachsenen Auszubildenden[3]. Wer wegen sexueller Handlungen an weiblichen Auszubildenden verurteilt ist, ist auch nicht geeignet, männliche Auszubildende einzustellen und auszubilden[4].

4 Ein **schwerer Verstoß** nach Nr. 2 ist dann gegeben, wenn dem Auszubildenden ein schwerer Schaden entstanden ist. **Wiederholte Verstöße** liegen vor, wenn der Ausbildende oder Ausbilder mehr als einmal gegen die in Nr. 2 genannten Schutznormen vestoßen hat[5].

5 Neben dem BBiG fallen unter diese Vorschrift auch Normen, welche eine zuständige Stelle aufgrund der Regelungskompetenz des § 44 erlassen hat, ebenso wie Ausbildungs- und Prüfungsordnungen, Bestimmungen der HandwO und der hierzu erlassenen Vorschriften[6]. **Von der Rspr. anerkannte Verstöße** sind zB die fast sechsmonatige Dauer eines ausbilderlosen Zustandes[7], ein Verstoß gegen Vorschriften des JArbSchG[8], die weltanschauliche Beeinflussung eines Auszubildenden (Scientology-Organisation)[9] sowie allgemeine Unzuverlässigkeit[10], nicht jedoch die Einstellung eines Strafverfahrens nach § 153 StPO[11].

6 **III. Fachliche Eignung (Abs. 3).** Nach **Nr. 1** ist fachlich nicht geeignet, wer die erforderlichen beruflichen Fertigkeiten und Kenntnisse nicht besitzt, zB nur über **Kenntnisse in Teilgebieten** der in Frage stehenden Berufsausbildung verfügt[12].

7 Nach **Nr. 2** muss der Ausbildende bzw. der Ausbilder auch über die erforderlichen berufs- und arbeitspädagogischen Kenntnisse verfügen[13], die durch die nach § 21 (vgl. dort Rz. 1) erlassene **Ausbilder-Eignungsverordnung**[14] bestimmt werden.

8 In den §§ 76–96 ist die fachliche Eignung für bestimmte Bereiche besonders geregelt[15]. Im Handwerk setzen die §§ 21, 22 HandwO grundsätzlich die Meisterprüfung voraus.

9 **IV. Bestellung eines Ausbilders (Abs. 4).** Bildet der Ausbildende nicht selbst aus oder fehlt ihm die erforderliche fachliche Eignung, muss er einen geeigneten Ausbilder einstellen (s. auch § 6 Abs. 1 Nr. 2, vgl. dort Rz. 5 ff.) und sich über dessen **Eignung vergewissern**[16]. Die **Bestellung muss vor der Einstellung** des Auszubildenden erfolgen. Zum **MitbestR des BR** bei der Bestellung einer mit der Durchführung der betrieblichen Berufsbildung beauftragten Person vgl. § 98 Abs. 2 BetrVG[17].

10 Ein Verstoß gegen die Vorschriften über die fachliche und persönliche Eignung kann gem. § 99 Abs. 1 Nr. 5–7 als Ordnungswidrigkeit geahndet werden.

21 *Erweiterte Eignung*

(1) Das Bundesministerium für Bildung und Forschung kann nach Anhören des Ständigen Ausschusses des Bundesinstituts für Berufsbildung durch Rechtsverordnung, die nicht der Zustimmung des Bundesrates bedarf, über die in den §§ 20, 76 bis 96 vorgeschriebene fachliche Eignung hinaus bestimmen, dass der Erwerb berufs- und arbeitspädagogischer Kenntnisse nachzuweisen ist. Dabei können Inhalt, Umfang und Abschluss der Maßnahmen für den Erwerb dieser Kenntnisse geregelt werden.

(2) Das Bundesministerium für Wirtschaft und Arbeit oder das sonst zuständige Fachministerium kann im Einvernehmen mit dem Bundesministerium für Bildung und Forschung nach Anhören des Ständigen Ausschusses des Bundesinstituts für Berufsbildung durch Rechtsverordnung, die nicht der Zustimmung des Bundesrates bedarf, über die in den §§ 20, 76 bis 96 vorgeschriebene fachliche Eignung hinaus bestimmen, dass der Erwerb zusätzlicher fachlicher Kenntnisse nachzuweisen ist. Absatz 1 Satz 2 gilt entsprechend.

---

1 VGH BW v. 22.12.1988 – 9 S 2583/87, EzB Nr. 36 zu §§ 20, 21 BBiG; *Knopp/Kraegeloh*, § 20 BBiG Rz. 3a; *Wohlgemuth*, § 20 BBiG Rz. 2. | 2 *Natzel*, Berufsbildungsrecht, S. 394. | 3 ErfK/*Schlachter*, § 20 BBiG Rz. 2; *Wohlgemuth*, § 20 BBiG Rz. 4. | 4 OVG Saarl. v. 10.6.1976 – I R 89/75, EzB Nr. 5 zu § 24 HwO. | 5 ErfK/*Schlachter*, § 20 BBiG Rz. 2; *Leinemann/Taubert*, Rz. 29, 31; *Natzel*, Berufsbildungsrecht, S. 395; *Wohlgemuth*, § 20 BBiG Rz. 6. | 6 ErfK/*Schlachter*, § 20 BBiG Rz. 2; *Knopp/Kraegeloh*, § 20 Rz. 3; *Leinemann/Taubert*, Rz. 27 f. | 7 BVerwG v. 20.12.1985 – 1 C 42.84, EzB Nr. 7 zu §§ 23, 24 BBiG. | 8 OVG NW v. 3.8.1984 – A 1011/83, EzB Nr. 30 zu §§ 20, 21 BBiG. | 9 OVG NW v. 10.10.1994 – 23 B 2878/93, EzB Nr. 42 zu §§ 20, 21 BBiG. | 10 BVerwG v. 12.3.1965 – VII C 175.63, AP NR 3 zu § 20 HandwO. | 11 VGH BW v. 9.10.1987 – 14 S 2104/87, EzB Nr. 32 zu §§ 20, 21 BBiG. | 12 BVerwG v. 3.3.1981 – 5 B 35.80, EzB Nr. 24 zu §§ 20, 21 BBiG. | 13 Hierzu Bay. VGH v. 18.8.1975 – 100 VI 74, EzB Nr. 13 zu §§ 20, 21 BBiG. | 14 V. 16.2.1999, BGBl. I. S. 157, ber. S. 700 | 15 *Knopp/Kraegeloh*, § 20 BBiG Rz. 4; *Natzel*, Berufsbildungsrecht, S. 397 ff. | 16 *Leinemann/Taubert*, § 20 BBiG Rz. 43 mwN. | 17 ErfK/*Schlachter*, § 20 BBiG Rz. 4 mit weiterführenden Literaturhinweisen; *Knopp/Kraegeloh*, § 20 BBiG Rz. 4a; *Wohlgemuth*, § 20 BBiG Rz. 15.

Abs. 1 eröffnet die Möglichkeit, durch Rechtsverordnung zu bestimmen, dass **der Erwerb berufs- und arbeitspädagogischer Kenntnisse nachzuweisen ist**, was einer vernünftigen Erwägung des Gemeinwohls entspricht[1]. Aufgrund dieser Vorschrift wurde ua. die Ausbilder-Eignungsverordnung (**AEVO vom 16.2.1999**, BGBl. I S. 157, ber. S. 700) erlassen, die verfassungskonform ist[2]. Sie ist bei *Leinemann/ Taubert* im Anhang Nr. 1 zu § 21 BBiG abgedruckt[3]. 1

Der **Nachweis der Kenntnisse** wird durch eine mündliche oder schriftliche Prüfung erbracht, die im Falle des Nichtbestehens zweimal wiederholt werden kann[4]. 2

Nach **Abs. 2** kann der Nachweis des **Erwerbs zusätzlicher fachlicher Kenntnisse** verlangt werden. Vor dem Erlass der Rechtsverordnungen nach Abs. 1 und 2 ist der **Ständige Ausschuss des BiBB** zu hören. Die zusätzlichen fachlichen Kenntnisse können durch Lehrgänge, Fernlehrgänge oder durch Fernsehunterricht vermittelt werden[5]. Eine VO nach Abs. 2 ist bisher nicht erlassen worden[6]. 3

Die persönliche und fachliche Eignung ist durch die zuständige Stelle **zu überwachen** (§ 23). 4

Für das Handwerk gilt § 21 HandwO. 5

22 Eignung der Ausbildungsstätte

(1) Auszubildende dürfen nur eingestellt werden, wenn
1. die Ausbildungsstätte nach Art und Einrichtung für die Berufsausbildung geeignet ist,
2. die Zahl der Auszubildenden in einem angemessenen Verhältnis zur Zahl der Ausbildungsplätze oder zur Zahl der beschäftigten Fachkräfte steht, es sei denn, dass andernfalls die Berufsausbildung nicht gefährdet wird.

(2) Eine Ausbildungsstätte, in der die erforderlichen Kenntnisse und Fertigkeiten nicht in vollem Umfang vermittelt werden können, gilt als geeignet, wenn dieser Mangel durch Ausbildungsmaßnahmen außerhalb der Ausbildungsstätte behoben wird.

I. Voraussetzungen für die Einstellung von Auszubildenden (Abs. 1). Nach Abs. 1 Nr. 1 dürfen Auszubildende nur eingestellt werden, wenn die Ausbildungsstätte nach Art und Einrichtung für die Berufsausbildung geeignet ist. 1

Ausbildungsstätte ist die Gesamtheit des Betriebs oder Betriebsteils, in welchem die Ausbildung stattfindet[7]. Der Begriff ist weit auszulegen und umfasst sämtliche Ausbildungseinrichtungen betrieblicher, über- oder außerbetrieblicher Art[8]. 2

Geeignet nach der Art ist eine Ausbildungsstätte, wenn sie die Gewähr dafür bietet, dass der Auszubildende die im Berufszweig entsprechend dem Ausbildungsplan geforderten Fähigkeiten erwerben kann[9], was sich anhand des Ausbildungsberufsbildes und des Ausbildungsrahmenplans bemessen lässt[10]. 3

Hinsichtlich der Einrichtung sind ua. **das JArbSchG**, die **ArbStättV** und die Unfallverhütungsvorschriften der Berufsgenossenschaften zu beachten[11]. 4

Abs. 1 Nr. 2 legt keine Höchstzahl der Auszubildenden fest, sondern stellt auf die konkreten Verhältnisse der einzelnen Ausbildungsstätten ab, solange die Berufsausbildung als solche nicht gefährdet wird. Die Festsetzung einer allgemein verbindlichen **Höchstzahl der gleichzeitig Auszubildenden ist unzulässig**[12]. Es ist ausreichend, wenn ein angemessenes Verhältnis zwischen der Zahl der Auszubildenden und einem der genannten Kriterien (Fachkräfte oder Ausbildungsplätze) besteht[13]. Ein **angemessenes Verhältnis** liegt vor, wenn 1 bis 2 Fachkräfte auf einen Auszubildenden bzw. 3 bis 5 Fachkräfte auf zwei Auszubildende kommen[14]. Zum Teil wird auch gefordert, dass mehr als zwei Fachkräfte auf einen Auszubildenden kommen müssen[15]. Maßgebend ist, dass die Ausbildung durch eine ausreichende Zahl von Ausbildern sichergestellt ist[16]. 5

Vgl. auch die „**BIBB-Empfehlung über die Eignung der Ausbildungsstätten**" des Bundesausschusses für Berufsbildung v. 28./29.3.1972 (BArBl. 1972, 344), abgedruckt bei *Gedon/Spiertz*, § 22 BBiG Rz. 22. 6

---

1 Bay. VGH v. 18.8.1975 – 100 VI 74, EzB Nr. 13 zu §§ 20, 21 BBiG. | 2 Bay. VGH v. 10.8.1976 – 194 VI 75, EzB Nr. 18 zu §§ 20, 21 BBiG. | 3 Eine Übersicht über die aufgrund des § 21 erlassenen Ausbilder-Eignungsverordnungen findet sich bei *Knopp/Kraegeloh*, § 21 BBiG Rz. 1 ff. | 4 *Natzel*, Berufsbildungsrecht, S. 401. | 5 *Herkert*, § 21 BBiG Rz. 14; *Leinemann/Taubert*, § 21 BBiG Rz. 28. | 6 *Knopp/Kraegeloh*, § 21 BBiG Rz. 5. | 7 *Götz*, Berufsbildungsrecht, Rz. 484; *Knigge*, AR-Blattei SD 400.3 Rz. 126; *Natzel*, Berufsbildungsrecht, S. 409. | 8 *Knopp/ Kraegeloh*, § 22 BBiG Rz. 1; *Wohlgemuth*, § 22 BBiG Rz. 2. | 9 *Götz*, Berufsbildungsrecht, Rz 484; *Leinemann/ Taubert*, § 22 BBiG Rz. 10. | 10 VG Arnsberg v. 20.5.1976 – 1 K 1704/74, EzB Nr. 4 zu § 22 BBiG. | 11 ErfK/ *Schlachter*, § 22 BBiG Rz. 1; *Gedon/Spiertz*, § 22 BBiG Rz. 11; *Knopp/Kraegeloh*, § 22 BBiG Rz. 3; *Wohlgemuth*, § 22 BBiG Rz. 4. | 12 OVG Rh.-Pf. v. 17.3.1975 – 2 A 113/74, EzB Nr. 3 zu § 22 BBiG. | 13 VG Kassel v. 16.2.1984 – IV/2 E 1874/83, EzB Nr. 12 zu § 22 BBiG. | 14 *Natzel*, Berufsbildungsrecht, S. 412 mwN; vgl. im Einzelnen den Rspr.-Überblick bei *Wohlgemuth*, § 22 BBiG Rz. 8 ff. | 15 LAG Berlin v. 26.10.1978 – 7 Sa 33/78, EzB Nr. 6 zu § 22 BBiG. | 16 VG Kassel v. 16.2.1984 – IV/2 E 1874/83, EzB Nr. 12 zu § 22 BBiG; OVG Münster v. 3.3.1982 – 4 A 2141/80, EzB Nr. 9 zu § 22 BBiG; VG Freiburg v. 26.8.1976 – VS V 105/74, EzB Nr. 5 zu § 22 BBiG.

7 **II. Ausbildung außerhalb der Ausbildungsstätte (Abs. 2).** Ist die Ausbildungsstätte nicht in vollem Umfang geeignet, können **ergänzende Ausbildungsmaßnahmen extern** vorgenommen werden. Die Ausbildung muss ansonsten überwiegend in der Ausbildungsstätte erfolgen. § 4 Abs. 1 Nr. 3 ist zu beachten[1]. Die außerbetriebliche Ausbildungsstätte muss den Anforderungen der §§ 20–24 entsprechen[2].

8 Nach § 23 wird die Beachtung dieser Vorschrift von der zuständigen Stelle überwacht (vgl. dort Rz. 1). Wenn die Voraussetzungen des § 22 nicht mehr vorliegen, kann für eine bestimmte Ausbildungsstätte das Einstellen und Ausbilden untersagt werden (§ 24, vgl. dort Rz. 3 ff.).

9 Für das Handwerk gilt § 23 HandwO.

23 *Eignungsfeststellung*

(1) Die zuständige Stelle hat darüber zu wachen, dass die persönliche und fachliche Eignung sowie die Eignung der Ausbildungsstätte vorliegen.

(2) Werden Mängel der Eignung festgestellt, so hat die zuständige Stelle, falls der Mangel zu beheben und eine Gefährdung des Auszubildenden nicht zu erwarten ist, den Ausbildenden aufzufordern, innerhalb einer von ihr gesetzten Frist den Mangel zu beseitigen. Ist der Mangel der Eignung nicht zu beheben oder ist eine Gefährdung des Auszubildenden zu erwarten oder wird der Mangel nicht innerhalb der gesetzten Frist beseitigt, so hat die zuständige Stelle dies der nach Landesrecht zuständigen Behörde mitzuteilen.

1 **I. Überwachungspflicht der zuständigen Stelle (Abs. 1).** Die erforderliche Eignung des Ausbilders und der Ausbildungsstätte ist **vor der Eintragung von Berufsausbildungsverhältnissen** in das Verzeichnis nach §§ 31 ff. zu prüfen[3]. Die Überwachung kann durch die nach § 45 Abs. 1 Satz 2 zu bestellenden **Ausbildungsberater** (vgl. dort Rz. 2 f.) erfolgen[4]. Die Überwachungspflicht besteht für die **gesamte Dauer der Ausbildung**[5] und für **jedes einzelne Ausbildungsverhältnis**[6].

2 Die **fachliche Eignung** des Ausbilders kann durch Ablegung einer Ausbildereignungsprüfung bzw. durch Ablegung der Prüfungen nach §§ 76 Abs. 1, 80 Abs. 1 beseitigt werden[7]. Die **persönliche Eignung** besitzen solche Ausbildende, welche die Gewähr dafür bieten, dass der Auszubildende charakterlich gefördert sowie sittlich und körperlich nicht gefährdet wird[8].

3 Zuständig i.S.v. Abs. 1 sind für den Bereich des Handwerks die Handwerkskammern (§ 74), für den Bereich der sonstigen Gewerbebetriebe die Industrie- und Handelskammern (§ 75), für den Bereich der Landwirtschaft die Landwirtschaftskammern (§ 79). Im öffentlichen Dienst, den rechts-, wirtschafts-, steuerberatenden und ärztlichen Berufen, im kirchlichen Bereich sowie für die Hauswirtschaft bestehen Sondervorschriften (§§ 84, 87, 89, 91, 84a, 93).

4 **II. Folgen bei der Feststellung von Mängeln (Abs. 2).** Wird ein Mangel festgestellt, der behebbar ist, und ist eine Gefährdung des Auszubildenden nicht zu erwarten, ist der Ausbildende unter Fristsetzung aufzufordern, diesen zu beseitigen (Abs. 2 Satz 1). Die Aufforderung zur Mängelbeseitigung ist ein **Verwaltungsakt**[9]. Erfolgt die Mängelbeseitigung nicht fristgemäß, ist die nach Landesrecht zuständige Behörde einzuschalten, welche nach § 24 das weitere Ausbilden untersagen kann. § 32 Abs. 2 ist zu beachten.

5 Ist ein Mangel nicht behebbar oder eine Gefährdung des Auszubildenden zu erwarten, ist ebenfalls die nach Landesrecht zuständige Behörde zwecks Einleitung eines **Untersagungsverfahrens** nach § 24 einzuschalten (Abs. 2 Satz 2). Die entsprechende Mitteilung ist kein Verwaltungsakt, aus Gründen der Rechtsklarheit sollte gleichwohl die Schriftform eingehalten werden[10].

6 Für das Handwerk gilt § 23a HandwO.

24 *Untersagung des Einstellens und Ausbildens*

(1) Die nach Landesrecht zuständige Behörde hat das Einstellen und Ausbilden zu untersagen, wenn die persönliche oder fachliche Eignung nicht oder nicht mehr vorliegt.

(2) Die nach Landesrecht zuständige Behörde kann ferner für eine bestimmte Ausbildungsstätte das Einstellen und Ausbilden untersagen, wenn die Voraussetzungen nach § 22 nicht oder nicht mehr vorliegen.

---

1 *Knigge*, AR-Blattei SD 400.3 Rz. 130; *Wohlgemuth*, § 22 BBiG Rz. 11. |2 *Leinemann/Taubert*, § 22 BBiG Rz. 27. |3 Schriftlicher Bericht des Ausschusses für Arbeit, BT-Drs. V/4260 zu § 23 BBiG. |4 *Knopp/Kraegeloh*, § 23 BBiG Rz. 1; *Wohlgemuth*, § 23 BBiG Rz. 1. |5 *Gedon/Spiertz*, § 23 BBiG Rz. 5; *Natzel*, Berufsbildungsrecht, S. 413. |6 *Leinemann/Taubert*, § 23 BBiG Rz. 4; *Wohlgemuth*, § 23 BBiG Rz. 1. |7 *Leinemann/Taubert*, § 23 BBiG Rz. 10. |8 VG Düsseldorf v. 23.1.1996 – 3 K 12881/94, EzB Nr. 14 zu §§ 23, 24 BBiG. |9 Str., so wie hier *Gedon/Spiertz*, § 23 BBiG Rz. 8; *Knigge*, AR-Blattei SD 400.3 Rz. 155; *Knopp/Kraegeloh*, § 23 BBiG Rz. 3; *Wohlgemuth*, § 23 BBiG Rz. 4; zum Meinungsstand ErfK/*Schlachter*, § 23 BBiG Rz. 2 mwN. |10 *Gedon/Spiertz*, § 23 BBiG Rz. 9; *Knigge*, AR-Blattei SD 400.3 Rz. 157; *Leinemann/Taubert*, § 23 BBiG Rz. 18; *Wohlgemuth*, § 23 BBiG Rz. 5.

(3) Vor der Untersagung sind die Beteiligten und die zuständige Stelle zu hören. Dies gilt nicht im Falle des § 20 Abs. 2 Nr. 1.

I. Fehlende persönliche und fachliche Eignung (Abs. 1). Die nach Landesrecht zuständige Behörde[1] ist nicht verpflichtet in allen Ausbildungsstätten nachzuforschen, ob die persönliche und fachliche Neigung vorliegt. Sie soll vielmehr einschreiten, wenn ihr Umstände bekannt werden, welche die persönliche und fachliche Eignung zweifelhaft erscheinen lassen[2]. Erhärten sich diese Zweifel, ist das Einstellen und Ausbilden zwingend zu untersagen, sofern der Mangel nicht nach § 23 Abs. 2 Satz 1 behoben werden kann. Ein **Ermessensspielraum besteht insoweit nicht**[3]. Die Untersagung kann sich gegen den Ausbildenden bzw. den Ausbilder richten. Die entsprechende Verfügung ist ein **Verwaltungsakt**, der vor den VerwG angefochten werden kann[4]. § 99 Abs. 1 Nr. 7 ist zu beachten.   1

Die nach **Landesrecht zuständige Behörde** ist regelmäßig die als Aufsichtsbehörde zuständige höhere Verwaltungsbehörde (zB das Regierungspräsidium oder die Bezirksregierung)[5].   2

II. Fehlende Eignung der Ausbildungsstätte (Abs. 2). Liegen bei einer Ausbildungsstätte die Voraussetzungen des § 22 nicht oder nicht mehr vor, kann die zuständige Stelle das Einstellen und Ausbilden untersagen. Die Behörde hat ein **Ermessen**, ob und wann sie das Einstellen und Ausbilden untersagen will[6]. Die Untersagung kann sich kumulativ oder alternativ auf das Einstellen und Ausbilden beziehen. Die Untersagung kann befristet oder auf unbestimmte Zeit verfügt werden[7].   3

Anstelle der Untersagung können auch **Auflagen** erteilt werden, sofern dadurch eine geregelte Berufsausbildung möglich wird[8]. Denkbar ist auch die Anordnung einer befristeten außerbetrieblichen Ausbildungsmaßnahme[9].   4

Im Falle der gänzlichen Untersagung kann das Berufsausbildungsverhältnis nach § 15 Abs. 2 Nr. 1 **gekündigt** werden[10]. Ggf. ist **Schadensersatz** nach § 16 Abs. 1 Satz 1 zu leisten[11].   5

III. Anhörung vor Untersagung (Abs. 3). Die nach **Abs. 3 Satz 1** erforderliche Anhörung kann mündlich oder schriftlich erfolgen. Eine **Nichtanhörung** führt zu einem fehlerhaften, nicht jedoch zu einem nichtigen Verwaltungsakt. Dieser ist nach erfolgter Anhörung erneut zu erlassen ist[12].   6

Beteiligte im Anhörungsverfahren sind der Ausbilder bzw. Ausbildende, der Auszubildende und seine Eltern, sofern durch die Untersagung der Ausbildungsplatz wegfällt[13].   7

Eine Anhörung erübrigt sich im Falle des § 20 Abs. 2 Nr. 1 (vgl. dort Rz. 3).   8

Für das Handwerk gilt § 24 HandwO.   9

Zweiter Abschnitt. Anerkennung von Ausbildungsberufen, Änderung der Ausbildungszeit

25 *Ausbildungsordnung*
(1) Als Grundlage für eine geordnete und einheitliche Berufsausbildung sowie zu ihrer Anpassung an die technischen, wirtschaftlichen und gesellschaftlichen Erfordernisse und deren Entwicklung kann das Bundesministerium für Wirtschaft und Arbeit oder das sonst zuständige Fachministerium im Einvernehmen mit dem Bundesministerium für Bildung und Forschung durch Rechtsverordnung, die nicht der Zustimmung des Bundesrates bedarf, Ausbildungsberufe staatlich anerkennen, die Anerkennung aufheben und für die Ausbildungsberufe Ausbildungsordnungen erlassen.

(2) Die Ausbildungsordnung hat mindestens festzulegen

1. die Bezeichnung des Ausbildungsberufes,

2. die Ausbildungsdauer; sie soll nicht mehr als drei und nicht weniger als zwei Jahre betragen,

3. die Fertigkeiten und Kenntnisse, die Gegenstand der Berufsausbildung sind (Ausbildungsberufsbild),

---

1 Das ist idR die höhere Verwaltungsbehörde, sofern nicht nach §§ 73 ff. besondere Vorschriften gelten, vgl. die Nachw. bei *Wohlgemuth*, § 24 BBiG Rz. 2 mwN. |2 Ausschussbericht, Drs. V/4260. |3 Bay. VGH v. 28.8.1974 – 88 VI 74, EzB Nr. 2 zu § 24 HandwO; *Gedon/Spiertz*, § 24 BBiG Rz. 6; *Götz*, Berufsbildungsrecht, Rz. 489; *Wohlgemuth*, § 24 BBiG Rz. 3; aA *Knopp/Kraegeloh*, § 24 BBiG Rz. 3. |4 *Knigge*, AR-Blattei SD 400.3 Rz. 158; *Knopp/Kraegeloh*, § 24 BBiG Rz. 6. |5 *ErfK/Schlachter*, § 24 BBiG Rz. 2; *Gedon/Spiertz*, § 24 BBiG Rz. 3; *Knigge*, AR-Blattei SD 400.3 Rz. 152; vgl.hierzu die bei *Knopp/Kraegeloh* im Anh. II abgedr. Länderbestimmungen zur Ausführung des BBiG (der HwO) und zum Berufsschulwesen. |6 *Gedon/Spiertz*, § 24 BBiG Rz. 9, *Leinemann/Taubert*, § 24 BBiG Rz. 14; *Wohlgemuth*, § 24 BBiG Rz. 3. |7 *Natzel*, Berufsbildungsrecht, S. 493 mwN. |8 *Gedon/Spiertz*, § 24 BBiG Rz. 11. |9 VG Braunschweig v. 21.11.1991 – 1 A 1106/90, EzB Nr. 10 zu §§ 23, 24 BBiG. |10 *ErfK/Schlachter*, § 24 BBiG Rz. 4; *Knopp/Kraegeloh*, § 24 BBiG Rz. 7; *Leinemann/Taubert*, § 24 BBiG Rz. 30. |11 *Knopp/Kraegeloh*, § 24 BBiG Rz. 7. |12 *Götz*, Berufsbildungsrecht, Rz. 489; *Knigge*, AR-Blattei SD 400.3 Rz. 148; *Knopp/Kraegeloh*, § 24 BBiG Rz. 5; *Natzel*, Berufsbildungsrecht, S. 492. |13 VGH BW v. 9.10.1987 – 14 S 2104/87, EzB Nr. 8 zu § 24 HandwO.

4. eine Anleitung zur sachlichen und zeitlichen Gliederung der Fertigkeiten und Kenntnisse (Ausbildungsrahmenplan),

5. die Prüfungsanforderungen.

In der Ausbildungsordnung kann vorgesehen werden, dass berufliche Bildung durch Fernunterricht vermittelt wird. Dabei kann bestimmt werden, dass nur solche Fernlehrgänge verwendet werden dürfen, die nach § 12 Abs. 1 des Fernunterrichtsschutzgesetzes vom 24. August 1976 (Bundesgesetzbl. I S. 2525) zugelassen oder nach § 15 Abs. 1 des Fernunterrichtsschutzgesetzes als geeignet anerkannt worden sind.

(3) Wird die Anerkennung eines Ausbildungsberufes aufgehoben und das Berufsausbildungsverhältnis nicht gekündigt (§ 15 Abs. 2 Nr. 2), so gelten für die weitere Berufsausbildung die bisherigen Vorschriften.

1   I. **Staatliche Anerkennung von Ausbildungsberufen und Erlass von Ausbildungsordnungen (Abs. 1).** Nach Abs. 1 der Vorschrift können durch Rechtsverordnung Ausbildungsberufe staatlich anerkannt bzw. aufgehoben sowie Ausbildungsordnungen erlassen werden. Diese Rechtsverordnungen sind zur Ordnung der Berufsausbildung notwendig, da nach § 28 (vgl. dort Rz. 1) für einen anerkannten Ausbildungsberuf nur nach der Ausbildungsordnung ausgebildet werden darf. Die **vor In-Kraft-Treten des BBiG** anerkannten Ausbildungsberufe gelten als solche iSd. § 25 Abs. 1 (§ 108 Abs. 1).

2   Die anerkannten Ausbildungsberufe werden von dem Bundesinstitut für Berufsbildung in einem Verzeichnis geführt und jährlich veröffentlicht (§ 6 Abs. 2 Ziff. 4 BerBiFG)[1].

3   II. **Mindestinhalt der Ausbildungsordnung (Abs. 2).** Abs. 2 regelt den Mindestinhalt von Ausbildungsordnungen. Nach **Nr. 1** ist die **Berufsbezeichnung** festzulegen (**Nr. 1**), die den tatsächlichen Berufsinhalt kurz und knapp wiedergeben soll. Eine **Änderung** ist durch Rechtsverordnung möglich[2]. Im Falle einer **Stufenausbildung** soll die Bezeichnung den jeweils möglichen Abschluss erkennen lassen[3]. Aus der staatlichen Anerkennung eines Ausbildungsberufs folgt nicht zwangsläufig, dass die entsprechende Berufsbezeichnung schon allein mit Rücksicht darauf geschützt ist[4].

4   Nach **Nr. 2** ist die **Ausbildungsdauer** festzulegen. Der genannte Zeitraum ist eine **Sollvorschrift**. Maßgebend für die anzusetzende Dauer ist die Zeit, in welcher ein durchschnittlich begabter Hauptschulabgänger in einem durchschnittlich geeigneten Betrieb das Ausbildungsziel mit entsprechenden Berufserfahrungen bei Vollzeitausbildung erreichen kann[5]. Die Ausbildungsdauer beträgt **überwiegend 3 Jahre**[6]. § 29 findet Anwendung.

5   Das **Ausbildungsberufsbild** (**Nr. 3**) muss alle Fertigkeiten und Kenntnisse angeben, die Gegenstand der Berufsausbildung sind, und diese konkretisieren, zusammenfassen und allgemein verständlich aufführen[7]. Der Begriff dient der Abgrenzung von Berufsbildern, die auf die Ausübung einer Erwachsenentätigkeit ausgerichtet sind[8].

6   Nach **Nr. 4** muss die Ausbildungsordnung eine Anleitung zur sachlichen und zeitlichen Gliederung der Fertigkeiten und Kenntnisse enthalten, den sog. **Ausbildungsrahmenplan**, auf dessen Grundlage die Ausbildungsstätte den betrieblichen Ausbildungsplan erstellen kann[9]. Der Ausbildungsrahmenplan hat lediglich Richtliniencharakter ohne öffentlich- oder privatrechtliche Verpflichtung zur Einhaltung durch den Ausbildenden[10].

7   Nach **Nr. 5** sind die **Prüfungsanforderungen** in die Ausbildungsordnung aufzunehmen, um das Niveau und den Umfang der Zwischen- und Abschlussprüfungen bundeseinheitlich zu gewährleisten[11]. Um der nach § 41 zu erlassenden Prüfungsordnung nicht vorzugreifen, dürfen die nach Nr. 5 festzulegenden Prüfungsanforderungen nur grundsätzlicher Art sein[12]. Der Hauptausschuss des BiBB hat am 11.2.1980 eine „**Empfehlung für die Vereinheitlichung der Prüfungsanforderungen in Ausbildungsordnungen**" (BWP 2/1980) beschlossen, abgedruckt bei *Leinemann/Taubert* im Anhang Nr. 4 zu § 25 BBiG.

8   Abs. 2 Satz 2 und 3 eröffnet die Möglichkeit, in der Ausbildungsordnung berufliche Bildung durch **Fernunterricht** zuzulassen. Nach Satz 3 kann vorgesehen werden, dass nur die nach §§ 12, 13 FernUSG zugelassenen und anerkannten Fernlehrgänge verwendet werden dürfen.

9   III. **Aufhebung der Anerkennung eines Ausbildungsberufes (Abs. 3).** Wird die Anerkennung eines Ausbildungsberufes aufgehoben[13], kann der Auszubildende das Ausbildungsverhältnis kündigen (§ 15 Abs. 2 Nr. 2). Anstelle einer Kündigung kann er nach Abs. 3 das begonnene Ausbildungsverhältnis nach den bis-

---

1 *Knopp/Kraegeloh*, § 25 BBiG Rz. 1; *Natzel*, Berufsbildungsrecht, S. 347. |2 *Gedon/Spiertz*, § 25 BBiG Rz. 13. |3 *Herkert*, § 25 BBiG Rz. 14; *Wohlgemuth*, § 25 BBiG Rz. 5. |4 VG Freiburg v. 31.5.1983 – 5 K 140/82, EzB Nr. 6 zu Art. 14 GG. |5 *Leinemann/Taubert*, § 25 BBiG Rz. 25; *Herkert*, § 25 BBiG Rz. 15. |6 *Wohlgemuth*, § 25 BBiG Rz. 6. |7 *Gedon/Spiertz*, § 25 BBiG Rz. 18; *Leinemann/Taubert*, § 25 BBiG Rz. 28. |8 Ausschussbericht BT-Drs. V/4260 zu § 25. |9 Ausschussbericht BT-Drs. V/4260 zu § 25. |10 *Leinemann/Taubert*, § 25 BBiG Rz. 31 mwN; *Natzel*, Berufsbildungsrecht, S. 349. |11 *Leinemann/Taubert*, § 25 BBiG Rz. 36. |12 ErfK/*Schlachter*, § 25 BBiG Rz. 5; *Knopp/Kraegeloh*, § 25 BBiG Rz. 10; *Wohlgemuth*, § 25 BBiG Rz. 9. |13 Vgl. hierzu die VO über die Aufhebung der Anerkennung von Ausbildungsberufen v. 10.8.1972, BGBl. I S. 1459.

herigen Vorschriften fortsetzen. Entscheidet sich der Auszubildende für eine neue, tätigkeitsverwandte Ausbildung, kann ihm nach § 29 Abs. 2 die bisherige Ausbildungszeit angerechnet werden[1].

Für das Handwerk gilt § 25 HandwO. 10

26 *Stufenausbildung*
(1) Die Ausbildungsordnung kann sachlich und zeitlich besonders geordnete, aufeinander aufbauende Stufen der Berufsausbildung festlegen. Nach den einzelnen Stufen soll sowohl ein Ausbildungsabschluss, der zu einer Berufstätigkeit befähigt, die dem erreichten Ausbildungsstand entspricht, als auch die Fortsetzung der Berufsausbildung in weiteren Stufen möglich sein.

(2) In einer ersten Stufe beruflicher Grundbildung sollen als breite Grundlage für die weiterführende berufliche Fachbildung und als Vorbereitung auf eine vielseitige berufliche Tätigkeit Grundfertigkeiten und Grundkenntnisse vermittelt sowie Verhaltensweisen geweckt werden, die einem möglichst großen Bereich von Tätigkeiten gemeinsam sind.

(3) In einer darauf aufbauenden Stufe allgemeiner beruflicher Fachbildung soll die Berufsausbildung für möglichst mehrere Fachrichtungen gemeinsam fortgeführt werden. Dabei ist besonders das fachliche Verständnis zu vertiefen und die Fähigkeit des Auszubildenden zu fördern, sich schnell in neue Aufgaben und Tätigkeiten einzuarbeiten.

(4) In weiteren Stufen der besonderen beruflichen Fachbildung sollen die zur Ausübung einer qualifizierten Berufstätigkeit erforderlichen praktischen und theoretischen Kenntnisse und Fertigkeiten vermittelt werden.

(5) Die Ausbildungsordnung kann bestimmen, dass bei Prüfungen, die vor Abschluss einzelner Stufen abgenommen werden, die Vorschriften über die Abschlussprüfung entsprechend gelten.

(6) In den Fällen des Absatzes 1 kann die Ausbildungsdauer (§ 25 Abs. 2 Nr. 2) unterschritten werden.

Der Verordnungsgeber kann in der Ausbildungsordnung (§ 25) eine Stufenausbildung einführen. Diese ist eine besondere Form der Ausgestaltung eines bestimmten Ausbildungsberufes, ohne einen neuen zu schaffen. Sie soll der Forderung nach einer breiten Grundausbildung und der damit zusammenhängenden größeren beruflichen Anpassungsfähigkeit und Mobilität, den Begabungen des Auszubildenden sowie dem Bedarf der Wirtschaft an qualifizierten Fachkräften besser gerecht werden (BT-Drs. V/4260 zu § 26). 1

Mit Abschluss jeder Stufe erreicht der Auszubildende eine Teilqualifikation, die ihn zu einer eigenständigen Berufsausübung befähigt. In diesem Fall kann die Ausbildungsdauer entgegen § 25 Abs. 2 Nr. 2 weniger als zwei Jahre betragen[2]. Eine **Mindestanzahl von Stufen** ist gesetzlich nicht vorgeschrieben[3]. 2

Im Rahmen der Stufenausbildung ist nach jedem Ausbildungsabschnitt eine **Zwischenprüfung** durchzuführen (§ 42), die zugleich auch **Abschlussprüfung** sein kann (§ 26 Abs. 1 Satz 2)[4]. Möchte der Auszubildende nur den Abschluss der ersten Stufe erreichen und besteht er nach deren Abschluss die Prüfung nicht, kann er diese zweimal wiederholen (§§ 42 Satz 2, 34 Abs. 1 Satz 2)[5]. 3

Hinsichtlich der **Vertragsgestaltung** besteht **alternativ** die Möglichkeit, einen Ausbildungsvertrag über die Gesamtausbildungsdauer oder nur jeweils für eine Ausbildungsstufe abzuschließen, wobei sog. Langzeitverträgen der Vorzug zu geben ist[6]. Die Vereinbarung einer **Probezeit** ist nur für die erste Stufe zulässig[7]. 4

Die Absätze 2–6 legen den Ablauf der Stufenausbildung und ihre Berücksichtigung im Prüfungswesen fest. 5

Im Bereich des Handwerks gilt § 26 HandwO. 6

27 *Berufsausbildung außerhalb der Ausbildungsstätte*
Die Ausbildungsordnung kann festlegen, dass die Berufsausbildung in geeigneten Einrichtungen außerhalb der Ausbildungsstätte durchgeführt wird, wenn und soweit es die Berufsausbildung erfordert.

§ 27 eröffnet die Möglichkeit der Berufsausbildung außerhalb der Ausbildungsstätte. Hierin liegt keine Durchbrechung des dualen Systems[8]. Es soll vielmehr angemessen auf Entwicklungen reagiert werden können, die in Sonderfällen eine vollständige Berufsausbildung im Betrieb nicht mehr zulassen[9]. 1

---

1 *Gedon/Spiertz*, § 25 BBiG Rz. 27; *Leinemann/Taubert*, § 25 BBiG Rz. 41; *Wohlgemuth*, § 25 BBiG Rz. 12. |2 *Natzel*, Berufsbildungsrecht, S. 350. |3 *Knigge*, AR-Blattei SD 400.3 Rz. 14; *Leinemann/Taubert*, § 26 BBiG Rz. 9; *Natzel*, Berufsbildungsrecht, S. 350. |4 Str., vgl. die Nachw. bei *Wohlgemuth*, § 26 BBiG Rz. 4 mwN. |5 *Natzel*, Berufsbildungsrecht, S. 351. |6 Str., so wie hier ErfK/*Schlachter* § 26 BBiG Rz. 3; *Gedon/Spiertz*, § 26 BBiG Rz. 24; *Knopp/Kraegeloh*, § 26 BBiG Rz. 2; *Leinemann/Taubert*, § 26 BBiG Rz. 12; *Natzel*, Berufsbildungsrecht, S. 140 f.; *Wohlgemuth*, § 26 BBiG Rz. 6. |7 BAG v. 27.11.1991 – 2 AZR 263/91, EzB Nr. 3 zu § 26 BBiG = AP Nr. 2 zu § 13 BBiG = AR-Blattei ES 400 Nr. 77. |8 Vgl. insoweit den Schriftlichen Bericht des Ausschusses für Arbeit, BT-Drs V/4260 zu § 27. |9 *Natzel*, Berufsbildungsrecht, S. 351.

BBiG § 27 Rz. 2   Berufsausbildung außerhalb der Ausbildungsstätte

2   Sieht die durch RechtsVO erlassene Ausbildungsordnung (vgl. § 25 Rz. 1) Ausbildungsmaßnahmen außerhalb der Ausbildungsstätte vor, ist diese Regelung **zwingend**[1], sofern es sich nicht um eine bloße Empfehlung handelt. Die vorgesehene Ausbildung außerhalb der Ausbildungsstätte ist in die Vertragsniederschrift (§ 4 Abs. 1 Satz 2 Nr. 3, vgl. dort Rz. 6) aufzunehmen[2]. Sie ist nur **ausbildungsergänzend**. Für die Dauer der externen Ausbildung ist der Auszubildende unter Fortzahlung der Vergütung freizustellen (§§ 7, 12 Abs. 1 Satz 1 Nr. 1).

3   **Erforderlich** ist eine externe Berufsausbildung immer dann, wenn in nahezu allen Ausbildungsbetrieben ein Defizit an Ausbildungsmöglichkeiten gegeben ist[3]. **Außerbetriebliche Ausbildungsstätten** können Ausbildungseinrichtungen eines anderen Betriebes, überbetriebliche Einrichtungen[4] mehrerer Betriebe bzw. außerbetriebliche Bildungseinrichtungen von Innungen, Kammern oder auch von Wirtschaftsorganisationen (ArbGebVerbände, Gewerkschaften) sein[5]. Der Hauptausschuss des BIBB hat am 26.9.1979 einen **Kriterienkatalog zur Beurteilung von Lehrgängen für überbetriebliche Ausbildung beschlossen** (abgedruckt als Auszug bei *Gedon/Spiertz*, § 27 BBiG Rz. 18).

4   Zu der Möglichkeit, bei fehlender Eignung der Ausbildungsstätte externe Ausbildungsmaßnahmen in eigener Verantwortung durchzuführen, vgl. § 22 Abs. 2 (Rz. 7 f.).

5   Die **Kosten außerbetrieblicher Ausbildungsmaßnahmen** sind vom Ausbildenden zu tragen, sofern erst durch diese die volle Erfüllung der Ausbildungspflicht gewährleistet ist[6].

6   Für das Handwerk gilt § 26a HandwO.

28   *Ausschließlichkeitsgrundsatz*

(1) Für einen anerkannten Ausbildungsberuf darf nur nach der Ausbildungsordnung ausgebildet werden.

(2) In anderen als anerkannten Ausbildungsberufen dürfen Jugendliche unter achtzehn Jahren nicht ausgebildet werden, soweit die Berufsausbildung nicht auf den Besuch weiterführender Bildungsgänge vorbereitet.

(3) Zur Entwicklung und Erprobung neuer Ausbildungsformen und Ausbildungsberufe kann das Bundesministerium für Wirtschaft und Arbeit oder das sonst zuständige Fachministerium im Einvernehmen mit dem Bundesministerium für Bildung und Forschung nach Anhören des Ständigen Ausschusses des Bundesinstituts für Berufsbildung durch Rechtsverordnung, die nicht der Zustimmung des Bundesrates bedarf, Ausnahmen zulassen, die auch auf eine bestimmte Art und Zahl von Ausbildungsstätten beschränkt werden können.

1   § 28 verfolgt das Ziel, unter bildungs-, wirtschaftspolitischen und sozialen Gesichtspunkten inbes. jugendlichen Auszubildenden die Gewähr dafür zu geben, dass die Berufsausbildung den Erfordernissen beruflicher Anpassungsfähigkeit und Durchlässigkeit genügt[7]. Die Vorschrift legt fest, dass **für einen anerkannten Ausbildungsberuf**[8] **nur nach der Ausbildungsordnung** (§ 25) **ausgebildet werden darf**. Berufsausbildungsverträge, die dieser Regelung widersprechen, sind nach § 134 BGB nichtig[9]. Bei Nichtigkeit entsteht ein faktisches *Arbeits*verhältnis[10]. Wird im Anschluss an eine erste eine **zweite Berufsausbildung** absolviert (vgl. hierzu § 1 Rz. 2), gilt der Ausschließlichkeitsgrundsatz auch für diese[11]. Die Vorschrift gilt nicht für Umschulungsverhältnisse[12].

2   Zudem dürfen **Jugendliche** grundsätzlich nur in anerkannten Ausbildungsberufen ausgebildet werden, es sei denn, die Berufsausbildung bereitet nach **Abs. 2** auf den Besuch weiterführender Bildungsgänge vor (Bsp.: Praktika vor dem Besuch einer Fachschule)[13]. Die **anerkannten Ausbildungsberufe** werden vom BIBB in einem Verzeichnis geführt und veröffentlicht (§ 6 Abs. 2 Nr. 4 BerBiFG). Erlaubt ist hingegen die Beschäftigung Jugendlicher als **Hilfs- oder Jungarbeiter**[14]. Im Einzelfall kann die Abgrenzung zwischen einer zulässigen Unterweisung von Hilfsarbeitern und einer unzulässigen Ausbildung zweifelhaft sein[15].

---

1 *Gedon/Spiertz*, § 27 BBiG Rz. 1. |2 *Wohlgemuth*, § 27 BBiG Rz. 1. |3 *Gedon/Spiertz*, § 27 BBiG Rz. 7. |4 Str., so wie hier *Gedon/Spiertz*, § 27 BBiG Rz. 11; *Knopp/Kraegeloh*, § 27 BBiG Rz. 2; zum Meinungsstand ErfK/*Schlachter*, § 27 BBiG Rz. 3 mwN; nach *Wohlgemuth*, § 27 BBiG Rz. 3 fällt die überbetriebliche Ausbildung nicht unter die Vorschrift des § 27. |5 *Gedon/Spiertz*, § 27 BBiG Rz. 11 ff. |6 BAG v. 29.6.1988 – 5 AZR 450/87, EzB Nr. 27 zu § 5 BBiG; *Leinemann/Taubert*, § 27 BBiG Rz. 12 f. |7 BT-Drs. V/4260 zu § 28. |8 Anerkannt sind nur Ausbildungsberufe, welche die Voraussetzungen der §§ 25, 108 erfüllen und in dem Verzeichnis nach § 6 Abs. 2 Nr. 5 BerBiFG aufgeführt sind, vgl. hierzu ErfK/*Schlachter*, § 28 BBiG Rz. 1. |9 LAG Schl.-Holst. v. 26.3.1981 – 3 Sa 33/81, EzB Nr. 5 zu § 28 BBiG; ArbG Reutlingen v. 16.10.1973 – 1 Ca 254/73, EzB Nr. 1 zu § 28 BBiG; *Gedon/Spiertz*, § 28 BBiG Rz. 14. |10 Vgl. die Nachw. bei ErfK/*Schlachter*, § 28 BBiG Rz. 2. |11 *Leinemann/Taubert*, § 28 BBiG Rz. 7. |12 *Natzel*, Berufsbildungsrecht, S. 352; aA *Wohlgemuth*, § 28 BBiG Rz. 2, sofern in einem anerkannten Ausbildungsberuf umgeschult wird. |13 ErfK/*Schlachter*, § 28 BBiG Rz. 2. |14 ErfK/*Schlachter*, § 28 BBiG Rz. 2; *Knigge*, AR-Blattei SD 400.3 Rz. 20. |15 *Knigge*, AR-Blattei SD 400.3 Rz. 21.

Zur Entwicklung und Erprobung neuer Ausbildungsformen und -berufe können durch **Rechtsverordnung** – nicht durch Verwaltungsakt[1] – **Ausnahmen** zugelassen werden (**Abs. 3**)[2]. Weitere Ausnahmen enthalten §§ 48 Abs. 1, § 25 Abs. 3 sowie § 108[3]. **Volljährige** können hingegen in einem nicht anerkannten Ausbildungsberuf ausgebildet werden[4]. 3

Für das Handwerk gilt § 27 HandwO. 4

29 Abkürzung und Verlängerung der Ausbildungszeit

(1) Das Bundesministerium für Wirtschaft und Arbeit oder das sonst zuständige Fachministerium kann im Einvernehmen mit dem Bundesministerium für Bildung und Forschung nach Anhören des Ständigen Ausschusses des Bundesinstituts für Berufsbildung durch Rechtsverordnung bestimmen, dass der Besuch einer berufsbildenden Schule oder die Berufsausbildung in einer sonstigen Einrichtung ganz oder teilweise auf die Ausbildungszeit anzurechnen ist.

(2) Die zuständige Stelle hat auf Antrag die Ausbildungszeit zu kürzen, wenn zu erwarten ist, dass der Auszubildende das Ausbildungsziel in der gekürzten Zeit erreicht.

(3) In Ausnahmefällen kann die zuständige Stelle auf Antrag des Auszubildenden die Ausbildungszeit verlängern, wenn die Verlängerung erforderlich ist, um das Ausbildungsziel zu erreichen.

(4) Vor der Entscheidung nach den Absätzen 2 und 3 sind die Beteiligten zu hören.

I. Anrechnung von Ausbildungszeiten (Abs. 1). Abs. 1 trägt der Vorschrift des § 1 Abs. 5 Rechnung, welcher betriebliche Berufsbildung bzw. eine solche in berufsbildenden Schulen und sonstigen Berufsbildungseinrichtungen erlaubt (vgl. dort Rz. 7 ff.). Durch Rechtsverordnung kann nach Abs. 1 angeordnet werden, dass diese Ausbildungszeiten ganz oder teilweise anzurechnen sind[5]. Zuvor ist der ständige Ausschuss des BIBB zu hören. 1

Wird eine entsprechende Rechtsverordnung erlassen, ist sie **zwingend und kann einzelvertraglich nicht abbedungen werden**[6]. Ein Ausbildungsvertrag, welcher eine Anrechnung entgegen einer geltenden Rechtsverordnung nicht berücksichtigt, kann nicht in das Verzeichnis der Berufsausbildungsverhältnisse (§ 32) eingetragen werden[7]. 2

Die Anrechnung führt dazu, dass vergütungsrechtlich ein fiktives früheres Einstellungsdatum maßgeblich ist[8]. 3

II. Verkürzung der Ausbildungszeit (Abs. 2). Die Verkürzung der Ausbildungszeit kann von beiden Parteien bei der zuständigen Stelle beantragt werden. Der Antrag ist **schriftlich** zu stellen; eine Erklärung des Betriebes sowie der Berufsschule ist beizufügen[9]. Bei Vorliegen der Voraussetzungen des Abs. 2 ist dem Antrag stattzugeben[10]. Der Auszubildende hat in diesem Fall einen **Anspruch auf eine Verkürzung der Ausbildungszeit**[11]. Vor der Entscheidung sind die **Beteiligten**[12] nach Abs. 4 zu hören. Die Verkürzung führt im Gegensatz zu der Anrechnung nach Abs. 1 nicht zu einer Vorverlegung des Ausbildungsbeginns und damit zu einem früheren Anspruch auf eine höhere Vergütung[13]. Eine Verkürzung kann bei Beginn bzw. im Laufe des Ausbildungsverhältnisses beantragt werden[14]. Neben der Anrechnung von Ausbildungszeiten nach Abs. 1 kann auch ein Antrag auf Verkürzung nach Abs. 2 gestellt werden[15]. 4

III. Verlängerung der Ausbildungszeit (Abs. 3). Eine Verlängerung der Ausbildungszeit kann vom Auszubildenden beantragt werden, wenn er diese Zeit benötigt, um das Ausbildungsziel zu erreichen. Der Grund kann zB eine längere Krankheit sein. Erfasst werden auch außergewöhnliche Fallgestaltungen, die auf diesem Wege einer angemessenen Regelung zugeführt werden sollen[16]. Liegen mehrere Verlängerungsgründe vor, kann jeweils erneut ein entsprechender Antrag gestellt werden[17]. Die Verlängerung steht im **Ermessen** der Behörde (**Kann-Vorschrift**)[18]. § 14 Abs. 3 gibt hingegen einen Anspruch auf die 5

---

1 *Knopp/Kraegeloh*, § 28 BBiG Rz. 3. | 2 Eine Zusammenstellung von Verordnungen, die auf der Grundlage des Abs. 3 erlassen wurden, findet sich bei *Knopp/Kraegeloh*, § 28 BBiG Rz. 4. | 3 Hierzu im Einzelnen *Knigge*, AR-Blattei SD 400.3 Rz. 23 ff. | 4 LAG Düsseldorf v. 21.4.1988 – 13 Sa 1747/87, EzB Nr. 10 zu § 28 BBiG. | 5 Nach § 29 Abs. 1 erlassene Rechtsverordnungen finden sich zB bei *Knopp/Kraegeloh*, § 29 BBiG Rz. 1, bei *Natzel*, Berufsbildungsrecht, S. 160 ff. sowie bei *Schaub*, § 174 Rz. 9. | 6 BVerwG v. 12.4.1984 – 5 C 72.82, EzB Nr. 27 zu § 32 BBiG; *Götz*, Berufsbildungsrecht, Rz. 77. | 7 BVerwG v. 12.4.1984 – 5 C 72.82, EzB Nr. 27 zu § 32 BBiG. | 8 BAG v. 8.12.1982 – 5 AZR 92/81, EzB Nr. 37 zu § 10 Abs. 1; v. 22.9.1982 – 4 AZR 719/79, EzB Nr. 35 zu § 10 Abs. 1 BBiG; *Götz*, Berufsbildungsrecht, Rz. 76. | 9 *Natzel*, Berufsbildungsrecht, S. 162. | 10 *Wohlgemuth*, § 29 BBiG Rz. 5 mwN. | 11 *Gedon/Spiertz*, § 29 BBiG Rz. 29, *Leinemann/Taubert*, § 29 Rz. 16. | 12 Das sind insb. der Auszubildende – bei Minderjährigkeit seine gesetzlichen Vertreter, der Ausbilder sowie zB der Schulleiter einer zuvor besuchten berufsbildenden Schule, vgl. hierzu *ErfK/Schlachter*, § 29 BBiG Rz. 1 mwN; *Knopp/Kraegeloh*, § 29 BBiG Rz. 4. | 13 BAG v. 8.12.1982 – 5 AZR 474/80, EzB Nr. 8 zu § 29 Abs. 1 BBiG; LAG Hamburg v. 23.1.1979 – 4 Sa 97/78, EzB Nr. 7 zu § 29 Abs. 2 BBiG; *Gedon/Spiertz*, § 29 BBiG Rz. 22; *Knopp/ Kraegeloh*, § 29 BBiG Rz. 2. | 14 VGH Hessen v. 18.6.1971 – II TG 50/71, EzB Nr. 3 zu § 29 Abs. 2 BBiG. | 15 *Wohlgemuth*, § 29 BBiG Rz. 6. | 16 BAG v. 30.9.1998 – 5 AZR 58/98, AP Nr. 9 zu § 14 BBiG. | 17 *Gedon/ Spiertz*, § 29 BBiG Rz. 32; *Götz*, Berufsbildungsrecht, Rz. 96; *Wohlgemuth*, § 29 BBiG Rz. 8. | 18 *Knigge*, AR-Blattei SD 400.3 Rz. 45.

BBiG § 29 Rz. 6 Abkürzung und Verlängerung der Ausbildungszeit

Verlängerung des Berufsausbildungsverhältnisses unter den dort genannten Voraussetzungen (vgl. dort Rz. 4). Beide Verlängerungsmöglichkeiten können kumulativ in Anspruch genommen werden[1].

6 Vgl. ergänzend die BiBB-Empfehlung „**Kriterien zur Abkürzung und Verlängerung der Ausbildungszeit**", abgedruckt bei *Gedon/Spiertz*, § 29 BBiG Rz. 47.

7 Verletzt der Ausbildende seine Ausbildungspflicht nach § 6 Abs. 1 Nr. 1, wodurch eine Verlängerung der Ausbildungszeit nach Abs. 3 erforderlich wird, besteht ein **Schadensersatzanspruch des Auszubildenden**[2]. Ein eventuelles Mitverschulden des Auszubildenden ist anzurechnen[3].

8 Für das Handwerk gilt § 27a HandwO.

Dritter Abschnitt. Verzeichnis der Berufsausbildungsverhältnisse

30 (aufgehoben)

31 Einrichten, Führen
Die zuständige Stelle hat für anerkannte Ausbildungsberufe ein Verzeichnis der Berufsausbildungsverhältnisse einzurichten und zu führen, in das der wesentliche Inhalt des Berufsausbildungsvertrages einzutragen ist. Die Eintragung ist für den Auszubildenden gebührenfrei.

1 Die **Einrichtung und Führung** eines Verzeichnisses für Berufsausbildungsverhältnisse für **anerkannte Ausbildungsberufe** (§ 25, vgl. dort Rz. 2) durch die zuständige Stelle nach §§ 74 ff. (vgl. § 23 Rz. 3) ist zwingend. In dieses ist der **wesentliche Inhalt** des Berufsausbildungsvertrages einzutragen, der sich aus § 4 Abs. 1 Satz 2 Nr. 1–9 (vgl. dort Rz. 3 ff.) ergibt[4]. Eine schematische Übernahme der Vertragsniederschrift ist nicht geboten[5].

2 Verträge mit **Praktikanten und Volontären** müssen nicht eingetragen werden; der Eintrag kann auf freiwilliger Basis erfolgen[6]. Str. ist, ob Verträge mit **Umschülern** aufzunehmen sind, was abzulehnen ist, da § 47 nicht auf § 31 verweist[7].

3 Die Eintragung ist **Zulassungsvoraussetzung für die Abschlussprüfung** (§ 39 Abs. 1 Nr. 3, vgl. dort Rz. 5).

4 Von dem Ausbildenden kann im Zusammenhang mit der Eintragung eine Gebühr erhoben werden[8], während für den Auszubildenden Gebührenfreiheit besteht (**Satz 2**).

5 Beteiligte und Behörden haben unter Beachtung der Bestimmungen des BDSG ein **Einsichtsrecht**, sofern sie ein berechtigtes Interesse dartun können[9]. Auch **ohne Eintragung** wird ein **wirksames Berufsausbildungsverhältnis** begründet[10].

6 Für das Handwerk gilt § 28 HandwO.

32 Eintragen, Ändern, Löschen
(1) Ein Berufsausbildungsvertrag und Änderungen seines wesentlichen Inhalts sind in das Verzeichnis einzutragen, wenn

1. der Berufsausbildungsvertrag diesem Gesetz und der Ausbildungsordnung entspricht,

2. die persönliche und fachliche Eignung sowie die Eignung der Ausbildungsstätte für das Einstellen und Ausbilden vorliegen und

3. für Auszubildende unter 18 Jahren die ärztliche Bescheinigung über die Erstuntersuchung nach § 32 Abs. 1 des Jugendarbeitsschutzgesetzes zur Einsicht vorgelegt wird.

(2) Die Eintragung ist abzulehnen oder zu löschen, wenn die Eintragungsvoraussetzungen nicht vorliegen und der Mangel nicht nach § 23 Abs. 2 behoben wird. Die Eintragung ist ferner zu löschen, wenn die ärztliche Bescheinigung über die erste Nachuntersuchung nach § 33 Abs. 1 des Jugendarbeits-

---

1 *Götz*, Berufsbildungsrecht, Rz. 93. |2 BAG v. 10.6.1976 – 3 AZR 412/75, AP Nr. 2 zu § 6 BBiG. |3 ErfK/*Schlachter*, § 29 BBiG Rz. 4 mwN; *Knopp/Kraegeloh*, § 29 BBiG Rz. 3. |4 Str., so wie hier *Gedon/Spiertz*, § 31 BBiG Rz. 14; *Götz*, Berufsbildungsrecht, Rz. 49; *Leinemann/Taubert*, § 31 BBiG Rz. 10; *Wohlgemuth*, § 31 BBiG Rz. 7. |5 *Knopp/Kraegeloh*, § 31 BBiG Rz. 3; diff. *Wohlgemuth*, § 31 BBiG Rz. 7. |6 *Gedon/Spiertz*, § 31 BBiG Rz. 10 f.; *Knigge*, AR-Blattei SD 400.3 Rz. 192; *Leinemann/Taubert*, § 31 BBiG Rz. 9; zum Streitstand ErfK/*Schlachter*, § 31 BBiG Rz. 2 mwN. |7 So wie hier *Leinemann/Taubert*, § 31 BBiG Rz. 9 mit Nachw. zum Streitstand; *Knopp/Kraegeloh*, § 31 BBiG Rz. 2; *Natzel*, Berufsbildungsrecht, S. 371. |8 *Gedon/Spiertz*, § 31 BBiG Rz. 17; *Knopp/Kraegeloh*, § 31 BBiG Rz. 4; *Wohlgemuth*, § 31 BBiG Rz. 8. |9 BVerfG v. 15.12.1983 – 1 BvR 209/83, NJW 1984, 419 ff.; *Knigge*, AR-Blattei SD 400.3 Rz. 194; *Leinemann/Taubert*, § 31 BBiG Rz. 14; *Wohlgemuth*, § 31 BBiG Rz. 9. |10 *Knigge*, AR-Blattei SD 400.3 Rz. 195.

Antrag Rz. 1 § 33 BBiG

schutzgesetzes nicht spätestens am Tage der Anmeldung des Auszubildenden zur Zwischenprüfung zur Einsicht vorgelegt und der Mangel nicht nach § 23 Abs. 2 behoben wird.

I. Voraussetzungen der Eintragung und Änderung (Abs. 1). Sofern ein Antrag auf Eintragung nach § 33 gestellt wird, muss die zuständige Stelle die Eintragungsvoraussetzungen prüfen. Diese ergeben sich aus Abs. 1 Nr. 1 bis 3. Nach **Abs. 1 Nr. 1** muss der Vertrag dem **Gesetz** (vgl. insbes. die Vorgaben der §§ 3, 4 sowie die Nichtigkeitstatbestände der §§ 5, 18) sowie der Ausbildungsordnung (§ 25) entsprechen. So kann bei Vereinbarung einer Vergütung, welche die unterste Grenze der Angemessenheit nicht einhält, die Eintragung verweigert werden[1]. Zum Gesetz gehören nach § 3 Abs. 2 auch die für den Arbeitsvertrag geltenden Rechtsvorschriften und Rechtsgrundsätze[2]. 1

Nach **Abs. 1 Nr. 2** müssen die Voraussetzungen der §§ 20–22, 76, 80, 88, 92, 94, 96 gegeben sein. Die Festsetzung einer allgemein verbindlichen Höchstzahl der gleichzeitig Auszubildenden ist unzulässig[3]. Nach **Abs. 1 Nr. 3** ist die nach § 32 Abs. 1 JArbSchG notwendige ärztliche Bescheinigung vorzulegen, sofern der Auszubildende unter 18 Jahren alt ist, da ohne diese Bescheinigung ein Beschäftigungsverbot besteht[4]. Liegen die genannten Voraussetzungen vor, ist die zuständige Stelle **zur Eintragung verpflichtet**[5]. Im Wege der **einstweiligen Anordnung** kann eine **vorläufige Eintragung** erreicht werden[6]. 2

II. Ablehnung und Löschung der Eintragung (Abs. 2). Sind die Voraussetzungen nach Abs. 1 gegeben, muss der Ausbildungsvertrag in das Verzeichnis aufgenommen werden[7]. Sind Abs. 1 Nr. 1 bis 3 nicht erfüllt und kann der Mangel nach § 23 Abs. 2 (vgl. dort Rz. 4) nicht behoben werden, ist die Eintragung **abzulehnen**[8]. Die zuständige Stelle darf die Eintragung jedoch nicht mit der Begründung verweigern, der Ausbildungsvertrag entspreche nicht dem von ihr herausgegebenen **Mustervertragsformular**[9]. Gegen die Verweigerung der Eintragung können sowohl der Ausbildende als auch der Auszubildende **klagen**[10]. Hat der Ausbildende die Ablehnung der Eintragung zu vertreten, kann ein **Schadensersatzanspruch** nach § 16 gegeben sein[11]. 3

Sollte gleichwohl eine Eintragung vorgenommen worden sein, ist sie nach **Abs. 2 Satz 1** zu **löschen**[12]. Die Löschung ist rechtmäßig, wenn der Ausbilder nicht in der Lage ist, eine ordnungsgemäße Ausbildung durchzuführen[13]. 4

Eine Pflicht zur Löschung besteht auch, wenn die **erste Nachuntersuchung** nach § 33 Abs. 1 JArbSchG nicht fristgerecht vorgelegt wird (**Abs. 2 Satz 2**) und dieser Mangel nicht nach § 23 Abs. 2 behoben werden kann. Trotz Ablehnung oder Löschung bleibt der **Berufsbildungsvertrag wirksam**, kann jedoch vom Auszubildenden gekündigt werden[14]. 5

Die Eintragung ebenso wie die Ablehnung oder Löschung der Eintragung sind rechtsmittelfähige **Verwaltungsakte**[15]. Trotz Verstoß gegen die Eintragungspflicht wird der Vertrag wirksam. Der Auszubildende kann diesen allerdings ggfs. fristlos kündigen[16]. Die Eintragung nach § 39 Abs. 1 Nr. 3 ist Voraussetzung zur Zulassung zur Abschlussprüfung[17]. 6

Für das Handwerk gilt § 29 HandwO. 7

33 *Antrag*
(1) Der Ausbildende hat unverzüglich nach Abschluss des Berufsausbildungsvertrages die Eintragung in das Verzeichnis zu beantragen. Eine Ausfertigung der Vertragsniederschrift ist beizufügen. Entsprechendes gilt bei Änderungen des wesentlichen Vertragsinhalts.

(2) Der Ausbildende hat anzuzeigen

1. eine vorausgegangene allgemeine und berufliche Ausbildung des Auszubildenden,

2. die Bestellung von Ausbildern.

I. Antrag auf Eintragung in das Verzeichnis (Abs. 1). Unverzüglich (§ 121 Abs. 1 Satz 1 BGB) nach Abschluss des Ausbildungsvertrages bzw. nach Änderung des wesentlichen Vertragsinhaltes hat **der Ausbil-** 1

---

1 BVerwG v. 26.3.1981 – 5 C 50/80, NJW 1981, 2209 f. | 2 VG Oldenburg v. 31.1.1984 – 1 OS VG A 2/83 M, EzB Nr. 25 zu § 32 BBiG. | 3 OVG Rh.-Pf. v. 17.3.1975 – 2 A 113/74, EzB Nr. 10 zu § 32 BBiG. | 4 BAG v. 22.2.1972 – 2 AZR 205/71, AP Nr. 1 zu § 15 BBiG; MünchArbR/*Natzel*, § 178 Rz. 76. | 5 ErfK/*Schlachter*, § 32 BBiG Rz. 2 mwN; *Knopp/Kraegeloh*, § 32 BBiG Rz. 1. | 6 VG Stuttgart v. 1.10.1974 – VRS III 134/74, EzB Nr. 9 zu § 32 BBiG. | 7 VG Kassel v. 31.1.1980 – IV E 340/79, EzB Nr. 17 zu § 32 BBiG; *Wohlgemuth*, § 32 BBiG Rz. 1, 3. | 8 *Gedon/Spiertz*, § 32 BBiG Rz. 1, 12; *Knigge*, AR-Blattei SD 400.3 Rz. 199. | 9 OVG Rh.-Pf. v. 26.4.1974 – 2 A 83/74, EzB Nr. 3 zu § 4 BBiG; VG Hannover v. 21.6.1974 – VII A 58/74, EzB Nr. 4 zu § 4 BBiG. | 10 BVerwG v. 25.2.1982 – 5 C 1.81, EzB Nr. 21 zu § 32 BBiG; VG Düsseldorf v. 8.6.1982 – 3K 3868/81, EzB Nr. 22 zu § 32 BBiG; VG Schl.-Holst. v. 9.9.1988 – 12 A 245/87, EzB Nr. 56 zu § 10 Abs. 1 BBiG. | 11 LAG Stuttgart v. 28.2.1955 – II Sa 165/54, AP Nr. 1 zu § 77 HGB; *Knopp/Kraegeloh*, § 32 BBiG Rz. 4; *Wohgemuth*, § 32 BBiG Rz. 8. | 12 OVG Rh.-Pf. v. 1.10.1975 – 2 A 119/74, EzB Nr. 4 zu § 24 HandwO; *Knigge*, AR-Blattei SD 400.3 Rz. 201; *Knopp/Kraegeloh*, § 32 BBiG Rz. 3. | 13 VG Düsseldorf v. 8.3.1983 – 3 K 4445/82, EzB Nr. 23 zu § 32 BBiG. | 14 *Leinemann/Taubert*, § 33 BBiG Rz. 34 mwN. | 15 VG Hannover v. 16.10.1973 – I A 88/73, EzB Nr. 3 zu § 32 BBiG; ErfK/*Schlachter*, § 32 BBiG Rz. 1 mwN; *Gedon/Spiertz*, § 32 BBiG Rz. 4. | 16 *Knopp/Kraegeloh*, § 32 BBiG Rz. 4. | 17 ErfK/*Schlachter*, § 32 BBiG Rz. 6.

BBiG § 33 Rz. 2   Antrag

dende die Eintragung in das Verzeichnis der Berufsbildungsverhältnisse zu beantragen. Ausnahmsweise kann der **Auszubildende** die Eintragung beantragen, da er auf diese einen eigenen Rechtsanspruch hat[1]. Der Antrag sollte **schriftlich** gestellt werden[2]. Eine entsprechende Antragspflicht soll nur für Berufsausbildungsverträge gelten, welche in anerkannten Ausbildungsberufen abgeschlossen werden[3].

2   Dem Antrag ist eine **Ausfertigung der Vertragsniederschrift** (§ 4) bzw. eine Niederschrift der wesentlichen Vertragsänderungen beizufügen (Abs. 1 Satz 2, 3). Im Falle einer **Kündigung des Ausbildungsvertrages** muss nach § 33 Abs. 1 Satz 1 nicht seine Löschung im Verzeichnis beantragt werden. Es genügt vielmehr eine formlose Mitteilung an die zuständige Stelle[4].

3   Der Antrag muss **vor Aufnahme der Berufsausbildung** erfolgen, damit die zuständige Stelle die Eintragungsvoraussetzungen prüfen kann (§ 32 Abs. 1 Nr. 1 bis 3, vgl. dort Rz. 1 f.). Nach **Abs. 1 S. 3** ist eine Eintragung auch bei Änderungen des wesentlichen Vertragsinhalts zu beantragen. Hierunter fallen kraft Gesetzes eintretende Verlängerungen der Ausbildungszeit (§ 20 Abs. 1 Satz 2 BErzGG, §§ 6 Abs. 3, 11 Abs. 1 Satz 2 ArbPlSchG)[5].

4   Die Eintragung ist ebenso wie deren Ablehnung ein **Verwaltungsakt**, dessen Erlass vor dem VerwG mit einer Verpflichtungsklage begehrt werden kann[6].

5   II. **Anzeigepflichten** (Abs. 2). Nach **Abs. 2 Nr. 1** muss eine vorangegangene allgemeine und berufliche Ausbildung des Auszubildenden angezeigt werden, damit die zuständige Stelle prüfen kann, ob dieser Ausbildungszeiten absolviert hat, die nach § 29 Abs. 1 angerechnet werden müssen bzw. nach § 29 Abs. 2 angerechnet werden können[7].

6   Nach **Abs. 2 Nr. 2** ist die Bestellung von Ausbildern anzuzeigen, damit die zuständige Stelle die Voraussetzungen des § 20 Abs. 4 (vgl. dort Rz. 9) prüfen kann. Nach überwiegender Ansicht müssen nicht nur die Ausbildungsleiter, sondern aller Ausbilder mitgeteilt werden[8].

7   Wer entgegen § 33 die Eintragung nicht oder nicht rechtzeitig beantragt oder eine Ausfertigung der Vertragsniederschrift nicht beifügt, handelt **ordnungswidrig** (§ 99 Abs. 1 Nr. 8).

Vierter Abschnitt. Prüfungswesen

34 *Abschlussprüfung*
(1) In den anerkannten Ausbildungsberufen sind Abschlussprüfungen durchzuführen. Die Abschlussprüfung kann zweimal wiederholt werden.

(2) Dem Prüfling ist ein Zeugnis auszustellen.

(3) Die Abschlussprüfung ist für den Auszubildenden gebührenfrei.

1   I. **Abschlussprüfung** (Abs. 1). Abs. 1 regelt nur die Abschlussprüfung in **anerkannten Ausbildungsberufen**. Eine **Pflicht, an der Prüfung teilzunehmen**, ergibt sich aus dem Gesetz, kann jedoch vertraglich vereinbart sein[9]. Dem Ausbildenden gegenüber besteht gem. §§ 9, 7 eine Teilnahmepflicht[10]. Für die Abnahme der Prüfung werden von der zuständigen Stelle **Prüfungsausschüsse** eingerichtet (§ 36, vgl. dort Rz. 3). Die Vorschrift gilt auch für Zwischenprüfungen (§ 42 Satz 2), für die berufliche Fortbildung (§ 46 Abs. 1) sowie für die Umschulung (§ 47 Abs. 2) entsprechend[11].

2   Besteht der Auszubildende die Prüfung nicht, erhält er einen **schriftlichen Bescheid**, in welchem ihm mitgeteilt wird, welche Teile der Prüfung nochmals zu wiederholen sind[12]. Nach **Satz 2** kann die Abschlussprüfung zweimal **wiederholt** werden. Eine dritte Abschlussprüfung kann selbst dann nicht abgelegt werden, wenn die Ausbildungszeit erneut absolviert wird[13]. Zu diesem Zweck kann das Berufsausbildungsverhältnis nach § 14 Abs. 3 (vgl. dort Rz. 4) um höchstens ein Jahr verlängert werden. Die Wiederholung der Abschlussprüfung ist auch zum Zwecke der **Notenverbesserung** möglich[14]. Eine Verlängerung des Ausbildungsverhältnisses ist in diesem Fall nicht möglich[15].

---

1 Str., so wie hier VG Stuttgart v. 1.10.1974 – VRS III 134/74, EzB Nr. 9 zu § 32 BBiG; *Gedon/Spiertz*, § 33 BBiG Rz. 6; *Natzel*, Berufsbildungsrecht, S. 370; aA etwa *Leinemann/Taubert*, § 33 BBiG Rz. 6. | 2 *Gedon/Spiertz*, § 33 BBiG Rz. 9; *Götz*, Berufsbildungsrecht, Rz. 55; aA *Leinemann/Taubert*, § 33 BBiG Rz. 10. | 3 *Wohlgemuth*, § 33 BBiG Rz. 4 mwN. | 4 *Gedon/Spiertz*, § 33 BBiG Rz. 15; *Knigge*, AR-Blattei SD 400.3 Rz. 197. | 5 ErfK/*Schlachter*, § 33 BBiG Rz. 2. | 6 OVG Münster v. 25.1.1980 – 13 A 1620/79, AP Nr. 1 zu § 32 BBiG; *Knopp/Kraegeloh*, § 33 BBiG Rz. 2 mwN. | 7 *Leinemann/Taubert*, § 33 BBiG Rz. 18. | 8 So wie hier *Leinemann/Taubert*, § 34 BBiG Rz. 21; aA *Gedon/Spiertz*, § 33 BBiG Rz. 21; *Herkert*, § 33 BBiG Rz. 14. | 9 *Gedon/Spiertz*, § 34 BBiG Rz. 7; *Götz*, Berufsbildungsrecht, Rz. 493; *Natzel*, Berufsbildungsrecht, S. 415. | 10 ErfK/*Schlachter*, § 34 BBiG Rz. 2. | 11 ErfK/*Schlachter*, § 34 BBiG Rz. 1; *Gedon/Spiertz*, § 34 BBiG Rz. 3. | 12 *Götz*, Berufsbildungsrecht, Rz. 519. | 13 VG Hamburg v. 21.11.1980 – VII VG 2364/80, EzB Nr. 8 zu § 34 BBiG; ErfK/*Schlachter*, § 34 BBiG Rz. 3; aA *Herkert*, § 34 BBiG Rz. 11 a; *Wohlgemuth*, § 34 BBiG Rz. 5. | 14 Str., so wie hier VG München v. 7.4.1976 – M 135 III 76, EzB Nr. 3 zu § 34 BBiG; ErfK/*Schlachter*, § 34 BBiG Rz. 3; *Knopp/Kraegeloh*, § 34 BBiG Rz. 4; *Leinemann/Taubert*, § 34 BBiG Rz. 15; *Wohlgemuth*, § 34 BBiG Rz. 7; aA MünchArbR/*Natzel*, § 180 Rz. 145; *Natzel*, Berufsbildungsrecht, S. 427. | 15 *Leinemann/Taubert*, § 34 BBiG Rz. 17

II. Zeugnis und Gebührenfreiheit (Abs. 2, 3). Nach **Absatz 2** hat der Auszubildende Anspruch auf ein **Zeugnis** über die bestandene Prüfung. Wird diese nicht bestanden, erhält der Prüfling einen entsprechenden Prüfungsbescheid. Dieser ist ein **Verwaltungsakt**[1]. 3

Nach **Absatz 3** besteht für den Auszubildenden **Gebührenfreiheit**, auch für Wiederholungsprüfungen. Dies gilt nicht für Auszubildende, die nach § 40 Abs. 2 und 3 zur Abschlussprüfung zugelassen worden sind[2]. Vom Ausbildenden können Gebühren erhoben werden. Im Zusammenhang mit der Prüfung anfallende Fahrt- und Übernachtungskosten hat der Auszubildende selbst zu tragen[3]. 4

Im Bereich des Handwerks gilt § 31 HandwO. 5

35 *Prüfungsgegenstand*

Durch die Abschlussprüfung ist festzustellen, ob der Prüfling die erforderlichen Fertigkeiten beherrscht, die notwendigen praktischen und theoretischen Kenntnisse besitzt und mit dem ihm im Berufsschulunterricht vermittelten, für die Berufsausbildung wesentlichen Lehrstoff vertraut ist. Die Ausbildungsordnung ist zugrunde zu legen.

§ 35 legt den Prüfungsgegenstand fest und gibt vor, dass die Ergebnisse der Ausbildung sowohl im betrieblichen als auch im schulischen Bereich in einem Termin geprüft werden (Prinzip der sog. **Prüfungseinheit**). In das Ergebnis der Prüfung fließen weder die Beurteilungen in den Schulzeugnissen noch die Bewertung des Führens der Berichtshefte ein[4]. § 35 gilt entsprechend für **Zwischenprüfungen** (§ 42 Satz 2). 1

Der Hauptausschuss des BIBB hat am 11.2.1980 eine „**Empfehlung für die Vereinheitlichung von Prüfungsanforderungen in Ausbildungsordnungen**" erlassen (im Auszug veröffentlicht bei *Gedon/Spiertz*, Anhang zu § 25 BBiG Rz. 32). 2

Die **erforderlichen Fertigkeiten**, die beherrscht werden müssen, ergeben sich ebenso wie die vorausgesetzten **praktischen und theoretischen Kenntnisse** aus dem Ausbildungsberufsbild (§ 25 Abs. 2 Nr. 3, vgl. dort Rz. 5). Der für die Berufsausbildung **wesentliche** Lehrstoff des Berufsschulunterrichts ist ebenfalls Gegenstand der Prüfung. Damit wird dem Nebeneinander von betrieblicher und schulischer Berufsbildung Rechnung getragen[5]. Gegenstand der Prüfung können auch **allgemein bildende Fächer** sein, sofern zwischen ihnen und dem einzelnen Ausbildungsberuf ein sachlicher Zusammenhang besteht, zB das Fach „Gemeinschaftskunde" bei der Abschlussprüfung zum „Einzelhandelskaufmann"[6]. 3

Nach **Satz 2** ist die Ausbildungsordnung zugrunde zu legen. Dadurch soll die **Einheitlichkeit des Prüfungsgegenstandes** gewährleistet werden. Soweit eine Ausbildungsordnung keine Prüfungsanforderungen enthält, hat diese der Prüfungsausschuss im Rahmen der Prüfungsordnung festzusetzen[7]. 4

Für das Handwerk gilt § 32 HandwO. 5

36 *Prüfungsausschüsse*

Für die Abnahme der Abschlussprüfung errichtet die zuständige Stelle Prüfungsausschüsse. Mehrere zuständige Stellen können bei einer von ihnen gemeinsame Prüfungsausschüsse errichten.

I. Errichtung von Prüfungsausschüssen (Satz 1). Satz 1 verpflichtet die zuständigen Behörden, für die Abnahme der Abschlussprüfung Prüfungsausschüsse zu errichten. Diese sind keine Behörden[8], sondern Organ der zuständigen Stelle, ausgestattet mit der Kompetenz zur **Feststellung und Bewertung von Prüfungsleistungen**[9]. Sie sind insb. nicht ermächtigt, ihre Entscheidungen nach außen im eigenen Namen zu treffen[10]. Ist die Zahl der Auszubildenden innerhalb eines Bezirks besonders groß, können für einen Ausbildungsberuf auch **mehrere Prüfungsausschüsse** errichtet werden[11]. 1

Der Begriff der **Abnahme der Prüfung** ist umstritten. Nach einer engeren Auffassung fällt darunter nur die Ermittlung und Bewertung der Prüfungsleistungen im Rahmen der in der Ausbildungsordnung festgelegten Prüfungsanforderungen[12]. Eine andere Auffassung versteht hierunter das gesamte Prüfungsverfahren und damit auch das Erstellen und die Auswahl der Prüfungsaufgaben[13]. 2

---

1 *Wohlgemuth*, § 34 BBiG Rz. 10. | 2 *Gedon/Spiertz*, § 34 BBiG Rz. 28; *Knopp/Kraegeloh*, § 34 BBiG Rz. 7; *Natzel*, Berufsbildungsrecht, S. 429. | 3 BAG v. 14.12.1983 – 5 AZR 333/81, AP Nr. 1 zu § 34 BBiG; *Knopp/Kraegeloh*, § 34 BBiG Rz. 7a. | 4 *ErfK/Schlachter*, § 35 BBiG Rz. 1; *Knopp/Kraegeloh*, § 35 BBiG Rz. 2; *Wohlgemuth*, § 35 BBiG Rz. 6. | 5 BVerwG v. 28.1.1974 – VII B 14/73, EzB Nr. 1 zu Art. 73 GG; *Leinemann/Taubert*, § 35 BBiG Rz. 15. | 6 VG Braunschweig v. 9.1.1976 – I A 102/75, EzB Nr. 4 zu § 41 BBiG – Gliederung; *Knopp/Kraegeloh*, § 35 BBiG Rz. 1; *Leinemann/Taubert*, § 35 BBiG Rz. 17. | 7 VG BW v. 31.3.1977 – X 1570/75, EzB Nr. 14 zu § 41 BBiG – Bewertung. | 8 VG Hannover v. 24.10.1983 – 6 VG D 84/83, EzB Nr. 31 zu § 41 BBiG – Bewertung. | 9 Bay.VGH v. 6.8.1990 – 22 B 89.2424, EzB Nr. 29 zu § 37 BBiG. | 10 *Gedon/Spiertz*, § 36 BBiG Rz. 8. | 11 *Knigge*, AR-Blattei SD 400.4 Rz. 15. | 12 VG Düsseldorf v. 29.1.1982 – 15 K 3673/81, EzB Nr. 5 zu § 36 BBiG; *Gedon/Spiertz*, § 36 BBiG Rz. 14 ff.; *Herkert*, § 36 BBiG Rz. 9; *Knopp/Kraegeloh*, § 36 BBiG Rz. 3; *Leinemann/Taubert*, § 36 BBiG Rz. 14. | 13 OVG Hamburg v. 22.12.1977 – OVG Bf II 93/76; *ErfK/Schlachter*, § 36 BBiG Rz. 2; MünchArbR/*Natzel*, § 180 Rz. 134.

3 **II. Errichtung gemeinsamer Prüfungsausschüsse (Satz 2).** Grundsätzlich ist für jeden Ausbildungsberuf ein Prüfungsausschuss zu errichten, was bedeutet, dass auch für zahlenmäßig nur schwach besetzte Ausbildungsberufe ein Prüfungsausschuss zu errichten wäre. Aus diesem Grunde sieht **Satz 2** vor, dass mehrere zuständige Stellen bei einer von ihnen einen **gemeinsamen Prüfungsausschuss** errichten können, der dann für die Abnahme der Abschlussprüfung in den Bezirken dieser zuständigen Stellen verantwortlich ist (Ausschussbericht BT-Drs V/4260 zu § 36). Der Berufsbildungsausschuss kann durch Rechtsverordnung nach §§ 56 Abs. 2, 44 das **Verfahren zur Errichtung** der Ausschüsse und zur Bestimmung ihrer Kompetenz regeln[1].

4 § 36 gilt für Zwischenprüfungen entsprechend (§ 42 Satz 2).

5 Für das Handwerk gilt § 33 HandwO.

37 Zusammensetzung, Berufung

(1) Der Prüfungsausschuss besteht aus mindestens drei Mitgliedern. Die Mitglieder müssen für die Prüfungsgebiete sachkundig und für die Mitwirkung im Prüfungswesen geeignet sein.

(2) Dem Prüfungsausschuss müssen als Mitglieder Beauftragte der Arbeitgeber und der Arbeitnehmer in gleicher Zahl sowie mindestens ein Lehrer einer berufsbildenden Schule angehören. Mindestens zwei Drittel der Gesamtzahl der Mitglieder müssen Beauftragte der Arbeitgeber und der Arbeitnehmer sein. Die Mitglieder haben Stellvertreter.

(3) Die Mitglieder werden von der zuständigen Stelle längstens für fünf Jahre berufen. Die Arbeitnehmermitglieder werden auf Vorschlag der im Bezirk der zuständigen Stelle bestehenden Gewerkschaften und selbständigen Vereinigungen von Arbeitnehmern mit sozial- oder berufspolitischer Zwecksetzung berufen. Der Lehrer einer berufsbildenden Schule wird im Einvernehmen mit der Schulaufsichtsbehörde oder der von ihr bestimmten Stelle berufen. Werden Mitglieder nicht oder nicht in ausreichender Zahl innerhalb einer von der zuständigen Stelle gesetzten angemessenen Frist vorgeschlagen, so beruft die zuständige Stelle insoweit nach pflichtgemäßem Ermessen. Die Mitglieder der Prüfungsausschüsse können nach Anhören der an ihrer Berufung Beteiligten aus wichtigem Grund abberufen werden. Die Sätze 1 bis 5 gelten für die stellvertretenden Mitglieder entsprechend.

(4) Die Tätigkeit im Prüfungsausschuss ist ehrenamtlich. Für bare Auslagen und für Zeitversäumnis ist, soweit eine Entschädigung nicht von anderer Seite gewährt wird, eine angemessene Entschädigung zu zahlen, deren Höhe von der zuständigen Stelle mit Genehmigung der obersten Landesbehörde festgesetzt wird.

(5) Von Absatz 2 darf nur abgewichen werden, wenn anderenfalls die erforderliche Zahl von Mitgliedern des Prüfungsausschusses nicht berufen werden kann.

1 **I. Zusammensetzung des Prüfungsausschusses (Abs. 1, 2, 5).** Der Prüfungsausschuss besteht nach Abs. 1 Satz 1 aus **mindestens drei Mitgliedern,** eine größere Anzahl von Ausschussmitgliedern kann unter Beachtung der Vorgaben des § 37 berufen werden[2]. Mit weniger als drei Mitgliedern ist der Ausschuss nicht beschlussfähig, da § 38 Abs. 2 eine Zwei-Drittel-Mehrheit verlangt. Die zuständige Stelle legt die tatsächliche Mitgliederzahl fest[3]. Die **Stellvertreter** werden bei der Ermittlung der erforderlichen Mitgliederzahl nicht mitgezählt[4].

2 Nach **Abs. 1 Satz 2** müssen die Mitglieder **sachkundig** und **geeignet** sein, wobei Sachkunde nicht mit fachlicher Eignung nach § 20 Abs. 1 Satz 2 gleichzusetzen ist[5]. Sie verlangt jedoch die Fähigkeit des Prüfers, sich auf die Ausnahmesituation des Prüflings einzustellen, sowie Kenntnisse der Ausbildungsordnung und des Prüfungswesens[6]. Sie ist gegeben, wenn der Prüfer mindestens zwei Jahre im Bereich des Prüfungsgebietes beruflich tätig gewesen ist oder eine einschlägige Abschlussprüfung abgelegt hat[7]. Die für einen Ausbilder geltenden Eignungsvoraussetzungen muss ein Prüfer nicht erfüllen[8]. Die Eignungsvoraussetzungen muss die zuständige Stelle selbständig prüfen[9]. Vgl. hierzu die „**Empfehlung zur Qualifizierung des Prüfungspersonals**" des Hauptausschusses des BIBB v. 28./29.11.1990 (BAnz. Nr. 236 v. 20.12.1990, S. 6688, abgedruckt bei *Gedon/Spiertz* im Anh. zu § 37 BBiG Rz. 65).

3 Abs. 2 verlangt die **paritätische Besetzung des Prüfungsausschusses** mit Vertretern von ArbGeb und ArbN, wodurch eine ausgewogene Leistungsbeurteilung erreicht werden soll[10]. Es ist mindestens ein Lehrer einer berufsbildenden Schule zuzuziehen, da nach § 35 der für die Berufsausbildung **wesentliche** Lehrstoff des Berufsschulunterrichts ebenfalls Gegenstand der Prüfung ist (vgl. dort Rz. 3). **Lehrer an berufsbildenden Schulen** können von ihrer Dienstbehörde zur **Prüfertätigkeit als Nebentätig-**

---

1 BVerfG v. 14.5.1986 – 2 BvL 19/84, EzB Nr. 4 zu § 56 BBiG; *Wohlgemuth,* § 36 BBiG Rz. 6. | 2 VG Münster v. 23.11.1990 – 1 K 1773/89, EzB Nr. 30 zu § 37 BBiG. | 3 *Gedon/Spiertz,* § 37 BBiG Rz. 12. | 4 *Wohlgemuth,* § 37 BBiG Rz. 2. | 5 VG Stuttgart v. 15.12.1989 – 10 K 2064/88, EzB Nr. 27 zu § 37 BBiG. | 6 ErfK/*Schlachter,* § 37 BBiG Rz. 2. | 7 *Wohlgemuth,* § 37 BBiG Rz. 9 mwN. | 8 VG Stuttgart v. 15.12.1980 – 10 K 2064/88, EzB Nr. 27 zu § 37 BBiG. | 9 *Leinemann/Taubert,* § 37 BBiG Rz. 12. | 10 ErfK/*Schlachter,* § 37 BBiG Rz. 1 mwN.

keit verpflichtet werden[1]. Die **rechtswidrige Zusammensetzung des Prüfungsausschusses** ist ein Verfahrensfehler, welcher die Bewertung rechtswidrig macht[2].

Die zuständige Stelle bestellt für die im Ausschuss repräsentierten Gruppen (ArbGeb, ArbN sowie Lehrer) **Stellvertreter (Abs. 2 Satz 3)**, nicht jedoch persönlich für jedes einzelne Mitglied (Ausschussbericht BT-Drs V/4260 zu § 37 Abs. 2). Ein stellvertretendes Mitglied wirkt nur im Verhinderungsfalle des ordentlichen Mitglieds mit[3]. **Scheidet ein stellvertretender Prüfer vorzeitig aus**, muss sich die zuständige Stelle rechtzeitig um Ersatz bemühen[4]. **Abs. 5 lässt Ausnahmen von der Besetzungsregelung des Abs. 2 zu**, ermächtigt jedoch nicht zu einer Abweichung von der Mindestzahl der Mitglieder des Prüfungsausschusses nach Abs. 1[5].

II. Berufung der Mitglieder (Abs. 3). Abs. 3 regelt die Modalitäten der Berufung der Mitglieder der einzelnen Gruppen des Prüfungsausschusses unterschiedlich. **ArbGebMitglieder** beruft die zuständige Stelle unmittelbar, ohne dass ein Vorschlagsrecht von dritter Seite (ArbGeb, -verbände, Wirtschaftsunternehmen) besteht. **ArbN-Mitglieder** werden auf Vorschlag der im Bezirk der zuständigen Stelle bestehenden Gewerkschaften und Vereinigungen von ArbN mit sozial- und berufspolitischer Zwecksetzung berufen **(Abs. 3 Satz 2)**. Diese müssen wirtschaftlich selbständig sein und sich freiwillig zusammengeschlossen haben[6]. Die Vorschlagsberechtigung einer solchen Vereinigung ist nicht davon abhängig, dass diese **tariffähig** ist[7]. Besteht ein Vorschlagsrecht und wird es ausgeübt, ist die zuständige Stelle an den **Vorschlag gebunden**[8], es sei denn, dem vorgeschlagenen Prüfer fehlt die erforderliche Sachkunde und/oder Eignung[9].

Lehrer einer berufsbildenden Schule werden im Einvernehmen mit der Schulaufsichtsbehörde (das ist regelmäßig die zuständige Bezirksregierung) oder der von ihr bestimmten Stelle berufen **(Abs. 3 Satz 3)**. Diesen steht kein Vorschlagsrecht zu. Die zuständige Stelle tritt vielmehr an sie heran und bittet um Benennung geeigneter Prüfer[10]. Schlägt die zuständige ArbN-Vereinigung trotz Fristsetzung Mitglieder nicht oder nicht in ausreichender Anzahl vor, kann sie die zuständige Stelle nach **Abs. 3 Satz 4** nach pflichtgemäßem Ermessen selbst berufen. Lehrer, welche als Prüfer fungieren, können nicht der Berufsschullehrer des Prüflings sein[11].

Nach **Abs. 3 Satz 1** werden die Mitglieder auf die **Dauer von längstens fünf Jahren** berufen. Sie können nach **Anhörung** der an ihrer Berufung Beteiligten **aus wichtigem Grund vorzeitig abberufen werden (Abs. 3 Satz 5)**. Ein wichtiger Grund liegt bei Wegfall der Eignungsvoraussetzung nach Abs. 1 Satz 2 vor bzw. bei mangelnder Objektivität eines Prüfers, wenn zB Prüflinge zu Unrecht bevorzugt oder benachteiligt werden[12]. Ohne Anhörung ist die Abberufung unwirksam[13]. Die Abberufung ist ein **Verwaltungsakt**[14].

Die Sätze 1 bis 5 gelten entsprechend für die **stellvertretenden Mitglieder (Abs. 3 Satz 6)**.

III. Entschädigung der Mitglieder (Abs. 4). Prüfer werden nach **Abs. 4** ehrenamtlich tätig[15], haben jedoch Anspruch auf bezahlte Freistellung von der Arbeit im Prüfungsausschuss. Zu der Tätigkeit, für die freizustellen ist, gehört neben der Abnahme der Prüfungen und deren Bewertung ua. auch die Auswahl und Erstellung von Prüfungsaufgaben[16]. Der Anspruch auf bezahlte Freistellung kann sich aus § 616 Abs. 1 BGB[17] oder aus TV ergeben[18]. Die zuständige Stelle kann von den Prüfern nicht verlangen, dass sie ihren **Urlaub abbrechen** oder **bestimmte Urlaubszeiten einhalten**[19].

Soweit Prüfer von ihrem ArbGeb oder Dienstherrn für die Dauer der Prüfungstätigkeit Fortzahlung des Gehaltes erhalten, können sie entgegen **Abs. 4 Satz 2** von der zuständigen Stelle keine weiteren Zahlungen für Zeitversäumnis erhalten[20]. Erfolgt keine Gehaltsfortzahlung, haben Prüfer Anspruch auf eine angemessene Entschädigung für die Zeitversäumnis, die von der zuständigen Stelle mit Genehmigung der obersten Landesbehörde festgesetzt wird. Die Entschädigung ist kein Prüferhonorar und dementsprechend nicht als Gegenleistung zu bemessen[21]. Im Übrigen haben die Prüfer Anspruch auf Entschädigung für **bare Auslagen** (Fahrtkosten, zusätzliche Verpflegung, notwendige Übernachtungskosten etc.). Die Zahlung einer Entschädigung schließt die Ehrenamtlichkeit der Prüfertätigkeit nicht aus[22].

---

1 VG Berlin v. 17.12.1980 – VG 5 A 241.80, EzB Nr. 13 zu § 37 BBiG. | 2 VG Darmstadt v. 23.1.1981 – III E 150/79, EzB Nr. 14 zu § 37 BBiG. | 3 VG Frankfurt v. 4.4.1979 – II 2 G 783/79, EzB Nr. 3 zu § 37 BBiG. | 4 OVG Lüneburg v. 1.12.1976 – VII OVG A 125/75, EzB Nr. 4 zu § 37 BBiG. | 5 VGH BW v. 22.10.1982 – 9 S 1933/81, EzB Nr. 18 zu § 37 BBiG. | 6 BVerwG v. 26.10.1973 – VII C 20.72, AP Nr. 1 zu § 54 BBiG; *Gedon/Spiertz*, § 37 BBiG Rz. 49; *Knopp/Kraegeloh*, § 37 BBiG Rz. 8. | 7 VGH BW v. 23.11.1978 – X 1092/76, EzB Nr. 2 zu § 56 BBiG. | 8 VG Stuttgart v. 15.12.1989 – 10 K 2064/88, EzB Nr. 27 zu § 37 BBiG; *Gedon/Spiertz*, § 37 BBiG Rz. 42; *Leinemann/Taubert*, § 37 BBiG Rz. 59. | 9 *Leinemann/Taubert*, § 37 BBiG Rz. 60. | 10 *Gedon/Spiertz*, § 37 BBiG Rz. 52; *Leinemann/Taubert*, § 37 BBiG Rz. 62. | 11 *Knopp/Kraegeloh*, § 37 BBiG Rz. 4 mwN. | 12 *Gedon/Spiertz*, § 37 BBiG Rz. 57 f. Eine weitergehende Ansicht nimmt einen wichtigen Grund bei Wegfall der persönlichen Eignung nach § 20 Abs. 2 BBiG an, vgl. zB ErfK/*Schlachter*, § 37 Rz. 5; *Knigge*, AR-Blattei SD 400.4 Rz. 56; *Leinemann/Taubert*, § 37 BBiG Rz. 69. | 13 *Natzel*, Berufsbildungsrecht, S. 417. | 14 *Wohlgemuth*, § 37 BBiG Rz. 33. | 15 BAG v. 7.11.1991 – 6 AZR 496/89, EzB Nr. 32 zu § 37 BBiG. | 16 OVG Hamburg v. 22.12.1977 – OVG Bf II 93/76, EzB Nr. 5 zu § 41 BBiG – Prüfungsaufgaben. | 17 ArbG Köln v. 18.10.1983 – 13 Ga 148/83, EzB Nr. 20 zu § 37 BBiG; *Knigge*, AR-Blattei SD 400.4 Rz. 56. | 18 BAG v. 7.11.1991 – 6 AZR 496/89, AP Nr. 33 MTL II; v. 4.9.1985 – 7 AZR 249/83, AP Nr. 1 zu § 29 BMT-G II; *Leinemann/Taubert*, § 37 BBiG Rz. 78. | 19 OVG Hamburg v. 8.12.1972 – OVG Bf I 46/72, EzB Nr. 1 zu § 41 BBiG – Prüfungstermine. | 20 *Gedon/Spiertz*, § 37 BBiG Rz. 62; *Leinemann/Taubert*, § 37 BBiG Rz. 83. | 21 BVerwG v. 4.4.1979 – 7 B 83.78, EzB Nr. 10 zu § 37 BBiG; *Knopp/Kraegeloh*, § 37 BBiG Rz. 12. | 22 BVerwG v. 25.6.1992 – 2 C 14.90, EzB Nr. 34 zu § 37 BBiG.

11 § 37 gilt entsprechend für die Umschulung (§ 47 Abs. 2 BBiG) und die Fortbildung (§ 46 Abs. 1 BBiG).
12 Für das Handwerk gilt § 34 HandwO.

38 Vorsitz, Beschlussfähigkeit, Abstimmung

(1) Der Prüfungsausschuss wählt aus seiner Mitte einen Vorsitzenden und dessen Stellvertreter. Der Vorsitzende und sein Stellvertreter sollen nicht derselben Mitgliedergruppe angehören.

(2) Der Prüfungsausschuss ist beschlussfähig, wenn zwei Drittel der Mitglieder, mindestens drei, mitwirken. Er beschließt mit der Mehrheit der abgegebenen Stimmen. Bei Stimmengleichheit gibt die Stimme des Vorsitzenden den Ausschlag.

1 Der **Vorsitzende** sowie sein **Stellvertreter** werden vom Prüfungsausschuss aus seiner Mitte gewählt. Sie sollen nicht derselben Mitgliedergruppe angehören (**Abs. 1**). Ein Verstoß hiergegen bleibt ohne Rechtsfolgen[1]. Ein schriftliches Wahlverfahren ist nicht vorgesehen. Verlangt ein Mitglied des Ausschusses eine **geheime Wahl**, ist diese durchzuführen. Der **Stichentscheid des Abs. 2 Satz 3** gilt auch für die Wahl der Stellvertreter[2]. Die Kanditaten sind **wahlberechtigt**.

2 Der **Vorsitzende eines Prüfungsausschusses** hat weder Anspruch darauf, die Prüfungsaufgaben ausschließlich selbst auszuwählen, noch darauf, den Ort der Prüfung und die Art der Prüfungsaufsicht an seine Zustimmung zu binden[3].

3 Abs. 2 Satz 1 regelt die **Beschlussfähigkeit des Ausschusses**, die nur gegeben ist, wenn die Mitglieder bzw. ihre Stellvertreter **ordnungsgemäß geladen** worden sind. Ohne Belang ist es, aus welcher Gruppe die abgegebenen Stimmen stammen. Die Mitglieder müssen an der Abstimmung **mitwirken**, die bloße Anwesenheit von mindestens drei Mitgliedern ist nicht ausreichend. Es genügt **Beschlussfähigkeit**; eine Entscheidung des **vollständigen Prüfungsausschusses** ist nicht erforderlich[4].

4 Nach **Abs. 2 Satz 2 und 3** sind Beschlüsse mit der Mehrheit der abgegebenen Stimmen zu fassen, wobei **einfache Stimmenmehrheit** genügt. **Stimmenthaltungen** zählen nicht als abgegebene Stimme. Bei **Stimmengleichheit** gibt die Stimme des Vorsitzenden den Ausschlag. Das Ergebnis einer einzelnen Prüfungsleistung und das Gesamtergebnis müssen nicht als **arithmetisches Mittel** der von den einzelnen Prüfern erteilten Punktzahlen ermittelt, sondern vom Ausschuss gemeinsam festgestellt werden[5].

5 Der wesentliche Prüfungsablauf der mündlichen Prüfung muss nicht durch ein **schriftliche Protokoll** oder eine Tonbandaufzeichnung dokumentiert werden[6], eine von den Mitgliedern des Ausschusses zu unterzeichnende **Niederschrift** über den Verlauf der Prüfung genügt[7]. Abs. 2 ist bei allen Entscheidungen des Prüfungsausschusses zu beachten[8].

6 § 38 gilt für die berufliche Fortbildung (§ 46 Abs. 1) und die berufliche Umschulung (§ 47 Abs. 2) entsprechend.

7 Für das Handwerk gilt § 35 HandwO.

39 Zulassung zur Abschlussprüfung

(1) Zur Abschlussprüfung ist zuzulassen,

1. wer die Ausbildungszeit zurückgelegt hat oder wessen Ausbildungszeit nicht später als zwei Monate nach dem Prüfungstermin endet,

2. wer an vorgeschriebenen Zwischenprüfungen teilgenommen sowie vorgeschriebene Berichtshefte geführt hat und

3. wessen Berufsausbildungsverhältnis in das Verzeichnis der Berufsausbildungsverhältnisse eingetragen oder aus einem Grund nicht eingetragen ist, den weder der Auszubildende noch dessen gesetzlicher Vertreter zu vertreten hat.

(2) Über die Zulassung zur Abschlussprüfung entscheidet die zuständige Stelle. Hält sie die Zulassungsvoraussetzungen nicht für gegeben, so entscheidet der Prüfungsausschuss. Auszubildenden, die Elternzeit in Anspruch genommen haben, darf hieraus kein Nachteil erwachsen, sofern die übrigen Voraussetzungen gemäß Absatz 1 Nr. 1 bis 3 dieser Vorschrift erfüllt sind.

---

1 *Leinemann/Taubert*, § 38 BBiG Rz. 9; zur Heilung eines aus der fehlerhaften Besetzung des Prüfungsausschusses resultierenden Verfahrensfehlers VG Arnsberg v. 11.9.2002 – IK 2808/00, EzB Nr. 24 zu § 38 BBiG. |2 *Gedon/Spiertz*, § 38 BBiG Rz. 8; anders *Knopp/Kraegeloh*, § 38 BBiG Rz. 1, die bei Stimmengleichheit das Los entscheiden lassen wollen; ebenso *Wohlgemuth*, § 38 BBiG Rz. 8. |3 VG München v. 2.6.1976 – M 342 III/76, EzB Nr. 1 zu § 36 BBiG; *Natzel*, Berufsbildungsrecht, S. 417. |4 VG Köln v. 20.4.1994 – 10 K 6661/92, EzB Nr. 16 zu § 38 BBiG. |5 OVG Rh.-Pf. v. 13.2.1980 – 2 A 79/79, EzB Nr. 18 zu § 41 BBiG – Bewertung. |6 Bay. VGH v. 8.3.1982 – 22 B 81 A 2570, EzB Nr. 3 zu § 38 BBiG. |7 *Gedon/Spiertz*, § 38 BBiG Rz. 32. |8 ErfK/*Schlachter*, § 38 BBiG Rz. 2.

Zulassung in besonderen Fällen **§ 40 BBiG**

I. Zulassungsvoraussetzungen (Abs. 1). § 39 regelt die **materiellen Voraussetzungen** für die Zulassung zur Abschlussprüfung, formelle Zulassungsvoraussetzungen können sich aus der Prüfungsordnung ergeben (§ 41). Die in **Abs. 1** genannten Voraussetzungen müssen **kumulativ** vorliegen. 1

Bei der Anwendung von **Abs. 1 Nr. 1** ist die vertragsmäßig vorgesehene Ausbildungszeit entscheidend[1]. Die Ausbildung muss tatsächlich betrieben worden sein, wobei **größere Fehlzeiten** in der Regel zu berücksichtigen sind[2]. Dies gilt auch für Fehlzeiten aufgrund von **Mutterschutz oder Elternzeit** (früher Erziehungsurlaub). Zwar darf Auszubildenden nach Abs. 2 Satz 3 kein Nachteil daraus erwachsen, dass sie Elternzeit in Anspruch nehmen. Jedoch wird Abs. 1 Nr. 1 nicht erfüllt sein, da Auszubildende während dieser Zeit keine Ausbildungszeit zurücklegen[3]. Endet die Ausbildungszeit nicht später als zwei Monate nach dem Prüfungstermin, ist der Auszubildende bereits zur Prüfung zuzulassen, um einen nahtlosen Übergang in das Arbeitsverhältnis zu gewährleisten. Einer Zulassung nach § 40 bedarf es in diesem Falle nicht[4]. 2

Unter **Prüfungstermin** wird in aller Regel der Termin der mündlichen Prüfung von ihrem ersten Teil bis zum tatsächlichen Abschluss verstanden[5]. Der Prüfling hat keinen Anspruch darauf, an einem bestimmten Tag innerhalb des nach Nr. 1 zulässigen Prüfungszeitraums geprüft zu werden[6]. 3

Nach **Abs. 1 Nr. 2** muss der Prüfling an den vorgeschriebenen **Zwischenprüfungen** teilgenommen haben. Auf ein bestimmtes Prüfungsergebnis kommt es nicht an; der Prüfling muss jedoch zumindest Bemühungen zeigen, die auf eine aktive Teilnahme an der Prüfung schließen lassen[7]. Anders im Rahmen der **Stufenausbildung**, bei der die erfolgreiche Teilnahme Zugangsvoraussetzung für die nächste Stufe ist. Zudem muss der Auszubildende die vorgeschriebenen **Berichtshefte** geführt haben. 4

Weitere Zulassungsvoraussetzung ist nach **Abs. 1 Nr. 3** die Eintragung des Ausbildungsverhältnisses in das **Verzeichnis der Berufsausbildungsverhältnisse**, die der Ausbildende unverzüglich nach Abschluss des Ausbildungsvertrages zu beantragen hat (§ 33, vgl. dort Rz. 1), es sei denn, dass die Eintragung aus einem vom Auszubildenden bzw. seinem Vertreter nicht zu vertretenden Grund nicht erfolgt ist. 5

II. Entscheidung über die Zulassung (Abs. 2). Die Zulassung zur Prüfung ist formlos zu beantragen. Die Ausbildungsordnungen können jedoch Einzelheiten des Antrags- oder Meldeverfahrens regeln. Ist danach ein **Antrag auf Zulassung zur Prüfung nicht fristgerecht gestellt** worden, kann er abgelehnt werden mit der Folge, dass der Prüfling an der nächstmöglichen Prüfung nicht teilnehmen kann[8]. 6

Nach **Abs. 2 Satz 1** entscheidet die zuständige Stelle über den Antrag auf Zulassung zur Prüfung. Hat der Prüfling die Voraussetzungen des Abs. 1 erfüllt, besteht ein **Rechtsanspruch auf Zulassung** zur Prüfung. Hält die zuständige Stelle die Zulassungsvoraussetzungen nicht für gegeben, entscheidet der Prüfungsausschuss (**Abs. 2 Satz 2**). Seine Entscheidung ist für die zuständige Stelle grundsätzlich bindend[9]. Entscheidungen nach Abs. 2 sind **Verwaltungsakte**[10]. 7

Für das Handwerk gilt § 36 HandwO. 8

40 *Zulassung in besonderen Fällen*
(1) Der Auszubildende kann nach Anhören des Ausbildenden und der Berufsschule vor Ablauf seiner Ausbildungszeit zur Abschlussprüfung zugelassen werden, wenn seine Leistungen dies rechtfertigen.

(2) Zur Abschlussprüfung ist auch zuzulassen, wer nachweist, dass er mindestens das Zweifache der Zeit, die als Ausbildungszeit vorgeschrieben ist, in dem Beruf tätig gewesen ist, in dem er die Prüfung ablegen will. Hiervon kann abgesehen werden, wenn durch Vorlage von Zeugnissen oder auf andere Weise glaubhaft dargetan wird, dass der Bewerber Kenntnisse und Fertigkeiten erworben hat, die die Zulassung zur Prüfung rechtfertigen.

(3) Zur Abschlussprüfung ist ferner zuzulassen, wer in einer berufsbildenden Schule oder einer sonstigen Einrichtung ausgebildet worden ist, wenn diese Ausbildung der Berufsausbildung in einem anerkannten Ausbildungsberuf entspricht. Das Bundesministerium für Wirtschaft und Arbeit oder das sonst zuständige Fachministerium kann im Einvernehmen mit dem Bundesministerium für Bildung und Forschung nach Anhören des Ständigen Ausschusses des Bundesinstituts für Berufsbildung durch Rechtsverordnung bestimmen, welche Schulen oder Einrichtungen die Voraussetzungen des Satzes 1 erfüllen.

---

1 VG Stuttgart v. 14.11.1994 – 10 K 4658/94, EzB Nr. 19 zu § 39 BBiG. |2 OVG Hamburg v. 3.12.1991 – Bf VI 113/90, EzB Nr. 32 zu § 40 Abs. 1 BBiG; VG Hamburg v. 6.6.1988 – 9 VG 1717/88, EzB Nr. 10 zu § 39 BBiG, *Gedon/Spiertz*, § 39 BBiG Rz. 4; aA VG Stuttgart v. 14.11.1994 – 10 K 4658/94, EzB Nr. 19 zu § 39 BBiG; *ErfK/Schlachter*, § 39 BBiG Rz. 1. |3 VG Köln v. 25.2.1992 – 10 K 1452/91, EzB Nr. 17 zu § 39 BBiG; *Leinemann/Taubert*, § 39 BBiG Rz. 10; *Natzel*, Berufsbildungsrecht, S. 418. |4 *ErfK/Schlachter*, § 39 BBiG Rz. 1; *Knopp/Kraegeloh*, § 39 BBiG Rz. 3b; *Wohlgemuth*, § 39 BBiG Rz. 6. |5 *ErfK/Schlachter*, § 39 BBiG Rz. 1; *Natzel*, Berufsbildungsrecht, S. 418. |6 OVG Hamburg v. 8.12.1972 – OVG Bf I 46/72, EzB Nr. 1 zu § 41 BBiG – Prüfungstermine. |7 *Herkert*, § 39 BBiG Rz. 12; *Götz*, Berufsbildungsrecht, Rz. 502; *Leinemann/Taubert*, § 39 BBiG Rz. 19. |8 OVG NW v. 27.11.1974 – XV B 1194/74, EzB Nr. 2 zu § 41 BBiG – Prüfungstermine; *Leinemann/Taubert*, § 39 BBiG Rz. 31. |9 VG Hamburg v. 3.5.1983 – 6 VG 1110/83, EzB Nr. 8 zu § 39 BBiG. |10 *Knopp/Kraegeloh*, § 39 BBiG Rz. 5; *Wohlgemuth*, § 39 BBiG Rz. 19.

BBiG § 40 Rz. 1   Zulassung in besonderen Fällen

1   **I. Vorzeitige Zulassung (Abs. 1).** Nach Abs. 1 ist ein Prüfling vorzeitig zur Abschlussprüfung zuzulassen, wenn seine Leistungen dies rechtfertigen. Die vorzeitige Zulassung ist ein Ausnahmefall und nur bei wesentlich über dem Durchschnitt liegenden Leistungen möglich[1]. Dies gilt gleichermaßen für die Leistungen im Betrieb *und* in der Berufsschule[2]. Vorausgesetzt werden mindestens mit „gut" bewertete Leistungen im betrieblichen und schulischen Bereich[3]. Die Berufsbildung muss so weit fortgeschritten sein, dass die Beherrschung des Prüfungsgegenstandes im Wesentlichen angenommen werden kann[4]. Entspricht die Berufsschulleistung überdurchschnittlichen, die betriebliche Leistung nur allgemeinen Anforderungen, ist die Gesamtleistung nicht so herausragend, dass die eng auszulegende Ausnahmeregelung anzuwenden ist[5]. Die Voraussetzungen des § 39 Abs. 1 Nr. 2, 3 (vgl. dort Rz. 4 f.) müssen gegeben sein[6]. Eine vorzeitige Zulassung kommt nicht in Betracht, wenn wesentliche Teile der Ausbildung noch fehlen[7].

2   Die vorzeitige Zulassung zur Abschlussprüfung besteht neben der Möglichkeit der Verkürzung der Ausbildungszeit nach § 29 **Abs. 1 und 2** (vgl. dort Rz. 1 ff., 4). Beide Varianten einer Verkürzung der Ausbildungszeit sind verschieden geregelt und unterliegen unterschiedlichen Voraussetzungen[8].

3   Der **Antrag auf vorzeitige Zulassung** zur Abschlussprüfung ist bei der **zuständigen Stelle** einzureichen, nicht beim Prüfungsausschuss. Vor der Zulassung sind **der Ausbildende und die Berufsschule anzuhören**. Die zuständige Stelle ist nicht an das Ergebnis der Anhörung gebunden[9]. Die Zulassung ist eine **Ermessensentscheidung**[10], die gerichtlich voll nachprüfbar ist[11].

4   **II. Zulassung von Außenseitern (Abs. 2).** Abs. 2 bezweckt als Ausnahmevorschrift die gesetzgeberische Zielsetzung, auch Außenseitern den Qualifikationsnachweis zu ermöglichen[12]. Voraussetzung für die Zulassung zur Abschlussprüfung ist eine Tätigkeit von mindestens der zweifachen Länge der Ausbildungszeit in dem entsprechenden Beruf (**Abs. 2 Satz 1**). Eine Kürzung nach § 29 Abs. 2 ist im Hinblick auf Abs. 2 Satz 1 nicht möglich, wohl aber eine nach § 29 Abs. 1[13]. Es müssen Kenntnisse und Fähigkeiten in dem konkret angestreben Ausbildungsberuf erworben worden sein. Die Tätigkeit in einem ähnlichen Beruf oder als Hilfskraft reicht nicht aus[14]. Der entsprechende Nachweis ist vom Antragsteller zu führen[15] und kann durch die Vorlage einer **Arbeitsbescheinigung** bzw. eines **Zeugnisses** erfolgen. Andere Beweismittel können genügen, sofern sie überprüfbar sind[16]. Werden diese Voraussetzungen nachgewiesen, besteht auf die Zulassung ein **Rechtsanspruch**[17].

5   Bei einer Zulassung nach **Abs. 2 Satz 2** kann sowohl von dem dort erwähnten „Zweifachen" der Ausbildungszeit als auch von der regulären Ausbildungszeit abgesehen werden[18]. Die Zulassung zur Abschlussprüfung nach Satz 2 ist eine **Ermessensentscheidung**[19]. Für Soldaten auf Zeit und ehemalige Soldaten gilt § 86 Abs. 1.

6   **III. Zulassung nach außerbetrieblicher Berufsausbildung (Abs. 3).** Nach **Abs. 3 Satz 1** ist zur Prüfung zuzulassen, wer in einer berufsbildenden Schule oder sonstigen Einrichtung[20] ausgebildet worden ist, sofern diese Ausbildung der Berufsbildung in einem anerkannten Ausbildungsberuf entspricht. **Die Zulassung nach Abs. 3 setzt gleiche Qualifikation voraus**; diese kann lediglich auf eine andere, nicht

---

1 VGH Hessen v. 4.6.1971 – II TG 42/71, EzB Nr. 1 zu § 40 Abs. 1 BBiG; v. 18.6.1971 – II TG 50/71, EzB Nr. 2 zu § 40 Abs. 1 BBiG; VG Oldenburg v. 14.7.1977 – II D 94/77 S, EzB Nr. 4 zu § 40 Abs. 1 BBG; aA MünchArbR/*Natzel*, § 180 Rz. 112, wonach mindestens durchschnittliche Leistungen ausreichend sein sollen. |2 VG Düsseldorf v. 15.11.1990 – 15 L 2080/90, EzB Nr. 31 zu § 40 Abs. 1 BBiG; OVG Rh.-Pf. v. 24.1.1983 – 2 B 7/83, EzB Nr. 21 zu § 40 Abs. 1 BBiG; VG Stuttgart v. 3.5.1983 – VRS 10 K 1364/83, EzB Nr. 22 zu § 40 Abs. 1 BBiG; v. 28.5.1979 – VRS I 104/79, EzB Nr. 10 zu § 40 Abs. 1 BBiG. |3 VG Minden v. 6.5.1980 – 3 L 200/80, EzB Nr. 12 zu § 40 Abs. 1 BBiG; VG Hamburg v. 8.5.1980 – XII VG 983/80, EzB Nr. 13 zu § 40 Abs. 1 BBiG; VG Stuttgart v. 3.5.1983 – VRS 10 K 1364/83, EzB Nr. 22 zu § 40 Abs. 1 BBiG; VG Darmstadt v. 18.5.1983 – III/1 G 1076/83, EzB Nr. 23 zu § 40 Abs. 1 BBiG; Bay. VGH v. 31.5.1996 – 22 CE 96.1723, EzB Nr. 6 zu § 37 Abs. 1 HandwO. |4 VG Köln v. 13.4.1993 – 10 L 572/93, EzB Nr. 33 zu § 40 Abs. 1 BBiG. |5 VG Oldenburg v. 14.7.1977 – II D 94/77 S, EzB Nr. 4 zu § 40 Abs. 1 BBiG. |6 *Gedon/Spiertz*, § 40 BBiG Rz. 9. |7 VG Ansbach v. 5.5.1981 – Nr. 2 K 81 A. 289, EzB Nr. 17 z § 40 Abs. 1 BBiG; *Natzel*, Berufsbildungsrecht, S. 419. Vgl. ergänzend die Empfehlung des Bundesausschusses für Berufsbildung v. 25.10.1974, veröffentlicht in Berufsbildung in Wissenschaft und Praxis, Beilage zu Heft 5/74. |8 VG Ansbach v. 21.7.1977 – AN 8810 – IV/77, EzB Nr. 5 zu § 40 Abs. 1 BBiG. |9 VG Ansbach v. 5.5.1981 – Nr. 2 K 81 A. 289, EzB Nr. 17 zu § 40 Abs. 1 BBiG. |10 OVG NW v. 21.9.1984 – 16 A 1348/84, EzB Nr. 25 zu § 40 Abs. 1 BBiG; VG Köln v. 13.4.1993 – 10 L 572/93, EzB Nr. 33 zu § 40 Abs. 1 BBiG; VG Düsseldorf v. 15.11.1990 – 15 L 2080/90, EzB Nr. 31 zu § 40 Abs. 1 BBiG; *Knopp/Kraegeloh*, § 40 BBiG Rz. 2; *Natzel*, Berufsbildungsrecht, S. 419. |11 VG Berlin v. 27.12.1982 – VG 4 A 506.82, EzB Nr. 3 zu § 37 Abs. 1 HandwO. |12 VG Kassel v. 20.4.1978 – IV E 93/78, EzB Nr. 4 zu § 40 Abs. 2 BBiG. |13 ErfK/*Schlachter*, § 40 BBiG Rz. 2 mwN. |14 *Gedon/Spiertz*, § 40 BBiG Rz. 22; *Leinemann/Taubert*, § 40 BBiG Rz. 24. |15 *Natzel*, Berufsbildungsrecht, S. 420. |16 VG Köln v. 28.6.1977 – 10 K 1052/76, EzB Nr. 3 zu § 40 Abs. 2 BBiG. |17 VG Hessen v. 13.2.1973 – II OE 129/72, EzB Nr. 1 zu § 40 Abs. 2 BBiG; Knigge, AR-Blattei SD 400.4 Rz. 78; *Knopp/Kraegeloh*, § 40 BBiG Rz. 3. |18 VG Hessen v. 13.2.1973 – II OE 129/72, EzB Nr. 1 zu § 40 Abs. 2 BBiG; aA VG Düsseldorf v. 8.2.1977 – 3 K 2139/76, EzB Nr. 2 zu § 40 Abs. 2 BBiG sowie VG Koblenz v. 25.4.1980 – 1 K 128/79, EzB Nr. 5 zu § 40 Abs. 2 BBiG, welche die in der Ausbildungsordnung vorgeschriebene Ausbildungszeit als unterste Grenze für das Zeiterfordernis in § 40 *Abs. 2 BBiG ansehen.* |19 VG Karlsruhe v. 30.9.1980 – 2 K 98/80, EzB Nr. 6 zu § 40 Abs. 2 BBiG; *Knopp/Kraegeloh*, § 40 BBiG Rz. 3; *Leinemann/Taubert*, § 40 BBiG Rz. 24; aA VG Hessen v. 13.2.1973 – II OE 129/72, EzB Nr. 1 zu § 40 Abs. 2 BBiG; ErfK/*Schlachter*, § 40 BBiG Rz. 3. |20 Hierzu VG Düsseldorf v. 8.2.1977 – 3 K 2139/76, EzB Nr. 1 zu § 40 Abs. 3 BBiG.

Prüfungsordnung Rz. 8 § 41 BBiG

dem herkömmlichen Ausbildungsweg entsprechende Weise erworben worden sein[1]. Eine „entsprechende Ausbildung" kann nur angenommen werden, wenn sie zeitlich und sachlich systematisch gegliedert ist und hinsichtlich Inhalt und Umfang der Berufsausbildung entspricht[2]. **Berufspraktische Tätigkeiten** dürfen nicht außer Betracht bleiben oder vernachlässigt werden, soweit sie schulmäßig darstellbar sind[3]. Sind die Voraussetzungen des Abs. 3 Satz 1 erfüllt, besteht ein **Rechtsanspruch** auf Zulassung zur Abschlussprüfung[4].

Von der Möglichkeit des Erlasses einer Rechtsverordnung nach **Abs. 3 Satz 2** ist bisher nicht Gebauch gemacht worden[5]. Aus diesem Grunde prüft die zuständige Stelle, ob die Voraussetzungen nach Satz 1 gegeben sind[6]. 7

Vgl. auch die „**Kriterien des DIHT für eine Zulassung zur Abschlussprüfung nach § 40 Abs. 3 BBiG**" vom Dezember 1986, abgedruckt im bei *Leinemann/Taubert* im Anhang zu § 40 BBiG. 8

Für das Handwerk gilt § 37 HandwO. 9

41 *Prüfungsordnung*

Die zuständige Stelle hat eine Prüfungsordnung für die Abschlussprüfung zu erlassen. Die Prüfungsordnung muss die Zulassung, die Gliederung der Prüfung, die Bewertungsmaßstäbe, die Erteilung der Prüfungszeugnisse, die Folgen von Verstößen gegen die Prüfungsordnung und die Wiederholungsprüfung regeln. Dem Ausbildenden werden auf dessen Verlangen die Ergebnisse der Zwischen- und Abschlussprüfung des Auszubildenden übermittelt. Der Hauptausschuss des Bundesinstituts für Berufsbildung erlässt für die Prüfungsordnung Richtlinien. Die Prüfungsordnung bedarf der Genehmigung der zuständigen obersten Landesbehörde.

I. Erlass und Inhalt der Prüfungsordnung (Satz 1, 2). Satz 1 verpflichtet die zuständige Stelle zum Erlass einer Prüfungsordnung für die Abschlussprüfung[7], welche der Genehmigung der zuständigen obersten Landesbehörde bedarf (**Satz 5**). Die Genehmigung darf nur erteilt werden, wenn die Prüfungsordnung dem geltenden Berufsbildungsrecht sowie dem Wesensgehalt der Richtlinien entspricht[8]. Die Vorschrift enthält die **formellen Regeln** für die Abschlussprüfung[9]. 1

Der **Mindestinhalt** der Prüfungsordnung ergibt sich aus **Satz 2**. Weitere Punkte können zusätzlich geregelt werden. Im Rahmen der „**Zulassung**" können das formelle Zulassungsverfahren (Anmeldefristen, Verwendung eines bestimmten Anmeldeformulars etc.) näher ausgestaltet sein. Wird die vorgegebene Anmeldefrist versäumt, besteht kein Anspruch auf Zulassung zur Prüfung[10]. 2

Anhand der „**Gliederung der Prüfung**" muss deren Verlauf für den Prüfling berechenbar sein[11]. 3

Die Prüfungsordnung muss zudem „**Bewertungsmaßstäbe**" enthalten. Die Gewichtung der in den einzelnen Fächern erbrachten Leistungen für den schriftlichen Teil und der Ergebnisse des schriftlichen und mündlichen Teils muss sich aus der Prüfungsordnung ergeben und darf nicht einem Beschluss des Prüfungsausschusses überlassen bleiben[12]. 4

Der **Inhalt der Prüfungszeugnisse** (§ 34 Rz. 3) ist ebenfalls in der Prüfungsordnung zu regeln. 5

Gleiches gilt für die **Folgen von Verstößen gegen die Prüfungsordnung**. So ist es rechtlich nicht zu beanstanden, wenn der Prüfungsauschuss bei einer **vorbereiteten Täuschungshandlung** die Prüfung nicht für bestanden erklärt[13]. Sofern sich der Prüfling auf die Befangenheit des Prüfers beruft, trägt er für deren Vorliegen die Beweislast[14]. 6

Nach Satz 2 ist zudem die **Wiederholung der Abschlussprüfung** in der Prüfungsordnung zu regeln (§ 34 Rz. 2). 7

Nach ständiger Rspr. ist die Prüfung bestanden, wenn das Prüfungsverfahren abgeschlossen und das Ergebnis der Prüfung mitgeteilt worden ist. **Die Prüfungsordnung kann einen anderen Zeitpunkt festlegen, zu dem die Abschlussprüfung als bestanden gilt**[15]. 8

---

1 VG Münster v. 18.8.1978 – 1 K 1268/77, EzB Nr. 2 zu § 40 Abs. 3 BBiG. |2 VG Ansbach v. 25.4.1986 – AN 2 E 8600-631, EzB Nr. 6 zu § 40 Abs. 3 BBiG; ErfK/*Schlachter*, § 40 BBiG Rz. 4; *Leinemann/Taubert*, § 40 BBiG Rz. 42. |3 VGH BW v. 30.5.1979 – IX 3213/77, EzB Nr. 3 zu § 40 Abs. 3 BBiG. |4 *Gedon/Spiertz*, § 40 BBiG Rz. 35; *Leinemann/Taubert*, § 40 BBiG Rz. 47 mwN. |5 *Gedon/Spiertz*, § 40 BBiG Rz. 39; *Natzel*, Berufsbildungsrecht, S. 420. |6 *Knigge*, AR-Blattei SD 400.4 Rz. 83. |7 Vgl. hierzu die Richtlinien für die Abschlussprüfung/Gesellenprüfung gemäß § 41 BBiG/§ 38 HwO des Bundesausschusses für Berufsbildung vom 9.6.1971, idF v. 16.3.1976, abgedr. bei *Wohlgemuth*, § 41 BBiG Rz. 12. |8 *Gedon/Spiertz*, § 41 BBiG Rz. 36; *Leinemann/Taubert*, § 41 BBiG Rz. 10. |9 ErfK/*Schlachter*, § 41 BBiG Rz. 1; *Gedon/Spiertz*, § 41 BBiG Rz. 3. |10 VG Darmstadt v. 13.5.1986 – III/1 G 1032/86, EzB Nr. 4 zu § 41 BBiG – Anmeldung; Bay. VGH v.16.1.1980 – 22 CE 80 A 74, EzB Nr. 11 zu § 40 Abs. 1 BBiG. |11 VG Düsseldorf v. 21.10.1976 – 11 K 2867/75, EzB Nr. 1 zu § 108 BBiG. |12 VG Hannover v. 24.10.1983 – 6 VG D 84/83, EzB Nr. 31 zu § 41 BBiG – Bewertung. |13 OVG Rh.-Pf. v. 27.1.1992 – 11 A 10544/91, EzB Nr. 3 zu § 41 BBiG – Täuschungshandlung. |14 VG Düsseldorf v. 5.1.1999 –15 K 2675/98, EzB Nr. 6 zu § 41 BBiG – Befangenheit. |15 BAG v. 5.4.1984 – 2 AZR 54/83, EzB Nr. 21 zu § 14 Abs. 2 BBiG; *Gedon/Spiertz*, § 41 BBiG Rz. 24.

9 Der BiBB hat am 9.6.1971 (BArbBl. 10/1971, S. 631) nach Satz 4 „**Richtlinien für Prüfungsordnungen**" erlassen, mit welchen eine möglichst einheitliche Gestaltung der Prüfungsordnungen erreicht werden soll (geändert durch Beschlüsse vom 22./23.6.1994 sowie vom 11./12.3.1998, abgedruckt bei *Gedon/ Spiertz*, § 41 BBiG Rz. 39 f.). Die Richtlinie hat keinen verbindlichen Charakter, ist insbesondere keine Rechtsverordnung (Ausschussbericht BT-Drs. V/4260 zu § 41 BBiG). Richtlinien nach Satz 3 sind verbindlich, wenn sie vom Berufsbildungsausschuss der zuständigen Stelle beschlossen, von der zuständigen Stelle erlassen, verkündet und von der zuständigen obersten Landesbehörde genehmigt werden[1].

10 **II. Übermittlung der Prüfungsergebnisse (Satz 3).** Satz 3 wurde eingefügt durch das 2. Gesetz zur Änderung der HandwO und anderer handwerklicher Vorschriften vom 25.3.1998 (BGBl. I S. 596). Die Vorschrift soll dem Ausbildenden eine Kontrolle des Ausbildungserfolges ermöglichen. Die Übermittlung der Ergebnisse an andere Personen oder Stellen ist nicht zulässig[2].

11 § 41 gilt entsprechend für die berufliche Fortbildung (§ 46 Abs. 1) sowie für die berufliche Umschulung (§ 47 Abs. 2).

12 Für das Handwerk gilt § 38 HandwO.

42 *Zwischenprüfungen*

Während der Berufsausbildung ist zur Ermittlung des Ausbildungsstandes mindestens eine Zwischenprüfung entsprechend der Ausbildungsordnung durchzuführen, bei der Stufenausbildung für jede Stufe. Die §§ 34 bis 36 gelten entsprechend.

1 **Zweck** der nach § 42 vorgeschriebenen Zwischenprüfung ist die Ermittlung des Ausbildungsstandes und damit die Möglichkeit, im Bedarfsfall die weitere Ausbildung zu intensivieren[3]. Die Zwischenprüfung ist **Zulassungsvoraussetzung für die Abschlussprüfung** (§ 39 Abs. 1 Nr. 2). Sie ist keine Prüfung im herkömmlichen Sinn (Ausschussbericht BT-Drs V/4260 zu § 42). Es kommt lediglich auf die Teilnahme, nicht aber auf das Bestehen an. Aus diesem Grunde fehlt für eine Anfechtung des Prüfungsergebnisses das **Rechtsschutzinteresse**[4].

2 **Gegenstand** der Zwischenprüfung sind die in der Ausbildungsordnung für die Zeit der Ablegung der Zwischenprüfung vorgesehenen Kenntnisse und Fertigkeiten sowie der im Berufsschulunterricht vermittelte Stoff, soweit er für die Berufsausbildung wesentlich ist (§§ 42 Satz 2, 35)[5]. Die Zwischenprüfung wird von der zuständigen Stelle **abgenommen**.

3 Der **Zeitpunkt der Zwischenprüfung** kann sich aus der Ausbildungsordnung ergeben. Andernfalls ist er von der zuständigen Stelle festzulegen. Er liegt im Regelfall in der Mitte der Ausbildungszeit, bei einer dreijährigen Berufsausbildung üblicherweise vor dem Ende des zweiten Ausbildungsjahres[6].

4 Der Auszubildende kann im Anschluss an die Zwischenprüfung ein **Zeugnis** verlangen (§ 42 Satz 2 iVm. § 34 Abs. 2).

5 Bei der **Stufenausbildung** sehen die Ausbildungsordnungen regelmäßig vor, am Ende einer jeden Ausbildungsstufe eine Zwischenprüfung durchzuführen[7]. Sie gilt als Abschlussprüfung, sofern der Auszubildende die Ausbildung nicht fortsetzt (§ 26 Rz. 3). Die Ausbildungsordnung kann nach § 26 Abs. 5 bestimmen, dass bei Prüfungen, die vor Abschluss einzelner Stufen abgenommen werden, die Vorschriften über die Abschlussprüfung entsprechend gelten[8].

6 Auf die Zwischenprüfung sind die §§ 34–36 entsprechend anwendbar. Der BBIB hat am 26.1.1972 (BArbBl. 3/1972, S. 181) „**Grundsätze für die Durchführung von Zwischenprüfungen**" als Empfehlung beschlossen, abgedruckt bei *Leinemann/Taubert*, Anh. zu § 42 BBiG.

7 Im Bereich des Handwerks gilt § 39 HandwO.

43 *Gleichstellung von Prüfungszeugnissen*

(1) Das Bundesministerium für Wirtschaft und Arbeit oder das sonst zuständige Fachministerium kann im Einvernehmen mit dem Bundesministerium für Bildung und Forschung nach Anhören des Ständigen Ausschusses des Bundesinstituts für Berufsbildung durch Rechtsverordnung Prüfungszeugnisse von Ausbildungsstätten oder Prüfungsbehörden den Zeugnissen über das Bestehen der Abschlussprüfung gleichstellen, wenn die Berufsausbildung und die in der Prüfung nachzuweisenden Fertigkeiten und Kenntnisse gleichwertig sind.

---

1 ErfK/*Schlachter*, § 41 BBiG Rz. 2; *Knopp/Kraegeloh*, § 41 BBiG Rz. 5. |2 *Gedon/Spiertz*, § 41 BBiG Rz. 35a. |3 *Knopp/Kraegeloh*, § 42 BBiG Rz. 1; *Wohlgemuth*, § 42 BBiG Rz. 1. |4 VG Düsseldorf v. 29.3.1985 – 15 K 4817/84, EzB Nr. 2 zu § 42 BBiG. |5 *Leinemann/Taubert*, § 42 BBiG Rz. 10 f., 18; *Natzel*, Berufsbildungsrecht, S. 429 f. |6 *Gedon/Spiertz*, § 42 BBiG Rz. 7; *Natzel*, Berufsbildungsrecht, S. 431. |7 *Gedon/Spiertz*, § 42 BBiG Rz. 9; *Knopp/Kraegeloh*, § 42 BBiG Rz. 3. |8 ErfK/*Schlachter*, § 42 BBiG Rz. 2; *Wohlgemuth*, § 42 BBiG Rz. 4.

(2) Das Bundesministerium für Wirtschaft und Arbeit oder das sonst zuständige Fachministerium kann im Einvernehmen mit dem Bundesministerium für Bildung und Forschung nach Anhören des Ständigen Ausschusses des Bundesinstituts für Berufsbildung durch Rechtsverordnung außerhalb des Geltungsbereichs dieses Gesetzes erworbene Prüfungszeugnisse den entsprechenden Zeugnissen über das Bestehen der Abschlussprüfung gleichstellen, wenn in den Prüfungen der Abschlussprüfung gleichwertige Anforderungen gestellt werden.

Nach **Abs. 1** können durch Rechtsverordnung die außerhalb des Geltungsbereichs des BBiG[1] erworbenen **inländischen Prüfungszeugnisse** den Zeugnissen über das Bestehen der Abschlussprüfung gleichgestellt werden, wenn die Berufsausbildung und die in der Prüfung nachzuweisenden Fertigkeiten und Kenntnisse gleichwertig sind. Unter Abs. 1 fallen zB Zeugnisse von Berufsfachschulen, Umschulungs- oder Rehabilitationseinrichtungen. Es wurden bisher mehrere Rechtsverordnungen erlassen[2]. — 1

Nach **Abs. 2** können insb. **ausländische**[3] Prüfungszeugnisse den Zeugnissen über das Bestehen der Abschlussprüfung gleichgestellt werden, sofern gleichwertige Prüfungsanforderungen gestellt werden. Mit der Gleichstellung kann der Zeugnis-Inhaber ua. die fachliche Eignung nach § 76 Abs. 1 Nr. 1 nachweisen[4]. Ausweislich des Verzeichnisses der anerkannten Ausbildungsberufe (Stand 1.10.2000) wurden bisher 285 Rechtsverordnungen zur Anerkennung österreichischer und 22 zur Anerkennung französischer Prüfungszeugnisse erlassen[5]. — 2

Die Gleichstellungsregelung gilt auch für die berufliche Umschulung (§ 47) sowie die berufliche Fortbildung (§ 46)[6]. — 3

Für das Handwerk gilt § 40 HandwO. § 108a regelt die Anerkennung von Abschlüssen in der DDR. — 4

Fünfter Abschnitt. Regelung und Überwachung der Berufsausbildung

44 *Regelungsbefugnis*
Soweit Vorschriften nicht bestehen, regelt die zuständige Stelle die Durchführung der Berufsausbildung im Rahmen dieses Gesetzes.

Die Vorschrift trägt dem Umstand Rechnung, dass das BBiG nicht alle Fragen regeln kann, die in der Praxis bei der Durchführung der Berufsausbildung auftreten. Hier kann die nach §§ 74 ff. zuständige Stelle (hierzu § 23 Rz. 3) Regelungen treffen, allerdings nur insoweit, als **Regelungslücken im Berufsordnungsrecht** auftreten. **Das Vertragsrecht ist in den §§ 3–19 umfassend geregelt**[7]. — 1

Die zuständige Stelle (§§ 74 ff.[8]) kann mithin im Hinblick auf die **Vertragsniederschrift** (§ 4) keine ergänzenden Regelungen treffen[9]. Sie ist auch nicht berechtigt, **Mindestsätze für die Ausbildungsvergütung** verbindlich festzusetzen[10]. Hingegen kann die zuständige Stelle freiwillige, **schriftliche Zusatzprüfungen** auch in Fächern aufnehmen, die im Berufsschulunterricht angeboten werden und für die Berufsausbildung wesentlich sind[11]. — 2

Die zuständige Stelle kann im Rahmen ihrer Regelungsbefugnis **Verwaltungsvorschriften oder -richtlinien** erlassen, im Einzelfall auch durch **Verwaltungsakt** entscheiden[12]. In diversen Vorschriften finden sich gesetzliche Ermächtigungen zum Erlass von **Rechtsnormen**[13]. Der Berufsbildungsausschuss entscheidet gem. § 58 Abs. 2, soweit statuarisches Recht in Betracht kommt[14]. — 3

Ihre **Grenze** findet die Regelungsbefugnis der zuständigen Stelle dort, wo Sachverhalte in anderen Vorschriften abschließend geregelt sind. — 4

Für das Handwerk gilt § 41 HandwO. — 5

45 *Überwachung, Ausbildungsberater*
(1) Die zuständige Stelle überwacht die Durchführung der Berufsausbildung und fördert sie durch Beratung der Ausbildenden und der Auszubildenden. Sie hat zu diesem Zweck Ausbildungsbera-

---

1 *Wohlgemuth*, § 43 BBiG Rz. 1. | 2 Vgl. die Nachweise bei *Gedon/Spiertz*, § 43 BBiG Rz. 4 ff.; *Knopp/Kraegeloh*, § 43 Rz. 1; *Natzel*, Berufsbildungsrecht, S. 433 Fn. 73. | 3 *Gedon/Spiertz*, § 43 BBiG Rz. 17; *Leinemann/Taubert*, § 43 BBiG Rz. 18. | 4 ErfK/*Schlachter*, § 43 BBiG Rz. 2; *Wohlgemuth*, § 43 BBiG Rz. 10. | 5 Vgl. die Nachweise bei *Knopp/Kraegeloh*, § 43 BBiG Rz. 2 ff.; *Leinemann/Taubert*, § 43 BBiG Rz. 22. | 6 *Gedon/Spiertz*, § 43 BBiG Rz. 2; *Leinemann/Taubert*, § 43 BBiG Rz. 2. | 7 ErfK/*Schlachter*, § 44 BBiG Rz. 1; *Gedon/Spiertz*, § 44 BBiG Rz. 7; *Leinemann/Taubert*, § 44 BBiG Rz. 6. | 8 Vgl. hierzu *Knopp/Kraegeloh*, § 44 BBiG Rz. 2. | 9 VG Kassel v. 30.8.1973 – IV E 218/73, EzB Nr. 2 zu § 4 BBiG; OVG Rh.-Pf. v. 26.4.1974 – 2 A 83/74, EzB Nr. 3 zu § 4 BBiG; VG Hannover v. 21.6.1974 – VII A 58/74, EzB Nr. 4 zu § 4 BBiG. | 10 BVerwG v. 26.3.1981 – 4 C 50.80, EzB Nr. 5 zu § 44 BBiG. | 11 VG Hamburg v. 23.10.1991 – 20 VG 1490/91, EzB Nr. 3 zu § 44 BBiG. | 12 Str., so wie hier ErfK/*Schlachter*, § 44 BBiG Rz. 1 sowie *Wohlgemuth*, § 44 BBiG Rz. 13 f., jeweils mit Nachw. zum Streitstand; gesetzliche Grundlagen zum Erlass von Verwaltungsakten finden sich bei *Knopp/Kraegeloh*, § 44 BBiG Rz. 5. | 13 Hierzu *Knopp/Kraegeloh*, § 44 BBiG Rz. 4. | 14 *Gedon/Spiertz*, § 44 BBiG Rz. 14; *Leinemann/Taubert*, § 44 BBiG Rz. 12, § 58 BBiG Rz. 17 mwN.

ter zu bestellen. Die Ausbildenden sind verpflichtet, die für die Überwachung notwendigen Auskünfte zu erteilen und Unterlagen vorzulegen sowie die Besichtigung der Ausbildungsstätten zu gestatten.

(2) Der Auskunftspflichtige kann die Auskunft auf solche Fragen verweigern, deren Beantwortung ihn selbst oder einen der in § 52 Abs. 1 Nr. 1 bis 3 der Strafprozessordnung bezeichneten Angehörigen der Gefahr strafgerichtlicher Verfolgung oder eines Verfahrens nach dem Gesetz über Ordnungswidrigkeiten aussetzen würde.

(3) Die zuständige Stelle teilt der Aufsichtsbehörde nach dem Jugendarbeitsschutzgesetz Wahrnehmungen mit, die für die Durchführung des Jugendarbeitsschutzgesetzes von Bedeutung sein können.

1 Die nach §§ 74 ff. zuständige Stelle (§ 23 Rz. 3) überwacht und fördert die Berufsausbildung (Abs. 1 Satz 1). Die Pflicht zur Überwachung der Berufsausbildung besteht selbständig neben der Eignungsüberwachung der §§ 20–23.

2 Zur Erfüllung ihrer Pflichten nach Satz 1 bestellt die zuständige Stelle **Ausbildungsberater** (**Abs. 1 Satz 2**) in dem Umfang, dass jeder Ausbildungsbetrieb einmal jährlich aufgesucht und überprüft werden kann. Für ihre Tätigkeit gelten nach dem Beschluss des Bundesausschusses für Berufsbildung besondere Grundsätze[1]. Nach dessen Ziff. II müssen die Ausbildungsberater die Eignung als Ausbilder iSd. BBiG erfüllen und eine mehrjährige Berufserfahrung nachweisen. Im Regelfall wird ein **hauptamtlicher Mitarbeiter** der zuständigen Stelle bestellt, um die gebotene fachliche und persönliche Eignung sicherzustellen[2].

3 Die **Ausbildungsberater erfüllen ihre Aufgabe** durch Besuche der Ausbildungsstätten, durch Beratung, durch regelmäßige Sprechstunden oder Sprechtage oder durch Informationsveranstaltungen für Auszubildende, Ausbildende und Ausbilder[3]. Sie haben grundsätzlich keine Befugnis, **Verwaltungsakte** zu erlassen[4].

4 Nach **Abs. 1 Satz 3** sowie **Abs. 2** treffen den Ausbildenden gewisse Mitwirkungspflichten, die er nicht persönlich wahrnehmen muss, sondern auf Dritte – zB den Ausbilder – übertragen kann. Für die Auskunftserteilung gibt es keine **Formvorschriften**. Kommt der Ausbildende diesen Pflichten nicht nach, kann er hierzu durch **Verwaltungsakt** angehalten werden[5]. Nach **Abs. 2** kann ein **Auskunftsverweigerungsrecht** gegeben sein[6]. § 99 Abs. 1 Nr. 9 ist zu beachten.

5 Nach **Abs. 3** trifft die zuständige Stelle eine **gesetzliche Mitteilungspflicht** an die Aufsichtsbehörde nach dem JArbSchG bezüglich Wahrnehmungen, die für die Durchführung dieses Gesetzes relevant sein können. Die Vorschrift beschränkt sich nicht auf schwerwiegende Verstöße, so dass eine **Informationspflicht bei jedem Verdacht eines Verstoßes gegen das JArbSchG besteht**[7].

6 Für das Handwerk gelten die §§ 41a, 111 HandwO.

Sechster Abschnitt. Berufliche Fortbildung, berufliche Umschulung

46 *Berufliche Fortbildung*
(1) Zum Nachweis von Kenntnissen, Fertigkeiten und Erfahrungen, die durch berufliche Fortbildung erworben worden sind, kann die zuständige Stelle Prüfungen durchführen; sie müssen den besonderen Erfordernissen beruflicher Erwachsenenbildung entsprechen. Die zuständige Stelle regelt den Inhalt, das Ziel, die Anforderungen, das Verfahren dieser Prüfungen, die Zulassungsvoraussetzungen und errichtet Prüfungsausschüsse; § 34 Abs. 2, §§ 37, 38, 41 und 43 gelten entsprechend.

(2) Als Grundlage für eine geordnete und einheitliche berufliche Fortbildung sowie zu ihrer Anpassung an die technischen, wirtschaftlichen und gesellschaftlichen Erfordernisse und deren Entwicklung kann das Bundesministerium für Bildung und Forschung im Einvernehmen mit dem Bundesministerium für Wirtschaft und Arbeit oder dem sonst zuständigen Fachministerium nach Anhören des Ständigen Ausschusses des Bundesinstituts für Berufsbildung durch Rechtsverordnung, die nicht der Zustimmung des Bundesrates bedarf, den Inhalt, das Ziel, die Prüfungsanforderungen, das Prüfungsverfahren sowie die Zulassungsvoraussetzungen und die Bezeichnung des Abschlusses bestimmen. In der Rechtsverordnung kann ferner vorgesehen werden, dass die berufliche Fortbildung durch Fernunterricht vermittelt wird. Dabei kann bestimmt werden, dass nur solche Fernlehrgänge verwendet werden dürfen, die nach § 12 Abs. 1 des Fernunterrichtsschutzgesetzes zugelassen oder nach § 15 Abs. 1 des Fernunterrichtsschutzgesetzes als geeignet anerkannt worden sind.

---

1 Beschluss des Bundesausschusses für Berufsbildung für die Beratung und Überwachung der Ausbildungsstätten durch Ausbildungsberater vom 24.8.1973 (ZfB 4/1973), abgedr. bei *Leinemann/Taubert*, Anh. zu § 45 BBiG; *Natzel*, Berufsbildungsrecht, S. 366 mwN in Fn. 44. | 2 *ErfK/Schlachter*, § 45 BBiG Rz. 1; *Knopp/Kraegeloh*, § 45 BBiG Rz. 3; *Wohlgemuth*, § 45 BBiG Rz. 12. | 3 *Natzel*, Berufsbildungsrecht, S. 366; *Wohlgemuth*, *§ 45 BBiG Rz. 8*. | 4 *Gedon/Spiertz*, § 45 BBiG Rz. 14; *Leinemann/Taubert*, § 45 BBiG Rz. 23. | 5 *Gedon/Spiertz*, § 45 BBiG Rz. 17. | 6 Hierzu *Knopp/Kraegeloh*, § 45 BBiG Rz. 6. | 7 *Leinemann/Taubert*, § 45 BBiG Rz. 37; aA *Gedon/Spiertz*, § 45 BBiG, Rz. 28, der eine Informationspflicht nur bei schwerwiegenden Verstößen annehmen möchte; ähnlich *Herkert*, § 45 BBiG Rz. 27a.

(3) Das Bundesministerium für Wirtschaft und Arbeit oder das sonst zuständige Fachministerium kann im Einvernehmen mit dem Bundesministerium für Bildung und Forschung nach Anhören des Ständigen Ausschusses des Bundesinstituts für Berufsbildung durch Rechtsverordnung außerhalb des Geltungsbereichs dieses Gesetzes erworbene Prüfungszeugnisse den entsprechenden Zeugnissen über das Bestehen von Fortbildungsprüfungen nach Absatz 2 gleichstellen, wenn in den Prüfungen der Fortbildungsprüfung gleichwertige Anforderungen gestellt werden.

I. Durchführung von Prüfungen (Abs. 1). Nach § 1 Abs. 3 (vgl. dort Rz. 5) soll es berufliche Fortbildung[1] ermöglichen, die beruflichen Kenntnisse und Fertigkeiten zu erhalten, zu erweitern, der technischen Entwicklung anzupassen oder beruflich aufzusteigen. Nach **Abs. 1 Satz 1** kann die zuständige Stelle Prüfungen durchführen, die den besonderen Erfordernissen beruflicher Erwachsenenfortbildung entsprechen, dh. die Leistungsfähigkeit, Lebenserfahrung, Vorbildung und Mentalität Erwachsener berücksichtigen müssen[2]. Sie ist hierfür **ausschließlich zuständig**, jedoch rechtlich nicht verpflichtet („Kann-Vorschrift")[3]. Der Hauptausschuss des Bundesinstituts für Berufsbildung (BIBB) hat am 18. Mai 1979 eine „**Empfehlung für Fortbildungsregelungen der zuständigen Stellen**" beschlossen (BWP 5/1979), abgedruckt bei *Leinemann/Taubert* im Anhang zu § 46 BBiG. Umstr. ist, ob die zuständigen Stellen **eigene Fortbildungsmaßnahmen** anbieten können[4]. 1

Im Rahmen der ihr zustehenden **Regelungsbefugnis (Abs. 1 Satz 2)** regelt sie den Inhalt, das Ziel, die Anforderungen, das Verfahren dieser Prüfungen nebst Zulassungsvoraussetzungen und errichtet Prüfungsausschüsse. Diese müssen die von den Prüflingen erbrachten Leistungen selbst beurteilen und bewerten. Die ungeprüfte Übernahme von Vorkorrekturen ist unzulässig[5]. Ergänzend zur Prüfungsordnung für Fortbildungsprüfungen erlassene Zulassungsvoraussetzungen und Prüfungsanforderungen bedürfen nicht der **Genehmigung durch die oberste Landesbehörde**[6]. Die Vorschrift in der Prüfungsordnung, nach der die Prüfung vom gesamten Prüfungsausschuss abzunehmen ist, erfordert die Mitwirkung aller Mitglieder des Prüfungsausschusses, nicht nur dessen Beschlussfähigkeit[7]. 2

Soweit eine **Rechtsverordnung nach Abs. 2** erlassen ist, gehen deren Regelungen vor[8]. Ergänzend gelten die Vorschriften der §§ 34 Abs. 2, 37, 38, 41 und 43. 3

II. Regelungen durch Rechtsverordnung (Abs. 2). Nach **Abs. 2 Satz 1** können Rechtsverordnungen den Inhalt, das Ziel, die Prüfungsanforderungen, das Prüfungsverfahren, die Zulassungsvoraussetzungen sowie die Bezeichnung des Abschlusses verbindlich und bundeseinheitlich für die zuständigen Stellen regeln. Macht der Verordnungsgeber hiervon Gebrauch, entfällt die Regelungskompetenz der zuständigen Stellen nach Abs. 1. Bereits bestehende Regelungen werden mit In-Kraft-Treten der Rechtsverordnung gegenstandslos. Eine Zusammenstellung von gegenwärtig geltenden Rechtsverordnungen über die Anforderungen in der Fortbildung gem. § 46 Abs. 2 ist abgedruckt bei *Natzel*, Berufsbildungsrecht, Anh. IV, S. 788. 4

Nach **Abs. 2 Satz 2, 3** kann durch Rechtsverordnung vorgesehen werden, dass berufliche Fortbildung durch **Fernlehrgänge** vermittelt wird. Hierbei kann der Verordnungsgeber vorgeben, dass nur nach dem FernUSG zugelassene oder als geeignet anerkannte Fernlehrgänge verwendet werden dürfen. 5

Durch das Dritte Gesetz zur Änderung der Handwerksordnung und anderer handwerksrechtlicher Vorschriften vom 24.12.2003 (BGBl. I S. 2934) wurde **Abs. 3** in das Gesetz eingefügt. Nach dieser Vorschrift kann durch **Rechtsverordnung** bestimmt werden, dass außerhalb des Geltungsbereiches des BBiG erworbene Prüfungszeugnisse den Zeugnissen nach Abs. 2 gleichzustellen sind, wenn in den Prüfungen der Fortbildungsprüfung gleichwertige Anforderungen gestellt werden. 6

Für das Handwerk gilt § 42 HandwO. 7

47 *Berufliche Umschulung*

(1) Maßnahmen der beruflichen Umschulung müssen nach Inhalt, Art, Ziel und Dauer den besonderen Erfordernissen der beruflichen Erwachsenenbildung entsprechen.

(2) Zum Nachweis von Kenntnissen, Fertigkeiten und Erfahrungen, die durch berufliche Umschulung erworben worden sind, kann die zuständige Stelle Prüfungen durchführen; sie müssen den besonderen Erfordernissen beruflicher Erwachsenenbildung entsprechen. Die zuständige Stelle regelt den Inhalt, das Ziel, die Anforderungen, das Verfahren dieser Prüfungen, die Zulassungsvoraussetzungen und errichtet Prüfungsausschüsse; § 34 Abs. 2, §§ 37, 38, 41, 43 und 46 Abs. 2 gelten entsprechend.

---

1 Zum Fortbildungsvertrag im Einzelnen und denen sich hieraus ergebenden Rechten und Pflichten vgl. ausf. *Schaub*, § 176 mwN. | 2 ErfK/*Schlachter*, § 46 BBiG Rz. 1; *Gedon/Spiertz*, § 46 BBiG Rz. 16. | 3 *Leinemann/Taubert*, § 46 BBiG Rz. 9. | 4 Zum Streitstand *Wohlgemuth*, § 46 BBiG Rz. 4 mwN. | 5 Bay.VGH v. 6.8.1990 – 22 B 89.2424, EzB Nr. 19 zu § 46 Abs. 1 BBiG – Bewertung. | 6 OVG Bremen v. 3.11.1981 – OVG 1 BA 21/81, EzB Nr. 9 zu § 46 Abs. 1 BBiG – Bilanzbuchhalter. | 7 VG Darmstadt v. 2.8.1990 – III/VE 2133/88, EzB Nr. 6 zu § 46 Abs. 1 BBiG – Fachwirte. | 8 ErfK/*Schlachter*, § 46 BBiG Rz. 1; *Leinemann/Taubert*, § 46 BBiG Rz. 8; *Natzel*, Berufsbildungsrecht, S. 330.

(3) Bei der Umschulung für einen anerkannten Ausbildungsberuf sind das Ausbildungsberufsbild (§ 25 Abs. 2 Nr. 3), der Ausbildungsrahmenplan (§ 25 Abs. 2 Nr. 4) und die Prüfungsanforderungen (§ 25 Abs. 2 Nr. 5) unter Berücksichtigung der besonderen Erfordernisse der beruflichen Erwachsenenbildung zugrunde zu legen. Das Bundesministerium für Bildung und Forschung kann im Einvernehmen mit dem Bundesministerium für Wirtschaft und Arbeit oder dem sonst zuständigen Fachministerium nach Anhören des Ständigen Ausschusses des Bundesinstituts für Berufsbildung durch Rechtsverordnung, die nicht der Zustimmung des Bundesrates bedarf, Inhalt, Art, Ziel und Dauer der beruflichen Umschulung bestimmen.

[Neuer Abs. 3a ab 1.1.2005]

(3a) Der Umschulende hat die Durchführung der beruflichen Umschulung unverzüglich nach Beginn der Maßnahme der zuständigen Stelle schriftlich anzuzeigen. Die Anzeigepflicht erstreckt sich auf den wesentlichen Inhalt des Umschulungsverhältnisses. Bei Abschluss eines Umschulungsvertrages ist eine Ausfertigung der Vertragsniederschrift beizufügen.

(4) Die zuständige Stelle hat die Durchführung der Umschulung zu überwachen. Die §§ 23, 24 und 45 gelten entsprechend.

1 **I. Allgemeines (Abs. 1).** Nach § 1 Abs. 4 (vgl. dort Rz. 6) soll die berufliche Umschulung zu einer anderen beruflichen Tätigkeit befähigen. Das setzt voraus, dass der Umschüler zuvor bereits beruflich tätig gewesen sein muss. Umschulungsmaßnahmen müssen erwachsenengerecht sein (**Abs. 1**). Grundlage ist ein **Umschulungsvertrag**[1], der formlos abgeschlossen werden kann[2]. Die Vorschriften über das Berufsausbildungsverhältnis iSd. §§ 3 ff. sind **nicht** entsprechend anwendbar[3]. Für Streitigkeiten eines Umschülers mit der Umschulungseinrichtung sind die ArbG zuständig[4].

2 Umschulungsmaßnahmen können einzelne Personen betreffen bzw. in Lehrgängen, Seminaren oder Kursen ganzen Gruppen angeboten werden[5]. Sie können in **Betrieben** bzw. in **über- oder außerbetrieblichen Einrichtungen** durchgeführt werden. Die **Dauer** der einzelnen Maßnahmen muss den Belangen beruflicher Erwachsenenbildung entsprechen.

3 **II. Durchführung und Regelung der Umschulungsprüfungen (Abs. 2).** Abs. 2 ermächtigt die zuständige Stelle zur Durchführung von Prüfungen. Die Vorschrift entspricht § 46 Abs. 1, wobei auch § 46 Abs. 2 für entsprechend anwendbar erklärt wird. Insoweit kann auf die dortigen Ausführungen verwiesen werden (vgl. § 46 Rz. 4 f.).

4 Hat die zuständige Stelle für die **Abnahme der Umschulungsprüfung** entgegen von § 47 Abs. 2 eine eigene Prüfungsordnung nicht erlassen, so kann eine **Zulassung** in entsprechender Anwendung von § 39 Abs. 1 und § 40 Abs. 2 erfolgen[6]. Eine Prüfungsordnung für die Durchführung von Umschulungsprüfungen, die als Voraussetzung für die **Zulassung zur Prüfung** lediglich den in § 47 Abs. 2 Satz 1 enthaltenen Hinweis auf „Kenntnisse, Fertigkeiten, Erfahrungen" wiederholt, ist nicht hinreichend bestimmt[7]. Bei einer **Fehlzeit** von 27,5 % der Gesamtausbildungszeit ist ein Prüfling nicht zur Umschulungsprüfung zuzulassen[8].

5 Der Bundesausschuss für Berufsbildung hat am 2.11.1971 „**Richtlinien für Umschulungsprüfungsordnungen gem. §§ 47 und 41 BBiG/§§ 42a und 38 HandwO**" erlassen (BArbBl. 12/1971 S. 752, geändert durch Beschluss vom 11./12.März 1998 (BAnz. 110/1998 S. 839), abgedruckt bei *Leinemann/Taubert* im Anhang zu § 47.

6 **III. Umschulung zu einem anerkannten Ausbildungsberuf (Abs. 3, 4).** Bei der Umschulung zu einem anerkannten Ausbildungsberuf sind die für diesen Beruf bestehenden Anforderungen zu beachten (vgl. § 25). Regelmäßig finden die Bestimmungen über die Ausbildungsdauer (§ 25 Abs. 2 Nr. 2) und über Zwischenprüfungen (§ 42) ebenfalls Anwendung, obwohl § 47 Abs. 3 nicht auf diese Vorschriften verweist[9].

7 Inhalt, Art, Ziel und Dauer der beruflichen Umschulung können bundeseinheitlich durch **Rechtsverordnung** geregelt werden (**Abs. 3 Satz 2**). Für den Erlass einer Rechtsverordnung muss ein Bedarf bestehen, der im Interesse einer geordneten und einheitlichen Regelung von den zuständigen Stellen nicht ausreichend befriedigt werden kann[10]. Aufgrund der Ermächtigung des Abs. 3 ist bislang keine Rechtsverordnung erlassen worden[11]. Durch das Vierte Gesetz für moderne Dienstleistungen am Arbeitsmarkt vom 24.12.2003 (BGBl. I S. 2954) wurde **Abs. 3a** in das Gesetz eingefügt. Dieser regelt die **Anzeigepflicht** im Bezug auf Umschulungsverhältnisse. Abs. 3a tritt am 1.1.2005 in Kraft.

---

1 Das Muster eines Umschulungsvertrages gem. Empfehlung des Bundesausschusses für Berufsbildung vom 28./29.3.1972 ist abgedr. bei *Wohlgemuth*, § 47 BBiG Rz. 13 f. | 2 *Gedon/Spiertz*, § 47 BBiG Rz. 12. | 3 BAG v. 15.3.1991 – 2 AZR 516/90, EzB Nr. 19 zu § 47 BBiG; v. 10.2.1981 – 6 ABR 86/78, EzB Nr. 11 zu § 47 BBiG; ErfK/*Schlachter*, § 47 BBiG Rz. 2; *Knopp/Kraegeloh*, § 47 BBiG Rz. 2a. | 4 BAG v. 24.9.2002 – 5 AZB 12/02, AP Nr. 56 zu § 5 ArbGG 1979 = AR-Blattei ES 400 Nr. 105 | 5 *Herkert*, § 47 BBiG Rz. 8; *Leinemann/Taubert*, § 47 BBiG Rz. 5. | 6 OVG Hamburg v. 3.12.1991 – Bf VI 113/90, EzB Nr. 20 zu § 47 BBiG. | 7 OVG Lüneburg v. 18.3.1980 – 8 OVG A 5/80, EzB Nr. 9 zu § 47 BBiG. | 8 VG Neustadt a.d.Weinstraße v. 6.3.1986 – 7 L 55/86, EzB Nr. 14 zu § 47 BBiG. | 9 *Leinemann/Taubert*, § 47 BBiG Rz. 17. | 10 *Gedon/Spiertz*, § 47 BBiG Rz. 31. | 11 *Knopp/Kraegeloh*, § 47 BBiG Rz. 4.

Die zuständige Stelle hat die Durchführung der Umschulung zu überwachen (**Abs. 4**). Nach Abs. 4 Satz 2 sind **Ausbildungsberater** zu bestellen, welche die Eignungsvoraussetzungen zu überwachen haben (§ 47 Abs. 4 Satz 2 iVm. 45 Abs. 1 Satz 2). 8

Für das Handwerk gilt § 42 a HandwO. 9

48, 49 (nicht abgedruckt)

Achter Abschnitt. Berufsausbildungsvorbereitung

50 *Personenkreis und Anforderungen*

(1) **Die Berufsausbildungsvorbereitung richtet sich an lernbeeinträchtigte oder sozial benachteiligte Personen, deren Entwicklungsstand eine erfolgreiche Ausbildung in einem anerkannten Ausbildungsberuf oder eine gleichwertige Berufsausbildung noch nicht erwarten lässt.**

(2) **Maßnahmen der Berufsausbildungsvorbereitung müssen nach Inhalt, Art, Ziel und Dauer den besonderen Erfordernissen des in Absatz 1 genannten Personenkreises entsprechen und durch eine umfassende sozialpädagogische Betreuung und Unterstützung begleitet werden. Sie dienen der Vermittlung von Grundlagen für den Erwerb beruflicher Handlungsfähigkeit.**

(3) **Für die Berufsausbildungsvorbereitung, die nicht im Rahmen des Dritten Sozialgesetzbuch oder anderer vergleichbarer, öffentlich geförderter Maßnahmen durchgeführt wird, gelten die §§ 20 und 22 sowie die auf Grund des § 21 Abs. 1 erlassenen Rechtsverordnungen entsprechend.**

I. Personenkreis für die Berufsausbildungsvorbereitung (Abs. 1). Seit dem 1.1.2003 zählt zu der beruflichen Bildung nunmehr auch die Berufsausbildungsvorbereitung (vgl. im Einzelnen § 1 Rz. 2). Sie erfolgt aufgrund eines sog. „Qualifizierungsvertrages"[1], begründet jedoch kein Berufsausbildungsverhältnis. Sie richtet sich an lernbeeinträchtigte und sozial benachteiligte Personen und soll Defizite ausgleichen, welche der unmittelbaren Aufnahme einer Berufsausbildung entgegenstehen. 1

Daneben bleiben die **Förderungsmöglichkeiten gem. §§ 61 SGB III** bestehen[2]. 2

II. Maßnahmen der Berufsausbildungsvorbereitung (Abs. 2). Nach dem Willen des Gesetzgebers beinhalten die Maßnahmen der Berufsausbildungsvorbereitung die Vermittlung von Grundlagen für den Erwerb beruflicher Handlungsfähigkeit. Es sollen fachspezifische Fertigkeiten erlernt, soziale Kompetenzen verstärkt und die bildungsmäßigen Voraussetzungen verbessert werden (zB Nachholen des Hauptabschlusses)[3]. Grundlegendes Ziel ist die spätere Aufnahme einer Berufsausbildung. Die Träger der Maßnahmen müssen zudem eine umfassende sozialpädagogische Betreuung und Unterstützung gewährleisten[4]. **Abs. 3** stellt die persönliche und fachliche Eignung des Ausbildenden (§ 20 BBiG) sowie der Ausbildungsstätte (§ 22 BBiG) sicher[5]. 3

51 *Qualifizierungsbausteine, Bescheinigung*

(1) **Die Vermittlung von Grundlagen für den Erwerb beruflicher Handlungsfähigkeit (§ 50 Abs. 2 Satz 2) kann insbesondere durch inhaltlich und zeitlich abgegrenzte Lerneinheiten erfolgen, die aus den Inhalten anerkannter Ausbildungsberufe oder einer gleichwertigen Berufsausbildung entwickelt werden (Qualifizierungsbausteine).**

(2) **Über die erworbenen Grundlagen beruflicher Handlungsfähigkeit (§ 50 Abs. 2 Satz 2) stellt der Anbieter der Berufsausbildungsvorbereitung eine Bescheinigung aus. Das Nähere regelt das Bundesministerium für Bildung und Forschung im Einvernehmen mit den für den Erlass von Ausbildungsverordnungen zuständigen Fachministerien nach Anhörung des Ständigen Ausschusses des Bundesinstituts für Berufsbildung durch Rechtsverordnung, die nicht der Zustimmung des Bundesrates bedarf.**

I. Qualifizierungsbausteine (Abs. 1). Abs. 1 konkretisiert die Inhalte der Berufsausbildungsvorbereitung. Der Gesetzgeber sieht hierfür insb. sog. **Qualifizierungsbausteine** vor, welche aus demselben bzw. aus verschiedenen anerkannten Ausbildungsberufen (zum Begriff § 25 Rz. 1) entnommen werden können[6]. **Diese sind inhaltlich und zeitlich abzugrenzen.** Durch den Erwerb von Qualifizierungsbausteinen soll die Möglichkeit einer **Kürzung der anschließenden Berufsausbildung** gem. § 29 Abs. 2 BBiG (vgl. dort Rz. 4) erreicht werden[7]. 1

---

1 So die Gesetzesbegründung; vgl. hierzu *Natzel*, Das Berufsausbildungsvorbereitungsverhältnis, DB 2003, 720. | 2 *Gedon/Spiertz*, § 50 Rz. 3; *Natzel*, DB 2003, 719. | 3 *Natzel*, DB 2003, 719. | 4 Vgl. hierzu im Einzelnen *Gedon/Spiertz*, § 50 Rz. 12. | 5 Hierzu ausf. *Gedon/Spiertz*, § 50 Rz. 14 ff. | 6 *Gedon/Spiertz*, § 51 Rz. 6; *Natzel*, DB 2003, 719. | 7 So die Gesetzesbegründung, BT-Drs. 15/26, S. 30; vgl. auch *Gedon/Spiertz*, § 51 Rz. 12; *Natzel*, DB 2003, 719.

2 Daneben sollen andere mögliche Ausbildungsvorbereitungsmaßnahmen, wie zB das Nachholen eines Schulabschlusses bestehen bleiben[1].

3 **II. Bescheinigung über die erworbenen Grundlagen beruflicher Handlungsfähigkeit (Abs. 2).** Anbieter von Maßnahmen der Berufsausbildungsvorbereitung können Betriebe und Bildungsträger sein[2]. Diese stellen über die erworbenen Grundlagen beruflicher Handlungsfähigkeit eine Bescheinigung aus. Der Teilnehmer einer Berufsausbildungsvorbereitungsmaßnahme hat einen **Anspruch auf die Bescheinigung**[3].

4 Das Bundesministerium für Bildung und Forschung hat am 16.7.2003 eine Rechtsverordnung nach **Abs. 2 Satz 2** erlassen, die sog. **Berufsausbildungsvorbereitungs-Bescheinigungsverordnung – BAVBVO**[4]. Sie ist am Tage nach ihrer Verkündung in Kraft getreten.

52 Überwachung, Beratung

(1) Die nach Landesrecht zuständige Behörde hat die Berufsausbildungsvorbereitung zu untersagen, wenn die Voraussetzungen des § 50 Abs. 1 nicht vorliegen.

[Neuer Abs. 1a ab 1.1.2005]

(1a) Der Anbieter hat die Durchführung von Maßnahmen der Berufsausbildungsvorbereitung vor Beginn der Maßnahme der zuständigen Stelle schriftlich anzuzeigen. Die Anzeigepflicht erstreckt sich auf den wesentlichen Inhalt des Qualifizierungsvertrages sowie die nach § 5 Abs. 1 Nr. 5 des Berufsbildungsförderungsgesetzes erforderlichen Angaben.

(2) Die zuständige Stelle überwacht die Durchführung der Berufsausbildungsvorbereitung in Betrieben und fördert sie durch Beratung der Ausbildungsvorzubereitenden und Anbieter der Berufsausbildungsvorbereitung. Sie hat zu diesem Zweck Berater zu bestellen. § 45 Abs. 1 Satz 3 und Abs. 2 und 3 gilt entsprechend.

(3) Die Absätze 1 und 2 gelten nicht *[ab 1.1.2005: finden keine Anwendung]*, soweit die Berufsausbildungsvorbereitung im Rahmen des Dritten Buches Sozialgesetzbuch oder anderer vergleichbarer, öffentlich geförderter Maßnahmen durchgeführt wird. *[Neuer Satz 2 ab 1.1.2005: Dies gilt nicht, sofern der Anbieter der Berufsausbildungsvorbereitung nach § 421m des Dritten Buches Sozialgesetzbuch gefördert wird.]*

1 § 52 regelt in **Abs. 1** die Untersagung der Berufsausbildungsvorbereitung durch die nach Landesrecht zuständige Behörde. Diese ist im Einzelfall möglich, sofern der Teilnehmer einer Berufsausbildungsvorbereitungsmaßnahme nicht zu dem von § 50 Abs. 1 (vgl. dort Rz. 1) erfassten Personenkreis gehört[5].

2 Durch das Vierte Gesetz für moderne Dienstleistungen am Arbeitsmarkt vom 24.12.2003 (BGBl. I S. 2954) wurde **Abs. 1a** in das Gesetz eingefügt. Er regelt die **Anzeigepflicht** des Anbieters der Berufsausbildungsvorbereitung. Abs. 1a tritt am 1.1.2005 in Kraft.

3 In **Abs. 2** wird die Überwachung und Beratung durch die zuständige Stelle normiert. Den Anbieter trifft nach **Abs. 2 Satz 3** eine **Mitwirkungspflicht**. Er hat die für die Überwachung notwendigen Auskünfte zu erteilen, Unterlagen vorzulegen und im Bedarfsfall die Besichtigung der Ausbildungsstätte zu gestatten[6].

4 Die Berufsausbildungsvorbereitung kann durch außerbetriebliche Träger wie zB Organisationen der Jugendpflege durchgeführt werden. Aus diesem Grunde finden nach **Abs. 3 Satz 1** die Abs. 1 und 2 keine Anwendung, soweit die Berufsausbildungsvorbereitung im Rahmen des Dritten Buches Sozialgesetzbuch oder anderer vergleichbarer, öffentlich geförderter Maßnahmen durchgeführt wird[7].

5 Durch das Vierte Gesetz für moderne Dienstleistungen am Arbeitsmarkt (vgl. oben Rz. 2) wurde mit Wirkung zum 1.1.2005 **Abs. 3 Satz 2** in das Gesetz eingefügt. Danach gilt dies nicht, wenn der Anbieter der Berufsausbildungsvorbereitung nach § 421m SGB III gefördert wird. Diese Vorschrift betrifft die sozialpädagogische Begleitung bei der Berufsausbildungsvorbereitung nach dem BBiG. Nach § 421m Abs. 1 SGB III können ArbGeb bis zum 31.12.2007 durch Übernahme der Kosten für eine notwendige sozialpädagogische Begleitung während einer Berufsausbildungsvorbereitung nach dem BBiG gefördert werden, soweit diese nicht nach § 61 oder im Rahmen anderer vergleichbarer, öffentlich geförderter Maßnahmen durchgeführt wird. Nach § 421m Abs. 2 SGB III wird die BA ermächtigt, durch Anordnung das Nähere über Voraussetzungen, Art, Umfang und Verfahren der Förderung zu bestimmen.

53–113 (nicht abgedruckt)

---

[1] Vgl. die Gesetzesbegründung, BT-Drs. 15/26, S. 30 | [2] *Natzel*, DB 2003, 720. | [3] *Gedon/Spiertz*, § 51 Rz. 10 | [4] BGBl. I S. 1472. | [5] *Gedon/Spiertz*, § 52 Rz. 2 ff. | [6] Vgl. im Einzelnen *Gedon/Spiertz*, § 52 Rz. 16 f. | [7] Hierzu *Gedon/Spiertz*, § 52 Rz. 21 f.

Gesetz zum Erziehungsgeld und zur Elternzeit (Bundeserziehungsgeldgesetz – BErzGG)

in der Fassung der Bekanntmachung vom 9.2.2004 (BGBl. I S. 206)

– Auszug –

Zweiter Abschnitt. Elternzeit für Arbeitnehmerinnen und Arbeitnehmer

Vor §§ 15–21 BErzGG

I. Allgemeines 1	a) Elternzeit ohne Teilzeitbeschäftigung 5
II. Auswirkungen auf die arbeitsrechtliche Stellung . 3	b) Elternzeit mit Teilzeitbeschäftigung 9
1. Allgemein 3	III. Betriebsverfassungsrechtliche Stellung 11
2. Lohn, Gehalt und Sonderleistungen 4	IV. Sozialversicherungsrechtliche Stellung 12

I. Allgemeines. Neben der staatlichen Gewährung von Erziehungsgeld haben Eltern und Sorgeberechtigte gegen ihren ArbGeb Anspruch auf unbezahlte Freistellung von der Arbeit für eine Zeit von bis zu drei Jahren. Neben einer Erleichterung der Betreuung und Erziehung des Kindes soll die Elternzeit die Chancengleichheit von Mann und Frau fördern. **1**

Das BErzGG in seiner heutigen Fassung gilt für Kinder, die ab dem 1.1.2001 geboren oder mit dem Ziel der Adoption in Obhut genommen wurden. Für Kinder, die vor diesem Tag geboren oder in Obhut genommen wurden, gelten die Regelungen des Erziehungsurlaubs in der bis zum 31.12.2000 geltenden Fassung (§ 24 Abs. 1). Ein Anspruch auf Elternzeit nach §§ 15 ff. steht dabei nur ArbN zu, die in einem Betreuungsverhältnis zu einem Kind stehen. Einzelheiten bestimmt § 15 Abs. 1. Als ArbN gelten dabei auch die zu ihrer Berufsbildung Beschäftigten, die Heimarbeiter und die ihnen Gleichgestellten (§ 20). **2**

II. Auswirkungen auf die arbeitsrechtliche Stellung. 1. Allgemein. Überwiegend wird angenommen, dass das Arbeitsverhältnis während der Elternzeit kraft Gesetzes ruht[1]. Nebenpflichten (zB Nebentätigkeitsgenehmigung, Geheimhaltungspflicht, Wettbewerbsverbot) bestehen fort, soweit sie nicht mit den Hauptleistungspflichten verknüpft sind oder Abweichendes vereinbart wird[2]. Nach Ablauf der Elternzeit leben die Hauptpflichten unverändert auf. Da der ArbN erst dann wieder durch Arbeitsunfähigkeit an Arbeitsleistung gehindert sein kann, beginnt der 6-Wochen-Zeitraum der Entgeltfortzahlung (§ 3 EFZG) auch bei früherer Erkrankung erst mit Ablauf der Elternzeit. Hängt eine Rechtsposition von der Dauer der Betriebszugehörigkeit ab (zB § 1 Abs. 1 KSchG, § 4 BUrlG, § 1b BetrAVG), wird Elternzeit grundsätzlich angerechnet. **3**

2. Lohn, Gehalt und Sonderleistungen. Allgemein: Während der Elternzeit entfällt der Lohn- und Gehaltsanspruch. Rechtsfolgen für Sonderleistungen sind gesetzlich nicht geregelt und hängen deshalb zunächst einmal vom Inhalt der Vereinbarung ab. Soweit dort eine (zeitanteilige) Kürzung wegen Elternzeit vorgesehen ist, liegt darin kein Verstoß gegen Art. 141 EG, Art. 3 und 6 GG oder § 612a BGB[3]. Hiervon ist nach BAG auch dann auszugehen, wenn eine Kürzung für das „kraft Gesetzes" ruhende Arbeitsverhältnis vorgesehen ist[4]. Ist eine Jahressonderzahlung bislang mit Freiwilligkeitsvorbehalt gewährt worden, kann über die Anspruchsvoraussetzungen jedes Jahr neu entschieden werden. Führt dies zu einer Kürzung wegen Elternzeit, liegt darin kein Verstoß gegen den Gleichbehandlungsgrundsatz[5]. Fehlt eine ausdrückliche Regelung, ist eine Auslegung notwendig. Hier ist vor allem der Zweck der Zuwendung maßgeblich[6]. Die Bezeichnung hat dabei nur Indizcharakter. Im Zweifel wird eine Sonderleistung indes auch als Vergütung für Arbeitsleistung im Bezugszeitraum gewährt[7]. **4**

a) Elternzeit ohne Teilzeitbeschäftigung. Sonderleistungen wegen Betriebstreue müssen ungekürzt gezahlt werden. Sie werden ohne Rücksicht auf Arbeitsleistung wegen des Fortbestands des Arbeitsverhältnisses gezahlt (zB Jubiläumsgeld). Fehlen gegenteilige Regelungen, wird man hierzu auch Deputate oder den Bezug von Firmenleistungen mit Personalrabatt (zB Energie, Freifahrten im ÖPNV, **5**

---

[1] BAG v. 12.1.2000 – 10 AZR 840/98, NZA 2000, 944 (945). | [2] BAG v. 10.5.1989 – 6 AZR 660/87, NZA 1989, 759; *Mauer/Schmidt*, BB 1991, 1779 (1782). | [3] EuGH v. 21.10.1999 – Rs. C-333/97, NZA 1999, 1325 (1328). | [4] BAG v. 24.5.1995 – 10 AZR 619/94, NZA 1996, 31 (32); v. 10.2.1993 – 10 AZR 450/91, DB 1993, 1090. | [5] BAG v. 6.12.1995 – 10 AZR 198/95, NZA 1996, 1027. | [6] BAG v. 24.10.1990 – 6 AZR 156/89, BB 1991, 695 (696); *B. Gaul*, Sonderleistungen und Fehlzeiten, S. 146 ff., 265, 271 ff. | [7] *B. Gaul*, BB 1994, 494 (496); BAG v. 10.1.1991 – 6 AZR 205/89, BB 1991, 1045.

Flugtickets), Vereins- oder Verbandsmitgliedschaften, Regelungen zu ArbN-Darlehen oder Beihilfen im Krankheitsfall rechnen müssen.

6 **Allein arbeitsleistungsbezogene Sonderleistungen** (Sonderzuwendung mit reinem Entgeltcharakter) sind in das vertragliche Synallagma eingebunden und verfolgen keinen darüber hinausgehenden Zweck[1]. Ohne abweichende Vereinbarung entfällt hier der Anspruch (anteilig) für die Dauer der Elternzeit[2]. Eine ausdrückliche Kürzungsabrede ist nicht erforderlich. Beispiele: 13. Monatsgehalt, Dienstwagen, Ergebnis- oder Gewinnbeteiligung, vermögenswirksame Leistungen oder sonstige Anlageformen (zB Sparbeitrag zum Erwerb von Aktien oder Aufwendungen des ArbN nach dem Wohnungsbau-Prämiengesetz). Entsprechend wird man aufwendungsbezogene Leistungen behandeln müssen (zB Jobtickets für ÖPNV, Firmenparkplatz).

7 **Sonderleistungen mit Mischcharakter** vergüten neben der Arbeitsleistung auch die vergangene oder künftige Betriebszugehörigkeit. Da diese Zweckbestimmung im Zweifel kumulativ erfüllt werden soll[3], entsteht der Anspruch – wie bei Sonderzuwendungen mit Entgeltcharakter – nur für die Zeit, in der Arbeitsleistung erbracht wird. In der Regel gehören hierzu zB Urlaubs- oder Weihnachtsgeld. Einer ausdrücklichen Kürzungsabrede wegen der Elternzeit bedarf es nicht[4]. Da letztendlich der Inhalt der Zusage maßgeblich ist, sollte indes eine klare Regelung getroffen werden. Zulässig ist es, den Zahlungsanspruch streng akzessorisch an das Bestehen eines Urlaubsanspruchs zu knüpfen[5]. Ohne Urlaubsanspruch (vgl. § 17) entsteht damit kein Zahlungsanspruch. Allerdings entsteht ein ungekürzter Anspruch, wenn nur eine bestimmte Mindestleistung (zB 14 Tage Arbeitsleistung) im Kalenderjahr verlangt wird, die außerhalb der Elternzeit erfüllt wird. Eine Kürzung der Sonderleistung mit Mischcharakter entfällt trotz gemischter Zweckbestimmung, wenn die Vergütung der Arbeitsleistung untergeordnete Bedeutung hat[6].

8 **Sonderfälle:** Bei betrieblicher Altersversorgung muss Elternzeit in Bezug auf die Unverfallbarkeitsfristen (§ 1b BetrAVG) berücksichtigt werden. Dies gilt selbst dann, wenn mehrere Elternzeiten lückenlos aufeinander folgen[7]. Insoweit steht die Vergütung der Betriebstreue im Vordergrund, falls nicht vereinbart wird, dass die Elternzeit keine anspruchssteigernde Wirkung hat. Eine solche Regelung wäre mit Art. 141 EG, Art. 3 und 6 GG sowie § 612a BGB vereinbar[8]. Ein Eingriff in eine bereits bestehende Anwartschaft wegen der Elternzeit wäre indes unzulässig. Wenn Eltern selbst eine Kapital-Lebensversicherung abgeschlossen haben, müssen sie die Prämien auch während der Elternzeit tragen[9]. Hat der ArbGeb die Beitragspflicht für die Dauer des Arbeitsverhältnisses zugesagt, besteht sie während der Elternzeit fort[10]. Bei der betriebszugehörigkeitsbezogenen Berechnung von Sozialplanabfindungen ist eine Ausgrenzung der Elternzeit unwirksam[11]. Bei Werkmietwohnungen (§ 576 BGB) bzw. Werkdienstwohnungen (§ 576b BGB) stellt die Elternzeit keinen Grund zur Kündigung dar. Eine zum Nachteil des Mieters abweichende Vereinbarung ist unwirksam. Bei Aktienoptionen muss differenziert werden. Im Zweifel setzt ein Anspruch auf die Option Arbeitsleistung während eines bestimmten Bezugszeitraums voraus. Die Ausübung der Option kann dann ohne Rücksicht auf eine etwaige Elternzeit erfolgen.

9 **b) Elternzeit mit Teilzeittätigkeit.** Wenn während der Elternzeit beim gleichen ArbGeb eine Teilzeitbeschäftigung ausgeübt wird, hat dies bei betriebszugehörigkeitsbezogenen Sonderleistungen keine Bedeutung. Sie werden ohnehin nicht gekürzt. Im Übrigen aber entsteht bei Sonderleistungen mit reinem Entgeltcharakter (Rz. 6) oder Sonderleistungen mit Mischcharakter (vgl. Rz. 7) nur ein entsprechend der tatsächlichen Arbeitszeit in der Elternzeit gekürzter Anspruch (§ 4 Abs. 1 Satz 2 TzBfG). Geringere Arbeitszeit darf nur quantitativ, nicht aber qualitativ anders abgegolten werden als Vollzeitarbeit[12]. Wird eine Mindestarbeitszeit durch Teilzeittätigkeit unterschritten, fällt die Sonderleistung vollständig weg[13].

10 Auch bei Sonderleistungen mit Mischcharakter muss der Verzicht auf die Kürzung bzw. den Wegfall ausdrücklich vereinbart werden[14]. Wird eine Kürzung wegen Elternzeit vereinbarungsgemäß ausgeschlossen, was wegen Art. 141 Abs. 4 EG, Art. 3 Abs. 2 Satz 2 GG statthaft ist[15], gilt dies auch für ArbN mit Teilzeitbeschäftigung. Andernfalls würden solche ArbN, die mit der Beschäftigung sogar die arbeitsleistungsbezogenen Anspruchsvoraussetzungen erfüllen und – entsprechend der Zweckbestimmung von § 15 Abs. 4 bis 7 BErzGG – Kontakt zum Arbeitsplatz halten, schlechter gestellt als ArbN, die überhaupt keine Arbeitsleistung erbringen[16].

---

1 BAG v. 24.10.1990 – 6 AZR 156/89, DB 1991, 446 (447). | 2 BAG v. 24.10.1990 – 6 AZR 156/89, DB 1991, 446 (447). | 3 Vgl. *B. Gaul*, Sonderleistungen und Fehlzeiten, S. 199 ff., 205. | 4 *Meisel/Sowka*, § 15 BErzGG Rz. 46; *Sowka*, NZA 1993, 783 (784); aA BAG v. 24.10.1990 – 6 AZR 341/89, DB 1991, 868. | 5 BAG v. 15.4.2003 – 9 AZR 137/02, ZTR 2003, 624 f. | 6 Vgl. *Erman/Hanau*, § 611 BGB Rz. 455. | 7 *Doetsch*, DB 1992, 1239 (1240); *Köster/Schiefer/Überacker*, DB 1994, 2341 (2346). | 8 Vgl. BAG v. 15.2.1994 – 3 AZR 708/93, DB 1994, 1479. | 9 Vgl. BAG v. 15.12.1998 – 3 AZR 251/97, NZA 1999, 834 (835) zu TV Übergangsversorgung Flugbegleiter. | 10 LAG Nürnberg v. 27.8.2002 – 6 (5) Sa 141/01, NZA-RR 2003, 318 (319 f.). | 11 BAG v. 12.11.2002 – 1 AZR 58/02, DB 2003, 1635; aA LAG München v. 31.7.2002 – 5 Sa 877/01, nv. | 12 BAG v. 24.5.2000 – 10 AZR 629/99, NZA 2001, 216 (218). | 13 BAG v. 5.8.1992 – 10 AZR 88/90, NZA 1993, 130; v. 8.12.1993 – 10 AZR 66/93, NZA 1994, 421 (422). | 14 *Dörner*, Arbeitsrecht in der anwaltlichen und gerichtlichen Praxis, Kap. C Rz. 723. | 15 BAG v. 19.3.2002 – 9 AZR 29/01, DB 2002, 2495 (2496). | 16 BAG v. 19.3.2002 – 9 AZR 29/01, DB 2002, 2495 (2496); v. 12.2.2003 – 10 AZR 375/02, NZA-RR 2003, 482 (483 f.).

III. Betriebsverfassungsrechtliche Stellung. Wenn während der Elternzeit keine Teilzeitbeschäftigung ausgeübt wird, führt dies zwar zu einem Ruhen des Arbeitsvertrags. Der ArbN behält aber sein aktives und passives Wahlrecht bei den Wahlen zum BR. Während der Elternzeit ist das Personal- oder BR-Mitglied jedoch an der Amtsführung gehindert; nach § 15 Abs. 1 Satz 2 BetrVG, § 31 Abs. 1 Satz 2 BPersVG tritt ein Ersatzmitglied an seine Stelle[1]. Gemäß §§ 3 Abs. 1, 7 Abs. 2, 9 ff., 24 MitbestG besteht ein entsprechendes Recht zur Teilnahme an den Wahlen zum Aufsichtsrat nach MitbestG. Ohne freiwillige Niederlegung kann das Mandat auch während der Elternzeit ausgeübt werden[2]. Bei einer Wahl durch Delegierte kommen Ersatzdelegierte zum Einsatz (§ 14 Abs. 2 MitbestG). Erfolgt die Besetzung des Aufsichtsrats nach BetrVG 1952, besteht wegen § 76 Abs. 1 Satz 2 BetrVG 1952 während der Elternzeit nur ein aktives Wahlrecht[3]. Wenn Elternzeit erst nach der Wahl in Anspruch genommen wird, besteht eine vorübergehende Verhinderung. In diesem Fall können andere Aufsichtsratsmitglieder oder – wenn die Satzung es erlaubt – auch Dritte als sog. Stimmboten bestellt werden, dh. das verhinderte Aufsichtsratsmitglied kann seine Stimme durch sie schriftlich abgeben lassen (§ 108 Abs. 3 Satz 2 AktG). Eine anderweitige Bestimmung eines Stellvertreters ist nach § 77 Abs. 1 BetrVG 1952, § 25 Abs. 1 MitbestG, § 101 Abs. 3 Satz 1 AktG generell unzulässig[4].

IV. SozV-rechtliche Stellung. Kranken- und Pflegeversicherung: Solange Elternzeit oder Erziehungsgeld in Anspruch genommen werden, bleibt die Mitgliedschaft Versicherungspflichtiger in der gesetzlichen Kranken- und Pflegeversicherung erhalten (§ 192 Abs. 1 Nr. 2 SGB V, § 192 Abs. 1 Nr. 2 SGB V, § 49 Abs. 2 SGB XI iVm. § 192 Abs. 1 Nr. 2 SGB V). Auch Familienangehörige sind nach § 10 SGB V geschützt[5]. Da die Elternzeit selbst keine Versicherungspflicht begründet, liegt darin die Fortführung der zuvor begründeten Versicherung. Beitragspflichtig sind ArbN in Elternzeit nur, wenn sie wegen einer Teilzeitarbeit Entgeltansprüche haben[6]. Der Anspruch auf Krankengeld ruht in der Elternzeit, soweit nicht Arbeitsunfähigkeit vor deren Beginn bestand. Tritt Arbeitsunfähigkeit erst nach Beginn der Elternzeit ein, ohne dass dadurch eine Teilzeittätigkeit unterbrochen wird, besteht kein Anspruch auf Krankengeld (§ 49 Abs. 1 Nr. 2 SGB V). Hier ist die Elternzeit Ursache des Vergütungsausfalls[7].

RV: Ohne Rücksicht auf die Inanspruchnahme von Elternzeit besteht während der Kindererziehung Versicherungspflicht (§§ 3 Satz 1 Nr. 1, 56 SGB VI). Die Kindererziehungszeit beginnt mit Ablauf des Monats der Geburt und endet nach 36 Kalendermonaten. Sie wird für ein Elternteil angerechnet. Haben beide Eltern das Kind erzogen, können sie wählen, auf wessen Versicherung die Zeit angerechnet werden soll (§ 56 Abs. 2 Satz 2 SGB VI). Auf diese Weise wird der Aufbau einer Rentenanwartschaft trotz Kindererziehungszeiten erleichtert.

Arbeitslosenversicherung: Seit dem 1.1.2003 besteht auch während der Elternzeit Versicherungspflicht (§ 26 Abs. 2a SGB III). Damit wird die Zeit ohne Beitragspflicht anspruchssteigernd berücksichtigt. Als (fiktives) Arbeitsentgelt wird das tarifliche Arbeitsentgelt derjenigen Beschäftigung angesetzt, auf die das AA die Vermittlungsbemühungen für einen vergleichbaren Arbl. in erster Linie zu erstrecken hat (§ 135 Nr. 8 SGB III). Voraussetzung ist, dass in dieser Zeit nicht gearbeitet wird. Bei einer Teilzeitbeschäftigung während der Elternzeit bleibt die tatsächlich ausgeübte Tätigkeit maßgeblich.

15 Anspruch auf Elternzeit

(1) Arbeitnehmerinnen und Arbeitnehmer haben Anspruch auf Elternzeit, wenn sie mit einem Kind

1. a) , für das ihnen die Personensorge zusteht,

   b) des Ehegatten oder Lebenspartners,

   c) , das sie in Vollzeitpflege (§ 33 des Achten Buches Sozialgesetzbuch) oder in Adoptionspflege (§ 1744 des Bürgerlichen Gesetzbuchs) aufgenommen haben, oder

   d) für das sie auch ohne Personensorgerecht in den Fällen des § 1 Abs. 1 Satz 3 oder Abs. 3 Nr. 3 oder im besonderen Härtefall des § 1 Abs. 5 Erziehungsgeld beziehen können,

in einem Haushalt leben und

2. dieses Kind selbst betreuen und erziehen.

Bei einem leiblichen Kind eines nicht sorgeberechtigten Elternteils ist die Zustimmung des sorgeberechtigten Elternteils erforderlich.

(2) Der Anspruch auf Elternzeit besteht bis zur Vollendung des dritten Lebensjahres eines Kindes. Die Zeit der Mutterschutzfrist nach § 6 Abs. 1 des Mutterschutzgesetzes wird auf die Begrenzung nach Satz 1 angerechnet. Bei mehreren Kindern besteht der Anspruch auf Elternzeit für jedes Kind, auch wenn sich die Zeiträume im Sinne von Satz 1 überschneiden. Ein Anteil der Elternzeit von bis zu

---

[1] Meisel/Sowka, § 15 BErzGG Rz. 41a. | [2] BAG v. 31.5.1989 – 7 AZR 574/88, DB 1990, 793; LAG München v. 27.2.1998 – 8 TaBV 98/97, nv. | [3] Vgl. BAG v. 25.10.2000 – 7 ABR 18/00, NZA 2001, 461 zur „Freistellungsphase" bei Altersteilzeit. | [4] Fitting, § 76 BetrVG 1952 Rz. 137. | [5] BSG v. 29.6.1993 – 12 RK 48/91, NZS 1994, 21. | [6] Buchner/Becker, Vor §§ 15–21 BErzGG Rz. 52. | [7] BAG v. 17.10.1990 – 5 AZR 10/90, NZA 1991, 321 (322).

zwölf Monaten ist mit Zustimmung des Arbeitgebers auf die Zeit bis zur Vollendung des achten Lebensjahres übertragbar; dies gilt auch, wenn sich die Zeiträume im Sinne von Satz 1 bei mehreren Kindern überschneiden. Bei einem angenommenen Kind und bei einem Kind in Vollzeit- oder Adoptionspflege kann Elternzeit von insgesamt bis zu drei Jahren ab der Aufnahme bei der berechtigten Person, längstens bis zur Vollendung des achten Lebensjahres des Kindes genommen werden; die Sätze 3 und 4 sind entsprechend anwendbar, soweit sie die zeitliche Aufteilung regeln. Der Anspruch kann nicht durch Vertrag ausgeschlossen oder beschränkt werden.

(3) Die Elternzeit kann, auch anteilig, von jedem Elternteil allein oder von beiden Elternteilen gemeinsam genommen werden. Satz 1 gilt entsprechend für Ehegatten, Lebenspartner und die Berechtigten gemäß Absatz 1 Satz 1 Nr. 1 Buchstabe c. Satz 1 gilt entsprechend für Adoptiveltern und Adoptivpflegeeltern.

(4) Während der Elternzeit ist Erwerbstätigkeit zulässig, wenn die vereinbarte wöchentliche Arbeitszeit für jeden Elternteil, der eine Elternzeit nimmt, nicht 30 Stunden übersteigt. Teilzeitarbeit bei einem anderen Arbeitgeber oder als Selbständiger bedarf der Zustimmung des Arbeitgebers. Er kann sie nur innerhalb von vier Wochen aus dringenden betrieblichen Gründen schriftlich ablehnen.

(5) Über den Antrag auf eine Verringerung der Arbeitszeit und ihre Ausgestaltung sollen sich Arbeitnehmer und Arbeitgeber innerhalb von vier Wochen einigen. Der Antrag kann mit der schriftlichen Mitteilung nach Absatz 7 Satz 1 Nr. 5 verbunden werden. Unberührt bleibt das Recht des Arbeitnehmers, sowohl seine vor der Elternzeit bestehende Teilzeitarbeit unverändert während der Elternzeit fortzusetzen, soweit Absatz 4 beachtet ist, als auch nach der Elternzeit zu der Arbeitszeit zurückzukehren, die er vor Beginn der Elternzeit hatte.

(6) Der Arbeitnehmer kann gegenüber dem Arbeitgeber, soweit eine Einigung nach Absatz 5 nicht möglich ist, unter den Voraussetzungen des Absatzes 7 während der Gesamtdauer der Elternzeit zweimal eine Verringerung seiner Arbeitszeit beanspruchen.

(7) Für den Anspruch auf Verringerung der Arbeitszeit gelten folgende Voraussetzungen:

1. Der Arbeitgeber beschäftigt, unabhängig von der Anzahl der Personen in Berufsbildung, in der Regel mehr als 15 Arbeitnehmer;
2. das Arbeitsverhältnis des Arbeitnehmers in demselben Betrieb oder Unternehmen besteht ohne Unterbrechung länger als sechs Monate;
3. die vertraglich vereinbarte regelmäßige Arbeitszeit soll für mindestens drei Monate auf einen Umfang zwischen 15 und 30 Wochenstunden verringert werden;
4. dem Anspruch stehen keine dringenden betrieblichen Gründe entgegen und
5. der Anspruch wurde dem Arbeitgeber acht Wochen oder, wenn die Verringerung unmittelbar nach der Geburt des Kindes oder nach der Mutterschutzfrist beginnen soll, sechs Wochen vor Beginn der Tätigkeit schriftlich mitgeteilt.

Der Antrag muss den Beginn und den Umfang der verringerten Arbeitszeit enthalten. Die gewünschte Verteilung der verringerten Arbeitszeit soll im Antrag angegeben werden. Falls der Arbeitgeber die beanspruchte Verringerung der Arbeitszeit ablehnen will, muss er dies innerhalb von vier Wochen mit schriftlicher Begründung tun. Der Arbeitnehmer kann, soweit der Arbeitgeber der Verringerung der Arbeitzeit nicht oder nicht rechtzeitig zustimmt, Klage vor den Gerichten für Arbeitssachen erheben.

Lit.: *Betz*, Unklarheiten und Widersprüche der Regelungen im Bundeserziehungsgeldgesetz, NZA 2000, 248; *Däubler*, Das neue Teilzeit- und Befristungsgesetz, ZIP 2001, 217; *Doetsch*, Betriebliche Altersversorgung und tatsächliche Unterbrechungen der Arbeitstätigkeit ohne Entgeltanspruch, DB 1992, 1239; *Düwell*, Fragen zur Inanspruchnahme von Erziehungsurlaub, AuA 1997, 114; *Düwell*, Die neue Elternzeit in der arbeitsrechtlichen Praxis, AuA 2002, 58; *B. Gaul*, Sonderleistungen und Fehlzeiten, 1994; *B. Gaul/Bonanni*, Teilzeit bei Elternzeit, ArbRB 2003, 144; *B. Gaul/Wisskirchen*, Änderung des Bundeserziehungsgeldgesetzes, BB 2000, 2466; *Hanau*, Offene Fragen zum Teilzeitgesetz, NZA 2001, 1168; *Hoppach*, Auswirkungen des gesetzlichen Erziehungsurlaubs und anderer Fehlzeiten auf die betriebliche Altersversorgung, DB 1994, 1672; *Huber*, Das Bundeserziehungsgeld nach neuem Recht – Rechtslage ab 2001, NZA 2000, 1319; *Joussen*, Teilzeitarbeit bei einem fremden Arbeitgeber während der Elternzeit, NZA 2003, 644; *Koch/Leßmann*, Neues zum Erziehungsurlaub, AuA 2001, 8; *Köster/Schiefer/Überacker*, Arbeits- und sozialversicherungsrechtliche Fragen des Bundeserziehungsgeldgesetzes 1992, DB Beilage 10/1992, 1; *Köster/Schiefer/Überacker*, Arbeits- und sozialversicherungsrechtliche Fragen des Bundeserziehungsgeldgesetzes, DB 1994, 2341; *Leßmann*, Der Anspruch auf Verringerung der Arbeitszeit im neuen Bundeserziehungsgeldgesetz, DB 2001, 94; *Lindemann/Simon*, Die neue Elternzeit, NJW 2001, 258; *Peters-Lange/Rolfs*, Reformbedarf und Reformgesetzgebung im Mutterschutz- und Erziehungsgeldrecht, NZA 2000, 682; *Reinecke*, Elternzeit statt Erziehungsurlaub, FA 2001, 10; *Reiserer/Lemke*, Erziehungsgeld und Elternzeit – Ein Überblick über die Neuregelungen, MDR 2001, 241; *Rudolf/Rudolf*, Zum Verhältnis der Teilzeitansprüche nach § 15 BErzGG, § 8 TzBfG, NZA 2002, 602; *Schiefer*, Die Rechtsprechung zu den Neuregelungen durch das Arbeitsrechtliche Beschäftigungsförderungsgesetz, DB 1998, 925; *Schiefer*, Anspruch auf Teilzeitarbeit nach § 8 TzBfG – Die ersten Entscheidungen, NZA-RR 2002, 393; *Sowka*, Streitfragen des Erziehungsurlaubs, NZA 1994, 102; *Sowka*, Offene Fragen des Erziehungsurlaubs, NZA 1998, 347; *Sowka*, Der

Erziehungsurlaub nach neuem Recht – Rechtslage ab 1.1.2001, NZA 2000, 1185; *Sowka*, Vom Erziehungsurlaub zur Elternzeit, BB 2001, 935; *Zmarzlik*, Bundeserziehungsgeldgesetz 1992, BB 1992, 130, 852.

I. Anspruchsberechtigter Personenkreis. Neben der in § 15 Abs. 1 beschriebenen Beziehung zum Kind setzt der Anspruch auf Elternzeit das Bestehen eines Arbeitsverhältnisses voraus. Dauer und Umfang der Vertragsbeziehung und die Art der Tätigkeit spielen keine Rolle. Dabei sind die zur Berufsbildung Beschäftigten sowie die in Heimarbeit Beschäftigten in den anspruchsberechtigten Personenkreis einbezogen (§ 20). Nicht anspruchsberechtigt sind mangels ArbN-Eigenschaft Selbständige, selbständige Handelsvertreter (§ 84 HGB) und GmbH-Geschäftsführer. Nicht anspruchsberechtigt sind außerdem Beamte und Soldaten. Für diese gelten besondere gesetzliche Regelungen.

Die Beendigung des Arbeitsverhältnisses vor Beginn der Elternzeit schließt einen Anspruch aus § 15 aus. Die Form der Beendigung ist unerheblich. Wird das Arbeitsverhältnis während der Elternzeit beendet, entfällt der Anspruch auf Elternzeit. Wegen des Sonderkündigungsschutzes nach § 18 trifft dies aber idR nur befristete Arbeitsverhältnisse. Hier führt die Inanspruchnahme von Elternzeit nicht zu einer Vertragsverlängerung; Abweichendes kann vereinbart werden.

II. Dauer, Übertragbarkeit und Unabdingbarkeit der Elternzeit. 1. Dauer und Übertragbarkeit der Elternzeit. Grundsatz: Anspruch auf Elternzeit besteht bis zur Vollendung des dritten Lebensjahres, bei angenommenen Kindern und bei einem Kind in Vollzeit- oder Adoptionspflege bis zu 3 Jahre ab der Aufnahme bei der berechtigten Person. Wird das Arbeitsverhältnis in dieser Zeit beendet, kann der noch verbleibende Teil der Elternzeit beim Folgearbeitgeber genommen werden[1]. Dabei ist die Elternzeit teilbar. Ein Anteil von bis zu 12 Monaten kann über den 3-Jahres-Zeitraum hinaus bis zur Vollendung des 8. Lebensjahres des Kindes übertragen werden. Die Übertragung muss indes bis zum Ablauf des 3-Jahres-Zeitraums vereinbart werden und bezieht sich dann die noch nicht verbrauchte Elternzeit ein (vgl. § 16 Rz. 4). Damit soll die Chance eröffnet werden, sich zB gerade in der Phase der Einschulung verstärkt um das Kind zu kümmern[2]. Insbesondere bei einer kurzen Geburtenfolge oder bei Mehrlingsgeburten muss jedes Kind gesondert betrachtet werden. Hier wird durch § 15 Abs. 2 Satz 3 sichergestellt, dass von der Zeit, in der sich die ersten drei Lebensjahre der Kinder überschneiden, ein Anteil gemäß § 15 Abs. 2 Satz 4 übertragen werden kann[3].

Beispiel: Das erste Kind wird am 1.1.2004 geboren, das Zweite am 1.1.2006. Die Mutter hatte für das erste Kind drei Jahre Elternzeit bis zum 31.12.2006 angemeldet. Sie nimmt für das zweite Kind bis zum 31.12.2008. Das erste Lebensjahr des zweiten Kindes hat sich mit der Elternzeit für das erste Kind überschnitten. Aus diesem Zeitraum kann die Mutter nun mit dem Einverständnis des ArbGeb einen Anteil der Elternzeit für das zweite Kind auf einen späteren Zeitraum übertragen.

Die Zustimmung des ArbGeb ist für die Übertragung der Elternzeit notwendig. Die Verweigerung kann mit sachlichen Gründen aus der Sphäre des Betriebs begründet werden, muss aber billigem Ermessen genügen[4]. Ggf. muss Klage auf Zustimmung erhoben werden. Eine Festlegung, in welcher Zeit die spätere Inanspruchnahme erfolgen soll, ist dabei nicht erforderlich, muss aber im Rahmen der Interessenabwägung berücksichtigt werden. Denn die Zustimmung nach § 15 Abs. 2 bezieht sich nur auf die Übertragung, nicht auch auf die zeitliche Lage im Anschluss daran. Dass der ArbN nach Zustimmung des ArbGeb in arbeitsplatzbedrohenden Zeiten durch den Antrag auf Elternzeit Sonderkündigungsschutz nach § 18 auslösen kann, ist hinzunehmen. Ein Widerrufsvorbehalt bei der Erteilung der Zustimmung ist unwirksam. Andernfalls liefe der ArbN Gefahr, bis zu 12 Monate seines Anspruchs auf Elternzeit zu verlieren[5]. Die Zustimmung kann nur einvernehmlich oder durch Änderungskündigung beseitigt werden. Diese Bindung besteht wechselseitig auch dann, wenn die Zeit, in der der übertragene Teil der Elternzeit genommen werden soll, einvernehmlich festgelegt wird[6]. Wegen der Inanspruchnahme nach Ablauf der letzten 12 Monate vgl. § 16 Rz. 4.

ArbGebWechsel: Der neue ArbGeb ist an eine zuvor erteilte Zustimmung des bisherigen ArbGeb nicht gebunden[7]. Dies schließt einen erneuten Antrag auf spätere Inanspruchnahme des zweiten Teils der Elternzeit nicht aus[8]. Während der Elternzeit, die vollständig bis zur Vollendung des 3. Lebensjahres genommen werden soll, bei ArbGebWechsel schon in der Probezeit ohne die Notwendigkeit einer Zustimmung des neuen ArbGeb geltend gemacht werden kann[9], ist die Inanspruchnahme des übertragenen Teils an eine solche Zustimmung des neuen ArbGeb entsprechend § 15 Abs. 2 geknüpft[10]. Bei Betriebsübergang/Umwandlung ist der neue ArbGeb gemäß § 613a BGB, § 324 UmwG an die Zustimmung des Rechtsvorgängers gebunden[11].

---

1 Vgl. BAG v. 11.3.1999 – 2 AZR 19/98, BB 1999, 1711. | 2 BT-Drs. 14/3553 S. 21. | 3 Vgl. BT-Drs. 15/1502 S. 36 f. | 4 Vgl. *B. Gaul/Wisskirchen*, BB 2000, 2466; *Reinecke*, FA 2001, 10 (11); *Buschmann/Dieball/Stevens-Bartol* §§ 15, 16 BErzGG Rz. 8. | 5 AA *Lindemann/Simon*, NJW 2001, 258 (259). | 6 AA *Sowka*, NZA 2000, 1185 (1186); Abweichendes gilt für Änderungen nach § 16 (vgl. § 16 Rz. 11 f.). | 7 BT-Drs. 14/3553 S. 21. | 8 AA *Leßmann*, DB 2001, 94 (95). | 9 Vgl. BAG v. 11.3.1999 – 2 AZR 19/98, BB 1999, 1711. | 10 *B. Gaul/Wisskirchen*, BB 2000, 2466 f.; *Buschmann/Dieball/Stevens-Bartol*, §§ 15, 16 BErzGG Rz. 8, die ein Erlöschen des Anspruchs annehmen. | 11 *Lindemann/Simon*, NJW 2001, 258 (259); *Buschmann/Dieball/Stevens-Bartol*, §§ 15, 16 BErzGG Rz. 8.

7 **2. Unabdingbarkeit des Anspruchs.** Auf das Recht auf Elternzeit oder Übertragbarkeit eines Teils der Elternzeit kann nicht verzichtet werden (§ 15 Abs. 2 Satz 6); abweichende Vereinbarungen sind nur zugunsten des ArbN erlaubt[1]. Sonderurlaubsvereinbarungen, die vor der Schwangerschaft getroffen wurden, werden durch § 15 nicht berührt. Da eine Freistellung hier bereits erfolgt ist, kann keine Elternzeit mehr verlangt werden. Wenn dem ArbN eine Fortsetzung des Sonderurlaubs nicht zuzumuten ist, kann der ArbGeb aber aus §§ 241 Abs. 2, 242 BGB verpflichtet sein, der vorzeitigen Beendigung des Sonderurlaubs zuzustimmen, wenn stattdessen Elternzeit begehrt wird[2]. Die Geburt eines zweiten Kindes in dieser Zeit ist kein wichtiger Grund.

8 **III. Möglichkeiten der Inanspruchnahme.** Die Elternzeit kann von jedem Elternteil allein oder von beiden gemeinsam genommen werden. Entsprechendes gilt für Ehegatten, Lebenspartner und die Berechtigten gemäß Abs. 1 Satz 1 Nr. 1 Buchst. c (§ 15 Abs. 3). Auch kann sie ganz oder teilweise gleichzeitig in Anspruch genommen werden. Weitere Einzelheiten regelt § 16 Abs. 1 Satz 4. Da das Gesetz die Dauer der Elternzeit dabei weiterhin auf drei Jahre pro Kind begrenzt, kann jeder Anspruchsberechtigte die Gesamtdauer geltend machen. Eine Anrechnung und daraus folgend eine Verkürzung ist nur insoweit vorgesehen, als die Zeit der Mutterschutzfrist nach § 6 Abs. 1 MuSchG (8 bzw. 12 Wochen nach der Entbindung) zur Anrechnung kommt. Ob darin ein Härtefall iSd. § 1 Abs. 5 liegt, spielt seit dem 1.1.2004 keine Rolle mehr. Unerheblich ist auch, wenn sich die Dauer der Elternzeit bei mehreren Kindern überschneidet. Die daraus folgende Mehrbelastung auf ArbGebSeite nimmt der Gesetzgeber – dies zeigen seine Klarstellungen zum 1.1.2004 – mit Blick auf das Ziel einer Erleichterung der Kindesbetreuung hin[3].

9 **IV. Erwerbstätigkeit während der Elternzeit. 1. Grundsatz.** Während der Elternzeit kann jede Form der Erwerbstätigkeit von bis zu 30 Wochenstunden vereinbart werden (§ 15 Abs. 4). Auf diese Weise soll auch der Wiedereinstieg in den Beruf erleichtert werden. Die Höchstdauer gilt für jeden Elternteil. Eine andere Aufteilung (etwa 35/25 Stunden) zwischen den Eltern ist unzulässig[4]. Wird die Grenze überschritten, entfällt der Anspruch auf Erziehungsgeld. Zivilrechtlich hat die Vereinbarung aber Bestand.

10 **2. Teilzeitarbeit bei fremdem ArbGeb oder selbständige Tätigkeit.** Die Teilzeitbeschäftigung bei einem fremden ArbGeb oder eine selbständige Tätigkeit bedürfen der Zustimmung des ArbGeb. Eine Verweigerung muss schriftlich innerhalb von 4 Wochen erfolgen; die Begründung selbst kann mündlich erfolgen. Sie setzt aber „dringende betriebliche Gründe" voraus[5]. Beispiele: Arbeitsbedarf und (nachweisbar) fehlende Möglichkeit einer Ersatzeinstellung, geplante Konkurrenztätigkeit[6]. Wird keine Zustimmung erteilt, muss Klage auf Abgabe einer solchen Erklärung erhoben werden[7]. Betriebliche Gründe können hier aber nur geltend gemacht werden, wenn die Zustimmung form- und fristgerecht verweigert wurde[8].

11 **3. Teilzeitarbeit beim gleichen ArbGeb.** Die Teilzeittätigkeit kann auch beim gleichen ArbGeb erfolgen. Falls eine entsprechende Tätigkeit bereits vor der Elternzeit verrichtet wurde, ist keine besondere Vereinbarung erforderlich, soweit die vereinbarte Arbeitszeit 30 Wochenstunden nicht übersteigt (§ 15 Abs. 5 Satz 2). Wenn bis dahin eine Vollzeittätigkeit bzw. eine Tätigkeit oberhalb dieser Zeitgrenze vereinbart war, muss eine Vereinbarung getroffen werden. Grundlage kann ein Antrag auf Arbeitszeitverringerung sein.

12 **a) Inhalt und Form der Geltendmachung.** Der Wunsch nach Teilzeitarbeit kann an sich formlos kundgetan werden. Dies kann bereits mit dem Verlangen der Elternzeit nach § 16, aber auch nach Antritt der Elternzeit geschehen, selbst wenn zu diesem Zeitpunkt wegen des bereits ruhenden Arbeitsverhältnisses, das die Arbeitszeit auf null reduziert hat, an sich keine Verringerung der Arbeitszeit mehr in Betracht kommt[9]. Wenn die Inanspruchnahme der Elternzeit nur bei gleichzeitiger Teilzeitbeschäftigung erfolgen soll, muss dies als Bedingung mit dem Verlangen nach § 16 verknüpft werden. Wenn keine Einigung erzielt wird, kann ein Anspruch auf Verringerung der Arbeitszeit nach § 15 Abs. 7 aber nur geltend gemacht werden, wenn er dem ArbGeb spätestens acht Wochen vorher schriftlich mitgeteilt wurde. Während der Elternzeit gelten insoweit strengere Formerfordernisse als bei § 8 TzBfG. Im Hinblick darauf kann der Antrag mit der schriftlichen Mitteilung nach Abs. 7 Satz 1 Nr. 1 verbunden werden. Nach § 7 Abs. 5 Satz 2, der hier entsprechend zu berücksichtigen ist, muss er indes konkrete Angaben über den Beginn, den Umfang und die Dauer der angestrebten Verringerung der Arbeitszeit enthalten. Dabei kann auch eine nur vorübergehende Verringerung verlangt werden[10]. Eine bestimmte Verteilung muss

---

1 *Hönsch*, Elternzeit und Erziehungsgeld, Rz. 215. | 2 BAG v. 16.7.1997 – 5 AZR 309/96, NZA 1998, 104 (105); abl. *Sowka*, NZA 1998, 347 (348 f.). | 3 Ebenso schon ArbG Bremen v. 21.2.2002 – 8 Ca 8262/01, nv.; ArbG Hamburg v. 28.2.2002 – 14 Ca 257/01, nv.; *Sowka*, NZA 2000, 1185 (1186); *Leßmann*, DB 2001, 94; *Lindemann/Simon*, NJW 2001, 258 (259); *Reinecke*, FA 2001, 10 (11); aA *Peters-Lange/Rolfs*, NZA 2000, 682 (685), nach deren Ansicht die insgesamt in Anspruch genommene Elternzeit aller Berechtigten die 3-Jahres-Grenze nicht überschreiten darf. | 4 BT-Drs. 14/3553 S. 21. | 5 Eingehend *Joussen*, NZA 2003, 644 (645 ff.). | 6 LAG Düsseldorf v. 2.7.1999 – 14 Sa 487/99, NZA-RR 2000, 232. | 7 LAG Düsseldorf v. 2.7.1999 – 14 Sa 487/99, NZA-RR 2000, 232 (233); *Joussen*, NZA 2003, 644 (648); aA *Buschmann/Dieball/Stevens-Bartol*, §§ 15, 16 BErzGG Rz. 12: nach Fristablauf „automatische" Berechtigung zur Aufnahme der Beschäftigung. | 8 BAG v. 26.6.1997 – 8 AZR 506/95, EzA § 15 BErzGG Nr. 9 S. 3. | 9 Abw. *B. Gaul/Bonanni*, ArbRB 2003, 144 (147); *Peters-Lange/Rolfs*, NZA 2000, 682 (686), die nach der Inanspruchnahme von Elternzeit einen Anspruch auf Teilzeit ausschließen wollen. | 10 *Sowka*, NZA 2000, 1185 (1189).

nicht verlangt, soll aber angegeben werden. Es genügt nicht, lediglich „Teilzeitarbeit" zu verlangen[1]. Dass der Gesetzgeber in § 15 Abs. 7 Nr. 5 missverständlicherweise nur von einer „Mitteilung" des Anspruchs spricht, ist unerheblich.

b) Vorrang einer einvernehmlichen Regelung. ArbGeb und Elternteil sollen sich innerhalb von vier Wochen über den Antrag auf Verringerung der Arbeitszeit verständigen und eine Teilzeittätigkeit vereinbaren (§ 15 Abs. 5). Einigungszwang besteht nicht. Bei einer Einigung ist dies für beide Seiten verbindlich. Das gebietet das wechselseitige Dispositionsinteresse. Änderungen sind in der Elternzeit nur durch Änderungsvereinbarung, Änderungskündigung oder die Durchsetzung eines erneuten Anspruchs auf Arbeitszeitverringerung möglich[2]. Lässt sich der ArbGeb auf die Erörterung des Teilzeitwunsches nicht ein und missachtet damit die Verhandlungsobliegenheit, hat dies keinen Anspruch auf Arbeitszeitverringerung zur Folge. Hierfür bleibt allein Abs. 7 maßgeblich[3].

c) Anspruch auf Verringerung der Arbeitszeit. Soweit keine Einigung erfolgt, kann der ArbN nach § 15 Abs. 6, 7 während der Gesamtdauer der Elternzeit zweimal einen Anspruch auf Arbeitszeitverringerung geltend machen, wenn

- der ArbGeb in der Regel mehr als 15 ArbN beschäftigt; ihre Arbeitszeit ist unerheblich, so dass auch Kleinstbetriebe erfasst werden,
- das Arbeitsverhältnis des Elternteils zum Zeitpunkt der Antragstellung[4] in dem selben Betrieb oder Unternehmen länger als 6 Monate ohne Unterbrechung bestanden hat,
- die vertraglich vereinbarte regelmäßige Arbeitszeit für die Dauer von mindestens 3 Monaten festgelegt wird und sich zwischen 15 und 30 Wochenstunden bewegt; damit kann auch eine nur vorübergehende Absenkung der Arbeitszeit geltend gemacht werden,
- dem Anspruch keine dringenden betrieblichen Gründe entgegenstehen, und
- der Anspruch dem ArbGeb acht Wochen oder, wenn die Verringerung unmittelbar nach der Geburt des Kindes oder nach der Mutterschutzfrist beginnen soll, sechs Wochen vor Beginn der Tätigkeit schriftlich mitgeteilt wurde.

Die 8-Wochen-Frist kann bereits mit dem Verlangen nach § 15 Abs. 5 in Gang gesetzt werden. § 15 Abs. 7 verlangt nicht, dass die Einigung gescheitert oder die 4-Wochen-Frist für den Einigungsversuch abgelaufen ist (§ 15 Abs. 5 Satz 2). Andernfalls bestünde die Gefahr, Kündigungsschutz nach § 18 erst nach dem Scheitern einer Einigung über das Teilzeitverlangen auszulösen[5]. Noch ungeklärt ist, ob die fehlende Einhaltung der 8-Wochen-Frist zur Ablehnung der Arbeitszeitverringerung oder zur automatischen Verlängerung zum nächstzulässigen Termin führt[6].

Auf den Anspruch auf Verringerung der Arbeitszeit nach § 8 TzBfG kann für die Dauer der Elternzeit nicht zurückgegriffen werden. Die dort getroffenen Regelungen werden durch § 15 als lex specialis verdrängt[7]. Gegen die parallele Anwendbarkeit beider Vorschriften spricht nicht nur das Gebot der Rechtssicherheit, das angesichts der unterschiedlichen Verfahren sowie der verschiedenen Form- und Fristerfordernisse zu Lasten der ArbGebSeite nicht mehr gewahrt wäre. Hinzu kommt, dass mit § 15 eine abschließende Sonderregelung geschaffen wurde, die zwar Einschränkungen hinsichtlich des Gestaltungsspielraums enthält (zB Zeitrahmen zwischen 15 und 30 Wochenstunden). Diese Einschränkungen werden aber durch erleichterte Anspruchsvoraussetzungen (zB Ablehnung nur aus dringenden betrieblichen Gründen), die Berechtigung zur mehrfachen Geltendmachung und den Sonderkündigungsschutz ausgeglichen. Etwas anderes gilt nur dann, wenn nach der Geburt eines Kindes bzw. der Inobhutnahme keine Elternzeit beantragt wird. In diesem Fall kann (weiterhin) auf § 8 TzBfG zurückgegriffen werden.

d) Ablehnung einer Verringerung der Arbeitszeit aus dringenden betrieblichen Gründen. Der Anspruch auf Arbeitszeitverringerung kann nur aus dringenden betrieblichen Gründen abgelehnt werden. Da ein solches Verlangen außerhalb der Elternzeit nach § 8 TzBfG bereits aus betrieblichen Gründen zurückgewiesen werden kann, sind strenge Voraussetzungen an das Vorliegen dieser Gründe zu stellen. Vergleichbar mit den zur Erteilung des Erholungsurlaubs nach § 7 Abs. 1 BUrlG entwickelten Grundsätzen oder den Anforderungen an eine Kündigung tarifvertraglich ordentlich unkündbarer ArbN wird man deshalb im Rahmen einer am Einzelfall ausgerichteten Interessenabwägung ein deutliches Überwiegen der betrieblichen Interessen an der Vermeidung einer Teilzeitbeschäftigung verlangen müssen. Dabei können auch die in § 8 TzBfG genannten Gründe berücksichtigt werden, zumal der Gesetzgeber diese ursprünglich als Beispiele eines dringenden betrieblichen Grundes konzipiert hatte[8]. Allerdings verlangt § 15, dass arbeitgeberseits mehr Aufwand zur Durchsetzung des Teilzeitwunsches betrieben

---

[1] Sowka, NZA 2000, 1185 (1189). | [2] Vgl. Lindemann/Simon, NJW 2001, 258 (261). | [3] Vgl. BAG v. 18.2.2003 – 9 AZR 356/02, NZA 2003, 911 ff. zu § 8 TzBfG. | [4] Buschmann/Dieball/Stevens-Bartol, §§ 15, 16 BErzGG Rz. 14. | [5] Vgl. BT-Drs. 15/1502 S. 37. | [6] Offen zu § 8 TzBfG vgl. BAG v. 18.2.2003 – 9 AZR 356/02, NZA 2003, 911 ff. | [7] Ebenso Sowka, BB 2001, 935 (936); Kliemt, NZA 2001, 63 (70 f.); aA Rudolf/Rudolf, NZA 2002, 602 (605); Däubler, ZIP 2001, 217 (219); Hanau, NZA 2001, 1168 (1173); Leuchten in Tschöpe, Arbeitsrecht, Teil 3 A Rz. 182. | [8] Vgl. Referentenentwurf, NZA 2000, 1045 (1046).

wird. Es müssen also alle denkbaren organisatorischen und personellen Maßnahmen geprüft wurden. Dass die Prüfung und Umsetzung solcher Maßnahmen den ArbGeb belastet, wird hingenommen, sofern darin keine Änderung des Betriebszwecks oder der -organisation liegt. Unzureichend: Beeinträchtigung der Organisation oder des Arbeitsablaufes, wenn es dem ArbGeb möglich ist, diese Störungen durch eine auf sein Direktionsrecht gestützte Umorganisation oder andere Verteilung der Arbeitszeit aufzuheben oder auf ein vertretbares Maß zu reduzieren[1]; Mehraufwand durch Übergabegespräche als Folge des verstärkten Einsatzes von Teilzeitkräften[2]; Notwendigkeit einer Versetzung. Ausreichend: Fehlen der nach dem Arbeits- oder Organisationskonzept des ArbGeb tatsächlich erforderlichen Ersatzkraft für die ausfallende Arbeitszeit trotz Nachfrage bei der AA[3]; Veränderung der Organisationsstruktur des Betriebs aufgrund bestehender Teilzeit- und Vollzeitschichtmodelle[4]; Gefährdung des Betriebszwecks durch Teilzeitbeschäftigung (hier: heilpädagogischer Kindergarten[5]); Notwendigkeit zur Einstellung einer Vollzeitersatzkraft und Abbau von Überstunden[6]. Überwiegt keines der beiden Interessen, ist dem Begehren des ArbN stattzugeben. Da in der Elternzeit nur eine Verringerung, nicht eine bestimmte Verteilung verlangt werden kann, ist eine BV nach § 87 Abs. 1 Nrn. 2, 3 BetrVG, die nicht die Dauer betrifft, ohne Bedeutung.

18 Eine Pflicht des ArbGeb zur Änderung des Arbeitsvertrags (zB Zuweisung einer anderen Tätigkeit) besteht grundsätzlich nicht, selbst wenn dadurch eine Teilzeitbeschäftigung möglich würde. Der ArbN kann sich indes auf andere Stellen bewerben. Bei gleicher Eignung wie andere Bewerber kann dann die Rücksichtnahmepflicht aus § 241 Abs. 2 BGB den ArbGeb ausnahmsweise zur Vertragsänderung verpflichten. Das gilt für vergleichbare und geringwertigere Arbeitsplätze, nicht aber für höherwertige. Eine Pflicht, die Vergütung einer geringwertigeren Tätigkeit anzuheben, besteht nicht[7].

19 Ändern sich die tatsächlichen Gegebenheiten nach einer (berechtigten) Ablehnung eines Anspruchs auf Verringerung der Arbeitszeit, muss der ArbN darüber gemäß § 7 Abs. 2 TzBfG in Kenntnis gesetzt werden[8]. Eine allgemeine Bekanntgabe gemäß § 18 Satz 2 TzBfG genügt nicht. Der ArbN kann daraufhin den Anspruch erneut geltend machen. Da § 15 Abs. 6 dem Verlangen erst nach zweimaliger Herabsetzung der Arbeitszeit entgegensteht, kann der Anspruch zunächst unbegrenzt oft geltend gemacht werden. Konsequenz dieser Rechtsfolge ist, dass im Prozess – abweichend von § 8 TzBfG[9] – auf den Tag der mündlichen Verhandlung abgestellt wird (vgl. Rz. 28); § 8 Abs. 6 TzBfG greift nicht.

20 Ändern sich die Verhältnisse nach Einigung über die Arbeitszeitverringerung so, dass einem erneuten Verlangen jetzt dringende betriebliche Gründe entgegengestellt werden könnten, kann die Einigung gleichwohl nur einvernehmlich oder im Wege der Änderungskündigung beseitigt werden. Abweichend von § 8 Abs. 5 Satz 4 TzBfG gilt dies auch bei einer Einigung über eine bestimmte Verteilung der Arbeitszeit (§ 23 TzBfG). Die Änderungskündigung bedarf aber einer Zustimmung nach § 18[10]. Die Annahme, jede Einigung über eine Teilzeittätigkeit in der Elternzeit stünde unter der auflösenden Bedingung des dauernden Fortbestands der in § 15 Abs. 7 genannten Voraussetzungen[11], überzeugt nicht. Denn das Gesetz stellt schon durch die Fristsetzung für den Fall einer Ablehnung erkennbar auf die Verhältnisse zum Zeitpunkt des Zugangs der Entscheidung des ArbGeb ab. Abweichende Vereinbarungen sind allerdings zulässig.

21 e) **Form- und Fristerfordernisse einer Ablehnung.** Sind die Voraussetzungen eines Anspruchs auf Arbeitszeitverringerung nicht gegeben, muss der ArbGeb dies dem Elternteil binnen 4 Wochen nach Geltendmachung mit schriftlicher Begründung mitteilen. Zuvor müssen mögliche Maßnahmen zur Umsetzung des Teilzeitverlangens eingeleitet worden und gescheitert sein (Beispiel: Nachfrage beim AA wegen Ersatzarbeitskraft zur Abdeckung der Restarbeitszeit). Eine „Vorratsablehnung" ist unzulässig[12]. Wird die Arbeitszeitverringerung trotz bestehender Anspruchsvoraussetzungen abgelehnt, muss der ArbN Klage gegen den ArbGeb auf Abgabe der Zustimmung erheben. Im Rahmen dieses Verfahrens ist der ArbGeb an die Gründe gebunden, die er schriftlich zur Begründung seiner Ablehnung genannt hat. Insoweit kann eine Parallele zu § 9 Abs. 3 Satz 2 MuSchG[13], § 15 Abs. 3 BBiG oder tariflichen Regelungen über die Notwendigkeit einer schriftlichen Begründung von Kündigungen[14] gezogen werden[15].

22 Werden die Form- oder Fristerfordernisse einer Ablehnung nicht beachtet, gilt die Zustimmung indes (noch) nicht als erteilt. Vielmehr muss auch hier Klage erhoben werden (vgl. Rz. 26). Eine Fiktion, wie sie in § 8 Abs. 5 TzBfG vorgesehen ist, kennt § 15 nicht[16].

---

1 Vgl. ArbG Stuttgart v. 5.7.2001 – 21 Ca 2762/01, NZA 2001, 968. | 2 *Schiefer*, NZA-RR 2002, 393 (396). | 3 Vgl. BAG v. 14.10.2003 – 9 AZR 636/02, nv., das indes verhältnismäßige Schulungsmaßnahmen des ArbGeb gegenüber der Ersatzkraft für erforderlich hält; aA *Reiserer/Lemke*, MDR 2001, 242 (244). | 4 Vgl. LAG BW v. 4.11.2002 – 15 Sa 53/02, LAGE § 8 TzBfG Nr. 10 S. 7 ff.; ArbG Freiburg v. 4.9.2001 – 3 Ca 143/01, NZA 2002, 216 (218); ArbG Frankfurt a. M. v. 19.12.2001 – 6 Ca 2951/01, NZA-RR 2002, 402. | 5 Vgl. BAG v. 19.8.2003 – 9 AZR 542/02, nv. zu § 8 TzBfG. | 6 Vgl. BAG v. 9.12.2003 – 9 AZR 16/03, nv. zu § 8 TzBfG. | 7 *B. Gaul/Wisskirchen*, BB 2000, 2466 (2468); *Lindemann/Simon*, NJW 2001, 258 (262). | 8 Abl. *Leßmann*, DB 2001, 94 (98). | 9 Vgl. hierzu BAG v. 18.2.2003 – 9 AZR 356/02, NZA 2003, 911 (912); *Boewer*, TzBfG § 8 Rz. 228. | 10 *B. Gaul/Wisskirchen*, BB 2000, 2466 (2468). | 11 So *Leßmann*, DB 2001, 94 (98). | 12 Vgl. LAG Düsseldorf v. 1.3.2002 – 18 (4) Sa 1269/01, DB 2002, 1222. | 13 Vgl. *Buchner/Becker*, § 9 MuSchG Rz. 253. | 14 Vgl. BAG v. 10.2.1999 – 2 AZR 176/98, NZA 1999, 602 ff. | 15 *B. Gaul/Wisskirchen* BB 2000, 2466 (2468); *Leßmann*, DB 2001, 94 (99). | 16 *B. Gaul/Wisskirchen*, BB 2000, 2466 (2468).

f) Anspruch auf Verteilung der Arbeitszeit. Anspruch auf eine bestimmte Verteilung der Arbeitszeit bei **23** Teilzeittätigkeit in der Elternzeit besteht nicht. Nach § 15 Abs. 5 soll nur der Versuch einer Einigung gemacht werden[1]. Ohne Einigung obliegt es dem ArbGeb, Beginn und Ende der Arbeitszeit sowie ihre Verteilung auf die Wochentage festzulegen. Eine Analogie zu § 8 Abs. 4 TzBfG, der auch die Verteilung der Arbeitszeit einbezieht, ist nicht gerechtfertigt[2]. Denn der größere Gestaltungsspielraum des ArbGeb in der Elternzeit ist Ausgleich für die strengeren Voraussetzungen, die für eine Ablehnung der Arbeitszeitverringerung erfüllt sein müssen. Allerdings muss er die Interessen des ArbN nach billigem Ermessen berücksichtigen. Falls aus Sicht des ArbN eine bestimmte Verteilung erforderlich ist, um zB der Kindesbetreuung gerecht zu werden, und soll sonst auf die Inanspruchnahme verzichtet werden, sollte das Verlangen nach Verringerung der Arbeitszeit deshalb an die aufschiebende Bedingung einer Einigung über diese Verteilung geknüpft werden. In diesem Fall kann der ArbGeb nur einheitlich annehmen oder ablehnen.

g) Mitbest. des Betriebsrats/Personalrats. In der Vereinbarung einer Verringerung der Arbeitszeit während der Elternzeit liegt eine Einstellung iSd. § 99 BetrVG[3] bzw. § 75 BPersVG[4], die der Zustimmung des **24** BR oder Personalrats bedarf. Unerheblich ist, ob die Einigung vor oder während der Elternzeit erfolgt. Ein solches MitbestR besteht indes nicht, wenn die Arbeitszeitverringerung unter Einbeziehung der ArbN-Vertretung bereits bei der erstmaligen Einstellung vereinbart wurde[5]. Losgelöst davon besteht ein MitbestR bei der Verteilung der Arbeitszeit (§ 87 Abs. 1 Nr. 2 BetrVG, § 75 Abs. 3 Nr. 1 BPersVG). Weitere MitbestR aus § 87 Abs. 1 Nr. 3 BetrVG bestehen, wenn die Arbeitszeitverringerung nur vorübergehend erfolgt und – wegen des Gesetzesvorbehalts in § 87 Abs. 1 Einleitungssatz BetrVG – damit nicht nur einem Anspruch aus § 15 Abs. 7 Rechnung getragen wird. Schließlich setzt ein MitbestR des BR voraus, dass auch ein Bestimmungsrecht des ArbGeb gegeben ist.

4. Anspruch auf Verringerung der Arbeitszeit im Anschluss an die Elternzeit. § 15 ist auf die Teilzeit- **25** beschäftigung während der Elternzeit begrenzt. § 15 Abs. 5 Satz 2 stellt lediglich sicher, dass der ArbN mit Ende der Elternzeit wieder zu der Arbeitszeit zurückkehren kann, die er vor der Elternzeit hatte. Soll die Teilzeit im Anschluss an die Elternzeit fortgesetzt oder erstmalig vereinbart werden, kann sich ein entsprechender Anspruch auf Arbeitszeitverringerung aber aus § 8 TzBfG ergeben. Dieser Anspruch muss wegen der 3-Monats-Frist bereits während der Elternzeit geltend gemacht werden.

5. Prozessuales. Hauptsacheverfahren: Ausgehend davon, dass die Verringerung der Arbeitszeit an **26** eine Zustimmung des ArbGeb geknüpft ist, muss bei fehlender Zustimmung bzw. bei einer Verweigerung Leistungsklage erhoben werden[6]. Der Antrag, der gemäß § 253 Abs. 2 Nr. 2 ZPO die Dauer der gewünschten Arbeitszeit sowie Beginn und Ende der Arbeitszeitänderung nennen muss, richtet sich auf Abgabe der Zustimmung[7]. Die Zustimmung des ArbGeb gilt mit Rechtskraft des Urteils als erteilt (§ 894 ZPO).

Für eine schlüssige Begründung der Klage genügt es aber, wenn das Vorliegen der in § 15 Abs. 7 Nr. 1 **27** bis 3 genannten Voraussetzungen (Betriebsgröße, Dauer der Betriebszugehörigkeit, Einhaltung des Arbeitszeitrahmens), die rechtzeitige Zeitpunkt der Geltendmachung des Anspruchs auf Arbeitszeitverringerung und – wenn keine oder keine form- und fristgerechte Ablehnung des ArbGeb erfolgt ist – die Form- oder Fristversäumnis des ArbGeb dargelegt und ggf. bewiesen wird. Dringende betriebliche Gründe können durch den ArbGeb in diesem Fall nicht mehr geltend gemacht werden[8]. Darüber hinaus kann wegen der Verletzung einer gesetzlichen Pflicht Schadensersatz (zB Verdienstausfall) geltend gemacht werden. Wenn der ArbGeb form- und fristgerecht eine Ablehnung erklärt hat und dies seinerseits im Prozess dargelegt wird, muss von Seiten des ArbN eine Auseinandersetzung mit diesen Gründen erfolgen. Ein non liquet hinsichtlich der dringenden betrieblichen Gründe geht zu Lasten des ArbGeb.

Für das Vorliegen entgegenstehender betrieblicher Gründe ist – wie ausgeführt (vgl. Rz. 19) – bei § 15 **28** auf den Schluss der mündlichen Verhandlung abzustellen[9]. Soweit die Ablehnung der Arbeitszeitverringerung durch den ArbGeb mit einem organisatorischen Konzept begründet wird, kann es nicht auf seine Zweckmäßigkeit überprüft werden[10]. Da es sich bei § 15 nicht nur um eine reine Missbrauchskontrolle handelt[11], genügt es aber nicht, die Gründe nur schlagwortartig darzulegen. Das Konzept muss in seinen Auswirkungen, insb. der fehlenden Flexibilität in Bezug auf die in Rede stehende Teilzeitbeschäftigung, nachvollziehbar erklärt werden.

Einstweilige Verfügung: Entsprechend der Sichtweise zu § 8 TzBfG kann das Begehren auch mit dem **29** Ziel einer einstweiligen Verfügung verfolgt werden. Schließlich begründet die Dauer des Hauptsacheverfahrens die Gefahr, dass die Teilzeitbeschäftigung durch Zeitablauf nur noch begrenzt, ggf. sogar überhaupt nicht mehr, geltend gemacht werden kann[12].

---

1 *B. Gaul/Wisskirchen*, BB 2000, 2466 (2468). | 2 AA *Leßmann*, DB 2001, 94 (97). | 3 BAG v. 28.4.1998 – 1 ABR 63/97, DB 1998, 2278 f.; *Löwisch/Kaiser*, § 99 Rz. 6 BetrVG. | 4 BVerwG v. 2.6.1993 – 6 P 3.92, PersR 1993, 450; *Buschmann/Dieball/Stevens-Bartol*, § 75 BPersVG Rz. 1. | 5 Vgl. BAG v. 28.4.1998 – 1 ABR 63/97, DB 1998, 2278 (2279). | 6 *Leßmann*, DB 2001, 94 (98 f.). | 7 *Küttner/Reinecke*, Elternzeit/Erziehungsurlaub, Rz. 27. | 8 Vgl. *Sowka*, NZA 2000, 1185 (1189), nach dessen Ansicht die Zustimmung dann auch als erteilt gilt. | 9 ArbG Mönchengladbach v. 30.5.2001 – 5 Ca 1157/01, NZA 2001, 970 (973). | 10 *Preis/Gotthardt*, DB 2001, 145 (148). | 11 Vgl. *Schiefer*, NZA-RR 2002, 393 (395). | 12 *B. Gaul/Wisskirchen*, BB 2000, 2466 (2468); *Lindemann/Simon* NJW 2001, 258 (261); *Buschmann/Dieball/Stevens-Bartol*, §§ 15, 16 BErzGG Rz. 15; abl. *Leßmann*, DB 2001, 94 (99); *Peters-Lange/Rolfs*, NZA 2000, 682 (686).

16 *Inanspruchnahme der Elternzeit*
(1) Arbeitnehmerinnen und Arbeitnehmer müssen die Elternzeit, wenn sie unmittelbar nach Geburt des Kindes oder nach der Mutterschutzfrist (§ 15 Abs. 2 Satz 2) beginnen soll, spätestens sechs Wochen, sonst spätestens acht Wochen vor Beginn schriftlich vom Arbeitgeber verlangen und gleichzeitig erklären, für welche Zeiten innerhalb von zwei Jahren sie Elternzeit nehmen werden. Bei dringenden Gründen ist ausnahmsweise eine angemessene kürzere Frist möglich. Nimmt die Mutter die Elternzeit im Anschluss an die Mutterschutzfrist, wird die Zeit der Mutterschutzfrist nach § 6 Abs. 1 des Mutterschutzgesetzes auf den Zweijahreszeitraum nach Satz 1 angerechnet. Nimmt die Mutter die Elternzeit im Anschluss an einen auf die Mutterschutzfrist folgenden Erholungsurlaub, werden die Zeit der Mutterschutzfrist nach § 6 Abs. 1 des Mutterschutzgesetzes und die Zeit des Erholungsurlaubs auf den Zweijahreszeitraum angerechnet. Die Elternzeit kann auf zwei Zeitabschnitte verteilt werden; eine Verteilung auf weitere Zeitabschnitte ist nur mit Zustimmung des Arbeitgebers möglich. Der Arbeitgeber soll die Elternzeit bescheinigen.

(2) Können Arbeitnehmerinnen und Arbeitnehmer aus einem von ihnen nicht zu vertretenden Grund eine sich unmittelbar an die Mutterschutzfrist des § 6 Abs. 1 des Mutterschutzgesetzes anschließende Elternzeit nicht rechtzeitig verlangen, können sie dies innerhalb einer Woche nach Wegfall des Grundes nachholen.

(3) Die Elternzeit kann vorzeitig beendet oder im Rahmen des § 15 Abs. 2 verlängert werden, wenn der Arbeitgeber zustimmt. Die vorzeitige Beendigung wegen Geburt eines weiteren Kindes oder wegen eines besonderen Härtefalles (§ 1 Abs. 5) kann der Arbeitgeber nur innerhalb von vier Wochen aus dringenden betrieblichen Gründen schriftlich ablehnen. Die Arbeitnehmerin kann ihre Elternzeit nicht wegen der Mutterschutzfristen des § 3 Abs. 2 und § 6 Abs. 1 des Mutterschutzgesetzes vorzeitig beenden; dies gilt nicht während ihrer zulässigen Teilzeitarbeit. Eine Verlängerung kann verlangt werden, wenn ein vorgesehener Wechsel in der Anspruchsberechtigung aus einem wichtigen Grund nicht erfolgen kann.

(4) Stirbt das Kind während der Elternzeit, endet diese spätestens drei Wochen nach dem Tod des Kindes.

(5) Eine Änderung in der Anspruchsberechtigung hat der Arbeitnehmer dem Arbeitgeber unverzüglich mitzuteilen.

1 **I. Inanspruchnahme der Elternzeit. 1. Erklärung und Erklärungsfrist.** Der ArbN muss die Elternzeit vom ArbGeb verlangen. Gleichzeitig muss er schriftlich für zwei Jahre im Voraus die Zeiträume nennen, in denen Elternzeit genommen werden soll. Da die Schriftform nur der Klarstellung dient, bleibt das Verlangen nach Elternzeit trotz Nichtbeachtung des Formerfordernisses wirksam[1]. Damit wird auch der Kündigungsschutz (§ 18) ausgelöst. Der ArbGeb soll die Elternzeit bescheinigen; sein Einverständnis ist nicht erforderlich[2].

2 Soll die Elternzeit unmittelbar nach der Geburt des Kindes oder nach der Mutterschutzfrist beginnen, muss sie spätestens sechs Wochen, sonst spätestens acht Wochen vor Beginn erklärt werden (§ 16 Abs. 1 Satz 1). Damit sollen die Probleme der Personalplanung, insb. der Organisation einer Vertretung, berücksichtigt werden. Nur in dringenden Fällen ist eine angemessene kürzere Frist möglich (§ 16 Abs. 1 Satz 2). Im Übrigen kann, wenn die Berechtigten an dem Verlangen aus einem von ihnen nicht zu vertretenden Grund im Hinblick auf eine sich unmittelbar an die Mutterschutzfrist nach § 6 Abs. 1 MuSchG anschließende Elternzeit gehindert waren, dieses binnen einer Woche nach Wegfall des Grundes nachgeholt werden (§ 16 Abs. 2). Die Vorschrift soll Härtefällen (Beispiel: Krankenhausaufenthalt der Mutter) Rechnung tragen[3]. Allerdings muss sich das Versäumnis auf die fristgerechte Erklärung, nicht etwa auf die Inanspruchnahme beziehen. LAG Berlin vom 22.4.1993[4] will § 16 Abs. 2 analog auf unerwartet schnelle Entscheidung über Adoptionsantrag übertragen[5].

3 Eine Verpflichtung, die Elternzeit zum frühestmöglichen Zeitpunkt zu beginnen, besteht nicht. Wird die 6- bzw. 8-Wochen-Frist nicht beachtet, verschiebt sich der gewünschte Zeitpunkt des Beginns entsprechend[6].

4 Acht Wochen vor Ablauf des 2-Jahre-Zeitraums müssen sich die Eltern entscheiden, ob sie von dem Recht auf unmittelbare Verlängerung bis zur Dauer von drei Jahren Gebrauch machen wollen. Insoweit findet § 16 Abs. 1 Satz 1, der an sich nur von einer Inanspruchnahme innerhalb von zwei Jahren spricht, entsprechende Anwendung. Alternativ kann der ArbGeb um Zustimmung zur Übertragung von bis zu 12 Monaten auf die Zeit bis zur Vollendung des achten Lebensjahres gebeten werden (§ 15 Abs. 2). Wird die Zustimmung erteilt, kann die Elternzeit bis zum Ablauf des 8-Jahres-Zeitraums wiederum nur mit einer Ankündigungsfrist von mindestens 8 Wochen verlangt werden. Entsprechend § 16 Abs. 1 Satz 2 ist nur bei dringenden Gründen ausnahmsweise eine angemessene kürzere Frist möglich. Wird die Zustimmung zur Übertragung nicht erteilt, kann auch nach Ablauf des 2-Jahres-Zeitraums,

---

[1] BT-Drs. 14/3553 S. 22. | [2] BAG v. 17.2.1994 – 2 AZR 616/93, DB 1994, 1477 (1478). | [3] BT-Drs. 10/3792 S. 20. | [4] LAG Berlin v. 22.4.1993, 4 Sa 7/93, nv. | [5] Zweifelnd BAG v. 17.2.1994 – 2 AZR 616/93, DB 1994, 1477 (1478). | [6] BAG v. 17.10.1990 – 5 AZR 10/90, NZA 1991, 320 (322).

auf den die Zeit der Mutterschutzfrist nach § 6 Abs. 1 MuSchG und die Zeit des Erholungsurlaubs im Anschluss an die Mutterschutzfrist angerechnet werden (§ 16 Abs. 1 Satz 3, 4), ohne Zustimmung des ArbGeb zwar weiterhin Elternzeit bis zum Ablauf des 3-Jahres-Zeitraums verlangt werden. Durch die verspätete Geltendmachung kommt es aber zu einer Unterbrechung der Elternzeit durch eine Aktivierung des Arbeitsverhältnisses.

Losgelöst von § 16 gilt für das Geltendmachen des Anspruchs auf eine Teilzeitbeschäftigung während der Elternzeit beim eigenen ArbGeb nach § 15 Abs. 7 eine Frist von acht Wochen (Rz. 15). Eine Verringerung der Arbeitszeit im Anschluss an die Elternzeit muss spätestens drei Monate im Voraus verlangt werden (§ 8 Abs. 2 TzBfG). 5

2. Zeitabschnitte. Die Elternzeit darf von jedem Berechtigten ohne die Notwendigkeit einer Zustimmung des ArbGeb auf zwei Zeitabschnitte verteilt werden. Dies schließt die letzten 12 Monate ein, die mit Zustimmung des ArbGeb auf die Zeit bis zur Vollendung des 8. Lebensjahres des Kindes übertragen werden können (vgl. § 15 Rz. 5). Eine Verteilung auf weitere Zeitabschnitte ist nur mit Zustimmung des ArbGeb möglich (§ 16 Abs. 1 Satz 5). Die Gesamtdauer von 3 Jahren pro Kind wird hiervon nicht berührt (vgl. § 15 Rz. 3, 8). 6

3. Bescheinigung der Elternzeit. Der ArbGeb soll die Elternzeit bescheinigen. Eine Ablehnung dieser Vorgabe setzt voraus, dass – was kaum denkbar ist – überwiegende Interessen des ArbGeb durch die Erteilung einer solchen Bescheinigung beeinträchtigt würden. Die Bescheinigung kann in Textform erfolgen. Da jedes Arbeitsverhältnis im Rahmen von § 15 separat behandelt wird, konnten die früheren Informationspflichten von ArbGeb und Erziehungsgeldstelle in § 16 Abs. 1 zum 1.1.2004 gestrichen werden. 7

II. Nachträgliche Veränderung der Elternzeit. 1. Bindungswirkung des Elternzeitverlangens. Die Erklärung des ArbN nach § 16 Abs. 1 Satz 1 über den Zeitraum der Elternzeit innerhalb der ersten zwei Jahre ist bindend. Entsprechendes gilt dann, wenn der ArbN – was später erfolgen kann – vom ArbGeb den letzten Teil der Elternzeit verlangt und zeitlich festgelegt hat. Unerheblich ist dabei, ob dies die Zeit bis zur Vollendung des dritten Lebensjahres oder im Anschluss an eine Übertragung die Zeit bis zur Vollendung des achten Lebensjahres betrifft. 8

2. Änderung, Beendigung oder Verlängerung der Elternzeit. Trotz der Bindungswirkung des Elternzeitverlangens kann mit Zustimmung des ArbGeb jederzeit eine Veränderung der Zeiträume, eine vorzeitige Beendigung oder ein Wechsel zwischen den Elternteilen vorgenommen werden. 9

Der ArbGeb ist grundsätzlich berechtigt, die Zustimmung aus sachlichen Gründen zu verweigern. Hiervon ist insb. dann auszugehen, wenn die vorzeitige Beendigung wegen der Mutterschutzfristen der §§ 3 Abs. 2, 6 Abs. 1 MuSchG erfolgt und in der Elternzeit keine Teilzeittätigkeit ausgeübt wird (§ 16 Abs. 3 Satz 3). Abweichend hiervon kann die vorzeitige Beendigung wegen der Geburt eines Kindes oder eines besonderen Härtefalls (§ 1 Abs. 5) allerdings nur innerhalb von vier Wochen aus dringenden betrieblichen Gründen abgelehnt werden. Die Ablehnung muss schriftlich erfolgen. Verweigert der ArbGeb die Zustimmung ohne das Vorliegen solcher Gründe oder erfolgt die Ablehnung unter Missachtung der Form- und Fristerfordernisse, muss Klage auf Abgabe einer solchen Zustimmung erhoben werden[1]. Bis zur Entscheidung des Gerichts besteht die Elternzeit wie bisher fort. 10

Losgelöst davon kann der ArbN eine Verlängerung seiner Elternzeit verlangen, wenn ein vorgesehener Wechsel in der Anspruchsberechtigung aus wichtigem Grund (zB Erkrankung des anderen Elternteils) nicht erfolgen kann (§ 16 Abs. 3 Satz 4). Dabei muss der Grund nicht in der Person eines der Berechtigten liegen. Sind die Voraussetzungen erfüllt, führt das Verlangen – vergleichbar mit § 16 Abs. 1 Satz 1 – automatisch zu einer Verlängerung; eine Zustimmung des ArbGeb ist nicht erforderlich. Auch muss die 6- bzw. 8-Wochen-Frist des § 16 Abs. 1 Satz 1 nicht berücksichtigt werden. Im Streitfall kann Feststellungsklage erhoben werden[2]. 11

III. Tod des Kindes. Für den Fall, dass das Kind während der Elternzeit stirbt, endet diese spätestens drei Wochen nach dem Tod des Kindes (§ 16 Abs. 4). Stirbt das Kind vor Beginn der bereits beantragten Elternzeit, ist ein Antritt ausgeschlossen[3]. 12

IV. Änderung der Anspruchsberechtigung. Der ArbN muss den ArbGeb unverzüglich von Änderungen in der Anspruchsberechtigung in Kenntnis setzen. Mitteilungspflichtig sind Änderungen der Tatbestandsmerkmale des § 15 Abs. 1 und der Wechsel des Berechtigten. 13

17 Urlaub

(1) Der Arbeitgeber kann den Erholungsurlaub, der dem Arbeitnehmer für das Urlaubsjahr aus dem Arbeitsverhältnis zusteht, für jeden vollen Kalendermonat, für den der Arbeitnehmer Elternzeit nimmt, um ein Zwölftel kürzen. Satz 1 gilt nicht, wenn der Arbeitnehmer während der Elternzeit bei seinem Arbeitgeber Teilzeitarbeit leistet.

---

[1] ErfK/*Dörner*, § 15 BErzGG Rz. 27. | [2] LAG Berlin v. 7.6.2001 – 10 Sa 2770/00, BB 2001, 2169. | [3] ErfK/*Dörner*, § 16 BErzGG Rz. 19.

(2) Hat der Arbeitnehmer den ihm zustehenden Urlaub vor dem Beginn der Elternzeit nicht oder nicht vollständig erhalten, so hat der Arbeitgeber den Resturlaub nach der Elternzeit im laufenden oder im nächsten Urlaubsjahr zu gewähren.

(3) Endet das Arbeitsverhältnis während der Elternzeit oder setzt der Arbeitnehmer im Anschluss an die Elternzeit das Arbeitsverhältnis nicht fort, so hat der Arbeitgeber den noch nicht gewährten Urlaub abzugelten.

(4) Hat der Arbeitnehmer vor dem Beginn der Elternzeit mehr Urlaub erhalten, als ihm nach Absatz 1 zusteht, so kann der Arbeitgeber den Urlaub, der dem Arbeitnehmer nach dem Ende der Elternzeit zusteht, um die zu viel gewährten Urlaubstage kürzen.

1 **I. Kürzung des Erholungsurlaubs.** Da der Anspruch auf den gesetzlichen Urlaub keine tatsächliche Arbeitsleistung während des Kalenderjahres verlangt, hat die Elternzeit an sich keine Auswirkung auf den Urlaubsanspruch. Durch § 17 werden die Vorgaben des BUrlG indes den Besonderheiten des ruhenden Arbeitsverhältnisses angepasst.

2 Danach ist der ArbGeb berechtigt, den Erholungsurlaub für jeden vollen Kalendermonat, der durch den ArbN in dem betreffenden Kalenderjahr als Elternzeit genommen wird, ohne Ankündigung um ein Zwölftel zu kürzen (§ 17 Abs. 1 Satz 1). Unerheblich ist, ob es sich um den gesetzlichen oder einen zusätzlichen (in der Regel tariflich) vereinbarten Urlaub handelt. Monate, in deren Verlauf die Elternzeit beginnt oder endet, erlauben keine Kürzung.

3 Eine Einschränkung in Bezug auf die Kürzungsbefugnis kann sich für den ArbGeb nur aus dem Grundsatz der Gleichbehandlung ergeben. Dieser verlangt, innerhalb eines Kalenderjahres nur aus sachlichem Grund unterschiedlich zu verfahren[1]. Im Übrigen kann eine Kürzung durch Vereinbarung ausgeschlossen werden. Andere Formen der Freistellung (zB Freistellung eines BR-Mitglieds) werden von § 17 nicht erfasst[2].

4 Ausgeschlossen ist eine Kürzung bei ArbN, die in Teilzeit bei dem die Elternzeit gewährenden ArbGeb beschäftigt sind (§ 17 Abs. 1 Satz 2). Sie können Urlaub auch während der Elternzeit in Anspruch nehmen[3]; der Umfang ist aber entsprechend der tatsächlichen Verteilung der Arbeitsleistung auf die einzelnen Wochentage anzupassen. Wenn in Teilzeit an weniger Wochentagen als vor Beginn der Elternzeit gearbeitet wird, reduziert sich die Zahl der Urlaubstage entsprechend. Eine besondere Kürzung durch den ArbGeb ist nicht erforderlich[4].

5 Die Kürzungserklärung ist eine empfangsbedürftige Willenserklärung. Sie kann vor, während oder nach Ende der Elternzeit ausgesprochen werden[5]. Formerfordernisse bestehen nicht; sie kann auch konkludent – durch Gewährung eines gekürzten Urlaub – zum Ausdruck kommen. Mit Zugang erlischt der Urlaubsanspruch. Dies gilt auch, wenn während der Elternzeit eine erneute Schwangerschaft eingetreten oder die Geburt eines anderen Kindes erfolgt ist; die Elternzeit wird dadurch nicht unterbrochen[6].

6 **II. Folgen von zu wenig gewährtem Urlaub.** Wurde der Urlaub vor der Elternzeit nicht oder nicht vollständig genommen, muss der Resturlaub nach der Elternzeit im laufenden oder im nächsten Urlaubsjahr gewährt werden (§ 17 Abs. 2). Insoweit wird zugunsten der ArbN eine von § 7 Abs. 3 BUrlG abweichende Regelung getroffen. Urlaubsansprüche, die ohne Elternzeit verfallen wären, werden nicht erfasst. Resturlaub aus dem Vorjahr, der kurz nach Beginn der Elternzeit abgewickelt sein muss und ansonsten verfällt, bleibt daher nur in Höhe der Tage von Beginn der Elternzeit bis Ende der Übertragungsfrist erhalten[7]. Urlaubsansprüche, die erst im Anschluss an die Elternzeit entstehen, werden nicht erfasst. Ihre Abwicklung bestimmt sich allein nach § 7 BurlG[8].

7 Die in § 17 Abs. 1 Satz 1 vorgesehene Übertragung stellt eine abschließende Regelung dar. Der Urlaubsanspruch erlischt damit zum Ende des Folgejahres, das auf das Ende der Elternzeit folgt, wegen derer er nicht genommen wurde. Daraus folgt ein Übertragungszeitraum zwischen einem Jahr und einem Tag (Ende der Elternzeit mit Ablauf des 31.12.) und einem Jahr und 364 Tagen (Ende der Elternzeit mit Ablauf des 1.1.). Diese Grenze gilt auch dann, wenn der ArbN in dieser Zeit nach Ablauf der Elternzeit wegen eines anderen Kindes erneut genommen hat[9] oder wenn der Urlaub durch den ArbN wegen Mutterschutzfristen oder krankheitsbedingter Arbeitsunfähigkeit nicht genommen werden kann[10]. Daran ändert sich auch durch § 17 Satz 2 MuSchG, der eine entsprechende Übertragung des wegen eines mutterschaftsrechtlichen Beschäftigungsverbots nicht erhaltenen Urlaubs bestimmt, nichts. Denn wenn der wegen eines solchen Beschäftigungsverbots nicht genommene Urlaub während des laufenden oder des folgenden Urlaubsjahres – gleich aus welchem Grunde – nicht genom-

---

1 Küttner/*Reinecke*, Elternzeit/Erziehungsurlaub, Rz. 32. | 2 *Sowka*/*Meisel*, § 17 BErzGG Rz. 2. | 3 *Zmarzlik*/*Zipperer*/*Viethen*, § 17 BErzGG Rz. 7. | 4 Vgl. BAG v. 28.4.1998 – 9 AZR 314/97, NZA 1999, 156 ff. | 5 BAG v. 28.7.1992 – 9 AZR 340/91, DB 1993, 642. | 6 Küttner/*Reinecke*, Elternzeit/Erziehungsurlaub, Rz. 32. | 7 BAG v. 1.10.1991 – 9 AZR 365/90, DB 1992, 584. | 8 ErfK/*Dörner*, § 16 BErzGG Rz. 22 ff., § 17 BErzGG Rz. 13. | 9 BAG v. 23.4.1996 – 9 AZR 165/95, DB 1996, 2132 (2133); v. 21.10.1997 – 9 AZR 267/96, NZA 1998, 648; aA LAG Düsseldorf v. 5.3.1996 – 16 Sa 1588/95, NZA-RR 1996, 326. | 10 *Sowka*, NZA 1998, 347 (348); *Gross* in Tschöpe, Arbeitsrecht, Teil 2 C Rz. 164.

men wird, verfällt er. Urlaub, der bereits nach § 17 Satz 2 MuSchG übertragen, aber wegen der Elternzeit nicht im Übertragungszeitraum genommen wurde, kann also nicht noch einmal nach § 17 Abs. 2 übertragen werden[1].

Arbeitet der ArbN während der Elternzeit im Rahmen einer Teilzeitbeschäftigung, findet § 17 Abs. 2 grundsätzlich keine Anwendung. Hier gilt § 7 Abs. 3 BUrlG. Seine Anwendung ist nur dann und insoweit möglich, als die Teilzeitbeschäftigung an weniger Wochentagen als die vorherige Vollzeitbeschäftigung ausgeübt wird, so dass wegen der daraus folgenden Kürzung des Urlaubs in der Elternzeit nur ein Teil des bis dahin erworbenen Urlaubsanspruchs genommen werden kann.

III. Abgeltungsanspruch. Endet das Arbeitsverhältnis während der Elternzeit oder im unmittelbaren Anschluss an diese, kann der ArbN eine Abgeltung des noch nicht gewährten Urlaubs verlangen. Unerheblich ist dabei, ob der Urlaubsanspruch schon während einer Elternzeit bestand, die wegen eines weiteren Kindes verlängert wurde[2]. Da es sich bei der Abgeltung um ein Surrogat des Urlaubs handelt, kann der Anspruch aber nur im laufenden oder im nächsten Jahr nach Beendigung der Elternzeit erfüllt werden. Voraussetzung ist, dass der ArbN bei einer Fortsetzung des Arbeitsverhältnisses in dieser Zeit jedenfalls für die Dauer des Urlaubs seinen Arbeitspflichten hätte nachkommen können[3]. Insoweit gilt nach § 17 Abs. 3 nichts anderes als für § 7 Abs. 4 BUrlG. Endet das Arbeitsverhältnis erst im Anschluss an seine vorübergehende Fortsetzung nach der Elternzeit, wird man insoweit einen Abgeltungsanspruch anerkennen müssen, als der Urlaub zwischen Ende der Elternzeit und Ende des Arbeitsverhältnisses nicht hätte verbraucht werden können. Im Übrigen kann der ArbGeb den Abgeltungsanspruch entsprechend § 17 Abs. 1 um jeweils ein Zwölftel kürzen für jeden vollen Kalendermonat, in denen sich der ArbN insgesamt in Elternzeit befand.

Tarifliche Ausschlussfristen gelten nur für den Teil des Abgeltungsanspruchs, der den über den gesetzlichen Mindesturlaub hinausgehenden Urlaubsanspruch betrifft. Der gesetzliche Mindesturlaub ist wie sein Surrogat vor verschlechternden Vereinbarungen über § 13 Abs. 1 BUrlG geschützt[4].

IV. Folgen zu viel gewährten Urlaubs. Hat der ArbN vor dem Beginn seiner Elternzeit mehr Urlaub erhalten als nach § 17 Abs. 1 durchsetzbar wäre, ist eine Kürzung des bereits gewährten Urlaubs nicht mehr möglich. Der ArbGeb ist aber berechtigt, die für die Zeit nach Ende der Elternzeit zustehende Urlaubstage um die zu viel gewährten Tage zu kürzen (§ 17 Abs. 4). Entsprechend § 17 Abs. 2 kann die Kürzung dabei in dem laufenden oder im nächsten Urlaubsjahr nach Ende der Elternzeit erfolgen[5]. Andernfalls besteht die Gefahr, dass der Urlaub des Jahres, in dem die Elternzeit beendet wird, für die Kürzung nicht genügt[6]. Ein bereicherungsrechtlicher Rückforderungsanspruch neben dem Ausgleich gemäß § 17 Abs. 4 steht dem ArbGeb nicht zu[7].

Endet das Arbeitsverhältnis nach der Elternzeit, ohne dass noch die in § 17 Abs. 4 vorgesehene Kürzung des Urlaubs möglich ist, kann indes aus §§ 812 ff. BGB eine Rückzahlung des Urlaubsentgelts verlangt werden[8].

18 Kündigungsschutz

(1) Der Arbeitgeber darf das Arbeitsverhältnis ab dem Zeitpunkt, von dem an Elternzeit verlangt worden ist, höchstens jedoch acht Wochen vor Beginn der Elternzeit, und während der Elternzeit nicht kündigen. In besonderen Fällen kann ausnahmsweise eine Kündigung für zulässig erklärt werden. Die Zulässigkeitserklärung erfolgt durch die für den Arbeitsschutz zuständige oberste Landesbehörde oder die von ihr bestimmte Stelle. Die Bundesregierung kann mit Zustimmung des Bundesrates allgemeine Verwaltungsvorschriften zur Durchführung des Satzes 2 erlassen.

(2) Absatz 1 gilt entsprechend, wenn der Arbeitnehmer

1. während der Elternzeit bei seinem Arbeitgeber Teilzeitarbeit leistet oder

2. ohne Elternzeit in Anspruch zu nehmen, bei seinem Arbeitgeber Teilzeitarbeit leistet und Anspruch auf Erziehungsgeld hat oder nur deshalb nicht hat, weil das Einkommen (§ 6) die Einkommensgrenzen (§ 5 Abs. 3) übersteigt. Der Kündigungsschutz nach Nummer 2 besteht nicht, solange kein Anspruch auf Elternzeit nach § 15 besteht.

I. Inhalt und Zweck der Vorschrift. Der Regierungsentwurf zum BErzGG von 1985 erklärte es als die primäre Zielsetzung des Gesetzes, einem Elternteil zu ermöglichen, sich in der ersten Lebensphase des *Kindes dessen Betreuung und Erziehung zu widmen.* Um dieses Ziel abzusichern, ist für die anspruchsberechtigten Personen ein Schutz vor Kündigungen des ArbGeb eingeräumt worden.

---

1 ErfK/*Dörner*, § 17 BErzGG Rz. 13. | 2 LAG Hamm v. 20.2.2001 – 11 Sa 1061/00, NZA-RR 2002, 460 (461). | 3 ErfK/*Dörner*, § 17 BErzGG Rz. 16. | 4 Vgl. BAG v. 23.4.1996 – 9 AZR 165/95, BB 1996, 2046 (2047); *Gross* in Tschöpe, Arbeitsrecht, Teil 2 C Rz. 164. | 5 *Buchner/Becker*, § 17 BErzGG Rz. 27; aA ErfK/*Dörner*, § 17 BErzGG Rz. 10, der dies wegen der gesetzlichen Formulierung „nach dem Ende der Elternzeit" für ausgeschlossen hält. | 6 *Meisel/Sowka*, § 17 BErzGG Rz. 32. | 7 Ebenso *Gröninger/Thomas*, § 17 BErzGG Rz. 14. | 8 *Meisel/Sowka*, § 17 BErzGG Rz. 34; *Gross* in Tschöpe, Arbeitsrecht, Teil 2 C Rz. 166; aA ErfK/*Dörner*, § 17 BErzGG Rz. 10.

2 Der Schutz bezieht sich auf Kündigungen aller Arten. Lediglich über eine Zulässigkeitserklärung durch die zuständige Behörde soll „in besonderen Fällen ... ausnahmsweise" eine Kündigung dennoch möglich werden können.

3 Die Einforderung von Elternzeit bringt frühestens 8 Wochen vor deren Beginn den Sonderkündigungsschutz zur Wirksamkeit.

4 § 18 zielt auf eine Erhaltung des Arbeitsverhältnisses als solche ab. Es beinhaltet aber keine Arbeitsplatzgarantie. Der ArbN hat also keinen Anspruch darauf, auf seinen vorigen Arbeitsplatz zurückzukehren. Im Rahmen des durch den Arbeitsvertrag vorgegebenen Rahmens darf also auch ein anderer Arbeitsplatz zugewiesen werden.

5 Für die behördliche Beurteilung des Vorliegens des besonderen Falles, in welchem der Kündigung zugestimmt werden darf, sind Verwaltungsvorschriften aufgrund der Ermächtigung in § 18 Abs. 1 Satz 4 erlassen (VO vom 2.1.1986, BAnz. Nr. 1, S. 4).

6 Besondere Beachtung verdient schließlich § 18 Abs. 2 Nr. 2, wonach auch ohne Inanspruchnahme für ArbN der Sonderkündigungsschutz dann besteht, wenn sie bereits in einem Teilzeitarbeitsverhältnis stehen oder aber das Teilzeitarbeitsverhältnis erst nach der Geburt begründen.

7 **II. Der geschützte Personenkreis.** § 18 Abs. 1 Satz 1 gewährt den Sonderkündigungsschutz zunächst allen ArbN, die Elternzeit in zulässiger Weise in Anspruch genommen haben von dem Zeitpunkt des Verlangens an, frühestens jedoch 8 Wochen vor Beginn der Elternzeit. Ein zu frühzeitiges Geltendmachen bleibt deshalb iSd. Sonderkündigungsschutzes wirkungslos.

8 Weiter gilt der Sonderkündigungsschutz nach Abs. 2 entsprechend,

- wenn ArbN während der Elternzeit bei ihrem ArbGeb Teilzeitarbeit leisten oder
- ohne formal Elternzeit in Anspruch zu nehmen, bei ihrem ArbGeb Teilzeit leisten und Anspruch auf Erziehungsgeld haben oder nur deshalb nicht haben, weil ihr Einkommen (§ 6) die Einkommensgrenzen (§ 5 Abs. 2) übersteigen.

9 In diesem Fall des § 18 Abs. 2 Nr. 2 besteht der Sonderkündigungsschutz nur, so lange Anspruch auf Erziehungsgeld nach § 15 besteht.

10 Durch § 20 sind in den geschützten Personenkreis auch Auszubildende und zur Heimarbeit Beschäftigte und diesen Gleichgestellte einbezogen, „soweit sie am Stück mitarbeiten". Für diese tritt an die Stelle des ArbGeb für die Abgabe von Erklärungen der Auftraggeber oder Zwischenmeister.

11 **III. Voraussetzungen für die Inanspruchnahme.** In jedem Falle setzt der Sonderkündigungsschutz des § 18 voraus, dass eine Anspruchsberechtigung auf Elternzeit nach § 15 besteht. Nach § 15 Abs. 1 erfordert dies, dass Anspruchsteller und Kind in einem Haushalt leben und

a) dem Antragsteller für das Kind die Personensorge zusteht

b) es sich um das Kind des Ehegatten oder Lebenspartners handelt

c) das Kind in Vollzeitpflege nach § 33 SGB VIII oder in Adoptionspflege nach § 1744 BGB aufgenommen wurde oder

d) wenn sie auch ohne Personensorgerecht Erziehungsgeld beziehen können nach § 1 Abs. 1 Satz 3 oder Abs. 3 Nr. 3 oder im Härtefall des § 1 Abs. 5 BErzGG.

Weitere kumulativ geforderte Voraussetzung ist, dass das Kind selbst betreut und erzogen wird.

12 Der Sonderkündigungsschutz des § 18 gilt also sowohl für leibliche Väter als auch für Stiefväter und Adoptivväter oder nicht sorgeberechtigte nichteheliche Väter, wenn sie mit dem Kind in einem Haushalt leben und der sorgeberechtigte Elternteil zugestimmt hat.

13 Der Schutz des § 18 Abs. 2 gilt für ArbN, die während der Elternzeit in bestimmtem Umfang **Teilzeitarbeit** ausüben. Dabei gilt die Nr. 1 des Abs. 2 für ArbN, die während der Elternzeit beim eigenen ArbGeb Teilzeit leisten, allerdings unter der besonderen Voraussetzung, dass es sich um eine nach dem BErzGG zulässige Teilzeitarbeit handelt. Verrichtet der Elternzeit-Berechtigte nach § 15 Abs. 4 während der Elternzeit Teilzeitarbeit bei einem anderen ArbGeb, so gilt das Kündigungsverbot für den die Elternzeit gewährenden ArbGeb, nicht aber für den anderen ArbGeb[1].

14 § 18 Abs. 2 Nr. 2 bezieht in den Schutz auch Teilzeitbeschäftigte ein, die keine Elternzeit in Anspruch nehmen, aber beim eigenen ArbGeb Teilzeitarbeit leisten und Anspruch auf Erziehungsgeld haben oder nur deshalb nicht haben, weil ihr Einkommen die in § 5 Abs. 2 festgelegte Einkommensgrenze übersteigt. Voraussetzung ist auch hier der Anspruch auf die Elternzeit nach § 15. Gemeint sind durch die Vorschrift solche Fälle, in denen ArbN keine volle Erwerbstätigkeit iSd. Definition des § 15 Abs. 4 und der § 1 Abs. 1 Nr. 4, 2 Abs. 1 ausüben, also Teilzeitarbeit bis zu 30 Wochenstunden leisten. Auch wenn das

---

[1] KR/*Etzel*, § 18 BErzGG Rz. 17.

Teilzeitarbeitsverhältnis mit dem „eigenen Arbeitgeber" erst nach der Geburt des Kindes begründet wird und der ArbN noch erziehungsgeldberechtigt ist, führt dies zum Sonderkündigungsschutz[1].

Diese TeilzeitArbN sollen nicht schlechter gestellt werden gegenüber den Vollzeitarbeitnehmern oder solchen ArbN, die Teilzeit mit über 30 Wochenstunden leisten.

IV. Voraussetzungen des Sonderkündigungsschutzes. Einschließlich der durch § 18 Abs. 2 Nr. 1 bezeichneten Personen ist für alle ArbN Voraussetzung des Eingreifens des Sonderkündigungsschutzes, dass – der gesetzlich begründete – Anspruch auf Elternzeit auch „verlangt" worden ist. Lediglich für die in § 18 Abs. 2 Nr. 2 genannten Personen mit einer Wochenarbeitszeit bis zu 30 Stunden, die auch in Teilzeit während der Elternzeit bei dem eigenen ArbGeb weiterarbeiten wollen, besteht keine Notwendigkeit, Elternzeit in Anspruch zu nehmen.

Das „Verlangen" hat nach § 16 Abs. 1 Satz 1 schriftlich zu erfolgen. Spricht ein Gesetz von Schriftform, so müsste man hieraus folgern, dass § 126 BGB zu beachten ist. Dennoch wird die Auffassung vertreten, dass die Einhaltung der Schriftform nicht Wirksamkeitsvoraussetzung für die Inanspruchnahme von Elternzeit sei[2]. Die zur Begründung gegebene Bezugnahme auf die Bundestagsdrucksache (BT-Drs. 14/3118 S. 21) vermag jedoch nicht zu überzeugen, weil dem Gesetzgeber durchaus zugetraut werden darf, mit dem Wort Schriftform auch wirklich Schriftform gemeint zu haben.

Notwendiger Bestandteil des „Verlangens" der Elternzeit ist die nach § 16 Abs. 1 geforderte Erklärung darüber, für welche Zeiten innerhalb von zwei Jahren Elternzeit beansprucht wird. Die Mitteilung muss also Beginn und Ende innerhalb der nächsten zwei Jahre bezeichnen. Dass hier nur für zwei Jahre die Erklärung gefordert wird, obwohl der Anspruch drei Jahre beträgt, ist eine Folge dessen, dass die Elternzeit bis zur Vollendung des 8. Lebensjahres verteilt werden kann (§ 15 Abs. 2 Satz 1).

Das „Verlangen" ist eine einseitig empfangsbedürftige Willenserklärung des ArbN gegenüber dem ArbGeb oder dessen für Personalangelegenheiten zuständigen Repräsentanten. Als einseitig empfangsbedürftige Willenserklärung ist das Verlangen auch unwiderruflich. Lediglich in den Ausnahmefällen des § 16 Abs. 3 oder 4 kommt eine Abkürzung der Elternzeit durch einseitiges Verlangen in Betracht; im Übrigen aber nur mit Zustimmung des ArbGeb (§ 16 Abs. 3 Satz 1).

Die vorzeitige Beendigung wegen der Geburt eines weiteren Kindes oder wegen eines besonderen Härtefalls iSv. § 1 Abs. 5 kann der ArbGeb nur fristgebunden schriftlich ablehnen (§ 16 Abs. 3 Satz 2). Die Ablehnung kann nur auf dringende betriebliche Gründe gestützt werden.

Für das Verlangen auf Elternzeit sind **Fristen** einzuhalten. § 16 Abs. 1 Satz 1 nennt eine 6-Wochen-Frist, wenn die Elternzeit unmittelbar nach Geburt des Kindes oder nach der Mutterschutzfrist beginnen soll bzw. acht Wochen vor Beginn der Elternzeit. Nur bei „dringenden Gründen ist ausnahmsweise auch eine angemessene kürzere Frist möglich" (§ 16 Abs. 1 Satz 2)[3]. Nachdem die Erklärung sich nur auf die Inanspruchnahme innerhalb der ersten zwei Jahre zu beziehen hat, sind weitere Ansprüche (etwa für das 3. Jahr oder Zeiten bis zum 8. Lebensjahr) wiederum fristgebunden, also acht Wochen vor beabsichtigtem Beginn, geltend zu machen[4].

Beendet der Elternzeitberechtigte das Arbeitsverhältnis mit seinem bisherigen ArbGeb, von dem er die Zustimmung zur Verteilung der restlichen Elternzeit jenseits der 2-Jahres-Grenze erhalten hat, so bleibt die Frage, ob der neue ArbGeb an die Zustimmung seines Vorgängers gebunden ist. Zu der Fassung des BErzGG von 1992 hat das BAG dies bejaht[5]. Für die ab 2001 geltende Fassung wird die erneute Zustimmung des neuen ArbGeb für nötig erachtet (siehe hierzu auch § 15 Rz. 5)[6].

V. Inhalt und Reichweite des Schutzes. Zunächst bewirkt das formgerecht gestellte und auf den gesetzlichen Anspruchsgrundlagen beruhende Verlangen nach Elternzeit mit Zugang beim ArbGeb, höchstens jedoch acht Wochen vor Beginn der Elternzeit, einen vollständigen Kündigungsschutz nach § 18 Abs. 1. Auch wenn das Verlangen nicht fristgerecht gestellt wurde, ist ab Zugang des Verlangens Kündigungsschutz gegeben.

Macht der ArbN gegenüber einem neuen ArbGeb nicht verbrauchte Reste der Elternzeit geltend, so soll dies auch dem neuen ArbGeb gegenüber den Kündigungsschutz bewirken[7]. Will der Elternzeitberechtigte allerdings nicht verbrauchte Reste in ein neues Arbeitsverhältnis übertragen, so bedarf er nach § 15 Abs. 2 der Zustimmung des neuen ArbGeb, auf die er keinen Anspruch hat. Die Verweigerung ist allenfalls über § 315 BGB überprüfbar[8]. Die Fortdauer der zum BErzGG 1992 ergangenen Rspr. vom 11.3.1999 erscheint deshalb fragwürdig.

Der absolute Kündigungsschutz kann relativiert werden unter den Voraussetzungen des § 18 Abs. 1 Satz 2-3. In besonderen Fällen nämlich kann ausnahmsweise durch die für den Arbeitsschutz zuständige oberste Landesbehörde oder die von ihr bestimmte Stelle eine Kündigung für zulässig erklärt werden.

---

1 BAG v. 27.3.2003 – 2 AZR 627/01, EzA § 18 BErzGG Nr. 6. | 2 *Reinecke*, FA 2001, 11. | 3 Wegen der nicht koordinierten Fristen vgl. *Sowka*, BB 2001, 935. | 4 Küttner/*Reinecke*, Personalbuch 2003 Nr. 157 Rz. 14. | 5 BAG v. 11.3.1999 – 2 AZR 19/98, BB 1999, 1711. | 6 *Gaul/Wisskirchen*, BB 2000, 2466. | 7 BAG v. 11.3.1999 – 2 AZR 19/98, BB 1999, 1711. | 8 *Reinecke*, FA 2001, 11.

Der hier angesprochene „besondere Fall" ist keineswegs identisch mit dem „wichtigen Grund" iSv. § 626 BGB, sondern kann auch Fälle betreffen, in denen nur ordentliche Kündigungen in Betracht kommen.

26 Die zuständigen Behörden[1] entscheiden auf der Basis einer nach § 18 Abs. 1 Satz 4 erlassenen Verwaltungsvorschrift vom 2.1.1986 (BAnz. Nr. 1, S. 4). In deren § 2 ist ein Katalog von Vorschriften enthalten, die „insbesondere" den besonderen Fall vorsehen, wenn die Kündigung erfolgen soll wegen

- Betriebsschließung,
- Abteilungsschließung,
- Betriebsverlagerung,
- Ablehnung zumutbarer anderer Beschäftigung in den vorangegangenen Fällen,
- Existenzgefährdung des Betriebes bei Zwang zur Beschäftigung nach Ende des Erziehungsurlaubs,
- besonders schweren Vertragsverstößen/strafbaren Handlungen.

Das Ermessen der Behörde ist hier unter Interessenabwägung von arbeitsrechtlichen Aspekten auszuüben[2].

27 Soll der besondere Fall sich auf letztgenannten Kataloggrund, also auf Gründe, die eine Kündigung nach § 626 BGB zu tragen geeignet sind, stützen, so muss der Antrag bei der Behörde innerhalb der Frist des § 626 BGB eingegangen sein und die Kündigung nach Zustimmung unverzüglich erklärt werden. Eine entsprechende Anwendung des § 91 SGB IX erscheint geboten[3].

28 Kennt der ArbGeb bei Ausspruch einer Kündigung die Voraussetzungen des Sonderkündigungsschutzes aus § 18 – denkbar nur im Fall des § 18 Abs. 2 Nr. 2 – nicht, so ist streitig, innerhalb welcher Frist der ArbN seinen Sonderkündigungsschutz einfordern muss. Es wird vertreten, dass die 2-Wochen-Frist für die Einforderung nach § 9 Abs. 1 Satz 1 MuSchG „als sachnächste gesetzliche Regelung entsprechend anzuwenden" sei, aber auch, dass die Berufung unverzüglich erfolgen müsse[4].

29 Die zustimmende oder ablehnende Entscheidung der nach § 18 Abs. 1 Satz 3 zuständigen Behörde ist ein Verwaltungsakt. Um ihn sofort nach Erlass und Zustellung auswerten zu können, empfiehlt sich, die sofortige Vollziehbarkeit mit zu beantragen.

30 **VI. Verhältnis zu den sonstigen kündigungsrechtlichen Vorschriften.** Die mit Zustimmung der Verwaltungsbehörde erklärte Kündigung im besonderen Fall ist vor den ArbG in der üblichen Weise anfechtbar. Die ArbG sind an die Beurteilung der Verwaltungsbehörde über das Vorliegen des besonderen Falles nicht gebunden.

31 Die Eigenkündigung des Elternzeitberechtigten nach § 19 mit einer Frist von drei Monaten zum Ende der Elternzeit ist zulässig, ohne dass dabei auf vertragliche Fristen Rücksicht genommen werden müsste. Auch die Einhaltung der von § 626 Abs. 1 BGB vorgesehenen Fristen ist nicht erforderlich.

32 Die Eigenkündigung des ArbN während der Elternzeit mit Einhaltung der gesetzlichen/vertraglichen Fristen wird von § 18 nicht beeinflusst. Ebenfalls ist der Sonderkündigungsschutz nach Eintritt vom ArbN verzichtbar.

19 Kündigung zum Ende der Elternzeit
Der Arbeitnehmer kann das Arbeitsverhältnis zum Ende der Elternzeit nur unter Einhaltung einer Kündigungsfrist von drei Monaten kündigen.

1 **I. Bedeutung der Vorschrift.** § 19 begründet und begrenzt das arbeitnehmerseitige Recht zur Kündigung, wenn diese zum Ende der Elternzeit wirksam werden soll. Dies soll gewährleisten, dass der Elternzeitberechtigte durch einseitige Erklärung mit vorgegebener Fristsetzung verhindern kann, nach Ablauf der Elternzeit nicht mehr an seinen Arbeitsplatz zurückzukehren. Zwar soll dies primär eine Fortsetzung der Betreuung und Erziehung des Kindes ermöglichen. Der Grund für die Beendigung spielt indes keine Rolle.

2 Dabei verdrängt die dreimonatige Kündigungsfrist alle anderen Fristen, die – länger oder kürzer – kraft Gesetzes, TV oder arbeitsvertraglicher Regelung Geltung beanspruchen würden. Sie gilt auch dann, wenn – zB wegen eines befristeten Arbeitsvertrags – an sich keine ordentliche Kündigung möglich wäre. Dies folgt aus dem Umstand, dass „nur" die dreimonatige Kündigungsfrist gilt. Früher war die dreimonatige Frist unverbindlich, „soweit ... eine kürzere gesetzliche oder vereinbarte Kündigungsfrist gilt". Diese Regelung wurde 1989 gestrichen. Auf diese Weise soll der ArbGeb in die Lage versetzt werden, den Veränderungen bei seiner Personalplanung Rechnung zu tragen.

---

[1] LAG Köln v. 21.1.2000 – 11 Sa 1195/99, NZA-RR 2001, 303. | [2] OLG Düsseldorf v. 17.10.1991 – 18 U 78/91, EzA § 18 BErzGG Nr. 1. | [3] LAG Köln v. 21.1.2000 – 11 Sa 1195/99, NZA-RR 2001, 303. | [4] Zusammenfassend KR/Etzel, § 18 BErzGG Rz. 20.

II. Anwendungsbereich. Das Sonderkündigungsrecht gilt nur für ArbN in Elternzeit bzw. solche, die Elternzeit geltend gemacht haben. Es findet keine Anwendung auf sonstige Formen der Freistellung oder auf die in § 18 Abs. 2 Nr. 2 genannten Teilzeitbeschäftigten ohne Elternzeit. Nehmen beide Berechtigten Elternzeit in Anspruch, kann das Sonderkündigungsrecht von jedem Elternzeitberechtigten für die individuell gewählte Elternzeit selbständig wahrgenommen werden. 3

Die Kündigung muss schriftlich erfolgen (§ 623 BGB) und mindestens drei Monate vor Beendigung der Elternzeit zugegangen sein (§ 187 Abs. 1 BGB). Fällt der Beginn dieser Frist auf einen Samstag, Sonntag oder gesetzlichen Feiertag, muss die Kündigung bereits am letzten vorhergehenden Werktag zugegangen sein. 4

Das gesetzliche Sonderkündigungsrecht hat zwingenden Charakter. Längere Kündigungsfristen zum Nachteil des Elternzeitberechtigten können weder individual- noch kollektivvertraglich vereinbart werden. Entsprechende Regelungen sind unwirksam[1]. 5

Kündigt der ArbN ohne Wahrung der dreimonatigen Frist, kommt eine Beendigung zum vorgesehenen Zeitpunkt nicht in Betracht. Die Kündigung bleibt indes wirksam und beendet das Arbeitsverhältnis zum nächst möglichen Termin[2]. 6

III. Verhältnis zu sonstigen Kündigungsmöglichkeiten. Die dreimonatige Frist des § 19 gilt nur für die ordentliche Kündigung zum Ende der Elternzeit. Wenn die ordentliche Kündigung nicht aus allgemeinen Gründen ausgeschlossen ist, kann sie mit den hierfür geltenden Fristen während der Elternzeit erklärt werden, wenn sie nicht erst zum Ende der Elternzeit wirksam werden soll. Im Übrigen bleibt das Recht des Elternzeitberechtigten zur außerordentlichen Kündigung aus wichtigem Grund (§ 626 BGB) hiervon unberührt. 7

Losgelöst davon kann der ArbN eine Kündigung nach Beendigung der Elternzeit auszusprechen. In diesem Fall gelten wieder die allgemeinen Regelungen. Liegen die Voraussetzungen für eine vorzeitige Kündigung zum Ende der Schutzfrist nach § 10 MuSchG neben denen des § 19 vor, hat die ArbN die Wahl, von welchem Recht sie Gebrauch macht. 8

IV. Rechtsfolgen der Sonderkündigung. Die Kündigung nach § 19 führt zur Beendigung des Arbeitsverhältnisses. Eine besondere Rechtsposition für den Fall der Wiedereinstellung, wie sie durch § 10 MuSchG bei einer Kündigung während der Schwangerschaft und während der Schutzfrist nach der Entbindung gewährleistet wird, räumt § 19 nicht ein. Ob und inwieweit die Eigenkündigung während der Elternzeit Rückzahlungsansprüche des ArbGeb (zB Gratifikationen, Fort- und Weiterbildungskosten) auslöst, bestimmt sich nach den hierzu getroffenen Vereinbarungen. § 19 steht einer Rückzahlungspflicht nicht entgegen. 9

20 Zur Berufsbildung Beschäftigte; in Heimarbeit Beschäftigte

(1) Die zu ihrer Berufsbildung Beschäftigten gelten als Arbeitnehmer im Sinne dieses Gesetzes. Die Elternzeit wird auf Berufsbildungszeiten nicht angerechnet.

(2) Anspruch auf Elternzeit haben auch die in Heimarbeit Beschäftigten und die ihnen Gleichgestellten (§ 1 Abs. 1 und 2 des Heimarbeitsgesetzes), soweit sie am Stück mitarbeiten. Für sie tritt an die Stelle des Arbeitgebers der Auftraggeber oder Zwischenmeister und an die Stelle des Arbeitsverhältnisses das Beschäftigungsverhältnis.

Lit.: *Düwell*, Fragen zur Inanspruchnahme von Erziehungsurlaub, AuA 1997, 114; *Halbach*, Erziehungsurlaub ab 1986, DB 1986 Beil. 1 S. 1; *Köster/Schiefer/Überacker*, Arbeits- und sozialversicherungsrechtliche Fragen des Bundeserziehungsgeldgesetzes 1992, DB 1992 Beil. 10 S. 1; *Otten*, Die Bestimmung der Arbeitszeit im Bereich der Heimarbeit, NZA 1987, 478.

I. Zur Berufsbildung Beschäftigte. Voraussetzung für den Anspruch auf Elternzeit nach §§ 15 ff. ist die Beschäftigung als ArbN. Durch § 20 Abs. 1 gelten im Rahmen dieser Regelungen zur Elternzeit auch die zur Berufsbildung Beschäftigten als ArbN. Dabei kann offen bleiben, ob es sich hierbei um eine Erweiterung oder eine Klarstellung in Bezug auf den Kreis der Anspruchsberechtigten handelt[3]. Vergleichbar mit der Begriffsbestimmung in § 5 Abs. 1 BetrVG (vgl. § 5 BetrVG Rz. 2 ff.) wird jeder einbezogen, der sich in Berufsbildung, Fortbildung und Umschulung befindet[4], ebenso Volontäre, Anlernlinge und Praktikanten, soweit ihr Praktikum nicht zum obligatorischen Fach- oder Hochschulstudium gehört[5]. Zur Berufsbildung Beschäftigte sind auch Jugendliche, die im Rahmen einer überbetrieblichen Ausbildung tätig sind[6]. Das Ausbildungsverhältnis muss privatrechtlicher Natur sein[7]. Daher werden Personen ausgeschlossen, die in einer Ausbildung im öffentlichen Dienst stehen mit dem ausschließlichen Ziel einer späteren Verwendung als Beamter (§ 83 BBiG). 1

---

1 Ebenso APS/*Rolfs*, § 19 BErzGG Rz. 4; *Vossen* in Stahlhacke/Preis/Vossen, Rz. 1452. |2 KR/*Etzel*, § 19 BErzGG Rz. 13. |3 *Buchner/Becker*, § 20 BErzGG Rz. 1. |4 BAG v. 24.2.1999 – 5 AZR 10/98, DB 1999, 1019. |5 BAG v. 30.10.1991 – 7 ABR 11/91, NZA 1992, 808 (809). |6 BAG v. 26.1.1994 – 7 ABR 13/92, DB 1994, 1371 (1372); v. 24.2.1999 – 5 AZB 10/98, DB 1999, 1019 (1020). |7 *Meisel/Sowka*, § 20 BErzGG Rz. 3.

2 Eine Anrechnung der Elternzeit auf die Berufsbildungszeit erfolgt nicht. Diese verlängert sich entsprechend. Dies gilt selbst dann, wenn während der Elternzeit Teilzeitarbeit geleistet wird. Damit soll eine Beendigung der Berufsbildung während der Elternzeit vermieden werden. Kann das Ausbildungsziel ohne Verlängerung erreicht werden und kann auch die Zulassung zur Abschlussprüfung (§ 40 BBiG) vorzeitig erfolgen, steht § 20 einer Kürzung der Berufsbildung nicht im Wege. Dies gilt auch für einen teilzeitbeschäftigten Auszubildenden. Hier muss aber anhand von Ausbildungsplänen die Qualität einer Bildung im Teilzeitverhältnis nachgewiesen werden können[1].

3 Die im Gesetz vorgesehene Verlängerung der Ausbildungszeit aufgrund der Elternzeit ist nicht dispositiv. Einschränkende Vereinbarungen sind unzulässig[2]. Leistungen, die dem Berechtigten aufgrund seines Berufsbildungsverhältnisses bis zu einem bestimmten Lebensalter geleistet werden (wie zB Halbwaisenrente), können aufgrund Inanspruchnahme von Elternzeit nicht gekürzt werden, da es hierbei nicht auf eine tatsächliche Unterbrechung der Ausbildung ankommt[3].

4 **II. In Heimarbeit Beschäftigte und Gleichgestellte.** Heimarbeiter und ihnen Gleichgestellte gelten mangels persönlicher Abhängigkeit nicht als ArbN. Sie sind jedoch wegen der wirtschaftlichen Abhängigkeit im gleichen Maße schutzbedürftig. Nach § 20 Abs. 2 haben sie daher einen Anspruch auf Elternzeit, soweit sie am Stück mitarbeiten. Der in Heimarbeit Beschäftigte muss also in Elternzeit von seinem Auftraggeber oder Zwischenmeister keine Aufträge entgegennehmen. Aus der Ablehnung von Aufträgen darf ihm kein Nachteil erwachsen. §§ 15 ff. gelten also entsprechend, wobei an die Stelle des ArbGeb der Auftraggeber oder Zwischenmeister und an die Stelle des Arbeitsverhältnisses das Beschäftigungsverhältnis tritt. Da in Heimarbeit Beschäftigte aber in der Regel ohnehin die Erziehung der Kinder wahrnehmen, ist die Bedeutung der Vorschrift in der Praxis eher gering.

21 *Befristete Arbeitsverträge*

(1) Ein sachlicher Grund, der die Befristung eines Arbeitsverhältnisses rechtfertigt, liegt vor, wenn ein Arbeitnehmer zur Vertretung eines anderen Arbeitnehmers für die Dauer eines Beschäftigungsverbotes nach dem Mutterschutzgesetz, einer Elternzeit, einer auf Tarifvertrag, Betriebsvereinbarung oder einzelvertraglicher Vereinbarung beruhenden Arbeitsfreistellung zur Betreuung des Kindes oder für diese Zeiten zusammen oder für Teile davon eingestellt wird.

(2) Über die Dauer der Vertretung nach Absatz 1 hinaus ist die Befristung für notwendige Zeiten einer Einarbeitung zulässig.

(3) Die Dauer der Befristung des Arbeitsvertrages muss kalendermäßig bestimmt oder bestimmbar oder den in den Absätzen 1 und 2 genannten Zwecken zu entnehmen sein.

(4) Der Arbeitgeber kann den befristeten Arbeitsvertrag unter Einhaltung einer Frist von mindestens drei Wochen, jedoch frühestens zum Ende der Elternzeit, kündigen, wenn die Elternzeit ohne Zustimmung des Arbeitgebers vorzeitig endet und der Arbeitnehmer die vorzeitige Beendigung seiner Elternzeit mitgeteilt hat. Satz 1 gilt entsprechend, wenn der Arbeitgeber die vorzeitige Beendigung der Elternzeit in den Fällen des § 16 Abs. 3 Satz 2 nicht ablehnen darf.

(5) Das Kündigungsschutzgesetz ist im Fall des Absatzes 4 nicht anzuwenden.

(6) Absatz 4 gilt nicht, soweit seine Anwendung vertraglich ausgeschlossen ist.

(7) Wird im Rahmen arbeitsrechtlicher Gesetze oder Verordnungen auf die Zahl der beschäftigten Arbeitnehmer abgestellt, so sind bei der Ermittlung dieser Zahl Arbeitnehmer, die sich in der Elternzeit befinden oder zur Betreuung eines Kindes freigestellt sind, nicht mitzuzählen, solange für sie aufgrund von Absatz 1 ein Vertreter eingestellt ist. Dies gilt nicht, wenn der Vertreter nicht mitzuzählen ist. Die Sätze 1 und 2 gelten entsprechend, wenn im Rahmen arbeitsrechtlicher Gesetze oder Verordnungen auf die Zahl der Arbeitsplätze abgestellt wird.

Lit.: *Bauer*, Neue Spielregeln für Teilzeitarbeit und befristete Arbeitsverträge, NZA 2000, 1039; *Boewer*, Teilzeit- und Befristungsgesetz, 2002; *Buschmann/Dieball/Stevens-Bartol*, TZA – Das Recht der Teilzeitarbeit, 2. Aufl. 2001; *Glatzel*, Erziehungsurlaub, AR-Blattei SD Nr. 680; *Heilmann*, Erziehungsgeldgesetz, AiB 1986, 9; *Koch*, Die Rechtsprechung des BAG zur Zulässigkeit befristeter Arbeitsverträge, NZA 1992, 154; *Lakies*, Befristete Arbeitsverhältnisse – gesetzliche Neuregelungen und aktuelle Rechtsprechung, NJ 1997, 290; *Meinel/Heyn/Herms*, Teilzeit- und Befristungsgesetz, 2002; *Rolfs*, Erweiterte Zulässigkeit befristeter Arbeitsverträge durch das arbeitsrechtliche Beschäftigungsförderungsgesetz, NZA 1996, 1134; *Sowka*, Streitfragen des Erziehungsurlaubs, NZA 1994, 102; *Vetter*, Befristete Arbeitsverträge und kein Ende, ZTR 1995, 353.

1 **I. Sachlicher Grund für die Befristung.** Soweit § 21 Abs. 1 sachliche Gründe benennt, bei deren Vorliegen ArbN befristet zur Vertretung eingestellt werden können, ist dies mit Blick auf § 14 Abs. 1 Nr. 3 TzBfG

---

[1] *Buchner/Becker*, § 20 Rz. 5; aA *Meisel/Sowka*, § 20 BErzGG Rz. 6. | [2] *Meisel/Sowka*, § 20 BErzGG Rz. 6.
[3] Vgl. BSG v. 29.4.1997 – 5 RJ 84/95, BSGE 80, 205.

überflüssig. Die Regelung hätte mit In-Kraft-Treten des TzBfG gestrichen werden können. Da nach der Prognose des ArbGeb an der Arbeitskraft des Vertreters von vornherein nur ein vorübergehender, zeitlich durch die Rückkehr des Vertretenen begrenzter Bedarf besteht, ist die Befristung des Arbeitsvertrags zur Vertretung eines anderen ArbN ohne Rücksicht auf den Grund für den Ausfall des vertretenen ArbN stets ein sachlicher Grund[1]. Eine Prognose darüber, dass der vertretene ArbN seine Tätigkeit zum Zeitpunkt der Beendigung des befristeten Arbeitsvertrags wieder aufnehmen wird, ist nicht erforderlich. Die Prognose muss sich auch nicht darauf erstrecken, ob der zu vertretende ArbN seine Tätigkeit in vollem Umfang wieder aufnehmen wird (vgl. Rz. 9). Losgelöst davon ist es trotz § 21 statthaft, ArbN unter den in § 14 Abs. 2 TzBfG genannten Voraussetzungen auch ohne sachlichen Grund als Vertreter befristet zu beschäftigen. Genügt der 24-Monats-Zeitraum nicht, weil die Elternzeit für 3 Jahre oder für ein weiteres Kind in Anspruch genommen wird, kann nach Ablauf der 24-Monats-Frist eine Befristung aus sachlichem Grund (§§ 14 Abs. 1 TzBfG, 21 BErzGG) vereinbart werden.

Von § 21 Abs. 1 kann auch zur mehrfachen Befristung eines Arbeitsvertrags Gebrauch gemacht werden. Voraussetzung ist nur, dass keine dauerhafte Beschäftigung eines ArbN zur generellen Vertretung in solchen Fehlzeiten geplant ist[2].

Wichtig ist, dass die allgemeinen Regelungen des TzBfG neben § 21 anwendbar sind. Damit bedarf zwar die Befristung der Schriftform (§ 14 Abs. 4 TzBfG). Der sachliche Grund muss aber – wenn nicht durch TV ein Zitiergebot geschaffen wird – in der Vereinbarung selbst nicht genannt werden. Es genügt, dass er bei Vertragsschluss tatsächlich gegeben war[3].

Liegt der in § 21 Abs. 1 genannte Grund für die Befristung des Arbeitsverhältnisses zum Zeitpunkt der Vereinbarung nicht vor, ist die Befristung unwirksam. Da der sachliche Grund der Vertretung an die Prognose der Rückkehr des Vertretenen und den damit verbundenen Wegfall des Bedarfs für die Beschäftigung des Vertreters geknüpft ist[4], fehlt in der Regel ein sachlicher Grund für die Befristung des Arbeitsverhältnisses, wenn nicht zu erwarten ist, dass das Arbeitsverhältnis nach Ablauf der Ausfallzeit fortgesetzt wird. In diesem Fall könnte die Befristung nur mit anderen Gründen gerechtfertigt werden. Beispiel: Vorübergehende Mehrarbeit, fehlende Qualifizierung des Vertreters für Dauerbesetzung[5], fehlende Haushaltsmittel für eine längere Beschäftigung[6]. Andernfalls gilt der Arbeitsvertrag mit dem Vertreter als auf unbestimmte Zeit geschlossen und kann vom ArbGeb frühestens zum vereinbarten Ende ordentlich gekündigt werden, sofern keine frühere Kündbarkeit vereinbart wurde (§ 16 TzBfG).

Fällt der Grund für die Befristung des Arbeitsverhältnisses nach Vertragsabschluss weg (zB überraschende Eigenkündigung des ArbN in Elternzeit), bleibt die Befristung wirksam. Entsprechendes gilt, wenn der ArbN in Elternzeit eine Verlängerung verlangt oder sein Ausfall durch eine weitere Elternzeit oder andere Fehlzeiten (zB Mutterschutzfristen, krankheitsbedingte Arbeitsunfähigkeit) im Anschluss an die erste Elternzeit verlängert wird. Ein Anspruch des Vertreters auf Fortsetzung des Arbeitsverhältnisses besteht nicht[7].

II. Unmittelbare bzw. mittelbare Vertretung. Der Vertreter kann mit der Tätigkeit des durch eine Fehlzeit iSd. Abs. 1 ausgefallenen ArbN (unmittelbare Vertretung) oder mit der Tätigkeit eines anderen ArbN, der seinerseits zur Vertretung des ausgefallenen ArbN eingesetzt wird (mittelbare Vertretung), beschäftigt werden. Die Befristung ist in beiden Fällen wirksam[8]. Wenn die Befristung bei der mittelbaren Vertretung mit dem Ausfall des ArbN in Elternzeit begründet wird, muss deutlich gemacht werden, dass die Vertretungskraft gerade wegen des vorübergehenden Mehrbedarfs durch den Ausfall dieses Mitarbeiters eingestellt wurde[9]. Sollen etwaige Schwierigkeiten der Darlegung einer solchen Kausalkette vermieden werden, muss die befristete Einstellung unmittelbar durch den zeitweiligen Ausfall des ArbN begründet werden, der zur Vertretung des durch eine Fehlzeit iSd. Abs. 1 ausgefallenen ArbN eingesetzt wird.

III. Bestimmtheitserfordernis. Bei einer Befristung nach § 21 muss die Dauer des Arbeitsverhältnisses kalendermäßig bestimmt oder bestimmbar oder den in den Absätzen 1 und 2 genannten Zwecken zu entnehmen sein (§ 21 Abs. 3). Einerseits soll den Parteien dadurch frühzeitig Klarheit über das Vertragsende verschafft werden. Andererseits wird der Tatsache Rechnung getragen, dass zB bei Beginn der Mutterschutzfristen noch unklar ist, ob und wie lange (ggf. unter Einbindung der Elternzeit) Vertretungsbedarf gegeben ist. Werden diese Formerfordernisse nicht beachtet, ist die Befristung zwar

---

[1] BAG v. 23.1.2002 – 7 AZR 440/00, DB 2002, 665; v. 5.6.2002 – 7 AZR 201/01, DB 2002, 2272; v. 4.6.2003 – 7 AZR 406/02, BB 2003, 1683 (1684). | [2] BAG v. 3.10.1984 – 7 AZR 192/83, DB 1985, 2152 (2153); LAG Hessen v. 16.9.1999 – 12 Sa 2034/98, NZA-RR 2000, 293 (294). | [3] BAG v. 23.1.2002 – 7 AZR 461/00, NZA 2002, 871; v. 5.6.2002 – 7 AZR 241/01, DB 2002, 2166 (2167). | [4] BAG v. 6.12.2000 – 7 AZR 262/99, DB 2001, 870; v. 21.2.2001 – 7 AZR 107/00, DB 2001, 2099. | [5] BAG v. 5.6.2002 – 7 AZR 201/01, DB 2002, 2272. | [6] BAG v. 15.8.2001 – 7 AZR 263/00, NZA 2002, 85 (86); v. 23.1.2002 – 7 AZR 461/00, NZA 2002, 871. | [7] Vgl. BAG v. 20.2.2002 – 7 AZR 600/00, DB 2002, 896 (897); *Elz*, Der Wiedereinstellungsanspruch, 2002, S. 96 ff. | [8] BAG v. 21.3.1990 – 7 AZR 286/89, NZA 1990, 744 (745); v. 21.2.2001 – 7 AZR 107/00, DB 2001, 2099. | [9] BAG v. 21.2.2001 – 7 AZR 107/00, DB 2001, 2099.

unwirksam. Analog § 16 Abs. 2 TzBfG wird man allerdings von einer ordentlichen Kündbarkeit des Vertrags ausgehen können[1].

8 Wird anstelle der Zweckbefristung, was statthaft ist, eine auflösende Bedingung vereinbart, muss der Eintritt der Bedingung Auswirkungen auf den Beschäftigungsbedarf haben. Dies ist nicht der Fall, wenn der befristete Arbeitsvertrag mit Ausscheiden des Vertreters enden soll[2]. Darüber hinaus muss die Möglichkeit des Bedingungseintritts sichergestellt werden. Wird zB „die Rückkehr" des vertretenen ArbN als Bedingung gewählt, besteht der Vertrag unbefristet fort, wenn eine Rückkehr zB wegen Beendigung des Arbeitsverhältnisses nicht mehr zu erwarten ist[3]. Vorsorglich können Zeit- und Zweckbefristung verbunden werden. In diesem Fall endet der Vertrag in der Regel mit Zweckerfüllung, spätestens mit Ablauf des vereinbarten Datums.

9 **IV. Befristungsdauer.** Die Befristung zur Vertretung kann höchstens für die Dauer der Fehlzeit des vertretenen ArbN zuzüglich einer erforderlichen Einarbeitungszeit gewählt werden (§ 21 Abs. 2). Dabei kann die Befristung auch für einen Teil der Fehlzeit nach § 21 Abs. 1 vereinbart werden. Da der ArbGeb frei darüber entscheiden kann, ob und ggf. für welche Zeit er eine Vertretungskraft beschäftigt, ist ein sachlicher Grund zur Begründung der Befristungsdauer nicht erforderlich[4].

10 Soweit eine Zweckbefristung erfolgt ist oder eine auflösende Bedingung vereinbart wurde, endet der Vertrag erst zwei Wochen nach Zugang einer schriftlichen Mitteilung des ArbGeb über die Zweckerfüllung bzw. den Bedingungseintritt (§ 15 Abs. 2 TzBfG). Gegenteilige Vereinbarungen sind unwirksam[5].

11 Arbeitet der ArbN nach Fristende mit Wissen des ArbGeb bzw. eines zum Abschluss von Arbeitsverträgen berechtigten Vertreters weiter, ohne dass ein unverzüglicher Widerspruch erfolgt, wandelt sich das befristete Arbeitsverhältnis nach § 625 BGB in ein unbefristetes um[6]. Ein Widerspruch ist konkludent im Angebot auf einen neuen befristeten Arbeitsvertrag enthalten[7].

12 **V. Mitbest. des Betriebs- und Personalrats.** Die Einstellung eines Vertreters bedarf der Zustimmung des BR (§ 99 BetrVG) bzw. des Personalrats (§ 75 BPersVG). Diese Zustimmung ist auch für den Fall einer Verlängerung der Befristung notwendig[8]. Fehlt eine solche Zustimmung, ist der Arbeitsvertrag wirksam, aber eine tatsächliche Beschäftigung ausgeschlossen[9]. Die Befristung selbst wird von § 99 BetrVG nicht erfasst. Allerdings ist eine Zustimmung des Personalrats notwendig (vgl. § 75 BPersVG). Ohne Zustimmung ist die Befristung unwirksam mit der Folge, dass ein unbefristeter Arbeitsvertrag besteht[10].

13 **VI. Sonderkündigungsrecht des ArbGeb.** Haben ArbGeb und Vertreter keine ordentliche Kündigung des Arbeitsverhältnisses vereinbart, ist eine Kündigung beiderseits grundsätzlich nur aus wichtigem Grund (§ 626 BGB) zulässig (§ 15 Abs. 3 TzBfG). Abweichend hiervon ist eine Kündigung des ArbGeb indes mit einer Frist von drei Wochen, frühestens jedoch zum Ende der Elternzeit des vertretenen ArbN zulässig, wenn die Elternzeit ohne Zustimmung des ArbGeb vorzeitig endet und der ArbN die vorzeitige Beendigung seiner Elternzeit mitgeteilt hat (§ 21 Abs. 4 Satz 1). Dies gilt entsprechend, wenn der ArbGeb die vorzeitige Beendigung der Elternzeit wegen der Geburt eines weiteren Kindes oder wegen eines besonderen Härtefalls (§ 1 Abs. 5) nicht ablehnen darf (§ 21 Abs. 4 Satz 2). Bei einer solchen Kündigung findet das Kündigungsschutzgesetz keine Anwendung, es sei denn, seine Anwendbarkeit ist auch für diesen Fall vereinbart worden (§ 21 Abs. 5, 6). Anderweitiger Kündigungsschutz (zB § 15 KSchG, § 9 MuSchG, §§ 85 ff. SGB IX) findet dagegen weiterhin Anwendung[11]. Eine besondere Kündigungsmöglichkeit für den Fall der Rückkehr des ArbN in Elternzeit zur Aufnahme einer Teilzeitbeschäftigung, die über § 15 Abs. 7 auch gegen den Willen des ArbGeb durchgesetzt werden kann, sieht § 21 nicht vor. Problematisch ist dies insb. dann, wenn die Ersatzkraft bereits eingestellt und für die Dauer ihrer Befristung ihrerseits nur außerordentlich gekündigt werden kann.

14 Das Sonderkündigungsrecht des ArbGeb aus Abs. 4 kann vertraglich, auch durch TV, ausgeschlossen werden[12].

15 **VII. Auswirkungen auf die Berechnung der Betriebsgröße.** Kommt es für die Anwendbarkeit einer Vorschrift auf die Betriebsgröße an, sind ArbN, die sich in Mutterschutz bzw. Elternzeit befinden oder zur Betreuung eines Kindes freigestellt wurden, nicht mitzuzählen, wenn für sie ein Vertreter eingestellt ist. Der ausgefallene ArbN wird nur dann einbezogen, wenn bereits der Vertreter nicht mitzuzäh-

---

1 Ebenso *Boewer*, § 16 TzBfG Rz. 10; abw. noch BAG v. 26.3.1986 – 7 AZR 599/84, DB 1987, 1257 (1258), das vor dem Inkrafttreten des TzBfG eine Beendigung mit Auslauffrist entsprechend der Mindestkündigungsfrist angenommen hatte. |2 BAG v. 5.6.2002 – 7 AZR 201/01, DB 2002, 2272. |3 BAG v. 26.6.1996 – 7 AZR 674/95, DB 1996, 2289 (2290). |4 BAG v. 11.11.1998 – 7 AZR 328/97, NZA 1999, 1211; v. 6.12.2000 – 7 AZR 262/99, DB 2001, 870; aA LAG Hamburg v. 4.9.2000 – 5 Sa 17/00, AuR 2001, 111. |5 *Bauer*, NZA 2000, 1039 (1042); *Meinel/Heyn/Herms*, § 15 TzBfG Rz. 16. |6 BAG v. 20.2.2002 – 7 AZR 662/00, EzA § 625 BGB Nr. 5. |7 *Hönsch*, Elternzeit und Erziehungsgeld, Rz. 454. |8 BAG v. 8.7.1998 – 7 AZR 308/97, NZA 1998, 1296. |9 BAG v. 2.7.1980 – 5 AZR 1241/79, EzA § 99 BetrVG 1972 Nr. 28. |10 BAG v. 20.2.2002 – 7 AZR 707/00, ArbRB 2002, 229 (*B. Gaul/Kühnreich*); LAG BW v. 5.7.2000 – 12 Sa 89/99, nv. |11 *Glatzel*, AR-Blattei SD 656 Rz. 212. |12 ErfK/*Müller-Glöge*, § 21 BErzGG Rz. 12.

len ist. Entsprechendes gilt für Vorschriften, in denen auf die Zahl von Arbeitsplätzen hingewiesen wird (§ 21 Abs. 7). Beispiel: §§ 1, 9, 95, 99, 106, 110, 111 BetrVG; §§ 17, 23 KSchG. Dadurch soll verhindert werden, dass der vorübergehend mit einem Vertreter besetzte Arbeitsplatz doppelt gezählt wird und Vorschriften anwendbar werden, die ohne die Einstellung einer Vertretung nicht einschlägig wären.

VIII. Prozessuales. Will der Vertreter geltend machen, dass die Befristung unwirksam ist, muss er gemäß § 17 TzBfG grundsätzlich binnen drei Wochen nach dem vereinbarten Ende des befristeten Arbeitsvertrags beim ArbG Klage erheben. Bei mehrfacher Befristung gilt dies für jede einzelne Frist. Wird sie für vorangehende Befristungen nicht gewahrt, kann nur noch die Befristung des letzten Vertrags auf ihre Wirksamkeit geprüft werden[1]. Darlegungs- und beweispflichtig für das Vorliegen des vorübergehenden Bedarfs für die Beschäftigung eines Vertreters ist der ArbGeb[2].

---

[1] BAG v. 24.10.2001 – 7 AZR 686/00, DB 2002, 536 f.; v. 5.6.2002 – 7 AZR 205/01, DB 2002, 2385. | [2] Vgl. BAG v. 5.6.2002 – 7 AZR 205/01, DB 2002, 2385; LAG Thür. v. 8.12.1999 – 6 Sa 609/98, nv.

Gesetz zum Schutz der Beschäftigten vor sexueller Belästigung am Arbeitsplatz (Beschäftigtenschutzgesetz – BeschSchG)

vom 24.6.1994 (BGBl. I S. 1406)

Lit.: *Adolph/Koberski*, Durchbruch zu gleichem Recht?, BArbBl 1995, Nr. 7–8, 17; *Appel*, Handbuch zur Gleichstellung der Geschlechter im Arbeitsrecht, 1998; *Bauer*, Europäische Antidiskriminierungsrichtlinien und ihr Einfluss auf das deutsche Arbeitsrecht, NJW 2001, 2672; *Degen*, Sexuelle Gewalt am Arbeitsplatz, Streit 2001, 149; *Degen*, Neue Rspr. zu sexueller Belästigung am Arbeitsplatz, PersR 1999, 8; *Eckertz-Höfer*, Frauengleichstellungsgesetze des Bundes und der Länder, AuR 1997, 470; *Goergens*, Fristlose Kündigung wegen sexueller Belästigung, AiB 1998, 178; *Greif*, Das Beschäftigtenschutzgesetz; eine rechtliche und soziale Würdigung, Archiv PT 1996, 33; *Gutsche*, Das Zweite Gleichberechtigungsgesetz, 1996; *Hadeler*, Die Revision der Gleichbehandlungsrichtlinie 76/207/EWG – Umsetzungsbedarf für das deutsche Arbeitsrecht, NZA 2003, 77; *Herzog*, Sexuelle Belästigung am Arbeitsplatz im US-amerikanischen und deutschen Recht, 1997; *Hohmann*, Thesen zur Weiterentwicklung des Beschäftigtenschutzgesetzes mit dem Ziel eines besseren Schutzes vor sexueller Belästigung am Arbeitsplatz, ZRP 1995, 167; *Holzbecher/Braszeit/Müller/Plogstedt*, Bundesminister für Jugend, Frauen, Familie und Gesundheit (Hrsg.), Sexuelle Belästigung am Arbeitsplatz, 5. Aufl., 1997; *Linde*, Sexuelle Belästigung am Arbeitsplatz, BB 1994, 2412; *Lorenz*, Sexuelle Belästigung am Arbeitsplatz, ZMV 2002, 170; *Lindena*, Zweites Gleichberechtigungsgesetz verbessert Diskriminierungsschutz, BuW 1994, 800; *Marzodko*, Sexuelle Belästigung am Arbeitsplatz, ZTR 2000, 305; *Mästle*, Der zivilrechtliche Schutz vor sexueller Belästigung am Arbeitsplatz, 2000; *Mästle*, § 2 Beschäftigtenschutzgesetz als Schutzgesetz iS von § 823 II BGB, NJW 2001, 3317; *Mästle*, Sexuelle Belästigungen im Betrieb – angemessene Reaktionsmöglichkeiten des ArbGeb, BB 2002, 250; *Mästle*, Ist sexuelle Belästigung am Arbeitsplatz strafbar?, AuR 2002, 410; *Mauer*, Das Zweite Gleichberechtigungsgesetz, BB 1994, 1283; *Merkel*, 2. GleiBG – wichtige Signale auch für die private Wirtschaft, AuA 1994, 265; *Pfarr*, Gleichbehandlung von Männern und Frauen im Arbeitsverhältnis, AR-Blattei SD 800.2; *Reiserer*, Das Zweite Gleichberechtigungsgesetz – Gleichstellung von Frauen und Männern im Erwerbsleben?, WiB 1994, 940; *Rust*, Änderungsrichtlinie 2002 zur Gleichbehandlungsrichtlinie von 1976, NZA 2003, 72; *Schiek*, 2. Gleichberechtigungsgesetz – Änderungen des Arbeitsrechts, AiB 1994, 450; *Schiek*, Die Schnecke Fortschritt kriecht rückwärts – Das zweite Gleichberechtigungsgesetz, Streit 1995, 3; *Schiek*, Sexuelle Belästigung am Arbeitsplatz, AiB 1997, 441; *Schlachter*, Sexuelle Belästigung am Arbeitsplatz – Inhalt und Funktion des Arbeitsplatzbezuges, NZA 2001, 121; *Schlachter*, Beschäftigtenschutzgesetz, AR-Blattei SD 425; *Schmidt-Dorrenbach*, Drei neue Arbeitsgesetze – Auswirkungen auf die betriebliche Personalarbeit, PersF 1994, 1068; *Specht*, Das Zweite Gleichberechtigungsgesetz, 1998; *Vahle*, Schutz gegen sexuelle Belästigung am Arbeitsplatz per Gesetz? – Anmerkungen zum sog. Beschäftigtenschutzgesetz, ZBR 1994, 374; *Worzalla*, Das Zweite Gleichberechtigungsgesetz, PersR 1994, 822; *Worzalla*, Das Beschäftigtenschutzgesetz in der Praxis, NZA 1994, 1016.

1 Ziel, Anwendungsbereich

(1) Ziel des Gesetzes ist die Wahrung der Würde von Frauen und Männern durch den Schutz vor sexueller Belästigung am Arbeitsplatz.

(2) Beschäftigte im Sinne dieses Gesetzes sind

1. die Arbeitnehmerinnen und Arbeitnehmer in Betrieben und Verwaltungen des privaten oder öffentlichen Rechts (Arbeiterinnen und Arbeiter, Angestellte, zu ihrer Berufsbildung Beschäftige), ferner Personen, die wegen ihrer wirtschaftlichen Unselbständigkeit als arbeitnehmerähnliche Personen anzusehen sind. Zu diesen gehören auch die in Heimarbeit Beschäftigten und die ihnen Gleichgestellten; für sie tritt an die Stelle des Arbeitgebers der Auftraggeber oder Zwischenmeister;

2. die Beamtinnen oder Beamten des Bundes, der Länder, der Gemeinden, der Gemeindeverbände sowie der sonstigen der Aufsicht des Bundes oder eines Landes unterstehenden Körperschaften, Anstalten und Stiftungen des öffentlichen Rechts;

3. die Richterinnen und Richter des Bundes und der Länder;

4. weibliche und männliche Soldaten (§ 6).

I. Entstehungsgeschichte und Anwendungsbereich. Das BeschSchG entstand infolge der Empfehlung der EG-Kommission „zum Schutz der Würde von Frauen und Männern am Arbeitsplatz", die die Mitgliedstaaten dazu aufgefordert hatte, positive Maßnahmen zu entwickeln, mit denen ein Arbeitsplatz ein Klima geschaffen werden soll, in dem Männer und Frauen gegenseitig die Unverletzlichkeit ihrer Person respektieren[1]. Die hierin nahe gelegte Ergreifung von Schutzmaßnahmen entsprach dem Grund-

---

[1] Empfehlung der EG-Kommission (92/131/EWG) v. 27.11.1991, ABl. EG Nr. L 49 v. 24.2.1992, S. 1.

gedanken der Gleichbehandlungsrichtlinie 76/207/EWG des Rates[1] vom 9.2.1976. Das auf die Rahmengesetzgebungskompetenz des Bundes aus Art. 75 Nr. 1, Art. 72 Abs. 2 Nr. 3 GG gestützte BeschSchG wurde als Art. 11 des 2. GleiBG am 24.6.1994 erlassen. Es lässt trotz seines weiten Regelungsumfanges Raum für ausfüllende Regelungen seitens der Landesgesetzgeber. Dies gilt zB für die Einführung von Maßnahmen zur Vorbeugung vor sexueller Belästigung, zur Beratung der betroffenen Beschäftigten und zur Behandlung ihrer Beschwerden sowie zu den erforderlichen Schritten im Falle einer sexuellen Belästigung[2].

Am 23.9.2002 ist die Gleichbehandlungsrichtlinie 76/207/EWG durch die **Richtlinie 2002/73/EG**[3] geändert worden. Erstmals werden die Begriffe mittelbare und unmittelbare Diskriminierung sowie die geschlechtsbezogene Belästigung und sexuelle Belästigung als deren Unterfall definiert (§ 2 Rz. 17). Eine wesentliche Neuerung besteht darin, dass in Art. 8a der Richtlinie jeder Mitgliedsstaat gehalten ist, eine oder mehrere Stellen zu bezeichnen, deren Aufgabe darin besteht, die Verwirklichung der Gleichbehandlung aller Personen zu fördern, zu analysieren, zu beobachten und zu unterstützen. Inwieweit sich daraus Umsetzungsbedarf für das deutsche Arbeitsrecht im Bereich des BeschSchG ergibt, ist derzeit noch unklar (vgl. § 2 Rz. 18; § 2 Rz. 5; § 3 Rz. 10). 2

Der persönliche **Anwendungsbereich** des Gesetzes, der alle Beschäftigten umfasst, wird in § 1 Abs. 2 abschließend festgelegt. Es gilt für alle ArbN in der Privatwirtschaft und im öffentlichen Dienst. Erfasst werden auch zur Berufsbildung Beschäftigte. Die Definition des § 1 Abs. 2 Nr. 1 ist gegenüber dem Regierungsentwurf[4] dahin gehend geändert worden, dass in Nr. 1 das Wort „Berufsausbildung" durch „Berufsbildung" ersetzt worden ist. Damit wurde klargestellt, dass nicht nur Auszubildende in den Anwendungsbereich des Gesetzes fallen, sondern auch Beschäftigte, die sich in beruflicher Fort- oder Umschulung befinden[5]. Weiter werden arbeitnehmerähnliche Personen genannt, zu denen wiederum die in Heimarbeit Beschäftigten und die diesen Gleichgestellten zählen. Durch die ausdrückliche Nennung der Beamten, Richter und Soldaten wird ein umfassender Schutz gewährleistet. Jeweils werden ausdrücklich Angehörige beider Geschlechter genannt und damit die sexuelle Belästigung Gleichgeschlechtlicher in den Schutz des Gesetzes einbezogen. Nicht geschützt sind demgegenüber freie Mitarbeiter. Dies erscheint zweckwidrig, da freie Mitarbeiter, die ihre Arbeitsleistung im Wesentlichen in einem Betrieb erbringen, mit größerer Wahrscheinlichkeit Belästigungen ausgesetzt sein können als zB die erfassten Heimarbeiter[6]. Das Europarecht dürfte hier überdies zu Änderungen zwingen[7]: Die Richtlinie 76/207/EWG will seit ihrer Ergänzung durch die Richtlinie 2002/73/EG gemäß Art. 3 Abs. 1a. ausdrücklich den Zugang zu „**unselbständiger und selbständiger Erwerbstätigkeit**" erfassen; eine Beschränkung auf den persönlich abhängigen ArbN verbietet sich daher, auch im Hinblick auf den Schutz vor sexueller Belästigung, die als eine Form der Diskriminierung normiert wurde (s. § 2 Rz. 17). 3

II. Normzweck. Das **Ziel des Gesetzes** wird inhaltlich übereinstimmend mit der Empfehlung der EG-Kommission in § 1 Abs. 1 BeschSchG zum Ausdruck gebracht[8]. In der „Dortmunder Studie"[9] wurde die Vermutung begründet, dass in einigen Firmen oder Behörden etwa ein Drittel der weiblichen Beschäftigten betroffen sein können und dass bei Opfern häufig schwerwiegende psychologische Folgen auftreten. Durch den Erlass des BeschSchG sollte nicht nur ein umfassender Schutz der Beschäftigten geschaffen und der Begriff der sexuellen Belästigung definiert werden, sondern auch die Bedeutung des Problems hervorgehoben werden; das Gesetz hat insoweit appellativen Charakter[10]. Der Normzweck besteht darin, das Bewusstsein zu fördern, dass ein Verhalten sexueller Natur oder sonstiges Verhalten aufgrund der Geschlechtszugehörigkeit, das die Würde von Frau und Mann am Arbeitsplatz beeinträchtigt, unannehmbar ist. Es sollte sicher gestellt werden, dass es nicht zu sexuellen Belastungen kommt und bzw. falls es dennoch dazu kommt, auf angemessene Verfahren zur Bewältigung des Problems und zur Vermeidung seiner Wiederholung zurückgegriffen werden kann[11]. 4

2 Schutz vor sexueller Belästigung

(1) Arbeitgeber und Dienstvorgesetzte haben die Beschäftigten vor sexueller Belästigung am Arbeitsplatz zu schützen. Dieser Schutz umfasst auch vorbeugende Maßnahmen.

(2) Sexuelle Belästigung am Arbeitsplatz ist jedes vorsätzliche, sexuell bestimmte Verhalten, das die Würde von Beschäftigten am Arbeitsplatz verletzt. Dazu gehören

1. sexuelle Handlungen und Verhaltensweisen, die nach den strafgesetzlichen Vorschriften unter Strafe gestellt sind, sowie

---

[1] Richtlinie des Rates zur Verwirklichung des Grundsatzes der Gleichbehandlung von Mann und Frau hinsichtlich des Zugangs zur Beschäftigung, zur Berufsbildung und zum beruflichen Aufstieg sowie in Bezug auf die Arbeitsbedingungen v. 9.2.1976, ABl. EG Nr. L 39 v. 14.2.1976, S. 40. | [2] Vgl. Gegenäußerung der Bundesregierung BT-Drs. 12/5468, S. 76. | [3] Richtlinie 2002/73/EG des Europäischen Parlaments und des Rates v. 23.9.2002, ABl. EG Nr. L 269/15 v. 5.10.2002. | [4] BT-Drs. 12/5468, S. 12. | [5] Vgl. hierzu *Worzalla*, NZA 1994, 1016 (1017). | [6] *Worzalla*, NZA 1994, 1016 (1017). | [7] S. hierzu auch EuGH v. 2.10.1997 – Rs. C-100/95, NZA 1997, 1221 (Steuerberaterprüfung). | [8] Empfehlung der EG-Kommission (92/131/EWG) v. 27.11.1991, ABl. EG Nr. L 49 v. 24.2.1992, S. 2. | [9] *Holzbecher ua.*, Sexuelle Belästigung am Arbeitsplatz; vgl. auch *Merkel*, AuA 1994, 265 (267). | [10] ErfK/*Schlachter*, § 2 BeschSchG Rz. 3. | [11] Empfehlung der EG-Kommission (92/131/EWG) v. 27.11.1991, ABl. EG Nr. L 49 v. 24.2.1992, S. 2 (3).

2. sonstige sexuelle Handlungen und Aufforderungen zu diesen, sexuell bestimmte körperliche Berührungen, Bemerkungen sexuellen Inhalts sowie Zeigen und sichtbares Anbringen von pornographischen Darstellungen, die von den Betroffenen erkennbar abgelehnt werden.

(3) Sexuelle Belästigung am Arbeitsplatz ist eine Verletzung der arbeitsvertraglichen Pflichten oder ein Dienstvergehen.

1 **I. Schutzpflicht des ArbGeb/Dienstvorgesetzten (Abs. 1).** Der **Schutz vor sexueller Belästigung** am Arbeitsplatz betrifft sowohl die Unterbindung festgestellter wiederholter Belästigungen (Abs. 1 Satz 1) als auch die Verhinderung von sexuellen Belästigungen (Abs. 1 Satz 2)[1]. Der ArbGeb/Dienstvorgesetzte trägt die Verantwortung dafür, dass seine Beschäftigten weder in ihrer Gesundheit, ihrem Leben noch in ihrer psychischen Integrität, also ihrer Würde verletzt werden. Die Schutzpflicht erfasst auch Belästigungen durch betriebsfremde Dritte oder den ArbGeb/Dienstvorgesetzten selbst[2]. Die Vorschrift wird ergänzt durch § 4 BeschSchG, der weiter gehende Maßnahmen konkretisiert (vgl. hierzu § 4 Rz. 1).

2 Durch die Aufführung von ArbGeb und Dienstvorgesetztem wird die Erfassung **privatrechtlicher** und **öffentlich-rechtlicher** Beschäftigungsverhältnisse gewährleistet. Dienstvorgesetzter ist nach § 3 Abs. 2 BBG, wer für beamtenrechtliche Entscheidungen über die persönlichen Angelegenheiten der ihm nachgeordneten Beamten zuständig ist. Ein Vorgesetzter im privatrechtlichen Arbeitsverhältnis ist kein Dienstvorgesetzter.

3 Die sexuelle Belästigung muss „**am Arbeitsplatz**" stattgefunden haben. Dem Arbeitsplatzbezug kommt die Aufgabe zu, tatbestandseingrenzend zu wirken, weil durch die Verpflichtung zur Gewährleistung effektiven arbeitsrechtlichen Schutzes der Verantwortung und das Haftungsrisiko des ArbGeb erweitert werden[3] (vgl. Rz. 6). Die sexuelle Belästigung muss nach richtiger Ansicht aber **keinen räumlichen Bezug zum Arbeitsplatz** haben. Der Schutzzweck des Gesetzes umfasst vielmehr jede Verhaltensweise, die in **unmittelbarem Zusammenhang mit dem Arbeitsverhältnis** steht[4]. Dies folgt daraus, dass unerwünschte sexuelle Belästigungen außerhalb der Arbeitszeit, aber aus Anlass des betrieblichen Kontaktes, die psychische Integrität der Beschäftigten ebenso beeinträchtigen können wie im räumlichen Bereich des Arbeitsplatzes. In der Rspr. ist anerkannt, dass zB betriebliche Feiern unter Kollegen[5], aber auch Betriebsausflüge, Dienstreisen, Seminare und Lehrgänge einen Zusammenhang mit dem Arbeitsverhältnis begründen[6]. Ein in Ausübung oder bei Gelegenheit der Arbeitsleistung des Belästigenden auftretender Vorfall ist grundsätzlich geeignet, die Schutzpflichten auszulösen: Wer unter Ausnutzung seiner betrieblichen Stellung Betriebsangehörige belästigt, unterliegt dem Geltungsbereich des Gesetzes auch dann, wenn die Betroffenen sich im fraglichen Zeitpunkt auswärts oder zu Hause aufhalten; der notwendige Arbeitsplatzbezug wird durch den Belästiger hergestellt[7]. Die **Grenze** ist allerdings dann erreicht, wenn sich Belästigungen ausschließlich auf den Privatbereich beschränken. Zu verneinen ist der Arbeitsplatzbezug, wenn sich Betriebsangehörige nicht aus dienstlichem Anlass, sondern **infolge privater Kontakte** außerdienstlich treffen und lediglich die Bekanntschaft auf der gemeinsamen Tätigkeit im Betrieb beruht. Zwar kann eine außerdienstliche Zudringlichkeit in das Privatleben einen besonders gewichtigen Eingriff darstellen, wie zB mehrfache abendliche Anrufe[8]. In diesem Bereich ist dem ArbGeb jedoch die Durchführung effektiver Schutzmaßnahmen rechtlich und **tatsächlich nicht möglich**[9]. Handelt es sich um derartige **Belästigungen im Privatbereich** und bewirken diese eine **konkrete Störung des Arbeitsverhältnisses** selbst, ergibt sich mangels Arbeitsplatzbezuges keine Pflicht zur Ergreifung von Schutzmaßnahmen nach dem BeschSchG[10]. Vielmehr bestimmen sich die Eingriffspflichten nach den allgemeinen Grundsätzen bei außerdienstlichem Fehlverhalten[11]. Dies gilt zB dann, wenn eine sexuelle Belästigung, die im Privatbereich stattfindet, die betriebliche Verbundenheit der Mitarbeiter in grober Weise beeinträchtigt[12] und sich so das außerdienstliche Verhalten am Arbeitsplatz fortsetzt.

4 Da der Schutz vor sexueller Belästigung eine **arbeitsvertragliche Nebenverpflichtung** darstellt, steht dem ArbGeb/Dienstvorgesetzten unter Beachtung des Grundsatzes der Verhältnismäßigkeit ein **Ermessens- und Beurteilungsspielraum** zu, welche Schutzmaßnahmen er im Einzelnen ergreift[13]. Nicht im Einzelnen genannt werden die vom ArbGeb zu ergreifenden **vorbeugenden Schutzmaßnahmen** (§ 2 Abs. 1 Satz 2). Die Begründung zum Regierungsentwurf stellt lediglich klar, dass die Verpflichtung zu derartigen Maßnahmen immer nur soweit gehen könne, wie der ArbGeb und Dienstvorgesetzte rechtlich und tatsächlich zur Pflichterfüllung in diesem Bereich in der Lage sind[14]. Dazu kann zB gehören, auf das ausgehängte BeschSchG hinzuweisen[15]. Wegen der Häufigkeit der bisher festgestellten Belästigungen[16] kön-

---

1 BT-Drs. 12/5468, S. 46. |2 BT-Drs. 12/5468, S. 46. |3 Vgl. *Schlachter*, NZA 2001, 121 (123). |4 LAG Frankfurt v. 2.5.2000 – 7 Sa 1291/99, nv. (juris); *Schaub*, ArbRHdb, § 166 Rz. 39. |5 OLG Hamburg v. 15.3.1955 – 7 U 411/54, BB 1955, 575 (575); OLG Celle v. 23.2.1973 – 5 W 4/73, NJW 1973, 1087 (1088). |6 Vgl. ErfK/*Schlachter*, § 2 BeschSchG Rz. 1. |7 *Schlachter*, NZA 2001, 121 (124). |8 BVerwG v. 10.11.1998 – 2 WD 4/98, BVerwGE 113, 279 (285). |9 Diese Begrenzung gilt auch bei vorbeugenden Maßnahmen (BT-Drs. 12/5468, S. 46). |10 *Schlachter*, NZA 2001, 121 (125). |11 Vgl. BAG v. 26.3.1992 – 2 AZR 519/91, NZA 1992, 1121 (1123). |12 Vgl. LAG Hamm v. 10.3.1999 – 18 Sa 2328/98, LAGE Nr. 75 zu § 1 KSchG – Verhaltensbedingte Kündigung. |13 *Schaub*, ArbRHdb, § 166 Rz. 47; Kasseler Handbuch/*Künzl*, § 2 BeschSchG Rz. 749. |14 BT-Drs. 12/5468, S. 46. |15 *Worzalla*, NZA 1994, 1016 (1017). |16 Vgl. *Holzbecher ua.*, Sexuelle Belästigung am Arbeitsplatz, S. 256 ff.

nen auch weiter gehende Maßnahmen wie Fortbildungsveranstaltungen (vgl. § 5 für den öffentlichen Dienst), die Einführung betrieblicher Verhaltensmaßregeln sowie eine entsprechende Ausgestaltung des Arbeitsorts, zB Sichtblenden an Arbeitstischen, ausreichende Beleuchtung von Parkplätzen und Wegen oä., erforderlich werden[1]. Dies ist insb. dann angezeigt, wenn der belästigte Beschäftigte die Ablehnung von Belästigungen nicht gegenüber dem Belästigenden selbst „erkennbar" erklärt (vgl. Abs. 2 Satz 2 Nr. 2), sondern sich an den ArbGeb/Dienstvorgesetzten wendet. Es wäre wünschenswert gewesen, wenn der Gesetzgeber eine **Konkretisierung der vorbeugend zu ergreifenden Schutzmaßnahmen** vorgenommen hätte. Es kommen etwa Trainingsprogramme zur Verhinderung von sexueller Belästigung, Sensibilisierung vor allem der leitenden Angestellten oder Beamten im Hinblick auf Belästigungsbelange sowie eine eindeutige Unternehmenspolitik gegen sexuelle Belästigung am Arbeitsplatz in Betracht[2]. Die Reichweite der Präventionspflicht durch den ArbGeb/Dienstvorgesetzten ist mit all dem nur unvollkommen beschrieben, dürfte aber regelmäßig der entscheidende Streitpunkt sein. In den USA hat sich hierzu eine umfangreiche Kasuistik ergeben; die EEOC gibt hierzu *guidelines*. Die dort gefundenen Grenzen können Anregung auch hier geben[3].

In Art. 8b Abs. 3 und 4 der **Richtlinie 2002/73/EG** vom 23.9.2002 werden die Mitgliedstaaten aufgefordert, in Übereinstimmung mit den nationalen Gesetzen, TV und Gepflogenheiten die ArbGeb zu ersuchen, die Gleichbehandlung von Frauen und Männern am Arbeitsplatz in geplanter und systematischer Weise dadurch zu fördern, dass zB den ArbN in regelmäßigen Abständen **Informationen über die Gleichbehandlung** in ihrem Betrieb gegeben werden[4]. Diese Informationen können Statistiken über den Anteil von Frauen und Männern auf den unterschiedlichen Ebenen des Betriebs sowie mögliche Maßnahmen zur Verbesserung der Situation in Zusammenarbeit mit den ArbN-Vertretern enthalten. Die Durchsetzung der tatsächlichen Gleichstellung gehört gem. § 80 Abs. 1 Nr. 2a BetrVG zu den **allgemeinen Aufgaben des BR**. Er ist hierzu rechtzeitig und umfassend vom ArbGeb zu unterrichten (§ 80 Abs. 2 BetrVG). Da der BR in regelmäßigen Abständen tagt, sind die Vorschriften des BetrVG ausreichend, um das Ziel der Richtlinie zu erreichen. Die Erstellung von Statistiken ist ohnehin freiwillig.   5

Aus der Einordnung als arbeitsvertragliche Nebenverpflichtung folgt, dass die Möglichkeit der **gerichtlichen Geltendmachung** dieser Pflicht besteht (vgl. § 4 Rz. 4). Hieraus folgt aber auch, dass sich der ArbGeb bei ihrer Verletzung **schadensersatzpflichtig** machen kann[5]. Es kommt dann ein Schadensersatzanspruch aus § 280 Abs. 1 BGB in Betracht. Neben dem vertraglichen Anspruch kann auch ein deliktischer aus § 823 Abs. 1 BGB bestehen, wenn eine Verletzung des Persönlichkeitsrechts schuldhaft nicht unterbunden wurde[6].   6

Denkbar sind auch Schadensersatzansprüche gegen den ArbGeb aus § 823 Abs. 2 BGB iVm. § 185 StGB oder iVm. § 2 BeschSchG, wenn man hierin ein **Schutzgesetz** sieht[7]. In Betracht kommt der Ersatz **aller materieller Schäden** wie Behandlungs-, Therapie- und Rechtsverfolgungskosten, Verdienstausfall und Bewerbungskosten sowie **Schmerzensgeld**[8]. Da sich das BeschSchG hingegen nicht an den Belästiger richtet und gegen ein Schutzgesetz nur derjenige verstoßen kann, an den sich das Gesetz richtet, scheidet ein Anspruch aus § 823 Abs. 2 BGB iVm. § 2 BeschSchG gegen den Belästiger aus[9].   7

II. Begriff der sexuellen Belästigung (Abs. 2). Der Tatbestand des § 2 Abs. 2 ist durch drei Merkmale gekennzeichnet. Das Verhalten muss **vorsätzlich**, **sexuell bestimmt** und geeignet sein, die **Würde** des Beschäftigten zu verletzen. Zur sexuellen Belästigung gehören als besondere Fallgruppen zum einen die in Abs. 2 Nr. 1 genannten strafrechtlich relevante Verhaltensweisen, zum anderen die in Abs. 2 Nr. 2 bezeichneten sonstigen nicht abschließend aufgezählten Verhaltensweisen mit sexuellem Bezug, die erkennbar abgelehnt werden müssen.   8

Die **Definition** der sexuellen Belästigung ist **unbestimmt**. Es muss sich um ein Verhalten handeln, das bewusst und gewollt einen Aspekt des geschlechtlichen Lebensbereichs zum Gegenstand hat[10]. Fehlendes Unrechtsbewusstsein schließt den Vorsatz nicht aus, wenn die Wirkung des Verhaltens als belästigend vorherzusehen war[11]. Wann das Verhalten sexuell bestimmt ist, ist eine Frage des Einzelfalles und kann nur unter Heranziehung der Beurteilung eines **objektiven Beobachters** beantwortet werden. Durch die sexuelle Verhaltensweise muss schließlich die Würde der Frau oder des Mannes beeinträchtigt sein. Es ist Aufgabe der Rspr., einen sachgemäßen Interessenausgleich und eine Falltypik zu entwickeln[12]. So werden **im Einzelnen** als sexuelle Belästigung angesehen[13]: unerwünschte Einladungen oder Briefe mit   9

---

1 Vgl. *Schiek*, AiB 1994, 450 (459); ErfK/*Schlachter*, § 2 BeschSchG Rz. 2. | 2 *Hohmann*, ZRP 1995, 167 (169). | 3 S. jüngst etwa *West*, Preventing Sexual Harassment: The Federal Courts' Wake-Up Call for Women, 68 Brook. L. Rev. 457 (2002). | 4 Richtlinie 2002/73/EG des Europäischen Parlaments und des Rates v. 23.9.2002, ABl. EG Nr. L 269/19 v. 5.10.2002. | 5 Vgl. LAG Hamm v. 25.6.2002 – 18 Sa 1295/01, LAGReport 2002, 293 (294). | 6 Vgl. *Schaub*, ArbRHdb, § 166 Rz. 57. | 7 So einhellig die Lit.: überzeugend *Mästle*, NJW 2001, 3317 (3318); *Hohmann*, ZRP 1997, 167 (168); *Schaub*, ArbRHdb, § 166 Rz. 57; | 8 *Hohmann*, ZRP 1995, 167 (168). | 9 OLG Frankfurt v. 26.8.1999 – 15 U 103/97, NJW-RR 2000, 976 (977); *Mästle*, NJW 2001, 3317 (3318). | 10 *Worzalla*, NZA 1994, 1016 (1017). | 11 ErfK/*Schlachter*, § 2 BeschSchG Rz. 4. | 12 *Schaub*, ArbRHdb, § 166 Rz. 39. | 13 *Holzbecher ua.*, Sexuelle Belästigung am Arbeitsplatz, S. 160 ff., 205 ff.

eindeutiger Absicht[1], vulgäre oder obszöne Äußerungen[2], Erzwingung sexueller Handlungen, aufgedrängte körperliche Berührungen und Küsse[3], Berührung der weiblichen Brust[4], Kneifen oder Klapsen des Gesäßes[5], pornographische Bilder am Arbeitsplatz und Aufforderung zu sexuellen Handlungen[6] oder sexuellem Verkehr sowie der Missbrauch (übertragener) betrieblicher oder dienstlicher Vorgesetztenpositionen[7] (vgl. Rz. 11 f. mwN). Erfasst wird **heterosexuelle wie homosexuelle** Belästigung.

10 1. Strafrechtlich relevantes Verhalten (Abs. 2 Satz 2 Nr. 1). Erforderlich zur Feststellung, ob eine sexuelle Belästigung nach Abs. 2 Satz 2 Nr. 1 vorliegt, ist eine **strafrechtliche Beurteilung** des Sachverhalts[8]. Erfasst werden alle Handlungen, die den Tatbestand der §§ 174 ff. StGB erfüllen: sexueller Missbrauch von Schutzbefohlenen (§ 174 StGB), sexuelle Nötigung[9] und Vergewaltigung (§ 177 StGB), exhibitionistische Handlungen (§ 183 StGB) und Beleidigungen[10] (§ 185 StGB). Eine Strafbarkeit kommt nur in Betracht, wenn aktives Tun oder Unterlassen vorliegt, das das Geschlechtliche im Menschen zum unmittelbaren Gegenstand hat, und zwar unter Einsatz mindestens des eigenen oder eines fremden Körpers[11]. Für eine sexuelle Belästigung im strafrechtlichen Sinn ist weiter erforderlich, dass die sexuellen Handlungen im Hinblick auf das geschützte Rechtsgut von einiger Erheblichkeit sind (vgl. § 184c Nr. 1 StGB). Nicht erfasst werden also bloße Taktlosigkeiten, Geschmacklosigkeiten und Handlungen, die nicht als sexuell bedeutsam empfunden werden[12]. Zur Feststellung einer sexuellen Belästigung genügt die Tatbestandsmäßigkeit der Verletzung strafrechtlicher Normen; unerheblich ist, ob strafrechtliche Rechtfertigungs- oder die Entschuldigungsgründe (zB § 20 StGB) vorliegen[13].

11 2. Sonstiges Verhalten mit sexuellem Bezug (Abs. 2 Satz 2 Nr. 2). Es handelt sich um einen **Auffangtatbestand** für alle sonstigen Handlungen mit sexuellem Bezug (Rz. 9), die nicht strafrechtlich relevant sind. Um eine Ausuferung und Überbewertung zu vermeiden sowie dem Missbrauch vorzubeugen, sind die im Folgenden aufgeführten Verhaltensweisen nur dann als sexuelle Belästigung anzusehen, wenn sie von dem Betroffenen erkennbar abgelehnt (vgl. Rz. 16) werden.

12 Eine **Aufforderung zu sexuellen Handlungen** ist die direkte, ausdrückliche oder konkludente Ansprache eines Dritten mit dem Ziel, diesen zu bewegen, eine sexuelle Handlung an sich selbst oder dem Auffordernden vorzunehmen; ausreichend ist, wenn der Auffordernde zumindest billigend in Kauf nimmt, dass der Betroffene die Aufforderung als solche versteht[14]. Eine derartige Aufforderung ist zB gegeben, wenn ein Beschäftigter an eine Kollegin mit den Worten herantritt, „Wie wäre es denn mit uns? Stell dich nicht so an" und „Du bist eingebildet, kein Wunder, dass du keine Männer kriegst"[15] (vgl. Rz. 9 mwN).

13 **Sexuell bestimmte körperliche Berührungen** (Rz. 9 mwN) müssen anders als strafrechtlich relevantes Verhalten von keiner besonderen Erheblichkeit sein[16]. Das Umlegen des Armes um die Schultern einer Auszubildenden wurde als sexuell bestimmte, körperliche Berührung angesehen[17]. Gleiches galt in dem Fall, in dem der Belästiger wiederholt Mitarbeiterinnen umarmt, in einem engen Gang dicht an sie herangetreten war und das Haar gestreichelt hatte[18].

14 **Bemerkungen sexuellen Inhalts** sind verbale Äußerungen[19], die mit dem Willen abgegeben werden, einen anderen zu belästigen und sich nicht unmittelbar an diesen richten müssen[20]. Es kann sich um Äußerungen über sexuelles Verhalten, Partnerwahl, sexuelle Neigungen oder die Ausstrahlung oder das Erscheinungsbild An- und Abwesender handeln[21] (vgl. Rz. 9 mwN).

15 Um das Merkmal des **Zeigens und sichtbaren Anbringens von pornographischen Darstellungen** zu erfüllen, ist erforderlich, dass die Darstellung dem Betroffenen unmittelbar vor Augen gehalten wird oder dass sie so positioniert wird, dass er während der normalen Erbringung seiner Arbeitsleistung von ihr Kenntnis nehmen muss (zB durch Legen auf den Schreibtisch oder Anbringen an der Wand)[22]. Eine **pornographische Darstellung** ist eine grobe Darstellung des Sexuellen, die in einer den Sexualtrieb aufstachelnden Weise den Menschen zum bloßen auswechselbaren Objekt geschlechtlicher Begierde degradiert[23] oder die aufdringlich vergröbernde, aufreißerische, verzerrende Darstellung der Se-

---

1 LAG Hamm v. 10.3.1999 – 18 Sa 2328/98, LAGE Nr. 75 zu § 1 KSchG – Verhaltensbedingte Kündigung. | 2 BDiG Frankfurt v. 24.6.1999 – XVI VL 3/99, nv. (juris); BVerwG v. 4.4.2001 – 1 D 15/01, Buchholz 232 § 54 Satz 3 BBG Nr. 27; ArbG Lübeck v. 2.11.2000 – 1 Ca 2479/00, EzA-SD 2001 Nr. 11, 12–13. | 3 BVerwG v. 12.11.1998 – 2 WD 12/98, Buchholz 236.1 § 17 SG Nr. 23. | 4 LAG Hamm v. 22.10.1996 – 6 Sa 730/96, NZA 1997, 769 (770); ArbG Lübeck v. 2.11.2000 – 1 Ca 2479/00, EzA-SD 2001 Nr. 11, 12–13. | 5 Sächs. LAG v. 10.3.2000 – 2 Sa 635/99, LAGE Nr. 130 zu § 626 BGB. | 6 ArbG Düsseldorf v. 19.6.1997 – 11 Ca 122/97, AuR 1997, 447. | 7 BVerwG v. 14.5.2002 – 1 D 30/01, nv. (juris); v. 9.10.2001 – 2 WD 10/01, BVerwGE 115, 174; v. 8.11.2000 – 1 D 35/99, nv. (juris); v. 10.11.1998 – 2 WD 4/98, BVerwGE 113, 279 (286) mwN; v. 19.2.1997 – 2 WD 27/96, BVerwGE 113, 63 (66); v. 12.11.1997 – 1 D 90/95, Buchholz 232 § 54 Satz 3 BBG Nr. 13. | 8 Zur Untersuchung strafrechtlicher Verhaltensweisen eingehend *Mästle*, AuR 2002, 410. | 9 LAG Düsseldorf v. 8.12.1999 – 12 TaBV 35/99, AuR 2000, 191 (192) mit Anm. *Bell*. | 10 BGH v. 19.9.1991 – 1 StR 509/91, NStZ 1992, 33 (34). | 11 *Worzalla*, NZA 1994, 1016 (1018). | 12 *Worzalla*, NZA 1994, 1016 (1018). | 13 ErfK/*Schlachter*, § 2 BeschSchG Rz. 5. | 14 *Worzalla*, NZA 1994, 1016 (1018). | 15 ArbG Lübeck v. 2.11.2000 – 1 Ca 2479/00, EzA-SD 2001 Nr. 11, 12–13. | 16 LAG Hamm v. 13.2.1997 – 17 Sa 1544/96, LAGE Nr. 110 zu § 626 BGB. | 17 LAG Hamm v. 13.2.1997 – 17 Sa 1544/96, LAGE Nr. 110 zu § 626 BGB. | 18 LAG Hamburg v. 21.10.1998 – 4 Sa 53/98, LAGE Nr. 3 zu § 4 Beschäftigtenschutzgesetz. | 19 LAG Hamm v. 22.10.1996 – 6 Sa 730/96, NZA 1997, 769; ArbG Düsseldorf v. 19.6.1997 – 11 Ca 122/97, AuR 1997, 447. | 20 ArbG Lübeck v. 2.11.2000 – 1 Ca 2479/00, EzA-SD 2001 Nr. 11, 12–13. | 21 ArbG Ludwigshafen v. 29.11.2000 – 3 Ca 2096/00, nv. (juris). | 22 *Worzalla*, NZA 1994, 1016 (1018). | 23 OLG Düsseldorf v. 28.3.1974 – 1 Ss 847/73, NJW 1974, 1474 (1475).

xualität[1]. Diese Darstellungen bleiben ohne Sinnzusammenhang mit anderen Lebensäußerungen und nehmen spurenhafte gedankliche Inhalte zum Vorwand für provozierende Sexualität. Legt man diesen strafrechtlichen Pornographiebegriff zugrunde, ist das Aufhängen oder Zeigen von Fotos oder Bildern mit unbekleideten oder spärlich bekleideten Personen (Pin-up-Fotos) keine Pornographie und damit kein Fall des Abs. 2 Satz 2 Nr. 2, selbst wenn ein Beschäftigter dies subjektiv als belästigend empfindet. Dem Wortlaut der Vorschrift entsprechend muss objektiv Pornographie vorliegen[2]. Es ist dagegen zweifelhaft, ob das Zeigen und Anbringen von **Darstellungen mit sexuellem Inhalt** zur Verwirklichung ausreichend sein soll[3]. Begründet wird diese Ansicht damit, dass bei Zugrundelegung des strafrechtlichen Pornographiebegriffs stets § 184 StGB und damit Abs. 2 Satz 2 Nr. 1 erfüllt wäre, so dass die Regelung der Nr. 2 gegenstandslos werde. Zwar sind Überschneidungen nicht ausgeschlossen, nämlich dann nicht, wenn ein Beschäftigter pornographische Darstellungen gem. § 184 Satz 1 Nr. 6 StGB an einen anderen gelangen lässt, dh. öffentlich zugänglich macht[4] oder Personen unter 18 Jahren sich am Arbeitsplatz aufhalten (§ 184 Satz 1 Nr. 2 StGB). Es sind aber Fälle denkbar, in denen kein „Gelangenlassen" iSd. § 184 Satz 1 Nr. 6 StGB vorliegt und so ohne Feststellung einer Strafbarkeit eine sexuelle Belästigung nach Abs. 2 Nr. 2 erfüllt wäre. Hätte der Gesetzgeber von der in der Rspr. feststehenden Definition im Rahmen des BeschSchG abweichen wollen, so hätte er dies zum Ausdruck bringen können. Auch wäre die Rechtssicherheit in dem ohnehin von unbestimmten Rechtsbegriffen geprägten Gesetz (vgl. hierzu Rz. 19) durch eine Ausdehnung und Neudefinition der pornographischen Darstellung gefährdet. Deshalb spricht einiges dafür, die Norm wortwörtlich zu verstehen und die Definition der Rspr. zu pornographischen Darstellungen zugrunde zu legen.

Die **Ablehnung** der Handlung durch den Belästigten muss für den Handelnden **erkennbar** sein. Mit dem Erfordernis einer erkennbaren Ablehnung sollte ein nachprüfbarer objektiver Maßstab in den Tatbestand aufgenommen werden[5]. Es kommt also auf die Sichtweise eines **objektiven Beobachters** an. Ein subjektiv unerwünschtes Verhalten genügt danach nicht. Es reicht aber aus, wenn die innere Ablehnung sich dem Belästiger nach den erkennbaren Umständen aus dem Verhalten hätte aufdrängen müssen; dies ist insb. bei Überrumpelungsmanövern und bei bestehender Labilität und persönlichkeitsbedingt fehlender Widerstandskraft der Betroffenen der Fall[6]. Im Wiederholungsfall ist die Ablehnung dann erkennbar, wenn sie zuvor nach außen deutlich kundgetan worden ist. Dies kann gegenüber dem Belästiger selbst oder dem ArbGeb/Dienstvorgesetzten erfolgen. Letzteres löst die Schutzpflichten gem. § 2 Abs. 1 aus (§ 2 Rz. 1). Eine einmal nach außen deutlich gemachte Ablehnung erstreckt sich auf alle gleichartigen Verhaltensweisen gegenüber der betroffenen Person[7]. Auf die Erkennbarkeit kann es allerdings nur ankommen, wenn der Belästiger nicht damit rechnen konnte, dass sein Verhalten in keinem Falle toleriert werden würde[8]. In schweren Fällen ist die Ablehnung auch ohne ausdrücklich vorangegangene Erklärung für jeden erkennbar. **16**

3. Richtlinie 2002/73/EG zur sexuellen Belästigung. In Art. 2 der **Richtlinie 2002/73/EG** vom 23.9.2002 (vgl. § 1 Rz. 1) wird die **sexuelle Belästigung** definiert „als jede Form von unerwünschtem Verhalten sexueller Natur, das sich in unerwünschter verbaler, nicht-verbaler oder physikalischer Form äußert und das bezweckt oder bewirkt, dass die Würde der betreffenden Person verletzt wird, insb. wenn ein von Einschüchterungen, Anfeindungen, Erniedrigungen, Entwürdigungen und Beleidigungen gekennzeichnetes Umfeld geschaffen wird"[9]. Ein vorsätzliches Verhalten wird also hiernach, anders als in § 2 Abs. 1 BeschSchG, nicht verlangt. Weil aber der Tatbestand einer Diskriminierung aus Gründen der Rechtssicherheit nicht allein vom Empfinden der betroffenen Person abhängen kann, wird auch das Bezwecken bzw. Bewirken so auszulegen sein, dass zumindest ein zielgerichtetes und bedingt vorsätzliches Verhalten vorliegen muss. Dies folgt auch schon aus dem Begriff „Belästigung", der ein unbewusstes Verhalten ohne erkennbare Ablehnung durch die betroffene Person sachlogisch nicht erfasst. Die Bezeichnung „unerwünscht" entspricht dem Tatbestandsmerkmal „erkennbar ablehnen" in § 2 Abs. 2, denn ein unerwünschtes Verhalten kann nur ein von der betreffenden Person abgelehntes Verhalten sein. Bezüglich des Schutzes vor sexueller Belästigung ergibt sich folglich kein Umsetzungsbedarf der Richtlinie. **17**

In der Richtlinie wird erstmals eine **geschlechtsbezogene Belästigung** definiert, der die sexuelle Belästigung unterzuordnen ist, und die schon vorliegen soll, wenn „unerwünschte geschlechtsbezogene Verhaltensweisen gegenüber einer Person erfolgen", die dieselben Auswirkungen wie die der sexuellen Belästigung haben. Zweifelhaft ist, wann eine solche Belästigung vorliegen soll und wie diese von der sexuellen Belästigung abzugrenzen ist. Das bloße Erzählen von „Männer- oder Frauenwitzen" dürfte zur Erfüllung des Tatbestandes aber nicht ausreichen. Zweifelhaft ist auch, ob es ausreicht, wenn sich derartige Gespräche und Witze nicht gegen eine Person richten, sondern in einem Arbeitsumfeld fallen, in dem solche Verhaltensweisen an der Tagesordnung sind. Als geschlechtsbezogene Verhaltensweisen **18**

---

[1] BGH v. 22.7.1969 – 1 StR 456/68, BGHSt 23, 40 (43). | [2] So auch *Schaub*, ArbRHdb, § 166 Rz. 42; *Worzalla*, NZA 1994, 1016 (1018). | [3] So ErfK/*Schlachter*, § 2 BeschSchG Rz. 10. | [4] *Tröndle/Fischer*, StGB, § 184 Rz. 27. | [5] BT-Drs. 12/5468, S. 47. | [6] BVerwG v. 8.11.2000 – 1 D 35/99, nv. (juris). | [7] ErfK/*Schlachter*, § 2 BeschSchG Rz. 12. | [8] MünchArbR/*Berkowsky*, § 137 Rz. 265. | [9] Richtlinie 2002/73/EG des Europäischen Parlaments und des Rates v. 23.9.2002, ABl. EG Nr. L 269/15 v. 5.10.2002. Siehe hierzu auch *Hadeler*, NZA 2003, 77; *Rust*, NZA 2003, 72.

werden nur solche in Betracht kommen, die von sexuellem Interesse zeugen und auf eine **Begutachtung als Sexobjekt** schließen lassen, zB die an die Mitarbeiterin gerichtete Äußerung, ob sie immer oben ohne baden würde und dies zeigen solle[1]. In diesem Fall dürfte aber schon der Unterfall der sexuellen Belästigung gegeben sein. Die durch die Richtlinie vorgenommene Ausweitung auf eine Vielzahl unbestimmter Verhaltensweisen und die Einführung unbestimmter Rechtsbegriffe bergen die Gefahr der Rechtsunsicherheit. Zur Umsetzung in das deutsche Recht dürfte eine Ausdehnung des BeschSchG auf den Fall der geschlechtsbezogenen Belästigung erforderlich werden.

4. Abgrenzungsprobleme. Wegen der vielen **unbestimmten Rechtsbegriffe** und **Definitionen**, wird häufig unklar bleiben, welche Verhaltensweisen als sexuelle Belästigung anzusehen sind. Die meisten Fälle bewegen sich in einer „Grauzone", wie zB anstarren oder anzügliche Witze sowie aufgedrängte Liebesbriefe; hier müsste der Gesetzgeber mehr Klarheit schaffen, um größere Rechtssicherheit zu verwirklichen[2]. Durch die in die EG-Richtlinie eingeführte geschlechtsbezogene Belästigung, deren Anwendungsbereich weiter und unklarer ist als der der sexuellen Belästigung im BeschSchG, wird dieses Problem nur noch verschärft. In der Lit. wird vorgeschlagen, in Anlehnung an das amerikanische Recht eine **Präzisierung** dahin gehend vorzunehmen, dass sexuell bestimmte körperliche Berührungen und Bemerkungen nur dann eine sexuelle Belästigung darstellen, wenn „ein Eingehen darauf ein **Bestandteil oder eine Bedingung des Beschäftigungsverhältnisses ist"**, oder wenn das Verhalten das Ziel oder die Auswirkung hat, die individuelle **Arbeitsleistung** unverhältnismäßig zu **behindern** oder eine **einschüchternde, feindselige oder aggressive Arbeitsatmosphäre** zu schaffen[3]. Dies hätte zur Folge, dass zB das bloße Anstarren oder anzügliche Witze nicht als sexuelle Belästigung eingestuft werden würden, weil dies bei Zugrundelegung eines objektiven Maßstabes eine unverhältnismäßige Beeinträchtigung der Arbeitsleistung grundsätzlich nicht zur Folge hätte. Sicherlich könnte diese Definition dazu beitragen, den Anwendungsbereich klarer zu begrenzen und mehr Sicherheit schaffen. Ob allerdings für die Annahme einer sexuellen Belästigung zu fordern ist, dass ein unmittelbarer Bezug zum Beschäftigungsverhältnis bestehen oder eine feindselige Atmosphäre entstehen muss, ist angesichts des Zieles eines umfassenden Schutzes zweifelhaft. Um diesen zu gewährleisten, sollte eine sexuelle Belästigung mit allen Konsequenzen auch schon unterhalb der Stufe eines von „diskriminierender Einschüchterung, Spott und Beleidigung" durchdrungenen Arbeitsplatzes[4] angenommen werden können. Hierfür spricht zum einen, dass das Anstarren allgemein als sexuelle Belästigung empfunden wird[5], zum anderen, dass ohnehin bei betroffenen Personen häufig Zweifel daran bestehen dürften, ob eine konkrete Verhaltensweise als sexuelle Belästigung anzusehen ist und die Schwierigkeit der Beurteilung, ob eine feindliche Atmosphäre besteht, ihnen den Mut nehmen könnte, ihre Rechte wahrzunehmen.

III. Pflichtverletzung/Dienstvergehen (Abs. 3). Aus Abs. 3 folgt, dass jede sexuelle Belästigung am Arbeitsplatz eine **Verletzung arbeitsvertraglicher Pflichten oder ein Dienstvergehen** darstellt. Die Tatbestandsverwirklichung muss für den Handelnden vermeidbar und erkennbar gewesen sein. Als Pflichtverletzung kommen bei subjektiv unterschiedlicher Beurteilung nur Handlungen mit sexuellem Bezug in Betracht, die erkennbar abgelehnt worden sind[6] (vgl. Rz. 16). Bei der Feststellung der Schwere der Pflichtverletzung sind auch außerhalb des Betriebes vorgenommene sexuelle Belästigungen, wie das Schicken von beleidigenden Briefen durch den Störer an die Privatadresse des Beschäftigten, mit zu berücksichtigen[7]. Aus der Einordnung als Pflichtverletzung folgt, dass eine sexuelle Belästigung ua. eine verhaltensbedingte Kündigung rechtfertigen oder ein wichtiger Grund zur Kündigung sein kann[8]. Einzelne Maßnahmen werden in § 4 BeschSchG konkretisiert (§ 4 Rz. 1). Daneben können den Belästiger Schadensersatzansprüche aus § 823 Abs. 1 oder Abs. 2 BGB iVm. § 185 StGB treffen § 2 Rz. 6; (vgl. zur Frage, ob § 2 BeschSchG Schutzgesetz ist § 2 Rz. 7). Auch der ArbGeb verletzt seine Pflichten aus dem Arbeitsvertrag gegenüber dem Mitarbeiter, wenn er diesen sexuell belästigt[9].

3 *Beschwerderecht der Beschäftigten*

(1) Die betroffenen Beschäftigten haben das Recht, sich bei den zuständigen Stellen des Betriebes oder der Dienststelle zu beschweren, wenn sie sich vom Arbeitgeber, von Vorgesetzten, von anderen Beschäftigten oder von Dritten am Arbeitsplatz sexuell belästigt im Sinne des § 2 Abs. 2 fühlen. Die Vorschriften der §§ 84, 85 des Betriebsverfassungsgesetzes bleiben unberührt.

(2) Der Arbeitgeber oder Dienstvorgesetzte hat die Beschwerde zu prüfen und geeignete Maßnahmen zu treffen, um die Fortsetzung einer festgestellten Belästigung zu unterbinden.

I. Beschwerderecht (Abs. 1 Satz 1). Das Recht des Belästigten, sich bei der zuständigen Stelle zu beschweren, besteht nach dem Wortlaut der Norm bereits dann, wenn sich der Beschäftigte **belästigt**

---

[1] Sächs. LAG v. 19.8.1997 – 7 Sa 870/96, nv. (juris). | [2] *Hohmann*, ZRP 1995, 167; MünchArbR/*Berkowsky*, § 137 Rz. 258. | [3] *Hohmann*, ZRP 1995, 167 (168). Das US-Recht dürfte freilich nur sehr unvollkommen in *dieser Formel* eingefangen werden können, s. hierzu auch *Thüsing*, NZA 1999, 693 (694). | [4] *Hohmann*, ZRP 1995, 167 (168). | [5] *Schiek*, AiB 1994, 450 (456). | [6] LAG Hamm v. 22.10.1996 – 6 Sa 730/96, NZA 1997, 769 (770). | [7] LAG Hamm v. 10.3.1999 – 18 Sa 2328/98, LAGE Nr. 75 zu § 1 KSchG – Verhaltensbedingte Kündigung. | [8] *Schaub*, ArbRHdb, § 166 Rz. 50. | [9] *Worzalla*, NZA 1994, 1016 (1019).

fühlt. Ob der Vorfall auch objektiv eine sexuelle Belästigung darstellt, ist demnach unerheblich. Das **Beschwerderecht** ist §§ 84, 85 BetrVG nachgebildet und besteht gem. Abs. 1 Satz 2 BeschSchG ausdrücklich neben diesem. Nach §§ 84, 85 BetrVG hat der ArbN das Recht, sich bei der zuständigen Stelle oder dem BR zu beschweren, da es sich bei einer sexuellen Belästigung durch den ArbGeb oder andere ArbN um eine Handlung handelt, durch die sich der ArbN „in sonstiger Weise beeinträchtigt" fühlt (§ 84 Abs. 1 Satz 1 BetrVG).

Das **Beschwerderecht nach Abs. 1 Satz 1** ist von den Voraussetzungen der §§ 83, 84 BetrVG unabhängig mit der Folge, dass eine Beschwerde auch leitenden Angestellten zusteht[1] und die Fälle der Belästigung durch Dritte erfasst wurden, für die das Beschwerderecht aus §§ 84, 85 BetrVG nicht gelten soll[2]. Darüber hinaus erfolgt im Hinblick auf den Anwendungsbereich der §§ 84, 85 BetrVG über Abs. 1 Satz 1 BeschSchG eine Erweiterung auf sexuelle Belästigungen in Kleinbetrieben mit weniger als fünf ständigen wahlberechtigten ArbN (vgl. § 1 BetrVG), soweit man nicht entgegen der überwiegenden Ansicht[3] annimmt, auch in diesen Betrieben sei ohnehin das Beschwerderecht zu bejahen[4].

Zuständige Stelle des Betriebes oder der Dienststelle ist der ArbGeb bzw. der Dienstvorgesetzte. Es bestehen keine Anhaltspunkte dafür, dass im Rahmen des § 3 BeschSchG ein von §§ 84, 85 BetrVG abweichendes Verständnis zugrunde zu legen ist[5]. Im Bereich des § 84 Abs. 1 Satz 1 BetrVG, dem Abs. 1 Satz 1 nachgebildet wurde, hat der ArbGeb die zuständige Stelle zu bestimmen[6]. Dies ist im Betrieb bzw. in der Dienststelle bekannt zu machen. Fehlt eine ausdrückliche Bestimmung, ist zuständige Stelle der unmittelbare Vorgesetzte oder, falls sich die Beschwerde gegen diesen richtet, der nächsthöhere Vorgesetzte[7]. Die belästigte Person kann zu ihrer Unterstützung ein Mitglied des BR hinzuziehen oder sich an die Frauenbeauftragte wenden; diese hat eine besondere Aufgabe als beratende Vertrauensperson[8]. Der BR gehört nicht zu den zuständigen Stellen iSv. § 84 BetrVG; er hat Beschwerden nach § 85 Abs. 1 BetrVG lediglich entgegenzunehmen und, falls er sie für berechtigt hält, beim ArbGeb auf Abhilfe hinzuwirken[9].

Bisherige **Erfahrungen in der Praxis** zeigen, dass das Beschwerderecht aus §§ 84, 85 BetrVG im Hinblick auf sexuelle Belästigungen wenig genutzt worden ist[10]. Eine deutlich andere Entwicklung scheint sich auch durch das Beschwerderecht in Abs. 1 Satz 1 nicht abzuzeichnen. Um sexuell Belästigte zu ermutigen, ihre Rechte verstärkt wahrzunehmen, wird vorgeschlagen, den Beschäftigten jeweils Ansprechpartner des eigenen Geschlechts anzubieten und bei Beschwerden gegenüber dem BR auf das im Rahmen des § 85 BetrVG bestehende Erfordernis, den Namen des Beschwerdeführers zu nennen, zu verzichten[11].

Das **Benachteiligungsverbot** des § 84 Abs. 3 BetrVG soll sicherstellen, dass der ArbN von dem ihm zustehenden Beschwerderecht ohne Furcht vor etwaigen Nachteilen Gebrauch machen kann[12]. Derselbe Gedanke kommt in § 4 Abs. 3 zum Ausdruck (§ 4 Rz. 11).

II. Prüfung und Einleitung von Maßnahmen (Abs. 2). Der ArbGeb oder Dienstvorgesetzte hat die Beschwerde zu prüfen und den **Sachverhalt** durch Anhörung beider Seiten und ggf. Dritter mit den ihm zur Verfügung stehenden Mitteln **aufzuklären**[13]. Es dürfen also keine Erfolg versprechenden Beweismittel außer Acht gelassen werden. Soweit erforderlich, ist die belästigende Person aufzufordern, ihr pflichtwidriges Verhalten einzustellen bzw. eine Wiederholung zu unterlassen. Es soll sichergestellt werden, dass die persönliche Integrität und die Würde der als Opfer betroffenen Beschäftigten ab dem Zeitpunkt der Einleitung eines förmlichen Beschwerdeverfahrens gewahrt werden[14]. Daraus folgt, dass es sich um Maßnahmen im Vorfeld von arbeitsrechtlichen Sanktionierungen des § 4 handelt. Werden keine vorläufigen schützenden Maßnahmen ergriffen, kommen Schadensersatzansprüche gegen den ArbGeb in Betracht (vgl. § 2 Rz. 6, 7).

Der ArbGeb oder Dienstvorgesetzte hat bei **festgestellter Belästigung** geeignete, weiter gehende **Maßnahmen zu treffen**, um die Belästigung zu unterbinden. Nach der Regierungsbegründung[15] enthält Abs. 2 eine Konkretisierung der Schutzpflicht des § 2 Abs. 1 (vgl. dort Rz. 1; 4), allerdings wiederum ohne eine genaue Angabe, welche Maßnahmen im Einzelnen in Betracht zu ziehen sind. Die Beurteilung, welche Maßnahmen geeignet sind, um das Betriebsklima wieder herzustellen, obliegt dem ArbGeb. Es kommen insb. die **durch Weisungsrecht umzusetzenden Eingriffe** in Betracht wie räumliche Trennung, allerdings nicht zu Lasten des Opfers[16], Zuweisung anderer Tätigkeiten, Ermahnungen und Gespräche mit dem Belästiger (vgl. § 4 Rz. 1 zu weiter gehenden Maßnahmen).

Auf die **Unterlassung von Behauptungen**, die Gegenstand eines Beschwerdeverfahrens sind, hat der angebliche Belästiger nur dann einen Anspruch, wenn die Behauptungen bewusst unwahr oder leichtfertig aufgestellt wurden[17].

---

1 *Schaub*, ArbRHdb, § 166 Rz. 52. | 2 *Worzalla*, NZA 1994, 1016 (1019) mwN. | 3 *Richardi/Thüsing*, Vor § 81 BetrVG Rz. 5 mwN; GK-BetrVG/*Wiese*, Vor § 81 Rz. 21; *Schaub*, ArbRHdb, § 166 Rz. 52. | 4 *Hess/Schlochauer/Worzalla/Glock*, § 84 BetrVG Rz. 5. | 5 ErfK/*Schlachter*, § 3 BeschSchG Rz. 1; *Worzalla*, NZA 1994, 1016 (1019) mwN. | 6 *Hess/Schlochauer/Worzalla/Glock*, § 84 BetrVG Rz. 6. | 7 *Hess/Schlochauer/Worzalla/Glock*, § 84 BetrVG Rz. 6. | 8 BT-Drs. 12/5468, S. 47. | 9 Vgl. GK-BetrVG/*Wiese*, § 85 Rz. 7. | 10 *Holzbecher ua.*, Sexuelle Belästigung am Arbeitsplatz, S. 192 ff. | 11 ErfK/*Schlachter*, § 3 BeschSchG Rz. 2. | 12 GK-BetrVG/*Wiese*, § 84 Rz. 33. | 13 BT-Drs. 12/5468, S. 47. | 14 BT-Drs. 12/5468, S. 47. | 15 BT-Drs. 12/5468, S. 47. | 16 BT-Drs. 12/5468, S. 47. | 17 LAG Frankfurt v. 28.6.2000 – 8 Sa 195/99, LAGE Nr. 1 zu § 3 Beschäftigtenschutzgesetz.

9 Um die Rechte von Betroffenen im Hinblick auf **Arbeitslosengeld** im Falle einer **Eigenkündigung** wegen sexueller Belästigung nicht zu beeinträchtigen, muss ein Nachweis über die Einleitung des Beschwerdeverfahrens erteilt werden, dh. der von einer sexuellen Belästigung betroffene Beschäftigte sollte frühzeitig darauf hinwirken, dass die sexuelle Belästigung **aktenkundig** gemacht wird. Falls nämlich ein Versuch zur Beseitigung der sexuellen Belästigung erfolglos unternommen worden ist, entfällt nach den Durchführungsanweisungen der BA hinsichtlich des Alg bzw. -hilfe ein Sperrzeit beim Leistungsbezug wegen Eigenkündigung auf Grund **Unzumutbarkeit der Fortsetzung des Arbeitsverhältnisses**. Ein wichtiger Grund iSd. § 144 Abs. 1 SGB III liegt danach dann vor, wenn psychischer Druck oder Mobbing am Arbeitsplatz konkret festgestellt worden ist bzw. sexuelle Belästigung aktenkundig ist[1]. Im Rahmen der Sachverhaltsfeststellung ist Arbl. auf Wunsch oder initiativ ein spezieller Gesprächspartner, zB die Beauftragte für Frauenbelange in der Leistungsabteilung bei angedeuteter sexueller Belästigung einer Frau anzubieten. Zum Sachverhalt, zur Plausibilität des Vortrags und zum (ggf. unzumutbaren) Versuch, den wichtigen Grund zu beseitigen, erstellt der Gesprächspartner des Arbl. einen Vermerk[2]. Grundsätzlich liegt die Beweislast für das Vorliegen der Voraussetzungen des § 144 Abs. 1 SGB III bei der AA. Verweigert der Betroffene allerdings sein Einverständnis für unverzichtbare Rückfragen beim ArbGeb, dann kann diese in der Verantwortungssphäre des Betroffenen entstandene Nichterweislichkeit des wichtigen Grundes[3] zum Eintritt der Sperrzeit gem. § 144 Abs. 1 Nr. 1 SGB III führen.

10 **III. Richtlinie 2002/73/EG zur Einrichtung einer unabhängigen Beschwerdestelle.** Nach Art. 8a der Richtlinie ist jeder Mitgliedstaat gehalten, eine oder mehrere Stellen zu bezeichnen, deren Aufgabe darin besteht, die Verwirklichung der Gleichbehandlung aller Personen ohne Diskriminierung aufgrund des Geschlechts zu fördern, zu analysieren, zu beobachten oder zu unterstützen. Diese **unabhängigen Stellen** können auch als Teile bestehender Einrichtungen errichtet werden, die auf nationaler Ebene für den Schutz der Menschenrechte oder Rechte des Einzelnen zuständig sind. Die Mitgliedstaaten stellen ua. sicher, dass diese Stellen ua. unabhängige Untersuchungen zum Thema der Diskriminierung durchführen, unabhängige Berichte veröffentlichen und Empfehlungen zu allen Aspekten vorlegen, die mit diesen Diskriminierungen in Zusammenhang stehen. Bisher ist noch ungeklärt, wie und durch welche Stellen diese Aufgabe übernommen werden soll. Die vorgesehene Einrichtung einer unabhängigen Stelle muss durch die Bundesregierung erfolgen.

4 *Maßnahmen des Arbeitgebers oder Dienstvorgesetzten, Leistungsverweigerungsrecht*

(1) Bei sexueller Belästigung hat

1. der Arbeitgeber die im Einzelfall angemessenen arbeitsrechtlichen Maßnahmen wie Abmahnung, Umsetzung, Versetzung oder Kündigung zu ergreifen. Die Rechte des Betriebsrates nach § 87 Abs. 1 Nr. 1, §§ 99 und 102 des Betriebsverfassungsgesetzes und des Personalrates nach § 75 Abs. 1 Nr. 2 bis 4a und Abs. 3 Nr. 15, § 77 Abs. 2 und § 79 des Bundespersonalvertretungsgesetzes sowie nach den entsprechenden Vorschriften der Personalvertretungsgesetze der Länder bleiben unberührt;

2. der Dienstvorgesetzte die erforderlichen dienstrechtlichen und personalwirtschaftlichen Maßnahmen zu treffen. Die Rechte des Personalrates in Personalangelegenheiten der Beamten nach den §§ 76,77 und 78 des Bundespersonalvertretungsgesetzes des Bundes sowie nach den entsprechenden Vorschriften der Personalvertretungsgesetze der Länder bleiben unberührt.

(2) Ergreift der Arbeitgeber oder Dienstvorgesetzte keine oder offensichtlich ungeeignete Maßnahmen zur Unterbindung der sexuellen Belästigung, sind die belästigten Beschäftigten berechtigt, ihre Tätigkeit am betreffenden Arbeitsplatz ohne Verlust des Arbeitsentgelts und der Bezüge einzustellen, soweit dies zu ihrem Schutz erforderlich ist.

(3) Der Arbeitgeber oder Dienstvorgesetzte darf die belästigten Beschäftigten nicht benachteiligen, weil diese sich gegen eine sexuelle Belästigung gewehrt und in zulässiger Weise ihre Rechte ausgeübt haben.

1 **I. Arbeitsrechtliche Maßnahmen (Abs. 1).** Der ArbGeb/Dienstvorgesetzte hat im Falle einer festgestellten Belästigung nicht nur Maßnahmen nach § 3 Abs. 2, sondern auf einer zweiten Stufe weitere **Maßregeln gegen den Belästiger** zu ergreifen. Die Aufzählung der Sanktionen im Gesetz ist nicht abschließend. Die Auswahl der arbeitsrechtlichen Maßnahmen im Einzelfall richtet sich nach dem Grundsatz der **Verhältnismäßigkeit** und eröffnet die Möglichkeit, der Schwere und Häufigkeit der sexuellen Belästigung und dem notwendigen Schutz des Opfers angemessen Rechnung zu tragen[4]. Es ist ein Ausgleich zwischen den Interessen des Verletzten und des Störers zu finden. Reicht eine Maßnahme (zB Abmahnung) nicht aus, um die Fortsetzung sexueller Belästigungen mit der gebotenen Sicherheit zu unterbinden und kommt eine Umsetzung oder Versetzung nicht in Betracht, kann der

---

1 Durchführungsanweisungen der Bundesanstalt für Arbeit, DA 1.7.2 Abs. 1 Nr. 3 zu § 144 SGB III, 21. Erg.Lfg. 02/2002. |2 Durchführungsanweisungen der Bundesanstalt für Arbeit, DA 4.1 Abs. 2 zu § 144 SGB III, 20. Erg.Lfg. 01/2002. |3 Durchführungsanweisungen der Bundesanstalt für Arbeit, DA 4.1 Abs. 2 zu § 144 SGB III, 20. Erg.Lfg. 01/2002. |4 Vgl. BT-Drs. 12/5468, S. 47; ArbG Ludwigshafen v. 29.11.2000 – 3 Ca 2096/00, nv. (juris).

ArbGeb mit einer ordentlichen, verhaltensbedingten Kündigung auf die Verfehlungen reagieren[1]. Eine außerordentliche Kündigung ist nur angemessen, wenn der Umfang und die Intensität der sexuellen Belästigungen sowie die Abwägung der beiderseitigen Interessen diese Maßnahme rechtfertigen[2]. Die Erheblichkeit und die Bedeutung einer sexuellen Belästigung ist dabei auch von der Dauer der Handlung abhängig[3]. Eine Kündigung wegen des Verdachts sexueller Belästigungen bleibt nach den allgemeinen Grundsätzen zulässig[4].

Im **Einzelnen** rechtfertigte das Umlegen eines Armes um die Schultern einer Auszubildenden durch den Ausbilder keine Kündigung, sondern nur eine Abmahnung[5]. Die bloße formlose Ermahnung des Belästigers wäre im Falle einer einmaligen Belästigung durch sexuelle Witze, die gegen den Willen des Betroffenen erzählt werden, als angemessen anzusehen[6]. Eine ordentliche Kündigung kam zB bei Berührungen der weiblichen Brust[7] oder Gewaltandrohungen bei Ablehnung sexueller Kontakte[8] in Betracht sowie bei Durchführung eines Bewerbungsgesprächs in der Sauna[9]. Eine außerordentliche Kündigung wurde als angemessene Sanktion angesehen zB bei mehrmaligem Anfassen oder Klapsen des Gesäßes und Küssen auf den Mund, selbst wenn das Arbeitsverhältnis über 10 Jahre bestanden hat[10], desgleichen bei Aufforderungen zum Geschlechtsverkehr und sonstigen Bemerkungen mit sexuellem Inhalt bei gleichzeitigen Berührungen[11]. Danach könne nur durch eine sofortige Entfernung aus dem Betrieb der Betriebsfrieden, an dessen Aufrechterhaltung die Beklagte berechtigte Interessen habe, wieder hergestellt werden[12]. Schwerwiegende verbale Belästigungen können die fristlose Kündigung auch ohne vorherige Abmahnung rechtfertigen, wenn der ArbN eine Betriebszugehörigkeit von über 20 Jahren aufweist[13]. Als unverhältnismäßig ist eine außerordentliche Kündigung eingestuft worden, die im Wesentlichen infolge eines Klapses auf den Hintern ausgesprochen worden war[14].

Für den **öffentlichen Dienst** heißt dies entsprechend, dass der Dienstvorgesetzte die erforderlichen dienstrechtlichen und personalwirtschaftlichen Maßnahmen zu treffen hat[15]. In der Regel handelt es sich um die erforderlichen disziplinarrechtlichen Prüfungen und Maßnahmen, für die neben dem Dienstvorgesetzten teilweise auch noch andere Stellen zuständig sind. Gehaltskürzungen (eines Beamten[16]) und Herabsetzung des Dienstgrades[17] sowie eine vorläufige Dienstenthebung[18] können nach Art und Schwere des Vorfalls geeignete Maßnahmen darstellen, wenn ein Fehlverhalten nachgewiesen ist.

Dem Belästiger steht es frei, eine gegen ihn ergriffene Maßnahme **gerichtlich überprüfen** zu lassen. Wird sie als rechtswidrig eingestuft, zB weil das ArbG sie für unverhältnismäßig hält, hat der ArbGeb zur Erreichung des Schutzes des belästigten Beschäftigten andere Maßnahmen zu ergreifen. Genügt dagegen der ArbGeb seiner Schutzpflicht aus § 2 Abs. 1 nicht, kann der Belästigte klagen, dass eine geeignete Maßnahme ergriffen werde. Wie im öffentlich-rechtlichen ArbN-Schutzrecht ist diese gesetzlich begründete Nebenpflicht aus § 2 Abs. 1 selbständig einklagbar. Im Kündigungsschutzprozess des Belästigers ist es daher zweckmäßig, dem Belästigten den **Streit zu verkünden**, um sich widersprechende Entscheidungen zu vermeiden[19]. Daneben besteht die Möglichkeit, **Schadensersatzansprüche** geltend zu machen (vgl. § 2 Rz. 6; 7).

Ein wesentlicher **Kritikpunkt** besteht darin, dass zum einen unklar bleibt, welche Maßnahmen im Einzelnen zu ergreifen sind, zum anderen keine **Sanktionen für die Nichteinhaltung** dieser Vorschriften vorhanden sind, sondern vielmehr auf die allgemeinen Regelungen zurück zu greifen ist. Nach Art. 8d der **Richtlinie 2002/73/EG** vom 23.9.2002 sollen die Mitgliedstaaten der Sanktionen für den Fall des Verstoßes gegen die einzelstaatlichen Vorschriften festlegen, die auch Schadensersatzleistungen an die Opfer umfassen können[20]. Dies könnte einen Anstoß für den Gesetzgeber darstellen, die Sanktionen, die Belästiger und ArbGeb treffen können, zu konkretisieren.

II. Leistungsverweigerungsrecht (Abs. 2). Die Berechtigung zur **Einstellung der Tätigkeit ohne Verlust von Arbeitsentgelt oder Dienstbezügen** ist im Hinblick auf die Leistungsverweigerung eine lex specialis zu § 275 Abs. 3 BGB, im Hinblick auf die Entgeltpflicht des ArbGeb eine lex specialis zu § 326 Abs. 2 BGB. Sie setzt voraus, dass die Belästigung unzweifelhaft stattgefunden hat. Je nach ihrer Art

---

1 LAG Hamm v. 22.10.1996 – 6 Sa 730/96, NZA 1997, 769; v. 10.3.1999 – 18 Sa 2328/98, LAGE Nr. 75 zu § 1 KSchG – Verhaltensbedingte Kündigung. |2 LAG Hamm v. 22.10.1996 – 6 Sa 730/96, NZA 1997, 769; LAG Hamburg v. 21.10.1998 – 4 Sa 53/98, LAGE Nr. 3 zu § 4 Beschäftigtenschutzgesetz. |3 LAG Hamm v. 22.10.1996 – 6 Sa 730/96, NZA 1997, 769 (770). |4 BAG v. 8.6.2000 – 2 ABR 1/00, AP Nr. 3 zu § 2 Beschäftigtenschutzgesetz. |5 LAG Hamm v. 13.2.1997 – 17 Sa 1544/96, LAGE Nr. 110 zu § 626 BGB. |6 *Mästle*, BB 2002, 250. |7 LAG Hamm v. 22.10.1996 – 6 Sa 730/96, NZA 1997, 769 (770). |8 LAG Hamm v. 10.3.1999 – 18 Sa 2328/98, LAGE Nr. 75 zu § 1 KSchG – Verhaltensbedingte Kündigung. |9 LAG Berlin v. 15.8.1989 – 13 Sa 109/71, LAGE Nr. 24 zu § 1 KSchG. |10 Sächs. LAG v. 10.3.2000 – 2 Sa 635/99, LAGE Nr. 130 zu § 626 BGB. |11 ArbG Lübeck v. 2.11.2000 – 1 Ca 2479/00, EzA-SD 2001, Nr. 11, 12–13. |12 ArbG Lübeck v. 2.11.2000 – 1 Ca 2479/00, EzA-SD 2001, Nr. 11, 12–13. |13 ArbG Düsseldorf v. 19.6.1997 – 11 Ca 122/97, AuR 1997, 447. |14 Sächs. LAG v. 19.8.1997 – 7 Sa 870/96, nv. (juris). |15 *Schaub*, ArbRHdb, § 166 Rz. 45. |16 BVerwG v. 14.5.2002 – 1 D 30/01, nv. (juris); v. 4.4.2001 – 1 D 15/01, Buchholz 232 § 54 Satz 3 BBG Nr. 27; v. 15.11.1996 – 1 DB 5/96, Buchholz 235 § 126 BDO Nr. 2. |17 BVerwG v. 9.10.2001 – 2 WD 10/01, BVerwGE 115, 174; BVerwG v. 10.11.1998 – 2 WD 4/98, BVerwGE 113, 279 (289); v. 19.2.1997 – 2 WD 27/96, Buchholz 235.0 § 34 WDO Nr. 27. |18 BVerwG v. 15.11.1996 – 1 DB 5/96, AP Nr. 1 zu § 2 Beschäftigtenschutzgesetz. |19 *Worzalla*, NZA 1994, 1016 (1020). |20 Richtlinie 2002/73/EG des Europäischen Parlaments und des Rates v. 23.9.2002, ABl. EG Nr. L 269/19 v. 5.10.2002.

Thüsing

kommt es auf den Aspekt der Fortsetzung oder Wiederholungsgefahr an. Bei einem schwerwiegenden Fall reicht jedoch schon der erste Vorfall am betreffenden Arbeitsplatz[1]. Die zuständigen Stellen im Betrieb müssen unterrichtet sein und gleichwohl untätig bleiben. Dem **Untätigbleiben** gleichgestellt wird der Fall einer **offensichtlich ungeeigneten Maßnahme** zur Unterbindung der sexuellen Belästigung. Ein Beispiel für eine offensichtlich ungeeignete Maßnahme wäre eine vorläufige Beschränkung der Angelegenheit auf interne schriftliche Vermerke, ohne Täter und Opfer anzusprechen[2].

7   Das Leistungsverweigerungsrecht der belästigten Beschäftigten betrifft lediglich die **konkreten Tätigkeiten am Ort der Belästigung**, erstreckt sich also grundsätzlich nicht auf den Betrieb oder die Dienststelle. Die Leistungsverpflichtung besteht außerhalb des „Tatortes" unverändert fort und ihr muss an einem anderweitig angebotenen Arbeitsplatz auch nachgekommen werden. Sie kann allerdings ausnahmsweise nicht sofort weiter erfüllt werden, wenn zB die Belästigung im „Ein-Raum-Büro" andauert[3]. In diesem Fall wäre nicht auszuschließen, dass bei Fortdauer dieser konkreten Tätigkeit Leben oder Gesundheit der Beschäftigten gefährdet wird.

8   Als weitere Voraussetzung muss die Einstellung der Tätigkeit zum Schutz der/des Beschäftigten **erforderlich** sein, dh. die Art der Belästigung muss die Konsequenz der an diesem Arbeitsplatz eingestellten Tätigkeit rechtfertigen. Es kommt demnach auf die Verhältnismäßigkeit zwischen Tat und Reaktion an[4]. Diese objektiv feststellbare Voraussetzung hat zur Folge, dass ein Leistungsverweigerungsrecht entfällt, wenn es ein anderes, milderes Mittel gibt, selbst wenn die Betroffenen dieses nicht gekannt oder erkannt haben[5].

9   Der Belästigte muss also nicht nur beurteilen, ob der ArbGeb keine oder offensichtlich ungeeignete Maßnahmen gegenüber dem Belästiger ergriffen hat (hiervon wird er häufig keine Kenntnis erhalten), sondern auch, ob die Verhältnismäßigkeit gewahrt ist. Damit verbunden ist das **Risiko**, bei **Fehleinschätzungen** über das Vorliegen der Voraussetzungen wegen Arbeitsverweigerung mit arbeitsrechtlichen Sanktionen belegt zu werden. Die Ausübung des Zurückbehaltungsrechts ist daher mit **erheblichen Unsicherheiten** belastet[6].

10   Nach der Regierungsbegründung[7] muss das Recht zur Leistungsverweigerung im Sinne einer notwendigen Rechtsgüterabwägung **ausnahmsweise vorläufig zurücktreten** während der Erfüllung vordringlicher akuter öffentlicher oder privatrechtlicher Aufgaben, etwa beim Einsatz der Polizei oder Feuerwehr, bei Maßnahmen der ärztlichen oder anderweitigen Hilfe, der Gefahrenabwehr für Menschen und erhebliche Sachwerte oder bei der Beseitigung von Störungen der öffentlichen Sicherheit und Ordnung. Das steht in Übereinstimmung zur Wertung bei § 275 Abs. 3 BGB.

11   **III. Benachteiligungsverbot (Abs. 3).** In Abs. 3 wird das allgemeine **Maßregelungsverbot** des § 612a BGB für die Rechte aus dem BeschSchG übernommen (vgl. § 3 Rz. 5). Es richtet sich ausschließlich gegen den ArbGeb/Dienstvorgesetzten. Den betroffenen Beschäftigten wird dadurch verdeutlicht, dass sie sich gegen sexuelle Belästigungen wehren können, ohne Benachteiligungen durch ArbGeb und Dienstvorgesetzte befürchten zu müssen. Wie im Fall des § 612a BGB wird vorausgesetzt, dass der ArbN ein tatsächlich bestehendes Recht in **zulässiger Weise** ausübt. Die zulässige Rechtsausübung umfasst bei zwecksprechender Auslegung insb. auch Verfahrens- und **Beschwerderechte**, ohne dass es auf die sachliche Begründetheit des Rechtsbehelfs ankommt; ob eine Rechtsausübung zulässig ist, muss nach der Rechtsordnung als Ganzes beurteilt werden, s. § 612a BGB Rz. 12. Ist sie unzulässig, etwa weil tatsächlich keine sexuelle Belästigung vorlag, darf der ArbGeb diese arbeitsvertragliche Pflichtverletzung im Rahmen allgemeiner Grundsätze und Vorschriften zum Anlass von Sanktionen (zB Prämienkürzung, Abmahnung oder Kündigung) nehmen[8].

5 *Fortbildung für Beschäftigte im öffentlichen Dienst*
Im Rahmen der beruflichen Aus- und Fortbildung von Beschäftigten im öffentlichen Dienst sollen die Problematik der sexuellen Belästigung am Arbeitsplatz, der Rechtsschutz für die Betroffenen und die Handlungsverpflichtung des Dienstvorgesetzten berücksichtigt werden. Dies gilt insbesondere bei der Fortbildung von Beschäftigten der Personalverwaltung, Personen mit Vorgesetzten- und Leitungsaufgaben, Ausbildern sowie Mitgliedern des Personalrates und Frauenbeauftragten.

1   Die Berücksichtigung der sexuellen Belästigung am Arbeitsplatz in der beruflichen Fortbildung wird in der Empfehlung der EG-Kommission[9] betont. Wegen der unterschiedlichen Möglichkeiten für die berufliche Bildung wurde eine **Soll-Vorschrift** für angemessen erachtet. Von einer entsprechenden Regelung für **ArbGeb der Privatwirtschaft** wurde abgesehen, weil ihnen keine vermeidbaren zusätzlichen Aufgaben übertragen werden sollen, insb. im Hinblick auf den hohen Anteil von Kleinbetrieben[10]. Allerdings wird erwartet, dass die privatwirtschaftlichen ArbGeb freiwillig die Zielsetzung des § 5 im

---

1 BT-Drs. 12/5468, S. 47. |2 BT-Drs. 12/5468, S. 47. |3 BT-Drs. 12/5468, S. 48. |4 BT-Drs. 12/5468, S. 48.
/5 Vgl. ErfK/*Schlachter*, § 4 BeschSchG Rz. 3. |6 *Schaub*, ArbRHdb, § 166 Rz. 53. |7 BT-Drs. 12/5468, S. 48.
|8 Vgl. KR/*Pfeiffer*, § 612a BGB Rz. 6. |9 Empfehlung der EG-Kommission (92/131/EWG) v. 27.11.1991, ABl. EG Nr. L 49 v. 24.2.1992, S. 1. |10 BT-Drs. 12/5468, S. 48.

Rahmen ihrer Möglichkeiten unterstützen, weil entsprechende Initiativen zum wirksameren Schutz der Beschäftigten in ihrem Interesse liegen. **Notwendige Fortbildungsinhalte** sind neben der allgemeinen Unterrichtung über die genannte Problematik und ihre häufige Verdrängung die Informationen über den Rechtsschutz der Betroffenen sowie die Konkretisierung der Handlungsverpflichtungen.

6 Sonderregelungen für Soldaten
Für weibliche und männliche Soldaten bleiben die Vorschriften des Soldatengesetzes, der Wehrdisziplinarordnung und der Wehrbeschwerdeordnung unberührt.

Der Schutz vor sexueller Belästigung am Arbeitsplatz wird im militärischen Bereich durch die bestehenden Wehrgesetze (Soldatengesetz, Wehrdisziplinarordnung, Wehrbeschwerdeordnung) vorrangig geregelt und erreicht. Ein Leistungsverweigerungsrecht besteht auf Grund der Eigenart des militärischen Dienstes nicht[1]. Die Aufnahme von männlichen und weiblichen Soldaten ist erfolgt, um auch in diesem Bereich das Problem der sexuellen Belästigung am Arbeitsplatz hervorzuheben.

7 Bekanntgabe des Gesetzes
In Betrieben und Dienststellen ist dieses Gesetz an geeigneter Stelle zur Einsicht auszulegen oder auszuhängen.

Das BeschSchG gehört zu den **aushangpflichtigen Gesetzen**. Diese Pflicht zur Bekanntgabe des Gesetzes hat zum Ziel, die Beschäftigten über ihre Rechte und Pflichten aufzuklären und für das Problem der sexuellen Belästigung zu sensibilisieren. Betroffene Beschäftigte sollen dadurch ermutigt werden, dass sie ihre Rechte wahrnehmen und sich gegen derartige Belästigungen am Arbeitsplatz in der durch das Gesetz vorgesehenen Weise zu wehren.

---

[1] BT-Drs. 12/5468, S. 48.

Gesetz zur Verbesserung der betrieblichen Altersversorgung

vom 19.12.1974 (BGBl. I S. 3610),
zuletzt geändert durch Gesetz vom 24.7.2003 (BGBl. I S. 1526)

Vorbemerkungen

I. Motive des Gesetzgebers	1
II. Historische Entwicklung	3
1. In-Kraft-Treten des „Gesetzes zur Verbesserung der betrieblichen Altersversorgung"	4
2. Verabschiedung des Rentenreformgesetzes 1999 (RRG)	6
3. Auswirkungen des Altersvermögensgesetzes auf das BetrAVG	7
III. Anwendungsbereich des BetrAVG	11
1. Sachlicher Anwendungsbereich	11
2. Persönlicher Anwendungsbereich	16
3. BetrAVG und Auslandsbezug	17
a) Eingeschränkte freie Rechtswahl	18
b) Anwendbares Recht bei unterbliebener Rechtswahl	19
4. Freizügigkeits-Richtlinie 98/49	21
IV. Inhalte der betrieblichen Altersversorgung	22
1. Definition und Kennzeichen	22
a) Legaldefinition	22
b) Kennzeichen der betrieblichen Altersversorgung	23
aa) Freiwilligkeit	23
bb) Funktion	24
(1) Versorgungszweck	24
(2) Ergänzungsfunktion	25
(3) Fürsorge- und Entgeltcharakter	26
cc) Rechtliche Ausgestaltung	28
(1) Vertragsfreiheit	28
(2) Gleichbehandlungsgrundsatz	29
(3) Auslegung	33
2. Leistungsarten	34
a) Begriff der „Leistung"	34
b) Leistungsvarianten	36
aa) Altersrente	36
bb) Invaliditätsrente	38
cc) Hinterbliebenenversorgung	44
(1) Witwenrente	45
(2) Waisenrente	48
c) Möglichkeiten der Leistung	50
aa) Leibrenten	50
bb) Zeitrenten	52
cc) Kapitalleistungen	53
dd) Sonstige Leistungen	55
3. Abgrenzung zu den anderen Leistungen	56
a) Sonstige Zuwendungen des Arbeitgebers	56
b) Sonstige Rentenansprüche	61
c) Sonstige Versicherungsleistungen	62
V. Durchführungswege	64
1. Unmittelbare Versorgungszusage	65
2. Mittelbare Versorgungszusage	68
a) Direktversicherung	69
b) Pensionskassen	70
c) Unterstützungskassen	71
d) Pensionsfonds	72
3. Kombinationsmöglichkeiten	74
VI. *Rechtsbegründungsakte*	76
1. Individualrechtliche Zusagen	77
a) Einzelzusage	78
b) Einheitsregelung	79
c) Gesamtzusage	80
d) Betriebliche Übung	82
2. Kollektivrechtliche Zusagen	83
a) Tarifvertrag	84
b) Betriebsvereinbarung	88
c) Vereinbarungen nach dem Sprecherausschussgesetz	90
3. Grundsatz der Gleichbehandlung	91
4. Zusammentreffen mehrerer Begründungsakte	94
VII. Leistungsvoraussetzungen	96
1. Allgemeine Voraussetzungen	97
a) Wartezeit	98
b) Altersgrenzen	100
c) Beendigung des Arbeitsverhältnisses	102
2. Besondere Voraussetzungen	104
a) Für Altersrente	105
b) Für Invaliditätsleistungen	107
c) Für Hinterbliebenenleistungen	108
VIII. Berechnung der Versorgungsleistung	110
1. Grundlagen	110
a) Versorgungsfähige Dienstzeit	111
b) Versorgungsfähiges Einkommen	113
2. Versorgungssysteme	116
a) Statische Versorgungssysteme	117
b) Dynamische Versorgungssysteme	118
c) Bausteinzusagen	119
d) Hierarchische Versorgungszusagen	120
e) Gesamtversorgungszusagen	122
IX. Abänderung von Versorgungszusagen	124
1. Abänderung aus wirtschaftlichen Gründen	125
a) Arbeitsvertragliche Ruhegeldzusagen	126
aa) Änderungsvereinbarung	127
bb) Änderungskündigung	128
cc) Anfechtung, Rücktritt, Unmöglichkeit und Verzug	130
dd) Widerruf	131
(1) Vorbehaltener Widerruf	132
(2) Wegfall der Geschäftsgrundlage	133
(3) Wirtschaftliche Notlage	134
(4) Überversorgung	135
ee) Nachfolgende Betriebsvereinbarung	137
b) Versorgung durch Unterstützungskasse	142
c) Betriebsvereinbarung	146
d) Betriebliche Mitbestimmung	148
e) Maßstab für zulässige Änderungen von Versorgungsanwartschaften	150
aa) Erdienter Teilwert	151
bb) Erdiente Dynamik	154
cc) Nicht erdiente Versorgungsbestandteile	158
dd) Gerichtliche Billigkeitskontrolle	159
f) Maßstab für zulässige Änderungen bei laufenden Leistungen	160

2. Abänderung aus nicht wirtschaftlichen Gründen ... 163	X. Mitbestimmungsrecht des Betriebsrats ... 171
3. Widerruf wegen Treuebruch ... 165	1. Gesetzliche Grundlagen ... 171
a) Verfehlung während des Arbeitsverhältnisses ... 167	2. Mitbestimmung bei unmittelbaren Versorgungszusagen ... 174
aa) Treuebruch vor Unverfallbarkeit ... 168	3. Mitbestimmung bei mittelbaren Versorgungszusagen ... 176
bb) Treuebruch nach Unverfallbarkeit ... 169	4. Mitbestimmungsfreie Entscheidungen ... 182
b) Verfehlung durch Ausgeschiedene ... 170	XI. Prozessrecht ... 184

Lit.: *Ahrend/Förster/Rühmann*, Gesetz zur Verbesserung der betrieblichen Altersversorgung, 9. Aufl. 2003; *Albert/Schumann/Sieben/Menzel*, Betriebliche und private Altersversorgung nach der Rentenreform, 1. Aufl. 2002; *Andresen/Förster/Rößler/Rühmann*, Arbeitsrecht der betrieblichen Altersversorgung, Lbl.; *Blomeyer/Otto*, Gesetz zur Verbesserung der betrieblichen Altersversorgung, 3. Aufl. 2003; *Furtmayr*, Das neue Altersvermögensgesetz, 1. Aufl. 2002; *Griebeling*, Betriebliche Altersversorgung; 1. Aufl. 1996; *Heubeck/Höhne/Paulsdorff/Rau/Weinert* (Zit. HHPRW), Kommentar zum Betriebsrentengesetz, 2. Aufl. 1982; *Höfer*, Gesetz zur Verbesserung der betrieblichen Altersversorgung, Lbl.; *Kemper/Kisters-Kölkes*, Arbeitsrechtliche Grundzüge der betrieblichen Altersversorgung, 2. Aufl. 2002; *Kemper/Kisters-Kölkes/Berenz/Bode/Pühler*, BetrAVG, 1. Aufl. 2003 (Zit. KKBBP); *Bode/Grabner*, Pensionsfonds und Entgeltumwandlung, 1. Aufl. 2002; *Langohr-Plato*, Betriebliche Altersversorgung, 2. Aufl. 2002; *Paulsdorff*, Kommentar zur Involvenzsicherung der betrieblichen Altersversorgung, 2. Aufl. 1996.

I. Motive des Gesetzgebers. Die Altersversorgung beruht in Deutschland auf drei „Säulen": Die erste Säule umfasst die Regelsicherung des Lebensstandards durch die Pflichtgemeinschaft der gesetzlich Versicherten. Zweite Säule ist die betrAV zur Aufstockung dieser Grundsicherung. Als dritte Säule dient die eigenverantwortliche Ergänzung der Grundsicherung und der betrAV durch die private Eigenvorsorge. **1**

Die Sicherung des beruflichen Ruhestands ist von so gravierender Bedeutung, dass deren Übertragung auf einen einzelnen Versorgungsträger als nicht sachgerecht erscheint. Es ist daher Sache des Sozialstaates, dort Ordnungspolitik zu betreiben, wo der Einzelne überfordert wäre. Demgegenüber verbieten es Grundsätze der freien Marktwirtschaft, dass der Staat Regelungen trifft, die keinen Raum mehr für privatwirtschaftliche und einzelverantwortliche Vorsorge lassen. Als zweite Säule nimmt die betrAV damit in unserem Alterssicherungssystem einen angemessenen Platz ein[1]. **2**

II. Historische Entwicklung. Die Eckpunkte der historischen Entwicklung in der Gesetzgebung zur betrAV stellen insb. das „Gesetz zur Verbesserung der betrieblichen Altersversorgung" (BetrAVG)[2] und das Altersvermögensgesetz (AVmG) dar. Hinsichtlich der Umsetzung europarechtlicher Vorgaben kommt aber auch dem Rentenreformgesetz 1999 (RRG) besondere Bedeutung zu. **3**

1. In-Kraft-Treten des „Gesetzes zur Verbesserung der betrieblichen Altersversorgung". Am 22.12.1974 trat das Gesetz zur Verbesserung der betrAV (BetrAVG) mit seinen wesentlichen Teilen auf dem Gebiet der alten Bundesrepublik in Kraft. Der Gesetzgeber sah die Notwendigkeit, die betrAV als wichtige Ergänzung der sozialen Sicherung für die begünstigten ArbN sicherer und wirkungsvoller zu gestalten[3]. Die betrAV war bis dahin – abgesehen vom Steuer- und vom Betriebsverfassungsrecht – nicht gesetzlich geregelt, sondern hatte sich auf der Basis der Privatautonomie entwickelt. **4**

Für die neuen Bundesländer gelten die Regelungen des BetrAVG seit dem 1.1.1992. **5**

2. Verabschiedung des Rentenreformgesetzes 1999 (RRG). Das BetrAVG blieb lange Zeit fast unverändert. Eine wesentliche Novellierung erfolgte dann aber im Dezember 1997 mit der Verabschiedung des Rentenreformgesetzes 1999 (RRG), welches das BetrAVG erheblich modifizierte und ergänzte[4]. Mit der Novellierung erfüllte der Gesetzgeber ua. die Vorgaben aus der Barber-Rspr. des EuGH und der diese umsetzenden Richtlinie 96/97/EG durch Einfügen des neuen § 30a. In der Barber-Entscheidung[5] erklärte der EuGH unterschiedliche Altersgrenzen und unterschiedliche Versorgungsleistungen in Abhängigkeit vom Geschlecht für mit dem Europarecht nicht vereinbar. Hieraus wird die zunehmende Bedeutung der Rspr. des EuGH zu Art. 119 EGV für die betrAV – insb. zu § 6 – in Deutschland deutlich[6]. **6**

3. Auswirkungen des Altersvermögensgesetzes auf das BetrAVG. Wegen der rückläufigen Geburtenzahlen und der steigenden Lebenserwartung kam es schon zwei Jahre später zu einer weiteren Reform. Um einer drohenden Steigerung der Beitragssatzes zur gesetzlichen RV bis auf 26 % entgegenzuwirken, hielt der Gesetzgeber den eigenverantwortlichen Aufbau einer kapitalgedeckten Altersvorsorge zur gesetzlichen Sicherung des Lebensstandards im Alter für unerlässlich[7]. **7**

---

1 *Ahrend*, BB 1994, 1225 ff.; zust. *Andresen/Förster/Rößler/Rühmann*, Teil 4 B Rz. 1 ff. | 2 Nach einem Referentenentwurf zur Änderung des Gesetzes, Stand: 24.10.2003, abgedr. in BetrAV 2003, 720 ff., soll das Gesetz künftig „Betriebsrentengesetz" heißen. | 3 BT-Drs. v. 26.11.1973, 7/1281, s. 1 ff. | 4 Gesetz zur Reform der gesetzlichen Rentenversicherung (Rentenreformgesetz 1999 – RRG 1999) v. 11.12.1997, Art. 8, BGBl. I 1997, S. 2998 (3025). | 5 EuGH v. 17.5.1990 – Rs. C-262/88 – Barber, DB 1990, 1824. | 6 *Blomeyer*, NZA 1995, 49 ff.; *Kollatz*, NJW 1996, 1658 f.; *Andresen/Förster/Rößler/Rühmann*, Teil 4 C Rz. 10 mzwN. | 7 Gesetz zur Reform der gesetzlichen Rentenversicherung und zur Förderung eines kapitalgedeckten Altersvermögens (Altersvermögensgesetz – AVmG) v. 26.6.2001, BGBl. I 2001, S. 1310.

8 Das AVmG ist am 26.6.2001 in Kraft getreten. Es bietet den in der gesetzlichen RV pflichtversicherten Mitgliedern einen Anreiz zur Kompensation der Leistungskürzungen bei der staatlichen Rente. Das AVmG sieht deshalb ua. eine Förderung der privaten und betrAV vor. Es soll dafür sorgen, dass das Versorgungsniveau bei einem Beitragssatz von 22 % im Jahr 2030 langfristig gesichert ist.

9 Mit dem AVmG ist der bis dahin geltende Grundsatz, dass es jedem ArbGeb freisteht, eine betrAV einzuführen, eingeschränkt worden. Der ArbN hat nunmehr einen Anspruch auf betrAV. Dieser Anspruch ist allerdings nur im Wege der Entgeltumwandlung durchsetzbar[1].

10 Ergänzt wurden die neuen Regelungen durch das Gesetz zur Einführung einer Kapitalgedeckten Hüttenknappschaftlichen Zusatzversicherung und zur Änderung anderer Gesetze (HZvNG)[2]. Das BetrAVG schützt damit auch die mittels Eigenbeiträgen finanzierte kapitalgedeckte Altersversorgung, soweit der ArbGeb dies in seinem Versorgungsversprechen vorsieht (näheres unter § 1 Rz. 9 f.). Ein Rentenentwurf zur Änderung des Gesetzes sieht umfangreiche weitere Änderungen vor[3].

11 **III. Anwendungsbereich des BetrAVG. 1. Sachlicher Anwendungsbereich.** Das BetrAVG gilt nur dann, wenn Leistungen der betrAV zugesagt werden. Dies sind nach der gesetzlichen Formulierung Leistungen der Alters-, Invaliditäts- oder Hinterbliebenenversorgung, die einem ArbN oder einer arbeitnehmerähnlichen Person aus Anlass ihres Arbeits- oder Dienstverhältnisses zugesagt worden sind. Der Begriff der betrAV ist geprägt durch den in Rspr. und Schrifttum gebräuchlichen Bedeutungsinhalt[4]. Zweck der betrAV ist die Ergänzung der gesetzlichen und privaten Vorsorge durch Leistungen des ArbGeb. Von der Abgeltung unmittelbarer Arbeit unterscheidet sich die betrAV dadurch, dass sie als auf den Eintritt eines Versorgungsfalles bezogene zukünftige Sozialleistung ausgestaltet ist[5]. Wesentliches Kriterium ist, dass die Versorgungsleistungen jeweils an ein biologisches Ereignis anknüpfen, etwa Tod, Invalidität oder Erreichen einer festen Altersgrenze. Auf das Motiv für die Zusage kommt es dabei nicht an[6].

12 IdR werden Geldleistungen in Form laufender Renten oder Kapitalzahlungen geschuldet. Auch Nutzungsrechte oder Sachleistungen können den Charakter einer betrAV haben[7].

13 Zu den Leistungen betrieblicher Altersversorgung gehören nicht sog. Übergangsgelder. Sie dienen der Überbrückung der Zeitspanne zwischen dem Ausscheiden aus einem Betrieb und dem Einsetzen von Altersversorgungsleistungen[8]. Das gilt auch dann, wenn sie als Ruhegeld bezeichnet und erst ab Vollendung des 60. Lebensjahres (LJ) gezahlt werden[9]. Das Gesetz selbst kennt keine Altersgrenze, von deren Erreichen an frühestens von Altersleistungen gesprochen werden kann. Altersgrenzen von 60 Jahren sind grundsätzlich zulässig[10]. Leistungen, die vor Vollendung des 60. LJ einsetzen, wird man regelmäßig nicht als solche der betrAV verstehen können. Allenfalls für besondere Berufgruppen könnten Ausnahmen erwogen werden[11].

14 Leistungen, die nicht durch den Eintritt eines biologischen Ereignisses ausgelöst werden, unterfallen nicht dem BetrAVG. Dazu gehören Jubiläumszahlungen, Tantiemen, Kündigungsabfindungen, Karenzentschädigungen bei Wettbewerbsverboten etc[12].

15 Gegen eine betrAV soll ferner sprechen, wenn das Unternehmen lediglich den tätigen Gesellschaftern Zusagen gemacht hat[13]. Dies gilt auch dann, wenn die den Gesellschafter-Geschäftsführern erteilte Zusage auf Altersversorgung im Verhältnis zu der ihnen gewährten Tätigkeitsvergütung sowie in der rechtlichen und tatsächlichen Ausgestaltung wesentlich von Zusagen abweicht, wie sie Dritten – insb. sonstigen Geschäftsführern und leitenden Angestellten – erteilt worden sind[14]. In gleicher Weise ist auch zu prüfen, inwieweit familiäre Beziehungen Anlass für das Versorgungsversprechen waren; verfügen familienfremde Mitarbeiter in vergleichbarer Position nicht über eine Versorgungszusage, so ist dies ein Indiz dafür, dass es sich nicht um betriebliche Ruhegeldleistungen handelt[15].

16 **2. Persönlicher Anwendungsbereich.** Das BetrAVG dient dem ArbN-Schutz. Nach § 17 Abs. 1 Satz 2 gilt es aber auch für sog. arbeitnehmerähnliche Personen, soweit ihnen Leistungen der betrAV aus Anlass ihrer Tätigkeit für ein Unternehmen zugesagt worden sind. Nähere Einzelheiten hierzu in der Kommentierung zu § 17.

17 **3. BetrAVG und Auslandsbezug.** Arbeitsverhältnisse weisen häufig einen mehr oder weniger starken Auslandsbezug auf, sei es, dass ein ArbN bei einem ausländischen Unternehmen angestellt ist, aber im Inland arbeitet, sei es, dass ein ArbN, der im Inland angestellt ist, vorübergehend oder dauerhaft in das Ausland entsandt wird.

18 **a) Eingeschränkte freie Rechtswahl.** Art. 27 EGBGB gewährt den Vertragsparteien die Möglichkeit, das auf sie anwendbare Recht frei zu wählen. Die Rechtswahl kann auch nur für Teile des Vertrages,

---

1 *Ahrend/Förster/Rühmann*, Einf. Rz. 2 ff. | 2 BGBl. 2002 I S. 2167. | 3 Abgedr. in BetrAV 2003, S. 720 ff. | 4 BT-Drs. 7/1281, S. 22. | 5 BAG v. 26.6.1990 – 3 AZR 641/88, ZIP 1991, 49. | 6 BAG v. 8.5.1990 – 3 AZR 121/89, AP Nr. 58 zu § 7 BetrAVG. | 7 *Höfer*, ART Rz. 29. | 8 BGH v. 3.7.2000 – II ZR 381/98, MDR 2000, 1197. | 9 BAG v. 3.11.1998 – 3 AZR 454/97, NZA 1999, 594. | 10 *Höfer*, ART Rz. 20. | 11 *Höfer*, ART Rz. 21. | 12 *Höfer*, ART Rz. 50 ff. | 13 BAG v. 25.1.2000 – 3 AZR 769/98, DB 2001, 2102. | 14 BAG v. 25.1.2000 – 3 AZR 769/98, DB 2001, 2102. | 15 *Höfer*, ART Rz. 3694.2.

etwa für die betriebliche Versorgungszusage, getroffen werden. Sie ist jederzeit revidierbar. Art. 30 EGBGB schränkt die Rechtswahl ein. Zwingende ArbN-Schutzbestimmungen, die mangels einer Rechtswahl nach Art. 30 Abs. 2 EGBGB anzuwenden wären, dürfen nicht umgangen werden. Dies führt zu einem **Günstigkeitsvergleich**, bei dem die Vorschriften des gewählten Rechts nicht anzuwenden sind, die für den Versorgungsberechtigten gegenüber den ohne Rechtswahl gültigen zwingenden Regelungen anwendbar wären[1]. Für betriebliche Versorgungszusagen folgt daraus, dass bei der Wahl deutschen Rechts dennoch ausländisches Recht anzuwenden ist, wenn der Günstigkeitsvergleich dazu führt, dass das bei fehlender Rechtswahl anzuwendende ausländische Recht günstiger ist. Umgekehrt ist bei der Wahl ausländischen Rechts das BetrAVG maßgeblich, wenn es ohne Rechtswahl anzuwenden wäre und Vorschriften enthält, die zwingendes günstigeres Recht vorsehen[2].

b) Anwendbares Recht bei unterbliebener Rechtswahl. Art. 30 Abs. 2 EGBGB legt fest, welches Recht anzuwenden ist, wenn keine Rechtswahl getroffen wurde. Das anzuwendende Recht kann sich nach dem **Arbeitsort** bestimmen, in dem gewöhnlich die Arbeit verrichtet wird. Das gilt auch dann, wenn der ArbN vorübergehend in einen anderen Staat entsandt wird. Befindet sich der gewöhnliche Arbeitsort in Deutschland, wird der ArbN aber vorübergehend, d.h. nicht dauerhaft und auch nicht für längere Zeit[3] ins Ausland entsandt, bleibt das BetrAVG anwendbar. Dem § 4 SGB IV entsprechend wird dies als **Ausstrahlung** verstanden, bei dem das inländische Recht weiterhin anwendbar bleibt. Arbeitet der ArbN im Normalfall im Ausland und wird er nur vorübergehend in Deutschland eingesetzt, ist weiter ausländisches Recht anwendbar. Entsprechend § 5 SGB IV wird dies als **Einstrahlung** bezeichnet[4]. Ob ein ArbN nur vorübergehend oder dauerhaft im Ausland beschäftigt ist, ist anhand des Arbeitsvertrages zu entscheiden. Wird jemand ausschließlich für eine Tätigkeit im Ausland eingestellt und besteht keine Möglichkeit, ihn kraft des Direktionsrechts in ein anderes Land oder ins Inland zu versetzen, liegt keine vorübergehende Entsendung iSd. Art. 30 Abs. 2 EGBGB vor[5]. Entscheidend sind die Umstände des Einzelfalles. Abgrenzungsprobleme können sich ergeben, wenn ein ArbN innerhalb eines Konzerns zu einem rechtlich selbstständigen ausländischen Tochterunternehmen entsandt wird. Hier kann entscheidend sein, ob das bisherige Arbeitsverhältnis im Inland bestehen bleibt oder gelöst und ausschließlich ein Arbeitsverhältnis mit einem ausländischen Unternehmen begründet wird. Bei einer Versorgungszusage über eine konzernübergreifende Unterstützungskasse sah es das BAG als ausreichend an, wenn arbeitsvertragliche „Restbeziehungen" zu der inländischen Muttergesellschaft bestanden kraft derer der Auslandseinsatz gesteuert werden konnte[6]. Ausschlaggebend für die Anwendung deutschen Rechts war für das BAG, dass die Muttergesellschaft die Versorgungszusage während des Auslandseinsatzes fortgeführt hatte und deshalb als **Versorgungsschuldnerin** angesehen wurde.

Für ArbN, deren Arbeitsort sich nicht gewöhnlich in ein und demselben Staat befindet, ist das Recht des Staates anwendbar, in dem sich die Niederlassung befindet, die den ArbN eingestellt hat (Art. 30 Abs. 2 Nr. 2 EGBGB). Das gilt dann nicht, wenn sich aus der Gesamtheit der Umstände ergibt, dass das Arbeitsverhältnis eine engere Verbindung zu einem bestimmten Staat aufweist, dessen Recht dann anwendbar ist. Die Bestimmung erfasst insb. Flugpersonal und Besatzungen von Seeschiffen[7].

4. Freizügigkeits-Richtlinie 98/49. Die sog. **Freizügigkeits-Richtlinie** vom 29.6.1998[8] bezweckt die Erhaltung von Versorgungsanwartschaften, die ihren Arbeitsplatz in einen anderen EG-Mitgliedsstaat verlegen. Es soll sichergestellt werden, dass der in das Ausland entsandte ArbN in dem bisherigen inländischen Versorgungssystem verbleiben kann. Er kann dann weiterhin Beiträge in das dortige Versorgungssystem entrichten, ohne zusätzlich Beiträge in ein ausländisches (betriebliches) Versorgungssystem einzahlen zu müssen (Art. 6 Abs. 2 der Richtlinie). Der betroffene ArbN hat gegenüber seinem ArbGeb **Auskunftsrechte** über die erreichten Versorgungsansprüche und etwaige Wahlmöglichkeiten. Für nach deutschem Recht erworbene Anwartschaften ergeben sich diese Auskunftsrechte bereits aus § 2 Abs. 6 BetrAVG.

IV. Inhalte der betrAV. 1. Definition und Kennzeichen. a) Legaldefinition. Nach der gesetzlichen Regelung in § 1 Abs. 1 Satz 1 wird betrAV als Leistungen der Alters-, Invaliditäts- oder Hinterbliebenenversorgung definiert, die einem ArbN aus Anlass seines Arbeitsverhältnisses zugesagt worden sind[9].

b) Kennzeichen der betrAV. aa) Freiwilligkeit. Die Zusage von betrieblicher Altersversorgung beruht grundsätzlich auf einem freien und rechtlich nicht erzwingbaren Entschluss des ArbGeb. Dieser kann insb. frei darüber entscheiden, ob er überhaupt betriebliche Versorgungsleistungen gewähren will und wenn ja, welcher Durchführungswege er sich bedienen, welche objektiv abgrenzbaren Personenkreise

---

1 BT-Drs. 10/504, S. 81. | 2 Vgl. *Höfer*, ART Rz. 1188. | 3 Vgl. *Gamillscheg*, ZfA 1983, 307, 333. | 4 *Höfer*, ART Rz. 1201. | 5 BAG v. 30.4.1987 – 2 AZR 192/86, AP Nr. 15 zu § 12 SchwbG. | 6 BAG v. 6.8.1985 – 3 AZR 185/83, AP Nr. 24 zu § 7 BetrAVG, allerdings entschieden vor In-Kraft-Treten von § 30 Abs. 2 EGBGB. | 7 Vgl. Palandt/*Heldrich*, Art. 30 EGBGB Anm. 4. | 8 Richtlinie 98/49/EG des Rates vom 29.6.1998 zur Wahrung ergänzender Rentenansprüche von Arbeitnehmern und Selbstständigen, die innerhalb der europäischen Gemeinschaft zu- und abwandern, ABl. L 209/6, in Kraft getreten am 25.7.1998. | 9 Diese arbeitsrechtliche Definition des Begriffs der betrieblichen Altersversorgung ist mangels anderweitiger Definitionen auch für das Steuerrecht maßgeblich.

er einbeziehen und wie viel er aufwenden will[1]. Hierbei muss der ArbGeb sowohl Grundrechte und allgemeine Rechtsgrundsätze, als auch die Mindestanforderungen des BetrAVG berücksichtigen.

24 **bb) Funktion. (1) Versorgungszweck.** Wesentliche Aufgabe und gleichzeitig Tatbestandsmerkmal der betrAV ist die **Versorgung** der aus Alters- oder Invaliditätsgründen in den Ruhestand getretenen ArbN sowie von deren Hinterbliebenen.

25 **(2) Ergänzungsfunktion.** Als zweite Säule der Altersversorgung ergänzt die betrAV die Grundsicherung aus der gesetzlichen RV und schließt – ganz oder teilweise – die Versorgungslücke zum insgesamt angestrebten Versorgungsvolumen. Ihre besondere soziale Bedeutung sieht der Gesetzgeber darin, dass zahlreichen ArbN während ihrer aktiven Zeit nur ungenügende Mittel zur Verfügung stehen, um eine ausreichende private Eigenvorsorge für den Ruhestand aufzubauen[2]. Diese sog. Ergänzungsfunktion ist – kommt sie auch in der überwiegenden Zahl der Fälle zum Tragen – nicht konstitutiver Inhalt der betrAV. Der Versorgungszweck ist – dem Grunde nach – immer auch bereits dann erfüllt, wenn die zugesagten Leistungen keinen Bezug zur Versorgungslücke aufweisen oder nur als eine geringfügige Aufbesserung des durch die gesetzliche RV gewährleisteten Versorgungsniveaus angesehen werden können. Daher gelten auch geringfügige Zahlungen als Leistungen der betrAV[3].

26 **(3) Fürsorge- und Entgeltcharakter.** Ursprünglich wurde die betrAV lediglich als Fürsorgeleistung des ArbGeb für seine ArbN verstanden. Diese Auffassung wandelte sich mit Entwicklung einer Unverfallbarkeit und Anpassungsprüfungspflicht, die später im BetrAVG normiert wurde dahingehend, dass die betrAV nunmehr als Gegenleistung aus dem arbeitsvertraglichen Austauschverhältnis angesehen wird; ihr wird Entgeltcharakter zugesprochen[4].

27 Das BAG sieht Leistungen der betrAV nicht als vorenthaltenen Arbeitslohn, welcher in unmittelbarer Beziehung zur Arbeitsleistung steht; vielmehr handelt es sich regelmäßig um eine Gegenleistung des ArbGeb für die insgesamt erbrachte bzw. zu erwartende Betriebstreue des ArbN[5]. Unter Zugrundelegung dieser Wertung hat das BAG den Entgeltcharakter stärker betont und das Fürsorgeelement in den Hintergrund treten lassen[6].

28 **cc) Rechtliche Ausgestaltung. (1) Vertragsfreiheit.** Für die Gewährung von betrieblicher Altersversorgung gilt der Grundsatz der Privatautonomie. Das BetrAVG enthält als ArbN-Schutzgesetz zwar einige einschränkende Regelungen, wie zB die Unverfallbarkeit, die Auszehrungs-, Anrechnungs- und Abfindungsverbot oder die Anpassungsprüfungspflicht, die vom ArbGeb zu beachten sind, wenn er sich einmal zur Zusage entsprechender Leistungen entschlossen hat. Von diesen einschränkenden Regelungen darf gem. § 17 Abs. 3 Satz 3 nicht zu Ungunsten des ArbN abgewichen werden, selbst wenn dessen Zustimmung vorliegen sollte. Ausnahmen zu Ungunsten des ArbN lässt das Gesetz nur für tarifvertragliche Regelungen zu. Ansonsten sind nur solche Vereinbarungen unzulässig, die entweder gegen ein gesetzliches Verbot oder gegen die guten Sitten verstoßen[7].

29 **(2) Gleichbehandlungsgrundsatz.** § 1b Satz 1 und Satz 4 sehen explizit vor, dass sich eine Versorgungszusage unter bestimmten Voraussetzungen auch aus dem Grundsatz der Gleichbehandlung ergeben kann. Dieser beinhaltet das Prinzip, dass Gleiches nicht ungleich und Ungleiches entsprechend nicht gleich behandelt werden darf. Er verbietet mithin die sachfremde Schlechterstellung einzelner ArbN gegenüber anderen ArbN in vergleichbarer Lage. Die Vergleichsgruppenbildung muss – gemessen am Leistungszweck – sachlichen Kriterien entsprechen. Gibt es für die unterschiedliche Behandlung keine billigenswerte Gründe, so ist die Regelung willkürlich und damit unwirksam. Der ArbN hat dann einen Anspruch entsprechend der begünstigten Gruppe[8]. Die Vertragsfreiheit ist demnach eingegrenzt, wenn eine Gruppe nach generalisierenden Merkmalen, nicht einem erkennbar gleichen Prinzip oder nach einer allgemeinen Ordnung aufgestellt wird. Dabei ist irrelevant, ob die jeweils begünstigten oder benachteiligten ArbN eine Mehrheit oder nur eine Minderheit der insgesamt gleich zu behandelnden ArbN darstellen[9].

30 Eine Differenzierung kann sich dabei etwa ergeben aus besonderen Qualifikationen oder Arbeitsleistungen, aufgrund unterschiedlicher Anforderungen an den Arbeitsplatz oder eine herausragende Berufserfahrung[10]. Als zulässig angesehen werden auch Regelungen, die Versorgungsberechtigte ab einem bestimmten Stichtag von Verbesserungen einer Versorgungsordnung ausnehmen[11]. Nicht zu beanstanden ist auch, wenn nur diejenigen ArbN eine Invaliden- oder Hinterbliebenenversorgung erhalten, die besonders gefährliche Arbeiten verrichten[12]. Ebenfalls zulässig ist es, wenn lediglich leitenden Ange-

---

1 BAG v. 12.6.1975 – 3 ABR 13/74, DB 1975, 1559; *Höfer*, ART Rz. 34 mwN. | 2 BT-Drs. 7/1281, S. 19. | 3 LAG München v. 30.10.1985 – 5 Sa 630/85, BB 1986, 880; *Höfer*, ART Rz. 39 mwN. | 4 BAG v. 10.3.1972 – 3 AZR 278/71, DB 1972, 1486; BAG v. 16.12.1976 – 3 AZR 761/75, BB 1977, 146; *Blomeyer/Otto*, Einl. Rz. 135 ff. mzwN. | 5 BAG v. 10.3.1972 – 3 AZR 278/71, DB 1972, 1486. | 6 BAG v. 5.9.1989 – 3 AZR 575/88, DB 1989, 2615; *Höfer*, ART Rz. 41 mzwN. | 7 *Langohr-Plato*, Rz. 14. | 8 BAG v. 9.12.1997 – 3 AZR 661/96, DB 1998, 1823. | 9 BAG v. 25.1.1984 – 5 AZR 89/82, NZA 1984, 326; v. 25.1.1984 – 5 AZR 251/82, NZA 1984, 323; *Schumann* in Tschöpe, ArbR, Teil 2 E Rz. 146. | 10 BAG v. 28.7.1992 – 3 AZR 173/92, AP Nr. 18 zu § 1 BetrAVG – Gleichbehandlung. | 11 BAG v. 6.6.1974 – 3 AZR 44/74, NJW 1975, 78; v. 8.12.1977 – 3 AZR 530/76, BB 1978, 858; v. 11.9.1980 – 3 AZR 606/79, DB 1981, 943. | 12 *Ahrend/Förster/Rühmann*, § 1 BetrAVG Rz. 74.

stellten – etwa in Form von Einzelzusagen – Versorgungsleistungen zugesagt werden, die die übrigen Mitarbeiter, die keine herausragende Position bekleiden, nicht erhalten[1].

Auch in kollektivrechtlich begründeten Versorgungszusagen ist der Gleichbehandlungsgrundsatz zu beachten[2]. Er gibt jedoch ArbN, die nicht von der kollektiven Regelung erfasst werden, keinen Anspruch. So kann etwa ein leitender Angestellter (iSv. § 5 Abs. 3 BetrVG) Versorgungsleistungen aus einer BV nicht mit Hilfe des Gleichbehandlungsgrundsatzes auch für sich fordern. Einer Gleichbehandlung können auch Vorteile in der Entlohnung entgegenstehen, die Einzelnen tarifvertraglich eingeräumt worden sind; es gilt dann das Günstigkeitsprinzip[3]. **31**

Aus dem Grundsatz der Gleichbehandlung ergibt sich auch das Verbot, Mitarbeiter oder Mitarbeiterinnen wegen des Geschlechts nachteilig oder bevorzugt zu behandeln. Dies gilt für die unmittelbare Diskriminierung genauso wie für die mittelbare geschlechtsbezogene Diskriminierung etwa bei Teilzeitkräften[4]. **32**

(3) **Auslegung.** Für Inhalt und Umfang der betrieblichen Versorgungsleistungen gilt die sog. „Unklarheitenregel". Danach muss der ArbGeb bei mehrdeutigen Verträgen die für ihn ungünstigere Auslegungsmöglichkeit gegen sich gelten lassen, wenn er ein schutzwürdiges Vertrauen auf bestimmte Leistungen bei seinen ArbN erweckt[5]. **33**

2. **Leistungsarten. a) Begriff der „Leistung".** Der Begriff der „Leistung" iSv. § 1 Abs. 1 Satz 1 meint nur tatsächliche Zuwendungen (Sach-, Nutzungs- und zweck- oder nicht zweckgebundene Geldleistungen), die dem Versorgungsberechtigten unmittelbar zum Zwecke der Alters-, Invaliditäts- oder Hinterbliebenenversorgung gewährt werden[6]. Finanzierungsaufwendungen stellen hingegen noch keine „Leistungen" in diesem Sinne dar, unabhängig davon, ob sie nur buchmäßig vorgenommen werden (Pensionsrückstellungen) oder ob sie auch in Geld erbracht werden, wie Beiträge zu Direktversicherungen oder Zuwendungen an Pensions- oder Unterstützungskassen[7]. Häufigste Form von Versorgungsleistungen sind laufende Renten oder einmalige Kapitalzahlungen[8]. Sach- (zB Deputate) und Nutzungsrechte (zB Werkswohnungen) können aber ebenfalls unter den Begriff der betrAV subsumiert werden. Voraussetzung ist, dass sie dem ehemaligen Mitarbeiter unter Versorgungsaspekten auch nach seiner aktiven Dienstzeit weiter gewährt werden[9]. **34**

Nicht erforderlich ist, dass der ArbGeb die zugesagten Versorgungsleistungen persönlich erbringt. Er kann die eingegangenen Leistungsverpflichtungen auch auf einen Dritten – nämlich eine Lebensversicherung, einen Pensionsfonds oder eine Pensions- oder Unterstützungskasse – übertragen. Wird ein entsprechender externer, mittelbarer Durchführungsweg gewählt, so muss der ArbGeb die Finanzierung sicherstellen. Tritt der abgesicherte Versorgungsfall ein, muss der mittelbare Versorgungsträger über die zur Erfüllung der Leistungsverpflichtung erforderlichen Mittel verfügen können[10]. **35**

b) Leistungsvarianten. aa) Altersrente. Für die Inanspruchnahme von Altersrente ist ua. regelmäßig das Erreichen einer bestimmten Altersgrenze – zumeist das 65. LJ – Voraussetzung. Bei der Festlegung der vorgezogenen Altersgrenze steht ein gewisser Handlungsspielraum zur Verfügung, der allerdings durch den Grundsatz der Gleichbehandlung – gleiche Altersgrenze für beide Geschlechter – eingeschränkt wird. Als niedrigste Altersgrenze wird in der Regel die Vollendung des 60. LJ anzunehmen sein. Für die Vereinbarung einer noch niedrigeren Altersgrenze müssten sonst besondere sachliche Gründe vorliegen[11]. Eine Altersgrenze von 60 Jahren ergibt sich für die Direktversicherung zudem aus steuerlichen Aspekten, vgl. § 40b EStG. Nach dieser Vorschrift findet die Steuervergünstigung der Pauschalbesteuerung nur auf solche Versicherungen Anwendung, in denen die Erlebensfallleistung nicht vor dem 60. LJ fällig wird. Bei der Unterstützungskasse ist zwar gem. § 4d Abs. 1 Nr. 1c Satz 2 EStG eine Altersgrenze von 55 Jahren zulässig. Gleichwohl wird in der Finanzverwaltung als generelle Altersgrenze die Vollendung des 60. LJ angenommen; ein früherer Rentenbezug zwischen dem 55. und 60. LJ kann auch nicht für berufsspezifische Ausnahmefälle anerkannt werden[12]. Eine schon vor Vollendung des 60. LJ gewährte Leistung würde nicht wegen des Alters als solchem, sondern allein durch altersbedingte Arbeitsmarktrisiken ausgelöst. **36**

Nach ständiger Rspr. des BAG[13] kommt es für die Zuordnung zur betrAV darauf an, dass die zugesagten Leistungen für die „Alterssicherung" bestimmt sind. Daraus folgt, dass die Leistung also gerade **37**

---

1 BAG v. 11.11.1986 – 3 ABR 74/85, NZA 1987, 449; *Ahrend/Förster/Rühmann*, § 1 BetrAVG Rz. 74. | 2 BAG v. 28.7.1992 – 3 AZR 173/92, DB 1993, 169; v. 7.3.1995 – 3 AZR 282/94, DB 1995, 2000. | 3 BAG v. 25.4.1995 – 3 AZR 446/94, DB 1995, 2009; v. 17.10.1995 – 3 AZR 882/94, BB 1996, 380; v. 25.2.1999 – 3 AZR 113/97, DB 1999, 1912; *Schumann* in Tschöpe, ArbR, Teil 2 E Rz. 150. | 4 *Langohr-Plato*, Rz. 791 ff.; hierzu ausf. *Schumann* in Tschöpe, ArbR, Teil 2 E, Rz. 151 ff. mzwN. | 5 BAG v. 25.5.1973 – 3 AZR 405/72, BB 1973, 1171; v. 25.9.1979 – 3 AZR 1096/77, BB 1979, 784; v. 16.3.1982 – 3 AZR 843/79, BB 1982, 1940; *Langohr-Plato*, Rz. 16 mwN. | 6 *Höfer*, ART Rz. 15. | 7 *Höfer*, ART Rz. 15. | 8 BAG v. 30.9.1986 – 3 AZR 22/85, DB 1987, 1304. | 9 BAG v. 11.8.1981 – 3 AZR 395/80, BB 1981, 1835; v. 2.12.1986 – 3 AZR 123/86, DB 1987, 1442; LAG Düsseldorf v. 5.5.1977 – 14 Sa 1374/76, DB 1977, 2054. | 10 *Langohr-Plato*, Rz. 50. | 11 BGH v. 16.3.1981 – II ZR 222/79, BB 1981, 1524; BAG v. 2.8.1983 – 3 AZR 370/81, DB 1984, 1201; v. 28.1.1986 – 3 AZR 312/84, BB 1987, 690; v. 26.4.1986 – 3 AZR 411/86, DB 1988, 2007; *Langohr-Plato*, Rz. 17 mwN. | 12 So zB *Langohr-Plato*, Rz. 17 aE. | 13 BAG v. 26.4.1988 – 3 AZR 411/86, DB 1988, 1019.

dazu dienen muss, die Versorgung des ArbN nach seinem Ausscheiden aus dem Erwerbs- oder Berufsleben sicherzustellen. Hieraus lässt sich kein fester Zeitpunkt bestimmen, etwa der der Vollendung des 65. LJ, vor dem keine betrAV überhaupt nur in Betracht kommen kann. Die Wahl einer früheren Altersgrenze muss jedoch auf sachlichen, nicht außerhalb des Arbeitsverhältnisses liegenden Gründen beruhen. Es muss der Zweck gewährt bleiben, dass die Versorgungsleistung dazu dienen soll, dem aus dem aktiven Arbeitsleben ausscheidenden ArbN bei der Sicherung des Lebensstandards im Alter zu helfen. Dies ist regelmäßig nur bei der Festlegung einer Altersgrenze der Fall, die auch nach der allgemeinen Verkehrsanschauung als Beginn des Ruhestandes gilt. Ausgehend von diesen Grundüberlegungen hat das BAG Überbrückungsleistungen oder Überbrückungshilfen stets aus dem Schutzbereich des BetrAVG ausgenommen[1]. Solche Leistungen dienen lediglich dazu, den Übergang in einen anderen Beruf oder in den Ruhestand zu erleichtern und sind selbst dann nicht als betrAV zu qualifizieren, wenn sie sich der Höhe nach an einer in Aussicht gestellten Betriebsrente orientieren[2].

38   bb) **Invaliditätsrente.** Eine eigenständige Definition des Begriffs „Invalidität" ist dem Arbeitsrecht nicht bekannt. Soweit die Versorgungszusage keine eigenständige Begriffsbestimmung enthält, dürfte es auf den allgemeinen Sprachgebrauch ankommen. Dannach besteht Invalidität dann, wenn der ArbN wegen körperlicher oder geistiger Behinderung außerstande ist, seine Arbeitsverpflichtung voll oder wenigstens in ausreichendem Umfang zu erfüllen[3]. Rechtlich wird regelmäßig auf das sozialversicherungsrechtliche Begriffsverständnis abgestellt[4].

39   Anknüpfungspunkt sind daher die sozialrechtlichen Begrifflichkeiten der Erwerbs- bzw. Berufsunfähigkeit. Nach § 44 SGB VI ist von Erwerbsunfähigkeit auszugehen, wenn ein ArbN nicht mehr in der Lage ist, eine Erwerbstätigkeit auszuüben oder er durch seine Erwerbstätigkeit nur noch geringe Einkünfte erzielen kann. Gem. § 43 SGB VI besteht eine Berufsunfähigkeit, wenn der ArbN nicht mehr in der Lage ist, zu 50 % eine Tätigkeit in seiner Berufsgruppe, in der er bislang tätig war, auszuüben. Stellt eine Versorgungsordnung nur auf den „Invaliditätsfall" ab, werden hiervon sowohl Erwerbs- als auch Berufsunfähigkeit erfasst[5].

40   Mit dem Gesetz zur Reform der Renten wegen verminderter Erwerbsfähigkeit vom 20.12.2000[6] wurde das System der Invalidenrente mit Wirkung ab 1.1.2001 neu strukturiert. Die bisherigen Renten wegen Berufs- oder Erwerbsunfähigkeit sind durch eine zweistufige Erwerbsminderungsrente ersetzt worden, die nur noch befristet gewährt wird.

41   Es kommt darauf an, inwieweit der Versicherte beruflich überhaupt noch erwerbstätig sein kann. Sind dies drei bis sechs Stunden täglich, so kann er eine halbe Erwerbsminderungsrente beanspruchen. Eine volle Erwerbsminderungsrente wird dagegen erst zugebilligt, wenn das Restleistungsvermögen weniger als drei Stunden täglich beträgt. Aus arbeitsmarktpolitischen Gründen kann eine volle Erwerbsminderungsrente auch dann verlangt werden, wenn eigentlich nur die Voraussetzungen für eine halbe Erwerbsminderungsrente erfüllt sind, der Arbeitsmarkt jedoch keine Beschäftigungsmöglichkeiten hergibt. Im Vergleich zur bisherigen Berufsunfähigkeitsrente führt die halbe Erwerbsminderungsrente zu einem durchschnittlichen Versorgungsdefizit von 26 %. Die volle Erwerbsminderungsrente liegt durchschnittlich 2 % unter der früheren Erwerbsunfähigkeitsrente[7].

42   Soweit die Versorgungszusage auf die einschlägigen Begriffe des SozV-Rechts Bezug nehmen, ist davon auszugehen[8], dass es sich um eine „dynamische Verweisung" handelt. Demnach ist auf den jeweiligen sozialversicherungsrechtlichen Invaliditätsbegriff bei Eintritt des Versorgungsfalles abzustellen.

43   Im Rahmen einer Invaliditätsversorgung kann der ArbGeb zusätzlich Leistungsvoraussetzungen festlegen oder auf gesetzliche Erfordernisse für eine Erwerbsminderungsrente verzichten. Er kann die Invaliditätsleistung zB von der Vollendung eines bestimmten Mindestalters[9] oder dem Auslaufen des Anspruchs auf Lohnfortzahlung[10] abhängig machen.

44   cc) **Hinterbliebenenversorgung.** Die Zusage auf Hinterbliebenenversorgung durch den ArbGeb ist rechtlich als Vertrag zugunsten Dritter zu qualifizieren. Versprechensempfänger ist dabei der ArbN. Seine Hinterbliebenen sind die Begünstigten, die erst mit seinem Tod ein Recht auf die versprochene Leistung erwerben[11]. Bis dahin ist weder für die Einschränkung oder Änderung des begünstigten Personenkreises noch für die Aufstockung der eigenen Versorgung des ArbN gegen einen teilweisen oder vollständigen Verzicht auf Hinterbliebenenversorgung eine Zustimmung der Hinterbliebenen erforderlich[12].

45   (1) **Witwenrente/Witwerversorgung.** Hinterbliebenenleistungen an Witwen bzw. Witwer kommen regelmäßig in Höhe von 60 % der erdienten oder erdienbaren Anwartschaft auf Altersversorgung zur Auszah-

---

1 BAG v. 28.1.1986 – 3 AZR 312/84, NZA 1987, 126; v. 3.11.1998 – 3 AZR 454/97, BB 1999, 905. | 2 *Langohr-Plato*, Rz. 19. | 3 *Griebeling*, Rz. 45. | 4 BAG v. 19.4.1983 – 3 AZR 4/81, BB 1984, 279; v. 24.6.1998 – 3 AZR 288/97, DB 1998, 1969. | 5 *Langohr-Plato*, Rz. 21 mwN. | 6 BGBl. I 2000, S. 1827. | 7 *Langohr-Plato*, Rz. 22 ff. | 8 *Langohr-Plato*, Rz. 28; *Höfer*, ART Rz. 640.1; *Kemper*, BetrAV 1998, 289 ff. | 9 BAG v. 20.10.1987 – 3 AZR 208/86, BB 1988, 836. | 10 BAG v. 6.6.1989 – 3 AZR 401/87, NZA 1990, 147. | 11 BAG v. 26.8.1997 – 3 AZR 235/96, BAGE 86, 216, 219; v. 21.11.2000 – 3 AZR 91/00, DB 2001, 2455. | 12 BAG v. 21.11.2000 – 3 AZR 91/00, DB 2001, 2455; *Langohr-Plato*, Rz. 41; *Blomeyer/Otto*, Anh. § 1 BetrAVG Rz. 175 ff.

V. Durchführungswege. Für die Gewährung betrieblicher Versorgungsleistungen stehen dem ArbGeb verschiedene Durchführungswege zur Verfügung, § 1b Abs. 2 bis 4. Dabei kann er die Leistungen entweder **unmittelbar** aus seinem Vermögen erbringen (unmittelbare Versorgungszusage) oder aber sich zur Erfüllung der Versorgungsleistungen auch anderer Versorgungsträger bedienen (**mittelbare** Versorgungszusage).

1. Unmittelbare Versorgungszusage. Bei der unmittelbaren Versorgungszusage erhält der ArbN vom ArbGeb das Versprechen, von diesem nach Eintritt des Versorgungsfalls die Versorgungsleistung unmittelbar aus dessen Vermögen zu erhalten. Die Haftung für die Erfüllung dieser Zusage erfolgt mit dem Betriebsvermögen und – soweit es sich um einen Einzelkaufmann oder einen persönlich haftenden Gesellschafter handelt – auch mit dem Privatvermögen[1].

In der Praxis hat sich der Zusammenschluss zu sog. Konditionenkartellen bewährt. Hierbei handelt es sich meist um branchenbezogene Verbände, die die Verwaltung und Angleichung von unmittelbaren Versorgungszusagen übernehmen. Dabei verbleiben die Deckungsmittel allerdings bei den einzelnen Unternehmen. Solche Konditionenkartelle sind der Bochumer Verband (Bergbau), der Essener Verband (Eisen- und Stahlindustrie) sowie der Duisburger Verband (Speditionsgewerbe)[2].

Aufgrund der Finanzierungsmöglichkeit durch Pensionsrückstellungen hat die unmittelbare Versorgungszusage von allen Durchführungsformen den höchsten Verbreitungsgrad[3]. Der Vorteil bei den ArbGeb liegt in der Finanzierung durch Pensionsrückstellungen zu günstigem Rechnungszinsfuß. Dies führt zu einer Verminderung der Einkommens-, Körperschafts- und Ertragssteuer[4]. Dem Unternehmen bleibt in der Anwartschaftsphase die Liquidität erhalten.

2. Mittelbare Versorgungszusage. Eine mittelbare Versorgungszusage liegt vor, wenn die betrAV über einen externen Versorgungsträger abgewickelt wird. Der ArbGeb muss allerdings für die Erfüllung der von ihm zugesagten Leistungen einstehen, § 1 Abs. 1 Satz 3. Die mittelbare Versorgungszusage basiert auf einer Dreiecksbeziehung zwischen ArbGeb, ArbN und Versorgungsträger. Letzterer erhält vom ArbGeb die Mittel, aus denen im Versorgungsfall die Leistungen an die Begünstigten zu erbringen sind. Als zwischen ArbGeb und ArbN geschalteter Versorgungsträger kommt die Direktversicherung, die Pensionskasse, die Unterstützungskasse sowie nun auch der Pensionsfonds in Betracht[5].

a) Direktversicherung. Versorgungsträger der Direktversicherung ist eine Lebensversicherungsgesellschaft, § 1b Abs. 2. Es kommt zu einer Überlagerung von versicherungs- und arbeitsrechtlichen Beziehungen. Der ArbGeb ist Versicherungsnehmer; der ArbN ist die versicherte Person. Dieser und/oder seine Hinterbliebenen sind bei Eintritt des Versorgungsfalles die Bezugsberechtigten[6]. Es obliegt dem ArbGeb, durch Beitragszahlung sicherzustellen, dass der Versicherer im Versorgungsfall die Leistungen an den oder die Begünstigten erbringen kann. Kommt der ArbGeb dieser Obliegenheit nicht nach, so haftet er unmittelbar gegenüber den Versorgungsberechtigten[7].

b) Pensionskassen. Bei Pensionskassen handelt es sich um eine Sonderform einer Lebensversicherungsgesellschaft, § 1b Abs. 3. Besonderes Merkmal der Pensionskassen ist, dass sie regelmäßig nur bestimmte Gruppen von ArbN versichern. Hierbei handelt es sich um Angehörige eines oder mehrerer Trägerunternehmen. Wie bei der Direktversicherung erwerben die ArbN einen Rechtsanspruch auf die zugesagte Leistung. Auch bei der Pensionskasse obliegt es dem ArbGeb sicherzustellen, dass die Versorgungsleistungen erbracht werden können. Kommt er dieser Obliegenheit nicht nach, kann es zu unmittelbaren Ansprüchen des Versorgungsberechtigten gegen den ArbGeb selbst kommen[8].

c) Unterstützungskassen. Unterstützungskassen sind rechtsfähige Versorgungseinrichtungen, die auf ihre Leistungen keinen Rechtsanspruch gewähren, § 1b Abs. 4. Unterstützungskassen werden zumeist in Form einer GmbH oder eines eingetragenen Vereins geführt; wegen der bestehenden Staatsaufsicht dagegen seltener als Stiftung[9]. Der arbeitsrechtliche Verpflichtungsumfang des ArbGeb ist in vergleichbarer Weise verfestigt wie bei rechtsverbindlichen unmittelbaren Versorgungszusagen oder bei mittelbaren Versorgungszusagen über Direktversicherungen und Pensionskasse. Im Gegensatz zu „rechtsverbindlichen" Versorgungszusagen besteht jedoch bei Unterstützungskassen ein einseitiges Widerrufsrecht des ArbGeb, wenn dafür hinreichende, von der Rspr. näher definierte Gründe vorliegen[10].

d) Pensionsfonds. Seit dem 1.1.2002 hat der Gesetzgeber Pensionsfonds in § 1b Abs. 3 als neuen Durchführungsweg der betrAV vorgesehen. Dabei handelt es sich um rechtsfähige Versorgungseinrichtungen[11], die ArbN einen eigenen Anspruch zubilligen. Im Versorgungsfall „Alter" kann im Pensionsfall nur eine lebenslange Rente zugesagt werden (§ 112 Abs. 1 Satz 2 Nr. 4 VAG). Invaliditäts- und Hinterbliebenenleistungen können als Kapital oder Rente gezahlt werden[12]. Bei Inanspruchnahme der steu-

---

1 *Schumann* in Tschöpe, Arbeitsrecht, Teil 2 E Rz. 44. | 2 *Griebeling*, Rz. 567; *Ahrend/Förster/Rühmann*, § 1b BetrAVG Rz. 19. | 3 *Ahrend/Förster/Rühmann*, § 1b BetrAVG Rz. 19. | 4 *Schumann* in Tschöpe, Arbeitsrecht, Teil 2 E Rz. 46 mwN. | 5 *Kemper/Kisters-Kölkes*, Rz. 23. | 6 *Griebeling*, Rz. 576. | 7 *Schumann* in Tschöpe, Arbeitsrecht, Teil 2 E Rz. 57. | 8 *Kemper/Kisters-Kölkes*, Rz. 28. | 9 *Ahrend/Förster/Rühmann*, § 1b BetrAVG Rz. 48. | 10 BAG v. 17.4.1985 – 3 AZR 72/83, EzA § 1 BetrtAVG – Unterstützungskasse Nr. 2. | 11 *Ahrend/Förster/Rühmann*, § 1b BetrAVG Rz. 26. | 12 *Langohr-Plato*, Rz. 111.

erlichen Förderung gem. § 1a Abs. 3 sind auch Invaliditäts- und Hinterbliebenenleistungen nur in Form einer Rente möglich, § 1a Abs. 3 iVm. § 82 Abs. 2 iVm. Abs. 3 EStG[1]. Der Pensionsfonds unterscheidet sich von der Pensionskasse dadurch, dass die Höhe der Altersversorgungsleistungen oder die Höhe der für diese Leistungen zu entrichtenden künftigen Beiträge nicht für alle im Pensionsplan vorgesehenen Leistungsfälle zugesagt werden kann[2], also der ArbN ein gewisses Anlagerisiko trägt.

73 Pensionsfonds können nur in der Rechtsform der Aktiengesellschaft oder des Pensionsfondsvereins auf Gegenseitigkeit betrieben werden[3]. Sie unterliegen der Versicherungsaufsicht[4].

74 Die Finanzierung des Pensionsfonds erfolgt über Beiträge der ArbGeb. Diese haften für die Erfüllung der zugesagten Leistungen, § 2 Abs. 3a sowie § 1 Abs. 1 Satz 3.

75 **3. Kombinationsmöglichkeiten.** Denkbar ist auch die Kombination verschiedener Durchführungswege. Dabei können verschiedene Durchführungswege gleichzeitig nebeneinander stehen; es kann aber auch zu einem ablösenden Wechsel kommen[5].

76 **VI. Rechtsbegründungsakte.** Eine Versorgungsverpflichtung bedarf immer eines Rechtsbegründungsakts als Grundlage. Dieser ist der konkrete Verpflichtungstatbestand für die Begründung des Versorgungsverhältnisses. Für ihn stehen die fünf in § 1b geregelten Durchführungswege zur Verfügung. Der Rechtsbegründungsakt kann sowohl auf einer individualrechtlichen als auch auf einer kollektivrechtlichen Grundlage beruhen.

77 **1. Individualrechtliche Zusagen.** Bei individualrechtlichen Zusagen ist zwischen Einzelzusagen, Einheitsregelungen, Gesamtzusagen und betrieblicher Übung zu differenzieren[6].

78 **a) Einzelzusage.** Die Einzelzusage grenzt sich zu anderen individualrechtlichen Versorgungszusagen dadurch ab, dass sie keinen kollektiven Bezug aufweist, also nicht an eine Gruppe von ArbN gerichtet ist. Auf sie finden die allgemeinen Regeln des Vertragsrechts Anwendung. Die Einzelzusage, die im Übrigen nicht formbedürftig ist[7], kommt durch ein entsprechendes Angebot des ArbGeb und die Annahme durch den ArbN zustande, die auch stillschweigend oder ohne ausdrückliche Annahmeerklärung (§ 151 Satz 1 BGB) erfolgen kann, da betriebliche Versorgungszusagen begünstigender Natur sind[8]. Mit Abschluss wird die Einzelzusage Bestandteil des Arbeitsvertrages. Hiervon kann nur durch eine anderweitige Vereinbarung oder durch Kündigung bzw. Änderungskündigung abgewichen werden[9].

79 **b) Einheitsregelung.** Vertragliche Einheitsregelungen werden einheitlich für eine Mehrzahl von ArbN gefasst. Sie enthalten für alle begünstigten ArbN eine identische Regelung hinsichtlich der betrAV. Einheitsregelungen werden – wie bei der Einzelzusage – mit jedem einzelnen ArbN vereinbart. Der Unterschied zur Einzelzusage besteht also darin, dass ihr Inhalt nicht individuell ausgehandelt wird.

80 **c) Gesamtzusage.** Soll die Gesamtbelegschaft oder eine objektiv abgrenzbare ArbNgruppe betriebliche Versorgungsleistungen erhalten, so bietet sich als Rechtsbegründungsakt eine Gesamtzusage an. Hierbei handelt es sich um eine Summe gleichstrukturierter Versorgungszusagen. Diese führen zu vertraglichen Ansprüchen und unterscheiden sich insoweit nicht von individualvertraglich begründeten Ansprüchen bei Einzelzusagen[10].

81 Das Versorgungsversprechen erfolgt regelmäßig nicht durch Übergabe einer förmlichen Zusage. Oftmals wird sie durch im Betrieb verteilte Broschüren oder mittels Aushang am schwarzen Brett publiziert. Eine ausdrückliche Annahmeerklärung der begünstigten ArbN ist nicht erforderlich[11]. Sie wird über § 151 BGB Inhalt des Arbeitsvertrages[12].

82 **d) Betriebliche Übung.** Eine individualrechtliche Versorgungszusage kann auch aus einer betrieblichen Übung entstehen, vgl. § 1b Abs. 1 Satz 4. Für den Bereich der betrAV hat das BAG zwecks dogmatischer Einordnung der betrieblichen Übung das Vorliegen eines Vertrauenstatbestandes angenommen[13]. Der ArbN darf auf einen konkreten Verpflichtungswillen des ArbGeb vertrauen. Verbindlich wird der Verpflichtungswille durch ein gleichförmiges, wiederholtes Verhalten des ArbGeb. Dabei ist darauf abzustellen, ob das Verhalten des ArbGeb ein schutzwürdiges Vertrauen auf Zahlung einer Betriebsrente begründet[14]. Es kommt letztlich auf die Verhältnisse des Einzelfalls an, aus denen Art und Umfang der Leistungen herzuleiten sind[15]. Sieht die Versorgungsregelung nur die Berücksichtigung bestimmter Entgeltbestandteile für die Berechnung der Betriebsrente vor, kann eine davon abweichende betriebliche Übung nicht entstehen, wenn der ArbGeb regelmäßig weitere Vergütungsanteile einbezieht[16].

---

1 *Kemper/Kisters-Kölkes*, Rz. 30. | 2 *Kemper/Kisters-Kölkes*, Rz. 30. | 3 *Ahrend/Förster/Rühmann*, § 1b BetrAVG Rz. 26. | 4 *Kemper/Kisters-Kölkes*, Rz. 31. | 5 Vgl. hierzu die Beispiele bei *Kemper/Kisters-Kölkes*, Rz. 35 f. | 6 *Ahrend/Förster/Rühmann*, § 1 BetrAVG Rz. 57. | 7 BAG v. 23.11.1973 – 3 AZR 33/73, BB 1974, 278; v. 20.7.1982 – 3 AZR 261/80, DB 1983, 50. | 8 BAG v. 13.3.1975 – 3 AZR 446/74, BB 1975, 1114; v. 17.5.1966 – 3 AZR 477/65, DB 1966, 1277. | 9 *Schumann* in Tschöpe, ArbR, Teil 2 E Rz. 133; *Ahrend/Förster/Rühmann*, § 1 BetrAVG Rz. 58. | 10 BAG v. 16.9.1986 – GS 1/82, NZA 1987, 168. | 11 *Kemper/Kisters-Kölkes*, Rz. 42 ff. | 12 BAG v. 18.3.2003 – 3 AZR 101/02. | 13 BAG v. 5.2.1971 – 3 AZR 28/70, NJW 1971, 1422; v. 16.9.1986 – GS 1/82, NZA 1987, 168. | 14 *Ahrend/Förster/Rühmann*, § 1 BetrAVG Rz. 65. | 15 Vgl. BAG v. 30.10.1984 – 3 AZR 236/82, NZA 1985, 531; v. 3.12.1985 – 3 AZR 577/83, NZA 1986, 787; v. 3.2.1987 – 3 AZR 330/85, NZA 1987, 666; *Schumann* in Tschöpe, ArbR, Teil 2 E Rz. 139 ff. | 16 BAG v. 23.4.2002 – 3 AZR 224/01, AP Nr. 1 zu § 1 BetrAVG – Betriebliche Übung.

2. Kollektivrechtliche Zusagen. Kollektiv können betriebliche Versorgungsansprüche durch TV oder durch BV bzw. durch entsprechende Vereinbarungen nach dem Sprecherausschussgesetz begründet werden. **83**

a) TV. Im Bereich der Entgeltumwandlung sind gem. § 1 Abs. 2 Nr. 3 vermehrt tarifvertragliche Versorgungsstrukturen vorzufinden. Sollen beim Anspruch auf Entgeltumwandlung iSv. § 1a Bezüge umgewandelt werden, die auf einem TV beruhen, muss der TV dies für die tarifgebundenen ArbN ausdrücklich vorsehen oder zumindest zulassen, § 17 Abs. 5. Dies gilt allerdings nur für Entgeltumwandlungen, die auf Versorgungszusagen beruhen, die nach dem 29.6.2001 erteilt worden sind, § 30h. Entgeltumwandlungen, die vor diesem Termin vereinbart worden sind und die eine tarifliche Vergütung betreffen, sind arbeitsrechtlich dagegen nicht zu beanstanden; dies gilt selbst dann, wenn eine tarifliche Öffnungsklausel nicht existiert[1]. **84**

TV, die eine echte arbeitgeberfinanzierte betrAV begründen, kommen eher selten vor. Als Beispiel sei die betrAV des öffentlichen Dienstes genannt, die überwiegend auf TV beruht. Auch in der Bauindustrie existiert eine betrAV im Rahmen von TV[2]. **85**

TV über betrAV haben eigenen Rechtsnormcharakter und bedürfen regelmäßig keiner Übernahme in den Arbeitsvertrag. Demzufolge wird die tarifvertragliche Versorgungszusage auch nicht Bestandteil des einzelnen Arbeitsvertrages[3]. **86**

Wird die betrAV durch TV geregelt, so kann hierzu keine BV geschlossen werden; § 77 Abs. 3 u. § 87 Abs. 1 BetrVG. Eine Ausnahme besteht dann, wenn der TV den Abschluss von BV ausdrücklich zulässt[4]. **87**

b) BV. Anspruchsgrundlage für eine betrAV kann auch eine BV sein. Für Pensions- und Unterstützungskassen ergibt sich dies ausdrücklich aus § 88 Nr. 2 BetrVG: Hiernach kann die Errichtung von Sozialeinrichtungen Gegenstand freiwilliger BV sein[5]. Für alle anderen Formen der betrAV resultiert die Zulässigkeit aus der umfassenden funktionellen Zuständigkeit des BR in sozialen Angelegenheiten[6]. **88**

Die Ansprüche der Versorgungsberechtigten ergeben sich gem. § 77 Abs. 4 BetrVG unmittelbar und zwingend aus der BV, die zu ihrer Wirksamkeit nach § 77 Abs. 2 Satz 1 BetrVG der Schriftform bedarf[7]. **89**

c) Vereinbarungen nach dem Sprecherausschussgesetz. Das SprAuG eröffnet für den ArbGeb und den SprAu der leitenden Angestellten die Möglichkeit, freiwillige Richtlinien ua. über den Inhalt von Arbeitsverhältnissen der leitenden Angestellten (§ 28 Abs. 1 SprAuG) zu vereinbaren. Hier kommen auch Richtlinien für die betrAV in Betracht[8]. Diese gelten allerdings nicht automatisch für die leitenden Angestellten; ihre normative Wirkung muss vielmehr gem. § 28 Abs. 2 SprAuG ausdrücklich vereinbart werden[9]. **90**

3. Grundsatz der Gleichbehandlung. Ein Rechtsbegründungsakt eigener Art ist der Versorgungsanspruch auf der Grundlage des Gleichbehandlungsgrundsatzes. Dieser ist in § 1b Abs. 1 Satz 4 ausdrücklich einer Versorgungsverpflichtung, die auf einer sonstigen Zusage beruht, gleichgestellt. **91**

Der Gleichbehandlungsgrundsatz verbietet die willkürliche Schlechterstellung einzelner ArbN gegenüber anderen in vergleichbarer Lage. Eine Gruppenbildung muss – gemessen am Leistungszweck – sachlichen Kriterien entsprechen. Hieraus folgt eine Eingrenzung der Vertragsfreiheit, sobald eine Gruppe nach generalisierenden Merkmalen, nach einem erkennbar gleichen Prinzip oder nach einer allgemeinen Ordnung aufgestellt ist[10]. Irrelevant ist insoweit, ob die betroffenen ArbN eine Mehrheit oder eine Minderheit der insgesamt gleichzubehandelnen Mitarbeiter darstellen[11]. **92**

Es obliegt dem ArbGeb darzulegen und zu beweisen, nach welchen sachlichen Kriterien er den begünstigten Personenkreis abgegrenzt hat und warum der eine Gleichbehandlung geltend machende Mitarbeiter nicht dazu gehört[12]. **93**

4. Zusammentreffen mehrerer Begründungsakte. Gibt es mehrere unterschiedliche Anspruchsgrundlagen, so bestimmt sich deren Rangverhältnis nach allgemeinen arbeitsrechtlichen Grundsätzen. Gesetze (Europäisches Recht, Grundgesetz, einfache Gesetze) gehen TV und diese wiederum BV und arbeitsvertraglichen Regelungen vor[13]. Nach dem Günstigkeitsprinzip bleiben dem ArbN günstigere Ansprüche niedrigerer Rechtsquellen erhalten. **94**

Für gleichartige Rechtsbegründungsakte, die Bestandteil der einzelnen Arbeitsverträge werden, gilt das Ablösungsprinzip (Zeitkollisionsregel, zB für aufeinander folgende Einzelzusagen). Entsprechendes gilt für zeitlich hintereinander abgeschlossene TV und BV[14]. **95**

---

1 *Blomeyer*, DB 2001, 1413, 1416. | 2 *Kemper/Kisters-Kölkes*, Rz. 59. | 3 *Kemper/Kisters-Kölkes*, Rz. 60. | 4 *Blomeyer/Otto*, § 17 BetrAVG Rz. 192 mwN. | 5 *Ahrend/Förster/Rühmann*, § 1 BetrAVG Rz. 55. | 6 BAG v. 16.3.1956 – GS 1/55, BAGE 3, 1. | 7 *Ahrend/Förster/Rühmann*, § 1 BetrAVG Rz. 55. | 8 *Schumann* in Tschöpe, ArbR, Teil 2 E Rz. 131 mwN. | 9 *Ahrend/Förster/Rühmann*, § 1 BetrAVG Rz. 56. | 10 *Ahrend/Förster/Rühmann*, § 1 BetrAVG Rz. 70. | 11 BAG v. 25.1.1984 – 5 AZR 251/82, NZA 1984, 323. | 12 BAG v. 12.6.1990 – 3 AZR 166/89, DB 1991, 389; v. 12.11.1991 – 3 AZR 489/90, BB 1992, 1358. | 13 *Blomeyer/Otto*, Anh. § 1 Rz. 126. | 14 BAG v. 16.9.1986 – GS 1/82, NZA 1987, 168; v. 17.3.1987 – 3 AZR 64/84, NZA 1987, 855; v. 22.5.1990 – 3 AZR 128/89, NZA 1990, 813; *Kemper/Kisters-Kölkes*, Rz. 64.

BetrAVG Vorb. Rz. 96 Vorbemerkungen

96 VII. Leistungsvoraussetzungen. Für den Eintritt des Versorgungsfalls müssen die in der Zusage niedergelegten Voraussetzungen erfüllt sein, von denen die Zahlung der Versorgungsleistung abhängt.

97 **1. Allgemeine Voraussetzungen.** Allgemeine Leistungsvoraussetzungen sind solche, die unabhängig von der einzelnen Leistungsart festgesetzt werden.

98 **a) Wartezeit.** Die Vereinbarung einer bestimmten Mindestwartezeit oder Vorschaltzeit ist häufig Inhalt von Versorgungszusagen. Danach kann eine Versorgungsleistung nur dann gefordert werden, wenn der Versorgungsfall nach einer ununterbrochenen Mindestbetriebszugehörigkeit eintritt. Bei einer Vorschaltzeit soll gar die Versorgungszusage erst nach Ablauf einer festgesetzten Zeitspanne formal wirksam werden. Nach Auffassung des BAG ist eine derartige Ankündigung einer Zusage bereits als Versorgungszusage selbst zu verstehen, nämlich wenn dem ArbGeb nach Ablauf der Zeitspanne kein Spielraum mehr verbleibt, über die förmliche Erteilung des Versprechens zu entscheiden[1]. Die Dauer einer Wartezeit ist frei wählbar. Die Rspr. hat Wartezeiten bis zu 35 Jahren akzeptiert[2]. Diese als Anspruchsvoraussetzung ausgestalteten Wartezeiten sind streng von den Unverfallbarkeitsfristen nach § 1b Abs. 1 zu unterscheiden[3]. Sind die Unverfallbarkeitsvoraussetzungen erfüllt, kann eine vorgesehene Wartezeit auch noch nach Beendigung des Arbeitsverhältnisses erfüllt werden (§ 1b Abs. 1 Satz 5).

99 Wartezeiten, die eine lange ununterbrochene Betriebszugehörigkeit voraussetzen und auch etwaige Vordienstzeiten im gleichen Unternehmen nicht zu ihrer Erfüllung heranziehen, sind nicht unbillig[4] und stellen für sich allein auch keine „verdeckte Diskriminierung" von Frauen dar[5]. Erst die Forderung, dass etwa eine 20-jährige Wartezeit nur in einer Vollzeitbeschäftigung abgeleistet werden kann, hat zu höchstgerichtlichen Entscheidungen geführt, wonach eine solche Vereinbarung diskriminierend und unwirksam ist[6].

100 **b) Altersgrenzen.** Die Versorgungszusage kann vorsehen, dass die Leistungspflicht vor einem bestimmten Alter des ArbN nicht eintritt[7] (vgl. aber § 6).

101 Entsprechend darf der ArbGeb festlegen, dass Leistungen beim Eintritt eines Versorgungsfalls nach Überschreiten eines Höchstalters nicht mehr zu erbringen sind oder dass beim Diensteintritt ab diesem Alter keine Altersversorgung gewährt wird[8].

102 **c) Beendigung des Arbeitsverhältnisses.** Leistungen der betrAV verfolgen den Zweck, zur Deckung des nach dem Ausscheiden aus dem Erwerbsleben entstehenden Versorgungsbedarfs beizutragen. Die Zahlung der Versorgungsleistung wird daher regelmäßig an die Bedingung der Aufgabe des konkreten Arbeitsverhältnisses oder die Einstellung der beruflichen Tätigkeit geknüpft[9].

103 Für die Beendigung des Arbeitsverhältnisses gelten die allgemeinen arbeitsrechtlichen Regeln.

104 **2) Besondere Voraussetzungen.** Die verschiedenen Leistungsarten können besondere, ihren jeweils spezifischen Gegebenheiten folgende Leistungsvoraussetzungen vorsehen.

105 **a) Für Altersrente.** Für die Gewährung der Altersleistung ist das Erreichen einer in der Versorgungszusage vorgesehenen festen Altersgrenze erforderlich. Dies ist der Zeitpunkt, ab dem der ArbN die ihm zugesagte Altersleistung ungekürzt beanspruchen kann. Die Versorgungszusage muss dann nicht unverfallbar sein. Auch andere Voraussetzungen, etwa eine Erwerbsminderung oder der Nachweis der Inanspruchnahme des Altersruhegelds aus der gesetzlichen RV werden vom ArbN nicht gefordert[10].

106 Der Gesetzgeber geht in § 2 Abs. 1 Satz 1 von der Vollendung des 65. LJ als feste Altersgrenze aus. Diese gilt auch dann, wenn die Versorgungszusage keine feste Altersgrenze regelt. Die Vereinbarung einer von der Vollendung des 65. LJ abweichenden Altersgrenze ist zulässig[11]. Unterschiedliche feste Altersgrenzen für Männer und Frauen verstoßen gegen den Gleichbehandlungsgrundsatz[12].

107 **b) Für Invaliditätsleistungen.** Voraussetzung für die Gewährung einer Invaliditätsleistung ist, dass Versorgungsberechtigte vor Erreichen der festen Altersgrenze aufgrund körperlicher, geistiger oder seelischer Gebrechen voraussichtlich vorübergehend, aber für längere Zeit nicht mehr in der Lage ist, seine Arbeitsleistung in der vertraglich geschuldeten Weise[13] zu erbringen. In der Versorgungszusage kann der Begriff der Invalidität aber auch eigenständig definiert werden.

108 **c) Für Hinterbliebenenleistungen.** Hinterbliebenenleistungen werden durch den Tod des begünstigten ArbN ausgelöst. Kommt es zu einem Ableben während des Bestehens des Beschäftigungsverhält-

---

1 BAG v. 13.7.1978 – 3 AZR 278/78, BB 1979, 477; v. 15.12.1981 – 3 AZR 1100/78, BB 1982,1488; BGH v. 4.5.1981 – II ZR 100/80, AP Nr. 9 zu § 1 BetrAVG – Wartezeit. | 2 BAG v. 9.3.1982 – 3 AZR 389/79, BB 1982, 1733; LAG Köln v. 10.11.1992 – 4 Sa 238/92, LAGE Nr. 14 zu § 1 BetrAVG. | 3 BGH v. 25.1.1993 – II ZR 45/92, NJW-RR 1993, 608; *Langohr-Plato*, Rz. 277. | 4 BAG v. 9.3.1982 – 3 AZR 389/79, DB 1982, 2089; LAG Köln v. 10.11.1992 – 4 Sa 238/92, EWiR 1993, 331. | 5 Str., vgl. hierzu *Höfer*, ART Rz. 619 mwN. | 6 EuGH v. 13.5.1986 – Rs 170/84, AP Nr. 10 zu Art. 119 EWG – Vertrag; BAG v. 14.10.1986 – 3 AZR 66/83, NZA 1987, 445. | 7 BAG v. 20.10.1987 – 3 AZR 208/86, BB 1988, 836. | 8 BAG v. 14.1.1986 – 3 AZR 456/84, NZA 1987, 23 (die hiergegen eingelegte Verfassungsbeschwerde wurde zurückgewiesen). | 9 *Höfer*, ART Rz. 626. | 10 *Höfer*, ART Rz. 631. | 11 *Höfer*, ART Rz. 632. | 12 *Langohr-Plato*, Rz. 17; *Blomeyer/Otto*, Anh. § 1 BetrAVG Rz. 157. | 13 *Höfer*, ART Rz. 636.

nisses spricht man von „Aktiventod"; verstirbt er erst als Empfänger einer Alters- oder Invalidenleistung oder als Inhaber einer aufrechterhaltenen Versorgungsanwartschaft, so ist die Begrifflichkeit „Rentnertod" gebräuchlich[1]. Eine Beschränkung des Versorgungsfalls nur auf den „Aktiventod" oder nur auf den „Rentnertod" ist grundsätzlich zulässig[2].

Begünstigte für die Hinterbliebenenleistung sind die in der Versorgungszusage benannten Personen, also regelmäßig – aber nicht zwingend – der hinterbliebene Ehepartner und/oder die Kinder des Verstorbenen[3]. **109**

VIII. Berechnung der Versorgungsleistung. 1. Grundlagen. Die Höhe der Versorgungsleistung richtet sich häufig, wenn keine Festbeträge zugesagt werden, nach der bis zum Versorgungsfall zurückgelegten „versorgungsfähigen Dienstzeit". Eine Ausnahme hiervon bilden Direktversicherungen, bei denen die Dienstzeit von untergeordneter Bedeutung sind. Ein weiterer Faktor für die Leistungshöhe ist häufig auch ein „versorgungsfähiges Einkommen". **110**

a) Versorgungsfähige Dienstzeit. Der ArbGeb kann frei festlegen, in welchem Umfang eine zurückzulegende Dienstzeit für die Leistungshöhe maßgeblich sein soll. Insbesondere kann er bestimmen, dass nicht die gesamte abgeleistete Dienstzeit leistungssteigernd wirkt. So können etwa Ausbildungs-, Einarbeitungs-, Ruhens- oder Probezeiten oder ein anderer bestimmter Zeitraum als nicht leistungssteigernd erklärt werden. Es ist auch zulässig, die Anzahl der rentenfähigen Dienstjahre zu beschränken[4]. **111**

Der ArbGeb kann dem ArbN grundsätzlich aber auch fiktive Dienstzeiten zubilligen, um einen versorgungsfähigen Anspruch einzuräumen oder zu erhöhen[5]. **112**

b) Versorgungsfähiges Einkommen. Unterschiedliche Verdienst- und Leistungsstrukturen innerhalb einer Belegschaft können auch in einem Versorgungswerk berücksichtigt werden. Versorgungssysteme, bei denen die Höhe der zugesagten Leistungen in direktem Bezug zu dem Einkommen stehen, sind daher weit verbreitet. Dabei wird regelmäßig auf das Einkommen abgestellt, das der Begünstigte entweder unmittelbar vor Eintritt des Versorgungsfalles oder im Durchschnitt während seiner Betriebszugehörigkeit erhalten hat; man spricht insoweit auch von „endgehaltsbezogener Versorgungszusage" und „durchschnittsgehaltsbezogener Versorgungszusage"[6]. **113**

Bei der Einkommensermittlung ist im Zweifel davon auszugehen, dass alle regelmäßig gewährten Einkommensteile, die nicht ausdrücklich ausgenommen sind, zum versorgungsfähigen Einkommen zählen[7]. **114**

Die Leistungshöhe wird regelmäßig durch einen frei vom ArbGeb wählbaren Prozentsatz des versorgungsfähigen Entgelts festgelegt. Zulässig ist auch eine Differenzierung nach Einkommensanteilen unterhalb und oberhalb der BBG in der gesetzlichen RV[8]. **115**

2. Versorgungssysteme. Für den ArbGeb besteht weder eine Verpflichtung zur Gewährung betrieblicher Altersversorgung, noch eine Notwendigkeit, betriebliche Versorgungssysteme in besonderer Hinsicht materiell auszugestalten. Hiervon macht lediglich § 1a Abs. 1 Satz 3 für die Entgeltumwandlung eine Ausnahme. Das BetrAVG garantiert nur einen gewissen Mindeststandard, der nach § 17 Abs. 3 unabdingbar ist. Im Übrigen gilt aber – unter Beachtung des Gleichbehandlungsgrundsatzes und der MitbestR des BR – der allgemeine Grundsatz der Vertragsfreiheit. Art und Umfang der betrAV hängen daher maßgeblich von den arbeitgeberseitig verfolgten individuellen Zielsetzungen ab. Dies erklärt die Vielzahl der in der Praxis anzutreffenden unterschiedlichen Versorgungssysteme[9]. **116**

a) Statische Versorgungssysteme. Ein statistisches Versorgungssystem ist dadurch gekennzeichnet, dass den ArbN ein Festbetrag als Altersruhegeld zugesagt wird oder sie einen bestimmten Betrag für jedes zurückgelegte Dienstjahr erhalten. Versorgung ist dann weder leistungs- noch bedarfsorientiert. Sie unterliegt dem Risiko einer erheblichen Wertminderung, da die zugesagte Leistung im Anwartschaftszeitraum nicht anzuheben ist[10]. **117**

b) Dynamische Versorgungssysteme. Dagegen sind vergütungsabhängige Versorgungssysteme stärker am Entgeltcharakter orientiert. Die betriebliche Versorgungsleistung erhöht sich hier durch Steigerungsbeträge pro Dienstjahr, deren Höhe vom letzten Entgelt vor dem Ausscheiden abhängig sind. Gebräuchlich sind auch Modelle mit einem Sockelbetrag und geringeren Steigerungsbeträgen. Oftmals werden auch nur bestimmte Beschäftigungsjahre berücksichtigt[11]. Von einem **halbdynamischen** Ruhegeld spricht man, wenn ein festes Ruhegeld versprochen wird, welches sich in bestimmten Rhythmen nach Maßgabe bestimmter Faktoren (zB die Geldentwertungsrate, tarifliche Vergleichseinkommen, oÄ) verändert. Eine **Volldynamik** besteht dann, wenn sich der Ruhegeldanspruch während der Anwartschafts- und der Leistungsphase beispielsweise am Einkommen eines noch aktiven vergleichbaren ArbN orientiert[12]. **118**

---

1 *Höfer*, ART Rz. 646. | 2 LAG Hamm v. 12.11.1985 – 6 Sa 1123/85 (nv.). | 3 *Griebeling*, Rz. 50 f. | 4 *Höfer*, ART Rz. 672. | 5 *Höfer*, ART Rz. 672. | 6 *Höfer*, ART Rz. 678. | 7 BAG v. 5.8.1986 – 3 AZR 515/85, NZA 1987, 312. | 8 *Höfer*, ART Rz. 686. | 9 *Langohr-Plato*, Rz. 167. | 10 *Schumann* in Tschöpe, ArbR, Teil 2 E Rz. 104. | 11 *Andresen/Förster/Rößler/Rühmann*, Teil 6 Rz. 45 ff.; *Schumann* in Tschöpe, ArbR, Teil 2 E Rz. 107. | 12 *Blomeyer/Otto*, Anh. § 1 BetrAVG Rz. 596.

119 **c) Bausteinzusagen.** Bausteinzusagen stellen eine Mischung aus einem Festbetragssystem und einer bezügeabhängigen teildynamischen Versorgungszusage dar. Dabei wird für jedes Dienstjahr ein bestimmter %-Satz des jeweils in dem betreffenden Dienstjahr bezogenen Einkommens ermittelt. Dieser Betrag wird als Nominalbetrag für jedes Dienstjahr festgeschrieben. Die zu zahlende Rente ergibt sich aus der aufaddierten Summe der für die einzelnen Dienstjahre ermittelten Steigerungsbeträge[1].

120 **d) Hierarchische Versorgungszusagen.** Versorgungssysteme können auch die Einstufung der ArbN nach Zugehörigkeit zu einer bestimmten – in der Regel hierarchisch gegliederten – Personengruppe („Versorgungsgruppe") vorsehen. Die Einteilung erfolgt dann häufig nach ausgeübten Funktionen, zB Arbeiter, Vorarbeiter, Meister, Abteilungsleiter, leitende Angestellte ua. Mit einem solchen System wird der im Betrieb geltenden Verdienststruktur des maßgeblichen TV oder sonstiger Vergütungsregelungen Rechnung getragen[2].

121 Das BAG billigt solche hierarchisch strukturierten Versorgungsregelungen ausdrücklich. Es liegt selbst dann kein Verstoß gegen das Gebot der Gleichbehandlung vor, wenn dadurch nur männlichen ArbN in einer höheren betrieblichen Funktionsstufe eine Versorgungszusage erteilt wurde[3].

122 **e) Gesamtversorgungszusagen.** Bei Gesamtversorgungssystemen wird eine verhältnismäßig hohe Betriebsrente vom ArbGeb versprochen, auf die von anderer Seite gewährte Versorgungsleistungen, wie etwa die gesetzliche Rente oder Ansprüche aus einer Lebensversicherung, die mindestens zur Hälfte mit Beiträgen des ArbGeb finanziert worden sind, angerechnet. Häufig wird dabei ein bestimmter Versorgungsgrad festgelegt, den die Leistungen aus der betrAV zusammen mit den anzurechnenden Leistungen nicht überschreiten dürfen[4].

123 Gesamtversorgungssysteme bergen für den ArbGeb wegen der ungewissen Entwicklung der gesetzlichen RV hohe Risiken. Denn die Betriebsrente schließt hier die Lücke zwischen einer im Voraus kalkulierten gesetzlichen Rente und dem zugesagten Versorgungsniveau. Bleibt die gesetzliche Rente hinter den Annahmen zurück, erhöhen sich im gleichen Maß die betrieblichen Leistungen. Durch die Zusage einer Gesamtversorgung übernimmt der ArbGeb praktisch die Position eines Ausfallbürgen für die gesetzliche Grundsicherung[5].

124 **IX. Abänderung von Versorgungszusagen.** Bei bestehenden Versorgungswerken ergibt sich oftmals für den ArbGeb ein Änderungsbedarf. Die Gründe hierfür können unterschiedlich sein. Bedeutendste Fallgruppe ist der **Widerruf** oder die **Kürzung von Leistungen** der betrAV aus wirtschaftlichen Gründen. Ein Abänderungsbedürfnis kann aber auch bestehen, wenn der ArbGeb betriebliche Altersversorgungsleistungen **neu strukturieren** möchte, etwa um bestehende Ungerechtigkeiten zu beseitigen oder das Versorgungssystem zu vereinfachen. Schließlich können **Fälle grob vertragswidrigen Verhaltens** des ArbN den ArbGeb dazu bewegen, über einen Widerruf der versprochenen Altersversorgung nachzudenken.

125 **1. Abänderung aus wirtschaftlichen Gründen.** Art, Inhalt und Umfang von Veränderungsmöglichkeiten hängen maßgeblich von der **Anspruchsgrundlage** ab. Es ist von erheblicher Bedeutung, ob Basis für das Versorgungswerk **kollektivrechtliche** oder aber **vertragliche** Grundlagen sind. Die Palette der Änderungsmöglichkeiten wird zudem maßgeblich von dem **Durchführungsweg** geprägt. Es kommt also darauf an, ob eine Direktzusage oder Direktversicherung besteht, Ansprüche über eine Pensionskasse oder einen Pensionsfonds begründet werden oder aber Leistungen einer Unterstützungskasse zugesagt worden sind. Die ersten vier Fallgestaltungen unterscheiden sich von der letztgenannten dadurch, dass auf ihre Leistungen ein **Rechtsanspruch** besteht, während eine Unterstützungskasse von Gesetzes wegen eine Einrichtung ist, auf deren Leistungen ein solcher Anspruch gerade nicht eingeräumt wird.

126 **a) Arbeitsvertragliche Ruhegeldzusagen.** Vertragliche Ansprüche können auf verschiedene Weise begründet werden. Sowohl klassische **Einzelzusagen** als auch **Gesamtzusagen**, vertragliche **Einheitsregelungen** oder **betriebliche Übungen** begründen arbeitsvertragliche Rechte, die auch nur mit dem für das Vertragsrecht vorgesehenen rechtlichen Instrumentarium abgeändert oder beseitigt werden können.

127 **aa) Änderungsvereinbarung.** Eine Änderungsvereinbarung setzt das **Einverständnis des ArbN** voraus. Dabei ist § 17 zu beachten. Nach dessen Abs. 3 kann von bestimmten gesetzlichen Bestimmungen nur durch TV abgewichen werden. Im Übrigen ist ein **Abweichen zuungunsten des ArbN verboten**. So können beispielsweise keine längeren Unverfallbarkeitsfristen vereinbart werden. Zu den Bestimmungen, von denen nicht abgewichen werden darf, gehört auch das Abfindungs- und Verzichtsverbot des § 3 Abs. 1. Nach dieser Regelung kann eine Versorgungsanwartschaft, die der ArbN nach § 1b Abs. 1 bis 3 und 5 bei Beendigung des Arbeitsverhältnisses behält, nur unter den Voraussetzungen des § 3 Abs. 1b Sätze 2 bis 6 abgefunden werden. Das BAG hat zu § 3 BetrAVG aF entschieden, dass eine Versorgungsanwartschaft, die nicht wirksam abgefunden werden darf, auch nicht wirksam erlassen werden kann[6].

---

1 *Ahrend/Förster/Rühmann*, § 1 BetrAVG Rz. 41; *Schumann* in Tschöpe, ArbR, Teil 2 E Rz. 110 mwN. | 2 *Höfer*, ART Rz. 690. | 3 BAG v. 11.11.1986 – 3 ABR 74/85, NZA 1987, 449. | 4 *Schumann* in Tschöpe, ArbR, Teil 2 E Rz. 120; *Ahrend/Förster/Rühmann*, § 5 BetrAVG Rz. 2. | 5 *Schumann* in Tschöpe, ArbR, Teil 2 E Rz. 121. | 6 BAG v. 22. 9. 1987 – 3 AZR 194/86, DB 1988, 656.

Das Abfindungs- und Verzichtsverbot gilt aber nur bei Beendigung des Vertragsverhältnisses, nicht wenn der Verzicht oder die Abfindung während des laufenden Arbeitsverhältnisses vereinbart werden[1]. Gelingt es dem ArbGeb, seinem ArbN im gesetzlichen Rahmen des § 17 eine Verschlechterung seiner arbeitsvertraglichen Position abzuhandeln, so begegnet dies keinen rechtlichen Bedenken.

bb) Änderungskündigung. Kann der ArbGeb keine Änderungsvereinbarung durchsetzen, so bleibt die Möglichkeit einer Änderungskündigung. Mit ihr wird das bisherige Arbeitsverhältnis beendet, aber zugleich dessen Fortsetzung unter geänderten Arbeitsbedingungen angeboten. Der ArbN hat unterschiedliche Möglichkeiten, auf die Änderungskündigung zu reagieren. Er kann das Änderungsangebot vorbehaltlos **annehmen**. Geschieht dies, ändert sich mit Ablauf der Kündigungsfrist der Inhalt des Arbeitsverhältnisses und damit auch der Versorgungszusage. Er kann das Änderungsangebot **ablehnen**; die Änderungskündigung wandelt sich dann praktisch in eine Beendigungskündigung. Unternimmt der ArbN nichts weiter, so endet das Arbeitsverhältnis mit Ablauf der Kündigungsfrist. Erhebt er **Kündigungsschutzklage**, so hängt der Fortbestand der Altersversorgungslasten von dem Ausgang des gerichtlichen Verfahrens ab. Der ArbN kann schließlich das Änderungsangebot unter dem **Vorbehalt des § 2 Abs. 1 KSchG** annehmen. Er kann also erklären, dass er das Angebot, das Arbeitsverhältnis unter geänderten Bedingungen fortzusetzen, nur unter dem Vorbehalt annehme, dass die inhaltliche Veränderung der Altersversorgungsbedingungen nicht sozial ungerechtfertigt ist. Gewinnt der ArbN den Prozess, so verbleibt es bei den ursprünglichen Regelungen. Verliert er ihn, so wird das Arbeitsverhältnis mit den geänderten Altersversorgungsbedingungen fortgesetzt. Aber auch bei einer erfolgreichen Änderungskündigung werden Versorgungsansprüche keineswegs in jedem Fall vollständig beseitigt. Verbleibt der ArbN bis zum Eintritt des Versorgungsfalles in den Diensten des ArbGeb oder erreicht er die Unverfallbarkeitsfristen des § 1b, so kann nur unter bestimmten Voraussetzungen in bereits erdiente Versorgungsrechte eingegriffen werden (vgl. dazu näher Rz. 150 ff.).

Zu beachten ist, dass eine Änderungskündigung im Anwendungsbereich des Kündigungsschutzgesetzes (§ 23 KSchG) der **sozialen Rechtfertigung** bedarf. Es gelten die Maßstäbe des Kündigungsschutzgesetzes. Der ArbGeb wird also betriebsbedingte Gründe nachweisen müssen. Eine Änderungskündigung mit dem Ziel, Einsparungen zu ermöglichen, lässt das BAG in der Regel aber nur dann zu, wenn auf andere Weise eine akute Gefahr für die Arbeitsplätze oder eine Existenzgefährdung des Unternehmens nicht vermieden werden können[2]. Änderungskündigungen zum Zweck der Reduzierung von Versorgungsverbindlichkeiten spielen deshalb eine untergeordnete Rolle. In der Regel sind sie auch ein ungeeignetes Mittel, wenn es darum geht, ein Versorgungswerk als Ganzes an geänderte Verhältnisse anzupassen. Hier hilft dem ArbGeb die soziale Rechtfertigung einer einzelnen Kündigung meist nicht weiter[3].

cc) Anfechtung, Rücktritt, Unmöglichkeit, Verzug. Weitere zivilrechtliche Instrumentarien zur Veränderung von Leistungsverpflichtungen sind auch nach der Schuldrechtsnovelle[4] die Anfechtung, der Rücktritt und die Gestaltungsmöglichkeiten bei Verzug oder Unmöglichkeit. Auch sie sind allenfalls in **besonders gestalteten Einzelfällen** zur Veränderung von Altersversorgungsverpflichtungen geeignet. Sie spielen deshalb ebenfalls nahezu keine Rolle.

dd) Widerruf. Erhebliche Bedeutung für die Änderung auf vertraglicher Grundlage bestehender Altersversorgungsansprüche ist der **(Teil-)Widerruf** von Versorgungszusagen. Da das Vertragsrecht von dem Grundsatz „pacta sunt servanda" geprägt wird, kommt ein Widerruf nur dann in Betracht, wenn er vorbehalten war oder aber der Schuldner eine Störung der Geschäftsgrundlage nach § 313 BGB einwenden kann.

(1) Vorbehaltener Widerruf. Dem ArbGeb steht es natürlich frei, sich den Widerruf der Versorgungsleistungen vertraglich vorzubehalten. Ein Vorbehalt, die zugesagten Leistungen der betrAV **jederzeit frei zu widerrufen**, ist für den ArbGeb jedoch aus steuerrechtlichen Gründen nicht attraktiv. In aller Regel sind Versorgungszusagen nur dann für ein Unternehmen interessant, wenn es auch entsprechende steuermindernde Rückstellungen bilden kann. Steuerlich begünstigte Pensionsrückstellungen nach § 6a EStG kann aber nur der bilden, der sich verbindlich verpflichtet. Versorgungszusagen enthalten deshalb nur die in Abschnitt 41 Abs. 4 EStR aufgeführten sog. steuerunschädlichen Vorbehalte. Diese lassen den **Widerruf nur unter eng begrenzten Voraussetzungen** zu; regelmäßig nur dann, wenn sich die rechtlichen oder wirtschaftlichen Bedingungen für den ArbGeb so nachhaltig geändert haben, dass dem Unternehmen die volle oder teilweise Aufrechterhaltung der zugesagten Leistungen nicht mehr zugemutet werden kann[5]. Solche steuerunschädlichen Vorbehalte dienen lediglich als Hinweis auf eine Störung der Geschäftsgrundlage. Der Vorbehalt ist insoweit entbehrlich, weil auch ohne ihn bei einer schwerwiegenden Störung der Geschäftsgrundlage eine Anpassung bis hin zum Widerruf der Versorgungsleistungen möglich wäre[6].

(2) Wegfall/Störung der Geschäftsgrundlage. Das Argument des Wegfalls der Geschäftsgrundlage, nun in § 313 BGB als Störung der Geschäftsgrundlage kodifiziert, lässt das BAG nur in sehr einge-

---

1 BAG v. 14.8.1990 – 3 AZR 301/89, MDR 1991,181. | 2 BAG v. 20.3.1986 – 2 AZR 294/85, NZA 1986, 824; v. 11.10.1989 – 2 AZR 61/89, NZA 1990, 607. | 3 Vgl. *Griebling*, NZA 1989, Beil. 3, 26 (29). | 4 BGBl. 2001 I, S. 3138. | 5 *Blomeyer/Otto*, Anh. § 1 BetrAVG Rz. 448. | 6 *Griebeling*, NZA 1989, Beil. 3, 26 (30).

schränktem Maße zu. Positiv entschieden hat es **nur in zwei Fallgruppen**, nämlich im Falle des Widerrufs von Versorgungsleistungen wegen einer wirtschaftlichen Notlage des ArbGeb und bei der Beseitigung unerwünschter Überversorgungen.

134 **(3) Wirtschaftliche Notlage.** Die Rspr. begriff den Sicherungsfall des § 7 Abs. 1 Satz 3 Nr. 5 BetrAVG aF als gesetzlich normierten Tatbestand des Wegfalls der Geschäftsgrundlage[1]. Als wirtschaftliche Notlage verstand der Ruhegeldsenat eine **extreme konkursgleiche Situation des ArbGeb.** Es waren also strenge Maßstäbe zu erfüllen. Weil der Widerruf wegen wirtschaftlicher Notlage ein Sicherungsfall für den Pensions-Sicherungs-Verein als Träger der gesetzlichen Insolvenzsicherung für Ansprüche aus betrieblicher Altersversorgung war, waren auch nicht nur die rechtlichen Interessen des ArbGeb und der ArbN berührt, sondern auch die des PSVaG. § 7 Abs. 1 Satz 3 Nr. 5 BetrAVG aF sah die Einstandspflicht des Insolvenzsicherers deshalb auch nur dann vor, wenn die Kürzung oder Einstellung von Versorgungsleistungen wegen wirtschaftlicher Notlage durch rechtskräftiges Urteil eines Gerichts für zulässig erklärt worden war (vgl. § 7 Rz. 48) bzw. der PSVaG dem Widerruf zuvor zugestimmt hatte[2]. Nachdem nun der Gesetzgeber den Sicherungsfall der wirtschaftlichen Notlage aufgehoben hat, kommt ein Widerruf wegen Wegfalls oder Störung der Geschäftsgrundlage nicht mehr in Betracht. Zum Teil wird vertreten, dass nach wie vor ein Widerruf zulässig sein müsse, das gelte jedenfalls dann, wenn ein Widerrufsrecht vorbehalten sei[3]. Andere Stimmen nehmen an, dass ein Widerruf ausgeschlossen ist[4]. Sachgerecht dürfte sein, dass der ArbGeb sich um einen außergerichtlichen Vergleich mit dem PSVaG ernsthaft bemühen muss, will er die Versorgungsleistungen einstellen. Ist der PSVaG dazu nicht bereit, hat der ArbGeb aus dem Rechtsgrund des § 242 BGB die Pflicht, die Eröffnung des Insolvenzverfahrens zu beantragen[5].

135 **(4) Überversorgung.** Ein Widerruf von Versorgungsleistungen ohne ausdrücklichen Vorbehalt lässt das BAG auch bei planwidrigen Überversorgungen zu. Eine Überversorgung liegt dann vor, wenn die Ruhestandsbezüge (gesetzliches Altersruhegeld zzgl. Betriebsrente) **die aktiven Bezüge übersteigen.** Ist die Überversorgung nicht gewollt, so kann der ArbGeb eine Reduzierung seiner Versorgungsleistungen vornehmen. Dabei kann nach Auffassung des BAG ausnahmsweise auch in bereits erdiente Besitzstände eingegriffen werden, für die der Betriebsrentner die Gegenleistung in Form der geleisteten Betriebstreue endgültig erbracht hat. Insoweit ergibt sich nach Ansicht des BAG die Notwendigkeit, Verträge an die geänderten Verhältnisse anzupassen, um die Vertragsgerechtigkeit wieder herzustellen[6]. Über diesen Weg wird nur in Ausnahmefällen, nämlich dann, wenn die bisherige Versorgungsregelung bei dem überwiegenden Teil der Berechtigten zu einer Überversorgung führt, die Begrenzung des Gesamtvolumens eines Versorgungswerkes herbeizuführen sein. Wesentliches Kriterium ist dann, ob es sich wirklich um eine planwidrige Überversorgung handelt. War die Gefahr einer solchen Überversorgung dem ArbGeb bekannt und handelt er dennoch über Jahre hinweg nicht, so spricht einiges gegen eine Planwidrigkeit und für einen Schutz der betroffenen ArbN[7]. Eine Überversorgung, die einen Eingriff in erdiente Besitzstände ermöglicht, liegt aber auch dann vor, wenn bei einer Versorgungszusage mit einer Begrenzungsklausel der angestrebte Nettoversorgungsgrad spürbar überschritten wird[8].

136 Im öffentlichen Dienst lässt das BAG sogar den Abbau einer planmäßigen Überversorgung zu. Im Falle eines SozV-Trägers entschied es, dass dieser Aufgaben der Solidargemeinschaft zu erfüllen habe und nicht der Überversorgung seiner Bediensteten diene. Insoweit entstehe kein schutzwürdiges Vertrauen[9].

137 **ee) Nachfolgende BV.** Mittels BV kann grundsätzlich nicht in Versorgungsrechte eingegriffen werden, deren rechtliche Grundlage ein arbeitsvertraglicher Anspruch ist. Bis zum Vorlagebeschluss des 5. Senats v. 8.12.1982[10] nahm der Ruhegeldsenat an, wegen ihres kollektiven Bezuges dürfe auch in Gesamtzusagen und betriebliche Einheitsregelungen durch nachfolgende BV zu Lasten der ArbN eingegriffen werden. Diese Möglichkeit hat der Große Senat mit Beschl. v. 16.9.1986 eingeschränkt[11].

138 Vertraglich begründete Ansprüche der ArbN auf betriebliche Ruhegelder, die auf eine vom ArbGeb gesetzte Einheitsregelung oder Gesamtzusage zurückgehen, können durch eine nachfolgende BV in den Grenzen von Recht und Billigkeit beschränkt werden, soweit die neue Regelung insgesamt bei kollektiver Betrachtung **nicht ungünstiger** ist. Es ist ein sog. **kollektiver Günstigkeitsvergleich** vorzunehmen. Der ArbGeb darf sein Versorgungswerk danach umstrukturieren, wenn damit der Dotierungsrahmen insgesamt nicht eingeschränkt wird. Das bedeutet zugleich, dass durch BV eine Reduzierung von auf arbeitsvertraglichen Grundlagen beruhenden Versorgungslasten nicht herbeigeführt werden kann.

---

[1] BAG v. 26.4.1988 – 3 AZR 277/87, AP Nr. 3 zu § 1 BetrAVG – Geschäftsgrundlage. | [2] BAG v. 24.4.2001 – 3 AZR 402/00, DB 2001, 1787. | [3] *Höfer*, § 7 Rz. 2812.37 f.; *Diller*, ZIP 2000, 772; *Blomeyer/Otto*, BetrAVG Erg.-Heft, Vorb. § 7 Rz. 82 ff.; *Schwerdtner*, FS Uhlenbruck, S. 799. | [4] *Bepler*, BetrAV 2000, 19; so nun auch BAG v. 17.6.2003 – 3 AZR 396/02, DB 2004, 324; vgl. auch § 7 Rz. 48. | [5] So auch *Höfer*, § 7 BetrAVG Rz. 2812.39. | [6] BAG v. 9.7.1985 – 3 AZR 546/82, AP Nr. 6 zu § 1 BetrAVG – Ablösung; v. 23.9.1997 – 3 ABR 85/96, NZA 1998, 719; v. 28.7.1998 – 3 AZR 100/98, NZA 1999, 444; v. 9.11.1999 – 3 AZR 502/98, NZA 2001, 98. | [7] BAG v. 23.10.1990 – 3 AZR 260/89, DB 1991, 449. | [8] BAG v. 23.9.1997 – 3 ABR 85/96, NZA 1998, 719. | [9] BAG v. 19.11.1990 – 3 AZR 167/02. | [10] BAG v. 8.12.1982 – 5 AZR 316/81, BAGE 41, 118. | [11] BAG v. 16.9.1986 – GS 1/82, BAGE 53, 42.

139 Soweit lediglich **umstrukturiert** wird, unterliegt die neue Regelung ebenfalls einer gerichtlichen Billigkeitskontrolle[1]. Auch bei Beibehaltung des Dotierungsrahmens kann folglich nicht einschränkungslos in die Rechte Einzelner eingegriffen werden[2].

140 Von dem Grundsatz, dass durch nachfolgende BV nicht in Versorgungsrechte aus betrieblichen Einheitsregelungen oder Gesamtzusagen eingegriffen werden kann, macht das BAG unter dem Gesichtspunkt des **Vertrauensschutzes** Ausnahmen. Der 3. Senat vertrat ursprünglich die Auffassung, durch nachfolgende BV könne auch in Versorgungsansprüche eingegriffen werden, die durch Gesamtzusage oder eine betriebliche Einheitsregelung begründet wurden[3]. Mit Urteil vom 12.8.1982 nahm der 6. Senat des BAG einen davon abweichenden Rechtsstandpunkt ein[4]. Mit Entscheidung vom 20.11.1990 hat der 3. Senat des BAG klargestellt, dass sich ArbGeb jedenfalls bis zum Bekanntwerden des Urteils des 6. Senats vom 12.8.1982 auf die damalige Rspr. des Senats verlassen durften. Soweit BV, die auf vertraglichen Einheitsregelungen oder Gesamtzusagen beruhende Versorgungswerke zum Nachteil der ArbN abgeändert haben, aus der Zeit **vor dem 12.8.1982** stammen, werden sie von der Rspr. grundsätzlich als wirksam anerkannt. Spätere BV sind nur dann nicht unwirksam, wenn sie dem kollektiven Günstigkeitsvergleich standhalten[5].

141 Davon unabhängig ist es zulässig, Versorgungszusagen „**betriebsvereinbarungsoffen**" auszugestalten. Sieht eine individuelle Versorgungszusage, eine Gesamtzusage oder eine betriebliche Einheitsregelung vor, dass Änderungen auch zum Nachteil der ArbN durch BV zulässig sind, so stellt eine entsprechende BV das zulässige Gestaltungsmittel dar. Ggf. muss durch Auslegung ermittelt werden, ob die betreffende Zusage betriebsvereinbarungsoffen ausgestaltet ist oder nicht[6].

142 **b) Versorgung durch Unterstützungskasse.** Leistungen der betrAV können auch über den Durchführungsweg einer Unterstützungskasse zugesagt werden. Grundlage hierfür kann eine entsprechende arbeitsvertragliche Regelung, aber auch eine BV sein. Ein ArbGeb, der seine ArbN mit Hilfe einer Unterstützungskasse versorgen will, kündigt ihnen an, die Unterstützungskasse werde als eine **selbständige Versorgungseinrichtung** betriebliche Versorgungsleistungen erbringen. Grundlage für die Rechtsbeziehungen zwischen dem Versorgungsempfänger und der Unterstützungskasse bildet deshalb das Arbeitsverhältnis als Valutaverhältnis. In der Regel geht eine solche Zusage dahin, die Versorgungseinrichtung werde Leistungen gewähren, soweit deren Satzung und Richtlinien dies vorsehen[7]. Besonderes Kennzeichen einer Unterstützungskasse ist - so § 1 Abs. 4 Satz 1 -, dass es sich um eine rechtsfähige Versorgungseinrichtung handelt, die auf ihre Leistungen keinen Rechtsanspruch gewährt. Das BAG hat aus diesem Vorbehalt der Freiwilligkeit und dem Ausschluss des Rechtsanspruchs hergeleitet, dass der Unterstützungskasse ein Widerrufsrecht zusteht, das allerdings an sachliche Gründe gebunden ist[8].

143 Aus dem Entgelt- und Versorgungscharakter von Betriebsrenten folgt, dass nach Annahme der Betriebstreue des ArbN als Vorleistung der ArbGeb die Versorgung nicht mehr ohne weiteres versagen darf[9]. Anknüpfend daran, dass auch eine Unterstützungskasse insolvenzgeschützt ist, hat das BAG entschieden, dass ein Widerruf nur auf solche wirtschaftlichen Gründe gestützt werden dürfe, die zugleich einen Sicherungsfall iSd. § 7 darstellen. Ein sachlicher Grund zum Widerruf von Unterstützungskassenleistungen sei deshalb der Wegfall der Geschäftsgrundlage, regelmäßig also das **Vorliegen einer wirtschaftlichen Notlage** iSd. § 7 Abs. 1 Satz 3 Nr. 5 BetrAVG aF. Das BAG sah hier einen Wertungswiderspruch. Denn könne bei der Unterstützungskasse der ArbGeb schon aus weniger gewichtigen Gründen als einer wirtschaftlichen Notlage widerrufen, werde der gesetzliche Insolvenzschutz für Unterstützungskassenleistungen praktisch wertlos. Dies hielt das BAG mit dem gesetzlichen Ziel eines lückenlosen Insolvenzschutzes für unvereinbar[10].

144 Das **BVerfG** hielt die Auffassung des BAG für zu weitgehend. In zwei Entscheidungen aus den Jahren 1983 und 1987 entschied es, dass es darauf ankommt, wann die rechtlichen Grundlagen für die Unterstützungskassenversorgung geschaffen worden sind[11]. Danach ist nun zu differenzieren zwischen sog. „Alt-", „Übergangs-" und „Neu-"Fällen. Sog. „**Neu-Fälle**" sind Unterstützungskassen, deren rechtliche Grundlagen erst nach In-Kraft-Treten des BetrAVG gelegt wurden. Hier verbleibt es bei der strengen Rspr. des BAG, dass nur unter den Voraussetzungen einer wirtschaftlichen Notlage Versorgungsleistungen widerrufen oder gekürzt werden dürfen[12]. Davon zu unterscheiden sind die sog. „**Alt-Fälle**". Bei ihnen wurden die rechtlichen Regelungen für die Unterstützungskasse vor In-Kraft-Treten des BetrAVG geschaffen. Die Altersversorgungsberechtigten schieden auch vor diesem Zeitpunkt aus dem Arbeitsverhältnis aus. Hier genügen „triftige Gründe", um sogar den bereits erdienten Teilbetrag

---

1 BAG v. 16.9.1986 – GS 1/82, BAGE 53, 42. | 2 Vgl. auch BAG v. 28.7.1998 – 3 AZR 357/97, DB 1999, 750. | 3 BAG v. 30.1.1970 – 3 AZR 44/68, BAGE 22, 252; v. 17.1.1980 – 3 AZR 456/78, BAGE 32, 293; v. 8.12.1981 – 3 ABR 53/80, BAGE 36, 327. | 4 BAG v. 12.8.1982 – 6 AZR 1117/79, BAGE 39, 295. | 5 BAG v. 18.3.2003 – 3 AZR 101/02. | 6 BAG v. 25.7.2000 – 3 AZR 292/98, nv. | 7 BAG v. 10.11.1977 – 3 AZR 705/76, AP Nr. 8 zu § 242 BGB – Ruhegehalt – Unterstützungskassen. | 8 BAG v. 10.11.1977 – 3 AZR 705/76, AP Nr. 8 zu § 242 BGB – Ruhegehalt – Unterstützungskassen; BVerfG v. 19.10.1983 – 2 BvR 298/81, BVerfGE 65, 196. | 9 BAG v. 12.2.1971 – 3 AZR 83/70, AP Nr. 3 zu § 242 BGB – Ruhegehalt – Unterstützungskassen. | 10 BAG v. 5.6.1984 – 3 AZR 33/84, BAGE 46, 80. | 11 BVerfG v. 19.10.1983 – 2 BvR 298/81, BVerfGE 65, 196 und v. 14.1.1987 – 1 BvR 1052/79, BVerfGE 74, 129. | 12 BAG v. 23.4.1985 – 3 AZR 194/83, BAGE 48, 258.

BetrAVG Vorb. Rz. 145

einer Versorgungsanwartschaft kürzen zu können. Schließlich gibt es „**Übergangsfälle**". Sie dürften die große Masse aller Unterstützungskassenversorgungen bilden[1]. Bei diesen Fallgestaltungen stammen die rechtlichen Grundlagen für die Ansprüche gegen die Unterstützungskasse zwar ebenfalls aus der Zeit vor In-Kraft-Treten des BetrAVG, die ArbN schieden aber nach diesem Zeitpunkt aus. Auch hier ließ das BVerfG[2] triftige Gründe ausreichen, um Leistungen zu widerrufen oder zu kürzen. Sowohl in den „Alt-" als auch in den „Übergangsfällen" ist nach Auffassung des BVerfG[3] ein Insolvenzschutz zu gewähren. Die vom BAG befürchtete Lücke wurde durch Richterrecht somit geschlossen.

145 Ein „**triftiger**" **Grund** ist nach Ansicht des **BVerfG** dann anzuerkennen, wenn eine ungekürzte Versorgungslast langfristig die Substanz des Trägerunternehmens gefährden könnte und mildere Mittel nicht ausreichen. Triftige Gründe sind damit solche, die es dem ArbGeb gestatten, im Rahmen der Anpassungsprüfung nach § 16 eine Angleichung der Leistungen an die Steigerung der Lebenshaltungskosten abzulehnen[4]. Das BAG verwendet eine andere Terminologie. Triftige Gründe bezeichnet es als „sachliche Gründe"; soweit es triftige Gründe nennt, meint es solche, die sogar einen Eingriff in zeitanteilig erdiente Dynamik (sog. zweite Besitzstandsstufe) gestatten[5].

146 c) **BV.** Betriebliche Versorgungswerke basieren meist auf „allgemeinen" Regeln. Sie werden eingeführt durch arbeitsvertragliche Rechtsgeschäfte (betriebliche Einheitsregelungen, betriebliche Übungen oder Gesamtzusagen) oder durch kollektivrechtliche Regelungen, im Wesentlichen BV. BV schaffen für die ArbN **unmittelbar geltendes Recht** (§ 77 Abs. 4 BetrVG). § 77 Abs. 4 Satz 2 BetrVG bestimmt sogar, dass ein Verzicht auf durch BV eingeräumte Rechte nur mit Zustimmung des BR zulässig ist[6].

147 Einigkeit besteht darüber, dass die **Einführung eines betrieblichen Versorgungswerks** keinen mitbestimmungspflichtigen Tatbestand iSd. § 87 Abs. 1 BetrVG bildet, sondern der Bereich freiwilliger Mitbest. nach § 88 Nr. 2 BetrVG betroffen ist. Eine BV über die Einführung einer betrAV unterliegt deshalb auch nicht der Nachwirkung des § 77 Abs. 5 BetrVG, wenn sie gekündigt wird. Die Kündigung bedarf auch keiner Rechtfertigung[7]. Etwas anderes gilt für dessen inhaltliche Ausgestaltung. Dies hat zur Konsequenz, dass eine BV über die Einführung einer betrAV nicht nachwirkt (§ 77 Abs. 6 BetrVG), wenn sie befristet ist oder gekündigt wird und die Kündigungsfrist abgelaufen ist. Hiervon zu unterscheiden ist der Fall, bei dem der ArbGeb eine BV deshalb kündigt, um anschließend eine Neuverteilung – eines ggf. geänderten Dotierungsrahmens – vorzunehmen. Hier kommt dann bis zur Neuregelung eine Nachwirkung in Betracht[8]. Wird eine BV geschlossen, die eine ältere BV ablösen soll, gilt auch nicht das Günstigkeitsprinzip, sondern nur die Zeitkollisionsregel. Die jüngere BV ersetzt das ältere Regelwerk[9]. Das BAG weist in ständiger Rspr. darauf hin, dass eine ablösende BV, die zu einer Kürzung von Versorgungsanwartschaften führt, einer **Billigkeitskontrolle** unterliegt. Deshalb darf eine ablösende BV kann deshalb nicht schrankenlos in Versorgungsrechte eingegriffen werden. Auch hier verlangt der Entgeltcharakter der betrAV, dass die Gegenleistung für die vom ArbN schon erbrachte Betriebstreue nicht ohne weiteres verweigert werden darf[10].

148 d) **Betriebliche Mitbest.** Bei allen **Änderungen betrieblicher Altersversorgungswerke** ist darauf zu achten, dass dem BR dabei nach § 87 Abs. 1 Nr. 8 oder Nr. 10 BetrVG ein MitbestR zustehen kann (vgl. Rz. 171). Werden Leistungen eines Versorgungswerkes generell gekürzt, so kann der ArbGeb dies uU nicht ohne Beteiligung des BR tun. Mitbestimmungsfrei ist die Verringerung des Dotierungsrahmens. Das BAG hat ein abgestuftes Besitzstandsmodell entwickelt; für jeden Eingriff in eine dieser Stufen benötigt der ArbGeb einen Eingriffsgrund anderer Intensität. Schöpft der ArbGeb seine Eingriffsmöglichkeiten aus, kann er dies mitbestimmungsfrei durchführen. Geschieht dies nicht und nimmt er eine anderweitige Verteilung der verbleibenden Mittel vor, besteht ein MitbestR nach § 87 BetrVG[11]. Solche Regelungen unterliegen nach Auffassung des BAG der gerichtlichen Billigkeitskontrolle[12]. Das MitbestR des BR ist nicht vom Rechtsbegründungsakt abhängig. Beruht das Versorgungswerk nicht auf einer BV, sondern auf einer betrieblichen Übung, Gesamtzusage oder betrieblichen Einheitsregelung, so bestehen hinsichtlich der Ausgestaltung der Altersversorgungsansprüche dennoch MitbestR[13]. Einseitig vom ArbGeb durchgeführte Regelungen sind deshalb unwirksam.

149 BV über betrAV sind nach § 77 Abs. 5 BetrVG kündbar. Eines Kündigungsgrundes bedarf es dazu nicht[14]. Von dieser Kündigung werden auch die noch aktiven Anwärter erfasst. Soweit nach der Rspr. des BAG die Wirkungen einer solchen Kündigung wegen der unterschiedlich geschützten Besitzstände[15] der Berechtigten beschränkt sind, bleibt die BV als Rechtsgrundlage trotz ihres nicht erzwingbaren

---

1 Vgl. *Griebeling*, NZA 1989, Beil. 3, 26 (30). | 2 BVerfG v. 14.1.1987 – 1 BvR 1052/79, BVerfGE 74, 129. | 3 BVerfG v. 14.1.1987 – 1 BvR 1052/79, BVerfGE 74, 129. | 4 Vgl. dazu *Höfer*, ART Rz. 393 ff.; BAG v. 5. 6. 1984 – 3 AZR 33/84, BAGE 46, 80. | 5 *Höfer*, ART Rz. 106, 402. | 6 Vgl. auch BAG v. 3.6.1997 – 3 AZR 25/96, DB 1998, 267. | 7 BAG v. 18.9.2001 – 3 AZR 728/00, NZA 2002, 1164. | 8 BAG v. 17.8.1999 – 3 ABR 55/98, AP Nr. 29 zu § 1 BetrAVG – Ablösung; v. 26.10.1993 – 1 ABR 46/93, AP Nr. 6 zu § 77 BetrAVG 1972 – Nachwirkung. | 9 BAG v. 17.3.1987 – 3 AZR 64/84, BAGE 54, 261; v. 18.9.2001 – 3 AZR 728/00, NZA 2002, 1164. | 10 BAG v. 17.3.1987 – 3 AZR 64/84, BAGE 54, 261. | 11 BAG v. 11.5.1999 – 3 AZR 21/98, BAGE 91, 310. | 12 BAG v. 5.6.1984 – 3 AZR 33/84, BAGE 46, 80. | 13 BAG v. 23.9.1997 – 3 ABR 85/96, NZA 1998, 719. | 14 BAG v. 11.5.1999 – 3 AZR 21/98, BAGE 91, 310. | 15 BAG v. 26.8.1997 – 3 AZR 235/96, BAGE 86, 216.

zulässige Änderungen von Versorgungsanwartschaften. Wenn geklärt ist, ob eine Versorgungszusage überhaupt geändert werden kann und mit welchem rechtlichen Instrumentarium, bedeutet dies nicht, dass jedweder Eingriff zulässig ist. Das BAG betont in ständiger Rspr., dass sich Eingriffe am **Grundsatz der Verhältnismäßigkeit** messen lassen müssen[3]. Das BAG hat eine Rangfolge unterschiedlich stark geschützter Besitzstände entwickelt. Daraus, dass eine betrAV auch Entgeltcharakter hat, also Gegenleistung für bereits in der Vergangenheit geleistete Dienste des ArbN ist, hat es Versorgungsanwartschaften umso schutzwürdiger gewertet, je mehr der ArbN dafür bereits vorgeleistet hat[4]. **150**

Erdienter Teilwert. Den erdienten Teilwert einer Versorgungsanwartschaft hält das BAG für besonders schutzwert. Der ArbN habe hier seine Vorleistung bereits erbracht und müsse deshalb ähnlich geschützt werden wie immer vor einem entschädigungslosen Entzug der Anwartschaft geschützt werden. Ein Eingriff in den erdienten Teil der Versorgungsanwartschaft hält das BAG deshalb in der Regel für **unverhältnismäßig** und **unbillig;** dennoch vorgenommene Eingriffe sind dem ArbN gegenüber unwirksam[5]. Erdient ist der Teil der Versorgungsanwartschaft, den der ArbN als Versorgungsanwartschaft behalten würde, schiede er im Zeitpunkt der Abänderung der Versorgungsregelung bei seinem ArbGeb aus[6]. Dabei kommt es allerdings hinsichtlich der Frage, welcher Teil der Versorgungsanwartschaft bereits erdient ist, nicht darauf an, ob die Unverfallbarkeitsfristen des § 1 erreicht sind. Auch eine zum Zeitpunkt der Änderung der Versorgungszusage noch verfallbare Anwartschaft ist in Höhe ihres Teilwertes bereits erdient und gegen Eingriffe des ArbGeb in besonderer Weise geschützt. Erreicht der ArbN später die Unverfallbarkeit, so behält er diesen erdienten Teil endgültig. Die Verfallbarkeit von Ansprüchen bedeutet nicht, dass der ArbGeb unter erleichterten Voraussetzungen Änderungen vornehmen kann[7]. **151**

Einen Eingriff in den erdienten Besitzstand lässt die Rspr. deshalb nur aus **zwingenden Gründen** zu, und zwar nur dann, wenn der ArbGeb sich zu Recht auf einen **Wegfall** oder die **Störung der Geschäftsgrundlage** (§ 313 BGB) berufen kann. Es muss also eine wirtschaftliche Notlage des Unternehmens vorliegen, die ihrerseits den Insolvenzschutz durch den PSVaG nach § 7 Abs. 1 Satz 3 Nr. 5 BetrAVG aF ausgelöst hätte[8]. Nach Aufgabe des Sicherungsfalls der wirtschaftlichen Notlage per 1.1.1999 dürfte ein Eingriff in erdiente Besitzstände aus wirtschaftlichen Gründen nicht mehr in Betracht kommen (vgl. auch § 7 Rz. 48). **152**

Auf einen Wegfall der Geschäftsgrundlage kann sich allerdings auch berufen, wer eine **nicht planmäßige Überversorgung** abbauen will. Auch bereits erdiente Teile einer Überversorgung können so beseitigt werden. **153**

bb) Erdiente Dynamik. Für **weniger schutzwürdig** erachtet das BAG die sog. „erdiente Dynamik". Das BAG differenziert zwischen Steigerungen, die sich aus der Dauer der Betriebszugehörigkeit ergeben, sog. dienstzeitabhängigen Steigerungsraten, und solchen, bei denen der Wertzuwachs der Anwartschaft ohne Bindung an die Dienstzeit der Entwicklung eines Berechnungsfaktors folgen soll, der seinerseits variabel ist[9]. Gemeint sind damit Versorgungszusagen, bei denen die Betriebsrente beispielsweise abhängig ist von der Höhe des zuletzt gezahlten Gehalts. Dienstzeitabhängige Steigerungsraten müsse der ArbN erst in der Zukunft erdienen; für sie habe er die erforderliche Betriebstreue noch nicht erbracht. **154**

Etwas anderes gilt nach Auffassung des BAG für **dienstzeitunabhängige Steigerungen**. Ihr Zweck besteht nicht darin, die fortdauernde Betriebstreue zu vergüten oder zum Maßstab der Rentenberechnung zu machen. Hier geht es vielmehr darum, den Versorgungsbedarf des ArbN flexibel zu erfassen. Die Versorgungshöhe soll sich an der den Lebensstandard prägenden Höhe des Arbeitsentgelts bei Eintritt des Versorgungsfalles orientieren. Soweit für eine solche vergütungsabhängige Dynamik die Betriebstreue in der Vergangenheit bereits abgeleistet worden ist, verdient sie besonderen Schutz. Im Gegensatz zu den erst künftig zu verdienenden Steigerungsraten sind sie im Zeitpunkt der Ablösung schon erdient. Dieser besondere Schutz gilt aber nur für den Teil der Anwartschaft, der zurzeit der Ablösung bereits erdient ist; die auf den noch nicht erdienten Teil der Anwartschaft entfallende Dynamik wird davon nicht erfasst[10]. **155**

Unterschieden werden muss ggf. zwischen einer schon **erdienten** und einer **noch nicht erdienten** Dynamik. Der bereits zeitanteilig erdiente und nach § 2 Abs. 1 zu berechnende Teil der Anwartschaft nimmt auch weiterhin an der Dynamik der Bemessungsgrundlage teil. Insoweit ist die Dynamik „erdient". Können auch nach Abänderung der Versorgungszusagen durch weitere Betriebstreue noch Zuwächse erreicht werden, so kann für sie die Dynamik entfallen, soweit sachliche Kürzungsgründe vorliegen[11]. Das BAG definiert den Besitzstand der erdienten Dynamik als Produkt aus dem bis zum Ablösungsstichtag **156**

---

1 BAG v. 11.5.1999 – 3 AZR 21/98, BAGE 91, 310. | 2 BAG v. 17.8.1999 – 3 ABR 55/98, NZA 2000, 498. | 3 BAG v. 16.9.1986 – GS 1/82, BAGE 53, 42. | 4 BAG v. 17.3.1987 – 3 AZR 64/84, BAGE 54, 261; v. 11.5.1999 – 3 AZR 21/98, NZA 2000, 322; v. 10.9.2002 – 3 AZR 635/01 BB 2003, 2749. | 5 BAG v. 16.9.1986 – GS 1/82, BAGE 53, 42. | 6 BAG v. 22.9.1987 – 3 AZR 662/85, NZA 1988, 732; v. 26.8.1997 – 3 AZR 235/96, BAGE 86, 221. | 7 BAG v. 26.4.1988 – 3 AZR 168/86, BAGE 58, 156. | 8 Vgl. auch *Griebeling*, NZA 1989, Beil. 3, 26 (32). | 9 BAG v. 26.8.1997 – 3 AZR 235/96, BAGE 86, 216. | 10 BAG v. 17.4.1985 – 3 AZR 72/83, BAGE 49, 57; v. 11.12.2001 – 3 AZR 128/01, BB 2003, 56. | 11 Vgl. *Höfer*, ART Rz. 470.

erdienten Prozentsatz und dem tatsächlichen Endgehalt oder Durchschnittsgehalt berücksichtigen. Ob tatsächlich in die erdiente Dynamik eingegriffen werde, könne abschließend zum Ablösungszeitpunkt nur dann festgestellt werden, wenn eine endgehaltsbezogene Versorgungszusage durch eine Richtlinienänderung für die Zukunft gänzlich aufgehoben worden sei und nur der sich nach iVm. § 2 Abs. 5 errechnete Versorgungsbesitzstand aufrecht erhalten werde. Werde dem Versorgungsberechtigten aber die Möglichkeit eröffnet, nach anderen Berechnungsmaßstäben, etwa über eine betrags- oder beitragsorientierte Zusage, Zuwächse zu erwerben, könne erst beim Ausscheiden aus dem Arbeitsverhältnis genau festgestellt werden, ob mit der ablösenden Neuregelung in den Besitzstand der erdienten Dynamik eingegriffen worden sei. Besitzstandswahrung bedeute nicht, dass Anspruch darauf bestehe, den dynamisch bis zum Ausscheiden fortgeschriebenen Besitzstand im Ablösungszeitpunkt und die Zuwächse nach der neuen Versorgungsregelung¹.

157 In eine erdiente Dynamik kann aus sog. **triftigen Gründen** eingegriffen werden. Unter triftigen Gründen versteht das BAG solche, die es dem ArbGeb gestatten, von einer Anpassung nach § 16 abzusehen². Hierzu ist der ArbGeb dann berechtigt, wenn er die Erhöhung der Rente nicht mehr aus den Erträgen und Wertzuwächsen des Unternehmens erwirtschaften kann und deshalb die Gefahr besteht, dass die Entwicklung des Unternehmens beeinträchtigt und seine Substanz aufgezehrt wird³. Der ArbGeb muss ggf. beweisen, dass triftige Gründe für einen Eingriff in die zeitanteilig erdiente Dynamik vorlagen.

158 **cc) Nicht erdiente Versorgungsbestandteile.** Die Dritte vom BAG entwickelte Besitzstandsstufe umfasst den gesamten Inhalt der Versorgungszusage, also die Teile, die nicht unter die Erste oder zweite Stufe des Besitzstands fallen. Geschützt sind danach auch künftige Zuwächse, etwa der noch nicht erdiente Teil einer Dynamik oder noch nicht erdiente Steigerungsbeträge⁴. Das BAG lässt in diese Besitzstandsstufe Eingriffe zu, wenn „**sachlich proportionale Gründe**" vorliegen⁵. Sachliche Gründe liegen nicht etwa schon dann vor, wenn der ArbGeb einen berechtigten Anlass zur Reduzierung von Versorgungsverpflichtungen zu haben glaubt. Eingriffsgrund und Eingriffsumfang müssen sich vielmehr entsprechen⁶. Auch hier gilt folglich der Verhältnismäßigkeitsgrundsatz. So hat das BAG einen Eingriff in noch nicht erdiente Steigerungsbeträge akzeptiert, wenn bei einer Neuverteilung gleich bleibender Versorgungsmittel bisher unversorgte ArbN in den Kreis der Begünstigten aufgenommen werden sollten⁷. Anerkannt hat das BAG auch veränderte Vorstellungen der Begünstigten über die Leistungsgerechtigkeit⁸. Das Ausmaß des Eingriffs darf dabei aber nicht größer sein als es das angestrebte Ziel erfordert. Der ArbGeb muss, beruft er sich auf sachlich proportionale Gründe, die Erwägungen für den Eingriff darlegen und deutlich machen, dass sie **nicht willkürlich**⁹ sind; er muss **nachvollziehbar** erkennen lassen, welche Umstände und Erwägungen die Änderung der Versorgungszusage veranlasst haben¹⁰. Hierzu genügt es zB nicht, wenn der ArbGeb sich allgemein auf wirtschaftliche Schwierigkeiten beruft¹¹. Einen Sanierungsplan muss der ArbGeb hingegen nicht vorlegen¹².

159 **dd) Gerichtliche Billigkeitskontrolle.** In der Regel ist dem ArbGeb nicht gedient, wenn er nur mit einzelnen ArbN Änderungen der Versorgungszusagen vereinbaren kann. Betriebsvereinbarungsoffene Einheitsregelungen oder Gesamtzusagen und auf BV basierende Versorgungswerke werden deshalb regelmäßig durch **verschlechternde BV** abgeändert. Das BAG unterzieht solche BV einer gerichtlichen Billigkeitskontrolle. Zunächst ist eine **abstrakte Billigkeitskontrolle** vorzunehmen. Dabei ist zu prüfen, ob die Betriebspartner ersichtlich in erdiente Besitzstände nicht eingreifen wollten und dafür geeignete Regelungen geschaffen haben. Fehlen solche Besitzstandsregelungen, so ist die abändernde BV nicht insgesamt unwirksam. Nur soweit sie in unzulässiger Weise in geschützte Besitzstände eingreift, vermag sie keine Wirkungen zu entfalten¹³. Dieser abstrakten Billigkeitskontrolle ist eine **konkrete Überprüfung** anzuschließen, wenn die neue Regelung zwar insgesamt nicht zu beanstanden ist, jedoch im Einzelfall Wirkungen entfaltet, die nach dem Regelungsplan nicht beabsichtigt sein können und unbillig erscheinen. Eine solche konkrete Billigkeitskontrolle ändert jedoch nichts am Inhalt und der Wirksamkeit der BV. Sie fügt ihr – soweit nicht ohnehin schon vorhanden – nur gleichsam eine Härteklausel hinzu¹⁴. Zu denken ist hier an Sonderregelungen beispielsweise für rentennahe Jahrgänge, die durch Eigenvorsorgemaßnahmen das reduzierte Niveau der betrAV nicht mehr auffangen können oder sonstige Regelungen für nicht erwünschte Härten im Einzelfall.

160 **f) Maßstab für zulässige Änderungen bei laufenden Leistungen.** Der ArbGeb kann daran interessiert sein, auch laufende Leistungen im Hinblick auf Höhe und Umfang zu verändern. Das ist nur möglich, wenn die Versorgungsregelung derartige Veränderungen zulässt. In Betracht kommen Veränderungen des Zusageinhalts beispielsweise dann, wenn der ArbGeb betriebliche Ruhegeldleistungen nach einer

---

1 BAG v. 10.9.2002 – 3 AZR 635/01, BB 2003, 2749. | 2 BAG v. 17.4.1985 – 3 AZR 72/83, BAGE 49, 57; v. 4.4.1989 – 5 AZB 9/88, BAGE 61, 273. | 3 BAG v. 4.4.1989 – 5 AZB 9/88, BAGE 61, 273; v. 27.11.1992 – 3 AZR 76/92, AP Nr. 13 zu § 1 BetrAVG – Besitzstand. | 4 Vgl. Heither, RdA 1993, 72. | 5 BAG v. 17.3.1987 – 3 AZR 64/84, AP Nr. 9 zu § 1 BetrAVG – Ablösung. | 6 Vgl. Griebeling, NZA 1989, Beil. 3, 26, 33. | 7 BAG v. 8.12.1981 – 3 ABR 53/80, AP Nr. 1 zu § 1 BetrAVG – Ablösung. | 8 BAG v. 17.3.1987 – 3 AZR 64/84, AP Nr. 9 zu § 1 BetrAVG – Ablösung. | 9 BAG v. 18.9.2001 – 3 AZR 728/00, NZA 2002, 1164. | 10 BAG v. 18.4.1989 – 3 AZR 688/87, BAGE 61, 323. | 11 BAG v. 18.9.2001 – 3 AZR 728/00, NZA 2002, 1164. | 12 BAG v. 10.9.2003 – 3 AZR 635/01, BB 2003, 2749. | 13 BAG v. 23.4.1985 – 3 AZR 194/83, BAGE 48, 258. | 14 BAG v. 8.12.1981 – 3 ABR 53/80, BAGE 36, 327.

Abänderung von Versorgungszusagen   Rz. 165 **Vorb. BetrAVG**

allgemeinen Versorgungsordnung zugesagt und in der Zusage darauf hingewiesen hat, dass die jeweils aktuelle Leistungsordnung Geltung haben soll. Bei derartigen **Jeweiligkeitsklauseln** muss der Versorgungsberechtigte sich späteren Veränderungen unterwerfen, und zwar nicht nur in der Anwartschaftsphase bis zum Eintritt des Versorgungsfalles, sondern auch nach Aufnahme der Rentenleistungen[1].

Das BAG hat entschieden, dass bei Veränderungen während der Leistungsphase die strengen, von ihm aufgestellten Besitzstandsregelungen zur Beschränkung von Versorgungsanwartschaften nicht gelten. Zulässig seien jedenfalls Regelungen, die **nicht zur Schmälerung der Ausgangsleistung führen**, in sich **ausgewogen und sachlich begründet** seien. Es seien deshalb weder zwingende noch triftige Gründe erforderlich, um Veränderungen herbeizuführen. Ausreichend seien vielmehr sachliche Erwägungen des ArbGeb[2]. In den entschiedenen Fällen waren Eingriffe in die sog. Rentendynamik vorgenommen worden. Die zugesagte Ausgangsleistung blieb dabei unverändert. Verändert wurde die Entwicklung der laufenden Leistungen. In einem Fall war zunächst vereinbart, dass sie der Entwicklung der tariflichen Entgelte folgen sollte. Ersetzt wurde sie durch eine Regelung, nach der Betriebsrente nur noch entsprechend der Entwicklung der Lebenshaltungskosten stieg[3]. **161**

Die Rspr. des BAG steht hier sicherlich noch am Beginn ihrer Entwicklung; eine Strukturierung der Eingriffsmöglichkeiten steht noch aus. **162**

2. Änderung aus nicht wirtschaftlichen Gründen. Nicht immer sind die Überlegungen, ein Versorgungswerk inhaltlich zu verändern, wirtschaftlicher Art. Auch nicht wirtschaftliche Erwägungen können Beweggrund dafür sein, von den bisherigen Versorgungsregelungen abzurücken und sie ggf. durch neue zu ersetzen. Dies gilt beispielsweise für die **Ablösung sog. Gesamtversorgungssysteme**. Bei ihnen hängt die Höhe der betrieblichen Rente nicht nur vom dynamischen Bemessungsfaktoren wie dem letzten Gehalt ab, sondern auch von einer anzurechnenden SozV-Rente, deren Höhe in der Regel nicht von vornherein feststeht. Sie hängt ab von den individuellen Beitrags- und Versicherungszeiten sowie den allgemeinen Bemessungsgrundlagen[4]. Das BAG hält es für zulässig, ein Gesamtversorgungssystem durch eine andere Versorgungsregelung zu ersetzen, bei der die Höhe der betrieblichen Ruhegeldleistungen nicht mehr von der jeweiligen SozV-Rente der Begünstigten abhängt. Auch bei einer solchen Abkoppelung sind **Besitzstände zu beachten**. In sie kann nur unter den gleichen Voraussetzungen eingegriffen werden, wie sie von der Rspr. für die Abänderung von Versorgungsregelungen aus wirtschaftlichen Gründen entwickelt worden sind[5]. Daraus folgt, dass in den erdienten Teilwert einer Versorgungsanwartschaft grundsätzlich nicht eingegriffen werden kann. Gründe nicht wirtschaftlicher Art, die ausnahmsweise einen Eingriff dennoch zulässig erscheinen lassen, können allenfalls dann vorliegen, wenn eine planwidrige Überversorgung abgebaut werden soll. In Gesamtversorgungssystemen besteht aber die Gefahr einer Überversorgung in der Regel nicht. In der zweiten Besitzstandsstufe (Eingriffe in die erdiente Dynamik) kommt es auf **triftige Gründe an**. **163**

Das BAG erkennt auch **triftige Gründe** nicht wirtschaftlicher Art an. Die Rspr. lässt hier Schmälerungen zu, wenn **dringende betriebliche Bedürfnisse für eine Umstrukturierung** bestehen. Solche Bedürfnisse erkennt das BAG dann als triftige Gründe an, wenn ohne Schmälerung des Gesamtaufwandes für die Versorgung Leistungskürzungen durch Verbesserungen des Versorgungsschutzes aufgewogen werden[6]. Eingriffe in die zweite Besitzstandsstufe sind deshalb nur dann zulässig, wenn der Dotierungsrahmen für die Versorgungsleistungen insgesamt nicht geschmälert wird. Entsprechendes gilt auch für die Ablösung eines Gesamtversorgungssystems. Es bedarf triftiger Gründe, wenn in Gesamtversorgungssystemen der Maßstab der von den Leistungen der gesetzlichen RV abhängigen „Versorgungslücke" abgelöst und durch ein dienstzeit- und endgehaltsabhängiges Versorgungssystem ersetzt werden soll[7]. Ausdrücklich weist das BAG darauf hin, dass die durch das 20. und 21. Rentenanpassungsgesetz verursachte Leistungsminderung in der gesetzlichen RV, die in einem Gesamtversorgungssystem dazu führt, dass der ArbGeb die entstehende Lücke ausgleichen muss, kein triftiger Grund ist, um in erdiente Besitzstände einzugreifen[8]. Auf der **dritten Besitzstandsstufe** genügen ebenfalls **sachlich proportionale Gründe**. Hier können auch Änderungen in der Gesetzgebung zur Kürzung von noch nicht erdienten Zuwächsen herangezogen werden[9]. Der Eingriff muss dann nur insgesamt ausgewogen und angemessen sein. Sachliche Gründe können beispielsweise Verbesserungen der Versorgungsgerechtigkeit, Verwaltungsvereinfachungen oder eine größere Transparenz bei der Rentenberechnung sein[10]. **164**

3. Widerruf wegen Treuebruch. Es ist **allgemein anerkannt**, dass der ArbGeb eine Versorgungszusage widerrufen kann, wenn der Pensionsberechtigte Handlungen begeht, die in grober Weise gegen Treu und Glauben verstoßen oder zu einer fristlosen Entlassung berechtigen würden. Dabei wird juristisch unscharf von einem „Widerruf" der Versorgungszusage gesprochen. Es handelt sich insoweit jedoch nicht um eine rechtsgestaltende Erklärung des ArbGeb, sondern um die Ausübung eines Leistungsver- **165**

---

[1] BAG v. 27.8.1996 – 3 AZR 466/95, DB 1996, 1827. |[2] BAG v. 16.7.1996 – 3 AZR 398/95, DB 1997, 631; v. 27.8.1996 – 3 AZR 466/95, DB 1996, 182; v. 9.11.1999, 3 AZR 432/98, NZA 2001, 221. |[3] BAG v. 16.7.1996 – 3 AZR 398/95, DB 1997, 631. |[4] Vgl. *Höfer*, ART Rz. 481. |[5] BAG v. 17.3.1987 – 3 AZR 64/84, AP Nr. 9 zu § 1 BetrAVG – Ablösung. |[6] BAG v. 11.9.1990 – 3 AZR 380/89, BAGE 66, 39; v. 26.8.1997 – 3 AZR 235/96, BAGE 86, 216. |[7] BAG v. 23.10.1990 – 3 AZR 492/89, nv. |[8] BAG v. 17.3.1987 – 3 AZR 64/84, AP Nr. 9 zu § 1 BetrAVG – Ablösung. |[9] Vgl. *Höfer*, ART Rz. 483. |[10] BAG v. 27.8.1996 – 3 AZR 466/95, DB 1996, 1827.

Schipp

weigerungsrechts wegen Rechtsmissbrauchs[1]. Da betriebliche Altersversorgungsleistungen Entgeltcharakter haben, vermag nicht jedes Fehlverhalten des ArbN dazu zu berechtigen, später die Gewährung der Betriebsrente zu verweigern. IdR wird es sich um **schwerwiegende Verfehlungen**[2] handeln müssen; der Versorgungswiderruf wegen Treuebruchs ist kein Mittel der Maßregelung[3].

166 Zu unterscheiden ist zunächst zwischen Verfehlungen während des Arbeitsverhältnisses und solchen durch Ausgeschiedene.

167 a) **Verfehlungen während des Arbeitsverhältnisses.** Wird der Widerruf auf Verfehlungen während des Arbeitsverhältnisses gestützt, ist zu differenzieren zwischen solchen, die in die Zeit vor Eintritt der Unverfallbarkeit fallen und solchen, bei denen bereits eine unverfallbare Versorgungsanwartschaft besteht.

168 aa) **Treuebruch vor Unverfallbarkeit.** War bei Beginn des Treuebruchs die Versorgungsanwartschaft noch verfallbar, so kann sich der Berechtigte auf die Versorgungszusage nicht berufen, wenn ihm ein Verhalten zur Last gelegt werden kann, das den ArbGeb zum Ausspruch einer **verhaltensbedingten fristlosen Kündigung aus wichtigem Grund** berechtigt hätte[4]. Verschleiert der ArbN sein Fehlverhalten, so dass der ArbGeb mangels Kenntnis von dem Kündigungsgrund nicht außerordentlich kündigen kann, so kann die Versorgungszusage insgesamt später widerrufen werden. Denn der ArbGeb hätte bei rechtzeitiger Kenntnis des wichtigen Grundes den Eintritt der Unverfallbarkeit durch sofortige Beendigung des Arbeitsverhältnisses vereiteln können. Erlangt der ArbGeb erst später nach Eintritt der Unverfallbarkeit Kenntnis von dem Kündigungsgrund, so kommt ein vollständiges Leistungsverweigerungsrecht in Betracht[5].

169 bb) **Treuebruch nach Unverfallbarkeit.** Wurde die Treuwidrigkeit erst nach Erfüllung der Unverfallbarkeitsfristen begangen, so kann die Anwartschaft zeitanteilig bis **zum Zeitpunkt der Treuwidrigkeit** aufrechtzuerhalten sein. Bei der Feststellung des aufrechtzuerhaltenden Teils der Anwartschaft bleibt also der Zeitraum, ab dem der ArbN sich grob treuwidrig verhalten hat, außer Ansatz[6]. Nur die bis zum Treuebruch geleistete Betriebstreue hat dann Bedeutung für das betriebliche Ruhegeld[7]. Da ein Eingriff in den erdienten Teil einer Versorgungsanwartschaft regelmäßig nur unter ganz besonderen Voraussetzungen zulässig ist, muss auch hier beachtet werden, dass nicht jeder Grund, der zu einer außerordentlichen Kündigung berechtigt, einen Eingriff in erdiente Anwartschaftsteile ermöglicht. Es muss sich vielmehr um **besonders schwerwiegende Treuwidrigkeiten** handeln. Der ArbN war im vom BAG am 19.6.1980 entschiedenen Fall wegen fortgesetzten Betruges zu Lasten seines ArbGeb mit einem Schaden von mindestens 11.000 DM zu einer Freiheitsstrafe verurteilt worden. Nur die Zeit, innerhalb der die Betrugshandlungen begangen wurden, war bei der Berechnung der Höhe der Versorgungsanwartschaft unberücksichtigt zu lassen; im Übrigen wurde der Widerruf der Versorgungszusage für unwirksam gehalten. Nur ausnahmsweise kommt der vollständige Entzug der Versorgungsrechte in Betracht, wenn wegen der Schwere der Verstöße die Berufung auf die Versorgungszusage arglistig ist. So greift der Einwand des Rechtsmissbrauchs nach Auffassung des BAG durch, wenn der Versorgungsberechtigte durch ruinösen Wettbewerb die wirtschaftliche Grundlage des Schuldners gefährdet. Gleiches gelte, wenn ein ArbN seine Stelle jahrelang dazu missbraucht hat, seinen ArbGeb erheblich zu schädigen[8].

170 b) **Verfehlungen durch Ausgeschiedene.** Allerdings kann sogar bei zeitweilig einwandfreiem Verhalten des Berechtigten der Versorgungsanspruch trotz Erfüllung der Unverfallbarkeitsfristen insgesamt entfallen, wenn sich letztlich die beanstandungsfreie Betriebszugehörigkeit rückblickend als **wertlos** erweist. Das BAG hebt hervor, dass die Altersversorgung eine Gegenleistung für die erbrachte Betriebstreue ist. Betriebstreue bedeute freiwilliges Festhalten an der vertraglichen Bindung zu einem bestimmten ArbGeb. Für diesen stelle die Betriebstreue des ArbN regelmäßig einen wirtschaftlichen Wert dar. Verursache der ArbN beispielsweise ganz erhebliche Schäden oder sei sein Verhalten besonders schwerwiegend, so könne sich die Betriebstreue insgesamt rückblickend als wertlos herausstellen[9]. Fügt ein bereits ausgeschiedener ArbN später seinem ArbGeb durch treuwidriges Verhalten so schwere Schäden zu, dass die zuvor geleistete beanstandungsfreie Betriebstreue sich insgesamt als wertlos erweist, kann sich für den ArbGeb ein Leistungsverweigerungsrecht ergeben. Gleiches gilt, wenn ein noch nicht ausgeschiedener ArbN sich nach Erreichen der Unverfallbarkeit treuwidrig verhält, danach aber noch beanstandungsfrei weiterarbeitet. So hielt das BAG eine nach den Verfehlungen noch erbrachte ca. sechsjährige beanstandungsfreie Betriebszugehörigkeit für wertlos und sah den ArbGeb nicht für verpflichtet an, für diese Dienstzeit eine betrAV als Gegenleistung zu gewähren[10].

---

1 BGH v. 13.12. 1999 – II ZR 152/98, MDR 2000,466; BAG v. 10.2.1968 – 3 AZR 4/67, BAGE 20, 298. | 2 BGH v. 13.12.1999 – II ZR 152/98, MDR 2000,466; v. 25.11.1996 – II ZR 118/95, BetrAV 1998, 24. | 3 *Griebeling*, NZA 1989, Beil. 3, 26 (28). | 4 BAG v. 8.2.1983 – 3 AZR 10/81, BAGE 41, 338; v. 24.4.1990 – 3 AZR 497/88, ZIP 1990, 1615; v. 29.1.1991 – 3 AZR 85/90, AP Nr. 13 zu § 1 BetrAVG – Hinterbliebenenversorgung; vgl. auch BGH v. 15.1.1992 – XII ZR 247/90, BGHZ 117, 70. | 5 BAG v. 18.10.1979 – 3 AZR 550/78, BAGE 32, 139. | 6 BAG v. 19.6.1980 – 3 AZR 137/79, AP Nr. 2 zu § 1 BetrAVG – Treuebruch. | 7 BAG v. 24.4.1990 – 3 AZR 497/88, ZIP 1990, 1615. | 8 BAG v. 19.6.1980 – 3 AZR 137/79, AP Nr. 2 zu § 1 BetrAVG – Treuebruch; v. 18.10.1979 – 3 AZR 550/78, BAGE 32, 139. | 9 BAG v. 8.2.1983 – 3 AZR 10/81, BAGE 41, 338; v. 29.1.1991 – 3 AZR 85/90, AP Nr. 13 zu § 1 BetrAVG – Hinterbliebenenversorgung. | 10 BAG v. 29.1.1991 – 3 AZR 85/90, AP Nr. 13 zu § 1 BetrAVG – Hinterbliebenenversorgung.

X. MitbestR des BR. 1. Gesetzliche Grundlagen. Die betrAV gehört zu den sozialen Angelegenheiten 171
eines Betriebes[1]. Normative Grundlage für die Mitbest. des BR sind die §§ 87–89 BetrVG. Relevante
erzwingbare Mitbestimmungstatbestände befinden sich in § 87 Abs. 1 Ziff. 8 und 10 BetrVG. § 88 Nr. 2
BetrVG eröffnet zusätzlich die Möglichkeit freiwilliger BV zwecks Errichtung von Unterstützungs-
und Pensionskassen, deren Wirkungsbereich auf den Betrieb, das Unternehmen oder den Konzern beschränkt ist[2].

Gem. § 87 Abs. 1 Nr. 8 BetrVG steht dem BR ein MitbestR über Form, Ausgestaltung und Verwaltung 172
von Sozialeinrichtungen, deren Wirkungsbereich auf den Betrieb, das Unternehmen oder den Konzern
beschränkt ist, zu. Diese Vorschrift ist in erster Linie maßgebend für die Mitbest. bei Pensions- und
Unterstützungskassen[3].

Bei Gruppenpensions- und Gruppenunterstützungskassen kann dagegen auch ein MitbestR nach 173
§ 87 Abs. 1 Nr. 10 BetrVG hergeleitet werden[4].

2. Mitbest. bei unmittelbaren Versorgungszusagen. Das BAG hat in seinen grundlegenden Beschlüs- 174
sen vom 12.6.1975[5] für unmittelbare Versorgungszusagen und Direktversicherungen eine Mitbest. des
BR nach § 87 Abs. 1 Nr. 10 BetrVG festgestellt. Es bewertet die betrAV als eine gem. § 87 Abs. 1 Nr. 10
BetrVG mitbestimmungspflichtige Frage der betrieblichen Normgestaltung.

In der gleichen Entscheidung hat das BAG dargelegt, dass bei diesen Durchführungswegen keine So- 175
zialeinrichtung vorliegt und damit eine Mitbest. nach § 87 Abs. 1 Nr. 8 BetrVG nicht in Betracht kommt.

3. Mitbest. bei mittelbaren Versorgungszusagen. Pensions- und Unterstützungskassen sind Sozialein- 176
richtungen iSv. § 87 Abs. 1 Nr. 8 BetrVG[6]. Nach gefestigter Rspr. des BAG setzt der Begriff „Einrichtung"
voraus, dass etwas vorhanden ist, was zu verwalten ist[7]. Es muss ein abgesonderter Teil konkreter Mittel mit einer gewissen eigenen Organisation, ein zweckgebundenes Sondervermögen, vorhanden sein[8].

Ein erzwingbare MitbestR des BR liegt nur dann vor, wenn sich die Pensions- oder Unterstützungskasse 177
in ihrem Wirkungsbereich auf den Betrieb, das Unternehmen oder den Konzern beschränkt. Bei sog.
Gruppenkassen ist § 87 Abs. 1 Nr. 8 BetrVG nicht anwendbar, da deren Wirkungsbereich sich auf mehrere,
voneinander unabhängige Unternehmen erstreckt. Ein erzwingbares MitbestR ergibt sich bei Gruppenkassen aber aus § 87 Abs. 1 Nr. 10 BetrVG[9]. Mitbestimmungspflichtiger Tatbestand bildet dann das Ab-
stimmungsverhältnis des ArbGeb[10].

Der BR hat nicht mitzubestimmen, wenn sich der Begünstigtenkreis ausschließlich aus Personen 178
zusammensetzt, die nach dem BetrVG nicht vom BR vertreten werden können (zB leitende Angestellte, bereits aus dem Unternehmen ausgeschiedene ArbN)[11].

Auch bei Direktversicherungen ergibt sich die Mitbest. aus § 87 Abs. 1 Nr. 10 BetrVG und nicht etwa 179
aus § 87 Abs. 1 Nr. 8 BetrVG[12].

Schließlich ist auch der Pensionsfonds als Sozialeinrichtung iSd. § 87 Abs. 1 Nr. 8 BetrVG zu qualifi- 180
zieren. Erbringt ein Pensionsfonds Altersversorgungsleistungen für mehrere ArbGeb, die nicht einen
Konzern bilden, gelten für die MitbestR der BR der Einzelnen ArbGeb dieselben Grundsätze wie bei
überbetrieblichen Pensions- und Unterstützungskassen[13].

Die Mitbest. für Unterstützungskassen, Pensionsfonds und Pensionsfonds kann **zweistufig** oder **or-** 181
ganschaftlich wahrgenommen werden. Die Entscheidung darüber, welcher Weg hier beschritten wird,
ist ebenfalls mitbestimmungspflichtig[14]. Bei der zweistufigen Lösung müssen ArbGeb und BR sich
zunächst auf betrieblicher Ebene über mitbestimmungspflichtige Fragen verständigen. Im zweiten
Schritt muss dann der ArbGeb auf der Ebene der Versorgungseinrichtung dafür sorgen, dass die mit
dem BR vereinbarten Regelungen beachtet werden[15]. Bei der organschaftlichen Lösung werden die
MitbestR durch ausreichende Repräsentanz des BR in den Organen der Versorgungseinrichtung wahrgenommen. Das erfordert eine paritätische Besetzung durch BR und ArbGebVertreter[16]. Die in den
Organen getroffenen Entscheidungen sind dann für den ArbGeb und den BR bindend[17].

4. Mitbestimmungsfreie Entscheidungen. Das Wesen der betrAV setzt der erzwingbaren Mitbest. 182
Grenzen. Bei der betrAV handelt es sich um eine freiwillige Leistung. Der ArbGeb ist nicht verpflichtet,
seinen ArbN eine Altersversorgung zu gewähren. Das BetrAVG stellt nur Mindestregelungen für die
Ausgestaltung einer betrieblichen Versorgungsmaßnahme in bestimmten Teilbereichen auf. Auch die

---

1 BAG v. 16.9.1986 – GS 1/82, NZA 1987, 168. | 2 *Höfer*, ART Rz. 749. | 3 BAG v. 12.6.1975 – 3 ABR 13/74, NZA 1989, 219. | 4 BAG v. 22.4.1986 – 3 AZR 100/83, NZA 1986, 574; v. 9.5.1989 – 3 AZR 439/88, NZA 1989, 889. | 5 BAG v. 12.6.1975 – 3 ABR 13/74, DB 1975, 1559. | 6 BAG v. 13.7.1978 – 3 ABR 108/77, BB 1978, 1617. | 7 BAG v. 15.5.1957 – 1 ABR 8/55, AP Nr. 5 zu § 56 BetrVG. | 8 *Höfer*, ART Rz. 823. | 9 *Ahrend/Förster/Rühmann*, § 1 BetrAVG Rz. 117. | 10 BAG v. 9.5.1989 – 3 AZR 439/88, NZA 1989, 889; v. 14.12.1993 – 3 AZR 618/93, NZA 1994, 554. | 11 *Höfer*, ART Rz. 826. | 12 BAG v. 18.3.1976 – 3 ABR 32/75, BB 1976, 1175. | 13 Vgl. hierzu *Kemper/Kisters-Kölkes*, Rz. 340 iVm. Rz. 339. | 14 BAG v. 13.7.1978 – 3 AZR 221/91, BB 1992, 1431. | 15 BAG v. 13.7.1978 – 3 AZR 221/91, BB 1992, 1431. | 16 BAG v. 10.3.1992 – 3 AZR 108/77, BB 1978, 1617. | 17 BAG v. 13.7.1978 – 3 AZR 221/91, BB 1992, 1431.

BetrAVG Vorb. Rz. 183 | Vorbemerkungen

Rspr. zwingt den ArbGeb nicht, betriebliche Versorgungsleistungen zuzusagen[1]. Verpflichtungen können sich allenfalls aus tariflich bindenden Regelungen ergeben.

183 Das BetrVG lässt dort Raum für mitbestimmungsfreie unternehmerische Grundentscheidungen, wo die Betriebspartner nicht durch eine freiwillige BV Abreden getroffen haben[2]. Auf den Durchführungsweg kommt es dabei nicht an. In jedem Falle verbleiben dem ArbGeb **mitbestimmungsfreie Räume.** So entscheidet der ArbGeb frei darüber, ob überhaupt eine betrAV einführt wird. Der BR kann keinen Einfluss auf diese Grundsatzentscheidung des ArbGeb nehmen[3]. Neben der freien Entscheidung, ob eine Altersversorgung gewährt werden soll, kann der ArbGeb ebenfalls frei über den Umfang der zur Verfügung gestellten Mittel – also über den Dotierungsrahmen – entscheiden[4]. Auch in der Wahl der Personengruppen, die er durch die betrAV begünstigen will, ist der ArbGeb – unter Beachtung des Gleichbehandlungsgrundsatzes – frei[5]. Dies gilt ebenfalls für die Wahl des Durchführungsweges[6]. Der ArbGeb kann also frei entscheiden, ob er die betrAV mittels einer unmittelbaren Versorgungszusage (Direktzusage) oder einer Direktversicherungs-, Pensionskassen- oder Unterstützungskassenzusage oder durch einen Pensionsfonds durchführen möchte. Der Wechsel des Durchführungsweges ist in der Konsequenz genauso wenig[7].

184 **XI. Prozessrecht.** § 2 Abs. 1 Nr. 3a und c ArbGG bestimmt, dass Streitigkeiten aus dem Arbeitsverhältnis und aus dessen Nachwirkungen den ArbG zugewiesen sind. Hieraus ergibt sich die Zuständigkeit der ArbG auch für den Bereich der betrAV.

185 Die Zuständigkeit der Zivilgerichtsbarkeit kann abweichend hiervon begründet sein, wenn der ArbN gleichzeitig gesetzliches Vertretungsorgan des ArbGeb ist. Für den Rechtsweg kommt es dann darauf an, auf welchen Rechtsbeziehungen die Ruhegeldzusage beruht[8]. Dieser Rechtsweg gilt auch, wenn der ArbN vor Eintritt des Versorgungsfalles bei seinem ArbGeb ausgeschieden ist oder wenn er bereits Betriebsrente bezieht[9].

186 Bei Streitigkeiten mit dem PSVaG regelt § 2 Abs. 1 Nr. 5 und 6 ArbGG iVm. § 2 Abs. 1 Nr. 3c ArbGG, dass die ArbG für Streitigkeiten zwischen Versorgungsberechtigten und dem PSVaG zuständig sind. Die Zuweisung zur Arbeitsgerichtsbarkeit erfolgt unabhängig von der Parteirolle, dh. auch Aktivprozesse des PSVaG gegen Versorgungsberechtigten fallen in die Zuständigkeit der ArbG. Wird der Rechtsstreit jedoch nicht mit einem ArbN iSd. § 17 Abs. 1 Satz 2 geführt, so verbleibt es wegen der nach § 5 ArbGG allgemeinen Nichteinbeziehung dieser Personengruppe in die Arbeitsgerichtsbarkeit bei der Zuständigkeit der ordentlichen Gerichte[10].

1 Zusage des Arbeitgebers auf betriebliche Altersversorgung

(1) Werden einem Arbeitnehmer Leistungen der Alters-, Invaliditäts- oder Hinterbliebenenversorgung aus Anlass seines Arbeitsverhältnisses vom Arbeitgeber zugesagt (betriebliche Altersversorgung), gelten die Vorschriften dieses Gesetzes. Die Durchführung der betrieblichen Altersversorgung kann unmittelbar über den Arbeitgeber oder über einen der in § 1b Abs. 2 bis 4 genannten Versorgungsträger erfolgen. Der Arbeitgeber steht für die Erfüllung der von ihm zugesagten Leistungen auch dann ein, wenn die Durchführung nicht unmittelbar über ihn erfolgt.

(2) Betriebliche Altersversorgung liegt auch vor, wenn

1. der Arbeitgeber sich verpflichtet, bestimmte Beiträge in eine Anwartschaft auf Alters-, Invaliditäts- oder Hinterbliebenenversorgung umzuwandeln (beitragsorientierte Leistungszusage),

2. der Arbeitgeber sich verpflichtet, Beiträge zur Finanzierung von Leistungen der betrieblichen Altersversorgung an einen Pensionsfonds, eine Pensionskasse oder eine Direktversicherung zu zahlen und für Leistungen zur Altersversorgung das planmäßig zuzurechnende Versorgungskapital auf der Grundlage der gezahlten Beiträge (Beiträge und die daraus erzielten Erträge), mindestens die Summe der zugesagten Beiträge, soweit sie nicht rechnungsmäßig für einen biometrischen Risikoausgleich verbraucht wurden, hierfür zur Verfügung zu stellen (Beitragszusage mit Mindestleistung),

3. künftige Entgeltansprüche in eine wertgleiche Anwartschaft auf Versorgungsleistungen umgewandelt werden (Entgeltumwandlung) oder

4. der Arbeitnehmer Beiträge aus seinem Arbeitsentgelt zur Finanzierung von Leistungen der betrieblichen Altersversorgung an einen Pensionsfond, eine Pensionskasse oder eine Direktversicherung leistet und die Zusage des Arbeitgebers auch die Leistungen aus diesen Beiträgen umfasst; die Regelungen für die Entgeltumwandlung sind hierbei entsprechend anzuwenden, soweit die zugesagten Leistungen aus diesen Beiträgen im Wege der Kapitaldeckung finanziert werden.

---

1 BAG v. 12.6.1975 – 3 ABR 13/74, DB 1975, 1559. | 2 *Ahrend/Förster/Rühmann*, § 1 BetrAVG Rz. 110 f. | 3 BAG v. 12.6.1975 – 3 ABR 13/74, DB 1975, 1559. | 4 BAG v. 12.6.1975 – 3 ABR 13/74, DB 1975, 1559. | 5 BAG v. 12.6.1975 – 3 ABR 13/74, DB 1975, 1559. | 6 BAG v. 12.6.1975 – 3 ABR 13/74, DB 1975, 1559. | 7 *Höfer*, ART Rz. 794. | 8 BAG v. 27.10.1960 – 5 AZR 578/59, DB 1961,71; *Ahrend/Förster/Rühmann*, § 1 BetrAVG Rz. 199. | 9 *Blomeyer/Otto*, Anh. § 1 BetrAVG Rz. 286. | 10 LAG Düsseldorf v. 28.2.1977 – 16 Sa 1040/76, DB 1977, 779; OLG Frankfurt v. 20.4.1994 – 5 W 6/94, OLGR Frankfurt 1994, 119.

Lit.: *Blomeyer*, Arbeitsrechtliche Grundlinien der beitragsorientierten Versorgungszusage zwischen Beitrags- und Leistungszusage, BetrAV 1996, 308; *Blomeyer*, Flexibilisierung des Betriebsrentenrechts durch Beitragszusagen, DB 1997, 1921; *Grabner*, Beitragsprimat und Pensionsfonds, BetrAV 1997, 254; *Hanau/Arteaga*, Pensions-Sondervermögen und betriebliche Altersversorgung, BB 1997 Beil. 17 S. 5; *Heither, F.*, Was bedeutet der Tarifvorbehalt im AVmG für die betriebliche Altersversorgung, BetrAV 2001, 720; *Hopfner*, Schon wieder Neuerungen in § 1 BetrAVG, DB 2002, 1050; *Niemeyer*, Aktueller Stand der Reform des Betriebsrentengesetzes und Auswirkungen auf die Direktversicherung, BetrAV 1997, 296; *Rieble*, Die Entgeltumwandlung, BetrAV 2001, 584.

I. Sachlicher Anwendungsbereich nach Abs. 1 Satz 1. § 1 Abs. 1 Satz 1 bestimmt den sachlichen Geltungsbereich des Gesetzes (vgl. Vorb. Rz. 11). Die Vorschrift definiert betriebliche Versorgungsansprüche als Leistungen der Alters- (vgl. Vorb. Rz. 36 f.), Invaliditäts- (Vorb. Rz. 38 ff.) oder Hinterbliebenenversorgung (Vorb. Rz. 44 ff.). Anlass für die Versorgungszusage muss ein Arbeitsverhältnis sein. § 17 Abs. 1 Satz 2 stellt klar, dass es bei arbeitnehmerähnlichen Personen genügt (Vorb. Rz. 16), wenn die Zusage durch die Tätigkeit für ein Unternehmen veranlasst ist. Wesentliches Kennzeichen ist deshalb, dass der Leistungsfall durch ein biologisches Ereignis ausgelöst wird, also durch das alters- (Vorb. Rz. 36) oder invaliditätsbedingte (Vorb. Rz. 38) Ausscheiden aus dem Erwerbsleben oder den Tod (Vorb. Rz. 44) des Begünstigten[1].

II. Durchführungswege nach Abs. 1 Satz 2. § 1 Abs. 1 Satz 2 unterscheidet zwischen unmittelbaren und mittelbaren Durchführungswegen der betrAV. Neben dem vom ArbGeb selbst zu erbringenden Versorgungsleistungen (Vorb. Rz. 65 ff.) kann die Altersversorgung auch mittelbar über andere Träger erbracht werden; nämlich über ein Lebensversicherungsunternehmen (Direktversicherung) (Vorb. Rz. 69), über eine Unterstützungskasse (Vorb. Rz. 71), über eine Pensionskasse (Vorb. Rz. 70) und über ein Pensionsfonds (Vorb. Rz. 72). Maßgeblich ist aber immer die Versorgungszusage des ArbGeb.

III. Einstandspflicht des ArbGeb nach Abs. 1 Satz 3. Da die Versorgungszusage stets vom ArbGeb ausgeht, bestimmt § 1 Abs. 1 Satz 3, dass der ArbGeb in jedem Fall selbst einstandspflichtig ist, auch wenn er sich eines Versorgungsträgers bedient. Diese gesetzliche Regelung entspricht der höchstrichterlichen Rspr., die ein ArbGeb auch bei mittelbaren Versorgungszusagen für unmittelbar verpflichtet hält[2].

IV. Beitragsorientierte Altersversorgung nach Abs. 2 Ziff. 1. § 1 Abs. 2 Ziff. 1 lässt auch eine beitragsorientierte Versorgung – sog. beitragsorientierte Leistungszusagen – zu. Bei dieser Form des betrieblichen Ruhegeldes sagt der ArbGeb zu, einen bestimmten Beitrag für den ArbN zu investieren, der dann über eine Umrechnungstabelle in eine konkrete Versorgungsleistung umgerechnet wird. Das Beitragsvolumen kann sich etwa an einem fixen Betrag oder an einem konstanten Verhältnis zum jeweiligen rentenfähigen Arbeitsentgelt orientieren[3]. Für die so ermittelte Leistung hat der ArbGeb einzustehen. Besondere Regelungen etwa über die Höhe einer unverfallbaren Anwartschaft bedarf es daher nicht. Beitragsorientierte Versorgungszusagen sind nur in den Durchführungswegen Direktversicherung, Pensionskasse und Pensionsfonds möglich. Die Einführung dieser Versorgungsform wird als Vorstufe zu einer reinen Beitragszusage angesehen, die nach der derzeitigen Gesetzeslage noch nicht zulässig ist. Bei einer Beitragszusage würde der ArbGeb von vornherein nur die Aufbringung eines bestimmten Beitrags zusagen, ohne damit schon die Höhe der Versorgungsleistungen zu definieren. Es bestand die Absicht, die (reine) Beitragszusage in der 14. Legislaturperiode in das BetrAVG aufzunehmen[4].

V. Beitragszusage mit Mindestleistung nach Abs. 2 Ziff. 2. Statt der reinen Beitragszusage hat der Gesetzgeber mit dem AVmG eine Beitragszusage mit Mindestleistung als neue Leistungsform in § 1 Abs. 2 Ziff. 2 aufgenommen. Dabei werden – wie bei der beitragsorientierten Altersversorgung – nur Beitragszahlungen versprochen. Der ArbGeb übernimmt aber zusätzlich die Verpflichtung, dafür einzustehen, dass das planmäßig zuzurechnende Kapital auf der Grundlage der gezahlten Beiträge einschließlich der daraus erzielten Erträge zur Verfügung gestellt wird. Dabei ist mindestens die Summe der zugesagten Beiträge zu erreichen, soweit sie nicht rechnungsmäßig für einen biometrischen Risikoausgleich (Absicherung eines Invaliditäts- und Todesrisikos) verbraucht wurden. Bei wirtschaftlichen Betrachtungsweise kommt die Beitragszusage mit Mindestleistung unter den gegebenen rechtlichen Rahmenbedingungen der arbeitgeberseitig gewünschten rein beitragsorientierten Versorgung am nächsten.

Die Beitragszusage mit Mindestleistung ist nur bei den Durchführungswegen umsetzbar, bei denen eine tatsächliche Beitragszahlung erfolgt. Es werden mithin die Direktversicherungen, Pensionskasse sowie der Pensionsfonds erfasst[5].

VI. Entgeltumwandlung nach Abs. 2 Ziff. 3. § 1 Abs. 2 Ziff. 3 stellt klar, dass die Umwandlung künftiger, nicht erdienter Entgeltansprüche in eine wertgleiche Anwartschaft auf Versorgungsleistungen vom Schutzzweck des BetrAVG erfasst wird. Damit werden auch arbeitnehmerfinanzierte Versorgungsformen geschützt. Das BAG hatte zuvor schon entschieden, dass Entgeltumwandlungsversicherungen betrieblichen Versorgungscharakter haben[6].

---

1 BAG v. 8.5.1990 – 3 AZR 121/98, AP Nr. 58 zu § 7 BetrAVG. | 2 BAG v. 14.9.1999 – 3 AZR 273/98, nv. | 3 *Ahrend/Förster/Rühmann*, § 1 BetrAVG Rz. 45. | 4 *Niemeyer*, BetrAV 1997, 296. | 5 *Ahrend/Förster/Rühmann*, § 1 BetrAVG Rz. 46; KKBBP, § 1 BetrAVG Rz. 387. | 6 BAG v. 26.6.1990 – 3 AZR 641/88, DB 1990, 2475.

8 Bei der Entgeltumwandlung vereinbaren die Arbeitsvertragsparteien, ob und wenn ja, auf welche Art und Weise, zukünftige Arbeitsleistungen der ArbN nicht per Gehaltsauszahlung, sondern mit einer Anwartschaft auf betrAV vergütet werden soll. Gegenstand der Entgeltumwandlung können künftige, laufende Lohn- und Gehaltsansprüche jeder Art, aber auch Ansprüche auf einmalige Entgeltzahlungen sein. Dies gilt auch für künftige vermögenswirksame Leistungen[1].

9 **VII. Eigenvorsorge nach Abs. 2 Ziff. 4.** Das Gesetz zur Einführung einer Kapitalgedeckten Hüttenknappschaftlichen Zusatzversicherung und zur Änderung anderer Gesetze (HZvNG)[2] enthält nun auch Regelungen für die Eigenvorsorge des ArbN. Der Gesetzgeber erachtet die Verwendung von Entgeltbestandteilen zum Aufbau einer kapitalgedeckten Eigenvorsorge für genauso schutzwürdig wie die Umwandlung von Entgeltanteilen nach Gehaltsverzicht, womit die Zusage des ArbGeb auch Leistungen aus Beiträgen umfasst, die der ArbN selbst investiert[3]. Das ändert jedoch nichts daran, dass das BetrAVG nur dann anwendbar ist, wenn sich die Rechte des ArbN auf Versorgung aus der Zusage des ArbGeb anlässlich des Arbeitsverhältnisses ergeben. Schließt der ArbN mit einem Dritten einen Versorgungsvertrag ab und wendet diesem dann Beiträge zu, ohne dass dies über den ArbGeb abgewickelt wird, handelt es sich nicht um betrAV[4]. Nach dem Willen des Gesetzgebers sollen von der Regelung insb. die Versorgungssysteme des öffentlichen Dienstes erfasst werden. In Abkehr vom bisherigen Umlageverfahren soll schrittweise eine Kapitaldeckung aufgebaut werden, die auch Eigenbeiträge der ArbN vorsieht. Würde diese durch Eigenbeiträge finanzierte Versorgung nicht unter den Schutzbereich des BetrAVG fallen, müssten sie normal versteuert und verbeitragt werden. Diese zusätzlichen Belastungen sollen vermieden werden[5].

10 Die steuerliche und beitragsrechtliche Behandlung einer solchen Eigenvorsorge weicht von der einer Entgeltumwandlung ab. Eine Pauschalversteuerung scheidet aus, die aufgewendeten Beiträge unterliegen der SozV-Pflicht[6]. Wirtschaftlich gibt es keinen nachvollziehbaren Unterschied, ob der ArbGeb nach Entgeltverzicht einen bestimmten Teil der Vergütung zur Finanzierung einer Versorgung einbehält oder der ArbN aus eigenen Mitteln Beiträge entrichtet. Entscheidend ist deshalb, dass die Arbeitsvertragsparteien eine klare Abrede zur Entgeltumwandlung treffen, sollen die hierfür vorgesehenen Privilegien gesichert werden.

1a *Anspruch auf betriebliche Altersversorgung durch Entgeltumwandlung*

(1) Der Arbeitnehmer kann vom Arbeitgeber verlangen, dass von seinen künftigen Entgeltansprüchen bis zu 4 vom Hundert der jeweiligen Beitragsbemessungsgrenze in der Rentenversicherung der Arbeiter und Angestellten durch Entgeltumwandlung für seine betriebliche Altersversorgung verwendet werden. Die Durchführung des Anspruchs des Arbeitnehmers wird durch Vereinbarung geregelt. Ist der Arbeitgeber zu einer Durchführung über einen Pensionsfonds oder eine Pensionskasse (§ 1b Abs. 3) bereit, ist die betriebliche Altersversorgung dort durchzuführen; andernfalls kann der Arbeitnehmer verlangen, dass der Arbeitgeber für ihn eine Direktversicherung (§ 1b Abs. 2) abschließt. Soweit der Anspruch geltend gemacht wird, muss der Arbeitnehmer jährlich einen Betrag in Höhe von mindestens einem Hundertsechzigstel der Bezugsgröße nach § 18 Abs. 1 des Vierten Buches Sozialgesetzbuch für seine betriebliche Altersversorgung verwenden. Soweit der Arbeitnehmer Teile seines regelmäßigen Entgelts für betriebliche Altersversorgung verwendet, kann der Arbeitgeber verlangen, dass während eines laufenden Kalenderjahres gleich bleibende monatliche Beträge verwendet werden.

(2) Soweit eine durch Entgeltumwandlung finanzierte betriebliche Altersversorgung besteht, ist der Anspruch des Arbeitnehmers auf Entgeltumwandlung ausgeschlossen.

(3) Soweit der Arbeitnehmer einen Anspruch auf Entgeltumwandlung für betriebliche Altersversorgung nach Absatz 1 hat, kann er verlangen, dass die Voraussetzungen für eine Förderung nach den §§ 10a, 82 Abs. 2 des Einkommensteuergesetzes erfüllt werden, wenn die betriebliche Altersversorgung über einen Pensionsfonds, eine Pensionskasse oder eine Direktversicherung durchgeführt wird.

Lit.: *Andresen*, Pensionsfonds als neue Gestaltungsform für Unternehmen - mehr Wettbewerb in der betrieblichen Altersversorgung, BetrAV 2001, 445; *Blomeyer*, Obligatorium für die betriebliche Altersversorgung?, BetrAV 2000, 515; *Blomeyer*, Neue arbeitsrechtliche Rahmenbedingungen für die Betriebsrente, BetrAV 2001, 430; *Förster/Rühmann/Recktenwald*, Auswirkungen des Altersvermögensgesetzes auf die betriebliche Altersversorgung, BB 2001, 1406; *Grabner/Bode*, Betriebliche Altersversorgung aus Entgeltumwandlung, DB 2001, 481; *Hanau/Arteaga*, Gehaltsumwandlung zur betrieblichen Altersversorgung, Köln 1999; *Höfer*, Die Neuregelung des Betriebsrentenrechts durch das Altersvermögensgesetz (AvmG), DB 2001, 1145; *Rieble*, Die Entgeltumwandlung, BetrAV 2001, 584; *Sasdrich*, Einführung von Pensionsfonds zur Stärkung der betriebliche Altersversorgung, BetrAV 2002, 219.

1 **I. Historische Entwicklung des Anspruchs auf Entgeltumwandlung.** Bis 1999 gab es im BetrAVG keine Regelung der Entgeltumwandlung. Dennoch sah die Rspr. Entgeltumwandlungen als betrAV an und

---

[1] *Bode/Grabner*, Pensionsfonds und Entgeltumwandlung, s. 75 ff. | [2] BGBl. 2002 I S. 2167. | [3] Vgl. amtl. Begründung, abgedr. in BetrAV 2002, 493. | [4] Vgl. *Hopfner*, DB 2002, 1050. | [5] Vgl. amtl. Begründung, abgedr. in BetrAV 2002, 493. | [6] Vgl. *Hopfner*, DB 2002, 1050.

erklärte die Bestimmungen des BetrAVG hierauf für anwendbar[1]. Dies hatte ua. auch deren Insolvenzsicherung zur Folge[2].

Der Gesetzgeber trug dieser Rspr. mit dem Reformgesetz 1999 Rechnung und nahm die Entgeltumwandlung in § 1 Abs. 5 auf. Mit dem AVmG erfolgte zum 1.1.2002 die inhaltsgleiche Übernahme in § 1 Abs. 2 Ziff. 3 (vgl. § 1 Rz. 7). Zugleich ist ein neuer § 1a eingeführt worden, der einen gesetzlichen Anspruch auf eine betrAV durch Entgeltumwandlung und Eigenbeiträge als Alternative zur staatlich geförderten privaten kapitalgedeckten Eigenvorsorge einräumt[3].

Abs. 1 gibt dem ArbN einen Anspruch darauf, dass bestimmte Anteile seines **künftigen** Entgelts für eine betrAV verwendet werden.

II. Durchführung der Entgeltumwandlung. Für die Entgeltumwandlung stehen alle 5 Durchführungswege (vgl. § 1 Rz. 2) zur Verfügung. Der Anspruch ist aber begrenzt auf einen Betrag von 4 % der jeweiligen BBG in der gesetzlichen RV. Für 2004 entspricht dies einem Umwandlungsjahresbetrag von 2.472 Euro.

Der ArbGeb kann sich bereit erklären, die Entgeltumwandlung über einen **Pensionsfonds** oder eine **Pensionskasse** durchzuführen. Geschieht dies, ist der Anspruch des ArbN erfüllt. Macht der ArbGeb keinen Gebrauch von der ihm eingeräumten Option, ist auf Verlangen des ArbN eine **Direktversicherung** abzuschließen. Der ArbN kann also **erzwingen**, dass ihm eine steuerlich geförderte Versorgung gewährt wird.

Gegenstand der Entgeltumwandlung können insb. künftige, laufende Lohn- und Gehaltsansprüche sein. In Betracht kommen aber auch künftige Ansprüche auf Einmalzahlungen, vermögenswirksame Leistungen sowie unter bestimmten Voraussetzungen auch zukünftige Urlaubsansprüche[4].

Anspruchsberechtigt sind nur die in der gesetzlichen RV Pflichtversicherten, § 17 Abs. 1 Satz 3. Ausgeschlossen sind daher Berufsgruppen mit berufsständischen Versicherungen, also etwa Ärzte, Rechtsanwälte und Architekten.

Das Gesetz regelt nicht, wer berechtigt ist, das Versicherungsunternehmen auszuwählen. Da der ArbGeb Versicherungsnehmer und damit Vertragsschließender wird, dürfte ihm das Auswahlrecht zustehen[5]. Allerdings wird er das Einvernehmen mit dem ArbN suchen müssen, weil über die Durchführung der Entgeltumwandlung nach Satz 2 eine Vereinbarung zu schließen ist. Kollektivrechtlich kommt für die zu treffende Vereinbarung sowohl eine Regelung durch TV als auch durch BV in Frage. Ansonsten erfolgt die Regelung durch individual-rechtliche Vereinbarung, welche gemäß § 2 Abs. 1 Satz 2 Ziff. 6 NachwG schriftlich niederzulegen ist[6].

Macht der ArbN einen Anspruch auf Entgeltumwandlung geltend, muss er mindestens 1/160 der jährlichen Bezugsgröße gem. § 18 Abs. 1 SGB IV dafür verwenden; das sind in 2004 181,12 Euro in den alten Bundesländern und 152,25 Euro in den neuen Bundesländern. Der ArbGeb kann verlangen, dass dabei während eines Kalenderjahres monatlich gleich hohe Beiträge entrichtet werden. Nach dessen Ablauf kann der ArbN neu disponieren.

III. Ausschluss des Anspruchs auf Entgeltumwandlung nach Abs. 2. Der ArbN kann nach Absatz 2 keine Entgeltumwandlung beanspruchen, soweit schon eine durch Entgeltumwandlung finanzierte betrAV besteht.

Andere Versorgungszusagen haben dagegen keine Auswirkung auf den Anspruch auf Entgeltumwandlung. Allerdings hat der ArbN dann Anspruch darauf, bis zur Gesamthöhe von 4 % der BBG zusätzlich Entgelt umzuwandeln; er kann mit dem ArbGeb eine entsprechende ergänzende Vereinbarung treffen.

IV. Anspruch auf steuerliche Förderung nach Abs. 3. Soweit der ArbGeb eine Entgeltumwandlung für Altersversorgungszwecke beanspruchen kann, **sind** auf sein Verlangen die Voraussetzungen für eine **steuerliche Förderung** nach §§ 10a, 82 Abs. 2 EStG zu erfüllen, wenn die Altersversorgung über die **Direktversicherung**, eine **Pensionskasse** oder einen **Pensionsfonds** durchgeführt wird. Bei einer unmittelbaren Versorgungszusage und einer Zusage von Unterstützungskassenleistungen scheidet somit eine steuerliche Förderung aus. Da den ArbGeb hier eine gesetzliche Erfüllungsverpflichtung trifft, muss er für Versäumnisse oder Fehler, die die steuerliche Förderung ausschließen oder einschränken, nach den Regeln des bürgerlichen Rechts **haften**.

Die steuerliche Förderung setzt nach § 82 Abs. 2 EStG voraus, dass der ArbN den umzuwandelnden Betrag aus seinem versteuerten Entgelt aufbringt. Daraus folgt, dass darauf auch gesetzliche SozVBeiträge zu entrichten sind. Der ArbGeb muss deshalb auch entsprechende ArbGebAnteile aufbringen. Als Förderung wird der **Abzug von Sonderausgaben** vom zu versteuernden Einkommen bis zu festen Höchstgrenzen gewährt. Diese betragen jährlich von 2002 bis 2003 525 Euro, in 2004 und 2005 1050 Euro, von 2006 bis 2007 1575 Euro und ab 2008 2100 Euro (§ 10a Abs. 1 Satz 1 EStG). Zusätzlich kann der ArbN auf Antrag eine vom Familienstand abhängige **Zulage** beziehen. Die Grundzulage bei einem kinderlosen

---

1 BAG v. 26.6.1990 – 3 AZR 641/88, NZA 1991, 144. | 2 BAG v. 26.6.1990 – 3 AZR 641/88, NZA 1991, 144. | 3 *Bode/Grabner*, Pensionsfonds und Entgeltumwandlung, S. 74 f. | 4 *Bode/Grabner*, Pensionsfonds und Entgeltumwandlung, S. 76 f. | 5 So auch *Höfer*, DB 2001, 1145. | 6 *Ahrend/Förster/Rühmann*, § 1a BetrAVG Rz. 16.

BetrAVG § 1a Anspruch auf betriebliche Altersversorgung durch Entgeltumwandlung

Berechtigten beträgt jährlich in 2002 und 2003 46 Euro, in 2004 und 2005 76 Euro, von 2006 bis 2007 114 Euro und ab 2008 154 Euro. Für jedes beim Zulageberechtigten zu berücksichtigende Kind können in 2002 bis 2004 46 Euro, von 2004 bis 2005 92 Euro, von 2006 bis 2007 138 Euro und ab 2008 185 Euro zusätzlich beansprucht werden. Gefördert werden nur laufende Rentenzahlungen, nicht Kapitalleistungen[1]. Die für die geförderte private rückgedeckte Altersversorgung erforderliche **Zertifizierung** ist für die betriebliche Versorgung durch Entgeltumwandlung nicht notwendig. Die späteren Rentenleistungen unterliegen gem. § 22 Nr. 5 EStG der somit nachgelagerten Besteuerung, weil die Beiträge wegen des Sonderausgabenabzugs praktisch nicht zu versteuern sind.

1b *Unverfallbarkeit und Durchführung der betrieblichen Altersversorgung*
(1) Einem Arbeitnehmer, dem Leistungen aus der betrieblichen Altersversorgung zugesagt worden sind, bleibt die Anwartschaft erhalten, wenn das Arbeitsverhältnis vor Eintritt des Versorgungsfalls, jedoch nach Vollendung des 30. Lebensjahres endet und die Versorgungszusage zu diesem Zeitpunkt mindestens fünf Jahre bestanden hat (unverfallbare Anwartschaft). Ein Arbeitnehmer behält seine Anwartschaft auch dann, wenn er aufgrund einer Vorruhestandsregelung ausscheidet und ohne das vorherige Ausscheiden die Wartezeit und die sonstigen Voraussetzungen für den Bezug von Leistungen der betrieblichen Altersversorgung hätte erfüllen können. Eine Änderung der Versorgungszusage oder ihre Übernahme durch eine andere Person unterbricht nicht den Ablauf der Fristen nach Satz 1. Der Verpflichtung aus einer Versorgungszusage stehen Versorgungsverpflichtungen gleich, die auf betrieblicher Übung oder dem Grundsatz der Gleichbehandlung beruhen. Der Ablauf einer vorgesehenen Wartezeit wird durch die Beendigung des Arbeitsverhältnisses nach Erfüllung der Voraussetzungen der Sätze 1 und 2 nicht berührt. Wechselt ein Arbeitnehmer vom Geltungsbereich dieses Gesetzes in einen anderen Mitgliedstaat der Europäischen Union, bleibt die Anwartschaft in gleichem Umfange wie für Personen erhalten, die auch nach Beendigung des Arbeitsverhältnisses innerhalb des Geltungsbereichs dieses Gesetzes verbleiben.

(2) Wird für die betriebliche Altersversorgung eine Lebensversicherung auf das Leben des Arbeitnehmers durch den Arbeitgeber abgeschlossen und sind der Arbeitnehmer oder seine Hinterbliebenen hinsichtlich der Leistungen des Versicherers ganz oder teilweise bezugsberechtigt (Direktversicherung), so ist der Arbeitgeber verpflichtet, wegen Beendigung des Arbeitsverhältnisses nach Erfüllung der in Absatz 1 Satz 1 und 2 genannten Voraussetzungen das Bezugsrecht nicht mehr zu widerrufen. Eine Vereinbarung, nach der das Bezugsrecht durch die Beendigung des Arbeitsverhältnisses nach Erfüllung der in den Absatz 1 Satz 1 und 2 genannten Voraussetzungen auflösend bedingt ist, ist unwirksam. Hat der Arbeitgeber die Ansprüche aus dem Versicherungsvertrag abgetreten oder beliehen, so ist er verpflichtet, den Arbeitnehmer, dessen Arbeitsverhältnis nach Erfüllung der in Absatz 1 Satz 1 und 2 genannten Voraussetzungen geendet hat, bei Eintritt des Versicherungsfalles so zu stellen, als ob die Abtretung oder Beleihung nicht erfolgt wäre. Als Zeitpunkt der Erteilung der Versorgungszusage im Sinne des Absatzes 1 gilt der Versicherungsbeginn, frühestens jedoch der Beginn der Betriebszugehörigkeit.

(3) Wird die betriebliche Altersversorgung von einer rechtsfähigen Versorgungseinrichtung durchgeführt, die dem Arbeitnehmer oder seinen Hinterbliebenen auf ihre Leistungen einen Rechtsanspruch gewährt (Pensionskasse und Pensionsfonds), so gilt Absatz 1 entsprechend. Als Zeitpunkt der Erteilung der Versorgungszusage im Sinne des Absatzes 1 gilt der Versicherungsbeginn, frühestens jedoch der Beginn der Betriebszugehörigkeit.

(4) Wird die betriebliche Altersversorgung von einer rechtsfähigen Versorgungseinrichtung durchgeführt, die auf ihre Leistungen keinen Rechtsanspruch gewährt (Unterstützungskasse), so sind die nach Erfüllung der in Absatz 1 Satz 1 und 2 genannten Voraussetzungen und vor Eintritt des Versorgungsfalles aus dem Unternehmen ausgeschiedenen Arbeitnehmer und ihre Hinterbliebenen den bis zum Eintritt des Versorgungsfalles dem Unternehmen angehörenden Arbeitnehmern und deren Hinterbliebenen gleichgestellt. Die Versorgungszusage gilt in dem Zeitpunkt als erteilt im Sinne des Absatzes 1, von dem an der Arbeitnehmer zum Kreis der Begünstigten der Unterstützungskasse gehört.

(5) Soweit betriebliche Altersversorgung durch Entgeltumwandlung erfolgt, behält der Arbeitnehmer seine Anwartschaft, wenn sein Arbeitsverhältnis vor Eintritt des Versorgungsfalles endet; in den Fällen der Absätze 2 und 3

1. dürfen die Überschussanteile nur zur Verbesserung der Leistung verwendet,
2. muss dem ausgeschiedenen Arbeitnehmer das Recht zur Fortsetzung der Versicherung oder Versorgung mit eigenen Beiträgen eingeräumt und
3. muss das Recht zur Verpfändung, Abtretung oder Beleihung durch den Arbeitgeber ausgeschlossen werden.

Im Fall einer Direktversicherung ist dem Arbeitnehmer darüber hinaus mit Beginn der Entgeltumwandlung ein unwiderrufliches Bezugsrecht einzuräumen.

---

1 *Höfer*, DB 2001, 1145.

| I. Historische Entwicklung 1
| II. Unverfallbarkeit nach Abs. 1 3
| 1. Gesetzliche Unverfallbarkeitsvoraussetzungen 3
| a) Zusagedauer 5
| aa) Erteilung der Versorgungszusage . . . 6
| bb) Beendigung der Versorgungszusage . . 10
| cc) Arbeitgeberwechsel 11
| b) Beginn und Ende der Betriebszugehörigkeit 12
| aa) Allgemeines 12
| bb) Konzern-Betriebszugehörigkeitszeiten . 14
| cc) Arbeitgeberwechsel 15
| dd) Anrechnung von Vordienstzeiten . . . 17
| 2. Wartezeit 19
| 3. Wechsel in andere Mitgliedsstaaten der EU . 20
| 4. Sonderregelung für Vorruhestand 21
| 5. Vertragliche Unverfallbarkeit 22
| 6. Übergangsbestimmungen 23
| III. Durchführungswege 24
| 1. Direktversicherung nach Absatz 2 25
| 2. Pensionskasse und Pensionsfonds nach
| Absatz 3 28
| 3. Unterstützungskasse nach Absatz 4 31
| 4. Entgeltumwandlung 34

Lit.: *Blomeyer,* Die Bedeutung des Versicherungsbeginns auf die Unverfallbarkeit der betrieblichen Altersversorgung, DB 1992, 2499; *Hambach,* Gesetzliche Unverfallbarkeit von Versorgungsanwartschaften und Betriebsübergang, NZA 2000, 291; *Höfer,* Die Neuregelung des Betriebsrentenrechts durch das Altersvermögensgesetz (AVmG), DB 2001, 1145.

I. Historische Entwicklung. Betriebliche Versorgungswerke waren vor In-Kraft-Treten des BetrAVG dadurch geprägt, dass Leistungsansprüche entfielen, wenn der Versorgungsberechtigte nicht bis zum Erreichen der Altersgrenze oder bis zum Eintritt eines früheren Versorgungsfalles in den Diensten seines ArbGeb verblieb[1]. Unter Betonung des Entgeltcharakters der betrAV entschied das BAG, dass eine Versorgungsanwartschaft nicht mehr verfallen könne, wenn das Arbeitsverhältnis des Versorgungsberechtigten mehr als 20 Jahre bestanden habe und vom ArbGeb einseitig beendet werde[2]. Mit In-Kraft-Treten des BetrAVG vom 19.12.1974 wurde die Unverfallbarkeit von betrieblichen Ruhegeldanwartschaften auf eine gesetzliche Grundlage gestellt. Der aus dem Unternehmen ausscheidende ArbN behält danach seine Versorgungsanwartschaft, wenn er nach Erfüllung der sog. **Unverfallbarkeitsvoraussetzungen** aus den Diensten seines ArbGeb ausscheidet. Bei Eintritt des Versorgungsfalles kann er dann Ruhegeldleistungen abfordern. 1

Durch das AVmG ist der Schutz für die ArbN in Hinblick auf die Unverfallbarkeit ihrer Ansprüche nochmals erheblich verbessert worden. 2

II. Unverfallbarkeit nach Abs. 1. 1. Gesetzliche Unverfallbarkeitsvoraussetzungen. Der Gesetzgeber hat in § 1b die Unverfallbarkeit von Versorgungsanwartschaften von der Erfüllung personengebundener und vertragsbezogener Bedingungen abhängig gemacht. Auf die **Person** des ArbN zugeschnitten ist das gesetzliche **Mindestalter** von 30 Jahren. Nur wer bei Ausscheiden aus den Diensten seines ArbGeb dieses Lebensalter erreicht hat, kann seine Versorgungsanwartschaft behalten. Fraglich ist, ob die Festlegung eines Alters von 30 vollendeten LJ keine Diskriminierung wegen Alters iSd. Richtlinie 2000/78/EG vom 27.11.2000 ist[3]. Für Zusagen, die bis zum 31.12.2000 erteilt wurden, gilt das Übergangsrecht des § 30 f. (vgl. dazu Rz. 23). 3

Zusätzlich muss er eine **vertragsbezogene Bedingung** erfüllen[4]: Die Versorgungszusage muss 5 Jahre bestanden haben. Ist diese Voraussetzung beim Ausscheiden erfüllt, behält der ArbN die Versorgungsanwartschaft. Bei Eintritt des Versorgungsfalles kann er dann Leistungen zumindest in Höhe des gesetzlich durch § 2 garantierten Umfangs beanspruchen. 4

a) Zusagedauer. Die Versorgungsanwartschaft bleibt bestehen, wenn die Versorgungszusage **5 Jahre** bestanden hat. 5

aa) Erteilung der Versorgungszusage. Maßgeblich für den Lauf der Unverfallbarkeitsfristen ist der **Zeitpunkt**, in dem die Versorgungszusage erteilt worden ist. Als frühester Termin kommt der Beginn der Betriebszugehörigkeit in Betracht. Dies folgt auch nach Novellierung des BetrAVG aus § 1 Abs. 1 Satz 1, wonach das Versorgungsversprechen „aus Anlass seines Arbeitsverhältnisses ..." gegeben worden sein muss[5]. Für Direktversicherungen, Pensionsfonds und Pensionskassen ist dies sogar ausdrücklich gesetzlich geregelt (§ 1b Abs. 2 Satz 3 und Abs. 3 Satz 2), weil dort der Versicherungsbeginn schon zu einem früheren Zeitpunkt erfolgt sein könnte. 6

Die Rspr. lässt aber eine **Anrechnung von Vordienstzeiten** zu. Sagt der ArbGeb zu, die in einem früheren, beendeten Arbeitsverhältnis abgeleistete Betriebszugehörigkeit anzurechnen, kann der Zusagezeitpunkt vorverlagert werden. In der Regel wird erforderlich sein, dass die Vordienstzeit von einer Versorgungsanwartschaft begleitet war[6] und nahtlos an das neue Arbeitsverhältnis heranreicht[7]. Ob der ArbGeb die Vordienstzeit nur für die Höhe der Versorgung oder aber auch für die Unverfallbarkeitsfristen anrechnen will, ist durch Auslegung zu ermitteln[8]. Eine Anrechnung wird regelmäßig nur dann 7

---

1 Vgl. hierzu BAG v. 14.12.1956 – 1 AZR 29/55, BAGE 3, 332. | 2 BAG v. 10.3.1972 – 3 AZR 278/71, DB 1972, 1486. | 3 Art. 1 RL 2000/78/EG; *Thüsing*, ZfA 2001, 397, 408. | 4 Vgl. *Höfer*, § 1 BetrAVG Rz. 1319 ff. | 5 *Blomeyer/Otto*, § 1b BetrAVG Rz. 69; *Höfer*, § 1 BetrAVG Rz. 1334. | 6 BAG v. 3.8.1978 – 3 AZR 19/77, AP Nr. 1 zu § 7 BetrAVG. | 7 BAG v. 11.1.1983 – 3 AZR 212/80, DB 1984, 195. | 8 BAG v. 29.6.1982 – 3 AZR 1188/79, DB 1982, 2090; v. 24.6.1998 – 3 AZR 97/97, nv.

gewollt sein, wenn aus dem früheren, beendeten Arbeitsverhältnis nicht schon unverfallbare Versorgungsrechte erwachsen sind[1]. Die Grundsätze der Vertragsfreiheit lassen es aber auch zu, dass Betriebszugehörigkeitszeiten vor einer Unterbrechung des Arbeitsverhältnisses oder gar fiktive Zeiten angerechnet werden.

8   Auch eine sog. **„Blankettzusage"** ist eine rechtsverbindliche Versorgungszusage. Der ArbGeb sagt mit ihr nämlich eine betrAV zu und will sich nur deren inhaltliche Bestimmung vorbehalten. Er hat sie gem. § 315 BGB nach billigem Ermessen festzusetzen; notfalls bestimmt das Gericht die Höhe[2]. Erhält der ArbN bei Beginn des Arbeitsverhältnisses die Zusage, nach einer bestimmten Zeit in ein Versorgungswerk aufgenommen zu werden, hat er bereits mit seinem Eintritt in das Arbeitsverhältnis eine Zusage erhalten. Die Unverfallbarkeitsfrist beginnt nicht erst mit Aufnahme in das Versorgungswerk; die Zusage, ein Versorgungsversprechen zu erhalten, beinhaltet rechtlich bereits die Versorgungszusage selbst[3]. Etwas anderes gilt, wenn eine Versorgung erst dann zugesagt sein soll, wenn der ArbN eine bestimmte, vorab nicht gesicherte Position erlangt hat. Hier beginnt die Zusage erst mit Erreichen der Stellung[4]. Entscheidend ist, ob dem ArbGeb noch ein Entscheidungsspielraum verbleibt. Stellt er nur Ruhegeldleistungen in Aussicht und behält er sich vor, darüber zu entscheiden, ob und wann der ArbN in das Versorgungswerk aufgenommen wird, ist die Versorgungszusage noch nicht erteilt[5].

9   Der **Lauf der Unverfallbarkeitsfristen** ist nicht vom Inhalt der Versorgungszusage abhängig. Eine **spätere Verbesserung oder Veränderung** der Zusage gilt nicht als neue Zusage. Wird zB der ArbN mit Beginn des Arbeitsverhältnisses in das generelle Versorgungswerk aufgenommen und erhält er später bei Ernennung zum Prokuristen eine großzügig dotierte Einzelzusage, so setzt dies keine erneuten Unverfallbarkeitsfristen in Gang[6]. Das gilt auch, wenn neben die ursprüngliche Versorgungszusage eine weitere tritt, selbst wenn sie über einen anderen Durchführungsweg abgewickelt wird; zB zu einer Unterstützungs-Kassenversorgung tritt eine Direktversicherung[7].

10 **bb) Beendigung der Versorgungszusage.** Die Versorgungszusage endet mit **Beendigung des Arbeitsverhältnisses**, wenn der Berechtigte vor Eintritt des Versorgungsfalles ausscheidet. Sind bis dahin die Unverfallbarkeitsfristen nicht erfüllt, so erlischt die Versorgungsanwartschaft. Das gilt auch dann, wenn die Fristen nur um wenige Tage unterschritten werden[8]. Der ArbGeb ist nicht daran gehindert, eine über die gesetzlichen Mindeststandards hinausgehende Zusage zu geben. Wird in kurzem zeitlichen Abstand mit demselben ArbGeb ein erneutes Arbeitsverhältnis begründet und wiederum eine Versorgungszusage erteilt, beginnen die Unverfallbarkeitsfristen von vorn[9]. Dies soll nach in der Lit. vertretener Auffassung nicht ausnahmslos gelten. Bestehe zwischen zwei aufeinander folgenden Arbeitsverhältnissen ein innerer Zusammenhang oder ein sie übergreifendes rechtliches Band, so müsse trotz einer formalen rechtlichen Trennung von einem zusammenhängenden Zeitablauf ausgegangen werden[10]. Dem ist entgegenzuhalten, dass das BetrAVG auf einem strengen Stichtagssystem beruht. Es werden nur Mindestbedingungen garantiert. Geht der ArbGeb mit seiner Zusage nicht darüber hinaus, verfällt eine Anwartschaft mit dem Ausscheiden und kann bei späterer Begründung eines neuen Arbeitsverhältnisses nicht wiederbelebt werden.

11 **cc) ArbGebWechsel.** Die Unverfallbarkeitsfristen werden **nicht** dadurch **unterbrochen**, dass ein anderer ArbGeb die Versorgungszusage übernimmt. Eine Übernahme der Versorgungszusage kann durch Gesamtrechtsnachfolge, Betriebsübergang oder Schuldübernahme erfolgen. Fälle der Gesamtrechtsnachfolge sind im Wesentlichen die Umwandlung und die Erbfolge. Bei einem Betriebsübergang ergibt sich der Wechsel des Versorgungsschuldners aus § 613a Abs. 1 Satz 1 BGB. Die schuldbefreiende vertraglich vereinbarte Übernahme einer Versorgungszusage bedarf gem. § 415 Abs. 1 Satz 2 BGB der Genehmigung des Gläubigers, mithin des Versorgungsberechtigten. Darüber hinaus sind die Voraussetzungen des § 4 BetrAVG zu erfüllen. Die Dienstzeit bei dem früheren ArbGeb braucht ausnahmsweise durch den Betriebsübernehmer nicht berücksichtigt werden, wenn sie nur als Bemessungsgrundlage für die Höhe der Versorgungsleistung maßgeblich sein soll oder eine leistungsausschließende Wartezeit abgeleistet werden muss[11].

12 **b) Beginn und Ende der Betriebszugehörigkeit. aa) Allgemeines.** Die Betriebszugehörigkeit iSd. § 1b Abs. 1 Satz 1 setzt grundsätzlich die **tatsächliche Verbundenheit** eines ArbN mit dem Betrieb seines ArbGeb voraus. Sie wird durch den **Bestand eines Arbeitsverhältnisses** bzw. eines Dienstverhältnisses gem. § 17 Abs. 1 Satz 1 oder Satz 2 vermittelt. Die Betriebszugehörigkeit beginnt deshalb nicht mit dem Abschluss des Arbeitsvertrages, sondern erst mit dem Zeitpunkt, zu dem das Arbeitsverhältnis beginnen soll.

13 Zu einer **Verkürzung oder Unterbrechung** der Betriebszugehörigkeit führen tatsächliche Unterbrechungen der Tätigkeit bei rechtlichem Fortbestand des Arbeitsverhältnisses nicht. So besteht auch bei Feier-

---

1 BAG v. 3.8.1978 – 3 AZR 19/77, AP Nr. 1 zu § 7 BetrAVG. | 2 BAG v. 23.11.1978 – 3 AZR 708/77, DB 1979, 364. | 3 BAG v. 15.12.1981 – 3 AZR 1100/78, DB 1982, 855; v. 19.4.1983 – 3 AZR 24/81, DB 1983, 2474. | 4 BAG v. 12.2.1985 – 3 AZR 183/83, AP Nr. 12 zu § 1 BetrAVG. | 5 LAG Hamm v. 29.1.1980 – 6 Sa 1340/79, EzA § 1 BetrAVG Nr. 6. | 6 BAG v. 20.4.1982 – 3 AZR 1118/79, DB 1982, 1879. | 7 BAG v. 28.4.1981 – 3 AZR 184/80, DB 1982, 856. | 8 BAG v. 3.7.1990 – 3 AZR 382/89, DB 1990, 2431. | 9 BAG v. 26.9.1989 – 3 AZR 815/87, DB 1990, 284. | 10 *Höfer*, § 1 BetrAVG Rz. 1516 ff. | 11 BAG v. 30.8.1979 – 3 AZR 58/78, NJW 1980, 416; vgl. auch BAG v. 17.10.1989 – 3 AZR 50/88, nv.

tagen, Urlaub, Krankheit, Streik, Elternzeit etc. eine Betriebszugehörigkeit[1]. Entsprechendes gilt für Zeiten, in denen der ArbGeb sich im Annahmeverzug befindet. Hingegen soll die Arbeitsverweigerung des ArbN den Lauf der Betriebszugehörigkeit hemmen[2]. Dagegen spricht jedoch, dass das Gesetz allein an den Bestand des Arbeitsverhältnisses anknüpft, welches erst dann endet, wenn der ArbGeb etwa wegen der Vertragsverletzung kündigt. Die Betriebszugehörigkeit besteht auch dann fort, wenn das Arbeitsverhältnis kraft vertraglicher Vereinbarung ruht[3]. Auch einige Gesetze sehen vor, dass Zeiten, in denen der ArbN nicht arbeiten konnte, als Betriebszugehörigkeit zu werten sind. Derartige Verpflichtungen sehen ua. das Arbeitsplatzschutzgesetz, das Soldatenversorgungsgesetz, die Gesetze über den Bergmann-Versorgungsschein in Nordrhein-Westfalen und im Saarl., das Eignungsübungsgesetz, das Mutterschutzgesetz und das Abgeordnetengesetz vor.

bb) Konzern-Betriebszugehörigkeitszeiten. Betriebszugehörigkeitszeiten, die – in ununterbrochener Folge – innerhalb eines Konzerns zurückgelegt werden, können uU als **eine Betriebszugehörigkeit** iSd. § 1 Abs. 1 gewertet werden. Bestehen beispielsweise innerhalb eines Konzerns einheitliche Versorgungsregelungen, die eventuell sogar einen Wechsel zwischen den konzernangehörigen Unternehmen vorsehen, kann von einer einheitlichen Betriebszugehörigkeit ausgegangen werden[4]. Erfolgt der Wechsel des ArbGeb innerhalb eines Konzerns in Form einer „Versetzung", geht das BAG davon aus, dass die Betriebszugehörigkeit innerhalb des Konzernverbundes honoriert werden soll. Das BAG erkennt insoweit einen gemeinsamen wirtschaftlichen ArbGeb an. Es sei nicht erforderlich, dass der Versorgungsschuldner zugleich unmittelbarer Vertragspartner und Gläubiger des Anspruchs auf Arbeitsleistung sei. Es genüge deshalb, wenn eine Konzerngesellschaft ArbN einer anderen Gesellschaft desselben Konzerns Altersversorgungsleistungen zusage[5]. In diesem Zusammenhang hat das BAG sogar die bei einer ausländischen Konzerntochter verbrachte Betriebszugehörigkeit angerechnet[6]. Aus der Rspr. des BAG darf aber nicht gefolgert werden, dass jedes innerhalb eines Konzernverbundes erteilte Versorgungsversprechen unternehmensübergreifende Geltung entfaltet, es kommt vielmehr auf den jeweiligen Zusageinhalt an. **14**

cc) ArbGebWechsel. Ebenso wie bei der Zusagedauer beeinflusst eine **Betriebsübernahme** oder ein ArbGebWechsel durch **Gesamtrechtsnachfolge** nicht den Lauf der Betriebszugehörigkeit. Die hierdurch übergegangenen Versorgungszusagen gelten fort. Die Betriebszugehörigkeit läuft ununterbrochen weiter. **15**

Erhält der ArbN erst **nach dem Betriebsübergang** eine Versorgungszusage, so ist für den Beginn der Betriebszugehörigkeit zur Ermittlung der Unverfallbarkeit von dem Zeitpunkt des Eintritts bei dem Vorarbeitgeber ausgehen[7]. Der Betriebsübernehmer kann die Dienstzeit bei dem früheren ArbGeb nur ausschließen, soweit sie als Bemessungsgrundlage für die **Höhe** der Versorgungsleistung maßgeblich ist oder eine leistungsausschließende Wartezeit abgeleistet werden muss[8]. **16**

dd) Anrechnung von Vordienstzeiten. Auch im Hinblick auf das zu erfüllende Tatbestandsmerkmal der Betriebszugehörigkeit kann der Folgearbeitgeber Vordienstzeiten anrechnen. Das **BAG** geht davon aus, dass im Zweifel Vordienstzeiten auch im Hinblick auf eine Verkürzung der Unverfallbarkeitsfristen angerechnet werden sollen. Ist dies nicht beabsichtigt, muss die Versorgungszusage dies klar ausdrücken[9]. Fehlen in der Zusage nähere Anhaltspunkte, gilt eine Anrechnung von Vordienstzeiten deshalb sowohl für die Höhe der Versorgung als auch für deren Unverfallbarkeit[10]. **17**

Hinweis: Eine Formulierung dahingehend, dass die Fortdienstzeiten sowohl im Hinblick auf die Unverfallbarkeit als auch für die Höhe des Versorgungsanspruches angerechnet werden, würde die gebotene Klarheit gewährleisten.

Das BAG lässt die Anrechnung von Vordienstzeiten **nicht schrankenlos** zu. Zwar sei der ArbGeb frei, über das gesetzlich geschützte Maß der betrAV hinaus günstigere Versorgungszusagen zu erteilen. Eine gesetzliche Unverfallbarkeit wird damit aber nicht erreicht[11]. Das BAG sieht das **gesetzliche** Tatbestandsmerkmal einer hinreichenden Betriebszugehörigkeit durch Anrechnung von Vordienstzeiten dann als erfüllt an, wenn die Dienstzeiten unmittelbar aneinander heranreichen, jeweils von einer Versorgungszusage begleitet sind und die Versorgungserwartung bei dem Vorarbeitgeber noch nicht unverfallbar war (Näheres hierzu § 7 Rz. 19). Durch eine bloße Anrechnung von Vordienstjahren bei einem früheren ArbGeb kann zwar eine sog. **vertragliche** Unverfallbarkeit erreicht werden. Werden damit aber nicht zugleich die gesetzlichen Unverfallbarkeitsanforderungen erfüllt, kann beispielsweise ein gesetzlicher Insolvenzschutz nicht erlangt werden (Näheres hierzu § 7 Rz. 19). **18**

2. Wartezeit. Versorgungsregelungen können sog. Wartezeiten vorsehen. So sehen viele Versorgungswerke vor, dass Anspruch auf die Versorgungsleistung nur dann besteht, wenn bis zum Eintritt des Versorgungsfalles eine **ununterbrochene Mindestbetriebszugehörigkeit** zurückgelegt worden ist. Der Arb- **19**

---

[1] Höfer, § 1 BetrAVG Rz. 1465 ff.; BAG v. 15.2.1994 – 3 AZR 708/93, NZA 1994, 794. | [2] Höfer, § 1 BetrAVG Rz. 1468; aA Blomeyer/Otto, § 30 f. BetrAVG Rz. 37. | [3] Höfer, § 1 BetrAVG Rz. 1472. | [4] BAG v. 6.8.1985 – 3 AZR 185/83, BB 1986, 1506. | [5] BAG v. 6.8.1985 – 3 AZR 185/83, BB 1986, 1506. | [6] BAG v. 6.8.1985 – 3 AZR 185/83, BB 1986, 1506. | [7] BAG v. 8.2.1983 – 3 AZR 229/81, DB 1984, 301; v. 28.4.1993 – 10 AZR 38/92, DB 1994, 151; v. 19.12.2000 – 3 AZR 551/99, ZIP 2001, 1690. | [8] BAG v. 30.8.1979 – 3 AZR 58/78, BB 1979, 1719. | [9] BAG v. 25.1.1979 – 3 AZR 1096/77, DB 1979, 1183. | [10] BAG v. 16.3.1982 – 3 AZR 843/79, DB 1982, 1728; BGH v. 8.6.1983 – IVb ZB 588/81, NJW 1984, 234. | [11] Höfer, § 1 BetrAVG Rz. 1455.

Geb ist grundsätzlich frei, über die Länge einer Wartezeit zu bestimmen[1]. Es ist deshalb unbedenklich, eine Wartezeit von 20 oder 25 Jahren festzulegen[2]. Wartezeiten können die Bedeutung einer Aufnahmevoraussetzung erlangen, etwa dann, wenn vom Diensteintritt bis zum Erreichen der festen Altersgrenze die Wartezeit nicht mehr abgeleistet werden kann. Der ArbN verfügt dann letztlich über keine Versorgungszusage[3]. Sieht das Versorgungsversprechen keine feste Altersgrenze vor, kann die Wartezeit ausnahmsweise auch nach Vollendung des 65. LJ noch erfüllt werden[4]. § 1b Abs. 1 Satz 5 bestimmt, dass eine **Unverfallbarkeit** auch dann eintreten kann, wenn der ArbN bei dem vorzeitigen Ausscheiden aus den Diensten seines ArbGeb die nach der Versorgungszusage verlangte Wartezeit noch nicht erfüllt hat. Wartezeiten können deshalb länger sein als die gesetzlichen Unverfallbarkeitsfristen. Eine lange Wartezeit kann den Eintritt der Unverfallbarkeit nicht hinausschieben. Der ArbN kann vielmehr **auch nach dem Ausscheiden**, spätestens aber bis zum Eintritt des Versorgungsfalles, die Wartezeit erfüllen[5]. Umgekehrt führt eine Wartezeit, die kürzer ist als die gesetzlichen Unverfallbarkeitsfristen, nicht zu einer vorzeitigen Unverfallbarkeit. Vielmehr bleibt die Versorgungszusage so lange verfallbar, bis die gesetzlichen Voraussetzungen für eine Unverfallbarkeit erfüllt sind[6].

20 **3. Wechsel in andere Mitgliedsstaaten der EU.** Nach § 1b Abs. 1 Satz 6 führt der Wechsel in einen anderen Mitgliedsstaat der EU nicht dazu, dass der ArbN seine Anwartschaft verliert. Er ist vielmehr so zu behandeln, als wäre er im Geltungsbereich des BetrAVG verblieben. Allerdings behält der Versorgungsberechtigte nur solche Rechte, die er auch bei einem Ausscheiden nicht verloren hätte, dh. die Unverfallbarkeitsvoraussetzungen müssen bei einem Wechsel in einen anderen EU-Staat erfüllt sein[7]. Die Vorschrift enthält allerdings nur Selbstverständliches. Sind die Unverfallbarkeitsvoraussetzungen erfüllt, kann den ArbN die Anwartschaft auf betriebliches Ruhegeld nicht genommen werden, gleichgültig, in welches Land er sich begibt[8]. Die Vorschrift hat nur deklaratorische Bedeutung und wurde zu Umsetzung der Richtlinie **98/49/EG** zur Wahrung ergänzender Rechtsansprüche in das Gesetz aufgenommen. Die Richtlinie soll sicherstellen, dass Personen, für die wegen des Wechsels in einen anderen EU-Staat keine Beiträge mehr in ein ergänzendes Sicherungssystem eingezahlt werden, genauso behandelt werden wie solche, für die ebenfalls keine Beiträge mehr entrichtet werden aber in dem betreffenden Mitgliedsstaat verbleiben.

21 **4. Sonderregelung für Vorruhestand.** Mit § 1b Abs. 1 Satz 2 hat der Gesetzgeber einen Anreiz zum Abschluss von Vorruhestandsvereinbarungen geschaffen. Ein aufgrund einer Vorruhestandsregelung ausscheidender ArbN kann unter **erleichterten Voraussetzungen** eine unverfallbare Versorgungsanwartschaft erlangen. Notwendig hierfür ist eine von einer Versorgungszusage begleitete Beschäftigungszeit von beliebiger Dauer sowie das Ausscheiden aus dem Arbeitsverhältnis aufgrund einer Vorruhestandsregelung. Es sind weder eine bestimmte Zusagedauer noch eine Mindestbetriebszugehörigkeit notwendig. Allerdings muss für den ArbN die Möglichkeit bestanden haben, bei einem Verbleib im Arbeitsverhältnis bis zum Eintritt des Versorgungsfalles überhaupt einen Anspruch auf betriebliches Ruhegeld zu erwerben[9]. Es genügt also, wenn der ArbN bis zum Eintritt des Versorgungsfalles eine etwaige Wartezeit und etwaige weitere Leistungsvoraussetzungen erfüllen kann.

22 **5. Vertragliche Unverfallbarkeit.** Das BetrAVG hindert den ArbGeb nicht, über § 1b hinausgehende, **bessere Regelungen** zu treffen. Das BetrAVG trifft insoweit nur Mindestregelungen. Nicht zulässig ist hingegen, durch Vertrag die Unverfallbarkeitsvoraussetzungen zu verschärfen.

23 **6. Übergangsbestimmungen.** § 30 f. BetrAVG enthält Übergangsbestimmungen für die am 1.1.2001 in Kraft getretenen Unverfallbarkeitsfristen des § 1b für bis zum 31.12.2000 erteilte Versorgungszusagen. Für sie gelten weiterhin die früheren gesetzlichen Unverfallbarkeitsvoraussetzungen. Danach bleibt die Versorgungsanwartschaft nur erhalten, wenn der Versorgungsberechtigte beim vorzeitigen Ausscheiden das 35. LJ vollendet und die Versorgungszusage mindestens 10 Jahre oder bei mindestens 12-jähriger Betriebszugehörigkeit mindestens drei Jahre bestanden hat. Die Anwartschaft aus solchen Altzusagen bleibt auch dann erhalten, wenn die Zusage ab dem 1.1.2001 5 Jahre erteilt worden ist und der ArbN bei Beendigung des Arbeitsverhältnisses das 30. LJ vollendet hat. Eine Altzusage wird damit spätestens dann unverfallbar, wenn sie – wäre sie am 1.1.2001 oder später erteilt worden – gemäß der nunmehr geltenden Regelung unverfallbar würde.

24 **III. Durchführungswege.** Nach den Vorstellungen des Gesetzgebers ist die unmittelbare Versorgungszusage der Grundfall eines Versorgungsversprechens. In den Abs. 2 bis 4 des § 1b hat der Gesetzgeber deshalb für die vier mittelbaren Durchführungswege Sonderbestimmungen zur Unverfallbarkeit erlassen (ausf. hierzu § 1 Rz. 2).

---

1 BAG v. 9.3.1982 – 3 AZR 389/79, DB 1982, 2089. | 2 LAG Köln v. 10.11.1992 – 4 Sa 238/92, EWiR 1993, 331 (Wartezeit von 35 Jahren). | 3 BAG v. 7.7.1977 – 3 AZR 570/76, AP Nr. 2 zu § 1 BetrAVG – Wartezeit. | 4 BAG v. 7.7.1977 – 3 AZR 570/76, BB 1977, 1251; v. 9.3.1982 – 3 AZR 389/79, DB 1982, 2089; v. 14.1.1986 – 3 AZR 473/84, DB 1986, 2551. | 5 BAG v. 7.7.1977 – 3 AZR 570/76, BB 1977, 1251; v. 9.3.1982 – 3 AZR 389/79, DB 1982, 2089; v. 14.1.1986 – 3 AZR 473/84, DB 1986, 2551. | 6 BGH v. 25.1.1993 – II ZR 45/92, BB 1993, 679. | 7 BAG v. 6.8.1985 – 3 AZR 185/83, DB 1986, 131; v. 25.10.1988 – 3 AZR 64/87, DB 1989, 278. | 8 So auch *Höfer*, § 1b BetrAVG Rz. 1630.67. | 9 BAG v. 28.3.1995 – 3 AZR 496/94, AP Nr. 84 zu § 7 BetrAVG.

1. Direktversicherung nach Absatz 2. Eine Direktversicherung liegt vor, wenn der ArbGeb als Versicherungsnehmer bei einer Lebensversicherungsgesellschaft, die der Versicherungsaufsicht unterliegen muss, eine Versicherung auf das Leben des ArbN abschließt. Dem begünstigten ArbN bzw. seinen Hinterbliebenen steht aufgrund eines vom ArbGeb ganz oder teilweise eingeräumten Bezugsrechts aus dem Versicherungsvertrag ein unmittelbarer Leistungsanspruch gegenüber dem Versicherer zu. Der betrieblichen Versorgung durch eine Direktversicherung liegt damit ein Dreiecksverhältnis zugrunde: Der ArbGeb erteilt dem ArbN eine Versorgungszusage, die darin besteht, auf sein Leben eine Versicherung abzuschließen. Weiterhin schließt der ArbGeb mit einem Versicherungsunternehmen einen Versicherungsvertrag ab. Dieser Versicherungsvertrag ist wiederum so ausgestaltet, dass der ArbN daraus ein unmittelbares Bezugsrecht erwirbt (Vertrag zugunsten Dritter, § 323 BGB). Nach Abs. 2 Satz 4 gilt die Versorgungszusage mit dem Versicherungsbeginn – frühestens jedoch mit Beginn der Betriebszugehörigkeit – als erteilt. Problematisch ist der Fristbeginn dann, wenn der ArbGeb den Abschluss der Versicherung für den Zeitpunkt des Erreichens einer bestimmten Mindestbetriebszugehörigkeit verspricht. Bei einer unmittelbaren Versorgungszusage würde dies schon die Unverfallbarkeitsfristen in Gang setzen[1]. Der klare Gesetzeswortlaut legt hier jedoch anderes fest. Das Versicherungsverhältnis soll entscheidend sein. Dies entspricht bei diesem Durchführungsweg auch den Bedürfnissen der Praxis[2]. Es kommt deshalb darauf an, was der ArbGeb versprochen hat. Hat er zugesagt, den ArbN von einem bestimmten Zeitpunkt an zu versichern, ist dies zu behandeln wie eine unmittelbare Versorgungszusage mit der Folge, dass ein Schadensersatzanspruch entsteht, wenn die Zusage nicht eingehalten wird. Hat der ArbGeb hingegen den Abschluss eines Lebensversicherungsvertrages nach Ablauf einer gewissen Betriebszugehörigkeit zugesagt und kommt er dem auch nach, besteht kein Anlass, den Beginn der Unverfallbarkeitsfrist vorzuverlagern[3].

Hinsichtlich der Unverfallbarkeit nimmt Abs. 2 Satz 1 Bezug auf die in Abs. 1 Satz 1 und 2 niedergelegten Voraussetzungen. Nach deren Erfüllung darf der ArbGeb das Bezugsrecht nicht mehr widerrufen. Handelt er dem zuwider, so entfaltet der Widerruf im Verhältnis zum Versicherer zwar Wirkung – gegenüber dem betroffenen ArbN macht sich der ArbGeb aber schadensersatzpflichtig[4].

Der ArbGeb hat versicherungsrechtlich die Möglichkeit, Ansprüche aus der Lebensversicherung abzutreten oder zu beleihen. Dadurch kann der Wert des Bezugsrechts der Versicherung beschädigt werden. Tritt der Versicherungsfall dann nach Vorliegen der Unverfallbarkeitsvoraussetzungen ein, muss der ArbGeb gemäß Abs. 2 und 3 etwaige Abtretungen und Beleihungen rückgängig machen. Anderenfalls ist er gegenüber dem ArbN schadensersatzpflichtig.

2. Pensionskasse und Pensionsfonds nach Absatz 3. Der Gesetzgeber hat die Pensionskasse und den Pensionsfonds in Abs. 3 Satz 1 legaldefiniert: Er beschreibt sie als rechtfähige Versorgungseinrichtungen, die betrAV durchführen und dem ArbN oder seinen Hinterbliebenen Rechtsansprüche auf Leistungen gewähren. Sagt der ArbGeb Leistungen einer Pensionskasse oder eines Pensionsfonds zu, ist er dem ArbN gegenüber verpflichtet, die Versorgung über den betreffenden Durchführungsweg sicherzustellen; hierfür haftet er unmittelbar. Anders als bei der Direktversicherung scheidet bei der Pensionskasse eine Abtretung oder Beleihung aus, weil auch der ArbN Versicherungsnehmer und nicht nur bezugsberechtigte Person ist. Sie kann also nicht als Finanzierungsinstrument genutzt werden. Ebenso kann der ArbGeb deshalb auch nicht einseitig das Bezugsrecht ändern.

Gemäß Abs. 3 Satz 2 beginnt die Frist zur Erfüllung der Unverfallbarkeitsvoraussetzungen mit Versicherungsbeginn – jedoch nicht vor Beginn der Betriebszugehörigkeit. Für diese Voraussetzungen findet Abs. 1 entsprechende Anwendung. Hier gilt Entsprechendes wie für die Direktzusage: Das Versprechen, nach Ablauf eines bestimmten Zeitraums ein Versicherungs- oder Versorgungsverhältnis abzuschließen, setzt nach dem klaren Wortlaut der gesetzlichen Regelung (Abs. 3 Satz 2) die Unverfallbarkeitsfristen noch nicht in Gang.

Wechselt ein über seinen ArbGeb bei einer Gruppenpensionskasse versicherter ArbN den ArbGeb, so findet ohne besondere Vereinbarung keine automatische Zusammenrechnung der bei dem früheren und bei dem neuen ArbGeb zurückgelegten Versicherungszeiten statt, selbst wenn der neue ArbGeb ebenfalls der selben Gruppenpensionskasse angeschlossen und der ArbN dort versichert geblieben ist[5].

3. Unterstützungskasse nach Absatz 4. Die Unterstützungskasse wird nach Abs. 4 Satz 1 als rechtlich selbständige Versorgungseinrichtung definiert, die betriebliche Altersversorgungsleistungen **ohne Rechtsanspruch** gewährt. Auch der Versorgung über diesen Weg liegt eine arbeitsrechtliche Vereinbarung zwischen den Arbeitsvertragsparteien zu Grunde, kraft derer der ArbN betriebliche Versorgungsleistungen beanspruchen kann. Dem ArbGeb steht aber ein Widerrufsrecht zu, welches an Treu und Glauben gebunden ist. Er kann dies nur aus sachlichen Gründen im Rahmen billigen Ermessens

---

1 BAG v. 15.12.1981 – 3 AZR 1100/78, DB 1982, 855; v. 19.4.1983 – 3 AZR 24/81, DB 1983, 2474. | 2 *Blomeyer*, DB 1992, 2499; *Blomeyer/Otto*, § 1b BetrAVG Rz. 271; *Förster*, BetrAV 1982, 110; aA *Höfer*, § 1b BetrAVG Rz. 1609.1. | 3 *Blomeyer*, DB 1992, 2499; *Blomeyer/Otto*, § 1b BetrAVG Rz. 274. | 4 BAG v. 28.7.1987 – 3 AZR 694/85, NZA 1988, 159. | 5 OLG Köln v. 11.4.1994 – 5 U 172/93, BB 1995, 436.

BetrAVG § 1b Rz. 32   Unverfallbarkeit und Durchführung der betrieblichen Altersversorgung

ausüben[1]. Widerruft der ArbGeb die Zusage, sind erreichte Besitzstände zu wahren. Denn der ArbN hat mit seiner Betriebstreue die für die Versorgung vorausgesetzte Leistung bereits erbracht (Näheres unter Vorb. Rz. 150 ff.). Leistet die Unterstützungskasse im Versorgungsfall nicht (etwa weil sie insolvent ist), kann sich der ArbN an seinen ArbGeb halten, denn er haftet dem ArbN unmittelbar aus dem Versorgungsversprechen.

32   Wegen des Ausschlusses eines Rechtsanspruches wird der Begriff der Unverfallbarkeit in Abs. 4 vermieden und stattdessen eine Gleichstellung mit Inhabern einer unmittelbaren Versorgungszusage angeordnet. Der Gesetzgeber knüpft für die Unverfallbarkeit an die Zugehörigkeit zum Kreis der Begünstigten der Unterstützungskassen an, Abs. 4 Satz 2. Es kommt also auf die Zusage des ArbGeb an, denn er entscheidet über die Aufnahmevoraussetzungen. Satzungsrechtliche Bestimmungen, die eine Aufnahme in den Kreis der Begünstigten erst nach einer Mindestbetriebszugehörigkeit vorsehen, haben deshalb für den Fristablauf keine rechtliche Bedeutung[2].

33   Die Gleichstellung mit der hier aus Rechtsgründen nicht vorgesehenen Unverfallbarkeit erfolgt durch einen Verweis auf Abs. 1 Satz 1 und 2. Die Anwartschaft auf Leistungen einer Unterstützungskasse kann deshalb nicht mehr entzogen werden, wenn der Versorgungsberechtigte vor dem Eintritt des Versorgungsfalles ausscheidet, er zu diesem Zeitpunkt das 30. LJ vollendet hat und die Versorgungszusage mindestens 5 Jahre besteht (vgl. aber Übergangsvorschriften § 30 f.). Wechselt ein ArbN zu einem ArbGeb, der derselben Gruppen-Unterstützungskasse oder überbetrieblichen Unterstützungskasse angehört wie der frühere ArbGeb, so kommt es ohne entsprechende Abrede zu keiner automatischen Zusammenrechnung der Betriebszugehörigkeitszeiten[3].

34   **4. Entgeltumwandlung.** Soweit die Altersversorgung durch Entgeltumwandlung erfolgt, besteht von Anbeginn der Zusage eine Unverfallbarkeit (§ 1b Abs. 5). Dadurch soll sichergestellt werden, dass der ArbN den finanziellen Einsatz, den er durch Gehaltsverzicht während seines Arbeitsverhältnisses geleistet hat, nicht verliert[4].

35   Ferner dürfen bei den versicherungsförmig angelegten Durchführungswegen Direktversicherung, Pensionskasse und Pensionsfonds die Überschussanteile nur zur Verbesserung der Leistungen verwendet werden, muss dem ArbN das Recht zur Fortsetzung der Versicherung oder Versorgung mit eigenen Beiträgen eröffnet werden und muss das Recht zur Verpfändung, Abtretung oder Beleihung durch den ArbGeb ausgeschlossen sein. Für den Fall der Direktversicherung muss dem ArbN vom Beginn der Umwandlung an ein unwiderrufliches Bezugsrecht eingeräumt werden. Durch diese Gebote soll gewährleistet werden, dass die vom ArbN im Wege der Entgeltumwandlung aufgewendeten Mittel auch nur diesem und zwar ungeschmälert zu Gute kommen. Verstößt der ArbGeb gegen diese Verpflichtungen, macht er sich schadenersatzpflichtig.

2 *Höhe der unverfallbaren Anwartschaft*

(1) [Unmittelbare Versorgung] Bei Eintritt des Versorgungsfalles wegen Erreichens der Altersgrenze, wegen Invalidität oder Tod haben ein vorher ausgeschiedener Arbeitnehmer, dessen Anwartschaft nach § 1b fortbesteht, und seine Hinterbliebenen einen Anspruch mindestens in Höhe des Teiles der ohne das vorherige Ausscheiden zustehenden Leistung, der dem Verhältnis der Dauer der Betriebszugehörigkeit zu der Zeit vom Beginn der Betriebszugehörigkeit bis zur Vollendung des 65. Lebensjahres entspricht; an die Stelle des 65. Lebensjahres tritt ein früherer Zeitpunkt, wenn dieser in der Versorgungsregelung als feste Altersgrenze vorgesehen ist. Der Mindestanspruch auf Leistungen wegen Invalidität oder Tod vor Erreichen der Altersgrenze ist jedoch nicht höher als der Betrag, den der Arbeitnehmer oder seine Hinterbliebenen erhalten hätten, wenn im Zeitpunkt des Ausscheidens der Versorgungsfall eingetreten wäre und die sonstigen Leistungsvoraussetzungen erfüllt gewesen wären.

(2) [Direktversicherung] Ist bei einer Direktversicherung der Arbeitnehmer nach Erfüllung der Voraussetzungen des § 1b Abs. 1 und 5 vor Eintritt des Versorgungsfalles ausgeschieden, so gilt Absatz 1 mit der Maßgabe, dass sich der vom Arbeitgeber zu finanzierende Teilanspruch nach Absatz 1, soweit er über die von dem Versicherer nach dem Versicherungsvertrag auf Grund der Beiträge des Arbeitgebers zu erbringende Versicherungsleistung hinausgeht, gegen den Arbeitgeber richtet. An die Stelle der Ansprüche nach Satz 1 tritt auf Verlangen des Arbeitgebers die von dem Versicherer auf Grund des Versicherungsvertrages zu erbringende Versicherungsleistung, wenn

1. spätestens nach 3 Monaten seit dem Ausscheiden des Arbeitnehmers das Bezugsrecht unwiderruflich ist und eine Abtretung oder Beleihung des Rechts aus dem Versicherungsvertrag durch den Arbeitgeber und Beitragsrückstände nicht vorhanden sind,

---

[1] BAG v. 17.5.1973 – 3 AZR 381/72, NJW 1973, 1996; v. 17.11.1992 – 3 AZR 76/92, NZA 1993, 938; ausf. *Ahrend/Förster/Rühmann*, § 1b BetrAVG Rz. 51 mwN; zu Änderungsmöglichkeiten vgl. oben unter Vorb. Rz. 124 ff. | [2] BAG v. 13.7.1978 – 3 AZR 278/77, DB 1979, 38. | [3] *Ahrend/Förster/Rühmann*, § 1b BetrAVG Rz. 50; vgl. auch OLG Köln v. 11.4.1994 – 5 U 172/93, DB 1995, 436. | [4] BAG v. 8.6.1993 – 3 AZR 670/92, NZA 1994, 507; *Bode/Grabner*, Pensionsfonds und Entgeltumwandlung, S. 87.

2. vom Beginn der Versicherung, frühestens jedoch vom Beginn der Betriebszugehörigkeit an, nach dem Versicherungsvertrag die Überschussanteile nur zur Verbesserung der Versicherungsleistung zu verwenden sind und
3. der ausgeschiedene Arbeitnehmer nach dem Versicherungsvertrag das Recht zur Fortsetzung der Versicherung mit eigenen Beiträgen hat.

Der Arbeitgeber kann sein Verlangen nach Satz 2 nur innerhalb von 3 Monaten seit dem Ausscheiden des Arbeitnehmers diesem und dem Versicherer mitteilen. Der ausgeschiedene Arbeitnehmer darf die Ansprüche aus dem Versicherungsvertrag in Höhe des durch Beitragszahlungen des Arbeitgebers gebildeten geschäftsplanmäßigen Deckungskapitals oder, soweit die Berechnung des Deckungskapitals nicht zum Geschäftsplan gehört, das nach § 176 Abs. 3 des Gesetzes über den Versicherungsvertrag berechneten Zeitwerts weder abtreten noch beleihen. In dieser Höhe darf der Rückkaufwert auf Grund einer Kündigung des Versicherungsvertrages nicht in Anspruch genommen werden; im Falle einer Kündigung wird die Versicherung in eine prämienfreie Versicherung umgewandelt. § 176 Abs. 1 des Gesetzes über den Versicherungsvertrag findet insoweit keine Anwendung.

(3) [Pensionskassen] Für Pensionskassen gilt Absatz 1 mit der Maßgabe, dass sich der vom Arbeitgeber zu finanzierende Teilanspruch nach Absatz 1, soweit er über die von der Pensionskasse nach dem aufsichtsbehördlich genehmigten Geschäftsplan oder, soweit eine aufsichtsbehördliche Genehmigung nicht vorgeschrieben ist, nach den allgemeinen Versicherungsbedingungen und den fachlichen Geschäftsunterlagen im Sinne des § 5 Abs. 3 Nr. 2 Halbsatz 2 des Versicherungsaufsichtsgesetzes (Geschäftsunterlagen) auf Grund der Beiträge des Arbeitgebers zu erbringende Leistung hinausgeht, gegen den Arbeitgeber richtet. An die Stelle der Ansprüche nach Satz 1 tritt auf Verlangen des Arbeitgebers die von der Pensionskasse auf Grund des Geschäftsplanes oder der Geschäftsunterlagen zu erbringende Leistung, wenn nach dem aufsichtsbehördlich genehmigten Geschäftsplan oder den Geschäftsunterlagen

1. vom Beginn der Versicherung, frühestens jedoch vom Beginn der Betriebszugehörigkeit an, Überschussanteile, die auf Grund des Finanzierungsverfahrens regelmäßig entstehen, nur zur Verbesserung der Versicherungsleistung zu verwenden sind oder die Steigerung der Versorgungsanwartschaften des Arbeitnehmers der Entwicklung seines Arbeitsentgeltes, soweit es unter den jeweiligen Beitragsbemessungsgrenzen der gesetzlichen Rentenversicherungen liegt, entspricht und
2. der ausgeschiedene Arbeitnehmer das Recht zur Fortsetzung der Versicherung mit eigenen Beiträgen hat.

Der Absatz 2 Satz 3 bis 6 gilt entsprechend.

(3a) [Pensionsfonds] Für Pensionsfonds gilt Absatz 1 mit der Maßgabe, dass sich der vom Arbeitgeber zu finanzierende Teilanspruch, soweit er über die vom Pensionsfonds auf der Grundlage der nach dem geltenden Pensionsplan im Sinne des § 112 Abs. 1 Satz 2 in Verbindung mit § 113 Abs. 2 Nr. 5 des Versicherungsaufsichtsgesetzes berechnete Deckungsrückstellung hinausgeht, gegen den Arbeitgeber richtet.

(4) [Unterstützungskassen] Eine Unterstützungskasse hat bei Eintritt des Versorgungsfalles einem vorzeitig ausgeschiedenen Arbeitnehmer, der nach § 1b Abs. 4 gleichgestellt ist, und seinen Hinterbliebenen mindestens den nach Absatz 1 berechneten Teil der Versorgung zu gewähren.

(5) [Berücksichtigung künftiger Entwicklung] Bei der Berechnung des Teilanspruchs nach Absatz 1 bleiben Veränderungen der Versorgungsregelung und der Bemessungsgrundlagen für die Leistung der betrieblichen Altersversorgung, soweit sie nach dem Ausscheiden des Arbeitnehmers eintreten, außer Betracht; dies gilt auch für die Bemessungsgrundlagen anderer Versorgungsbezüge, die bei der Berechnung der Leistung der betrieblichen Altersversorgung zu berücksichtigen sind. Ist eine Rente der gesetzlichen Rentenversicherung zu berücksichtigen, so kann das bei der Berechnung von Pensionsrückstellungen allgemein zulässige Verfahren zugrunde gelegt werden, wenn nicht der ausgeschiedene Arbeitnehmer die Anzahl der im Zeitpunkt des Ausscheidens erreichten Entgeltpunkte nachweist; bei Pensionskassen sind der aufsichtsbehördlich genehmigte Geschäftsplan oder die Geschäftsunterlagen maßgebend. Bei Pensionsfonds sind der Pensionsplan und die sonstigen Geschäftsunterlagen maßgebend. Versorgungsanwartschaften, die der Arbeitnehmer nach seinem Ausscheiden erwirbt, dürfen zu keiner Kürzung des Teilanspruchs nach Absatz 1 führen.

(5a) Bei einer unverfallbaren Anwartschaft aus Entgeltumwandlung tritt an die Stelle der Ansprüche nach Absatz 1, 3a oder 4 die vom Zeitpunkt der Zusage auf betriebliche Altersversorgung bis zum Ausscheiden des Arbeitnehmers erreichte Anwartschaft auf Leistungen aus den bis dahin umgewandelten Entgeltbestandteilen; dies gilt entsprechend für eine unverfallbare Anwartschaft aus Beiträgen im Rahmen einer beitragsorientierten Leistungszusage.

(5b) An die Stelle der Ansprüche nach den Absätzen 2, 3, 3a und 5a tritt bei einer Beitragszusage mit Mindestleistung das dem Arbeitnehmer planmäßig zuzurechnende Versorgungskapital auf der Grundlage der bis zu seinem Ausscheiden geleisteten Beiträge (Beiträge und die bis zum Eintritt des

Versorgungsfalls erzielten Erträge), mindestens die Summe der bis dahin zugesagten Beiträge, soweit sie nicht rechnungsmäßig für einen biometrischen Risikoausgleich verbraucht wurden.

(6) [Auskunftspflichten] Der Arbeitgeber oder der sonstige Versorgungsträger hat dem ausgeschiedenen Arbeitnehmer Auskunft darüber zu erteilen, ob für ihn die Voraussetzungen einer unverfallbaren betrieblichen Altersversorgung erfüllt sind und in welcher Höhe er Versorgungsleistungen bei Erreichen der in der Versorgungsregelung vorgesehenen Altersgrenze beanspruchen kann.

I. Einführung 1	bb) Flexible Altersgrenze 25
II. Zugesagter Leistungsumfang 2	cc) Geschlechtsbezogene unterschiedliche Altersgrenzen 27
1. Möglicher Versorgungsanspruch 4	IV. Besonderheiten bei bestimmten Durchführungswegen 31
2. Eintritt in den Altersruhestand 6	1. Direktversicherung 32
3. Invaliditäts- und Hinterbliebenenleistungen 7	a) Auffüllpflicht 33
4. Beibehaltung der bei Ausscheiden gültigen Versorgungsregelungen und Bemessungsgrundlagen 10	b) Ersatzverfahren 35
III. Zeitanteilige Quotierung 16	2. Pensionskassen 41
1. Tatsächliche Betriebszugehörigkeit . . 17	3. Pensionsfonds 42
2. Anrechnung von Nachdienstzeiten . . 19	4. Unterstützungskasse 43
3. Mögliche Betriebszugehörigkeit 20	5. Entgeltumwandlung und beitragsorientierte Leistungszusage 44
a) Vollendung des 65. Lebensjahres . . 21	6. Beitragszusage mit Mindestleistung . 45
b) Frühere feste Altersgrenze 22	V. Anwartschaftsausweis 46
aa) Feste Altersgrenze 23	

Lit.: *Berenz,* Berechnung von vorzeitigen betrieblichen Altersversorgungsleistungen bei Insolvenzsicherung durch den PSVaG, DB 2001, 2348; *Blomeyer,* Berechnung einer vorzeitigen Betriebsrente auf Grund einer unverfallbaren Versorgungsanwartschaft, ZIP 2001, 225; *Blomeyer,* Neue arbeitsrechtliche Rahmenbedingungen für die Betriebsrente, BetrAV 2001, 430; *Doetsch,* Auskunfts- und Informationspflichten von Arbeitgeber und externem Versorgungsträger bei der betrieblichen Altersversorgung, BetrAV 2003, 48; *Förster/Rühmann/Recktenwald,* Auswirkungen des Altersvermögensgesetzes auf die betriebliche Altersversorgung, BB 2001, 1406; *Heubeck/Oster,* Zur mehrfachen Kürzung bei vorzeitiger Altersrente und bei Besitzständen, BetrAV 2001, 230; *Höfer,* Die Neuregelung des Betriebsrentenrechts durch das Altersvermögensgesetz, DB 2001, 1145; *Grabner/Bode,* Neue BAG-Rechtsprechung zur vorgezogenen betrieblichen Altersrente im Widerspruch zur arbeitsrechtlichen Gleichbehandlung, BB 2001, 2425; *Grabner/Mey,* Anm. zu BAG-Urteil vom 24.7.2001 - 3 AZR 681/00, DB 2002, 591; *Schipp,* Vorgezogenes Altersruhegeld, NZA 2002, 1113; *Schumann,* EWiR 2001, 8.

1   **I. Einführung.** Wer mit einer unverfallbaren Versorgungsanwartschaft vor Eintritt des Versorgungsfalles (Erreichen der Altersgrenze, Inanspruchnahme des vorgezogenen Altersruhegeldes, Invalidität, Tod bei Hinterbliebenenversorgung) ausscheidet, kann später, nachdem der Versorgungsfall eingetreten ist, Versorgungsleistungen in Höhe einer durch § 2 Abs. 1 gesetzlich garantierten **Mindesthöhe** beanspruchen. § 2 Abs. 1 schreibt dabei nur einen Mindestbestand fest. Der ArbGeb ist nicht gehindert, dem ArbN darüber hinausgehende Rechte einzuräumen. Dies muss aber in der Versorgungszusage deutlich zum Ausdruck kommen; im Zweifel ist anzunehmen, dass der ArbGeb keine über § 2 Abs. 1 hinausgehenden Rechte einräumen will. Für eine günstigere, davon abweichende Zusage ist der ArbN darlegungs- und beweispflichtig[1]. Für Versorgungsansprüche aus Entgeltumwandlungen und leistungsorientierten Beitragszusagen sowie Beitragzusagen mit Mindestleistungen, sieht das Gesetz in § 2 Abs. 5a und 5b Besonderheiten vor.

2   **II. Zugesagter Leistungsumfang.** Bei der Bestimmung der Höhe der unverfallbaren Anwartschaft geht der Gesetzgeber von der Prämisse aus, dass der ArbN den Teil der ursprünglich zugesagten Altersversorgung erhalten soll, den er während seiner Betriebszugehörigkeit verdient hat. Wem beispielsweise ein Ruhegeld von 100 Euro monatlich zugesagt worden ist und wer die Hälfte der vorgesehenen Betriebszugehörigkeit abgeleistet hat, erhält auch die Hälfte der versprochenen Betriebsrente. Nach § 2 Abs. 1 ist in zwei Schritten vorzugehen: Zunächst ist die Versorgungsleistung zu ermitteln, die der Versorgungsberechtigte erhalten hätte, wäre er nicht vorzeitig ausgeschieden. Der sich aus dieser Betrachtung ergebende **mögliche Versorgungsanspruch** ist zeitlich im Verhältnis der **tatsächlichen** Betriebszugehörigkeit bis zum vorzeitigen Ausscheiden zu der **möglichen** Betriebszugehörigkeit bis zum Erreichen des 65. Lebensjahres oder einer früheren festen Altersgrenze zu quotieren.

3   Eine zeitanteilige Berechnung ist auch vorzunehmen, wenn der ArbN eine **dienstzeitabhängige Versorgungszusage** erhalten hat. So kann der ArbGeb dem ArbN für jedes abgeleistete Dienstjahr einen bestimmten Geldbetrag als Ruhegeld zusagen. Hier sind nicht die bis zum vorzeitigen Ausscheiden erreichten Steigerungsbeträge maßgeblich. Zu ermitteln ist vielmehr im ersten Rechenschritt die bis zur festen Altersgrenze erreichbare Versorgungshöhe. Eine ratierliche Kürzung unterbleibt schließlich auch dann nicht, wenn der ArbN bis zu seinem Ausscheiden bereits die nach der Versorgungszusage mögliche **Höchstrente** erreicht hat[2]. Auch hier ist gedanklich die zugesagte Leistung auf alle Zugehö-

---

[1] BAG v. 12.3.1985 – 3 AZR 450/82, AP Nr. 9 zu § 2 BetrAVG; v. 8.6.1999 – 3 AZR 39/98, NZA 1999, 1215.   [2] BAG v. 12.3.1985 – 3 AZR 450/82, AP Nr. 9 zu § 2 BetrAVG.

rigkeitsjahre bis zur festen Altersgrenze zu verteilen und mit der Anzahl der tatsächlichen Beschäftigungsjahre zu multiplizieren.

1. Möglicher Versorgungsanspruch. Als möglicher Versorgungsanspruch ist immer die Leistung zugrunde zu legen, die der ArbN „ohne das vorherige Ausscheiden" hätte verlangen können. Die so ermittelten Leistungen werden auch als **„hypothetische Rente"**[1] oder **„als-ob-Leistung"**[2] bezeichnet.

Bei der **Altersrente** soll dies nach Ansicht des BAG[3] sowohl bei der Regelaltersrente als auch bei dem vorgezogenen Altersruhegeld stets die bis zur Altersgrenze erreichbare Leistung sein. Bis zu seinem Ankündigungsurteil vom 21.3.2000[4] ging das BAG davon aus, dass vorgezogene Altersruhegeldleistungen nach vorherigem Ausscheiden mit unverfallbarer Anwartschaft genauso zu berechnen seien wie alle übrigen betrieblichen Versorgungsleistungen auch, nämlich wie die Altersrente bei Erreichen der Altersgrenze, die Hinterbliebenenversorgung und die Invalidenrente[5]. Bei Invaliditäts- und Hinterbliebenenrenten[6] wird nur die bis zum Eintritt des Versorgungsfalles erreichbare Rente zugrunde gelegt. Zu berechnen war danach im ersten Rechenschritt die bis zum Versorgungsfall (und nicht die bis zur festen Altersgrenze) erreichbare Leistung. Nach der bisherigen Rspr. ergaben sich deshalb bei der Berechnung der Anwartschaft auf vorgezogene Altersrente keine Schwierigkeiten. Das vorgezogene Altersruhegeld war genauso zu berechnen, als wäre der Versorgungsberechtigte bis zum Versorgungsfall betriebstreu geblieben. Sodann war nur noch der Zeitwertfaktor nach § 2 Abs. 1 BetrAVG anzuwenden. Der Ruhegeldsenat des BAG begründet die Rechtsprechungsänderung mit einem neuen Verständnis des § 2 Abs. 1. Dort sei nämlich nur von einer Altersgrenze und nicht verschiedenen (fester und flexibler) die Rede. Damit könne nur die feste Altersgrenze gemeint sein. Im Übrigen sei der kürzeren Betriebszugehörigkeit schon durch die ratierliche Berechnung nach § 2 Abs. 1 Satz 1 Rechnung getragen, sie dürfe durch Zugrundelegung nur des bis zum Eintritt des (vorzeitigen) Versorgungsfalls erreichbaren Versorgungsniveaus nicht noch einmal anspruchsmindernd berücksichtigt werden[7]. Das BAG hat offen gelassen, ob die geänderte Rspr. auch für Gesamtversorgungssysteme oder für Zusagen, mit denen einmalige Kapitalleistungen in Aussicht gestellt werden, gilt[8]

2. Eintritt in den Altersruhestand. Wird eine betriebliche Altersrente zugesagt, ist somit stets zu prüfen, wann der Versorgungsberechtigte das 65. LJ vollendet oder eine frühere feste Altersgrenze erreicht hat[9]. Die dafür vorgesehene Leistung ist bei den weiteren Rechenschritten zugrunde zu legen.

3. Invaliditäts- und Hinterbliebenenleistungen. Bei einer Invaliditäts- oder Hinterbliebenenversorgung ist ebenfalls zunächst der **mögliche Versorgungsanspruch** zu ermitteln[10]. Hier ist der Zeitpunkt des Eintritts des Versorgungsfalles maßgeblich. Als möglicher Versorgungsanspruch ist dann nicht die Leistung zugrunde zu legen, die nach der Versorgungsordnung maximal möglich gewesen wäre, sondern nur die, die der ArbN ohne vorheriges Ausscheiden bis zum Eintritt des Versorgungsfalles hätte erreichen können[11]. Auf die Höhe des möglichen Versorgungsanspruches kann es sich deshalb zum Beispiel auswirken, wenn der ArbN schon mit 59 Lebensjahren invalide wird. Auf den Zeitwertfaktor (Verhältnis tatsächlicher zu möglicher Betriebszugehörigkeit) hat dabei die vorzeitige Inanspruchnahme der Rente **keinen** Einfluss. Sagt der ArbGeb etwa für jedes Jahr der Betriebszugehörigkeit ein Ruhegeld von 10 Euro zu und tritt der ArbN mit 45 vollendeten LJ ein, mit 55 vollendeten LJ vorzeitig wieder aus und wird mit 59 vollendeten LJ invalide, ergibt sich folgende Berechnung: Bis zum Eintritt der Invalidität hätte der ArbN ohne vorzeitiges Ausscheiden ein Ruhegeld von 140 Euro für eine vierzehnjährige Betriebszugehörigkeit erreichen können. Dieser Anspruch wäre dann im Verhältnis der tatsächlichen Betriebszugehörigkeit von 10 Jahren zur möglichen Betriebszugehörigkeit bis zur Vollendung des 65. LJ von 20 Jahren ratierlich gekürzt worden. Er hätte folglich eine Anwartschaft auf Invaliditätsleistungen von 70 Euro erreicht.

Die zum Zeitpunkt des Ausscheidens festgestellte Anwartschaftshöhe für eine betriebliche **Altersrente** sagt deshalb in der Regel nichts über die Höhe einer Anwartschaft auf Invaliditäts- und Hinterbliebenenleistungen aus. Denn bei Ausscheiden aus dem Arbeitsverhältnis steht noch nicht fest, wann der Versorgungsfall der Invalidität oder der Tod eintritt. Wird dagegen ein Festbetrag als Invaliditätsleistung zugesagt, etwa monatlich 500 Euro, so ändert eine frühe Inanspruchnahme an der Höhe der Anwartschaft zunächst nichts. Sieht die Versorgungsregelung aber wegen eines früheren Bezugs Kürzungsregelungen vor oder weist sie ergänzungsbedürftige Lücken auf, kann es zu einer zusätzlichen Minderung der Anwartschaft kommen. Dies gilt auch für eine dienstzeitabhängige Versorgungszusage.

---

1 BAG v. 8.5.1990 – 3 AZR 341/88, AP Nr. 18 zu § 6 BetrAVG. | 2 *Höfer*, § 2 BetrAVG Rz. 1641. | 3 BAG v. 23.1.2001 – 3 AZR 164/00, BB 2000, 1854; v. 24.7.2001 – 3 AZR 684/00, BB 2001, 1688. | 4 BAG v. 21.3.2000 – 3 AZR 93/99, DB 2001, 206. Ein Referentenentwurf zur Änderung des Gesetzes, Stand: 24.10.2003, abgedr. in BetrAV 2003, S. 720 ff., sieht die Kassierung dieser Rspr. vor. | 5 BAG v. 13.3.1990 – 3 AZR 338/89, DB 1990, 1619; v. 12.3.1991 – 3 AZR 102/90, NZA 1991, 771. | 6 BAG v. 21.8.2001 – 3 AZR 649/00; v. 14.3.1989 – 3 AZR 306/87, KTS 1989, 898. | 7 Zur vielfältigen Kritik dieser Rspr. vgl. *Höfer*, BetrAV 2001, 454 und DB 2001, 2045; *Schumann*, EWiR 2001, 8; *Berenz*, DB 2001, 2346; *Blomeyer*, ZIP 2001, 225; *Grabner/Mey*, DB 2002, 591; *Grabner/Bode*, BB 2001, 2425; *Heubeck/Oster*, BetrAV 2001, 230; *Schipp*, NZA 2002, 1113; nähere Einzelheiten vgl. Erl. zu § 6 Rz. 22. | 8 BAG v. 23.1.2001 – 3 AZR 164/00, BB 2001, 2425. | 9 BAG v. 23.1.2001 – 3 AZR 164/00, BB 2001, 1854. | 10 BAG v. 15.12.1998 – 3 AZN 816/98, DB 1999, 916. | 11 BAG v. 21.8.2001 – 3 AZR 649/00, BB 2002, 518.

9 § 2 Abs. 2 macht von dem Quotierungsprinzip eine **Ausnahme**. Bei Invalidität oder Tod vor Erreichen der Altersgrenze ist die Versorgungsanwartschaft auf den Betrag begrenzt, den der ArbN oder seine Hinterbliebenen erhalten hätten, wenn im Zeitpunkt des Ausscheidens der Versorgungsfall schon eingetreten wäre. Der Versorgungsanwärter soll also gegenüber demjenigen, der in den Diensten seines ArbGeb invalide wird, nicht bevorzugt werden.

10 **4. Beibehaltung der bei Ausscheiden gültigen Versorgungsregelungen und Bemessungsgrundlagen.**
§ 2 Abs. 5 Satz 1 bestimmt, dass bei der Berechnung der Anwartschaftshöhe **Veränderungen** der Versorgungsregelung und der Bemessungsgrundlagen **unberücksichtigt** bleiben, soweit sie nach dem Ausscheiden des ArbN eingetreten sind. Dies gilt nur für die Berechnung der Anwartschaft nach arbeitsrechtlichen Grundsätzen, also in erster Linie für die unmittelbare Versorgungszusage. Soweit sich die Versorgungshöhe nach versicherungsförmigen Maßstäben richtet, etwa weil der ArbGeb bei einer Direktversicherung oder Pensionskasse für eine versicherungsrechtliche Lösung optiert (vgl. Rz. 35), findet Abs. 5 keine Anwendung. Für Unterstützungskassen wird auf Abs. 1 verwiesen, so dass dort die für unmittelbare Versorgungszusagen geltenden Grundsätze anzuwenden sind.

11 Festgeschrieben wird nicht nur das eigentliche Ruhegeld, sondern auch darauf anzurechnende anderweitige Leistungen. Die Versorgungsanwartschaft wird damit faktisch auf die zum Zeitpunkt des Ausscheidens des ArbN geltenden Verhältnisse eingefroren. Der mögliche Versorgungsanspruch ist also so zu berechnen, als würden die zum Zeitpunkt des Ausscheidens gültigen Verhältnisse bis zum Eintritt des Versorgungsfalles unverändert fortbestehen. Bei einer endgehaltsabhängigen Versorgungszusage würde folglich das beim Ausscheiden gezahlte Entgelt maßgeblich sein, auch wenn bis zum Eintritt des Versorgungsfalles noch erhebliche tarifliche Steigerungen zu erwarten wären. Während an anderen Stellen im BetrAVG von der Versorgungszusage gesprochen wird, verwendet § 2 Abs. 5 Satz 1[1] den Begriff „Versorgungsregelung". Nach allgemeiner Auffassung gibt es zwischen beiden Begriffen einen inhaltlichen Unterschied aber nicht. Wenn in den Begrifflichkeiten überhaupt Unterschiede ausgemacht werden, werden sie dahingehend verstanden, dass als „Versorgungszusage" der rechtlich-tatbestandliche Teil des Versorgungsvertrages wie sein Zustandekommen und sein Fortbestand gemeint sind, während unter „Versorgungsregelung" der materiell-inhaltliche Teil dieses Vertrages zu verstehen ist[2]. Auch über die Frage, was alles zur Versorgungsregelung iSd. § 2 Abs. 5 Satz 1 gehört, herrscht Einigkeit. Hierzu zählen alle Bestimmungen sowohl bezüglich der Voraussetzungen als auch der Leistungsarten, der anrechnungsfähigen Dienstzeit, der pensionsfähigen Bezüge, der Höhe der Leistungen, der Fälligkeit, der Anrechnung anderweitiger Bezüge, evtl. Anpassungs- und Spannungsklauseln, Verpfändungsverbote, Vorbehalte und alle sonstige Regelungen, welche das Maß der Versorgung bestimmen[3].

12 Bemessungsgrundlagen sind alle Werte, von denen die Höhe der Versorgungsleistungen abhängig ist[4], etwa ein in Bezug genommenes Entgelt oder bestimmte anzurechnende Größen.

13 § 2 Abs. 5 Satz 1 schreibt die Bemessungsgrundlagen aber nicht nur für den sog. Anwartschaftszeitraum fest. Dies kann auch für die später gezahlte Rente bedeuten, dass sie nicht den in der Zusage vorgesehenen Steigerungen folgt[5]. Ist eine Versorgungszusage **dynamisch** ausgestaltet, indem etwa festgelegt ist, dass die Rente entsprechend einer tariflichen Entwicklung anzuheben ist, kann der ArbN uU auch nach Eintritt des Versorgungsfalles **keine Erhöhung** des Ruhegeldes verlangen, wenn es danach Tariferhöhungen gibt. Etwas anderes gilt nur, wenn der ArbGeb eine über den gesetzlichen Mindeststandard hinausgehende Zusage erteilt hat, was ggf. durch Auslegung zu ermitteln ist[6]. Ein mit einer unverfallbaren Versorgungsanwartschaft ausgeschiedener ArbN verliert durch das vorzeitige Ausscheiden uU somit eine mit der Versorgungszusage versprochene Dynamik. Er ist dann auf die **Anpassungsprüfungen** nach § 16 angewiesen.

14 Soweit auf den möglichen Versorgungsanspruch **anderweitige Leistungen anzurechnen** sind, müssen sie auf den Zeitpunkt, zu dem der Versorgungsfall eingetreten ist, hochgerechnet werden. Allerdings sind auch hier die Bemessungsgrundlagen festgeschrieben. Ist beispielsweise eine Rente aus der gesetzlichen RV anzurechnen, so müssen alle Daten, die für die Ermittlung der Rente aus der gesetzlichen RV im Zeitpunkt des Ausscheidens vorliegen, fortgeschrieben werden. Auf dieser Grundlage ist dann eine fiktive Rente aus der gesetzlichen RV zu ermitteln[7].

15 Im Einzelfall kann die Ermittlung der anzurechnenden SozV-Rente schwierig sein. § 2 Abs. 5 Satz 2 lässt deshalb ein **vereinfachtes** Vorgehen, nämlich das sog. **Näherungsverfahren**[8], zu. Es handelt sich dabei um eine Berechnungsweise, die die Finanzverwaltung für die Berechnung von Pensionsrückstellungen zugelassen hat. Allerdings hat der ArbN ein Wahlrecht. Er kann auch verlangen, dass eine präzise Berechnung erfolgt. Dazu muss er aber die im Zeitpunkt des Ausscheidens erreichten Entgeltpunkte nachweisen.

---

1 Vgl. *Blomeyer/Otto*, § 2 BetrAVG Rz. 401; *Höfer*, § 2 BetrAVG Rz. 1903; HHPRW, § 2 BetrAVG Rz. 379. | 2 Vgl. *Höfer*, § 2 BetrAVG Rz. 1903; HHPRW, § 2 BetrAVG Rz. 54. | 3 Vgl. HHPRW, § 2 BetrAVG Rz. 379. | 4 *Höfer*, § 2 BetrAVG Rz. 1912. | 5 BAG v. 22.11.1994 – 3 AZR 767/93, AP Nr. 83 zu § 7 BetrAVG; *Höfer*, § 2 BetrAVG Rz. 1942 ff. | 6 BAG v. 6.8.1999 – 3 AZR 39/98, NZA 1999, 1215. | 7 BAG v. 12.11.1991 – 3 AZR 520/90, BAGE 69, 19. | 8 BAG v. 9.12.1997 – 3 AZR 695/96, NZA 1998, 1171.

III. Zeitanteilige Quotierung. Der nach der Versorgungszusage mögliche Anspruch ist im Verhältnis der **Dauer der Betriebszugehörigkeit** zu der Zeit vom **Beginn der Betriebszugehörigkeit** bis zur **Vollendung des 65. Lebensjahres** zu kürzen. An die Stelle des 65. Lebensjahres tritt ein früherer Zeitpunkt, wenn dieser in der Versorgungsregelung als **feste Altersgrenze** vorgesehen ist. 16

1. Tatsächliche Betriebszugehörigkeit. Die tatsächliche Betriebszugehörigkeit setzt ein mit dem Beginn des **Arbeitsverhältnisses** und schließt mit dessen Beendigung[1]. Krankheitszeiten, Urlaub, Ausfallzeiten wegen Streiks etc. sind deshalb ebenso einzubeziehen wie Phasen, in denen das Arbeitsverhältnis etwa wegen Inanspruchnahme von Elternzeit ruht. Es gibt jedoch auch Gesetze, die differenzieren. So enthalten das Soldatenversorgungsgesetz[2] – dort § 8 Abs. 3 Satz 2 – und das Abgeordneten-Gesetz[3] – dort § 4 Abs. 2 – Regelungen, wonach die Ausfallzeit für die Berechnung der Anwartschaftshöhe nicht zu berücksichtigen ist. 17

ArbGeb können auch für die Höhe der aufrechtzuerhaltenden Anwartschaft Vordienstzeiten anrechnen[4]. Bei der Anrechnung von Vordienstzeiten verpflichtet sich der ArbGeb, den ArbN so zu stellen, als sei er tatsächlich schon längere Zeit bei ihm beschäftigt. Der **ArbGeb** kann dabei **frei** darüber entscheiden, ob die Vordienstzeiten für die Unverfallbarkeitsfristen und die Höhe einer unverfallbaren Anwartschaft von Bedeutung sein oder sich nur auf die Leistungshöhe auswirken sollen[5]. Insolvenzschutz für eine angerechnete Vordienstzeit besteht aber nur dann, wenn die angerechnete Vordienstzeit ihrerseits von einer Versorgungszusage begleitet und bei Begründung des neuen Arbeitsverhältnisses die frühere Anwartschaft auf betrAV noch nicht erloschen war[6]. 18

2. Anrechnung von Nachdienstzeiten. Nach Auffassung des BAG kann auch eine sog. **Nachdienstzeit**, also ein Zeitraum nach dem tatsächlichen Ausscheiden des ArbN, bei der Ermittlung des Unverfallbarkeitsquotienten berücksichtigt werden[7]. Das BAG begründet seine Sichtweise damit, dass es dem ArbGeb auch möglich ist, von vornherein eine höhere Versorgungszusage zu gewähren. Wenn er das gleiche Ergebnis dadurch erreichen könne, dass er eine Zeit nach dem tatsächlichen Ausscheiden zusätzlich anrechne, sei dies nicht zu beanstanden[8]. 19

3. Mögliche Betriebszugehörigkeit. § 2 Abs. 1 beschränkt die mögliche Betriebszugehörigkeit auf die Zeitspanne bis zur **Vollendung des 65. LJ**. Das Gesetz geht also davon aus, dass ein ArbN spätestens zu diesem Zeitpunkt in den Ruhestand tritt. Das BetrAVG korrespondiert somit mit dem SozV-Recht, in dem Altersrenten ebenfalls spätestens mit Vollendung des 65. LJ beansprucht werden können (§ 35 Nr. 1 SGB IV). Ein früherer Zeitpunkt ist für die Betriebsrente nur dann maßgebend, wenn es sich um eine **feste** Altersgrenze handelt. 20

a) Vollendung des 65. Lebensjahres. Kraft Gesetzes gilt als feste Altersgrenze das vollendete 65. Lebensjahr in allen Fällen, in denen die Versorgungsregelung keinen davon abweichenden Zeitpunkt bestimmt. **Spätere Altersgrenze** beinhalten einen Verstoß gegen § 17 Abs. 3. Werden sie dennoch vereinbart, ist gleichwohl die Vollendung des 65. LJ maßgeblich. Nach dem Wortlaut des § 17 Abs. 3 wäre eine höhere Altersgrenze allenfalls aufgrund eines TV zulässig[9]. Das 65. LJ bleibt auch maßgeblich, wenn der vorzeitig ausgeschiedene ArbN bereits im Zeitpunkt einer Inanspruchnahme des vorgezogenen Altersruhegeld die betriebliche Höchstgrenze erreicht hätte[10]. 21

b) Frühere feste Altersgrenze. Schwierigkeiten bereitet häufig die Frage, ob eine in einer Versorgungsregelung genannte Altersgrenze als frühere **feste Altersgrenze** zu verstehen ist. Eine Legaldefinition enthält das BetrAVG nicht. 22

aa) Feste Altersgrenze. Nennt die Versorgungsordnung eine vor Vollendung des 65. LJ liegenden Zeitpunkt als feste Altersgrenze, beispielsweise die Vollendung des 63. LJ, so bedeutet dies, dass der ArbN schon zu diesem Zeitpunkt die zugesagte Vollrente beanspruchen kann. Dies hat unmittelbare Auswirkung auf den **Zeitwertfaktor**. Je niedriger die feste Altersgrenze festgelegt wird, desto günstiger ist der für die ratierliche Berechnung zugrunde zu legende Quotient. 23

Ob eine feste Altersgrenze vorliegt, hängt **nicht** davon ab, ob sie als solche **bezeichnet** wird. Das BAG weist darauf hin, dass sie kein festes Datum beschreibt, sondern lediglich als Grundlage für die vom ArbN verlangte Betriebsrente den Zeitpunkt bezeichnet, zu dem der ArbN die Vollrente in Anspruch nehmen kann,. Eine feste Altersgrenze liegt deshalb auch dann vor, wenn nach der Versorgungszusage die Betriebsrente ungekürzt „nach Erreichen der gesetzlichen Voraussetzungen für das Altersruhegeld" verlangt werden kann[11]. 24

---

1 *Höfer*, § 1 BetrAVG Rz. 1465; *KKBBP*, § 2 BetrAVG Rz. 53 ff. | 2 Gesetz über die Versorgung für die ehemaligen Soldaten der Bundeswehr und ihre Hinterbliebenen, BGBl. I 1987, S. 842. | 3 Gesetz zur Neuregelung der Rechtsverhältnisse der Mitglieder des Deutschen Bundestages, BGBl. I 1977, S. 297. | 4 BAG v. 29.9.1987 – 3 AZR 99/86, NZA 1988, 311. | 5 BAG v. 16.3.1982 – 3 AZR 843/79, DB 1982, 1728. | 6 Vgl. BAG v. 8.5.1984 – 3 AZR 68/82, NZA 1985, 155. | 7 BAG v. 10.3.1992 – 3 AZR 140/91, DB 1992, 2251; vgl. aber auch BAG v. 14.12.1999 – 3 AZR 684/98, FA 2000, 390. | 8 AA *Höfer*, § 2 BetrAVG Rz. 1657.1. | 9 AA *Höfer*, § 2 BetrAVG Rz. 1676 ff. | 10 BAG v. 23.10.2001 – 3 AZR 562/99, DB 2002, 1168. | 11 BAG v. 25.10.1988 – 3 AZR 598/86, EzA § 2 BetrAVG Nr. 10.

25 **bb) Flexible Altersgrenze.** Wenn auch eine feste Altersgrenze nicht notwendigerweise ein bestimmtes zu erreichendes Lebensalter bezeichnet, ist sie von der flexiblen Altersgrenze zu unterscheiden. Eine flexible Altersgrenze nennt nur einen Zeitpunkt, ab dem der ArbN unter Erfüllung der besonderen Voraussetzungen des § 6 zu einem früheren Zeitpunkt **vorzeitige Altersleistungen** verlangen kann[1]. Nach § 6 kann vorgezogenes betriebliches Ruhegeld verlangen, wer Altersrente aus der gesetzlichen RV vor Vollendung des 65. Lebensjahres als Vollrente in Anspruch nimmt. Verwiesen wird damit auf die vorzeitigen Renten wegen Alters nach den §§ 36 ff. SGB VI. Steht dem ArbN bei Inanspruchnahme der gesetzlichen Rente aber noch nicht die nach der betrieblichen Versorgungsregelung vorgesehene Vollrente zu, so handelt es sich nicht um eine **feste** Altersgrenze, die Einfluss auf die Höhe des Unverfallbarkeitsfaktors hat.

26 Ob eine Versorgungszusage eine frühere feste oder nur eine flexible Altersgrenze benennt, ist durch **Auslegung** zu ermitteln. Findet sich keine Differenzierung zwischen vorgezogenen und regelmäßigen Renten und hat der Zeitpunkt des Ausscheidens auf die Höhe der Leistungen keinen Einfluss, so ist von einer früheren **festen** Altersgrenze auszugehen, wenn die Versorgungsregelung einen Bezug vor Vollendung des 65. LJ zulässt[2]. Eine Vorverlegung der festen Altersgrenze auf einen Zeitpunkt vor Vollendung des 60. LJ ist nicht möglich. Denn bei einem Ausscheiden vor Vollendung des 60. LJ kann nicht mehr davon ausgegangen werden, dass Leistungen wegen des Eintritts in den Altersruhestand gewährt werden sollen. Solche Leistungen erfüllen nicht das Begriffsmerkmal einer betrAV iSd. BetrAVG. Sie werden oftmals als Übergangsgelder bezeichnet. Im Übrigen ist in Zweifelsfällen die Verkehrsanschauung maßgeblich[3]. Zum Teil wird bei Männern sogar auf das 63. LJ abgestellt[4].

27 **cc) Geschlechtsbezogene unterschiedliche Altersgrenzen.** In Anlehnung an Regelungen in der gesetzlichen RV finden sich in vielen Versorgungsordnungen unterschiedliche feste Altersgrenzen für Männer und Frauen. Derartige unterschiedliche feste Altersgrenzen verstoßen nach Auffassung des EuGH gegen das in **Art. 141** (früher: Art. 119) **EG-Vertrag** verankerte **Gebot der Lohngleichheit** für Männer und Frauen[5]. Eine derartige Differenzierung bei den festen Altersgrenzen führt dazu, dass eine „Anpassung nach oben" erfolgen muss, dh. die benachteiligte ArbN-Gruppe kann unter den gleichen Voraussetzungen betriebliches Altersruhegeld verlangen wie die bevorzugte[6]. Mit Urteil vom 14.12.1993[7] ergänzte der EuGH seine Rspr. dahingehend, dass unterschiedliche feste Altersgrenzen für Frauen und Männer nicht mehr für den Teil der Versorgungszusage zulässig sind, der nach dem 17.5.1990 erdient worden ist, im Übrigen aber zu akzeptieren seien. Eine Vereinheitlichung der Leistungsvoraussetzungen für Männer und Frauen ist möglich.

28 Das BAG erkennt an, dass **Änderungen der Rechtslage** einen sachlichen Grund darstellen können, um eine Angleichung der zugesagten Altersleistungen an die neue Rechtslage kostenneutral durchführen zu können[8].

29 Der EuGH hat allerdings darauf hingewiesen, dass das ursprüngliche Versorgungsversprechen für das begünstigte Geschlecht erst für den **ab der Neuregelung erdienten Teil** verschlechtert werden dürfe[9]. Danach könne man dann das Versorgungsniveau auf das des bisher benachteiligten Geschlechts herabsenken. Dem bisher benachteiligten Geschlecht stehe für ab dem 17.5.1990 erdiente Versorgungsanwartschaftsteile bis zum späteren Neuregelungsstichtag ein Anspruch auf das bessere Leistungsniveau des begünstigten Geschlechts zu[10]. Hieraus folgt, dass es für den ArbGeb bedeutsam sein kann, zu einem möglichst frühen Zeitpunkt bestehende unterschiedliche Altersgrenzen anzugleichen[11]. Die aufrechtzuerhaltende Versorgungsanwartschaft kann sich deshalb bei einer späteren Angleichung von geschlechtsspezifisch unterschiedlichen Altersgrenzen aus mehreren Teilen errechnen, nämlich einem Teil aus der Zeit vor der sog. Barber-Entscheidung (17.5.1990), einem Teil nach der Barber-Entscheidung bis zur Neuregelung und schließlich dem ab der Neuregelung erdienten Anteil[12].

30 § 30a bestimmt im Hinblick auf das Barber-Urteil vom 17.5.1990 nun positivrechtlich, dass Männer für nach dem Tag der Entscheidung zurückgelegte Beschäftigungszeiten eine vorzeitige Altersrente beanspruchen können, wenn sie die für Frauen geltenden Voraussetzungen für eine vorzeitige gesetzliche Altersrente sowie die Leistungsvoraussetzungen der Versorgungsregelung erfüllen.

31 **IV. Besonderheiten bei bestimmten Durchführungswegen.** § 2 enthält für einige Durchführungswege besondere Regelungen zur Ermittlung des unverfallbaren Versorgungsrechts.

32 **1. Direktversicherung.** Ist für die betrAV eine Versicherung auf das Leben des ArbN abgeschlossen worden, so gelten einige Besonderheiten:

---

1 BAG v. 22.2.1983 – 3 AZR 546/80, AP Nr. 15 zu § 7 BetrAVG. | 2 BAG v. 25.10.1988 – 3 AZR 598/86, NZA 1989, 299. | 3 *Blomeyer/Otto*, Einl. Rz. 20; BAG v. 28. 1. 1986 – 3 AZR 312/84, DB 1987, 52. | 4 BGH v. 28.9.1981 – II ZR 181/80, DB 1982, 126. | 5 EuGH v. 17.5.1990 – C-262/88, NZA 1990, 775. | 6 BAG v. 7.11.1995 – 3 AZR 1064/94, DB 1996, 941; EuGH v. 27.6.1990 – C-33/89, NZA 1990, 771. | 7 EuGH v. 14.12.1993 – Rs. C-110/91, DB 1994, 228. | 8 BAG v. 22.4.1986 – 3 AZR 496/83, NZA 1986, 746. | 9 EuGH v. 28.9.1994 – Rs. C-408/92, NZA 1994, 1126. | 10 EuGH v. 28.9.1994 – Rs. C-408/92, NZA 1994, 1126. | 11 Vgl. hierzu auch *Höfer*, ART Rz. 5671. | 12 BAG v. 3.6.1997 – 3 AZR 25/96, DB 1998, 267; v. 23.9.2003 – 3 AZR 304/02.

a) Auffüllpflicht. Auch bei einer Direktversicherung ist der Anspruch, den der ArbN im Falle seines 33 Ausscheidens als unverfallbare Anwartschaft behält, grundsätzlich durch eine **ratierliche Berechnung** zu ermitteln. Allerdings ist es möglich, dass das in der Direktversicherung bis zum vorzeitigen Ausscheiden angesammelte Kapital hinter der Höhe der ratierlich zu berechnenden Versorgungsanwartschaft zurückbleibt. Das kann beispielsweise dann eintreten, wenn der Versicherungsvertrag erst einige Zeit nach der Zusage abgeschlossen worden ist. Durch zu Anfang eines Versicherungsverhältnisses regelmäßig anfallende Provisionen und Gebühren kommt es in den ersten Jahren des Versicherungsverhältnisses meist nur zu einer geringen Kapitalbildung. § 2 Abs. 2 Satz 1 will den Begünstigten einer Direktversicherung aber nicht schlechter stellen als den ArbN, dem eine unmittelbare Versorgungszusage erteilt worden ist. Der ArbGeb ist deshalb verpflichtet, bis zur Höhe des ratierlich zu berechnenden Anspruchs selbst einzustehen und bei Eintritt des Versorgungsfalles die **Differenz** zur bis zum Ausscheiden angesparten Versicherungssumme auszugleichen. Dieses Verfahren wird auch als arbeitsrechtliche Lösung bezeichnet. Soweit nach der Zusage Überschussanteile dem ArbN zustehen sollen, können diese bei der ratierlichen Berechnung nicht einbezogen werden, da ihre Höhe vom Versicherer nicht garantiert werden kann. Dem ArbN stehen die Überschussanteile dann in der bis zur Beendigung des Arbeitsverhältnisses erwirtschafteten Höhe zusätzlich zu[1].

Oftmals beteiligt sich der ArbN mit eigenen Beiträgen am Aufbau der Versicherungsleistung. Hierdurch 34 finanzierte Versicherungsleistungen unterfallen nicht den gesetzlichen Rechtsfolgen des Abs. 2, weil das Gesetz insoweit auf den „vom ArbGeb zu finanzierenden Teilanspruch„ abstellt. Der durch Entgeltumwandlung aufgebrachte Versorgungsteil ist arbeitgeberfinanziert, weil durch den Entgeltverzicht der Anspruch auf Barlohn untergeht und durch Versorgungslohn ersetzt wird. Allerdings definiert § 1 Abs. 2 Nr. 4 unter der Voraussetzung, dass dies von der Zusage des ArbGeb umfasst wird, nun auch auf Eigenbeiträgen beruhende Leistungen als betrAV. Die Vorschriften über die Entgeltumwandlung sind darauf entsprechend anzuwenden, wenn die zugesagten Leistungen dabei im Wege der Kapitaldeckung finanziert werden, was bei den angesprochenen Durchführungswegen (Direktversicherung, Pensionskasse und Pensionsfonds) regelmäßig der Fall ist. Deshalb unterfallen (ab 1.1.2003, vgl. § 30e) auch auf Eigenbeiträgen beruhende Anwartschaften § 2.

b) Ersatzverfahren. Der ArbGeb kann die persönliche Haftung vermeiden, wenn er das sog. „Ersatz- 35 verfahren", auch versicherungsrechtliche Lösung genannt, nach § 2 Abs. 2 Satz 2 wählt. Dabei werden dem ArbN die **Rechte aus dem Versicherungsvertrag übertragen**, so dass an die Stelle des ratierlich zu berechnenden Anspruchs die aufgrund des Versicherungsvertrages zu erbringende Versicherungsleistung tritt. Der ArbGeb kann sein Wahlrecht nur innerhalb von drei Monaten seit dem Ausscheiden des ArbN ausüben. Er muss dies dem ArbN und dem Versicherer mitteilen.

Das Ersatzverfahren kann aber nur dann gewählt werden, wenn der ArbGeb **drei sog. soziale Auf-** 36 **lagen** erfüllt[2]:

Spätestens drei Monate seit dem Ausscheiden des ArbN muss das Bezugsrecht aus dem Versiche- 37 rungsvertrag **unwiderruflich** sein (Im Falle der Entgeltumwandlung ist dem ArbN schon von Gesetzes wegen ein unwiderrufliches Bezugsrecht einzuräumen, § 1b Abs. 5 Satz 2). Eine Abtretung oder Beleihung oder Verpfändung[3] des Rechts aus dem Versicherungsvertrag durch den ArbGeb darf nicht vorhanden sein. Das Gleiche gilt für Beitragsrückstände.

Vom Beginn der Versicherung, frühestens jedoch vom Beginn der Betriebszugehörigkeit an, dürfen 38 nach dem Versicherungsvertrag die **Überschussanteile** nur zur Verbesserung der Versicherungsleistung verwendet werden. Gemeint sind damit nur die bis zum vorzeitigen Ausscheiden erdienten Überschussanteile[4]. Damit der ArbGeb für die versicherungsrechtliche Lösung optieren kann, muss er schon zu Versicherungsbeginn festlegen, was mit den Überschussanteilen geschehen soll[5].

Dem ausgeschiedenen ArbN muss nach dem Versicherungsvertrag das **Recht zur Fortsetzung** der 39 Versicherung mit eigenen Beiträgen eingeräumt sein.

Wählt der ArbGeb diese versicherungsförmige Lösung, wird der **ArbN Versicherungsnehmer**. Er kann 40 die Versicherung mit eigenen Beiträgen fortsetzen, sie aber auch beitragslos stellen. In keinem Fall kann er jedoch die arbeitgeberseitig finanzierten Versicherungsansprüche sofort verwerten. § 2 Abs. 2 Satz 4 und 5 bestimmen, dass der ausgeschiedene ArbN die Ansprüche aus dem Versicherungsvertrag, soweit der ArbGeb sie finanziert hat, weder beleihen noch abtreten darf. In dieser Höhe darf er den Rückkaufswert im Falle einer Kündigung auch nicht in Anspruch nehmen. Insofern enthält das Gesetz ein Verbot iSd. § 134 BGB. Will der ArbN keine eigenen Beiträge leisten, ist die Versicherung in eine **prämienfreie Versicherung** umzuwandeln. Durch diese Verfügungsbeschränkungen wird sichergestellt, dass der ursprüngliche Versorgungszweck auch nach Beendigung des Arbeitsverhältnisses erreicht werden kann[6].

---

1 BAG v. 29.7.1986 – 3 AZR 15/85, DB 1987, 743. | 2 *Höfer*, § 2 BetrAVG Rz. 1792; *Ahrend/Förster/Rühmann*, § 2 BetrAVG Rz. 18 ff. | 3 *Blomeyer/Otto*, § 1b BetrAVG Rz. 253. | 4 BAG v. 29.7.1986 – 3 AZR 15/85, DB 1987, 743. | 5 *Höfer*, § 2 BetrAVG Rz. 1818. | 6 BT-Drs. 7/1281, Teil B, zu § 2 Abs. 2, S. 26.

41 **2. Pensionskassen.** Für Pensionskassen gelten vergleichbare Regularien wie bei Direktversicherungen. Auch hier muss der ArbGeb auffüllen, wenn der Leistungsumfang hinter dem ratierlich nach § 2 Abs. 1 berechneten Anspruch zurückbleibt. Der ArbN kann aber auf den in der Pensionskasse aufgebauten Anspruch verwiesen werden, wenn entweder die Überschussanteile nur zur Verbesserung der Versicherungsleistungen verwendet werden oder die Versorgungsanwartschaft an der Entwicklung des Arbeitsentgelts (begrenzt auf die Beitragsbemessungsgrundlage in der gesetzlichen RV) teilnimmt. Eine Übertragung der Versicherungsnehmereigenschaft ist hier nicht erforderlich, weil der ArbN bei der Pensionskasse selbst Mitglied ist.

42 **3. Pensionsfonds.** Auch bei einem Pensionsfonds kann der Anwartschaftsumfang hinter dem ratierlich berechneten Anspruch zurückbleiben. Der ArbGeb muss dann bis zur nach § 2 Abs. 1 berechneten Anwartschaftshöhe selbst eintreten. Der ArbN kann hier nicht auf die Anwartschaft gegenüber dem Pensionsfonds verwiesen werden.

43 **4. Unterstützungskasse.** Für die Unterstützungskasse verweist das Gesetz auf Abs. 1. Es kommt also ausschließlich eine ratierliche Berechnung der Anwartschaft in Betracht. Ein Ersatzverfahren gibt es hier nicht. Soweit die Unterstützungskasse nicht leistungsfähig ist, kann sich der ArbN an den ArbGeb halten; er ist aus dem Versorgungsversprechen unmittelbar verpflichtet.

44 **5. Entgeltumwandlung und beitragsorientierte Leistungszusage.** Anstelle des ratierlich zu berechnenden Anspruchs tritt bei der Entgeltumwandlung bei den Durchführungswegen der unmittelbaren Versorgungszusage, der Unterstützungskasse, und des Pensionsfonds sowie bei der beitragsorientierten Leistungszusage nach § 2 Abs. 5a die vom Zeitpunkt der Zusageerteilung bis zum Ausscheiden des ArbN aus dem Arbeitsverhältnis erreichte Anwartschaft aus den umgewandelten Entgeltbestandteilen oder aufgewendeten Beiträgen. Die bei vorzeitigem Ausscheiden über Entgeltumwandlung erworbene Anwartschaft entspricht mithin dem Kapitalbetrag, der durch die tatsächlich geleisteten Beiträge einschließlich Zinsen und Zinseszinsen entstanden ist[1]. Die Sonderregelung gilt gem. § 30g erst für Zusagen, die ab dem 1.1.2001 erteilt wurden.

45 **6. Beitragszusage mit Mindestleistung.** Bei einer Beitragszusage mit Mindestleistungen wird die Anwartschaft ebenfalls nicht zeitanteilig quotiert. Statt dessen steht dem ArbN das planmäßig zuzurechnende Versorgungskapital auf Grundlage der bis zum Ausscheiden geleisteten Beiträge (einschließlich der bis zum Versorgungsfall erzielten Erträge) zu, Abs. 5b. Mindestens ist die Summe der bis zum Ausscheiden zugesagten Beiträge als Anwartschaft aufrechtzuerhalten, soweit sie nicht rechnungsmäßig für einen biometrischen Risikoausgleich verbraucht wurden.

46 **V. Anwartschaftsausweis.** Der ArbGeb oder sonstige Versorgungsträger hat dem ausgeschiedenen ArbN gemäß Abs. 6 **mitzuteilen**[2], ob die Voraussetzungen einer unverfallbaren Versorgungsanwartschaft erfüllt sind und in welcher Höhe Versorgungsleistungen bei Erreichen der in der Versorgungsregelung vorgesehenen Altersgrenze beansprucht werden können. Dabei müssen die Informationen so genau sein, dass der Versorgungsberechtigte die Berechnung der Anwartschaftshöhe nachvollziehen kann[3]. Die im allgemeinen Sprachgebrauch als Anwartschaftsausweis bezeichnete Auskunft ist nur auf Verlangen zu erteilen. Für sie ist keine besondere Form vorgeschrieben. Der ArbN sollte aber auf eine **schriftliche Information** drängen. Der Inhalt der Auskunft kann stets nur vorläufiger Natur sein. Denn nach dem Gesetz ist der ArbN darüber zu informieren, in welcher Höhe er Versorgungsleistungen bei Erreichen der in der Versorgungsregelung vorgesehenen Altersgrenze beanspruchen kann. Die bei Eintritt des Versorgungsfalles zu zahlende Betriebsrente kann niedriger sein, nämlich dann, wenn bei dem Versorgungsberechtigten vor Erreichen der Altersgrenze ein Versorgungsfall eintritt. Die zu erteilende Auskunft beinhaltet kein Schuldanerkenntnis[4], sie ist reine Wissenserklärung. Der ArbGeb erkennt damit weder dem Grunde noch der Höhe nach eine bestimmte Versorgungsanwartschaft an. Sie beinhaltet ausschließlich eine Information[5]. Schadenersatzansprüche kommen allerdings dann in Betracht, wenn der ArbN im Vertrauen auf eine falsche Auskunft nachteilige Dispositionen getroffen hat, die im Hinblick auf seine Versorgungssituation nicht mehr revidiert werden können[6]. Erteilt der ArbGeb auf Anfrage keine Auskunft, kann diese im Klageweg erzwungen werden. Eine streitige Auseinandersetzung über Vollständigkeit und Richtigkeit einer Auskunft ist mittels einer Feststellungsklage zu führen[7]. Das Feststellungsinteresse ergibt sich unmittelbar aus Abs. 6[8].

3 *Abfindung*

(1) **[Grundsatz]** Eine nach § 1b Abs. 1 bis 3 und 5 unverfallbare Anwartschaft kann im Falle der Beendigung des Arbeitsverhältnisses nur nach den Sätzen 2 bis 6 abgefunden werden. Die Anwartschaft ist auf Verlangen des Arbeitgebers oder des Arbeitnehmers abzufinden, wenn der bei Erreichen

---

1 Ahrend/Förster/Rühmann, § 2 BetrAVG Rz. 36. | 2 Ein Referentenentwurf zur Änderung des Gesetzes sieht, abgedr. in BetrAV 2003, S. 720 ff., eine Ausweitung der Auskunftspflichten in einem eigenen § 4a BetrAVG vor. | 3 BAG v. 9.12.1997 – 3 AZR 695/96, NZA 1998, 1171. | 4 Höfer, § 2 BetrAVG Rz. 2056 ff.; LAG Hamm v. 14.3.1995 – 6 Sa 1038/94, BetrAV 1995, 226. | 5 BAG v. 8.11.1983 – 3 AZR 511/81, BB 1984, 601. | 6 BAG v. 8.11.1983 – 3 AZR 511/81, BB 1984, 601; v. 17.6.2003 – 3 AZR 462/02. | 7 LAG Hamm v. 8.2.1994 – 6 (10) Sa 895/92, DB 1994, 892. | 8 LAG Hamm v. 7.3.1989 – 6 Sa 270/88, DB 1989, 1141.

der vorgesehenen Altersgrenze maßgebliche Monatsbetrag der laufenden Versorgungsleistung eins vom Hundert der monatlichen Bezugsgröße (§ 18 Viertes Buch Sozialgesetzbuch), bei Kapitalleistungen zwölf Zehntel der monatlichen Bezugsgröße nicht übersteigt. Die Anwartschaft kann nur mit Zustimmung des Arbeitnehmers abgefunden werden, wenn

1. ihr monatlicher Wert zwei vom Hundert der monatlichen Bezugsgröße, bei Kapitalleistungen vierundzwanzig Zehntel der monatlichen Bezugsgröße nicht übersteigt,

2. ihr monatlicher Wert vier vom Hundert der monatlichen Bezugsgröße, bei Kapitalleistungen achtundvierzig Zehntel der monatlichen Bezugsgröße nicht übersteigt und der Abfindungsbetrag vom Arbeitgeber unmittelbar zur Zahlung von Beiträgen zur gesetzlichen Rentenversicherung oder zum Aufbau einer Versorgungsleistung bei einer Direktversicherung, Pensionskasse oder einem Pensionsfonds verwendet wird,

3. die Beiträge zur gesetzlichen Rentenversicherung erstattet worden sind

oder

4. sie auf einer Entgeltumwandlung beruht und die Grenzwerte nach den Nummern 1 oder 2 nicht überschritten werden.

Der Teil einer Anwartschaft, der während eines Insolvenzverfahrens erdient worden ist, kann ohne Zustimmung des Arbeitnehmers abgefunden werden, wenn die Betriebstätigkeit vollständig eingestellt und das Unternehmen liquidiert wird. Die Abfindung ist gesondert auszuweisen und einmalig zu zahlen. Für Versorgungsleistungen, die gemäß § 2 Abs. 4 von einer Unterstützungskasse zu erbringen sind, gelten die Sätze 1 bis 5 entsprechend.

(2) [Höhe] Die Abfindung wird nach dem Barwert der nach § 2 bemessenen künftigen Versorgungsleistungen im Zeitpunkt der Beendigung des Arbeitsverhältnisses berechnet. Soweit sich der Anspruch auf die künftigen Versorgungsleistungen gegen ein Unternehmen der Lebensversicherung, einen Pensionsfonds oder eine Pensionskasse richtet, berechnet sich die Abfindung nach dem geschäftsplanmäßigen Deckungskapital im Zeitpunkt der Beendigung des Arbeitsverhältnisses oder, soweit die Berechnung des Deckungskapitals nicht zum Geschäftsplan gehört, nach dem Zeitwert gemäß § 176 Abs. 3 des Gesetzes über den Versicherungsvertrag. Hierbei sind der bei der jeweiligen Form der betrieblichen Altersversorgung vorgeschriebene Rechnungszinsfuß und die Rechnungsgrundlagen sowie die anerkannten Regeln der Versicherungsmathematik, bei Direktversicherungen und Pensionskassen deren Geschäftsplan oder Geschäftsunterlagen, maßgebend.

Lit.: *Klemm*, Abfindung und Übertragung von Versorgungsanwartschaften aus betrieblicher Altersversorgung im Lichte des AVmG, NZA 2002, 416; *Langohr-Plato*, Die Abfindung von Versorgungsansprüchen, AuA 1999, 502.

I. Einführung. In § 3[1] **begrenzt** der Gesetzgeber die Möglichkeit, Versorgungsanwartschaften abzufinden. Die Vorschrift bezweckt zum einen, sicherzustellen, dass im späteren Versorgungsfall auch noch ein Anspruch auf betriebliches Ruhegeld besteht und zum anderen, kleinere Versorgungsanwartschaften ohne hinreichenden Versorgungswert zu vermeiden[2].

II. Abfindung von Anwartschaften bei Beendigung des Arbeitsverhältnisses. § 3 Abs. 1 schränkt die Abfindung von Versorgungsanwartschaften **bei Beendigung** des Arbeitsverhältnisses ein. Die Vorschrift befasst sich nur mit der **gesetzlich** nach § 1b Abs. 1 Satz 1 **gesicherten Versorgungsanwartschaft**. Geht die Zusage des ArbGeb über den gesetzlich garantierten Mindestbestand hinaus, so sind Abfindungen möglich, soweit dabei der gesetzlich garantierte Teil der Versorgungsanwartschaft nicht berührt wird. Nicht betroffen von § 3 sind deshalb auch Versorgungsanwartschaften, welche aufgrund des Unverfallbarkeitsurteils[3] unverfallbar geworden sind[4]. Sagt der ArbGeb zu, die Versorgungsanwartschaft solle schon vor Ablauf der Unverfallbarkeitsfristen des § 1b unverfallbar sein, hindert § 3 Abs. 1 eine Abfindung nicht.

1. Abfindung bei Ausscheiden. Das Abfindungsverbot gilt nur bei Abfindungsregelungen, die aus Anlass der **Beendigung** des Arbeitsverhältnisses getroffen werden. Dem ArbN soll anlässlich seines Ausscheidens der erdiente Versorgungsanspruch nicht genommen werden können. Die Vorschrift beinhaltet insoweit ein gesetzliches Verbot iSd. § 134 BGB. Auch mit Zustimmung des ArbN können geschützte Anwartschaften deshalb nicht abgefunden werden. Es ist deshalb auch nicht zulässig, künftige Rentenansprüche aus einer unverfallbaren Anwartschaft mit Abfindungsansprüchen gem. §§ 9, 10 KSchG zu verrechnen[5]. Im Versorgungsfall kann der ArbN seine Betriebsrente ungekürzt verlangen[6]. Ebenso ist es unzulässig, in Sozialplänen mit Kündigungsabfindungen unverfallbare Versorgungsanwartschaften abzugelten[7]. Dem Bereicherungsanspruch des ArbGeb auf Rückzahlung der Abfindung nach § 812 Abs. 1

---

1 Ein Referentenentwurf, Stand: 24.10.2003, abgedr. in BetrAV 2003, S. 720 ff., sieht eine Neufassung dieser Vorschrift vor. | 2 BT-Drs. 7/1281, S. 27. | 3 BAG v. 10.3.1972 – 3 AZR 278/71, DB 1972, 1486. | 4 BAG v. 30.7.1985 – 3 AZR 401/83, NZA 1986, 519. | 5 BAG v. 24.3.1998 – 3 AZR 800/96, NZA 1998, 1280. | 6 BAG v. 24.3.1998 – 3 AZR 800/96, NZ 1998, 1280. | 7 BAG v. 7.8.1975 – 3 AZR 505/74, BB 1975, 1390; v. 30.10.1980 – 3 AZR 364/79, NJW 1981, 1632.

Satz 2 BGB steht regelmäßig § 817 Satz 2 BGB entgegen. Das gilt dann nicht, wenn der Abfindungsanspruch selbst teilweise unter der aufschiebenden Bedingung steht, dass die Abfindung dann nicht beansprucht werden kann, wenn der ArbN vorzeitig eine Betriebsrente bezieht[1]. Im Streitfall hatten die Parteien vereinbart, dass der ArbN für den Verlust des Arbeitsplatzes gezahlte Abfindung insoweit nicht behalten darf, als er vorzeitig eine Betriebsrente vor Eintritt des Versorgungsfalles „Alter" erhielt. § 817 Satz 2 BGB steht im Übrigen dem Bereicherungsanspruch auf Rückzahlung der Abfindung nur dann entgegen, wenn der ArbN im Zeitpunkt seines Austritts überhaupt über eine unverfallbare Versorgungsanwartschaft verfügt. Ohne Erfüllung der Unverfallbarkeitsfristen verfallen bis dahin erdiente Versorgungsrechte. Das Abfindungsverbot greift nicht ein, wenn die betrAV lediglich umgestaltet wird und die neuen Versorgungsleistungen wirtschaftlich gleichwertig sind[2].

4 § 3 Abs. 1 erfasst nicht nur die Abfindung von Versorgungsanwartschaften, sondern auch den **entschädigungslosen Verzicht**. Nach Auffassung des BAG bedeutet es einen Widerspruch, wenn das Gesetz zwar eine Abfindung verbiete, den entschädigungslosen Verzicht hingegen zulasse. § 3 Abs. 1 gelte deshalb auch für die Aufhebung einer Versorgungsanwartschaft bei Beendigung des Arbeitsverhältnisses[3].

5 **2. Abfindung bei fortbestehendem Arbeitsverhältnis.** § 3 Abs. 1 trifft keine Regelung über die Abfindung oder die Aufhebung bestehender Versorgungsanwartschaften während des **laufenden Arbeitsverhältnisses**. Die Vertragsparteien sind deshalb nicht gehindert, die einmal begründeten Versorgungsrechte während des laufenden Arbeitsverhältnisses abzufinden, aufzuheben oder abzuändern[4]. Es soll deshalb auch nicht gegen § 3 verstoßen, wenn der ArbN im Zusammenhang mit einem geplanten Betriebsinhaberwechsel (§ 613a BGB) auf seine Versorgungsanwartschaft verzichtet oder sich eine Abfindung ausbezahlen lässt (str.)[5].

6 **3. Abfindung laufender Leistungen.** Ebenfalls **nicht erfasst** ist die Abfindung schon laufender Leistungen. Auch hier sind die Vertragspartner frei, sich über eine Abfindung, einen Verzicht oder eine Änderung bestehender Versorgungsansprüche zu verständigen. Das Abfindungsverbot greift nur, wenn zum Zeitpunkt der Beendigung des Arbeitsverhältnisses der Versorgungsfall noch nicht eingetreten und der Berechtigte objektiv noch Versorgungsanwärter ist[6]. Es ist dabei ohne Bedeutung, ob der Leistungsanspruch auf einer Versorgungszusage beruht, die beim Ausscheiden des Versorgungsberechtigten bereits unverfallbar war.

7 Es ist deshalb auch zulässig, wenn die Versorgungsregelung dem ArbGeb von vornherein ermöglicht, laufende Rentenleistungen durch **Zahlung eines Kapitalbetrages** abzufinden.

8 **III. Abfindungsvoraussetzungen.** Die Zulässigkeit der Abfindung von Versorgungsanwartschaften knüpft an **die Höhe der Versorgungsanwartschaft** an. Beide Vertragsparteien können die Abfindung verlangen, wenn der Monatsbetrag der Rente 1% oder bei einer einmaligen Kapitalleistung 120% der monatlichen Bezugsgröße nach § 18 SGB IV nicht übersteigt. 2004 sind dies in den alten Bundesländern 24,15 Euro im Monat bzw. 2898 Euro bei einer Kapitalleistung. Beide Vertragsparteien haben einen Anspruch auf Abfindung, den die jeweils andere Seite nicht vereiteln kann. Mit **Zustimmung des ArbN** kann eine Anwartschaft abgefunden werden, wenn die Monatsrente 2% oder eine zugesagte Kapitalleistung 240% der monatlichen Bezugsgrößen nicht übersteigt. Die Grenze erhöht sich auf 4% der monatlichen Bezugsgröße bzw. 480% diese Betrages bei Kapitalzusagen, wenn der Abfindungsbetrag vom ArbGeb in eine Direktversicherung, Pensionskasse, Pensionsfonds oder in die gesetzliche RV einbezahlt wird. Eine **Ausnahme** besteht bei unverfallbaren Anwartschaften aus einer **Entgeltumwandlung**. Sie können gem. § 3 Abs. 1 Satz 3 Nr. 4 ohne Zustimmung des Berechtigten nicht abgefunden werden. Die Grenzwerte des § 3 Abs. 1 Satz 3 Nr. 1 und 2 dürfen dabei nicht überschritten werden. Ein einseitiges Abfindungsrecht gibt es schließlich nach § 3 Abs. 1 Satz 4 für den Teil einer Versorgungsanwartschaft, der während eines Insolvenzverfahrens erdient worden ist, sofern die Betriebstätigkeit vollständig eingestellt und das Unternehmen liquidiert wird. Die Abfindungsmöglichkeiten gelten für alle Durchführungswege der betrAV; für die Zusage von Leistungen einer Unterstützungskasse ordnet das BetrAVG in § 3 Abs. 1 Satz 6 ausdrücklich die entsprechende Anwendung der Vorschrift an.

9 Die Zustimmung kann **formfrei** erklärt werden. Das Gesetz enthält auch keine zeitliche Einschränkung. Eine Abfindungsregelung kann deshalb im unmittelbaren Zusammenhang mit dem Ausscheiden, aber auch zu einem späteren Zeitpunkt getroffen werden[7]. Umstritten ist, ob der ArbN schon vor seinem etwaigen Ausscheiden sich rechtswirksam zu einer Abfindungsregelung bereit finden kann. Überwiegend wird dies bejaht[8].

10 Wird eine an und für sich nach § 3 Abs. 1 nicht abfindbare Versorgungsanwartschaft dennoch abgefunden, so ist dies **nichtig**[9]. Eine Erfüllungswirkung tritt nicht ein[10]. Dabei riskiert der ArbGeb, den Abfin-

---

1 BAG v. 20.11.2001 – 3 AZR 28/01, EzA-SD 2002, Nr. 18, 21. | 2 BAG v. 20.11.2001 – 3 AZR 28/01, EzA-SD 2002, Nr. 18, 21. | 3 BAG v. 22.9.1987 – 3 AZR 194/86, NZA 1988, 470. | 4 BAG v. 14.8.1990 – 3 AZR 301/89, NZA 1991, 174. | 5 *Höfer*, § 3 BetrAVG Rz. 2081.1; aA LAG Hamm v. 2.4.1991 – 6 Sa 1184/90, LAGE § 613a BGB Nr. 22, bestätigt durch BAG v. 12.5.1992 – 3 AZR 247/91, BAGE 70, 209, welches allerdings einen Verstoß gegen § 613a BGB annahm. | 6 BAG v. 21.3.2000 – 3 AZR 127/99, BB 2001, 1536. | 7 *Höfer*, § 3 BetrAVG Rz. 2102. | 8 *Blomeyer/Otto*, § 3 BetrAVG Rz. 75; *Höfer*, § 3 BetrAVG Rz. 2103. | 9 *Ahrend/Förster/Rühmann*, § 3 BetrAVG Rz. 18. | 10 *Blomeyer/Otto*, § 3 BetrAVG Rz. 90.

dungsbetrag nicht zurückfordern zu können. § 817 Satz 2 BGB kann dem Bereicherungsanspruch entgegenstehen[1]. Es verstößt gegen § 3 Abs. 1, wenn die in einem Aufhebungsvertrag zugesagte Abfindung für den Verlust des Arbeitsplatzes mit der zu zahlenden betrieblichen Invalidenrente verrechnet werden soll. Der ArbGeb kann aber uU die bezogene Abfindung gem. § 812 Abs. 1 BGB zurückverlangen, wenn die Abfindung unter der aufschiebenden Bedingung gezahlt wurde, dass der ArbN nicht vorzeitig eine Betriebsrente bezieht. Dem soll nach Auffassung des BAG § 817 Satz 2 BGB nicht entgegenstehen. § 3 verlange nicht, dass zusätzlich zur Invalidenrente auch die volle Abfindung gewährt werde. Nur die Verrechnung hält es für unzulässig[2].

IV. Abfindungshöhe. Die Höhe der zu gewährenden Abfindung bemisst sich nach dem **Barwert** der nach § 2 bemessenen **künftigen Versorgungsleistungen** im Zeitpunkt der Beendigung des Arbeitsverhältnisses. Das Gesetz schreibt vor, dass bei der Barwertberechnung der bei der jeweiligen Form der betrAV vorgeschriebene Rechnungszinsfuß und die Rechnungsgrundlagen sowie die anerkannten Regeln der Versicherungsmathematik zu berücksichtigen sind. Der Abfindungsbetrag ist also nach versicherungsmathematischen Grundsätzen zu ermitteln. Bei Direktversicherungen ist das geschäftsplanmäßige Deckungskapital als maßgeblicher Abfindungsbetrag zugrunde zu legen. Das Gesetz schreibt nur Mindestbeträge fest; die Arbeitsvertragsparteien sind nicht gehindert, darüber hinaus gehende Leistungen zu vereinbaren.

Ist die Höhe des Anspruchs oder die Erfüllung der Voraussetzungen für den Eintritt der Unverfallbarkeit strittig, so kann die Höhe des Anspruchs selbst mittels eines gerichtlichen Vergleichs bestimmt werden[3].

§ 4 Übernahme

(1) Die Verpflichtung, bei Eintritt des Versorgungsfalles Versorgungsleistungen nach § 2 Abs. 1 bis 3a zu gewähren, kann von jedem Unternehmen, bei dem der ausgeschiedene Arbeitnehmer beschäftigt wird, von einer Pensionskasse, von einem Unternehmen der Lebensversicherung oder einem öffentlich-rechtlichen Versorgungsträger mit Zustimmung des Arbeitnehmers übernommen werden. Eine vertragliche Schuldübernahme durch andere Versorgungsträger ist dem Arbeitnehmer gegenüber unwirksam. Bei einer Schuldübernahme durch ein Unternehmen der Lebensversicherung gilt § 2 Abs. 2 Satz 4 bis 6 entsprechend.

(2) Hat eine Unterstützungskasse einem vorzeitig ausgeschiedenen Arbeitnehmer Versorgungsleistungen nach § 2 Abs. 4 zu gewähren, kann diese Verpflichtung mit Zustimmung des Arbeitnehmers von den in Absatz 1 genannten Trägern oder von einer anderen Unterstützungskasse übernommen werden.

(3) Wird die Betriebstätigkeit eingestellt und das Unternehmen liquidiert, kann eine Versorgungsleistung auf Grund einer Zusage oder einer unverfallbaren Anwartschaft nach § 1b Abs. 1 oder eine Versorgungsleistung, die gemäß § 1b Abs. 4 von einer Unterstützungskasse oder gemäß § 1b Abs. 3 von einem Pensionsfonds erbracht wird oder zu erbringen ist, von einer Pensionskasse oder von einem Unternehmen der Lebensversicherung ohne Zustimmung des Versorgungsempfängers oder Arbeitnehmers übernommen werden, wenn sichergestellt ist, dass die Überschussanteile ab Rentenbeginn entsprechend § 16 Abs. 3 Nr. 2 verwendet werden. § 2 Abs. 2 Satz 4 bis 6 gilt entsprechend.

(4) Der Arbeitgeber ist verpflichtet, auf Verlangen des Arbeitnehmers frühestens ab Beendigung des Arbeitsverhältnisses den Barwert der nach § 1b Abs. 5 unverfallbaren Anwartschaft auf einen neuen Arbeitgeber, bei dem der ausgeschiedene Arbeitnehmer beschäftigt ist oder einen Versorgungsträger des neuen Arbeitgebers zu übertragen, wenn der neue Arbeitgeber dem Arbeitnehmer eine dem übertragenen Barwert wertmäßig entsprechende Zusage erteilt. Für die Höhe des Barwertes gilt § 3 Abs. 2 entsprechend mit der Maßgabe, dass an die Stelle des Zeitpunktes der Beendigung des Arbeitsverhältnisses der Zeitpunkt der Übertragung tritt. Mit der Erteilung der Zusage durch den neuen Arbeitgeber erlischt die Verpflichtung des alten Arbeitgebers.

Lit.: *Blomeyer*, Novellierung des Betriebsrentengesetzes, NZA 1997, 961; *Doetsch/Förster/Rühmann*, Änderungen des Betriebsrentengesetzes durch das Rentenreformgesetz, DB 1998, 258; *Förster*, Ausgliederung von Pensionsverpflichtungen auf eine Pensionsgesellschaft, BetrAV 2001, 133; *Klemm*, Abfindung und Übertragung von Versorgungsanwartschaften aus betrieblicher Altersversorgung im Lichte des Altersvermögensgesetzes, NZA 2002, 416.

Versorgungsverbindlichkeiten können wie jede andere Schuld von Dritten übernommen werden. § 4[4] ist insoweit lex specialis zu § 415 BGB und schränkt die Übernahme von Versorgungsverbindlichkeiten ein. Demnach kann **nicht jeder Dritte** eine Versorgungsverbindlichkeit mit schuldbefreiender Wirkung übernehmen. In Betracht kommen vielmehr nur Unternehmen, bei denen der ausgeschiedene ArbN

---

[1] *Höfer*, § 3 BetrAVG Rz. 2125. |[2] BAG v. 17.10.2000 – 3 AZR 7/00, BB 2001, 2117. |[3] BAG v. 18.12.1984 – 3 AZR 125/84, NZA 1986, 95; v. 30.7.1985 – 3 AZR 401/83, DB 1986, 548; v. 23.8.1994 – 3 AZR 825/93, DB 1995, 52. |[4] Ein Referentenentwurf zur Änderung des Gesetzes, abgedr. in BetrAV 2003, S. 720 ff., sieht eine Neufassung dieser Vorschrift vor. Künftig soll auch der Wert einer unverfallbaren Versorgungsanwartschaft übertragen werden können.

beschäftigt wird, sowie Pensionskassen, Lebensversicherer und öffentlich-rechtliche Versorgungsträger. Eine vertragliche Schuldübernahme durch andere Versorgungsträger bezeichnet das Gesetz ausdrücklich als unwirksam. Eine Übernahme durch eine Unterstützungskasse ist ebenfalls unzulässig, es sei denn, es waren schon ursprünglich Unterstützungskassenleistungen geschuldet.

2 § 4 bezweckt den **Schutz des ArbN**. Es soll sichergestellt werden, dass der ArbN nicht durch die Übernahme der Versorgungsleistungen einen zahlungskräftigen Schuldner verliert. In Betracht kommen deshalb nur solche externen Versorgungsträger, die der Aufsicht durch das Amt für das Versicherungswesen unterstehen oder als öffentlich-rechtliche Versorgungsträger kein Insolvenzrisiko bergen. Damit wird zugleich auch der PSVaG als Träger der gesetzlichen Insolvenzsicherung geschützt. Denn er ist es, der im Insolvenzfall aus Solidarmitteln die Versorgungsschuld erfüllen muss[1]. Zulässig ist aber auch die Übernahme durch einen **neuen ArbGeb**. Hier tritt der Sicherungsaspekt in den Hintergrund, um die **Mobilität** des ArbN nicht unnötig einzuschränken.

3 Obwohl § 4 auf § 2 verweist und damit an und für sich nur für unverfallbare Versorgungsanwartschaften gilt, ist die gesetzliche Bestimmung **analog** auch **auf laufende Versorgungsleistungen** anzuwenden[2]. Würden die Einschränkungen des § 4 nicht auch für laufende Leistungen gelten, so wäre ein Schutz der Haftungsmasse und damit des PSVaG nicht zu erreichen[3]. § 4 schränkt die Übernahme von Versorgungsverbindlichkeiten nur bei **gesetzlich unverfallbaren Anwartschaften** und laufenden Leistungen ein. Bei nur vertraglicher Unverfallbarkeit von Versorgungsanwartschaften fehlt ein Schutzbedürfnis. Denn mit dem Ausscheiden des ArbN würde die Anwartschaft ohnehin verfallen. Eine Inanspruchnahme des PSVaG droht nicht[4]. Beruht die Unverfallbarkeit der Anwartschaft auf Anwendung der vorgesetzlichen Rspr. zur Unverfallbarkeit[5], ist § 4 allerdings zu beachten. Denn kraft Richterrechts unverfallbare Anwartschaften sind insolvenzgeschützt[6].

4 Der Schuldner einer nicht insolvenzgeschützten Versorgungsanwartschaft (zB sog. Unternehmerrenten, vgl. auch § 17 Rz. 10 ff.) kann nach dem Belieben der Vertragsparteien ohne Einschränkungen durch Abs. 1 ausgetauscht werden[7].

5 Unproblematisch ist die **Erfüllungsübernahme** durch einen Dritten. Sie benachteiligt weder den PSVaG noch den Versorgungsberechtigten. Denn der ursprünglich verpflichtete Versorgungsschuldner wird dadurch nicht frei. Gleiches gilt für einen **Schuldbeitritt**, auch er führt nicht zu einer Verschiebung des Haftungsrisikos.

6 Die Übernahme von Versorgungsverbindlichkeiten bedarf der **Zustimmung** des versorgungsberechtigten ArbN. Sie kann sowohl gegenüber dem bisherigen als auch gegenüber dem neuen Schuldner erklärt werden. Wird sie nicht erteilt, können die schuldbefreienden Wirkungen für den bisherigen Versorgungsverpflichteten nicht eintreten. Die Zustimmungserklärung ist an keine Form gebunden. Sie kann deshalb auch **konkludent** erklärt werden. Die bloße Entgegennahme von Versorgungsleistungen eines Dritten beinhaltet aber nicht die Zustimmung zur Haftungsbefreiung. Nach richtiger Auffassung des BAG ist die befreiende Schuldübernahme ein ungewöhnliches und bedeutsames Rechtsgeschäft. Eine Entlassung des bisherigen Schuldners könne nur dann angenommen werden, wenn der Gläubiger dies deutlich zum Ausdruck bringe. Im Zweifel werde der Gläubiger nur annehmen, dass er einen Schuldbeitritt genehmigen solle, der ihn begünstige, weil er einen zusätzlichen Schuldner erhalte[8]. § 4 lässt an und für sich die Übernahme von Versorgungsverbindlichkeiten durch andere als die im Gesetz genannten Versorgungsträger nicht zu. Nach dem Gesetzeswortlaut ist es also nicht möglich, dass ein ArbGeb, bei dem der ArbN überhaupt nicht beschäftigt war, die Versorgungsverbindlichkeit mit schuldbefreiender Wirkung übernimmt.

7 Nach Auffassung des BAG ist der **völlige Ausschluss der Übertragbarkeit** von Versorgungsverbindlichkeiten auf andere als die in § 4 Abs. 1 genannten Rechtsträger mit dem Sinn und Zweck des Gesetzes nicht zu rechtfertigen. Das Ziel, die ursprüngliche Haftungsmasse zu erhalten, begünstige im Wesentlichen den PSVaG, der das Insolvenzrisiko trage[9]. Dieser könne aber selbst beurteilen, ob er das Risiko eingehen kann. Eine Übertragung von Versorgungsverbindlichkeiten auf andere als die in § 4 genannten Versorgungsträger ist deshalb zulässig, wenn neben dem Versorgungsberechtigten auch der PSVaG zustimmt[10].

8 Der **PSVaG** erteilt die zur Übernahme von Versorgungsverbindlichkeiten notwendigen Zustimmungen **nicht**[11]. Er hat sich allerdings auf die Entscheidung des BAG vom 26.6.1980 hin durch eine **geschäftsplanmäßige Erklärung** vom 12.11.1981[12] verpflichtet, die Insolvenzsicherung bei schuldbefrei-

---

1 BAG v. 17.3.1987 – 3 AZR 605/85, NZA 1988, 21. | 2 BAG v.17.3.1987 – 3 AZR 605/85, NZA 1988, 21. | 3 *Höfer*, § 4 BetrAVG Rz. 2182. | 4 *Höfer*, § 4 BetrAVG Rz. 2180. | 5 BAG v. 10.3.1972 – 3 AZR 278/71, DB 1972, 1486. | 6 BAG v. 16.10.1980 – 3 AZR 1/80, BB 1981, 850; v. 20.1.1987 – 3 AZR 503/85, BB 1987, 1465; BVerfG v. 10.3.1988 – 1 BvR 894/87, BB 1988, 2469. | 7 BAG v. 4.8.1981 – 3 AZR 441/80, DB 1981, 2544. | 8 BAG v. 11.11.1986 – 3 AZR 194/85, NZA 1987, 559. | 9 BAG v. 17.3.1987 – 3 AZR 605/85, NZA 1988, 21. | 10 BAG v. 26.6.1980 – 3 AZR 156/79, NJW 1981, 189; demgegenüber für eine Ersetzung der Zustimmung: BAG v. 17.3.1987 – 3 AZR 605/85, NZA 1988, 21. | 11 PSVaG- Merkblatt 300/M10/1.99; hierzu BVerfG v. 18.12.1987 – 1 BvR 1242/87, DB 1988, 1905. | 12 Abgedr. in BB 1982, 120.

enden Übertragungen laufender Versorgungsleistungen auf Versorgungsträger, die nicht in § 4 Abs. 1 genannt sind, zu übernehmen, wenn die Übertragungen vor dem 1.1.1981 vorgenommen worden sind. Dabei kommt es darauf an, dass bis zu dem genannten Zeitraum alle Wirksamkeitsvoraussetzungen vorliegen, also die Übertragung der Versorgungsverbindlichkeiten vereinbart war, der versorgungsberechtigte ArbN davon in Kenntnis gesetzt wurde und der Enthaftung eines bisherigen Schuldners zustimmte. Wurden diese Voraussetzungen ganz oder teilweise erst später erfüllt, verbleibt es im Regelfall das Ermessen „auf null" reduziert sein, dass eine Übertragung der Versorgungsverbindlichkeiten nicht wirksam möglich ist, also eine Enthaftung des bisherigen Schuldner nicht eintritt. Dagegen wurde eingewandt, dass der PSVaG nach der Rspr. berechtigt sei, Übertragungen zu gestatten. Er müsse deshalb als mit öffentlichen Befugnissen Beliehener darüber nach pflichtgemäßen Ermessen entscheiden[1]. Dabei wird aber übersehen, dass der PSVaG zur Wahrung der Interessen der Solidargemeinschaft, die Zwangsbeiträge zur Insolvenzsicherung aufbringen muss, verpflichtet ist, jegliche Verringerung oder auch nur Gefährdung der Haftungsmasse zu verhindern. Deshalb dürfte im Regelfall das Ermessen „auf null" reduziert sein, zumal die wirtschaftliche Entwicklung insolvenzfähiger Versorgungsträger nur begrenzt prognostizierbar ist. Allenfalls dann, wenn die Übertragung ausschließlich vorteilhaft für die Insolvenzsicherung ist, dürfte eine Genehmigung vorzunehmen sein.

Die Rechte der an einer Übertragung von Versorgungsverbindlichkeiten Beteiligten richten sich nach den §§ 414 ff. BGB. Spezialgesetzliche Regelungen für Versorgungsverbindlichkeiten gibt es nicht. § 4 lässt den Lauf der Unverfallbarkeitsfristen unberührt. Mit der Übernahme der Versorgungsverpflichtung kann eine Beitragspflicht zur Insolvenzsicherung entstehen, nämlich dann, wenn der Übernehmer die Versorgungsverpflichtung selbst übernimmt oder er Träger einer übernehmenden Unterstützungskasse ist[2]. Eine Beitragspflicht kann auch bei dem Versicherungsnehmer entstehen, wenn die Versorgungsverbindlichkeit durch ein Lebensversicherungsunternehmen übernommen wird. Dies kommt aber nur dann in Betracht, wenn dem ArbN kein unwiderrufliches Bezugsrecht eingeräumt wird oder er den Anspruch aus der Versicherung abtritt, verpfändet oder beleiht[3].

§ 4 Abs. 3 Satz 1 erleichtert die **Liquidation** von Unternehmen § 4, die unmittelbare Versorgungsleistungen zugesagt haben, die betrAV über einen Pensionsfonds durchführen oder ihre ArbN über eine Unterstützungskasse begünstigen. Bei Unternehmen, die ihre betrAV über eine Direktversicherung oder eine Pensionskasse abwickeln, gibt es ohnehin keine Probleme bei einer Liquidation, weil hier die Verpflichtungen praktisch ausgelagert sind. Deshalb können ausnahmsweise Versorgungsverpflichtungen auch **ohne Zustimmung** des Versorgungsberechtigten von einer Pensionskasse oder einem Unternehmen der Lebensversicherung übernommen werden. Allerdings muss sichergestellt sein, dass die Überschussanteile ab Rentenbeginn ausschließlich zur Erhöhung der laufenden Leistungen verwendet werden[4]. Die Übertragung auf eine Lebensversicherung muss dabei insolvenzfest sein. Das kann dadurch erreicht werden, dass dem ArbN die Versicherungsnehmereigenschaft übertragen oder aber das Bezugsrecht unwiderruflich gestellt wird[5]. § 4 Abs. 3 Satz 2 stellt mit dem Verweis auf § 2 Abs. 2 Satz 4 bis 6 sicher, dass der Versorgungsberechtigte seine Versorgungsansprüche nicht vor Eintritt des Versorgungsfalles beschädigen oder verbrauchen kann.

Mittels **Treuhandlösungen** (**Contractual Trust Arrangements-CTA**) können betriebliche Versorgungsverpflichtungen nicht **schuldbefreiend** ausgegliedert werden. Bei einer Treuhandlösung überträgt der ArbGeb Vermögenswerte auf einen Treuhänder, der diese dann zur Erfüllung der Versorgungszusagen verwendet. Ziel eines solchen Vorgehens ist meist eine Stärkung des Bilanzbildes für Unternehmen, die einen internationalen Jahresabschluss erstellen. Internationale Jahresabschlüsse werden überwiegend nach den Grundsätzen des IAS (International Accounting Standards) und den FAS (Statement of Financeel Accounting Standards) aufgestellt. Diese lassen es zu, dass Versorgungsverpflichtungen nicht in die Abschlüsse aufgenommen werden, soweit sie durch das einem Treuhänder übereignete Vermögen abgesichert sind. Notwendig ist dafür, dass der Treuhänder von dem aus der Zusage verpflichteten Unternehmen unabhängig ist, das Vermögen nur zweckgebunden verwendet werden darf und die Gläubiger des ArbGeb darauf nicht zugreifen können[6]. Der auf der internationalen Bilanz aufbauende deutsche Konzernabschluss muss dann ebenfalls Pensionsrückstellungen nicht ausweisen[7]. Die bilanzielle Auslagerung von Versorgungsverpflichtungen beendet die arbeitsrechtliche Verpflichtung des ArbGeb aus der Versorgungszusage indes nicht.

Der durch das AVmG neu eingefügte **Abs. 4** verpflichtet den ArbGeb auf Verlangen des ArbN, ab Beendigung des Arbeitsverhältnisses den Barwert einer nach § 1b Abs. 5 unverfallbaren Anwartschaft auf einen neuen ArbGeb zu übertragen, wenn dieser dem ArbN eine dem übertragenen Barwert entsprechende Versorgungszusage erteilt. Hierdurch wird für **Entgeltumwandlungen** die Mobilität des ArbN erhöht. Mit Erteilung der neuen Zusage erlischt die Verpflichtung des alten ArbGeb. Nach dem Gesetzeswortlaut ist es nicht erforderlich, dass es sich bei der neuen Zusage ebenfalls um eine Entgeltumwandlung handeln muss; damit kommen auch Zusagen ohne Entgeltumwandlung in allen anderen Durchführungswegen in Betracht.

---

1 *Höfer*, § 4 BetrAVG Rz. 2238. | 2 *Blomeyer/Otto*, § 4 BetrAVG Rz. 132. | 3 *Höfer*, § 4 BetrAVG Rz. 2275. | 4 *Ahrend/Förster/Rühmann*, § 4 BetrAVG Rz. 13. | 5 *Höfer*, § 4 BetrAVG Rz. 2285.47. | 6 *Höfer*, § 7 BetrAVG Rz. 2989.16; vgl. hierzu § 7, Rz. 62. | 7 *Höfer*, § 7 BetrAVG Rz. 2989.15.

13 Die Übertragung von Versorgungsverpflichtungen **aus anderen rechtlichen Gründen** wird durch § 4 nicht berührt. Versorgungsverbindlichkeiten können unabhängig von § 4 auch durch eine Gesamtrechtsnachfolge oder einen Betriebsübergang übertragen werden. Nach § 613a Abs. 1 Satz 1 BGB gehen Rechte und Pflichten aus einem Arbeitsverhältnis über, wenn ein Betrieb oder Betriebsteil auf einen anderen Inhaber übertragen wird. Zu den Rechten und Pflichten aus einem Arbeitsverhältnis gehören auch Ansprüche aus einer betrieblichen Ruhegeldzusage. § 613a BGB erfasst aber nur aktive Arbeitsverhältnisse. Versorgungsverpflichtungen gegenüber Ruheständlern und ArbN, die mit unverfallbarer Versorgungsanwartschaft ausgeschieden sind, verbleiben beim Betriebsveräußerer[1]. In Fällen der Gesamtrechtsnachfolge werden hingegen auch die Verpflichtungen aus bereits beendeten Arbeitsverhältnissen erfasst, dh. auch die Verpflichtungen gegenüber Ruheständlern und mit unverfallbarer Versorgungsanwartschaft ausgeschiedene ArbN gehen über. Fälle der Gesamtrechtsnachfolge sind im Wesentlichen die Erbfolge (§§ 1922 ff. BGB) und Umwandlungen nach dem Umwandlungsgesetz, Abspaltungen, Vermögensübertragungen und Verschmelzungen.

14 Anders als die vertraglich vereinbarte Schuldübernahme vollzieht sich die **umwandlungsrechtliche Spaltung** im Wege der partiellen Gesamtrechtsnachfolge[2]. Der neue Gläubiger tritt mit allen Rechten und Pflichten in die Stellung des bisherigen ein und übernimmt nicht nur eine Verbindlichkeit. Mithin ist eine Zustimmung zur Zuordnung von Verbindlichkeiten betroffener Versorgungsberechtigter nicht erforderlich und der Kreis der aufnahmeberechtigten Versorgungsträger nicht wie nach § 4 beschränkt[3]. Zudem verdrängt das spezifische umwandlungsrechtliche Haftungssystem der §§ 133, 134 UmwG die betriebsrentenrechtliche Vorschrift des § 4[4]. Nach §§ 133, 134 UmwG haften die an der Spaltung beteiligten Rechtsträger nämlich gesamtschuldnerisch für einen begrenzten Zeitraum von fünf bzw. bei der Betriebsaufspaltung von zehn Jahren. Die weitreichende Rechtsfolge des § 4 (Schuldbefreiung) kann also bei der Spaltung gerade nicht erreicht werden. Die Verbindlichkeiten gegenüber **ausgeschiedenen** ArbN lassen sich deshalb frei zuordnen; § 613a BGB findet hier keine Anwendung[5].

5 Auszehrung und Anrechnung

(1) **Die bei Eintritt des Versorgungsfalles festgesetzten Leistungen der betrieblichen Altersversorgung dürfen nicht mehr dadurch gemindert oder entzogen werden, dass Beträge, um die sich andere Versorgungsbezüge nach diesem Zeitpunkt durch Anpassung an die wirtschaftliche Entwicklung erhöhen, angerechnet oder bei der Begrenzung der Gesamtversorgung auf einen Höchstbetrag berücksichtigt werden.**

(2) **Leistungen der betrieblichen Altersversorgung dürfen durch Anrechnung oder Berücksichtigung anderer Versorgungsbezüge, soweit sie auf eigenen Beiträgen des Versorgungsempfängers beruhen, nicht gekürzt werden. Dies gilt nicht für Renten aus den gesetzlichen Rentenversicherungen, soweit sie auf Pflichtbeiträgen beruhen, sowie für sonstige Versorgungsbezüge, die mindestens zur Hälfte auf Beiträgen oder Zuschüssen des Arbeitgebers beruhen.**

1 I. Einführung. Für die **inhaltliche Ausgestaltung** einer Versorgungszusage gilt grundsätzlich das Prinzip der **Vertragsfreiheit**. Der ArbGeb bestimmt weitgehend darüber, ob und ggf. welche Versorgung dem ArbN zuteil werden soll. Die Versorgungszusage kann eine Gesamtversorgung vorsehen oder Anrechnungs- und Begrenzungsklauseln enthalten. Soll bei einer Gesamtversorgungsobergrenze statt einer Brutto- eine bestimmte Nettoversorgung maßgebend sein, muss dies in der Versorgungsordnung deutlich gemacht werden[6]. Das betriebliche Ruhegeld dient bei Anrechnungs- und Begrenzungsklauseln dazu, einen unter Berücksichtigung sonstiger Versorgungsbezüge in der Versorgungszusage definierten Versorgungsbedarf abzudecken.

2 Das BetrAVG geht davon aus, dass anderweitige Versorgungsbezüge auf den betrieblichen Ruhegeldanspruch **angerechnet** werden dürfen, soweit dies in der Versorgungszusage vorgesehen ist. § 5 schränkt die Anwendung anderweitiger Versorgungsbezüge jedoch ein:

3 II. Auszehrungs- und Anrechnungsverbot. **1. Auszehrungsverbot.** Abs. 1 beinhaltet das sog. Auszehrungsverbot. Betriebliche Ruhegeldleistungen sollen durch spätere Veränderungen anzurechnender anderer Versorgungsleistungen nicht vermindert werden können. Der bei Eintritt des Versorgungsfalles bestehende Versorgungsanspruch wird festgeschrieben, er soll dem Versorgungsberechtigten auch dann verbleiben, wenn sich eine anzurechnende Versorgungsleistung, etwa eine anzurechnenden Rente aus der gesetzlichen RV, später erhöht.

4 Das Auszehrungsverbot stellt immer nur auf die **erstmalige Leistung** bei Eintritt des Versorgungsfalls ab. Es ist deshalb zulässig, die bei einem Gesamtversorgungssystem vor dem Anpassungstermin ge-

---

1 BAG v. 23.3.1999 – 3 AZR 685/97, nv.; v. 17.3.1987 – 3 AZR 605/85, BB 1987, 2233. | 2 Langohr-Plato, Betriebliche Altersversorgung, Rz. 1022; Hill, BetrAV 1995, 114, 117. | 3 LAG Düsseldorf v. 5.6.2003 – 11 (1) Sa 1/03, DB 2004, 196, Revision anhängig unter 3 AZR 499/03. | 4 Willemsen, NZA 1996, 791, 801; Hill, BetrAV 1995, 114, 117; Blomeyer/Otto, § 4 BetrAVG Rz. 37; Boecken, Unternehmensumwandlungen und Arbeitsrecht, Rz. 136 ff. | 5 LAG Düsseldorf v. 5.6.2003 – 11 (1) Sa 1/03, DB 2004, 196; BVerwG v. 13.7.1999 – 1 C 13/98, DVBl 1999, 1727; vgl. auch Komm. zu § 324 UmwG Rz. 5. | 6 BAG v. 5.10.1999 – 3 AZR 230/98, NZA 2000, 839.

währte betriebliche Leistungshöhe wegen einer höheren Dynamisierung anzurechnender Versorgungsleistungen zu unterschreiten, wenn nur der bei Eintritt des Versorgungsfalls erstmalig festgesetzte Betrag nicht unterschritten wird[1].

Das Auszehrungsverbot des Abs. 1 gilt jedoch nur dann, wenn die anzurechnende Leistung an die **wirtschaftliche Entwicklung** angepasst wird. Darunter fallen ua. die jährlichen Erhöhungen der Leistungen der gesetzlichen RV gem. § 65 iVm. § 68 SGB VI[2]. Das Auszehrungsverbot greift dagegen nicht, wenn die anzurechnende Leistung aus **anderen Gründen** erhöht wird. Tritt beispielsweise eine höhere volle Rente wegen Erwerbsminderung oder eine höhere vorgezogene Altersrente an die Stelle einer niedrigeren Rente wegen teilweiser Erwerbsminderung, so kann der höhere Rentenbetrag angerechnet werden. In diesem Fall können sich die vom ArbGeb aufzubringenden Leistungen verringern. 5

Das Auszehrungsverbot gilt nur für **laufende Leistungen**, nicht jedoch für Anwartschaften[3]. Das Auszehrungsverbot ist ausnahmsweise auch während der Anwartschaftsphase zu beachten, wenn die Versorgungsanwartschaft bei Ausscheiden aus betriebsbedingten Gründen aufrechterhalten bleibt und bei der Ermittlung der Versorgungsobergrenze unterschiedliche Zeitpunkte für die Wertberechnung von Anwartschaft und SozV-Rente zugrunde gelegt werden[4]. Durch die Anrechnung anderweitiger Versorgungsleistungen können sich aber auch sog. Null-Leistungen ergeben[5], wenn durch die Entwicklung anzurechnender Versorgungsleistungen der definierte Versorgungsbedarf bereits abgedeckt wird. Nach Auffassung des BAG darf der ArbGeb aber Versorgungsleistungen nicht von vornherein so konzipieren, dass die Versorgungsanwartschaft bis zum Eintritt des Versorgungsfalles in der Regel durch den steigenden anderweitigen Versorgungsbezug aufgezehrt wird[6]. 6

Für Angestellte des öffentlichen Dienstes, die Anspruch auf eine dynamische Gesamtversorgung haben, gilt gem. § 18 Abs. 1 das Auszehrungsverbot des § 5 nicht[7]. Nach § 17 Abs. 1 Satz 1 kann in TV vom Auszehrungsverbot abgewichen werden. Dabei reicht es aus, wenn sich eine solche Abweichung zweifelsfrei aus der tariflichen Regelung ergibt[8]. 7

2. Anrechnung anderweitiger Versorgungsbezüge. Eine Anrechnung anderweitiger Versorgungsbezüge ist möglich, wenn sie in der Versorgungsregelung vorgesehen ist. Die Anrechnung bedarf einer **besonderen und eindeutigen Rechtsgrundlage**, anderenfalls ist sie nicht zulässig[9]. 8

Abs. 2 beschränkt die Anrechenbarkeit anderweitiger Versorgungsbezüge. Versorgungsbezüge, die auf eigenen Beiträgen des Versorgungsempfängers beruhen, dürfen nicht angerechnet werden. Hierzu gehören etwa private Lebensversicherungen und Versorgungsleistungen von Berufsverbänden[10]. Von diesem Grundsatz macht das Gesetz eine Ausnahme. **Renten aus der gesetzlichen RV**, soweit sie auf Pflichtbeiträgen beruhen, dürfen **voll** angerechnet werden, denn Pflichtbeiträge zur gesetzlichen RV haben ArbGeb und ArbN regelmäßig zu gleichen Teilen aufzubringen. Gleiches gilt für sonstige Bezüge, die mindestens zur Hälfte auf Beiträgen oder Zuschüssen des ArbGeb beruhen. Dies betrifft idR. Leistungen aus einer Pensionskasse oder einer Direktversicherung. 9

Eine auf Pflichtbeiträgen beruhende SozV-Rente kann selbst dann angerechnet werden, wenn der Versorgungsberechtigte die Wartezeit für die SozV-Rente mit **freiwilligen Beiträgen** erfüllt hat. Allerdings darf dann der Teil der SozV-Rente, der auf den freiwilligen Beiträgen beruht, nicht angerechnet werden[11]. Auch **ausländische Pflichtversicherungsrenten** sind anrechenbar[12]. Anrechenbar sind ferner Renten aus der **gesetzlichen Unfallversicherung**. Nicht anrechenbar ist dabei jedoch derjenige Teil der Rente, der die Funktion eines Schmerzensgeldes hat. Dazu gehört mindestens die Grundrente nach dem Bundesversorgungsgesetz[13]. Anrechenbar sind schließlich auch anderweitige **Erwerbseinkünfte** und **Karenzentschädigungen** aus nachvertraglichen Wettbewerbsverboten. Auch in diesen Fällen muss aber die anzurechnende Leistung in der Versorgungsregelung eindeutig bezeichnet sein[14]. Zulässig ist es deshalb, ein Arbeitseinkommen anzurechnen, welches der Berechtigte bei seinem ArbGeb oder einem anderen nach Eintritt des Versorgungsfalles bezieht[15]. Ebenso können Karenzentschädigungen für die Einhaltung eines nachvertraglichen Wettbewerbsverbotes angerechnet werden. Nach Auffassung des BAG endet ein Wettbewerbsverbot und damit die Pflicht zur Zahlung einer Karenzentschädigung nicht mit Eintritt in den Ruhestand, und zwar auch dann nicht, wenn eine Betriebsrente gezahlt wird[16]. Zulässig ist es aber zu vereinbaren, dass die Karenzentschädigung dann auf die Betriebsrente anzurechnen ist[17]. Für die Anrechnung anderweitiger Leistungen, die keinen Versor- 10

---

[1] BAG v. 13.7.1978 – 3 AZR 873/77, NJW 1979, 831. | [2] *Höfer*, § 5 BetrAVG Rz. 2410. | [3] *Ahrend/Förster/Rühmann*, § 5 BetrAVG Rz. 2; *KKBBP*, § 5 BetrAVG Rz. 3. | [4] BAG v. 20.3.1984 – 3 AZR 22/82, AP Nr. 15 zu § 5 BetrAVG; vgl. aber auch BAG v. 20.11.1975 – 3 AZR 566/74, BB 1976, 364. | [5] LAG Hamm v. 23.11.1977 – 11 Sa 953/77, DB 1978, 304; LAG Düsseldorf v. 7.5.1980 – 16 Sa 29/80, 1980, 2090. | [6] BAG v. 18.12.1975 – 3 AZR 58/75, AP Nr. 170 zu § 242 BGB – Ruhegehalt. | [7] BAG v. 28.6.1983 – 3 AZR 94/81, DB 1983, 2786; BVerfG v. 22.3.2000 – 1 BvR 1136/96, NJW 2000, 3341. | [8] BAG v. 10.3.1992 – 3 AZR 352/91, NZA 1992, 935; v. 5.10.1999 – 3 AZR 230/98, NZA 2000, 839. | [9] BAG v. 5.9.1989 – 3 AZR 654/87, NZA 1990, 269. | [10] BAG v. 22.2.2000 – 3 AZR 39/99, NZA 2001, 541. | [11] BAG v. 19.2.1976 – 3 AZR 212/75, DB 1976, 1237. | [12] BAG v. 24.4.1990 – 3 AZR 309/88, NZA 1990, 936. | [13] BAG v. 2.2.1988 – 3 AZR 115/86, DB 1988, 1273. | [14] BAG v. 5.9.1989 – 3 AZR 654/87, NZA 1990, 269. | [15] *Höfer*, § 5 BetrAVG Rz. 2388. | [16] BAG v. 30.10.1984 – 3 AZR 213/82, AP Nr. 46 zu § 74 BGB. | [17] BAG v. 26.2.1985 – 3 AZR 182/84, AP Nr. 30 zu § 611 BGB – Konkurrenzklausel.

gungscharakter haben, gelten im Übrigen die allgemeinen Grundsätze. Es ist also das Willkürverbot zu beachten und der Gleichbehandlungsgrundsatz anzuwenden[1]. Nicht unbedenklich ist deshalb die Anrechnung von Privatvermögen oder Versicherungsleistungen.

11 Gesetzlich nicht geregelt ist, ob Leistungen aus einer **Entgeltumwandlung** oder aus **Eigenbeiträgen** angerechnet werden dürfen. Die ist zu verneinen, weil hier der Versorgungsberechtigte zumindest wirtschaftlich eigene Aufwendungen leistet, sei es durch Gehaltsverzicht oder Einbringung eigener Beiträge in das Versorgungswerk des ArbGeb. Würde man diese Leistungen dennoch anrechnen, dürfte der Gleichbehandlungsgrundsatz verletzt sein, weil ArbN, die ihr Entgelt außerhalb des Arbeitsverhältnisses zu Zwecken der Eigenvorsorge anlegen, keiner Anrechnung ausgesetzt wären. Dagegen können andere betriebliche arbeitgeberfinanzierte Leistungen angerechnet werden. Sie rühren aus dem selben Versorgungsverhältnis her und müssen deshalb als Einheit verstanden werden. Der ArbGeb darf deshalb zB Leistungen aus einer Direktversicherung auf Ansprüche aus einem unmittelbaren Versorgungsversprechen anrechnen.

12 **III. Rechtsfolge eines Verstoßes gegen das Auszehrungs- und Anrechnungsverbot.** Der Verstoß gegen die Regelungen in den Absätzen 1 und 2 in einer vertraglichen Vereinbarung führt zu deren Unwirksamkeit nach § 134 BGB. Der Versorgungsberechtigte kann die entsprechenden Differenzbeträge nachfordern. Hat der ArbGeb widerrechtlich Unfallrenten auf die betrAV angerechnet, so führt dies ebenfalls zu einer Nachzahlungspflicht[2].

6 Vorzeitige Altersleistung

Einem Arbeitnehmer, der die Altersrente aus der gesetzlichen Rentenversicherung vor Vollendung des 65. Lebensjahres als Vollrente in Anspruch nimmt, sind auf sein Verlangen nach Erfüllung der Wartezeit und sonstiger Leistungsvoraussetzungen Leistungen der betrieblichen Altersversorgung zu gewähren. Fällt die Altersrente aus der gesetzlichen Rentenversicherung wieder weg oder wird sie auf einen Teilbetrag beschränkt, so können auch die Leistungen der betrieblichen Altersversorgung eingestellt werden. Der ausgeschiedene Arbeitnehmer ist verpflichtet, die Aufnahme oder Ausübung einer Beschäftigung oder Erwerbstätigkeit, die zu einem Wegfall oder zu einer Beschränkung der Altersrente aus der gesetzlichen Rentenversicherung führt, dem Arbeitgeber oder sonstigen Versorgungsträger unverzüglich anzuzeigen.

I. Einführung 1	a) Verringerte Anzahl von Steigerungsbeträgen 16
II. Bezug des betrieblichen Ruhegeldes vor Vollendung des 65. LJ 4	b) Quasiratierlicher Abschlag bei fehlender Regelung 17
1. Inanspruchnahme der gesetzlichen Altersrente 5	c) Versicherungsmathematischer Abschlag . . . 20
2. Erfüllung der Wartezeit 8	2. Höhe bei Ausscheiden mit unverfallbarer Anwartschaft 21
3. Sonstige Leistungsvoraussetzungen 9	a) Kürzere Betriebszugehörigkeit 22
4. Zahlungsverlangen des Arbeitnehmers . . . 10	b) Ratierliche Kürzung 28
III. Wegfall der Leistung 12	c) Längere Laufzeit, höhere Erlebenswahrscheinlichkeit, Zinslast 29
IV. Höhe vorzeitiger Leistungen 14	3. Hinterbliebenenrente und Invaliditätsleistungen 31
1. Berechnung bei vorgezogener Inanspruchnahme 15	

Lit.: *Bepler*, Die vorgezogene Betriebsrente des vorzeitig Ausgeschiedenen, FS Förster, S. 237; *Berenz*, Gleichbehandlung und Altersgrenze in der betrieblichen Altersversorgung, BB 1996, 530; *Berenz*, Berechnung von vorzeitigen betrieblichen Altersversorgungsleistungen bei Insolvenzsicherung durch den PSV, DB 2001, 2346; *Blomeyer*, Berechnung einer vorzeitigen Betriebsrente auf Grund einer unverfallbaren Versorgungsanwartschaft, ZIP 2001, 225; *Grabner/Bode*, Neue BAG-Rechtsprechung zur vorgezogenen betrieblichen Altersrente im Widerspruch zur arbeitsrechtlichen Gleichbehandlung, BB 2001, 2425; *Grabner/Mey*, Anm. zu BAG, Urteil vom 24.7.2001 - 3 AZR 681/00, DB 2002, 591; *Heubeck/Oster*, Zur mehrfachen Kürzung bei vorzeitiger Altersrente und bei Besitzständen, BetrAV 2001, 230; *Höfer*, Zur Bemessung der unverfallbaren Anwartschaft auf vorzeitige Altersleistungen, BetrAV 2001, 454; *Höfer*, Neues vom BAG zur Unverfallbarkeit, DB 2001, 2045; *Neumann*, Anm. zu BAG, Urteil vom 21.3.2000 - 3 AZR 93/99, BB 2001, 838; *Neumann*, Einmal betriebliches Ausscheiden – zweimal Betriebsrentenkürzung?, FS Förster 2001, S. 219; *Schipp*, Vorgezogenes Altersruhegeld, NZA 2002, 1113; *Schumann*, EWiR 2001, 8.

1 **I. Einführung.** § 6 ermöglicht dem Versorgungsberechtigten, schon vor Vollendung des 65. LJ betriebliches Ruhegeld in Anspruch zu nehmen, wenn gleichzeitig die Voraussetzungen für den Bezug einer Rente aus der gesetzlichen RV vor Vollendung des 65. LJ erfüllt sind. Nicht jeder Bezug von betrieblichem Ruhegeld vor Vollendung des 65. LJ beinhaltet eine vorzeitige Leistung iSd. § 6. Legt die Versorgungszusage eine frühere, vor Vollendung des 65. LJ liegende **feste** Altersgrenze fest, so können schon ab dem Erreichen dieser Altersgrenze betriebliche **Ruhegelder ungekürzt** in Anspruch genommen werden. Es handelt sich dann nicht um vorgezogene betriebliche Leistungen, selbst wenn die gesetzliche Rente nur als vorgezogenes Ruhegeld bezogen werden kann.

---

1 *Höfer*, § 6 Rz. 2308. | 2 *Ahrend/Förster/Rühmann*, § 5 BetrAVG Rz. 20.

§ 30a greift die Rspr. des EuGH zur Gleichbehandlung von Männern und Frauen bei Entgeltleistungen[1] auf. Darin ist bestimmt, dass Männern für nach dem 17.5.1990 abgeleistete Dienstzeiten eine vorzeitige Altersrente zu gewähren ist, wenn sie die für Frauen geltenden Anspruchsvoraussetzungen für eine vorzeitige gesetzliche Altersrente sowie die Leistungsvoraussetzungen der Versorgungszusage erfüllen.

§ 6 verlangt, dass der ArbN aus der gesetzlichen RV eine **Vollrente** bezieht; eine Teilrente genügt nicht. Eine Vollrente wird aber auch dann bezogen, wenn die SozV-Rente wegen vorzeitiger Inspruchnahme nur mit Abschlägen (0,3 % für jeden Monat des vorzeitigen Bezugs) gezahlt wird.

II. Bezug des betrieblichen Ruhegeldes vor Vollendung des 65. LJ. § 6 bezieht sich nur auf betriebliches Altersruhegeld, nicht auch auf Invaliditäts- und Hinterbliebenenleistungen[2]. Die Möglichkeit, auch betriebliche Ruhegeldleistungen vorzeitig in Anspruch zu nehmen, besteht selbst dann, wenn dies in der Versorgungsregelung **nicht vorgesehen** ist. Allerdings muss der Versorgungsberechtigte die übrigen Anspruchsvoraussetzungen für das betriebliche Ruhegeld erfüllen, insb. eine etwaige Wartezeit abgeleistet haben[3].

1. Inspruchnahme der gesetzlichen Altersrente. Gesetzlichen Anspruch auf vorzeitige Ruhegeldleistungen hat nur, wer die gesetzliche Altersrente **tatsächlich in Anspruch nimmt**. Der ArbN muss dem ArbGeb die Inspruchnahme der gesetzlichen Altersrente nachweisen. Dies geschieht in der Regel durch Vorlage eines Rentenbescheides. Oftmals verzögern sich allerdings die Rentenzahlungen des SozV-Trägers aus beim Versorgungsträger liegenden Gründen, die der Anspruchsberechtigte nicht beeinflussen kann. Der Rentenbescheid des RV-Trägers weist dann aber als Zeitpunkt des Eintritts des Versorgungsfalles das Datum aus, zu dem alle für den vorzeitigen Rentenbezug notwendigen Voraussetzungen erfüllt waren. Der ArbN hat dann ggf. einen Anspruch auf Rentennachzahlung gegenüber seinem ArbGeb.

Zu den im Gesetz genannten **gesetzlichen Altersrenten**, die einen vorzeitigen Anspruch auf betriebliches Ruhegeld auslösen können, gehören die Altersrente für langjährig Versicherte (§ 36 SGB VI), die Altersrente für Schwerbehinderte (§ 37 SGB VI) und die Altersrente für langjährig Untertage beschäftigte Bergleute (§ 40 SGB VI). Noch zeitlich befristete Sonderregelungen gibt es für langjährig Versicherte (§ 236 SGB VI), Schwerbehinderte (§ 236a SGB VI), Arbl. sowie ATZ-Ler (§ 237 SGB VI) und für Frauen (§ 237a SGB VI). Erfasst sind bestimmte Geburtsjahrgänge mit bestimmter Anzahl von Versicherungsjahren. § 45 Abs. 1 SGB VI sieht daneben noch eine besondere Rente für Bergleute vor; sie ist keine Altersrente iSd. § 6.

Leistungen aus einer **befreienden Lebensversicherung** stehen der Inspruchnahme der gesetzlichen Rente nicht gleich[4]. Anders verhält sich dies bei **berufsständischen Pflichtversorgungswerken**, zu denen aufgrund öffentlich-rechtlicher Bestimmungen Pflichtbeiträge zu entrichten sind. Sie treten an die Stelle der gesetzlichen RV iSd. §§ 36 bis 40 SGB VI. Die Inspruchnahme vorzeitiger Renten aus diesen Versorgungswerken berechtigt deshalb auch zum Leistungsbezug eines betrieblichen Ruhegeldes[5].

2. Erfüllung der Wartezeit. Vorzeitige betriebliche Ruhegeldleistungen kann nicht beanspruchen, wer nach der Altersversorgungszusage eine abzuleistende Wartezeit noch nicht erfüllt hat. Der ArbGeb kann die Wartezeit frei bestimmen. Sie darf ohne weiteres **länger** bemessen sein als die gesetzlichen Unverfallbarkeitsfristen[6]. Hat der ArbN bis zum Bezug der vorgezogenen gesetzlichen Rente die Wartezeit noch nicht erfüllt, so führt dies aber keineswegs zu einem Leistungsausschluss. Vielmehr kann er, wenn das nach der Versorgungszusage nicht ausgeschlossen ist, auch nach seinem Austritt die Wartezeit **noch erfüllen**[7]. Betriebliche Ruhegeldleistungen sind ihm dann ab dem Zeitpunkt zu gewähren, ab dem die Wartezeit erfüllt ist[8]. Nach Auffassung des BAG kommt es nicht darauf an, ob der ArbN bei Ausscheiden aus den Diensten des ArbGeb und anschließendem Eintritt in den Ruhestand die Unverfallbarkeitsfrist des § 1b bereits erfüllt hatte. Auch wenn er die Wartezeit noch nicht erfüllt hat, ist er nicht als Versorgungsanwärter zu betrachten[9]. Keine Betriebsrentenleistungen kann er allerdings dann beanspruchen, wenn die Wartezeit auch nicht bis zur Vollendung des 65. LJ oder einer früheren festen Altersgrenze erfüllt werden kann. In diesem Falle wirkt die Wartezeit anwartschaftsausschließend.

3. Sonstige Leistungsvoraussetzungen. Sonstige in der Versorgungszusage genannte Leistungsvoraussetzungen müssen ebenfalls erfüllt sein. Dazu zählt regelmäßig, dass der ArbN tatsächlich aus den Diensten seines ArbGeb **ausgeschieden** ist oder sogar jedwede **Erwerbstätigkeit aufgegeben** hat. Nicht erforderlich ist, dass die Unverfallbarkeitsfristen des § 1 erfüllt werden. Darauf kommt es ohnehin nicht an, wenn der ArbN aus Anlass des Versorgungsfalles aus den Diensten des ArbGeb ausgeschieden ist[10].

4. Zahlungsverlangen des ArbN. Der **Versorgungsberechtigte** muss von seinem ArbGeb Versorgungsleistungen verlangen. Er muss also initiativ werden. Der ArbGeb ist nicht von sich aus verpflichtet, vorzeitige Leistungen zu gewähren. Form und Frist des Leistungsverlangen richten sich nach der Versor-

---

[1] EuGH v. 17.5.1990 – Rs. C-262/88 (Barber), NZA 1990, 775. | [2] *Blomeyer/Otto*, § 6 BetrAVG Rz. 15; *Höfer*, § 6 BetrAVG Rz. 2493. | [3] Vgl. *Höfer*, § 6 BetrAVG Rz. 2488 f. | [4] *Blomeyer/Otto*, § 6 BetrAVG Rz. 27; LAG Rh.-Pf. v. 24.7.1990 – 3 Sa 254/90, NZA 1991, 939. | [5] AA *Höfer*, § 6 BetrAVG Rz. 2538.1; *KKBBP*, § 6 BetrAVG Rz. 7. | [6] BAG v. 9.3.1982 – 3 AZR 389/79, DB 1982, 2089. | [7] BAG v. 21.6.1979 – 3 AZR 232/78, BB 1980, 210. | [8] BAG v. 28.2.1989 – 3 AZR 470/87, NZA 1989, 935. | [9] BAG v. 28.2.1989 – 3 AZR 470/87, NZA 1989, 935. | [10] BT-Drs. 7/1281, 30.

gungszusage. Soweit unmittelbare Rechtsbeziehungen zwischen dem ArbN und einem die Altersversorgung durchführenden selbstständigen Versorgungsträger bestehen – in Betracht kommen insoweit die Pensionskasse, der Pensionsfonds, die Unterstützungskasse sowie die Direktversicherung mit unwiderruflichem Bezugsrecht des ArbN – kann sich das Verlangen auch gegen den Versorgungsträger selbst richten[1]. Zuständiger Adressat bei der Insolvenz des ArbGeb ist der PSVaG[2].

11   Der Anspruch unterliegt der Verjährung und Verwirkung[3].

12   **III. Wegfall der Leistungen.** Fallen die Voraussetzungen für den Bezug der gesetzlichen Altersrente weg, endet auch die Verpflichtung zur Zahlung vorzeitiger betrieblicher Ruhegelder. Dies kommt insb. dann in Betracht, wenn der ArbN durch eine entgeltliche Tätigkeit die gesetzlichen **Hinzuverdienstgrenzen überschreitet** (§ 34 Abs. 2 iVm. Abs. 3 Nr. 1 SGB VI) und deshalb keine (Voll-)Rente aus der SozV beziehen kann. Der Wegfall der gesetzlichen Altersrente führt nicht zu einem endgültigen Leistungsausschluss in der betrAV. Bezieht der ArbN erneut eine Rente aus der gesetzlichen RV, kann er ebenfalls die **Wiederaufnahme** der betrieblichen Ruhegeldzahlungen verlangen. Die betrieblichen Ruhegeldleistungen können auch dann eingestellt werden, wenn die gesetzliche Altersrente auf einen Teilbetrag beschränkt wird. Der Wegfall der gesetzlichen Vollrente verpflichtet den ArbGeb nicht zur Leistungseinstellung. § 6 Satz 2 räumt ihm hierzu lediglich die Möglichkeit ein. Dies ist letztlich nur eine rechtliche Selbstverständlichkeit. Denn das BetrAVG hindert den ArbGeb nicht, über das gesetzlich festgeschriebene Mindestmaß hinaus günstigere Regelungen zu treffen.

13   Wird nach der Versorgungsregelung ein **Kapitalbetrag** geschuldet, so gewährt der Wegfall der gesetzlichen Altersrente kein teilweises Rückforderungsrecht. Der ArbN kann vielmehr die Kapitalleistung vollumfänglich behalten[4]. Der ausgeschiedene ArbN hat nach § 6 Satz 3 **Informationsverpflichtungen**. Er muss den ArbGeb darüber unaufgefordert unterrichten, wenn die Voraussetzungen für den vorzeitigen Bezug des betrieblichen Altersruhegeldes entfallen sind. Unterbleibt eine Information, kommen Rückzahlungsverpflichtungen und Schadenersatzleistungen in Betracht.

14   **IV. Höhe vorzeitiger Leistungen.** Gesetzlich ist nicht geregelt, in welcher Höhe der ArbN vorzeitige Leistungen verlangen kann[5]. Versorgungsregelungen können vorsehen, dass für den vorzeitigen Bezug von der Vollrente **Abschläge** vorzunehmen sind. Derartige Abschläge sind insb. deshalb gerechtfertigt, weil durch den vorzeitigen Bezug des Ruhegeldes die Gesamtaufwendungen nicht ausgeweitet werden sollen. Durch den voraussichtlich längeren Bezug des Ruhegeldes sollen insb. keine finanziellen Vorteile erwachsen[6]. Es gilt deshalb, der kürzeren Dienstzeit des Versorgungsberechtigten, der voraussichtlich längeren Bezugsdauer, der höheren Erlebenswahrscheinlichkeit und der Zinslast aus der vorzeitigen Zahlung Rechnung zu tragen[7].

15   **1. Berechnung bei vorgezogener Inanspruchnahme.** Tritt der Versorgungsberechtigte **unmittelbar** aus dem Arbeitsverhältnis heraus in den Ruhestand, sind verschiedene Rechenschritte vorzunehmen, um zu angemessenen vorzeitigen betrieblichen Ruhestandsleistungen zu gelangen.

16   **a) Verringerte Anzahl von Steigerungsbeträgen.** Sieht eine Versorgungszusage jährliche Steigerungsbeträge oder zu erdienende jährliche Rentenbausteine vor, kann die Höhe des Ruhegeldes so bestimmt werden, dass aufsteigend die bis zur vorzeitigen Verrentung erreichten Steigerungsbeträge oder Bausteine angesetzt werden[8]. Damit wird der verringerten Betriebszugehörigkeit Rechnung getragen.

17   **b) Quasiratierlicher Abschlag bei fehlender Regelung.** Oftmals fehlen in Versorgungszusagen Regelungen über die Bemessung der vorzeitigen Ruhegeldleistungen. Dies kann darauf beruhen, dass bei Schaffung der Versorgungsregelung noch keine rechtliche Möglichkeit der vorzeitigen Inanspruchnahme bestand oder aber die Inanspruchnahme vorzeitiger Leistungen einfach nicht bedacht wurde. Ist die Versorgungsregelung insoweit lückenhaft, lässt das BAG eine **dienstzeitabhängige Quotierung** der zugesagten Vollrente entsprechend § 2 Abs. 1 zu[9]. Dabei lässt das BAG die längere Rentenbezugsdauer und die Zinsbelastung unberücksichtigt und gesteht dem ArbGeb eine Kürzungsmöglichkeit nur für die fehlende Dienstzeit zu.

18   Die Kürzung wegen der vorzeitigen Inanspruchnahme erfolgt daher im Verhältnis der **tatsächlichen Betriebszugehörigkeit** bis zum Eintritt des Versorgungsfalles zur **möglichen Betriebszugehörigkeit** bis zum vollendeten 65. LJ oder einer früheren festen Altersgrenze.

19   Eine solche dienstzeitabhängige Quotierung kann natürlich auch Inhalt der Versorgungszusage sein. Sie gilt im Übrigen auch dann, wenn eine anderweitige Regelung wegen Missachtung der Mitbest. des BR unwirksam ist[10].

---

1 *Ahrend/Förster/Rühmann*, § 6 BetrAVG Rz. 14. |2 BGH v. 9.6.1980 – II ZR 255/78, NJW 1980, 2257. |3 *Ahrend/Förster/Rühmann*, § 6 BetrAVG Rz. 14. |4 *Höfer*, § 6 BetrAVG Rz. 2581. |5 BAG v. 29.7.1997 – 3 AZR 134/96, NZA 1998, 544; v. 23.1.2001 – 3 AZR 164/00, BB 2001, 1854; v. 24.7.2001 – 3 AZR 684/00, BB 2001, 1688. |6 BAG v. 22.4.1986 – 3 AZR 496/83, NZA 1986, 746; v. 23.1.2001 – 3 AZR 164/00, BB 2001, 1854. |7 *Höfer*, § 6 BetrAVG Rz. 2617. |8 BAG v. 23.1.2001 – 3 AZR 164/00, BB 2001, 1854; v. 1.6.1978 – 3 AZR 216/77, BAGE 33, 333. |9 BAG v. 20.4.1982 – 3 AZR 1137/79 und v. 24.6.1986 – 3 AZR 630/84, AP Nr. 4 und 12 zu § 6 BetrAVG. |10 BAG v. 24.6.1986 – 3 AZR 630/84, AP Nr. 12 zu § 6 BetrAVG.

c) Versicherungsmathematischer Abschlag. Um eine Wertgleichheit zwischen vorzeitigen und Regelaltersleistungen zu erreichen lässt die Rspr.[1] zu, dass die Versorgungszusage versicherungsmathematische Abschläge vorsieht. Nachträglich kann ein solcher Abschlag nicht eingeführt werden[2]. Bei laufenden Renten sind gewöhnlich **Kürzungsfaktoren von 0,3 bis 0,5 % für jeden Monat der vorzeitigen Inanspruchnahme** vereinbart. Eine derartige Kürzung gestattet das BAG auch ausnahmsweise dem PSVaG bei der Zahlung vorzeitiger Rentenleistungen[4], selbst wenn die Versorgungszusage einen versicherungsmathematischen Abschlag nicht enthält. Es sind auch andere Kürzungsmöglichkeiten denkbar. Dabei muss der arbeitsrechtliche Gleichbehandlungsgrundsatz berücksichtigt werden. Bezieher vorzeitiger Ruhegelder dürfen nicht sachwidrig bevorzugt oder benachteiligt werden[5]. 20

Ausscheiden mit unverfallbarer Anwartschaft. Vorzeitige betriebliche Ruhegeldleistungen kann AN auch dann verlangen, wenn er vor Eintritt des Versorgungsfalles mit einer unverfallbaren Versorgungsanwartschaft ausgeschieden ist. Die Voraussetzungen für einen vorzeitigen Bezug müssen natürlich auch hier erfüllt sein. Allerdings besteht auch hier das Bedürfnis, die zugesagte Leistung zu mindern, um die durch die vorgezogene Inanspruchnahme gestörte Wertgleichheit herzustellen. 21

Betriebszugehörigkeit. Zunächst hielt das BAG **bis zu 3 Kürzungen** des Ruhegeldes bei vorzeitiger Inanspruchnahme für zulässig. Eine erste Kürzung konnte eintreten, weil der Versorgungsberechtigte der Versorgungszusage vorgesehen Steigerungsbeträge für die Zeit zwischen dem vorzeitigen Versorgungsfall und der Altersgrenze nicht mehr erreichen konnte. Eine weitere Kürzung war durch einen versicherungsmathematischen Abschlag wegen der früheren Inanspruchnahme möglich. Eine weitere Kürzung ergab sich schließlich aus § 2 Abs. 1, weil der Berechtigte schon vor der Pensionierung mit unverfallbarer Versorgungsanwartschaft ausgeschieden war[6]. Davon ist das BAG mit Urteil vom 23.1.2001 **abgerückt**. Das betriebliche Ruhegeld dürfe wegen der kürzeren Betriebszugehörigkeit nicht zweimal gekürzt werden. Eine dienstzeitbezogene Kürzung ergebe sich schon aus der geringeren Anzahl von Steigerungsbeträgen oder der quasiratierlichen Berechnung des Anspruchs entsprechend § 2 Abs. 1. Sei der Berechtigte mit unverfallbarer Anwartschaft vor dem Versorgungsfall ausgeschieden, werde mit der ratierlichen Berechnung nach § 2 Abs. 1 der kürzeren Dienstzeit noch einmal Rechnung getragen. Denn als mögliche Betriebszugehörigkeit iSd. § 2 Abs. 1 werde nicht nur die Zeit bis zur vorzeitigen Inanspruchnahme, sondern vielmehr die gesamte Phase bis zur Altersgrenze veranschlagt. Da die ratierliche Berechnung nach § 2 Abs. 1 gesetzlich vorgeschrieben ist, müsste von der bis zum Erreichen der Altersgrenze (vollendetes 65. LJ oder frühere feste Altersgrenze) vorgesehenen Leistungshöhe[7] ausgegangen werden[8]. Die Rechtsprechungsänderung des BAG ist auf vielfältige Kritik gestoßen[9]. Der Ruhegeldsenat unterstellt, mit der Formulierung „wegen Erreichens der Altersgrenze" in § 2 Abs. 1 Halbs. 1 sei stets die erst bei Erreichen des Endalters (im Regelfall Vollendung des 65. LJ) vorgesehene Leistung gemeint. Von einer „festen" Altersgrenze ist dort aber nicht die Rede. Das BAG geht damit davon aus, der Gesetzgeber habe nicht zwischen einer „flexiblen" und einer „festen" Altersgrenze unterscheiden können. Im weiteren Text des § 2 Abs. 1 ist aber von der „festen" Altersgrenze die Rede; die Begrifflichkeiten waren dem Gesetzgeber also wohl bekannt. Auch aus den Gesetzesmaterialien kann nicht entnommen werden, dass vorgezogene Altersruhegeldleistungen nicht als „ohne das vorherige Ausscheiden zustehende Leistung" zu verstehen sind[10]. Gerade weil der Gesetzgeber den Begriff der festen Altersgrenze kennt, kann mit der nicht näher spezifizierten Altersgrenze in § 2 Abs. 1 Satz 1 Halbs. 1 nur gemeint sein, dass sowohl eine Rente wegen Erreichens einer vorzeitigen als auch einer festen Altersgrenze erfasst sein soll[11]. Ist auch das vorgezogene Altersruhegeld als „ohne das vorherige Ausscheiden zustehende Leistung" zu verstehen, kann man der Anwartschaftsberechnung nicht das volle, erst bei Erreichen der Altersgrenze vorgesehene Ruhegeld zugrunde legen. 22

Das Argument der zweifachen Kürzung wegen der kürzeren Betriebszugehörigkeit trifft zu. Bei der Berechnung der „Als-ob"-Leistung wird die kürzere Betriebszugehörigkeit bereits berücksichtigt, wenn nur der bis zum Eintritt in den vorgezogenen Ruhestand mögliche Versorgungsanspruch zu Grunde gelegt wird. Beim nach § 2 Abs. 1 zu berücksichtigenden Zeitwertfaktor wird aber ebenfalls die kürzere tatsächliche Betriebszugehörigkeit mindernd zur Berechnung der Anwartschaft einbezogen. Allerdings kann dies auch als gesetzgeberischer Wille verstanden werden. Das BAG selbst hat verschiedentlich betont, dass das Gesetz eine Gleichstellung von Betriebsrentner und -anwärter nicht vorsehe[12]. Vielfach 23

---

1 BAG v. 13.3.1990 – 3 AZR 338/89, NZA 1990, 692; v. 12.3.1991 – 3 AZR 102/90, NZA 1991, 771; v. 23.1.2001 – 3 AZR 164/00, BB 2001, 1854. | 2 BAG v. 24.6.1986 – 3 AZR 630/84, AP Nr. 12 zu § 6 BetrAVG. | 3 BAG v. 23.1.2001 – 3 AZR 164/00, BB 2001, 1854. | 4 BAG v. 20.4.1982 – 3 AZR 1137/79, AP Nr. 4 zu § 6 BetrAVG; v. 13.3.1990 – 3 AZR 338/89, AP Nr. 17 zu § 6 BetrAVG. | 5 Höfer, § 6 BetrAVG Rz. 2612; BAG v. 29. 7. 1997 – 3 AZR 114/96, NZA 1998, 543. | 6 BAG v. 13.3.1990 – 3 AZR 338/89, NZA 1990, 692; v. 12.3.1991 – 3 AZR 102/90, NZA 1991, 771. | 7 BAG v. 23.1.2001 – 3 AZR 164/00, BB 2001, 1854; v. 24.7.2001 – 3 AZR 684/00, BB 2001, 1688. | 8 Kritisch zur neuen Rspr. des BAG: Höfer, RdA 2001, 121; Grabner/Bode, BB 2001, 2425. | 9 Vgl. Höfer, BetrAV 2001, 454 und DB 2001, 2045; Schumann, EWiR 2001, 8; Berenz, DB 2001, 2346; Blomeyer, ZIP 2001, 225; Grabner/Mey, DB 2002, 591; Grabner/Bode, BB 2001, 2425; Schipp, NZA 2002, 1113; Heubeck/Oster, BetrAV 2001, 230; aA Neumann, BB 2001, 838. | 10 BT-Drs. 7/1281, S. 29. | 11 So auch Berenz, DB 2001, 2346; Grabner/Bode, BB 2001, 2425; Höfer, DB 2001, 2045; BetrAV 2001, 454. | 12 BAG v. 20.6.2000 – 3 AZR 491/98, KTS 2002,156.

24 Bei der Berechnung der Invalidenrente lässt das BAG die zweifache Kürzung wegen ei[...] Betriebszugehörigkeit zu[1]. Angesichts des eindeutigen Wortlauts des § 2 Abs. 1 stellt das BAG [...] nicht in Frage[2]. Es erklärt aber nicht überzeugend, weshalb der Gesetzgeber bei der Inanspr[...] einer Invalidenrente eine zweifache Kürzung vor der Berechnung nach § 2 Abs. 1 vorgesehen ha[...] vorgezogenen Altersrente eine solche Kürzung nicht gewollt haben soll. Nicht tragfähig ist die [...] dung, bei der Invaliditätsversorgung handele es sich um eine andere Versorgungsform, die zudem [...] Betracht komme, wenn der ArbGeb sie versprochen habe. Das ist auch bei dem Altersruhegeld a[...] chem der Fall. Angeführt wird, dass wegen des zeitlich unbestimmten Eintritts einer späteren Invalid[...] die Notwendigkeit bestanden habe, nach Einführung der gesetzlichen Unverfallbarkeit auch einen [...] verfallbarkeitswert für die Anwartschaft auf Invalidenrente festzulegen[3]. Aber auch bei der vorgezo[...] nen Altersrente ist der Zeitpunkt des Eintritts des Versorgungsfalles unbestimmt. Wesentliche Unter[...] schiede bestehen insoweit nicht. In der Praxis wird vielfach die Invalidenrente nach der gleichen Formel ermittelt wie das Altersruhegeld. Damit wird das ArbGebAnliegen verdeutlicht, für eine gleiche Betriebstreue auch gleich hohe Versorgungsleistungen zu gewähren[4]. Es dürfte auch schwer zu vermitteln sein, weshalb etwa ein 60-jähriger, der nach vorherigem Ausscheiden Invalidenrente in Anspruch nimmt, eine geringere Leistung erhält, als würde er stattdessen vorgezogenes Altersruhegeld beziehen.

25 Nicht geklärt ist, ob bei vorzeitigem Austritt mit unverfallbarer Anwartschaft wirklich eine Wertgleichheit der vorgezogenen Ruhegeldleistungen zu den Regelaltersleistungen gewährleistet ist. Ohne nähere Untersuchung geht das BAG davon aus, dass nicht nur die längere Rentenlaufzeit sondern auch entstehende Zinsverluste und die höhere Erlebenswahrscheinlichkeit abgedeckt würden[5]. Es verweist auf *Höfer*[6], der allerdings betont, dass Reduktionsfaktoren von 0,4 bis 0,5 % pro Monat der vorzeitigen Inanspruchnahme dann einen hinreichenden Ausgleich bieten, wenn „die bereits dienstzeitanteilig herabgesetzte Altersleistung" zugrundelegt wird[7]. *Höfer* spricht also die schon ratierlich entsprechend § 2 Abs. 1 gekürzte Rente an. Zum Teil wird darauf hingewiesen, dass in den gängigen versicherungsmathematischen Abschlägen Zinsverluste und größere Erlebenswahrscheinlichkeiten des Versorgungsfalles gerade nicht berücksichtigt seien[8]. Andere halten einen über 0,5 % liegenden Abschlag für erwägenswert[9]. Heubeck legt höhere versicherungsmathematische Abschläge zugrunde, wobei darauf hingewiesen wird, dass entscheidend sein könne, welche Leistungen neben einem Altersruhegeld zugesagt würden (zB Hinterbliebenenversorgung, Invaliditätsrente)[10]. Die Höhe eines angemessenen Abschlages ist vom Inhalt der Zusage abhängig. Werden keine Hinterbliebenenleistungen versprochen, muss ein höherer Kürzungsfaktor angesetzt werden, weil dann im Falle des Todes des Versorgungsberechtigten nicht einmal die niedrigere Hinterbliebenenversorgung anfällt. Kürzungsfaktoren um 0,7 % könnten dann angebracht sein[11]. Mit dem Hinweis auf gängige versicherungsmathematische Abschläge kommt man nicht weiter; dabei wird nämlich übersehen, dass ArbGeb von einem höheren versicherungsmathematischen Abschlag im Vertrauen auf den Fortbestand der bisherigen Rspr. abgesehen haben könnten[12].

26 Allerdings stellt sich die Frage nach der angemessenen Höhe versicherungsmathematischer Abschläge unabhängig davon, ob der Versorgungsberechtigte bis zum Rentenfall gearbeitet hat oder vorher ausgeschieden ist. Zu erwägen wäre, ob nicht besser vom Barwert der Verpflichtung auszugehen ist, die der ArbGeb bei Erreichen der Altersgrenze zu erfüllen hätte. Nimmt der Berechtigte vorzeitige Altersleistungen in Anspruch, müsste dies nach versicherungsmathematischen Grundsätzen umgerechnet werden. Damit wäre sichergestellt, dass die Verpflichtung des ArbGeb nicht ausgeweitet würde, umgekehrt der Berechtigte bekommt, was ihm zugesagt wurde. Eine solche Berechnung nach versicherungsmathematischen Grundsätzen wäre auch zumutbar. Wer vorzeitig ausscheidet und vor der Altersgrenze Ruhegeld in Anspruch nimmt, hat keinen Anlass davon auszugehen, mehr zu erhalten, als ginge er erst mit Erreichen der festen Altersgrenze in Pension. Er wird deshalb von vornherein mit solchen Berechnungen rechnen müssen, die das Ruhegeld wertmäßig auf das begrenzen, was zugesagt war.

27 Das BAG kann die neue Rspr. zur Berechnung von unverfallbaren Anwartschaften auf vorgezogenes Altersruhegeld nicht konsequent anwenden. Schon bei disproportionalen Versorgungszusagen führt die Rspr. zu Widersprüchen. Sagt der ArbGeb nicht einheitliche gleich bleibende, sondern allmählich anwachsende Steigerungsbeträge oder etwa einen verhältnismäßig niedrigen Sockelbetrag für die ersten Jahre

---

[1] BAG v. 21.8.2001 – 3 AZR 649/00. | [2] So auch BAG v. 21.8.2001 – 3 AZR 649/00. | [3] *Neumann*, FS Förster, 2001, S. 219, 234. | [4] Vgl. auch *Höfer*, BetrAV 2001, 454. | [5] BAG v. 24.7.2001 – 3 AZR 587/00, NZA 2002, 672. | [6] *Höfer*, § 6 BetrAVG Rz. 2643. | [7] *Höfer*, § 6 BetrAVG Rz. 2643. | [8] *Blomeyer*, ZIP 2001, 225, 227. | [9] *Berenz*, DB 2001, 2346. | [10] HHPRW, § 6 BetrAVG Rz. 121. | [11] *Andresen/Förster/Rößler/Rühmann*, Teil 9 A Rz. 1744; HHPRW, § 6 BetrAVG Rz. 126. | [12] So auch die Überlegung des BAG im Urt. v. 23.1.2002 – 3 AZR 164/00, DB 2001, 1887.

...eit und dann verhältnismäßig hohe Steigerungsbeträge für die darauf folgenden ... kommen, dass derjenige, der vor der vorzeitigen Pensionierung mit unverfallbarer ...ldet, ein höheres Ruhegeld erhält, als der bis zum Versorgungsfall durcharbeitende ...erfungen können sich bei Gesamtversorgungssystemen ergeben, wenn aufgrund ...hältnisse die anzurechnende SozV-Rente in den letzten Jahren überproportional ...ich zu zahlende Betriebsrente kann dann, wenn man auf die Vollrente bei Erreichen ...ellt, durchaus beträchtlich niedriger sein. Das BAG lässt deshalb in dem Grundsatz-...ausdrücklich offen, ob die aufgestellten Berechnungsgrundsätze auch für Gesamtver-... ähnlich ausgestaltete Versorgungszusagen oder für Zusagen gelten, die einmalige ...Aussicht stellen². Wie dann in solchen Fällen – vom BAG als untypische Fälle bezeich-...den soll, ist nicht entschieden und wird einer Klärung in jedem Streitfall überlassen³.

...ürzung. Der so errechnete Betrag ist im Verhältnis der Dauer der tatsächlichen Be- 28
...eit bis zum vorzeitigen Ausscheiden zur Dauer der möglichen Betriebszugehörigkeit
...ten 65. LJ oder einer früheren festen Altersgrenze ratierlich zu kürzen⁴. Bei der Be-
...Übrigen zu berücksichtigen, dass die Bemessungsgrundlagen auf den Zeitpunkt des
... dem ArbGeb festgeschrieben werden (§ 2 Abs. 5).

...aufzeit, höhere Erlebenswahrscheinlichkeit, Zinslast. Sieht die Versorgungszusage ei- 29
...erungsmathematischen Abschlag vor, darf dieser zum Ausgleich der verlängerten Renten-
...er erhöhten Erlebenswahrscheinlichkeit und des Zinsverlustes für die frühere Bereitstellung
...rsorgungsleistung angewendet werden. Der bei Vollendung des 65. Lebensjahres oder Erreichen
...n der Versorgungsregelung festgelegten früheren festen Altersgrenze mögliche Anspruch ist dann
...m den vereinbarten versicherungsmathematischen Abschlag zu reduzieren. Anschließend erfolgt die
ratierliche Kürzung gem. § 2.

Fehlt eine Kürzungsregelung in der Versorgungszusage, lässt das BAG einen sog. „unechten" oder „un- 30
technischen versicherungsmathematischen Abschlag"⁵ zu. Dabei wird die bis zur festen Altersgrenze
erreichbare Vollrente im Verhältnis der möglichen Dienstjahre bis zum Versorgungsfall zu der möglichen
Dienstzeit bis zur festen Altersgrenze quotiert. Auch unter dem Gesichtspunkt des Vertrauensschutzes
kommt eine solche Kürzung in Betracht: Hat nämlich der ArbGeb im Vertrauen auf die ältere Rspr. des
BAG einen versicherungsmathematischen Abschlag nicht vorgenommen, weil seiner Auffassung nach
die übrigen Kürzungsmöglichkeiten ausreichten, kann er als Ersatz dafür einen sog. unechten versicherungsmathematischen Abschlag vornehmen⁶.

3. Hinterbliebenenrente und Invaliditätsleistungen. Bei einem vorzeitigen Ausscheiden mit unver- 31
fallbarer Anwartschaft auf eine Invaliditätsrente oder eine Hinterbliebenenversorgung sind die vom
BAG für den vorzeitigen Altersruhegeldbezug entwickelten Berechnungsgrundsätze nicht anzuwenden. Es handelt sich um andere Versorgungsformen, die der ArbGeb der Altersversorgungsleistungen
verspricht, nicht zusätzlich zusagen muss. Nach Auffassung des BAG gab es für den Gesetzgeber besondere Gründe, zwischen tatsächlich bis zum Versorgungsfall erreichbarer Betriebszugehörigkeit
und bei Ermittlung des Unverfallbarkeitsfaktors zu berücksichtigender möglicher Betriebszugehörigkeit zu unterscheiden⁷. Es hat deshalb die zur Berechnung vorgezogener Altersruhegelder entwickelte
Rspr. nicht auf Invaliditäts- und Hinterbliebenenversorgungsansprüche⁸ übertragen⁹. Hier ist deshalb
anders zu rechnen: Zu ermitteln ist die bis zum Eintritt der Invalidität erreichbare Leistung. Davon
sind, soweit in der Versorgungszusage vorgesehen, versicherungsmathematische Abschläge vorzunehmen. Sodann ist der sich ergebende Betrag gem. § 2 zu quotieren.

7 Umfang des Versicherungsschutzes

(1) [Versorgungsansprüche] Versorgungsempfänger, deren Ansprüche aus einer unmittelbaren Versorgungszusage des Arbeitgebers nicht erfüllt werden, weil über das Vermögen des Arbeitgebers oder über seinen Nachlass das Insolvenzverfahren eröffnet worden ist, und ihre Hinterbliebenen haben gegen den Träger der Insolvenzsicherung einen Anspruch in Höhe der Leistung, die der Arbeitgeber aufgrund der Versorgungszusage zu erbringen hätte, wenn das Insolvenzverfahren nicht eröffnet worden wäre. Satz 1 gilt entsprechend,

1. wenn Leistungen aus einer Direktversicherung aufgrund der in § 1 b Abs. 2 Satz 3 genannten Tatbestände nicht gezahlt werden und der Arbeitgeber seiner Verpflichtung nach § 1 b Abs. 2 Satz 3 wegen der Eröffnung des Insolvenzverfahrens nicht nachkommt,

---

1 Vgl. zB *Grabner/Bode*, BB 2001, 2425, 2426. | 2 BAG v. 23.1.2001 – 3 AZR 164/00, DB 2001, 1887, unter II. 2. c) der Gründe. | 3 BAG v. 24.7.2001 – 3 AZR 567/00, NZA 2002, 672. | 4 BAG v. 22.2.1983 – 3 AZR 546/80, NJW 1984, 996; v. 29.7.1997 – 3 AZR 134/96, NZA 1998, 544; demgegenüber krit. das BAG in jüngster Rspr.: v. 21.3.2000 – 3 AZR 93/99, DB 2001, 206 und v. 23.1.2001 – 3 AZR 164/00, BB 2001, 1854. | 5 BAG v. 23.1.2001 – 3 AZR 164/00, BB 2001, 1854. | 6 BAG v. 23.1.2001 – 3 AZR 164/00, BB 2001, 1854. | 7 Vgl. näher *Neumann*, FS Förster, S. 219. | 8 Hier gelten nach wie vor die im Urt. v. 14.3.1989 – 3 AZR 306/87 aufgestellten Grundsätze, KTS 1989, 898. | 9 BAG v. 21.8.2001 – 3 AZR 649/00, EzA § 2 BetrAVG Nr. 17.

2. wenn eine Unterstützungskasse oder ein Pensionsfonds die nach ihrer Versorgungszusage vorgesehene Versorgung nicht erbringt, weil über das Vermögen oder den Nachlass eines Arbeitgebers, der der Unterstützungskasse oder dem Pensionsfonds Zuwendungen leistet (Trägerunternehmen), das Insolvenzverfahren eröffnet worden ist,

§ 11 des Versicherungsgesetzes findet entsprechende Anwendung. Der Eröffnung des Insolvenzverfahrens stehen bei der Anwendung der Sätze 1 bis 3 gleich

1. die Abweisung des Antrags auf Eröffnung des Insolvenzverfahrens mangels Masse,

2. der außergerichtliche Vergleich (Stundung-, Quoten- oder Liquidationsvergleich) des Arbeitgebers mit seinen Gläubigern zur Abwendung eines Insolvenzverfahrens, wenn ihm der Träger der Insolvenzsicherung zustimmt,

3. die vollständige Beendigung der Betriebstätigkeit im Geltungsbereich dieses Gesetzes, wenn ein Antrag auf Eröffnung des Insolvenzverfahrens nicht gestellt worden ist und ein Insolvenzverfahren offensichtlich mangels Masse nicht in Betracht kommt.

(1a) [Anspruchszeitraum] Der Anspruch gegen den Träger der Insolvenzsicherung entsteht mit dem Beginn des Kalendermonats, der auf den Eintritt des Sicherungsfalles folgt. Der Anspruch endet mit Ablauf des Sterbemonats des Begünstigten, soweit in der Versorgungszusage des Arbeitgebers nicht etwas anderes bestimmt ist. In den Fällen des Absatzes 1 Satz 1 und 4 Nr. 1 und 3 umfasst der Anspruch auch rückständige Versorgungsleistungen, soweit diese bis zu sechs Monaten vor Entstehen der Leistungspflicht des Trägers der Insolvenzsicherung entstanden sind.

(2) [Versorgungsanwartschaften] Personen, die bei Eröffnung des Insolvenzverfahrens oder bei Eintritt der nach Absatz 1 Satz 4 gleichstehenden Voraussetzungen (Sicherungsfall) eine nach § 1b unverfallbare Versorgungsanwartschaft haben, und ihre Hinterbliebenen haben bei Eintritt des Versorgungsfalls einen Anspruch gegen den Träger der Insolvenzsicherung, wenn die Anwartschaft beruht

1. auf einer unmittelbaren Versorgungszusage des Arbeitgebers oder

2. auf einer Direktversicherung und der Arbeitnehmer hinsichtlich der Leistungen des Versicherers widerruflich bezugsberechtigt ist oder die Leistungen aufgrund der in § 1b Abs. 2 Satz 3 genannten Tatbestände nicht gezahlt werden und der Arbeitgeber seiner Verpflichtung aus § 1b Abs. 2 Satz 3 wegen der Eröffnung des Insolvenzverfahrens nicht nachkommt.

Satz 1 gilt entsprechend für Personen, die zum Kreis der Begünstigten einer Unterstützungskasse oder eines Pensionsfonds gehören, wenn der Sicherungsfall bei einem Trägerunternehmen eingetreten ist. Die Höhe des Anspruchs richtet sich nach der Höhe der Leistungen gemäß § 2 Abs. 1, 2 Satz 2 und Abs. 5, bei Unterstützungskassen nach dem Teil der nach der Versorgungsregelung vorgesehenen Versorgung, der dem Verhältnis der Dauer der Betriebszugehörigkeit zu der Zeit vom Beginn der Betriebszugehörigkeit bis zum Erreichen der in der Versorgungsregelung vorgesehenen festen Altersgrenze entspricht, es sei denn, § 2 Abs. 5a ist anwendbar. Für die Berechnung der Höhe des Anspruchs nach Satz 3 wird die Betriebszugehörigkeit bis zum Eintritt des Sicherungsfalles berücksichtigt. Bei Pensionsfonds mit Leistungszusagen gelten für die Höhe des Anspruchs die Bestimmungen für unmittelbare Versorgungszusagen entsprechend, bei Beitragszusagen mit Mindestleistung gilt für die Höhe des Anspruchs § 2 Abs. 5 b.

(3) [Höchstgrenze] Ein Anspruch auf laufende Leistungen gegen den Träger der Insolvenzsicherung beträgt im Monat höchstens das Dreifache der im Zeitpunkt der ersten Fälligkeit maßgebenden monatlichen Bezugsgröße gemäß § 18 des Vierten Buches Sozialgesetzbuch. Satz 1 gilt entsprechend bei einem Anspruch auf Kapitalleistungen mit der Maßgabe, dass zehn vom Hundert der Leistung als Jahresbetrag einer laufenden Leistung anzusetzen sind.

(4) [Anzurechnende Leistungen] Ein Anspruch auf Leistungen gegen den Träger der Insolvenzsicherung vermindert sich in dem Umfang, in dem der Arbeitgeber oder sonstige Träger der Versorgung die Leistungen der betrieblichen Altersversorgung erbringt. Wird im Insolvenzverfahren ein Insolvenzplan bestätigt, vermindert sich der Anspruch auf Leistungen gegen den Träger der Insolvenzsicherung insoweit, als nach dem Insolvenzplan der Arbeitgeber oder sonstige Träger der Versorgung einen Teil der Leistungen selbst zu erbringen hat. Sieht der Insolvenzplan vor, dass der Arbeitgeber oder sonstige Träger der Versorgung die Leistungen der betrieblichen Altersversorgung von einem bestimmten Zeitpunkt an selbst zu erbringen hat, entfällt der Anspruch auf Leistungen gegen den Träger der Insolvenzsicherung von diesem Zeitpunkt an. Die Sätze 2 und 3 sind für den außergerichtlichen Vergleich nach Absatz 1 Satz 4 Nr. 2 entsprechend anzuwenden. Im Insolvenzplan soll vorgesehen werden, dass bei einer nachhaltigen Besserung der wirtschaftlichen Lage des Arbeitgebers die vom Träger der Insolvenzsicherung zu erbringenden Leistungen ganz oder zum Teil vom Arbeitgeber oder sonstigen Träger der Versorgung wieder übernommen werden.

(5) [Versicherungsmissbrauch] Ein Anspruch gegen den Träger der Insolvenzsicherung besteht nicht, soweit nach den Umständen des Falles die Annahme gerechtfertigt ist, dass es der alleinige oder überwiegende Zweck der Versorgungszusage oder ihre Verbesserung oder der für die Direktversicherung in § 1b Abs. 2 Satz 3 genannten Tatbestände gewesen ist, den Träger der Insolvenzsiche-

rung in Anspruch zu nehmen. Diese Annahme ist insbesondere dann gerechtfertigt, wenn bei Erteilung oder Verbesserung der Versorgungszusage wegen der wirtschaftlichen Lage des Arbeitgebers zu erwarten war, dass die Zusage nicht erfüllt werde. Verbesserungen der Versorgungszusagen werden bei der Bemessung der Leistungen des Trägers der Insolvenzsicherung nicht berücksichtigt, soweit sie in den beiden letzten Jahren vor dem Eintritt des Sicherungsfalls vereinbart worden sind; dies gilt nicht für ab 1. Januar 2002 gegebene Zusagen, soweit bei Entgeltumwandlungen Beiträge von bis zu 4 vom Hundert der Beitragbemessungsgrenze in der gesetzlichen Rentenversicherung der Arbeiter und Angestellten für eine betriebliche Altersversorgung verwendet werden.

(6) [Katastrophenfall] Ist der Sicherungsfall durch kriegerische Ereignisse, innere Unruhen, Naturkatastrophen oder Kernenergie verursacht worden, kann der Träger der Insolvenzsicherung mit Zustimmung des Bundesaufsichtsamtes für das Versicherungswesen die Leistungen nach billigem Ermessen abweichend von den Absätzen 1 bis 5 festsetzen.

I. Einführung 1	c) Außergerichtlicher Liquidationsvergleich . 34
II. Geschützte Durchführungswege 2	d) Vollständige Betriebseinstellung bei offensichtlicher Masselosigkeit 41
III. Geschützte Versorgungsrechte 6	
1. Laufende Leistungen 7	2. Unternehmerfortführung 44
2. Anwartschaften 14	a) Außergerichtlicher Stundungs- oder Quotenvergleich 45
a) Voraussetzungen des Insolvenzschutzes . . 15	
b) Anrechenbare Zeiten 19	b) Insolvenzverfahren mit Sanierungserfolg . 47
c) Neue Unverfallbarkeitsfristen 21	c) Wirtschaftliche Notlage 48
d) Entgeltumwandlung 24	V. Leistungseinschränkungen 50
e) Neue Bundesländer 25	1. Außergerichtlicher Vergleich und bestätigter Insolvenzplan 51
f) Berechnung der Leistungen 26	
3. Keine Anpassung von Anwartschaften . . 27	2. Trotz Insolvenz: Erbrachte Leistungen . . 52
IV. Sicherungsfälle 28	3. Höchstgrenze 53
1. Unternehmensliquidation 30	4. Rückständige Leistungen 56
a) Eröffnung des Insolvenzverfahrens mit Liquidationsfolge 31	VI. Versicherungsmissbrauch 57
	VII. Vertragliche Sicherungen in der Insolvenz . . 60
b) Abweisung des Antrags auf Eröffnung des Insolvenzverfahrens mangels Masse 32	

Lit.: *Berenz*, Berechnung von vorzeitigen betrieblichen Altersvorsorgeleistungen bei Insolvenzsicherung durch den PSVaG, DB 2001, 2346; *Blomeyer*, Neue Rahmenbedingungen für die Insolvenzsicherung, BetrAV 2001, 507; *Diller*, Insolvenzvermeidung durch außergerichtliche Übernahme von Betriebsrenten durch den PSV, ZIP 1997, 765; *Everhardt*, Insolvenzschutz für Direktversicherungen mit unwiderruflichem Bezugsrecht bei verringerter Versicherungsleistung wegen Prämienrückständen?, DB 1994, 1470; *Everhardt*, Voraussetzungen für die Übernahme von Pensionsverpflichtungen durch den PSVaG bei außergerichtlichen Sicherungsfällen zur Fortführung des Unternehmens, BetrAV 1995, 184; *Fischer/Thomas-Meyer*, Privatrechtlicher Insolvenzschutz für Arbeitnehmeransprüche aus deferred compensation, DB 2000, 1861; *Flitsch/Herbst*, Lebensversicherungsverträge in der Insolvenz des Arbeitgebers, BB 2003, 317; *Gerke/Heubeck*, Gutachten zur zukünftigen Funktionsfähigkeit der Insolvenzsicherung durch den PSV, BetrAV 2002, 433; *Grabner/Brandl*, Zur Insolvenzsicherung von Pensionsfonds, DB 2002, 945; *Janssen*, Zur Zukunft der Insolvenzsicherung der betrieblichen Altersversorgung durch den PSVAG, BetrAV 2003, 32; *Kemper*, Verbesserter Insolvenzschutz bei betrieblicher Altersversorgung durch Entgeltumwandlung, FA 2002, 370; *Murmann*, Der PSVaG im 21. Jahrhundert, DZWiR 2000, 221; *Schwerdtner*, Der Insolvenzschutz von Betriebsrentenansprüchen bei Arbeitsverhältnissen mit Auslandsberührung, ZIP 1986, 1030; *Wohlleben*, Neuregelungen zur Insolvenzsicherung bei Betriebsrenten, DB 1998, 1230.

I. Einführung. Mit Gesetz vom 19.12.1974 wurde ein **Insolvenzschutz** für betriebliche Ruhegelder eingeführt. Kann der ArbGeb Versorgungsansprüche nicht mehr erfüllen, weil er insolvent geworden ist, erhält der Versorgungsberechtigte einen gesetzlichen Anspruch gegen den **Pensions-Sicherungs-Verein auf Gegenseitigkeit (PSVaG)**. Bis dahin gab es keine Absicherung für Versorgungsberechtigte, wenn der ArbGeb nicht mehr leistungsfähig war. Schon seit 1968 gab es deshalb Bestrebungen zur Absicherung von betrieblichen Versorgungsansprüchen im Insolvenzfall[1]. Für Sicherungsfälle, die nach dem 1.1.1975 eingetreten sind (§ 30 Satz 1 iVm. § 32 Satz 2) beseht eine Insolvenzsicherung nach versicherungsförmigen Grundsätzen. Mit dem Rentenreformgesetz 1999 wurde die Insolvenzsicherung novelliert[2]. Ua. trat an die Stelle unterschiedlicher gerichtlicher Verfahren einheitliches Insolvenzverfahren. Die Höchstgrenze für die Sicherung von Ansprüchen wurde herabgesetzt. ArbN-finanzierte Ansprüche wurden in die Insolvenzsicherung einbezogen. Mit dem AVmG[3] wurden weitere Änderungen vorgenommen, die mit Gesetz zur Einführung einer Kapitalgedeckten Hüttenknappschaftlichen Zusatzversicherung und zur Änderung anderer Gesetze (HZvNG) ergänzt wurden[4]. 1

II. Geschützte Durchführungswege. Nicht alle **Durchführungswege** bedürfen des Insolvenzschutzes. Wo kein Ausfallrisiko besteht, sind Leistungen des PSVaG überflüssig. Die **Pensionskasse** unterliegt der 2

---

[1] 25 Jahre Pensions-Sicherungs-Verein, Köln 2000, 214 ff. [2] Gesetz zur Reform der gesetzlichen Rentenversicherung (Rentenreformgesetz 1999 – RRG 1999) v. 11.12.1997, Art. 8, BGBl. I 1997, S. 2998 (3025). [3] Gesetz zur Reform der gesetzlichen Rentenversicherung und zur Förderung eines kapitalgedeckten Altersvermögens (Altersvermögensgesetz – AVmG) v. 26.6.2001, BGBl. I 2001, 1310. [4] BGBl. I 2002, S. 2167.

strengen Aufsicht durch das Bundesaufsichtsamt für das Versicherungswesen. Ein Insolvenzschutz ist deshalb nicht erforderlich. Zwar unterliegt auch der Pensionsfonds der Versicherungsaufsicht. Diese ist aber weniger streng und ermöglicht höhere Anlagenrisiken, so dass ein Insolvenzschutzbedürfnis besteht[1]. **Öffentlich-rechtliche** Versorgungsträger, soweit sie nicht insolvenzfähig sind, benötigen ebenfalls keinen Schutz. Bei **Direktversicherungen** mit **unwiderruflichem** Bezugsrecht ist ein Insolvenzschutz nur insoweit erforderlich, wie die Versicherung vom ArbGeb (ggf. mit Zustimmung des ArbN) abgetreten, verpfändet oder beliehen ist[2]. Dagegen sind Einbußen bei einer Direktversicherung, die trotz unwiderruflichen Bezugsrechts entstanden sind, weil der ArbGeb die Beiträge an den Versicherer nicht vertragsmäßig entrichtet hat, nicht insolvenzgesichert[3]. Denn Ursache ist hier nicht die Insolvenz des ArbGeb sondern dessen vertragswidriges Verhalten. Für Schadenersatzansprüche besteht eine gesetzlicher Insolvenzschutz generell nicht.

3   Bei allen anderen Durchführungswegen besteht ein uneingeschränkter Insolvenzschutz (unmittelbare Versorgungszusage, Direktversicherung mit widerruflichem Bezugsrecht, Unterstützungskasse, Pensionsfonds). Im Hinblick auf die Unterstützungskasse ist zu berücksichtigen, dass nicht bei dieser sondern bei dem Trägerunternehmen der Sicherungsfall eingetreten sein muss[4].

4   Der Insolvenzsicherungsanspruch deckt bei laufenden Versorgungszahlungen auch die vom **Pensionsfonds** geschuldete Versorgungsleistung ab. Bei Versorgungsanwartschaften richtet sich die Höhe des Insolvenzsicherungsanspruchs nach der gemäß § 2 Abs. 1 iVm. Abs. 3a quotierten Versorgungsleistung, wenn eine **Leistungszusage** vorliegt. Bei **Beitragszusagen mit Mindestleistung** gilt für die Höhe des Anspruches § 2 Abs. 5b. Versichert ist also nur das bis zur Insolvenz aufgrund der geleisteten Beiträge dem ArbN planmäßig zuzurechnende Versorgungskapital, mindestens die Summe der bis dahin zugesagten Beiträge, soweit sie nicht rechnungsmäßig für einen biometrischen Risikoausgleich verbraucht wurden.

5   Ein **gut dotierter** Pensionsfonds ist trotz Insolvenz des Trägerunternehmens unter Umständen in der Lage, die versprochenen Leistungen zu gewähren. Deswegen gestattet das Gesetz dem Pensionsfonds, innerhalb eines Monats nach Eintritt der Insolvenz beim Bundesaufsichtsamt für das Versicherungswesen die Genehmigung zu beantragen, selbst die Ansprüche der ArbN des insolventen Unternehmens zu erfüllen (§ 8 Abs. 1a Satz 3). Die Genehmigung kann das Bundesaufsichtsamt für das Versicherungswesen nur dann erteilen, wenn durch dessen Auflagen die dauernde Erfüllbarkeit der Versorgungsleistungen aus dem Pensionsplan sichergestellt werden kann (§ 8 Abs. 1a Satz 2). Wird die Genehmigung erteilt, überträgt der PSVaG die Leistungspflicht auf den Pensionsfonds, der PSVaG ist damit aus seiner Verpflichtung endgültig entlassen. Verweigert das Bundesaufsichtsamt die Genehmigung zur Leistungserfüllung durch den Pensionsfonds, so muss der PSVaG anstelle des Pensionsfonds die versprochenen Versorgungsleistungen erbringen. In diesem Fall geht das Vermögen des Pensionsfonds auf den PSVaG über (§ 9 Abs. 3a iVm. Abs. 3).

6   **III. Geschützte Versorgungsrechte.** § 7 schützt laufende Versorgungsleistungen und unverfallbare Anwartschaften:

7   **1. Laufende Leistungen.** In erster Linie ist der PSVaG eintrittspflichtig für **laufende Leistungen**, die der ArbGeb insolvenzbedingt nicht mehr erbringen kann. Der PSVaG wird dabei nicht Rechtsnachfolger des insolventen ArbGeb. Vielmehr begründet der Eintritt des Sicherungsfalles ein **gesetzliches Schuldverhältnis**[5]. Steht aber rechtskräftig fest, dass der insolvente ArbGeb (aus Gründen, die nichts mit der Eintrittspflicht des PSVaG zu tun haben) nicht leistungspflichtig ist, kommt auch ein Anspruch gegen den PSVaG nicht in Betracht[6].

8   Der Anspruch gegen den PSVaG ist ein Versicherungsanspruch, allerdings keiner aus einem Versicherungsvertrag[7]. Die Zahlungsverpflichtung des PSVaG besteht deshalb unabhängig davon, ob Versicherungsbeiträge entrichtet wurden, umgekehrt entsteht durch Zahlung von Beiträgen kein Anspruch auf Insolvenzleistungen[8], zB weil der geltend gemachte Anspruch nicht sicherungsfähig ist[9].

9   Maßgeblich für die Aufnahme von Leistungen ist der **Insolvenzstichtag**. In den Sicherungsfällen des § 7 Abs. 1 Satz 1 und 2 sowie Satz 4 Nr. 1 ist dies der Tag, der sich aus dem jeweiligen Gerichtsbeschluss ergibt, etwa dem Insolvenzverfahrenseröffnungsbeschluss. Im Fall der Nr. 2 ist es der Tag, an dem der ArbGeb sich unter Mitteilung seiner Zahlungsunfähigkeit an seine Gläubiger gewandt hat[10]. Der Zeitpunkt des Eintritts des Sicherungsfalles ist insoweit Absprachen zwischen dem ArbGeb und dem PSVaG zugänglich[11]. Bei dem Sicherungsfall der Nr. 4 kommt es darauf an, wann der ArbGeb den Pensionären die Versorgungsleistungen mit der Begründung verweigert, er habe kein für die Eröffnung des Insolvenzverfahrens ausreichendes Vermögen und der PSVaG vom ArbGeb oder den Pensionären unter Hinweis hierauf in Anspruch genommen wird[12]. Im Falle der wirtschaftlichen Notlage war Insol-

---

1 Vgl. auch *Gerke/Heubeck*, BetrAV 2002, 433. |2 BAG v. 17.10.1995 – 3 AZR 420/94, NZA 1996, 880. |3 BAG v. 17.11.1992 – 3 AZR 51/92, NZA 1993, 843. |4 BAG v. 14.12.1993 – 3 AZR 618/93, NZA 1994, 554. |5 BAG v. 30.8.1979 – 3 AZR 381/78, DB 1979, 2330. |6 BAG v. 23.3.1999 – 3 AZR 625/97, NZA 1999, 652. |7 Vgl. *Paulsdorff*, § 7 BetrAVG Rz. 13. |8 Vgl. *Paulsdorff*, § 7 BetrAVG Rz. 14; KKBBP, § 7 BetrAVG Rz. 3. |9 BAG v. 23.3.1999 – 3 AZR 625/97, NZA 1999, 652. |10 *Paulsdorff*, § 7 BetrAVG Rz. 17. |11 BAG v. 14.12.1993 – 3 AZR 618/93, NZA 1994, 554. |12 BAG v. 11.9.1980 – 3 AZR 544/79, DB 1981, 645.

venzstichtag der Zeitpunkt, der sich aus dem Gerichtsurteil oder der Zustimmung des PSVaG gem. § 7 Abs. 1 Satz 4 BetrAVG ergab.

Der Anspruch gegen den PSVaG entsteht mit dem Beginn des auf den Sicherungsfall folgenden Monats (§ 7 Abs. 1a). Der PSVaG haftet in den Fällen des § 7 Abs. 1 Satz 1 und 4 Nr. 1 und Nr. 3 nicht nur für ab diesem Zeitpunkt fällige Leistungen, sondern auch – allerdings zeitlich beschränkt – für **rückständige Leistungen**, die bereits vor dem Insolvenzstichtag fällig geworden sind und zwar für rückständige Leistungen der letzten sechs Monate vor dem Entstehen des Anspruchs. Dabei kommt es darauf an, für welchen Zeitraum die rückständige Betriebsrente geschuldet ist[1]. 10

Gesichert sind Rentner, dh. Personen, die bereits Leistungen der betrAV beziehen. Hierzu gehören auch Personen, die zum Zeitpunkt des Sicherungsfalles die Voraussetzungen für einen Ruhegeldanspruch voll erfüllen, aber noch keine Leistungen bezogen haben (sog. **technischer Rentner**)[2]. 11

Eine **Anpassung laufender Leistungen** der Insolvenzsicherung sieht das Gesetz **nicht** vor. § 16 ist auf den Anspruch gegen den PSVaG nicht anwendbar[3]. Das BAG begründet seine Auffassung damit, dass der gesetzliche Insolvenzschutz den ArbN nicht besser stellen wolle als einen ArbN eines zwar Not leidenden, aber noch nicht insolventen ArbGeb. Dieser müsse letztlich auf Anpassungen verzichten, solange es seinem ArbGeb schlecht gehe. Ein Anspruch auf Anpassung laufender Leistungen besteht aber dann, wenn er sich aus der Versorgungszusage selbst ergibt[4]. 12

Eine Verpflichtung, Renten in einer bestimmten Weise anzuheben, kann sich auch aus einer **betrieblichen Übung** ergeben. Der Inhalt der betrieblichen Übung ist im Einzelnen zu ermitteln. Die daraus folgende Bindung geht jedoch im Zweifel nicht weiter als die Anpassungspflicht nach § 16, die für den PSVaG gerade nicht besteht[5]. Dagegen bewirkt die Veränderungssperre des § 2 Abs. 5, dass versprochene Anpassungen nach variablen Bezugsgrößen wie Zusagen durch ein Konditionskartell – etwa dem Bochumer, Duisburger oder Essener Verband – vom PSVaG nicht zu übernehmen sind, wenn der ArbN vor der Insolvenz bei seinem ArbGeb mit unverfallbarer Anwartschaft ausgeschieden war[6]. 13

2. Anwartschaften. Insolvenzschutz besteht nach Abs. 2 auch für Versorgungsanwartschaften. 14

a) **Voraussetzungen des Insolvenzschutzes.** Voraussetzung ist, dass bei Eintritt der Insolvenz oder bei einem früheren Ausscheiden vor der Insolvenz eine **unverfallbare Versorgungsanwartschaft** besteht. Für den Insolvenzschutz verlangt Abs. 2 eine nach § 1b unverfallbare Versorgungsanwartschaft. Die **gesetzlichen Unverfallbarkeitsfristen** müssen folglich erfüllt sein[7]. Anwartschaften, die nur aufgrund vertraglicher Abrede unverfallbar sind, genießen deshalb keinen Insolvenzschutz. 15

Der gesetzliche Insolvenzschutz gilt aber auch für solche Anwartschaften, die **kraft Richterrechts unverfallbar** geworden sind[8]. Vor In-Kraft-Treten des BetrAVG am 19.12.1974 war nach dem sog. Unverfallbarkeitsurteil des BAG[9] eine Altersversorgungsanwartschaft dann unverfallbar, wenn der Versorgungsberechtigte über eine Versorgungszusage verfügte und mehr als 20 Jahre betriebstreu war. Ist der ArbN vor In-Kraft-Treten des BetrAVG ausgeschieden und erfüllt er die vom BAG entwickelten Unverfallbarkeitsvoraussetzungen, so ist seine Anwartschaft ebenfalls insolvenzgeschützt[10]. Auf das sog. „Unverfallbarkeitsurteil" können sich nur ArbN berufen, die nach dem 1.1.1969 ausgeschieden sind und die bis dahin den Erhalt ihrer erdienten Versorgungsanwartschaft vom ArbGeb klar und eindeutig verlangt haben. Für Fälle, in denen das Arbeitsverhältnis vor dem 1.1.1969 geendet hat, verbleibt es bei dem Verfall von Versorgungsansprüchen. Versorgungsanwartschaften, die nach Maßgabe der Rspr. des BAG vor In-Kraft-Treten des BetrAVG unverfallbar geworden sind, genießen den gesetzlichen Insolvenzschutz[11]. 16

Die Unverfallbarkeitsvoraussetzungen müssen **spätestens bei Eintritt des Sicherungsfalles** erfüllt sein. Für Vorruheständler gelten hier besondere Vergünstigungen. Sie genießen auch dann Insolvenzschutz, wenn sie nach ihrem Ausscheiden die allgemeinen Unverfallbarkeitsvoraussetzungen des § 1b Abs. 1 Satz 1 bei Eintritt der Insolvenz noch nicht erfüllt haben. Denn nach § 1b Abs. 1 Satz 2 behält ein ArbN seine Anwartschaft auch dann, wenn er aufgrund einer Vorruhestandsregelung ausscheidet und ohne das vorherige Ausscheiden die Wartezeit und die sonstigen Voraussetzungen für den Bezug von Leistungen der betrAV hätte erfüllen können. Nach Auffassung des BAG wollte der Gesetzgeber den Vorruhestand bewusst fördern. Dazu gehöre auch eine Verbesserung der Unverfallbarkeitsbedingungen[12]. 17

Nicht insolvenzgeschützt sind dagegen **vertragliche Abreden**, es sei denn, sie erfüllen zugleich die vom BAG im Urteil vom 10.3.1972 aufgestellten Kriterien oder aber die gesetzlichen Unverfallbarkeitsfristen des 18

---

1 BAG v. 26.8.1986 – 3 AZR 98/85, NZA 1987, 450. | 2 Zum Begriff vgl. *Höfer*, ART Rz. 462; *Paulsdorff*, § 7 BetrAVG Rz. 46; *KKBBP*, § 7 BetrAVG Rz. 7; vgl. auch BAG v. 26.1.1999 – 3 AZR 464/97, NZA 1999, 711. | 3 BAG v. 3.2.1987 – 3 AZR 330/85, NZA 1987, 666; v. 5.10.1993 – 3 AZR 698/92, NZA 1994, 459. | 4 BAG v. 22.11.1994 – 3 AZR 767/93, NZA 1995, 887; v. 8.6.1999 – 3 AZR 39/98, DB 1999, 2071. | 5 BAG v. 3.12.1985 – 3 AZR 577/83, NZA 1986, 787; v. 3.2.1987 – 3 AZR 330/85, NZA 1987, 666. | 6 BAG v. 4.4.2000 – 3 AZR 458/98, BB 2000, 883; vgl. auch unten Rz. 27. | 7 BAG v. 22.2.2000 – 3 AZR 4/99, DB 2000, 482. | 8 BAG v. 20.1.1987 – 3 AZR 503/85, NJW 1988, 1044; BVerfG v. 10.3.1988 – 1 BvR 894/87, BB 1988, 2469. | 9 BAG v. 10.3.1972 – 3 AZR 278/71, DB 1972, 1486. | 10 BAG v. 16.10.1980 – 3 AZR 1/80, BAGE 34, 227; v. 20.1.1987 – 3 AZR 503/85, NJW 1988, 1044. | 11 BAG v. 20.1.1987 – 3 AZR 503/85, NJW 1988, 1044. | 12 BAG v. 28.3.1995 – 3 AZR 496/94, NZA 1996, 258.

§ 1b. Der gesetzliche Insolvenzschutz steht nicht zur Disposition der Arbeitsvertragsparteien[1]. Jede über das Gesetz hinausgehende Regelung mag deshalb zwar zwischen den Arbeitsvertragsparteien Rechtswirkungen entfalten, ist aber gegenüber dem Träger der gesetzlichen Insolvenzsicherung unwirksam[2].

19 b) **Anrechenbare Zeit.** Nach der Rspr. des BAG kann eine vertragliche **Anrechnung von Vordienstzeiten** im Ausnahmefall auch zum Erwerb einer unverfallbaren und insolvenzgeschützten Versorgungsanwartschaft führen[3]. Es begründet die Anrechenbarkeit von Vordienstzeiten damit, dass die Betriebsrente in erster Linie Vergütung für eine langjährige Betriebstreue sei, welche nicht ersatzlos wegfallen dürfe, wenn der ArbN bestimmte Fristen im Dienste seines ArbGeb zurückgelegt habe[4]. Soweit das BAG die Anrechnung von Vordienstzeiten mit Wirkung auf den Insolvenzschutz für zulässig erachtet, unterstellt es nicht eine vertragliche Anrechnungsvereinbarung dem Insolvenzschutz. Vielmehr erfüllt in bestimmen Fällen auch eine angerechnete Betriebszugehörigkeit das gesetzliche Tatbestandsmerkmal der Betriebszugehörigkeit, wie es von § 1 aF verlangt wurde[5]. In § 1b ist zwar nur noch vom Bestehen der Versorgungszusage die Rede. Vom BetrAVG erfasst wird aber nur die Zusage, die von einem Arbeits- oder ähnlichem Verhältnis unterlegt ist[6]. Voraussetzung für eine Berücksichtigung der Betriebszugehörigkeit aus einem beendeten Arbeitsverhältnis ist, dass ein noch nicht erloschener Besitzstand vorhanden ist und der ArbGeb in dem neuen Arbeitsverhältnis sich verpflichtet, diesen Besitzstand zu übernehmen. Das BAG begreift die angerechnete Dienstzeit als eine einzige einheitliche Betriebszugehörigkeit. Folgerichtig verlangt es, dass die anzurechnende Betriebszugehörigkeit bis an das Arbeitsverhältnis heranreicht, welches die neue Versorgungsanwartschaft begründet[7]. Eine Anrechnung von Vordienstzeiten, die auch Wirkung für den Insolvenzschutz haben soll, kommt deshalb dann **nicht in Betracht**, wenn das erste Arbeitsverhältnis gar nicht von einer Versorgungszusage begleitet war, zwischen den Arbeitsverhältnissen eine zeitliche, wenn auch nur geringfügige Unterbrechung liegt oder aber der ArbGeb in dem letzten Arbeitsverhältnis sich nicht zur Übernahme des Besitzstandes aus dem Vorarbeitsverhältnis verpflichtet hat[8].

20 In einer Einzelfallentscheidung hat das BAG auch die **Anrechnung sog. „Nachdienstzeiten"** mit Wirkung für den Insolvenzschutz zugelassen. Der gesetzliche Insolvenzschutz greift danach auch dann ein, wenn der ArbGeb eine Nachdienstzeit anerkennt, in tatsächlich ein Arbeitsverhältnis nicht bestanden hat, um beim ArbN ohne weitere Versorgungseinbußen den Versorgungsfall der vorgezogenen Altersrente in der gesetzlichen RV herbeizuführen. Der Insolvenzschutz folge hieraus, dass der ArbGeb es in der Hand habe, statt der Anrechnung der Nachdienstzeit die Versorgungszusage schlicht zu verbessern. Er könne genau so gut die Bemessungsgrundlage anheben oder zusätzliche Zahlungen zusagen. Wirke sich die Anrechnung der Nachdienstzeit letztlich nicht anders als eine Erhöhung des Versorgungsversprechens aus, sei sie auch insolvenzgeschützt[9].

21 c) **Neue Unverfallbarkeitsfristen.** Am 1.1.2001 sind mit dem AVmG **neue Unverfallbarkeitsfristen** eingeführt worden. Unverfallbar sind Versorgungszusagen nur, wenn der Versorgungsberechtigte zum Zeitpunkt der Beendigung des Arbeitsverhältnisses

- mindestens das 30. Lebensjahr vollendet und
- die Versorgungszusage mindestens fünf Jahre bestanden hat (§ 1b Abs. 1 Satz 1).

22 Die Erlangung einer unverfallbaren Versorgungsanwartschaft wurde erleichtert. Das Mindestalter bei vorzeitigem Ausscheiden vor Eintritt des Versorgungsfalles wurde von der Vollendung des 35. auf die Vollendung des 30. LJ und die Zusagedauer von 10 auf 5 Jahre herabgesetzt. Die Unverfallbarkeitsalternative, wonach der Beginn der Betriebszugehörigkeit mindestens 12 Jahre zurückliegen und die Versorgungszusage mindestens 3 Jahre bestehen muss, ist entfallen.

23 Die neuen Unverfallbarkeitsregelungen gelten nur für Zusagen, die ab dem 1.1.2001 erteilt wurden. Für Versorgungszusagen, die vor dem 1.1.2001 erteilt wurden, gilt eine **Übergangsregelung** (§ 30f): Es gelten weiterhin die bisherigen Unverfallbarkeitsregelungen. Die Unverfallbarkeit tritt aber am **1.1.2006** ein, wenn der Versorgungsberechtigte dann auch das 30. LJ vollendet hat. Anderenfalls tritt die Unverfallbarkeit zu dem Zeitpunkt ein, zu dem nach dem 1.1.2006 das 30. LJ vollendet wird.

24 d) **Entgeltumwandlungen.** Bei **Entgeltumwandlungen** gelten Besonderheiten. Nach § 1b Abs. 5 sind solche Anwartschaften **sofort** unverfallbar, und zwar unabhängig vom Alter des Berechtigten. Weil der Insolvenzschutz an die gesetzliche Unverfallbarkeit anknüpft, sind auch die Ansprüche aus einer Entgeltumwandlung insolvenzgeschützt. Allerdings ist die 2-jährige Ausschlussfrist des § 7 Abs. 5 zu beachten. Danach besteht in den ersten 2 Jahren nach Beginn der Zusage kein Insolvenzschutz. Der ArbN geht also ein gewisses Risiko ein. Dies hat der Gesetzgeber mit dem Gesetz zur Einführung einer Kapitalge-

---

1 BAG v. 28.3.1995 – 3 AZR 496/94, NZA 1996, 258; v. 9.11.1999 – 3 AZR 361/98, NZA 2000, 1290; v. 22.2.2000 – 3 AZR 4/99, FA 2000, 129. |2 BAG v. 22.9.1987 – 3 AZR 662/85, NZA 1988, 732. |3 BAG v. 3.8.1978 – 3 AZR 19/77, NJW 1979, 446; v. 26.9.1989 – 3 AZR 814/87, NZA 1990, 348. |4 BAG v. 11.1.1983 – 3 AZR 212/80, NJW 1984, 1199. |5 BAG v. 11.1.1983 – 3 AZR 212/80, NJW 1984, 1199. |6 Höfer, § 1b BetrAVG Rz. 1630.66. |7 BAG v. 11.1.1983 – 3 AZR 212/80, NJW 1984, 1199; v. 26.9.1989 – 3 AZR 814/87, NZA 1990, 348; v. 24.6.1998 – 3 AZR 97/97, nv.; v. 22.2.2000 – 3 AZR 4/99, BetrAV 2001, 576. |8 BAG v. 13.3.1990 – 3 AZR 509/88, nv.; v. 22.2.2000 – 3 AZR 4/99, DB 2000, 482. |9 BAG v. 10.3.1992 – 3 AZR 140/91, NZA 1992, 932.

deckten Hüttenknappschaftlichen Zusatzversicherung und zur Änderung anderer Gesetze (HZvNG) relativiert[1]. Ein sofortiger Insolvenzschutz besteht nämlich mit sofortiger Wirkung, soweit es sich um eine vom AVmG erfasste, ab dem 1.1.2002 erteilte Versorgungszusage handelt. Werden bis zu 4 vom Hundert der gesetzlichen BBG in der gesetzlichen Rentenverscherung der ArbN für betriebliche Versorgungszwecke verwendet (§ 1a Abs. 1) besteht trotz der Ausschlussfrist des § 7 Abs. 5 sofortiger Insolvenzschutz (§ 7 Abs. 5 Satz 3 Halbs. 2). Ist die betrAV **sowohl** vom ArbGeb als auch aufgrund Entgeltumwandlung durch den ArbN finanziert, muss differenziert werden. Für den vom ArbGeb finanzierten Teil greift ein Insolvenzschutz nach Erreichen der „normalen" Unverfallbarkeitsvoraussetzungen ein. Der vom ArbN finanzierte Teil ist ggf. sofort insolvenzgeschützt, soweit nicht die 2-jährige Ausschlussfrist des § 7 Abs. 5 eingreift. Die **sofortige Unverfallbarkeit** gilt auch bei Entgeltumwandlungen nur für Zusagen, die ab **2001 erteilt** wurden[2]. Vorstehende Grundsätze dürften auch für die von § 1 Abs. 2 Nr. 4 erfasste **Eigenvorsorge** des ArbN gelten. Denn auch hier ist die Zusage des ArbGeb erforderlich. Der einzige Unterschied zur Entgeltumwandlung liegt darin, dass der ArbN Mittel aus versteuertem und verbeitragtem Geld aufwendet. Es ist kein Grund ersichtlich, diesen Typus aus dem gesetzlichen Insolvenzschutz auszugrenzen.

e) **Neue Bundesländer.** Für die **neuen Bundesländer** gelten Besonderheiten. Nach dem Wortlaut des Einigungsvertrages gilt der gesetzliche Insolvenzschutz nur für Zusagen, die **nach dem 31.12.1991 erteilt** wurden. Die bloße Fortführung einer bestehenden Zusage oder einer bereits laufenden Rentenzahlung genügt nicht[3]. **Ältere** Versorgungszusagen sind dann insolvenzgeschützt wenn der verpflichtete ArbGeb sie **nach dem 31.12.1991** ausdrücklich neu zusagt. Zusagezeitpunkt iSd. Unverfallbarkeitsregelungen ist dann der Zeitpunkt der Neuzusage. 25

f) **Berechnung der Leistungen.** Die Berechnung der Höhe der unverfallbaren Versorgungsanwartschaft richtet sich auch im Insolvenzfall nach § 2. Auch hier ist eine **ratierliche Berechnung** vorzunehmen. Es ist die Dauer der Betriebszugehörigkeit bis zum Erreichen der in der Versorgungsregelung vorgesehenen Altersgrenze zur tatsächlichen Betriebszugehörigkeit ins Verhältnis zu setzen. Die tatsächliche Betriebszugehörigkeit wird dabei allerdings nur bis zum Eintritt des Sicherungsfalles berücksichtigt. § 7 Abs. 2 Satz 3 verweist ferner auf § 2 Abs. 5. Die Bemessungsgrundlagen werden danach auf die Verhältnisse zum Zeitpunkt des Insolvenzeintritts bzw. eines noch davor liegenden Ausscheidens festgeschrieben. Spätere Erhöhungen dieser Grundlagen bleiben deshalb für den Insolvenzschutz außer Betracht[4]. Auf die Betriebsrente anzurechnende anderweitige Leistungen werden ebenfalls mit den per Insolvenzstichtag gültigen Werten festgeschrieben. 26

3. Keine Anpassung von Anwartschaften. Ebenso wie der PSVaG nicht verpflichtet ist, laufende Leistungen anzupassen, können Versorgungsanwärter keine Erhöhung der Versorgungsanwartschaft verlangen. Die von dem PSVaG bei Eintritt des Versorgungsfalles zu zahlende **Rente bleibt** aber auch dann **statisch**, wenn der ArbGeb sich dem ArbN gegenüber verpflichtet hatte, die Rente nach bestimmten Maßstäben zu erhöhen. Das BAG leitet dies aus § 7 Abs. 2 Satz 3 her, der auf § 2 Abs. 5 Satz 1 verweise. Danach würden die Bemessungsgrundlagen für die Berechnung einer Anwartschaft auf den Zeitpunkt des Ausscheidens festgeschrieben. Der PSVaG kann deshalb aus einer dem ArbN zugesagten Dynamik seiner Versorgungsbezüge nicht mehr in Anspruch genommen werden, wenn der ArbN bei Eintritt der Insolvenz noch Versorgungsanwärter war[5]. Etwas anderes kann gelten, wenn die Versorgungsanwärter im Zeitpunkt der Insolvenz bereits Versorgungsleistungen beziehen, aber bei dem dann insolvent gewordenen ArbGeb vorher mit unverfallbarer Anwartschaft ausgeschieden sind. Hier kann eine Dynamisierung auch vom PSVaG vorzunehmen sein, wenn sich aus der Versorgungszusage ergibt, dass der ArbGeb auch dem Versorgungsanwärter nach Eintritt des Versorgungsfalles Ruhegelderhöhungen nach bestimmten Maßstäben zukommen lassen wollte[6]. 27

IV. Sicherungsfälle. In § 7 Abs. 1 Satz 1 und Satz 4 Nr. 1 bis 3 sind die Sicherungsfälle, in denen der PSVaG für die eigentlich vom ArbGeb zu erbringenden Versorgungsleistungen einstehen muss, abschließend aufgezählt[7]. Es gibt zwei Gruppen von Sicherungsfällen[8], nämlich solche, bei denen das **Unternehmen liquidiert** wird und andere, die eine Unternehmensfortführung ermöglichen sollen. Auf Sicherungsfälle, die vor dem 1.1.1999 eingetreten sind, ist das BetrAVG in der bis zum 31.12.1998 gültigen Fassung anzuwenden (§ 31)[9]. 28

Voraussetzung für die Einstandspflicht des PSVaG ist stets ein **Sicherungsfall bei dem ArbGeb** des Versorgungsberechtigten. Dabei genügt es, wenn der ursprünglich Versorgungsverpflichtete einmal gegenüber dem Versorgungsberechtigten die ArbGebStellung innehat. Hat er zwischenzeitlich jede werbende Tätigkeit eingestellt, so bleibt er dennoch ArbGeb im insolvenzschutzrechtlichen Sinne[10]. Der **ArbGeb-Begriff** des BetrAVG ist nicht mit dem allgemeinen Begriff im Arbeitsrecht identisch. So sind auch die gegenüber arbeitnehmerähnlichen Personen iSd. § 17 Abs. 1 Satz 2 verpflichteten Unternehmen ArbGeb 29

---

1 BGBl. I 2002 S. 2167. | 2 *Bode/Grabner*, Pensionsfonds und Entgeltumwandlung, S. 89. | 3 Vgl. BAG, Urt. v. 24.4.1998 – 3 AZR 778/96, DB 1998, 1621. | 4 BAG v. 12.3.1991 – 3 AZR 63/90, NZA 1992, 132. | 5 BAG v. 22.11.1994 – 3 AZR 767/93, NZA 1995, 887; v. 4.4.2000 – 3 AZR 458/98, FA 2000, 225. | 6 BAG, Urt. v. 8.6.1999 – 3 AZR 39/98, NZA 1999, 1215. | 7 *Höfer*, § 7 BetrAVG Rz. 2733; *KKBBP*, § 7 BetrAVG Rz. 21. | 8 *Höfer*, § 7 BetrAVG Rz. 2735. | 9 Zur früheren Rechtslage vgl. einschlägige Kommentarliteratur, zB *Höfer*, § 7 BetrAVG Rz. 984 ff. | 10 BAG v. 11.11.1986 – 3 AZR 194/85, NZA 1987, 559.

BetrAVG § 7 Rz. 30   Umfang des Versicherungsschutzes

iSd. gesetzlichen Insolvenzsicherung[1]. Das BAG formuliert noch weiter. Danach ist ArbGeb iSd. § 7 ganz allgemein derjenige, „der selbst oder über Versorgungseinrichtungen Leistungen der betrAV zusagt oder erbringt"[2]. Das BAG billigte einem ArbN Insolvenzschutz zu, der von einer deutschen Konzernmutter eine Altersversorgungszusage erhalten hatte, aber bei einer ausländischen selbständigen Tochterunternehmung tätig war. Versorgungsverpflichtungen können von einem anderen ArbGeb übernommen werden. So ist eine Übernahme nach § 4 Abs. 1 zulässig, soweit ihr der PSVaG zugestimmt hat. Ebenso können gem. § 613a BGB und durch das Umwandlungsgesetz in der seit dem 1.1.1995 gültigen Fassung Versorgungsverbindlichkeiten auf einen neuen ArbGeb übergehen. Verpflichtet ist dann nur noch der übernehmende ArbGeb mit der Konsequenz, dass bei ihm ein Sicherungsfall eingetreten sein muss, soll der PSVaG in Anspruch genommen werden.

30   **1. Unternehmensliquidation.** Eine Liquidierung des Unternehmens erfolgt bei der Insolvenz des ArbGeb mit Liquidationsfolge, der Abweisung des Insolvenzantrages mangels Masse, dem außergerichtlichen Liquidationsvergleich und bei der Beendigung der Betriebstätigkeit bei offensichtlicher Masselosigkeit.

31   **a) Eröffnung des Insolvenzverfahrens mit Liquidationsfolge.** Grundtatbestand des § 7 Abs. 1 ist die **Eröffnung des Insolvenzverfahrens** über das Vermögen des ArbGeb. Das Insolvenzverfahren ersetzt das nach früherem Recht vorgesehenen Konkurs- oder Vergleichsverfahren. Voraussetzung hierfür ist die **Insolvenzfähigkeit**. Daran fehlt es beispielsweise bei einer stillen Gesellschaft oder einer Gesellschaft bürgerlichen Rechts (§ 705 BGB). Ein Sicherungsfall tritt nur dann ein, wenn über das Vermögen aller BGB-Gesellschafter das Insolvenzverfahren eröffnet worden ist; solange noch bei einem Gesellschafter Zahlungsfähigkeit besteht, muss dessen wirtschaftliche Leistungsfähigkeit ausgeschöpft werden. Um den Sicherungsfall der Insolvenzverfahrenseröffnung herbeizuführen, bedarf es eines **Eröffnungsantrags**, den ggf. auch die Versorgungsberechtigten selbst stellen können. Auch Versorgungsanwärter, die noch tätig sind, können einen Antrag stellen[3]. Die Eröffnung des Insolvenzverfahrens hängt davon ab, ob ein **Eröffnungsgrund** besteht. Dies wiederum richtet sich nach den insolvenzrechtlichen Bestimmungen. Zunächst ist dies die Zahlungsunfähigkeit (§ 17 Abs. 2 InsO). Weiterer Eröffnungsgrund ist die drohende Zahlungsunfähigkeit nach § 18 Abs. 2 InsO. Bei juristischen Personen ist auch die Überschuldung Eröffnungsgrund (§ 19 InsO). Dabei ist das Vermögen des ArbGeb zu Fortführungswerten anzusetzen, wenn eine Fortführung des Unternehmens überwiegend wahrscheinlich ist[4]. Entscheidend ist der Zeitpunkt der Verfahrenseröffnung, da ab wann Ansprüche gegenüber dem gesetzlichen Insolvenzsicherer bestehen. Gem. § 27 Abs. 2 Nr. 3 InsO müssen im Eröffnungsbeschluss nicht nur der Tag der Verfahrenseröffnung, sondern auch die Stunde und die Minute festgehalten werden; geschieht das nicht, gilt als Zeitpunkt der Eröffnung die Mittagsstunde des Tages, an dem das Verfahren eröffnet wurde. Wird später das Insolvenzverfahren mangels Masse wieder eingestellt, so berührt dies die Zahlungsverpflichtung des PSVaG nicht. Selbst wenn im Insolvenzverfahren eine 100%ige Befriedigung aller Gläubiger, auch der Versorgungsberechtigten, erreicht werden kann, ist der PSVaG einstandspflichtig.

32   **b) Abweisung des Antrags auf Eröffnung des Insolvenzverfahrens mangels Masse.** Nach § 7 Abs. 1 Satz 4 BetrAVG werden der Eröffnung des Insolvenzverfahrens andere Sicherungsfälle gleichgestellt, darunter nach Satz 4 Nr. 1 die **Abweisung des Antrags** auf Eröffnung des Insolvenzverfahrens **mangels Masse**. Nach § 26 Abs. 1 InsO ist der Antrag auf Eröffnung des Insolvenzverfahrens abzuweisen, wenn das Insolvenzgericht in einer Ermessensentscheidung dazu gelangt, dass die Vermögensmasse des Schuldners nicht einmal zur Deckung der Verfahrenskosten ausreicht. Regelmäßig führt eine solche Insolvenz dazu, dass das Unternehmen nicht mehr fortgeführt werden kann. Bei Kapitalgesellschaften sehen die gesetzlichen Bestimmungen nach rechtskräftiger Abweisung eines Antrags auf Eröffnung des Insolvenzverfahrens zwingend die Auflösung der Gesellschaft vor.

33   Die Abweisung des Antrags auf Eröffnung des Insolvenzverfahrens mangels Masse erfolgt durch **gerichtlichen Beschluss**. Auch hier kann der genaue Zeitpunkt des Sicherungsfalles dem Abweisungsbeschluss entnommen werden; er ist maßgeblich für die Einstandspflicht des PSVaG[5].

34   **c) Außergerichtlicher Liquidationsvergleich.** Weiterer Sicherungsfall ist der **außergerichtliche Liquidationsvergleich**, wenn ihm der **PSVaG zustimmt**. Der außergerichtliche Liquidationsvergleich als Sicherungsfall hat praktisch keine Bedeutung; er kommt nur in Betracht, wenn mit einer besonders hohen Quote zu rechnen ist, die in einem Insolvenzverfahren nicht erreicht werden kann[6].

35   Ein außergerichtlicher Vergleich besteht ggf. aus einer Vielzahl von Einzelverträgen des Schuldners mit seinen Gläubigern. Der PSVaG hat dabei weder eine gesetzliche Vertretungsmacht noch eine Verfügungsbefugnis für den Abschluss außergerichtlicher Vergleiche über Versorgungsrechte der Berechtigten. Zu den Gläubigern gehören auch die Versorgungsberechtigten. Es steht ihnen frei, dem Vergleichsvorschlag zuzustimmen. Sie können die Zustimmung auch unter der Bedingung erteilen, dass der PSVaG dem außergerichtlichen Vergleich zustimmt[7]. § 7 Abs. 2 BetrAVG begrenzt dabei lediglich die Einstandspflicht des PSVaG. Nur soweit, wie der PSVaG einzustehen hat, gehen Versorgungsansprü-

---

[1] *Höfer*, § 7 BetrAVG Rz. 2738.   [2] BAG v. 6.8.1985 – 3 AZR 185/83, DB 1986, 131.   [3] *Höfer*, § 7 BetrAVG Rz. 2743.   [4] *Höfer*, § 7 BetrAVG Rz. 2812.6.   [5] *KKBBP*, § 7 BetrAVG Rz. 31.   [6] *Everhardt*, BetrAV 1995, 184.   [7] *Blomeyer/Otto*, § 7 BetrAVG Rz. 110.

che der Berechtigten auf ihn über. Den nicht insolvenzgesicherten Teil der Altersversorgung können die Betriebsrentner von ihrem früheren ArbGeb weiterhin verlangen[1].

Ein Sicherungsfall tritt aber nur dann ein, wenn der **PSVaG zustimmt**. Sinn ist es, den PSVaG vor unberechtigten Inanspruchnahmen zu schützen. Wäre die Zustimmung nicht erforderlich, so könnte der Versorgungsberechtigte dem Vergleich zustimmen, ohne wirtschaftliche Nachteile befürchten zu müssen, denn er wäre ja insolvenzgeschützt. Das Zustimmungserfordernis seitens des PSVaG verhindert damit Verträge zu Lasten eines Dritten, nämlich des PSVaG. Sinnvoll ist das Zustimmungserfordernis insb. im Hinblick darauf, dass die Last der Insolvenzsicherung von der Solidargemeinschaft der beitragspflichtigen Unternehmen aufgebracht werden muss. Der PSVaG muss seine Entscheidung, einem außergerichtlichen Vergleich zuzustimmen, nach **pflichtgemäßem Ermessen** treffen, er kann eine Zustimmung also nicht willkürlich versagen[2]. Dabei muss er prüfen, ob mittels des außergerichtlichen Vergleichs eine Sanierung des Unternehmens und damit auch eine Sicherstellung der Versorgungsansprüche herbeigeführt werden kann.

Allerdings ist es **nicht Zweck** der gesetzlichen Insolvenzsicherung, Sanierungen zu ermöglichen oder Krisenhilfen zu stellen[3]. So hat das BAG ausdrücklich darauf hingewiesen, dass der PSVaG nicht einem außergerichtlichen Vergleich zustimmen müsse, bei dem der ArbGeb seine Vermögenswerte einsetze, um seine sonstigen Gläubiger zu befriedigen, während die Versorgungslasten dem PSVaG aufgebürdet werden[4].

Der ArbGeb hat **keinen Rechtsanspruch** gegenüber dem PSVaG auf Zustimmung zu dem außergerichtlichen Vergleich[5]. Stimmt der PSVaG dem außergerichtlichen Vergleichsvorschlag des ArbGeb nicht zu, so kann das Unternehmen seit dem 1.1.1999 nicht mehr versuchen, einen Sicherungsfall nach § 7 Abs. 1 Satz 3 Nr. 5 aF herbeizuführen. In der Lit. wird dafür plädiert, dem ArbGeb einen Anspruch auf Zustimmung zuzubilligen. Der ArbGeb habe nun ja keine rechtliche Handhabe mehr, den PSVaG zu einer Übernahme der Versorgungsverpflichtungen zu veranlassen[6]. Dem ist entgegenzuhalten, dass auch nach früherem Recht keine Möglichkeit bestand, den PSVaG zur Übernahme der Versorgungslasten zu zwingen. Er hatte lediglich das Recht, die betriebliche Versorgungszusage wegen wirtschaftlicher Notlage zu widerrufen. Die Pflicht, den PSVaG zu verklagen, hatte nichts mit einem Anspruch gegen den PSVaG zu tun[7]. Ein Widerruf der Versorgungszusage wegen wirtschaftlicher Notlage kommt deshalb nach nunmehr geltendem Recht nicht mehr in Betracht[8].

Maßgeblich für die Eintrittspflicht des PSVaG ist der Zeitpunkt, in dem der ArbGeb seine Zahlungsunfähigkeit allen Versorgungsberechtigten mitteilt. Eine Zahlungseinstellung allein reicht nicht aus. Das BAG lässt allerdings Absprachen zwischen dem ArbGeb und dem PSVaG über den Zeitpunkt für die Übernahme von betrieblichen Versorgungsleistungen zu[9]. Der Sicherungsfall tritt damit regelmäßig schon zu einem früheren Zeitpunkt ein als an dem Tag, an dem der außergerichtliche Vergleich durch Annahme der Gläubiger zustande kommt. Dies ist aber auch sachgerecht, weil sich die frühere Übernahme der Zahlungsverpflichtungen durch den PSVaG für die Versorgungsempfänger regelmäßig günstig auswirkt.

Für **Anwärter** kann sich allerdings ein Nachteil ergeben, wenn ihre Versorgungsanwartschaft erst zu einem späteren Zeitpunkt noch vor dem Zustandekommen des Vergleiches unverfallbar geworden wäre. Da sie aber zu den Gläubigern gehören, können sie das Zustandekommen des außergerichtlichen Vergleiches verhindern, indem sie ihre eigene Zustimmung verweigern[10].

d) **Vollständige Betriebseinstellung bei offensichtlicher Masselosigkeit.** Der Sicherungsfall des § 7 Abs. 1 Satz 4 Nr. 3 beinhaltet einen **Auffangtatbestand** für alle Fälle, in denen der ArbGeb infolge Zahlungsunfähigkeit seine Zahlungen einstellt und ein förmliches Insolvenzverfahren nicht betreibt[11]. Der Versorgungsberechtigte soll auch dann geschützt sein, wenn der ArbGeb die Zahlungen einstellt und den Betrieb nicht mehr fortführt. Der Versorgungsberechtigte soll von der Formalität entbunden werden, einen Antrag auf Eröffnung des Insolvenzverfahrens stellen zu müssen, um die Insolvenzsicherung herbeizuführen. Allerdings muss ein Antrag auf Eröffnung des Insolvenzverfahrens zulässig sein. Notwendig ist deshalb die **Insolvenzverfahrensfähigkeit** des Unternehmens wie auch das **Vorhandensein eines Eröffnungsgrundes**[12]. Negativ formuliertes Tatbestandsmerkmal ist, dass **kein Eröffnungsantrag** gestellt worden ist, andernfalls kommen nur die Sicherungsfälle der Eröffnung des Insolvenzverfahrens und der Abweisung des Antrags auf Eröffnung des Insolvenzverfahrens mangels Masse in Betracht. Positives Tatbestandsmerkmal ist die vollständige **Beendigung der Betriebstätigkeit**. Hierzu muss die gesamte unternehmerische Tätigkeit eingestellt werden. Es genügt danach nicht, wenn nur die werbende Tätigkeit beendet worden ist. Auch eine **noch fortdauernde Liquidation** beinhaltet eine Betriebstätigkeit, die den Eintritt des Sicherungsfalls nach § 7 Abs. 1 Satz 4 Nr. 3 ausschließt[13].

---

1 BAG v. 9.11.1999 – 3 AZR 361/98, NZA 2000, 1290. | 2 *Blomeyer/Otto*, § 7 BetrAVG Rz. 99. | 3 *Höfer*, § 7 BetrAVG Rz. 2772. | 4 BAG v. 11.9.1980 – 3 AZR 544/79, DB 1981, 645. | 5 *Blomeyer/Otto*, § 7 BetrAVG Rz. 99; *Höfer*, § 7 BetrAVG Rz. 2812.21; *KKBBP*, § 7 BetrAVG Rz. 37; aA *Diller*, ZIP 1997, 765. | 6 *Diller*, ZIP 1997, 765. | 7 *Höfer*, § 7 BetrAVG Rz. 2812.21. | 8 *Wohlleben*, DB 1998, 1230; *Höfer*, § 7 BetrAVG Rz. 2812.39. | 9 BAG v. 14.12.1993 – 3 AZR 618/93, NZA 1994, 554. | 10 *Höfer*, § 7 BetrAVG Rz. 2776. | 11 *Blomeyer/Otto*, § 7 BetrAVG Rz. 104; *KKBBP*, § 7 BetrAVG Rz. 39. | 12 *Blomeyer/Otto*, § 7 BetrAVG Rz. 111. | 13 *Paulsdorff*, § 7 BetrAVG Rz. 135.

42 Nach dem Gesetzeswortlaut darf ein Insolvenzverfahren wegen **offensichtlicher Masselosigkeit** nicht in Betracht kommen. Dieses Tatbestandsmerkmal ist erfüllt, wenn **objektiv** eine Masselosigkeit vorliegt und diese für den mit den betrieblichen Verhältnissen vertrauten Betrachter **ohne weiteres erkennbar** ist. Der Versorgungsberechtigte und der PSVaG müssen sie nicht kennen[1]. Der PSVaG muss dann die Leistungen übernehmen, kann aber die Ansprüche auf sich überleiten und alle Schritte unternehmen, um noch verwertbares Vermögen des ArbGeb an sich zu ziehen, notfalls dadurch, dass er ein Insolvenzverfahren einleitet.

43 Für die Feststellung des **Zeitpunkts**, zu dem der Sicherungsfall eingetreten ist, kommt es darauf an, wann das letzte anspruchsbegründende Tatbestandsmerkmal erstmalig vorliegt. Dabei kann die Masselosigkeit auch erst nach der Beendigung der Betriebstätigkeit eintreten[2]. Auf den Eintritt des Sicherungsfalles wirkt sich nicht aus, wenn der ArbGeb später seine **Betriebstätigkeit wieder aufnimmt**. Es verbleibt dann bei der Einstandspflicht der PSVaG; dieser kann allenfalls bei dem eigentlichen Versorgungsschuldner Rückgriff nehmen. Ein später eröffnetes Insolvenzverfahren nach späterem Antrag beseitigt den erst einmal eingetretenen Sicherungsfall des § 7 Abs. 3. Satz 4 Nr. 3 nicht nachträglich. Die Sicherungsfälle sind gleichrangig[3].

44 **2. Unternehmensfortführung.** Die andere Gruppe von Sicherungsfällen umschreibt Tatbestände, bei denen regelmäßig das Unternehmen fortgeführt wird, nämlich den außergerichtlichen Stundungs- oder Quotenvergleich und das Insolvenzverfahren mit Sanierungserfolg. Höchstrichterlich ungeklärt ist noch, ob der ArbGeb wegen Wegfalls der Geschäftsgrundlage (früherer Sicherungsfall der wirtschaftlichen Notlage, § 7 Abs. 1 Satz 3 Nr. 5 aF) die Ruhegeldzusage widerrufen kann und damit den gesetzlichen Insolvenzschutz auslöst.

45 **a) Außergerichtlicher Stundungs- oder Quotenvergleich.** Häufigster Anwendungsfall ist der **außergerichtliche Stundungs-** oder **Quotenvergleich**, dem der **PSVaG zustimmt**. Es gelten hier die gleichen rechtlichen Rahmenbedingungen wie für den außergerichtlichen Liquidationsvergleich. In einem außergerichtlichen Vergleich mit der Zielsetzung der Unternehmensfortführung kann der PSVaG seine Zustimmung auch davon abhängig machen, dass die Leistungspflicht des ArbGeb gemindert fortbesteht oder zeitlich begrenzt wird. Der PSVaG kann auch eine Gegenleistung für die Übernahme von Versorgungsverpflichtungen übernehmen.

46 Der PSVaG wird im Übrigen einem außergerichtlichen Vergleich nur dann zustimmen, wenn das Unternehmen noch sanierungsfähig ist und eine gleichmäßige Beteiligung aller Gläubiger gewährleistet ist. Dazu kann ggf. auch ein Beitrag der Anteilseigner des ArbGeb gehören. Im Regelfall verlangt der PSVaG einen nachvollziehbaren abgesicherten Sanierungsplan, aus dem die Sanierungsfähigkeit und die Verteilung der Sanierungsbeiträge ersichtlich ist.

47 **b) Insolvenzverfahren mit Sanierungserfolg.** Kein echter eigenständiger Sicherungsfall ist das **Insolvenzverfahren mit Sanierungserfolg**. Sicherungsfall ist auch hier zunächst die **Eröffnung** des Insolvenzverfahrens. Kommt im Insolvenzverfahren ein sog. **Insolvenzplan** zustande, hat das aber Auswirkungen auf den **Umfang** des Insolvenzschutzes. Wird im Insolvenzverfahren nämlich ein Insolvenzplan bestätigt, vermindert sich der Anspruch gegen den PSVaG insoweit, als nach dem Insolvenzplan der ArbGeb oder sonstige Träger der Versorgung einen Teil der Leistungen selbst zu erbringen hat. Im Insolvenzplan kann auch vorgesehen werden, dass der PSVaG nur bis zu einem bestimmten Zeitpunkt die Ruhegeldleistungen übernehmen soll. Im Insolvenzplan soll sogar vorgesehen werden, dass bei einer nachhaltigen Besserung der wirtschaftlichen Lage des ArbGeb die zu überbringende Leistung wieder ganz oder zum Teil vom ArbGeb oder sonstigen Trägern der Versorgung übernommen wird.

48 **c) Wirtschaftliche Notlage.** Seit dem 1.1.1999 gibt es nicht mehr den Sicherungsfall der **wirtschaftlichen Notlage** (§ 7 Abs. 1 Satz 3 Nr. 5 aF). Eine wirtschaftliche Notlage iSv. § 7 Abs. 1 Satz 3 Nr. 5 aF lag vor, wenn sich das Unternehmen in einer wirtschaftlichen Lage befand, in der es seine Gläubiger nicht mehr befriedigen konnte, aber noch die **begründete Aussicht zur Rettung oder Sanierung** des Unternehmens bestand und hierfür ua. die Einstellung oder Kürzung von betrieblichen Versorgungsleistungen unerlässlich war[4]. Der Sicherungsfall der wirtschaftlichen Notlage galt als kodifizierter Fall des **Wegfalls der Geschäftsgrundlage**, die nach der Schuldrechtsreform[5] nun als Störung der Geschäftsgrundlage in § 313 BGB gesetzlich geregelt ist. Dieses Rechtsinstitut besteht natürlich nach wie vor. Es stellt sich damit die Frage, ob der ArbGeb trotz Beseitigung des entsprechenden Sicherungsfalles in § 7 Abs. 1 dennoch wegen Wegfalls der Geschäftsgrundlage Ruhegeldleistungen widerrufen kann und ob der PSVaG eintreten muss. Nach Auffassung des BAG wird § 313 BGB hier von den spezialgesetzlichen Vorschriften des BetrAVG verdrängt. Für Sicherungsfälle, die seit dem 1.1.1999 eingetreten sind, kommt ein Widerruf wegen wirtschaftlicher Notlage nicht mehr in Betracht. Auf eine Störung der Geschäftsgrundlage kann sich der ArbGeb nicht berufen. Die fehlende wirtschaftliche Leistungsfähig-

---

1 BAG v. 9.12.1997 – 3 AZR 429/96, DB 1998, 1570. | 2 BAG v. 20.11.1984 – 3 AZR 444/82, NZA 1986, 156; v. 9.12.1997 – 3 AZR 429/96, DB 1998, 1570. | 3 BAG v. 9.12.1997 – 3 AZR 429/96, DB 1998, 1570. | 4 BAG v. 10.12.1971 – 3 AZR 190/71, NJW 1972, 733 = DB 1972, 491; v. 24.4.2001 – 3 AZR 402/00, BB 2001, 1687. | 5 BGBl. 2001 I, S. 3138.

keit ist kein Grund dafür, sich von einer übernommenen Zahlungspflicht zu lösen[1]. Dem ArbGeb bleibt deshalb nur die Möglichkeit, sich um einen **außergerichtlichen Vergleich** mit seinen Gläubigern und einer Regelung der Versorgungsfragen mit dem PSVaG zu bemühen, wenn er sich auf ein Leistungsverweigerungsrecht wegen wirtschaftlicher Notlage berufen will. Lehnt der PSVaG den außergerichtlichen Vergleich ab, muss der ArbGeb den Insolvenzschutz durch den Gang ins Insolvenzverfahren herbeiführen[2]. Denn durch sein Berufen auf die wirtschaftliche Notlage gibt er zu erkennen, dass ein Eröffnungsgrund für das Insolvenzverfahren vorliegt[3].

Besonderheiten können auch nach neuer Gesetzeslage gelten, wenn der ArbGeb Versorgungsleistungen über eine **Unterstützungskasse** zugesagt hat. Ausgehend von dem Freiwilligkeitsvorbehalt erleichtert die Rspr. den Widerruf von Versorgungsleistungen einer Unterstützungskasse in sog. „Alt-" und „Übergangsfällen". Unter „Altfällen" versteht die Rspr. Fallgestaltungen, in denen die rechtlichen Regelungen für die Unterstützungskasse vor In-Kraft-Treten des BetrAVG geschaffen wurden und die Versorgungsberechtigten auch vor diesem Zeitpunkt aus dem Arbeitsverhältnis ausschieden. Unter „Übergangsfällen" versteht es Situationen, bei denen die rechtlichen Grundlagen ebenfalls aus der Zeit vor dem BetrAVG stammen, die ArbN aber nach diesem Zeitpunkt ausgeschieden sind. Widerruft der ArbGeb hier Leistungen, so sollen dafür bereits triftige Gründe ausreichen, ohne dass die Voraussetzungen einer wirtschaftlichen Notlage vorliegen müssen. Über den Gesetzeswortlaut des § 7 Abs. 1 Satz 3 Nr. 5 aF und die derzeitige Gesetzeslage bestand und besteht in diesen Fällen ebenfalls gesetzlicher Insolvenzschutz[4].

V. Leistungseinschränkungen. Unter gewissen Voraussetzungen sieht das BetrAVG **Leistungseinschränkungen** vor.

1. Außergerichtlicher Vergleich und bestätigter Insolvenzplan. Die Leistungspflicht des **PSVaG** ist bei einem **bestätigten Insolvenzplan** nach § 7 Abs. 4 Satz 2 und 3 beschränkt auf den Ausfall, der dem Versorgungsberechtigtem noch verbleibt. Entsprechendes gilt nach § 7 Abs. 4 Satz 4, wenn der PSVaG seine Zustimmung zu einem **außergerichtlichen Vergleich** davon abhängig macht, dass der ArbGeb bestimmte Teile der Versorgung selbst sicher stellen muss.

2. Trotz Insolvenz erbrachte Leistungen. Der Anspruch auf Insolvenzsicherungsleistungen verringert sich in dem Umfang, in dem der ArbGeb oder sonstige Träger der Versorgung die Leistungen der betrAV **erbringt**, § 7 Abs. 4. Der Versicherer erbringt etwa einen Teil einer Altersversorgungsleistung aus einer Direktversicherung nach wie vor. Nur die Differenz zu den zugesagten Leistungen wird dann vom PSVaG übernommen. Oder der ArbGeb hat eine Rückdeckungsversicherung abgeschlossen, die dem Versorgungsberechtigten aufgrund einer Verpfändung nun zusteht. Auch hier besteht keine Eintrittspflicht in Höhe der abgesicherten Leistungen.

3. Höchstgrenze. Der Anspruch gegen den PSVaG ist betragsmäßig begrenzt, § 7 Abs. 3. Die **Höchstgrenze** beträgt **monatlich** höchstens das Dreifache der im Zeitpunkt der ersten Fälligkeit maßgebenden monatlichen Bezugsgröße gem. § 18 SGB IV. Die monatliche Bezugsgröße für die SozV beträgt in den alten Bundesländern im Jahre 2004 2.415 Euro. Die Höchstgrenze für den Insolvenzschutz beträgt monatlich folglich 7.245 Euro.

Bei **Kapitalleistungen** wird eine fiktive Berechnung vorgenommen. 10 % der Kapitalleistung gelten als Jahresbetrag einer laufenden Leistung. Eine laufende jährliche Leistung ist in Höhe des 12-fachen Monatshöchstbetrages insolvenzgeschützt. Das sind in 2004 86.940 Euro (2.415 Euro x 3 x 12 Monate). Da das nur 10 % der insolvenzgeschützten Kapitalleistung sind, muss der Betrag auf 100 % hochgerechnet, also mit 10 multipliziert werden. Das ergibt einen maximal insolvenzgeschützten Kapitalbetrag von 869.400 Euro (= 360-fache monatliche Bezugsgröße). Für die neuen Bundesländer gilt eine Höchstgrenze von monatlich 6.090 Euro und für Kapitalleistungen von 730.800 Euro.

Andere Höchstgrenzen gelten für Zusagen, die auf Sicherungsfällen beruhen, die vor dem 1.1.1999 eingetreten sind (§ 31). Hier wird der Insolvenzschutz auf das 3-fache der im Zeitpunkt der ersten Fälligkeit des Ruhegelds geltenden BBG für Monatsbezüge in der gesetzlichen RV der ArbN begrenzt. Bei Kapitalleistungen sind 10 vom Hundert als Jahresbetrag einer laufenden Leistung anzusetzen. Eine Kapitalleistung wird gedanklich also für einen Zeitraum von 10 Jahren angesetzt. Höchstgrenze ist folglich das 10-fache der 3-fachen jährlichen BBG.

4. Rückständige Leistungen. Eine Leistungspflicht des PSVaG entsteht grundsätzlich erst mit dem Beginn des Kalendermonats, der auf den Eintritt des Sicherungsfalls folgt. In den Fällen des § 7 Abs. 1 Satz 1 (Eröffnung des Insolvenzverfahrens) und des Satzes 4 Nr. 1 (Abweisung des Insolvenzantrages) und Nr. 3 (vollständige Betriebseinstellung bei offensichtlicher Masseunzulänglichkeit) werden auch Ansprüche auf **rückständige** Versorgungsleistungen erfasst, soweit diese **bis zu sechs Monate** vor Entstehen der Leistungspflicht des PSVaG entstanden sind.

---

[1] BAG v. 17.6.2003 – 3 AZR 396/02, DB 2004, 324. |[2] BAG v. 17.6.2003 – 3 AZR 396/02, DB 2004, 324. |[3] *Wohlleben*, DB 1998, 1230; *Höfer*, § 7 BetrAVG Rz. 2812.39. |[4] BVerfG v. 19.10.1983 – 2 BvR 298/81, BVerfGE 65, 196; v. 14.1.1987 – 1 BvR 1052/79, BVerfGE 74, 129.

57 **VI. Versicherungsmissbrauch.** Nach Abs. 5[1] **besteht ein Anspruch gegen den PSVaG nicht**, soweit die Annahme gerechtfertigt ist, dass es der alleinige oder überwiegende Zweck der Versorgungszusage oder ihrer Verbesserung ist, den PSVaG in Anspruch zu nehmen[2]. Bei dieser Generalklausel liegt die Darlegungs- und Beweislast bei dem PSVaG. Allerdings verlangt das Gesetz seinem Wortlaut nach nicht den Nachweis einer Missbrauchsabsicht. Es reicht aus, soweit nach den Umständen des Falles lediglich die Annahme gerechtfertigt ist, dass der Träger der Insolvenzsicherung belastet werden soll. Es kommt also allein auf objektive Kriterien an, die für einen verständigen Beobachter die Missbrauchsannahme rechtfertigen. Abs. 5 Satz 2 stellt eine gesetzliche Vermutung auf. Die **Annahme des Missbrauchs** soll insb. dann gerechtfertigt sein, wenn bei Erteilung oder Verbesserung der Versorgungszusage wegen der wirtschaftlichen Lage des ArbGeb zu erwarten war, dass die Zusage nicht erfüllt werde. Nach Auffassung des BAG handelt es sich um eine widerlegbare Vermutung. Statt des Missbrauchszwecks muss der PSVaG nach Abs. 5 Satz 2 lediglich nachweisen, dass die Erfüllung der Zusage bzw. der Verbesserung in Anbetracht der wirtschaftlichen Lage des ArbGeb nicht zu erwarten war. Es wird dann vermutet, dass mit den Vereinbarungen ein missbräuchlicher Zweck verfolgt wurde. Der ArbN hat dann die Möglichkeit, diese Vermutung zu widerlegen[3]. Dazu kann genügen, dass die subjektiven Voraussetzungen des § 7 Abs. 5 Satz 1 widerlegt werden[4].

58 **Verbesserungen der Versorgungszusage**, die **innerhalb der letzten beiden Jahre** vor Eintritt des Sicherungsfalles **vereinbart**[5] worden sind, werden bei der Bemessung der Leistungen des Trägers der Insolvenzsicherung nach Abs. 5 Satz 3 nicht berücksichtigt. Hier handelt es sich um eine unwiderlegbare gesetzliche Vermutung[6]. Es kommt seit der Neufassung des Gesetzes per 1.1.1999 auf den Zeitpunkt der Vereinbarung an[7]. Das gilt auch für Versorgungsanwartschaften, die auf Entgeltumwandlungen beruhen, also arbeitnehmerfinanziert sind. Sie sind nach § 1b Abs. 5 zwar sofort unverfallbar, unterliegen jedoch wegen der Ausschlussfrist des Abs. 5 Satz 3 erst nach 2 Jahren dem gesetzlichen Insolvenzschutz[8].

59 Nach seinem Wortlaut gilt § 7 Abs. 5 Satz 3 nur bei Verbesserungen von Versorgungszusagen, nicht aber für ihre erstmalige Erteilung. Was aber für die Verbesserung einer Versorgungszusage gilt, muss erst recht für ihre erstmalige Erteilung gelten. Es besteht deshalb kein Insolvenzschutz, wenn die Versorgungszusage erst innerhalb der letzten beiden Jahre vor Eintritt des Sicherungsfalles erteilt wurde[9]. Für den Beginn der Jahresfrist kommt es darauf an, an welchem Tag die Verbesserung zugesagt worden ist, nicht wann der damit bezweckte Erfolg eintritt[10]. Sofortiger Insolvenzschutz besteht aber auch bei Entgeltumwandlungen, die auf ab dem 1.1.2002 gegebenen Zusagen beruhen, wenn bis zu 4 % der BBG in der gesetzlichen RV der Arbeiter und Angestellten für Zwecke der betrAV verwendet werden.

60 **VII. Vertragliche Sicherung in der Insolvenz.** Nicht alle Versorgungsverpflichtungen sind insolvenzgeschützt. Ein Kompensationsbedarf kann zB in folgenden Situationen entstehen:

- Die gesetzlichen Unverfallbarkeitsfristen sind noch nicht erreicht.
- Der Versorgungsberechtigte ist als Unternehmer anzusehen und unterfällt deshalb nicht dem gesetzlichen Insolvenzschutz.
- Die Versorgungszusage überschreitet die Höchstgrenze nach § 7 Abs. 3.

61 Der ArbGeb kann hier zur Absicherung der betrieblichen Versorgungszusage eine Lebensversicherung als Rückdeckungsversicherung abschließen und diese für den Fall der Insolvenz des Unternehmens an den Versorgungsberechtigten **verpfänden**. Mit der **Verpfändung der Rückdeckungsversicherung** erwirbt der Versorgungsberechtigte das Recht, bei Pfandreife die Versicherungsleistung insoweit für sich in Anspruch zu nehmen, wie dies zur vollen Erfüllung seiner Pensionszusage erforderlich ist. Er genießt dadurch einen vertraglichen Insolvenzschutz, der mit dem gesetzlichen Insolvenzschutz durchaus vergleichbar ist. Im Fall der Insolvenz steht dem Berechtigten ein **Absonderungsrecht** iSv. § 50 InsO zu, so dass die Rückdeckungsversicherung jedenfalls in Höhe des Versorgungsanspruchs nicht in die Insolvenzmasse fällt. Bei Eintritt der Insolvenz darf der Insolvenzverwalter somit erst dann auf die Rückdeckungsversicherung Zugriff nehmen, wenn der Gläubiger innerhalb einer ihm gesetzten Frist die Verwertung der Rückdeckungsversicherung unterlassen hat. Der Berechtigte kann insoweit beanspruchen, dass der Insolvenzverwalter die Rechte am Versicherungsvertrag in Höhe der Versorgungsansprüche abtritt. Er kann aber auch die Rückdeckungsversicherung durch Kündigung fällig stellen und dann aus dem Rückkaufswert Befriedigung suchen.

62 In Betracht kommen ferner **Treuhandlösungen** (Contractual Trust Arrangements-CTA). Dabei überträgt der aus der Altersversorgung Verpflichtete Vermögen an einen Treuhänder. Dieser wiederum wird

---

[1] Ein Referentenentwurf zur Änderung des Gesetzes, abgedr. in BetrAV 2003, S. 720 ff., sieht Änderungen vor. | [2] BAG v. 8.5.1990 – 3 AZR 121/89, NZA 1990, 931. | [3] BAG v. 29.11.1988 – 3 AZR 184/87, DB 1989, 786. | [4] BAG v. 19.2.2002 – 3 AZR 137/01. | [5] BAG v. 18.3.2003 – 3 AZR 120/02; eine Verbesserung durch Urteil steht dem nicht gleich. | [6] BAG v. 2.6.1987 – 3 AZR 764/85, NZA 1988, 19; v. 24.11.1998 – 3 AZR 423/97, NZA 1999, 650. | [7] BAG v. 18.3.2003 – 3 AZR 120/02. | [8] *Bode/Grabner*, Pensionsfonds und Entgeltumwandlung, S.89. | [9] BAG v. 24.11.1998 – 3 AZR 423/97, NZA 1999, 650; *Höfer*, § 7 BetrAVG Rz. 2967.2; *KKBBP*, § 7 BetrAVG Rz. 142; aA *Blomeyer/Otto*, § 7 BetrAVG Rz. 284. | [10] BAG v. 2.6.1987 – 3 AZR 764/85, NZA 1988, 19.

verpflichtet, bei Eintritt der Insolvenz aus dem Treuhandvermögen das Versorgungsversprechen zu erfüllen. In Betracht kommt jedes Wirtschaftsgut, zB Immobilienbesitz, Wertpapiere, Bankguthaben, Forderungen[1]. Die Insolvenz des ArbGeb führt gem. § 116 Satz 1 iVm. § 115 InsO dazu, dass der Treuhandvertrag beendet wird. Der Insolvenzverwalter ist dann verpflichtet, den Rückgewähranspruch des Unternehmens geltend zu machen. Dies kann dadurch ausgeschlossen werden, dass der Rückgewähranspruch an die versorgungsberechtigten ArbN verpfändet wird. Durch das Aussonderungsrecht gem. §§ 50 ff. InsO wird gewährleistet, dass der Treuhänder dann die Möglichkeit behält, die Versorgungsleistungen zu erbringen.

Das Pfandrecht der ArbN geht allerdings gem. § 9 Abs. 2 auf den **PSVaG** über, wenn dieser eintrittspflichtig ist. Allerdings darf der PSVaG den Forderungsübergang nicht zum Nachteil des Berechtigten geltend machen (§ 9 Abs. 2 Satz 2). Ist der PSVaG nicht einstandspflichtig (etwa weil es sich um eine nicht sicherungsfähige Unternehmerrente handelt), findet kein Forderungsübergang statt. Bei einer nur teilweisen Eintrittspflicht (etwa wenn die Höchstgrenzen des § 7 Abs. 3 überschritten werden), muss der PSVaG das Pfandrecht zu Gunsten des Versorgungsberechtigten freigeben und ggf. auf ihn rückübertragen, soweit das Vermögen nicht zur Erfüllung der gesetzlichen Leistungspflicht des PSVaG benötigt wird. Soweit der PSVaG das Sicherungsrecht verwertet hat, ist dem Versorgungsberechtigten Zugriff auf den Erlös zu ermöglichen[2].

8 Übertragung der Leistungspflicht und Abfindung

(1) **Ein Anspruch gegen den Träger der Insolvenzsicherung auf Leistungen nach § 7 besteht nicht, wenn eine Pensionskasse oder ein Unternehmen der Lebensversicherung sich dem Träger der Insolvenzsicherung gegenüber verpflichtet, diese Leistungen zu erbringen, und die nach § 7 Berechtigten ein unmittelbares Recht erwerben, die Leistungen zu fordern.**

(1a) Der Träger der Insolvenzsicherung hat die gegen ihn gerichteten Ansprüche auf den Pensionsfonds, dessen Trägerunternehmen die Eintrittspflicht nach § 7 ausgelöst hat, im Sinne von Absatz 1 zu übertragen, wenn die zuständige Aufsichtsbehörde hierzu die Genehmigung erteilt. Die Genehmigung kann nur erteilt werden, wenn durch Auflagen der Aufsichtsbehörde die dauernde Erfüllbarkeit der Leistungen aus dem Pensionsplan sichergestellt werden kann. Die Genehmigung der Aufsichtsbehörde kann der Pensionsfonds nur innerhalb eines Monats nach Eintritt des Sicherungsfalles beantragen.

(2) Eine Abfindung von Anwartschaften ist ohne Zustimmung des Arbeitnehmers möglich, wenn die Voraussetzungen nach § 3 Abs. 1 Satz 2 oder 3 erfüllt sind. Die Abfindung ist über die nach § 3 Abs. 1 bestimmten Beträge hinaus möglich, wenn sie an ein Unternehmen der Lebensversicherungswirtschaft oder Pensionskassen gezahlt wird, bei dem der Versorgungsberechtigte im Rahmen eines Versicherungsvertrages nach § 1 b Abs. 2 oder 3 versichert ist. § 2 Abs. 2 Satz 4 bis 6 und § 3 Abs. 2 gelten entsprechend.

I. Übertragung der Leistungspflicht. Der PSVaG kann seine Verpflichtung nach Abs. 1 auf ein Unternehmen der Lebensversicherung oder eine Pensionskasse **übertragen**. Dies soll der Verwaltungsentlastung des PSVaG dienen[3]. Von dieser Möglichkeit macht der PSVaG dergestalt Gebrauch (vgl. § 2 Abs. 2 der Satzung des PSVaG), dass er mit einem Konsortium aus 64 Lebensversicherungsunternehmen unter der Führung der Allianz Lebensversicherung AG vereinbart hat, die laufenden Leistungen zu erbringen. Durch diese Vereinbarung wird der PSVaG von seiner eigenen Verpflichtung befreit. Es handelt sich um eine vom Gesetz zugelassene befreiende Schuldübernahme, der der Versorgungsberechtigte nicht einmal zuzustimmen braucht. Ansprüche richten sich dann nur noch gegen das Versicherungskonsortium. Eine Zwangsvollstreckung gegen den PSVaG ist nicht mehr zulässig. Ist der Versorgungsberechtigte der Auffassung, ihm stünden höhere Leistungen zu, muss der PSVaG verklagt werden. Denn die Schuldbefreiung des PSVaG ist auf die bei dem Konsortium versicherten Betrag beschränkt. Zahlt das Konsortium nicht die bei ihm versicherten Leistungen, kann der Berechtigte gegen das Konsortium selbst klagen.

Das die Leistungspflicht übernehmende Versicherungskonsortium erteilt dem Versorgungsberechtigtem einen **Versicherungsausweis**. Aus diesem ergibt sich, dass der Berechtigte ein unmittelbares Recht hat, die Leistungen in der im Ausweis bezifferten Höhe von dem Versicherungskonsortium zu fordern.

II. Besonderheiten beim Pensionsfonds. Bei einer Versorgung über einen **Pensionsfonds** besteht die Möglichkeit, dass dieser die Ansprüche weiterhin selbst erfüllt. Der PSVaG hat unter den Voraussetzungen des Abs. 1a die gegen ihn gerichteten Ansprüche auf den Pensionsfonds zu übertragen. Der Pensionsfonds muss die Genehmigung, selbst die Ansprüche der ArbN des insolventen Unternehmens erfüllen zu dürfen, innerhalb eines Monats nach Eintritt des Sicherungsfalls beim Bundesaufsichtsamt für das Versicherungswesen beantragen. Bedingung für die Genehmigungserteilung ist, dass die dauernde Erfüllbarkeit der Versorgungsleistungen aus dem Pensionsfonds sichergestellt ist. Dies hat das Bundesaufsichtsamt ggf. durch Auflagen sicherzustellen.

III. Abfindung von Anwartschaften. Liegen die Voraussetzungen des § 3 Abs. 1 Satz 2 oder 3 vor, kann der PSVaG ohne Zustimmung des ArbN dessen unverfallbare Anwartschaften abfinden. § 8 Abs. 2 Satz 2 sieht vor, dass Abfindungsbeiträge ohne wertmäßige Begrenzung in eine bereits bestehende

---

1 *Blomeyer*, BetrAVG 1999, 293. | 2 *KKBBP/Berenz*, § 9 BetrAVG Rz. 18 f. | 3 BT-Drs. 7/2843, S. 9.

Direktversicherung oder eine Pensionskasse eingezahlt werden können[1]. Der Versorgungszweck wird hierdurch im Gegensatz zur Barabfindung nicht gefährdet; eine Doppelbearbeitung durch den Versicherer oder die Pensionskasse und den PSVaG wird vermieden[2].

9 Mitteilungspflicht; Forderungs- und Vermögensübergang

(1) [Mitteilungspflichten] Der Träger der Insolvenzsicherung teilt dem Berechtigten die ihm nach § 7 oder § 8 zustehenden Ansprüche oder Anwartschaften schriftlich mit. Unterbleibt die Mitteilung, so ist der Anspruch oder die Anwartschaft spätestens ein Jahr nach dem Sicherungsfall bei dem Träger der Insolvenzsicherung anzumelden; erfolgt die Anmeldung später, so beginnen die Leistungen frühestens mit dem Ersten des Monats der Anmeldung, es sei denn, dass der Berechtigte an der rechtzeitigen Anmeldung ohne sein Verschulden verhindert war.

(2) [Forderungsübergang] Ansprüche oder Anwartschaften des Berechtigten gegen den Arbeitgeber auf Leistungen der betrieblichen Altersversorgung, die den Anspruch gegen den Träger der Insolvenzsicherung begründen, gehen im Falle eines Insolvenzverfahrens mit dessen Eröffnung, in den übrigen Sicherungsfällen dann auf den Träger der Insolvenzsicherung über, wenn dieser nach Absatz 1 Satz 1 dem Berechtigten die ihm zustehenden Ansprüche oder Anwartschaften mitteilt. Der Übergang kann nicht zum Nachteil des Berechtigten geltend gemacht werden. Die mit der Eröffnung des Insolvenzverfahrens übergegangenen Anwartschaften werden im Insolvenzverfahren als unbedingte Forderungen nach § 45 der Insolvenzordnung geltend gemacht.

(3) [Vermögensübergang] Ist der Träger der Insolvenzsicherung zu Leistungen verpflichtet, die ohne den Eintritt des Sicherungsfalles die Unterstützungskasse erbringen würde, geht deren Vermögen einschließlich der Verbindlichkeiten auf ihn über; die Haftung für die Verbindlichkeiten beschränkt sich auf das übergegangene Vermögen. Wenn die übergegangenen Vermögenswerte den Barwert der Ansprüche und Anwartschaften gegen den Träger der Insolvenzsicherung übersteigen, hat dieser den übersteigenden Teil entsprechend der Satzung der Unterstützungskasse zu verwenden. Bei einer Unterstützungskasse mit mehreren Trägerunternehmen hat der Träger der Insolvenzsicherung einen Anspruch gegen die Unterstützungskasse auf einen Betrag, der dem Teil des Vermögens der Kasse entspricht, der auf das Unternehmen fällt, bei dem der Sicherungsfall eingetreten ist. Die Sätze 1 bis 3 gelten nicht, wenn der Sicherungsfall auf den in § 7 Abs. 1 Satz 4 Nr. 2 genannten Gründen beruht, es sei denn, dass das Trägerunternehmen seine Betriebstätigkeit nach Eintritt des Sicherungsfalls nicht fortsetzt und aufgelöst wird (Liquidationsvergleich).

(3a) Abs. 3 findet entsprechende Anwendung auf einen Pensionsfonds, wenn die zuständige Aufsichtsbehörde die Genehmigung für die Übertragung der Leistungspflicht durch den Träger der Insolvenzsicherung nach § 8 Abs. 1a nicht erteilt.

(4) [Insolvenzplan] In einem Insolvenzplan, der die Fortführung des Unternehmens oder eines Betriebes vorsieht, kann für den Träger der Insolvenzsicherung eine besondere Gruppe gebildet werden. Sofern im Insolvenzplan nichts anderes vorgesehen ist, kann der Träger der Insolvenzsicherung, wenn innerhalb von drei Jahren nach der Aufhebung des Insolvenzverfahrens ein Antrag auf Eröffnung eines neuen Insolvenzverfahrens über das Vermögen des Arbeitgebers gestellt wird, in diesem Verfahren als Insolvenzgläubiger Erstattung der von ihm erbrachten Leistungen verlangen.

(5) [Beschwerderecht] Dem Träger der Insolvenzsicherung steht gegen den Beschluss, durch den das Insolvenzverfahren eröffnet wird, die sofortige Beschwerde zu.

I. Mitteilungspflichten. Nach Abs. 1 muss der PSVaG die dem Versorgungsberechtigten zustehenden Ansprüche oder Anwartschaften schriftlich mitteilen. Dies geschieht in Form eines „**Leistungsbescheides**", wenn der PSVaG laufende Leistungen zu übernehmen hat und durch einen sog. „**Anwartschaftsausweis**", soweit für eine unverfallbare Versorgungsanwartschaft Insolvenzschutz besteht. Die Mitteilung des PSVaG muss Angaben zu Anwartschaften und Ansprüchen dem Grunde und der Höhe nach enthalten. Dem Versorgungsberechtigten soll ein verlässliches Bild über das Bestehen und den Umfang von Versorgungsrechten gegeben werden. Der PSVaG hat von sich aus zu informieren. Anders als bei der Auskunft nach § 2 Abs. 6 ist ein Verlangen des Versorgungsberechtigten nicht erforderlich[3]. Damit soll der Gefahr vorgebeugt werden, dass dem Berechtigten der Eintritt des Sicherungsfalles verborgen bleibt[4].

Weder der Leistungsbescheid noch der Anwartschaftsausweis haben konstitutive Bedeutung. Der PSVaG haftet allein nach Maßgabe von § 7. Inhaltlich unrichtige Anwartschaftsausweise oder Leistungsbescheide vermögen deshalb in der Regel keinen Zahlungsanspruch zu begründen[5]. Die Mitteilung der Anwartschaftshöhe im Anwartschaftsausweis ist schon deshalb **nicht bindend**, weil nur eine vorläufige Feststellung möglich ist. Denn während der Anwartschaftsphase stehen oftmals für die end-

---

[1] Ein Referentenentwurf zur Änderung des Gesetzes, abgedr. in BetrAV 2003, S. 720 ff., sieht eine Änderung dieses Absatzes vor. | [2] Ahrend/Förster/Rühmann, § 8 BetrAVG Rz. 3. | [3] Höfer, § 9 BetrAVG Rz. 3024. | [4] Höfer, § 9 BetrAVG Rz. 3024. | [5] LAG Köln v. 28.11.1985 – 8 Sa 927/85, DB 1986, 805; Blomeyer/Otto, § 9 BetrAVG Rz. 16; BGH v. 3.2.1986 – II ZR 54/85, DB 1986, 1118.

gültige Leistungsbemessung maßgebliche Faktoren noch nicht fest. So ist schon nicht vorhersehbar, wann etwa der Versorgungsfall eintritt. Der PSVaG kann deshalb immer nur die voraussichtlichen Leistungen bescheinigen, die der ArbN bei Erreichen des 65. LJ oder einer früheren festen Altersgrenze beanspruchen kann.

Aus einem Leistungsbescheid kann ausnahmsweise dann ein über die Rechte des § 7 hinausgehender Anspruch hergeleitet werden, wenn der Rentner in seinem **Vertrauen auf die Richtigkeit** des Bescheides Vermögensdispositionen getroffen oder zu treffen unterlassen hat, die er nicht mehr oder nur noch unter unzumutbaren Nachteilen rückgängig machen kann. Diese Haftung ist jedoch auf die Höhe dessen begrenzt, was der PSVaG in seinem Leistungsbescheid ursprünglich anerkannt hatte[1]. 3

II. Anmeldung von Ansprüchen. Versäumt der PSVaG seine Mitteilungspflichten, so sind nach Abs. 1 Satz 1 Halbs. 1 vom Versorgungsberechtigten nicht nur Ansprüche auf laufende Leistungen sondern auch Anwartschaften anzumelden. Dies muss spätestens 1 Jahr nach dem Sicherungsfall erfolgen. Geschieht dies nicht, beginnen die Leistungen frühestens mit dem Ersten des Monats der Anmeldung. Auf den Eintritt des Versorgungsfalles kommt es nicht an. Wurde bereits ein Anwartschaftsausweis erteilt, bedarf es bei Eintritt des Versorgungsfalles keiner erneuten Anmeldung. Allerdings können fällige Ansprüche auch gegenüber dem PSVaG verjähren[2]. Die Verjährungsfrist entspricht der, die auch gegenüber dem insolventen ArbGeb einzuhalten gewesen wäre. 4

III. Forderungsübergang. Abs. 2 regelt, dass mit **Eintritt des Sicherungsfalles** die Ansprüche der ArbN auf Leistungen der betrAV auf den PSVaG übergehen. Besteht die Sicherung in Form einer Bürgschaft, kann sich der Bürge nicht aufgrund der unvorhersehbaren Insolvenz auf einen Wegfall der Geschäftsgrundlage berufen[3]. Insoweit wird durch Abs. 2 eine endgültige Rechtszuweisung geschaffen[4]. 5

Für die Sicherungsfälle der Eröffnung des Insolvenzverfahrens und der Abweisung des Antrages auf Eröffnung des Insolvenzverfahrens mangels Masse tritt der Forderungsübergang sofort ein, bei allen übrigen Sicherungsfällen erst dann, wenn der PSVaG den Berechtigten die ihnen zustehenden Ansprüche oder Anwartschaften mitteilt. Der PSVaG tritt damit in der Insolvenz an die Stelle des ArbGeb. Die Versorgungsberechtigten sind gegenüber dem insolventen ArbGeb dann nicht mehr aktivlegitimiert. Ihnen stehen nur noch Ansprüche gegenüber dem PSVaG zu. Auf diese Weise erhält der PSVaG die Möglichkeit, einen Teil seiner Aufwendungen anders als durch Beiträge zu finanzieren. 6

Sicherungsrechte[5], die auf den PSVaG übergehen, sind etwa 7

- Bürgschaften[6],
- durch Schuldbeitritt entstandene Forderungen gegen einen Dritten[7],
- akzessorische Sicherungsrechte[8],
- Rechte aus verpfändeten Rückdeckungsversicherungen[9],
- Ansprüche gegen ehemalige Einzelunternehmer iSv. § 28 HGB, die ihr Unternehmen in eine KG eingebracht haben[10],
- Ansprüche gegen ausgeschiedene persönlich haftende Gesellschafter einer Personengesellschaft nach §§ 128, 161 Abs. 2 HGB, wobei die Haftung für alle während der Mitgliedschaft des Gesellschafters erteilten Versorgungszusage auf die Ansprüche begrenzt ist, die bis zu fünf Jahre nach seinem Ausscheiden fällig werden[11].

Vertragliche Haftungsausschlussklauseln sind gegenüber dem PSVaG unwirksam[12]. Der PSVaG darf allerdings den Forderungsübergang **nicht zum Nachteil der Versorgungsberechtigten** geltend machen. Ihnen verbleibt das Zugriffsrecht auf das Vermögen des ArbGeb, wenn der PSVaG die Ansprüche nicht voll befriedigt[13]. 8

IV. Vermögensübergang. Abs. 3 sieht vor, dass das Vermögen einer Unterstützungskasse einschließlich deren Verbindlichkeiten auf den PSVaG übergeht. Grund für diese Sonderregelung ist, dass nach der gesetzlichen Definition in § 1b Abs. 4 beim Durchführungsweg der Unterstützungskasse kein Rechtsanspruch auf die zugesagten Leistungen besteht, so dass eine Anspruchübertragung nach Abs. 2 nicht in Frage kommt. Entgegen dem Wortlaut der Vorschrift findet ein Vermögensübergang nicht nur dann statt, wenn die Kasse bereits laufende Leistungen gewährt; es genügt, wenn insolvenzgeschützte Versorgungsanwartschaften bestehen. Gibt es jedoch weder insolvenzgeschützte Anwärter noch Leistungs- 9

---

1 BGH v. 3.2.1986 – II ZR 54/85, DB 1986, 1118. | 2 BAG v. 21.3.2000 – 3 AZR 72/99, NZA 2000, 835. | 3 BGH v. 13.5.1993 – IX ZR 166/92, NZA 1994, 365. | 4 BAG v. 12.4.1983 – 3 AZR 607/80, DB 1983, 1826. | 5 Vgl. Aufzählung bei *Ahrend/Förster/Rühmann*, § 9 BetrAVG Rz. 5. | 6 BGH v. 13.5.1993 – IX ZR 166/92, NZA 1994, 365. | 7 BAG v. 12.12.1989 – 3 AZR 540/88, NZA 1990, 475. | 8 BAG v. 12.12.1989 – 3 AZR 540/88, NZA 1990, 475. | 9 Vgl. Aufzählungen bei *Ahrend/Förster/Rühmann*, § 9 BetrAVG Rz. 5. | 10 BAG v. 23.1.1990 – 3 AZR 171/88, NZA 1990, 685. | 11 BGH v. 19.5.1983 – II ZR 50/82, NJW 1984, 833; BAG v. 28.11.1989 – 3 AZR 818/87, NZA 1990, 557. | 12 LG Köln v. 21.8.1991 – 24 O 125/90, DB 1992, 640. | 13 BAG v. 12.12.1989 – 3 AZR 540/88, NZA 1990, 475.

bezieher, findet ein Vermögensübergang nicht statt[1]. Für den Vermögensübergang ist es nicht erforderlich, dass die Kasse bei Eintritt des Sicherungsfalls vermögenslos oder zahlungsunfähig ist. Der Übergang findet sogar dann statt, wenn die Kasse in der Lage wäre, alle Versorgungsverbindlichkeiten zu erfüllen[2]. Zum Vermögen einer Unterstützungskasse kann auch eine Darlehensforderung gegen das Trägerunternehmen gehören[3]. Übersteigt das Vermögen den Barwert der Ansprüche und Anwartschaften gegen den Träger der Insolvenzsicherung, muss dieser dem übersteigenden Teil nach Maßgabe der Satzung der Kasse verwenden (Abs. 3 Satz 2).

10 Eine Unterstützungskasse mit mehreren Trägerunternehmen wird durch die Insolvenz eines Trägerunternehmens in ihrem Fortbestand nicht berührt. Statt des vollständigen Vermögensübergangs steht dem PSVaG ein Anspruch in Höhe des anteiligen Kassenvermögens gegen die Unterstützungskasse zu, welches dem den Sicherungsfall auslösenden Trägerunternehmen zuzurechnen ist[4].

11 Beim Sicherungsfall des außergerichtlichen Vergleichs (§ 7 Abs. 1 Satz 4 Nr. 2) findet gem. Abs. 3 Satz 4 nur dann ein Vermögensübergang statt, wenn das Trägerunternehmen seine Betriebstätigkeit nicht fortsetzt und aufgelöst wird, also ein Liquidationsvergleich geschlossen wird. Wird das Unternehmen fortgeführt, haftet der ArbGeb weiter für Leistungsverpflichtungen der Kasse. Dafür wird der Unterstützungskasse ihr Vermögen belassen.

12 Besonderheiten gelten beim **Pensionsfonds**. Hier kommt es nur dann zu einem Forderungsübergang, wenn das Bundesaufsichtsamt für das Versicherungswesen die Genehmigung zu einer beantragten Übertragung der Leistungspflicht auf den Pensionsfonds verweigert (§ 9 Abs. 3a).

13 Die Absätze 4 und 5 verbessern die Stellung des PSVaG im Insolvenzverfahren. Kommt es zu einem Insolvenzplan, der eine Fortführung des Unternehmens vorsieht, kann für den PSVaG eine besondere Gruppe der am Insolvenzplan Beteiligten gebildet werden. Da über den Insolvenzplan nach Gruppen abgestimmt wird, hat der PSVaG in diesem Fall quasi ein Vetorecht. Ferner hat der PSVaG ein eigenes Beschwerderecht, kraft dessen er gegen den Beschluss zur Eröffnung des Insolvenzverfahrens sofortige Beschwerde einlegen kann. Damit soll der Möglichkeit entgegengewirkt werden, dass sich der Schuldner zu Lasten der Solidargemeinschaft auf leichtem Wege saniert[5].

10 Beitragspflicht und Beitragbemessung

(1) [Beitragspflicht] Die Mittel für die Durchführung der Insolvenzsicherung werden auf Grund öffentlich-rechtlicher Verpflichtungen durch Beiträge aller Arbeitgeber aufgebracht, die Leistungen der betrieblichen Altersversorgung unmittelbar zugesagt haben oder die betriebliche Altersversorgung über eine Unterstützungskasse, eine Direktversicherung der in § 7 Abs. 1 Satz 2 und Absatz 2 Satz 1 Nr. 2 bezeichneten Art oder einen Pensionsfonds durchführen.

(2) [Gesamtbeitragsaufkommen] Die Beiträge müssen den Barwert der im laufenden Kalenderjahr entstehenden Ansprüche auf Leistungen der Insolvenzsicherung, die im gleichen Zeitraum entstehenden Verwaltungskosten und sonstigen Kosten, die mit der Gewährung der Leistungen zusammenhängen, und die Zuführung zu einem vom Bundesaufsichtsamt für das Versicherungswesen festgesetzten Ausgleichsfonds decken; § 37 des Gesetzes über die Beaufsichtigung der privaten Versicherungsunternehmungen bleibt unberührt. Der Rechnungszinsfuß bei der Berechnung des Barwertes bestimmt sich nach § 65 des Versicherungsaufsichtsgesetzes. Auf die am Ende des Kalenderjahres fälligen Beiträge können Vorschüsse erhoben werden; reichen die Vorschüsse zur Deckung der Aufwendungen nach Satz 1 nicht aus, so kann der Ausgleichsfonds in einem vom Bundesaufsichtsamt für das Versicherungswesen zu genehmigenden Umfang zur Ermäßigung der Beiträge herangezogen werden.

(3) [Beitragsbemessungsgrundlage] Die nach Absatz 2 erforderlichen Beiträge werden auf die Arbeitgeber nach Maßgabe der nachfolgenden Beträge umgelegt, soweit sie sich auf die laufenden Versorgungsleistungen und die nach § 1b unverfallbaren Versorgungsanwartschaften beziehen (Beitragsbemessungsgrundlage); diese Beträge sind festzustellen auf den Schluss des Wirtschaftsjahres des Arbeitgebers, das im abgelaufenen Kalenderjahr geendet hat:

1. Bei Arbeitgebern, die Leistungen der betrieblichen Altersversorgung unmittelbar zugesagt haben, ist Beitragsbemessungsgrundlage der Teilwert der Pensionsverpflichtung (§ 6a Abs. 3 des Einkommensteuergesetzes).

2. Bei Arbeitgebern, die eine betriebliche Altersversorgung über eine Direktversicherung mit widerruflichem Bezugsrecht durchführen, ist Beitragsbemessungsgrundlage das geschäftsplanmäßige Deckungskapital oder, soweit die Berechnung des Deckungskapitals nicht zum Geschäftsplan gehört, die Deckungsrückstellung. Für Versicherungen, bei denen der Versicherungsfall bereits eingetreten ist, und für Versicherungsanwartschaften, für die ein unwiderrufliches Bezugsrecht eingeräumt ist, ist das Deckungskapital oder die Deckungsrückstellung nur insoweit zu berücksichtigen, als die Versicherungen abgetreten oder beliehen sind.

---

[1] Höfer, § 9 BetrAVG Rz. 3082. | [2] BAG v. 12.12.1991 – 3 AZR 30/90, NZA 1991, 723. | [3] BAG v. 6.10.1992 – 3 AZR 41/92, NZA 1993, 455. | [4] BAG v. 22.10.1991 – 3 AZR 1/91, DB 1992, 996. | [5] Vgl. BT-Drs. 12/3803, S. 112.

3. Bei Arbeitgebern, die eine betriebliche Altersversorgung über eine Unterstützungskasse durchführen, ist Beitragsbemessungsgrundlage das Deckungskapital für die laufenden Leistungen (§ 4d Abs. 1 Nr. 1 Buchstabe a des Einkommensteuergesetzes) zuzüglich des Zwanzigfachen der nach § 4d Abs. 1 Nr. 1 Buchstabe b Satz 1 des Einkommensteuergesetzes errechneten jährlichen Zuwendungen für Leistungsanwärter im Sinne von § 4d Abs. 1 Nr. 1 Buchstabe b Satz 2 des Einkommensteuergesetzes.

4. Bei Arbeitgebern, soweit sie betriebliche Altersversorgungen über einen Pensionsfonds durchführen, ist Beitragsbemessungsgrundlage 20 vom Hundert des entsprechend Nummer 1 ermittelten Betrages.

(4) [Zwangsvollstreckung] Aus den Beitragsbescheiden des Trägers der Insolvenzsicherung findet die Zwangsvollstreckung in entsprechender Anwendung der Vorschriften der Zivilprozessordnung statt. Die vollstreckbare Ausfertigung erteilt der Träger der Insolvenzsicherung.

I. Beiträge. Der PSVaG erhebt zur Finanzierung des Insolvenzschutzes Zwangsbeiträge. Die Beitragshöhe wird in einem Promille-Satz der Beitragsbemessungsgrundlage nach Abs. 3 ausgedrückt. Auf die am Ende des Kalenderjahres fälligen Beiträge können Vorschüsse erhoben werden. Die Höhe des vom PSVaG festzusetzenden Beitragssatzes ist vom Schadensvolumen in dem jeweiligem Jahr abhängig.

1. Beitragspflicht. Beitragspflichtig sind nach Abs. 1 nur die ArbGeb, deren Versorgungszusagen einem Insolvenzrisiko unterliegen. Damit sind Pensionskassen und „unbeschädigte" Direktversicherungen mit unwiderruflichem Bezugsrecht von der Mittelaufbringung nicht erfasst. Ausgeschlossen sind ferner ArbGeb, bei denen kraft Gesetzes die Zahlungsfähigkeit gesichert ist, also eine Insolvenz ausgeschlossen ist (§ 17 Abs. 2). Auf die Wahrscheinlichkeit eines Insolvenzeintritts kommt es nicht an. Deshalb sind auch ArbGeb beitragspflichtig, bei denen eine Insolvenz nicht zu erwarten ist, etwa bei öffentlichen-rechtlichen Ersatzschulen oder Rundfunkanstalten etc. Dort ist nämlich die Zahlungsfähigkeit kraft Gesetzes nicht gesichert.

2. Beitragsaufkommen. Beiträge zur Insolvenzsicherung werden aufgrund **öffentlich-rechtlicher** Verpflichtung durch Beiträge aller ArbGeb aufgebracht, die Leistungen der betrAV unmittelbar zugesagt haben oder eine betrAV über eine Unterstützungskasse, einen Pensionsfonds oder eine Direktversicherung durchführen. Mit diesen Beiträgen sind der Barwert der im laufenden Kalenderjahr entstehenden Ansprüche auf Leistungen der Insolvenzsicherung und die Kosten der Versicherung abzudecken. Eine Vorausfinanzierung von Versorgungsanwartschaften aus Insolvenzfällen erfolgt nicht. Die vom PSVaG zu übernehmenden laufenden Leistungen werden durch Einmalbetrag bei einem **Konsortium** von 64 Lebensversicherungsunternehmen unter Führung der Allianz Lebensversicherungs AG versichert. Bei Versorgungsanwärtern erfolgt die Versicherung erst bei Eintritt des Versicherungsfalles. Bei der Finanzierung handelt es sich somit nicht um ein Anwartschaftsdeckungsverfahren, sondern um ein **Rentenwertumlageverfahren**. Dies ist ein mittleres Verfahren zwischen einem Kapitaldeckungsverfahren – so wie bei Lebensversicherungen, und einem reinen Ausgabe-Umlageverfahren, wie in der gesetzlichen RV. Der von Jahr zu Jahr unterschiedliche Schadensverlauf bewirkt deshalb unmittelbar eine Erhöhung oder Ermäßigung des Beitragsatzes.

Der PSVaG erlässt **Beitragsbescheide** als Verwaltungsakt[1]. Für sie gilt das Verwaltungsvollstreckungsrecht, aus ihnen ist also die Zwangsvollstreckung zulässig. Beitragsbescheide werden im **verwaltungsrechtlichen Verfahren** überprüft. Damit ist für alle Rechtsstreitigkeiten über Grund und Höhe des Beitrages zur Insolvenzsicherung nach § 40 Abs. 1 Satz 1 VwGO der Verwaltungsrechtsweg eröffnet[2]. Gegen einen Beitragsbescheid kommt nur die Anfechtungsklage gem. § 42 Abs. 1 VwGO vor dem VerwG in Betracht. Vor Erhebung der Anfechtungsklage ist nach § 68 Abs. 1 Satz 1 VwGO ein Widerspruchsverfahren durchzuführen. Widerspruch und Klage gegen einen Beitragsbescheid haben keine aufschiebende Wirkung[3].

3. Bemessungsgrundlagen. Beiträge werden im sog. **Selbstveranlagungsverfahren** erhoben. Dazu hat der ArbGeb dem ArbN die für die Bemessung des Beitrages maßgebenden Grundlagen gem. § 11 Abs. 1 von sich aus mitzuteilen. Jährlich hat er bis zum 30.9. die Beitragsbemessungsgrundlagen nach § 10 Abs. 3 zu übermitteln. Bei **unmittelbaren Versorgungszusagen** und **Pensionsfonds** ist Beitragsbemessungsgrundlage der Teilwert der Pensionsverpflichtung[4]. Ursprünglich galt dies auch für **Pensionsfonds**. Mit Gesetz vom 24.3.2003[5] wurde die Beitragsbemessungsgrundlage auf 20 % des entsprechend Nr. 1 zu ermittelnden Betrages reduziert. Grund hierfür war das geringere Insolvenzrisiko bei Pensionsfonds. Mit der Gesetzesänderung wurde dem Gesichtspunkt Rechnung getragen, dass Pensionsfonds kapitalgedeckt sind und der ArbGeb auf dieses Kapital wegen der externen Anlage nicht zugreifen kann[6]. Hinzu kommt, dass auch der Pensionsfonds der Versicherungsaufsicht unterliegt. Bei **Direktversicherungen** mit widerruflichem Bezugsrecht ist die Beitragsbemessungsgrundlage das geschäftsplanmäßige Deckungskapital, das sind die Versicherungsprämien zzgl. einer Verzinsung von 3,5 %, oder, soweit die Berechnung des Deckungskapitals nicht zum Geschäftsplan gehört, die Deckungsrückstellung. Für Versicherungen, bei denen der **Versicherungsfall bereits eingetreten**

---

1 OVG NW v. 22.3.1994 – 13 A 195/93, DB 1994, 1936. | 2 Vgl. *Paulsdorff*, § 10 BetrAVG Rz. 9. | 3 OVG Rh.-Pf. v. 15.7.1983 – 8 B 21.83, nv.; OVG Lüneburg v. 6.5.1988 – 4 OVG B 399/87, nv. | 4 § 6a Abs. 3 EStG. | 5 BGBl. 2003 I, S. 1526. | 6 *Sasdrich*, BetrAV 2003, S. 496.

ist und für Versicherungsanwartschaften, für die ein **unwiderrufliches Bezugsrecht** eingeräumt ist, ist das Deckungskapital oder die Deckungsrückstellung nur insoweit zu berücksichtigen, als die Versicherungen abgetreten, beliehen oder verpfändet sind. Führt der ArbGeb die Altersversorgung über eine **Unterstützungskasse** durch, ist Beitragsbemessungsgrundlage das Deckungskapital für die laufenden Leistungen zuzüglich des 20-fachen der nach § 4d Abs. 1 Nr. 1b Satz 1 EStG errechneten jährlichen Zuwendungen für Leistungsanwärter iSv. § 4d Abs. 1 Nr. 1b Satz 2 EStG.

6 Beträgt die Beitragsbemessungsgrundlage nicht mehr als 51.129 Euro verwendet der PSVaG zur Vereinfachung die gemeldete Beitragsbemessungsgrundlage für das lfd. Jahr und unverändert für die vier folgenden Jahre[1].

7 Mit dem Rentenreformgesetz 1999 wurden die Höchstgrenzen für die gesetzliche Insolvenzsicherung erheblich gesenkt (vgl. § 7 Rz. 53). Damit wurde für den ArbGeb das Risiko erhöht, Beiträge für Versorgungsanteile aufzuwenden, die wegen Überschreitens der Höchstgrenzen nicht sicherungsfähig sind. Dies ist vor dem Hintergrund einer Beitragsgerechtigkeit und einer Gleichbehandlung der Versicherten bedenklich[2]. Der PSVaG begnügt sich damit, dass bei der Meldung der Beitragsbemessungsgrundlagen nur Daten für die sicherungsfähigen Versorgungsanteile gemeldet werden. Den Beitragszahlern ist aber auch gestattet, aus Gründen der Verwaltungsvereinfachung die volle Bemessungsgrundlage zu melden[3].

8 Der PSVaG kann nicht prüfen, ob Versorgungszusagen, für die Beiträge entrichtet werden, auch **insolvenzsicherungsfähig** sind. Ob der PSVaG im Insolvenzfall eintreten muss, wird deshalb erst geklärt, wenn ein Sicherungsfall eingetreten ist. Es erscheint fraglich, ob schon vor Eintritt des Sicherungsfalles durch Feststellungsklage die Insolvenzsicherungsfähigkeit festgestellt werden kann[4]. Einer Feststellungsklage dürfte letztlich das Rechtsschutzbedürfnis fehlen; sie liefe auf das unzulässige Ersuchen auf Erstattung eines gerichtlichen Rechtsgutachtens hinaus. Durch die Entrichtung von Beiträgen können für nicht versicherungsfähige Versorgungen keine Ansprüche gegen den PSVaG ausgelöst werden[5].

9 **II. Zwangsvollstreckung.** Aus den Beitragsbescheiden des PSVaG findet gem. Abs. 2 die Zwangsvollstreckung statt. Fällig ist ein Beitrag frühestens nach Erlass eines Bescheides[6], spätestens jedoch am Ende des Kalenderjahres[7]. Die Vorschriften der ZPO zur Zwangsvollstreckung finden entsprechende Anwendung. Wegen der Beleihung mit öffentlich-rechtlichen Befugnissen kann der PSVaG selbst vollstreckbare Ausfertigungen erteilen. Der Beitragsschuldner kann die in der ZPO vorgesehenen Rechtsbehelfe einlegen. Zuständig ist das VerwG[8].

10a *Säumniszuschläge; Zinsen; Verjährung*

(1) Für Beiträge, die wegen Verstoßes des Arbeitgebers gegen die Meldepflicht erst nach Fälligkeit erhoben werden, kann der Träger der Insolvenzsicherung für jeden angefangenen Monat vom Zeitpunkt der Fälligkeit an einen Säumniszuschlag in Höhe von bis zu eins vom Hundert der nacherhobenen Beiträge erheben.

(2) Für festgesetzte Beiträge und Vorschüsse, die der Arbeitgeber nach Fälligkeit zahlt, erhebt der Träger der Insolvenzsicherung für jeden Monat Verzugszinsen in Höhe von 0,5 vom Hundert der rückständigen Beiträge. Angefangene Monate bleiben außer Ansatz.

(3) Vom Träger der Insolvenzsicherung zu erstattende Beiträge werden vom Tage der Fälligkeit oder bei Feststellung des Erstattungsanspruchs durch gerichtliche Entscheidung vom Tage der Rechtshängigkeit an für jeden Monat mit 0,5 vom Hundert verzinst. Angefangene Monate bleiben außer Ansatz.

(4) Ansprüche auf Zahlung der Beiträge zur Insolvenzsicherung gemäß § 10 sowie Erstattungsansprüche nach Zahlung nicht geschuldeter Beiträge zur Insolvenzsicherung verjähren in sechs Jahren. Die Verjährungsfrist beginnt mit Ablauf des Kalenderjahres, in dem die Beitragspflicht entstanden oder der Erstattungsanspruch fällig geworden ist. Auf die Verjährung sind die Vorschriften des Bürgerlichen Gesetzbuches anzuwenden.

1 **I. Säumniszuschläge und Zinsen.** Die mit dem Rentenreformgesetz 1999 eingeführte Regelung gibt in den Abs. 1 bis 3 dem PSVaG die Möglichkeit, gegenüber säumigen Schuldnern Säumniszuschläge und Zinsen zu erheben. Bis dahin hatte die Rspr. solche Ansprüche zT abgelehnt[9]. Das Gesetz legt den Anspruch dem Grunde und der Höhe nach fest.

2 Die Erhebung von Beiträgen nach Fälligkeit wegen Verletzung der Meldepflicht kann der PSVaG nach pflichtgemäßem Ermessen Säumniszuschläge erheben (Abs. 1). Der ArbGeb muss dazu in vorwerfbarer Weise, also vorsätzlich oder fahrlässig, gegen seine Mitteilungspflichten aus § 11 Abs. 1 Satz 1 oder Abs. 2 Satz 1 verstoßen haben. Das trifft dann zu, wenn die gesetzlich gebotenen Angaben unterbleiben, unvollständig oder falsch sind, oder verspätet erfolgen, so dass der Beitrag nicht bei Fälligkeit erhoben werden

---

[1] Vgl. *PSVaG-Merkblatt 210/M 21b, Stand: 12.00.* [2] *Wohlleben*, DB 1998, 1230. [3] *PSVaG- Merkblatt 300/M 13, Stand 1.02.* [4] Abl. ArbG Köln v. 24.6.1994 – 5 Ca 943/94, nv. [5] Vgl. *Paulsdorff*, § 7 BetrAVG Rz. 14. [6] *Ahrend/Förster/Rühmann*, § 10 BetrAVG Rz. 11. [7] OVG NW v. 25.9.1992 – 13 A 1394/91, DB 1993, 46. [8] Bayr. VGH v. 5.2.1982 – 5 B 81 A. 691, BB 1983, 199. [9] BVerwG v. 27.9.1990 – 3 C 56/88, ZIP 1991, 179.

kann. Die Geltendmachung durch den PSVaG erfolgt durch Verwaltungsakt per Beitragsbescheid. Der Säumniszuschlag beträgt bis zu 1 % der nacherhobenen Beiträge. Dem PSVaG steht insoweit ebenfalls ein Ermessen zu.

Demgegenüber sieht Abs. 2 bei der Erhebung von Verzugszinsen für bereits festgesetzte Beiträge und Vorschüsse eine gebundene Entscheidung vor. Der Zinssatz beträgt für jeden vollen Monat 0,5 % der rückständigen Beiträge und Vorschüsse. Angefangene Monate werden nicht berücksichtigt. 3

Der PSVaG muss seinerseits nach Abs. 3 zu erstattende Beiträge mit 0,5 % für jeden Monat vom Tage der Fälligkeit des Anspruchs an verzinsen. Bei gerichtlicher Feststellung des Erstattungsanspruchs beginnt die Verzinsung mit Rechtshängigkeit. Auch hier bleiben angefangene Monate außer Ansatz. 4

II. Verjährung. Sowohl die Beitragsforderungen des PSVaG als auch gegen ihn gerichtete Erstattungsansprüche, etwa in Folge von Überzahlungen, unterliegen der Verjährung nach der spezialgesetzlichen Regelung des Abs. 4. Die Frist beträgt danach 6 Jahre. Sie beginnt mit Ablauf des Jahres, in dem die Beitragspflicht entstanden bzw. der Erstattungsanspruch fällig geworden ist. Die Vorschriften des BGB finden Anwendung. Bei der Verjährung handelt es sich um eine von der jeweiligen Partei geltend zu machende Einrede, die von Amts wegen nicht berücksichtigen ist. 5

11 *Melde-, Auskunfts- und Mitteilungspflichten*

(1) [Erstmalige Mitteilung über Zusagen] Der Arbeitgeber hat dem Träger der Insolvenzsicherung eine betriebliche Altersversorgung nach § 1b Abs. 1 bis 4 für seine Arbeitnehmer innerhalb von 3 Monaten nach Erteilung der unmittelbaren Versorgungszusage, dem Abschluss einer Direktversicherung oder der Errichtung einer Unterstützungskasse oder eines Pensionsfonds mitzuteilen. Der Arbeitgeber, der sonstige Träger der Versorgung, der Insolvenzverwalter und die nach § 7 Berechtigten sind verpflichtet, dem Träger der Insolvenzsicherung alle Auskünfte zu erteilen, die zur Durchführung der Vorschriften dieses Abschnittes erforderlich sind, sowie Unterlagen vorzulegen, aus denen die erforderlichen Angaben ersichtlich sind.

(2) [Periodische Mitteilung] Ein beitragspflichtiger Arbeitgeber hat dem Träger des Insolvenzsicherung spätestens bis zum 30. September eines jeden Kalenderjahres die Höhe des nach § 10 Abs. 3 für die Bemessung des Beitrages maßgebenden Betrages bei unmittelbaren Versorgungszusagen und Pensionsfonds auf Grund einer Bescheinigung des Versicherers und bei Unterstützungskassen auf Grund einer nachprüfbaren Berechnung mitzuteilen. Der Arbeitgeber hat die in Satz 1 bezeichneten Unterlagen mindestens 6 Jahre aufzubewahren.

(3) [Mitteilungen im Insolvenzfall] Der Insolvenzverwalter hat dem Träger der Insolvenzsicherung die Eröffnung des Insolvenzverfahrens, Namen und Anschriften der Versorgungsempfänger und die Höhe ihrer Versorgung nach § 7 unverzüglich mitzuteilen. Er hat zugleich Namen und Anschriften der Personen, die bei Eröffnung des Insolvenzverfahrens eine nach § 1 unverfallbare Versorgungsanwartschaft haben, sowie die Höhe ihrer Anwartschaft nach § 7 mitzuteilen.

(4) Der Arbeitgeber, der sonstige Träger der Versorgung und die nach § 7 Berechtigten sind verpflichtet, dem Insolvenzverwalter Auskünfte über alle Tatsachen zu erteilen, auf die sich die Mitteilungspflicht nach Absatz 3 bezieht.

(5) In den Fällen, in denen ein Insolvenzverfahren nicht eröffnet wird (§ 7 Abs. 1 Satz 4) oder nach § 207 der Insolvenzordnung eingestellt worden ist, sind die Pflichten des Insolvenzverwalters nach Absatz 3 vom Arbeitgeber oder dem sonstigen Träger der Versorgung zu erfüllen.

(6) [Amtshilfe] Kammern und andere Zusammenschlüsse von Unternehmen oder anderen selbständigen Berufstätigen, die als Körperschaften des öffentlichen Rechts errichtet sind, ferner Verbände und andere Zusammenschlüsse, denen Unternehmer oder andere selbständige Berufstätige kraft Gesetzes angehören oder anzugehören haben, haben den Träger der Insolvenzsicherung bei der Ermittlung der nach § 10 beitragspflichtigen Arbeitgeber zu unterstützen.

(7) [Vordrucke] Die nach den Absätzen 1 bis 3 und 5 zu Mitteilungen und Auskünften und die nach Absatz 6 zur Unterstützung Verpflichteten haben die vom Träger der Insolvenzsicherung vorgesehenen Vordrucke zu verwenden.

(8) [Angaben der Finanzämter] Zur Sicherung der vollständigen Erfassung der nach § 10 beitragspflichtigen Arbeitgeber können die Finanzämter dem Träger der Insolvenzsicherung mitteilen, welche Arbeitgeber für die Beitragspflicht in Betracht kommen. Die Bundesregierung wird ermächtigt, durch Rechtsverordnung mit Zustimmung des Bundesrates das Nähere zu bestimmen und Einzelheiten des Verfahrens zu regeln.

Die Vorschrift erleichtert die Durchführung der Insolvenzsicherung der betrAV, in dem sie dem ArbGeb, dem Insolvenzverwalter und Behörden Informationspflichten auferlegt. 1

I. Erstmeldung. ArbGeb, die betriebliche Versorgungsleistungen über einen insolvenzgeschützten Durchführungsweg anbieten, unterliegen einer **Meldepflicht**. Die erstmalige Meldung an den PSVaG 2

BetrAVG § 11 Rz. 3　　　　　　　　　　　　　Melde-, Auskunfts- und Mitteilungspflichten

über das Bestehen an einer insolvenzsicherungspflichtigen betrAV ist nach Abs. 1 innerhalb von drei Monaten nach Erteilung einer unmittelbaren Versorgungszusage, nach Abschluss einer Direktversicherung oder nach Errichtung einer Unterstützungskasse oder eines Pensionsfonds abzugeben. In der Praxis verlangt der PSVaG in Abweichung von dieser Regelung jedoch erst dann eine Meldung, wenn erstmals eine Unverfallbarkeit eintritt[1]. Unabhängig davon, ob der pflichtige ArbGeb die Versorgungsverpflichtung meldet und dafür auch Beiträge zahlt, besteht aber der gesetzliche Insolvenzschutz. Unterbleibt die Meldung innerhalb des 3-Monats-Zeitraums, so kann der PSVaG eine Leistungsklage gegen den ArbGeb erheben. Zuständig sind die ordentlichen Gerichte[2].

3　Abs. 1 Satz 2 enthält darüber hinaus eine Generalklausel, nach der alle im Falle der Insolvenz an dem Versorgungsrecht Beteiligten (ArbGeb, sonstiger Träger der Versorgung wie Unterstützungskasse oder Lebensversicherung, Insolvenzverwalter, ArbN und Pensionär) zur umfassenden Informationserteilung und ggf. Vorlage von Unterlagen verpflichtet sind.

4　**II. Folgemeldungen.** Nach der Erstmeldung erhält der ArbGeb in den Folgejahren automatisch einen Erhebungsbogen. Der ArbGeb ist verpflichtet, mit diesem die jeweils aktuellen Beitragsbemessungsgrundlagen bis spätestens zum 30.9. des Jahres mitzuteilen (§ 11 Abs. 2 und 7, § 10 Abs. 3). Formlose Meldungen werden vom PSVaG aus verwaltungstechnischen Gründen nicht bearbeitet und werden von ihm als nicht abgegeben behandelt.

5　Die zur Berechnung der Beitragsbemessungsgrundlage notwendigen Unterlagen iSv. Abs. 2 Satz 1 sind mindestens sechs Jahre aufzubewahren. Diese Regelung in Abs. 2 Satz 2 korrespondiert mit der Verjährungsfrist in § 10a Abs. 4 Satz 1.

6　**III. Mitteilungen im Insolvenzfall.** Tritt der Insolvenzfall ein, so hat der Insolvenzverwalter gem. Abs. 3 die Eröffnung des Insolvenzverfahrens gegenüber dem PSVaG anzuzeigen, die entsprechenden Angaben – Name und Anschrift des Versorgungsempfänger und der Inhaber von unverfallbaren Anwartschaften sowie die Höhe der Versorgungs- bzw. Anwartschaftsansprüche – vorzunehmen und auf Vorlage des PSVaG bestimmte Unterlagen vorzulegen. Kommt es ohne Eröffnung eines Insolvenzverfahrens zum Sicherungsfall, hat der ArbGeb oder sonstige Versorgungsträger als Auskunftsperson für den PSVaG zur Verfügung zu stehen. Auch den Versorgungsberechtigten trifft eine grundsätzliche Mitwirkungspflicht nach Abs. 4, und zwar gegenüber dem Insolvenzverwalter, damit dieser den PSVaG umfassend unterrichten kann. Die Verletzung dieser Pflicht kann den PSVaG zu einer Leistungsverweigerung berechtigen[3].

7　**IV. Amtshilfe.** Abs. 6 verpflichtet berufsständige Einrichtungen (IHK, Handwerkskammern, Berufsgenossenschaften etc.) zur Amtshilfe. Sie haben den PSVaG bei der Ermittlung der nach § 10 beitragspflichtigen ArbGeb zu unterstützen. Damit soll eine möglichst vollständige Erfassung der Beitragspflichtigen ermöglicht werden. FA können nach Abs. 8 ebenfalls durch Auskünfte bei der Ermittlung der Beitragspflichtigen mitwirken. Es handelt sich um eine Kann-Bestimmung, über die Auskunftserteilung ist deshalb nach pflichtgemäßem Ermessen zu entscheiden. Das Steuergeheimnis ist insoweit gelockert.

12　*Ordnungswidrigkeiten*

(1) Ordnungswidrig handelt, wer vorsätzlich oder fahrlässig

1. entgegen § 11 Abs. 1 Satz 1, Abs. 2 Satz 1, Abs. 3 oder Abs. 5 eine Mitteilung nicht, nicht richtig, nicht vollständig oder nicht rechtzeitig vornimmt,

2. entgegen § 11 Abs. 1 Satz 2 oder Abs. 4 eine Auskunft nicht, nicht richtig, nicht vollständig oder nicht rechtzeitig erteilt oder

3. entgegen § 11 Abs. 1 Satz 2 Unterlagen nicht, nicht richtig, nicht vollständig oder nicht rechtzeitig vorlegt oder entgegen § 11 Abs. 2 Satz 2 Unterlagen nicht aufbewahrt.

(2) Die Ordnungswidrigkeit kann mit einer Geldbuße bis zu zweitausendfünfhundert Euro geahndet werden.

(3) Verwaltungsbehörde im Sinne des § 36 Abs. 1 Nr. 1 des Gesetzes über Ordnungswidrigkeiten ist das Bundesaufsichtsamt für das Versicherungswesen.

1　§ 12 erfasst in Abs. 1 die sich aus § 11 Abs. 1 bis 5 ergebenden Mitteilungs-, Auskunfts-, Vorlage- sowie Aufbewahrungspflichten. Sowohl bei einem vorsätzlichen als auch bei einem fahrlässigen Verstoß gegen diese Pflichten liegt eine Ordnungswidrigkeit vor, deren Ahndung mit einer Geldbuße, deren Höhe in das Ermessen des Bundesaufsichtsamts für das Versicherungswesen gestellt ist, geahndet werden kann. Das Bundesaufsichtsamt ist gem. § 14 Aufsichtsbehörde des PSVaG. Die Geldbuße darf gem. Abs. 2 2.500 Euro nicht überschreiten. Dies korrespondiert mit § 17 Abs. 1 OWiG, der einen Rahmen von 5 Euro bis 2.500 Euro vorgibt; bei Fahrlässigkeit ist eine Begrenzung auf 1.250 Euro vorgesehen, § 17 Abs. 2 OWiG.

---

1 PSVaG-Merkblatt 210/M 21a/Stand 12.00.　|2 *Blomeyer/Otto*, § 11 BetrAVG Rz. 98.　|3 LG Köln v. 28.12.1988 – 24 O 82/87, DB 1989, 1780.

Der Bußgeldbescheid kann sich gegen den ArbGeb, den Insolvenzverwalter, den Versorgungsträger sowie den nach § 7 Berechtigten richten. Gem. § 9 OWiG können auch Organmitglieder juristischer Personen sowie Personen, die vom Inhaber mit der Leitung des Betriebs oder eines Betriebsteils beauftragt worden sind oder zumindest Aufgaben in eigener Verantwortung wahrnehmen, die dem Inhaber des Betriebs obliegen, belangt werden[1].

Der Betroffene kann gegen einen Bußgeldbescheid innerhalb von zwei Wochen nach Zustellung schriftlich oder zur Niederschrift beim Bundesaufsichtsamt für das Versicherungswesen Einspruch einlegen, § 67 Satz 1 OWiG.

13 (aufgehoben)

14 Träger der Insolvenzsicherung

(1) [Pensions-Sicherungs-Verein] Träger der Insolvenzsicherung ist der Pensions-Sicherungs-Verein Versicherungsverein auf Gegenseitigkeit. Er ist zugleich Träger der Insolvenzsicherung von Versorgungszusagen Luxemburger Unternehmen nach Maßgabe des Abkommens vom 22. September 2000 zwischen der Bundesrepublik Deutschland und dem Großherzogtum Luxemburg über Zusammenarbeit im Bereich der Insolvenzsicherung betrieblicher Altersversorgung. Er unterliegt der Aufsicht durch das Bundesaufsichtsamt für das Versicherungswesen. Die Vorschriften des Versicherungsaufsichtsgesetzes gelten, soweit dieses Gesetz nichts anderes bestimmt.

(2) [Deutsche Ausgleichsbank] Der Bundesminister für Arbeit und Sozialordnung weist durch Rechtsverordnung mit Zustimmung des Bundesrates die Stellung des Trägers der Insolvenzsicherung der der Deutschen Ausgleichsbank zu, bei der ein Fonds zur Insolvenzsicherung der betrieblichen Altersversorgung gebildet wird, wenn

1. bis zum 31. Dezember 1974 nicht nachgewiesen worden ist, dass der in Absatz 1 genannte Träger die Erlaubnis der Aufsichtsbehörde zum Geschäftsbetrieb erhalten hat,
2. der in Absatz 1 genannte Träger aufgelöst worden ist oder
3. die Aufsichtsbehörde den Geschäftsbetrieb des in Absatz 1 genannten Trägers untersagt oder die Erlaubnis zum Geschäftsbetrieb widerruft.

In den Fällen der Nummern 2 und 3 geht das Vermögen des in Absatz 1 genannten Trägers einschließlich der Verbindlichkeiten auf die Deutsche Ausgleichsbank über, die es dem Fonds zur Insolvenzsicherung der betrieblichen Altersversorgung zuweist.

(3) Wird die Insolvenzsicherung von der Deutschen Ausgleichsbank durchgeführt, gelten die Vorschriften dieses Abschnitts mit folgenden Abweichungen:

1. In § 7 Abs. 6 entfällt die Zustimmung des Bundesaufsichtsamtes für das Versicherungswesen.
2. § 10 Abs. 2 findet keine Anwendung. Die von der Deutschen Ausgleichsbank zu erhebenden Beiträge müssen den Bedarf für die laufenden Leistungen der Insolvenzsicherung im laufenden Kalenderjahr und die im gleichen Zeitraum entstehenden Verwaltungskosten und sonstigen Kosten, die mit der Gewährung der Leistungen zusammenhängen, decken. Bei einer Zuweisung nach Absatz 2 Nr. 1 beträgt der Beitrag für die ersten 3 Jahre mindestens 0,1 vom Hundert der Beitragsbemessungsgrundlage gemäß § 10 Abs. 3; der nicht benötigte Teil dieses Beitragsaufkommens wird einer Betriebsmittelreserve zugeführt. Bei einer Zuweisung nach Absatz 2 Nr. 2 oder 3 wird in den ersten 3 Jahren zu dem Beitrag nach Nummer 2 Satz 2 ein Zuschlag von 0,08 vom Hundert der Beitragsbemessungsgrundlage gemäß § 10 Abs. 3 zur Bildung einer Betriebsmittelreserve erhoben. Auf die Beiträge können Vorschüsse erhoben werden.
3. In § 12 Abs. 3 tritt an die Stelle des Bundesaufsichtsamtes für das Versicherungswesen die Deutsche Ausgleichsbank.

Die Deutsche Ausgleichsbank verwaltet den Fonds im eigenen Namen. Für Verbindlichkeiten des Fonds haftet sie nur mit dem Vermögen des Fonds. Dieser haftet nicht für die sonstigen Verbindlichkeiten der Bank. § 14 Abs. 1 Satz 1 des Gesetzes über die Lastenausgleichsbank vom 28. Oktober 1954 (Bundesgesetzbl. I S. 293), geändert durch das Einundzwanzigste Gesetz zur Änderung des Lastenausgleichsgesetzes vom 18. August 1969 (Bundesgesetzbl. I S. 1232), gilt auch für den Fonds.

I. Träger der Insolvenzsicherung. Träger der Insolvenzsicherung für Ansprüche aus betrieblicher Altersversorgung ist gem. § 14 Abs. 1 der Pensions-Sicherungs-Verein auf Gegenseitigkeit (PSVaG) mit Sitz in Köln. Die Adresse lautet: Pensions-Sicherungs-Verein auf Gegenseitigkeit, Berlin-kölnische-Allee 2-4, 50969 Köln; Tel.: 0221-936590, Fax: 0221-90659196; Internet: www.psvag.de, e-Mail: info@psvag.de.

---

1 *Ahrend/Förster/Rühmann*, § 12 BetrAVG Rz. 3.

BetrAVG § 14 Rz. 2   Träger der Insolvenzsicherung

2   **II. Selbsthilfeeinrichtung.** Der PSVaG wurde am 7.10.1974 als **Selbsthilfeeinrichtung** der deutschen Wirtschaft durch

- die Bundesvereinigung der deutschen ArbGebVerbände e.V.,
- den Bundesverband der deutschen Industrie e.V.,
- den Verband der Lebensversicherungs-Unternehmen e.V.,

3   entsprechend der traditionellen privatrechtlichen und privatwirtschaftlichen Gestaltung der betrAV in Form einer privatrechtlichen Organisation unter Aufbringung von 10 Mio. DM als Gründungsstock gegründet. **Ausschließlicher Zweck** des PSVaG ist die Insolvenzsicherung der betrAV.

4   Der PSVaG bezweckt nicht die Erzielung von Gewinnen, er ist daher von der Körperschafts-, Vermögens- und Gewerbesteuer befreit. Prämienleistungen, die er an Lebensversicherungsunternehmen und ggf. Pensionskassen erbringt, unterliegen nicht der Einkommensteuer; entsprechend gelten die Beiträge der beitragspflichtigen ArbGeb nicht als steuerpflichtiger Arbeitslohn und sind daher von der Steuer befreit.

5   **1. Rechtliche Doppelstellung.** Aufgrund der öffentlich-rechtlich ausgestalteten Beitragspflicht hat der PSVaG eine **rechtliche Doppelstellung**. Leistungen erbringt er nach zivilrechtlichen Grundsätzen, Beiträge zieht er nach verwaltungsrechtlichen Prinzipien ein. Er ist insoweit ein mit Befugnissen und Aufgaben der öffentlichen Verwaltung **beliehenes Unternehmen**[1].

6   **2. Mitgliedschaft. Mitglieder** können alle ArbGeb, die Leistungen der betrAV unmittelbar zugesagt haben oder eine betrAV über eine Unterstützungskasse, einen Pensionsfonds oder über eine widerrufliche bzw. verpfändete Direktversicherung durchführen, sein. Das Mitgliedschaftsverhältnis ist rein privatrechtlicher Natur. Es beginnt mit der Begründung des Versicherungsverhältnisses und erlischt mit dessen Beendigung. Eine Pflichtmitgliedschaft besteht nicht. Für Ansprüche gegenüber dem PSVaG kommt es nur darauf an, ob die gesetzlichen Voraussetzungen für eine Einstandspflicht erfüllt sind. Dies bedeutet, dass der PSVaG auch leisten muss, wenn der ArbGeb es pflichtwidrig unterlassen hat, Beiträge an den PSVaG abzuführen[2] oder nicht Mitglied des PSVaG ist. Umgekehrt besteht eine Zahlungsverpflichtung des PSVaG nicht, wenn zwar Beiträge abgeführt, der geltend gemachte Anspruch aber nach Maßgabe der gesetzlichen Bestimmungen nicht sicherungsfähig ist.

7   **3. Organisation.** Der PSVaG ist als Versicherungsverein auf Gegenseitigkeit organisiert und damit eine juristische Person des Privatrechts. Oberstes Organ ist die Mitgliederversammlung. Diese wählt den Aufsichtsrat. Der Aufsichtsrat wiederum bestellt und beruft die Vorstandsmitglieder ab. Der Vorstand besteht aus zwei Mitgliedern; er vertritt den PSVaG gerichtlich und außergerichtlich. Ihm obliegt die Geschäftsführung. Dem PSVaG ist ein Beirat zugeordnet. Er berät den Aufsichtsrat und den Vorstand. Er besteht zu je 1/3 aus Vertretern der Vereinsmitglieder, der Lebensversicherungsunternehmen, die dem Versicherungskonsortium des PSVaG angehören, und Vertretern der ArbN der Mitglieder.

8   **4. Klagen gegen PSVaG.** Für **Klagen** gegen den PSVaG aus dem Leistungsverhältnis sind gem. § 2 Abs. 1 Nr. 5 ArbGG die Gerichte für Arbeitssachen zuständig. Waren die Versorgungsberechtigten nicht ArbN, sondern arbeitnehmerähnliche Personen iSd. § 17 Abs. 1 Satz 2, so ist der Rechtsweg zu den ordentlichen Gerichten eröffnet. Für Rechtsstreitigkeiten aus der Beitragspflicht sind die VerwG zuständig. Ansprüche, die gegen den PSVaG gerichtet sind, haben gesetzlichen Charakter. Der allgemeine Gerichtsstand des PSVaG ist daher **Köln**, erstinstanzlich sind Klagen also bei dem ArbG Köln oder bei dem LG Köln anhängig zu machen[3]. Für Verwaltungsrechtsstreite ist das VerwG Köln zuständig. Der PSVaG kann also nicht an dem Ort verklagt werden, an dem das der Altersversorgungszusage zugrunde liegende Vertragsverhältnis zu erfüllen war. Wurde die Klage vor einem anderen Gericht erhoben, ist der Rechtsstreit an das betreffende Gericht in Köln zu verweisen.

9   **III. Auffanglösung.** Der Gesetzgeber sah das Risiko, dass der PSVaG daran gehindert sein könnte, den gesetzlichen Insolvenzschutz zu übernehmen. Für diesen Fall wurde die Deutsche Ausgleichsbank als Auffanglösung ausgewählt. Bei ihr sollte ein besonderer Fond gebildet werden, um die Insolvenzabsicherung zu gewährleisten. Die Vorschrift hat wenig Relevanz. Nur bei Auflösung des PSVaG oder bei Untersagung des Geschäftsbetriebes bestünde Bedarf für einen Ersatz.

15 *Verschwiegenheitspflicht*

Personen, die bei dem Träger der Insolvenzsicherung beschäftigt oder für ihn tätig sind, dürfen fremde Geheimnisse, insbesondere Betriebs- oder Geschäftsgeheimnisse, nicht unbefugt offenbaren oder verwerten. Sie sind nach dem Gesetz über die förmliche Verpflichtung nichtbeamteter Personen vom 2. März 1974 (Bundesgesetzbl. I S. 469, 547) vom Bundesaufsichtsamt für das Versicherungswesen auf die gewissenhafte Erfüllung ihrer Obliegenheiten zu verpflichten.

1   Die Pflicht zur Verschwiegenheit trifft neben dem angestellten Mitarbeitern des PSVaG auch freiberufliche Mitarbeiter sowie *Gutacher und Berater.* Sie bezieht sich auf fremde Geheimnisse, also solche Ge-

---

[1] Vgl. schriftlicher Bericht BT-Drs. 7/2843, 10. |[2] Vgl. *Paulsdorff*, § 7 BetrAVG Rz. 14. |[3] BAG v. 4.5.1992 – 5 AS 2/92, nv.

gebenheiten, die nicht allgemein bekannt sind und an deren Geheimhaltung der Geheimnisträger ein Interesse hat – namentlich Geschäftsgeheimnisse. Eine Pflichtverletzung kann neben einer strafrechtlichen Verfolgung nach §§ 203 f. StGB insb. auch zu einem zivilrechtlichen Schadensersatzanspruch führen, da § 15 Satz 1 als Schutzgesetz iSv. § 823 Abs. 2 BGB zu qualifizieren ist[1]. Wird die Pflichtverletzung von einem angestellten Mitarbeiter des PSVaG begangen, so ergeben sich hieraus – je nach Schwere des Verstoßes – arbeitsrechtliche Konsequenzen von der Abmahnung bis hin zur außerordentlichen und fristlosen Kündigung.

16 Anpassungsprüfungspflicht

(1) [Grundsatz] Der Arbeitgeber hat alle drei Jahre eine Anpassung der laufenden Leistungen der betrieblichen Altersversorgung zu prüfen und hierüber nach billigem Ermessen zu entscheiden; dabei sind insbesondere die Belange des Versorgungsempfängers und die wirtschaftliche Lage des Arbeitgebers zu berücksichtigen.

(2) [Obergrenzen] Die Verpflichtung nach Absatz 1 gilt als erfüllt, wenn die Anpassung nicht geringer ist als der Anstieg

1. des Verbraucherpreisindexes für Deutschland oder

2. der Nettolöhne vergleichbarer Arbeitnehmergruppen des Unternehmens im Prüfungszeitraum.

(3) [Ausnahmen] Die Verpflichtung nach Absatz 1 einfällt, wenn

1. der Arbeitgeber sich verpflichtet, die laufenden Leistungen jährlich um wenigstens eins vom Hundert anzupassen,

2. die betriebliche Altersversorgung über eine Direktversicherung im Sinne des § 1b Abs. 2 oder über eine Pensionskasse im Sinne des § 1b Abs. 3 durchgeführt wird, ab Rentenbeginn sämtliche auf den Rentenbestand entfallende Überschussanteile zur Erhöhung der laufenden Leistungen verwendet werden und zur Berechnung der garantierten Leistung der nach § 65 Abs. 1 Nr. 1 Buchstabe a des Versicherungsaufsichtsgesetzes festgesetzte Höchstzinssatz zur Berechnung der Deckungsrückstellung nicht überschritten wird oder

3. eine Beitragszusage mit Mindestleistung erteilt wurde; Absatz 5 findet insoweit keine Anwendung.

(4) [Nachholen der Anpassung] Sind laufende Leistungen nach Absatz 1 nicht oder nicht in vollem Umfang anzupassen (zu Recht unterbliebene Anpassung), ist der Arbeitgeber nicht verpflichtet, die Anpassung zu einem späteren Zeitpunkt nachzuholen. Eine Anpassung gilt als zu Recht unterblieben, wenn der Arbeitgeber dem Versorgungsempfänger die wirtschaftliche Lage des Unternehmens schriftlich darlegt, der Versorgungsempfänger nicht binnen drei Kalendermonaten nach Zugang der Mitteilung schriftlich widersprochen hat und er auf die Rechtsfolgen eines nicht fristgemäßen Widerspruchs hingewiesen wurde.

(5) Soweit betriebliche Altersversorgung durch Entgeltumwandlung finanziert wird, ist der Arbeitgeber verpflichtet, die Leistungen mindestens entsprechend Absatz 3 Nr. 1 anzupassen oder im Falle der Durchführung über eine Direktversicherung oder eine Pensionskasse sämtliche Überschussanteile entsprechend Absatz 3 Nr. 2 zu verwenden.

(6) Eine Verpflichtung zur Anpassung besteht nicht für monatliche Raten im Rahmen eines Auszahlungsplans sowie für Renten ab Vollendung des 85. Lebensjahres im Anschluss an einen Auszahlungsplan.

I. Einführung 1	4. Gesetzlicher Ausschluss der Anpassung 19
II. Anpassungssysteme 2	a) Keine Prüfung bei jährlich 1%iger Anhebung 20
III. Gesetzliche Anpassungsprüfungspflicht 4	b) Versorgungssteigernde Verwendung von
1. Anpassung laufender Leistungen 5	Überschussanteilen 22
2. Prüfungsrhythmus 8	c) Beitragszusage mit Mindestleistung 23
3. Belange des Versorgungsempfängers . . . 9	d) Auszahlungspläne 24
a) Teuerungsausgleich 10	5. Keine Anpassung bei Insolvenz 25
b) Nachholende Anpassung 13	6. Wirtschaftliche Lage des Arbeitgebers . . . 26
c) Nachträgliche Anpassung 16	a) Teuerungsausgleich aus Wertzuwachs . . 27
d) Reallohnbezogene Obergrenze 17	b) Konzerndurchgriff 34
	7. Darlegungs- und Beweislastverteilung 35

Lit.: *Blomeyer*, Die „nachholende„ Betriebsrentenanpassung – eine Entdeckung des BAG oder eine Erfindung?, ZIP 1993, 652; *Bode/Grabner/May*, Teuerungsanpassung der Betriebsrenten in 2003, DB 2003, 282; *Chmurzinski*, Der Inflationsschutz in der Altersversorgung, RdA 1981, 18; *Heither*, Die Betriebsrentenanpassung im Spiegel der Gesetzgebung und der Rechtsprechung, BetrAV 1999, 48; *Heubeck, K.*, Berücksichtigung der wirtschaftlichen Lage des Arbeitgebers im Rahmen der Anpassungsprüfung nach § 16 BetrAVG - Die Weiterentwicklung des aba-Modells von 1980 zum aba-Modell von 1987, BB 1987 Beil. 3, S. 1; *Heubeck*, Zu den Grundlagen der Anpassung von Betriebsrenten, BB 1996, 955; *Heubeck*, Zur Obergrenze bei der Anpassung

---

[1] *Blomeyer/Otto*, § 15 BetrAVG Rz. 9.

von Betriebsrenten, DB 1978, 345; *Höfer*, Die Neuregelung des Betriebsrentenrechts durch das Altersvermögensgesetz (AVmG), DB 2001, 1145; *Küpper*, Neue Gestaltungsmöglichkeiten bei der Betriebsrentenanpassung, in: Höfer, Neue Chancen für Betriebsrenten (1998), S. 75; *Ludewig/Kube*, Zur Berücksichtigung einer angemessenen Eigenkapitalverzinsung und der Ertragsteuern im Rahmen der Anpassungsentscheidung nach § 16 BetrAVG, DB 1998, 1725; *Schaub*, Betriebliche Altersversorgung im Betrieb, FS Förster, 2001, S. 269; *Steinmeyer*, Neue Fragen zur Anpassung nach § 16 BetrAVG, FS Stahlhacke, 1995, S. 553; *Wittek*, Die nachholende Anpassung von Betriebsrenten, BetrAV 1993, 108; *Forsbach*, Betriebliche Altersversorgung im Umbruch, S. 188; *Weigl*, ZIP 1997, S. 354; *Junker*, FS Kissel, S. 451.

1 **I. Einführung.** Die Qualität einer Versorgungszusage hängt entscheidend auch davon ab, wie sich die Versorgungsleistungen nach Eintritt des Versorgungsfalles entwickeln. Art und Umfang einer Werterhaltung des zugesagten Ruhegeldes bestimmt der ArbGeb grundsätzlich selbst. Eine Verpflichtung zur Wertsicherung besteht nach dem Gesetz nicht. Dennoch finden sich oftmals **Wertsicherungssysteme**. Fehlen sie, sieht § 16 Abs. 1 eine Anpassungsprüfung nach billigem Ermessen vor. Die Vorschrift dient dem Werterhalt des Ruhegeldes. Im Rahmen der wirtschaftlichen Leistungsfähigkeit des ArbGeb soll dem ArbN die Gegenleistung für die aufgewendete Betriebstreue erhalten bleiben. § 16 ist durch das Rentenreformgesetz 1999 reformiert worden. Der Gesetzgeber hat sich bemüht, dabei verschiedene, in der Vergangenheit aufgetretene Zweifelsfragen zu lösen. Ferner sieht das Gesetz unter bestimmten Voraussetzungen nun Begrenzungen der Anpassungsprüfungspflicht vor. Mit dem AVmG wurden in § 16 Regelungen für Pensionsfonds und die neuen Bestimmungen zur Entgeltumwandlung erforderlich.

2 **II. Anpassungssysteme.** Während **statische Versorgungssysteme** auf einen Festbetrag lauten, gibt es unterschiedliche Möglichkeiten, dem Bedürfnis des Versorgungsberechtigten nach wertgesicherten Altersversorgungsleistungen Rechnung zu tragen (vgl. hierzu § 1 Rz. 116). Verbreitet sind **halb- und volldynamische Versorgungszusagen**, **Bausteinmodelle**, beitragsabhängige und ergebnisorientierte **Versorgungssysteme**, **Gesamtversorgungszusagen**, die sich im Wesentlichen im öffentlichen Dienst finden und sog. **Spannungsklauseln**. **Wertsicherungsklauseln** im engeren Sinne liegen dann vor, wenn die Höhe des Ruhegeldes vom Preis oder Wert andersartiger Güter oder Leistungen abhängig sein soll. Am geläufigsten sind solche Formeln, bei denen das Altersruhegeld an die Entwicklung des Lebenshaltungskostenindex angebunden ist. Derartige Klauseln waren gem. § 3 WährG ohne Genehmigung der zuständigen Stelle unwirksam. § 3 WährG ist durch § 2 des Preisangaben- und Preisklauselgesetztes – PaPkG – ersetzt worden. Nach § 2 PaPkG iVm. § 1 Preisklauselvereinbarung sind Wertsicherungsklauseln dieser Art unzulässig, soweit nicht eine Genehmigung nach § 2 PreisangabenG des Bundeswirtschaftsministeriums oder der von diesem bestimmten zuständigen Stelle vorliegt[1]. Eine Genehmigung ist nicht erforderlich, wenn keine automatische Anpassung an die Vergleichsgröße erfolgt, sondern vor der Erhöhung noch eine Entscheidung getroffen werden muss.

3 Dynamische Versorgungssysteme verschaffen aber uU nur dem Versorgungsberechtigten Vorteile, der mit Eintritt des Versorgungsfalles aus den Diensten seines ArbGeb ausscheidet. Für Anwärter, also solche, die **vor Eintritt des Versorgungsfalles** mit einer unverfallbaren Anwartschaft ihren ArbGeb verlassen, gilt § 2 Abs. 5 Satz 1. Danach werden die Bemessungsgrundlagen auf den Zeitpunkt des Ausscheidens festgeschrieben. Dies kann auch eine zugesagte Dynamik erfassen[2]. Das kann dazu führen, dass ein ArbGeb von dem mit einer unverfallbaren Versorgungsanwartschaft ausgeschiedenen ArbN nach Eintritt des Versorgungsfalles aus dem Versprechen, die laufenden Leistungen in einem bestimmten Maßstab zu erhöhen, nicht mehr in Anspruch genommen werden kann[3]. Etwas anderes gilt nur, wenn die Versorgungszusage auch für ausgeschiedene Versorgungsanwärter eine von § 16 losgelöste Anpassung vorsieht[4]. Dies ist ggf. durch Auslegung zu ermitteln.

4 **III. Gesetzliche Anpassungsprüfungspflicht.** Soweit die Versorgungszusage keine oder nur eine unzureichende Wertsicherung enthält, kann ein **Werterhalt** nur über § 16 erreicht werden. Die gesetzliche Bestimmung verpflichtet den ArbGeb, im Abstand von drei Jahren eine Anpassung der laufenden Leistungen der betrAV zu prüfen und hierüber nach billigem Ermessen zu entscheiden. § 16 verschafft damit dem Versorgungsberechtigten keinen festen, von der wirtschaftlichen Lage des ArbGeb unabhängigen Anpassungsanspruch. Es ist vielmehr unter Berücksichtigung der Belange des Versorgungsempfängers und der wirtschaftlichen Lage des ArbGeb eine Ermessensentscheidung zu treffen.

5 **1. Anpassung laufender Leistungen.** Die Anpassungsprüfungspflicht bezieht sich ausschließlich auf laufende Leistungen. Damit sind **Versorgungsanwartschaften ausgegrenzt**. Der während des Anwartschaftszeitraums eintretende Wertverlust kann deshalb nicht über § 16 Abs. 1 ausgeglichen werden[5]. Sagt der ArbGeb beispielsweise eine feste Rente von 50 Euro zu und tritt der ArbN 40 Jahre später in den Ruhestand, so realisiert sich der vollständige zwischenzeitlich eingetretene Kaufkraftverlust. Erst drei Jahre nach Eintritt des Versorgungsfalles kann der ArbN erstmals eine Überprüfung verlangen und auf einen Ausgleich des seit Eintritt des Versorgungsfalles eingetretenen Kaufkraftverlustes hoffen[6]. Da sich die Anpassungsprüfungspflicht nur auf laufende Leistungen erstreckt, muss es sich um **regelmäßig**

---

[1] BGBl. I 1998, S. 1242 (1253). | [2] BAG v. 22.11.1994 – 3 AZR 767/93, AP Nr. 83 zu § 7 BetrAVG. | [3] *Höfer*, § 2 BetrAVG Rz. 1942.1. | [4] BAG v. 8.6.1999 – 3 AZR 39/98, BB 1999,1983. | [5] BAG v. 15.9.1977 – 3 AZR 654/76, NJW, 1977, 2370. | [6] BAG v. 15.9.1977 – 3 AZR 654/76, NJW 1977, 2370.

wiederkehrende Zahlungen handeln. **Einmalige Kapitalauszahlungen** gehören nicht dazu[1]. Es kann aber auch vereinbart werden, Kapitalleistungen in **Raten** auszuzahlen. Hier kann die Abgrenzung zu laufenden Leistungen problematisch sein. In jedem Einzelfall ist dann zu prüfen, ob die Ratenzahlungen den Charakter einer laufenden Leistung annehmen. Bei einer Verteilung auf 3 Jahre entsteht in keinem Fall eine Anpassungsprüfungspflicht. Erstreckt sich die Zahlung über darüber hinaus gehende Zeiträume, wird man eine Prüfungspflicht annehmen müssen. Denn Zweck des § 16 ist der Werterhalt, der sonst trotz wirtschaftlicher Leistungsfähigkeit des ArbGeb nicht gewährleistet wäre[2].

Die Anpassungsprüfungspflicht erstreckt sich auf **alle Formen der betrAV**, soweit das Gesetz in § 16 Abs. 3 keine Ausnahme bestimmt. Anpassungsverpflichtet ist der ArbGeb. Dabei ist auf den arbeitsvertraglich maßgeblichen ArbGeb abzustellen. Er bleibt auch verpflichtet, wenn er seine unternehmerischen Verpflichtungen einstellt. Gleiches gilt für den Erben eines ehemals einzelkaufmännisch tätigen früheren ArbGeb[3]. Bei Unterstützungskassen richtet sich deshalb das Anpassungsbegehren gegen den ArbGeb unmittelbar, wenn die Unterstützungskasseneinrichtung selbst keine entsprechenden Mittel besitzt oder eine Anpassung ablehnt. Entsprechendes gilt für Direktversicherungen. Auch hier bleibt anpassungsprüfungsverpflichtet der ArbGeb, der ggf. für eine höhere Dotierung des Lebensversicherungsvertrages sorgen kann. Selbst ein liquidiertes Unternehmen, welches keinen unternehmerischen Wertzuwachs und keine Erträge mehr erzielt und dessen Aufgabe lediglich darin besteht die Zusagen aus der betrAV abzuwickeln (**sog. Rentnergesellschaft**) ist zur Anpassung der Betriebsrenten verpflichtet, kann dann allerdings keinen Risikoaufschlag mehr für das eingesetzte Kapital verlangen[4].

Eine modifizierte gesetzliche Anpassungsprüfungspflicht besteht im **öffentlichen Dienst**. Nach § 18 Abs. 1 gilt § 16 nicht für Personen, die in einer Zusatzversorgungseinrichtung des öffentlichen Dienstes pflichtversichert sind. ArbN, die bis zum Eintritt des Versorgungsfalles im öffentlichen Dienst verbleiben, erhalten nach dem Satzungsrecht der Zusatzversorgungseinrichtungen eine dynamische Versorgung, für die satzungsmäßig auch eine Anpassung vorgesehen ist. Wer hingegen vorher mit einer unverfallbaren Versorgungsanwartschaft ausscheidet, erhält später bei Eintritt in den Ruhestand lediglich eine statische Versicherungsrente, für die nach § 16 keine Anpassungsprüfungspflicht besteht. Das BVerfG hat den Ausschluss jeglicher Anpassungen statischer Versicherungsrenten für verfassungsrechtlich fragwürdig erachtet und den Satzungsgebern aufgegeben, ihr satzungsmäßiges Leistungsrecht zu überprüfen[5]. Der Gesetzgeber hat inzwischen reagiert[6] und in § 18 Abs. 4 eine Anpassungspflicht verankert. Die Versicherungsrenten sind - mit Ausnahme der Mindestleistung nach § 18 Abs. 2 Nr. 4 - jährlich zum 1. Juli um 1 % zu erhöhen, soweit in dem betreffenden Jahr eine allgemeine Erhöhung der Versorgungsrenten erfolgt.

2. Prüfungsrhythmus. § 16 Abs. 1 verpflichtet den ArbGeb **alle drei Jahre** zu einer Anpassungsprüfung und -entscheidung. Die erste Prüfung muss drei Jahre nach Aufnahme der Leistungen vorgenommen werden. Alle im Betrieb vorzunehmenden Prüfungen können auf einen Stichtag innerhalb oder am Ende des Jahres gebündelt werden[7]. Nimmt der ArbGeb keine Bündelung der Anpassungsprüfung vor, so ist auf die exakte Inflationsrate drei Jahre nach Rentenbeginn abzustellen[8]. Nicht möglich ist dagegen, alle Prüfungen auf jeweils ein Jahr zu konzentrieren, wenn dadurch für einzelne Versorgungsberechtigte der Drei-Jahres-Rhythmus überschritten wird[9]. Die Pflichtprüfung lässt sich auch nicht vorziehen, denn dadurch würde möglicherweise der Anpassungsbedarf negativ beeinflusst. Der Prüfungszeitraum würde verschoben. Maßgeblich für die Anpassungsprüfung ist jedoch der konkret in dem jeweiligen Prüfungszeitraum entstandene Anpassungsbedarf. Dem ArbGeb unbenommen ist natürlich eine **vorzeitige freiwillige Anpassung**. Diese darf er bei späteren Pflichtprüfungen gegenrechnen.

3. Belange des Versorgungsempfängers. Die Prüfung und Entscheidung über eine Anhebung der Versorgungsleistungen hat unter Berücksichtigung der Belange des Versorgungsempfängers zu erfolgen.

a) Teuerungsausgleich. Die berechtigten Belange des Versorgungsempfängers beschränken sich in einer **Werterhaltung**. Der Versorgungsempfänger nimmt nicht an einer besonders positiven Entwicklung seines früheren ArbGeb teil. Anpassungsziel kann deshalb nur ein Teuerungsausgleich sein. Prüfungsmaßstab hierfür ist der Preisindex für Lebenshaltung[10]. Maßgeblich war hierfür gem. § 16 Abs. 2 Nr. 1 der Preisindex für die Lebenshaltung eines Vier-Personen-ArbN-Haushalts mit mittlerem Einkommen[11]. Anstelle dieses Indexes ist mit Wirkung vom 1.1.2003 der **Verbraucherpreisindex für Deutschland** getreten[12]. Die allgemeine Lohn- und Gehaltsentwicklung oder die Entwicklung der Renten in der SozV spielt demgegenüber keine Rolle[13].

---

1 BAG v. 30.3.1973 - 3 AZR 26/72, DB 1973, 773. | 2 *Chmurzinski*, RdA 1981, 21; *Höfer*, § 16 BetrAVG Rz. 3391, die erst ab 10-jähriger Ratenverteilung § 16 anwenden wollen. | 3 BAG v. 9.11.1999 - 3 AZR 420/98, BetrAV 2000, 605. | 4 BAG v. 25.6.2002 - 3 AZR 226/01, AP Nr. 51 zu § 16 BetrAVG; v. 23.10.1996 - 3 AZR 514/95, NZA 1997, 1111; vgl. auch *Ahrend/Förster/Rühmann*, § 16 BetrAVG Rz. 3 mwN. | 5 BVerfG v. 22.3.2000 - 1 BvR 1136/99, NJW 2000, 3341. | 6 BGBl. I S. 1983. | 7 BAG v. 28.4.1992 - 3 AZR 142/91, NZA 1993, 69. | 8 AA *Ahrend/Förser/Rühmann*, § 16 BetrAVG Rz. 9. | 9 *Höfer*, § 16 BetrAVG Rz. 3418. | 10 BAG v. 16.12.1976 - 3 AZR 795/75, NJW 1977, 828. | 11 So schon zu § 16 BetrAVG aF: BAG v. 16.12.1976 - 3 AZR 795/75, NJW 1977, 828. | 12 BGBl. 2003 I, S. 462. | 13 BAG v. 16.12.1976 - 3 AZR 795/75, NJW 1977, 828; v. 23.4.1985 - 3 AZR 156/83, DB 1985, 1642.

11 Der Versorgungsberechtigte ist nicht gehalten, **einen Abschlag für eine „normale Geldentwertung"** hinzunehmen[1]. Ebenso gibt es keine „Opfergrenze" oder „absolute Obergrenze", bei deren Überschreitung der ArbGeb einen Ausgleich der Teuerungsrate verweigern kann[2]. Auch „relative Obergrenzen" braucht sich der Versorgungsberechtigte nicht entgegenhalten zu lassen. Hierbei wird die Summe aus gesetzlicher und betrieblicher Altersversorgung zu dem letzten Einkommen ins Verhältnis gesetzt[3]. Die Höhe der laufenden Leistungen ist auch unabhängig vom Niveau der SozV-Rente, wird diese erhöht, ist dies für das betriebliche Versorgungsniveau ohne Belang[4]. Auf das Versorgungsniveau insgesamt kommt es nicht an (sog. Abkoppelungstheorie).

12 Lässt es die wirtschaftliche Lage des ArbGeb (vorbehaltlich einer reallohnbezogenen Obergrenze[5]) zu, hat der ArbN Anspruch auf **Ausgleich der Teuerungsrate**[6]. Von Bedeutung dabei ist das Basisjahr des Preisindexes, weil die Preisentwicklung aus verschiedenen Faktoren, dem sog. „Warenkorb", abgeleitet wird. Da sich Lebenshaltungsgewohnheiten ändern, bedarf auch der „Warenkorb" einer gewissen Aktualisierung. Derzeit wird auf das Basisjahr 1991 abgestellt. Die Lebenshaltungskosten werden im Basisjahr gleich 100 gesetzt[7]. Eine negative Anpassung ist demgegenüber auch bei einer Deflation ausgeschlossen[8].

13 b) **Nachholende Anpassung.** Grundsätzlich beschränkt sich der Anpassungsbedarf auf den **Kaufkraftverlust**, der in dem dreijährigen Prüfungszeitraum eingetreten ist. Hat der ArbGeb jedoch anlässlich eines früheren Prüfungstermins eine Anpassung ablehnen können, so verbleibt ein Nachholbedarf. Dieser Nachholbedarf ist bei der nächsten Prüfung auszugleichen, soweit der ArbGeb hierzu wirtschaftlich in der Lage ist[9]. Entsprechendes gilt, wenn der ArbGeb bei einer früheren Anpassung nur einen teilweisen Teuerungsausgleich vorgenommen hat. § 16 Abs. 4 legt fest, dass eine in der Vergangenheit zu Recht unterbliebene (teilweise) Anpassung zu einem späteren Zeitpunkt **nicht nachgeholt** werden muss. Die Vorschrift gilt nicht für vor dem 1.1.1999 zu Recht unterlassene Anpassungen, § 30c Abs. 2. Rechtmäßig unterblieben ist die Anpassung aber nur dann, wenn der ArbGeb dem Leistungsempfänger die wirtschaftliche Lage des Unternehmens schriftlich dargelegt und dieser nicht binnen drei Kalendermonaten schriftlich widersprochen hat. Der Versorgungsberechtigte ist über die Rechtsfolgen eines nicht fristgemäßen Widerspruchs zu belehren. Wie die schriftliche Darlegung der wirtschaftlichen Lage des Unternehmens beschaffen sein muss, ist dem Gesetz nicht zu entnehmen. Sie wird sich nicht in plakativen Erklärungen erschöpfen können. Der ArbGeb muss vielmehr dem Berechtigten ermöglichen, die Anpassungsentscheidung nachzuvollziehen. Dazu werden zumindest die maßgeblichen Daten aus den Geschäftsabschlüssen dargelegt werden müssen, die bei einem Rechtsstreit ohnehin vorzutragen wären. § 16 Abs. 4 gilt nicht, wenn die Anpassung zu Unrecht unterblieben ist. Der ArbGeb muss dann die unterbliebene Anpassung später nachholen. Widerspricht der ArbN oder erfolgt keine schriftliche Darlegung der Gründe, muss das Gericht entscheiden, ob der ArbGeb zu einer Anpassung verpflichtet ist. Gelangt das Gericht dazu, dass eine Anpassung nicht vorzunehmen war, ist auch zu späteren Prüfungsstichtagen keine nachholende Anpassung notwendig.

14 Hat der ArbGeb anlässlich eines früheren Anpassungstermins eine Anpassung nicht oder nicht vollständig durchgeführt, verbleibt ein Nachholbedarf. Dieser kann bei einer späteren Anpassungsprüfung aber nur dann ausgeglichen werden, soweit der ArbGeb hierzu dann auch zum Zeitpunkt der späteren Anpassungsprüfung wirtschaftlich in der Lage ist[10].

15 Die Pflicht zur nachholenden Anpassung führt allerdings **nicht zu Nachzahlungsansprüchen** für frühere Prüfungszeiträume. Der Anspruch auf eine höhere Betriebsrente entsteht erst mit der nächsten Anpassungsprüfung, die zu dem Ergebnis führt, dass der ArbGeb auch zur Nachholung früher ganz oder teilweise unterbliebener Anpassungen in der Lage ist[11].

16 c) **Nachträgliche Anpassung.** Von einer nachholenden Anpassung zu unterscheiden ist die sog. **nachträgliche Anpassung**. Nach Auffassung des BAG hat die Anpassungsentscheidung des ArbGeb streitbeendende Funktion. Der Versorgungsberechtigte kann nur bis zum nächsten Anpassungsstichtag geltend machen, die Entscheidung des ArbGeb sei fehlerhaft, und eine nachträgliche Anpassung verlangen. Mit dem nächsten Anpassungsstichtag entsteht ein neuer Anspruch auf Anpassungsprüfung und -entscheidung. Der Anspruch auf Korrektur einer früheren Anpassungsentscheidung erlischt. Trifft der ArbGeb keine Entscheidung oder teilt er eine getroffene Entscheidung dem Versorgungsberechtigten nicht mit, so kann der Betriebsrentner bis zu dem auf den nächsten Anpassungsstichtag folgenden Anpassungstermin geltend machen, der ArbGeb sei doch zu einer Erhöhung der Versorgungsleistungen verpflichtet gewesen[12].

---

1 BAG v. 16.12.1976 – 3 AZR 795/75, NJW 1977, 828. | 2 BAG v. 16.12.1976 – 3 AZR 795/75, NJW 1977, 828. | 3 *K. Heubeck*, DB 1978, 345. | 4 BAG v. 15.9.1977 – 3 AZR 654/76, BB 1977, 1550. | 5 Vgl. dazu ausf. Rz. 17. | 6 BT-Drs. 7/2843, S. 12. | 7 *Blomeyer/Otto*, § 16 BetrAVG Rz. 144. | 8 BAG v. 23.1.2001 – 3 AZR 287/00, AP Nr. 46 zu § 16 BetrAVG. | 9 BAG v. 28.4.1992 – 3 AZR 244/91, NZA 1993, 72. | 10 BAG v. 28.4.1992 – 3 AZR 244/91, AP Nr. 25 zu § 16 BetrAVG. | 11 BAG v. 28.4.1992 – 3 AZR 142/91; v. 28.4.1992 – 3 AZR 244/91 und v. 28.4.1992 – 3 AZR 356/91, AP Nr. 24, 25 und 26 zu § 16 BetrAVG; LAG Hamm v. 6.12.1994 – 6 Sa 156/94, DB 1995, 330. | 12 BAG v. 17.4.1996 – 3 AZR 56/95, NZA 1997, 155.

d) Reallohnbezogene Obergrenze. Versorgungsempfänger können keinen vollen Teuerungsausgleich verlangen, wenn die noch aktiven ArbN keinen vollen Teuerungsausgleich erhalten, also eine Stagnation ihrer Einkünfte oder gar einen Realeinkommensverlust hinnehmen müssen; das schreibt § 16 Abs. 2 Nr. 2 seit dem 1.1.1999 ausdrücklich fest. Das BAG hatte schon vor der Gesetzesnovelle betont, dass es nicht der Billigkeit widerspreche, wenn der ArbGeb die Rente nur bis zur **durchschnittlichen Steigerungsrate der Reallöhne** der aktiven ArbN anpasse[1]. Der ArbGeb ist aber nicht verpflichtet, auf die individuelle Belastung des betreffenden Rentners mit überdurchschnittlich hohen Steuern und Krankenversicherungsbeiträgen Rücksicht zu nehmen. Bei der Vergleichsbetrachtung ist vielmehr auf die Nettodurchschnittsverdienste der aktiven ArbN oder eines typischen Teils der Belegschaft abzustellen[2]. Bei der Gruppenbildung zur Anwendung der reallohnbezogenen Obergrenze hat der ArbGeb einen weitgehenden Entscheidungsspielraum. Es genügen klare verdienstbezogene Abgrenzungskriterien[3]. Er kann deshalb auch unterschiedliche Anpassungssätze festlegen, soweit das mit dem arbeitsrechtlichen Gleichbehandlungsgrundsatz zu vereinbaren ist. 17

Die vergleichbaren Nettoeinkommen noch aktiver ArbN sind ggf. um nicht aussagefähige Entgeltbestandteile zu bereinigen. Herauszurechnen sind zB Verdienststeigerungen, die auf Grund von Karrieresprüngen erfolgen[4]. Gleiches dürfte für außergewöhnliche Sonderzahlungen gelten, auf die kein vertraglicher Anspruch bestand (zB Vergütung für Erfindung oder Verbesserungsvorschlag, Prämie für besonderen, außerplanmäßigen Erfolg etc.). Alle übrigen Entgeltbestandteile sind einzubeziehen; eine Berücksichtigung nur der Grundvergütung ist unzulässig[5]. 18

4. Gesetzlicher Ausschluss der Anpassung. In besonderen, durch Gesetz geregelten Fällen besteht eine Anpassungsprüfungspflicht nicht: 19

a) Keine Prüfung bei jährlich 1%iger Anhebung. Nach dem Abs. 3 entfällt die Anpassungsprüfungspflicht, wenn sich der ArbGeb verpflichtet, die laufenden Leistungen um mindestens 1% zu erhöhen. Die dem ArbGeb eingeräumte Möglichkeit besteht allerdings nur für nach dem 31.12.1998 erteilte Zusagen § 30c. 20

§ 16 Abs. 5 sieht für die Finanzierung durch Entgeltumwandlung vor, dass die Versorgungsleistungen in entsprechender Anwendung des Abs. 3 Nr. 1 anzupassen sind – also mit mindestens 1 % jährlich. Diese Regelung gilt gemäß § 30c Abs. 3 nur für laufende Leistungen, die auf Zusagen beruhen, die seit dem 1.1.2001 erteilt worden sind. 21

b) Versorgungssteigernde Verwendung von Überschussanteilen. Bei einer betrAV über Direktversicherungen oder Pensionskassen kann die Anpassungsprüfung unterbleiben, wenn ab Rentenbeginn alle auf den Rentenbestand entfallenden Überschussanteile zur Erhöhung der laufenden Leistungen verwendet werden und zur Berechnung der garantierten Leistungen der von der Versicherungsaufsicht festgesetzte Höchstzinssatz für die Ermittlung der Deckungsrückstellung nicht überschritten wird, § 16 Abs. 3 Nr. 2. Der Gesetzgeber versteht dies als gleichwertige Alternative zur Anpassungsprüfung[6]. Erfasst werden entsprechend § 30c Abs. 5 nur laufende Leistungen, die auf Zusagen beruhen, die seit dem 1.1.2001 erteilt worden sind[7]. 22

c) Beitragszusage mit Mindestleistung. Bei einer Beitragszusage mit Mindestleistung entfällt nach Abs. 3 Nr. 3 jegliche Anpassungsprüfung. Hierdurch wird diese Form der Zusage für den ArbGeb besonders attraktiv[8]. 23

d) Auszahlungspläne. Abs. 6 nimmt sog. **Auszahlungspläne** und sich daran anschließende Rentenzahlungen aus der Anpassungsprüfungspflicht aus. Die Vorschrift wurde durch das AVmG eingeführt und durch das Hüttenknappschaftliche Zusatzversicherungs-Neuregelungs-Gesetz modifiziert. Die Regelung betrifft die Altersvorsorgezulage nach §§ 79 ff. EStG. § 82 EStG verweist dabei auf § 1 Abs. 1 Nr. 4 und 5 AltZertG[9]. Dieses Gesetz regelt die **Zertifizierung** förderungsfähiger Anlageformen. Dazu kann ein Auszahlungsplan vereinbart werden, über den in Raten bis zur Vollendung des 85. Lebensjahres die in der Ansparphase aufgebauten Leistungen auszuzahlen sind. Ein Teil des zu Beginn der Auszahlungsphase zur Verfügung stehenden Kapitals ist zu Beginn der Auszahlungsphase in eine RV einzubringen, die ab Vollendung des 85. Lebensjahres eine gleich bleibende oder steigende lebenslange Leibrente gewährt, deren erste monatliche Rate mindestens so hoch ist wie die letzte monatliche Auszahlung aus dem Auszahlungsplan ohne Berücksichtigung variabeler Teilraten. Damit diese Leistungen kalkuliert werden können, unterliegen weder die einzelnen Teilraten des Auszahlungsplans noch die späteren Leistungen der RV der Anpassungsprüfung[10]. 24

---

1 BAG v. 14.2.1989 – 3 AZR 313/87, NZA 1989, 675; v. 23.5.2000 – 3 AZR 103/99, NZA 2001, 1076. | 2 BAG v. 14.2.1989 – 3 AZR 313/87, NZA 1989, 675; v. 23.5.2000 – 3 AZR 103/99, NZA 2001, 1076. | 3 BAG v. 23.5.2000 – 3 AZR 103/99, NZA 2001, 1076. | 4 BAG v. 23.5.2000 – 3 AZR 103/99, NZA 2001, 1076. | 5 BAG v. 9.11.1999 – 3 AZR 432/98, BB 2000, 2264. | 6 Vgl. *Höfer*, § 16 BetrAVG Rz. 3665.46. | 7 *Ahrend/Förster/Rühmann*, § 16 BetrAVG Rz. 23. | 8 *Ahrend/Förster/Rühmann*, § 16 BetrAVG Rz. 24. | 9 Gesetz v. 26.2.2001, BGBl. I S. 1322, geändert durch Gesetz v. 20.12.2001, BGBl I S. 3926. | 10 *Höfer*, DB 2001, 1149.

25 **5. Keine Anpassung bei Insolvenz.** Ist der ArbGeb insolvent, kann der ArbN keine Anpassung laufender Leistungen verlangen. Der PSVaG als Träger der gesetzlichen Insolvenzsicherung ist zu einem Teuerungsausgleich nicht verpflichtet[1]. Anderenfalls würde der Rentner, dessen ArbGeb bereits insolvent ist, besser behandelt, als derjenige, dessen ArbGeb wirtschaftlich nicht hinreichend leistungsfähig ist.

26 **6. Wirtschaftliche Lage des ArbGeb.** Ein Teuerungsausgleich steht dem Versorgungsempfänger nur insoweit zu, als die wirtschaftliche Lage des ArbGeb dies erlaubt.

27 **a) Teuerungsausgleich aus Wertzuwachs.** Das BAG weist in ständiger Rspr. darauf hin, dass der ArbGeb einen Kaufkraftausgleich nach § 16 ganz oder teilweise ablehnen kann, wenn und soweit dadurch das **Unternehmen übermäßig belastet** würde. Übermäßig ist die Belastung dann, wenn es dem Unternehmen prognostizierbar nicht möglich sein wird, den Teuerungsausgleich aus dem Wertzuwachs des Unternehmens und dessen Erträgen in der Zeit nach dem Anpassungsstichtag aufzubringen[2]. Die Rspr. betont, dass die Substanz des Unternehmens erhalten bleiben muss. Die gesunde wirtschaftliche Entwicklung darf nicht verhindert und die Arbeitsplätze dürfen nicht durch eine langfristige Auszehrung in Gefahr gebracht werden[3]. Der Begriff der „wirtschaftlichen Lage" in § 16 darf nicht mit einer „wirtschaftlichen Notlage" nach § 7 Abs. 1 Satz 3 Nr. 5 aF gleichgesetzt werden[4]. Das BAG hebt hervor, dass die Anpassung aus Erträgen und Wertzuwächsen des Unternehmens finanzierbar sein muss[5]. Die künftige Wettbewerbsfähigkeit eines Unternehmens darf nicht gefährdet werden darf. Hieraus folgt, dass nicht sämtliche Gewinne durch die Anpassung aufgezehrt werden dürfen; vielmehr muss dem Unternehmen noch eine angemessene **Eigenkapitalverzinsung**[6] verbleiben. Um zu einer verlässlichen **Prognose** zu gelangen, muss die Vergangenheit betrachtet werden[7]. Bei der Berechnung der Eigenkapitalrendite ist einerseits auf die Höhe des Eigenkapitals, andererseits auf das erzielte Betriebsergebnis abzustellen. Für die angemessene Eigenkapitalverzinsung kommt es auf das tatsächlich vorhandene Eigenkapital iSd. § 266 Abs. 3 A HGB an. Dazu zählt nicht nur gezeichnete Kapital (Stammkapital) und die Kapitalrücklage, sondern auch Gewinnrücklagen, Gewinn- und Verlustvorträge sowie der Jahresüberschuss bzw. der Jahresfehlbetrag. Die Eigenkapitalrendite ist dadurch zu ermitteln, dass der Jahresüberschuss oder Jahresfehlbetrag dem Eigenkapital, so wie es sich aus § 266 Abs. 3 A HGB ergibt, gegenüber gestellt wird[8].

28 Dabei sind **Scheingewinne**, die sich etwa aus betriebswirtschaftlich überhöhten Abschreibungen ergeben, herauszurechnen[9]. Entsprechendes gilt auch für außerordentliche Erträge. Zwar sind sie keine Scheingewinne. Ihr Ausnahmecharakter darf aber bei der Beurteilung der künftigen Ertragsentwicklung nicht außer Acht gelassen werden. Sie gehören nämlich nicht zu Erträgen, mit denen das Unternehmen regelmäßig rechnen kann. Sie sind deshalb aus den der Prognose zu Grunde zu legenden früheren Jahresabschlüssen herauszurechnen[10].

29 Die angemessene Eigenkapitalverzinsung besteht aus dem Basiszins und einem Zuschlag für das Risiko, dem das im Unternehmen investierte Kapital ausgesetzt ist[11]. Als Basiszins ist die Umlaufrendite öffentlicher Anleihen heranzuziehen, den die Veröffentlichungen des statistisches Bundesamtes entnommen werden kann und deshalb leicht nachprüfbar ist[12].

30 Zum maßgeblichen Eigenkapital zählt nicht das zur Begleichung der Versorgungsverbindlichkeiten notwendige Kapital. Erträge daraus sind aber zu berücksichtigen[13]. Das gilt im Übrigen auch für den Versorgungsschuldner, der seine unternehmerischen Aktivitäten aufgegeben hat und für den Erben, selbst wenn er das ehemals einzelkaufmännisch betriebene Geschäft nicht fortführt. Für einen Risikozuschlag besteht dann aber kein Anlass[14]. **Außerordentliche Erträge** aus der Auflösung stiller Reserven erhöhen das Eigenkapital und sind deshalb bei der Berechnung der angemessenen Eigenkapitalverzinsung einzubeziehen[15]. Weiterhin sind Faktoren wie ein besonderer, absehbarer Investitionsbedarf, Betriebssteuern oder außerordentliche Erträge zu berücksichtigen[16]. Steuern vom Einkommen werden allerdings durch die Anpassung gemindert, weil die Rentenerhöhung den Gewinn verringert. Es kommt auf die Gesamtsituation des Unternehmens an. Eine Anpassung kann nicht schon dann verlangt werden, wenn einzelne Bilanzpositionen eine Anpassung zulassen würden[17].

31 Selbst bei positiven Betriebsergebnissen und einer hinreichenden Eigenkapitalverzinsung kann die **Eigenkapitalausstattung** wegen früher eingetretener Substanzeinbußen unzureichend sein und des-

---

1 LAG Köln v. 8.12.2000 – 11 Sa 1073/00, EzA-SD 2001, Nr. 9, 15; BAG v. 5.10.1993 – 3 AZR 698/92, NZA 1994, 459. | 2 BAG v. 14.12.1993 – 3 AZR 519/93, AP Nr. 29 zu § 16 BetrAVG. | 3 BAG v. 14.2.1989 – 3 AZR 191/87, AP Nr. 22 zu § 16 BetrAVG. | 4 BAG v. 15.9.1977 – 3 AZR 654/76, AP Nr. 5 zu § 16 BetrAVG; v. 23.4.1985 – 3 AZR 156/83, AP Nr. 17 zu § 16 BetrAVG. | 5 BAG v. 23.4.1985 – 3 AZR 156/83, AP Nr. 17 zu § 16 BetrAVG; v. 14.2.1989 – 3 AZR 191/87, AP Nr. 22 zu § 16 BetrAVG. | 6 Zur Berechnung einer angemessenen Eigenkapitalverzinsung BAG v. 23.5.2000 – 3 AZR 146/99, NZA 2001, 1251. | 7 BAG v. 23.1.2001 – 3 AZR 287/00, AP Nr. 46 zu § 16 BetrAVG. | 8 BAG v. 23.1.2001 – 3 AZR 287/00, AP Nr. 46 zu § 16 BetrAVG. | 9 BAG v 23.4.1985 – 3 AZR 548/82, AP Nr. 17 zu § 16 BetrAVG. | 10 BAG v. 23.1.2001 – 3 AZR 287/00, AP Nr. 46 zu § 16 BetrAVG. | 11 BAG v. 17.4.1996 – 3 AZR 56/95, AP Nr. 35 zu § 16 BetrAVG; v. 23.1.2001 – 3 AZR 287/00, AP Nr. 46 zu § 16 BetrAVG. | 12 BAG v. 23.5.2000 – 3 AZR 146/99, AP Nr: 45 zu § 16 BetrAVG. | 13 BAG v. 9.11.1999 – 3 AZR 420/98, BetrAV 2000, 605. | 14 BAG v. 9.11.1999 – 3 AZR 420/98, BetrAV 2000, 605. | 15 BAG v. 23.1.2001 – 3 AZR 287/00, AP Nr. 46 zu § 16 BetrAVG. | 16 BAG v. 17.4.1996 – 3 AZR 56/95, DB 1996, 2496. | 17 BAG v. 14.2.1989 – 3 AZR 191/87, NZA 1989, 844; v. 17.4.1996 – 3 AZR 56/95, NZA 1997, 155.

halb die erforderliche Belastbarkeit des Unternehmens vorerst fehlen. Der ArbGeb kann die Anpassung der Betriebsrenten ablehnen, wenn er davon ausgehen darf, dass der Eigenkapitalmangel jedenfalls bis zum nächsten Anpassungsstichtag fortbesteht[1].

Die in dem **Verlustvorträgen** festgehaltenen früheren Fehlbeträge mindern das Eigenkapital. Da der Wettbewerbsfähigkeit des Unternehmens entscheidende Bedeutung zukommt, darf der ArbGeb nach einer Eigenkapitalauszerrung einer raschen Wiederherstellung einer ausreichenden Eigenkapitalausstattung den Vorzug geben und bis dahin von Betriebsrentenerhöhungen absehen[2]. Sowohl die Erhaltung als auch die Wiedererlangung der Unternehmenssubstanz sind berechtigte unternehmerische Anliegen im Interesse der Wettbewerbsfähigkeit und zum Schutz von Arbeitsplätzen. Die Erhöhung von Betriebsrenten würde deshalb vor der Konsolidierung des Unternehmens eine dauerhafte Belastung schaffen, wobei zu berücksichtigen ist, dass § 16 Betriebsrentenkürzungen, selbst wenn die wirtschaftliche Lage entgegen früheren Prognosen schlechter ist, nicht zulässt[3]. 32

Die Gesundung eines Unternehmens ist deshalb erst dann abgeschlossen, wenn der Verzehr des Stammkapitals ausgeglichen ist. Dies ist der Fall, sobald das Eigenkapital des Unternehmens mindestens ebenso hoch ist wie die Summe aus dem Stammkapital und der aus den zusätzlichen Einlagen gebildeten Kapitalrücklage[4]. 33

b) Konzerndurchgriff. Regelmäßig kommt es auf die wirtschaftliche Lage des ArbGeb an. Ist dieser wirtschaftlich nicht in der Lage, einen Teuerungsausgleich vorzunehmen, besteht kein Anspruch auf eine höhere Rente[5]. Etwas anderes kann aber dann gelten, wenn der Versorgungsschuldner in einen Konzern eingebunden ist. In diesem Fall lässt es das BAG in Ausnahmefällen zu, dass auch die **wirtschaftliche Lage des herrschenden Unternehmens** berücksichtigt wird (sog. **Berechnungsdurchgriff**)[6]. Der Begriff des **Konzerns** ergibt sich aus § 18 AktG. Die Rspr. versteht darunter jedoch nicht nur aktienrechtliche Strukturen. Ein Konzern liegt vielmehr bereits dann vor, wenn eine Konzernobergesellschaft auf abhängige Unternehmen einen beherrschenden Einfluss ausüben kann. Herrschendes Unternehmen kann deshalb beispielsweise auch der Einzelkaufmann sein, der eine GmbH beherrscht[7]. Dieser Rspr. ist das BAG gefolgt[8]. Für einen Berechnungsdurchgriff müssen zwischen dem Versorgungsschuldner und dem herrschenden Unternehmen **verdichtete Konzernverbindungen** bestehen. Dies ist etwa dann der Fall, wenn ein **Beherrschungs- oder Ergebnisabführungsvertrag** besteht. Ausreichend ist aber auch, wenn ein Unternehmen die Geschäfte des eigentlichen ArbGeb tatsächlich umfassend und nachhaltig führt (sog. qualifiziert faktischer Konzern). Als zusätzliches Erfordernis verlangt das BAG, dass die Konzernleitung in einer Weise ausgeübt wird, die auf die Belange des abhängigen Tochterunternehmens keine angemessene Rücksicht nimmt und so letztlich die mangelnde Leistungsfähigkeit des Versorgungsschuldners verursacht[9]. Das kann beispielsweise dann der Fall sein, wenn das beherrschende Unternehmen dem Abhängigen verbindliche Preise vorschreibt und so seine Wettbewerbsfähigkeit beschränkt[10]. Darlegungs- und beweispflichtig für die missbräuchliche Ausübung der Gesellschafterrechte durch das herrschende Unternehmen ist der Pensionär. Dieser muss zumindest Indizien vortragen, mit denen eine missbräuchliche Ausübung der Leitungsmacht verdeutlicht wird[11]. Dem Versorgungsberechtigten, der regelmäßig keinen Einblick in die gesellschaftlichen und finanziellen Verhältnisse hat, wird eine entsprechende Darlegung sehr schwer fallen. Das BAG gewährt allerdings Erleichterungen der Beweislast. Es lässt genügen, wenn der Versorgungsempfänger beispielhaft Eingriffe nennt, die im Konzerninteresse vorgenommen wurden. Es liegt dann beim prüfungspflichtigen Unternehmen, diese Hinweise zu entkräften[12]. Auch beim **Berechnungsdurchgriff** ist der ehemalige ArbGeb zur Anpassungsprüfung verpflichtet. Berücksichtigt wird dabei jedoch die wirtschaftliche Lage des anderen Konzernunternehmens[13]. Es wird also nicht das wirtschaftlich potentere andere Konzernunternehmen zur Anpassungsprüfung herangezogen. Etwas anderes gilt aber dann, wenn das andere Konzernunternehmen den **Vertrauenstatbestand** geschaffen hat, die Anpassung der laufenden Leistungen gewährleisten zu wollen[14]. In diesem Fall haftet das andere Konzernunternehmen ebenfalls unmittelbar[15]. 34

7. Darlegungs- und Beweislastverteilung. Wird die Anpassung von Betriebsrenten nach § 16 mit einer mangelnden wirtschaftlichen Leistungsfähigkeit abgelehnt, so trägt der **ArbGeb** dafür die Darlegungs- und Beweislast. Als Vortrag hierzu reicht nicht die Mitteilung von Verlusten, mit denen einzelne Handelsbilanzen oder Betriebsergebnisberechnungen abgeschlossen haben, aus. Rückschlüsse auf die wirtschaftliche Lage des Unternehmens sind in der Regel nur in Verbindung mit den übrigen Bilanzdaten, also ihren Berechnungsgrundlagen, möglich[16]. Der ArbN kann sich deshalb zunächst darauf 35

---

1 *BAG* v. 23.1.2001 – 3 AZR 287/00, AP Nr. 46 zu § 16 BetrAVG. | 2 *BAG* v. 23.1.2001 – 3 AZR 287/00, AP Nr. 46 zu § 16 BetrAVG. | 3 *BAG* v. 23.1.2001 – 3 AZR 287/00, AP Nr. 46 zu § 16 BetrAVG. | 4 *BAG* v. 23.1.2001 – 3 AZR 287/00, AP Nr. 46 zu § 16 BetrAVG. | 5 *Steinmeyer*, FS Stahlhacke. S. 553, 556; *Junker*, FS Kissel, S. 451. | 6 *Forsbach*, Betriebliche Altersversorgung im Umbruch, S. 188; *Weigl*, ZIP 1997, 354. | 7 BGH v. 29.3.1993 – II ZR 265/91, BB 1993, 814. | 8 *BAG* v. 14.12.1993 – 3 AZR 519/93, DB 1994, 1147; v. 8.3.1994 – 9 AZR 197/92, DB 1994, 1708. | 9 *BAG* v. 4.10.1994 – 3 AZR 910/93, DB 1995, 528; v. 23.10.1996 – 3 AZR 514/95, DB 1997,1287. | 10 *BAG* v. 28.4.1992 – 3 AZR 244/91, NZA 1993, 72. | 11 *BAG* v. 14.12.1993 – 3 AZR 519/93, DB 1994, 1147. | 12 *BAG* v. 4.10.1994 – 3 AZR 910/93, DB 1995, 528. | 13 *BAG* v. 4.10.1994 – 3 AZR 910/93, DB 1995, 528. | 14 *Höfer*, § 16 BetrAVG Rz. 3587.1. | 15 *BAG* v. 17.4.1996 – 3 AZR 56/95, ZIP 1996, 2085 unter I. 2. b) aa) der Gründe. | 16 *BAG* v. 23.4.1985 – 3 AZR 548/82, NZA 1985, 499.

beschränken, zu bestreiten, dass der ArbGeb nicht in der Lage ist, aus den Erträgen und einem Wertzuwachs einen Teuerungsausgleich zu finanzieren. Es ist dann Sache des ArbGeb, im Einzelnen darzulegen, weshalb er zu einer Anpassung nicht in der Lage ist. Dazu muss er sämtliche bestimmende Faktoren vortragen. Dazu wird er im Regelfall Geschäftsabschlüsse offen legen müssen. Geschieht dies, so ist im Sinne einer abgestuften Darlegungslast der ArbN gehalten, Einwendungen zu erheben, aus denen sich ergibt, dass ein Teuerungsausgleich doch möglich ist.

36 Der ArbGeb kann sich nicht darauf berufen, im Falle einer vollständigen Darlegung müsse er notwendigerweise **Betriebs- oder Geschäftsgeheimnisse** preisgeben. Das BAG verweist den ArbGeb auf vorhandene Schutzmechanismen des Prozessrechts. In Betracht kommen die zeitweise Ausschluss der Öffentlichkeit (§ 52 ArbGG, § 142 GVG) und strafbewehrte Schweigegebote (§ 174 Abs. 2 GVG)[1].

17 *Persönlicher Geltungsbereich und Tariföffnungsklausel*

(1) [Arbeitnehmer] Arbeitnehmer im Sinne der §§ 1 bis 16 sind Arbeiter und Angestellte einschließlich der zu ihrer Berufsausbildung Beschäftigten; ein Berufsausbildungsverhältnis steht einem Arbeitsverhältnis gleich. Die §§ 1 bis 16 gelten entsprechend für Personen, die nicht Arbeitnehmer sind, wenn ihnen Leistungen der Alters-, Invaliditäts- oder Hinterbliebenenversorgung aus Anlass ihrer Tätigkeit für ein Unternehmen zugesagt worden sind. Arbeitnehmer im Sinne von § 1a Abs. 1 sind nur Personen nach den Sätzen 1 und 2, soweit sie aufgrund der Beschäftigung oder Tätigkeit bei dem Arbeitgeber, gegen den sich der Anspruch nach § 1a richten würde, in der gesetzlichen Rentenversicherung pflichtversichert sind.

(2) [Öffentlicher Dienst] Die §§ 7 bis 15 gelten nicht für den Bund, die Länder, die Gemeinden sowie die Körperschaften, Stiftungen und Anstalten des öffentlichen Rechts, bei denen das Insolvenzverfahren nicht zulässig ist, und solche juristische Personen des öffentlichen Rechts, bei denen der Bund, ein Land oder eine Gemeinde kraft Gesetzes die Zahlungsfähigkeit sichert.

(3) [Unabdingbarkeit] Von den §§ 1 a, 2 bis 5, 16, 18 a Satz 1, §§ 27 und 28 kann in Tarifverträgen abgewichen werden. Die abweichenden Bestimmungen haben zwischen nichttarifgebundenen Arbeitgebern und Arbeitnehmern Geltung, wenn zwischen diesen die Anwendung der einschlägigen tariflichen Regelung vereinbart ist. Im Übrigen kann von den Bestimmungen dieses Gesetzes nicht zugunsten des Arbeitnehmers abgewichen werden.

(4) [Gesetzesvorrang] Gesetzliche Regelungen über Leistungen der betrieblichen Altersversorgung werden unbeschadet des § 18 durch die §§ 1 bis 16 und 26 bis 30 nicht berührt.

(5) [Entgeltumwandlung nach Tarifvertrag] Soweit Entgeltansprüche auf einem Tarifvertrag beruhen, kann für diese eine Entgeltumwandlung nur vorgenommen werden, soweit dies durch Tarifvertrag vorgesehen oder durch Tarifvertrag zugelassen ist.

1 I. Einführung. Die Vorschriften des BetrAVG finden nur auf Leistungen der **betrAV** Anwendung. Dabei wird ausschließlich der in § 17 Abs. 1 genannte **Personenkreis** erfasst. Handelt es sich bei zugesagten Leistungen nicht um solche der betrAV oder gehören die Adressaten einer Zusage nicht zum geschützten Personenkreis, so berührt dies die Wirksamkeit der eingegangenen Verpflichtung grundsätzlich nicht. Der Schutz aus dem BetrAVG kann aber nicht in Anspruch genommen werden.

2 In § 17 Abs. 3 ist die Unabdingbarkeit der Normen des BetrAVG geregelt, wobei der Gesetzgeber für einzelne Regelungen eine Tariföffnungsklausel vorgesehen hat.

3 II. Persönlicher Geltungsbereich. Das BetrAVG ist ein ArbN-Schutzgesetz. Nach § 17 Abs. 1 Satz 1 gilt es in erster Linie für **ArbN**. Sog. **arbeitnehmerähnliche Personen** werden aber nach § 17 Abs. 1 Satz 2 ebenfalls erfasst, soweit ihnen Leistungen der betrAV aus Anlass ihrer Tätigkeit für ein Unternehmen zugesagt worden sind.

4 1. ArbN. Unter den gesetzlichen Schutz fallen Arbeiter, Angestellte und die zu ihrer Berufsausbildung Beschäftigten. Es muss ein **privatrechtlicher Arbeitsvertrag** bestehen: Beamte, Richter und Soldaten werden deshalb nicht erfasst[2]. ArbN ist nicht, wer aufgrund eines Werkvertrages für ein Unternehmen tätig wird[3]. Es genügt aber uU ein faktisches Arbeitsverhältnis[4].

5 § 17 Abs. 1 Satz 3 schränkt den ArbN-Begriff insoweit ein, als eine betrAV durch Entgeltumwandlung iSv. § 1a erfolgt. Denn danach kann nur der ArbN eine Entgeltumwandlung von dem ArbGeb verlangen, bei dem er in der gesetzlichen RV pflichtversichert ist[5].

6 Das BetrAVG gilt im Übrigen auch dann, wenn der ArbN **an dem Unternehmen beteiligt** ist[6]. Es ist dann aber genau zu prüfen, ob die Versorgung aus Anlass des Arbeitsverhältnisses zugesagt wurde oder

---

1 BAG v. 23.4.1985 – 3 AZR 548/82, NZA 1985, 499. | 2 *Blomeyer/Otto*, § 17 BetrAVG Rz. 10. | 3 *Höfer*, § 17 BetrAVG Rz. 3678. | 4 Vgl. *Höfer*, § 17 BetrAVG Rz. 3680. | 5 Vgl. hierzu im Einzelnen *Ahrend/Förster/Rühmann*, § 1a BetrAVG Rz. 5. | 6 Zur Abgrenzung vgl. *Ahrend/Förster/Rühmann*, § 17 BetrAVG Rz. 3 mwN.

seine Wurzel im gesellschaftsrechtlichen Bereich hat. Maßgeblich ist, ob der ArbN persönlich abhängig ist. Fehlt es daran, kann sich die betreffende Person auf den Schutz des BetrAVG nicht berufen.

2. ArbN-ähnliche Personen. Nach § 17 Abs. 1 Satz 2 gelten die §§ 1–16 entsprechend für Personen, die nicht ArbN sind, wenn ihnen Versorgungsleistungen aus Anlass ihrer Tätigkeit für ein Unternehmen zugesagt worden sind. Der BGH hat das Gesetz einschränkend ausgelegt. Er hat es als ArbN-Schutzgesetz begriffen und daraus gefolgert, dass dessen Geltung auf die Personen begrenzt werden müsse, deren Lage im Hinblick auf die Ruhegeldzusage mit der eines ArbN annähernd vergleichbar ist[1]. Unternehmer werden deshalb vom BetrAVG nicht erfasst. Aufgrund mehrerer Grundsatzentscheidungen des BGH sind Einzelkaufleute persönlich haftende Gesellschafter einer OHG oder KG, selbstständige und Alleingesellschafter von Kapitalgesellschaften als Unternehmer anzusehen[2]. 7

Als Anknüpfungspunkt für die **Unterscheidung zwischen ArbN- und Unternehmerstellung** hat die Rspr. auf den Einzelkaufmann abgestellt. Dieser müsse sich aus seinem eigenen Unternehmen versorgen und könne daher bereits formalrechtlich nicht als Empfänger einer Versorgungszusage bezeichnet werden. Mit einem Einzelkaufmann gleichzusetzen sei derjenige, welcher für ein Unternehmen tätig sei, das mit Rücksicht auf die vermögens- und einflussmäßige Verbindung mit ihm nach natürlicher Anschauung als sein eigenes zu betrachten sei[3]. 8

a) Am Unternehmen nicht beteiligte Personen. Echte Fremdgeschäftsführer oder **Vorstände von Aktiengesellschaften**, die nicht an dem Unternehmen, für welches sie tätig sind, beteiligt sind, genießen ohne jeden Zweifel den Schutz des BetrAVG. Gleiches kann auch für **Komplementäre** einer Kommanditgesellschaft oder Kommanditgesellschaft auf Aktien gelten, wenn sie bei wirtschaftlicher Betrachtungsweise nur sog. **angestellte persönlich haftende Gesellschafter** sind. Dies ist etwa dann der Fall, wenn sie lediglich im Außenverhältnis als Gesellschafter auftreten, im Innenverhältnis aber wie Angestellte gegenüber den die Gesellschaft beherrschenden Kommanditisten weisungsgebunden sind. Ein Indiz kann hierfür sein, dass sie durch interne Regelungen von der Haftung freigestellt wurden[4]. Eine solche Abhängigkeit besteht etwa dann, wenn ein ArbN im Rahmen seines Arbeitsverhältnisses bei einem verbundenen Unternehmen die Position des persönlich haftenden Gesellschafters einnehmen muss. 9

b) Am Unternehmen beteiligte Personen. Das BetrAVG erfasst am Unternehmen beteiligte Personen nur dann, wenn sie allein oder mit anderen gemeinsam nicht letztlich eine Unternehmerstellung innehaben[5]. 10

aa) Organmitglieder juristischer Personen. Bei juristischen Personen ist nach ständiger Rspr. des BGH auf die **Kapitalbeteiligung** oder die **Anzahl der Stimmrechte** abzustellen. Die Kapitalanteile oder Stimmrechte mehrerer geschäftsführender Gesellschafter sind zusammenzuzählen. Eine den Schutz des BetrAVG ausschließende Mitunternehmerstellung liegt dann vor, wenn die leitend tätigen Gesellschafter zusammen über die Mehrheit der Kapitalanteile oder Stimmrechte verfügen[6]. Umgekehrt wird nicht jeder Minderheitsgesellschafter in leitender Position von der Geltung des BetrAVG ausgenommen. Voraussetzung ist vielmehr, dass die Beteiligung des Versorgungsberechtigten nicht völlig unbedeutend ist. In Anlehnung an das Aktien- und Umwandlungsrecht dürfte eine **Minderheitsbeteiligung von 10 %**, ab der bereits gewisse Minderheitsrechte bestehen, nicht mehr als unerheblich bezeichnet werden können[7]. Haben beispielsweise zwei geschäftsführende Gesellschafter jeder für sich nur eine Minderheitsbeteiligung von einmal 15 % und einmal 40 %, so verfügen sie gemeinsam über die Kapitalmehrheit. Sie sind dann beide als Unternehmer zu qualifizieren. 11

Die **Zusammenrechnung** von Anteilen oder Stimmrechten eines Minderheitsgesellschafters mit denen eines anderen Gesellschafters unterbleibt, wenn der andere schon allein über die Anteils- oder Stimmrechtsmehrheit verfügt[8]. Die §§ 1–16 BetrAVG gelten aber auch dann nicht, wenn die geschäftsleitende Person eine Altersversorgungszusage von einer Gesellschaft erhalten hat, deren Kapital ganz oder teilweise einer weiteren Gesellschaft gehört, an der sie wiederum beteiligt ist. Auch eine solche indirekte Beteiligung schließt die Anwendung des BetrAVG aus. 12

bb) Gesellschafter von juristischen Personen. Gesellschafter von juristischen Personen können zugleich auch in einem Arbeitsverhältnis zu dem Unternehmen stehen. Die Frage, ob sie Unternehmer sind, hängt dann von dem Maß der bestehenden **Leitungsmacht** und der **stimmrechts- oder kapitalmäßigen Beteiligung** ab. Wer aufgrund einer mehrheitlichen Kapital- oder Stimmrechtsbeteiligung ohne Organ zu sein ein Unternehmen letztverantwortlich leitet, ist Unternehmer[9]. Die fehlende formale Stellung als Organmitglied ist nicht entscheidend. Besteht nur eine Minderheitsbeteiligung, so kommt auch hier eine Zusammenrechnung von Anteilen mit anderen geschäftsleitend tätigen Gesellschaftern in Betracht. Ver- 13

---

1 BGH v. 28.4.1980 – II ZR 254/78, DB 1980, 1434. | 2 BGH v. 28.4.1980 – II ZR 254/78, DB 1980, 1434; v. 9.6.1980 – II ZR 255/78, DB 1980, 1588; v. 14.7.1980 – II ZR 106/79, DB 1980, 1992. | 3 BGH v. 9.6.1980 – II ZR 255/78, DB 1980, 1588. | 4 BGH v. 9.6.1980 – II ZR 255/78, DB 1980, 1588. | 5 Vgl. hierzu *Ahrend/Förster/Rühmann*, § 17 BetrAVG Rz. 3. | 6 BGH v. 9.6.1980 – II ZR 255/78, DB 1980, 1588; v. 14.7.1980 – II ZR 106/79, DB 1980, 1992. | 7 *Blomeyer/Otto*, § 17 BetrAVG Rz. 116; *Höfer*, § 17 BetrAVG Rz. 3747 ff.; *Everhardt*, BB 1981, 681; zweifelnd, ob an dieser Grenze festgehalten werden kann: BGH v. 2.6.1997 – II ZR 181/96, DB 1997, 1611. | 8 BGH v. 25.9.1989 – II ZR 259/88, DB 1989, 2425. | 9 Vgl. OLG Köln v. 21.2.1986 – 6 U 141/85, DB 1986, 1063.

fügt ein Prokurist über etwa 45 % der Geschäftsanteile, ein Geschäftsführer hingegen nur über 10 %, so sind beide als Unternehmer anzusehen und deshalb vom BetrAVG nicht geschützt.

14 **cc) Persönlich haftende Gesellschafter.** Persönlich haftende Gesellschafter von Personengesellschaften **fallen** grundsätzlich unabhängig von der Höhe ihrer Beteiligung **aus dem Schutzbereich des BetrAVG heraus**[1]. Hier besteht eine besondere Nähe zum Einzelkaufmann. Die Haftung besteht unabhängig von der Höhe der Kapitaleinlage. Gesellschafter von BGB-Gesellschaften und offenen Handelsgesellschaften sowie Komplementäre von Kommanditgesellschaften und Kommanditgesellschaften auf Aktien fallen deshalb grundsätzlich nicht unter den Anwendungsbereich des BetrAVG.

15 **dd) Kommanditisten.** Kommanditisten einer KG sind nach den §§ 164, 170 HGB von der Geschäftsführung ausgeschlossen und zur Vertretung der Gesellschaft nicht ermächtigt. Sind sie für ein Unternehmen tätig, so schließt dies die Anwendung der §§ 1–16 nicht grundsätzlich aus. Es kommt dann auf die **Qualität der Leitungsmacht** an. Werden geschäftsleitende Aufgaben wahrgenommen, etwa kraft einer Prokura, so ist die betreffende Person als Unternehmer zu qualifizieren[2]. Auch hier kommt eine Zusammenrechnung von Beteiligungen geschäftsleitend tätiger Personen in Betracht[3].

16 **ee) GmbH & Co. KG.** Besonderheiten gelten bei einer GmbH & Co. KG. Unterhält die Komplementär-GmbH einen von der Förderung der Geschäfte der KG **unterscheidbaren, wirtschaftlich eigenständigen Betrieb**, der die Grundlage dafür bildet, dass für die GmbH wirklich Dienste geleistet werden und dafür eine Altersversorgungszusage erteilt wird, so kommt es im Hinblick auf den Gesellschafter-Geschäftsführer nur auf die Verhältnisse bei der GmbH an. Hat er dort oder gemeinsam mit anderen eine Mehrheitsbeteiligung, so ist er Unternehmer.

17 Unterhält die Komplementär-GmbH hingegen **keinen eigenen Geschäftsbetrieb**, so ist es gleichgültig, ob die Zusage von der GmbH oder der KG erteilt wurde. Bei der Prüfung der Unternehmerstellung müssen die Geschäftsanteile des GmbH-Geschäftsführers bei der GmbH und bei der KG zusammengerechnet werden. Dabei können die GmbH-Anteile des Geschäftsführers nur in Höhe der Quote berücksichtigt werden, mit der die GmbH ihrerseits an der KG beteiligt ist[4]. In der Lit. werden differenziertere Betrachtungsweisen verlangt. Zunächst sei die Unternehmerstellung des Geschäftsführers in der GmbH zu prüfen. Fehle sie dort, so sei die mittelbare Beteiligung über die GmbH an der KG unberücksichtigt zu lassen. Bestehe hingegen eine unternehmerische Beteiligung an der GmbH, so sei die Beteiligung der GmbH an der KG dem Geschäftsführer vollständig zuzurechnen. Denn wenn er die GmbH majorisiere, so könne er deren Gesellschafterrechte in der KG vollständig wahrnehmen[5]. Letztere Auffassung ist zutreffend. Der BGH übersieht, dass der an der GmbH mehrheitlich beteiligte Gesellschafter-Geschäftsführer das gesamte Stimmrecht für die GmbH in der KG ausüben kann.

18 Entsprechend ist auch bei **anderen Beteiligungsformen** zu verfahren, zB bei einer AG & Co. GmbH[6].

19 **3. Auswirkungen der Nichtanwendbarkeit des BetrAVG.** Die Nichtanwendbarkeit des BetrAVG berührt grundsätzlich die **Gültigkeit einer Versorgungszusage** nicht. Ohne entsprechende Regelung kann sich der Versorgungsberechtigte weder auf eine Unverfallbarkeit berufen noch eine Anpassung laufender Leistungen verlangen. Insbesondere kann er den gesetzlichen Insolvenzschutz nach § 7 nicht in Anspruch nehmen, wenn die zugesagten Leistungen insolvenzbedingt nicht mehr zur Verfügung stehen.

20 Gelegentlich kommt es vor, dass Zeiten, die vom BetrAVG erfasst werden, von solchen abgelöst werden, für die das BetrAVG nicht gilt. Im Hinblick auf den **persönlichen Geltungsbereich** des Gesetzes kann dies geschehen, wenn der Versorgungsberechtigte zeitweilig als Unternehmer, im Übrigen aber als ArbN oder arbeitnehmerähnliche Person für ein Unternehmen tätig war. Verliert beispielsweise ein Unternehmer seine mehrheitliche Beteiligung an dem Unternehmen, so kann es geschehen, dass er zu einem späteren Zeitpunkt in den Schutzbereich des BetrAVG fällt. Es ist dann festzustellen, inwieweit die Rechte aus einer Versorgungszusage dem Geltungsbereich des BetrAVG unterfallen. Es ist eine **zeitanteilige Aufteilung** vorzunehmen, die sich im Wesentlichen an § 2 orientiert[7]. Die zugesagte Leistung ist dann zu quotieren. Dabei ist unerheblich, ob der Wechsel vom Unternehmerstatus zum Nichtunternehmerstatus oder umgekehrt erfolgt[8].

21 Bei **Versorgungsanwärtern** besteht eine Unverfallbarkeit nach § 1 nur dann, wenn die vom Schutz des BetrAVG erfassten Dienstzeiten insgesamt die gesetzlichen Unverfallbarkeitsvoraussetzungen erfüllen. Durch einen **Statuswechsel** tritt keine Unterbrechung der Fristen ein, sondern lediglich eine Hemmung[9]. Einzelne, vom Gesetz erfasste Zeiten müssen also nicht jede für sich zu einer unverfallbaren Anwartschaft geführt haben, sondern können **zusammengerechnet** werden[10]. Das ist insb. dann von Bedeutung, wenn das Unternehmen insolvent geworden ist. Denn der PSVaG ist nur dann zur Zahlung verpflichtet, wenn die Unverfallbarkeit kraft Gesetzes eingetreten ist.

---

1 BGH v. 9.6.1980 – II ZR 255/78, DB 1980, 1588. | 2 BGH v. 28.4.1980 – II ZR 254/78, DB 1980, 1434; v. 1.2.1999 – II ZR 276/97, NJW 1999, 1263. | 3 OLG Köln v. 21.2.1986 – 6 U 141/85, DB 1986, 1063; aA *Höfer*, § 17 BetrAVG Rz. 3741, 1357; *Blomeyer/Otto*, § 17 BetrAVG Rz. 115 ff. | 4 BGH v. 28.4.1980 – II ZR 254/78, DB 1980, 1434. | 5 Vgl. *Höfer*, § 17 BetrAVG Rz. 3764 ff. | 6 *Höfer*, § 17 BetrAVG Rz. 3768. | 7 BGH v. 9.6.1980 – II ZR 255/78, DB 1980, 1588. | 8 BGH v. 9.6.1980 – II ZR 255/78, DB 1980, 1588. | 9 BGH v. 4.5.1981 – II ZR 100/80, NJW 1981, 2409. | 10 *Höfer*, § 17 BetrAVG Rz. 3778.

III. Öffentlicher Dienst. Öffentlich-rechtliche ArbGeb, die keinem Insolvenzrisiko unterliegen, sind von der Beitragspflicht zum PSVaG befreit. Abs. 2 zählt die ArbGeb abschließend auf, die nicht den Vorschriften über den Insolvenzschutz unterfallen. Alle übrigen ArbGeb sind unabhängig von ihrem rechtlichen Status den §§ 7–15 unterworfen. **22**

IV. Tariföffnungsklausel und Unabdingbarkeit. Die Regelungen des BetrAVG sind grundsätzlich **nicht** zugunsten der ArbN **abdingbar**, § 17 Abs. 3 Satz 3. Eine Ausnahme hiervon sieht die sog. „Tariföffnungsklausel" in Abs. 3 Satz 1 vor, nach der von den §§ 1a, 2 bis 5, 16, 18a Satz 1, 27 und 28 in TV auch zugunsten der ArbN abgewichen werden darf. Die übrigen Normen stehen dagegen nicht zur Disposition. **23**

Die Tariföffnungsklausel ist Ausdruck der Tarifautonomie[1]; sie schafft die Möglichkeit von betriebseinheitlichen Versorgungsbedingungen, da die abweichenden Bestimmungen auch gegenüber nichttarifgebundene Arbeitsvertragsparteien Wirkung entfalten, soweit die Anwendung der einschlägigen tariflichen Regelungen vereinbart ist, § 17 Abs. 3 Satz 2. Hintergrund ist die Vermeidung der Anwendbarkeit von ungünstigen tariflichen Regelungen nur für tarifgebundene Versorgungsberechtigte, während alle anderen Versorgungsberechtigten von den günstigeren gesetzlichen Bestimmungen profitieren. **24**

Eine für die Versorgungsberechtigten günstigere abweichende Regelung ist im Übrigen immer möglich. **25**

V. Gesetzesvorrang. Abs. 4 stellt klar, dass gesetzliche Regelungen über betriebliche Versorgungsleistungen durch dieses Gesetz nicht aufgehoben oder verschlechtert werden. Solche Regelungen sind zB das Gesetz zur Hüttenknappschaftlichen Pensionsversicherung im Saarl. vom 22.11.1971[2] und das Gesetz zur Errichtung einer Zusatzversicherung für ArbN in der Land- und Forstwirtschaft vom 31.7.1994[3]. Für den öffentlichen Dienst gilt dies nicht. Denn § 18 berührt ältere Versorgungsregelungen des öffentlichen Dienstes[4], so zB Hamburgisches Ruhegeldgesetz in der Fassung vom 21.1.1991[5]. **26**

VI. Entgeltumwandlung nach TV. In Abs. 5, eingeführt durch das AVmG, ist die ausschließliche Kompetenz der Tarifparteien geregelt, darüber zu befinden, ob tarifgebundene Bestandteile von Lohn und Gehalt Gegenstand einer Entgeltumwandlung sein können. Die Entgeltumwandlung muss daher im TV ausdrücklich zugelassen werden. Dabei ist es ausreichend, wenn der TV eine Öffnungsklausel vorsieht, die durch BV oder Einzelvereinbarung ausgefüllt ist[6]. **27**

Neben Öffnungsklauseln können zB auch die Rahmenbedingungen – etwa die Dauer der Entgeltumwandlung –, die Festlegung des Versorgungsträgers mit dessen Einwilligung, das Leistungsspektrum und die Leistungsvoraussetzungen Gegenstand einer tariflichen Regelung sein[7]. **28**

§ 18 Sonderregelungen für den öffentlichen Dienst

(1) Für Personen, die

1. bei der Versorgungsanstalt des Bundes und der Länder (VBL) oder einer kommunalen oder kirchlichen Zusatzversorgungseinrichtung pflichtversichert sind, oder

2. bei einer anderen Zusatzversorgungseinrichtung pflichtversichert sind, die mit einer der Zusatzversorgungseinrichtungen nach Nummer 1 ein Überleitungsabkommen abgeschlossen hat oder aufgrund satzungsrechtlicher Vorschriften der Zusatzversorgungseinrichtungen nach Nummer 1 ein solches Abkommen abschließen kann, oder

3. unter das Gesetz über die zusätzliche Alters- und Hinterbliebenenversorgung für Angestellte und Arbeiter der Freien und Hansestadt Hamburg (Erstes Ruhegeldgesetz – 1. RGG), das Gesetz zur Neuregelung der zusätzlichen Alters- und Hinterbliebenenversorgung für Angestellte und Arbeiter der Freien und Hansestadt Hamburg (Zweites Ruhegeldgesetz – 2. RGG) oder unter das Bremische Ruhelohngesetz in ihren jeweiligen Fassungen fallen oder auf die diese Gesetze sonst Anwendung finden,

gelten die §§ 2, 5, 16, 27 und 28 nicht, soweit sich aus den nachfolgenden Regelungen nichts Abweichendes ergibt.

(2) Bei Eintritt des Versorgungsfalles erhalten die in Absatz 1 Nr. 1 und 2 bezeichneten Personen, deren Anwartschaft nach § 1b fortbesteht und deren Arbeitsverhältnis vor Eintritt des Versorgungsfalles geendet hat, von der Zusatzversorgungseinrichtung eine Zusatzrente nach folgenden Maßgaben:

1. Der monatliche Betrag der Zusatzrente beträgt für jedes Jahr der aufgrund des Arbeitsverhältnisses bestehenden Pflichtversicherung bei einer Zusatzversorgungseinrichtung 2,25 vom Hundert, höchstens jedoch 100 vom Hundert der Leistung, die bei dem höchstmöglichen Versorgungssatz zugestanden hätte (Voll-Leistung). Für die Berechnung der Voll-Leistung

a) ist der Versicherungsfall der Regelaltersrente maßgebend,

---

[1] *Ahrend/Förster/Rühmann*, § 17 BetrAVG Rz. 6. | [2] BGBl. 1971 I S. 2104. | [3] BGBl. 1984 I S. 1660. | [4] Vgl. *Höfer*, § 17 BetrAVG Rz. 3818. | [5] Hamburgisches Gesetz- und Verordnungsblatt 1991 Teil 1 Nr. 3. | [6] *Bodel/Grabner*, Pensionsfonds und Entgeltumwandlung, S. 83 f. | [7] *Ahrend/Förster/Rühmann*, § 17 BetrAVG Rz. 9.

b) ist das Arbeitsentgelt maßgebend, das nach der Versorgungsregelung für die Leistungsbemessung maßgebend wäre, wenn im Zeitpunkt des Ausscheidens der Versicherungsfall im Sinne der Versorgungsregelung eingetreten wäre,

   c) finden § 2 Abs. 5 Satz 1 und § 2 Abs. 6 entsprechend Anwendung,

   d) ist im Rahmen einer Gesamtversorgung der im Falle einer Teilzeitbeschäftigung oder Beurlaubung nach der Versorgungsregelung für die gesamte Dauer des Arbeitsverhältnisses maßgebliche Beschäftigungsquotient nach der Versorgungsregelung als Beschäftigungsquotient auch für die übrige Zeit maßgebend,

   e) finden die Vorschriften der Versorgungsregelung über eine Mindestleistung keine Anwendung und

   f) ist eine anzurechnende Grundversorgung nach dem bei der Berechnung von Pensionsrückstellungen für die Berücksichtigung von Renten aus der gesetzlichen Rentenversicherung allgemein zulässigen Verfahren zu ermitteln. Hierbei ist das Arbeitsentgelt nach Buchstabe b zugrunde zu legen und – soweit während der Pflichtversicherung Teilzeitbeschäftigung bestand – diese nach Maßgabe der Versorgungsregelung zu berücksichtigen.

2. Die Zusatzrente vermindert sich um 0,3 vom Hundert für jeden vollen Kalendermonat, den der Versorgungsfall vor Vollendung des 65. Lebensjahres eintritt, höchstens jedoch um den in der Versorgungsregelung für die Voll-Leistung vorgesehenen Vomhundertsatz.

3. Übersteigt die Summe der Vomhundertsätze nach Nummer 1 aus unterschiedlichen Arbeitsverhältnissen 100, sind die einzelnen Leistungen im gleichen Verhältnis zu kürzen.

4. Die Zusatzrente muss monatlich mindestens den Betrag erreichen, der sich aufgrund des Arbeitsverhältnisses nach der Versorgungsregelung als Versicherungsrente aus den jeweils maßgeblichen Vomhundertsätzen der zusatzversorgungspflichtigen Entgelte oder der gezahlten Beträge und Erhöhungsbeträge ergibt.

5. Die Vorschriften der Versorgungsregelung über das Erlöschen, das Ruhen und die Nichtleistung der Versorgungsrente gelten entsprechend. Soweit die Versorgungsregelung eine Mindestleistung in Ruhensfällen vorsieht, gilt dies nur, wenn die Mindestleistung der Leistung im Sinne der Nummer 4 entspricht.

6. Verstirbt die in Absatz 1 genannte Person, erhält eine Witwe oder ein Witwer 60 vom Hundert, eine Witwe oder ein Witwer im Sinne des § 46 Abs. 1 des Sechsten Buches Sozialgesetzbuch 42 vom Hundert, eine Halbwaise 12 vom Hundert und eine Vollwaise 20 vom Hundert der unter Berücksichtigung der in diesem Absatz genannten Maßgaben zu berechnenden Zusatzrente; die §§ 46, 48, 103 bis 105 des Sechsten Buches Sozialgesetzbuch sind entsprechend anzuwenden. Die Leistungen an mehrere Hinterbliebene dürfen den Betrag der Zusatzrente nicht übersteigen; gegebenenfalls sind die Leistungen im gleichen Verhältnis zu kürzen.

7. Versorgungsfall ist der Versicherungsfall im Sinne der Versorgungsregelung.

(3) Personen, auf die bis zur Beendigung ihres Arbeitsverhältnisses die Regelungen der Ersten Ruhegeldgesetzes, des Zweiten Ruhegeldgesetzes oder des Bremischen Ruhelohngesetzes in ihren jeweiligen Fassungen Anwendung gefunden haben, haben Anspruch gegenüber ihrem ehemaligen Arbeitgeber auf Leistungen in sinngemäßer Anwendung des Absatzes 2 mit Ausnahme von Absatz 2 Nr. 3 und 4 sowie Nr. 5 Satz 2; bei Anwendung des Zweiten Ruhegeldgesetzes bestimmt sich der monatliche Betrag der Zusatzrente abweichend von Absatz 2 nach der nach dem Zweiten Ruhegeldgesetz maßgebenden Berechnungsweise.

(4) Die Leistungen nach den Absätzen 2 und 3 werden, mit Ausnahme der Leistungen nach Absatz 2 Nr. 4, jährlich zum 1. Juli um 1 vom Hundert erhöht, soweit in diesem Jahr eine allgemeine Erhöhung der Versorgungsrenten erfolgt.

(5) Besteht bei Eintritt des Versorgungsfalles neben dem Anspruch auf Zusatzrente oder auf die in Absatz 3 oder Absatz 7 bezeichneten Leistungen auch Anspruch auf eine Versorgungsrente oder Versicherungsrente der in Absatz 1 Satz 1 Nr. 1 und 2 bezeichneten Zusatzversorgungseinrichtungen oder Anspruch auf entsprechende Versorgungsleistungen der Versorgungsanstalt der deutschen Kulturorchester der Versorgungsanstalt der deutschen Bühnen oder nach den Regelungen des Ersten Ruhegeldgesetzes, des Zweiten Ruhegeldgesetzes oder des Bremischen Ruhelohngesetzes, in deren Berechnung auch die der Zusatzrente zugrunde liegenden Zeiten berücksichtigt sind, ist nur die im Zahlbetrag höhere Rente zu leisten.

(6) Eine Anwartschaft auf Zusatzrente nach Absatz 2 oder auf Leistungen nach Absatz 3 kann bei Übertritt der anwartschaftsberechtigten Person in ein Versorgungssystem einer überstaatlichen Einrichtung in das Versorgungssystem dieser Einrichtung übertragen werden, wenn ein entsprechendes *Abkommen zwischen der Zusatzversorgungseinrichtung oder der Freien und Hansestadt Hamburg oder der Freien Hansestadt Bremen und der überstaatlichen Einrichtung besteht.*

(7) Für Personen, die bei der Versorgungsanstalt der deutschen Kulturorchester oder der Versorgungsanstalt der deutschen Bühnen pflichtversichert sind, gelten die §§ 2 bis 5, 16, 27 und 28 nicht. Bei Eintritt des Versorgungsfalles treten an die Stelle der Zusatzrente und der Leistungen an Hinterbliebene nach Absatz 2 und an die Stelle der Regelung in Absatz 4 die satzungsgemäß vorgesehenen Leistungen; Absatz 2 Nr. 5 findet entsprechend Anwendung. Die Höhe der Leistungen kann nach dem Ausscheiden aus dem Beschäftigungsverhältnis nicht mehr geändert werden. Als pflichtversichert gelten auch die freiwillig Versicherten der Versorgungsanstalt der deutschen Kulturorchester und der Versorgungsanstalt der deutschen Bühnen.

(8) Gegen Entscheidungen der Zusatzversorgungseinrichtungen über Ansprüche nach diesem Gesetz ist der Rechtsweg gegeben, der für Versicherte der Einrichtung gilt.

(9) Bei Personen, die aus einem Arbeitsverhältnis ausscheiden, in dem sie nach § 5 Abs. 1 Satz 1 Nr. 2 des Sechsten Buches Sozialgesetzbuch versicherungsfrei waren, dürfen die Ansprüche nach § 2 Abs. 1 Satz 1 und 2 nicht hinter dem Rentenanspruch zurückbleiben, der sich ergeben hätte, wenn der Arbeitnehmer für die Zeit der versicherungsfreien Beschäftigung in der gesetzlichen Rentenversicherung nachversichert worden wäre; die Vergleichsberechnung ist im Versorgungsfall aufgrund einer Auskunft der Bundesversicherungsanstalt für Angestellte vorzunehmen.

I. Einführung. Seit jeher unterliegen die im öffentlichen Dienst beschäftigten ArbN aufgrund ihrer Nähe zur Beamtenschaft im Hinblick auf ihre betrAV im Vergleich zu den ArbN außerhalb des öffentlichen Dienstes diversen Sonderregelungen[1]. Innerhalb des Gesetzes zur Verbesserung der betrAV sind diese Sonderregelungen im Wesentlichen in § 18 zusammengefasst. Ziel der Sonderregelungen war die Angleichung der Versorgung im öffentlichen Dienst beschäftigter ArbN an das Versorgungsniveau von Beamten. Die Versorgung wird mittels Versorgungskassen durchgeführt, die regelmäßig als Pensionskassen in der Rechtsform öffentlich-rechtlicher Einrichtungen organisiert sind[2]. Versicherungsnehmer ist der öffentliche ArbGeb. Zwischen diesem und den versorgungsberechtigen ArbN bestehen Versorgungsverhältnisse, die Grundlage für weitere Ansprüche (zB Aufklärungspflichten) seien können[3]. Versicherte Personen sind die ArbN. Die Versorgung erfolgt nach Maßgabe von TV. Nicht tarifgebundene ArbN können vertraglich die Anwendung des Tarifrechts vereinbaren. Beteiligte oder Mitglieder von Zusatzversorgungskassen können nach Maßgabe des jeweiligen Satzungsrechts auch privatrechtlich organisierte ArbGeb sein, etwa, wenn die öffentliche Hand in privatrechtlicher Rechtsform handelt. Andere privatrechtlich organisierte ArbGeb kommen nur in Betracht, wenn sie öffentliche Aufgaben übernehmen und eine Absicherung der nicht abgesicherten Versorgungsrecht gegen eine Insolvenz besteht[4].

§ 18 hat mit dem AVmG vom 26.6.2001[5] weitreichende Änderungen erfahren. Die Bestimmung schreibt jetzt in weiten Bereichen eine Gleichbehandlung von ArbN des öffentlichen Dienstes mit denen der Privatwirtschaft vor. Anlass hierfür waren Verfassungsbeschwerden von Versorgungsberechtigten des öffentlichen Dienstes, die sich benachteiligt sahen und deshalb ua. die Verletzung von Art. 3 Abs. 1 GG rügten. Das BVerfG erklärte § 18 aF insgesamt für verfassungswidrig, wenn auch nicht für nichtig. Es begründete dies damit, dass die in § 18 aF zum Fortbestand und zur Höhe von Anwartschaften aus der Zusatzversorgung des öffentlichen Dienstes bei vorzeitigem Ausscheiden enthaltenen Regelungen von den für die Privatwirtschaft geltenden Normen ungerechtfertigter Weise abweichen. Dies führe zur Verletzung von Grundrechten aus Art. 3 Abs. 1 und Art. 12 Abs. 1 GG[6]. Der Gesetzgeber wurde zu einer verfassungskonformen Neuregelung bis zum 31.12.2000 verpflichtet und hat dies mit einer Neufassung des § 18 umgesetzt.

II. Persönlicher Anwendungsbereich. § 18 Abs. 1 definiert in seinen Ziffern 1–3 im Einzelnen den Adressatenkreis der Sonderregelungen. Dies sind in erster Linie die bei der VBL oder einer kommunalen oder kirchlichen Zusatzversorgungseinrichtung Pflichtversicherten. Für die in den Ziffern 1–3 genannten Versorgungsberechtigten gelten die gesetzlichen Regelungen zur Höhe der unverfallbaren Anwartschaft, zum Auszehrungsverbot und zur Anpassungsprüfungspflicht – bis auf Ausnahmen im Einzelfall – generell nicht. Da auch die insolvenzschutzrechtlichen Bestimmungen der §§ 7–15 durch § 17 Abs. 2 aus dem persönlichen Anwendungsbereich herausgenommen werden, hat das BetrAVG für die Mitarbeiter im öffentlichen Dienst nur einen sehr eingeschränkten Anwendungsbereich. Abgesehen von den verbliebenen für den öffentlichen Dienst relevanten Bestimmungen im BetrAVG, regelt sich die betrAV für diesen Personenkreis deshalb nach dem Satzungsrecht der verschiedenen Zusatzversorgungseinrichtungen[7].

III. Berechnung der Zusatzrente. Wie ArbN in der Privatwirtschaft sind auch die Beschäftigten im öffentlichen Dienst regelmäßig in der gesetzlichen RV versichert. Aufgrund ihrer Nähe zur Beamtenschaft erhalten sie *zusätzlich* zu ihrer gesetzlichen Rente einen Ausgleich der Differenz zur Beamtenversorgung. Dies geschieht in Form einer von einer Zusatzversorgungseinrichtung zu zahlenden Zusatzrente[8].

---

1 Zur hist. Entwicklung vgl. ausf.: *Blomeyer/Otto*, § 18 BetrAVG Rz. 1. | 2 *Langohr-Plato*, Rz. 676. | 3 BAG v. 17.10.2000 – 3 AZR 605/99, DB 2001, 286. | 4 Vgl. *Schipp*, RdA 2001, 150. | 5 Gesetz zur Reform der gesetzlichen Rentenversicherung und zur Förderung eines kapitalgedeckten Altersvermögens (Altersvermögensgesetz – AVmG) v. 26.6.2001, BGBl. I 2001, 1310. | 6 BVerfG v. 15.7.1998 – 1 BvR 1554/89 ua., NZA 1999, 194. | 7 Vgl. hierzu *Langohr-Plato*, Rz. 659 und 676 ff. | 8 *Ahrend/Förster/Rühmann*, § 18 BetrAVG Rz. 7.

BetrAVG § 18 Rz. 5   Sonderregelungen für den öffentlichen Dienst

5   § 18 Abs. 2 enthält für die Zahlung dieser Zusatzrente eine eigene Anspruchsgrundlage, in der auch Mindeststandarts für die Höhe der Leistungen und aufrecht zu erhaltenden Versorgungsanwartschaften sowie der vorzeitigen Inanspruchnahme geregelt sind. Die Modalitäten der Berechnung der Zusatzrente ergeben sich im Einzelnen aus den Ziffern 1–7 des § 18 Abs. 2 BetrAVG[1]. Anspruchsgegner ist dabei nicht etwa – wie sonst üblich – der ehemalige ArbGeb, sondern die jeweilige Zusatzversorgungseinrichtung, bei der die Versicherung zum Ausscheidenszeitpunkt bestanden hat[2]. Abs. 3 enthält Sonderbestimmungen für das Bundesland Bremen, in dem die Zusatzversorgung durch besondere Gesetze normiert ist.

6   **IV. Anpassung.** § 18 Abs. 4 sieht vor, dass die Zusatzrente jährlich zum 1. Juli um 1 % angepasst wird. Dabei ist diese Anpassung davon abhängig, dass auch die Versorgungsrente in dem jeweiligen Jahr erhöht wird.

7   Diese mit dem AVmG neu eingeführte Dynamisierung der Zusatzrente folgt aus der Umsetzung einer Entscheidung der BVerfG, welches von einer Vereinbarkeit des Dynamisierungsausschlusses mit Art. 3 Abs. 1 GG nur bis zum 31.12.2000 ausgegangen ist[3].

8   **V. Ausschluss von Doppelleistungen.** § 18 Abs. 5 regelt den Fall, in dem der Versorgungsbegünstigte für denselben Zeitraum sowohl einen Anspruch auf eine Zusatzrente als auch einen solchen auf eine Versorgungs- oder Versicherungsrente einer Zusatzversorgungseinrichtung geltend machen kann. Zur Vermeidung einer nicht beabsichtigten Überversorgung bestimmt der Gesetzgeber insoweit, dass nur derjenige dieser Ansprüche zu erfüllen ist, aus dem die betragsmäßig höhere Rente resultiert. Durch unterschiedliche Leistungsanpassungen kann es dabei dazu kommen, dass sich die Ansprüche während der Leistungsphase so unterschiedlich entwickeln, dass zu Beginn des Versorgungsfalls der eine und im späteren Verlauf der andere Rentenanspruch zu erfüllen ist[4]. Ein Bezug beider Leistungen zur gleichen Zeit kommt nicht in Betracht.

9   **VI. Einzelfallregelungen.** Die Absätze 6, 7 und 9 des § 18 beinhalten Einzelfallregelungen (Übertragung von Anwartschaften auf Versorgungssysteme von überstaatlichen Einrichtungen; Einschränkung der Anwendungsbereiche des BetrAVG für Personen, die bei der Versorgungsanstalt der deutschen Kulturorchester oder aber bei der deutschen Bühnen pflichtversichert sind; Ausscheiden aus einem versicherungsfreien Arbeitsverhältnis), die aus sich heraus verständlich sind.

10   **VII. Rechtswegzuweisung.** In § 18 Abs. 8 legt fest, dass für vorzeitig Ausgeschiedene gegen Entscheidungen der Zusatzversorgungseinrichtungen über Ansprüche aus dem BetrAVG der Rechtsweg gegeben ist, der auch für die Versicherten dieser Einrichtung gilt. Der Rechtsweg wird regelmäßig in den betreffenden Satzungen geregelt sein. Bei der VBL ist beispielsweise ein Schiedsgericht vorgesehen. Ohne eine derartige Rechtswegzuweisung sind die ordentlichen Gerichte zuständig. Dies gilt nicht für Rechtsstreite zwischen dem Versorgungsberechten und dem ArbGeb aus dem Versorgungsverhältnis; hier ist es für ArbN der Rechtsweg zu den ArbG eröffnet, für Organvertreter der Rechtsweg zu den ordentlichen Gerichten.

18a *Verjährung*

Der Anspruch auf Leistungen aus der betrieblichen Altersversorgung verjährt in 30 Jahren. Ansprüche auf regelmäßig wiederkehrende Leistungen unterliegen der regelmäßigen Verjährungsfrist nach den Vorschriften des Bürgerlichen Gesetzbuchs.

1   § 18a – eingeführt durch das Schuldrechtsmodernisierungsgesetz v. 26.11.2001[5] – regelt nun ausdrücklich die **Verjährung** von Versorgungsansprüchen. Zu unterscheiden ist zwischen dem sog. Rentenstammrecht und den Einzelnen zu zahlenden Versorgungsbeträgen. Das **Rentenstammrecht**, also der Versorgungsanspruch als Ganzes, verjährt in 30 Jahren. Nach Ablauf dieser Frist kann der Versorgungsberechtigte keine Leistungen mehr verlangen, wenn die Verjährungseinrede erhoben wird. Gleiches gilt für einen etwaigen Anspruch auf Erteilung einer Versorgungszusage selbst, etwa aus dem Grundsatz der Gleichbehandlung oder aus einer betrieblichen Übung[6]. Für die einzelnen **wiederkehrenden Raten** einer laufenden Verpflichtung gelten die Bestimmungen des BGB. Es gilt also die regelmäßige Verjährungsfrist des § 195 BGB von 3 Jahren. Nicht explizit angesprochen werden einmalige Kapitalzahlungen. Da Abs. 1 nur allgemein vom Anspruch auf Leistungen spricht und in Satz 2 nur für wiederkehrende Leistungen auf das BGB verweist, muss für die einmalige Kapitalzahlung von einer 30-jährigen Verjährung ausgegangen werden. Eine Unterscheidung zwischen ArbN-Ansprüchen und solchen von Geschäftsführern oder Vorständen juristischer Personen findet nicht mehr statt.

2   Auch Ansprüche aus einer nicht ausreichenden Anpassung der betrAV unterliegen der kurzen Verjährungsfrist, nicht jedoch der Anpassungsprüfungsanspruch als solcher; er verjährt in 30 Jahren[7].

---

[1] Hierzu ausf. *Ahrend/Förster/Rühmann*, § 18 BetrAVG Rz. 14 ff. | [2] *Ahrend/Förster/Rühmann*, § 18 BetrAVG Rz. 12. | [3] BVerfG v. 22.3.2000 – 1 BvR 1136/96, NJW 2000, 3341. | [4] *Ahrend/Förster/Rühmann*, § 18 BetrAVG Rz. 10. | [5] BGBl. I S. 3138, 3187. | [6] BAG v. 5.2.1971 – 3 AZR 28/70, MDR 1971, 695. | [7] BAG v. 29.7.1966 – 3 AZR 20/66, NJW 1967, 174; LAG Hamm v. 19.3.1991 – 6 Sa 697/90, NZA 1991, 938; *Griebeling*, Rz. 564.

Vorzeitige Altersleistungen § 29 BetrAVG

19–25 [Änderungen- und Aufhebungsvorschriften]

Auf eine Kommentierung der steuerrechtlichen Vorschriften wird hier verzichtet und stattdessen auf die weiterführende Fachliteratur[1] verwiesen. 1

26 Ausschluss der Rückwirkung
Die §§ 1 bis 4 und 18 gelten nicht, wenn das Arbeitsverhältnis oder Dienstverhältnis vor dem Inkrafttreten des Gesetzes beendet worden ist.

§ 26 bestimmt, dass die Vorschriften zur Unverfallbarkeit nicht die Arbeits- und Dienstverhältnisse erfassen, die vor dem In-Kraft-Treten des BetrAVG am 22.12.1974 beendet worden sind[2]. Danach finden die gesetzlichen Unverfallbarkeitsbestimmungen nur auf solche Arbeits- und Dienstverhältnisse Anwendung, die ab dem 22.12.1974 ihr Ende gefunden haben bzw. noch finden werden[3]. 1

Für die Fälle, in denen das Arbeits- und Dienstverhältnis bereits vor dem 22.12.1974 beendet worden ist, gelten die Regelungen des BetrAVG nicht; hier muss vielmehr auf die Unverfallbarkeitsrechtsprechung des BAG zurückgegriffen werden[4]. 2

27 [Direktversicherung und Pensionskasse]
§ 2 Abs. 2 Satz 2 Nr. 2 und 3 und Abs. 3 Satz 2 Nr. 1 und 2 gelten in Fällen, in denen vor dem Inkrafttreten des Gesetzes die Direktversicherung abgeschlossen worden ist oder die Versicherung des Arbeitnehmers bei einer Pensionskasse begonnen hat, mit der Maßgabe, dass die in diesen Vorschriften genannten Voraussetzungen spätestens für die Zeit nach Ablauf eines Jahres seit dem Inkrafttreten des Gesetzes erfüllt sein müssen.

Die Regelung in § 27 bezieht sich auf die dem ArbGeb in § 2 Abs. 2 Satz 2 bzw. Abs. 3 Satz 2 eingeräumte Möglichkeit, bei der Bemessung der aufrecht zu erhaltenden Anwartschaften nicht den quotierten Betrag, sondern den Wert aus dem Ersatzverfahren zu zu Grunde zu legen[5]. Das Ergreifen dieser Möglichkeit setzt die Erfüllung bestimmter sozialer Auflagen durch den ArbGeb voraus[6]. 1

Stand dem ArbN bei einer bereits vor dem In-Kraft-Treten des BetrAVG abgeschlossenen Direkt- oder Pensionskassenversicherung nicht schon ab dem Versicherungsbeginn das Recht auf Leistungsverbesserungen aus der Überschussbeteiligung zu, so wäre die Wahl des Ersatzverfahrens bei fehlender Übergangsvorschrift nicht zulässig. Durch § 27 war dem ArbGeb die Möglichkeit eröffnet worden, die soziale Auflage im Hinblick auf die Überschussverwendung noch bis zum 22.12.1975 erfüllen zu können[7]. 2

Zudem muss für die Anwendbarkeit des Ersatzverfahrens dem ausgeschiedenen ArbN das Recht eingeräumt werden, die Versicherung mit eigenen Beiträgen fortsetzen zu können. Auch diese soziale Auflage konnte nach § 27 noch bis zum 22.12.1975 erfüllt werden. Danach scheidet das Ersatzverfahren aus. 3

28 [Auszehrungs- und Anrechnungsverbot]
§ 5 gilt für Fälle, in denen der Versorgungsfall vor dem Inkrafttreten des Gesetzes eingetreten ist, mit der Maßgabe, dass diese Vorschrift bei der Berechnung der nach dem Inkrafttreten des Gesetzes fällig werdenden Versorgungsleistungen anzuwenden ist.

Das Auszehrungs- und Anrechnungsverbot des § 5 gilt nach § 28 für Versorgungsverhältnisse, welche zum Zeitpunkt des In-Kraft-Tretens des BetrAVG am 22.12.1974 bestanden haben. In der Folge sind Nachforderungen für die Zeit vom 22.12.1974 ausgeschlossen. Verfassungsrechtliche Bedenken gegen diese Regelung infolge des Rückwirkungsausschlusses bestehen nicht[8]. 1

Besonders zu beachten ist, dass § 5 nur bei der Berechnung der nach dem 22.12.1974 fällig werdenden Versorgungsleistungen anzuwenden ist. Da der Gesetzgeber ausdrücklich auf die Fälligkeit abgestellt hat, können im Dezember 1974 angefallene Renten nur dann von § 5 erfasst worden sein, wenn sie nach dem 22.12.1974 fällig geworden waren[9]. 2

29 [Vorzeitige Altersleistungen]
§ 6 gilt für die Fälle, in denen das Altersruhegeld der gesetzlichen Rentenversicherung bereits vor dem Inkrafttreten des Gesetzes in Anspruch genommen worden ist, mit der Maßgabe, dass die Leistungen der betrieblichen Altersversorgung vom Inkrafttreten des Gesetzes an zu gewähren sind.

---

1 Vgl. zB. *Höfer*, BetrVG, Bd. 2 (Steuerrecht); *Furtmayr*, Das neue Altersvermögensgesetz, S. 33 ff.; *Albert/Schumann/Sieben/Menzel*, S. 1 ff. | 2 *Höfer*, § 26 BetrAVG Rz. 3819. | 3 BVerwG v. 13.7.1999 – 1 C 13/98, NZA 1999, 1217. | 4 BAG v. 13.2.1975 – 3 AZR 24/4, BB 1975, 789. | 5 *Höfer*, § 27 BetrAVG Rz. 3821 iVm. § 2 Rz. 1782 ff. (Direktversicherung) und Rz. 1871 ff. (Pensionskasse). | 6 Vgl. hierzu *Blomeyer/Otto*, § 27 BetrAVG Rz. 1 ff. | 7 *Höfer*, § 27 BetrAVG Rz. 3822 mwN. | 8 BVerfG v. 11.12.1984 – 1 BvL 12/78, NJW 1985, 1691; vgl. auch *Blomeyer/Otto*, § 28 BetrAVG Rz. 1 und 6. | 9 *Höfer*, § 28 BetrAVG Rz. 3825.

BetrAVG § 29 Rz. 1   Vorzeitige Altersleistungen

1   § 29 erstreckt die Regelungen über die vorzeitige Altersleistung nach § 6 über den zeitlichen Anwendungsrahmen des BetrAVG hinaus auch auf die Zeit vor dem In-Kraft-Treten des BetrAVG am 22.12.1974. Soweit vor diesem Datum ArbN aus einem Arbeitsverhältnis unter Inanspruchnahme von vorgezogenem Altersruhegeld der gesetzlichen RV ausgeschieden sind, hatten diese allenfalls aufgrund vertraglicher Abrede oder aufgrund vorgesetzlicher Rspr. des BAG eine aufrecht zu erhaltende Anwartschaft.

2   Für den Fall, dass ein ArbN im Zeitpunkt seines Ausscheidens unter hypothetischer Anwendbarkeit des später in Kraft getretenen BetrAVG eine betrAV hätte fordern können, begründet § 29 ab dem In-Kraft-Treten des BetrAVG einen Versorgungsanspruch dieses ArbN[1].

30 [Insolvenzsicherung]

Ein Anspruch gegen den Träger der Insolvenzsicherung nach § 7 besteht nur, wenn der Sicherungsfall nach dem Inkrafttreten der §§ 7 bis 15 eingetreten ist; er kann erstmals nach dem Ablauf von sechs Monaten nach diesem Zeitpunkt geltend gemacht werden. Die Beitragspflicht des Arbeitgebers beginnt mit dem Inkrafttreten der §§ 7 bis 15.

1   § 30 regelt die Insolvenzsicherung für Insolvenzen ab dem 1.1.1975 – also ab dem In-Kraft-Treten der §§ 7–15, vgl. § 32 Satz 2. Der Sicherungsschutz beim Träger der Insolvenzsicherung begann danach nicht mit dem In-Kraft-Treten der sonstigen Vorschriften des BetrAVG am 22.12.1974, sondern mit Beginn des darauf folgenden Kalenderjahres, welches mit dem Wirtschaftsjahr des PSVaG identisch ist.

2   Insolvenzen in dem davor liegenden Zeitraum stellen „Altschäden" dar, die nach dem Versicherungsrecht nicht nachträglich versichert werden können[2].

3   Nach § 30 Satz 1 Halbs. 2 kann ein Anspruch gegen den PSVaG erstmals ab dem 1.7.1975 geltend gemacht werden. Hintergrund dieser Regelung war, dass der PSVaG zunächst die erforderlichen organisatorischen und technischen Voraussetzungen für das Funktionieren der Insolvenzsicherung schaffen musste[3].

4   Mit dem Beginn des Sicherungsschutzes begann nach § 30 Satz 2 auch die Pflicht der ArbGeb zur Zahlung der Beiträge.

30a [Anspruchsvoraussetzungen]

(1) Männlichen Arbeitnehmern,

1. die vor dem 1. Januar 1952 geboren sind,
2. die das 60. Lebensjahr vollendet haben,
3. die nach Vollendung des 40. Lebensjahres mehr als 10 Jahre Pflichtbeiträge für eine in der gesetzlichen Rentenversicherung versicherte Beschäftigung oder Tätigkeit nach den Vorschriften des Sechsten Buches Sozialgesetzbuch haben,
4. die die Wartezeit von 15 Jahren in der gesetzlichen Rentenversicherung erfüllt haben und
5. deren Arbeitsentgelt oder Arbeitseinkommen die Hinzuverdienstgrenze nach § 34 Abs. 3 Nr. 1 des Sechsten Buches Sozialgesetzbuch nicht überschreitet,

sind auf deren Verlangen nach Erfüllung der Wartezeit und sonstiger Leistungsvoraussetzungen der Versorgungsregelung für nach dem 17. Mai 1990 zurückgelegte Beschäftigungszeiten Leistungen der betrieblichen Altersversorgung zu gewähren. § 6 Satz 3 gilt entsprechend.

(2) [Beschäftigungszeiten vor dem 17.5.1990] Haben der Arbeitnehmer oder seine anspruchsberechtigten Angehörigen vor dem 17. Mai 1990 gegen die Versagung der Leistungen der betrieblichen Altersversorgung Rechtsmittel eingelegt, ist Absatz 1 für Beschäftigungszeiten nach dem 8. April 1976 anzuwenden.

(3) [Verjährung] Die Vorschriften des Bürgerlichen Gesetzbuchs über die Verjährung von Ansprüchen aus dem Arbeitsverhältnis bleiben unberührt.

1   Mit dem Rentenreformgesetz 1999 ist zur Umsetzung der Rspr. des EuGH zur Gleichbehandlung von Männern und Frauen hinsichtlich von in Versorgungszusagen enthaltenen Altersgrenzen ein neuer § 30a in das BetrAVG eingefügt worden. Dieser sieht vor, dass Männer für nach dem 17.5.1990[4] zurückgelegte Beschäftigungszeiten die vorzeitige Altersrente verlangen können, soweit sie die für Frauen geltenden Voraussetzungen für eine vorzeitige Altersrente aus der gesetzlichen RV erfüllen und zudem die besonderen Leistungsvoraussetzungen der Versorgungszusage vorliegen.

---

1 So auch *Höfer*, § 29 BetrAVG Rz. 3830; diff.: *Blomeyer/Otto*, § 29 BetrAVG Rz. 5. | 2 Vgl. *HHPRW/Höhne*, § 30 BetrAVG Rz. 3. | 3 Vgl. *HHPRW/Höhne*, § 30 BetrAVG Rz. 3. | 4 EuGH v. 17.5.1990 – Rs. C-262/88, NZA 1990, 775.

30b *[Übergangsregelung für Insolvenzschutz bei Entgeltumwandlung]*
§ 7 Abs. 3 Satz 3 gilt nur für Leistungen gegen den Träger der Insolvenzsicherung, die auf Zusagen beruhen, die nach dem 31. Dezember 1998 erteilt werden.

§ 30b bestimmt, dass bei einer Altersversorgung durch Entgeltumwandlung gegenüber dem PSVaG ein Insolvenzschutz nur für solche Zusagen besteht, die nach dem 31.12.1998 erteilt wurden. Hierdurch wird für den PSVaG Rechtsklarheit geschaffen, da dieser der Rspr. des BAG zur Insolvenzsicherung bei Entgeltumwandlungen bisher ablehnend gegenüberstand. Der PSVaG erhebt deshalb seit 1999 Beiträge auf Entgeltumwandlungszusagen[1].

30c *[Übergangsregelung für Ausnahmen von der Anpassungsprüfungspflicht]*
(1) § 16 Abs. 3 Nr. 1 gilt nur für laufende Leistungen, die auf Zusagen beruhen, die nach dem 31. Dezember 1998 erteilt werden.

(2) § 16 Abs. 4 gilt nicht für vor dem 1. Januar 1999 zu Recht unterbliebene Anpassungen.

(3) § 16 Abs. 5 gilt nur für laufende Leistungen, die auf Zusagen beruhen, die nach dem 31. Dezember 2000 erteilt werden.

(4) Für die Erfüllung der Anpassungsprüfungspflicht für Zeiträume vor dem 1. Januar 2003 gilt § 16 Abs. 2 Nr. 1 mit der Maßgabe, dass an die Stelle des Verbraucherpreisindexes für Deutschland der Preisindex für die Lebenshaltung von 4-Personen-Haushalten von Arbeitern und Angestellten mit mittlerem Einkommen tritt.

§ 30c enthält mehrere Übergangsregelungen für Ausnahmen von der Anpassungsprüfungspflicht. So legt Abs. 1 fest, dass die Abwahlmöglichkeit des § 16 Abs. 3 Nr. 1 zugunsten einer jährlichen Anpassung um mindestens 1 % der laufenden Leistungen nur für solche Leistungen gilt, die auf nach dem 31.12.1998 erteilten Zusage beruhen[2]. Das bedeutet, dass die Regelung erstmals für Anpassungsprüfung ab dem 1.1.2001 relevant geworden ist[3].

Abs. 2 des § 30c regelt im Zusammenhang mit der in § 16 Abs. 4 enthaltenen Bestimmung, wonach eine zu Recht unterbliebene Anpassung grds. nicht nachgeholt werden muss, dass diese Befreiung nur für ab dem 1.1.1999 zu Recht unterbliebene Anpassungsprüfungen gilt. Für vor diesem Stichtag unterbliebene Anpassungsprüfungen oder pflichtwidrig zu niedrige Erhöhungen laufender Leistungen bleibt die Pflicht zur Nachholung auch ab 1999 bestehen. Aus der Vorschrift folgt weiter, dass ein am 31.12.1998 unbefriedigt gebliebener Anpassungsbedarf noch beim darauf folgenden Anpassungsstichttag berücksichtigt werden kann. Lassen dann zu diesem Zeitpunkt die wirtschaftlichen Verhältnisse des ArbGeb eine Erhöhung nicht zu, ist die Anpassung zu Recht unterblieben mit der Folge, dass eine nachholende Anpassung dann endgültig nicht mehr verlangt werden kann[4].

§ 16 Abs. 5 gilt nach Abs. 3 des § 30c nur für ab dem 1.1.2001 vereinbarte Entgeltumwandlungen und nicht für zuvor gewährte Zusagen.

Für die Nichtanpassung bei Auszahlungsplänen gem. § 16 Abs. 6 wurde keine eigene Übergangsvorschrift geschaffen; diese Regelung gilt ab dem 1.1.2001[5].

30d *[Übergangsregelung zu § 18]*
(1) Ist der Versorgungsfall vor dem 1. Januar 2001 eingetreten oder ist der Arbeitnehmer vor dem 1. Januar 2001 aus dem Beschäftigungsverhältnis bei einem öffentlichen Arbeitgeber ausgeschieden und der Versorgungsfall nach dem 31. Dezember 2000 eingetreten, sind für die Berechnung der Voll-Leistung die Regelungen der Zusatzversorgungseinrichtungen nach § 18 Abs. 1 Satz 1 Nr. 2 oder der Gesetze im Sinne des § 18 Abs. 1 Satz 1 Nr. 3 sowie die weiteren Berechnungsfaktoren jeweils in der am 31. Dezember 2000 geltenden Fassung maßgebend; § 18 Abs. 2 Nr. 1 Buchstabe b bleibt unberührt. Die Steuerklasse III/O ist zugrunde zu legen. Ist der Versorgungsfall vor dem 1. Januar 2001 eingetreten, besteht der Anspruch auf Zusatzrente mindestens in der Höhe, wie er sich aus § 18 in der Fassung vom 16. Dezember 1997 (BGBl. I S. 2998) ergibt.

(2) Die Anwendung des § 18 ist in den Fällen des Absatzes 1 ausgeschlossen, soweit eine Versorgungsrente der in § 18 Abs. 1 Satz 1 Nr. 1 und 2 bezeichneten Zusatzversorgungseinrichtungen oder eine entsprechende Leistung aufgrund der Regelung des Ersten Ruhegeldgesetzes, des Zweiten Ruhegeldgesetzes oder des Bremischen Ruhelohngesetzes bezogen wird, oder eine Versicherungsrente abgefunden wurde.

(3) Für Arbeitnehmer im Sinne des § 18 Abs. 1 Satz 1 Nr. 4, 5 und 6 in der bis zum 31. Dezember 1998 geltenden Fassung, für die bis zum 31. Dezember 1998 ein Anspruch auf Nachversicherung nach § 18 Abs. 6 entstanden ist, gilt Absatz 1 Satz 1 für die aufgrund der Nachversicherung zu ermittelnde Voll-

---

1 Ahrend/Förster/Rühmann, § 30b BetrAVG. | 2 Hierzu ausf.: Höfer, § 30c BetrAVG Rz. 3858 ff. | 3 Blomeyer, RdA 2000, 287. | 4 Bepler, BetrAV 2000, 287. | 5 Höfer, § 30c BetrAVG Rz. 3862.2.

BetrAVG § 30d Rz. 1   Übergangsregelung zu § 18

Leistung entsprechend mit der Maßgabe, dass sich der nach § 2 zu ermittelnde Anspruch gegen den ehemaligen Arbeitgeber richtet. Für den nach § 2 zu ermittelnden Anspruch gilt § 18 Abs. 2 Nr. 1 Buchstabe b entsprechend; für die übrigen Bemessungsfaktoren ist auf die Rechtslage am 31. Dezember 2000 abzustellen. Leistungen der gesetzlichen Rentenversicherung, die auf einer Nachversicherung wegen Ausscheidens aus einem Dienstordnungsverhältnis beruhen, und Leistungen, die die zuständige Versorgungseinrichtung aufgrund von Nachversicherungen im Sinne des § 18 Abs. 6 in der am 31. Dezember 1998 geltenden Fassung gewährt, werden auf den Anspruch nach § 2 angerechnet. Hat das Arbeitsverhältnis im Sinne des § 18 Abs. 9 bereits am 31. Dezember 1998 bestanden, ist in die Vergleichsberechnung nach § 18 Abs. 9 auch die Zusatzrente nach § 18 in der bis zum 31. Dezember 1998 geltenden Fassung einzubeziehen.

1   Nachdem das BVerfG § 18 in weiten Teilen für verfassungswidrig erklärt hatte[1], musste der Gesetzgeber die entsprechende Regelung bis zum 31.12.2000 reformieren (Einzelheiten siehe dort). In § 30d hat er eine Übergangsregelung für die in § 18 enthaltenen Sonderregelungen des öffentlichen Dienstes getroffen, bei der von der Möglichkeit Gebrauch gemacht wurde, die Folgen der Verfassungswidrigkeit für die Vergangenheit einzuschränken. Er hat sich dafür entschieden, dass Versorgungsfälle, die bis zum 31.12.2000 eingetreten sind und bei denen der Berechtigte vor diesem Zeitpunkt ausgeschieden ist, im Grundsatz nach dem alten Recht abzuwickeln sind.

2   Abs. 1 vereinfacht wegen der Komplexität der sonst vorzunehmenden Rechenschritte die Berechnung von Ansprüchen, soweit altes Recht noch anzuwenden ist. Dabei ist das nach den Versorgungsregelungen maßgebliche Entgelt zum Zeitpunkt des Ausscheidens anzusetzen. Ist der Versorgungsfall vor dem 1.1.2001 eingetreten, besteht der Anspruch auf Zusatzrente mindestens aber in der Höhe, wie er sich aus § 18 in der Fassung vom 18.12.1997 ergibt[2].

3   Abs. 2 sieht in den dort aufgezählten Fällen ausnahmsweise auch für „Altfälle" die Anwendung ausschließlich des neuen Rechts vor, was sich regelmäßig aber nicht nachteilig für den ArbN auswirkt. Die nach bisherigem Recht bemessene Versorgungsrente oder entsprechende Leistung ist im Normalfall höher als die Zusatzrente, so dass die Nichtanwendbarkeit des § 18 Abs. 1 für den Berechtigten vorteilhaft ist.

4   Nach Abs. 3 findet eine Nachberechnung statt, wenn ArbN betroffen sind, für die § 18 Abs. 6 in der bis zum 31.12.1998 geltenden Fassung einen Anspruch auf Nachversicherung vorsieht. Durch das Rentenreformgesetz 1999 war die Möglichkeit einer Nachversicherung (§ 18 Abs. 6 aF) bereits aufgehoben worden. Eine Nachversicherung kommt für solche unter Abs. 3 fallende ArbN in Betracht, die auf Grund einer Zusage von Versorgungsleistungen nach beamtenrechtlichen Grundsätzen in der gesetzlichen RV nicht pflichtversichert waren. Für ehemalige Beamte kommt ein solcher Anspruch nicht in Betracht. Wegen der Besonderheiten des Beamtenverhältnisses sieht das BVerfG hier keinen Verstoß gegen Art. 3 GG[3]. Zudem wird in Abs. 3 auf die besondere Berechnung einer Zusatzrente und die Anrechnung der Versorgungsrente oder vergleichbaren Leistung nach § 18 Abs. 5 verzichtet, falls eine Versorgungsrente oder eine entsprechende Leistung bezogen wird[4]. Auch hier sind Nachteile für die Berechtigten nicht zu erwarten. Die Versorgungsrente dürfte idR höher sein, weil alle Pflichtversicherungszeiten einbezogen werden.

30e   [Übergangsregelung zu § 1 Abs. 2 Nr. 4]

(1) § 1 Abs. 2 Nr. 4 zweiter Halbsatz gilt für Zusagen, die nach dem 31. Dezember 2002 erteilt werden.

(2) § 1 Abs. 2 Nr. 4 zweiter Halbsatz findet auf Pensionskassen, deren Leistungen der betrieblichen Altersversorgung durch Beiträge de Arbeitnehmer und Arbeitgeber gemeinsam finanziert werden und die als beitragsorientierte Leistungszusage oder als Leistungszusage durchgeführt werden, mit der Maßgabe Anwendung, dass dem ausgeschiedenen Arbeitnehmer das Recht zur Fortführung mit eigenen Beiträgen nicht eingeräumt werden und eine Überschussverwendung gemäß § 1b Abs. 5 Nr. 1 nicht erfolgen muss. Für die Anpassung laufender Leistungen gelten die Regelungen nach § 16 Abs. 1 bis 4. Die Regelung in Absatz 1 bleibt unberührt.

1   Die Übergangsregelung enthält Bestimmungen zur betrAV, die der ArbN mit eigenen Beiträgen aus seinem Arbeitseinkommen finanziert. § 1 Abs. 2 Nr. 4 wurde durch durch das Gesetz zur Einführung einer Kapitalgedeckten Hüttenknappschaftlichen Zusatzversicherung und zur Änderung anderer Gesetze (HZvNG) eingeführt[5]. Sie gilt auch für die Zusatzversorgungseinrichtungen des öffentlichen Dienstes.

2   Abs. 1 legt fest, dass die für die Entgeltumwandlung geltenden Bestimmungen nur für solche Eigenbeiträge des ArbN einschließende Zusagen Anwendung finden, die nach dem 31.12.2002 erteilt wurden. Dies schließt nach der Begründung des Gesetzgebers[6] nicht aus, aufgrund besonderer Vereinbarung die Bestimmungen für die Entgeltumwandlung auch auf frühere vom ArbN mit Eigenbeiträgen mit-

---

[1] BVerfG v. 15.7.1998 – 1 BvR 1554/89, BVerfGE 98, 365.   [2] *Ahrend/Förster/Schmidt*, § 30d BetrAVG Rz. 1.
[3] BVerfG v. 2.3.2000 – 2 BvR 951/98, NVwZ 2000,1036.   [4] *Ahrend/Förster/Schmidt*, § 30d BetrAVG Rz. 2.
[5] BGBl. I 2002 S. 2167.   [6] Abgedr. in BetrAV 2002, 491, 494.

finanzierte Zusagen entsprechend anzuwenden. Dies kann auch in den Statuten der öffentlichen Zusatzversorgungseinrichtungen so festgelegt werden.

Abs. 2 stellt sicher, dass Pensionskassen, bei denen die genannten Voraussetzungen erfüllt sind, bestehende Leistungszusagen auch in Zukunft einschränkungslos für ArbN fortführen können. Ein zusätzliches Bedürfnis, dem ArbN nach seinem Ausscheiden ein Recht zur Fortführung des Versorgungsverhältnisses mit eigenen Beiträgen zu ermöglichen und Überschüsse nur zur Verbesserung der Zusage verwendet werden dürfen, besteht nicht. Auch die Sonderregelung für die Anpassung von laufenden Leistungen (§ 16 Abs. 5) ist nicht erforderlich. Dem Grundsatz der Werterhaltung betrieblicher Versorgungsrechte, die aus eigenen Beiträgen resultieren, wird dadurch gewährleistet, dass zumindest der geschäftsplanmäßige Rechnungszinsfuß berücksichtigt werden muss und die Absätze 1 bis 4 des § 16 Anwendung finden. Abs. 2 Satz 3 enthält eine Klarstellung, nämlich dass auf Abs. 2 auch Abs. 1 anzuwenden ist. Damit wird eine rückwirkende Belastung bestehender Zusagen ausgeschlossen, die dadurch eintreten könnten, dass die Regelungen zur Entgeltumwandlung auch auf Zusagen, die der ArbN mit eigenen Beiträgen aus seinem Arbeitseinkommen finanziert, ausgeweitet werden. Die freiwillige Anwendung dieser Regelungen auf frühere Zusagen ist natürlich zulässig[1].

30f *[Übergangsregelung zu § 1b]*

Wenn Leistungen der betrieblichen Altersversorgung vor dem 1. Januar 2001 zugesagt worden sind, ist § 1b Abs. 1 mit der Maßgabe anzuwenden, dass die Anwartschaft erhalten bleibt, wenn das Arbeitsverhältnis vor Eintritt des Versorgungsfalles, jedoch nach Vollendung des 35. Lebensjahres endet und die Versorgungszusage zu diesem Zeitpunkt

1. mindestens zehn Jahre oder
2. bei mindestens zwölfjähriger Betriebszugehörigkeit mindestens drei Jahre
   bestanden hat (unverfallbare Anwartschaft); in diesen Fällen bleibt die Anwartschaft auch erhalten, wenn die Zusage ab dem 1. Januar 2001 fünf Jahre bestanden hat und bei Beendigung des Arbeitsverhältnisses das 30. Lebensjahr vollendet ist. § 1b Abs. 5 findet für Anwartschaften aus diesen Zusagen keine Anwendung.

Seit dem 1.1.2001 gelten infolge des AVmG in § 1b neue Unverfallbarkeitsfristen. Neben einer Reduzierung der Zusagedauer auf fünf Jahre ist auch das Mindestalter als weitere Voraussetzung auf 30 Jahre herabgesetzt worden.

§ 30f Satz 1 Halbs. 1 regelt im Grundsatz, dass die vor dem 1.1.2001 geltenden Unverfallbarkeitsvoraussetzungen alternativ zur Neuregelung weiterhin Anwendung finden. Zudem gilt diese Vorschrift auch für Versorgungszusagen, die vor dem 1.1.2001 erteilt worden sind. § 30f Satz 1 Halbs. 2 fingiert insoweit eine erneute Zusage am 1.1.2001[2]. Für den ArbN gilt letztlich die günstigere Unverfallbarkeitsfrist – also die, die zuerst „greift".

§ 30f Satz 2 bestimmt, dass die sofortige gesetzliche Unverfallbarkeit nach § 1b Abs. 5 nur für ab dem 1.1.2001 erteilte Entgeltumwandlungszusage gilt. Die besondere Relevanz dieser Vorschrift liegt im Insolvenzschutz, der nur für gesetzlich unverfallbare Anwartschaften gilt[3].

30g *[Übergangsregelung zu § 2 Abs. 5a]*

(1) § 2 Abs. 5a gilt nur für Anwartschaften, die auf Zusagen beruhen, die nach dem 31. Dezember 2000 erteilt worden sind. Im Einvernehmen zwischen Arbeitgeber und Arbeitnehmer kann § 2 Abs. 5a auch auf Anwartschaften angewendet werden, die auf Zusagen beruhen, die vor dem 1. Januar 2001 erteilt worden sind.

(2) § 4 Abs. 4 und § 3 Abs. 1 Satz 3 Nr. 4 gelten nicht für Anwartschaften, die auf Zusagen beruhen, die vor dem 1. Januar 2001 erteilt worden sind.

§ 2 Abs. 5a gilt nach § 30g Abs. 1 Satz 1 nur für solche Anwartschaften, die auf nach dem 31.12.2000 erteilte Entgeltumwandlungszusagen oder beitragsorientierten Leistungszusagen beruhen. Eine zeitliche darüber hinausgehende Erstreckung ist nur bei entsprechender Vereinbarung zwischen ArbGeb und ArbN möglich, § 30g Abs. 1 Satz 2. Durch eine solche Vereinbarung kommt es bereits ab dem 1.1.2001 zum sofortigen Insolvenzschutz, soweit die Versorgungszusage zu diesem Zeitpunkt mindestens zwei Jahre bestand (§ 7 Abs. 5 Satz 3).

§ 30g Abs. 2 nimmt Zusagen, die vor dem 1.1.2001 erteilt worden sind, aus dem Geltungsbereich des § 4 Abs. 4 und des § 3 Abs. 1 Satz 3 Nr. 4 heraus. § 4 Abs. 4 regelt die Berechtigung des ArbN, seine Anwartschaft auf Entgeltumwandlung mit Zustimmung des neuen ArbGeb auf diesen oder auf dessen Versor-

---

1 Vgl. gesetzliche Begründung, abgedr. in BetrAV 2002, 491, 494. | 2 *Höfer*, § 30f BetrAVG Rz. 3862.3. | 3 *Höfer*, § 30f BetrAVG Rz. 3862.5.

gungsträger zu übertragen. § 3 Abs. 1 Satz 3 Nr. 4 erlaubt die Abfindung einer auf Entgeltumwandlung beruhenden unverfallbaren Anwartschaft nur im Einvernehmen zwischen ArbGeb und ArbN. Folglich kann unter Berücksichtigung von Höchstbeträgen sowohl der ArbGeb einseitig abfinden als auch der ArbN einseitig eine Abfindung verlangen, wenn die Entgeltumwandlungszusage vor dem 1.1.2001 erteilt worden ist.

30h *[Übergangsregelung zu § 17 Abs. 5]*
§ 17 Abs. 5 gilt für Entgeltumwandlungen, die auf Zusagen beruhen, die nach dem 29. Juni 2001 erteilt werden.

1   Nach § 30h gilt der Tarifvorbehalt des § 17 Abs. 5, der eine Entgeltumwandlung im Bereich des Tarifeinkommens nur zulässt, wenn eine entsprechende Ermächtigung der TV-Parteien vorliegt, erst nach dem 29.6.2001. Zuvor vorgenommene Entgeltumwandlungen unterliegen keinem Tarifvorbehalt[1].

31 *[Übergangsregelung für den Insolvenzschutz]*
Auf Sicherungsfälle, die vor dem 1. Januar 1999 eingetreten sind, ist dieses Gesetz in der bis zu diesem Zeitpunkt geltenden Fassung anzuwenden.

1   Hintergrund der Regelung in § 31 ist das In-Kraft-Treten der InsO zum 1.1.1999. Für die vor diesem Zeitpunkt eingetretenen Sicherungsfälle ist auch ab 1999 noch das vorher geltende Recht anwendbar.

2   Dies hat etwa zur Folge, dass für Sicherungsfälle, die bis zum 31.12.1998 eingetreten sind, die Grenze, bis zu der der PSVaG Insolvenzschutz gewähren muss, auch ab dem 1.1.1999 erst bei Erreichen des 3-fachen der monatlichen Beitragsbemessungsgrenzegrenze der gesetzlichen RV der ArbN überschritten, und nicht auf das 3-fache der monatlichen Bezugsgröße iSv. § 18 SGB IV abgesenkt wird[2].

3   § 31 führt aber auch dazu, dass der nur bis Ende 1998 im Gesetz enthaltene Sicherungsfall der „wirtschaftlichen Notlage" fortbesteht, wenn dessen tatbestandlichen Voraussetzungen bis zu 31.12.1998 eingetreten waren. Der PSVaG muss dann beim Andauern der wirtschaftlichen Notlage über 1998 hinaus Insolvenzschutz gewähren[3].

32 *[In-Kraft-Treten]*
Dieses Gesetz tritt vorbehaltlich des Satzes 2 am Tage nach seiner Verkündung in Kraft. Die §§ 7 bis 15 treten am 1. Januar 1975 in Kraft.

1   Da das Gesetz am 21.12.1974 im BGBl.[4] verkündet worden ist, ist es auch nach § 32 Satz 1 am 22.12.1974 in Kraft getreten. Hiervon wurden nach Satz 2 die Regelungen zur Insolvenzsicherung in den §§ 7–15 ausdrücklich ausgenommen (vgl. hierzu die Kommentierung zu § 30). Diese sind seit dem 1.1.1975 in Kraft. Aus der Vorschrift folgt weiter, dass die späteren Gesetzesänderungen ebenfalls am Tage nach ihrer Verkündung in Kraft traten, soweit die Übergangsregelungen des §§ 30b bis 31 nichts anderes bestimmen. Die §§ 26 bis 29 regeln demgegenüber Art und Umfang der Rückwirkung einzelner Bestimmungen.

---

1 *Höfer*, § 30h BetrAVG Rz. 3862.10. | 2 *Höfer*, § 31 BetrAVG Rz. 3864. | 3 *Höfer*, § 31 BetrAVG Rz. 3864.
| 4 BGBl. I 1974 S. 3610.

Betriebsverfassungsgesetz

in der Fassung der Bekanntmachung vom 25.9.2001 (BGBl. I S. 2518),
geändert durch Gesetz vom 23.12.2003 (BGBl. I S. 2848)

Erster Teil. Allgemeine Vorschriften

1 *Einrichtung von Betriebsräten*
(1) In Betrieben mit in der Regel mindestens fünf ständigen wahlberechtigten Arbeitnehmern, von denen drei wählbar sind, werden Betriebsräte gewählt. Dies gilt auch für gemeinsame Betriebe mehrerer Unternehmen.

(2) Ein gemeinsamer Betrieb mehrerer Unternehmen wird vermutet, wenn

1. zur Verfolgung arbeitstechnischer Zwecke die Betriebsmittel sowie die Arbeitnehmer von den Unternehmen gemeinsam eingesetzt werden oder
2. die Spaltung eines Unternehmens zur Folge hat, dass von einem Betrieb ein oder mehrere Betriebsteile einem an der Spaltung beteiligten anderen Unternehmen zugeordnet werden, ohne dass sich dabei die Organisation des betroffenen Betriebs wesentlich ändert.

Lit.: *Annuß*, Grundfragen des gemeinsamen Betriebs, NZA Sonderheft 2001, S. 12; *Birk*, Arbeitsrechtliche Probleme der Betriebsaufspaltung, BB 1976, 1227; *Bonanni*, Der gemeinsame Betrieb mehrerer Unternehmen, Köln, 2003; *Däubler*, Der Gemeinschaftsbetrieb im Arbeitsrecht, in: Festschrift für Albrecht Zeuner, S. 19; *Däubler*, Eine bessere Betriebsverfassung? – Der Referentenentwurf zur Reform des BetrVG, AuR 2001, 1; *Engels/Trebinger/Löhr-Steinhaus*, Regierungsentwurf eines Gesetzes zur Reform des Betriebsverfassungsgesetzes, DB 2001, 532; *Fromen*, Der gemeinsame Betrieb mehrerer Unternehmen – Der Versuch einer kritischen Analyse, in: Festschrift für Dieter Gaul, S. 151; *Gamillscheg*, „Betrieb" und „Bargaining unit" – Versuch des Vergleichs zweier Grundbegriffe, ZfA 1975, 357; *Haag*, Umstrukturierung und Betriebsverfassung, 1998; *Haase*, Betrieb, Unternehmen und Konzern im Arbeitsrecht, NZA 1988, Beil. 3, S. 11; *Hanau*, Aktuelles zu Betrieb, Unternehmen und Konzern im Arbeitsrecht, ZfA 1990, 115; *Hanau*, Denkschrift zu dem Regierungsentwurf eines Gesetzes zur Reform des BetrVG, RdA 2001, 65; *Herrmann*, Der gemeinsame Betrieb mehrerer Unternehmen, 1993; *v. Hoyningen-Huene*, Betriebsverfassungsrecht, 2002; *Hüper, Rolf*, Der Betrieb im Unternehmerzugriff – Arbeitnehmerinteresse und Mitbestimmung bei Betriebsübergang, Betriebsaufspaltung und Betriebsparzellierung, 1986; *Jacobi, Erwin*, Betrieb und Unternehmen, in: Festschrift der Leipziger Juristenfakultät für Viktor Ehrenberg, 1929, S. 1; *Jahnke*, Kompetenzen des Betriebsrats mit vermögensrechtlichem Inhalt, RdA 1975, 343; *Joost*, Betrieb und Unternehmen als Grundbegriffe im Arbeitsrecht, 1988; *Kamphausen*, Einheitlicher Betrieb bei mehreren Unternehmen – Verfahrensrechtliche Probleme, NZA 1988, Beil. 4, S. 10; *Konzen*, Voraussetzungen eines einheitlichen Betriebes mehrerer Unternehmen, SAE 1988, 91; *Kreßel*, Betriebsverfassungsrechtliche Auswirkungen des Zusammenschlusses zweier Betriebe, DB 1989, 1623; *Löwisch*, Einheitlicher Betrieb und Mehrheit von Unternehmen, RdA 1976, 35; *Peter*, Probleme des Betriebs- und Unternehmensbegriffs nach dem Betriebsverfassungsgesetz, DB 1990, 424; *Preis*, Der Kündigungsschutz nach dem „Korrekturgesetz", RdA 1999, 311; *Preis*, Legitimation und Grenzen des Betriebsbegriffes im Arbeitsrecht, RdA 2000, 257; *Reichold*, Die reformierte Betriebsverfassung 2001, NZA 2001, 857; *Richardi*, Veränderungen in der Organisation der Betriebsverfassung nach dem Regierungsentwurf zur Reform des BetrVG, NZA 2001, 346; *Richardi*, Betriebsbegriff als Chamäleon, in: Festschrift für Herbert Wiedemann, S. 493; *Richardi/Annuß*, Neues Betriebsverfassungsgesetz: Revolution oder strukturwahrende Reform?, DB 2001, 41; *Schimana*, Hauptbetriebe – Nebenbetriebe – Betriebsteile nach Betriebsverfassungsgesetz, BB 1979, 892; *Sick*, Der gemeinsame Betrieb mehrerer Unternehmen, BB 1992, 1129; *Trittin*, Der gemeinsame Betrieb mehrerer Unternehmen, AiB 1996, 583; *Trümner*, Die Vermutung des gemeinsamen Betriebs mehrerer Unternehmen nach § 1 Abs. 2 Nr. 1 BetrVG, AiB 2001, 507; *Wagner*, Die „Just in Time"-Produktion Anlass zum Überdenken des Arbeitgeber- und des Betriebsbegriffs, AuR 1990, 245; *Wendeling-Schröder*, Mehrere Unternehmen – Ein Betrieb, NZA 1984, 247; *Wiedemann*, Arbeitsrechtliche Probleme der Betriebsausgliederung, in: Festschrift für Fleck, S. 447; *Wiese*, Mehrere Unternehmen als gemeinsamer Betrieb im Sinne des Betriebsverfassungsrechts, in: Festschrift für Dieter Gaul, S. 553; *Worzalla/Will*, Das neue Betriebsverfassungsrecht, 2002; *Zöllner*, Gemeinsame Betriebsnutzung, in: Festschrift für Semler, S. 593.

I. Vorbemerkung. Vor dem Hintergrund einer auch dem Sozialstaatsprinzip verpflichteten Wirtschaftsordnung soll das BetrVG durch die Beteiligung der ArbN und ArbN-Vertreter die Grundlage für einen Ausgleich zwischen der unternehmerischen Entscheidungsfreiheit auf der einen Seite und dem Recht auf Selbstbestimmung der in einer fremdbestimmten Arbeitsorganisation tätigen ArbN auf der anderen Seite setzen. Zu diesem Zweck werden Beteiligungsrechte des BR begründet, die in unterschiedlicher Intensität die Mitgestaltung materieller sowie technisch-organisatorischer Arbeitsbedingungen zulassen. In welchem Umfang durch betriebsverfassungsrechtliche Beteiligungsrechte tatsächlich Mitbest. erfolgt und auf welche Weise damit ein echter Ausgleich der wechselseitigen Interessen erfolgt, hängt

1

allerdings nicht nur von den rechtlichen Gegebenheiten, sondern vor allem auch von der Art und Weise ab, wie die gesetzlichen Gegebenheiten im Betrieb, Unternehmen oder Konzern „gelebt" werden. Eine Mitbest. bei der eigentlichen Steuerung des Unternehmens ist der Unternehmensmitbestimmung durch die ArbN-Beteiligung im Aufsichtsrat vorbehalten, die im Zusammenhang mit dem MitbestG, dem MontanMitbestG bzw. dem MitErgG und dem BetrVG 1952 behandelt wird[1].

2 II. Geltungsbereich. Das BetrVG gilt für alle Arbeiter und Angestellten einschließlich der zu ihrer Berufsausbildung Beschäftigten (vgl. § 5 Rz. 2 ff.). Dabei gilt das Gesetz grundsätzlich für alle Betriebe des Privatrechts. Ist der Inhaber eine juristische Person des öffentlichen Rechts, sind die Personalvertretungsgesetze anzuwenden (§ 130). Für Religionsgemeinschaften und ihre karikativen und erzieherischen Einrichtungen gelten statt dieses Gesetzes eigene Vertretungsordnungen und -gesetze. In sog. Tendenzbetrieben findet das Gesetz nach § 118 Abs. 1 nur eingeschränkt Anwendung. Für die bei Luftfahrtunternehmen im Flugbetrieb Beschäftigten können nach § 117 Abs. 2 durch TV besondere Vertretungen gebildet werden. Für die Seeschifffahrt bestehen Sonderregelungen in den §§ 114 bis 116.

3 Obwohl der Geltungsbereich des BetrVG auf Deutschland begrenzt ist (Territorialitätsprinzip), werden ArbN im Ausland erfasst, wenn trotz der räumlichen Trennung die Zugehörigkeit zu einem in Deutschland gelegenen Betrieb gegeben ist[2]. Voraussetzung für eine solche Ausstrahlung ist, dass neben der vertraglichen Bindung durch Fortbestand des Arbeitsverhältnisses auch eine fortbestehende Eingliederung in die inländische Betriebsorganisation gegeben ist. Indizien hierfür sind vor allem Weisungsrechte aus dem Inland, ein ständiges Rückrufrecht, Berichtspflichten gegenüber dem ArbGeb in Deutschland[3], die Fortschreibung des Laufbahnprofils, die Teilnahme an inländischen Beurteilungssystemen oder inländischen Informations- oder Fortbildungsmaßnahmen oder eine Einbeziehung in ein betriebsbezogenes Organigramm[4]. Letztlich sind aber zwei Punkte von entscheidender Bedeutung: Zunächst einmal ist festzustellen, ob und inwieweit der ArbN durch seine Tätigkeit während der Entsendung den inländischen Betriebszweck fördert (zB Erwerb von Know-how, Übernahme von Beratungsaufgaben, Abwicklung eines Auftrags oder Reparatur einer Anlage). Darüber hinaus ist festzustellen, ob die Leitungsmacht in Bezug auf die wesentlichen personellen und sozialen Angelegenheiten für diesen ArbN weiterhin im Inland ausgeübt wird[5]. Die bloße Personalverwaltung genügt nicht[6]. Bei Auszubildenden oder Trainees ist die Steuerung der Berufsbildung von besonderer Bedeutung[7]. Besteht auf diese Weise trotz des Auslandseinsatzes eine hinreichend konkrete Beziehung zum Inlandsbetrieb, gilt das BetrVG auch für diesen ArbN[8]. Bei ArbN, deren Arbeitsverhältnis im Inland für die Dauer des Auslandseinsatzes zum Ruhen gebracht wird, ist eine Zuständigkeit des BR anzunehmen, wenn der Auslandseinsatz nur vorübergehender Natur und eine Rückkehr in ein aktives Arbeitsverhältnis im inländischen Betrieb geplant ist. Insofern besteht eine Parallele zur Behandlung von ArbN in Elternzeit (vgl. Vor §§ 15 ff. BErzGG Rz. 11).

4 III. BR-Fähigkeit. In einem Betrieb mit in der Regel mindestens fünf ständigen wahlberechtigten ArbN, von denen drei wählbar sind, kann ein BR gewählt werden. Lässt man die Frage der aktiven oder passiven Wahlberechtigung einmal unberücksichtigt (vgl. §§ 7 Rz. 1 ff., 8 Rz. 4 ff.), muss damit in dem in Rede stehenden Betrieb der Schwellenwert von mindestens fünf ArbN erreicht werden. Insoweit sei auf die Kommentierung zu § 5 Abs. 1 hingewiesen, die hier maßgeblich ist. Dabei werden Vollzeit- und Teilzeitbeschäftigte gleichermaßen erfasst[9]. Unerheblich ist auch, ob es sich um ein aktives oder ruhendes Arbeitsverhältnis handelt[10]. Entscheidend ist allein, ob die Zahl der Arbeitsverhältnisse in der Regel erreicht wird[11]. Sollte der Betrieb im Zeitpunkt der Einleitung der Wahl möglicherweise nur vier ständige ArbN haben, steht dies der BR-Fähigkeit nicht entgegen, wenn ihre Zahl „in der Regel" bei fünf oder mehr ArbN liegt und drei von ihnen wählbar sind[12]. Hierbei ist die Vergangenheit zu betrachten und eine Prognose hinsichtlich der künftigen Entwicklung anzustellen[13], Letzteres aber nur, wenn konkrete Entscheidungen des ArbGeb vorliegen, die eine Änderung der Beschäftigtenzahl erwarten lassen[14]. Zeiten außergewöhnlichen Arbeitsanfalls oder zeitweiligen Beschäftigungsrückgangs sind unerheblich[15]. Zu den regelmäßig Beschäftigten gehört, wer wegen der ihm übertragenen Arbeitsaufgabe nicht nur vorübergehend dem Betrieb angehört[16].

---

1 Eingehend zur Entstehungsgeschichte sowie zu Zweck und Struktur des BetrVG vgl. *Gamillscheg*, Kollektives Arbeitsrecht I, S. 79 ff.; GK-BetrVG/*Wiese*, Einl. Rz. 1 ff.; MünchArbR/*Richardi*, §§ 1 ff. |2 Vgl. BAG v. 22.3.2000 – 7 ABR 34/98, NZA 2000, 1119 (1120 f.). |3 Vgl. *Boemke*, NZA 1992, 112 (114). |4 Vgl. BAG v. 25.4.1978 – 6 ABR 2/77, AP Nr. 16 zu IPR Arbeitsrecht Bl. 2 f. mit zust. Anm. *Simitis* Bl. 3 ff.; LAG Düsseldorf v. 14.2.1979 – 16 Ta BV 52/78, DB 1979, 2233 (2234); HSWG/*Hess*, Vor § 1 BetrVG Rz. 4; *Fitting*, § 1 BetrVG Rz. 24. |5 Vgl. DKK/*Trümner*, § 5 BetrVG Rz. 4. |6 LAG Köln v. 14.4.1998, NZA-RR 1998, 357 (358). |7 BAG v. 13.3.1991 – 7 ABR 89/90, BB 1992, 66 (67). |8 Vgl. BAG v. 7.12.1989 – 2 AZR 228/89, NZA 1990, 658 (659 f.); siehe auch BAG v. 20.2.2001 – 1 ABR 30/00, NZA 2001, 1033 (1035). |9 Vgl. LAG Hamm v. 11.5.1979 – 3 Ta BV 9/79, DB 1979, 2380; GK-BetrVG/*Kraft*, § 1 Rz. 63; *Fitting*, § 1 BetrVG Rz. 272; HSWG/*Hess*, § 1 BetrVG Rz. 27. |10 GK-BetrVG/*Kraft*, § 1 Rz. 65; DKK/*Trümner*, § 1 BetrVG Rz. 182. |11 Richardi/*Richardi*, § 1 BetrVG Rz. 113; DKK/*Trümner*, § 1 BetrVG Rz. 182. |12 Vgl. *Fitting*, § 1 BetrVG Rz. 273. |13 BAG v. 22.2.1983 – 1 AZR 260/81, AP Nr. 7 zu § 113 BetrVG 1972 Bl. 3. |14 GK-BetrVG/*Kraft*, § 1 Rz. 66; *Etzel*, Betriebsverfassungsrecht, Rz. 85. |15 Vgl. BAG v. 22.2.1983 – 1 AZR 260/81, AP Nr. 7 zu § 113 BetrVG 1972 Bl. 4; BAG v. 9.5.1995 – 1 ABR 51/94, DB 1995, 2075 f. |16 Richardi/*Richardi*, § 1 BetrVG Rz. 110; *Fitting*, § 1 BetrVG Rz. 272.

IV. Beteiligungsrechte und Rechtsstellung des BR. Als Formen der Beteiligung des BR nennt das Gesetz Unterrichtungs-, Anhörungs- und Vorschlagsrechte, Beratungsrechte sowie MitbestR in der Form von Zustimmungsverweigerungsrechten oder Zustimmungserfordernissen bzw. Initiativrechten. Die Absicherung der Beteiligungsrechte erfolgt über individualrechtliche, kollektivrechtliche und strafrechtliche Sanktionen sowie ergänzende Handlungsmöglichkeiten, die die Rspr. entwickelt hat (Beispiel: allgemeiner Unterlassungsanspruch[1]).

Auf die gesetzlichen Beteiligungsrechte kann nicht wirksam verzichtet werden. Auch eine Einschränkung ist unwirksam. Sie können allerdings – jedenfalls in den Grenzen der funktionalen Zuständigkeit des BR – weitgehend durch freiwillige BV erweitert werden. Die Ausweitung der Mitbest. durch TV hat keine größere praktische Bedeutung.

Der BR als wichtigster Träger der Beteiligungsrechte besitzt keine eigene Rechtspersönlichkeit. Er ist weder rechts- noch vermögensfähig[2]. Er besitzt nur eine betriebsverfassungsrechtliche Teilrechtsfähigkeit. Dies gilt unter anderem für den Informationsanspruch nach § 80 Abs. 2 und die Beteiligungsfähigkeit des BR nach § 10 ArbGG. Im Rahmen der Betriebsverfassung kann er, wie § 40 zeigt, auch Träger vermögensrechtlicher Ansprüche und Rechtspositionen sein, so dass er im Rahmen seiner betriebsverfassungsrechtlichen Befugnisse mit Dritten (Rechtsanwälte; Sachverständige ua.) Verträge schließen kann[3]. Die Kostentragungspflicht des ArbGeb in § 40 Abs. 1 begründet zwischen diesem und dem BR ein gesetzliches Schuldverhältnis[4]. Der BR haftet als Organ nicht aus unerlaubter Handlung. Die einzelnen BR-Mitglieder haften nach den allgemeinen Regeln. Sie haften daher grundsätzlich wie andere ArbN aus unerlaubter Handlung und sittenwidriger Schädigung. Eine „amtsbedingte" Ausweitung der Haftung findet nicht statt. In der Inanspruchnahme von MitbestR liegt keine Pflichtverletzung. In der Betriebsverfassung wird der BR im eigenen Namen kraft Amtes tätig. Seine Rechte kann er gerichtlich durchsetzen. Im arbeitsgerichtlichen Beschlussverfahren ist er nach § 10 ArbGG beteiligungsfähig (parteifähig). Er darf grundsätzlich nicht die Interessen eines einzelnen ArbN verfolgen; seine Aufgabe ist der Schutz der Belegschaft[5]. Die BR-Mitglieder dürfen nach § 78 Satz 1 in der Ausübung ihrer Tätigkeit weder gestört noch behindert werden. Dieses Verbot richtet sich nicht nur gegen den ArbGeb, sondern gegen Jedermann. BR-Mitglieder dürfen darüber hinaus nach § 78 Satz 2 wegen ihrer BR-Tätigkeit weder benachteiligt noch begünstigt werden. Sie üben ihr Amt unentgeltlich aus; für die Dauer der erforderlichen BR-Tätigkeit und des Besuchs von Schulungsveranstaltungen besteht allerdings ein Anspruch auf Entgeltfortzahlung (§ 37). § 103 BetrVG und § 15 KSchG schützen BR-Mitglieder in besonderer Weise gegen Kündigungen. Dieser Sonderkündigungsschutz wirkt noch ein Jahr nach Beendigung des Mandats.

V. Betriebsbegriff. 1. Vorbemerkung. Ausgehend davon, dass § 1 die BR-Fähigkeit eines Betriebs regelt, ist für die Kennzeichnung des Betriebs iSd. § 1 am Zweck der betrieblichen Mitbest. anzuknüpfen. Für die Betriebsverfassung ist der Betrieb kein Funktions-, sondern ein Repräsentationsbereich. Das Unternehmen hingegen knüpft hier an den Rechtsträger an[6]. Die Betriebsverfassung gibt den gewählten ArbN-Vertretungen Beteiligungsrechte an Entscheidungen des ArbGeb. Sie ist damit zunächst einmal auf einen bestimmten ArbGeb bezogen. Der BR ist keine Vertretung bestimmter ArbN-Gruppen, sondern repräsentiert die gesamte Belegschaft eines Betriebs (einheitliche ArbN-Repräsentation).

2. Allgemeiner Betriebsbegriff. Nach wie vor enthält das Gesetz keine Definition des Betriebs. Der Begriff des Betriebs wird vielmehr vorausgesetzt. Unter Berücksichtigung des Zwecks der Betriebsverfassung muss deshalb eine Auslegung vorgenommen werden, die als Ausgangspunkt die Definition *Jacobis*[7] zugrunde legen kann[8]. Danach ist der Betrieb die Vereinigung von persönlichen, sächlichen und materiellen Mitteln zur fortgesetzten Verfolgung des von einem oder mehreren Rechtsträgern gemeinsam gesetzten technischen Zwecks. Da mit den Beteiligungsrechten des BR eine effektive Vertretung der ArbN-Interessen gegenüber dem ArbGeb sichergestellt werden soll, muss als dann entscheidendes Merkmal der organisatorischen Einheit der einheitliche Leitungsapparat in den wesentlichen mitbestimmungs- und mitwirkungspflichtigen Angelegenheiten herangezogen werden. Diese gesetzgeberische Entscheidung bringt auch § 1 Abs. 2 zum Ausdruck, wenn dort auf den „Einsatz" der ArbN und Betriebsmittel (Nr. 1) und die „Organisation des betroffenen Betriebs" (Nr. 2) abgestellt wird. Daran anschließend wird der Betrieb deshalb zu Recht als organisatorische Einheit definiert, innerhalb deren ein Unternehmer allein oder in Gemeinschaft mit seinen Mitarbeitern mit Hilfe von sächlichen und immateriellen Mitteln bestimmte arbeitstechnische Zwecke fortgesetzt verfolgt. Entscheidend ist also die Einheit der Organisation, weniger die Einheit der arbeitstechnischen Zweckbestimmung[9]. Ob diese Voraussetzungen erfüllt

---

1 Vgl. BAG v. 3.5.1994 – 1 ABR 24/93, NZA 1995, 484 ff. | 2 BAG v. 24.4.1986 – 6 AZR 607/83, NZA 1987, 100 (101); *Fitting*, § 1 BetrVG Rz. 199. | 3 Vgl. GK-BetrVG/*Kraft*, § 1 Rz. 76; *Richardi/Richardi*, Einl. Rz. 111; aA *Jahnke*, RdA 1975, 343 (345 f.). | 4 GK-BetrVG/*Kraft*, § 1 Rz. 75; DKK/*Schneider/Wedde*, Einl. Rz. 123; *Richardi/Richardi*, Einl. Rz. 110. | 5 Vgl. BAG v. 17.10.1989 – 1 ABR 75/88, NZA 1990, 441 (442). | 6 *Richardi*, FS Wiedemann, S. 493 (501, 503). | 7 In FS Ehrenberg, S. 1 (9). | 8 Krit. *Joost*, Betrieb und Unternehmen, S. 83 (84 ff.); *Preis*, RdA 1999, 311 (313 ff.); *Preis*, RdA 2000, 257 (268 ff.). | 9 Vgl. nur BAG v. 23.9.1982 – 6 ABR 42/81, DB 1983, 1498 (1499); v. 23.3.1984 – 7 AZR 515/82, NZA 1984, 88; v. 11.12.1987 – 7 ABR 49/87, AP § 47 BetrVG 1972 Nr. 7 Bl. 2 mit Anm. *Wiedemann* Bl. 4.; v. 14.9.1988 – 7 ABR 10/87, NZA 1989, 190 f.

sind, ist im Wege einer typologischen Betrachtung festzustellen[1]. Dabei wird der Betrieb durch eine Vielzahl von Merkmalen beschrieben, die in sehr unterschiedlichen Ausführungen iSv. „mehr oder weniger" vorliegen, im Einzelfall aber auch fehlen können.

10 **3. Kriterien einer Kennzeichnung des Betriebs. Übergreifende Leitungsstruktur in personellen und sozialen Angelegenheiten:** Die für einen Betrieb notwendige Organisationsstruktur setzt eine übergreifende Leitungsstruktur zur Entscheidung und Umsetzung der wesentlichen personellen und sozialen Angelegenheiten voraus. Maßgebend ist, dass die vorhandenen materiellen und immateriellen Arbeitsmittel unter Berücksichtigung der daran anknüpfenden Beteiligungsrechte des BR gezielt eingesetzt werden und der Einsatz der menschlichen Arbeitskraft von einem einheitlichen Leitungsapparat gesteuert wird[2]. Wenn diese Beteiligungsrechte Wirkung zeigen sollen, müssen sie an einer Stelle ansetzen, die die hierfür maßgeblichen Entscheidungen trifft bzw. ihre Umsetzung zu verantworten hat. Dabei ist keine Konzentration dieser arbeitgeberseitigen Befugnis in einer einzigen Person erforderlich. Anders wäre ein wirkungsvolles Personal-Management in größeren Betrieben schon wegen der Notwendigkeit, in Fachfragen jeweils eine kompetenzbezogene Zuständigkeit auch für solche Angelegenheiten aufzubauen, die mit Beteiligungsrechten des BR verbunden sind, nicht zu realisieren. Vielmehr genügt es, wenn die Entscheidungsbefugnis von einem einheitlichen Leitungsapparat abgeleitet und die Gesamtheit der insoweit zum Teil auch dezentral wahrgenommenen Kompetenzen in den wesentlichen personellen und sozialen Fragen von diesem einheitlichen Leitungsapparat aus gesteuert werden[3]. Dem BR können unterschiedliche Verhandlungspartner gegenüberstehen, ohne dass damit ein einheitlicher Leitungsapparat ausgeschlossen wäre[4].

11 **Entscheidungen in wirtschaftlichen Angelegenheiten** können zentral oder dezentral getroffen und in ihrer Umsetzung gesteuert werden. Für den Betriebsbegriff spielt dies keine Rolle[5].

12 **Räumliche Nähe** verschiedener Einheiten ist allenfalls ein Indiz für das Vorliegen eines Betriebs[6], das allerdings durch die Ergebnisse einer Bewertung der Organisationsstruktur verdrängt wird. Die räumliche Einheit ist für die Annahme eines Betriebs aber weder erforderlich noch ausreichend; insofern kann der Betrieb auch nicht als der auf eine gewisse Dauer angelegte Tätigkeitsbereich eines ArbGeb, in dem er ArbN in räumlicher Verbundenheit beschäftigt, verstanden werden[7]. Dies belegt § 4 Abs. 1 Nr. 1, wonach Betriebsteile als selbständige Betriebe gelten, wenn sie räumlich weit vom Hauptbetrieb entfernt sind. Wären räumlich nicht verbundene Organisationseinheiten stets selbständige Betriebe, wäre diese Regelung überflüssig. Die räumlich weit entfernten Betriebsteile bleiben Betriebsteile (§ 4 Abs. 1: „gelten als selbständige Betriebe"). In diesen Betriebsteilen kann zwar ein BR errichtet werden, dies macht die Einheiten indes nicht zu selbständigen Betrieben[8].

13 **Unterschiedliche arbeitstechnische Betriebszwecke** stehen der Annahme eines Betriebs nicht entgegen. In einem Betrieb können verschiedene solcher Zwecke verfolgt werden[9]. Ein wechselseitiger Bezugspunkt der Arbeiten ist nicht erforderlich[10].

14 **Eine einheitliche Betriebsgemeinschaft** ist schon wegen ihrer subjektiven Determination kein geeignetes Kriterium zur Feststellung eines Betriebs[11]. Schon der Indizcharakter erscheint zweifelhaft, selbst wenn man hierfür zusätzlich eine räumliche Nähe der betroffenen Einheiten verlangt[12].

15 **Der Betriebsinhaber** ist zwar Anknüpfungspunkt für die Wahrnehmung der Beteiligungsrechte des BR, für die Kennzeichnung einer Einheit als Betrieb indes ohne besondere Bedeutung. Dies macht bereits die Figur des gemeinsamen Betriebs deutlich, bei der mehrere Rechtsträger gemeinsam Betriebsinhaber sind (vgl. Rz. 16 ff.). Im Übrigen lässt der Wechsel des Betriebsinhabers (zB Übergang nach § 613a BGB) den Betrieb in seiner Identität zunächst einmal unberührt. Wegen weiterer Einzelheiten von Veränderungen auf der Betriebs- oder Unternehmensebene in Bezug auf den Betrieb und die dort bestehenden BV vgl. §§ 21a, 21b, 77 BetrVG, 613a BGB. Die dortigen Feststellungen gelten entsprechend, wenn ein gemeinsamer Betrieb mehrerer Unternehmen Gegenstand entsprechender Maßnahmen ist.

16 **VI. Gemeinsamer Betrieb mehrerer Unternehmen. Gesetzliche Kennzeichnung:** Mit der Reform des BetrVG zum 28.7.2001 ist der gemeinsame Betrieb mehrerer Unternehmen als Organisationsform des Betriebsverfassungsrechts anerkannt worden. Da § 1 Abs. 1 Satz 2 und Abs. 2 indes nach wie vor keine gesetzliche Definition enthalten, muss weiterhin an die von Rspr. und Lit. entwickelten Kriterien angeknüpft werden. Danach müssen für das Vorliegen eines gemeinsamen Betriebs mehrerer Unternehmen im Wesentlichen zwei Voraussetzungen erfüllt sein:

---

[1] Zutr. *Fromen*, FS D. Gaul, S. 151 (174). | [2] BAG v. 14.9.1988 – 7 ABR 10/87, NZA 1989, 190 f.; v. 18.1.1990 – 2 AZR 355/89, NZA 1990, 977 (978); v. 29.5.1991 – 7 ABR 54/90, NZA 1992, 74 (75). | [3] *Gaul, B.*, Betriebs- und Unternehmensspaltung, § 25 Rz. 36. | [4] DKK/*Trümner*, § 1 BetrVG Rz. 69. | [5] BAG v. 18.1.1990 – 2 AZR 355/89, NZA 1990, 977 (978). | [6] BAG v. 23.9.1982 – 6 ABR 42/81, DB 1983, 1498 (1499). | [7] AA *Gamillscheg*, ZfA 1975, 357 (399); *Gamillscheg*, AuR 1989, 33; *Joost*, Betrieb und Unternehmen, S. 232 ff. | [8] Vgl. *Hanau*, ZfA 1990, 115 (118); GK-BetrVG/*Kraft*, § 4 Rz. 17; Richardi/*Richardi*, § 1 BetrVG Rz. 32 ff. | [9] Vgl. BAG v. 23.3.1984 – 7 AZR 515/82, NZA 1984, 88 (89). | [10] BAG v. 23.9.1982 – 6 ABR 42/81, DB 1983, 1498 (1500). | [11] Zurückhaltend nur BAG v. 23.9.1982 – 6 ABR 42/81, DB 1983, 1498 (1500). | [12] So BAG v. 25.9.1986 – 6 ABR 68/84, DB 1987, 1202 ff.

Übergreifender Leitungsapparat: Zunächst einmal müssen die Betriebsmittel, die von Seiten der beteiligten Rechtsträger in die in Rede stehende Einheit eingebracht wurden, in einer übergreifenden Organisationsstruktur für einen oder mehrere arbeitstechnische Zwecke zusammengefasst, geordnet und gezielt eingesetzt werden und der Einsatz der menschlichen Arbeitskraft dabei von einem einheitlichen Leitungsapparat gesteuert werden. Eine bloße Zusammenarbeit ist nicht genügend[1]. Vielmehr muss diese Zusammenarbeit auf der Basis eines gemeinsamen Einsatzes – also einer übergreifenden Steuerung – erfolgen. Hierfür wiederum ist erforderlich, dass die ArbGebFunktionen in den wesentlichen personellen und sozialen Fragen von derselben institutionalisierten Leitung ausgeübt werden. Entsprechend den Feststellungen zum Betrieb eines Unternehmens (Rz. 10) müssen die Arbeitsabläufe in personeller, technischer und organisatorischer Hinsicht unterhalb einer unternehmensübergreifenden Leitungsstruktur zur Erfüllung der arbeitstechnischen Zweckbestimmung verknüpft sein[2]. Es genügt nicht, dass zB Servicefunktionen (Beispiel: Lohn- und Gehaltsabrechnung, Ausarbeitung von Formularvereinbarungen) von einem Rechtsträger für den anderen erledigt werden. Erforderlich ist insb., dass über Einstellungen, Entlassungen, etwaige Überstunden, Versetzungen, Arbeitsentgelt und sonstige Arbeitszeitfragen übergreifend von einer Stelle/Abteilung aus entschieden wird[3]. Ein einheitlicher arbeitstechnischer Betriebszweck ist nicht erforderlich (vgl. Rz. 13). Ausschlaggebend ist die Einheit der Organisation. In dieser Einheit können die beteiligten Unternehmen unterschiedliche Zwecke verfolgen, die in keinem unmittelbaren funktionellen Zusammenhang stehen müssen[4]. 17

Eine Vereinbarung über die gemeinsame Ausübung der Leitungsmacht (Führungsvereinbarung) ist zwar – entgegen anderer Bewertungen[5] – erforderlich[6], hat aber kaum eine praktische Relevanz. Denn eine solche Vereinbarung kann auch konkludent geschlossen werden[7]. Anhaltspunkt hierfür ist, dass wesentliche Fragen in personellen und sozialen Angelegenheiten im wechselseitigen Einvernehmen durch einen gemeinsamen Leitungsapparat gesteuert werden, ohne dabei auf die unterschiedlichen arbeitsvertraglichen Bindungen Rücksicht zu nehmen[8]. Dass einzelne Maßnahmen separat von den beteiligten Unternehmen veranlasst werden, ist unschädlich. Auch im Betrieb eines einzigen Unternehmens müssen nicht alle Entscheidungen zentral getroffen werden[9]. Wichtig ist nur, dass durch die Vereinbarung gewährleistet ist, dass der BR in Fragen der sozialen und personellen Mitbest. jeweils einen zu einer einheitlichen Willensbildung für alle Unternehmen fähigen Ansprechpartner hat[10]. Dabei können auch juristische Personen des öffentlichen Rechts einbezogen werden[11]. 18

Indizien für das Vorliegen eines gemeinsamen Betriebs[12] sind einheitliche Ausübung der Leitungsmacht in den wesentlichen personellen und sozialen Angelegenheiten[13], Austausch von ArbN[14] und gemeinsame Nutzung von Betriebsmitteln[15], Personenidentität in den Unternehmensorganen (Geschäftsführer/Vorstand) und/oder der diesen Organen nachgeordneten Ebene, soweit diese für die Ausübung der Leitungsmacht in den wesentlichen personellen und sozialen Angelegenheiten zuständig ist[16], räumliche Nähe zwischen Betriebsstätten[17]. Nur untergeordnete Bedeutung haben die Nutzung gemeinsamer Sozialeinrichtungen (zB Kantine, Betriebskrankenkasse, Pensionskasse, Betriebsarzt)[18], die zentrale Steuerung isolierter Personalfragen (zB Altersversorgung, Ausbildung[19], Auslandsentsendung, Fort- und Weiterbildung). Kein Indiz für den gemeinsamen Betrieb stellt die Bildung einer steuerlichen Organschaft zwischen den beteiligten Rechtsträgern dar, da die hierfür erforderliche Eingliederung in finanziellen, wirtschaftlichen und organisatorischen Angelegenheiten die Unternehmensebene betrifft; Betriebe können losgelöst davon (weiterhin) selbständig geführt werden[20]. Ohne Bedeutung für das Vor- 19

---

1 BAG v. 24.1.1996 – 7 ABR 10/95, DB 1996, 2131 f.; v. 31.5.2000 – 7 ABR 78/98, NZA 2000, 1350 (1352); *Zöllner*, FS Semler, S. 995 (1005); *Wiese/Starcke*, Anm. zu BAG v. 17.1.1978 – 1 ABR 71/76, AP § 1 BetrVG 1972 Nr. 1 Bl. 5, 8. | 2 BAG v. 18.1.1990 – 2 AZR 355/89, NZA 1990, 977 (978). | 3 Vgl. BAG v. 21.2.2001 – 7 ABR 9/00, EzA § 1 BetrVG Nr. 11 S. 5. | 4 BAG v. 11.11.1997 – 1 ABR 6/97, NZA 1998, 723 (724). | 5 LAG Nds. v. 23.4.1990 – 3 Ta BV 27/90, LAGE § 1 BetrVG 1972 Nr. 3 S. 3 f.; LAG Hamburg v. 22.10.1997 – 4 Ta BV 9/95, LAGE § 1 BetrVG 1972 Nr. 4 S. 8. | 6 BAG v. 14.9.1988 – 7 ABR 10/87, NZA 1989, 190 (191); v. 24.1.1996 – 7 ABR 10/95, DB 1996, 2131 f.; v. 21.2.2001 – 7 ABR 9/00, EzA § 1 BetrVG 1972 Nr. 11 S. 4; *Gaul, B.*, Betriebs- und Unternehmensspaltung, § 25 Rz. 66. | 7 BAG v. 7.8.1986 – 6 ABR 57/85, NZA 1987, 131 (132); v. 14.9.1988 – 7 ABR 10/87, NZA 1989, 190 (191). | 8 BAG v. 24.1.1996 – 7 ABR 10/95, DB 1996, 2131 f.; v. 11.11.1997 – 1 ABR 6/97, NZA 1998, 723 (724); v. 21.2.2001 – 7 ABR 9/00, EzA § 1 BetrVG Nr. 11 S. 3. | 9 BAG v. 24.1.1996 – 7 ABR 10/95, DB 1996, 2131 f. | 10 BAG v. 14.9.1988 – 7 ABR 10/87, NZA 1989, 190 (191); v. 23.11.1988 – 7 AZR 121/88, NZA 1989, 433 (434). | 11 Vgl. BAG v. 24.1.1996 – 7 ABR 10/95, DB 1996, 2131 f.; BVerwG v. 13.6.2001 – 6 P 8.00, AP Nr. 14 zu § 1 BetrVG 1972 – Gemeinsamer Betrieb Bl. 5 f. | 12 Ausf. *Sick*, BB 1992, 1129 ff.; DKK/*Trümner*, § 1 BetrVG Rz. 74c; *Gaul, B.*, Betriebs- und Unternehmensspaltung, § 25 Rz. 69 ff. | 13 BAG v. 7.8.1988 – 7 ABR 10/87, AP Nr. 9 zu § 1 BetrVG 1972 Bl. 4; v. 29.12.1987 – 6 ABR 23/85, NZA 1987, 707 (708). | 14 BAG v. 19.2.2002 – 1 ABR 26/01, AP Nr. 13 zu § 4 BetrVG 1972 Bl. 2. | 15 BAG v. 24.1.1996 – 7 ABR 10/95, NZA 1996, 1110 (1112); v. 18.1.1990 – 2 AZR 355/89, NZA 1990, 977 (978). | 16 Vgl. BAG v. 14.12.1994 – 7 ABR 26/94, EzA § 1 BetrVG 1972 Nr. 9 S. 2 f.; LAG Schl.-Holst. v. 22.4.1997 – 1 Sa 384/96, DB 1997, 1980 ff. | 17 Vgl. BAG v. 18.1.1990 – 2 AZR 355/89, NZA 1990, 977 (978); v. 24.1.1996 – 7 ABR 10/95, NZA 1995, 1110 (1111); allerdings ist dieses Kriterium für das Bestehen eines gemeinsamen Betriebs weder notwendige Voraussetzung, noch schließt sein Nicht-Vorhanden-Sein es in solches aus: vgl. BAG v. 22.3.2000 – 7 ABR 34/98, NZA 2000, 1119 (1120); v. 19.6.2001 – 1 ABR 42/00, NZA 2001, 1263 (1264); aA *Joost*, Betrieb und Unternehmen S. 241 ff., 265; *Gamillscheg*, ZfA 1975, 357 (399). | 18 AA DKK/*Trümner*, § 1 BetrVG Rz. 74c (indizieller Charakter). | 19 Abw. DKK/*Trümner*, § 1 BetrVG Rz. 74c. | 20 AA *Growe/Grüninger*, AiB 2001, 580 (583); abw. auch DKK/*Trümner*, § 1 BetrVG Rz. 75b (indizieller Charakter).

liegen eines gemeinsamen Betriebs sind eine gesellschaftsrechtliche Verbindung der beteiligten Rechtsträger[1], eine Identität der Gesellschafter[2] oder der Abschluss eines Beherrschungs- oder Gewinnabführungsvertrags bzw. die Bildung eines (qualifiziert) faktischen Konzerns zwischen den beteiligten Rechtsträgern[3], eine übergreifende Steuerung in wirtschaftlich-kaufmännischen Angelegenheiten[4] oder die übergreifende Abwicklung von Servicefunktionen in personellen, technischen oder kaufmännischen Angelegenheiten (zB Buchhaltung, Lohn- und Gehaltsabrechnung, Rechnungswesen[5], Druckerei, Hausmeister, technischer Notdienst), eine interne Kostenverrechnung der beteiligten Rechtsträger, die auch bei dienst- oder werkvertraglicher Zusammenarbeit oder AÜ erfolgen kann[6], die gemeinsame Nutzung von Werkswohnungen oder einer bestimmten Infrastruktur (zB Werkschutz, Telefonanlage, Stromversorgung)[7] oder das subjektive Verbundenheitsgefühl der ArbN[8].

20 **VII. Vermutung eines gemeinsamen Betriebs (§ 1 Abs. 2). 1. Zusammenarbeit der beteiligten Rechtsträger (Nr. 1).** Nach § 1 Abs. 2 Nr. 1 wird das Vorliegen eines gemeinsamen Betriebs iSd. BetrVG vermutet, wenn zur Verfolgung arbeitstechnischer Zwecke die Betriebsmittel sowie die ArbN von den Unternehmen gemeinsam eingesetzt werden. Dabei genügt es, wenn die wesentlichen Ressourcen der beteiligten Rechtsträger einbezogen werden. Alle ArbN oder alle Betriebsmittel müssen nicht erfasst werden[9]. Für einen Rückgriff auf die gesetzliche Vermutung ist eine „gemeinsame Nutzung" der Betriebsmittel und ArbN indes nicht ausreichend. Vielmehr muss dargelegt und ggf. bewiesen werden, dass ein „gemeinsamer Einsatz" erfolgt, also eine übergreifende Steuerung der ArbN in den wesentlichen personellen und sozialen Angelegenheiten durch einen einheitlichen Leitungsapparat gegeben ist[10]. Schließlich baut das Gesetz auf der bisherigen Rspr. zum gemeinsamen Betrieb auf[11]. Ersetzt wird durch die Vermutung in § 1 Abs. 2 Nr. 1 nur der Nachweis, dass der gemeinsamen Steuerung auch eine entsprechende Führungsvereinbarung zugrunde liegt. Eine bestimmte Dauer des gemeinsamen Einsatzes ist nicht erforderlich. Ein Betrieb kann auch für eine vorübergehende Zusammenarbeit gebildet werden.

21 **2. Fehlende Organisationsänderung nach Betriebsteilübertragung (Nr. 2).** Entsprechend § 322 Abs. 1 UmwG aF wird nach Abs. 2 Nr. 2 ein gemeinsamer Betrieb mehrerer Unternehmen vermutet, wenn die Spaltung eines Unternehmens zur Folge hat, dass ein oder mehrere Betriebsteile einem anderen Rechtsträger zugeordnet werden, ohne dass sich dabei die Organisation des betroffenen Betriebs wesentlich ändert. Obwohl dabei der Begriff der Spaltung eines Unternehmens nahe legen könnte, dass nur Übertragungsvorgänge nach § 123 UmwG gemeint sind, erfasst die Vermutung jede Form der Übertragung eines Betriebsteils auf einen anderen Rechtsträger. Auf die Art des Rechtsgeschäfts (Einzel- oder Gesamtrechtsnachfolge) kommt es nicht an. Trotz seiner Ungenauigkeit liegt der Vorteil des Begriffs der Zuordnung darin, dass auch solche Fallgestaltungen erfasst werden, die – zB bei der Übernahme eines Betriebsteils durch Einstellung des nach Zahl und Sachkunde wesentlichen Personals[12] – nicht mit einer Übertragung von Vermögen auf andere Rechtsträger verbunden sind.

22 Anknüpfungspunkt für den Fortbestand des bis zum Übertragungszeitpunkt bestehenden Betriebs ist der Umstand, dass seine Organisation nach der Übernahme einzelner Betriebsteile durch einen oder mehrere andere Rechtsträger im Wesentlichen unverändert bleibt. Charakterisiert man die Organisation eines Betriebs im betriebsverfassungsrechtlichen Sinne vor allem durch die einheitliche Leitungsmacht in den wesentlichen personellen und sozialen Fragen (vgl. Rz. 10, 17), kommt die gesetzliche Vermutung zum Tragen, wenn hinsichtlich dieser Aufgabenzuordnung keine tatsächlichen Veränderungen vorgenommen wurden. Erforderlich ist also, dass vor allem Einstellungen, Entlassungen und Versetzungen sowie Veränderungen in Bezug auf die betriebliche Ordnung, Arbeitszeit, Urlaub, technische Einrichtungen und Entgelt weiter zentral gesteuert werden. Anknüpfungspunkte hierfür sind zB eine Beibehaltung der bisherigen Hierarchieebenen, der Abteilungen, der fachlichen und personellen Zuständigkeiten sowie der Berichtspflichten. Maßstab kann dabei ein im Wesentlichen unverändertes Organigramm sein. Denn wenn hier keine Änderung vorgenommen wird, steht zu vermuten, dass auch das Direktionsrecht und die Steuerung der wesentlichen personellen und sozialen Angelegenheiten weiterhin einheitlich wahrgenommen werden. Eine personelle Identität der jeweiligen Vorgesetzten ist nicht erforderlich; ihr Austausch würde auch ohne die Übertragung eines Betriebsteils auf einen anderen Rechtsträger keine Veränderung der Betriebsorganisation bewirken.

---

1 BAG v. 29.4.1999 – 2 AZR 352/98, EzA § 23 KSchG Nr. 21 S. 8; v. 22.3.2001 – 8 AZR 565/00, NZA 2002, 1349 (1356). | 2 WHSS/*Hohenstatt*, Umstrukturierung, D Rz. 30; abw. noch BAG v. 29.1.1987 – 6 ABR 23/85, NZA 1987, 707 (708), das darin einen zu berücksichtigenden Umstand gesehen hatte. | 3 BAG v. 29.4.1999 – 2 AZR 352/98, EzA § 23 KSchG Nr. 21 S. 6; v. 22.3.2001 – 8 AZR 565/00, NZA 2002, 1349 (1356); abw. LAG BW v. 13.4.1994 – 9 TaBV 4/94, DB 1994, 1091; *Wiese*, FS D. Gaul, S. 553 (563); DKK/*Trümner*, § 1 BetrVG Rz. 75c, 75d. | 4 BAG v. 23.9.1982 – 6 ABR 42/81, DB 1983, 1498 (1499); *Gaul, B.*, Betriebs- und Unternehmensspaltung, § 25 Rz. 39; *Hermann*, Gemeinsamer Betrieb, S. 31 f. | 5 BAG v. 1.4.1987 – 4 AZR 77/86, DB 1987, 1643 f.; v. 18.1.1990 – 2 AZR 355/89, NZA 1990, 977 (978). | 6 BAG v. 24.1.1996 – 7 ABR 10/95, NZA 1996, 1110 (1111); LAG Hessen v. 16.4.1997 – 8 Sa 1202/95, NZA-RR 1998, 242, 244. | 7 Vgl. *Kamphausen*, NZA 1988, Beil. 4, S. 10 (14). | 8 BAG v. 23.9.1982 – 6 ABR 42/81, DB 1983, 1498 (1499); *Gaul, B.*, Betriebs- und Unternehmensspaltung, § 25 Rz. 22 ff. | 9 Vgl. *Hanau*, RdA 2001, 76 (81). | 10 Vgl. *Gaul, B.*, Betriebs- und Unternehmensspaltung, § 25 Rz. 99. | 11 BT-Drs. 14/5741, S. 33. | 12 Vgl. *Gaul, B.*, Betriebs- und Unternehmensspaltung, § 6 Rz. 150 ff., 230 ff.; ErfK/*Preis*, § 613a BGB Rz. 24 ff.

Nicht ausreichend für einen Fortbestand der Betriebsorganisation ist, wenn nur ein Teil der personellen und sozialen Angelegenheiten weiterhin einheitlich ausgeübt wird. Beispiel: Personalserviceleistungen wie Lohn- und Gehaltsabrechnungen, zentrale Vorgabe von Vertragsmustern[1]. **23**

Kleinere Änderungen stehen der Vermutungswirkung nicht entgegen. Erforderlich ist aber, dass diese Änderungen in ihrer Intensität unterhalb der Schwelle einer Betriebsänderung iSd. § 111 Satz 3 Nr. 4 liegen. Dafür spricht, dass in § 1 nicht das Wort „grundlegend", sondern – entsprechend der mehrheitlichen Interpretation von § 322 Abs. 1 UmwG aF – das Wort „wesentlich" verwendet worden ist. Vergleichbar mit den Überlegungen zu § 111 sind allerdings auch bei der Kennzeichnung der Wesentlichkeit quantitative Gesichtspunkte maßgeblich. Wenn die personelle und soziale Leitungsmacht für den Teil des Betriebs, der auf einen anderen Rechtsträger übertragen wurde und von der Zahl der ArbN – bezogen auf den Gesamtbetrieb – die Schwellenwerte in § 17 KSchG überschreitet, nach der veränderten Zuordnung durch den übernehmenden Rechtsträger selbst ausgeübt wird, kommt die Vermutung nicht mehr zur Anwendung. **24**

Die räumliche Nähe der betroffenen Einheiten spielt keine Rolle (vgl. Rz. 12). Mit der Anknüpfung an die Organisation des Betriebs wird ein klares Kriterium genannt, das – wie §§ 4 Abs. 1 Satz 1, 111 Satz 3 Nr. 2 zeigen – unabhängig von der räumlichen Entfernung Auswirkungen auf die betriebsverfassungsrechtliche Eigenständigkeit eines Betriebs oder Betriebsteils hat. **25**

Ob zwischen den beteiligten Rechtsträgern eine Führungsvereinbarung abgeschlossen worden ist, muss – darin liegt der Zweck der gesetzlichen Vermutung – nicht dargelegt und ggf. bewiesen werden. **26**

3. Widerlegung der gesetzlichen Vermutung. Entsprechend der bereits zu § 322 Abs. 1 UmwG aF vertretenen Auffassung[2] kann die gesetzliche Vermutung über den Fortbestand des Betriebs widerlegt werden. In der Praxis dürfte dies aber kaum gelingen. Voraussetzung hierfür ist nämlich, dass dargelegt und ggf. bewiesen wird, dass die beteiligten Rechtsträger keine Vereinbarung über die gemeinsame Führung des Betriebs getroffen haben[3]. Eine solche Vereinbarung ist notwendig, um einen gemeinsamen Betrieb annehmen zu können (vgl. Rz. 18). Problematisch daran ist aber, dass sich dies (konkludent) bereits aus der praktischen Handhabe der beteiligten Rechtsträger ergeben kann. Angesichts dessen müsste also für die Widerlegung der gesetzlichen Vermutung aus Abs. 2 dargelegt und ggf. bewiesen werden, dass die Steuerung der ArbN und Betriebsmittel der gemeinsam tätigen Rechtsträger (Nr. 1) bzw. der ArbN in den verschiedenen Teilen des bisherigen Betriebs (Nr. 2) von den beteiligten Rechtsträgern jeweils selbständig erfolgt, obgleich aufgrund der tatsächlichen Gegebenheiten – insb. als Folge der einheitlichen Personalsteuerung mit ihrer Vorgabe von Art, Ort und Zeit der Arbeit einschließlich des Arbeitsentgelts – von dem (Fort-)Bestand einer einheitlichen Organisation auszugehen ist[4]. Dass eine solche Steuerung der ArbN ohne Wissen und Wollen der beteiligten Rechtsträger erfolgt, was für das Fehlen einer (konkludenten) Vereinbarung über die gemeinsame Führung erforderlich wäre, ist kaum denkbar. Eine Widerlegung der gesetzlichen Vermutung erscheint deshalb nur für den Fall denkbar, dass einer der von der Umwandlung betroffenen Betriebsteile mit der Folge verlegt wird, dass wegen der räumlichen Entfernung trotz Beibehaltung der bisherigen Organisation eine betriebsverfassungsrechtliche Verselbständigung gegeben ist (§ 4 Abs. 1 Satz 1 Nr. 1). In den übrigen Fällen dürfte sich die Wirkung von Abs. 2 Nr. 2 auf die Wiedergabe des rechtlichen Status quo beschränken. **27**

Rechtsfolge des gemeinsamen Betriebs: Der gemeinsame Betrieb mehrerer Unternehmen wird grundsätzlich wie ein Betrieb eines Unternehmens behandelt[5]. Insofern finden die allgemeinen Regelungen zur Wahl, zur Zusammensetzung und zu den Beteiligungsrechten des BR Anwendung[6]. Die Wahrung dieser Rechte obliegt den beteiligten Unternehmen, wobei dem BR unter Berücksichtigung der jeweiligen Angelegenheit unterschiedliche Verhandlungspartner gegenüberstehen können[7]. BV begründen indes im Zweifel nur Ansprüche gegenüber dem VertragsArbGeb (vgl. § 77 Rz. 27). Sofern Rechte des BR und seiner Mitglieder an eine bestimmte ArbN-Zahl im Betrieb geknüpft sind (zB §§ 9, 99, 106), ist auf die Gesamtzahl der im gemeinsamen Betrieb durch die beteiligten Unternehmen beschäftigten ArbN abzustellen[8]. **28**

Auflösung des gemeinsamen Betriebs: Der gemeinsame Betrieb wird beendet, wenn – bei zwei beteiligten Unternehmen – eines der Unternehmen seine betriebliche Tätigkeit einstellt oder die Vereinbarung über die gemeinsame Steuerung aufgelöst wird. In gleicher Weise können einzelne Unternehmen aus dem gemeinsamen Betrieb ausscheiden; der gemeinsame Betrieb besteht sodann mit den übrigen Unternehmen fort. Voraussetzung ist aber, dass die Beendigung der Vereinbarung auch tatsächlich in die Praxis umgesetzt wird; die bloße Kündigung (zB durch Insolvenzverwalter) genügt nicht[9]. Im Zweifel stellt die **29**

---

1 Vgl. *Gaul, B.*, Betriebs- und Unternehmensspaltung, § 25 Rz. 87 mwN. | 2 BR-Drs. 75/94 S. 174; *Bauer/Lingemann*, NZA 1994, 1057 (1060); *Engels*, FS Wlotzke, S. 279 f.; *Kreßel*, BB 1995, 925 (927). | 3 *Gaul, B.*, Betriebs- und Unternehmensspaltung, § 25 Rz. 89. | 4 Vgl. *Trümner*, AiB 2001, 507 (511); *Gaul, B.*, Betriebs- und Unternehmensspaltung, § 25 Rz. 102. | 5 Eingehend *Bonanni*, Der gemeinsame Betrieb, S. 91 ff. | 6 Vgl. BAG v. 27.6.1995 – 1 ABR 62/94, EzA § 111 BetrVG 1972 Nr. 31 S. 3. | 7 Vgl. BAG v. 12.11.2002 – 1 AZR 632/01, NZA 2003, 676 (678); *Bonanni*, Der gemeinsame Betrieb, S. 166 ff. | 8 Vgl. BAG v. 12.11.2002 – 1 AZR 632/01, NZA 2003, 676 (678). | 9 Vgl. BAG v. 12.11.1998 – 8 AZR 301/97, DB 1999, 1067.

BetrVG § 2 Rz. 1 Stellung der Gewerkschaften und Vereinigungen der Arbeitgeber

Auflösung eines gemeinsamen Betriebs eine Betriebsänderung dar[1]. Ggf. besteht ein Übergangs- oder Restmandat nach §§ 21a, 21b (vgl. §§ 21a Rz. 4 ff., 21b Rz. 3 ff.). Wenn das in einem gemeinsamen Betrieb beteiligte Unternehmen seine Tätigkeit einstellt, das andere Unternehmen aber seine betriebliche Tätigkeit fortsetzt und die Identität des Betriebs gewahrt bleibt, besteht auch der BR fort. Ein Übergangs- oder Restmandat kommt nicht in Betracht. Ob Neuwahlen erforderlich sind, richtet sich nach § 13[2].

2 Stellung der Gewerkschaften und Vereinigungen der Arbeitgeber

(1) **Arbeitgeber und Betriebsrat arbeiten unter Beachtung der geltenden Tarifverträge vertrauensvoll und im Zusammenwirken mit den im Betrieb vertretenen Gewerkschaften und Arbeitgebervereinigungen zum Wohl der Arbeitnehmer und des Betriebs zusammen.**

(2) **Zur Wahrnehmung der in diesem Gesetz genannten Aufgaben und Befugnisse der im Betrieb vertretenen Gewerkschaften ist deren Beauftragten nach Unterrichtung des Arbeitgebers oder seines Vertreters Zugang zum Betrieb zu gewähren, soweit dem nicht unumgängliche Notwendigkeiten des Betriebsablaufs, zwingende Sicherheitsvorschriften oder der Schutz von Betriebsgeheimnissen entgegensteht.**

(3) **Die Aufgaben der Gewerkschaften und der Vereinigungen der Arbeitgeber, insbesondere die Wahrnehmung der Interessen ihrer Mitglieder, werden durch dieses Gesetz nicht berührt.**

Lit.: *Becker/Leimert*, Das Zutrittsrecht der Gewerkschaftsbeauftragten zum Betrieb nach § 2 Abs. 2 BetrVG 1972, AuR 1972, 365; *Beckschulze/Henkel*, Der Einfluss des Internets auf das Arbeitsrecht, DB 2001, 1491; *Buchner*, Kooperation als Leitmaxime des Betriebsverfassungsrechts, DB 1974, 530; *Däubler*, Internet und Arbeitsrecht, 2001; *Galperin*, Die Stellung der Gewerkschaften im Betrieb, BB 1972, 272; *Hanau*, Unklarheiten in dem Regierungsentwurf des Betriebsverfassungsgesetzes, BB 1971, 485; *Heinze*, Inhalt und Grenzen betriebsverfassungsrechtlicher Rechte, ZfA 1988, 53; *v. Hoyningen-Huene*, Das Betriebsverhältnis, NZA 1989, 121; *Hunold*, Die Rechtsprechung zur (vertrauensvollen) Zusammenarbeit zwischen Arbeitgeber und Betriebsrat, NZA-RR 2003, 169 ff.; *Klebe/Wedde*, Gewerkschaftsrechte auch per E-Mail und Intranet?, AuR 2000, 401; *Klosterkemper*, Die vertrauensvolle Zusammenarbeit und ihre Gefährdung durch manche Entscheidungen des Bundesarbeitsgerichts, ZfA 1991, 67; *Lelley*, Die Grenzen digitaler Gewerkschaftsrechte im Betrieb, BB 2002, 252; *Oetker*, Untergliederungen von Gewerkschaften und Arbeitgebervereinigungen und ihre Tariffähigkeit, AuR 2001, 82; *Prütting/Weth*, Die Vertretung einer Gewerkschaft im Betrieb – Geheimverfahren zum Nachweis der Voraussetzungen, DB 1989, 2273; *Richardi*, Welche Folgen hätte eine Aufhebung des Tarifvorbehalts (§ 77 III BetrVG)?, NZA 2000, 617; *Rüthers*, Arbeitgeber und Gewerkschaften – Gleichgewicht oder Dominanz, DB 1973, 1649; *Säcker*, Gewerkschaftliches Zutrittsrecht zum Betrieb, AuR 1979, 39; *Schönfeld*, Gewerkschaftliche Beteiligung im Betrieb, BB 1989, 1818; *R. Weber*, Die vertrauensvolle Zusammenarbeit zwischen Arbeitgeber und Betriebsrat gem. § 2 Abs. 1 BetrVG 1972, 1989; *Witt*, Die Beteiligungsrechte des Betriebsrats und das Verbot des Rechtsmissbrauchs, BB 1986, 2194; *Zachert*, Gewerkschaftliche Rechte im Betrieb – eine Restgröße?, AuR 1979, 358; *Zitscher*, Die „vertrauensvolle Zusammenarbeit" zwischen Betriebsrat und Arbeitgeber, DB 1984, 1395.

1 **I. Vorbemerkung.** § 2 enthält Grundregeln der Betriebsverfassung zur Rechtsstellung von ArbGeb, BR und Gewerkschaften und dient insoweit auch der Auslegung und Anwendung des Gesetzes. Die darin getroffenen Vorgaben wurden durch die BetrVG-Reform nicht verändert.

2 **II. Gebot der vertrauensvollen Zusammenarbeit.** Das Gebot der vertrauensvollen Zusammenarbeit bezieht sich auf das betriebsverfassungsrechtliche Verhältnis zwischen ArbGeb und BR. Auf ArbGeb-Seite sind neben dem Organ alle ArbN verpflichtet, die in betriebsverfassungsrechtlich relevanten Angelegenheiten gegenüber dem BR als Vertreter des ArbGeb tätig werden. Adressat des Gebots auf ArbN-Seite sind nicht nur der BR als Kollegialorgan, sondern auch der Betriebsausschuss und sonstige BR-Ausschüsse nach §§ 27, 28, soweit ihnen betriebsverfassungsrechtliche Aufgaben zur selbständigen Erledigung übertragen sind. In gleicher Weise werden deshalb auch die Arbeitsgruppe nach § 28a oder die ArbN-Vertretungen nach § 3 erfasst. Da in allen Fällen betriebsverfassungsrechtliche Aufgaben wahrgenommen werden, spielt es keine Rolle, ob sie neben oder anstelle der gesetzlichen ArbN-Vertretung gebildet wurden. Entsprechend werden auch die sonstigen betriebsverfassungsrechtlichen Gremien, wie Gesamt- und KonzernBR oder JAV erfasst[3]. Darüber hinaus sind die einzelnen Mitglieder dieser Vertretungsorgane zur vertrauensvollen Zusammenarbeit verpflichtet, soweit sie betriebsverfassungsrechtliche Aufgaben wahrnehmen[4].

3 Wegen der in § 2 Abs. 1 normierten Verpflichtung zum Zusammenwirken gilt das Gebot der vertrauensvollen Zusammenarbeit auch für die im Betrieb vertretenen Gewerkschaften und ArbGebVereinigungen, soweit sie betriebsverfassungsrechtliche Aufgaben und Befugnisse wahrnehmen[5]. Das Gebot gilt dagegen weder für das Verhältnis der BR-Mitglieder untereinander noch zwischen den verschiede-

---

1 Vgl. *Gaul, B.*, Das Arbeitsrecht der Betriebs- und Unternehmensspaltung, § 28 Rz. 45 (49). | 2 BAG v. 19.11.2003 – 7 AZR 11/03, nv. | 3 Vgl. auch Richardi/*Richardi*, § 2 BetrVG Rz. 11; GK-BetrVG/*Kraft*, § 2 Rz. 9; *Fitting*, § 2 BetrVG Rz. 13. | 4 BAG v. 21.2.1978 – 1 ABR 54/76, EzA § 74 BetrVG 1972 Nr. 4 S. 27 (39); GK-BetrVG/*Kraft*, § 2 Rz. 9. | 5 Vgl. BAG v. 14.2.1977 – 1 ABR 7/66, EzA § 45 BetrVG 1952 Nr. 1 S. 2; Richardi/*Richardi*, § 2 BetrVG Rz. 11; GK-BetrVG/*Kraft*, § 2 Rz. 12.

nen ArbN-Vertretungen. Das Verhältnis des BR zum SprAu wird in § 2 Abs. 2 SprAuG geregelt (Vgl. SprAuG § 2 Rz. 3 ff.).

Das Gebot vertrauensvoller Zusammenarbeit verpflichtet zu gegenseitiger „Ehrlichkeit und Offenheit"[1]. Die Zusammenarbeit soll dem „Wohl der ArbN und des Betriebes" dienen. Dabei betrifft das Gebot neben Form und Verfahren der Zusammenarbeit auch den Inhalt der Handlungen und Erklärungen im Verhältnis zwischen ArbGeb und ArbN-Vertretern. Außerdem verpflichtet es zur Zuverlässigkeit. Vertrauensvoll ist die Zusammenarbeit, wenn jeder dem anderen trauen und dessen Worten Glauben schenken kann. Darüber hinaus müssen die gegenseitige Funktion und die daraus folgenden Unterschiede in Art und Inhalt der Interessenvertretung anerkannt werden. Vertrauensvolle Zusammenarbeit verlangt, dass der ArbGeb die gesetzlich geschaffene Einwirkungsmöglichkeit des BR auf seinen Rechtskreis anerkennt und umgekehrt der BR bei der Verfolgung der ArbN-Interessen auf die Rechte und Belange des ArbGeb Rücksicht nimmt. § 2 Abs. 1 verbietet deshalb auch, die Funktion der anderen Seite im Rahmen der Betriebsverfassung zu stören. Für den ArbGeb ist dies durch § 78 konkretisiert, für den BR bestimmt § 77 Abs. 1 Satz 2, dass er nicht durch einseitige Handlungen in die Leitung des Betriebs eingreifen darf. Im Rahmen eines Meinungsaustauschs können dabei durchaus völlig unterschiedliche Sichtweisen zu bestimmten Angelegenheiten einschließlich einer entsprechenden Einschätzung der Arbeits- und Vorgehensweise der jeweils anderen Seite zum Ausdruck kommen. Hierzu gehört auch Kritik des ArbGeb an der Zusammensetzung des BR oder den Betriebsratskosten. Allerdings darf eine solche Meinungsäußerung nicht verkürzt und plakativ vor der Belegschaft im Wesentlichen mit dem Ziel erfolgen, das Ansehen des BR vor den ArbN herabzusetzen und seine Arbeit zu erschweren[2]. Umgekehrt kann deshalb die öffentliche Diffamierung des ArbGeb einen Verstoß gegen § 2 Abs. 1 darstellen, nicht jedoch, wenn der ArbGeb durch ständige Provokationen die Entgleisungen herausgefordert und damit selbst die vertrauensvolle Zusammenarbeit aufgekündigt hat[3]. Aus dem Grundsatz der vertrauensvollen Zusammenarbeit folgt auch, dass der BR nicht auf die Einrede der Verjährung von Rechtsanwaltsansprüchen verzichten kann mit der Folge, dass der ArbGeb zur Kostenerstattung verpflichtet ist[4]. Der Grundsatz der vertrauensvollen Zusammenarbeit erfordert ua. auch die angemessene Berücksichtigung der finanziellen Belange des ArbGeb[5], ohne dass allerdings stets die für den ArbGeb kostengünstigste Gestaltungsmöglichkeit gewählt werden muss.

Soweit die Zusammenarbeit zwischen ArbGeb und BR „unter Beachtung der geltenden TV" erfolgen muss, setzt dies voraus, dass der jeweils in Rede stehende TV im Betrieb überhaupt Geltung beansprucht. Der TV muss für den Betrieb gelten, dh. der Betrieb muss in den räumlichen, fachlichen und zeitlichen Geltungsbereich des TV fallen. Wird diese Voraussetzung durch mehrere TV erfüllt, richtet sich deren Geltung nach den zur Tarifkonkurrenz und Tarifpluralität entwickelten Grundsätzen. Konkretisiert wird diese Vorgabe allerdings durch die Regelungen zum Tarifvorrang in §§ 77 Abs. 3, 87 Abs. 1 Einleitungssatz und § 80 Abs. 1 Nr. 1, nach denen der Betriebsrat über die Durchführung der geltenden TV im Betrieb zu wachen hat. BR sollen den Gewerkschaften keine Konkurrenz machen[6]. Soweit das Gesetz in Heimarbeit Beschäftigte erfasst (vgl. § 5 Rz. 29), gilt eine entsprechende Verpflichtung bei einer bindenden Festsetzung der Entgelte und sonstigen Vertragsbedingungen nach § 19 HAG.

Obwohl § 2 Abs. 1 mit den vorstehenden Vorgaben unmittelbar verpflichtet, also keinen bloßen Programmsatz enthält[7], lassen sich daraus keine zusätzliche Kompetenzen der betrieblichen Sozialpartner begründen. Insbesondere können mit dem Gebot der vertrauensvollen Zusammenarbeit keine weiteren Mitbestimmungs- oder Mitwirkungsrechte begründet werden[8]. § 2 Abs. 1 enthält nur eine Vorgabe, die bei der Auslegung und Anwendung der durch das BetrVG anderweitig begründeten Rechte und Pflichten zur Geltung kommt (zB Rechtzeitigkeit einer Unterrichtung, Umfang einer Informationspflicht). Damit ist zwar alles zu unterlassen, was der Wahrnehmung eines konkreten MitbestR entgegensteht[9]. Gleichwohl kann aber mit § 2 Abs. 1 kein allgemeiner Unterlassungsanspruch bei betriebsverfassungswidrigem Verhalten begründet werden[10]. Für einen solchen Anspruch kommt es stattdessen auf den Inhalt des jeweiligen Rechts, dessen konkrete Ausgestaltung und die Art der Rechtsverletzung an[11].

III. Gewerkschaft und ArbGebVereinigung. Die in § 2 Abs. 1 bestimmte Pflicht zum „Zusammenwirken mit den im Betrieb vertretenen Gewerkschaften und ArbGebVereinigungen" begründet keinen Rechtsanspruch entsprechender Koalitionen zur Einbindung in die betriebsverfassungsrechtliche In-

---

1 BAG v. 22.9.1994 – 2 AZR 31/94, NZA 1995, 363 (365); v. 2.11.1983 – 7 AZR 65/82, EzA § 102 BetrVG 1972 Nr. 53 S. 435 (439 f.); v. 22.5.1959 – 1 ABR 2/59, AP Nr. 3 zu § 23 BetrVG Bl. 2; GK-BetrVG/*Kraft*, § 2 Rz. 15; Richardi/*Richardi*, § 2 BetrVG Rz. 14. | 2 Vgl. BAG v. 19.7.1995 – 7 ABR 60/94, NZA 1996, 332 (334); BAG v. 12.11.1997 – 7 ABR 14/97, NZA 1998, 559 (560); LAG Düsseldorf v. 26.11.1993 – 17 TaBV 71/93, LAGE § 23 BetrVG 1972 Nr. 34 S. 3 ff.; LAG Köln v. 21.3.1995 – 9 TaBV 68/94, LAGE § 23 BetrVG 1972 Nr. 37 S. 1 f. | 3 Vgl. ArbG Marburg v. 28.5.1999 – 2 BV 3/99, NZA-RR 2001, 91 (92 f.). | 4 Vgl. LAG Schl.-Holst. v. 4.7.2000 – 3 Ta BV 15/00, NZA-RR 2000, 590 (591). | 5 BAG v. 16.4.2003 – 7 ABR 29/02, EzA § 20 BetrVG 2001 Nr. 1 S. 6. | 6 HSWG/*Hess*, § 2 BetrVG Rz. 35. | 7 GK-BetrVG/*Kraft*, § 2 Rz. 19. | 8 GK-BetrVG/*Kraft*, § 2 Rz. 7, 15; *Fitting*, § 2 BetrVG Rz. 23. | 9 BAG v. 28.5.2002 – 1 ABR 32/01, NZA 2003, 166 (169). | 10 BAG v. 28.5.2002 – 1 ABR 32/01, NZA 2003, 166 (169); aA *Fitting*, § 2 BetrVG Rz. 23; ausf. GK-BetrVG/*Oetker*, § 23 Rz. 128 ff. | 11 BAG v. 28.5.2002 – 1 ABR 32/01, NZA 2003, 166 (169); v. 3.5.1994 – 1 ABR 24/93, AP Nr. 23 zu § 23 BetrVG 1972 Bl. 4.

teressenvertretung[1]. Das Gesetz verpflichtet ArbGeb und BR nur, den Koalitionen die Möglichkeit einer Mitwirkung auf Betriebsebene einzuräumen[2]. Eine Begriffsbestimmung wird dabei nicht vorgenommen. Insofern ist von den Grundsätzen auszugehen, die zur Kennzeichnung von Gewerkschaft und ArbGebVereinigung im Tarifrecht entwickelt worden sind.

8   Tariffähige Gewerkschaften müssen danach frei gebildet, gegnerfrei, auf übertariflicher Grundlage organisiert und unabhängig sein, sowie das geltende Tarifrecht für sich verbindlich anerkennen. Ferner müssen sie in der Lage sein, durch Ausüben von Druck auf den Tarifpartner zu einem Tarifabschluss zu kommen (vgl. § 2 TVG Rz. 5, 18)[3]. Erfasst werden dabei auch Zusammenschlüsse von Gewerkschaften (Spitzenverbände) iSd. § 2 Abs. 2 TVG, ferner Orts- und Bezirksverwaltungen einer Gewerkschaft, soweit sie korporativ verfasst sind, eigenes Vermögen und die Befugnis zum Abschluss von TV haben (vgl. TVG § 1 Rz. 5, § 2 Rz. 1 ff.). Für ArbGebVereinigungen gelten im Wesentlichen gleiche Voraussetzungen. Es muss sich um einen Zusammenschluss von ArbGeb auf freiwilliger Grundlage mit korporativer Verfassung handeln, die unabhängig von Gegner, Staat, Parteien und Kirche ist und zu deren satzungsmäßigen Aufgaben die Regelung von Arbeitsbedingungen gehört (vgl. § 2 TVG Rz. 4). Da nach § 2 Abs. 1 TVG jeder ArbGeb tariffähig ist, ist für die Tariffähigkeit aber keine bestimmte Durchsetzungskraft (Mächtigkeit) notwendig (vgl. § 2 TVG Rz. 18)[4].

9   Betriebsverfassungsrechtlich relevant sind indes nur die im Betrieb vertretenen Koalitionen. Dabei genügt es nicht, dass der ArbGeb oder ein einzelner ArbN zu ihren Mitgliedern zählt[5]. Erforderlich ist, dass die Koalition nach ihrer Satzung auch zur Interessenvertretung des Mitglieds innerhalb des Betriebs berechtigt ist.

10 Soweit damit Beteiligungsrechte begründet werden sollen, obliegt es der jeweiligen Koalition, ihre Vertretung im Betrieb darzulegen und zu beweisen. Die Gewerkschaft kann den Beweis nach hM indes dadurch führen, dass sie, ohne den Namen ihres betriebsangehörigen Mitglieds zu nennen, eine entsprechende notarielle Erklärung vorlegt[6].

11 **IV. Zugang von Gewerkschaftsbeauftragten zum Betrieb.** § 2 Abs. 2 begründet für die im Betrieb vertretenen Gewerkschaften bzw. ihre Beauftragten ein Recht zum Zugang zum Betrieb. Es besteht indes nur insoweit, als es für die im Betrieb vertretenen Gewerkschaften zur Wahrnehmung ihrer Aufgaben und Befugnisse nach diesem Gesetz erforderlich ist. Hierzu gehören zB das Wahlvorschlagsrecht (§ 14 Abs. 5 und 8), das Einladungsrecht zu einer Betriebsversammlung für die Wahl eines Wahlvorstands in betriebsratslosen Betrieben (§ 17 Abs. 2), das Antragsrecht auf Ersetzung eines säumigen Wahlvorstands (§ 18 Abs. 1), das Wahlanfechtungsrecht (§ 19 Abs. 2) oder das Antragsrecht auf Ausschluss eines BR-Mitglieds oder Auflösung des BR (§ 23 Abs. 1). Zusätzliche Befugnisse kann § 2 Abs. 2 nicht begründen. Das Zugangsrecht setzt (akzessorisch) das Bestehen einer gesetzlichen Befugnis der Gewerkschaft voraus. Ein weiter gehendes Zugangsrecht kann nur dann bestehen, wenn die Gewerkschaft Aufgaben wahrnehmen will, die nicht ausdrücklich durch das BetrVG genannt werden, aber in einem inneren Zusammenhang zu ihren Beteiligungsrechten im BetrVG stehen[7].

12 Das Zugangsrecht besteht zum Betrieb, dort indes nur zu den Teilen, deren Betreten zur Wahrnehmung der gesetzlichen Aufgaben und Befugnisse erforderlich ist. Dabei ist der Beauftragte nicht darauf beschränkt, den BR oder andere Organe des Betriebsverfassungsrechts aufzusuchen oder an der Betriebsversammlung teilzunehmen. Es können auch ArbN am Arbeitsplatz aufgesucht[8] oder das Recht auf Teilnahme an einer öffentlichen Stimmauszählung wahrgenommen werden[9]. Dieses Recht besteht auch während der Arbeitszeit.

13 Der Zugang erfolgt grundsätzlich durch Betreten des Betriebs. Man wird mit § 2 Abs. 2 aber auch einen Anspruch auf Nutzung anderweitiger Kommunikationsstrukturen begründen können, sofern dies zur Wahrnehmung der gesetzlichen Aufgaben und Befugnisse geeignet, erforderlich und angemessen ist. Unter Berücksichtigung der Besonderheiten des Einzelfalls und der allgemeinen Schranken, wie sie nachstehend dargestellt werden, kann hierzu neben dem Telefon auch die Nutzung des Intranets oder der dienstlichen E-Mail-Accounts der ArbN des Betriebs gehören[10].

---

1 Vgl. BAG v. 14.1.1983 – 6 AZR 67/79, EzA § 76 BetrVG 1972 Nr 34 S. 187 (190); Richardi/*Richardi*, § 2 BetrVG Rz. 34, 73; DKK/*Berg*, § 2 BetrVG Rz. 24; GK-BetrVG/*Kraft*, § 2 Rz. 24, 25. | 2 Vgl. GK-BetrVG/*Kraft*, § 2 Rz. 24. | 3 Vgl. Leitsatzprotokoll A. III. 2. zum Vertrag über die Schaffung einer Währungs-, Wirtschafts- und Sozialunion vom 18.5.1990 – BGBl. II S. 537. | 4 BAG v. 6.6.2000 – 1 ABR 10/99, NZA 2001, 160 (162); v. 20.11.1990 – 1 ABR 62/89, EzA § 2 TVG Nr. 20 S. 3 ff. | 5 BAG v. 25.3.1992 – 7 ABR 65/90, AP Nr. 4 zu § 2 BetrVG 1972 Bl. 2. | 6 BAG v. 25.3.1992 – 7 ABR 65/90, AP Nr. 4 zu § 2 BetrVG 1972 Bl. 3 f.; DKK/*Berg*, § 2 BetrVG Rz. 30; *Fitting*, § 2 BetrVG Rz. 43; Richardi/*Richardi*, § 2 BetrVG Rz. 69; aA GK-BetrVG/*Kraft*, § 2 Rz. 29 ff., der unter Hinweis auf den prozessualen Grundsatz des substantiierten Vortrags die namentliche Nennung des Arbeitnehmers fordert. | 7 Vgl. BAG v. 17.1.1989 – 1 AZR 805/87, EzA § 2 BetrVG 1972 Nr. 12 S. 3; DKK/*Berg*, § 2 BetrVG Rz. 33; aA GK-BetrVG/*Kraft*, § 2 Rz. 55. | 8 BAG v. 17.1.1989 – 1 AZR 805/87, EzA § 2 BetrVG 1972 Nr. 12 S. 3; DKK/*Berg*, § 2 BetrVG Rz. 31; *Fitting*, § 2 BetrVG Rz. 67, 69; Richardi/*Richardi*, § 2 BetrVG Rz. 121; aA *Hanau*, BB 1971 S. 485 (486); HSWG/*Hess*, § 2 BetrVG Rz. 109. | 9 Vgl. BAG v. 16.4.2003 – 7 ABR 29/02, EzA § 20 BetrVG 2001 Nr. 1 S. 4 f. | 10 Vgl. zum Meinungsstand *Däubler*, Internet und Arbeitsrecht S. 213; Klebe/Wedde, AuR 2000, 401 ff.; Beckschulze/Henkel, DB 2001, 1491 ff.; *Lelley*, BB 2002, 252 ff.

Die Gewerkschaft bestimmt die Person, die als Beauftragte das Zugangsrecht wahrnimmt[1]. Sie kann, soweit sie dies mit Blick auf die betriebsverfassungsrechtliche Aufgabe für erforderlich hält, auch mehrere Personen bestimmen. Nicht notwendig ist, dass es sich um einen hauptberuflichen Angestellten der Gewerkschaft[2] oder einen ArbN des in Rede stehenden Betriebs[3] handelt. Die Auswahlfreiheit kann allerdings durch den Gesichtspunkt des Rechtsmissbrauchs beschränkt sein. Soweit das Zugangsrecht nicht von einem Ersuchen des BR abhängig ist, bestimmt die Gewerkschaft Zeitpunkt und Dauer des Besuchs ihres Beauftragten. 14

Sind die Voraussetzungen des Zugangsrechts nicht gegeben oder droht eine Überschreitung der gesetzlichen Befugnisse, kann der ArbGeb dem Gewerkschaftsbeauftragten den Zutritt zum Betrieb verwehren. Erforderlich sind aber konkrete Anhaltspunkte, die regelmäßig gegeben sind, wenn das Handeln des betreffenden Beauftragten schon zuvor Anlass für entsprechende Beanstandungen gegeben hat[4]. 15

Darüber hinaus kann der ArbGeb den Zugang zu den Betrieben oder einzelnen Teilen verweigern, soweit dem unumgängliche Notwendigkeiten des Betriebsablaufs, zwingende Sicherheitsvorschriften oder der Schutz von Betriebsgeheimnissen entgegenstehen. Das Verbot muss nach Zeitpunkt und Umfang geeignet, erforderlich und angemessen sein, um unter Berücksichtigung der durch Art. 9 Abs. 3 GG und § 2 Abs. 3 geschützten Koalitionsfreiheit diesen betrieblichen Interessen Rechnung zu tragen. Unumgängliche Notwendigkeiten des Betriebsablaufs sind deshalb nur anzuerkennen, wenn der Zugang zu einer schwerwiegenden und unzumutbaren Beeinträchtigung des Arbeitsablaufs führt. Eine bloße Störung des Betriebsablaufs, die sich aus dem Zugang einer betriebsfremden Person ergibt, genügt nicht[5]. Weiter gehend kann der Zutritt nicht bereits verweigert werden, wenn ein berechtigtes Interesse des ArbGeb an der Geheimhaltung des durch Zutritt erkennbaren Betriebsgeheimnisses gegenüber Betriebsfremden besteht. Vielmehr muss der durch tatsächliche Anhaltspunkte begründete Verdacht bestehen, dass der Beauftragte der Gewerkschaft seine Geheimhaltungspflicht (§§ 79, 120) verletzen wird[6]. Gewerkschaftsvertreter dürfen grundsätzlich in ihrem Zugangsrecht nicht stärker eingeschränkt werden als ArbN des Betriebs[7]. Zu den zwingenden Sicherheitsvorschriften gehören öffentlich-rechtliche Sicherheitsvorschriften und BV nach § 87 Abs. 1 Nr. 7. 16

Das durch § 2 Abs. 2 gewährleistete Zugangsrecht stellt kein Schutzgesetz iSd. § 823 Abs. 2 BGB dar, dessen Missachtung Schadensersatzansprüche begründen kann; daneben besteht über § 2 Abs. 2 auch kein gesetzliches Schuldverhältnis zwischen den Gewerkschaften und dem ArbGeb[8]. 17

Umstritten ist, ob die Gewerkschaft den Zugang auch unmittelbar vor oder während eines Arbeitskampfes verlangen kann. Während das Zutrittsrecht in der Lit. zum Teil insgesamt[9], jedenfalls aber während der Einbindung des Betriebs in den Arbeitskampf[10] abgelehnt wird, lehnt ein anderer Teil der Lit. jede Einschränkung des Zugangsrechts ab[11]. Für die letztgenannte Auffassung spricht, dass betriebsverfassungsrechtliche Befugnisse der Gewerkschaft (zB Beteiligung an BR-Wahl) auch während des Arbeitskampfes wahrgenommen werden müssen. Es genügt, dass die innerbetriebliche Beteiligung an Arbeitskampfmaßnahmen zu keiner Zeit auf § 2 Abs. 2 gestützt werden kann. Das bestätigt schlussendlich § 2 Abs. 3. 18

V. Koalitionen. § 2 Abs. 3 gewährleistet, dass die koalitionsspezifische Betätigung der Gewerkschaft und der ArbGebVereinigungen durch das BetrVG nicht beeinträchtigt wird[12]. Die Koalitionsfreiheit, insb. also das Recht zur Wahrnehmung der Interessen ihrer Mitglieder, besteht losgelöst von den betriebsverfassungsrechtlichen Aufgaben[13]. 19

Zu den typischen – betriebsbezogenen – Aufgaben der Koalitionen gehören der Abschluss von TV und die Überwachung ihrer Einhaltung, die Durchführung von Arbeitskämpfen, die Mitgliederwerbung und -beratung sowie die Prozessvertretung. Die Gewerkschaften dürfen deshalb ihre Interessen im Betrieb vertreten. Hierzu gehört zB Plakatwerbung[14] oder das Verteilen von Werbematerial durch betriebsangehörige Gewerkschaftsmitglieder außerhalb und ggf. sogar innerhalb der Arbeitszeit[15]. In allen Fällen hat indes eine Interessenabwägung zu erfolgen, die berücksichtigen muss, ob und inwieweit die durch Art. 9 Abs. 3 GG geschützte Koalitionsfreiheit die jeweils in Rede stehende Beeinträchtigung der ebenfalls grundrechtlich geschützten Interessen des ArbGeb rechtfertigt. Beispielhaft sei hier nur auf die Berufsfreiheit und die wirtschaftliche Betätigungsfreiheit (Art. 2 Abs. 1, 12 Abs. 1 GG), 20

---

1 BAG v. 16.4.2003 – 7 ABR 29/02, EzA § 20 BetrVG 2001 Nr. 1 S. 5. | 2 ErfK/*Eisemann*, § 2 BetrVG Rz. 6. | 3 Vgl. BAG v. 14.2.1978 – 1 AZR 280/77, AP Nr. 26 zu Art. 9 GG Bl. 2, 3. | 4 Vgl. BAG v. 18.3.1964 – 1 ABR 12/63, AP Nr. 1 zu § 45 BetrVG Bl. 3 f.; v. 14.2.1967 – 1 ABR 7/66, AP Nr. 2 zu § 45 BetrVG Bl. 2 ff. | 5 GK-BetrVG/*Kraft*, § 2 Rz. 72; Richardi/*Richardi*, § 2 BetrVG Rz. 126. | 6 Vgl. GK-BetrVG/*Kraft*, § 2 Rz. 73. | 7 DKK/*Berg*, § 2 BetrVG Rz. 40 ff.; Richardi/*Richardi*, § 2 BetrVG Rz. 125 ff.; ErfK/*Eisemann*, § 2 BetrVG Rz. 7. | 8 Vgl. LAG München v. 28.3.2001 – 9 Ta BV 14/01, NZA-RR 2001, 662 (663): Geltendmachung von im arbeitsgerichtlichen Beschlussverfahren entstandenen Rechtsanwaltskosten durch die Gewerkschaft. | 9 HSWG/*Hess*, § 2 BetrVG Rz. 114. | 10 Richardi/*Richardi*, § 2 BetrVG Rz. 119. | 11 *Fitting*, § 2 BetrVG Rz. 76; DKK/*Berg*, § 2 BetrVG Rz. 38a. | 12 BAG v. 14.2.1978 – 1 AZR 280/77, AP Nr. 26 zu Art. 9 GG Bl. 2. | 13 Vgl. BAG v. 14.2.1978 – 1 AZR 280/77, AP Nr. 26 zu Art. 9 GG Bl. 4. | 14 Vgl. BVerfG v. 17.2.1981 – 2 BvR 384/78, AP Nr. 9 zu Art. 140 GG Bl. 3 f. | 15 Vgl. BAG v. 14.2.1967 – 1 AZR 494/65, AP Nr. 10 zu Art. 9 GG Bl. 2 ff.; BVerfG v. 17.2.1981 – 2 BvR 384/78, AP Nr. 9 zu Art. 140 GG Bl. 3 f.

das Recht am eingerichteten und ausgeübten Gewerbebetrieb (Art. 14 GG) oder den verfassungsrechtlichen Tendenzschutz (Art. 4, 5 GG) hingewiesen. Dies gilt insb., nachdem das BAG zu Recht die sog. Kernbereichslehre aufgegeben hat[1]. Der Gewerkschaft ist es indes verwehrt, Mitarbeiter oder Einrichtungen des ArbGeb zu nutzen, um Information oder Werbung in eigenen Interessen gegenüber Dritten (zB Kunden) zu verteilen[2].

21 **VI. Prozessuales.** Über den Inhalt von § 2 Abs. 1 und die Zugangsrechte nach § 2 Abs. 2 wird im arbeitsgerichtlichen Beschlussverfahren nach §§ 2a, 80 ArbGG entschieden. Dabei kann das Zugangsrecht in dringenden Fällen auch im Wege der einstweiligen Verfügung durchgesetzt werden (§ 85 Abs. 2 ArbGG). Über Rechte und Pflichten, die sich aus der Koalitionsfreiheit ergeben, wird – abhängig vom Regelungsgegenstand – im Urteilsverfahren nach § 2 Abs. 1 Nr. 2 ArbGG oder im Beschlussverfahren entschieden. Rechtsanwaltskosten, die der Gewerkschaft bei der Wahrnehmung des aus §§ 2, 18 Abs. 1 folgenden Rechts auf Zugang zum Betrieb wegen einer Wahlauszählung in einem arbeitsgerichtlichen Beschlussverfahren entstehen, gehören zu den vom ArbGeb nach § 20 Abs. 3 Satz 1 zu tragenden Kosten der BR-Wahl[3].

3 Abweichende Regelungen

(1) Durch Tarifvertrag können bestimmt werden:

1. für Unternehmen mit mehreren Betrieben

   a) die Bildung eines unternehmenseinheitlichen Betriebsrats oder

   b) die Zusammenfassung von Betrieben,

   wenn dies die Bildung von Betriebsräten erleichtert oder einer sachgerechten Wahrnehmung der Interessen der Arbeitnehmer dient;

2. für Unternehmen und Konzerne, soweit sie nach produkt- oder projektbezogenen Geschäftsbereichen (Sparten) organisiert sind und die Leitung der Sparte auch Entscheidungen in beteiligungspflichtigen Angelegenheiten trifft, die Bildung von Betriebsräten in den Sparten (Spartenbetriebsräte), wenn dies der sachgerechten Wahrnehmung der Aufgaben des Betriebsrats dient;

3. andere Arbeitnehmervertretungsstrukturen, soweit dies insbesondere aufgrund der Betriebs-, Unternehmens- oder Konzernorganisation oder aufgrund anderer Formen der Zusammenarbeit von Unternehmen einer wirksamen und zweckmäßigen Interessenvertretung der Arbeitnehmer dient;

4. zusätzliche betriebsverfassungsrechtliche Gremien (Arbeitsgemeinschaften), die der unternehmensübergreifenden Zusammenarbeit von Arbeitnehmervertretungen dienen;

5. zusätzliche betriebsverfassungsrechtliche Vertretungen der Arbeitnehmer, die die Zusammenarbeit zwischen Betriebsrat und Arbeitnehmern erleichtern.

(2) Besteht in den Fällen des Absatzes 1 Nr. 1, 2, 4 oder 5 keine tarifliche Regelung und gilt auch kein anderer Tarifvertrag, kann die Regelung durch Betriebsvereinbarung getroffen werden.

(3) Besteht im Fall des Absatzes 1 Nr. 1 Buchstabe a keine tarifliche Regelung und besteht in dem Unternehmen kein Betriebsrat, können die Arbeitnehmer mit Stimmenmehrheit die Wahl eines unternehmenseinheitlichen Betriebsrats beschließen. Die Abstimmung kann von mindestens drei wahlberechtigten Arbeitnehmern des Unternehmens oder einer im Unternehmen vertretenen Gewerkschaft veranlasst werden.

(4) Sofern der Tarifvertrag oder die Betriebsvereinbarung nichts anderes bestimmt, sind Regelungen nach Absatz 1 Nr. 1 bis 3 erstmals bei der nächsten regelmäßigen Betriebsratswahl anzuwenden, es sei denn, es besteht kein Betriebsrat oder es ist aus anderen Gründen eine Neuwahl des Betriebsrats erforderlich. Sieht der Tarifvertrag oder die Betriebsvereinbarung einen anderen Wahlzeitpunkt vor, endet die Amtszeit bestehender Betriebsräte, die durch die Regelung nach Absatz 1 Nr. 1 bis 3 entfallen, mit Bekanntgabe des Wahlergebnisses.

(5) Die aufgrund eines Tarifvertrages oder einer Betriebsvereinbarung nach Absatz 1 Nr. 1 bis 3 gebildeten betriebsverfassungsrechtlichen Organisationseinheiten gelten als Betriebe im Sinne dieses Gesetzes. Auf die in ihnen gebildeten Arbeitnehmervertretungen finden die Vorschriften über die Rechte und Pflichten des Betriebsrats und die Rechtsstellung seiner Mitglieder Anwendung.

Lit.: *Annuß*, Schwierigkeiten mit § 3 Abs. 1 Nr. 3 BetrVG, NZA 2002, 290; *Bachner*, Tarifverträge über die betriebsverfassungsrechtliche Organisation, NZA 1996, 400; *Däubler*, Eine bessere Betriebsverfassung? – Der Referentenentwurf zur Reform des BetrVG, AuR 2001, 1; *Däubler*, Die veränderte Betriebsverfassung, AuR 2001, 285; *Engels*, Fortentwicklung des Betriebsverfassungsrechts außerhalb des Betriebsverfassungsgesetzes, in: Festschrift für Otfried Wlotzke, S. 279; *Engels/Trebinger/Löhr-Steinhaus*, Regierungsentwurf eines Gesetzes

---

[1] Vgl. BVerfG v. 14.11.1995 – 1 BvR 601/92, AP Nr. 80 zu Art. 9 GG Bl. 2 f. | [2] Vgl. ArbG Düsseldorf v. 23.7.2003 – 10 Ca 4080/03, NZA-RR 2003, 644 (645); MünchArbR/*Löwisch/Rieble*, § 246 Rz. 195; abw. LAG Köln v. 3.2.1995 – 12 Sa 1073/94, NZA-RR 1996, 100 (101 f.). | [3] BAG v. 16.4.2003 – 7 ABR 29/02, EzA § 20 BetrVG 2001 Nr. 1 S. 3 f.

zur Reform des Betriebsverfassungsgesetzes, DB 2001, 532; *Franzen*, Reformbedarf beim Betriebs- und Arbeitnehmerbegriff des Betriebsverfassungsgesetzes, ZfA 2000, 285; *Friese*, Die Bildung von Spartentarifverträgen nach § 3 Abs. 1 Nr. 2 BetrVG, RdA 2003, 92 ff.; *Friese*, Tarifverträge nach § 3 BetrVG im System des geltenden Tarif- und Arbeitskampfrechts, ZfA 2003, 237 ff.; *Gamillscheg*, „Betrieb" und „Bargaining unit" – Versuch des Vergleichs zweier Grundbegriffe, ZfA 1975, 357; *Gamillscheg*, Tarifverträge über die Organisation der Betriebsverfassung, Festschrift Molitor, 1988, S. 133; *Giesen*, Betriebsersetzung durch Tarifvertrag?, BB 2002, 1480; *Hanau*, Denkschrift zu dem Regierungsentwurf eines Gesetzes zur Reform des BetrVG, RdA 2001, 65; *Hohenstatt/Dzida*, Die „maßgeschneiderte" Betriebsverfassung, DB 2001, 2498; *Kania/Gilberg*, Kündigungsrechtliche Bedeutung der Betriebsfiktion gem. § 4 BetrVG, NZA 2000, 678; *Kempen*, Die Organisation der Betriebsverfassung durch Tarifvertrag, in: Festschrift für Günter Schaub, S. 357; *Löwisch*, Änderungen der Betriebsverfassung durch das Betriebsverfassungs-Reformgesetz, BB 2001, 1734; *Preis*, Legitimation und Grenzen des Betriebsbegriffs im Arbeitsrecht, RdA 2000, 257; *Reichold*, Die reformierte Betriebsverfassung 2001, NZA 2001, 857; *Richardi*, Veränderungen in der Organisation der Betriebsverfassung nach dem Regierungsentwurf zur Reform des BetrVG, NZA 2001, 346; *Richardi*, Die neue Betriebsverfassung, 2001; *Richardi*, Veränderung der Repräsentationsstrukturen, NZA Sonderheft 2001, S. 7; *Richardi/Annuß*, Neues Betriebsverfassungsgesetz: Revolution oder strukturwahrende Reform?, DB 2001, 41; *Thüsing*, Neue Aufgaben der Tarifvertragspartner: Vereinbarte Betriebsstrukturen nach § 3 Abs. 1 BetrVG, in: Tarifautonomie im Wandel (2003), S. 285 ff.; *Trümner*, Anwendungs- und Umsetzungsprobleme bei Tarifverträgen über betriebsverfassungsrechtliche Fragen (§ 3 BetrVG), ArbRGgw 36 (1999), 59; *Wendeling-Schröder*, Betriebsratsstrukturen bei Betriebsaufspaltungen und Unternehmensaufspaltungen, AiB 1983, 103; *T. Wißmann*, Tarifvertragliche Gestaltung der betriebsverfassungsrechtlichen Organisation, Berlin 2000; *Worzalla/Will*, Das neue Betriebsverfassungsrecht, 2002.

I. Vorbemerkung. Die Organisationsstruktur der Betriebsverfassung ist zwingend, soweit das Gesetz nicht – wie zB in §§ 3, 47 Abs. 9, 55 Abs. 4 – ausdrücklich Abweichendes zulässt[1]. Wird außerhalb solcher Öffnungsklauseln eine vom Gesetz abweichende Regelung getroffen, sind diese Regelungen unwirksam[2]. Da der fehlende Gestaltungsspielraum den Bedürfnissen der Praxis nicht gerecht wurde, erlaubt § 3 abweichende Regelungen zur Struktur der betriebs-, unternehmens- oder konzernbezogenen ArbN-Vertreter durch TV, BV oder Abstimmung der ArbN herbeizuführen. Im Gegensatz zur früheren Rechtslage, die Änderungen nur durch TV zuließ, soll auf diese Weise die Möglichkeit bestehen, vom BetrVG abweichende betriebsverfassungsrechtliche Organisationseinheiten zu schaffen, die im Interesse der ArbN, ArbN-Vertreter und Unternehmen sachnah und kompetent eine – auch mit Blick auf ihre Größe – möglichst effiziente und interessengerechte Vertretung der ArbN-Seite erlauben. Die gesetzliche Neuregelung ist verfassungsgemäß[3]. Die vereinbarten Strukturen können die gesetzliche Organisationsstruktur durch BR, Gesamt- oder KonzernBR ersetzen oder neben sie treten[4]. Im Mittelpunkt dürfte dabei die Möglichkeit zur Bildung von regionalen BR und Spartenbetriebsräten stehen. Eine behördliche Genehmigung für Regelungen nach § 3 ist im Gegensatz zur früheren Rechtslage nicht erforderlich.

Auch wenn der Gestaltungsspielraum nunmehr größer ist, führt eine Überschreitung der gesetzlichen Rahmenbedingungen auch in der Neufassung von § 3 zur Unwirksamkeit entsprechender Vereinbarungen[5]. ArbN-Vertreter, die ihre Existenz aus solchen Vereinbarungen ableiten, sind betriebsverfassungsrechtlich nicht existent. Grundsätzlich sind damit auch Vereinbarungen, die von solchen ArbN-Vertretern abgeschlossen werden, unwirksam. Dies gilt zB dann, wenn die Bildung oder der Fortbestand einer ArbN-Vertretung durch Interessenausgleich vereinbart wird; der Interessenausgleich ist keine Vereinbarung iSd. § 3. Der Sozialplan ist, auch wenn er wie eine BV behandelt wird, untauglich, wenn ein TV besteht (§ 3 Abs. 2). Eine Ausnahme wird man nur für solche Fälle annehmen können, in denen die Nichtbeachtung des gesetzlichen Gestaltungsspielraums nicht hinreichend grob und offensichtlich ist (Beispiel: keine erkennbare Erleichterung der BR-Bildung iSd. § 3 Abs. 1). Hier wird man zwar von einer Anfechtbarkeit der Bildung entsprechender ArbN-Vertreter analog § 19 ausgehen können. Bis zu einer rechtskräftigen Entscheidung des ArbG entfalten die Vereinbarungen indes Bindungswirkung. Die Bindungswirkung entfällt – wie das Organ selbst – aber ohne Nachwirkung mit Wirkung ex nunc, wenn rechtskräftig das Nichtbestehen des Organs festgestellt wird[6]. Wenn von § 3 abweichende Organisationsstrukturen bzw. abweichende Rechte der ArbN-Vertreter vereinbart werden, die insb. bei einer Umstrukturierung eine Konstanz der ArbN-Vertreter gewährleisten sollen, müssen sie parallel oder im Anschluss an die Wiederherstellung der gesetzlichen Organisationsstruktur von den gesetzlich zuständigen ArbN-Vertretern bestätigt werden.

§ 3 findet zwar unmittelbar keine Anwendung auf die Bildung der JAV, des Wirtschaftsausschusses, eines SprAu oder die Wahl von ArbN-Vertretern zum Aufsichtsrat. Soweit bei der Bildung dieser Organe indes auf den betriebsverfassungsrechtlichen Betrieb, den BR oder den GesamtBR abgestellt wird, werden die gesetzlichen Vorgaben aber durch eine Bezugnahme auf die neu gebildeten Organisationsstrukturen bzw. die daran anknüpfenden Organe ersetzt, wenn die Vereinbarung im Rahmen von

---

1 Vgl. BAG v. 17.1.1978 – 1 ABR 71/76, EzA § 1 BetrVG S. 6; GK-BetrVG/*Kraft*, § 3 Rz. 5; krit. *Gamillscheg*, FS Molitor, S. 133 (134). | 2 LAG Köln v. 10.3.2000 – 13 TaBV 9/00, LAGE § 3 BetrVG 1972 Nr. 6 S. 4 f.; ErfK/*Eisemann*, § 3 BetrVG Rz. 1; MünchArbR/*v. Hoyningen-Huene*, § 297 Rz. 93. | 3 Ebenso *Friese*, ZfA 2003, 237 (239 ff.); *Thüsing*, Tarifautonomie im Wandel, S. 285 (287 ff.); aA *Giesen*, BB 2002, 1480 ff. | 4 Vgl. BT-Drs. 14/5741 S. 33 f. | 5 Zur Teilnichtigkeit bzgl. Regelungen zu anderen Fragen vgl. BAG v. 5.10.2000 – 1 ABR 14/00, NZA 2001, 1325 (1327); *Hohenstatt/Dzida*, DB 2001, 2498 (2503). | 6 Eingehend *Gaul, B.*, Betriebs- und Unternehmensspaltung, § 27 Rz. 102 ff.

§ 3 Abs. 1 Nr. 1 bis 3 abgeschlossen wird. Diese gelten als Betrieb iSd. BetrVG (§ 3 Abs. 5). Bei Vereinbarungen nach § 3 Abs. 1 Nr. 4, 5 bleiben die gesetzlichen Regelungen maßgeblich. Da der kündigungsschutzrechtliche Betrieb losgelöst von den betriebsverfassungsrechtlichen Vorgaben bestimmt wird[1], hat eine Vereinbarung nach § 3 auch kündigungsschutzrechtlich keine Bedeutung[2].

4 **II. Abweichende Regelungen durch TV.** Alle abweichenden Regelungen, die § 3 Abs. 1 nennt, können durch TV vereinbart werden. Durch BV (§ 3 Abs. 2) oder Beschluss der ArbN (§ 3 Abs. 3) kann von dieser Regelungsmöglichkeit nur eingeschränkt Gebrauch gemacht werden (vgl. Rz. 19, 21).

5 **1. TV.** Regelungen nach § 3 Abs. 1 können durch Firmen- oder Verbandstarifvertrag (allgemein oder firmenbezogen) getroffen werden. Soll eine unternehmensübergreifende Regelung getroffen werden, müssen alle Unternehmen beteiligt oder wirksam durch die auf ArbGebSeite vertragsschließende Partei (ArbGebVerband/-vereinigung, Konzernmutter) vertreten werden. Dass das herrschende Unternehmen im Konzern den TV abschließt, genügt nicht. Wenn der ArbGeb an den TV gebunden ist, ist dieser ohne Rücksicht auf die Gewerkschaftsmitgliedschaft auf ArbN-Seite verbindlich (§ 3 Abs. 2 TVG). Ein Nachweis über die Vertretung der Gewerkschaft im Betrieb ist nicht erforderlich; allerdings muss eine solche Vertretung gegeben sein, um die notwendige Tarifzuständigkeit zu begründen. Insofern können bzw. müssen auf ArbN-Seite mehrere Gewerkschaften beteiligt sein[3]. Da der Abschluss betriebsverfassungsrechtlicher Regelungen zur gesetzlichen Regelungskompetenz gehört und Grundlage des durch Art. 9 Abs. 3 GG abgesicherten Anspruchs auf die Gestaltung von Arbeitsbedingungen sein kann, sind entsprechende TV erstreikbar[4]. Insbesondere gibt es keinen Vorrang des Gesetzgebers, der einer Erstreikbarkeit entgegenstünde[5]. Die Frage in der Praxis wird sein, ob arbeitnehmerseits die wirtschaftlichen Nachteile eines Streiks zugunsten einer anderen betriebsverfassungsrechtlichen Organisationsstruktur in Kauf genommen werden. Dass eine tarifvertragliche Regelung gegen den erklärten Willen des BR und/oder der Belegschaft abgeschlossen werden kann, nimmt der Gesetzgeber hin, was gerade durch § 3 Abs. 2 noch einmal deutlich wird (siehe Rz. 19 f.).

6 Ein TV nach § 3 kann mit Wirkung für künftige Gesellschaften abgeschlossen werden. Insbesondere im Zusammenhang mit Betriebsübergang/Umwandlung kann der übernehmende Rechtsträger dabei bereits als Vorgesellschaft beteiligt werden[6]. Vorsorglich kann sein In-Kraft-Treten an bestimmte Bedingungen (zB Eintragung der Gesellschaft im Handelsregister) geknüpft werden[7]. Dadurch wird vermieden, dass für eine Übergangszeit erst die im Gesetz vorgesehenen Strukturen gebildet werden.

7 Werden mehrere TV mit Wirkung für ein Unternehmen oder einen Betrieb abgeschlossen, richtet sich die Anwendbarkeit nach den allgemeinen Regeln zur Tarifkonkurrenz[8]. Bestehende TV können durch neue Regelungen derselben Parteien ersetzt werden (Zeitkollisionsregel). Abweichend von § 4 Abs. 5 TVG gelten die Regelungen des TV nach seinem Ablauf nicht fort. Sie werden durch die zwingenden Vorgaben des BetrVG ersetzt, falls keine neue Vereinbarung nach § 3 abgeschlossen wird[9]. Durch TV kann indes eine Übergangsregelung oder eine vorübergehende Nachwirkung (zB für einen bestimmten Zeitraum der Neuverhandlungen) vereinbart werden. Wegen Übergangs- oder Restmandats vgl. Rz. 36 ff.

8 **2. Unternehmensbezogene Zusammenfassung von Betrieben.** Nach § 3 Abs. 1 Nr. 1a kann ein unternehmenseinheitlicher BR gebildet werden. In diesem Fall gelten alle Einheiten als ein Betrieb; die Bildung eines GesamtBR entfällt[10]. Alternativ dazu können im Unternehmen einzelne Betriebe zusammengefasst werden (§ 3 Abs. 1 Nr. 1b). Denkbar ist dies insb. bei einer Filial- oder Regionalstruktur. Wenn ein BR gewählt wird, muss dieser sodann für die neue Einheit gebildet werden. Sie gilt als Betrieb iSd. BetrVG (§ 3 Abs. 5 Satz 1). Nicht erforderlich ist, dass dabei Regelungen für alle Betriebe des Unternehmens getroffen werden. Für Einheiten, die vom TV nicht erfasst werden, gilt weiter das BetrVG. Bestehen danach mehrere BR, die auf der Grundlage der gesetzlichen oder der tariflichen Betriebsstruktur gebildet wurden, muss von diesen ein GesamtBR gebildet werden (§ 47 Abs. 1).

9 Voraussetzung für solche Vereinbarungen ist, dass dies die Bildung von BR erleichtert oder einer sachgerechten Wahrnehmung der Interessen der ArbN dient. Die Anforderungen an die Wirksamkeit entsprechender Vereinbarungen sind damit gering[11]. So dürfte die erste Voraussetzung erfüllt sein, wenn BR-Wahlen in den nach Gesetz gebildeten Betrieben bereits wegen der geringen Größe einen unverhältnismäßigen Aufwand bedeuten. Die zweite Voraussetzung dürfte immer dann erfüllt sein, wenn durch die Zusammenfassung mehrerer Betriebe eine übergreifende Interessenvertretung auf ArbN-Seite geschaf-

---

1 Vgl. BAG v. 15.3.2001 – 2 AZR 151/00, NZA 2001, 831 (832); *Gaul, B.*, Betriebs- und Unternehmensspaltung, § 18 Rz. 11. | 2 *Kania/Gilberg*, NZA 2000, 678 (680); *Preis*, RdA 2000, 257 (264); *Stege/Weinspach/Schiefer*, § 3 BetrVG Rz. 17 f.; DKK/*Trümner*, § 3 BetrVG Rz. 152; *Gaul, B.*, Betriebs- und Unternehmensspaltung, § 18 Rz. 12 f. | 3 Vgl. Richardi/*Richardi*, § 3 BetrVG Rz. 38; *Thüsing*, Tarifautonomie im Wandel, S. 285 (295 ff.). | 4 *Trümner*, ArbRGgw 36 (1999), 59 (72); Richardi/*Richardi*, § 3 BetrVG Rz. 39; aA *Hohenstatt/Dzida*, DB 2001, 2498 (2501). | 5 Ebenso Richardi/*Richardi*, § 3 BetrVG Rz. 39; *Fitting*, § 3 BetrVG Rz. 39; *Friese*, ZfA 2003, 237 (239 ff.); abl. *Reichold*, NZA 2001, 857 (859); *Franzen*, ZfA 2000, 285 (297). | 6 Vgl. BAG v. 24.6.1998 – 4 AZR 208/97, EzA § 20 UmwG Nr. 1 S. 6 m. Anm. *Rieble*; *Gaul, B.*, Betriebs- und Unternehmensspaltung, § 24 Rz. 39. | 7 Vgl. BAG v. 24.1.2001 – 4 ABR 4/00, NZA 2001, 1149 (1150 f.). | 8 Vgl. *Trümner*, ArbRGgw 36 (1999), 59; abw. *Friese*, ZfA 2003, 237 (271 ff.). | 9 *Trümner*, ArbRGgw 36 (1999), 59 (77). | 10 *Hohenstatt/Dzida*, DB 2001, 2498. | 11 Vgl. *Giesen*, BB 2002, 1480 (1481); *Hohenstatt/Dzida*, DB 2001, 2498 (2499).

fen wird, die der entsprechenden Zentralisierung auf ArbGebSeite Rechnung trägt. Denn der Wahrnehmung der ArbN-Interessen dient die neue Struktur insb. dann, wenn der BR dort errichtet wird, wo ihm ein kompetenter Ansprechpartner und Entscheidungsträger gegenüber steht[1]. Ein tatsächliche Verbesserung der sachgerechten Interessenvertretung der ArbN ist nicht erforderlich. Da es genügt, wenn die Vereinbarung diesem Ziel „dient", reicht es, wenn eine entsprechende Wirkung von den TV-Parteien angestrebt wird und ein Erfolg nicht objektiv ausgeschlossen ist. Ist keine der (alternativen) Voraussetzungen erfüllt, ist die Regelung allerdings unwirksam (vgl. Rz. 2).

3. Spartenbezogene ArbN-Vertreter. Nach § 3 Abs. 1 Nr. 2 kann durch TV unternehmens- oder konzernbezogen eine spartenbezogene Bildung von BR vereinbart werden. Die Sparte wird dabei als produkt- oder projektbezogener Geschäftsbereich definiert[2]. Diesen Bereichen können dann nicht nur verschiedene Betriebe mit der Folge zugeordnet werden, dass betriebsübergreifend eine einzige ArbN-Vertretung gewählt wird. Wenn in einem Betrieb iSd. BetrVG verschiedene Sparten vertreten sind, können diese Bereiche auch betriebsintern entsprechend ihrer produkt- oder projektbezogenen Ausrichtung jeweils getrennten Spartenbetriebsräten zugeordnet werden. Die ursprüngliche Kennzeichnung nach den allgemeinen Vorgaben des BetrVG ist damit nicht mehr maßgeblich. Eine konzernübergreifende Bildung von Spartenbetriebsräten – zB im Zusammenhang mit einem Joint Venture ohne Mehrheitsbeteiligung oder Arbeitsgemeinschaften – wird durch § 3 Abs. 1 Nr. 2 nicht gestattet, wäre aber nach § 3 Abs. 1 Nr. 3 erlaubt. Auch Spartengesamtbetriebsräte können im Rahmen von § 3 Abs. 1 Nr. 2 nicht gebildet werden. Bestehen in einem Unternehmen mehrere BR oder Spartenbetriebsräte, müssen diese einen GesamtBR bilden, der dann auch spartenübergreifend besteht. Die Bildung von Spartengesamtbetriebsräten ist aber gemäß § 3 Abs. 1 Nr. 3 erlaubt[3]. 10

Voraussetzung für die Bildung von Spartenbetriebsräten ist zunächst einmal, dass die Leitung der Sparte auch Entscheidungen in beteiligungspflichtigen Angelegenheiten trifft. Nicht erforderlich ist, dass sie wesentliche oder gar alle Fragen in personellen, sozialen oder wirtschaftlichen Angelegenheiten trifft. Unter diesen Voraussetzungen wäre eine gesonderte Vereinbarung ohnehin nur dann erforderlich, wenn die einer Sparte zuzuordnenden Einheiten wegen ihrer räumlichen Entfernung keinen Betrieb bilden könnten. Vergleichbar mit der durch § 4 Abs. 1 Satz 1 Nr. 1 BetrVG für den Fall der räumlichen Entfernung vorausgesetzten Mindestkompetenzzuweisung (vgl. § 4 Rz. 9 ff.) genügt es, dass einzelne Fragen, die Beteiligungsrechte des BR auslösen, in der Spartenleitung entschieden werden[4]. Unerheblich ist, ob das Beteiligungsrecht mit Unterrichtungs- oder weiter gehenden MitbestR verbunden ist. Da die Zuordnung dieser Entscheidungskompetenz zur Spartenleitung der unternehmerischen Entscheidungsfreiheit unterliegt, sind die Voraussetzungen von der ArbN-Seite/Gewerkschaft indes nicht erzwingbar. Denkbar ist auch, dass diese Organisation nur für einzelne Sparten im Unternehmen/Konzern gegeben sind. 11

Weitere Wirksamkeitsvoraussetzung ist, dass der TV der sachgerechten Wahrnehmung der Aufgaben des BR dient[5]. Trotz des abweichenden Wortlauts wird man hiervon indes entsprechend § 3 Abs. 1 Nr. 1 ausgehen können, wenn der Spartenbetriebsrat dort errichtet wird, wo ihm ein kompetenter Ansprechpartner und Entscheidungsträger gegenüber steht. Das Gleiche gilt dann, wenn mit dieser Form der sachbezogen spezialisierten ArbN-Vertretung einer regionalen oder standortinternen Aufteilung eines Betriebs iSd. BetrVG, spartenbezogenen Organisationsänderungen oder unterschiedlichen Tätigkeiten in den einzelnen Geschäftsbereichen und den daraus folgenden Beteiligungsrechten des BR zB in Bezug auf Personalplanung oder Arbeitsschutz Rechnung getragen werden soll. Da nur die sachgerechte Wahrnehmung der betriebsverfassungsrechtlichen Aufgaben unterstützt wird, ist der Nachweis einer Verbesserung nicht notwendig (vgl. Rz. 2). 12

4. Sonstige ArbN-Vertretungsstrukturen. § 3 Abs. 1 Nr. 3 ermöglicht durch TV die Bildung anderer ArbN-Vertretungsstrukturen, die an die Stelle der im Gesetz an sich vorgegebenen Strukturen treten. Damit ist eine umfassende Neuorganisation der betriebsverfassungsrechtlichen Strukturen möglich. Neben der Aufteilung eines Betriebs in mehrere betriebsverfassungsrechtliche Organisationseinheiten, der betriebsübergreifenden Zusammenfassung von Betriebsteilen oder der Bildung von Spartengesamtbetriebsräten ist zB im mittelständischen Konzern mit wenigen kleinen Konzernunternehmen eine zwei- oder gar einstufige Interessenvertretung anstelle der dreistufigen Struktur des BetrVG möglich. Im Gleichordnungskonzern kann ein KonzernBR errichtet werden[6]. 13

Wirksamkeitsvoraussetzung ist, dass die Bildung anderer ArbN-Vertretungsstrukturen insb. aufgrund der Betriebs-, Unternehmens- oder Konzernorganisation oder aufgrund anderer Formen der Zusammenarbeit von Unternehmen einer wirksamen und zweckmäßigen Interessenvertretung der ArbN dient. Da dieses Ziel keinen abschließenden Charakter hat („insbesondere"), kann die wirksame und zweckmäßige Interessenvertretung der ArbN auch aus anderen Gründen verfolgt werden. Beispiel: Spartenorganisati- 14

---

1 BT-Drs. 14/5741 S. 34. | 2 Eingehend *Friese*, RdA 2003, 92 (93 f.). | 3 Eingehend – wenn auch mit einer zT abweichenden Zuordnung der Regelungsmöglichkeiten zu § 3 Abs. 1 Nr. 2, 3 – vgl. *Friese*, RdA 2003, 92 (94 ff.). | 4 Ebenso DKK/*Trümner* § 3 Rz. 45; *Friese*, RdA 2003, 92 (93 f.); aA ErfK/*Eisemann*, § 3 BetrVG Rz. 5, der offenbar eine weitergehende Kompetenzzuweisung für erforderlich hält. | 5 Eingehend *Friese*, RdA 2003, 92 (100). | 6 Vgl. BT-Drs. 14/5741 S. 34.

on, Zusammenarbeit im Joint Venture oder in Arbeitsgemeinschaften. Damit dürfte zwar jede sachlich begründete Form der unternehmensinternen oder übergreifenden Zusammenarbeit eine vom Gesetz abweichende ArbN-Vertretungsstruktur rechtfertigen. Dass die gesetzliche Organisation der Betriebsverfassung damit zur Disposition der TV-Parteien gestellt wird und dies durch nichtorganisierte ArbN hingenommen werden muss, erscheint indes mit Blick auf die Grundsatzentscheidung des Gesetzgebers in § 3 Abs. 2 hinnehmbar, zumal die Interessenvertretung auch in der neuen Struktur ohne Rücksicht auf die Gewerkschaftsmitgliedschaft im Rahmen von Wahlen demokratisch legitimiert werden muss und Arbeitsbedingungen selbst durch den TV nur bei beiderseitiger Tarifbindung gestaltet werden können[1].

15   **5. Arbeitsgemeinschaften und zusätzliche sonstige Vertretungen.** Nach § 3 Abs. 1 Nr. 4 können durch TV zusätzliche betriebsverfassungsrechtliche Gremien (Arbeitsgemeinschaften) gebildet werden, die der unternehmensübergreifenden Zusammenarbeit von ArbN-Vertretungen dienen. Ein Konzernbezug oder eine besondere Form der Zusammenarbeit der beteiligten Unternehmen ist nicht erforderlich. Arbeitsgemeinschaften können auch regional oder branchenbezogen gebildet werden. Darüber hinaus soll es möglich werden, dass ArbN-Vertretungsstrukturen entlang einer Produktionskette (just in time) oder für andere moderne Erscheinungsformen von Produktion, Dienstleistung und Zusammenarbeit von Unternehmen geschaffen werden[2]. Unter dem Begriff der ArbN-Vertretung iSd. § 3 Abs. 1 Nr. 4 sind neben BR, Gesamt- oder KonzernBR auch SpartenBR oder andere ArbN-Vertretungsstrukturen iSd. § 3 Abs. 1 Nr. 3 zu verstehen.

16   Darüber hinaus können nach § 3 Abs. 1 Nr. 5 durch TV zusätzliche betriebsverfassungsrechtliche Vertretungen der ArbN gebildet werden, sofern diese die Zusammenarbeit zwischen BR und ArbN erleichtern. Beispiel: Regionale Vertreter des BR, Vertreter des BR für einzelne Betriebsteile.

17   Im Unterschied zu § 3 Abs. 1 Nr. 1 bis 3 treten die Arbeitsgemeinschaften und sonstigen zusätzlichen ArbN-Vertretungen nach Nrn. 4, 5 nicht an die Stelle der gesetzlich vorgesehenen ArbN-Vertretungen. Es sind zusätzliche Strukturen, die die Rechtsposition der nach dem Gesetz bestehenden Organe unberührt lassen. Sie übernehmen keine betriebsverfassungsrechtlichen Aufgaben und besitzen keine Mitwirkungs- und MitbestR[3]. Soweit zusätzliche ArbN-Vertretungen im Gesetz nicht vorgesehene Rechte erhalten sollen, bleibt dies indes weiterhin statthaft[4].

18   **Bestimmung der Zahl der Mitglieder, Zusammensetzung und Wahl.** Durch TV kann an sich nur eine vom Gesetz abweichende Organisationseinheit definiert werden, die als Betrieb iSd. BetrVG gilt (§ 3 Abs. 5 Satz 1). Soweit keine dahin gehende Regelung getroffen wird, finden deshalb grundsätzlich die Regelungen über die Zahl der BR-Mitglieder, ihre Zusammensetzung und die daran anknüpfenden Organisationsvorgaben (zB §§ 9, 14a, 17a, 27, 38, 47) für ArbN-Vertretungen nach § 3 Abs. 1 Nr. 1 bis 3 entsprechende Anwendung. § 3 Abs. 1 Nr. 3 macht indes durch die Berechtigung zur Wahl anderer „ArbN-Strukturen" deutlich, dass auch eine vom Gesetz abweichende Regelung über die Zahl der Mitglieder des vereinbarten Repräsentationsorgans, seine Zusammensetzung und das Wahlverfahren vereinbart werden kann, sofern dabei die allgemeinen Grundsätze des Betriebsverfassungsrechts (zB Repräsentation durch ArbN des Betriebs) beachtet werden[5]. Diese Regelungsbefugnis gilt auch für § 3 Abs. 1 Nr. 1, 2[6].

19   **III. Regelungen durch BV.** § 3 Abs. 2 erlaubt nur sehr eingeschränkt vom Gesetz abweichende Regelungen durch BV. Zum einen können nur Regelungen entsprechend § 3 Abs. 1 Nr. 1, 2, 4 oder 5 getroffen werden. Zum anderen ist eine Regelung ausgeschlossen, wenn irgendeine tarifliche Regelung mit Wirkung für den Betrieb oder das Unternehmen, das in den Geltungsbereich der BV fallen sollen, abgeschlossen wurde. Im Kern geht es also um einen „Supertarifvorbehalt", der §§ 77 Abs. 3 Satz 1, 87 Abs. 1 Einleitungssatz deutlich übertrifft. Jede Regelung durch Verbands- oder FirmenTV, gleich welchen Geltungsbereich sie betrifft (zB vermögenswirksame Leistungen), schließt eine BV nach § 3 Abs. 2 aus. Dies gilt auch dann, wenn der TV keine Regelungen über betriebsverfassungsrechtliche Organisationsstrukturen enthält[7]. Dabei werden auch allgemeinverbindliche Regelungen einbezogen[8]. Eine einzelvertragliche Bezugnahme auf einen TV genügt indes nicht, um die Sperrwirkung für eine BV auszulösen. Warum der Gesetzgeber den betrieblichen Sozialpartnern bedauerlicherweise so wenig Kompetenz zugesteht, ist nicht erkennbar. Der damit bewirkte Vorrang der Gewerkschaften ist unverhältnismäßig und sachlich unbegründet. Umso wichtiger ist es, den betrieblichen Sozialpartnern durch entsprechende Öffnungsklauseln in TV diesen Gestaltungsspielraum zuzuerkennen, wenn die Tarifpartner selbst solche Regelungen nicht treffen. Solche Öffnungsklauseln sind wirksam[9]. Dass § 3 Abs. 2 eine solche Möglichkeit – anders als § 77 Abs. 3 Satz 2 – nicht nennt, steht dem nicht entgegen. Andernfalls wäre mit § 3 Abs. 2 ein unverhältnismäßiger Eingriff in die negative Koalitionsfreiheit des ArbGeb verbunden, der – entgegen dem eigentlichen Regelungswillen der TV-Parteien – bereits durch Abschluss eines TV zu völlig anderen Fragen jedwede Gestaltungsmöglichkeit

---

1 Abw. Richardi/*Richardi*, § 3 BetrVG Rz. 23. |2 BT-Drs. 14/5741 S. 34. |3 *Löwisch*, BB 2001, 1734 (1735). |4 Vgl. BAG v. 19.6.2001 – 1 AZR 463/00, NZA 2002, 397 (400) – Bildung eines Redaktionsrats zur Mitwirkung bei tendenzbezogenen Maßnahmen in Zeitungsredaktion. |5 Vgl. BAG v. 5.10.2000 – 1 ABR 14/00, NZA 2001, 1325 (1327) (zu § 3 BetrVG aF); ebenso *Fitting*, § 3 BetrVG Rz. 47 ff., 54; ErfK/*Eisemann*, § 3 BetrVG Rz. 6. |6 AA *Friese*, RdA 2003, 92 (101), die allerdings Ausnahmen zulässt. |7 BT-Drs. 14/5741 S. 34. |8 Richardi/*Richardi*, § 3 BetrVG Rz. 50. |9 AA *Annuß*, NZA 2002, 290 (293); *Thüsing*, Tarifautonomie im Wandel, S. 285 (303 f.).

auf der betriebsverfassungsrechtlichen Ebene verlöre. Eine solche Öffnungsklausel berechtigt BR, Gesamt- oder KonzernBR indes nicht, ihren originären Zuständigkeitsbereich (Betrieb, Unternehmen oder Konzern), wie er durch §§ 50 Abs. 1, 58 Abs. 1 BetrVG gekennzeichnet wird, zu überschreiten[1].

Die Geltungsdauer der BV bestimmt sich grundsätzlich nach § 77. Beansprucht ein TV erst nach Abschluss einer BV gemäß § 3 Abs. 2 Wirkung, endet die Wirkung der BV ohne Übergang an diesem Tag. Unerheblich ist, auf welche Weise die Geltung herbeigeführt wird (zB Neuabschluss eines FirmenTV, Beitritt zu ArbGebVerband). Auch der Regelungsgegenstand des TV spielt keine Rolle. Nachwirkung der BV gemäß § 77 Abs. 6 ist nicht gegeben. Endet der TV, ist damit auch ein Wiederaufleben der BV ausgeschlossen. Allerdings kann vereinbart werden, dass die BV in diesem Fall wieder in Kraft tritt. Die Ablösung der bestehenden Organisationsstrukturen bestimmt sich sodann (wieder) nach § 3 Abs. 4. Wegen eines Rest- oder Übergangsmandats vgl. Rz. 35 ff. 20

IV. Beschluss der ArbN zu unternehmenseinheitlichem BR. § 3 Abs. 3 eröffnet – theoretisch – die Möglichkeit, die Wahl eines unternehmenseinheitlichen BR entsprechend § 3 Abs. 1 Nr. 1a durch mehrheitlichen Beschluss der ArbN herbeizuführen. Voraussetzung ist allerdings, dass keine tarifliche Regelung besteht (vgl. Rz. 19) und in dem Unternehmen überhaupt kein BR existiert. Besteht in einem der Betriebe des Unternehmens ein BR, ist ein Beschluss nach § 3 Abs. 3 ausgeschlossen. Die Abstimmung kann von mindestens 3 wahlberechtigten ArbN oder von einer im Unternehmen vertretenen Gewerkschaft veranlasst werden. Spricht sich die Mehrheit der ArbN für die unternehmenseinheitliche Bildung eines BR aus, müssen entsprechende BR-Wahlen eingeleitet werden (vgl. Rz. 25). 21

Obwohl dahingehende Regelungen fehlen, wird man dem Beschluss analog § 4 Abs. 1 Satz 2 bis 5 Bindungswirkung für die Dauer der Amtszeit des BR zumessen müssen. Er kann indes mit Mehrheitsbeschluss widerrufen werden. Erfolgt kein Widerruf, der dem BR spätestens 10 Wochen vor Ablauf der Amtszeit mitgeteilt werden muss, wird nach Ablauf der Amtszeit ein neuer unternehmenseinheitlicher BR gewählt. 22

V. Geltungsdauer abweichender Vereinbarungen. Abweichende Regelungen eines TV oder einer BV iSd. § 3 Abs. 1 Nr. 1 bis 3 kommen, wenn in der Vereinbarung selbst nichts Abweichendes bestimmt wird, erstmals bei der nächsten regelmäßigen BR-Wahl zur Anwendung. Sofort zur Anwendung kommen diese Regelungen nur dann, wenn kein BR besteht oder aus anderen Gründen eine Neuwahl des BR erforderlich ist. Sehen die Vereinbarungen einen anderen Wahlzeitpunkt vor, endet die Amtszeit bestehender BR, die durch die Regelungen nach Abs. 1 Nr. 1 bis 3 entfallen, mit Bekanntgabe der Wahlergebnisse[2]. Vereinbarungen über Arbeitsgemeinschaften oder zusätzliche Vertretungen nach § 3 Abs. 1 Nr. 4, 5 können, wenn nichts anderes vereinbart wird, sofort in Kraft treten. Bestehende ArbN-Vertretungen bleiben hiervon unberührt. 23

Endet der TV oder die BV, werden (wieder) die im BetrVG vorgesehenen ArbN-Vertretungen gebildet. Nachwirkung entfalten die Regelungen nicht, falls keine abweichende Vereinbarung getroffen wird[3]. Allerdings hat der kraft Vereinbarung nach § 3 Abs. 1 Nr. 1 bis 3 gebildete BR oder SpartenBR ein Übergangsmandat nach § 21a[4]. 24

VI. Durchführung von BR-Wahlen. Wie die Mitglieder einer ArbN-Vertretung nach § 3 Abs. 1 Nr. 1 bis 3 gewählt werden, bestimmt § 3 nicht. Auch die Wahlordnung zum BetrVG schweigt. § 3 Abs. 5 Satz 2 stellt lediglich klar, dass auf die „gebildeten" ArbN-Vertretungen die Vorschriften über die Rechte und Pflichten des BR und die Rechtsstellung seiner Mitglieder Anwendung finden. 25

Gab es bislang keinen BR, wird man deshalb von einer entsprechenden Anwendbarkeit der Regelungen zu BR-Wahlen in betriebsratslosen Betrieben ausgehen können, soweit die ArbN-Vertretung – wie in § 3 Abs. 1 Nr. 1, 2 vorgesehen – an die Stelle eines BR treten soll. Insofern kommen insb. §§ 14 ff., 17 ff., 21 ff. zur Anwendung. Darüber hinaus sind die Vorgaben zur Wahlberechtigung und Wählbarkeit sowie der Zahl der Mitglieder (§§ 7 ff.) entsprechend anwendbar[5]. Bei § 3 Abs. 1 Nr. 3 muss differenziert werden. Werden neue Organisationseinheiten definiert, die den nach BetrVG bestehenden Betrieb verändern, gilt entsprechendes. Treten die neuen ArbN-Strukturen an die Stelle von Gesamt- oder KonzernBR, wird man die für deren Bildung im Gesetz vorgesehenen Vorschriften analog heranziehen können. Besondere Voraussetzungen (zB § 54 Abs. 1 Satz 2) finden dann allerdings keine Anwendung. 26

Wenn die abweichende Struktur durch TV eingeführt wird, obwohl bereits ein BR besteht, gelten die vorstehenden Überlegungen grundsätzlich entsprechend. Allerdings wird man dem bisherigen BR, wenn die neue Struktur den BR ersetzen soll, ein Übergangsmandat gemäß § 21a Abs. 1 mit der Folge einräumen müssen, dass er für die Bildung des Wahlvorstands in den neu gebildeten Einheiten zuständig ist. Wenn mehrere Einheiten zusammengeschlossen werden, in denen jeweils schon ein BR bestand, gilt § 21a Abs. 2. 27

---

[1] *Gaul, B.*, Betriebs- und Unternehmensspaltung, § 27 Rz. 98. |[2] So schon zur früheren Rechtslage BAG v. 24.1.2001 – 4 ABR 11/00, nv.; v. 19.6.2001 – 1 ABR 43/00, NZA 2001, 1263 (1264). |[3] Vgl. *Thüsing*, Tarifautonomie im Wandel, S. 285 (309 ff.). |[4] Ebenso Richardi/*Thüsing*, § 21a BetrVG Rz. 26. |[5] Vgl. *Hohenstatt/Dzida*, DB 2001, 2498 (2500).

28 Wenn die ArbN-Vertretungen zusätzlich gebildet werden (§ 3 Abs. 1 Nr. 4, 5) kann in der Vereinbarung selbst die Bildung und Zusammensetzung geregelt werden.

29 Die Wahlen im Anschluss an eine Vereinbarung nach § 3 sind ggf. anfechtbar analog § 19. Wegen der weiteren Einzelheiten der Abgrenzung zwischen Nichtigkeit und Anfechtbarkeit vgl. Rz. 2. Daneben kann das Vorliegen einer betriebsverfassungsrechtlichen Organisationseinheit zum Gegenstand eines Feststellungsantrags nach § 18 Abs. 2 gemacht werden.

30 **VII. Rechtsstellung der ArbN-Vertretung und ihrer Mitglieder.** Nach § 3 Abs. 5 Satz 1 gelten die aufgrund eines TV oder einer BV nach Absatz 1 Nr. 1 bis 3 gebildeten betriebsverfassungsrechtlichen Organisationseinheiten als Betriebe iSd. BetrVG. Entsprechendes ist auch ohne gesetzliche Regelung für Unternehmen anzunehmen, in dem die Belegschaft gemäß § 3 Abs. 3 die Bildung eines unternehmenseinheitlichen BR gemäß § 3 Abs. 1 Nr. 1 beschlossen hat. Auf die in ihnen gebildeten ArbN-Vertretungen finden die Rechte und Pflichten des BR und die Rechtsstellung seiner Mitglieder Anwendung (§ 3 Abs. 5 Satz 2). Unter entsprechender Berücksichtigung der vertikalen Zuständigkeitsverteilung durch §§ 50, 58 kann die ArbN-Vertretung damit alle Mitbestimmungs- und Mitwirkungsrechte des BR wahrnehmen. Neben der personellen und sozialen Mitbest. gehört hierzu auch die Beteiligung bei einer Betriebsänderung nach §§ 111, 112[1]. Im Zweifel ist das Wort „Betriebsrat" durch die Worte „ArbN-Vertretung nach § 3 BetrVG" zu ersetzen. Die Erstattung der Kosten und etwaiger Sachaufwand richten sich dabei nach § 40. Für die Mitglieder dieser ArbN-Vertretungen folgt aus dieser Gleichstellung vor allem der Anspruch auf Entgeltfortzahlung und Freistellung (§§ 37, 38), der Kündigungsschutz durch §§ 15 KSchG, 103 BetrVG), die Anwendbarkeit des Begünstigungs- und Benachteiligungsverbots (§ 78) sowie die Pflicht zur Verschwiegenheit (§ 79). Dabei werden Wahlbewerber und Mitglieder des Wahlvorstands analog § 15 Abs. 3 KSchG einbezogen.

31 Soweit ArbN verschiedener Unternehmen in den entsprechenden ArbN-Vertretungen tätig sind, werden die betriebsverfassungsrechtlichen Pflichten in beteiligungspflichtigen Angelegenheiten gegenüber der Vertretung in ihrer Gesamtheit durch die Unternehmen als Gesamtschuldner wahrgenommen. Dies gilt auch für die Kostenerstattung und die Übernahme des Sachaufwands entsprechend § 40[2]; im Innenverhältnis kann zwischen den Unternehmen Abweichendes vereinbart werden. Insoweit besteht also eine Parallele zum gemeinsamen Betrieb (vgl. § 1 Rz. 28). Individuelle Ansprüche der einzelnen Mitglieder richten sich allerdings ebenso wie Rechte und Pflichten von ArbN aus BV, die mit Wirkung für ArbN mehrerer Unternehmen von der Vertretung abgeschlossen worden sind (zB Spartenbetriebsvereinbarung), gegen den jeweiligen ArbGeb (vgl. § 77 Rz. 27).

32 Arbeitsgemeinschaften und zusätzliche Vertreter nach § 3 Abs. 1 Nr. 4, 5 werden in die Gleichstellung durch § 3 Abs. 5 nicht einbezogen. Ihnen steht insb. kein besonderer Kündigungsschutz zu. Folgerichtig erstreckt sich der gesetzliche Schutz auch nicht auf Wahlbewerber für Arbeitsgemeinschaften und zusätzliche Vertretungen. In der Regel dürften die Mitglieder dieser zusätzlichen Strukturen aber als Mitglied der gesetzlichen ArbN-Vertretungen geschützt sein.

33 Weiter gehende Rechte und Pflichten der Mitglieder der ArbN-Vertretungen nach § 3 Abs. 1 können vereinbart werden. Unzulässig ist es allerdings, durch solche Vereinbarungen der Vertretung selbst besondere Mitbestimmungs- und Mitwirkungsrechte zuzugestehen, wenn dadurch zugleich das gesetzliche Mitbestimmungs- oder Mitwirkungsrecht einer anderen ArbN-Vertretung eingeschränkt wird[3]. Insbesondere kann durch Vereinbarung nach § 3 die Verteilung der Zuständigkeit zwischen BR, Gesamt- oder KonzernBR (vgl. §§ 50, 58) nicht verändert werden.

34 Gemäß § 3 Abs. 5 Satz 1 besitzen die Mitglieder der nach Abs. 1 Nr. 1–3 gebildeten betriebsverfassungsrechtlichen Organisationseinheiten die Rechte und Pflichten des BR und seiner Mitglieder. Da § 3 Abs. 1 Nr. 4 und 5 dort nicht aufgeführt ist, ergibt sich im Umkehrschluss, dass die Mitglieder in zusätzlichen betriebsverfassungsrechtlichen Vertretungen nicht die Rechte und Pflichten des BR und die Rechtsstellung seiner Mitglieder besitzen. Ihnen bleibt aber der Schutz als Mitglieder der ArbN-Vertretung, aus der heraus sie in die besonderen Vertretungsstrukturen nach § 3 Abs. 1 Nr. 4, 5 entsandt werden.

35 **VI. Folgen von Umstrukturierungen.** Vergleichbar mit freiwilligen Vereinbarungen zur grenzüberschreitenden Unterrichtung und Anhörung bzw. zur Bildung EBR nach §§ 17 ff., 41 EBRG sollte in einer Vereinbarung nach § 3 sichergestellt sein, wie bei künftigen Änderungen der Betriebs-, Unternehmens- oder Konzernstruktur, einer Veränderung der im Unternehmen oder Konzern bestehenden Sparten bzw. sonstigen Veränderungen im Kreis der beteiligten Rechtsträger verfahren werden soll. Fehlen solche Absprachen, die auch in Form einer Öffnung für Regelungen durch BV liegen können (vgl. Rz. 19), wird man differenzieren müssen:

36 Wird die der Bildung von Spartenbetriebsräten zugrunde liegende Struktur der Geschäftsbereiche mit der Folge geändert, dass einzelne Sparten entfallen, endet das Amt der ArbN-Vertretung nach § 3 Abs. 1

---

1 *Gaul, B.*, Betriebs- und Unternehmensspaltung, § 28 Rz. 93 ff. | 2 Vgl. *Löwisch*, BB 2001, 1734 (1735). | 3 Richardi/*Richardi*, § 3 BetrVG Rz. 20.

Nr. 2. Der BR hat indes – je nach den tatsächlichen Gegebenheiten – ein Übergangs- und/oder Restmandat analog §§ 21a, 21b[1].

Werden Einheiten, die durch eine Vereinbarung nach § 3 Abs. 1 Nr. 1 bis 3 als selbständige betriebsverfassungsrechtliche Organisationseinheiten definiert wurden, Gegenstand eines Betriebsübergangs bzw. einer Umwandlung, hängen die Rechtsfolgen davon ab, ob ihre Identität durch den Übertragungsvorgang berührt wird, ob mit entsprechenden Vereinbarungen betriebsinterne, unternehmensinterne oder unternehmensübergreifende ArbN-Vertretungen geschaffen wurden und ob und inwieweit diese Vereinbarung auch den übernehmenden Rechtsträger binden. § 613a Abs. 1 Satz 2 BGB kommt, da es sich insoweit nicht um Inhaltsnormen handelt, nicht zur Anwendung. Das Gleiche gilt grundsätzlich auch für die Vereinbarung nach § 3 Abs. 1 Nr. 4, 5. Hier treten die ArbN-Vertretungen indes neben die Organe, die nach den Vorgaben des BetrVG gebildet wurden. Die Rechtsfolgen für die ArbN-Vertreter nach § 3 Abs. 1 Nr. 4, 5 müssen also von den Rechtsfolgen für den BR, den Gesamt- oder KonzernBR bzw. die JAV getrennt beurteilt werden. Wenn die Bildung der ArbN-Vertretung durch Beschluss der ArbN gemäß § 3 Abs. 3 erfolgt ist, besteht keine Bindung des übernehmenden Rechtsträgers[2]. Das Ergebnis lässt sich wie folgt zusammenfassen: 37

Wenn gemäß § 3 Abs. 1 Nr. 2, 3 für einen einzelnen Betrieb iSd. §§ 1, 4 Abs. 1 Satz 1 durch BV die Bildung mehrerer (Sparten-)BR vereinbart wird, gilt diese Vereinbarung auch beim übernehmenden Rechtsträger fort, wenn dieser die Betriebe unter Wahrung der in der Vereinbarung gekennzeichneten Identität aufrecht erhält. Entsprechendes gilt, wenn innerbetrieblich zusätzliche ArbN-Vertretungen gemäß § 3 Abs. 1 Nr. 5 vereinbart wurden. 38

Wenn eine Vereinbarung gem. § 3 Abs. 1 Nr. 2, 3, 5 durch FirmenTV getroffen wurde, gilt sie – vorausgesetzt die betroffenen Einheiten werden übernommen – auch beim übernehmenden Rechtsträger fort, wenn die Übertragung im Wege der Gesamtrechtsnachfolge vorgenommen wurde und die sonstigen Voraussetzungen eines Eintritts in den FirmenTV erfüllt sind. Bei einer Übertragung im Wege der Einzelrechtsnachfolge kommt ein Eintritt in den FirmenTV nur aufgrund gesonderter Vereinbarung zwischen der Gewerkschaft und dem übernehmenden Rechtsträger in Betracht[3]. Andernfalls entfällt die entsprechende Regelung. Allerdings kommt bei den nach § 3 Abs. 1 Nr. 2, 3 gebildeten ArbN-Vertretungen auf betrieblicher Ebene ein Übergangsmandat gem. §§ 3 Abs. 5, 21a zur Anwendung. 39

Wenn die durch Vereinbarung gebildeten Betriebe in Zusammenhang mit dem Übertragungsvorgang in ihrer Identität verändert, insb. aufgelöst werden, ist ein Fortbestand des BR ausgeschlossen. Auch hierbei ist allerdings das Übergangsmandat gemäß §§ 3 Abs. 5, 21a zu berücksichtigen, soweit ArbN-Vertretungen nach § 3 Abs. 1 Nr. 2, 3 betroffen sind[4]. Diese Überlegungen lassen sich bei unternehmensbezogenen ArbN-Vertretungen auf den Fall übertragen, dass Betriebe oder selbständige Betriebsteile durch Vereinbarung mit dem GesamtBR bzw. mit der Gewerkschaft zu einem einzigen Betrieb gem. § 3 Abs. 1 Nr. 1, 2 zusammengefasst worden sind. Werden diese Einheiten unter Wahrung ihrer Identität auf einen anderen Rechtsträger übertragen, gilt die aufgrund der GesamtBV getroffene Regelung kollektivrechtlich fort. Ist die Regelung durch TV getroffen worden, kommt eine Fortgeltung der Vereinbarungen nach § 3 Abs. 1 Nr. 1 bis 3 nur bei einer Gesamtrechtsnachfolge in Betracht. Liegen die hierfür erforderlichen Voraussetzungen nicht vor, endet die Vereinbarung für die vom Übergang betroffene Einheit mit dem Wirksamwerden des Übertragungsvorgangs. Soweit deshalb bis zur Neuwahl eines BR keine ArbN-Vertretung besteht, wird man indes wegen § 3 Abs. 5 ein Übergangsmandat gem. § 21a annehmen müssen. 40

Ob beim übertragenden Rechtsträger eine betriebsübergreifende ArbN-Vertretung fortbesteht, hängt vom Inhalt der Vereinbarung und den tatsächlichen Gegebeneinheiten ab[5]. 41

Wenn durch Vereinbarung mit dem KonzernBR gem. § 3 Abs. 1 Nr. 2, 4 Regeln zur Bildung unternehmensübergreifender ArbN-Vertretungen abgeschlossen wurden, bestehen diese Vereinbarung und die daran anknüpfend gebildeten Organe fort, wenn die Übertragung im Konzern erfolgt und die Einheiten in ihrer Identität, wie sie durch die Vereinbarung definiert wird, nicht berührt werden. Werden Betriebe und Betriebsteile auf Rechtsträger außerhalb des Konzerns übertragen, findet die konzernbezogene BV keine Anwendung mehr. Dies gilt auch beim FirmenTV, sofern nicht ausnahmsweise eine Übertragung im Wege der Gesamtsrechtsnachfolge veranlasst worden ist. Wenn die bisherige ArbN-Vertretung fortbestehen soll, muss eine entsprechende Vereinbarung unter Einbeziehung des übernehmenden Rechtsträgers neu abgeschlossen werden. Ist diese Rechtsfolge bei ArbN-Vertretungen iSd. § 3 Abs. 1 Nr. 1 bis 3 mit einem Wegfall der betriebsbezogenen Interessenvertretung verbunden, kommt das Übergangsmandat gem. § 21a zur Anwendung. Es greift lediglich dann nicht, wenn die Übertragung mit dem Wegfall von ArbN-Vertretern verbunden ist, die gem. § 3 Abs. 1 Nr. 2, 3 auf überbetrieblicher Ebene neben den BR gebildet worden sind. Es kommt auch dann nicht zur Anwendung, wenn die Vereinbarung auf die Bildung zusätzlicher ArbN-Vertretungen iSd. § 3 Abs. 1 Nr. 4 gerichtet war[6]. 42

---

[1] Vgl. *Giesen*, BB 2002, 1480 (1482). [2] *Gaul, B.*, Betriebs- und Unternehmensspaltung, § 27 Rz. 225 ff. [3] Eingehend *Gaul, B.*, Betriebs- und Unternehmensspaltung, § 24 Rz. 135 ff. [4] *Gaul, B.*, Betriebs- und Unternehmensspaltung, § 27 Rz. 230. [5] *Gaul, B.*, Betriebs- und Unternehmensspaltung, § 27 Rz. 233. [6] *Gaul, B.*, Betriebs- und Unternehmensspaltung, § 27 Rz. 235.

43 Die Rechtsfolgen einer unternehmensinternen Betriebsspaltung werden im Wesentlichen durch den Inhalt der Vereinbarung nach § 3 bestimmt. Nur wenn nach der Vereinbarung angenommen werden muss, dass die neue Betriebsstruktur nicht mehr vom Geltungsbereich erfasst wird, oder die in der Vereinbarung getroffene Vereinbarung auf die neue Organisationsstruktur nicht angewendet werden kann, kommt die Bildung eines BR auf der Grundlage der betriebsverfassungsrechtlichen Regelorganisation in Betracht. Ggf. muss wegen § 3 Abs. 5 ein Übergangsmandat iSd. § 21a anerkannt werden[1].

44 Auch bei einem Zusammenschluss von Betrieben oder Betriebsteilen, für die eine Vereinbarung nach § 3 abgeschlossen worden ist, muss geprüft werden, ob die Vereinbarung selbst die Rechtsfolgen regelt. Ist dieses nicht der Fall, kann auf die allgemeinen Grundsätze zurückgegriffen werden[2].

4 Betriebsteile, Kleinstbetriebe

(1) Betriebsteile gelten als selbständige Betriebe, wenn sie die Voraussetzungen des § 1 Abs. 1 Satz 1 erfüllen und

1. räumlich weit vom Hauptbetrieb entfernt oder
2. durch Aufgabenbereich und Organisation eigenständig sind.

Die Arbeitnehmer eines Betriebsteils, in dem kein eigener Betriebsrat besteht, können mit Stimmenmehrheit formlos beschließen, an der Wahl des Betriebsrats im Hauptbetrieb teilzunehmen; § 3 Abs. 3 Satz 2 gilt entsprechend. Die Abstimmung kann auch vom Betriebsrat des Hauptbetriebs veranlasst werden. Der Beschluss ist dem Betriebsrat des Hauptbetriebs spätestens zehn Wochen vor Ablauf seiner Amtszeit mitzuteilen. Für den Widerruf des Beschlusses gelten die Sätze 2 bis 4 entsprechend.

(2) Betriebe, die die Voraussetzungen des § 1 Abs. 1 Satz 1 nicht erfüllen, sind dem Hauptbetrieb zuzuordnen.

Lit.: Siehe § 1.

1 **I. Vorbemerkung.** § 4 enthält weitere Vorgaben zur Kennzeichnung des betriebsverfassungsrechtlichen Betriebs. Er bestimmt, wann Betriebsteile als selbständige Betriebe zu behandeln (Fiktion) und wann Kleinstbetriebe dem Hauptbetrieb zuzuordnen sind. Ergänzend werden die Voraussetzungen genannt, unter denen trotz der Selbständigkeit eines Betriebsteils eine Beteiligung an der BR-Wahl im Hauptbetrieb erfolgen kann.

2 **II. Verselbständigung eines Betriebsteils (§ 4 Abs. 1 Satz 1).** Nach § 4 Abs. 1 Satz 1 gilt ein Betriebsteil als selbständig, wenn er entweder räumlich weit vom Hauptbetrieb entfernt ist (Alt. 1) oder durch Aufgabenbereich und Organisation eigenständig ist (Alt. 2), sofern dort in der Regel mindestens fünf ständige wahlberechtigte ArbN beschäftigt werden, von denen drei wählbar sind. Auch wenn die Tatbestandsvoraussetzungen nur alternativ vorliegen müssen, werden sie häufig gemeinsam gegeben sein. Da die Behandlung eines Betriebsteils indes als Ausnahme anzusehen ist, ist § 4 eng auszulegen[3].

3 **1. Kennzeichnung des Betriebsteils.** Durch die gesetzliche Fiktion soll einerseits sichergestellt werden, dass für jede Organisationseinheit ein BR gewählt werden kann. Anderseits soll ein unfruchtbares Nebeneinander verschiedener BR für einzelne Betriebsteile vermieden werden, wenn diese an sich organisatorisch und wirtschaftlich als ein Betrieb angesehen werden müssen.

4 Aus diesem Grund ist zwischen „einfachen" und betriebsratsfähigen Betriebsteilen zu unterscheiden. Die Abgrenzung erfolgt nach den in § 4 Abs. 1 Satz 1 genannten Kriterien. Der „einfache", unselbständige Betriebsteil ist einem Betrieb zugeordnet; die ArbN wählen den für diesen Betrieb zu bildenden BR mit und werden von diesem vertreten. Der unselbständige Betriebsteil ist also dem Betrieb zuzuordnen, in dem die Leitungsaufgaben auch für diese Einheit wahrgenommen werden, dh. in dem die wesentlichen Entscheidungen in den personellen und sozialen Angelegenheiten getroffen werden[4]. Dies gilt auch, wenn ein anderer Betrieb des Unternehmens dem Betriebsteil räumlich näher ist. Die Zuordnung zu einem Betrieb ohne Zuständigkeit in den wesentlichen betriebsverfassungsrechtlichen Entscheidungen würde den ArbN des Betriebsteils den Ansprechpartner nehmen[5]. Im Gegensatz dazu ist der selbständige Betriebsteil wie ein Betrieb zu behandeln; hier wird ein eigener BR gewählt.

5 Betriebsteile sind organisatorisch abgrenzbare relativ verselbständigte Betriebsbereiche mit eigenem ArbN-Stamm, die wegen ihrer Eingliederung in die Organisation des Betriebs nicht allein bestehen können[6]. Der arbeitsrechtliche Zweck, der in einem Betriebsteil verfolgt wird, kann mit dem Zweck des Gesamtbetriebs identisch sein. Ist er verschieden, wird er dem Zweck des Gesamtbetriebs ein- oder unter-

---

1 *Gaul, B.*, Betriebs- und Unternehmensspaltung, § 27 Rz. 234 ff. | 2 *Gaul, B.*, Betriebs- und Unternehmensspaltung, § 27 Rz. 239. | 3 BAG v. 24.2.1976 – 1 ABR 62/75, DB 1976, 1579 f.; *Richardi/Richardi*, § 4 BetrVG Rz. 14; aA *GK-BetrVG/Kraft*, § 4 Rz. 58; *DKK/Trümner*, § 4 BetrVG Rz. 3, 28. | 4 BAG v. 25.9.1986 – 6 ABR 68/84, NZA 1987, 708 ff.; *ErfK/Eisemann*, § 4 BetrVG Rz. 2. | 5 *ErfK/Eisemann*, § 4 BetrVG Rz. 2. | 6 Vgl. BAG v. 25.9.1986 – 6 ABR 68/84, NZA 1987, 708 ff.; v. 29.5.1991 – 7 ABR 54/90, NZA 1992, 74 ff.; v. 14.5.1997 – 7 ABR 26/96, NZA 1997, 1245 f.

geordnet. In jedem Fall üben Betriebsteile eine Teilfunktion für das Erreichen des arbeitstechnischen Zwecks des Betriebs aus und erfüllen Aufgaben, die sich von denen der anderen Abteilungen in der Regel erkennbar unterscheiden, aber in ihrer Zielsetzung dem arbeitstechnischen Zweck des Betriebs dienen. Sie verfügen dabei aber über eine gewisse Selbständigkeit, weil sie räumlich oder funktional vom Betrieb abgegrenzt sind und eine den Einsatz der ArbN bestimmende Leitung besteht, die in Teilen das arbeitgeberseitige Weisungsrecht ausübt[1]. Im Unterschied zu einer als Betrieb zu qualifizierenden Einheit fehlt dem Betriebsteil indes ein eigener Leitungsapparat, der die wesentlichen Entscheidungen in den personellen und sozialen Angelegenheiten eigenständig trifft[2].

2. Räumliche Entfernung (Alternative 1). Ein Betriebsteil gilt zunächst einmal dann als selbständiger Betrieb, wenn er räumlich weit vom Hauptbetrieb entfernt ist. Der Begriff der räumlich weiten Entfernung ist dabei nicht allein unter dem Gesichtspunkt der streckenmäßigen Entfernung zu prüfen. Da das Gesetz die Bildung eines eigenständigen BR sicherstellen soll, wenn wegen der Entfernung eine sachgerechte Vertretung der ArbN des Betriebsteils durch den BR des Hauptbetriebes nicht gewährleistet ist[3], muss auch die Dauer berücksichtigt werden, die der BR und seine Mitglieder benötigen, um ArbGeb oder ArbN als Ansprechpartner in bestimmten Angelegenheiten persönlich zu erreichen[4]. Schließlich soll der BR in der Lage sein, für alle ArbN des Betriebs eine wirksame Interessenvertretung wahrzunehmen[5]. Insofern sind vor allem die Verkehrsanbindungen und die für den BR verfügbaren Verkehrsmitteln von Bedeutung[6]. BR-Mitglieder müssen kurzfristig zu einer Sitzung zusammenkommen können und für ArbN leicht erreichbar sein[7]. Außerdem müssen Ihnen die Verhältnisse vor Ort aus unmittelbarer und ständiger eigener Anschauung bekannt sein[8]. Erforderlich ist damit eine Einzelfallbetrachtung, die wegen der konkreten Verkehrsverhältnisse in unterschiedlichen Fällen trotz gleicher Entfernung zu anderen Ergebnissen in Bezug auf § 4 Abs. 1 Satz 1 Nr. 1 führen kann. Dabei steht den Tatsachengerichten ein Beurteilungsspielraum zu, der nur beschränkt nachprüfbar ist[9]. So wurden die Entfernungen zwischen Kassel und Göttingen (ca. 45 km)[10] und zwischen Köln und Essen[11] aufgrund guter Verkehrsanbindungen und intakter Kontakte zwischen BR und Belegschaft noch nicht als weit iSd. Gesetzes angesehen, ebenso eine Entfernung von 22 km, die in 25 Minuten überbrückt werden konnte[12]. Die Rspr. tendiert aber inzwischen zu einer strengeren Linie[13]. So soll eine Entfernung von 15 bis 30 km wegen ständiger Verkehrstaus bzw. mehrfachem Umsteigens räumlich weit entfernt sein[14]. Das BVerwG vermutet dies bei einer Entfernung von mehr als 20 km[15]. Eine Entfernung von 70 bis 90 km[16] bzw. 260 km[17] ist bereits objektiv weit entfernt.

Sind mehrere Betriebsteile räumlich weit vom Hauptbetrieb entfernt, bilden sie – wenn jeweils die Voraussetzungen des § 1 Abs. 1 erfüllt werden – je für sich einen betriebsverfassungsrechtlich verselbständigten Betriebsteil. Das gilt auch, wenn sie im Verhältnis zu einander räumlich nahe liegen. Etwas anderes gilt nur, wenn ein Betriebsteil einem anderen organisatorisch untergeordnet ist, so dass er von ihm geleitet wird. Hauptbetrieb ist derjenige Betrieb, in dem Leitungsaufgaben auch für den Betriebsteil wahrgenommen werden[18].

Da der gemeinsame Betrieb iSd. § 1 KSchG ohne Rücksicht auf die räumliche Entfernung bestimmt wird (vgl. § 1 Rz. 24)[19], kann das Ergebnis einer Anerkennung der betriebsverfassungsrechtlichen Selbständigkeit nicht auf die kündigungsrechtliche Bewertung übertragen werden. Daraus folgt: Wenn die beiden Einheiten, die wegen der räumlichen Entfernung betriebsverfassungsrechtlich als selbständige Betriebe gelten, in den wesentlichen personellen und sozialen Fragen übergreifend gesteuert werden, bilden sie trotz betriebsverfassungsrechtlicher Eigenständigkeit einen einzigen kündigungsrechtlichen Betrieb.

---

1 Vgl. BAG v. 28.6.1995 – 7 ABR 59/94, NZA 1996, 276 ff.; v. 14.5.1997 – 7 ABR 26/96, NZA 1997, 1245 f. | 2 Vgl. BAG v. 17.2.1983 – 6 ABR 64/81, DB 1983, 2039 f.; v. 28.6.1995 – 7 ABR 59/94, NZA 1996, 276 ff.; v. 15.3.2001 – 2 AZR 151/00, NZA 2001, 831 ff.; Richardi/*Richardi*, § 4 BetrVG Rz. 14. | 3 Vgl. BAG v. 24.2.1976 – 1 ABR 62/75, DB 1976, 1579 f. | 4 Vgl. BAG v. 17.2.1983 – 6 ABR 64/81, DB 1983, 2039 (2040); v. 21.6.1995 – 2 AZR 783/94, nv; LAG Köln v. 20.11.1998 – 11 Ta BV 6/98, nv; vgl. auch BVerwG v. 29.5.1991 – 6 P 12/89, DÖV 1991, 974 (976). | 5 Vgl. BAG v. 24.2.1976 – 1 ABR 62/75, DB 1976, 1579 (1580). | 6 Vgl. BAG v. 17.2.1983 – 6 ABR 64/81, DB 1983, 2039 (2040); v. 21.6.1995 – 2 AZR 783/94, nv.; LAG Köln v. 20.11.1998 – 11 Ta BV 6/98, nv.; *Löwisch/Kaiser*, § 4 BetrVG Rz. 4. | 7 BAG v. 23.9.1982 – 6 ABR 42/81, DB 1983, 1498 ff. | 8 Vgl. BAG v. 24.2.1976 – 1 ABR 62/75, DB 1976, 1579 (1580). | 9 BAG v. 17.2.1983 – 6 ABR 64/81, DB 1983, 2039 (2040); v. 21.6.1995 – 2 AZR 783/94, nv.; LAG Köln v. 20.11.1998 – 11 Ta BV 6/98, nv. | 10 BAG v. 24.2.1976 – 1 ABR 62/75, DB 1976, 1579 (1580); ebenso BAG v. 25.5.1988 – 7 ABR 51/87, nv., für eine Entfernung von 40 km. | 11 BAG v. 24.9.1968 – 1 ABR 4/68, DB 1969, 89. | 12 BAG v. 17.2.1983 – 6 ABR 64/81, DB 1983, 2039 (2040); ähnlich auch LAG Hamburg v. 1.11.1982 – 2 Ta BV 8/82, *BB 1983, 1095 (1096)*, das die leichte Erreichbarkeit der Betriebsstätten auch nach Dienstende hervorhebt. | 13 Vgl. BAG v. 21.6.1995 – 2 AZR 693/94, EzA § 23 KSchG Nr. 14 (dort gekürzt): Trotz einer Entfernung von 22 km und einer PKW-Erreichbarkeit von 20 Minuten keine räumliche Nähe, wenn die Verkehrsanbindung mit öffentlichen Verkehrsmitteln beschwerlich ist und aufgrund geringer Löhne nicht vom Vorhandensein von Pkw bei allen Arbeitnehmern ausgegangen werden kann; ähnlich auch LAG Köln v. 28.6.1988 – 2 TaBV 42/88, LAGE § 4 BetrVG 1972 Nr. 4 S. 3 (etwa 40 km). | 14 LAG Köln v. 13.4.1989 – 1 TaBV 72/88, AiB 1990, 359. | 15 BVerwG v. 29.5.1991 – 6 P 12/89, DÖV 1991, 974 (976). | 16 LAG Köln v. 13.4.1989 – 1 TaBV 72/88, AiB 1990, 359, mit. Anm. *Grimberg*. | 17 BAG v. 19.2.2002 – 1 ABR 26/01, AP Nr. 13 zu § 4 BetrVG 1972 Bl. 3. | 18 BAG v. 29.1.1992 – 7 ABR 27/91, NZA 1992, 894 ff. | 19 BAG v. 21.6.1995 – 2 AZR 693/94, AP Nr. 16 zu § 1 BetrVG 1972; v. 15.3.2001 – 2 AZR 151/00, NZA 2001, 831 ff.

9   **3. Eigenständigkeit nach Aufgabenbereich und Organisation (Alt. 2).** Auch bei räumlicher Nähe[1] gilt ein Betriebsteil als selbständig, wenn er durch Aufgabenbereich und Organisation eigenständig ist. Unerheblich ist, ob die Abgrenzung gegenüber dem Hauptbetrieb oder anderen Betriebsteilen erfolgt[2]. Nach dem Gesetz müssen zwar beide Voraussetzungen erfüllt sein; entscheidend ist aber letztlich die organisatorische Eigenständigkeit des Betriebsteils[3]. Fehlt ein eigener Leitungsapparat, so kann der Betriebsteil stets nur als Gesamtbetrieb erscheinen. Eine Verselbständigung kommt in diesem Fall nur bei räumlich weiter Entfernung in Betracht.

10 Die Eigenständigkeit eines Aufgabenbereichs ist bereits dann gegeben, wenn der arbeitstechnische Zweck des Betriebsteils von den sonst im Betrieb verfolgten Aufgaben deutlich abgegrenzt ist. Dies ist jedenfalls dann der Fall, wenn fachliche Unterschiede der verschiedenen Aufgaben gegeben sind (Beispiel: Hilfsfunktion des Betriebsteils für den arbeitstechnischen Zweck des Gesamtbetriebs)[4]. Die notwendige Eigenständigkeit kann indes auch bei gleicher Aufgabenstellung gegeben sein (Betreiben mehrerer Restaurants mit gleicher Speisekarte oder Herstellung desselben Autotyps in verschiedenen Betrieben)[5].

11 Für die organisatorische Eigenständigkeit muss eine eigene institutionell verankerte Leitungsstruktur vorhanden sein, mit der eine von der Betriebsleitung abgehobene Leitung auf der Ebene des Betriebsteils geschaffen wird[6]. Diese muss – abgrenzbar zum Hauptbetrieb oder anderen Betriebsteilen – eine relative Eigenständigkeit besitzen, die wesentliche ArbGebFunktionen im sozialen oder personellen Bereich umfasst[7]. Nicht erforderlich ist, dass sich die Leitungsmacht auf alle wesentlichen Angelegenheiten im sozialen oder personellen Bereich bezieht; andernfalls würde es sich bereits um einen Betrieb iSd. § 1 handeln, was § 4 Abs. 1 Satz 1 Nr. 2 entbehrlich machte[8]. Auch ist eine Freiheit von Weisungen der Unternehmensleitung nicht erforderlich, sofern der Leitung des Betriebsteils Raum für eigene Entscheidungen bleibt[9]. Wenn allerdings – was wegen der schwierigen Abgrenzung der Regelfall sein dürfte[10] – (auch) diese Voraussetzungen eines selbständigen Betriebs erfüllt werden, steht dies einem (vorsorglichen) Rückgriff auf die Fiktion in § 4 Abs. 1 nicht entgegen.

12 **III. Beteiligung an der BR-Wahl im Hauptbetrieb (§ 4 Abs. 1 Satz 2 bis 5).** Nach § 4 Abs. 1 Satz 2 können die ArbN eines nach § 4 Abs. 1 Satz 1 betriebsverfassungsrechtlich selbständigen Betriebsteils beschließen, an der Wahl des BR im Hauptbetrieb teilzunehmen, statt einen eigenen BR zu wählen. Entscheiden sie sich für die Beteiligung an der Wahl im Hauptbetrieb, ist der Betriebsteil nur noch Teil des Hauptbetriebs[11], was nicht nur die Größe und Zusammensetzung des BR sowie die Zahl der Freistellungen, sondern auch seinen Zuständigkeitsbereich erweitert. Ist der Betriebsteil nach § 4 Abs. 1 Satz 1 nicht betriebsratsfähig, sind die ArbN ohnehin Teil der Belegschaft des Hauptbetriebs und werden vom BR des Hauptbetriebs in allen Angelegenheiten vertreten. Sie wählen im Hauptbetrieb und sind zu dem dort gebildeten BR wählbar.

13 Der Beschluss über die Teilnahme an BR-Wahlen im Hauptbetrieb kann formlos getroffen werden, setzt aber eine Mehrheit der ArbN des Betriebsteils voraus (absolute Mehrheit). Die Mehrheit der Stimmen der anwesenden oder an der Abstimmung teilnehmenden ArbN (relative Mehrheit) ist nicht ausreichend[12]. Abstimmungsberechtigt sind alle ArbN des Betriebsteils. Wahlberechtigung nach § 7 ist insoweit keine Voraussetzung[13]. ArbN und BR im Hauptbetrieb sind an das Ergebnis des Abstimmung gebunden. Der Beschluss, an der Wahl eines anderen selbständigen Betriebsteils teilzunehmen, ist nicht möglich.

14 Die Abstimmung kann durch den BR des Hauptbetriebs (§ 4 Abs. 2 Satz 3) oder von mindestens drei wahlberechtigten ArbN des Betriebsteils oder einer im Betriebsteil vertretenen Gewerkschaft veranlasst werden (§§ 3 Abs. 3 Satz 2, 4 Abs. 2 Satz 1).

15 Der Beschluss ist dem BR des Hauptbetriebs spätestens 10 Wochen vor Ablauf von dessen Amtszeit mitzuteilen (§ 4 Abs. 1 Satz 4). Gibt es noch keinen BR, muss die Mitteilung spätestens 10 Wochen vor der Wahl dem Wahlvorstand gegenüber erfolgen. Das Verfahren zur Wahl des BR im Hauptbetrieb muss zu diesem Zeitpunkt also bereits eingeleitet worden sein; die ArbN im selbständigen Betriebsteil können eine solche Wahl nicht veranlassen. Erfolgen Beschluss und Mitteilung nach Ablauf der vorgenannten Frist, haben sie erst für die folgende Wahl Bedeutung[14].

---

1 Vgl. BAG v. 29.5.1991 – 7 ABR 54/90, NZA 1992, 74 ff. | 2 BAG v. 29.5.1991 – 7 ABR 54/90, NZA 1992, 74 ff.; v. 29.1.1992 – 7 ABR 27/91, NZA 1992, 894 (898). | 3 Vgl. BAG v. 23.9.1982 – 6 ABR 42/81, DB 1983, 1498 (1499); v. 29.1.1992 – 7 ABR 27/91, NZA 1992, 894 (898); v. 9.12.1992 – 7 ABR 15/92, nv. | 4 *Fitting*, § 4 BetrVG Rz. 15. | 5 Vgl. BAG v. 25.11.1993 – 2 AZR 517/93, NZA 1994, 836 (839); DKK/*Trümner*, § 4 BetrVG Rz. 42; MünchArbR/*Richardi*, § 31 Rz. 13. | 6 BAG v. 17.2.1983 – 6 ABR 64/81, DB 1983, 2039 f.; v. 29.1.1992 – 7 ABR 27/91, NZA 1992, 894 ff. | 7 Vgl. BAG v. 29.1.1992 – 7 ABR 27/91, NZA 1992, 894 ff.; *Fitting*, § 4 BetrVG Rz. 14; Richardi/*Richardi*, § 4 BetrVG Rz. 32. | 8 BAG v. 29.5.1991 – 7 ABR 54/90, NZA 1992, 74 ff. | 9 Vgl. Richardi/*Richardi*, § 1 BetrVG Rz. 31 f. | 10 Vgl. BAG v. 3.12.1985 – 1 ABR 29/84, NZA 1986, 334 (335). | 11 *Gaul, B.*, Betriebs- und Unternehmensspaltung, § 27 Rz. 5. | 12 *Fitting*, § 4 BetrVG Rz. 25; Richardi/*Richardi*, § 4 BetrVG Rz. 35; aA *Löwisch/Kaiser*, § 4 BetrVG Rz. 9; *Löwisch*, BB 2001, 1734. | 13 DKK/*Trümner*, § 4 BetrVG Rz. 53e; *Fitting*, § 4 BetrVG Rz. 26; abw. Richardi/*Richardi*, § 4 BetrVG Rz. 35; *Konzen*, RdA 2001, 76 (81); *Reichold*, NZA 2001, 857 (858). | 14 *Löwisch/Kaiser*, § 4 BetrVG Rz. 9; *Fitting*, § 4 BetrVG Rz. 30; *Löwisch*, BB 2001, 1734.

Arbeitnehmer § 5 BetrVG

Aus den Vorgaben zum Widerruf in Satz 5 folgt, dass der Beschluss zur Teilnahme an den Wahlen im Hauptbetrieb zunächst auch für weitere Wahlen gilt. Es ist ein Beschluss mit Dauerwirkung. Die Entscheidung kann indes durch Mehrheitsbeschluss (Rz. 13) entsprechend § 4 Abs. 1 Satz 2 bis 4 widerrufen werden. Der Widerruf zeigt aber erst bei den nachfolgenden Wahlen Wirkung. Er führt nicht zu einer Beendigung des Mandats des BR für den Betriebsteil während der Dauer der Amtsperiode[1]. Erst nach Ablauf dieser Amtszeit kann im Betriebsteil wieder ein eigener BR gewählt werden. Ein Übergangs- oder Restmandat analog §§ 21 a, 21 b gibt es nicht. 16

IV. Behandlung von Kleinstbetrieben (§ 4 Abs. 2). Nach § 4 Abs. 2 ist ein Betrieb, der die Voraussetzungen des § 1 Abs. 1 Satz 1 nicht erfüllt, also nicht betriebsratsfähig ist, dem Hauptbetrieb zuzuordnen. Dabei werden nicht nur Nebenbetriebe erfasst. Wie die gesetzliche Überschrift deutlich macht, werden alle Kleinstbetriebe erfasst, damit die dort beschäftigten ArbN nicht aus der betrieblichen Mitbest. fallen. Hauptbetrieb ist dabei die Einheit, in der die wesentlichen personellen und organisatorischen Angelegenheiten auch mit Wirkung für die ArbN im Kleinstbetrieb entschieden und in ihrer Umsetzung gesteuert werden[2]. 17

V. Vom Gesetz abweichende Regelungen. Von den Regelungen in § 4 kann durch TV, BV oder Beschluss der ArbN iSd. § 3 abgewichen werden (siehe § 3). 18

VI. Prozessuale Aspekte. Über die Frage, ob ein Betrieb als Nebenbetrieb oder Betriebsteil selbständig oder einem anderen Betrieb oder Betriebsteil zuzuordnen ist, wird im arbeitsgerichtlichen Beschlussverfahren nach §§ 2a, 80 ff. ArbGG entschieden. Die Antragsberechtigung richtet sich nach § 18 Abs. 2. Über diese Fragen kann auch als Vorfrage in anderen Verfahren entschieden werden. 19

5 Arbeitnehmer

(1) Arbeitnehmer (Arbeitnehmerinnen und Arbeitnehmer) im Sinne dieses Gesetzes sind Arbeiter und Angestellte einschließlich der zu ihrer Berufsbildung Beschäftigten, unabhängig davon, ob sie im Betrieb, im Außendienst oder mit Telearbeit beschäftigt werden. Als Arbeitnehmer gelten auch die in Heimarbeit Beschäftigten, die in der Hauptsache für den Betrieb arbeiten.

(2) Als Arbeitnehmer im Sinne dieses Gesetzes gelten nicht

1. in Betrieben mit einer juristischen Person die Mitglieder des Organs, das zur gesetzlichen Vertretung der juristischen Person berufen ist;
2. die Gesellschafter einer offenen Handelsgesellschaft oder die Mitglieder einer anderen Personengesamtheit, soweit sie durch Gesetz, Satzung oder Gesellschaftsvertrag zur Vertretung der Personengesamtheit oder zur Geschäftsführung berufen sind, in deren Betrieben;
3. Personen, deren Beschäftigung nicht in erster Linie ihrem Erwerb dient, sondern vorwiegend durch Beweggründe karitativer oder religiöser Art bestimmt ist,
4. Personen, deren Beschäftigung nicht in erster Linie ihrem Erwerb dient und die vorwiegend zu ihrer Heilung, Wiedergewöhnung, sittlichen Besserung oder Erziehung beschäftigt werden;
5. der Ehegatte, der Lebenspartner, Verwandte und Verschwägerte ersten Grades, die in häuslicher Gemeinschaft mit dem Arbeitgeber leben.

(3) Dieses Gesetz findet, soweit in ihm nicht ausdrücklich etwas anderes bestimmt ist, keine Anwendung auf leitende Angestellte. Leitender Angestellter ist, wer nach Arbeitsvertrag und Stellung im Unternehmen oder im Betrieb

1. zur selbständigen Einstellung und Entlassung von im Betrieb oder in der Betriebsabteilung beschäftigten Arbeitnehmern berechtigt ist oder
2. Generalvollmacht oder Prokura hat und die Prokura auch im Verhältnis zum Arbeitgeber nicht unbedeutend ist, oder
3. regelmäßig sonstige Aufgaben wahrnimmt, die für den Bestand und die Entwicklung des Unternehmens oder eines Betriebs von Bedeutung sind und deren Erfüllung besondere Erfahrungen und Kenntnisse voraussetzt, wenn er dabei entweder die Entscheidungen im Wesentlichen frei von Weisungen trifft oder sie maßgeblich beeinflusst; dies kann auch bei Vorgaben insbesondere aufgrund von Rechtsvorschriften, Plänen oder Richtlinien sowie bei Zusammenarbeit mit anderen leitenden Angestellten gegeben sein.

(4) Leitender Angestellter nach Abs. 3 Nr. 3 ist im Zweifel, wer

1. aus Anlass der letzten Wahl des Betriebsrats, des Sprecherausschusses oder von Aufsichtsratsmitgliedern der Arbeitnehmer oder durch rechtskräftige gerichtliche Entscheidung den leitenden Angestellten zugeordnet worden ist oder

---

1 *Fitting*, § 4 BetrVG Rz. 32; DKK/*Trümner*, § 4 BetrVG Rz. 53k; ErfK/*Eisemann*, § 4 BetrVG Rz. 5. | 2 ErfK/*Eisemann*, § 4 BetrVG Rz. 6; *Fitting*, § 4 BetrVG Rz. 14; aA Richardi/*Richardi*, § 4 BetrVG Rz. 43; DKK/*Trümner*, § 4 BetrVG Rz. 27, die allein auf die räumliche Nähe abstellen.

2. einer Leitungsebene angehört, auf der in dem Unternehmen überwiegend leitende Angestellte vertreten sind, oder

3. ein regelmäßiges Jahresarbeitsentgelt erhält, das für leitende Angestellte in dem Unternehmen üblich ist, oder,

4. falls auch bei der Anwendung der Nummer 3 noch Zweifel bleiben, ein regelmäßiges Jahresarbeitsentgelt erhält, das das Dreifache der Bezugsgröße nach § 18 des Vierten Buches Sozialgesetzbuch überschreitet.

I. Vorbemerkung 1	4. Beschäftigung aus medizinischen oder erzieherischen Gründen (Nr. 4) 43
II. Arbeitnehmerbegriff nach Abs. 1 2	5. Familienangehörige des Arbeitgebers (Nr. 5) . 44
1. Privatrechtlicher Vertrag 3	IV. Kennzeichnung des leitenden Angestellten
2. Leistung fremdbestimmter Arbeit in persönlicher Abhängigkeit 5	durch § 5 Abs. 3 45
3. Praxisbeispiele 11	1. Allgemein 45
III. Einschränkung des Arbeitnehmerbegriffs nach	2. Selbständige Einstellungs- und Entlassungsberechtigung (Nr. 1) 49
Abs. 2 37	3. Generalvollmacht oder Prokura (Nr. 2) 52
1. Vertreter juristischer Personen (Nr. 1) 38	4. Der funktionale Grundtatbestand (Nr. 3) . . . 55
2. Mitglieder von Personengesamtheiten (Nr. 2) . 40	V. Handhabe von Zweifelsfällen (§ 5 Abs. 4) 59
3. Beschäftigung aus karitativen oder religiösen Gründen (Nr. 3) 41	VI. Streitigkeiten 64

Lit.: *Boemke*, Das Telearbeitsverhälnis, BB 2000, 147; *Boemke/Ankersen*, Telearbeit und Betriebsverfassung, BB 2000, 2254; *Boemke/Kaufmann*, Der Telearbeitsvertrag, 2000; *Christiansen*, Betriebszugehörigkeit: die Zuordnung von Arbeitnehmern aus betriebsverfassungsrechtlicher Sicht, 1998; *Dänzer-Vanotti*, Leitende Angestellte nach § 5 III, IV BetrVG n. F., NZA 1989, Beil. 1, S. 30; *Däubler*, Eine bessere Betriebsverfassung? – Der Referentenentwurf zur Reform des BetrVG, AuR 2001, 1; *Engels/Natter*, Die geänderte Betriebsverfassung, BB 1989, Beil. 8; *Engels/Trebinger/Löhr-Steinhaus*, Regierungsentwurf eines Gesetzes zur Reform des Betriebsverfassungsgesetzes, DB 2001, 532; *Falder*, Geschäftsführer bei Auslandsgesellschaften, NZA 2000, 868; *Filzek*, Die beiden Gesichter von Beschäftigungs- und Qualifizierungsgesellschaften (BQG), AiB 1998, 661; *B. Gaul/Kliemt*, Aktuelle Aspekte einer Zusammenarbeit mit Beschäftigungsgesellschaften, NZA 2000, 674; *B. Gaul/Otto*, Gesetze für moderne Dienstleistungen am Arbeitsmarkt – Umsetzung der Vorschläge der Hartz-Kommission, DB 2002, 2486, DB 2003, 94; *Hanau*, Repräsentation des Arbeitgebers und der leitenden Angestellten durch den Betriebsrat?, RdA 1979, 324; *Hänlein*, Franchise – Existenzgründungen zwischen Kartell-, Arbeits- und Sozialversicherungsrecht – eine neue Erwerbsform im Aufwind?, DB 2000, 374; *Heinze*, Einwirkungen des Sozialrechts ins Arbeitsrecht?, NZA 2000, 5; *Hopt*, Die Selbständigkeit von Handelsvertretern und anderen Vertriebspersonen – Handels- und arbeitsrechtliche Dogmatik und Vertragsgestaltung, DB 1998, 863; *Hromadka*, Arbeitnehmerbegriff und Arbeitsrecht, NZA 1997, 569; *Hromadka*, Der Begriff des leitenden Angestellten, BB 1990, 57; *Hromadka*, Zur Begriffsbestimmung des Arbeitnehmers, DB 1998, 195; *Kramer*, Gestaltung arbeitsvertraglicher Regelungen zur Telearbeit, DB 2000, 1329; *Konzen*, Der Regierungsentwurf des Betriebsverfassungsreformgesetzes, RdA 2001, 76; *Lembke*, Die „Hartz-Reform" des Arbeitnehmerüberlassungsgesetzes, BB 2003, 98; *Lipke*, Betriebsverfassungsrechtliche Probleme der Teilzeitarbeit, NZA 1990, 758; *Löwisch*, Arbeits- und sozialrechtliche Hemmnisse einer weiteren Flexibilisierung der Arbeitszeit, RdA 1985, 197; *Martens*, Die Neubegrenzung der leitenden Angestellten und die begrenzte Leistungsfähigkeit moderner Gesetzgebung, RdA 1989, 73; *G. Müller*, Kritische Bemerkungen zur neuen Bestimmung des leitenden Angestellten, DB 1989, 824; *Powietzka*, Eingetragene Lebenspartnerschaft und Arbeitsrecht, BB 2002, 146; *Reiserer*, „Scheinselbständigkeit" – Arbeitnehmer oder Selbständiger?, BB 1998, 1258; *Rieble/Klebeck*, Lohngleichheit für Leiharbeit, NZA 2003, 23; *Richardi*, „Scheinselbständigkeit" und arbeitsrechtlicher Arbeitnehmerbegriff, DB 1999, 958; *Richardi/Annuß*, Neues Betriebsverfassungsgesetz: Revolution oder strukturwahrende Reform?, DB 2001, 41; *Rüthers/Bakker*, Arbeitnehmerentsendung und Betriebsinhaberwechsel im Konzern, ZfA 1990, 245; *Schaub*, Heim- und Telearbeit sowie bei Dritten beschäftigte Arbeitnehmer im Referenten- und Regierungsentwurf zum BetrVG, NZA 2001, 364; *Thannheiser*, Moderne Sozialplangestaltung mit Hilfe des SGB III, AiB 1999, 89, 153; *Ulber*, Personal-Service-Agenturen und Neuregelung der Arbeitnehmerüberlassung, AuR 2003, 7; *Wank*, Die Teilzeitbeschäftigung im Arbeitsrecht, RdA 1985, 1; *Wank*, Die „neue Selbständigkeit", DB 1992, 90; *Wank*, Telearbeit, 1997; *Wank*, Telearbeit, NZA 1999, 225; *Wank*, Der Richtlinienvorschlag der EG-Kommission zur Leiharbeit und das „Erste Gesetz für moderne Dienstleistungen am Arbeitsmarkt", NZA 2003, 14; *Wlotzke*, Die Änderung des Betriebsverfassungsgesetzes und das Gesetz über Sprecherausschüsse der leitenden Angestellten, DB 1989, 111, 173.

1 **I. Vorbemerkung.** § 5 regelt in Abs. 1 und Abs. 2, wer als ArbN iSd. BetrVG anzusehen ist. Auf diese Weise werden der persönliche Geltungsbereich des BetrVG und der durch den BR repräsentierte Personenkreis festgelegt. Mit der Neufassung von Abs. 1 im Rahmen des Betriebsverfassungs-Reformgesetzes[1] ist keine Änderung, sondern allenfalls eine Klarstellung vorgenommen worden[2]. Abs. 3 Satz 1 bestimmt, dass dieses Gesetz keine Anwendung auf leitende Angestellte findet, soweit in ihm nicht ausdrücklich etwas anderes bestimmt ist (zB §§ 99, 106, 110, 111, 112a). Satz 2 enthält eine Legaldefinition *tion des leitenden Angestellten, die* durch Abs. 4 ergänzt wird für den Fall, dass die Zuordnung eines

---

1 BT-Drs. 14/5741. | 2 Vgl. nur *Engels/Trebinger/Löhr-Steinhaus*, DB 2001, 532 ff.; *Konzen*, RdA 2001, 76 ff.; *Richardi/Annuß*, DB 2001, 41 ff.

Angestellten nach Abs. 3 Nr. 3 zweifelhaft bleibt. Die Begriffe des ArbN und des leitenden Angestellten nach dem BetrVG sind zwingend. Sie können durch Vereinbarung nicht geändert werden[1].

II. ArbN-Begriff nach Abs. 1. Ausgangspunkt des BetrVG ist der allgemeine arbeitsrechtliche ArbN-Begriff (vgl. Vor § 611 BGB Rz. 19 ff.)[2]. ArbN ist damit, wer auf Grund eines privatrechtlichen Vertrages im Dienste eines anderen in persönlicher Abhängigkeit zur Leistung fremdbestimmter Arbeit verpflichtet ist[3].

1. Privatrechtlicher Vertrag. Das Arbeitsverhältnis wird durch Arbeitsvertrag zwischen ArbGeb und ArbN begründet (vgl. § 611 Rz. 30 ff.). Dem steht das kraft Gesetz begründete Arbeitsverhältnis (zB § 625 BGB, 10 Abs. 1 AÜG) gleich. Unerheblich ist, ob der Arbeitsvertrag fehlerhaft zustande gekommen und deshalb nichtig ist oder angefochten wurde. Auch wer aufgrund anfechtbaren oder nichtigen Arbeitsvertrags tätig wird, bleibt für die Dauer seiner tatsächlichen Beschäftigung ArbN; insofern genügt ein faktisches Arbeitsverhältnis[4].

Der das Arbeitsverhältnis kennzeichnende Vertrag muss im Rahmen der Privatautonomie begründet werden[5]. Nicht erfasst wird eine Beschäftigung aufgrund öffentlich-rechtlicher Dienstverhältnisse (Beispiel: Beamte, Beamtenanwärter und Soldaten), Personen im freiwilligen sozialen Jahr[6], Strafgefangene, soweit sie nach § 11 Abs. 1 Nr. 1 StVollzG beschäftigt werden[7] und kein freies Arbeitsverhältnis nach § 39 StVollzG eingehen[8], Zivildienstleistende, die nicht in freiem Beschäftigungsverhältnis iSd. § 15a ZDG stehen[9], zu gemeinnütziger und zusätzlicher Arbeit herangezogene Sozialhilfeempfänger, soweit sie nicht das übliche Arbeitsentgelt erhalten[10] und Entwicklungshelfer[11]. Ausnahmen können durch Gesetz festgelegt werden (zB Beamte bei der Privatisierung von Bahn und Post, § 19 Abs. 1 DBGrG, § 24 Abs. 2 PostPerG).

2. Leistung fremdbestimmter Arbeit in persönlicher Abhängigkeit. Persönliche Abhängigkeit: Weitere Voraussetzung der ArbN-Eigenschaft ist die Unselbständigkeit der zu erbringenden Leistung. Dabei ist nicht auf die wirtschaftliche, sondern die persönliche Abhängigkeit abzustellen[12]. Diese ergibt sich im Wege einer typologischen Betrachtungsweise aus einer Vielzahl von Kriterien (vgl. § 611 BGB Rz. 40 ff.), deren Bedeutung auch von der Eigenart der Tätigkeit abhängen kann[13]. In der Abgrenzung zur selbständigen Tätigkeit ist die Bezeichnung eines Vertrags unerheblich; entscheidend sind tatsächliche Umstände, unter denen die Dienstleistung erbracht wird[14]. Auch sozialversicherungsrechtliche Bewertungen (zB § 7 Abs. 4 SGB IV) sind unerheblich[15].

Ausgangspunkt für die Prüfung persönlicher Abhängigkeit vom Selbständigen enthält § 84 Abs. 1 Satz 2 HGB[16]. Danach ist selbständig, wer im Wesentlichen seine Tätigkeit frei gestalten und seine Arbeitszeit bestimmen kann. Wichtiges Indiz ist damit der Grade der Weisungsgebundenheit des Dienstleistenden bezüglich der Art, der Zeit und Dauer sowie des Orts der Dienstleistung[17].

Im Vordergrund steht örtliche und zeitliche Weisungsgebundenheit. Für ArbN-Eigenschaft sprechen zB Einbindung in Arbeitszeitsysteme, Schichtmodelle und unternehmensseitige Vorgaben für Beginn und Ende der Arbeitszeit[18] oder die Befugnis des potenziellen ArbGeb, über die Arbeitsleistung innerhalb eines bestimmten Zeitrahmens zu verfügen[19], dagegen die Berechtigung zur freien Arbeitszeiteinteilung[20]. Wegen des Tendenzschutzes, der auch in der geistigen oder künstlerischen Tätigkeit selbst zum Ausdruck kommt, ist die persönliche Abhängigkeit von Mitarbeitern in Rundfunk/Fernsehen allerdings nicht schon ausgeschlossen, weil sie sachlich wie örtlich in ihrer Arbeitsleistung frei sind. Die Fremdbestimmtheit der Arbeit kann anderweitig begründet werden[21].

---

1 ErfK/*Eisemann*, § 5 BetrVG Rz. 1; *Fitting*, § 5 BetrVG Rz. 13; GK-BetrVG/*Raab*, § 5 Rz. 4. | 2 BAG v. 12.2.1992 – 7 ABR 42/91, NZA 1993, 334; *Däubler*, AuR 2001, 1 (3 f.); *Engels/Trebinger/Löhr-Steinhaus*, DB 2001, 532 (536); *Konzen*, RdA 2001, 76 (82); *Richardi/Annuß*, DB 2001, 41 (43). | 3 Vgl. nur BAG v. 25.3.1992 – 7 ABR 52/91, NZA 1992, 899; v. 16.2.2000 – 5 ABR 71/99, NZA 2000, 385 (387); v. 12.12.2001 – 5 AZR 253/00, NZA 2002, 787 (788); *Fitting*, § 5 BetrVG Rz. 16; GK-BetrVG/*Raab*, § 5 Rz. 12; krit. DKK/*Trümner*, § 5 BetrVG Rz. 9, 12 ff.: Anknüpfung an die Betriebszugehörigkeit; *Wank*, DB 1992, 90 ff.: Einbindung in die wirtschaftlichen Abhängigkeit. | 4 BAG v. 5.12.1957 – 1 AZR 594/56, EzA § 123 BGB Nr. 1 Satz 2 f.; DKK/*Trümner*, § 5 BetrVG Rz. 9; *Fitting*, § 5 BetrVG Rz. 20. | 5 Richardi/*Richardi*, § 5 BetrVG Rz. 14. | 6 BAG v. 12.2.1992 – 7 ABR 42/91, NZA 1993, 334. | 7 AA DKK/*Trümner*, § 5 BetrVG Rz. 113, 162. | 8 Vgl. BAG v. 3.10.1978 – 6 ABR 46/76, DB 1979, 1186 (1187); LAG BW v. 15.9.1988 – 4 b Sa 41/88, NZA 1989, 886; *Fitting*, § 5 BetrVG Rz. 276. | 9 DKK/*Trümner*, § 5 BetrVG Rz. 112; Richardi/*Richardi*, § 5 BetrVG Rz. 135. | 10 BAG v. 7.7.1999 – 7 ABR 661/97, NZA 2000, 542; Richardi/*Richardi*, § 5 BetrVG Rz. 132. | 11 Vgl. BAG v. 27.4.1977 – 5 AZR 129/76, BB 1977, 1304. | 12 BAG v. 16.2.2000 – 5 AZB 71/99, NZA 2000, 385 (387); v. 12.12.2001 – 5 AZR 253/00, NZA 2002, 787 (788); v. 30.11.1994 – 5 AZR 704/93, NZA 1995, 622; aA LAG Köln v. 30.6.1995 – 4 Sa 63/95, AP Nr. 80 zu § 611 BGB – Abhängigkeit Bl. 6 f.; *Wank*, NZA 1999, 225 (226). | 13 Vgl. BAG v. 19.1.2000 – 5 AZR 644/98, NZA 2000, 1102 (1104); v. 20.9.2000 – 5 AZR 61/99, NZA 2001, 551 f.; *Reiserer*, BB 1998, 1258 (1260); *Hromadka*, DB 1998, 195 ff.; krit. gegen typologische Abgrenzungsmethode ErfK/*Preis*, § 611 BGB Rz. 73 ff.; *Richardi*, DB 1999, 958 (960). | 14 Vgl. BAG v. 29.5.1991 – 7 ABR 67/90, NZA 1992, 36 (37); v. 19.1.2000 – 5 AZR 644/98, NZA 2000, 1102 (1103); BGH v. 21.10.1998 – VIII ZB 54/97, NZA 1999, 110 f.; *Schaub*, § 8 Rz. 17 ff.; *Hromadka*, NZA 1997, 569 ff. | 15 Vgl. *Heinze*, NZA 2000, 5 (6). | 16 BAG v. 19.1.2000 – 5 AZR 644/98, NZA 2000, 1102 (1104). | 17 BAG v. 6.5.1998 – 5 AZR 247/97, NZA 1999, 205 (206); v. 19.1.2000 – 5 AZR 644/98, NZA 2000, 1102 (1103). | 18 Vgl. BAG v. 30.11.1994 – 5 AZR 704/93, NZA 1995, 622 (624); v. 19.1.2000 – 5 AZR 644/98, NZA 2000, 1102 (1104). | 19 BAG v. 19.1.2000 – 5 AZR 644/98, NZA 2000, 1102 (1104). | 20 Vgl. BAG v. 29.5.1991 – 7 ABR 67/90, NZA 1992, 36 (37); v. 15.12.1999 – 5 AZR 566/98, NZA 2000, 447. | 21 BAG v. 15.3.1978 – 5 AZR 819/76, BB 1978, 760 f.

8 Auch fachliche Weisungsgebundenheit ist ein wichtiges Indiz für persönliche Abhängigkeit; ihr Fehlen schließt die ArbN-Stellung indes nicht aus[1]. Denn Aufgabenstellung, Art oder Qualität einer Tätigkeit können es mit sich bringen, dass trotz Einbindung in betriebliche Organisation ein hohes Maß an Gestaltungsfreiheit/fachlicher Selbständigkeit beim Dienstverpflichteten verbleibt[2]. Umgekehrt ist fachliche Weisungsgebundenheit allein nicht ausreichend, um ArbN-Eigenschaft zu begründen. Auch ein Selbständiger kann (vgl. § 645 Abs. 1 BGB) Weisungen seines Vertragspartners unterworfen sein[3].

9 Weiteres Indiz für das Vorliegen der ArbN-Eigenschaft ist der Umstand, dass eine Tätigkeit regelmäßig nur im Rahmen eines Arbeitsverhältnisses ausgeübt wird. Beispiel: Copilot[4], Tankwartaushilfe[5], Lehrer an allgemein bildenden Schulen[6]. Wegen der geringeren Einbindung in ein Schul- oder Ausbildungssystem sind Volkshochschuldozenten und Lehrkräfte an Musikschulen regelmäßig außerhalb eines Arbeitsverhältnisses tätig[7]. Dass auf die personellen und sachlichen Ressourcen des potenziellen ArbGeb zurückgegriffen werden muss, genügt – da eine vergleichbare Notwendigkeit beim Werkvertrag bestehen kann – nicht[8]. Für ArbN-Eigenschaft spricht, wenn für den potenziellen ArbN keine Möglichkeit besteht, die eigene Arbeitsorganisation frei festzulegen[9].

10 Dass der ArbN seine Arbeitsleistung dem ArbGeb fremdnützig zur Verwertung nach den von diesem vorgegebenen Zielen überlässt, ist kein geeignetes Abgrenzungskriterium[10]. Wer eine Dienstleistung und keinen durch Arbeit herbeizuführenden Erfolg verspricht, überlässt die Disposition über Verwertung stets dem Leistungsempfänger.

11 3. Praxisbeispiele: ArbN-Ähnliche Personen sind keine ArbN; sie leisten keine Dienste in persönlicher Abhängigkeit (vgl. auch § 5 Abs. 1 Satz 2 ArbGG). Wegen der ausschließlichen oder überwiegenden Beschäftigung für eine Person oder ein Unternehmen besteht indes in der Regel wirtschaftliche Abhängigkeit, die zum Teil einen vergleichbaren Schutz zur Folge hat[11]. Beispiele: Künstler, Reporter, Kameraleiter, nebenamtliche Dozenten an Volkshochschulen[12], Erfinder, Wirtschaftsberater, selbständige Heimbetriebsmeister[13]. Bei Lehrkräften scheint Tendenz zur Annahme der ArbN-Eigenschaft zu bestehen[14]. Für arbeitnehmerähnliche Personen können TV abgeschlossen werden (§ 12a TVG). Sie sind ArbN iSd. ArbGG (vgl. § 5 ArbGG) und ArbN urlaubsrechtlich gleichgestellt (§ 2 BUrlG). Die sozialversicherungsrechtliche Kennzeichnung (zB § 7 Abs. 4 SGB IV) spielt keine Rolle. Obwohl die Ich-AG (§ 421e SGB III) auf Selbständigkeit gerichtet ist, schließt sie deshalb aus arbeitsrechtlicher Sicht eine abhängige Tätigkeit nicht aus[15].

12 AÜ (Leiharbeit) ist eine Form des drittbezogenen Personaleinsatzes (mittelbares Arbeitsverhältnis). Sie liegt vor, wenn ein ArbGeb (Verleiher) einem anderen Unternehmen (Entleiher) Arbeitskräfte zur Verfügung stellt, die in den Betrieb des Entleihers eingegliedert werden und ihre Arbeiten nach dessen Weisungen ausführen[16]. Die ArbGebFunktion ist dahin aufgespalten, dass der Entleiher die weiter gehende Organisationshoheit und Dispositionsbefugnis sowie das Weisungsrecht hat, während der Verleiher für arbeitsvertragliche Fragen zuständig ist[17]. Insbesondere in Bezug auf Dauer der Arbeitszeit und Vergütung muss indes die Neufassung von §§ 3 Abs. 1 Nr. 3, 9 Nr. 2, 10 Abs. 4, 12 Abs. 1 Satz 3 AÜG (Anspruch auf Gleichbehandlung in Bezug auf wesentliche Arbeitsbedingungen) berücksichtigt werden[18]. Unterscheidung zwischen echter und unechter Leiharbeit ist heute ohne Bedeutung. Wichtiger ist die Unterscheidung zwischen gewerbsmäßiger, nicht gewerbsmäßiger und vorübergehender konzerninterner AÜ. Nur die gewerbsmäßige AÜ bedarf einer Erlaubnis nach § 1 AÜG. LeihArbN sind grundsätzlich ArbN des Betriebs des Verleihers (§ 14 Abs. 1 AÜG). Sie werden nur dann ArbN des Entleihers, wenn der Arbeitsvertrag zwischen Verleiher und ArbN wegen fehlender Erlaubnis nach § 1 AÜG unwirksam ist (§§ 9 Nr. 1, 10 Abs. 1 AÜG). Nach § 10 Abs. 1 Satz 4 AÜG bestimmen sich Inhalt und Dauer dieses Arbeitsverhältnisses nach den für den Betrieb des Entleihers geltenden Vorschriften und sonstigen Regelungen[19]. Ist eine Überlassung erlaubt, bleibt das Arbeitsverhältnis zwischen Verleiher und ArbN ohne Rücksicht auf die Dauer der Überlassung bestehen[20]. Obwohl damit grundsätzlich kein Arbeitsverhältnis zwischen Entleiher und LeihArbN besteht, sind LeihArbN beim Entleiher wahlberechtigt, wenn sie länger als drei Monate im Be-

---

[1] Vgl. BAG v. 20.7.1994 – 5 AZR 627/93, NZA 1995, 161 (162). | [2] Vgl. BAG v. 20.7.1994 – 5 AZR 627/93, NZA 1995, 161 (162); v. 6.5.1998 – 5 AZR 347/97, NZA 1998, 873 (875 f.). | [3] Vgl. BGH v. 22.10.1981 – VII ZR 310/79, BGHZ 82, 100 (106). | [4] BAG v. 16.3.1994 – 5 AZR 447/92, DB 1994, 2504. | [5] BAG v. 12.6.1996 – 5 AZR 960/94, NZA 1997, 191. | [6] BAG v. 12.9.1996 – 5 AZR 104/95, NZA 1997, 604. | [7] BAG v. 24.6.1992 – 5 AZR 384/91, NZA 1993, 174. | [8] BAG v. 30.11.1994 – 5 AZR 704/93, NZA 1995, 622 (624); aA BAG v. 15.3.1978 – 5 AZR 819/76, BB 1978, 760 f. | [9] BAG v. 29.1.1992 – 5 AZR 653/96, NZA 1998, 364 (366 f.) | [10] BAG v. 30.11.1994 – 5 AZR 704/93, AP § 611 BGB – Abhängigkeit Nr. 74 Bl. 3 ff.; aA noch BAG v. 15.3.1978 – 5 AZR 819/76, BB 1978, 760 (761). | [11] *Boemke*, ZfA 1998, 285, 317. | [12] BAG v. 25.8.1982 – 5 AZR 7/81, AP § 611 BGB – Lehrer, Dozenten Nr. 32 Bl. 2. | [13] Vgl. BAG v. 13.8.1980 – 4 AZR 592/78, AP § 611 BGB – Abhängigkeit Nr. 37 Bl. 4 f. | [14] Vgl. BAG v. 26.7.1995 – 5 AZR 22/94, AP § 611 BGB – Abhängigkeit Nr. 79 Bl. 3 ff.; v. 12.9.1996 – 5 AZR 1066/94, NZA 1997, 194 (195); LAG Düsseldorf v. 13.11.1996 – 12 Sa 1178/96, BB 1997, 791 f. | [15] *B. Gaul/Otto*, DB 2002, 2486 (2491), DB 2003, 94 (96). | [16] BAG v. 1.6.1994 – 7 AZR 7/93, NZA 1995, 465 (466); v. 3.12.1997 – 7 AZR 764/96, NZA 1998, 876 (877) mwN. | [17] Vgl. BAG v. 28.7.1992 – 1 ABR 22/92, NZA 1993, 272 (276 f.); *Schüren*, AÜG § 1 Rz. 69 ff. | [18] Vgl. *B. Gaul/Otto*, DB 2002, 2486 (2487 f.); *B. Gaul/Otto*, DB 2003, 94 (96); *Ulber*, AuR 2003, 7 (10 ff.); *Lembke*, BB 2003, 98 (100 ff.); *Rieble/Klebeck*, NZA 2003, 23 ff.; *Wank*, NZA 2003, 14 (19). | [19] BAG v. 30.1.1991 – 7 AZR 497/89, AP Nr. 8 zu § 10 AÜG Bl. 4 ff. | [20] BAG v. 28.6.2000 – 7 AZR 100/99, NZA 2000, 1160 ff.; *Schüren*, AÜG § 10 Rz. 56, wobei hier noch die 12- bzw. 24-Monatsgrenze in § 1 Abs. 2 AÜG aF zur Anwendung kam.

trieb eingesetzt werden (§ 7 Satz 2 BetrVG)[1]. Die Art der Überlassung (zB gewerbsmäßig, konzernintern) spielt keine Rolle[2]. Sie sind aber nicht wählbar (§ 14 Abs. 2 Satz 1 AÜG). Grund für die Wahlberechtigung ist der Umstand, dass der BR des Entleihers nicht nur bei der Übernahme des LeihArbN gemäß § 99 BetrVG zu beteiligen ist (§ 14 Abs. 3 AÜG). Vielmehr ist der BR über die in § 14 Abs. 2 AÜG genannten Beteiligungsrechte hinaus bei allen Angelegenheiten zuständig, die das Weisungsrecht des Entleihers und damit die konkreten Arbeitsbedingungen der ArbN betreffen (zB Beginn und Ende der Arbeitszeit, Arbeitsschutzmaßnahmen)[3]. Für Entscheidungen des VertragsArbGeb in dem die LeihArbN betreffenden sozialen, personellen und wirtschaftlichen Angelegenheiten, ist weiter der BR des Verleihers zuständig[4]. Umstritten ist allerdings, ob diese Beteiligungsrechte des BR des Entleihers auch bei nichtgewerbsmäßiger oder konzerninterner AÜ gegeben sind[5]. Von der AÜ ist die Tätigkeit von Fremdpersonal aufgrund Dienst- oder Werkvertrags zwischen Betriebsinhaber und anderem Unternehmer zu unterscheiden. In diesem Fall unterliegen die zur Ausführung des Dienst- oder Werkvertrags eingesetzten ArbN den Weisungen der Fremdfirma; sie sind deren Erfüllungsgehilfen und keine ArbN des Auftraggebers (vgl. Rz. 24). Zur Abgrenzung der AÜ vom Werk- oder Dienstvertrag vgl. § 1 AÜG. AÜ liegt auch dann nicht vor, wenn der ArbN in einem gemeinsamen Betrieb mehrerer Unternehmen (§ 1 Abs. 1 Satz 2) tätig wird. Denn im gemeinsamen Betrieb erfolgt keine Übertragung, sondern nur eine gemeinsame Ausübung der Leitungsmacht in den wesentlichen personellen und sozialen Fragen[6]. Keine Anwendung findet das AÜG auch bei der Gebrauchsüberlassung von Maschinen mit Bedienungspersonal, wenn die Geräteüberlassung im Vordergrund steht und die Überlassung des Personals nur den Geräteeinsatz ermöglichen soll[7].

Außendienst: Die Aufnahme der Außendienstmitarbeiter in § 5 Abs. 1 stellt nur klar, dass es für den betriebsverfassungsrechtlichen ArbN-Status auf die funktionale Eingliederung in die betriebliche Arbeitsorganisation ankommt[8]. Eine örtliche Eingliederung in den Betrieb muss – was auch in Fällen der Auslandsentsendung deutlich wird[9] – nicht zwingend erfolgen[10]. Insofern ist auch die Unterscheidung zwischen ortsgebundenen (zB Arbeit im eigenen Haus) und orts-unabhängigen Tätigkeiten (zB Auslieferungs- und Verkaufsfahrer, Bauarbeiter, Kundenberater, Monteure, Reiseleiter, Service- und Wartungspersonal sowie Zeitungsausträger) unerheblich. Daneben müssen die allgemeinen Abgrenzungskriterien zur Kennzeichnung der Vertragsbeziehung als Arbeitsverhältnis erfüllt werden. Kennzeichen einer Eingliederung sind hier zB Abhängigkeit des Außendienstlers von der Organisation des ArbGeb[11] oder Einbindung in Kundenbetreuungskonzept durch Dienstpläne des ArbGeb[12].

Auslandsentsendung: ArbN können auch bei einer Tätigkeit im Ausland von § 5 Abs. 1 erfasst sein. Es genügt, dass ein Arbeitsvertrag besteht. Die Annahme einer Zuständigkeit des BR während des Auslandseinsatzes hängt dann davon ab, dass die Zugehörigkeit zum inländischen Betrieb auch in dieser Zeit gegeben ist. Dabei kommt es nicht darauf an, ob der Einsatz vorübergehend oder dauerhaft erfolgt. Voraussetzung ist, dass eine Eingliederung in die betriebliche Organisation in Deutschland gegeben ist, selbst wenn ein Teil der Arbeitsbedingungen für die Entsendung modifiziert wird (vgl. § 1 Rz. 3)[13]. Wenn der Auslandseinsatz nur vorübergehender Natur ist und eine Rückkehr in ein aktives Arbeitsverhältnis im inländischen Betrieb geplant ist, ist eine Zuständigkeit des BR auch dann anzunehmen, wenn das Arbeitsverhältnis während des Auslandseinsatzes zum Ruhen gebracht und durch einen aktiven Vertrag mit einer anderen Gesellschaft vor Ort ersetzt wird. Insofern besteht eine Parallele zur Behandlung von ArbN in Elternzeit (vgl. Rz. 32, vor §§ 15 ff. BErzGG Rz. 11).

Beamte: Personen in einem Beamtenverhältnis sind keine ArbN (vgl. Rz. 4). Sie werden an sich auch dann nicht von § 5 Abs. 1 erfasst, wenn sie als Beamte in einem Betrieb iSd. BetrVG eingesetzt werden. Zum Teil ist allerdings kraft Gesetzes festgelegt worden, dass sie als ArbN des Einsatzbetriebes gelten (vgl. §§ 19 Abs. 1 DBGrG, 24 Abs. 2 PostPersG). Wird der Beamte von seinen Pflichten aus dem Beamtenverhältnis beurlaubt, kann daneben ein Arbeitsvertrag mit der gleichen Körperschaft oder einem anderen Rechtsträger, für den der Beamte während des ruhenden Dienstverhältnisses tätig ist, begründet werden. Für diese Vertragsbeziehung ist dann ohne weitergehende gesetzliche Fiktion die Zuständigkeit des BR nach § 5 Abs. 1 gegeben.

---

1 Vgl. BAG v. 16.4.2003 – 7 ABR 53/02, DB 2003, 2128 ff. („Leiharbeitnehmer wählen, aber zählen nicht."). Folgerichtig wurde auch der Antrag der PDS-Fraktion auf Erweiterung von § 5 Abs. 1 auf Leiharbeitnehmer im Betrieb des Entleihers im Zusammenhang mit der BetrVG-Reform im Bundestag abgelehnt (vgl. BT-Drs. 14/1608; BT-Drs. 14/6352 S. 42; *Boewer*, in Gaul, AktuellAR 2003, 209 ff.). | 2 Vgl. Richardi/*Richardi*/*Thüsing*, § 7 BetrVG Rz. 11; DKK/*Trümner*, § 5 BetrVG Rz. 84, 88. | 3 BAG v. 19.6.2001 – 1 ABR 43/00, NZA 2001, 1263 (1265). | 4 BAG v. 28.7.1992 – 1 ABR 22/92, NZA 1993, 272 (276); v. 19.6.2001 – 1 ABR 43/00, NZA 2001, 1263 (1265); *Fitting*, § 5 BetrVG Rz. 220 mwN. | 5 So BAG v. 18.1.1989 – 7 ABR 62/87, NZA 1993, 272 (276); v. 22.3.2000 – 7 ABR 34/98, NZA 2000, 1119 (1120 f.); *Fitting*, § 5 BetrVG Rz. 238 f.; abl. *Boemke*, § 14 AÜG Rz. 4 mwN, wonach § 14 Abs. 2 AÜG nur auf die gewerbsmäßige Überlassung anwendbar ist. | 6 Vgl. BAG v. 3.12.1997 – 7 AZR 764/96, NZA 1998, 876 (878); v. 25.10.2000 – 7 AZR 487/99, NZA 2001, 259 (260 f.). | 7 BAG v. 17.2.1993 – 7 AZR 167/92, NZA 1993, 1125 (1126 f.). | 8 Vgl. BT-Drs. 14/5741 S. 35. | 9 Vgl. BAG v. 23.3.2000 – 7 ABR 34/98, NZA 2000, 1119 (1120); v. 7.12.1989 – 2 AZR 222/89, NZA 1990, 658 (659 f.). | 10 Vgl. BAG v. 23.3.2000 – 7 ABR 34/98, NZA 2000, 1119 (1120); v. 19.6.2001 – 1 ABR 43/00, NZA 2001, 1263 (1264). | 11 BAG 15.3.1978 – 5 AZR 819/76, AP Nr. 26 zu § 611 BGB – Abhängigkeit Bl. 3. | 12 BAG 6.5.1998 – 5 AZR 247/97, NZA 1999, 205 (207). | 13 Vgl. BAG v. 7.12.1989 – 2 AZR 228/89, NZA 1990, 658 (659).

16 Befristete Arbeitsverhältnisse: ArbN mit befristetem Arbeitsvertrag werden ohne Rücksicht auf Grund, Dauer und Art der Befristung als ArbN iSd. § 5 Abs. 1 erfasst; dies gilt auch für Aushilfskräfte. Die Wirksamkeit der Befristung spielt keine Rolle.

17 Berufsausbildungsverhältnis: Kraft Gesetzes sind alle zu ihrer Berufsausbildung Beschäftigten ArbN iSd. BetrVG. Unerheblich ist, ob das Ausbildungsverhältnis als Arbeitsverhältnis zu qualifizieren ist[1]. Erfasst werden alle Verträge, durch die berufliche Kenntnisse, Fähigkeiten und Erfahrungen vermittelt werden sollen[2]. Dazu zählen ua. Umschüler und Teilnehmer an berufsvorbereitenden Ausbildungsmaßnahmen[3] Volontäre, Praktikanten, Anlernlinge[4], Teilnehmer einer Ausbildung in unternehmenseigener Schule bei praktischer Unterweisung im Betrieb[5], wobei eine rein schulische Ausbildung nicht genügt[6]. Unerheblich ist, ob die betriebliche Ausbildung nur Teil eines aus betrieblich-praktischen und schultheoretischen Teilen bestehenden Ausbildungsganges ist[7]. Auszubildende in einer von mehreren Unternehmen bzw. Betrieben errichteten überbetrieblichen Ausbildungsstätte sind ArbN iSd. BetrVG[8]. Auszubildende in Einrichtungen, die zu Ausbildungszwecken einen Produktionsbetrieb nachahmen (zB Berufsbildungswerk), sind keine ArbN des Ausbildungsbetriebs, es sei denn, die Ausbildung erfolgt zum Einsatz im Rahmen des arbeitstechnischen Zwecks der Einrichtung, etwa zum Betreuer oder Ausbilder[9]. Entgeltlichkeit ist Indiz für Ausbildungsverhältnis[10].

18 Beschäftigungsgesellschaft: Mitarbeiter in Beschäftigungsgesellschaften zur Abwicklung struktureller Kurzarbeit nach § 175 SGB III oder einer Personalserviceagenturen iSd. §§ 37, 37c SGB III sind ArbN[11], die mit einem in der Regel befristeten Vertrag beschäftigt sind[12]. Im Rahmen einer Beschäftigungsgesellschaft nach dem BSHG angestellte Personen sind ArbN, wenn ihre Tätigkeit dem arbeitstechnischen Zweck des Betriebs dient und nicht selbst Gegenstand des Betriebszwecks ist[13].

19 Doppelarbeitsverhältnis: Hiervon spricht man, wenn ein ArbN neben einem bereits bestehenden Arbeitsverhältnis, das vorübergehend zum Ruhen gebracht wird (Stammarbeitsverhältnis), ein weiteres Arbeitsverhältnis mit einem anderen (abhängigen) Unternehmen begründet. Betriebsverfassungsrechtlich gehört der ArbN in dieser Zeit beiden Unternehmen an[14]. Erfolgt die Abordnung nicht zum vorübergehenden, flexiblen Einsatz, sondern als organisatorische Dauerlösung in der Form, dass die Arbeitsverträge mit dem herrschenden Unternehmen geschlossen werden, die Beschäftigung tatsächlich jedoch im Betrieb eines abhängigen Unternehmens stattfindet, gehört der ArbN betriebsverfassungsrechtlich zu dem Betrieb, in dem er arbeitet[15].

20 Einfirmenvertreter (§ 92a HGB) dürfen aufgrund vertraglicher Regelung oder können wegen Art und Umfang der mit ihnen vereinbarten Tätigkeit nicht für weitere Unternehmer tätig werden. Sie sind Handelsvertreter gemäß § 84 HGB und somit selbständig, wenn sie im Wesentlichen ihre Tätigkeit frei gestalten und ihre Arbeitszeit bestimmen können. Anderenfalls handelt es sich um kaufmännische Angestellte, ggf. im Außendienst[16]. Indizien für Eingliederung sind zB Zuteilung eines Kundenstamms durch Dienstgeber, Vorgabe eines Tourenplans oder einer Mindestanzahl zu besuchender Kunden[17].

21 Familienangehörige: Erfolgt Mitarbeit von Familienangehörigen im Betrieb nur auf Grund familienrechtlicher Verpflichtung (Kinder: § 1619 BGB, Ehegatten: Pflicht zur ehelichen Lebensgemeinschaft), liegt nach allgemeinen Grundsätzen kein Arbeitsverhältnis vor[18]. Besteht ein Arbeitsverhältnis, sind sie ArbN iSd. Betriebsverfassung, es sei denn, es erfolgt eine Ausgrenzung gemäß Abs. 2 Nr. 5 (vgl. Rz. 44).

22 Franchising schließt die ArbN-Eigenschaft des Franchisenehmers nicht aus; hier ist eine einzelfallbezogene Prüfung erforderlich[19]. In der Regel ist der Franchisenehmer aber selbständiger Unternehmer, der sich zur Errichtung und Führung eines Betriebes nach den Vorgaben des Franchisegebers verpflichtet hat[20]. Der Franchisenehmer ist als ArbN zu qualifizieren, wenn zB durch die Bestimmung von Arbeitsort und Arbeitszeit sowie das Erteilen arbeitsleistungsbezogener Weisungen eine persönliche Abhängigkeit hergestellt wird[21].

---

1 BAG v. 21.7.1993 – 7 ABR 35/92, NZA 1994, 713 (715). | 2 BAG v. 24.9.1981 – 6 ABR 7/81, DB 1982, 606. | 3 BAG v. 26.11.1987 – 6 ABR 6/83, NZA 1988, 505 (506). | 4 BAG v. 28.7.1992 – 1 ABR 22/92, NZA 1993, 272 (275). | 5 BAG v. 10.2.1981 – 6 ABR 86/78, DB 1981, 1935 (1936). | 6 BAG v. 28.7.1992 – 1 ABR 22/92, NZA 1993, 272 (275). | 7 BAG v. 8.5.1990 – 1 ABR 7/89, NZA 1990, 896 (897). | 8 BAG v. 26.1.1994 – 7 ABR 13/92, NZA 1995, 120 (122). | 9 BAG v. 26.1.1994 – 7 ABR 13/92, NZA 1995, 120 (122). | 10 BAG v. 25.10.1989 – 7 ABR 1/88, DB 1990, 1192 (1193). | 11 Vgl. DKK/*Trümner*, § 5 BetrVG Rz. 109e; *Fitting*, § 5 BetrVG Rz. 139; LAG Bdb. v. 24.2.1994 – 3 SA 869/93, DB 1994, 1245. | 12 Vgl. *B. Gaul/Kliemt*, NZA 2000, 674 (675); *Niesel* SGB III § 175 Rz. 1 ff.; *Filzek*, AiB 1998, 661 ff.; *Thannheiser*, AiB 1999, 89 (96); *Thannheiser*, AiB 1999, 153 (154 ff.). | 13 BAG v. 5.4.2000 – 7 ABR 20/99, NZA 2001, 629 (630); v. 5.10.2000 – 1 ABR 14/00, NZA 2001, 1325 (1328). | 14 Vgl. BAG v. 29.3.1974 – 1 ABR 27/73, DB 1974, 1680. | 15 *Fitting*, § 5 BetrVG Rz. 206. | 16 Vgl. BAG v. 21.1.1966 – 3 AZR 183/65, DB 1966, 546; LAG Nds. v. 7.9.1990 – 3 (2) Sa 1791/89, LAGE § 611 BGB Arbeitnehmerbegriff Nr. 24 S. 2; LAG Nürnberg v. 30.10.1992 – 7 TA 59/92, NZA 1993, 652. | 17 ArbG Lübeck v. 26.10.1995 – 2 CA 2046/95, BB 1996, 177 (178). | 18 Vgl. *Fitting*, § 5 BetrVG Rz. 304 ff.; Richardi/*Richardi*, § 5 BetrVG Rz. 181. | 19 BAG v. 16.7.1997 – 5 AZB 29/96, NZA 1997, 1126 (1127); BGH v. 27.1.2000 – III ZB 67/99, NZA 2000, 390; *Hänlein*, DB 2000, 374 ff. | 20 Vgl. BAG v. 24.4.1980 – 3 AZR 911/77, BB 1980, 1471; v. 21.2.1990 – 5 AZR 162/89, BB 1990, 1064. | 21 Vgl. BAG v. 16.7.1997 – 5 AZB 29/96, NZA 1997, 1126 (1127); LAG Düsseldorf v. 20.10.1987 – 16 Ta BV 83/87, NJW 1988, 725; DKK/*Trümner*, § 5 BetrVG Rz. 66, 69; aA Richardi/*Richardi*, § 5 BetrVG Rz. 151 zum sog. Subordinations-Franchising.

Freie Mitarbeiter sind keine ArbN. Es fehlt die für Arbeitsverhältnis typische persönliche Abhängigkeit in Form einer Weisungsgebundenheit bzgl. Zeit, Ort und Inhalt der Tätigkeit[1]. Grundlage ihrer Tätigkeit ist ein Werk- oder Dienstvertrag. Freie Mitarbeit setzt deshalb voraus, dass trotz Zusage einer zeitbestimmten Dienstleistung die Tätigkeit und Arbeitszeit im Wesentlichen selbst bestimmt werden kann. Falls zwischen den Parteien ein Dauerschuldverhältnis besteht, spricht für das Vorliegen eines Arbeitsverhältnisses, wenn der Dienstgeber innerhalb eines zeitlichen Rahmens über die Arbeitsleistung verfügen kann. Beispiel: Buchlektor eines Verlags[2], Aushilfs-Taxifahrer[3].

Fremdpersonal: Werden ArbN aufgrund Dienst- oder Werkvertrages mit einem Dritten als dessen Erfüllungsgehilfen im Betrieb eingesetzt, sind sie nicht ArbN des ArbGeb, dem dieser Betrieb zugeordnet ist[4]. Beispiel: Reinigung, Catering, Bewachung. Entscheidend ist, dass das Personal der Fremdfirma zur Erfüllung des Betriebszwecks dieser Firma tätig wird[5] und insoweit von diesem die Weisungen in Bezug auf Art, Ort und Zeit der Tätigkeit erhält[6]. Unerheblich ist, ob der Fremdfirmeneinsatz der Erfüllung des Betriebszwecks des Inhabers des Einsatzbetriebs dient[7] oder ob eine bisher selbst wahrgenommene Betriebsaufgabe auf eine Fremdfirma übertragen wurde[8]. Liegt in Wirklichkeit AÜ vor und hat der Verleiher keine Erlaubnis iSd. § 1 Abs. 1 AÜG, wird allerdings gemäß § 10 AÜG ein Arbeitsverhältnis mit dem Entleiher begründet (vgl. Rz. 12).

Geringfügig Beschäftigte und Personen mit Gleitzonenjob (§§ 8, 20 Abs. 2 SGB IV) sind ohne Rücksicht auf die sozialversicherungsrechtliche Handhabe mit Blick auf die Fragen einer persönlichen Abhängigkeit zu bewerten[9]. Liegt nach allgemeinen Grundsätzen ein Arbeitsverhältnis vor, ist auch der nach §§ 8, 8a SGB IV nicht SozV-Pflichtige ArbN[10].

Gesellschafter: Die aus dem Gesellschaftsvertrag resultierende Tätigkeit begründet grundsätzlich keine ArbN-Eigenschaft. Nur ausnahmsweise kann auch ein Arbeitsverhältnis vorliegen. An der hierfür erforderlichen persönlichen Abhängigkeit fehlt es aber, wenn der Gesellschafter maßgeblichen Einfluss auf die Geschäftsführung hat. Beispiel: Sperrminorität oder Einstimmigkeitsprinzip nach Gesellschaftsvertrag[11].

Handelsvertreter sind selbständig tätig (vgl. § 84 Abs. 1 Satz 2 HGB). Damit sind Versicherungsvertreter im Außendienst keine Handelsvertreter sondern ArbN, wenn sie in einer für ArbN typischen Weise in die Betriebsabläufe eingegliedert sind[12]. Indizien für selbständige Tätigkeit sind: Berechtigung zum Einsatz von Untervertretern[13], Möglichkeit der freien Arbeitszeiteinteilung, Vorgaben zum Arbeitssoll mit Gestaltungsspielraum bei Umsetzung. Indizien für abhängige Tätigkeit sind: Pflicht zu Tätigkeitsberichten, Kontrolle termingebundener Geschäfte, Anwesenheitspflicht[14], Arbeitszeitvorgaben[15], konkrete Vorgaben für Kundenbesuche[16] oder Pflicht zur Teilnahme an Schulungen[17] Ohne Bedeutung sind: Anzeigepflicht bei Urlaub oder Arbeitsunfähigkeit[18], Bindung an preisliche Vorgaben des Auftraggebers[19], Vereinbarung eines vertraglichen oder nachvertraglichen Wettbewerbsverbots[20] oder Unterstützung bei Werbemaßnahmen[21] Bei Berichtspflichten und fachlichen Weisungen muss wegen § 86 Abs. 2 HGB bzw. §§ 675, 665 BGB differenziert werden[22].

Haushaltshilfen: ArbN, die ausschließlich im Haushalt des Betriebsinhabers beschäftigt sind, sind keine ArbN des Betriebes. Erfolgt ihre Beschäftigung sowohl im Haushalt als auch im Betrieb, zählen sie auch dann nicht zur Belegschaft des Betriebes, wenn sie mit dem Betriebsinhaber in häuslicher Gemeinschaft leben[23].

Heimarbeiter und Hausgewerbetreibende (§ 2 Abs. 1, 2 HAG) sind von ihrem Auftraggeber zwar wirtschaftlich, nicht aber persönlich abhängig. Sie gelten aber als ArbN iSd. § 5 Abs. 1[24]. Voraussetzung ist, dass sie „in der Hauptsache" für den Betrieb arbeiten[25]; die Beschäftigung für den Betrieb muss gegen-

---

1 DKK/*Trümner*, § 5 BetrVG Rz. 57; *Fitting*, § 5 BetrVG Rz. 36; *Richardi/Richardi*, § 5 BetrVG Rz. 146. |2 BAG v. 27.3.1991 – 5 AZR 194/90, NZA 1991, 933 (934). |3 BAG v. 29.5.1991 – 7 ABR 67/90, NZA 1992, 36 (37). |4 DKK/*Trümner*, § 5 BetrVG Rz. 90; *Fitting*, § 5 BetrVG Rz. 241; GK-BetrVG/*Kreutz*, § 7 Rz. 58 f. |5 BAG v. 25.10.2000 – 7 AZR 487/99, NZA 2001, 259 (260); v. 11.9.2001 – 1 ABR 14/01, EzA § 99 BetrVG 1972 – Einstellung Nr. 10 S. 6. |6 BAG v. 26.4.1995 – 7 AZR 850/92, NZA 1996, 92 (93). |7 Vgl. BAG v. 30.1.1991 – 7 AZR 497/89, NZA 1992, 19 (21); v. 5.3.1991 – 1 ABR 39/90, NZA 1991, 686 (688). |8 Vgl. BAG v. 9.7.1991 – 1 ABR 45/0, NZA 1992, 275 (277). |9 BAG v. 30.9.1998 – 5 AZR 563/97, NZA 1999, 374 (375). |10 Vgl. DKK/*Trümner*, § 5 BetrVG Rz. 31; *Fitting*, § 5 BetrVG Rz. 95; GK-BetrVG/*Raab*, § 5 Rz. 30; *Richardi/Richardi*, § 5 BetrVG Rz. 56. |11 BAG v. 28.11.1990 – 4 AZR 198/90, NZA 1991, 392 (393); v. 10.4.1991 – 4 AZR 467/90, AP § 611 BGB – Abhängigkeit Nr. 54 Bl. 3. |12 BAG v. 15.12.1999 – 5 AZR 169/99, NZA 2000, 1162 (1163); v. 20.9.2000 – 5 AZR 271/99, NZA 2001, 210 (211); LAG Nürnberg v. 26.1.1999 – 7 Sa 658/98, ZIP 1999, 769. |13 BAG v. 15.12.1999 – 5 AZR 3/99, NZA 2000, 534 (537 f.). |14 BAG v. 15.12.1999 – 5 AZR 566/98, NZA 2000, 447. |15 BAG v. 15.12.1999 – 5 AZR 770/98, NZA 2000, 481 (483). |16 BAG v. 15.12.1999 – 5 AZR 770/98, NZA 2000, 481 (483). |17 BAG v. 15.12.1999 – 5 AZR 770/98, NZA 2000, 481 (483): 12 Gesprächsrunden à 2 Stunden im Halbjahr sind indes nicht genügend. |18 Vgl. BAG v. 15.12.1999 – 5 AZR 3/99, NZA 2000, 534 (538); aA DKK/*Trümner*, § 5 BetrVG Rz. 63. |19 BAG v. 15.12.1999 – 5 AZR 3/99, NZA 2000, 534 (538) |20 BAG v. 15.12.1999 – 5 AZR 3/99, NZA 2000, 534 (538 f.); v. 15.12.1999 – 5 AZR 770/98, NZA 2000, 481 (484). |21 BAG v. 15.12.1999 – 5 AZR 770/98, NZA 2000, 481 (483). |22 Vgl. BAG v. 15.12.1999 – 5 AZR 770/98, NZA 2000, 481 (483); v. 15.12.1999 – 5 AZR 3/99, NZA 2000, 534 (537); BAG v. 15.12.1999 – 5 AZR 566/98, NZA 2000, 447 (448). |23 ErfK/*Eisemann*, § 5 BetrVG Rz. 18. |24 Vgl. BAG v. 25.3.1992 – 7 ABR 52/91, NZA 1992, 899 ff. |25 BAG v. 7.11.1995 – 9 AZR 268/94, NZA 1996, 380.

über der Leistung von Heimarbeit für andere Auftraggeber überwiegen. Heimarbeiter sollen betriebsverfassungsrechtlich nur einem Betrieb zugeordnet werden[1], während andere ArbN mit mehreren Arbeitsverhältnissen in mehreren Betrieben wahlberechtigt und wählbar sind[2]. Die Verdiensthöhe spielt keine Rolle[3]. Familienangehörige, Hilfskräfte oder den Heimarbeitern gleichgestellte Personen werden von der gesetzlichen Fiktion als ArbN nicht erfasst[4].

30 **Konzern:** Ist ein ArbN in mehreren Betrieben eines Unternehmens oder mehrerer Unternehmen eines Konzerns tätig, ist die Zugehörigkeit zu jedem Betrieb eigenständig zu behandeln. Eine Zugehörigkeit zu mehreren Betrieben ist möglich, wenn jeweils ein Arbeitsverhältnis zum Betriebsinhaber besteht. Ruht das Arbeitsverhältnis zu einem Unternehmen für die Dauer der vorübergehenden Tätigkeit in einem anderen Unternehmen, mit dem ein gesonderter Arbeitsvertrag abgeschlossen wird, bleibt die Rechtsstellung als ArbN des bisherigen Einsatzbetriebs neben der neugegründeten Rechtsstellung als ArbN des neuen Einsatzbetriebs bestehen[5]. Wird eine vorübergehende AÜ im Konzern (Konzernleihe) vorgenommen, bleibt der Betroffene ArbN des verleihenden Konzernunternehmens[6]. Auch wenn das AÜG keine Anwendung findet (§ 1 Abs. 3 Nr. 2 AÜG), kann insoweit auf die Grundsätze in § 14 Abs. 2 AÜG zurückgegriffen werden (vgl. Rz. 12).

31 **Medienbereich:** Hier ist zwischen programmgestaltender und nicht programmgestaltender Tätigkeit zu unterscheiden. Zu den programmgestaltenden Mitarbeitern gehören diejenigen, die typischerweise ihre eigenen Ansichten über Politik, Wirtschaft, Kunst oder andere Sachfragen in das Programm einbringen[7]. Diese programmgestaltende Tätigkeit kann auch in einem Arbeitsverhältnis ausgeübt werden[8]. Ein Arbeitsverhältnis liegt vor, wenn der Mitarbeiter zwar inhaltlich am Programm mitwirkt, hierbei jedoch weitgehenden Weisungen unterliegt, so dass ihm jedenfalls in Bezug auf die Arbeitszeit, die inhaltliche Festlegung des übergeordneten Themas und des Zwecks der der Publikation/Sendung und die organisatorische Anbindung des Arbeitsablaufs kaum Gestaltungsfreiheit verbleibt[9]. Indizien für ArbN-Eigenschaft sind ständige Dienstbereitschaft und Einbeziehung in festen Dienstplan[10], Dienstanweisungen und Rundschreiben, die Einzelheiten des Vertragsverhältnisses einseitig regeln[11]. Einzelabstimmungen über jeweiligen Einsatz programmgestaltender Mitarbeiter sprechen gegen den ArbN-Status[12]. Die Aufnahme in Organisations- und Raumbelegungspläne begründet allein noch keine ArbN-Eigenschaft[13]. Zu den nicht programmgestaltenden Mitarbeitern gehören das betriebstechnische und verwaltende Personal sowie diejenigen, die zwar bei der Realisierung des Programms mitwirken, aber keinen Einfluss auf dessen Inhalt nehmen[14]. Sie sind in der Regel ArbN[15]. Indizien für ArbN-Status: Terminlisten für längeren Zeitraum[16], zeitlich festgelegte Berichtspflichten, Pflicht zur Schulungsteilnahme[17].

32 **Ruhende Arbeitsverhältnisse:** Wenn eine Rückkehr der ArbN in den Betrieb geplant ist, werden auch Personen mit einem ruhenden Arbeitsverhältnis von § 5 Abs. 1 erfasst (zB Elternzeit, Wehr- oder Zivildienst)[18].

33 **Studenten**, die im Rahmen ihres Studiums ein Praktikum absolvieren, zählen dann als ArbN, wenn sie einen Ausbildungsvertrag mit dem Betriebsinhaber geschlossen haben[19]. Das gilt nicht im Rahmen eines Hochschulpraktikums[20].

34 **Schüler:** Wer als Schüler ein Praktikum absolviert, ist nicht ArbN[21]. Schüler werden im Rahmen ihres Praktikums weder ausgebildet noch sind sie zur Arbeitsleistung verpflichtet[22].

35 **Teilzeitarbeit:** ArbN mit Teilzeitbeschäftigung (§ 2 Abs. 1 TzBfG) sind ohne Rücksicht auf die Dauer der Arbeitszeit in § 5 Abs. 1 einzubeziehen[23]. Eine Mindestarbeitszeit ist nicht erforderlich[24]. Auch die sozialversicherungsrechtliche Handhabe ist unerheblich[25]; es werden auch geringfügig Beschäftigte (§§ 8, 8a SGB IV) oder ArbN mit „Gleitzonenjob" (§ 20 Abs. 2 SGB IV) erfasst. Grundsätzlich gilt dies auch bei ATZ. ArbN, die sich in der Freistellungsphase des sog. Blockmodells befinden, sind jedoch

---

1 Vgl. BAG v. 25.3.1992 – 7 ABR 52/91, NZA 1992, 899 (901 f.). | 2 BAG v. 27.9.1974 – 1 ABR 90/73, DB 1975, 936 (937). | 3 BAG v. 27.9.1974 – 1 ABR 90/73, DB 1975, 936 (937). | 4 Rost, NZA 1999, 113 (115). | 5 Vgl. ErfK/Eisemann, § 5 BetrVG Rz. 20. | 6 Vgl. dazu Rüthers/Bakker, ZfA 1990, 245 ff.; Fitting, § 5 BetrVG Rz. 205. | 7 BVerfG v. 28.6.1983 – 1 BvR 525/82, DB 1983, 2314 (2315); BAG v. 19.1.2000 – 5 AZR 644/98, NZA 2000, 1102 (1104). | 8 BAG v. 19.1.2000 – 5 AZR 644/98, NZA 2000, 1102 (1104); v. 20.9.2000 – 5 AZR 61/99, NZA 2001, 551 (552). | 9 BAG v. 19.1.2000 – 5 AZR 644/98, NZA 2000, 1102 (1104). | 10 BAG v. 9.6.1993 – 5 AZR 123/92, NZA 1994, 169 (170); v. 19.1.2000 – 5 AZR 644/98, NZA 2000, 1102 (1104); Reiserer BB 1998, 1258 (1259); v. 20.9.2000 – 5 AZR 61/99, NZA 2001, 551 (552) mit Ausnahme bei Aufnahme in Dienstplan wegen Bestandsschutztarifvertrags. | 11 BAG v. 12.9.1996 – 5 AZR 104/95, NZA 1997, 600 (603). | 12 Vgl. BAG v. 22.4.1998 – 5 AZR 191/97, NZA 1998, 1275 (1276). | 13 BAG v. 19.1.2000 – 5 AZR 644/98, NZA 2000, 1102 (1105). | 14 BVerfG v. 28.6.1983 – 1 BvR 525/82, BVerfGE 64, 256 (260); BAG v. 19.1.2000 – 5 AZR 644/98, NZA 2000, 1102 (1104). | 15 BAG v. 22.4.1998 – 5 AZR 92/97, NZA 1999, 82 (83). | 16 LAG Düsseldorf v. 9.9.1997 – 8 Sa 756/97, NZA-RR 1998, 195. | 17 BAG v. 6.5.1998 – 5 AZR 347/97, NZA 1998, 873 (875); Hopt, DB 1998, 863 (865, 867). | 18 BAG v. 16.4.2003 – 7 ABR 53/02, DB 2003, 2128 (2129). | 19 BAG v. 30.10.1991 – 7 ABR 11/91, NZA 1992, 808 (809). | 20 BAG v. 24.9.1981 – 6 ABR 7/81, DB 1982, 606. | 21 BAG v. 8.5.1990 – 1 ABR 7/89, NZA 1990, 896 (897). | 22 Fitting, § 5 BetrVG Rz. 269 mwN. | 23 BAG v. 29.1.1992 – 7 ABR 27/91, NZA 1992, 894 (896 f.). | 24 AA Wank, RdA 1985, 1 (11); Löwisch, RdA 1984, 197 (206). | 25 Fitting, § 5 BetrVG Rz. 149; Lipke, NZA 1990, 758 (759).

nicht mehr in die Betriebsorganisation eingebunden, so dass dieser Personenkreis von § 5 Abs. 1 nicht mehr erfasst wird[1].

Telearbeit: Obwohl der Begriff auch betriebsinterne Tätigkeiten erfasst, soll mit der Benennung der Telearbeit deutlich gemacht werden, dass auch die außerhalb des Betriebs unter Verwendung von EDV verrichtete Arbeit Grundlage einer Kennzeichnung als ArbN iSd. § 5 Abs. 1 sein kann. Da solche Tätigkeiten auf der Grundlage von Dienst-, Werk- oder Werklieferungsverträgen, in freier Mitarbeit oder Selbständigkeit, in Heimarbeit, ArbN-Ähnlichkeit oder im Arbeitsverhältnis durchgeführt werden können[2], ist für die Feststellung des ArbN-Status auf allgemeine Abgrenzungsregeln zurückzugreifen[3]. Indizien für eine weisungsgebundene Tätigkeit: Online-Betrieb mit jederzeitiger Erreichbarkeit und Responserwartung durch den ArbGeb/andere ArbN[4], Einbindung an betriebliche Arbeitszeit, Verwendung der arbeitgeberseitigen Software[5]. 36

III. Einschränkung des ArbN-Begriffs nach Abs. 2. § 5 Abs. 2 grenzt im Wege einer gesetzlichen Fiktion bestimmte Personen aus dem betriebsverfassungsrechtlichen ArbN-Begriff aus. Ein Teil davon zählt schon nach allgemeinen Kriterien nicht zur Gruppe der ArbN (Nr. 1, 2), ein Teil davon kann durchaus in einem Arbeitsverhältnis zum Betriebsinhaber stehen und als ArbN qualifiziert werden (Nr. 3 bis 5). Die hier genannten Personen sollen nicht zu der durch den BR repräsentierten Belegschaft gehören, weil sie wegen der Eigenart des Beschäftigungsverhältnisses nicht dem Normalbild eines ArbN entsprechen (Nr. 3 und 4) oder weil die Lebensumstände vermuten lassen, dass eine zu enge persönliche Beziehung zum ArbGeb gegeben ist (Nr. 5). Zu der letztgenannten Gruppe gehören inzwischen auch Lebenspartner iSd. Gesetzes zur Beendigung der Diskriminierung gleichgeschlechtlicher Gemeinschaften[6]. 37

1. Vertreter juristischer Personen (Nr. 1). Nach Nr. 1 werden aus der Gruppe der ArbN in Betrieben einer juristischen Person die Mitglieder des Organs ausgegrenzt, das zur gesetzlichen Vertretung dieser Person berufen ist. Dies gilt selbst dann, wenn sie zu dieser Gesellschaft[7] oder zu einer anderen Gesellschaft in einem Arbeitsverhältnis stehen[8]. Dazu gehören bei Aktiengesellschaften alle Vorstandsmitglieder (§ 78 Abs. 1 AktG), während der Abwicklung der Abwickler (§ 269 Abs. 1 AktG), bei der Kommanditgesellschaft auf Aktien die persönlich haftenden Gesellschafter nach Maßgabe des Gesellschaftsvertrages (§ 278 Abs. 2 AktG iVm. §§ 161 Abs. 2, 125 HGB), also nur soweit sie nicht von der Vertretung ausgeschlossen sind[9], während der Abwicklung die persönlich haftenden Gesellschafter und die von der Hauptversammlung der Kommanditaktionäre bestellten Personen (§ 290 Abs. 1 AktG), bei der GmbH die Geschäftsführer (§ 35 Abs. 1 GmbHG), während der Liquidation die Liquidatoren (§ 70 Satz 1 GmbHG), bei Genossenschaften alle Vorstandsmitglieder (§ 24 Abs. 1 GenG), während der Liquidation die Liquidatoren (§ 88 Satz 1 GenG), bei rechtsfähigen Vereinen die Vorstandsmitglieder (§ 26 BGB) und der Sondervertreter iSd. § 30 BGB, bei Stiftungen der Vorstand (§ 86 Satz 1 iVm. § 26 BGB) und das im Stiftungsgeschäft bestimmte Organ (§ 85 BGB), bei Versicherungsvereinen auf Gegenseitigkeit die Vorstandsmitglieder (§ 34 Abs. 1 Satz 2 VAG iVm. § 78 AktG), während der Liquidation die Liquidatoren (§ 47 Abs. 3 Satz 1 VAG iVm. § 269 Abs. 1 AktG). Bei den ausländischen juristischen Personen richtet sich ihre Vertretung nach dem Recht des Staates, in dem die juristische Person ihren Verwaltungssitz hat[10]. 38

Die Einschränkung in Nr. 1 betrifft nur die Mitglieder des Vertretungsorgans. Gesellschafter, Aktionäre, Aufsichtsrats- und Genossenschaftsmitglieder können ArbN sein[11]. 39

2. Mitglieder von Personengesamtheiten (Nr. 2). Soweit mit § 5 Abs. 2 Nr. 2 die Gesellschafter einer OHG oder die Mitglieder einer anderen Personengesamtheit, soweit sie durch Gesetz, Satzung oder Gesellschaftsvertrag zur Vertretung der Personengesamtheit oder zur Geschäftsführung berufen sind, in deren Betrieben aus der Gruppe der ArbN ausgegrenzt werden, dient dies nur der Klarstellung. In der GbR werden hiervon alle Gesellschafter mit Ausnahme derer erfasst, die nach dem Gesellschaftsvertrag weder an der Geschäftsführung noch an der Vertretung der Gesellschaft beteiligt sind (§§ 709, 714 BGB), bei nicht rechtsfähigen Vereinen werden die nach der Satzung vertretungsberechtigten Personen erfasst – nach § 54 iVm. § 26 BGB entsprechend also regelmäßig nur der Vorstand und nicht alle Vereinsmitglieder[12], bei der OHG alle Gesellschafter, es sei denn, dass ihnen ausnahmsweise durch Gesellschaftsvertrag die Geschäftsführungsbefugnis oder der Vertretungsmacht entzogen ist (§§ 114, 115, 125 HGB), in der Kommanditgesellschaft die persönlich haftenden Gesellschafter (§§ 164, 170 HGB), bei der Partnerschaft nach PartGG alle Partner (§ 6 Abs. 2 und 3 PartGG iVm. §§ 114, 115 HGB, § 7 Abs. 3 PartGG iVm. § 125 Abs. 1 und 2, §§ 126, 127 HGB), bei der Reederei alle Mitreeder, da ihnen die Geschäftsführung zusteht, wenn nicht der Vertrag insoweit etwas anderes bestimmt (§§ 490 ff. HGB), in der ehelichen Gütergemeinschaft bei gemeinschaftlicher Verwaltung beide Ehegatten, an- 40

---

[1] BAG v. 16.4.2003 – 7 ABR 53/02, DB 2003, 2128 (2129). [2] Vgl. *Wank*, Telearbeit, Rz. 283 ff.; *Boemke/Kaufmann*, Telearbeitsvertrag, S. 6 ff.; *Kramer*, DB 2000, 1329 ff.; *Schaub*, NZA 2001, 364 ff. [3] *Fitting*, § 5 BetrVG Rz. 182; *Boemke*, BB 2000, 147 (148 f.). [4] Vgl. MünchArbR/*Heenen*, § 239 Rz. 10; *Boemke/Ankersen*, BB 2000, 2254. [5] *Wank*, NZA 1999, 225 (231). [6] BGBl. I 2001, S. 266 (281). [7] Denkbar nach BAG v. 10.4.1991 – 4 AZR 467/90, NZA 1991, 856 (857); BAG v. 13.5.1996 – 5 AZB 27/95, NZA 1996, 952. [8] *Fitting*, § 5 BetrVG Rz. 287; *Richardi*, § 5 BetrVG Rz. 155. [9] DKK/*Trümner*, § 5 BetrVG Rz. 126; *Fitting*, § 5 BetrVG Rz. 287; GK-BetrVG/*Raab*, § 5 Rz. 77. [10] *Richardi*/*Richardi*, § 5 BetrVG Rz. 163. [11] *Fitting*, § 5 BetrVG Rz. 288. [12] DKK/*Trümner*, § 5 BetrVG Rz. 139; *Fitting*, § 5 BetrVG Rz. 291.

sonsten nur der Ehegatte, der das Gesamtgut allein verwaltet (§ 1421 BGB), bei fortgesetzter Gütergemeinschaft nur der überlebende Ehegatte (§ 1487 Abs. 1 BGB), bei der Erbengemeinschaft alle Miterben (§ 2038 Abs. 1 BGB). Für ausländische nicht rechtsfähige Personengesamtheiten richtet sich die Geschäftsführungs- und Vertretungsbefugnis nach der entsprechenden Satzung[1].

41   **3. Beschäftigung aus karitativen oder religiösen Gründen (Nr. 3).** Durch § 5 Abs. 2 Nr. 3 werden alle Personen ausgegrenzt, deren Beschäftigung nicht in erster Linie ihrem Erwerb dient, sondern vorwiegend durch karikative oder religiöse Beweggründe bestimmt wird. Beispiel: Ordensschwestern, Mönche und Diakonissen[2]. Ihre Lebensversorgung ist durch die Gemeinschaft gesichert, der sie angehören[3]. Erfolgt ihre Beschäftigung in einer kirchlichen Einrichtung, können sie von der Geltung des staatlichen Arbeitsrechts ausgenommen, jedenfalls aber nach Vorgaben behandelt werden, in denen die für alle geltenden Gesetze mit Blick auf den kirchlichen Dienst und die spezifischen Obliegenheiten modifiziert werden[4]. Das gilt grundsätzlich auch, wenn sie über den Verband aufgrund Gestellungsvertrags in einem Betrieb tätig werden, der nicht unter § 118 Abs. 2 fällt[5].

42   Krankenschwestern, die sich zu einem Verband zusammengeschlossen haben, sind nicht ArbN des Schwesternverbandes. Beispiel: Caritas, Deutsches Rotes Kreuz, Innere Mission. Im Verhältnis zum Verband, dem sie angehören, erbringen sie ihre Leistung aufgrund Mitgliedschaft, nicht aufgrund Arbeitsvertrags[6]. Entsprechendes kann für Mitglieder eines Vereins (hier: Deutsches Rotes Kreuz) gelten, die im Rettungs- und Transportdienst tätig sind[7]. Nach BAG vom 20.2.1986[8] gilt dies sogar dann, wenn die Rote-Kreuz-Schwester aufgrund Gestellungsvertrags in einem Krankenhaus tätig wird, dessen Träger nicht Mitglied des Verbands ist[9]. ArbN sind nur Krankenschwestern ohne mitgliedschaftliche Bindung[10]. Auch bei einer Beschäftigung ohne Arbeitsvertrag kann indes eine Einstellung nach § 99 vorliegen[11].

43   **4. Beschäftigung aus medizinischen oder erzieherischen Gründen (Nr. 4).** § 5 Abs. 2 Nr. 4 schließt solche Personen aus, bei denen die Beschäftigung vorwiegend als Mittel zur Behebung physischer, psychischer oder sonstiger in der Person des Beschäftigten liegende Mängel erfolgt. Hierzu gehören Kranke, Süchtige[12], nach § 74 SGB V zur Wiedereingliederung Beschäftigte[13], Jugendliche unter der Obhut des Jugendamtes (§ 42 SGB VIII), Sicherungsverwahrte in Unterbringungsanstalt nach § 66 StGB[14]. Vorausgesetzt wird, dass der Beschäftigte keine marktgerechte Vergütung erhält[15]. Nicht von der gesetzlichen Fiktion erfasst werden Beschäftigte, die aufgrund einer vom Sozialhilfeträger geschaffenen Arbeitsgelegenheit nach § 19 Abs. 1 BSHG bei einem Dritten in einem befristeten Arbeitsverhältnis beschäftigt werden; sie sind ArbN iSd. § 5 Abs. 1[16]. Unter Nr. 4 fällt nur, wer durch die Beschäftigung in die Lage versetzt werden soll, einer geregelten Arbeit nachzugehen, nicht hingegen, wer diese Fähigkeit besitzt, aber Kenntnisse und Fertigkeiten für die Aufnahme einer Tätigkeit auf einem bestimmten Gebiet erwerben soll[17]. Ob Schwerbehinderte, die nach § 136 SGB IX in einer Behindertenwerkstatt beschäftigt werden, ArbN sind, hängt davon ab, ob die Beschäftigung vorwiegend zu therapeutischen Zwecken, aufgrund Berufsausbildungsvertrags oder Arbeitsvertrags erfolgt[18].

44   **5. Familienangehörige des ArbGeb (Nr. 5).** Ohne Rücksicht auf das denkbare Vorliegen eines Arbeitsverhältnisses werden der Ehegatte, der eingetragene (gleichgeschlechtliche) Lebenspartner nach § 1 LPartG[19], Eltern und Kinder (auch nicht eheliche und adoptierte) sowie Schwiegereltern und -kinder des ArbGeb aus dem Begriff des ArbN iSd. BetrVG ausgegrenzt, wenn sie in häuslicher Gemeinschaft mit dem ArbGeb leben. Häusliche Gemeinschaft erfordert das Bestehen eines gemeinsamen Lebensmittelpunktes (§ 1619 BGB). Eine gemeinsame Wohnung muss nicht die ständige Wohnung sein[20]. ArbN, die mit dem ArbGeb in eheähnlicher Lebensgemeinschaft leben, werden nicht erfasst[21]. Verwandtschaftliche Verhältnisse weiteren Grades (zB Enkelkinder, Geschwister etc.) schließen ein Arbeitsverhältnis ebenso wenig aus wie ein Verlöbnis[22]. Mit ArbGeb iSd. Nr. 5 ist allerdings stets eine natürliche Person gemeint; nur mit natürlichen Personen ist eine häusliche Gemeinschaft möglich[23]. Bei der Personen-

---

1 Richardi/*Richardi*, § 5 BetrVG Rz. 175. |2 SG Koblenz v. 17.5.2001 – S 1 AL 180/00, nv.; ArbG Bremen v. 31.5.1956 – I Ca 578/55, AP § 5 ArbGG 1953 Nr. 4 Bl. 2. |3 DKK/*Trümner*, § 5 BetrVG Rz. 143; *Fitting*, § 5 BetrVG Rz. 292. |4 Vgl. nur BVerfG v. 4.6.1985 – 2 BvR 1703, 1718/83, 2 BvR 856/84, NJW 1986, 367 (368 ff.); BAG v. 21.2.2001 – 2 AZR 139/00, NZA 2001, 1136 (1138). |5 GK-BetrVG/*Raab*, § 5 Rz. 79; *Richardi*, § 5 BetrVG Rz. 177; aA DKK/*Trümner*, § 5 BetrVG Rz. 143. |6 BAG v. 18.2.1956 – 2 AZR 294/54, AP § 5 ArbGG Nr. 1 Bl. 2 f.; Richardi/*Richardi*, § 5 BetrVG Rz. 178; aA DKK/*Trümner*, § 5 BetrVG Rz. 145 ff.; *Fitting*, § 5 BetrVG Rz. 293. |7 Offen BAG v. 12.11.2002 – 1 ABR 60/01, ArbuR 2003, 309 ff. |8 BAG v. 20.2.1968 – 6 ABR 5/85, NZA 1986, 690. |9 Ebenso GK-BetrVG/*Raab*, § 5 Rz. 82; aA DKK/*Trümner*, § 5 BetrVG Rz. 144 ff.; *Fitting*, § 5 BetrVG Rz. 294; Richardi/*Richardi*, § 5 BetrVG Rz. 178. |10 Vgl. BAG v. 4.7.1979 – 5 AZR 8/78, DB 1979, 2282 (2283); BAG v. 14.12.1994 – 7 ABR 26/94, NZA 1995, 906 (908). |11 BAG v. 12.11.2002 – 1 ABR 60/01, EzA § 99 BetrVG 2001 Nr. 2 S. 6 f. |12 BAG v. 25.10.1989 – 7 ABR 1/88, DB 1990, 1192 (1193); v. 26.1.1994 – 7 ABR 13/92, NZA 1995, 120 (121). |13 BAG v. 29.1.1992 – 5 AZR 37/91, NZA 1992, 643; v. 19.4.1994 – 9 AZR 462/92, DB 1994, 1880 (1881). |14 *Fitting*, § 5 BetrVG Rz. 303. |15 BAG v. 25.10.1989 – 7 ABR 1/88, DB 1990, 1192 f. |16 BAG v. 5.4.2000 – 7 ABR 20/99, NZA 2001, 629 (630). |17 BAG v. 25.10.1989 – 7 ABR 1/88, DB 1990, 1192 f. |18 *Fitting*, § 5 BetrVG Rz. 302; GK-BetrVG/*Raab*, § 5 Rz. 87. |19 Hierzu vgl. *Powietzka*, BB 2002, 146 (149, 150); *Fitting*, § 5 BetrVG Rz. 286. |20 DKK/*Trümner*, § 5 BetrVG Rz. 165; GK-BetrVG/*Raab*, § 5 Rz. 88; Richardi/*Richardi*, § 5 BetrVG Rz. 181. |21 DKK/*Trümner*, § 5 BetrVG Rz. 166; *Fitting*, § 5 BetrVG Rz. 306. |22 *Fitting*, § 5 BetrVG Rz. 306, 307. |23 DKK/*Trümner*, § 5 BetrVG Rz. 167; GK-BetrVG/*Kraft*, § 5 Rz. 65.

gesamtheit (OHG, KG) müssen die Voraussetzungen der Vorschrift in Bezug auf ein Geschäftsführungs- oder vertretungsbefugtes Mitglied gegeben sein[1]. Umstritten ist, ob die Vorschrift wegen vergleichbarer Interessenlage analog auf Verwandte oder Verschwägerte des vertretungsberechtigten Organs einer juristischen Person anwendbar ist[2].

IV. Kennzeichnung des leitenden Angestellten durch § 5 Abs. 3. 1. Allgemein. Leitende Angestellte sind ArbN iSd. BetrVG. Sie werden aufgrund eines privatrechtlichen Vertrags im Dienste des ArbGeb zur Leistung fremdbestimmter Arbeit in persönlicher Abhängigkeit verpflichtet (vgl. Rz. 3 ff.). Gemäß Abs. 3 Satz 1 findet das BetrVG auf leitende Angestellte jedoch nur dann Anwendung, wenn das Gesetz dies ausdrücklich bestimmt (§§ 105, 107, 108 BetrVG). Hintergrund – und insoweit auch ein Kriterium bei der Auslegung und Anwendung der gesetzlichen Fallgestaltungen – ist der Interessengegensatz aus der besonderen Stellung leitender Angestellte im Betrieb. Einerseits übernehmen sie unternehmerische Aufgaben des ArbGeb mit eigenem Entscheidungsspielraum, andererseits haben sie (eigene) spezifische ArbN-Interessen[3]. Die in § 5 Abs. 3 vorgenommene Kennzeichnung ist durch Bezugnahme auch für das SprAuG (§ 1 Abs. 1 SprAuG), die Unternehmensmitbestimmung (§ 3 Abs. 1 MitbestG), den EBR (§ 23 Abs. 6 EBRG), das Arbeitszeitrecht (§ 18 Abs. 1 Nr. 1 ArbZG) maßgeblich. Das Kündigungsrecht (§§ 14 Abs. 2, 17 Abs. 5 KSchG) und § 22 Abs. 2 Nr. 2 ArbGG enthalten abweichende Kriterien für den leitenden Angestellten. 45

Mit den drei Gruppen enthält § 5 Abs. 3 eine abschließende Legaldefinition des leitenden Angestellten. Die dort genannten Voraussetzungen müssen tatsächlich erfüllt sein[4]. Die Abgrenzung des leitenden Angestellten vom ArbN ist dabei zwingendes Recht. Sie kann individual- oder kollektivvertraglich nicht geändert werden[5]. Insofern kann die Qualifikation auch nicht „verliehen" oder durch Bezeichnung im Arbeitsvertrag („Papierform") begründet werden[6]. Sie muss durch Arbeitsvertrag und Stellung im Unternehmen oder Betrieb tatsächlich „gelebt" werden. Weichen Arbeitsvertrag und tatsächlich zugewiesene Aufgaben ab, sind letztere Arbeiten maßgeblich für die Kennzeichnung nach § 5 Abs. 3. Diese Arbeiten sind an den gesetzlichen Kriterien zu messen[7]. Auf andere Merkmale kommt es bei der Entscheidung über die Eigenschaft des leitenden Angestellten nicht an. Durch Abs. 4 soll nur eine Auslegungshilfe für die Anwendung von Nr. 3 gegeben werden (vgl. Rz. 59). Folgerichtig spielt die Tarifbindung eines ArbN keine Rolle. Ob AT-Angestellte leitende Angestellte nach § 5 Abs. 3 sind, hängt davon ab, ob die dort genannten Voraussetzungen erfüllt sind[8]. 46

Ausreichend für die Kennzeichnung als leitender Angestellter ist, wenn die Voraussetzungen einer Gruppe erfüllt sind. Alle Fälle sind dadurch gekennzeichnet, dass es sich nicht nur um die Umsetzung der durch Andere getroffenen Entscheidungen handelt. Es muss eine eigene unternehmerische Tätigkeit erkennbar sein[9]. Sie kann das Unternehmen insgesamt oder einen Betrieb betreffen[10]. Ist der Angestellte mehreren Betrieben eines Unternehmens zugeordnet, kann sein Status indes nur einheitlich für alle Betriebe bestimmt werden[11]. 47

Eine bestimmte Zeitspanne zur Wahrnehmung der nachfolgend dargestellten Funktionen ist zur Statusbegründung nicht erforderlich. Ein mit diesen Aufgaben betrauter Angestellter ist grundsätzlich bereits mit Übertragung der entsprechenden Funktion und Beginn seiner Tätigkeit leitender Angestellter. Der Status als leitender Angestellter kann damit auch schon während der Probezeit oder der Wartezeit nach § 1 Abs. 1 KSchG bestehen[12]. Ausnahmen hierzu sind allenfalls bei einer von Beginn an vorübergehenden Tätigkeit denkbar (zB als Urlaubs- oder Krankheitsvertreter), die einem prägenden Charakter der leitenden Funktion entgegensteht. Die Grenzen sind dabei einzelfallbezogen festzulegen[13]. Folgerichtig verliert der leitende Angestellte seinen Status unmittelbar, wenn ihm nicht nur vorübergehend eine Tätigkeit übertragen wird, die die nachfolgenden Voraussetzungen nicht (mehr) erfüllt. 48

2. Selbständige Einstellungs- und Entlassungsberechtigung (Nr. 1). Im Gegensatz zu § 14 Abs. 2 KSchG müssen Einstellungs- und Entlassungsbefugnis kumulativ vorliegen[14]. Hiervon ist auszugehen, wenn der Angestellte im Wesentlichen frei von Weisungen des ArbGeb über diese personelle Einzelmaßnahmen entscheiden kann; die Berechtigung muss auch im Innenverhältnis zum ArbGeb bestehen[15]. Berücksichtigt man die gleichgewichtige Bedeutung von Nr. 1 und Nr. 3, darf die Einstellungs- und Entlassungsbefugnis 49

---

1 DKK/*Trümner*, § 5 BetrVG Rz. 168; *Fitting*, § 5 BetrVG Rz. 112; GK-BetrVG/*Kraft*, § 5 Rz. 65. | 2 So *Fitting*, § 5 BetrVG Rz. 305; GK-BetrVG/*Raab*, § 5 Rz. 91; Richardi/*Richardi*, § 5 BetrVG Rz. 182; aA DKK/*Trümner*, § 5 BetrVG Rz. 167, nur wenn es sich um eine Ein-Personen-GmbH handelt; offen LAG Hamm v. 21.9.2001 – 10 TaBV 52/01, DB 2002, 1332. | 3 Vgl. BAG v. 29.1.1980 – 1 ABR 45/79, DB 1980, 1545 (1546); BAG v. 23.1.1986 – 6 ABR 51/81, NZA 1986, 484 (485). | 4 BAG v. 11.3.1982 – 6 AZR 136/79, BB 1982, 1729 f.; GK-BetrVG/*Raab*, § 5 Rz. 101. | 5 BAG v. 19.8.1975 – 1 AZR 565/74, DB 1975, 2231; DKK/*Trümner*, § 5 BetrVG Rz. 187; *Fitting*, § 5 BetrVG Rz. 331. | 6 Vgl. ErfK/*Eisemann*, § 5 BetrVG Rz. 31. | 7 Vgl. GK-BetrVG/*Raab*, § 5 Rz. 101. | 8 BAG v. 6.5.2003 – 1 ABR 13/02, DB 2003, 2445 (2446). | 9 Vgl. *Fitting*, § 5 BetrVG Rz. 337; aA *Martens*, RdA 1989, 71 (77). | 10 BAG v. 23.1.1986 – 6 ABR 51/81, NZA 1986, 484 (485); MünchArbR/*Richardi*, § 26 Rz. 27; zum Geschäftsführer einer ausländischen Tochtergesellschaft *Falder*, NZA 2000, 868 ff. | 11 BAG v. 25.10.1989 – 7 ABR 60/88, NZA 1990, 820 (821); DKK/*Trümner*, § 5 BetrVG Rz. 194. | 12 Vgl. Richardi/*Richardi*, § 5 BetrVG Rz. 219. | 13 Vgl. *Fitting*, § 5 BetrVG Rz. 365. | 14 BAG v. 11.11.1983 – 6 AZR 291/83, nv.; DKK/*Trümner*, § 5 BetrVG Rz. 200; *Fitting*, § 5 BetrVG Rz. 340. | 15 BAG v. 11.3.1982 – 6 AZR 136/79, DB 1982, 1990.

nicht nur einen marginalen Bestandteil der Tätigkeit ausmachen. Insofern genügt es nicht, dass nur vorübergehend Hilfskräfte eingestellt oder entlassen werden können[1]. Vielmehr muss es sich um eine Aufgabe handeln, die wegen der Größe bzw. der Funktion der betroffenen ArbN für den Bestand des Unternehmens oder eines Betriebs von Bedeutung ist[2]. Hierbei ist – entsprechend den Überlegungen zu § 14 Abs. 2 KSchG (vgl. § 14 KSchG Rz. 10)[3] – zu berücksichtigen, dass dem Angestellten eine Personalkompetenz gegenüber einem qualitativ bedeutsamen Personenkreis zusteht. Entscheidend ist folglich auch, welche Bedeutung die Tätigkeit der Mitarbeiter, die eingestellt oder entlassen werden, für das Unternehmen haben. Eine wesentliche Bedeutung ist insb. dann anzunehmen, wenn diese Mitarbeiter ihrerseits die ihnen nachgeordneten ArbN selbständig einstellen und entlassen können.

50 Die Art der Vollmacht (Prokura, Handlungsvollmacht, Vollmacht nach § 167 BGB) spielt keine Rolle. Unerheblich ist auch, dass Erklärungen im Namen des ArbGeb gegenüber Dritten mit Blick auf das im Unternehmen vorgegebene 4-Augen-Prinzip nur durch zwei Vertreter gleichzeitig abgegeben werden können. Die Einstellungs- und Entlassungsbefugnis iSd. § 5 Abs. 3 Nr. 1 ist bereits dann gegeben, wenn diese Erklärung im Innenverhältnis durch einen der beiden Unterzeichnenden bestimmt worden ist, der andere also nur noch eine formale Richtigkeitskontrolle vorgenommen hat[4]. Wenn indes nicht nur eine Richtigkeits- oder Budgetkontrolle, sondern die Zustimmung eines weiteren ArbN oder des ArbGeb (zB des Geschäftsführers) erforderlich ist, liegt keine selbständige Entscheidungsbefugnis mehr vor. Hier kommt dann nur noch die Qualifikation als leitender Angestellter nach § 5 Abs. 3 Nr. 3 BetrVG in Betracht[5]. Wenn die Einstellung oder Entlassung nur nach außen selbständig vorgenommen wird, nach innen aber Entscheidungen anderer Stellen umgesetzt werden, wird § 5 Abs. 3 Nr. 1 nicht erfüllt[6].

51 Grundsätzlich genügt eine nur nach dem Vertrag bestehende Einstellungs- und Entlassungsbefugnis nicht; sie muss tatsächlich ausgeübt werden. Dass über eine längere Zeit keine Einstellungen und Entlassungen vorgenommen werden, steht der Anwendbarkeit von Nr. 3 nicht entgegen. Schließlich spricht das Gesetz nur von der Berechtigung, nicht von der tatsächlichen Ausübung. Wenn im Aufgabenbereich des Betroffenen vorübergehend keine derartigen Maßnahmen zu erledigen sind, bleibt der Status erhalten. Erforderlich ist aber die entsprechende Einbindung der in Rede stehenden Personen, wenn wieder solche Maßnahmen zu erledigen sind.

52 **3. Generalvollmacht oder Prokura (Nr. 2).** Die Aufnahme von Generalvollmacht und Prokura als eigenständige Kriterien für die Kennzeichnung als leitender Angestellter ist in der Annahme erfolgt, dass Personen mit einer derart weitreichenden Vertretungsmacht ausschließlich geschäftsleitende Funktionen wahrnehmen und deshalb in einem natürlichen Gegensatz zu den übrigen ArbN des Betriebs stehen[7].

53 Die Generalvollmacht ist ein Unterfall der Handlungsvollmacht (§ 54 HGB). Sie berechtigt zur Führung des gesamten Geschäftsbetriebs (§ 105 Abs. 1 AktG). Ihr konkreter Umfang hängt von dem der Erteilung zugrunde liegenden Rechtsgeschäft ab. Soweit im Innenverhältnis eine Beschränkung vorgenommen wird, muss sie ein Dritter gegen sich gelten lassen, wenn er sie kennt oder kennen musste (§ 54 Abs. 3 HGB). Allerdings darf die Einschränkung keine wesentliche Einschränkung der Vertretungsbefugnis zur Folge haben. Denn dann handelte es sich nur noch um eine bloße Handlungsvollmacht, die allenfalls im Rahmen von § 5 Abs. 2 Nr. 3 Berücksichtigung findet[8].

54 Die Prokura ist eine besondere handelsrechtliche Vollmacht, deren Reichweite sich nach §§ 48 bis 53 HGB bestimmt. Sie ermächtigt zur Vornahme aller gerichtlichen und außergerichtlichen Rechtshandlungen, die der Betrieb eines Handelsgewerbes mit sich bringt, mit Ausnahme der Veräußerung und Belastung von Grundstücken (§ 49 HGB). Inhalt und Umfang der Prokura sind im Außenverhältnis nicht beschränkbar (§ 50 Abs. 1 HGB). Zulässig ist aber die Erteilung von Gesamtprokura, nach der Prokura nur gemeinsam mit einem anderen Prokuristen ausgeübt werden darf (§ 48 Abs. 2 HGB), oder einer Niederlassungsprokura, nach der sich die Prokura nur auf den Betrieb einer Niederlassung, die unter einer anderen Firma betrieben wird, bezieht (§ 48 Abs. 2 HGB). Da die Prokura im Verhältnis zum ArbGeb nicht unbedeutend sein darf, setzt die an § 5 Abs. 2 Nr. 2 anknüpfende Kennzeichnung als leitender Angestellter voraus, dass der Prokurist die gesetzliche Vertretungsmacht im Innenverhältnis zum ArbGeb auch tatsächlich in einem wesentlichen Umfang wahrnehmen darf. Einer völligen Deckungsgleichheit zwischen der Berechtigung im Innen- und Außenverhältnis bedarf es indes nicht. Wer aber, was in der Praxis häufig geschieht, aufgrund Vereinbarung oder Weisung des ArbGeb gehalten ist, nicht oder in einem unwesentlichen Bereich von seinen gesetzlichen Befugnissen Gebrauch zu machen, erfüllt als sog. Titularprokurist nicht die Voraussetzungen eines leitenden Angestellten[9]. In

---

[1] Vgl. BAG v. 11.3.1982 – 6 AZR 136/79, DB 1982, 1990; Richardi/*Richardi*, § 5 BetrVG Rz. 201. | [2] BAG v. 11.3.1982 – 6 AZR 136/79, DB 1982, 1990; DKK/*Trümner*, § 5 BetrVG Rz. 202; *Fitting*, § 5 BetrVG Rz. 341; aA *Löwisch/Kaiser*, § 5 BetrVG Rz. 26 wonach ein kleiner Personenkreis genügt. | [3] Vgl. BAG v. 27.9.2001 – 2 AZR 176/00, DB 2002, 1163 (1165); v. 10.10.2002 – 2 AZR 598/01, DB 2003, 506 (507). | [4] Richardi/*Richardi*, § 5 BetrVG Rz. 199 f. | [5] Vgl. *Fitting*, § 5 BetrVG Rz. 343 f. | [6] Vgl. LAG Hessen v. 7.9.2000 – 12 TaBV 64/98, NZA-RR 2001, 426 (427); DKK/*Trümner*, § 5 BetrVG Rz. 201. | [7] Vgl. BT-Drs. VI/2729 S. 11. | [8] Vgl. BAG v. 10.4.1991 – 4 AZR 479/90, NZA 1991, 857 (858); *Fitting*, § 5 BetrVG Rz. 355; aA HSWG/*Hess*, § 5 BetrVG Rz. 47. | [9] Vgl. BAG v. 27.4.1988 – 7 ABR 5/87, DB 1988, 2003 (2004); v. 11.1.1995 – 7 ABR 33/94, AP § 5 BetrVG 1972 Nr. 55 Bl. 3; GK-BetrVG/*Raab*, § 5 Rz. 117; Richardi/*Richardi*, § 5 BetrVG Rz. 205; *Hromadka*, BB 1990, 57 (60).

4. Der funktionale Grundtatbestand (Nr. 3). Die Regelung in § 5 Abs. 3 Nr. 3 bildet den Grundtatbestand für die Definition des leitenden Angestellten, die frühere Leitsätze der Rspr. aufgegriffen hat[2]. Sie verlangt, dass regelmäßig sonstige Aufgaben wahrgenommen werden, die für den Bestand und die Entwicklung des Unternehmens oder eines Betriebs von Bedeutung sind und deren Erfüllung besondere Erfahrungen und Kenntnisse voraussetzt. Voraussetzung ist, dass der ArbN dabei entweder die Entscheidungen im Wesentlichen frei von Weisungen trifft oder sie maßgeblich beeinflusst; dies kann auch bei Vorgaben insb. aufgrund von Rechtsvorschriften, Plänen oder Richtlinien sowie bei Zusammenarbeit mit anderen leitenden Angestellten gegeben sein. Leitende Angestellte müssen also nach der Art ihrer Tätigkeit und der Bedeutung ihrer Funktion der Unternehmensleitung nahe stehen[3].

Aufgaben haben für Bestand und Entwicklung eines Unternehmens oder Betriebs nicht bereits dann Bedeutung, wenn sie sich deutlich von den Aufgaben abheben, die anderen Angestellten übertragen werden[4]. Vielmehr müssen die Aufgaben, die wirtschaftlicher, personeller, organisatorischer, kaufmännischer oder technischer Natur sein können, einen bedeutenden Teil der unternehmerischen Gesamtaufgaben ausmachen[5]. Obwohl unternehmerische Leitungsaufgaben insoweit durch das Treffen von Entscheidungen gekennzeichnet werden, muss berücksichtigt werden, dass nicht alle für den Bestand und die Entwicklung wichtigen Aufgaben in einem Unternehmen solche der Unternehmensleitung sind. Das gilt insb. für Aufsichts- und Überwachungsfunktionen[6]. Die Aufgaben müssen regelmäßig ausgeübt werden und den Schwerpunkt der Tätigkeit bilden; die Leitungsaufgabe muss der Tätigkeit des ArbN das Gepräge geben[7]. Nimmt der Angestellte die Aufgaben bloß gelegentlich oder vorübergehend wahr, ist die Nr. 3 nur dann erfüllt, wenn diese Übertragung als ständiger Vertreter über einen längeren Zeitraum erfolgt[8]. Denkbar ist, dass diese Voraussetzung schon während der Probezeit erfüllt wird[9].

Als besondere Kenntnisse und Erfahrungen sind nicht nur Formalqualifikationen anzusehen. Es werden auch Fertigkeiten erfasst, die durch praktische Tätigkeiten oder Selbststudium erreicht wurden[10].

Die für Nr. 3 notwendige Eigenverantwortlichkeit ist gegeben, wenn der ArbN bei seiner Tätigkeit Entscheidungen im Wesentlichen frei von Weisungen treffen oder die Entscheidungen maßgeblich beeinflussen kann[11]. Dass er dabei an Rechtsvorschriften, Pläne oder Richtlinien gebunden ist oder aber mit anderen leitenden Angestellten zusammenarbeiten muss, steht der Kennzeichnung als leitender Angestellter nicht entgegen. Voraussetzung ist aber, dass die Entscheidungen nicht bereits im Wesentlichen vorgegeben sind[12]. Auch müssen die fachlichen Aufgabengebiete so aufgeteilt sein, dass ihre Wahrnehmung für die Erreichung des Unternehmensziels von Bedeutung sind[13]. Wegen einzelner Beispiele vgl. *Raab*[14].

V. Handhabe von Zweifelsfällen (§ 5 Abs. 4). Bedeutung der Zweifelsregelung: Mit § 5 Abs. 4 werden Hilfskriterien für den Fall zur Verfügung gestellt, dass nach der Anwendung von § 5 Abs. 3 Nr. 3 noch Fragen in Bezug auf die Kennzeichnung eines ArbN als leitender Angestellter bestehen. § 5 Abs. 4 wendet sich in erster Linie an die Wahlvorstände sowie andere innerbetriebliche Rechtsanwender[15]. Ein Rückgriff darauf kommt nur in Betracht, wenn das Vorliegen der Voraussetzungen nach § 5 Abs. 3 Satz 2 Nr. 3 in Rede steht[16]. Abs. 4 enthält deshalb weder Tatbestandsmerkmale noch Regelbeispiele oder beispielhafte Erläuterungen der unbestimmten Rechtsbegriffe des § 5 Abs. 3 Satz 2 Nr. 3[17], sondern ein Hilfsargument, das ein „schwankendes Auslegungsergebnis" in eine Richtung bringen kann. Eine gesetzliche Vermutung ist damit indes nicht verbunden[18]. Wenn eine Kennzeichnung als leitender Angestellter nach § 5 Abs. 3 Nr. 3 erfolgen soll, müssen also die dort genannten Voraussetzungen tatsächlich vorliegen[19]. Bestehen Schwierigkeiten bei der Anwendung von § 5 Abs. 3 Nr. 3, ist ein Rückgriff auf Abs. 4 erst möglich, wenn die tatbestandsmäßigen Voraussetzungen nicht ermittelt werden können und nach umfassender Auslegung mindestens zwei Auslegungsergebnisse verbleiben, die vertretbar erscheinen[20].

---

1 BAG v. 11.1.1995 – 7 ABR 33/94, AP § 5 BetrVG 1972 Nr. 55 Bl. 3 f. m. abl. Anm. *Wlotzke* Bl. 5 ff.; Richardi/*Richardi*, § 5 BetrVG Rz. 205. | 2 Vgl. DKK/*Trümner*, § 5 BetrVG Rz. 214; GK-BetrVG/*Raab*, § 5 Rz. 121. | 3 Vgl. BAG v. 29.1.1980 – 1 ABR 38/78, DB 1980, 1947. | 4 So BAG v. 5.3.1974 – 1 ABR 19/73, DB 1974, 1237; *Wlotzke*, DB 1989, 111 (120). | 5 Vgl. ErfK/*Eisemann*, § 5 BetrVG Rz. 34; *Fitting*, § 5 BetrVG Rz. 358. | 6 Vgl. *Fitting*, § 5 BetrVG Rz. 360; *Wlotzke*, DB 1989, 111 (120), die allerdings zu Recht bei bloßer Überwachung idR. nicht von einer Kennzeichnung als leitender Angestellter ausgehen. | 7 BAG v. 23.1.1986 – 6 ABR 22/82, NZA 1986, 487 f.; v. 25.10.1989 – 7 ABR 60/88, BB 1990, 1700 f. | 8 ErfK/*Eisemann*, § 5 BetrVG Rz. 34. | 9 BAG v. 25.3.1976 – 1 AZR 192/75, BB 1976, 743. | 10 BAG v. 9.12.1975 – 1 AZR 192/75, BB 1976, 743; *Fitting*, § 5 BetrVG Rz. 374. | 11 Vgl. schon BAG v. 23.1.1986 – 6 ABR 51/81, NZA 1986, 484 (485). | 12 Vgl. BAG v. 23.3.1976 – 1 AZR 314/75, AP § 5 BetrVG 1972 Nr. 14 Bl. 3. | 13 Vgl. BAG v. 9.12.1975 – 1 ABR 80/73, DB 1976, 631; *Fitting*, § 5 BetrVG Rz. 357; GK-BetrVG/*Raab*, § 5 Rz. 126. | 14 GK-BetrVG/*Raab*, § 5 Rz. 149 ff. | 15 *Fitting*, § 5 BetrVG Rz. 381. | 16 *Fitting*, § 5 BetrVG Rz. 394; GK-BetrVG/*Raab*, § 5 Rz. 159; DKK/*Trümner*, § 5 BetrVG Rz. 240. | 17 BAG v. 25.10.2001 – 2 AZR 358/00, NZA 2002, 584; *Fitting*, § 5 BetrVG Rz. 383 ff.; GK-BetrVG/*Raab*, § 5 Rz. 158 f.; teilw. aA *Martens*, RdA 1989, 73 (83). | 18 Vgl. BAG 25.10.2001 – 2 AZR 358/00, NZA 2002, 584; *Fitting*, § 5 BetrVG Rz. 387; aA GK-BetrVG/*Raab*, § 5 Rz. 160, der von einer unwiderlegbaren Rechtsvermutung ausgeht. | 19 BAG v. 25.10.2001 – 2 AZR 358/00, NZA 2002, 584; Richardi/*Richardi*, § 5 BetrVG Rz. 230. | 20 *Fitting*, § 5 BetrVG Rz. 391; ErfK/*Eisemann*, § 5 BetrVG Rz. 36; aA Richardi/*Richardi*, § 5 BetrVG Rz. 232.

Schließlich lassen die Kriterien in § 5 Abs. 4 selbst noch keinen Rückschluss auf die Qualität der tatsächlich wahrgenommenen Aufgaben zu. So kann die Zuordnung zu der Gruppe der leitenden Angestellten im Zusammenhang mit einer BR-Wahl auch wegen der Einstellungs- und Entlassungsbefugnis nach § 5 Abs. 3 Nr. 1 erfolgt sein[1]. Bei den vier Hilfskriterien handelt es sich damit um formale Merkmale, die zwar nicht kumulativ vorliegen müssen[2]. Wenn einzelne Regelungen erfüllt sind, bedeutet dies aber nicht zwangsläufig, dass die statusbegründenden Voraussetzungen des § 5 Abs. 3 Nr. 3 erfüllt sind. Ob die betrieblichen Stellen berechtigterweise Zweifel hatten, kann dabei durch die Gerichte auf der Grundlage einer eigenen Bewertung des Sachverhalts entschieden werden.

60 **Behandlung bei der letzten Wahl einer ArbN-Vertretung (Nr. 1):** Wenn ein Angestellter bei der letzten Wahl des BR, des SprAu oder von Aufsichtsratsmitgliedern der ArbN oder durch rechtskräftige gerichtliche Entscheidung den leitenden Angestellten zugeordnet worden ist, legt dies nahe, dass die Kriterien in § 5 Abs. 3 Nr. 3 erfüllt sind. Der ArbN muss aber – wenn auch ein SprAu gewählt wird – von beiden Wahlvorständen übereinstimmend als leitender Angestellter angesehen worden und vom BR nicht in die Wählerliste der letzten BR-Wahl aufgenommen worden sein[3]. Dabei wird man auch die Zuordnung durch einen Vermittler einbeziehen können, selbst wenn dessen Entscheidung einer gerichtlichen Überprüfung nach § 18a Abs. 5 nur eingeschränkt zugänglich ist[4]. Schließlich wird auch die Zuordnung in Bezug auf die Wahl der ArbN-Vertreter für den Aufsichtsrat berücksichtigt, obwohl hier sogar eine Selbsteinschätzung des ArbN maßgeblich sein kann (vgl. §§ 10, 11 WahlO MitbestG). Ein solches Selbsteinschätzungsrecht kennt das BetrVG nicht[5]. Haben sich die tatsächlichen Verhältnisse nach der letzten Wahl geändert, hat die wahlbedingte Zuordnung eines ArbN keines Bedeutung mehr[6]. Wird die Zuordnung des Wahlvorstands durch das ArbG korrigiert, ist Letztere maßgebend. Mit Blick auf den Untersuchungsgrundsatz (§ 83 ArbGG) sowie den Verfahrensgegenstand und die daraus folgende Rechtskraftwirkung ist indes eine Entscheidung im Beschlussverfahren erforderlich[7].

61 **Angehörigkeit zur Leitungsebene (Nr. 2):** Obwohl die Ebene selbst keinen Rückschluss auf die Art einer Tätigkeit und die damit verbundene Entscheidungsbefugnis und Verantwortlichkeit erlaubt, soll im Zweifel von einer Kennzeichnung als leitender Angestellter iSd. § 5 Abs. 3 Nr. 3 auszugehen sein, wenn sich die Leitungsebene, auf der der ArbN hierarchisch beschäftigt wird, überwiegend aus leitenden Angestellten zusammensetzt. Die Zuordnung einzelner ArbN erfolgt aufgrund des Organisationsplans der Unternehmen[8]. Überwiegend bedeutet in der Regel mehr als 50 %[9]. Dabei können indes nur solche ArbN berücksichtigt werden, deren Status als leitende Angestellte zwischen den Beteiligten unstreitig ist[10].

62 **Regelmäßiges Jahresarbeitsentgelt (Nr. 3, 4):** Die entsprechende Zweifelsregel besteht nach § 5 Abs. 4 Nr. 3 dann, wenn der ArbN ein regelmäßiges Jahresarbeitsentgelt erhält, das für leitende Angestellte im konkreten Unternehmen üblich ist. Dabei sind alle laufenden oder einmaligen Vergütungsbestandteile zusammenzurechnen, soweit darauf auch im Folgejahr Anspruch besteht[11]. Dazu gehören auch Tantiemen, Provisionen und der vermögenswerte Vorteil aus Sachbezügen[12]. Üblich bedeutet nicht durchschnittlich. Vielmehr ist das Jahresentgelt leitender Angestellter mit vergleichbarer Tätigkeit heranzuziehen[13]. Sonderfälle aufgrund höheren Alters, Auslandstätigkeit etc. können der Vergleichbarkeit entgegenstehen[14]. Wie bei Nr. 2 ist allerdings auch bei Nr. 3 nur auf solche leitenden Angestellten abzustellen, deren Status feststeht oder unstreitig ist[15]. Kommt es zu einer gerichtlichen Auseinandersetzung, ist der ArbGeb verpflichtet, soweit erforderlich über die Vergütung vergleichbarer ArbN Auskunft zu erteilen. Die Bekanntgabe konkreter Namen kann nicht gefordert werden[16].

63 Falls – was allerdings selten sein dürfte – trotz der vorstehenden Zweifelsregel weiterhin Zweifel bestehen, ist im Zweifel von einer Kennzeichnung als leitender Angestellter nach § 5 Abs. 3 Nr. 3 auszugehen, wenn das regelmäßige Jahresarbeitsentgelt des ArbN das Dreifache der monatlichen Bezugsgröße nach § 18 SGB IV überschreitet. Für 2004 sind dies 28.980 Euro (alte Bundesländer einschl. Berlin-West) bzw. 24.360 Euro (neue Bundesländer einschl. Berlin-Ost) Sozialversicherungs-Rechengrößenverordnung v. 9.12.2003 (BGBl. I S. 2497).

64 **VI. Streitigkeiten.** Über den ArbN-Status oder den Status als leitender Angestellter wird im Beschlussverfahren vor den ArbG nach §§ 2a, 80 ff. ArbGG entschieden. Beteiligungsbefugt und antrags-

---

1 Vgl. BAG v. 25.2.1997 – 1 ABR 69/96, NZA 1997, 955 (957 f.). | 2 Richardi/*Richardi*, § 5 BetrVG Rz. 234; *Fitting*, § 5 BetrVG Rz. 395. | 3 ErfK/*Eisemann*, § 5 BetrVG Rz. 37. | 4 *Dänzer-Vanotti*, NZA 1989, Beil. 1, S. 30 (35); abl. *Fitting*, § 5 BetrVG Rz. 397. | 5 DKK/*Trümner*, § 5 BetrVG Rz. 242. | 6 GK-BetrVG/*Raab*, § 5 Rz. 169. | 7 ErfK/*Eisemann*, § 5 BetrVG Rz. 37; *Fitting*, § 5 BetrVG Rz. 398; Richardi/*Richardi*, § 5 BetrVG Rz. 237; aA GK-BetrVG/*Raab*, § 5 Rz. 168. | 8 *Fitting*, § 5 BetrVG Rz. 402. | 9 *Fitting*, § 5 BetrVG Rz. 402; Richardi/*Richardi*, § 5 BetrVG Rz. 240; *Hromadka*, BB 1990, 57 (63); *Dänzer-Venotti*, NZA 1989, Beil. 1, S. 30 (36); abw. *G. Müller*, DB 1989, 824 (830): 60–75 %. | 10 DKK/*Trümner*, § 5 BetrVG Rz. 243; GK-BetrVG/*Raab*, § 5 Rz. 175; *Fitting*, § 5 BetrVG Rz. 402. | 11 Vgl. DKK/*Trümner*, § 5 BetrVG Rz. 244; *Engels/Natter*, BB 1989, Beil. 8, S. 12. | 12 *Stege/Weinspach/Schiefer*, § 5 BetrVG Rz. 24c; für Einbeziehung einmaliger Sonderzahlungen DKK/*Trümner*, § 5 BetrVG Rz. 244; ErfK/*Eisemann*, § 5 BetrVG Rz. 39. | 13 Vgl. Richardi/*Richardi*, AuR 1991, 33 (44). | 14 *Fitting*, § 5 BetrVG Rz. 405; ErfK/*Eisemann*, § 5 BetrVG Rz. 39; GK-BetrVG/*Raab*, § 5 Rz. 177. | 15 GK-BetrVG/*Raab*, § 5 Rz. 177; *Fitting*, § 5 BetrVG Rz. 407; Richardi/*Richardi*, § 5 BetrVG Rz. 243. | 16 ErfK/*Eisemann*, § 5 BetrVG Rz. 39; *Fitting*, § 5 BetrVG Rz. 406.

berechtigt zur Einleitung eines Beschlussverfahrens sind der ArbGeb, der BR, der GesamtBR[1], der SprAu[2], die im Betrieb vertretene Gewerkschaft[3] sowie im Zusammenhang mit einer BR- oder Sprecherausschusswahl auch die beiden Wahlvorstände[4]. Der betroffene ArbN ist stets Beteiligter[5]. Das Rechtsschutzinteresse für das Beschlussverfahren ist auch dann gegeben, wenn kein konkreter Streitfall wie BR- oder Sprecherausschusswahlen vorliegt[6]. Die Frage, ob jemand leitender Angestellter ist, kann auch als Vorfrage etwa in einem Kündigungsschutzprozess eine Rolle spielen. Wenn die Kennzeichnung als leitender Angestellter inzident im Rahmen eines Urteilsverfahrens erfolgt, zB mit Blick auf BR-Anhörung nach § 102 vor Kündigung, erwächst diese Feststellung indes nicht in Rechtskraft und entfaltet für die betriebsverfassungsrechtliche Behandlung keine Bindungswirkung[7].

6 weggefallen

Zweiter Teil. Betriebsrat, Betriebsversammlung, Gesamt- und Konzernbetriebsrat

Erster Abschnitt. Zusammensetzung und Wahl des Betriebsrats

7 *Wahlberechtigung*
Wahlberechtigt sind alle Arbeitnehmer des Betriebs, die das 18. Lebensjahr vollendet haben. Werden Arbeitnehmer eines anderen Arbeitgebers zur Arbeitsleistung überlassen, so sind diese wahlberechtigt, wenn sie länger als drei Monate im Betrieb eingesetzt werden.

§ 7 zuletzt geändert durch das BetrVerf-ReformG v. 23.7.2001 (BGBl I S. 1852), vgl. Neubekanntmachung v. 25.9.2001 (BGBl. I S. 2518).

Lit.: *Brors*, „Fremdpersonaleinsatz" – Wer ist gemäß § 7 Satz 2 BetrVG wahlberechtigt?, NZA 2002, 123; *Däubler*, Das Wahlrecht der „überlassenen Arbeitnehmer" nach dem neuen § 7 Satz 2 BetrVG, AiB 2001, 684; *Maschmann*, Leiharbeitnehmer und Betriebsratswahl nach dem BetrVG-Reformgesetz, DB 2001, 2446; *Lindemann/Simon*, Wahlberechtigung und Ermittlung der Betriebsratsgröße, NZA 2002, 365; *Natzel*, Die Betriebszugehörigkeit im Arbeitsrecht, 2000; *Reichold*, Betriebsverfassung ohne „Betrieb"?, NZA 1999, 561; *Reichold*, Die reformierte Betriebsverfassung 2001, NZA 2001, 857; *Schiefer/Korte*, Die Durchführung von Betriebsratswahlen nach neuem Recht, NZA 2002, 57, 113; *Thüsing/Lambrich*, Die Wahl des Betriebsrats nach neuem Recht, NZA-Sonderheft 2001, 79.

I. Inhalt und Zweck. Die Vorschrift regelt das **aktive Wahlrecht** zum BR, während § 8 die Wählbarkeit, dh. das passive Wahlrecht behandelt. Sie ist durch das BetrVerf-ReformG v. 23.7.2001 (BGBl. I S. 1852) nachhaltig modifiziert worden, indem Satz 1 um die Worte „des Betriebs" ergänzt wurde; Satz 2 sieht erstmals die Wahlberechtigung von LeihArbN im Einsatzbetrieb vor. Entsprechend wurde § 14 Abs. 2 Satz 1 AÜG geändert, der bislang das aktive Wahlrecht von LeihArbN im Entleiherbetrieb ausschloss. 1

Die Wahlberechtigung umfasst das Recht (nicht: Pflicht) zur Stimmabgabe und gibt betriebsverfassungsrechtliche Befugnisse im Zusammenhang mit der Wahl wie zB in §§ 14 Abs. 3 und 4, 14a, 16, 17 Abs. 3 und 4, 17a (Wahlvorschläge, vereinfachtes Wahlverfahren, Bestellung des Wahlvorstands) etc. Sie ist von Bedeutung für die **Errichtung und Größe des BR** nach §§ 1, 9 (näher Rz. 21) und die größenabhängigen Beteiligungsrechte (§§ 95 Abs. 2, 99 Abs. 1 Satz 1, 111 Abs. 1), die Bildung des Wirtschaftsausschusses (§ 106 Abs. 1) und die Unterrichtung der ArbN in wirtschaftlichen Angelegenheiten (§ 110 Abs. 2). 2

Die Wahlberechtigung zur **JAV**, die in § 61 besonders geregelt ist, schließt das Wahlrecht zum BR nach § 7 nicht aus. 3

II. Voraussetzungen der Wahlberechtigung. Materiell wahlberechtigt sind alle Personen, die als ArbN iSv. § 5 Abs. 1 anzusehen sind (Rz. 5) und dem Betrieb entweder kraft Arbeitsverhältnisses (Rz. 9) oder aufgrund einer Überlassung zur Arbeitsleistung für längere Zeit als drei Monate (Rz. 15) angehören und am Wahltag das 18. Lebensjahr vollendet haben (Rz. 20). Die Staatsangehörigkeit spielt keine Rolle. Zur praktischen Durchführung der Wahl ist die Eintragung in die Wählerliste als **formelles** Merkmal erforderlich (§ 2 Abs. 3 WO). 4

1. ArbN-Eigenschaft. Nur ArbN iSd. BetrVG sollen als „Wahlvolk" den BR wählen. § 7 Satz 1 verweist insoweit auf § 5 Abs. 1 (siehe auch dort). Nicht wahlberechtigt sind daher die in § 5 Abs. 2 und 3 genannten Personen, insb. die leitenden Angestellten. 5

---

1 Vgl. GK-BetrVG/*Raab*, § 5 Rz. 205. | 2 *Richardi*, § 5 BetrVG Rz. 302; DKK/*Trümner*, § 5 BetrVG Rz. 250. | 3 BAG v. 5.3.1974 – 1 ABR 19/73, BB 1974, 553. | 4 BAG v. 5.3.1974 – 1 ABR 19/73, BB 1974, 553. | 5 Richardi/*Richardi*, § 5 BetrVG Rz. 302. | 6 BAG v. 19.11.1974 – 1 ABR 50/73, DB 1975, 406; BAG v. 9.12.1975 – 1 ABR 80/73, DB 1976, 631 ff.; BAG v. 1.6.1976 – 1 ABR 118/74, DB 1976, 1819 f. | 7 *Fitting*, § 5 BetrVG Rz. 435.

6 ArbN sind **unabhängig davon** wahlberechtigt, ob sie befristet, in (auch nur geringfügiger) Teilzeit, im Außendienst oder mit Telearbeit beschäftigt sind (§ 5 Abs. 1 Satz 1). Auch die in Heimarbeit Beschäftigten „gelten" ausdrücklich nach § 5 Abs. 1 Satz 2 als ArbN und sind wahlberechtigt, wenn sie hauptsächlich für den Betrieb arbeiten. Die zu ihrer **Berufsausbildung Beschäftigten** dürfen nur dann wählen, wenn sie im Rahmen des arbeitstechnischen Zwecks des Betriebs ausgebildet werden; anders ist es, wenn sie in reinen „Ausbildungsbetrieben" tätig und somit selbst Gegenstand des Betriebszwecks sind[1]. Auch Beschäftigte, die aufgrund einer von Sozialhilfeträgern geschaffenen Arbeitsgelegenheit (§ 19 BSHG) in einem befristeten Arbeitsverhältnis tätig werden, sind zwar nicht nach § 5 Abs. 2 Nr. 4 von der Wahl ausgeschlossen, weil es um Wiedereingliederung in den normalen Arbeitsmarkt geht; sie sind nach der konkreten Ausgestaltung ihrer Tätigkeit jedoch ebenfalls nicht dem arbeitstechnischen Zweck des Betriebs unterworfen, sondern selbst Gegenstand des Betriebszwecks und können damit anders als etwa ihre sozialpädagogischen Betreuer und die sonstigen ArbN nicht als wahlberechtigt angesehen werden[2]. Ähnliches gilt für die förderungsbedürftigen Arbl. (§ 230 SGB III), die den „Eingliederungsvertrag" nach § 231 SGB III abgeschlossen haben, dadurch aber mangels Arbeitsvertrags nicht zum Wahlvolk der Stammbelegschaft zu zählen sind (vgl. § 231 Abs. 2 Satz 2 SGB III)[3].

7 **Beamte** sind keine wahlberechtigten ArbN. Das BAG begründet dies mit dem beamtenrechtlichen Dienst- und Treueverhältnis, das sich grundlegend vom privaten Arbeitsverhältnis unterscheide. Auch die anlässlich der Privatisierung der Deutschen Bundespost und der Gründung der Deutschen Bahn AG eigens für Beamte erlassenen Regelungen sprächen dafür, dass Beamte in Privatbetrieben nur ganz ausnahmsweise ArbN iSd. BetrVG gleichbehandelt werden dürften (vgl. § 24 Abs. 2 Satz 1 PostPersRG, § 19 Abs. 1 Satz 1 DBGrG)[4]. Dem ist zuzustimmen. Das Wahlrecht und die Wählbarkeit sind auch nach neuer Gesetzeslage auf die Personen zu beschränken, für welche die materiellen Beteiligungsrechte des BR vorrangig gedacht sind. Diese eignen sich für Beamte zB im Bereich der Entgeltbedingungen nicht, auch wenn sie ihnen etwa im Bereich des Arbeitsschutzes zugute kommen. Den verfassungsrechtlichen Unterschieden hat der Gesetzgeber im **Personalvertretungsrecht** Rechnung getragen, so dass eine dem entsprechende Interessenvertretung zu gewährleisten ist; eine Analogie zu den Sonderregeln bei Post und Bahn scheidet dagegen aus[5].

8 **2. Betriebszugehörigkeit.** Zur ArbN-Eigenschaft muss die Betriebszugehörigkeit **als zweite Voraussetzung** der Wahlberechtigung kumulativ hinzutreten. Die neue Fassung von Satz 1 stellt das klar („ArbN des Betriebs")[6]. Unverändert setzt sich die Betriebszugehörigkeit aus einer **rechtlichen** Dimension – die arbeitsvertragliche Beziehung zum Betriebsinhaber – und einer **faktischen** Dimension – die „Eingliederung des ArbN in die Betriebsorganisation" – zusammen[7]. An dieser Regel hat das BetrVG-ReformG nichts geändert[8]. Der neue Satz 2 ist als **Ausnahmeregel** auszulegen. Die LeihArbN bleiben „ArbN eines anderen ArbGeb", erwerben aber durch Satz 2 eine zusätzliche Betriebszugehörigkeit iS eines lediglich aktiven Wahlrechts im Entleiherbetrieb (vgl. § 14 Abs. 2 Satz 1 AÜG, sowie Rz. 15). Damit soll der „Erosion der Stammbelegschaft" vorgebeugt werden[9].

9 **a) „ArbN des Betriebs" (Satz 1).** Betriebszugehörig ist der ArbN dann, wenn er in einem Arbeitsverhältnis gerade zum **Betriebsinhaber** als ArbGeb steht und mit seiner Arbeitsaufgabe zur Erfüllung des Betriebszwecks beiträgt[10]. Auf die Wirksamkeit des Arbeitsvertrags kommt es nicht an, wenn nur tatsächlich und einvernehmlich die Arbeit im Betrieb aufgenommen wurde (sog. „fehlerhaftes Arbeitsverhältnis"). Maßgeblich ist letztlich die Betriebszugehörigkeit **kraft Weisungsrechts** durch den Betriebsinhaber[11]. Fehlt es überhaupt an einer Vertragsbeziehung wie bei Beamten, die nach Umwandlung ihrer Dienststelle in eine Versicherungs-AG ihren Beamtenstatus zum Land behalten, kann es schon deshalb mangels eines Arbeitsverhältnisses zum Betriebsinhaber keine Betriebszugehörigkeit kraft Weisungsrechts geben[12].

10 Der ArbN muss spätestens am **Wahltag** dem Betrieb angehören (bei mehreren Wahltagen spätestens am letzten Tag)[13]. Auf die Dauer der Betriebszugehörigkeit kommt es also anders als bei der Wählbarkeit (§ 8) nicht an; auch der erst kurz vor der Wahl eingetretene ArbN ist wahlberechtigt (vgl. § 4 Abs. 3 Satz 2 WO). Schon wegen § 4 TzBfG müssen auch nur vorübergehend Eingestellte ebenso wie nur ge-

---

[1] BAG v. 20.3.1996 – 7 ABR 34/95, AP Nr. 10 zu § 5 BetrVG 1972 – Ausbildung (Anm. *Schlachter*): Majorisierung der Ausbilder durch die Auszubildenden soll vermieden werden. | [2] BAG v. 5.4.2000 – 7 ABR 20/99, AP Nr. 62 zu § 5 BetrVG 1972 = NZA 2001, 629; LAG Düsseldorf v. 27.1.2000 – 11 TaBV 73/93, BB 2000, 1677. | [3] *Reichold*, NZA 1999, 568; aA *Fitting*, § 7 BetrVG Rz. 7; MünchArbR/*Joost*, § 304 Rz. 34; Richardi/*Richardi/Thüsing*, § 7 BetrVG Rz. 4. | [4] BAG v. 28.3.2001 – 7 ABR 21/00, AP Nr. 5 zu § 7 BetrVG 1972 = BB 2001, 781. | [5] Zust. Richardi/*Richardi/Thüsing*, § 7 BetrVG Rz. 12; aA DKK/*Schneider*, § 7 BetrVG Rz. 9; *Fitting*, § 5 BetrVG Rz. 280 ff.; § 7 BetrVG Rz. 10. | [6] BT-Drs. 14/5741, S. 36; vgl. *Lindemann/Simon*, NZA 2002, 366; Richardi/*Richardi/Thüsing*, § 7 BetrVG Rz. 5. | [7] BAG v. 22.3.2000 – 7 ABR 34/98, AP Nr. 8 zu § 14 AÜG = NZA 2000, 1119; v. 29.1.1992 – 7 ABR 27/91, AP Nr. 1 zu § 7 BetrVG 1972 (Anm. *Kohte*) = NZA 1992, 894. | [8] So auch BAG v. 22.10.2003 – 7 ABR 3/03, DB 2004, 939. | [9] BT-Drs. 14/5741, S. 36, vgl. auch S. 28. | [10] GK-BetrVG/*Kreutz*, § 7 Rz. 20; aA *Natzel*, Betriebszugehörigkeit, S. 162 f. | [11] *Reichold*, NZA 1999, 568; im Ergebnis auch MünchArbR/*Joost*, § 304 Rz. 49, wo aber die Weisungsabhängigkeit als lediglich „tatsächliche Beziehung" bezeichnet wird. | [12] BAG v. 25.2.1998 – 7 ABR 11/97, AP Nr. 8 zu § 8 BetrVG 1972. | [13] Zutr. Richardi/*Richardi/Thüsing*, § 7 BetrVG Rz. 20; aA (Tag der Stimmabgabe) zB MünchArbR/*Joost*, § 304 Rz. 66.

Wahlberechtigung bei der BR-Wahl mit Dauer- und Vollzeitkräften gleich behandelt werden[1]. Sind **geringfügig Beschäftigte** desselben ArbGeb in Teilzeit beschäftigt, so sind sie in jedem dieser Betriebe wahl[berechtigt], wenn jeweils ein eigener Arbeitsbereich kraft Weisungsabhängigkeit zu den verschiedenen [Betriebs]inhabern besteht[2]. Hilft die Teilzeitkraft dagegen im anderen Betrieb nur aus, ohne dessen [ArbN z]u sein neuen Arbeitsbereich (neue Weisungsbeziehung zum dortigen Betriebsinhaber) **ArbGeb**, bleibt es bei der einzigen Betriebszugehörigkeit. Arbeitet die Teilzeitkraft in **Betrieben v**[erschiedener] **ArbGeb**, werden idR auch mehrere Arbeitsbereiche (Weisungsbeziehungen) und [Wa]hlrechte vorliegen[3]. Das gilt auch, wenn es sich um ein Konzern-Arbeitsverhältnis [handelt, wenn der] Konzern als solcher nicht ArbGeb ist, sondern nur eines der Konzern-Unternehmen.

11 [ArbN] gehören schon nach § 5 Abs. 1 Satz 1 zur Belegschaft, soweit sie zur Erfüllung des Be[triebszwecks bei]tragen. Für die Betriebszugehörigkeit kommt es weniger auf eine räumliche als auf eine [betriebliche Zu]rechnung an[4]. So hat das BAG betont, dass **Zeitungszusteller** trotz ihrer Tätigkeit außerhalb der Be[triebsräume als letztes Glied der Zeitungsproduktion fungierten und damit im Hauptbetrieb wahl]berechtigt seien[5]. Ein ins **Ausland entsandter** Mitarbeiter bleibt nur dann zum BR des entsendenden Be[triebs] wahlberechtigt, wenn er trotz des Auslandsaufenthalts als von der Heimat gleichsam „erfasst" betrachtet werden kann (zB regelmäßige Zuteilung von Reisegruppen an im Ausland stationierte Reise[leiterin)[6]. Wenn auch bei großzügiger Betrachtung eine Weisungsbeziehung zum Inlandsbetrieb nich]t erkennbar ist, scheidet eine Betriebszugehörigkeit jedoch aus. Ein ständig zur Auslands[tochter eines] Unternehmens entsandter ArbN ist selbst dann nicht wahlberechtigt, wenn für sein [Arbeit]sverhältnis weiterhin deutsches Arbeitsrecht maßgebend ist[7].

12 [A]uf die tatsächliche Arbeitsleistung im Betrieb kommt es nicht an, so dass es auf das Wahlrecht keinen Einfluss hat, ob der ArbN sich in **Urlaub** befindet oder wegen **Krankheit** arbeitsunfähig ist oder auf „Kurzarbeit null" gesetzt ist[8]; denn die Betriebszugehörigkeit wird dadurch natürlich nicht unterbrochen.

13 Auch ein **ruhendes Arbeitsverhältnis** führt idR nicht zum Verlust der Betriebszugehörigkeit selbst bei längerer Befreiung von der Arbeitspflicht wie bei Wehr- und Zivildienst oder **Elternzeit** (§ 15 BErzGG)[9]. Die Regel des § 13 Abs. 1 Satz 2 BPersVG, wonach Beschäftigte, die am Wahltage seit mehr als sechs Monaten unter Wegfall der Bezüge beurlaubt sind, nicht wahlberechtigt sind, kann nicht auf das BetrVG übertragen werden. Leitend muss der Gedanke sein, dass der BR auch während der Ruhensphase auf die rechtliche und tatsächliche Stellung des ArbN einzuwirken vermag, soweit dieser nach der Ruhenszeit einen Rückkehranspruch hat und schon deshalb die personelle Kompetenz des BR gefragt ist (§§ 92 ff.). Für die **ATZ** bedeutet das, dass die Wahlberechtigung nur solange besteht, als nicht völlige Freistellung im Blockmodell erreicht ist; denn damit ist der vorzeitige Ruhestand erreicht und eine Rückkehrmöglichkeit auf den Arbeitsplatz nicht mehr vorgesehen[10] – die Betriebszugehörigkeit ist also beendet, nicht dagegen das Arbeitsverhältnis (Fortdauern der Entgeltzahlung).

14 Bei einem **gekündigten Arbeitsverhältnis** bleibt die Betriebszugehörigkeit bis zum Ablauf der Kündigungsfrist erhalten. Nach Ablauf der Kündigungsfrist oder bei einer fristlosen Kündigung erlischt dagegen mit der Betriebszugehörigkeit auch die Wahlberechtigung, selbst wenn eine Kündigungsschutzklage wirksam erhoben worden ist[11]. Etwas anderes gilt bei einer Weiterbeschäftigung nach § 102 Abs. 5 oder kraft Richterrechts, da in diesem Fall die wirksame Auflösung des Arbeitsverhältnisses bis zum rechtskräftigen Abschluss des Kündigungsprozesses offen bleibt, jedoch nur dann, wenn noch eine *tatsächliche* Betriebszugehörigkeit kraft (erzwungener) Weiterbeschäftigung bejaht werden kann[12].

15 b) „ArbN eines anderen ArbGeb" (Satz 2). Werden ArbN eines anderen ArbGeb zur Arbeitsleistung überlassen, sollen diese *zusätzlich* zu ihrem originären Wahlrecht im Verleiherbetrieb (§ 14 Abs. 1 AÜG)

---

1 *Fitting*, § 7 BetrVG Rz. 24 Richardi/*Richardi*/*Thüsing*, § 7 BetrVG Rz. 32; vgl. auch BAG v. 29.1.1992 – 7 ABR 27/91, AP Nr. 1 zu § 7 BetrVG 1972 (Anm. *Kohte*) = NZA 1992, 894. | 2 Richardi/*Richardi*/*Thüsing*, § 7 BetrVG Rz. 28; ähnlich *Natzel*, S. 16. | 3 *Fitting*, § 7 BetrVG Rz. 25, 81; Richardi/*Richardi*/*Thüsing*, § 7 BetrVG Rz. 26 | 4 ErfK/*Eisemann*, § 7 BetrVG Rz. 4. | 5 BAG v. 29.1.1992 – 7 ABR 27/91, AP Nr. 1 zu § 7 BetrVG 1972 (Anm. *Kohte*) = NZA 1992, 894. 6 BAG v. 7.12.1989 – 2 AZR 228/89, AP Nr. 27 zu Internationales Privatrecht/Arbeitsrecht (Anm. *E. Lorenz*) = NZA 1990, 658. | 7 ErfK/*Eisemann*, § 7 BetrVG Rz. 5; *Lindemann/Simon*, NZA 2002, 371; Richardi/*Richardi*, Einl. Rz. 73; zweifelhaft Richardi/*Richardi*, Rz. 75, insoweit vertreten wird, jeder ArbN müsse auch im Ausland notwendigerweise einem Betrieb angehören; hiergegen zutr. MünchArbR/*Joost*, § 304 Rz. 54. | 8 *Fitting*, § 7 BetrVG Rz. 29; MünchArbR/*Joost*, § 304 Rz. 67. | 9 HM, vgl. BAG v. 29.3.1974 – 1 ABR 27/73, BAGE 26, 107 = AP Nr. 2 zu § 19 BetrVG 1972 (Anm. *Seipel*); ErfK/*Eisemann*, § 7 BetrVG Rz. 3; *Fitting*, § 7 BetrVG Rz. 30; MünchArbR/*Joost*, § 304 Rz. 68; *Lindemann/Simon*, NZA 2002, 369, 370; *Natzel*, S. 157; Richardi/*Richardi*/*Thüsing*, § 7 BetrVG Rz. 44; aA GK-BetrVG/*Kreutz*, § 7 Rz. 23. | 10 So für das passive Wahlrecht zum Aufsichtsrat BAG v. 25.10.2000 – 1 ABR 18/00, AP Nr. 32 zu § 76 BetrVG 1952 (Anm. *Rombach*) = SAE 2001, 207 (Anm. *Windbichler*); zust. *Fitting*, § 7 BetrVG Rz. 32; GK-BetrVG/*Kreutz*, § 7 Rz. 25; *Lindemann/Simon*, NZA 2002, 370; Richardi/*Richardi*/*Thüsing*, § 7 BetrVG Rz. 50; *Rieble/Gutzeit*, BB 1998, 638; aA *Däubler*, AiB 2001, 689; DKK/*Schneider*, § 7 BetrVG Rz. 11a; *Natzel*, NZA 1998, 1262 (1265). | 11 LAG Berlin v. 2.5.1994 – 9 TaBV 1/94, BB 1994, 1857; *Fitting*, § 7 BetrVG Rz. 34; GK-BetrVG/*Kreutz*, § 7 Rz. 29; *Lindemann/Simon*, NZA 2002, 368; MünchArbR/*Joost*, § 304 Rz. 71; Richardi/*Richardi*/*Thüsing*, § 7 BetrVG Rz. 38; aA DKK/*Schneider*, § 7 BetrVG Rz. 13. | 12 Vgl. näher GK-BetrVG/*Kreutz*, § 7 Rz. 30 f.; MünchArbR/*Joost*, § 304 Rz. 72; Richardi/*Richardi*/*Thüsing*, § 7 BetrVG Rz. 39 f., die zwischen § 102 Abs. 5 einerseits und Richterrecht andererseits differenzieren.

BetrVG § 7 Rz. 16

auch im **Entleiherbetrieb** (nur) das aktive Wahlrecht (§ 14 Abs. 2 Satz 1 AÜG) und da[...] Wahlberechtigung „Betriebszugehörigkeit" erhalten (Rz. 8), wenn sie länger als **drei Monate** im Entleihe[...] zusätzliche werden (Rz. 19). Die amtliche Begründung hält für maßgeblich, dass die ArbN „in d[...]ingesetzt derart eingegliedert sind, dass sie dem Weisungsrecht des Betriebsinhabers unterliegen[...] dungsfall ist damit die gewerbsmäßige („unechte") AÜ nach dem AÜG² mit der gespalt[...]etrieb zum ArbGeb: einerseits Vertragsbeziehung zum Verleiher („Grundverhältnis"), anderers[...] wen- beziehung zum Entleiher („Beschäftigungsverhältnis").

16   Konstitutiv für die Wahlberechtigung bleibt auch in Satz 2 die (zweite) Betriebszugehör[...] **Weisungsrechts** des Beschäftigers (nicht: ArbGeb) im Entleiherbetrieb (vgl. Rz. 9). Es hande[...] eine *rechtlich* relevante Abspaltung des Weisungsrechts kraft § 328 BGB vom Verleiher an den[...] bei gespaltener ArbGebStellung³; dieses genuin arbeitsvertragliche Weisungsrecht muss ihm a[...] stehen. Damit wird eine rechtliche Eingliederung iSv. § 7 begründet, die sich elementar untersc[...] von einer rein faktischen Eingliederung wie bei Mitarbeitern von Fremdfirmen (sog. **Fremdfirmen**[...] **nehmer**) oder freien Mitarbeitern, die dienst- oder werkvertragliche Pflichten für sie fremden Be[...] erledigen⁴. Das werkvertragliche Weisungsrecht des Bestellers muss vom arbeitsvertraglichen Weisu[...] recht des Entleihers also streng unterschieden werden⁵ und begründet keine Wahlberechtigung iSv. [...] Ausnahmen können allerdings bei **„Schein"-Werkverträgen** greifen (soweit nicht wegen der dann illeg[...] len AÜ ohnehin ein Arbeitsverhältnis nach § 10 Abs. 1 AÜG zwischen Entleiher und LeihArbN fingier[...] wird)⁶. Maßgeblich ist stets die tatsächliche Handhabung des Vertragsverhältnisses und damit die Fra[...] ge, bei wem nach den Umständen des Einzelfalls das tatsächliche arbeitsvertragliche Weisungsrecht liegt – beim Betriebsinhaber oder beim Vertragspartner.

17   Von Satz 2 erfasst werden auch **nicht gewerbsmäßig** überlassene LeihArbN („echte" Leiharbeit), weil der Gesetzgeber nicht zwischen den verschiedenen Formen der Leiharbeit differenziert hat⁷. Damit kann zB ein zu Schulungszwecken unentgeltlich überlassener ArbN im fremden Betrieb wahlberechtigt werden, ohne dann allerdings im Stammbetrieb noch seine Wahlrechte wahrnehmen zu können⁸. Ähnliches gilt für die **Konzernleihe**, wobei es nicht auf den nur „vorübergehenden" Einsatz ankommt, der nach § 1 Abs. 3 Nr. 2 AÜG für die Anwendbarkeit des AÜG maßgeblich ist, sondern auf die eigenständige Ausübung des Weisungsrechts durch das Beschäftigungsunternehmen⁹. Dann tritt ebenfalls eine Spaltung zwischen dem Grundverhältnis zum herrschenden Unternehmen und dem – betriebsverfassungsrechtlich maßgeblichen – Beschäftigungsverhältnis zum Einsatzunternehmen ein. Auf die **Dauer der Abordnung** kommt es nicht an, sondern allein auf die Übertragung des Weisungsrechts, so dass auch kurzfristigere Arbeitsgemeinschaften im Baugewerbe (sog. **ARGE**) ein gespaltenes Arbeitsverhältnis und damit ein Wahlrecht nach § 7 Satz 2 vermitteln können¹⁰.

18   „Überlassen" iSv. § 7 Satz 2 können auch aufgrund **Gestellungsvertrag** im Gastbetrieb tätige ArbN sein¹¹. Beim Gestellungsvertrag im eigentlichen Sinn verpflichtet sich der Gestellungsträger, dem Betriebsinhaber für den Betriebszweck notwendiges Personal, zB Lehr- oder Pflegekräfte, zur Verfügung zu stellen, ohne dass mit dem Betriebsinhaber ein Arbeitsvertrag geschlossen wird. Vom Leiharbeitsverhältnis unterscheidet sich dieser Fall dadurch, dass der „Verleiher" zum Dienstleistenden nicht in einem Arbeitsverhältnis, sondern in einem **Mitgliedschaftsverhältnis** steht¹². Dennoch können abgestellte ArbN nach § 7 Satz 2 „überlassen" sein, wenn sie dem Weisungsrecht des Betriebsinhabers so wie entliehene Arbeitskräfte unterwerfen müssen. Ausnahmen sind nur für Personen anzuerkennen, deren Beschäftigung nach § 5 Abs. 2 Nr. 3 nicht in erster Linie ihrem Erwerb dient, sondern vorwiegend durch Beweggründe **karitativer oder religiöser Art** bestimmt ist, wie zB bei Ordensschwestern, nicht aber zB bei weltlichen Krankenschwestern wie im Deutschen Roten Kreuz¹³.

19   Das Wahlrecht nach § 7 Satz 2 setzt eine Einsatzzeit von **mehr als drei Monaten** voraus. Es soll dem überlassenen ArbN laut Gesetzesbegründung mit dem ersten Arbeitstag im Einsatzbetrieb zustehen¹⁴. Er muss also bis zum Wahltag (Tag der Stimmabgabe) nicht bereits drei Monate im Betrieb zugebracht haben („eingesetzt *werden*", nicht: „wurden"). Vielmehr geht es um die Dauer eines **geplanten Einsatzes**,

---

1 BT-Drs. 14/5741, S. 36. |2 Vgl. nur *Däubler*, AiB 2001, 685; *Fitting*, § 7 Rz. 39; *Iaschmann*, DB 2001, 2446. |3 Rechtsdogmatisch handelt es sich um einen „Arbeitsvertrag zu Gunsten Dritter" (§ 328 BGB), vgl. dazu *Walker*, AcP 194 (1994), 295 (308 ff.). |4 So auch *Brors*, NZA 2002, 125; *Fitting*, § BetrVG Rz. 54; GK-BetrVG/*Kreutz*, § 7 Rz. 58, 69; *Maschmann*, DB 2001, 2446; *Reichold*, NZA 2001, 861; Richardi/*Richardi*/*Thüsing*, § 7 BetrVG Rz. 9. |5 Zur Abgrenzung vgl. *Brors*, NZA 2002, 126; *Maschmann*, NZA 2001, Sonderbeilage zu Heft 24, S. 21 (29). |6 *Fitting*, § 7 BetrVG Rz. 55; *Lindemann/Simon*, NZA 2002, 37; *Maschmann*, DB 2001, 2446. |7 *Brors*, NZA 2002, 125; *Fitting*, § 7 BetrVG Rz. 41; *Konzen*, RdA 2001, 76 (83); *Löwisch*, BB 2001, 1737; Richardi/*Richardi*/*Thüsing*, § 7 BetrVG Rz. 11. |8 § 14 Abs. 1 AÜG gilt nicht bei der nicht gewerbsmäßigen Arbeitnehmerüberlassung, vgl. Richardi/*Richardi*/*Thüsing*, § 7 BetrVG Rz. 11 mwN |9 So auch *Däubler*, AiB 2001, 685; *Fitting*, § 7 BetrVG Rz. 43 ff. (teils widersprüchlich); aA Richardi/*Richardi*/*Thüsing*, § 7 BetrVG Rz. 11, die auf die Dauer von 12 Monaten abstellen; dem wird aber durch § 7 Satz 2 grade widersprochen. |10 *Fitting*, § 7 BetrVG Rz. 49 (Abordnung zur ARGE). |11 *Fitting*, § 7 BetrVG Rz. 50; Richardi/*Richardi*/*Thüsing*, § 7 BetrVG Rz. 12. |12 MünchArbR/*Richardi*, § 24 Rz. 123. |13 AA wohl BAG v. 22.4.1997 – 1 ABR 74/96, AP Nr. 18 zu § 99 BetrVG 1972 Einstellung = NZA 1997, 1297; wie hier *Fitting*, § 7 BetrVG Rz. 50; Richardi/*Richardi*/*Thüsing*, § 7 BetrVG Rz. 12. |14 BT-Drs. 14/5741, S. 36.

die sich grundsätzlich nach dem Vertrag zwischen Verleiher und Entleiher bestimmt[1]. Ist die Einsatzzeit nicht klar genug festgelegt, so muss eine (vertretbare) Prognoseentscheidung vom Wahlvorstand getroffen werden, die auf einen im Wesentlichen **ununterbrochenen** Einsatz für mehr als drei Monate hinweist. Wird ein für nur zwei Monate geplanter Einsatz aber verlängert und findet die Wahl zB nach vier Monaten statt, so entscheidet die faktische Betriebszugehörigkeit – das Wahlrecht ist also zu bejahen[2].

3. Wahlalter. Der ArbN muss spätestens am Wahltag 18 Jahre alt sein, dh. am letzten Tag der Stimmabgabe (Rz. 10) seinen Geburtstag haben (§ 187 Abs. 2 Satz 2 BGB)[3]. Noch nicht Volljährige können an der Wahl zur JAV teilnehmen (§§ 60 ff.). Zur Berufsausbildung Beschäftigte zwischen 18 und 25 sind sowohl zum BR als auch zur JAV wahlberechtigt (Rz. 3). 20

III. Bedeutung der Wahlberechtigung. Die Bindung der Wahlberechtigung an die (erweiterte) Betriebszugehörigkeit (Rz. 8) hat als Basisnorm des Zweiten Teils ua. für die **Größenzahlen** etwa in §§ 1, 9, 38 etc. (vgl. Rz. 2) große Bedeutung. Fraglich ist nach Einfügung des § 7 Satz 2, ob die neue Wahlberechtigung auch der überlassenen ArbN (Rz. 15) für die Betriebsgröße in anderen Normen maßgeblich sein muss – oder ob sie „wählen, ohne zu zählen"[4]. Gegen die Einbeziehung der LeihArbN wird argumentiert, dass der Gesetzgeber die „ArbN *des Betriebs*" (Satz 1) von den überlassenen ArbN eines „anderen ArbGeb" (Satz 2) bewusst getrennt habe; die Betriebsgrößen seien demnach ohne LeihArbN zu berechnen[5]. Dem hat sich das BAG jetzt angeschlossen[6]. Andere halten dem aber Sinn und Zweck der Erweiterung der Betriebszugehörigkeit entgegen. Wenn der Gesetzgeber die Randbelegschaft durch Zuerkennung der Wahlberechtigung an die Stammbelegschaft heranführen will[7], möchte er mit der Erweiterung der (ausschlaggebenden) **Betriebszugehörigkeit** (Rz. 15 f.) auch die betriebsverfassungsrechtlich relevanten Größenzahlen erhöhen[8]. Grundsätzlich knüpfen die Größenzahlen insb. in § 9 an die Betriebszugehörigkeit an[9], so dass jedenfalls durch Leihkräfte besetzte „Regelarbeitsplätze" bei der Betriebsgröße mitzuzählen sind (vgl. § 9 Rz. 4). 21

Zum BR wahlberechtigte ArbN besitzen auch das aktive Wahlrecht zur Wahl der ArbN-Vertreter in den **Aufsichtsrat** nach § 76 BetrVG 1952 sowie für die Wahl der Wahlmänner nach dem Mitbestimmungsergänzungsgesetz (§ 6 Abs. 2 MitbestErgG). Die (erweiterte) Betriebszugehörigkeit nach § 7 ist auch für die Wahlberechtigung zur Wahl der Aufsichtsratsmitglieder der ArbN in die mitbestimmten Unternehmen nach dem MitbestG 1976 maßgeblich (vgl. §§ 10 Abs. 2 Satz 2, 18 MitbestG). 22

IV. Streitigkeiten. Die Entscheidung über die Wahlberechtigung obliegt zunächst dem **Wahlvorstand** (§ 16; ferner §§ 2, 4 Abs. 2 WO). Lässt er Nichtberechtigte zu oder verweigert er eigentlich Wahlberechtigten die Teilnahme, so liegt bei möglicher Kausalität für das Wahlergebnis ein Anfechtungsgrund nach § 19 Abs. 1 vor[10]. In Grenzfällen kommt dem Wahlvorstand ein nach pflichtgemäßem Ermessen auszufüllender **Beurteilungsspielraum** zu, zB bei der Wahlberechtigung von „Aushilfen"[11]. Werden LeihArbN bei der Festlegung der BR-Größe berücksichtigt (Rz. 21), so liegt nach Ansicht des BAG[12] ein erheblicher Verstoß vor, der die Wahlanfechtung rechtfertigt, nicht aber einen Nichtigkeitsgrund darstellt: Eine grobe und offensichtliche Missachtung wesentlicher Wahlvorschriften kann wegen der Strittigkeit dieser Rechtsfrage nicht angenommen werden[13]. Letztlich entscheidet das **ArbG** über die Wahlberechtigung im Beschlussverfahren (§ 2a Abs. 1 Nr. 1 ArbGG). Eine gerichtliche Entscheidung vor der Wahl lässt sich im Regelfall nur im Wege der **einstweiligen Verfügung** erreichen (§ 85 Abs. 2 ArbGG). Antragsberechtigt sind nicht nur die in ihrem Wahlrecht Betroffenen, sondern auch die nach § 19 Abs. 2 Berechtigten, also auch der ArbGeb. Ein vorgezogenes gerichtliches Korrekturverfahren (vgl. § 16 Rz. 16 f.) schafft zwar vollendete Tatsachen (Leistungsverfügung), kann aber durch nachträgliche Wahlanfechtung überprüft werden. 23

§ 8 *Wählbarkeit*

(1) Wählbar sind alle Wahlberechtigten, die sechs Monate dem Betrieb angehören oder als in Heimarbeit Beschäftigte in der Hauptsache für den Betrieb gearbeitet haben. Auf diese sechsmonatige Betriebszugehörigkeit werden Zeiten angerechnet, in denen der Arbeitnehmer unmittelbar vorher einem anderen Betrieb desselben Unternehmens oder Konzerns (§ 18 Abs. 1 des Aktiengesetzes) angehört hat. Nicht wählbar ist, wer infolge strafgerichtlicher Verurteilung die Fähigkeit, Rechte aus öffentlichen Wahlen zu erlangen, nicht besitzt.

---

1 *Maschmann*, DB 2001, 2447; *Richardi/Richardi/Thüsing*, § 7 BetrVG Rz. 10. | 2 So auch *Fitting*, § 7 BetrVG Rz. 63; *Richardi/Richardi/Thüsing*, § 7 BetrVG Rz. 10; aA *Maschmann*, DB 2001, 2447. | 3 Vgl. nur ErfK/*Eisemann*, § 7 BetrVG Rz. 7; *Fitting*, § 7 BetrVG Rz. 85. | 4 *Hanau*, RdA 2001, 65 (68). | 5 So *Franke*, NJW 2002, 656; *Hanau*, NJW 2001, 2513 (2515); GK-BetrVG/*Kreutz*, § 7 Rz. 74 f.; *Lindemann/Simon*, NZA 2002, 367 f.; *Löwisch*, BB 2001, 1734 (1737); *Maschmann*, DB 2001, 2448. | 6 BAG v. 16.4.2003 – 7 ABR 53/02, DB 2003, 2128; v. 22.10.2003 – 7 ABR 3/03, DB 2004, 939. | 7 BT-Drs. 14/5741, S. 28. | 8 So *Däubler*, AuR 2001, 285 (286); DKK/*Schneider*, § 7 BetrVG Rz. 7 f.; *Fitting*, § 7 BetrVG Rz. 95; *Reichold*, NZA 2001, 861; *Richardi/Richardi/Thüsing*, § 9 BetrVG Rz. 7. | 9 So BAG v. 18.1.1989 – 7 ABR 21/88, AP Nr. 1 zu § 9 BetrVG 1972 = NZA 1989, 724 zur alten Rechtslage. | 10 BAG v. 14.5.1997 – 7 ABR 26/96, AP Nr. 6 zu § 8 BetrVG 1972 = SAE 1998, 89 (Anm. *v. Hoyningen-Huene*). | 11 LAG Hess. v. 10.2.2000 – 12 TaBV 148/98, BB 2001, 1095. | 12 BAG v. 16.4.2003 – 7 ABR 53/02, DB 2003, 2128; v. 22.10.2003 – 7 ABR 3/03, DB 2004, 939. | 13 Zutr. *Maschmann*, DB 2002, 2449.

(2) **Besteht der Betrieb weniger als sechs Monate, so sind abweichend von der Vorschrift in Absatz 1 über die sechsmonatige Betriebszugehörigkeit diejenigen Arbeitnehmer wählbar, die bei der Einleitung der Betriebsratswahl im Betrieb beschäftigt sind und die übrigen Voraussetzungen für die Wählbarkeit erfüllen.**

§ 8 idF des BetrVG 1972 (v. 15.1.1972, BGBl. I S. 13), § 8 Abs. 1 Satz 3 geändert durch Art. 238 Nr. 1 EGStGB (v. 2.3.1974, BGBl. I S. 469).

1   I. Inhalt und Zweck. Mit der „Wählbarkeit" werden die Voraussetzungen für das **passive Wahlrecht** zum BR geregelt. Die Vorschrift bezieht sich mit dem Erfordernis der „Betriebszugehörigkeit" auf § 7 Satz 1, verlangt aber zusätzlich eine Zugehörigkeitsdauer von mindestens sechs Monaten. „Überlassene" ArbN können nach § 7 Satz 2 zwar aktiv wählen, sind aber, wie § 14 Abs. 2 Satz 1 AÜG ausdrücklich anordnet, im Entleiherbetrieb nicht wählbar (vgl. auch § 2 Abs. 3 Satz 4 WO). Daraus wird deutlich, dass das passive Wahlrecht eine **engere Bindung** an den Betrieb erfordert als das aktive Wahlrecht: BR-Mitglied soll nur werden, wer in einer arbeitsvertraglichen Beziehung zum Betriebsinhaber steht und damit zur Stammbelegschaft iSv. § 7 Satz 1 zählt (vgl. Rz. 5).

2   Die Vorschrift ist – wie alle organisatorischen Normen des BetrVG – **zwingendes Recht**, so dass die Wählbarkeit mangels gesetzlicher Ermächtigung nicht durch TV oder BV abweichend geregelt werden kann[1].

3   Wer zum BR gewählt worden ist, kann nicht auch noch zum Jugend- und Auszubildendenvertreter gewählt werden, § 61 Abs. 2 Satz 2.

4   **II. Voraussetzungen der Wählbarkeit. Materiell** wählbar ist jeder nach § 7 Satz 1 Wahlberechtigte (Rz. 5), der nicht durch strafgerichtliches Urteil die Fähigkeit verloren hat, Rechte aus öffentlichen Wahlen zu erlangen (Rz. 9) und (spätestens am letzten Wahltag) dem Betrieb sechs Monate angehört (Rz. 10). Das passive Wahlrecht ist entsprechend dem aktiven Wahlrecht ein **subjektives** (höchstpersönliches) **Recht**[2], dem aber nicht eine Pflicht zur Kandidatur entspricht. **Formelle** Voraussetzung für die Wählbarkeit ist neben der Eintragung in die Wählerliste (§ 2 Abs. 3 WO) noch die Aufnahme des passiv Wahlberechtigten in einen **Wahlvorschlag** (§ 14 Abs. 3 bzw. § 14a Abs. 2, 3 Satz 2). Dagegen kommt es – anders als noch nach dem BetrVG 1952 – nicht mehr auf die Staatsangehörigkeit an.

5   1. „Alle Wahlberechtigten" (Abs. 1). Die Wahlberechtigung bestimmt sich nach § 7 Satz 1, so dass nur ArbN (§ 7 Rz. 5), die rechtlich und faktisch dem Betrieb angehören („Betriebszugehörigkeit", vgl. § 7 Rz. 8), wählbar sind. Nach der BetrVG-Novelle 2001 sind entgegen dem Wortlaut nicht mehr „alle" Wahlberechtigten auch wählbar[3]. Die Einfügung des § 7 Satz 2 verleiht den LeihArbN nur das aktive Wahlrecht (Rz. 1); dagegen bleiben sie **allein in ihrem Stammbetrieb** wählbar (§ 14 Abs. 2 Satz 1 AÜG). Diese Ausnahme gilt nicht nur für die gewerbsmäßige AÜ nach AÜG, sondern auch für die nicht gewerbsmäßige („echte") Leiharbeit (§ 7 Rz. 17). Eine Gleichbehandlung beider Sachverhalte rechtfertigt sich durch den Fortbestand der „stärkeren" vertraglichen Beziehung zum Verleiher[4] und ist auch nicht durch die Einfügung des § 7 Satz 2 obsolet geworden.

6   Grundsätzlich kann für das passive Wahlrecht auf die Ausführungen zur **Betriebszugehörigkeit** als Voraussetzung der Wahlberechtigung (§ 7 Rz. 8 ff.) verwiesen werden, so auch für den Fall, dass ArbN in mehreren Betrieben zB als Teilzeitkräfte beschäftigt sind (§ 7 Rz. 10): Sie können dann auch in mehreren Betrieben BR-Mandate ausüben[5]. Wählbarkeit ist auch trotz eines **ruhenden Arbeitsverhältnisses** möglich (§ 7 Rz. 13), es sei denn, dass wie bei der ATZ im Blockmodell eine Rückkehrmöglichkeit auf den früheren Arbeitsplatz nicht mehr vorgesehen ist[6]. Wer trotz Elternzeit oder Zivildienst gewählt wird, ist zeitweilig (solange das Arbeitsverhältnis ruht) an der Ausübung des BR-Amtes gehindert und muss nach § 25 Abs. 1 Satz 2 durch ein Ersatzmitglied vertreten werden. Wählbar ist auch der **Wahlvorstand**, weil das BetrVG eine Inkompatibilität zwischen Wahlvorstand und (späterem) BR-Amt nicht ausdrücklich anordnet[7].

7   Allerdings möchte das BAG beim Rechtsstreit über die Wirksamkeit einer **Kündigung** für die Wählbarkeit anders entscheiden als für das aktive Wahlrecht (§ 7 Rz. 14): Damit der ArbGeb nicht durch eine Kündigung die Kandidatur eines ihm unliebsamen Bewerbers verhindern kann (§ 15 Abs. 3 KSchG schützt nur Wahlbewerber *nach* Aufstellung des Wahlvorschlags), soll die Wählbarkeit auch **nach Ablauf der Kündigungsfrist** möglich sein[8]. Dem ist zuzustimmen, weil die Frage der Wählbarkeit anders als die Wahlberechtigung im Zeitpunkt der Durchführung der Wahlen keiner abschließenden Klärung

---

1 BAG v. 16.2.1973 – 1 ABR 18/72, AP Nr. 1 zu § 19 BetrVG 1972 (Anm. *Natzel*); v. 12.10.1976 – 1 ABR 1/76, AP Nr. 1 zu § 8 BetrVG 1972. |2 So GK-BetrVG/*Kreutz*, § 8 Rz. 12. |3 Vgl. GK-BetrVG/*Kreutz*, § 8 Rz. 16. |4 BAG v. 22.3.2000 – 7 ABR 34/98, AP Nr. 8 zu § 14 AÜG = NZA 2000, 1119 (zwar zur alten Rechtslage ergangen, jedoch gültig in Bezug auf die Aussagen zum AÜG trotz § 7 Satz 2 nF). Wie hier GK-BetrVG/*Kreutz*, § 8 Rz. 16; Richardi/*Richardi/Thüsing*, § 8 BetrVG Rz. 6; aA *Fitting*, § 8 BetrVG Rz. 27. |5 HM seit BAG v. 11.4.1958 – 1 ABR 2/57, AP Nr. 1 zu § 6 BetrVG, vgl. ErfK/*Eisemann*, § 8 BetrVG Rz. 2; *Fitting*, § 8 BetrVG Rz. 30; Richardi/*Richardi/Thüsing*, § 8 BetrVG Rz. 11. |6 BAG v. 25.10.2000 – 7 ABR 18/00, AP Nr. 32 zu § 76 BetrVG 1952 (Anm. *Rombach*) = SAE 2001, 207 (Anm. *Windbichler*); weitere Nachw. s. § 7 Rz. 13. |7 BAG v. 12.10.1976 – 1 ABR 1/76, AP Nr. 1 zu § 8 BetrVG 1972. |8 BAG v. 14.5.1997 – 7 ABR 26/96, AP Nr. 6 zu § 8 BetrVG 1972 = SAE 1998, 89; zust. *Fitting*, § 8 BetrVG Rz. 18 ff.; v. *Hoyningen-Huene*, SAE 1998, 91 f.; *Löwisch/Kaiser*, § 8 BetrVG Rz. 8; Richardi/*Richardi/Thüsing*, § 8 BetrVG Rz. 14; aA GK-BetrVG/*Kreutz*, § 8 Rz. 18; MünchArbR/*Joost*, § 304 Rz. 82.

bedarf. Obsiegt der ArbN im Prozess, so kann er (ab diesem Zeitpunkt) amtieren. Verliert er, so rückt das ihn vertretende Ersatzmitglied endgültig nach (§ 25 Abs. 1 Satz 1).

In § 8 Abs. 1 Satz 1 wird ausdrücklich die Wählbarkeit der **in Heimarbeit Beschäftigten** erwähnt, soweit diese „in der Hauptsache für den Betrieb gearbeitet haben". Diese Rechtsfolge ließe sich schon aus § 5 Abs. 1 Satz 2 iVm. § 7 Satz 1 ableiten. Die Klarstellung ist aber sinnvoll, weil Heimarbeiter dem Betriebsinhaber nicht *arbeitsvertraglich* verbunden sind und dennoch zum BR des Stammbetriebs gewählt werden können (vgl. Rz. 1)[1].

2. Verlust der Wählbarkeit durch Richterspruch (Abs. 1 Satz 3). Nicht wählbar ist, wer infolge **strafgerichtlicher Verurteilung** nach § 45 StGB die Fähigkeit verloren hat, Rechte aus öffentlichen Wahlen zu erlangen. Tatbestandliche Voraussetzung hierfür ist die Verurteilung wegen eines **Verbrechens** zu Freiheitsstrafe von mindestens einem Jahr (§ 45 Abs. 1 StGB). Der Verlust der Wählbarkeit für die Dauer von fünf Jahren ergibt sich dann als automatische Nebenfolge. § 8 Abs. 1 Satz 3 zeigt, welche Bedeutung der Gesetzgeber dem BR-Amt zumisst, handelt es sich doch hier gerade nicht um „öffentliche" Wahlen. Auch im **Ausland** erfolgte Verurteilungen können zum Verlust des passiven Wahlrechts führen, soweit die dortige Strafe funktionsäquivalent den Verlust der Rechte aus öffentlichen Wahlen vorsieht.

3. Sechsmonatige Betriebszugehörigkeit (Abs. 1). In den BR gewählt werden kann nur, wer am letzten Wahltag[2] dem Betrieb, in dem die Wahl stattfindet, mindestens **sechs Monate** angehört hat. Die erforderliche Betriebszugehörigkeit soll - anders als beim aktiven Wahlrecht - sicherstellen, dass in den BR nur ArbN gewählt werden können, die den für die Ausübung des BR-Amts erforderlichen Überblick über die betrieblichen Verhältnisse haben[3]. Deshalb reicht es nicht aus, wenn nur der Arbeitsvertrag seit sechs Monaten besteht. Vielmehr kommt es auf die Dauer der faktischen **Eingliederung in den Betrieb** an[4] (Fristberechnung nach §§ 187 Abs. 2 Satz 1, 188 Abs. 2 BGB: Die sechsmonatige Frist beginnt am ersten Tag der Betriebszugehörigkeit). Weil die tatsächlichen Kenntnisse des Betriebs zählen, schadet es auch nicht, wenn der Wahlbewerber nicht volle sechs Monate volljährig war oder Zeiten als leitender Angestellter oder LeihArbN in die Frist mit eingerechnet werden[5].

Die Regelung des § 8 Abs. 1 Satz 2 lässt auch die Anrechnung von Beschäftigungszeiten in einem **anderen Betrieb** desselben Unternehmens oder Konzerns (iSv. § 18 Abs. 1 AktG, dh. Unterordnungskonzern) zu. Es muss ein unmittelbarer zeitlicher Zusammenhang bestehen, so dass jede Unterbrechung schadet. Eine restriktive Auslegung ist bei einer **Ausnahmevorschrift** wie dieser deshalb geboten, weil sie vom Erfordernis der tatsächlichen Kenntnis des Wahlbetriebs absieht, um missbräuchlichen Versetzungen im Vorfeld der Wahlen vorzubeugen.

Das Gesetz verlangt **nicht** eine **ununterbrochene Tätigkeit**. Kürzere Unterbrechungen (zB Urlaub, Krankheit, Arbeitskampf) schaden daher nicht. Längere Unterbrechungen, die den Zweck der Betriebszugehörigkeit (Rz. 10) deutlich beeinträchtigen (zB mehr als zweimonatige Krankheit), können dagegen nicht eingerechnet werden; sie hemmen den Ablauf der Frist[6]. Entgegen der hM kommt es dabei nicht auf den *rechtlichen* Bestand des Arbeitsverhältnisses an, weil auch kurzfristige rechtliche Unterbrechungen nichts an der maßgeblichen Übersicht über die betrieblichen Verhältnisse ändern müssen.

Ähnliches gilt für das **ruhende Arbeitsverhältnis** (zB Elternzeit, Wehr- oder Zivildienst). Auch hier setzt die Wählbarkeit eine mindestens sechsmonatige tatsächliche Betriebszugehörigkeit voraus, die nur unwesentliche (kürzere als zweimonatige) Unterbrechungen verträgt. Wer zB bereits nach vier Monaten zum Wehrdienst eingezogen wird, kann nicht kandidieren, weil ihm die Vertrautheit mit den betrieblichen Verhältnissen fehlt[7]. Die den sozialen Schutz bezweckenden Vorschriften wie zB § 6 Abs. 2 ArbPlSchG wirken sich nicht auf das passive Wahlrecht aus, weil hier die Funktionsfähigkeit der Betriebsverfassung im Vordergrund steht und nicht der Individualschutz des ArbN.

4. Neu errichtete Betriebe (Abs. 2). Das Erfordernis der sechsmonatigen Betriebszugehörigkeit (Rz. 10) entfällt kraft Gesetzes, wenn der Betrieb bei Einleitung der Wahl (Wahlausschreiben, vgl. § 3 Abs. 1 Satz 2 WO) **weniger als sechs Monate** besteht (§ 8 Abs. 2). Dann sind alle Wahlberechtigten auch wählbar, soweit es sich nicht um LeihArbN (Rz. 5) oder um nach § 45 StGB Verurteilte (Rz. 9) handelt. Die Ausnahmeregel gilt jedoch nur für **neu errichtete** Betriebe. Wird ein bestehender Betrieb lediglich **erweitert**, indem unter Aufrechterhaltung der organisatorischen Einheit zB ein Umzug in ein neues Gebäude oder eine Anschaffung von neuem Gerät erfolgt, so greift § 8 Abs. 2 nicht ein[8]. Auch bei Betriebs-

---

1 Dazu näher *Fitting*, § 5 BetrVG Rz. 271 ff. | 2 HM, vgl. nur *Fitting*, § 8 BetrVG Rz. 32; MünchArbR/*Joost*, § 304 Rz. 92; Richardi/*Richardi/Thüsing*, § 8 BetrVG Rz. 17; aA GK-BetrVG/*Kreutz*, § 8 Rz. 25. | 3 BAG v. 26.9.1996 – 2 AZR 528/95, AP Nr. 3 zu § 15 KSchG – Wahlbewerber = NZA 1997, 666. | 4 BAG v. 28.11.1977 – 1 ABR 40/76, AP Nr. 2 zu § 8 BetrVG 1972. | 5 HM, vgl. nur ErfK/*Eisemann*, § 8 BetrVG Rz. 4; *Fitting*, § 8 BetrVG Rz. 33–38; MünchArbR/*Joost*, § 304 Rz. 88–90; Richardi/*Richardi/Thüsing*, § 8 BetrVG Rz. 20–22. | 6 Zutr. *Löwisch/Kaiser*, § 8 BetrVG Rz. 5; im Erg. ähnlich *Fitting*, § 8 BetrVG Rz. 45; GK-BetrVG/*Kreutz*, § 8 Rz. 35; MünchArbR/*Joost*, § 304 Rz. 93; Richardi/*Richardi/Thüsing*, § 8 BetrVG Rz. 23. | 7 Wie hier GK-BetrVG/*Kreutz*, § 8 Rz. 38; *Löwisch/Kaiser*, § 8 BetrVG Rz. 9; MünchArbR/*Joost*, § 304 Rz. 94; aA *Fitting*, § 8 BetrVG Rz. 14 ff.; Richardi/*Richardi/Thüsing*, § 8 BetrVG Rz. 27 ff. | 8 BAG v. 26.9.1996 – 2 AZR 528/95, AP Nr. 3 zu § 15 KSchG – Wahlbewerber = NZA 1997, 666.

BetrVG § 8 Rz. 15   Wählbarkeit

übergang nach § 613a BGB wird die Regel nicht benötigt, weil die Kontinuität des BR-Amts nicht in Frage steht. **Anders** dagegen, wenn mehrere Betriebe unter Aufgabe ihrer Identität zu einem neuen Betrieb zusammengeschlossen werden oder durch Unternehmensspaltung neue Betriebseinheiten entstehen (vgl. § 21a)[1]. Maßgeblich ist jeweils, ob eine betriebsratsfähige Organisationseinheit (vgl. § 18 Abs. 2) **neu** entstanden ist (dazu Komm. zu § 1).

15   III. **Streitigkeiten.** Auch über die Wählbarkeit der ArbN entscheidet zunächst der **Wahlvorstand** nach pflichtgemäßem Ermessen (§ 2 Abs. 3 WO). Werden nicht im Wege der einstweiligen Verfügung (§ 7 Rz. 23) oder des Anfechtungsverfahrens (§ 19) seine Feststellungen zum passiven Wahlrecht gerichtlich überprüft, so kann ausweislich des § 24 Nr. 6 auch **nach Ablauf** der Anfechtungsfrist des § 19 Abs. 2 Satz 2 der Mangel der Wählbarkeit jederzeit noch gerichtlich festgestellt werden. Die Mitgliedschaft im BR erlischt dann erst mit Rechtskraft der nach § 24 Nr. 6 ergehenden gerichtlichen Entscheidung. Aus § 24 Nr. 6 ergibt sich auch, dass die Wahl eines nicht wählbaren ArbN idR keinen Nichtigkeitsgrund darstellt[2].

9 Zahl der Betriebsratsmitglieder*
Der Betriebsrat besteht in Betrieben mit in der Regel

5 bis 20 wahlberechtigten Arbeitnehmern aus	einer Person,
21 bis 50 wahlberechtigten Arbeitnehmern aus	3 Mitgliedern,
51 wahlberechtigten Arbeitnehmern bis 100 Arbeitnehmern aus	5 Mitgliedern,
101 bis 200 Arbeitnehmern aus	7 Mitgliedern,
201 bis 400 Arbeitnehmern aus	9 Mitgliedern,
401 bis 700 Arbeitnehmern aus	11 Mitgliedern,
701 bis 1000 Arbeitnehmern aus	13 Mitgliedern,
1001 bis 1500 Arbeitnehmern aus	15 Mitgliedern,
1501 bis 2000 Arbeitnehmern aus	17 Mitgliedern,
2001 bis 2500 Arbeitnehmern aus	19 Mitgliedern,
2501 bis 3000 Arbeitnehmern aus	21 Mitgliedern,
3001 bis 3500 Arbeitnehmern aus	23 Mitgliedern,
3501 bis 4000 Arbeitnehmern aus	25 Mitgliedern,
4001 bis 4500 Arbeitnehmern aus	27 Mitgliedern,
4501 bis 5000 Arbeitnehmern aus	29 Mitgliedern,
5001 bis 6000 Arbeitnehmern aus	31 Mitgliedern,
6001 bis 7000 Arbeitnehmern aus	33 Mitgliedern,
7001 bis 9000 Arbeitnehmern aus	35 Mitgliedern.

In Betrieben mit mehr als 9000 Arbeitnehmern erhöht sich die Zahl der Mitglieder des Betriebsrats für je angefangene weitere 3000 Arbeitnehmer um 2 Mitglieder.

§ 9 zuletzt geändert durch das BetrVerf-ReformG v. 23.7.2001 (BGBl I S. 1852), vgl. Neubekanntmachung v. 25.9.2001 (BGBl I, S. 2518).

1   I. **Inhalt und Zweck.** Die Vorschrift legt die nach der **Belegschaftsstärke** gestaffelte Zahl der BR-Mitglieder fest. Diese ist stets ungerade und wird vom Gesetz **zwingend** vorgegeben. Die BR-Größe bestimmt sich zunächst nach der Zahl der *wahlberechtigten* ArbN, danach nach der Zahl der ArbN *insgesamt*. Maßgeblich ist dabei jeweils (irgend) eine Betriebszugehörigkeit iSv. § 7 (vgl. Rz. 4). Die Staffelung der Zahl der BR-Mitglieder nach der Belegschaftsstärke soll die **Funktionsfähigkeit** des BR sicherstellen[3], wobei unterstellt wird, dass mit der Stärke der Belegschaft der Arbeitsaufwand proportional steigt. Der Reformgesetzgeber 2001 hat die BR-Größe ab 201 ArbN um je weitere zwei Mitglieder mit der Begründung erweitert, der BR könne angesichts der gestiegenen Anforderungen nunmehr seine umfassenderen Aufgaben wieder besser wahrnehmen und auf mehr Schultern verteilen[4]. Dass größere Gremien aber die Kostenbelastung gerade der kleinen und mittleren Unternehmen (KMU) drastisch erhöhen, wurde dabei fahrlässig ignoriert[5].

2   II. **Anzahl der BR-Mitglieder.** Auf der Grundlage der maßgeblichen Belegschaftsstärke wird vom **Wahlvorstand** im Wahlausschreiben die Zahl der zu wählenden BR-Mitglieder festgestellt (§ 3 Abs. 2 Nr. 5 WO). Dabei zählen in den ersten drei Größenstufen nur „wahlberechtigte", dh. volljährige ArbN (§ 7 Rz. 20), ab der vierten Stufe auch solche ArbN, die wegen ihres Alters noch nicht wahlberechtigt sind,

---

* Amtl. Anm.: Gemäß Artikel 14 Satz 2 des Gesetzes zur Reform des Betriebsverfassungsgesetzes (BetrVerf-Reformgesetz) vom 23. Juli 2001 (BGBl. I S. 1852) gilt § 9 (Artikel 1 Nr. 8 des BetrVerf-Reformgesetzes) für im Zeitpunkt des Inkrafttretens bestehende Betriebsräte erst bei deren Neuwahl. |1 Vgl. nur ErfK/*Eisemann*, § 8 BetrVG Rz. 7; *Fitting*, § 8 BetrVG Rz. 61; Richardi/*Richardi/Thüsing*, § 8 BetrVG Rz. 36. |2 Vgl. nur *Fitting*, § 8 BetrVG Rz. 66. |3 BAG v. 18.1.1989 – 7 ABR 21/88, AP Nr. 1 zu § 9 BetrVG 1972 = NZA 1989, 724. |4 BT-Drs. 14/5741, S. 28, 36. |5 Kritik bei *Buchner*, NZA 2001, 633 (636); *Hanau*, RdA 2001, 65 (71); *Konzen*, RdA 2001, 76 (84); *Reichold*, NZA 2001, 862; *Rieble*, ZIP 2001, 133 (137).

dennoch aber dem Betrieb angehören[1]. Sie müssen am Tag des Erlasses des Wahlausschreibens (Rz. 6) „in der Regel" dem Betrieb iSv. § 7 angehören (Rz. 3).

1. Regelmäßige Betriebszugehörigkeit. Wie in anderen Bestimmungen des BetrVG (zB §§ 1 Abs. 1, 14 Abs. 4, 14a Abs. 1 u. 3) kommt es auf die Zahl der „**in der Regel**" beschäftigten ArbN an. Dabei handelt es sich um solche, die während des größten Teils eines Jahres in einem Betrieb normalerweise beschäftigt werden (Regelarbeitsplätze). Der Wahlvorstand hat dabei die schwierige Aufgabe, einerseits im Rückblick auf den bisherigen Personalstand, andererseits in Einschätzung der künftigen personellen Entwicklung den Regelpersonalstand nach **pflichtgemäßem Ermessen** mit eigenem Beurteilungsspielraum festzulegen[2]. Bloße Befürchtungen und Erwartungen berechtigen nicht zu einer abweichenden Festsetzung, vielmehr muss der Personalabbau zB aufgrund Sozialplans fest stehen[3]. „In der Regel" beschäftigt heißt auch nicht „durchschnittlich" beschäftigt, sondern „**jetzt und zukünftig**" in der Regel beschäftigt[4].

Im Rahmen des § 9 sind nur **betriebsangehörige** ArbN zu berücksichtigen[5]. Die Feststellung der Belegschaftsgröße knüpft insoweit an die Tatbestandsvoraussetzungen des § 7 an. Handelt es sich um Regelarbeitsplätze (Rz. 3), könnten nach Sinn und Zweck des § 7 Satz 2 auch **LeihArbN** berücksichtigt werden; diese bleiben zwar „ArbN eines anderen ArbGeb", sollen aber laut Gesetzesbegründung gerade an die Stammbelegschaft herangeführt werden[6], müssten deshalb konsequenterweise **betriebsverfassungsrechtlich** auch „**zählen**" (vgl. § 7 Rz. 21). Das BAG hat dem aber eine Absage erteilt und betont, dass nur „ArbN des Betriebs" iSv. § 7 Satz 1 zählen[7]. Werden LeihArbN nur zur Abfederung einmaliger Auftragsspitzen zB für 4 Monate benötigt, zählen sie schon deshalb nicht, weil es sich nicht um Regelarbeitsplätze handelt[8]. Werden dagegen Aushilfen **regelmäßig** für einen Zeitraum von mindestens sechs Monaten beschäftigt, so sind diese Arbeitsplätze mitzuzählen[9], auch wenn es sich um jeweils andere Personen handelt[10]. Bei **ruhenden** Arbeitsverhältnissen wie zB in der Elternzeit (§ 7 Rz. 13) darf aus der Norm des § 21 Abs. 7 BErzGG verallgemeinernd gefolgert werden, dass ausdrücklich als Ersatzkraft eingestellte ArbN die Zahl der regelmäßig Beschäftigten **nicht** erhöhen[11].

Für die Größenzahlen des § 9 zählen nur ArbN, für deren Interessenvertretung der BR zuständig ist. Deshalb scheiden leitende Angestellte (§ 7 Rz. 5) bei der Feststellung der Belegschaftsgröße ebenso aus wie auf Grund eines Eingliederungsvertrags Beschäftigte (§ 7 Rz. 6) und Beamte (§ 7 Rz. 7). Auch **freie Mitarbeiter** wie zB Aushilfs-Taxifahrer oder aufgrund Werkvertrags tätige Fremdfirmenarbeitnehmer (§ 7 Rz. 16) zählen mangels Betriebszugehörigkeit (dh. kein *arbeitsvertragliches* Weisungsrecht) **nicht** zur Belegschaft[12].

2. Zeitpunkt der Feststellung. Im Gegensatz zu § 7, der auf den (letzten) Wahltag abstellt, ist im Rahmen von § 9 die Zahl der bei **Erlass des Wahlschreibens** in der Regel betriebsangehörigen ArbN maßgeblich (§ 3 Abs. 2 Nr. 5 WO)[13]. Bis zum Wahltag eintretende Veränderungen der ArbN-Zahl bleiben für § 9 unbeachtlich, geht es doch nur um eine „Regelgröße". Ausnahme ist der zwischen Erlass des Wahlausschreibens und Wahl eingetretene Verlust der BR-Fähigkeit nach § 1[14].

3. Einköpfiger/mehrköpfiger BR. Besteht der BR (in Betrieben mit in der Regel 5 bis 20 wahlberechtigten ArbN) nur aus **einer Person** (bis 1988 sog. „Betriebsobmann"), handelt es sich um ein funktionell dem mehrköpfigen BR entsprechendes Organ der Betriebsverfassung. Allerdings gelten für ihn nicht die Bestimmungen, die sich auf den BR als **Kollegialorgan** beziehen (§§ 26 ff.); doch hat auch der einköpfige BR seine Entscheidungen in der Form des § 34 niederzulegen. MitbestR stehen ihm mangels Belegschaftsstärke nicht gem. §§ 99, 111 zu, es sei denn, die Zahl der wahlberechtigten ArbN steigt während seiner Amtsperiode auf Dauer[15]. Beim **mehrköpfigen** BR ist in der dritten Größenstufe zu beachten, dass die Grenze von 51 *wahlberechtigten* ArbN wirklich überschritten sein muss, um 5 BR-Mitglieder wählen zu können. Erst ab 101 ArbN kommt es auf deren Wahlberechtigung nicht mehr an (Rz. 2).

4. Veränderungen der Belegschaftsstärke nach der Wahl. Die zutreffend festgestellte Zahl der BR-Mitglieder bleibt für die **Dauer der Amtsperiode** auch dann gültig, wenn die Belegschaftsstärke nach der

---

1 Ausf. zur Entstehungsgeschichte BAG v. 18.1.1989 – 7 ABR 21/88, AP Nr. 1 zu § 9 BetrVG 1972 = NZA 1989, 724 (unter II 1b); ferner GK-BetrVG/*Kreutz*, § 9 BetrVG Rz. 5. | 2 BAG v. 25.11.1992 – 7 ABR 7/92, AP Nr. 8 zu § 1 – GesamthafenbetriebsG (Anm. *Zeuner*) = NZA 1993, 955; ErfK/*Eisemann*, § 9 BetrVG Rz. 1; *Fitting*, § 9 BetrVG Rz. 11 ff.; Richardi/*Richardi/Thüsing*, § 9 BetrVG Rz. 10; *Schiefer/Korte*, NZA 2002, 58 f. | 3 LAG Schl.-Holst. v. 27.10.1994 – 4 TaBV 23/94, BB 1995, 620. | 4 Richardi/*Richardi/Thüsing*, § 9 BetrVG Rz. 10. | 5 BAG v. 18.1.1989 – 7 ABR 21/88, AP Nr. 1 zu § 9 BetrVG 1972 = NZA 1989, 724 (zur alten Rechtslage). | 6 BT-Drs. 14/5741, S. 28. | 7 BAG v. 16.4.2003 – 7 ABR 53/02, DB 2003, 2128; v. 22.10.2003 – 7 ABR 3/03, DB 2004, 939; aA *Däubler*, AuR 2001, 285 (286); ErfK/*Eisemann*, § 9 BetrVG Rz. 2; *Fitting*, § 9 BetrVG Rz. 5, 20 f.; Richardi/*Richardi/Thüsing*, § 9 BetrVG Rz. 7; wie das BAG GK-BetrVG/*Kreutz*, § 9 BetrVG Rz. 6; *Hanau*, NJW 2001, 2513 (2515); *Löwisch/Kaiser*, § 9 BetrVG Rz. 1; *Maschmann*, DB 2001, 2448. | 8 Zutr. ErfK/*Eisemann*, § 9 BetrVG Rz. 2; *Fitting*, § 9 BetrVG Rz. 27. | 9 BAG v. 12.10.1976 – 1 ABR 1/76, AP Nr. 1 zu § 9 BetrVG 1972 = NJW 1977, 647. | 10 LAG Düsseldorf v. 26.9.1990 – 12 TaBV 74/90, DB 1990, 238. | 11 Zutr. *Lindemann/Simon*, NZA 2002, 369. | 12 BAG v. 29.5.1991 – 7 ABR 67/90, AP Nr. 2 zu § 9 BetrVG 1972. | 13 BAG v. 12.10.1976 – 1 ABR 1/76, AP Nr. 1 zu § 8 BetrVG 1972 = NJW 1977, 647. | 14 Vgl. nur *Fitting*, § 9 BetrVG Rz. 34 f.; Richardi/*Richardi/Thüsing*, § 9 BetrVG Rz. 13. | 15 Vgl. ErfK/*Eisemann*, § 9 BetrVG Rz. 3; Richardi/*Richardi/Thüsing*, § 9 BetrVG Rz. 23.

Wahl auf eine andere Größenstufe steigt oder sinkt. Nur wenn 24 Monate nach der Wahl die Zahl der regelmäßig Beschäftigten um die Hälfte, mindestens aber um 50 gestiegen oder gesunken ist, sieht § 13 Abs. 2 Nr. 1 die Wahl eines **neuen BR** vor. Sinkt im Laufe der Amtszeit die Zahl der Wahlberechtigten allerdings unter die Mindestgröße des § 1, entfällt die BR-Fähigkeit und der BR hat seine Tätigkeit einzustellen[1].

9 **III. Streitigkeiten.** Die Festsetzung der Anzahl der zu wählenden BR-Mitglieder ist zunächst Sache des **Wahlvorstands** (Rz. 2). Wird ein BR zB mit zu hoher Mitgliederzahl gewählt, kann das nur im Rahmen einer **Wahlanfechtung** nach 19 geltend gemacht werden, soweit der BR seinen Beurteilungsspielraum überschritten hat. Erfolgt diese nicht, so bleibt es für die Amtsperiode bei der (falsch) festgelegten Anzahl[2]. Hat die Wahlanfechtung Erfolg, weil die Anzahl der zu Wählenden falsch festgesetzt wurde, so kann das Wahlergebnis nicht berichtigt werden; vielmehr ist die Wahl insgesamt für **unwirksam** zu erklären und zu **wiederholen**, auch wenn bei einer Gruppenwahl der Fehler nur darauf beruht, dass für eine Gruppe eine zu hohe Zahl von ArbN zugrunde gelegt worden ist[3].

10 (weggefallen)

11 Ermäßigte Zahl der Betriebsratsmitglieder
Hat ein Betrieb nicht die ausreichende Zahl von wählbaren Arbeitnehmern, so ist die Zahl der Betriebsratsmitglieder der nächstniedrigeren Betriebsgröße zugrunde zu legen.

§ 11 idF des BetrVG 1952.

1 **I. Inhalt und Zweck.** Die (ohnehin selten relevante) Vorschrift hat seit 1972 weiter an Bedeutung verloren. Wegen der zunächst (BetrVG 1952) größeren Unterschiede zwischen Wahlberechtigung und Wählbarkeit (Alter, Staatsangehörigkeit) war es möglich, dass eine ausreichende Zahl **wählbarer** ArbN nach den Größenzahlen des § 9 nicht zur Verfügung stand. Heute lässt sich wegen der Annäherung in den Voraussetzungen von § 7 und § 8 eine direkte Anwendung kaum mehr vorstellen[4], weil mehr als sechs Monate im Betrieb beschäftigte ArbN iSv. § 8 ganz eindeutig überwiegen.

2 **II. Mangel an wählbaren ArbN.** Die direkte Anwendung des § 11 setzt voraus, dass am Tag des Erlasses des Wahlausschreibens (§ 9 Rz. 6) nicht eine **ausreichende** Zahl wählbarer ArbN zur Verfügung steht, also zB 51 Wahlberechtigten nicht fünf wählbare Beschäftigte gegenüberstehen. § 6 Abs. 2 WO, wonach jeder Wahlvorschlag mindestens doppelt so viele Bewerber wie die zu wählenden BR-Mitglieder aufweisen soll, ist dabei als bloße Ordnungsvorschrift für die Anwendung des § 11 nicht maßgeblich[5]. Als **Rechtsfolge** ist auf die nächstniedrige Betriebsgröße nach der Staffel des § 9 zurückzugreifen, so dass im Bsp. nur drei BR-Mitglieder gewählt werden können (nicht etwa vier – die stets ungerade Zahl der Mandate nach § 9 ist zwingend)[6]. Sind nicht einmal **drei** wählbare ArbN vorhanden, so scheidet eine BR-Wahl überhaupt aus, weil die Anforderungen des § 1 nicht mehr erfüllt sind.

3 **III. Mangel an Wahlbewerbern.** Eine gewisse Bedeutung kann § 11 bei **entsprechender Anwendung** für den Fall zukommen, dass zwar eine ausreichende Zahl von wählbaren ArbN vorhanden ist, aber zu viele **nicht kandidieren** wollen oder das **Amt ablehnen**[7]. Auch hier ermöglicht § 11 das Zurückgehen auf die entsprechende Größenstufe. Eine entsprechende Anwendung wird von der hM auch für den Fall befürwortet, dass bei einer **Mehrheitswahl** nicht ausreichend viele Bewerber überhaupt eine Stimme erhalten, so dass nur die tatsächlich Gewählten auch ein Mandat der Belegschaft erhalten können[8]. Auch hier treffen Sinn und Zweck des § 11 den nicht ausdrücklich geregelten Sachverhalt[9]. **Anders** verhält es sich dagegen, wenn das in der Minderheit befindliche **Geschlecht** nicht die ihr nach § 15 Abs. 2 zustehende „Quote" ausschöpft. Hier kommt § 11 nicht zum Zug, weil nicht die Größe des BR sich verringert, sondern sich nur die Geschlechterzusammensetzung verändert[10]. § 15 Abs. 5 Nr. 5 WO sieht für diesen Fall eine Auffüllung der BR-Sitze durch das andere Geschlecht vor (vgl. § 15 Rz. 8).

4 **IV. Streitigkeiten.** Für Streitigkeiten über die Voraussetzung einer direkten oder entsprechenden Anwendung des § 11 gelten sinngemäß die Ausführungen zu § 9 Rz. 9.

---

1 *Fitting*, § 9 BetrVG Rz. 35; Richardi/*Richardi/Thüsing*, § 9 BetrVG Rz. 24 ff. |2 ErfK/*Eisemann*, § 9 BetrVG Rz. 4 f.; *Fitting*, § 9 BetrVG Rz. 52; Richardi/*Richardi/Thüsing*, § 9 BetrVG Rz. 19. |3 BAG v. 29.6.1991 – 7 ABR 67/90, AP Nr. 2 zu § 9 BetrVG 1972; ErfK/*Eisemann*, § 9 BetrVG Rz. 4; Richardi/*Richardi/Thüsing*, § 9 BetrVG Rz. 20 f.; zT aA *Fitting*, § 9 BetrVG Rz. 49 f. |4 Ähnlich GK-BetrVG/*Kreutz*, § 11 BetrVG Rz. 2; Richardi/*Richardi/Thüsing*, § 11 BetrVG Rz. 1. |5 *Fitting*, § 11 BetrVG Rz. 5. |6 BAG v. 11.5.1958 – 1 ABR 4/57, AP Nr. 1 zu § 6 WO (Anm. Dietz); *Fitting*, § 11 BetrVG Rz. 6; Richardi/*Richardi/Thüsing*, § 11 BetrVG Rz. 3. |7 HM, vgl. LAG Schl.-Holst. v. 7.9.1988 – 3 TaBV 2/88, DB 1988, 284; ErfK/*Eisemann*, § 11 BetrVG Rz. 2; *Fitting*, § 11 BetrVG Rz. 8; Richardi/*Richardi/Thüsing*, § 11 BetrVG Rz. 6; aA GK-BetrVG/*Kreutz*, § 9 Rz. 21, § 11 Rz. 11. |8 HM, vgl. ErfK/*Eisemann*, § 11 BetrVG Rz. 2; *Fitting*, § 11 BetrVG Rz. 9; Richardi/*Richardi/Thüsing*, § 11 BetrVG Rz. 8. |9 AA jedoch GK-BetrVG/*Kreutz*, § 9 Rz. 21, § 11 Rz. 11 (beachtlicher Unterschied in der Interessenlage). |10 So auch ErfK/*Eisemann*, § 11 BetrVG Rz. 2; *Fitting*, § 9 BetrVG Rz. 46, § 11 BetrVG Rz. 10; Richardi/*Richardi/Thüsing*, § 11 BetrVG Rz. 10.

12 (weggefallen)

13 *Zeitpunkt der Betriebsratswahlen*
(1) Die regelmäßigen Betriebsratswahlen finden alle vier Jahre in der Zeit vom 1. März bis 31. Mai statt. Sie sind zeitgleich mit den regelmäßigen Wahlen nach § 5 Abs. 1 des Sprecherausschussgesetzes einzuleiten.

(2) Außerhalb dieser Zeit ist der Betriebsrat zu wählen, wenn

1. mit Ablauf von 24 Monaten, vom Tage der Wahl an gerechnet, die Zahl der regelmäßig beschäftigten Arbeitnehmer um die Hälfte, mindestens aber um fünfzig, gestiegen oder gesunken ist,
2. die Gesamtzahl der Betriebsratsmitglieder nach Eintreten sämtlicher Ersatzmitglieder unter die vorgeschriebene Zahl der Betriebsratsmitglieder gesunken ist,
3. der Betriebsrat mit der Mehrheit seiner Mitglieder seinen Rücktritt beschlossen hat,
4. die Betriebsratswahl mit Erfolg angefochten worden ist,
5. der Betriebsrat durch eine gerichtliche Entscheidung aufgelöst ist oder
6. im Betrieb ein Betriebsrat nicht besteht.

(3) Hat außerhalb des für die regelmäßigen Betriebsratswahlen festgelegten Zeitraums eine Betriebsratswahl stattgefunden, so ist der Betriebsrat in dem auf die Wahl folgenden Zeitraum der regelmäßigen Betriebsratswahl neu zu wählen. Hat die Amtszeit des Betriebsrats zu Beginn des für die regelmäßigen Betriebsratswahlen festgelegten Zeitraums noch nicht ein Jahr betragen, so ist der Betriebsrat in dem übernächsten Zeitraum der regelmäßigen Betriebsratswahlen neu zu wählen.

§ 13 idF des BetrVG 1972 (v. 15.1.1972, BGBl. I S. 13), § 13 Abs. 1 u. Abs. 2 Nr. 1 zuletzt geändert durch die BetrVG-Novelle vom 20.12.1988 (BGBl. I S. 2312).

I. Inhalt und Zweck. Die Vorschrift bestimmt in Abs. 1 zwingend den **Wahlrhythmus** und den **Wahlzeitraum** der regelmäßigen BR-Wahlen. Durch die (1989 geänderte) Übergangsvorschrift des § 125 Abs. 1 wurde ergänzend klargestellt, dass der 4-Jahres-Rhythmus ab 1990 angelaufen ist, so dass die Wahlen einheitlich im Frühjahr 1994, 1998, 2002, 2006, 2010 etc. stattfanden bzw. -finden. Abs. 2 regelt die Fälle, in denen *ausnahmsweise* BR-Wahlen außerhalb der 4-Jahres-Regel stattfinden. Durch Abs. 3 wird der Anschluss der unregelmäßigen an die regelmäßige BR-Wahl sichergestellt. Die Festlegung eines regelmäßigen Wahlzeitraums sollte den Gewerkschaften die organisatorische Vorbereitung der Wahl erleichtern[1], aber auch die Gefahr von Wahlanfechtungen aufgrund fehlerhafter Maßnahmen ungeschulter Wahlvorstände minimieren.

II. Regelmäßige BR-Wahlen (Abs. 1). Neben der Verlängerung der Wahlperiode auf vier Jahre wurde durch die Novelle vom 20.12.1988 (BGBl. I S. 2312) die zeitgleiche Wahl von BR und **SprAu** (vgl. § 5 Abs. 1 SprAuG) geregelt. Hintergrund war die notwendig *gemeinsame* Bemühung der Wahlvorstände um die richtige **Zuordnung** von leitenden Angestellten, wie sie von § 18a Abs. 1 vorausgesetzt wird.

1. Wahlzeit vom 1. März bis 31. Mai (Satz 1). BR-Wahlen müssen nach Abs. 1 Satz 1 **alle vier Jahre** (seit 1990) in der Zeit vom 1. März bis 31. Mai durchgeführt werden. Diese Rahmenbestimmung wird ergänzt durch § 21, der Beginn und Ende der Amtszeit des BR regelt. Die kalendermäßige Fixierung des Wahlzeitraums bezieht sich nur auf den **Wahltag**. Bei mehreren Wahltagen darf der erste Tag der Stimmabgabe jedenfalls nicht vor dem 1. März, der letzte nicht nach dem 31. Mai liegen[2]. Hat die Stimmabgabe nicht bis zum 31. Mai stattgefunden, kann die Wahl jedoch wegen Abs. 2 Nr. 6 jederzeit nachgeholt werden – der Betrieb ist dann ja betriebsratslos (Rz. 13).

Von der Festlegung des Wahltags sind die **Wahlvorbereitungen** nicht betroffen. Der Wahlvorstand wird immer bemüht sein, die Regel des § 16 Abs. 1 Satz 1 („spätestens") zu befolgen und die Wahlvorbereitungen weit vor dem 1. März anlaufen zu lassen, um betriebsratslose Zeiten zu verhindern. Wie § 21 Satz 2 erkennen lässt, führt die frühere Bekanntgabe des Wahlergebnisses nicht zu einer Amtszeitverkürzung des (noch) amtierenden BR.

Die Missachtung des klar geregelten Wahlzeitraums führt, wenn es sich nicht um einen der abschließend geregelten Ausnahmefälle (Abs. 2) handelt, wegen offensichtlichen Gesetzesverstoßes (§ 134 BGB) zur **Nichtigkeit** der Wahl[3]. Insbesondere die „Abwahl" eines amtierenden BR im Stile zB eines aus der Politik bekannten „konstruktiven Misstrauensvotums" lässt sich nicht unter § 13 Abs. 2 subsumieren und ist damit ebenso nichtig wie die zusätzliche Wahl eines zweiten BR für ein und dieselbe Organisationseinheit.

---

1 Vgl. *Fitting*, § 13 BetrVG Rz. 5; GK-BetrVG/*Kreutz*, § 13 Rz. 2. | 2 ErfK/*Eisemann*, § 13 BetrVG Rz. 1; GK-BetrVG/*Kreutz* § 13 Rz. 13; aA *Fitting*, § 13 BetrVG Rz. 6; Richardi/*Richardi/Thüsing*, § 13 BetrVG Rz. 6. | 3 HM, vgl. BAG v. 11.4.1978 – 6 ABR 22/77, AP Nr. 8 zu § 19 BetrVG 1972; ArbG Regensburg v. 20.9.1989 – 6 BV 14/89, BB 1990, 852; ErfK/*Eisemann*, § 13 BetrVG Rz. 1; *Fitting*, § 13 BetrVG Rz. 20; GK-BetrVG/*Kreutz*, § 13 Rz. 14; Richardi/*Richardi/Thüsing*, § 13 BetrVG Rz. 7.

6 **2. Zeitgleiche Einleitung der Wahlen (Satz 2).** Die Verpflichtung des Abs. 1 Satz 2 bezieht sich nur auf die **regelmäßigen** Wahlen und soll das Zuordnungsverfahren des § 18a durch einvernehmliches Zusammenwirken der beiden Wahlvorstände ermöglichen. Dazu ist eine Absprache der Wahlvorstände notwendig. Die „zeitgleiche Einleitung" bedeutet deren Rechtspflicht, das jeweilige **Wahlausschreiben** an ein und demselben Tag zu erlassen (§ 3 Abs. 1 WO)[1]. Das weitere Wahlverfahren kann unabhängig voneinander betrieben werden. Die Vorschrift ist allerdings **nicht sanktioniert** und eröffnet keinen klagbaren Anspruch[2]. Zudem kann die Verpflichtung von vorneherein daran ins Leere laufen, wenn durch asynchrone Amtszeiten des SprAu bzw. BR die Bestellung der Wahlvorstände in concreto nicht koordinierbar ist[3]. Somit handelt es sich um eine Ordnungsregel, deren Verletzung eine **Wahlanfechtung nicht** begründen kann[4]. Denn dass im Konfliktfall die Verpflichtung zur zeitigen Wahlvorbereitung mit dem Ziel, eine betriebsratslose Zeit zu vermeiden, Vorrang genießt vor der Verpflichtung nach § 13 Abs. 1 Satz 2, dürfte kaum zu bezweifeln sein[5].

7 **III. Wahlen außerhalb des regelmäßigen Wahlzeitraums (Abs. 2).** Abs. 2 zählt die Fälle der „außerordentlichen" Wahlen abschließend auf. Bei wesentlichen Veränderungen der „Geschäftsgrundlage" soll eine **Pflicht zur Neuwahl** begründet werden, indem die Möglichkeit eröffnet wird, ausnahmsweise außerhalb des Vierjahres-Rhythmus den BR neu zu wählen[6]. Vorzeitige Neuwahlen bedeuten dann auch (in Nr. 1–3) vorzeitige Amtsbeendigungen, vgl. § 21 Satz 5. Als Generalklausel stellt **Nr. 6** sicher, dass in allen betriebsratslosen Betrieben ohne Rücksicht auf regelmäßige Wahlzeiträume BR-Wahlen durchgeführt werden können (womit die Grundnorm des § 1 Abs. 1 Satz 1 organisationsrechtlich konkretisiert wird). In den Fällen von Nr. 1–3 kann der bisherige BR den Wahlvorstand bestellen (dazu § 16 Rz. 6), in den Fällen von Nr. 4 und Nr. 6 wird nach § 17 f. vorgegangen, und im Fall der Nr. 5 muss nach § 23 Abs. 2 das ArbG tätig werden.

8 **1. Wesentliche Veränderung der Belegschaftsstärke (Nr. 1).** Die Verlängerung der Amtsdauer auf vier Jahre machte es notwendig, wesentliche Veränderungen in der **Belegschaftsstärke** nicht erst bei der nächsten regelmäßigen Wahl zu berücksichtigen. Vielmehr soll – auch zur besseren Legitimation des BR – wenigstens **einmal während der Wahlperiode**, jedoch nicht vor Ablauf von 24 Monaten, bei einer Belegschaftsveränderung um die Hälfte, **mindestens aber um 50**, neu gewählt werden können (vgl. § 9 Rz. 8). Nr. 1 kann folglich nur in Betrieben ab 100 ArbN aufwärts praktisch werden. Aus Gründen der Rechtssicherheit bleiben frühere oder spätere Belegschaftsschwankungen – auch der hier erheblichen Größenordnung – für die Neuwahl unbeachtlich[7]. Maßgeblicher **Stichtag** („*mit Ablauf* von 24 Monaten") ist nach §§ 187 Abs. 1, 188 Abs. 2 BGB der auf den Ablauf der 24-Monatsfrist folgende Tag: Fällt also zB die Wahl (genauer: der letzte Tag der Stimmabgabe) des BR vom 15.4.2002, so liefe die 24-Monatsfrist am 15.4.2004 ab mit der Folge, dass der für die Belegschaftsstärke maßgebliche Stichtag der 16.4.2004 wäre. Abzustellen ist in Übereinstimmung mit § 9 auf die Zahl der „regelmäßig beschäftigten ArbN" des Betriebs, dh. nur auf **betriebsangehörige** ArbN (vgl. § 9 Rz. 3–5). Ob sich dagegen aus der veränderten Belegschaftsstärke eine veränderte BR-Größe nach § 9 ergibt, ist für die Neuwahl unerheblich.

9 **2. Absinken der Zahl der BR-Mitglieder (Nr. 2).** Neuwahlen können auch stattfinden, wenn der BR trotz des Eintretens sämtlicher Ersatzmitglieder nicht mehr die nach § 9 **„vorgeschriebene" Mitgliederzahl** aufweist. Ausschlaggebend hierfür ist die nach § 3 Abs. 2 Nr. 5 WO im Wahlausschreiben festgestellte Zahl der zu wählenden BR-Mitglieder nach §§ 9, 11 selbst dann, wenn irrtümlich zu hohe oder zu niedrige Staffeln ermittelt wurden und die Wahl nicht angefochten wurde (vgl. § 9 Rz. 9)[8]. Unerheblich ist demgegenüber die (allein für Nr. 1 maßgebliche) Belegschaftsstärke in ihrem (möglicherweise inzwischen zutreffenden) Verhältnis zur BR-Größe. Erst wenn ohne Rücksicht auf Listen- und Geschlechtszugehörigkeit **kein Ersatzmitglied** nach § 25 mehr zur Auffüllung des BR zur Verfügung steht, kommt eine Neuwahl in Betracht[9]. Willkürliche Rücktritte einer Liste oder eines Geschlechts können Neuwahlen also nicht erzwingen, solange Ersatzmitglieder zur Verfügung stehen; außerdem darf Nr. 3 nicht unterlaufen werden, der einen Mehrheits-Beschluss für den Rücktritt verlangt. Scheidet im **einköpfigen** BR der Amtsinhaber aus und steht auch kein Ersatzmitglied zur Verfügung, ergibt sich die Besonderheit, dass der BR als solcher nicht mehr besteht. Der Gesetzgeber geht aber von der Amtsfortführung trotz Ausscheidens aus, § 21 Satz 5, so dass anstelle der Nr. 2 in diesem Fall die Neuwahl nach Nr. 6 greift[10]. Die **isolierte** Wahl eines Ersatzmitglieds wegen des Nachrückens des gewählten Ersatzmitglieds in die einköpfige Vertretung außerhalb des gesetzlichen Turnus ist **nichtig**[11].

---

1 ErfK/*Eisemann*, § 13 BetrVG Rz. 1; GK-BetrVG/*Kreutz*, § 13 Rz. 21; Richardi/*Richardi/Thüsing*, § 13 BetrVG Rz. 11. | 2 HM, vgl. nur GK-BetrVG/*Kreutz*, § 13 Rz. 24; *Löwisch/Kaiser*, § 13 BetrVG Rz. 2; Richardi/*Richardi/Thüsing*, § 13 BetrVG Rz. 12; aA *Fitting*, § 13 BetrVG Rz. 15 (Anspruch auf einstweilige Verfügung). | 3 GK-BetrVG/*Kreutz*, § 13 Rz. 26. | 4 HM, vgl. nur ErfK/*Eisemann*, § 13 BetrVG Rz. 2; *Fitting*, § 13 BetrVG Rz. 17; GK-BetrVG/*Kreutz*, § 13 Rz. 25; Richardi/*Richardi/Thüsing*, § 13 BetrVG Rz. 12. | 5 Vgl. ErfK/*Eisemann*, § 13 BetrVG Rz. 2; *Fitting*, § 13 BetrVG Rz 16. | 6 Vgl. ErfK/*Eisemann*, § 13 BetrVG Rz. 3; GK-BetrVG/*Kreutz*, § 13 Rz. 29. | 7 HM, vgl. *Fitting*, § 13 BetrVG Rz. 25; GK-BetrVG/*Kreutz*, § 13 Rz. 37; Richardi/*Richardi/Thüsing*, § 13 BetrVG Rz. 18 f. | 8 BAG v. 22.11.1984 – 6 ABR 9/84, AP Nr. 1 zu § 64 BetrVG 1972; ErfK/*Eisemann*, § 13 BetrVG Rz. 5; *Fitting*, § 13 BetrVG Rz. 51. | 9 *Fitting*, § 13 BetrVG Rz. 37; GK-BetrVG/*Kreutz*, § 13 Rz. 56; *Krause/Niemann*, AuA 1999, 265 (266); Richardi/*Richardi/Thüsing*, § 13 BetrVG Rz. 31. | 10 Zutr. GK-BetrVG/*Kreutz*, § 13 Rz. 54; Richardi/*Richardi/Thüsing*, § 13 BetrVG Rz. 36; missverst. ErfK/*Eisemann*, § 13 BetrVG Rz. 5; *Fitting*, § 13 BetrVG Rz. 35. | 11 LAG Hamm v. 22.8.1990 – 3 TaBV 54/90, DB 1990, 2531 (für eine JAV).

3. Rücktritt des BR (Nr. 3). In Nr. 3 wird anerkannt, dass der BR **jederzeit** mit absoluter Stimmenmehrheit seinen Rücktritt beschließen kann (Selbstauflösung). Einstimmigkeit ist also nicht erforderlich, wohl aber ein **formeller Beschluss** (§ 33). Auch genügt nicht das einfache Beschlussverfahren nach § 33, sondern es bedarf der Mehrheit **aller** Mitglieder; die einfache Mehrheit allein der **erschienenen** Mitglieder reicht – anders als nach § 33 Abs. 1 Satz 1 – nicht. Stimmenthaltung ist wie eine Ablehnung zu werten. Aus welchem Grund der Rücktritt erfolgt, ist belanglos und für das Gericht unerheblich[1]. Der Rücktritt beendet das Amt des BR nicht sofort, sondern ermöglicht zunächst nur die Neuwahlen. Die Nichterwähnung von Nr. 3 in § 21 Satz 5 dürfte auf ein Redaktionsversehen zurückzuführen sein; jedenfalls gilt § 22, der die vorläufige Weiterführung der Geschäfte anordnet[2]. Beim **einköpfigen** BR ist der Rücktritt ebenfalls möglich; doch muss durch Auslegung entschieden werden, ob Rücktritt oder (persönliche) **Niederlegung** des Amts nach § 24 Abs. 1 Nr. 2 gewollt ist. Gaben persönliche Gründe den Ausschlag, so scheidet ein Rücktritt in der Regel aus und es rückt ein Ersatzmitglied nach (Fall der Niederlegung)[3]. Ein Rücktritt kommt nur in Betracht, wenn der Beschluss eine **Neuwahl** zum Ziel hat. Mit dem Beschluss erlischt zugleich das Amt **aller** BR-Mitglieder (auch der überstimmten Amtsträger).

4. Anfechtung der Wahl (Nr. 4). Bei erfolgreicher Anfechtung der Wahl nach § 19 endet das Amt erst mit der **Rechtskraft** des arbeitsgerichtlichen Beschlusses. Um eine sich anschließende betriebsratslose Zeit zu verhindern, eröffnet die Nr. 4 die Möglichkeit einer Neuwahl. Anders als nach Nr. 1–3 kommt nach erfolgreicher Anfechtung aber eine Fortführung der Geschäfte nach § 22 **nicht** in Betracht – mit der rechtskräftigen Entscheidung muss das Amt sofort enden; eine betriebsratslose Zeit ist dann auch nicht durch Rücktritt des BR mehr zu verhindern[4].

5. Auflösung durch gerichtliche Entscheidung (Nr. 5). Der BR kann nach § 23 Abs. 1 wegen grober Verletzung seiner gesetzlichen Pflichten durch Beschluss des ArbG auch **aufgelöst** werden. Auch dann endet das Amt des BR, vgl. Rz. 11. Beim Ausschluss **einzelner** Mitglieder findet Nr. 5 ebenso wenig wie Nr. 4 Anwendung, weil dadurch die Amtszeit des BR nicht in Frage gestellt wird; vielmehr muss dann ein Ersatzmitglied nachrücken (vgl. § 24 Nr. 5).

6. Nichtbestehen eines BR (Nr. 6). Die Nr. 6 stellt sicher, dass in betriebsratsfähigen Betrieben (§ 1 Abs. 1 Satz 1) **jederzeit** ein BR gewählt werden kann (beschränkte Generalklausel, vgl. Rz. 7). Aus welchem Grund der BR nicht (mehr) existiert, spielt für die Anwendung der Norm keine Rolle[5]. Legen zB alle BR-Mitglieder einschließlich der Ersatzmitglieder ihr Amt nieder, handelt es sich mangels eines Rücktrittsbeschlusses nicht um einen Fall der Nr. 3, sondern um einen Fall der Nr. 6 (Auffangtatbestand, vgl. Rz. 10)[6]. Für **Unternehmensumstrukturierungen** findet sich jetzt eine lex specialis in § 21a.

IV. Anschluss an die regelmäßigen BR-Wahlen (Abs. 3). Abs. 3 regelt den Anschluss des außerordentlich gewählten BR an die regelmäßigen Wahlzeiträume. Die **Regel** stellt Satz 1 dar: Der BR ist in dem auf die Wahl Folgenden nächsten „ordentlichen" Wahlzeitraum, dh. im Frühjahr 2006 usw. (Rz. 3) **neu** zu wählen. Die Amtszeit des „außerordentlichen" BR wird damit notwendig verkürzt. Als **Ausnahme** regelt aber Satz 2, dass im Fall eines noch nicht einjährigen Amtierens des „außerordentlichen Betriebsrats" erst der **übernächste** Wahlzeitraum für Neuwahlen verbindlich ist – in diesem Fall wird die Amtszeit also notwendig verlängert. Der maßgebliche **Stichtag** ist in diesem Fall der 1. März des Jahres, in das die regelmäßigen Wahlen fallen. Liegt die Bekanntgabe des Wahlergebnisses (vgl. §§ 21, 22) der außerordentlichen Wahl also am 1. März in 2005 oder später, wird erst im übernächsten ordentlichen Wahlzeitraum neu gewählt (§§ 187 Abs. 1, 188 Abs. 2 BGB)[7].

V. Streitigkeiten. Herrscht Streit über die Notwendigkeit bzw. Möglichkeit von Neuwahlen auf Grund § 13, entscheidet das ArbG im Beschlussverfahren (§§ 2a Abs. 1 Nr. 1, Abs. 2 iVm. §§ 80 ff. ArbGG). Dabei ist in den Fällen des § 13 Abs. 2 Nr. 1–3 zu beachten, dass der BR die Geschäfte weiter führt, bis der neue BR gewählt und das Wahlergebnis bekannt gegeben ist (§ 22). Bei gerichtlicher Feststellung der Unwirksamkeit der Wahl oder der Auflösung des BR (Nr. 4–5) scheidet diese Möglichkeit aber aus (Rz. 11), so dass hier möglichst schnell nach § 17 f. bzw. § 23 Abs. 2 ein Wahlvorstand zur Vorbereitung der Neuwahlen einzusetzen ist (vgl. Rz. 7).

14 Wahlvorschriften

(1) Der Betriebsrat wird in geheimer und unmittelbarer Wahl gewählt.

(2) Die Wahl erfolgt nach den Grundsätzen der Verhältniswahl. Sie erfolgt nach den Grundsätzen der Mehrheitswahl, wenn nur ein Wahlvorschlag eingereicht wird oder wenn der Betriebsrat im vereinfachten Wahlverfahren nach § 14a zu wählen ist.

---

1 BAG v. 3.4.1979 – 6 ABR 64/76, AP Nr. 1 zu § 13 BetrVG 1972. | 2 Vgl. nur GK-BetrVG/*Kreutz*, § 13 Rz. 65; Richardi/*Richardi/Thüsing*, § 13 BetrVG Rz. 41. | 3 ErfK/*Eisemann*, § 13 BetrVG Rz. 6; *Fitting*, § 13 BetrVG Rz. 40. | 4 BAG v. 29.5.1991 – 7 ABR 54/90, AP Nr. 5 zu § 4 BetrVG 1972; GK-BetrVG/*Kreutz*, § 13 BetrVG Rz. 74. | 5 ErfK/*Eisemann*, § 13 BetrVG Rz. 9; *Fitting*, § 13 BetrVG Rz. 47; Richardi/*Richardi/Thüsing*, § 13 BetrVG Rz. 50. | 6 Vgl. GK-BetrVG/*Kreutz*, § 13 Rz. 69; Richardi/*Richardi/Thüsing*, § 13 BetrVG Rz. 51. | 7 GK-BetrVG/*Kreutz*, § 13 Rz. 85; Richardi/*Richardi/Thüsing*, § 13 BetrVG Rz. 58.

(3) Zur Wahl des Betriebsrats können die wahlberechtigten Arbeitnehmer und die im Betrieb vertretenen Gewerkschaften Wahlvorschläge machen.

(4) Jeder Wahlvorschlag der Arbeitnehmer muss von mindestens einem Zwanzigstel der wahlberechtigten Arbeitnehmer, mindestens jedoch von drei Wahlberechtigten unterzeichnet sein; in Betrieben mit in der Regel bis zu zwanzig wahlberechtigten Arbeitnehmern genügt die Unterzeichnung durch zwei Wahlberechtigte. In jedem Fall genügt die Unterzeichnung durch fünfzig wahlberechtigte Arbeitnehmer.

(5) Jeder Wahlvorschlag einer Gewerkschaft muss von zwei Beauftragten unterzeichnet sein.

§ 14 zuletzt geändert durch das BetrVerf-ReformG v. 23.7.2001 (BGBl. I S. 1852), vgl. Neubekanntmachung v. 25.9.2001 (BGBl. I S. 2518).

Lit.: *Quecke*, Änderungen des Verfahrens zur Betriebsratswahl, AuR 2002, 1; *Schiefer/Korte*, Die Durchführung von Betriebsratswahlen nach neuem Recht, NZA 2002, 57, 113; *Thüsing/Lambrich*, Die Wahl des Betriebsrats nach neuem Recht, NZA-Sonderheft 2001, 79.

1 **I. Inhalt und Zweck.** Die Norm regelt die Grundsätze für die Durchführung jeder BR-Wahl (Abs. 1–2) und das Wahlvorschlagsrecht (Abs. 3–5), soweit nicht das vereinfachte Wahlverfahren für **Kleinbetriebe** nach § 14a als lex specialis gilt. Sie wird **konkretisiert** durch die Wahlordnung (WO) vom 11.12.2001 (BGBl. I S. 3494). Mit der Neufassung des § 14 durch die BetrVG-Novelle 2001 wurden die Konsequenzen aus dem Wegfall des Gruppenprinzips (§§ 6, 10, 12 aF)[1] für die Wahl gezogen. Getrennte Wahlgänge für die Arbeiter- bzw. Angestelltenvertreter, wie noch in § 14 Abs. 2 aF vorgesehen, sind jetzt nicht mehr notwendig. Der Reformgesetzgeber hat damit, ohne das ausdrücklich im Gesetz zu erwähnen, **gemeinsame Wahlen** des BR angeordnet und die Wahlen damit deutlich **vereinfacht**. Die Verteilung der BR-Sitze erfolgt nicht mehr entsprechend dem zahlenmäßigen Verhältnis der Gruppen der Arbeiter und Angestellten (§ 10 Abs. 1 aF), nun aber entsprechend der Zusammensetzung der Geschlechter (§ 15 Abs. 2 nF)[2].

2 Dass der BR **gewählt** werden muss, ergibt sich aus der Norm als **zwingendes** Recht. Wahlgrundsätze und Wahlvorschläge können also nicht durch TV oder BV, auch nicht im Rahmen des § 3, anders als in § 14 geregelt werden. Jede andere Form der Errichtung ist daher unzulässig und **nichtig**[3]. Insbesondere darf nicht der **ArbGeb** den BR „einsetzen". Lediglich bei der Bestellung des Wahlvorstands sieht das Gesetz eine Hilfsfunktion des GesamtBR bzw. des ArbG vor (vgl. § 16 Abs. 2, 3; § 17).

3 Die Norm findet **keine Anwendung** auf den GesamtBR (§ 47), den KonzernBR (§ 55), die Gesamt-JAV (§ 72) und die Konzern-JAV (§ 73a), weil diese Gremien nicht gewählt werden, sondern durch Entsendung entstehen.

4 **II. Wahlgrundsätze (Abs. 1).** Abs. 1 bestimmt ausdrücklich nur das Erfordernis „geheimer" und „unmittelbarer" Wahlen. Nach hM gelten aber auch die anderen elementaren Wahlrechtsgrundsätze der „freien", „allgemeinen" und „gleichen" Wahlen als Ausprägungen des Demokratieprinzips (vgl. Art. 38 Abs. 1 GG) für die BR-Wahlen[4], ohne Rücksicht darauf, ob in Mehrheits- oder in Verhältniswahl gewählt wird.

5 **1. Geheime und unmittelbare Wahl.** Die Wahl muss **geheim** sein; sie darf also nicht durch Zuruf in einer Versammlung oder durch öffentliche Abstimmung erfolgen. Vielmehr muss gewährleistet sein, dass der Wähler einen besonders vorbereiteten Stimmzettel **unbeobachtet** kennzeichnen und den Stimmzettel in einem verschlossenen Umschlag im Wahllokal abgeben kann (vgl. § 12 Abs. 1–3 WO). Der **Inhalt** der Wahlentscheidung, das „Wie" der Wahl, muss geheim bleiben, nicht aber das „Ob" der Wahl. Deshalb verstößt eine gerichtliche Vernehmung von ArbN über ihre Stimmabgabe gegen den Grundsatz der geheimen Wahl[5]. Eine **Briefwahl** (schriftliche Stimmabgabe) ist damit vereinbar, auch dann, wenn sie über die Fälle des § 24 WO hinaus **generell** angeordnet wird[6]. Allein die Befolgung der Ordnungsregel des § 24 WO kann mit *Kreutz* nämlich nicht ausschlaggebend für die Einhaltung des Merkmals der „geheimen Wahl" in Abs. 1 sein[7]. „Wahlhilfe" in der Kabine beim Ausfüllen der Stimmzettel ist nicht erlaubt, auch nicht bei ausländischen ArbN, es sei denn, die wahlberechtigte Person muss auf Grund einer **Behinderung** (auch: bei Leseunkundigkeit) auf die Hilfe einer Vertrauensperson beim Wahlakt zurückgreifen. Deren Hilfeleistung muss sich dann aber auf die Erfüllung der Wünsche des Wählers bei der Stimmabgabe beschränken, vgl. § 12 Abs. 4 WO.

---

1 Vgl. BT-Drs. 14/5741, S. 27. |2 Dazu, dass der neue Gruppenschutz für die Geschlechter in § 15 Abs. 2 die Entbürokratisierung durch § 14 nF stark relativiert, vgl. *Reichold*, NZA 2001, 860; *Schiefer/Korte*, NZA 2002, 60; *Thüsing/Lambrich*, NZA-Sonderheft 2001, 80. |3 HM, vgl. nur ErfK/*Eisemann*, § 14 BetrVG Rz. 1; *Fitting*, § 14 BetrVG Rz. 4; GK-BetrVG/*Kreutz*, § 14 Rz. 9. |4 HM, vgl. nur ErfK/*Eisemann*, § 14 BetrVG Rz. 2, 4; *Fitting*, § 14 BetrVG Rz. 10; GK-BetrVG/*Kreutz*, § 14 Rz. 10; Richardi/*Thüsing*, § 14 BetrVG Rz. 18–20; *Schiefer/Korte*, NZA 2002, 61. |5 ArbG Düsseldorf v. 30.10.1984 – 1 BV 155/84, DB 1985, 1137; vgl. auch *Fitting*, § 14 BetrVG Rz. 15; Richardi/*Thüsing*, § 14 BetrVG Rz. 15. |6 BAG v. 14.2.1978 – 1 ABR 46/77, AP Nr. 7 zu § 19 BetrVG 1972; aA aber BAG v. 27.1.1993 – 7 ABR 37/92, AP Nr. 29 zu § 76 BetrVG 1952: Briefwahl darf nicht generell, sondern nur unter den in § 26 WahlO 1953 bestimmten Voraussetzungen zugelassen werden; ähnlich LAG Schl.-Holst. v. 18.3.1999 – 4 TaBV 51/98, BB 1999, 1166. |7 GK-BetrVG/*Kreutz*, § 14 Rz. 22; aA aber ErfK/*Eisemann*, § 14 BetrVG Rz. 3; *Fitting*, § 14 BetrVG Rz. 14; § 24 WO Rz. 2.

Die Wahl muss unmittelbar sein, dh. als **Urwahl** durch die Wahlberechtigten selbst erfolgen und nicht vermittelt durch Wahlmänner. Eine Vertretung bei der Stimmabgabe ist nicht zulässig; vielmehr muss die Wahl, wie sich aus § 25 Nr. 1 WO ergibt, auch bei der Briefwahl **persönlich** vorgenommen werden.

2. Freie, allgemeine und gleiche Wahl. Die Wahl ist **frei**, dh. es besteht keine Wahlpflicht. Auf das Wahlrecht kann aber nicht wirksam verzichtet werden. Ein den Abs. 1 ergänzendes Verbot der **Wahlbehinderung** ergibt sich aus § 20 Abs. 1, 2, das aber zulässige Wahlwerbung natürlich nicht umfasst. Werden Wahlberechtigte vom Wahlvorstand während der laufenden Wahl durch Einsichtnahme in die mit Stimmabgabevermerken versehene Wählerliste gezielt darauf angesprochen, dass sie noch nicht gewählt hätten, ist die daraus entstehende **Drucksituation** mit dem Grundsatz der freien Wahl nicht vereinbar[1].

Die Wahl ist **allgemein**, dh. jeder der Wahlberechtigten soll sein Wahlrecht in möglichst gleicher Weise ausüben können. Damit verbietet sich eine Aufteilung des Betriebs in „Wahlkreise"[2] und der unberechtigte Ausschluss von der Wahl zB wegen Ausländereigenschaft (vgl. § 7 Rz. 4, 6)[3]. Die Allgemeinheit der Wahl ist Unterfall der **Gleichheit** der Wahl, wonach jeder Stimme der gleiche Zählwert und Erfolgswert zukommen muss. Damit verbunden ist der ungeschriebene Grundsatz der Chancengleichheit der Wahlbewerber[4].

III. Wahlverfahren (Abs. 2). Auch bei der Wahl eines mehrköpfigen BR kommt es nach dem BetrVerfReformG 2001 nicht mehr zu einer Trennung der Wahlvorgänge für Arbeiter und Angestellte (Aufgabe des sog. Gruppenprinzips, vgl. Rz. 1). Die Gruppen (und Geschlechter) wählen nunmehr stets **gemeinsam** in einem Wahlgang, ohne dass es vorher noch einer geheimen Abstimmung über die Durchführung einer gemeinsamen Wahl bedarf (so § 14 Abs. 2 aF)[5].

1. Verhältniswahl (Satz 1). Eine Verhältniswahl findet statt, wenn **mehr als drei Sitze** zu vergeben sind (Betriebe ab 51 ArbN, vgl. § 14a) und wenn **zwei oder mehr** gültige Vorschlagslisten eingereicht worden sind (Umkehrschluss aus Satz 2). Dann wird der Schutz der „verhältnismäßig" zu berücksichtigenden Minderheitslisten relevant: Es soll möglichst keine Stimme verloren gehen[6]. Die Verhältniswahl ist immer auch **Listenwahl**. Der Wähler kann seine Stimme nur für den gesamten Wahlvorschlag abgeben (vgl. § 11 Abs. 1, 3 WO), nicht für einzelne Kandidaten. Die Zuteilung der Sitze erfolgt dann nach dem **d'Hondt'schen System** (sog. „Höchstzahlen-Verfahren"). Dazu werden die auf die einzelnen Listen entfallenden Stimmenzahlen in einer Reihe nebeneinander gestellt und sämtlich durch 1, 2, 3, 4 usw. geteilt. Unter den so gefundenen Teilzahlen werden so viele Höchstzahlen ausgesondert und der Größe nach geordnet, wie Mitglieder des BR zu wählen sind. Jede Vorschlagsliste erhält so viele Sitze zugeteilt, wie auf sie **Höchstzahlen** entfallen (vgl. § 15 Abs. 1, 2 WO). Bei der Zuteilung auf die Listen ist aber zusätzlich die **Geschlechtsquote** nach § 15 Abs. 2 zu berücksichtigen (dazu näher § 15 Abs. 5 WO). Somit ist eine **zweistufige** Rechnung vorzunehmen[7]:

(1) Ermittlung der auf jede Liste entfallenden Sitze;

(2) Ermittlung der danach sich ergebenden Geschlechtsverteilung und ggf. Korrekturverfahren nach §§ 5, 15 Abs. 5 WO.

Beispiel: Im Betrieb werden 150 ArbN beschäftigt, davon 100 Männer und 50 Frauen. Der BR besteht aus sieben Mitgliedern (§ 9 Satz 1), den Frauen stehen mindestens zwei Sitze zu (§ 15 Abs. 2 iVm. § 5 WO). Es werden zwei Listen eingereicht. Auf die Liste 1 entfallen 110 Stimmen, die Liste 2 erhält 40 Stimmen.

Rechnung 1:	Liste 1 (110 Stimmen)		Liste 2 (40 Stimmen)	
	$110 : 1 = 110$	(1)	$40 : 1 = 40$	(3)
	$110 : 2 = 55$	(2)	$40 : 2 = 20$	(7)
	$110 : 3 = 36{,}66$	(4)	$40 : 3 = 13{,}33$	(9)
	$110 : 4 = 27{,}5$	(5)		
	$110 : 5 = 22$	(6)		
	$110 : 6 = 18{,}33$	(8)		

Auf die Liste 1 entfallen somit **fünf** Sitze, auf die Liste 2 entfallen **zwei** Sitze.

Rechnung 2: Im einfachsten Fall soll die Liste 1 nur Männer und die Liste 2 nur Frauen aufweisen – dann wäre ein Korrekturbedarf nach § 15 Abs. 5 WO nicht gegeben, weil im Ergebnis der von § 15 Abs. 2 geforderten Geschlechterquote gerade entsprochen ist (vgl. aber Fallabwandlung in § 15 Rz. 8).

Vorschlagslisten sind auch dann gültig, wenn sie nur Angehörige eines Geschlechts enthalten (vgl. *Beispiel Rz. 10*)[8]. Die nicht gewählten Mitglieder einer Liste sind Ersatzmitglieder in der Reihenfolge,

---

1 BAG v. 6.12.2000 – 7 ABR 34/99, AP Nr. 48 zu § 19 BetrVG 1972 = DB 2001, 1422. | 2 *Fitting*, § 14 BetrVG Rz. 17; GK-BetrVG/*Kreutz*, § 14 Rz. 29. | 3 ErfK/*Eisemann*, § 14 BetrVG Rz. 4; HaKo-BetrVG/*Brors*, § 14 BetrVG Rz. 4. | 4 Richardi/*Thüsing*, § 14 BetrVG Rz. 18. | 5 *Engels/Trebinger/Löhr-Steinhaus*, DB 2001, 532 (534); *Fitting*, § 14 BetrVG Rz. 21; *Quecke*, AuR 2002, 1. | 6 *Fitting*, § 14 BetrVG Rz. 22; GK-BetrVG/*Kreutz*, § 14 Rz. 34. | 7 Vgl. *Thüsing/Lambrich*, NZA-Sonderheft 2001, 81 f. | 8 BT-Drs. 14/5741, S. 53; Richardi/*Thüsing*, § 14 BetrVG Rz. 35.

in der sie auf der Liste stehen. Höchstzahlen spielen keine Rolle mehr, weil für ein ausscheidendes Mitglied der jeweils nächste Kandidat derselben Liste nachrückt (näher dazu § 25).

12 **2. Mehrheitswahl (Satz 2).** Eine Mehrheitswahl findet nur statt, wenn lediglich ein (gültiger) Wahlvorschlag eingereicht ist oder das vereinfachte Verfahren nach § 14a Anwendung findet. Damit ist **Personenwahl** möglich: Der Wahlberechtigte kann so viele Kandidat/innen ankreuzen, wie BR-Mitglieder insgesamt zu wählen sind, ohne an die Reihenfolge des Vorschlags gebunden zu sein[1]. Kreuzt er weniger Bewerber/innen an, schadet dies nicht, kreuzt er dagegen mehr an, ist seine Stimme unwirksam (vgl. § 20 Abs. 3 WO).

13 Bei der **Ermittlung** der Gewählten entscheidet die (relative) Mehrheit der Stimmen. Zur Wahrung der Geschlechtsquote nach § 15 Abs. 2 müssen dabei jedoch zuerst die dem Geschlecht in der Minderheit zustehenden Sitze mit den Bewerbern dieses Geschlechts in der Reihenfolge der jeweils auf sie entfallenden Stimmenzahlen besetzt werden (vgl. § 22 Abs. 1 WO), ganz ohne Rücksicht darauf, welche Stimmenzahlen auf die Kandidaten des anderen Geschlechts entfallen sind. Erst danach werden die verbleibenden Mitglieder in der Reihenfolge der Stimmenhöchstzahlen ermittelt, jetzt ohne Rücksicht auf das Geschlecht (vgl. § 22 Abs. 2 WO).

Abwandlung des Beispiels Rz. 10: Wieder werden von 150 ArbN 100 Männer und 50 Frauen beschäftigt. Der BR besteht aus sieben Mitgliedern (§ 9 Satz 1), den Frauen stehen mindestens zwei Sitze zu (§ 15 Abs. 2 iVm. § 5 WO), doch es wird nur ein Wahlvorschlag eingereicht.

Angenommen,

A (Mann)	erhält	110 Stimmen,	E (Mann)	erhält	50 Stimmen,
B (Mann)	erhält	85 Stimmen,	F (Mann)	erhält	45 Stimmen,
C *(Frau)*	erhält	65 Stimmen,	G (Mann)	erhält	40 Stimmen,
D (Mann)	erhält	52 Stimmen,	H *(Frau)*	erhält	10 Stimmen,

so bedeutet das nach § 22 Abs. 1, 2 WO, dass **zunächst** C und H gewählt sind als Vertreterinnen des Minderheitsgeschlechts, und **sodann** A, B, D, E und F auf die restlichen Sitze gelangen. G geht dagegen als „Quotenopfer" leer aus.

14 Die nicht gewählten Bewerber/innen sind **Ersatzmitglieder** (vgl. § 25 Abs. 2 Satz 3), wobei auch beim Nachrücken beachtet werden muss, dass das Geschlecht in der Minderheit weiterhin entsprechend seinem Anteil an der Gesamtbelegschaft vertreten ist. Im obigen Beispiel kann daher bei Ausscheiden von C oder H nur die drittplatzierte Frau auf der Liste (falls vorhanden), nicht etwa G nachrücken (näher § 25).

15 **IV. Wahlvorschläge (Abs. 3–5).** Dass die BR-Wahl auf Grund von „Wahlvorschlägen" erfolgen **muss**, setzt die Regelung der Vorschlagsberechtigung in Abs. 3–5 voraus. Regelmäßig ist damit die **schriftliche** Benennung einer oder mehrerer Wahlbewerber/innen gegenüber dem Wahlvorstand gemeint. Die Wahlordnung spricht von **Vorschlagslisten** (§§ 6 Abs. 1, 20 Abs. 1 WO) wegen des Regelverfahrens der Verhältniswahl (Rz. 10). Ausnahmsweise sind aber auch mündliche Vorschläge im vereinfachten Wahlverfahren möglich, vgl. § 14a Abs. 2, so dass als Oberbegriff hier wie in § 33 WO von „Wahlvorschlägen" die Rede ist. Erfolgt die Wahl nicht auf der Grundlage von Wahlvorschlägen, so ist sie nicht nur anfechtbar, sondern **nichtig**[2]. Die Bewerber/innen genießen ab der Benennung im Wahlvorschlag **Kündigungsschutz** nach § 15 Abs. 3 KSchG bis sechs Monate nach Bekanntgabe des Wahlergebnisses.

16 Nicht alleine die **wahlberechtigten** ArbN unter Einschluss der wahlberechtigten LeihArbN (§ 7 Satz 2), sondern auch **im Betrieb vertretene** Gewerkschaften dürfen nach Abs. 3 Wahlvorschläge einreichen. Vor der BetrVG-Novelle vom 20.12.1988 (BGBl. I S. 2312) konnte dieses Recht von den Gewerkschaften nur bei Nichtbestehen eines BR ausgeübt werden. Die Begrenzung auf diese „Hilfsfunktion" entfiel aber zum 1.1.1989, um die Koalitionsbetätigung im Bereich der Betriebsverfassung zu erleichtern und auch kleineren Gewerkschaften den Zugang zu BR-Wahlen zu eröffnen[3].

17 **1. Wahlvorschläge der ArbN des Betriebs (Abs. 4).** Für das Wahlvorschlagsrecht der wahlberechtigten ArbN, zu denen auch die nach § 7 Satz 2 wahlberechtigten LeihArbN gehören[4], regelt Abs. 4 die genauen Voraussetzungen der notwendigen **Stützunterschriften** (erforderliches Stimmquorum). Vorrangig zu beachten ist dabei Satz 2, wonach jedenfalls die Unterzeichnung durch **50 Wahlberechtigte** ausreicht (absolutes Quorum). Ansonsten muss jeder Wahlvorschlag der ArbN von mindestens einem Zwanzigstel (also fünf Prozent) der Wahlberechtigten unterzeichnet sein (relatives Quorum), **mindestens** aber von drei ArbN (Satz 1). Das erforderliche relative Quorum (5%) muss nach § 3 Abs. 2 Nr. 6 WO im Wahlausschreiben zahlenmäßig konkretisiert sein. Für Kleinbetriebe gilt die Sonderregelung des Satz 1 Hs. 2, wonach bei bis zu 20 wahlberechtigten ArbN auch die Unterzeichnung durch zwei Wahlberechtigte genügt. Das Erfordernis einer bestimmten Anzahl von Stützunterschriften soll völlig aussichtslose Wahl-

---

[1] *Fitting*, § 14 BetrVG Rz. 30; GK-BetrVG/*Kreutz*, § 14 Rz. 44. | [2] HM, vgl. ErfK/*Eisemann*, § 14 BetrVG Rz. 14; *Fitting*, § 14 BetrVG Rz. 43; GK-BetrVG/*Kreutz*, § 14 Rz. 48; Richardi/*Thüsing*, § 14 BetrVG Rz. 41. | [3] BT-Drs. 11/2503, S. 23; GK-BetrVG/*Kreutz*, § 14 Rz. 79; Richardi/*Thüsing*, § 14 BetrVG Rz. 43. | [4] So auch *Löwisch*, BB 2001, 1734 (1737); *Maschmann*, DB 2001, 2446 (2448); Richardi/*Thüsing*, § 14 BetrVG Rz. 44.

vorschläge und sinnlose Stimmenzersplitterung verhindern[1]. Nach dem BVerfG-Urteil zum Personalvertretungsrecht[2] war auch im BetrVG das bis 1989 geltende (gruppenbezogene) relative Quorum von 10% als verfassungswidrig angesehen worden[3].

Jeder Wahlberechtigte kann rechtsgültig nur einen einzigen Wahlvorschlag unterstützen, nicht aber mehrere Vorschläge. Der schriftliche Wahlvorschlag muss von der gesetzlich geforderten Mindestanzahl wahlberechtigter ArbN **persönlich** unterschrieben sein[4]. Im Wahlvorschlag vertretene Bewerber/innen sind genauso wie Mitglieder des Wahlvorstands ebenfalls zur Unterzeichnung befugt[5]. Das stößt nicht auf Bedenken, weil die Prüfungspflicht des Wahlvorstands durch die WO rechtlich gebunden ist und keine Spielräume für missbräuchliche Amtsausübung eröffnet. Dass jeder Wahlvorschlag nach § 6 Abs. 2 WO doppelt so viele Bewerber/innen aufweisen soll, wie Mitglieder in den BR zu wählen sind, ist reine **Ordnungsregel** und führt bei Nichtbeachtung keineswegs zur Ungültigkeit, solange zumindest ein wählbarer Bewerber benannt worden ist[6]. Der Wahlvorstand darf allerdings auf § 6 Abs. 2 WO hinweisen, nicht jedoch den Wahlvorschlag zurückweisen. Weitere Einzelheiten zu Form, Inhalt und Einreichung der Wahlvorschläge sind in der Wahlordnung 2001 (WO) geregelt. 18

2. Wahlvorschläge der im Betrieb vertretenen Gewerkschaften (Abs. 5). Bei den Vorschlagslisten der Gewerkschaften genügt die Unterzeichnung durch zwei (durch Satzung oder Vollmacht) **Beauftragte**. Der Gesetzgeber verzichtete hier vertretbar[7] auf ein Mindestquorum von Stützvorschriften, weil er bei gewerkschaftlichen Wahlvorschlägen die notwendige Ernsthaftigkeit der Vorschläge unter Berücksichtigung ihrer Funktion in der Betriebsverfassung (vgl. § 2 Abs. 2) unterstellen durfte. Die Gewerkschaften müssen aber zur Ausübung ihres originären Wahlvorschlagsrechts aus § 14 Abs. 3 **im Betrieb vertreten** sein, so dass mindestens ein ArbN des Betriebs ihr als Mitglied angehören muss. Soweit diese Voraussetzung zum Zeitpunkt der Einreichung des Wahlvorschlags nicht offenkundig erfüllt ist, ist sie dem Wahlvorstand, ggf. durch notarielle Erklärung ohne Namensnennung einzelner ArbN oder durch entsprechende eidesstattliche Versicherung (sog. „mittelbare" Beweismittel)[8], nachzuweisen. Die Gewerkschaften sind in der Benennung ihrer Kandidaten frei und können sogar den Wahlvorschlag Dritter bei fehlenden Stützunterschriften übernehmen[9]. 19

V. Sonderregeln für Beamte in den Postunternehmen. Für die übernommenen **Beamten** in den Post-Aktiengesellschaften findet – anders als bei der Deutschen Bahn AG, in der Personalvertretungen gebildet wurden – grundsätzlich das BetrVG Anwendung (§ 24 PostPersRG). Auf Grund eigener Mitwirkungsrechte in beamtenspezifischen Angelegenheiten[10] sollen nach § 26 Nr. 1 Postpersonalrechtsgesetz (PostPersRG vom 14.9.1994, BGBl. I S. 2325) die in den Betrieben der Postunternehmen beschäftigten Beamten bei der Wahl zum BR eine **eigene Gruppe** bilden können, es sei denn, dass die Mehrheit dieser Beamten vor der Wahl in geheimer Abstimmung hierauf verzichtet. Damit wird das für die allgemeinen BR-Wahlen abgeschaffte Gruppenprinzip (Rz. 1) für die Postunternehmen in Bezug auf die Gruppen der ArbN einerseits und der Beamten andererseits im Regelfall aufrecht erhalten. Bilden die Beamten eine eigene Gruppe, müssen sie und die ArbN entsprechend ihrem zahlenmäßigen Verhältnis im BR vertreten sein, wenn dieser aus mindestens drei Mitgliedern besteht. **Zusätzlich** muss **innerhalb** der jeweiligen Gruppe das Geschlecht in der Minderheit entsprechend § 15 Abs. 2 (bzw. § 15 Abs. 5 WO) mindestens entsprechend seinem zahlenmäßigen Verhältnis in der Gruppe vertreten sein (vgl. § 4 WahlO Post). Durch diese **kumulierte Quote** wird es notwendig, (1) die sich aus § 9 unter Einbeziehung der Beamten ergebenden BR-Sitze nach dem d'Hondt'schen Höchstzahlverfahren auf die beiden Gruppen entsprechend ihrem zahlenmäßigen Verhältnis zu verteilen (Verhältniswahl, vgl. § 6 Nr. 3 WahlO Post), (2) die abgegebenen Stimmen auf die Gruppen entweder bei Gruppenwahl nach dem oben Rz. 10 geschilderten Verhältniswahl- oder bei gemeinsamer Wahl nach dem oben Rz. 12 geschilderten Mehrheitswahlverfahren zu verteilen, (3) das daraufhin erzielte Ergebnis auf die korrekte Erfüllung der Geschlechtsquote zu überprüfen und ggf. zu korrigieren (vgl. § 6 Nr. 9, 10 WahlO Post)[11]. Die neu erlassene **Wahlordnung** (VO zur Durchführung der BR-Wahlen bei den Postunternehmen – WahlO Post – vom 22. Februar 2002, BGBl. I S. 946) regelt die Modalitäten je nach Gruppenwahl einerseits, gemeinsamer Wahl andererseits in sinngemäßer Abwandlung der WO 2001. 20

VI. Streitigkeiten. Streitigkeiten in Bezug auf das **Wahlverfahren** entscheidet das ArbG im Beschlussverfahren (§ 2a Abs. 1 Nr. 1, Abs. 2 iVm. §§ 80 ff. ArbGG). Über die Gültigkeit der eingereichten Wahlvorschläge muss zunächst aber der **Wahlvorstand** entscheiden, genauso wie über die Frage der Verhältnis- bzw. Mehrheitswahl. Seine Entscheidungen können vor Abschluss der BR-Wahl **selbstständig** angefoch- 21

---

1 *Fitting*, § 14 BetrVG Rz. 46; GK-BetrVG/*Kreutz*, § 14 Rz. 52. | 2 BVerfG v. 16.10.1984 – 2 BvL 20, 21/82, BVerfGE 67, 369 (Unterschriftenquoren bei Personalratswahlen). | 3 Näher *Engels/Natter*, BB 1989, Beilage Nr. 8, S. 1 (16 f.); GK-BetrVG/*Kreutz*, § 14 Rz. 54-57. | 4 BAG v. 12.2.1960 – 1 ABR 13/59, AP Nr. 11 zu § 18 BetrVG; ErfK/*Eisemann*, § 14 BetrVG Rz. 10; *Fitting*, § 14 BetrVG Rz. 52; GK-BetrVG/*Kreutz*, § 14 Rz. 67. | 5 BAG v. 4.10.1977 – 1 ABR 37/77, AP Nr. 2 zu § 18 BetrVG 1972, hM. | 6 GK-BetrVG/*Kreutz*, § 14 Rz. 72; Richardi/*Thüsing*, § 14 BetrVG Rz. 60. | 7 Ausf. zur Verfassungsmäßigkeit des § 14 Abs. 5 vgl. GK-BetrVG/*Kreutz*, § 14 Rz. 95 ff. | 8 BAG v. 25.3.1992 – 7 ABR 65/90, AP Nr. 4 zu § 2 BetrVG; ferner *Fitting*, § 14 BetrVG Rz. 63; GK-BetrVG/*Kreutz*, § 14 Rz. 88; aA *Prütting/Weth*, AuR 1990, 269; *Prütting/Weth*, NJW 1993, 576. | 9 ErfK/*Eisemann*, § 14 BetrVG Rz. 11; GK-BetrVG/*Kreutz*, § 14 Rz. 94. | 10 Dazu näher § 28 PostPersRG sowie *Engels/Mauß-Trebinger*, RdA 1997, 217; *Fitting*, § 14 BetrVG Rz. 73 f.; GK-BetrVG/*Kreutz*, Anh. § 10 Rz. 3. | 11 Vgl. Richardi/*Thüsing*, § 14 BetrVG Rz. 75 ff. (ohne Kenntnis der WO Post).

ten werden (vgl. § 18). Grundsätzlich ist bei Verstoß gegen die Wahlordnung nur eine **Anfechtung nach § 19** möglich; ausnahmsweise kann wie zB beim völligen Fehlen von Wahlvorschlägen (Rz. 15) die BR-Wahl aber auch nichtig sein, wenn wegen erheblicher Verstöße gegen elementare Wahlrechtsgrundsätze (Rz. 4 ff.) nicht einmal der Anschein einer ordentlichen Wahl gewahrt ist[1].

14a *Vereinfachtes Wahlverfahren für Kleinbetriebe*

(1) **In Betrieben mit in der Regel fünf bis fünfzig wahlberechtigten Arbeitnehmern wird der Betriebsrat in einem zweistufigen Verfahren gewählt. Auf einer ersten Wahlversammlung wird der Wahlvorstand nach § 17a Nr. 3 gewählt. Auf einer zweiten Wahlversammlung wird der Betriebsrat in geheimer und unmittelbarer Wahl gewählt. Diese Wahlversammlung findet eine Woche nach der Wahlversammlung zur Wahl des Wahlvorstandes statt.**

(2) Wahlvorschläge können bis zum Ende der Wahlversammlung zur Wahl des Wahlvorstands nach § 17a Nr. 3 gemacht werden; für Wahlvorschläge der Arbeitnehmer gilt § 14 Abs. 4 mit der Maßgabe, dass für Wahlvorschläge, die erst auf dieser Wahlversammlung gemacht werden, keine Schriftform erforderlich ist.

(3) Ist der Wahlvorstand in Betrieben mit in der Regel fünf bis fünfzig wahlberechtigten Arbeitnehmern nach § 17a Nr. 1 in Verbindung mit § 16 vom Betriebsrat, Gesamtbetriebsrat oder Konzernbetriebsrat oder nach § 17a Nr. 4 vom Arbeitsgericht bestellt, wird der Betriebsrat abweichend von Absatz 1 Satz 1 und 2 auf nur einer Wahlversammlung in geheimer und unmittelbarer Wahl gewählt. Wahlvorschläge können bis eine Woche vor der Wahlversammlung zur Wahl des Betriebsrats gemacht werden; § 14 Abs. 4 gilt unverändert.

(4) Wahlberechtigten Arbeitnehmern, die an der Wahlversammlung zur Wahl des Betriebsrats nicht teilnehmen können, ist Gelegenheit zur schriftlichen Stimmabgabe zu geben.

(5) In Betrieben mit in der Regel 51 bis 100 wahlberechtigten Arbeitnehmern können der Wahlvorstand und der Arbeitgeber die Anwendung des vereinfachten Wahlverfahrens vereinbaren.

§ 14a neu eingefügt durch das BetrVerf-ReformG v. 23.7.2001 (BGBl. I S. 1852), vgl. Neubekanntmachung v. 25.9.2001 (BGBl. I S. 2518).

Lit.: *Berg*, Rechtliche und praktische Fragen des zweistufigen vereinfachten Wahlverfahrens, AiB 2002, 17; *Dütz*, Abschaffung des Minderheitenschutzes durch das BetrVerf-ReformG 2001, DB 2001, 1306; *Franke*, Das vereinfachte Wahlverfahren nach § 14a BetrVG – Nachbesserung ist geboten, DB 2001, 211; *Löwisch*, Die vereinfachte Betriebsratswahl – eine Fehlkonstruktion, JZ 2002, 187; *Quecke*, Änderungen des Verfahrens zur Betriebsratswahl, AuR 2002, 1; *Thüsing/Lambrich*, Die Wahl des Betriebsrats nach neuem Recht, NZA-Sonderheft 2001, 79.

1 **I. Inhalt und Zweck.** Mit der Schaffung der §§ 14a, 17a will die BetrVG-Novelle 2001 die Errichtung von BR in **Kleinbetrieben** erleichtern[2]. Das vereinfachte Wahlverfahren ist für Betriebe mit bis zu 50 Wahlberechtigten (vgl. §§ 7, 9) **zwingend**. Ein Wahlrecht zwischen vereinfachten und Regelverfahren (§ 14) besteht nicht; wird das falsche Verfahren gewählt, kann das eine Anfechtung begründen[3]. Nur im Fall des Abs. 5 kann kraft **Vereinbarung** zwischen Wahlvorstand und ArbGeb in Betrieben, die regelmäßig 51 bis 100 ArbN beschäftigen, das vereinfachte Wahlverfahren „gewählt" werden (Rz. 19). Die Vereinbarung setzt voraus, dass zuvor ein Wahlvorstand im normalen Verfahren bestellt ist, betrifft also nur die „zweite Wahlversammlung". Kommt die Vereinbarung nicht zustande, bleibt es beim Regel-Wahlverfahren (§ 14). Zur Ermittlung der Zahl der **wahlberechtigten** ArbN vgl. § 9 Rz. 2–5. Eine Vereinbarung bleibt auch da möglich, wo bei mehr als 100 ArbN nicht mehr als 100 wahlberechtigt sind, jedoch darf damit nicht statt eines gewollten **fünfköpfigen** ein siebenköpfiger BR (nächste Größenstufe gem. § 9 Satz 1) vereinfacht gewählt werden[4].

2 Das **vereinfachte** Wahlverfahren zeichnet sich durch die Verkürzung von Fristen und die Ersetzung der Urnenwahl durch eine **Wahlversammlung** aus (vgl. §§ 28–37 WO). Dass (nur) **Mehrheitswahl** stattfindet, ergibt sich aus § 14 Abs. 2 Satz 2 (vgl. § 14 Rz. 12) und ist verfassungsrechtlich fragwürdig, weil es den Minderheitenschutz im Kleinbetrieb beseitigt[5]. Die Norm unterscheidet zwischen einstufigen und zweistufigen Wahlverfahren. Das **zweistufige** Verfahren nach Abs. 1 und 2 kommt nur dann zur Anwendung, wenn kein BR besteht und auch ein Wahlvorstand nicht anderweit (zB durch GesamtBR oder ArbG, vgl. § 16) bestellt worden ist. Es dürfte damit in der Praxis seltener vorkommen als das **einstufige**

---

1 Richardi/*Thüsing*, § 14 BetrVG Rz. 90. | 2 BT-Drs. 14/5741, S. 26, 36 f. | 3 BAG v. 19.11.2003 – 7 ABR 24/03, NZA 2004, 395; ferner *Fitting*, § 14a BetrVG Rz. 4; GK-BetrVG/*Kreutz*, § 14a Rz. 6, 127; Richardi/*Thüsing*, § 14a BetrVG Rz. 2. | 4 Zutr. *Quecke*, AuR 2002, 1 f., der das Gesetz im Hinblick auf § 9 Satz 1 restriktiv auslegen möchte. | 5 Kritisch etwa *Buchner*, NZA 2001, 633 (636); *Dütz*, DB 2001, 1306 (1308); HaKo-BetrVG/*Brors*, § 14a BetrVG Rz. 3; *Konzen*, RdA 2001, 78 (88); aA aber GK-BetrVG/*Kreutz*, § 14a Rz. 56; Richardi/*Thüsing*, § 14a BetrVG Rz. 2. Speziell gegen die nach § 14a Abs. 5 mögliche „Abwahl" der Verhältniswahl *Franke*, DB 2002, 211; *Hanau*, NJW 2001, 2513 (2517); *Hanau*, ZIP 2001, 1981 (1983).

Vereinfachtes Wahlverfahren für Kleinbetriebe Rz. 8 § 14a BetrVG

Wahlverfahren nach Abs. 3[1], bei dem es nur zu einer einzigen Wahlversammlung kommt, weil der Wahlvorstand bereits anderweit bestellt worden ist (Rz. 16).

Ob allein die in der Gesetzesbegründung behauptete Aufwändigkeit des Wahlverfahrens[2] zu der statistisch nachweisbar geringen BR-Quote in kleineren Betrieben geführt hat, lässt sich mit guten Gründen bezweifeln[3]. Bei einem guten Betriebsklima wiegen im Kleinunternehmen enger persönlicher Arbeitskontakt und gegenseitiges Vertrauen mehr als formalisierte und zudem kostenverursachende Interessenvertretung. Die Neukonstruktion dürfte daher nur in solchen Kleinbetrieben auf Akzeptanz stoßen, in denen ArbN-Rechte beharrlich missachtet werden. 3

II. Zweistufiges Wahlverfahren (Abs. 1, 2). In Betrieben **ohne BR**, in denen der Wahlvorstand nicht schon nach §§ 16, 17 Abs. 1 bzw. Abs. 4 bestellt ist, kommt das zweistufige Wahlverfahren zum Zug. Auf einer ersten Wahlversammlung wird nach Maßgabe des § 17a Nr. 3 der **Wahlvorstand** gewählt. Die eigentliche Wahl des BR erfolgt in einer zweiten Wahlversammlung **eine Woche später** (Abs. 1 Satz 4). Die Funktion dieser zweiten Wahlversammlung beschränkt sich auf den eigentlichen Wahlakt mit geheimer Stimmabgabe (§ 34 Abs. 1 WO)[4]; es gelten die allgemeinen Wahlgrundsätze (vgl. § 14 Rz. 4–8). 4

1. Erste Wahlversammlung zur Wahl des Wahlvorstands. Der ersten Wahlversammlung muss eine **Einladung** zur Wahlversammlung nach § 28 WO vorausgehen (Rz. 6 f.). Der Wahlvorstand wird sodann in der **Wahlversammlung** von der Mehrheit der Anwesenden gewählt (§ 17a Nr. 3 Satz 1, vgl. § 29 WO – Rz. 9 f.), um danach unverzüglich die Wählerliste getrennt nach den Geschlechtern aufzustellen (§ 30 Abs. 1 WO). Im Anschluss daran ist von ihm ein 15 Punkte umfassendes **Wahlausschreiben** zu erstellen und zu erlassen, womit die BR-Wahl eingeleitet wäre (vgl. § 31 Abs. 1 Satz 2 WO – Rz. 11). Ab 21 Wahlberechtigten muss auch der Mindestanteil der BR-Sitze für das in der Minderheit befindliche Geschlecht errechnet werden (§ 32 WO). Daran anschließend sind die schriftlichen oder auch – während der Wahlversammlung möglichen – mündlichen **Wahlvorschläge** einzureichen (§ 14a Abs. 2 BetrVG, § 33 WO). Schließlich muss der Wahlvorstand die eingereichten Wahlvorschläge auch noch prüfen und evtl. Mängel noch während der Wahlversammlung zu beseitigen versuchen. Dass die Bewältigung dieser Aufgaben in einer einzigen Wahlversammlung wegen des Zeitdrucks erhebliche Fehler- und Anfechtungspotenziale eröffnet, hat *Löwisch* zu Recht kritisiert[5]. Eine genaueste Vorbereitung der Einladenden auf Ablauf und Inhalte der ersten Wahlversammlung ist zur Unterstützung des Wahlvorstands daher dringend geboten (vgl. auch Rz. 8)[6]. 5

a) Einladung zur Wahlversammlung. Einladungsberechtigt zur ersten Wahlversammlung sind nach § 17a Abs. 3 Satz 2 iVm. § 17 Abs. 3 drei wahlberechtigte ArbN des Betriebs oder eine im Betrieb vertretene Gewerkschaft, **nicht** jedoch der ArbGeb. Die Einladung muss dabei mindestens sieben Tage vor dem Tag der Wahlversammlung durch Aushang an geeigneten Stellen im Betrieb erfolgen (§ 28 Abs. 1 Satz 2, 3 WO). Eine Bekanntmachung **ausschließlich** in elektronischer Form ist nur dann zulässig, wenn alle ArbN von ihr Kenntnis nehmen können und Vorkehrungen getroffen werden, dass Änderungen der Bekanntmachung nur von der einladenden Stelle aus möglich sind (§ 28 Abs. 1 Satz 4 iVm. § 2 Abs. 4 Satz 4 WO)[7]. Die Wahlberechtigten müssen also sämtlich über einen eigenen E-Mail-Zugang verfügen. Der ArbGeb hat hierfür bereits vorhandene Infrastruktur (zB Intranet) den Einladenden zur Verfügung zu stellen, was aber nicht heißt, dass er auch eigene Personaldateien weitergeben muss[8]; zu seiner **nachfolgenden** Unterstützungspflicht nach § 28 Abs. 2 WO vgl. Rz. 8. 6

Die **Mindestangaben** in der Einladung bestehen nach § 28 Abs. 1 Satz 5 WO aus Ort, Tag und Zeit der Wahlversammlung, aus dem Hinweis, dass bis zum Ende der Wahlversammlung Wahlvorschläge zur Wahl des BR gemacht werden können (14a Abs. 2), dem Hinweis auf die notwendigen Stützunterschriften der Wahlvorschläge (erforderliches Quorum, vgl. § 14 Abs. 4) und auf die Möglichkeit mündlicher Wahlvorschläge während der Wahlversammlung selbst. Aufgrund der sehr knappen Fristen im vereinfachten Wahlverfahren wirkt sich ein Verstoß gegen § 28 Abs. 1 Satz 5 WO idR als Verletzung wesentlicher Verfahrensvorschriften mit der Folge der Anfechtbarkeit aus[9]. 7

Auf Grund der Einladung entsteht für den ArbGeb eine wegen des raschen Zeitablaufs besonders belastende **Unterstützungspflicht**. Laut § 28 Abs. 2 WO soll er „unverzüglich nach Aushang der Einladung zur Wahlversammlung" der einladenden Stelle „alle für die Anfertigung der Wählerliste erforderlichen Unterlagen in einem versiegelten Umschlag" aushändigen. Damit soll der (erst noch zu wählende) **Wahlvorstand** in die Lage versetzt werden, schnellstmöglich über die Unterlagen zur Aufstellung der Wählerliste verfügen zu können. Die Einladenden haben aber kein Einsichtsrecht (daher der „versiegelte" Umschlag), sondern nur eine Botenfunktion (Rz. 11). „Unverzüglich", dh. ohne schuldhaftes Zögern handelt der ArbGeb auch dann, wenn er die Frist von **sieben Tagen** ausschöpft (Rz. 6)[10]. 8

---

1 Vgl. Richardi/*Thüsing*, § 14a BetrVG Rz. 4 f. |2 BT-Drs. 14/5741, S. 37. |3 *Buchner*, NZA 2001, 633 (639); *Reichold*, NZA 2001, 857 (860); *Reichold*, NZA 1999, 561 (564); *Thüsing*/*Lambrich*, NZA-Sonderheft 2001, 87. |4 *Löwisch*, JZ 2002, 187 f.; *Löwisch*/*Kaiser*, § 14a BetrVG Rz. 5. |5 *Löwisch*, JZ 2002, 187. |6 Vgl. *Berg*, AiB 2002, 18; GK-BetrVG/*Kreutz*, § 14a Rz. 25; HaKo-BetrVG/*Brors*, § 14a BetrVG Rz. 5; *Quecke*, AuR 2002, 4. |7 ErfK/*Eisemann*, § 14a BetrVG Rz. 2; Richardi/*Thüsing*, § 28 WO Rz. 2. |8 Zutr. Richardi/*Thüsing*, § 14a BetrVG Rz. 6; ferner ErfK/*Eisemann*, § 14a BetrVG Rz. 2; *Fitting*, § 14a BetrVG Rz. 12. |9 Richardi/*Thüsing*, § 28 WO Rz. 4. |10 Richardi/*Thüsing*, § 14a BetrVG Rz. 9.

9 b) Wahlversammlung zur Wahl des Wahlvorstands. Auf der ersten Wahlversammlung wählen **alle anwesenden** ArbN (nicht nur die Wahlberechtigten) den (dreiköpfigen) **Wahlvorstand** sowie dessen Vorsitzenden (vgl. § 17a Nr. 3 BetrVG, § 29 Satz 1 WO). Jedes einzelne Mitglied bedarf der Mehrheit der anwesenden ArbN[2]. Ein Quorum (Mindeststimmenzahl) für die Wahl des Wahlvorstands ist **nicht erforderlich**, so dass auch ein großes Desinteresse in der Belegschaft und eine entsprechend kleine Wahlversammlung die Bestellung des Wahlvorstands nicht verhindern kann[3]. Eine geheime Wahl ist nicht vorgeschrieben, so dass offen über die einzelnen Kandidaten abgestimmt werden kann (vgl. auch § 17 Abs. 2).

10 Die Versammlung findet, wie § 44 Abs. 1 klar stellt, **während der Arbeitszeit** statt. Ein **Teilnahmerecht** des ArbGeb oder leitender Angestellter ist abzulehnen, weil sonst eine Beeinflussung der Wahlvorbereitungen zu befürchten wäre. Das auf Betriebsversammlungen nach §§ 42 ff. bezogene Teilnahme- und Mitwirkungsrecht des ArbGeb kann nicht auf den speziellen Fall der Einleitung bzw. Durchführung von BR-Wahlen auf Wahlversammlungen übertragen werden[4]. Auch verweist die umständliche Regelung der Aushändigung der Wahlunterlagen durch den ArbGeb an die Einladenden nach § 28 Abs. 2 WO (Rz. 8) auf die Absicht des Gesetzgebers, die Anwesenheit des ArbGeb zu verhindern.

11 c) Einleitung der Wahl des BR. Nach der Konstituierung des Wahlvorstands ist von diesem **unverzüglich** eine **Wählerliste** getrennt nach Geschlechtern aufzustellen (§ 30 Abs. 1 Satz 3 WO). Die Wahlberechtigten sind dabei exakt zu erfassen. Zu diesem Zweck ist dem Wahlvorstand von den Einladenden der vom ArbGeb stammende versiegelte Umschlag zu übergeben (§ 30 Abs. 1 Satz 4 WO – Rz. 8). Eine weiter gehende Auskunftspflicht des ArbGeb während der Wahlversammlung mangels Teilnahme (Rz. 10) unmöglich, jedoch ist eine Unterbrechung der Versammlung zwecks Informationsergänzung möglich, um beim ArbGeb weitere Auskünfte einzuholen, was aus § 2 Abs. 2 WO folgt[5]. Die besonders hohe Fehleranfälligkeit dieses „ad-hoc-Verfahrens" wird durch die extrem kurze Einspruchsfrist von drei Tagen (§ 30 Abs. 2 WO) nicht ausreichend kompensiert[6].

12 Durch den Erlass des **Wahlausschreibens** nach Aufstellung der Wählerliste in der Versammlung wird die BR-Wahl **eingeleitet** (§ 31 Abs. 1 Satz 2 WO); es ist in der Versammlung bekannt zu geben und im Betrieb auszuhängen. Auch die Wählerliste ist bis zur Abgabe der Stimmen an geeigneter Stelle im Betrieb auszulegen (vgl. § 2 Abs. 4 WO). Nicht in Betracht kommt eine Versendung der Wählerliste per E-Mail, da sie an einer **zentralen Stelle** (sei es körperlich oder virtuell) bekannt gemacht werden muss. Möglich ist aber etwa die Veröffentlichung im Intranet[7]. Die Details des **Inhalts** des Wahlausschreibens ergeben sich aus dem Katalog des § 31 Abs. 1 Satz 3 WO und bezwecken eine situationsgerechte Modifikation der allgemeinen Regel des § 3 Abs. 2 WO.

13 Nach § 14a Abs. 2 (iVm. § 33 Abs. 1 WO) sind die **Wahlvorschläge** beim Wahlvorstand bis zum Ende der ersten Wahlversammlung einzureichen; danach ist ein Wahlvorschlag **nicht mehr möglich**. Der Verweis auf § 14 Abs. 4 (vgl. § 14 Rz. 17) zeigt, dass es beim Grundsatz **schriftlich** einzureichender, durch mindestens drei bzw. zwei Wahlberechtigte unterzeichneter Wahlvorschläge bleiben soll. Jedoch lässt sich der – für Wahlvorschläge der Gewerkschaften (§ 14 Rz. 19) ausschließlich geltende – Grundsatz im zweistufigen Verfahren nur dann beherzigen, wenn vor der ersten Versammlung **vorbereitete** Wahlvorschläge präsentiert werden. Denn der Wahlvorstand, der Vorschläge entgegen nimmt, konstituiert sich erst in der Wahlversammlung (Rz. 9); die **mündliche Abgabe** von Wahlvorschlägen dürfte daher zur **Regel** werden (vgl. § 14a Abs. 2 Halbs. 2). Der Wahlvorstand sollte zur Abgabe von Wahlvorschlägen ausdrücklich aufrufen. Macht keiner der Anwesenden trotz Aufforderung einen Wahlvorschlag, ist die Wahlversammlung für **beendet** zu erklären; der Wahlvorstand gibt dann bekannt, dass die Wahl nicht statt findet (§ 33 Abs. 5 WO). Soweit in der Versammlung einzelne Kandidaten **mündlich** benannt werden, was dem Grundsatz der Mehrheitswahl entspricht (§ 14 Rz. 12), muss eine hinreichende Anzahl (vgl. § 14 Abs. 4) von unterstützenden Handzeichen erfolgen, um die Wirksamkeit des Wahlvorschlags zu gewährleisten[8].

14 2. Zweite Wahlversammlung zur Wahl des BR. Die tatsächliche Wahl des BR erfolgt auf einer **zweiten** Wahlversammlung eine Woche nach der Wahlversammlung zur Wahl des Wahlvorstandes (Rz. 4). Sie erfolgt nach den Grundsätzen der **Mehrheitswahl** (Rz. 2). Gewählt ist damit, wer die meisten Stimmen erhält. Besteht der BR zB aus drei Mitgliedern, sind die Wahlbewerber gewählt, auf die in dieser Reihenfolge die meisten Stimmen entfallen sind. Die anderen Wahlbewerber sind, entsprechend ihrer Reihenfolge, Ersatzmitglieder (vgl. § 14 Rz. 12–14). Sind mindestens drei BR-Mitglieder zu wählen, muss

---

[1] Ausf. hierzu Richardi/*Thüsing*, § 14a BetrVG Rz. 11–13. | [2] *Fitting*, § 14a BetrVG Rz. 15. | [3] Krit. *Konzen*, RdA 2001, 76 (88); *Schiefer/Korte*, NZA 2001, 351 (352); *Thüsing/Lambrich*, NZA-Sonderheft 2001, 90. | [4] Str., wie hier *Däubler*, AuR 2001, 285 (287); Richardi/*Thüsing*, § 29 WO Rz. 2; aA *Fitting*, § 14a BetrVG Rz. 21; unentschieden *Quecke*, AuR 2002, 3. | [5] GK-BetrVG/*Kreutz/Oetker*, § 30 WO Rz. 2. | [6] Vgl. Richardi/*Thüsing*, § 14a BetrVG Rz. 16. | [7] *Thüsing/Lambrich*, NZA Sonderheft 2001, 91. | [8] BT-Drs. 14/5741, S. 37; *Engels/Trebinger/Löhr-Steinhaus*, DB 2001, 532 (535); *Fitting*, § 33 WO Rz. 3; Richardi/*Thüsing*, § 14a BetrVG Rz. 21.

die **Geschlechtsquote** nach § 15 Abs. 2 beachtet werden; der Auszählungsmodus entspricht dem im oben § 14 Rz. 13 erläuterten Beispiel.

Erfolgt keine nachträgliche schriftliche Stimmabgabe nach Abs. 4 (Rz. 18), hat der Wahlvorstand **unverzüglich** nach Abschluss der Wahl die öffentliche Auszählung der Stimmen vorzunehmen und das sich daraus ergebende Wahlergebnis bekannt zu machen (§ 34 Abs. 3 WO). Ist dagegen die nachträgliche schriftliche Stimmabgabe angeordnet (§ 35 WO), so kann es nach der zweiten Wahlversammlung noch nicht zur Auszählung kommen. Vielmehr hat der Wahlvorstand am Ende der Wahlversammlung die Wahlurne **zu versiegeln und sicher aufzubewahren** (§ 34 Abs. 2 WO) Die Stimmauszählung ist erst nach Abschluss der schriftlichen Stimmabgabe (wiederum öffentlich) möglich. Eine Maximalfrist zwischen zweiter Wahlversammlung und der endgültigen Stimmauszählung (vgl. § 35 Abs. 3 WO) ist gesetzlich nicht vorgesehen; angemessen erscheint eine Frist von längstens einer Woche nach dem Tag der zweiten Wahlversammlung[1].

III. Einstufiges Verfahren (Abs. 3). Ist der Wahlvorstand schon durch den bestehenden BR (§ 16 Abs. 1), den Gesamt- oder KonzernBR (§ 16 Abs. 3) oder das ArbG bestellt, kommt nicht das zweistufige, sondern das einstufige Wahlverfahren zur Anwendung: Der BR wird „auf **nur einer Wahlversammlung** in geheimer und unmittelbarer Wahl gewählt" (Satz 1). Auf Antrag von mindestens 3 ArbN oder einer im Betrieb vertretenen Gewerkschaft kann auch dann, wenn die **erste** Wahlversammlung (Rz. 9) nicht zur Bestellung eines Wahlvorstands geführt hat, laut § 17a Nr. 4 durch das ArbG eine Bestellung erfolgen. Nach seiner Bestellung hat der Wahlvorstand gemäß § 36 Abs. 1, 2 WO die Wahl des BR **unverzüglich** durch Aufstellung der Wählerliste (getrennt nach Geschlechtern) und Erlass der Wählerliste einzuleiten; der ArbGeb hat ihn dabei nach § 2 Abs. 2 WO zu unterstützen. Nach § 36 Abs. 3 WO ist abweichend vom zweistufigen Verfahren der Hinweis erforderlich, dass Wahlvorschläge spätestens eine Woche vor dem Tag der Wahlversammlung beim Wahlvorstand einzureichen sind (Satz 2); der letzte Tag der Frist ist anzugeben. **Zwingend** ist auch die Schriftform der Wahlvorschläge, wie der Verweis auf § 14 Abs. 4 zeigt (vgl. § 14 Rz. 17); mündliche Wahlvorschläge sind also ausschließlich in der ersten Wahlversammlung des zweistufigen Verfahrens möglich (Rz. 13).

Die **WO 2001** regelt nicht die **Frist** zwischen Erlass des Wahlausschreibens und dem in Satz 2 genannten letztmöglichen Zeitpunkt für die Einreichung von Wahlvorschlägen. Im zweistufigen Verfahren sind sieben Tage zwischen Einladung und erster Wahlversammlung vorgesehen (Rz. 6). Ebenso lange Zeit sollte mindestens auch im einstufigen Verfahren gewährt werden: Zwischen dem Erlass des Wahlausschreibens und dem Tag der Wahlversammlung zur Wahl des BR müssen also unter Berücksichtigung von Satz 2 mindestens **zwei Wochen** liegen[2]. Im Übrigen hängt aber die **Angemessenheit der Frist** wesentlich von den Modalitäten der Bestellung des Wahlvorstands gemäß § 17a ab[3]. Mangels gesetzlicher Vorgaben lässt sich jedenfalls eine Anfechtung der Wahl nicht auf zu kurze Fristen stützen.

IV. Nachträgliche schriftliche Stimmabgabe (Abs. 4). Um die ausdrücklich in Abs. 4 vorgesehene Möglichkeit zur schriftlichen Stimmabgabe wahrnehmen zu können, müssen die Betroffenen bis spätestens **drei Tage** vor dem Tag der zweiten Wahlversammlung ihren Antrag auf nachträgliche schriftliche Stimmabgabe dem Wahlvorstand gegenüber mitteilen, vgl. § 35 Abs. 1 Satz 2 WO. Gründe für die fehlende Teilnahmemöglichkeit müssen nicht benannt werden[4]. Der Antrag kann mündlich oder schriftlich gestellt werden. Das Antragserfordernis schließt nicht aus, dass der Wahlvorstand von sich aus solchen Wahlberechtigten, die zB als Außendienstler oder Tele-Heimarbeiter grundsätzlich bei der Wahl nicht anwesend sein können, **von Amts wegen** die Unterlagen für die schriftliche Stimmabgabe zukommen lässt. Trotz der Verweisung in § 35 Abs. 1 Satz 3 WO auch auf § 24 Abs. 2 WO wird daraus aber keine **Amtspflicht** abgeleitet werden können, weil das angesichts des Eilverfahrens eine unzumutbare Belastung des Wahlvorstands bedeuten würde[5]. Die Übersendung der Unterlagen für die schriftliche Stimmabgabe ist in der Wählerliste zu vermerken. Die nachträgliche schriftliche Stimmabgabe führt im Ergebnis zu einer **Verzögerung** des Wahlverfahrens, weil die Stimmen nicht direkt auf der zweiten Wahlversammlung ausgezählt werden können, vgl. Rz. 15. Der vom Gesetzgeber verfolgte Zweck der Verfahrensbeschleunigung sollte daher nicht durch übertriebene weitere Anforderungen an den – tendenziell überforderten – Wahlvorstand konterkariert werden[6].

V. Vereinfachtes Wahlverfahren kraft Vereinbarung (Abs. 5). Die Vereinbarung nach Abs. 5 ist **nicht erzwingbar** und kann nur einvernehmlich zwischen ArbGeb und Wahlvorstand zustande kommen (Rz. 1). Sie muss für jede BR-Wahl **neu** getroffen werden und hat nicht Dauerwirkung[7]. Sie setzt die Existenz eines bestellten oder gewählten Wahlvorstands voraus, so dass nur die Durchführung des **einstufigen** vereinfachten Wahlverfahrens nach Abs. 3 in Betracht kommt (Rz. 16, so auch § 37 WO). Bei Existenz eines BR kann allerdings mit dem ArbGeb eine entsprechende Vereinbarung schon vor der

---

[1] *Fitting*, § 14a BetrVG Rz. 41; § 35 WO Rz. 7; Richardi/*Thüsing*, § 14a BetrVG Rz. 31; § 35 WO Rz. 6. | [2] *Hanau*, ZIP 2001, 2163 (2167); Richardi/*Thüsing*, § 36 WO Rz. 5; *Thüsing*/*Lambrich*, NZA Sonderheft 2001, 92. | [3] Vgl. *Fitting*, § 14a BetrVG Rz. 49; § 36 WO Rz. 11; *Thüsing*/*Lambrich*, NZA Sonderheft 2001, 93. | [4] *Fitting*, § 14a BetrVG Rz. 38; Richardi/*Thüsing*, § 14a BetrVG Rz. 28. | [5] Zutr. Richardi/*Thüsing*, § 14a BetrVG Rz. 29; aA *Fitting*, § 14a BetrVG Rz. 38. | [6] Ähnlich *Thüsing*/*Lambrich*, NZA Sonderheft 2001, 91. | [7] DKK/*Schneider*, § 14a BetrVG Rz. 3; ErfK/*Eisemann*, § 14a BetrVG Rz. 6; GK-BetrVG/*Kreutz*, § 14a Rz. 124.

Bestellung des Wahlvorstands „abgestimmt", dh. vorbesprochen werden[1]. Die BR-Wahl erfolgt auch im einstufigen Wahlverfahren nach den Grundsätzen der **Mehrheitswahl**. Dazu, dass die mögliche „Abwahl" des Minderheitenschutzes in Betrieben mit 51 bis 100 wahlberechtigten ArbN einen schwer begründbaren **Fremdkörper** in den Wahlvorschriften darstellt[2], vgl. oben Rz. 2.

20 **VI. Streitigkeiten.** Es gelten sinngemäß die Ausführungen zu § 14 Rz. 21. Eine gerichtliche Klärung schon während des Wahlverfahrens ist wegen der besonders raschen Durchführung des vereinfachten Wahlverfahrens allenfalls im Wege der **einstweiligen Verfügung** denkbar[3]. Die BR-Wahl ist nicht bereits **nichtig**, wenn sie im falschen Verfahren durchgeführt wird, weil damit die gesetzgeberische Absicht zur Erleichterung von Wahlen in Kleinbetrieben konterkariert wäre[4]. Die Wahl ist aber nach § 19 anfechtbar (vgl. Rz. 1).

15 *Zusammensetzung nach Beschäftigungsarten und Geschlechter**

(1) Der Betriebsrat soll sich möglichst aus Arbeitnehmern der einzelnen Organisationsbereiche und der verschiedenen Beschäftigungsarten der im Betrieb tätigen Arbeitnehmer zusammensetzen.

(2) Das Geschlecht, das in der Belegschaft in der Minderheit ist, muss mindestens entsprechend seinem zahlenmäßigen Verhältnis im Betriebsrat vertreten sein, wenn dieser aus mindestens drei Mitgliedern besteht.

§ 15 zuletzt geändert durch das BetrVerf-ReformG v. 23.7.2001 (BGBl. I S. 1852), vgl. Neubekanntmachung v. 25.9.2001 (BGBl. I S. 2518).

1 **I. Inhalt und Zweck.** Die Norm ist durch die BetrVG-Novelle 2001 vor allem in Abs. 2 stark aufgewertet worden. Durch die **zwingende** Anordnung einer (relativen) Geschlechterquote hat der Gesetzgeber die verfassungsrechtliche Förderungspflicht des bisher benachteiligten weiblichen Geschlechts (Art. 3 Abs. 2 Satz 2 GG) für die Zusammensetzung des BR umgesetzt. Die bisherige Soll-Vorschrift hat laut Gesetzesbegründung das Ziel der tatsächlichen verhältnismäßigen Repräsentanz der Geschlechter im BR **nicht erreicht**[5]. Der BR ist mit den beruflichen Problemen der Frauen unmittelbar konfrontiert und nimmt daher eine Schlüsselposition bei der Beseitigung von Nachteilen und der Durchsetzung der Gleichstellung von Frauen und Männern ein. Die Frauen sollen so die Möglichkeit erhalten, ihr Potenzial wirksamer in die BR-Arbeit einbringen und Einfluss insb. auf frauenspezifische Themen nehmen zu können[6]. Die Kritik gegen diese relative zwingende Geschlechterquote hat einerseits zutreffend erkannt, dass frauenspezifische Fragen nicht zwingend die Arbeitsbedingungen prägen[7]; andererseits ist die Ausstrahlungswirkung der Frauengleichstellungsregeln in EGV und GG auch für den quasi-demokratisch legitimierten BR nicht von der Hand zu weisen[8]. Die neue Geschlechterquote verlangt insb. **keine „starre Quote"**, sondern nur eine „relative Parität"[9], die sich nach dem zahlenmäßigen Verhältnis der Geschlechter in der konkreten Belegschaft richtet.

2 **II. Zusammensetzung nach Organisationsbereichen und Beschäftigungsarten (Abs. 1).** Der BR soll als Vertretung aller betrieblichen ArbN ein Spiegelbild der Belegschaft darstellen. Deshalb ordnet Abs. 1 an, dass er „sich möglichst aus ArbN der einzelnen **Organisationsbereiche** und der verschiedenen **Beschäftigungsarten**" zusammensetzen soll. Er bleibt als Soll-Bestimmung eine Aufforderung des Gesetzgebers an möglichst authentische Repräsentation aller betrieblichen Interessen, aber nicht mehr. Abs. 1 kann sanktionslos missachtet werden (*soft law*), aber nicht durch betriebliche Wahlordnungen zB in eine Muss-Vorschrift verändert oder ins Gegenteil verkehrt werden[10]. Abgesehen von § 3 stehen die Organisationsregeln nicht zur Disposition der Tarif- und Betriebspartner. „Organisationsbereiche" sind organisatorische Untergliederungen innerhalb eines Betriebs oder einer anderen nach § 3 möglichen betriebsverfassungsrechtlichen Organisationseinheit (zB Betriebsabteilungen bei unternehmenseinheitlicher Betriebsvertretung)[11]. „Beschäftigungsarten" meint die im Betrieb vertretenen Berufsgruppen, zB Außendienst, Innendienst, Vertrieb etc[12]. Auf die **Gültigkeit der Wahl** hat es aber keinen Einfluss, wenn bei der Aufstellung der Wahlvorschläge einseitig einzelne Belegschaftsgruppen bevorzugt werden[13]; insoweit darf man auf das „freie Spiel" der Kräfte innerhalb der Belegschaft vertrauen (vgl. auch § 3 Abs. 3 WO).

---

* Amtl. Anm.: Gem. Artikel 14 Satz 2 des Gesetzes zur Reform des Betriebsverfassungsgesetzes (BetrVerf-ReformG) vom 23. Juli 2001 (BGBl. I S. 1852) gilt § 15 (Artikel 1 Nr. 13 des BetrVerf-ReformG) für im Zeitpunkt des In-Kraft-Tretens bestehende Betriebsräte erst bei deren Neuwahl. | 1 *Berg*, AiB 2002, 17. | 2 Ausf. Kritik bei GK-BetrVG/*Kreutz*, § 14a Rz. 113 f. | 3 ErfK/*Eisemann*, § 14a BetrVG Rz. 7. | 4 BAG v. 19.11.2003 – 7 ABR 24/03, NZA 2004, 395. | 5 Vgl. BT-Drs. 14/5741, S. 37. | 6 So die Begründung, BT-Drs. 14/5741, S. 37. Offen bleibt, ob die neue Fassung der Überschrift – statt früher „Geschlechtern" nunmehr „Geschlechter" – ebenfalls der Frauenförderung dienen soll. | 7 Vgl. etwa Kritik von *Hanau*, RdA 2001, 65 (70); *Richardi*, NZA 2001, 346 (347); *Rieble*, ZIP 2001, 133 (141); *Thüsing/Lambrich*, NZA-Sonderheft 2001, 80. | 8 Zust. etwa ErfK/*Eisemann*, § 15 BetrVG Rz. 3; *Fitting*, § 15 BetrVG Rz. 11; HaKo-BetrVG/*Brors*, § 15 BetrVG Rz. 1; *Konzen*, RdA 2001, 76 (88). | 9 HaKo-BetrVG/*Brors*, § 15 Rz. 1. | 10 ErfK/*Eisemann*, § 15 BetrVG Rz. 2; GK-BetrVG/*Kreutz*, § 15 Rz. 6. | 11 Vgl. BT-Drs. 14/5741, S. 37; ErfK/*Eisemann*, § 15 BetrVG Rz. 2; GK-BetrVG/*Kreutz*, § 15 Rz. 11. | 12 *Fitting*, § 15 BetrVG Rz. 9; GK-BetrVG/*Kreutz*, § 15 Rz. 12. | 13 *Fitting*, § 15 BetrVG Rz. 2; GK-BetrVG/*Kreutz*, § 15 Rz. 14.

III. Zusammensetzung nach Geschlechtern (Abs. 2). Während Abs. 1 als *„soft law"* keine Auswirkungen 3
auf die Wirksamkeit der BR-Wahl äußert, schreibt Abs. 2 nunmehr **zwingend die relative Parität der Geschlechter** vor. Die Formulierung wurde am Ende des Gesetzgebungsverfahrens noch verändert[1], um zu gewährleisten, dass das Geschlecht in der Minderheit auch über den ihm entsprechenden Anteil an der Belegschaft hinaus im BR vertreten sein kann („mindestens", dh. **Mindestquote**). Die neue Geschlechterquote verlangt jedoch nicht, dass bereits bei der Aufstellung der Wahlvorschläge ausreichend viele Personen des Minderheitengeschlechts benannt werden **müssen**[2]. Für den **GesamtBR** ist keine zwingende Parität vorgesehen: In § 47 Abs. 2 Satz 2 ist es bei der Soll-Vorschrift geblieben. Gleiches gilt für den KonzernBR (§ 55). Für die **JAV** wurde dagegen in § 62 Abs. 3 die zwingende Geschlechterquote vorgesehen.

Tatbestandsmäßig setzt Abs. 2 voraus, dass ein Geschlecht in der Belegschaft **in der Minderheit** ist. 4
Sind die Geschlechter daher in gleicher Anzahl vertreten (oder ist überhaupt nur eines vertreten), kommt die Regelung überhaupt nicht zur Anwendung[3]. Weitere Voraussetzung sind mindestens 21 wahlberechtigte ArbN, weil erst ab dieser Größe nach § 9 Satz 1 ein BR aus mindestens **drei Mitgliedern** gewählt werden kann. In Kleinbetrieben bis zu 20 wahlberechtigten ArbN existiert demnach keine Quotenregel, auch nicht als Soll-Vorschrift, was angesichts der sonstigen Regeln zur Frauenförderung wohl hingenommen werden kann. Zur wahltechnischen Umsetzung der Geschlechterquote dienen als Grundregeln §§ 5, 15, 22 WO, die ein **zweistufiges** Verfahren vorsehen (Rz. 6 ff.).

1. Gleichstellung von Frau und Mann. Obwohl es das erklärte Regelungsziel des Abs. 2 ist, den Zu- 5
gang von **Frauen zum BR** wirksamer als bisher durchzusetzen, gewährt die Vorschrift einen Minderheitenschutz in geschlechtsneutraler Formulierung. Deshalb kann er auch männlichen Belegschaftsangehörigen zu Gute kommen, wenn sich diese in der Minderheit befinden. In dieser textlichen Ausgestaltung ist Abs. 2 **verfassungsgemäß**. Die Norm trägt dem grundgesetzlichen Gleichstellungsgebot des Art. 3 Abs. 2 Satz 2 GG sachangemessen Rechnung[4]. Sie ist geeignet, die bisher typische Unterrepräsentanz von Frauen im BR tatsächlich auszugleichen. Die zwingende Mindestvertretung im BR ist auch keine unverhältnismäßige Einschränkung des Grundsatzes gleicher Wahl, weil hier soziale Förderung in (noch) angemessener Weise formale Gleichbehandlung verdrängt. Es wird nämlich **keine Zwangsrepräsentation** einer Minderheit festgesetzt: Solange sich nicht genügend Minderheitsvertreter zur Wahl stellen, kann eine entsprechende Repräsentation nicht erfolgen[5].

2. Ermittlung der Mindestsitze (§ 5 WO). Der Wahlvorstand muss vor der Wahl die Anzahl der Sitze für 6
das Geschlecht in der Minderheit nach den Grundsätzen der **Verhältniswahl** ermitteln (§ 5 Abs. 1 Satz 2 WO) und diese Zahl auch im Wahlausschreiben bekannt geben (§ 31 Abs. 1 Satz 3 Nr. 5 WO). Dabei wird auf die **aktuelle Gesamtzahl** der Beschäftigten bei Erlass des Wahlausschreibens abgestellt, nicht auf die Anzahl der Wahlberechtigten und auch nicht auf die „regelmäßige" Anzahl der Beschäftigten (vgl. § 9 Rz. 3)[6]. Bei vorübergehend Beschäftigten kommt es nicht darauf an, ob sie „Regelarbeitsplätze" einnehmen, wohl aber darauf, dass sie wenigstens drei Monate im Betrieb beschäftigt sind (§ 7 Satz 2)[7]. Wird danach festgestellt, (1) dass überhaupt ein Geschlecht und (2) welches Geschlecht in der Minderheit ist, so werden ausgehend von der nach § 9 ermittelten Anzahl der BR-Sitze die Geschlechterzahlen nebeneinander gestellt, jeweils durch 1, 2, 3, 4 usw. geteilt und nach Höchstzahlen geordnet (**d'Hondt'sches Höchstzahlen-Verfahren**). Das Geschlecht in der Minderheit erhält so viele Sitze zugeteilt, wie Höchstzahlen auf es entfallen[8]. Wenn die niedrigste in Betracht kommende Höchstzahl auf beide Geschlechter zugleich entfällt, so entscheidet das Los über die Zuteilung (§ 5 Abs. 2 WO).

Beispiel (vgl. § 14 Rz. 10): Im Betrieb werden 150 ArbN beschäftigt, davon 100 Männer und 50 Frauen. Der BR besteht also aus **sieben** Mitgliedern (§ 9 Satz 1).

	Männer	Frauen
: 1	100	50
: 2	50	25
: 3	33 1/3	16 2/3
: 4	25	12,5
: 5	20	10
: 6	16 2/3	8 1/3

Den Frauen stehen also **mindestens** zwei Sitze zu (§ 5 Abs. 2 Satz 2 WO). Wären acht Sitze zu vergeben, müsste wegen der nächsten Höchstzahl 16 2/3, die auf beide Geschlechter zugleich entfällt, über

---

1 Vgl. *Fitting*, § 15 BetrVG Rz. 11; GK-BetrVG/*Kreutz*, § 15 Rz. 5; Richardi/*Thüsing*, § 15 BetrVG Rz. 3. | 2 *Fitting*, § 15 BetrVG Rz. 11; HaKo-BetrVG/*Brors*, § 15 Rz. 1. | 3 DKK/*Schneider*, § 15 BetrVG Rz. 11; ErfK/*Eisemann*, § 15 BetrVG Rz. 4; *Fitting*, § 15 BetrVG Rz. 19. | 4 So auch GK-BetrVG/*Kreutz*, § 15 Rz. 16; *Konzen*, RdA 2001, 76 (88). | 5 Vgl. § 15 Abs. 5 Nr. 5 WO sowie HaKo-BetrVG/*Brors*, § 15 Rz. 3; GK-BetrVG/*Kreutz*, § 15 Rz. 21; Richardi/*Thüsing*, § 15 BetrVG Rz. 18; *Reichold*, NZA 2001, 857 (860). | 6 So die wohl hM, vgl. DKK/*Schneider*, § 15 BetrVG Rz. 13; ErfK/*Eisemann*, § 15 BetrVG Rz. 4; *Fitting*, § 15 BetrVG Rz. 16; Richardi/*Thüsing*, § 15 BetrVG Rz. 13; aA aber *Quecke*, AuR 2002, 1: nur „wahlberechtigte" ArbN. | 7 Vgl. DKK/*Schneider*, § 15 BetrVG Rz. 11; ErfK/*Eisemann*, § 15 BetrVG Rz. 4; *Fitting*, § 15 BetrVG Rz. 16. | 8 Diese Berechnung kann weniger Sitze als bei üblicher Prozentualrechnung ergeben, vgl. *Quecke*, AuR 2002, 1.

BetrVG § 15 Rz. 7   Zusammensetzung nach Beschäftigungsarten und Geschlechter

das Geschlecht des letzten Sitzes das Los entscheiden. Zu beachten ist aber, dass bei entsprechendem Auszählergebnis **mehr als die zwei Mindestsitze** an das Geschlecht in der Minderheit gehen können.

7 **3. Sitzverteilung.** Die **konkrete Verteilung** der Sitze auf die Geschlechter hängt vom Wahlmodus ab, also davon, ob nach § 14 Abs. 2 Satz 1 die Regel der Verhältniswahl oder nach § 14 Abs. 2 Satz 2 die Ausnahme der Mehrheitswahl (bei nur einem Wahlvorschlag oder beim vereinfachten Verfahren nach § 14a) greift.

8 **a) Verhältniswahl (§ 15 Abs. 5 WO).** Die Verhältniswahl ist **Listenwahl** (vgl. § 14 Rz. 10). Der Wähler kann seine Stimme nur für den gesamten Wahlvorschlag abgeben (vgl. § 11 Abs. 1, 3 WO), nicht für einzelne Kandidaten. Die Zuteilung der Sitze erfolgt (wieder) nach dem **d'Hondt'schen System** (sog. „Höchstzahlen-Verfahren"). Dazu werden die auf die einzelnen Listen entfallenden Stimmenzahlen in einer Reihe nebeneinander gestellt und sämtlich durch 1, 2, 3, 4 usw. geteilt. Unter den so gefundenen Teilzahlen werden so viele Höchstzahlen ausgesondert und der Größe nach geordnet, wie Mitglieder des BR zu wählen sind. Jede Vorschlagsliste erhält so viele Sitze zugeteilt, wie auf sie **Höchstzahlen** entfallen (vgl. § 15 Abs. 1, 2 WO). Befindet sich unter den auf die Vorschlagslisten entfallenden Höchstzahlen aber nicht die erforderliche **Mindestzahl** für das Geschlecht in der Minderheit nach § 15 Abs. 2 (Rz. 6), wird zunächst auf der Liste mit der niedrigsten Höchstzahl anstelle der dort benannten Person die nächst platzierte Person aus dem Minderheitsgeschlecht berücksichtigt (§ 15 Abs. 5 Nr. 1 WO). Enthält diese Vorschlagsliste keine Person des Minderheitsgeschlechts mehr, geht dieser Sitz auf die Liste mit der nächst folgenden, noch nicht berücksichtigten Höchstzahl mit Angehörigen des Geschlechts in der Minderheit über (§ 15 Abs. 5 Nr. 2 WO). Erst dann, wenn keine andere Liste mehr über Personen des Minderheitsgeschlechts verfügt, verbleibt der Sitz bei der ursprünglich kraft Höchstzahlverfahrens gewählten Person (§ 15 Abs. 5 Nr. 5 WO). Das zwingt dazu, in Zukunft auf Vorschlagslisten stets eine ausreichende Zahl von Bewerbern aus dem Minderheitsgeschlecht aufzunehmen, um nicht Listenplätze an konkurrierende Listen zu verlieren[1].

Beispiel (Abwandlung § 14 Rz. 10): Im Betrieb werden 150 ArbN beschäftigt, davon 100 Männer und 50 Frauen. Der BR besteht aus **sieben** Mitgliedern (§ 9 Satz 1), den Frauen stehen **mindestens zwei** Sitze zu (oben Rz. 6). Es werden zwei Listen eingereicht. Auf die Liste 1 entfallen 110 Stimmen, die Liste 2 erhält 40 Stimmen.

Liste 1 (110 Stimmen)   Liste 2 (40 Stimmen)

M	110 : 1 = 110	(1)	M	40 : 1 = 40	(3)
F	110 : 2 = 55	(2)	M	40 : 2 = 20	(7)
M	110 : 3 = 36,66	(4)	F	40 : 3 = 13,33	(9)
M	110 : 4 = 27,5	(5)			
M	110 : 5 = 22	(6)			
F	110 : 6 = 18,33	(8)			

Auf die Liste 1 entfallen somit **fünf** Sitze, auf die Liste 2 entfallen **zwei** Sitze. Weil danach aber nur eine Frau (Liste 1) in den BR gewählt worden wäre, tritt die Regel des § 15 Abs. 5 Nr. 1 WO in Kraft. Der zweite männliche Bewerber auf Liste 2 mit der niedrigsten Höchstzahl 20 muss den Sitz an die nächst platzierte Frau seiner Liste abtreten.

9 **b) Mehrheitswahl (§ 22 WO).** Bei der Mehrheitswahl nach § 14 Abs. 2 Satz 2 (Persönlichkeitswahl) entscheidet die (relative) Mehrheit der Stimmen (vgl. § 14 Rz. 12). Zur Wahrung der **Geschlechtsquote** müssen dabei zuerst die dem Geschlecht in der Minderheit zustehenden Sitze mit den Bewerbern dieses Geschlechts in der Reihenfolge der jeweils höchsten auf sie entfallenden Stimmenzahlen besetzt werden (§ 22 Abs. 1 WO), ganz ohne Rücksicht darauf, welche Stimmenzahlen auf die Kandidaten des anderen Geschlechts entfallen sind. Erst danach werden die verbleibenden Mitglieder in der Reihenfolge der Stimmenhöchstzahlen ermittelt, jetzt ohne Rücksicht auf das Geschlecht (§ 22 Abs. 2 WO). Sind nach dem Beispiel oben Rz. 8 von sieben BR-Mitgliedern mindestens **zwei Frauen** zu wählen und erhalten

A (Mann)	140 Stimmen	E (Frau)	71 Stimmen
B (Frau)	**110 Stimmen**	F (Frau)	65 Stimmen
C (Mann)	105 Stimmen	G (Mann)	59 Stimmen
D (Mann)	98 Stimmen	H (Frau)	45 Stimmen,

so sind gewählt B und E einerseits (Frauen-Mindestquote), A, C, D, F und G andererseits (Restsitze ohne Rücksicht auf das Geschlecht, vgl. auch Beispiel § 14 Rz. 13). Haben sich zu wenige Bewerber des Minderheitsgeschlechts beworben, fallen diese Sitze nach § 22 Abs. 4 WO den Bewerbern des anderen Geschlechts in der Reihenfolge der jeweils höchsten Stimmzahlen zu. Auch bei Mehrheitswahlen sollen die Größenzahlen nach § 9 unabhängig von der Geschlechtsquote erreicht werden

10 **IV. Streitigkeiten.** Zunächst ist es Aufgabe des **Wahlvorstands**, das Geschlecht in der Minderheit festzustellen, die Mindestsitze für dieses Geschlecht zu errechnen (§ 5 WO) und dies im Wahlausschreiben

---

[1] ErfK/*Eisemann*, § 15 BetrVG Rz. 5.

auch bekannt zu geben. Im Streitfall können Entscheidungen des Wahlvorstands bereits vor Abschluss der Wahl **selbstständig** angefochten werden (vgl. § 18)[1]. Als zwingende Vorschrift stellt § 15 Abs. 2 eine wesentliche Wahlvorschrift dar, deren Verletzung eine **Wahlanfechtung** nach § 19 begründen kann. Entsprechende Streitigkeiten entscheidet auf Antrag das ArbG im **Beschlussverfahren** (§ 2a Abs. 1 Nr. 1 iVm. Abs. 2, §§ 80 ff. ArbGG).

16 *Bestellung des Wahlvorstands*
(1) Spätestens zehn Wochen vor Ablauf seiner Amtszeit bestellt der Betriebsrat einen aus drei Wahlberechtigten bestehenden Wahlvorstand und einen von ihnen als Vorsitzenden. Der Betriebsrat kann die Zahl der Wahlvorstandsmitglieder erhöhen, wenn dies zur ordnungsgemäßen Durchführung der Wahl erforderlich ist. Der Wahlvorstand muss in jedem Fall aus einer ungeraden Zahl von Mitgliedern bestehen. Für jedes Mitglied des Wahlvorstands kann für den Fall seiner Verhinderung ein Ersatzmitglied bestellt werden. In Betrieben mit weiblichen und männlichen Arbeitnehmern sollen dem Wahlvorstand Frauen und Männer angehören. Jede im Betrieb vertretene Gewerkschaft kann zusätzlich einen dem Betrieb angehörenden Beauftragten als nicht stimmberechtigtes Mitglied in den Wahlvorstand entsenden, sofern ihr nicht ein stimmberechtigtes Wahlvorstandsmitglied angehört.

(2) Besteht acht Wochen vor Ablauf der Amtszeit des Betriebsrats kein Wahlvorstand, so bestellt ihn das Arbeitsgericht auf Antrag von mindestens drei Wahlberechtigten oder einer im Betrieb vertretenen Gewerkschaft; Absatz 1 gilt entsprechend. In dem Antrag können Vorschläge für die Zusammensetzung des Wahlvorstands gemacht werden. Das Arbeitsgericht kann für Betriebe mit in der Regel mehr als zwanzig wahlberechtigten Arbeitnehmern auch Mitglieder einer im Betrieb vertretenen Gewerkschaft, die nicht Arbeitnehmer des Betriebs sind, zu Mitgliedern des Wahlvorstands bestellen, wenn dies zur ordnungsgemäßen Durchführung der Wahl erforderlich ist.

(3) Besteht acht Wochen vor Ablauf der Amtszeit des Betriebsrats kein Wahlvorstand, kann auch der Gesamtbetriebsrat oder, falls ein solcher nicht besteht, der Konzernbetriebsrat den Wahlvorstand bestellen. Absatz 1 gilt entsprechend.

§ 16 Abs. 1 verändert und Abs. 3 neu eingefügt durch das BetrVerf-ReformG v. 23.7.2001 (BGBl. I S. 1852), vgl. Neubekanntmachung v. 25.9.2001 (BGBl. I S. 2518).

I. Inhalt und Zweck. Die Vorschriften der §§ 16–18 belegen die **zentrale Bedeutung des Wahlvorstands** für die BR-Wahlen. Ohne Bestellung eines Wahlvorstands kann ein BR nicht gewählt werden, gleichgültig, ob es sich um die erste Wahl (auch zB im vereinfachten Wahlverfahren, §§ 14a Abs. 1, 17a Nr. 3) oder um die Anschlusswahl eines BR handelt[2]. § 16 geht von der Regel aus, dass ein bereits **amtierender BR** spätestens zehn Wochen vor Ablauf seiner Amtszeit den Wahlvorstand für die Anschlusswahlen bestellt (Abs. 1). Sollte der BR untätig bleiben, kann auf Antrag auch das **ArbG** den Wahlvorstand bestellen (Abs. 2). **Neu eingefügt** durch die BetrVG-Novelle 2001 wurde Abs. 3, wonach „auch" der Gesamt- oder KonzernBR ersatzweise den Wahlvorstand bestellen können. Diese **Ersatzlösung** wird für Betriebe ohne BR jetzt nach § 17 Abs. 1 zur Regellösung[3].

1

Die Norm des § 16 möchte die **Kontinuität der BR-Tätigkeit** einerseits durch die vorrangige Bestellungspflicht des amtierenden BR (Abs. 1), andererseits durch die Ersatzbestellung durch ArbG bzw. Gesamt- oder KonzernBR (Abs. 2, 3) sichern. Die BetrVG-Novelle 2001 hat in § 16 Abs. 1 durch Entfernung des alten Satzes 5 die Konsequenzen aus dem Wegfall des Gruppenprinzips gezogen. Die Soll-Vorschrift in Bezug auf Frauen und Männer im Wahlvorstand wurde sinnvollerweise beibehalten und nicht analog § 15 Abs. 2 zur Muss-Regel verändert. **Neu geschaffen** wurde § 16 Abs. 3, um die Fortsetzung der BR-Tätigkeit auch durch das sog. „Mentorenprinzip"[4], dh. die Einsetzung des Wahlvorstands durch den ggf. vorhandenen Gesamt- oder KonzernBR, sicher stellen zu lassen (Rz. 12).

2

II. Bestellung des Wahlvorstands durch den BR (Abs. 1). Die Regel in Abs. 1, dass der Wahlvorstand für die bevorstehende BR-Wahl vom noch **amtierenden** BR zu bestellen ist, begründet eine **Rechtspflicht** des BR. Ihm wird zur Sicherung des **Kontinuitätsinteresses** ein Einfluss auf die Zusammensetzung des Wahlvorstands eingeräumt[5]. Besteht kein BR, richtet sich die Bestellung des Wahlvorstands nach § 17. Die Bestellung des Wahlvorstands ist **unerlässlich** für jede Durchführung einer BR-Wahl: Eine Wahl ohne Wahlvorstand ist **nichtig**[6]. Kommt der BR seiner Rechtspflicht beharrlich nicht nach, kann er nach § 23 Abs. 1 aufgelöst werden. Doch hat der Gesetzgeber aus Effizienzgründen die Ersatzbestellungsmöglichkeiten nach Abs. 2 und 3 eingeräumt. Auch nach Spaltung oder Zusammenlegung von Betrieben wird der Wahlvorstand durch den BR bestellt, der ein Übergangsmandat nach § 21a ausübt, vgl. § 21a Abs. 1 Satz 2. Ein nicht mehr amtierender BR ist nach Ablauf seiner Amtszeit zur Bestellung des Wahlvorstands **nicht mehr befugt**[7]; eine Bestellung ist dann nur nach § 17 möglich.

3

---

1 GK-BetrVG/*Kreutz*, § 15 Rz. 31. | 2 GK-BetrVG/*Kreutz*, § 16 Rz. 1; Richardi/*Thüsing*, § 16 BetrVG Rz. 1. | 3 Zur Kritik an dieser Veränderung vgl. HaKo-BetrVG/*Brors*, § 16 Rz. 1. | 4 Gesetzesbegründung BT-Drs. 14/5741, S. 27, 38; HaKo-BetrVG/*Brors*, § 16 Rz. 1. | 5 GK-BetrVG/*Kreutz*, § 16 Rz. 8. | 6 HM, vgl. *Fitting*, § 16 BetrVG Rz. 87; GK-BetrVG/*Kreutz*, § 16 Rz. 5; HaKo-BetrVG/*Brors*, § 16 Rz. 2; aA DKK/*Schneider*, § 16 BetrVG Rz. 1. | 7 BAG v. 2.3.1955 – 1 ABR 19/54, BAGE 1, 317 = AP Nr. 1 zu § 18 BetrVG; *Fitting*, § 16 BetrVG Rz. 12.

4 Dem Wahlvorstand obliegt die ordnungsgemäße Durchführung des Wahlverfahrens (§ 18). Seine **Amtszeit beginnt** mit der Zustimmung der bestellten Mitglieder, ihr (unentgeltliches) Ehrenamt (vgl. § 20 Abs. 3) übernehmen zu wollen[1], und **endet** mit der Leitung der konstituierenden Sitzung des neuen BR bis zur Wahl eines Wahlleiters, vgl. § 29 Abs. 1 Satz 2[2]. Als **Gremium** kann der Wahlvorstand nicht zurücktreten, jedoch können alle Mitglieder ihr Amt niederlegen (vgl. Rz. 8)[3]. Sie genießen nach § 15 Abs. 3 KSchG, § 103 einen besonderen **Kündigungsschutz** (ab dem Zeitpunkt der Bestellung), der erst sechs Monate nach Bekanntgabe des Wahlergebnisses endet. Ist das Gremium einmal wirksam bestellt, kann es der BR nicht mehr abberufen, sondern nur noch das ArbG, vgl. § 18 Abs. 1 Satz 2.

5 **1. Zeitpunkt der Bestellung.** „Spätestens" zehn Wochen vor Ablauf seiner Amtszeit" hat der BR den Wahlvorstand zu bestellen. Eine **frühere Bestellung** ist demnach zulässig und auch zu empfehlen. Wegen der zeitgleichen Durchführung der Wahlen des SprAu (vgl. § 13 Rz. 6) sollte auf die Amtszeit des Gremiums abgestellt werden, die zuerst abläuft[4]. Eine **spätere Bestellung**, die die Zehn-Wochen-Frist nicht wahrt, ist rechtlich dennoch so lange möglich, als nicht eine Ersatzbestellung nach Abs. 2 bereits wirksam geworden ist[5]. Im **Regelfall** der vierjährigen Amtszeit lässt sich die Zehn-Wochen-Mindestfrist einfach dadurch berechnen, dass vom Tag der Beendigung der Amtszeit zehn Wochen zurück gerechnet werden. Endet die Amtszeit etwa am Sonntag, dem 26.5.2002, so ist der Wahlvorstand spätestens bis zum Freitag, dem 15.3.2002 zu bestellen, weil der jeweils letzte Werktag – in Abweichung von § 193 BGB – für die Fristwahrung maßgeblich ist[6]. Ist der amtierende BR **außerhalb des regelmäßigen Vier-Jahres-Turnus** gewählt worden (§ 13 Abs. 3, vgl. § 13 Rz. 14), ist seine Amtszeit in der Regel verkürzt (ausnahmsweise auch verlängert, vgl. § 13 Abs. 2). Sie endet dann gem. § 21 Satz 3 bzw. 4 spätestens am 31. 5. des Wahljahres, so dass hier der BR nach § 16 Abs. 1 den Wahlvorstand spätestens bis zum 22. 3. zu bestellen hat.

6 In den Ausnahmefällen **vorzeitiger Neuwahlen** aus den in § 13 Abs. 2 Nr. 1–3 genannten Gründen (Veränderung der Beschäftigtenzahl, Absinken der Zahl der BR-Mitglieder, Rücktritt, dazu § 13 Rz. 7 ff.) hat der BR **unverzüglich** nach Feststellung dieser besonderen Tatbestände den Wahlvorstand zu bestellen. Hier kann die Regelfrist von zehn Wochen nicht greifen[7] (für die übrigen Fälle vgl. § 13 Rz. 7).

7 **2. Form der Bestellung.** Abs. 1 sieht **keine förmliche** Bestellung der Mitglieder des Wahlvorstands vor[8]. Soweit nicht ausdrücklich in der Geschäftsordnung etwas anderes geregelt ist, bestellt der BR daher die Mitglieder des Wahlvorstands durch allgemeinen Beschluss mit **einfacher Mehrheit** nach § 33. Eine Delegation des Beschlusses auf einen Betriebsausschuss nach § 27 ist zulässig, nicht jedoch auf eine Arbeitsgruppe nach § 28a – diese ist kein Organ des BR. Grundsätzlich kann jeder Wahlberechtigte (§ 7) als Wahlvorstandsmitglied bestellt werden, vgl. Abs. 1 Satz 1. Auf seine Wählbarkeit (§ 9) kommt es nicht an. Weitere Beschränkungen sind nicht vorgesehen, so dass selbst amtierende BR-Mitglieder und Wahlkandidaten bestellt werden können[9].

8 **3. Zusammensetzung des Wahlvorstands.** Der Wahlvorstand besteht aus **drei Mitgliedern**, auch dann, wenn nur eine Person ins Amt zu wählen ist (vgl. § 17a Nr. 2, der § 16 Abs. 1 Satz 1 unverändert lässt). Diese Vorschrift ist **zwingend**, so dass zB bei nur zwei Mitgliedern ein Anfechtungsgrund vorliegt. Die Möglichkeit der **Vergrößerung** des Wahlvorstands nach Abs. 1 Satz 2 ist an deren „Erforderlichkeit" geknüpft, so dass insb. in Großbetrieben mit mehr als drei Wahllokalen wegen § 12 Abs. 2 WO eine ordnungsgemäße Durchführung der Wahl größere Wahlvorstände nötig macht[10]. Nach Satz 3 muss aber jeweils eine **ungerade Zahl** auch nach Vergrößerung des Wahlvorstands gewährleistet sein. Eine absolute Höchstzahl ist nicht vorgesehen, was wegen der gerichtlichen Kontrollmöglichkeit des Bestellungsbeschlusses hinzunehmen ist[11]. Auch die Bestimmung des **Vorsitzenden** obliegt dem BR, vgl. Satz 1, nicht dem Wahlvorstand. Das Gesetz sieht sogar die Möglichkeit der Bestellung von **Ersatzmitgliedern** vor, vgl. Satz 4, was nicht nur bei Verhinderung gilt, sondern erst recht beim Ausscheiden des Mitglieds.

9 Durch Abs. 1 Satz 6 erhält jede im Betrieb vertretene **Gewerkschaft** das Recht (nicht die Pflicht), **zusätzlich** einen betriebsangehörigen Beauftragten als nicht stimmberechtigtes Mitglied in den Wahlvorstand zu entsenden. Dieses Recht wurde zur Sicherung von Minderheitsrechten 1989 eingeführt und kann nur dann ausgeübt werden, wenn nicht bereits die Gewerkschaft durch ein Mitglied im Wahlvorstand vertreten ist. Es kompliziert die Geschäfte des Wahlvorstands unnötig[12]. Das Gesetz verlangt zwar die Betriebsangehörigkeit des Entsandten, nicht aber dessen Gewerkschaftszugehörig-

---

[1] HaKo-BetrVG/*Brors*, § 16 Rz. 2; Richardi/*Thüsing*, § 16 BetrVG Rz. 49. |[2] HM, vgl. GK-BetrVG/*Kreutz*, § 16 Rz. 78; HaKo-BetrVG/*Brors*, § 16 Rz. 2; MünchArbR/*Joost*, § 304 Rz. 163; aA *Fitting*, § 16 BetrVG Rz. 83; Richardi/*Thüsing*, § 16 BetrVG Rz. 58: Schon mit Einberufung der konstituierenden Sitzung, was aber gegen § 29 Abs. 1 Satz 2 verstößt. |[3] HM, vgl. ErfK/*Eisemann*, § 16 BetrVG Rz. 12; *Fitting*, § 16 BetrVG Rz. 85. |[4] *Fitting*, § 16 BetrVG Rz. 10; MünchArbR/*Joost*, § 304 Rz. 145. |[5] GK-BetrVG/*Kreutz*, § 16 Rz. 17; *Stege/Weinspach/Schiefer*, § 16 BetrVG Rz. 1. |[6] *Fitting*, § 16 BetrVG Rz. 7; GK-BetrVG/*Kreutz*, § 16 Rz. 18. |[7] HM, vgl. *Fitting*, § 16 BetrVG Rz. 13; GK-BetrVG/*Kreutz*, § 16 Rz. 20; MünchArbR/*Joost*, § 304 Rz. 147. |[8] *Fitting*, § 16 BetrVG Rz. 23; DKK/*Schneider*, § 16 BetrVG Rz. 9; GK-BetrVG/*Kreutz*, § 16 Rz. 22; aA Richardi/*Thüsing*, § 16 BetrVG Rz. 23. |[9] HM, vgl. DKK/*Schneider*, § 16 BetrVG Rz. 12; ErfK/*Eisemann*, § 16 BetrVG Rz. 4; *Fitting*, § 16 BetrVG Rz. 22. |[10] v. *Hoyningen-Huene*, BetrVG, S. 147; *Löwisch/Kaiser*, § 16 BetrVG Rz. 9. |[11] Vgl. ErfK/*Eisemann*, § 16 BetrVG Rz. 10; *Fitting*, § 16 BetrVG Rz. 28, 30. |[12] Vgl. *Richardi*, AuR 1986, 33 (36); Richardi/*Thüsing*, § 16 BetrVG Rz. 25.

keit[1]. Das Entsendungsrecht prüft der **Wahlvorstand** in eigener Verantwortung; mit Ausnahme des Stimmrechts kommt dem Beauftragten die ordentliche Mitgliedschaft im Wahlvorstand zu mit dem Recht auf Teilnahme und Mitberatung (hM)[2].

III. Ersatzbestellung durch das ArbG (Abs. 2). Frühestens **acht Wochen** vor Ablauf der Amtszeit des BR kann das **ArbG** ersatzweise angerufen werden, falls bis dahin – aus welchen Gründen auch immer – ein Wahlvorstand noch nicht besteht. Nach Ablauf der Amtszeit kann das ArbG nicht mehr nach Abs. 2 angerufen werden, vielmehr gilt dann § 17. Antragsberechtigt sind mindestens **drei Wahlberechtigte** des Betriebs oder jede im Betrieb vertretene **Gewerkschaft** (vgl. § 14 Rz. 19), nicht aber der ArbGeb. Die Entscheidung des ArbG ergeht im Beschlussverfahren nach §§ 2a, 80 ff. ArbGG. Der Antrag kann zwar „Vorschläge für die Zusammensetzung des Wahlvorstands" machen, vgl. Satz 2; doch ist das ArbG, das im Übrigen alle Anforderungen des Abs. 1 zu beachten hat, daran nicht gebunden[3].

In Betrieben mit idR mehr als 20 Wahlberechtigten kann nach **Satz 3** das ArbG auch **Mitglieder** einer im Betrieb vertretenen Gewerkschaft, die **nicht ArbN des Betriebs** sind, zu Mitgliedern des Wahlvorstands bestellen – allerdings nur dann, „wenn dies zur ordnungsgemäßen Durchführung der Wahl erforderlich ist". Das wird vor allem dann in Betracht kommen, wenn nicht mindestens drei betriebsangehörige ArbN bereit sind, als Wahlvorstand zu amtieren[4].

IV. Ersatzbestellung durch den Gesamt- bzw. KonzernBR (Abs. 3). Frühestens **acht Wochen** vor Ablauf der Amtszeit des BR kann anstelle des ArbG auch der **Gesamt- oder KonzernBR** ersatzweise den Wahlvorstand bestellen. Der Reformgesetzgeber 2001 wollte mit dem neuen Abs. 3 „lediglich eine weitere Alternative für den Fall des Untätigbleibens des dafür originär zuständigen BR" schaffen[5]. Daher gibt es zwischen Abs. 2 und Abs. 3 keine anwendbare Kollisionsregel als das **Prioritätsprinzip**: Hat der Gesamt- oder KonzernBR durch Beschluss (§ 33) den Wahlvorstand bestellt, kommt eine gerichtliche Bestellung nach Abs. 2 nicht mehr in Betracht[6]. Im Übrigen scheidet erst **nach Rechtskraft** des gerichtlichen Einsetzungsbeschlusses ein Beschluss nach Abs. 3 aus, so dass die Praxis das einfachere Verfahren nach Abs. 3 vorziehen wird und das ArbG sinnvollerweise nur als „ultima ratio" bemühen wird. Doch kann weiterhin allein das ArbG betriebsexterne Personen in den Wahlvorstand berufen, vgl. Rz. 11.

Auch für den Gesamt- bzw. KonzernBR bleibt es bei der **Subsidiarität** gegenüber Abs. 1: Solange ein BR amtiert, kommt diesem die **vorrangige** Bestellungspflicht zu, auch dann, wenn er nicht rechtzeitig tätig geworden ist (Rz. 5). Daher ist durch Errichtung eines Wahlvorstands durch den (noch amtierenden) BR ein evtl. schon durch den GesamtBR errichteter Wahlvorstand nicht wirksam bestellt[7]. Ein „Wettlauf" zwischen BR (Abs. 1) und Gesamt- bzw. KonzernBR (Abs. 3) sollte vermieden werden. Der **KonzernBR** schließlich kann nicht tätig werden, wenn der primär zuständige GesamtBR nicht handelt, sondern nur dann, wenn ein solcher fehlt, weil entgegen § 47 ein GesamtBR nicht gebildet wurde oder der Betrieb der Einzige im Unternehmen ist[8].

V. Streitigkeiten. Der Streit darüber, ob ein Wahlvorstand wirksam bestellt und zusammengesetzt ist, kann in einem **eigenständigen Beschlussverfahren** ausgetragen werden und muss nicht warten bis zum Abschluss der BR-Wahlen[9]. Antragsberechtigt sind analog § 19 Abs. 2 der ArbGeb, jede im Betrieb vertretene Gewerkschaft und (mindestens) drei Wahlberechtigte, wohl auch der (noch) amtierende BR[10]. Der Wahlvorstand kann nach § 10 ArbGG **beteiligte Stelle** im Beschlussverfahren sein. Sobald das Amt des Wahlvorstands erloschen ist, folgt ihm der aus der Wahl hervorgegangene BR als Antragsgegner. Verstöße gegen Vorschriften zur Bestellung und Zusammensetzung des Wahlvorstands können auch zur **Anfechtbarkeit** der Wahl führen; zwingende Wahlvorschriften sind regelmäßig als wesentlich iSd. § 19 Abs. 1 anzusehen[11]. Eine ohne Wahlvorstand durchgeführte BR-Wahl ist nach hM sogar nichtig (vgl. Rz. 3). Ein Abbruch einer bereits angelaufenen Wahl im Wege der **einstweiligen Verfügung** kann nur erfolgen, wenn die Wahl mit Sicherheit als **nichtig** anzusehen wäre[12].

---

1 HM, vgl. *Fitting*, § 16 BetrVG Rz. 49; MünchArbR/*Joost*, § 304 Rz. 159; GK-BetrVG/*Kreutz*, § 16 Rz. 46; Richardi/*Thüsing*, § 16 BetrVG Rz. 27; aA DKK/*Schneider*, § 16 BetrVG Rz. 21. | 2 *Fitting*, § 16 BetrVG Rz. 52 f.; GK-BetrVG/*Kreutz*, § 16 Rz. 49; aA DKK/*Schneider*, § 16 BetrVG Rz. 22. | 3 HM, vgl. MünchArbR/*Joost*, § 304 Rz. 149; *Stege/Weinspach/Schiefer*, § 16 BetrVG Rz. 4. | 4 Vgl. nur DKK/*Schneider*, § 16 BetrVG Rz. 28; *Fitting*, § 16 BetrVG Rz. 70; GK-BetrVG/*Kreutz*, § 16 BetrVG Rz. 68; zu weitgehend ArbG Berlin v. 11.10.2001 – 75 BV 21966/01, AiB 2002, 106 f. | 5 BT-Drs. 14/5741, S. 38. | 6 *Fitting*, § 16 BetrVG Rz. 76; *Löwisch/Kaiser*, § 16 BetrVG Rz. 17. | 7 Str., wie hier HaKo-BetrVG/*Brors*, § 16 Rz. 14; aA *Stege/Weinspach/Schiefer*, § 16 BetrVG Rz. 7b; ErfK/*Eisemann*, § 16 BetrVG Rz. 10; *Fitting*, § 16 BetrVG Rz. 76; GK-BetrVG/*Kreutz*, § 16 Rz. 74, die das Prioritätsprinzip zugunsten des GBR bzw. KBR auch gegenüber dem BR behaupten wollen. | 8 HM, vgl. ErfK/*Eisemann*, § 16 BetrVG Rz. 10; GK-BetrVG/*Kreutz*, § 16 Rz. 73. | 9 BAG v. 14.12.1965 – 1 ABR 6/65, BAGE 18, 41 = AP Nr. 5 zu § 16 BetrVG; v. 3.6.1975 – 1 ABR 98/74, BAGE 27, 163 = AP Nr. 1 zu § 5 BetrVG 1972 – Rotes Kreuz. | 10 So GK-BetrVG/*Kreutz*, § 16 Rz. 85 (Aktivlegitimation); vgl. ferner ErfK/*Eisemann*, § 16 BetrVG Rz. 13; *Fitting*, § 16 BetrVG Rz. 88; Richardi/*Thüsing*, § 16 BetrVG Rz. 67. | 11 BAG v. 14.9.1988 – 7 ABR 93/87, BAGE 59, 328 = AP Nr. 1 zu § 16 BetrVG 1972. | 12 Vgl. LAG Köln v. 10.3.2000 – 13 TaBV 9/00, NZA-RR 2001, 423 (Bestellung eines Wahlvorstands durch einen ohne Rechtsgrundlage bestellten „Übergangsbetriebsrat"); LAG Hess. v. 29.4.1997 – 12 TaBV Ga 60/97, BB 1997, 2220; ferner *Zwanziger*, DB 1999, 2264.

17 *Bestellung des Wahlvorstands in Betrieben ohne Betriebsrat*

(1) Besteht in einem Betrieb, der die Voraussetzungen des § 1 Abs. 1 Satz 1 erfüllt, kein Betriebsrat, so bestellt der Gesamtbetriebsrat oder, falls ein solcher nicht besteht, der Konzernbetriebsrat einen Wahlvorstand. § 16 Abs. 1 gilt entsprechend.

(2) Besteht weder ein Gesamtbetriebsrat noch ein Konzernbetriebsrat, so wird in einer Betriebsversammlung von der Mehrheit der anwesenden Arbeitnehmer ein Wahlvorstand gewählt; § 16 Abs. 1 gilt entsprechend. Gleiches gilt, wenn der Gesamtbetriebsrat oder Konzernbetriebsrat die Bestellung des Wahlvorstands nach Absatz 1 unterlässt.

(3) Zu dieser Betriebsversammlung können drei wahlberechtigte Arbeitnehmer des Betriebs oder eine im Betrieb vertretene Gewerkschaft einladen und Vorschläge für die Zusammensetzung des Wahlvorstands machen.

(4) Findet trotz Einladung keine Betriebsversammlung statt oder wählt die Betriebsversammlung keinen Wahlvorstand, so bestellt ihn das Arbeitsgericht auf Antrag von mindestens drei wahlberechtigten Arbeitnehmern oder einer im Betrieb vertretenen Gewerkschaft. § 16 Abs. 2 gilt entsprechend.

§ 17 zuletzt geändert durch das BetrVerf-ReformG v. 23.7.2001 (BGBl. I S. 1852), vgl. Neubekanntmachung v. 25.9.2001 (BGBl. I S. 2518).

1   **I. Inhalt und Zweck.** Die Vorschrift des § 17 wurde durch das BetrVerf-Reformgesetz entscheidend verändert. Sie soll die Bestellung von Wahlvorständen im **betriebsratslosen Betrieb** erleichtern. Nach dem neu eingefügten Absatz 1 kommt jetzt dem Gesamt- bzw. KonzernBR die **Primärkompetenz** zu, durch Bestellung eines Wahlvorstands Betriebsräte erstmalig einzurichten. Der Betriebsversammlung kommt nur noch eine subsidiäre Zuständigkeit (Sekundärkompetenz) zu, weil ihre Durchführung in jedem einzelnen Fall zu aufwändig und kostenintensiv sei[1]. Ziel des Gesetzgebers war es, durch Einführung des sog. „Mentorenprinzips"[2] die Bestellung von Wahlvorständen und damit letztlich die Schaffung von Betriebsräten zu erleichtern. Diese Neuregelung ist scharf kritisiert worden[3]. Hingewiesen wird vor allem auf den damit eingetretenen demokratischen Legitimationsverlust; Minderheiten werde die Möglichkeit eröffnet, einen BR zu installieren, auch wenn dies nicht dem Willen der Belegschaftsmehrheit entspricht[4]. Die Einsetzung des BR „von oben" lässt sich aber rechtfertigen durch notwendig unternehmenseinheitliche Mitbestimmungsregelungen auf Grund einheitlicher Arbeitsbedingungen, die dem Gesamt- bzw. KonzernBR die Führungsrolle zuweisen, zu einer Stärkung des Vertragsprinzips auf Unternehmensebene führen und deshalb einen betrieblichen „Unterbau" benötigen[5].

2   Die ursprüngliche Regel – Bestellung des Wahlvorstands über eine **Betriebsversammlung** – findet nach Abs. 2 nur bei Nichtexistenz eines Gesamt- oder KonzernBR (bzw. bei deren Untätigkeit) statt (Rz. 6). Die Einladungsberechtigung zu einer derartigen Betriebsversammlung regelt Abs. 3. In Abs. 4 schließlich wird die Ersatzkompetenz des ArbG „auf Antrag" geregelt, wenn trotz Einladung keine Betriebsversammlung stattfindet oder dort kein Wahlvorstand gewählt wird (Rz. 11). Findet das vereinfachte Wahlverfahren nach § 14a statt, gelten die **Sonderregeln** des § 17a.

3   **II. Primärkompetenz des Gesamt- bzw. KonzernBR (Abs. 1).** Besteht trotz BR-Fähigkeit (§ 1 Abs. 1 Satz 1) kein BR, soll nach Abs. 1 der **GesamtBR** oder, falls ein solcher nicht besteht, der KonzernBR einen Wahlvorstand nach den Grundsätzen des § 16 Abs. 1 bestellen. Dabei wird der Wahlvorstand durch einen **Beschluss** mit einfacher Stimmenmehrheit bestellt, wobei formal § 47 Abs. 7, 8 bzw. § 55 Abs. 3 mit ihrer besonderen Gewichtung beachtlich sind (nicht etwa § 33)[6], inhaltlich die Vorgaben des § 16 Abs. 1. Nach überwiegender Auffassung begründet § 17 Abs. 1 aber **keine zwingende Verpflichtung** der Gremien zur Bestellung eines Wahlvorstands; eine derartige Fremdbestimmung bedürfte einer ausdrücklichen Regelung und hinreichender Rechtfertigung[7]. Vielmehr handelt es sich nur um eine Kompetenznorm. Dabei spielt es keine Rolle, aus welchem Grund kein BR besteht. Die Norm gilt sowohl für den Fall, dass ein neuer Betrieb entstanden ist, als auch für den Fall, dass das **Amt des BR abgelaufen** ist, ohne dass nach § 16 ein Wahlvorstand eingesetzt wurde (Rz. 5)[8].

4   Im Falle einer **Betriebsspaltung** besteht ein gesetzliches Übergangsmandat des BR für die ihm zugeordneten Betriebsteile, soweit diese betriebsratsfähig sind und durch die Spaltung nicht in einen anderen Betrieb eingegliedert wurden (vgl. § 21a Abs. 1 Satz 1). BR-Losigkeit ist hier nicht gegeben, so dass § 17 Abs. 1 nicht eingreift. Auch in gesetzlich nicht geregelten Fällen ist nach dem gesetzlichen Muster des § 21a Abs. 2 zu verfahren, so dass etwa bei Umstrukturierungen im Unternehmen der BR des nach

---

[1] Vgl. Begr. BT-Drs. 14/5741, S. 38.   [2] BT-Drs. 14/5741, S. 27.   [3] Vgl etwa GK-BetrVG/*Kreutz*, § 17 Rz. 6; *Hanau*, RdA 2001, 65 (69); *Konzen*, RdA 2001, 76 (88); *Rieble*, ZIP 2001, 133 (135); *Schiefer/Korte*, NZA 2002, 57 (62).   [4] HaKo-BetrVG/*Brors*, § 14 Rz. 1; GK-BetrVG/*Kreutz*, § 14 Rz. 6 ua. mit dem Hinweis, man hätte als Kompromiss dem Gesamt- bzw. KonzernBR als minus auch nur ein Einladungsrecht zur Betriebsversammlung einräumen können.   [5] Vgl. *Reichold*, NZA 2001, 857 (861); *Däubler*, AuR 2001, 1 (2).   [6] HaKo-BetrVG/*Brors*, § 17 Rz. 2.   [7] ErfK/*Eisemann*, § 17 BetrVG Rz. 2; *Fitting*, § 17 BetrVG Rz. 10.   [8] BAG v. 2.3.1955 – 1 ABR 19/54, BAGE 1, 317 = AP Nr. 1 zu § 18 BetrVG; ErfK/*Eisemann*, § 17 BetrVG Rz. 2; *Fitting*, § 17 BetrVG Rz. 6.

der Zahl der Wahlberechtigten bisher größten Betriebs den Wahlvorstand bestellt[1]. § 17 kommt auch hier nicht zum Zug.

Die Norm des § 17 greift erst ein, wenn das **Regelverfahren des § 16** wegen Ablaufs der Amtszeit (vgl. § 21) nicht mehr anwendbar ist (vgl. § 16 Rz. 3). Gesamt- bzw. KonzernBR sind aber auch dann zur Bestellung eines Wahlvorstandes zuständig, wenn ein Verfahren nach § 16 Abs. 2 zwar eingeleitet wurde oder das ArbG sogar ersatzweise einen Wahlvorstand bestellt hat, diese Entscheidung aber **noch nicht rechtskräftig** geworden ist. Bis zur Rechtskraft der Entscheidung können die nach § 17 Abs. 1 zuständigen Gremien durch eigenständige Bestellung des Wahlvorstands noch die **Erledigung** des Verfahrens herbeiführen[2].

III. Sekundärkompetenz der Betriebsversammlung (Abs. 2, 3). Der Betriebsversammlung **verbleibt** das Recht zur Bestellung des Wahlvorstands (1) dann, wenn weder ein GesamtBR noch ein KonzernBR existieren, so Abs. 2 Satz 1, (2) auch dann, wenn eine Bestellung durch diese Gremien **unterlassen** wurde, so Abs. 2 Satz 2. Fraglich ist bei Satz 2, wann genau davon auszugehen ist, dass die Primärkompetenz nicht wahr genommen wird und die Sekundärkompetenz der Betriebsversammlung eingreift. Eine gesetzliche **Wartefrist** ist nicht vorgesehen. Solange Gesamt- bzw. KonzernBR erkennbar Anstrengungen zur Bestellung eines Wahlvorstands unternehmen (zB Abklärung der Frage, welche ArbN für die Mitgliedschaft im Wahlvorstand in Betracht kommen), kann eine Zuständigkeit der Betriebsversammlung wegen **Sperrwirkung kraft Wahlvorbereitung** durch die vorrangig zuständigen Gremien nicht bestehen[3]. Jedoch dürfen ansonsten die nach Abs. 3 Berechtigten **jederzeit** zu einer – früher ja originär zuständigen – Betriebsversammlung einladen und den Wahlvorstand wählen lassen[4]. Die Primärkompetenz endet spätestens dann, wenn der nach Abs. 2, 3 gewählte Wahlvorstand im Amt ist, dh. die gewählten Mitglieder ihr Amt angenommen haben[5]. Ansonsten bleibt es Gesamt- bzw. KonzernBR unbenommen, nach dem **Prioritätsprinzip** die Betriebsversammlung durch eigenen Beschluss überflüssig zu machen[6]. Ein „Wettlauf" um die Bestellung des Wahlvorstands sollte aber sinnvollerweise durch Absprachen im Vorfeld vermieden werden.

1. Einladung zur Betriebsversammlung (Abs. 3). Der Wortlaut des Abs. 3 erfasst als Einladungsberechtigte drei wahlberechtigte ArbN oder eine im Betrieb vertretene Gewerkschaft (vgl. § 14 Rz. 17–19). Das Einladungsrecht der Gewerkschaft bzw. der ArbN entfällt nicht deswegen, weil der andere Einladungsberechtigte bereits eingeladen hat[7]. Streitig ist die Frage, ob dem **ArbGeb** ebenfalls ein Einladungsrecht zusteht[8]. Dagegen spricht der wohl als abschließend zu interpretierende Wortlaut sowie die Gefahr, dass durch die Einladung von ArbGebSeite Druck ausgeübt wird, einen ihm „genehmen" Wahlvorstand zu wählen[9]. Einer Wahlbeeinflussung steht aber § 20 entgegen. Wegen der erschöpfenden Aufzählung der Berechtigten in Abs. 3 können auch weder der noch amtierende BR (soweit nach § 16 kompetent) noch **weniger als drei** ArbN einladungsberechtigt sein; die frühere – „wahlfreundliche" erweiternde Auslegung hat mit der Primärkompetenz von Gesamt- bzw. KonzernBR in Abs. 1 ihre Berechtigung verloren. Jedoch gehört Abs. 3 **nicht zu den wesentlichen** Wahlvorschriften iSd. § 19 Abs. 1, so dass eine „falsche" Einladung weder eine Anfechtung noch erst recht eine Nichtigkeitserklärung rechtfertigt[10].

Form- oder Fristvorschriften für die Einladung bestehen nicht. Erforderlich ist aber, dass die ArbN rechtzeitig über Zeitpunkt, Ort und Zweck der Betriebsversammlung unterrichtet werden[11], zB durch sichtbaren Aushang oder Versendung oder elektronische Veröffentlichung im Intranet (vgl. § 14a Rz. 6). Kommt es dabei zu Fehlern und erhalten die Betroffenen nicht auf andere Weise Kenntnis von der Betriebsversammlung, ist die Wahl des Wahlvorstandes **nichtig**, soweit durch das Fernbleiben das Wahlergebnis beeinflusst werden konnte[12].

2. Wahl des Wahlvorstands. Für die als „Betriebsversammlung" bezeichnete Wahl nach Abs. 2, 3 finden die Vorschriften über die **Betriebsversammlung** (§§ 42 ff.) Anwendung, soweit diese nicht das Bestehen eines BR gerade voraussetzen. Danach besteht ein Teilnahmerecht für alle – auch für die nicht wahlberechtigten – ArbN des Betriebs sowie für Beauftragte der im Betrieb vertretenen Gewerkschaften, **nicht** dagegen für die in § 5 Abs. 2, 3 genannten Personen und für den ArbGeb[13]. Die Teilnahme des ArbGeb auf der Wahlversammlung kann gerade nicht auf § 43 Abs. 2 – eine Betriebsvertretung existiert ja noch nicht – gestützt werden. Die Versammlung findet grundsätzlich **während der Arbeitszeit** statt, vgl. § 44 Abs. 1 Satz 1. Eine bestimmte Mindestzahl von teilnehmenden ArbN im Sinne einer „Beschluss-

---

1 ArbG Düsseldorf v. 17.9.1996 – 1 BVGa 12/96, AiB 1997, 602 (zur alten Rechtslage nach UmwG); GK-BetrVG/*Kreutz*, § 17 Rz. 8; Richardi/*Thüsing*, § 17 BetrVG Rz. 5. | **2** HM, vgl. *Fitting*, § 17 BetrVG Rz. 6, GK-BetrVG/*Kreutz*, § 17 Rz. 9. | **3** ErfK/*Eisemann*, § 17 BetrVG Rz. 13. | **4** GK-BetrVG/*Kreutz*, § 17 Rz. 15; aA ErfK/*Eisemann*, § 17 BetrVG Rz. 3: Untätigkeit muss „feststehen"; Richardi/*Thüsing*, § 17 BetrVG Rz. 6. | **5** GK-BetrVG/*Kreutz*, § 17 Rz. 15; HaKo-BetrVG/*Brors*, § 17 Rz. 5. | **6** Zutr. *Fitting*, § 17 BetrVG Rz. 14. | **7** LAG Köln v. 6.10.1989 – 9 TaBV 49/89, BB 1990, 998; *Fitting*, § 17 BetrVG Rz. 16. | **8** Zum Streitstand ausf. GK-BetrVG/*Kreutz*, § 17 Rz. 23; Richardi/*Thüsing*, § 17 BetrVG Rz. 11. | **9** So auch ErfK/*Eisemann*, § 17 BetrVG Rz. 4; *Fitting*, § 17 BetrVG Rz. 22; HaKo-BetrVG/*Brors*, § 14 Rz. 7; DKK/*Schneider*, § 17 BetrVG Rz. 3, aA GK-BetrVG/*Kreutz*, § 17 Rz. 22; Richardi/*Thüsing*, § 17 BetrVG Rz. 11, so auch BAG v. 19.3.1974 – 1 ABR 87/73, AP Nr. 1 zu § 17 BetrVG 1972. | **10** ErfK/*Eisemann*, § 17 BetrVG Rz. 4; anders bei gravierenden Fehlern GK-BetrVG/*Kreutz*, § 17 Rz. 25. | **11** BAG v. 26.2.1992 – 7 ABR 37/91, AP Nr. 6 zu § 17 BetrVG 1972. | **12** BAG v. 7.5.1986 – 2 AZR 349/85, AP Nr. 18 zu § 15 KSchG 1969. | **13** Letzteres str., vgl. einerseits (für die ArbG-Teilnahme) ErfK/*Eisemann*, § 17 BetrVG Rz. 6; *Fitting*, § 17 BetrVG Rz. 26; GK-BetrVG/*Kreutz*, § 17 Rz. 28; andererseits DKK/*Schneider*, § 17 BetrVG Rz. 6; Richardi/*Thüsing*, § 17 BetrVG Rz. 16.

fähigkeit" ist nicht erforderlich. Das folgt aus Abs. 2 Satz 1, der anordnet, dass die Wahl durch die (einfache) „Mehrheit der **anwesenden** ArbN" erfolgt[1]. Wahlberechtigt sind **alle** (anwesenden) ArbN, nicht nur die wahlberechtigten. LeihArbN, die nicht unter § 7 Satz 2 fallen, gehören dazu allerdings mangels Betriebszugehörigkeit nicht[2].

10 Der Wahlvorstand ist auch im Anwendungsbereich des § 17 so zusammenzusetzen wie ein vom BR nach § 16 bestellter Wahlvorstand (vgl. § 16 Rz. 8). Gewählt ist, wer die meisten Stimmen erhält. Ausweislich des Wortlauts muss jeder Kandidat die Mehrheit der abgegebenen Stimmen der **anwesenden ArbN** auf sich vereinigen, so dass allein die Mehrheit der *abgegebenen* Stimmen nicht reicht[3]. Mangels besonderer Formvorschriften ist eine geheime Abstimmung durch Stimmzettel nicht erforderlich; es genügt das Abstimmen per Handzeichen[4]. Nach der Wahl erfolgt die **Bestellung** des Wahlvorstands. Ist in der Betriebsversammlung die Vorstandswahl unterlassen worden, so kann der Wahlvorstand ohne weiteres selbst den Vorsitzenden bestellen[5].

11 **IV. Ersatzkompetenz des ArbG (Abs. 4).** Erst wenn **trotz Einladung** zu der Betriebsversammlung nach Abs. 3 die Wahl eines Wahlvorstands ausbleibt, kann das ArbG auf Antrag gemäß Abs. 4 den Wahlvorstand bestellen. Das ArbG hat deshalb nach bisher hM die Ordnungsmäßigkeit der Einladung nach Abs. 3 zu prüfen, weil sonst der Antrag keinen Erfolg haben kann[6]. Der Wahlvorstand soll erst durch das Gericht installiert werden können, wenn sich die Belegschaft hierzu überhaupt äußern konnte, was die Kenntnisnahme von der Einladung voraussetzt. Die Gründe, warum es zu der Einladung nicht gekommen ist, spielen keine Rolle und sind für die Prüfung des ArbG unerheblich[7]. Antragsberechtigt sind wie bei § 16 Abs. 2 drei **wahlberechtigte** ArbN oder eine im Betrieb vertretene Gewerkschaft. Dabei ist nicht Voraussetzung, dass diejenigen den Antrag stellen, die zuvor zur Betriebsversammlung nach Abs. 3 eingeladen hatten.

12 **V. Rechtsstellung des Wahlvorstands.** § 17 regelt nur die Bestellung des Wahlvorstands in Betrieben ohne BR. Hinsichtlich der Aufgaben, Amtsdauer und Rechtsstellung seiner Mitglieder gilt dasselbe wie bei der Bestellung durch den vorhandenen BR (hierzu vgl. § 16 Rz. 4). Die BetrVG-Novelle 2001 hat einen besonderen **Kündigungsschutz** zusätzlich für die **Initiatoren** von BR-Wahlen eingeführt: Nach § 15 Abs. 3a KSchG sollen auch die nach § 17 Abs. 3 bzw. Abs. 4 einladenden bzw. antragstellenden ArbN vom Zeitpunkt der Einladung bzw. Antragstellung an bis zur Bekanntgabe des Wahlergebnisses, bei Nicht-Zustandekommen der Wahl drei Monate lang gegen **ordentliche** Kündigungen besonders geschützt sein. Ein darüber hinaus nachwirkender Kündigungsschutz ist nicht vorgesehen. Der Schutz ist begrenzt auf die **ersten drei** in der Einladung oder Antragstellung aufgeführten ArbN, § 15 Abs. 3a Satz 1 letzter Halbs.; er gilt daher nicht für Initiatoren zur BR-Wahl, die allein oder bloß zu zweit geblieben sind[8].

13 **VI. Streitigkeiten.** Streitigkeiten, die sich im Zusammenhang mit der Bestellung des Wahlvorstands ergeben, entscheidet das ArbG im Wege des **Beschlussverfahrens**, vgl. §§ 2a Abs. 1 Nr. 1, Abs. 2 iVm. 80 ff. ArbGG. Ist die Wahl des Wahlvorstands **nichtig**, ist auch die von diesem organisierte BR-Wahl nichtig[9]. Zur Möglichkeit einer Einstweiligen Verfügung zum Zwecke des Abbruchs des Wahlverfahrens vgl. § 16 Rz. 14.

17a *Bestellung des Wahlvorstands im vereinfachten Wahlverfahren*
Im Fall des § 14a finden die §§ 16 und 17 mit folgender Maßgabe Anwendung:

1. **Die Frist des § 16 Abs. 1 Satz 1 wird auf vier Wochen und die des § 16 Abs. 2 Satz 1, Abs. 3 Satz 1 auf drei Wochen verkürzt.**
2. **§ 16 Abs. 1 Satz 2 und 3 findet keine Anwendung.**
3. **In den Fällen des § 17 Abs. 2 wird der Wahlvorstand in einer Wahlversammlung von der Mehrheit der anwesenden Arbeitnehmer gewählt. Für die Einladung zu der Wahlversammlung gilt § 17 Abs. 3 entsprechend.**
4. **§ 17 Abs. 4 gilt entsprechend, wenn trotz Einladung keine Wahlversammlung stattfindet oder auf der Wahlversammlung kein Wahlvorstand gewählt wird.**

§ 17a neu eingeführt durch das BetrVerf-ReformG v. 23.7.2001 (BGBl. I S. 1852), vgl. Neubekanntmachung v. 25.9.2001 (BGBl. I S. 2518).

---

1 HM, vgl. DKK/*Schneider*, § 17 BetrVG Rz. 8; *Fitting*, § 17 BetrVG Rz. 25. | 2 Vgl. nur Richardi/*Thüsing*, § 17 BetrVG Rz. 20. | 3 *Fitting*, § 17 BetrVG Rz. 28; GK-BetrVG/*Kreutz*, § 17 Rz. 29. | 4 HaKo-BetrVG/*Brors*, § 17 Rz. 6. | 5 BAG v. 14.12.1965 – 1 ABR 6/65, BAGE 18, 54 = AP Nr. 5 zu § 16 BetrVG; Richardi/*Thüsing*, § 17 BetrVG Rz. 25. | 6 BAG v. 26.2.1992 – 7 ABR 37/91, AP Nr. 6 zu § 17 BetrVG 1972; kritisch *Fitting*, § 17 BetrVG Rz. 33; *Richter*, NZA 2002, 1069 wegen der neuen Primärkompetenz des GBR/KBR. | 7 BAG v. 26.2.1992 – 7 ABR 37/91, AP Nr. 6 zu § 17 BetrVG 1972; LAG Düsseldorf v. 19.10.1983 – 12 TaBV 75/83, AiB 1984, 79; ErfK/*Eisemann*, § 17 BetrVG Rz. 9; GK-BetrVG/*Kreutz*, § 17 Rz. 45; das bleibt auch nach der Neufassung maßgeblich, vgl. *Richter*, NZA 2002, 1069 (1073). | 8 ErfK/*Eisemann*, § 17 BetrVG Rz. 11; *Löwisch*, BB 2002, 1503. | 9 ErfK/*Eisemann*, § 17 BetrVG Rz. 12; GK-BetrVG/*Kreutz*, § 17 Rz. 53.

Vorbereitung und Durchführung der Wahl § 18 BetrVG

I. Inhalt und Zweck. Die Vorschrift ergänzt § 14a BetrVG, indem sie dem Beschleunigungs- und Vereinfachungszweck des neuen **vereinfachten Wahlverfahrens** entsprechende Modifikationen der allgemeinen Regeln (§§ 16, 17) für die Bestellung des Wahlvorstands enthält. Sie gilt also nur für Betriebe mit in der Regel fünf bis 50 wahlberechtigten ArbN, vgl. § 14a Abs. 1 Satz 1. Die Fristen für die Bestellung des Wahlvorstands werden verkürzt (Nr. 1), der Wahlvorstand in Kleinbetrieben wird auf die Anzahl von **drei** Mitgliedern festgelegt (Nr. 2); eine höhere Mitgliederzahl hielt der Gesetzgeber im Kleinbetrieb nicht für erforderlich[1]. Für den betriebsratslosen Kleinbetrieb, dh. für das sog. zweistufige vereinfachte Wahlverfahren (vgl. § 14a Rz. 2), wird in Nr. 3 bestimmt, dass der Wahlvorstand in einer Wahlversammlung gewählt wird. Wie im Regelverfahren nach § 14 wird der Wahlvorstand dort von der Mehrheit der anwesenden Mitglieder bestellt (vgl. § 14a Rz. 9 f.). Nr. 4 schließlich sieht in entsprechender Anwendung des § 17 Abs. 4 die Ersatzbestellung durch das ArbG auf Antrag vor (vgl. § 17 Rz. 11).

Soweit § 17a keine Modifikation enthält, finden die §§ 16, 17 BetrVG uneingeschränkt Anwendung. Dies ergibt sich aus dem Eingangssatz der Vorschrift[2]. Zu beachten ist, dass § 17a nicht für das vereinfachte Wahlverfahren **kraft Vereinbarung** gilt, § 14a Abs. 5, weil hier der Wahlvorstand bereits nach den allgemeinen Regeln der §§ 16, 17 bestellt worden sein muss[3].

II. Bestellung in Kleinbetrieben durch BR (Nr. 1 u. 2). Besteht bereits ein BR (sog. einstufiges vereinfachtes Verfahren, vgl. § 14a Abs. 3), kann er nach Nr. 1 **sechs Wochen länger** mit der Bestellung des Wahlvorstands zuwarten als nach § 16 Abs. 1 Satz 1. Entsprechendes kann mit der **Ersatzbestellung** durch das ArbG (§ 16 Abs. 2) oder den Gesamt- bzw. KonzernBR (§ 16 Abs. 3) nicht schon acht, sondern frühestens drei Wochen vor Ablauf der Amtszeit erfolgen. Der Sinn dieser Verkürzung von Bestellungsfristen ist auch mit Rücksicht auf Kleinbetriebe nicht erkennbar. Selbst wenn der Vorbereitungsaufwand dort geringer sein sollte, wird dennoch möglicherweise unnötige Hektik erzeugt[4]. Jedenfalls ist dem BR eine frühere Bestellung keineswegs verwehrt (vgl. § 16 Abs. 1 Satz 1: „spätestens")[5].

III. Bestellung in Kleinbetrieben ohne BR (Nr. 3 u. 4). Da § 17 uneingeschränkt Anwendung findet, soweit § 17a keine modifizierenden Regelungen enthält (Rz. 2), gilt auch in Kleinbetrieben ohne BR die **Primärkompetenz** des Gesamt- bzw. KonzernBR zur Bestellung des Wahlvorstands (vgl. § 17 Rz. 3). Der Wahlversammlung kommt auch **im vereinfachten Verfahren** nur eine sekundäre Zuständigkeit zu (vgl. § 17 Rz. 6)[6]. Die teleologisch begründbare Gegenmeinung von *Löwisch* ist systematisch nicht haltbar: Der Verweis der Nr. 3 auf „Fälle des § 17 Abs. 2" setzt auch hier die Geltung des § 17 Abs. 1 als selbstverständlich voraus[7]. Der gegenüber § 17 Abs. 2 **eigenständige Gehalt** von Nr. 3 Satz 1 ist der Begriff „Wahlversammlung" (nicht: „Betriebsversammlung"), so dass eine formlose Versammlung von betrieblichen ArbN ausreicht, die den Wahlvorstand ebenso formlos mit einfacher Mehrheit wählen kann (vgl. § 14a Rz. 9). Für die Einladung gilt § 17 Abs. 3 entsprechend, jedoch muss sie nach § 28 Abs. 1 Satz 2 WO **sieben Tage** vor der Wahlversammlung erfolgen (zu den Einzelheiten vgl. § 14a Rz. 6–8).

Findet „trotz Einladung" **keine Wahlversammlung** statt oder wird trotz Wahlversammlung kein Wahlvorstand gewählt, ordnet Nr. 4 der Vorschrift die entsprechende Anwendung des § 17 Abs. 4 an, so dass das ArbG auf Antrag von drei wahlberechtigten ArbN oder einer im Betrieb vertretenen Gewerkschaft den Wahlvorstand bestellen kann (zu den Einzelheiten vgl. § 17 Rz. 11). Auch dann kann die Zahl der Wahlvorstandsmitglieder nicht über drei hinaus erhöht werden. Nur in Betrieben mit in der Regel mehr als 20 wahlberechtigten ArbN gilt über § 17 Abs. 4 die Möglichkeit, betriebsexterne Gewerkschaftsmitglieder zu Mitgliedern des Wahlvorstands zu bestellen (vgl. § 16 Rz. 11).

IV. Streitigkeiten. Streitigkeiten, die sich im Zusammenhang mit der Bestellung des Wahlvorstands ergeben, entscheidet das ArbG im Wege des **Beschlussverfahrens** (§§ 2a Abs. 1 Nr. 1, Abs. 2 iVm. 80 ff. ArbGG). Verstöße gegen § 17a können als Verstöße gegen das Wahlverfahren zur **Anfechtbarkeit** (§ 19) führen, wenn es nicht völlig unwahrscheinlich ist, dass bei ordnungsgemäßer Durchführung der Wahl ein anderes Wahlergebnis erzielt worden wäre. Eine pauschale Argumentation mit dem erhöhten Zeitdruck der Wahl im vereinfachten Verfahren reicht nicht aus[8], jedoch ist die Nicht-Einhaltung der knappen Fristen (zB der 7-Tage-Einladungsfrist im zweistufigen Wahlverfahren, vgl. § 14a Rz. 6) eindeutiger Anfechtungsgrund. Im Übrigen vgl. näher § 14 Rz. 21; § 14a Rz. 20.

18 *Vorbereitung und Durchführung der Wahl*
(1) Der Wahlvorstand hat die Wahl unverzüglich einzuleiten, sie durchzuführen und das Wahlergebnis festzustellen. Kommt der Wahlvorstand dieser Verpflichtung nicht nach, so ersetzt ihn das Arbeitsgericht auf Antrag des Betriebsrats, von mindestens drei wahlberechtigten Arbeitnehmern oder einer im Betrieb vertretenen Gewerkschaft. § 16 Abs. 2 gilt entsprechend.

---

1 Vgl. BT-Drs. 14/5741, S. 38. | 2 HM, vgl. GK-BetrVG/*Kreutz*, § 17a Rz. 7; *Löwisch/Kaiser*, § 17a BetrVG Rz. 1. | 3 Vgl. *Fitting*, § 17a BetrVG Rz. 2; *Richardi/Thüsing*, § 17a BetrVG Rz. 1. | 4 Zutr. ErfK/*Eisemann*, § 17a BetrVG Rz. 2. | 5 Vgl. ErfK/*Eisemann*, § 17a BetrVG Rz. 2; GK-BetrVG/*Kreutz*, § 17a Rz. 9. | 6 HM, vgl. DKK/*Schneider*, § 17a BetrVG Rz. 2; *Fitting*, § 17a BetrVG Rz. 8; GK-BetrVG/*Kreutz*, § 17a Rz. 13; *Quecke*, AuR 2002, 3; aA *Löwisch*, BB 2001, 1734 (1739); *Löwisch/Kaiser*, § 17a BetrVG Rz. 2. | 7 Vgl. ausf. GK-BetrVG/ *Kreutz*, § 17a Rz. 13. | 8 HaKo-BetrVG/*Brors*, § 17a Rz. 6.

(2) Ist zweifelhaft, ob eine betriebsratsfähige Organisationseinheit vorliegt, so können der Arbeitgeber, jeder beteiligte Betriebsrat, jeder beteiligte Wahlvorstand oder eine im Betrieb vertretene Gewerkschaft eine Entscheidung des Arbeitsgerichts beantragen.

(3) Unverzüglich nach Abschluss der Wahl nimmt der Wahlvorstand öffentlich die Auszählung der Stimmen vor, stellt deren Ergebnis in einer Niederschrift fest und gibt es den Arbeitnehmern des Betriebs bekannt. Dem Arbeitgeber und den im Betrieb vertretenen Gewerkschaften ist eine Abschrift der Wahlniederschrift zu übersenden.

§ 18 Abs. 1 u. 2 zuletzt geändert durch das BetrVerf-ReformG v. 23.7.2001 (BGBl. I S. 1852), vgl. Neubekanntmachung v. 25.9.2001 (BGBl. I S. 2518).

1 **I. Inhalt und Zweck.** Die Vorschrift regelt in erster Linie die **Aufgaben des Wahlvorstands** (Abs. 1 Satz 1, Abs. 3) bei Vorbereitung und Durchführung der Wahl, die in der Wahlordnung (WO 2001) im Einzelnen benannt werden. Der Feststellung des Wahlergebnisses kommt im demokratischen Rechtsstaat eine so hohe Bedeutung zu, dass nach Ansicht des Gesetzgebers der Inhalt des Abs. 3 nicht der WO vorbehalten sein sollte, sondern einer besonderen gesetzlichen Normierung bedurfte[1]. Abs. 2 eröffnet hingegen die Möglichkeit der arbeitsgerichtlichen Feststellung, ob eine „**betriebsratsfähige Organisationseinheit**" vorliegt. Diese wichtige Vorfrage für jeden Wahlvorstand darf jetzt laut BetrVG-Novelle 2001 **jederzeit** dem Gericht vorgelegt werden, nicht wie bisher nur „vor der Wahl"[2]. Das entspricht der schon bisher geltenden Rspr.[3]. Die Einführung des Begriffs der „betriebsratsfähigen Organisationseinheit" in Abs. 2 trägt dem durch § 3 Abs. 1 Nr. 1 bis 3 möglichen flexibleren Betriebszuschnitt kraft TV oder BV Rechnung. Streit- und Zweifelsfragen können sich auch aus der Anwendung des § 1 Abs. 2 (gemeinsamer Betrieb) oder des § 4 Abs. 1 Satz 1 bzw. Abs. 2 (Betriebsteil, Kleinstbetrieb) ergeben (näher Rz. 12)[4]. Eine weitere wichtige Änderung durch die BetrVG-Novelle 2001 betrifft den Kreis der Antragsberechtigten nach Abs. 1 Satz 2: Ein untätiger Wahlvorstand soll künftig auch auf Antrag des BR, der ihn bestellt hat, durch das ArbG ersetzt werden können[5].

2 **II. Aufgaben des Wahlvorstands (Abs. 1, 3).** Ist der Wahlvorstand nach §§ 16, 17 oder 17a bestellt, hat er **unverzüglich** die Wahl des BR einzuleiten, durchzuführen und das Wahlergebnis festzustellen. Er trifft seine Entscheidungen in nicht-öffentlichen Sitzungen mit einfacher Stimmenmehrheit seiner stimmberechtigten Mitglieder (§ 1 Abs. 3 WO). Die Feststellung des Ergebnisses muss aber öffentlich erfolgen, Abs. 3 (Rz. 6). Er kann auch **Rechtshilfe bzw. -rat** einer im Betrieb vertretenen Gewerkschaft in Anspruch nehmen und dazu Gewerkschaftsbeauftragte zu Sitzungen einladen[6]. Ein Entsendungsrecht der Gewerkschaften (ohne Einladung) kommt aber nur nach § 16 Abs. 1 Satz 6 in Betracht (vgl. § 16 Rz. 9). Die Mitglieder des Wahlvorstands sind **ehrenamtlich** tätig und haben keinen Anspruch auf besondere Vergütung (vgl. § 16 Rz. 4); sie dürfen deshalb aber auch keine Nachteile erleiden (vgl. § 20 Abs. 3 Satz 2). Werden sie aus betrieblichen Gründen außerhalb ihrer Arbeitszeit tätig, haben sie deshalb analog § 37 Abs. 3 Ausgleichsansprüche[7].

3 **1. Einleitung und Durchführung der Wahl (Abs. 1).** Der Wahlvorstand hat die Wahl durch den Erlass des Wahlausschreibens spätestens sechs Wochen vor dem ersten Tag der Stimmabgabe **einzuleiten** (vgl. § 3 Abs. 1 Satz 1, 2 WO). Aus dessen zwingendem Inhalt gem. § 3 Abs. 2 WO ergeben sich seine **wesentlichen** Aufgaben im Vorfeld, insb.

- Aufstellung der Wählerliste (§ 2 Abs. 1 WO);
- Feststellung des Anteils der Geschlechter und der Mindestsitze gem. § 15 Abs. 2, § 5 WO (vgl. § 15 Rz. 6);
- Feststellung der Anzahl der zu wählenden BR-Mitglieder nach §§ 9, 11;
- Berechnung der Mindestzahl von Stützunterschriften für Wahlvorschläge nach § 14 Abs. 4 (vgl. § 14 Rz. 17);
- Festlegung des Ortes, des Tages und der Zeit der Stimmabgabe;
- Festlegung der Betriebsadresse des Wahlvorstands[8].

4 Die Wahl ist durch den Wahlvorstand „**unverzüglich**" einzuleiten. Der Begriff ist anhand § 121 Abs. 1 Satz 1 BGB auszulegen, dh. Einleitung „ohne schuldhaftes Zögern", und findet eine Konkretisierung durch § 3 Abs. 1 Satz 1 WO („spätestens sechs Wochen vor dem ersten Tag der Stimmabgabe"). Das Gesetz belässt dem Wahlvorstand einen Spielraum **pflichtgemäßen Ermessens** und fordert keineswegs übereiltes Handeln[9].

---

1 Ausschuss für Arbeit und Sozialordnung, zu BT-Drs. VI/2729, S. 21. | 2 BT-Drs. 14/5741, S. 38. | 3 Zuletzt BAG v. 9.4.1991 – 1 AZR 488/90, BAGE 68, 1 = AP Nr. 8 zu § 18 BetrVG 1972. | 4 BT-Drs. 14/5741, S. 38; ferner GK-BetrVG/*Kreutz*, § 18 Rz. 56. | 5 BT-Drs. 14/5741, S. 38. | 6 HM, vgl. GK-BetrVG/*Kreutz*, § 18 Rz. 13; DKK/*Schneider*, § 18 BetrVG Rz. 2. | 7 BAG v. 26.4.1995 – 7 AZR 874/94, BAGE 80, 54 = AP Nr. 17 zu § 20 BetrVG 1972. | 8 Einzelheiten vgl. § 2 Abs. 2 WO sowie *Fitting*, § 18 BetrVG Rz. 16; GK-BetrVG/*Kreutz*, § 18 Rz. 19 ff. | 9 Vgl. nur HaKo-BetrVG/*Brors*, § 18 Rz. 3; GK-BetrVG/*Kreutz*, § 18 Rz. 18.

Vorbereitung und Durchführung der Wahl Rz. 10 § 18 BetrVG

Die **Durchführung** der Wahl beginnt mit dem Erlass des Wahlausschreibens (§ 3 WO) und endet mit 5
dem Abschluss der Stimmabgabe. Der Wahlvorstand nimmt vor allem **Wahlvorschläge** entgegen, prüft
deren ordnungsgemäßes Zustandekommen und fristgerechte Einreichung (§§ 6–8 WO). Weiter geht es
um folgende wesentliche Maßnahmen:

- Entscheidung über Einsprüche gegen die Richtigkeit der Wählerliste (§ 4 WO);
- Feststellung, ob die Wahl als Verhältniswahl oder als Mehrheitswahl stattfindet (vgl. § 14 Rz. 10 ff.);
- Bekanntgabe der Wahlvorschläge (§ 10 Abs. 2 WO);
- Technische Vorbereitung des Wahlgangs, zB Einsatz von Wahlhelfern (§ 1 Abs. 2 WO), Beschaffung der Stimmzettel, Wahlumschläge und Wahlurnen (§§ 11, 12 WO);
- Überwachung der Stimmabgabe (§ 12 WO), Öffnung und Prüfung der schriftlichen Stimmabgaben (§ 26 WO).

2. **Feststellung des Wahlergebnisses (Abs. 3).** Ebenso **unverzüglich** wie die Einleitung hat auch die **Fest-** 6
stellung und Bekanntgabe des Wahlergebnisses durch den Wahlvorstand nach Abs. 3 zu erfolgen (vgl.
§§ 13 ff. WO). Alles dies hat in **öffentlicher Sitzung** zu geschehen. Das gesamte Verfahren der Feststellung
des Wahlergebnisses ist öffentlich und nicht – wie es der Wortlaut nahe legen könnte – nur der Vorgang der
Stimmauszählung[1]. Die vorgeschriebene Öffentlichkeit erfordert, dass Ort und Zeitpunkt der Stimmauszählung **vorher** im Betrieb öffentlich bekannt gemacht werden[2]. Gemeint ist nicht die allgemeine Öffentlichkeit, sondern die **Betriebsöffentlichkeit**[3], dh. alle ArbN und diejenigen, welchen auch ein Anfechtungsrecht nach § 19 zustehen kann. Damit sind auch die Gewerkschaften erfasst, unabhängig davon, ob
sie bis jetzt an der Wahl beteiligt waren oder nicht. Die Beauftragten der Gewerkschaft haben daher ein
Teilnahmerecht an der Auszählung, das auch ein Zugangsrecht zum Betrieb nach § 2 Abs. 2 begründet[4].

Nach der Auszählung der Stimmen (§§ 13, 14 WO) und der Ermittlung der Sitze (§ 15 WO) wird das 7
Ergebnis in einer **Wahlniederschrift** (§ 16 WO) festgestellt und den ArbN des Betriebs genauso wie das
Wahlausschreiben bekannt gegeben (§ 18 WO). Voraussetzung ist allerdings die Zustimmung der Gewählten (§ 17 WO), die die Wahl selbstverständlich auch ablehnen können[5]. Erst dann ist eine Abschrift
der Wahlniederschrift nach Abs. 3 Satz 2 dem ArbGeb und den im Betrieb vertretenen Gewerkschaften
durch den Wahlvorstand zu übersenden. Wird gegen diese Übersendungspflicht verstoßen, begründet
das **keine Anfechtung**, weil zu diesem Zeitpunkt das Wahlergebnis bereits feststeht – eine mögliche kausale Wahlbeeinflussung scheidet aus[6].

Mit der Bekanntmachung des **endgültigen** Wahlergebnisses durch zweiwöchigen Aushang (§ 18 WO) ist 8
das Wahlverfahren **beendet**. Die Aushangfrist stimmt mit der Anfechtungsfrist nach § 19 Abs. 2 Satz 2
überein. Der Wahlvorstand amtiert jedoch solange, bis er die Leitung der **konstituierenden** Sitzung des
neu gewählten BR nach § 29 Abs. 1 Satz 2 an den gewählten Wahlleiter abgeben kann (vgl. § 16 Rz. 4).
Diese konstituierende Sitzung ist nach § 29 Abs. 1 Satz 1 „vor Ablauf einer Woche nach dem Wahltag"
durch den Wahlvorstand einzuberufen.

III. Ersetzung des Wahlvorstands durch das ArbG (Abs. 1 Satz 2). Die **tatsächliche** und **rechtzeitige** 9
Durchführung der BR-Wahlen ist dem Gesetzgeber so wichtig, dass er die Pflichten des Wahlvorstands
nach Abs. 1 durch eine **Ersetzungsbefugnis** des ArbG sanktioniert. Deshalb genügt schon objektive
Untätigkeit des Wahlvorstands bzw. pflichtwidrige Verzögerung des Wahlverfahrens; einer schuldhaften Pflichtverletzung bedarf es – ähnlich wie bei der Auflösung des BR (vgl. § 23 Abs. 1) – nicht[7]. Nach
dem Wortlaut der Vorschrift ist der Ausschluss nur eines **einzigen** Mitglieds als der entscheidenden
Störungsquelle nicht möglich – der Wahlvorstand wird als Gremium insgesamt abberufen[8]. Handelt
der Wahlvorstand lediglich **unzweckmäßig**, kommt es nicht zum Ersetzungsverfahren, sondern allenfalls zum eigenständigen arbeitsgerichtlichen Kontrollverfahren (Rz. 16).

Die Entscheidung des ArbG erfolgt nur auf **Antrag**. Antragsberechtigt sind jetzt auch der BR (Rz. 1), 10
drei wahlberechtigte ArbN oder jede im Betrieb vertretene Gewerkschaft, nicht aber der ArbGeb. Zur
Schließung einer Regelungslücke ist mit *Kreutz* aber auch der den Wahlvorstand nach §§ 16 Abs. 3, 17
Abs. 1 bestellt habende **Gesamt- bzw. KonzernBR** als antragsberechtigt anzusehen[9]. Das ArbG beruft
den alten Wahlvorstand ab und bestimmt gleichzeitig die Mitglieder des neuen Vorstands und den Vorsitzenden (vgl. § 16 Rz. 8, 10). Es kann bei deutlichem Fehlverhalten nur einer Person andere Mitglieder des ersetzten Wahlvorstands wieder in den neuen Wahlvorstand berufen[10]. Die Wirkung der Erset-

---

1 HM, vgl. *Fitting*, § 18 BetrVG Rz. 21; GK-BetrVG/*Kreutz*, § 18 Rz. 32. | 2 BAG v. 15.11.2000 – 7 ABR 53/99, AP Nr. 10 zu § 18 BetrVG 1972 = NZA 2001, 853. | 3 BAG v. 15.11.2000 – 7 ABR 53/99, AP Nr. 10 zu § 18 BetrVG 1972 = NZA 2001, 853. | 4 HM, vgl. ErfK/*Eisemann*, § 18 BetrVG Rz. 3; *Fitting*, § 18 BetrVG Rz. 23. | 5 Ausf. GK-BetrVG/*Kreutz*, § 18 Rz. 36 ff., der deshalb zwischen einem vorläufigen und einem endgültigen Wahlergebnis differenziert. | 6 HM, vgl. *Fitting*, § 18 BetrVG Rz. 29; GK-BetrVG/*Kreutz*, § 18 Rz. 40. | 7 HM, vgl. *Fitting*, § 18 BetrVG Rz. 48; GK-BetrVG/*Kreutz*, § 18 Rz. 44 f. | 8 Vgl. DKK/*Schneider*, § 18 BetrVG Rz. 15; Richardi/*Thüsing*, § 18 BetrVG Rz. 11. | 9 GK-BetrVG/*Kreutz*, § 18 Rz. 48: analoge Anwendung geboten; ähnlich ErfK/*Eisemann*, § 18 BetrVG Rz. 8; *Fitting*, § 18 BetrVG Rz. 46. | 10 So etwa *Fitting*, § 18 BetrVG Rz. 52; GK-BetrVG/*Kreutz*, § 18 Rz. 50; Richardi/*Thüsing*, § 18 BetrVG Rz. 15; aA wohl Löwisch/*Kaiser*, § 18 BetrVG Rz. 4.

BetrVG § 18 Rz. 11   Vorbereitung und Durchführung der Wahl

zung des Wahlvorstands erfolgt mit „**ex nunc-Wirkung**", so dass etwaige vom alten Wahlvorstand veranlasste Maßnahmen ihre Gültigkeit behalten[1].

11 Mit **Rechtskraft** des Ersetzungsbeschlusses durch das ArbG verliert der ArbN den besonderen Kündigungsschutz nach § 15 Abs. 3 KSchG (vgl. ausdrückliche Regelung in § 15 Abs. 3 Satz 2 Halbs. 2 KSchG). Nach Antragstellung einer der nach Abs. 1 Satz 2 Berechtigten kann der noch amtierende Wahlvorstand die gerichtliche Entscheidung nicht dadurch verhindern, dass er nunmehr endlich die gebotenen Aktivitäten entfaltet[2].

12 **IV. Feststellung betriebsratsfähiger Organisationseinheiten (Abs. 2).** Nach Abs. 2 kann in **jedem Zweifelsfall** und unabhängig von einer BR-Wahl **zu jeder Zeit** (Rz. 1) die arbeitsgerichtliche Entscheidung darüber herbeigeführt werden, ob eine bestimmte Organisationseinheit **betriebsratsfähig** ist oder nicht. Die Klärung dieser Frage ist nicht nur für die Wahlen, sondern auch für den Umfang der Beteiligungsrechte – je nach Anzahl der Beschäftigten – wesentlich. Der systematische Zusammenhang der Antragsbefugnis mit dem Wahlverfahren in § 18 ist nur noch von historischer Bedeutung[3]. Doch wird durch Abs. 2 noch immer zutreffend betont, dass es gerade Aufgabe des **Wahlvorstands** ist, zur Vermeidung späterer Anfechtungsverfahren eine Klärung besonders schwieriger betrieblicher Abgrenzungsfragen rechtzeitig zu veranlassen[4]. Solange eine **bindende Betriebsabgrenzung** nach dieser Norm nicht ergangen ist, kann diese Rechtsfrage auch als Vorfrage in einem Urteilsverfahren (zB Mitbest. nach § 99 BetrVG) geklärt werden[5]. Umgekehrt kommt der im Beschlussverfahren ergangenen Entscheidung **Bindungswirkung** für nachfolgende Urteilsverfahren als Feststellung des Tatbestands „betriebsratsfähige Organisationseinheit" zu[6], jedenfalls solange, als sich die rechtlichen und tatsächlichen Voraussetzungen nicht verändert haben (vgl. näher Rz. 14).

13 Die **Antragsberechtigung** nach Abs. 2 ist nicht als abschließende Regelung aufzufassen. Vielmehr folgt diese den allgemeinen Grundsätzen des Beschlussverfahrens kraft **materieller Betroffenheit**[7]. Über die in Abs. 2 ausdrücklich Genannten hinaus sind zB auch jeder beteiligte SprAu für leitende Angestellte und jeder dabei beteiligte Wahlvorstand antragsberechtigt[8]. Doch sind die **ArbN selbst** nicht antragsberechtigt, weil ihnen die für dieses Verfahren notwendige betriebsverfassungsrechtliche Betroffenheit fehlt. Eine Analogie zum nachträglichen Rechtsschutz nach § 19 Abs. 2 überzeugt nicht[9]. Den im Betrieb vertretenen **Gewerkschaften** wird durch die Antragsbefugnis nach Abs. 2 eine betriebsverfassungsrechtliche Rechtsposition erst eingeräumt; daraus folgt jedoch keineswegs ein Beteiligungsrecht in Verfahren, die von anderen Antragsberechtigten eingeleitet worden sind[10].

14 Die rechtskräftige Entscheidung des ArbG führt zu einer weitgehenden **Bindungswirkung** (Rz. 12 am Ende), und zwar nicht nur für alle Verfahrensbeteiligten, sondern auch für den ArbGeb und die ArbN kraft Rechtskrafterstreckung nach Sinn und Zweck des § 18 Abs. 2[11]. Dabei gilt es nach dem **Zeitpunkt der rechtskräftigen Feststellung** zu unterscheiden: Wird das ArbG, der ursprünglichen Intention des Abs. 2 folgend, im laufenden Wahlverfahren angerufen und ergeht eine (rechtskräftige) Entscheidung **vor Abschluss der Wahlen**, ist bei fehlerhafter Betriebsabgrenzung die Wahl abzubrechen und ein neues Wahlverfahren mit einem neuen Wahlvorstand einzuleiten[12].

15 Wird **während der Amtszeit** eines BR rechtskräftig festgestellt, dass eine fehlerhafte betriebliche Organisationsabgrenzung erfolgte, ist diese Entscheidung grundsätzlich erst **für die nächste Wahl** maßgebend, es sei denn, die Verkennung des Betriebsbegriffs ist evident (§ 19 Rz. 25). Der gewählte BR bleibt solange im Amt, bis seine Amtszeit abgelaufen ist, sofern die Wahl nicht wirksam nach § 19 innerhalb der Zwei-Wochen-Frist angefochten wird[13]. Wurde zB ein Teil der betriebsratsfähigen Organisationseinheit zu Unrecht nicht einbezogen, so erweitert zwar die gerichtliche Feststellung den Zuständigkeitsbereich des BR; jedoch kann außerhalb der regelmäßigen BR-Wahlen ein BR nur analog § 13 Abs. 2 Nr. 1 unter Beteiligung der hinzu gekommenen ArbN gewählt werden[14]. Existiert allerdings für

---

1 HM, vgl. *Fitting*, § 18 BetrVG Rz. 51; GK-BetrVG/*Kreutz*, § 18 Rz. 52; Richardi/*Thüsing*, § 18 BetrVG Rz. 16. | 2 ArbG Essen v. 9.7.1982 – 2 BV 32/82, AuR 1983, 188. | 3 GK-BetrVG/*Kreutz*, § 18 Rz. 55: frühere enumerative Aufzählung der Zuständigkeit in betriebsverfassungsrechtlichen Streitigkeiten. | 4 HM, vgl. nur HaKo-BetrVG/*Brors*, § 18 Rz. 1; GK-BetrVG/*Kreutz*, § 18 Rz. 56, sowie BAG v. 9.4.1991 – 1 AZR 488/90, BAGE 68, 1 = AP Nr. 8 zu § 18 BetrVG 1972. | 5 BAG v. 3.12.1985 – 1 ABR 29/84, BAGE 50, 251 = AP Nr. 28 zu § 99 BetrVG 1972 (Anm. *Otto*). | 6 HM, vgl. BAG v. 25.11.1980 – 6 ABR 62/79, AP Nr. 3 zu § 18 BetrVG 1972; ferner ErfK/*Eisemann*, § 18 BetrVG Rz. 6; *Löwisch/Kaiser*, § 18 BetrVG Rz. 6; Richardi/*Thüsing*, § 18 BetrVG Rz. 29, 30: Tatbestandswirkung. | 7 Str., wie hier ErfK/*Eisemann*, § 18 BetrVG Rz. 8; GK-BetrVG/*Kreutz*, § 18 Rz. 58; Richardi/*Thüsing*, § 18 BetrVG Rz. 26; aA DKK/*Schneider*, § 18 BetrVG Rz. 20; HaKo-BetrVG/*Brors*, § 18 Rz. 6; *Fitting*, § 18 BetrVG Rz. 59. | 8 Vgl. ErfK/*Eisemann*, § 18 BetrVG Rz. 8; GK-BetrVG/*Kreutz*, § 18 Rz. 58; Richardi/*Thüsing*, § 18 BetrVG Rz. 26. | 9 So auch ErfK/*Eisemann*, § 18 BetrVG Rz. 8; *Fitting*, § 18 BetrVG Rz. 60; Richardi/*Thüsing*, § 18 BetrVG Rz. 26; aA GK-BetrVG/*Kreutz*, § 18 Rz. 58. | 10 Beteiligung nur bei Betroffenheit gewerkschaftlicher Interessen, vgl. BAG v. 25.9.1986 – 6 ABR 68/84, BAGE 53, 119 = AP Nr. 7 zu § 1 BetrVG 1972. | 11 BAG v. 9.4.1991 – 1 AZR 488/90, BAGE 68, 1 = AP Nr. 8 zu § 18 BetrVG 1972; vgl. ferner zum prozessualen Problem GK-BetrVG/*Kreutz*, § 18 Rz. 63. | 12 HM, vgl. nur *Fitting*, § 18 BetrVG Rz. 61; GK-BetrVG/*Kreutz*, § 18 Rz. 61. | 13 Vgl. *Fitting*, § 18 BetrVG Rz. 61; GK-BetrVG/*Kreutz*, § 18 Rz. 61. | 14 HM, vgl. nur HaKo-BetrVG/*Brors*, § 18 Rz. 7; *Fitting*, § 18 BetrVG Rz. 64.

den eigentlich unselbstständigen Betriebsteil ein BR, bleibt dieser folgerichtig im Amt und fällt nicht in den Zuständigkeitsbereich des Hauptbetriebs[1].

V. Streitigkeiten. Die Norm regelt **ausdrücklich** zwei Verfahren: (1) das Abberufungsverfahren nach Abs. 1 Satz 2 (Rz. 9–11), (2) das Zuordnungsverfahren nach Abs. 2 (Rz. 12–15). Darüber hinaus können nach hM **alle Maßnahmen des Wahlvorstands** bereits vor Abschluss des Wahlverfahrens vom ArbG in einem gesonderten Beschlussverfahren (§§ 2a, 80 ff. ArbGG) überprüft werden (vgl. § 14 Rz. 21). Das BetrVG sieht zwar ein solches allgemeines Kontrollverfahren nicht vor. Doch wäre es prozessökonomisch unsinnig, ein offenkundig fehlerhaftes Wahlverfahren erst nachträglich im Wege der Anfechtung mit den entsprechenden Folgekosten korrigieren zu können[2]. Auch die Möglichkeit des Abberufungsverfahrens ändert nichts an der Rechtsschutzlücke, die ohne ein allgemeines vorgeschaltetes Kontrollverfahren bestehen würde. 16

Weil der Antrag auf Kontrolle des Wahlvorstands keine aufschiebende Wirkung für das Wahlverfahren hat, muss idR die Möglichkeit der **einstweiligen Verfügung** geprüft werden. Sie ist im Beschlussverfahren möglich, § 85 Abs. 2 ArbGG, doch scheiden sog. Sicherungsverfügungen aus, weil sonst betriebsratslose Zeiten eintreten würden, die ja gerade durch §§ 16–18 vermieden werden sollen[3]. Nach hM können sog. **Leistungsverfügungen** schwerwiegende Fehler noch vor der Wahl korrigieren, zB indem eine Liste nachträglich zur Wahl zugelassen wird. Dass sich die Wahl dadurch verzögern kann, muss hingenommen werden, wenn ein **Verfügungsgrund** iSd. § 940 ZPO vorliegt. An sein Vorliegen sind strenge Anforderungen zu stellen, damit nicht im Verfügungsverfahren alle Rechtsfragen des Anfechtungsverfahrens vorweg genommen werden. Es muss sich daher um die Korrektur **wesentlicher Fehler** handeln, die ohne jeden Zweifel zur Nichtigkeit oder Anfechtbarkeit führen würden und durch einstweilige Verfügung auch korrigierbar sind[4]. 17

Nur **ausnahmsweise** kann dem Wahlvorstand durch Leistungsverfügung die Durchführung der Wahl **vollständig untersagt werden**, nämlich dann, wenn die Pflichtverletzungen so „irreparabel" sind, dass nach Überzeugung des Gerichts die Wahl mit Sicherheit **nichtig** wäre[5]. Kein Anfechtungsberechtigter braucht einen Vorgang zu dulden, der von vornherein nicht einmal den Anschein einer dem Gesetz entsprechenden Wahl mehr hervorruft, vgl. § 16 Rz. 14 mwN. 18

§ 18a *Zuordnung der leitenden Angestellten bei Wahlen*

(1) Sind die Wahlen nach § 13 Abs. 1 und nach § 5 Abs. 1 des Sprecherausschussgesetzes zeitgleich einzuleiten, so haben sich die Wahlvorstände unverzüglich nach Aufstellung der Wählerlisten, spätestens jedoch zwei Wochen vor Einleitung der Wahlen, gegenseitig darüber zu unterrichten, welche Angestellten sie den leitenden Angestellten zugeordnet haben; dies gilt auch, wenn die Wahlen ohne Bestehen einer gesetzlichen Verpflichtung zeitgleich eingeleitet werden. Soweit zwischen den Wahlvorständen kein Einvernehmen über die Zuordnung besteht, haben sie in gemeinsamer Sitzung eine Einigung zu versuchen. Soweit eine Einigung zustande kommt, sind die Angestellten entsprechend ihrer Zuordnung in die jeweilige Wählerliste einzutragen.

(2) Soweit eine Einigung nicht zustande kommt, hat ein Vermittler spätestens eine Woche vor Einleitung der Wahlen erneut eine Verständigung der Wahlvorstände über die Zuordnung zu versuchen. Der Arbeitgeber hat den Vermittler auf dessen Verlangen zu unterstützen, insbesondere die erforderlichen Auskünfte zu erteilen und die erforderlichen Unterlagen zur Verfügung zu stellen. Bleibt der Verständigungsversuch erfolglos, so entscheidet der Vermittler nach Beratung mit dem Arbeitgeber. Absatz 1 Satz 3 gilt entsprechend.

(3) Auf die Person des Vermittlers müssen sich die Wahlvorstände einigen. Zum Vermittler kann nur ein Beschäftigter des Betriebs oder eines anderen Betriebs des Unternehmens oder Konzerns oder der Arbeitgeber bestellt werden. Kommt eine Einigung nicht zustande, so schlagen die Wahlvorstände je eine Person als Vermittler vor; durch Los wird entschieden, wer als Vermittler tätig wird.

(4) Wird mit der Wahl nach § 13 Abs. 1 oder 2 nicht zeitgleich eine Wahl nach dem Sprecherausschussgesetz eingeleitet, so hat der Wahlvorstand den Sprecherausschuss entsprechend Absatz 1 Satz 1 erster Halbsatz zu unterrichten. Soweit kein Einvernehmen über die Zuordnung besteht, hat der Sprecheraus-

---

1 Zutr. ErfK/*Eisemann*, § 18 BetrVG Rz. 7; *Fitting*, § 18 BetrVG Rz. 63; GK-BetrVG/*Kreutz*, § 18 Rz. 62; aA Richardi/*Thüsing*, § 18 BetrVG Rz. 33. | 2 BAG v. 15.12.1972 – 1 ABR 8/72, BAGE 24, 480 = AP Nr. 1 zu § 14 BetrVG 1972; v. 25.8.1981 – 1 ABR 61/79, BAGE 37, 31 = AP Nr. 2 zu § 83 ArbGG 1979 (Anm. *Grunsky*). | 3 HM, vgl. *Fitting*, § 18 BetrVG Rz. 37 f.; GK-BetrVG/*Kreutz*, § 18 Rz. 75; *H. Hanau*, DB 1986, Beilage Nr. 4, S. 11; *Zwanziger*, DB 1999, 2264 (2265). | 4 So die wohl hM, vgl. ErfK/*Eisemann*, § 18 BetrVG Rz. 10; *Fitting*, § 18 BetrVG Rz. 39 ff.; GK-BetrVG/*Kreutz*, § 18 Rz. 77; *Zwanziger*, DB 1999, 2264 (2265), der allerdings Ausnahmen bei Verkennung des Betriebsbegriffs wegen § 18 Abs. 2 und bei Verkennung der Zahl der zu wählenden BR-Mitglieder mangels „wesentlichen" Nachteils anerkennen will; so auch im Ergebnis LAG Frankfurt v. 21.3.1990 – 12 TaBV GA 34/90, DB 1991, 239. | 5 Vgl. etwa LAG Köln v. 29.3.2001 – 5 TaBv 22/01, BB 2001, 1356; LAG BW v. 20.5.1998 – 8 Ta 9/98, AiB 1998, 401; ferner ErfK/*Eisemann*, § 18 BetrVG Rz. 10; GK-BetrVG/*Kreutz*, § 18 Rz. 77; *Zwanziger*, DB 1999, 2264.

schuss Mitglieder zu benennen, die anstelle des Wahlvorstands an dem Zuordnungsverfahren teilnehmen. Wird mit der Wahl nach § 5 Abs. 1 oder 2 des Sprecherausschussgesetzes nicht zeitgleich eine Wahl nach diesem Gesetz eingeleitet, so gelten die Sätze 1 und 2 für den Betriebsrat entsprechend.

(5) Durch die Zuordnung wird der Rechtsweg nicht ausgeschlossen. Die Anfechtung der Betriebsratswahl oder der Wahl nach dem Sprecherausschussgesetz ist ausgeschlossen, soweit sie darauf gestützt wird, die Zuordnung sei fehlerhaft erfolgt. Satz 2 gilt nicht, soweit die Zuordnung offensichtlich fehlerhaft ist.

§ 18a neu eingefügt durch die BetrVG-Novelle vom 20.12.1988 (BGBl. I S. 2312).

1   **I. Inhalt und Zweck.** Das Zuordnungsverfahren soll eine eindeutige und einheitliche **Abgrenzung der leitenden Angestellten** von den einfachen Angestellten rechtzeitig vor den Wahlen zum BR bzw. zum SprAu ermöglichen. Dazu werden in Abs. 1 bis 3 die Abstimmung der Wahlvorstände bei **zeitgleichen** Wahlen (§ 13 Abs. 1 Satz 2) und in Abs. 4 bei nicht zeitgleichen Wahlen beider Gremien geregelt. Abs. 5 betrifft die wesentliche **Rechtsfolge** der Einschränkung des Anfechtungsrechts (Rz. 13). Die Vorschrift möchte insoweit präventive Streitvermeidung und Rechtssicherheit gewährleisten (vgl. auch § 4 Abs. 2 Satz 2 WO: Einspruch gegen Wählerliste wegen Zuordnung nach § 18a ausgeschlossen). Doch kann das Angebot des Gesetzgebers von den Wahlvorständen **sanktionslos** ausgeschlagen werden. Der Gesetzestext lädt in seiner regelungstechnischen Kompliziertheit nicht dazu ein, das aufwändige Zuordnungsverfahren vorzunehmen[1]. Dennoch ist sein Anliegen sinnvoll, die schwierige materielle Frage nach § 5 Abs. 3 kostengünstig und möglichst einvernehmlich **vor den Wahlen** zu klären[2]. Dadurch können Doppelzuordnungen und darauf gestützte unnötige Anfechtungsverfahren vermieden werden. Die Zuordnungsentscheidung nach § 18a hat aber keine Bedeutung für die **individuelle Rechtsstellung** eines ArbN (zB § 14 Abs. 2 KSchG), sondern beschränkt sich auf die Ordnungsmäßigkeit der Wahlen zu den jeweiligen Gremien (vgl. näher Rz. 11, 12 zur Auslegung des Abs. 5)[3].

2   **II. Zuordnungsverfahren bei zeitgleichen Wahlen (Abs. 1).** Nach Abs. 1 Satz 1 ist es unerheblich, ob es sich um **regelmäßige** BR-Wahlen mit der Rechtspflicht zur zeitgleichen Einleitung der Wahlen handelt (vgl. § 13 Rz. 6), oder ob eine solche zeitgleiche Einleitung der Wahlen beider Organe auch ohne Rechtspflicht rein tatsächlich erfolgt. In diesem Fall sind **drei Stufen** des Zuordnungsverfahrens zu unterscheiden: (1) gegenseitige Unterrichtung über die jeweils durchgeführte Zuordnung, (2) einvernehmliche Einigung, soweit zunächst eine unterschiedliche Zuordnung erfolgt ist, (3) Vermittlung, soweit keine Einigung erzielt werden konnte. Führt eine dieser Stufen zum Erfolg, ist der Angestellte nach Abs. 1 Satz 3 bzw. Abs. 2 Satz 4 in die jeweilige Wählerliste einzutragen. Leiten die Wahlvorstände dagegen (uU pflichtwidrig) die Wahlen **nicht zeitgleich** ein, besteht keine Verpflichtung des ordentlich arbeitenden Wahlvorstands, auf den säumigen Wahlvorstand zu warten[4]; auch das besondere Verfahren nach Abs. 4 ist dann nicht eröffnet (Rz. 9), vielmehr hat man sich dadurch gegen die rechtssichere Zuordnungsmöglichkeit des § 18a insgesamt entschieden.

3   Das Zuordnungsverfahren beginnt mit der **gegenseitigen Unterrichtung** durch die Wahlvorstände. Diese hat unverzüglich, also ohne schuldhaftes Zögern (§ 121 Abs. 1 Satz 1 BGB), nach Aufstellung der Wählerlisten zu erfolgen, spätestens jedoch **zwei Wochen** vor Einleitung der Wahl. Die Unterrichtung muss nicht zeitgleich erfolgen; sie ist formfrei und bedarf keiner Begründung[5]. Zur Verfahrensbeschleunigung ist eine schriftliche Unterrichtung – bei Zweifelsfällen mit Begründung – ratsam[6]. Soweit die Listen übereinstimmen, ist Einvernehmen hergestellt. Soweit die Listen nicht übereinstimmen, kann noch – nach getrennter Beratung in den Wahlvorständen – eine Korrektur erfolgen, die dann mitzuteilen ist[7].

4   Eine **gemeinsame Sitzung** der Wahlvorstände nach Abs. 1 Satz 2 findet erst dann statt, (1) wenn bezüglich der Zuordnung unterschiedliche Auffassungen bestehen, (2) wenn einer der Wahlvorstände die Zuordnung unterlassen hat und zur Erklärung des anderen Wahlvorstands nicht Stellung bezogen hat[8]. Die Sitzung muss bis spätestens zu dem für den Vermittler in Abs. 2 Satz 1 genannten Zeitpunkt, also spätestens **eine Woche vor Einleitung der Wahlen**, durchgeführt werden[9]. Bei der gemeinsamen Sitzung handelt es sich um einen **Erörterungs- und Beratungstermin**, in der keine Entscheidungen fallen. Eine Einigung kommt deshalb nur zustande, wenn die Wahlvorstände – während oder nach der Sitzung – in **getrennten Abstimmungen** zur gleichen Einschätzung gelangen[10]. Angestellte, die hierdurch einvernehmlich zugeordnet wurden, sind nach Abs. 1 Satz 3 in die entsprechenden Wählerlisten aufzunehmen. Nur soweit keine Einigung erzielt werden konnte, ist nach Abs. 2 anschließend ein Vermittler einzuschalten.

---

[1] Ähnlich HaKo-BetrVG/*Brors*, § 18a Rz. 1; zu den Lücken im Konzept vgl. ausf. GK-BetrVG/*Kreutz*, § 18a Rz. 26, 34. |[2] Vgl. *Fitting*, § 18a BetrVG Rz. 6; *Löwisch/Kaiser*, § 18a BetrVG Rz. 1. |[3] HM, vgl. *Fitting*, § 18a BetrVG Rz. 63; GK-BetrVG/*Kreutz*, § 18a Rz. 4. |[4] HM, vgl. ErfK/*Eisemann*, § 18a BetrVG Rz. 1; *Fitting*, § 18a BetrVG Rz. 27. |[5] HM, vgl. DKK/*Trümner*, § 18a BetrVG Rz. 12; Richardi/*Richardi/Thüsing*, § 18a BetrVG Rz. 14. |[6] Vgl. nur GK-BetrVG/*Kreutz*, § 18a Rz. 44; Stege/Weinspach/Schiefer, § 18a BetrVG Rz. 3. |[7] ErfK/*Eisemann*, § 18a BetrVG Rz. 2. |[8] Vgl. ErfK/*Eisemann*, § 18a BetrVG Rz. 2; GK-BetrVG/*Kreutz*, § 18a Rz. 48; Richardi/*Richardi/Thüsing*, § 18a BetrVG Rz. 16; aA *Fitting*, § 18a BetrVG Rz. 16, der eine Sitzung im letzteren Fall nicht für erforderlich hält. |[9] HM, vgl. *Stege/Weinspach/Schiefer*, § 18a BetrVG Rz. 4; *Löwisch/Kaiser*, § 18a BetrVG Rz. 5. |[10] HM, vgl. ErfK/*Eisemann*, § 18a BetrVG Rz. 2; *Fitting*, § 18a BetrVG Rz. 21.

...den Angestellten bei Wahlen

...es Vermittlers (Abs. 2, 3). Abs. 3 regelt die **Bestellung des Vermittlers** ausführlich 5
...vernehmliches Handeln, vgl. Abs. 3 Satz 1. Dazu stimmen die jeweiligen Wahlvor-
...einander ab, nachdem von jedem der beiden Wahlvorstände (mindestens) je eine
...er vorgeschlagen wurde. Wird von zumindest einem der beiden Wahlvorstände gar
...erbreitet, ist das Zuordnungsverfahren **gescheitert** und darf nicht weiter durch-
...Kommt es bei den Abstimmungen zu keiner Einigung, entscheidet das Los. Für den
...f jeder Wahlvorstand nach Abs. 3 Satz 2 jeweils nur eine Person vorschlagen. Ein be-
...en ist für die Auslosung jedoch nicht vorgesehen[2].

...en Charakter des Bestellungsverfahrens zu wahren und eine kostengünstige Durch- 6
...hrleisten, schränkt Abs. 3 Satz 2 den in Frage kommenden Personenkreis stark ein[3].
...en können nach der abschließenden Aufzählung („nur") nicht bestellt werden. Auch
...chon beteiligte Mitglieder zB des amtierenden BR oder des beteiligten Wahlvorstands
...ls „befangen" gelten[4]. Der ArbGeb kommt nach dem klaren Gesetzeswortlaut als Ver-
...o in Frage[5], und zwar nicht nur, wenn andere Personen nicht zur Verfügung stehen oder
...allen. Der Gesetzeswortlaut gibt zu derartigen Einschränkungen eben so wenig Anlass
...szeszweck. Der Vermittler muss das Amt nicht annehmen, so dass auch deshalb das Zu-
...ahren erfolglos enden kann[6].

...rmittler obliegt die **Entscheidung aller** (noch) **strittigen Zuordnungsfragen**. Er ist nicht wei- 7
...gebunden[7], unterliegt jedoch einer Schweigepflicht analog zu § 79 Abs. 2[8]. Zur Erfüllung seiner Auf-
...e sind ihm nämlich nach Abs. 2 Satz 2 „die erforderlichen Auskünfte zu erteilen", dh. Informationen
...er die Tätigkeit des Angestellten, seinen Verdienst und den Inhalt des Arbeitsvertrags, sowie „die erforderlichen Unterlagen zur Verfügung zu stellen", zB Arbeitsverträge, Funktionsbeschreibungen und Orga-
nigramme, nicht aber die Einsicht in die **Personalakte** im Ganzen zu gewähren[9]. **Scheitert** der nach Abs. 2
Satz 1 spätestens eine Woche vor der Einleitung der Wahl vom Vermittler unternommene **erneute Verständigungsversuch**, muss dieser die Zuordnungsentscheidungen auf der materiell-rechtlichen Grundlage
von § 5 Abs. 3 und Abs. 4 nach Beratung mit dem ArbGeb **selbst** treffen, vgl. Abs. 2 Satz 3. Dabei handelt
es sich um einen Akt der Rechtsanwendung, der Bindungswirkung nur für die anstehenden Wahlen entfaltet (vgl. Rz. 1). Eine Hinzuziehung externer Sachverständiger entsprechend § 80 Abs. 3 ist ihm nicht möglich, weil sich dies nicht mit dem internen Charakter des Vermittlungsverfahrens verträgt[10].

Der Vermittler wird **ehrenamtlich** tätig, so dass kein Vergütungsanspruch besteht[11]. Eine Vergütungs- 8
vereinbarung wäre nach § 134 BGB iVm. § 20 Abs. 2 bzw. § 8 Abs. 2 Satz 3 SprAuG nichtig. Nach § 20
Abs. 3 Satz 2 steht ihm aber ein Anspruch auf Entgeltfortzahlung zu. Er genießt keinen besonderen
Kündigungsschutz, doch wäre eine Kündigung wegen der Vermittlertätigkeit nach § 134 BGB iVm. § 78
Satz 2 analog nichtig[12].

IV. Nicht zeitgleiche Verfahren (Abs. 4). Besteht trotz zweier Gremien nur **ein Wahlvorstand**, regelt 9
Abs. 4 ein besonderes (außerordentliches) Zuordnungsverfahren. Allerdings ist der engere Tatbestand
des Abs. 4 zu beachten: Satz 1 nimmt für den BR und Satz 3 für den SprAu jeweils auf das **Gebot zeit-
gleicher Wahlen** Bezug, wie es in § 13 Abs. 1 oder 2 bzw. in § 5 Abs. 1 oder 2 SprAuG normiert ist. Daraus
lässt sich folgern, dass der Vorschrift **keine Auffangfunktion** für alle nicht zeitgleich eingeleiteten Wahlen zukommt. Sie greift also dann nicht, wenn zB die Wahl des einen Gremiums bereits eingeleitet war,
bevor der Wahlvorstand des anderen Gremiums bestellt wurde (vgl. Rz. 2)[13]. Das Anliegen des Abs. 4
besteht nicht darin, unter allen Umständen das Zuordnungsverfahren zur Anwendung zu bringen; vielmehr möchte es die Zuordnung auch dann ermöglichen, wenn die Wahlen zeitlich a priori nicht synchron verlaufen (können) und deshalb nur ein Wahlvorstand existiert. Die wichtige Rechtsfolge des
Abs. 5 gilt nur für die Wahl, bei der ein **Wahlvorstand** im Zuordnungsverfahren beteiligt war[14].

Nach Abs. 4 Satz 1 muss der Wahlvorstand des BR den **SprAu** unverzüglich über seine Zuordnungs- 10
entscheidung unterrichten. Besteht kein Einverständnis über die Zuordnung, benennt der SprAu eine

---

1 ErfK/*Eisemann*, § 18a BetrVG Rz. 3; *Fitting*, § 18a BetrVG Rz. 51; GK-BetrVG/*Kreutz*, § 18a Rz. 70 f.; aA *Löwisch/Kaiser*, § 18a BetrVG Rz. 13; *Stege/Weinspach/Schiefer*, § 18a BetrVG Rz. 7. |2 GK-BetrVG/*Kreutz*, § 18a Rz. 69. |3 Vgl. BT-Drs. 11/2503, S. 32. |4 Str., wie hier GK-BetrVG/*Kreutz*, § 18a BetrVG Rz. 59; *Richardi/Richardi/Thüsing*, § 18a BetrVG Rz. 40; ErfK/*Eisemann*, § 18a BetrVG Rz. 3; aA *Fitting*, § 18a BetrVG Rz. 44; HaKo-BetrVG/*Brors*, § 18a Rz. 9; *Stege/Weinspach/Schiefer*, § 18a BetrVG Rz. 5; *Löwisch/Kaiser*, § 18a BetrVG Rz. 7, die Mitglieder des Wahlvorstands wegen möglicher Befangenheit von der Vermittlertätigkeit ausschließen wollen. |5 GK-BetrVG/*Kreutz*, § 18a Rz. 60; HaKo-BetrVG/*Brors*, § 18a Rz. 9; *Richardi/Richardi/Thüsing*, § 18a BetrVG Rz. 41; aA DKK/*Trümner*, § 18a BetrVG Rz. 62; *Fitting*, § 18a BetrVG Rz. 47. |6 Vgl. *Richardi/Richardi/Thüsing*, § 18a BetrVG Rz. 46. |7 HM, vgl. *Fitting*, § 18a BetrVG Rz. 59; GK-BetrVG/*Kreutz*, § 18a Rz. 78. |8 Str., wie hier GK-BetrVG/*Kreutz*, § 18a Rz. 76; aA ErfK/*Eisemann*, § 18a BetrVG Rz. 4; *Fitting*, § 18a BetrVG Rz. 59; *Richardi/Richardi/Thüsing*, § 18a BetrVG Rz. 49: Nebenpflicht aus Arbeitsvertrag. |9 HM, vgl. *Fitting*, § 18a BetrVG Rz. 53; *Löwisch/Kaiser*, § 18a BetrVG Rz. 9. |10 Wie hier GK-BetrVG/*Kreutz*, § 18a Rz. 83; aA *Fitting*, § 18a BetrVG Rz. 54; HaKo-BetrVG/*Brors*, § 18a Rz. 10. |11 Vgl. BT-Drs. 11/2503, S. 32. |12 Vgl. GK-BetrVG/*Kreutz*, § 18a Rz. 77. |13 So auch HaKo-BetrVG/*Brors*, § 18a Rz. 6; aA *Fitting*, § 18a BetrVG Rz. 37; GK-BetrVG/*Kreutz*, § 18a Rz. 29; *Löwisch/Kaiser*, § 18a BetrVG Rz. 10. |14 Vgl. GK-BetrVG/*Kreutz*, § 18a Rz. 32; *Fitting*, § 18a BetrVG Rz. 38.

11 **V. Streitigkeiten (Abs. 5).** Nach Abs. 5 Satz 1 wird durch die Zuordnung „der Rechtsw[eg] geschlossen". **Das bedeutet zweierlei:** (1) werden sog. **Statusstreitigkeiten** durch die Zuor[dnung] tangiert. Das Verfahren nach § 18a berührt das Feststellungsinteresse (zB von ArbGeb, [Einzel-] ArbN oder BR) im arbeitsgerichtlichen Beschlussverfahren über den „Status" des Leiten[den Ange-] stellten auch dann nicht, wenn gleichzeitig ein Zuordnungsverfahren läuft[2]. Die Wählerliste [wird des-] halb kraft rechtskräftiger Feststellung im Statusverfahren zu korrigieren sein (vgl. Rz. 13)[3]. Er[folgt die] Entscheidung erst **nach** den BR-Wahlen konträr zum Zuordnungsverfahren, erlischt in analo[ger An-] wendung des § 24 Abs. 1 Nr. 6 die Mitgliedschaft des angeblichen „ArbN" im BR (bzw. analog § 9 [Abs. 1] Nr. 6 SprAuG die Mitgliedschaft des angeblichen „Leitenden" im Sprecherausschuss).

12 (2) ergibt sich aus Abs. 5 Satz 1 auch die gerichtliche Überprüfungsmöglichkeit des **Zuordnungs[ver-] fahrens selbst.** Nach hM können alle Maßnahmen des Wahlvorstands bereits vor Abschluss des Wahl[ver-] fahrens vom ArbG in einem gesonderten Beschlussverfahren (§§ 2a, 80 ff. ArbGG) überprüft werde[n] (vgl. § 18 Rz. 16), wozu dann auch die ordnungsgemäße Durchführung des Zuordnungsverfahrens und die daraus folgende Zuordnungsentscheidung zählen[4]. Daran ändert nichts, dass nach Satz 2 durch das Zuordnungsverfahren eine **nachträgliche Anfechtung** grundsätzlich ausgeschlossen ist, soweit eine feh- lerhafte Zuordnung gerügt wird. Denn ein vorgeschaltetes Kontrollverfahren, in dem zB ein Leistungs- antrag auf Berichtigung der Wählerlisten (ggf. im Wege der einstweiligen Leistungsverfügung, vgl. § 18 Rz. 17) gestellt wird, hat ein anderes Rechtsschutzziel als die Anfechtungsklage[5].

13 Entscheidende Besonderheit und Rechtsfolge des Zuordnungsverfahrens ist alleine die **Einschränkung der Wahlanfechtung** nach Satz 2. Sie bewirkt einen Bestandsschutz der gewählten Vertretungen, soweit die Anfechtung gerade auf die **fehlerhafte Zuordnung** im konkreten Wahlverfahren gestützt wird. Die Rechtsfolge tritt nur dann ein, wenn das Zuordnungsverfahren **ordnungsgemäß** abgelaufen ist[6]. Satz 3 macht außerdem eine Ausnahme für den Fall einer **offensichtlich fehlerhaften** Zuordnungsentscheidung, die zu bejahen ist, wenn sich dem Fachkundigen die Fehlerhaftigkeit geradezu aufdrängt[7], insb. weil die Kriterien des § 5 Abs. 3 und 4 grob verkannt worden sind[8]. Wurde die Wählerliste nicht berichtigt, obwohl noch rechtzeitig vor der Wahl ein anderer Status eines Angestellten rechtskräftig festgestellt wurde (Rz. 11), so ist die Zuordnung ebenfalls offensichtlich fehlerhaft[9]. Die Einschränkung nach Satz 2 erfasst auch nicht die Anfechtung der Wahl eines **einzelnen Mitglieds** wegen fehlender Wählbarkeit, vgl. § 24 Nr. 6, mit der Folge, dass bei erfolgreicher Anfechtung ein Ersatzmitglied nachrückt[10].

19 Wahlanfechtung

(1) Die Wahl kann beim Arbeitsgericht angefochten werden, wenn gegen wesentliche Vorschrif- ten über das Wahlrecht, die Wählbarkeit oder das Wahlverfahren verstoßen worden ist und eine Be- richtigung nicht erfolgt ist, es sei denn, dass durch den Verstoß das Wahlergebnis nicht geändert oder beeinflusst werden konnte.

(2) Zur Anfechtung berechtigt sind mindestens drei Wahlberechtigte, eine im Betrieb vertretene Gewerkschaft oder der Arbeitgeber. Die Wahlanfechtung ist nur binnen einer Frist von zwei Wochen, vom Tage der Bekanntgabe des Wahlergebnisses an gerechnet, zulässig.

§ 19 idF des BetrVG 1972 (v. 15.1.1972, BGBl. I S. 13).

1 **I. Inhalt und Zweck.** Das Anfechtungsrecht nach Abs. 1 dient der gerichtlichen Korrektur von BR- Wahlen, die unter Verstoß gegen **wesentliche Wahlvorschriften** durchgeführt worden sind. Die nach Abs. 2 Anfechtungsberechtigten können nur **binnen zwei Wochen** nach Bekanntgabe des Wahlergeb- nisses die Wahlen durch gerichtlichen Beschluss für unwirksam erklären lassen, vgl. Abs. 2 Satz 2. Da- durch soll eine weitere, den gesetzlichen Vorschriften entsprechende Wahl ermöglicht werden[11]. Durch die hohen Anforderungen des Abs. 1 gibt der Gesetzgeber der Rechtssicherheit und dem **Bestands- schutz** der gewählten Interessenvertretung erkennbar den Vorrang vor der exakten Einhaltung von Wahlvorschriften. Dieser Vorrang besteht auch in Bezug auf die Rechtsfolgen der Wahlanfechtung:

---

1 HM, vgl. *Fitting*, § 18a BetrVG Rz. 39; GK-BetrVG/*Kreutz*, § 18a Rz. 93. |2 LAG Berlin v. 5.3.1990 – 9 TaBV 6/89, NZA 1990, 577 (578). |3 HM, vgl. *Fitting*, § 18a BetrVG Rz. 67; *Löwisch/Kaiser*, § 18a BetrVG Rz. 17. |4 Vgl. BT-Drs. 11/2503, S. 32; ausf. GK-BetrVG/*Kreutz*, § 18a Rz. 108, 111. |5 Zur Antragsberechtigung ana- log § 19 Abs. 2 vgl. GK-BetrVG/*Kreutz*, § 18a Rz. 110. |6 Str., wie hier GK-BetrVG/*Kreutz*, § 18a Rz. 101; Ha- Ko-BetrVG/*Brors*, § 18a Rz. 11; wohl auch Richardi/*Richardi/Thüsing*, § 18a BetrVG Rz. 59; aA ErfK/*Eisemann*, § 18a BetrVG Rz. 7; *Fitting*, § 18a BetrVG Rz. 71. |7 BT-Drs. 11/2503, S. 32. |8 So zB *Löwisch/Kaiser*, § 18a BetrVG Rz. 16; *Stege/Weinspach/Schiefer*, § 18a BetrVG Rz. 16; diff. Richardi/*Richardi/Thüsing*, § 18a BetrVG Rz. 59; noch einschränkender GK-BetrVG/*Kreutz*, § 18a Rz. 103. |9 HM, vgl. DKK/*Trümner*, § 18a BetrVG Rz. 75; GK-BetrVG/*Kreutz*, § 18a Rz. 103. |10 HM, vgl. *Fitting*, § 18a BetrVG Rz. 72; GK-BetrVG/*Kreutz*, § 18a Rz. 104. |11 BAG v. 31.5.2000 – 7 ABR 78/98, AP Nr. 12 zu § 1 BetrVG 1972 – Gemeinsamer Betrieb = DB 2000, 2482.

Selbst bei einem Erfolg der Wahlanfechtung bleibt der BR bis zum rechtskräftigen Abschluss des gerichtlichen Verfahrens weiter im Amt (Rz. 21)[1].

Die ausdrückliche Regelung der Wahlanfechtung schließt eine **Nichtigkeitserklärung** der Wahl bei **groben Fehlern** nicht aus (ganz hM). Wenn in besonderen Ausnahmefällen gegen allgemeine Grundsätze jeder ordnungsgemäßen Wahl in so hohem Maße verstoßen worden ist, dass nicht einmal der Anschein einer dem Gesetz entsprechenden Wahl mehr vorliegt[2], kann unabhängig von den Anforderungen des § 19 die Nichtigkeit zu jeder Zeit, in jeder Form, in jedem Verfahren und von jedermann geltend gemacht werden (Rz. 23). 2

Die Anfechtungsregelung gilt ebenso für die Wahlen zur JAV, vgl. § 63 Abs. 2 Satz 2, mit Modifikationen auch für die Wahlen zur Bordvertretung und zum Seebetriebsrat, vgl. §§ 115 Abs. 2 Nr. 9, 116 Abs. 2 Nr. 8. Auf **betriebsratsinterne Wahlen**, zB die Wahl des BR-Vorsitzenden und seines Stellvertreters (§ 26), die Bestellung der Mitglieder des Betriebsausschusses (§ 27) oder die Wahl der (ersatzweise) freizustellenden BR-Mitglieder (§ 38), findet die Vorschrift **analoge** Anwendung[3]. Dagegen ist eine Anfechtung der Bestellung des Gesamt- und KonzernBR mangels einer „Wahl" auch nicht analog möglich[4]. 3

II. Anfechtungsvoraussetzungen (Abs. 1). Die Anfechtung einer BR-Wahl erfordert (1) einen Verstoß gegen **wesentliche** Wahlvorschriften (Rz. 5 ff.), (2) keine Berichtigung dieses Verstoßes (Rz. 12) und (3) die mögliche **Kausalität** dieses Verstoßes für das Wahlergebnis (Rz. 13). 4

1. „Wesentliche Vorschriften". Eine Anfechtung ist nur bei einem Verstoß „gegen wesentliche Vorschriften über das Wahlrecht, die Wählbarkeit oder das Wahlverfahren" möglich, dh. nur bei einem Verstoß gegen **tragende Grundsätze** der BR-Wahl; in aller Regel zeichnen diese sich durch ihre **zwingende** Ausgestaltung („Muss"-Regel) aus und unterscheiden sich insoweit von bloßen Ordnungs- oder Sollbestimmungen[5]. Die Einschränkung der Anfechtbarkeit ist wegen der detaillierten Regelung des Wahlverfahrens in der WO 2001 und der Vielzahl möglicher Verstöße gegen bloße Ordnungsregeln unentbehrlich. So ist zB ein Verstoß gegen die Soll-Regel des § 15 Abs. 1 (Zusammensetzung des BR nach Organisationsbereichen und Beschäftigungsarten, vgl. auch § 3 Abs. 3 WO) kein Anfechtungsgrund, wohl aber der Verstoß gegen § 15 Abs. 2 (Zusammensetzung des BR nach Geschlechtern, vgl. auch § 3 Abs. 2 Nr. 4 WO), vgl. § 15 Rz. 3. 5

a) Wahlrecht (§ 7). Die Vorschriften über das Wahlrecht sind bei **falscher Anwendung des § 7** verletzt, zB wenn ein Wahlberechtigter nicht zur Wahl zugelassen wird oder (umgekehrt) Nicht-Wahlberechtigte sich an der Wahl beteiligen[6], ebenso, wenn LeihArbN entgegen § 7 Satz 2 von der Wahl ausgeschlossen werden. Die Anfechtung wegen einer fehlerhaften Zuordnung von **leitenden Angestellten** ist aber bei Anwendung des Zuordnungsverfahrens ausgeschlossen, vgl. § 18a Abs. 5 (dort Rz. 13). Wird der Einspruch nach § 4 WO gegen die Wählerliste versäumt, berührt das nicht die Möglichkeit der Wahlanfechtung[7], weil § 126 (iVm. § 4 WO) nicht § 19 außer Kraft setzen kann. 6

Beispiele erfolgreicher Anfechtung aus der Rspr.: 7

- Wahlausschluss von Teilzeitbeschäftigten, die außerhalb der Betriebsräume tätig sind (Zeitungszusteller, vgl. § 7 Rz. 11)[8]; der Mangel wird auch nicht dadurch geheilt, dass diese ArbN später aus dem Betrieb ausgeschieden sind[9];

- Wahlausschluss von ArbN, deren Arbeitsverhältnis ruht (Wehrdienst, vgl. § 7 Rz. 13)[10];

- Wahlzulassung von Beschäftigten in einer Arbeitsgelegenheit nach § 19 BSHG, die selbst Gegenstand des Betriebszwecks sind (vgl. § 7 Rz. 6)[11];

- Wahlzulassung von ABM-Kräften[12].

b) Wählbarkeit (§ 8). Nach § 8 Abs. 1 Satz 1 BetrVG sind alle dem Betrieb seit sechs Monaten angehörenden Wahlberechtigten **wählbar** (passives Wahlrecht). Ein Verstoß gegen die Wählbarkeit kann in der Wahl eines Nicht-Wählbaren ebenso wie in der Nichtzulassung eines Wählbaren liegen. Der Mangel ist aber **heilbar**, wie die Vorschrift des § 24 Nr. 6 zeigt: Die Wahl kann nicht mehr angefochten werden, wenn zB ein Minderjähriger, der unzulässigerweise zur Wahl zugelassen wurde, inzwischen voll- 8

---

1 HM, vgl. BAG v. 13.3.1991 – 7 ABR 5/90, BAGE 67, 316 = AP Nr. 20 zu § 19 BetrVG 1972; ErfK/*Eisemann*, § 19 BetrVG Rz. 9; GK-BetrVG/*Kreutz*, § 19 Rz. 116. | 2 St. Rspr., vgl. BAG v. 22.3.2000 – 7 ABR 34/98, AP Nr. 8 zu § 14 AÜG = NZA 2000, 1119; BAG v. 15.11.2000 – 7 ABR 23/99, nv. (juris-Dok. KARE 600004027); v. 13.11.1991 – 7 ABR 18/91, BAGE 69, 49 = AP Nr. 3 zu § 27 BetrVG 1972. | 3 BAG v. 25.4.2001 – 7 ABR 26/00, BAGE 97, 340 = BB 2001, 1044; LAG Bremen v. 22.2.2000 – 1 TaBV 15/99, DB 2000, 1232; GK-BetrVG/*Kreutz*, § 19 Rz. 6. | 4 HM, vgl. BAG v. 15.8.1978 – 6 ABR 56/77, BAGE 31, 58 = AP Nr. 3 zu § 47 BetrVG 1972; DKK/*Schneider*, § 19 BetrVG Rz. 1; GK-BetrVG/*Kreutz*, § 19 Rz. 4. | 5 HM, vgl. GK-BetrVG/*Kreutz*, § 19 Rz. 18; MünchArbR/*Joost*, § 304 Rz. 260. | 6 *Löwisch/Kaiser*, § 19 BetrVG Rz. 2; GK-BetrVG/*Kreutz*, § 19 Rz. 21. | 7 Str., vgl. DKK/*Schneider*, § 19 BetrVG Rz. 6; ErfK/*Eisemann*, § 19 BetrVG Rz. 3; GK-BetrVG/*Kreutz*, § 19 Rz. 22, 59; aA *Fitting*, § 19 BetrVG Rz. 14; *Richardi/Thüsing*, § 19 BetrVG Rz. 10. | 8 BAG v. 29.1.1992 – 7 ABR 27/91, BAGE 69, 286 = AP Nr. 1 zu § 7 BetrVG 1972. | 9 BAG v. 25.6.1974 – 1 ABR 68/73, AP Nr. 3 zu § 19 BetrVG 1972. | 10 BAG v. 29.3.1974 – 1 ABR 27/73, BAGE 26, 107 = AP Nr. 2 zu § 19 BetrVG 1972. | 11 BAG v. 5.4.2000 – 7 ABR 20/99, AP Nr. 62 zu § 5 BetrVG 1972 = NZA 2001, 629. | 12 LAG Düsseldorf v. 27.1.2000 – 11 TaBV 73/99, AiB 2000, 569.

jährig geworden ist[1]. Wird dagegen ein LeihArbN im Entleiherbetrieb gewählt, ist gegen § 8 verstoßen, weil § 7 Satz 2 nur das Wahlrecht gewährt und nicht die Wählbarkeit begründet (vgl. § 2 Abs. 3 Satz 2 WO).

9 **Beispiele** erfolgreicher Anfechtung aus der Rspr.:

- Zulassung zur Kandidatur eines ständig zu einer Auslandsvertretung eines deutschen Unternehmens entsandten Angestellten, auch wenn für dessen Arbeitsverhältnis im Übrigen deutsches Arbeitsrecht gilt[2];
- Zulassung zur Kandidatur von Angestellten einer landeseigenen Anstalt öffentlichen Rechts nach Umwandlung in eine Aktiengesellschaft, soweit diese in einem Angestelltenverhältnis zum Land verblieben sind und ihre Arbeitsleistungen dem entstandenen Unternehmen nur überlassen wurden[3];
- Nichtzulassung eines gekündigten ArbN zur Kandidatur, wenn dessen vor der Wahl erhobenen Kündigungsschutzklage nach Durchführung der BR-Wahl stattgegeben wird (vgl. § 8 Rz. 7)[4].

10 **c) Wahlverfahren.** Verstöße gegen Vorschriften über das Wahlverfahren betreffen einerseits alle weiteren Normen, die **Wahlvorbereitung, Wahldurchführung** und Ermittlung des **Wahlergebnisses** regeln, dh. die Normen der §§ 9 bis 18 sowie § 20 und die sie ergänzenden bzw. konkretisierenden Bestimmungen der Wahlordnung – soweit es sich um „wesentliche" Mussvorschriften handelt (Rz. 5) –, andererseits unzutreffende Festlegungen des Wahlvorstands in Bezug auf die **betriebsratsfähige Organisationseinheit**, also insb. wenn der Betriebsbegriff verkannt oder die Belegschaftsgröße falsch ermittelt wird[5]. Mit Verstößen gegen das „Wahlverfahren" wurde ein **Auffangtatbestand** für das Anfechtungsverfahren gebildet.

11 **Beispiele** erfolgreicher Anfechtung aus der Rspr.:

- Ist unter Verkennung des Betriebsbegriffs in einem Gemeinschaftsbetrieb ein weiterer BR für einen unselbständigen Betriebsteil gewählt worden, muss eine nachfolgende BR-Wahl im Gemeinschaftsbetrieb ebenfalls angefochten werden[6]; die unzutreffende Annahme der Selbständigkeit einer Organisationseinheit begründet idR die Anfechtbarkeit, nicht aber die Nichtigkeit einer Wahl[7];
- die fehlerhafte Annahme der Größe des zu wählenden BR ist ein Verstoß gegen wesentliche Wahlvorschriften (vgl. § 9 Rz. 9)[8], insb. bei Berücksichtigung von LeihArbN nach § 7 Satz 2 für die Zahl der regelmäßig beschäftigten Zahl der ArbN nach § 9 (vgl. § 9 Rz. 4)[9];
- werden Ort und Zeitpunkt der Stimmauszählung nicht im Betrieb öffentlich bekannt gemacht, liegt eine Verletzung der Öffentlichkeit der Wahlen nach § 18 Abs. 3 Satz 1 BetrVG, § 13 WO vor (vgl. § 18 Rz. 6), die einen wesentlichen Verstoß darstellt[10];
- wird während der laufenden BR-Wahl Dritten Einsichtnahme in die mit den Stimmabgabevermerken versehene Wählerliste gestattet, um eine bessere Wahlbeteiligung zu ermöglichen, stellt das einen Verstoß gegen den allgemeinen Grundsatz der freien Wahl dar (vgl. § 14 Rz. 7)[11].

12 **2. Berichtigung.** Die Anfechtung ist unbegründet, wenn der Fehler korrigierbar war und **rechtzeitig korrigiert** wurde. Abs. 1 möchte durch die Möglichkeit der Berichtigung solche wesentlichen Verstöße heilen, die sich noch nicht als Einschränkung des Wahlrechts auf die Stimmabgabe ausgewirkt haben, zB durch Berichtigung einer unklaren Ortsangabe oder eines Rechenfehlers. Das Wahlverfahren muss also auch nach der Berichtigung noch ordnungsgemäß ablaufen können, zB durch rechtzeitige Klarstellung des richtigen Wahllokals[12]. Mängel bei der Bestellung des Wahlvorstandes können durch den noch amtierenden BR berichtigt werden[13]. Nach Ablauf der Einspruchsfrist (§ 4 Abs. 1 WO) ist die Korrektur der Wählerliste durch den Wahlvorstand nur bei Schreibfehlern, offenbaren Unrichtigkeiten, in Erledigung rechtzeitig eingelegter Einsprüche und dem Ein- oder Austritt von Wahlberechtigten möglich (§ 4 Abs. 3 Satz 2 WO).

---

1 HM, vgl. *Fitting*, § 19 BetrVG Rz. 18; GK-BetrVG/*Kreutz*, § 19 Rz. 24. |2 BAG v. 25.4.1978 – 6 ABR 2/77, BAGE 30, 266 = AP Nr. 16 zu Internationales Privatrecht, Arbeitsrecht (Anm. *Simitis*). |3 LAG BW v. 10.11.1999 – 17 TaBV 1/99, nv. (Juris-Dok. KARE 600000517). |4 BAG v. 14.5.1997 – 7 ABR 26/96, BAGE 85, 370 = AP Nr. 6 zu § 8 BetrVG 1972. |5 HM, vgl. nur GK-BetrVG/*Kreutz*, § 19 Rz. 25 f.; HaKo-BetrVG/*Brors*, § 19 Rz. 7. |6 BAG v. 31.5.2000 – 7 ABR 78/98, AP Nr. 12 zu § 1 BetrVG 1972 – Gemeinsamer Betrieb = NZA 2000, 1350; BAG v. 7.12.1988 – 7 ABR 10/88, BAGE 60, 276 = AP Nr. 15 zu § 19 BetrVG 1972. |7 BAG v. 13.9.1984 – 6 ABR 43/83, AP Nr. 3 zu § 1 BetrVG 1972 = BB 1985, 997; LAG Köln v. 4.5.2000 – 10 TaBV 56/99, AiB 2001, 353. |8 BAG v. 29.6.1991 – 7 ABR 67/90, BAGE 68, 74 = AP Nr. 2 zu § 9 BetrVG 1972; v. 12.10.1976 – 1 ABR 1/76, BAGE 28, 203 = AP Nr. 1 zu § 8 BetrVG 1972; LAG München v. 1.12.1999 – 7 TaBV 42/99, ZBVR 2002, 11; LAG Hamm v. 19.8.1998 – 3 TaBV 30/98, AiB 1999, 643; LAG Düsseldorf v. 24.11.1998 – 3 TaBV 73/98, AiB 1999, 281. |9 LAG Düsseldorf v. 31.10.2002 – 5 TaBV 42/02, AP Nr. 6 zu § 7 BetrVG 1972; bestätigt von BAG v. 16.4.2003 – 7 ABR 53/02, DB 2003, 2128 = BB 2003, 2178. |10 BAG v. 15.11.2000 – 7 ABR 53/99, AP Nr. 10 zu § 18 BetrVG 1972 = NZA 2001, 853; BAG v. 11.6.1997 – 7 ABR 24/96, AP Nr. 1 zu § 22 MitbestG (Wahl nach MitbestG). |11 BAG v. 6.12.2000 – 7 ABR 34/99, AP Nr. 48 zu § 19 BetrVG 1972 = DB 2001, 1422. |12 BAG v. 19.9.1985 – 6 ABR 4/85, BAGE 50, 1 = AP Nr. 12 zu § 19 BetrVG 1972. |13 Vgl. nur ErfK/*Eisemann*, § 19 BetrVG Rz. 6; GK-BetrVG/*Kreutz*, § 19 Rz. 38.

Abs. 1 Halbs. 2 berechtigen Verstöße gegen wesentliche Wahlvorschriften aus- 13
... zur Anfechtung der Wahl, wenn das Wahlergebnis dadurch objektiv **weder ge-
... ist werden** konnte. Entscheidend ist, ob bei einer hypothetischen Betrachtung
... durchgeführte Wahl zwingend zu demselben Ergebnis geführt hätte[1]. Soweit
... Wahlberechtigung (§ 7) verletzt sind, kommt es darauf an, ob sich dadurch die
... ändern können; bei Verstößen gegen die Wählbarkeit (zB Nichtzulassung zur Kan-
... Beeinflussung des Wahlergebnisses dagegen kaum je auszuschließen sein[2].
... kündigte und nicht weiterbeschäftigte ArbN an der Wahl teil, ist dieser Verstoß
... achtlich, wenn das Wahlergebnis hinsichtlich der (ordentlichen) BR-Mitglieder
... beeinflusst wurde, sondern nur die Reihenfolge, in der Ersatzmitglieder nach § 25
... könnten, betroffen ist. Ersatzmitglieder sind aber nicht „gewählte" BR-Mitglie-
... ordentliche Kausalität nicht gegeben ist[3]. Die vorzeitige Schließung des Wahllokals
... beeinflussen, wenn feststeht, dass kein Wahlberechtigter deshalb von der Wahl
...[4]. Streitig ist, ob Verstöße bei der Bildung des **Wahlvorstands** (§ 16 Abs. 1) das Wahl-
... können; das BAG hat dies bei Nichtbeteiligung einer der Gruppen (§ 16 Abs. 1
... ngend und ist jetzt abgeschafft) bejaht[5].

...**sverfahren (Abs. 2). 1. Beschlussverfahren.** Über die Wahlanfechtung wird im arbeits- 14
...schlussverfahren entschieden (§ 2a Abs. 1 Nr. 1, Abs. 2 iVm. §§ 80 ff. ArbGG), das einen
... 81 ArbGG erfordert, in dem der Antragsgegner zu benennen ist (zB der oder die fehlerhaft
... BR, keinesfalls aber der ArbGeb[6]). Es gilt der eingeschränkte Untersuchungsgrundsatz (§ 83
... 1 ArbGG), so dass das ArbG von **Amts wegen** sämtliche Anfechtungsgründe zu berücksichti-
...t, soweit der Vortrag der Beteiligten entsprechende Anhaltspunkte liefert, auch wenn diese sich
... auf nicht berufen[7]. Ein Antrag auf „Ungültigkeitserklärung" der BR-Wahl ist regelmäßig dahin aus-
...legen, dass die Wahl unter jedem rechtlichen Gesichtspunkt, also sowohl auf Nichtigkeit (Rz. 23) wie
auch auf Anfechtbarkeit überprüft werden soll[8]. Der Antrag kann auf eine Gesamt- oder Teilanfechtung
(zB ungültige Wahl einzelner Mitglieder), aber auch lediglich auf eine Korrektur des Wahlergebnisses
gerichtet sein: Korrektur geht immer vor Kassation (vgl. Rz. 21)[9].

Zu den notwendig **Beteiligten** iSv. § 83 Abs. 3 ArbGG gehört vor allem der gewählte BR, weil es bei der 15
Anfechtung um seinen rechtlichen Bestand geht, wie auch der ArbGeb[10]. Beide sind durch die gerichtliche Entscheidung **unmittelbar** in ihren betriebsverfassungsrechtlichen Rechten und Pflichten betroffen, nicht dagegen der Wahlvorstand, dessen Amt mit der Durchführung der Wahl erloschen ist. Nach
der Konstituierung des BR ist er selbst dann nicht Beteiligter, wenn die Anfechtung mit Mängeln seiner
Bestellung oder seines Verfahrens begründet wird[11]. Auch die im Betrieb vertretenen **Gewerkschaften**
gehören nicht zu den notwendig Beteiligten, wenn sie von ihrem Anfechtungsrecht keinen Gebrauch
gemacht haben[12].

Das **Rechtsschutzinteresse** für eine Anfechtung entfällt mit Ablauf der Amtszeit des Gremiums, des- 16
sen Wahl angefochten wird[13]. Davon zu unterscheiden ist der **Rücktritt** des BR (vgl. § 13 Rz. 10). Hier
entfällt das Rechtsschutzinteresse nicht, weil der BR ausweislich § 22 iVm. § 13 Abs. 2 Nr. 3 die Geschäfte weiter führt, bis ein neues Gremium gewählt und das Wahlergebnis bekannt gegeben ist, er
dadurch also seine betriebsverfassungsrechtlichen Funktionen nicht verliert[14]. Wird jedoch nur die Wahl
eines **einzelnen** Betriebsratsmitglieds angefochten, entfällt das Rechtsschutzinteresse, wenn dieses Mitglied sein Amt nach § 24 Nr. 2 niederlegt: Durch die Amtsniederlegung erlischt die Mitgliedschaft im BR
mit sofortiger Wirkung[15].

2. Anfechtungsfrist. Nach § 19 Abs. 2 Satz 2 ist die Anfechtung „**nur**" innerhalb einer Zwei-Wochen- 17
Frist möglich; es handelt sich also um eine materiell-rechtliche **Ausschlussfrist**[16]. Sie wird nach den
§§ 187 ff. BGB berechnet und endet nach § 188 Abs. 2 BGB mit Ablauf des Wochentags, der dem Tag
der ordnungsgemäßen Bekanntgabe des endgültigen Wahlergebnisses (Aushang iSv § 18 WO, vgl.
§ 18 Rz. 8) entspricht[17]. Ein verspäteter Antrag ist vom ArbG wegen der materiellen Frist als **unbegrün-**

---

[1] BAG v. 15.11.2000 – 7 ABR 53/99, AP Nr. 10 zu § 18 BetrVG 1972 = NZA 2001, 853. [2] ErfK/*Eisemann*, § 19 BetrVG Rz. 7; GK-BetrVG/*Kreutz*, § 19 Rz. 50 f. [3] BAG v. 21.2.2001 – 7 ABR 41/99, AP Nr. 49 zu § 19 BetrVG 1972 = NZA 2002, 282. [4] BAG v. 19.9.1985 – 6 ABR 4/85, BAGE 50, 1 = AP Nr. 12 zu § 19 BetrVG 1972. [5] BAG v. 14.9.1988 – 7 ABR 93/87, BAGE 59, 328 = AP Nr. 1 zu § 16 BetrVG 1972; aA GK-BetrVG/*Kreutz*, § 19 Rz. 48: Beeinflussung unter keinen Umständen möglich. [6] ArbG Köln v. 9.6.1976 – 3 BV 3/76, DB 1976, 2068. [7] HM, vgl. BAG v. 4.12.1986 – 6 ABR 48/85, AP Nr. 13 zu § 19 BetrVG 1972 = NZA 1987, 166; GK-BetrVG/*Kreutz*, § 19 Rz. 106; Richardi/*Thüsing*, § 19 BetrVG Rz. 57. [8] LAG München v. 1.12.1999 – 7 TaBV 42/99, ZBVR 2002, 11. [9] Vgl. nur *Fitting*, § 19 BetrVG Rz. 39; GK-BetrVG/*Kreutz*, § 19 Rz. 88, 119. [10] BAG v. 4.12.1986 – 6 ABR 48/85, AP Nr. 13 zu § 19 BetrVG 1972 = NZA 1987, 166. [11] BAG v. 14.1.1983 – 6 ABR 39/82, BAGE 41, 275 = AP Nr. 9 zu § 19 BetrVG 1972; LAG Berlin v. 28.6.1999 – 9 TaBV 479/99, NZA-RR 2000, 246. [12] HM, vgl. BAG v. 19.9.1985 – 6 ABR 4/85, BAGE 50,1 = AP Nr. 12 zu § 19 BetrVG 1972; *Fitting*, § 19 BetrVG Rz. 52; GK-BetrVG/*Kreutz*, § 19 Rz. 98; aA DKK/*Schneider*, § 19 Rz. 25. [13] BAG v. 13.3.1991 – 7 ABR 5/90, BAGE 67, 316 = AP Nr. 20 zu § 19 BetrVG 1972. [14] BAG v. 29.5.1991 –7 ABR 54/90, BAGE 68, 67 = AP Nr. 5 zu § 4 BetrVG 1972. [15] HM, vgl. *Fitting*, § 19 BetrVG Rz. 44; GK-BetrVG/*Kreutz*, § 19 Rz. 109. [16] GK-BetrVG/*Kreutz*, § 19 Rz. 76; HaKo-BetrVG/*Brors*, § 19 Rz. 11. [17] Vgl. nur *Fitting*, § 19 BetrVG Rz. 34; *Löwisch/Kaiser*, § 19 BetrVG Rz. 11.

det, nicht als unzulässig abzuweisen. Bei Untätigkeit aller Anfechtungsberechtigter
Mängel der BR-Wahl geheilt, sofern nicht ausnahmsweise Nichtigkeit vorliegt[1]. Der B
seinen Befugnissen bis zum Ablauf seiner regelmäßigen Amtszeit auch dann im Amt,
kennung des Betriebsbegriffs für zwei Betriebe ein gemeinsamer BR gewählt und diese
gefochten worden ist – jedenfalls solange, als sich die tatsächlichen Verhältnisse nicht w
dert haben (vgl. § 13 Abs. 2)[2].

18   **3. Anfechtungsberechtigung.** Die Anfechtungsberechtigung nach Abs. 2 Satz 1 ist nach h
materielle, sondern auch prozessuale Antragsvoraussetzung[3]. Die Aufzählung der Antragsb
ist **abschließend**, so dass ausschließlich „mindestens drei Wahlberechtigte, eine im Betrieb
Gewerkschaft oder der ArbGeb" vom Gestaltungsrecht des Abs. 1 Gebrauch machen können,
zB der BR oder der Wahlvorstand oder auch der einzelne ArbN – trotz eigener Betroffenheit[4].
Einspruch nach § 4 WO gegen die Wählerliste eingelegt worden ist[5] oder ob der beanstandete
stoß den Antragsteller unmittelbar betrifft, kommt es für die Anfechtungsberechtigung nicht an (

19   Für die Antragsbefugnis der wahlberechtigten **ArbN**, zu denen auch LeihArbN nach § 7 Satz 2 zä
ist unerheblich, ob sie während des gesamten Verfahrens wahlberechtigt bleiben; ihr nachträglic
Ausscheiden aus dem Betrieb schadet nicht. Allerdings muss der ausgeschiedene ArbN das Verfahr
weiter tragen[6]. Scheiden sämtliche anfechtenden ArbN während des Beschlussverfahrens aus ihren A
beitsverhältnissen endgültig aus, **entfällt** allerdings ihr **Rechtsschutzbedürfnis** (vgl. Rz. 16)[7]. Das „Au
wechseln" von Antragsberechtigten nach dem Ablauf der Ausschlussfrist nach Satz 2 auch zB durch
eine im Betrieb vertretene Gewerkschaft ist nicht mehr möglich, weil die materielle Frist dadurch nicht
mehr gewahrt ist[8].

20   Die Anfechtungsberechtigung einer **Gewerkschaft** ist nur gegeben, wenn sie während des gesamten
Verfahrens „im Betrieb vertreten" ist[9]. Nicht antragsberechtigt ist eine nicht tariffähige Koalition – sie
ist nicht „Gewerkschaft"[10]. Nur der **ArbGeb**, in dessen Betrieb die BR-Wahl stattgefunden hat, ist nach
Abs. 2 antragsbefugt[11]. Nach einem Betriebsübergang (§ 613a BGB) ist nicht mehr der Veräußerer, sondern nur noch der Erwerber antragsberechtigt. Besteht zwischen mehreren ArbGeb eine BGB-Gesellschaft, so ist allein die Gesellschaft als solche, nicht aber sind die einzelnen Gesellschafter anfechtungsberechtigt[12].

21   **4. Wirkung der Anfechtung.** Durch die erfolgreiche Anfechtung verliert der fehlerhaft gewählte BR
nicht rückwirkend sein Amt. Bis dahin vorgenommene Handlungen des BR, zB der Abschluss von BV,
bleiben wirksam. Er kann sogar im Amt verbleiben, wenn dem Anfechtungsantrag auch durch eine **Ergebnisberichtigung** abgeholfen werden kann, die vom Gericht zB bei Auszählungs- oder Verteilungsfehlern (Listenwahl, Geschlechtsquote etc.) festzustellen ist, wenn dadurch der Wille der Wähler nicht verfälscht wird (vgl. Rz. 12)[13]. Wird das Wahlergebnis aber insgesamt für **unwirksam** erklärt, verliert der BR
sein Amt mit Rechtskraft der Entscheidung[14] – der Betrieb ist dann **betriebsratslos**. Die BR-Mitglieder
verlieren ab diesem Zeitpunkt ihren besonderen betriebsverfassungsrechtlichen Kündigungsschutz
nach § 15 KSchG, § 103. Eine **Nachwirkung** des Kündigungsschutzes kann nicht auf § 15 Abs. 1 Satz 2
(letzter Halbs.) KSchG gestützt werden, weil die Beendigung der Mitgliedschaft auf einer gerichtlichen
Entscheidung beruht[15], wohl aber auf § 15 Abs. 3 Satz 2 KSchG, soweit seit der Wahl noch nicht sechs
Monate verstrichen sind (Kündigungsschutz als Wahlbewerber)[16].

22   Die BR-Wahl muss nach einer erfolgreichen Anfechtung **wiederholt** werden, so dass ein neuer Wahlvorstand bestellt werden muss. Eine Weiterführung der Amtsgeschäfte nach § 22 scheidet aus, Neuwahlen können (nur) nach § 13 Abs. 2 Nr. 4 durch Initiatoren gemäß §§ 17, 17a eingeleitet werden. Der
BR ist zur Bestellung des neuen Wahlvorstands **nicht befugt**. Das gilt sowohl nach Rechtskraft des

---

[1] BAG v. 19.9.1985 – 6 ABR 4/85, BAGE 50, 1 = AP Nr. 12 zu § 19 BetrVG 1972.   [2] BAG v. 27.6.1995 – 1 ABR 62/94, AP Nr. 7 zu § 4 BetrVG 1972; LAG Hamm v. 18.9.1996 – 3 TaBV 108/96, AP Nr. 10 zu § 1 BetrVG 1972 – Gemeinsamer Betrieb.   [3] BAG v. 14.2.1978 – 1 ABR 46/77, BAGE 30, 114 = AP Nr. 7 zu § 19 BetrVG 1972; v. 4.12.1986 – 6 ABR 48/85, AP Nr. 13 zu § 19 BetrVG 1972 = NZA 1987, 166; *Fitting*, § 19 BetrVG Rz. 29; Richardi/*Thüsing*, § 19 BetrVG Rz. 36; aA GK-BetrVG/*Kreutz*, § 19 Rz. 57: nur Aktivlegitimation, nicht Prozessvoraussetzung.   [4] BAG v. 14.11.1975 – 1 ABR 61/75, AP Nr. 1 zu § 18 BetrVG 1972; DKK/*Schneider*, § 19 BetrVG Rz. 20; Richardi/*Thüsing*, § 19 BetrVG Rz. 42.   [5] LAG Köln v. 4.5.2000 – 10 TaBV 59/99, AiB 2001, 353.   [6] BAG v. 4.12.1986 – 6 ABR 48/85, AP Nr. 13 zu § 19 BetrVG 1972 = NZA 1987, 166; *Fitting*, § 19 BetrVG Rz. 19; Richardi/*Thüsing*, § 19 BetrVG Rz. 38; aA GK-BetrVG/*Kreutz*, § 19 Rz. 68.   [7] BAG v. 15.2.1989 – 7 ABR 9/88, BAGE 61, 125 = AP Nr. 17 zu § 19 BetrVG 1972; ErfK/*Eisemann*, § 19 BetrVG Rz. 12; Richardi/*Thüsing*, § 19 BetrVG Rz. 38.   [8] BAG v. 10.6.1983 – 6 ABR 50/82, BAGE 44, 57 = AP Nr. 10 zu § 19 BetrVG 1972; ErfK/*Eisemann*, § 19 BetrVG Rz. 12; GK-BetrVG/*Kreutz*, § 19 Rz. 69.   [9] BAG v. 21.11.1975 – 1 ABR 12/75, AP Nr. 6 zu § 118 BetrVG 1972 (Marburger Bund); DKK/*Schneider*, § 19 BetrVG Rz. 23; *Fitting*, § 19 BetrVG Rz. 31.   [10] ArbG Düsseldorf v. 5.10.1998 – 7 BV 18/98, AiB 1999, 101.   [11] BAG v. 28.11.1977 – 1 ABR 36/76, BAGE 29, 392 = AP Nr. 6 zu § 19 BetrVG 1972.   [12] BAG v. 28.11.1977 – 1 ABR 36/76, BAGE 29, 392 = AP Nr. 6 zu § 19 BetrVG 1972; DKK/*Schneider*, § 19 BetrVG Rz. 24; GK-BetrVG/*Kreutz*, § 19 Rz. 73.   [13] Ausf. GK-BetrVG/*Kreutz*, § 19 Rz. 118–120.   [14] BAG v. 13.3.1991 – 7 ABR 5/90, BAGE 67, 316 = AP Nr. 20 zu § 19 BetrVG 1972; ErfK/*Eisemann*, § 19 BetrVG Rz. 9; *Fitting*, § 19 BetrVG Rz. 36.   [15] HM, vgl. *Fitting*, § 19 BetrVG Rz. 50; KR/*Etzel*, § 15 KSchG Rz. 66.   [16] So auch GK-BetrVG/*Kreutz*, § 19 Rz. 124.

Urteils, weil damit das Amt des BR endet (Rz. 21), als auch vor Rechtskraft des Urteils, da vor diesem Zeitpunkt keine Vorbereitungen für die Wiederholungswahl getroffen werden dürfen[1].

IV. Nichtigkeit der Wahl. Obwohl im Gesetz nur die **Anfechtung** als Unwirksamkeit „ex nunc" (für die Zukunft) geregelt ist, ist dennoch allgemein anerkannt (Rz. 2), dass in besonderen **Ausnahmefällen** auch die Nichtigkeit einer BR-Wahl rückwirkend („ex tunc") festgestellt werden kann, wenn gegen allgemeine Grundsätze jeder ordnungsgemäßen Wahl in so hohem Maße verstoßen worden ist, dass auch der Anschein einer dem Gesetz entsprechenden Wahl nicht mehr vorliegt. Es muss sowohl ein – aus Sicht von mit den Betriebsverhältnissen Vertrauter – **offensichtlicher** als auch ein **besonders grober** Verstoß gegen Wahlvorschriften vorliegen[2]. Allein eine Häufung von Wahlverstößen, von denen jeder für sich eine Wahlanfechtung begründen würde, kann die Nichtigkeit der Wahl idR nicht zur Folge haben. Entscheidend ist die Gesamtwürdigung der Verstöße[3]. Die Nichtigkeit der Wahl kann jederzeit, von jedermann und in jedem Zusammenhang geltend gemacht werden[4]. Wird die Anfechtungsfrist versäumt, erwächst daraus kein zusätzliches Argument für die Nichtigkeit. Nach dem **Evidenz-Maßstab** können Anfechtungsgründe nur dann auch zur Nichtigkeit führen, wenn diese nicht erst aufgrund umfangreicher und langwieriger Ermittlungen feststellbar, sondern offensichtlich sind und nicht einmal mehr den Anschein einer ordnungsgemäßen Wahl vermitteln[5].

Beispiele erfolgreicher Nichtigkeitsklagen aus der Rspr.:

- Wahl eines BR in einer kirchlichen Einrichtung (Jugenddorf mit Mitgliedschaft im Diakonischen Werk der Landeskirche) statt der kirchengesetzlich vorgesehenen Mitarbeitervertretung (vgl. § 118 Abs. 2)[6];
- Wahl unter Verstoß gegen § 3 Abs. 2 BetrVG aF (keine behördliche Genehmigung des Organisationstarifs)[7];
- Wiederwahl eines BR nach Ablauf seiner Amtszeit durch Akklamation in einer Betriebsversammlung[8];
- Wahl ohne Wahlvorstand bzw. mit einem Wahlvorstand, dessen Bestellung nichtig ist[9];
- Wahl außerhalb des für die BR-Wahlen festgelegten Zeitraums, obgleich die Voraussetzungen des § 13 Abs. 2 nicht vorliegen und ein BR noch besteht[10];
- Wahlausschluss der Außendienstmitarbeiter von der Briefwahl entgegen etwa zehnjähriger Übung, ohne dass hierfür der geringste einleuchtende Grund besteht[11];
- evidente und willkürliche Abweichung von § 4 BetrVG (dh. besonders grobe Verkennung des Betriebsbegriffs, vgl. auch Rz. 25) auf der Grundlage eines nicht wirksamen TV[12];
- Einsetzung des BR durch die Gewerkschaft oder den ArbGeb[13].

Eine „normale" Verkennung der betriebsratsfähigen Organisationseinheit und seiner Ausformungen in §§ 1, 3 und 4 BetrVG führt idR aber nicht zur Nichtigkeit, sondern allenfalls zur **Anfechtbarkeit** der BR-Wahl (Rz. 11)[14]. Ebenso liegt keine Nichtigkeit vor, wenn nur bei Einzelnen der gewählten BR-Mitglieder die Wählbarkeitsvoraussetzungen des § 8 nicht vorgelegen haben (Rz. 9)[15]. Allerdings scheidet bloße Anfechtbarkeit aus, wenn zB in den Fällen des § 3 Abs. 1 Nr. 1–3 aufgrund fehlender tariflicher Grundlagen eine Strukturveränderung ohne jede Rechtsgrundlage erfolgt – die Nichtigkeit ist hier **evident**.

Die Feststellung der Nichtigkeit durch das ArbG führt dazu, dass der BR **rechtlich nie existiert** hat. Folglich ist und war der Betrieb betriebsratslos[16]. Anders als nach der erfolgreichen Anfechtung (Rz. 21) sind alle vom „Betriebsrat" getroffenen Maßnahmen, dh. auch von ihm abgeschlossene BV, **rückwirkend** unwirksam[17]. Ebenso bestanden und bestehen keinerlei Mitbestimmungs- und Mitwirkungsrechte und

---

1 Str., wie hier GK-BetrVG/*Kreutz*, § 19 Rz. 125; ErfK/*Eisemann*, § 19 BetrVG Rz. 9; Richardi/*Thüsing*, § 19 BetrVG Rz. 70; aA *Fitting*, § 19 BetrVG Rz. 45; DKK/*Schneider*, § 19 BetrVG Rz. 35; HaKo-BetrVG/*Brors*, § 19 Rz. 12. | 2 St. Rspr., vgl. BAG v. 22.3.2000 – 7 ABR 34/98, AP Nr. 8 zu § 14 AÜG = NZA 2000, 1119; v. 15.11.2000 – 7 ABR 23/99, nv. (Juris-Dok. KARE 600004027); v. 13.11.1991 – 7 ABR 18/91, BAGE 69, 49 = AP Nr. 3 zu § 27 BetrVG 1972. | 3 BAG v. 19.11.2003 – 7 ABR 24/03, NZA 2004, 395. | 4 Ganz hM, vgl. nur GK-BetrVG/*Kreutz*, § 19 Rz. 131; HaKo-BetrVG/*Brors*, § 19 Rz. 2. | 5 BAG v. 15.11.2000 – 7 ABR 23/99, nv. | 6 BAG v. 30.4.1997 – 7 ABR 60/95, AP Nr. 60 zu § 118 BetrVG 1972 = NZA 1997, 1240. | 7 LAG Düsseldorf v. 21.1.2000 – 9 Sa 1754/99, ZInsO 2000, 681; LAG Bdb. v. 9.8.1996 – 2 TaBV 9/96, LAGE § 3 BetrVG 1972 Nr 2. | 8 BAG v. 12.10.1961 – 5 AZR 423/60, BAGE 11, 318 = AP Nr. 84 zu § 611 BGB – Urlaubsrecht. | 9 ArbG Bielefeld v. 20.5.1987 – 4 BV 9/87, BB 1987, 1458, vgl. auch GK-BetrVG/*Kreutz*, § 17 Rz. 53; § 19 Rz. 137. | 10 ArbG Regensburg v. 20.9.1989 – 6 BV 14/89 S – BB 1990, 852 (Leitsatz 2); vgl. auch Richardi/*Thüsing*, § 19 BetrVG Rz. 74. | 11 BAG v. 24.1.1964 – 1 ABR 14/63, BAGE 15, 235 = AP Nr. 6 zu § 3 BetrVG. | 12 LAG Hamburg v. 6.5.1996 – 4 TaBV 3/96, NZA-RR 1997, 136. | 13 BAG v. 29.9.1988 – 2 AZR 107/88, AP Nr. 76 zu § 613a BGB = NZA 1989, 799 (Anerkennung des alten Betriebsrats trotz neuer Betriebsstruktur). | 14 St. Rspr., vgl. zB BAG v. 9.5.1996 – 2 AZR 438/95, AP Nr. 79 zu § 1 KSchG – Betriebsbedingte Kündigung = NZA 1996, 1145. | 15 BAG v. 28.11.1977 – 1 ABR 36/76, BAGE 29, 392 = AP Nr. 6 zu § 19 BetrVG 1972. | 16 HM, vgl. *Fitting*, § 19 BetrVG Rz. 6; GK-BetrVG/*Kreutz*, § 19 Rz. 139. | 17 LAG Düsseldorf v. 21.1.2000 – 9 Sa 1754/99, ZInsO 2000, 681 (Abschluss eines Sozialplans).

BetrVG § 19 Rz. 27 Wahlanfechtung

haben die Mitglieder eines solchen BR keinen Kündigungsschutz (allenfalls den nachwirkenden Kündigungsschutz für Wahlbewerber, § 15 Abs. 3 KSchG, vgl. Rz. 21).

27 Zur Möglichkeit einer **einstweiligen Verfügung** zum Abbruch einer nichtigen Wahl vgl. § 18 Rz. 18.

20 *Wahlschutz und Wahlkosten*

(1) Niemand darf die Wahl des Betriebsrats behindern. Insbesondere darf kein Arbeitnehmer in der Ausübung des aktiven und passiven Wahlrechts beschränkt werden.

(2) Niemand darf die Wahl des Betriebsrats durch Zufügung oder Androhung von Nachteilen oder durch Gewährung oder Versprechen von Vorteilen beeinflussen.

(3) Die Kosten der Wahl trägt der Arbeitgeber. Versäumnis von Arbeitszeit, die zur Ausübung des Wahlrechts, zur Betätigung im Wahlvorstand oder zur Tätigkeit als Vermittler (§ 18a) erforderlich ist, berechtigt den Arbeitgeber nicht zur Minderung des Arbeitsentgelts.

§ 20 zuletzt geändert durch die BetrVG-Novelle vom 20.12.1988 (BGBl. I S. 2312).

Lit.: *Gaumann*, Gewerkschaftsausschluss wegen Betriebsratskandidatur auf konkurrierender Liste, NJW 2002, 2155; *Popp*, Die ausgeschlossenen Gewerkschaftsmitglieder – BGHZ 71, 126, JuS 1980, 798; *Rieble*, Betriebsratswahl. Werbung durch den Arbeitgeber?, ZfA 2003, 283; *Sachse*, Der Ausschluss von Gewerkschaftsmitgliedern wegen Kandidatur auf konkurrierenden Listen bei Betriebsratswahlen, AuR 1999, 387.

1 **I. Inhalt und Zweck.** Die Norm schützt einerseits die BR-Wahlen gegen **Behinderung** (Abs. 1) und **Beeinflussung** (Abs. 2); sie regelt andererseits die **Kostentragungspflicht** des ArbGeb (Abs. 3). Sie gilt auch für alle übrigen Wahlen im Bereich der Betriebsverfassung (zB JAV, § 63 Abs. 2), nicht dagegen für die durch Entsendung entstandenen Gremien wie zB Gesamt- oder KonzernBR und Wirtschaftsausschuss (deren Tätigkeit durch § 78 geschützt wird). Durch Abs. 1, 2 wird die **Freiheit** der Wahlen (vgl. § 14 Rz. 7) in Bezug auf äußere Willensbetätigung und innere Willensbildung der Wähler und Kandidierenden geschützt[1]; den besonders hohen Stellenwert zeigt auch die **Strafbewehrung** in § 119 Abs. 1 Nr. 1.

2 **II. Wahlschutz. 1. Verbot der Behinderung der Wahl (Abs. 1).** „Niemand" darf die Wahl des BR behindern oder unzulässig beeinflussen, dh. das Verbot richtet sich gegen **jedermann**, auch gegen ArbN und Gewerkschaften (Rz. 4). Abs. 1 schützt nicht nur den eigentlichen Abstimmungsvorgang, sondern auch alle **vorbereitenden Maßnahmen** (zB des Wahlvorstands, vgl. § 18 Abs. 1) inklusive der Wahlwerbung (Rz. 3)[2]. „Behinderung" kann jedes rechtswidrige Tun oder Unterlassen sein, das den **äußeren Ablauf** der Wahlen stört[3]. Nach der historischen ratio zielt die Norm besonders auf den ArbGeb als potenziellen „Wahlstörer", entweder dadurch, dass er seine Förderungspflichten aus BetrVG und WahlO (zB § 28 Abs. 2 WO: Unverzügliche Unterlagenübergabe im vereinfachten Wahlverfahren, vgl. § 14a Rz. 8) missachtet bzw. vernachlässigt, oder dadurch, dass er die ArbN gegen die Wahl aufzubringen oder ihre Teilnahme zu verhindern sucht, zB wenn diese schriftlich erklären sollen, dass sie keinen BR wünschen[4], oder durch andere wahlstörende **Handlungen** oder **Weisungen** (zB Entfernung von Wahlwerbung, Verhinderung der Wahlhandlung, Versetzung von ArbN zum Zwecke ihrer Nicht-Wählbarkeit, Anordnung einer Dienstreise zum Zeitpunkt der Wahl etc.)[5]. Ruft ein Vorgesetzter zum Wahlboykott auf oder behauptet er wahrheitswidrig die Unwirksamkeit der Wahlen, weshalb eine Teilnahme daran überflüssig sei, so ist das aber **keine Wahlbehinderung**, sondern nur eine nach Abs. 2 (und § 119 Abs. 1 Nr. 1) nicht eigens sanktionierte Wahlbeeinflussung: Es wird nicht in die **Handlungsfreiheit** der Wahlberechtigten eingegriffen, sondern (nur) in die Freiheit ihrer inneren Willensbildung (ohne die Androhung von Nachteilen etc., vgl. Rz. 5)[6]. Das Gesetz bestätigt diese Deutung in Abs. 1 Satz 2, wenn es den wichtigsten Behinderungsfall als Beschränkung **in der Ausübung** des aktiven und/oder passiven Wahlrechts kennzeichnet[7].

3 Die Behinderung muss **rechtswidrig** sein; auf ein Verschulden kommt es nicht an[8]. Bei der Wahlwerbung von im Betrieb vertretenen (vgl. § 2 Abs. 2) **Gewerkschaften** gilt im Zweifel der Vorrang ihres Betätigungsrechts, solange nicht kraft Abwägung zwischen Art. 9 Abs. 3 GG und Art. 12 GG ausnahmsweise das Recht des ArbGeb auf die Abwehr unverhältnismäßiger Eingriffe in den Betriebsablauf Vorrang genießt[9]. Wildes Plakatieren im Betrieb muss er zB nicht hinnehmen. Das Wahlwerbungsrecht besteht unabhängig davon, ob eigene Gewerkschaftsmitglieder für den BR kandidieren oder nicht, und ist not-

---

[1] Vgl. ErfK/*Eisemann*, § 20 BetrVG Rz. 1; GK-BetrVG/*Kreutz*, § 20 Rz. 1. [2] BayObLG v. 9.7.1980 – 4 St 173/80, AP Nr. 1 zu § 119 BetrVG = BB 1980, 1638. [3] HM, so zB GK-BetrVG/*Kreutz*, § 20 Rz. 11; *Löwisch/Kaiser*, § 20 BetrVG Rz. 1. [4] ArbG München v. 26.5.1987 – 15 Ca 3024/87, DB 1987, 2662; ferner *Löwisch/Kaiser*, § 20 BetrVG Rz. 2. [5] Vgl. Beispiele bei ErfK/*Eisemann*, § 20 BetrVG Rz. 4; *Fitting*, § 20 BetrVG Rz. 10; GK-BetrVG/*Kreutz*, § 20 Rz. 13–20; HaKo-BetrVG/*Brors*, § 20 Rz. 2–4; *Löwisch/Kaiser*, § 20 BetrVG Rz. 2; Richardi/*Thüsing*, § 20 BetrVG Rz. 8–11. [6] LAG Köln v. 15.10.1993 – 13 TaBV 36/93, NZA 1994, 431. [7] Ähnlich GK-BetrVG/*Kreutz*, § 20 Rz. 11. [8] HM, vgl. DKK/*Schneider*, § 20 BetrVG Rz. 1; GK-BetrVG/*Kreutz*, § 20 Rz. 12. [9] BVerfG v. 14.11.1995 – 1 BvR 601/92, BVerfGE 93, 352 (359 ff.) = AP Nr. 80 zu Art. 9 GG unter Verabschiedung der sog. Kernbereichsformel, vgl. auch ErfK/*Dieterich*, Art. 9 GG Rz. 40; *Höfling* in: Sachs, GG, Art. 9 Rz. 71 ff. Die ältere Rspr., insb. BAG v. 26.1.1982 – 1 AZR 610/80, BAGE 41, 1 = AP Nr. 35 zu Art. 9 GG ist damit in ihrer restriktiven Tendenz überholt.

wendiger Ausdruck eines demokratischen Wahlverfahrens (ganz hM). Verletzen ArbN dagegen ihre arbeitsvertraglichen Pflichten ohne einen inneren (sachlichen) Zusammenhang mit Wahlen, ist der ArbGeb durch das Behinderungsverbot in seinem Kündigungsrecht nicht beschränkt[1]. Auch muss er einen Wahlbewerber nicht zur Sammlung von Stützvorschriften (§ 14 Abs. 4) eigens frei stellen, sondern darf ihm dies in den Pausen oder außerhalb der Arbeitszeiten zumuten (Rz. 14)[2]. Genauso wenig muss er einem gekündigten ArbN, der nicht geklagt hat und nicht weiterbeschäftigt wird, den Zugang zum Zwecke der Wahl ermöglichen[3]. Zu den Rechtsfolgen wahlbehindernder Weisungen vgl. Rz. 9.

Eine Behinderung der Wahlen durch **Wahlvorstand**, ArbN, Gewerkschaften oder **Dritte** ist ebenfalls verboten (Rz. 2), jedoch idR nicht praxisrelevant. Wer durch Beschimpfungen von Seiten seiner Kollegen oder von außen dazu veranlasst wird, von einer Wahlbewerbung abzusehen, kann sich sowohl zivil- wie strafrechtlich dagegen wehren als auch ggf. die Wahl als solche anfechten (vgl. § 19, näher Rz. 8 f.). Doch möchte die Norm des § 20 gerade solchen Pressionen **vorbeugen**, also die freie Kandidatur trotz solcher Beeinflussungen sicherstellen. Sie dürfte diesen präventiven Zweck inzwischen idR auch erreicht haben.   4

2. Unzulässige Wahlbeeinflussung (Abs. 2). Abs. 2 möchte die **freie Willensbildung** der Wahlberechtigten sicher stellen und verbietet daher **jedermann** die „Zufügung oder Androhung von Nachteilen" oder „die Gewährung oder Versprechung von Vorteilen" zum Zwecke der Beeinflussung der Wahlen. Die Ausübung des passiven und des aktiven Wahlrechts soll allein auf der freien Entscheidung der Wahlberechtigten beruhen und keiner Steuerung von dritter Seite unterliegen[4]. Dabei entspricht es dem **vorbeugenden** (präventiven) Sanktionszweck der Norm, dass jeder geeignete Versuch einer – so definierten – unzulässigen Beeinflussung ausreicht. Auf eine tatsächliche Verfälschung des Wählerwillens kommt es nicht an[5]. Die Androhung von Kündigung, Versetzung auf einen schlechteren Arbeitsplatz oder sonstigen Nachteilen bzw. die In-Aussicht-Stellung von Beförderung, Gehaltserhöhung oder sonstigen materiellen oder immateriellen Vorteilen sind also verboten und – bei vorsätzlichem Handeln – auch strafbar (§ 119 Abs. 1 Nr. 1). Dafür reicht es aus, wenn der ArbGeb (anstelle der nach § 14 Abs. 3 berufenen ArbN selbst) Stützunterschriften für eine Vorschlagsliste sammelt[6] oder eine Gruppe von Wahlbewerbern bei der Herstellung einer Wahlzeitung unterstützt[7].   5

Jeder betriebliche **Wahlkampf** darf und muss auf Beeinflussung der Willensbildung zielen und ist idR unbedenklich zulässig, solange er nicht die Entscheidungsfreiheit der Wähler/innen mindestens durch **indirekte** bzw. **mittelbare** Androhung von Nachteilen oder In-Aussicht-Stellung von Vergünstigungen iSv. Abs. 2 zu manipulieren versucht. Das erlegt vor allem dem **ArbGeb** Zurückhaltung bei jeglicher Wahlwerbung (nicht: bei der Information über Gesetzesgrundlagen) auf[8]; er darf zB nicht in einem Schreiben an alle ArbN darauf hinweisen, dass bei Wahl einer Gewerkschaftsliste dem Unternehmen schwerer Schaden zugefügt würde[9]. Immer ist auch dem Bedeutungsgehalt von Art. 5 GG Rechnung zu tragen, so dass auch schrille Propaganda mit unwahren Behauptungen und Irreführungseignung erst dann in unzulässige Wahlbeeinflussung umschlägt, wenn zB Wahlbewerber oder Gewerkschaften in strafrechtlich relevanter Weise diffamiert werden und ihnen bzw. ihren Anhängern von daher „Nachteile" drohen[10].   6

Auch **Gewerkschaften** können die freie Willensbildung bei BR-Wahlen dadurch **mittelbar** beeinflussen, dass sie es ihren Mitgliedern unter Androhung des Verbandsausschlusses untersagen, sich auf anderen als den „eigenen" Gewerkschaftslisten zur Wahl zu stellen, so dass diese nicht nach Gutdünken von ihrem passiven Wahlrecht Gebrauch machen können. Der BGH hatte das mehrmals insoweit für **rechtswidrig** und somit gegen Abs. 2 verstoßend erklärt, als keine über die bloße Fremdkandidatur hinausgehende feindliche Haltung des Mitglieds gegen seine Gewerkschaft erkennbar war[11]. Das BVerfG hat dieser Rspr. jetzt die Grundlage entzogen, indem es dem BGH eine Verkennung des Schutzbereichs von Art. 9 Abs. 3 GG vorgehalten hat und das **geschlossene Auftreten** nach außen als wesentlich für die Selbstbestimmung der Koalitionen erklärt und damit über die individuelle Koalitionsfrei-   7

---

1 BAG v. 13.10.1977 – 2 AZR 387/76, AP Nr. 1 zu § 1 KSchG 1969 – Verhaltensbedingte Kündigung = BB 1978, 660; *Rieble*, ZfA 2003, 288 f. |2 LAG Berlin v. 9.1.1979 – 3 TaBV 6/78, BB 1979, 1036; vgl. ferner LAG Hamm v. 6.2.1980 – 3 TaBV 79/79, EzA § 20 BetrVG 1972 Nr. 11. |3 GK-BetrVG/*Kreutz*, § 20 Rz. 15; vgl. aber ArbG München v. 18.11.1997 – 19 BVGa 61/97, AiB 1998, 161: Gekündigtem Wahlbewerber, der die Kündigung gerichtlich angreift, darf nicht das Betreten des Betriebs verboten werden; vgl. ferner DKK/*Schneider*, § 20 BetrVG Rz. 14; *Fitting*, § 20 BetrVG Rz. 16 jew. mwN. |4 BVerfG v. 24.2.1999 – 1 BvR 123/93, BVerfGE 100, 214 = NJW 1999, 2657 (2658) = NZA 1999, 713 (714). |5 Vgl. auch BGH v. 19.1.1981 – II ZR 20/80, AP Nr. 7 zu § 20 BetrVG 1972; ErfK/*Eisemann*, § 20 BetrVG Rz. 6; GK-BetrVG/*Kreutz*, § 20 Rz. 25. |6 LAG Hamburg v. 12.3.1998 – 2 TaBV 2/98, AiB 1998, 701. |7 BAG v. 4.12.1986 – 6 ABR 48/85, AP Nr. 13 zu § 19 BetrVG 1972 = NZA 1987, 168; aA GK-BetrVG/*Kreutz*, § 20 Rz. 30; *Rieble*, ZfA 2003, 290 ff. |8 HM, vgl. nur *Fitting*, § 20 BetrVG Rz. 24; Richardi/*Thüsing*, § 20 BetrVG Rz. 18; aA GK-BetrVG/*Kreutz*, § 20 Rz. 30; *Rieble*, ZfA 2003, 290 ff. |9 ArbG Heilbronn v. 18.3.1999 – 1 BV 1/99, AiB 1999, 581; zu Recht abl. *Rieble*, ZfA 2003, 294 ff. |10 Str., ähnlich wie hier zB DKK/*Schneider*, § 20 BetrVG Rz. 19; ErfK/*Eisemann*, § 20 BetrVG Rz. 7; *Fitting*, § 20 BetrVG Rz. 25; GK-BetrVG/*Kreutz*, § 20 Rz. 32 (Ehrverletzung); Richardi/*Thüsing*, § 20 BetrVG Rz. 15; aA HaKo-BetrVG/*Brors*, § 20 Rz. 5: zivilrechtlicher Ehrenschutz ausreichend. |11 BGH v. 19.10.1987 – II ZR 43/87, BGHZ 102, 265 = NJW 1988, 552; v. 19.1.1981 – II ZR 20/80, AP Nr. 7 zu § 20 BetrVG 1972 (Anm. *Herschel*); v. 27.2.1978 – II ZR 17/77, BGHZ 71, 126 = AP Nr. 27 zu Art. 9 GG; vgl. ferner *Fitting*, § 20 BetrVG Rz. 26 ff.; GK-BetrVG/*Kreutz*, § 20 Rz. 35 ff.; *Popp*, JuS 1980, 798 (800 ff.).

BetrVG § 20 Rz. 8   Wahlschutz und Wahlkosten

heit ihrer Mitglieder gestellt hat[1]. Eine Maßregelung bei Fremdkandidatur kann also nicht mehr als nach Abs. 2 unzulässige Beeinflussung der Wahlen gelten (hM). Die BVerfG-Rspr. ist im Ergebnis geeignet, den (möglichen) Wettbewerb der Gewerkschaften und ihrer Listen im Betrieb zu stimulieren und passt damit in ein neues wettbewerbliches Zeitalter. Durch sie wird aber nicht jede Maßregelung gedeckt, insb. dann nicht, wenn die Liste der Gewerkschaft nicht nach binnendemokratischen Grundsätzen aufgestellt worden war[2].

8   **3. Sanktionierung unzulässiger Wahlstörungen.** Zu unterscheiden ist zwischen **individualrechtlichen** und **betriebsverfassungsrechtlichen** Sanktionen unzulässiger Wahlstörungen: Einerseits handelt es sich dabei um eine Verletzung **wesentlicher** Vorschriften des Wahlverfahrens (vgl. § 19 Rz. 5), so dass neben der Wahlanfechtung sogar in krassen Fällen[3] eine Nichtigkeitserklärung der Wahl erfolgen kann. Der **wahlsichernde** präventive Zweck der Norm (Rz. 4) fordert vorrangig gerichtliche Maßnahmen *während* des Wahlverfahrens, gerade auch im Wege der einstweiligen Verfügung, vgl. hierzu § 18 Rz. 16–18[4]. Nachrangig ist an die Sanktion des § 23 Abs. 3 (grobe Verstöße des ArbGeb) oder gar an die strafrechtliche Sanktion des § 119 Abs. 1 Nr. 1 zu denken, die Vorsatz erfordert[5].

9   Andererseits stellen die Verbote der Abs. 1, 2 **gesetzliche Verbote** iSd. § 134 BGB dar, die im Ergebnis zu einem *relativen* **Vertragsschutz** der betroffenen Wahlteilnehmer führen: Jede im Hinblick auf Abs. 1, 2 rechtswidrige Maßnahme des ArbGeb ist individualrechtlich **unwirksam**, insb. Kündigungen, Versetzungen oder Weisungen zum Zwecke der Beeinträchtigung von BR-Wahlen[6]. Dabei muss im Zweifel eine Umkehr der Beweislast ähnlich wie im Diskriminierungsrecht (zB § 611a Abs. 1 Satz 3 BGB) zu Gunsten der klagenden ArbN gefordert werden. Umstritten ist der Charakter als **Schutzgesetz** iSv. § 823 Abs. 2 BGB, weil jeweils der vermögensschützende Charakter des Wahlschutzes fraglich ist[7]. Doch können im Ergebnis unzweifelhaft zB solche Kosten, die „ausgeschlossenen" Wahlbewerbern zum Zwecke der gerichtlichen Zutrittsermöglichung in den Betrieb (wegen Wahlwerbung etc.) entstehen, dem nach Abs. 1 Satz 2 die Wahl störenden ArbGeb als **Schadensersatz** aus § 823 Abs. 2 BGB abverlangt werden[8].

10   Weiterhin ist der **absolute** Kündigungsschutz für Wahlvorstandsmitglieder und Wahlbewerber, aber auch Wahlinitiatoren zu beachten, den der Gesetzgeber ebenfalls vorsorglich in § 15 Abs. 3 bzw. 3a KSchG angeordnet hat; insoweit werden § 20 Abs. 1, 2 individualrechtlich flankiert. Nach der BetrVG-Novelle 2001 genießen nunmehr auch die **Initiatoren** von BR-Wahlen Kündigungsschutz, wenn sich diese nach Maßgabe zB von §§ 16 Abs. 2, 17 Abs. 3 bzw. Abs. 4 für die Einleitung von BR-Wahlen stark machen (vgl. § 17 Rz. 12)[9].

11   **III. Wahlkosten (Abs. 3 Satz 1).** Nach Abs. 3 Satz 1 trägt der **ArbGeb** die Kosten der Wahl, dh. aller Vorbereitungs-, Einleitungs- und Durchführungsmaßnahmen des Wahlvorstands, wie sie in §§ 14–18a und der Wahlordnung (WO) vorgesehen sind, **nicht** dagegen die Kosten für Wahlwerbung[10]. Die Kosten müssen zur ordnungsgemäßen Wahlvorbereitung und -durchführung **erforderlich** sein, wie das BAG aus der entsprechenden Einschränkung in Satz 2 auch für Satz 1 folgert[11]. Zu erstatten sind die **tatsächlich** entstandenen Kosten. Dazu können auch die gerichtlichen und außergerichtlichen Kosten für das gerichtliche Bestellungsverfahren nach § 16 Abs. 2 bzw. § 17 Abs. 4[12] oder für das **Anfechtungsverfahren** nach § 19[13] oder für ein Beschlussverfahren zählen, das zur Klärung der Befugnisse des Wahlvorstands – zB über das Bestehen eines gemeinsamen Betriebs mehrerer Unternehmen (§ 1 Abs. 2) – schon während des laufenden Wahlverfahrens wegen anders nicht zu behebender Meinungsverschiedenheiten gegenüber dem ArbGeb erforderlich erscheint[14]. Dem Wahlvorstand steht bei seiner Einschätzung der „Erforderlichkeit" der gleiche **Beurteilungsspielraum** zu wie dem BR im Rahmen der §§ 40, 37 Abs. 2 und 6[15], so dass ein Rechtsanwalt beauftragt werden darf, wenn der Wahlvorstand dies bei (objektiv) vernünftiger Betrachtung seiner Rechtsposition für erforderlich halten durfte[16]. Der

---

1 BVerfG v. 24.2.1999 – 1 BvR 123/93, BVerfGE 100, 214 = NZA 1999, 713; zust. ErfK/*Eisemann*, § 20 BetrVG Rz. 7; *Fitting*, § 20 BetrVG Rz. 27 ff.; *Sachse*, AuR 1999, 387; krit. *Gaumann*, NJW 2002, 2156 ff.; MünchArbR/*Joost*, § 304 Rz. 241; *Reuter*, RdA 2000, 101. |2 So *Sachse*, AuR 1999, 389 f.; zust. *Fitting*, § 20 BetrVG Rz. 30; GK-BetrVG/*Kreutz*, § 20 Rz. 40; weiter gehend *Gaumann*, NJW 2002, 2157: Ausschluss als Ultima Ratio. |3 Wohl zu eng *Fitting*, § 20 BetrVG Rz. 32, wo nur Fälle „offenen Terrors" als Nichtigkeitsgründe anerkannt werden. |4 Vgl. auch GK-BetrVG/*Kreutz*, § 20 Rz. 42; *Rieble*, ZfA 2003, 286 f. |5 Vgl. nur GK-BetrVG/*Kreutz*, § 20 Rz. 45; Richardi/*Thüsing*, § 20 BetrVG Rz. 28, 31. |6 Ganz hM, vgl. nur GK-BetrVG/*Kreutz*, § 20 Rz. 41; *Löwisch/Kaiser*, § 20 BetrVG Rz. 10. |7 Kritik an der hM bei GK-BetrVG/*Kreutz*, § 20 Rz. 44; *Rieble*, ZfA 2003, 287. |8 LAG Berlin v. 11.3.1988, 2 TaBV 1/88, LAGE § 20 BetrVG 1972 Nr. 7; LAG Hamm v. 6.2.1980 – 3 TaBV 79/79, EzA § 20 BetrVG 1972 Nr. 11; Schadensersatz nach § 20 Abs. 1 darf nicht verwechselt werden mit Wahlkostenerstattung nach § 20 Abs. 3, hierzu zB LAG Hess. v. 4.1.1990 – 12 TaBV 69/89, BB 1990, 1346 (Ls.). |9 Ausf. *Löwisch/Kaiser*, § 20 BetrVG Rz. 11–13. |10 ArbG Düsseldorf v. 21.7.1981 – 1 Ca 2201/81, BB 1981, 1579; ferner GK-BetrVG/*Kreutz*, § 20 Rz. 48; Richardi/*Thüsing*, § 20 BetrVG Rz. 34. |11 BAG v. 31.5.2000 – 7 ABR 8/99, AP Nr. 20 zu § 20 BetrVG 1972 = NZA 2001, 114. |12 BAG v. 31.5.2000 – 7 ABR 8/99, AP Nr. 20 zu § 20 BetrVG 1972 = NZA 2001, 114 (außergerichtliche Kosten der bestellenden Gewerkschaft). |13 BAG v. 7.7.1999 – 7 ABR 4/98, AP Nr. 19 zu § 20 BetrVG 1972 = NZA 1999, 1232 für die parallele Regelung in § 24 Abs. 2 Satz 1 BPersVG. |14 BAG v. 8.4.1992 – 7 ABR 56/91, AP Nr. 15 zu § 20 BetrVG 1972 = NZA 1993, 415; v. 26.11.1974 – 1 ABR 16/74, BAGE 26, 376 = AP Nr. 6 zu § 20 BetrVG 1972. |15 BAG v. 3.12.1987 – 6 ABR 79/85, AP Nr. 13 zu § 20 BetrVG 1972 = NZA 1988, 440. |16 St. Rspr., vgl. nur BAG v. 8.4.1992 – 7 ABR 56/91, AP Nr. 15 zu § 20 BetrVG 1972 = NZA 1993, 415; v. 16.3.1988 – 7 AZR 557/87, AP Nr. 63 zu § 37 BetrVG 1972; ArbG Aachen v. 10.6.1999 – 7 BV 1/99, AiB 1999, 644.

ArbGeb kann die Kostenerstattung dagegen **verweigern**, wenn die Rechtsverfolgung (objektiv) aussichtslos oder die Hinzuziehung des Rechtsanwalts missbräuchlich erscheint[1].

Der ArbGeb hat die erforderlichen **Sachkosten** zu tragen, dh. alle Unterlagen, Räume, Sachmittel, Büromaterial, Infrastruktur etc.[2] für die Wahl bereit zu stellen. § 40 Abs. 2 gilt entsprechend[3], doch kann der Wahlvorstand erst dann anstelle des ArbGeb sich die notwendigen Sachmittel **selbst beschaffen**, wenn der ArbGeb seine Mitwirkung rechtswidrig verweigert[4]. Im unter hohem Zeitdruck stehenden vereinfachten Wahlverfahren für Kleinbetriebe (§ 14a) müssen die Einladenden bzw. der Wahlvorstand aber nicht erst Rechtsschutz abwarten, bevor sie zur Selbstvornahme schreiten. Nicht erforderlich soll es laut BAG zB sein, die Wahlvorschlagslisten um die Lichtbilder der Kandidierenden zu ergänzen; entsprechende Kosten muss der ArbGeb nicht erstatten[5]. 12

Der ArbGeb hat auch erforderliche **persönliche Kosten** für die Mitglieder des Wahlvorstands oder den Vermittler (§ 18a Abs. 2, 3) zu übernehmen, zB Reisekosten, die dem Wahlvorstand entstehen, inklusive dabei entstehender Unfallschäden, wenn die Benutzung des Fahrzeugs notwendig oder vom ArbGeb angeordnet worden war[6]. Auch erforderliche **Schulungskosten** für die Mitglieder des Wahlvorstands sind vom ArbGeb zu tragen, so zB bei einem erstmals bestellten Mitglied, das sich einen halben Tag bei der IG Metall über die Aufgaben des Wahlvorstands informieren lässt[7]. Für die erste Wahl nach den durch die BetrVG-Novelle 2001 geänderten Vorschriften des BetrVG und der WO war eine Schulung der Wahlvorstandsmitglieder in jedem Fall erforderlich[8]. 13

IV. Versäumnis von Arbeitszeit (Abs. 3 Satz 2). In Abs. 3 Satz 2 wird klar gestellt, dass als „Wahlkosten" auch die **Entgeltfortzahlung** für die Ausübung des Wahlrechts, die Betätigung im Wahlvorstand oder die Tätigkeit als Vermittler (§ 18a Abs. 2, 3) anzusehen ist. Das gilt zunächst für alle Teilnehmer an Betriebs- und Wahlversammlungen, zB im vereinfachten Wahlverfahren nach § 14a[9]. Auch der Wahlakt selber findet während der Arbeitszeit statt und darf nicht zu Entgeltkürzungen führen. Ob die Anwesenheit eines Wahlbewerbers bei der öffentlichen Stimmenauszählung nach der Wahl zwischen 12 Uhr und 12.30 Uhr noch „zur Ausübung des Wahlrechts" zählt oder nicht, hat immerhin zwei Instanzen beschäftigt und ist dem strengen Gesetzeswortlaut nach wohl zu verneinen[10]. Der (kleinliche) ArbGeb wird auch die Sammlung von Stützunterschriften (Rz. 3) oder die Vorstellung des Wahlbewerbers in anderen Abteilungen nicht als „erforderlich" werten müssen[11]. Die Mitglieder des **Wahlvorstands** und der Vermittler sowie ggf. notwendige **Wahlhelfer** sind **ehrenamtlich** tätig und haben daher keinen Anspruch auf besondere Vergütung (vgl. § 16 Rz. 4; § 18 Rz. 2); sie dürfen deshalb aber auch keine Nachteile erleiden. Ihre Tätigkeit erfolgt grundsätzlich während der Arbeitszeit statt. Ihr Entgeltanspruch aus Arbeitsvertrag bleibt bestehen. Allerdings weist Abs. 3 Satz 2 eine **Gesetzeslücke** für den Fall auf, dass das Mitglied des Wahlvorstands außerhalb seiner individuellen Arbeitszeit für die Wahl tätig werden muss. Das BAG hat diese Lücke durch **analoge Anwendung** des § 37 Abs. 3 gefüllt, so dass Anspruch auf Arbeitsbefreiung (Freizeitausgleich) unter Fortzahlung des Arbeitsentgelts auch für das Wahlvorstandsmitglied besteht[12], der insoweit mit dem BR-Mitglied gleich gestellt werden muss (vgl. § 37 Rz. 14 ff.). 14

V. Streitigkeiten. Streitigkeiten in Bezug auf **unzulässige Wahlstörungen** (Abs. 1, 2) sind je nachdem, ob betriebsverfassungsrechtliche oder individual-rechtliche Rechtsfolgen angestrebt werden (vgl. Rz. 8 ff.), im arbeitsgerichtlichen Beschluss- oder Urteilsverfahren auszutragen. Ähnlich zu differenzieren ist bei Streitigkeiten in Bezug auf die **Wahlkosten** (Abs. 3): Während der Anspruch des Wahlvorstands auf Auslagenersatz (Abs. 3 Satz 1) im Beschlussverfahren (§§ 2a, 80 ff. ArbGG) auszutragen ist, sind individuelle Entgeltansprüche von Wahlvorstandsmitgliedern auch dann im **Urteilsverfahren** nach § 2 Abs. 1 Nr. 3 lit. a, Abs. 5 iVm. §§ 46 ff. ArbGG auszutragen, wenn das vorenthaltene Arbeitsentgelt auf einer „Betätigung im Wahlvorstand" beruht[13]. Ein im Beschlussverfahren zur Notwendigkeit der Arbeitsversäumnis ergangener Beschluss hat für das folgende Urteilsverfahren **präjudizielle** Wirkung[14]. 15

---

1 BAG v. 31.5.2000 – 7 ABR 8/99, AP Nr. 20 zu § 20 BetrVG 1972 = NZA 2001, 114; HaKo-BetrVG/*Brors*, § 20 Rz. 9. |2 Ausf. DKK/*Schneider*, § 20 BetrVG Rz. 28; *Fitting*, § 20 BetrVG Rz. 36. |3 Vgl. nur ErfK/*Eisemann*, § 20 BetrVG Rz. 9; GK-BetrVG/*Kreutz*, § 20 Rz. 50. |4 BAG v. 3.12.1987 – 6 ABR 79/85, AP Nr. 13 zu § 20 BetrVG 1972 = NZA 1988, 440; GK-BetrVG/*Kreutz*, § 20 Rz. 50; HaKo-BetrVG/*Brors*, § 20 Rz. 7. |5 BAG v. 3.12.1987 – 6 ABR 79/85, AP Nr. 13 zu § 20 BetrVG 1972 = NZA 1988, 440 = BB 1988, 1042. |6 BAG v. 3.3.1983 – 6 ABR 4/80, AP Nr. 8 zu § 20 BetrVG 1972 (Anm. *Löwisch*) = BB 1983, 1922. |7 BAG v. 7.6.1984 – 6 AZR 3/82, AP Nr. 10 zu § 20 BetrVG 1972 = NZA 1985, 66. |8 So zutr. *Löwisch/Kaiser*, § 20 BetrVG Rz. 18; ferner GK-BetrVG/*Kreutz*, § 20 Rz. 60; HaKo-BetrVG/*Brors*, § 20 Rz. 8; *Richardi/Thüsing*, § 20 BetrVG Rz. 43 f. |9 HM, vgl. nur *Fitting*, § 20 BetrVG Rz. 43; GK-BetrVG/*Kreutz*, § 20 Rz. 64. |10 LAG Schl.-Holst. v. 26.7.1989 – 3 Sa 228/89, AP Nr. 14 zu § 20 BetrVG 1972 (Streitwert: DM 6,52 nebst Zinsen!). |11 Vgl. nur *Fitting*, § 20 BetrVG Rz. 43; GK-BetrVG/*Kreutz*, § 20 Rz. 65; aA DKK/*Schneider*, § 20 BetrVG Rz. 35. |12 BAG v. 26.4.1995 – 7 AZR 874/94, AP Nr. 17 zu § 20 BetrVG 1972 = NZA 1996, 160; ebenso GK-BetrVG/*Kreutz*, § 20 BetrVG Rz. 42; aA *Löwisch/Kaiser*, § 20 BetrVG Rz. 21. |13 HM, vgl. BAG v. 5.3.1974 – 1 AZR 50/73, AP Nr. 5 zu § 20 BetrVG 1972 = BB 1974, 1071; ferner ArbG Gelsenkirchen v. 22.8.1977 – 2 BV 29/77, BB 1978, 307; GK-BetrVG/*Kreutz*, § 20 Rz. 67; *Richardi/Thüsing*, § 20 BetrVG Rz. 47. |14 BAG v. 6.5.1975 – 1 ABR 135/73, AP Nr. 5 zu § 65 BetrVG 1972.

Zweiter Abschnitt. Amtszeit des Betriebsrats

21 *Amtszeit*
Die regelmäßige Amtszeit des Betriebsrats beträgt vier Jahre. Die Amtszeit beginnt mit der Bekanntgabe des Wahlergebnisses oder, wenn zu diesem Zeitpunkt noch ein Betriebsrat besteht, mit Ablauf von dessen Amtszeit. Die Amtszeit endet spätestens am 31. Mai des Jahres, in dem nach § 13 Abs. 1 die regelmäßigen Betriebsratswahlen stattfinden. In dem Fall des § 13 Abs. 3 Satz 2 endet die Amtszeit spätestens am 31. Mai des Jahres, in dem der Betriebsrat neu zu wählen ist. In den Fällen des § 13 Abs. 2 Nr. 1 und 2 endet die Amtszeit mit der Bekanntgabe des Wahlergebnisses des neu gewählten Betriebsrats.

§ 21 zuletzt geändert durch die BetrVG-Novelle vom 20.12.1988 (BGBl. I S. 2312).

1 **I. Inhalt und Zweck.** Die Norm regelt die Amtszeit des BR als **Kollegialorgan**: Sie beträgt seit der BetrVG-Novelle 1988[1] statt früher drei jetzt idR **vier Jahre** (Satz 1). In den Sätzen 2 bis 5 werden Beginn und Ende der Amtszeit bei prinzipiell konstanten Betriebsstrukturen in Abhängigkeit von den in § 13 geregelten Wahlzeiträumen (1. März bis 31. Mai) geregelt. Das BetrVerf-Reformgesetz 2001 hat in Umsetzung der RL 2001/23/EG die Vorschrift durch § 21a (Übergangsmandat) und § 21b (Restmandat) für Umstrukturierungen wesentlich ergänzt. Mit dem Erlöschen des BR-Amts erlischt auch die Mitgliedschaft in den Entsendungsorganen Gesamt- und KonzernBR (vgl. §§ 49, 57), die anders als der BR Organe **ohne feste Amtszeit** darstellen[2].

2 **II. Beginn der Amtszeit (Satz 2).** Satz 2 knüpft in der **ersten Alternative** den Beginn der Amtszeit an die „Bekanntgabe des Wahlergebnisses", soweit nicht zu diesem Zeitpunkt noch ein BR besteht. Diese Alternative gilt also für die Fälle des **Fehlens eines BR**, nicht nur bei erstmaliger Wahl eines BR, sondern auch dann, wenn die Wahl des BR erfolgreich angefochten wurde (§ 13 Abs. 2 Nr. 4), der BR durch Gerichtsbeschluss aufgelöst wurde (§ 13 Abs. 2 Nr. 5), oder die Amtszeit aus anderen Gründen bereits abgelaufen war (§ 13 Abs. 2 Nr. 6) – in allen diesen Fällen existiert ein BR nicht mehr oder noch nicht (vgl. § 13 Rz. 11–13). Auch eine vorläufige Fortführung der Amtsgeschäfte nach § 22 ist in diesen Fällen nicht vorgesehen. Die Amtszeit beginnt dann am Tag der öffentlichen „Bekanntgabe des Wahlergebnisses" durch zweiwöchigen Aushang (§ 18 Satz 1 WO)[3]. Der BR ist damit aber noch nicht handlungsfähig; er bedarf hierzu der konstituierenden Sitzung nach § 29 Abs. 1 (vgl. § 18 Rz. 8)[4]. Der Gesetzgeber nimmt hier das Auseinanderfallen von Amtszeit und Handlungsfähigkeit hin[5]. Zu den Sonderfällen vgl. Rz. 4.

3 Die **zweite Alternative** beschreibt den Regelfall bei **Bestehen** eines BR. Die Wahlen werden, wie von § 16 gefordert, so rechtzeitig eingeleitet, dass bei Bekanntgabe des Wahlergebnisses die Amtsperiode des amtierenden BR noch nicht abgelaufen ist: Die Amtszeit des neu gewählten BR beginnt „mit Ablauf von dessen Amtszeit", so dass **lückenlose Kontinuität** gewährleistet ist. Amtsbeginn und Handlungsfähigkeit fallen zusammen, soweit die konstituierende Sitzung schon (zulässigerweise) vor dem Amtsbeginn stattgefunden hat (vgl. § 29 Rz. 3). Wird also zB am 28.3.2002 das Ergebnis der BR-Wahlen bekannt gemacht, läuft die vierjährige Amtszeit des amtierenden BR jedoch erst am 16.4.2002 ab, so beginnt die Amtszeit des neuen Gremiums am Tag danach, also am 17.4., kraft Gesetzes (vgl. § 13 Rz. 4). Auch für diesen **Zwischenraum** stehen den gewählten, aber noch nicht amtierenden BR-Mitgliedern nach hM – kraft extensiver Auslegung des § 15 Abs. 1 KSchG – der besondere Kündigungsschutz des Amtsträgers zu[6]. Doch dürfen in dieser Zeit vor Amtsbeginn durch das neue Gremium noch keine betriebsverfassungsrechtlich relevanten Beschlüsse gefasst werden (hM).

4 Eine Ausnahme von der Regel, dass bei **Bestehen** eines BR dessen Amtszeit den Beginn des nächsten Gremiums bestimmt (Satz 2 Alt. 2), formulieren die **Sätze 3 bis 5** für die Ausnahmefälle des § 13 Abs. 2 Nr. 1 und 2 (nach hM auch für Nr. 3) sowie des § 13 Abs. 3, weil hier entweder besondere Ereignisse die „Geschäftsgrundlage" des amtierenden BR haben entfallen lassen (Rz. 9) oder der Anschluss des „außerordentlich" gewählten BR an die Regelwahlzeiträume hergestellt werden muss (Rz. 8).

5 **III. Ende der Amtszeit.** Die Kompetenzen des BR enden grundsätzlich mit seiner Amtszeit. Eine „kommissarische" **Fortführung** der Amtsgeschäfte außerhalb der gesetzlichen Fortführungstatbestände nach §§ 21a, 21b und § 22 kommt nicht in Betracht[7]. Die Befugnisse des BR können auch nicht durch ein anderes Organ (zB Gesamtbetriebsrat) oder durch die Belegschaft wahrgenommen werden[8]. Nicht zu verwechseln mit dem Ende der Amtszeit ist das Ausscheiden eines **einzelnen** BR-Mitglieds zB durch Nieder-

---

1 Vgl. BT-Drs. 11/3618, S. 10; ferner Richardi/*Richardi/Thüsing*, § 21 BetrVG Rz. 2. | 2 Vgl. ErfK/*Eisemann*, § 21 BetrVG Rz. 1; GK-BetrVG/*Kreutz*, § 21 Rz. 3. | 3 Nicht erst am folgenden Tag, vgl. *Fitting*, § 21 BetrVG Rz. 7; GK-BetrVG/*Kreutz*, § 21 Rz. 13. | 4 BAG v. 23.8.1984 – 6 AZR 520/82, AP Nr. 36 zu § 102 BetrVG 1972 = NZA 1985, 566. | 5 Vgl. HaKo-BetrVG/*Düwell*, § 21 Rz. 7; Richardi/*Richardi/Thüsing*, § 21 BetrVG Rz. 7. | 6 *Fitting*, § 21 BetrVG Rz. 12; GK-BetrVG/*Kreutz*, § 21 Rz. 20. | 7 ErfK/*Eisemann*, § 21 BetrVG Rz. 3; *Gast*, Anm. zu AP Nr. 1 zu § 21 BetrVG 1972; vgl. aber BAG v. 24.10.2001 – 7 ABR 20/00, AP Nr. 71 zu § 40 BetrVG 1972: Vermögensrechtliche, vom ArbGeb noch nicht erfüllte Ansprüche des BR gehen mit dem Ende der Amtszeit auch dann nicht ersatzlos unter, wenn ein betriebsratsloser Zustand eintritt. | 8 GK-BetrVG/*Kreutz*, § 21 Rz. 45.

legung des Amts nach § 24 Nr. 2. Daraus ergeben sich nämlich keine Auswirkungen auf die Existenz des BR als solchem, wie sich anhand § 25 Abs. 1 zeigt, der das Nachrücken von Ersatzmitgliedern regelt. IdR fallen Ende der Mitgliedschaft und Ende der Amtszeit aber zusammen, vgl. § 24 Nr. 1. Die BR-Mitglieder **verlieren** damit ihre geschützte Rechtsstellung insb. nach § 103, doch tritt der **nachwirkende** Kündigungsschutz nach § 15 Abs. 1 Satz 2 KSchG für ein Jahr in Kraft.

1. Regelmäßige Amtszeit (Satz 1). Die Amtszeit endet im **Regelfall**, dh. für BR, die innerhalb des regelmäßigen Wahlzeitraums eines Wahljahres (§ 13 Abs. 1) gewählt worden sind, nach Satz 1 mit Ablauf von vier Jahren seit ihrem Beginn (Rz. 3). Die Berechnung der Frist erfolgt nach § 188 Abs. 2 iVm. § 187 Abs. 1 BGB, so dass zB bei Bekanntgabe des Wahlergebnisses am 18.4.2002 um 12 Uhr die Vier-Jahres-Frist am 18.4.2006 um 24 Uhr abläuft. Wird bis zum Ablauf dieser Vier-Jahres-Frist kein neuer BR gewählt, wird der Betrieb **vertretungslos**. Eine Verlängerung der regelmäßigen Amtszeit ist im Gesetz nicht vorgesehen und auch Satz 3 nicht zu entnehmen („spätestens am 31. Mai"), der sich auf außerhalb des Regelzeitraums gewählte Organe bezieht und nur *dafür* eine Höchstgrenze darstellt (Rz. 8)[1]. Die Amtszeit eines neuen BR beginnt nach Ablauf der Vier-Jahres-Frist erst mit der Bekanntgabe des Wahlergebnisses (Rz. 2). 6

2. Unregelmäßige Amtszeit (Sätze 3–5). Die Sätze 3 und 4 regeln das Ende der Amtszeit des „außerordentlich" gewählten BR in den Sonderfällen **verkürzter bzw. verlängerter Amtszeiten** nach § 13 Abs. 3 „*spätestens* zum 31. Mai" und möchten damit den Anschluss an die regelmäßigen Wahlzeiträume sicher stellen (Rz. 8). Satz 5 bezieht sich auf die Fälle des Wegfalls der „Geschäftsgrundlage" des amtierenden BR unter Bezugnahme auf § 13 Abs. 2 Nr. 1 und 2 (Rz. 9). Weitere Sonderfälle vorzeitiger Beendigung der Amtszeit werden idR analog zu Satz 5 behandelt (Rz. 10 ff.). 7

a) Wahlen außerhalb des regelmäßigen Wahlzeitraums (§ 13 Abs. 3). Die Sätze 3 und 4 versuchen die Amtszeit an § 13 Abs. 3, der den Zeitraum der Neuwahl eines außerordentlich gewählten BR festlegt, in nicht recht durchsichtiger Weise anzupassen. Die **Regel** des § 13 Abs. 3 Satz 1, dass der BR in dem auf die Wahl folgenden nächsten „ordentlichen" Wahlzeitraum, dh. im Frühjahr 2006 etc. neu zu wählen ist, bedeutet eine Verkürzung der Amtszeit des „außerordentlich" gewählten BR. Die **Ausnahme** des § 13 Abs. 3 Satz 2, dass der BR bei noch nicht einjähriger Amtszeit am 1.3. des folgenden Wahljahres (zB 2006) erst im übernächsten Wahlzeitraum, dh. im Frühjahr 2010 neu zu wählen ist, bedeutet eine Verlängerung seiner Amtszeit. Für beide Fälle regeln Satz 3 (implizit) und Satz 4 (explizit) das Ende der Amtszeit des „außerordentlichen" BR **„spätestens"** am 31.5. des Wahljahres (§ 13 Abs. 1), nennen aber keinen regelmäßigen Endzeitpunkt. Das BAG hat hierzu klar gestellt, dass dadurch nicht stets der 31.5. als Endpunkt angesehen werden könne („spätestens"!), sondern **analog zu Satz 5** schon „mit der Bekanntgabe des Wahlergebnisses" die Amtszeit eines außerhalb des Regelturnus gewählten BR endet[2]. Nur dann, wenn bis zum 31.5. des Wahljahres (2006, 2010 etc.) also noch **kein Wahlergebnis** des Nachfolgegremiums bekannt gemacht ist, endet demnach die Amtszeit des „außerordentlich" gewählten BR nach § 13 Abs. 3 zu diesem Endtermin. Auf den Ablauf der Vier-Jahres-Frist kommt es insoweit nicht mehr an[3]. 8

b) Wahlen bei vorzeitiger Beendigung der Amtszeit (§ 13 Abs. 2). **Ausdrücklich** regelt Satz 5 das Ende der Amtszeit „mit der Bekanntgabe des Wahlergebnisses des neu gewählten BR" für die Fälle des § 13 Abs. 2 Nr. 1 und 2, dh. bei wesentlicher Veränderung der Belegschaftsstärke (§ 13 Rz. 8) und bei Absinken der Zahl der BR-Mitglieder unter die durch § 9 vorgeschriebene Anzahl (§ 13 Rz. 9). In diesen Fällen des „Wegfalls der Geschäftsgrundlage" ist eine Neuwahl nach § 13 Abs. 2 zulässig. Satz 5 sichert insoweit einen nahtlosen Übergang und die Kontinuität des Gremiums. Nicht anders ist die Situation beim (kollektiven) **Rücktritt** des BR nach § 13 Abs. 2 Nr. 3 (Selbstauflösung). Diesen Fall regelt Satz 5 aber nicht, wohl weil der Gesetzgeber die Amtszeit mit dem Rücktrittsbeschluss für beendet hält. Andererseits geht er ausweislich § 22 in **allen drei Fällen** von einer Weiterführung der Geschäfte bis zur Bekanntmachung des Wahlergebnisses aus, so dass hier ein konzeptioneller Widerspruch vorliegt, der durch die analoge Anwendung von Satz 5 auf die Fälle des Rücktritts aufzulösen ist (hM, vgl. auch § 13 Rz. 10)[4]. Kommt es in diesen Fällen zu keiner Neuwahl, endet die Amtszeit des fortbestehenden BR nach der Regel des Satz 1, dh. mit Ablauf der regelmäßigen vierjährigen Amtszeit (Rz. 6) trotz der ggf. geringeren Mitgliederzahl. Die anderen Fälle vorzeitiger Neuwahl nach § 13 Abs. 2, nämlich Anfechtung (§ 19) und Auflösung wegen grober Amtspflichtverletzung (§ 23, vgl. § 13 Rz. 11, 12), lassen keine Fortführung nach § 22 zu. Hier endet die Amtszeit **mit Rechtskraft** der arbeitsgerichtlichen Entscheidung; eine betriebsratslose Zeit bis zur Neuwahl lässt sich nicht verhindern (vgl. § 13 Rz. 11). 9

c) Andere Sonderfälle. Wenn durch TV oder BV vom Gesetz **abweichende Organisationseinheiten** nach § 3 Abs. 1 Nr. 1–3 bzw. Abs. 2 gebildet werden, kann die entsprechende Kollektivvereinbarung nach § 3 10

---

1 HM, vgl. DKK/*Buschmann*, § 21 BetrVG Rz. 17; GK-BetrVG/*Kreutz*, § 21 Rz. 24; *Löwisch/Kaiser*, § 21 BetrVG Rz. 1; aA Richardi/*Richardi/Thüsing*, § 21 BetrVG Rz. 13, die Satz 3 erweiternd auslegen. |2 BAG v. 28.9.1983 – 7 AZR 266/82, BAGE 44, 164, AP Nr. 1 zu § 21 BetrVG 1972 (Anm. *Gast*), hM, vgl. *Fitting*, § 21 BetrVG Rz. 23; GK-BetrVG/*Kreutz*, § 21 Rz. 29. |3 Vgl. nur GK-BetrVG/*Kreutz*, § 21 Rz. 30; Richardi/*Richardi/Thüsing*, § 21 BetrVG Rz. 15. |4 HM, vgl. nur DKK/*Buschmann*, § 21 BetrVG Rz. 29; *Fitting*, § 21 BetrVG Rz. 27.

Abs. 4 Satz 2 einen außerordentlichen Wahlzeitpunkt vorsehen mit der Folge, dass die Amtszeit bestehender BR mit Bekanntgabe des Wahlergebnisses der neuen Vertretungen endet[1].

11 Die Amtszeit endet auch mit **Verlust der BR-Fähigkeit**, dh. wenn die Gesamtzahl der in der Regel beschäftigten wahlberechtigten ArbN **unter fünf** sinkt (hM). Diese Mindestzahl ist nicht nur Voraussetzung für die Wahl, sondern auch für den **Bestand** des BR: Ihr Wegfall führt zur sofortigen Beendigung des BR-Amts, eine Fortführung nach § 22 kommt nicht in Betracht. Dass die Zahl der **wählbaren** ArbN unter drei sinkt, beendet das Amt hingegen nicht[2].

12 Anders als beim kollektiven Rücktritt (Rz. 9) endet die Amtszeit mit dem **Ausscheiden des letzten BR-Mitglieds** sofort und endgültig[3]. § 24 Nr. 2 geht davon aus, dass jedes Organmitglied sein Amt jederzeit und ohne Begründung niederlegen kann. Mit dem Amtsverlust des letzten BR-Mitglieds ist die Amtszeit des BR beendet. Auch ein das Restmandat ausübendes BR-Mitglied kann nicht gezwungen werden, dieses gegen seinen Willen fortzuführen[4].

13 **3. Kein vorzeitiges Ende der Amtszeit.** Ändert sich bei einem **Betriebsübergang** nach § 613a BGB nicht der Zuschnitt des Betriebs, sondern nur – definitionsgemäß – der Betriebsinhaber, bleibt die betriebsverfassungsrechtliche Rechtsstellung des amtierenden BR davon **unberührt**[5]. Der Betriebserwerber tritt von Gesetzes wegen nicht nur in die Rechte und Pflichten der betrieblichen Arbeitsverhältnisse ein, sondern auch in die daraus abzuleitende betriebsverfassungsrechtliche Beziehung zum amtierenden BR. Dieser behält das ihm durch die Wahl vermittelte Mandat zur Vertretung der ArbN-Interessen und zur Wahrnehmung betriebsverfassungsrechtlicher Aufgaben. Nichts anderes gilt für den Betriebsübergang bei gesellschaftsrechtlichen **Umwandlungsvorgängen**, vgl. § 324 UmwG (Gesamtrechtsnachfolge bei Verschmelzung, Spaltung und Vermögensübertragung). Der Betriebserwerber muss allerdings unter den **Geltungsbereich** des BetrVG fallen, dh. im Bereich der Privatwirtschaft verbleiben, vgl. §§ 118 Abs. 2, 130. Übernimmt zB eine kirchliche Einrichtung iSd. § 118 Abs. 2 ein Krankenhaus von einem nicht-kirchlichen Rechtsträger, so wird das Krankenhaus allein durch den Wechsel des Trägers zu einer karitativen Einrichtung der Kirche, auf die das BetrVG keine Anwendung findet; die Amtszeit des BR endet dann mit dem Betriebsübergang[6]. Allerdings muss nach Art. 6 der RL 2001/23/EG vom 12.3.2001 dennoch ein **Übergangsmandat** der übernehmenden kirchlichen Mitarbeitervertretung Platz greifen[7], auch wenn hierzu eine nationale Umsetzungsregel fehlt[8] (vgl. § 21a Rz. 21).

14 Bei einer **Betriebsstilllegung** bleibt der BR solange im Amt, wie das zur Wahrnehmung seiner im Zusammenhang mit der Stilllegung sich ergebenden Beteiligungsrechte, zB Abschluss eines Sozialplans, erforderlich ist: Das Vollmandat wird insoweit vom **Restmandat** abgelöst, das sich als eine Fortsetzung des originären Mandats darstellt und solange besteht, als noch ein mindestens einköpfiger BR existiert[9] (vgl. Kommentierung zu § 21b).

15 Bei unternehmensinternen, aber auch unternehmensübergreifenden **Umstrukturierungen**, die wesentliche Identitätsmerkmale des jeweiligen Betriebs verändern, greift nunmehr § 21a ein, der ein sog. „Übergangsmandat" des amtierenden BR zur sozialverträglichen Flankierung der Umstrukturierung begründet und damit ebenfalls ein vorzeitiges Ende der Amtszeit verhindert (vgl. Kommentierung zu § 21a).

16 **IV. Streitigkeiten.** Streitigkeiten über Beginn und Ende der Amtszeit entscheiden die ArbG im **Beschlussverfahren** (§§ 2a Abs. 1 Nr. 1, Abs. 2 iVm. §§ 80 ff. ArbGG). Ein Restmandat zu dem Zweck, ein bereits anhängiges Beschlussverfahren unabhängig davon zum Abschluss zu bringen, ob es um durch eine Betriebsstilllegung ausgelöste Beteiligungsrechte geht, ist zu verneinen[10]. Fehlt die Beteiligtenfähigkeit mangels Restmandats bzw. mangels amtierenden BR im maßgebenden Zeitpunkt der letzten mündlichen Verhandlung, ist der Antrag als **unzulässig** abzuweisen[11]. Hat der Antragsteller im Rechtsbeschwerdeverfahren das Verfahren deshalb für erledigt erklärt und widerspricht ein Beteiligter, ist vom BAG entsprechend die Erledigung festzustellen. Allerdings kann analog § 239 ZPO ein eingeleitetes Beschlussverfahren durch den neu gewählten BR als Funktionsnachfolger fortgesetzt werden[12].

---

1 Vgl. nur GK-BetrVG/*Kreutz*, § 21 Rz. 35; HaKo-BetrVG/*Düwell*, § 21 Rz. 14. | 2 GK-BetrVG/*Kreutz*, § 21 Rz. 38; *Löwisch/Kaiser*, § 21 BetrVG Rz. 4. | 3 So BAG v. 24.10.2001 – 7 ABR 20/00, AP Nr. 71 zu § 40 BetrVG 1972 (zu II 2a ff d. Gr.); v. 12.1.2000 – 7 ABR 61/98, AP Nr. 5 zu § 24 BetrVG 1972; vgl. ferner *Fitting*, § 21 BetrVG Rz. 28; GK-BetrVG/*Kreutz*, § 21 Rz. 36. | 4 Vgl. BAG v. 12.1.2000 – 7 ABR 61/98, AP Nr. 5 zu § 24 BetrVG 1972 (zu II 2d dd). | 5 Ganz hM, vgl. nur BAG v. 11.10.1995 – 7 ABR 17/95, AP Nr. 2 zu § 21 BetrVG 1972; BAG v. 28.9.1988 – 1 ABR 37/87, AP Nr. 55 zu § 99 BetrVG 1972; ferner DKK/*Buschmann*, § 21 BetrVG Rz. 33; GK-BetrVG/*Kreutz*, § 21 Rz. 39. | 6 So BAG v. 9.2.1982 – 1 ABR 36/80, BAGE 41, 5 = AP Nr. 24 zu § 118 BetrVG 1972; dazu krit. DKK/*Buschmann*, § 21 BetrVG Rz. 34. | 7 Zutr. HaKo-BetrVG/*Düwell*, § 21 Rz. 14 am Ende. | 8 So *Reichold*, ZTR 2000, 57 (62); aA *Rieble*, NZA 2002, 233 (235). | 9 BAG v. 12.1.2000 – 7 ABR 61/98, AP Nr. 5 zu § 24 BetrVG 1972 (zu II 2d); LAG Köln v. 19.10.2000 – 10 TaBV 27/00, AP Nr. 46 zu § 81 ArbGG 1979 = DB 2001, 156. | 11 BAG v. 14.8.2001 – 1 ABR 52/00, AP Nr. 1 zu § 21b BetrVG 1972; v. 12.1.2000 – 7 ABR 61/98, AP Nr. 5 zu § 24 BetrVG 1972; v. 27.8.1996 – 3 ABR 21/95, AP Nr. 4 zu § 83a ArbGG 1979 = NZA 1997, 623. | 12 ErfK/*Eisemann*, § 21 BetrVG Rz. 7.

21a *Übergangsmandat**
(1) **Wird ein Betrieb gespalten, so bleibt dessen Betriebsrat im Amt und führt die Geschäfte für die ihm bislang zugeordneten Betriebsteile weiter, soweit sie die Voraussetzungen des § 1 Abs. 1 Satz 1 erfüllen und nicht in einen Betrieb eingegliedert werden, in dem ein Betriebsrat besteht (Übergangsmandat). Der Betriebsrat hat insbesondere unverzüglich Wahlvorstände zu bestellen. Das Übergangsmandat endet, sobald in den Betriebsteilen ein neuer Betriebsrat gewählt und das Wahlergebnis bekannt gegeben ist, spätestens jedoch sechs Monate nach Wirksamwerden der Spaltung. Durch Tarifvertrag oder Betriebsvereinbarung kann das Übergangsmandat um weitere sechs Monate verlängert werden.**

(2) **Werden Betriebe oder Betriebsteile zu einem Betrieb zusammengefasst, so nimmt der Betriebsrat des nach der Zahl der wahlberechtigten Arbeitnehmer größten Betriebs oder Betriebsteils das Übergangsmandat wahr. Absatz 1 gilt entsprechend.**

(3) **Die Absätze 1 und 2 gelten auch, wenn die Spaltung oder Zusammenlegung von Betrieben und Betriebsteilen im Zusammenhang mit einer Betriebsveräußerung oder einer Umwandlung nach dem Umwandlungsgesetz erfolgt.**

§ 21a neu eingeführt durch das BetrVerf-ReformG v. 23.7.2001 (BGBl. I S. 1852), vgl. Neubekanntmachung v. 25.9.2001 (BGBl. I S. 2518).

Lit.: *Kreutz*, Betriebsverfassungsrechtliche Auswirkungen unternehmensinterner Betriebsumstrukturierungen – Skizze eines neuen Lösungskonzepts, in: FS Wiese, 1998, S. 235; *Löwisch/Schmidt-Kessel*, Die gesetzliche Regelung von Übergangsmandat und Restmandat nach dem Betriebsverfassungsreformgesetz, BB 2001, 2162; *Richardi/Annuß*, Neues Betriebsverfassungsgesetz: Revolution oder strukturwahrende Reform?, DB 2001, 41; *Rieble*, Das Übergangsmandat nach § 21a BetrVG, NZA 2002, 233; *Thüsing*, Das Übergangsmandat und das Restmandat des BR nach § 21a und § 21b BetrVG, DB 2002, 738.

I. Inhalt und Zweck. Die Vorschrift wurde durch das BetrVerf-ReformG 2001 neu eingefügt. Absatz 1 Satz 1 enthält die **Legaldefinition** des sog. „Übergangsmandats" des BR, die sich allerdings *pars pro toto* nur auf die Variante der **Betriebsspaltung** bezieht und daher den leitenden Gedanken nicht allgemein gültig formuliert. Dazu ist die BAG-Rspr. heranzuziehen, die die Zuständigkeit eines BR an die **Identität** des Betriebs knüpft, für den er gewählt worden ist[1]. Die durch Wahlen vermittelte Legitimation wird aber beim Wegfall der Betriebsidentität (Rz. 4) in ihrer „Geschäftsgrundlage" erschüttert (vgl. auch § 21 Rz. 9), sei es durch Spaltung in kleinere Einheiten, sei es durch Zusammenlegung mit anderen Einheiten. Um keine Schutzlücken aufzureißen, soll in solchen Fällen das **Übergangsmandat** als vorübergehende, „vom Staat legitimierte Notlösung"[2] die Amtsführung des bisherigen BR zum Zwecke der Veranlassung von Neuwahlen für die neuen Einheiten verlängern.

Vorläufer der neuen Vorschrift waren die in einer Vielzahl von Spezialgesetzen (zB § 13 Abs. 1 Satz 2 des Gesetzes über die Spaltung der von der Treuhand verwalteten Unternehmen, § 6b Abs. 9 Satz 2 des Gesetzes zur Regelung offener Vermögensfragen, § 20 des Deutsche Bahn Gründungsgesetzes) und schließlich in § 321 UmwG geregelten Übergangsmandate bei **Unternehmensspaltungen und -zusammenschlüssen**[3]. Dadurch erst wurde das Fehlen einer allgemeinen Regelung im BetrVG als (nachträgliche) Schutzlücke offenkundig. Das BAG erkannte daher noch kurz vor In-Kraft-Treten der BetrVG-Novelle im Wege der **Gesamtanalogie** ein allgemeines betriebsverfassungsrechtliches Übergangsmandat für solche Fälle an, in denen „eine Änderung der betrieblichen Organisation zum Verlust der bisherigen betriebsverfassungsrechtlichen Repräsentation und zum Entstehen neuer betriebsratsfähiger Einheiten führt, für die noch kein BR gebildet ist"[4].

Ähnlich argumentierte auch die **amtliche Begründung**: Sinn und Zweck des Übergangsmandats sei es, „die ArbN in der für sie besonders kritischen Phase im Anschluss an eine betriebliche Umstrukturierung vor dem Verlust der Beteiligungsrechte zu schützen". Das Übergangsmandat solle sicher stellen, „dass bei betrieblichen Organisationsänderungen in der Übergangsphase keine betriebsratslosen Zeiten mehr entstehen"[5]. Zudem dient die Vorschrift der **Umsetzung** des Art. 6 der Richtlinie 2001/23/EG des Rates vom 12.3.2001 (ABl. EG Nr. L 82 S. 16)[6]. Die Umsetzungsfrist für die Richtlinie lief ab am 17.6.2001. Mit

---

* Amtl. Anm.: Diese Vorschrift dient der Umsetzung des Artikels 6 der Richtlinie 2001/23/EG des Rates vom 12. März 2001 zur Angleichung der Rechtsvorschriften der Mitgliedstaaten über die Wahrung von Ansprüchen der ArbN beim Übergang von Unternehmen, Betrieben oder Betriebsteilen (ABl. EG Nr. L 82 S. 16). | 1 Vgl. BAG v. 31.5.2000 – 7 ABR 78/98, AP Nr. 12 zu § 1 BetrVG 1972 – Gemeinsamer Betrieb (Anm. *v. Hoyningen-Huene*) = NZA 2000, 1350 (zu IV 2 a aa d. Gr.); v. 23.11.1988 – 7 AZR 121/88, BAGE 60, 191 = AP Nr. 77 zu § 613a BGB (zu I 2 b d. Gr.); anderes Konzept bei *Kreutz*, FS Wiese, S. 241 ff., der den Vorrang der Amtskontinuität betont. | 2 So *Rieble*, NZA 2002, 233 (234). | 3 Vgl. BT-Drs. 14/5741, S. 38 f.; GK-BetrVG/*Kreutz*, § 21a Rz. 3; HaKo-BetrVG/*Düwell*, § 21a Rz. 4-8. | 4 BAG v. 31.5.2000 – 7 ABR 78/98, AP Nr. 12 zu § 1 BetrVG 1972 – Gemeinsamer Betrieb (Anm. *v. Hoyningen-Huene*) = NZA 2000, 1350; vgl. ferner GK-BetrVG/*Kreutz*, § 21a Rz. 4; HaKo-BetrVG/*Düwell*, § 21a Rz. 9. | 5 BT-Drs. 14/5741, S. 39. | 6 Diese Richtlinie hat die RL 77/187/EWG zur Angleichung der Rechtsvorschriften der Mitgliedstaaten über die Wahrung von Ansprüchen der Arbeitnehmer beim Übergang von Unternehmen, Betrieben oder Betriebsteilen (Betriebsübergangsrichtlinie) sowie die dazu ergangene Änderungs-Richtlinie 98/50/EG des Rates vom 29.6.1998 (ABl. EG Nr. L 201/88) ohne materielle Änderungen zusammengefasst.

dem In-Kraft-Treten des BetrVerf-ReformG am 28.7.2001 wurde diese Frist geringfügig überschritten[1]. Umsetzungslücken bleiben aber im nationalen Recht bestehen beim hier nicht vorgesehenen **systemübergreifenden** Übergangsmandat zwischen Privatwirtschaft und öffentlichem bzw. kirchlichen Dienst (vgl. Rz. 21).

4   II. **Voraussetzungen des „unternehmensinternen" Übergangsmandats (Abs. 1, 2).** Die Norm differenziert zwischen Betriebsumstrukturierungen **im Unternehmen**, Abs. 1 und 2 (unternehmensinterne Umstrukturierung ohne Wechsel des ArbGeb), und Betriebsumstrukturierungen, die einhergehen mit dem **Wechsel des Unternehmensträgers**, Abs. 3 (unternehmensübergreifende Umstrukturierungen mit dem Wechsel des ArbGeb, vgl. Rz. 19). Anders als beim Übergangsmandat des früheren § 321 UmwG, das sich nur auf Betriebsspaltungen und -verschmelzungen aus Anlass solch unternehmensübergreifender Umstrukturierungen bezog, ist der jetzt entscheidende Anknüpfungspunkt nach Abs. 1 **jede** Betriebsumstrukturierung, die zu einer **Änderung der Betriebsidentität** führt[2]. § 21a greift daher jeweils nur dann ein, soweit wesentliche Veränderungen der betrieblichen Organisation – ungeachtet ihres rechtlichen Anlasses – die „Geschäftsgrundlage" des BR-Mandats entfallen lassen, was zB beim Betriebsübergang unter Wahrung der Betriebsidentität nach § 613a BGB oder beim reinen Formwechsel nach § 190 UmwG nicht der Fall ist (vgl. § 21 Rz. 13). Wann und aus welchen Gründen ein Identitätsverlust bzw. eine wesentliche Veränderung der betrieblichen Organisation vorliegt, klärt das Gesetz nicht, wenn es von Spaltung (Abs. 1) oder Zusammenfassung (Abs. 2) spricht.

5   1. **Spaltung von Betrieben (Abs. 1).** Eine Legaldefinition des Begriffs „**Spaltung**" enthält das Gesetz im Gegensatz zu der Verweisung im früheren § 321 UmwG nicht. Dem Normzweck nach muss daraus eine wesentliche Veränderung der betrieblichen Organisation folgen (Rz. 4). Wie die Unternehmensspaltung kann sich auch die Betriebsspaltung sowohl als „Aufspaltung" als auch als „Abspaltung" vollziehen[3]. **Aufspaltung** bedeutet, dass aus einer Einheit durch vollständige Aufteilung mehrere eigenständige Organisationseinheiten entstehen und der Ursprungsbetrieb untergeht (vgl. dazu § 21b), während bei der **Abspaltung** nur bestimmte Teilbereiche aus dem fortbestehenden Ursprungsbetrieb ausgegliedert werden. Entscheidend für beide Fälle ist jeweils die Aufhebung bzw. Veränderung der bisher einheitlichen **Leitungsstrukturen**[4].

6   Weitere Voraussetzung für das Übergangsmandat ist, dass die aus der Umstrukturierung hervorgehenden Betriebsteile den Anforderungen des § 1 Abs. 1 entsprechen, also ihrerseits **betriebsratsfähig** sind. Daher kann ein Übergangsmandat nicht entstehen, wenn als Ergebnis der Betriebsspaltung **Kleinstbetriebe** mit weniger als fünf wahlberechtigten ArbN übrig bleiben[5]. Für ein Übergangsmandat reicht es dagegen aus, wenn (nur) die neu entstandene Einheit betriebsratsfähig (geworden) ist[6]. Andernfalls kommt aber noch eine Zuordnung des Kleinstbetriebs zum (bisherigen) Hauptbetrieb nach § 4 Abs. 2 in Frage[7].

7   Satz 1 enthält als weiteres „**negatives**" **Tatbestandsmerkmal** die **fehlende Eingliederung** des abgespaltenen Betriebsteils in einen anderen Betrieb, in dem ein BR bereits besteht (Spaltung zur Aufnahme in einen bestehenden Betrieb). Damit schließt das Gesetz zugleich aus, dass dieser Eingliederungsfall ein Fall der Zusammenfassung von verschiedenen Betrieben oder Betriebsteilen iSd. § 21a Abs. 2 ist, weil es stillschweigend voraussetzt, dass sich die Identität des aufnehmenden Betriebs durch die Eingliederung nicht verändert (Rz. 9). Der BR im **aufnehmenden Betrieb** wird insoweit kraft Gesetzes partieller Funktionsnachfolger des bisher amtierenden BR – ein Übergangsmandat ist daher entbehrlich[8]. Ob im aufnehmenden Betrieb wegen der Eingliederung Neuwahlen stattfinden müssen, richtet sich nach den allgemeinen Vorschriften, bei entsprechender Veränderung der Belegschaftsstärke insb. nach § 13 Abs. 2 Nr. 1. Ein Übergangsmandat entsteht aber dann, wenn die Spaltung zur Aufnahme in einen **betriebsratslosen Betrieb** führt, weil dann der Schutzzweck von Satz 1 wieder greift, wonach die Umstrukturierung nicht zum Verlust der Beteiligungsrechte führen soll (Rz. 3). Ob dabei die Betriebsidentität des abgebenden und/oder aufnehmenden Betriebs erhalten bleibt oder nicht, kann entgegen *Thüsing* am Ergebnis nichts ändern[9], weil jedenfalls der abgespaltene unwesentliche Betriebsteil – ob mit oder ohne Aufnahme in einen neuen Betrieb – seine Leitungsstruktur verändert hat (Rz. 5). Dass hierbei das Übergangsmandat aus Sicht des aufnehmenden betriebsratslosen Betriebs diesem eine „aufgedrängte" kollektive Interessenvertretung beschert, hat der Gesetzgeber offenbar im Interesse der Verbreiterung der Betriebsverfassung hingenommen[10].

---

[1] Zu eventuellen Staatshaftungsansprüchen vgl. *Löwisch/Schmidt-Kessel*, BB 2001, 2162; HaKo-BetrVG/*Düwell*, § 21a Rz. 11.   [2] HM, vgl. *Fitting*, § 21a BetrVG Rz. 8; GK-BetrVG/*Kreutz*, § 21a Rz. 6 (kritisch aber Rz. 24); Richardi/*Thüsing*, § 21a BetrVG Rz. 4 („subsidiäre" Geltung); *Rieble*, NZA 2002, 233.   [3] Vgl. etwa *Fitting*, § 21a BetrVG Rz. 8; *Löwisch/Kaiser*, § 21a BetrVG Rz. 6.   [4] Zutr. ErfK/*Eisemann*, § 21a BetrVG Rz. 2; GK-BetrVG/*Kreutz*, § 21a Rz. 20 ff.; *Rieble*, NZA 2002, 234.   [5] *Fitting*, § 21a BetrVG Rz. 13; *Löwisch/Schmidt-Kessel*, BB 2001, 2163; *Rieble*, NZA 2002, 235.   [6] DKK/*Schneider*, § 21a BetrVG Rz. 19, 34; *Fitting*, § 21a BetrVG Rz. 13.   [7] *Löwisch/Kaiser*, § 21a BetrVG Rz. 7.   [8] Vgl. GK-BetrVG/*Kreutz*, § 21a Rz. 30 f.; *Löwisch/Kaiser*, § 21a BetrVG Rz. 7; *Rieble*, NZA 2002, 236 f.   [9] Zutr. *Rieble*, NZA 2002, 234 f., gegen *Thüsing*, DB 2002, 738 f.; Richardi/*Thüsing*, § 21a BetrVG Rz. 6, 10.   [10] Hierzu teils krit. HaKo-BetrVG/*Düwell*, § 21a Rz. 33a; *Rieble*, NZA 2002, 237 f.; aA Richardi/*Thüsing*, § 21a BetrVG Rz. 10.

Hat die Abspaltung des Betriebsteils keinen Identitätsverlust im **Ursprungsbetrieb** zur Folge, bleibt der dort gewählte BR regulär im Amt, da sich nach dem Normzweck des § 21a das Übergangsmandat nur auf den abgespaltenen Betriebsteil beziehen kann[1]. Es gilt der Grundsatz „Regelmandat vor Übergangsmandat"[2]. Auch dort bestimmt sich die Erforderlichkeit von Neuwahlen nach den Regeln des § 13 Abs. 2. **Fraglich** ist aber, was sich bei **Identitätsverlust** im Ursprungsbetrieb, der durch die Quantität oder die Qualität von Abspaltungen eintreten kann (zB Veränderungen der betriebswirtschaftlichen Funktion oder Reduzierung der Belegschaft)[3], demgegenüber verändert. Entgegen *Düwell* ist wohl auch dieser Fall vom Gesetzgeber berücksichtigt worden[4], der in Satz 1 jede Spaltung – soweit sie zum Identitätsverlust führt (Rz. 4) – zum Anlass für ein Übergangsmandat genommen hat. Auch im Ursprungsbetrieb können dann die bisherigen Mitglieder des BR ihr Amt nach den Sätzen 2 und 3 nur noch als Übergangsmandat wahrnehmen[5].

2. Zusammenfassung von Betrieben (Abs. 2). Eine Zusammenfassung von Betrieben iSd. Abs. 2 liegt vor, wenn zwei oder mehr bisher selbstständige organisatorische Einheiten so zusammengefasst werden, dass eine **neue Organisationseinheit mit neuer Leitungsstruktur** entsteht („Betriebsverschmelzung")[6]. Diese einschränkende teleologische Auslegung des Abs. 2 rechtfertigt sich aus dem „negativen" Tatbestandsmerkmal von Satz 1 (Rz. 7), wonach ein Übergangsmandat dann nicht entsteht, wenn es zu einer **Eingliederung** ohne Verlust der Betriebsidentität beim aufnehmenden Betrieb kommt[7]. Abs. 2 soll auch den Fall der Bildung eines **gemeinsamen Betriebs** durch mehrere Unternehmen (vgl. § 1 Abs. 1 Satz 2) erfassen: Durch die Führungsvereinbarung wird eine einheitliche Leitungsstruktur begründet und aus den beteiligten Unternehmen wird ein gemeinsamer Betrieb[8]. Dabei wird nicht vorausgesetzt, dass in allen bislang selbstständigen Betrieben bzw. Betriebsteilen (vgl. § 4 Abs. 1) schon ein BR gewählt war. Ein Legitimationsproblem entsteht für den Gesetzgeber nicht, da auch das auftretende Konkurrenzproblem mehrerer „zuständiger" BR durch die **Zuweisung des Übergangsmandats** an den nach Zahl der Wahlberechtigten größten Betrieb löst und damit auch betriebsratslose Betriebe in die Betriebsverfassung einbeziehen möchte. Im Unterschied zur Spaltung kommt diesem BR **ausschließlich** das Übergangsmandat zur Veranlassung der BR-Wahlen zu, während sein reguläres Mandat erlischt[9]. Ist bei der Betriebsverschmelzung der größte Betrieb **betriebsratslos**, kann das Übergangsmandat mit *Rieble* nicht einfach vom BR des nächstgrößten verfassten Betriebs wahrgenommen werden[10].

III. Inhalt und Dauer des Übergangsmandats. Das Übergangsmandat ist – anders als das Restmandat, § 21b – ein **zeitlich befristetes Vollmandat** (hM)[11]. Sein Inhalt ist gegenüber einem regulären Vollmandat des BR in keiner Weise beschränkt (vgl. § 22 Rz. 3). Eine Einschränkung des Mandats nur auf Beteiligungsrechte im Zusammenhang mit der Umstrukturierung hat im Wortlaut der Norm keinen Niederschlag gefunden und wäre auch mit dem Zweck der Vorschrift (Rz. 3) nicht vereinbar. Der Umfang der MitbestR bestimmt sich anhand der **neuen Betriebsgröße** nach Spaltung bzw. Verschmelzung[12], dh. das Übergangsmandat ist grundsätzlich bezogen auf die neue betriebliche Struktur. BV aus dem abgebenden Betrieb werden mangels Betriebsidentität aber nicht automatisch auf den neuen Betrieb übergeleitet, vielmehr gilt § 613a Abs. 1 Satz 2 BGB (individuelle Fortgeltung)[13], solange nicht eine neue BV abgeschlossen wird.

Das Gesetz hebt in Abs. 1 Satz 2 als **wesentliche**, aber nicht ausschließliche („insbesondere") **Aufgabe** des Übergangsmandats die unverzügliche **Bestellung von Wahlvorständen** hervor. Das ansonsten einschlägige Bestellungsverfahren nach § 16 wird nur insoweit verdrängt, als für den Wahlvorstand die knappe Frist nach § 121 Abs. 1 Satz 1 BGB gilt: **Unverzüglich** meint „ohne schuldhaftes Zögern", nicht „sofort". Fraglich ist, wann die „Ersatzkompetenz" von ArbG nach § 16 Abs. 2 oder, praktischer, von Gesamt- oder KonzernBR nach § 16 Abs. 3 greift. Wegen des weiten Ermessens bei der Einleitung der Neuwahlen sollte die Acht-Wochen-Frist auf den Ablauf des Übergangsmandats bezogen werden[14].

---

1 GK-BetrVG/*Kreutz*, § 21a Rz. 19; Löwisch/Schmidt-Kessel, BB 2001, 2162. | 2 *Rieble*, NZA 2002, 234. | 3 Dazu HaKo-BetrVG/*Düwell*, § 21a Rz. 36 f. | 4 AA HaKo-BetrVG/*Düwell*, § 21a Rz. 37. | 5 So auch HaKo-BetrVG/*Düwell*, § 21a Rz. 37; Richardi/*Thüsing*, § 21a BetrVG Rz. 8; ähnlich iE auch GK-BetrVG/*Kreutz*, § 21a Rz. 25, der analog § 13 Abs. 2 Nr. 1 nur den quantitativen Identitätsverlust für ein Übergangsmandat im Ursprungsbetrieb gelten lassen möchte. | 6 So *Rieble*, NZA 2002, 237. Krit. zur wechselnden Begrifflichkeit des Gesetzgebers auch GK-BetrVG/*Kreutz*, § 21a Rz. 58 („dilettantisch"). | 7 Wohl hM, vgl. GK-BetrVG/*Kreutz*, § 21a Rz. 60; Löwisch/*Kaiser*, § 21a BetrVG Rz. 22. | 8 Vgl. *Rieble*, NZA 2002, 238. | 9 HaKo-BetrVG/*Düwell*, § 21a Rz. 45 f.; Löwisch/*Kaiser*, § 21a BetrVG Rz. 21; *Rieble*, NZA 2002, 237. | 10 Anders hM, vgl. *Fitting*, § 21a BetrVG Rz. 19; GK-BetrVG/*Kreutz*, § 21a Rz. 73; HaKo-BetrVG/*Düwell*, § 21a Rz. 33b; *Hanau*, NJW 2001, 2513 (2515); zutr. *Rieble*, NZA 2002, 238: Nur wenn der BR des größten Betriebs kann ein Übergangsmandat wahrnehmen; fehlt es an diesem, gibt es kein Übergangsmandat; so auch *Reichold*, NZA 2001, 857 (859). | 11 HM, vgl. nur *Fitting*, § 21a BetrVG Rz. 20; GK-BetrVG/*Kreutz*, § 21a Rz. 38. | 12 Vgl. HaKo-BetrVG/*Düwell*, § 21a Rz. 22; *Rieble*, NZA 2002, 235; diff. ErfK/*Eisemann*, § 21a BetrVG Rz. 8: Es kommt auf Zahl der in der neuen Einheit tätigen, bislang vertretenen ArbN an, ohne die bisher betriebsratslosen ArbN zu berücksichtigen. | 13 Zutr. ErfK/*Eisemann*, § 21a BetrVG Rz. 5; Löwisch/Schmidt-Kessel, BB 2001, 2163; aA GK-BetrVG/*Kreutz*, § 21a Rz. 39 (kollektive Fortgeltung als Grundsatz). | 14 Zutr. GK-BetrVG/*Kreutz*, § 21a Rz. 41; Löwisch/*Kaiser*, § 21a BetrVG Rz. 12; zu eng Richardi/*Thüsing*, § 21a BetrVG Rz. 21, die schon nach 14 Tagen die Ersatzkompetenz greifen lassen wollen.

12 Die regelmäßige Höchstdauer des Übergangsmandats beträgt nach Abs. 1 Satz 3 **sechs Monate**. Diese Frist **beginnt** nach § 187 Abs. 1 BGB am Tag nach dem „Wirksamwerden" der Betriebsspaltung bzw. -verschmelzung. Das ist der Zeitpunkt, in dem die Leitungsmacht **tatsächlich** auf den oder die neuen Betriebsinhaber übergegangen ist[1], soweit der BR nicht – entgegen § 80 Abs. 2! – erst später **offiziell** über die betriebliche Umstrukturierungsmaßnahme unterrichtet worden ist. Auf gesellschaftsrechtliche Vereinbarungen kommt es dagegen nicht entscheidend an. Das **Ende** des Übergangsmandats bestimmt sich nach Abs. 1 Satz 3 (bzw. Abs. 2 Satz 2) mit **Bekanntgabe des Wahlergebnisses** in den neuen Betriebsteilen oder in dem neuen Betrieb, dh. am Tag der öffentlichen Bekanntgabe durch zweiwöchigen Aushang (§ 18 Satz 1 WO). Dadurch wird ein nahtloser Übergang iSv. § 21 Satz 2 verwirklicht (Amtskontinuität). Bei der Spaltung kann das Übergangsmandat für die verschiedenen Betriebe zu unterschiedlichen Zeitpunkten enden[2]. Erst mit Ablauf der Sechs-Monats-Frist nach § 188 Abs. 2 BGB endet auch das letzte Übergangsmandat, selbst wenn noch keine Neuwahl erfolgt ist („**spätestens**").

13 Eine **Verlängerung** um insgesamt weitere sechs Monate ist durch Kollektivvereinbarung möglich (Satz 4)[3]. Damit wird eine **Höchstdauer** des Übergangsmandats **von einem Jahr** erreicht[4]. Das hindert die Kollektivvertragsparteien aber nicht, eine kürzere Verlängerungsfrist zu vereinbaren, wenn dies den Umständen gerecht wird, zB um dadurch wieder in den Rhythmus der regelmäßigen BR-Wahl nach § 13 Abs. 1 zu gelangen[5].

14 **IV. Besonderheiten der Zusammensetzung. 1. Betriebsspaltung (Abs. 1).** Nach Spaltung eines Betriebs „bleibt dessen BR im Amt", so dass dieser für alle aus der Spaltung hervorgehenden Einheiten das Übergangsmandat ausübt – und zwar grundsätzlich in der **überkommenen personellen Besetzung** (Amts- und Besetzungskontinuität, hM). Problematisch ist das wegen der Zuordnung der jeweiligen Arbeitsverhältnisse der BR-Mitglieder kraft Auf- oder Abspaltung auf die neuen Einheiten. Mit dem Verlust der Wählbarkeit endet an sich nach § 24 Nr. 4 iVm. § 8 die Mitgliedschaft, so dass der BR im Übergangsmandat für die neuen Einheiten mit jeweils unterschiedlichen Besetzungen tagen müsste[6]. Das hält die hM zu Recht für unpraktikabel und mit Sinn und Zweck des Abs. 1 Satz 1 nicht vereinbar[7]. § 24 Nr. 4 bedarf für diesen Fall der teleologischen Reduktion, was sich entgegen *Düwell* aus der ratio legis des Übergangsmandats zwanglos ableiten lässt. Auch die ausgegliederten Belegschaftsmitglieder sollen **vorübergehend** noch vom BR in der früheren Zusammensetzung betreut werden können.

15 **Anderes** gilt aber für den Fall der „Abspaltung", wenn die **Betriebsidentität unverändert** bleibt und deshalb das Regelmandat neben das Übergangsmandat für den abgespaltenen Betriebsteil tritt (Rz. 8 – soweit nicht eine Eingliederung in anderen Betrieb erfolgt). Hier muss der BR im **Regelmandat** nach §§ 24 Nr. 4, 25 diejenigen Mitglieder ergänzen, die „abgespalten" worden sind und nur noch im **Übergangsmandat** Sitz und Stimme nach § 21a Abs. 1 behalten[8]. Im Fall der „Aufspaltung" tritt neben das Übergangsmandat das Restmandat nach § 21b für den untergehenden Ursprungsbetrieb; eine unterschiedliche personelle Zusammensetzung beider Gremien kommt dabei nicht in Betracht.

16 **2. Betriebsverschmelzung (Abs. 2).** Die personelle Zusammensetzung in Fällen des Abs. 2 richtet sich nach dem Prinzip der größeren Zahl, dh. der BR desjenigen Betriebs, hinter dem die meisten Wahlberechtigten stehen, erhält **als solcher** und **ausschließlich** das Übergangsmandat (Rz. 9). Für ihn endet das Regelmandat, stattdessen führt er die Geschäfte übergangsweise für den **gesamten neuen Betrieb** (Zuständigkeitsausweitung)[9]. Bei Ermittlung des größten Betriebs bemisst sich die Zählung der Wahlberechtigten nach § 7, so dass auch LeihArbN mitzählen können, doch kommt es nicht auf die „in der Regel" bestehende Belegschaftsstärke an (vgl. § 9), sondern auf die **aktuelle** Zahl zum Zeitpunkt der Verschmelzung[10].

17 Nach dem in Abs. 2 Satz 2 für entsprechend anwendbar erklärten Abs. 1 Satz 1 bleibt der das Übergangsmandat wahrnehmende BR des **größten** Betriebs im Amt, muss jetzt aber die Geschäfte naturgemäß **auch für die ArbN aus anderen Betrieben** weiter führen, die bislang von ihm nicht vertreten wurden. Eine entsprechend „korrigierte" Anwendung des Abs. 1 Satz 1 folgt aus der „Vorgreiflichkeit" des Übergangsmandats, das sich jeweils auf die neue Betriebsstruktur beziehen muss[11]. Die Mitglieder der übrigen **weichenden** BR verlieren ihr Amt mit Wirksamwerden der Verschmelzung (Rz. 12), weil zu diesem Zeitpunkt der Verlust ihrer Wählbarkeit nach § 24 Nr. 4 eintritt.

---

1 HM, vgl. BAG v. 31.5.2000 – 7 ABR 78/98, BAGE 95, 15 (28) = AP Nr. 12 zu § 1 BetrVG 1972 – Gemeinsamer Betrieb (zu IV 5 d. Gr.); ferner *Fitting*, § 21a BetrVG Rz. 24; GK-BetrVG/*Kreutz*, § 21a Rz. 47. |2 *Löwisch/Kaiser*, § 21a BetrVG Rz. 13. |3 Einzelheiten insb. zur Tarifbindung bei *Löwisch/Kaiser*, § 21a BetrVG Rz. 15 ff. |4 Kritik an der Höchstgrenze bei HaKo-BetrVG/*Düwell*, § 21a Rz. 27. |5 Vgl. GK-BetrVG/*Kreutz*, § 21a Rz. 51; *Richardi/Annuß*, DB 2001, 45; *Richardi/Thüsing*, § 21a BetrVG Rz. 20. |6 So in der Tat HaKo-BetrVG/*Düwell*, § 21a Rz. 39. |7 HM, vgl. GK-BetrVG/*Kreutz*, § 21a Rz. 34; *Löwisch/Kaiser*, § 21a BetrVG Rz. 8; *Rieble*, NZA 2002, 236; aA HaKo-BetrVG/*Düwell*, § 21a Rz. 39 ff. |8 So auch ErfK/*Eisemann*, § 21a BetrVG Rz. 7; GK-BetrVG/*Kreutz*, § 21a Rz. 34; missverständlich demgegenüber HaKo-BetrVG/*Düwell*, § 21a Rz. 42; aA *Fitting*, § 21a BetrVG Rz. 16. |9 Vgl. GK-BetrVG/*Kreutz*, § 21a Rz. 75. |10 So *Rieble*, NZA 2002, 237; aA *Fitting*, § 21a BetrVG Rz. 18; GK-BetrVG/*Kreutz*, § 21a Rz. 71: Zeitpunkt der letzten Wahl. |11 So GK-BetrVG/*Kreutz*, § 21a Rz. 75; *Rieble*, NZA 2002, 235; aA ErfK/*Eisemann*, § 21a BetrVG Rz. 8: personelle Beschränkung des Mandats nur auf ArbN der bislang verfassten Betriebe.

3. Freistellungs- und sonstige Kostentragungspflichten. Weil das Übergangsmandat vom Gesetzgeber als **Vollmandat** behandelt wird (Rz. 10), gelten hierzu in Ermangelung einer Sonderregelung die allgemeinen Freistellungs- und Kostentragungspflichten aus §§ 37, 38, 40[1]. Für die kurze Zeit des Übergangsmandats bleibt es prinzipiell auch für Freistellungen nach § 38 beim Grundsatz der **Amts- und Besetzungskontinuität**, so dass unabhängig von der Verkleinerung der Einheiten bei Spaltung bzw. ihrer Vergrößerung bei Verschmelzung die Freistellungen nach Maßgabe der Ursprungsbetriebsgröße **erhalten** bleiben. Streitigkeiten über die Kostentragung können sich bei der Spaltung und danach verschiedenen ArbGeb ergeben, wenn das Übergangsmandat **Alt- und Neuarbeitgeber** ungleich belastet (zB unternehmensübergreifende Abspaltung, vgl. Rz. 19): Stammen übermäßig viele freigestellte ArbN zB aus dem Ursprungsbetrieb, so muss deren **VertragsArbGeb**[2] unverhältnismäßig hohe Kosten zugunsten der abgespaltenen neuen Einheit aufwenden. Hier empfiehlt es sich, dass die Inhaber der betroffenen Betriebe im Rahmen der Spaltung oder Verschmelzung eine **Vereinbarung über die „Trennungskosten"** treffen[3]. Ohne eine solche Vereinbarung, die Bestandteil des Spaltungsvertrags sein müsste, treffen die individuell zurechenbaren Kosten des Übergangsmandats den jeweiligen VertragsArbGeb, die Kosten der Wahlvorbereitung dagegen den Inhaber der neuen Einheit (§ 20 Abs. 3). 18

V. Übergangsmandat bei unternehmensübergreifender Umwandlung (Abs. 3). Der Gesetzgeber stellt in Abs. 3 klar, dass – wie schon nach der Vorläuferregelung des § 321 UmwG (Rz. 2) – auch und erst recht der Wechsel des Unternehmensträgers beim maßgeblichen **Identitätsverlust der betrieblichen Organisation** zum Übergangsmandat führen kann. Tritt zu der Umstrukturierung iSd. Abs. 1 und 2 also noch der **Wechsel des ArbGeb** hinzu, wird ein **unternehmensübergreifendes** Übergangsmandat begründet (vgl. Rz. 4), ohne dass besondere Regeln eingreifen müssten. Mit der Bezeichnung „Betriebsveräußerung" ist der Wechsel des Unternehmensträgers kraft **Einzelrechtsnachfolge** bei (strukturverändernderm) Betriebsübergang nach § 613a BGB gemeint, mit der Bezugnahme auf die „Umwandlung nach dem Umwandlungsgesetz" die (partielle) **Gesamtrechtsnachfolge** durch Spaltung oder Verschmelzung[4]. 19

Beim unternehmensübergreifenden Übergangsmandat hat der BR des **gespaltenen Unternehmens** zwei Mandate für zwei Belegschaften gegenüber zwei VertragsArbGeb wahrzunehmen – er agiert also unternehmensübergreifend, **ohne** deshalb jedoch ein **unternehmensübersteigendes Mandat** auszuüben[5]. Er kann aus Kompetenzgründen nicht etwa zB unternehmensübergreifende BV abschließen, sondern muss sich um – ggf. gleich lautende – BV mit den verschiedenen ArbGeb in Bezug auf ihre neu strukturierten Belegschaften bemühen. **Führen** die an der Spaltung beteiligten Rechtsträger jedoch den gespaltenen Betrieb **gemeinsam fort**, liegt ein Fall des § 1 Abs. 1 Satz 2 vor, so dass der ursprünglich gewählte BR nunmehr für den Gemeinschaftsbetrieb regulär im Amt bleibt[6]. 20

Fraglich ist, was bei der **den Geltungsbereich des Gesetzes verlassenden** Umstrukturierung gilt (vgl. § 21 Rz. 13), wenn also bei der Eingliederung in den öffentlichen Dienst (§ 130) ein öffentlich-rechtlicher Rechtsträger oder in den kirchlichen Dienst (§ 118 Abs. 2) ein dem Staatskirchenrecht zuzuordnender Rechtsträger entsteht. Hier endet die „BR-Fähigkeit" iSd. Abs. 1 Satz 1 (Rz. 6), so dass ein **systemübergreifendes Übergangsmandat** nicht auf § 21a gestützt werden kann[7]. Ein Übergangsmandat des BR bis zur Wahl eines Personalrats oder einer kirchlichen Mitarbeitervertretung scheidet aus, wie vor allem auch der umgekehrte Vorgang der Privatisierung einer öffentlichen Einrichtung nicht im PersVG geregelt ist, obwohl auch dort kraft Art. 6 Abs. 1 Unterabs. 4 RL 2001/23/EG europarechtlich ein Übergangsmandat vorgesehen sein müsste[8]. Deshalb kommt in diesen Fällen nur ein **Restmandat** in Betracht, vgl. § 21b, weil der Betrieb iSd. BetrVG untergeht. Jedoch empfiehlt sich zur Vermeidung von Schadensersatzklagen die freiwillige Einrichtung von – die neue Vertretungsform antizipierenden – Belegschaftsvertretungen kraft Europarechts (vgl. § 21b Rz. 8). 21

VI. Analoge Anwendung auf andere Gremien. Das Übergangsmandat ist auf den Geltungsbereich des BetrVG beschränkt und kann daher auf den **SprAu** nach dem SprAuG keine Anwendung finden, so dass Schutzlücken bei identitätsverändernder Umstrukturierung in Kauf zu nehmen sind (hM)[9]. Das ist auch aus Sicht des Europarechts nicht zu beanstanden, weil die leitenden Angestellten ja gerade nicht ArbN iSd. Richtlinie sind[10]. Eine analoge Anwendung von § 21a kommt mangels planwid- 22

---

[1] Vgl. DKK/*Berg*, § 40 BetrVG Rz. 3; *Fitting*, § 21a BetrVG Rz. 27, § 40 Rz. 7; GK-BetrVG/*Wiese/Weber*, § 40 Rz. 7.
[2] Individuell zurechenbare Kosten müssen vom VertragsArbGeb getragen werden, so zutr. *Fitting*, § 21a BetrVG Rz. 27; *Richardi/Thüsing*, § 21a BetrVG Rz. 24; *Rieble*, NZA 2002, 236; aA ErfK/*Eisemann*, § 21a BetrVG Rz. 9: Alle Kosten treffen Inhaber der neuen Einheit. [3] So auch *Richardi/Thüsing*, § 21a BetrVG Rz. 24; *Rieble*, NZA 2002, 236. [4] Einzelheiten bei HaKo-BetrVG/*Düwell*, § 21a Rz. 48 ff. [5] Zutr. *Rieble*, NZA 2002, 236; ähnlich GK-BetrVG/*Kreutz*, § 21a Rz. 84. [6] Vgl. GK-BetrVG/*Kreutz*, § 21a Rz. 90. [7] Str., wie hier *Rieble*, NZA 2002, 235, Nachw. zur aA bei HaKo-BetrVG/*Düwell*, § 21a Rz. 14. [8] Die Rspr. lehnte bisher ein Übergangsmandat des Personalrats bei Privatisierung ab, vgl. LAG Köln v. 11.2.2000 – 4 TaBV 2/00, NZA-RR 2001, 87; v. 10.3.2000 – 13 TaBV 9/00, NZA-RR 2001, 423. Die Rechtslage hat sich aber seit Verstreichen der Umsetzungsfrist am 18.7.2001 geändert – die Arbeitsgerichte können jetzt das europarechtliche Übergangsmandat gegenüber der öffentlichen Hand in direkter Anwendung der RL 2001/23/EG durchsetzen, so zutr. HaKo-BetrVG/*Düwell*, § 21a Rz. 15; *Löwisch/Schmidt-Kessel*, BB 2001, 2162; v. *Roetteken*, NZA 2001, 414 (419 ff.). [9] HM, vgl. nur GK-BetrVG/*Kreutz*, § 21a Rz. 2; *Löwisch/Kaiser*, § 21a BetrVG Rz. 4. [10] Zutr. HaKo-BetrVG/*Düwell*, § 21a Rz. 19.

BetrVG § 21a Rz. 23   Übergangsmandat

riger Regelungslücke nicht in Betracht. Auch für eine analoge Anwendung auf den **Gesamt- oder KonzernBR oder andere Organe** fehlt es an einer vergleichbaren Interessenlage, weil sich Schutzlücken für diese vom BR abgeleiteten Dauerorgane nicht ergeben[1]. Auch bei unternehmensübergreifenden Umwandlungen kommt es lediglich zu deren Neukonstituierung – eines eigenen Übergangsmandats bedarf es hierzu nicht.

23   **VII. Streitigkeiten.** Über Streitigkeiten zwischen ArbGeb und BR oder zwischen verschiedenen BR, die das Bestehen oder die Ausübung eines Übergangsmandats zum Gegenstand haben, entscheidet das ArbG im **Beschlussverfahren** nach §§ 2a Abs. 1 Nr. 1, Abs. 2 iVm. §§ 80 ff. ArbGG. Im Betriebsabgrenzungsverfahren nach § 18 Abs. 2 (vgl. § 18 Rz. 12, 14) kann geklärt werden, ob durch Änderungen der Betriebsorganisation neue betriebsratsfähige Einheiten entstanden sind[2]. Das **Urteilsverfahren** findet dann Anwendung, wenn Entgeltfortzahlungs- und Freizeitausgleichsansprüche von BR-Mitgliedern für die Wahrnehmung des Übergangsmandats geltend gemacht werden[3]. In dieser Verfahrensart kann auch im Rahmen eines Individualstreits zwischen ArbGeb und ArbN als **Vorfrage** das Bestehen, der Inhalt und der persönliche Anwendungsbereich des Übergangsmandats eine Rolle spielen, soweit die Rechtswirksamkeit einer von einem BR kraft Übergangsmandats vorgenommenen Handlung entscheidungserheblich ist. Vgl. im Übrigen § 21 Rz. 16.

21b *Restmandat*

Geht ein Betrieb durch Stilllegung, Spaltung oder Zusammenlegung unter, so bleibt dessen Betriebsrat so lange im Amt, wie dies zur Wahrnehmung der damit im Zusammenhang stehenden Mitwirkungs- und Mitbestimmungsrechte erforderlich ist.

§ 21b neu eingeführt durch das BetrVerf-ReformG v. 23.7.2001 (BGBl. I S. 1852), vgl. Neubekanntmachung v. 25.9.2001 (BGBl. I S. 2518).

Lit.: *Biebl*, Das Restmandat des Betriebsrats nach Betriebsstilllegung, 1991; *Feudner*, Übergangs- und Restmandate des Betriebsrats gem. §§ 21a, 21b BetrVG; DB 2003, 882; *Schubert*, Das „Restmandat" bei Betriebsrat und Personalrat, AuR 2003, 132.

1   **I. Inhalt und Zweck.** Das Restmandat soll nach dem Willen des Gesetzgebers das Recht des BR sichern, im Falle der Betriebsstilllegung oder einer anderen Form der Auflösung des Betriebs die damit zusammenhängenden gesetzlichen Aufgaben **zum Schutze der ArbN**, insb. die Mitwirkungs- und MitbestR nach den §§ 111 ff., auch über seine Amtszeit hinaus wahrzunehmen[4], um zu verhindern, dass der ArbGeb durch rasche Vollziehung der Betriebsstilllegung gerade diese Beteiligungsrechte unterläuft.

2   Die Vorschrift wurde durch das BetrVerf-Reformgesetz vom 23.7.2001 eingeführt. Mit der Kodifikation des Restmandats wollte der Gesetzgeber die von der Rspr. entwickelte[5] und allgemein anerkannte Rechtsfigur „Restmandat des BR" gesetzlich verankern[6]. Die Auslegung dieser Vorschrift hat daher in Ansehung der bisher ergangenen Rspr. des BAG zum Restmandat zu erfolgen[7].

3   **II. Anwendungsbereich.** Der Gesetzgeber hat das von der Rspr. im Zusammenhang mit Betriebsstilllegungen entwickelte Restmandat auch auf die Fälle eines Betriebsuntergangs durch Spaltung und Zusammenlegung ausgeweitet und regelt damit alle Fälle des **Betriebsuntergangs**[8]. **Kein Restmandat** entsteht, wenn das Amt des BR vorzeitig endet, weil alle BR-Mitglieder einschließlich der Ersatzmitglieder aus dem Betrieb ausscheiden[9] oder wenn der Betrieb nach Ablauf der Amtszeit des BR untergeht und die ArbN keinen neuen BR gewählt haben[10]. Die Vorschrift findet auch keine Anwendung, wenn ein Betrieb lediglich räumlich verlegt wird, ein Übergang nach § 613a BGB stattfindet oder ein Betrieb wegen seiner Zerstörung[11] oder aus anderen Gründen **nur vorübergehend** stillgelegt wird, denn hier bleibt der BR mit Vollmandat im Amt.

4   **1. Entstehungsvoraussetzungen.** Die **Stilllegung** eines Betriebs ist nach der Definition des BAG die Aufhebung der Betriebs- und Produktionsgemeinschaft zwischen ArbGeb und ArbN für einen seiner Dauer nach unbestimmten, wirtschaftlich nicht unerheblichen Zeitraum[12]. Die Betriebsstilllegung ist erst dann vollzogen, wenn die Belegschaft **in rechtlicher Hinsicht aufgelöst** worden ist[13]; allein die Tatsache, dass die Betriebsanlage stillgelegt und die ArbN nicht mehr beschäftigt werden, genügt hierfür nicht.

5   **Spaltung** und **Zusammenlegung** haben grundsätzlich die gleiche Bedeutung wie in § 21a (vgl. § 21a Rz. 5 ff.)[14], auch wenn der Gesetzgeber durch die Einführung einer dritten Bezeichnung für den glei-

---

[1] Zutr. GK-BetrVG/*Kreutz*, § 21a Rz. 11; Richardi/*Thüsing*, § 21a BetrVG Rz. 25.   [2] GK-BetrVG/*Kreutz*, § 21a Rz. 95.   [3] ErfK/*Eisemann*, § 21a BetrVG Rz. 10; *Fitting*, § 21a BetrVG Rz. 30.   [4] BT-Drs. 14/5741, S. 39.   [5] Zuletzt BAG v. 5.10.2000 – 1 AZR 48/00, AP Nr. 141 zu § 112 BetrVG 1972 = NZA 2001, 849 und BAG v. 12.1.2000 – 7 ABR 61/98, AP Nr. 5 zu § 24 BetrVG 1972 = NZA 2000, 669.   [6] BT-Drs. 14/5741, S. 39.   [7] *Reichold*, NZA 2002, 857.   [8] ErfK/*Eisemann*, § 21b BetrVG Rz. 2; *Fitting*, § 21b BetrVG Rz. 5.   [9] BAG v. 27.8.1996 – 3 ABR 21/95, AP Nr. 4 zu § 83a ArbGG 1979 = NZA 1997, 623.   [10] *Fitting*, § 21b BetrVG Rz. 5; Richardi/*Thüsing*, § 21b Rz. 8.   [11] BAG v. 16.6.1987 – 1 AZR 528/85, BAGE 55, 344 f., AP Nr. 20 zu § 111 BetrVG 1972 = NZA 1987, 858.   [12] BAG v. 18.1.2001 – 2 AZR 167/00, ZInsO 2001, 822.   [13] BAG v. 29.3.1977 – 1 AZR 46/75, BAGE 29, 114 = AP Nr. 11 zu § 102 BetrVG 1972.   [14] Wohl hM, vgl. DKK/*Buschmann*, § 21b BetrVG

chen Vorgang („Zusammen**fassung**" in § 21a Abs. 2, „Zusammen**legung**" in § 21b und „Zusammen**schluss**" in § 111 Nr. 3) zu einer Art babylonischer Sprachverwirrung beigetragen hat, weshalb hier möglichst bald eine Korrektur zur Vereinheitlichung der Terminologie erfolgen sollte.

Eine „**Spaltung**" iSd. § 21b wird in aller Regel **nur bei einer Betriebsaufspaltung** vorliegen, da nur in diesem Fall der Ursprungsbetrieb restlos untergeht (vgl. § 21a Rz. 5). Das Restmandat entsteht für die ganze untergegangene Einheit, unabhängig davon, ob die durch die Spaltung entstanden Betriebe/Betriebsteile als eigenständige Betriebe weitergeführt werden oder in andere Betriebe eingegliedert werden, und – anders als das Übergangsmandat (vgl. § 21a Rz. 6) – auch dann, wenn die entstandenen Teile überhaupt nicht betriebsratsfähig sind[1]. Bei einer **Abspaltung** bleibt das reguläre Vollmandat des BR dagegen bestehen; dieses Vollmandat umfasst auch die Beteilungsrechte nach den §§ 111, 112 BetrVG für die infolge der Abspaltung ausscheidenden ArbN[2]. 6

Im Fall der **Zusammenlegung von Betrieben** (vgl. § 21a Rz. 9) entsteht sowohl im sog. Eingliederungsfall (Eingliederung eines Betriebes in einen anderen) als auch bei der Zusammenfassung mehrerer Betriebe ein Restmandat. Im ersten Fall geht nur der eingegliederte Betrieb unter, so dass auch nur für dessen BR ein Restmandat entsteht, im letzten Fall gehen alle zusammengelegten Betriebe unter mit der Folge, dass für alle in diesen Betrieben bestehenden BR ein Restmandat entsteht[3]. 7

De lege lata muss ein Restmandat auch dann entstehen, wenn Spaltung oder Zusammenlegung im Rahmen einer **unternehmensübergreifenden Umwandlung** erfolgen und die neu entstandenen Einheiten den Geltungsbereich des Gesetzes verlassen (vgl. § 21a Rz. 21), da der „Betrieb" – auch wenn „nur" ein Betriebsübergang gem. § 613a BGB vollzogen wird - iSd. BetrVG insoweit untergeht, als er nach der erfolgten Umwandlung nicht mehr als „Betrieb" iSd. des BetrVG (vgl. § 1 BetrVG), sondern als „Dienststelle" bzw. „Einrichtung" (vgl. § 1 MAVO, § 3 MVG für den kirchlichen Bereich bzw. § 6 BPersVG für den Bereich des öffentlichen Dienstes) fortbesteht, auch wenn tatsächlich kein Betriebs**untergang** im eigentlichen Wortsinne vorliegt. De lege ferenda wäre diese Problematik – unter Einbeziehung der RL 2001/23/EG – dahingehend zu lösen, dass § 21a Abs. 1 Satz 3 wie folgt geändert würde: „Das Übergangsmandat endet, sobald in den **neu entstandenen Einheiten neue ArbN-Vertretungen** gewählt und das Wahlergebnis bekannt gegeben ist, ..." (vgl. § 21a Rz. 21). 8

2. Inhalt. Das Restmandat ist – anders als das Übergangsmandat – **kein Vollmandat**, sondern in seinen Kompetenzen inhaltlich wesentlich eingeschränkt. Als nachwirkendes Mandat ist das Restmandat **funktional** auf alle im Zusammenhang mit dem Untergang des Betriebs ergebenden Mitbestimmungs- und Mitwirkungsrechte **begrenzt**[4]. Es entsteht daher nicht, wenn nach Untergang des Betriebs kein Regelungsbedarf mehr besteht[5]. In der Praxis werden die Hauptaufgaben eines das Restmandat ausübenden BR in erster Linie in der in der Gesetzesbegründung ausdrücklich genannten Beteiligungsrechte aus den §§ 111 ff. sein, dh. insb. die Vereinbarung eines Interessenausgleichs und eines Sozialplans. Hierzu gehört auch die Abänderung eines bereits geltenden Sozialplans, solange dieser noch nicht vollständig abgewickelt ist[6]. 9

Das Restmandat umfasst auch **Beteiligungsrechte bei personellen Einzelmaßnahmen** – Anhörungs- und Widerspruchsrecht bei Kündigungen (§ 102), Informations- und Zustimmungsrecht bei Versetzungen (§ 99), Vorschlagsrecht zur Beschäftigungssicherung (§ 92a), MitbestR über Qualifizierungsmaßnahmen (§ 92 Abs. 2) –, sofern **trotz der Stilllegung noch nicht alle Arbeitsverhältnisse beendet** sind, da einzelne ArbN noch mit Abwicklungsaufgaben beschäftigt sind[7]. 10

Das Restmandat stellt **kein allgemeines Abwicklungsmandat** für alle zum Zeitpunkt des Betriebsuntergangs noch nicht abgeschlossenen betriebsverfassungsrechtlichen Aufgaben dar, da es seinem Zweck nach einen tatsächlichen Regelungsbedarf voraussetzt. Sog. „**unerledigte BR-Aufgaben**", die keinen Bezug zu der Auflösung der Betriebsorganisation aufweisen, aber zum Zeitpunkt der Entstehung des Restmandats noch nicht erledigt sind, werden daher vom Restmandat **nicht erfasst**[8]. Wohl herrschende Meinung ist mittlerweile, dass es nicht erforderlich ist, dass der BR seine Rechte **noch in der regulären Amtszeit seines Vollmandats** gegenüber dem ArbGeb **geltend** macht, da der Wortlaut des Gesetzes keinen Hinweis für ein solches Erfordernis gibt, und es auch nicht von der Sache her geboten ist, im Abwarten des BR schon einen Verzicht auf seine Rechte zu sehen[9]. 11

Rz. 16; GK-BetrVG/*Kreutz*, § 21b Rz. 23; HaKo-BetrVG/*Düwell*, § 21b Rz. 10, 13; *Löwisch/Schmidt-Kessel*, DB 2001, 2165; wohl auch Richardi/*Thüsing*, der in der Kommentierung des § 21b auf diese Tatbestandsvoraussetzungen überhaupt nicht mehr eingeht. |1 Vgl. *Fitting*, § 21b BetrVG Rz. 10; GK-BetrVG/*Kreutz*, § 21b Rz. 26. |2 Vgl. *Fitting*, § 21b BetrVG Rz. 11; GK-BetrVG/*Kreutz*, § 21b Rz. 26. |3 Vgl. *Fitting*, § 21b BetrVG Rz. 12; GK-BetrVG/*Kreutz*, § 21b Rz. 27. |4 BAG v. 12.1.2000 – 7 ABR 61/98, AP Nr. 5 zu § 24 BetrVG 1972 = NZA 2000, 669. |5 BAG v. 14.8.2001 – 1 ABR 52/00, AP Nr. 9 zu § 83a ArbGG 1979 = NZA 2002, 109. |6 BAG v. 5.10.2000 – 1 AZR 48/00, AP Nr. 141 zu § 112 BetrVG 1972 = NZA 2001, 849. |7 BAG v. 23.11.1988, AP Nr. 77 zu § 613a BGB = NZA 1989, 433; GK-BetrVG/*Kreutz*, § 21b Rz. 12; *Löwisch/Schmidt-Kessel*, BB 2001, 2165; *Schubert*, AuR 2003, 133. |8 BAG v. 14.8.2001 – 1 ABR 52/00, AP Nr. 9 zu § 83a ArbGG 1979 = NZA 2002, 109; *Fitting*, § 21b BetrVG Rz. 18; GK-BetrVG/*Kreutz*, § 21b Rz. 13; aA DKK/*Buschmann*, § 21b BetrVG Rz. 21; *Konzen*, RdA 2001, 85; Richardi/*Annuß*, DB 2001, 44. |9 DKK/*Buschmann*, § 21b BetrVG Rz. 15; ErfK/*Eisemann*, § 21b BetrVG Rz. 3; GK-BetrVG/*Kreutz*, § 21b Rz. 15 (aM noch in der 6. Aufl. § 21 Rz. 53).

12 **3. Personelle Zusammensetzung.** Das Restmandat wird von dem BR ausgeübt, der bei der Beendigung des Vollmandats im Amt war[1]. Die Ausübung des Restmandats hat durch den **BR als Organ** zu erfolgen, nicht etwa nur durch dessen Vorsitzenden[2]. Entscheidend für die Größe und die personelle Zusammensetzung des das Restmandat ausübenden BR ist der **Zeitpunkt der Stilllegung, Spaltung oder Zusammenlegung.** Führt der BR zu diesem Zeitpunkt die Geschäfte nur noch nach § 22 weiter, weil durch früheres Ausscheiden von Mitgliedern und wegen Fehlens von Ersatzmitgliedern die Mitgliederzahl unter die in § 9 vorgegebene Zahl gesunken ist, gehört zu diesen Geschäften auch die Wahrnehmung des Restmandats[3].

13 Das Restmandat stellt eine **zu § 24 Nr. 3 und 4 abweichende Sonderregelung** dar: Weder das Ausscheiden der BR-Mitglieder aus dem Betrieb noch der Übergang auf einen anderen ArbGeb führt zum Ausscheiden aus dem BR während der Dauer des Restmandats[4]. Dies wäre mit dem Zweck des Restmandats unvereinbar (vgl. hierzu auch § 21a Rz. 14). Ungeachtet dieser Sonderregelung ist eine **Amtsniederlegung** durch die das Restmandat wahrnehmenden BR-Mitglieder **uneingeschränkt möglich.** Die Mitglieder eines das Restmandat ausübenden BR können nicht gezwungen werden, gegen ihren Willen im Amt zu bleiben. Die Wahrnehmung eines Restmandats verpflichtet insoweit nicht stärker als ein Vollmandat[5]. Die Amtsniederlegung durch das letzte verbliebene BR-Mitglied kann ausnahmsweise auch gegenüber dem ArbGeb erfolgen, sofern eine Belegschaft nicht mehr vorhanden ist[6].

14 **4. Dauer, Kosten.** Das Restmandat ist – anders als das Übergangsmandat, § 21a – grundsätzlich **zeitlich unbeschränkt.** Es endet daher entweder aufgrund personeller Ausdünnung (vgl. Rz. 12) oder mit **vollständiger Abwicklung** aller in seinen Zuständigkeitsbereich fallender Beteiligungsangelegenheiten. Ein endgültiges Erlöschen des Restmandats liegt daher erst vor, wenn sowohl Interessenausgleich als auch Sozialplan **tatsächlich umgesetzt** wurden und sämtliche Ansprüche des BR auf Kostenerstattung aus Tätigkeiten im Rahmen des Restmandats erfüllt wurden[7]. Insbesondere kann der Sozialplan Dauerregelungen enthalten (vgl. § 112), die dazu führen, dass das Restmandat noch einen erheblichen Zeitraum nach dem Betriebsuntergang weiter besteht. Das Restmandat kann daher das Ende der regulären Amtszeit (§ 21), für die der BR gewählt wurde, überdauern[8].

15 **Kosten,** die im Zusammenhang mit der Ausübung des Restmandats entstehen, hat nach der allgemeinen Kostenregelung des § 40 der ArbGeb des Ursprungsbetriebs zu tragen. Dies gilt auch für die Vergütung ausgefallener Arbeitszeit eines das Restmandat ausübenden BR-Mitglieds, das bereits bei einem anderen ArbGeb beschäftigt ist, da gegen den neuen ArbGeb nur ein Anspruch auf unbezahlte Freistellung entsprechend § 37 Abs. 2 besteht[9].

16 **Aufwendungen** eines BR, die während der Dauer seines Amtes gegenüber dem ArbGeb entstanden sind, aber vor einer vorzeitigen Beendigung der Amtszeit auf Grund der Auflösung der Arbeitsverhältnisse aller BR-Mitglieder nicht rechtzeitig geltend gemacht worden sind, gehören **nicht** zu den **Kosten des Restmandats,** sondern zu denen des **Vollmandats:** Der BR bleibt auch nach dem Ende seiner Amtszeit entsprechend §§ 22 BetrVG, 49 Abs. 2 BGB befugt, noch nicht erfüllte Kostenerstattungsansprüche gegen den ArbGeb weiterzuverfolgen und an den Gläubiger abzutreten[10] (vgl. § 24 Rz. 4 ff.).

17 **III. Verhältnis Restmandat – Übergangsmandat.** Sowohl bei der Spaltung als auch der Zusammenlegung ist ein **Nebeneinander von Restmandat und Übergangsmandat** möglich: Das Gesetz enthält keinen Hinweis darauf, dass das Restmandat nur dann subsidiär zur Anwendung kommen soll, wenn § 21a keine Anwendung findet[11]. Ein solches – gewolltes – Nebeneinander von Restmandat und Übergangsmandat erklärt sich auch aus den verschiedenen Zuständigkeitsbereichen: Das Restmandat ist **rückwärts gewandt** und richtet sich immer nur an den Inhaber des untergegangenen Betriebs, das Übergangsmandat erfasst den neuen Betrieb „vorgreiflich"[12].

---

1 BAG v. 12.1.2000 – 7 ABR 61/98, AP Nr. 5 zu § 24 BetrVG 1972 = NZA 2000, 669. | 2 BAG v. 14.11.1978 – 6 ABR 85/75, AP Nr. 6 zu § 59 KO. | 3 BAG v. 12.1.2000 – 7 ABR 61/98, AP Nr. 5 zu § 24 BetrVG 1972 = NZA 2000, 669. | 4 Vgl. HaKo/Düwell, § 21b Rz. 18; Richardi/Thüsing, § 21a BetrVG Rz. 13; Schubert, AuR 2003, 132. | 5 HM, vgl. BAG v. 12.1.2000 – 7 ABR 61/98, AP Nr. 5 zu § 24 BetrVG 1972 = NZA 2000, 669; Fitting, § 21b BetrVG Rz. 13; GK-BetrVG/Kreutz, § 21b Rz. 18; Richardi/Thüsing, § 21b BetrVG Rz. 11; aA Hanau, NJW 2001, 2515. | 6 BAG v. 12.1.2000 – 7 ABR 61/98, AP Nr. 5 zu § 24 BetrVG 1972 = NZA 2000, 669; v. 5.10.2000 – 1 AZR 48/00, AP Nr. 141 zu § 112 BetrVG 1972 = NZA 2001, 849. | 7 BAG v. 5.10.2000 – 1 AZR 48/00, AP Nr. 141 zu § 112 BetrVG 1972 = NZA 2001, 849; Fitting, § 21b BetrVG Rz. 19; GK-BetrVG/Kreutz, § 21b Rz. 19. | 8 HM, vgl. BAG v. 16.6.1987 – 1 AZR 528/85, AP Nr. 20 zu § 111 BetrVG 1972 = NZA 1987, 858; v. 27.8.1996 – 3 ABR 21/95, AP Nr. 4 zu § 83a ArbGG 1979 = NZA 1997, 623; v. 1.4.1998 – 10 ABR 17/97, AP Nr. 123 zu § 112 BetrVG 1972 = NZA 1998, 768; DKK/Buschmann, § 21b BetrVG Rz. 24; GK-BetrVG/Kreutz, § 21b Rz. 19 Löwisch/Schmidt-Kessel, BB 2001, 2165. | 9 Biebl, S. 61; ErfK/Eisemann, § 21b BetrVG Rz. 6; Fitting, § 21b BetrVG Rz. 20; im Ergebnis Richardi/Thüsing, § 21b BetrVG Rz. 14. | 10 BAG v. 24.10.2001 – 7 ABR 20/00, AP Nr. 71 zu § 40 BetrVG 1972 = NZA 2003, 53. | 11 Vgl. ErfK/Eisemann, § 21b BetrVG Rz. 3; Fitting, § 21b BetrVG Rz. 13; GK-BetrVG/Kreutz, § 21b Rz. 24; im Ergebnis auch HaKo-BetrVG/Düwell, § 21b Rz. 13 (vgl. aber Widerspruch in Rz. 6); Richardi/Thüsing, § 21b BetrVG Rz. 6 (aus Praktikabilitätserwägungen); aM Löwisch/Schmidt-Kessel, BB 2001, 2165, die verkennen, dass sich die „Erforderlichkeit" nur auf die Dauer („so lange") des Restmandats, nicht aber auf seinen Geltungsbereich bezieht. | 12 Fitting, § 21b BetrVG Rz. 13; GK-BetrVG/Kreutz, § 21b Rz. 25; Richardi/Thüsing, § 21b BetrVG Rz. 5.

IV. Streitigkeiten. Streitigkeiten über das Bestehen eines Restmandats und die damit verbundenen Befugnisse werden von den Arbeitsgerichten im **Beschlussverfahren** (§§ 2a Abs. 1 Nr. 1, Abs. 2. iVm. 80 ff. ArbGG) entschieden; sie können auch als Vorfrage Gegenstand eines Individualrechtsstreits im **Urteilsverfahren** sein. Beschlussverfahren über sonstige betriebsverfassungsrechtliche Streitigkeiten, die nicht die Regelungsmaterie des Restmandats betreffen, sind **einzustellen** (Rz. 11), da sie sich entweder mit der Betriebsstilllegung erledigt haben oder das Rechtsschutzinteresse fehlt[1].

22 Weiterführung der Geschäfte des Betriebsrats
In den Fällen des § 13 Abs. 2 Nr. 1 bis 3 führt der Betriebsrat die Geschäfte weiter, bis der neue Betriebsrat gewählt und das Wahlergebnis bekannt gegeben ist.

§ 22 idF des BetrVG 1972 (v. 15.1.1972, BGBl. I S. 13).

I. Inhalt und Zweck. Die Vorschrift möchte für die Fälle vorzeitiger Beendigung der Amtszeit wegen „Wegfalls der Geschäftsgrundlage" nach § 13 Abs. 2 (vgl. § 21 Rz. 9) die **Kontinuität** des BR sicherstellen, indem sie die Fortführung der Geschäfte bis zur Bekanntgabe des Wahlergebnisses anordnet. Einem ähnlichen Modell bei Umstrukturierung folgt jetzt § 21a. **Eigenständige** Bedeutung kommt der Norm aber nur für § 13 Abs. 2 Nr. 3 zu, weil der Fall des kollektiven Rücktritts des BR in § 21 Satz 5 nicht berücksichtigt wurde. Für die Fälle des § 13 Abs. 2 Nr. 1 und 2, dh. die wesentliche Veränderung der Belegschaftsstärke (§ 13 Rz. 8) und das Absinken der Zahl der BR-Mitglieder (§ 13 Rz. 9), ordnet dagegen bereits § 21 Satz 5 an, dass das Ende der Amtszeit erst mit der Bekanntgabe der Wahlergebnisses des neu gewählten BR eintritt. In diesen Fällen hat der alte BR also das **Vollmandat** bis zur Neuwahl inne und führt nicht bloß die Geschäfte iSd. § 22 weiter. Im Hinblick auf diese Fälle (§ 13 Abs. 2 Nr. 1 und 2) ist die Vorschrift daher lediglich „deklaratorischer" Natur.

Die Weiterführungsbefugnis nach § 22 ist eine **eng auszulegende** Ausnahmeregel. Grundsätzlich enden die Kompetenzen des BR mit seiner Amtszeit (§ 21 Rz. 5). Der Gesetzgeber nimmt es in zahlreichen Fällen hin, dass ein vorübergehender oder dauerhafter betriebsratsloser Zustand eintritt, zB wenn nach Ablauf der vierjährigen Amtszeit kein neuer BR gewählt wird oder alle BR-Mitglieder durch persönliche Niederlegung des Amts (§ 24 Nr. 2) aus ihrem Amt ausscheiden und Ersatzmitglieder nicht vorhanden sind[3]. Eine ausnahmsweise **analoge** Anwendung der Norm kommt allenfalls dann in Betracht, wenn der BR vorübergehend wegen zeitweiliger Verhinderung von BR-Mitgliedern beschlussunfähig ist und auch durch Ersatzmitglieder nicht vertreten werden kann. Hier gilt der Restbetriebsrat (zB im Anhörungsverfahren nach § 102 Abs. 2) als befugt, während der Zeit der Verhinderung die Geschäfte fortzuführen[4]. Außerdem möchte das BAG hinsichtlich der vermögensrechtlichen Ansprüche des BR, die bereits entstanden sind, dem nicht mehr amtierenden BR in **analoger** Anwendung von §§ 22 BetrVG, 49 Abs. 2 BGB die Aktivlegitimation hinsichtlich seiner noch nicht erfüllten Freistellungsansprüche zuerkennen. Er betont jedoch die sachliche Beschränkung dieser nachwirkenden Amtsbefugnis auf die **Abwicklung** der bei Beendigung der Amtszeit bestehenden vermögensrechtlichen Positionen des BR[5]. Voraussetzung dieser Analogie ist, dass es keinen neu gewählten BR als **Funktionsnachfolger** des vorausgegangenen Organs gibt, der dessen Ansprüche geltend machen könnte.

II. Inhalt der Geschäftsführungsbefugnis. Durch § 22 wird dem BR bei seiner Weiterführung der Geschäfte ein umfassendes **Vollmandat** erteilt, das keine Veränderung seiner Rechtsposition mit sich bringt. Ausschüsse bleiben bestehen, Freistellungen bleiben wirksam, sämtliche Mitwirkungs- und MitbestR können ausgeübt werden (einschließlich des Abschlusses von Betriebsvereinbarungen). Der einzige Unterschied gegenüber dem noch im Amt befindlichen BR ist darin zu sehen, dass der geschäftsführende BR unverzüglich den **Wahlvorstand** für die Durchführung der Neuwahl zu bestellen hat (vgl. § 16)[6]. Ansonsten gelten die Schutzvorschriften für Amtsträger auch in der Fortführungsphase nach § 22 (zB § 103 BetrVG, § 15 KSchG).

III. Beendigung des Amtes. Die Geschäftsführungsbefugnis endet mit Bekanntgabe des Wahlergebnisses des neugewählten BR (vgl. § 21 Rz. 2). Kommt eine Neuwahl nach § 13 Abs. 2 nicht zustande, führt der BR die Geschäfte weiter, jedoch nicht über den Zeitpunkt der regulären Vier-Jahres-Frist hinaus (vgl. § 21 Rz. 6).

IV. Streitigkeiten. Streitigkeiten über die Fortführungskompetenz des BR entscheiden die Arbeitsgerichte im **Beschlussverfahren** (§§ 2a Abs. 1 Nr. 1, Abs. 2 iVm. §§ 80 ff. ArbGG). Vgl. im Übrigen § 21 Rz. 16.

---

1 BAG v. 19.6.2001 – 1 ABR 48/00, AP Nr. 8 zu § 83a ArbGG 1979 = NZA 2002, 756; v. 14.8.2001 – 1 ABR 52/00, AP Nr. 1 zu § 21b BetrVG 1972 = NZA 2002, 109. | 2 Ähnlich HaKo-BetrVG/*Düwell*, § 22 Rz. 2; GK-BetrVG/*Kreutz*, § 22 Rz. 9. | 3 Vgl. BAG v. 24.10.2001 – 7 ABR 20/00, AP Nr. 71 zu § 40 BetrVG 1972; ferner GK-BetrVG/*Kreutz*, § 22 Rz. 14. | 4 BAG v. 18.8.1982 – 7 AZR 437/80, BAGE 40, 42 = AP Nr. 24 zu § 102 BetrVG 1972. | 5 BAG v. 24.10.2001 – 7 ABR 20/00, AP Nr. 71 zu § 40 BetrVG 1972. | 6 GK-BetrVG/*Kreutz*, § 22 Rz. 18.

23 Verletzung gesetzlicher Pflichten

(1) Mindestens ein Viertel der wahlberechtigten Arbeitnehmer, der Arbeitgeber oder eine im Betrieb vertretene Gewerkschaft können beim Arbeitsgericht den Ausschluss eines Mitglieds aus dem Betriebsrat oder die Auflösung des Betriebsrats wegen grober Verletzung seiner gesetzlichen Pflichten beantragen. Der Ausschluss eines Mitglieds kann auch vom Betriebsrat beantragt werden.

(2) Wird der Betriebsrat aufgelöst, so setzt das Arbeitsgericht unverzüglich einen Wahlvorstand für die Neuwahl ein. § 16 Abs. 2 gilt entsprechend.

(3) Der Betriebsrat oder eine im Betrieb vertretene Gewerkschaft können bei groben Verstößen des Arbeitgebers gegen seine Verpflichtungen aus diesem Gesetz beim Arbeitsgericht beantragen, dem Arbeitgeber aufzugeben, eine Handlung zu unterlassen, die Vornahme einer Handlung zu dulden oder eine Handlung vorzunehmen. Handelt der Arbeitgeber der ihm durch rechtskräftige gerichtliche Entscheidung auferlegten Verpflichtung zuwider, eine Handlung zu unterlassen oder die Vornahme einer Handlung zu dulden, so ist er auf Antrag vom Arbeitsgericht wegen einer jeden Zuwiderhandlung nach vorheriger Androhung zu einem Ordnungsgeld zu verurteilen. Führt der Arbeitgeber die ihm durch eine rechtskräftige gerichtliche Entscheidung auferlegte Handlung nicht durch, so ist auf Antrag vom Arbeitsgericht zu erkennen, dass er zur Vornahme der Handlung durch Zwangsgeld anzuhalten sei. Antragsberechtigt sind der Betriebsrat oder eine im Betrieb vertretene Gewerkschaft. Das Höchstmaß des Ordnungsgeldes und Zwangsgeldes beträgt 10.000 Euro.

§ 23 idF des BetrVG 1972 (v. 15.1.1972, BGBl. I S. 13), Abs. 3 Satz 5 mit Wirkung vom 1.1.2002 geändert durch Art. 28 Nr. 1 des 4. Euro-EinführungsG v. 21.12.2000 (BGBl. I S. 1983).

I. Inhalt und Zweck 1	IV. Zwangsverfahren gegen den Arbeitgeber (Abs. 3) 27
II. Ausschluss eines Betriebsratsmitglieds (Abs. 1 Fall 1) 4	1. Stellung im Anspruchs- und Sanktionensystem 28
1. Voraussetzungen 4	2. Voraussetzungen der Sanktionen (Satz 1) . . . 30
a) Gesetzliche Pflichten 5	a) Gesetzliche Pflichten 30
b) Grobe Pflichtverletzung 7	b) Grober Verstoß 31
c) Kein Verschulden 8	c) Einzelfälle 33
d) Betriebsverfassungsrechtliche Abmahnung . . 9	3. Erkenntnisverfahren (Satz 1) 34
e) Zeitpunkt der Pflichtverletzung 10	4. Vollstreckungsverfahren (Sätze 2–5) 37
f) Ausschluss eines Ersatzmitglieds . . . 11	a) Verpflichtung zur Unterlassung oder Duldung einer Handlung (Satz 2) 38
g) Einzelfälle 12	b) Verpflichtung zur Vornahme einer Handlung (Satz 3) 40
2. Verfahren 13	c) Rechtsmittel, Vollstreckung 42
3. Wirkungen des Ausschlusses 17	
III. Auflösung des Betriebsrats (Abs. 1 Fall 2) . . 18	
1. Besonderheiten der kollektiven Auflösung . . 18	
2. Verfahren 21	
3. Wirkungen der Auflösung 24	
4. Neuwahl des Betriebsrats (Abs. 2) 25	

Lit.: *Dütz*, Verfahrensrecht der Betriebsverfassung, AuR 1973, 353; *Fischer*, Das Arbeitsrecht als Arbeitsbeschaffungsprogramm – Oder: Wie kann die Überlastung der Arbeitsgerichte noch gesteigert werden?, NZA 1996, 633; *Kania*, Die betriebsverfassungsrechtliche Abmahnung, DB 1996, 374; *Kania*, Die „betriebsverfassungsrechtliche Abmahnung" – warum nicht?, NZA 1996, 970; *Konzen*, Betriebsverfassungsrechtliche Leistungspflichten des Arbeitgebers, 1984; *Lobinger*, Zur Dogmatik des sog. allgemeinen betriebsverfassungsrechtlichen Unterlassungsanspruchs, ZfA 2004, Heft 1; *Raab*, Negatorischer Rechtsschutz des Betriebsrats gegen mitbestimmungswidrige Maßnahmen, 1993; *Raab*, Der Unterlassungsanspruch des Betriebsrats, ZfA 1997, 183; *Richardi*, Kehrtwende des BAG zum betriebsverfassungsrechtlichen Unterlassungsanspruch des Betriebsrats, NZA 1995, 8; *Walker*, Der einstweilige Rechtsschutz im Zivilprozess und im arbeitsgerichtlichen Verfahren, 1993.

1 I. Inhalt und Zweck. Die vom BetrVerf-Reformgesetz nicht veränderte Vorschrift regelt **Sanktionsmöglichkeiten** bei **groben** Verstößen der Betriebspartner gegen die objektive betriebsverfassungsrechtliche Ordnung. Solche Pflichtverletzungen entweder durch den BR bzw. eines seiner Mitglieder oder durch den ArbGeb begründen die Vermutung, dass auch künftig mit weiteren Pflichtverletzungen zu rechnen sein wird, und erfordern **präventiv wirkende** Sanktionen. Abs. 1 ermöglicht deshalb die **Auflösung des BR** bzw. den Ausschluss eines seiner Mitglieder, während Abs. 3 grobe Verstöße des **ArbGeb** sanktioniert. Weil ein Austausch des ArbGeb nicht möglich ist, soll mit den Sanktionen Ordnungs- und Zwangsgeld ein pflichtgemäßes Verhalten des ArbGeb für die Zukunft erzwungen werden. Abs. 2 ergänzt § 16 Abs. 2, indem er dem ArbG aufgibt, mit der Auflösungsentscheidung „unverzüglich" den Wahlvorstand für Neuwahlen einzusetzen (vgl. auch § 13 Abs. 2 Nr. 5). Verfahren nach § 23 Abs. 1 beschäftigen die Rspr. heute deutlich seltener als solche nach § 23 Abs. 3 gegen den ArbGeb.

2 Zweck der Norm ist nach heute hM die Gewährleistung eines **Mindestmaßes** gesetzmäßiger Amtsausübung des BR und gesetzmäßigen Verhaltens des ArbGeb, was im Ergebnis auch die **Funktionsfähigkeit** der Betriebsverfassung sichert[1]. Zwar erinnert der Wortlaut der Vorschrift an disziplinar- und straf-

---

[1] HM, vgl. nur *Fitting*, § 23 BetrVG Rz. 51; GK-BetrVG/*Oetker*, § 23 Rz. 10, 122; MünchArbR/*Joost*, § 310 Rz. 2.

rechtliche Vorschriften. Ihre systematische Stellung außerhalb des Abschnitts über Straf- und Bußgeldvorschriften sowie die Art der angeordneten Sanktionen sprechen jedoch gegen repressive Zwecke der Sanktionierung individuell pflichtwidrigen Verhaltens[1]; vielmehr sollen sie für die Zukunft pflichtwidriges Verhalten durch **präventive Maßnahmen** verhindern[2]. Einem Ausschlussverfahren gegen ein BR-Mitglied fehlt deshalb das Rechtsschutzinteresse, wenn dessen Amtszeit abgelaufen ist, selbst dann, wenn es wiedergewählt wurde[3]. Rechtsdogmatisch liegt, wie noch auszuführen ist (Rz. 29), jeweils die Analogie zum **Unterlassungsanspruch** nach § 1004 Abs. 1 Satz 2 BGB nahe.

Die Regelung des § 23 Abs. 1 ist **abschließend** und **zwingend**. Der Ausschluss aus dem BR bzw. die Auflösung des BR können nur durch **arbeitsgerichtlichen** Beschluss, nicht etwa durch eine Mehrheitsentscheidung des BR oder durch Mehrheitsbeschluss der Betriebsversammlung erfolgen. Der BR nimmt kein imperatives Mandat, sondern ein Repräsentativmandat wahr[4].

II. Ausschluss eines BR-Mitglieds (Abs. 1 Fall 1). 1. Voraussetzungen. Die Amtsenthebung setzt einen groben Verstoß des BR-Mitglieds gegen seine gesetzlichen Pflichten voraus, Abs. 1 Satz 1. Dabei muss strikt zwischen seiner Stellung als **Amtsträger** und als **ArbN** unterschieden werden. Die bloße Verletzung einer arbeitsvertraglichen Pflicht mag eine individualrechtliche Abmahnung rechtfertigen, ist aber kein Grund für eine Amtsenthebung nach Abs. 1 (Rz. 6)[5].

a) Gesetzliche Pflichten. Gesetzliche Pflichten sind sämtliche **Amtspflichten**, die sich aus der (aktuellen) Stellung als BR-Mitglied ergeben. Hierzu zählen alle sich aus dem BetrVG ergebenden Pflichten, dh. die sich hieraus ausdrücklich ergebenden **Gebote** und **Verbote**, zB die nach § 74 Abs. 2 Satz 3 zu unterlassende parteipolitische Betätigung oder die nach § 79 Abs. 1 Satz 1 bestehende Geheimhaltungspflicht in Bezug auf – ausdrücklich als geheimhaltungsbedürftig bezeichnete – Betriebs- und Geschäftsgeheimnisse[6]. Die verletzte Pflicht kann sich auch als Vernachlässigung gesetzlicher Befugnisse nach BetrVG oder tariflicher Pflichten darstellen oder sich aus anderen Gesetzen, zB im Arbeits- oder Behindertenschutz, ergeben, muss aber immer im Zusammenhang mit dem **Amt** als BR-Mitglied stehen. Maßgeblich hierfür ist der Aufgabenbereich des **konkreten** BR-Mitglieds, der sich zB für den Vorsitzenden (§ 26) anders darstellt als für ein Ausschussmitglied (§§ 27, 28).

Umstritten ist die Rechtslage, wenn durch das Verhalten des BR-Mitglieds sowohl Amts- als auch Vertragspflichten verletzt werden, zB wenn seine Teilnahme an der Schulungsmaßnahme nicht erforderlich war und dies bei sorgfältiger objektiver Prüfung für jeden Dritten ohne weiteres erkennbar war[7]. Die hierauf ausgesprochene individual-rechtliche **Abmahnung** wegen Arbeitsverweigerung aufgrund einer nicht nach § 37 Abs. 6 BetrVG erforderlichen Schulungsteilnahme wurde vom BAG zwar gebilligt, doch wäre umgekehrt eine Amtsenthebung als insoweit unverhältnismäßige Sanktion (schon tatbestandlich) nicht in Frage gekommen. Wenn und soweit daher Sanktionen auf **beiden Ebenen** in Betracht gezogen werden können, muss nach dem Verhältnismäßigkeitsprinzip die Stufenfolge (1) Abmahnung, (2) betriebsverfassungsrechtliche Abmahnung (str., vgl. Rz. 9)[8], (3) Amtsenthebung nach § 23 Abs. 1 und (4) Kündigung nach § 626 BGB genau beachtet werden, auch deshalb, weil eine Benachteiligung des BR **wegen seiner Amtsausübung** nach § 78 Satz 2 **unzulässig** ist. Einer fristlosen Kündigung (auch) wegen Amtspflichtverletzung muss idR die Amtsenthebung vorgezogen werden, womit die BR-Mitglieder insoweit gegenüber anderen ArbN privilegiert werden[9]. Unbenommen bleibt jedoch immer eine Abwägung nach Maßgabe der schwerpunktmäßigen Störungsursache im Vertrags- oder im Amtsverhalten.

b) Grobe Pflichtverletzung. Voraussetzung der Amtsenthebung ist eine **grobe** Verletzung der gesetzlichen Pflichten. Mit diesem unbestimmten Rechtsbegriff, der den Tatsacheninstanzen einen Beurteilungsspielraum ermöglicht, wird der weite Tatbestand der Pflichtverletzung (Rz. 5) deutlich eingeschränkt. Das BAG hat einen groben Verstoß zunächst schon angenommen, „wenn der Auszuschließende durch ein ihm anrechenbares Verhalten die Funktionsfähigkeit des BR ernstlich bedroht oder lahm gelegt hat"[10]. Hiergegen bestehen **Bedenken**, weil die Bedrohung der Funktionsfähigkeit oder die Lahmlegung des BR auch auf der legitimen Wahrnehmung von Interessen durch einzelne BR-Mitglieder beruhen kann. Ein heftig geführter Streit ist noch kein Grund für den Ausschluss einzelner BR-Mitglieder[11]. Eine grobe Pflichtverletzung liegt vielmehr erst dann vor, wenn sie **objektiv erheblich und offensichtlich schwerwiegend** gegen

---

1 Zutr. GK-BetrVG/*Oetker*, § 23 Rz. 10; HaKo-BetrVG/*Düwell*, § 23 Rz. 5. | 2 Die grobe Pflichtverletzung ist nicht Grund, sondern *Anlass* der gerichtlichen Maßnahme, vgl. *Lobinger*, ZfA 2004, Heft 1 (unter II 3a (3)). | 3 BAG v. 29.4.1969 – 1 ABR 19/68, AP Nr. 9 zu § 23 BetrVG (abl. Anm. *Dietz*); aA zB GK-BetrVG/*Oetker*, § 23 Rz. 81 wegen der möglichen fortwirkenden Beeinträchtigung. | 4 HM, vgl. nur *Fitting*, § 23 BetrVG Rz. 5; Richardi/*Richardi*/*Thüsing*, § 23 BetrVG Rz. 5. | 5 Ganz hM, vgl. *Fitting*, § 23 BetrVG Rz. 21; GK-BetrVG/*Oetker*, § 23 Rz. 20; *Löwisch*/*Kaiser*, § 23 BetrVG Rz. 3; MünchArbR/*Joost*, § 310 Rz. 4. | 6 Weitere Beispiele bei HaKo-BetrVG/*Düwell*, § 23 Rz. 7-11; MünchArbR/*Joost*, § 310 Rz. 6; Richardi/*Richardi*/*Thüsing*, § 23 BetrVG Rz. 14-18. | 7 BAG v. 10.11.1993 – 7 AZR 682/92, AP Nr. 4 zu § 78 BetrVG 1972 = NZA 1994, 500. | 8 Zur Problematik vgl. nur GK-BetrVG/*Oetker*, § 23 Rz. 45; HaKo-BetrVG/*Düwell*, § 23 Rz. 15. | 9 Ähnlich MünchArbR/*Joost*, § 310 Rz. 5; GK-BetrVG/*Oetker*, § 23 Rz. 26 ff.; Richardi/*Richardi*/*Thüsing*, § 23 BetrVG Rz. 21 ff. | 10 BAG v. 5.9.1967 – 1 ABR 1/67, BAGE 20, 56 (63) = AP Nr. 8 zu § 23 BetrVG (Anm. *Galperin*). | 11 Zutr. Richardi/*Richardi*/*Thüsing*, § 23 BetrVG Rz. 10; MünchArbR/*Joost*, § 310 Rz. 7.

den Zweck des Gesetzes verstößt[1]. Entscheidend ist die Zukunftsprognose, dass die konkrete Pflichtverletzung unter Berücksichtigung aller Umstände, insb. der betrieblichen Gegebenheiten, des Anlasses und der Persönlichkeit des BR-Mitglieds so erheblich ist, das es für die weitere Amtsausübung **untragbar** erscheint[2]. Diese Voraussetzungen können bereits bei einem einmaligen Verstoß gegeben sein, jedoch stellen auch wiederholte, für sich genommen noch nicht grobe Verstöße möglicherweise in der Summe einen groben Verstoß dar, jedenfalls dann, wenn eine betriebsverfassungsrechtliche Abmahnung erfolgt ist (Rz. 9).

8   c) **Kein Verschulden.** Ob die grobe Pflichtverletzung schuldhaft begangen sein muss, ist **sehr umstritten**[3]. Dagegen spricht der Normzweck des § 23 (Rz. 2) dafür, dass die Rechtsfolge das einzelne BR-Mitglied unabhängig vom Zweck der Norm auch persönlich trifft. Das BAG verlangt nur ein dem BR-Mitglied **zurechenbares** Verhalten, geht also davon aus, dass Verschulden keine notwendige Voraussetzung der Amtsenthebung ist[4]. Dem ist schon wegen des Gleichlaufs von Amtsenthebung einzelner BR-Mitglieder und Amtsenthebung des ganzen Gremiums wie auch mit der Sanktion gegen den ArbGeb (Abs. 3) zuzustimmen (Rz. 20). Die Befürchtung, dass einzelne Organmitglieder dadurch zu leicht ihres Amtes enthoben werden könnten, ist bei sachgerechter Auslegung des „groben" Pflichtenverstoßes kaum berechtigt. Dem Wortlaut ist klar zu entnehmen, dass **grob** die **Pflichtverletzung** selbst sein muss, nicht etwa das auf die Verletzung bezogene Verschulden. Die Norm möchte keine Disziplinierung, sondern eine funktionsfähige Betriebsverfassung sichern (Rz. 2); eine Analogie zu § 1004 BGB liegt hier ebenso wie bei Abs. 3 zur Sicherung der objektiven betriebsverfassungsrechtlichen Ordnung nahe[5].

9   d) **Betriebsverfassungsrechtliche Abmahnung.** Auch wenn es nicht um persönlich vorwerfbares Verhalten geht, kann dennoch eine **betriebsverfassungsrechtliche** Abmahnung notwendig sein[6]. Dabei muss der ArbGeb zunächst jede Verwechslung mit einer **Abmahnung kraft Arbeitsvertrags** ausschließen und die drohende Amtsenthebung betonen (vgl. Rz. 6). Eine solche untersteht nach § 23 Abs. 1 jedenfalls insoweit dem Verhältnismäßigkeitsgrundsatz, als auch die „grobe" Amtspflichtverletzung sich der Natur der Sache nach erst aus einer Kette leichterer Verfehlungen entwickeln kann (Rz. 7). Warum insoweit erst ein **beharrliches** Zuwiderhandeln abgewartet werden muss, um sogleich den Antrag nach Abs. 1 zu stellen, und nicht zugunsten des amtierenden BR(-Mitglieds) eine Verhaltensänderung kraft Abmahnung versucht werden können sollte, lässt sich allein mit Blick auf den Wortlaut kaum begründen[7]. Im Gegenteil ergibt sich eine solche Befugnis aus § 2 und dem daraus folgenden sog. „Betriebsverhältnis" der Betriebspartner[8]. Sie entspricht auch der allgemeinen Dogmatik des Unterlassungsanspruchs, wonach die Wiederholungsgefahr schon durch Abmahnung ausgeräumt werden kann[9]. Einzuräumen ist der hM jedoch, dass eine Abmahnung **nicht eine notwendige** Voraussetzung des Antrags nach Abs. 1 sein darf, weil eine solche Einschränkung in der Tat dem Gesetz zu entnehmen sein müsste. Abmahnungsbefugt sind die nach Abs. 1 Antragsberechtigten (Rz. 13).

10 e) **Zeitpunkt der Pflichtverletzung.** Nach einer umstrittenen Entscheidung des BAG[10] soll ein Ausschlussverfahren nur wegen Pflichtverletzungen in der **aktuellen** Amtsperiode des BR eingeleitet werden können (Rz. 2). Zwar ergibt sich aus dem Normzweck, dass grundsätzlich nur „aktuelle" Pflichtverletzungen die Zugehörigkeit zum amtierenden BR belasten können. Doch kann daraus nicht die starre Ablehnung der Berücksichtigung von **früheren Pflichtverletzungen** folgen, jedenfalls dann nicht, wenn diese ausnahmsweise (bei Wiederwahl) die Zugehörigkeit zum amtierenden BR weiterhin belasten. Wirkt die frühere Pflichtverletzung also fort, etwa weil die Pflichtverletzung ganz gravierend war oder erst später entdeckt wurde (zB Verstoß gegen Geheimhaltung, § 79), muss folglich ein Antrag nach Abs. 1 wegen Untragbarkeit der weiteren Amtsführung auch in der Folgeperiode noch möglich bleiben[11]. Ein grober Verstoß wird nicht dadurch geheilt, dass die Mehrheit der Belegschaft ihn kraft Wiederwahl billigt.

---

1 HM, vgl. BAG v. 22.6.1993 – 1 ABR 62/92, BAGE 73, 291 = AP Nr. 22 zu § 23 BetrVG 1972; *Fitting*, § 23 BetrVG Rz. 16; GK-BetrVG/*Oetker*, § 23 Rz. 35. | 2 So vor allem DKK/*Trittin*, § 23 BetrVG Rz. 12; ErfK/*Eisemann*, § 23 BetrVG Rz. 4; GK-BetrVG/*Oetker*, § 23 Rz. 35 in Anlehnung an BAG v. 22.6.1993 – 1 ABR 62/92, BAGE 73, 291 = AP Nr. 22 zu § 23 BetrVG 1972. | 3 Gegen das Verschuldenserfordernis zB GK-BetrVG/*Oetker*, § 23 Rz. 37; Ha-Ko-BetrVG/*Düwell*, § 23 Rz. 13; MünchArbR/*Joost*, § 310 Rz. 12; dafür zB DKK/*Trittin*, § 23 BetrVG Rz. 13; ErfK/*Eisemann*, § 23 BetrVG Rz. 4; *Fitting*, § 23 BetrVG Rz. 16; *Löwisch/Kaiser*, § 23 BetrVG Rz. 2; Richardi/*Richardi/Thüsing*, § 23 BetrVG Rz. 28. | 4 BAG v. 5.9.1967 – 1 ABR 1/67, BAGE 20, 56 = AP Nr. 8 zu § 23 BetrVG; v. 22.6.1993 – 1 ABR 62/92, BAGE 73, 291 = AP Nr. 22 zu § 23 BetrVG 1972. | 5 Vgl. BAG v. 18.4.1985 – 6 ABR 19/84, BAGE 48, 246 (252) = AP Nr. 5 zu § 23 BetrVG 1972 (abl. Anm. *v. Hoyningen-Huene*): „eigenständiger Unterlassungsanspruch". | 6 Sehr str., dagegen zB *Fischer*, NZA 1996, 633; *Fitting*, § 23 BetrVG Rz. 17a; GK-BetrVG/*Oetker*, § 23 Rz. 36; MünchArbR/*Joost*, § 310 Rz. 8; dafür zB DKK/*Trittin*, § 23 BetrVG Rz. 45; HaKo-BetrVG/*Düwell*, § 23 Rz. 15; *Kania*, NZA 1996, 970; *Kania*, DB 1996, 374; vermittelnd ErfK/*Eisemann*, § 23 BetrVG Rz. 4. | 7 So etwa ArbG Hildesheim v. 1.3.1996 – 1 BV 10/95, AuR 1997, 336; aA LAG Düsseldorf v. 23.2.1993 – 8 TaBV 245/92, DB 1993, 2604. | 8 Zum „Betriebsverhältnis" vgl. MünchArbR/*v. Hoyningen-Huene*, § 300 Rz. 1 ff., insb. Rz. 11 ff. Ähnlich wie hier auch HaKo-BetrVG/*Düwell*, § 23 Rz. 15. | 9 Hierzu ArbG Marburg v. 28.5.1999 – 2 BV 4/99, NZA-RR 2001, 94: keine konkrete Wiederholungsgefahr bei „tätiger Reue" des fehlerhaft handelnden BR-Mitglieds. | 10 BAG v. 29.4.1969 – 1 ABR 19/68, AP Nr. 9 zu § 23 BetrVG (abl. Anm. *Dietz*). | 11 So auch ErfK/*Eisemann*, § 23 BetrVG Rz. 9; GK-BetrVG/*Oetker*, § 23 Rz. 43 f., 80 f.; Richardi/*Richardi/Thüsing*, § 23 BetrVG Rz. 26; aA *Fitting*, § 23 BetrVG Rz. 25; MünchArbR/*Joost*, § 310 Rz. 10; *Löwisch/Kaiser*, § 23 BetrVG Rz. 4.

f) Ausschluss eines Ersatzmitglieds. Sobald ein Ersatzmitglied in den BR nachgerückt ist, gilt das Rz. 10 Ausgeführte entsprechend. Hat ein Ersatzmitglied ein BR-Mitglied **zeitweilig vertreten** und während dieser Zeit eine grobe Pflichtverletzung begangen, so ist ein Amtsenthebungsverfahren auch nach Ablauf des Vertretungszeitraums noch zulässig. So kann verhindert werden, dass das Ersatzmitglied erneut in den BR nachrückt, § 23 Abs. 1 ist **entsprechend** anwendbar (hM)[1]. 11

g) Einzelfälle. Eine rechtssichere Beurteilung von „an sich" **groben Verstößen** anhand von vorentschiedenen Einzelfällen verbietet sich. Die aktuelle instanzgerichtliche Rspr. berücksichtigt bei ihrer Prognose in Bezug auf die **Untragbarkeit** der weiteren Amtsführung (Rz. 7) zunehmend auch entlastende Momente, zB bei „tätiger Reue"[2]. Auf die Aufzählung von Einzelfallentscheidungen kann vor allem wegen ihres meist älteren Datums hier verzichtet werden. Schwerpunkte sind Verstöße gegen §§ 74, 75, 79[3]. 12

2. Verfahren. Für das Verfahren der Amtsenthebung ist nach § 23 Abs. 1 allein das **ArbG** im Beschlussverfahren (§ 2a Abs. 1 Nr. 1, Abs. 2 iVm. §§ 80 ff. ArbGG) zuständig. Das Verfahren wird nicht von Amts wegen, sondern nur **auf Antrag** der in § 23 Abs. 1 genannten Antragsberechtigten eingeleitet, dh. eines Viertels der wahlberechtigten ArbN, jeder im Betrieb vertretenen Gewerkschaft, des BR oder des ArbGeb. Der Antrag des **BR** nach Satz 2 setzt einen Beschluss nach § 33 voraus, bei dem das Mitglied, dessen Ausschluss betrieben werden soll, nicht stimmberechtigt ist und auch nicht teilnehmen kann; an seine Stelle tritt ein Ersatzmitglied[4] (vgl. § 33 Rz. 13). 13

Der Antrag ist schriftlich und von den Antragsberechtigten unterschrieben beim örtlich zuständigen ArbG einzureichen oder bei dessen Geschäftsstelle mündlich zur Niederschrift anzubringen. Antragsgegner ist das BR-Mitglied, dessen Amtsenthebung beantragt wird. **Der Antrag ist zu begründen.** Er muss hinreichend konkret die Tatsachen benennen, die die grobe Pflichtverletzung des BR-Mitglieds begründen sollen, weil dadurch der Streitgegenstand festgelegt wird[5]. Die **Rücknahme** des Antrags ist in 1. Instanz einseitig zulässig, vgl. § 81 Abs. 2 ArbGG[6], in den Rechtsmittelinstanzen nur mit Zustimmung der anderen Beteiligten, vgl. § 87 Abs. 2 Satz 3 ArbGG. Der Antrag auf Ersetzung der Zustimmung zur außerordentlichen Kündigung, der Antrag auf Auflösung des BR und eine Wahlanfechtung können mit dem Antrag auf Amtsenthebung **verbunden** werden[7]. 14

Scheidet das BR-Mitglied, dessen Amtsenthebung beantragt wird, aus dem BR **aus**, so ist der Antrag, falls er überhaupt noch aufrecht erhalten wird, nach hM als unzulässig[8], nach aA als unbegründet[9] abzuweisen, weil eine Amtsenthebung nicht mehr in Betracht kommt. Sinnvollerweise ist das Verfahren in einem solchen Fall aber von den Beteiligten übereinstimmend für **erledigt** zu erklären, vgl. § 83a ArbGG. **Anders** ist zu entscheiden, wenn das auszuschließende BR-Mitglied wieder in den BR gewählt wird, der Antrag bleibt dann zulässig (str., vgl. Nachw. oben Rz. 10). Das Rechtsschutzinteresse entfällt auch dann nicht, wenn der BR kollektiv nach § 13 Abs. 1 Nr. 3 seinen Rücktritt erklärt, weil er dann nach § 22 noch die Geschäfte fortführt. 15

Ist bei **besonders schweren** Amtspflichtverletzungen die gesetzmäßige Amtsausübung durch das BR-Mitglied nicht mehr gewährleistet, kann das ArbG im Beschlussverfahren durch **einstweilige Verfügung** die weitere Amtsausübung bis zur rechtskräftigen Entscheidung untersagen[10]. 16

3. Wirkungen des Ausschlusses. Erst mit **Rechtskraft** des Beschlusses verliert das ausgeschlossene BR-Mitglied sein Amt, § 24 Nr. 5 (vgl. § 24 Rz. 10). Zugleich rückt ein **Ersatzmitglied** in den BR nach. Hatte das ausgeschlossene Mitglied im BR weitere Funktionen und Ämter inne, werden diese vom Ersatzmitglied nicht „automatisch" übernommen. Der Ausschluss aus dem BR lässt das Arbeitsverhältnis zwar unberührt, jedoch verliert das ausgeschlossene BR-Mitglied den besonderen Kündigungsschutz einschließlich des nachwirkenden besonderen Kündigungsschutzes, vgl. § 15 Abs. 1 Satz 2 KSchG (dazu § 24 Rz. 13). Die **Wiederwahl** auch des ausgeschlossenen BR-Mitglieds ist grundsätzlich zulässig (hM)[11]; denn die Vorschrift des § 8 Abs. 1 enthält als „negative" Tatbestandsvoraussetzung nicht etwa eine vorausgegangene Amtsenthebung. Das gilt nach hM selbst dann, wenn durch „solidarischen" Rücktritt des BR nach § 13 Abs. 2 Nr. 3 aus Anlass des Ausschlusses Neuwahlen ermöglicht werden, die zur Wiederwahl des Ausgeschlossenen führen. 17

III. Auflösung des BR (Abs. 1 Fall 2). 1. Besonderheiten der kollektiven Auflösung. Die Tatbestandsvoraussetzungen der Auflösung des BR sind grundsätzlich mit denen des Ausschlusses eines Mitglieds 18

---

1 HM, vgl. nur *Fitting*, § 23 BetrVG Rz. 30; GK-BetrVG/*Oetker*, § 23 Rz. 59. |2 Vgl. ArbG Marburg v. 28.5.1999 – 2 BV 4/99, NZA-RR 2001, 94: keine konkrete Wiederholungsgefahr bei „tätiger Reue" des fehlerhaft handelnden BR-Mitglieds. |3 Vgl. die Auflistung zB bei *Fitting*, § 23 BetrVG Rz. 19 ff.; GK-BetrVG/*Oetker*, § 23 Rz. 46 ff. |4 HM, vgl. BAG v. 3.8.1999 – 1 ABR 30/98, AP Nr. 7 zu § 25 BetrVG 1972 sowie ErfK/*Eisemann*, § 23 BetrVG Rz. 13; *Fitting*, § 23 BetrVG Rz. 13; GK-BetrVG/*Oetker*, § 23 Rz. 68; aA *Richardi/Richardi/Thüsing*, § 23 BetrVG Rz. 36: nur Stimmverbot, aber Teilnahmerecht. |5 HM, vgl. DKK/*Trittin*, § 23 BetrVG Rz. 21; GK-BetrVG/*Oetker*, § 23 Rz. 70. |6 BAG v. 12.2.1985 – 1 ABR 11/84, AP Nr. 27 zu § 76 BetrVG 1972. |7 Vgl. *Fitting*, § 14 BetrVG Rz. 22; GK-BetrVG/*Oetker*, § 23 Rz. 72 ff. |8 So zB *Fitting*, § 23 BetrVG Rz. 29; GK-BetrVG/*Oetker*, § 23 Rz. 78; MünchArbR/*Joost*, § 310 Rz. 16. |9 So zB *Richardi/Thüsing*, § 23 BetrVG Rz. 41, an die hM angepasst aber in Rz. 42. |10 Vgl. nur GK-BetrVG/*Oetker*, § 23 Rz. 82; MünchArbR/*Joost*, § 310 Rz. 17. |11 Vgl. nur *Fitting*, § 23 BetrVG Rz. 28; GK-BetrVG/*Oetker*, § 23 Rz. 91 ff.; Richardi/*Richardi/Thüsing*, § 23 BetrVG Rz. 50.

des BR **identisch**, vgl. Abs. 1 Satz 1. Es bedarf einer groben **kollektiven** Pflichtverletzung des BR **als Organ**, was insb. bei Vernachlässigung seiner gesetzlichen Aufgaben und Befugnisse in Betracht kommt, vgl. etwa §§ 16, 26, 27, 43, 47, 74 Abs. 2[1]. Die Verletzung typischerweise dem einzelnen BR-Mitglied obliegender Amtspflichten wie Verschwiegenheit oder parteipolitische Neutralität (Rz. 5) führen nur dann zum **Auflösungsverfahren**, wenn sie dem BR als Organ kraft Beschlusses nach § 33 **zurechenbar** sind. Nicht erforderlich ist bei einem solchen amtspflichtverletzenden Beschluss, dass alle oder die meisten Mitglieder dem zugestimmt hatten; die einfache Mehrheit genügt, § 33 Abs. 1 Satz 1[2].

19 Bei der Prüfung der **groben** kollektiven Verletzung seiner gesetzlichen Pflichten (Rz. 7) muss beachtet werden, dass die Auflösung des BR eine besonders **einschneidende** Sanktion ist: Werden Mitglieder ausgeschlossen, rücken Ersatzmitglieder nach, § 25 Abs. 1. Wird der BR aufgelöst, ist dagegen die Amtszeit sämtlicher BR-Mitglieder einschließlich aller Ersatzmitglieder beendet, § 13 Abs. 2 Nr. 5, und setzt das Gericht unverzüglich einen Wahlvorstand für die Neuwahl ein, Abs. 2. Es tritt eine betriebsratslose Zeit ein. Das BAG hat deshalb betont, dass zB der Verstoß gegen den Tarifvorrang (§ 77 Abs. 3) **nicht** ohne weiteres als **grob** bezeichnet werden könne, wenn infolge eines „unübersichtlichen Tarifwerks" nur schwer erkennbar sei, dass die abgeschlossene BV gegen den TV verstoße. Ein **grober Verstoß** komme erst in Betracht, wenn „unter Berücksichtigung aller Umstände die weitere Amtsausübung des BR untragbar erscheint" (Rz. 7)[3].

20 Da nur einzelne Personen, nicht aber Gremien als solche „**schuldhaft**" handeln können, leuchtet es sofort ein, dass ein Verschulden des BR nicht Voraussetzung für dessen Auflösung sein kann. Diese ganz hM für den Fall der Auflösung muss konsequenterweise auch für den Fall der Ausschließung gelten (vgl. Rz. 8 mwN).

21 **2. Verfahren.** Für das Verfahren zur Auflösung des BR nach § 23 Abs. 1 gelten grundsätzlich die oben Rz. 13 ff. gemachten Anmerkungen. Der BR kann aber nicht seine Selbstauflösung beantragen, vgl. Abs. 1 Satz 2. Doch können als „wahlberechtigte Arbeitnehmer" auch BR-Mitglieder den Antrag stellen, soweit sie zusammen mit anderen ArbN „ein Viertel" der Belegschaft stellen. Der Antrag ist auf „**Auflösung**" des BR zu richten, Antragsgegner ist der BR.

22 Der BR kann dem Auflösungsantrag nicht durch einen **Rücktrittsbeschluss** nach § 13 Abs. 2 Nr. 3 den Boden entziehen, weil er ja dennoch nach § 22 die Geschäfte weiterführen muss, bis der neue BR gewählt ist (hM)[4]. Legen dagegen alle BR-Mitglieder einschließlich der Ersatzmitglieder **ihr Amt nieder**, § 24 Nr. 2, oder endet die Amtszeit des BR während des Beschlussverfahrens, § 24 Nr. 1, so ist der Antrag, falls nicht zurückgenommen, nach hM als unzulässig[5] abzuweisen, weil der BR nicht mehr existiert und daher nicht mehr aufgelöst werden kann. Das Verfahren kann für erledigt erklärt werden, § 83a ArbGG. **Unzulässig** ist auch ein Antrag, der die Auflösung mit Verfehlungen des nicht mehr amtierenden BR begründet; denn selbst bei personenidentischer Neubestellung ist das neue Organ als **Funktionsnachfolger** nicht mit dem alten Organ „als solchem" mehr identisch[6].

23 Eine **einstweilige Verfügung**, mit der der BR einstweilen aufgelöst oder ihm die Amtsführung gänzlich untersagt wird, kommt anders als beim Ausschluss (Rz. 16) **nicht** in Betracht. Denn die andernfalls eintretende betriebsratslose Zeit bis zur endgültigen Entscheidung kann wegen des vorrangigen Belegschaftsinteresses als Vorwegnahme der Hauptsache nicht hingenommen werden. Auch anderweitige „Sicherungsverfügungen" zur Abwendung wesentlicher Nachteile erscheinen als nicht gerechtfertigte Maßnahmen, vgl. § 85 Abs. 2 ArbGG iVm. § 940 ZPO[7].

24 **3. Wirkungen der Auflösung.** Erst mit **Rechtskraft** des Beschlusses, dh. mit Ablauf der Rechtsmittelfrist bzw. – im Fall einer LAG-Entscheidung – mit Ablauf der zweimonatigen Notfrist für die Einlegung der Nichtzulassungsbeschwerde (§§ 92a, 72a Abs. 3, 4 ArbGG) bzw. mit Zurückweisung derselben durch das BAG endet das Amt des BR **unmittelbar** und **sofort**. BR-Mitglieder und Ersatzmitglieder verlieren ihr Amt, weil der BR **als solcher** aufgelöst ist und nicht mehr existiert, vgl. § 24 Nr. 5. Eine Fortführung der Geschäfte nach § 22 kommt in diesem Fall nicht in Betracht; sie wäre geradezu widersinnig (vgl. § 13 Rz. 11). Nach § 13 Abs. 2 Nr. 5 sind „außerordentliche" Neuwahlen anzuberaumen (Rz. 25), doch lässt sich eine betriebsratslose Zeit nicht vermeiden. Auch die besonderen Regeln des Kündigungs- und Versetzungsschutzes sind nicht mehr anwendbar, §§ 15 Abs. 1 KSchG, 103 BetrVG. Wegen § 15 Abs. 1 Satz 2 letzter Halbs. KSchG wird den Mitgliedern eines aufgelösten BR auch der besondere **nachwirkende** Kündigungsschutz **versagt**, vgl. näher § 24 Rz. 13.

25 **4. Neuwahl des BR (Abs. 2).** Nach § 13 Abs. 2 Nr. 5 ist nach der Auflösung des BR ein neuer BR zu wählen. Weil der aufgelöste BR **nicht** zur Fortführung der Geschäfte bis zur Neuwahl berechtigt ist (Rz. 24),

---

1 Vgl. Nachweis von Einzelfällen bei ErfK/*Eisemann*, § 23 BetrVG Rz. 19; GK-BetrVG/*Oetker*, § 23 Rz. 101; HaKo-BetrVG/*Düwell*, § 23 Rz. 27. | 2 HM, vgl. *Fitting*, § 23 BetrVG Rz. 40; GK-BetrVG/*Oetker*, § 23 Rz. 97; MünchArbR/*Joost*, § 310 Rz. 13. | 3 BAG v. 22.6.1993 – 1 ABR 62/92, BAGE 73, 291 (306) = AP Nr. 22 zu § 23 BetrVG 1972 (zu III 3 a d. Gr.); vgl. auch Richardi/*Richardi/Thüsing*, § 23 BetrVG Rz. 53. | 4 HM, vgl. nur *Fitting*, § 23 BetrVG Rz. 41; GK-BetrVG/*Oetker*, § 23 Rz. 104. | 5 Vgl. nur GK-BetrVG/*Oetker*, § 23 Rz. 104, 107; Richardi/*Richardi/Thüsing*, § 23 BetrVG Rz. 60. | 6 HM, vgl. DKK/*Trittin*, § 23 BetrVG Rz. 56; GK-BetrVG/*Oetker*, § 23 Rz. 107. | 7 Vgl. nur GK-BetrVG/*Oetker*, § 23 Rz. 109; Richardi/*Richardi/Thüsing*, § 23 BetrVG Rz. 65.

kann er auch nicht den Wahlvorstand bestellen. Daher hat nach Abs. 2 das ArbG **von Amts wegen** unverzüglich nach der Auflösung im Beschlussverfahren einen Wahlvorstand einzusetzen. Die Entscheidungen über die Auflösung des BR und die Einsetzung des Wahlvorstands können **nicht** miteinander verbunden werden[1], weil die Einsetzung des Wahlvorstands die Rechtskraft des Auflösungsbeschlusses **voraussetzt**. Rechtsmittel gegen den Einsetzungsbeschluss ist die Beschwerde nach § 87 ArbGG.

Nach Abs. 2 Satz 2 gilt § 16 Abs. 2 **entsprechend**. Da die Einsetzung des Wahlvorstands von Amts wegen erfolgt, bezieht sich die Verweisung nur auf das Vorschlagsrecht für die Zusammensetzung des Wahlvorstands und auf die Aufnahme betriebsfremder Gewerkschaftsmitglieder in ihn (Sätze 2 und 3). Dennoch kann dem **ArbGeb** als einem Antragsteller im Auflösungsverfahren das Vorschlagsrecht für die Zusammensetzung des Wahlvorstandes nicht zustehen: Die „entsprechende" Anwendung muss Satz 1 des § 16 Abs. 2 mitbedenken[2]. **26**

IV. Zwangsverfahren gegen den ArbGeb (Abs. 3). Die den §§ 888, 890 ZPO nachgebildete Regelung des Abs. 3 wurde erst 1972 den ersten Absätzen hinzugefügt. Trotz der schon damals gegebenen Möglichkeit, im **Beschlussverfahren** den ArbGeb zur Einhaltung seiner Pflichten notfalls im Wege der Zwangsvollstreckung zu zwingen, wurde die Regelung aus Gründen der **Symmetrie** für notwendig gehalten[3], weil Abs. 1 mit dem Verlust der Amtsstellung eine über die allgemeine Zwangsvollstreckung hinausgehende und die Mitglieder des BR persönlich treffende Sanktion enthielt. Abs. 3 sollte diese hinsichtlich der gesetzlichen Sanktionen bestehende Ungleichbehandlung der Betriebspartner ausgleichen[4]. Obwohl diese Norm den ArbGeb seiner betriebsverfassungsrechtlichen Stellung nicht entheben kann (Rz. 1), enthält sie zumindest den ArbGeb **persönlich treffende** Sanktionen. Die Gleichgewichtigkeit der Regelungen kann daher im Hinblick auf ihre Zielsetzung (Rz. 2) bejaht werden. Auch das Ordnungsgeld (Satz 2) soll **präventive** Wirkungen im Sinne einer „kollektivrechtlichen Abmahnung" zur künftigen Beachtung der betriebsverfassungsrechtlichen Ordnung entfalten[5]; es handelt sich auch bei Abs. 3 also nicht um eine Straf- oder Disziplinarvorschrift[6]. **27**

1. Stellung im Anspruchs- und Sanktionensystem. Die Norm lässt die Möglichkeit der **allgemeinen Zwangsvollstreckung** nach § 85 Abs. 1 ArbGG aus einem Beschlussverfahren gegen den ArbGeb **unberührt**; aus Beschlüssen und Vergleichen, die Erfüllungs- bzw. Unterlassungsansprüche außerhalb von Abs. 3 titulieren, kann daher nach allgemeinen Vorschriften vollstreckt werden[7]. § 23 Abs. 3 hat nur insoweit **selbstständige Bedeutung**, als er es dem BR und vor allem auch einer im Betrieb vertretenen Gewerkschaft ermöglicht, die Verletzung von **fremden** sich aus dem BetrVG ergebenden **Rechten**, zB des im Allgemeininteresse bestehenden Verbots parteipolitischer Betätigung (§ 74 Abs. 2 Satz 3), gerichtlich geltend zu machen. Es geht dabei also nicht um den „regulären Schutz" von eigenen betriebsverfassungsrechtlichen Rechten durch die jeweils Berechtigten (zB aus Betriebsvereinbarung), sondern um eine davon unabhängige **zusätzliche** Möglichkeit, auf das Verhalten des ArbGeb im Interesse der Wahrung der betriebsverfassungsrechtlichen Ordnung einzuwirken[8]. Hierdurch wird **keine Prozessstandschaft**, dh. das Recht, fremde Rechte im eigenen Namen einzuklagen, begründet[9], sondern es werden genauso wie in Abs. 1 eigenständige betriebsverfassungsrechtliche Kompetenzen eingeräumt[10]. **28**

Die Norm lässt auch andere **materielle Unterlassungsansprüche** aus der Verletzung zB von MitbestR **unberührt**[11]. Abs. 3 ist hierfür **keine abschließende** Regelung mit Ausschlusswirkung. Zwar ging das BAG zunächst davon aus, dass § 23 Abs. 3 eine materiell-rechtliche Anspruchsgrundlage sei und als solche den Unterlassungsanspruch des BR gegen den ArbGeb bei einem mitbestimmungswidrigen Verhalten **abschließend** regle[12]. Demzufolge wurde ein allgemeiner Anspruch des BR gegen den ArbGeb auf Unterlassung von mitbestimmungswidrigen Handlungen abgelehnt. Diese Entscheidung wurde aber zu Recht heftig kritisiert und vom BAG auch mit Beschluss vom 3.5.1994 aufgegeben[13]. Bei Abs. 3 handelt es sich gerade nicht um den „archimedischen Punkt des betriebsverfassungsrechtlichen Rechtsschutzes"[14]; eine Regelung negatorischer Haftung des ArbGeb gegenüber dem BR we- **29**

---

1 Str., vgl. wie hier GK-BetrVG/*Oetker*, § 23 Rz. 117; MünchArbR/*Joost*, § 310 Rz. 23; Richardi/*Richardi*/*Thüsing*, § 23 BetrVG Rz. 71; aA DKK/*Trittin*, § 23 BetrVG Rz. 6; ErfK/*Eisemann*, § 23 BetrVG Rz. 22; *Fitting*, § 23 BetrVG Rz. 46; HaKo-BetrVG/*Düwell*, § 23 Rz. 33. |2 HM, vgl. DKK/*Trittin*, § 23 BetrVG Rz. 64; ErfK/*Eisemann*, § 23 BetrVG Rz. 22; *Fitting*, § 23 BetrVG Rz. 47; HaKo-BetrVG/*Düwell*, § 23 Rz. 33; MünchArbR/*Joost*, § 310 Rz. 24; aA GK-BetrVG/*Oetker*, § 23 BetrVG Rz. 119; Richardi/*Richardi*/*Thüsing*, § 23 BetrVG Rz. 71. |3 Ausschussbericht zu BT-Drs. VI/2729, S. 21. |4 Vgl. auch GK-BetrVG/*Oetker*, § 23 BetrVG Rz. 121; *Konzen*, S. 6, 15, 39 ff.; MünchArbR/*Joost*, § 310 Rz. 26 f. |5 BAG v. 18.4.1985 – 6 ABR 19/84, AP Nr. 5 zu § 23 BetrVG 1972 (Anm. *v. Hoyningen-Huene*) = NZA 1986, 783. |6 Zutr. GK-BetrVG/*Oetker*, § 23 BetrVG Rz. 123; *Konzen*, S. 42, 47; MünchArbR/*Matthes*, § 329 Rz. 5. |7 HM, vgl. *Fitting*, § 23 BetrVG Rz. 108; GK-BetrVG/*Oetker*, § 23 Rz. 160. |8 Vgl. BAG v. 18.4.1985 – 6 ABR 19/84, BAGE 48, 246 (252) = AP Nr. 5 zu § 23 BetrVG 1972; *Dütz*, AuR 1973, 356; GK-BetrVG/*Oetker*, § 23 BetrVG Rz. 127; *Lobinger*, ZfA 2004, Heft 1; *Raab*, ZfA 1997, 186; *Richardi*, NZA 1995, 8; *Walker*, Rz. 842. |9 Zutr. Richardi/*Richardi*/*Thüsing*, § 23 BetrVG Rz. 75. |10 Zutr. MünchArbR/*Joost*, § 310 Rz. 30. |11 HM, vgl. BAG v. 3.5.1994 – 1 ABR 24/93, BAGE 76, 364 (371 f.) = AP Nr. 23 zu § 23 BetrVG 1972; GK-BetrVG/*Oetker*, § 23 BetrVG Rz. 128; *Lobinger*, ZfA 2004, Heft 1; MünchArbR/*Matthes*, § 329 Rz. 5; *Raab*, Negatorischer Rechtsschutz, S. 67 ff. |12 BAG v. 22.2.1983 – 1 ABR 27/81, BAGE 42, 11 = AP Nr. 2 zu § 23 BetrVG 1972 (Anm. *v. Hoyningen-Huene*). |13 BAG v. 3.5.1994 – 1 ABR 24/93, BAGE 76, 364 (371 f.) = AP Nr. 23 zu § 23 BetrVG 1972 (Anm. *Richardi*); ausf. Nachw. bei GK-BetrVG/*Oetker*, § 23 Rz. 125 f. |14 Vgl. *Raab*, ZfA 1997, 186.

gen der Verletzung von dessen Beteiligungsrechten findet sich hier nicht. Vielmehr enthält die Vorschrift eine Rechtsgrundlage für **quasi betriebs-„polizeiliche" Maßnahmen** bei offenkundigen Verstößen gegen die betriebsverfassungsrechtliche Ordnung[1]. Ob der BR im Einzelfall aufgrund seiner materiellen MitbestR (zB § 87 Abs. 1) einen negatorischen **Unterlassungsanspruch** geltend machen kann, ist eine ganz andere Frage und muss je nach der Struktur des MBR entschieden werden[2]. Die Norm lässt auch andere mitbestimmungssichernde Regelungen wie zB §§ 98 Abs. 5, 101 und 104 **unberührt**; gegenüber § 23 Abs. 3 handelt es sich nicht um Spezialvorschriften, da ihr Anwendungsbereich verschieden ist. So gibt zB § 101 dem BR einen negatorischen Anspruch auf Beseitigung eines mitbestimmungswidrigen Zustands, wohingegen § 23 Abs. 3 dem BR einen Anspruch auf **künftige Beachtung** seiner MitbestR verleiht. Die Vorschriften finden daher nebeneinander Anwendung[3].

30 2. **Voraussetzungen der Sanktionen (Satz 1). a) Gesetzliche Pflichten.** Voraussetzung der Sanktionen Ordnungs- und Zwangsgeld ist ein grober Verstoß des ArbGeb gegen seine „**Verpflichtungen** aus diesem Gesetz" (Satz 1). Trotz des missverständlichen Wortlauts fallen hierunter auch in **anderen Gesetzen** geregelte betriebsverfassungsrechtliche Pflichten (vgl. § 17 Abs. 2 KSchG, §§ 83, 84 SGB IX) und solche Pflichten, die durch **TV** konkretisiert werden[4]. Verpflichtungen aus BV und Betriebsabsprachen sind auch dann Pflichten iSd. Satz 1, wenn sie nicht „gesetzliche" Pflichten des BetrVG konkretisieren. Denn sie haben ihre Rechtsgrundlage im BetrVG und gestalten die betriebsverfassungsrechtliche Stellung des ArbGeb[5]. Im Wesentlichen geht es bei der Interpretation der Pflichten iSd. Abs. 3 um einen Gleichlauf mit der Auslegung des Abs. 1 (Rz. 5)[6], so dass Pflichten, die sich nur aus Arbeitsvertrag oder aus anderen Gesetzen ohne Bezug zur Betriebsverfassung ergeben, nicht von Abs. 3 sanktioniert werden. Zu beachten ist aber, dass die Verpflichtungen aus §§ 75, 81 ff. trotz ihres **Individualcharakters** solche aus dem BetrVG sind und ihre grobe Verletzung deshalb auch nach Abs. 3 belangt werden kann[7].

31 b) **Grober Verstoß.** Wie zu Abs. 1 ausgeführt (Rz. 7), ist ein Verstoß als „grob" anzusehen, wenn er **objektiv erheblich** und **offensichtlich schwerwiegend** ist[8]. Es gilt der gleiche Maßstab wie bei § 23 Abs. 1. Auch hier handelt es sich um einen unbestimmten Rechtsbegriff. Auch ein **einmaliger** Verstoß kann ausreichend sein[9]. Bei Wiederholung können auch leichtere Verstöße ausreichen. Auf ein **Verschulden** des ArbGeb kommt es auch hier nicht an (Rz. 8, 20)[10]. Doch scheidet ein grober Verstoß jedenfalls dann aus, wenn der ArbGeb in einer schwierigen und ungeklärten Rechtsfrage eine zumindest vertretbare, nicht offensichtlich abwegige Rechtsansicht vertritt[11]. Ist jedoch für die Betriebspartner rechtskräftig **entschieden**, dass die Änderung von Dienstplänen mitbestimmungspflichtig ist, verstößt der ArbGeb grob gegen seine Pflichten, wenn er weiterhin Dienstpläne ohne Beteiligung des BR ändert[12].

32 Die Pflichtverletzung muss nach hM bereits **vollendet** sein. Nicht ausreichend ist, wenn sie **unmittelbar bevorsteht**[13], was sich schon aus dem Wortlaut und auch daraus ergibt, dass „grobe" Verstöße in aller Regel nur nach Vollendung als solche erkennbar sind. Die Analogie zum Unterlassungsanspruch führt insoweit in die Irre, zumal vorbeugender Rechtsschutz wegen Missachtung der Mitbestimmungsordnung inzwischen *außerhalb* von § 23 Abs. 3 gewährt wird (Rz. 35). Strittig ist ferner, ob eine **Wiederholungsgefahr** bestehen muss. Das BAG hat dem zunächst widersprochen mit dem Argument, dass ihrer Funktion als „kollektivrechtlicher Abmahnung" folgend die Sanktion nach Abs. 3 sogleich mit Feststellung des groben Verstoßes dem BR die entsprechenden Zwangsmittel an die Hand geben muss, um gesetzmäßiges Verhalten des ArbGeb für die Zukunft sicherzustellen[14]. Der Meinungsstreit hat in der Praxis keine große Bedeutung, weil wie im Wettbewerbsrecht der „grobe" Verstoß eine Wiederholungsgefahr

---

1 Zutr. *Lobinger*, ZfA 2004, Heft 1; GK-BetrVG/*Oetker*, § 23 Rz. 127; MünchArbR/*Joost*, § 310 Rz. 30. |2 Hierzu etwa BAG v. 13.3.2001 – 1 AZB 19/00, AP Nr. 17 zu § 2a ArbGG 1979; v. 29.2.2000 – 1 ABR 4/99, AP Nr. 105 zu § 87 BetrVG 1972 – Lohngestaltung (Anm. *Raab*); vgl. ferner *Lobinger*, ZfA 2004, Heft 1; *Raab*, ZfA 1997, 186; GK-BetrVG/*Oetker*, § 23 Rz. 130 ff.; ErfK/*Eisemann*, § 23 BetrVG Rz. 34 mwN. |3 So auch BAG v. 17.3.1987 – 1 ABR 65/85, AP Nr. 7 zu § 23 BetrVG 1972 (Anm. *v. Hoyningen-Huene*); vgl. auch Richardi/*Richardi/Thüsing*, § 23 BetrVG Rz. 78, 79. |4 HM, vgl. GK-BetrVG/*Oetker*, § 23 Rz. 165; MünchArbR/*Joost*, § 23 Rz. 32. |5 BAG v. 23.6.1992 – 1 ABR 11/92, AP Nr. 20 zu § 23 BetrVG 1972 = NZA 1992, 1095; GK-BetrVG/*Oetker*, § 23 Rz. 166; *Fitting*, § 23 BetrVG Rz. 61. |6 Vgl. nur *Fitting*, § 23 BetrVG Rz. 59; GK-BetrVG/*Oetker*, § 23 Rz. 165; MünchArbR/*Joost*, § 23 Rz. 31. |7 HM, vgl. LAG Köln v. 19.2.1988 – 10 TaBV 69/87, DB 1989, 1341: Beanstandung des „Fehlzeitenverhaltens" der ArbN durch den ArbGeb als Verstoß gegen § 75 Abs. 2 Satz 1; ferner *Fitting*, § 23 BetrVG Rz. 60; GK-BetrVG/*Oetker*, § 23 Rz. 167; MünchArbR/*Joost*, § 310 Rz. 33. |8 BAG v. 23.6.1992 – 1 ABR 11/92, AP Nr. 20 zu § 23 BetrVG 1972 (zu B II 3 d. Gr.). |9 LAG BW v. 14.4.1988 – 6 TaBV 1/88, AiB 1988, 281 (Beobachtung von Arbeitsplätzen durch Videokamera ohne Zustimmung des BR); GK-BetrVG/*Oetker*, § 23 Rz. 170. |10 BAG v. 18.4.1985 – 6 ABR 19/84, AP Nr. 5 zu § 23 BetrVG 1972 (Anm. *v. Hoyningen-Huene*) = NZA 1986, 783. |11 BAG v. 27.11.1973 – 1 ABR 11/73, BAGE 25, 415 (419) = AP Nr. 4 zu § 40 BetrVG 1972; v. 22.2.1983 – 1 ABR 27/81, BAGE 42, 11 = AP Nr. 2 zu § 23 BetrVG 1972, ganz hM. |12 BAG v. 8.8.1989 – 1 ABR 59/88, AP Nr. 11 zu § 23 BetrVG. |13 So zB ErfK/*Eisemann*, § 23 BetrVG Rz. 25; *Fitting*, § 23 BetrVG Rz. 73; HaKo-BetrVG/*Düwell*, § 23 Rz. 63; MünchArbR/*Joost*, § 310 Rz. 34; aA aber DKK/*Trittin*, § 23 BetrVG Rz. 78; GK-BetrVG/*Oetker*, § 23 Rz. 174, die auch das erstmalige Bevorstehen einer groben Pflichtverletzung ausreichen lassen wollen. |14 BAG v. 18.4.1985 – 6 ABR 19/84, AP Nr. 5 zu § 23 BetrVG 1972 (Anm. *v. Hoyningen-Huene*) = NZA 1986, 783; zust. DKK/*Trittin*, § 23 BetrVG Rz. 78; *Fitting*, § 23 BetrVG Rz. 65; HaKo-BetrVG/*Düwell*, § 23 Rz. 65; abl. ErfK/*Eisemann*, § 23 BetrVG Rz. 25; GK-BetrVG/*Oetker*, § 23 Rz. 176 f.; MünchArbR/*Joost*, § 310 Rz. 37, die sich auch auf BAG v. 23.6.1992 – 1 ABR 11/92, AP Nr. 20 zu § 23 BetrVG 1972 berufen können, wo explizit von einer Wiederholungsgefahr ausgegangen wird.

..., so dass sie nur ganz ausnahmsweise entfällt (zB bei einvernehmlicher Einigung ...osvereinbarung)¹.

... hierzu die Aufzählung der meist hartnäckig mitbestimmungswidriges Verhalten 33
...enden Einzelfälle zu § 23 Abs. 3 bei GK-BetrVG/*Oetker*, § 23 Rz. 178, 179.

c) Ei**nfahren (Satz 1).** Nach Abs. 3 Satz 1 ist das ArbG für das Erkenntnisverfahren zustän- 34
... im **Beschlussverfahren** (§ 2a Abs. 1 Nr. 1, Abs. 2 iVm. §§ 80 ff. ArbGG) über das Vorlie-
... Pflichtenverstoßes iSv. Abs. 3. Antragsberechtigt sind nur der BR oder eine im Betrieb
...rkschaft, nicht aber andere Organe der Betriebsverfassung oder einzelne BR-Mitglieder.
...ird nicht von Amts wegen, sondern **nur auf Antrag** eingeleitet. Der Antrag muss **hinrei-**
... die dem ArbGeb zur Last gelegten groben Verstöße bezeichnen und die aufzuerlegenden
... Unterlassungspflichten möglichst so genau bestimmen, dass eine spätere Vollstre-
... ist. Der Antrag ist mangels Bestimmtheit **unzulässig**, wenn er lediglich zB den Wortlaut
...erholt und nicht die umstrittenen personellen Maßnahmen nach § 99 genau bezeichnet².

...hM kann das gerichtliche „Aufgeben" einer Handlung oder Unterlassung des ArbGeb im 35
...ch § 23 Abs. 3 nicht Gegenstand einer **einstweiligen Verfügung** sein, weil sonst das Erkennt-
...en in Bezug auf die Feststellung des „groben Verstoßes" präjudiziert würde³. Doch ist zu beach-
...ss der inzwischen anerkannte **allgemeine** Unterlassungsanspruch des BR (Rz. 29) seine prakti-
... Bedeutung vor allem in der Möglichkeit des einstweiligen Rechtsschutzes gegen mitbestimmungs-
...widrige Handlungen des ArbGeb äußert, soweit **eigene** Rechtspositionen des BR betroffen sind⁴.

Das Erkenntnisverfahren endet durch **Beschluss**. Ist das ArbG der Auffassung, dass kein grober Pflich- 36
tenverstoß vorliegt, weist es den Antrag als **unbegründet** zurück. Andernfalls gibt es dem ArbGeb auf,
eine bestimmte, konkret bezeichnete Handlung zu unterlassen, die Vornahme einer bestimmten Handlung zu dulden oder selbst eine bestimmte Handlung vorzunehmen. Bei seiner Entscheidung ist das
Gericht nicht an den Antrag gebunden, sondern hat nach freiem Ermessen anzuordnen, was ihm zur
künftigen Sicherung der betriebsverfassungsrechtlichen Ordnung am Besten geeignet erscheint.

4. Vollstreckungsverfahren (Sätze 2–5). Auf das Erkenntnisverfahren folgt als zweite Stufe das Vollstre- 37
ckungsverfahren (Sätze 2 bis 5). Nach Abs. 3 Sätze 2 und 3 ist das **ArbG** auch dann für das Vollstreckungsverfahren zuständig, wenn der Titel auf einer Entscheidung des Bundes- oder LAG beruht. Antragsberechtigt sind nach den Sätzen 2 und 3 **nur** der BR oder eine im Betrieb vertretene Gewerkschaft.
Jedoch muss der Antragsteller nicht identisch mit dem Antragsteller im Erkenntnisverfahren sein. Auch
das Vollstreckungsverfahren wird **nur auf Antrag** eingeleitet. Das Verfahren setzt die Rechtskraft des
Beschlusses voraus. Eine Vollstreckungsklausel ist nicht erforderlich. Zur Form des Antrags vgl. Rz. 14.
Es muss die Verhängung von Ordnungs- oder Zwangsgeld beantragt werden, wobei keine bestimmte
Höhe angegeben werden muss. Der Antrag ist zu begründen.

a) **Verpflichtung zur Unterlassung oder Duldung einer Handlung (Satz 2).** Kommt der ArbGeb der 38
Pflicht zur Unterlassung oder Duldung einer Handlung nicht nach, kommt als Zwangsmittel die Verurteilung zu einem **Ordnungsgeld** zur Anwendung. Insoweit entspricht das Zwangsverfahren der Zwangsvollstreckung nach § 890 ZPO. Dem ArbGeb muss die Auferlegung des Ordnungsgeldes **angedroht** werden.
Dies kann bereits im Beschluss geschehen, der dem ArbGeb die Pflicht auferlegt hat. Andernfalls hat das
ArbG der 1. Instanz die Androhung auf Antrag durch Beschluss zu erlassen. Mit dem Androhungsbeschluss beginnt die Zwangsvollstreckung. Im Androhungsbeschluss muss die Höchstmaß des Ordnungsgeldes angegeben werden, wobei ein Hinweis auf das gesetzliche Höchstmaß genügt.

Der ArbGeb muss nach vorheriger Androhung gegen die ihm rechtskräftig auferlegte Verpflichtung ver- 39
stoßen haben. Die Verurteilung zu einem Ordnungsgeld ist keine reine Zwangsmaßnahme, sondern hat
auch den Charakter einer **Strafsanktion**. Daher setzt sie **Verschulden** voraus, wobei aber kein grobes
Verschulden erforderlich ist⁵. Liegen die genannten Voraussetzungen vor, verhängt das ArbG durch Beschluss das angedrohte Ordnungsgeld. Der ArbGeb ist vorher **zu hören**. Da dem Ordnungsgeld auch der
Charakter einer Strafsanktion zukommt, kann es auch dann noch verhängt werden, wenn der ArbGeb
gegen die ihm auferlegte Pflicht nach Rechtskraft des Beschlusses im Erkenntnisverfahren und nach
erfolgter Androhung verstoßen hat, ihr dann aber vor der Festsetzung des Ordnungsgeldes noch nachgekommen ist. Bei wiederholter Pflichtverletzung kann das Ordnungsgeld erneut festgesetzt werden,
Abs. 3 Satz 2. Die Summe der Ordnungsgelder kann dann auch den Betrag von 10.000 Euro übersteigen.

b) **Verpflichtung zur Vornahme einer Handlung (Satz 3).** Kommt der ArbGeb der Pflicht zur Vor- 40
nahme einer Handlung nicht nach, kommt als Zwangsmittel die Verurteilung zu einem **Zwangsgeld** zur

---

1 So auch BAG v. 23.6.1992 – 1 ABR 11/92, AP Nr. 20 zu § 23 BetrVG 1972, ferner ErfK/*Eisemann*, § 23 BetrVG Rz. 25; HaKo-BetrVG/*Düwell*, § 23 Rz. 65; MünchArbR/*Joost*, § 310 Rz. 37. │2 BAG v. 17.3.1987 – 1 ABR 65/85, AP Nr. 7 zu § 23 BetrVG 1972. │3 Str., vgl. für die hM ErfK/*Eisemann*, § 23 BetrVG Rz. 30; *Fitting*, § 23 BetrVG Rz. 74; HaKo-BetrVG/*Düwell*, § 23 Rz. 43; MünchArbR/*Joost*, § 310 Rz. 43; Richardi/*Richardi/Thüsing*, § 23 BetrVG Rz. 103; für die aA GK-BetrVG/*Oetker*, § 23 Rz. 189, 190; DKK/*Trittin*, § 23 BetrVG Rz. 95. │4 Zutr. MünchArbR/*Matthes*, § 329 Rz. 19; vgl. ferner DKK/*Trittin*, § 23 BetrVG Rz. 122; *Fitting*, § 23 BetrVG Rz. 107. │5 HM, vgl. nur GK-BetrVG/*Oetker*, § 23 Rz. 208 f.; MünchArbR/*Joost*, § 310 Rz. 47.

Anwendung. Insoweit entspricht das Zwangsverfahren der Zwangsvollstreckung nach anderer als die Verurteilung zu einem Ordnungsgeld als die Verurteilung zu einem Zwangs**Zwangsmaßnahme**. Sie hat nicht zugleich den Charakter einer Strafsanktion. Aus dieser das Zwangsgeld nicht zunächst angedroht werden. Der ArbGeb muss die ihm auferlegt trotz der Möglichkeit der Vornahme unterlassen haben. Wegen des fehlenden Strafsanktions ters setzt die Verurteilung zur Zahlung des Zwangsgeldes **kein Verschulden** voraus[1].

41 Nimmt der ArbGeb die ihm aufgegebene Handlung nicht binnen der ihm gesetzten oder einer sesenen Frist vor, so verhängt das ArbG das angedrohte Zwangsgeld. Wegen des reinen Zwangsch des Zwangsgeldes darf es **nicht mehr** verhängt oder vollstreckt werden, wenn der ArbGeb die Ha vorgenommen hat. Kommt der ArbGeb der Pflicht zur Vornahme der Handlung trotz Beitreibung zuvor verhängten Zwangsgeldes nicht nach, so kann das Zwangsgeld wiederholt festgesetzt werden.

42 **c) Rechtsmittel, Vollstreckung.** Gegen die selbstständige Androhung von Ordnungs- und Zwan geld sowie deren Festsetzung findet das Rechtsmittel der **sofortigen Beschwerde** an das LAG sta Eine weitere Beschwerde ist nicht vorgesehen. Die Vollstreckung des Beschlusses, durch den das Ord nungs- oder Zwangsgeld verhängt wird (vgl. § 749 Abs. 1 Nr. 3 ZPO), erfolgt nach den Vorschriften der §§ 803 ff. ZPO, § 85 Abs. 1 ArbGG. Die beigetriebenen Gelder verfallen der Staatskasse. Die ersatzweise Verhängung von Ordnungs- oder Zwangshaft ist ausgeschlossen, § 85 Abs. 1 Satz 2 ArbGG.

24 Erlöschen der Mitgliedschaft
Die Mitgliedschaft im Betriebsrat erlischt durch

1. Ablauf der Amtszeit,
2. Niederlegung des Betriebsratsamtes,
3. Beendigung des Arbeitsverhältnisses,
4. Verlust der Wählbarkeit,
5. Ausschluss aus dem Betriebsrat oder Auflösung des Betriebsrats auf Grund einer gerichtlichen Entscheidung,
6. gerichtliche Entscheidung über die Feststellung der Nichtwählbarkeit nach Ablauf der in § 19 Abs. 2 bezeichneten Frist, es sei denn, der Mangel liegt nicht mehr vor.

§ 24 zuletzt geändert (Aufhebung des Abs. 2) durch das BetrVerf-ReformG v. 23.7.2001 (BGBl. I S. 1852), vgl. Neubekanntmachung v. 25.9.2001 (BGBl. I S. 2518).

1 **I. Inhalt und Zweck.** Die Vorschrift regelt das Erlöschen der Mitgliedschaft des **einzelnen BR-Mitglieds**. Davon zu unterscheiden ist die Beendigung der Amtszeit des BR als Kollegialorgan, die in § 21 geregelt ist. Das Erlöschen der Mitgliedschaft lässt die Funktionsfähigkeit des BR idR **unberührt**; deshalb sieht § 25 Abs. 1 Satz 1 das Nachrücken eines **Ersatzmitglieds** vor. Die aufgeführten sechs **Erlöschensgründe** sind zum Teil „deklaratorischer" (Nr. 1, 5), zum Teil „konstitutiver" (Nr. 2, 3, 4, 6), jedoch nicht abschließender Natur. So fehlt zB der Tod als Erlöschensgrund[2]. Auch die Sonderregeln des Übergangsmandats nach § 21a hätten zu einer Ergänzung bzw. Modifikation der Nr. 4 (Verlust der Wählbarkeit) führen müssen (vgl. § 21a Rz. 14). Auf **Ersatzmitglieder** sind die Erlöschensgründe entsprechend anzuwenden (hM), so dass bei Vorliegen eines Tatbestands der Nr. 2–4 und 6 die Anwartschaft, in den BR nachzurücken, erlischt[3].

2 **II. Ablauf der Amtszeit (Nr. 1).** Dass mit dem Ablauf der Amtszeit des BR als **Kollektivorgan** nach § 21 auch die Mitgliedschaft aller BR-Mitglieder erlischt, ist eine an sich **überflüssige Klarstellung** in Nr. 1, weil es ohne einen im Amt befindlichen BR keine Mitgliedschaft geben kann. Beginn und Ende der Mitgliedschaft folgen grundsätzlich der – auch verkürzten oder verlängerten – **Amtszeit**, wie sie sich aus §§ 13, 21, 22 ergibt. Das Gesetz kennt keinen gesonderten Ablauf der Amtszeit für einzelne BR-Mitglieder[4]. Allerdings lässt sich durch Nr. 1 deutlich belegen, dass auch bei **Wiederwahl** die Mitgliedschaft nicht etwa „verlängert", sondern **neu begründet** wird, was für die Auslegung entsprechender Befristungsvereinbarungen („mit Ablauf der Amtszeit") zur Sicherung der Kontinuität des BR eine wesentliche Rolle spielen kann[5]. Mit dem Ende der Amtszeit endet die Mitgliedschaft also auch dann, wenn eine Wiederwahl zu einer neuen (nicht: fortgesetzten) Mitgliedschaft führt.

3 **III. Niederlegung des BR-Amts (Nr. 2).** Mit Nr. 2 stellt der Gesetzgeber klar, dass jedes BR-Mitglied sein Amt **jederzeit** und **ohne Begründung** niederlegen darf. Das BAG hat bestätigt, dass auch das Restmandat ausübende BR-Mitglieder nicht an einer Niederlegung gehindert sind[6]. Die Amtsnieder-

---

1 HM, vgl. GK-BetrVG/*Oetker*, § 23 Rz. 218; MünchArbR/*Joost*, § 310 Rz. 50. | 2 HaKo-BetrVG/*Düwell*, § 24 Rz. 3; Richardi/*Richardi/Thüsing*, § 24 BetrVG Rz. 7. | 3 HM, vgl. *Fitting*, § 24 BetrVG Rz. 4; GK-BetrVG/*Oetker*, § 24 Rz. 57 ff. | 4 Zutr. Kritik bei GK-BetrVG/*Oetker*, § 24 Rz. 7, 8; MünchArbR/*Joost*, § 305 Rz. 23. | 5 Hierzu BAG v. 23.1.2002 – 7 AZR 611/00, AP Nr. 230 zu § 620 BGB – Befristeter Arbeitsvertrag = NZA 2002, 986 = NJW 2002, 2265. | 6 BAG v. 12.1.2000 – 7 ABR 61/98, AP Nr. 5 zu § 24 BetrVG 1972.

legung erfolgt grundsätzlich durch formlose, einseitige empfangsbedürftige Willenserklärung gegenüber dem **BR** bzw. dessen Vorsitzendem (§ 26 Abs. 2 Satz 2), die mit Zugang wirksam wird[1]. Eine Erklärung gegenüber dem **ArbGeb** ist normalerweise unbeachtlich, doch kann im Restmandat des letzten verbliebenen Mitglieds eine Verlautbarung ihm gegenüber dann ausreichend sein, wenn eine Belegschaft als Adressat der Erklärung nicht mehr vorhanden ist[2]. Die Rücktrittserklärung kann – vergleichbar einer Kündigungserklärung – nach Zugang nicht mehr zurückgenommen oder widerrufen werden; auch eine Anfechtung wird von der hM grundsätzlich ausgeschlossen, weil die Mitgliedschaft im BR nicht im Ungewissen bleiben darf[3]. Die persönliche Niederlegung des Amts darf nicht verwechselt werden mit dem **kollektiven Rücktritt** des BR als Organ nach § 13 Abs. 2 Nr. 3: Hier führt der BR die Geschäfte bis zur Neuwahl fort, § 22, so dass bis dahin auch die Mitgliedschaft bestehen bleibt.

IV. Beendigung des Arbeitsverhältnisses (Nr. 3). Bei Nr. 3 handelt es sich um einen Unterfall der Nr. 4, des Verlusts der Wählbarkeit. Ergibt sich nämlich die Betriebszugehörigkeit nach §§ 7, 8 aus einem **Arbeitsverhältnis** zum Betriebsinhaber (anders zB § 7 Satz 2), bedeutet dessen Beendigung immer auch den Verlust der Wählbarkeit nach § 8 Abs. 1 Satz 1 (vgl. § 8 Rz. 5). Aus welchen Gründen das Arbeitsverhältnis endet (zB Auflösungsvertrag oder Zeitablauf bei Befristung[4]), ist gleichgültig. Eine **Kündigung** darf der ArbGeb gegenüber BR-Mitgliedern nur bei Stilllegung des Betriebs (§ 15 Abs. 4, 5 KSchG) oder mit Zustimmung des BR (§ 103 Abs. 1) aus wichtigem Grund nach § 626 BGB aussprechen. Soweit allerdings wegen der Stilllegung ein **Restmandat** nach § 21b ausgeübt wird[5], bedürfen Nr. 3 bzw. Nr. 4 der „teleologischen Reduktion"[6] – die Mitgliedschaft endet dann erst mit Beendigung des Restmandats.

Erhebt das entlassene BR-Mitglied **Kündigungsschutzklage**, ist es während des Rechtsstreits nach § 25 Abs. 1 Satz 2 zeitweilig an der Ausübung des Amts **verhindert** und wird durch ein Ersatzmitglied vertreten[7]. Hat es erstinstanzlich erfolgreich seine Weiterbeschäftigung erstritten, kann es seine Mitgliedschaftsrechte weiter voll wahrnehmen. Eine einstweilige Verfügung zur weiteren Amtsausübung trotz Kündigung kommt nur in Betracht, wenn diese **offensichtlich** unbegründet ist, insb. wenn die fristlose Kündigung ohne Zustimmung des BR ausgesprochen worden war[8]. Bei Wiedereinstellung des gekündigten BR-Mitglieds lebt sein Amt **nicht** wieder auf, weil die Arbeitsvertragsparteien nicht über das zwingende Organisationsrecht des BetrVG disponieren können[9].

Ein **Betriebsübergang** nach § 613a BGB hat grundsätzlich keine Auswirkungen auf die Mitgliedschaft, weil deshalb das Arbeitsverhältnis nicht beendet werden darf (vgl. § 613a Abs. 4 BGB). Der BR behält das ihm durch die Wahl vermittelte Mandat zur Vertretung der ArbN-Interessen und zur Wahrnehmung betriebsverfassungsrechtlicher Aufgaben (vgl. § 21 Rz. 13). Ein Übergangsmandat nach § 21a greift nur bei **Umstrukturierungen**, die wesentliche Identitätsmerkmale des jeweiligen Betriebs verändern, ein (vgl. § 21 Rz. 15), das sind nicht Nr. 3, sondern Nr. 4 betroffen ist. Auch die **Eröffnung eines Insolvenzverfahrens** wirkt sich unmittelbar weder auf das Arbeitsverhältnis noch auf das Amt des BR aus (vgl. §§ 113 ff. InsO). Auch das **Ruhen des Arbeitsverhältnisses** beendet nicht das Arbeitsverhältnis, zB während des Wehr- oder Zivildienstes, während eines längeren Sonderurlaubs oder während der Elternzeit nach BErzGG, jedoch liegt bei längerer Unterbrechung ein Verhinderungsgrund iSd. § 25 Abs. 1 Satz 2 vor[10], nicht jedoch bei einer Unterbrechung wegen eines Freizeitausgleichs von wenigen Wochen[11]. Zum Verlust der Wählbarkeit wegen ruhendem Arbeitsverhältnis vgl. Rz. 8.

V. Verlust der Wählbarkeit (Nr. 4). Der Erlöschenstatbestand der Nr. 4 greift in jenen Fällen, in denen die „Wählbarkeit", dh. das **passive Wahlrecht** nach § 8, nicht bereits durch die Beendigung des Arbeitsverhältnisses (Nr. 3) verloren geht. Es muss sich um den **nachträglichen** Verlust der Wählbarkeit handeln, weil ein anfänglicher Mangel nur durch gerichtliche Entscheidung, sei es im Anfechtungsverfahren nach § 19 Abs. 1 oder – nach Ablauf der Anfechtungsfrist – aufgrund der ausdrücklichen Regelung in Nr. 6 zum Erlöschen der Mitgliedschaft führen kann (Rz. 11).

Fälle der Nr. 4 sind zB eine **strafgerichtliche Verurteilung** nach § 45 StGB, die zum Verlust der Fähigkeit führt, Rechte aus öffentlichen Wahlen zu erlangen (§ 8 Abs. 1 Satz 3), der Verlust der **ArbN-Eigenschaft** iSd. § 5 Abs. 1, zB bei Beförderung zum leitenden Angestellten (§ 5 Abs. 3, 4) oder zum Geschäftsführer (§ 5 Abs. 2 Nr. 1), oder – wegen der Tragweite des BR-Amts – die Bestellung eines **Betreu-**

---

1 HM, vgl. nur *Fitting*, § 24 BetrVG Rz. 10; GK-BetrVG/*Oetker*, § 24 Rz. 10. | 2 BAG v. 12.1.2000 – 7 ABR 61/98, AP Nr. 5 zu § 24 BetrVG 1972; so auch GK-BetrVG/*Oetker*, § 24 Rz. 10; Richardi/*Richardi/Thüsing*, § 24 BetrVG Rz. 8; vgl. auch die Möglichkeit des letzten BR-Mitglieds, die Niederlegung durch Niederschrift zu erklären, § 34 Abs. 1. | 3 HM, vgl. ErfK/*Eisemann*, § 24 BetrVG Rz. 3; *Fitting*, § 24 BetrVG Rz. 11; GK-BetrVG/*Oetker*, § 24 Rz. 12; Richardi/*Richardi/Thüsing*, § 24 BetrVG Rz. 10; aA aber HaKo-BetrVG/*Düwell*, § 24 Rz. 6; *Löwisch/Kaiser*, § 24 BetrVG Rz. 3; MünchArbR/*Joost*, § 305 Rz. 24: Anfechtung nach § 123 BGB zulässig. | 4 Hierzu BAG v. 23.1.2002 – 7 AZR 611/00, AP Nr. 23 zu § 620 BGB – Befristeter Arbeitsvertrag = NZA 2002, 986 = NJW 2002, 2265. | 5 Dazu vgl. BAG v. 14.8.2001 – 1 ABR 52/00, AP Nr. 1 zu § 21b BetrVG 1972: Restmandat setzt einen die Stilllegung des Betriebs überdauernden Regelungsbedarf voraus. | 6 So zutr. Richardi/*Richardi/Thüsing*, § 24 BetrVG Rz. 12. | 7 Vgl. BAG v. 14.5.1997 – 7 ABR 26/96, AP Nr. 6 zu § 8 BetrVG 1972. | 8 Vgl. nur *Fitting*, § 24 BetrVG Rz. 19; *Löwisch/Kaiser*, § 24 BetrVG Rz. 5; MünchArbR/*Joost*, § 305 Rz. 26, jew. mwN. zur instanziellen Rspr. | 9 HM, vgl. GK-BetrVG/*Oetker*, § 24 Rz. 36; MünchArbR/*Joost*, § 305 Rz. 29. | 10 HM, vgl. DKK/*Buschmann*, § 24 BetrVG Rz. 20; *Fitting*, § 24 BetrVG Rz. 13. | 11 LAG Hamm v. 19.7.2000 – 3 Sa 2201/99, BuW 2001, 570; vgl. auch *Löwisch/Kaiser*, § 24 BetrVG Rz. 6.

ers nach §§ 1896 ff. BGB (hM)[1]. Dagegen führt das **Ruhen des Arbeitsverhältnisses** nicht zum Verlust der Wählbarkeit (vgl. § 8 Rz. 6), es sei denn, dass wie bei der ATZ im Blockmodell eine Rückkehrmöglichkeit auf den früheren Arbeitsplatz nicht mehr vorgesehen ist – dann endet mangels faktischer Beschäftigung die Betriebszugehörigkeit (vgl. § 7 Rz. 13)[2]. Wer trotz Elternzeit oder Zivildienst gewählt wird, ist zeitweilig (solange das Arbeitsverhältnis ruht) an der Ausübung des Amtes gehindert und muss nach § 25 Abs. 1 Satz 2 durch ein Ersatzmitglied vertreten werden. Entgegen *Löwisch* kann ein Erlöschen der Mitgliedschaft nicht schon bei mehr als zweimonatiger Abwesenheit angenommen werden, weil dadurch der Wählerwille zu stark beschnitten wird[3].

9 Wichtigster Anwendungsfall der Nr. 4 ist der Verlust der **Betriebszugehörigkeit**, sei es durch individuelle **Versetzung**, sei es durch Verlust der Betriebsidentität bei **Umstrukturierung**. Weil im ersten Fall eine individuelle Maßregelung wegen der BR-Tätigkeit zu befürchten ist, hat das BetrVerf-ReformG 2001 die Schutzlücke durch § 103 Abs. 3 geschlossen, so dass der BR dem zustimmen muss, wenn nicht der Betroffene mit der Versetzung einverstanden ist[4]. Dabei ist aber zu beachten, dass eine nur vorübergehende Abordnung in einen anderen Betrieb die Betriebszugehörigkeit zum Stammbetrieb nicht abreißen lässt (vgl. § 7 Rz. 10). Wird der **Betriebsteil**, in dem das BR-Mitglied arbeitet, dagegen abgespalten auf einen anderen Betrieb oder wird er verselbständigt (identitätsverändernde Umstrukturierung, vgl. § 21a Rz. 4), so müsste kraft Veränderung der Betriebsidentität („Wegfall der Geschäftsgrundlage") das Amt nach Nr. 4 erlöschen. Doch ordnet für diesen Fall der Reformgesetzgeber nach § 21a das **Übergangsmandat** mit der Folge an, dass das „abgespaltene" BR-Mitglied weiter amtieren darf, solange die Neuwahlen für die neuen Einheiten noch nicht abgeschlossen sind (§ 21a Abs. 1 Satz 3). Die Meinung von *Düwell* und *Oetker*, wonach in diesem Fall der „abgespaltene" Amtsträger wegen des Vorrangs der Nr. 4 nicht mehr dem Übergangs-BR angehören könne[5], verkennt den systematischen und inhaltlichen Vorrang von § 21a Abs. 1 kraft Spezialität (Grundsatz der Amts- *und* Besetzungskontinuität, vgl. § 21a Rz. 14). **Anderes** gilt aber im Fall der Eingliederung (vgl. § 21a Rz. 7): Hier entsteht wegen der Aufnahme in einen unverändert gebliebenen Betrieb kein Übergangsmandat, so dass das Amt des Betroffenen nach Nr. 4 erlöscht. Deshalb kann hier der Amtsschutz entsprechend § 15 Abs. 5 KSchG zwar noch diskutiert werden, doch besteht aufgrund der neuen Rechtslage seit Schaffung der §§ 21a, 21b mangels Schutzlücke hierfür kein Bedürfnis mehr[6].

10 **VI. Amtsenthebung (Nr. 5).** Die Nr. 5 bezieht sich auf die zwei Varianten der Amtsenthebung nach § 23 Abs. 1, einerseits den **Ausschluss** eines Mitglieds aus dem BR, andererseits die **Auflösung** des gesamten Gremiums, jeweils wegen grober Verletzung ihrer gesetzlichen Pflichten. Nach dem Wortlaut der Norm erlischt das Amt hier jeweils (erst) mit der **rechtskräftigen** gerichtlichen Entscheidung (hM), was sich letztlich schon aus der Vorschrift des § 23 Abs. 1 ergibt, so dass es sich hier um eine „deklaratorische" Ergänzung handelt (vgl. § 23 Rz. 17).

11 **VII. Feststellung der Nichtwählbarkeit (Nr. 6).** Wird ein nicht nach § 8 wählbarer Kandidat gewählt, zB bei der Wahl eines LeihArbN im Entleiherbetrieb (vgl. § 19 Rz. 8), so ist die Wahl **anfechtbar**, vgl. § 19 Abs. 1. Unterbleibt eine Anfechtung innerhalb der Ausschlussfrist des § 19 Abs. 2 Satz 2 (zwei Wochen), bleibt der Gewählte für die Dauer der Amtsperiode grundsätzlich Mitglied des Betriebsrats. Doch möchte Nr. 6 der besonderen **Bedeutung** des passiven Wahlrechts und seiner Voraussetzungen dadurch Rechnung tragen, dass es auch bei nicht angefochtener Wahl die Berufung auf die **von Anfang an** fehlende Wählbarkeit zulässt[7]. Der letzte Halbsatz der Norm weist auf die **Heilbarkeit** des Mangels hin: Eine gerichtliche Entscheidung kommt nicht mehr in Betracht, wenn zB ein Minderjähriger, der unzulässigerweise zur Wahl zugelassen wurde, inzwischen volljährig geworden ist (vgl. § 19 Rz. 8).

12 Die gerichtliche Feststellung erfolgt nur auf **Antrag** im Beschlussverfahren (§§ 2a Abs. 1 Nr. 1, Abs. 2 iVm. 80 ff. ArbGG). Antragsberechtigt ist nur, wer auch zur Anfechtung des BR-Wahl befugt wäre, vgl. § 19 Abs. 2 Satz 1[8]. Der Normtext („*nach Ablauf* der in § 19 Abs. 2 bezeichneten Frist") legt es nahe, dass der Antrag erst nach Ablauf der Anfechtungsfrist gestellt werden kann. Dem hat das BAG widersprochen. Danach kann die Feststellung der Nichtwählbarkeit **jederzeit** und **unabhängig** von einer Anfechtung beantragt werden; er ist gegen das BR-Mitglied zu richten und selbst dann möglich, wenn der Mangel bereits bei Ablauf der Anfechtungsfrist bekannt war[9]. Ist die Wahl fristgerecht **angefochten**

---

1 HM, vgl. ErfK/*Eisemann*, § 24 BetrVG Rz. 7; *Fitting*, § 24 BetrVG Rz. 32; Richardi/*Richardi/Thüsing*, § 24 BetrVG Rz. 25; aA aber GK-BetrVG/*Oetker*, § 24 Rz. 42. |2 BAG v. 25.10.2000 – 7 ABR 18/00, AP Nr. 32 zu § 76 BetrVG 1952 (Anm. *Rombach*) = SAE 2001, 207 (Anm. *Windbichler*); wN vgl. § 7 Rz. 13. |3 Vgl. *Löwisch/Kaiser*, § 24 BetrVG Rz. 6; wie hier dagegen DKK/*Buschmann*, § 24 BetrVG Rz. 24; ErfK/*Eisemann*, § 24 BetrVG Rz. 6; *Fitting*, § 24 BetrVG Rz. 13; GK-BetrVG/*Oetker*, § 24 Rz. 44; HaKo-BetrVG/*Düwell*, § 24 Rz. 12; Richardi/*Richardi/Thüsing*, § 24 BetrVG Rz. 26. |4 Vgl. auch GK-BetrVG/*Oetker*, § 24 Rz. 39; *Löwisch/Kaiser*, § 24 BetrVG Rz. 7. |5 So GK-BetrVG/*Oetker*, § 24 Rz. 34; HaKo-BetrVG/*Düwell*, § 21a Rz. 39; § 24 Rz. 15. |6 Zum früheren Streit um die analoge Anwendung von § 15 Abs. 5 KSchG vgl. einerseits (dafür) zB DKK/*Buschmann*, § 24 BetrVG Rz. 22; ErfK/*Eisemann*, § 24 BetrVG Rz. 8; *Fitting*, § 24 BetrVG Rz. 36; dagegen GK-BetrVG/*Oetker*, § 24 Rz. 41; HaKo-BetrVG/*Düwell*, § 24 Rz. 15. |7 GK-BetrVG/*Oetker*, § 24 Rz. 46. |8 HM, vgl. BAG v. 11.3.1975 – 1 ABR 77/74, AP Nr. 1 zu § 24 BetrVG 1972; GK-BetrVG/*Oetker*, § 24 Rz. 47; Richardi/*Richardi/Thüsing*, § 24 BetrVG Rz. 30. |9 So BAG v. 11.3.1975 – 1 ABR 77/74, AP Nr. 1 zu § 24 BetrVG 1972.

worden (vgl. Beispiele § 19 Rz. 9), ist der Antrag nach § 24 Nr. 6 aber unzulässig – das Verfahren nach Nr. 6 ist gegenüber der Wahlanfechtung subsidiär[1].

VIII. Rechtsfolgen des Erlöschens. In den Fällen des § 24 endet das BR-Amt **für die Zukunft**; damit werden alle ausgeübten Funktionen auch für Gesamt- und KonzernBR oder Wirtschaftsausschuss (§ 107 Abs. 1 Satz 1) ebenso wie in den daraus abgeleiteten Ausschüssen beendet. Die Mitgliedschaft im **Aufsichtsrat** ist dagegen völlig unabhängig vom Erlöschen der Mitgliedschaft im BR; ähnliches gilt für die Mitwirkung in der Einigungsstelle[2]. Es enden auch die besonderen Regeln des Kündigungs- und Versetzungsschutzes, §§ 15 Abs. 1 KSchG, 103 BetrVG. Jedoch beginnt der **nachwirkende** Kündigungsschutz, § 15 Abs. 2 Satz 2 KSchG für ein weiteres Jahr, der nicht nur beim Amtszeitende des Kollegialorgans greift (Nr. 1), sondern auch die Fälle des individuellen Amtsverlusts bei fortbestehendem Arbeitsverhältnis (Nr. 2 und 4) meint[3]. Zu beachten ist aber die Einschränkung des § 15 Abs. 1 Satz 2 letzter Halbs.: „Wenn die Beendigung der Mitgliedschaft auf einer *gerichtlichen Entscheidung* beruht", wird der nachwirkende Amtsschutz versagt. Damit sind nach dem klaren Wortlaut nicht nur die Amtsenthebungs-Fälle der Nr. 5 gemeint[4], sondern auch die Anfechtungs-Fälle der Nr. 6 (vgl. § 19 Rz. 21)[5]. Denn ein Schutzbedürfnis wird nach Rechtskraft der gerichtlichen Entscheidung in **beiden** Fällen vom Gesetzgeber wegen der unrechtmäßig erlangten (Nr. 6) bzw. ausgeübten (Nr. 5) Amtsstellung nicht mehr anerkannt.

IX. Streitigkeiten. Streitigkeiten darüber, ob die Mitgliedschaft im BR erloschen ist, entscheiden die ArbG im **Beschlussverfahren** (§ 2a Abs. 1 Nr. 1, Abs. 2 iVm. §§ 80 ff. ArbGG). In den Fällen von Nr. 5 und 6 endet die Mitgliedschaft ohnehin nur aufgrund der (konstitutiv wirkenden) Entscheidung, in den übrigen Fällen kann das Erlöschen auch inzidenter im Urteilsverfahren festgestellt werden (zB wenn im Kündigungsschutzprozess der Amtsschutz nach § 15 Abs. 1 KSchG behauptet wird). Das Rechtsschutzinteresse entfällt, wenn das betreffende BR-Mitglied vor der letzten mündlichen Verhandlung bereits aus dem BR ausgeschieden war[6].

25 *Ersatzmitglieder*

(1) Scheidet ein Mitglied des Betriebsrats aus, so rückt ein Ersatzmitglied nach. Dies gilt entsprechend für die Stellvertretung eines zeitweilig verhinderten Mitglieds des Betriebsrats.

(2) Die Ersatzmitglieder werden unter Berücksichtigung des § 15 Abs. 2 der Reihe nach aus den nichtgewählten Arbeitnehmern derjenigen Vorschlagslisten entnommen, denen die zu ersetzenden Mitglieder angehören. Ist eine Vorschlagsliste erschöpft, so ist das Ersatzmitglied derjenigen Vorschlagsliste zu entnehmen, auf die nach den Grundsätzen der Verhältniswahl der nächste Sitz entfallen würde. Ist das ausgeschiedene oder verhinderte Mitglied nach den Grundsätzen der Mehrheitswahl gewählt, so bestimmt sich die Reihenfolge der Ersatzmitglieder unter Berücksichtigung des § 15 Abs. 2 nach der Höhe der erreichten Stimmenzahlen.

§ 25 zuletzt geändert (Aufhebung des Abs. 3, Änderung in Abs. 2) durch das BetrVerf-ReformG v. 23.7.2001 (BGBl. I S. 1852), vgl. Neubekanntmachung v. 25.9.2001 (BGBl. I S. 2518).

I. Inhalt und Zweck. Die Vorschrift regelt das **Nachrücken** von bzw. die **Stellvertretung** durch Ersatzmitglieder für den Fall, dass amtierende BR-Mitglieder ausscheiden oder zeitweise verhindert sind. Ersatzmitglieder sind nach Abs. 2 Satz 1 die **nicht gewählten Wahlbewerber**. Ein Wahlverstoß, der sich lediglich auf die Reihenfolge der möglicherweise nachrückenden Ersatzmitglieder auswirkt, berechtigt nicht zur Wahlanfechtung nach § 19, weil dadurch das Wahlergebnis nicht beeinflusst werden kann: Ersatzmitglieder sind eben „nichtgewählte Arbeitnehmer" (vgl. § 19 Rz. 13)[7].

Der bisherige Absatz 3 wurde durch das BetrVerf-Reformgesetz wegen des Wegfalls des § 14 Abs. 4 aF im Zuge der Abkehr vom Gruppenschutz ebenfalls aufgehoben. Auch Abs. 2 wurde durch die Gesetzesnovelle verändert. Mit dem Verweis auf die Neuregelung in § 15 Abs. 2 wird die Bedeutung der **Geschlechterquote** auch beim Nachrücken von Ersatzmitgliedern klargestellt[8]. Die Bedeutung der Norm für die **Kontinuität** der BR-Arbeit ist nicht zu unterschätzen. Die zwingende und nicht abdingbare Regelung ermöglicht die jederzeit komplette und konstante Besetzung des BR und damit die wirksame Beschlussfassung nach § 33[9]. Für privatisierte Postbetriebe gilt § 26 Nr. 7 PostPersRG als lex spezialis[10].

II. Nachrücken und Stellvertretung (Abs. 1). Bei **Ausscheiden** eines BR-Mitglieds, also bei Erlöschen der Mitgliedschaft nach § 24 Nr. 2 bis 6, **rückt** das Ersatzmitglied für den Rest der Amtszeit **endgültig**

---

1 Vgl. GK-BetrVG/*Oetker*, § 24 Rz. 49; Richardi/*Richardi/Thüsing*, § 24 BetrVG Rz. 32. | 2 Vgl. GK-BetrVG/*Oetker*, § 24 Rz. 54; Richardi/*Richardi/Thüsing*, § 24 BetrVG Rz. 34. | 3 Heute hM, vgl. BAG v. 5.7.1979 – 2 AZR 521/77, AP Nr. 6 zu § 15 KSchG 1969 (Anm. *Richardi*) = BB 1979, 1769; GK-BetrVG/*Oetker*, § 24 Rz. 56; MünchArbR/*Joost*, § 305 Rz. 39. | 4 So aber GK-BetrVG/*Oetker*, § 24 Rz. 55; HaKo-BetrVG/*Düwell*, § 24 Rz. 21; wohl auch *Löwisch/Kaiser*, § 24 BetrVG Rz. 13. | 5 Wie hier auch DKK/*Buschmann*, § 24 BetrVG Rz. 38; *Fitting*, § 24 BetrVG Rz. 47; GK-BetrVG/*Kreutz*, § 19 Rz. 124. | 6 ErfK/*Eisemann*, § 24 BetrVG Rz. 12; *Fitting*, § 24 BetrVG Rz. 48, vgl. ferner Nachw. § 21 Rz. 16. | 7 BAG v. 21.2.2001 – 7 ABR 41/99, AP Nr. 49 zu § 19 BetrVG 1972 = DB 2002, 154 = NZA 2002, 282. | 8 Vgl. nur *Fitting*, § 25 BetrVG Rz. 1; HaKo-BetrVG/*Düwell*, § 25 Rz. 1. | 9 Vgl. nur ErfK/*Eisemann*, § 25 BetrVG Rz. 1; GK-BetrVG/*Oetker*, § 25 Rz. 7. | 10 Näher dazu DKK/*Buschmann*, § 25 BetrVG Rz. 33; *Fitting*, § 25 BetrVG Rz. 36; GK-BetrVG/*Oetker*, § 25 Rz. 1.

nach, vgl. Abs. 1 Satz 1. Kann zB ein BR-Mitglied mit Beginn der Freistellungsphase einer **ATZ** im sog. Blockmodell nicht mehr in die betriebliche Organisation zurückkehren, fehlt es ihm mangels Betriebszugehörigkeit (vgl. § 7 Rz. 13) an einer Wählbarkeitsvoraussetzung, so dass seine Mitgliedschaft nach § 24 Nr. 4 erlischt[1]. Ein Ruhen des Arbeitsverhältnisses führt dagegen nicht zum Ausscheiden des BR-Mitglieds (vgl. § 24 Rz. 6, 8), allerdings kann eine zeitweilige Verhinderung vorliegen (Rz. 4).

4   Zu unterscheiden vom endgültigen Nachrücken ist die **vorübergehende betriebsverfassungsrechtliche Stellvertretung** durch das Ersatzmitglied nach Abs. 1 Satz 2, durch die die Mitgliedschaft des verhinderten BR-Mitglieds nicht endet[2]. Eine **zeitweilige** Verhinderung nach Satz 2 liegt vor, wenn es aus tatsächlichen oder rechtlichen Gründen nicht in der Lage ist, seine Amtsgeschäfte zu besorgen[3]. Das gilt auch dann, wenn die Amtsausübung aus persönlichen Gründen, zB wegen urlaubsbedingten Fehlens oder beim Todesfall naher Angehöriger, vorübergehend unzumutbar ist. Auch in diesem Fall kann sich das Mitglied nicht nach freiem Ermessen vertreten lassen; vielmehr tritt das Ersatzmitglied **kraft Gesetzes** stellvertretend ein, sobald der Amtsinhaber den Vorsitzenden von seiner Abwesenheit unterrichtet[4]. Die **Dauer** der zeitweiligen Verhinderung ist grundsätzlich **unerheblich**, ebenso deren Vorhersehbarkeit (hM). Ein Verhinderungsfall liegt bereits dann vor, wenn ein BR-Mitglied nur **zeitweise** an einer Sitzung des Gremiums nicht teilnehmen kann (Rz. 7). Auch kann die Verhinderung jede Art von BR-Tätigkeit betreffen, so dass das Nachrücken nicht nur für die Teilnahme an BR-Sitzungen erfolgen muss[5].

5   Eine **tatsächliche** Verhinderung liegt zB vor bei der auswärtigen Wahrnehmung des Erholungs- oder Bildungsurlaubs, bei Kuraufenthalten, Dienstreisen oder der Teilnahme an Schulungs- oder Bildungsveranstaltungen, während der Elternzeit nach dem BErzGG oder während des Wehr- bzw. Zivildienstes. Die **krankheitsbedingte** Arbeitsunfähigkeit eines BR-Mitglieds führt nicht zwangsläufig zu seiner zeitweiligen Verhinderung, begründet hierfür jedoch eine widerlegbare Vermutung[6]. Möchte das BR-Mitglied an einer BR-Sitzung teilnehmen, indem es beispielsweise seinen Urlaub unterbricht, so ist es hierzu jedoch berechtigt (str.)[7]. Das bereits nachgerückte Ersatzmitglied muss insoweit dem gewählten Mitglied den Vorrang einräumen, auch wenn dieses nur punktuell sein Ehrenamt ausüben will. Nicht verhindert ist ein BR-Mitglied, das an einem Arbeitskampf teilnimmt[8].

6   **Rechtlich** verhindert ist ein fristlos entlassenes BR-Mitglied während seines **Kündigungsschutzprozesses** (bis zur rechtskräftigen Entscheidung), sobald der BR nach § 103 BetrVG der Kündigung zugestimmt hat[9]. Wird die Kündigungsschutzklage abgewiesen, tritt das Ersatzmitglied **endgültig** an die Stelle des Ausgeschiedenen (Rz. 3). Gleiches gilt, wenn nach einem Teilbetriebsübergang strittig ist, ob das BR-Mitglied nach § 613a BGB vom Erwerber übernommen wurde oder nicht. Denn eine Mandatsausübung ohne Betriebszugehörigkeit ist nach § 24 Nr. 4 nicht möglich (zum Übergangsmandat vgl. § 24 Rz. 9). Um zu verhindern, dass den BR-Beschlüssen und BV im Nachhinein der Boden entzogen werden könnte, ist bis zur endgültigen Klärung der Betriebszugehörigkeit daher von einer zeitweiligen Verhinderung auszugehen[10].

7   **Punktuell** rechtlich verhindert kann ein BR-Mitglied auch bei konkret-individueller Betroffenheit in Bezug auf einen Beschlussgegenstand sein (**Interessenkollision**). Will es zB an einer die eigene **Umgruppierung** betreffenden Beschlussfassung des BR und an der vorangehenden Beratung teilnehmen, so muss dies vom Vorsitzenden unterbunden werden, indem er für das insoweit „verhinderte" Mitglied ein Ersatzmitglied lädt. Die **Nichtbeachtung** dieser Pflicht führt zur Unwirksamkeit des Beschlusses[11]. Dasselbe gilt im Zustimmungsverfahren nach § 103 für das BR-Mitglied, dem gekündigt werden soll[12].

8   **III. Nachrückverfahren (Abs. 2).** Das Ersatzmitglied rückt beim Ausscheiden eines BR-Mitglieds aus dem Amt **automatisch**, dh. kraft Gesetzes nach[13]. Eine ausdrückliche Annahmeerklärung des nachrückenden Ersatzmitglieds oder dessen Benachrichtigung von seinem Nachrücken durch den „Restbetriebsrat" ist nicht erforderlich[14]. Anfangsmoment für das Nachrücken ist der **objektive** Zeitpunkt

---

[1] BAG v. 25.10.2000 – 7 ABR 18/00, BAGE 96, 163 = AP Nr. 32 zu § 76 BetrVG 1952; ferner *Fitting*, § 25 BetrVG Rz. 13; HaKo-BetrVG/*Düwell*, § 25 Rz. 5. |[2] Vgl. Richardi/*Thüsing*, § 25 BetrVG Rz. 5, 15 (keine gewillkürte Stellvertretung). |[3] HM, vgl. *Fitting*, § 25 BetrVG Rz. 17; GK-BetrVG/*Oetker*, § 25 Rz. 16; *Stege/Weinspach/Schiefer*, § 25 BetrVG Rz. 5. |[4] Wie hier für den Fall des Urlaubs auch GK-BetrVG/*Oetker*, § 25 Rz. 22; aA DKK/*Buschmann*, § 25 BetrVG Rz. 17; *Fitting*, § 25 BetrVG Rz. 21. |[5] Vgl. ErfK/*Eisemann*, § 25 BetrVG Rz. 5; *Stege/Weinspach/Schiefer*, § 25 BetrVG Rz. 6; HaKo-BetrVG/*Düwell*, § 25 BetrVG Rz. 8. |[6] BAG v. 15.11.1984 – 2 AZR 341/83, NZA 1985, 367 = AP Nr. 2 zu § 25 BetrVG 1972; *Fitting*, § 25 BetrVG Rz. 17; GK-BetrVG/*Oetker*, § 25 Rz. 18. |[7] So auch DKK/*Buschmann*, § 25 BetrVG Rz. 17; *Fitting*, § 25 BetrVG Rz. 21; insoweit wohl zu streng GK-BetrVG/*Oetker*, § 25 Rz. 22. |[8] Zutr. GK-BetrVG/*Oetker*, § 25 BetrVG Rz. 17; ErfK/*Eisemann*, § 25 BetrVG Rz. 7. |[9] HM, vgl. LAG Hamm v. 17.1.1996 – 3 TaBV 61/95, LAGE Nr. 4 zu § 25 BetrVG 1972; DKK/*Buschmann*, § 25 BetrVG Rz. 23; GK-BetrVG/*Oetker*, § 25 Rz. 27. |[10] LAG Köln v. 27.6.1997 – 11 TaBV 75/96, NZA-RR 1998, 266 = AP Nr. 6 zu § 25 BetrVG 1972; GK-BetrVG/*Oetker*, § 25 Rz. 28; *Löwisch/Kaiser*, § 25 BetrVG Rz. 4. |[11] BAG v. 3.8.1999 – 1 ABR 30/98, AP Nr. 7 zu § 25 BetrVG 1972 = BB 2000, 621. |[12] BAG v. 23.8.1984 – 2 AZR 391/83, AP Nr. 17 zu § 103 BetrVG 1972 = NZA 1985, 254; BAG v. 26.8.1981 – 7 AZR 550/79, AP Nr. 13 zu § 103 BetrVG 1972 = NJW 1982, 1175. |[13] BAG v. 12.1.2000 – 7 ABR 61/98, AP Nr. 5 zu § 24 BetrVG 1972 = NZA 2000, 669. |[14] LAG Schl.-Holst. v. 7.4.1994 – 4 Sa 18/94, LAGE Nr. 8 zu § 15 KSchG; ferner DKK/*Buschmann*, § 25 BetrVG Rz. 6; GK-BetrVG/*Oetker*, § 25 Rz. 30; HaKo-BetrVG/*Düwell*, § 25 Rz. 13; Richardi/*Thüsing*, § 25 BetrVG Rz. 24; aA MünchArbR/*Joost*, § 305 Rz. 55 f.

des Ausscheidens bzw. der Beginn der Verhinderung. Die Vertretung beschränkt sich auf den Zeitraum der Verhinderung. Im Übrigen endet die Ersatzmitgliedschaft im BR mit Ende der Amtszeit, § 24 Nr. 1, bei Weiterführung der Geschäfte nach § 22 mit der Bekanntgabe des Wahlergebnisses.

Die **Reihenfolge** der nachrückenden Ersatzmitglieder regelt Abs. 2, der auf § 15 Abs. 2 verweist, so dass im Nachrückverfahren an erster Stelle der **Geschlechterproporz** zu berücksichtigen ist. Dies gilt allerdings nur für Nachrücker in solche BR, die nach In-Kraft-Treten des BetrVerf-ReformG am 28.7.2001 gewählt wurden[1]. Außerdem ist zu differenzieren danach, ob das ausgeschiedene oder verhinderte BR-Mitglied durch eine Verhältniswahl, Sätze 1 und 2, oder durch eine Mehrheitswahl, Satz 3, gewählt worden ist[2]. Wurde der BR nach den Grundsätzen der **Verhältniswahl** gewählt (vgl. § 14 Rz. 10), so rückt das zuerst aufgeführte Ersatzmitglied der Liste nach, der das ausgeschiedene oder verhinderte BR-Mitglied angehörte. Dabei muss jeweils auf den Geschlechterproporz nach § 15 Abs. 2 geachtet werden, so dass beim Ausscheiden einer Frau (nur) die nächste Frau auf der Liste berücksichtigt werden kann, wenn es sich um das Geschlecht in der Minderheit handelt und die geforderte Quote nicht schon erfüllt ist[3]. Satz 2 sieht für den Fall der Erschöpfung der Liste ausdrücklich den **Listenwechsel** auch dann vor, wenn es um den geschlechtlich korrekten Nachrücker geht[4]. Wurde der BR im Wege der **Mehrheitswahl** gewählt (vgl. § 14 Rz. 12), rückt das Ersatzmitglied des gleichen Geschlechts nach, das als Wahlbewerber die nächsthöchste Stimmzahl erreicht hat.

Sind **überhaupt keine** Ersatzmitglieder mehr vorhanden und scheidet ein Mitglied endgültig aus, so muss nach § 13 Abs. 2 Nr. 2 eine Neuwahl erfolgen[5]. Die Amtszeit des nicht mehr vollzähligen BR endet mit der Bekanntgabe des Wahlergebnisses für den neuen BR, vgl. § 21 Satz 5. Besteht ein BR aus lediglich **einer Person**, so ist im Verhinderungsfall der ArbGeb in den Grenzen des Zumutbaren verpflichtet, beteiligungspflichtige Angelegenheiten zurückzustellen (str.)[6].

IV. Rechtsstellung der Ersatzmitglieder. Die nichtgewählten Wahlbewerber haben **vor dem Eintritt** eines der Tatbestände in Abs. 1 nur eine „tatsächliche" Anwartschaft auf einen Sitz im BR bzw. auf eine Vertretung. Die besonderen Amtsschutzvorschriften nach § 15 Abs 1 KSchG bzw. § 103 gelten für sie nicht, wohl aber die Erlöschensgründe des § 24 (vgl. § 24 Rz. 1)[7]. Mit Eintritt des Tatbestands des Abs. 1 (Rz. 8) wird das Ersatzmitglied aber **ordentliches BR-Mitglied**. Auch der zeitweilige Vertreter tritt in **alle Rechte und Pflichten** ein, die sich aus dem BR-Amt ergeben, nicht aber in die weiteren Funktionen oder Ämter des ausgeschiedenen oder vertretenen BR-Mitglieds, zB in dessen Ausschuss-Mandate. Das Ersatzmitglied erlangt auch nicht automatisch die berufliche Freistellung nach § 38 Abs. 3[8].

Erst mit Eintreten in den BR kann das Ersatzmitglied den **besonderen Kündigungs- und Versetzungsschutz** nach § 103 BetrVG und § 15 Abs. 1 KSchG für sich beanspruchen. Vorher ist es nur als Wahlbewerber nach § 15 Abs. 3 KSchG sechs Monate lang geschützt. Das gilt nicht nur für das endgültig nachrückende, sondern auch für das **zeitweilig** vertretende Ersatzmitglied für die gesamte Dauer der Vertretung (hM). Zu beachten ist aber, dass durch § 15 Abs. 1 Satz 1 nur der Kündigungs*ausspruch*, nicht aber das Wirksamwerden einer bereits ausgesprochenen Kündigung unterbunden wird. Steht am Beginn einer längeren Vertretung eine BR-Sitzung oder ist diese Gegenstand einer kurzen Vertretung, **beginnt** der besondere Kündigungsschutz schon in der **Vorbereitungszeit** auf diese Sitzung, dh. in der Zeit ab der Ladung, wobei in der Regel drei Arbeitstage als Vorbereitungszeit ausreichend sind[9]. Ist das Ersatzmitglied **selbst verhindert**, so bleibt der Kündigungsschutz bestehen, wenn die Dauer der eigenen Verhinderung im Vergleich zur voraussichtlichen Dauer des Vertretungsfalles als unerheblich anzusehen ist[10].

Für die **endgültig** nachgerückten Ersatzmitglieder gilt unstreitig auch der **nachwirkende** Kündigungsschutz nach § 15 Abs. 1 Satz 2 KSchG für ein weiteres Jahr nach Beendigung der Amtszeit (vgl. § 24 Rz. 13). Das BAG und die hL bejahen das auch für die **vorübergehende** Stellvertretung, obwohl hier ja das verhinderte Mitglied im Amt bleibt. Doch dient der nachwirkende Kündigungsschutz nicht allein dem Amtsschutz, sondern auch der Sicherung unabhängiger Interessenvertretung durch eine „Abkühlungsphase" im Verhältnis zum ArbGeb nach Beendigung der BR-Tätigkeit[11]. Der hM ist mit der wichtigen Einschränkung zuzustimmen, dass das Ersatzmitglied **tatsächlich** BR-Aufgaben während seiner Vertretung wahrgenommen haben muss[12].

---

1 Vgl. *Fitting*, § 25 BetrVG Rz. 24. | 2 Vgl. *Fitting*, § 25 BetrVG Rz. 24; ErfK/*Eisemann*, § 25 Rz. 8. | 3 Vgl. Beispiele bei *Fitting*, § 25 BetrVG Rz. 26 ff. | 4 Vgl. GK-BetrVG/*Oetker*, § 25 Rz. 39 mit Verweis auf § 15 Abs. 5 WahlO 2001. | 5 Vgl. nur *Löwisch/Kaiser*, § 25 BetrVG Rz. 1; *Fitting*, § 25 BetrVG Rz. 33. | 6 So etwa DKK/*Buschmann*, § 25 BetrVG Rz. 31; ErfK/*Eisemann*, § 25 Rz. 10; aA aber GK-BetrVG/*Oetker*, § 25 Rz. 47; HaKo-BetrVG/*Düwell*, § 25 Rz. 19. | 7 Vgl. nur GK-BetrVG/*Oetker*, § 25 Rz. 49. | 8 HM, vgl. Richardi/*Thüsing*, § 25 BetrVG Rz. 27; HaKo-BetrVG/*Düwell*, § 25 Rz. 4. | 9 BAG v. 17.1.1979 – 5 AZR 891/77, AP Nr. 5 zu § 15 KSchG 1969 = BB 1979, 888; dazu krit. GK-BetrVG/*Oetker*, § 25 Rz. 54; *Uhmann*, NZA 2000, 576 (577): Vorwirkung allgemein anzunehmen. | 10 BAG v. 9.11.1977 – 5 AZR 175/76, AP Nr. 3 zu § 15 KSchG 1969 = NJW 1978, 909; Richardi/*Thüsing*, § 25 BetrVG Rz. 30; GK-BetrVG/*Oetker*, § 25 Rz. 53. | 11 BAG v. 6.9.1979 – 2 AZR 548/77, AP Nr. 7 zu § 15 KSchG 1969 = DB 1980, 451; ferner *Fitting*, § 25 BetrVG Rz. 10; GK-BetrVG/*Oetker*, § 25 Rz. 57; *Stege/Weinspach/Schiefer*, § 25 BetrVG Rz. 9. | 12 AA DKK/*Buschmann*, § 25 BetrVG Rz. 39, der den nachwirkenden Kündigungsschutz grundsätzlich bejaht.

14 Zweifelhaft ist, ob Ersatzmitglieder nach § 37 Abs. 6 und Abs. 7 einen Anspruch auf Teilnahme an **Schulungs- und Bildungsveranstaltungen** haben. Richtigerweise ist auch hier zwischen lediglich stellvertretenden und endgültig nachrückenden Ersatzmitgliedern zu differenzieren[1]. Nur ganz ausnahmsweise kann ein zur **Vertretung** herangezogenes Ersatzmitglied zu einer Schulungsveranstaltung nach § 37 Abs. 6 entsandt werden, nämlich dann, wenn die Kenntnisse unter Berücksichtigung der Ersatzmitgliedschaft für die Gewährleistung der Arbeitsfähigkeit des BR notwendig sind[2].

15 **V. Streitigkeiten.** Streitigkeiten über das Nachrücken von Ersatzmitgliedern oder das Vorliegen eines Vertretungsfalls entscheiden die Arbeitsgerichte im **Beschlussverfahren** (§ 2a Abs. 1 Nr. 1, Abs. 2 iVm. §§ 80 ff. ArbGG). Die Frage kann auch im Rahmen eines Urteilsverfahrens als Vorfrage relevant werden, insb. im Kündigungsschutzprozess[3].

Dritter Abschnitt. Geschäftsführung des Betriebsrats

26 *Vorsitzender*
(1) Der Betriebsrat wählt aus seiner Mitte den Vorsitzenden und dessen Stellvertreter.
(2) Der Vorsitzende des Betriebsrats oder im Fall seiner Verhinderung sein Stellvertreter vertritt den Betriebsrat im Rahmen der von ihm gefassten Beschlüsse. Zur Entgegennahme von Erklärungen, die dem Betriebsrat gegenüber abzugeben sind, ist der Vorsitzende des Betriebsrats oder im Fall seiner Verhinderung sein Stellvertreter berechtigt.

§ 26 zuletzt geändert (Wegfall von Abs. 1 Satz 2 und von Abs. 2) durch das BetrVerf-ReformG v. 23.7.2001 (BGBl. I S. 1852), vgl. Neubekanntmachung v. 25.9.2001 (BGBl. I S. 2518).

Lit.: *Dütz*, Abschaffung des Minderheitenschutzes durch das BetrVerf-ReformG 2001, DB 2001, 1306; *Löwisch*, Änderung der Betriebsverfassung durch das Betriebsverfassungs-Reformgesetz, BB 2001, 1734; *Löwisch*, Monopolisierung durch Mehrheitswahl?, BB 2001, 726.

1 **I. Inhalt und Zweck.** Mit der Aufgabe des **Gruppenschutzes** durch das BetrVerf-Reformgesetz 2001 wurde die Norm erheblich vereinfacht[4]. Bei der Wahl des Vorsitzenden bedarf es nicht mehr einer Beachtung verschiedener Wählergruppen, auch nicht der Beachtung der neuen Geschlechterquote (vgl. § 15). Die Wahl nach Abs. 1 erfolgt in der **konstituierenden Sitzung** des BR, die der Wahlvorstand laut § 29 Abs. 1 Satz 1 „vor Ablauf einer Woche nach dem Wahltag" einzuberufen hat. Es handelt sich dabei um einen Organisationsakt, der mit der Bestellung der **Geschäftsführung** die Funktionsfähigkeit des BR erst herstellt[5].

2 Abs. 1 ist **zwingendes** Recht, von Abs. 2 kann insoweit abgewichen werden, als auch andere Vertretungsregeln vom BR festgelegt werden können. Er kann bestimmten Mitgliedern Spezial- oder Generalvollmachten für gewisse Aufgabenbereiche zusprechen[6]. Doch **muss** jeder mehrköpfige BR kraft Gesetzes eine/n Vorsitzende/n und deren/dessen Stellvertreter/in wählen. Denn ohne Vorsitz ist der BR **nicht handlungsfähig** (vgl. § 21 Rz. 2). Nach hM kann der ArbGeb mit dem BR Verhandlungen verweigern, solange ein Vorsitzender nicht gewählt ist[7]. Unterbleibt die Wahl, kommt ein Amtsenthebungsverfahren nach § 23 Abs. 1 in Betracht (vgl. § 23 Rz. 6). Eine Ersatzbestellung durch das ArbG – etwa analog § 16 Abs. 2 – ist aber ausgeschlossen (hM).

3 **II. Wahl des Vorsitzenden (Abs. 1).** **Wählbar** für den Vorsitz und dessen Stellvertretung sind nur **Mitglieder** des BR („aus seiner Mitte"). Das aktive Wahlrecht steht „dem BR" in seiner Gesamtheit zu, dh. **jedes Mitglied**, auch die Kandidaten, haben eine Stimme, weil es sich um einen Organisationsakt handelt; ein Stimmausschluss wegen konkret-individueller Betroffenheit kommt hier nicht in Betracht. Jedes BR-Mitglied hat **eine** Stimme, es handelt sich insofern um allgemeine und gleiche Wahlen iSd. Art. 38 GG. Das Gesetz enthält keine weiteren Verfahrensvorschriften, jedoch ist **analog** zu § 33 Abs. 1 und 2 einfache Mehrheit und die Anwesenheit von mindestens der Hälfte der Mitglieder zu fordern[8].

4 **Mangels besonderer Vorschriften** zum Wahlverfahren ist eine geheime Wahl nicht zwingend, doch muss bei offener Wahl zB durch Handaufheben der Wille jeden Mitglieds eindeutig zum Ausdruck kom-

---

[1] So auch Richardi/*Thüsing*, § 25 BetrVG Rz. 32; *Stege/Weinspach/Schiefer*, § 25 BetrVG Rz. 9. |[2] BAG v. 19.9.2001 – 7 ABR 32/00, AP Nr. 9 zu § 25 BetrVG 1972 (zust. Anm. *Bengelsdorf*); v. 15.5.1986 – 6 ABR 64/83, AP Nr. 53 zu § 37 BetrVG 1972. |[3] Vgl. DKK/*Buschmann*, § 25 BetrVG Rz. 40; Richardi/*Thüsing*, § 25 BetrVG Rz. 34. |[4] Zum Problem des dadurch weggefallenen Minderheitenschutzes vgl. *Dütz*, DB 2001, 1308. |[5] BAG v. 13.11.1991 – 7 ABR 8/91, BAGE 69, 41 = AP Nr. 9 zu § 26 BetrVG 1972. |[6] Richardi/Richardi/*Thüsing*, § 26 BetrVG Rz. 51. |[7] St. Rspr., vgl. BAG v. 23.8.1984 – 6 AZR 520/82, BAGE 46, 282 = AP Nr. 36 zu § 102 BetrVG 1972; v. 28.10.1992 – 10 ABR 75/91, AP Nr. 63 zu § 112 BetrVG 1972 = NZA 1993, 420; LAG Hamm v. 20.5.1999 – 4 Sa 1989/98, ZInsO 1999, 362; ebenso ErfK/*Eisemann*, § 26 BetrVG Rz. 3; *Fitting*, § 26 BetrVG Rz. 6; MünchArbR/*Joost*, § 306 Rz. 15; Richardi/Richardi/*Thüsing*, § 26 BetrVG Rz. 1; aA DKK/*Wedde*, § 26 BetrVG Rz. 4; GK-BetrVG/*Wiese/Raab*, § 26 Rz. 6. |[8] Vgl. nur GK-BetrVG/*Wiese/Raab*, § 26 BetrVG Rz. 9; HaKo-BetrVG/*Blanke*, § 26 Rz. 2.

men. Die Wahl sollte aber **geheim** sein, soweit ein Mitglied dies verlangt[1], um die Entschlussfreiheit der einzelnen Mitglieder nicht zu beeinträchtigen. Die Wahl des/der **stellvertretenden** Vorsitzenden erfolgt in einem **gesonderten** Wahlgang, jedoch kann der BR auch einen gemeinsamen Wahlgang mit der Folge beschließen, dass der/die Kandidat/in mit der höchsten Stimmenzahl als Vorsitzender und der/die Kandidat/in mit der nächst höheren Stimmenzahl als Stellvertreter gewählt sind[2]. Dabei sollen auch „Koalitionsabsprachen" grundsätzlich zulässig sein[3].

Der aus der Mitte des BR bestellte **Wahlleiter** (§ 29 Abs. 1 Satz 2) zählt die Stimmen aus und hält das Ergebnis in einer Niederschrift (§ 34) fest. Gewählt ist, wer die **meisten Stimmen** auf sich vereinigt. Der Gewählte unterzeichnet zusammen mit dem Wahlleiter die Niederschrift. Der Zweitplatzierte wird nicht automatisch Stellvertreter, sondern nur dann, wenn die gemeinsame Wahl beschlossen wurde (Rz. 4). Stimmengleichheit führt nach hM zu einem **Losentscheid**[4], aber auch nur dann, wenn im BR zuvor keine andere Regelung vereinbart wurde. 5

Grundsätzlich entspricht die **Amtsdauer** des Vorsitzenden der vierjährigen Amtszeit des BR, vgl. § 21 Satz 1. Wegen des Repräsentations- und Demokratieprinzips[5] endet sein Amt zwingend mit Ablauf der Amtszeit des BR, vgl. näher § 21 Rz. 5 bzw. § 24 Rz. 2. Für den Vorsitz können jedoch kürzere Perioden durch TV oder in der Geschäftsordnung festgesetzt werden, so dass es zu einem **Amtswechsel** während der vierjährigen Amtszeit kommen kann. Dazu führt ferner die (jederzeit mögliche) freiwillige **Niederlegung** des Vorsitzes[6] (was aber nicht Amtsniederlegung nach § 24 Nr. 2 bedeuten muss) oder die **Abberufung** durch einfachen BR-Beschluss iSd. § 33, der jederzeit auch ohne besondere Begründung erfolgen kann[7]. Die freiwillige Niederlegung erfolgt durch einseitige Erklärung gegenüber dem BR, eine Begründung ist ebenfalls nicht erforderlich. Neben Abberufung und Amtsniederlegung ist die **Nichtannahme** des Amtes die dritte Möglichkeit, die zur umgehenden Neuwahl des Vorsitzenden verpflichtet. Bis zur Neuwahl übt der Stellvertreter das Amt des Vorsitzenden aus. 6

III. Aufgaben des Vorsitzenden (Abs. 2). Dem Vorsitzenden des BR kommen kraft Gesetzes wesentliche Befugnisse im Bereich der **Geschäftsführung** (Innenverhältnis) und im Bereich der **Vertretung** (Außenverhältnis) zu, jedoch hat er nicht die umfassenden Vollmachten zB eines GmbH-Geschäftsführers. Abs. 2 befasst sich ausdrücklich nur mit der Rolle als „Erklärungsvertreter" des BR (Rz. 9). 7

1. Geschäftsführung. Der Vorsitzende beruft die Sitzungen des BR ein. Er setzt die Tagesordnung fest und leitet die Verhandlung, vgl. § 29 Abs. 2. Er ist verantwortlich für die Niederschriften der Sitzung, vgl. § 34 Abs. 1. In BR mit **weniger als neun Mitgliedern** (bis 200 ArbN) können auf ihn **alleine** die laufenden Geschäfte übertragen werden, vgl. § 27 Abs. 3. In größeren Betrieben ist diese Aufgabe dem BR-Ausschuss nach § 27 Abs. 2 Satz 1 übertragen, dem der Vorsitzende als geborenes Mitglied angehört, vgl. § 27 Abs. 1 Satz 2. Schließlich leitet er die Betriebsversammlung, § 42 Abs. 1 Satz 1, und kann an den Sitzungen der JAV teilnehmen, §§ 65 Abs. 2 Satz 2, 69 Satz 4. 8

2. Vertretung. Der Vorsitzende vertritt den BR nach außen, aber nur „im Rahmen der von ihm gefassten Beschlüsse", Satz 1. Damit kommt eine besonders gebundene **gesetzliche** Vertretungsmacht zum Ausdruck, die den Vorsitzenden nicht etwa zum Willens-, sondern nur zum „Erklärungsvertreter" macht[8]. Diesem quasi „imperativen Mandat" korreliert die Möglichkeit der jederzeitigen Abberufung (Rz. 6). Nach hM ist daher eine Willenserklärung, die einem BR-Beschluss zuwiderläuft, **schwebend unwirksam**[9] (zu den Rechtsfolgen vgl. Rz. 15). Darin unterscheidet sich der BR-Vorsitzende vom GmbH-Geschäftsführer. Er ist nicht mehr als ein *„primus inter pares"* und kann das Alleinentscheidungsrecht des BR als **Organ** nicht durch eigenmächtiges Handeln unterlaufen. 9

Das Gesetz beschränkt daher die Vertretungskompetenz des Vorsitzenden in Abs. 2 auf **Abgabe** (zB Unterzeichnung einer Betriebsvereinbarung), Satz 1, und **Empfang**, Satz 2, von Willenserklärungen. Vollmachtloses Handeln kann durch eine förmliche **Genehmigung** des BR nach § 33 geheilt werden; eine still- 10

---

1 Zutr. MünchArbR/*Joost*, § 306 Rz. 3; DKK/*Wedde*, § 26 BetrVG Rz. 7; ErfK/*Eisemann*, § 26 BetrVG Rz. 2; Ha-Ko-BetrVG/*Blanke*, § 26 Rz. 2; aA *Fitting*, § 26 BetrVG Rz. 8; GK-BetrVG/*Wiese/Raab*, § 26 Rz. 10. |2 Vgl. nur *Fitting*, § 26 BetrVG Rz. 9; GK-BetrVG/*Wiese/Raab*, § 26 Rz. 13. |3 BAG v. 1.6.1966 – 1 ABR 18/65, BAGE 18, 319 = AP Nr. 16 zu § 18 BetrVG. |4 BAG v. 26.2.1987 – 6 ABR 55/85, AP Nr. 5 zu § 26 BetrVG 1972 = DB 1987, 1995; ferner GK-BetrVG/*Wiese/Raab*, § 26 Rz. 12; *Fitting*, § 26 BetrVG Rz. 10a. |5 Zum Demokratieprinzip bei Wahlvorgängen im BR vgl. *Löwisch*, BB 2001, 726; *Dütz*, DB 2001, 1307. |6 Vgl. nur GK-BetrVG/*Wiese/Raab*, § 26 Rz. 25. |7 BAG v. 26.1.1962 – 2 AZR 244/61, BAGE 12, 220 (227 f.) = AP Nr. 8 zu § 626 BGB – Druckkündigung; ferner ErfK/*Eisemann*, § 26 BetrVG Rz. 3; *Fitting*, § 26 BetrVG Rz. 12; GK-BetrVG/*Wiese/Raab*, § 26 Rz. 26; HaKo-BetrVG/*Blanke*, § 26 Rz. 4; DKK/*Wedde*, § 26 BetrVG Rz. 15. |8 So die Rspr., vgl. BAG v. 17.2.1981 – 1 AZR 290/78, BAGE 35, 80 (88) = AP Nr. 11 zu § 112 BetrVG 1972; zuletzt BAG v. 21.2.2002 – 2 AZR 581/00 (nv.); vgl. ferner DKK/*Wedde*, § 26 BetrVG Rz. 17; *Fitting*, § 26 BetrVG Rz. 22; MünchArbR/*Joost*, § 306 Rz. 16; krit. zur Begrifflichkeit GK-BetrVG/*Wiese/Raab*, § 26 Rz. 32; Richardi/*Richardi/Thüsing*, § 26 BetrVG Rz. 34. |9 BAG v. 15.12.1961 – 1 AZR 207/59, AP Nr. 1 zu § 615 BGB – Kurzarbeit; v. 24.2.2000 – 8 AZR 180/99, AP Nr. 7 zu § 1 KSchG 1969 – Namensliste = NZA 2000, 785; vgl. ferner *Fitting*, § 26 BetrVG Rz. 28; GK-BetrVG/*Wiese/Raab*, § 26 Rz. 38; Richardi/*Richardi/Thüsing*, § 26 BetrVG Rz. 46 f.

schweigende Genehmigung genügt nicht[1]. Freilich spricht laut BAG[2] eine widerlegbare **Vermutung** dafür, dass der Vorsitzende aufgrund eines BR-Beschlusses und nicht eigenmächtig gehandelt hat, so zB bei Verhandlungen in einer Sitzung der Einigungsstelle, die nicht etwa zum Zwecke der Beschlussfassung unterbrochen werden muss[3]. Eine Erkundigungspflicht trifft den ArbGeb nicht, gleichwohl schadet ihm besseres entgegenstehendes Wissen[4]. Zu seinen Gunsten lassen sich aber die Grundsätze der Bindung kraft **Rechtsscheins** (Anscheinsvollmacht des Vorsitzenden) in Anwendung bringen (hM)[5].

11 Nach Satz 2 gehen Erklärungen jeder Art dem BR erst mit **Zugang beim Vorsitzenden** zu, § 130 BGB; Fristen beginnen erst ab diesem Zeitpunkt zu laufen[6]. Andere BR-Mitglieder sind insofern nur Empfangsboten. Zugang ist aber auch anzunehmen, wenn das Gesamtgremium etwa auf einer BR-Sitzung von der Erklärung erfährt[7]. Sind sowohl der Vorsitzende wie der Stellvertreter abwesend, sind vom BR notwendige Vorkehrungen für den Zugang zu treffen; fehlt es daran, kann sich der ArbGeb auf jeden Zugang im **Machtbereich** des BR (Büro oder anderes Mitglied) berufen[8].

12 **IV. Stellvertreter des Vorsitzenden.** Neben dem Vorsitzenden ist **zwingend** sein Stellvertreter zu wählen (Rz. 2). Es können ein oder auch mehrere Stellvertreter bestellt werden. Zum grundsätzlich gesonderten Wahlverfahren vgl. Rz. 4. Der Stellvertreter ist kein „zweiter Vorsitzender", sondern er nimmt **nur** „im Fall seiner Verhinderung" (Abs. 2) die Aufgaben des Vorsitzenden wahr. Zur zeitweiligen Verhinderung vgl. § 25 Rz. 4–7. Für diesen Zeitraum rückt auch nach § 25 Abs. 2 ein Ersatzmitglied in den BR nach. Scheidet der Vorsitzende **endgültig** aus seinem Amt aus, wird nicht der Stellvertreter zum Vorsitzenden, sondern sind von ihm unverzüglich **Neuwahlen** anzuberaumen (Rz. 6)[9].

13 **V. Streitigkeiten.** Streitigkeiten betreffend die Wahl, die Abberufung oder Amtsniederlegung, die Amtsausübung und die Zuständigkeiten des Vorsitzenden bzw. seines Stellvertreters entscheiden die ArbG grundsätzlich im **Beschlussverfahren** (§ 2a Abs. 1 Nr. 1, Abs. 2 iVm. §§ 80 ff. ArbGG). Hinsichtlich der **Wahlmängel** geht das BAG in st. Rspr. von der analogen Anwendbarkeit des § 19 (Anfechtung) aus (Rz. 14)[10]. Für Fehler bei der **Amtsausübung** kommen als Sanktion auch das Amtsenthebungsverfahren nach § 23 Abs. 1 oder die Haftungsregeln des allgemeinen Zivilrechts in Betracht (Rz. 15). Im letzteren Fall kann auch in einem Urteilsverfahren die betriebsverfassungsrechtliche Frage der Zulässigkeit seines Handelns als Vorfrage entschieden werden.

14 **1. Mängel bei der Wahl.** Anders als für die Wahl des BR (§ 19) sieht das Gesetz keine Sanktion von Fehlern bei **betriebsratsinternen** Wahlen vor. Laut BAG können Gesetzesverstöße bei solchen Wahlen, sofern nicht ausnahmsweise besonders **krasse Verstöße** gegen grundlegende Prinzipien vorliegen, die zur jederzeit feststellbaren **Nichtigkeit** führen könnten (vgl. § 19 Rz. 23)[11], in entsprechender Anwendung des § 19 nur innerhalb einer Frist von zwei Wochen im **Anfechtungsverfahren** dem ArbG zur Überprüfung vorgelegt werden. Erforderlich sind daher auch Verstöße gegen **wesentliche** Wahlvorschriften, zu denen das BAG nach alter Rechtslage auch die Soll-Vorschriften zur Beachtung des Gruppenschutzes von Arbeitern bzw. Angestellten im Vorsitz zählte[12]. **Anfechtungsberechtigt** sind – in Abweichung von § 19 Abs. 2 Satz 1 – **jedes** einzelne BR-Mitglied, **nicht** dagegen die im Betrieb vertretenen Gewerkschaften (str.), weil deren Kontrollbefugnisse mit dem Abschluss der BR-Wahlen enden[13], auch nicht wahlberechtigte ArbN und der ArbGeb (hM), weil auch ihnen eine Einflussnahme auf die Willensbildung des BR versagt sein soll. In „Vergleichsverhandlungen" kann der **BR** nicht über das Wahlergebnis zum Vorsitzenden verfügen[14], er kann auch nicht anfechten, weil er durch Neuwahlen die Mängel selbst korrigieren kann.

15 **2. Mängel bei Handlungen des Vorsitzenden.** Handeln des Vorsitzenden über seine Kompetenzen hinaus führt zur **schwebenden Unwirksamkeit** seiner Erklärungen entsprechend § 177 BGB (Rz. 9). Der BR kann das Vorgehen des Vorsitzenden jedoch durch förmlichen **Beschluss** nachträglich noch genehmigen,

---

1 Vgl. BAG v. 10.11.1992 – 1 AZR 183/92, BAGE 71, 327 = AP Nr. 58 zu § 87 BetrVG 1972 – Lohngestaltung. |2 BAG v. 17.2.1981 – 1 AZR 290/78, BAGE 35, 80 (88) = AP Nr. 11 zu § 112 BetrVG 1972; v. 21.2.2002 – 2 AZR 581/00, nv. |3 Sofern der Vorsitzende sich im Rahmen der vorgegebenen „Linie" hält, vgl. BAG v. 24.2.2000 – 8 AZR 180/99, AP Nr. 7 zu § 1 KSchG 1969 – Namensliste = NZA 2000, 785 (787). |4 BAG v. 23.8.1984 – 2 AZR 391/83, BAGE 46, 258 (265) = AP Nr. 17 zu § 103 BetrVG 1972; wN bei GK-BetrVG/*Wiese/Raab*, § 26 Rz. 42 f. |5 Vgl. *Fitting*, § 26 BetrVG Rz. 29; *Hromadka/Maschmann*, Arbeitsrecht II, § 16 VI 2 b bb, Rz. 196; MünchArbR/*Joost*, § 306 Rz. 21–23; zu eng GK-BetrVG/*Wiese/Raab*, § 26 Rz. 46: zurechenbare Kenntnis des BR *als Gremium* ist maßgeblich. |6 HM, vgl. nur *Fitting*, § 26 BetrVG Rz. 33; GK-BetrVG/*Wiese/Raab*, § 26 Rz. 54 f. |7 BAG v. 27.6.1985 – 2 AZR 412/84, BAGE 49, 136 (144) = AP Nr. 37 zu § 102 BetrVG 1972. |8 Vgl. LAG Hess. v. 28.11.1988 – 4 TaBV 98/88, BB 1990, 1488; ferner DKK/*Wedde*, § 26 BetrVG Rz. 28; GK-BetrVG/*Wiese/Raab*, § 26 Rz. 56. |9 HM, vgl. nur ErfK/*Eisemann*, § 26 BetrVG Rz. 5; GK-BetrVG/*Wiese/Raab*, § 26 Rz. 65. |10 Vgl. nur BAG v. 8.4.1992 – 7 ABR 71/91, AP Nr. 11 zu § 26 BetrVG 1972; v. 13.11.1991 – 7 ABR 8/91, BAGE 69, 41 = AP Nr. 9 zu § 26 BetrVG 1972. |11 Nichtigkeitsgrund wäre zB die Wahl eines nicht dem BR angehörenden ArbN oder die fehlende Beschlussfähigkeit nach § 33 Abs. 2, vgl. GK-BetrVG/*Wiese/Raab*, § 26 Rz. 15, nicht schon die fehlerhafte Ladung, so aber unzutr. DKK/*Wedde*, § 26 BetrVG Rz. 36. |12 BAG v. 8.4.1992 – 7 ABR 71/91, AP Nr. 11 zu § 26 BetrVG 1972; v. 13.11.1991 – 7 ABR 8/91, BAGE 69, 41 = AP Nr. 9 zu § 26 BetrVG 1972. |13 Str., wie hier GK-BetrVG/*Wiese/Raab*, § 26 Rz. 19; *Richardi/Richardi/Thüsing*, § 26 BetrVG Rz. 22; aA dagegen BAG v. 12.10.1976 – 1 ABR 17/76, BAGE 28, 219 = AP Nr. 2 zu § 26 BetrVG 1972; ErfK/*Eisemann*, § 26 BetrVG Rz. 6; *Fitting*, § 26 BetrVG Rz. 48; HaKo-BetrVG/*Blanke*, § 26 Rz. 9. |14 Vgl. LAG Saarl. v. 4.7.2001 – 2 TaBV 2/01, AiB 2002, 129.

§ 184 Abs. 1 BGB (Rz. 10), nicht jedoch durch stillschweigende Genehmigung[1], weil es eine „stillschweigende" Beschlussfassung in Organen nicht gibt[2]. Bleibt die Genehmigung aus, ist der Vorsitzende Schadensersatzansprüchen aus § 179 Abs. 1 BGB ausgesetzt. Eine Erfüllung nach § 179 Abs. 1 BGB wird regelmäßig daran scheitern, dass die zu erfüllende Aufgabe nur vom Gesamtgremium BR geleistet werden kann, nicht dagegen vom Vorsitzenden allein. Im Übrigen kann der BR den Vorsitzenden jederzeit **abberufen** (Rz. 6), in schweren Fällen auch das Amtsenthebungsverfahren einleiten (§ 23 Abs. 1 Satz 2).

27 Betriebsausschuss

(1) Hat ein Betriebsrat neun oder mehr Mitglieder, so bildet er einen Betriebsausschuss. Der Betriebsausschuss besteht aus dem Vorsitzenden des Betriebsrats, dessen Stellvertreter und bei Betriebsräten mit

9 bis 15 Mitgliedern aus 3 weiteren Ausschussmitgliedern,
17 bis 23 Mitgliedern aus 5 weiteren Ausschussmitgliedern,
25 bis 35 Mitgliedern aus 7 weiteren Ausschussmitgliedern,
37 oder mehr Mitgliedern aus 9 weiteren Ausschussmitgliedern.

Die weiteren Ausschussmitglieder werden vom Betriebsrat aus seiner Mitte in geheimer Wahl und nach den Grundsätzen der Verhältniswahl gewählt. Wird nur ein Wahlvorschlag gemacht, so erfolgt die Wahl nach den Grundsätzen der Mehrheitswahl. Sind die weiteren Ausschussmitglieder nach den Grundsätzen der Verhältniswahl gewählt, so erfolgt die Abberufung durch Beschluss des Betriebsrats, der in geheimer Abstimmung gefasst wird und einer Mehrheit von drei Vierteln der Stimmen der Mitglieder des Betriebsrats bedarf.

(2) Der Betriebsausschuss führt die laufenden Geschäfte des Betriebsrats. Der Betriebsrat kann dem Betriebsausschuss mit der Mehrheit der Stimmen seiner Mitglieder Aufgaben zur selbständigen Erledigung übertragen; dies gilt nicht für den Abschluss von Betriebsvereinbarungen. Die Übertragung bedarf der Schriftform. Die Sätze 2 und 3 gelten entsprechend für den Widerruf der Übertragung von Aufgaben.

(3) Betriebsräte mit weniger als neun Mitgliedern können die laufenden Geschäfte auf den Vorsitzenden des Betriebsrats oder andere Betriebsratsmitglieder übertragen.

§ 27 zuletzt geändert (Änderung in Abs. 1, Aufhebung von Abs. 2) durch das BetrVerf-ReformG v. 23.7.2001 (BGBl. I S. 1852), vgl. Neubekanntmachung v. 25.9.2001 (BGBl. I S. 2518).

I. Inhalt und Zweck. Der Betriebsausschuss soll als **„Handlungsorgan"** in größeren Betrieben die laufende Geschäftsführung des BR übernehmen, dadurch dessen Arbeit **effizienter** machen und seine Handlungsfähigkeit stärken. Daher können ihm nach Abs. 2 Satz 2 auch weitere Aufgaben zur **selbständigen Erledigung** übertragen werden (Rz. 11). Vorsitzender und Stellvertreter gehören ihm als geborene Mitglieder an. Daneben sind die in Abs. 1 genannten zusätzlichen Mitglieder zu wählen. Durch das BetrVerf-Reformgesetz 2001 ist der Gruppenschutz von Arbeitern einerseits, Angestellten andererseits bei der Zusammensetzung des Betriebsausschusses entfallen, ebenso aber auch, wie ursprünglich vorgesehen, auch das Verhältniswahlrecht verabschiedet. Minderheitslisten können daher auch im Betriebsausschuss als einem „verkleinerten" BR nicht durch die Mehrheitsliste gegen ihren Willen majorisiert werden[3]. 1

Die Einrichtung des Ausschusses bei einem BR von **neun oder mehr** Mitgliedern, dh. ab einer Betriebsgröße von 201 ArbN (§ 9 Satz 1), ist vom Gesetz **zwingend** vorgesehen[4]. Die Vorschrift greift ein, sobald der BR tatsächlich neun oder mehr Mitglieder zählt und fällt auch nicht weg, wenn der BR durch Austritte oÄ schrumpft[5]. Zu kleineren Betrieben vgl. Rz. 14. Der ArbGeb kann die Verhandlungen mit dem BR, der pflichtwidrig den Betriebsausschuss nicht eingerichtet hat, nicht ablehnen (hM). Durch die Verweisung in § 28 Abs. 1 gilt die Norm auch für die Bildung von weiteren **Fachausschüssen** des BR. Auch für die Geschäftsführung in Gesamt- bzw. KonzernBR gilt die Norm entsprechend, vgl. §§ 51 Abs. 1, 59 Abs. 1. 2

II. Wahl der „weiteren Ausschussmitglieder" (Abs. 1). Gewählt werden können **nur** BR-Mitglieder, nicht dagegen der Vorsitzende und sein Stellvertreter, weil diese kraft Gesetzes als „geborene" Mitglieder dem Betriebsausschuss angehören. **Wahlberechtigt** sind alle BR-Mitglieder, ein Ausschluss wegen konkret-individueller Betroffenheit für Kandidat/innen kommt nicht in Betracht, vgl. § 26 Rz. 3. Weil erst die Bildung des Ausschusses dem BR die **volle** Handlungsfähigkeit verleiht, ist seine Wahl schon in der **konstituierenden Sitzung** des BR nach § 29 Abs. 1 erforderlich[6]. Erfolgt die Wahl erst in der nachfolgenden ordentlichen Sitzung, handelt der BR aber nicht **grob** pflichtwidrig iSd. § 23 Abs. 1 (vgl. Rz. 15). Die **Größe** des Betriebsausschusses ist in Satz 2 zwingend vorgeschrieben und richtet sich nach der Zahl der 3

---

1 So aber BAG v. 15.12.1961 – 1 AZR 207/59, AP Nr. 1 zu § 615 BGB – Kurzarbeit; aA DKK/*Wedde*, § 26 BetrVG Rz. 22; *Fitting*, § 26 BetrVG Rz. 28. |2 Zutr. DKK/*Wedde*, § 26 BetrVG Rz. 22; GK-BetrVG/*Wiese/Raab*, § 26 Rz. 40. |3 Zur Kritik an der – zunächst vorgesehenen – Aufhebung des Minderheitenschutzes bei § 27 vgl. *Dütz*, DB 2001, 1309; *Hanau*, RdA 2001, 64 (70); ferner GK-BetrVG/*Wiese/Raab*, § 27 Rz. 4; HaKo-BetrVG/*Blanke*, § 27 Rz. 4. |4 Vgl. nur DKK/*Wedde*, § 27 BetrVG Rz. 3; GK-BetrVG/*Wiese/Raab*, § 27 Rz. 7. |5 LAG Hess. v. 17.8.1993 – 4 TaBV 61/93, BB 1994, 717. |6 So GK-BetrVG/*Wiese/Raab*, § 27 Rz. 13; weniger streng *Fitting*, § 27 BetrVG Rz. 8: „sollte"; Richardi/*Richardi/Thüsing*, § 27 BetrVG Rz. 9: „zweckmäßigerweise".

tatsächlich **gewählten** BR-Mitglieder (nicht nach der gesetzlich vorgeschriebenen Zahl, weil diese auch unterschritten werden kann)[1].

4 Anders als in § 26 Abs. 1 (vgl. § 26 Rz. 4) schreibt das Gesetz in Satz 3 die **geheime Wahl** und den Grundsatz der Verhältniswahl vor, vgl. Rz. 5. Die geheime Wahl bedingt eine förmliche Stimmabgabe mit **Stimmzetteln**[2]. Mindestens die Hälfte der Wahlberechtigten muss an der Wahl teilnehmen (§ 33 Abs. 2 analog). Alle Mitglieder des BR können Wahlvorschläge (auch mündliche) einreichen. Gibt es nur **einen** Wahlvorschlag, kommt es nach Satz 4 zu einer **Mehrheitswahl** wie beim Vorsitzenden, dh. es müssen mindestens so viele Namen auf dem Wahlvorschlag enthalten sein, wie weitere Ausschussmitglieder zu wählen sind. Der BR kann für die Wahl getrennte Wahlgänge, aber auch einen gemeinsamen Wahlgang vorsehen[3].

5 Der in Satz 3 verankerte Grundsatz der **Verhältniswahl** soll die Interessenpluralität verschiedener Wahllisten im BR auch in den maßgeblichen Betriebsausschuss hinein verlängern und damit **Minderheitenschutz** auch im Ausschuss gewährleisten[4]. Gibt es mehrere Wahlvorschläge und findet deshalb Verhältniswahl statt, werden nur die Listen als solche ohne Änderungsmöglichkeit durch den Wähler zur Wahl gestellt. Die Auszählung erfolgt nach hM entsprechend dem d'Hondtschen Höchstzahlverfahren (vgl. § 15 WO)[5], vgl. dazu § 14 Rz. 10. Eine Wahl von **Ersatzmitgliedern** ist gesetzlich zwar nicht vorgesehen, jedoch wegen der Möglichkeit zeitweiliger Verhinderung oder des Ausscheidens der Ausschussmitglieder entsprechend §§ 47 Abs. 3, 55 Abs. 2 zulässig und auch zweckmäßig, um stets eine volle Besetzung zu gewährleisten[6]. Der Betriebsausschuss kann sich nämlich nicht selbst ergänzen, Nachwahlen können zudem bei Verhältniswahl Rechtsprobleme aufwerfen (Rz. 7).

6 Abberufung, Niederlegung oder Nichtannahme des Amtes sind auch im Rahmen des § 27 Abs. 1 jederzeit möglich. Doch kann **nicht** der Betriebsausschuss **selbst** einzelne Mitglieder abberufen[7], dieses Recht steht allein dem **BR** zu. Ausdrücklich geregelt ist in Satz 5 die **Abberufung** eines in Verhältniswahl gewählten Ausschussmitglieds, zu deren Wirksamkeit es einer in geheimer Wahl erzielten Stimmenmehrheit von 75 % im BR bedarf. Dabei ist auch der **Betroffene** selbst stimmberechtigt[8]. Durch das hohe Quorum soll eine Umgehung des Minderheitenschutzes im Betriebsausschuss verhindert werden.

7 Nach dem Ausscheiden kann eine **Nachwahl** stattfinden. Sie muss stattfinden, soweit kein Ersatzmitglied gewählt wurde (Rz. 5). Dass es dadurch bei der Verhältniswahl zu Verschiebungen im Proporz der Listen kommen kann, ist hinzunehmen[9]. Die Gegenansicht, die für eine Neuwahl sämtlicher Ausschussmitglieder nach der Erschöpfung der Vorschlagsliste eintritt[10], kommt zwar zu einem dem Verhältniswahlrecht entsprechenden Ergebnis, fordert aber für nur ein weggefallenes Ausschussmitglied eine völlig unverhältnismäßige Wahlprozedur und ist daher als zu formalistisch abzulehnen. Deshalb hat auch das BAG in Bezug auf § 38 Abs. 2 entschieden, dass der Nachfolger für einen ausgeschiedenen Freigestellten nach Erschöpfung der Liste durch **Mehrheitswahl** ermittelt werden könne[11]. Keinesfalls muss bei Fortfall einzelner Mitglieder der gesamte Betriebsausschuss ab- und neu gewählt werden[12]. Im Übrigen steht es dem BR frei, eigene Regeln für den Fall der Nachwahl zu treffen.

8 **III. Aufgaben des Betriebsausschusses (Abs. 2). 1. Geschäftsführung (Satz 1).** Der Betriebsausschuss ist **kein selbstständiges** Organ des Betriebs, sondern als „Handlungsorgan" Teil des BR (Rz. 1). Er hat keine von diesem unterscheidbare Aufgabe, sondern führt dessen **laufende Geschäfte** quasi als geschäftsführender Ausschuss (Rz. 10). Deshalb geht die hM davon aus, dass der Vorsitzende des BR gleichzeitig auch den Vorsitz im Ausschuss innehat[13]. Unter seiner Leitung werden die nicht öffentlichen Sitzungen durchgeführt, vgl. § 30 Satz 4. Der Ausschuss darf nur im eng gesteckten Rahmen der Sätze 2 bis 4 an die Stelle des BR treten (Rz. 11). Dabei **bleibt** der BR Träger der MitbestR als solcher, insb. bleibt ihm der Abschluss von BV vorbehalten, vgl. Satz 2 Halbs. 2.

9 Der Betriebsausschuss kann sich eine **Geschäftsordnung** geben, soweit diese nicht vom BR selbst erlassen wird, vgl. § 36. Auch im Übrigen gelten für seine „innere" Geschäftsführung die Vorschriften der §§ 29 ff. entsprechend. Daher kann neben dem ArbGeb (§ 29 Abs. 4) auch den Beauftragten der – im Betriebs**rat** vertretenen! – **Gewerkschaften** analog § 31 ein Teilnahmerecht zustehen. Dabei ist aber strittig, ob es ein generelles Teilnahmerecht gibt[14] oder ob es zu jeder Sitzung eines vorherigen Be-

---

1 HM, vgl. *Fitting*, § 27 BetrVG Rz. 10; GK-BetrVG/*Wiese/Raab*, § 27 Rz. 14. | 2 HM, vgl. DKK/*Wedde*, § 27 BetrVG Rz. 8; GK-BetrVG/*Wiese/Raab*, § 27 Rz. 16. | 3 Vgl. nur *Fitting*, § 27 BetrVG Rz. 25–27; GK-BetrVG/*Wiese/Raab*, § 27 Rz. 18–20. | 4 Vgl. GK-BetrVG/*Wiese/Raab*, § 27 Rz. 16; *Kowalsky*, ZBVR 2002, 206; *Wlotzke*, DB 1989, 111 (114) sowie die unter Rz. 1 Genannten. | 5 HM, vgl. *Fitting*, § 27 BetrVG Rz. 24; GK-BetrVG/*Wiese/Raab*, § 27 Rz. 21; *Wulff*, ZBVR 2002, 134 (135). | 6 HM, vgl. *Fitting*, § 27 BetrVG Rz. 28 ff.; GK-BetrVG/*Wiese/Raab*, § 27 Rz. 39 ff. | 7 HM, vgl. *Fitting*, § 27 BetrVG Rz. 45; GK-BetrVG/*Wiese/Raab*, § 27 Rz. 31. | 8 Vgl. nur *Fitting*, § 27 BetrVG Rz. 45; GK-BetrVG/*Wiese/Raab*, § 27 Rz. 32. | 9 So auch *Dänzer-Vanotti*, AuR 1989, 204 (208); DKK/*Wedde*, § 27 BetrVG Rz. 24; *Richardi*/*Richardi/Thüsing*, § 27 BetrVG Rz. 30: Nachwahl mit einfacher Stimmenmehrheit. | 10 So vor allem *Fitting*, § 27 BetrVG Rz. 37; GK-BetrVG/*Wiese/Raab*, § 27 Rz. 44, 46, 48. | 11 BAG v. 25.4.2001 – 7 ABR 26/00, AP Nr. 8 zu § 25 BetrVG 1972 = NZA 2001, 977; v. 28.10.1992 – 7 ABR 2/92, BAGE 71, 286 (289) = AP Nr. 16 zu § 38 BetrVG 1972; ferner *Löwisch*, BB 2001, 1734 (1740). | 12 LAG Hess. v. 4.3.1993 – 12 TaBV 142/92, AiB 1993, 655 (657). | 13 HM, vgl. *Fitting*, § 27 BetrVG Rz. 55; GK-BetrVG/*Wiese/Raab*, § 27 Rz. 50; MünchArbR/*Joost*, § 306 Rz. 51. | 14 So wohl DKK/*Wedde*, § 27 BetrVG Rz. 28; ErfK/*Eisemann*, § 27 BetrVG Rz. 6; *Fitting*, § 27 BetrVG Rz. 56; *Richardi*/*Richardi/Thüsing*, § 27 BetrVG Rz. 42.

schlusses des BR bzw. des Ausschusses bedarf[1]. Der BR bzw. der Ausschuss kann ein **generelles Teilnahmerecht** zwar in seiner Geschäftsordnung regeln[2], ansonsten ist dies aber abzulehnen, soweit die laufende Verwaltung im Betriebsausschuss betroffen ist, weil insoweit schnelle Entscheidungen in möglichst kleinem Kreis erforderlich sind[3].

Für die **laufenden Geschäfte des BR** (Abs. 2 Satz 1) gibt der Gesetzgeber dem Betriebsausschuss einen **eigenständigen** Zuständigkeitsbereich (ganz hM). Freilich kann der BR jederzeit einzelne solcher Angelegenheiten ohne Begründung wieder an sich ziehen[4]. Deshalb darf der Bereich der „laufenden Geschäfte" **nicht zu eng** gezogen werden[5]. Dass darunter lediglich organisatorische Aufgaben mit verwaltungsinternem Charakter fallen sollen, wie die hM behauptet[6], reduziert den – repräsentativ zusammengesetzten! – Betriebsausschuss auf die Funktion eines Bürovorstehers. Vielmehr geht es dem Satz 1 um solche Angelegenheiten, die **nicht** von **grundsätzlicher Bedeutung** sind und daher einer Entscheidung des Plenums nicht bedürfen. Das ist immer dann anzunehmen, wenn es um die Vorbereitung oder um die Umsetzung grundsätzlicher Entscheidungen des BR geht, auch dann, wenn eine Mitbestimmungsentscheidung bei gleich liegenden Fällen im Einzelfall vollzogen wird[7]. Dass dazu auch der Einblick in die Listen über Bruttolöhne und -gehälter gehört, stellt § 80 Abs. 2 Satz 2 ausdrücklich klar. Allerdings kann der Betriebsausschuss in der Tat **nicht** anstelle des Vorsitzenden den BR **nach außen** vertreten (§ 26 Rz. 9), was aber wegen der Doppelfunktion des Vorsitzenden (Rz. 8) ohnehin keine praktischen Auswirkungen hat.

2. Übertragene Aufgaben (Sätze 2–4). Durch Beschluss des BR können weitere Aufgaben auf den Ausschuss „zur **selbständigen Erledigung**" übertragen werden, Satz 2. Insoweit tritt der Betriebsausschuss **an die Stelle** des BR und ersetzt sein Beschluss den des BR (hM). Durch den erforderlichen Übertragungsbeschluss verzichtet der BR auf eine eigene selbstständige Entscheidung, kann die Entscheidungshoheit aber jederzeit zurückerlangen, vgl. Satz 4 (Rz. 13). Die Übertragung erfordert die Mehrheit der Stimmen **aller** BR-Mitglieder, dh. nicht die einfache, sondern die **absolute** Mehrheit (ganz hM). Sie muss **schriftlich**, also auf Papier verkörpert und vom Vorsitzenden unterzeichnet, erfolgen, Satz 3 iVm. § 126 Abs. 1 BGB, und die übertragene Angelegenheit genau bezeichnen[8]. Textform nach § 126b BGB ist nicht ausreichend, wohl aber mangels anderer gesetzlicher Bestimmung die **elektronische Form** nach §§ 126 Abs. 3, 126a BGB[9]. Das Formerfordernis wird auch erfüllt durch Niederschrift der BR-Sitzung (§ 34)[10] oder in der Geschäftsordnung des BR[11].

Das Gesetz begrenzt den übertragbaren Aufgabenbereich nicht gegenständlich, sondern nur instrumentell: Der Abschluss von BV als Mitwirkung an der Normsetzung ist allein dem BR vorbehalten, Satz 2 Halbs. 2. Darüber hinaus darf sich der BR – neben den von ihm gesetzlich geforderten (Mehrheits-)Entscheidungen, vgl. zB §§ 26 Abs. 1, 27 Abs. 1, 28a Abs. 1 – jedenfalls nicht aller wesentlichen Befugnisse dadurch entäußern, dass er seine Aufgaben weitgehend auf Ausschüsse überträgt: Er muss als **Gesamtorgan** in einem **Kernbereich** der gesetzlichen Befugnisse zuständig bleiben[12]. Nicht übertragbar sind daher **Grundlagenentscheidungen** des BR in Bezug auf seine innere Organisation oder seine Mitbestimmungs- und Teilhaberechte, zB bei den Zustimmungsrechten nach § 103[13]. Dabei darf aber nicht punktuell nur der einzelne – delegierte – Mitwirkungstatbestand betrachtet werden, sondern es muss auf die ganze Breite der Aufgaben des BR abgestellt werden.

Nach Satz 4 kann die Übertragung in **derselben Form**, wie sie auf den Betriebsausschuss delegiert wurde, vom BR nach Beschluss mit qualifizierter Mehrheit auch schriftlich wieder **widerrufen** werden. Die Zuständigkeit liegt dann wieder in den Händen des BR selbst.

IV. Kleinere Betriebe (Abs. 3). In Abs. 3 wird die Delegation (nur) der **laufenden Geschäfte** in kleineren Betrieben geregelt, die bei bis zu 200 ArbN **keinen** Betriebsausschuss bilden können (wohl aber bei mehr als 100 ArbN Fachausschüsse, § 28 Abs. 1 Satz 1). Grundsätzlich nimmt hier das Gesamtorgan die laufende Verwaltung und auch die Einsichtsrechte nach § 80 Abs. 2 Satz 2[14] wahr. Dennoch sprechen praktische Bedürfnisse auch hier für eine Erleichterung der laufenden Arbeit. Die Übertragung der laufenden Geschäfte **ist nicht zwingend**, doch kann der BR durch Beschluss diese Angelegenheiten auf den Vorsitzenden oder auch andere BR-Mitglieder („einfacher" geschäftsführender Ausschuss) delegieren[15]. Dazu muss in Analogie zu Abs. 2 und zu § 28a Abs. 1 die **absolute** Mehrheit der Stimmen

---

1 So BAG v. 25.6.1987 – 6 ABR 45/85, BAGE 55, 386 (388) = AP Nr. 6 zu § 108 BetrVG 1972 zum Wirtschaftsausschuss; offen gelassen von BAG v. 28.2.1990 – 7 ABR 22/89, BAGE 64, 229 (234) = AP Nr. 1 zu § 31 BetrVG 1972. | 2 So ausdrücklich BAG v. 28.2.1990 – 7 ABR 22/89, BAGE 64, 229 = AP Nr. 1 zu § 31 BetrVG 1972. | 3 Ähnlich GK-BetrVG/*Wiese/Raab*, § 27 Rz. 54. | 4 HM, vgl. *Fitting*, § 27 BetrVG Rz. 66; GK-BetrVG/*Wiese/Raab*, § 27 Rz. 62. | 5 So zutr. MünchArbR/*Joost*, § 306 Rz. 44; Richardi/*Richardi/Thüsing*, § 27 BetrVG Rz. 51. | 6 So etwa DKK/*Wedde*, § 27 BetrVG Rz. 33; ErfK/*Eisemann*, § 27 BetrVG Rz. 7; *Fitting*, § 27 BetrVG Rz. 68; GK-BetrVG/*Wiese/Raab*, § 27 BetrVG Rz. 64. | 7 Zutr. MünchArbR/*Joost*, § 306 Rz. 45; Richardi/*Richardi/Thüsing*, § 27 BetrVG Rz. 53-55 mit Beispielen. | 8 HM, vgl. *Fitting*, § 27 BetrVG Rz. 82; GK-BetrVG/*Wiese/Raab*, § 27 BetrVG Rz. 73. | 9 So auch GK-BetrVG/*Wiese/Raab*, § 27 Rz. 74. | 10 Vgl. nur DKK/*Wedde*, § 27 BetrVG Rz. 35; ErfK/*Eisemann*, § 27 BetrVG Rz. 8. | 11 BAG v. 20.10.1993 – 7 ABR 26/93, BAGE 75, 1 (6) = AP Nr. 5 zu § 28 BetrVG 1972. | 12 So ausdrücklich BAG v. 20.10.1993 – 7 ABR 26/93, BAGE 75, 1 = AP Nr. 5 zu § 28 BetrVG 1972. | 13 HM, vgl. *Fitting*, § 27 BetrVG Rz. 78; GK-BetrVG/*Wiese/Raab*, § 27 Rz. 70; *Hromadka/Maschmann*, Arbeitsrecht II, § 16 VI 3 a bb. | 14 Vgl. nur DKK/*Wedde*, § 27 BetrVG Rz. 45. | 15 Vgl. nur *Fitting*, § 27 BetrVG Rz. 92; GK-BetrVG/*Wiese/Raab*, § 27 Rz. 83 („pflichtgemäßes Ermessen").

BetrVG § 27 Rz. 15   Betriebsausschuss

gefordert werden (vgl. Rz. 11)[1]. Nicht übertragen werden können die MitbestR und sonstige Aufgaben zur selbständigen Erledigung[2].

15   **V. Streitigkeiten. 1. Ausbleiben der Wahl.** Findet die vorgeschriebene Bildung eines Betriebsausschusses nach Abs. 1 **nicht statt**, handelt der BR pflichtwidrig und kann zumindest dann nach § 23 Abs. 1 aufgelöst werden, wenn er trotz betriebsverfassungsrechtlicher Abmahnung (§ 23 Rz. 10) nicht zur Wahl des Betriebsausschusses schreitet[3]. Der ArbGeb kann aber die Zusammenarbeit mit dem BR nicht verweigern (Rz. 2), weil die Existenz des Vorsitzenden für die Handlungsfähigkeit des BR ausreicht[4]. Auch eine Verweigerung der Entgeltzahlung nach § 37 Abs. 2 kommt nicht in Betracht (hM).

16   **2. Mängel bei der Wahl.** Ähnlich wie bei der Wahl des **Vorsitzenden** und seines Stellvertreters können Mängel bei der Wahl der „weiteren Ausschussmitglieder" in entsprechender Anwendung des § 19 nur innerhalb einer Frist von zwei Wochen im **Anfechtungsverfahren** dem ArbG zur Überprüfung vorgelegt werden, soweit nicht ausnahmsweise Nichtigkeit zu bejahen ist (vgl. § 26 Rz. 14). Erforderlich sind Verstöße gegen **wesentliche** Wahlvorschriften, zu denen das BAG nach alter Rechtslage auch die Soll-Vorschriften zur Beachtung des Gruppenschutzes von Arbeitern bzw. Angestellten bei der Wahl der weiteren Mitglieder des Betriebsausschusses zählte[5]. Anfechtungsgrund ist auch der Verstoß gegen die Pflicht zur **geheimen** Wahl (Rz. 4). Nichtigkeit liegt etwa vor, wenn eine Neuwahl stattfindet, bevor eine Abberufung der früher und wirksam gewählten Mitglieder erfolgt ist[6].

17   **3. Fehlerhafte Aufgabendelegation.** Bei Streitigkeiten, ob eine Aufgabe zur **laufenden Verwaltung** gehört, wird wie oben Rz. 15 f. ebenfalls im Beschlussverfahren (§ 2a Abs. 1 Nr. 1, Abs. 2 iVm. §§ 80 ff. ArbGG) entschieden[7]. Vollzieht der Betriebsausschuss Aufgaben, die ihm **nicht übertragen** sind, handelt er pflichtwidrig. Erfolgt die Übertragung nicht in der gesetzlich vorgeschriebenen Form, so ist der Beschluss **unwirksam**, jedoch durch Nachholung der Erfordernisse **heilbar** (str.)[8]. Anders als der Vorsitzende ist der Betriebsausschuss echtes „Handlungsorgan" des BR, so dass seine rechtswidrigen Beschlüsse entweder nichtig oder **wirksam**, aber anfechtbar sind.

28   *Übertragung von Aufgaben auf Ausschüsse*

(1) Der Betriebsrat kann in Betrieben mit mehr als 100 Arbeitnehmern Ausschüsse bilden und ihnen bestimmte Aufgaben übertragen. Für die Wahl und Abberufung der Ausschussmitglieder gilt § 27 Abs. 1 Satz 3 bis 5 entsprechend. Ist ein Betriebsausschuss gebildet, kann der Betriebsrat den Ausschüssen Aufgaben zur selbständigen Erledigung übertragen; § 27 Abs. 2 Satz 2 bis 4 gilt entsprechend.

(2) Absatz 1 gilt entsprechend für die Übertragung von Aufgaben zur selbständigen Entscheidung auf Mitglieder des Betriebsrats in Ausschüssen, deren Mitglieder vom Betriebsrat und vom Arbeitgeber benannt werden.

§ 28 zuletzt geändert (Änderung in Abs. 1, Aufhebung von Abs. 2) durch das BetrVerf-ReformG v. 23.7.2001 (BGBl. I S. 1852), vgl. Neubekanntmachung v. 25.9.2001 (BGBl. I S. 2518).

1   **I. Inhalt und Zweck.** Die Möglichkeit des BR, sog. **Fachausschüsse** zu bilden[9], erleichtert dessen interne Arbeitsteilung und ist seit dem BetrVerf-Reformgesetz 2001 durch Abs. 1 Satz 1 unabhängig vom Bestehen eines Betriebsausschusses (§ 27) für **Betriebe mit mehr als 100 ArbN** eröffnet worden. Allerdings hängt die Reichweite der übertragbaren Aufgaben noch immer von der Existenz eines Betriebsausschusses ab, vgl. Abs. 1 Satz 3 (Rz. 7). Die 1972 geschaffene Vorschrift wurde mit der Novelle 2001 durch die Aufhebung des Gruppenschutzes deutlich vereinfacht. Mittels der (vorbereitenden) Fachausschüsse sollen fachspezifische Themen wie Frauenförderung oder Ausländerintegration sachgerecht vorberaten und ggf. Beschlüsse des BR vorbereitet werden[10].

2   **II. Errichtung von Fachausschüssen.** Der Betrieb, in dem ein Fachausschuss gebildet werden soll, muss **mindestens 101 ArbN** aufweisen (der BR zählt daher idR sieben Mitglieder). Für die Berechnung der Betriebsgröße kommt es auf die Zahl der **regelmäßig** Beschäftigten an (vgl. § 9 Rz. 3)[11], so dass vorübergehende Schwankungen keine Rolle spielen. Sinkt die Belegschaft endgültig unter 101, endet

---

[1] Wie hier Richardi/*Richardi/Thüsing*, § 27 BetrVG Rz. 75; aA ErfK/*Eisemann*, § 27 BetrVG Rz. 9; GK-BetrVG/*Wiese/Raab*, § 27 Rz. 84, *Fitting*, § 27 BetrVG Rz. 91. | [2] HM, vgl. *Fitting*, § 27 BetrVG Rz. 94; GK-BetrVG/*Wiese/Raab*, § 27 Rz. 82. | [3] Vgl. auch *Fitting*, § 27 BetrVG Rz. 9: „Umstände des Einzelfalls" entscheiden; GK-BetrVG/*Wiese/Raab*, § 27 Rz. 11: „unangemessen lange Verzögerung" der Bildung; Richardi/*Richardi/Thüsing*, § 27 BetrVG Rz. 5. | [4] HM, vgl. GK-BetrVG/*Wiese/Raab*, § 27 Rz. 12; *Fitting*, § 27 BetrVG Rz. 9. | [5] BAG v. 13.11.1991 – 7 ABR 18/91, BAGE 69, 49 (56 f.) = AP Nr. 3 zu § 27 BetrVG 1972. | [6] BAG v. 13.11.1991 – 7 ABR 18/91, BAGE 69, 49 (54) = AP Nr. 3 zu § 27 BetrVG 1972; distanziert aber BAG v. 25.4.2001 – 7 ABR 26/00, BAGE 97, 340 (342) = AP Nr. 8 zu § 25 BetrVG 1972: jedenfalls anfechtbar. | [7] HM, vgl. GK-BetrVG/*Wiese/Raab*, § 27 Rz. 85; Richardi/*Richardi/Thüsing*, § 27 BetrVG Rz. 79. | [8] Str., wie hier ErfK/*Eisemann*, § 27 BetrVG Rz. 8; *Fitting*, § 27 BetrVG Rz. 84; Richardi/*Richardi/Thüsing*, § 27 BetrVG Rz. 67; aA dagegen GK-BetrVG/*Wiese/Raab*, § 27 Rz. 75: kein genehmigungsfähiger Tatbestand. | [9] Der Begriff findet sich in BT-Drs. 14/5741, S. 40; krit. zur Novellierung GK-BetrVG/*Wiese/Raab*, § 28 Rz. 4; *Hanau*, RdA 2001, 65 (68). | [10] So BT-Drs. 14/5741, S. 40; ferner GK-BetrVG/*Wiese/Raab*, § 28 Rz. 11. | [11] HM, vgl. nur *Fitting*, § 28 BetrVG Rz. 14; GK-BetrVG/*Wiese/Raab*, § 28 Rz. 17.

Übertragung von Aufgaben auf Ausschüsse   Rz. 8 § 28 BetrVG

die Amtszeit des Ausschusses. Seine Aufgaben fallen an den BR zurück, der aber nicht gehindert ist, fachspezifische Aufgaben weiterhin von einzelnen BR-Mitgliedern bearbeiten zu lassen; doch ist dies nun einer *dauerhaften* gesetzlichen Institutionalisierung nicht mehr zugänglich. Eine Analogie zu § 27 Abs. 3 kommt mangels planwidriger Regelungslücke nicht in Betracht.

Anders als beim Betriebsausschuss entscheidet der BR dem Wortlaut entsprechend nach **freiem Ermessen** über die Einrichtung von Fachausschüssen[1]. Das BAG lässt diesbezüglich keine Zweckmäßigkeitskontrolle, sondern nur eine Rechtskontrolle zu, die allein Schranken des Rechtsmissbrauchs zu beachten hat[2]. Für den Errichtungsbeschluss ist die **einfache** Mehrheit ausreichend (§ 33). Eine absolute Mehrheit ist ausnahmsweise dann erforderlich, wenn der Ausschuss Aufgaben zur selbständigen Erledigung übertragen bekommt, vgl. Abs. 1 Satz 3 Halbs. 2 iVm. § 27 Abs. 2 Satz 2 (§ 27 Rz. 11).

Wie bei den Wahlen zum Betriebsausschuss wird die Wahl der Ausschussmitglieder **geheim** und grundsätzlich nach dem **Verhältniswahlprinzip** durchgeführt, vgl. Abs. 1 Satz 2 (§ 27 Rz. 4), es sei denn, dass nur ein einziger Wahlvorschlag erfolgt (dann Mehrheitswahl). Im Falle der Übertragung von Aufgaben zur selbständigen Erledigung ist das **Schriftformerfordernis** des Abs. 1 Satz 3 Halbs. 2 iVm. § 27 Abs. 2 Satz 3 zu beachten (§ 27 Rz. 11). Anders als beim Betriebsausschuss gehören den Fachausschüssen der Vorsitzende des BR und sein Stellvertreter nicht kraft Gesetzes an; vielmehr müssen **alle Mitglieder** des Ausschusses aus der Mitte des BR gewählt werden[3].

III. Stellung der Fachausschüsse. Die Ausschüsse sind **Organe des BR**[4]. Sie treten nicht neben ihn, sondern nehmen nur einzelne Aufgaben des BR wahr. Dabei können sie vom BR durch Beschluss nach § 33 jederzeit wieder aufgelöst werden. Sofern dem Ausschuss Aufgaben zur selbständigen Erledigung übertragen sind, kann der Widerruf nur **schriftlich** und mit qualifizierter Mehrheit erfolgen, vgl. Abs. 1 Satz 3 Halbs. 2 iVm. § 27 Abs. 2 Satz 4 (§ 27 Rz. 13). Bereits vom Ausschuss getroffene Entscheidungen können allerdings nicht mehr angefochten werden, wenn sie Dritten gegenüber wirksam geworden sind[5]. Kontrollmöglichkeiten bestehen durch das Einsichtsrecht in die Unterlagen, § 34 Abs. 3. Findet kein Widerruf statt und ist eine besondere Zweckbefristung zB in der Geschäftsordnung nicht vorgesehen, endet die Amtszeit des Ausschusses grundsätzlich mit der des BR.

IV. Aufgaben der Fachausschüsse. 1. „Bestimmte Aufgaben" (Abs. 1 Satz 1). Nach Abs. 1 Satz 1 kann der BR den Fachausschüssen nur „bestimmte Aufgaben" übertragen. Damit ist eine Einschränkung in qualitativer und in quantitativer Hinsicht gemeint. Der BR hat die **fachlichen Grenzen** der übertragenen Aufgaben festzulegen und ihren **vorbereitenden** Charakter zu betonen[6]. Der Unterschied zu den Aufgaben „zur selbständigen Erledigung" (Abs. 1 Satz 3) muss klar sein. In diesen Grenzen können auch inhaltlich **wichtige Themen** auf Ausschüsse übertragen werden, zB EDV- oder Technologie-Planung. Die Gesamtheit der „laufenden Aufgaben" kann aber nicht einem Fachausschuss übertragen werden, da ansonsten der Betriebsausschuss bzw. die Regelung des § 27 Abs. 3 funktionslos würde (§ 27 Rz. 10, 14). Keine Bedenken bestehen dagegen, bestimmte Aufgaben auch aus der laufenden Verwaltung einem Fachausschuss zu übertragen.

2. Aufgaben „zur selbständigen Erledigung" (Abs. 1 Satz 3). Werden an einen Fachausschuss Aufgaben zur selbständigen Erledigung delegiert, tritt er insoweit **an die Stelle des BR** (§ 27 Rz. 11). Diese Delegation, die zB auch die Wahrnehmung von MitbestR beinhalten kann, ist aber nur bei Existenz eines **Betriebsausschusses** möglich. Sie muss **schriftlich** erfolgen, so schon oben Rz. 4. Die Rspr. billigt etwa „Personalausschüsse", die die Beteiligungsrechte nach §§ 99, 102 wahrnehmen[7]. Ausgeschlossen ist aber entsprechend § 27 Abs. 2 Satz 2 der Abschluss von BV; außerdem fordert die Rspr. vom BR, dass er als **Gesamtorgan** in einem **Kernbereich** seiner gesetzlichen Befugnisse zuständig bleibt und sich nicht aller wesentlichen Kompetenzen durch Delegation entäußert (§ 27 Rz. 12)[8].

V. Gemeinsame Ausschüsse (Abs. 2). Abs. 2 regelt die Wahl und die Befugnisse der ArbN in Ausschüssen, die **gemeinsam von ArbGeb und BR** besetzt werden[9]. Bei diesen sog. „gemeinsamen Ausschüssen" handelt es sich um eine bedeutsame Vereinfachung der betrieblichen Mitbest.[10]: Die von beiden Seiten benannten Mitglieder entscheiden **anstelle der Betriebspartner mit verbindlicher Wirkung**, zB über die Verwaltung einer Sozialeinrichtung oder über personelle Angelegenheiten. Der gemeinsame Ausschuss steht daher selbständig neben dem BR und ist nicht dessen Organ, sondern eine **eigenständige**

---

1 Str., wie hier DKK/*Wedde*, § 28 BetrVG Rz. 7; ErfK/*Eisemann*, § 28 BetrVG Rz. 2; *Fitting*, § 28 BetrVG Rz. 7; aA GK-BetrVG/*Wiese/Raab*, § 28 Rz. 19: „pflichtgemäßes Ermessen". |2 BAG v. 20.10.1993 – 7 ABR 26/93, BAGE 75, 1 = AP Nr. 5 zu § 28 BetrVG 1972. |3 Vgl. nur *Fitting*, § 28 BetrVG Rz. 29; GK-BetrVG/*Wiese/Raab*, § 28 Rz. 31. |4 Richardi/*Richardi/Thüsing*, § 28 BetrVG Rz. 20. |5 GK-BetrVG/*Wiese/Raab*, § 27 Rz. 76; *Wulff*, ZBVR 2002, 134 (137). |6 Vgl. *Fitting*, § 28 BetrVG Rz. 13 ff., der von „vorbereitenden Ausschüssen" spricht. |7 St. Rspr., vgl. BAG v. 28.2.1974 – 2 AZR 455/73, BAGE 26, 27 = AP Nr. 2 zu § 102 BetrVG 1972; v. 4.8.1975 – 2 AZR 266/74, BAGE 27, 209 = AP Nr. 4 zu § 102 BetrVG 1972; v. 1.6.1976 – 1 ABR 99/74, AP Nr. 1 zu § 28 BetrVG 1972. |8 BAG v. 20.10.1993 – 7 ABR 26/93, BAGE 75, 1 (8) = AP Nr. 5 zu § 28 BetrVG 1972. |9 Empirische Erkenntnisse bei *Senne*, BB 1995, 305; vgl. ferner *Trümner*, AiB 1991, 522 (527). |10 Vgl. Richardi/*Richardi/Thüsing*, § 28 BetrVG Rz. 26: Form der mittelbaren Mitbestimmungsausübung.

BetrVG § 28 Rz. 9   Übertragung von Aufgaben auf Ausschüsse

Einrichtung der Betriebsverfassung[1]. Abs. 2 verweist für die Einzelheiten von Bestellung und Befugnissen pauschal auf Abs. 1, so dass fraglich ist, ob – wie bisher – die Existenz des **Betriebsausschusses** nach Abs. 1 Satz 3 Voraussetzung für die Bestellung von gemeinsamen Ausschüssen ist[2], oder ob allein das Größenerfordernis „mehr als 100 Arbeitnehmer" (Abs. 1 Satz 1) zählt[3]. Weil Abs. 2 nur die Übertragung von Aufgaben „zur **selbständigen** Entscheidung" regelt (vgl. Rz. 11), ist die Inbezugnahme von Abs. 1 Satz 3 ausschlaggebend (dazu Rz. 7): Die Existenz des Betriebsausschusses ist also Voraussetzung.

9   Entsprechend der großen Tragweite der Delegation ist daher beim Beschluss des BR über die Einrichtung gemeinsamer Ausschüsse über Abs. 1 Satz 3 Halbs. 2 insb. das Erfordernis **absoluter Mehrheit** nach § 27 Abs. 2 Satz 2 und der **Schriftform** nach § 27 Abs. 2 Satz 3 zu beachten[4]. Eine Verpflichtung zur Einrichtung gemeinsamer Ausschüsse besteht selbstverständlich nicht. Die zu delegierenden BR-Mitglieder sind idR nach Verhältniswahlrecht zu bestimmen, Abs. 1 Satz 2 (Rz. 4). Besteht neben dem gemeinsamen Ausschuss für dieselbe Sachfrage noch ein Fachausschuss iSd. Abs. 1, so ist es möglich, aber nicht erforderlich, dass die aus dem BR in den gemeinsamen Ausschuss zu wählenden Vertreter auch dem Fachausschuss des BR angehören[5].

10   Über Größe, Besetzung und das Verfahren der gemeinsamen Ausschüsse müssen sich ArbGeb und BR – zB auch in Gestalt einer (schuldrechtlichen) BV – **einigen**. Es empfiehlt sich der Erlass einer Geschäftsordnung, zumal der Gesetzgeber keine Vorgaben getroffen hat, so dass nur eine Missbrauchskontrolle bzw. ein Verstoß gegen allgemeine Grundsätze des BetrVG (zB Verzicht auf Mitbestimmung) die Ermessensfreiheit der Betriebspartner einschränken. Sinnvollerweise ist der Ausschuss **paritätisch** zu besetzen[6], wobei das Gleichgewicht nicht zwingend durch eine gleiche Anzahl von Vertretern, sondern auch durch eine entsprechende Gewichtung der Stimmen herbeigeführt werden kann. Ein Vertreter der Schwerbehindertenvertretung ist nach § 95 Abs. 4 Satz 1 SGB IX zur Teilnahme berechtigt[7].

11   In gemeinsamen Ausschüssen sind die ArbN-Vertreter zur „**selbständigen Entscheidung**" befugt. Diese Terminologie ist noch weiter reichend als die der „selbständigen Erledigung" in Abs. 1 Satz 3 und räumt den Ausschussmitgliedern eine eigene Entscheidungskompetenz **unabhängig vom Mehrheitswillen im BR** ein[8]. Die Mitglieder des gemeinsamen Ausschusses können allerdings vom BR jederzeit nach § 33 abberufen werden. Auf die Geschäftsführung der gemeinsamen Ausschüsse sind, sofern nicht eine eigene Geschäftsordnung vereinbart wird, im Zweifel §§ 29 ff. entsprechend anwendbar[9], so dass zB ein **Vorsitzender** und dessen Stellvertreter zu wählen sind. Das ist weiter bedeutsam für den **Abstimmungsmodus**, weil im Grundsatz nach § 33 Abs. 1 die einfache Mehrheit entscheidet, auch dann, wenn die ArbN-Seite zB durch Uneinigkeit überstimmt wird (str.)[10]. Abzulehnen ist die Ansicht, die eine Abstimmung **nach Bänken** bzw. eine sog. „**doppelte Mehrheit**" fordert (der Beschluss ist nur wirksam, wenn neben der Mehrheit des Ausschusses insgesamt auch die Mehrheit der anwesenden ArbN dafür stimmt)[11], weil hierdurch die gesetzlich vorgesehene Aufgabendelegation kraft eigener Entschließung und Einigung mit dem ArbGeb ohne Not verkompliziert würde. Der BR kann sich jederzeit mit absoluter Mehrheit und in Schriftform (§ 27 Rz. 13) vom gemeinsamen Ausschuss wieder verabschieden, § 27 Abs. 2 Satz 4 analog. Bei **Patt-Situationen** kommen Beschlüsse im gemeinsamen Ausschuss ohnehin nicht zustande, § 33 Abs. 1 Satz 2 analog, vielmehr fällt die Angelegenheit dann an den BR zurück[12]. Schließlich haben die Beschlüsse auch keine **normative Kraft**, weil entsprechend § 27 Abs. 2 Hs. 2 BV im gemeinsamen Ausschuss **nicht** abgeschlossen werden können (hM, vgl. § 27 Rz. 12).

12   **VI. Streitigkeiten.** Streitigkeiten betreffend die Einrichtung, die Wahl und die Zuständigkeiten der Fachausschüsse oder der gemeinsamen Ausschüsse entscheiden die ArbG grundsätzlich im **Beschlussverfahren** (§ 2a Abs. 1 Nr. 1, Abs. 2 iVm. §§ 80 ff. ArbGG). Hinsichtlich von **Wahlmängeln** geht das BAG auch in Bezug auf § 28 von der analogen Anwendbarkeit des § 19 aus (vgl. § 26 Rz. 14), so dass auch bei der Wahl der vom BR benannten Mitglieder eines gemeinsamen Ausschusses es die Rechtssicherheit gebietet, dass Mängel nur in der zweiwöchigen Anfechtungsfrist des § 19 Abs. 2 Satz 2 geltend gemacht

---

1 Ganz hM, vgl. BAG v. 20.10.1993 – 7 ABR 26/93, BAGE 75, 1 (11 f.) = AP Nr. 5 zu § 28 BetrVG 1972 (zu III 1d d. Gr.); *Fitting*, § 28 BetrVG Rz. 41; GK-BetrVG/*Wiese/Raab*, § 28 Rz. 36; MünchArbR/*Joost*, § 306 Rz. 61. |2 So die wohl hM, vgl. ErfK/*Eisemann*, § 28 BetrVG Rz. 4; *Fitting*, § 28 BetrVG Rz. 39; GK-BetrVG/*Wiese/Raab*, § 28 Rz. 39; Richardi/*Richardi/Thüsing*, § 28 BetrVG Rz. 28. |3 So etwa HaKo-BetrVG/*Blanke*, § 28 Rz. 3. |4 Vgl. *Fitting*, § 28 BetrVG Rz. 44; GK-BetrVG/*Wiese/Raab*, § 28 Rz. 40. |5 BAG v. 12.7.1984 – 2 AZR 320/83, AP Nr. 32 zu § 102 BetrVG 1972 = NZA 1985, 96; v. 20.10.1993 – 7 ABR 26/93, BAGE 75, 1 (11) = AP Nr. 5 zu § 28 BetrVG 1972. |6 Das ist aber nicht zwingend, vgl. DKK/*Wedde*, § 28 BetrVG Rz. 15; GK-BetrVG/*Wiese/Raab*, § 28 Rz. 41 halten eine Unterbeteiligung der ArbN für unzulässig, eine Unterparität der ArbGeb dagegen für möglich. |7 BAG v. 21.4.1993 – 7 ABR 44/92, BAGE 73, 93 = AP Nr. 4 zu § 25 SchwbG 1986. |8 HM, vgl. BAG v. 12.7.1984 – 2 AZR 320/83, AP Nr. 32 zu § 102 BetrVG 1972 = NZA 1985, 96; *Fitting*, § 28 BetrVG Rz. 39; GK-BetrVG/*Wiese/Raab*, § 28 Rz. 36; aA wohl DKK/*Wedde*, § 28 BetrVG Rz. 15. |9 HM, vgl. *Fitting*, § 28 BetrVG Rz. 45; HaKo-BetrVG/*Blanke*, § 28 Rz. 3. |10 Str., wie hier *Fitting*, § 28 BetrVG Rz. 45; GK-BetrVG/*Wiese/Raab*, § 28 Rz. 44; offen gelassen in BAG v. 12.7.1984 – 2 AZR 320/83, AP Nr. 32 zu § 102 BetrVG 1972 = NZA 1985, 96 und v. 20.10.1993 – 7 ABR 26/93, BAGE 75, 1 (14) = AP Nr. 5 zu § 28 BetrVG 1972. |11 So aber MünchArbR/*Joost*, § 306 Rz. 62; Richardi/*Richardi/Thüsing*, § 28 BetrVG Rz. 36; *Hanau* BB 1973, 1274 (1277); HaKo-BetrVG/*Blanke*, § 28 Rz. 3. |12 So zutr. ErfK/*Eisemann*, § 28 BetrVG Rz. 5; DKK/*Wedde*, § 28 BetrVG Rz. 17; *Fitting*, § 28 BetrVG Rz. 46; aA GK-BetrVG/*Wiese/Raab*, § 28 Rz. 44: Widerruf der Aufgabenübertragung nötig.

werden können, wenn nicht in besonderen Ausnahmefällen Nichtigkeit anzunehmen ist[1]. Die Festlegung der **Mindestzahl** von zwei BR-Mitgliedern zur Entsendung in einen gemeinsamen Ausschuss ist nicht rechtsmissbräuchlich, auch dann nicht, wenn die kleinste Liste ein Ausschussmitglied stellt, nicht aber die größte Liste. Das Gericht hat nicht eine Zweckmäßigkeitskontrolle, sondern nur eine Rechtskontrolle in Bezug auf die Einhaltung des Gesetzes und der Grenzen des Rechtsmissbrauchs und allgemeiner Grundsätze bei der Entsendung und Aufgabenbestimmung anzustellen[2] (vgl. Rz. 10).

28a *Übertragung von Aufgaben auf Arbeitsgruppen*
(1) In Betrieben mit mehr als 100 Arbeitnehmern kann der Betriebsrat mit der Mehrheit der Stimmen seiner Mitglieder bestimmte Aufgaben auf Arbeitsgruppen übertragen; dies erfolgt nach Maßgabe einer mit dem Arbeitgeber abzuschließenden Rahmenvereinbarung. Die Aufgaben müssen im Zusammenhang mit den von der Arbeitsgruppe zu erledigenden Tätigkeiten stehen. Die Übertragung bedarf der Schriftform. Für den Widerruf der Übertragung gelten Satz 1 erster Halbsatz und Satz 3 entsprechend.

(2) Die Arbeitsgruppe kann im Rahmen der ihr übertragenen Aufgaben mit dem Arbeitgeber Vereinbarungen schließen; eine Vereinbarung bedarf der Mehrheit der Stimmen der Gruppenmitglieder. § 77 gilt entsprechend. Können sich Arbeitgeber und Arbeitsgruppe in einer Angelegenheit nicht einigen, nimmt der Betriebsrat das Beteiligungsrecht wahr.

§ 28a neu eingeführt durch das BetrVerf-ReformG v. 23.7.2001 (BGBl. I S. 1852), vgl. Neubekanntmachung v. 25.9.2001 (BGBl. I S. 2518).

Lit.: *Blanke/Rose*, Betriebsverfassung 2001: Flexible Mitbestimmung in modernen Zeiten, RdA 2001, 92; *Däubler*, Die veränderte Betriebsverfassung – erste Anwendungsprobleme, AuR 2001, 285; *Federlin*, Arbeitsgruppen im Betrieb als neue Größe der Betriebsverfassung, NZA-Sonderheft 2001, 24; *Franzen*, Die Freiheit der Arbeitnehmer zur Selbstbestimmung nach dem neuen BetrVG, ZfA 2001, 423; *Geffken*, Gruppenarbeit und Betriebsräte, AiB 2002, 150; *Malottke*, Die Übertragung von Aufgaben auf Arbeitsgruppen nach § 28a BetrVG, AiB 2001, 625; *Natzel*, Die Delegation von Aufgaben an Arbeitsgruppen nach dem neuen § 28a BetrVG, DB 2001, 1362; *Neef*, Wer schützt vor dem Betriebsrat?, NZA 2001, 361; *Raab*, Die Arbeitsgruppe als neue betriebsverfassungsrechtliche Beteiligungsebene, NZA 2002, 474; *Reichold*, Die reformierte Betriebsverfassung 2001, NZA 2001, 857; *Richardi*, Veränderungen in der Organisation der Betriebsverfassung nach dem Regierungsentwurf zur Reform des BetrVG, NZA 2001, 346; *Thüsing*, Arbeitsgruppen nach § 28a BetrVG, ZTR 2002, 3; *Wedde*, Übertragung von Betriebsratsaufgaben gemäß § 28a BetrVG auf Arbeitsgruppen, AuR 2002, 122; *Wedde*, Rahmenvereinbarung gemäß § 28a BetrVG, AiB 2001, 630; *Wendeling-Schröder*, Individuum und Kollektiv in der neuen Betriebsverfassung, NZA 2001, 357.

I. Inhalt und Zweck. Die durch das BetrVerf-Reformgesetz 2001 neu in das Gesetz aufgenommene Vorschrift ermöglicht es dem BR im Wege einer mit dem ArbGeb getroffenen **Rahmenvereinbarung**, „eng begrenzte"[3] Beteiligungsrechte nach dem Subsidiaritätsprinzip auf sog. **Arbeitsgruppen** zu übertragen. Die Gesetzesbegründung stellt vor allem auf den Wandel der Arbeitsstrukturen sowie die gewachsene Verantwortung des einzelnen ArbN ab und möchte Entlastung des BR vom Alltagsgeschäft mit der stärkeren Einbeziehung des einzelnen ArbN in die Betriebsgestaltung kombinieren, um damit mehr Sach- und Praxisnähe der betrieblichen Mitbest. zu erreichen[4]. Die Aufwertung der „Arbeitsgruppen" (Rz. 3, vgl. auch § 87 Abs. 1 Nr. 13) könnte bei entsprechender Handhabung auch einen Beitrag zur **Flexibilisierung** der Betriebsverfassung leisten, setzt aber sorgfältig gestaltete Rahmenvereinbarungen voraus[5].

Ähnlich wie beim gemeinsamen Ausschuss nach § 28 Abs. 2 (§ 28 Rz. 8) wird mit der Arbeitsgruppe eine weitere Möglichkeit[6] zur **Mitbest. anstelle des BR** eröffnet. Die Arbeitsgruppe ist insoweit ein **eigenständiges Organ** der Betriebsverfassung, nicht ein Organ des BR[7], weil sie über die übertragenen Aufgaben selbstständig entscheidet und vor allem im Unterschied zu den Ausschüssen nach § 28 auch eigene **Gruppenvereinbarungen** mit dem ArbGeb abschließen kann, vgl. Abs. 2 Satz 1 (Rz. 17). Ein weiterer Unterschied besteht darin, dass die Arbeitsgruppe nicht erst durch Wahlen vom BR „errichtet" wird, sondern ihre Existenz als Ergebnis einer **freien Organisationsentscheidung des ArbGeb** vorgegeben und von den Betriebspartnern nicht beeinflussbar ist. Der Abschluss von Rahmenvereinbarungen

---

1 BAG v. 20.10.1993 – 7 ABR 26/93, BAGE 75, 1 = AP Nr. 5 zu § 28 BetrVG 1972. | 2 BAG v. 20.10.1993 – 7 ABR 26/93, BAGE 75, 1 (8) = AP Nr. 5 zu § 28 BetrVG 1972; aA ArbG Wuppertal v. 12.10.1992 – 4 BV 15/92, AiB 1993, 456. | 3 BT-Drs. 14/5741, S. 29. | 4 Vgl. BT-Drs. 14/5741, S. 28, 29, 40; vgl. ferner *Fitting*, § 28a BetrVG Rz. 5; GK-BetrVG/*Raab*, § 28a Rz. 2, 4. | 5 Vgl. hierzu HaKo-BetrVG/*Blanke*, § 28a Rz. 1; *Franzen*, ZfA 2001, 433; *Natzel*, DB 2001, 1362; *Raab*, NZA 2002, 474 f.; *Richardi/Thüsing*, ZTR 2002, 3; *Wedde*, AiB 2001, 630 ff.; eher kritisch aber *Däubler*, AuR 2001, 289; *Franzen*, ZfA 2001, 437; GK-BetrVG/*Raab*, § 28a Rz. 4; *Malottke*, AiB 2001, 629; *Neef*, NZA 2002, 363; *Richardi*, NZA 2001, 351; *Wendeling-Schröder*, NZA 2001, 359. | 6 Die Ausschussbildung nach § 28 Abs. 2 wird von § 28a nicht tangiert, vgl. *Franzen* ZfA 2001, 437. | 7 HM, vgl. auch *Fitting*, § 28a BetrVG Rz. 7; GK-BetrVG/*Raab*, § 28a Rz. 7; *Löwisch*, BB 2001, 1734 (1741); *Natzel*, DB 2001, 1362; *Reichold*, NZA 2001, 862; *Richardi*, NZA 2001, 351.

BetrVG § 28a Rz. 3   Übertragung von Aufgaben auf Arbeitsgruppen

muss schon deshalb für beide Seiten **freiwillig** sein (Rz. 10)[1]. Der BR kann nach der Übertragung auf die Arbeitsgruppe diese Entscheidung aber jederzeit widerrufen, vgl. Abs. 1 Satz 4, hat also ein einseitiges „Rückholrecht" (Rz. 23).

3   **II. „Arbeitsgruppen" (Abs. 1 Satz 1).** Das Gesetz definiert den Begriff der „Arbeitsgruppe" in Abs. 1 Satz 1 **nicht**. Er ist nicht gleichzusetzen mit dem **engeren** Begriff der teilautonomen „Gruppenarbeit" iSd. § 87 Abs. 1 Nr. 13 Halbs. 2[2], sondern umfasst laut Gesetzesbegründung auch „sonstige Team- und Projektarbeit" und bestimmte „Beschäftigungsarten und Arbeitsbereiche"[3]. Eine dauerhafte Einrichtung ist wegen der Einbeziehung **projektbezogener Arbeitsgruppen** nicht erforderlich. Nach der amtlichen Begründung zu eng ist eine Definition, die die Arbeitsgruppe ausschließlich an gemeinsame Arbeitsaufgaben knüpft[4]. Vielmehr zeichnet sich diese beim notwendig **weiten Verständnis** dadurch aus, dass quantitativ nur eine **gewisse Anzahl** (mindestens drei[5], nicht: „die Mehrheit"[6]) der ArbN betroffen ist, die sich qualitativ durch mindestens **ein gemeinsames Merkmal** von den übrigen ArbN derart unterscheidet, dass ein eigenständiger Regelungsbedarf für mitbestimmungspflichtige Regelungsfragen besteht[7]. Das trifft zB auch auf Mitarbeiter im Außendienst oder in Forschungsabteilungen zu[8], die nicht zwingend eine „gemeinsame Arbeitsaufgabe" zu bewältigen haben.

4   **Rechtsdogmatisch** ist die Bezeichnung der Arbeitsgruppe als „Element direkter Demokratie"[9], „direkter Partizipation"[10] oder „direkt-demokratischer Interessenvertretung"[11] **irreführend**. Mit ihrer Anerkennung als einem Organ der Betriebsverfassung (Rz. 2) hat der Gesetzgeber vielmehr nur eine weitere (niedrigere) Mitbestimmungsebene eingerichtet, so dass die Arbeitsgruppe als solche ihre (heteronome) Legitimation mit der des weiterhin **generell zuständigen BR** teilt und von diesem ableitet[12]. An den Grenzen, die privatautonom legitimierte Vertragsvereinbarungen der weit beschränkteren Legitimation des BR bzw. der Arbeitsgruppe setzen, ändert sich dadurch nichts (näher Rz. 19). Allerdings unterscheidet die Zugehörigkeit qua **Gruppenmerkmal** die Arbeitsgruppe deutlich vom BR und seinen Ausschüssen, deren Mitglieder durch formelle **Wahlen** bestimmt werden. Dass die quasi-demokratische Legitimation bei den Mitgliedern der Arbeitsgruppe nicht greift, bedeutet aber kein maßgebliches Legitimationsdefizit[13], verbleibt ihr doch die wichtigere **vertragsakzessorische** Legitimation kraft BetrVG[14], die neben dem BR auch die Arbeitsgruppe zu einem geeigneten „Vertragshelfer" für kollektive Gruppenangelegenheiten machen kann.

5   Die Mitglieder der Arbeitsgruppe sind „als solche" gerade **nicht BR-Mitglieder** und können sich daher zB nicht auf deren Kündigungs- und Versetzungsschutz nach § 15 KSchG oder § 103 berufen[15]. § 28a ist die einzige und abschließende Regelung bezüglich der „Arbeitsgruppe", andere BR-Normen können **nicht analog** angewendet werden. Insbesondere hat die Arbeitsgruppe keinen Kostenerstattungsanspruch nach § 40[16], doch kann dies in der Rahmenvereinbarung mit dem ArbGeb anders geregelt werden. Ein Anspruch auf Teilnahme an Schulungs- und Bildungsveranstaltungen (§ 37 Abs. 6, 7) besteht ebenfalls nicht, jedoch kann entsprechend § 37 Abs. 2 eine (vorübergehende) Freistellung zB des Gruppensprechers oder anlässlich einer Gruppenversammlung in Betracht kommen. Ein mittelbarer Kündigungsschutz ergibt sich aber wohl entsprechend § 78[17].

6   Arbeitsgruppen können grundsätzlich **nicht betriebs- oder unternehmensübergreifend** eingesetzt werden, weil der Gesetzgeber in § 51 Abs. 1 bewusst eine Verweisung auf § 28a unterlassen hat[18]. Allein dem **BR** und nicht dem Gesamt- oder KonzernBR kommt daher die ausschließliche Kontrollkompetenz über nach § 28a eingesetzte Arbeitsgruppen zu. Anderes kann aber für die besonderen Betriebsstrukturen des § 3 Abs. 1 Nr. 1 bis 3 gelten.

7   **III. Voraussetzungen für die Übertragung (Abs. 1). 1. Betriebsgröße.** Neben der Existenz einer „Arbeitsgruppe" als der Adressatin der Delegation (Rz. 3) verlangt Abs. 1 für die Anwendung des § 28a eine **Betriebsgröße von mehr als 100 ArbN**, die – der Gesetzgeber ist hier zu ergänzen – wie bei den

---

1 HM, vgl. *Federlin*, NZA-Sonderheft 2001, 28; *Fitting*, § 28a BetrVG Rz. 19; *Franzen*, ZfA 2001, 434; GK-BetrVG/*Raab*, § 28a Rz. 16; *Konzen*, RdA 2001, 76 (85); *Malottke*, AiB 2001, 626; *Natzel*, DB 2001, 1363; *Reichold*, NZA 2001, 862. |2 HM, vgl. DKK/*Wedde*, § 28a BetrVG Rz. 16; *Federlin*, NZA-Sonderheft 2001, 28; *Fitting*, § 28a BetrVG Rz. 10; GK-BetrVG/*Raab*, § 28a Rz. 12. |3 BT-Drs. 14/5741, S. 40. |4 Wie hier *Fitting*, § 28a BetrVG Rz. 12; *Geffken*, AiB 2002, 150; *Löwisch*, BB 2001, 1734 (1740); *Raab*, NZA 2002, 476; Richardi/*Thüsing*, § 28a BetrVG Rz. 8; zu eng dagegen HaKo-BetrVG/*Blanke*, § 28a Rz. 4. |5 So *Malottke*, AiB 2001, 626. |6 So aber *Natzel*, DB 2001, 1362; HaKo-BetrVG/*Blanke*, § 28a Rz. 4 fordert forsch „maximal 10 bis 15 Personen"! |7 Ähnlich DKK/*Wedde*, § 28a BetrVG Rz. 16; GK-BetrVG/*Raab*, § 28a Rz. 12; Richardi/*Thüsing*, § 28a BetrVG Rz. 8; *Löwisch*/*Kaiser*, § 28a BetrVG Rz. 8. |8 Beispiele von *Däubler*, AuR 2001, 289. |9 So *Thüsing*, ZTR 2002, 3. |10 So *Blanke*/*Rose*, RdA 2001, 97. |11 So HaKo-BetrVG/*Blanke*, § 28a Rz. 1, 7. |12 Vgl. Begründung BT-Drs. 14/5741, S. 30: Funktion des Betriebsrats als „einheitliche Interessenvertretung" muss erhalten bleiben; dazu weiterführend *Picker*, NZA 2002, 761 (769: Betriebsautonomie als Fremdbestimmung kraft staatlicher Delegation). |13 So aber *Wendeling-Schröder*, NZA 2001, 359. |14 Dazu *Reichold*, Betriebsverfassung als Sozialprivatrecht, 1995, S. 486 ff., insb. S. 542 ff. |15 HM, vgl. nur *Fitting*, § 28a BetrVG Rz. 39; GK-BetrVG/*Raab*, § 28a Rz. 8; *Natzel*, DB 2001, 1362; *Stege*/*Weinspach*/*Schiefer*, § 28a BetrVG Rz. 5; aA aber *Malottke*, AiB 2001, 627. |16 Zutr. *Stege*/*Weinspach*/*Schiefer*, § 28a BetrVG Rz. 6; aA ErfK/*Eisemann*, § 28a BetrVG Rz. 8; *Wedde*, AuR 2002, 126. |17 Vgl. *Fitting*, § 28a BetrVG Rz. 39. |18 Wie hier *Löwisch*/*Kaiser*, § 28a BetrVG Rz. 1; aA DKK/*Wedde*, § 28a BetrVG Rz. 18; *Thüsing*, ZTR 2002, 4.

anderen Schwellenwerten **regelmäßig** beschäftigt sein müssen (vgl. § 9 Rz. 3, § 28 Rz. 2)[1]. Warum erst ab einer BR-Größe von sieben Mitgliedern der Gesetzgeber die Übertragung von Aufgaben des BR auf Arbeitsgruppen für sinnvoll hält, ist allerdings nicht recht einsichtig[2], kann doch auch der kleinere ArbGeb bei unzumutbaren Mehrkosten die Rahmenvereinbarung verweigern. Nur bei einer dauerhaften Unterschreitung der ArbN-Zahl endet die Übertragungsmöglichkeit **kraft Gesetzes**, eine eingerichtete Arbeitsgruppe muss ihre Arbeit einstellen und ihre Aufgaben fallen an den BR zurück[3].

2. Rahmenvereinbarung mit dem ArbGeb. Weitere zwingende **Voraussetzung** für die Übertragung von Aufgaben des BR auf eine Arbeitsgruppe ist die von ihm „mit dem ArbGeb abzuschließende **Rahmenvereinbarung**", Abs. 1 Satz 1 Halbs. 2. Diese soll als Ermächtigungsgrundlage[4] für die Übertragungsbeschlüsse des BR regeln, welchen Arbeitsgruppen in welchem Umfang Aufgaben übertragen werden sollen[5]. Es geht dabei (1) um die genaue Abgrenzung der Arbeitsgruppe (zB Mitarbeiter Vertrieb) und (2) um die rahmenmäßige Aufzählung der zu delegierenden Beteiligungsangelegenheiten (zB Arbeitszeit- und Urlaubsregelungen). Zu beachten ist die im Gesetz angelegte Trennung zwischen „Rahmenvereinbarung" und „Übertragungsbeschluss", vgl. Abs. 1 Satz 1 Halbs. 1 sowie Sätze 2 bis 4. Damit soll dem BR eine ausreichend flexible und vor allem konkretere Handhabung der Übertragungsakte **im Rahmen** der getroffenen Vereinbarung ermöglicht werden[6]. Über den Mindestinhalt hinaus sind **Verfahrensregelungen** über die Organisation der Arbeitsgruppe (Rz. 16) im Hinblick auf Abs. 2 sinnvoll und dringend zu empfehlen[7]; diese können mit einer BV nach § 87 Abs. 1 Nr. 13 verbunden werden.

Zur **Rechtsnatur** der Rahmenvereinbarung ist streitig, ob eine formlose Regelungsabrede ausreicht oder eine **BV** erforderlich ist. Der Wortlaut des Abs. 1 lässt eine mündliche Vereinbarung als ausreichend erscheinen[8]. Doch ist wegen der **einschneidenden Wirkung** der Rahmenvereinbarung als einer Abweichung vom gesetzlichen Regelsystem und aus Gründen der Rechtssicherheit über den Gesetzestext hinaus davon auszugehen, dass nur eine normativ wirkende BV in der Form des § 77 Abs. 2 die Übertragung auf Arbeitsgruppen ermöglichen kann[9]. Die Rahmenvereinbarung kann auch für **mehrere Arbeitsgruppen** geschlossen werden, was einer Unübersichtlichkeit und Zersplitterung der innerbetrieblichen Delegation auf Arbeitsgruppen entgegen wirken würde[10].

Bei der Rahmenvereinbarung handelt es sich um eine **freiwillige BV** (Rz. 2), **die nicht per Einigungsstelle erzwungen** werden kann[11]. ArbGeb wie auch BR müssen sich auf die Delegation auf Arbeitsgruppen nicht einlassen. Das Einigungsstellenverfahren ist auch über den „Umweg" des § 87 Abs. 1 Nr. 13 nicht eröffnet, weil die Frage der Delegation nach § 28a nicht zu den Grundsätzen über die Durchführung von Gruppenarbeit zählt. Gleichwohl lässt sich aus § 75 Abs. 2 Satz 2 zumindest eine **Förderungspflicht** beider Parteien ableiten, die eine Ablehnung an sachliche Gründe bindet[12]. Unterbleibt die Rahmenvereinbarung, findet keine Kompetenzübertragung statt und bleibt dem BR auf ArbN-Seite weiterhin die alleinige Regelungskompetenz.

3. Übertragungsbeschluss. Der von der Rahmenvereinbarung streng zu trennende Übertragungsbeschluss bedarf der **„Mehrheit der Stimmen seiner Mitglieder"**, Satz 1 Halbs. 1, dh. die Mehrheit der Stimmen **aller** BR-Mitglieder, womit nicht die einfache, sondern die **absolute** Mehrheit gemeint ist (vgl. § 27 Rz. 11)[13]. Dabei ist der BR in seiner Entscheidung, **ob und in welchem Umfang** er Beteiligungsrechte an die Arbeitsgruppe überträgt, durch die abgeschlossene Rahmenvereinbarung nicht präjudiziert[14] (bei der Übertragung selbst ist er an die Vorgaben der Rahmenvereinbarung aber natürlich gebunden, vgl. Rz. 13). Eine Bindung an § 75 Abs. 2 Satz 2 oder gar ein einklagbares Recht der Arbeitsgruppe auf ermessensfehlerfreie Entscheidung des BR[15] ist hier – anders als bei der Rahmenvereinbarung (Rz. 10) – deshalb abzulehnen, weil der Gesetzgeber in seiner Begründung den jederzeitigen Widerruf der Übertragung und die absolute Herrschaft des BR über das Übertragungsverfahren deutlich genug betont hat[16]. Ein innerbetrieblicher Kompetenzstreit soll nicht entstehen können[17].

---

1 HM, vgl. *Fitting*, § 28a BetrVG Rz. 8; GK-BetrVG/*Raab*, § 28a Rz. 9; *Richardi/Thüsing*, § 28a BetrVG Rz. 5. | 2 Ähnlich kritisch GK-BetrVG/*Raab*, § 28a Rz. 10. | 3 Wie hier GK-BetrVG/*Raab*, § 28a Rz. 36; *Löwisch/Kaiser*, § 28a BetrVG Rz. 6; *Richardi/Thüsing*, § 28a BetrVG Rz. 6; aA ErfK/*Eisemann*, § 28a BetrVG Rz. 2, der eine Kündigung der Rahmenvereinbarung für notwendig hält. | 4 GK-BetrVG/*Raab*, § 28a Rz. 15. | 5 BT-Drs. 14/5741, S. 40. | 6 Vgl. hierzu *Fitting*, § 28a BetrVG Rz. 15. | 7 Muster bei *Wedde*, AiB 2001, 630 ff.; vgl. ferner *Fitting*, § 28a BetrVG Rz. 16; GK-BetrVG/*Raab*, § 28a Rz. 21; *Löwisch/Kaiser*, § 28a BetrVG Rz. 12. | 8 So zB GK-BetrVG/*Raab*, § 28a Rz. 22; *Malottke*, AiB 2001, 626; *Natzel*, DB 2001, 1362 f.; *Raab*, NZA 2002, 477. | 9 Wohl hM, vgl. DKK/*Wedde*, § 28a BetrVG Rz. 25; *Fitting*, § 28a BetrVG Rz. 18; *Richardi*, NZA 2001, 351; *Thüsing*, ZTR 2002, 5. | 10 *Stege/Weinspach/Schiefer*, § 28a BetrVG Rz. 8. | 11 HM, vgl. *Fitting*, § 28a BetrVG Rz. 19; GK-BetrVG/*Raab*, § 28a Rz. 16; *Löwisch/Kaiser*, § 28a BetrVG Rz. 13; *Reichold*, NZA 2001, 862. | 12 Str., wie hier ErfK/*Eisemann*, § 28a BetrVG Rz. 5; *Fitting*, § 28a BetrVG Rz. 19; *Franzen*, ZfA 2001, 434; GK-BetrVG/*Raab*, § 28a Rz. 18; *Löwisch/Kaiser*, § 28a BetrVG Rz. 13; *Raab*, NZA 2002, 477; *Reichold*, NZA 2001, 864. | 13 BR-Mitglieder, die der Arbeitsgruppe angehören, sind nicht wegen Befangenheit von der Abstimmung ausgeschlossen, vgl. DKK/*Wedde*, § 28a BetrVG Rz. 41. | 14 Str., wie hier DKK/*Wedde*, § 28a BetrVG Rz. 42; GK-BetrVG/*Kreutz*, § 75 Rz. 135; HaKo-BetrVG/*Blanke*, § 28a Rz. 3; Entscheidung nach pflichtgemäßem Ermessen fordern ErfK/*Eisemann*, § 28a BetrVG Rz. 4; *Fitting*, § 28a BetrVG Rz. 25; GK-BetrVG/*Raab*, § 28a Rz. 27; *Löwisch*, BB 2001, 1734 (1740). | 15 So *Löwisch/Kaiser*, § 28a BetrVG Rz. 16, 28. | 16 BT-Drs. 14/5741, S. 30, 40. | 17 Deshalb die Kritik von *Neef*, NZA 2001, 363: Befugnisse „von Betriebsrats Gnaden".

12 In Satz 3 ordnet der Gesetzgeber die **Schriftform** an, was sich sowohl auf den **Beschluss selbst** (vgl. § 27 Rz. 11) als auch auf die **Mitteilung der Übertragung** an die Mitglieder der Arbeitsgruppe beziehen kann. Die wohl hM bezieht das im Gleichklang mit § 27 Abs. 2 Satz 3 nur auf den Beschluss[1], während eine Mindermeinung die Schriftform (nur) auf die **Mitteilung** bezieht[2]. Der gleich lautende Wortlaut der Normen § 27 Abs. 2 Satz 3 und § 28a Abs. 1 Satz 3 erfordert eine gleich lautende Auslegung iSd. hM. Somit ist der Schriftform als **Wirksamkeitsvoraussetzung** schon zB durch die Sitzungsniederschrift nach § 34 Abs. 1 genügt, doch schließt der Gesetzgeber damit eine Mitteilungsobliegenheit des BR gegenüber der Arbeitsgruppe bzw. deren Mitgliedern keineswegs aus. Weil die Arbeitsgruppe kein Organ des BR ist (Rz. 2), wird man wie bei gemeinsamen Ausschüssen eine erweiternde Auslegung des § 34 Abs. 2 dahingehend vorzunehmen haben, dass eine **Aushändigung** der Abschrift an beide Betroffenen (Arbeitsgruppe, ArbGeb) zu erfolgen hat, wobei die Arbeitsgruppe durch einen „Gruppensprecher" (Rz. 16) vertreten werden kann.

13 Werden vom BR Aufgaben übertragen, sind diese (1) durch die Ermächtigung in der Rahmenvereinbarung begrenzt, und müssen (2) auch „**im Zusammenhang** mit den von der Arbeitsgruppe zu erledigenden Tätigkeiten stehen", Satz 2. Die Gesetzesbegründung nennt exemplarisch Arbeitszeitfragen, Pausenregelungen, Urlaubsplanung und Arbeitsgestaltung, während etwa Rechte aus §§ 111 ff. nicht übertragbar sein sollen[3]. Der zu fordernde **Tätigkeitsbezug**, bei dessen Bestimmung den Betriebspartnern ein Beurteilungsspielraum zustehen muss[4], kann nach Sinn und Zweck der Norm nicht etwa schematisch nur bei den sozialen Angelegenheiten (§ 87) gesehen werden, um die personellen und wirtschaftlichen Angelegenheiten prinzipiell auszuscheiden[5]. Er kann auch nicht nach dem gesetzesfremden Kriterium der – zu vermeidenden – Gefahr von Drucksituationen für die Gruppe[6] hergestellt werden; denn die Gruppe kann Verhandlungen mit dem ArbGeb jederzeit scheitern lassen. Er ist vielmehr (positiv) nach den je **gruppenspezifischen Belangen** im konkreten Einzelfall zu bestimmen, die sich (negativ) danach abgrenzen lassen, ob andere ArbN des Betriebs von den Gruppenregelungen nennenswert betroffen sein würden[7].

14 **Unzulässig** nach Satz 2 ist demnach nur die Übertragung solcher Regelungsbereiche, die sich nicht auf Belange der Gruppe beschränken, sondern eindeutig den **Betrieb insgesamt** betreffen, so zB die personellen Angelegenheiten der §§ 92 ff., insb. Veränderungen im Mitarbeiterbestand (§§ 99 ff.)[8], idR (aber nicht zwingend[9]) auch die Übertragung von Beteiligungsrechten nach §§ 111 ff. Angesichts des Ermessensspielraums, der dem BR auch zu inhaltlich oder verfahrensmäßig beschränkten Übertragungsbeschlüssen berechtigt (Rz. 11), besteht kein Anlass zu weiteren **inhaltlichen Restriktionen** (zB in Fragen der Entgeltregelung[10]), will man nicht das Flexibilisierungspotenzial der Vorschrift von vorneherein missachten und BR bzw. Arbeitsgruppe entmündigen.

15 **IV. Wirkungen der Übertragung (Abs. 2).** Mit der wirksamen Übertragung betriebsverfassungsrechtlicher Aufgaben auf die Arbeitsgruppe tritt diese **an die Stelle des BR** (Rz. 2). Bis zum evtl. Widerruf der Delegation, Abs. 1 Satz 4 (Rz. 23), hat dieser nicht die Möglichkeit, Beschlüsse der Gruppe aufzuheben oder zu modifizieren; andernfalls wäre Abs. 2 Satz 3 (Rückfall an BR bei Nicht-Einigung, Rz. 22) überflüssig[11]. Auch ein Widerspruchsrecht des BR ist nicht anzuerkennen[12], würde dies doch Sinn und Zweck der Delegation von Aufgaben an die Arbeitsgruppe widersprechen. Er hat die Entscheidung der Arbeitsgruppe zu respektieren, auch wenn sie nicht seinem Willen entspricht. Durch die Möglichkeit des **jederzeitigen Widerrufs** der Übertragung sind die Rechte des BR ausreichend geschützt. Dabei bleiben allgemeine BV auch für die Gruppe verbindlich, solange es nicht zu gruppenspezifischen Modifikationen kraft Gruppenvereinbarung kommt (Rz. 17). Innerhalb des ihr übertragenen Aufgabenbereichs hat die Arbeitsgruppe grundsätzlich die **Befugnisse** des BR (vgl. aber Rz. 20), doch haben ihre Mitglieder **nicht** die Stellung der BR-Mitglieder (Rz. 5).

16 **1. Organisation der Arbeitsgruppe.** Der Gesetzgeber hat **bewusst** von „Vorgaben zur inneren Struktur" der Arbeitsgruppe **abgesehen**[13]. Im Grundsatz gilt daher nichts anderes als für den gemeinsamen Ausschuss (§ 28 Rz. 10): Organisatorische Regeln über Verfahren und Willensbildung sollen der einvernehmlichen Einigung der Betriebspartner, hier in Gestalt der Rahmenvereinbarung (Rz. 8), überlassen bleiben. Ansonsten gelten die Geschäftsordnungsregeln des BetrVG (§§ 29 ff.)[14] nur in vorsichtiger Analogie, weil die eher informell arbeitende Arbeitsgruppe nicht wie ein „kleiner Betriebsrat" behan-

---

1 Vgl. nur *Fitting*, § 28a BetrVG Rz. 22; GK-BetrVG/*Raab*, § 28a Rz. 26; *Löwisch/Kaiser*, § 28a BetrVG Rz. 15. | 2 So DKK/*Wedde*, § 28a BetrVG Rz. 50; *Malottke*, AiB 2001, 626; *Wedde*, AuR 2002, 125. | 3 BT-Drs. 14/5741, S. 40. | 4 Zutr. Richardi/*Thüsing*, § 28a BetrVG Rz. 24. | 5 So etwa ErfK/*Eisemann*, § 28a BetrVG Rz. 5; *Fitting*, § 28a BetrVG Rz. 24; *Franzen*, ZfA 2001, 433; *Löwisch/Kaiser*, § 28a BetrVG Rz. 9 f.; *Stege/Weinspach/Schiefer*, § 28a BetrVG Rz. 10; ähnlich HaKo-BetrVG/*Blanke*, § 28a Rz. 5. | 6 So DKK/*Wedde*, § 28a BetrVG Rz. 31; abl. ErfK/*Eisemann*, § 28a BetrVG Rz. 5. | 7 So auch zutr. GK-BetrVG/*Raab*, § 28a Rz. 28; *Raab*, NZA 2002, 478; untauglich dagegen die Abgrenzung *Thüsings* je nach individual-vertraglicher Regelbarkeit, vgl. Richardi/*Thüsing*, § 28a BetrVG Rz. 23; *Thüsing*, ZTR 2002, 6. | 8 HM, vgl. nur *Fitting*, § 28a BetrVG Rz. 24; *Löwisch*, BB 2001, 1734 (1740); *Stege/Weinspach/Schiefer*, § 28a BetrVG Rz. 10; *Raab*, NZA 2002, 478. | 9 Vgl. aber die Kritik bei *Annuß*, NZA 2001, 367 (370 Fn. 25); Richardi/*Thüsing*, § 28a BetrVG Rz. 23. | 10 So etwa DKK/*Wedde*, § 28a BetrVG Rz. 31; HaKo-BetrVG/*Blanke*, § 28a Rz. 5. | 11 Zutr. GK-BetrVG/*Raab*, § 28a Rz. 33. | 12 So aber *Malottke*, AiB 2001, 627. | 13 BT-Drs. 14/5741, S. 40. | 14 So wohl DKK/*Wedde*, § 28a BetrVG Rz. 73; *Fitting*, § 28a BetrVG Rz. 38; HaKo-BetrVG/*Blanke*, § 28a Rz. 7.

delt werden kann. Die Rechtskontrolle des BAG wird sich ähnlich wie zu § 28 auf eine **Missbrauchskontrolle** zu beschränken haben[1]. Sollte der BR-Vorsitzende nicht analog § 29 Abs. 1 Satz 2 die Wahl eines **Gruppensprechers** veranlassen, so kann man sich mit einem „Selbstversammlungsrecht" der Arbeitsgruppe behelfen[2]. Bei der Willensbildung ist die Einhaltung **demokratischer Grundprinzipien** unverzichtbar[3]. Abgesehen vom Verfahren beim Abschluss von Gruppenvereinbarungen (Rz. 17) sollten Beschlüsse analog § 33 zustande kommen. Auch jugendlichen Mitgliedern der Gruppe ist ein Stimmrecht einzuräumen[4]. Eine Abstimmung auch im Umlaufverfahren entspricht ebenfalls den besonderen Gegebenheiten der Gruppe[5].

2. Abschluss von Gruppenvereinbarungen (Sätze 1, 2). Die Arbeitsgruppe kann **eigenständige** Vereinbarungen im Rahmen der ihr delegierten Aufgaben **mit dem ArbGeb** abschließen, die mit der **absoluten Mehrheit der Gruppenmitglieder** beschlossen sein müssen, Satz 1. Für die rechtsdogmatische Einordnung dieser „Gruppenvereinbarung" gibt die in Satz 2 angeordnete **analoge Anwendung** von § 77 einen wichtigen Hinweis. Die hM entnimmt dem zutreffend eine Gleichstellung mit BV bzw. Regelungsabrede nach § 77[6]. Die Gruppenvereinbarung kann ihrer Rechtsnatur nach als eine **im Geltungsbereich beschränkte BV**[7] bezeichnet werden (oben Rz. 4), die entweder als formelle, normativ wirkende „Gruppenbetriebsvereinbarung" (§ 77 Abs. 1 bis 6 analog) oder als informelle, rein schuldrechtliche „Gruppenregelungsabrede" (§ 77 Abs. 1 analog) in Erscheinung tritt. Ihr dennoch einen „Nachrang" gegenüber der BV beilegen zu wollen[8], verkennt die Absicht des Gesetzgebers. Das Gegenteil ist richtig: Kommt es – ausnahmsweise – zur inhaltlichen Konkurrenz mit einer BV, so hat die Gruppen(betriebs)vereinbarung kraft sachnotwendiger **Spezialität** den **Anwendungsvorrang** für die Gruppenmitglieder[9]. Sie kann demnach auch eine bislang allgemein gültige BV **ablösen**, weil sie individueller auf Bedürfnisse und Problemlagen der Arbeitsgruppe ausgerichtet und daher nach dem Subsidiaritätsprinzip, das der Norm zugrunde liegt, vorrangig gegenüber der allgemeineren BV ist. Doch erfolgt deren Verdrängung nur insoweit, als es die Sonderregelungen für die Arbeitsgruppe erfordern.

Nur für die Gruppen(betriebs)vereinbarung, nicht für die Gruppen(regelungs)abrede gilt analog § 77 Abs. 2 die **Schriftform** wegen ihrer normativen Wirkung (§ 77 Abs. 4). Der Inhalt der Vereinbarung muss also in einer Urkunde niedergelegt und von beiden Seiten unterzeichnet werden. Existiert kein vertretungsberechtigter Gruppensprecher und ist auch sonst kein Gruppenmitglied ausdrücklich bevollmächtigt, sind die **Unterschriften der Mehrheit** ausreichend[10]. Formlose Gruppenabreden kommen nach den allgemeinen Regeln der Wirksamkeit von Verträgen (§§ 145 ff. BGB) durch übereinstimmende **Willenserklärungen** zustande, wobei bei Fehlen einer Vertretungsregelung der **Zugang** (§ 130 BGB) bei **allen** Gruppenmitgliedern entscheidet[11].

Auch der **Tarifvorbehalt** nach § 77 Abs. 3 gilt als Grenze der Regelungsbefugnis einer Gruppenvereinbarung[12] (eine Konkurrenz zu tariflichen Regelungen wird meist schon durch den Übertragungsbeschluss ausgeschlossen sein). Dabei gibt es keinen Grund, **Tariföffnungsklauseln** ausschließlich Betriebs- und nicht auch Gruppenvereinbarungen zugute kommen zu lassen[13] – immerhin ordnet ja das Gesetz dem BR auch die Arbeitsgruppe als Delegationsorgan „zu". Auch ist die **normative Wirkung** nach § 77 Abs. 4 nicht wegen eines angeblichen Legitimationsdefizits der Arbeitsgruppe eingeschränkt auf nur begünstigende Regelungen[14]. Wie oben Rz. 4 ausgeführt, ist die quasi-demokratische Legitimation durch Wahl **keineswegs notwendige Voraussetzung** der betrieblichen Normsetzung. Vielmehr kann der Staat seine Normsetzungsbefugnis kraft ihrer Sachnähe auch auf Arbeitsgruppen delegieren, solange nur der Grundrechtsschutz der Normunterworfenen durch strikte Beschränkung der Gruppenvereinbarung auf **kollektive Gruppenangelegenheiten** gewahrt bleibt. Allein diese den betrieblichen Beteiligungsrechten immanente Beschränkung sichert die Privatautonomie der ArbN in Betrieb und Gruppe.

Berechtigt und verpflichtet aus der Gruppen(betriebs)vereinbarung sind damit alle **Gruppenangehörigen** auch dann, wenn sie am Beschluss nicht mitgewirkt haben, überstimmt wurden oder erst neu (etwa durch Versetzung) zur Gruppe gestoßen sind. Entscheidend ist ihre **rechtliche**, dh. vertraglich, auch kraft Weisung begründete **und faktische**, dh. kraft „Eingliederung" (vgl. § 7 Rz. 8 f.) erfolgte **Zugehörigkeit** zur

---

1 BAG v. 20.10.1993 – 7 ABR 26/93, BAGE 75, 1 = AP Nr. 5 zu § 28 BetrVG 1972. | 2 So etwa DKK/*Wedde*, § 28a BetrVG Rz. 76; GK-BetrVG/*Raab*, § 28a Rz. 43. | 3 So *Thüsing*, ZTR 2002, 4, vgl. auch § 26 Rz. 3 ff. | 4 So auch ErfK/*Eisemann*, § 28a BetrVG Rz. 7; *Fitting*, § 28a BetrVG Rz. 35. | 5 Vgl. auch *Fitting*, § 28a BetrVG Rz. 36; GK-BetrVG/*Raab*, § 28a Rz. 44; *Raab*, NZA 2002, 480. | 6 HM, vgl. *Däubler*, AuR 2001, 289; *Fitting*, § 28a BetrVG Rz. 32; *Franzen*, ZfA 2001, 434; GK-BetrVG/*Raab*, § 28a Rz. 39; *Löwisch/Kaiser*, § 28a BetrVG Rz. 22; *Natzel*, DB 2001, 1363; *Richardi*, NZA 2001, 351. | 7 So *Richardi*, NZA 2001, 351. | 8 So DKK/*Wedde*, § 28a BetrVG Rz. 57 ff.; HaKo-BetrVG/*Blanke*, § 28a Rz. 6; *Malottke*, AiB 2001, 627 f. | 9 Wohl hM, vgl. ErfK/*Eisemann*, § 28a BetrVG Rz. 7; *Fitting*, § 28a BetrVG Rz. 34; GK-BetrVG/*Raab*, § 28a Rz. 50; *Löwisch*, BB 2001, 1734 (1740); *Natzel*, DB 2001, 1363; *Stege/Weinspach/Schiefer*, § 28a BetrVG Rz. 17; aA daggen DKK/*Wedde*, § 28a BetrVG Rz. 57 ff.; HaKo-BetrVG/*Blanke*, § 28a Rz. 6; *Malottke*, AiB 2001, 627 f.; *Richardi/Thüsing*, § 28a BetrVG Rz. 28. | 10 So auch HaKo-BetrVG/*Blanke*, § 28a Rz. 7; aA GK-BetrVG/*Raab*, § 28a Rz. 46, der alle Unterschriften fordert und damit einer Minderheit das Veto-Recht gibt. | 11 Zutr. GK-BetrVG/*Raab*, § 28a Rz. 45. | 12 HM, vgl. nur ErfK/*Eisemann*, § 28a BetrVG Rz. 7; GK-BetrVG/*Raab*, § 28a Rz. 47. | 13 So aber *Malottke*, AiB 2001, 628; zust. HaKo-BetrVG/*Blanke*, § 28a Rz. 6. | 14 So aber *Däubler*, AuR 2001, 289; GK-BetrVG/*Raab*, § 28a Rz. 48; *Malottke*, AiB 2001, 629; *Richardi*, NZA 2001, 351; *Wendeling-Schröder*, NZA 2001, 359.

(in der Rahmenvereinbarung bezeichneten) Arbeitsgruppe. Genauso enden Berechtigung und Verpflichtung, wenn das gruppenbestimmende Merkmal auf einen ArbN nicht mehr zutrifft. Eine **Beendigung** der Gruppe als solcher liegt vor, wenn derart in Personenbestand oder Funktion eingegriffen wird, dass die Gruppe ihre bisherige **Identität**[1] verliert, zB wenn die Mitglieder insgesamt ausgewechselt werden.

21 **3. Kündigung und Nachwirkung.** Entsprechend § 77 Abs. 5 sind Gruppen(betriebs)vereinbarungen mit dreimonatiger Frist von beiden Seiten **kündbar.** Längere Kündigungsfristen wären wegen der Flexibilität, die eine Arbeitsgruppe auszeichnet, wenig sinnvoll, kürzere können jedoch **vereinbart** werden. Die Kündigung bedarf als „actus contrarius" zum Abschluss wie dieser der **absoluten Mehrheit** der Gruppenmitglieder[2]. Gruppenvereinbarungen enden **kraft Gesetzes**, wenn durch Auflösung der Arbeitsgruppe (Rz. 20) die Geschäftsgrundlage entfällt[3]. Wird die Übertragung widerrufen oder die Rahmenvereinbarung aufgekündigt, ohne dass die Arbeitsgruppe entfällt, bleibt es bei der Gruppenvereinbarung, bis sie der – wieder zuständige – BR kündigt[4]. Der entsprechenden Anwendung von § 77 Abs. 6 (**Nachwirkung**) steht nicht entgegen, dass die Arbeitsgruppe selbst nicht die Einigungsstelle anrufen kann (Rz. 22). Der Zweck der Fortgeltung, in den mitbestimmungspflichtigen Angelegenheiten ein Regelungsvakuum zu vermeiden, wird dadurch nicht tangiert[5], es sei denn, dass ausnahmsweise zum gleichen Gegenstand eine BV existiert.

22 **4. Rückfall der Beteiligungsrechte (Satz 3).** Einen „Rückfall" der delegierten Beteiligungsrechte an den BR sieht Satz 3 vor, wenn sich „ArbGeb und Arbeitsgruppe in einer Angelegenheit **nicht einigen**" können. Dieser Rückfall in einer **einzelnen** Angelegenheit berührt aber nicht die Übertragung **als solche**[6]. Das Scheitern der Einigung muss von einer der beiden Seiten **verbindlich** erklärt worden sein, auf Seiten der Arbeitsgruppe ist ein Beschluss notwendig, der aber nicht der absoluten Mehrheit bedarf: Es reicht die **einfache** Mehrheit analog § 33 Abs. 1[7]. Aus dem Rückfall der Beteiligungsrechte folgt nach der Gesetzesbegründung[8] und nach der hL, dass die Arbeitsgruppe auf eine **einvernehmliche** Einigung mit dem ArbGeb beschränkt und nicht konfliktfähig ist: **Nur dem BR** steht das Recht zu, in einer mitbestimmungspflichtigen Angelegenheit die **Einigungsstelle** anzurufen[9].

23 **V. Widerruf der Übertragung (Abs. 1 Satz 4).** Nach Abs. 1 Satz 4 kann der **BR** die Übertragung **jederzeit** ganz oder teilweise widerrufen. Die Verweisung auf Satz 1 Halbs. 1 stellt klar, dass für den **Widerruf** dieselben formalen Anforderungen wie für den Übertragungsbeschluss gelten (absolute Mehrheit, Schriftform, Rz. 11 f.). Der Zugang des Widerrufs an die Arbeitsgruppe ist keine Wirksamkeitsvoraussetzung[10], doch besteht eine Mitteilungsobliegenheit des BR (vgl. Rz. 12). **Inhaltlich** ist der Widerruf nicht an das Vorliegen sachlich nachvollziehbarer Gründe gebunden, wie schon die amtliche Begründung betont (Rz. 11)[11]. Ein „konkludenter" Widerruf zB durch den Abschluss einer der Gruppenvereinbarung widersprechenden BV[12] kommt nicht in Betracht. Das Gesetz möchte durch hinreichend deutliche Delegationsbeschlüsse die Kompetenzverteilung transparent regeln, so dass der Widerruf **ausdrücklich** (aber auch in einer neuen Betriebsvereinbarung). Mit dem Widerruf der Übertragung fallen die Aufgaben an den BR zurück. Die Gruppenvereinbarungen sind nicht zwingend aufgehoben, daher besteht auch keine Nachwirkungsproblematik. Der BR kann allerdings die Vereinbarungen aufkündigen (Rz. 21).

24 **VI. Streitigkeiten.** Streitigkeiten betreffend Delegation auf und Zuständigkeit der Arbeitsgruppen sowie ihrer Rechte gegenüber dem ArbGeb entscheiden die ArbG grundsätzlich im Beschlussverfahren (§ 2a Abs. 1 Nr. 1, Abs. 2 iVm. §§ 80 ff. ArbGG). Das gilt auch für Fragen der Wirksamkeit von Rahmen- und Gruppenvereinbarungen. Dabei muss der **Arbeitsgruppe** die Beteiligtenfähigkeit nach § 10 ArbGG zuerkannt werden, da ihr eine gegenüber dem BR selbstständige Stellung zukommt – sie ist daher **antragsbefugt**[13]. Denn obwohl die Arbeitsgruppe nach Abs. 2 Satz 3 in Bezug auf „Vereinbarungen" mit dem ArbGeb nicht konfliktfähig ist, gibt es dennoch einen **eigenständigen** Klärungsbedarf gegenüber BR einerseits und ArbGeb andererseits (zB § 80 Abs. 2 Satz 2, Durchführung von Gruppenvereinbarungen etc.)[14]. In Bezug auf die **Rahmenvereinbarung** steht nach der hier vertretenen Meinung (Rz. 10) den Betriebspartnern ein Recht auf **Rechtskontrolle** (nicht: Zweckmäßigkeitskontrolle) in Bezug auf das „Wie" *und* auf das „Ob" zu. Die Überprüfung des **Übertragungsbeschlusses** ist dagegen nur in Bezug auf das „Wie", nicht in Bezug auf das „Ob" möglich (Rz. 11). Auch die **Gruppenvereinbarung** kann nicht im Wege einer Billigkeits- oder Angemessenheitskontrolle, sondern nur im Wege einer Rechtskontrolle auf Antrag vom Gericht überprüft werden.

---

[1] So die Formulierung von *Thüsing*, ZTR 2002, 4. [2] GK-BetrVG/*Raab*, § 28a Rz. 51; *Raab*, NZA 2002, 481. [3] Vgl. *Fitting*, § 28a BetrVG Rz. 27; *Thüsing*, ZTR 2002, 7. [4] HM, vgl. *Fitting*, § 28a BetrVG Rz. 27; *Franzen*, ZfA 2001, 435; GK-BetrVG/*Raab*, § 28a Rz. 52. [5] HM, vgl. *Fitting*, § 28a BetrVG Rz. 32; *Franzen*, ZfA 2001, 435; GK-BetrVG/*Raab*, § 28a Rz. 54; *Löwisch/Kaiser*, § 28a BetrVG Rz. 23; *Natzel*, DB 2001, 1363; *Stege/Weinspach/Schiefer*, § 28a BetrVG Rz. 16, 18; aA DKK/*Wedde*, § 28a BetrVG Rz. 65; *Wedde*, AuR 2002, 126. [6] HM, vgl. *Fitting*, § 28a BetrVG Rz. 28; GK-BetrVG/*Raab*, § 28a Rz. 37. [7] So auch *Fitting*, § 28a BetrVG Rz. 37. [8] BT-Drs. 14/5741, S. 40. [9] HM, vgl. *Fitting*, § 28a BetrVG Rz. 37; GK-BetrVG/*Raab*, § 28a Rz. 31; *Löwisch/Kaiser*, § 28a BetrVG Rz. 25. [10] So aber DKK/*Wedde*, § 28a BetrVG Rz. 54; *Fitting*, § 28a BetrVG Rz. 26; Ha-Ko-BetrVG/*Blanke*, § 28a Rz. 3. [11] BT-Drs. 14/5741, S. 40. [12] So zB *Thüsing*, ZTR 2002, 7. [13] Wohl hM, vgl. *Fitting*, § 28a BetrVG Rz. 40; GK-BetrVG/*Raab*, § 28a Rz. 56; *Löwisch/Kaiser*, § 28a BetrVG Rz. 28; *Richardi/Thüsing*, § 28a BetrVG Rz. 33; aA aber DKK/*Wedde*, § 28a BetrVG Rz. 82; *Stege/Weinspach/Schiefer*, § 28a BetrVG Rz. 6. [14] Vgl. GK-BetrVG/*Raab*, § 28a Rz. 57.

29 Einberufung der Sitzungen

(1) Vor Ablauf einer Woche nach dem Wahltag hat der Wahlvorstand die Mitglieder des Betriebsrats zu der nach § 26 Abs. 1 vorgeschriebenen Wahl einzuberufen. Der Vorsitzende des Wahlvorstands leitet die Sitzung, bis der Betriebsrat aus seiner Mitte einen Wahlleiter bestellt hat.

(2) Die weiteren Sitzungen beruft der Vorsitzende des Betriebsrats ein. Er setzt die Tagesordnung fest und leitet die Verhandlung. Der Vorsitzende hat die Mitglieder des Betriebsrats zu den Sitzungen rechtzeitig unter Mitteilung der Tagesordnung zu laden. Dies gilt auch für die Schwerbehindertenvertretung sowie für die Jugend- und Auszubildendenvertreter, soweit sie ein Recht auf Teilnahme an der Betriebsratssitzung haben. Kann ein Mitglied des Betriebsrats oder der Jugend- und Auszubildendenvertretung an der Sitzung nicht teilnehmen, so soll es dies unter Angabe der Gründe unverzüglich dem Vorsitzenden mitteilen. Der Vorsitzende hat für ein verhindertes Betriebsratsmitglied oder für einen verhinderten Jugend- und Auszubildendenvertreter das Ersatzmitglied zu laden.

(3) Der Vorsitzende hat eine Sitzung einzuberufen und den Gegenstand, dessen Beratung beantragt ist, auf die Tagesordnung zu setzen, wenn dies ein Viertel der Mitglieder des Betriebsrats oder der Arbeitgeber beantragt.

(4) Der Arbeitgeber nimmt an den Sitzungen, die auf sein Verlangen anberaumt sind, und an den Sitzungen, zu denen er ausdrücklich eingeladen ist, teil. Er kann einen Vertreter der Vereinigung der Arbeitgeber, der er angehört, hinzuziehen.

§ 29 zuletzt geändert (Änderungen in Abs. 1, 3) durch das BetrVerf-ReformG v. 23.7.2001 (BGBl. I S. 1852), vgl. Neubekanntmachung v. 25.9.2001 (BGBl. I S. 2518).

I. Inhalt und Zweck. Die Vorschrift, die durch den Wegfall des Gruppenschutzes im BetrVerf-Reformgesetz 2001 nur marginal verändert wurde, regelt **Einberufung** und **Ablauf** der BR-Sitzungen. In Abs. 1 möchte sie die möglichst rasche **Handlungsfähigkeit** des neu gewählten BR durch genaue Vorgaben für die konstituierende Sitzung sicherstellen, in Abs. 2 bis 4 Grundregeln für alle folgenden weiteren Zusammenkünfte aufstellen. Die Normen gelten **auch für Ausschüsse** des BR, soweit ihnen Aufgaben zur selbständigen Erledigung übertragen worden sind, weil diese an die Stelle des BR treten (vgl. § 27 Rz. 11)[1]. Kraft Verweisung in §§ 65, 115, 116 gilt die Vorschrift auch für besondere Vertretungen; für Gesamt- und KonzernBR gelten nur Abs. 2 bis 4. Auf die informelle **Arbeitsgruppe** nach § 28a findet § 29 dagegen **keine Anwendung**[2]. Der Gesetzgeber hat hier bewusst von Vorgaben zur inneren Struktur abgesehen, so dass die Arbeitsgruppe auch in ihrer Gesamtheit, also ohne die Wahl eines Vorsitzenden, handlungsfähig sein sollte (vgl. § 28a Rz. 16).

II. Konstituierende Sitzung (Abs. 1). 1. Einberufung (Satz 1). Zur ersten (konstituierenden) Sitzung des neuen BR werden sämtliche gewählten Mitglieder vom **Wahlvorstand** geladen, der von seinem Vorsitzenden vertreten wird, vgl. § 16 Abs. 1 Satz 1. Das Gesetz schreibt vor, dass dies „vor Ablauf einer Woche nach dem Wahltag" zu erfolgen hat, dh. nach §§ 187 Abs. 1, 188 Abs. 2 BGB, dass die **Wochenfrist** mit Ablauf desjenigen Tages endet, welcher durch seine Benennung dem Wahltag entspricht, also zB bei Wahlen am Donnerstag mit Ablauf des Donnerstags der nächsten Woche. Durch Verwendung des Wortes „einberufen" bringt der Gesetzgeber zum Ausdruck, dass innerhalb der Woche nicht nur zu „laden" ist, sondern die Sitzung auch **stattfinden** soll[3]. Die rasche Einberufung soll die **Handlungsfähigkeit** des neuen BR durch die zwingend notwendige Wahl des Vorsitzenden und seines Stellvertreters sichern, § 26 Abs. 1.

Dass die Amtszeit des Vorgänger-BR noch nicht abgelaufen ist, hindert nicht an Einberufung und Abhaltung der konstituierenden Sitzung. Die **vorzeitige Konstituierung** des neuen BR ist für den Regelfall einer Nachfolgewahl (§ 16) vom Gesetzgeber im Interesse **lückenloser Kontinuität** gewollt[4]. Der Amtsbeginn erfolgt dann zwar erst mit Ablauf der Amtszeit des Vorgänger-BR, vgl. § 21 Satz 2 Alt. 2, doch ist der neue BR dann sogleich handlungsfähig (§ 21 Rz. 3). Bei Neuwahlen nach § 17 muss dagegen das (kurzzeitige) Auseinanderfallen von Amtsbeginn und Handlungsfähigkeit hingenommen werden, vgl. § 21 Satz 2 Alt. 1 (§ 21 Rz. 2). Bevor der BR nicht durch Wahl des Vorsitzenden und seines Stellvertreters handlungsfähig ist, §§ 26, 29 Abs. 1, können weder Sitzungen stattfinden noch betriebsverfassungsrechtliche Handlungen des BR erfolgen; der ArbGeb kann Verhandlungen mit ihm **verweigern** (§ 26 Rz. 2)[5].

Zu laden sind alle neu gewählten **BR-Mitglieder**, bei deren Verhinderung ihre Stellvertreter. Bis zur Wahl eines Wahlleiters übernimmt der Vorsitzende des Wahlvorstands auch den Vorsitz über die konstituierende Sitzung. Er ist aber nicht stimmberechtigt[6], es sei denn, er ist gleichzeitig in den neuen BR gewählt worden. Wegen der beschränkten Funktion der Sitzung ist der Wahlvorstand **nicht berech-**

---

[1] BAG v. 18.11.1980 – 1 ABR 31/78, BAGE 34, 260 (267) = AP Nr. 2 zu § 108 BetrVG 1972; ferner GK-BetrVG/*Wiese/Raab*, § 29 Rz. 2. | [2] Str., aA DKK/*Wedde*, § 29 BetrVG Rz. 1; *Fitting*, § 29 BetrVG Rz. 3, wN vgl. § 28a Rz. 16. | [3] So zutr. GK-BetrVG/*Wiese/Raab*, § 29 Rz. 8; aA aber die hM, vgl. DKK/*Wedde*, § 29 BetrVG Rz. 5; ErfK/*Eisemann*, § 29 BetrVG Rz. 1; *Fitting*, § 29 BetrVG Rz. 11; MünchArbR/*Joost*, § 307 Rz. 3; Richardi/*Richardi/Thüsing*, § 29 BetrVG Rz. 4. | [4] HM, vgl. *Fitting*, § 29 BetrVG Rz. 11; GK-BetrVG/*Wiese/Raab*, § 29 Rz. 11. | [5] BAG v. 23.8.1984 – 6 AZR 520/82, BAGE 46, 282 (288) = AP Nr. 36 zu § 102 BetrVG 1972. | [6] BAG v. 28.2.1958 – 1 ABR 3/57, AP Nr. 1 zu § 29 BetrVG.

BetrVG § 29 Rz. 5   Einberufung der Sitzungen

tigt, andere Teilnehmer, zB ArbGeb-, Schwerbehinderten- oder Gewerkschaftsvertreter, zur konstituierenden Sitzung zu laden[1]. Die Sitzung ist auch bei eingelegtem Rechtsmittel, dh. bei **Wahlanfechtung**[2] einzuberufen, weil die Rechtswidrigkeit in diesem Falle noch nicht feststeht. Die Einberufungspflicht fällt nur fort, wenn die Wahl für den Wahlvorstand erkennbar nichtig gewesen ist. Zu Mängeln im Bereich des Abs. 1 Satz 1 vgl. Rz. 17.

5   **2. Ablauf und Form (Satz 2).** Die konstituierende Sitzung beginnt damit, dass das Gremium „aus seiner Mitte" einen **Wahlleiter** für die weiteren Wahlen bestimmt. Die Kompetenzen des Wahlvorstands sind nicht schon mit der Einberufung der Sitzung erschöpft, sondern erst mit dem Übergang der Sitzungshoheit auf den Wahlleiter – danach entfällt für ihn auch das Teilnahmerecht[3]. Als Wahlleiter können auch solche **BR-Mitglieder** fungieren, die sich für den BR-Vorsitz zur Verfügung stellen; doch sollte auch ohne gesetzliche Regelung eine solche Interessenkollision besser vermieden werden. Zur Bestellung ist die einfache Mehrheit ausreichend (§ 33 analog).

6   Nach den Pflichtwahlen des Vorsitzenden und seines Stellvertreters ist die konstituierende Sitzung **beendet**. Dem Wahlvorstand steht nicht die Kompetenz zu, nach eigenem Ermessen weitere Organisationsakte wie zB die Wahl des Schriftführers oder weiterer Ausschüsse oder die Bestimmung der Mitglieder des Gesamt- oder KonzernBR auf die Tagesordnung zu setzen[4]. Das schließt aber nicht aus, dass unter Vorsitz des neu gewählten **BR-Vorsitzenden** die Sitzung mit Beratungen fortgesetzt werden kann. **Beschlüsse** können wirksam aber nur gefasst werden, wenn (1) die Amtszeit schon begonnen hat, § 21 Satz 2, (2) **alle Mitglieder einstimmig** der Erweiterung der Tagesordnung während der Sitzung zustimmen[5], (3) die Vertrauensperson der Schwerbehindertenvertretung bzw. ein Vertreter der JAV hinzugezogen werden können, vgl. Abs. 2 Satz 4.

7   **III. Weitere Sitzungen (Abs. 2 bis 4).** Für die „weiteren Sitzungen" des BR, die idR in nach der Geschäftsordnung **regelmäßige** (Abs. 2) und **außerordentliche** (Abs. 3) Sitzungen unterteilt werden, gelten grds. die Vorschriften der §§ 29 bis 36. Sie finden nur auf solche (**förmliche**) Sitzungen Anwendung, auf denen **Beschlüsse** des BR gefasst werden, vgl. § 33. Das Gesetz regelt damit also die Voraussetzungen rechtswirksamen Handelns des BR als **Organ**, ohne damit anderweitige Zusammenkünfte des BR und seiner Mitglieder unterbinden zu wollen.

8   **1. Einberufung.** Die weiteren Sitzungen werden vom **Vorsitzenden** des BR einberufen, Abs. 2 Satz 1 bzw. Abs. 3. Ist der Vorsitzende verhindert, kann der Stellvertreter, im Falle auch dessen Verhinderung ein anderer geschäftsplanmäßiger Vertreter[6] die Einberufung vornehmen. Ein **Selbstversammlungsrecht** des BR kann wirksam nur angenommen werden, wenn alle BR-Mitglieder anwesend sind und einstimmig die Tagesordnung billigen[7]. Andernfalls würde Abs. 3 übergangen, der den Vorsitzenden zur Einberufung **verpflichtet**, „wenn dies ein Viertel der Mitglieder des BR oder der Arbeitgeber" beantragen. Andere ArbN können zwar eine Sitzung nicht beantragen, jedoch nach § 86a Satz 2 bei Unterstützung durch **mindestens 5 %** der betrieblichen ArbN die **Beratung** eines von ihnen vorgeschlagenen Themas auf einer Sitzung in den nächsten zwei Monaten durchsetzen (Rz. 15).

9   Die **Ladung**, mit der die Tagesordnung mitzuteilen ist, soll „**rechtzeitig**" erfolgen, Satz 3. Die BR-Mitglieder sollen dadurch die Möglichkeit erhalten, sich ein Bild über die in der Sitzung zu treffenden Entscheidungen zu machen und sich ausreichend darauf vorbereiten zu können[8]. Allerdings ist damit nicht das Recht für einzelne Mitglieder verbunden, sämtliche zT umfangreichen Unterlagen schon *vor* der Sitzung einsehen zu dürfen (vgl. auch § 34 Abs. 3)[9]. Als ausreichend für die rechtzeitige Ladung wird man einen **Zeitraum von 3 bis 4 Tagen** vor der Sitzung ansehen dürfen. Er kann kürzer bemessen sein, wenn der BR regelmäßig, zB einmal wöchentlich zu einem festgesetzten Termin zusammentritt, oder wenn der Termin durch Geschäftsordnung festgesetzt ist[10].

---

1 HM, vgl. ErfK/*Eisemann*, § 29 BetrVG Rz. 1; *Fitting*, § 29 BetrVG Rz. 14; GK-BetrVG/*Wiese/Raab*, § 29 Rz. 17; Richardi/*Richardi/Thüsing*, § 29 BetrVG Rz. 7; aA LAG Düsseldorf v. 14.6.1961 – 3 BVTa 1/61, BB 1961, 900 (für Arbeitgebervertreter); DKK/*Wedde*, § 29 BetrVG Rz. 10; HaKo-BetrVG/*Blanke*, § 29 Rz. 1 (für Gewerkschaftsvertreter). |2 HM, vgl. DKK/*Wedde*, § 29 BetrVG Rz. 4; GK-BetrVG/*Wiese/Raab*, § 29 Rz. 7. |3 BAG v. 28.2.1958 – 1 ABR 3/57, AP Nr. 1 zu § 29 BetrVG. |4 HM, vgl. ErfK/*Eisemann*, § 29 BetrVG Rz. 1; GK-BetrVG/*Wiese/Raab*, § 29 Rz. 22; Richardi/*Richardi/Thüsing*, § 29 BetrVG Rz. 15; aA aber DKK/*Wedde*, § 29 BetrVG Rz. 3; HaKo-BetrVG/*Blanke*, § 29 Rz. 1. |5 So das BAG v. 28.4.1988 – 6 AZR 405/86, BAGE 58, 221 (227) = AP Nr. 2 zu § 29 BetrVG 1972 (zur gewöhnlichen Sitzung); zur konstituierenden Sitzung von BAG v. 13.11.1991 – 7 ABR 18/91, BAGE 69, 49 (58) = AP Nr. 3 zu § 27 BetrVG 1972 offen gelassen; ferner ErfK/*Eisemann*, § 29 BetrVG Rz. 1; Richardi/*Richardi/Thüsing*, § 29 BetrVG Rz. 15, 39; aA DKK/*Wedde*, § 29 BetrVG Rz. 14; *Fitting*, § 29 BetrVG Rz. 21; GK-BetrVG/*Wiese/Raab*, § 29 Rz. 22; HaKo-BetrVG/*Blanke*, § 29 Rz. 1 (Mehrheitsbeschluss reicht). |6 ArbG Marburg v. 13.11.1992 – 2 Ca 143/92, ARSt 1993, 155. |7 LAG Saarl. v. 11.11.1964 – Sa 141/63, AP Nr. 2 zu § 29 BetrVG; *Fitting*, § 29 BetrVG Rz. 24; DKK/*Wedde*, § 29 BetrVG Rz. 15; Richardi/*Richardi/Thüsing*, § 29 BetrVG Rz. 17; sehr zurückhaltend GK-BetrVG/*Wiese/Raab*, § 29 Rz. 25. |8 HM, vgl. BAG v. 28.4.1988 – 6 AZR 405/86, BAGE 58, 221 = AP Nr. 2 zu § 29 BetrVG 1972 sowie *Fitting*, § 29 BetrVG Rz. 44; GK-BetrVG/*Wiese/Raab*, § 29 Rz. 35. |9 BVerwG v. 29.8.1975 – VII P 2.74, BVerwGE 49, 144 (152 f.). |10 Etwas komplizert GK-BetrVG/*Wiese/Raab*, § 29 Rz. 36 f., die dann eine Ladung für entbehrlich halten, dennoch aber natürlich die rechtzeitige Mitteilung der Tagesordnung fordern müssen.

Einberufung der Sitzungen   Rz. 15 § 29 BetrVG

Eine besondere **Form** der Ladung ist nicht vorgeschrieben, so dass auch eine **mündliche Ladung** ausreicht[1]. Der Vorsitzende muss aber dafür Sorge tragen, dass die BR-Mitglieder die Ladung und die **Tagesordnung** zur Kenntnis nehmen können[2]. Die Bekanntgabe kann betriebsüblich[3], zB durch Aushang am „schwarzen Brett" oder durch E-Mail (elektronisches Rundschreiben)[4] erfolgen. **10**

2. Zeitpunkt der Sitzung. Den Zeitpunkt der Sitzung bestimmt der Vorsitzende nach **pflichtgemäßem Ermessen**[5] je nach Arbeitsanfall, wobei idR durch die Geschäftsordnung (§ 36) ein regelmäßiger Turnus vorgeschrieben ist (zB einmal im Monat). Das Ermessen ist reduziert, wenn ein Viertel der Mitglieder des BR oder der ArbGeb eine **außerordentliche** Sitzung nach Abs. 3 verlangen (Rz. 8), was nur durch entsprechende Antragstellung gegenüber dem Vorsitzenden möglich ist[6]. Andere Personen, insb. die Jugend- und Auszubildenden- sowie die Schwerbehindertenvertretung[7], haben dieses Antragsrecht nicht, können jedoch gewisse Themen auf die Tagesordnung der nächsten Sitzung setzen lassen. **11**

3. Teilnehmer. Zur Sitzung sind nach Abs. 2 Satz 3 **alle** BR-Mitglieder zu laden. Bei **Verhinderung**, die nach Satz 5 dem Vorsitzenden unverzüglich unter Angabe der Gründe mitzuteilen ist, müssen **Ersatzmitglieder** geladen werden, Satz 6 (vgl. § 25 Rz. 4)[8]. Nach Satz 4 sind auch die Schwerbehindertenvertretung (vgl. § 32 BetrVG iVm. § 94 SGB IX) und die Jugend- und Auszubildendenvertreter (vgl. § 67) zu laden, „soweit sie ein Recht auf Teilnahme" haben, was nach den Spezialnormen beider Vertretungen in aller Regel der Fall ist[9]. Sie haben sich grundsätzlich beim Vorsitzenden zu entschuldigen, falls sie nicht teilnehmen können, Satz 5. Dann muss der Vorsitzende ihre Vertreter laden[10]. Auch wenn das Gesetz insoweit schweigt, ist (soweit vorhanden) zusätzlich der Vertrauensmann der Zivildienstleistenden nach § 3 ZDVG zu laden, wenn entsprechende Angelegenheiten zu beraten sind[11]. **12**

Nach § 2 Abs. 2 Satz 2 SprAuG kann der BR den Mitgliedern des **SprAu** ein Teilnahmerecht einräumen, worüber er nach freiem Ermessen von Fall zu Fall entscheidet[12]. **Gewerkschaftsvertreter** dagegen *sind* unter den Voraussetzungen des § 31 vom Vorsitzenden einzuladen, haben also insoweit einen **Anspruch** auf rechtzeitige Ladung. **13**

Der **ArbGeb** hat nach Abs. 4 nur ein **eingeschränktes** Teilnahmerecht, wenn er einen Antrag nach Abs. 3 gestellt hat oder vom BR „ausdrücklich" eingeladen wurde, vgl. Abs. 4 Satz 1. Beim eigenen Antrag (Abs. 3) beschränkt sich sein Teilnahmerecht auf die Behandlung des von ihm vorgeschlagenen Themas, im anderen Fall (Abs. 4) kann der BR seine Einladung auf bestimmte Tagesordnungspunkte begrenzen[13]. Wird der ArbGeb **ausdrücklich** (zielgerichteter Wunsch des BR) eingeladen, kann er auch einen kompetenten Vertreter in die Sitzung entsenden[14]. Es entsteht jedenfalls insoweit nicht nur ein Teilnahmerecht, sondern aus dem Gebot der vertrauensvollen Zusammenarbeit heraus eine **Teilnahmepflicht**[15], die aber a priori **kein Stimmrecht** beinhalten kann[16]. Nach dem klaren Wortlaut des Abs. 4 Satz 2 ist der ggf. hinzuzuziehende **Verbandsvertreter** dagegen nicht vom BR-Vorsitzenden einzuladen, sondern als Folge der Teilnahme des ArbGeb von diesem zusätzlich (nicht: als sein Vertreter) **hinzuzuziehen**[17]. **14**

4. Ablauf und Form (Abs. 2 Satz 2). Der Vorsitzende legt die **Tagesordnung** nach eigenem pflichtgemäßen Ermessen fest. Dabei sind die einzelnen Beschlussgegenstände in den Tagesordnungspunkten **klar zu fassen**, weil andernfalls (zB Bezeichnung „Verschiedenes") nur Diskussionen, nicht aber verbindliche Beschlüsse möglich sind[18]. Das Ermessen ist reduziert im Fall von Abs. 3, wenn ArbGeb oder 25% des BR die Behandlung eines bestimmten Gegenstandes verlangt haben. Ähnlich verhält es sich mit der Pflicht, von **einzelnen ArbN** gewünschte Tagesordnungspunkte nach § 86a binnen zweier Monate (Rz. 8) oder Angelegenheiten der **Schwerbehindertenvertretung** nach § 95 Abs. 4 Satz 1 Halbs. 2 SGB IX auf die nächste Tagesordnung zu setzen. Eine **Ergänzung** der Tagesordnung ist nur durch **einstimmigen Beschluss** des vollständig versammelten BR bzw. dann möglich, wenn kein BR-Mitglied widerspricht, weil ansonsten die Grundsätze einer ordnungsgemäßen Beschlussfassung im Hinblick auf die rechtzeitige Vorbereitung des Themas, aber auch im Hinblick auf die Rechte abwesender BR-Mitglieder nicht mehr **15**

---

1 BAG v. 8.2.1977 – 1 ABR 82/74, AP Nr. 10 zu § 80 BetrVG 1972. | 2 Vgl. nur *Fitting*, § 29 BetrVG Rz. 44. | 3 LAG Hamm v. 12.2.1992 – 3 TaBV 174/91, DB 1992, 2148; *Mletzko*, AiB 1999, 551. | 4 DKK/*Wedde*, § 29 BetrVG Rz. 18. | 5 HM, vgl. DKK/*Wedde*, § 29 BetrVG Rz. 16; GK-BetrVG/*Wiese/Raab*, § 29 Rz. 24; MünchArbR/*Joost*, § 307 Rz. 9. | 6 GK-BetrVG/*Wiese/Raab*, § 29 Rz. 28. | 7 *Richardi/Richardi/Thüsing*, § 29 BetrVG Rz. 21. | 8 BAG v. 23.8.1984 – 2 AZR 391/83, BAGE 46, 258 (263) = AP Nr. 17 zu § 103 BetrVG 1972; v. 3.8.1999 – 1 ABR 30/98, BAGE 92, 162 (167) = AP Nr. 7 zu § 25 BetrVG 1972; ausf. *Mletzko* AiB 1999, 552 f.; GK-BetrVG/*Wiese/Raab*, § 29 Rz. 42. | 9 Vgl. etwa GK-BetrVG/*Wiese/Raab*, § 29 Rz. 41 zum Teilnahmerecht der JAV. | 10 Vgl. *Mletzko* AiB 1999, 552. | 11 HM, vgl. nur *Fitting*, § 29 BetrVG Rz. 36; GK-BetrVG/*Wiese/Raab*, § 29 Rz. 40. | 12 Vgl. GK-BetrVG/*Wiese/Raab*, § 29 Rz. 49; *Richardi/Wiese/Raab*, § 29 BetrVG Rz. 31. | 13 HM, vgl. DKK/*Wedde*, § 29 BetrVG Rz. 34; GK-BetrVG/*Wiese/Raab*, § 29 Rz. 64; ferner *Hamm*, AiB 1999, 489 mit Formulierungsvorschlägen. | 14 BAG v. 11.12.1991 – 7 ABR 16/91, AP Nr. 2 zu § 90 BetrVG 1972 = NZA 1992, 850. | 15 HM, vgl. *Fitting*, § 29 BetrVG Rz. 56; GK-BetrVG/*Wiese/Raab*, § 29 Rz. 69; unklar *Richardi/Richardi/Thüsing*, § 29 BetrVG Rz. 48. | 16 HM, vgl. nur ErfK/*Eisemann*, § 29 BetrVG Rz. 15; GK-BetrVG/*Wiese/Raab*, § 29 Rz. 67. | 17 Dazu näher *Fitting*, § 29 BetrVG Rz. 62 ff.; GK-BetrVG/*Wiese/Raab*, § 29 Rz. 72 ff. | 18 BAG v. 28.10.1992 – 7 ABR 14/92, AP Nr. 4 zu § 29 BetrVG 1972 = NZA 1993, 466; LAG Bdb. v. 2.4.1998 – 3 Sa 477/96, ZTR 1998, 526 (zum Tagesordnungspunkt „Verschiedenes").

gewährleistet sind[1]. Diese strenge Rspr. wird zu Unrecht als formalistisch[2] oder praxisfern kritisiert[3], weil sie in Ausnahme- und Eilsituationen ohnehin außer Betracht bleiben kann. Ansonsten kann sie durch rasche Einberufung einer neuen Sitzung mit ordnungsgemäßen Beschlüssen bzw. durch entsprechend vorsorgende Regelungen in der Geschäftsordnung „entschärft" werden (vgl. auch Rz. 18).

16 **IV. Sitzung mit SprAu.** Nach § 2 Abs. 2 Satz 3 SprAuG „**sollen**" BR und SprAu einmal im Kalenderjahr zu einer gemeinsamen Sitzung zusammentreffen. In Bezug auf diese Sitzung nehmen die Vorsitzenden beider Gremien **gemeinsam** die Aufgaben der Einberufung und Leitung der Sitzung wahr[4].

17 **V. Streitigkeiten.** Streitigkeiten im Zusammenhang mit Einberufung und Leitung der Sitzungen entscheiden die ArbG im **Beschlussverfahren** (§ 2a Abs. 1 Nr. 1, Abs. 2 iVm. §§ 80 ff. ArbGG). Zu beachten ist aber, dass die Vernachlässigung der kurzen Fristsetzung bei der konstituierenden Sitzung nach **Abs. 1 Satz 1** ohne nachteilige Rechtsfolgen bleibt, weil es sich hier um eine reine **Ordnungsvorschrift** handelt[5]. Das Recht zur konstituierenden Sitzung kann auch im Wege der (subsidiären) **Selbstversammlung** wahrgenommen werden, indem sämtliche gewählten Mitglieder zusammentreffen und aus ihrer Mitte den Vorsitzenden und seinen Stellvertreter wählen[6].

18 **Wesentliche Grundsätze** formuliert dagegen Abs. 2. Erfolgt die Ladung nicht unter korrekter Angabe der Tagesordnung, sind die auf der Versammlung gefassten Beschlüsse **rechtswidrig** und können nur geheilt werden, wenn der vollständig versammelte BR einstimmig die Tagesordnung ergänzt[7]. Ansonsten sind die Beschlüsse nichtig[8], und zwar selbst dann, wenn die vollständig versammelten BR-Mitglieder ordnungsgemäß abstimmen[9]. Dasselbe gilt, wenn im Falle der **Verhinderung** die Vertreter nicht geladen wurden[10]. Der Vorsitzende hat daher die Modalitäten der Einberufung unbedingt einzuhalten, weil ansonsten zB auch kein Vergütungsanspruch nach § 37 BetrVG entsteht[11].

19 Der Vorsitzende handelt **pflichtwidrig**, wenn er einem Antrag nach **Abs. 3** nicht oder zu zögerlich nachkommt. Die Pflichtwidrigkeit kann auch darin bestehen, den beantragten Beratungsgegenstand nicht auf die Tagesordnung der nächsten Sitzung aufzunehmen[12]. Der BR hat dann die Möglichkeit, den Vorsitzenden abzuberufen (§ 26 Rz. 6), während der ArbGeb nach § 23 Abs. 1 vorgehen kann.

30 *Betriebsratssitzungen*

Die Sitzungen des Betriebsrats finden in der Regel während der Arbeitszeit statt. Der Betriebsrat hat bei der Ansetzung von Betriebsratssitzungen auf die betrieblichen Notwendigkeiten Rücksicht zu nehmen. Der Arbeitgeber ist vom Zeitpunkt der Sitzung vorher zu verständigen. Die Sitzungen des Betriebsrats sind nicht öffentlich.

§ 30 idF des BetrVG 1972 (v. 15.1.1972, BGBl. I S. 13).

1 **I. Inhalt und Zweck.** Die Vorschrift regelt unter der Überschrift „BR-Sitzungen" zwei unterschiedliche Sachverhalte: die **zeitliche Lage** der Sitzungen (Sätze 1 bis 3) und deren **Nichtöffentlichkeit** (Satz 4). Damit wird die Grundnorm des § 29 Abs. 2 zur Einberufung der BR-Sitzungen **ergänzt** und wie dort davon ausgegangen, dass die Anberaumung in Bezug auf Häufigkeit und zeitliche Lage **allein Sache des BR** bzw. dessen Vorsitzenden ist[13], vgl. Satz 2. Nicht geregelt werden dagegen der Ort (vgl. § 40 Abs. 2), die Teilnahmeberechtigung (vgl. § 29 Rz. 12 ff.) und der Ablauf der Sitzungen (vgl. § 29 Rz. 15).

2 **II. Zeitliche Lage der Sitzungen (Sätze 1, 2).** Die Sitzungen, die der Vorsitzende nach § 29 Abs. 2 Satz 1 einberuft, sollen nach Satz 1 grundsätzlich nicht in Arbeitspausen oder sonst außerhalb der Arbeitszeit stattfinden, sondern „in der Regel" **während der Arbeitszeit**. Damit verdeutlicht das Gesetz, dass die Ausübung der BR-Tätigkeit zu Lasten des ArbGeb und nicht zu Lasten der Freizeit der BR-Mitglieder gehen soll (dazu näher §§ 37 bis 41). Die Sitzungen sind daher möglichst in die **persönliche** Arbeitszeit aller BR-Mitglieder zu legen[14], was in Betrieben mit starren Regelarbeitszeiten unpro-

---

1 BAG v. 28.4.1988 – 6 AZR 405/86, BAGE 58, 221 (227) = AP Nr. 2 zu § 29 BetrVG 1972; v. 28.10.1992 – 7 ABR 14/92, AP Nr. 4 zu § 29 BetrVG 1972; LAG Köln v. 25.11.1998 – 2 TaBV 38/98, NZA-RR 1999, 245; so auch ErfK/*Eisemann*, § 29 BetrVG Rz. 3; MünchArbR/*Joost*, § 307 Rz. 16. |2 So HaKo-BetrVG/*Blanke*, § 29 Rz. 3. |3 So DKK/*Wedde*, § 29 BetrVG Rz. 20, sich dem anschließend GK-BetrVG/*Wiese/Raab*, § 29 Rz. 53. |4 Vgl. näher GK-BetrVG/*Wiese/Raab*, § 29 Rz. 78 ff. |5 HM, vgl. *Fitting*, § 29 BetrVG Rz. 9; MünchArbR/*Joost*, § 307 Rz. 4. |6 HM, vgl. GK-BetrVG/*Wiese/Raab*, § 29 Rz. 13; MünchArbR/*Joost*, § 307 Rz. 4. |7 So die Rspr., vgl. BAG v. 28.4.1988 – 6 AZR 405/86, BAGE 58, 221 (226 ff.) = AP Nr. 2 zu § 29 BetrVG 1972 sowie die Nachw. Rz. 15. |8 BAG v. 23.8.1984 – 2 AZR 391/83, BAGE 46, 258 (263) = AP Nr. 17 zu § 103 BetrVG 1972; v. 28.4.1988 – 6 AZR 405/86, BAGE 58, 221 (226) = AP Nr. 2 zu § 29 BetrVG 1972 (keine Mitteilung des Tagesordnungspunkts „Verschiedenes"); v. 28.10.1992 – 7 ABR 14/92, AP Nr. 4 zu § 29 BetrVG 1972 = NZA 1993, 466 (zum Tagesordnungspunkt „Verschiedenes"). |9 So LAG BW v. 22.10.1997 – 2 TaBV 3/97 – nv. (juris-Dok. KARE513710533), bestätigt von BAG v. 8.3.2000 – 7 ABR 11/98, BAGE 94, 42 (45) = AP Nr. 68 zu § 40 BetrVG 1972. |10 So LAG Nürnberg v. 23.9.1997 – 6 Sa 242/96, AiB 1998, 162 (Urlaubsabwesenheit und nachträgliche Heilung durch erneuten Beschluss). |11 Zum Anspruch aus § 76a vgl. BAG v. 19.8.1992 – 7 ABR 58/91, AP Nr. 3 zu § 76a BetrVG 1972 = NZA 1993, 710. |12 GK-BetrVG/*Wiese/Raab*, § 29 Rz. 32. |13 HM, vgl. *Fitting*, § 30 BetrVG Rz. 9; GK-BetrVG/*Wiese/Raab*, § 30 Rz. 5. |14 HM, vgl. *Fitting*, § 30 BetrVG Rz. 6; GK-BetrVG/*Wiese/Raab*, § 30 Rz. 5; missverständlich Richardi/*Richardi/Thüsing*, § 30 BetrVG Rz. 2 bzw. 5.

blematisch ist, nicht aber in Betrieben mit flexiblen Gleitzeit- oder Schichtsystemen. Der Vorsitzende muss darauf bedacht sein, die Sitzungen möglichst in der Kernarbeitszeit oder in jenen Tagschichten anzuberaumen, in denen die **Mehrheit** der BR-Mitglieder arbeitet. Rücksicht zu nehmen ist auch auf die persönlichen Arbeitszeiten der Teilzeitkräfte[1]. Lässt sich **ausnahmsweise** ein Freizeitopfer wegen einer außerdienstlichen Sitzungsteilnahme zB von Nachtschicht- oder Teilzeit-Mitarbeitern nicht vermeiden, haben diese Anspruch auf **Freizeitausgleich** nach § 37 Abs. 3[2] (vgl. § 37 Rz. 20).

Die Rücksichtnahme „auf die **betrieblichen Notwendigkeiten**", Satz 2, bedeutet nicht etwa, dass die Sitzungen zB regelmäßig auf den Beginn oder das Ende der Arbeitszeit zu legen seien[3]. Vielmehr muss die Terminierung nur solche **dringenden** betrieblichen Gründe berücksichtigen, die einen zwingenden Vorrang vor dem Interesse des BR an dem von ihm präferierten Termin begründen, so zB bei dem Interesse einer Fluglinie, dass die Gremiumsmitglieder zur Sitzung die Flüge der eigenen Gesellschaft und nicht die eines Konkurrenzunternehmens nutzen[4]. Nur in **Ausnahmefällen** darf die Sitzung wegen zwingender betrieblicher Gründe (zB Termindruck bei Erledigung eines Großauftrags im Kleinbetrieb) auch außerhalb der Arbeitszeit stattfinden, soweit dem ArbGeb die entsprechenden organisatorischen Änderungen nicht zumutbar sind[5]. Zu den Folgen eines Verstoßes gegen § 30 Satz 2 vgl. Rz. 6.

III. Benachrichtigung des ArbGeb (Satz 3). Satz 3 normiert eine **Unterrichtungspflicht** des BR, die er **rechtzeitig** („vorher") gegenüber dem ArbGeb wahrzunehmen hat, um es diesem zu ermöglichen, die Betriebsorganisation auf die Abwesenheit der Sitzungsteilnehmer einzurichten[6] und ggf. seine Rechte aus § 29 Abs. 4 geltend zu machen. Deshalb gibt ein *nachträglicher* Auskunftsanspruch auch keinen rechten Sinn[7]. Die Informationspflicht des BR nach Satz 3 begründet für den ArbGeb keinerlei Zustimmungs- oder Veto-Recht, doch kann er bei krasser Vernachlässigung betrieblicher Notwendigkeiten uU eine einstweilige Verfügung gegen die Abhaltung der Sitzung erwirken (hM). Die Unterrichtung bezieht sich nur auf den Termin, nicht auf die Tagesordnung (hM). Sie kann unterbleiben, wenn der BR in einem **Regelturnus** tagt (etwa aufgrund BV[8] oder Geschäftsordnung[9] des BR, vgl. § 29 Rz. 11) und dies dem ArbGeb – wie in der Regel – auch bekannt ist.

IV. Nichtöffentlichkeit (Satz 4). Die seit den Anfängen der Betriebsverfassung (§ 30 Abs. 1 Satz 2 BRG 1920) existierende Regel in Satz 4, die BR-Sitzungen für **nicht öffentlich** erklärt, soll die von äußeren Einflüssen freie Beratung und Entscheidungsfindung im BR sicherstellen. Die gesetzliche Benennung des Teilnehmerkreises, also insb. die Mitglieder des BR selbst, ggf. die Ersatzmitglieder sowie die in §§ 29, 31, 32, 67 genannten Personen (vgl. § 29 Rz. 12 ff.), ist also **abschließend**. Das schließt nicht andere gesetzlich vorgesehene Ausnahmen aus, etwa wenn der BR bewusst **Sachverständige** oder andere **Auskunftspersonen** zB nach § 80 Abs. 2 Satz 3 oder § 80 Abs. 3 einlädt[10]. Auch können ArbN bei individueller Betroffenheit in personellen Angelegenheiten (§§ 99 ff.) hinzugezogen werden[11]. Der Nichtöffentlichkeit korrespondiert die in §§ 79, 80 Abs. 4 angeordnete **Verschwiegenheitspflicht**. Ein darüber hinausgehendes, dauerhaftes Stillschweigen kann dem Satz 4 aber **nicht entnommen** werden, auch wenn sich in einzelnen, als besonders vertraulich gekennzeichneten Beratungsgegenständen für Amtsträger eine noch weiter gehende Loyalitätspflicht gegenüber dem BR bzw. dem ArbGeb ergeben kann[12].

V. Streitigkeiten. Beschlüsse des BR, die unter Verstoß gegen die Anforderungen des § 30 zustande kommen (zB ohne Unterrichtung des ArbGeb), bleiben dennoch **wirksam**[13]. Werden betriebliche Notwendigkeiten nicht beachtet, kann der ArbGeb auf eine Verschiebung der Sitzung drängen[14] oder diese per einstweiliger Verfügung erzwingen (hM, vgl. Rz. 4).

---

1 Vgl. BAG v. 27.11.1987 – 7 AZR 29/87, AP Nr. 7 zu § 44 BetrVG 1972 = NZA 1988, 661. | 2 Ganz hM, vgl. nur *Fitting*, § 30 BetrVG Rz. 6; GK-BetrVG/*Wiese/Raab*, § 30 Rz. 14. | 3 So aber *Hess/Schlochauer/Glaubitz*, 5. Aufl., § 30 Rz. 7; anders hM, vgl. nur *Fitting*, § 30 BetrVG Rz. 7; ErfK/*Eisemann*, § 30 BetrVG Rz. 2; GK-BetrVG/*Wiese/Raab*, § 30 Rz. 8. | 4 So LAG Köln v. 17.4.2002 – 7 TaBV 13/01, BB 2002, 2680. | 5 HM, vgl. *Fitting*, § 30 BetrVG Rz. 6; GK-BetrVG/*Wiese/Raab*, § 30 Rz. 9; großzügiger Richardi/*Richardi/Thüsing*, § 30 BetrVG Rz. 4. | 6 Vgl. nur *Fitting*, § 30 BetrVG Rz. 14; GK-BetrVG/*Wiese/Raab*, § 30 Rz. 16. | 7 Zutr. ArbG Hamburg v. 8.9.1999 – 13 BV 4/99, AiB 2000, 102 m. Anm. *Hjort*; zust. *Fitting*, § 30 BetrVG Rz. 14; aA dagegen GK-BetrVG/*Wiese/Raab*, § 30 Rz. 17; Richardi/*Richardi/Thüsing*, § 30 BetrVG Rz. 7. | 8 Hierzu vgl. GK-BetrVG/*Wiese/Raab*, § 30 Rz. 11; Richardi/*Richardi/Thüsing*, § 30 BetrVG Rz. 7. | 9 DKK/*Wedde*, § 30 BetrVG Rz. 10. | 10 ArbG Frankfurt/M v. 16.9.1988 – 15 BVGa 20/88, AiB 1989, 14 m. Anm. *Rothenburg*; ferner DKK/*Wedde*, § 30 BetrVG Rz. 12; *Fitting*, § 30 BetrVG Rz. 17; GK-BetrVG/*Wiese/Raab*, § 30 Rz. 19 f., die zwischen Sachverständigen, die der Beratung beiwohnen dürfen, und sonstigen Auskunftspersonen, denen dieses Recht nicht zusteht, differenzieren. | 11 So auch DKK/*Wedde*, § 30 BetrVG Rz. 12. | 12 BAG v. 5.9.1967 – 1 ABR 1/67, BAGE 20, 56 (69 ff.) = AP Nr. 8 zu § 23 BetrVG; ferner *Fitting*, § 30 BetrVG Rz. 21; GK-BetrVG/*Wiese/Raab*, § 30 Rz. 27; Richardi/*Richardi/Thüsing*, § 30 BetrVG Rz. 14 ff. | 13 Vgl. zB zu Satz 2 ArbG Frankfurt/M. v. 2.3.1988 – 14 BV 16/87, AiB 1988, 309; zu Satz 4 BAG v. 28.2.1958, AP Nr. 1 zu § 29 BetrVG; ganz hM, vgl. nur *Fitting*, § 30 BetrVG Rz. 12; GK-BetrVG/*Wiese/Raab*, § 30 Rz. 10, 17, 23. | 14 ArbG Frankfurt/M v. 2.3.1988 – 14 BV 16/87, AiB 1988, 309.

31 *Teilnahme der Gewerkschaften*
Auf Antrag von einem Viertel der Mitglieder des Betriebsrats kann ein Beauftragter einer im Betriebsrat vertretenen Gewerkschaft an den Sitzungen beratend teilnehmen; in diesem Fall sind der Zeitpunkt der Sitzung und die Tagesordnung der Gewerkschaft rechtzeitig mitzuteilen.

§ 31 zuletzt geändert durch das BetrVerf-ReformG v. 23.7.2001 (BGBl. I S. 1852), vgl. Neubekanntmachung v. 25.9.2001 (BGBl. I S. 2518).

1 **I. Inhalt und Zweck.** Die Vorschrift wurde durch Aufgabe des Gruppenschutzes im BetrVerf-Reformgesetz 2001 vereinfacht und entspricht nun wieder im Wesentlichen der Urfassung von 1952[1]. Sie konkretisiert für die BR-Sitzungen das **Kooperationsgebot** nach § 2 Abs. 1, dient dabei auch dem Schutz gewerkschaftlicher Minderheiten im BR, setzt aber eine **Initiative** von Seiten des BR voraus. Ein eigenständiger Teilnahmeanspruch der Gewerkschaften besteht gerade **nicht**. Auch der BR-Vorsitzende ist nicht berechtigt, von den Voraussetzungen des § 31 abzusehen und von sich aus Gewerkschaftsvertreter hinzuzuziehen. Die Norm gilt unmittelbar für die BR-Sitzungen und entsprechend für die Ausschusssitzungen (vgl. § 27 Rz. 9)[2], **nicht aber** auch für Arbeitsgruppen nach § 28a, weil diese nicht Organe des BR sind und bei ihnen die Selbstverwaltung im Vordergrund steht[3].

2 **II. Gewerkschaftsbeauftragter.** Als **personelle** Voraussetzung fordert § 31 nur, dass die Gewerkschaft **im BR**, nicht nur im Betrieb, **vertreten** ist, also mindestens ein BR-Mitglied zugleich Mitglied der Gewerkschaft ist. Der Beauftragte wird dann von der Gewerkschaft selbst ausgewählt[4]. Sind im BR mehrere Gewerkschaften vertreten, so kann je nach Antrag auch nur eine Gewerkschaft – nicht zwingend alle vertretenen Gewerkschaften – zur Sitzung eingeladen werden[5]. Der BR kann den Kreis der teilnahmeberechtigten Gewerkschaften aber nicht eigenmächtig zB durch Geschäftsordnung erweitern[6].

3 Die Gewerkschaft darf nur **einen** Beauftragten entsenden (str.)[7]. Dies ergibt sich aus dem klaren Wortlaut der Vorschrift und ihrer systematischen Stellung als Ausnahmevorschrift zu § 30. Die Vertraulichkeit der Arbeitsatmosphäre im BR wäre sonst durch zu viele externe Beobachter gefährdet. Dies schließt aber nicht aus, dass an einer BR-Sitzung mehrere Beauftragte **unterschiedlicher** im BR vertretener Gewerkschaften teilnehmen.

4 **III. Voraussetzungen des Teilnahmerechts.** Das Teilnahmerecht entsteht auf Grund eines **formlosen Antrags** mindestens **eines Viertels** der BR-Mitglieder, der auch keiner Begründung bedarf. Gemeint ist ein Viertel **aller gewählten** Mitglieder, nicht ein Viertel der gerade anwesenden Mitglieder. Der Antrag kann auch außerhalb einer BR-Sitzung zB durch Brief oder E-Mail an den Vorsitzenden gerichtet werden. Der Antrag muss die Gewerkschaft, die einen Beauftragten entsenden soll, und die Sitzung mit Tagesordnungspunkt bezeichnen. Sind diese Voraussetzungen erfüllt, steht dem Vorsitzenden kein Entscheidungsermessen zu und hat er die Gewerkschaft zu informieren[8]. Das Antragsrecht ist ein **Minderheitenrecht**, so dass es nicht durch einen gegenteiligen Mehrheitsbeschluss des BR überstimmt werden kann[9].

5 **Erst recht** kann der BR auch durch **Mehrheitsbeschluss** (§ 33) die Hinzuziehung eines Gewerkschaftsbeauftragten verlangen (hM). Doch bleibt auch in diesem Fall die Wertung des § 31 **verbindlich**, dass nur die Hinzuziehung von im **BR** vertretenen, nicht allgemeiner auch der von im *Betrieb* vertretenen Gewerkschaften möglich ist: Bei einer nur im Betrieb vertretenen Gewerkschaft kommt eine Unterstützungsfunktion für die BR nicht in Betracht[10]. Die Einladung anderer Gewerkschaftsmitglieder zB als Sachverständige nach § 80 Abs. 3 ist damit aber nicht ausgeschlossen. Das Teilnahmerecht kann nach Ansicht des BAG sogar **generell** in der Geschäftsordnung verankert werden[11], was sich zwar mit dem Wortlaut vereinbaren lässt, jedoch Sinn und Zweck der Norm verfehlt, weil damit aus einer sach- und gegenstandsbezogenen Unterstützungsfunktion der Gewerkschaftsbeauftragten eine – gesetzlich nicht gewollte! – **ständige Mitwirkungsfunktion** entstünde, die die institutionelle Unabhängigkeit des BR gefährden würde.

6 **IV. Mitteilung an die Gewerkschaft.** Liegt ein entsprechender Antrag oder Beschluss vor, hat der Vorsitzende dies nach Halbs. 2 der **Gewerkschaft rechtzeitig** mitzuteilen. Für die Frage der „Rechtzeitigkeit" gilt § 29 Abs. 2 Satz 3 entsprechend (vgl. § 29 Rz. 9). Im Unterschied zu den BR-Mitgliedern wird der Gewerkschaftsbeauftragte aber nicht „geladen", sondern Termin und Tagesordnung werden **mit-**

---

1 Richardi/*Richardi/Thüsing*, § 31 BetrVG Rz. 2. |2 HM, zum Wirtschaftsausschuss vgl. BAG v. 18.11.1980 – 1 ABR 31/78, BAGE 34, 260 (267 ff.) = AP Nr. 2 zu § 108 BetrVG 1972; v. 25.6.1987 – 6 ABR 45/85, BAGE 55, 386 (389 f.) = AP Nr. 6 zu § 108 BetrVG 1972; ferner GK-BetrVG/*Wiese/Raab*, § 31 Rz. 3; Richardi/*Richardi/Thüsing*, § 31 BetrVG Rz. 25 ff. |3 AA aber *Fitting*, § 28a BetrVG Rz. 38; § 31 Rz. 3; HaKo-BetrVG/*Blanke*, § 31 Rz. 2. |4 Vgl. *Fitting*, § 31 BetrVG Rz. 19; GK-BetrVG/*Wiese/Raab*, § 31 Rz. 16. |5 Dazu mit Argumenten aus der Entstehungsgeschichte GK-BetrVG/*Wiese/Raab*, § 31 Rz. 13. |6 BAG v. 28.2.1990 – 7 ABR 22/89, BAGE 64, 229 = AP Nr. 1 zu § 31 BetrVG 1972. |7 Str., wie hier GK-BetrVG/*Wiese/Raab*, § 31 Rz. 16; Richardi/*Richardi/Thüsing*, § 31 BetrVG Rz. 18; aA DKK/*Wedde*, § 31 BetrVG Rz. 14; ErfK/*Eisemann*, § 31 BetrVG Rz. 2; *Fitting*, § 31 BetrVG Rz. 20. |8 HM, vgl. ErfK/*Eisemann*, § 31 BetrVG Rz. 1; GK-BetrVG/*Wiese/Raab*, § 31 Rz. 15. |9 HM, vgl. DKK/*Wedde*, § 31 BetrVG Rz. 8; GK-BetrVG/*Wiese/Raab*, § 31 Rz. 15. |10 So BAG v. 28.2.1990 – 7 ABR 22/89, BAGE 64, 229 = AP Nr. 1 zu § 31 BetrVG 1972. |11 So BAG v. 28.2.1990 – 7 ABR 22/89, BAGE 64, 229 = AP Nr. 1 zu § 31 BetrVG 1972; aA aber GK-BetrVG/*Wiese/Raab*, § 31 Rz. 19, 20; ähnlich krit. MünchArbR/*Joost*, § 307 Rz. 24; Richardi/*Richardi/Thüsing*, § 31 BetrVG Rz. 14.

geteilt. Daraus ergibt sich, dass die Sitzungsteilnahme des Gewerkschaftsbeauftragten in das Ermessen der Gewerkschaft gestellt ist. Es besteht **keine Teilnahmepflicht**[1].

V. Rechte und Pflichten des Gewerkschaftsbeauftragten. Der Gewerkschaftsbeauftragte kann je nach Antrag, Beschluss oder Geschäftsordnung an einer, an mehreren oder an allen Sitzungen (str., vgl. Rz. 5) des BR teilnehmen. Eine **generelle Beschränkung** dahin, dass das Teilnahmerecht jeweils nur für die nächste Sitzung gelten soll, lässt sich nach Ansicht des BAG der Norm des § 31 nicht entnehmen[2]. Allerdings muss der Umfang des Teilnahmerechts aus dem Antrag bzw. Beschluss **eindeutig** hervorgehen, ansonsten das Teilnahmerecht im Interesse der Nichtöffentlichkeit der BR-Sitzungen auf **eine** Sitzung beschränkt werden muss[3]. 7

Der Beauftragte nimmt nach dem Gesetzeswortlaut nur „**beratend**" an der Sitzung teil, dh. er hat kein Stimmrecht, gleichwohl aber Einfluss auf die Willensbildung. Er darf damit auch keine Anträge zur Beschlussfassung stellen, sondern diese nur anregen[4]. Auf seinen Antrag hin ist ihm das Rederecht zu erteilen. Als Teilnehmer an den BR-Sitzungen ist der Gewerkschaftsbeauftragte wie die BR-Mitglieder zur **Verschwiegenheit** nach § 79 Abs. 2 verpflichtet[5]. Die Gewerkschaft kann daher von dem Teilnehmer keinen ausführlichen Bericht über die Beratungsgegenstände verlangen. 8

Zur Ausübung seines Teilnahmerechts steht dem Beauftragten ein **Zutrittsrecht** zumindest zum Versammlungsraum des BR zu[6]. Dies muss auch dann gelten, wenn der BR den ArbGeb nicht über die Teilnahme des Gewerkschaftsbeauftragten informiert hat, um seine ordnungsgemäße Arbeit nicht zu behindern. Denn § 31 ist nach hM **lex specialis** zu § 2 Abs. 2[7]. Das Zutrittsrecht kann nach der Rspr. selbst dann nicht eingeschränkt werden, wenn der Beauftragte zugleich im Aufsichtsrat eines Konkurrenzunternehmens tätig ist[8]. Dieser Rspr. ist nur mit Zurückhaltung zu folgen, da die Teilnahme eines Gewerkschaftsbeauftragten nicht über den beschränkten Zweck des § 31 hinaus zu einer unangemessenen Gefährdung berechtigter ArbGebInteressen führen darf. 9

VI. Streitigkeiten. Die Verweigerung des Zutritts zum Betrieb kann sogar **strafrechtliche** Folgen nach sich ziehen, § 119 Abs. 1 Nr. 2. Auch die Verletzung der Schweigepflicht ist strafbewehrt, § 120 Abs. 1 Nr. 2, § 120 Abs. 2. Verstöße gegen die Norm können auch Konsequenzen nach § 23 auslösen. Streitigkeiten entscheidet das ArbG im **Beschlussverfahren** nach § 2a Abs. 1 Nr. 1, Abs. 2 iVm. 80 ff. ArbGG. 10

32 Teilnahme der Schwerbehindertenvertretung

Die Schwerbehindertenvertretung (§ 94 des Neunten Buches Sozialgesetzbuch) kann an allen Sitzungen des Betriebsrats beratend teilnehmen.

§ 32 zuletzt geändert (Verweis auf SGB IX) durch Art. 39 Nr. 1 des Sozialgesetzbuchs – Neuntes Buch – (SGB IX) vom 16.6.2001 (BGBl. I S. 1046) und durch das BetrVerf-ReformG v. 23.7.2001 (BGBl. I S. 1852), vgl. Neubekanntmachung v. 25.9.2001 (BGBl. I S. 2518).

I. Inhalt und Zweck. Die Vorschrift musste 2001 durch In-Kraft-Treten des SGB IX an die neue Gesetzeslage (im Klammerverweis) angepasst werden. Sie räumt der Schwerbehindertenvertretung das **Recht zur Teilnahme** an allen BR-Sitzungen und, jetzt ausdrücklich durch § 95 Abs. 4 Satz 1 SGB IX, auch an dessen Ausschusssitzungen[9] ein. Das Teilnahmerecht besteht nach **neuer** Gesetzeslage (§ 95 Abs. 5 SGB IX) ausdrücklich auch für Besprechungen nach § 74, obwohl es sich hierbei nicht um (förmliche) BR-Sitzungen iSd. § 32 handelt[10]. Anders als dem Gewerkschaftsbeauftragten nach § 31 steht der Schwerbehindertenvertretung das Teilnahmerecht **kraft Gesetzes** zu. Es steht für den BR nicht zur Disposition, vgl. auch § 29 Abs. 2 Satz 4 (§ 29 Rz. 12), und verdeutlicht die *prozedurale* Umsetzung des verfassungs-[11] und einfachrechtlichen[12] **Förderungsauftrags** zugunsten behinderter Menschen in der betrieblichen Arbeitswelt. 1

II. Schwerbehindertenvertretung (§§ 93–99 SGB IX). Die Schwerbehindertenvertretung ist **selbstständiges Organ** der Betriebsverfassung und nicht Teil des BR[13]. Vertrauensperson und Stellvertreter sind *als solche* auch nicht Mitglieder des BR, sondern beziehen alle ihre Kompetenzen aus §§ 93 ff. 2

---

1 HM, vgl. *Fitting*, § 31 BetrVG Rz. 18; GK-BetrVG/*Wiese/Raab*, § 31 Rz. 16. | 2 BAG v. 28.2.1990 – 7 ABR 22/89, BAGE 64, 229 = AP Nr. 1 zu § 31 BetrVG 1972. | 3 Zutr. Richardi/*Richardi/Thüsing*, § 31 BetrVG Rz. 14. | 4 So DKK/*Wedde*, § 31 BetrVG Rz. 16. | 5 HM, vgl. *Fitting*, § 31 BetrVG Rz. 25; GK-BetrVG/*Wiese/Raab*, § 31 Rz. 26. | 6 Weiter gehend ArbG Elmshorn v. 28.5.1999 – 3 BV Ga 26b/99, AiB 1999, 521, das dem Zugang zum gesamten Betrieb einräumen will. | 7 HM, vgl. *Fitting*, § 31 BetrVG Rz. 24; Richardi/*Richardi/Thüsing*, § 31 BetrVG Rz. 24; etwas anders GK-BetrVG/*Wiese/Raab*, § 31 Rz. 23 und *Schwerdtner*, JZ 1974, 455 (459), die keine die Generalnorm des § 2 Abs. 2 verdrängende Wirkung anerkennen. | 8 LAG Hamm v. 28.1.1986 – 8 TaBV 5/86, DB 1987, 1595. | 9 Vgl. (zur alten Rechtslage) zum gemeinsamen Ausschuss nach § 28 Abs. 3 BAG v. 21.4.1993 – 7 ABR 44/92, AP Nr. 4 zu § 25 SchwbG 1986 = NZA 1994, 43; zum Wirtschaftsausschuss BAG v. 4.6.1987 – 6 ABR 70/85, AP Nr. 2 zu § 22 SchwbG = NZA 1987, 861. | 10 Daher seinerzeit abl.: BAG v. 19.1.1984 – 6 ABR 19/83, BAGE 45, 22 = AP Nr. 4 zu § 74 BetrVG 1972. | 11 Vgl. Art. 3 Abs. 3 Satz 2 GG. | 12 Vgl. Bundesgleichstellungsgesetz für behinderte Menschen (BGG) vom 27.4.2002, BGBl. I, S. 1467; dazu ferner *Feldes*, AiB 2002, 291; *Stähler*, NZA 2002, 777. | 13 BAG v. 21.9.1989 – 1 AZR 465/88, AP Nr. 1 zu § 25 SchwbG 1986 = NZA 1990, 362; ferner *Fitting*, § 32 BetrVG Rz. 14; GK-BetrVG/*Wiese/Raab*, § 32 Rz. 10; *Hess/Schlochauer/Glaubitz*, § 32 Rz. 5.

SGB IX. Sie können aber *zugleich* auch Mitglieder des BR sein („Doppelamt" ist zulässig, hM)[1]. Ihre **Aufgaben** nach § 95 Abs. 1 Satz 1 SGB IX, nämlich Interessenvertretung und Integrationsförderung schwerbehinderter Menschen, auch zB für die in Ausbildung befindlichen schwerbehinderten **Rehabilitanden**[2], unterscheiden sich von der Tätigkeit des BR. Eine Schwerbehindertenvertretung ist in Betrieben oder Dienststellen mit mindestens **fünf** nicht nur vorübergehend beschäftigten schwerbehinderten Menschen einzurichten und besteht aus einer **Vertrauensperson** und mindestens einem stellvertretenden Mitglied, vgl. § 94 Abs. 1 Satz 1 SGB IX. Der BR hat die Integration schwerbehinderter Menschen zu **fördern** und auf die Wahl der Schwerbehindertenvertretung **hinzuwirken**, vgl. § 93 SGB IX bzw. § 80 Abs. 1 Nr. 4. Dazu gehört auch, die betroffenen ArbN auf ihr Wahlrecht hinzuweisen und ihnen bei der Organisation der Wahlen beizustehen.

3   **Wählbar** nach neuem Recht sind entsprechend § 9 **alle** ArbN des Betriebs (nicht nur schwerbehinderte Menschen), die am Wahltage das 18. Lebensjahr vollendet haben und dem Betrieb seit sechs Monaten angehören, § 94 Abs. 3 Satz 1 SGB IX. Damit kann es nicht mehr zu **Interessenkonflikten** zwischen Schwerbehindertenvertretung und BR kommen, wie sie nach altem Recht auftraten (zB Schwerbeschädigtenvertreter als leitender Angestellter[3]), da nach neuem Recht nur zum Schwerbehindertenvertreter gewählt werden darf, wer auch in den BR gewählt werden kann (§ 94 Abs. 3 Satz 2 SGB IX)[4].

4   **III. Teilnahme mit Beratungsrecht.** Die Schwerbehindertenvertretung nimmt wie der Gewerkschaftsbeauftragte nur **beratend** an den Sitzungen teil. MitbestR kann allein der BR wahrnehmen. Rechte und Pflichten entsprechen denen des Gewerkschaftsbeauftragten (vgl. § 31 Rz. 8). Die Schwerbehindertenvertretung kann insb. nicht verlangen, dass eine Sitzung einberufen wird, vgl. § 29 Abs. 3. Allerdings entspricht es einer **Loyalitätspflicht** des BR aus § 80 Abs. 1 Nr. 4, Themen, die die Schwerbehindertenvertretung besprechen möchte, auf die Tagesordnung der nächsten geeigneten Sitzung zu setzen, § 95 Abs. 4 Satz 1 Halbs. 2 SGB IX. Hinsichtlich der **Vertraulichkeit** ist § 96 Abs. 7 SGB IX als lex specialis anwendbar, verdrängt aber nicht die Regel des § 30, da beide Vorschriften einen unterschiedlichen Schutzbereich haben.

5   **IV. Streitigkeiten.** Streitigkeiten über die Teilnahme der Schwerbehindertenvertretung an den Sitzungen des BR sowie über ihre Befugnisse im Bereich der Betriebsverfassung entscheiden die ArbG grundsätzlich im **Beschlussverfahren** (§ 2a Abs. 1 Nr. 1, Abs. 2 iVm. §§ 80 ff. ArbGG)[5]. Die Unterlassung der Ladung bzw. die Nichtteilnahme der Schwerbehindertenvertretung können Sanktionen nach § 23 auslösen, wenn eine bewusste Ausschaltung der Schwerbehindertenvertretung beabsichtigt ist. Jedoch haben solche Pflichtverletzungen idR **keinen Einfluss** auf die Wirksamkeit von Beschlüssen des BR[6]. Der BR ist **antragsbefugt**, wenn die Wahl der Schwerbehindertenvertretung angefochten werden soll[7].

33 *Beschlüsse des Betriebsrats*

(1) Die Beschlüsse des Betriebsrats werden, soweit in diesem Gesetz nichts anderes bestimmt ist, mit der Mehrheit der Stimmen der anwesenden Mitglieder gefasst. Bei Stimmengleichheit ist ein Antrag abgelehnt.

(2) Der Betriebsrat ist nur beschlussfähig, wenn mindestens die Hälfte der Betriebsratsmitglieder an der Beschlussfassung teilnimmt; Stellvertretung durch Ersatzmitglieder ist zulässig.

(3) Nimmt die Jugend- und Auszubildendenvertretung an der Beschlussfassung teil, so werden die Stimmen der Jugend- und Auszubildendenvertreter bei der Feststellung der Stimmenmehrheit mitgezählt.

§ 33 idF des BetrVG 1972 (v. 15.1.1972, BGBl. I S. 13), Abs. 3 zuletzt geändert durch das Gesetz zur Bildung von Jugend- und Auszubildendenvertretungen in den Betrieben (v. 13.7.1988, BGBl. I S. 1034).

1   **I. Inhalt und Zweck.** Die Vorschrift regelt die **Willensbildung** des BR. Als Kollegialorgan trifft er seine Entscheidungen durch Beschluss. Abs. 1 und 3 regeln die **Beschlussfassung**, Abs. 2 die **Beschlussfähigkeit**. Der BR ist beschlussfähig, wenn mindestens die Hälfte der BR-Mitglieder an der Beschlussfassung teilnehmen. Zur Beschlussfassung genügt die **einfache Mehrheit** der Stimmen der anwesenden Mitglieder, soweit das Gesetz nicht ausnahmsweise (zB in § 27 Abs. 2 Satz 2) eine qualifizierte Mehrheit verlangt. Die Stimmen der Jugend- und Auszubildendenvertreter haben das gleiche Gewicht wie die Stimmen der BR-Mitglieder. BR-Interne **Wahlen** sind zwar keine Beschlüsse iSd. § 33, werden aber nach hM dennoch **entsprechend** Abs. 2 in Bezug auf Beschlussfähigkeit und Stellvertretung durch Ersatzmitglieder abgewickelt (vgl. § 26 Rz. 3; § 27 Rz. 4)[8].

2   Die Regelung von Beschlussfähigkeit und Beschlussfassung ist – wie idR alles Organisationsrecht – **zwingend**. Abweichende Regelungen können weder in TV noch in BV noch in einer Geschäftsordnung

---

[1] HM, vgl. nur *Fitting*, § 32 BetrVG Rz. 15; GK-BetrVG/*Wiese/Raab*, § 32 Rz. 10.   [2] BAG v. 16.4.2003 – 7 ABR 27/02, NZA 2003, 1105.   [3] LAG Hess. v. 22.10.1973 – Ta BV 13/73, BB 1974, 244.   [4] Näher zu den zwischen 1. 10. und 30. 11. alle vier Jahre stattfindenden Wahlen (§ 94 Abs. 5 SGB IX) vgl. *Sieg*, NZA 2002, 1064.   [5] BAG v. 21.9.1989 – 1 AZR 465/88, BAGE 62, 382 = AP Nr. 1 zu § 25 SchwbG 1986.   [6] HM, vgl. *Fitting*, § 32 BetrVG Rz. 24; GK-BetrVG/*Wiese/Raab*, § 32 Rz. 13.   [7] ArbG Kaiserslautern v. 26.6.1984 – 2 BV 11/84, NZA 1984, 331.   [8] HM, vgl. DKK/*Wedde*, § 33 BetrVG Rz. 3; GK-BetrVG/*Wiese/Raab*, § 33 Rz. 14.

getroffen werden, doch kann in der Geschäftsordnung das Verfahren der Beschlussfassung näher geregelt werden[1]. Die Norm gilt **entsprechend** für den Betriebsausschuss und die weiteren Ausschüsse[2], für Arbeitsgruppen nach § 28a wohl nur in vorsichtiger Analogie (vgl. § 28a Rz. 16). Bei der Übertragung von Aufgaben zur **selbständigen** Erledigung kann der BR sowohl bei Ausschüssen als auch bei Arbeitsgruppen aber verschärfte Anforderungen an die Wirksamkeit der Beschlüsse festlegen[3].

II. Äußere Voraussetzungen (Abs. 2). 1. Förmliche Sitzung. Wirksame Beschlüsse des BR können nur in einer „förmlichen" Sitzung gefasst werden (vgl. § 29 Rz. 7). Eine Beschlussfassung im **Umlaufverfahren**, dh. mittels der Versendung eines vorformulierten Beschlussvorschlags mit der Bitte um schriftliche Zustimmung, ist selbst dann **ausgeschlossen**, wenn alle BR-Mitglieder einverstanden sind. Denn damit würde das von Abs. 2 vorausgesetzte Erfordernis der **gleichzeitigen Anwesenheit** von mindestens der Hälfte der Mitglieder und das Teilnahmerecht Dritter unterlaufen. Auch wäre dann die **Willensbildung** im Wege einer mündlichen Beratung durch Argumentation und Diskussion unter den Teilnehmern nicht gesichert[4]. Aus dem gleichen Grund scheidet eine **fernmündliche oder -schriftliche Beschlussfassung** aus. Eine Beschlussfassung via Telefon-, Video- oder Online-Konferenz ist ebenfalls unzulässig, weil hierbei die Nichtöffentlichkeit der Sitzung (§ 30 Satz 4) nicht gesichert ist[5]. Den **ArbGeb** kann auch dann, wenn er von unzulässigen Beschlussfassungen jeglicher Art erfährt, keine Hinweis- bzw. Aufklärungspflicht (etwa aus § 2 Abs. 1) treffen[6], weil es sich um betriebsratsinterne Vorgänge handelt und der BR seine gesetzlichen Aufgaben selbstständig und in eigener Verantwortung wahrnimmt[7].

Förmliche Sitzungen des BR setzen außerdem eine **ordnungsgemäße Einberufung** voraus. Wirksame Beschlüsse können nicht im Rahmen informeller Besprechungen oder zufälliger Begegnungen gefasst werden[8]. Nach § 29 Abs. 2 Satz 3 ist die **rechtzeitige Ladung** aller Teilnahmeberechtigten (ggf. der Ersatzmitglieder)[9] unter Mitteilung der die Beschlussgegenstände klar benennenden **Tagesordnung**[10] hierfür notwendig, um den allgemeinen Grundsätzen ordnungsgemäßer Beschlussfassung gerecht zu werden, vgl. § 29 Rz. 15.

2. Beschlussfähigkeit. Nach Abs. 2 kann ein Beschluss nur gefasst werden, wenn **mindestens die Hälfte der BR-Mitglieder** (einschließlich der Ersatzmitglieder, Abs. 2 Halbs. 2) „an der Beschlussfassung **teilnimmt**". Anders als noch nach § 32 Abs. 1 BetrVG 1952 genügt nicht deren bloße (körperliche) Anwesenheit, vielmehr wird klargestellt, dass zusätzlich auch die **Beteiligung** an jeder einzelnen **Stimmabgabe** vorliegen muss[11]. Als Stimmabgabe in diesem Sinn zählt auch die bewusste Stimmenthaltung (hM). Schläft dagegen ein Mitglied, nimmt es gerade nicht an der Abstimmung teil[12]. Da der BR stets aus einer **ungeraden Zahl** von Mitgliedern besteht, ist praktisch die Teilnahme von mehr als der Hälfte der BR-Mitglieder erforderlich. Stimmberechtigte Jugend- und Auszubildendenvertreter werden für die Beschlussfähigkeit **nicht berücksichtigt**. Abs. 3 möchte lediglich klar stellen, dass ihr Stimmrecht nach § 67 Abs. 2 bei der Feststellung der einfachen Mehrheit nach Abs. 1 zu berücksichtigen ist, bezieht sich aber nicht auf Abs. 2[13].

Für die **Zahl der Mitglieder** ist auf den nach §§ 9, 11 ordnungsgemäß besetzten BR abzustellen. Falls ein ausgeschiedenes Mitglied nicht mehr durch ein Ersatzmitglied ersetzt werden kann, ist solange von der Zahl der noch vorhandenen BR-Mitglieder (einschließlich der nachgerückten Ersatzmitglieder), also von der **Ist-Stärke** auszugehen, wie der BR bis zur durchzuführenden Neuwahl (§ 13 Abs. 2 Nr. 2) noch im Amt ist[14]. Entsprechendes gilt, wenn mehr als die Hälfte der BR-Mitglieder wegen eines **Stimmverbots** nicht stimmberechtigt ist und nicht durch Ersatzmitglieder vertreten werden kann[15]. Die Regelung des Abs. 2 Halbs. 2 dient nur als Hinweis auf § 25, erweitert diese Norm aber nicht. Ein BR-Mitglied kann sich daher nicht beliebig, sondern **nur** in den in § 25 Abs. 1 Satz 2 genannten Fällen „zeitweiliger Verhinderung" **vertreten** lassen (vgl. § 25 Rz. 4).

Da die Beschlussfähigkeit **bei jeder einzelnen Abstimmung** vorliegen muss, ist es weder ausreichend noch erforderlich, dass der BR zu Beginn der Sitzung beschlussfähig ist. Diese kann durch das „Herbei-Zitieren" weiterer Mitglieder noch erreicht werden[16]. Eine eher akademische Frage ist die nach der Nicht-

---

1 HM, vgl. *Fitting*, § 33 BetrVG Rz. 7; GK-BetrVG/*Wiese/Raab*, § 33 Rz. 5. | 2 HM, vgl. *Fitting*, § 33 BetrVG Rz. 2; GK-BetrVG/*Wiese/Raab*, § 33 Rz. 3. | 3 Vgl. DKK/*Wedde*, § 33 Rz. 2; GK-BetrVG/*Wiese/R*.. § 33 Rz. 3. | 4 HM, vgl. nur GK-BetrVG/*Wiese/Raab*, § 33 Rz. 10 f.; Richardi/*Thüsing*, § 33 BetrVG Rz. 2 | 5 Vgl. nur GK-BetrVG/*Wiese/Raab*, § 33 Rz. 11; Richardi/*Thüsing*, § 33 BetrVG Rz. 2. | 6 So aber D.. *de*, § 33 BetrVG Rz. 3 und LAG Hess. v. 21.2.1991 – 12 Sa 598/90, AuR 1992, 222 („Telefonrunds.. schluss"), allerdings für den Arbeitgeber im öffentlichen Dienst. | 7 BAG v. 16.1.2003 – 2 AZR .. Nr. 129 zu § 102 BetrVG 1972 = NZA 2003, 927 = NJW 2003, 3076; v. 4.8.1975 – 2 AZR 266/74, BAGE 27, = AP Nr. 4 zu § 102 BetrVG 1972. | 8 HM, vgl. *Fitting*, § 33 BetrVG Rz. 20; GK-BetrVG/*Wiese/Raab* | 9 BAG v. 23.8.1983 – 2 AZR 391/83, AP Nr. 17 zu § 103 BetrVG 1972 = DB 1985, 554 = NZA 1985, 254 v. 28.4.1988 – 6 AZR 405/86, AP Nr. 2 zu § 29 BetrVG 1972 = DB 1988 2259 = NZA 1989, 223; v. 28.10 14/92, AP Nr. 4 zu § 29 BetrVG 1972 = DB 1993, 840 = NZA 1993, 466. | 11 HM, vgl. *Fitting*, § 33 F.. GK-BetrVG/*Wiese/Raab*, § 33 Rz. 15. | 12 Vgl. *Fitting*, § 33 BetrVG Rz. 13; GK-BetrVG/*W*.. Rz. 16. | 13 Vgl. GK-BetrVG/*Wiese/Raab*, § 33 Rz. 22; Richardi/*Thüsing*, § 33 BetrVG Rz. 9. DKK/*Wedde*, § 33 BetrVG Rz. 5; GK-BetrVG/*Wiese/Raab*, § 33 Rz. 13. | 15 BAG v. 18.8.1982 – .. Nr. 24 zu § 102 BetrVG 1972 = DB 1983, 288 = NJW 1983, 2836. | 16 HM, vgl. *Fitting*, § 33 Be.. BetrVG/*Wiese/Raab*, § 33 Rz. 18.

Beteiligung anwesender BR-Mitglieder, sei es konkludent (Schläfer)[1] oder durch ausdrückliche Erklärung[2], mit der möglichen Folge der Beschlussunfähigkeit des BR. Das kann im Einzelfall ein legitimes Mittel sein, um Zufallsmehrheiten zu verhindern, muss aber bei häufigerem und unbegründetem Verweigern der Teilnahme als **grobe Pflichtwidrigkeit** iSd. § 23 Abs. 1 mit dem Ausschluss geahndet werden[3].

8   **Entscheidend** für den Nachweis der Beschlussfähigkeit ist die **Sitzungsniederschrift**, § 34. Da die Anwesenheitsliste, die der Sitzungsniederschrift anzufügen ist (§ 34 Abs. 1 Satz 3), zum Nachweis der Beschlussfähigkeit nicht genügt, sollten, um Einwendungen zu begegnen, in das Protokoll neben Ja- und Nein-Stimmen auch die Stimmenthaltungen sowie – wenn nötig – die an der Abstimmung **nicht teilnehmenden** BR-Mitglieder aufgenommen werden[4].

9   **III. Beschlussfassung (Abs. 1, 3). Stimmberechtigt** sind nach Abs. 1 Satz 1 die „anwesenden Mitglieder" des BR. Bei Entscheidungen, die überwiegend jugendliche ArbN oder zur Berufsausbildung Beschäftigte nach § 60 Abs. 1 betreffen, sind deren Vertreter nach § 67 Abs. 2 ebenfalls stimmberechtigt. Abs. 3 bestätigt das, indem er die Anrechnung ihrer Stimmen für die Feststellung der Stimmenmehrheit nach Abs. 1 ausdrücklich anordnet.

10 **1. Einfache Mehrheit.** Nach Abs. 1 Satz 1 fasst der BR seine Beschlüsse grundsätzlich mit **einfacher Mehrheit** der anwesenden Mitglieder. Bei Stimmengleichheit ist der Antrag abgelehnt, Satz 2. Eine hiervon abweichende Regelung durch Geschäftsordnung ist nicht möglich (Rz. 2). Da ein Antrag nur angenommen ist, wenn er die Mehrheit der Stimmen der anwesenden Mitglieder erhält, wirkt eine **Stimmenthaltung** wie eine Ablehnung des Antrags, so ausdrücklich auch § 37 Abs. 1 Satz 2 BPersVG[5]. Fraglich ist, ob ein BR-Mitglied diese Wirkung vermeiden kann, indem es erklärt, es nehme an der Abstimmung **nicht teil**[6]. Man wird das, wie oben Rz. 7 ausgeführt, als Nicht-Teilnahme akzeptieren müssen und nicht in das Ergebnis der Beschlussfassung nach Abs. 1 einbeziehen können. Doch bedarf das Verhalten einer schlüssigen Begründung, um es nicht als Pflichtverletzung werten zu müssen.

Beispiel: Bei einem aus 13 Mitgliedern bestehenden BR müssen mindestens **7** Mitglieder an der Beschlussfassung teilnehmen, um überhaupt einen wirksamen Beschluss zustande zu bringen, Abs. 2. Kommen zur Sitzung **10** Mitglieder, und stimmen von diesen **5** dafür, **3** dagegen bei **einer** Enthaltung sowie **einer** ausdrücklichen Nicht-Teilnahme, so ist die einfache Mehrheit nach Abs. 1 nach hM zu bejahen. Enthalten sich dagegen zwei der Stimme, ist der Antrag wegen Stimmengleichheit abgelehnt, Abs. 1 Satz 2.

11 In folgenden speziellen Fällen fordert das Gesetz abweichend von Abs. 1 die **absolute Mehrheit** der Stimmen der BR-Mitglieder[7]:

- Rücktritt des BR, § 13 Abs. 2 Nr. 3,
- Übertragung von Aufgaben zur selbständigen Erledigung an
  - den Betriebsausschuss, § 27 Abs. 2 Satz 2,
  - Ausschüsse des BR, § 28 Abs. 1 Satz 3 Halbs. 2,
  - die Mitglieder des BR in gemeinsamen Ausschüssen, § 28 Abs. 2,
- Übertragung von Aufgaben auf Arbeitsgruppen nach § 28a Abs. 1 Satz 1,
- beim Erlass einer Geschäftsordnung, § 36,
- bei der Beauftragung des GesamtBR oder des KonzernBR, eine Angelegenheit für den BR mit der Unternehmens- bzw. Konzernleitung zu behandeln, §§ 50 Abs. 2, 58 Abs. 2,
- bei der Übertragung der Aufgaben des Wirtschaftsausschusses auf einen Ausschuss des BR, § 107 Abs. 3 Satz 1.

12 Soweit die **Jugend- und Auszubildendenvertreter** stimmberechtigt sind, werden ihre Stimmen nach Abs. 3 bei der Feststellung der Stimmenmehrheit mitgezählt. Für die Wirksamkeit des Beschlusses ist aber nicht erforderlich, dass die Mehrheit der Mitglieder der JAV anwesend ist[8] oder dem Beschluss zugestimmt hat[9]. Soweit Beschlüsse der **Mehrheit** der Stimmen der BR-Mitglieder bedürfen (nicht nur der anwesenden, vgl. Rz. 10), und an diesen Beschlüssen die Mitglieder der JAV teilnehmen (denkbar im Fall des § 28 Abs. 1 Satz 3), ist der Beschluss nur wirksam, wenn ihm sowohl die absolute Mehrheit des **erweiterten Gremiums** als auch die absolute Mehrheit der BR-Mitglieder zugestimmt hat.

---

[1] Das wird zB von Richardi/*Thüsing*, § 33 BetrVG Rz. 7; GK-BetrVG/*Wiese/Raab*, § 33 Rz. 16 für ausreichend gehalten. |[2] Das fordern zB DKK/*Wedde*, § 33 BetrVG Rz. 6; ErfK/*Eisemann*, § 33 BetrVG Rz. 2; *Fitting*, § 33 BetrVG Rz. 13 wegen der Abgrenzung zur Stimmenthaltung. |[3] Vgl. *Fitting*, § 33 BetrVG Rz. 15; GK-BetrVG/*Wiese/Raab*, § 33 Rz. 19. |[4] HM, vgl. *Fitting*, § 33 BetrVG Rz. 14; GK-BetrVG/*Wiese/Raab*, § 33 Rz. 17. [5] M, vgl. DKK/*Wedde*, § 33 BetrVG Rz. 16; *Fitting*, § 33 BetrVG Rz. 33; GK-BetrVG/*Wiese/Raab*, § 33 Rz. 29; *visch*, BB 1996, 1006. |[6] Str., gegen irgendeine Berücksichtigung ErfK/*Eisemann*, § 33 BetrVG Rz. 3; § 33 BetrVG Rz. 34; Richardi/*Thüsing*, § 33 BetrVG Rz. 17; aA GK-BetrVG/*Wiese/Raab* § 33 Rz. 29: Betätigung als Ablehnung. |[7] Vgl. Richardi/*Thüsing*, § 33 BetrVG Rz. 20; *Fitting*, § 33 BetrVG Rz. 36. *Wedde*, § 33 BetrVG Rz. 18. |[9] *Fitting*, § 33 BetrVG Rz. 40; GK-BetrVG/*Wiese/Raab*, § 33 Rz. 21.

Solche organisatorischen Akte des BR können nämlich nicht gegen den Willen der Mehrheit seiner Mitglieder beschlossen werden[1].

Soweit ein BR-Mitglied von einer Entscheidung des BR **persönlich, dh. konkret-individuell betroffen** 13
ist, entfällt sein Stimmrecht wegen Interessenkollision. Niemand kann „Richter in eigener Sache" sein[2]. Persönlich betroffen ist das Mitglied zB, wenn es um seine Versetzung, außerordentliche Kündigung oder Amtsenthebung geht. Anstelle des betroffenen Mitglieds nimmt das nach § 25 Abs. 1 anstehende **Ersatzmitglied** an der Abstimmung teil. Nach Auffassung des BAG[3] ist das betroffene BR-Mitglied auch von der vorangehenden Beratung ausgeschlossen, weil das Ersatzmitglied nicht ohne Beratung sinnvoll abstimmen kann. Dagegen scheidet eine Interessenkollision bei **organisatorischen Akten** des BR aus (vgl. § 26 Rz. 3).

2. Abstimmungsverfahren. Zum Abstimmungsverfahren enthält das Gesetz keine Vorschriften. Die Ab- 14
stimmung kann daher mündlich oder schriftlich, offen oder geheim erfolgen. Die Modalitäten der Beschlussfassung sollten in einer **Geschäftsordnung** des BR geregelt oder vom BR im Einzelfall beschlossen sein[4]. Über den Beschluss ist eine **Niederschrift** anzufertigen, § 34, was aber keine Wirksamkeitsvoraussetzung für den Beschluss darstellt, vgl. § 34 Rz. 21. Eine **stillschweigende** Beschlussfassung ist ausgeschlossen[5], auch kann nicht ein unterlassener Beschluss zB zur Begründung von Kostenerstattungsansprüchen nachträglich gefasst und ihm damit **rückwirkende** Geltung beigelegt werden (Rz. 21). Jedoch kann ein Beschluss durch **schlüssiges Verhalten** ergehen, wenn sich zB auf die Frage des Sitzungsleiters, ob jemand dem Antrag widersprechen wolle, niemand äußert oder die einmütige Zustimmung aus anderen Gründen evident ist[6].

3. Änderung und Aufhebung. Da spätere Beschlüsse frühere ablösen, ist eine Änderung, Ergänzung oder 15
Aufhebung eines BR-Beschlusses möglich, solange er noch nicht durchgeführt bzw. noch **keine Rechtswirkungen nach außen** erlangt hat[7]. Hat der Beschluss jedoch durch Mitteilung an den ArbGeb Außenwirkung erlangt, ist der BR an ihn gebunden. Bei einer BV bleibt nur die Möglichkeit der Kündigung.

Beschlüsse des BR können **als solche nicht** nach § 19 **angefochten** werden, unterliegen aber dennoch 16
einer gerichtlichen Überprüfung (Rz. 18 ff.)[8]. Dagegen sind auf die **Stimmabgabe** die Regelungen über die Nichtigkeit und die Anfechtung von Willenserklärungen entsprechend anwendbar. BR-Mitglieder können daher ihre Stimmabgabe wegen **Irrtums, Täuschung oder Drohung** anfechten, §§ 119, 123 BGB. Hat dies Auswirkungen auf die für die Wirksamkeit des Beschlusses erforderliche Mehrheit, kann ein positiver Beschluss in einen negativen umgewandelt werden[9]. Macht die Anfechtung den Beschluss unwirksam, darf ihn der Vorsitzende nicht ausführen. Hat dieser jedoch bereits **Außenwirkung** erlangt, muss hier dem Bestandsschutz der Vorrang vor dem Schutz fehlerfreier Willensbildung eingeräumt werden (hM).

IV. Streitigkeiten. Streitigkeiten über die Beschlussfähigkeit des BR und die Rechtswirksamkeit seiner 17
Beschlüsse entscheidet das ArbG im Wege des **Beschlussverfahrens** (§ 2a Abs. 1 Nr. 1, Abs. 2 iVm. 80 ff. ArbGG), ggf. auch als Vorfrage im Urteilsverfahren. Das gilt auch dann, wenn der BR ein betriebsverfassungsrechtliches MitbestR für die im Bereich der privatisierten Postunternehmen beschäftigten Beamten wahrnimmt[10]. Antragsberechtigt ist, wer von dem Beschluss unmittelbar betroffen ist. Bei rein intern wirkenden Geschäftsführungsbeschlüssen des BR haben die Gewerkschaften **kein Antragsrecht**[11].

1. Gerichtliche Rechtskontrolle. Das Gesetz enthält keine Regelung über die Geltendmachung der Feh- 18
lerhaftigkeit von BR-Beschlüssen. Eine „Anfechtung" iSv. § 19 ist daher nicht möglich (Rz. 16). Dennoch muss das ArbG die **inhaltliche und formale Rechtmäßigkeit** der Beschlüsse überprüfen können, wobei insb. bei Verfahrensmängeln nicht jeder Formfehler zur **Unwirksamkeit** führen kann, sondern nur wesentliche Mängel die Beschlussnichtigkeit herbeiführen (Rz. 19). Die gerichtliche Kontrolle beschränkt sich auf eine Rechtskontrolle und darf keinesfalls die **Zweckmäßigkeit** des Beschlusses überprüfen[12]. Handelt der BR aber ermessensfehlerhaft, indem er sein Ermessen überschreitet oder missbraucht, so unterliegt auch dies der gerichtlichen Rechtskontrolle[13].

2. Nichtigkeit von Beschlüssen. Nichtig und damit unwirksam sind BR-Beschlüsse, wenn sie entwe- 19
der einen **gesetzwidrigen Inhalt** haben oder in einem **nicht ordnungsgemäßen Verfahren** zustande gekommen sind. Kleinere Formfehler begründen jedoch noch nicht die Nichtigkeit, erforderlich ist viel-

---

1 HM, vgl. *Fitting*, § 33 BetrVG Rz. 42; GK-BetrVG/*Wiese/Raab*, § 33 Rz. 32. | 2 BAG v. 3.8.1999 – 1 ABR 30/98, AP Nr. 7 zu § 25 BetrVG 1972 = BB 2000, 621 = NZA 2000, 440; v. 23.8.1984 – 2 AZR 391/83, AP Nr. 17 zu § 103 BetrVG 1972 = DB 1985, 554 = NZA 1985, 254. | 3 BAG v. 3.8.1999 – 1 ABR 30/98, BAGE 92, 162 = AP Nr. 7 zu § 25 BetrVG 1972. | 4 Vgl. nur *Fitting*, § 33 BetrVG Rz. 26; Richardi/*Thüsing*, § 33 BetrVG Rz. 23. | 5 HM, vgl. nur BAG v. 14.2.1996 – 7 ABR 25/95, AP Nr. 5 zu § 76a BetrVG 1972. | 6 HM, vgl. *Fitting*, § 33 BetrVG Rz. 32; GK-BetrVG/*Wiese/Raab*, § 33 Rz. 38. | 7 HM, vgl. DKK/*Wedde*, § 33 BetrVG Rz. 22; *Fitting*, § 33 BetrVG Rz. 45. | 8 Hierzu ausf. *Fitting*, § 33 BetrVG Rz. 47 ff.; GK-BetrVG/*Wiese/Raab*, § 33 Rz. 46 ff. | 9 Zutr. *Heinze*, DB 1973, 2089 (2093); GK-BetrVG/*Wiese/Raab*, § 33 Rz. 49; Richardi/*Thüsing*, § 33 BetrVG Rz. 36. | 10 BAG v. 26.6.1996 – 1 AZB 4/96, AP Nr. 12 zu § 2a ArbGG 1979 = NZA 1996, 1061; BVerwG v. 22.2.1998 – 6 P 3/97, NZA-RR 1998, 380. | 11 BAG v. 16.2.1973 – 1 ABR 18/72, AP Nr. 1 zu § 19 BetrVG 1972 = DB 1973, 1254. | 12 HM, vgl. BAG v. 3.4.1979 – 6 ABR 64/76, AP Nr. 1 zu § 13 BetrVG 1972; *Fitting*, § 33 BetrVG Rz. 50; Richardi/*Thüsing*, § 33 BetrVG Rz. 40. | 13 Für den Personalrat vgl. BVerwG v. 22.3.1963 – 7 P 8.62, AP Nr. 3 zu § 42 PersVG; ferner GK-BetrVG/*Wiese/Raab*, § 33 Rz. 67.

BetrVG § 33 Rz. 20   Beschlüsse des Betriebsrats

mehr ein **grober Verstoß** gegen Vorschriften bzw. Grundsätze, deren Beachtung unerlässliche Voraussetzung einer ordentlichen Beschlussfassung ist[1].

20 **Nichtig** ist die Beschlussfassung demnach insb. in folgenden Fällen:

- nicht ordnungsgemäße **Ladung** aller BR-Mitglieder (§ 29 Abs. 2 Satz 3),
- fehlende Beschlussfähigkeit (§ 33 Abs. 2),
- Beschlussfassung außerhalb von förmlichen Sitzungen (Rz. 3),
- fehlende einfache oder (soweit erforderlich) absolute Mehrheit der Stimmen (§ 33 Abs. 1, vgl. Rz. 12 ff.).

Wirksam ist die Beschlussfassung dagegen trotz folgender Mängel[2]:

- fehlende Wahrung der Nichtöffentlichkeit der Sitzung (§ 30 Satz 4),
- fehlende Aufnahme des Beschlusses in die Sitzungsniederschrift (§ 34 Abs. 1),
- Verstoß gegen Vorschriften der Geschäftsordnung (§ 36),
- fehlende Ladung von Teilnahmeberechtigten *ohne* Stimmrecht.

21 Die Nichtigkeit des Beschlusses führt zur **Nichtigkeit der** darauf beruhenden **Maßnahme**. Allerdings können zugunsten von ArbN und ArbGeb die Grundsätze des **Vertrauensschutzes** eingreifen (vgl. § 26 Rz. 10). Davon zu unterscheiden ist die Frage, ob ein **fehlender** Beschluss zB zur Entsendung eines BR-Mitglieds auf Schulungen nach § 37 Abs. 6 noch **nachträglich** gefasst werden kann. Das BAG hat eine solche „nachträgliche" Beschlussfassung als Anspruchsgrundlage für eine Kostenerstattung nach § 40 entgegen einer früheren Entscheidung ausdrücklich abgelehnt[3].

34 *Sitzungsniederschrift*

(1) Über jede Verhandlung des Betriebsrats ist eine Niederschrift aufzunehmen, die mindestens den Wortlaut der Beschlüsse und die Stimmenmehrheit, mit der sie gefasst sind, enthält. Die Niederschrift ist von dem Vorsitzenden und einem weiteren Mitglied zu unterzeichnen. Der Niederschrift ist eine Anwesenheitsliste beizufügen, in die sich jeder Teilnehmer eigenhändig einzutragen hat.

(2) Hat der Arbeitgeber oder ein Beauftragter einer Gewerkschaft an der Sitzung teilgenommen, so ist ihm der entsprechende Teil der Niederschrift abschriftlich auszuhändigen. Einwendungen gegen die Niederschrift sind unverzüglich schriftlich zu erheben; sie sind der Niederschrift beizufügen.

(3) Die Mitglieder des Betriebsrats haben das Recht, die Unterlagen des Betriebsrats und seiner Ausschüsse jederzeit einzusehen.

§ 34 idF des BetrVG 1972 (v. 15.1.1972, BGBl. I S. 13).

1 **I. Inhalt und Zweck.** Die Vorschrift regelt in Abs. 1 und 2 Anfertigung und Aushändigung der **Sitzungsprotokolle** des BR sowie in Abs. 3 das Recht der BR-Mitglieder, die Unterlagen des BR und seiner Ausschüsse einzusehen. Im Einzelnen regelt Abs. 1 Satz 1 den **Mindestinhalt** des Protokolls. Es muss den Wortlaut der Beschlüsse und die Stimmenmehrheit, mit der diese gefasst wurden, enthalten und ist vom Vorsitzenden und einem weiteren BR-Mitglied zu unterzeichnen, Abs. 1 Satz 2. Dem Protokoll ist eine Anwesenheitsliste beizufügen, Abs. 1 Satz 3.

2 Abs. 1 möchte durch die Protokollierungspflicht den **Nachweis** darüber **sicherstellen**, dass Beschlüsse des BR mit der erforderlichen Mehrheit gefasst worden sind und welchen Inhalt diese Beschlüsse haben. Bedeutung hat dies vor allem bei Streitigkeiten über die **Wirksamkeit** von Beschlüssen (§ 33 Rz. 18 ff.)[4]. Abs. 3 stellt sicher, dass alle BR-Mitglieder den Überblick über die Gesamttätigkeit des BR behalten können[5].

3 Die Anfertigung der Niederschrift ist grundsätzlich **keine Voraussetzung** für die Wirksamkeit der Beschlüsse des BR (vgl. § 33 Rz. 20), weil es sich um eine bloße **Ordnungsregel** handelt[6]. Ausnahmen von diesem Grundsatz bilden die Fälle, in denen der Beschluss des BR für seine Wirksamkeit der **Schriftform** bedarf, so zB bei Erlass einer Geschäftsordnung, § 36, oder bei der Übertragung von Aufgaben auf Arbeitsgruppen, § 28a Abs. 1 Satz 3 (Rz. 8). Ansonsten kann die Beschlussfassung als solche auch anderweitig, zB durch Zeugeneinvernahme, nachgewiesen werden. Die Niederschrift hat Bedeutung als

---

1 BAG v. 28.10.1992 – 7 ABR 14/92, AP Nr. 4 zu § 29 BetrVG 1972 = NZA 1993, 466; v. 28.4.1988 – 6 AZR 405/86, AP Nr. 2 zu § 29 BetrVG 1972 = NZA 1989, 223; v. 23.8.1984 – 2 AZR 391/83, AP Nr. 17 zu § 103 BetrVG 1972 = NZA 1985, 254; ferner *Fitting*, § 33 BetrVG Rz. 52 ff.; GK-BetrVG/*Wiese*/*Raab*, § 33 Rz. 48, 51 ff. |2 Dazu vgl. DKK/*Wedde*, § 33 BetrVG Rz. 28; *Fitting*, § 33 BetrVG Rz. 55. |3 BAG v. 8.3.2000 – 7 ABR 11/98, AP Nr. 68 zu § 40 BetrVG 1972 = DB 2000 1335 = NZA 2000, 838 unter Aufgabe von BAG v. 28.10.1992 – 7 ABR 14/92, AP Nr. 4 zu § 29 BetrVG 1972 = NZA 1993, 466; vgl. ferner GK-BetrVG/*Wiese*/*Raab*, § 33 Rz. 64 ff.; Reitze, NZA 2002, 492. |4 Vgl. GK-BetrVG/*Wiese*/*Raab*, § 34 Rz. 14. |5 Vgl. DKK/*Wedde*, § 34 BetrVG Rz. 19. |6 HM, vgl. BAG v. 8.2.1977 – 1 ABR 82/74, AP Nr. 10 zu § 80 BetrVG 1972 = DB 1977, 914; *Fitting*, § 33 BetrVG Rz. 44, § 34 Rz. 26; GK-BetrVG/*Wiese*/*Raab*, § 34 Rz. 9; aA LAG Köln v. 25.11.1998 – 2 TaBV 38/98, NZA-RR 1999, 245.

Beweismittel in einer arbeitsgerichtlichen Auseinandersetzung. Sie ist **Privaturkunde** iSd. § 416 ZPO und beweist insoweit nur, dass die Unterzeichner die Angaben in der Niederschrift gemacht haben, nicht aber, dass diese Angaben auch **richtig** sind[1].

II. Sitzungsniederschrift (Abs. 1). Nach Abs. 1 Satz 1 ist „über jede **Verhandlung**" des BR eine Niederschrift aufzunehmen, doch sind damit nach Überschrift und systematischer Stellung nur die **förmlichen** BR-Sitzungen gemeint (vgl. § 29 Rz. 7), nicht sonstige Verhandlungen oder Besprechungen des BR mit dem ArbGeb zB nach § 74 Abs. 1[2]. Ein Protokoll ist auch dann anzufertigen, wenn in der Sitzung keine Beschlüsse gefasst wurden[3]. An welchem Datum die Sitzung erfolgt ist, muss der zeitlichen Zuordnung wegen ebenfalls festgehalten sein (hM).

Die Niederschrift ist über die **gesamte Verhandlung** anzufertigen. Notwendiger **Mindestinhalt** sind der Wortlaut der Beschlüsse und die Stimmenmehrheit, mit der sie gefasst worden sind, Satz 1. Dafür ist zunächst der **Wortlaut** des Antrags festzuhalten, über den abgestimmt worden ist. Sodann ist das Stimmverhalten sämtlicher Stimmberechtigten zu protokollieren. Neben der Anzahl der Ja-Stimmen sind auch die Anzahl der Gegenstimmen und der Enthaltungen sowie – falls der Fall eintritt – die Zahl derer zu protokollieren, die ihre Nichtteilnahme an der Abstimmung erklären. Ohne diese Angaben kann nämlich nicht überprüft werden, ob der Beschluss die erforderliche **Mehrheit** nach § 33 Abs. 1 gefunden hat, vgl. § 33 Rz. 8. Nicht erforderlich ist es, das Stimmverhalten Einzelner durch Namensnennung festzuhalten, da es hierauf für die Feststellung der Mehrheitsverhältnisse nicht ankommt. Dies gilt auch bei namentlicher Abstimmung[4].

Im Übrigen steht der Inhalt der Niederschrift im **Ermessen des BR** bzw. seines Vorsitzenden. Nicht erforderlich, aber sinnvoll ist die Angabe des Zeitpunkts von Beginn und Ende der Sitzung[5]. Ebenfalls nicht erforderlich[6], aber sinnvoll ist es, wenn sich aus dem Protokoll abschließend ergibt, welche Fragen behandelt worden sind. Zweckmäßig kann auch die wörtliche Aufnahme der Äußerungen einzelner BR-Mitglieder mit Namensangabe sein[7], Einzelheiten können in der Geschäftsordnung geregelt werden, § 36.

Da das Gesetz nicht bestimmt, wer die Niederschrift aufzunehmen hat, empfiehlt sich die Bestellung eines **Schriftführers** durch BR-Beschluss. Soweit der Vorsitzende oder ein anderes BR-Mitglied für die Niederschrift verantwortlich zeichnen, ist die Hinzuziehung einer **Schreibkraft** zulässig[8]. **Tonbandaufnahmen** sind nur zulässig, wenn **alle** Anwesenden zustimmen[9]. Wegen der vorgeschriebenen Schriftform und Unterzeichnung muss die Tonaufnahme aber in Schriftform übertragen werden. Die Niederschrift ist nach der Sitzung möglichst rasch anzufertigen und den BR-Mitgliedern spätestens mit der Einladung zur nächsten Sitzung zuzuleiten.

Nach Abs. 1 Satz 2 ist die Niederschrift vom Vorsitzenden und einem weiteren BR-Mitglied, idR dem gewählten Schriftführer, zu **unterzeichnen**. Nach dem Zweck der Vorschrift darf die Unterschrift nur von BR-Mitgliedern geleistet werden, die an der Sitzung teilgenommen haben[10]. Bedarf es für die Wirksamkeit eines Beschlusses der **Schriftform** (zB §§ 27 Abs. 2 Satz 3, 36), reicht hierfür aus, wenn der Beschluss in die Niederschrift aufgenommen und diese ordnungsgemäß unterzeichnet wird (hM).

Nach Abs. 1 Satz 3 ist der Niederschrift die von jedem Teilnehmer **eigenhändig unterschriebene Anwesenheitsliste** beizufügen, so dass sich nicht nur die BR-Mitglieder, sondern auch alle übrigen Teilnehmer der Sitzung inkl. zB des Beauftragten der Gewerkschaft oder des Vertreters des ArbGebVerbands, falls anwesend, sowie die Schreibkraft eintragen müssen. Sind BR-Mitglieder nur **vorübergehend anwesend**, so hat der BR-Vorsitzende bzw. der Schriftführer zum Nachweis der Beschlussfähigkeit des BR Angaben über Beginn und Ende der Anwesenheit zu machen[11]. Bestandteil der Niederschrift sind auch die nach Abs. 2 Satz 2 erhobenen **Einwendungen** gegen das Protokoll bzw. die Vollständigkeit der Anwesenheitsliste, vgl. Rz. 12.

III. Aushändigung einer Abschrift, Einwendungen (Abs. 2). Nach Abs. 2 Satz 1 ist dem ArbGeb oder Gewerkschaftsbeauftragten, soweit diese (beim ArbGeb auch dessen Vertreter) jeweils an einer BR-Sitzung **tatsächlich** teilgenommen haben, der ihrer Teilnahme entsprechende Teil der Niederschrift als **Abschrift** auszuhändigen. Die übrigen Teilnehmer haben dagegen keinen Anspruch auf Aushändi-

---

1 Keine *materielle* Beweiskraft, vgl. auch BAG v. 3.11.1977 – 2 AZR 277/76, AP Nr. 1 zu § 75 BPersVG = DB 1978, 1135; GK-BetrVG/*Wiese/Raab*, § 34 Rz. 12; Richardi/*Thüsing*, § 34 BetrVG Rz. 19. | 2 Vgl. nur GK-BetrVG/*Wiese/Raab*, § 34 Rz. 6; DKK/*Wedde*, § 34 BetrVG Rz. 2. | 3 HM, vgl. *Fitting*, § 34 BetrVG Rz. 6; GK-BetrVG/*Wiese/Raab*, § 34 Rz. 6. | 4 Str., wie hier GK-BetrVG/*Wiese/Raab*, § 34 Rz. 14; aA DKK/*Wedde*, § 34 BetrVG Rz. 3; ErfK/*Eisemann*, § 34 BetrVG Rz. 2; *Fitting*, § 34 BetrVG Rz. 14. | 5 Vgl. GK-BetrVG/*Wiese/Raab*, § 34 Rz. 14; DKK/*Wedde*, § 34 BetrVG Rz. 3. | 6 So GK-BetrVG/*Wiese/Raab*, § 34 Rz. 14; aA Richardi/*Thüsing*, § 34 BetrVG Rz. 3; DKK/*Wedde*, § 34 BetrVG Rz. 3. | 7 So *Fitting*, § 34 BetrVG Rz. 15; GK-BetrVG/*Wiese/Raab*, § 34 Rz. 15: „im angemessenen Rahmen"; weiter gehend DKK/*Wedde*, § 34 BetrVG Rz. 3: Anspruch auf Aufnahme einer Erklärung zu Protokoll. | 8 HM, vgl. DKK/*Wedde*, § 34 BetrVG Rz. 9; *Fitting*, § 34 BetrVG Rz. 11; Richardi/*Thüsing*, § 34 BetrVG Rz. 5; aA GK-BetrVG/*Wiese/Raab*, § 30 Rz. 22; § 34 Rz. 8 wegen Nichtöffentlichkeit der Sitzung, dem aber zutr. § 40 Abs. 2 entgegengehalten wird. | 9 HM, vgl. *Fitting*, § 34 BetrVG Rz. 12; GK-BetrVG/*Wiese/Raab*, § 34 Rz. 17. | 10 Vgl. GK-BetrVG/*Wiese/Raab*, § 34 Rz. 18; Richardi/*Thüsing*, § 34 BetrVG Rz. 9. | 11 HM, vgl. *Fitting*, § 34 BetrVG Rz. 21; GK-BetrVG/*Wiese/Raab*, § 34 Rz. 20.

gung einer Abschrift[1], doch ist die Aushändigung wohl zulässig und grundsätzlich auch zweckmäßig. Die Abschrift muss nur vom BR-Vorsitzenden unterzeichnet sein[2].

11 Über das Recht nach Abs. 2 Satz 1 hinaus hat der ArbGeb **kein Recht auf Herausgabe** oder Einsichtnahme in die Niederschrift. Zwar sind Niederschriftsurkunden und Protokollbuch formal **Eigentum** des ArbGeb (vgl. § 40 Rz. 27)[3], doch besteht im Ergebnis Einigkeit, dass deren betriebsverfassungsrechtliche **Zweckbestimmung** im Ergebnis einer Nutzung durch den ArbGeb klar entgegensteht. Niederschriftsurkunden und Protokollbuch sind vom BR (auch über die jeweilige Amtsperiode hinaus) solange aufzubewahren, wie sie von rechtlicher Bedeutung sind. Der in § 257 Abs. 4 HGB für die Aufbewahrung von Handelsbüchern vorgesehene Zeitraum von zehn Jahren wird in der Regel als ausreichend angesehen werden können[4].

12 Nach Abs. 2 Satz 2 sind **Einwendungen gegen die Niederschrift** unverzüglich zu erheben. Solche Einwendungen sollen keine „Gegenprotokolle" sein, sondern kurze Entgegnungen zu einzelnen beanstandeten Protokollinhalten oder Formulierungen der Sitzungsniederschrift[5]. Sie können nicht nur vom ArbGeb oder vom Beauftragten der Gewerkschaft, sondern **von allen** Sitzungsteilnehmern erhoben werden. Sie sind **unverzüglich**, dh. ohne schuldhaftes Zögern, und **schriftlich** beim BR zu erheben. Der BR-Vorsitzende hat die Gegendarstellung dem BR zur Kenntnis zu geben und auch dann der Niederschrift beizufügen, wenn er oder der BR sie für unzutreffend halten, Abs. 2 Satz 2 Halbs. 2[6]. Die Erhebung von Einwendungen hat keine unmittelbare Auswirkung auf die Wirksamkeit von BR-Beschlüssen, kann jedoch für die Würdigung der Beweiskraft der Niederschrift von Bedeutung sein[7]. Es handelt sich um eine **Ordnungsregel**, die Zweifel an der Richtigkeit der Niederschrift möglichst umgehend ausräumen soll (hM).

13 Halten der für die Niederschrift verantwortliche Vorsitzende und der Schriftführer (bzw. der Mitunterzeichnende) die Einwendungen für berechtigt, darf die Niederschrift entsprechend **korrigiert** werden. Die Einwendungen sind der Niederschrift trotz der Korrektur beizufügen. BR-Mitglieder, die Einwendungen gegen die Sitzungsniederschrift haben, können diese auch in der nachfolgenden BR-Sitzung aus Anlass der Genehmigung der Niederschrift noch geltend machen. Der BR muss sich auch mit solchen **mündlich** vorgebrachten) Einwendungen befassen. Er kann beschließen, dass er die Einwendungen für berechtigt hält und eine **berichtigte Niederschrift** erstellen lassen[8].

14 **IV. Einsichtsrecht (Abs. 3).** Nach Abs. 3 haben die BR-Mitglieder das Recht, die Unterlagen des BR und seiner Ausschüsse jederzeit, dh. **ohne zeitliche Begrenzung** und **ohne sachlichen Grund**[9], einzusehen. Das Einsichtsrecht steht ausschließlich den Mitgliedern des BR zu, **nicht** dagegen zB den Jugend- und Auszubildendenvertretern, der Vertrauensperson der Schwerbehindertenvertretung usw. Die Jugend- und Auszubildendenvertreter können jedoch nach § 70 Abs. 2 Satz 2 verlangen, dass ihnen der BR die zur Durchführung ihrer Aufgaben erforderlichen Unterlagen zur Verfügung stellt. Soweit ein berechtigtes Interesse besteht und die Geheimhaltungspflicht nach § 79 nicht entgegensteht, kann der BR auch Personen, denen kein Einsichtsrecht zusteht, nach pflichtgemäßem Ermessen Auskünfte anhand der Unterlagen geben[10].

15 Zu den **Unterlagen** iSd. Abs. 3 zählen sämtliche Schriftstücke, Niederschriften, Listen, Berechnungen, Materialien, Sitzungsunterlagen, Stellungnahmen und Akten, kurz: **alle schriftlichen Aufzeichnungen**, die der BR angefertigt hat oder die ihm für seine Geschäftsführung zur Verfügung stehen, darüber hinaus auch das Material, das der ArbGeb nach § 40 Abs. 2 dem BR zur Verfügung stellt, also Gesetzestexte, TV, Zeitschriften und Kommentare zum BetrVG[11].

16 Da Abs. 3 sicherstellen soll, dass alle BR-Mitglieder den **Überblick über die Gesamttätigkeit** des BR behalten (Rz. 2), erstreckt sich das Einsichtsrecht auch auf die Unterlagen seiner **Ausschüsse**. BR-Mitglieder können also auch Einblick in Unterlagen von Ausschüssen nehmen, denen sie selbst nicht angehören[12], auch zB bei gemeinsamen Ausschüssen nach § 28 Abs. 2[13], **nicht aber** bei Arbeitsgruppen nach § 28a, weil diese nicht Organe des BR sind[14]. Dagegen ändert auch die besondere Funktion des

---

1 Vgl. *Fitting*, § 34 BetrVG Rz. 24; Richardi/*Thüsing*, § 34 BetrVG Rz. 11; nach DKK/*Wedde*, § 34 BetrVG Rz. 16 können die BR-Mitglieder aber Aushändigung einer Abschrift oder Fotokopie verlangen, wenn sie diese für ihre Tätigkeit benötigen. |2 HM, vgl. *Fitting*, § 34 BetrVG Rz. 23; GK-BetrVG/*Wiese/Raab*, § 34 Rz. 23. |3 Str., wie hier zB GK-BetrVG/*Wiese/Raab*, § 40 Rz. 178; Richardi/*Thüsing*, § 34 BetrVG Rz. 22; aA DKK/*Wedde*, § 34 BetrVG Rz. 12; *Fitting*, § 40 BetrVG Rz. 107. |4 So Richardi/*Thüsing*, § 34 BetrVG Rz. 23. |5 LAG Hess. v. 19.5.1988 – 12 TaBV 123/87, DB 1989, 486; aA GK-BetrVG/*Wiese/Raab*, § 34 Rz. 26. |6 HM, vgl. *Fitting*, § 34 BetrVG Rz. 30; GK-BetrVG/*Wiese/Raab*, § 34 Rz. 26. |7 Vgl. GK-BetrVG/*Wiese/Raab*, § 34 Rz. 26. |8 Vgl. GK-BetrVG/*Wiese/Raab*, § 34 Rz. 27; Richardi/*Thüsing*, § 34 BetrVG Rz. 28. |9 Enger aber LAG Nds. v. 16.2.2001 – 16 TaBV 46/00, NZA-RR 2001, 249: Für Unterlagen des Personalausschusses soll demnach ein sachlicher Grund erforderlich sein. |10 HM, vgl. *Fitting*, § 34 BetrVG Rz. 35; GK-BetrVG/*Wiese/Raab*, § 34 Rz. 29. |11 Vgl. nur DKK/*Wedde*, § 34 BetrVG Rz. 21; *Fitting*, § 34 BetrVG Rz. 36. |12 HM, vgl. nur GK-BetrVG/*Wiese/Raab*, § 34 BetrVG Rz. 26. |13 HM, vgl. *Fitting*, § 34 BetrVG Rz. 39; GK-BetrVG/*Wiese/Raab*, § 34 Rz. 33; einschr. für Personalausschüsse aber LAG Nds. v. 16.2.2001 – 16 TaBV 46/00, NZA-RR 2001, 249: Sachlicher Grund erforderlich. |14 Das wird zB von ErfK/*Eisemann*, § 34 BetrVG Rz. 5; *Fitting*, § 34 BetrVG Rz. 38 nicht beachtet.

Aussetzung von Beschlüssen   Rz. 3 § 35 BetrVG

Wirtschaftsausschusses nichts daran, dass er als Ausschuss des BR dessen Mitgliedern Einsicht in seine Unterlagen zu gewähren hat[1], vgl. näher §§ 106, 108. Das Einsichtsrecht ist unabdingbar. Es kann nicht durch die Geschäftsordnung oder einen BR-Beschluss eingeschränkt werden (hM).

Abs. 3 gewährt dem BR-Mitglied nur ein Einsichtsrecht. Es kann daher **nicht** verlangen, dass ihm die Unterlagen **zur Verfügung gestellt** werden. Soweit hierfür ein sachliches Bedürfnis besteht, darf das BR-Mitglied aber zumindest **Notizen** bzw. **Abschriften** oder **Kopien** anfertigen (lassen). Das BAG[2] war dagegen der Auffassung, dass die Anfertigung von Kopien die – wenn auch nur kurzzeitige – Überlassung der Unterlagen voraussetze und daher nicht verlangt werden könne. Angesichts der heute üblichen Praxis, dass Betriebsräten ein Kopiergerät zur Verfügung steht und die Anfertigung von Kopien daher unter Aufsicht möglich ist, erscheint die Auffassung des BAG als zu formal und nicht interessengerecht[3]. 17

V. Streitigkeiten. Streitigkeiten über die Notwendigkeit der Anfertigung und die Richtigkeit der Niederschriften, über die Berechtigung und Behandlung von Einwendungen, über den Anspruch auf Aushändigung einer Abschrift und über das Einsichtsrecht in die Unterlagen des BR und seiner Ausschüsse entscheidet das ArbG im **Beschlussverfahren** (§ 2a Abs. 1 Nr. 1, Abs. 2 iVm. §§ 80 ff. ArbGG). **Antragsbefugt** sind alle Personen, die als Sitzungsteilnehmer Einwendungen gegen die Niederschrift erheben können oder Aushändigung einer Abschrift oder Einsicht in die Unterlagen des BR und seiner Ausschüsse verlangen können[4]. 18

35 Aussetzung von Beschlüssen

(1) Erachtet die Mehrheit der Jugend- und Auszubildendenvertretung oder die Schwerbehindertenvertretung einen Beschluss des Betriebsrats als eine erhebliche Beeinträchtigung wichtiger Interessen der durch sie vertretenen Arbeitnehmer, so ist auf ihren Antrag der Beschluss auf die Dauer von einer Woche vom Zeitpunkt der Beschlussfassung an auszusetzen, damit in dieser Frist eine Verständigung, gegebenenfalls mit Hilfe der im Betrieb vertretenen Gewerkschaften, versucht werden kann.

(2) Nach Ablauf der Frist ist über die Angelegenheit neu zu beschließen. Wird der erste Beschluss bestätigt, so kann der Antrag auf Aussetzung nicht wiederholt werden; dies gilt auch, wenn der erste Beschluss nur unerheblich geändert wird.

§ 35 zuletzt geändert (Änderung in Abs. 1, Aufhebung von Abs. 3) durch das BetrVerf-ReformG v. 23.7.2001 (BGBl. I S. 1852), vgl. Neubekanntmachung v. 25.9.2001 (BGBl. I S. 2518).

I. Inhalt und Zweck. Die Norm dient dem Schutz der Interessen der jugendlichen ArbN und Auszubildenden sowie der Schwerbehinderten und wird nahezu wortgleich wiederholt in § 66 einerseits, § 95 Abs. 4 Satz 2 SGB IX andererseits. Lässt man eine solche legislative Redundanz schon zu, bedarf es jedenfalls einheitlicher Interpretation der „übereinstimmenden" Normierung. Sie gewährt den Vertretern dieser besonderen ArbN-Gruppen ein **suspensives Vetorecht**[5] gegen Beschlüsse des BR. Nach Abs. 1 bewirkt die Ausübung dieses Rechts, dass der Beschluss zunächst eine Woche auszusetzen ist, um ausreichend Zeit für die Herbeiführung einer Verständigung zu schaffen. Nach Abs. 2 ist über die Angelegenheit nach Ablauf der Wochenfrist erneut zu beschließen. Wird der erste Beschluss auf diese Weise bestätigt, so kann der Antrag auf Aussetzung nicht wiederholt werden. Letztlich kann die Wirksamkeit des Beschlusses von den Vertretern der besonderen ArbN-Gruppen also **nicht verhindert** werden. 1

Die Vorschrift ist wegen der Aufgabe des Gruppenschutzes durch das BetrVerf-Reformgesetz 2001 verändert worden. Durch den Wegfall des Gruppenantragsrechts in Abs. 1 geht es jetzt **nicht mehr** um den Schutz von **Minderheiten** (auch nicht von Minderheitslisten) im BR, sondern nur noch um die besondere Berücksichtigung der Belange der nach §§ 60 ff. BetrVG bzw. §§ 94 ff. SGB IX besonders vertretenen ArbN-Gruppen im BR. Die praktische Bedeutung des Aussetzungsanspruchs dürfte dadurch noch geringer sein als bisher[6]. 2

II. Aussetzung (Abs. 1). Als „Beschlüsse" iSd. Abs. 1 nicht aussetzungsfähig sind die eigens im Gesetz geregelten **organisatorischen Akte** des BR wie zB die Wahlen des BR-Vorsitzenden und seines Stellvertreters (§ 26), der Mitglieder der BR-Ausschüsse (§§ 27, 28), der freizustellenden BR-Mitglieder (§ 38 Abs. 2) usw[7]. Solche Organisationsentscheidungen können nicht durch die Aussetzung in Frage gestellt werden, weil damit deren als **abschließend** gemeinte Regelung unterlaufen würde. Im Übrigen sind an den **Aussetzungsgrund**, also die durch einen BR-Beschluss entstandene „erhebliche Beeinträchtigung wichtiger Interessen der durch sie vertretenen ArbN", keine hohen Anforderungen zu stellen. Er muss nicht objektiv, sondern nur **subjektiv** („erachtet") nach Ansicht der jeweiligen Interessen- 3

---

1 Str., wie hier GK-BetrVG/*Wiese/Raab*, § 34 Rz. 34; DKK/*Wedde*, § 34 BetrVG Rz. 19; aA Richardi/*Thüsing*, § 34 BetrVG Rz. 26. | 2 BAG v. 27.5.1982 – 6 ABR 66/79, AP Nr. 1 zu § 34 BetrVG 1972 = DB 1982, 2578. | 3 HL, vgl. DKK/*Wedde*, § 34 BetrVG Rz. 23; ErfK/*Eisemann*, § 34 BetrVG Rz. 5; *Fitting*, § 34 BetrVG Rz. 34; GK-BetrVG/*Wiese/Raab*, § 34 Rz. 31; Richardi/*Thüsing*, § 34 BetrVG Rz. 28. | 4 HM, vgl. *Fitting*, § 34 BetrVG Rz. 32. | 5 Vgl. *Fitting*, § 35 BetrVG Rz. 1; GK-BetrVG/*Wiese/Raab*, § 35 Rz. 9. | 6 So auch *Fitting*, § 35 BetrVG Rz. 1. | 7 HM, vgl. nur *Fitting*, § 35 BetrVG Rz. 5; GK-BetrVG/*Wiese/Raab*, § 35 Rz. 18.

vertretung vorliegen, so dass letztlich nur die **schlüssige** Behauptung des Aussetzungsgrunds vom BR-Vorsitzenden geprüft werden muss (formelles Prüfungsrecht, vgl. Rz. 5)[1].

4 **Antragsberechtigt** ist nur „die Mehrheit" der JAV, womit in Übereinstimmung mit § 66 Abs. 1 nicht die einfache, sondern die **absolute Mehrheit** des Gremiums gemeint ist, ohne dass aber zwingend ein förmlicher Beschluss in einer ordentlichen Sitzung vorliegen muss (sonst wäre ein Aussetzungsantrag schon während der BR-Sitzung nicht möglich)[2]. Für die Schwerbehindertenvertretung antragsberechtigt ist die gewählte **Vertrauensperson**, § 94 Abs. 1 Satz 1 SGB IX. Beim Antragsrecht der Jugend- und Auszubildendenvertreter ist **zusätzlich** zu beachten, dass diese bei der Beschlussfassung ihr Stimmrecht nach § 67 Abs. 2 oder ihr beratendes Teilnahmerecht nach § 67 Abs. 1 Satz 2 nicht **im Widerspruch** zum (späteren) Aussetzungsantrag geltend gemacht haben, indem sie zB nicht mehrheitlich dagegen stimmten oder sich dagegen aussprachen. Das Aussetzungsrecht könnte sonst wegen Rechtsmissbrauchs verweigert werden – es soll nicht als Korrektur von Versäumnissen bei der vorherigen Abstimmung herhalten[3].

5 **Folge** eines ordnungsgemäßen Antrags ist, dass der Beschluss für die Dauer von einer Woche auszusetzen ist, dh. während dieser Zeit **nicht vollzogen** werden kann. Der BR-Vorsitzende hat bei seiner Entscheidung über den Antrag kein materielles, sondern nur ein **formelles** Prüfungsrecht (Rz. 3), doch ist der Antrag auch bei **offensichtlicher** Unbegründetheit bzw. Unschlüssigkeit (zB keine spezifische Belastung ersichtlich), zumal dann, wenn der Beschluss eiliger Umsetzung bedarf, abzuweisen[4]. Die Grenze kann schon wegen des klaren Tatbestands in Abs. 1 nicht erst bei offensichtlicher Rechtsmissbräuchlichkeit gezogen werden[5]. Fraglich ist aber, ob an der Wochenfrist auch dann festgehalten werden kann, wenn das suspensive Veto im **Außenverhältnis** zum ArbGeb die geforderte BR-Äußerung innerhalb der kurzen Ausschlussfristen zB nach §§ 99 Abs. 3, 102 Abs. 2 verhindern würde (bzw. als „Zustimmung" gewertet würde). Der Gesetzgeber hat hierzu in § 95 Abs. 4 Satz 3 SGB IX klargestellt, dass durch die Aussetzung solche Fristen **nicht verlängert** werden. Damit sieht sich die hM bestätigt, wonach der Beschäftigtenschutz des § 35 **nicht** zu einer **Lähmung der BR-Arbeit** führen darf[6]. Die faktische Verkürzung der Aussetzungswirkung muss in diesen Fällen hingenommen werden. Jedoch kann der BR auch dem ArbGeb die getroffene Entscheidung mitteilen und zugleich auf den Aussetzungsantrag hinweisen. Ein verständiger ArbGeb wird die personelle Maßnahme dann erst durchführen, wenn die endgültige Entscheidung gefallen ist.

6 Die Wochenfrist ist nach dem erklärten Willen des Gesetzgebers für den Versuch der **Verständigung** zwischen den Beteiligten zu nutzen. Die Einberufung einer neuen Sitzung ist hierfür nicht erforderlich, aber sinnvoll. Eine **im Betrieb** vertretene Gewerkschaft, aber auch ggf. das Integrationsamt kann bei den Verständigungsverhandlungen zur Hilfestellung als „Moderator" hinzugezogen werden.

7 **III. Erneute Beschlussfassung (Abs. 2).** Nach Abs. 2 Satz 1 ist ein **neuer Beschluss** frühestens nach Ablauf der Wochenfrist herbeizuführen, und zwar unabhängig davon, ob es zu einer Verständigung gekommen ist oder nicht[7]. Die Beschlussfassung hat in einer nach § 29 Abs. 2 ordnungsgemäß einberufenen Sitzung unter Beachtung des § 33 zu erfolgen. Sie ist nur dann entbehrlich, wenn die Antragsteller ihren Aussetzungsantrag zurückgezogen haben. Eine Beschlussfassung **ohne Einhaltung der Wochenfrist** ist im Fall vorheriger Einigung oder im Fall des Einverständnisses der Antragsteller (auch bei Fristenkollision, vgl. Rz. 5) möglich[8].

8 Der BR-Vorsitzende hat **möglichst rasch** zu einer Sitzung nach Ablauf der Frist einzuladen. Gegenstand der Beschlussfassung ist die Aufrechterhaltung des angegriffenen Beschlusses[9]. Zu beachten ist, dass die Aussetzungswirkung auch dann **endet**, wenn ein bestätigender Beschluss noch nicht ergangen ist. Denn ausschlaggebend für die Aussetzungswirkung ist der Ablauf der Wochenfrist nach Abs. 1, nicht der Zeitpunkt des erneuten Beschlusses nach Abs. 2[10]. Im Außenverhältnis ist der angegriffene Beschluss also weiter wirksam.

9 Wird der Beschluss mit der Mehrheit der Stimmen bestätigt, so kann der Antrag auf Aussetzung nach Abs. 2 Satz 2 auch dann **nicht wiederholt** werden, wenn er von anderen Antragsberechtigten gestellt wird[11]. Dies gilt auch, wenn der erste Beschluss **nur unerheblich** geändert wird, Satz 2 Halbs. 2. Wird dagegen ein neuer Beschluss gefasst, der erheblich vom ersten Beschluss abweicht, besteht von neuem die Möglichkeit, seine Aussetzung zu beantragen (hM).

---

1 HM, vgl. *Fitting*, § 35 BetrVG Rz. 19; GK-BetrVG/*Wiese/Raab*, § 35 Rz. 19. | 2 Str. in Bezug auf die Förmlichkeit des Beschlusses, wie hier GK-BetrVG/*Wiese/Raab*, § 35 Rz. 10; Richardi/*Thüsing*, § 35 BetrVG Rz. 3; wohl auch HaKo-BetrVG/*Düwell*, § 35 Rz. 6, 9; aA ErfK/*Eisemann*, § 35 BetrVG Rz. 1; *Fitting*, § 35 BetrVG Rz. 7. |3 HM, so vor allem Richardi/*Thüsing*, § 35 BetrVG Rz. 14 f.; vgl. ferner *Fitting*, § 35 BetrVG Rz. 8 f.; GK-BetrVG/*Wiese/Raab*, § 35 Rz. 12 f. |4 HM, vgl. *Fitting*, § 35 BetrVG Rz. 19; GK-BetrVG/*Wiese/Raab*, § 35 Rz. 20. |5 So aber DKK/*Wedde*, § 35 BetrVG Rz. 10. |6 HM, vgl. *Fitting*, § 35 BetrVG Rz. 30; GK-BetrVG/*Wiese/Raab*, § 35 Rz. 22 f. |7 HM, vgl. *Fitting*, § 35 BetrVG Rz. 24; GK-BetrVG/*Wiese/Raab*, § 35 Rz. 25. |8 HM, vgl. *Fitting*, § 35 BetrVG Rz. 25; GK-BetrVG/*Wiese/Raab*, § 35 Rz. 26. |9 Vgl. nur *Fitting*, § 35 BetrVG Rz. 24; Richardi/*Thüsing*, § 35 BetrVG Rz. 19. |10 Vgl. *Fitting*, § 35 BetrVG Rz. 24; GK-BetrVG/*Wiese/Raab*, § 35 Rz. 27. |11 Die Frist ist für die neuen Antragsteller ja abgelaufen, vgl. *Fitting*, § 35 BetrVG Rz. 26; GK-BetrVG/*Wiese/Raab*, § 35 Rz. 28.

IV. Streitigkeiten. Streitigkeiten, die sich aus Anträgen auf Aussetzung eines Beschlusses oder aus der Durchführung der Aussetzung ergeben, entscheidet das ArbG im **Beschlussverfahren** (§ 2a Abs. 1 Nr. 1, Abs. 2 iVm. §§ 80 ff. ArbGG). Nach dem BAG[1] gilt dies auch im Fall der Antragstellung bzw. der Beteiligung der Schwerbehindertenvertretung. Soweit es um die Zulässigkeit des Antrags auf Aussetzung geht, kann im Beschlussverfahren nur geprüft werden, ob die förmlichen Voraussetzungen des Antrags vorliegen, nicht, ob eine erhebliche Beeinträchtigung wichtiger Interessen vorliegt (Rz. 3, 5). Der BR-Vorsitzende kann von den Antragstellern auch durch eine **einstweilige Verfügung** zur rechtzeitigen Einberufung der erforderlichen Sitzung gezwungen werden[2].

§ 36 Geschäftsordnung

Sonstige Bestimmungen über die Geschäftsführung sollen in einer schriftlichen Geschäftsordnung getroffen werden, die der Betriebsrat mit der Mehrheit der Stimmen seiner Mitglieder beschließt.

§ 36 idF des BetrVG 1972 (v. 15.1.1972, BGBl. I S. 13).

I. Inhalt und Zweck. Die Norm gibt dem BR auf, „sonstige Bestimmungen über die Geschäftsführung" in einer **schriftlichen Geschäftsordnung** zu treffen. Wegen der großen Bedeutung einer Geschäftsordnung für den ordnungsgemäßen Ablauf der BR-Tätigkeit und aus Gründen der Rechtssicherheit bedarf es für den Beschluss über die Geschäftsordnung der **absoluten** Mehrheit der BR-Mitglieder sowie der Schriftform. Es handelt sich um eine **Sollvorschrift**, so dass ihre Nichtbefolgung idR keinen Einfluss auf die **Wirksamkeit** von BR-Beschlüssen hat (Rz. 6) und auch keine grobe Pflichtverletzung iSd. § 23 Abs. 1 darstellt[3]. Im Interesse des ordnungsgemäßen Ablaufs der BR-Tätigkeit und der Festlegung wesentlicher Modalitäten seiner Geschäftsführung im Sinne einer Selbstbindung ist die Verabschiedung einer Geschäftsordnung im (größeren) Kollegialorgan aber **geboten**[4].

II. Inhalt der Geschäftsordnung. In der Geschäftsordnung können nur Einzelheiten der internen **Geschäftsführung**, dh. die Normen der §§ 26 ff. **konkretisierende Modalitäten** der Aufgabenerfüllung des BR geregelt werden. Eine Erweiterung seiner gesetzlichen Befugnisse ist durch die Geschäftsordnung dagegen nicht möglich[5], insb. können in ihr nicht Fragen geregelt werden, für die eine **Vereinbarung mit dem ArbGeb** erforderlich ist. Eine über § 38 Abs. 1 hinausgehende Freistellung von BR-Mitgliedern kann daher nicht Gegenstand der BR-Geschäftsordnung sein[6]. Regelungen, die in eine **BV** gehören, gehören auch nicht in die Geschäftsordnung, es sei denn, sie wiederholen deren Text deklaratorisch[7].

Die Geschäftsordnung darf Bestimmungen der §§ 26 bis 41 wiederholen, **nicht aber von zwingenden Vorschriften abweichen**, sondern diese nur ergänzen[8]. Sie kann daher nicht die einfache Mehrheit der Stimmen ausreichen lassen, wo das Gesetz die absolute Mehrheit fordert oder die absolute Mehrheit der Stimmen verlangen, wo das Gesetz die einfache Mehrheit ausreichen lässt (vgl. § 33 Rz. 2). Strittig ist, ob in der Geschäftsordnung den im Betrieb vertretenen Gewerkschaften ein **generelles Teilnahmerecht** an den BR-Sitzungen eingeräumt werden kann, was nach Sinn und Zweck des § 31 zu verneinen ist, vgl. dazu näher § 31 Rz. 5[9].

Zulässig sind dagegen Regelungen, die präzisieren, welche Geschäfte nicht als **laufende Geschäfte** anzusehen und daher nicht vom Betriebsausschuss zu behandeln sind, vgl. § 27 Rz. 9, 10, doch dürfen dabei die **eigenen Kompetenzen** des Betriebsausschusses nach § 27 Abs. 2 Satz 1 nicht unzulässig beschnitten werden. Die Übertragung **weiterer Aufgaben** zur selbständigen Erledigung an den Betriebsausschuss kann auch in der Geschäftsordnung erfolgen, vgl. § 27 Rz. 11[10]. In einem Betrieb mit mehr als 100 ArbN sind außerdem Regelungen in der Geschäftsordnung zulässig, die sog. **Fachausschüsse** zur Vorberatung bestimmter Fragen, zB für Unfallverhütung oder Personalfragen, vorsehen, vgl. § 28 Rz. 3 ff.

III. Erlass und Wirkung der Geschäftsordnung. Die Geschäftsordnung ist vom BR „mit der Mehrheit der Stimmen seiner Mitglieder", dh. mit der **absoluten** Mehrheit zu beschließen. Die Geschäftsordnung muss **schriftlich** niedergelegt sein und vom Vorsitzenden unterzeichnet werden[11]. Eine besondere Ausfertigung der Geschäftsordnung ist aber nicht erforderlich. Ausreichend ist die Aufnahme in die vom BR-Vorsitzenden unterzeichnete Niederschrift, § 34. Die fehlende Form kann jederzeit nachgeholt werden[12]. Im Hinblick auf ihre nur **interne Wirkung** muss die Geschäftsordnung nicht nach außen, auch nicht gegenüber dem ArbGeb, bekannt gemacht und **veröffentlicht** werden, um Wirksam-

---

1 BAG v. 21.9.1989 – 1 AZR 465/88, AP Nr. 1 zu § 25 SchwbG 1986 = DB 1990, 796 = NZA 1990, 362. | 2 HM, vgl. *Fitting*, § 35 BetrVG Rz. 34; GK-BetrVG/*Wiese/Raab*, § 35 Rz. 32. | 3 HM, vgl. *Fitting*, § 36 BetrVG Rz. 9; GK-BetrVG/*Wiese/Raab*, § 36 Rz. 6. | 4 Die Kann-Vorschrift des § 36 BetrVG 1952 wurde aus diesem Grund in eine Soll-Vorschrift umgewandelt, vgl. BT-Drs. VI/1786, S. 40; ferner MünchArbR/*Joost*, § 307 Rz. 84. | 5 Ganz hM, vgl. *Fitting*, § 36 BetrVG Rz. 5; GK-BetrVG/*Wiese/Raab*, § 36 Rz. 12. | 6 BAG v. 16.1.1979 – 6 AZR 683/76, AP Nr. 5 zu § 38 BetrVG 1972 = DB 1979, 1516. | 7 Vgl. nur DKK/*Wedde*, § 36 BetrVG Rz. 4; GK-BetrVG/*Wiese/Raab*, § 36 Rz. 12. | 8 HM, vgl. *Fitting*, § 36 BetrVG Rz. 5; GK-BetrVG/*Wiese/Raab*, § 36 Rz. 11. | 9 Dafür aber BAG v. 28.2.1990 – 7 ABR 22/89, AP Nr. 1 zu § 31 BetrVG 1972 = DB 1990, 1288 = NZA 1990, 660; *Fitting*, § 36 BetrVG Rz. 6; aA Richardi/*Thüsing*, § 36 BetrVG Rz. 5. | 10 Vgl. Richardi/*Thüsing*, § 36 BetrVG Rz. 6. | 11 HM, vgl. *Fitting*, § 36 BetrVG Rz. 10; GK-BetrVG/*Wiese/Raab*, § 36 Rz. 8. | 12 GK-BetrVG/*Wiese/Raab*, § 36 Rz. 8.

keit zu erlangen[1]. Die BR-Mitglieder haben im Gegensatz zum ArbGeb nach § 34 Abs. 3 nicht nur das Recht, **jederzeit** die Geschäftsordnung einzusehen, sondern darüber hinaus auch ohne gesetzliche Normierung Anspruch auf Aushändigung einer Kopie oder Abschrift (vgl. auch § 34 Rz. 17)[2].

6 Die Geschäftsordnung kann unter Beachtung der Schriftform mit den Stimmen der BR-Mehrheit jederzeit **geändert, ergänzt oder aufgehoben** werden. Außerdem kann in Einzelfällen mit dem gleichen Stimmenquorum (absolute Mehrheit) von ihr abgewichen werden[3]. Sie entfaltet **nur für die BR-Mitglieder**, insb. für den BR-Vorsitzenden, verbindliche Wirkung. Auch wenn die Geschäftsordnung somit nur eine **Selbstbindung** für die BR-Mitglieder bewirkt (Rz. 1), handelt es sich bei ihren Bestimmungen um echte Rechtsnormen[4]. Ein Verstoß gegen die Geschäftsordnung kann deshalb dann **zur Unwirksamkeit von BR-Beschlüssen** führen, wenn er für ein ordentliches Verfahren **zentrale Vorschriften** missachtet, vgl. § 33 Rz. 18 ff., nicht jedoch, wenn er äußere (formale) Regeln ohne inneren Bezug zur Willensbildung außer Acht lässt[5]. Abzulehnen ist dagegen die Ansicht, nach der die Geschäftsordnung immer nur Verfahrensrichtlinien enthalte, gegen die sanktionslos verstoßen werden dürfe[6]. Wiederholte grobe Verstöße gegen die Geschäftsordnung können außerdem eine Amtspflichtverletzung iSd. § 23 Abs. 1 darstellen.

7 Strittig ist, ob die Geschäftsordnung nur für die **Dauer der Amtszeit** des BR[7] oder auch kraft Nachwirkung für den nachfolgenden BR gilt, solange sie dieser nicht aufhebt[8]. Für die hM spricht der allgemein für Geschäftsordnungen geltende Grundsatz der Diskontinuität, so dass der neu amtierende BR trotz der Kontinuität des Amts die Geschäftsordnung seines Vorgängers nur durch **ausdrücklichen Beschluss** übernehmen kann – der BR ist nicht „identisch" mit seinem Vorgänger, sondern nur dessen Funktionsnachfolger, vgl. § 24 Rz. 2. Der Praxis kann also nicht zur stillschweigenden Übernahme der alten Geschäftsordnung geraten werden.

8 **IV. Streitigkeiten.** Streitigkeiten über Erlass, Inhalt und Auslegung der Geschäftsordnung entscheidet das ArbG im Wege des **Beschlussverfahrens** (§ 2a Abs. 1 Nr. 1, Abs. 2 iVm. §§ 80 ff. ArbGG). Zur arbeitsgerichtlichen Rechtskontrolle der inhaltlichen bzw. formalen Wirksamkeit von Beschlüssen vgl. § 33 Rz. 18 ff.

37 Ehrenamtliche Tätigkeit, Arbeitsversäumnis

(1) **Die Mitglieder des Betriebsrats führen ihr Amt unentgeltlich als Ehrenamt.**

(2) Mitglieder des Betriebsrats sind von ihrer beruflichen Tätigkeit ohne Minderung des Arbeitsentgelts zu befreien, wenn und soweit es nach Umfang und Art des Betriebs zur ordnungsgemäßen Durchführung ihrer Aufgaben erforderlich ist.

(3) Zum Ausgleich für Betriebsratstätigkeit, die aus betriebsbedingten Gründen außerhalb der Arbeitszeit durchzuführen ist, hat das Betriebsratsmitglied Anspruch auf entsprechende Arbeitsbefreiung unter Fortzahlung des Arbeitsentgelts. Betriebsbedingte Gründe liegen auch vor, wenn die Betriebsratstätigkeit wegen der unterschiedlichen Arbeitszeiten der Betriebsratsmitglieder nicht innerhalb der persönlichen Arbeitszeit erfolgen kann. Die Arbeitsbefreiung ist vor Ablauf eines Monats zu gewähren; ist dies aus betriebsbedingten Gründen nicht möglich, so ist die aufgewendete Zeit wie Mehrarbeit zu vergüten.

(4) Das Arbeitsentgelt von Mitgliedern des Betriebsrats darf einschließlich eines Zeitraums von einem Jahr nach Beendigung der Amtszeit nicht geringer bemessen werden als das Arbeitsentgelt vergleichbarer Arbeitnehmer mit betriebsüblicher beruflicher Entwicklung. Dies gilt auch für allgemeine Zuwendungen des Arbeitgebers.

(5) Soweit nicht zwingende betriebliche Notwendigkeiten entgegenstehen, dürfen Mitglieder des Betriebsrats einschließlich eines Zeitraums von einem Jahr nach Beendigung der Amtszeit nur mit Tätigkeiten beschäftigt werden, die den Tätigkeiten der in Absatz 4 genannten Arbeitnehmer gleichwertig sind.

(6) Die Absätze 2 und 3 gelten entsprechend für die Teilnahme an Schulungs- und Bildungsveranstaltungen, soweit diese Kenntnisse vermitteln, die für die Arbeit des Betriebsrats erforderlich sind. Betriebsbedingte Gründe im Sinne des Absatzes 3 liegen auch vor, wenn wegen Besonderheiten der betrieblichen Arbeitszeitgestaltung die Schulung des Betriebsratsmitglieds außerhalb seiner Arbeitszeit erfolgt; in diesem Fall ist der Umfang des Ausgleichsanspruchs unter Einbeziehung der Arbeitsbefreiung nach Absatz 2 pro Schulungstag begrenzt auf die Arbeitszeit eines vollzeitbeschäftig-

---

1 HM, vgl. *Fitting*, § 36 BetrVG Rz. 11; GK-BetrVG/*Wiese/Raab*, § 36 Rz. 9. | 2 So auch ArbG München v. 12.4.1989 – 26b BV 42/89, AuR 1990, 132; DKK/*Wedde*, § 36 BetrVG Rz. 8; *Stege/Weinspach/Schiefer*, § 36 BetrVG Rz. 3; aA GK-BetrVG/*Wiese/Raab*, § 36 Rz. 9. | 3 HM, vgl. *Fitting*, § 36 BetrVG Rz. 13; GK-BetrVG/*Wiese/Raab*, § 36 Rz. 10; MünchArbR/*Joost*, § 307 Rz. 90; aA *Richardi/Thüsing*, § 36 BetrVG Rz. 13: Einverständnis *aller* Mitglieder nötig. | 4 Zutr. GK-BetrVG/*Wiese/Raab*, § 36 Rz. 18. | 5 Wohl hM, wie hier GK-BetrVG/*Wiese/Raab*, § 36 Rz. 18; MünchArbR/*Joost*, § 307 Rz. 89; *Richardi/Thüsing*, § 36 BetrVG Rz. 12; wohl auch *Fitting*, § 36 BetrVG Rz. 14. | 6 So zB DKK/*Wedde*, § 36 BetrVG Rz. 10; ErfK/*Eisemann*, § 36 BetrVG Rz. 2. | 7 HM, vgl. nur GK-BetrVG/*Wiese/Raab*, § 36 Rz. 17; MünchArbR/*Joost*, § 307 Rz. 91. | 8 So *Richardi/Thüsing*, § 36 BetrVG Rz. 15; *Stege/Weinspach/Schiefer*, § 36 BetrVG Rz. 3.

ten Arbeitnehmers. Der Betriebsrat hat bei der Festlegung der zeitlichen Lage der Teilnahme an Schulungs- und Bildungsveranstaltungen die betrieblichen Notwendigkeiten zu berücksichtigen. Er hat dem Arbeitgeber die Teilnahme und die zeitliche Lage der Schulungs- und Bildungsveranstaltungen rechtzeitig bekannt zu geben. Hält der Arbeitgeber die betrieblichen Notwendigkeiten für nicht ausreichend berücksichtigt, so kann er die Einigungsstelle anrufen. Der Spruch der Einigungsstelle ersetzt die Einigung zwischen Arbeitgeber und Betriebsrat.

(7) Unbeschadet der Vorschrift des Absatzes 6 hat jedes Mitglied des Betriebsrats während seiner regelmäßigen Amtszeit Anspruch auf bezahlte Freistellung für insgesamt drei Wochen zur Teilnahme an Schulungs- und Bildungsveranstaltungen, die von der zuständigen obersten Arbeitsbehörde des Landes nach Beratung mit den Spitzenorganisationen der Gewerkschaften und der Arbeitgeberverbände als geeignet anerkannt sind. Der Anspruch nach Satz 1 erhöht sich für Arbeitnehmer, die erstmals das Amt eines Betriebsratsmitglieds übernehmen und auch nicht zuvor Jugend- und Auszubildendenvertreter waren, auf vier Wochen. Absatz 6 Satz 2 bis 6 findet Anwendung.

§ 37 zuletzt geändert (Änderungen in Abs. 3 u. 6) durch das BetrVerf-ReformG v. 23.7.2001 (BGBl. I S. 1852), vgl. Neubekanntmachung v. 25.9.2001 (BGBl. I S. 2518).

I. Inhalt und Zweck 1	VI. Schulungs- und Bildungsveranstaltungen
II. Betriebsratsamt als Ehrenamt (Abs. 1) 3	(Abs. 6, 7) 31
III. Arbeitsbefreiung wegen Betriebsratstätigkeit	1. Zulässige Inhalte 32
(Abs. 2) 6	a) „Erforderliche" Kenntnisse nach Abs. 6 . . 32
1. Aufgabenbereich des Betriebsrats 7	b) Bildungsurlaub nach Abs. 7 35
2. Erforderlichkeit nach Art und Umfang . . . 10	c) Verhältnis der Ansprüche aus Abs. 6 und 7 . 37
3. „Ohne Minderung des Arbeitsentgelts" . . . 14	2. Verfahren bei Arbeitsbefreiung (Abs. 6 Sätze
IV. Betriebsratstätigkeit außerhalb der Arbeitszeit	3 bis 6) 38
(Abs. 3) 17	3. Rechtsfolgen der Arbeitsbefreiung 42
1. „Betriebsbedingte Gründe" 18	a) nach Abs. 6 42
2. Primärer Freizeitausgleich 20	b) nach Abs. 7 45
3. Sekundäre Mehrarbeitsvergütung 21	VII. Streitigkeiten 47
V. Arbeitsentgelt- und Tätigkeitsschutz (Abs. 4, 5) . 23	1. Urteilsverfahren 47
1. Verbot der Entgeltdiskriminierung (Abs. 4) . . 24	2. Beschlussverfahren 48
2. Verbot der beruflichen Diskriminierung (Abs. 5) . 29	

Lit.: *Busch*, Anzahl und Auswahl der gem. § 38 BetrVG freizustellenden Betriebsratsmitglieder, DB 1996, 326; *Däubler/Peter*, Schulung und Fortbildung von betrieblichen Interessenvertretern, 4. Aufl. 1995; *Hanau*, Probleme der Neuregelung der Betriebsverfassung, ZIP 2001, 1981; *Hornung*, Das Recht der Teilfreistellung nach dem BetrVG 2001, DB 2002, 94; *Kraft*, „Allgemeiner Bildungsurlaub" auf Kosten des Arbeitgebers – eine unzulässige Bevorzugung von Betriebsratsmitgliedern?, DB 1973, 2519; *Kraft*, Bestandsschutz des Arbeitsverhältnisses; Lohn ohne Arbeit – Überlegungen zur Reduzierung der Regelungsdichte des Arbeitsrechts und zur Wiederherstellung der Äquivalenz im Arbeitsverhältnis, ZfA 1994, 463; *Künzl*, Freistellung von Betriebsratsmitgliedern für Schulungsveranstaltungen, ZfA 1993, 341; *Löwisch*, Änderung der Betriebsverfassung durch das BetrVG-Reformgesetz (Teil I), BB 2001, 1743; *Loritz*, Die Erforderlichkeit von Betriebsräte-Schulungs- und Bildungsveranstaltungen, NZA 1993, 2; *Natzel*, Rechtsstellung des freigestellten Betriebsratsmitglieds, NZA 2000, 77; *Peter*, Der Freistellungsanspruch nach § 38 Abs. 1 BetrVG, AiB 2002, 282; *Pulte*, Beteiligungsrechte des Betriebsrats außerhalb der Betriebsverfassung, NZA 2000, 234; *Schiefer/Korte*, Gesetzentwurf eines Gesetzes zur Reform des BetrVG, NZA 2001, 351. Vgl. auch Nachw. bei § 40.

I. Inhalt und Zweck. Die Vorschrift regelt **wesentliche Fragen der Rechtsstellung** der BR-Mitglieder mit zwingender Wirkung und konkretisiert den Grundsatz des § 78 Satz 2, wonach diese wegen ihrer Tätigkeit weder benachteiligt noch begünstigt werden dürfen. In Abs. 1 wird der Charakter des BR-Amts als **Ehrenamt** betont, so dass eine gesonderte Vergütung ausgeschlossen ist. In Abs. 2 und 3 werden die Modalitäten der Arbeitsbefreiung für die BR-Tätigkeit und der Entgeltfortzahlung geregelt; korrespondierend hierzu ist die Regelung des § 38 zu sehen, in der eine **komplette Freistellung** von Amtsträgern von ihrer beruflichen Tätigkeit vorgesehen ist. Abs. 4 und 5 wollen die Gleichbehandlung von BR-Mitgliedern in Bezug auf Entgelt- und Karriereentwicklung mit anderen ArbN sicherstellen. Abs. 6 und 7 schließlich verdeutlichen, dass die regelmäßige Teilnahme an Schulungs- und Bildungsveranstaltungen für die BR-Mitglieder Bestandteil ihrer Amtstätigkeit ist.

Im Zusammenhang mit dem besonderen Kündigungs- und Versetzungsschutz sollen §§ 37, 38 und 40 dem BR-Mitglied mit der **äußeren** auch die **innere Unabhängigkeit** bei der Amtsführung sichern, um so eine sachgerechte Ausübung der gesetzlich vorgesehenen Interessenvertretung zu gewährleisten[1]. Durch das BetrVerf-Reformgesetz vom 23.7.2001 wurden Abs. 3 Satz 2 und Abs. 6 Satz 2 neu eingefügt. Damit soll nach der amtlichen Begründung der zunehmenden **Flexibilisierung** der persönlichen Arbeitszeiten auch von BR-Mitgliedern Rechnung getragen und klar gestellt werden, „dass erforderliche BR-Arbeit, die wegen unterschiedlicher Arbeitszeiten der BR-Mitglieder nicht innerhalb der persönlichen Arbeits-

---

1 HM, vgl. BAG v. 20.10.1993 – 7 AZR 581/92 (A), BAGE 74, 351 = AP Nr. 90 zu § 37 BetrVG 1972 (Anm. *Schiefer*); ferner *Fitting*, § 37 BetrVG Rz. 1; GK-BetrVG/*Wiese/Weber*, § 37 Rz. 6.

zeit des einzelnen BR-Mitglieds durchgeführt werden kann, die Ausgleichsansprüche des Abs. 3 auslöst" (vgl. Rz. 18)[1]. Durch die Einbeziehung auch des Abs. 6 in diese **Freizeitausgleich**-Lösung bei Schulungen, die außerhalb der persönlichen Arbeitszeit insb. von Teilzeitbeschäftigten stattfinden, wurde zudem ein durch die EuGH-Rspr. aufgeworfenes Diskriminierungsproblem (vgl. Rz. 42) sachgerecht beseitigt[2].

3   **II. BR-Amt als Ehrenamt (Abs. 1).** Abs. 1 verknüpft den Charakter des BR-Amts als Ehrenamt mit dem streng zu handhabenden **Grundsatz der Unentgeltlichkeit**. Es soll keine auch nur mittelbare Vergütung oder sonstige materielle Besserstellung die finanzielle Unabhängigkeit des BR-Mitglieds und damit seine **innere** Unabhängigkeit in Frage stellen[3]. Unzulässig ist daher die Gewährung von Sitzungsgeldern oder die Einräumung besonders günstiger Konditionen zB beim Verkauf von Firmenfahrzeugen etc. Entscheidend ist immer, ob dem BR-Mitglied mit Rücksicht auf sein **Amt** Vorteile gewährt werden, die vergleichbaren ArbN nicht eingeräumt werden. Eine pauschale Abgeltung der amtsbedingten Auslagen und Aufwendungen ist nur im Rahmen des § 40 Abs. 1 zulässig, dh. dass eine Abrechnung in regelmäßigen Abständen zu erfolgen hat und keine versteckte Vergütung enthalten sein darf (vgl. § 40 Rz. 9). Betriebsübliche Reisekostenvergütungen nach Maßgabe der LStRichtlinien sind auch auf Reisen der BR-Mitglieder anzuwenden[4].

4   Das BR-Mitglied ist nicht Amtsträger öffentlichen, sondern privaten Rechts (hM). Er übt ein gesetzlich umfassend normiertes **privates Amt** aus, um die Sozialverträglichkeit betrieblicher Arbeitsbedingungen sicherzustellen[5], das jedoch dadurch nicht von seiner arbeitsvertraglichen Grundlage abgelöst wird. Die Normen der §§ 37, 38 machen das deutlich, indem sie den Amtsträger (auch bei Freistellung) jeweils nach Maßgabe seiner arbeitsvertraglichen Einstufung vergüten und damit Amtstätigkeit mit Vertragstätigkeit gleichstellen. Daher ist auch die Tätigkeit im BR trotz ihres ehrenamtlichen Charakters als Arbeitsleistung im **sozialversicherungsrechtlichen** Sinn einzustufen, so dass Unfälle in Ausübung der BR-Tätigkeit als **Arbeitsunfälle** gelten (hM)[6]. In ein **Arbeitszeugnis** (§ 109 GewO) kann die BR-Tätigkeit dagegen nur auf Wunsch des ArbN Eingang finden (hM)[7], weil „Leistung und Verhalten im Arbeitsverhältnis" nicht von der Amtstätigkeit geprägt sein können; doch können Ausnahmen bei langjähriger Freistellung nach § 38 geboten sein.

5   Gegen das Ehrenamt verstoßende **Rechtsgeschäfte** sind auch dann, wenn zB eine BV zugrunde liegt, nach § 78 BetrVG iVm. § 134 BGB **nichtig**, verbotswidrige Zuwendungen können trotz § 817 Satz 2 zurückgefordert werden, weil hier der strenge (objektive) Verbotszweck der Vermögensverschiebung entgegensteht[8]. Die Annahme eines unzulässigen Vorteils kann zudem eine grobe Verletzung der gesetzlichen Pflichten des BR-Mitglieds darstellen und einen Ausschluss nach § 23 Abs. 1 rechtfertigen; zudem ist der Straftatbestand des § 119 Abs. 1 Nr. 3 zu beachten.

6   **III. Arbeitsbefreiung wegen BR-Tätigkeit (Abs. 2).** Abs. 2 geht davon aus, dass trotz der BR-Tätigkeit die vertraglichen Arbeitspflichten des BR-Mitglieds **vollständig bestehen** bleiben. Weil die Amtstätigkeit aber grundsätzlich während der Arbeitszeit auszuüben ist (vgl. auch Abs. 3), wird in Abs. 2 eine vorübergehende Befreiung von den Arbeitspflichten aus **konkretem Anlass** angeordnet – nicht zu verwechseln mit der **Sonderregel** des § 38, der als lex specialis eine **generelle** Freistellung ermöglicht. Die vorübergehende Arbeitsbefreiung nach Abs. 2 muss der Erledigung von **BR-Aufgaben** dienen (Rz. 7) und zur ordnungsgemäßen Durchführung auch **erforderlich** sein (Rz. 10). Sind diese Voraussetzungen erfüllt, darf der ArbGeb das Arbeitsentgelt **nicht mindern** (Rz. 14).

7   **1. Aufgabenbereich des BR.** Zu prüfen ist zunächst, ob überhaupt der **Kompetenzbereich** (Aufgabenbereich) des BR eröffnet ist und ein entsprechender Handlungsbedarf für seine Mitglieder besteht. Das ergibt sich vorrangig aus dem BetrVG selbst, daneben aus den ua. auch BR-Aufgaben regelnden anderen Gesetzen wie ArbSchG, ArbZG, ASiG, KSchG oder SGB III, SGB VII, SGB IX, schließlich aus den einschlägigen TV, BV und Regelungsabreden[9]. Unerheblich ist es, ob diese Aufgaben inner- oder **außerhalb des Betriebsgeländes** wahrzunehmen sind, zB bei Sitzungen des Gesamt- oder Konzern-BR oder beim Besuch eines Rechtsanwalts, der den BR vertritt, oder beim Auftreten in Gerichtsverhandlungen, wenn der BR selbst unmittelbar beteiligt ist[10]. Die Teilnahme des BR-Vorsitzenden an einem sog. „Arbeitsmarktgespräch", zu dem er vom AA eingeladen wird, kann wegen drohender Kurz-

---

[1] BT-Drs. 14/5741, S. 40; vgl. auch *Engels/Trebinger/Löhr-Steinhaus*, DB 2001, 532 (537).   [2] Ähnlich GK-BetrVG/*Wiese/Weber*, § 37 Rz. 203.   [3] Ganz hM, vgl. nur BAG v. 5.3.1997 – 7 AZR 581/92, AP Nr. 123 zu § 37 BetrVG 1972 = NZA 1997, 1242; ferner *Fitting*, § 37 BetrVG Rz. 7 f.; GK-BetrVG/*Wiese/Weber*, § 37 Rz. 9 ff.   [4] BAG v. 29.1.1974 – 1 ABR 34/73, AP Nr. 8 zu § 37 BetrVG 1972.   [5] Vgl. ausf. *Reichold*, Betriebsverfassung als Sozialprivatrecht, 1995, S. 548 f.; ferner *Fitting*, § 37 BetrVG Rz. 6; MünchArbR/*Joost*, § 308 Rz. 1.   [6] BSG v. 20.5.1976 – 8 RU 76/75, BSGE 42, 36 = BB 1976, 980 (BR-Mitglied als Mitglied der Tarifkommission einer Gewerkschaft); ferner *Fitting*, § 37 BetrVG Rz. 14; GK-BetrVG/*Wiese/Weber*, § 37 Rz. 14.   [7] LAG Hamm v. 6.3.1991 – 3 Sa 1279/90, DB 1991, 1527; ferner *Fitting*, § 37 BetrVG Rz. 15; Richardi/*Richardi/Thüsing*, § 37 BetrVG Rz. 12 mwN.   [8] HM, wie hier ErfK/*Eisemann*, § 37 BetrVG Rz. 1; GK-BetrVG/*Wiese/Weber*, § 37 Rz. 15; MünchArbR/*Joost*, § 308 Rz. 154; Richardi/*Richardi/Thüsing*, § 37 BetrVG Rz. 9; aA DKK/*Wedde*, § 37 BetrVG Rz. 7; *Fitting*, § 37 BetrVG Rz. 11.   [9] HM, vgl. nur *Fitting*, § 37 BetrVG Rz. 23 f.; GK-BetrVG/*Wiese/Weber*, § 37 Rz. 23; umfassende Übersicht bei *Pulte*, NZA 2000, 234.   [10] HM, vgl. BAG v. 19.5.1983 – 6 AZR 290/81, BAGE 42, 405 = AP Nr. 44 zu § 37 BetrVG 1972 (Anm. *Weiss*); ferner *Fitting*, § 37 BetrVG Rz. 28; GK-BetrVG/*Wiese/Weber*, § 37 Rz. 25.

arbeit bzw. Massenentlassungen im Unternehmen zu seinem Aufgabenbereich gehören[1]. Auch Besprechungen mit Vertretern der Gewerkschaft oder mit Vertretern anderer BR des gleichen Unternehmens können außerhalb des Betriebs stattfinden, wenn jeweils ein besonderer betrieblicher Anlass besteht[2].

Dagegen gehört es **nicht** zu den Aufgaben von BR-Mitgliedern, an **Veranstaltungen einer Gewerkschaft** ohne konkreten betrieblichen Bezug teilzunehmen, soweit es sich nicht um Schulungs- und Bildungsveranstaltungen nach Abs. 6, 7 handelt. Auch die Teilnahme an **Tarifverhandlungen** erfolgt nicht in Ausübung des BR-Amts, sondern einer gewerkschaftlichen Funktion (auch bei Firmentarifverhandlungen) und ermöglicht daher keine Arbeitsbefreiung nach Abs. 2[3]. Bei der Ausübung von anderen **Ehrenämtern** zB in der Arbeitsgerichtsbarkeit ist § 37 Abs. 2 ebenfalls nicht einschlägig[4], wohl aber idR § 616 BGB bzw. tarifliche Freistellungsregeln. Auch die **Prozessvertretung** einzelner ArbN des Betriebs bei arbeitsgerichtlichen Streitigkeiten ist nicht Aufgabe des BR, weil sich eine solche Kompetenzzuweisung weder aus §§ 82 bis 84 noch aus § 102 ergibt[5]. Die Anwesenheit eines BR-Mitglieds als Zuhörer in einem Rechtsstreit des ArbGeb ist auch dann nicht seine „gesetzliche" Aufgabe, wenn es sich um eine grundsätzliche Rechtsfrage von allgemeiner Bedeutung für den Betrieb handelt[6]. 8

Wird eine Arbeitsbefreiung aus Gründen in Anspruch genommen, die sich mit BR-Aufgaben schon **objektiv-kompetenziell** nicht begründen lassen, verliert der handelnde Amtsträger grundsätzlich seinen Anspruch aus Abs. 2 auf Entgeltfortzahlung, ohne dass es auf sein **Verschulden** noch ankäme. Freilich wird schon hier idR zugunsten des Amtsträgers ein Beurteilungsspielraum geltend gemacht[7], der an sich erst beim weiteren Merkmal der „Erforderlichkeit" eine Rolle spielen darf (Rz. 10). **Subjektive** Gesichtspunkte sind aber bei einer möglichen **Abmahnung** schon hier zu beachten. Diese Sanktion kommt nach Ansicht des BAG nur dann gegenüber dem Amtsträger in Betracht, wenn die Rechtslage als geklärt gelten kann und ihm gegenüber auch so klar vor Augen geführt worden war, dass von einem entschuldbaren Irrtum nicht mehr gesprochen werden kann[8]. Anders verhält es sich dagegen bei der Verkennung schwieriger und/oder ungeklärter Rechtsfragen, bei denen dem BR-Mitglied ein **Beurteilungsspielraum** einzuräumen ist und – jedenfalls – dann eine Abmahnung weder wegen Arbeitsvertrags- noch wegen Pflichtverletzung nach § 23 Abs. 1 gerechtfertigt erscheint[9]. 9

2. Erforderlichkeit nach Art und Umfang. Steht fest, dass der Kompetenzbereich des BR eröffnet ist, muss das Handeln der BR-Mitglieder „nach Umfang und Art des Betriebs zur ordnungsgemäßen Durchführung ihrer Aufgaben erforderlich" sein. Das ist unproblematisch, solange das Gesetz selbst zB die **Sitzungen** des BR und seiner Ausschüsse in die Arbeitszeit legt und damit die Arbeitsbefreiung wegen der Sitzungsteilnahme stets und regelmäßig für erforderlich erklärt, vgl. § 30 Rz. 1. Für Amtshandlungen, die außerhalb der gesetzlich vorgesehenen Sitzungen und Besprechungen wahrgenommen werden, muss aber stets ihre **Notwendigkeit** geprüft werden[10]. Wegen der Unabhängigkeit der BR-Tätigkeit darf darüber **keinesfalls** der ArbGeb entscheiden (Rz. 12). Genauso wenig reicht ein Beschluss des BR als Kollegialorgan aus, um die Erforderlichkeit in Bezug auf die Erledigung einer bestimmten Aufgabe nach eigenem Gutdünken zu statuieren[11]; auch kann der Amtsträger selbst nicht nach eigenem subjektiven Ermessen entscheiden[12]. Vielmehr kommt es darauf an, ob das betreffende BR-Mitglied bei **eigener gewissenhafter Überlegung und vernünftiger Würdigung** aller Umstände die Arbeitsversäumnis für notwendig halten durfte, um den gestellten Aufgaben gerecht zu werden[13]. Es handelt sich damit um eine verobjektivierte Beurteilung **ex ante**, wie sie auch die Erforderlichkeitsprüfung nach § 40 kennzeichnet (vgl. § 40 Rz. 6). Dem einzelnen BR-Mitglied muss bei der Entscheidung je nach den Umstän- 10

---

1 BAG v. 23.9.1982 – 6 ABR 86/79, AP Nr. 42 zu § 37 BetrVG 1972. | 2 BAG v. 10.8.1994 – 7 ABR 35/93, BB 1995, 1034 (vorbereitendes Treffen mehrerer Betriebsräte desselben Unternehmens wegen einer Prämienregelung für Außendienstmitarbeiter), hierzu kritisch *Behrens*, BB 1995, 1035; vgl. ferner DKK/*Wedde*, § 37 BetrVG Rz. 19; ErfK/*Eisemann*, § 37 BetrVG Rz. 3; *Fitting*, § 37 BetrVG Rz. 27, 30; GK-BetrVG/*Wiese*/*Weber*, § 37 Rz. 29, 31. | 3 ArbG Osnabrück v. 17.1.1995 – 3 Ca 720/94, NZA 1995, 1013 (Information über laufende Tarifverhandlungen gehört nicht zum BR-Aufgabenbereich); ferner *Fitting*, § 37 BetrVG Rz. 31; GK-BetrVG/*Wiese*/*Weber*, § 37 Rz. 30. | 4 HM, vgl. DKK/*Wedde*, § 37 BetrVG Rz. 23; GK-BetrVG/*Wiese*/*Weber*, § 37 Rz. 28. | 5 BAG v. 31.8.1994 – 7 AZR 893/93, AP Nr. 98 zu § 37 BetrVG 1972 = DB 1995, 1235 = NZA 1995, 225; v. 19.5.1983 – 6 AZR 290/81, AP Nr. 44 zu § 37 BetrVG 1972 (abl. Anm. *Weiss*) = NJW 1983, 2720. | 6 HM, wie hier BAG v. 19.5.1983 – 6 AZR 290/81, BAGE 42, 405 = AP Nr. 44 zu § 37 BetrVG 1972 (abl. Anm. *Weiss*); GK-BetrVG/*Wiese*/*Weber*, § 37 Rz. 27; MünchArbR/*Joost*, § 308 Rz. 7; Richardi/*Richardi*/*Thüsing*, § 37 BetrVG Rz. 17; aA DKK/*Wedde*, § 37 BetrVG Rz. 22; ErfK/*Eisemann*, § 37 BetrVG Rz. 3; *Fitting*, § 37 BetrVG Rz. 28 mwN zur Instanz-Rspr. | 7 So zB GK-BetrVG/*Wiese*/*Weber*, § 37 Rz. 21; wie hier Richardi/*Richardi*/*Thüsing*, § 37 BetrVG Rz. 15. | 8 BAG v. 31.8.1994 – 7 AZR 893/93, AP Nr. 98 zu § 37 BetrVG 1972 = DB 1995, 1235 = NZA 1995, 225. | 9 Die Frage der Entgeltminderung und der Abmahnungsberechtigung werden idR nicht voneinander getrennt und wie hier unterschiedlich gewichtet, vgl. nur *Fitting*, § 37 BetrVG Rz. 33, 34. | 10 Vgl. nur *Fitting*, § 37 BetrVG Rz. 38; Richardi/*Richardi*/*Thüsing*, § 37 BetrVG Rz. 23. | 11 BAG v. 6.8.1981 – 6 AZR 505/78, AP Nr. 39 zu § 37 BetrVG 1972. | 12 BAG v. 15.3.1995 – 7 AZR 643/94, AP Nr. 105 zu § 37 BetrVG 1972 = NZA 1995, 961. | 13 St. Rspr., vgl. BAG v. 15.3.1995 – 7 AZR 643/94, AP Nr. 105 zu § 37 BetrVG 1972 = NZA 1995, 961; v. 6.8.1981 – 6 AZR 1086/79, AP Nr. 40 zu § 37 BetrVG 1972 = DB 1982, 758; ferner *Fitting*, § 37 BetrVG Rz. 38; GK-BetrVG/*Wiese*/*Weber*, § 37 Rz. 33; MünchArbR/*Joost*, § 308 Rz. 15; krit. *Kraft*, ZfA 1994, 482.

BetrVG § 37 Rz. 11   Ehrenamtliche Tätigkeit, Arbeitsversäumnis

den des Einzelfalls aber ein **Beurteilungsspielraum** zugestanden werden[1]; selbst bei dessen Überschreitung wird man eine Entgeltminderung erst dann vornehmen können, wenn die Rechtslage entgegen der Auffassung des BR-Mitglieds als geklärt gelten konnte. Arbeitsvertragliche Sanktionen wie zB eine Abmahnung scheiden idR erst recht aus (vgl. Rz. 9)[2].

11 Das Gesetz lässt erkennen („wenn und soweit"), dass die Frage der Erforderlichkeit („Ob"-Frage) durch die Frage nach der **Angemessenheit** der Arbeitsbefreiung („Wie"-Frage) im Sinne einer Verhältnismäßigkeitsprüfung ergänzt werden muss. Selbst wenn die Erforderlichkeit grundsätzlich bejaht werden kann, muss weiter gefragt werden, ob die Arbeitsbefreiung nach Art (personelle Auswahl) und Umfang (Dauer der Arbeitsbefreiung) noch als angemessen angesehen werden kann. Dafür entscheidend ist jeweils die **konkrete Aufgabe und Funktion** des Amtsträgers im Rahmen der BR-Tätigkeit, die nicht für alle BR-Mitglieder gleich sein kann[3]. Erforderlichkeit und Angemessenheit der Arbeitsbefreiung nach Abs. 2 werden maßgeblich davon bestimmt, inwieweit die BR-Aktivitäten außerhalb regulärer Zusammenkünfte nicht von den generell nach § 38 **freigestellten Mitgliedern** erledigt werden können. Nach der Ausweitung der Freistellungsverpflichtungen durch das BetrVerf-Reformgesetz 2001 ist daher jeweils der konkrete Nachweis erforderlich, warum nicht der oder die Freigestellten herangezogen wurden, sondern ein nicht freigestelltes BR-Mitglied[4]. Eine zeitweise Arbeitsbefreiung wird dann nur in Ausnahmefällen, dh. bei besonderer Sachkunde oder wegen der Besonderheit des Einzelfalls, möglich sein[5], es sei denn, dass (insb. in kleineren Betrieben) eine Überlastung des oder der freigestellten Mitglieder behauptet werden kann[6]. Die Arbeitseinteilung innerhalb des BR ist zwar dessen **originäre Aufgabe**, doch kann er weder über die durch Freistellungen nach § 38 präjudizierte Erforderlichkeit noch über das Gebot der **rationellen BR-Organisation** hinweg entscheiden[7]. Was Verhandlungen mit dem ArbGeb angeht, ist der BR grundsätzlich dazu befugt, die Anzahl der teilnehmenden BR-Mitglieder selbst zu bestimmen und auch ein vollzähliges Erscheinen anzuordnen, wenn es beispielsweise um die Klärung grundsätzlicher Fragen geht[8].

12 Obwohl es die Formulierung des Gesetzes nahe legt, ist die Arbeitsbefreiung nicht von einem **Gestaltungsakt** des ArbGeb abhängig, so dass dessen Zustimmung nicht erforderlich ist[9]. Das betreffende BR-Mitglied schuldet dem ArbGeb als vertragliche Nebenpflicht nur rechtzeitige **Ab- und Rückmeldung** bei seinem Vorgesetzten unter Angabe des Ortes und der voraussichtlichen Dauer seiner BR-Tätigkeit, nicht aber eine **persönliche** Meldung, auch keine Mitteilung über die **Art** der BR-Tätigkeit[10]. Nur die ordnungsgemäße Unterrichtung ist geschuldet. Wie diese bewirkt wird, steht dem BR-Mitglied frei[11]. Nach Ausübung der BR-Tätigkeit müssen sich die befreiten BR wieder zurückmelden. Wird die Abmeldepflicht verletzt, kann dies zu einer **Abmahnung** führen[12].

13 Der ArbGeb kann bei der Abmeldung die **Unabkömmlichkeit des ArbN** aus betrieblicher Notwendigkeit heraus zu dem bestimmten Zeitpunkt geltend machen und auf eine zeitliche Verlegung der BR-Arbeit hinwirken. Er kann die Arbeitsbefreiung aber deshalb nicht verhindern. Das BR-Mitglied hat wegen des Grundsatzes der vertrauensvollen Zusammenarbeit zu prüfen, ob dem Verlangen des ArbGeb nachgekommen werden kann. Ist die BR-Tätigkeit so dringlich, dass ihr gegenüber das Verlangen des ArbGeb zurücktreten muss, muss die Erforderlichkeit und Angemessenheit vom betreffenden BR-Mitglied im Einzelnen dargelegt werden[13]. Solange es der Darlegungsverpflichtung nicht nachkommt, kann der ArbGeb den Lohn zurückbehalten.

14 **3. „Ohne Minderung des Arbeitsentgelts".** Die Unentgeltlichkeit des BR-Amts als **Ehrenamt** (Rz. 3) ändert nichts daran, dass dem von der Arbeit befreiten BR-Mitglied der Anspruch auf sein arbeitsvertragliches Entgelt *deshalb* nicht geschmälert werden darf. Es gilt das – missverständliche[14] – sog. **Lohnausfallprinzip**, wonach die Bezüge zu zahlen sind, die das Mitglied in seiner Eigenschaft als ArbN erhalten hätte,

---

1 BAG v. 16.3.1988 – 7 AZR 557/87, AP Nr. 63 zu § 37 BetrVG 1972; v. 16.10.1986 – 6 ABR 14/84, AP Nr. 58 zu § 37 BetrVG 1972 = DB 1987, 891 (jeweils zur Erforderlichkeit einer Schulungsveranstaltung nach Abs. 6); ferner *Fitting*, § 37 BetrVG Rz. 38; MünchArbR/*Joost*, § 308 Rz. 15. |2 Wohl hM, vgl. BAG v. 31.8.1994 – 7 AZR 893/93, AP Nr. 98 zu § 37 BetrVG 1972 = DB 1995, 1235 = NZA 1995, 225; ferner DKK/*Wedde*, § 37 BetrVG Rz. 32; ErfK/*Eisemann*, § 37 BetrVG Rz. 4; *Fitting*, § 37 BetrVG Rz. 40; GK-BetrVG/*Wiese/Weber*, § 37 Rz. 35; strenger als hier aber MünchArbR/*Joost*, § 308 Rz. 26; Richardi/*Richardi/Thüsing*, § 37 BetrVG Rz. 36 (keine Entgeltzahlung). |3 Vgl. *Fitting*, § 37 BetrVG Rz. 45; GK-BetrVG/*Wiese/Weber*, § 37 Rz. 36. |4 So auch BAG v. 9.7.1997 – 7 ABR 18/96, AP Nr. 23 zu § 38 BetrVG 1972: Ersatzfreistellung für urlaubs- oder krankheitsbedingte Verhinderung eines freigestellten BR nur bei konkreter Darlegung der Erforderlichkeit nach § 37 Abs. 2, nicht aber pauschal möglich. |5 Ähnlich wie hier GK-BetrVG/*Wiese/Weber*, § 37 Rz. 37; MünchArbR/*Joost*, § 308 Rz. 13; Richardi/*Richardi/Thüsing*, § 37 BetrVG Rz. 23. |6 So auch BAG v. 19.9.1985 – 6 AZR 476/83, AP Nr. 1 zu § 42 LPVG Rh.-Pf.; ferner DKK/*Wedde*, § 37 BetrVG Rz. 28; *Fitting*, § 37 BetrVG Rz. 45. |7 So schon BAG v. 1.3.1963 – 1 ABR 3/62, AP Nr. 8 zu § 37 BetrVG = DB 1963, 869. |8 Vgl. DKK/*Wedde*, § 37 BetrVG Rz. 29; *Fitting*, § 37 BetrVG Rz. 46; GK-BetrVG/*Wiese/Weber*, § 37 Rz. 39. |9 St. Rspr., vgl. BAG v. 15.3.1995 – 7 AZR 643/94, AP Nr. 105 zu § 37 BetrVG 1972 = DB 1995, 1514 = NZA 1995, 961; v. 15.7.1992 – 7 AZR 466/91, AP Nr. 9 zu § 611 BGB – Abmahnung = DB 1993, 438 = NZA 1993, 220. |10 Dazu ausf. BAG v. 15.3.1995 – 7 AZR 643/94, BAGE 79, 263 = AP Nr. 105 zu § 37 BetrVG 1972; ferner GK-BetrVG/*Wiese/Weber*, § 37 Rz. 49; MünchArbR/*Joost*, § 308 Rz. 18 ff. |11 *BAG v. 13.5.1997 – 1 ABR 2/97, AP Nr. 119* zu § 37 BetrVG 1972 = DB 1997, 2131 = NZA 1997, 1062. |12 BAG v. 15.7.1992 – 7 AZR 466/91, BAGE 71, 14 = AP Nr. 9 zu § 611 BGB – Abmahnung. |13 BAG v. 15.3.1995 – 7 AZR 643/94, AP Nr. 105 zu § 37 BetrVG 1972 = DB 1995, 1514 = NZA 1995, 961; ErfK/*Eisemann*, § 37 BetrVG Rz. 6 f.; GK-BetrVG/*Wiese/Weber*, § 37 Rz. 49. |14 Vgl. MünchArbR/*Joost*, § 308 Rz. 24.

wenn es während der Ausfallzeit gearbeitet hätte[1]. Das bedeutet, dass die BR-Mitglieder so zu stellen sind, wie wenn sie an der Arbeitsstelle verblieben wären und gearbeitet hätten, nicht jedoch, dass ihre BR-Tätigkeit unmittelbar wie Arbeit zu vergüten ist[2]. Das Gesetz gewährt keinen Ausgleichsanspruch, sondern belässt es beim ursprünglichen Zahlungsanspruch aus dem **Arbeitsvertrag iVm. § 611 Abs. 1 BGB**[3]. Folge davon ist, dass sowohl Entgeltmehrung (zB regelmäßiger Mehreinsatz einer Aushilfsverkäuferin)[4] wie auch Entgeltminderung (zB Schlechtwettergeld im Baugewerbe)[5] oder gar Entgeltausfall (zB Fälle des Arbeitskampfrisikos) auch dann auf die Amtsträger durchschlagen, wenn sie in dieser Zeit BR-Arbeit verrichtet hatten. Auch dann kann § 37 Abs. 2 keine eigenständige Anspruchsgrundlage sein[6]. Ebenso haben bei einer rechtmäßigen **Aussperrung** die ausgeschlossenen BR-Mitglieder auch dann keinen Entgeltanspruch, wenn sie während der Aussperrung BR-Aufgaben wahrgenommen hatten[7].

Zum **Arbeitsentgelt** iSd. § 37 Abs. 2 gehören nach st. Rspr. neben der Grundvergütung alle **Zulagen und Zuschläge**, die das BR-Mitglied ohne Arbeitsbefreiung verdient hätte, insb. Zuschläge für Mehr-, Über-, Nacht-, Sonn- und Feiertagsarbeit, Erschwernis- und Sozialzulagen wie zB die in den TV der Druckindustrie enthaltenen Antrittsgebühren oder die von der Bundesbahn gewährte Fahrentschädigung für Lokomotivführer und Zugbegleiter[8]. Dazu zählen auch **Überstundenvergütungen**, die der ArbN ohne seine Freistellung erzielt hätte, wobei es unerheblich ist, ob diese Überstundenvergütungen regelmäßig anfallen[9]. **Trinkgelder**, die dem Bedienungspersonal von Dritten freiwillig gewährt werden, gehören dagegen – zumindest bei fehlenden vertraglichen Abreden – nicht zum fortzuzahlenden Arbeitsentgelt, vgl. § 107 Abs. 3 GewO[10]. Bei **Akkord- bzw. Prämienlohn** ist die Vergütung nach der vorangegangenen durchschnittlichen Arbeitsleistung des freigestellten BR-Mitglieds zu berechnen. Kann diese nicht festgestellt werden, erfolgt die Lohnzahlung nach Maßgabe der durchschnittlichen Arbeitsleistung vergleichbarer ArbN[11]. 15

Nicht zum Arbeitsentgelt zählen dagegen **Aufwandsentschädigungen**, weil sie dem Ersatz tatsächlicher Mehraufwendungen dienen und nicht die Arbeitsleistung als solche entgelten. Für die Abgrenzung entscheidend ist der enge sachliche Zusammenhang mit *wirklichen* Mehraufwendungen[12], dh., dass typischerweise besondere Aufwendungen für den ArbN entstehen, die jedenfalls idR den Umfang der gewährten Leistung erreichen. Eine Pauschalierung des typischen Mehraufwands ist zulässig[13]. Im Falle pauschalierter Auslösungen ist dem regelmäßigen Arbeitsentgelt der Teil hinzuzurechnen, der über den reinen Aufwendungsersatz hinausgeht und daher auch steuerpflichtig ist[14]. 16

IV. BR-Tätigkeit außerhalb der Arbeitszeit (Abs. 3). Das Gesetz geht davon aus, dass BR-Tätigkeit grundsätzlich während der Arbeitszeit auszuführen sei (Rz. 6)[15]. Jedoch kann es aus **betriebsbedingten** Gründen unvermeidlich sein, auch außerhalb der **persönlichen** Arbeitszeit BR-Tätigkeiten durchzuführen (zB bei hälftiger Teilzeitarbeit). Dann besteht zum Ausgleich des erlittenen Freizeitverlusts nach Abs. 3 Satz 1 ein Anspruch auf „entsprechende Arbeitsbefreiung unter Fortzahlung des Arbeitsentgelts", dh. auf **Freizeitausgleich** (Rz. 20). Nur dann, wenn aus betriebsbedingten Gründen diese Arbeitsbefreiung vor Ablauf eines Monats nicht möglich ist, kann der **subsidiäre Anspruch nach Satz 3 Halbs. 2**, nämlich Vergütung wie Mehrarbeit, geltend gemacht werden (Rz. 21). Diese Rangordnung ist **zwingend**[16]. Der Anspruch auf Mehrarbeitsvergütung entsteht **nicht automatisch** mit Ablauf der Monatsfrist, sondern erst dann, wenn betriebsbedingte Gründe der Gewährung des Freizeitausgleichs, die auch noch später erfolgen kann, endgültig entgegenstehen[17]. Ein Wahlrecht zwischen beiden Ansprüchen steht weder dem BR-Mitglied noch dem ArbGeb zu[18]. 17

---

1 HM, vgl. BAG v. 18.9.1991 – 7 AZR 41/90, BAGE 68, 292 = AP Nr. 82 zu § 37 BetrVG 1972: „Lohnfortzahlungsprinzip"; v. 16.8.1995 – 7 AZR 103/95, AP Nr. 19 zu § 1 TVG – Tarifverträge: Lufthansa: „Lohnausfallprinzip"; ferner *Fitting*, § 37 BetrVG Rz. 57; GK-BetrVG/*Wiese/Weber*, § 37 Rz. 53. | 2 BAG v. 23.4.1974 – 1 AZR 139/73, AP Nr. 11 zu § 37 BetrVG 1972 = DB 1974, 1725 (Schlechtwettergeld als Arbeitsentgelt). | 3 HM seit BAG v. 30.1.1973 – 1 ABR 22/72, BAGE 25, 23 = AP Nr. 1 zu § 37 BetrVG 1972 (Anm. *Richardi*); ferner *Fitting*, § 37 BetrVG Rz. 58; MünchArbR/*Joost*, § 308 Rz. 23 ff. | 4 BAG v. 3.12.1997 – 7 AZR 490/93, AP Nr. 124 zu § 37 BetrVG 1972 = NZA 1998, 558. | 5 BAG v. 31.7.1986 – 6 AZR 298/84, AP Nr. 55 zu § 37 BetrVG 1972 = DB 1987, 1845 = NZA 1987, 528. | 6 HM, vgl. *Fitting*, § 37 BetrVG Rz. 59 ff.; MünchArbR/*Joost*, § 308 Rz. 25; *Richardi/Richardi/Thüsing*, § 37 BetrVG Rz. 31 f.; aA DKK/*Wedde*, § 37 BetrVG Rz. 49. | 7 BAG v. 25.10.1988 – 1 AZR 368/87, AP Nr. 110 zu Art. 9 GG – Arbeitskampf (Anm. *Brox*) = NZA 1989, 353. | 8 BAG v. 5.4.2000 – 7 AZR 213/99, AP Nr. 131 zu § 37 BetrVG 1972; v. 16.8.1995 – 7 AZR 103/95, AP Nr. 19 zu § 1 TVG – Tarifverträge: Lufthansa = NZA 1996, 552; v. 13.7.1994 – 7 AZR 477/93, AP Nr. 97 zu § 37 BetrVG 1972 = DB 1995, 383 = NZA 1995, 588. | 9 BAG v. 29.6.1988 – 7 AZR 651/87, AP Nr. 1 zu § 24 BPersVG. | 10 BAG v. 28.6.1995 – 7 AZR 1001/94, AP Nr. 112 zu § 37 BetrVG 1972 = DB 1996, 226 = NJW 1996, 1012; aA DKK/*Wedde*, § 37 BetrVG Rz. 48, der die seit 1.1.2003 geltende gesetzliche Regelung in § 107 Abs. 3 GewO nicht kennen konnte. | 11 HM, vgl. *Däubler/Peter*, Rz. 319; *Fitting*, § 37 BetrVG Rz. 68; GK-BetrVG/*Wiese/Weber*, § 37 Rz. 59. | 12 BAG v. 5.4.2000 – 7 AZR 213/99, AP Nr. 131 zu § 37 BetrVG 1972 = DB 2000, 2074 = NZA 2000, 1174; ferner BAG v. 15.7.1992 – 7 AZR 491/91, AP Nr. 19 zu § 46 BPersVG. | 13 BAG v. 5.4.2000 – 7 AZR 213/99, AP Nr. 131 zu § 37 BetrVG 1972 = DB 2000, 2074 = NZA 2000, 1174. | 14 BAG v. 10.2.1988 – 7 AZR 36/87, AP Nr. 64 zu § 37 BetrVG 1972 = DB 1988, 2006. | 15 St. Rspr., vgl. BAG v. 3.12.1987 – 6 AZR 569/85, AP Nr. 62 zu § 37 BetrVG 1972 = NZA 1988, 437; v. 31.10.1985 – 6 AZR 175/83, AP Nr. 52 zu § 37 BetrVG 1972 = DB 1986, 1026. | 16 HM, vgl. GK-BetrVG/*Wiese/Weber*, § 37 Rz. 88; MünchArbR/*Joost*, § 308 Rz. 46. | 17 BAG v. 25.8.1999 – 7 AZR 713/97, AP Nr. 130 zu § 37 BetrVG 1972 = NZA 2000, 554. | 18 BAG v. 11.1.1995 – 7 AZR 543/94, AP Nr. 103 zu § 37 BetrVG 1972 = NZA 1996, 105.

18 **1. „Betriebsbedingte Gründe".** Ausgleichsansprüche nach Abs. 3 sind nur möglich, wenn die (erforderliche, vgl. Rz. 10) BR-Tätigkeit aus betriebsbedingten Gründen außerhalb der persönlichen Arbeitszeit des individuellen Mitglieds notwendigerweise zu verrichten war. Dazu stellt jetzt der neue Satz 2 klar, dass es sich schon dann, wenn es „wegen der unterschiedlichen Arbeitszeiten" von BR-Mitgliedern, dh. wegen deren verschiedenen Arbeitszeitdeputaten (Umfang der Arbeitszeit) und/oder Arbeitszeitlagen am Tag und in der Woche, also zB bei Schichtarbeit, Gleitzeit, Abrufarbeit, Teilzeitarbeit etc., zu Freizeitopfern bei einzelnen Amtsträgern kommt, um betriebliche Gründe iSd. Abs. 3 handelt (vgl. Rz. 2)[1]. Die Norm erfasst damit die **Auswirkungen aller flexiblen Arbeitszeitsysteme** auf die BR-Arbeit, weil diese als Ausfluss der Organisationsgewalt des ArbGeb seiner „betrieblichen" Sphäre zuzurechnen sind[2]. Arbeiten jedoch alle teilzeitbeschäftigten BR-Mitglieder zB vormittags, sind die Sitzungen idR auf diese Zeit zu legen, weil dann „unterschiedliche Arbeitszeiten" in Bezug auf das Gremium als Ganzes gerade nicht auftreten[3]. Betriebliche Gründe werden sich seltener in dem Gremium als Ganzes (zB Eilsitzung außerhalb der betrieblichen Arbeitszeit) als vor allem auf Tätigkeiten einzelner BR-Mitglieder, auch der freigestellten, beziehen (zB Unfalluntersuchung zur Nachtzeit). Erst recht ist es als „betriebsbedingt" anzusehen, wenn der ArbGeb konkret Einfluss darauf nimmt, dass die spezielle BR-Tätigkeit nicht während der Arbeit verrichtet wird[4].

19 Wird die BR-Tätigkeit aber lediglich aus **betriebsratsbedingten** und nicht aus betriebsbedingten Gründen außerhalb der Arbeitszeit durchgeführt, besteht idR **kein Ausgleichsanspruch**[5]. Die Festsetzung von regulären Sitzungsterminen des Gesamt- oder Konzern-BR erlaubt es den anreisenden Mitgliedern daher nicht, Ersatzansprüche aus Abs. 3 wegen der Anreisezeit geltend zu machen[6], weil es sich hier allein um aus der Organisation der BR-Arbeit ergebende Sachzwänge handelt, die vom ArbGeb nicht beeinflusst werden[7]. Auch in Bezug auf die Teilnahme an **Bildungs- und Schulungsveranstaltungen** ist nach dem BetrVerf-Reformgesetz jetzt **Abs. 3** maßgeblich, vgl. Abs. 6 Satz 1 (Rz. 42).

20 **2. Primärer Freizeitausgleich.** Soweit ein Anspruch nach Abs. 3 Satz 1 entstanden ist, ist er vom BR-Mitglied gegenüber dem ArbGeb **geltend zu machen** und darf nicht einfach im Wege der „Selbstbeurlaubung" vollzogen werden; eigenmächtiges Fernbleiben von der Arbeit ist dem BR-Mitglied selbst dann nicht gestattet, wenn der ArbGeb ohne erkennbaren Grund die Arbeitsbefreiung nicht gewährt[8]. Der Amtsträger hat mitzuteilen, wann und wie lange er außerhalb der Arbeitszeit für den BR tätig geworden ist. Soweit er den Anspruch **unverzüglich** geltend macht, hat der ArbGeb den Freizeitausgleich möglichst **innerhalb eines Monats** – gerechnet ab der außerdienstlichen BR-Tätigkeit – zu gewähren, Satz 3. Sinn der relativ kurzen Frist ist ein möglichst zeitnaher Freizeitausgleich für das BR-Mitglied[9]. Doch handelt es sich **nicht** um eine **Ausschlussfrist.** Gewährt der ArbGeb nicht, vergleichbar der Erteilung von Erholungsurlaub, ausdrücklich die Arbeitsbefreiung (wobei die Wünsche des ArbN grundsätzlich zu berücksichtigen sind) oder versäumt das BR-Mitglied die Antragstellung, kann der Freizeitausgleich auch später noch gewährt und genommen werden. Der Anspruch unterliegt der regelmäßigen **Verjährungsfrist** bzw. tariflichen Ausschlussfristen[10]. Mit Ablauf der Monatsfrist wandelt sich der Anspruch auf Freizeitausgleich auch **nicht automatisch** in den sekundären Vergütungsanspruch um (Rz. 17)[11]. Das BR-Mitglied kann primär nur „Arbeitsbefreiung" als Ausgleich beanspruchen und erhält daher sein Arbeitsentgelt nach den gleichen Grundsätzen wie nach Abs. 2 fortbezahlt (Rz. 14 f.), dh. ohne irgendwelche Zuschläge wegen „Mehrarbeit"[12]. Diese können ausnahmsweise nur nach Satz 3 Halbs. 2 beansprucht werden (Rz. 21). Denn es soll im Interesse der persönlichen Unabhängigkeit der BR-Mitglieder soweit wie möglich verhindert werden, dass sie entgegen dem Prinzip des Ehrenamts durch ihre Amtstätigkeit **zusätzliche** Vergütungsansprüche erwerben[13].

21 **3. Sekundäre Mehrarbeitsvergütung.** Nur bei einer auf **betriebsbedingten** Gründen beruhenden **Unmöglichkeit** der Gewährung von Freizeitausgleich kommt eine Vergütung der für die BR-Tätigkeit aufgewendeten Zeit „**wie Mehrarbeit**" in Betracht, Satz 3 Halbs. 2. Die betriebsbedingte Unmöglichkeit der Freizeitgewährung hat eine andere Funktion als der Tatbestand der betriebsbedingten BR-Tätigkeit außerhalb der persönlichen Arbeitszeit (Rz. 18)[14]. Hier geht es um ein zwingendes gesetzliches Rangver-

---

[1] Vgl. etwa *Fitting*, § 37 BetrVG Rz. 81 ff.; GK-BetrVG/*Wiese/Weber*, § 37 Rz. 79 ff.; HaKo-BetrVG/*Blanke*, § 37 Rz. 6. | [2] Vgl. amtl. Begr., BT-Drs. 14/5741, S. 40; *Löwisch*, BB 2001, 1741. | [3] So zutr. GK-BetrVG/*Wiese/Weber*, § 37 Rz. 83. | [4] BAG v. 26.1.1994 – 7 AZR 593/92, AP Nr. 93 zu § 37 BetrVG 1972 = DB 1994, 1244 = NZA 1994, 765. | [5] BAG v. 21.5.1974 – 1 AZR 477/73, AP Nr. 14 zu § 37 BetrVG 1972 = DB 1974, 1823. | [6] BAG v. 11.7.1978 – 6 AZR 387/75, AP Nr. 57 zu § 37 BetrVG 1972. | [7] HM, vgl. *Fitting*, § 37 BetrVG Rz. 88; GK-BetrVG/*Wiese/Weber*, § 37 Rz. 85; Richardi/*Thüsing*, § 37 BetrVG Rz. 45; aA DKK/*Wedde*, § 37 BetrVG Rz. 60. | [8] HM, vgl. GK-BetrVG/*Wiese/Weber*, § 37 Rz. 90; MünchArbR/*Joost*, § 308 Rz. 44; Richardi/*Richardi/Thüsing*, § 37 BetrVG Rz. 55; aA DKK/*Wedde*, § 37 BetrVG Rz. 66; *Fitting*, § 37 BetrVG Rz. 96. | [9] Vgl. *Fitting*, § 37 BetrVG Rz. 104; GK-BetrVG/*Wiese/Weber*, § 37 Rz. 96. | [10] BAG v. 16.4.2003 – 7 AZR 423/01, NZA 2004, 171. | [11] HM, vgl. BAG v. 25.8.1999 – 7 AZR 713/97, AP Nr. 130 zu § 37 BetrVG 1972 = NZA 2000, 554; ferner GK-BetrVG/*Wiese/Weber*, § 37 Rz. 91; Richardi/*Richardi/Thüsing*, § 37 BetrVG Rz. 53; aA MünchArbR/*Joost*, § 308 Rz. 43. | [12] BAG v. 19.7.1977 – 1 AZR 376/74, AP Nr. 29 zu § 37 BetrVG 1972 (Anm. *Schlüter*). | [13] BAG v. 25.8.1999 – 7 AZR 713/97, AP Nr. 130 zu § 37 BetrVG 1972 = NZA 2000, 554; BAG v. 5.3.1997 – 7 AZR 581/92, BAGE 85, 224 = AP Nr. 123 zu § 37 BetrVG 1972. | [14] HM, vgl. *Fitting*, § 37 BetrVG Rz. 106, GK-BetrVG/*Wiese/Weber*, § 37 Rz. 103; DKK/*Wedde*, § 37 BetrVG Rz. 71.

hältnis: Das BR-Mitglied hat kein Wahlrecht, sondern muss wenn irgend möglich den Freizeitausgleich nehmen (Rz. 17, 20). Der Primäranspruch auf Freizeitausgleich wandelt sich weder durch Ablauf der Monatsfrist noch dadurch in einen Vergütungsanspruch um, dass der ArbGeb den Freizeitausgleich nicht von sich aus gewährt[1]. Der Sekundäranspruch auf Mehrarbeitsvergütung entsteht erst dann, wenn der ArbN seine während der Freizeit geleistete BR-Tätigkeit nicht nur anzeigt, sondern auch **geltend macht** und der ArbGeb daraufhin die Arbeitsbefreiung aus betriebsbedingten Gründen verweigert. Das gilt auch bei der Ansammlung besonders hoher Freizeitausgleichsansprüche (zB bei einem Zeitungszusteller als BR-Mitglied)[2]. Auf das **tatsächliche** Vorliegen betrieblicher Gründe kommt es dann nicht mehr an, weil die (ihm zum Nachteil gereichende) Organisationsentscheidung des ArbGeb für den Abgeltungsanspruch maßgeblich ist. Den Anspruch auf Mehrvergütung kann er dann nur ablehnen, wenn der anspruchsauslösende Tatbestand des Satz 1 in Wirklichkeit nicht besteht[3].

Die Abgeltung durch Mehrarbeitsvergütung setzt grundsätzlich voraus, dass (1) **tatsächlich Überarbeit** geleistet wurde, was sich aus der vertraglich vereinbarten Dauer der Arbeitszeit ergibt (Rz. 18), und (2) diesbezüglich vertragliche oder tarifliche Bestimmungen eine **besondere Mehrarbeitsvergütung** bestimmen, ansonsten es beim regulären Arbeitsentgelt verbleibt. Hat deshalb ein in Teilzeitarbeit tätiges BR-Mitglied Amtstätigkeit außerhalb der Arbeitszeit durchgeführt, bestimmt sich die hierfür zu zahlende Vergütung bis zur Grenze der von einem vollbeschäftigten ArbN zu leistenden Tätigkeit nur nach der für die **regelmäßige** Arbeitszeit zu berechnenden Vergütung[4]. Denn idR ist nur für die darüber hinausgehende Zeitspanne eine Mehrarbeitsvergütung zu entrichten; sonst wäre gegen § 78 Satz 2 verstoßen, der ausdrücklich eine Begünstigung von – auch teilzeitbeschäftigten – BR-Mitgliedern aufgrund ihrer Tätigkeit verbietet[5]. Das durch die Mehrarbeitsvergütung erzielte höhere Einkommen ist dann auch bei der Berechnung des Urlaubsgeldes zugunsten des BR-Mitglieds zu berücksichtigen[6]. 22

V. Arbeitsentgelt- und Tätigkeitsschutz (Abs. 4, 5). Durch Abs. 4 und Abs. 5 soll sichergestellt werden, dass BR-Mitglieder wegen ihrer Amtstätigkeit sowohl **während** als auch innerhalb eines Jahres **nach Beendigung ihrer Amtszeit** weder bei der Entgeltentwicklung noch bei der Tätigkeitsentwicklung schlechter gestellt werden als vergleichbare ArbN mit betriebsüblicher beruflicher Entwicklung[7]. Dieses **Diskriminierungsverbot** stellt zum einen eine Konkretisierung des Benachteiligungsverbots in § 78 Satz 2 BetrVG dar, zum anderen ergänzt es den besonderen Kündigungsschutz des § 15 KSchG, indem es die *äußere* Unabhängigkeit sichert[8]. Doch handelt es sich nicht um eine abschließende Sonderregel; § 78 Satz 2 bleibt daneben anwendbar[9]. Vielmehr soll die Durchsetzung des Diskriminierungsverbots durch einfach nachzuweisende Anspruchsvoraussetzungen erleichtert werden. Der Standort dieser Vorschriften ist **gesetzessystematisch** verfehlt, weil er Abs. 1 bis 3 und Abs. 6 bis 7 auseinander reißt, statt richtigerweise in § 78 platziert zu sein[10]. 23

1. Verbot der Entgeltdiskriminierung (Abs. 4). Abs. 4 verbietet es dem ArbGeb, das Arbeitsentgelt eines BR-Mitglieds geringer zu bemessen als das vergleichbarer ArbN mit betriebsüblicher beruflicher Entwicklung. Der Gesetzgeber möchte also weder eine **Minderung** des Entgelts (Rz. 14) noch eine Diskriminierung bei der **Entgeltentwicklung** wegen BR-Tätigkeit dulden. Abs. 4 zielt daher vor allem auf die Gehaltsentwicklung bei **freigestellten** Amtsträgern nach § 38, die so gestellt werden sollen, als ob sie im Betrieb in ihrer arbeitsvertraglichen Tätigkeit verblieben wären. Der Gesetzgeber hat versucht, durch einen ausdrücklich benannten Vergleichsmaßstab die notwendig **hypothetische Betrachtungsweise** zu objektivieren. 24

Vergleichbar sind solche ArbN, die im Zeitpunkt der Übernahme des BR-Amts eine im Wesentlichen gleich qualifizierte Tätigkeit wie das BR-Mitglied ausgeübt haben[11]. Hierfür ist neben der ausgeübten Tätigkeit auch die persönliche Leistungsfähigkeit zu berücksichtigen. Außergewöhnliche Leistungen müssen dabei ebenso besondere Beachtung finden wie unterdurchschnittliche Leistungen[12]. Deshalb darf es nicht zu einer Nivellierung auf den Durchschnitt einer bestimmten Gruppe von Tätigkeiten kommen, auch dann nicht, wenn der Arbeitsplatz eines freigestellten BR-Mitglieds mittlerweile fortgefallen ist. Das ihm zustehende Arbeitsentgelt bemisst sich dann nach der Tätigkeit, die ihm nach 25

---

1 BAG v. 25.8.1999 – 7 AZR 713/97, AP Nr. 130 zu § 37 BetrVG 1972 = DB 2000, 883 = NZA 2000, 554; aA GK-BetrVG/*Wiese/Weber*, § 37 Rz. 105: Umwandlung kraft Gesetzes. | 2 BAG v. 25.8.1999 – 7 AZR 713/97, AP Nr. 130 zu § 37 BetrVG 1972. | 3 So auch ErfK/*Eisemann*, § 37 BetrVG Rz. 11; *Fitting*, § 37 BetrVG Rz. 108; aA DKK/*Wedde*, § 37 BetrVG Rz. 70; GK-BetrVG/*Wiese/Weber*, § 37 Rz. 105; unklar Richardi/*Richardi/Thüsing*, § 37 BetrVG Rz. 57. | 4 BAG v. 7.2.1985 – 6 AZR 370/82, AP Nr. 48 zu § 37 BetrVG 1972 = DB 1985, 1346 = NZA 1985, 600. | 5 HM, vgl. *Fitting*, § 37 BetrVG Rz. 111; GK-BetrVG/*Wiese/Weber*, § 37 Rz. 107; MünchArbR/*Joost*, § 308 Rz. 48; aA DKK/*Wedde*, § 37 BetrVG Rz. 71; unzutr. HaKo-BetrVG/*Blanke*, § 37 Rz. 5, der die BetrVG-Reform insoweit falsch interpretiert. | 6 BAG v. 11.1.1995 – 7 AZR 543/94, AP Nr. 103 zu § 37 BetrVG 1972 = NZA 1995, 105. | 7 BAG v. 15.1.1992 – 7 AZR 194/91, AP Nr. 84 zu § 37 BetrVG 1972 = DB 1993, 1379. | 8 Vgl. *Fitting*, § 37 BetrVG 1972 = DB 1993, 1379. | 10 Zutr. Richardi/*Richardi/Thüsing*, § 37 BetrVG Rz. 62. | 9 BAG v. 15.1.1992 – 7 AZR 194/91, AP Nr. 84 zu § 37 BetrVG 1972 = DB 1993, 1379; v. 21.4.1983 – 6 AZR 407/80, § 37 BetrVG 1972 = DB 1983, 2253. | 12 BAG v. 13.11.1987 – 7 AZR 550/86, AP Nr. 61 zu § 37 BetrVG 1988, 403; v. 17.5.1977 – 1 AZR 458/74, AP Nr. 28 zu § 37 BetrVG 1972 = DB 1977, 1562.

dem Arbeitsvertrag übertragen werden müsste, wenn er nicht freigestellt wäre[1]. Jedoch sind nur solche Qualifikationen maßgebend, die sich auch auf die **Bemessung des Entgelts** auswirken[2]. Ist im Betrieb kein vergleichbarer ArbN vorhanden, ist auf den ArbN abzustellen, der dem BR-Mitglied am ehesten vergleichbar ist[3]. Grundsätzlich ist auf den letzten Zeitpunkt abzustellen, in dem sich das BR-Mitglied ausschließlich seiner beruflichen Tätigkeit widmen konnte. Bei **Ersatzmitgliedern** ist daher der Zeitpunkt des Nachrückens in das BR-Gremium entscheidend[4].

26   Weiter kommt es auf die „betriebsübliche berufliche Entwicklung" der vergleichbaren ArbN als Maßstab für die Zukunft an. **Betriebsüblich** ist die Entwicklung, die ArbN mit vergleichbarer fachlicher und persönlicher Qualifikation bei Berücksichtigung der normalen betrieblichen und personellen Entwicklung in beruflicher Hinsicht genommen haben[5]. Dabei entsteht die Üblichkeit aus einem gleichförmigen Verhalten des ArbGeb, dh. gewissen Regeln, nach denen zB **Beförderungen** so typisch sein müssen, dass auch für das BR-Mitglied eine Beförderung „angestanden" hätte, weil die überwiegende Mehrheit der vergleichbaren ArbN des Betriebs einen derartigen Aufstieg erreichte[6]. Legt ein BR-Mitglied begründet dar, dass es nur infolge seiner BR-Tätigkeit nicht in eine Position mit höherer Vergütung aufgestiegen ist, kann es den ArbGeb unmittelbar auf Zahlung dieser höheren Vergütung in Anspruch nehmen[7]. Dabei sind ihm Beweiserleichterungen analog § 611a Abs. 1 Satz 3 BGB zu gewähren.

27   Der Schutz des BR-Entgelts ist **dynamischer Natur**, dh. es ist wie das Arbeitsentgelt vergleichbarer ArbN laufend anzupassen[8]. Zum garantierten Arbeitsentgelt zählen auch, wie Abs. 4 Satz 2 klarstellt, die „**allgemeinen Zuwendungen**" des ArbGeb, dh. auch freiwillige Leistungen wie zB Gratifikationen, Jubiläumszuwendungen, Gewinnbeteiligungen und vermögenswirksame Leistungen, wie sie der ArbGeb vergleichbaren ArbN gewährt[9]. Außerdem ist Mehrarbeitsvergütung zu gewähren, wenn feststeht, dass auch das freigestellte BR-Mitglied die Mehrarbeit ohne die Freistellung geleistet hätte[10]. Gleiches gilt auch für Perioden von Kurzarbeit, vgl. Rz. 14 f. („Lohnausfallprinzip").

28   Der Entgeltschutz besteht analog § 15 Abs. 1 Satz 2 KSchG auch **nachwirkend** für ein Jahr „nach Beendigung der Amtszeit" im BR. Er greift nicht nur nach dem Ende der Amtszeit des BR als Kollegialorgan, sondern auch bei einer **individuellen Beendigung** der Mitgliedschaft wie zB bei Amtsniederlegung oder Rücktritt (vgl. § 24 Rz. 13)[11]. Der nachwirkende Schutz besteht auch bei erfolgreicher Wahlanfechtung nach § 19, **nicht aber** bei erfolgreicher Durchführung eines Ausschlussverfahrens nach § 23 Abs. 1, weil dann die Beendigung der Mitgliedschaft auf einer gerichtlichen Entscheidung beruht und die Einschränkung in § 15 Abs. 1 Satz 2 KSchG auch hier nach Sinn und Zweck maßgeblich ist[12], ebenso nicht bei nichtiger BR-Wahl, weil es ohne rechtswirksames Entstehen eines BR auch keine nachwirkenden Schutzrechte geben kann[13]. Der Nachwirkungszeitraum **erhöht sich** für BR-Mitglieder, die drei volle aufeinander folgende Amtszeiten freigestellt waren, nach § 38 Abs. 3 auf **zwei Jahre** (vgl. § 38 Rz. 32).

29   **2. Verbot der beruflichen Diskriminierung (Abs. 5).** Die Arbeitsentgeltgarantie wird ergänzt durch einen parallelen **Tätigkeitsschutz**. Das Verbot der beruflichen Diskriminierung soll vor allem ideelle Interessen des BR-Mitglieds in Bezug auf seine berufliche Fortentwicklung während bzw. nach seiner Amtszeit schützen[14]. Beim **freigestellten** BR-Mitglied wirkt es nur **nach Beendigung** seiner Amtstätigkeit, vgl. auch § 38 Abs. 4. Die den BR-Mitgliedern während oder nach ihrer Amtszeit zugewiesenen Arbeitsaufgaben müssen nicht gleich, aber **gleichwertig** zur Berufstätigkeit vergleichbarer ArbN mit betriebsüblicher beruflicher Entwicklung sein. Über die Gleichwertigkeit entscheiden die Umstände des Einzelfalls, insb. aber die speziell **im Betrieb** ausgeprägte Verkehrsauffassung der beteiligten Berufsgruppen[15]. Vom freigestellten BR-Mitglied kann daher auch eine höherrangige Tätigkeit verlangt werden, wenn vergleichbare ArbN inzwischen eine solche ausüben. Fehlt dem vormaligen Amtsträger die hierfür (inzwischen) notwendige Qualifikation, so ist ihm eine entsprechende **Fortbildung** zu gewähren[16], vgl. auch §§ 96 ff. Das höhere Entgelt ist ihm bereits vorher zu zahlen.

---

1 BAG v. 17.5.1977 – 1 AZR 458/74, AP Nr. 28 zu § 37 BetrVG 1972 = DB 1977, 1562; ferner GK-BetrVG/*Wiese*/*Weber*, § 37 Rz. 115. |2 Zutr. Richardi/*Richardi*/*Thüsing*, § 37 BetrVG Rz. 65. |3 HM, vgl. DKK/*Wedde*, § 37 BetrVG Rz. 74; ErfK/*Eisemann*, § 37 BetrVG Rz. 13; *Fitting*, § 37 BetrVG Rz. 118; aA GK-BetrVG/*Wiese*/*Weber*, § 37 Rz. 112; HSG/*Glaubitz*, § 37 BetrVG Rz. 81, die sich in einem solchen Fall eine abstrakt-hypothetische Be... ung zutrauen. |4 BAG v. 15.1.1992 – 7 AZR 194/91, AP Nr 84 zu § 37 BetrVG 1972 = DB 1993, 1379.   ...v. 13.11.1987 – 7 AZR 550/86, AP Nr. 61 zu § 37 BetrVG 1972 = NZA 1988, 403. |6 BAG v. 15.1.1992 – 7 ...91, AP Nr. 84 zu § 37 BetrVG 1972 = DB 1993, 1379. |7 BAG v. 11.12.1991 – 7 AZR 75/91, NZA 1993, 909.   ... BAG v. 21.4.1983 – 6 AZR 407/80, AP Nr. 43 zu § 37 BetrVG 1972; ferner DKK/*Wedde*, § 37 BetrVG ...BetrVG/*Wiese*/*Weber*, § 37 Rz. 119 f.; MünchArbR/*Joost*, § 308 Rz. 161. |9 Vgl. nur *Fitting*, § 37 ...27; GK-BetrVG/*Wiese*/*Weber*, § 37 Rz. 122. |10 BAG v. 7.2.1985 – 6 AZR 72/82, AP Nr. 3 zu § 46 ... 1985, 1699. |11 HM, vgl. *Fitting*, § 37 BetrVG Rz. 129; GK-BetrVG/*Wiese*/*Weber*, § 37 Rz. 124.   ... HSG/*Glaubitz*, § 37 BetrVG Rz. 90; GK-BetrVG/*Wiese*/*Weber*, § 37 Rz. 125; Richardi/*Richardi*/...*ber*VG Rz. 71; aA ErfK/*Eisemann*, § 37 BetrVG Rz. 13; DKK/*Wedde*, § 37 BetrVG Rz. 84; *Fitting*, § 37 Rz. 84. |13 HM, vgl. ErfK/*Eisemann*, § 37 BetrVG Rz. 13; *Fitting*, § 37 BetrVG Rz. 129; aA DKK/... Rz. 84. |14 Vgl. nur BAG v. ... AZR Nr. 130; GK-BetrVG/*Wiese*/*Weber*, § 37 Rz. 126.   ...VG/*Wiese*/*Weber*, § 37 Rz. 128; MünchArbR/*Joost*, § 308 Rz. 167; Richardi/...; zu generell-abstrakt dagegen DKK/*Wedde*, § 37 BetrVG Rz. 86; ErfK/*Eisemann*, § 37 ...37 BetrVG Rz. 132. |16 HM, vgl. *Fitting*, § 37 BetrVG Rz. 133; GK-BetrVG/*Wiese*/*We*... ...hardi/*Richardi*/*Thüsing*, § 37 BetrVG Rz. 75.

Anders als in Abs. 4 lässt Abs. 5 eine Diskriminierung dann zu, wenn „**zwingende betriebliche Notwendigkeiten**" entgegenstehen, also zB ein gleichwertiger Arbeitsplatz nicht (mehr) zur Verfügung steht oder nicht mehr zu kompensierende Qualifikationsdefizite bestehen[1]. Als Ausnahmeregelung muss die Klausel jedoch **eng** ausgelegt werden. Bloße betriebliche Zweckmäßigkeiten genügen dafür nicht, vielmehr muss den betrieblichen Notwendigkeiten im Einzelfall eine überragende Bedeutung zukommen[2]. So ist anerkannt, dass das freigestellte BR-Mitglied bei Wegfall seines oder eines entsprechenden Arbeitsplatzes nicht wegen § 78 Satz 2 nach dem Ausscheiden dessen Wiedereinrichtung verlangen kann[3]. Das Verbot der beruflichen Diskriminierung wirkt ebenso wie die Entgeltgarantie für einen Zeitraum von **einem Jahr nach Erlöschen** der BR-Tätigkeit nach (vgl. Rz. 28). 30

VI. Schulungs- und Bildungsveranstaltungen (Abs. 6, 7). Mit Rücksicht auf die ständig steigenden Anforderungen an eine sachgerechte BR-Arbeit gewähren Abs. 6 und 7 den BR-Mitgliedern **zwei verschiedene Arten** von Arbeitsbefreiung zur Teilnahme an Schulungs- und Bildungsveranstaltungen. Zweck der Normen ist nicht etwa Herstellung der „intellektuellen Waffengleichheit" (was damit auch immer gemeint sein mag)[4], sondern Erlangung der notwendigen Kenntnisse zur funktionsgerechten Erfüllung der BR-Aufgaben[5]. **Abs. 6** gewährt einen **kollektiven Anspruch** des BR auf bezahlte Arbeitsbefreiung für Veranstaltungen, die für die BR-Arbeit „erforderliche" Kenntnisse vermitteln. Dabei ist nach st. Rspr. davon auszugehen, dass jedes Mitglied **Grundwissen über betriebsverfassungsrechtliche Fragen** braucht[6]. Voraussetzung für den (abgeleiteten) Individualanspruch auf Teilnahme ist ein Beschluss des BR-Gremiums[7]. Demgegenüber statuiert **Abs. 7** einen auf drei Wochen zeitlich begrenzten Anspruch für jedes **einzelne** BR-Mitglied auf bezahlte Arbeitsbefreiung zur Teilnahme an als geeignet anerkannten Schulungs- und Bildungsveranstaltungen – ohne Rücksicht auf den individuellen Kenntnisstand und auf Erforderlichkeit der Kenntnisse. Es handelt sich dabei um einen „amtsbezogenen **Bildungsurlaub**"[8]. Für alle Schulungen ist jedoch ein Bezug zur BR-Tätigkeit notwendig[9]. Beide Ansprüche stehen **selbständig** nebeneinander und können unabhängig voneinander – auch kumulativ – geltend gemacht werden (Rz. 37)[10]. Zu beachten ist auch, dass als **Rechtsfolge** von Abs. 6 und 7 der ArbGeb (nur) zur Arbeitsbefreiung mit Entgeltfortzahlung verpflichtet wird, nicht dagegen zur Erstattung der **sonstigen Aufwendungen** (zB Schulungskosten), was bei „Erforderlichkeit" aber nach § 40 Abs. 1 möglich ist (vgl. § 40 Rz. 21). 31

1. Zulässige Inhalte. a) „Erforderliche" Kenntnisse nach Abs. 6. Schulungs- und Bildungsveranstaltungen iSd. Abs. 6 müssen Kenntnisse vermitteln können, die sich (1) auf die gesetzlichen Aufgaben des BR und deren Durchführung im Betrieb beziehen[11], und (2) für die BR-Arbeit erforderlich sind, dh. im Hinblick auf die **konkrete betriebliche Situation** benötigt werden, um derzeitige oder künftig anfallende Aufgaben des BR sachgerecht bewältigen zu können[12]. Entscheidend ist auf den **Inhalt** der Veranstaltung abzustellen, nicht auf deren Träger, so dass auch bei Gewerkschaftsschulungen der ArbGeb grundsätzlich zur Übernahme der Schulungskosten nach § 40 Abs. 1 verpflichtet ist (vgl. § 40 Rz. 23). Regelmäßig bedarf es zur Erforderlichkeitsprüfung der **Darlegung** eines aktuellen oder absehbaren auf Betrieb und BR bezogenen Schulungsbedarfs. Doch kann darauf bei **erstmals gewählten** BR-Mitgliedern **verzichtet werden**, wenn es um die Vermittlung von Grundkenntnissen im Betriebsverfassungsrecht[13] oder im allgemeinen Arbeitsrecht[14] geht. Gleiches gilt auch für den Bereich der Arbeitssicherheit und der Unfallverhütung[15]. Die Vermittlung allgemeiner Grundkenntnisse des **Sozial- und SozV-Rechts** ist aber ohne einen konkreten betriebsbezogenen Anlass nicht erforderlich iSv. Abs. 6, da die Beratung von ArbN in sozialversicherungsrechtlichen Fragen nicht zu den Aufgaben des BR nach dem BetrVG gehört[16]. Bei Schulungen, die auf **speziellere Themen** ausgerichtet sind, entscheidet die Darlegung nach den Verhältnissen des konkreten einzelnen Betriebs bzw. BR, so dass zB eine Veranstaltung zum Thema „Mobbing" der Darlegung 32

---

1 Vgl. nur *Fitting*, § 37 BetrVG Rz. 134; GK-BetrVG/*Wiese/Weber*, § 37 Rz. 131. | 2 So MünchArbR/*Joost*, § 308 Rz. 168. | 3 Vgl. nur GK-BetrVG/*Wiese/Weber*, § 37 Rz. 130 f.; Richardi/*Richardi/Thüsing*, § 37 BetrVG Rz. 76. | 4 Vgl. nur DKK/*Wedde*, § 37 BetrVG Rz. 91 ff.; *Däubler/Peter*, Rz. 77 ff.; zurückhaltender *Fitting*, § 37 BetrVG Rz. 142; *Künzl*, ZfA 1993, 343. | 5 HM, vgl. BAG v. 11.8.1993 – 7 ABR 52/92, AP Nr. 92 zu § 37 BetrVG 1972 (Anm. *Schiefer*) = NZA 1994, 917; GK-BetrVG/*Wiese/Weber*, § 37 Rz. 136 f.; *Künzl*, ZfA 1993, 341 (342); MünchArbR/*Joost*, § 308 Rz. 100. | 6 So BAG v. 19.9.2001 – 7 ABR 32/00, AP Nr. 9 zu § 25 BetrVG = DB 2002, 51. | 7 BAG v. 6.11.1973 – 1 ABR 8/73, BAGE 25, 348 = AP Nr. 5 zu § 37 BetrVG 1972 (Anm. *Kittner*). | 8 Zutr. Richardi/*Richardi/Thüsing*, § 37 BetrVG Rz. 80. | 9 BAG v. 11.8.1993 – 7 ABR 52/92, AP Nr. 92 zu § 37 BetrVG 1972 (Anm. *Schiefer*) = DB 1994, 535; v. 18.12.1973 – 1 ABR 35/73, AP Nr. 7 zu § 37 BetrVG 1972 = DB 1974, 923. | 10 HM, vgl. BAG v. 5.4.1984 – 6 AZR 495/81, AP Nr. 46 zu § 37 BetrVG 1972 (Anm. *Löwisch/Rieble*); ferner *Fitting*, § 37 BetrVG Rz. 229; GK-BetrVG/*Wiese/Weber*, § 37 Rz. 135. | 11 Vgl. BAG v. 15.1.1997 – 7 ABR 14/96, AP Nr. 118 zu § 37 BetrVG 1972 = NZA 1997, 781; ferner *Fitting*, § 37 BetrVG Rz. 139; GK-BetrVG/*Wiese/Weber*, § 37 Rz. 157; *Künzl*, ZfA 1993, 341 (343). | 12 St. Rspr., vgl. zuletzt BAG v. 15.1.1997 – 7 ABR 14/96, AP Nr. 118 zu § 37 BetrVG 1972 = NZA 1997, 781; v. 20.12.1995 – 7 ABR 14/95, AP Nr. 113 zu § 37 BetrVG 1972 = NZA 1996, 895; v. 19.7.1995 – 7 ABR 49/94, AP Nr. 110 zu § 37 BetrVG 1972 = NZA 1996, 442; v. 15.2.1995 – 7 AZR 670/94, AP Nr. 106 zu § 37 BetrVG 1972 = NZA 1995, 1036. | 13 St. Rspr., vgl. zuletzt BAG v. 19.9.2001 – 7 ABR 32/00, AP Nr. 9 zu § 25 BetrVG = DB 2002, 51; v. 20.12.1995 – 7 ABR 14/95, AP Nr. 113 zu § 37 BetrVG 1972 = NZA 1996, 895; v. 7.6.1989 – 7 ABR 26/88, AP Nr. 67 zu § 37 BetrVG 1972 = NZA 1990, 149. | 14 BAG v. 19.7.1995 – 7 ABR 49/94, AP Nr. 110 zu § 37 BetrVG 1972 = NZA 1996, 442; v. 16.10.1986 – 6 ABR 14/84, AP Nr. 58 zu § 37 BetrVG 1972 = NZA 1987, 643. | 15 BAG v. 15.5.1986 – 6 ABR 74/83, AP Nr. 54 zu § 37 BetrVG 1972 = DB 1986, 2496 = NZA 1987, 63. | 16 BAG v. 4.6.2003 – 7 ABR 42/02, AP Nr. 137 zu § 37 BetrVG 1972 = NZA 2003, 1284.

konkreter betrieblicher Konfliktlagen bedarf, um als „erforderlich" gelten zu können[1]. Ebenso ist die Teilnahme eines **einfachen BR-Mitglieds** an der Schulungsveranstaltung „Diskussionsführung und Verhandlungstechnik" nicht erforderlich, wenn sich dieses Seminar vor allem an BR-Vorsitzende und deren Stellvertreter wendet[2]. Auch ein nur „auf Vorrat" erworbenes EDV-Wissen ohne konkreten Anwendungsbedarf im konkreten Betrieb oder BR ist nicht erforderlich[3]. Je stärker aber ein Schulungsthema der Vermittlung von Kenntnissen **betriebstypischer Mitbestimmungsthemen** wie zB personeller Einzelmaßnahmen nach § 99 dient, desto geringer sind die Anforderungen an den betrieblichen Schulungsanlass; deshalb kann idR auch eine Erläuterung aktueller BAG-Rspr. zum Umfang zB der MitbestR nach § 99 erforderlich sein, zumal sich der BR **nicht auf ein Selbststudium** der ihm zur Verfügung stehenden aktuellen Fachzeitschriften verweisen lassen muss[4].

33 Bei seiner Beschlussfassung zur Entsendung einzelner Mitglieder darf der BR die Frage der Erforderlichkeit **nicht** nach seinem **subjektiven Ermessen** beantworten. Vielmehr muss er sich auf den Standpunkt eines „vernünftigen Dritten" stellen, der die Interessen des Betriebs einerseits und des BR und der Belegschaft andererseits gegeneinander abwägt[5]. Trotz des ihm dabei eingeräumten Beurteilungsspielraums muss er neben der Erforderlichkeit auch die **Angemessenheit** hinsichtlich der personellen Auswahl („wen?" bzw. „wie viele?") und der Dauer („wie lange?") der Veranstaltung, also die Verhältnismäßigkeit jeder Entsendung beachten[6]. Das ergibt sich schon aus der Verweisung in Abs. 6 auf Abs. 2 und aus dem Wort „soweit", so dass wie in Abs. 2 neben der „Ob"- auch die **„Wie"**-Frage bei der Arbeitsbefreiung für Schulungen zu stellen ist (näher Rz. 11). Das BAG hat insoweit zutreffend entschieden, dass sich die Erforderlichkeit nach Abs. 6 auf die „Kenntnisse", dh. auf das Thema der Schulung bezieht, dagegen Auswahl für und Umfang der Schulung **zusätzlich** einer Angemessenheitsprüfung unterliegen (vgl. Rz. 39). Das Gesetz geht hier wie in § 40 Abs. 1 wegen der Kostentragungspflicht des ArbGeb von einem „begrenzten Ausbildungsaufwand" aus[7]. Überwiegen zB bei einer Schulung mit übergreifender Thematik die für den BR nicht erforderlichen Themen jene, die für ihn erforderlich sind, so kann nach richtiger Auffassung die Erforderlichkeit insgesamt verneint, andernfalls insgesamt bejaht werden[8]. Die Erforderlichkeit kann ebenso verneint werden, wenn Schulungsbedarf für nur zeitweilig vertretende und nicht endgültig nachrückende **Ersatzmitglieder** geltend gemacht wird, ohne dass die Arbeitsfähigkeit des BR durch andere zumutbare Maßnahmen erwogen wurde und der ständige Vertretungsbedarf im Einzelnen nachgewiesen wurde[9]. Mitglieder des Wirtschaftsausschusses, die nicht zugleich BR-Mitglieder sind, haben wegen § 107 Abs. 1 Satz 3 grundsätzlich keinen Schulungsbedarf[10]. Näherer Darlegung bedarf auch die Entsendung zu Grundschulungen **kurz vor dem Ende** der Amtsperiode eines BR[11]. Dagegen fehlt es an der **Angemessenheit**, wenn unverhältnismäßig viele BR-Mitglieder entsandt werden oder unverhältnismäßig lange Veranstaltungen beschickt werden, zB eine 4-Wochen-Schulung für die Grundlagenschulung zum BetrVG statt des (üblichen) 14-Tages-Seminars[12]. Insoweit kann der ArbGeb aber nur die überschießenden Schulungskosten nach § 40 Abs. 1, nicht dagegen die Arbeitsbefreiung nach § 37 Abs. 2 verweigern.

34 Ausf. Nachw. zur ausufernden **Judikatur** der Instanzgerichte, deren Indizcharakter und Aussagegehalt wegen ihrer Einzelfallbezogenheit als gering einzuschätzen ist, finden sich in den größeren Kommentaren[13].

35 **b) Bildungsurlaub nach Abs. 7.** Dagegen bedarf es für den amtsbezogenen Bildungsurlaub nach Abs. 7 keiner Erforderlichkeitsprüfung wie in Abs. 6. Es reicht, wenn die betreffende Veranstaltung von der zuständigen obersten Arbeitsbehörde des Landes als **geeignet anerkannt** ist. Die behördliche Anerkennung, die auch noch **nachträglich** erfolgen kann (Rz. 36), ersetzt eine eigene Ermessensprüfung des BR-Mitglieds in Bezug auf Thema und Ausgestaltung der Veranstaltung. Auf den Veranstalter kommt es

---

1 Im konkreten Fall abgelehnt von BAG v. 15.1.1997 – 7 ABR 14/96, AP Nr. 118 zu § 37 BetrVG 1972 = NZA 1997, 781. | 2 So BAG v. 24.5.1995 – 7 ABR 54/94, AP Nr. 109 zu § 37 BetrVG 1972 = DB 1995, 2530 = NZA 1996, 783. | 3 So BAG v. 19.7.1995 – 7 ABR 49/94, AP Nr. 110 zu § 37 BetrVG 1972 = NZA 1996, 442 (BR verfügte noch nicht über einen PC). | 4 So BAG v. 20.12.1995 – 7 ABR 14/95, AP Nr. 113 zu § 37 BetrVG 1972 = NZA 1996, 895. | 5 St. Rspr., vgl. BAG v. 15.1.1997 – 7 ABR 14/96, AP Nr. 118 zu § 37 BetrVG 1972 = DB 1997, 1475 = NZA 1997, 781; v. 15.2.1995 – 7 AZR 670/94, AP Nr. 106 zu § 37 BetrVG 1972 = NZA 1995, 1036. | 6 Ähnlich GK-BetrVG/*Wiese/Weber*, § 37 Rz. 172; MünchArbR/*Joost*, § 308 Rz. 101; Richardi/*Richardi/Thüsing*, § 37 BetrVG Rz. 100; wohl auch ErfK/*Eisemann*, § 37 BetrVG Rz. 20; aA DKK/*Wedde*, § 37 BetrVG Rz. 118; Fitting, § 37 BetrVG Rz. 171. | 7 BAG v. 28.5.1976 – 1 AZR 116/74, AP Nr. 24 zu § 37 BetrVG 1972, wo differenziert wird zwischen voller Arbeitsbefreiung nach § 37 Abs. 2 und nur teilweiser Kostentragung nach § 40 Abs. 1, vgl. auch GK-BetrVG/*Wiese/Weber*, § 37 Rz. 183 f. | 8 So BAG v. 28.5.1976 – 1 AZR 116/74, AP Nr. 24 zu § 37 BetrVG 1972 (im Umkehrschluss); vgl. auch DKK/*Wedde*, § 37 BetrVG Rz. 110; GK-BetrVG/*Wiese/Weber*, § 37 Rz. 172; Richardi/*Richardi/Thüsing*, § 37 BetrVG Rz. 96; diff. aber LAG Köln v. 9.11.1999 – 13 Sa 818/99, AiB 2000, 357: bei Möglichkeit der teilweisen Teilnahme Beschränkung der Arbeitsbefreiung auf konkret erforderliche Schulungsteile. | 9 BAG v. 19.9.2001 – 7 ABR 32/00, AP Nr. 9 zu § 25 BetrVG = DB 2002, 51. | 10 BAG v. 11.11.1998 – 7 AZR 491/97, AP Nr. 129 zu § 37 BetrVG 1972 = NZA 1999, 1119. | 11 Zu § 37 Abs. 6 vgl. BAG v. 7.6.1989 – 7 ABR 26/88, AP Nr. 67 zu § 37 BetrVG 1972 = NZA 1990, 149; ferner BAG v. 28.8.1996 – 7 AZR 840/95, AP Nr. 117 zu § 37 BetrVG 1972 = DB 1997, 283 = NZA 1997, 169; v. 9.9.1992 – 7 AZR 492/91, AP Nr. 86 zu § 37 BetrVG 1972 = NZA 1993, 468, jeweils zu § 37 Abs. 7. | 12 Vgl. Nachw. bei Fitting, § 37 BetrVG Rz. 173; GK-BetrVG/*Wiese/Weber*, § 37 Rz. 193. | 13 Vgl. Fitting, § 37 BetrVG Rz. 149 bzw. 155; GK-BetrVG/*Wiese/Weber*, § 37 Rz. 158 bzw. 169.

nicht entscheidend an[1]. Das Merkmal der Eignung ist **weiter auszulegen** als das der Erforderlichkeit[2]. Doch kann der Anerkennungsbescheid wegen fehlender Eignung gerichtlich aufgehoben werden, wenn **kein ausreichender Zusammenhang** mit der sachgerechten Erfüllung von BR-Aufgaben besteht. Der für die BR-Tätigkeit zu erwartende Nutzen darf kein bloßer Nebeneffekt von untergeordneter Bedeutung sein. Dagegen kommt es nicht auf die „Erforderlichkeit" der Kenntnisse für die konkrete Arbeit des BR im konkreten Betrieb wie in Abs. 6 an, sondern es genügt, dass die Kenntnisse für die BR-Tätigkeit **dienlich und förderlich** sind[3]. Als geeignet anerkannt sind zB Schulungen über das gesamte Arbeitsrecht, über wirtschaftliche und betriebswirtschaftliche Fragen, Frauen- und Familienförderung, Personalplanung sowie das allgemeine Sozialrecht[4], aber auch über Fragen des betrieblichen Umweltschutzes[5]. **Nicht geeignet** sind dagegen Veranstaltungen, die allgemeinpolitischen, allgemein bildenden oder rein gewerkschaftspolitischen Zwecken dienen, weil dann ein ausreichender Bezug zur BR-Tätigkeit nicht mehr erkennbar ist[6]. So wurde zB das DGB-Seminar „Brüder, zur Sonne, zur Freiheit" vom BAG als sozialgeschichtliche Schulung ohne ausreichenden Bezug zur BR-Tätigkeit[7] für ebenso ungeeignet gehalten wie ein allgemein bildendes Seminar „Rhetorik und Persönlichkeitsbildung"[8].

Die Anerkennung einer Veranstaltung setzt einen **Antrag des Trägers** voraus. Der Antrag ist an **keine Form** gebunden, jedoch wird er in der Praxis schon wegen der vorgesehenen Inhalte schriftlich gestellt. Zuständig für die Anerkennung ist die oberste Arbeitsbehörde eines Landes, somit das jeweilige Staats- bzw. Landesministerium für Arbeit und Soziales[9]. Dessen örtliche Zuständigkeit folgt dem **Trägerprinzip**, nicht dem Ortsprinzip, so dass die oberste Arbeitsbehörde des Bundeslandes für die Anerkennung zuständig ist, in deren Gebiet der für den Lehrinhalt verantwortliche Träger der Veranstaltung seinen Sitz hat[10]. Eine Frist schreibt das Gesetz ebenfalls nicht vor[11]. Weil Abs. 7 Satz 1 den jeweiligen Spitzenorganisationen der Sozialpartner ein Beratungsrecht einräumt, sollte der Antrag unter Vorlage entsprechender Unterlagen etwa **8 Wochen** vor Veranstaltungsbeginn eingereicht sein. Jedoch stehen Sinn und Zweck des Anerkennungsverfahrens einer **nachträglichen** Anerkennung nicht entgegen[12]. Befasst sich eine Schulungs- und Bildungsveranstaltung nur **teilweise** mit Themen, die iSv. § 37 Abs. 7 geeignet sind, muss entweder die Anerkennung verweigert oder durch entsprechende Nebenbestimmungen sichergestellt werden, dass die Veranstaltung in vollem Umfang geeignet ist[13].

c) **Verhältnis der Ansprüche aus Abs. 6 und 7.** Veranstaltungen nach Abs. 6 und 7 schließen sich nicht gegenseitig aus. Vielmehr kann auch eine als geeignet anerkannte Schulungsveranstaltung iSv. Abs. 7 erforderliche Kenntnisse iSv. Abs. 6 vermitteln, so dass die Anerkennung einer Maßnahme die Teilnahme aufgrund Abs. 6 nicht ausschließt[14]. Beide Ansprüche bestehen **nebeneinander** und können **kumuliert** werden, vgl. Abs. 7 Satz 1 aA („Unbeschadet der Vorschrift des Abs. 6 ..."). Über die Teilnahme nach Abs. 6 entscheidet aber allein der BR als Kollektivorgan (Rz. 38), während der Bildungsurlaub nach Abs. 7 einen **individuellen** Anspruch des Amtsträgers begründet, der nach der Amtszeit bei Nicht-Inanspruchnahme verfällt[15]. Nicht nachgerückte Ersatzmitglieder können ihn auch nicht erwerben (Rz. 46). Im Zweifel kann der BR wählen, welchen Anspruch und somit auch welches Kontingent an Schulungsveranstaltungen er geltend machen möchte. Vom ArbGeb kann er nicht auf Abs. 7 verwiesen werden, wenn er Arbeitsbefreiung nach Abs. 6 für eine als geeignet anerkannte Schulungsveranstaltung verlangt[16]. Zu beachten ist aber, dass durch einen Bildungsurlaub nach Abs. 7 eine weitere Teilnahme nach Abs. 6 mangels „Erforderlichkeit" entfallen kann.

2. **Verfahren bei Arbeitsbefreiung (Abs. 6 Sätze 3 bis 6).** Das Gesetz enthält in Abs. 6 Sätze 3 bis 6, die über Abs. 7 Satz 3 auch für den amtsbezogenen Bildungsurlaub gelten, **Verfahrensregeln** für die Arbeitsbefreiung von BR-Mitgliedern bei Teilnahme an Schulungs- und Bildungsveranstaltungen. Dabei wird vorausgesetzt, dass ohne einen **vorherigen zustimmenden Beschluss** des Gremiums das BR-Mitglied nicht berechtigt ist, an einer Veranstaltung teilzunehmen[17]. Die Teilnahme ohne einen solchen

---

1 BAG v. 11.8.1993 – 7 ABR 52/92, AP Nr. 92 zu § 37 BetrVG 1972 (Anm. *Schiefer*) = DB 1994, 535 = NZA 1994, 517. |2 HM, vgl. *Fitting*, § 37 BetrVG Rz. 197; GK-BetrVG/*Wiese/Weber*, § 37 Rz. 218. |3 St. Rspr., vgl. BAG v. 11.10.1995 – 7 ABR 42/94, AP Nr. 115 zu § 37 BetrVG 1972 = NZA 1996, 934; v. 11.8.1993 – 7 ABR 52/92, AP Nr. 92 zu § 37 BetrVG 1972 (Anm. *Schiefer*) = DB 1994, 535 = NZA 1994, 517; v. 9.9.1992 – 7 AZR 492/91, AP Nr. 86 zu § 37 BetrVG 1972 = DB 1993, 59 = NZA 1993, 468. |4 Vgl. nur *Fitting*, § 37 BetrVG Rz. 199 f.; GK-BetrVG/*Wiese/Weber*, § 37 Rz. 221. |5 Schon *vor* dem BetrVerf-ReformG 2001, vgl. BAG v. 11.10.1995 – 7 ABR 42/94, AP Nr. 115 zu § 37 BetrVG 1972 = NZA 1996, 934. |6 HM, vgl. *Fitting*, § 37 BetrVG Rz. 202; GK-BetrVG/*Wieser*, § 37 Rz. 222; *Künzl*, ZfA 1993, 355; *Kraft*, DB 1973, 2519; *Loritz*, NZA 1993, 2; aA *Däubler/Peter*, Rz. 177; DKK/*Wedde*, § 37 BetrVG Rz. 141. |7 BAG v. 11.8.1993 – 7 ABR 52/92, AP Nr. 92 zu § 37 BetrVG 1972 (Anm. *Schiefer*) = DB 1994, 535 = NZA 1994, 517. |8 BAG v. 15.8.1978 – 6 ABR 65/76, nv. |9 Vgl. nur *Richardi/Richardi/Thüsing*, § 37 BetrVG Rz. 149. |10 BAG v. 5.11.1974 – 1 ABR 146/73, AP Nr. 19 zu § 37 BetrVG 1972 = DB 1975, 699. |11 BAG v. 11.10.1995 – 7 ABR 42/94, BAGE 81, 157 = AP Nr. 115 zu § 37 BetrVG 1972. |12 BAG v. 11.10.1995 – 7 ABR 42/94, BAGE 81, 157 = AP Nr. 115 zu § 37 BetrVG 1972. Weitere Details des Verfahrens bei *Fitting*, § 37 BetrVG Rz. 210 ff.; GK-BetrVG/*Wiese/Weber*, § 37 Rz. 227 ff. |13 Vgl. neben BAG aaO noch GK-BetrVG/*Wiese/Weber*, § 37 Rz. 223. |14 BAG v. 5.5.1984 – 6 AZR 495/81, AP Nr. 46 zu § 37 BetrVG 1972 = DB 1984, 1785. |15 HM, vgl. LAG Düsseldorf v. 8.10.1991 – 13 Sa 1450/90, DB 1992, 636; *Fitting*, § 37 BetrVG Rz. 218; GK-BetrVG/*Wiese/Weber*, § 37 Rz. 244; *Kraft*, DB 1973, 2519. |16 HM, vgl. DKK/*Wedde*, § 37 BetrVG Rz. 139; *Fitting*, § 37 BetrVG Rz. 229; nun auch GK-BetrVG/*Wiese/Weber*, § 37 Rz. 180; Richardi/*Richardi/Thüsing*, § 37 BetrVG Rz. 138. |17 Vgl. nur *Fitting*, § 37 BetrVG Rz. 232; GK-BetrVG/*Wiese/Weber*, § 37 Rz. 252.

Beschluss lässt die Entgeltfortzahlungs- und Kostentragungspflicht des ArbGeb entfallen; eine nachträgliche Zustimmung kann das Versäumnis nicht heilen[1]. Während die Festlegung der **zeitlichen Lage** der Veranstaltung stets vom BR in eigener Kompetenz getroffen wird, vgl. Abs. 6 Satz 3, steht die **personelle Auswahlentscheidung** dem BR nur für Schulungen nach **Abs. 6** zu. Denn nur dieser Anspruch besteht zunächst als kollektiver Anspruch des Gesamtorgans BR mit dem ermessensgebundenen Recht zur Auswahl unter den BR-Mitgliedern (Rz. 31). Demgegenüber steht der Anspruch auf dreiwöchigen **Bildungsurlaub** jedem einzelnen BR-Mitglied selbst zu, so dass diesem hieraus ein Anspruch gegen den BR auf **Festlegung** des Zeitpunkts der Teilnahme erwächst[2].

39 Bei der Entsendung nicht freigestellter BR-Mitglieder soll der BR nach Abs. 6 Satz 3 den **Schulungszeitpunkt** unter Berücksichtigung **betrieblicher Notwendigkeiten** festlegen. Damit können nur solche betrieblichen Gründe gemeint sein, die eine Verschiebung **erzwingen**, zB wegen Notfallarbeiten, die nur vom BR-Mitglied geleistet werden können[3]. Doch kann dadurch eine Teilnahme an einer Schulung nicht völlig verhindert, sondern allenfalls verschoben werden. Die Vorschrift belegt, dass neben der Erforderlichkeit die pflichtgemäße Ermessensausübung des BR auch die **Angemessenheit** der Entsendung (Verhältnismäßigkeit, vgl. Rz. 33) bei der personellen Auswahlentscheidung in Bezug auf die betrieblichen Notwendigkeiten zu berücksichtigen hat[4]. Außerdem finden die Grundsätze des § 75 Abs. 1 Anwendung, so dass eine unterschiedliche Behandlung der BR-Mitglieder ohne sachlichen Grund nicht stattfinden darf[5].

40 Der BR hat seine Entscheidung über die zeitliche Lage einer Schulung und die dafür vorgesehenen Teilnehmer dem ArbGeb so **rechtzeitig mitzuteilen**, Abs. 6 Satz 4, dass der ArbGeb noch vor der Veranstaltung die **Einigungsstelle** anrufen kann, Satz 5, wenn er meint, der BR habe die betrieblichen Notwendigkeiten nicht ausreichend berücksichtigt[6]. Dabei sind dem ArbGeb auch die für die Anspruchsvoraussetzungen nach Abs. 6 bzw. Abs. 7 maßgeblichen Tatsachen, insb. die Inhalte der Veranstaltung, ggf. deren behördliche Anerkennung sowie Dauer, Ort und Veranstalter mitzuteilen[7]. Strittig sind die Folgen einer **Verletzung der Unterrichtungspflicht** durch den BR. Die wohl überwiegende Meinung[8] möchte daraus keine Folgen für den Entgeltfortzahlungsanspruch des Schulungsteilnehmers ableiten, weil die **Ordnungsregel** des Satz 4 nach Sinn und Zweck keine so weitreichenden Konsequenzen äußern könne. Dem ist zuzustimmen. Zwar handelt es sich um eine Pflichtverletzung des BR, die bei ständiger Wiederholung nach § 23 Abs. 1 sanktioniert werden kann. Doch soll die Mitteilungspflicht vor allem die Anrufung der Einigungsstelle (nur) in Bezug auf die ausreichende Berücksichtigung *betrieblicher Notwendigkeiten* ermöglichen, außerdem dem ArbGeb betriebliche Umstellungen ermöglichen, nicht aber die Anspruchsvoraussetzungen nach Abs. 6 Satz 1 bzw. Abs. 7 Satz 1 durch ein zwingendes Verfahren ergänzen[9].

41 Hält der ArbGeb die „betrieblichen Notwendigkeiten" für nicht ausreichend berücksichtigt, so kann er die **Einigungsstelle** anrufen, Abs. 6 Satz 5, um einen verbindlichen Spruch **nur in Bezug auf die zeitliche Lage** herbeizuführen[10]. Über die „Erforderlichkeit" iSv. Abs. 6 kann dagegen nur das ArbG entscheiden. Für die Anrufung ist im Gesetz **keine Frist** vorgesehen (anders § 38 Abs. 2 Satz 4), doch wird die „Angemessenheit"[11] einer Anrufung in vorsichtiger Anlehnung an die Zwei-Wochen-Frist des § 38 Abs. 2 Satz 4 bzw. 70 zu bewerten sein, so dass nach Verstreichen dieser Frist der BR-Beschluss in aller Regel als vom ArbGeb **gebilligt** gilt[12]. Hat der ArbGeb der Teilnahme eines BR-Mitglieds an der Schulungsveranstaltung widersprochen, so muss der BR die Entsendung zur Schulung bis zur Klärung der Streitfrage **zurückstellen**[13]. Kann die Einigungsstelle nicht rechtzeitig zusammentreten, besteht die Möglichkeit, am ArbG eine einstweilige Verfügung zugunsten der Teilnahme des BR-Mitglieds zu erwirken[14]. Bestätigt die Einigungsstelle den BR-Beschluss, so ersetzt ihr Spruch zugleich die fehlende Einigung zwischen ArbGeb und BR, Abs. 6 Satz 6. Hält sie dagegen die betrieblichen Notwendigkeiten für nicht ausreichend berücksichtigt, trifft sie eine **eigene Entscheidung** in der Sache. Abgesehen von der aufschiebenden Wirkung des Einigungsstellenverfahrens kann der ArbGeb die Schulungsteilnahme nicht verhindern, insb. bedarf das BR-Mitglied **keiner Befreiung** durch den ArbGeb, sondern muss sich wie nach Abs. 2 nur ordentlich abmelden (Rz. 12)[15], soweit ein ordnungsgemäßer BR-Beschluss vorliegt.

---

1 BAG v. 8.3.2000 – 7 ABR 11/98, AP Nr. 68 zu § 40 BetrVG 1972 = DB 2000 1335 = NZA 2000, 838 unter Aufgabe von BAG v. 28.10.1992 – 7 ABR 14/92, AP Nr. 4 zu § 29 BetrVG 1972 = NZA 1993, 466; ferner BAG v. 10.6.1975 – 1 ABR 140/73, AP Nr. 1 zu § 73 BetrVG 1972 = DB 1975, 2234. |2 Vgl. nur *Fitting*, § 37 BetrVG Rz. 233; GK-BetrVG/*Wiese/Weber*, § 37 Rz. 261, 267. |3 HM, vgl. *Fitting*, § 37 BetrVG Rz. 238; GK-BetrVG/*Wiese/Weber*, § 37 Rz. 266; ähnlich MünchArbR/*Joost*, § 308 Rz. 116; enger Richardi/*Richardi/Thüsing*, § 37 BetrVG Rz. 115, i. Erg. aber wie hM in Rz. 116. |4 So auch Richardi/*Richardi/Thüsing*, § 37 BetrVG Rz. 116, 118. |5 HM, vgl. *Fitting*, § 37 BetrVG Rz. 235; GK-BetrVG/*Wiese/Weber*, § 37 Rz. 258. |6 BAG v. 18.3.1977 – 1 ABR 54/74, AP Nr. 27 zu § 37 BetrVG 1972 = DB 1977, 1148. |7 Vgl. nur *Fitting*, § 37 BetrVG Rz. 241; GK-BetrVG/*Wiese/Weber*, § 37 Rz. 269. |8 Vgl. *Fitting*, § 37 BetrVG Rz. 242; GK-BetrVG/*Wiese/Weber*, § 37 Rz. 270 mwN. |9 So aber MünchArbR/*Joost*, § 308 Rz. 119; Richardi/*Richardi/Thüsing*, § 37 BetrVG Rz. 124. |10 HM, vgl. *Fitting*, § 37 BetrVG Rz. 243; GK-BetrVG/*Wiese/Weber*, § 37 Rz. 271. |11 So GK-BetrVG/*Wiese/Weber*, § 37 Rz. 272. |12 Wie hier DKK/*Wedde*, § 37 BetrVG Rz. 132; *Fitting*, § 37 BetrVG Rz. 244; ähnlich auch ErfK/*Eisemann*, § 37 BetrVG Rz. 28; strenger Richardi/*Richardi/Thüsing*, § 37 BetrVG Rz. 127: „unverzüglich". |13 BAG v. 18.3.1977 – 1 ABR 54/74, AP Nr. 27 zu § 37 BetrVG 1972 = DB 1977, 1148. |14 HM, vgl. nur *Fitting*, § 37 BetrVG Rz. 249; GK-BetrVG/*Wiese/Weber*, § 37 Rz. 277. |15 Str., wie hier DKK/*Wedde*, § 37 BetrVG Rz. 134; ErfK/*Eisemann*, § 37 BetrVG Rz. 28; *Fitting*, § 37 BetrVG Rz. 250; Richardi/*Richardi/Thüsing*, § 37 BetrVG Rz. 132, 176; aA GK-BetrVG/*Wiese/Weber*, § 37 Rz. 278; MünchArbR/*Joost*, § 308 Rz. 132.

3. Rechtsfolgen der Arbeitsbefreiung. a) Nach Abs. 6. Durch die Verweisung auf Abs. 2 *und* 3 stellt das Gesetz für die Rechtsfolgen der Arbeitsbefreiung nach Abs. 6 nunmehr klar, dass nicht nur das Entgelt fortzuzahlen ist, wie wenn das BR-Mitglied im Betrieb gearbeitet hätte (Rz. 14), sondern auch im Fall von Freizeitopfern durch Schulungsteilnahme die **Freizeitausgleichs-** bzw. **Abgeltungs-Lösung** nach Abs. 3 greifen muss (Rz. 17). Die amtliche Begründung des BetrVerf-Reformgesetzes 2001 hatte betont, dass Schulungen in einem immer größer werdenden Umfang „insb. für **teilzeitbeschäftigte BR-Mitglieder**" außerhalb ihrer Arbeitszeit erfolgten. Ihnen einen entsprechenden Ausgleichsanspruch zu verwehren, erscheine nicht mehr – wie zT früher vertreten – gerechtfertigt[1]. Damit werden auch die vom EuGH aufgeworfenen[2] – vom BAG aber anders interpretierten[3] – Rechtsfragen hinsichtlich einer **mittelbaren Diskriminierung** der weiblichen Teilzeitkräfte bei Vollzeitschulungen gegenstandslos, ohne dass das Ehrenamtsprinzip beschädigt wird (Rz. 2). **42**

Erforderlich bleibt aber entsprechend Abs. 3, dass **betriebsbedingte Gründe** vorliegen, die die Durchführung der Schulung außerhalb der persönlichen Arbeitszeit des BR-Mitglieds bedingen, wozu Satz 2 Halbs. 1 betont, dass darunter vorrangig „**Besonderheiten der betrieblichen Arbeitszeitgestaltung**" zu verstehen sind[4]. Solche Besonderheiten ergeben sich aus flexiblen Arbeitszeitmodellen, die hinsichtlich der Lage und/oder des Umfangs der persönlichen Arbeitszeit schon für Vollzeit-, erst recht aber für Teilzeitkräfte Abweichungen von den üblichen Schulungszeiten ergeben (zB Schichtbetrieb, rollierendes System, Gleitzeit, Anordnung freier Tage durch BV, vgl. Rz. 18)[5]. **Kein Ausgleichsanspruch** besteht jedoch zB dann, wenn eine Schulung eines vollzeitbeschäftigten BR-Mitglieds länger dauert als die tägliche Arbeitszeit oder sich auch auf den arbeitsfreien Samstag erstreckt – betriebsbedingte Gründe scheiden hier aus[6]. **43**

Der Ausgleichsanspruch ist jedoch im Gegensatz zur allgemeinen Regelung des Abs. 3 **umfangmäßig beschränkt** auf die Arbeitszeit eines vollzeitbeschäftigten ArbN, Satz 2 Halbs. 2, um die an einer Schulungsveranstaltung teilnehmenden teilzeitbeschäftigte BR-Mitglieder nicht besser zu stellen als ihre vollzeitbeschäftigten Kollegen[7]. Der Ausgleichsanspruch kann deshalb pro Schulungstag höchstens der Arbeitszeit eines Vollbeschäftigten entsprechen, wobei diejenigen Schulungszeiten abzuziehen sind („unter Einbeziehung der Arbeitsbefreiung nach Abs. 2"), für die nach Abs. 2 ohnehin Arbeitsbefreiung unter Entgeltfortzahlung zu gewähren ist (persönliche Arbeitszeit)[8]. **44**

b) Nach Abs. 7. Abs. 7 verweist nicht auf Abs. 2 und 3, sondern ordnet für den amtsbezogenen Bildungsurlaub die Rechtsfolge „**bezahlte Freistellung** für insgesamt drei Wochen" eigenständig an. Dennoch gelten im Ergebnis die gleichen Grundsätze wie nach Abs. 2 in Bezug auf die Arbeitsbefreiung „ohne Minderung des Arbeitsentgelts" (Rz. 14). Hingegen besteht ein Anspruch auf **Freizeitausgleich** bzw. Abgeltung entsprechend Abs. 3 für den Fall einer Schulungsteilnahme außerhalb der persönlichen Arbeitszeit – anders als in Abs. 6 – **gerade nicht**[9]. Alleine die Verweisung in Satz 3 auf „Abs. 6 Satz 2 bis 6" kann nicht dazu führen, dass auch für Abs. 7 die Rechtsfolgenverweisung des Abs. 6 auf Abs. 3 maßgeblich wird. Bezüglich der Bezugnahme auf Satz 2 handelt es sich wohl um ein Redaktionsversehen, denn die isolierte Bezugnahme auf „betriebsbedingte Gründe" gibt keinen Sinn[10]. Die unterschiedliche Behandlung der Freistellungsansprüche in Bezug auf den Freizeitausgleich nach Abs. 3 lässt sich **sachlich rechtfertigen** durch die „erforderliche" Teilnahme als BR-Tätigkeit einerseits, den individuellen Anspruch auf „geeigneten" Bildungsurlaub andererseits, für den Freizeitopfer (genauso wie die fehlende Kostenübernahme, vgl. § 40 Rz. 21) zumutbar erscheinen[11]. **45**

Der **zeitliche Umfang** des Anspruchs nach Abs. 7 hängt davon ab, ob ein BR-Mitglied **erstmals** das BR-Amt übernommen hat und vorher auch nicht Jugend- und Auszubildendenvertreter war (diesem steht nach § 65 Abs. 1 ebenfalls Bildungsurlaub nach § 37 zu). In diesem besonderen Fall erhöht sich der Anspruch nach Satz 2 auf **vier Wochen**, ansonsten gilt die Regeldauer von drei Wochen, die sich bei einer Fünf-Tage-Woche auf 15, bei einer Sechs-Tage-Woche auf 18 Arbeitstage beläuft[12]. Für nachgerückte **Ersatzmitglieder** (§ 25 Abs. 1 Satz 1) entsteht ein entsprechend der verkürzten persönlichen Rest-Amtszeit **anteiliger** Freistellungsanspruch, wobei Erstmitglieder nach Satz 2 eine Woche als „Starthilfe" hinzufügen dürfen[13]. Solange die Ersatzmitglieder nicht **endgültig** für ein ausgeschiedenes BR-Mitglied **nachgerückt** sind, besteht überhaupt kein Anspruch auf bezahlten Bildungsurlaub[14]. **46**

---

1 BT-Drs. 14/5741, S. 41. | 2 EuGH v. 4.6.1992 – C-360/90 (*Bötel*), EuGHE I 1992, 3589 = AP Nr. 39 zu Art. 119 EWG-Vertrag; EuGH v. 6.2.1996 – C-457/93 (*Lewark*), EuGHE I 1996, 243 = AP Nr. 72 zu Art. 119 EWG-Vertrag. |3 *BAG v. 5.3.1997* – 7 AZR 581/92, AP Nr. 123 zu § 37 BetrVG 1972 = NZA 1997, 1242; wN zur Kontroverse bei GK-BetrVG/*Wiese/Weber*, § 37 Rz. 198 ff. |4 BT-Drs. 14/5741, S. 41; ferner *Fitting*, § 37 BetrVG Rz. 189 ff.; GK-BetrVG/*Wiese/Weber*, § 37 Rz. 204 ff.; *Richardi/Richardi/Thüsing*, § 37 BetrVG Rz. 135. |5 *Fitting*, § 37 BetrVG Rz. 189; GK-BetrVG/*Wiese/Weber*, § 37 Rz. 212. |6 Vgl. BT-Drs. 14/5741, S. 41. |7 BT-Drs. 14/5741, S. 41. |8 Vgl. Rechenbeispiel bei *Fitting*, § 37 BetrVG Rz. 193. |9 Str., wie hier GK-BetrVG/*Wiese/Weber*, § 37 Rz. 247 ff.; *Löwisch*, BB 2001, 1742 f.; aA ErfK/*Eisemann*, § 37 BetrVG Rz. 24; *Fitting*, § 37 BetrVG Rz. 226. |10 So auch *Löwisch/Kaiser*, § 37 BetrVG Rz. 74. |11 Zutr. GK-BetrVG/*Wiese/Weber*, § 37 Rz. 249. |12 HM, vgl. *Fitting*, § 37 BetrVG Rz. 219 f.; GK-BetrVG/*Wiese/Weber*, § 37 Rz. 237. |13 BAG v. 19.4.1989 – 7 AZR 128/88, AP Nr. 68 zu § 37 BetrVG 1972 = DB 1990, 696, ferner *Fitting*, § 37 BetrVG Rz. 218; GK-BetrVG/*Wiese/Weber*, § 37 Rz. 245. |14 BAG v. 14.12.1994 – 7 ABR 31/94, AP Nr. 100 zu § 37 BetrVG 1972 = NZA 1995, 593.

47 **VII. Streitigkeiten. 1. Urteilsverfahren.** Soweit das BR-Mitglied mit dem ArbGeb über Grund und Höhe der **Entgeltfortzahlung** nach Abs. 2 bzw. Abs. 6 und 7 streitet oder die Gewährung von Freizeitausgleich bzw. Abgeltung nach Abs. 3 vom ArbGeb verlangt, handelt es sich um **individualrechtliche** Streitigkeiten aus dem Arbeitsverhältnis, die im Urteilsverfahren nach § 2 Abs. 1 Nr. 3 lit. a, Abs. 5 iVm. §§ 46 ff. ArbGG zu entscheiden sind. Das Gleiche gilt für Ansprüche wegen Entgelt- oder beruflicher Diskriminierung aus Abs. 4 und 5, weil jeweils der einzelne ArbN individuelle, auf sein Arbeitsverhältnis bezogene Ansprüche aus dem BetrVG geltend macht[1]. Die betriebsverfassungsrechtlichen Voraussetzungen dieser individualrechtlichen Ansprüche sind dabei als wesentliche **Vorfragen** mitzuentscheiden. Soweit bereits ein Beschlussverfahren über diese relevanten Vorfragen rechtskräftig entschieden worden ist, hat dies präjudizielle Wirkung[2]. Die Darlegungs- und Beweislast trifft nach allgemeinen Grundsätzen das BR-Mitglied auch hinsichtlich der den Anspruch auslösenden BR-Tätigkeit.

48 **2. Beschlussverfahren.** Tritt dagegen zB der **BR** als Antragsteller auf, um die Erforderlichkeit einer Schulungsteilnahme nach Abs. 6 gerichtlich klären zu lassen, ist das Beschlussverfahren (§ 2a Abs. 1 Nr. 1, Abs. 2 iVm. §§ 80 ff. ArbGG) einschlägig, weil es sich nach dem Streitgegenstand um eine betriebsverfassungsrechtliche Streitigkeit handelt. Das Rechtsschutzinteresse entfällt nicht schon deshalb, weil die Schulung inzwischen stattgefunden hat[3]. **Antragsberechtigt** sind BR, ArbGeb sowie das einzelne BR-Mitglied, soweit es gegenüber dem BR seine Teilnahmeberechtigung an der Schulung behauptet, nicht aber eine Gewerkschaft[4]. Auch für die Überprüfung der **behördlichen** Entscheidung über die Anerkennung einer Veranstaltung als „geeignet" iSd. Abs. 7 sind die Arbeits- und nicht die Verwaltungsgerichte zuständig, obwohl es sich um einen **Verwaltungsakt** handelt[5]. Antragsberechtigt sind hier die Träger der Veranstaltung sowie die in Abs. 7 genannten Spitzenorganisationen der Gewerkschaften bzw. ArbGebVerbände, **nicht aber der ArbGeb**, obwohl dieser allein aufgrund der Anerkennung einer Schulungs- und Bildungsveranstaltung auf Entgeltzahlung in Anspruch genommen wird[6]. Diese Rspr. wird von der hL zu Recht als nicht vereinbar mit Art. 19 Abs. 4 GG (Rechtsweggarantie) beanstandet[7]. Auch die Entscheidungen der **Einigungsstelle** hinsichtlich der zeitlichen Lage von Schulungs- und Bildungsveranstaltungen (Rz. 41) unterliegen der arbeitsgerichtlichen **Rechtskontrolle** insoweit, als der unbestimmte Rechtsbegriff der „ausreichenden Berücksichtigung betrieblicher Notwendigkeiten" verkannt worden ist.

38 *Freistellungen*
(1) Von ihrer beruflichen Tätigkeit sind mindestens freizustellen in Betrieben mit in der Regel

– 200 bis 500 Arbeitnehmern	ein Betriebsratsmitglied,
– 501 bis 900 Arbeitnehmern	2 Betriebsratsmitglieder,
– 901 bis 1 500 Arbeitnehmern	3 Betriebsratsmitglieder,
– 1 501 bis 2 000 Arbeitnehmern	4 Betriebsratsmitglieder,
– 2 001 bis 3 000 Arbeitnehmern	5 Betriebsratsmitglieder,
– 3 001 bis 4 000 Arbeitnehmern	6 Betriebsratsmitglieder,
– 4 001 bis 5 000 Arbeitnehmern	7 Betriebsratsmitglieder,
– 5 001 bis 6 000 Arbeitnehmern	8 Betriebsratsmitglieder,
– 6 001 bis 7 000 Arbeitnehmern	9 Betriebsratsmitglieder,
– 7 001 bis 8 000 Arbeitnehmern	10 Betriebsratsmitglieder,
– 8 001 bis 9 000 Arbeitnehmern	11 Betriebsratsmitglieder,
– 9 001 bis 10 000 Arbeitnehmern	12 Betriebsratsmitglieder.

In Betrieben mit über 10 000 Arbeitnehmern ist für je angefangene weitere 2 000 Arbeitnehmer ein weiteres Betriebsratsmitglied freizustellen. Freistellungen können auch in Form von Teilfreistellungen erfolgen. Diese dürfen zusammengenommen nicht den Umfang der Freistellungen nach den Sätzen 1 und 2 überschreiten. Durch Tarifvertrag oder Betriebsvereinbarung können anderweitige Regelungen über die Freistellung vereinbart werden.

---

1 St. Rspr. seit BAG v. 30.1.1973 – 1 ABR 22/72, BAGE 25, 23 = AP Nr. 1 zu § 37 BetrVG 1972 (Anm. *Richardi*); vgl. ferner *Fitting*, § 37 BetrVG Rz. 253; GK-BetrVG/*Wiese/Weber*, § 37 Rz. 284 ff. | 2 BAG v. 6.5.1975 – 1 ABR 135/73, AP Nr. 5 zu § 65 BetrVG 1972. | 3 BAG v. 16.3.1976 – 1 ABR 43/74, AP Nr. 22 zu § 37 BetrVG 1972. | 4 BAG v. 28.1.1975 – 1 ABR 92/73, AP Nr. 20 zu § 37 BetrVG 1972; ferner *Fitting*, § 37 BetrVG Rz. 258; GK-BetrVG/*Wiese/Weber*, § 37 Rz. 299 f. | 5 St. Rspr., vgl. zuletzt BAG v. 11.8.1993 – 7 ABR 52/92, AP Nr. 92 zu § 37 BetrVG 1972 (Anm. *Schiefer*) = DB 1994, 535 = NZA 1994, 517; ferner GK-BetrVG/*Wiese/Weber*, § 37 Rz. 303 ff.; krit. Richardi/*Richardi/Thüsing*, § 37 BetrVG Rz. 196. | 6 BAG v. 25.6.1981 – 6 ABR 92/79, AP Nr. 38 zu § 37 BetrVG 1972 (abl. Anm. *Grunsky*) = DB 1981, 2180 = NJW 1982, 68; offen gelassen in BAG v. 30.8.1989 – 7 ABR 65/87, AP Nr. 73 zu § 37 BetrVG 1972 = DB 1990, 1241. | 7 Vgl. GK-BetrVG/*Wiese/Weber*, § 37 Rz. 306; MünchArbR/*Joost*, § 308 Rz. 142.

(2) Die freizustellenden Betriebsratsmitglieder werden nach Beratung mit dem Arbeitgeber vom Betriebsrat aus seiner Mitte in geheimer Wahl und nach den Grundsätzen der Verhältniswahl gewählt. Wird nur ein Wahlvorschlag gemacht, so erfolgt die Wahl nach den Grundsätzen der Mehrheitswahl; ist nur ein Betriebsratsmitglied freizustellen, so wird dieses mit einfacher Stimmenmehrheit gewählt. Der Betriebsrat hat die Namen der Freizustellenden dem Arbeitgeber bekannt zu geben. Hält der Arbeitgeber eine Freistellung für sachlich nicht vertretbar, so kann er innerhalb einer Frist von zwei Wochen nach der Bekanntgabe die Einigungsstelle anrufen. Der Spruch der Einigungsstelle ersetzt die Einigung zwischen Arbeitgeber und Betriebsrat. Bestätigt die Einigungsstelle die Bedenken des Arbeitgebers, so hat sie bei der Bestimmung eines anderen freizustellenden Betriebsratsmitglieds auch den Minderheitenschutz im Sinne des Satzes 1 zu beachten. Ruft der Arbeitgeber die Einigungsstelle nicht an, so gilt sein Einverständnis mit den Freistellungen nach Ablauf der zweiwöchigen Frist als erteilt. Für die Abberufung gilt § 27 Abs. 1 Satz 5 entsprechend.

(3) Der Zeitraum für die Weiterzahlung des nach § 37 Abs. 4 zu bemessenden Arbeitsentgelts und für die Beschäftigung nach § 37 Abs. 5 erhöht sich für Mitglieder des Betriebsrats, die drei volle aufeinander folgende Amtszeiten freigestellt waren, auf zwei Jahre nach Ablauf der Amtszeit.

(4) Freigestellte Betriebsratsmitglieder dürfen von inner- und außerbetrieblichen Maßnahmen der Berufsbildung nicht ausgeschlossen werden. Innerhalb eines Jahres nach Beendigung der Freistellung eines Betriebsratsmitglieds ist diesem im Rahmen der Möglichkeiten des Betriebs Gelegenheit zu geben, eine wegen der Freistellung unterbliebene betriebsübliche berufliche Entwicklung nachzuholen. Für Mitglieder des Betriebsrats, die drei volle aufeinander folgende Amtszeiten freigestellt waren, erhöht sich der Zeitraum nach Satz 2 auf zwei Jahre.

§ 38 Abs. 1 u. 2 zuletzt geändert durch das BetrVerf-ReformG vom 23.7.2001 (BGBl. I S. 1852), vgl. Neubekanntmachung v. 25.9.2001 (BGBl. I S. 2518).

I. Inhalt und Zweck. Die Vorschrift ist **lex specialis** zu § 37 Abs. 2: Die Freistellung von BR-Mitgliedern nach Abs. 1 Satz 1 und 2 baut auf dem Grundtatbestand der anlassbezogenen Arbeitsbefreiung nach § 37 Abs. 2 auf[1]. Im Unterschied dazu (vgl. § 37 Rz. 6) führt die **Freistellung** zu einer **generellen Befreiung** von der beruflichen Tätigkeit des jeweiligen BR-Mitglieds, ohne dass die „Erforderlichkeit" noch geprüft werden müsste, da diese kraft Gesetzes unwiderleglich vermutet wird. Die in Abs. 1 Satz 1 und 2 nach der Betriebsgröße gestaffelte **Mindestanzahl** von Freistellungen soll dazu beitragen, unnötigen Streit zwischen ArbGeb und BR zu vermeiden[2]. Mit dieser Regelung wird unterstellt, dass ab einer bestimmten Betriebsgröße die BR-Aufgaben so umfangreich sind, dass sie nur bei völliger Freistellung einzelner BR-Mitglieder ordnungsgemäß erfüllt werden können.

Durch das BetrVerf-Reformgesetz 2001 wurde der **Schwellenwert**, ab dem eine Freistellung erfolgen kann, von 300 auf 200 Beschäftigte **gesenkt**. Gleichzeitig wurde durch die geänderte Staffelung eine geringfügige Erhöhung der Anzahl der Freistellungen erreicht. Die Kritik an dieser Neuregelung betonte zutreffend, dass kleine und mittlere Unternehmen aufgrund der weiteren Kostenbelastung Anlass genug haben werden, Strategien zur Umgehung der immer kostenintensiveren Betriebsverfassung zu entwickeln[3]. Weiter wurde die vorher umstrittene Möglichkeit von **Teilfreistellungen** gesetzlich normiert und als Konsequenz der Aufhebung des Gruppenschutzes die entsprechende Wahlvorschrift in Abs. 2 ersatzlos gestrichen.

II. Anspruchsgründe der Freistellung (Abs. 1). 1. Anzahl der Freistellungen (Sätze 1, 2). Abs. 1 Satz 1 enthält eine nach der Betriebsgröße orientierende gestaffelte Zahl von **Mindestfreistellungen** – vorbehaltlich einer abweichenden Regelung durch TV oder BV, Satz 5 (Rz. 12). Für Betriebe mit bis in der Regel 10 000 ArbN lässt sich die Zahl der freizustellenden BR-Mitglieder direkt aus dem Gesetz ablesen. Bei größeren Betrieben erhöht sich nach Satz 2 die Anzahl der freizustellenden Mitglieder je **angefangene weitere 2 000** ArbN um **ein** BR-Mitglied, ohne dass das Gesetz eine Begrenzung nach oben vorsieht. Daher sind in Betrieben mit

10 001 bis 12 000 ArbN	13 BR-Mitglieder,
12 001 bis 14 000 ArbN	14 BR-Mitglieder,
14 001 bis 16 000 ArbN	15 BR-Mitglieder usw.

freizustellen. Dabei ist zu beachten, dass der Gesetzgeber bei der Aufstellung der Mindeststaffel von der *Freistellung von* **Vollzeitkräften** ausgegangen war[4], was für die neue Möglichkeit von Teilfreistellungen wegen des hiernach zu berechnenden Gesamtvolumens Bedeutung erlangt, vgl. Rz. 7.

---

1 BAG v. 26.6.1996 – 7 ABR 48/95, AP Nr. 17 zu § 38 BetrVG 1972 = NZA 1997, 58; v. 22.5.1973 – 1 ABR 29/73, AP Nr. 3 zu § 38 BetrVG 1972 (zust. Anm. *Buchner*). | 2 Vgl. Amtliche Begründung zum BetrVG 1972, BT-Drs. VI/1786, S. 41. | 3 Vgl. etwa die Kritik von *Buchner*, NZA 2001, 633 (637); *Konzen*, RdA 2001, 76 (84); *Reichold*, NZA 2001, 857 (861 f.); *Rieble*, ZIP 2001, 133 (137); *Schiefer/Korte*, NZA 2001, 354. | 4 Amtliche Begründung zum BetrVG 1972, BT-Drs. VI/1786, S. 9, sowie BT-Drs. VI/2729, S. 24; ferner BAG v. 26.6.1996 – 7 ABR 48/95, AP

4 Bemessungsgrundlage für die Anzahl der Freistellungen ist die Zahl der **regelmäßig** („in der Regel") im Betrieb beschäftigten ArbN, vgl. dazu § 9 Rz. 3. Die räumliche Abgrenzung erfolgt nach § 4, so dass ArbN in selbständigen Betriebsteilen und Nebenbetrieben (§ 4 Abs. 1) bei der Berechnung keine Berücksichtigung finden dürfen. Es gilt der „betriebsverfassungsrechtliche" ArbN-Begriff, weshalb die in § 5 Abs. 2 genannten Personen und leitende Angestellte iSd. § 5 Abs. 3 nicht mitzuzählen sind (vgl. auch § 7 Rz. 5 ff.). Anders als in § 1 und § 9 Abs. 1 Satz 1 kommt es auf die Wahlberechtigung zum BR nicht an, weshalb auch die im Betrieb beschäftigten jugendlichen ArbN mitzählen. **Teilzeitbeschäftigte** zählen **nach Köpfen** und nicht nur entsprechend dem Umfang ihrer Beschäftigung mit[1]. Anknüpfungspunkt für die Berücksichtigung von **LeihArbN** bei der Ermittlung des Schwellenwertes ist nach der Rspr. des BAG nicht deren eventuelle Wahlberechtigung nach § 7 Satz 2 und auch nicht, ob sie auf **Regelarbeitsplätzen** eingesetzt werden, sondern ihre Betriebszugehörigkeit nach § 7 Satz 1 (vgl. näher § 7 Rz. 21; § 9 Rz. 4)[2].

5 Entscheidend für die **Anzahl** der Freistellungen ist die **aktuelle Belegschaftsgröße** im Zeitpunkt des Freistellungsbeschlusses, da Zweck der Freistellung die ordnungsgemäße Erfüllung der BR-Aufgaben ist, deren Umfang von den tatsächlich zu betreuenden ArbN abhängt[3]. **Verändert** sich die Anzahl der regelmäßig beschäftigten ArbN im Betrieb im Laufe der Wahlperiode nicht nur vorübergehend derart, dass ein Schwellenwert über- oder unterschritten wird, so ist die Zahl der Freistellungen idR **anzupassen**. Dies gilt bei einer Abnahme der Belegschaftsstärke dann nicht, wenn sich die BR-Aufgaben nicht in gleichem Umfang verringern[4].

6 **2. Teilfreistellungen (Sätze 3, 4).** Durch das BetrVerf-Reformgesetz 2001 wurde die bislang heftig umstrittene Frage der Möglichkeit von Teilfreistellungen zugunsten deren Zulässigkeit entschieden, vgl. Satz 3. Ziel des Gesetzgebers war es zum einen, der Teilzeitarbeit als „immer häufiger werdende Arbeitsform" auch für die BR-Arbeit Rechnung zu tragen, zum anderen, Freistellungen von beruflich ambitionierten BR-Mitgliedern, „die durch die BR-Arbeit nicht den Anschluss an das Berufsleben verlieren wollen", im Wege der Teilfreistellung zu ermöglichen, schließlich bei räumlich weit auseinander liegenden Betriebsteilen die Basisnähe durch vermehrte Teilfreistellungen zu verbessern[5].

7 Eine **Teilfreistellung** liegt dann vor, wenn ein BR-Mitglied dergestalt von seiner Arbeitspflicht befreit wird, dass es noch **in einem bestimmten Umfang** Arbeitsleistung erbringen kann[6]. Grundsätzlich unterliegt es der freien Organisationsentscheidung des BR, ob und in welchem Umfang er von der Möglichkeit der Teilfreistellung Gebrauch macht[7]. Die Möglichkeiten der Teilfreistellung sind so vielfältig wie die Möglichkeiten der Teilzeitarbeit: Stunden- oder tageweise Freistellung eines vollzeitbeschäftigten BR-Mitglieds, stunden- oder tageweise Freistellung von teilzeitbeschäftigten BR-Mitgliedern etc. Satz 4 stellt aber ausdrücklich klar, dass durch Teilfreistellungen das **Gesamtfreistellungsvolumen** nach den Sätzen 1 und 2 **nicht überschritten** werden darf, dh., dass die Addition der konkreten persönlichen Arbeitszeiten, für die teilweise freigestellte BR-Mitglieder jeweils von der Arbeit befreit sind, nicht das Gesamtvolumen der auf betriebliche Vollzeitkräfte bezogenen gesetzlichen Staffel (Rz. 3) überschreiten darf.

8 Bleibt der BR bei der Festlegung von Teilfreistellungen innerhalb des zulässigen Arbeitszeitvolumens vergleichbarer freigestellter Vollzeitbeschäftigter, trifft ihn – anders als nach der BAG-Rspr. zu § 38 aF[8] – **keine besondere Darlegungslast**, warum er sich für Teil- und nicht für Vollfreistellungen entscheidet[9]. Eine Grenze der Gestaltung der Teilfreistellung wird aber – schon wegen des Grundsatzes der vertrauensvollen Zusammenarbeit (§ 2 Abs. 1) – dann zu ziehen sein, wenn eine „Atomisierung" der Freistellungen zu einer unzumutbaren Mehrbelastung des ArbGeb führt und einer sinnvollen Organisation der BR-Arbeit entgegen steht[10]. Bei Streitigkeiten über Zahl und Lage der Teilfreistellungen entscheidet nach § 38 Abs. 2 Satz 4 die **Einigungsstelle**[11].

9 **3. Zusätzliche Freistellungen.** Die gesetzliche Staffel des Abs. 1 enthält lediglich **Mindestzahlen**. Der BR kann daher zusätzliche Freistellungen weiterer BR-Mitglieder geltend machen, wenn dies zur ordnungsgemäßen Wahrnehmung seiner ihm obliegenden Aufgaben „erforderlich" (vgl. § 37 Rz. 10)

Nr. 17 zu § 38 BetrVG 1972 = NZA 1997, 58; DKK/Wedde, § 38 BetrVG Rz. 19; Fitting, § 38 BetrVG Rz. 12; Richardi/*Richardi/Thüsing*, § 38 BetrVG Rz. 14; aA GK-BetrVG/*Wiese/Weber*, § 38 Rz. 16, 30; Löwisch, BB 2001, 1743; MünchArbR/*Joost*, § 308 Rz. 64 (zu § 38 aF). | **1** HM, vgl. *Fitting*, § 38 BetrVG Rz. 9; GK-BetrVG/*Wiese/Weber*, § 38 Rz. 11. | **2** So BAG v. 20.10.2003 – 7 ABR 0/03, DB 2004, 939; v. 16.4.2003 – 7 ABR 53/02, DB 2003, 2128; aA ErfK/*Eisemann*, § 38 BetrVG Rz. 1; *Fitting*, § 38 BetrVG Rz. 9; Richardi/*Richardi/Thüsing*, § 38 BetrVG Rz. 9. | **3** BAG v. 26.7.1989 – 7 ABR 64/88, AP Nr. 10 zu § 38 BetrVG 1972; *Fitting*, § 38 BetrVG Rz. 8; GK-BetrVG/*Wiese/Weber*, § 38 Rz. 12. | **4** BAG v. 26.7.1989 – 7 ABR 64/88, AP Nr. 10 zu § 38 BetrVG 1972; DKK/*Wedde*, § 38 BetrVG Rz. 10; ErfK/*Eisemann*, § 38 BetrVG Rz. 1; *Fitting*, § 38 BetrVG Rz. 15; aA GK-BetrVG/*Wiese/Weber*, § 38 Rz. 14; HSG/*Glaubitz*, § 38 BetrVG Rz. 11; Richardi/*Richardi/Thüsing*, § 38 BetrVG Rz. 11: Anpassung immer nach unten. | **5** Amtliche Begründung BT-Drs. 14/5741, S. 41. | **6** Vgl. *Hornung*, DB 2002, 94. | **7** HM, vgl. *Fitting*, § 38 BetrVG Rz. 13; GK-BetrVG/*Wiese/Weber*, § 38 Rz. 29. | **8** BAG v. 26.6.1996 – 7 ABR 48/95, BAGE 83, 234 = AP Nr. 17 zu § 38 BetrVG 1972. | **9** *Fitting*, § 38 BetrVG Rz. 13; GK-BetrVG/*Wiese/Weber*, § 38 Rz. 29. | **10** Für diese Einschränkung DKK/*Wedde*, § 38 BetrVG Rz. 22; ErfK/*Eisemann*, § 38 BetrVG Rz. 4; Richardi/*Richardi/Thüsing*, § 38 BetrVG Rz. 14. | **11** Vgl. *Hanau*, ZIP 2001, 1984; *Löwisch*, BB 2001, 1743.

ist[1]. Anspruchsgrundlage ist dann aber § 37 Abs. 2, weshalb es immer des konkreten Nachweises der Erforderlichkeit bedarf[2]. Der BR muss insb. detailliert darlegen, dass die zusätzliche Freistellung für die **gesamte (restliche) Wahlperiode** erforderlich ist und die Möglichkeit vorübergehender Arbeitsbefreiungen nach § 37 Abs. 2 nicht ausreicht, um die anfallende BR-Arbeit ordnungsgemäß zu erledigen. An die Darlegungslast des BR sind dabei relativ **hohe Anforderungen** zu stellen, da zu berücksichtigen ist, dass der Bedarf an Freistellungen vom Gesetzgeber in § 38 für den Normalfall großzügig bemessen ist[3].

Kriterien, die zusätzliche Freistellungen rechtfertigen, können zB sein   10

- zahlreiche und weit verstreut liegende Betriebsstätten[4],
- Drei- bzw. Mehrschichtbetrieb[5],
- erhöhter Arbeitsanfall wegen Besonderheiten der betrieblichen Organisation[6].

Mit der Absenkung der Schwellenwerte und der Erhöhung der Zahl der Freistellungen hat der Gesetzgeber im BetrVerf-ReformG aber auf den Aufgabenzuwachs der BR reagiert[7], weshalb in Zukunft an die Erforderlichkeit zusätzlicher Freistellungen deutlich höhere Anforderungen zu stellen sein werden als bisher.

Der Betriebrat kann nicht einseitig – auch nicht durch eine entsprechende Regelung in der Geschäftsordnung[8] – ohne Zustimmung des ArbGeb zusätzliche Freistellungen beschließen, wie sich aus dem Rechtsgedanken des – nicht als abschließend zu verstehenden – Satz 5 ergibt. Vielmehr bedarf es hierzu einer **Vereinbarung** mit dem ArbGeb (hM). Kommt kein Konsens zustande, entscheidet nicht die Einigungsstelle, sondern das **ArbG** im Beschlussverfahren[9].   11

4. Anderweitige Regelungen (Satz 5). Satz 5 eröffnet die Möglichkeit, durch TV oder BV „anderweitige Regelungen" über **Art und Umfang** der Freistellung zu treffen. Regelungsgegenstand können die Zahlen und Schwellenwerte der Sätze 1 und 2 sein, die Modalitäten bei Teilfreistellungen, aber auch Freistellungen in kleineren Betrieben (weniger als 200 ArbN)[10]. Die **Mindestanzahl** der Freistellungen kann nicht nur erhöht, sondern auch **abgesenkt** werden, da das Gesetz nur von „anderweitigen" und nicht von „günstigeren" Regelungen spricht. Ein genereller Ausschluss von Freistellungen ist allerdings unzulässig[11]. Eine abweichende Regelung über das Freistellungsverfahren (Abs. 2) kann nicht vereinbart werden, was sich schon aus der systematischen Stellung der „anderweitigen Regelungsbefugnis" in Abs. 1 ergibt[12].   12

Eine anderweitige Regelung der Freistellungen kann nur **freiwillig** getroffen werden, so dass eine BV iSd. Satz 5 nicht durch Spruch der Einigungsstelle erzwungen werden kann und entsprechend ein TV nicht erkämpft werden kann[13]. Besteht bereits eine tarifvertragliche Regelung, ist eine BV aufgrund des Günstigkeitsprinzips zulässig, wenn sie eine weiter gehende Freistellungsregelung vorsieht als der TV. Ungünstigere Freistellungsregelungen sind dagegen nur bei einer im TV verankerten Öffnungsklausel zulässig (Rangprinzip)[14]. § 77 Abs. 3 ist hier nach hM auf das Verhältnis zwischen BV und TV **nicht anwendbar**, da es sich bei der Freistellung nicht um „sonstige Arbeitsbedingungen", sondern um eine betriebsverfassungsrechtliche Regelung handelt.   13

Die durch BV oder TV getroffene Regelung tritt als **abschließende Regelung** an die Stelle der gesetzlichen Regelung nach Abs. 1 Satz 1 und 2 mit der Folge, dass der BR keine weiteren Freistellungen verlangen kann[15]. Unberührt bleibt hiervon aber ein Anspruch auf Arbeitsbefreiung aus konkretem Anlass nach § 37 Abs. 2 (vgl. § 37 Rz. 6).   14

---

1 HM vgl. BAG v. 22.5.1973 – 1 ABR 2/73, AP Nr. 2 zu § 38 BetrVG 1972 (zust. Anm. *Richardi*); v. 26.7.1989 – 7 ABR 64/88, AP Nr. 10 zu § 38 BetrVG 1972; v. 26.6.1996 – 7 ABR 48/95, BAGE 83, 234 = AP Nr. 17 zu § 38 BetrVG 1972; *Fitting*, § 38 BetrVG Rz. 19; GK-BetrVG/*Wiese/Weber*, § 38 Rz. 17. |2 HM, vgl. BAG v. 26.7.1989 – 7 ABR 64/88, AP Nr. 10 zu § 38 BetrVG 1972; v. 26.6.1996 – 7 ABR 48/95, AP Nr. 17 zu § 38 BetrVG 1972; *Fitting*, § 38 BetrVG Rz. 19; GK-BetrVG/*Wiese/Weber*, § 38 Rz. 19. |3 Vgl. BAG v. 26.7.1989 – 7 ABR 64/88, AP Nr. 10 zu § 38 BetrVG 1972 = NZA 1990, 621; v. 13.11.1991 – 7 ABR 5/91, AP Nr. 80 zu § 37 BetrVG 1972; DKK/*Wedde*, § 38 BetrVG Rz. 14; *Fitting*, § 38 BetrVG Rz. 22. |4 LAG Düsseldorf v. 29.6.1988 – 12 TaBV 37/88, AiB 1989, 80. |5 BAG v. 22.5.1973 – 1 ABR 26/72, AP Nr. 1 zu § 38 BetrVG 1972 (Anm. *Richardi*). |6 LAG Köln v. 2.8.1988 – 4 TaBV 34/88, AuR 1989, 150. |7 Amtliche Begründung BT-Drs. 14/5741, S. 41. |8 BAG v. 16.1.1979 – 6 AZR 683/76, AP Nr. 5 zu § 38 BetrVG 1972. |9 HM, vgl. BAG v. 22.5.1973 – 1 ABR 2/73, AP Nr. 2 zu § 38 BetrVG 1972 (zust. Anm. *Richardi*); v. 9.10.1973 – 1 ABR 29/73, AP Nr. 3 zu § 38 BetrVG 1972 (zust. Anm. *Buchner*); v. 26.7.1989 – 7 ABR 64/88, AP Nr. 10 zu § 38 BetrVG 1972 = NZA 1990, 621; *Fitting*, § 38 BetrVG Rz. 20; GK-BetrVG/ *Wiese/Weber*, § 38 Rz. 22; aA DKK/*Wedde*, § 38 BetrVG Rz. 12. |10 Vgl. ausf. Übersicht bei *Fitting*, § 38 BetrVG Rz. 28. |11 BAG v. 11.6.1997 – 7 ABR 5/96, AP Nr. 22 zu § 38 BetrVG 1972 = NZA 1997, 1301; *Fitting*, § 38 BetrVG Rz. 30; GK-BetrVG/*Wiese/Weber*, § 38 Rz. 31 ff. |12 LAG Hess. v. 1.8.1991 – 12 TaBV 40/91, DB 1991, 2494; *Fitting*, § 38 BetrVG Rz. 29; GK-BetrVG/*Wiese/Weber*, § 38 Rz. 31. |13 Ebenso ErfK/*Eisemann*, § 38 BetrVG Rz. 5; GK-BetrVG/*Wiese/Weber*, § 38 Rz. 31; Richardi/Richardi/*Thüsing*, § 38 BetrVG Rz. 20; für Freiwilligkeit nur bei Betriebsvereinbarung, nicht aber bei TV DKK/*Wedde*, § 38 BetrVG Rz. 25; *Fitting*, § 38 BetrVG Rz. 31. |14 Vgl. DKK/*Wedde*, § 38 BetrVG Rz. 28; *Fitting*, § 38 BetrVG Rz. 32; GK-BetrVG/*Wiese/Weber*, § 38 Rz. 34; aA Richardi/Richardi/*Thüsing*, § 38 BetrVG Rz. 23, die auch eine günstigere Regelung für unzulässig erachten: Tarifregelung gilt abschließend. |15 HM, vgl. *Fitting*, § 38 BetrVG Rz. 33; GK-BetrVG/*Wiese/Weber*, § 38 Rz. 35.

15 **5. Zeitweilige Verhinderung freigestellter BR-Mitglieder.** Ist ein freigestelltes BR-Mitglied zeitweilig zB durch Krankheit, Urlaub oder Schulung verhindert, kann der BR einen Anspruch auf **Ersatzfreistellung** eines anderen Amtsträgers nur dann geltend machen, wenn er hinreichende Gründe für deren Erforderlichkeit darlegt. Denn die Ersatzfreistellung stützt sich dann auf einen **konkreten Anlass** nach § 37 Abs. 2 und kommt nur in Frage, wenn die BR-Aufgaben trotz einer zumutbaren internen Umverteilung im BR nicht durch die anderen Mitglieder erledigt werden können[1]. Nach ständiger BAG-Rspr. berührt eine vorübergehende Verhinderung die Rechtsstellung der freigestellten BR-Mitglieder nicht[2]. IdR kann **nicht** schon jede **kurzfristige Verhinderung** – zB wegen Krankheit oder Urlaub – eines freigestellten BR-Mitglieds eine Ersatzfreistellung nach § 37 Abs. 2 rechtfertigen, weil in der Berechnung der Mindeststaffel gewisse Fehlzeiten schon mit berücksichtigt sind[3]. Der BR kann nicht erwarten, für die Erledigung seiner Aufgaben an jedem Arbeitstag die der Mindeststaffel entsprechende Anzahl freigestellter BR-Mitglieder zur Verfügung zu haben. Dies hat umso mehr zu gelten, seitdem durch das BetrVerf-Reformgesetz die Schwellenwerte gesenkt und die Zahl der Freistellungen erhöht worden sind.

16 **III. Freistellungsverfahren (Abs. 2). 1. Auswahl und Wahl (Sätze 1 bis 3).** Der Wahl der freizustellenden BR-Mitglieder hat nach dem eindeutigen Wortlaut des Abs. 2 Satz 1 eine **Beratung mit dem ArbGeb** vorauszugehen. Die Beratung muss in einer ordnungsgemäß einberufenen Sitzung (vgl. § 29 Rz. 8 ff.) mit dem **gesamten BR** erfolgen; eine Beratung nur einzelner BR-Mitglieder mit dem ArbGeb genügt nicht[4]. Zweck dieser Regelung ist es, eine gewisse Rationalisierung des Wahlverfahrens zu erreichen, indem der ArbGeb bereits vor der Wahl auf für ihn wesentliche betriebliche Belange hinweisen kann und diese ggf. von den BR-Mitgliedern bei den Wahlvorschlägen berücksichtigt werden können, umso bereits im Vorfeld ein Einigungsstellenverfahren zu vermeiden. **Unterlässt** der BR die Beratung mit dem ArbGeb, ist die Wahl zwar nicht unwirksam[5], jedoch kann die **Anfechtung** der Wahl analog § 19 gerechtfertigt sein[6]. Ein solches BR-Verhalten ist aber in jedem Fall pflichtwidrig und kann zu seiner Auflösung nach § 23 Abs. 1 führen.

17 Die eigentliche Wahl der freizustellenden BR-Mitglieder erfolgt in einer ordnungsgemäß einberufenen Sitzung **geheim** und nach den Grundsätzen der **Verhältniswahl**; wird lediglich **ein Wahlvorschlag** eingereicht, richtet sich die Wahl nach den Grundsätzen der **Mehrheitswahl** (zu den Einzelheiten vgl. § 14 Rz. 9 ff.). Ist nur ein BR-Mitglied freizustellen, wird dieses mit einfacher Stimmenmehrheit gewählt. Die Vorschrift entspricht im Wesentlichen der Wahlvorschrift für den Betriebsausschuss (§ 27 Abs. 1 Sätze 2 bis 4), vgl. dazu näher § 27 Rz. 4 f. Auf die Einhaltung der Geschlechterquote des § 15 Abs. 2 ist hier keine Rücksicht mehr zu nehmen (hM).

18 Das gewählte BR-Mitglied muss mit der Freistellung **einverstanden** sein, da eine Freistellung wider Willen ausgeschlossen ist. Für die Gültigkeit der Wahl ist aber nicht entscheidend, ob die Einverständniserklärung vor oder nach der Wahl abgegeben wird[7]. Im Anschluss an die Wahl hat der BR-Vorsitzende (vgl. § 26 Abs. 2) dem **ArbGeb** die Namen der freizustellenden BR-Mitglieder mitzuteilen, da die Freistellung als solche durch den ArbGeb erfolgt – dieser ist ja Gläubiger des Anspruchs auf die Arbeitsleistung. Der ArbGeb kann sein Einverständnis ausdrücklich oder durch konkludentes Verhalten erklären[8]. Lässt der ArbGeb die Zwei-Wochen-Frist des Satz 4 widerspruchslos verstreichen, wird sein Einverständnis mit den Freistellungen fingiert[9], vgl. Satz 7.

19 **2. Einigungsstellenverfahren (Sätze 4 bis 7).** Hält der ArbGeb den Freistellungsbeschluss des BR für **sachlich nicht vertretbar**, kann er innerhalb einer Frist von zwei Wochen die Einigungsstelle anrufen (Satz 4). Die Zwei-Wochen-Frist ist eine **Ausschlussfrist**; sie wird nach den §§ 187 ff. BGB berechnet und endet nach § 188 Abs. 2 BGB nach Ablauf von zwei Wochen an dem Wochentag, der dem Tag entspricht, an dem die Namen der Freizustellenden dem ArbGeb ordnungsgemäß bekannt gegeben wurden[10]. Besteht eine **ständige Einigungsstelle** (§ 76 Abs. 1 Satz 2), ist die Frist gewahrt, wenn vor ihrem Ablauf der Antrag des ArbGeb beim Vorsitzenden der Einigungsstelle eingegangen ist; muss diese da-

---

[1] BAG v. 22.5.1973 – 1 ABR 26/72, AP Nr. 3 zu § 38 BetrVG 1972 (zust. Anm. *Richardi*); v. 12.2.1997 – 7 ABR 40/96, AP Nr. 19 zu § 38 BetrVG 1997 = NZA 1997, 782; v. 9.7.1997 – 7 ABR 18/96, AP Nr. 23 zu § 38 BetrVG 1972 = NZA 1998, 164. [2] BAG v. 9.7.1997 – 7 ABR 18/96, AP Nr. 23 zu § 38 BetrVG 1972 = NZA 1997, 782; *Fitting*, § 38 BetrVG Rz. 26; GK-BetrVG/*Wiese/Weber*, § 38 Rz. 38. [3] HM, vgl. BAG v. 9.7.1997 – 7 ABR 18/96, AP Nr. 23 zu § 38 BetrVG 1972 = NZA 1998, 164; ErfK/*Eisemann*, § 38 BetrVG Rz. 3, *Fitting*, § 38 BetrVG Rz. 27; GK-BetrVG/*Wiese/Weber*, § 38 Rz. 38; aA DKK/*Wedde*, § 38 BetrVG Rz. 23; Richardi/*Richardi/Thüsing*, § 38 BetrVG Rz. 19. [4] BAG v. 29.4.1992 – 7 ABR 74/91, AP Nr. 15 zu § 38 BetrVG 1972 = NZA 1993, 329; DKK/*Wedde*, § 38 BetrVG Rz. 36; Richardi/*Richardi/Thüsing*, § 38 BetrVG Rz. 27; aA GK-BetrVG/*Wiese/Weber*, § 38 Rz. 43 (auch im Monatsgespräch nach § 74 Abs. 1 Satz 1 möglich). [5] LAG Nürnberg v. 19.11.1997 – 4 TaBV 15/96, BB 1998, 427; DKK/*Wedde*, § 38 BetrVG Rz. 38; ErfK/*Eisemann*, § 38 BetrVG Rz. 7; *Fitting*, § 38 BetrVG Rz. 46; GK-BetrVG/*Wiese/Weber*, § 38 Rz. 45; aA Richardi/*Richardi/Thüsing*, § 38 BetrVG Rz. 29; ausdrückl. offen gelassen von BAG v. 29.4.1992 – 7 ABR 74/91, BAGE 70, 178 (184) = AP Nr. 15 zu § 38 BetrVG 1972. [6] LAG Berlin v. 19.6.1995 – 9 TaBV, NZA-RR 1996, 51; DKK/*Wedde*, § 38 BetrVG Rz. 38; *Fitting*, § 38 BetrVG Rz. 46. [7] HM, vgl. BAG v. 11.3.1992 – 7 ABR 50/91, AP Nr. 11 zu § 38 BetrVG 1972 = NZA 1992, 946; DKK/*Wedde*, § 38 BetrVG Rz. 4; GK-BetrVG/*Wiese/Weber*, § 38 Rz. 42; Richardi/*Richardi/Thüsing*, § 38 BetrVG Rz. 31; aA *Fitting*, § 38 BetrVG Rz. 38 (Einverständnis muss vor der Wahl erklärt sein). [8] So auch *Fitting*, § 38 BetrVG Rz. 59; GK-BetrVG/*Wiese/Weber*, § 38 Rz. 53. [9] Vgl. BAG v. 26.6.1996 – 7 ABR 48/95, BAGE 83, 234 = AP Nr. 17 zu § 38 BetrVG 1972. [10] Vgl. nur Richardi/*Richardi/Thüsing*, § 38 BetrVG Rz. 33; GK-BetrVG/*Wiese/Weber*, § 38 Rz. 56.

Freistellungen   Rz. 26 § 38 BetrVG

gegen erst gebildet werden, hat der ArbGeb vor Ablauf der Frist beim BR einen Antrag auf Bildung einer Einigungsstelle zu stellen[1].

Die Entscheidungsbefugnis der Einigungsstelle ist auf die sachliche Vertretbarkeit der **personellen** 20 **Auswahlentscheidung** beschränkt[2], die vor allem dann fehlt, wenn der BR zwingende betriebliche Notwendigkeiten (zB Unabkömmlichkeit des Freizustellenden) nicht beachtet hat. Bloße Erschwerungen des Betriebsablaufs oder Unannehmlichkeiten wegen der erforderlich werdenden Umorganisation, die mit jeder Freistellung verbunden sind, reichen hierfür nicht aus[3]. Der ArbGeb kann den Freistellungsbeschluss auch nur partiell angreifen, soweit er ihn für sachlich nicht vertretbar hält, so dass er die Anrufung der Einigungsstelle auf die Freistellung eines **einzelnen** BR-Mitglieds beschränken kann[4].

Der Spruch der Einigungsstelle **ersetzt** die fehlende Einigung zwischen ArbGeb und BR. Teilt die 21 Einigungsstelle die Bedenken des ArbGeb, hat sie die freizustellenden BR-Mitglieder selbst zu bestimmen[5]. Neben den allgemeinen Entscheidungskriterien des § 76 Abs. 5 Satz 3 hat die Einigungsstelle bei ihrer Entscheidung auch den **Minderheitenschutz** nach Satz 1 zu beachten, vgl. Satz 6. Nach der Abschaffung des Gruppenschutzes bezieht sich der Minderheitenschutz nur noch auf die Berücksichtigung möglichst **listengleicher** Kandidaten im Falle der Verhältniswahl. Nach dem eindeutigen Wortlaut des Satz 6 („auch") ist der Minderheitenschutz aber nicht das alleinige Entscheidungskriterium, vielmehr hat die Einigungsstelle vor allem darauf zu achten, dass die Bestimmung eines anderen freizustellenden BR-Mitglieds sachlich vertretbar ist[6].

Der Spruch der Einigungsstelle unterliegt der vollen **gerichtlichen Überprüfung** durch das ArbG 22 (vgl. Rz. 37). Soll eine fehlerhafte Ermessensausübung der Einigungsstelle geltend gemacht werden, ist die Zwei-Wochen-Frist des § 76 Abs. 5 Satz 4 zu wahren[7].

3. **Dauer der Freistellung, Nachwahlen.** IdR erfolgt die Freistellung für die gesamte **Amtsperiode** des 23 BR, vgl. § 21[8]. Eine **vorzeitige Beendigung** der Freistellung einzelner BR-Mitglieder kann durch Widerruf des Einverständnisses, Ausscheiden aus dem Betrieb oder dem BR-Gremium oder durch Abberufung erfolgen. Die Abberufung ist jederzeit möglich, da der BR auch während der Amtsperiode die volle personelle Gestaltungs- und Auswahlkompetenz behält, vgl. § 26 Rz. 6. Er ist und bleibt als Kollektivorgan Inhaber des Anspruchs aus § 38 Abs. 1; erst mit der Wahl nach Abs. 2 erlangt das einzelne BR-Mitglied einen individuellen Anspruch gegen den ArbGeb auf Freistellung[9].

Für die **Abberufung** findet nach Abs. 2 Satz 8 die Norm des § 27 Abs. 1 Satz 5 (Betriebsausschuss) ent- 24 sprechende Anwendung, dh., dass es bei Abberufung eines nach den Grundsätzen der **Verhältniswahl** freigestellten BR-Mitglieds einer Mehrheit von drei Vierteln der Stimmen des BR in geheimer Abstimmung bedarf, um eine Umgehung des Minderheitenschutzes zu verhindern (vgl. § 27 Rz. 6). Werden jedoch die freizustellenden BR-Mitglieder **insgesamt** neu gewählt, so treten die Neugewählten an die Stelle der früher Gewählten, ohne dass diese erst mit qualifizierter Mehrheit abberufen werden müssten[10].

Ist ein aus der Freistellung ausscheidendes BR-Mitglied zu ersetzen, so ist der **Nachfolger** entspre- 25 chend § 25 Abs. 2 Satz 1 der **Vorschlagsliste** für die frühere Wahl der freizustellenden BR-Mitglieder zu entnehmen, der das ausscheidende Mitglied angehörte. Bei Erschöpfung dieser Liste ist das ersatzweise freizustellende Mitglied jedoch im Wege der **Mehrheitswahl** zu bestimmen[11] (vgl. näher § 27 Rz. 7). Entsprechendes gilt auch für **nachträgliche Freistellungen** aufgrund der Erhöhung der Gesamtzahl der freizustellenden BR-Mitglieder[12].

V. **Rechtsstellung der freigestellten BR-Mitglieder. 1. BR-Tätigkeit und arbeitsvertragliche Pflich-** 26 **ten.** Die freigestellten BR-Mitglieder sind grundsätzlich von ihrer **gesamten** – bzw. bei Teilfreistellungen von ihrer anteilsmäßigen – **beruflichen Tätigkeit** befreit. Neben der konkreten Arbeitspflicht entfallen jedoch nicht die sonstigen Pflichten aus dem Arbeitsverhältnis, so dass zB Verhaltens- und Ordnungsregelungen weiterhin zu beachten sind. Anstelle seiner vertraglichen Arbeitsaufgabe muss sich das freigestellte BR-Mitglied während der **betriebsüblichen Arbeitszeit** den BR-Aufgaben widmen. Von der Anwesenheitspflicht ist es nur befreit, wenn und soweit seine Abwesenheit vom Betrieb zur

---

1 *Fitting*, § 38 BetrVG Rz. 63; GK-BetrVG/*Wiese/Weber*, § 38 Rz. 57; Richardi/*Richardi/Thüsing*, § 38 BetrVG Rz. 33. |2 BAG v. 9.10.1973 – 1 ABR 29/73, AP Nr. 3 zu § 38 BetrVG 1972; v. 26.6.1996 – 7 ABR 48/95, BAGE 83, 234 = AP Nr. 17 zu § 38 BetrVG 1972. |3 Vgl. *Fitting*, § 38 BetrVG Rz. 61; GK-BetrVG/*Wiese/Weber*, § 38 Rz. 59. |4 HM, vgl. *Fitting*, § 38 BetrVG Rz. 64; GK-BetrVG/*Wiese/Weber*, § 38 Rz. 61. |5 *Fitting*, § 38 BetrVG Rz. 64; GK-BetrVG/*Wiese/Weber*, § 38 Rz. 62. |6 Im Ergebnis ebenso DKK/*Wedde*, § 38 BetrVG Rz. 50 f.; *Fitting*, § 38 BetrVG Rz. 67 f.; GK-BetrVG/*Wiese/Weber*, § 38 Rz. 64; Richardi/*Richardi/Thüsing*, § 38 BetrVG Rz. 38. |7 GK-BetrVG/*Wiese/Weber*, § 38 Rz. 65; Richardi/*Richardi/Thüsing*, § 38 BetrVG Rz. 39. |8 Vgl. *Fitting*, § 38 BetrVG Rz. 71; GK-BetrVG/*Wiese/Weber*, § 38 Rz. 66. |9 HM, vgl. nur *Fitting*, § 38 BetrVG Rz. 7; GK-BetrVG/ *Wiese/Weber*, § 38 Rz. 9. |10 BAG v. 29.4.1992 – 7 ABR 74/91, BAGE 70, 178 (185 f.) = AP Nr. 15 zu § 38 BetrVG 1972. |11 BAG v. 14.11.2001 – 7 ABR 31/00, AP Nr. 24 zu § 38 BetrVG 1972 = NZA 2002, 755; v. 25.4.2001 – 7 ABR 26/00, BAGE 97, 340 = AP Nr. 8 zu § 25 BetrVG 1972; so auch GK-BetrVG/*Wiese/Weber*, § 38 Rz. 75; *Löwisch*, BB 2001, 1743; aA aber *Fitting*, § 38 BetrVG Rz. 51 ff.; Richardi/*Richardi/Thüsing*, § 38 BetrVG Rz. 47 (Neuwahl aller Freizustellenden). |12 DKK/*Wedde*, § 38 BetrVG Rz. 59; *Löwisch*, BB 2001, 1743; krit. ErfK/*Eisemann*, § 38 BetrVG Rz. 6; für eine komplette Neuwahl *Hanau*, ZIP 2001, 1984.

Erfüllung von BR-Aufgaben erforderlich ist (§ 37 Rz. 10)[1]. Finden im Betrieb Maßnahmen zur Anwesenheitskontrolle statt, müssen sich ihnen auch freigestellte BR-Mitglieder stellen[2]. **Erholungsurlaub** steht ihnen genauso wie vergleichbaren ArbN zu; er suspendiert sie statt von der Arbeitspflicht von der betriebsverfassungsrechtlichen Amtstätigkeit[3].

27 Der ArbGeb hat sachnotwendig **kein Direktionsrecht** hinsichtlich der Gestaltung der BR-Tätigkeit. Dem steht aber nicht entgegen, dass sich auch ein freigestelltes BR-Mitglied **abmelden** muss, wenn es den Betrieb **verlässt** (vgl. § 37 Rz. 12)[4]. Der ArbGeb kann nur Angaben hinsichtlich Ort und Dauer der beabsichtigten BR-Tätigkeit verlangen, nicht dagegen zur Art der BR-Aktivität[5]. Auf Verlangen des ArbGeb muss das BR-Mitglied aber den Nachweis führen, dass es außerhalb des Betriebs tatsächlich BR-Aufgaben wahrgenommen hat[6].

28 Die Freistellung soll ausschließlich der **sachgerechten** Wahrnehmung der BR-Aufgaben dienen. Es besteht allerdings eine **gesetzliche Vermutung** dafür, dass ein freigestelltes BR-Mitglied ausschließlich BR-Tätigkeit ausübt oder sich dafür bereithält[7]. Nutzt das BR-Mitglied die Freistellungszeit aber nachweislich für andere Zwecke, kann darin eine grobe **Amtspflichtverletzung** iSd. § 23 Abs. 1 gesehen werden, gleichzeitig aber auch eine Verletzung der Pflichten aus dem Arbeitsvertrag (vgl. § 23 Rz. 6)[8].

29 **2. Entgeltfortzahlung und Ausgleichsanspruch.** Das **Arbeitsentgelt** ist nach dem sog. „Lohnausfallprinzip" fortzuzahlen, dh. dass dem freigestellten BR-Mitglied Anspruch auf jenes Arbeitsentgelt zusteht, das es bei tatsächlicher Ausübung seiner beruflichen Tätigkeit erhalten hätte (vgl. § 37 Rz. 14). Bei der Bemessung des Entgelts ist die **betriebsübliche berufliche Fortentwicklung** vergleichbarer ArbN als Maßstab heranzuziehen, was hier anders als bei den nur vorübergehend befreiten BR-Mitgliedern erheblich schwieriger festzustellen ist, da keinerlei persönliche Arbeitsleistung mehr erbracht wird, die als Bezugspunkt dienen kann[9]. Dies gilt auch für **Mehrarbeitszuschläge**, wenn vergleichbare ArbN Mehrarbeit leisten und das freigestellte BR-Mitglied diese auch hätte leisten müssen, wäre es nicht freigestellt[10]. Hierfür ist unerheblich, ob infolge der BR-Tätigkeit ebenfalls Mehrarbeit anfällt. Es muss aber darauf geachtet werden, dass für die Zeit, in der **zusätzliche BR-Tätigkeit** als „Mehrarbeit" von ihm geleistet wurde, die Mehrarbeitszuschläge auf seine Ansprüche aus § 37 Abs. 3 angerechnet werden, so dass keine doppelte Vergütung oder Arbeitsbefreiung erfolgt[11].

30 Leistet ein freigestelltes BR-Mitglied **außerhalb seiner Arbeitszeit** BR-Arbeit, besteht ein Anspruch auf entsprechenden Freizeitausgleich innerhalb eines Monats nach § 37 Abs. 3 nur, wenn dies betriebsbedingt und nicht betriebs*rats*bedingt erfolgen musste, vgl. § 37 Rz. 18 f[12]. Ein freigestelltes BR-Mitglied kann grundsätzlich selbst bestimmen, wann es den ihm zustehenden Freizeitausgleich nimmt, da es nicht in den Betriebsablauf eingegliedert ist[13]. Ein Anspruch auf **Mehrarbeitsvergütung** besteht daher nur, wenn das BR-Mitglied darlegen und beweisen kann, dass die ordnungsgemäße Erledigung der BR-Arbeit es unmöglich gemacht hatte, den Freizeitausgleich innerhalb eines Monats zu nehmen (vgl. § 37 Rz. 21)[14].

31 Soweit es sich um die Teilnahme an **Schulungs- und Bildungsveranstaltungen** handelt, sind die freigestellten BR-Mitglieder nicht gegenüber ihren BR-Kollegen privilegiert. Vielmehr sind für die Prüfung der **Erforderlichkeit** dieselben rechtlichen Kriterien des § 37 Abs. 6 bzw. § 40 Abs. 1 maßgeblich, weil Sinn und Zweck beider Regelungen die sachgerechte Wahrnehmung der dem BR obliegenden gesetzlichen Aufgaben ist[15]. Daher hat auch ein freigestelltes BR-Mitglied weder einen Anspruch auf Kostenerstattung noch auf Entgeltfortzahlung, wenn es an einer Schulung teilnimmt, die weder erforderliche Kenntnisse iSd. § 37 Abs. 6 vermittelt noch nach § 37 Abs. 7 als geeignet anerkannt ist (vgl. ausführlich § 37 Rz. 32 ff.).

32 **3. Diskriminierungsschutz (Abs. 3, 4).** Sind BR-Mitglieder mindestens **drei aufeinander folgende Amtszeiten** freigestellt, so erweitert sich der Schutz gegen Entgelt- und Berufsdiskriminierung nach § 37 Abs. 4 und 5 auf **zwei Jahre** nach Ablauf der Amtszeit, vgl. Abs. 3. Um der Intention der verlängerten Schutzfrist aufgrund zunehmender Entfremdung vom Arbeitsplatz gerecht zu werden, bedarf es hierzu der **völligen Freistellung** – eine teilweise Freistellung genügt also nicht[16]. Eine **volle Amtszeit** ist die regel-

---

1 BAG v. 31.5.1989 – 7 ABR 277/88, AP Nr. 9 zu § 38 BetrVG 1972. | 2 HM, vgl. *Fitting*, § 38 BetrVG Rz. 77; GK-BetrVG/*Wiese/Weber*, § 38 Rz. 77. | 3 BAG v. 20.8.2002 – 9 AZR 261/01, AP Nr. 27 zu § 38 BetrVG 1972 = DB 2003, 1963. | 4 BAG v. 31.5.1989 – 7 ABR 277/88, AP Nr. 9 zu § 38 BetrVG 1972; GK-BetrVG/*Wiese/Weber*, § 38 Rz. 81; Richardi/*Richardi/Thüsing*, § 38 BetrVG Rz. 50. | 5 BAG v. 15.3.1995 – 7 AZR 643/94, BAGE 79, 263 = AP Nr. 105 zu § 37 BetrVG 1972 unter Aufgabe seiner bisherigen Rspr. | 6 HM, vgl. *Fitting*, § 38 BetrVG Rz. 79; GK-BetrVG/*Wiese/Weber*, § 38 Rz. 81; aA DKK/*Wedde*, § 38 BetrVG Rz. 65. | 7 BAG v. 19.5.1983 – 6 AZR 290/81, BAGE 42, 405 = AP Nr. 44 zu § 37 BetrVG. | 8 Vgl. *Fitting*, § 38 BetrVG Rz. 84; GK-BetrVG/*Wiese/Weber*, § 38 Rz. 82. | 9 Vgl. DKK/*Wedde*, § 38 BetrVG Rz. 68; *Fitting*, § 38 BetrVG Rz. 86. | 10 BAG v. 12.12.2000 – 9 AZR 508/99, BAGE 96, 344 = AP Nr. 27 zu § 1 TVG – Tarifverträge: Textilindustrie. | 11 Vgl. *Fitting*, § 38 BetrVG Rz. 88; GK-BetrVG/*Wiese/Weber*, § 38 Rz. 85. | 12 HM, vgl. BAG v. 21.5.1974 – 1 AZR 477/73, AP Nr. 14 zu § 37 BetrVG 1972; *Fitting*, § 38 BetrVG Rz. 81; GK-BetrVG/*Wiese/Weber*, § 38 Rz. 87; aA Richardi/*Richardi/Thüsing*, § 38 BetrVG Rz. 51. | 13 Vgl. *Fitting*, § 38 BetrVG Rz. 81; GK-BetrVG/*Wiese/Weber*, § 38 Rz. 88. | 14 Ebenso Richardi/*Richardi/Thüsing*, § 38 BetrVG Rz. 52; ähnlich *Fitting*, § 38 BetrVG Rz. 81; aA GK-BetrVG/*Wiese/Weber*, § 38 Rz. 89: entgegenstehende betriebliche Gründe nicht ersichtlich. | 15 BAG v. 21.7.1978 – 6 AZR 561/75, AP Nr. 4 zu § 38 BetrVG 1972. | 16 Ebenso GK-BetrVG/*Wiese/Weber*, § 38 Rz. 91; Richardi/*Richardi/Thüsing*, § 38 BetrVG Rz. 58.

mäßige Amtszeit des BR iSd. § 21, also von **vier Jahren**. Keine volle Amtszeit ist daher eine verkürzte Amtszeit wegen der Notwendigkeit einer vorzeitigen Neuwahl nach § 13 Abs. 2 Nr. 1 bis 3 oder die vorzeitige Beendigung der Amtszeit aufgrund einer gerichtlichen Entscheidung nach § 19 oder § 23. Die Freistellungszeit muss also immer **mindestens 12 Jahre** betragen haben, doch kann die erforderliche Freistellungszeit unter den Voraussetzungen des § 13 Abs. 3 Satz 2, § 21 Satz 4 auch länger sein[1].

Das BR-Mitglied muss in der **letzten Amtsperiode** vor seinem Ausscheiden aus dem BR freigestellt gewesen sein, damit die Erhöhung der nachwirkenden Schutzfrist auf zwei Jahre greift, da Zweck dieser Vorschrift ist, den Schwierigkeiten zu begegnen, die bei der Eingliederung eines langzeitig freigestellten BR-Mitglieds in den betrieblichen Arbeitsablauf entstehen können[2].   33

Eine Ausprägung des allgemeinen Benachteiligungsverbots (§ 78 Satz 2) enthält Abs. 4: Freigestellte BR-Mitglieder dürfen von inner- und außerbetrieblichen **Maßnahmen der Berufsbildung** während der Freistellung **nicht ausgeschlossen** werden. Hierdurch steht ihnen zwar kein Anspruch auf bevorzugte Berücksichtigung bei der Auswahl der Teilnehmer zu. Es wird aber sicher gestellt, dass Freigestellte nicht übergangen werden dürfen[3]. Die Vorschrift soll gewährleisten, dass die freigestellten BR-Mitglieder ihren früheren Arbeitskollegen in der beruflichen Entwicklung nicht nachstehen und die angestrebte Wiedereingliederung in das Berufsleben nach Beendigung der Freistellung ermöglicht wird[4].   34

Außerdem ist den freigestellten BR-Mitgliedern **innerhalb eines Jahres** nach Beendigung der Freistellung die Gelegenheit zu geben, eine aufgrund der Freistellung unterbliebene betriebsübliche berufliche Entwicklung nachzuholen, vgl. Abs. 4 Satz 2. Dies kann jedoch nur im Rahmen der Möglichkeiten des Betriebs erfolgen, so dass dem ArbGeb hinsichtlich Art, Dauer und finanziellem Aufwand **kein unzumutbarer Aufwand** entstehen darf[5]. Nach der Teilnahme an solchen Maßnahmen der beruflichen Fortbildung ist das freigestellte Mitglied nach Beendigung seiner Freistellung konsequenterweise auch entsprechend seiner beruflichen Fortentwicklung weiter zu beschäftigen. Ein Anspruch auf Bevorzugung gegenüber vergleichbaren ArbN besteht allerdings nicht[6]. Auch diese nachwirkende Fortbildungsmöglichkeit verlängert sich, entsprechend Abs. 3, bei drei aufeinander folgenden vollen Freistellungsperioden auf zwei Jahre, vgl. Abs. 4 Satz 3 (Rz. 32).   35

V. Streitigkeiten. Streitigkeiten zwischen ArbGeb und BR über den Umfang der Freistellungen oder die Wahl der freizustellenden BR-Mitglieder entscheiden die ArbG im **Beschlussverfahren** (§ 2a Abs. 1 Nr. 1, Abs. 2 iVm. §§ 80 ff. ArbGG). Bei der Wahl der freizustellenden BR-Mitglieder nach Abs. 2 handelt es sich um eine **betriebsratsinterne Wahl** mit der Folge, dass diese wie zB bei der Wahl des Vorsitzenden, § 26 Abs. 1, oder bei der Wahl der Mitglieder des Betriebsausschusses, § 27 Abs. 1, analog § 19 innerhalb einer Frist von zwei Wochen **anfechtbar** ist[7], vgl. näher § 26 Rz. 14.   36

Will der ArbGeb die **sachliche Unvertretbarkeit** der Freistellung geltend machen, muss er zunächst das **Einigungsstellenverfahren** durchführen, Abs. 2 Satz 4 (Rz. 19 ff.). Die unmittelbare Anrufung des ArbG ist nicht zulässig, da erst der Spruch der Einigungsstelle eine verbindliche Regelung schafft, die einer arbeitsgerichtlichen Überprüfung zugänglich ist[8]. Der Spruch der Einigungsstelle ist im **Beschlussverfahren** aber sowohl dahingehend überprüfbar, ob er sachlich begründet ist, als auch daraufhin, ob die Einigungsstelle die Grenzen ihres Ermessens eingehalten hat (§ 76 Abs. 5 Satz 4). Aus Gründen der Rechtssicherheit ist in beiden Fällen die **Zwei-Wochen-Frist** des § 76 Abs. 5 Satz 4 einzuhalten[9].   37

Das **Urteilsverfahren** kommt zur Anwendung, wenn Meinungsverschiedenheiten zwischen ArbGeb und ArbN über Konsequenzen aus der Freistellung für das jeweilige individuelle Arbeitsverhältnis bestehen. Hierzu zählen zB Streitigkeiten über mangelnde betriebliche Anwesenheit, die Fortzahlung des Arbeitsentgelts oder die Teilnahme an Fortbildungsveranstaltungen[10].   38

39 Sprechstunden

(1) Der Betriebsrat kann während der Arbeitszeit Sprechstunden einrichten. Zeit und Ort sind mit dem Arbeitgeber zu vereinbaren. Kommt eine Einigung nicht zustande, so entscheidet die Einigungsstelle. Der Spruch der Einigungsstelle ersetzt die Einigung zwischen Arbeitgeber und Betriebsrat.

(2) Führt die Jugend- und Auszubildendenvertretung keine eigenen Sprechstunden durch, so kann an den Sprechstunden des Betriebsrats ein Mitglied der Jugend- und Auszubildendenvertretung zur Beratung der in § 60 Abs. 1 genannten Arbeitnehmer teilnehmen.

---

1 *DKK/Wedde*, § 38 BetrVG Rz. 73; *Fitting*, § 38 BetrVG Rz. 94; *GK-BetrVG/Wiese/Weber*, § 38 Rz. 94; aA *Richardi/Thüsing*, § 38 BetrVG Rz. 59. |2 *ErfK/Eisemann*, § 38 BetrVG Rz. 12; *Fitting*, § 38 BetrVG Rz. 96; aA *DKK/Wedde*, § 38 BetrVG Rz. 75; *GK-BetrVG/Wiese/Weber*, § 38 Rz. 95. |3 *Fitting*, § 38 BetrVG Rz. 98 f.; *Richardi/Richardi/Thüsing*, § 38 BetrVG Rz. 62. |4 *Fitting*, § 38 BetrVG Rz. 97; *ErfK/Eisemann*, § 38 BetrVG Rz. 13. |5 *Fitting*, § 38 BetrVG Rz. 100; *GK-BetrVG/Wiese/Weber*, § 38 Rz. 100. |6 *Fitting*, § 38 BetrVG Rz. 103; *GK-BetrVG/Wiese/Weber*, § 38 Rz. 102. |7 BAG v. 15.1.1992 – 7 ABR 24/91, AP Nr. 10 zu § 26 BetrVG 1972 = NZA 1992, 1091; v. 28.10.1992 – 7 ABR 2/92, AP Nr. 16 zu § 38 BetrVG 1972 = NZA 1993, 910. |8 HM, vgl. *Fitting*, § 38 BetrVG Rz. 107; *GK-BetrVG/Wiese/Weber*, § 38 Rz. 104. |9 HM, vgl. *Fitting*, § 38 BetrVG Rz. 108; *GK-BetrVG/Wiese/Weber*, § 38 Rz. 104; aA *HSG/Glaubitz*, § 38 BetrVG Rz. 69. |10 *Fitting*, § 38 BetrVG Rz. 110; *GK-BetrVG/Wiese/Weber*, § 38 Rz. 105.

(3) **Versäumnis von Arbeitszeit, die zum Besuch der Sprechstunden oder durch sonstige Inanspruchnahme des Betriebsrats erforderlich ist, berechtigt den Arbeitgeber nicht zur Minderung des Arbeitsentgelts des Arbeitnehmers.**

Abs. 2 zuletzt geändert durch das Gesetz zur Bildung von Jugend- und Auszubildendenvertretungen in den Betrieben (v. 13.7.1988, BGBl. I S. 1034).

1 I. Inhalt und Zweck. Die Vorschrift will die **Kommunikation** zwischen BR und ArbN fördern[1]. Der BR muss nicht, kann aber unabhängig von der Größe des Betriebs durch die Einrichtung von Sprechstunden zu **festliegenden Zeiten** das Vorbringen von Anregungen und Beschwerden aus der Belegschaft erleichtern, vgl. auch §§ 85, 86a, und damit seine Geschäftsführung vereinfachen, weil nicht ständig BR-Mitglieder für Auskünfte und Beratungen bereit stehen müssen. Die Sprechstunde liegt auch im **Interesse des ArbGeb**, weil damit vermieden wird, dass nicht freigestellte BR-Mitglieder ständig bei der Arbeit gestört werden (Bündelung des Vorbringens der ArbN). Außerdem muss bei ihrer zeitlichen Festlegung auch auf betriebliche Notwendigkeiten Rücksicht genommen werden, weil sie **während der Arbeitszeit** stattfindet[2].

2 II. Einrichtung von Sprechstunden (Abs. 1). Bei der „Ob"-Frage der Einrichtung von Sprechstunden wird dem BR nach dem Gesetzeswortlaut („kann") eine Ermessensentscheidung zugebilligt, vgl. Satz 1, die aber nicht willkürlich, sondern nach pflichtgemäßem Ermessen zu treffen ist[3]. In jedem Fall bedarf die Errichtungsentscheidung als solche nicht der Zustimmung des ArbGeb, vielmehr entscheidet der BR alleine durch **Beschluss**, vgl. § 33[4]. Kriterien im Rahmen der Ermessensentscheidung sind vor allem die Größe des Betriebs[5], seine Art und Organisation und auch die Bereitschaft der ArbN, von einer derartigen Einrichtung überhaupt Gebrauch zu machen[6]. Trotz der Einrichtung von Sprechstunden kann den ArbN aber nicht die Möglichkeit verwehrt werden, **außerhalb der Sprechstunde** ein BR-Mitglied während der Arbeitszeit aufzusuchen[7]. Allerdings ist insoweit eine Begründung zu fordern, insb. muss sich ein Abwarten bis zur nächsten Sprechstunde, zB in Eilfällen oder aus räumlichen Gründen, als untunlich darstellen (vgl. Rz. 8)[8].

3 Ist die „Ob"-Frage autonom vom BR bejaht worden, ist bei der **„Wie"-Frage** nach Satz 2 eine Einigung mit dem ArbGeb in Bezug auf **„Zeit und Ort"** der Sprechstunde erforderlich. Damit gemeint sind die zeitliche Lage der Sprechstunde (Tag und Uhrzeit) innerhalb der betriebsüblichen Arbeitszeit, ihre Häufigkeit (bestimmte Tage in der Woche oder nur einmal wöchentlich etc.) und nach überwiegender Auffassung auch ihre **Dauer**[9]. Diesbezüglich möchte die Gegenauffassung für die Frage des Zeitaufwands der Sprechstunde ein Alleinentscheidungsrecht des BR im Rahmen der Verhältnismäßigkeit annehmen[10]. Unter dem „Ort" der Sprechstunde ist der betriebliche Raum gemeint, in dem die Sprechstunden abgehalten werden sollen; er ist vom ArbGeb nach § 40 Abs. 2 zu stellen.

4 Kommt es zwischen BR und ArbGeb nicht zu der nach Satz 2 erforderlichen Einigung, so entscheidet die **Einigungsstelle**, vgl. Satz 3. Deren Spruch ersetzt insoweit – also **nur** hinsichtlich Zeit und Ort der Sprechstunden – dann die erforderliche Einigung, vgl. Satz 4. Ausweislich der amtlichen Gesetzesbegründung soll dies zu einer schnellen und betriebsnahen Regelung beitragen[11].

5 Die weiteren „Wie"-Fragen der Durchführung der Sprechstunden entscheidet der BR alleine nach pflichtgemäßem Ermessen[12]. Soweit keine bestimmten BR-Mitglieder mit der Durchführung der Sprechstunde beauftragt werden, ist der BR-Vorsitzende bzw. sein Stellvertreter für die Durchführung der Sprechstunden zuständig, vgl. § 26 Abs. 2 Satz 1[13]. Existiert ein **Betriebsausschuss**, gehört die Durchführung von Sprechstunden zu dessen „laufenden Geschäften" iSd. 27 Abs. 2 Satz 1[14]. Soweit die mit der Sprechstunde betrauten BR-Mitglieder nicht schon nach § 38 freigestellt sind, ist ihnen Arbeitsbefreiung nach § 37 Abs. 2 zu gewähren. Die Einrichtung und Abhaltung von Sprechstunden alleine rechtfertigt aber **keine komplette Freistellung**[15].

---

1 Zu den Vor- bzw. Nachteilen von Sprechstunden vgl. *Brill*, BB 1979, 1247; *Ohm*, AiB 1996, 407. | 2 BAG v. 23.6.1983 – 6 ABR 65/80, BAGE 43, 109 (113) = AP Nr. 45 zu § 37 BetrVG 1972 (Anm. *Löwisch/Reimann*). | 3 Vgl. insb. GK-BetrVG/*Wiese/Weber*, § 39 Rz. 11, die für den Fall eines „offensichtlichen Bedürfnisses" eine Pflicht mit der Sanktionsmöglichkeit des § 23 Abs. 1 annehmen; weniger streng DKK/*Wedde*, § 39 BetrVG Rz. 4; *Fitting*, § 39 BetrVG Rz. 6; Richardi/*Richardi/Thüsing*, § 39 BetrVG Rz. 3. | 4 DKK/*Wedde*, § 39 BetrVG Rz. 3; Richardi/*Richardi/Thüsing*, § 39 BetrVG Rz. 4. | 5 Vgl. etwa DKK/*Wedde*, § 39 BetrVG Rz. 4, der darauf hinweist, dass sich bei kleinen Betrieben aufgrund des engen Kontakts der Beteiligten die Sprechstunde praktisch erübrige. | 6 So etwa HSG/*Glaubitz*, § 39 BetrVG Rz. 5. | 7 BAG v. 23.6.1983 – 6 ABR 65/80, BAGE 43, 109 (113 f.) = AP Nr. 45 zu § 37 BetrVG 1972 (Anm. *Löwisch/Reimann*). | 8 Zu eng GK-BetrVG/*Wiese/Weber*, § 39 Rz. 13. | 9 HM, vgl. *Fitting*, § 39 BetrVG Rz. 12; GK-BetrVG/*Wiese/Weber*, § 39 Rz. 15. | 10 So DKK/*Wedde*, § 39 BetrVG Rz. 12; HaKo-BetrVG/*Blanke*, § 39 Rz. 1; Richardi/*Richardi/Thüsing*, § 39 BetrVG Rz. 5. | 11 Vgl. (zum BetrVG 1972) BR-Drs. 715/70, S. 41. | 12 Vgl. *Fitting*, § 39 BetrVG Rz. 8; GK-BetrVG/*Wiese/Weber*, § 39 Rz. 17. | 13 HM, vgl. *Fitting*, § 39 BetrVG Rz. 8; DKK/*Wedde*, § 39 BetrVG Rz. 6; HaKo-BetrVG/*Blanke*, § 39 Rz. 1; aA HSG/*Glaubitz*, § 39 BetrVG Rz. 16 unter Hinweis darauf, dass dies nicht – wie etwa die Einberufung der BR-Sitzung – zu seinem gesetzlichen Aufgabenkreis gehöre. | 14 Vgl. nur *Brill*, BB 1979, 1247 (1248); DKK/*Wedde*, § 39 BetrVG Rz. 6. | 15 BAG v. 13.11.1991 – 7 ABR 5/91, AP Nr. 80 zu § 37 BetrVG 1972 (Anm. *Boemke*) = NZA 1992, 414.

III. Teilnahme der JAV (Abs. 2). Soweit die JAV **keine eigenen** Sprechstunden durchführt, besteht nach Abs. 2 eine Teilnahmemöglichkeit für ein Mitglied an den BR-Sprechstunden zur Beratung der in § 60 Abs. 1 genannten, von ihr zu betreuenden jungen ArbN. Dabei ist völlig unerheblich, aus welchem Grund die JAV auf eine Sprechstunde verzichtet, ob es also an einer Berechtigung fehlte, vgl. § 69 Satz 1, oder ob von einem bestehenden Recht kein Gebrauch gemacht wurde[1]. Die JAV bestimmt **eigenständig**, welches Mitglied an den Sprechstunden teilnimmt. Ohne ausdrückliche Beschlussfassung besteht ein Teilnahmerecht des Vorsitzenden bzw. dessen Stellvertreter[2]. Aus dem Gesetzeswortlaut scheint zu folgen, dass ein Teilnahmerecht **ausscheidet**, wenn andere ArbN als jugendliche ArbN oder Auszubildende bis 25 (vgl. § 60 Abs. 1) die Sprechstunde besuchen. Jedoch steht dem nicht die Einrichtung „gemeinsamer Sprechstunden" entgegen, die den Mitgliedern der JAV ein Teilnahmerecht ermöglichen, das **Beratungsrecht** aber nur dann, wenn Mitglieder ihrer Zielgruppe auftreten[3].

6

IV. Keine Minderung des Arbeitsentgelts (Abs. 3). Nach Abs. 3 darf dem **ArbN**, der die Sprechstunde während der Arbeitszeit besucht, deshalb nicht das ihm sonst zustehende Arbeitsentgelt gekürzt werden. Dass der Besuch der Sprechstunde für den ArbN **erforderlich** ist, wird dabei vom Gesetzgeber vorausgesetzt; nur in krassen Fällen, wenn zB ein Querulant den BR durch ständigen willkürlichen Sprechstundenbesuch strapaziert, wird man diese Erforderlichkeit verneinen können[4]. Für den ArbN gilt also das – missverständlich so genannte – **Lohnausfallprinzip**[5], das ggf. auch Entgeltmehrungen oder -minderungen für diese Zeit umfasst (vgl. § 37 Rz. 14 ff.), während das die Sprechstunde abhaltende BR-Mitglied entweder kraft Freistellung (§ 38) oder kraft erforderlicher Arbeitsbefreiung (§ 37 Abs. 2) die Entgeltfortzahlung beanspruchen kann.

7

Abs. 3 stellt ferner klar, dass das Lohnausfallprinzip auch für **„sonstige Inanspruchnahme"** des BR gilt, was gerade für den Fall Bedeutung gewinnt, dass keine regelmäßigen Sprechstunden stattfinden oder dass zB Beschwerden im Rahmen eines kollektiven Beschwerdeverfahrens nach § 85 entgegen zu nehmen sind[6]. Damit wird zugleich mittelbar der Anspruch auf Arbeitsbefreiung für die „sonstige Inanspruchnahme" des BR anerkannt, der jedoch bei der Einrichtung von regulären Sprechstunden im Zweifel einer Begründung im Hinblick auf ihre Erforderlichkeit bedarf (Rz. 2). Die Initiative kann auch vom BR-Mitglied ausgehen, wenn es zB den ArbN an seinem Arbeitsplatz wegen eiliger Rückfragen aufsuchen muss (hM).

8

Vor dem Aufsuchen der Sprechstunde besteht die arbeitsvertragliche **Nebenpflicht** des ArbN, sich beim Vorgesetzten abzumelden (vgl. § 37 Rz. 12). IdR ist darüber hinaus **keine Zustimmung** des ArbGeb zum Besuch der Sprechstunde erforderlich[7], jedoch besteht andererseits ein ungeschriebenes „**Veto**"-Recht aus dringenden betrieblichen Gründen, wenn der ArbN zB dringende und eilige Arbeit im Team zu verrichten hat, die keinen Aufschub duldet[8]. Dem ArbN muss dann aber bei nächster Gelegenheit das Aufsuchen der Sprechstunde ermöglicht werden. In jedem Fall hat der ArbN sich nach Rückkehr wieder zurückzumelden[9].

9

V. Streitigkeiten. Streitigkeiten über die Frage der Errichtung bzw. Abhaltung von Sprechstunden entscheidet das ArbG im **Beschlussverfahren** (§ 2a Abs. 1 Nr. 1, Abs. 2 iVm. §§ 80 ff. ArbGG). ArbGeb oder BR haben auch nach einem Spruch der Einigungsstelle (Rz. 4) noch die Möglichkeit, diesen Spruch wegen Überschreitung des Ermessens der Einigungsstelle vom ArbG überprüfen zu lassen, vgl. § 76 Abs. 5 Satz 4, das ebenfalls im Beschlussverfahren entscheidet. Ansprüche im Hinblick auf **vorenthaltenes Arbeitsentgelt** wegen der Teilnahme an einer Sprechstunde werden hingegen im **Urteilsverfahren** entschieden[10], was auch im Falle des § 37 Abs. 2 für BR-Mitglieder (vgl. § 37 Rz. 47) und über § 65 Abs. 1 für die JAV gilt.

10

40 *Kosten und Sachaufwand des Betriebsrats*
(1) Die durch die Tätigkeit des Betriebsrats entstehenden Kosten trägt der Arbeitgeber.
(2) Für die Sitzungen, die Sprechstunden und die laufende Geschäftsführung hat der Arbeitgeber in erforderlichem Umfang Räume, sachliche Mittel, Informations- und Kommunikationstechnik sowie Büropersonal zur Verfügung zu stellen.

§ 40 zuletzt geändert (Ergänzung des Abs. 2) durch das BetrVerf-ReformG v. 23.7.2001 (BGBl. I S. 1852), vgl. Neubekanntmachung v. 25.9.2001 (BGBl. I S. 2518).

---

1 Vgl. Richardi/*Richardi*/*Thüsing*, § 39 BetrVG Rz. 15; *Fitting*, § 39 BetrVG Rz. 17. | 2 HM, vgl. GK-BetrVG/*Wiese*/*Weber*, § 39 Rz. 24; DKK/*Wedde*, § 39 BetrVG Rz. 22. | 3 Zutr. GK-BetrVG/*Wiese*/*Weber*, § 39 Rz. 26. | 4 Zutr. *Fitting*, § 39 BetrVG Rz. 29; zu eng GK-BetrVG/*Wiese*/*Weber*, § 39 Rz. 29. | 5 Vgl. nur ErfK/*Eisemann*, § 39 BetrVG Rz. 5; GK-BetrVG/*Wiese*/*Weber*, § 39 Rz. 34. | 6 Vgl. *Fitting*, § 39 BetrVG Rz. 30; GK-BetrVG/*Wiese*/*Weber*, § 39 Rz. 35. | 7 So aber GK-BetrVG/*Wiese*/*Weber*, § 39 Rz. 31; unklar Richardi/*Richardi*/*Thüsing*, § 39 BetrVG Rz. 23. | 8 Ähnlich MünchArbR/*Joost*, § 307 Rz. 100; DKK/*Wedde*, § 39 Rz. 24; ErfK/*Eisemann*, § 39 BetrVG Rz. 5. | 9 BAG v. 23.6.1983 – 6 ABR 65/80, BAGE 43, 109 = AP Nr. 45 zu § 37 BetrVG 1972 (Anm. *Löwisch*/*Reimann*). | 10 Vgl. nur GK-BetrVG/*Wiese*/*Weber*, § 39 Rz. 41.

BetrVG § 40 Rz. 1   Kosten und Sachaufwand des Betriebsrats

I. Inhalt und Zweck	1	IV. Sachaufwand und Büropersonal (Abs. 2)		26
II. Grundsätze der Kostentragungspflicht	4	1. Räume		28
III. Kosten der Geschäftsführung (Abs. 1)	11	2. Sachmittel		30
1. Rechtsstreitigkeiten	12	3. Informations- und Kommunikationstechnik		33
2. Regelungsstreitigkeiten	17	4. Büropersonal		37
3. Aufwendungen der BR-Mitglieder	18	V. Streitigkeiten		38
a) Reisekosten	19			
b) Schulungskosten	21			

Lit.: *Beckschulze*, Betriebsratskosten für moderne Kommunikationsmittel, DB 1998, 1815; *Beckschulze/Henkel*, Der Einfluss des Internets auf das Arbeitsrecht, DB 2001, 1491; *Blomeyer*, Die Finanzierung der Mitbestimmung durch den Arbeitgeber, in Steinmann/Gäfgen/Blomeyer, Die Kosten der Mitbestimmung, 1981, S. 69; *Däubler*, Eine bessere Betriebsverfassung?, AuR 2001, 1; *Däubler*, Internet und Arbeitsrecht, 2001; *v. Hoyningen-Huene*, Die Abwicklung der Betriebsratskosten nach § 40 I BetrVG, GedS Blomeyer, 2003, S. 141; *Manske*, Bessere Arbeitsbedingungen für Betriebsräte?, AuR 2001, 94; *Pahlen*, Der Grundsatz der Verhältnismäßigkeit und die Erstattung von Schulungskosten nach dem BetrVG 72 (Diss. Berlin 1978), 1979; *Platz*, Der Grundsatz der prozessualen Waffengleichheit als Grenze der Kostentragungspflicht des Arbeitgebers bei Einigungsstellen- und Beschlussverfahren, ZfA 1993, 373.

1 **I. Inhalt und Zweck.** Die Vorschrift verpflichtet den ArbGeb, **Kosten und Sachaufwand** des BR zu tragen und ergänzt damit §§ 37, 38, die die Entgeltfortzahlung für ggf. auch freigestellte BR-Mitglieder (inkl. Teilnahme an Schulungs- und Bildungsveranstaltungen) anordnen. Abs. 1 ist daher Generalklausel für **alle sonstigen sachlichen und persönlichen Kosten** der BR-Tätigkeit („durch die Tätigkeit des BR entstehenden Kosten"), Abs. 2 sieht eine Naturalleistungspflicht für Sachaufwand und Büropersonal vor. Systematisch ist die Vorschrift im Zusammenhang mit dem Umlageverbot, § 41, und dem Benachteiligungsverbot, § 78 Satz 2, sowie der Ausgestaltung des BR-Amts als **Ehrenamt**, § 37 Abs. 1, zu sehen. Diese Normen sollen sicherstellen, dass weder das einzelne BR-Mitglied noch die ArbN-Schaft als Ganzes durch die vom BetrVG gewährleistete Interessenvertretung der Belegschaft finanziell belastet werden.

2 Durch das BetrVerf-Reformgesetz 2001 erfolgte insoweit eine „Klarstellung", als in Abs. 2 ausdrücklich die Verpflichtung des ArbGeb zur Bereitstellung von **„Informations- und Kommunikationstechnik"** aufgenommen wurde. Nach der Gesetzesbegründung soll es sich dabei vor allem um „Computer mit entsprechender Software" handeln, aber auch um die Nutzung vorhandener moderner Kommunikationsmöglichkeiten[1] (vgl. Rz. 33). Die häufig geforderte **Budgetierung** der Sachmittel[2], die es dem ArbGeb gerade in kleineren und mittleren Unternehmen leichter machen würde, die Kosten der BR-Tätigkeit zu akzeptieren, wurde vom Gesetzgeber dagegen nicht ernsthaft in Erwägung gezogen.

3 Obwohl der BR nicht rechts- und damit auch **nicht vermögensfähig** ist[3], er daher im Außenverhältnis mit Dritten keine Verträge schließen und keine Verbindlichkeiten eingehen kann, wird nach hM durch § 40 doch ein **gesetzliches Schuldverhältnis** (im Innenverhältnis) zum ArbGeb begründet[4]. Der BR ist also insoweit als **partiell** vermögensfähig anzusehen, als ihm aus § 40 vermögensrechtliche Ansprüche gegen den ArbGeb zB auf Erstattung seiner Aufwendungen (vgl. Rz. 10) zustehen können, die er auch noch nach dem Ende seiner Amtszeit geltend machen kann[5].

4 **II. Grundsätze der Kostentragungspflicht.** Der ArbGeb hat alle Kosten des **BR und seiner Ausschüsse** (§§ 27, 28)[6] sowie der **einzelnen BR-Mitglieder** zu tragen, sofern diese bei pflichtgemäßer Wahrnehmung ihrer Aufgaben nach dem BetrVG **tatsächlich** entstanden sind. Kosten iSd. Abs. 1 sind alle Kosten, die über den vom ArbGeb nach Abs. 2 zur Verfügung gestellten Bedarf an Sach- und Personalmitteln hinaus aus der ordnungsgemäßen **Geschäftsführung** des BR heraus entstehen (Rz. 11), die aus Rechts- und Regelungsstreitigkeiten des BR resultieren (Rz. 12 ff.) sowie die Aufwendungen für **einzelne BR-Mitglieder**, zB Reise- und Schulungskosten, betreffen (Rz. 18 bzw. 21). Die Kostentragungspflicht besteht auch dann, wenn die **Wahl** des BR **angefochten** worden ist[7], da er solange, bis die Ungültigkeit der Wahl rechtskräftig festgestellt ist, im Amt verbleibt (vgl. § 19 Rz. 21). Entsprechendes gilt im Fall der **Nichtigkeit** der Wahl, sofern die Nichtigkeit für die Mitglieder des Schein-BR nicht offenkundig war[8].

---

1 Vgl. Amtliche Begründung, BT-Drs. 14/5741, S. 41. | 2 Vgl. zB *Buchner*, NZA 2001, 633 (637); *Hanau*, RdA 2001, 65 (71); *Konzen*, RdA 2001, 76 (84). | 3 HM, vgl. BAG v. 24.4.1986 – 6 AZR 607/83, BAGE 52, 1 = AP Nr. 7 zu § 87 BetrVG 1972 – Sozialeinrichtung; ferner MünchArbR/*v. Hoyningen-Huene*, § 299 Rz. 19 ff.; Richardi/*Richardi*, Einl. Rz. 109. | 4 HM, vgl. BAG v. 24.10.2001 – 7 ABR 20/00, AP Nr. 71 zu § 40 BetrVG 1972 (Anm. *Wiese*); ferner *Fitting*, § 40 BetrVG Rz. 90; GK-BetrVG/*Wiese/Weber*, § 40 Rz. 16; Richardi/*Richardi*, Einl. Rz. 110; Richardi/*Richardi/Thüsing*, § 40 BetrVG Rz. 42; dazu krit. *v. Hoyningen-Huene*, GedS Blomeyer, S. 148 ff.: allgemeine schuldrechtliche Regeln sind maßgeblich. | 5 BAG v. 24.10.2001 – 7 ABR 20/00, AP Nr. 71 zu § 40 BetrVG 1972 (Anm. *Wiese*). | 6 Auch des Wirtschaftsausschusses, vgl. BAG v. 17.10.1990 – 7 ABR 69/89, AP Nr. 8 zu § 108 BetrVG 1972 = NZA 1991, 432; ErfK/*Eisemann*, § 40 BetrVG Rz. 1; *Fitting*, § 40 BetrVG Rz. 2; GK-BetrVG/*Wiese/Weber*, § 40 Rz. 2, nicht dagegen der Arbeitsgruppe, vgl. § 28a Rz. 5 mwN. | 7 HM, vgl. *Fitting*, § 40 BetrVG Rz. 8; GK-BetrVG/*Wiese/Weber*, § 40 Rz. 7. | 8 BAG v. 29.4.1998 – 7 ABR 42/97, AP Nr. 58 zu § 40 BetrVG 1972 = NZA 1998, 113; ferner *Fitting*, § 40 BetrVG Rz. 8; GK-BetrVG/*Wiese/Weber*, § 40 Rz. 7; enger Richardi/*Richardi/Thüsing*, § 40 BetrVG Rz. 4.

Nicht von § 40 erfasst werden solche Kosten und Aufwendungen, die BR-Mitgliedern durch eine Mitgliedschaft in einem **Europäischen BR** entstehen, da nach § 30 EBRG die durch die Bildung eines EBR entstehenden Kosten die **zentrale Leitung** des gemeinschaftsweit tätigen Unternehmens zu übernehmen hat[1]. Ebenfalls nicht erfasst von § 40 werden die Kosten der **zusätzlichen** betriebsverfassungsrechtlichen Gremien nach § 3 Abs. 1 Nr. 4, 5, weil es sich bei diesen freiwilligen Zusatzgremien nicht um Mitbestimmungsorgane handelt[2], so dass hier entsprechende tarifliche Regelungen erfolgen müssen. 5

Erstattungsfähig sind nur die Kosten einer Tätigkeit, die **objektiv** der Durchführung von BR-Aufgaben diente und dafür auch **erforderlich** war[3]. Für die Generalklausel des Abs. 1 gelten ebenso wie für die Sachmittel nach Abs. 2 insoweit die Vorgaben des § 37 Abs. 2, wonach die Kosten „zur ordnungsgemäßen Durchführung ihrer Aufgaben erforderlich" sein müssen (vgl. § 37 Rz. 10). Deshalb sind nur solche Kosten „erforderlich", die im Zeitpunkt der Verursachung bei gewissenhafter **Abwägung** zwischen der sachgerechten Ausübung des BR-Amtes einerseits und den berechtigten Interessen des ArbGeb andererseits vom **Standpunkt eines vernünftigen Dritten** als notwendig erscheinen durften (objektive Beurteilung **ex ante**)[4]. Andernfalls würde der BR in der Ausübung seines Amtes unnötig behindert[5]. Um seine Entscheidungsfähigkeit nicht zu stark zu beeinträchtigen, wird ihm von der Rspr. auch ein gewisser **Beurteilungsspielraum** zugestanden. Jedoch ist zu beachten, dass zusätzlich zur „Ob"-Frage der BR auch bei der „Wie"-Frage den berechtigten Kosteninteressen des ArbGeb und der Größe der Belegschaft angemessen Rechnung zu tragen hat[6]. Die Kosten müssen nicht nur „erforderlich", sondern auch „**angemessen**" sein, zB muss eine an sich erforderliche PC-Anlage nicht in jeder Höhe, sondern nur im angemessenen Umfang vom ArbGeb erstattet werden. Damit ist der vom BAG zur Kostentragung nach § 37 Abs. 6 (Schulungskosten, vgl. Rz. 21) als weitere allgemeine Voraussetzung aufgestellte Grundsatz der **Verhältnismäßigkeit**[7] gemeint, der auch im Rahmen von § 40 unverhältnismäßige Belastungen des ArbGeb im Einzelfall ausschließen soll. Ziel darf es aber nicht sein, generell die Kostentragungspflicht auf ein durchschnittliches Niveau festzuschreiben[8]. 6

Für Aufwendungen und Kosten, die der BR unter Anlegung dieser Maßstäbe für erforderlich halten kann, **bedarf er nicht der Zustimmung** des ArbGeb[9]. Der Grundsatz der vertrauensvollen Zusammenarbeit (§ 2 Abs. 1) gebietet es aber, sich bei außergewöhnlichen Aufwendungen vorher mit dem ArbGeb ins Benehmen zu setzen, um diesem Gelegenheit zur Stellungnahme zu geben[10]. Weil das Gesetz für BR-Entscheidungen eine ordnungsgemäße **Beschlussfassung** voraussetzt (vgl. § 26 Rz. 9, § 29 Rz. 7), zB bei der Beauftragung eines Rechtsanwalts (Rz. 14) oder bei der Entsendung von BR-Mitgliedern zu Schulungsmaßnahmen (vgl. § 37 Rz. 38), besteht seine Kostentragungspflicht aber nur dann, wenn auch ein entsprechender Beschluss vorliegt[11]. 7

Die betriebsinterne **Bekanntgabe** der BR-Kosten durch den ArbGeb kann im Hinblick auf Art. 5 GG keineswegs von vorneherein unterbunden werden, bedenkt man die europäische Singularität[12] einer Regelung wie § 40. Doch darf dieser dabei nicht durch die Art und Weise der Informationsvermittlung das Gebot der vertrauensvollen Zusammenarbeit (§ 2 Abs. 1) verletzen und die BR-Tätigkeit beeinträchtigen[13], zB indem er die gesetzlichen Grundlagen nicht offen legt und Willkür des BR unterstellt. 8

Der BR kann wegen des **gesetzlichen Schuldverhältnisses** zum ArbGeb (Rz. 3) von diesem für voraussichtliche Aufwendungen (zB erforderliche Reisekosten) auch einen **angemessenen Vorschuss** verlangen (§ 669 BGB analog)[14]. Den einzelnen BR-Mitgliedern sollen aus ihrer Amtstätigkeit keine persönlichen Belastungen erwachsen, § 78 Satz 2. Der ArbGeb kann dem BR daher einen **Dispositions**- 9

---

1 Der inländische ArbGeb haftet aber aufgrund der Verweisung in § 30 Satz 5 EBRG auf § 16 Abs. 2 EBRG neben der zentralen Leitung für Kostenerstattungsansprüche der aus dem Inland entsandten Mitglieder des EBR als Gesamtschuldner. |2 So *Reichold*, NZA 2001, 857 (859); aA *Fitting*, § 40 BetrVG Rz. 2; GK-BetrVG/*Wiese/Weber*, § 40 Rz. 3. |3 St. Rspr. seit BAG v. 27.9.1974 – 1 ABR 67/73, AP Nr. 8 zu § 40 BetrVG 1972; v. 19.4.1989 – 7 ABR 6/88, AP Nr. 29 zu § 40 BetrVG 1972 = NZA 1990, 233; aus neuerer Zeit BAG v. 20.10.1999 – 7 ABR 25/98, AP Nr. 67 zu § 40 BetrVG 1972; v. 19.3.2003 – 7 ABR 15/02, AP Nr. 77 zu § 40 BetrVG 1972. |4 HM, vgl. nur BAG v. 20.10.1999 – 7 ABR 25/98, AP Nr. 67 zu § 40 BetrVG 1972; *Fitting*, § 40 BetrVG Rz. 9; GK-BetrVG/*Wiese/Weber*, § 40 Rz. 11. |5 Vgl. BAG v. 18.4.1967 – 1 ABR 11/66, BAGE 19, 314 = AP Nr. 7 zu § 39 BetrVG; v. 24.6.1969 – 1 ABR 6/69, AP Nr. 8 zu § 39 BetrVG; *Fitting*, § 40 BetrVG Rz. 9; GK-BetrVG/*Wiese/Weber*, § 40 Rz. 11. |6 Vgl. zur Erforderlichkeit einer PC-Anschaffung BAG v. 12.5.1999 – 7 ABR 36/97, AP Nr. 65 zu § 40 BetrVG 1972 (Anm. *Kort*). |7 BAG v. 31.10.1972 – 1 ABR 7/72, BAGE 24, 459 = AP Nr. 2 zu § 40 BetrVG 1972 (Anm. *Richardi*); v. 30.3.1994 – 7 ABR 45/93, AP Nr. 42 zu § 40 BetrVG 1972 (Anm. *Sowka*); v. 28.6.1995 – 7 ABR 55/94, BAGE 80, 236 = AP Nr. 48 zu § 40 BetrVG 1972; so auch *Blomeyer*, S. 90 ff.; *Fitting*, § 40 BetrVG Rz. 10; *MünchArbR/Joost*, § 309 Rz. 4; *Pahlen*, S. 24 ff., 119 f.; dagegen krit. DKK/*Wedde*, § 40 BetrVG Rz. 5; GK-BetrVG/*Wiese/Weber*, § 40 Rz. 12. |8 So ErfK/*Eisemann*, § 40 BetrVG Rz. 1; *Fitting*, § 40 BetrVG Rz. 10; GK-BetrVG/*Wiese/Weber*, § 40 Rz. 12. |9 HM, vgl. *Fitting*, § 40 BetrVG Rz. 11; GK-BetrVG/*Wiese/Weber*, § 40 Rz. 13. |10 BAG v. 18.4.1967, AP Nr. 7 zu § 39 BetrVG; *Fitting*, § 40 BetrVG Rz. 11; GK-BetrVG/*Wiese/Weber*, § 40 Rz. 15. |11 BAG v. 8.3.2000 – 7 ABR 11/98, AP Nr. 68 zu § 40 BetrVG 1972 = DB 2000 1335 = NZA 2000, 838; ferner GK-BetrVG/*Wiese/Weber*, § 40 Rz. 14; *Reitze*, NZA 2002, 492. |12 Rechtsvergleichender Überblick bei *Junker*, ZfA 2001, 225 (239 f.). |13 Vgl. BAG v. 19.7.1995 – 7 ABR 60/94, AP Nr. 25 zu § 23 BetrVG 1972 = NZA 1996, 332; v. 12.11.1997 – 7 ABR 14/97, AP Nr. 27 zu § 23 BetrVG 1972 (Anm. *Bengelsdorf*) = NZA 1998, 559; ferner *Fitting*, § 40 BetrVG Rz. 6; GK-BetrVG/*Wiese/Weber*, § 40 Rz. 25; krit. *Bengelsdorf*, FS Hanau, 1999, S. 359; *Hunold*, BB 1999, 1492. |14 HM, vgl. *Fitting*, § 40 BetrVG Rz. 91; GK-BetrVG/*Wiese/Weber*, § 40 Rz. 23.

fonds zur Verfügung stellen, aus dem die ihm oder seinen Mitgliedern entstehenden Kosten bezahlt werden. Der Fonds darf jedoch nur der Geschäftsvereinfachung dienen und keine versteckte Zuwendung an die BR-Mitglieder als Vergütung für ihre Tätigkeit enthalten (vgl. § 37 Abs. 1), weshalb über die verwendeten Mittel in angemessenen Zeitabständen abgerechnet werden muss[1]. Die entstandenen Kosten sind grundsätzlich im Einzelnen **nachzuweisen und abzurechnen** (§ 666 BGB analog). Unterbleibt ein ausreichender Nachweis, kann der ArbGeb die Leistung verweigern. Eine **Kostenpauschale** ist zulässig, sofern sie sich im Rahmen von üblichen regelmäßig wiederkehrenden Aufwendungen hält und nicht zu einer unzulässigen versteckten Vergütung der BR-Mitglieder führt[2].

10 Soweit er Geschäfte innerhalb seines Wirkungskreises vornimmt, hat der BR einen **Freistellungsanspruch** aus § 40 gegen den ArbGeb (§§ 670, 257 BGB analog)[3]. Beschließt der BR zulässigerweise, diesen Anspruch an den Gläubiger abzutreten, entsteht ein Zahlungsanspruch des Gläubigers gegen den ArbGeb[4]. Hat ein BR-Mitglied die Verbindlichkeit bereits erfüllt, steht ihm ein entsprechender Erstattungsanspruch gegen den ArbGeb zu[5]. In diesem Fall können **Zinsansprüche** nach §§ 288, 291 BGB in Betracht kommen[6]. Kostenerstattungsansprüche nach § 40 unterliegen aber nicht tariflichen Ausschlussfristen, da sie nicht im Zusammenhang mit dem Arbeitsverhältnis stehen, sondern sich aus dem BR-Amt ergeben[7]. Seit In-Kraft-Treten der Schuldrechtsreform am 1.1.2002 gilt die regelmäßige **Verjährungsfrist** von drei Jahren (§§ 195, 199 BGB)[8], so dass eine Verwirkung in Zukunft nur noch sehr selten in Betracht kommt[9]. In der **Insolvenz** des ArbGeb sind bei Eröffnung des Insolvenzverfahrens bereits begründete Kostenerstattungsansprüche einfache Insolvenzforderungen gem. § 38 InsO[10]; nach Insolvenzeröffnung entstandene Ansprüche auf Kostenerstattung, die durch Handlungen des Insolvenzverwalters veranlasst worden sind (zB Kosten einer Einigungsstelle), sind Masseverbindlichkeiten iSd. § 55 Abs. 1 Nr. 1 InsO[11].

11 **III. Kosten der Geschäftsführung (Abs. 1).** Geschäftsführungskosten sind alle Kosten, die aus der ordnungsgemäßen laufenden Geschäftsführung entstehen und zur sachgerechten Durchführung der BR-Arbeit erforderlich sind[12]. Hierzu zählen – über den nach Abs. 2 zur Verfügung zu stellenden Sachaufwand hinaus (Rz. 26 ff.) – zB Kosten für die nach § 34 vorgeschriebene Anfertigung der Sitzungsniederschriften, Kosten für den umfangreichen **Tätigkeitsbericht** nach § 43 Abs. 1 Satz 1, sofern er den ArbN auf der Betriebsversammlung schriftlich vorzulegen ist, ggf. auch die Kosten für einen **Dolmetscher** bei größeren Gruppen ausländischer ArbN (zB in der Betriebsversammlung oder der Sprechstunde), in Einzelfällen auch für schriftliche Übersetzungen[13]. Auch Aufwendungen, die durch eine notwendige Heranziehung von **Sachverständigen** nach § 80 Abs. 3 entstehen, gehören zu den Geschäftsführungskosten im Rahmen von § 40 Abs. 1. Voraussetzung für die Kostenübernahme ist jedoch, dass ArbGeb und BR vorher eine Vereinbarung über dessen Hinzuziehung getroffen haben (oder diese durch eine arbeitsgerichtliche Entscheidung ersetzt worden ist), da § 80 Abs. 3 insoweit eine Sonderregelung gegenüber § 40 darstellt[14]. Bei den Kosten für einen **Rechtsanwalt** ist zu unterscheiden, ob dieser im Rahmen eines konkreten Rechtsstreits tätig wird[15] oder vom BR nur zur gutachtlichen Beratung hinzugezogen wird: Im *ersten* Fall richtet sich die Kostentragungspflicht alleine nach § 40 Abs. 1 (vgl. Rz. 14), weshalb eine vorherige Vereinbarung mit dem ArbGeb *nicht* erforderlich ist, im *zweiten* Fall handelt der Rechtsanwalt als Sachverständiger iSv. § 80 Abs. 3, so dass die Kostentragungspflicht des ArbGeb nur bei Vorliegen ihrer speziellen Voraussetzungen besteht[16].

---

[1] Vgl. *Fitting*, § 40 BetrVG Rz. 91; GK-BetrVG/*Wiese/Weber*, § 40 Rz. 24. | [2] BAG v. 29.4.1975 – 1 ABR 40/74, AP Nr. 9 zu § 40 BetrVG 1972; v. 28.6.1995 – 7 ABR 47/94, AP Nr. 47 zu § 40 BetrVG 1972; ferner *Fitting*, § 40 BetrVG Rz. 41; GK-BetrVG/*Wiese/Weber*, § 40 Rz. 20 f.; MünchArbR/*Joost*, § 309 Rz. 28; enger Richardi/*Richardi/Thüsing*, § 40 BetrVG Rz. 46. | [3] HM, vgl. *Fitting*, § 40 BetrVG Rz. 92 ff.; GK-BetrVG/*Wiese/Weber*, § 40 Rz. 17. | [4] BAG v. 24.10.2001 – 7 ABR 20/00, AP Nr. 71 zu § 40 BetrVG 1972 (Anm. *Wiese*). | [5] BAG v. 18.1.1989 – 7 ABR 89/87, BAGE 60, 385 = AP Nr. 28 zu § 40 BetrVG 1972. | [6] BAG v. 18.1.1989 – 7 ABR 89/87, BAGE 60, 385 = AP Nr. 28 zu § 40 BetrVG 1972 unter ausdrücklicher Aufgabe seiner bisherigen Rspr., vgl. hierzu BAG v. 21.11.1978 – 6 ABR 10/77, AP Nr. 35 zu § 37 BetrVG 1972; v. 24.7.1979 – 6 ABR 96/77, AP Nr. 1 zu § 51 BetrVG 1972; *Fitting*, § 40 BetrVG Rz. 94; GK-BetrVG/*Wiese/Weber*, § 40 Rz. 19; Richardi/*Richardi/Thüsing*, § 40 BetrVG Rz. 58. Solange nur ein Freistellungsanspruch besteht, handelt es sich um keine Geld-, sondern um eine Handlungsschuld, so dass weder Verzugs- noch Prozesszinsen in Betracht kommen. | [7] BAG v. 30.1.1973 – 1 ABR 1/73, AP Nr. 3 zu § 40 BetrVG 1972 (Anm. *Buchner*). | [8] Vgl. *Fitting*, § 40 BetrVG Rz. 98; GK-BetrVG/*Wiese/Weber*, § 40 Rz. 81. AA, da die Schuldrechtsreform nicht beachtend: DKK/*Wedde*, § 40 BetrVG Rz. 85. | [9] Vgl. zur alten Rechtslage (Regelverjährung nach 30 Jahren) BAG v. 14.11.1978 – 6 ABR 11/77, AP Nr. 39 zu § 242 BGB – Verwirkung. | [10] Vgl. zu § 59 KO: BAG v. 16.10.1986 – 6 ABR 12/83, BAGE 53, 104 = AP Nr. 26 zu § 40 BetrVG 1972 (Anm. *Uhlenbruck*). | [11] HM, vgl. *Fitting*, § 40 BetrVG Rz. 101 f.; GK-BetrVG/*Wiese/Weber*, § 40 Rz. 196 ff. | [12] HM, vgl. *Fitting*, § 40 BetrVG Rz. 12; GK-BetrVG/*Wiese/Weber*, § 40 Rz. 27. | [13] Vgl. LAG Düsseldorf v. 30.1.1981 – 16 Ta BV 21/80, DB 1981, 1093 (aber nicht für schriftliche Übersetzungen in Kleinbetrieben); dazu näher DKK/*Wedde*, § 40 BetrVG Rz. 28; GK-BetrVG/*Wiese/Weber*, § 40 Rz. 28 mwN. | [14] BAG v. 27.9.1974 – 1 ABR 67/73, AP Nr. 8 zu § 40 BetrVG 1972; v. 25.4.1978 – 6 ABR 9/75, AP Nr. 11 zu § 80 BetrVG 1972; v. 26.2.1992 – 7 ABR 51/90, AP Nr. 48 zu § 80 BetrVG 1972 = NZA 1993, 86; *Fitting*, § 40 BetrVG Rz. 13; GK-BetrVG/*Wiese/Weber*, § 40 Rz. 30 f. | [15] Wozu aber auch die *vorbereitende Beratung des Gerichtsverfahrens* bzw. der Versuch, vor Einleitung des Verfahrens noch eine gütliche Einigung zu erzielen, gehört, vgl. BAG v. 15.11.2000 – 7 ABR 24/00, EzA § 40 BetrVG 1972 Nr. 92. | [16] BAG v. 25.4.1978 – 6 ABR 9/75, AP Nr. 11 zu § 80 BetrVG 1972; *Fitting*, § 40 BetrVG Rz. 14; GK-BetrVG/*Wiese/Weber*, § 40 Rz. 32.

1. Rechtsstreitigkeiten. Zu den nach § 40 Abs. 1 erstattungsfähigen Kosten gehören auch die **Prozess- und Rechtsanwaltskosten**, die der gerichtlichen Verteidigung von Rechten des BR als Organ oder seiner einzelnen Mitglieder dienen. Der BR darf betriebsverfassungsrechtliche Streitigkeiten auf Kosten des ArbGeb gerichtlich klären lassen, sofern eine gütliche Einigung nicht möglich ist[1]. Die Kostentragungspflicht des ArbGeb wird dadurch gemildert, dass im Beschlussverfahren nach § 12 Abs. 5 ArbGG keine Gerichtskosten anfallen, so dass im Rahmen von § 40 Abs. 1 nur **außergerichtliche Kosten** in Betracht kommen. Dabei ist es **unerheblich**, wer Partei bzw. Beteiligter des Rechtsstreits mit dem BR ist. Es kommen nicht nur Rechtsstreitigkeiten zwischen ArbGeb und BR in Betracht, sondern auch zwischen BR und einem anderen Organ der Betriebsverfassung (zB dem GesamtBR), zwischen dem BR und einem seiner Mitglieder[2] oder dem BR und einer im Betrieb vertretenen Gewerkschaft. Auch lediglich eine **Beteiligung des BR** iSv. § 83 ArbGG löst die Kostentragungspflicht des ArbGeb aus. Unerheblich ist auch, ob der BR in einem Verfahren **obsiegt oder unterliegt**, weil sonst das Kostenrisiko dem BR die unabhängige Wahrnehmung seiner Aufgaben nicht mehr ermöglichen würde[3]. 12

Die Kostentragungspflicht des ArbGeb besteht aber nur, wenn die Führung des Rechtsstreits **erforderlich** ist bzw. der BR diesen für erforderlich halten durfte (Rz. 6)[4]. Dies ist zB **nicht** der Fall, wenn 13

- eine **anderweitige Klärung** möglich ist, zB durch Abwarten eines Parallelverfahrens oder eines Musterprozesses[5],

- die Rechtsverfolgung von vorneherein **offensichtlich aussichtslos** und mutwillig erscheint[6],

- eine Rechtsfrage bereits **höchstrichterlich entschieden** ist und in einem weiteren Rechtsstreit keine neuen Argumente vorgetragen werden[7],

- ein Antrag auf Erlass einer **einstweiligen Verfügung** so spät und zudem noch mit unvollständigen Unterlagen gestellt wird, dass – auch bei Verzicht auf die mündliche Verhandlung – mit einer rechtzeitigen Gerichtsentscheidung nicht gerechnet werden kann[8].

Die Kosten für die Hinzuziehung eines **Rechtsanwalts** sind immer erstattungspflichtig, sofern die Prozessvertretung durch einen Rechtsanwalt gesetzlich vorgeschrieben ist wie zB für die Unterzeichnung der Rechtsbeschwerdeschrift und der Rechtsbeschwerdebegründung (§ 94 Abs. 1 ArbGG). Darüber hinaus sind die Kosten einer Prozessvertretung des BR durch einen Rechtsanwalt vom ArbGeb zu tragen, wenn der BR bei verständiger und pflichtgemäßer Abwägung der zu berücksichtigenden Umstände die Zuziehung eines Rechtsanwalts **für erforderlich** erachten durfte[9]. Ihm steht für diese Abwägung ein Beurteilungsspielraum zu[10], innerhalb dessen – wie immer im Rahmen von § 40 Abs. 1 (Rz. 6) – auf das Urteil eines vernünftigen Dritten im Zeitpunkt der Beauftragung des Rechtsanwalts abzustellen ist. Bei der Prüfung der Erforderlichkeit ist vor allem darauf abzustellen, ob der Rechtsstreit nach der Sach- und Rechtslage **Schwierigkeiten aufweist**[11], doch darf hierfür der juristische Verstand des BR nicht überstrapaziert werden, so dass ein relativ großzügiger Maßstab anzulegen ist[12]. Der Hinzuziehung eines Rechtsanwalts steht nicht entgegen, dass die Prozessvertretung durch einen **Gewerkschaftsvertreter** (vgl. § 11 ArbGG) möglich ist, da der BR in der Wahl seines Prozessvertreters grundsätzlich frei ist und die Gewerkschaften nicht – auch nicht wegen § 2 Abs. 1 – verpflichtet sind, dem BR Rechtsschutz zu gewähren[13]. Die Reisekosten eines **auswärtigen** Anwalts gehören nur dann zu den erstattungsfähigen Kosten, wenn der BR darlegen kann, dass das beauftragte Anwaltsbüro **besondere**, über das normale Maß hinausgehende **Sachkompetenz** in den für den Rechtsstreit maßgeblichen Rechtsfragen hat[14]. Ferner kann die Beauftragung eines Rechtsanwalts grundsätzlich nur **in der Höhe des BRAGO-Satzes** erfolgen, jedoch 14

---

1 HM, vgl. *Fitting*, § 40 BetrVG Rz. 21; GK-BetrVG/*Wiese/Weber*, § 40 Rz. 82. | 2 ZB Ausschlussverfahren nach § 23 Abs. 1, vgl. BAG v. 19.4.1989 – 7 ABR 6/88, AP Nr. 29 zu § 40 BetrVG 1972 (Anm. *v. Hoyningen-Huene*) = NZA 1990, 233. | 3 HM, vgl. *Fitting*, § 40 BetrVG Rz. 21; GK-BetrVG/*Wiese/Weber*, § 40 Rz. 85; aA *Platz*, ZfA 1993, 373 (380 ff.). | 4 BAG v. 19.4.1989 – 7 ABR 6/88, AP Nr. 29 zu § 40 BetrVG 1972 (Anm. *v. Hoyningen-Huene*) = NZA 1990, 233. | 5 LAG Berlin v. 7.3.1983 – 9 TaBV 5/82, AP Nr. 21 zu § 40 BetrVG 1972. | 6 BAG v. 3.10.1978 – 6 ABR 102/76, BAGE 31, 93 = AP Nr. 14 zu § 40 BetrVG 1972 (Anm. *Grunsky*); v. 19.4.1989 – 7 ABR 6/88, AP Nr. 29 zu § 40 BetrVG 1972 (Anm. *v. Hoyningen-Huene*) = NZA 1990, 233. | 7 LAG Hamm v. 4.12.1985 – 3 TaBV 119/85, BB 1986, 323; *Fitting*, § 40 BetrVG Rz. 22; GK-BetrVG/*Wiese/Weber*, § 40 Rz. 86; aA DKK/*Wedde*, § 40 BetrVG Rz. 25. | 8 BAG v. 28.8.1991 – 7 ABR 72/90, AP Nr. 2 zu § 85 ArbGG 1979 = NZA 1992, 41; LAG Hess. v. 15.10.1992 – 12 Ta BV 28/92, DB 1993, 1096. | 9 St. Rspr., zuletzt BAG v. 20.10.1999 – 7 ABR 25/98, AP Nr. 67 zu § 40 BetrVG 1072 = NZA 2000, 556; ferner BAG v. 26.11.1974 – 1 ABR 16/74, AP Nr. 6 zu § 20 BetrVG 1972; v. 4.12.1979 – 6 ABR 37/76, AP Nr. 18 zu § 40 BetrVG 1972; vgl. auch *Blomeyer*, S. 99; *Fitting*, § 40 BetrVG Rz. 24; GK-BetrVG/*Wiese/Weber*, § 40 Rz. 95. | 10 BAG v. 3.10.1978 – 6 ABR 102/76, BAGE 31, 93 = AP Nr. 14 zu § 40 BetrVG 1972 (Anm. *Grunsky*); v. 16.10.1986, 6 ABR 2/85, AP Nr. 31 zu § 40 BetrVG 1972. | 11 BAG v. 26.11.1974 – 1 ABR 16/74, BAGE 26, 376 = AP Nr. 6 zu § 20 BetrVG 1972; *Fitting*, § 40 BetrVG Rz. 25; Richardi/*Richardi*/*Thüsing*, § 40 BetrVG Rz. 25. | 12 Vgl. BAG v. 3.10.1978 – 6 ABR 102/76, BAGE 31, 93 = AP Nr. 14 zu § 40 BetrVG 1972 (Anm. *Grunsky*); v. 16.10.1986, 6 ABR 2/85, AP Nr. 31 zu § 40 BetrVG 1972; enger GK-BetrVG/*Wiese/Weber*, § 40 Rz. 99. | 13 HM, vgl. BAG v. 26.11.1974 – 1 ABR 16/74, BAGE 26, 376 = AP Nr. 6 zu § 20 BetrVG 1972; v. 3.10.1978 – 6 ABR 102/76, BAGE 31, 93 = AP Nr. 14 zu § 40 BetrVG 1972 (Anm. *Grunsky*); v. 4.12.1979 – 6 ABR 37/76, BAGE 40, 244 = AP Nr. 18 zu § 40 BetrVG 1972 (Anm. *Hanau*); *Blomeyer*, S. 116; *Fitting*, § 40 BetrVG Rz. 26; GK-BetrVG/*Wiese/Weber*, § 40 Rz. 106. | 14 BAG v. 16.10.1986 – 6 ABR 2/85, AP Nr. 31 zu § 40 BetrVG 1972; v. 15.11.2000 – 7 ABR 24/00, EzA § 40 BetrVG 1972 Nr. 92.

können stattdessen in der Praxis übliche Zeithonorare zulässig sein. Ausnahmen sind auch gerechtfertigt, wo der Streitwert so gering ist, dass ein Rechtsbeistand auf der Basis der BRAGO nicht zu finden ist[1]. Auch den beauftragten Anwalt treffen nach den Grundsätzen des Vertrags mit Schutzwirkung für Dritte Sorgfaltspflichten gegenüber dem ArbGeb zur Kostenschonung[2].

15 Die Kostentragungspflicht besteht nur, wenn die Beauftragung des Rechtsanwalts auf Basis eines **ordnungsgemäßen Beschlusses** (vgl. § 29 Rz. 7; § 33 Rz. 3 ff.) erfolgte[3]. Ein solcher Beschluss hat gesondert für jede Instanz zu ergehen. Eine nachträgliche Beschlussfassung nach Abschluss der jeweiligen Instanz kann eine Kostenerstattungspflicht des ArbGeb nicht mehr auslösen[4]. Ausnahmsweise kann die Beauftragung bei Eilbedürftigkeit alleine durch den BR-Vorsitzenden erfolgen, muss dann aber nachträglich vom BR **genehmigt** werden[5]. Eine Prozessvollmacht ermächtigt gem. § 81 ZPO im Außenverhältnis zu allen den Rechtsstreit betreffenden Prozesshandlungen, weshalb eine im Innenverhältnis notwendige Beschlussfassung des BR zur erneuten Beauftragung des Anwalts auch nach Ablauf der Rechtsmittelfrist erfolgen kann[6].

16 Die dargelegten Grundsätze gelten in gleicher Weise für Gerichts- und Rechtsanwaltskosten, **die einzelnen BR-Mitgliedern aus ihrer Amtstätigkeit** entstehen, da auch dies Kosten der BR-Tätigkeit nach Abs. 1 sind[7]. Dies gilt jedenfalls dann, wenn die Amtsstellung oder -ausübung des einzelnen BR-Mitglieds Streitgegenstand ist oder durch den Rechtsstreit berührt wird, zB bei

- Anfechtung der Wahl eines BR-Mitglieds nach § 19,
- Ausschluss eines BR-Mitglieds aus dem BR nach § 23 Abs. 1[8],
- Feststellung des Verlusts der Wählbarkeit eines BR-Mitglieds oder Wirksamkeit eines Rücktrittsbeschlusses des BR,
- Überprüfung von BR-Beschlüssen, da durch diese in die Rechtstellung eines BR-Mitglieds eingegriffen werden kann[9],
- Beschlussverfahren zur Durchsetzung des Anspruchs eines BR-Mitglieds auf Teilnahme an einer Schulungsmaßnahme.

Nicht erstattungsfähig nach § 40 Abs. 1 sind dagegen Kosten, die einem BR-Mitglied in einem **Verfahren nach § 103 Abs. 2** entstehen, da die Beteiligung am Zustimmungsersetzungsverfahren nicht in Erfüllung betriebsverfassungsrechtlicher Aufgaben erfolgt, sondern wegen des besonders ausgestalteten Kündigungsschutzes[10]. Wird der Zustimmungsersetzungsantrag dagegen rechtskräftig **abgewiesen**, folgt die Kostenerstattungspflicht aus § 78 Satz 2 im gleichen Umfang wie in einem anderen Kündigungsschutzprozess. Kosten eines **Urteilsverfahrens** sind nie nach § 40 Abs. 1 zu ersetzen, auch wenn das BR-Mitglied zB wegen amtsbedingter Arbeitsversäumnis eine Leistungsklage auf Zahlung seines Arbeitsentgelts erhebt; § 12a Abs. 1 Satz 1 ArbGG hat insoweit nicht nur prozessuale Bedeutung, sondern schließt jeden materiellrechtlichen Kostenerstattungsanspruch, unabhängig von seiner Rechtsgrundlage, aus[11].

17 **2. Regelungsstreitigkeiten.** Kosten, die durch die Tätigkeit des BR entstehen, sind auch die **Kosten der Einigungsstelle**[12], für die jedoch seit der Novelle vom 20.12.1988 (BGBl. I S. 2312) die Sonderregelung des § 76a gilt. Nach hM werden von dieser Norm aber nur die Kosten der Einigungsstelle selbst und die an ihre Mitglieder zu zahlende Vergütung erfasst, nicht dagegen die Kosten, die durch die Beauftragung eines Rechtsanwalts **zur Vertretung des BR** vor der Einigungsstelle entstehen. Für deren

---

1 BAG v. 20.10.1999 – 7 ABR 25/98, AP Nr. 67 zu § 40 BetrVG 1972. | 2 LAG Düsseldorf v. 9.1.1989 – 4 TaBV 127/87, LAGE § 40 BetrVG 1972 Nr 25 = DB 1989, 1036 (Gruppenverfahren anstelle von Einzelverfahren); *Fitting*, § 40 BetrVG Rz. 32; GK-BetrVG/*Wiese/Weber*, § 40 Rz. 104. | 3 HM, vgl. BAG v. 14.2.1996 – 7 ABR 25/95, AP Nr. 5 zu § 76a BetrVG 1972 = NZA 1996, 892; v. 8.3.2000 – 7 ABR 11/98, AP Nr. 68 zu § 40 BetrVG 1972; *Fitting*, § 40 BetrVG Rz. 32; GK-BetrVG/*Wiese/Weber*, § 40 Rz. 94. | 4 BAG v. 5.4.2000 – 7 ABR 6/99, AP Nr. 33 zu § 78a BetrVG 1972 = NZA 2000, 1178; LAG Berlin v. 26.1.1987 – 9 TaBV 7/86, AP Nr. 25 zu § 40 BetrVG 1972; ErfK/*Eisemann*, § 40 BetrVG Rz. 4; GK-BetrVG/*Wiese/Weber*, § 40 Rz. 94. AA DKK/*Wedde*, § 40 BetrVG Rz. 29; *Fitting*, § 40 BetrVG Rz. 32. | 5 LAG Köln v. 14.7.1995 – 4 TaBV, LAGE Nr. 47 zu § 40 BetrVG 1972 = NZA-RR 1996, 94 (für den Fall einer vom ArbGeb gegen den BR angestrengten einstweiligen Verfügung); *Fitting*, § 40 BetrVG Rz. 32; GK-BetrVG/*Wiese/Weber*, § 40 Rz. 94. | 6 Vgl. BAG v. 11.3.1992 – 7 ABR 50/91, AP Nr. 11 zu § 38 BetrVG 1972 = NZA 1992, 946. | 7 BAG v. 24.4.1979 – 6 ABR 63/76, AP Nr. 16 zu § 40 BetrVG 1972; v. 5.4.2000 – 7 ABR 6/99, AP Nr. 33 zu § 78a BetrVG 1972 = NZA 2000, 1178. | 8 BAG v. 19.4.1989 – 7 ABR 6/88, AP Nr. 29 zu § 40 BetrVG 1972 (Anm. *v. Hoyningen-Huene*); LAG Hamm v. 28.11.1978, DB 1979, 2043; jedoch entfällt die Kostenerstattung, wenn die Verteidigung gegen den Ausschluss offensichtlich aussichtslos ist und das Fehlverhalten nicht ernsthaft bestritten wird und zweifellos eine grobe Pflichtverletzung iSd. § 23 Abs. 1 darstellt. | 9 BAG v. 3.4.1979 – 6 ABR 64/76, AP Nr. 1 zu § 13 BetrVG 1972; DKK/*Wedde*, § 40 BetrVG Rz. 53; *Fitting*, § 40 BetrVG Rz. 60; GK-BetrVG/*Wiese/Weber*, § 40 Rz. 88. | 10 BAG v. 3.4.1979 – 6 ABR 63/76, AP Nr. 16 zu § 40 BetrVG 1972; v. 31.1.1990 – 1 ABR 39/89, AP Nr. 28 zu § 103 BetrVG 1972 = NZA 1991, 152; *Fitting*, § 40 BetrVG Rz. 62; GK-BetrVG/*Wiese/Weber*, § 40 Rz. 91; aA DKK/*Wedde*, § 40 BetrVG Rz. 54. | 11 BAG v. 14.10.1982 – 6 ABR 37/79, BAGE 40, 244 = AP Nr. 19 zu § 40 *BetrVG 1979*; v. 30.6.1993 – 7 ABR 45/92, AP Nr. 8 zu § 12a ArbGG = NZA 1994, 284; GK-BetrVG/*Wiese/Weber*, § 40 Rz. 108; *Richardi/Richardi/Thüsing*, § 40 BetrVG Rz. 14. | 12 HM, vgl. BAG v. 27.3.1979 – 6 ABR 39/76, AP Nr. 7 zu § 76 BetrVG 1972 (Anm. *Gaul*); *Fitting*, § 40 BetrVG Rz. 35; GK-BetrVG/*Wiese/Weber*, § 40 Rz. 109.

Erforderlichkeit gelten die gleichen Grundsätze wie für die anwaltliche Vertretung bei Rechtsstreitigkeiten, dh. die Entscheidung schwieriger Rechtsfragen (Rz. 14)[1].

3. Aufwendungen der BR-Mitglieder. Zu den vom ArbGeb zu tragenden Aufwendungen gehören auch die **einzelnen BR-Mitgliedern** aus ihrer amtlichen Tätigkeit erwachsenden Kosten, sofern sie zur ordnungsgemäßen Erfüllung der Aufgaben des BR **erforderlich** sind[2]. Voraussetzung ist auch hier, dass die Tätigkeit **objektiv** der Durchführung von BR-Aufgaben gedient hat und die Kosten von einem vernünftig denkenden Dritten für erforderlich und verhältnismäßig gehalten werden konnten (vgl. Rz. 6). Solche Aufwendungen können Brief- und Portokosten sowie Kosten der Rechtsverfolgung sein (vgl. Rz. 16), vor allem aber **Fahrtkosten**, die dem BR-Mitglied zB dadurch entstehen, dass es sich außerhalb seiner persönlichen Arbeitszeit zu einer BR-Sitzung begibt[3]. Dagegen sind die Kosten eines freigestellten BR-Mitglieds für die regelmäßigen Fahrten zwischen Wohnung und Betrieb nicht nach § 40 Abs. 1 erstattungsfähig, weil diese Aufwendungen ebenso wie die Fahrtkosten der übrigen ArbN zwischen Wohnung und Betrieb zu den persönlichen Lebensführungskosten zählen[4]. Kosten iSd. § 40 Abs. 1 können auch Aufwendungen eines BR-Mitglieds sein, die er zum Ersatz zB von **Unfallschäden am eigenen Pkw** für erforderlich halten durfte, soweit die Schäden in Ausübung der BR-Tätigkeit entstanden sind (§ 670 BGB analog)[5]. Handelt es sich um **Personenschäden**, greift das sozialversicherungsrechtliche Haftungsprivileg nach § 104 Abs. 1 SGB VII zu Gunsten des ArbGeb ein, da ein Unfall bei der Amtsausübung zugleich einen Arbeitsunfall nach § 8 Abs. 1 iVm. § 2 Abs. 1 Nr. 1 SGB VII darstellt[6].

a) Reisekosten. Zu den erforderlichen Aufwendungen gehören insb. Reisekosten, wenn das BR-Mitglied zur Erledigung seiner Aufgaben auswärtige Betriebe, Betriebsteile, Nebenbetriebe oder Baustellen aufsucht oder an auswärtigen Sitzungen anderer betriebsverfassungsrechtlicher Gremien, an Gerichtsterminen oder Behördengesprächen teilnehmen muss[7]. Entsprechendes gilt auch für Reisekosten anlässlich der Teilnahme an einer Schulung nach § 37 Abs. 2 (vgl. Rz. 20). Bedingt durch die zunehmende internationale Verflechtung von Unternehmen können auch **Auslandsreisen** erforderlich sein[8]. Angesichts der Möglichkeiten moderner Kommunikationstechnik sind hier aber Erforderlichkeit und Angemessenheit der Kosten besonders sorgfältig zu prüfen. Nicht erstattungsfähig sind Reisekosten, die zB dadurch entstehen, dass ein BR-Mitglied **vom Urlaubsort** zum Betriebsort reist, um an der (konstituierenden) Sitzung des BR teilzunehmen[9]. Reisekosten für den **Besuch eines erkrankten ArbN** im Klinikum sind nur dann erstattungsfähig, wenn hierfür ein konkreter, im Aufgabenbereich des BR liegender Anlass bestand[10]. Vor Antritt einer Reise muss das BR-Mitglied den ArbGeb grundsätzlich weder über deren Zweck informieren noch dessen Zustimmung einholen[11].

Die vom ArbGeb zu tragenden Reisekosten umfassen die notwendigen **Fahrtkosten** sowie die Kosten für **Verpflegung und Unterkunft**, abzüglich ersparter privater Aufwendungen[12]. Nicht zu erstatten sind die Kosten der persönlichen Lebensführung wie Getränke oder Tabakwaren[13]. Besteht im Betrieb eine für die ArbN verbindliche **Reisekostenregelung**, so ist diese im Hinblick auf § 78 Satz 2 auch für Reisen der BR-Mitglieder maßgebend, sofern die entstehenden Kosten von ihnen beeinflusst werden können[14]. Erfolgt die Reisekostenerstattung im Betrieb üblicherweise nach den **LStRichtlinien**, so gilt dies auch für die BR-Mitglieder. Sind jedoch zB bei einer Schulungsveranstaltung die Tagessätze des Veranstalters höher als der Reisekostenregelung oder der LStRichtlinie und vom BR-Mitglied nicht zu beeinflussen, hat der ArbGeb die höheren Kosten zu erstatten[15]. Werden Reisekosten nicht nach Pauschalsätzen abgerechnet, muss das BR-Mitglied die Kosten im Einzelnen **nachweisen** (vgl. Rz. 9) Eine Einzelabrechnung kommt auch bei **teilzeitbeschäftigten BR-Mitgliedern** in Betracht, wenn diese im Verhältnis zu voll-

---

1 BAG v. 14.2.1996 – 7 ABR 25/95, AP Nr. 5 zu § 76a BetrVG 1972; vgl. auch Komm. zu § 76a. | 2 HM, vgl. BAG v. 18.1.1989 – 7 ABR 89/87, BAGE 60, 385 = AP Nr. 28 zu § 40 BetrVG 1972; v. 6.11.1973 – 1 ABR 26/73, BAGE 25, 357 = AP Nr. 6 zu § 37 BetrVG 1972; ferner *Fitting*, § 40 BetrVG Rz. 40; GK-BetrVG/*Wiese/Weber*, § 40 Rz. 33. | 3 BAG v. 18.1.1989 – 7 ABR 89/87, AP Nr. 28 zu § 40 BetrVG 1972 = NZA 1989, 641. | 4 BAG v. 28.8.1991 – 7 ABR 46/90, AP Nr. 39 zu § 40 BetrVG 1972 = NZA 1992, 72. | 5 BAG v. 3.3.1983 – 6 ABR 4/80, BAGE 42, 71 = AP Nr. 8 zu § 20 BetrVG 1972 (Anm. *Löwisch*); ferner *Fitting*, § 40 BetrVG Rz. 46; GK-BetrVG/*Wiese/Weber*, § 40 Rz. 78 f. | 6 Vgl. *Fitting*, § 40 BetrVG Rz. 47; GK-BetrVG/*Wiese/Weber*, § 40 Rz. 80. | 7 HM, vgl. *Fitting*, § 40 BetrVG Rz. 48; GK-BetrVG/*Wiese/Weber*, § 40 Rz. 34. | 8 *Fitting*, § 40 BetrVG Rz. 49; GK-BetrVG/*Wiese/Weber*, § 40 Rz. 35. | 9 BAG v. 24.6.1969 – 1 ABR 6/69, AP Nr. 8 zu § 39 BetrVG (Anm. *Neumann-Duesberg*). | 10 *Fitting*, § 40 BetrVG Rz. 48; GK-BetrVG/*Wiese/Weber*, § 40 Rz. 37. | 11 BAG v. 10.8.1994 – 7 ABR 35/93, NZA 1995, 796. | 12 BAG v. 29.1.1974 – 1 ABR 39/73, AP Nr. 9 zu § 37 BetrVG 1972; v. 29.4.1975 – 1 ABR 40/74, AP Nr. 9 zu § 40 BetrVG 1972; *Fitting*, § 40 BetrVG Rz. 53; GK-BetrVG/*Wiese/Weber*, § 40 Rz. 43 f.; aA DKK/*Wedde*, § 40 BetrVG Rz. 50. Keine Anrechnung allerdings bei Anwendung einer betrieblichen Reisekostenregelung oder der Abrechnung nach den steuerlichen Pauschbeträgen, da bei diesen ersparte Aufwendungen bereits berücksichtigt sind, vgl. BAG v. 30.3.1994 – 7 ABR 45/93, AP Nr. 42 zu § 40 BetrVG 1972 (Anm. *Sowka*) = NZA 1995, 283. | 13 BAG v. 29.1.1974 – 1 ABR 41/73 – BAGE 25, 482 = AP Nr. 5 zu § 40 BetrVG 1972 (Anm. *Kraft*); v. 15.6.1976 – 1 ABR 81/74, AP Nr. 12 zu § 40 BetrVG. | 14 BAG v. 17.9.1974 – 1 ABR 98/73, AP Nr. 6 zu § 40 BetrVG 1972; v. 23.6.1975 – 1 ABR 104/73, AP Nr. 10 zu § 40 BetrVG 1972; *Fitting*, § 40 BetrVG Rz. 54; GK-BetrVG/*Wiese/Weber*, § 40 Rz. 40. | 15 BAG v. 17.9.1974 – 1 ABR 98/73, AP Nr. 6 zu § 40 BetrVG 1972; v. 23.6.1975 – 1 ABR 104/73, AP Nr. 10 zu § 40 BetrVG 1972 = NZA 1984, 362; v. 7.6.1984 – 6 ABR 66/81, AP Nr. 24 zu § 40 BetrVG 1972; *Fitting*, § 40 BetrVG Rz. 54; GK-BetrVG/*Wiese/Weber*, § 40 Rz. 43.

zeitbeschäftigten Amtsträgern wegen ihres niedrigeren Jahreseinkommen bei gleicher oder vergleichbarer Tätigkeit sonst benachteiligt wären[1].

21 **b) Schulungskosten.** Von § 40 Abs. 1 werden auch die Kosten erfasst, die durch die Teilnahme von BR-Mitgliedern an **Schulungs- und Bildungsveranstaltungen** entstehen[2], vgl. § 37 Abs. 6. Diese Norm stellt klar, dass die Schulung der BR-Mitglieder in Bezug auf ihre gesetzlichen Aufgaben eng zu ihrer Amtstätigkeit gehört[3]. Sie ordnet aber ihrer Systematik entsprechend nur die Befreiung der BR-Mitglieder von ihrer beruflichen Tätigkeit ohne Minderung des Arbeitsentgelts an. Die Kostentragung über die Entgeltfortzahlung hinaus ist daher der Grundregel des § 40 Abs. 1 zu entnehmen, auch dann, wenn der ArbGeb damit Gewerkschaften als Schulungsveranstalter unterstützen muss (Rz. 23)[4]. Davon zu trennen ist die Kostenerstattung für den Bildungsurlaub iSd. **§ 37 Abs. 7**, für den die bloße Anerkennung durch die oberste Arbeitsbehörde als „geeignet" noch nicht ausreicht. Vielmehr müssen – im Einzelnen nachweisbar – auch hierfür die *erforderlichen Kenntnisse* iSd. § 37 Abs. 6 vermittelt werden[5], um eine zusätzliche Kostentragungspflicht des ArbGeb zu begründen (zum Unterschied zwischen § 37 Abs. 6 und 7 vgl. § 37 Rz. 37).

22 Die Kostentragungspflicht des ArbGeb umfasst grundsätzlich die erforderlichen **Reisekosten** (Rz. 19 ff.) sowie etwaige **Teilnehmergebühren** des Veranstalters, sofern alle darin enthaltenen Positionen erstattungsfähige Einzelposten wie Übernachtungs- und Verpflegungskosten, Referentenhonorare und Kosten für angemessene Tagungsunterlagen enthalten[6]. Der Grundsatz der Erforderlichkeit gebietet es, dass der BR bei gleichartigen und gleichwertigen Schulungsmöglichkeiten grundsätzlich nur die Kosten der **kostengünstigeren Veranstaltung** erstattet verlangen kann[7]. Werden Schulungen von unterschiedlicher Qualität angeboten, hat der BR einen Beurteilungsspielraum, der jedoch, wie oben ausgeführt (§ 37 Rz. 33), durch den Grundsatz der Verhältnismäßigkeit (**Angemessenheit**) begrenzt ist[8].

23 Der Kostentragungspflicht des ArbGeb steht nicht entgegen, dass die Schulungs- oder Bildungsveranstaltung von einer **Gewerkschaft** durchgeführt wird[9]. Hierin liegt auch kein Verstoß gegen das Grundrecht der Koalitionsfreiheit, Art. 9 Abs. 3 GG[10]. Zwar handelt es sich bei der Schulung von BR-Mitgliedern auch um eine eigene Aufgabe der Gewerkschaften, da ihre Unterstützungsfunktion koalitionsrechtlich gesichert ist. Das schließt aber nicht aus, dass den BR-Mitgliedern insoweit ein Kostenerstattungsanspruch gegen den ArbGeb zusteht, als sich die gewerkschaftliche Schulungsveranstaltung auf die Vermittlung von erforderlichen Kenntnissen für die BR-Tätigkeit iSv. § 37 Abs. 6 beschränkt. Eine **immanente Schranke** ergibt sich aber aus dem koalitionsrechtlichen Grundsatz, dass kein sozialer Gegenspieler verpflichtet ist, zur Finanzierung des **gegnerischen Verbandes** beizutragen[11]: Die Gewerkschaften dürfen aus den Schulungsveranstaltungen **keinen Gewinn** erzielen[12], weshalb sie nur die Erstattung der tatsächlich entstandenen Kosten verlangen können[13]. **Nicht zu ersetzen** sind auch sog. **Vorhaltekosten**, die unabhängig von der konkreten Schulung entstehen, wie zB Grundstücksabgaben, Mietzins und Mietnebenkosten, Heizung, Strom etc.[14]. **Honorarforderungen** für gewerkschaftseigene Referenten können auf die Teilnehmer nur umgelegt werden, wenn die Lehrtätigkeit weder zu den Haupt- noch zu den Nebenpflichten des Referenten aus dessen Arbeitsverhältnis gehört[15]. Der ArbGeb kann die Kostenerstattung davon abhängig machen, dass die erstattungsfähigen Kosten im Einzelnen angegeben werden, und zwar

---

1 LAG Hess. v. 6.10.1988 – 12 TaBV 12/88, LAGE § 40 BetrVG 1972 Nr. 26 = NZA 1989, 943; ErfK/*Eisemann*, § 40 BetrVG Rz. 8; GK-BetrVG/*Wiese/Weber*, § 40 Rz. 43. |2 HM, grundl. BAG v. 31.10.1972 – 1 ABR 7/72, BAGE 24, 459 = AP Nr. 2 zu § 40 BetrVG 1972 (Anm. *Richardi*); zuletzt BAG v. 8.3.2000 – 7 ABR 11/98, AP Nr. 68 zu § 40 BetrVG 1972 = NZA 2000, 838. |3 So BAG v. 29.1.1974 – 1 ABR 41/73, BAGE 25, 482 (487) = AP Nr. 5 zu § 40 BetrVG 1972. |4 HM, vgl. nur GK-BetrVG/*Wiese/Weber*, § 40 Rz. 45 ff.; MünchArbR/*Joost*, § 309 Rz. 9 ff. |5 BAG v. 6.11.1973 – 1 ABR 26/73, BAGE 25, 357 = AP Nr. 6 zu § 37 BetrVG 1972 (Anm. *Wiese*); v. 25.4.1978 – 6 ABR 22/75, AP Nr. 33 zu § 37 BetrVG 1972; *Fitting*, § 40 BetrVG Rz. 70; GK-BetrVG/*Wiese/Weber*, § 40 Rz. 74; weiter gehend DKK/*Wedde*, § 40 BetrVG Rz. 58; Richardi/*Richardi/Thüsing*, § 40 BetrVG Rz. 33. |6 HM, vgl. *Fitting*, § 40 BetrVG Rz. 76; GK-BetrVG/*Wiese/Weber*, § 40 Rz. 53. |7 Vgl. *Fitting*, § 40 BetrVG Rz. 74; GK-BetrVG/*Wiese/Weber*, § 40 Rz. 58. |8 St. Rspr. seit BAG v. 31.10.1972 – 1 ABR 7/72, BAGE 24, 459 = AP Nr. 2 zu § 40 BetrVG 1972 (Anm. *Richardi*), zuletzt BAG v. 28.5.1995 – 7 ABR 55/94, AP Nr. 48 zu § 40 BetrVG 1972 = NZA 1995, 1216; *Fitting*, § 40 BetrVG Rz. 72; GK-BetrVG/*Wiese/Weber*, § 40 Rz. 65; ausf. *Pahlen*, S. 24 ff.; kritisch DKK/*Wedde*, § 40 BetrVG Rz. 59; GK-BetrVG/*Wiese/Weber*, § 40 Rz. 59, 65. |9 St. Rspr. seit BAG v. 28.5.1976 – 1 ABR 44/74, AP Nr. 11 zu § 40 BetrVG 1972; zuletzt BAG v. 28.6.1995 – 7 ABR 55/94, AP Nr. 48 zu § 40 BetrVG 1972; ferner *Fitting*, § 40 BetrVG Rz. 77; GK-BetrVG/*Wiese/Weber*, § 40 Rz. 48 ff. |10 BVerfG v. 14.2.1978 – 1 BvR 466/75, AP Nr. 13 zu § 40 BetrVG 1972. |11 BAG v. 30.3.1994 – 7 ABR 45/93, AP Nr. 42 zu § 40 BetrVG 1972 (Anm. *Sowka*) = NZA 1995, 283; v. 28.6.1995 – 7 ABR 55/94, AP Nr. 48 zu § 40 BetrVG 1972 = NZA 1995, 283. |12 BAG v. 15.1.1992 – 7 ABR 23/90, AP Nr. 41 zu § 40 BetrVG 1972 = NZA 1993, 189; v. 30.3.1994 – 7 ABR 45/93, BAGE 76, 214 = AP Nr. 42 zu § 40 BetrVG 1972 (Anm. *Sowka*). Das Fehlen eines Gewinns ergibt sich aber nicht schon daraus, dass der für die Unterbringung in Rechnung gestellte Tagessatz den steuerlichen Pauschalbeträgen entspricht, da sich diese an den Preisen des Beherbergungsgewerbes orientieren, die einen Gewinnanteil schon einkalkuliert haben. |13 BAG v. 17.6.1998 – 7 ABR 20/97, AP Nr. 61 zu § 40 BetrVG 1072 = NZA 1999, 220. |14 *Vgl. BAG v. 28.5.1976 – 1 ABR 44/74, BAGE 28, 126* = AP Nr. 11 zu § 40 BetrVG 1972; v. 3.4.1979 – 6 ABR 70/76, AP Nr. 17 zu § 40 BetrVG 1972 (Anm. *Hunold*). |15 BAG v. 3.4.1979 – 6 ABR 60/76, AP Nr. 17 zu § 40 BetrVG 1972 in Fortentwicklung von BAG v. 28.5.1976 – 1 ABR 44/74, AP Nr. 11 zu § 40 BetrVG 1972; *Fitting*, § 40 BetrVG Rz. 81; GK-BetrVG/*Wiese/Weber*, § 40 Rz. 56.

nicht nur dann, wenn die Gewerkschaft den ihr abgetretenen Kostenanspruch geltend macht, sondern auch dann, wenn der BR oder die einzelnen Schulungsteilnehmer die Kostenerstattung verlangen[1].

Die koalitionsrechtlich gebotenen Einschränkungen erfassen unter bestimmten Voraussetzungen auch **gewerkschaftsnahe Veranstalter**, da die Gewerkschaften sonst durch Zwischenschaltung einer juristischen Person die gesetzliche Kostentragungspflicht des ArbGeb erweitern könnten. Das Verbot der Gegnerfinanzierung ist daher auch zu beachten, wenn die Gewerkschaft die Durchführung von Schulungsveranstaltungen einer **GmbH**, deren Anteile sie zu 100 % hält, oder einem **gemeinnützigen Verein** überträgt, sofern sie sich einen **maßgeblichen Einfluss** auf den Inhalt der Bildungsarbeit vorbehält[2]. 24

Die Kostentragungspflicht des ArbGeb für entstandene Schulungskosten setzt in **formeller** Hinsicht voraus, dass der BR die Teilnahme des BR-Mitglieds an der konkret gebuchten Veranstaltung **vorher beschlossen** hat (vgl. Rz. 7). Ein früherer Beschluss über die Teilnahme an einem anderen Seminar genügt ebenso wenig wie ein Beschluss, der erst **nachträglich** nach dem Besuch der Schulung gefasst wird[3]. 25

IV. Sachaufwand und Büropersonal (Abs. 2). § 40 Abs. 1 enthält die allgemeine Kostentragungspflicht des ArbGeb für BR-Tätigkeit und ordnet an, dass der ArbGeb diese Kosten auch zu tragen hat, wenn sie durch rechtsgeschäftliches Handeln des BR begründet worden sind. Dem gegenüber fordert § 40 Abs. 2 den **ArbGeb** dazu auf, dem BR für Sitzungen, Sprechstunden und die laufende Geschäftsführung „Räume, sachliche Mittel, Informations- und Kommunikationstechnik sowie Büropersonal **zur Verfügung zu stellen**". Die dazu erforderlichen Handlungen sind also vom ArbGeb selbst vorzunehmen. Der Abs. 2 stellt daher keine Konkretisierung der Kostentragungspflicht des Abs. 1 dar, sondern ist eine **Sonderregelung**, die in ihrer Rechtswirkung die Anwendung von Abs. 1 ausschließt. Der BR hat im Rahmen von Abs. 2 einen **Überlassungsanspruch** gegen den ArbGeb; er ist aber nicht berechtigt, sich die erforderlichen Sachmittel selbst zu beschaffen[4]. Kommt der ArbGeb seiner Verpflichtung, sachliche Mittel in erforderlichem Umfang zur Verfügung zu stellen, nicht nach, kann der BR seinen Anspruch im Rahmen einer **einstweiligen Verfügung** (§ 85 Abs. 2 ArbGG) durchsetzen. 26

Der ArbGeb hat Räume, Sach- und Personalmittel **in erforderlichem Umfang** zur Verfügung zustellen. Er bleibt dabei **Eigentümer** der Einrichtungen bzw. Sachmittel, wird in seiner Nutzungsbefugnis aber durch den Zweck des Abs. 2 beschränkt – dem BR ist insoweit ein **Besitzrecht** zuzuerkennen[5]. Der enge Zusammenhang zwischen § 40 Abs. 1 und 2 gebietet es, an die Erforderlichkeit in Abs. 2 den gleichen Maßstab anzulegen wie in Abs. 1 (vgl. Rz. 6). Sie bestimmt sich nicht ausschließlich nach dem entsprechenden Ausstattungsniveau des ArbGeb, sondern unter Berücksichtigung aller Umstände des Einzelfalls an den vom BR wahrzunehmenden Aufgaben und den betrieblichen Verhältnissen[6]. Bislang von der Rspr. berücksichtigte Kriterien sind Größe, Art und technische Ausstattung des Betriebs sowie die Möglichkeit der Mitbenutzung bereits vorhandener Mittel des ArbGeb. Die Vorschrift des § 40 Abs. 2 gewährt **keine** – wie auch immer definierte – sog. **Normalausstattung**, weshalb der BR sich der Prüfung der Erforderlichkeit nicht mit dem Hinweis entziehen kann, das geforderte Sachmittel gehöre zur Normalausstattung eines Büros und dürfe ihm deswegen nicht vorenthalten werden[7]. 27

1. Räume. Der ArbGeb hat dem BR Räume zu überlassen, die eine ordnungsgemäße Aufgabenwahrnehmung gewährleisten. Sie müssen den Arbeitsschutzvorschriften entsprechen, funktionsgerecht eingerichtet, beheizt und beleuchtet sein[8]. Abhängig von Art und Größe des Betriebs und dem Umfang der BR-Aufgaben muss der ArbGeb **einen oder mehrere verschließbare Räume** ständig oder zeitweise – zB einen größeren Raum nur für die BR-Sitzungen – zur Verfügung stellen[9]. In kleineren Betrieben kann es genügen, wenn dem BR nur stundenweise ein Raum zur Verfügung gestellt wird, sofern dadurch die BR-Arbeit nicht beeinträchtigt wird und Sitzungen und Sprechstunden ungestört abgehalten werden können. 28

Das **Hausrecht** steht dem BR in den Räumen solange zu, wie sie ihm für seine Sitzungen, Sprechstunden oder sonstige Geschäftstätigkeit überlassen worden sind[10]. Es ist auch vom ArbGeb zu beachten, der nicht gegen den Willen des BR dessen Räumlichkeiten öffnen und betreten darf[11]. Das Hausrecht steht 29

---

1 Vgl. BAG v. 30.3.1994 – 7 ABR 23/90, AP Nr. 42 zu § 40 BetrVG 1972; v. 28.6.1995 – 7 ABR 55/94, AP Nr. 48 zu § 40 BetrVG 1972. |2 BAG v. 30.3.1994 – 7 ABR 45/93, BAGE 76, 214 = AP Nr. 42 zu § 40 BetrVG 1972 (Anm. *Sowka*); v. 17.6.1998 – 7 ABR 20/97, AP Nr. 61 zu § 40 BetrVG 1972; *Fitting*, § 40 BetrVG Rz. 82; GK-BetrVG/*Wiese/Weber*, § 40 Rz. 51 f. |3 BAG v. 8.3.2000 – 7 ABR 11/98, BAGE 94, 42 = AP Nr. 68 zu § 40 BetrVG 1972, unter ausdrückl. Aufgabe von BAG v. 28.10.1992 – 7 ABR 14/92, AP Nr. 4 zu § 29 BetrVG 1972. |4 Vgl. BAG v. 21.4.1983 – 6 ABR 70/82, BAGE 42, 259 = AP Nr. 20 zu § 40 BetrVG 1972 (Anm. *Naendrup*); *Fitting*, § 40 BetrVG Rz. 105; GK-BetrVG/*Wiese/Weber*, § 40 Rz. 111 f. |5 Im Einzelnen str., wie hier GK-BetrVG/*Wiese/Weber*, § 40 Rz. 181 ff.; Richardi/*Richardi/Thüsing*, § 40 BetrVG Rz. 74 ff.; weiter *Fitting*, § 40 BetrVG Rz. 107 (Eigentum an verbrauchbaren Sachen); enger MünchArbR/*Joost*, § 309 Rz. 48 ff. |6 BAG v. 11.3.1998 – 7 ABR 59/96, AP Nr. 57 zu § 40 BetrVG 1972 = NZA 1998, 437; v. 12.5.1999 – 7 ABR 36/97, AP Nr. 65 zu § 40 BetrVG 1972 sowie GK-BetrVG/*Wiese/Weber*, § 40 Rz. 116 ff. |7 BAG v. 12.5.1999 – 7 ABR 36/97, BAGE 91, 325 = AP Nr. 65 zu § 40 BetrVG 1972 (Personalcomputer nebst Zubehör). |8 HM, vgl. *Fitting*, § 40 BetrVG Rz. 108 ff.; GK-BetrVG/*Wiese/Weber*, § 40 Rz. 120 ff. |9 HM, vgl. *Fitting*, § 40 BetrVG Rz. 108 f.; GK-BetrVG/*Wiese/Weber*, § 40 Rz. 120. |10 Vgl. BAG v. 18.9.1991 – 7 ABR 63/90, AP Nr. 40 zu § 40 BetrVG 1972 = NZA 1992, 315; *Fitting*, § 40 BetrVG Rz. 112; GK-BetrVG/*Wiese/Weber*, § 40 Rz. 123. |11 LAG Nürnberg v. 1.4.1999 – 6 TaBV 6/99, NZA 2000, 335 (hier hatte sich der ArbGeb schon geweigert, vor Betreten des Betriebsratsbüro auch nur anzuklopfen).

dem BR aber nur im Rahmen seiner gesetzlichen Aufgaben zu, so dass der ArbGeb nur in diesem Umfang den Zugang vom BR eingeladener **Medienvertreter** dulden muss[1]. Dagegen ist ein vom BR zulässigerweise mit der Wahrnehmung seiner Interessen beauftragter Rechtsanwalt berechtigt, diesen im BR-Büro aufzusuchen[2]. Das Hausrecht geht nicht soweit, dass der BR die ihm einmal zugewiesenen Räume für immer behalten darf. Der ArbGeb kann ihm an deren Stelle auch **andere Räume** zuweisen, soweit sie den dargelegten Anforderungen genügen und der Entzug der ursprünglichen Räume nicht willkürlich geschah. Nicht aber darf er im Wege der Selbsthilfe das bisher vom BR genutzte Büro ausräumen[3].

30   **2. Sachmittel.** Erforderliche Sachmittel iSd. Abs. 2 sind die **Büroeinrichtung** und alle sonstigen Utensilien, die zur **büromäßigen Erledigung** der Aufgaben der laufenden Geschäftsführung des BR erforderlich sind, wie zB Schreibmaterialien, Aktenordner, Taschenrechner, Briefpapier, Porto, Stempel etc. sowie die Mitbenutzung von betrieblichen Kopiergeräten bzw. – in größeren Betrieben – die Überlassung eines eigenen Kopiergeräts[4]. Die erforderlichen Sachmittel müssen dem betriebsüblichen Standard entsprechen. Zur Überlassung von Informations- und Kommunikationstechnik vgl. Rz. 33.

31   Zu den Aufgaben des BR gehört die umfassende und rechtzeitige **Unterrichtung** der ArbN. Dazu dient herkömmlich die Information über ein „Schwarzes Brett", in größeren Betrieben auch über mehrere Anschlagtafeln, die der ArbGeb dem BR zur Verfügung stellen muss[5]. Heute übernehmen diese Unterrichtungsfunktion zunehmend E-Mail und Intranet, auf die der BR ebenfalls für seine Zwecke zugreifen können muss, soweit im Betrieb vorhanden (vgl. Rz. 36). Über den Inhalt der Bekanntmachung entscheidet **allein** der BR. Er muss sich dabei jedoch im Rahmen seiner Aufgaben und Zuständigkeiten bewegen und hat Anschläge zu unterlassen, die den Betriebsfrieden zB durch parteipolitische Werbung entgegen § 74 Abs. 2 gefährden. Durch diese Einschränkung wird der BR aber nicht daran gehindert, seine Kritik an Maßnahmen des ArbGeb in angemessener Form darzulegen[6].

32   Zu den Sachmitteln gehören auch die einschlägigen **Gesetzestexte und Fachliteratur**, die der BR zur Erfüllung seiner Aufgaben benötigt. Hierzu zählen insb. Textausgaben der wichtigsten arbeits- und sozialrechtlichen Gesetzessammlungen, die Texte der für den Betrieb geltenden Tarifverträge und Unfallverhütungsvorschriften, Kommentare, Fachzeitschriften und Entscheidungssammlungen[7]. Der BR muss sich nicht vorrangig auf den Besuch von Schulungsveranstaltungen oder die Inanspruchnahme von Sachverständigen verweisen lassen, um sich die für seine Arbeit notwendigen Informationen zu beschaffen. Ob dem BR die Fachliteratur zur ausschließlichen Benutzung überlassen wird oder eine **Mitbenutzung** der im Betrieb vorhandenen Lit. ausreichend ist, richtet sich nach Art und Umfang der zu erledigenden Aufgaben unter Berücksichtigung der betrieblichen Gegebenheiten. Vor allem in kleineren Betrieben kann es ausreichen, wenn Gesetzestexte und geeignete Kommentare des ArbGeb zur **jederzeitigen** Mitbenutzung des BR an einer stets zugänglichen Stelle zur Verfügung stehen[8]. Entsprechendes muss in größeren Betrieben für seltener benötigte Lit. oder Entscheidungssammlungen gelten. Die wichtigsten arbeitsrechtlichen Gesetzestexte, wie sie in den gängigen Taschenbuchausgaben enthalten sind, sind jedem BR-Mitglied zu überlassen[9]. Jedem BR ist – unabhängig von seiner Größe – ein **Kommentar zum BetrVG** in jeweils neuester Auflage nach seiner eigenen Wahl zur Verfügung zu stellen[10], da das BetrVG das „Grundgesetz" der betrieblichen Partnerschaft darstellt. Die Forderung, auch noch **jedem BR-Mitglied** einen Basiskommentar zum BetrVG zur Verfügung zu stellen, geht als durchsichtige Verkaufsförderung diverser Gewerkschaftskommentare zu weit[11]. Wegen der Bedeutung der aktuellen Rspr. kann der BR grundsätzlich auch den Bezug einer arbeits- und sozialrechtlichen **Fachzeitschrift** mit entsprechend aktuellen Urteilsnachweisen fordern[12], in größeren Betrieben kann auch eine arbeitsrechtliche Entscheidungssammlung erforderlich sein. Der BR darf seinen Ermessensspielraum auch dahin nutzen, dass er die vom gewerkschaftseigenen Bund-Verlag herausgegebene Zeitschrift „Arbeitsrecht im Betrieb"[13] auswählt. Im Allgemeinen dürfte der Bezug

---

1 BAG v. 18.9.1991 – 7 ABR 63/90, AP Nr. 40 zu § 40 BetrVG 1972. |2 BAG v. 20.10.1999 – 7 ABR 37/98, nv.; LAG Schl.-Holst. v. 23.6.1998 – 1 TaBV 15/98, DB 1999, 382; *Fitting*, § 40 BetrVG Rz. 112; GK-BetrVG/*Wiese/Weber*, § 40 Rz. 123. |3 Vgl. DKK/*Wedde*, § 40 BetrVG Rz. 92; *Fitting*, § 40 BetrVG Rz. 111. |4 HM, vgl. *Fitting*, § 40 BetrVG Rz. 114; GK-BetrVG/*Wiese/Weber*, § 40 Rz. 125 ff. |5 BAG v. 21.11.1978 – 6 ABR 85/76, AP Nr. 15 zu § 40 BetrVG 1972 (Anm. *Meisel*); *Fitting*, § 40 BetrVG Rz. 115; GK-BetrVG/*Wiese/Weber*, § 40 Rz. 141. |6 BAG v. 21.11.1978 – 6 ABR 85/76, AP Nr. 15 zu § 40 BetrVG 1972 (Anm. *Meisel*); LAG Berlin v. 23.6.1980 – 9 TaBV 2/80, DB 1980, 1704; *Fitting*, § 40 BetrVG Rz. 117; GK-BetrVG/*Wiese/Weber*, § 40 Rz. 143. |7 HM, vgl. BAG v. 21.4.1983 – 6 ABR 70/82, BAGE 42, 259 = AP Nr. 20 zu § 40 BetrVG 1972 (Anm. *Naendrup*); v. 29.11.1989 – 7 ABR 42/89, AP Nr. 32 zu § 40 BetrVG 1972 = NZA 1990, 448; v. 26.10.1994 – 7 ABR 15/94, AP Nr. 43 zu § 40 BetrVG 1972 = NZA 1995, 386; v. 25.1.1995 – 7 ABR 37/94, AP Nr. 46 zu § 40 BetrVG 1972 = NZA 1995, 591; ferner *Fitting*, § 40 BetrVG Rz. 119; GK-BetrVG/*Wiese/Weber*, § 40 Rz. 128. |8 Vgl. *Fitting*, § 40 BetrVG Rz. 121; GK-BetrVG/*Wiese/Weber* § 40 Rz. 131; aA DKK/*Wedde*, § 40 BetrVG Rz. 112. |9 BAG v. 24.1.1996 – 7 ABR 22/95, AP Nr. 52 zu § 40 BetrVG 1972 = NZA 1997, 60; *Fitting*, § 40 BetrVG Rz. 119; GK-BetrVG/*Wiese/Weber*, § 40 Rz. 132; Richardi/*Richardi/Thüsing*, § 40 BetrVG Rz. 69 (mit Kritik am BAG). |10 BAG v. 26.10.1994 – 7 ABR 15/94, AP Nr. 43 zu § 40 BetrVG 1972 = NZA 1995, 386. |11 So aber DKK/*Wedde*, § 40 BetrVG Rz. 113. |12 BAG v. 29.11.1989 – 7 ABR 42/89, AP Nr. 32 zu § 40 BetrVG 1972 = NZA 1990, 448. |13 BAG v. 21.4.1983 – 6 ABR 70/82, AP Nr. 20 zu § 40 BetrVG 1972 (Verfassungsbeschwerde nicht zur Entscheidung angenommen, vgl. BVerfG v. 10.12.1985 – 1 BvR 1724/83, AP Nr. 20a zu § 40 BetrVG 1972); DKK/*Wedde*, § 40 BetrVG Rz. 116; *Fitting*, § 40 BetrVG Rz. 123; GK-BetrVG/*Wiese/Weber*, § 40 Rz. 135; aA Richardi/*Richardi/Thüsing*, § 40 BetrVG Rz. 70.

einer Fachzeitschrift ausreichen. **Nicht** zur erforderlichen Lit. zählt der regelmäßige Bezug einer **Tages- oder Wirtschaftszeitung**[1] sowie die Anschaffung einer **Lohnabzugstabelle** oder eines Kommentars zum LStRecht, da die Kontrolle des LStAbzugs nicht zu den BR-Aufgaben zählt[2].

3. Informations- und Kommunikationstechnik. Mit der durch das BetrVerf-Reformgesetz neu aufgenommenen Verpflichtung des ArbGeb, dem BR in erforderlichem Umfang Informations- und Kommunikationstechnik zur Verfügung zu stellen, beabsichtigte der Gesetzgeber ausweislich der Regierungsbegründung nur eine Klarstellung[3]. Ihr bedurfte es aber nicht, da schon zu § 40 Abs. 2 aF nach hM kein Zweifel mehr darüber bestand, dass auch moderne Informations- und Kommunikationsmittel grundsätzlich zum Sachmitteln iSd. Abs. 2 zu rechnen sind[4]. Voraussetzung war und ist[5], dass der BR die **Erforderlichkeit der IuK-Technik** konkret darlegen kann (vgl. Rz. 6). Auch hier entscheiden die **konkreten Verhältnisse** des einzelnen Betriebs und die Arbeit des einzelnen BR (hM). 33

Grundsätzlich gehört zu den erforderlichen Kommunikationsmitteln eine dem betrieblichen Standard entsprechende **Telefonanlage**. Nur ausnahmsweise reicht in Kleinbetrieben die Mitbenutzung des betrieblichen Telefonnetzes aus, sofern die Vertraulichkeit des Gesprächs sichergestellt ist[6]. Ein Anspruch des BR auf einen eigenen Anschluss soll dann nicht bestehen, wenn er unter Benutzung der betrieblichen Telefonanlage die erforderlichen Gespräche ohne Empfänger- und Inhaltskontrolle führen kann[7]. In Betrieben mit weit verstreuten Filialen kann der BR aber verlangen, dass er von seiner Telefonanlage aus sowohl von sich aus die ArbN in den Filialen direkt anwählen kann, als auch, dass die ArbN ihn direkt erreichen können[8]. Ein **Mobiltelefon** wird nur bei Vorliegen besonderer Umstände erforderlich sein; ein ausreichender Grund ist nicht allein darin zu sehen, dass der BR weit auseinanderliegende Betriebsstätten zu betreuen hat[9], da das Gesetz keine ständige Erreichbarkeit des BR verlangt. Ein Anspruch auf ein eigenes **Telefaxgerät** besteht nur dann, wenn dies nach den besonderen betrieblichen Verhältnissen (zB in einem Betrieb mit räumlich weit voneinander entfernten Verkaufsstellen) für die BR-Tätigkeit erforderlich ist. In vielen Fällen wird die Mitbenutzung eines betrieblichen Telefaxgeräts ausreichend sein. 34

Der BR hat Anspruch auf einen eigenen **Personalcomputer** mit Peripherie (Bildschirm, Drucker) und Software, sofern er diesen unter Berücksichtigung der betrieblichen Verhältnisse benötigt, um seine konkreten Aufgaben bewältigen zu können (was in mittleren und größeren Betrieben idR der Fall sein wird). Die Rspr. war hier bislang tendenziell streng: Die **Erforderlichkeit** war konkret darzulegen[10]. Die bloße Erleichterung der BR-Arbeit reichte nicht aus, vielmehr bestand ein Anspruch erst dann, wenn der BR anderenfalls seine gesetzlichen Pflichten nicht erfüllen könnte[11]. An diesen Anforderungen dürfte sich auch nach der Novellierung wenig geändert haben (vgl. Rz. 33)[12]; dennoch wird es in den meisten Fällen für den ArbGeb sinnvoll sein, dem BR eine angemessene Computerausrüstung zur Verfügung zu stellen, da diese gegenüber herkömmlichen Arbeitsmitteln eine rationale und damit kostengünstigere Arbeitsweise ermöglicht. Ein tragbarer Computer (**Laptop, Notebook**) wird aber nur in Einzelfällen erforderlich sein und ist zumindest dann ausgeschlossen, wenn der BR seine Aufgaben auch mit den regelmäßig kostengünstigeren stationären Geräten erledigen kann[13]. 35

Erfolgt in einem Betrieb die innerbetriebliche Kommunikation im Wesentlichen auf der Basis eines vom ArbGeb eingerichteten **E-Mail-Systems**, hat der BR Anspruch auf **Nutzung** dieses Systems, da in diesem Fall das Ausstattungsniveau des ArbGeb die betrieblichen Verhältnisse bestimmt, unter denen die BR-Arbeit erfolgen muss. Der BR kann in diesem Fall für die Kommunikation mit den ArbN nicht mehr nur auf das klassische schwarze Brett (Rz. 31) oder auf herkömmliche Rundschreiben verwiesen werden. Gleiches gilt für eine eigene **Homepage** des BR im betriebseigenen **Intranet**, die eben- 36

---

1 Vgl. BAG v. 29.11.1989 – 7 ABR 42/89, AP Nr. 32 zu § 40 BetrVG 1972 („Handelsblatt" nicht erforderlich); ErfK/*Eisemann*, § 40 BetrVG Rz. 17; GK-BetrVG/*Wiese/Weber*, § 40 Rz. 138; Richardi/*Richardi/Thüsing*, § 40 BetrVG Rz. 70; aA DKK/*Wedde*, § 40 BetrVG Rz. 117; *Fitting*, § 40 BetrVG Rz. 125 (unter besonderen Umständen). |2 BAG v. 11.12.1973 – 1 ABR 37/73, BAGE 25, 439 = AP Nr. 5 zu § 80 BetrVG 1972 (Anm. *Thiele*); *Fitting*, § 40 BetrVG Rz. 126; GK-BetrVG/*Wiese/Weber*, § 40 Rz. 138. |3 Vgl. BT-Drs. 14/5741, S. 41. |4 Übersicht bei GK-BetrVG/*Wiese/Weber*, § 40 Rz. 153. |5 BAG v. 3.9.2003 – 7 ABR 8/03 bzw. 12/03, NZA 2004, 280 bzw. 278; ähnlich *Beckschulze/Henkel*, DB 2001, 1491; GK-BetrVG/*Wiese/Weber*, § 40 Rz. 151; *Manske*, AuR 2001, 94; aA *Däubler*, AuR 2001, 5; DKK/*Wedde*, § 40 BetrVG Rz. 97 ff. |6 LAG Rh.-Pf. v. 9.12.1992 – 7 TaBV 38/91, NZA 1993, 426; *Fitting*, § 40 BetrVG Rz. 128; GK-BetrVG/*Wiese/Weber*, § 40 Rz. 156. |7 BAG v. 1.8.1990 – 7 ABR 99/88, AP Nr. 20 zu Art. 56 ZA-NATO-Truppenstatut; LAG Hess. v. 18.3.1986 – 5 TaBV 108/85, NZA 1986, 650; GK-BetrVG/*Wiese/Weber*, § 40 Rz. 156; Richardi/*Richardi/Thüsing*, § 40 BetrVG Rz. 67; aA DKK/*Wedde*, § 40 BetrVG Rz. 108; *Fitting*, § 40 BetrVG Rz. 128 (für größere Betriebe). |8 BAG v. 9.6.1999 – 7 ABR 66/97, AP Nr. 66 zu § 40 BetrVG 1972 (Anm. *Kort*) = NZA 1999, 1292; v. 27.11.2002 – 7 ABR 36/01, AP Nr. 75 zu § 40 BetrVG 1972 = NZA 2003, 803. |9 So aber bislang einige Instanzgerichte; vgl. Übersicht bei DKK/*Wedde*, § 40 BetrVG Rz. 109. Wie hier *Beckschulze*, DB 1998, 1815; GK-BetrVG/*Wiese/Weber*, § 40 Rz. 158; Richardi/*Richardi/Thüsing*, § 40 BetrVG Rz. 68. |10 BAG v. 11.3.1998 – 7 ABR 59/96, AP Nr. 57 zu § 40 BetrVG 1972 = NZA 1998, 953; v. 11.11.1998 – 7 ABR 57/97, AP Nr. 64 zu § 40 BetrVG 1972 = NZA 1999, 945. |11 BAG v. 12.5.1999 – 7 ABR 36/97, AP Nr. 65 zu § 40 BetrVG 1972 (Anm. *Kort*) = NZA 1999, 1290. |12 Wie hier GK-BetrVG/*Wiese/Weber*, § 40 Rz. 151, 153; großzügiger *Fitting*, § 40 BetrVG Rz. 131; Richardi/*Richardi/Thüsing*, § 40 BetrVG Rz. 68; generell einen Anspruch bejahend DKK/*Wedde*, § 40 BetrVG Rz. 98. |13 LAG Köln v. 17.10.1997 – 11 TaBV 15/97, NZA-RR 1998, 163; GK-BetrVG/*Wiese/Weber*, § 40 Rz. 154; Richardi/*Richardi/Thüsing*, § 40 BetrVG Rz. 68; weiter gehen DKK/*Wedde*, § 40 BetrVG Rz. 99; *Fitting*, § 40 BetrVG Rz. 132.

falls die Funktion des schwarzen Bretts übernehmen kann[1]. **Keinen Anspruch** hat der BR auf die Einrichtung einer Homepage im öffentlich zugänglichen **Internet**, da der ArbGeb in seiner Außendarstellung nicht die Mitwirkung des BR und die von ihm für nötig gehaltenen Informationen dulden muss[2]; jedoch darf der BR die ihm zur Verfügung gestellten Personalcomputer an das Internet anschließen[3].

37 **4. Büropersonal.** Sofern es für die ordnungsgemäße Erfüllung der BR-Aufgaben erforderlich ist, hat der ArbGeb dem BR Büropersonal zur Verfügung zu stellen. Damit sind in erster Linie **Schreibkräfte** gemeint, je nach Arbeitsanfall und Größe des Betriebs können aber auch weitere **Hilfskräfte**, zB für Vervielfältigungsarbeiten und Botengänge, in Betracht kommen[4]. Von der Größe des Betriebs und dem Umfang der Büroarbeit hängt es auch ab, ob eine Schreibkraft stunden- bzw. tageweise oder vollständig für die BR-Tätigkeit abgestellt wird[5]. In größeren Betrieben wird es im Allgemeinen erforderlich sein – soweit der Betrieb nicht über einen zentralen Schreibdienst verfügt –, eine oder ggf. auch mehrere Schreibkräfte ausschließlich für die BR-Tätigkeit einzustellen[6]. Entscheidend sind aber immer **der konkrete Einzelfall** und die **Organisationsstruktur des jeweiligen Betriebs**. Ist die Bürokraft zugleich BR-Mitglied, kann sie nicht auf die Anzahl der nach § 38 Abs. 1 freizustellenden Amtsträger angerechnet werden: Der ArbGeb erfüllt insoweit einen Anspruch des BR aus § 40 Abs. 2, der in keinem Zusammenhang mit der Arbeitsbefreiung einzelner BR-Mitglieder zur Durchführung von BR-Arbeit steht[7].

38 **V. Streitigkeiten.** Streitigkeiten über die vom ArbGeb zu tragenden Geschäftsführungskosten des BR sowie über die Bereitstellung der erforderlichen Sachmittel entscheiden die ArbG im Beschlussverfahren (§ 2a Abs. 1 Nr. 1, Abs. 2 iVm. §§ 80 ff. ArbGG). Das gilt auch, wenn ein **einzelnes BR-Mitglied** Erstattung ihm entstandener erforderlicher Aufwendungen (Schulungskosten, Reisekosten etc.) verlangt, da dieser Anspruch nicht aus dem Arbeitsverhältnis, sondern aus dem BR-Amt herrührt[8]. Der BR ist in einem solchen Verfahren notwendiger Beteiligter nach § 83 ArbGG[9]. Er ist auch befugt, Freistellungs- und Kostenerstattungsansprüche seiner Mitglieder gegenüber dem ArbGeb auch im eigenen Namen geltend zu machen, jedoch kann er nur Erstattung an die Mitglieder verlangen[10]. Ist der Anspruch auf Kostenerstattung an eine **Gewerkschaft** oder an einen **Rechtsanwalt** abgetreten, ist er gleichfalls im Beschlussverfahren geltend zu machen[11]. Ist nach der Abtretung an die Gewerkschaft Streitgegenstand nur noch, ob die Kosten einer Schulungsveranstaltung der Höhe nach berechtigt sind, ist weder der BR noch das BR-Mitglied an dem Verfahren zu beteiligen[12]. Ein vom BR in einem Beschlussverfahren hinzugezogener Rechtsanwalt ist in einem Verfahren, das vom BR wegen der Freistellung von Honoraransprüchen des Rechtsanwalts bzw. deren Erstattung eingeleitet wird, kein Beteiligter iSd. § 83 ArbGG, da er nur in einem vertraglich begründeten, nicht aber in einem betriebsverfassungsrechtlichen Rechtsverhältnis zum BR bzw. zum ArbGeb steht[13]. Dasselbe gilt hinsichtlich eines vom BR nach § 80 Abs. 3 hinzugezogenen Sachverständigen[14]. Führen Streitigkeiten über die Tragung der Kosten zu einer wesentlichen Erschwerung der BR-Arbeit, kann der BR im Beschlussverfahren nach § 85 Abs. 2 ArbGG iVm. § 940 ZPO eine **einstweilige Verfügung** beantragen[15].

41 Umlageverbot
Die Erhebung und Leistung von Beiträgen der Arbeitnehmer für Zwecke des Betriebsrats ist unzulässig.

§ 41 idF des BetrVG 1972 (v. 15.1.1972, BGBl. I S. 13).

1 **I. Inhalt und Zweck.** Die Vorschrift ist als Ergänzung zu § 40 zu verstehen und soll sicherstellen, dass die **Kosten der BR-Tätigkeit** nicht auf die ArbN abgewälzt werden. Das Umlageverbot richtet sich sowohl an den BR als auch an die einzelnen ArbN: Weder der BR noch die Betriebsversammlung können daher eine „Betriebsumlage" oÄ beschließen – ein solcher Beschluss wäre nach §§ 134 BGB, 41 BetrVG **nichtig**[16].

---

1 BAG v. 3.9.2003 – 7 ABR 12/03, NZA 2004, 278; LAG BW v. 26.9.1997 – 5 TaBV 1/97, DB 1998, 887; vgl. auch *Fitting*, § 40 BetrVG Rz. 133 f.; GK-BetrVG/*Wiese/Weber*, § 40 Rz. 164 ff. | 2 Vgl. *Beckschulze* DB 1998, 1816; *Däubler*, Internet und Arbeitsrecht, Rz. 510; DKK/*Wedde*, § 40 BetrVG Rz. 102; GK-BetrVG/*Wiese/Weber*, § 40 Rz. 166. | 3 BAG v. 3.9.2003 – 7 ABR 8/03, NZA 2004, 280. | 4 LAG BW v. 25.11.1987 – 2 TaBV 3/87, AuR 1989, 93. | 5 HM, vgl. *Fitting*, § 40 BetrVG Rz. 135; GK-BetrVG/*Wiese/Weber*, § 40 Rz. 169. | 6 Vgl. LAG BW v. 25.11.1987 – 2 TaBV 3/87, AuR 1989, 93, das bei einem BR mit 15 Mitgliedern eine vollzeitbeschäftigte Schreibkraft für erforderlich hält. | 7 Vgl. *Fitting*, § 40 BetrVG Rz. 135; GK-BetrVG/*Wiese/Weber*, § 40 Rz. 173. | 8 BAG v. 24.6.1969 – 1 ABR 6/69 – AP Nr. 8 zu § 39 BetrVG (Anm. *Neumann-Duesberg*); v. 18.1.1989 – 7 ABR 89/87, AP Nr. 28 zu § 40 BetrVG = NZA 1989, 641. | 9 BAG v. 13.7.1977 – 1 ABR 19/75, AP Nr. 8 zu § 83 ArbGG 1953. | 10 BAG v. 10.6.1975 – 1 ABR 140/73, AP Nr. 1 zu § 73 BetrVG 1972; v. 21.11.1978 – 6 ABR 10/77, AP Nr. 35 zu § 37 BetrVG 1972; v. 15.1.1992 – 7 ABR 23/90, AP Nr. 41 zu § 40 BetrVG 1972 = NZA 1993, 189. | 11 BAG v. 29.1.1974 – 1 ABR 41/73, BAGE 25, 482 = AP Nr. 5 zu § 72 BetrVG 1972 (Anm. *Kraft*); ferner *Fitting*, § 40 BetrVG Rz. 146; GK-BetrVG/*Wiese/Weber*, § 40 Rz. 189. | 12 BAG v. 15.1.1992 – 7 ABR 23/90, AP Nr. 41 zu § 40 *BetrVG 1972* = NZA 1993, 189. | 13 BAG v. 3.10.1978 – 6 ABR 102/76, BAGE 31, 93 = AP Nr. 14 zu § 40 *BetrVG 1972* (Anm. *Grunsky*). | 14 BAG v. 25.4.1978 – 6 ABR 9/75, AP Nr. 11 zu § 80 BetrVG 1972. | 15 HM, vgl. *Fitting*, § 40 BetrVG Rz. 148; GK-BetrVG/*Wiese/Weber*, § 40 Rz. 199. | 16 HM, vgl. *Fitting*, § 41 BetrVG Rz. 7; GK-BetrVG/*Wiese/Weber*, § 41 Rz. 9.

Die Vorschrift wurde in das BRG 1920 aufgenommen, um der damals drohenden Zersplitterung der Gewerkschaftsbewegung durch die Konkurrenz der BR wirksam zu begegnen[1]. Nach heute hM soll die Bestimmung mit Blick vor allem auf den ArbGeb sicherstellen, dass der Grundsatz des **unentgeltlichen Ehrenamts** der BR-Mitglieder und ihre Unabhängigkeit nicht durch Vermögenszuwendungen gefährdet wird[2], vgl. auch §§ 37 Abs. 1, 78 Satz 2.

Ganz anders verhält sich dem gegenüber die Rechtslage in **Österreich**: Dort ist der Betriebsinhaber grundsätzlich nur verpflichtet, dem BR die zur Erfüllung seiner Aufgaben erforderlichen Räumlichkeiten und sonstigen Sacherfordernissen in einem der Größe des Betriebs und den Bedürfnissen des BR angemessenen Ausmaß unentgeltlich zur Verfügung zu stellen (§ 72 ArbVG). Zur Deckung der Kosten der Geschäftsführung des BR kann dagegen die Betriebsversammlung eine **BR-Umlage** der ArbN beschließen (§ 73 ArbVG), die höchstens 0,5 % des Bruttomonatslohns je ArbN betragen darf[3]. Die Beiträge aus der BR-Umlage bilden den mit Rechtspersönlichkeit ausgestatteten BR-Fonds (§ 74 Abs. 1 ArbVG).

II. Verbot der Erhebung von Leistungen und Beiträgen. Die Norm verbietet die Erhebung und die Leistung von Beiträgen der ArbN unabhängig davon, ob sie freiwillig, regelmäßig oder einmalig gegeben werden[4]. Weder der BR noch die Betriebsversammlung können also eine BR-Umlage wie in Österreich (Rz. 3) beschließen (Rz. 1). Leistungen von Beiträgen in diesem Sinne liegen vor, wenn sie aus dem **Vermögen der ArbN** stammen, sei es, dass sie unmittelbar abgeführt werden oder dass bestehende Ansprüche gekürzt werden[5]. Zulässig ist es daher zwar, aus einem gesetzlich dem „Personalaufwand" gewidmeten Tronc einer Spielbank die **Personalkosten**, die durch die BR-Tätigkeit entstehen, zu bestreiten[6], nicht aber, wenn das Tronc-Aufkommen für die Finanzierung von **Sachmitteln** des BR verwendet wird – damit wird nämlich dem Personal das ihm gesetzlich gewidmete Aufkommen in unrechtmäßiger Weise entzogen[7].

Das Verbot des § 41 erfasst auch die Entgegennahme von **Zuwendungen Dritter**, wie zB von Gewerkschaften oder politischen Parteien, aber auch die Zuwendungen des **ArbGeb**, die über seine Pflicht nach § 40 hinausgehen, weil damit die ehrenamtliche Tätigkeit des BR in Frage gestellt wird und seine Unabhängigkeit gefährdet würde[8].

III. Sammlungen und Spenden für andere Zwecke. Das Verbot des § 41 gilt nur für Sammlungen bzw. Leistungen für Zwecke, die mit der Tätigkeit des BR zusammenhängen. Sammlungen für andere Zwecke, wie zB für Geburtstags- oder Jubiläumsgeschenke, Trauer- oder Unglücksfälle, sind dann zulässig, wenn es sich um Angelegenheiten rein gesellschaftlicher Art handelt und diese von **einzelnen BR-Mitgliedern** in die Hand genommen werden[9]. Der BR darf aber nicht „als solcher" in Erscheinung treten, weil ihm insoweit keine Kompetenz zusteht[10].

Nicht zulässig ist die Führung von **Kassen** (wie zB Aufsichtsratsvergütungen der ArbN-Vertreter, Überschüsse aus der Kantinenverwaltung etc.) durch den BR, wenn dieser dadurch auf Dauer beträchtliche Geldmittel verwalten müsste. Eine ständige Verfügungsgewalt des BR über nicht unbeträchtliche Mittel wäre sowohl unter dem Gesichtspunkt seines Ehrenamtes als auch seiner Neutralität bedenklich[11]. Ebenfalls **unzulässig** ist eine **Erhebung von Gewerkschaftsbeiträgen** durch den BR, da dies nicht zu seinen Aufgaben gehört und mit dem Gebot gewerkschaftsneutraler Amtsführung nicht vereinbar ist[12].

Zulässig ist jedoch, dass einzelne BR-Mitglieder **außerhalb ihrer Amtseigenschaft** eine Kasse verwalten oder in ihrer Eigenschaft als Gewerkschaftsmitglieder (§ 74 Abs. 3) die Einziehung von Beiträgen übernehmen.

IV. Streitigkeiten. Streitigkeiten, die aus der Anwendung dieser Vorschrift resultieren, entscheidet das ArbG im **Beschlussverfahren**, § 2a Abs. 1 Nr. 1, Abs. 2 iVm. §§ 80 ff. ArbGG. § 41 räumt dem BR eine eigenständige, gegenüber dem ArbGeb durchsetzbare betriebsverfassungsrechtliche Rechtsposition ein. Ihm erwächst aus dem gesetzlichen Schuldverhältnis aus §§ 40, 41 eine eigene **Antragsbefugnis**, macht er zB Verstöße des ArbGeb gegen die zweckgerechte Verwendung des Tronc-Aufkommens (Rz. 4) geltend[13]. Stellen Verstöße gegen § 41 eine grobe Pflichtverletzung des **BR** dar, ist unter Umständen eine Auflösung des BR nach § 23 Abs. 1 möglich[14].

---

1 Vgl. *Flatow/Kahn-Freund*, BRG, 13. Aufl. 1931, § 37 Anm. 1; *Richardi/Richardi/Thüsing*, § 41 BetrVG Rz. 1. | 2 HM, vgl. BAG v. 14.8.2002 – 7 ABR 29/01, AP Nr. 2 zu § 41 BetrVG 1972 = NZA 2003, 626; ferner *Fitting*, § 41 BetrVG Rz. 3; GK-BetrVG/*Wiese/Weber*, § 41 Rz. 1. | 3 Vgl. *Junker*, ZfA 2001, 225 (240: „Kostenbremse"); *Richardi/Richardi/Thüsing*, § 41 BetrVG Rz. 1 mwN. | 4 *Fitting*, § 41 BetrVG Rz. 3; GK-BetrVG/*Wiese/Weber*, § 41 Rz. 4. | 5 BAG v. 24.7.1991 – 7 ABR 76/89, AP Nr. 1 zu § 41 BetrVG 1972 = NZA 1991, 980. | 6 BAG v. 24.7.1991 – 7 ABR 76/89, AP Nr. 1 zu § 41 BetrVG 1972 = NZA 1991, 980. | 7 BAG v. 14.8.2002 – 7 ABR 29/01, AP Nr. 2 zu § 41 BetrVG 1972 = NZA 2003, 626. | 8 HM, vgl. *Fitting*, § 41 BetrVG Rz. 5; GK-BetrVG/*Wiese/Weber*, § 41 Rz. 8. | 9 *Fitting*, § 41 BetrVG Rz. 8; GK-BetrVG/*Wiese/Weber*, § 41 Rz. 5. | 10 Hierauf verweist deutlich MünchArbR/*Joost*, § 309 Rz. 56 f., ähnlich GK-BetrVG/*Wiese/Weber* § 41 Rz. 5. | 11 BAG v. 22.4.1960 – 1 ABR 14/59, AP Nr. 1 zu § 2 ArbGG – Betriebsverfassungsstreit; *Fitting*, § 41 BetrVG Rz. 9; GK-BetrVG/*Wiese/Weber* § 41 BetrVG Rz. 6; aA DKK/*Wedde*, § 41 BetrVG Rz. 4, falls Einverständnis des ArbGeb vorliegt. | 12 Vgl. *Fitting*, § 41 BetrVG Rz. 10; GK-BetrVG/*Wiese/Weber*, § 41 Rz. 7. | 13 BAG v. 14.8.2002 – 7 ABR 29/01, AP Nr. 2 zu § 41 BetrVG 1972 = NZA 2003, 626. | 14 *Fitting*, § 41 BetrVG Rz. 11.

Vierter Abschnitt. Betriebsversammlung

42 *Zusammensetzung, Teilversammlung, Abteilungsversammlung*
(1) Die Betriebsversammlung besteht aus den Arbeitnehmern des Betriebs; sie wird von dem Vorsitzenden des Betriebsrats geleitet. Sie ist nicht öffentlich. Kann wegen der Eigenart des Betriebs eine Versammlung aller Arbeitnehmer zum gleichen Zeitpunkt nicht stattfinden, so sind Teilversammlungen durchzuführen.

(2) Arbeitnehmer organisatorisch oder räumlich abgegrenzter Betriebsteile sind vom Betriebsrat zu Abteilungsversammlungen zusammenzufassen, wenn dies für die Erörterung der besonderen Belange der Arbeitnehmer erforderlich ist. Die Abteilungsversammlung wird von einem Mitglied des Betriebsrats geleitet, das möglichst einem beteiligten Betriebsteil als Arbeitnehmer angehört. Abs. 1 Satz 2 und 3 gilt entsprechend.

1 I. Allgemeines. Die Regelung der Betriebs- und Abteilungsversammlungen ist **gesetzestechnisch missglückt**. Die Regelungen der §§ 42 bis 46 sind **unsystematisch** und **unübersichtlich**, woraus in der Praxis viele Streitigkeiten entstehen.

2 Die Betriebsversammlung **dient der Aussprache zwischen dem BR und der Belegschaft**. Der BR hat **Rechenschaft** über seine Tätigkeit zu geben (§ 43 Abs. 1 Satz 1), die Betriebsversammlung kann dem BR **Anträge unterbreiten** und zu seiner Arbeit Stellung nehmen. Zugleich dient die Betriebsversammlung aber auch der **Information der Belegschaft durch den ArbGeb** (§ 43 Abs. 2 Satz 3).

3 § 42 Abs. 1 regelt die Betriebsversammlung, die als **Vollversammlung** (Satz 1) oder **Teilversammlung** (Satz 3) stattfinden kann. Abs. 2 regelt die – von der Betriebsversammlung zu trennende – **Abteilungsversammlung**. Der Unterschied zwischen Teilversammlungen (Abs. 1 Satz 3) und Abteilungsversammlungen (Abs. 2) liegt darin, dass es in Abteilungsversammlungen nur um die Angelegenheiten der jeweiligen Abteilung geht. In Teilversammlungen geht es dagegen um die Interessen der Gesamtbelegschaft, lediglich aus organisatorischen oder wirtschaftlichen Gründen ist es unmöglich, alle ArbN gleichzeitig zu versammeln.

4 Die §§ 42 bis 46 sind **zwingendes Recht**, Änderungen durch TV oder BV sind nicht zulässig[1]. Im Rahmen des vom Gesetz gesteckten Rahmens sind dagegen Vereinbarungen zwischen ArbGeb und BR über die nähere Ausgestaltung, zeitliche Lage, Räumlichkeit etc. zulässig und dann auch durchsetzbar.

5 Betriebsversammlungen (Abs. 1) und Abteilungsversammlungen (Abs. 2) sieht das Gesetz nur auf **Betriebsebene** vor. Auf Unternehmensebene (**GesamtBR**) bzw. Konzernebene (**KonzernBR**) gibt es keine gesetzlich geregelten ArbN-Versammlungen. Die Betriebsräteversammlung (§ 53) ist nicht eine Versammlung der ArbN, sondern der BR-Mitglieder. Möglich ist allerdings eine Versammlung der **Jugendlichen und Auszubildenden** (§ 71).

6 Die Abhaltung der gesetzlich vorgeschriebenen Betriebsversammlungen ist für den BR **Pflicht**, Verstöße können zum Ausschluss oder zur Auflösung des BR nach § 23 führen[2].

7 Unzulässig ist der Missbrauch der Betriebsversammlung als **illegales Kampfmittel** zur Durchsetzung tariflicher oder betriebsverfassungsrechtlicher Ziele. Unzulässig ist insb. die (leider nicht ganz seltene) Unsitte, im Zuge der Auseinandersetzung um Betriebsänderungen (§ 111 ff.) Dauer-Betriebsversammlungen abzuhalten, um Druck auf den ArbGeb auszuüben. So dauerte beispielsweise im Herbst 1993 eine Betriebsversammlung bei der JI Case GmbH in Neuss/Rhein sechs Wochen. Zwischenzeitliche Anfragen des ArbGeb, wie lange die Versammlung voraussichtlich noch dauern werde, wurden vom BR-Vorsitzenden damit beantwortet, dies könne man noch nicht sagen, weil man immer noch beim ersten Tagesordnungspunkt sei.

8 Hat der Betrieb **keinen BR**, sind die §§ 42 ff. nicht anwendbar. Die ArbN können also nicht verlangen, sich bei Fortzahlung des Gehalts zur Erörterung betrieblicher Fragen versammeln zu dürfen. Eine Ausnahme machen nur §§ 14a, 17 (Betriebsversammlung zur Bestellung eines Wahlvorstands für eine erstmalige BR-Wahl).

9 Sämtliche **Kosten** der Betriebsversammlung (Raummiete, Lautsprecheranlage, evtl. Dolmetscher, etc.) fallen dem ArbGeb zur Last (§ 40).

10 II. Rechtsnatur der Betriebsversammlung. Die Betriebsversammlung wird häufig als „**Organ der Betriebsverfassung**" bezeichnet. Diese Charakterisierung ist für die Beantwortung von Rechtsfragen unerheblich. Die Betriebsversammlung als solche ist **nicht rechtsfähig**, sie kann weder BV abschließen noch dem BR Weisungen erteilen oder ihn absetzen.

---

1 *Fitting*, § 42 BetrVG Rz. 5. | 2 LAG Hess. v. 12.8.1993 – 12 TaBV 203/92, AiB 1993, 48.

III. Mitarbeiterversammlungen des ArbGeb. Selbstverständlich ist es dem ArbGeb erlaubt, unabhängig von den vom BR verantworteten Betriebsversammlungen nach §§ 42 ff. eigene Mitarbeiterversammlungen anzuberaumen und mit den Mitarbeitern betriebsbezogene Fragen zu besprechen[1]. Der ArbGeb kann auch **kraft Direktionsrechts** die Teilnahme der Mitarbeiter an solchen Veranstaltungen anordnen. Allerdings soll nach verbreiteter Auffassung der ArbGeb eigene Mitarbeiterversammlungen nicht als „**Gegenveranstaltung**" zu einer Betriebsversammlung missbrauchen dürfen[2]. Für eine unzulässige Gegenveranstaltung soll eine zeitnahe Terminierung zu einer Betriebsversammlung oder die Weigerung des ArbGeb sprechen, auf Betriebsversammlungen zu erscheinen. Dagegen macht es eine vom ArbGeb einberufene Mitarbeiterversammlung noch nicht unzulässig, wenn in dieser die gleichen Themen wie auf einer vorhergegangenen Betriebsversammlung diskutiert werden. Ebenfalls nicht unzulässig ist es, wenn der ArbGeb auf einer eigenen Mitarbeiterversammlung die **Arbeit des BR kommentiert**, solange dabei die allgemeinen Grenzen der vertrauensvollen Zusammenarbeit nicht überschritten werden.

11

Nicht gesetzlich geregelt ist die Einberufung bestimmter **ArbNgruppen** zu Versammlungen („Außendiensttagung", Frauenversammlung, Treffen der ausländischen ArbN etc.). Solche Zusammenkünfte sind gesetzlich nicht geregelt. Sofern nicht der ArbGeb einlädt, können solche Versammlungen nur außerhalb der Arbeitszeit und außerhalb der Regelungen des BetrVG stattfinden.

12

Zulässig ist auch eine „**Selbstversammlung**" der ArbN auf eigene Initiative, allerdings braucht dann der ArbGeb das Entgelt nicht fortzuzahlen, wenn er die Durchführung einer solchen Versammlung während der Arbeitszeit nicht gestattet, und die ArbN müssen sich dann in der **Freizeit** treffen.

13

IV. Teilnehmer. Teilnahmeberechtigt sind alle im Betrieb beschäftigten ArbN, egal ob **Arbeiter, Angestellte, Teilzeitbeschäftigte, befristete Beschäftigte, Auszubildende, TeleArbN**. Auch **gekündigte** ArbN sind teilnahmeberechtigt, und zwar nicht nur während des Laufs der Kündigungsfrist, sondern auch danach, sofern sie gem. § 102 Abs. 5 weiterzubeschäftigen sind oder aus sonstigen Gründen tatsächlich weiterbeschäftigt werden[3]. Teilnahmeberechtigt sind auch **freigestellte** ArbN oder Mitarbeiter, deren Arbeitsverhältnis **ruht** (zB wegen Elternzeit, Urlaub oder Kurzarbeit)[4]. Ebenfalls teilnahmeberechtigt sind **LeihArbN**[5]. Nicht teilnahmeberechtigt sind **leitende Angestellte** nach § 5 Abs. 3 BetrVG (siehe aber Rz 15). Auch während einer **Freischicht** oder Freizeitausgleich für Überstunden besteht Teilnahmerecht[6]. Auch **Außendienstler** sind teilnahmeberechtigt, wobei sich bei einer Vielzahl von im Außendienst tätigen Mitarbeitern eine **Teilversammlung** (Abs. 1 Satz 3) anbietet, wobei eine Veranstaltung im Ausland regelmäßig ausscheidet[7].

14

Der BR als Herr der Betriebsversammlung kann **Nicht-ArbN** einladen, wenn ihre Teilnahme für eine ordnungsgemäß Erfüllung der Aufgaben der Betriebsversammlung sachdienlich ist. Der Grundsatz der Nicht-Öffentlichkeit der Betriebsversammlung (Abs. 1 Satz 2) steht dem nicht entgegen. In Betracht kommt insb. die Teilnahme folgender Personen/Personengruppen:

15

- Der **ArbGeb** ist nach § 43 Abs. 2, 3 stets einzuladen (siehe dort);
- **Rechtsanwalt** des ArbGeb[8];
- Beauftragte der im Betrieb vertretenen **Gewerkschaften** (§ 46 Abs. 1 Satz 1);
- Beauftragte der **ArbGebVereinigung** (§ 46 Abs. 1 Satz 2);
- **Leitende Angestellte** nach § 5 Abs. 3 sind, wenn sie den ArbGeb vertreten, nach § 43 (siehe dort) teilnahmeberechtigt. Ansonsten können sie den ArbGeb als Sachverständige oder Auskunftsperson begleiten[9] oder auf Bitten des BR zu einzelnen Punkten teilnehmen oder referieren;
- Betriebsfremde Mitglieder des **GesamtBR**, des **KonzernBR**, des **Wirtschaftsausschusses**, des **Eurobetriebsrats** sowie ArbN-Vertreter im **Aufsichtsrat** können ebenfalls vom BR eingeladen werden, wenn ihr Erscheinen sachdienlich ist[10]. Die ArbN müssen die Möglichkeit haben, auch diese Vertreter mit den im Betrieb aktuellen Fragen und Problemen bekannt zu machen[11];
- **Sachverständige** gemäß § 80 Abs. 3, sofern sie kein Honorar erhalten. Honoraransprüche setzen das Einverständnis des ArbGeb voraus;
- vom BR eingeladene **Gäste** im Zusammenhang mit der Erörterung einzelner, insb. tarif- und sozialpolitischer Fragen[12];

---

1 BAG v. 27.6.1989 – 1 ABR 28/88, AP Nr. 5 zu § 40 BetrVG. | 2 BAG v. 27.6.1989 – 1 ABR 28/88, AP Nr. 5 zu § 42 BetrVG; ArbG Osnabrück v. 25.6.1997 – 4 BV Ga 3/97, AiB 1998, 109; ArbG Duisburg v. 15.12.1993 – 1 BV 32/93, AuR 1994, 276. | 3 Richardi/*Annuß*, § 42 Rz. 4; weiter gehend DKK/*Berg*, § 42 BetrVG Rz. 7; GK-BetrVG/*Fabricius*, § 32 Rz. 22, wonach das Teilnahmerecht auch ohne Weiterbeschäftigung besteht, sofern ein Kündigungsschutzverfahren anhängig ist. | 4 BAG v. 5.5.1987 – 1 AZR 665/85, AP Nr. 5 zu § 44 BetrVG; v. 31.5.1989 – 7 AZR 574/88, AP Nr. 9 zu § 44 BetrVG. | 5 § 14 Abs. 2 Satz 2 AÜG. | 6 DKK/*Berg*, § 42 BetrVG Rz. 7. | 7 BAG v. 27.5.1982 – 6 ABR 28/80, AP Nr. 3 zu § 42 BetrVG; DKK/*Berg*, § 42 BetrVG Rz. 7. | 8 *Bauer*, NJW 1988, 1130, das muss jedenfalls für nicht-organisierte ArbGeb gelten, vgl. auch § 46 Rz. 14. | 9 *Fitting*, § 42 BetrVG Rz. 15. | 10 BAG v. 19.4.1989 – 7 ABR 87/87, AP Nr. 35 zu § 80 BetrVG. | 11 BAG v. 13.9.1977 – 1 ABR 67/75 und v. 28.11.1978 – 6 ABR 101/77, AP Nr. 1, 2 zu § 42 BetrVG. | 12 Vgl. im Einzelnen § 45 Rz. 10.

- der **Rechtsanwalt** des BR[1];
- **Hilfskräfte** wie Dolmetscher bei hohem Ausländeranteil, Bedienung für Saalbeleuchtung und Mikrophonanlage, etc.[2];
- Vertreter **konzernverbundener Betriebe** oder **Unternehmen**, auch ausländischer[3].

16 Die ArbN des Betriebes haben nur ein Teilnahmerecht, **keine Teilnahmepflicht**. Wer **nicht kommt, muss** allerdings in der Zeit der Betriebsversammlung **arbeiten**, sofern dies möglich ist. Ist dies nicht möglich, besteht kein Entgeltanspruch[4].

17 Der ArbGeb darf die ArbN nicht dazu auffordern, an einer rechtmäßigen Betriebsversammlung nicht teilzunehmen. Der BR kann Unterlassung verlangen[5]. Ebenso wenig darf der ArbGeb Anreize (Zusatzurlaub) bei Nichtteilnahme ausloben.

18 **V. Ort.** Sofern dies möglich ist, hat die Betriebsversammlung **im Betrieb** stattzufinden (Halle, Kantine, Schulungsräume, etc.). Ansonsten muss auf Kosten des ArbGeb (§ 40 Abs. 2) ein Raum außerhalb angemietet werden. Nach richtiger Auffassung darf der BR nicht selbst anmieten, sondern hat nur einen Anspruch gegen den ArbGeb, dass dieser anmietet[6].

19 **VI. Einladung.** Die Betriebsversammlung setzt eine Einladung des **BR** (nicht allein des Vorsitzenden!) voraus. Vorschriften über **Form** und **Frist** der Einladung enthält das BetrVG nicht. Eine vernünftige Vorlaufzeit (mindestens eine Woche) ist aber, von Eilfällen abgesehen, erforderlich, damit die ArbN sich vorbereiten können[7]. Maßgeblich sind stets alle Umstände des Einzelfalls. Eingeladen wird üblicherweise durch **Rundschreiben, Handzettel, Anschlag am schwarzen Brett, Werkszeitung, E-Mail, Intranet** oÄ. Der ArbGeb hat die Nutzung derjenigen Kommunikationswege zu gestatten, die eine möglichst lückenlose Information der ArbN gewährleisten. Zusammen mit Zeit und Ort ist auch die Tagesordnung bekannt zu geben, bei deren Gestaltung der BR grundsätzlich frei ist (vgl. aber der nach § 43 gebotene Bericht des ArbGeb, insoweit ist Absprache mit dem ArbGeb erforderlich).

20 Da ArbGeb und **ein Viertel der ArbN** sogar die Abhaltung einer besonderen Betriebsversammlung beantragen können (§ 43 Abs. 3), muss ihnen als minderes Recht auch die Möglichkeit zustehen, die **Ergänzung der Tagesordnung** zu verlangen[8]. Ebenso kann die **Betriebsversammlung** selbst beschließen, bestimmte zusätzliche Themen auf die Tagesordnung zu nehmen, wobei die Gast-Teilnehmer (siehe Rz. 15) nicht mitstimmen dürfen.

21 Nach § 43 Abs. 2 Satz 1 ist der **ArbGeb** unter Mitteilung der Tagesordnung **einzuladen**, die Einladung der **Gewerkschaften** muss schriftlich erfolgen (§ 46 Abs. 2).

22 **VII. Versammlungsleitung.** Versammlungsleiter ist der **Vorsitzende des BR** (Abs. 1 Satz 2 Halbs. 2), bei Verhinderung der Stellvertreter, sonst ein vom BR beauftragtes Mitglied[9]. Der Leiter hat das Wort zu erteilen und zu entziehen, die Rednerliste zu führen, Abstimmungen zu leiten, die einzelnen Tagesordnungspunkte aufzurufen und sonst allgemein für einen störungsfreien, ordnungsgemäßen Ablauf der Versammlung zu sorgen[10]. Des Weiteren hat er dafür zu sorgen, dass keine Themen erörtert werden, die nach § 45 nicht zu den möglichen Themen einer Betriebsversammlung gehören[11].

23 Streitig ist die Frage des **Hausrechts**. Nach herrschender Auffassung soll der BR im Versammlungsraum und auf den Zugangswegen auch das zivilrechtliche Hausrecht haben mit der Folge, dass er über den Zugang von Personen zu entscheiden hat[12]. Verliert die Versammlung allerdings wegen nachhaltiger grober Verstöße den Charakter als Betriebsversammlung iSd. § 42, fällt das Hausrecht wieder dem ArbGeb zu[13].

24 Üblicherweise fertigt der BR eine **Niederschrift** an, zwingend ist das nicht. **Beschlüsse** der Versammlung werden mit einfacher Mehrheit der teilnehmenden Arbeiternehmer (auf Wahlberechtigung kommt es nicht an) gefasst, wobei vom BR eingeladene Gäste nicht stimmberechtigt sind. Eine Mindestanzahl von Teilnehmern ist zur Beschlussfähigkeit nicht erforderlich. Anträge zur Beschlussfassung kann der BR und jeder ArbN stellen, nicht dagegen der ArbGeb (siehe § 45 Rz. 20).

25 Jeder teilnehmende ArbN hat Rederecht, wobei allerdings das Rederecht nach allgemeinen parlamentarischen Gebräuchen entzogen werden kann, zB bei nicht sachdienlichen Redebeiträgen, überlangen Reden oder aus allgemeiner Zeitnot (Anträge auf „Ende der Rednerliste" oder „Ende der Aussprache" sind zulässig).

---

1 *Fitting*, § 42 BetrVG Rz. 20. | 2 LAG Düsseldorf v. 30.1.1981 – 16 TaBV 21/80, DB 1981, 1093. | 3 LAG BW v. 16.1.1998 – 5 Ta BV 14/96, AuR 1998, 286. | 4 DKK/*Berg*, § 44 BetrVG Rz. 21. | 5 ArbG Köln v. 28.4.1982 – 7 BVGa 7/82, AiB 1989, 212; ArbG Detmold v. 12.5.1992 – 3 BVGa 7/92. | 6 *Richardi/Annuß*, § 42 BetrVG Rz. 16; aA DKK/*Berg*, § 42 BetrVG Rz. 8. | 7 LAG Düsseldorf v. 11.4.1989 – 12 Ta BV 9/89, DB 1989, 2284. | 8 *Fitting*, § 42 BetrVG Rz. 30. | 9 BAG v. 19.5.1978 – 6 ABR 41/75, AP Nr. 3 zu § 43 BetrVG. | 10 Ausf. Mußler, NZA 1985, 455. | 11 *Fitting*, § 42 BetrVG Rz. 35. | 12 BAG v. 18.3.1964 – 1 ABR 12/63, AP Nr. 1 zu § 45 BetrVG, v. 13.9.1977 – 1 ABR 67/75, AP Nr. 1 zu § 42 BetrVG. | 13 *Fitting*, § 42 BetrVG Rz. 36; *Richardi/Annuß*, § 42 BetrVG Rz. 25.

VIII. Nicht-Öffentlichkeit (Abs. 1 Satz 2). Mit dem klaren Gesetzeswortlaut nicht vereinbar ist die 26
Auffassung, die Hinzuziehung von **Reportern** (Presse, Rundfunk, Fernsehen) sei zulässig, wenn der BR
zustimme. Richtigerweise kommt die Hinzuziehung nur in Betracht, wenn alle ArbN und der ArbGeb
zustimmen[1].

Tonbandaufnahmen sind nur zulässig, wenn BR, ArbGeb sowie jeder Einzelne das Wort ergreifende 27
ArbN zustimmen. Ansonsten dürfen weder der ArbGeb noch der BR oder einzelne Mitarbeiter heimlich aufzeichnen[2]. Da auf der Betriebsversammlung die freie Aussprache gewährleistet sein soll, wird
allgemein auch das Anfertigen stenographischer **Wortprotokolle** durch den ArbGeb oder den BR für
unzulässig gehalten[3]. Stichwortartige Notizen (auch mit den Namen der das Wort ergreifenden ArbN!)
sind dagegen zulässig[4].

Über die Nicht-Öffentlichkeit **zu wachen** ist Aufgabe des Versammlungsleiters (zur Teilnahme vom 28
BR eingeladener Gäste siehe Rz. 15). Notfalls muss der Versammlungsleiter von seinem Hausrecht Gebrauch machen, um nicht-teilnahmeberechtigte Personen zu entfernen. Bekommt die Versammlung
durch massenhafte Teilnahme Außenstehender den Charakter einer „öffentlichen Versammlung", kann
der Lohnanspruch der ArbN verfallen (§ 44 Rz. 34 ff.).

IX. Teilversammlungen. Zur Abgrenzung der Teilversammlungen von Abteilungsversammlungen 29
nach Abs. 2 siehe Rz. 3. **Vollversammlungen** haben wegen der besseren Kommunikationsmöglichkeiten
grundsätzlich **Vorrang** vor Teilversammlungen[5]. Auf Teilversammlungen muss vor allem in den folgenden Fällen ausgewichen werden:

- Der Betrieb ist so **groß**, dass bei Vollversammlungen eine vernünftige und sachliche Aussprache nicht mehr gewährleistet ist, oder dass kein geeigneter Raum zu finden ist[6].
- Eine **vollständige Unterbrechung der Betriebsabläufe** kommt wegen der Besonderheiten der Produktion oder der angebotenen Dienstleistung nicht in Betracht (Deutsche Bahn AG, Lufthansa AG, vollkontinuierlich arbeitende Chemiebetriebe, Mikrochip-Herstellung etc.)[7].
- Die Abhaltung einer Vollversammlung würde zu **unzumutbaren wirtschaftlichen Nachteilen** führen[8].

Bei einem Betrieb mit **vielen** verstreuten **Außendienstmitarbeitern** kommt zur Ersparung von Reise- 30
kosten und Reisezeit die Abhaltung von Teilversammlungen für den Außendienst in Betracht[9]. Bei
Drei-Schicht-Betrieben sind die Vorteile einer Vollversammlung gegen den Umstand abzuwägen, dass
bei der Vollversammlung die Betriebsversammlung für zwei von drei ArbN außerhalb der Arbeitszeit
liegt. Die Auffassung des BAG, einer Vollversammlung sei grundsätzlich der Vorrang einzuräumen[10],
stößt in der Lit. auf Widerstand[11].

Werden Teilversammlungen durchgeführt, sollen sie **möglichst zeitnah** aufeinander folgen. Der BR 31
bestimmt durch Beschluss, dass und mit welchen ArbN Teilversammlungen durchzuführen sind. Hinsichtlich Versammlungsleitung, Hausrecht etc. gelten die allgemeinen Grundsätze (siehe Rz. 22 f.).

X. Abteilungsversammlungen. Die Bedeutung des Abs. 2 erschließt sich nur in Verbindung mit § 43 32
Abs. 1 Satz 2 und 4. Abteilungsversammlungen nach Abs. 2 stehen nicht neben Betriebsversammlungen,
sondern **ersetzen** sie. Abteilungsversammlungen sind durchzuführen, wenn die Erörterung der **besonderen Belange der ArbN** dieser Abteilung oder Abteilungen auf einer allgemeinen Betriebsversammlung
nicht sinnvoll ist (Abs. 2 Satz 1). In diesem Fall sind gemäß § 43 Abs. 1 Satz 2 **zwei der vier** pro Jahr stattfindenden regelmäßigen Betriebsversammlungen als Abteilungsversammlungen durchzuführen. Auch
zusätzliche Betriebsversammlungen nach § 43 Abs. 1 Satz 3 haben als Abteilungsversammlungen stattzufinden, wenn dies wegen der besonderen Belange der ArbN der Abteilung erforderlich ist.

Gemäß § 43 Abs. 1 Satz 3 (die Regelung hätte eigentlich in § 42 gehört!) sollen Abteilungsversammlungen **möglichst gleichzeitig** stattfinden. Dies dient dazu, die Störungen des Betriebsablaufs möglichst 33
genauso gering zu halten, als wenn eine Vollversammlung stattfinden würde. Hat dagegen eine Abteilungsversammlung keine Auswirkungen auf den Betriebsablauf in den anderen Abteilungen, kommt
auch eine zeitversetzte Durchführung in Betracht[12]. Das Gleiche gilt, wenn zB ein bestimmtes BR-Mitglied wegen besonderer Sachkenntnis bei mehr als einer Abteilungsversammlung anwesend sein muss.
Über die Einzelheiten beschließt der BR, bei Vernachlässigung der betrieblichen Interessen kann der
ArbGeb Unterlassung verlangen[13].

---

1 *Fitting*, § 42 BetrVG Rz. 44; aA DKK/*Berg*, § 42 BetrVG Rz. 15; allgemein dazu auch BAG v. 18.9.1991 – 7 ABR 63/90, NZA 1992, 315. | 2 LAG Düsseldorf v. 28.3.1980 – 9 Sa 67/80, DB 1980, 2396. | 3 LAG Hamm v. 9.7.1986 – 3 TaBV 31/86, AiB 87, 46; Richardi/*Annuß*, § 42 BetrVG Rz. 42, *Fitting*, § 42 BetrVG Rz. 47. | 4 *Fitting*, § 42 BetrVG Rz. 47. | 5 BAG v. 9.3.1976 – 1 ABR 74/74, AP Nr. 3 zu § 44 BetrVG. | 6 ArbG Wuppertal v. 9.7.1996 – 9 BVGa 12/96, AiB 97, 347. | 7 AA *Fitting*, § 44 BetrVG Rz. 19. | 8 Richardi/*Annuß*, § 42 BetrVG Rz. 50. | 9 *Fitting*, § 42 BetrVG Rz. 55. | 10 BAG v. 9.3.1976 – 1 ABR 74/74, AP Nr. 3 zu § 44 BetrVG. | 11 *Fitting*, § 44 BetrVG Rz. 19; DKK/*Berg*, § 44 BetrVG Rz. 10. | 12 *Fitting*, § 43 BetrVG Rz. 7. | 13 *Fitting*, § 43 BetrVG Rz. 7.

34 Eine Abteilungsversammlung kommt nur in Betracht, wenn es sich um **organisatorisch** oder (nicht: Und!) **räumlich abgegrenzte** Betriebsteile handelt, wobei der Begriff „Betriebsteil" weiter als nach § 4 ist[1]. Die räumliche Abgrenzung setzt nicht getrennte Betriebsstätten voraus, auch innerhalb eines einheitlichen Betriebsgeländes können verschiedene abgegrenzte Bereiche bestehen[2]. Hinsichtlich der organisatorischen Abgrenzung kommt es neben Eigenständigkeit in der Aufgabenstellung auch auf eine Eigenständigkeit in der Leitung an[3].

35 Ob anstatt einer Vollversammlung Abteilungsversammlungen stattfinden, steht nicht im freien Ermessen des BR. Vielmehr setzen Abteilungsversammlungen voraus, dass die Aufspaltung in Abteilungsversammlungen für die Erörterung besonderer Belange der ArbN der Abteilungen **erforderlich** ist. Dabei muss es nicht unbedingt um Einzelabteilungen gehen, der BR kann auch mehrere Abteilungen für eine einheitliche Abteilungsversammlung zusammenfassen[4]. Maßgeblich ist jeweils der aktuelle Anlass, so dass je nach den zu behandelnden Themen mal Abteilungsversammlungen, mal Vollversammlungen angezeigt sein können[5]. Da die Abhaltung einer Abteilungsversammlung für einen Teil der Mitarbeiter automatisch bedeutet, dass auch für alle anderen ArbN eine Vollversammlung ausscheidet, muss zumindest für die **überwiegende Zahl der Betriebsteile** die Durchführung von Abteilungsversammlungen erforderlich sein; die Erforderlichkeit muss aber nicht für alle Betriebsteile vorliegen[6]. Wenngleich die Abteilungsversammlung vor allem zur Diskussion abteilungsspezifischer Themen dient, ist selbstverständlich auch die Erörterung allgemeiner betrieblicher Fragen zulässig[7].

36 In Betracht kommen zB Abteilungsversammlungen für **Produktion** einerseits und **Vertrieb** andererseits. Soweit erforderlich, können auch Abteilungsversammlungen als Teilversammlungen durchgeführt werden[8]. Für Organisation, Versammlung und Hausrecht bei Abteilungsversammlungen gelten die allgemeinen Grundsätze (siehe Rz. 22 ff.).

37 **XI. Streitigkeiten.** Streitigkeiten über das Ob, Wann und Wie der Abhaltung von Betriebsversammlungen, Teilversammlungen und Abteilungsversammlungen sind im arbeitsgerichtlichen Beschlussverfahren (§§ 2a, 80 ArbGG) zu klären. Unklar ist, ob der ArbGeb den BR auf Unterlassung der Einberufung/Abhaltung in Anspruch zu nehmen hat oder der BR den ArbGeb auf Duldung der Abhaltung. In der Praxis kreuzen sich mitunter die wechselseitigen Anträge. Richtigerweise wird man die **Angriffslast** dem ArbGeb zuweisen müssen, da der BR Herr der Versammlungen ist. Die Streitigkeiten werden regelmäßig im Wege des einstweiligen Rechtsschutzes ausgetragen. Zu beachten ist, dass der **Anspruch der teilnehmenden einzelnen ArbN** auf Freistellung/Entgeltfortzahlung oder Fahrkostenersatz individualrechtlich im **Urteilsverfahren** geltend zu machen ist, nicht im Beschlussverfahren[9].

43 Regelmäßige Betriebs- und Abteilungsversammlungen

(1) Der Betriebsrat hat einmal in jedem Kalendervierteljahr eine Betriebsversammlung einzuberufen und in ihr einen Tätigkeitsbericht zu erstatten. Liegen die Voraussetzungen des § 42 Abs. 2 Satz 1 vor, so hat der Betriebsrat in jedem Kalenderjahr zwei der in Satz 1 genannten Betriebsversammlungen als Abteilungsversammlungen durchzuführen. Die Abteilungsversammlungen sollen möglichst gleichzeitig stattfinden. Der Betriebsrat kann in jedem Kalenderjahr eine weitere Betriebsversammlung oder, wenn die Voraussetzungen des § 42 Abs. 2 Satz 1 vorliegen, einmal weitere Abteilungsversammlungen durchführen, wenn dies aus besonderen Gründen zweckmäßig erscheint.

(2) Der Arbeitgeber ist zu den Betriebs- und Abteilungsversammlungen unter Mitteilung der Tagesordnung einzuladen. Er ist berechtigt, in den Versammlungen zu sprechen. Der Arbeitgeber oder sein Vertreter hat mindestens einmal in jedem Kalenderjahr in einer Betriebsversammlung über das Personal- und Sozialwesen einschließlich des Stands der Gleichstellung von Frauen und Männern im Betrieb sowie der Integration der im Betrieb beschäftigten ausländischen Arbeitnehmer, über die wirtschaftliche Lage und Entwicklung des Betriebs sowie über den betrieblichen Umweltschutz zu berichten, soweit dadurch nicht Betriebs- oder Geschäftsgeheimnisse gefährdet werden.

(3) Der Betriebsrat ist berechtigt und auf Wunsch des Arbeitgebers oder von mindestens einem Viertel der wahlberechtigten Arbeitnehmer verpflichtet, eine Betriebsversammlung einzuberufen und den beantragten Beratungsgegenstand auf die Tagesordnung zu setzen. Vom Zeitpunkt der Versammlungen, die auf Wunsch des Arbeitgebers stattfinden, ist dieser rechtzeitig zu verständigen.

(4) Auf Antrag einer im Betrieb vertretenen Gewerkschaft muss der Betriebsrat vor Ablauf von zwei Wochen nach Eingang des Antrags eine Betriebsversammlung nach Absatz 1 Satz 1 einberufen, wenn im vorhergegangenen Kalenderhalbjahr keine Betriebsversammlung und keine Abteilungsversammlungen durchgeführt worden sind.

---

[1] Richardi/Annuß, § 42 BetrVG Rz. 58; Fitting, § 42 BetrVG Rz. 65. | [2] Fitting, § 42 BetrVG Rz. 67; DKK/Berg, § 42 BetrVG Rz. 25. | [3] Fitting, § 42 BetrVG Rz. 66. | [4] DKK/Berg, § 42 BetrVG Rz. 27; Fitting, § 42 BetrVG Rz. 68. | [5] Richardi/Annuß, § 42 BetrVG Rz. 60. | [6] Fitting, § 42 BetrVG Rz. 70; DKK/Berg, § 42 BetrVG Rz. 20. | [7] Fitting, § 42 BetrVG Rz. 64. | [8] Fitting, § 42 BetrVG Rz. 71. | [9] Fitting, § 42 BetrVG Rz. 76; DKK/Berg, § 42 BetrVG Rz. 33.

I. Allgemeines. § 43 ist nur verständlich im **Zusammenhang mit** § 44. § 43 regelt die Zahl der Versammlungen, § 44 hingegen die Frage, ob die Versammlungen innerhalb oder außerhalb der Arbeitszeit stattfinden und ob der ArbGeb das Entgelt fortzuzahlen hat. Während sich die Abs. 1, 3 und 4 mit Zahl und Anlass der Betriebsversammlung beschäftigen, regelt Abs. 2 die Rechte und Pflichten des ArbGeb anlässlich der Abhaltung von Betriebsversammlungen.

Die in § 43 geregelte Zahl von Versammlungen kann durch **TV** oder **BV** weder erhöht noch reduziert werden, § 43 ist insoweit zwingend[1].

§§ 43, 44 BetrVG unterscheiden (was aus dem Gesetzestext nicht ohne weiteres hervorgeht) zwischen **drei verschiedenen Formen** von Betriebsversammlungen (bzw. Abteilungsversammlungen), nämlich

- **regelmäßige** Betriebsversammlungen (§ 43 Abs. 1 Satz 1, 2),
- **zusätzliche** (weitere) Betriebsversammlungen (§ 43 Abs. 1 Satz 3) und
- **außerordentliche** Betriebsversammlungen (§ 43 Abs. 3 iVm. § 44 Abs. 2).

Die (zusätzliche) weitere Betriebsversammlung nach Abs. 1 Satz 3 unterscheidet sich von den regelmäßigen vierteljährlichen Versammlungen nach Abs. 1 Satz 1 dadurch, dass sie nur dann stattfinden darf, wenn sie aus besonderen Gründen zweckmäßig erscheint. Hinsichtlich der Lage (während der Arbeitszeit) und des Verdienstausfalls (§ 44) unterscheidet sich dagegen die regelmäßige und die zusätzliche (weitere) Betriebsversammlung nicht. Die außerordentliche Betriebsversammlung (§ 43 Abs. 3) unterscheidet sich von den regelmäßigen und den zusätzlichen (weiteren) Betriebsversammlungen dadurch, dass sie gemäß § 44 Satz 2 außerhalb der Arbeitszeit stattfindet und kein Entgelt fortzuzahlen ist.

II. Regelmäßige Betriebs- und Abteilungsversammlungen (Abs. 1). Der BR muss in jedem Kalenderquartal eine regelmäßige Betriebsversammlung einberufen, pro Kalenderjahr also vier. Dabei ist nicht erforderlich, dass zwischen den einzelnen Betriebsversammlungen genau drei Monate liegen, sofern nur **pro Kalendervierteljahr eine** stattfindet[2]. Den Zeitpunkt der Versammlungen bestimmt der BR nach pflichtgemäßem Ermessen, sie finden grundsätzlich während der Arbeitszeit statt (vgl. § 44 Rz. 3 ff.).

Liegen die Voraussetzungen für **Abteilungsversammlungen** nach § 42 Abs. 2 vor (Behandlung besonderer Angelegenheiten bestimmter Abteilungen, s. dazu § 42 Rz. 32 ff.), so sind gemäß Abs. 1 Satz 2 **zwei der vier** jährlichen Betriebsversammlungen als Abteilungsversammlungen durchzuführen. Dies muss nicht abwechselnd geschehen, der BR bestimmt die Reihenfolge[3]. Nach richtiger Auffassung kann der BR nach pflichtgemäßem Ermessen auch beschließen, dass **nur eine** der vier jährlichen Betriebsversammlungen als Abteilungsversammlung durchgeführt werden soll, insoweit ist § 43 Abs. 1 Satz 2 nicht zwingend[4]. Sowohl die Betriebsversammlungen als auch die Abteilungsversammlungen sind unter den Voraussetzungen des § 42 Abs. 1 Satz 3 als **Teilversammlungen** (siehe § 43 Rz. 29 ff.) durchzuführen.

Ob vierteljährlich Betriebsversammlungen/Abteilungsversammlungen abgehalten werden, steht nicht im pflichtgemäßen Ermessen des BR. Er ist vielmehr **verpflichtet**, sie abzuhalten, sonst verletzt er seine gesetzlichen Pflichten und riskiert ein Verfahren nach § 23 Abs. 1[5]. Eine bestimmte Länge der Versammlungen ist aber nicht vorgeschrieben, so dass der BR mangels erörterungswürdiger Themen Betriebsversammlungen sehr kurz halten kann. Bloße Rundschreiben oder Ansprachen auf dem Betriebshof ersetzen Betriebsversammlungen nicht[6].

III. Ablauf der regelmäßigen Betriebsversammlungen. Auch hinsichtlich Inhalt und Ablauf der Betriebsversammlungen sind die §§ 42 ff. unübersichtlich strukturiert. Abs. 2 regelt die Teilnahme des ArbGeb sowie den ihm obliegenden jährlichen Lagebericht. Abs. 1 Satz 1 regelt, dass der BR in jeder Versammlung (nicht nur einmal jährlich!) einen Tätigkeitsbericht geben muss. Dagegen regelt § 45 die zulässigen sonstigen Themen der Betriebsversammlungen sowie das Verhältnis der versammelten ArbN zum BR (Antragsrecht, Aussprache).

Nach Abs. 1 Satz 1 hat der BR zu Beginn einer Betriebsversammlung stets einen Tätigkeitsbericht zu erstatten, dessen Inhalt vom gesamten BR festzulegen und zu beschließen ist. Der Bericht soll darlegen, **welche Tätigkeiten** der BR seit der letzten Versammlung **entfaltet** hat, dies gilt auch für Ausschüsse des BR sowie den GBR und den Wirtschaftsausschuss. Typischerweise wird beispielsweise über den Stand von Verhandlungen über BV, gerichtliche Auseinandersetzungen, Einigungsstellenverfahren etc. berichtet[7]. Der Bericht kann aber auch über die eigentliche Tätigkeit des BR hinaus Ausführungen zur Lage der ArbN und des Unternehmens enthalten. Der Bericht braucht nicht wertfrei zu sein, insb. muss der BR nicht mit (sachlicher!) Kritik am ArbGeb sparen. Ob der Bericht vom BR-Vorsitzenden, einem anderen BR-Mitglied oder je nach interner Aufgabenverteilung von mehreren BR-Mitgliedern vorgetragen wird, steht im Ermessen des BR[8]. Der BR muss in jedem Fall auf seine gesetzlichen Verschwiegenheitspflichten (§§ 79, 99, 102) achten, diese Pflichten sind auch gegenüber den ArbN zu wahren. Nicht Gegen-

---

1 *Fitting*, § 43 BetrVG Rz. 3. |2 DKK/*Berg*, § 43 BetrVG Rz. 3. |3 DKK/*Berg*, § 43 BetrVG Rz. 3. |4 *Fitting*, § 43 BetrVG Rz. 6. |5 LAG Hamm v. 25.9.1959 – 5 BVTa 48/59, DB 1959, 1227; LAG Rh.-Pf. v. 5.4.1960 – 1 Sa BV 1/60, BB 1960, 982; Hess. LAG v. 12.8.1993 – 12 TaBV 203/92, AiB 1994, 404. |6 *Fitting*, § 43 BetrVG Rz. 11. |7 DKK/*Berg*, § 43 BetrVG Rz. 7. |8 DKK/*Berg*, § 43 BetrVG Rz. 8.

stand des Tätigkeitsberichts ist die Tätigkeit der **Aufsichtsratsmitglieder** der ArbN-Seite[1], auch wenn ein Aufsichtsratsmitglied der ArbN-Seite zugleich BR ist.

10 Auch in **Abteilungs-** und/oder **Teilversammlungen** ist stets ein vollständiger Bericht zu erstatten, in Abteilungsversammlungen muss sich dieser Bericht zusätzlich auf die besonderen Angelegenheiten der Abteilung erstrecken[2].

11 Der BR **kann**, muss aber nicht, den Bericht auch in (ausführlicher oder gekürzter) **schriftlicher Form** vorlegen. Schriftform ersetzt aber den mündlichen Vortrag nicht. Unzutreffend ist die Auffassung des LAG BW[3], wonach der ArbGeb die Kosten der Vervielfältigung und Verteilung eines solchen schriftlichen Berichts zu tragen hat, wenn ein erheblicher Teil der Belegschaft auf der Versammlung nicht erscheint. Je nach Größe und Finanzkraft des ArbGeb kann dieser verpflichtet sein, bei einem hohen Anteil sprachunkundiger ausländischer Beschäftigter einen Dolmetscher zu stellen oder die Kosten für die Übersetzung eines schriftlichen Berichts zu tragen[4].

12 Im Anschluss an den Bericht ist den teilnehmenden ArbN Gelegenheit zu geben, Stellung zu nehmen und zu **diskutieren**[5].

13 **IV. Teilnehmerecht des ArbGebS/Berichtspflicht.** Nach Abs. 2 Satz 1 ist der ArbGeb unter Mitteilung der Tagesordnung zu Betriebs- und Abteilungsversammlungen (auch als Teilversammlungen) **einzuladen**, außerdem hat er gemäß Abs. 2 Satz 2 **Rederecht**. Daraus folgt selbstverständlich, dass er auch **Teilnahmerecht** hat (auch wenn er nicht ausdrücklich eingeladen wird). Nach abzulehnender Auffassung[6] soll dagegen der ArbGeb kein Teilnahmerecht bei den außerordentlichen Betriebsversammlungen nach Abs. 3 haben. Richtig ist die Auffassung, dass ein Teilnahmerecht des ArbGeb an Betriebsversammlungen zur Bildung eines Wahlvorstandes nach §§ 14a, 17 nicht besteht[7].

14 Der eingeladene ArbGeb kann bei Verhinderung einen kompetenten **Vertreter** entsenden, auch einen **leitenden Angestellten**. In der Praxis erscheint meist der Personalchef[8]. Nicht möglich ist dagegen die Vertretung durch betriebsfremde Personen, zB einen Rechtsanwalt. Allerdings muss der ArbGeb nicht erscheinen, er hat **keine Teilnahmepflicht**. Verpflichtet ist er lediglich dazu, einmal jährlich den in Abs. 2 Satz 3 vorgeschriebenen Lagebericht zu geben. Ist der Bericht beendet, ist der ArbGeb frei, ob er die Versammlung verlassen will. Das gilt selbst dann, wenn der BR ihn ausdrücklich eingeladen hat, um bestimmte Angelegenheiten zu erörtern[9].

15 Der ArbGeb kann zu seiner **Unterstützung** einen Beauftragten des ArbGebVerbands hinzuziehen (systemwidrig in § 46 Abs. 1 Satz 2 geregelt). Daneben dürfte selbstverständlich sein, dass der ArbGeb zusätzlich leitende Angestellte zur Unterstützung in die Versammlung mitnehmen kann, wenn diese über besondere Sachkunde verfügen, die zur Diskussion eines auf der Tagesordnung stehenden Themas erforderlich ist und über die der ArbGeb selbst nicht verfügt (zB EDV-Fragen, Paisy)[10].

16 Nach Abs. 2 Satz 2 hat der **ArbGeb** das Recht, in der Versammlung zu einzelnen Tagesordnungspunkten **das Wort** zu **ergreifen**. Da der BR-Vorsitzende Versammlungsleiter ist und auch das Hausrecht ausübt, setzt eine Wortmeldung des ArbGeb voraus, dass der Vorsitzende ihm das Wort erteilt. Dies hat er nach pflichtgemäßem Ermessen zu tun, was schon aus dem Grundsatz der vertrauensvollen Zusammenarbeit folgt. An der Willensbildung der Versammlung (Beschlüsse etc.) kann der ArbGeb sich selbstverständlich nicht beteiligen, er kann auch keine Anträge stellen[11].

17 Nach Abs. 2 Satz 3 hat der **ArbGeb** (oder sein Vertreter) mindestens einmal pro Kalenderjahr in der Versammlung über das **Personal- und Sozialwesen** des Betriebs, den **betrieblichen Umweltschutz** und über die **wirtschaftliche Lage und Entwicklung** des Betriebs (nicht des Unternehmens!) zu **berichten**. Finden Abteilungsversammlungen statt (Abs. 1 Satz 2), muss der Lagebericht auf einer (Voll-)Betriebsversammlung erfolgen. Bei einem Gemeinschaftsbetrieb bezieht sich der Lagebericht auf alle Unternehmen[12]. Bei Tendenzbetrieben (§ 118) ist über tendenzbezogene Fragen nicht zu berichten[13]. Der Bericht muss grundsätzlich **mündlich** erstattet werden[14]. In welcher der vier jährlichen Betriebsversammlungen der ArbGeb den Bericht erstatten will, ist ihm überlassen, der BR kann dies nicht in der Einladung festlegen[15].

18 Hinsichtlich des **Personal- und Sozialwesens** muss der Bericht des ArbGeb Informationen über den Personalbestand, die Zusammensetzung der Belegschaft, die Personalplanung (§ 92), die voraussicht-

---

1 BAG v. 1.3.1966 – 1 ABR 14/64, AP Nr. 1 zu § 69 BetrVG 52. | 2 *Fitting*, § 43 BetrVG Rz. 15. | 3 LAG BW v. 10.2.1983 – 7 TaBV 5/82, AuR 1984, 54. | 4 Vgl. ArbG München v. 14.3.1974 – 20 BV 57/73, BB 1974, 1022 einerseits; LAG Düsseldorf v. 30.1.1981 – 16 TaBV 21/80, DB 1981, 1093 andererseits, zur Hinzuziehung eines Dolmetschers vgl. LAG BW v. 16.1.1998 – 5 TaBV 14/96, AuR 1998, 286; ArbG Stuttgart v. 27.2.1986 – 17 Ca 317/85, AiB 1986, 168; *Aigner*, BB 1992, 2357; *Helm*, AiB 1993, 70. | 5 DKK/*Berg*, § 43 BetrVG Rz. 9; *Fitting*, § 43 BetrVG Rz. 16. | 6 BAG v. 27.6.1989 – 1 ABR 28/88, DB 1989, 2543; DKK-*Berg*, § 43 BetrVG Rz. 15; *Fitting*, § 43 BetrVG Rz. 50. | 7 ArbG Bielefeld v. 23.6.1982 – 5 BVGa 12/82, AuR 1983, 91. | 8 LAG Düsseldorf v. 11.2.1982, DB 1982, 1066. | 9 AA DKK/*Berg*, Rz. 16; ausf. zu Rechten und Pflichten des ArbGeb in der Betriebsversammlung *Brill*, BB 1983, 1860. | 10 Dazu LAG Düsseldorf v. 4.9.1991 – 4 TaBV 60/91, AiB 1992, 154. | 11 Streitig, siehe *Fitting*, § 43 BetrVG Rz. 32 einerseits; Richardi/*Annuß*, § 43 BetrVG Rz. 55 andererseits. | 12 LAG Hamburg v. 15.12.1988 – 2 TABV 13/88, NZA 1989, 733. | 13 BAG v. 8.3.1977, AP Nr. 1 zu § 43 BetrVG. | 14 DKK/*Berg*, § 43 BetrVG Rz. 20. | 15 *Fitting*, § 43 BetrVG Rz. 19.

liche Entwicklung der Belegschaftsstärke und -struktur, den Bildungsbedarf, die Entwicklung des betrieblichen Sozialwesens (Versorgungseinrichtungen etc.), den Stand der Gleichstellung von Frauen und Männern im Betrieb sowie die Integration ausländischer Mitarbeiter enthalten. Hinsichtlich der wirtschaftlichen Lage und Entwicklung hat der ArbGeb nur über den **Betrieb** zu berichten, nicht (im Gegensatz zu § 110) über die Lage und Entwicklung des Unternehmens. Darzustellen ist die wirtschaftliche Situation des Betriebs, die voraussichtliche Entwicklungs- und Marktlage, Produktivität und Investitionsvorhaben, Probleme oder bevorstehende Betriebsänderungen (§ 111). Betriebsgeheimnisse braucht der ArbGeb nicht zu gefährden (siehe § 79). Der Bericht kann mit der **Unterrichtung der ArbN** über die wirtschaftliche Lage und Entwicklung des Unternehmens nach **§ 110 verbunden** werden[1].

19 Heftig umstritten ist, wie weit der ArbGeb die Belegschaft über die **Kosten der BR-Arbeit** (Freistellungen, Sachmittel, Reisekosten, Schulungsaufwand, Einigungsstellenverfahren, Gerichtsverfahren etc.) informieren darf. Gegen eine objektive und nicht-tendenziöse Nennung von Fakten kann schlechterdings nichts eingewendet werden[2]. Schlüsselt beispielsweise der ArbGeb verschiedene Kostenstellen auf, kann er auch zur Kostenstelle des BR Stellung nehmen. Unzulässig ist dagegen eine polemische Stimmungsmache gegen den BR mit finanziellen Argumenten[3].

20 Der Bericht des ArbGeb kann (und sollte!) vom Versammlungsleiter zum **Gegenstand der Diskussion** gemacht werden, der ArbGeb muss in diesem Fall Fragen beantworten und ergänzende Angaben machen, sofern er weiter an der Versammlung teilnimmt (vgl. Rz. 14)[4].

21 **V. Zusätzliche (weitere) Betriebsversammlungen.** Nach Abs. 1 Satz 4 kann der BR einmal pro Kalenderhalbjahr eine zusätzliche Betriebsversammlung einberufen, wenn ihm dies „aus besonderen Gründen zweckmäßig" erscheint. Der BR hat einen weiten Ermessensspielraum[5]. Die Ermessensentscheidung unterliegt nur einer eingeschränkten gerichtlichen Kontrolle. Geht es nur um die Information der Mitarbeiter oder besondere Ereignisse, muss der BR sorgfältig prüfen, ob nicht einfachere Informationsmöglichkeiten (Rundschreiben, Aushang, E-Mail) ausreichen. Ebenso muss der BR sorgfältig prüfen, ob die Behandlung eines bestimmten aktuellen Themas nicht bis zur nächsten regelmäßigen Betriebsversammlung (Abs. 1) Zeit hat[6].

22 Beschränken sich die besonderen Gründe auf eine bestimmte **Betriebsabteilung**, so ist eine zusätzliche Abteilungsversammlung nur in dieser Abteilung durchzuführen, in den anderen Abteilungen ist weiterzuarbeiten (sofern dies betrieblich möglich ist)[7]. Besondere Gründe, die die Einberufung einer zusätzlichen Betriebsversammlung rechtfertigen können, sind zB Betriebsübergang, Insolvenz, drohende Kurzarbeit, Produktionsstörungen, bevorstehende Betriebsänderungen (§ 111), vorsorgliche Massenentlassungsanzeigen, Diskussion über den Abschluss einer wichtigen BV etc. Abzulehnen ist die Auffassung, auch der Wunsch nach Vorstellung der Kandidaten zur nächsten BR-Wahl rechtfertige eine zusätzliche Betriebsversammlung[8]. Steht zwar eine Betriebsänderung (§ 111) im Raum, liegen aber noch keine diskussionsfähigen Konzepte vor, kommt eine zusätzliche Betriebsversammlung nicht in Betracht[9]. Die Diskussion um bevorstehende Gesetzesänderungen rechtfertigt keine zusätzlichen Betriebsversammlungen[10], ebenso wenig wie die Information der Mitarbeiter über aktuelle Tarifauseinandersetzungen[11], zumal nicht selten die Betriebsversammlung als zusätzliche Kampfplattform missbraucht wird (siehe § 42 Rz. 7).

23 Die zusätzlichen (weiteren) Betriebsversammlungen nach Abs. 1 Satz 4 unterliegen den **allgemeinen Regeln** für regelmäßige (ordentliche) Betriebsversammlungen, so dass Teilnahme- und Rederecht des ArbGeb besteht, die Versammlung grundsätzlich während der Arbeitszeit stattfinden muss (§ 44 Abs. 1 Satz 1) und Entgeltfortzahlungspflicht besteht.

24 **VI. Außerordentliche Betriebsversammlungen.** Zusätzlich zu den regelmäßigen (Abs. 1 Satz 1) und den zusätzlichen (weiteren) Betriebsversammlungen (Abs. 1 Satz 4) können nach Abs. 3 noch außerordentliche Betriebsversammlungen stattfinden, und zwar

- auf Wunsch des **ArbGeb**,
- auf Antrag eines Viertels der wahlberechtigten ArbN oder
- auf Einladung des **BR** selbst, wenn dies dringend geboten ist.

25 Die Besonderheit der außerordentlichen Betriebsversammlung liegt darin, dass diese gemäß § 44 Abs. 2 **außerhalb der Arbeitszeit** stattzufinden hat (es sei denn, der ArbGeb stimmt der Abhaltung innerhalb der Arbeitszeit zu) und infolgedessen auch **kein Entgelt** fortgezahlt wird.

---

1 *Fitting*, § 43 BetrVG Rz. 24; Richardi/*Annuß*, § 43 BetrVG Rz. 16. | 2 *Bengelsdorf*, AuA 1998, 145. | 3 Im Einzelnen BAG v. 19.7.1995 – 7 ABR 60/94 und 11.12.1997 – 7 ABR 14/97, AP Nr. 25, 27 zu § 23 BetrVG. | 4 *Fitting*, § 43 BetrVG Rz. 27. | 5 BAG v. 23.10.1991 – 7 AZR 249/90, AP Nr. 5 zu § 43 BetrVG. | 6 Dazu BAG v. 23.10.1991 – 7 AZR 249/90, AP Nr. 5 zu § 43 BetrVG; *Fitting*, § 43 BetrVG Rz. 34; aA DKK/*Berg*, § 43 BetrVG Rz. 11. | 7 *Fitting*, § 43 BetrVG Rz. 36. | 8 So aber LAG Berlin v. 12.12.1978 – 3 Ta BV 5/78, DB 1979, 1850. | 9 BAG v. 23.10.1991 – 7 AZR 249/90, AP Nr. 5 zu § 43 BetrVG. | 10 ArbG München v. 3.2.1986 – 22 BVGA 17/86, NZA 1986, 235. | 11 ArbG Wilhelmshaven v. 27.10.1988 – 1 BvGA 5/88, NZA 1989, 571.

26 Beantragt der **ArbGeb** eine außerordentliche Betriebsversammlung, muss er keine bestimmte Form einhalten[1]. Der ArbGeb muss jedoch den **Beratungsgegenstand angeben**, der erörtert werden soll. Ansonsten ist der BR nicht verpflichtet, die Versammlung einzuberufen[2]. Gegebenenfalls kann der ArbGeb auch nachträglich noch Ergänzungen der Tagesordnung verlangen. Der BR ist an den Antrag des ArbGeb gebunden, sofern der vom ArbGeb gewünschte Beratungsgegenstand zu den zulässigen Themen einer Betriebsversammlung gehört[3]. Der BR kann die Einberufung der Versammlung mit dem Argument ablehnen, sie sei nicht zweckmäßig[4]. Selbstverständlich hat der ArbGeb **Teilnahme- und Rederecht**. Eine Frist, innerhalb derer der BR die Versammlung einberufen muss, sieht Abs. 3 nicht ausdrücklich vor. Nach Sinn und Zweck der Vorschrift muss jedoch die Einberufung **unverzüglich** erfolgen.

27 Eine außerordentliche Betriebsversammlung ist auch auf Wunsch von einem **Viertel der wahlberechtigten ArbN** einzuberufen. Die Wahlberechtigung richtet sich nach § 7, für die Quote kommt es auf den Zeitpunkt des Antrags an. Zwar ist eine Form im Gesetz nicht vorgesehen, ohne **Unterschriftenlisten** kann jedoch zumindest in größeren Betrieben das Vorliegen des Quorums kaum geprüft werden. Die Unterschriftensammlung kann während der Arbeitszeit unter Fortzahlung des Arbeitsentgelts durchgeführt werden[5]. Hinsichtlich des Prüfungsrechts des BR und der Einberufungsfrist gilt das Gleiche wie für vom ArbGeb beantragte außerordentliche Betriebsversammlungen (siehe Rz. 26). Bei den auf Wunsch der ArbN anberaumten Betriebsversammlungen hat der ArbGeb nach herrschender (abzulehnender) Auffassung kein Teilnahmerecht[6]. Allerdings steht dem BR frei, den ArbGeb einzuladen, wenn dies zweckmäßig ist; außerdem ist der ArbGeb auf jeden Fall über Zeitpunkt, Ort und Tagesordnung zu informieren.

28 Der **BR selbst** kann eine außerordentliche Betriebsversammlung nur dann anberaumen, wenn sie aus sachlichen Gründen **dringend geboten** ist[7]. Darüber hinaus kommt eine außerordentliche Betriebsversammlung nach Abs. 3 nur dann in Betracht, wenn in dem betreffenden Zeitraum bereits die ordentlichen und ggf. eine zusätzliche Betriebsversammlung nach Abs. 1 Satz 3 stattgefunden haben und die Angelegenheit so dringlich ist, dass bis zur nächsten ordentlichen Betriebsversammlung nicht gewartet werden kann[8]. Typischer Anlass für eine außerordentliche Betriebsversammlung sind **anstehende Betriebsänderungen**. Eine außerordentliche Betriebsversammlung kommt auch dann in Betracht, wenn der ArbGeb zuvor eine von ihm anberaumte „Mitarbeiterversammlung" zu unzulässiger Stimmungsmache gegen den BR missbraucht hat[9]. Ein Teilnahmerecht hat der ArbGeb bei vom BR anberaumten außerordentlichen Betriebsversammlungen nicht, er ist aber über Zeit und Ort sowie Beratungsgegenstand zu informieren[10]. Selbstverständlich kann der BR den ArbGeb gleichwohl einladen.

29 Wie sich aus § 44 Abs. 2 ergibt, können außerordentliche Betriebsversammlungen auch in Form von **Abteilungsversammlungen** nach § 42 Abs. 2 durchgeführt werden[11], wobei es zur Bemessung des Quorums von einem Viertel der ArbN stets auf den Gesamtbetrieb ankommt, nicht auf die Abteilung[12].

30 Wie sich aus § 44 Abs. 1 Satz 1 ergibt, finden die außerordentlichen Betriebsversammlungen **außerhalb der Arbeitszeit** statt, so dass auch kein Entgelt fortzuzahlen ist. **Während der Arbeitszeit** (mit der Konsequenz der Entgeltfortzahlung) finden außerordentliche Betriebsversammlungen nur in zwei Fällen statt, nämlich

- wenn der **ArbGeb** mit der Abhaltung während der Arbeitszeit **einverstanden** ist (Abs. 2 Satz 2 Halbs. 2) oder

- wenn der **ArbGeb** die Abhaltung der Betriebsversammlung **beantragt** hatte (systemwidrig in § 44 Abs. 1 Satz 1 geregelt).

31 Will der BR die Abhaltung außerhalb der Arbeitszeit bei einer von ihm selbst oder einem Viertel der ArbN gewünschten außerordentlichen Betriebsversammlung vermeiden, so kann er die Betriebsversammlung stattdessen als ordentliche oder zusätzliche (weitere) Betriebsversammlung nach Abs. 1 durchführen, wenn das entsprechende Kontingent an ordentlichen und zusätzlichen (weiteren) Betriebsversammlungen noch nicht erschöpft ist[13].

32 Hinsichtlich Ort, Einberufung, Versammlungsleitung etc. gelten für eine außerordentliche Betriebsversammlung die gleichen Grundsätze wie für eine ordentliche (siehe § 42 Rz. 18 ff.).

33 **Betriebsversammlung auf Antrag einer Gewerkschaft (Abs. 4).** Die auf Antrag der Gewerkschaft anberaumte Betriebsversammlung steht nicht neben den ordentlichen, zusätzlichen und außerordentlichen Betriebsversammlungen nach Abs. 1 bis 3, sondern ersetzt sie. Verletzt der BR die Pflicht, für regelmäßige Betriebsversammlungen zu sorgen, soll unter bestimmten Voraussetzungen eine Gewerk

---

1 *Fitting*, § 43 BetrVG Rz. 41. |2 *Richardi/Annuß*, § 43 BetrVG Rz. 31; *Fitting*, § 43 BetrVG Rz. 42. |3 § 45 BetrVG. |4 *Fitting*, § 43 BetrVG Rz. 42. |5 ArbG Stuttgart v. 13.5.1977 – 7 Ca 117/77, BB 1977, 1304. |6 *Richardi/Annuß*, § 43 BetrVG Rz. 47; *Fitting*, § 43 BetrVG Rz. 50. |7 *Richardi/Annuß*, § 43 BetrVG Rz. 26; DKK/ *Berg*, § 43 BetrVG Rz. 26. |8 DKK/*Berg*, § 43 BetrVG Rz. 26. |9 BAG v. 27.6.1989 – 1 ABR 28/88, DB 1989, 2543. |10 DKK/*Berg*, § 43 BetrVG Rz. 28. |11 ArbG Stuttgart v. 13.5.1977 – 7 Ca 117/77, BB 1977, 1304; *Fitting*, § 43 BetrVG Rz. 45. |12 Zust. *Fitting*, § 43 BetrVG Rz. 45; aA *Richardi/Annuß*, § 43 BetrVG Rz. 33. |13 ArbG Heilbronn v. 6.3.1990 – 3 BV Ga 1/90, AiB 1990, 197; *Däubler*, AiB 1982, 54; *Richardi/Annuß*, § 43 BetrVG Rz. 40.

schaft einberufen können. Dabei haben die Antragsvoraussetzungen des Abs. 4 nichts mit der Frage zu tun, ob der BR durch Abhaltung von zu wenig Betriebsversammlungen gegen seine gesetzlichen Pflichten verstößt und ein Verfahren nach § 23 riskiert[1].

Voraussetzung der Einberufung ist, dass in dem der Antragstellung **vorausgegangenen Kalenderhalbjahr** keine Betriebsversammlung stattgefunden hat. Hat eine Betriebsversammlung stattgefunden, so ist es unerheblich, ob dies eine ordentliche, eine zusätzliche (weitere) oder eine außerordentliche Versammlung war. Soweit nur Abteilungsversammlungen stattgefunden haben, müssen sie jedenfalls für die ganz überwiegende Zahl der ArbN des Betriebs durchgeführt worden sein[2]. 34

Maßgeblicher Zeitraum ist nicht ein Zeitraum von sechs Monaten, sondern das Kalenderhalbjahr (1.1. bis 30.6. bzw. 1.7. bis 31.12.). Hat in der Zeit vom 1.1. bis 30.6. keine Betriebsversammlung stattgefunden, kann die Gewerkschaft also am 1.7. die Einberufung verlangen. Hat dagegen am 2.1. eine Betriebsversammlung stattgefunden, so kann während des gesamten weiteren Laufs des Jahres kein Antrag gestellt werden. Nach Sinn und Zweck der Vorschrift kommt eine Antragstellung allerdings nicht in Betracht, wenn zwar im vorangegangenen Kalenderhalbjahr keine Betriebsversammlung stattgefunden hat, dafür aber **zwischen Ablauf des Kalenderhalbjahrs und der Antragstellung**. Hat beispielsweise zwischen dem 1.1. und dem 30.6. keine Betriebsversammlung stattgefunden, findet aber eine am 2.7. statt, so kann nicht die Gewerkschaft am 10.7. nach Abs. 4 die Abhaltung einer Versammlung verlangen. 35

Antragsberechtigt ist jede im Betrieb vertretene **Gewerkschaft** (vgl. § 2 Rz. 11 ff.). Der Antrag ist **formlos** möglich und an den BR zu richten. Die Gewerkschaft kann **nicht selbst** einberufen[3]. Dies gilt selbst dann, wenn der BR trotz Antrags untätig bleibt, die Gewerkschaft kann dann aber eine einstweilige Verfügung beantragen. Keinen Einfluss hat die Gewerkschaft auf die **Tagesordnung** der einzuberufenden Versammlung. Die Versammlung ist auf jeden Fall eine ordentliche Betriebsversammlung nach Abs. 1 Satz 1, so dass der BR auch einen Tätigkeitsbericht erstatten muss[4]. Nach richtiger Auffassung muss die Versammlung grundsätzlich als Vollversammlung durchgeführt werden, Abteilungsversammlungen kommen nicht in Betracht[5]. Zulässig bleiben allerdings Teilversammlungen, wenn dies wegen der Eigenart des Betriebes erforderlich ist. 36

Auf Antrag einer im Betrieb vertretenen Gewerkschaft muss der BR innerhalb von zwei Wochen „einberufen". Für die Fristberechnung gelten §§ 187 ff. BGB, so dass der Tag des Antrags (Zugang beim BR-Vorsitzenden ist maßgeblich) nicht mitzählt. Die Versammlung muss aber nicht auch innerhalb der zwei Wochen stattfinden. Allerdings muss **zeitnah einberufen** werden[6]. 37

44 *Zeitpunkt und Verdienstausfall*

(1) Die in den §§ 14a, 17 und 43 Abs. 1 bezeichneten und die auf Wunsch des Arbeitgebers einberufenen Versammlungen finden während der Arbeitszeit statt, soweit nicht die Eigenart des Betriebs eine andere Regelung zwingend erfordert. Die Zeit der Teilnahme an diesen Versammlungen einschließlich der zusätzlichen Wegezeiten ist den Arbeitnehmern wie Arbeitszeit zu vergüten. Dies gilt auch dann, wenn die Versammlungen wegen der Eigenart des Betriebs außerhalb der Arbeitszeit stattfinden; Fahrkosten, die den Arbeitnehmern durch die Teilnahme an diesen Versammlungen entstehen, sind vom Arbeitgeber zu erstatten.

(2) Sonstige Betriebs- oder Abteilungsversammlungen finden außerhalb der Arbeitszeit statt. Hiervon kann im Einvernehmen mit dem Arbeitgeber abgewichen werden; im Einvernehmen mit dem Arbeitgeber während der Arbeitszeit durchgeführte Versammlungen berechtigen den Arbeitgeber nicht, das Arbeitsentgelt der Arbeitnehmer zu mindern.

I. Allgemeines. Die Vorschrift regelt, welche Versammlungen **während** und welche **außerhalb der Arbeitszeit** stattfinden. Im Zusammenhang damit regelt die Vorschrift des Weiteren, für welche Veranstaltungen und unter welchen Voraussetzungen der ArbGeb **Verdienstausfall** (Entgeltfortzahlung) sowie **Fahrkosten** erstatten muss. 1

§ 44 ist **zwingend**, von den Regelungen kann weder durch TV noch durch BV zu Ungunsten der ArbN abgewichen werden. Streitig ist allerdings, ob eine Vereinbarung über die Dauer der Betriebsversammlung zulässig ist[7]. § 44 gilt entsprechend für die Versammlung der **Jugendlichen und Auszubildenden** (§ 71) sowie für die **Bordversammlung** (vgl. §§ 115, 116). 2

II. Zeitpunkt der Betriebsversammlung. Nach der Konzeption der §§ 42 bis 44 finden folgende Versammlungen grundsätzlich **während der Arbeitszeit** statt: 3

- **regelmäßige** (vierteljährliche) Betriebs- bzw. Abteilungsversammlungen (§ 43 Abs. 1 Satz 1 und 2)

---

1 *Fitting*, § 43 BetrVG Rz. 53. | 2 DKK/*Berg*, § 43 BetrVG Rz. 32; *Fitting*, § 43 BetrVG Rz. 54. | 3 *Fitting*, § 43 BetrVG Rz. 55; DKK/*Berg*, § 43 BetrVG Rz. 33. | 4 *Fitting*, § 43 BetrVG Rz. 55. | 5 *Fitting*, § 43 BetrVG Rz. 57; Richardi/*Annuß*, § 43 BetrVG Rz. 60. | 6 *Fitting*, § 43 BetrVG Rz. 56. | 7 Vgl. die Nachw. bei *Fitting*, § 44 BetrVG Rz. 14; dazu LAG Saarbrücken v. 21.12.1960, AP Nr. 2 zu § 43 BetrVG 52: Vereinbart war eine Stunde Dauer.

- **zusätzliche** (weitere) Betriebs- bzw. Abteilungsversammlungen (§ 43 Abs. 1 Satz 4)
- **außerordentliche** Betriebs- bzw. Abteilungsversammlungen auf **Antrag des ArbGeb** (§ 43 Abs. 3)
- Betriebsversammlung zur Bestellung des **Wahlvorstands** (§§ 14a, 17 Abs. 1)

4   Dagegen finden nach Abs. 2 **außerhalb** der Arbeitszeit statt:

- **Außerordentliche** Betriebs- bzw. Abteilungsversammlungen, die der **BR** selbst einberuft (§ 43 Abs. 3)
- **außerordentliche** Betriebs- bzw. Abteilungsversammlungen auf Antrag eines **Viertels der ArbN** (§ 43 Abs. 3)

5   In beiden Fällen ermöglicht allerdings § 44 Abs. 2 Satz 2, dass im **Einvernehmen mit dem ArbGeb** diese Versammlungen während der Arbeitszeit abgehalten werden können; dann ist auch das Entgelt fortzuzahlen.

6   **III. Versammlung während der Arbeitszeit. 1. Zeitpunkt.** Arbeitszeit iSv. Abs. 1 Satz 1 ist nicht die persönliche Arbeitszeit des einzelnen ArbN, sondern die **betriebliche Arbeitszeit**. Betriebliche Arbeitszeit ist die Zeit, während der jedenfalls ein erheblicher Teil der Belegschaft arbeitet[1]. Bei Drei-Schicht-Betrieben zB ist es unumgänglich, dass die Versammlung für einen Teil der ArbN außerhalb der persönlichen Arbeitszeiten liegt. Abs. 1 Satz 1 ist so zu verstehen, dass der BR die Versammlung so legen soll, dass **möglichst viele** ArbN an ihr während der Arbeitszeit ohne weitere Mühen und Kosten teilnehmen können[2]. Bei **Gleitzeit** darf der BR die Betriebsversammlung in die Kernarbeitszeit legen[3]. Der BR darf die Versammlung nicht ohne Not von vornherein so anberaumen, dass ein Teil von ihr **zwangsläufig in die Freizeit** hineinreicht. Betriebsversammlungen können auch während eines (teilweisen) Arbeitskampfs sowie während einer Kurzarbeitsperiode stattfinden[4], allerdings gilt auch insoweit, dass Betriebsversammlungen nicht als Kampfinstrument missbraucht werden dürfen (siehe § 42 Rz. 7).

7   **Tag und Stunde** der Versammlung regelt der BR durch **Beschluss**, eine Zustimmung des ArbGeb ist nicht erforderlich. Grundsätzlich sinnvoll ist, wenn der BR den ArbGeb unabhängig von der gesetzlich vorgeschriebenen Einladung (§ 43 Abs. 2 Satz 1) **möglichst frühzeitig** von der zeitlichen Planung der Versammlung **unterrichtet**, damit dieser bzgl. des Arbeitsausfalls die notwendigen Vorkehrungen treffen kann[5]. Der BR muss die betrieblichen Notwendigkeiten berücksichtigen. Sofern keine besonderen Interessen der ArbN oder des BR entgegenstehen, muss der BR deshalb so anberaumen, dass die **Störungen des Betriebsablaufs** möglichst gering sind. Ist beispielsweise in einem Betrieb mit Fünf-Tage-Woche der Arbeitsanfall an einem bestimmten Tag erfahrungsgemäß besonders hoch, darf die Betriebsversammlung nicht auf diesen Tag gelegt werden. Anders ist es hingegen, wenn an diesem Tag besonders viele TeilzeitArbN oder Aushilfen im Betrieb sind, da dann die Abhaltung an diesem Tag besonders vielen ArbN die Möglichkeit gibt, an der Verhandlung während der Arbeitszeit teilzunehmen.

8   In einem **Drei-Schicht-Betrieb** sind verschiedene Möglichkeiten denkbar. Zum einen kann der BR von vornherein auf Teilversammlungen nach § 42 Abs. 1 Satz 3 ausweichen. Nach Auffassung des BAG[6] sollen dagegen Vollversammlungen wegen der besseren Kommunikationsmöglichkeiten grundsätzlich Vorrang vor Teilversammlungen haben, auch wenn das bedeutet, dass die Versammlung für die Mehrzahl der ArbN außerhalb der regelmäßigen Arbeitszeit stattfindet. Werden Vollversammlungen abgehalten, so sollen sie entweder mal in der einen, mal in der anderen Schicht liegen[7]. Die andere Möglichkeit ist, die Betriebsversammlung zeitlich so zu legen, dass sie in etwa gleichem Umfang am Ende der einen und am Anfang der nächsten Schicht liegt[8].

9   Haben alle ArbN des Betriebes **gleichmäßige Arbeitszeit** (Ein-Schicht-Betrieb), muss der BR die Versammlung entweder mit dem Beginn der Arbeitszeit anberaumen oder aber so terminieren, dass die Versammlung voraussichtlich mit dem Ende der Arbeitszeit abgeschlossen sein wird. Unzulässig wäre es dagegen, die Betriebsversammlung genau in die Mitte des Arbeitstages zu legen.

10 Fraglich ist, wer die **Angriffslast** hat, wenn der BR eine Betriebsversammlung unter Missachtung der betrieblichen Notwendigkeiten anberaumt. Sicher ist, dass der ArbGeb eine einstweilige Verfügung auf Unterlassung der BV erwirken kann[9]. Geht der ArbGeb nicht den Weg zum Gericht, sondern verlangt er vom BR die Unterlassung der Betriebsversammlung, so ist fraglich, ob der BR sie gegen den Willen des ArbGeb durchführen kann oder ob er eine einstweilige Verfügung auf Duldung beantragen muss. Eine solche einstweilige Verfügung ist jedenfalls dann sinnvoll, wenn den ArbN der ArbGeb den ArbN androht, im Falle ihrer Teilnahme das Entgelt zu kürzen[10].

---

1 BAG v. 27.11.1987 – 7 AZR 29/87, AP Nr. 7 zu § 44 BetrVG; v. 9.3.1976 – 1 ABR 74/74, AP Nr. 3 zu § 44 BetrVG. |2 BAG v. 27.11.1987 – 7 AZR 29/87, AP Nr. 7 zu § 44. |3 ArbG München v. 27.7.1972 – 17 Ca 56/72; *Fitting*, § 44 BetrVG Rz. 8. |4 BAG v. 5.5.1987 – 1 AZR 292/85, AP Nr. 4 zu § 44 BetrVG. |5 *Richardi/Annuß*, § 44 BetrVG Rz. 18. |6 BAG v. 9.3.1976 – 1 ABR 74/74, AP Nr. 3 zu § 44 BetrVG. |7 *Richardi/Annuß*, § 44 BetrVG Rz. 19. |8 LAG Nds. v. 30.8.1982 – 11 TaBV 8/81, DB 1983, 1312; LAG Schl.-Holst. v. 30.5.1991 – 4 TaBV 12/91, DB 1991, 2247. |9 LAG Düsseldorf v. 24.10.1972 – 11 (6) BV Ta 43/72, DB 1972, 2212. |10 *Fitting*, § 44 BetrVG Rz. 15.

2. Dauer. Die Dauer der Betriebsversammlung ist gesetzlich nicht geregelt. In der Praxis sind meistens **zwei bis drei Stunden** ausreichend. Regelmäßig gibt es kein Bedürfnis, die Versammlung auf **mehr als einen Tag** auszudehnen, wenngleich dies in Ausnahmefällen nicht ausgeschlossen ist. Dauert die Versammlung länger als einen normalen Arbeitstag (acht Stunden), ist stets sorgfältig zu prüfen, ob überhaupt noch sachlich diskutiert wird oder ob die Betriebsversammlung nicht längst ihren Charakter verloren und sich in eine reine Protest- oder Streikveranstaltung gewandelt hat, die unzulässig wäre[1]. Stellt sich bei Ablauf der normalen betrieblichen Arbeitszeit heraus, dass noch nicht alle Themen abgearbeitet sind, muss der BR die Versammlung nicht abbrechen, sondern er kann sie in die Freizeit hineinreichen lassen, wodurch dann zusätzliche Lohnansprüche entstehen. **Eine Vertagung auf den nächsten Tag** kommt regelmäßig nicht in Betracht, da der ArbGeb sich darauf nicht einrichten könnte[2], notfalls muss neu für einen anderen Tag eingeladen werden.

IV. Ordentliche Versammlung außerhalb der Arbeitszeit wegen Eigenart des Betriebes. Eine Versammlung, die nach Abs. 1 Satz 1 grundsätzlich während der Arbeitszeit abzuhalten wäre, ist nach dem 2. Halbs. des Satzes 1 ausnahmsweise außerhalb der Arbeitszeit durchzuführen, wenn die **Eigenart des Betriebes** eine andere Regelung zwingend erfordert.

Die Rspr. stellt an die Gründe für Versammlungen außerhalb der Arbeitszeit hohe Anforderungen[3]. Bloße Unbequemlichkeiten sowie das übliche wirtschaftliche Interesse des ArbGeb an der Vermeidung von Arbeitsausfällen reichen nicht. In Betracht kommt zum einen eine sog. „**technisch-organisatorische Unmöglichkeit**". Sie ist gegeben, wenn die Versammlung während der Arbeitszeit eine technisch unterträgbare Störung eines eingespielten Betriebsablaufs bedeuten würde[4]. Eine Abhaltung außerhalb der Arbeitszeit kann aber auch wegen „**wirtschaftlicher Unzumutbarkeit**" geboten sein. Allerdings muss hier der durch eine Versammlung während der Arbeitszeit drohende Schaden **ungewöhnlich hoch** sein und erheblich über die Nachteile hinausgehen, die üblicherweise mit einem Ruhen der Arbeit verbunden sind[5]. Die bloße Tatsache, dass die Arbeitszeit des Betriebes mit den **Öffnungszeiten für den Publikumsverkehr** zusammenfällt (Banken, Warenhäuser, Ladengeschäfte, Restaurantbetriebe etc.) bedeutet nicht, dass Versammlungen stets außerhalb der Arbeitszeit stattzufinden hätten. Vielmehr muss der Betrieb notfalls für die Dauer der Betriebsversammlung für die Öffentlichkeit geschlossen werden. Dies war insb. bei Warenhäusern heftig umstritten[6]. Allerdings muss der BR bei der Anberaumung von Betriebsversammlungen auf die wirtschaftlichen Interessen des ArbGeb Rücksicht nehmen. So darf beispielsweise in einem Warenhaus nach einhelliger Ansicht eine Betriebsversammlung nicht auf klassische „Stoßzeiten" wie verkaufsoffene Samstage, Weihnachts- oder Ostergeschäft oder Schlussverkäufe gelegt werden[7].

Der **öffentlich-rechtliche Auftrag** eines Unternehmens rechtfertigt für sich allein nicht Versammlungen außerhalb der Arbeitszeit[8].

Mit zunehmender **Vernetzung der Wirtschaft** (Stichworte: Just-in-Time, Outsourcing etc.) steigen die Probleme. Wenn beispielsweise ein Autozulieferer sich vertraglich verpflichtet, auf Abruf binnen zwei Stunden bestimmte Mengen von Zulieferteilen in einer bestimmten Qualität herzustellen und beim Automobilhersteller anzuliefern, und jede Terminüberschreitung hohe Konventionalstrafen auslöst, dann kann in einem solchen Zulieferbetrieb keine Betriebsversammlung während der Arbeitszeit stattfinden. Ebenso problematisch ist der Fall einer internationalen Fluggesellschaft, die über ihre deutschen Standorte internationale Zubringerflüge abwickelt. Hier würde durch eine Betriebsversammlung während der Arbeitszeit und die damit verbundenen Flugausfälle das gesamte weltweite Netz von Flugverbindungen durcheinander geraten.

Unzutreffend ist die Auffassung, der ArbGeb dürfe während der Dauer der Betriebsversammlung nicht den **Betrieb für Kunden geöffnet** halten in der Erwartung, dass ohnehin nicht alle ArbN an der Betriebsversammlung teilnehmen[9]. Der BR kann also nicht verlangen, dass der ArbGeb den Betrieb komplett schließt[10]. Einen **Notdienst** darf der ArbGeb für die Zeit der Betriebsversammlung nicht einteilen[11], wenn er den für den Notdienst eingeteilten ArbN die Teilnahme an der Betriebsversammlung untersagt. Wenn in der Tat ein Notdienst aufrecht erhalten werden muss, dann muss der ArbGeb notfalls gerichtlich durchsetzen, dass die Versammlung außerhalb der Arbeitszeit stattfindet oder Teilversammlungen abgehalten werden.

---

1 Abwegig ArbG Hamburg v. 28.6.1977 – 4 Ga/BV 19/77, AiB 2001, 711, wonach bei drohenden Massenentlassungen eine Dauer von vier Tagen gerechtfertigt sein kann, siehe auch § 42 BetrVG Rz. 7. |2 *Lunk*, Die Betriebsversammlung (1991), S. 172; aA LAG BW v. 12.12.1985 – 14 Ta BV 22/85, AiB 1986, 67; DKK/*Berg*, § 44 BetrVG Rz. 3. |3 LAG Schl.-Holst. v. 28.10.1996 – 1 Ta BV 38/96, AiB 1997, 348. |4 Vgl. BAG v. 26.10.1956, AP Nr. 1 zu § 43 BetrVG betr. die Stilllegung des gesamten Betriebes für einen ganzen Arbeitstag; ähnlich LAG Saarbrücken v. 21.12.1960, AP Nr. 2 zu § 43 BetrVG 52. |5 BAG v. 9.3.1976 – 1 ABR 74/74, AP Nr. 3 zu § 44 BetrVG. |6 BAG v. 9.3.1976 – 1 ABR 74/74, AP Nr. 3 zu § 44 BetrVG; v. 31.8.1982 – 1 ABR 27/80, AP Nr. 8 zu § 87 BetrVG; ausf. *Brötzmann*, BB 1990, 1055; *Kappes/Rath*, DB 1987, 2645; *Strümper*, NZA 1984, 315. |7 BAG v. 9.3.1976, AP Nr. 3 zu § 44 BetrVG; *Richardi/Annuß*, § 44 BetrVG Rz. 12. |8 LAG Schl.-Holst. v. 28.10.1996 – 1 Ta BV 38/96, AiB 1997, 348; ArbG Wuppertal v. 9.7.1996 – 9 BV Ga 12/96, AiB 1997, 347. |9 Zutr. LAG Köln v. 19.4.1988 – 11 Ta BV 24/88, DB 1988, 1400; aA DKK/*Berg*, § 44 BetrVG Rz. 9; *Fitting*, § 44 BetrVG Rz. 18. |10 So LAG Köln v. 19.4.1988 – 11 Ta BV 24/88, DB 1988, 1400; aA DKK/*Berg*, § 44 BetrVG Rz. 9; *Fitting*, § 44 BetrVG Rz. 18. |11 ArbG Hamburg v. 2.11.1979 – 18 GaBV 1/79.

17 Nicht gelöst hat der Gesetzgeber das Verhältnis zwischen **Teilversammlungen während der Arbeitszeit** und **Vollversammlungen außerhalb der Arbeitszeit**. Nach §§ 42 Abs. 1 Satz 3 und 44 Abs. 1 Satz 1 setzt sowohl die Abhaltung von Teilversammlungen als auch die Abhaltung einer Vollversammlung außerhalb der Arbeitszeit voraus, dass aus betrieblichen Gründen eine Vollversammlung innerhalb der Arbeitszeit nicht möglich ist. Das Gesetz regelt aber nicht, welche der beiden Alternativen bei Unmöglichkeit einer Vollversammlung während der Arbeitszeit Vorrang hat. Nach verbreiteter Auffassung soll eine Vollversammlung außerhalb der Arbeitszeit nur in Betracht kommen, wenn Teilversammlungen während der Arbeitszeit nicht möglich sind[1]. Vorzuziehen ist die Auffassung, wonach der **BR** einen **Ermessensspielraum** hat[2]. Erscheinen dem BR beide Alternativen als gleichwertig, kann er sie abwechselnd wählen.

18 **V. Außerordentliche Betriebsversammlung.** Die in Abs. 2 genannten Betriebsversammlungen sind grundsätzlich außerhalb der Arbeitszeit abzuhalten, und es ist kein Entgelt zu zahlen. Anders ist es, wenn der **ArbGeb** der Durchführung der Versammlung während der Arbeitszeit **zustimmt**. Ob der ArbGeb zustimmt, liegt allein in seinem Ermessen. Er kann die Zustimmung ohne Angabe von Gründen verweigern, und sein Einverständnis kann weder im Beschlussverfahren noch durch die Einigungsstelle ersetzt werden. Das Einverständnis ist formlos möglich (mündliche Ankündigung, Anschlag am schwarzen Brett etc.), es kann aber auch in Form einer BV erfolgen. Die Zustimmung des ArbGeb gilt als erteilt, wenn er davon erfährt, dass der BR eine der in Abs. 2 genannten Versammlungen innerhalb der Arbeitszeit abhalten will, aber nicht innerhalb angemessener Zeit ausdrücklich widerspricht[3]. Nach dem klaren Wortlaut löst die Zustimmung des ArbGeb zur Abhaltung innerhalb der Arbeitszeit automatisch den Entgeltfortzahlungsanspruch aus. Daraus wird gefolgert, dass der ArbGeb die Zustimmung zur Abhaltung während der Arbeitszeit nicht mit der Maßgabe erteilen kann, dass keine Entgeltfortzahlung stattfinden soll[4]. Diese Ansicht ist zutreffend, da sonst ArbGeb und BR die ArbN um Gehaltsansprüche bringen könnten.

19 Der ArbGeb kann sein Einverständnis auf eine bestimmte **Höchstdauer** der Versammlung beschränken[5]. Reicht dem BR die vom ArbGeb zugestandene Zeit nicht aus, muss der Rest der Versammlung dann außerhalb der Arbeitszeit stattfinden.

20 Adressat der Zustimmungserklärung ist der **BR**. Der ArbGeb tut jedoch gut daran, auch die **Belegschaft** zu informieren. Denn sonst läuft er Gefahr, den ArbN doch Vergütung bezahlen zu müssen, wenn diesen die Verweigerung der Zustimmung nicht bekannt war und/oder sie davon ausgingen, die Abhaltung der Betriebsversammlung während der Arbeitszeit bedürfe keiner Zustimmung[6].

21 Findet eine außerordentliche Betriebsversammlung außerhalb der allgemeinen Arbeitszeit statt, haben ArbN mit abweichender Arbeitszeit, die zu dem betreffenden Zeitpunkt **zum Dienst eingeteilt** sind, kein Teilnahmerecht, sofern der ArbGeb sie nicht freistellt. Gegebenenfalls sind Teilversammlungen außerhalb der Arbeitszeit abzuhalten[7].

22 Hält der BR entgegen Abs. 2 ohne Zustimmung des ArbGeb eine außerordentliche Betriebsversammlung während der Arbeitszeit ab, kann der ArbGeb eine **einstweilige Verfügung** beantragen, außerdem verstößt der BR grob gegen seine gesetzlichen Pflichten (§ 23). Die ArbN haben kein Teilnahmerecht, bei rechtzeitiger Warnung und klarer Rechtslage kann die Teilnahme an einer rechtswidrigen Betriebsversammlung eine (ordentliche oder fristlose) Kündigung rechtfertigen, jedenfalls im Wiederholungsfall nach vorheriger Abmahnung.

23 **VI. Vergütungsanspruch, Entgeltfortzahlung. 1. Ordentliche** Versammlungen. Die gem. Abs. 1 während der Arbeitszeit abzuhaltenden Betriebsversammlungen sind den einzelnen ArbN „wie Arbeitszeit" zu vergüten. Es kommt also nicht darauf an, ob der ArbN in dem betreffenden Zeitraum gearbeitet hätte, wenn keine Versammlung stattgefunden hätte. Das gilt gleichermaßen, wenn eine Betriebsversammlung über das Ende der persönlichen Arbeitszeit hinausreicht, wenn der ArbN Freischicht hat oder wenn eine an sich gem. Abs. 1 während der Arbeitszeit abzuhaltende Betriebsversammlung wegen der Eigenart des Betriebs ausnahmsweise außerhalb der Arbeitszeit stattfindet. Abs. 1 regelt also nicht einen Lohnersatzanspruch, sondern einen **Vergütungsanspruch eigener Art**[8]. Vergütung erhalten also auch Mitarbeiter, die während des Erholungsurlaubs[9], während der Elternzeit[10], während Kurzarbeitszeiten[11] oder während eines Streiks an einer Versammlung teilnehmen[12].

24 Weiterzuzahlen ist das **individuelle Arbeitsentgelt** einschließlich Schmutzzulagen, Erschwerniszulagen sowie Sonn- und Feiertagszuschlägen (sofern die Versammlung an Sonn- oder Feiertagen stattfindet)[13]. Bei **variabler Vergütung** (zB Akkordverdienst) ist der Durchschnitt der zuletzt erzielten Ent-

---

1 ZB *Rüthers*, ZfA 1974, 211. | 2 Richardi/*Annuß*, § 44 BetrVG Rz. 13; *Fitting*, § 44 BetrVG Rz. 19. | 3 BAG v. 27.11.1987 – 7 AZR 29/87, AP Nr. 7 zu § 44 BetrVG, so auch LAG BW v. 17.2.1987 – 8 [14] Sa 106/86, DB 1987, 1441. | 4 DKK/*Berg*, § 44 BetrVG Rz. 26; *Fitting*, § 44 BetrVG Rz. 43. | 5 Richardi/*Annuß*, § 44 BetrVG Rz. 22, 48; *Fitting*, § 44 BetrVG Rz. 21. | 6 DKK/*Berg*, § 44 BetrVG Rz. 48. | 7 *Fitting*, § 44 BetrVG Rz. 23. | 8 *Fitting*, § 44 BetrVG Rz. 13; BAG v. 5.5.1987 – 1 AZR 292/85, AP Nr. 4 zu § 44 BetrVG. | 9 BAG v. 5.5.1987 – 1 AZR 665/85, AP Nr. 5 zu § 44 BetrVG. | 10 BAG v. 31.5.1989 – 7 AZR 574/88, DB 1990, 793. | 11 BAG v. 5.5.1987 – 1 AZR 666/85, AP Nr. 6 zu § 44 BetrVG. | 12 BAG v. 5.5.1987 – 1 AZR 292/85, AP Nr. 4 zu § 44 BetrVG. | 13 LAG Düsseldorf v. 16.1.1978 – 20 Sa 1562/77, AuR 1979, 27; vgl. aber BAG v. 1.10.1974 – 1 AZR 394/73, AP Nr. 2 zu § 44 BetrVG: Keine Feiertagszuschläge für ArbN, die ansonsten an diesem Tag dienstfrei hätten!

gelte maßgeblich[1]. Die Zeiten der Teilnahme an einer Versammlung bzw. die Wegezeiten sind allerdings nicht den ansonsten erbrachten Arbeitszeiten hinzuzurechnen mit der Folge, dass für die Zeit der Teilnahme an der Versammlung Anspruch auf **Mehrarbeitsvergütung** entstehen kann[2]. Mehrarbeitsvergütung ist nur dann geschuldet, wenn der ArbN während der Zeit der Betriebsversammlung Mehrarbeit geleistet hätte[3].

Nimmt der ArbN an der Versammlung **nicht teil**, hat er keinen Vergütungsanspruch nach § 44 Abs. 1. Arbeitet er stattdessen weiter, hat er den normalen Anspruch auf Arbeitslohn. Hat er dagegen Freizeit, erhält er keine Vergütung, wenn er nicht teilnimmt. 25

Dass die Teilnahme an Versammlungen nach Abs. 1 „wie Arbeitszeit" zu vergüten ist, bedeutet nicht, dass diese Zeit auch **öffentlich-rechtlich** als Arbeitszeit anzusehen wäre[4]. 26

Neben der Zeit der Teilnahme an einer Versammlung sind den ArbN auch **Wegezeiten** zu vergüten. Vergütungspflichtig sind aber nur „zusätzliche" Wegezeiten, also nur solche, die über diejenigen Wegezeiten hinaus anfallen, die der ArbN zur Erfüllung seiner ansonsten geschuldeten Arbeitsleistung aufwenden muss[5]. Dabei ist jeweils auf den einzelnen ArbN abzustellen. Die Vergütung von Wegezeiten kommt zB in Betracht, wenn die Versammlung **außerhalb des Betriebsgeländes** stattfindet, der ArbN von einer **entfernten** kleineren **Betriebsstätte anreist** oder die Versammlung in seiner **Freischicht** stattfindet. Verlängert sich die Wegezeit wegen der Teilnahme an der Betriebsversammlung gegenüber der sonst angefallenen Wegezeit, ist nur die Differenz vergütungspflichtig[6]. Die Vergütung für die Wegezeit ist steuer- und sozialversicherungspflichtig[7]. 27

2. **Außerordentliche Versammlungen.** Soweit die Versammlungen **außerhalb der Arbeitszeit** stattfinden, muss der ArbGeb weder Entgelt fortzahlen noch Wegezeiten oder zusätzliche Fahrkosten ausgleichen. Die Zustimmung des ArbGeb zur Abhaltung **während der betriebsüblichen Arbeitszeit** bedeutet nicht, dass für die gesamte Dauer der Versammlung Entgelt zu zahlen ist. Vielmehr enthält Abs. 2 – anders als Abs. 1 – nur das **Verbot der Entgeltminderung**. Das bedeutet, dass Entgelt nur insoweit zu zahlen ist, wie die Betriebsversammlung in der individuellen persönlichen Arbeitszeit des einzelnen ArbN liegt. Hat beispielsweise ein Schichtarbeiter an dem betreffenden Tag arbeitsfrei, erhält er für die Zeit der Teilnahme an der Versammlung kein Entgelt. 28

Stimmt der ArbGeb der Abhaltung einer außerordentlichen Versammlung während der Arbeitszeit zu, besteht nur ein Anspruch auf Fortzahlung der ansonsten geschuldeten Vergütung, **nicht** aber auf Vergütung **zusätzlicher Wegezeiten**. Etwas anderes gilt nur, wenn diese Wegezeiten innerhalb der persönlichen Arbeitszeit des ArbN liegen, denn sonst würde doch wieder eine Minderung des Arbeitsentgelts eintreten, was Abs. 2 gerade verhindern will. 29

VII. **Fahrkostenerstattung.** Auseinanderzuhalten sind drei verschiedene Fragen, nämlich der Anspruch auf Fahrkostenerstattung 30

- für ordentliche Betriebsversammlungen, die während der Arbeitszeit stattfinden,
- für ordentliche Betriebsversammlungen, die wegen der Eigenart des Betriebes außerhalb der Arbeitszeit stattfinden,
- für außerordentliche Versammlungen, die nach Abs. 2 grundsätzlich außerhalb der Arbeitszeit stattfinden müssen.

Gesetzlich geregelt ist nur der zweite Fall. Hier ordnet Abs. 1 Satz 3 an, dass der ArbGeb die Fahrkosten zu erstatten hat. Es kommt insoweit nur darauf an, dass die Versammlung außerhalb der persönlichen Arbeitszeit des einzelnen ArbN stattfindet, die betriebsüblichen Arbeitszeiten sind unerheblich[8]. Der Anspruch ist zwingend und kann durch BV nicht ausgeschlossen werden[9]. Zu erstatten sind nur tatsächlich angefallene Fahrkosten, eine Pauschalierung können die ArbN nicht verlangen. Auch muss es sich um „zusätzliche" Fahrkosten handeln. Die Erstattungszahlung ist lohnsteuerfrei[10]. 31

Gesetzlich nicht geregelt ist der Fall, dass auswärtige ArbN zu einer **während der Arbeitszeit** stattfindenden Versammlung anreisen, oder aber die gesamte Versammlung (zB aus Platzgründen) außerhalb des Betriebs stattfindet. Da das Gesetz ersichtlich davon ausgeht, dass die ArbN nicht aus finanziellen Gründen von einer Teilnahme absehen sollen, ist nach herrschender Auffassung der ArbGeb auch in diesen Fällen in entsprechender Anwendung von § 44 Abs. 1 Satz 3 zur Erstattung verpflichtet[11]. 32

---

1 BAG v. 23.9.1960 – 1 AZR 508/59, AP Nr. 11 zu § 1 FeiertagslohnzahlungsG; LAG Düsseldorf v. 11.12.1972 – 10 Sa 810/72, BB 1973, 1305. | 2 BAG v. 18.9.1973 – 1 AZR 116/73, AP Nr. 1 zu § 44 BetrVG; LAG Düsseldorf v. 8.12.1972 – 4 Sa 945/72, DB 1973, 386; aA *Fitting*, § 44 Rz. 15. | 3 BAG v. 18.9.1973 – 1 AZR 116/73, AP Nr. 1 zu § 44 BetrVG; LAG Düsseldorf v. 8.12.1972 – 4 Sa 945/72, DB 1973, 386; aA *Fitting*, § 44 Rz. 15. | 4 *Fitting*, § 44 BetrVG Rz. 32. | 5 BAG v. 5.5.1987 – 1 AZR 292/85, AP Nr. 4 zu § 44 BetrVG. | 6 *Fitting*, § 44 BetrVG Rz. 38. | 7 *Fitting*, § 44 BetrVG Rz. 38. | 8 DKK/*Berg*, § 44 BetrVG Rz. 19; *Fitting*, § 44 BetrVG Rz. 39. | 9 DKK/*Berg*, § 44 BetrVG Rz. 24; GK-BetrVG/*Fabricius*, § 44 BetrVG Rz. 78. | 10 BB 1972, 697. | 11 *Fitting*, § 44 BetrVG Rz. 40; DKK/*Berg*, § 44 BetrVG Rz. 20; aA *Galperin/Löwisch*, § 44 BetrVG Rz. 33.

33 Kein Fahrkostenersatz ist dagegen für diejenigen außerordentlichen Versammlungen zu zahlen, die grundsätzlich **außerhalb der Arbeitszeit** stattfinden (Abs. 2). Das gilt selbst dann, wenn der ArbGeb der Abhaltung während der Arbeitszeit ausnahmsweise zustimmt. Abs. 2 Satz 2 knüpft an die Zustimmung als Rechtsfolge nur das Verbot der Entgeltminderung, gibt aber keinen Anspruch auf Fahrkostenerstattung.

34 **VIII. Wegfall der Vergütungspflicht bei fehlerhafter Betriebsversammlung, insb. bei Behandlung unzulässiger Themen.** § 45 regelt, welche Themen zulässigerweise auf einer Betriebsversammlung behandelt werden können. Missbraucht der BR eine Versammlung zur Behandlung von Themen, die dort offensichtlich nicht hingehören, ist der ArbGeb nach einhelliger Auffassung nicht zur Entgeltzahlung und nicht zur Übernahme der Fahrkosten verpflichtet. Allerdings gelten insoweit erhebliche Einschränkungen. Werden **unzulässige Themen behandelt**, so kann dies nur dann zum (teilweisen) Wegfall des Entgeltanspruchs führen, wenn der ArbGeb auf die Unzulässigkeit der Erörterung und die sich daraus ergebenden Folgen hingewiesen hat[1], oder ein für die ArbN offensichtlicher Missbrauch (vgl. § 42 Rz. 7) vorliegt. Auch kommt ein (teilweiser) Verlust der Entgeltansprüche nur dann in Betracht, wenn die Behandlung unzulässiger Themen mehr als nur kurz gedauert hat, „Abschweifungen" von bis zu einer Viertelstunde sind regelmäßig unbeachtlich[2].

35 Die Behandlung **zulässiger Fragen**, die **nicht auf der Tagesordnung** standen, lässt den Entgeltanspruch unberührt[3]. Wegen der Teilnahme **nicht-teilnahmeberechtigter Personen** entfällt der Entgeltanspruch regelmäßig nicht, es sei denn, es ist offensichtlich für jedermann erkennbar, dass wegen einer Vielzahl nicht-berechtigter Teilnehmer die Versammlung zu einer „öffentlichen" Versammlung geworden ist. Hat der BR eine ordentliche Versammlung **zu Unrecht außerhalb der Arbeitszeit** einberufen, so wird dadurch der ArbGeb nicht zu (zusätzlichen) Entgeltzahlungen verpflichtet, wenn er der Einberufung vorher widersprochen hat[4]. Bei einer **zu Unrecht** einberufenen **weiteren Betriebsversammlung** entfällt der Entgeltanspruch[5].

36 **IX. Streitigkeiten.** Die Duldung der Durchführung der Betriebsversammlung während der Arbeitszeit kann ggf. durch einstweilige Verfügung (**Beschlussverfahren**) erzwungen werden[6]. Ebenso kann der ArbGeb versuchen, per einstweiliger Verfügung die Abhaltung einer Betriebsversammlung untersagen zu lassen, wenn sie unter Verstoß gegen § 44 anberaumt wird. Die **Vergütungs- und Fahrkostenerstattungsansprüche** der ArbN sind zwar im BetrVG geregelt, haben jedoch individualrechtliche Natur, so dass über sie im **Urteilsverfahren** entschieden werden muss[7].

45 *Themen der Betriebs- und Abteilungsversammlungen*

Die Betriebs- und Abteilungsversammlungen können Angelegenheiten einschließlich solcher tarifpolitischer, sozialpolitischer, umweltpolitischer und wirtschaftlicher Art sowie Fragen der Förderung der Gleichstellung von Frauen und Männern und der Vereinbarkeit von Familie und Erwerbstätigkeit sowie über die Integration der im Betrieb beschäftigten ausländischen Arbeitnehmer behandeln, die den Betrieb oder seine Arbeitnehmer unmittelbar betreffen; die Grundsätze des § 74 Abs. 2 finden Anwendung. Die Betriebs- und Abteilungsversammlungen können dem Betriebsrat Anträge unterbreiten und zu seinen Beschlüssen Stellung nehmen.

1 **I. Allgemeines.** § 45 regelt zwei verschiedene Komplexe. Satz 1 regelt – entsprechend der Überschrift – welche **Themen** zulässigerweise auf Betriebsversammlungen behandelt werden können. Satz 2 dagegen betrifft das Verhältnis zwischen Betriebsversammlung und BR, regelt also insb. die **Befugnisse der Betriebsversammlung** als eigenständigem Organ der Betriebsverfassung gegenüber dem BR. § 45 ist nach herrschender Meinung **zwingend**, abweichende Regelungen sind weder durch TV noch durch BV möglich[8].

2 **II. Zulässige Themen. 1. Grundsätze.** § 45 Satz 1 regelt die zulässigen Themen **nicht abschließend**, dies ergibt sich bereits aus dem Wort „einschließlich". Überdies regeln § 43 Abs. 1 Satz 1 (Tätigkeitsbericht des BR) und § 43 Abs. 2 Satz 3 (Bericht des ArbGeb über Personal- und Sozialangelegenheiten) weitere Themen von Betriebsversammlungen. Nach §§ 14a, 17 kann auch die Wahl eines Wahlvorstands Aufgabe der Betriebsversammlung sein.

3 Satz 1 verlangt, dass Angelegenheiten behandelt werden, „**die den Betrieb oder seine ArbN unmittelbar betreffen**". Dies ist die direkte Konsequenz davon, dass im Regelfall der ArbGeb die Kosten der Betriebsversammlung trägt. Damit unvereinbar wäre insb. die Diskussion allgemeinpolitischer Fragen (dazu eingehend Rz. 5). Nicht erforderlich ist, dass **ausschließlich** der Betrieb oder das Unternehmen betroffen ist. Deshalb können auch solche Themen diskutiert werden, die für eine Vielzahl von

---

[1] ArbG Hamburg v. 5.11.1997 – 6 BV 6/97, NZA-RR 1998, 214; LAG BW v. 17.2.1987 – 8 [14] Sa 106/86, DB 1987, 1441; LAG Bremen v. 5.3.1982 – 1 Sa 374-378/81, DB 1982, 1573. [2] LAG BW v. 25.9.1991 – 10 Sa 32/91, AiB 1992, 98; LAG Düsseldorf v. 10.3.1981 – 11 Sa 1453/80, DB 1981, 1729. [3] *Fitting*, § 44 BetrVG Rz. 34; *DKK/Berg*, § 44 BetrVG Rz. 22. [4] BAG v. 27.11.1987 – 7 ABR 29/87, DB 1988, 810. [5] BAG v. 23.10.1991 – 7 AZR 249/90, DB 1992, 689. [6] ArbG Frankfurt v. 17.5.1976, 11 BVGa 6/76, s.a. Rz. 10, 22. [7] BAG v. 18.9.1973 – 1 AZR 116/73 und 1.10.1974 – 1 AZR 394/73, AP Nr. 1, 2 zu § 44 BetrVG. [8] *Fitting*, § 45 BetrVG Rz. 3.

Betrieben/Unternehmen gleichartig sind (zB tarifpolitische Fragen, Änderungen der wirtschaftlichen Rahmenbedingungen etc.)[1].

Nicht erforderlich ist weiter, dass die behandelten Themen in der unmittelbaren **Einflusssphäre** von BR und/oder ArbGeb liegen. Zulässig ist deshalb die Behandlung von Themen wie beispielsweise die Insolvenz eines wichtigen Kunden, die drohende Stilllegung einer für den Betrieb wichtigen Bahnverbindung[2] oder die Änderung von Gesetzen betr. die Haftung für die vom Betrieb hergestellten Produkte etc. **4**

Nicht zulässig ist dagegen die Behandlung **allgemeinpolitischer Themen**, die BR und ArbN ausschließlich in ihrer Funktion als Staatsbürger berühren. Deshalb ist insb. die Diskussion friedens- und abrüstungspolitischer Themen oder von Fragen der Außenpolitik grundsätzlich unzulässig[3]. Die Behandlung solcher Themen kommt nur bei unmittelbarer Auswirkung auf Betrieb und Belegschaft in Betracht, was zB bei einem Rüstungsunternehmen der Fall sein kann. **5**

Über **Referenten**, die der BR zu verschiedenen Tagesordnungspunkten einlädt, hat er im Rahmen seines Ermessens zu entscheiden[4]. Dabei dürfen die Grenzen der Parteipolitik (siehe Rz. 9 f.) nicht überschritten werden, auch darf der BR ohne Zustimmung des ArbGeb kein Sprecherhonorar oder die Übernahme von Reisekosten zusagen (siehe § 80 Abs. 3). Das Einverständnis des ArbGeb zur Einladung externer Sprecher braucht der BR ansonsten aber nicht einzuholen. **6**

2. Tarifpolitische Angelegenheiten. In Betracht kommt vor allem die Information der ArbN über die für den Betrieb maßgeblichen **TV** einschließlich dazu ergehender Rspr., den Stand von **Tarifverhandlungen**[5], tarifliche (auch bevorstehende) Änderungen etc. Zur Tarifpolitik gehört auch (trotz § 74 Abs. 2) der **Arbeitskampf**, so dass auch die Erörterung aktueller oder drohender Arbeitskämpfe zulässig ist, das gilt auch für mittelbare Auswirkungen von Arbeitskämpfen in anderen Regionen, Branchen oder Betrieben[6]. Wegen § 74 Abs. 2 unzulässig sind dagegen Streikaufrufe oder die Aufforderung zur Teilnahme an Urabstimmungen. **7**

3. Sozialpolitische Themen. „Sozialpolitische" Themen betreffen alle Maßnahmen oder Regelungen, die im weitesten Sinne die **Rechtstellung der ArbN** betreffen[7]. Dazu gehören Fragen des Arbeits- und Sozialrechts, des Arbeitsschutzes, der Unfallverhütung, der beruflichen Bildung, der Vermögensbildung, Fragen der RV[8] sowie der Krankenversicherung[9], Fragen der Altersgrenze sowie der beruflichen Bildung. Dabei darf nicht nur über veränderte Tatsachen beraten und diskutiert werden, auch der Stand von Gesetzgebungsverfahren kann behandelt werden[10]. Stets erforderlich ist aber ein **konkreter Bezugspunkt zum Betrieb oder seinen ArbN**. So kann beispielsweise eine Änderung des Ladenschlussgesetzes in Handelsunternehmen Gegenstand der Betriebsversammlung sein, nicht aber in einem produzierenden Unternehmen, welches nur an Großabnehmer verkauft[11]. Dabei reicht es aus, wenn eine ganze Branche oder ein größerer Wirtschaftszweig betroffen ist[12]. Stets zulässiges Thema ist die Veränderung **arbeitsrechtlicher Gesetze**[13]. **8**

Grundsätzlich unzulässig ist jegliche **parteipolitische** Betätigung. Dieses Verbot gilt absolut, ohne dass es darauf ankäme, ob durch die Betätigung eine konkrete Gefährdung des Betriebsfriedens droht[14]. Die ArbN sollen in ihrer Meinungs- und Wahlfreiheit als Staatsbürger nicht beeinflusst werden[15]. Werbung oder Propaganda für eine bestimmte Partei sind deshalb in einer Betriebsversammlung unzulässig[16]. **9**

Schwer abzugrenzen ist die (zulässige) Behandlung sozialpolitischer Themen von (unzulässiger) Parteipolitik. So darf beispielsweise ein **Politiker** vom BR **eingeladen** werden und eine Rede halten. Die Grenze zur unzulässigen Parteipolitik ist allerdings überschritten, wenn ein solches Referat während des Wahlkampfs von einem Spitzenpolitiker in seinem Wahlkreis im Rahmen seiner Wahlkampfstrategie gehalten wird[17]. Nichts einzuwenden ist gegen eine Behandlung (zulässiger) sozialpolitischer Themen, auch wenn dabei die Auffassung der verschiedenen Parteien deutlich gemacht wird[18]. **10**

4. Gewerkschaftliche Angelegenheiten. Gewerkschaftliche Angelegenheiten gehören häufig bereits zu tarifpolitischen (s.o. Rz. 7) oder sozialpolitischen (s. o. Rz. 8 ff.) Angelegenheiten. Unabhängig davon können in Betriebsversammlungen aber auch allgemeine Fragen der **Zusammenarbeit zwischen BR und Gewerkschaft** erörtert werden. Dabei darf auch über Aufgaben und Wahl **gewerkschaftlicher Vertrauensleute** referiert werden[19]. Konkrete Gewerkschaftswerbung ist aber unzulässig. **11**

---

1 Vgl. BAG v. 14.2.1967 – 1 ABR 7/66, AP Nr. 2 zu § 45 BetrVG. |2 *Fitting*, § 45 BetrVG Rz. 7. |3 Abwegig ArbG Mannheim v. 17.1.1991 – 8 BV Ga 4/91, AiB 1991, 55; dagegen zB *Fitting* § 45 BetrVG Rz. 7. |4 BAG v. 13.9.1977 – 1 ABR 67/75, AP Nr. 1 zu § 42 BetrVG. |5 LAG BW v. 25.9.1991 – 10 Sa 32/91, AiB 1992, 96. |6 Ausf. *Richardi/Annuß*, § 45 BetrVG Rz. 11 ff.; DKK/*Berg*, § 45 BetrVG Rz. 4 ff.; *Fitting*, § 45 BetrVG Rz. 9; LAG BW v. 25.9.1991 – 10 Sa 32/91, AiB 1992, 96 u. v. 17.2.1997 – 2 Sa 106/86, DB 1997, 1441. |7 *Fitting*, § 45 BetrVG Rz. 10; DKK/*Berg*, § 45 BetrVG Rz. 5. |8 LAG Bremen v. 5.3.1982, DB 1982 – 1 Sa 374-378/81, 1573. |9 ArbG Paderborn v. 24.10.1996 – 2 BV Ga 4/96, AuR 1997, 168 betr. Wahlrecht zwischen Krankenversicherungen. |10 DKK/*Berg*, § 45 BetrVG Rz. 6. |11 *Fitting*, § 45 BetrVG Rz. 11. |12 BAG v. 14.2.1967 – 1 ABR 7/66, AP Nr. 2 zu § 45 BetrVG. |13 ArbG Minden v. 2.7.1996 – 2 BV Ga 4/96, AiB 1996, 555; LAG Hamm v. 8.7.1996 – 3 TaBV 71/96. |14 BAG v. 13.9.1977 – 1 ABR Nr. 1 zu § 42 BetrVG. |15 BAG v. 13.9.1977 – 1 ABR 67/75, AP Nr. 1 zu § 42 BetrVG. |16 *Fitting*, § 45 BetrVG Rz. 25. |17 BAG v. 13.9.1977 – 1 ABR 67/75, AP Nr. 1 zu § 42 BetrVG. |18 *Fitting*, § 45 BetrVG Rz. 25. |19 LAG Düsseldorf v. 10.3.1981 – 11 Sa 1453/80, DB 1981, 1729; LAG Hamm v. 3.12.1986 – 3 Sa 1229/86, DB 1987, 2659.

12 **5. Umweltpolitische Fragen.** Umweltpolitische Fragen müssen ebenfalls einen **konkreten Bezug zum Betrieb** haben. Eine abstrakte Diskussion etwa über die Gefahren der Atomkraft in China wäre unzulässig. In Betracht kommt aber insb. die Diskussion von Themen des **betrieblichen Umweltschutzes**[1], zB die Diskussion über das Verhalten der ArbN bei der Abfallvermeidung, die Entwicklung umweltfreundlicher Produkte, die Einführung umweltfreundlicher Verfahren, den Einkauf recycelter Produkte etc.

13 **6. Wirtschaftliche Angelegenheiten.** Auch die Erörterung wirtschaftlicher Angelegenheiten bedarf eines **konkreten Bezuges zum einzelnen Betrieb.** Fragen der allgemeinen Wirtschaftspolitik, der wirtschaftlichen Rahmenbedingungen oder der generellen Wirtschaftsstruktur sowie Subventions- und Steuerpolitik dürfen deshalb nur dann und nur insoweit behandelt werden, wie ein betrieblicher Bezug existiert[2]. Ebenfalls behandelt werden kann die konkrete wirtschaftliche Situation des Betriebes/Unternehmens (der ArbGeb muss nach § 43 Abs. 2 Satz 3 ohnehin einmal jährlich darüber einen Bericht erstatten, siehe § 43 Rz. 17). Behandelt werden kann auch die Einbindung des Betriebs/Unternehmens in einen Konzern, ein Gesellschafterwechsel, wichtige Verträge mit anderen Unternehmen etc.

14 **7. Frauenförderung/Vereinbarkeit von Beruf und Familie.** Diese Themen wurden durch Art. 5 Ziff. 2 des Gleichberechtigungsgesetzes vom 1.9.1994 in § 45 verankert. Die Vorschrift hat lediglich **klarstellenden** Charakter, die Zulässigkeit der Behandlung dieser Themen war unbestritten. Im Einzelnen kann über Themen wie Frauenförderung, Teilzeitangebote, Betriebskindergärten, Frauenquoten etc. gesprochen werden.

15 **8. Integration ausländischer ArbN.** Mögliche Themen sind hier zB die Chancengleichheit bei Beförderungen, die Repräsentanz ausländischer ArbN im BR, Sprachkurse, ausländerfeindliche Tendenzen in einzelnen Abteilungen etc.

16 **III. Friedenspflicht (§ 74 Abs. 2).** Der letzte Halbsatz des Satz 1 erstreckt die ansonsten zwischen ArbGeb und BR geltende Friedenspflicht auf die Betriebsversammlung. Unzulässig ist es deshalb insb., auf Betriebsversammlungen Maßnahmen des **Arbeitskampfs** zu beraten oder gar **Urabstimmungen** durchzuführen[3]. Die Diskussion über anderweitig organisierte Arbeitskampfmaßnahmen ist dagegen zulässig (s. o. Rz. 7).

17 Die Friedenspflicht (§ 74 Abs. 2) bedeutet nicht, dass die Betriebsversammlung nicht Forum für scharfe Auseinandersetzungen sein kann. Schon aus dem Grundrecht der Meinungsäußerung (Art. 5 GG) folgt, dass ArbN und BR an vorhandenen Missständen im Betrieb **Kritik** äußern und die nach ihrer Ansicht dafür verantwortlichen **Personen kritisieren** dürfen[4]. Die Kritik darf sich auch persönlich an den ArbGeb oder die verantwortlichen leitenden Angestellten richten. Die Grenzen des Zulässigen sind erst dann überschritten, wenn die Kritik unsachlich oder ehrverletzend ist[5]. Dass durch scharfe Äußerungen Unruhe entstehen kann, macht sie nicht unzulässig; ein Verstoß gegen die Friedenspflicht liegt nicht schon bei jeder drohenden Beeinträchtigung des Betriebsfriedens vor[6].

18 **IV. Behandlung unzulässiger Themen.** Der BR hat zunächst die Tagesordnung so zu gestalten, dass keine unzulässigen Themen darauf stehen. Darüber hinaus hat der Vorsitzende des BR als Inhaber des Hausrechts darüber zu wachen, dass die Versammlung nicht auf unzulässige Themen abgleitet. Notfalls hat er kraft Hausrechts **unzulässige Redebeiträge** zu **unterbinden.** Unterlässt er dies, kann eine grobe Pflichtverletzung nach § 23 vorliegen[7]. Sind ArbGeb und BR mit der Behandlung unzulässiger Themen **einverstanden**, ist dagegen allerdings nichts einzuwenden[8].

19 Werden auf einer Betriebsversammlung ausführlich unzulässige Themen erörtert, **verlieren** die ArbN insoweit ihren **Lohnanspruch** (siehe § 44 Rz. 34 f.). Allerdings ist der ArbGeb verpflichtet, den BR-Vorsitzenden als Versammlungsleiter auf die Behandlung unzulässiger Themen hinzuweisen und auf Abhilfe zu drängen. Ansonsten kann sein Einverständnis unterstellt werden, jedenfalls solange er anwesend ist[9]. Ergreift ein ArbN zu einem unzulässigen Thema das Wort, verliert er seinen Lohnanspruch für die Zeit seines Redebeitrags nicht. Etwas anderes gilt nur dann, wenn der BR-Vorsitzende den Redner auf die Unzulässigkeit des Themas hinweist, dieser aber trotzdem fortfährt.

20 **V. Verhältnis Betriebsversammlung/BR.** Satz 2 stellt klar, dass die Betriebsversammlung dem BR nicht übergeordnet ist. Weder kann die Betriebsversammlung **BV schließen** noch sie **aufheben.** Sie kann auch den BR nicht **abberufen.** Das BetrVG kennt **kein imperatives Mandat,** der BR ist stets eigenverantwortlich[10]. Aus diesem Grund kann die Betriebsversammlung dem BR auch nicht ein bestimmtes Verhalten vorschreiben[11]. Nach Satz 2 kann die Betriebsversammlung dem BR nur Anträge unterbreiten. „Antrag" ist jede Aufforderung zu einem bestimmten Verhalten. Auch durch förmliche

---

1 Dazu BAG v. 11.10.1995 – 7 ABR 42/94, AP Nr. 115 zu § 37 BetrVG. |2 *Fitting,* § 45 BetrVG Rz. 15. |3 DKK/*Berg,* § 45 BetrVG Rz. 12; *Fitting,* § 45 BetrVG Rz. 23. |4 *Richardi/Annuß,* § 45 BetrVG Rz. 23. |5 BAG v. 22.10.1964 – 2 AZR 479/63, AP Nr. 4 zu § 1 KSchG – verhaltensbedingte Kündigung; BAG v. 15.1.1986 – 5 AZR 460/84, AiB 1989, 209: Aufforderung zur Ausübung von Leistungsverweigerungsrechten der ArbN. |6 *Fitting,* § 45 BetrVG Rz. 24. |7 BAG v. 4.5.1955 – 1 ABR 4/53, AP Nr. 1 zu § 44 BetrVG. |8 *Fitting,* § 44 BetrVG Rz. 26; DKK/*Berg,* § 45 BetrVG Rz. 19. |9 LAG Bremen v. 5.3.1982 – 1 Sa 374-378/81, DB 1982, 1573. |10 *Fitting,* § 45 BetrVG Rz. 29. |11 DKK/*Berg,* § 45 BetrVG Rz. 23.

Anträge entsteht jedoch keine Bindungswirkung. Anträge kann sowohl der BR als auch jeder einzelne ArbN stellen, andere Teilnehmer (§ 42 Rz. 14 ff.) sowie der ArbGeb jedoch nicht[1]. Stimmberechtigt sind nur die teilnehmenden ArbN, zur Annahme eines Antrags reicht einfache Mehrheit. Stimmenthaltung ist möglich. Ein Mindestquorum ist nicht erforderlich.

Möglich und denkbar ist, dass der BR die **Vertrauensfrage** stellt oder auf Antrag der ArbN ihm das Misstrauen ausgesprochen wird. Beides hat jedoch auf die Rechtsstellung des BR keinen Einfluss. 21

VI. Streitigkeiten. Streitigkeiten über die Befugnisse der Betriebsversammlung, die Zulässigkeit von Themen sowie die Wirksamkeit von Beschlüssen der Versammlung sind im **Beschlussverfahren** auszutragen. Wurden unzulässige Themen behandelt und verweigert der ArbGeb deshalb die **Vergütung**, müssen die ArbN dies im **Urteilsverfahren** geltend machen. 22

46 Beauftragte der Verbände

(1) An den Betriebs- oder Abteilungsversammlungen können Beauftragte der im Betrieb vertretenen Gewerkschaften beratend teilnehmen. Nimmt der Arbeitgeber an Betriebs- oder Abteilungsversammlungen teil, so kann er einen Beauftragten der Vereinigung der Arbeitgeber, der er angehört, hinzuziehen.

(2) Der Zeitpunkt und die Tagesordnung der Betriebs- oder Abteilungsversammlungen sind den im Betriebsrat vertretenen Gewerkschaften rechtzeitig schriftlich mitzuteilen.

I. Allgemeines. Die Vorschrift regelt das Teilnahmerecht von Gewerkschaften und ArbGebVereinigungen uneinheitlich. Vertreter der Gewerkschaften haben ein **eigenständiges Teilnahmerecht**, auch wenn sie vom BR nicht eingeladen werden oder er sogar ausdrücklich die Teilnahme nicht wünscht. Zur Absicherung des Teilnahmerechts sind die Vertreter der Gewerkschaften rechtzeitig zu unterrichten (Abs. 2). Vertreter des ArbGebVerbands können dagegen **nur auf Wunsch des ArbGeb** teilnehmen (Abs. 1 Satz 2). 1

II. Teilnahme von Gewerkschaftsbeauftragten. Das Teilnahmerecht der Gewerkschaften an Versammlungen nach Abs. 1 steht **neben dem allgemeinen Zugangsrecht** zum Betrieb nach § 2 Abs. 2. An anderen Zusammenkünften, Versammlungen etc. als an Betriebs- und Abteilungsversammlungen nach §§ 42 ff. können Gewerkschaftsbeauftragte nur dann teilnehmen, wenn sie ausdrücklich eingeladen werden. Teilnahmerecht besteht hinsichtlich aller Betriebs- und Abteilungsversammlungen, und zwar gleichermaßen für regelmäßige, zusätzliche (weitere) oder außerordentliche Versammlungen, auch für Teilversammlungen und Abteilungsversammlungen[2]. 2

Die Gewerkschaft muss **im Betrieb vertreten** sein, es muss also mindestens ein ArbN Mitglied der betreffenden Gewerkschaft sein. Ist das der Fall, darf die Gewerkschaft an sämtlichen Abteilungsversammlungen teilnehmen, auch wenn in der betreffenden Abteilung kein ArbN Gewerkschaftsmitglied ist[3]. Nach herrschender Auffassung (die im Gesetz allerdings keine Stütze findet) soll § 46 auch zugunsten des DGB als Spitzenorganisation gelten, so dass bei Mitgliedschaft eines ArbN in einer der DGB-Einzelgewerkschaften sowohl ein Teilnahmerecht des Vertreters der betreffenden Einzelgewerkschaft als auch eines DGB-Delegierten bestehen soll[4]. 3

Die Gewerkschaft entscheidet grundsätzlich selbst, wen sie als **Beauftragten** entsendet. Weder ArbGeb noch BR können darauf Einfluss nehmen. Als Beauftragter der Gewerkschaft kommt nicht nur einer ihrer ArbN oder ein Funktionär in Betracht, sondern auch zB ehrenamtliche Kräfte, Vertrauensleute anderer Betriebe etc. Beim Betreten des Betriebes müssen sich die Gewerkschaftsbeauftragten ausweisen. In Betracht kommt auch die Entsendung **mehrerer** Beauftragter, allerdings muss sich ihre Zahl im Rahmen halten, so dass beispielsweise die Entsendung einer ganzen Delegation zu Schulungszwecken nicht in Betracht kommt[5]. 4

§ 46 schafft ein **eigenständiges Zugangsrecht**. § 46 verpflichtet also den ArbGeb nicht dazu, dem Betreten des Betriebes zuzustimmen, sondern gibt den Gewerkschaftsbeauftragten ein unmittelbares und von einer Genehmigung des ArbGeb unabhängiges eigenständiges Zugangsrecht[6]. Deshalb entfällt auch eine Unterrichtungspflicht gem. § 2 Abs. 2[7], so dass einem Gewerkschaftsbeauftragten die Teilnahme an der Versammlung auch nicht aus den in § 2 Abs. 2 letzter Satz genannten Gründen verweigert werden darf. 5

Bestehen durchgreifende Bedenken gegen die Teilnahme eines **bestimmten Beauftragten**, kann der ArbGeb im Einzelfall widersprechen. Ein solcher Widerspruch kommt zB in Betracht, wenn aufgrund eines früheren Verhaltens gerade dieses Beauftragten auf einer Betriebsversammlung Störungen des Betriebsfriedens ernsthaft zu befürchten sind[8]. Aber auch Geheimhaltungsinteressen können eine Rolle spielen. So kommt nach richtiger Auffassung als Beauftragter nicht in Betracht, wer zugleich 6

---

1 *Fitting*, § 45 BetrVG Rz. 33. | 2 *Fitting*, § 46 BetrVG Rz. 13. | 3 Richardi/*Annuß*, § 46 BetrVG Rz. 4; *Fitting*, § 46 BetrVG Rz. 6. | 4 *Fitting*, § 46 BetrVG Rz. 6; Richardi/*Annuß*, § 46 BetrVG Rz. 5. | 5 GK-BetrVG/*Fabricius*, § 46 Rz. 6; *Fitting*, § 46 BetrVG Rz. 7. | 6 *Fitting*, § 46 BetrVG Rz. 8. | 7 *Fitting*, § 46 BetrVG Rz. 8; DKK/*Berg*, § 46 BetrVG Rz. 4. | 8 BAG v. 14.2.1967 – 1 ABR 7/66, AP Nr. 2 zu § 45 BetrVG.

ArbN-Vertreter im Aufsichtsrat eines Konkurrenzunternehmens ist[1]. Kann der ArbGeb im Einzelfall einen bestimmten Beauftragten ablehnen, so verliert dadurch die Gewerkschaft nicht das Recht, einen anderen zu entsenden[2].

7 Das Teilnahmerecht eines Gewerkschaftsbeauftragten ist unabhängig davon, ob ein **Arbeitskampf** droht, konkret vorbereitet wird oder bereits läuft[3].

8 Der Gewerkschaftsbeauftragte hat in der Versammlung das Recht, sich **zu Wort zu melden**, Fragen zu stellen und zur Sache zu sprechen. Der BR-Vorsitzende als Versammlungsleiter verletzt seine gesetzlichen Pflichten, wenn er dem Gewerkschaftsbeauftragten nicht das Wort erteilt[4]. Der Gewerkschaftsbeauftragte kann (sachliche) Kritik an betrieblichen Zuständen oder dem Verhalten von ArbGeb und/oder BR äußern[5]. Redebeiträge des Gewerkschaftsbeauftragten müssen sich im Rahmen der zulässigen Themen nach § 45 (siehe dort) halten, für ihn gilt auch die **Friedenspflicht** nach §§ 45 Satz 1, 74 Abs. 2[6]. Streikaufrufe von Gewerkschaftsbeauftragten sind daher unzulässig[7]. Der Gewerkschaftsbeauftragte hat auch kein Stimmrecht und kann auch keine Anträge stellen[8].

9 Sind im Betrieb **mehrere Gewerkschaften** vertreten, hat jede das Recht, einen Beauftragten zu entsenden.

10 **III. Einladung der Gewerkschaften.** Das Teilnahmerecht der Gewerkschaften nach Abs. 1 Satz 1 ist dadurch abgesichert, dass der BR gem. Abs. 2 einzuladen hat. Aus nicht nachvollziehbaren Gründen ist jedoch der Kreis der einzuladenden Gewerkschaften nach Abs. 2 enger als der Kreis der teilnahmeberechtigten Gewerkschaften nach Abs. 1. Während für das Teilnahmerecht nach Abs. 1 ausreicht, dass die Gewerkschaft **im Betrieb vertreten** ist, sind nach Abs. 2 nur diejenigen Gewerkschaften einzuladen, die auch **im BR vertreten** sind. Es muss also mindestens ein Mitglied des BR Mitglied der betreffenden Gewerkschaft sein[9].

11 Die Unterrichtungspflicht bezieht sich auf alle Arten von Versammlungen nach §§ 42 ff., egal ob Betriebs- oder Abteilungsversammlungen, ob ordentliche, zusätzliche oder weitere Versammlungen, ob innerhalb oder außerhalb der Arbeitszeit. Die Gewerkschaft ist nach dem Gesetzestext über **Zeitpunkt** und **Tagesordnung** der Versammlungen zu unterrichten. Nach allgemeiner Auffassung enthält Abs. 2 insoweit ein Redaktionsversehen, als selbstverständlich auch über den **Ort** der Versammlung unterrichtet werden muss[10]. Hinsichtlich der **Rechtzeitigkeit** kommt es auf die Umstände des Einzelfalls an, jedenfalls muss der Gewerkschaft eine **ausreichende Vorbereitungszeit** bleiben[11]. **Änderungen** müssen selbstverständlich ebenfalls mitgeteilt werden. Bei kurzfristig einberufenen Versammlungen muss die Unterrichtung unverzüglich[12] erfolgen.

12 **IV. Teilnahme von Vertretern des ArbGebVerbands.** Anders als die Gewerkschaften haben ArbGeb-Verbände **kein eigenes Teilnahmerecht**. Sie können nur teilnehmen, wenn der ArbGeb sie darum bittet. Ob sie auf Bitten des ArbGeb dazu verpflichtet sind, ist eine Frage des Verbandsrechts, nicht des BetrVG. Da Vertreter des ArbGebVerbands kein eigenes Teilnahmerecht haben, gibt es insoweit auch keine Abs. 2 entsprechende **Einladungspflicht** des ArbGeb.

13 Die Teilnahme eines Beauftragten setzt voraus, dass der ArbGeb einem ArbGebVerband („ArbGeb-Vereinigung") angehört. Die Auffassung, eine **OT-Mitgliedschaft** genüge dafür nicht[13], findet im Gesetz keine Stütze. Ebenfalls abzulehnen ist die Auffassung, der ArbGeb könne nur einen Verbandsbeauftragten hinzuziehen, auch wenn er **mehreren Vereinigungen** angehört[14].

14 Der **nicht-organisierte** ArbGeb kann **externe** Dritte nach dem eindeutiges Gesetzeswortlaut nicht hinzuziehen[15]. Vor dem Hintergrund der negativen Koalitionsfreiheit ist dies fraglich, so dass man dem nicht-organisierten ArbGeb jedenfalls die Hinzuziehung eines Anwalts seines Vertrauens zubilligen muss[16].

15 Voraussetzung der Teilnahme eines Verbandsvertreters ist, dass der **ArbGeb** an der Versammlung **tatsächlich teilnimmt**. Dadurch wird vermieden, dass der ArbGeb sich durch einen Verbandsvertreter vertreten lässt.

16 Die **Einladung** eines Verbandsvertreters ist ausschließlich Sache des ArbGeb. Der BR braucht die ArbGebVereinigung nicht über die stattfindende Versammlung zu informieren[17], ebenso wenig muss der ArbGeb vorab den BR über die Einladung informieren.

---

1 Anders LAG Hamburg v. 21.11.1986, DB 1987, 1595, wonach der Schutz des § 79 Abs. 2 ausreichen soll; wie hier *Brötzmann*, BB 1990, 1055. |2 *Fitting*, § 46 BetrVG Rz. 9. |3 BAG v. 19.4.1964 – 7 ABR 87/87, AP Nr. 1 zu § 45 BetrVG. |4 Richardi/*Annuß*, § 46 BetrVG Rz. 13. |5 Vgl. BAG v. 14.2.1967 – 1 ABR 7/66, AP Nr. 2 zu § 45. |6 Richardi/*Annuß*, § 46 BetrVG Rz. 10; GK-BetrVG/*Fabricius*, § 46 Rz. 20. |7 LAG Bremen v. 14.1.1983 – 1 Sa 117 und 232/82, DB 1983, 778. |8 Richardi/*Annuß*, § 46 BetrVG Rz. 11; DKK/*Berg*, § 46 BetrVG Rz. 6; *Fitting*, § 46 BetrVG Rz. 11. |9 *Fitting*, § 46 BetrVG Rz. 13. |10 *Fitting*, § 46 BetrVG Rz. 14; DKK/*Berg*, § 46 BetrVG Rz. 8. |11 Richardi/*Annuß*, § 46 BetrVG Rz. 7; DKK/*Berg*, § 46 BetrVG Rz. 9. |12 § 121 BGB. |13 *Fitting*, § 46 BetrVG Rz. 17. |14 So aber Richardi/*Annuß*, § 46 BetrVG Rz. 20; *Fitting*, § 46 BetrVG Rz. 17. |15 *Fitting*, § 46 BetrVG Rz. 17. |16 *Bauer*, NJW 1988, 1130. |17 DKK/*Berg*, § 46 BetrVG Rz. 10; *Fitting*, § 46 BetrVG Rz. 12.

Einer formalisierten vorherigen Ankündigung gegenüber dem Versammlungsleiter bedarf die Teilnahme des Verbandsvertreters nicht, er muss sich dem Versammlungsleiter gegenüber jedoch **ausweisen**. Liegen die gesetzlichen Voraussetzungen vor, kann der Versammlungsleiter die Teilnahme nicht ablehnen. Fehlen die Voraussetzungen, spricht nach richtiger Auffassung nichts dagegen, dass der Versammlungsleiter den Verbandsvertreter aus Zweckmäßigkeitsgründen gleichwohl teilnehmen lässt[1]. 17

Aus dem unterschiedlichen Wortlaut von Abs. 1 Satz 1 („beratend teilnehmen") und Satz 2 („hinzuziehen") wird gefolgert, dass der Vertreter des ArbGebVerbandes im Gegensatz zum Gewerkschaftsvertreter kein eigenes **Rederecht** haben soll. Ihm ist also nur dann das Wort zu erteilen, wenn dies der ArbGeb wünscht[2] oder der Versammlungsleiter ihm aus Zweckmäßigkeit das Wort erteilt. Anträge stellen oder an Abstimmungen teilnehmen darf der Verbandsvertreter nicht. 18

V. Streitigkeiten. Streitigkeiten sind im arbeitsgerichtlichen Beschlussverfahren auszutragen. Nach Auffassung des BAG[3] können in einem solchen Verfahren nur BR, ArbGeb sowie Gewerkschaft **Beteiligte** sein, nicht aber der ArbGebVerband. Geht es um das Teilnahmerecht der im Betrieb vertretenen Gewerkschaften, sind sie von Amts wegen zu beteiligen[4]. Streitigkeiten werden üblicherweise wegen der Eilbedürftigkeit im einstweiligen Verfügungsverfahren ausgetragen[5]. 19

Fünfter Abschnitt. Gesamtbetriebsrat

47 *Voraussetzungen der Errichtung, Mitgliederzahl, Stimmengewicht**
(1) Bestehen in einem Unternehmen mehrere Betriebsräte, so ist ein Gesamtbetriebsrat zu errichten.

(2) In den Gesamtbetriebsrat entsendet jeder Betriebsrat mit bis zu drei Mitgliedern eines seiner Mitglieder; jeder Betriebsrat mit mehr als drei Mitgliedern entsendet zwei seiner Mitglieder. Die Geschlechter sollen angemessen berücksichtigt werden.

(3) Der Betriebsrat hat für jedes Mitglied des Gesamtbetriebsrats mindestens ein Ersatzmitglied zu bestellen und die Reihenfolge des Nachrückens festzulegen.

(4) Durch Tarifvertrag oder Betriebsvereinbarung kann die Mitgliederzahl des Gesamtbetriebsrats abweichend von Absatz 2 Satz 1 geregelt werden.

(5) Gehören nach Absatz 2 Satz 1 dem Gesamtbetriebsrat mehr als vierzig Mitglieder an und besteht keine tarifliche Regelung nach Absatz 4, so ist zwischen Gesamtbetriebsrat und Arbeitgeber eine Betriebsvereinbarung über die Mitgliederzahl des Gesamtbetriebsrats abzuschließen, in der bestimmt wird, dass Betriebsräte mehrerer Betriebe eines Unternehmens, die regional oder durch gleichartige Interessen miteinander verbunden sind, gemeinsam Mitglieder in den Gesamtbetriebsrat entsenden.

(6) Kommt im Fall des Absatzes 5 eine Einigung nicht zustande, so entscheidet eine für das Gesamtunternehmen zu bildende Einigungsstelle. Der Spruch der Einigungsstelle ersetzt die Einigung zwischen Arbeitgeber und Gesamtbetriebsrat.

(7) Jedes Mitglied des Gesamtbetriebsrats hat so viele Stimmen, wie in dem Betrieb, in dem es gewählt wurde, wahlberechtigte Arbeitnehmer in der Wählerliste eingetragen sind. Entsendet der Betriebsrat mehrere Mitglieder, so stehen ihnen die Stimmen nach Satz 1 anteilig zu.

(8) Ist ein Mitglied des Gesamtbetriebsrats für mehrere Betriebe entsandt worden, so hat es so viele Stimmen, wie in den Betrieben, für die es entsandt ist, wahlberechtigte Arbeitnehmer in den Wählerlisten eingetragen sind; sind mehrere Mitglieder entsandt worden, gilt Absatz 7 Satz 2 entsprechend.

(9) Für Mitglieder des Gesamtbetriebsrats, die aus einem gemeinsamen Betrieb mehrerer Unternehmen entsandt worden sind, können durch Tarifvertrag oder Betriebsvereinbarung von den Absätzen 7 und 8 abweichende Regelungen getroffen werden.

Lit.: *Döring*, Das Verfahren bei der Errichtung des Gesamtbetriebsrats nach § 47 Abs. 5 BetrVG, DB 1976, 821; *D. Gaul*, Die Bildung des verkleinerten Gesamtbetriebsrats nach § 47 Abs. 5 BetrVG, DB 1981, 214; *Hanau*, Zur Entsendung der Mitglieder von Gesamtbetriebsräten und zur Wahl im einstufigen vereinfachten Verfahren nach dem Betriebsverfassungsreformgesetz, ZIP 2001, 2163; *Hohenstatt/Müller-Bonanni*, Auswirkungen eines Betriebsinhaberwechsels auf Gesamtbetriebsrat und Gesamtbetriebsvereinbarungen, NZA 2003, 766; *Klasen*, Betriebsvereinbarungen über die Mitgliederzahl des Gesamtbetriebsrats, DB 1993, 2180.

---

* Amtl. Anm.: Gemäß Artikel 14 Satz 2 des Gesetzes zur Reform des Betriebsverfassungsgesetzes (BetrVerf-Reformgesetz) vom 23. Juli 2001 (BGBl. I S. 1852) gilt § 47 Abs. 2 (Artikel 1 Nr. 35 Buchst. a des BetrVerf-Reformgesetzes) für im Zeitpunkt des In-Kraft-Tretens bestehende Betriebsräte erst bei deren Neuwahl.
|1 AA DKK/*Berg*, § 46 BetrVG Rz. 11. |2 BAG v. 19.5.1978 – 6 ABR 41/75, AP Nr. 3 zu § 43 BetrVG. |3 BAG v. 19.5.1978 – 6 ABR 41/75, AP Nr. 3 zu § 43 BetrVG. |4 BAG v. 18.3.1964 – 1 ABR 12/63 und v. 14.2.1967 – 1 ABR 7/66, AP Nr. 1, 2 zu § 45 BetrVG. |5 LAG Hamm, EZA 1 zu § 46 BetrVG.

BetrVG § 47 Rz. 1   Voraussetzungen der Errichtung, Mitgliederzahl, Stimmengewicht

1   I. Allgemeines. Gliedert sich ein Unternehmen in mehrere Betriebe und besteht in mindestens zwei Betrieben ein BR, so sind die BR verpflichtet, einen GesamtBR zu bilden. Die Errichtung eines GesamtBR ist **zwingend**[1], soweit nicht im Rahmen der Bildung anderer ArbN-Vertretungsstrukturen gemäß § 3 Abs. 1 Nr. 3 auf die Bildung eines GesamtBR verzichtet wird[2]. Auch im Hinblick auf die Zahl der Mitglieder des GesamtBR sind Abweichungen nach § 47 Abs. 4 zulässig bzw. nach Abs. 5 obligatorisch. Der GesamtBR ist eine „Dauereinrichtung"; er hat keine feststehende Amtszeit, sondern erlischt, wenn die Voraussetzungen für seine Errichtung entfallen[3].

2   II. Errichtung eines GesamtBR. 1. Unternehmen. Die Bildung eines GesamtBR setzt gemäß Abs. 1 voraus, dass sich ein Unternehmen in mehrere Betriebe gliedert[4]. Umgekehrt formuliert müssen die Betriebe, deren BR einen GesamtBR bilden wollen, einem einheitlichen Unternehmen angehören[5]. Einen eigenständigen **Unternehmensbegriff** regelt das Gesetz in dieser Vorschrift nicht, vielmehr wird an die in anderen Gesetzen für Unternehmen und deren Rechtsträger geregelten Organisationsformen angeknüpft[6], also insb. die Organisationsformen des AktG, des GmbHG, des HGB und des BGB. Voraussetzung ist demnach das Bestehen eines **einheitlichen Rechtsträgers**[7]; die Betriebe müssen demselben Unternehmen angehören (siehe aber Rz. 27 ff. zum Sonderproblem des Gemeinschaftsbetriebs). Der Umstand, dass Unternehmen miteinander wirtschaftlich verflochten sind oder Personengleichheit in der Geschäftsführung besteht, berührt die rechtliche Selbständigkeit des Unternehmens nicht und führt somit nicht zur Möglichkeit der Bildung eines GesamtBR[8]; rechtssystematisch ergibt sich dies aus den Vorschriften über den GesamtBR einerseits und den KonzernBR andererseits. Die rechtliche Selbständigkeit wird schließlich auch nicht dadurch berührt, dass zwischen Unternehmen ein Beherrschungsvertrag abgeschlossen oder ein Unternehmen in das andere eingegliedert ist[9]. Da die Vorschriften zur Errichtung des GesamtBR zwingend sind (siehe oben Rz. 1), kann ein abweichender Unternehmensbegriff auch nicht durch tatsächliche Übung oder aus Gründen des Vertrauensschutzes zugrunde gelegt werden[10].

3   Sowohl juristische Personen[11] als auch die Gesellschaften des Handelsrechts, die Genossenschaften nach dem Genossenschaftsrecht und die Gesellschaften bürgerlichen Rechts[12] können jeweils nur ein Unternehmen betreiben. Demgegenüber wird es für möglich gehalten, dass eine **natürliche Person** mehrere Unternehmen betreiben kann, soweit diese nicht durch eine einheitliche Organisation verbunden sind und keine einheitliche Leitung aufweisen[13].

4   Unterhält ein **ausländisches Unternehmen** innerhalb Deutschlands mehrere Betriebe, von denen mindestens zwei BR gebildet haben, so müssen diese nach überwiegender Auffassung stets einen GesamtBR errichten, dem allerdings nur Vertreter inländischer Betriebe angehören können[14]. Dem kann nur mit Einschränkung zugestimmt werden. Für die inländischen Betriebe eines ausländischen Unternehmens ist ein GesamtBR nur dann zu bilden, wenn innerhalb Deutschlands eine **überbetriebliche Organisation** besteht, die als Ansprechpartner für eine entsprechende betriebsverfassungsrechtliche Vertretung in Betracht kommt[15]. Dies ist der Fall, wenn innerhalb Deutschlands eine Organisationsebene besteht, die für die inländischen Betriebe zuständig ist. Durch diese Einschränkung werden die Anforderungen an die Bildung eines GesamtBR mit den Anforderungen in Einklang gebracht, die das BAG an die Bildung eines Wirtschaftsausschusses bei inländischen Betrieben ausländischer Unternehmen stellt (siehe § 106 Rz. 26)[16].

5   Haben inländische Unternehmen **Betriebe im Ausland**, nehmen diese an der Errichtung eines GesamtBR nicht teil, da sich der Geltungsbereich des BetrVG gemäß dem Territorialitätsprinzip nur auf Betriebe erstreckt, die sich innerhalb Deutschlands befinden[17].

6   2. Mehrere BR. Die Errichtung eines GesamtBR setzt des Weiteren voraus, dass mehrere BR existieren. Unerheblich ist, ob die einzelnen BR aus jeweils einem oder mehreren Mitgliedern bestehen. Der Errichtung eines GesamtBR steht nicht entgegen, dass nicht in allen Betrieben BR existieren, solange mindestens zwei BR gebildet sind[18]. Besonderheiten gelten bei abweichenden Regelungen gemäß § 3. Da es bei Bildung eines unternehmenseinheitlichen BR iSd. § 3 Abs. 1 Nr. 1 Buchst. a) nur einen BR im Unternehmen gibt, entfällt die Möglichkeit der Bildung eines GesamtBR, während bei der Zusammenfassung von Betrieben gemäß § 3 Abs. 1 Nr. 1 Buchst. b) die Bildung eines GesamtBR möglich bleibt, soweit weitere BR im Unternehmen errichtet sind (siehe § 3 Rz. 8)[19].

---

1 Richardi/*Annuß*, § 47 BetrVG Rz. 1; *Fitting*, § 47 BetrVG Rz. 7. |2 *Hohenstatt/Dzida*, DB 2001, 2498, 2499. |3 ArbG Stuttgart v. 13.1.1975 – 4 BV 10/75, DB 1976, 1160; Richardi/*Annuß*, § 47 BetrVG Rz. 26 f. |4 BAG v. 5.12.1975 – 1 ABR 8/74, AP Nr. 1 zu § 47 BetrVG 1972. |5 BAG v. 29.11.1989 – 7 ABR 64/87, AP Nr. 3 zu § 10 ArbGG 1979. |6 BAG v. 9.8.2000 – 7 ABR 56/98, AP Nr. 9 zu § 47 BetrVG 1972. |7 BAG v. 11.12.1987 – 7 ABR 49/87, AP Nr. 7 zu § 47 BetrVG 1972, m. Anm. *Wiedemann*. |8 BAG v. 29.11.1989 – 7 ABR 64/87, AP Nr. 3 zu § 10 ArbGG 1979. |9 ErfK/*Eisemann*, § 47 BetrVG Rz. 4; *Fitting*, § 47 BetrVG Rz. 11. |10 BAG v. 9.8.2000 – 7 ABR 56/98, AP Nr. 9 zu § 47 BetrVG 1972. |11 BAG v. 5.12.1975 – 1 ABR 8/74, AP Nr. 1 zu § 47 BetrVG 1972. |12 BAG v. 29.11.1989 – 7 ABR 64/87, AP Nr. 3 zu § 10 ArbGG 1979. |13 *Fitting*, § 47 BetrVG Rz. 13; aA Richardi/*Annuß*, § 47 BetrVG Rz. 9. |14 DKK/*Trittin*, § 47 BetrVG Rz. 21; MünchArbR/*Joost*, § 313 Rz. 22; HSG/*Glaubitz*, § 47 BetrVG Rz. 15. |15 *Hohenstatt* in Willemsen/Hohenstatt/Schweibert/Seibt D 148; Richardi/*Annuß*, § 47 BetrVG Rz. 21. |16 BAG v. 1.10.1974 – 1 ABR 77/73, AP Nr. 1 zu § 106 BetrVG 1972; v. 31.10.1975 – 1 ABR 4/74, AP Nr. 2 zu § 106 BetrVG 1972. |17 Richardi/*Annuß*, § 47 BetrVG Rz. 19; *Löwisch/Kaiser*, § 47 BetrVG Rz. 5. |18 *Fitting*, § 47 BetrVG Rz. 20; ErfK/*Eisemann*, § 47 BetrVG Rz. 6. |19 *Hohenstatt/Dzida*, DB 2001, 2498 f.

3. Auswirkungen von Umstrukturierungen auf den GesamtBR. Während die Auswirkungen von Umstrukturierungen auf den Bestand des EinzelBR weitgehend geklärt sind (siehe § 21 Rz. 13), besteht im Hinblick auf den Bestand des GesamtBR Unsicherheit. Nach zutreffender Ansicht richtet sich das Schicksal des GesamtBR nach denselben Regeln wie das Schicksal des EinzelBR. Für den EinzelBR ist anerkannt, dass sein Bestand durch Umstrukturierungen nicht berührt wird, solange der Betrieb, für den er gebildet wurde, seine betriebsverfassungsrechtliche Identität bewahrt, während das Amt des BR endet, wenn der Betrieb seine betriebsverfassungsrechtliche Identität verliert (siehe § 21 Rz. 15). Für den Bestand des GesamtBR gilt Entsprechendes: Maßgeblich ist, ob eine Umstrukturierung zur Beibehaltung oder zum Verlust der **betriebsverfassungsrechtlichen Unternehmensidentität** führt[1]. Entgegen der überwiegend vertretenen Ansicht[2] ist der Bestand des GesamtBR also nicht notwendigerweise von dem Bestand des Unternehmens abhängig; der GesamtBR kann nach einer Umstrukturierung auch bei einem anderen Unternehmen fortbestehen, soweit die betriebsverfassungsrechtliche Unternehmensidentität gewahrt bleibt. Der GesamtBR wird nämlich nicht *für* ein Unternehmen, sondern *auf der Ebene* eines Unternehmens gebildet. Es ist deshalb nicht ersichtlich, weswegen der Bestand des GesamtBR von dem Bestand des Unternehmens abhängen soll[3]. 7

Ist somit die betriebsverfassungsrechtliche Unternehmensidentität für den Bestand des GesamtBR maßgeblich, lassen sich die für die Praxis relevanten Fälle wie folgt lösen. Bei der **Übertragung sämtlicher Betriebe** eines Unternehmens auf ein bis dahin arbeitnehmerloses Unternehmen[4] bleibt die betriebsverfassungsrechtliche Identität des Unternehmens erhalten. Der GesamtBR behält sein Amt und führt dieses bei dem neuen Inhaber der Betriebe weiter[5]. Gleiches gilt entgegen der Ansicht des BAG[6], wenn nicht sämtliche Betriebe, aber doch die **klare Mehrzahl der Betriebe** auf einen bis dahin arbeitnehmerlosen Unternehmen übertragen werden. Die Mehrzahl der Betriebe ist deshalb das insoweit maßgebliche Kriterium, weil gerade die organisatorische Gesamtheit der Betriebe die betriebsverfassungsrechtliche Identität des Unternehmens prägt; hilfsweise ist die Anzahl der beschäftigten ArbN heranzuziehen[7]. Verfügt der neue **Betriebsinhaber bereits über eigene Betriebe**, so kommt es nach hier vertretener Ansicht auf das im Zeitpunkt des Inhaberwechsels bestehende Verhältnis der Anzahl der übernommen Betriebe zu den bei dem neuen Inhaber bereits bestehenden Betrieben sowie auf die Zahl der in den jeweiligen Betrieben bereits beschäftigten ArbN an. Hier kann von einem Fortbestand der betriebsverfassungsrechtlichen Unternehmensidentität nur die Rede sein, wenn die Zahl der übernommenen Betriebe die Zahl der bereits bestehenden Betriebe klar überwiegt. Ist dies nicht der Fall, ist ein neuer GesamtBR zu bilden. 8

Entsprechendes gilt bei Umwandlungen. Bei einer **Verschmelzung** zur Neugründung kann der GesamtBR des übertragenden Rechtsträgers fortbestehen, wenn der oder die weiteren übertragenden Rechtsträger arbeitnehmerlos sind oder nicht über Betriebe mit BR verfügen. Gleiches gilt bei einer Verschmelzung zur Aufnahme, wenn der übernehmende Rechtsträger arbeitnehmerlos ist oder nicht über Betriebe mit BR verfügt. Hat das übernehmende Unternehmen hingegen schon Betriebe, ist anhand der unter vorstehender Rz. dargestellten Grundsätze zu entscheiden, ob die betriebsverfassungsrechtliche Unternehmensidentität des übertragenden Rechtsträgers erhalten bleibt. Die von der hier vertretenen Meinung abweichende Auffassung, die das Schicksal des GesamtBR an den Bestand des Rechtsträgers knüpft, kommt demgegenüber bei jeder Art von Verschmelzung zu einer Beendigung des Amtes bei dem übertragenden Rechtsträger[8]. 9

Bei den verschiedenen Formen der Unternehmensspaltung ist ebenfalls der Bestand der betriebsverfassungsrechtlichen Unternehmensidentität maßgeblich. Werden bei einer **Aufspaltung** die Betriebe, die bisher von dem GesamtBR repräsentiert waren, überwiegend auf einen Rechtsträger übertragen, kann der GesamtBR im Amt bleiben. Bei der **Abspaltung** und **Ausgliederung** verliert der GesamtBR zwar die Zuständigkeit für die auf einen neuen Rechtsträger übertragenen Betriebe, bleibt aber im Amt. Der GesamtBR verliert hingegen sein Amt, wenn so wesentliche Teile des Unternehmens abgespalten oder ausgegliedert werden, dass das Ausgangsunternehmen seine betriebsverfassungsrechtliche Unternehmensidentität einbüßt. 10

Die Frage des Bestands des GesamtBR bei Umstrukturierungen, die sich außerhalb des Umwandlungsrechts vollziehen, insb. im Wege der Einzelrechtsübertragung (**asset deal**), ist entsprechend den vorstehend erläuterten Grundsätzen zu lösen. 11

---

1 In diese Richtung jetzt auch BAG v. 5.6.2002 – 7 ABR 17/01, allerdings mit im Detail abweichenden Lösungen; *Hohenstatt* in Willemsen/Hohenstatt/Schweibert/Seibt D 99. | 2 LAG Düsseldorf v. 14.2.2001 – 4 TaBV 67/00, BB 2001, 2012; *Fitting*, § 47 BetrVG Rz. 18; DKK/*Trittin*, § 47 BetrVG Rz. 8; GK-BetrVG/*Kreutz*, § 47 Rz. 43; *Röder/Haußmann*, DB 1999, 1754. | 3 *Hohenstatt* in Willemsen/Hohenstatt/Schweibert/Seibt D 101. | 4 Vgl. den Sachverhalt in LAG Düsseldorf v. 14.2.2001 – 4 TaBV 67/00, BB 2001, 2012. | 5 *Hohenstatt* in Willemsen/Hohenstatt/Schweibert/Seibt D 107; in diese Richtung tendiert auch BAG v. 5.6.2002 – 7 ABR 17/01; aA LAG Düsseldorf v. 14.2.2001 – 4 TaBV 67/00, BB 2001, 2012. | 6 BAG v. 5.6.2002 – 7 ABR 17/01; in dem dort entschiedenen Fall sollte es dem Fortbestand eines GesamtBR entgegenstehen, dass ein Unternehmensbereich, der 400 von 60.000 ArbN beschäftigt, auf einen anderen Rechtsträger übertragen wurde, als die übrigen 59.600 ArbN. | 7 *Hohenstatt* in Willemsen/Hohenstatt/Schweibert/Seibt D 107. | 8 *Fitting*, § 47 BetrVG Rz. 18; DKK/*Trittin*, § 47 BetrVG Rz. 8.

12 **4. Auswirkungen von Umstrukturierungen auf GesamtBV.** Die Auswirkungen von Umstrukturierungen auf die im Unternehmen geltenden GesamtBV sind **umstritten**. Einer ersten Auffassung zufolge gelten GesamtBV im Falle eines Wechsels des Betriebsinhabers stets als Individualrecht gemäß § 613a Abs. 1 Satz 2 BGB fort; eine kollektivrechtliche Fortgeltung scheide demgegenüber aus, weil der GesamtBR für die übertragenen Einheiten seine Zuständigkeit verliere bzw. im Zuge des Betriebsübergangs untergehe[1]. Nach anderer Ansicht gelten GesamtBV in den übertragenen Einheiten als EinzelBV auf Betriebsebene fort, sofern die betriebsverfassungsrechtliche Identität der übertragenen Betriebs erhalten bleibt. Dies wird damit begründet, dass GesamtBV ebenso wie EinzelBV Bestandteil der kollektiven Ordnung des Betriebs seien[2]. Eine vermittelnde Ansicht hält eine kollektivrechtliche Fortgeltung von GesamtBV auf Unternehmensebene für möglich, jedoch besteht Uneinigkeit über die insoweit erforderlichen Voraussetzungen[3]. Nach der neuesten **Rspr. des BAG** sollen GesamtBV, die in den Betrieben eines abgebenden Unternehmens gelten, ihren Status als Rechtsnormen auch beim Übergang eines oder mehrerer Betriebe auf ein anderes Unternehmen behalten; werde nur ein Betrieb übernommen, blieben die bis dahin für ihn geltenden GesamtBV als EinzelBV bestehen; werden alle oder mehrere Betriebe übernommen, blieben dort die GesamtBV als solche bestehen[4]. Dies gilt nach Ansicht des BAG auch dann, wenn mehrere Betriebsteile übernommen werden und vom Erwerber als selbständige Betriebe fortgeführt werden.

13 Nach hier vertretener Auffassung kommt es auch für die Fortgeltung von GesamtBV (iSd. § 50 Abs. 1) bei Umstrukturierungen auf den **Erhalt bzw. Verlust der betriebsverfassungsrechtlichen Unternehmensidentität** an. Auch hier ist eine Parallele zu der Rechtslage hinsichtlich EinzelBV zu ziehen, die kollektivrechtlich aufrechterhalten werden, wenn ein Betrieb seine betriebsverfassungsrechtliche Identität behält, während sie als Inhalt der Einzelarbeitsverhältnisse nach § 613a Abs. 1 Satz 2 BGB fortgelten können, wenn der Betrieb seine betriebsverfassungsrechtliche Identität einbüßt (siehe für EinzelBV § 77 Rz. 69). Da GesamtBV ihrer Rechtsnatur nach „normale" BV sind, ist nicht ersichtlich, weshalb die Fortgeltung von GesamtBV anderen Regeln folgen sollte als die Fortgeltung von BV. Es ist deshalb davon auszugehen, dass GesamtBV fortgelten, wenn eine Umstrukturierung die betriebsverfassungsrechtliche Identität der Einheit, für die sie geschlossen wurden, nicht beeinflusst. Geht demgegenüber die betriebsverfassungsrechtliche Identität des Unternehmens verloren, so endet die kollektivrechtliche Geltung der von dem bisherigen Betriebsinhaber stammenden GesamtBV[5]. Je nach Fallgestaltung kommt eine Fortgeltung als Inhalt der Einzelarbeitsverhältnisse gemäß § 613a Abs. 1 Satz 2 BGB in Betracht oder eine Ablösung gemäß § 613a Abs. 1 Satz 3 BGB.

14 **III. Entsendung der Mitglieder.** Die Mitglieder des GesamtBR werden gemäß Abs. 2 von den einzelnen BR entsandt. Die in den GesamtBR entsandten Mitglieder müssen zugleich Mitglied des entsendenden BR sein. Die **Entsendung** erfolgt durch Beschluss des BR gemäß § 33 mit einfacher Mehrheit[6]. Auch wenn der BR die Entsendung in Form einer betriebsratsinternen „Wahl" durchführt, bleibt die Entsendung ihrer Rechtsnatur nach ein Geschäftsführungsbeschluss des BR, auf den Vorschriften über das Wahlverfahren keine Anwendung finden[7]. Das Entsendungsrecht des BR kann nicht auf ein anderes Gremium, zB ein aus Delegierten bestehendes Gremium, übertragen werden[8]. Auch der GesamtBR selbst ist nicht berechtigt, seine Mitglieder zu bestimmen[9]. Besteht ein BR nur aus einer Person, so tritt diese automatisch in den GesamtBR ein, ohne dass es einer förmlichen Entsendung bedarf[10]. Besteht in einem Unternehmen mit mehreren Betrieben noch kein GesamtBR, so ist für seine **Errichtung** erforderlich, dass mindestens zwei BR Mitglieder in den GesamtBR entsenden[11]. Es ist somit nicht erforderlich, dass die BR einen mehrheitlichen oder einstimmigen Beschluss zur Errichtung eines GesamtBR fassen[12]. Die Konstituierung des GesamtBR erfolgt sodann gemäß § 51 Abs. 2 (siehe dort Rz. 2): Der BR der Hauptverwaltung des Unternehmens oder, soweit ein solcher BR nicht besteht, der BR des nach der Zahl der ArbN größten Betriebs, lädt zur Wahl eines Vorsitzenden und eines stellvertretenden Vorsitzenden ein.

15 Die **Zahl der Mitglieder**, die der BR in den GesamtBR entsendet, hängt von der Größe des BR ab. Ein BR mit bis zu drei Mitgliedern entsendet eines seiner Mitglieder, ein BR mit mehr als drei Mitgliedern entsendet zwei seiner Mitglieder. Wie dem Wortlaut des Abs. 2 zu entnehmen ist, können nur Mitglieder des BR, nicht jedoch dritte Personen, in den GesamtBR entsandt werden. Nach Abs. 2 Satz 2 sollen bei der Entsendung der Mitglieder des GesamtBR die **Geschlechter angemessen berücksichtigt** werden. Ist ein Geschlecht in nicht unerheblicher Stärke der Belegschaft vertreten, soll ein Mitglied in den GesamtBR entsandt werden, das diesem Geschlecht angehört[13]. Die Nichtbeachtung dieser Soll-

---

1 *Boecken*, Unternehmensumwandlungen und Arbeitsrecht, Rz. 160; RGRK/*Ascheid*, § 613a BGB Rz. 211; Soergel/*Raab*, § 613a BGB Rz. 119. | 2 *Hanau/Vossen*, in: FS für Hilger/Stumpf, S. 271, 275 f.; MünchKomm/*Schaub*, § 613a BGB Rz. 145; *Kreßel*, BB 1995, 925, 929. | 3 Vgl. *Röder/Haußmann*, DB 1999, 1754, 1756; *Fitting*, § 47 BetrVG Rz. 19; *Boewer*, in: Brennpunkte des Arbeitsrechts, 1997, S. 91, 147. | 4 BAG v. 18.9.2002 – 1 ABR 54/01, AP Nr. 7 zu § 77 BetrVG 1972 – Betriebsvereinbarung; vgl. auch BAG v. 5.6.2002 – 7 ABR 17/01, AP Nr. 11 zu § 47 BetrVG 1972. | 5 *Hohenstatt* in Willemsen/Hohenstatt/Schweibert/Seibt E 48 ff.; *Hohenstatt/Müller-Bonanni*, NZA 2003, 766, 771. | 6 DKK/*Trittin*, § 47 BetrVG Rz. 30; HSG/*Glaubitz*, § 47 BetrVG Rz. 43. | 7 BAG v. 15.8.1978 – 6 ABR 56/77, AP Nr. 3 zu § 47 BetrVG 1972. | 8 LAG Hess. v. 21.12.1976 – 5 Ta BV 59/75, DB 1977, 2056. | 9 Vgl. BAG v. 15.8.1978 – 6 ABR 56/77, AP Nr. 3 zu § 47 BetrVG 1972. | 10 GK-BetrVG/*Kreutz*, § 47 Rz. 37; HSG/*Glaubitz*, § 47 BetrVG Rz. 44. | 11 Richardi/*Annuß*, § 47 BetrVG Rz. 25. | 12 HSG/*Glaubitz*, § 47 BetrVG Rz. 17; *Fitting*, § 47 BetrVG Rz. 8. | 13 *Löwisch/Kaiser*, § 47 BetrVG Rz. 8.

vorschrift bleibt jedoch folgenlos, wie sich systematisch aus dem Vergleich mit der Mussvorschrift des § 15 Abs. 2 ergibt[1]. Gemäß Art. 14 Satz 2 des Gesetzes zur Reform des BetrVG gilt § 47 Abs. 2 für im Zeitpunkt des In-Kraft-Tretens bestehende BR erst bei deren Neuwahl.

Liegen die Voraussetzungen zur Errichtung eines GesamtBR vor, so sind die im Unternehmen bestehenden **BR verpflichtet, einen GesamtBR zu errichten**. Ist ein GesamtBR errichtet, so sind die BR verpflichtet, Mitglieder in den GesamtBR zu entsenden[2]. Eine Verletzung dieser Rechtspflichten soll in der Regel eine grobe Pflichtverletzung iSd. § 23 Abs. 1 darstellen[3]. Dem ist zuzustimmen, soweit ein BR sich weigert, Mitglieder in einen bestehenden GesamtBR zu entsenden. Im Hinblick auf die Verpflichtung zur Bildung eines GesamtBR dürfte es jedoch richtiger sein, eine grobe Pflichtverletzung erst bei bewusster und beharrlicher Weigerung anzunehmen, einen GesamtBR zu bilden. **16**

IV. Bestellung von Ersatzmitgliedern. Gemäß Abs. 3 ist für jedes in den GesamtBR entsandte Mitglied mindestens ein **Ersatzmitglied zu bestellen** und die **Reihenfolge des Nachrückens** festzulegen. Erlischt die Mitgliedschaft eines Mitglieds des GesamtBR (§ 49), so rückt das Ersatzmitglied in den GesamtBR nach. Ist das Mitglied des GesamtBR zeitweilig verhindert, vertritt das Ersatzmitglied das Mitglied des GesamtBR während des Zeitraums der Verhinderung. Für die Bestellung des Ersatzmitglieds gilt Abs. 2 entsprechend. Das Ersatzmitglied tritt jedoch nicht in besondere Funktionen (zB Vorsitz, stellvertretender Vorsitz) des Gesamtbetriebsratsmitglieds ein, für das es nachrückt[4]. **17**

V. Abweichende Regelung der Mitgliederzahl. Die Zahl der Mitglieder des GesamtBR kann gemäß Abs. 4 durch TV oder BV abweichend von der gesetzlichen Regelung in Abs. 2 **verringert oder erhöht** werden. Zulässig ist sowohl die Verringerung oder Erhöhung der Zahl der Vertreter einzelner Betriebe, als auch die Änderung der Zahl der Vertreter aller Betriebe[5]. Damit wird die Möglichkeit eröffnet, Missverhältnisse in der Zusammensetzung der Mitgliederzahl eines GesamtBR zu korrigieren. Solche Missverhältnisse können beispielsweise in Unternehmen entstehen, die neben einem Großbetrieb zahlreiche kleinere Betriebe unterhalten, so dass die beiden aus dem BR des Großbetriebs entsandten Mitglieder einer Vielzahl von Mitgliedern aus den kleineren Betrieben gegenüber stehen. Denkbar ist auch, dass in einem Unternehmen mit verhältnismäßig wenigen ArbN, die jedoch auf zahlreiche Betriebe verteilt sind, ein unverhältnismäßig großer GesamtBR gebildet werden müsste; hier ist eine Verringerung der Mitgliederzahl auf eine angemessene Größe zulässig, nach Abs. 5 sogar obligatorisch (siehe Rz. 22). **18**

Abs. 4 gestattet lediglich eine abweichende Vereinbarung über die Zahl der Mitglieder, nicht hingegen eine Abweichung von anderen zwingenden gesetzlichen Regelungen, beispielsweise der Zuständigkeit des GesamtBR oder der Bestellung der Mitglieder[6]. **19**

Die abweichende Regelung erfolgt durch TV oder BV. Eine Regelung durch **TV** setzt voraus, dass sämtliche Betriebe des Unternehmens in den Geltungsbereich des TV fallen und Tarifgebundenheit des ArbGeb besteht[7]. Da eine abweichende Regelung der Zahl der Mitglieder des GesamtBR auf die Besonderheiten der jeweiligen Unternehmen abgestimmt sein soll, erfolgt die abweichende Regelung üblicherweise durch FirmenTV. Erfolgt die Regelung hingegen durch Verbandstarifvertrag und fällt nur ein Teil der Betriebe in dessen Geltungsbereich, so kommt eine Erstreckung der abweichenden Regelung auf die übrigen Betriebe durch BV in Betracht[8]. Eine tarifvertragliche Regelung kann nicht erstreikt werden, da die durch Abs. 4 eingeräumte Regelungskompetenz nicht Teil der durch Art. 9 Abs. 3 GG verfassungsrechtlich geschützten Tarifautonomie ist[9]. Eine Nachwirkung der tariflichen Regelung kommt nicht in Betracht, da der Zweck der Nachwirkung – die Vermeidung eines regelungslosen Zustands – aufgrund der gesetzlichen Regelung in Abs. 2 Satz 1 nicht eingreift[10] und sich ansonsten eine einmal getroffene Regelung gegen den Willen des BR realistischerweise nie verändern oder ablösen ließe[11]. **20**

Soweit keine tarifvertragliche Regelung besteht, kann die Mitgliederzahl des GesamtBR durch **BV** abweichend geregelt werden. Zuständig für den Abschluss einer solchen BV ist der GesamtBR in seiner nach Abs. 2 vorgesehenen Regelzusammensetzung[12]. Wie sich systematisch aus Abs. 6 ergibt, kann der Abschluss einer solchen BV nicht erzwungen werden. Die BV entfaltet keine Nachwirkung und kann durch einen nachfolgenden TV abgelöst werden[13]. **21**

VI. Obligatorische Verkleinerung des GesamtBR. Während Abs. 4 eine freiwillige Änderung der Zahl der Mitglieder des GesamtBR erlaubt, sieht Abs. 5 eine obligatorische Verkleinerung des GesamtBR **22**

---

1 Richardi/Annuß, § 47 BetrVG Rz. 31; aA Löwisch/Kaiser, § 47 BetrVG Rz. 8. | 2 ErfK/Eisemann, § 47 BetrVG Rz. 2; Richardi/Annuß, § 47 BetrVG Rz. 30; Löwisch/Kaiser, § 47 BetrVG Rz. 6. | 3 Fitting, § 47 BetrVG Rz. 8; GK-BetrVG/Kreutz, § 47 BetrVG Rz. 11; siehe auch Klasen, DB 1993, 2180, 2182. | 6 Richardi/Annuß, § 47 BetrVG Rz. 44 ff.; Fitting, § 47 BetrVG Rz. 51 f. | 7 DKK/Trittin, § 47 BetrVG Rz. 54; Richardi/Annuß, § 47 BetrVG Rz. 48. | 8 HSG/Glaubitz, § 47 BetrVG Rz. 30; Fitting, § 47 BetrVG Rz. 55. | 9 Richardi, 7. Aufl. 1998, § 47 BetrVG Rz. 54; ebenso für Tarifverträge gemäß § 3 BetrVG: Hohenstatt/Dzida, DB 2001, 2498, 2501; aA DKK/Trittin, § 47 BetrVG Rz. 54; GK-BetrVG/Kreutz, § 47 BetrVG Rz. 78. | 10 GK-BetrVG/Kreutz, § 47 BetrVG Rz. 79; aA DKK/Trittin, § 47 BetrVG Rz. 54. | 11 Vgl. Behrens/Hohenstatt, DB 1991, 1877, 1878. | 12 Etzel, Betriebsverfassungsrecht, Rz. 1349; DKK/Trittin, § 47 BetrVG Rz. 52; ErfK/Eisemann, § 47 BetrVG Rz. 13. | 13 GK-BetrVG/Kreutz, § 47 BetrVG Rz. 82; DKK/Trittin, § 47 BetrVG Rz. 53.

vor, wenn diesem nach der gesetzlichen Regelung gemäß Abs. 2 Satz 1 **mehr als 40 Mitglieder** angehören. Zunächst ist ein GesamtBR zu bilden, dessen Mitgliederzahl sich nach Abs. 2 richtet; der so gebildete, mehr als 40 Mitglieder umfassende GesamtBR hat dann mit dem ArbGeb die BV über die Verringerung der Zahl der Mitglieder abzuschließen[1]. Ist die Zusammensetzung des GesamtBR tariflich geregelt, soll jedoch für eine Verkleinerung des GesamtBR durch BV kein Raum sein, selbst wenn der GesamtBR nach der tariflichen Regelung mehr als 40 Mitglieder hat[2].

23 Die BV darf nur die Mitgliederzahl des neu zu bildenden GesamtBR regeln sowie die gemeinsame Entsendung von Mitgliedern durch mehrere BR zusammengefasster Betriebe[3]. Die Verringerung der Zahl der Mitglieder erfolgt dergestalt, dass regional oder durch gleichartige Interessen miteinander verbundene Betriebe gemeinsame Mitglieder in den GesamtBR entsenden. Sonstige Gesichtspunkte dürfen nicht berücksichtigt werden[4]. Die **regionale Verbundenheit** kann sich entweder aus räumlicher Nähe[5] oder aus der Zugehörigkeit zu derselben Wirtschaftsregion ergeben[6]. **Gleichartige Interessen** können vorliegen, wenn insb. der Betriebszweck, die Zusammensetzung der Belegschaft und die Stellung innerhalb der Unternehmensorganisation einander ähnlich sind[7].

24 Kommt eine Einigung über die Verkleinerung des GesamtBR nicht zustande, entscheidet gemäß Abs. 6 eine für das Gesamtunternehmen zu bildende **Einigungsstelle**, deren Spruch die Einigung zwischen ArbGeb und GesamtBR ersetzt. Da Zweck der Verkleinerung des GesamtBR die Erhaltung der Arbeitsfähigkeit dieser ArbN-Vertretung ist[8] und der Gesetzgeber die Arbeitsfähigkeit des GesamtBR bei einer 40 Mitglieder übersteigenden Zahl gefährdet sieht, ist die Kompetenz der Einigungsstelle dahingehend beschränkt, dass eine 40 Mitglieder übersteigende Größe des GesamtBR nicht festgelegt werden darf[9].

25 **VII. Gewichtung der Stimmen.** Da die einzelnen Mitglieder des GesamtBR aus Betrieben mit unterschiedlicher Belegschaftsstärke entsandt werden, erfolgt gemäß Abs. 7 eine Gewichtung ihrer Stimmen. Die Gewichtung der Stimmen bemisst sich danach, wie viele wahlberechtigte ArbN in dem Betrieb, aus dem das Mitglied des GesamtBR entsandt wurde, am Wahltag der letzten BR-Wahl in der **Wählerliste** eingetragen waren. Nachträgliche Veränderungen der Belegschaftsstärke sind unbeachtlich[10]. Das Stimmgewicht des Mitglieds des GesamtBR richtet sich danach, ob aus seinem EinzelBR ein Mitglied oder mehrere Mitglieder in den GesamtBR entsandt worden sind: Ist lediglich ein Mitglied entsandt, bemisst sich sein Stimmgewicht nach allen in seinem Betrieb in der Wählerliste eingetragenen ArbN, sind mehrere Mitglieder entsandt, so stehen ihnen die Stimmen gemäß Abs. 7 Satz 2 anteilig zu. Die dem einzelnen Mitglied zustehenden Stimmen können nur einheitlich abgegeben werden und zwar auch dann, wenn ein Mitglied für mehrere Betriebe entsandt worden ist[11]. Es besteht **kein imperatives Mandat**. Die Mitglieder des GesamtBR sind an Aufträge und Weisungen des entsendenden BR nicht gebunden[12].

26 Ist ein Mitglied des GesamtBR für mehrere Betriebe entsandt worden, richtet sich das Gewicht seiner Stimme gemäß Abs. 8 danach, wie viele wahlberechtigte ArbN in den Betrieben, für welche das Mitglied des GesamtBR entsandt wurde, am Wahltag der letzten BR-Wahl in den Wählerlisten dieser Betriebe eingetragen waren. Eine Entsendung für mehrere Betriebe kommt durch die nach Abs. 4 und 5 mögliche bzw. obligatorische Verkleinerung des GesamtBR in Betracht. Sind für mehrere Betriebe mehrere Mitglieder entsandt worden, stehen ihnen die Stimmen entsprechend der Regelung in Abs. 7 Satz 2 anteilig zu.

27 **VIII. Gemeinschaftsbetrieb und GesamtBR.** Der im Zuge der Reform des BetrVG neu geschaffene Abs. 9 erkennt die Entsendungsmöglichkeit des BR eines Gemeinschaftsbetriebs in den GesamtBR zumindest *eines* der Trägerunternehmen an, indem die Vorschrift vorsieht, dass in diesem Fall die Gewichtung der Stimmen im GesamtBR durch TV oder BV abweichend von Abs. 7 und 8 geregelt werden kann. Ungeklärt bleibt jedoch die schon vor der Reform des BetrVG umstrittene Frage, ob ein Entsendungsrecht in die GesamtBR *beider* Trägerunternehmen bestehen soll[13] oder, was zutreffend sein dürfte, lediglich ein **Entsendungsrecht in den GesamtBR eines Trägerunternehmens**, und zwar desjenigen Trägerunternehmens, das im Wesentlichen die Regelung der personellen und sozialen Belange beeinflusst[14].

28 Durch die Reform des BetrVG ebenfalls unbeantwortet bleibt die Frage, ob auch BR-Mitglieder in den GesamtBR eines Unternehmens delegiert werden können, die diesem Unternehmen gar nicht angehören. Die Entsendung **unternehmensfremder Mitglieder** wäre ein Systembruch und ist abzuleh-

---

1 BAG v. 15.8.1978 – 6 ABR 56/77, AP Nr. 3 zu § 47 BetrVG 1972. |2 *Fitting*, § 47 BetrVG Rz. 70; ErfK/*Eisemann*, § 47 BetrVG Rz. 13; aA Richardi/*Annuß*, § 47 BetrVG Rz. 61. |3 BAG v. 15.8.1978 – 6 ABR 56/77, AP Nr. 3 zu § 47 BetrVG 1972. |4 BAG v. 15.8.1978 – 6 ABR 56/77, AP Nr. 3 zu § 47 BetrVG 1972. |5 DKK/*Trittin*, § 47 BetrVG Rz. 59; HSG/*Glaubitz*, § 47 BetrVG Rz. 38. |6 MünchArbR/*Joost*, § 305 Rz. 37. |7 GK-BetrVG/*Kreutz*, § 47 Rz. 95; ErfK/*Eisemann*, § 47 BetrVG Rz. 11. |8 BAG v. 15.8.1978 – 6 ABR 56/77, AP Nr. 3 zu § 47 BetrVG 1972; DKK/*Trittin*, § 47 BetrVG Rz. 57. |9 Offen gelassen BAG v. 15.8.1978 – 6 ABR 56/77, AP Nr. 3 zu § 47 BetrVG 1972; wie hier: Richardi/*Annuß*, § 47 BetrVG Rz. 66; aA: HSG/*Glaubitz*, § 47 BetrVG Rz. 36; MünchArbR/*Joost*, § 305 Rz. 36. |10 DKK/*Trittin*, § 47 BetrVG Rz. 69; *Fitting*, § 47 BetrVG Rz. 46. |11 Richardi/*Annuß*, § 47 BetrVG Rz. 74; HSG/*Glaubitz*, § 47 BetrVG Rz. 62. |12 HSG/*Glaubitz*, § 47 BetrVG Rz. 63; ErfK/*Eisemann*, § 47 BetrVG Rz. 16. |13 So *Fitting*, § 47 BetrVG Rz. 79; DKK/*Trittin*, § 47 BetrVG Rz. 22; wohl auch Richardi/*Annuß*, § 47 BetrVG Rz. 76 ff. |14 *Hohenstatt* in Willemsen/Hohenstatt/Schweibert/Seibt D 117.

nen. Der BR eines Gemeinschaftsbetriebs ist daher verpflichtet, nur Mitglieder in den GesamtBR eines der Trägerunternehmen zu entsenden, die diesem Unternehmen angehören[1]. Dies kann in Ausnahmefällen dazu führen, dass eine Entsendung in einen GesamtBR zu unterbleiben hat, wenn hierfür keine BR-Mitglieder des betreffenden Trägerunternehmens vorhanden sind[2].

Problematisch ist des Weiteren die **Gewichtung der Stimmen**, wenn eine Sonderregelung zur Stimmgewichtung im Rahmen des Abs. 9 nicht besteht. Nach der Grundregel des Abs. 7 richtet sich dann die Gewichtung der Stimmen nach der Zahl der wahlberechtigten ArbN in dem Betrieb, in dem das Mitglied des GesamtBR gewählt wurde. Diese Regelung könnte zu Ergebnissen führen, die mit den Grundregeln der demokratischen Betriebsverfassung nicht in Einklang zu bringen wären[3]. Es besteht nämlich die Gefahr, dass die aus einem großen Gemeinschaftsbetrieb entsandten Mitglieder den GesamtBR eines verhältnismäßig kleinen Trägerunternehmens dominieren, selbst wenn lediglich eine geringe Zahl von Mitarbeitern des kleinen Trägerunternehmens in dem Gemeinschaftsbetrieb beschäftigt ist. Es ist daher sachgerecht, bei der Gewichtung der Stimmen nur diejenigen wahlberechtigten und in der Wählerliste eingetragenen ArbN zu berücksichtigen, die innerhalb des Gemeinschaftsbetriebs dem Trägerunternehmen angehören, in dessen GesamtBR die Entsendung stattfindet.   29

IX. Streitigkeiten. Streitigkeiten, welche die Errichtung oder Zusammensetzung des GesamtBR, die Stimmgewichtung oder die Entsendung von Mitgliedern durch den BR eines Gemeinschaftsbetriebs betreffen, werden im **Beschlussverfahren** entschieden (§§ 2a, 80 ff. ArbGG). Sind die Voraussetzungen für die Errichtung eines GesamtBR streitig, sind die einzelnen BR und BR-Mitglieder[4] und der ArbGeb antragsberechtigt[5]. Die im Unternehmen vertretenen Gewerkschaften sind nicht antragsberechtigt[6]. Örtlich zuständig ist das ArbG, in dessen Bezirk der Sitz des Unternehmens liegt (§ 82 Satz 2 ArbGG). Bei Unternehmen mit Sitz im Ausland ist das ArbG örtlich zuständig, in dessen Bezirk die zentrale überbetriebliche Organisation für die in Deutschland belegenen Betriebe erfolgt[7].   30

§ 48 Ausschluss von Gesamtbetriebsratsmitgliedern

Mindestens ein Viertel der wahlberechtigten Arbeitnehmer des Unternehmens, der Arbeitgeber, der Gesamtbetriebsrat oder eine im Unternehmen vertretene Gewerkschaft können beim Arbeitsgericht den Ausschluss eines Mitglieds aus dem Gesamtbetriebsrat wegen grober Verletzung seiner gesetzlichen Pflichten beantragen.

Ein Mitglied des GesamtBR kann wegen **grober Verletzung seiner gesetzlichen Pflichten** aus dem GesamtBR ausgeschlossen werden. Der Begriff der „groben Verletzung gesetzlicher Pflichten" entspricht dem des § 23 Abs. 1 (siehe § 23 Rz. 5 ff.), allerdings mit der Maßgabe, dass die Pflichtverletzung als Mitglied des GesamtBR und in Bezug auf Pflichten als Mitglied des GesamtBR erfolgen muss[8]. Die Verletzung von Pflichten als Mitglied des GesamtBR rechtfertigt grundsätzlich nicht den Ausschluss aus dem BR, und umgekehrt, wenngleich der Ausschluss aus dem BR automatisch zum Erlöschen der Mitgliedschaft im GesamtBR führt (§ 49). Eine Auflösung des GesamtBR ist anders als in § 23 Abs. 1 hinsichtlich des EinzelBR nicht vorgesehen. Jedoch können mehrere oder alle Mitglieder des GesamtBR ausgeschlossen werden, wenn sie gemeinschaftlich ihre gesetzlichen Pflichten grob verletzen[9].   1

Der Ausschluss erfolgt auf **Antrag** des ArbGeb, eines Viertels der wahlberechtigten ArbN des Unternehmens, des GesamtBR oder einer im Unternehmen vertretenen Gewerkschaft durch **Beschluss des ArbG**. Örtlich zuständig ist das ArbG, in dessen Bezirk der Sitz des Unternehmens liegt (§ 82 Satz 2 ArbGG). Wird der Antrag durch ein Viertel der wahlberechtigten ArbN gestellt, so ist für die erforderliche Zahl der Zeitpunkt der Antragstellung maßgeblich. Die erforderliche Mindestzahl muss während des ganzen Verfahrens aufrechterhalten bleiben, jedoch können bei Ausscheiden einzelner Antragsteller andere Wahlberechtigte jederzeit durch nachträgliche Antragstellung in das Verfahren eintreten[10]. Eine Gewerkschaft ist im Unternehmen vertreten, wenn ihr zumindest ein ArbN, der in einem der Betriebe des Unternehmens beschäftigt ist, angehört[11]. Demgegenüber haben EinzelBR kein Antragsrecht, jedoch können sie die von ihnen entsandten Mitglieder des GesamtBR jederzeit abberufen[12]. Der Ausschluss wird erst mit **Rechtskraft** des arbeitsgerichtlichen Beschlusses wirksam. Es besteht jedoch die Möglichkeit, einem Mitglied des GesamtBR bis zur rechtskräftigen Entscheidung die Ausübung seines Amtes durch **einstweilige Verfügung** zu untersagen[13].   2

---

1 Richardi/*Annuß*, § 47 BetrVG Rz. 77. |2 *Hohenstatt* in Willemsen/Hohenstatt/Schweibert/Seibt D 117. |3 Vgl. die Beispiele bei Richardi/*Annuß*, § 47 BetrVG Rz. 78 und *Hohenstatt*, in Willemsen/Hohenstatt/Schweibert/Seibt D 118 ff. |4 BAG v. 15.8.1978 – 6 ABR 56/77, AP Nr. 3 zu § 47 BetrVG 1972. |5 Richardi/*Annuß*, § 47 BetrVG Rz. 85. |6 BAG v. 30.10.1986 – 6 ABR 52/83, AP Nr. 6 zu § 47 BetrVG 1972. |7 BAG v. 31.10.1975 – 1 ABR 4/74, AP Nr. 2 zu § 106 BetrVG 1972. |8 HSG/*Glaubitz*, § 48 BetrVG Rz. 4; *Fitting*, § 48 BetrVG Rz. 8. |9 DKK/*Trittin*, § 48 BetrVG Rz. 2; *Fitting*, § 48 BetrVG Rz. 6. |10 GK-BetrVG/*Kreutz*, § 48 Rz. 17; ErfK/*Eisemann*, § 48 BetrVG Rz. 4. |11 DKK/*Trittin*, § 48 BetrVG Rz. 11; Richardi/*Annuß*, § 48 BetrVG Rz. 10. |12 GK-BetrVG/*Kreutz*, § 48 Rz. 16; ErfK/*Eisemann*, § 48 BetrVG Rz. 4. |13 HSG/*Glaubitz*, § 48 BetrVG Rz. 10; DKK/*Trittin*, § 48 BetrVG Rz. 14.

3 Mit Wirksamkeit des Ausschlusses rückt das für das ausgeschlossene Mitglied des GesamtBR bestellte **Ersatzmitglied** in den GesamtBR nach. Soweit kein Ersatzmitglied vorhanden ist, hat der BR, der das ausgeschlossene Mitglied entsandt hatte, ein neues Mitglied in den GesamtBR zu entsenden. Unzulässig ist jedoch, das ausgeschlossene Mitglied erneut zu entsenden, weil dies eine Umgehung der gerichtlichen Entscheidung darstellen würde[1]; hat jedoch eine Neuwahl des BR stattgefunden, soll die erneute Entsendung des ausgeschlossenen Mitglieds hingegen zulässig sein, da nunmehr eine neue demokratische Legitimation bestehe[2].

49 Erlöschen der Mitgliedschaft
Die Mitgliedschaft im Gesamtbetriebsrat endet mit dem Erlöschen der Mitgliedschaft im Betriebsrat, durch Amtsniederlegung, durch Ausschluss aus dem Gesamtbetriebsrat aufgrund einer gerichtlichen Entscheidung oder Abberufung durch den Betriebsrat.

1 Der GesamtBR ist eine „Dauereinrichtung"; er hat keine feststehende Amtszeit, sondern erlischt, wenn die Voraussetzungen für seine Errichtung entfallen[3]. Jedoch ändert sich die Zusammensetzung, wenn Mitglieder des GesamtBR ihr Amt verlieren. Die Beendigung der Mitgliedschaft im GesamtBR wird durch § 49 geregelt.

2 Die Mitgliedschaft im GesamtBR erlischt zunächst durch **Erlöschen der Mitgliedschaft im BR**[4], da die in den GesamtBR entsandten Mitglieder zugleich Mitglied des entsendenden BR sein müssen (siehe § 47 Rz. 14). Das Erlöschen der Mitgliedschaft im entsendenden BR richtet sich nach § 24. Endet die Amtszeit des entsendenden BR, endet auch die Amtszeit der in den GesamtBR entsandten Mitglieder, ungeachtet einer möglichen Wiederwahl und Wiederentsendung[5]. Die Mitgliedschaft im GesamtBR erlischt des Weiteren durch **Amtsniederlegung**, die jederzeit möglich ist und durch eine Erklärung gegenüber dem Vorsitzenden des GesamtBR erfolgt, die weder zurückgenommen noch widerrufen werden kann[6]. Ferner erlischt die Mitgliedschaft durch den rechtskräftigen arbeitsgerichtlichen Beschluss über den **Ausschluss aus dem GesamtBR** gemäß § 48. Schließlich kann der entsendende BR ein von ihm entsandtes Mitglied des GesamtBR jederzeit abberufen. Die **Abberufung** wird mit Fassung des entsprechenden Beschlusses des entsendenden BR wirksam. Die Mitteilung über die Abberufung an den Vorsitzenden des GesamtBR ist nicht Wirksamkeitsvoraussetzung[7], da nach dem Wortlaut des Gesetzes bereits die Abberufung – also die Beschlussfassung – und nicht erst die Mitteilung über die Beschlussfassung zum Erlöschen des Amtes führt. Neben den gesetzlich ausdrücklich geregelten Fällen endet die Mitgliedschaft im GesamtBR auch, wenn der entsendende Betrieb aufgrund einer Übertragung aus dem Unternehmen ausscheidet[8].

3 Mit dem Erlöschen der Mitgliedschaft im GesamtBR endet auch eine etwaige Mitgliedschaft im KonzernBR. Für das ausgeschiedene Mitglied rückt das Ersatzmitglied in den KonzernBR nach.

4 Bei **Streitigkeiten** über die Wirksamkeit der Amtsniederlegung, der Abberufung oder das Nachrücken eines Ersatzmitglieds entscheidet das ArbG im Beschlussverfahren (§§ 2a, 80 ff. ArbGG). Örtlich zuständig ist das ArbG, in dessen Bezirk der Sitz des Unternehmens liegt (§ 82 Satz 2 ArbGG).

50 Zuständigkeit
(1) Der Gesamtbetriebsrat ist zuständig für die Behandlung von Angelegenheiten, die das Gesamtunternehmen oder mehrere Betriebe betreffen und nicht durch die einzelnen Betriebsräte innerhalb ihrer Betriebe geregelt werden können; seine Zuständigkeit erstreckt sich insoweit auch auf Betriebe ohne Betriebsrat. Er ist den einzelnen Betriebsräten nicht übergeordnet.

(2) Der Betriebsrat kann mit der Mehrheit der Stimmen seiner Mitglieder den Gesamtbetriebsrat beauftragen, eine Angelegenheit für ihn zu behandeln. Der Betriebsrat kann sich dabei die Entscheidungsbefugnis vorbehalten. § 27 Abs. 2 Satz 3 und 4 gilt entsprechend.

1 **I. Allgemeines.** GesamtBR und EinzelBR sind einander weder übergeordnet noch untergeordnet (Abs. 1 Satz 2). Der GesamtBR hat grundsätzlich die gleichen Rechte wie die EinzelBR (§ 51 Abs. 5). Dieses gleichberechtigte Nebeneinander erfordert eine Abgrenzung der Zuständigkeiten. § 50 regelt, für welche Angelegenheiten der GesamtBR zuständig ist. Die gesetzliche Abgrenzung der Zuständigkeiten zwischen GesamtBR und EinzelBR ist zwingend und kann weder durch TV noch durch BV geändert werden[9].

---

[1] *Fitting*, § 48 BetrVG Rz. 23; HSG/*Glaubitz*, § 48 BetrVG Rz. 12. | [2] Richardi/*Annuß*, § 48 BetrVG Rz. 15; GK-BetrVG/*Kreutz*, § 48 Rz. 24. | [3] ArbG Stuttgart v. 13.1.1975 – 4 BV 10/75, DB 1976, 1160; Richardi/*Annuß*, § 47 BetrVG Rz. 26 f. | [4] ArbG Stuttgart v. 13.1.1975 – 4 BV 10/75, DB 1976, 1160. | [5] ArbG Stuttgart v. 13.1.1975 – 4 BV 10/75, DB 1976, 1160. | [6] DKK/*Trittin*, § 49 BetrVG Rz. 7; HSG/*Glaubitz*, § 49 BetrVG Rz. 7 f. | [7] Richardi/*Annuß*, § 49 BetrVG Rz. 9; aA ErfK/*Eisemann*, § 49 BetrVG Rz. 3; DKK/*Trittin*, § 49 BetrVG Rz. 9. | [8] *Etzel*, Betriebsverfassungsrecht, Rz. 1351. | [9] BAG v. 11.11.1998 – 4 ABR 40/97, AP Nr. 18 zu § 50 BetrVG 1972; v. 28.4.1992 – 1 ABR 68/91, AP Nr. 11 zu § 50 BetrVG 1972; *Etzel*, Betriebsverfassungsrecht, Rz. 1358.

II. Zuständigkeit kraft Gesetzes. Gemäß Abs. 1 Satz 1 ist der GesamtBR zuständig, wenn eine Angelegenheit das Gesamtunternehmen oder mehrere Betriebe betrifft und eine Regelung nicht durch die einzelnen BR innerhalb der Betriebe erfolgen kann. Diese Voraussetzungen – überbetrieblicher Bezug und fehlende betriebliche Regelungsmöglichkeit – müssen kumulativ vorliegen[1]. Es besteht somit eine **primäre Zuständigkeit der EinzelBR**[2] und eine **subsidiäre Zuständigkeit des GesamtBR**[3].

1. Überbetrieblicher Bezug und fehlende betriebliche Regelungsmöglichkeit. Die Zuständigkeit des GesamtBR setzt zunächst voraus, dass es sich um eine überbetriebliche Angelegenheit handelt. Die überbetriebliche Angelegenheit kann entweder das **Gesamtunternehmen** betreffen, was der Fall ist, wenn eine Regelung unternehmensweit alle Betriebe berührt[4]. Für das Vorliegen einer überbetrieblichen Angelegenheit ist eine unternehmensweite Bedeutung jedoch nicht zwingend erforderlich; es reicht aus, dass die Angelegenheit **mehrere Betriebe**, also mindestens zwei Betriebe, betrifft. Soweit eine Angelegenheit nur einen Betrieb betrifft, ist der GesamtBR nur zuständig, wenn er von dem EinzelBR gemäß Abs. 2 beauftragt wird, die Angelegenheit für ihn zu behandeln.

Die Zuständigkeit des GesamtBR setzt des Weiteren voraus, dass die Angelegenheit **nicht durch die EinzelBR innerhalb ihrer Betriebe geregelt werden kann**. Dieses Kriterium ist jedenfalls erfüllt, wenn eine Regelung durch die EinzelBR **objektiv unmöglich** ist. Das Vorliegen objektiver Unmöglichkeit ist stets ausreichend, um das Merkmal des „Nichtregelnkönnens" durch die EinzelBR zu bejahen. Nach der Rspr. des BAG ist das Merkmal des Fehlens einer betrieblichen Regelungsmöglichkeit jedoch auch erfüllt, wenn ein **zwingendes Erfordernis** für eine unternehmenseinheitliche oder betriebsübergreifende Regelung besteht[5], also eine Regelung durch die EinzelBR **subjektiv unmöglich** ist[6]. Ob ein zwingendes Erfordernis besteht, richtet sich nach den Verhältnissen des einzelnen Unternehmens und der konkreten Betriebe[7]. Nicht ausreichend ist die bloße Zweckmäßigkeit einer einheitlichen Regelung oder das **Koordinationsinteresse** des ArbGeb[8] oder des GesamtBR. Auch der wirtschaftliche Zwang zur Sanierung eines Unternehmens soll nach Ansicht des BAG nicht die Zuständigkeit des GesamtBR zur Abschaffung von Kostenfaktoren (zB Erstattung von Kontoführungsgebühren) begründen, die auf BV beruhen und für die die EinzelBR zuständig sind[9]. Demgegenüber kann das **Verlangen des ArbGeb** nach einer unternehmensweit **einheitlichen Regelung** ein zwingendes Erfordernis darstellen, wenn der ArbGeb allein unter dieser Voraussetzung zu einer regelungsbedürftigen Maßnahme bereit ist und insoweit mitbestimmungs*frei* entscheiden kann (beispielsweise bei der Gewährung einer betrAV oder freiwilliger Zulagen)[10]. Anders als bei freiwilligen Leistungen des ArbGeb gilt dies nicht im Bereich der erzwingbaren Mitbest.: Dort stellt das Verlangen des ArbGeb nach einer einheitlichen Regelung kein zwingendes Erfordernis dar, wenn er bei einer mitbestimmungs*pflichtigen* Maßnahme eine betriebsübergreifende Regelung verlangt[11]. Ebenso soll sich die Zuständigkeit des GesamtBR nach der Rspr. des BAG nicht bereits daraus ergeben, dass der ArbGeb Entscheidungskompetenzen über eine Angelegenheit bei der Unternehmensleitung ansiedelt; eine Konzentration der Entscheidungskompetenzen soll kein zwingendes Erfordernis darstellen, welches eine Zuständigkeit der EinzelBR entfallen lässt[12].

Ein zwingendes Erfordernis für eine unternehmenseinheitliche oder betriebsübergreifende Regelung kann somit beispielsweise vorliegen, wenn **unternehmerische Sachzwänge** eine solche Regelung erfordern[13]. Dies ist etwa der Fall, wenn wegen produktionstechnischer Abhängigkeiten mehrerer Betriebe voneinander eine einheitliche Regelung im Hinblick auf Arbeitszeitfragen zu treffen ist, weil andernfalls eine Störung der betrieblichen Abläufe eintreten würde[14]. Auch rechtliche Gründe können ein zwingendes Erfordernis für eine unternehmenseinheitliche oder betriebsübergreifende Regelung darstellen. In diesem Zusammenhang wird als Beispiel eine unternehmenseinheitliche Regelung unter dem Gesichtspunkt der **Gleichbehandlung** genannt[15], was allerdings nur dann ein zwingendes Erfordernis darstellen kann, soweit man den Gleichbehandlungsgrundsatz nicht nur auf ArbN desselben Betriebs beschränkt, sondern mit der Rspr. des BAG unternehmensweit versteht[16].

Die vorstehenden Kriterien, die der gefestigten Rspr. des BAG entsprechen, erlauben in der Praxis nicht immer eine präzise Abgrenzung der Zuständigkeit des GesamtBR und der EinzelBR. Da die **Wahl**

---

1 BAG v. 26.1.1993 – 1 AZR 303/92, AP Nr. 102 zu § 99 BetrVG 1972. | 2 BAG v. 6.4.1976 – 1 ABR 27/74, AP Nr. 2 zu § 50 BetrVG 1972. | 3 MünchArbR/*Joost*, § 305 Rz. 52; Richardi/*Annuß*, § 50 BetrVG Rz. 3. | 4 BAG v. 16.6.1998 – 1 ABR 68/97, AP Nr. 7 zu § 87 BetrVG 1972 – Gesundheitsschutz. | 5 BAG v. 11.11.1998 – 7 ABR 47/97, AP Nr. 19 zu § 50 BetrVG 1972; v. 26.1.1993 – 1 AZR 303/92, AP Nr. 102 zu § 99 BetrVG 1972; v. 23.9.1975 – 1 ABR 122/73, AP Nr. 1 zu § 50 BetrVG 1972. | 6 BAG v. 11.2.1992 – 1 ABR 51/91, AP Nr. 50 zu § 76 BetrVG 1972; v. 18.10.1994 – 1 ABR 17/94, AP Nr. 70 zu § 87 BetrVG 1972 – Lohngestaltung. | 7 BAG v. 30.8.1995 – 1 ABR 4/95, AP Nr. 29 zu § 87 BetrVG 1972 – Überwachung; v. 14.12.1999 – 1 ABR 27/98, AP Nr. 104 zu § 87 BetrVG 1972 – Lohngestaltung. | 8 BAG v. 26.1.1993 – 1 AZR 303/92, AP Nr. 102 zu § 99 BetrVG 1972; v. 23.9.1975 – 1 ABR 122/73, AP Nr. 1 zu § 50 BetrVG 1972. | 9 BAG v. 15.1.2002 – 1 ABR 10/01, AP Nr. 23 zu § 50 BetrVG 1972, m. Anm. *Weber*; Anm. *Fischer*, RdA 2003, S. 114 ff. | 10 BAG v. 11.11.1998 – 7 ABR 47/97, AP Nr. 19 zu § 50 BetrVG 1972; v. 6.12.1988 – 1 ABR 44/87, AP Nr. 37 zu § 87 BetrVG 1972 – Lohngestaltung. | 11 BAG v. 30.8.1995 – 1 ABR 4/95, AP Nr. 29 zu § 87 BetrVG 1972 – Überwachung. | 12 BAG v. 18.10.1994 – 1 ABR 17/94, AP Nr. 70 zu § 87 BetrVG 1972 – Lohngestaltung. | 13 MünchArbR/*Joost*, § 305 Rz. 54. | 14 BAG v. 23.9.1975 – 1 ABR 122/73, AP Nr. 1 zu § 50 BetrVG 1972. | 15 Vgl. *Fitting*, § 50 BetrVG Rz. 22; *Döring*, DB 1980, 689, 690; abl. HSG/*Glaubitz*, § 50 BetrVG Rz. 12. | 16 BAG v. 17.11.1998 – 1 AZR 147/98, AP Nr. 162 zu § 242 BGB – Gleichbehandlung.

des „falschen" Gremiums für den ArbGeb erhebliche Folgen haben kann, beispielsweise bei Verhandlungen über einen Interessenausgleich (siehe Rz. 13), empfiehlt es sich, dass der ArbGeb **im Zweifelsfall die in Betracht kommenden Gremien zur Klärung ihrer Zuständigkeit auffordert**. Einigen sich GesamtBR und EinzelBR auf die Zuständigkeit des GesamtBR, so sieht das BAG darin zumindest eine Beauftragung gemäß Abs. 2, so dass die Zuständigkeit des GesamtBR in jedem Fall zu bejahen ist[1]. Einigen sich GesamtBR und EinzelBR hingegen auf die Zuständigkeit eines oder mehrerer EinzelBR, ist dies zwar rechtlich nicht bindend, soweit tatsächlich die Zuständigkeit des GesamtBR gegeben ist[2]. Jedoch kann dem ArbGeb in einem solchen Fall zumindest nicht der Vorwurf einer Verletzung von MitbestR gemacht werden[3]. Das Gleiche gilt, wenn sich GesamtBR und EinzelBR nicht über das zuständige Gremium einigen können und der ArbGeb daraufhin eine Entscheidung hinsichtlich des „richtigen" Verhandlungspartners trifft, die unter Berücksichtigung der Entscheidungssituation nachvollziehbar erscheint[4].

7 Eine Abgrenzung der Zuständigkeit zwischen GesamtBR und EinzelBR auf der Grundlage der von der Rspr. entwickelten abstrakten Kriterien ist, wie gesehen, in der Praxis oftmals problematisch. Eine sichere Beurteilung ist vielfach nur unter Berücksichtigung der von der Rspr. entschiedenen **Präzedenzfälle** möglich.

8 a) **Soziale Angelegenheiten.** Im Bereich der sozialen Angelegenheiten ist mit der Rspr. davon auszugehen, dass es sich überwiegend um betriebs- und nicht um unternehmensbezogene Tatbestände handelt[5]. Gewichtige Ausnahmen stellen aber beispielsweise Fragen der Lohngestaltung (§ 87 Abs. 1 Nr. 10) oder die Ausgestaltung von Sozialeinrichtungen (§ 87 Abs. 1 Nr. 8) dar, die typischerweise einheitlich für alle Betriebe des Unternehmens geregelt werden[6]. Im Einzelnen gilt Folgendes.

- **Altersversorgung:** Der ArbGeb kann frei entscheiden, ob er ein betrieblich differenziertes oder ein unternehmenseinheitliches System betrieblicher Altersversorgung (§ 87 Abs. 1 Nr. 8, 10) wünscht. Wird die betrAV wegen seiner finanziellen, steuerlichen und sozialen Bedeutung im Unternehmen einheitlich ausgestaltet, ist der GesamtBR zuständig[7], bei betrieblich differenzierter Altersversorgung sind die EinzelBR zuständig. Die Zuständigkeit des GesamtBR ist auch zu bejahen bei einer unternehmensweit geltenden Neuordnung der betrAV, welche unterschiedliche, bisher auf betrieblicher Ebene geltende Versorgungsordnungen ablöst[8]. Auch für die Änderung unternehmenseinheitlicher Ruhegeldrichtlinien ist der GesamtBR zuständig[9].

- **Arbeitszeit:** Das MitbestR bezüglich der Lage der Arbeitszeit (§ 87 Abs. 1 Nr. 2) fällt in die Zuständigkeit des GesamtBR, wenn wegen der produktionstechnischen Abhängigkeit mehrerer Betriebe voneinander eine einheitliche Regelung erforderlich ist und bei fehlender einheitlicher Regelung eine technisch unträgbare Störung eintreten würde, die zu unangemessenen betrieblichen oder wirtschaftlichen Auswirkungen führen würde[10].

- **Auszahlung der Arbeitsentgelte:** Eine Zuständigkeit des GesamtBR besteht, wenn die Entgeltzahlung zentral EDV-gestützt verwaltet wird und unterschiedliche betriebliche Regelungen den wirtschaftlichen Nutzen der zentralen EDV-Anlage in Frage stellen würden[11]. Demgegenüber besteht eine Zuständigkeit der EinzelBR, wenn die Verhältnisse in den einzelnen Betrieben nicht vergleichbar sind und eine Regelung auf betrieblicher Ebene erfordern. Die Erstattung von Kontoführungsgebühren soll nach Ansicht des BAG wegen der unterschiedlichen Höhe der Gebühren der örtlichen Banken[12] und den angeblich bestehenden betrieblichen und regionalen Besonderheiten in den Zuständigkeitsbereich der EinzelBR fallen; das Bedürfnis nach unternehmensweit einheitlicher Behandlung aller ArbN hält das BAG insoweit für unerheblich[13].

- **Bildschirmarbeitsplätze:** Die EinzelBR sind zuständig, wenn die Bildschirmarbeitsplätze in den einzelnen Niederlassungen unterschiedlich gestaltet sind, so dass kein zwingendes Erfordernis für eine einheitliche Regelung besteht[14]. Im Regelfall ist allerdings eine Zuständigkeit des GesamtBR anzunehmen, da Bildschirmarbeitsplätze, die unternehmensweit vernetzt sind, auch unternehmenseinheitlich gestaltet werden müssen.

- **EDV-System:** Hinsichtlich der Einführung und Nutzung eines unternehmenseinheitlichen EDV-Systems (§ 87 Abs. 1 Nr. 6) besteht eine originäre Zuständigkeit des GesamtBR für die Wahrnehmung

---

1 BAG v. 24.1.1996 – 1 AZR 542/95, AP Nr. 16 zu § 50 BetrVG 1972; krit. zu der Begründung des BAG Richardi/Annuß, § 50 BetrVG Rz. 48, mit Hinweis darauf, dass eine Beauftragung nach Abs. 2 an die dort geregelten formellen Voraussetzungen gebunden ist. | 2 BAG v. 24.1.1996 – 1 AZR 542/95, AP Nr. 16 zu § 50 BetrVG 1972. | 3 Vgl. für das Nichtbestehen von Ansprüchen auf Nachteilsausgleich: BAG v. 24.1.1996 – 1 AZR 542/95, AP Nr. 16 zu § 50 BetrVG 1972. | 4 BAG v. 24.1.1996 – 1 AZR 542/95, AP Nr. 16 zu § 50 BetrVG 1972. | 5 BAG v. 23.9.1975 – 1 ABR 122/73, AP Nr. 1 zu § 50 BetrVG 1972. | 6 BAG v. 6.4.1976 – 1 ABR 27/74, AP Nr. 2 zu § 50 BetrVG 1972. | 7 BAG v. 19.3.1981 – 3 ABR 38/80, AP Nr. 14 zu § 80 BetrVG 1972; v. 5.5.1977 – 3 ABR 24/76, AP Nr. 3 zu § 50 BetrVG 1972. | 8 LAG Düsseldorf v. 6.2.1991 – 4 TaBV 106/90, DB 1991, 1330. | 9 BAG v. 21.2.2003 – 3 ABR 26/02, EzA Nr. 2 zu § 50 BetrVG 2001. | 10 BAG v. 23.9.1975 – 1 ABR 122/73, AP Nr. 1 zu § 50 BetrVG 1972. | 11 LAG Berlin v. 10.9.1979 – 9 TaBV 3/79, DB 1979, 2091. | 12 BAG v. 20.4.1982 – 1 ABR 22/80, DB 1982, 1674 f. | 13 BAG v. 15.1.2002 – 1 ABR 10/01, DB 2002, 1564. | 14 LAG Düsseldorf v. 28.11.1980 – 16 TaBV 13/80, EzA Nr. 9 zu § 87 BetrVG 1972 – Kontrolleinrichtung.

des MitbestR, da sich eine unterschiedliche Ausgestaltung eines solchen Systems in den einzelnen Betrieben mit den Zielen und der Funktion eines solchen Systems nicht vereinbaren lässt[1].

- **Gesundheitsschutz:** Für die Festlegung und Konkretisierung allgemeiner Vorschriften zum Gesundheitsschutz (§ 87 Abs. 1 Nr. 7) ist der GesamtBR zuständig, wenn die Regelung nicht auf den Einzelbetrieb mit seinen betriebsspezifischen Gefahren, sondern wegen unternehmensweit einheitlicher Tätigkeiten auf die einheitliche Festlegung von Sicherheitsstandards zugeschnitten ist[2].

- **Kontoführungspauschale:** Siehe „Auszahlung der Arbeitsentgelte".

- **Kurzarbeit:** Für die Einführung von Kurzarbeit sollen grundsätzlich die EinzelBR zuständig sein[3]. Eine Zuständigkeit des GesamtBR ist jedoch gegeben, wenn wegen der produktionstechnischen Abhängigkeit mehrerer Betriebe voneinander eine einheitliche Regelung erforderlich ist[4].

- **Lohngestaltung:** Für Fragen der betrieblichen Lohngestaltung (§ 87 Abs. 1 Nr. 10) ist die Frage der Zuständigkeit in besonderem Maße vom Einzelfall abhängig. Machen beispielsweise regionale Unterschiede der Arbeitsmarktlage die Zahlung von Zulagen nur in einigen Betrieben erforderlich, besteht keine zwingende Notwendigkeit einer einheitlichen Regelung, so dass die EinzelBR zuständig sind[5]. Ist hingegen aus Gründen der Lohngerechtigkeit ein einheitliches Entgeltsystem für alle im Unternehmen tätigen ArbN einer bestimmten Gruppe erforderlich, ist die Zuständigkeit des GesamtBR zu bejahen[6]. Dies gilt auch, wenn aufgrund der Struktur eines Unternehmens die Provisionen von Außendienstmitarbeitern zentral für das gesamte Unternehmen geregelt werden[7]. Erklärt der ArbGeb, er wolle eine freiwillige Sondervergütung nur gewähren, wenn eine einheitliche Regelung für das Gesamtunternehmen zustande kommt, ist der GesamtBR zuständig[8]. Die Zuständigkeit des GesamtBR ist auch zu bejahen bei der unternehmensweiten Einführung eines Aktienoptionsprogramms[9] oder ähnlicher Formen der Mitarbeiterbeteiligung.

- **Sozialeinrichtungen:** Die Form, Ausgestaltung und Verwaltung von Sozialeinrichtungen (§ 87 Abs. 1 Nr. 8) fällt in die Zuständigkeit des GesamtBR, wenn die Sozialeinrichtung nicht nur für den einzelnen Betrieb errichtet wird[10].

- **Telefonanlage:** Hinsichtlich der Einführung und Nutzung einer unternehmenseinheitlichen Telefonanlage (§ 87 Abs. 1 Nr. 6) steht das MitbestR dem GesamtBR zu, wenn mit der Einführung beispielsweise ein unternehmensweit vernetztes Telefonsystem mit zentraler Kostenüberwachung, der Möglichkeit der einheitlichen Steuerung, der unternehmensweiten Kostenoptimierung oder der Möglichkeit der filialweiten Rufweiterschaltung geschaffen werden soll[11].

- **Urlaub:** Für die Aufstellung allgemeiner Urlaubsgrundsätze und des Urlaubsplans (§ 87 Abs. 1 Nr. 5) ist der GesamtBR zuständig, wenn die produktionstechnische Abhängigkeit mehrerer Betriebe voneinander eine einheitliche Regelung erfordert. Andernfalls sind die EinzelBR zuständig[12].

b) **Gestaltung von Arbeitsplatz, Arbeitsablauf und Arbeitsumgebung.** Bei der Gestaltung von Arbeitsplatz, Arbeitsablauf und Arbeitsumgebung steht die Zuständigkeit gemäß §§ 90, 91 in der Regel den EinzelBR zu[13]. Dies gilt jedoch nicht, wenn aufgrund zentraler Planung eine einheitliche Gestaltung für mehrere oder alle Betriebe erfolgt. So ist der GesamtBR beispielsweise zuständig, wenn für mehrere Filialen eines Einzelhandelsunternehmens, die eine gleichartige Struktur aufweisen, die Kassenarbeitsplätze nach einheitlichen Richtlinien neu gestaltet werden und die Planung und Gestaltung zentral von der Hauptverwaltung aus erfolgt[14].

c) **Personelle Angelegenheiten.** Während der GesamtBR in der Regel für allgemeine personelle Angelegenheiten zuständig ist, kommt eine Zuständigkeit für personelle Einzelmaßnahmen nur ausnahmsweise in Betracht. Für die unternehmensweite **Personalplanung** (§ 92) besteht ein zwingendes Erfordernis für eine unternehmenseinheitliche Regelung, so dass der GesamtBR zuständig ist[15]. Auch die **Beschäftigungssicherung** (§ 92a) fällt überwiegend in die Zuständigkeit des GesamtBR, da Vorschläge zum Produktions- und Investitionsprogramm, zur flexiblen Gestaltung der Arbeitszeit, Förderung der Teilzeitarbeit und ATZ einer überbetrieblichen oder unternehmensweiten Behandlung bedürfen. Im Einzelfall kann sich eine Zuständigkeit des BR ergeben, soweit sich beispielsweise Vorschläge zur Vermeidung von Outsourcingmaßnahmen auf einen Betrieb beschränken. Hinsichtlich der **Ausschreibung von Ar-**

---

1 LAG Düsseldorf v. 21.8.1987 – 9 TaBV 132/86, NZA 1988, 211 ff.; vgl. auch BAG v. 30.8.1995 – 1 ABR 4/95, AP Nr. 29 zu § 87 BetrVG 1972 Überwachung; LAG Nürnberg v. 3.5.2002 – 8 TaBV 38/01, NZA-RR 2003, 21. |2 *BAG* v. 16.6.1998 – 1 ABR 34/97, AP Nr. 7 zu § 87 BetrVG 1972 – Gesundheitsschutz. |3 BAG v. 29.11.1978 – 4 AZR 276/77, AP Nr. 18 zu § 611 BGB – Bergbau. |4 *Fitting*, § 50 BetrVG Rz. 38. |5 BAG v. 18.10.1994 – 1 ABR 17/94, AP Nr. 70 zu § 87 BetrVG 1972 – Lohngestaltung. |6 BAG v. 6.12.1988 – 1 ABR 44/87, AP Nr. 37 zu § 87 BetrVG 1972 – Lohngestaltung. |7 BAG v. 29.3.1977 – 1 ABR 123/74, AP Nr. 1 zu § 87 BetrVG 1972 – Provision. |8 BAG v. 11.2.1992 – 1 ABR 68/97, AP Nr. 50 zu § 76 BetrVG 1972. |9 *Baeck/Diller*, DB 1998, 1405, 1412. |10 BAG v. 6.4.1976 – 1 ABR 27/74, AP Nr. 2 zu § 50 BetrVG 1972. |11 BAG v. 11.11.1998 – ABR 47/97, AP Nr. 19 zu § 50 BetrVG 1972. |12 *Richardi/Annuß*, § 50 BetrVG Rz. 24; aA DKK/*Trittin*, § 50 BetrVG Rz. 36: stets Zuständigkeit des EinzelBR. |13 DKK/*Trittin*, § 50 BetrVG Rz. 46; HSG/*Glaubitz*, § 50 BetrVG Rz. 31. |14 LAG Düsseldorf v. 29.4.1981, 6 TaBV 19/81, ARSt 82, 46. |15 HSG/*Glaubitz*, § 50 BetrVG Rz. 33; Richardi/*Annuß*, § 50 BetrVG Rz. 32.

beitsplätzen (§ 93) ist der GesamtBR zuständig, wenn sie in mehreren oder allen Betrieben erfolgt[1]. **Personalfragebögen, Beurteilungsgrundsätze und Auswahlrichtlinien** (§§ 94, 95) fallen in die Zuständigkeit des GesamtBR, da Anforderungen für einen bestimmten Stellentyp üblicherweise unternehmenseinheitlich gelten müssen[2]. Werden **Berufsbildungsmaßnahmen** (§§ 96 ff.) überbetrieblich durchgeführt oder koordiniert, ist der GesamtBR zuständig[3].

11 Demgegenüber sind für **personelle Einzelmaßnahmen** grundsätzlich die EinzelBR zuständig, da Einstellung, Eingruppierung, Umgruppierung, Versetzung und Kündigung in der Regel keinen überbetrieblichen Bezug haben[4]. Eine Zuständigkeit des GesamtBR wird von den BAG auch verneint, wenn ein ArbN von einem Betrieb in einen anderen Betrieb versetzt wird, selbst wenn der ArbGeb mehrere solcher Versetzungen zu einer sog. Personalrunde zusammenfasst[5]. Eine Zuständigkeit des GesamtBR ist auch dann nicht gegeben, wenn ein ArbN dem Übergang seines Arbeitsverhältnisses auf einen neuen Betriebsinhaber widerspricht und von dem bisherigen Betriebsinhaber – ohne zuvor einem anderen Betrieb des Unternehmens zugeordnet zu werden – betriebsbedingt gekündigt wird[6]; dem steht nicht entgegen, dass in solchen Fällen ggf. kein BR zu beteiligen ist, denn dem GesamtBR steht keine Auffangzuständigkeit zu. Dagegen soll eine Zuständigkeit des GesamtBR für personelle Einzelmaßnahmen gegeben sein, wenn ein ArbN für mehrere Betriebe des Unternehmens gleichzeitig tätig ist[7].

12 **d) Wirtschaftliche Angelegenheiten.** In wirtschaftlichen Angelegenheiten ist der GesamtBR zunächst für die Bestellung der Mitglieder des **Wirtschaftsausschusses** zuständig (§ 107 Abs. 2 Satz 2). Er nimmt im Hinblick auf den Wirtschaftsausschuss alle Rechte und Pflichten wahr, die in Unternehmen mit nur einem Betrieb dem BR zugewiesen sind[8].

13 Betrifft eine **Betriebsänderung** mehrere Betriebe oder das gesamte Unternehmen und besteht ein zwingendes Erfordernis für eine überbetriebliche Regelung, ist der GesamtBR zuständig (siehe § 111 Rz. 72 ff.). Eine **Zuständigkeit des GesamtBR für den Interessenausgleich** ist insb. gegeben, wenn eine Betriebsänderung unternehmenseinheitlich oder betriebsübergreifend geplant wird[9]. Sie kommt beispielsweise in Betracht, wenn alle oder mehrere Betriebe eines Unternehmens[10] oder der gesamte Außendienst eines Unternehmens[11] stillgelegt werden. Für die Verhandlungen über den Interessenausgleich ist der GesamtBR ferner zuständig, wenn in einem Unternehmen entweder der eine oder der andere Betrieb stillgelegt werden muss[12]. Plant der ArbGeb die Verlegung eines Betriebs und dessen Zusammenlegung mit einem anderen seiner Betriebe, ist für die Verhandlungen über den Interessenausgleich ebenfalls der GesamtBR zuständig[13]. Gleiches gilt für einen unternehmensweiten Personalabbau ohne Rücksicht auf betriebliche oder sonstige Besonderheiten in den einzelnen Betrieben[14]. Der GesamtBR ist ebenfalls zuständig, falls eine bisher auf betrieblicher Ebene bestehende organisatorische Einheit zentral in einem Betrieb zusammengefasst wird (beispielsweise die Buchhaltung)[15] oder eine vormals arbeitsteilige Produktion im Unternehmen umgestellt werden soll[16].

14 Zu beachten ist jedoch, dass aus der Zuständigkeit zum Abschluss des Interessenausgleichs nicht notwendigerweise die **Zuständigkeit für den Abschluss des Sozialplans** folgt[17]. Das Vorliegen der Zuständigkeitsvoraussetzungen für den Abschluss des Sozialplans ist **gesondert zu prüfen**. Ob die mit einer Betriebsänderung verbundenen Nachteile unternehmensbezogen oder betriebsbezogen auszugleichen sind, bestimmt sich nach dem Gegenstand der Betriebsänderung und der den ArbN daraus entstehenden Nachteile. Regelt ein mit dem GesamtBR zu vereinbarender Interessenausgleich Betriebsänderungen, die einzelne Betriebe unabhängig voneinander betreffen, kommt für den Abschluss des Sozialplans eine Zuständigkeit der EinzelBR in Betracht[18].

15 **3. Zuständigkeit aufgrund gesetzlicher Zuweisung.** Der GesamtBR hat schließlich Aufgaben aufgrund gesetzlicher Zuweisung. Gemäß § 54 kann durch Beschlüsse der einzelnen GesamtBR ein KonzernBR errichtet werden. Fällt das Unternehmen in den Anwendungsbereich des BetrVG 1952 oder des MitbestG 1976, so wirkt der GesamtBR an der Bestellung des Wahlvorstands zur Wahl der ArbN-Vertreter im Aufsichtsrat mit (§ 4 2. WOMitbestG 2002; § 4 3. WOMitbestG 2002; § 38 WOBetrVG 1953). Des Weiteren ist der GesamtBR zuständig für die Bestellung der inländischen Mitglieder des besonderen Verhandlungsgremiums sowie die Bestellung der inländischen Mitglieder des EBR (§ 11 Abs. 1, § 23

---

1 Richardi/*Annuß*, § 50 BetrVG Rz. 33; vgl. *Fitting*, § 50 BetrVG Rz. 53. | 2 BAG v. 31.1.1984 – 1 ABR 63/81, AP Nr. 3 zu § 95 BetrVG 1972; BAG v. 31.5.1983 – 1 ABR 6/80, AP Nr. 2 zu § 95 BetrVG 1972. | 3 BAG v. 12.11.1991 – 1 ABR 21/91, AP Nr. 8 zu § 98 BetrVG 1972. | 4 Vgl. BAG v. 3.2.1982 – 7 AZR 791/79, DB 1982, 1624 f. | 5 BAG v. 26.1.1993 – 1 AZR 303/92, AP Nr. 102 zu § 99 BetrVG 1972. | 6 BAG v. 21.3.1996 – 2 AZR 559/95, AP Nr. 81 zu § 102 BetrVG 1972. | 7 DKK/*Trittin*, § 50 BetrVG Rz. 56; HSG/*Glaubitz*, § 50 BetrVG Rz. 35a; vgl. auch BAG v. 3.2.1982 – 7 AZR 791/79, DB 1982, 1624 f. | 8 Richardi/*Annuß*, § 50 BetrVG Rz. 36. | 9 BAG v. 8.6.1999 – 1 AZR 831/98, AP Nr. 47 zu § 111 BetrVG 1972. | 10 BAG v. 17.2.1981 – 1 AZR 290/78, AP Nr. 11 zu § 112 BetrVG 1972. | 11 BAG v. 8.6.1999 – 1 AZR 831/98, AP Nr. 47 zu § 111 BetrVG 1972. | 12 BAG v. 11.12.2001 – 1 AZR 193/01, DB 2002, 1276 ff. | 13 BAG v. 24.1.1996 – 1 AZR 542/95, AP Nr. 1 zu § 50 BetrVG 1972. | 14 BAG v. 20.4.1994 – 10 AZR 186/93, AP Nr. 27 zu § 113 BetrVG 1972. | 15 *Schweibert* in Willemsen/Hohenstatt/Schweibert/Seibt C 316. | 16 *Picot/Schnitker*, Arbeitsrecht bei Unternehmenskauf und Restrukturierung, II Rz. 97. | 17 BAG v. 11.12.2001 – 1 AZR 193/01, DB 2002, 1276 ff.; vgl. aber BAG v. 23.10.2002 – 7 ABR 55/01, AP Nr. 26 zu § 50 BetrVG 1972. | 18 BAG v. 11.12.2001 – 1 AZR 193/01, DB 2002, 1276 ff.

Abs. 1 EBRG), soweit nicht der KonzernBR zuständig ist (siehe § 58 Rz. 10). Gemäß § 17 Abs. 1 kann der GesamtBR einen Wahlvorstand in betriebsratslosen Betrieben bestellen. Bei **Umwandlungen** nach dem UmwG ist der GesamtBR empfangszuständig für die Entgegennahme des (Entwurfs des) Verschmelzungsvertrags gemäß § 5 Abs. 3 UmwG, wenn der beteiligte Rechtsträger aus mehreren Betrieben besteht und ein GesamtBR gebildet ist[1].

III. Zuständigkeit für betriebsratslose Betriebe. Ist der GesamtBR gemäß Abs. 1 zuständig, so erstreckt sich diese Zuständigkeit gemäß Abs. 1 Satz 1 Halbs. 2 auch auf betriebsratslose Betriebe. Diese Erstreckung der Zuständigkeit ist im Zuge der Reform des BetrVG neu in das Gesetz eingefügt worden. Die entgegenstehende frühere Rspr. des BAG[2] ist damit hinfällig, obgleich die Einwände gegen eine Erstreckung der Zuständigkeit des GesamtBR auf betriebsratslose Betriebe (fehlende demokratische Legitimation) bestehen bleiben. Die Zuständigkeit des GesamtBR betrifft nicht solche Gegenstände, für die ein EinzelBR zuständig wäre; der GesamtBR ist kein Ersatzbetriebsrat[3]. „Betriebsratslos" sind sowohl betriebsratsfähige Betriebe, die von der Wahl eines BR abgesehen haben, als auch nicht betriebsratsfähige Betriebe[4]. Durch die Erstreckung der Zuständigkeit des GesamtBR auf betriebsratslose Betriebe wird der Geltungsbereich von in einem Unternehmen bereits bestehenden GesamtBV grundsätzlich auf die betriebsratslosen Betriebe ausgedehnt. Wird das Unternehmen dadurch jedoch mit weiteren nicht vorhersehbaren Kosten belastet, kann sich der ArbGeb auf einen Wegfall der Geschäftsgrundlage berufen und zumindest eine Anpassung der GesamtBV verlangen[5].

16

IV. Zuständigkeit kraft Auftrags. Abs. 2 eröffnet dem EinzelBR die Möglichkeit, den GesamtBR mit der Wahrnehmung einzelner Angelegenheiten zu beauftragen, für die an sich der EinzelBR zuständig ist. Hierdurch wird es möglich, die Zuständigkeit des GesamtBR in Fällen zu begründen, in denen dies zweckmäßig ist, insb. im Hinblick auf den unmittelbaren Kontakt des GesamtBR zur Unternehmensleitung[6]. Die Beauftragung ist mit der **qualifizierten Mehrheit** der Stimmen der Mitglieder des BR zu beschließen (Abs. 2 Satz 1) und bedarf der **Schriftform** (Abs. 2 Satz 2 iVm. § 27 Abs. 2 Satz 3). Der EinzelBR darf nicht generell im Voraus die Zuständigkeit ganzer Sachbereiche an den GesamtBR übertragen, sondern kann die Beauftragung jeweils nur im Hinblick auf eine ganz bestimmte Angelegenheit vornehmen[7]. Der BR darf die Beauftragung des GesamtBR **widerrufen**; auch dafür ist die Mehrheit der Stimmen der Mitglieder des BR erforderlich[8]. Nach überwiegender Auffassung bedarf der Widerruf keines sachlichen Grundes[9]. Erfolgt der Widerruf jedoch rechtsmissbräuchlich, etwa um Verhandlungen über einen Interessenausgleich durch ein „Ping-Pong-Spiel" zwischen BR und GesamtBR zu verzögern, ist der Widerruf unwirksam[10]. Gleichwohl empfiehlt es sich aus ArbGebSicht, vor der Aufnahme von Verhandlungen auf eine unwiderrufliche Beauftragung des GesamtBR zu drängen[11]. Hat ein EinzelBR den GesamtBR beauftragt, eine bestimmte Angelegenheit für ihn zu behandeln, so ist der GesamtBR auch für die Anrufung der Einigungsstelle zuständig[12].

17

Gemäß Abs. 2 Satz 2 kann sich der BR bei der Beauftragung des GesamtBR die **Entscheidungsbefugnis vorbehalten**, so dass dem GesamtBR nur das Recht verbleibt, die Verhandlungen zu führen. Aus der Gesetzessystematik folgt, dass der GesamtBR grundsätzlich entscheidungsbefugt ist, soweit sich der EinzelBR die Entscheidungsbefugnis nicht ausdrücklich und unmissverständlich vorbehalten hat[13].

18

V. Streitigkeiten. Bei Streitigkeiten über die Zuständigkeit des GesamtBR entscheidet das ArbG im Beschlussverfahren (§§ 2a, 80 ff. ArbGG). Örtlich zuständig ist das ArbG, in dessen Bezirk der Sitz des Unternehmens liegt (§ 82 Satz 2 ArbGG). Für Streitigkeiten über eine Beauftragung des GesamtBR durch einen EinzelBR ist dagegen das ArbG örtlich zuständig, in dessen Bezirk der Betrieb des betreffenden EinzelBR liegt. Kann im Rahmen eines **einstweiligen Verfügungsverfahrens** die Zuständigkeit des antragstellenden GesamtBR bzw. BR nicht eindeutig geklärt werden, soll nach Ansicht des Hess. LAG ein überwiegendes Interesse am Erlass der einstweiligen Verfügung zu verneinen sein[14].

19

51 *Geschäftsführung*
(1) Für den Gesamtbetriebsrat gelten § 25 Abs. 1, die §§ 26, 27 Abs. 2 und 3, § 28 Abs. 1 Satz 1 und 3, Abs. 2, die §§ 30, 31, 34, 35, 36, 37 Abs. 1 bis 3 sowie die §§ 40 und 41 entsprechend. § 27 Abs. 1 gilt entsprechend mit der Maßgabe, dass der Gesamtbetriebsausschuss aus dem Vorsitzenden des Gesamtbetriebsrats, dessen Stellvertreter und bei Gesamtbetriebsräten mit

---

1 Kallmeyer/Willemsen, 2. Aufl. 2001, § 5 UmwG Rz. 75; Lutter/Lutter, 2. Aufl. 2000, § 5 UmwG Rz. 86. | 2 BAG v. 16.8.1983 – 1 AZR 544/81, AP Nr. 5 zu § 50 BetrVG 1972. | 3 BAG v. 16.8.1983 – 1 AZR 544/81, AP Nr. 5 zu § 50 BetrVG 1972; *Stege/Weinspach/Schiefer*, §§ 47–52 BetrVG Rz. 9d und 10. | 4 *Fitting*, § 50 BetrVG Rz. 29. | 5 Vgl. *Fitting*, § 50 BetrVG Rz. 31. | 6 Richardi/*Annuß*, § 50 BetrVG Rz. 53; GK-BetrVG/*Kreutz*, § 50 Rz. 53. | 7 BAG v. 26.1.1993 – 1 AZR 303/92, AP Nr. 102 zu § 99 BetrVG 1972. | 8 *Etzel*, Betriebsverfassungsrecht, Rz. 1362. | 9 DKK/*Trittin*, § 50 BetrVG Rz. 70; Richardi/*Annuß*, § 50 BetrVG Rz. 62; aA *Behrens/Kramer*, DB 1994, 94 ff. | 10 Vgl. DKK/*Trittin*, § 50 BetrVG Rz. 70. | 11 *Schweibert* in Willemsen/Hohenstatt/Schweibert/Seibt, C 313. | 12 LAG Düsseldorf v. 3.7.2002 – 12 TaBV 22/02, NZA – RR 2003, 83. | 13 GK-BetrVG/*Kreutz*, § 50 Rz. 66; ErfK/*Eisemann*, § 50 BetrVG Rz. 9. | 14 LAG Hess. v. 21.6.2001 – 5 TaBV Ga 45/01, AE 2001, 137, 138.

- 9 bis 16 Mitgliedern aus 3 weiteren Ausschussmitgliedern,
- 17 bis 24 Mitgliedern aus 5 weiteren Ausschussmitgliedern,
- 25 bis 36 Mitgliedern aus 7 weiteren Ausschussmitgliedern,
- mehr als 36 Mitgliedern aus 9 weiteren Ausschussmitgliedern

besteht.

(2) Ist ein Gesamtbetriebsrat zu errichten, so hat der Betriebsrat der Hauptverwaltung des Unternehmens oder, soweit ein solcher Betriebsrat nicht besteht, der Betriebsrat des nach der Zahl der wahlberechtigten Arbeitnehmer größten Betriebs zu der Wahl des Vorsitzenden und des stellvertretenden Vorsitzenden des Gesamtbetriebsrats einzuladen. Der Vorsitzende des einladenden Betriebsrats hat die Sitzung zu leiten, bis der Gesamtbetriebsrat aus seiner Mitte einen Wahlleiter bestellt hat. § 29 Abs. 2 bis 4 gilt entsprechend.

(3) Die Beschlüsse des Gesamtbetriebsrats werden, soweit nichts anderes bestimmt ist, mit Mehrheit der Stimmen der anwesenden Mitglieder gefasst. Bei Stimmengleichheit ist ein Antrag abgelehnt. Der Gesamtbetriebsrat ist nur beschlussfähig, wenn mindestens die Hälfte seiner Mitglieder an der Beschlussfassung teilnimmt und die Teilnehmenden mindestens die Hälfte aller Stimmen vertreten; Stellvertretung durch Ersatzmitglieder ist zulässig. § 33 Abs. 3 gilt entsprechend.

(4) Auf die Beschlussfassung des Gesamtbetriebsausschusses und weiterer Ausschüsse des Gesamtbetriebsrats ist § 33 Abs. 1 und 2 anzuwenden.

(5) Die Vorschriften über die Rechte und Pflichten des Betriebsrats gelten entsprechend für den Gesamtbetriebsrat, soweit dieses Gesetz keine besonderen Vorschriften enthält.

I. Allgemeines. Die Vorschrift regelt die innere Organisation und die Geschäftsführung des GesamtBR. Dabei verweisen Abs. 1 und 4 im Wesentlichen auf die Vorschriften, die auch für die innere Organisation und Geschäftsführung des BR maßgeblich sind, während Abs. 2 und 3 Regelungen enthalten, die den Besonderheiten des GesamtBR Rechnung tragen. Abs. 5 regelt schließlich, dass die Vorschriften über Rechte und Pflichten des BR für den GesamtBR entsprechend gelten, soweit das Gesetz keine abweichenden Vorschriften enthält.

II. Konstituierung des GesamtBR. Ist ein GesamtBR erstmalig zu bilden, richtet sich die Zuständigkeit für die Einladung zu seiner konstituierenden Sitzung nach Abs. 2. Zweck der konstituierenden Sitzung ist die Wahl des Vorsitzenden des GesamtBR und seines Stellvertreters. Zuständig für die Einladung zu der konstituierenden Sitzung ist der **BR der Hauptverwaltung** des Unternehmens. Hauptverwaltung ist derjenige Teil des Unternehmens, von dem aus die Leitung des Unternehmens erfolgt. Bildet die Hauptverwaltung keinen selbständigen Betrieb, sondern ist sie nur unselbständiger Betriebsteil etwa eines Produktionsbetriebs, so ist der BR dieses Betriebs für die Einladung zur konstituierenden Sitzung zuständig[1]. Ist im Betrieb der Hauptverwaltung des Unternehmens kein BR gebildet, so lädt der BR des nach der Zahl der wahlberechtigten ArbN **größten Betriebs** zur konstituierenden Sitzung ein. Dabei kommt es auf die Zahl der Eintragungen in die Wählerliste bei der letzten BR-Wahl an[2]. Unterlässt der BR der Hauptverwaltung bzw. des größten Betriebs eine Einladung zur konstituierenden Sitzung, so sollen die von den EinzelBR entsandten Mitglieder nach überwiegender Ansicht von sich aus zur konstituierenden Sitzung zusammentreten können[3]. Die Regelungen des Abs. 2 finden schließlich entsprechend Anwendung, wenn die Mitgliedschaft aller Mitglieder des GesamtBR, etwa infolge der regelmäßigen BR-Wahlen, geendet hat[4]. In diesem Fall besteht allerdings der GesamtBR, der eine Dauereinrichtung ist, fort. Es ist lediglich ein neuer Vorsitzender und stellvertretender Vorsitzender zu wählen.

Die Einladung ergeht an alle BR im Unternehmen. Sie kann die Aufforderung enthalten, Mitglieder in den GesamtBR zu entsenden, soweit dies noch nicht geschehen ist[5].

Bis der GesamtBR aus seiner Mitte einen Wahlleiter bestellt hat, obliegt die **Sitzungsleitung** dem Vorsitzenden des einladenden BR. Soweit der Vorsitzende des einladenden BR selbst nicht in den GesamtBR entsandt worden ist, endet seine Teilnahme an der konstituierenden Sitzung mit der Bestellung des Wahlleiters[6]. Nach der Wahl des Vorsitzenden obliegt diesem die weitere Leitung der Sitzung. Er beruft auch die weiteren Sitzungen ein. Insoweit gelten für die Einberufung der Sitzungen des BR anwendbaren Vorschriften entsprechend (Abs. 2 Satz 3 iVm. § 29 Abs. 2 bis 4).

III. Geschäftsführung und innere Ordnung. 1. Vorsitz. Der GesamtBR wählt **aus seiner Mitte** einen Vorsitzenden und dessen Stellvertreter (Abs. 1 Satz 1 iVm. § 26 Abs. 1). Die erste Wahl eines Vorsitzenden erfolgt in der konstituierenden Sitzung des GesamtBR (Abs. 2 Satz 1). Da die Mitgliedschaft im Ge-

---

1 DKK/*Trittin*, § 51 BetrVG Rz. 6; *Löwisch/Kaiser*, § 51 BetrVG Rz. 1; ErfK/*Eisemann*, § 51 BetrVG Rz. 1; aA *Fitting*, § 51 BetrVG Rz. 8. |2 GK-BetrVG/*Kreutz*, § 51 Rz. 8; Richardi/*Annuß*, § 51 BetrVG Rz. 24. |3 *Fitting*, § 51 BetrVG Rz. 11; DKK/*Trittin*, § 51 BetrVG Rz. 9; aA HSG/*Glaubitz*, § 51 BetrVG Rz. 17. |4 ArbG Stuttgart v. 13.1.1975 – 4 BV 10/75, DB 1976, 1160. |5 HSG/*Glaubitz*, § 51 BetrVG Rz. 16; DKK/*Trittin*, § 51 BetrVG Rz. 8. |6 *Fitting*, § 51 BetrVG Rz. 12; Richardi/*Annuß*, § 51 BetrVG Rz. 26.

samtBR durch Erlöschen der Mitgliedschaft im entsendenden BR endet, ist eine Neu- oder Wiederwahl des Vorsitzenden und seines Stellvertreters in der den regelmäßigen BR-Wahlen (§ 13) folgenden Sitzung des GesamtBR vorzunehmen[1]. Erlischt die Mitgliedschaft des Vorsitzenden oder seines Stellvertreters vorzeitig (§ 49) oder erfolgt eine Niederlegung des Vorsitzes oder eine Abberufung von dem Amt des Vorsitzenden, ist unverzüglich ein neuer Vorsitzender bzw. stellvertretender Vorsitzender zu wählen. Der Vorsitzende, oder im Fall seiner Verhinderung sein Stellvertreter, vertritt den GesamtBR im Rahmen der von ihm gefassten Beschlüsse und ist zur Entgegennahme und Abgabe von Erklärungen, die dem GesamtBR gegenüber abzugeben sind, berechtigt (Abs. 1 Satz 1 iVm. § 26 Abs. 2) (siehe § 26 Rz. 10).

2. Gesamtbetriebsausschuss. Hat der GesamtBR neun oder mehr Mitglieder, besteht die Möglichkeit – aber auch die Pflicht – zur Bildung eines Gesamtbetriebsausschusses, der die **laufenden Geschäfte** des GesamtBR führt. Auch können dem Gesamtbetriebsausschuss **Aufgaben zur selbständigen Erledigung** übertragen werden, jedoch nicht der Abschluss von GesamtBV (Abs. 1 Satz 1 iVm. § 27 Abs. 2). Der Vorsitzende des GesamtBR und sein Stellvertreter gehören dem Gesamtbetriebsausschuss kraft Amtes an. Je nach Größe des GesamtBR sind drei bis neun weitere Ausschussmitglieder gemäß der in Abs. 1 Satz 2 festgelegten Staffel zu wählen. Die Mitgliedschaft im Gesamtbetriebsausschuss endet durch Niederlegung des Amtes im Gesamtbetriebsausschuss, Erlöschen der Mitgliedschaft im GesamtBR oder Abberufung durch den GesamtBR[2]. Für die Beschlussfassung des Gesamtbetriebsausschusses ordnet Abs. 4 die entsprechende Anwendung des § 33 Abs. 1 und 2 an. Der Grundsatz der Stimmengewichtung gilt nicht; jedes Ausschussmitglied hat eine Stimme[3].

Soweit im Unternehmen mehr als 100 ArbN beschäftigt sind, kann der GesamtBR **weitere Ausschüsse** bilden und ihnen Aufgaben übertragen (Abs. 1 Satz 1 iVm. § 28 Abs. 1). Auch hier gilt jedoch, dass der Abschluss von GesamtBV nicht auf Ausschüsse übertragen werden darf (Abs. 1 Satz 1 iVm. § 28 Abs. 1 Satz 3 iVm. § 27 Abs. 2 Satz 2). Für die Beschlussfassung der weiteren Ausschüsse ordnet Abs. 4 die entsprechende Anwendung des § 33 Abs. 1 und 2 an. Ebenso wie im Gesamtbetriebsausschuss gilt der Grundsatz der Stimmgewichtung nicht; jedes Ausschussmitglied hat eine Stimme.

3. Entsprechende Anwendung der für die Geschäftsführung des BR geltenden Vorschriften. Für die Geschäftsführung und innere Ordnung des GesamtBR sind gemäß Abs. 1 Satz 1 eine Reihe von weiteren Vorschriften, die für die Geschäftsführung des BR gelten, entsprechend anwendbar. Aufgrund dieser Verweisung gilt im Einzelnen Folgendes:

- **Arbeitsbefreiung:** Die Mitglieder des GesamtBR sind von ihren beruflichen Tätigkeiten zu befreien, soweit dies zur ordnungsgemäßen Durchführung ihrer Aufgaben erforderlich ist (Abs. 1 Satz 1 iVm. § 37 Abs. 2). Muss die Tätigkeit für den GesamtBR aus betriebsbedingten Gründen außerhalb der Arbeitszeit durchgeführt werden, besteht Anspruch auf entsprechende Arbeitsbefreiung unter Fortzahlung des Arbeitsentgelts (Abs. 1 Satz 1 iVm. § 37 Abs. 3).

- **Ersatzmitglieder:** Scheidet ein Mitglied des GesamtBR aus oder ist es zeitweilig verhindert, rückt ein Ersatzmitglied nach (Abs. 1 Satz 1 iVm. § 25 Abs. 1). Die Reihenfolge des Nachrückens ist gemäß § 47 Abs. 3 festzulegen (siehe § 47 Rz. 17).

- **Geschäftsordnung:** Sonstige Bestimmungen über die Geschäftsführung sollen in einer schriftlichen Geschäftsordnung getroffen werden (Abs. 1 Satz 1 iVm. § 36).

- **Gewerkschaftsbeauftragte:** Beauftragte von Gewerkschaften sind berechtigt, auf Antrag eines Viertels der Mitglieder des GesamtBR an den Sitzungen beratend teilzunehmen, wobei das Stimmgewicht, nicht die Kopfzahl maßgeblich ist. Eine Teilnahmeberechtigung eines Gewerkschaftsvertreters setzt voraus, dass die Gewerkschaft im GesamtBR vertreten ist[4], ihr also ein Mitglied des GesamtBR angehört.

- **Kosten:** Die Kosten, die durch die Tätigkeit des GesamtBR entstehen, trägt der ArbGeb (Abs. 1 Satz 1 iVm. § 40). Auch hier gilt der Grundsatz, dass nur die zur Durchführung der Arbeit des GesamtBR erforderlichen Kosten vom ArbGeb zu tragen sind[5]. Im Einzelfall kann es erforderlich sein, dass der Vorsitzende des GesamtBR auswärtige Betriebe aufsucht[6]. Die Kosten der Herausgabe eines Informationsblatts durch den GesamtBR braucht der ArbGeb nicht zu tragen[7].

- **Sitzungen des GesamtBR:** Die Gesamtbetriebsratssitzungen finden in der Regel während der Arbeitszeit statt (Abs. 1 Satz 1 iVm. § 30 Satz 1). Der GesamtBR ist grundsätzlich nicht verpflichtet, seine Sitzungen am Ort der Hauptverwaltung des Unternehmens abzuhalten[8], jedoch ist es nicht zulässig, die Sitzungen des BR an Orten abzuhalten, an denen das Unternehmen keinen Betrieb hat[9]. Auch ansonsten hat der GesamtBR darauf zu achten, dass im Zusammenhang mit seinen Sitzungen nur die

---

1 ArbG Stuttgart v. 13.1.1975 – 4 BV 10/75, DB 1976, 1160. | 2 Richardi/Annuß, § 51 BetrVG Rz. 17 ff. | 3 ErfK/Eisemann, § 51 BetrVG Rz. 13. | 4 HSG/Glaubitz, § 51 BetrVG Rz. 29; Fitting, § 51 BetrVG Rz. 37; ErfK/Eisemann, § 51 BetrVG Rz. 6; aA DKK/Trittin, § 51 BetrVG Rz. 45. | 5 BAG v. 21.11.1978 – 6 ABR 55/76, AP Nr. 4 zu § 50 BetrVG 1972. | 6 LAG Berlin v. 1.10.1973 – 5 TaBV 5/73, BB 1974, 1439. | 7 BAG v. 21.11.1978 – 6 ABR 55/76, AP Nr. 4 zu § 50 BetrVG 1972. | 8 BAG v. 24.7.1979 – 6 ABR 96/77, AP Nr. 1 zu § 51 BetrVG 1972. | 9 HSG/Glaubitz, § 51 BetrVG Rz. 11; offen gelassen von BAG v. 24.7.1979 – 6 ABR 96/77, AP Nr. 1 zu § 51 BetrVG 1972.

- **Sitzungsniederschrift:** Über jede Sitzung des GesamtBR wird eine Niederschrift angefertigt, von der der ArbGeb oder der Beauftragte einer Gewerkschaft, sofern sie teilgenommen haben, eine Abschrift erhält (Abs. 1 Satz 1 iVm. § 34). In der Regel besteht kein Anspruch des GesamtBR auf Stellung einer Schreibkraft zur Protokollführung[1].

- **Sprechstunden:** Da Abs. 1 Satz 1 nicht auf § 39 verweist, sind Sprechstunden des GesamtBR nicht vorgesehen, es sei denn, sie werden außerhalb der Arbeitszeit abgehalten oder erfolgen mit Zustimmung des ArbGeb[2].

9 **IV. Beschlussfassung des GesamtBR.** Die Beschlussfassung im GesamtBR erfolgt gemäß Abs. 3, der den Besonderheiten der im GesamtBR geltenden Regeln der Stimmgewichtung Rechnung trägt. Für die **Beschlussfähigkeit** des GesamtBR ist erforderlich, dass mindestens die Hälfte der Mitglieder des GesamtBR an der Beschlussfassung teilnimmt und die Teilnehmenden mindestens die Hälfte aller Stimmen vertreten. Diese Voraussetzungen müssen kumulativ vorliegen, da bei entsprechender Stimmengewichtung (§ 47 Abs. 7 bis 9) sehr wenige Mitglieder des GesamtBR der Stimmen innehaben können und es sich mit dem Charakter des GesamtBR als Kollegialorgan nicht vertragen würde, wenn bereits deren Anwesenheit für die Beschlussfähigkeit ausreichen würde[3].

10 Die **Beschlussfassung** erfolgt, soweit nichts anderes bestimmt ist, mit der Mehrheit der Stimmen der anwesenden Mitglieder, wobei jedes Mitglied die ihm nach § 47 Abs. 7 bis 9 zustehenden Stimmen inne hat. Die dem einzelnen Mitglied zustehenden Stimmen können nur einheitlich abgegeben werden (siehe § 47 Rz. 25). Gemäß Abs. 3 Satz 2 ist ein Antrag bei Stimmengleichheit abgelehnt. Während grundsätzlich die einfache Mehrheit der Stimmen der anwesenden Mitglieder ausreichend ist, erfordert die Übertragung von Aufgaben des GesamtBR auf den Gesamtbetriebsausschuss die Mehrheit der Stimmen aller Mitglieder (§ 51 Abs. 1 iVm. § 27 Abs. 2 Satz 2). Gleiches gilt für die Beauftragung des KonzernBR, eine Angelegenheit für den GesamtBR wahrzunehmen (§ 58 Abs. 2), für den Erlass einer Geschäftsordnung (Abs. 1 Satz 1 iVm. § 36) sowie für die Übertragung von Aufgaben des Wirtschaftsausschusses auf einen Ausschuss des GesamtBR (§ 107 Abs. 3 Satz 1). Betrifft ein von dem GesamtBR zu fassender Beschluss überwiegend die in § 60 Abs. 1 bezeichneten jugendlichen oder auszubildenden ArbN, haben die Mitglieder der Gesamt-JAV ein Stimmrecht (§ 73 Abs. 2 iVm. § 67 Abs. 2). Ihre Stimmen sind somit bei der Berechnung der Stimmenmehrheit, nicht jedoch für das Vorliegen der Beschlussfähigkeit mitzuzählen[4].

11 **V. Rechte und Pflichten des GesamtBR.** Durch die Generalklausel des Abs. 5 wird klargestellt, dass der GesamtBR über die gleichen Rechte und Pflichten wie der BR verfügt, soweit das Gesetz keine besonderen Vorschriften enthält. Somit gilt etwa das Gebot der vertrauensvollen Zusammenarbeit auch für das Verhältnis zwischen GesamtBR und ArbGeb[5]. Im Rahmen seiner Zuständigkeit hat der GesamtBR auch die gleichen MitbestR wie der BR[6].

12 **VI. Streitigkeiten.** Bei Streitigkeiten über die Geschäftsführung und innere Ordnung des GesamtBR entscheidet das ArbG im Beschlussverfahren (§§ 2a, 80 ff. ArbGG). Örtlich zuständig ist das ArbG, in dessen Bezirk der Sitz des Unternehmens liegt (§ 82 Satz 2 ArbGG).

52 Teilnahme der Gesamtschwerbehindertenvertretung

Die Gesamtschwerbehindertenvertretung (§ 97 Abs. 1 des Neunten Buches Sozialgesetzbuch) kann an allen Sitzungen des Gesamtbetriebsrats beratend teilnehmen.

1 Entsprechend dem Teilnahmerecht der Schwerbehindertenvertretung an den Sitzungen des BR (§ 32), regelt § 52 das Recht der **Gesamtschwerbehindertenvertretung**, an allen Sitzungen des GesamtBR beratend teilzunehmen. Gemäß § 97 Abs. 1 SGB IX wählen die Schwerbehindertenvertretungen der einzelnen Betriebe eine Gesamtschwerbehindertenvertretung, wenn für mehrere Betriebe eines ArbGeb ein GesamtBR errichtet ist. Ist eine Schwerbehindertenvertretung nur in einem der Betriebe gewählt, nimmt sie die Rechte der Gesamtschwerbehindertenvertretung wahr. In Anlehnung an § 50 Abs. 1 Satz 1 ist es gemäß § 97 Abs. 6 SGB IX Aufgabe der Gesamtschwerbehindertenvertretung, die Interessen der schwerbehinderten Menschen in solchen Angelegenheiten zu vertreten, die das Gesamtunternehmen oder mehrere Betriebe des ArbGeb betreffen und von den Schwerbehindertenvertretungen der einzelnen Betriebe nicht geregelt werden können. Des Weiteren vertritt die Gesamtschwerbehindertenvertre-

---

1 Anders DKK/*Trittin*, § 51 BetrVG Rz. 44, für Sitzungen mit besonders umfangreicher Tagesordnung. | 2 HSG/*Glaubitz*, § 51 BetrVG Rz. 59; *Fitting*, § 51 BetrVG Rz. 45. | 3 Richardi/*Annuß*, § 51 BetrVG Rz. 41. | 4 *Fitting*, § 51 BetrVG Rz. 56; Richardi/*Annuß*, § 51 BetrVG Rz. 44. | 5 HSG/*Glaubitz*, § 51 BetrVG Rz. 63; ErfK/*Eisemann*, § 51 BetrVG Rz. 10. | 6 DKK/*Trittin*, § 51 BetrVG Rz. 58; GK-BetrVG/*Kreutz*, § 51 Rz. 80.

tung auch die Interessen der schwerbehinderten Menschen, die in solchen Betrieben tätig sind, für die eine Schwerbehindertenvertretung nicht gewählt ist.

Die Gesamtschwerbehindertenvertretung ist **berechtigt, an allen Sitzungen des GesamtBR** beratend **teilzunehmen**. Aus dem Gesetzeswortlaut ergibt sich, dass sich das Teilnahmerecht nicht auf Sitzungen des GesamtBR beschränkt, in denen Gegenstände behandelt werden, die den Zuständigkeitsbereich der Gesamtschwerbehindertenvertretung berühren. Das Recht zur Teilnahme besteht vielmehr bei allen Sitzungen des GesamtBR. Der Vorsitzende des GesamtBR lädt die Gesamtschwerbehindertenvertretung zu allen Sitzungen des GesamtBR ein (§ 51 Abs. 2 Satz 3 iVm. § 29 Abs. 2 Satz 4). Ein Verstoß gegen diese Verpflichtung führt jedoch nicht zu einer Unwirksamkeit der während der Sitzung des GesamtBR gefassten Beschlüsse[1]. Die Gesamtschwerbehindertenvertretung hat nicht das Recht, die Einberufung des GesamtBR zu verlangen[2].

Da die Gesamtschwerbehindertenvertretung **beratend** teilnimmt, hat sie kein Stimmrecht im GesamtBR. Sie kann jedoch verlangen, dass Angelegenheiten, die Einzelne oder die schwerbehinderten Menschen als Gruppe besonders betreffen, auf die Tagesordnung der nächsten Sitzung des GesamtBR gesetzt werden (§ 97 Abs. 7 iVm. § 95 Abs. 4 Satz 1 SBG IX). Auch kann die Gesamtschwerbehindertenvertretung die Aussetzung von Beschlüssen verlangen, wenn sie einen Beschluss des GesamtBR als erhebliche Beeinträchtigung wichtiger Interessen der durch sie vertretenen schwerbehinderten Menschen erachtet (§ 51 Abs. 1 iVm. § 35 Abs. 1).

Über **Streitigkeiten** über das Teilnahmerecht der Gesamtschwerbehindertenvertretung und über ihre Befugnisse im Rahmen des BetrVG entscheidet das ArbG im Beschlussverfahren (§§ 2a, 80 ff. ArbGG). Örtlich zuständig ist das ArbG, in dessen Bezirk der Sitz des Unternehmens liegt (§ 82 Satz 2 ArbGG).

53 Betriebsräteversammlung

(1) Mindestens einmal in jedem Kalenderjahr hat der Gesamtbetriebsrat die Vorsitzenden und die stellvertretenden Vorsitzenden der Betriebsräte sowie die weiteren Mitglieder der Betriebsausschüsse zu einer Versammlung einzuberufen. Zu dieser Versammlung kann der Betriebsrat abweichend von Satz 1 aus seiner Mitte andere Mitglieder entsenden, soweit dadurch die Gesamtzahl der sich für ihn nach Satz 1 ergebenden Teilnehmer nicht überschritten wird.

(2) In der Betriebsräteversammlung hat

1. der Gesamtbetriebsrat einen Tätigkeitsbericht,

2. der Unternehmer einen Bericht über das Personal- und Sozialwesen einschließlich des Stands der Gleichstellung von Frauen und Männern im Unternehmen, der Integration der im Unternehmen beschäftigten ausländischen Arbeitnehmer, über die wirtschaftliche Lage und Entwicklung des Unternehmens sowie über Fragen des Umweltschutzes im Unternehmen, soweit dadurch nicht Betriebs- und Geschäftsgeheimnisse gefährdet werden,

zu erstatten.

(3) Der Gesamtbetriebsrat kann die Betriebsräteversammlung in Form von Teilversammlungen durchführen. Im Übrigen gelten § 42 Abs. 1 Satz 1 zweiter Halbsatz und Satz 2, § 43 Abs. 2 Satz 1 und 2 sowie die §§ 45 und 46 entsprechend.

I. Allgemeines. Die Betriebsräteversammlung ist eine betriebsverfassungsrechtliche Einrichtung, welche dazu dient, Vertretern der EinzelBR Informationen über die Tätigkeit des GesamtBR sowie über das Personal- und Sozialwesen und die wirtschaftliche Lage und Entwicklung des Unternehmens, den Umweltschutz sowie die Integration ausländischer ArbN im Unternehmen zu vermitteln. § 53 Abs. 2 legt dem GesamtBR und dem Unternehmer entsprechende Berichtspflichten auf.

II. Teilnahmeberechtigte an der Betriebsräteversammlung. An der Betriebsräteversammlung sind gemäß Abs. 1 Satz 1 zunächst der **Vorsitzende und stellvertretende Vorsitzende** der BR sowie die **weiteren Mitglieder der Betriebsausschüsse** (soweit solche gebildet sind) teilnahmeberechtigt. Jedoch kann der BR gemäß Abs. 1 Satz 2 beschließen, abweichend von der gesetzlichen Grundregel andere Mitglieder als den Vorsitzenden, stellvertretenden Vorsitzenden und die weiteren Mitglieder der Betriebsausschüsse zu entsenden. Dabei muss es sich jedoch um Mitglieder aus seiner Mitte handeln, so dass nur BR-Mitglieder zur Betriebsräteversammlung entsandt werden dürfen; Ersatzmitglieder sind nicht teilnahmeberechtigt, solange sie nicht endgültig oder zeitweilig in den BR nachgerückt sind[3]. Bei einem einköpfigen BR ist dieser teilnahmeberechtigt[4].

Teilnahmeberechtigt sind des Weiteren die **Mitglieder des GesamtBR**[5], da der GesamtBR zu der Betriebsräteversammlung einlädt und gemäß Abs. 2 Nr. 1 über seine Tätigkeit Bericht zu erstatten hat.

---

1 DKK/*Trittin*, § 52 BetrVG Rz. 10; *Fitting*, § 52 BetrVG Rz. 15. | 2 Richardi/*Annuß*, § 52 BetrVG Rz. 9; *Fitting*, § 52 BetrVG Rz. 16. | 3 HSG/*Glaubitz*, § 53 BetrVG Rz. 5; DKK/*Trittin*, § 53 BetrVG Rz. 8. | 4 *Löwisch*/*Kaiser*, § 53 BetrVG Rz. 2; HSG/*Glaubitz*, § 53 BetrVG Rz. 4. | 5 GK-BetrVG/*Kreutz*, § 53 Rz. 7; Richardi/*Annuß*, § 53 BetrVG Rz. 8.

Sind der Vorsitzende oder stellvertretende Vorsitzende eines BR oder die weiteren Mitglieder der Betriebsausschüsse zugleich Mitglied des GesamtBR, werden diese nicht auf die von dem BR zu entsendende Zahl von Delegierten der Betriebsräteversammlung angerechnet. In diesem Fall soll der BR berechtigt sein, weitere Mitglieder aus seiner Mitte zu entsenden, bis die zulässige Höchstzahl erreicht ist[1].

4   Des Weiteren ist der **Unternehmer** teilnahmeberechtigt. Dies ergibt sich aus seiner Pflicht zur Berichterstattung gemäß Abs. 2 Nr. 2 und aus der Verpflichtung des GesamtBR, den Unternehmer zu der Betriebsräteversammlung einzuladen (§ 53 Abs. 3 Satz 2 iVm. § 43 Abs. 2 Satz 1). Der Unternehmer kann sich von einem Vertreter des ArbGebVerbands, dem er angehört, begleiten lassen (§ 53 Abs. 3 Satz 2 iVm. § 46 Abs. 1 Satz 2).

5   Teilnahmeberechtigt sind schließlich Beauftragte der **Gewerkschaften** (§ 53 Abs. 3 Satz 2 iVm. § 46 Abs. 1 Satz 1), wobei ausreichend sein soll, dass eine Gewerkschaft in einem der Betriebe des Unternehmens vertreten ist[2]. **Weitere Personen** sind nicht teilnahmeberechtigt, jedoch soll es zulässig sein, dass Mitglieder des KonzernBR, des Wirtschaftsausschusses, der Gesamt-JAV, Sachverständige sowie ArbN-Vertreter im Aufsichtsrat von dem GesamtBR zu der Betriebsräteversammlung eingeladen werden[3]. Zu einer Übernahme der dadurch entstehenden Kosten sowie einer Befreiung von der beruflichen Tätigkeit ist der Unternehmer nur verpflichtet, wenn die Teilnahme auf Einladung des GesamtBR zu dem vom Gesetz zugewiesen Aufgabenbereich des Mitglieds des KonzernBR, des Wirtschaftsausschusses bzw. der Gesamt-JAV gehört, was im Regelfall zu verneinen ist. Die Betriebsräteversammlung ist nicht öffentlich (§ 53 Abs. 3 Satz 2 iVm. § 42 Abs. 1 Satz 2).

6   **III. Einberufung der Betriebsräteversammlung.** Gemäß Abs. 1 Satz 1 ist die Betriebsräteversammlung mindestens **einmal in jedem Kalenderjahr** von dem GesamtBR einzuberufen. Wie dem Gesetzeswortlaut zu entnehmen ist, sind somit weitere Betriebsräteversammlungen während eines Kalenderjahres zulässig. Es ist jedoch, auch im Hinblick auf die erheblichen Kosten der Durchführung einer Betriebsräteversammlung, davon auszugehen, dass **weitere Betriebsräteversammlungen** im Hinblick auf den Grundsatz der Verhältnismäßigkeit nicht ohne schwerwiegende Gründe durchgeführt werden dürfen[4]. Zulässig sind weitere Betriebsräteversammlungen auch, wenn der Unternehmer zustimmt[5].

7   Über den **Zeitpunkt** der Betriebsräteversammlung beschließt der GesamtBR nach pflichtgemäßem Ermessen. Dabei hat er zu berücksichtigen, zu welchem Zeitpunkt der Bericht des Unternehmers am sinnvollsten erfolgen kann (beispielsweise nach Erstellung des Geschäftsberichts und des Jahresabschlusses). Des Weiteren hat er die zeitliche Verfügbarkeit der Geschäftsführung zu berücksichtigen[6]. Auch wenn der Zeitpunkt der Betriebsräteversammlung nicht der Zustimmung des Unternehmers bedarf[7], so ist der Zeitpunkt doch mit ihm abzustimmen. Legt der GesamtBR einen Zeitpunkt fest, zu dem der Unternehmer verhindert ist, so handelt der GesamtBR pflichtwidrig. Ebenfalls nach pflichtgemäßem Ermessen hat der GesamtBR über den **Ort** der Betriebsräteversammlung zu entscheiden, wobei er insb. zu berücksichtigen hat, an welchem Ort die Versammlung unter Vermeidung unnötiger Kosten erfolgen kann. Der GesamtBR hat eine angemessene **Ladungsfrist** einzuhalten[8], die in der Regel nicht weniger als zwei Wochen betragen darf. Die Einladung zu der Betriebsräteversammlung erfolgt schließlich unter Mitteilung der **Tagesordnung**[9].

8   **IV. Berichtspflichten des GesamtBR und des Unternehmers.** Der **GesamtBR** ist gemäß Abs. 2 verpflichtet, der Betriebsräteversammlung einen **Tätigkeitsbericht** zu erstatten. „Erstatten" bedeutet mehr als „verlesen"; der Bericht ist in der Regel von dem Vorsitzenden des GesamtBR mündlich vorzutragen und auf Nachfrage der Versammlungsteilnehmer zu erläutern oder zu vertiefen[10]. Der Bericht erstreckt sich etwa auf den Abschluss von GesamtBV, Entsendung von Mitgliedern in den KonzernBR oder die Tätigkeit von Mitgliedern des GesamtBR im Wirtschaftsausschuss[11]. Erforderlich ist, dass der GesamtBR vor der Erstattung des Tätigkeitsberichts über dessen wesentlichen Inhalt Beschluss gefasst hat[12].

9   Des Weiteren erstattet der **Unternehmer** einen **Lagebericht**. Der Lagebericht erstreckt sich auf das Personal- und Sozialwesen, also beispielsweise die Personalplanung und das Ausbildungswesen[13], aber auch auf den in Abs. 2 ausdrücklich genannten Stand der Gleichstellung von Frauen und Männern im Unternehmen sowie die Integration der im Unternehmen beschäftigten ausländischen ArbN. Der Lagebericht erstreckt sich des Weiteren auf die wirtschaftliche Lage und Entwicklung des Unternehmens, also beispielsweise die finanzielle Situation, die Absatzlage oder Investitionsvorhaben, sowie ferner die in Abs. 2 ausdrücklich genannten Fragen des Umweltschutzes im Unternehmen. Auch

---

1 DKK/*Trittin*, § 53 BetrVG Rz. 7; ErfK/*Eisemann*, § 53 BetrVG Rz. 2. |2 Richardi/*Annuß*, § 53 BetrVG Rz. 10; HSG/*Glaubitz*, § 53 BetrVG Rz. 9. |3 *Fitting*, § 53 BetrVG Rz. 15; ErfK/*Eisemann*, § 53 BetrVG Rz. 2. |4 HSG/*Glaubitz*, § 53 BetrVG Rz. 20; *Stege/Weinspach/Schiefer*, § 53 BetrVG Rz. 2; aA DKK/*Trittin*, § 53 BetrVG Rz. 11, *Fitting*, § 53 BetrVG Rz. 30 und Richardi/*Annuß*, § 53 BetrVG Rz. 18: (sachliche) Erforderlichkeit soll ausreichen. |5 GK-BetrVG/*Kreutz*, § 53 Rz. 27. |6 GK-BetrVG/*Kreutz*, § 53 Rz. 29. |7 *Fitting*, § 53 BetrVG Rz. 32; DKK/*Trittin*, § 53 BetrVG Rz. 13. |8 Richardi/*Annuß*, § 53 BetrVG Rz. 26; DKK/*Trittin*, § 53 BetrVG Rz. 13. |9 ErfK/*Eisemann*, § 53 BetrVG Rz. 3; Richardi/*Annuß*, § 53 BetrVG Rz. 27. |10 Vgl. LAG Hess. v. 26.1.1989 – 12 TaBV 147/88, DB 1989, 1473. |11 GK-BetrVG/*Kreutz*, § 53 Rz. 18; DKK/*Trittin*, § 53 BetrVG Rz. 17. |12 HSG/*Glaubitz*, § 53 BetrVG Rz. 14; *Löwisch/Kaiser*, § 53 BetrVG Rz. 3. |13 DKK/*Trittin*, § 53 BetrVG Rz. 18.

für den Lagebericht des Unternehmers gilt, dass dieser mündlich vorzutragen und auf Nachfrage der Versammlungsteilnehmer zu erläutern oder zu vertiefen ist[1]. Nach Ansicht des LAG Frankfurt soll der zu erstattende Bericht grundsätzlich durch ein Mitglied des Leitungsorgans des Unternehmens erfolgen, weil in § 53 anders als etwa § 43 Abs. 2 Satz 3 eine Vertretung des Unternehmers gesetzlich nicht vorgesehen sei[2]. Die Berichtspflicht des Unternehmers besteht nur insoweit, als nicht Betriebs- oder Geschäftsgeheimnisse gefährdet werden (siehe zum Begriff des Betriebs- und Geschäftsgeheimnisses § 79 Rz. 7 ff.). Ist ein GesamtBR fehlerhaft errichtet worden, entfällt die Pflicht des Unternehmers zur Erstattung eines Lageberichts[3].

Eingeschränkt ist die Berichtspflicht des Unternehmers im **Tendenzbetrieb** (siehe § 118 Rz. 31). Weil § 118 Abs. 1 Satz 2 die Anwendung der §§ 106 ff. im Tendenzbetrieb ausschließt, kann der Unternehmer im Tendenzbetrieb auch nicht verpflichtet sein, die Betriebsräteversammlung zu unterrichten, soweit es sich um die in § 106 Abs. 3 genannten Gegenstände handelt. Da für Tendenzunternehmen ein Wirtschaftsausschuss nicht gebildet wird und somit keine Unterrichtung in wirtschaftlichen Angelegenheiten erfolgt, kann eine Unterrichtung in wirtschaftlichen Angelegenheiten nicht über den Umweg des § 53 Abs. 2 erzwungen werden. 10

Neben dem Tätigkeitsbericht des GesamtBR und dem Lagebericht des Unternehmers können gemäß Abs. 3 iVm. § 45 **weitere Themen** zum Gegenstand der Betriebsräteversammlung gemacht werden. Insbesondere tarifpolitische, sozialpolitische und umweltpolitische Gegenstände können demnach behandelt werden. 11

V. Streitigkeiten. Über Streitigkeiten im Zusammenhang mit der Einberufung, Abhaltung und Durchführung der Betriebsräteversammlung, einschließlich der Kostentragungspflicht des Unternehmers, entscheidet das ArbG im Beschlussverfahren (§§ 2a, 80 ff. ArbGG). Örtlich zuständig ist das ArbG, in dessen Bezirk der Sitz des Unternehmens liegt (§ 82 Satz 2 ArbGG). 12

Sechster Abschnitt. Konzernbetriebsrat

54 *Errichtung des Konzernbetriebsrats*
(1) Für einen Konzern (§ 18 Abs. 1 des Aktiengesetzes) kann durch Beschlüsse der einzelnen Gesamtbetriebsräte ein Konzernbetriebsrat errichtet werden. Die Errichtung erfordert die Zustimmung der Gesamtbetriebsräte der Konzernunternehmen, in denen insgesamt mehr als 50 vom Hundert der Arbeitnehmer der Konzernunternehmen beschäftigt sind.

(2) Besteht in einem Konzernunternehmen nur ein Betriebsrat, so nimmt dieser die Aufgaben eines Gesamtbetriebsrats nach den Vorschriften dieses Abschnitts wahr.

I. Allgemeines. Bestehen in einem Konzern iSd. § 18 Abs. 1 AktG in mindestens zwei Konzernunternehmen jeweils (Gesamt-)BR, kann ein KonzernBR errichtet werden. Im Unterschied zu der Bildung eines GesamtBR (§ 47 Abs. 1) ist die Errichtung eines KonzernBR **nicht obligatorisch**, sondern hängt von der Willensbildung der beteiligten (Gesamt-)BR ab (§ 54 Abs. 1 Satz 2). Dies ist darauf zurückzuführen, dass je nach Struktur des Konzerns die Bildung eines KonzernBR zur Wahrnehmung der ArbN-Interessen entbehrlich sein kann[4]. § 54 kann weder durch TV noch durch BV abbedungen werden[5]. Jedoch kommt im Rahmen des § 3 Abs. 1 Nr. 3 die Bildung anderer ArbN-Strukturen in Betracht, welche etwa die Errichtung einer konzerneinheitlichen ArbN-Vertretung unter Verzicht auf BR und GesamtBR vorsehen kann[6]. Durch die Reform des BetrVG ist die Bildung von KonzernBR erleichtert worden: Zur Errichtung eines KonzernBR reicht nunmehr bereits die Zustimmung der (Gesamt-)BR aus, die mehr als 50% der ArbN der Konzernunternehmen repräsentieren (früher mindestens 75%). 1

II. Voraussetzung für die Errichtung eines KonzernBR: Konzern iSd. § 18 AktG. Die Errichtung eines KonzernBR setzt gemäß Abs. 1 Satz 1 voraus, dass ein Konzern iSd. § 18 Abs. 1 AktG besteht. Das BetrVG hält somit **keinen eigenen betriebsverfassungsrechtlichen Konzernbegriff** bereit, sondern verweist auf die gesellschaftsrechtliche Begriffsbildung[7]. Es ist nicht erforderlich, dass der Konzern in den Anwendungsbereich des Aktiengesetzes fällt[8], selbst bei einer natürlichen Person als Konzernspitze kann bei Vorliegen der Voraussetzungen des § 18 Abs. 1 AktG ein KonzernBR gebildet werden[9]. Ist eine Konzernbildung rechtswidrig, so soll dies der Errichtung eines KonzernBR nicht entgegenstehen[10]. Liegt demgegenüber gar kein Konzernverhältnis vor, kommt die Bildung eines KonzernBR nicht in Betracht: Da die Vorschriften zur Errichtung eines KonzernBR zwingend sind, kann ein von der 2

---

1 LAG Hess. v. 26.1.1989 – 12 TaBV 147/88, DB 1989, 1473. | 2 LAG Hess. v. 26.1.1989 – 12 TaBV 147/88, DB 1989, 1473; *Etzel*, Betriebsverfassungsrecht, Rz. 1364; DKK/*Trittin*, § 53 BetrVG Rz. 20. | 3 BAG v. 9.8.2000 – 7 ABR 56/98, AP Nr. 9 zu § 47 BetrVG 1972. | 4 Begr. RegE, BT-Drs. VI/1786, S. 43. | 5 HSG/*Glaubitz*, § 54 BetrVG Rz. 6; GK-BetrVG/*Kreutz*, § 54 Rz. 6. | 6 *Hohenstatt/Dzida*, DB 2001, 2498, 2499. | 7 *Fitting*, § 54 BetrVG Rz. 8; HSG/*Glaubitz*, § 54 BetrVG Rz. 8. | 8 Richardi/*Annuß*, § 54 BetrVG Rz. 5. | 9 BAG v. 22.11.1995 – 7 ABR 9/95, AP Nr. 7 zu § 54 BetrVG 1972. | 10 *Windbichler*, Arbeitsrecht im Konzern, S. 315; missverständlich DKK/*Trittin*, § 54 BetrVG Rz. 9.

3 **1. Unterordnungskonzern.** Da Abs. 1 Satz 1 nur auf § 18 Abs. 1 AktG verweist, kann ein KonzernBR nur in einem Unterordnungskonzern, nicht aber in einem Gleichordnungskonzern gemäß § 18 Abs. 2 AktG gebildet werden[2]. Ein Unterordnungskonzern liegt gemäß § 18 Abs. 1 Satz 1 AktG vor, wenn ein herrschendes und ein oder mehrere abhängige Unternehmen **unter der einheitlichen Leitung des herrschenden Unternehmens** zusammengefasst sind. Ein Abhängigkeitsverhältnis liegt nach § 17 Abs. 1 AktG vor, wenn ein herrschendes Unternehmen unmittelbar oder mittelbar einen beherrschenden Einfluss auf das abhängige Unternehmen ausüben kann. Für das Vorliegen eines Abhängigkeitsverhältnisses genügt nach der Rspr. des BAG bereits die Möglichkeit der Beherrschung des abhängigen Unternehmens durch das herrschende Unternehmen[3]. Des Weiteren wird eine Abhängigkeit gemäß § 17 Abs. 2 AktG widerlegbar[4] vermutet, wenn ein Unternehmen im Mehrheitsbesitz eines anderen Unternehmens steht. Von einem abhängigen Unternehmen wiederum wird gemäß § 18 Abs. 1 Satz 3 AktG widerlegbar[5] vermutet, dass es mit dem herrschenden Unternehmen einen Konzern bildet, so dass es dann des Nachweises dahingehend, dass das herrschende und das oder die abhängigen Unternehmen unter einheitlicher Leitung stehen, nicht bedarf. Anders formuliert kommt die Bildung eines KonzernBR dann *nicht* in Betracht, wenn nachgewiesen werden kann, dass das herrschende Unternehmen und das oder die abhängigen Unternehmen nicht unter einheitlicher Leitung stehen[6].

4 Als unter einheitlicher Leitung anzusehen sind gemäß § 18 Abs. 1 Satz 2 AktG des weiteren Unternehmen, die einen in dieser Vorschrift genannten **Vertrags- oder Eingliederungskonzern** bilden, zwischen denen also ein **Beherrschungsvertrag** gemäß § 291 AktG besteht oder bei denen eine **Eingliederung** des einen in das andere Unternehmen gemäß § 319 AktG erfolgt ist. In beiden Fällen handelt es sich um eine unwiderlegbare gesetzliche Konzernvermutung[7]. Die Vermutung gilt nicht für Teilgewinnabführungs- und Betriebsverträge nach § 292 AktG[8].

5 Des Weiteren ist die Möglichkeit des **faktischen Konzerns** anerkannt, in dem ebenfalls ein KonzernBR errichtet werden kann[9]. Darunter versteht man Konzerne, die nicht auf Beherrschungsvertrag oder Eingliederung beruhen[10], bei denen sich aber aufgrund tatsächlicher Verhältnisse die Untergesellschaft der Konzernobergesellschaft unterordnet[11]. Die Abhängigkeit kann insb. auf Mehrheitsbeteiligung beruhen, aber beispielsweise auch auf der personenidentischen Besetzung von Leitungsorganen der Gesellschaften[12]. Im Falle der Mehrheitsbeteiligung wird die Bildung eines Konzerns, wie bereits erwähnt, gemäß § 18 Abs. 1 Satz 3 AktG widerlegbar vermutet. Für die Bildung eines KonzernBR ist unerheblich, ob es sich um einen **einfachen oder qualifiziert faktischen Konzern** handelt[13].

6 **2. (Paritätische) Gemeinschaftsunternehmen.** Bei einem (paritätischen) Gemeinschaftsunternehmen sind mehrere Unternehmen im gemeinsamen Interesse und zum gemeinsamen Nutzen an einem gemeinsamen Unternehmen beteiligt. Nach ganz überwiegender Auffassung soll in Fällen der „Mehrmütterherrschaft" eine Abhängigkeit des Gemeinschaftsunternehmens gegenüber jedem der beteiligten Unternehmen vorliegen können[14], also eine **mehrfache Konzernzugehörigkeit** möglich sein. Das BAG hält eine mehrfache Konzernzugehörigkeit iSv. § 54 Abs. 1 iVm. § 18 Abs. 1 AktG für gegeben, wenn die „Mutterunternehmen" die Möglichkeit gemeinsamer Herrschaftsausübung vereinbart haben; die hierdurch entstehende mehrfache Abhängigkeit löse die Konzernvermutung gemäß § 18 Abs. 1 Satz 3 AktG auch für den Regelungsbereich der §§ 54 ff. aus[15]. Erforderlich sei allerdings, dass die Beherrschungsmöglichkeit durch vertragliche oder organisatorische Bindungen verfestigt ist, etwa durch Stimmrechtspooling, Konsortialverträge, Schaffung besonderer Leitungsorgane oder der vertraglichen Koordination der Willensbildung. Ob bei Vorliegen dieser Voraussetzungen tatsächlich die von dem BAG gefolgerte Möglichkeit der Entsendung von Mitgliedern in die KonzernBR aller Mutterunternehmen besteht[16], ist zweifelhaft (ausführlich dazu § 55 Rz. 6).

7 **3. Konzern im Konzern.** Nach Auffassung des BAG kann in einem mehrstufigen, vertikal gegliederten Konzern neben dem KonzernBR bei der Konzernspitze ein **weiterer KonzernBR bei einer Teilkonzernspitze** gebildet werden, wenn der Teilkonzernspitze ein betriebsverfassungsrechtlich relevanter Spiel-

---

[1] Vgl. BAG v. 9.8.2000 – 7 ABR 56/98, AP Nr. 9 zu § 47 BetrVG 1972 (bzgl. Unternehmensbegriff iSd. § 47 Abs. 1). | [2] BAG v. 22.11.1995 – 7 ABR 9/95, AP Nr. 7 zu § 54 BetrVG 1972. | [3] BAG v. 16.8.1995 – 7 ABR 57/94, AP Nr. 30 zu § 76 BetrVG 1952; BAG v. 22.11.1995 – 7 ABR 9/95, AP Nr. 7 zu § 54 BetrVG 1972. | [4] *Windbichler* in GroßKomm AktG, § 17 Rz. 68; *Hüffer*, 5. Aufl. 2002, § 17 AktG Rz. 17. | [5] *Windbichler* in GroßKomm AktG, § 18 Rz. 36; *Hüffer*, 5. Aufl. 2002, § 18 AktG Rz. 19. | [6] *Richardi/Annuß*, § 54 BetrVG Rz. 4; vgl. zur Widerlegbarkeit der Konzernvermutung bei einer vermögensverwaltenden Holding als Obergesellschaft: BayObLG v. 6.3.2002 – 3 Z BR 343/00, NZA 2002, 691. | [7] *Windbichler* in GroßKomm AktG, § 18 Rz. 29; *Hüffer*, 5. Aufl. 2002, § 18 AktG Rz. 17. | [8] *Fitting*, § 54 BetrVG Rz. 18. | [9] GK-BetrVG/*Kreutz*, § 54 Rz. 30; HSG/*Glaubitz*, § 54 BetrVG Rz. 13. | [10] *Bayer* in MünchKomm AktG, § 18 Rz. 9; *Windbichler* in GroßKomm AktG, § 18 Rz. 34. | [11] *Bayer* in MünchKomm AktG, § 18 Rz. 9; *Fitting*, § 54 BetrVG Rz. 19 ff. | [12] MünchArbR/*Joost*, § 315 Rz. 26. | [13] *Fitting*, § 54 BetrVG Rz. 21. | [14] Vgl. zum Meinungsstand *Hüffer*, 5. Aufl. 2002, § 17 AktG Rz. 13. | [15] BAG v. 30.10.1986 – 6 ABR 19/85, AP Nr. 1 zu § 55 BetrVG 1972. | [16] BAG v. 30.10.1986 – 6 ABR 19/85, AP Nr. 1 zu § 55 BetrVG 1972.

raum für die bei ihr und für die von ihr abhängigen Unternehmen zu treffenden Entscheidungen verbleibt[1]. Das BAG erkennt damit für die §§ 54 ff. die Konstruktion des Konzerns im Konzern an, die für das Gesellschaftsrecht ganz überwiegend abgelehnt[2], für das Recht der Unternehmensmitbestimmung hingegen ganz überwiegend anerkannt wird[3]. Das BAG begründet diese Abweichung von dem gesellschaftsrechtlichen Konzernbegriff damit, dass bei der betrieblichen Mitbest. im Konzern eine Beteiligung der ArbN-Schaft an den die Konzernunternehmen bindenden Leitungsentscheidungen im sozialen, personellen und wirtschaftlichen Bereich sichergestellt werden soll. Dazu sei aber erforderlich, dass die betriebliche Mitbest. dort ausgeübt wird, wo diese Leitungsmacht entfaltet wird. Werde Leitungsmacht für einen bestimmten Bereich des Konzerns nicht bei der Konzernspitze, sondern bei einer Teilkonzernspitze ausgeübt, sei dort ein (weiterer) KonzernBR zu bilden[4].

Gewichtige Stimmen in der Lit. lehnen die Konstruktion des Konzerns im Konzern hingegen auch für das Betriebsverfassungsrecht zu Recht ab. Diese **Ablehnung der Konstruktion des Konzerns im Konzern** wird mit folgenden zutreffenden Erwägungen begründet: Der Wortlaut des Abs. 1 sieht nur die Bildung *eines* KonzernBR vor[5]; das BAG verstößt gegen die in Abs. 1 enthaltene gesetzliche Vorgabe, dass die betriebsverfassungsrechtliche Repräsentation den gesellschaftsrechtlichen Ordnungsstrukturen folgt[6]; durch die Bildung mehrer KonzernBR entstehen schließlich Unstimmigkeiten in der Kompetenzabgrenzung dieser Gremien[7]. 8

4. Sachverhalte mit Auslandsbezug. Unterhält eine **ausländische Konzernobergesellschaft** mindestens zwei Unternehmen in Deutschland, so kommt die Bildung eines KonzernBR nach ganz überwiegender Auffassung nur dann in Betracht, wenn sich im Inland eine **Teilkonzernspitze** befindet, also innerhalb des Anwendungsbereichs des BetrVG ein Unterkonzern besteht, dessen Spitze eigenständige Leitungsmacht inne hat[8]. Besteht demgegenüber im Inland keine übergeordnete Leitungsmacht, sondern unterstehen inländische Unternehmen direkt der ausländischen Konzernspitze, ohne dass zwischen den inländischen Unternehmen Berichtslinien bestehen, so kommt die Errichtung eines KonzernBR nicht in Betracht; ein KonzernBR hätte im Inland keine Ansprechpartner, der für beide inländische Unternehmen zuständig ist und könnte Beteiligungsrechte nicht sinnvoll wahrnehmen[9]. Betriebliche Mitbest. kann nur dort ausgeübt werden, wo tatsächlich unternehmerische Entscheidungen getroffen werden[10]. Aus diesem Grund ist einer Gegenansicht nicht zu folgen, die auch ohne Vorliegen einer inländischen Teilkonzernspitze die Errichtung eines KonzernBR für zulässig hält, soweit im Inland mindestens zwei Unternehmen eines ausländischen Konzerns bestehen[11]. 9

Aus **ausländischen Konzernunternehmen** einer inländischen Konzernobergesellschaft können keine Vertreter in den deutschen KonzernBR entsandt werden; die Zuständigkeit des deutschen KonzernBR erstreckt sich nicht auf die Interessen der dort beschäftigten ArbN[12]. 10

III. Errichtung des KonzernBR. Im Unterschied zu der Bildung eines GesamtBR (§ 47 Abs. 1) ist die Errichtung eines KonzernBR **nicht obligatorisch**, sondern hängt von der Willensbildung der beteiligten GesamtBR ab (§ 54 Abs. 1 Satz 2). Die Errichtung eines KonzernBR setzt voraus, dass in mindestens zwei Konzernunternehmen ein GesamtBR errichtet ist. Ist in einem Konzernunternehmen kein GesamtBR gebildet, weil nur ein BR existiert, so nimmt dieser im Hinblick auf die Mitwirkung an der Errichtung eines KonzernBR die Rechte eines GesamtBR wahr (Abs. 2) (siehe unten Rz. 14). Dies gilt jedoch nicht, wenn in einem Konzernunternehmen mehrere BR bestehen, aber ein GesamtBR entgegen § 47 Abs. 1 nicht gebildet worden ist[13]. Dies gilt nach umstrittener Ansicht ebenfalls nicht, wenn in einem Konzernunternehmen nur ein BR besteht, obwohl mehrere betriebsratsfähige Betriebe bestehen (siehe unten Rz. 14). In beiden Fällen nehmen die BR im Hinblick auf die Mitwirkung an der Errichtung eines KonzernBR nicht die Rechte eines GesamtBR wahr. 11

Der KonzernBR wird durch selbständige **Beschlüsse** der Einzelnen (Gesamt-)BR errichtet. Gemäß Abs. 1 Satz 2 muss die Zustimmung der (Gesamt-)BR vorliegen, in denen insgesamt mehr als 50% der ArbN der Konzernunternehmen beschäftigt sind. Repräsentiert *ein* (Gesamt-)BR mehr als 50% der ArbN der Konzernunternehmen, so genügt sein Beschluss zur Bildung eines KonzernBR[14]. Maßgeblich für die Frage, ob das Quorum erreicht ist, ist die Zahl der ArbN im Zeitpunkt der jeweiligen Beschluss- 12

---

1 BAG v. 21.10.1980 – 6 ABR 41/78, AP Nr. 1 zu § 54 BetrVG 1972. | 2 MünchKomm AktG/*Bayer*, § 18 Rz. 42; *Emmerich/Sonnenschein*, Konzernrecht, 7. Aufl. 2001, § 4 II 5. | 3 OLG Düsseldorf v. 30.1.1079 – 19 W 17/78, AG 1979, 318 ff.; OLG Zweibrücken v. 9.11.1983 – 3 W 25/83, AG 1984, 80 ff.; OLG Frankfurt/M. v. 10.11.1986 – 20 W 27/86, AG 1987, 53 ff. | 4 BAG v. 21.10.1980 – 6 ABR 41/78, AP Nr. 1 zu § 54 BetrVG 1972; dem BAG folgend: *Fitting*, § 54 BetrVG Rz. 30; DKK/*Trittin*, § 54 BetrVG Rz. 14. | 5 *Windbichler*, Arbeitsrecht im Konzern, S. 318. | 6 MünchArbR/*Joost*, § 315 Rz. 16; siehe auch *Meik*, BB 1991, 2441, 2443. | 7 Richardi/*Annuß*, § 54 BetrVG Rz. 15. | 8 HSG/*Glaubitz*, § 54 BetrVG Rz. 19; GK-BetrVG/*Kreutz*, § 54 Rz. 44; Richardi/*Annuß*, § 54 BetrVG Rz. 35; ErfK/*Eisemann*, § 54 BetrVG Rz. 7. | 9 *Hohenstatt* in Willemsen/Hohenstatt/Schweibert/Seibt D 146. | 10 Vgl. BAG v. 21.10.1980 – 6 ABR 41/78, AP Nr. 1 zu § 54 BetrVG 1972. | 11 So aber MünchArbR/*Joost*, § 315 Rz. 31 ff.; *Birk*, FS Schnorr v. Carolsfeld, S. 85; *Richardi*, 7. Aufl., § 54 BetrVG Rz. 32. | 12 Richardi/*Annuß*, § 54 BetrVG Rz. 34; *Fitting*, § 54 BetrVG Rz. 36; aA: DKK/*Trittin*, § 54 BetrVG Rz. 33. | 13 *Fitting*, § 54 BetrVG Rz. 59; ErfK/*Eisemann*, § 54 BetrVG Rz. 10. | 14 DKK/*Trittin*, § 54 BetrVG Rz. 36; GK-BetrVG/*Kreutz*, § 54 Rz. 51.

fassung der (Gesamt-)BR[1]. Dabei ist auf die Zahl der ArbN aller Konzernunternehmen abzustellen, gleichgültig, ob dort ein (Gesamt-)BR besteht oder nicht[2]. Leitende Angestellte iSd. § 5 Abs. 3 sind bei der Berechung nicht mitzuzählen; auf die Wahlberechtigung der ArbN oder ihren Eintrag in die Wählerliste kommt es nicht an[3]. Liegen entsprechende Beschlüsse der (Gesamt-)BR, in denen insgesamt mehr als 50% der ArbN der Konzernunternehmen beschäftigt sind, vor, so ist der KonzernBR errichtet. Seine Konstituierung richtet sich nach § 59, die Entsendung von Mitgliedern in den KonzernBR nach § 55.

13 Der KonzernBR ist eine „Dauereinrichtung"; er hat **keine feststehende Amtszeit**, sondern erlischt, wenn die Voraussetzungen für seine Errichtung entfallen, insb., wenn die Voraussetzungen für das Bestehen eines Konzerns nicht mehr vorliegen – beispielsweise infolge des Verkaufs von Konzernunternehmen an Dritte[4]. Auch Umstrukturierungen können Auswirkungen auf die Existenz eines KonzernBR haben (siehe unten Rz. 15 ff.). Weil die Bildung eines KonzernBR nicht obligatorisch ist, können die (Gesamt-)BR der Konzernunternehmen den KonzernBR durch entsprechende übereinstimmende Beschlüsse wieder **auflösen**[5]. Erforderlich dazu ist im Umkehrschluss zu Abs. 1 Satz 2, dass die Auflösungsbeschlüsse die Zustimmung der (Gesamt-)BR der Konzernunternehmen finden, in denen insgesamt mehr als 50% der ArbN der Konzernunternehmen beschäftigt sind[6]. Für die Frage, ob dieses Quorum erreicht ist, gelten die oben dargestellten Grundsätze (so. Rz. 12) entsprechend. Demgegenüber kann sich der KonzernBR nicht selbst auflösen und auch nicht seinen „Rücktritt" beschließen; die Mitglieder des KonzernBR können jedoch, auch gleichzeitig, ihr Amt gemäß § 57 niederlegen[7]. Dies berührt jedoch nicht die Existenz des KonzernBR als betriebsverfassungsrechtliches Organ[8].

14 **IV. Konzernunternehmen mit nur einem BR (Abs. 2).** Durch Abs. 2 wird festgelegt, dass in Konzernunternehmen, in denen kein GesamtBR, sondern nur ein BR gebildet ist, die gemäß §§ 54 ff. bestehenden Aufgaben eines GesamtBR von dem BR wahrgenommen werden. Dies ist unstreitig und ohne Einschränkung der Fall, wenn in einem Konzernunternehmen **nur ein betriebsratsfähiger Betrieb** existiert. Einigkeit besteht ebenfalls, dass Abs. 2 entsprechend seinem Wortlaut („ein Betriebsrat") nicht anzuwenden ist, wenn in einem Konzernunternehmen, in dem **mehrere BR** bestehen, entgegen der zwingenden Vorschrift des § 47 kein GesamtBR gebildet worden ist[9]. In diesem Fall nehmen die BR im Hinblick auf die Mitwirkung an der Errichtung eines KonzernBR nicht die Rechte eines GesamtBR wahr. Unterschiedliche Ansichten werden demgegenüber hinsichtlich der Fallgestaltung vertreten, dass in einem Konzernunternehmen nur **ein BR** gebildet ist, obwohl **mehrere betriebsratsfähige Betriebe** bestehen. Nach zutreffender Ansicht kommt eine Anwendung von Abs. 2 in diesen Fällen nicht in Betracht, da der bestehende BR nicht alle ArbN des Konzernunternehmens repräsentiert, sondern nur die ArbN des Betriebs, für die er gebildet ist; aus diesem Grund kann er auch nicht Aufgaben wahrnehmen, die grundsätzlich einem GesamtBR – der alle ArbN des Unternehmens repräsentiert – zugewiesen sind[10]. Nach der Gegenansicht soll der Einzige in einem Konzernunternehmen gewählte BR im Rahmen des Abs. 2 befugt sein, „notgedrungen auch die Interessen derer wahrzunehmen, die keinen BR gewählt haben"[11]. Dies verkennt, dass ihm dazu die demokratische Legitimation fehlt. Nach einer vermittelnden Auffassung soll der Einzige im mehrbetrieblichen Konzernunternehmen bestehende BR bei der Bildung und Zusammensetzung des KonzernBR berücksichtigt werden, allerdings nur mit den in seinem Betrieb beschäftigten ArbN, soweit das Gesetz auf die Zahl der in den Konzernunternehmen beschäftigten ArbN abstellt[12].

15 **V. Auswirkungen von Umstrukturierungen auf den KonzernBR.** Umstrukturierungsmaßnahmen auf der Unternehmensebene können dazu führen, dass ein KonzernBR **erstmals gebildet** werden kann. Führt beispielsweise ein aus mehreren Betrieben bestehendes Unternehmen eine **Ausgliederung zur Neugründung** gemäß § 123 Abs. 3 Nr. 2 UmwG durch, so dass einer der Betriebe auf das neu gegründete Unternehmen übertragen wird, besteht nunmehr ein Konzern, da das bisherige Unternehmen durch die Ausgliederung sämtliche Anteile an dem neuen Unternehmen hält[13]. Bei Vorliegen der sonstigen Voraussetzungen kann infolge dieser Umstrukturierung erstmals ein KonzernBR errichtet werden. Eine Vielzahl anderer Umstrukturierungen kann ebenfalls zur Möglichkeit der erstmaligen Errichtung eines KonzernBR führen. Zu denken ist an **Veränderungen auf der Gesellschafterebene**, indem etwa ein Unternehmen die Mehrheit der Anteile an einem anderen Unternehmen erwirbt, welches seinerseits über einen (Gesamt-)BR verfügt. Aber auch der Erwerb eines Betriebs im Wege eines **Asset Deal** kann die Möglichkeit der Bildung eines KonzernBR nach sich ziehen[14].

---

1 Richardi/*Annuß*, § 54 BetrVG Rz. 39; HSG/*Glaubitz*, § 54 BetrVG Rz. 23. | 2 BAG v. 11.8.1993 – 7 ABR 34/92, AP Nr. 6 zu § 54 BetrVG 1972; aA *Behrens/Schaude*, DB 1991, 278 ff. | 3 DKK/*Trittin*, § 54 BetrVG Rz. 38; MünchArbR/*Joost*, § 315 Rz. 44. | 4 Richardi/*Annuß*, § 54 BetrVG Rz. 49; MünchArbR/*Joost*, § 315 Rz. 88. | 5 *Fitting*, § 54 BetrVG Rz. 52; ErfK/*Eisemann*, § 54 BetrVG Rz. 9. | 6 *Hohenstatt* in Willemsen/Hohenstatt/Schweibert/Seibt D 133 mwN. | 7 HSG/*Glaubitz*, § 54 BetrVG Rz. 29 f.; DKK/*Trittin*, § 54 BetrVG Rz. 53 ff. | 8 Richardi/*Annuß*, § 54 BetrVG Rz. 46. | 9 HSG/*Glaubitz*, § 54 BetrVG Rz. 36; GK-BetrVG/*Kreutz*, § 54 Rz. 66. | 10 Richardi/*Annuß*, § 54 BetrVG Rz. 55; *Marienhagen* in Galperin/Löwisch, 6. Aufl. 1982, § 54 BetrVG Rz. 26. | 11 DKK/*Trittin*, § 54 BetrVG Rz. 59. | 12 *Fitting*, § 54 BetrVG Rz. 58; GK-BetrVG/*Kreutz*, § 54 Rz. 65; HSG/*Glaubitz*, § 54 BetrVG Rz. 35. | 13 *Hohenstatt* in Willemsen/Hohenstatt/Schweibert/Seibt D 124. | 14 Beispiele bei *Hohenstatt* in Willemsen/Hohenstatt/Schweibert/Seibt D 126.

Leitungsmacht auf die Partner des Joint Venture aufgeteilt ist und diese bei unternehmerischen Weichenstellungen stets von Neuem einen Kompromiss finden müssen[1]. Da in dem paritätischen Gemeinschaftsunternehmen kein Partner dem anderen seinen Willen oktroyiert, wären Vertreter in den KonzernBR der jeweiligen „Mutterunternehmen" somit nicht dort angesiedelt, wo sich die unternehmerische Leitungsmacht für das Gemeinschaftsunternehmen entfaltet. Hinzu kommt, dass KonzernBV des Konzernverbunds des jeweiligen „Mutterunternehmens" nicht gegen den Willen des anderen Joint-Venture-Partners in dem Gemeinschaftsunternehmen angewendet werden können[2]. Deshalb sprechen die überwiegenden Gründe dafür, dem GesamtBR eines paritätischen Gemeinschaftsunternehmens kein Recht zur Entsendung von Mitgliedern in die KonzernBR der „Mutterunternehmen" einzuräumen.

Streitigkeiten, welche die Zusammensetzung des KonzernBR, die Stimmgewichtung oder die Entsendung von Mitgliedern durch den GesamtBR eines Gemeinschaftsunternehmens betreffen, werden im Beschlussverfahren entschieden (§§ 2a, 80 ff. ArbGG). Örtlich zuständig ist das ArbG, in dessen Bezirk der Sitz des herrschenden Unternehmens liegt (§ 82 Satz 2 ArbGG).

7

56 Ausschluss von Konzernbetriebsratsmitgliedern
Mindestens ein Viertel der wahlberechtigten Arbeitnehmer der Konzernunternehmen, der Arbeitgeber, der Konzernbetriebsrat oder eine im Konzern vertretene Gewerkschaft können beim Arbeitsgericht den Ausschluss eines Mitglieds aus dem Konzernbetriebsrat wegen grober Verletzung seiner gesetzlichen Pflichten beantragen.

Entsprechend der Regelung für den GesamtBR (§ 48) besteht auch bei dem KonzernBR die Möglichkeit, ein Mitglied wegen **grober Verletzung seiner gesetzlichen Pflichten** aus dem KonzernBR auszuschließen. Der Begriff der „groben Verletzung gesetzlicher Pflichten" entspricht dem der §§ 23, 48 Abs. 1, allerdings mit der Maßgabe, dass die Pflichtverletzung als Mitglied des KonzernBR und in Bezug auf Pflichten als Mitglied des KonzernBR erfolgen muss[3]. Die Verletzung von Pflichten als Mitglied des KonzernBR rechtfertigt grundsätzlich nicht den Ausschluss aus dem GesamtBR oder dem BR, und umgekehrt, wenngleich der Ausschluss aus dem GesamtBR automatisch zum Erlöschen der Mitgliedschaft im KonzernBR führt (§ 57).

1

Der Ausschluss erfolgt auf **Antrag** des ArbGeb, eines Viertels der wahlberechtigten ArbN der Konzernunternehmen, des KonzernBR oder einer im Konzern vertretenen Gewerkschaft durch **Beschluss des ArbG**. „Arbeitgeber" iSd. § 56 ist das herrschende Unternehmen[4]. Für einen Antrag eines Viertels der wahlberechtigten ArbN der Konzernunternehmen gelten die Regelungen des § 48 entsprechend (siehe § 48 Rz. 2). Antragsberechtigt ist nur der KonzernBR, nicht hingegen GesamtBR, die jedoch die von ihnen entsandten Mitglieder jederzeit abberufen können (§ 57). Eine Gewerkschaft ist im Konzern vertreten, wenn ihr zumindest ein ArbN, der in einem der Konzernunternehmen beschäftigt ist, angehört[5]. Örtlich zuständig ist das ArbG, in dessen Bezirk der Sitz des herrschenden Unternehmens liegt (§ 82 Satz 2 ArbGG). Der Ausschluss wird erst mit **Rechtskraft** des arbeitsgerichtlichen Beschlusses wirksam, durch einstweilige Verfügung kann jedoch die Amtsausübung bis zur rechtskräftigen Entscheidung untersagt werden (siehe § 48 Rz. 2).

2

Mit Wirksamkeit des Ausschlusses rückt das für das ausgeschlossene Mitglied des KonzernBR bestellte **Ersatzmitglied** in den KonzernBR nach. Die insoweit für das Nachrücken in den GesamtBR geltenden Grundsätze sind entsprechend anzuwenden (siehe § 48 Rz. 3).

3

57 Erlöschen der Mitgliedschaft
Die Mitgliedschaft im Konzernbetriebsrat endet mit dem Erlöschen der Mitgliedschaft im Gesamtbetriebsrat, durch Amtsniederlegung, durch Ausschluss aus dem Konzernbetriebsrat aufgrund einer gerichtlichen Entscheidung oder Abberufung durch den Gesamtbetriebsrat.

Der KonzernBR ist eine „Dauereinrichtung"; er hat keine feststehende Amtszeit, sondern erlischt, wenn die Voraussetzungen für seine Errichtung entfallen (siehe § 54 Rz. 13, 15 ff.). Jedoch ändert sich die Zusammensetzung, wenn Mitglieder des KonzernBR ihr Amt verlieren. Die Beendigung der Mitgliedschaft im KonzernBR wird durch § 57 geregelt.

1

Die Mitgliedschaft im KonzernBR erlischt zunächst durch **Erlöschen der Mitgliedschaft im entsendenden (Gesamt-)BR** (siehe § 49 Rz. 3)[6], da die in den KonzernBR entsandten Mitglieder zugleich Mitglied des entsendenden (Gesamt-)BR sein müssen (siehe § 55 Rz. 2). Das Erlöschen der Mitgliedschaft

2

---

1 *Hohenstatt* in Willemsen/Hohenstatt/Schweibert/Seibt D 131. | 2 *Hohenstatt* in Willemsen/Hohenstatt/Schweibert/Seibt D 132; anders DKK/*Trittin*, § 54 BetrVG Rz. 25; GK-BetrVG/*Kreutz*, § 54 Rz. 41. | 3 *Fitting*, § 56 BetrVG Rz. 5; HSG/*Glaubitz*, § 56 BetrVG Rz. 3. | 4 *Richardi/Annuß*, § 56 BetrVG Rz. 6, mit dem zutreffenden Hinweis, dass die gesetzliche Begrifflichkeit unscharf ist, da das herrschende Unternehmen nur ArbGeb der dem eigenen Unternehmen, nicht dagegen ArbGeb der den übrigen Konzernunternehmen angehörenden ArbN ist. | 5 *Fitting*, § 56 BetrVG Rz. 7; ErfK/*Eisemann*, § 56 BetrVG Rz. 2. | 6 *Richardi/Annuß*, § 57 BetrVG Rz. 4; DKK/*Trittin*, § 57 BetrVG Rz. 7.

im entsendenden (Gesamt-)BR richtet sich nach § 49 bzw. § 24. Die Mitgliedschaft im KonzernBR erlischt des Weiteren durch **Amtsniederlegung**, die jederzeit möglich ist und durch eine Erklärung gegenüber dem Vorsitzenden des KonzernBR, die weder zurückgenommen noch widerrufen werden kann, erfolgt (siehe § 49 Rz. 2). Ferner erlischt die Mitgliedschaft im KonzernBR durch den rechtskräftigen arbeitsgerichtlichen Beschluss über den **Ausschluss aus dem KonzernBR** gemäß § 56. Schließlich kann der entsendende (Gesamt-)BR ein von ihm entsandtes Mitglied des KonzernBR jederzeit abberufen. Die **Abberufung** wird mit Fassung des entsprechenden Beschlusses des entsendenden (Gesamt-)BR wirksam. Für ausscheidende Mitglieder des GesamtBR rücken die gewählten Ersatzmitglieder nach.

3 Neben den ausdrücklich in § 57 genannten Fällen endet die Mitgliedschaft im KonzernBR, wenn der KonzernBR als Gremium erlischt (siehe § 47 Rz. 16 f.)[1]. Scheidet ein Konzernunternehmen aus dem Konzern aus, endet die Mitgliedschaft der aus dem (Gesamt-)BR dieses Unternehmens entsandten Mitglieder des KonzernBR[2].

4 Bei **Streitigkeiten** über die Wirksamkeit der Amtsniederlegung, der Abberufung oder das Nachrücken eines Ersatzmitglieds entscheidet das ArbG im Beschlussverfahren (§§ 2a, 80 ff. ArbGG). Örtlich zuständig ist das ArbG, in dessen Bezirk der Sitz des herrschenden Unternehmens liegt (§ 82 Satz 2 ArbGG).

58 Zuständigkeit

(1) Der Konzernbetriebsrat ist zuständig für die Behandlung von Angelegenheiten, die den Konzern oder mehrere Konzernunternehmen betreffen und nicht durch die einzelnen Gesamtbetriebsräte innerhalb ihrer Unternehmen geregelt werden können; seine Zuständigkeit erstreckt sich insoweit auch auf Unternehmen, die einen Gesamtbetriebsrat nicht gebildet haben, sowie auf Betriebe der Konzernunternehmen ohne Betriebsrat. Er ist den einzelnen Gesamtbetriebsräten nicht übergeordnet.

(2) Der Gesamtbetriebsrat kann mit der Mehrheit der Stimmen seiner Mitglieder den Konzernbetriebsrat beauftragen, eine Angelegenheit für ihn zu behandeln. Der Gesamtbetriebsrat kann sich dabei die Entscheidungsbefugnis vorbehalten. § 27 Abs. 2 Satz 3 und 4 gilt entsprechend.

1 I. **Allgemeines.** So wie GesamtBR und EinzelBR einander weder über- noch untergeordnet sind (§ 50 Abs. 1 Satz 2), besteht auch zwischen dem KonzernBR und den GesamtBR kein Über-/Unterordnungsverhältnis (Abs. 1 Satz 2). Der KonzernBR hat grundsätzlich die gleichen Rechte wie Gesamt- und EinzelBR (§ 59 Abs. 1 iVm. § 51 Abs. 5). Dieses gleichberechtigte Nebeneinander erfordert auch hier eine Abgrenzung der Zuständigkeiten. § 58 regelt, für welche Angelegenheiten der KonzernBR zuständig ist. Die Vorschrift ist der Zuständigkeitsabgrenzung zwischen GesamtBR und EinzelBR (§ 50) nachgebildet. Die gesetzliche Abgrenzung der Zuständigkeiten zwischen KonzernBR, GesamtBR und EinzelBR ist zwingend und kann weder durch TV noch durch BV geändert werden.

2 II. **Zuständigkeit kraft Gesetzes.** Gemäß Abs. 1 Satz 1 ist der KonzernBR zuständig, wenn eine Angelegenheit den Konzern oder mehrere Konzernunternehmen betrifft und eine Regelung nicht durch die einzelnen GesamtBR innerhalb der jeweiligen Konzernunternehmen erfolgen kann. Somit besteht eine **subsidiäre Zuständigkeit** des KonzernBR[3].

3 1. **Unternehmensübergreifender Bezug und fehlende Regelungsmöglichkeit im Unternehmen.** Für die Auslegung des Abs. 1 Satz 1 gelten die von der Rspr. zu § 50 Abs. 1 Satz 1 entwickelten Grundsätze entsprechend (siehe § 51 Rz. 2 ff.)[4]. Die Zuständigkeit des KonzernBR setzt zunächst voraus, dass es sich um eine unternehmensübergreifende, also über das einzelne Konzernunternehmen hinausgehende Angelegenheit handelt. Dabei kann es sich entweder um eine Angelegenheit handeln, die den **gesamten Konzern** betrifft, ein Regelungsgegenstand also alle Konzernunternehmen berührt. Dies ist jedoch nicht zwingend erforderlich; es reicht aus, dass die Angelegenheit **mehrere Konzernunternehmen**, also mindestens zwei Konzernunternehmen betrifft. Soweit eine Angelegenheit nur ein Konzernunternehmen betrifft, ist der KonzernBR nur zuständig, wenn er von dem GesamtBR gemäß Abs. 2 beauftragt wird, eine Angelegenheit für ihn zu behandeln.

4 Die Zuständigkeit des KonzernBR setzt des Weiteren voraus, dass die **Angelegenheit nicht durch die einzelnen GesamtBR innerhalb ihrer Unternehmen geregelt werden kann**. Auch dieses Kriterium des „Nichtregelnkönnens" ist entsprechend der zu § 50 Abs. 1 Satz 1 entwickelten Grundsätze auszulegen[5]. Auch hier ist dieses Kriterium jedenfalls erfüllt, wenn eine Regelung durch die GesamtBR **objektiv unmöglich** ist[6]. Erfasst werden aber auch Angelegenheiten, bei denen ein **zwingendes Erfordernis** nach einer konzerneinheitlichen oder unternehmensübergreifenden Regelung besteht[7]. Ob ein zwingendes Erfordernis besteht, richtet sich nach dem konkreten Regelungsziel sowie den Verhältnissen des jeweiligen Konzerns und seiner Konzernunternehmen. Reine Zweckmäßigkeitserwägungen oder

---

1 Richardi/*Annuß*, § 57 BetrVG Rz. 3. | 2 *Fitting*, § 57 BetrVG Rz. 13; GK-BetrVG/*Kreutz*, § 57 Rz. 4. | 3 Richardi/*Annuß*, § 58 BetrVG Rz. 8. | 4 BAG v. 20.12.1995 – 7 ABR 8/95, AP Nr. 1 zu § 58 BetrVG 1972. | 5 BAG v. 20.12.1995 – 7 ABR 8/95, AP Nr. 1 zu § 58 BetrVG 1972. | 6 BAG v. 12.11.1997 – 7 ABR 78/96, AP Nr. 2 zu § 58 BetrVG 1972. | 7 BAG v. 20.12.1995 – 7 ABR 8/95, AP Nr. 1 zu § 58 BetrVG 1972; v. 12.11.1997 – 7 ABR 78/96, AP Nr. 2 zu § 58 BetrVG 1972.

ein bloßes Koordinierungsinteresse der Konzernleitung oder des KonzernBR reichen nicht aus[1]. Lässt sich hingegen ein Regelungsziel nur durch eine einheitliche Regelung auf der Ebene des Konzerns erreichen, so ist der KonzernBR zuständig[2]. Zur Frage der fehlenden Regelungsmöglichkeit in den einzelnen Konzernunternehmen gelten im Übrigen die Ausführungen zu der fehlenden betrieblichen Regelungsmöglichkeit iSd. § 50 Abs. 1 Satz 1 entsprechend (siehe § 50 Rz. 4 ff.).

2. Einzelfälle. Im Bereich der **sozialen Angelegenheiten** ist der KonzernBR für die Wahrnehmung des MitbestR gemäß § 87 Abs. 1 Nr. 8 zuständig, soweit sich der Wirkungsbereich einer Sozialeinrichtung auf den Konzern erstreckt[3]. Unter den gleichen Voraussetzungen besteht die Zuständigkeit des KonzernBR für Werkswohnungen gemäß § 87 Abs. 1 Nr. 9[4]. Bezieht sich der Wirkungskreis eines Systems betrieblicher Altersversorgung, etwa einer Unterstützungskasse, auf den Konzern, ist ebenfalls der KonzernBR zuständig[5]. Das Gleiche gilt, wenn eine Regelung getroffen werden soll, nach der die Daten von Mitarbeitern innerhalb des Konzerns weitergegeben werden dürfen und davon alle Konzernunternehmen betroffen sind[6]. Die Einführung und Nutzung eines konzerneinheitlichen EDV-Systems oder einer konzerneinheitlichen Telefonanlage unterliegt ebenfalls der Mitbest. des KonzernBR, da sich eine unterschiedliche Regelung in den einzelnen Konzernunternehmen mit den Zielen der Einführung eines einheitlichen Systems in der Regel nicht vereinbaren ließe.

Hinsichtlich der **Gestaltung von Arbeitsplatz, Arbeitsablauf und Arbeitsumgebung** dürfte eine Zuständigkeit des KonzernBR nur ausnahmsweise in Betracht kommen, etwa wenn Arbeitsplätze aufgrund zentraler Planung für alle Konzernunternehmen einheitlich gestaltet werden.

Im Bereich der **allgemeinen personellen Angelegenheiten** kommt eine Zuständigkeit des KonzernBR insb. im Hinblick auf eine konzernweit erfolgende Personalplanung (§ 92) in Betracht[7]. Entsprechendes gilt für die Mitbest. bei Auswahlrichtlinien (§ 95), wenn eine konzernweite Personalpolitik betrieben wird[8] sowie im Hinblick auf die unternehmensübergreifende oder konzernweite Ausschreibung von Arbeitsplätzen (§ 93)[9]. Demgegenüber besteht eine Zuständigkeit des KonzernBR für **personelle Einzelmaßnahmen** grundsätzlich nicht, da diese in der Regel keinen unternehmensübergreifenden Bezug haben[10]. Der KonzernBR ist nach überwiegender Ansicht auch nicht hinsichtlich der Einstellung solcher ArbN zuständig, deren Arbeitsvertrag einen konzernweiten Einsatz erlaubt[11].

Eine Zuständigkeit des KonzernBR im Bereich der **wirtschaftlichen Angelegenheiten** kommt bei unternehmensübergreifend geplanten Betriebsänderungen in Betracht (siehe § 111 Rz. 76). Soll beispielsweise ein Konzernunternehmen liquidiert werden, einzelne Betriebe jedoch nicht stillgelegt, sondern mit Betrieben anderer Konzernunternehmen zusammengeschlossen werden, so ist der KonzernBR zuständig[12]. Die Zuständigkeit des KonzernBR kann auch gegeben sein, wenn im Zusammenhang mit der Betriebsänderung in dem Betrieb eines Konzernunternehmens einzelne ArbN in andere Konzernunternehmen übernommen werden und dies nur durch eine unternehmensübergreifende Regelung erreicht werden kann[13]; dies gilt jedoch nicht, soweit es sich lediglich um Einzelfälle handelt (siehe § 111 Rz. 76). Demgegenüber kann der KonzernBR **keinen Wirtschaftsausschuss** errichten[14].

3. Zuständigkeit aufgrund gesetzlicher Zuweisung. Der KonzernBR hat schließlich Aufgaben aufgrund gesetzlicher Zuweisung. Ist bei dem herrschenden Unternehmen ein Aufsichtsrat nach dem MitbestG 1976 zu bilden, so bestellt der KonzernBR die Mitglieder des Hauptwahlvorstands (§ 4 Abs. 4 3. WOMitbestG 2002). Des Weiteren ist der KonzernBR zuständig für die Bestellung der inländischen Mitglieder des besonderen Verhandlungsgremiums sowie die Bestellung der inländischen Mitglieder des EBR (§ 11 Abs. 2, § 23 Abs. 2 EBRG). Besteht in einem betriebsratsfähigen Betrieb kein BR, so kann der KonzernBR unter den Voraussetzungen des § 17 Abs. 1 einen Wahlvorstand bestellen. Umstritten ist, ob der KonzernBR bei **konzernweiten Umwandlungen** „zuständiger BR" für die Zuleitung des (Entwurfs des) Umwandlungsvertrags sein kann (§ 5 Abs. 3, § 126 Abs. 3 UmwG)[15]. Dies ist nach zutreffender Auffassung bereits wegen des Wortlauts der jeweiligen Vorschriften („zuständiger BR dieses Rechtsträgers"), aber auch wegen des Gesetzeszwecks der unternehmensnahen Repräsentation der ArbN im Umwandlungsverfahren zu verneinen[16]. Jedoch kann es sich in der Praxis zur Vermeidung jeglichen Risikos (Eintragungshindernis, vgl. § 17 Abs. 1 UmwG) empfehlen, eine Übersendung an alle (möglicherweise) zuständigen BR, also auch an den KonzernBR, vorzunehmen[17].

---

1 BAG v. 12.11.1997 – 7 ABR 78/96, AP Nr. 2 zu § 58 BetrVG 1972. | 2 BAG v. 20.12.1995 – 7 ABR 8/95, AP Nr. 1 zu § 58 BetrVG 1972. | 3 BAG v. 21.6.1979 – 3 ABR 3/78, AP Nr. 87 BetrVG 1972 – Sozialeinrichtung. | 4 DKK/*Trittin*, § 58 BetrVG Rz. 29; HSG/*Glaubitz*, § 58 BetrVG Rz. 10. | 5 BAG v. 14.12.1993 – 3 AZR 618/93, AP Nr. 81 zu § 7 BetrAVG. | 6 BAG v. 20.12.1995 – 7 ABR 8/95, AP Nr. 1 zu § 58 BetrVG 1972. | 7 Richardi/*Annuß*, § 58 BetrVG Rz. 11. | 8 DKK/*Trittin*, § 58 BetrVG Rz. 31. | 9 Richardi/*Annuß*, § 58 BetrVG Rz. 11. | 10 *Fitting*, § 58 BetrVG Rz. 16; HSG/*Glaubitz*, § 58 BetrVG Rz. 14. | 11 MünchArbR/*Joost*, § 315 Rz. 63; HSG/*Glaubitz*, § 58 BetrVG Rz. 14a; aA Martens, FS BAG, S. 369. | 12 Vgl. Richardi/*Annuß*, § 58 BetrVG Rz. 15. | 13 MünchArbR/*Joost*, § 315 Rz. 64; HSG/*Glaubitz*, § 58 BetrVG Rz. 16. | 14 BAG v. 23.8.1989 – 7 ABR 39/88, AP Nr. 7 zu § 106 BetrVG 1972. | 15 Bejahend *Joost*, ZIP 1995, 985; *Engelmeyer*, DB 1996, 2545. | 16 *Schwiebert* in Willemsen/Hohenstatt/Schwiebert/Seibt C 357; im Ergebnis ebenso Kallmeyer/*Willemsen*, 2. Aufl. 2001, § 5 UmwG Rz. 75; Lutter/*Lutter*, 2. Aufl. 2000, § 5 UmwG Rz. 86. | 17 Kallmeyer/*Willemsen*, 2. Aufl. 2001, § 5 UmwG Rz. 75; *Schwiebert* in Willemsen/Hohenstatt/Schwiebert/Seibt C 357.

10 **III. Zuständigkeit für Unternehmen ohne GesamtBR.** Ist der KonzernBR gemäß Abs. 1 zuständig, so erstreckt sich diese Zuständigkeit gemäß Abs. 1 Satz 1 Halbs. 2 auch auf Unternehmen, die einen GesamtBR nicht gebildet haben, sowie auf Betriebe der Konzernunternehmen ohne BR. Diese Erstreckung der Zuständigkeit ist im Zuge der Reform des BetrVG neu in das Gesetz eingefügt worden.

11 **IV. Abschluss von KonzernBV.** Nicht abschließend geklärt ist die Frage, ob der Abschluss einer KonzernBV zwischen dem KonzernBR und dem herrschenden Unternehmen auch Wirkung für die abhängigen Konzernunternehmen und ihre ArbN entfaltet oder ob eine normative Wirkung nur dadurch begründet werden kann, dass die Konzernunternehmen selbst Partei der KonzernBV werden[1]. Zustimmung verdient die Auffassung, nach der KonzernBV nicht von dem herrschenden Unternehmen für alle Konzernunternehmen abgeschlossen werden können, sondern eine KonzernBV nur auf diejenigen Konzernunternehmen anzuwenden ist, die selbst Partei der Vereinbarung geworden sind[2]. Da die Konzernunternehmen rechtlich selbständig sind, ist das herrschende Unternehmen nicht berechtigt, zu Lasten der Konzernunternehmen KonzernBV abzuschließen[3]. Nach anderer Ansicht soll aus der Institution des KonzernBR und der damit verbundenen konzernweiten Mitbest. folgen, dass trotz rechtlicher Selbständigkeit der Konzernunternehmen auch ohne deren Beteiligung konzernweit geltende KonzernBV durch das herrschende Unternehmen abgeschlossen werden können[4].

12 **V. Zuständigkeit kraft Auftrags.** Abs. 2 eröffnet einem GesamtBR die Möglichkeit, den KonzernBR mit der Wahrnehmung einzelner Angelegenheiten zu beauftragen, für die an sich der GesamtBR zuständig ist (bzw. im Rahmen des § 54 Abs. 2 der Einzelbetriebsrat). Hierdurch wird die Möglichkeit eröffnet, die Zuständigkeit des KonzernBR in Fällen zu begründen, in denen dies zweckmäßig ist, insb. im Hinblick auf das konzernspezifische Wissen, die konzernweiten Informationsmöglichkeiten und den faktischen Einfluss des KonzernBR[5]. Die Beauftragung ist mit der **qualifizierten Mehrheit** der Stimmen der Mitglieder des GesamtBR zu beschließen (Abs. 2 Satz 1) und bedarf der **Schriftform** (Abs. 2 Satz 3 iVm. § 27 Abs. 2 Satz 3). Abs. 2 ist § 50 Abs. 2 nachgebildet, so dass ergänzend auf die Erläuterungen zu dieser Vorschrift verwiesen werden kann (siehe § 50 Rz. 17 f.).

13 Mit der Beauftragung durch den GesamtBR erhält der KonzernBR die Befugnis, anstelle des an sich zuständigen GesamtBR tätig zu werden. Verhandlungspartner auf Seiten des GesamtBR ist das Konzernunternehmen. Da sich durch die Delegation nur die Zuständigkeit des betriebsverfassungsrechtlichen Organs, nicht die Zuständigkeit auf ArbGebSeite ändert, ist **Verhandlungspartner des KonzernBR das jeweilige Konzernunternehmen** – und nicht das herrschende Unternehmen. Das herrschende Unternehmen kann im Falle der Delegation nicht zum Abschluss einer KonzernBV verpflichtet werden[6].

14 Gemäß Abs. 2 Satz 2 kann sich der GesamtBR bei der Beauftragung des KonzernBR die **Entscheidungsbefugnis vorbehalten**, so dass dem KonzernBR nur das Recht verbleibt, die Verhandlungen zu führen. Wie bei der Beauftragung des GesamtBR durch den EinzelBR gemäß § 50 Abs. 2 Satz 2 gilt auch hier, dass der KonzernBR grundsätzlich entscheidungsbefugt ist, soweit sich der GesamtBR die Entscheidungsbefugnis nicht ausdrücklich und unmissverständlich vorbehalten hat (siehe § 50 Rz. 18).

15 **VI. Streitigkeiten.** Bei Streitigkeiten über die Zuständigkeit des KonzernBR entscheidet das ArbG im Beschlussverfahren (§§ 2a, 80 ff. ArbGG). Örtlich zuständig ist das ArbG, in dessen Bezirk der Sitz des herrschenden Unternehmens liegt (§ 82 Satz 2 ArbGG). Für Streitigkeiten über die Beauftragung des KonzernBR durch einen GesamtBR (bzw. im Rahmen des § 54 Abs. 2 einen Einzelbetriebsrat) ist dagegen das ArbG örtlich zuständig, in dessen Bezirk der Sitz des Konzernunternehmens liegt, dessen (Gesamt-)BR beteiligt ist[7]. Kann im Rahmen eines **einstweiligen Verfügungsverfahrens** die Zuständigkeit des antragstellenden KonzernBR nicht eindeutig geklärt werden, soll ein überwiegendes Interesse am Erlass der einstweiligen Verfügung zu verneinen sein (siehe § 50 Rz. 19).

59 *Geschäftsführung*

(1) Für den Konzernbetriebsrat gelten § 25 Abs. 1, die §§ 26, 27 Abs. 2 und 3, § 28 Abs. 1 Satz 1 und 3, Abs. 2, die §§ 30, 31, 34, 35, 36, 37 Abs. 1 bis 3 sowie die §§ 40, 41 und 51 Abs. 1 Satz 2 und Abs. 3 bis 5 entsprechend.

(2) Ist ein Konzernbetriebsrat zu errichten, so hat der Gesamtbetriebsrat des herrschenden Unternehmens oder, soweit ein solcher Gesamtbetriebsrat nicht besteht, der Gesamtbetriebsrat des nach der Zahl der wahlberechtigten Arbeitnehmer größten Konzernunternehmens zu der Wahl des Vorsitzenden und des stellvertretenden Vorsitzenden des Konzernbetriebsrats einzuladen. Der Vorsitzende

---

[1] Nicht eindeutig: BAG v. 12.11.1997 – 7 ABR 78/96, AP Nr. 2 zu § 58 BetrVG 1972. [2] MünchArbR/*Joost*, § 315 Rz. 74 ff.; Richardi/*Annuß*, § 58 BetrVG Rz. 33 ff.; *Windbichler*, RdA 1999, S. 151. [3] *Windbichler*, RdA 1999, S. 151. [4] *Fitting*, § 58 BetrVG Rz. 34 ff.; GK-BetrVG/*Kreutz*, § 58 Rz. 12 ff.; *Hanau*, ZGR 1984, S. 482 ff. [5] BAG v. 12.11.1997 – 7 ABR 78/96, AP Nr. 2 zu § 58 BetrVG 1972. [6] BAG v. 12.11.1997 – 7 ABR 78/96, AP Nr. 2 zu § 58 BetrVG 1972; *Fitting*, § 58 BetrVG Rz. 41; aA GK-BetrVG/*Kreutz*, § 58 Rz. 47. [7] *Fitting*, § 58 BetrVG Rz. 43; Richardi/*Annuß*, § 58 BetrVG Rz. 47.

des einladenden Gesamtbetriebsrats hat die Sitzung zu leiten, bis der Konzernbetriebsrat aus seiner Mitte einen Wahlleiter bestellt hat. § 29 Abs. 2 bis 4 gilt entsprechend.

I. Allgemeines. Die Vorschrift regelt die innere Organisation und Geschäftsführung des KonzernBR. Abs. 1 verweist dabei im Wesentlichen auf die Vorschriften, die auch für die innere Organisation und Geschäftsführung des GesamtBR und des BR maßgeblich sind. Abs. 2 regelt in Anlehnung an § 51 Abs. 1 die Konstituierung des KonzernBR und seine Sitzungen.

II. Konstituierung des KonzernBR. Ist ein KonzernBR erstmalig zu bilden, richtet sich die Zuständigkeit für die Einladung zu seiner konstituierenden Sitzung nach Abs. 2. Auf der konstituierenden Sitzung werden der Vorsitzende des KonzernBR und sein Stellvertreter gewählt. Zuständig für die Einladung ist der **GesamtBR des herrschenden Unternehmens**. Besteht im herrschenden Unternehmen nur ein nach § 54 Abs. 2 zuständiger BR, so lädt dieser zu der konstituierenden Sitzung ein[1]. Ist in dem herrschenden Unternehmen weder ein GesamtBR noch ein nach § 54 Abs. 2 zuständiger BR gebildet, so lädt der GesamtBR des nach der Zahl der wahlberechtigten ArbN **größten Konzernunternehmens** zu der konstituierenden Sitzung ein. Dabei kommt es auf die Zahl der Eintragungen in die Wählerliste bei den Wahlen zu den EinzelBR an[2]; besteht in einem Betrieb kein BR, ist auf die aktuell beschäftigten ArbN abzustellen[3]. Die Erläuterungen zu der Konstituierung des GesamtBR gelten entsprechend (siehe § 51 Rz. 2 f.).

Bis der KonzernBR aus seiner Mitte einen Wahlleiter bestellt hat, obliegt die **Sitzungsleitung** dem Vorsitzenden des einladenden GesamtBR. Soweit der Vorsitzende des einladenden GesamtBR nicht selbst in den KonzernBR entsandt worden ist, endet seine Teilnahme an der konstituierenden Sitzung mit der Bestellung des Wahlleiters[4]. Nach der Wahl des Vorsitzenden obliegt diesem die weitere Leitung der Sitzung. Er beruft auch die weiteren Sitzungen ein. Insoweit gelten die für die Einberufung der Sitzungen des BR anwendbaren Vorschriften entsprechend (Abs. 2 Satz 3 iVm. § 29 Abs. 2 bis 4).

III. Geschäftsführung und innere Ordnung. Der KonzernBR wählt aus seiner Mitte einen **Vorsitzenden** und dessen Stellvertreter (Abs. 1 iVm. § 26 Abs. 1). Insoweit gelten die Regelungen im Hinblick auf den Vorsitz im GesamtBR entsprechend (siehe § 51 Rz. 5).

Hat der KonzernBR neun oder mehr Mitglieder, besteht die Möglichkeit – aber auch die Pflicht – zur Bildung eines **Konzernbetriebsausschusses**, der die laufenden Geschäfte des KonzernBR führt. Soweit im Konzern mehr als 100 ArbN beschäftigt sind, kann der KonzernBR **weitere Ausschüsse** bilden und ihnen Aufgaben übertragen (Abs. 1 iVm. § 28 Abs. 1). Bei der Beschlussfassung in den Ausschüssen findet der Grundsatz der Stimmengewichtung keine Anwendung; jedes Ausschussmitglied hat eine Stimme[5]. Auch hier gelten die Regelungen über den Gesamtbetriebsausschuss und die Bildung weiterer Ausschüsse des GesamtBR entsprechend (siehe § 51 Rz. 6 f.).

Für die Geschäftsführung und innere Ordnung des KonzernBR sind gemäß Abs. 1 schließlich eine Reihe von weiteren Vorschriften, die für die Geschäftsführung des BR gelten, entsprechend anwendbar. § 51 Abs. 1 Satz 1 verweist für den GesamtBR im Wesentlichen auf dieselben Vorschriften, so dass auf die dortigen Ausführungen verwiesen werden kann (siehe § 51 Rz. 8). Ein Teilnahmerecht von Gewerkschaftsbeauftragten besteht nur, wenn die Gewerkschaft im KonzernBR vertreten ist[6], ihr also ein Mitglied des KonzernBR angehört.

IV. Beschlussfassung des KonzernBR. Für die Beschlussfassung im KonzernBR verweist Abs. 1 auf die entsprechenden Vorschriften für die Beschlussfassung im GesamtBR (§ 51 Abs. 3). Für die Beschlussfähigkeit des KonzernBR ist erforderlich, dass mindestens die Hälfte der Mitglieder des KonzernBR an der Beschlussfassung teilnimmt und die Teilnehmenden mindestens die Hälfte aller Stimmen vertreten. Ebenso wie bei der Beschlussfassung des GesamtBR müssen auch hier beide Voraussetzungen kumulativ vorliegen; auch auf die übrigen Ausführungen zu der Beschlussfassung im GesamtBR kann entsprechend verwiesen werden (siehe § 51 Rz. 9 f.).

Durch den Verweis auf die Generalklausel des § 51 Abs. 5 wird klargestellt, dass der KonzernBR über die gleichen Rechte und Pflichten wie der BR verfügt (siehe § 51 Rz. 11).

VI. Streitigkeiten. Bei Streitigkeiten über die Geschäftsführung und innere Ordnung des KonzernBR entscheidet das ArbG im Beschlussverfahren (§§ 2a, 80 ff. ArbGG). Örtlich zuständig ist das ArbG, in dessen Bezirk der Sitz des herrschenden Unternehmens liegt (§ 82 Satz 2 ArbGG).

59a *Teilnahme der Konzernschwerbehindertenvertretung*
Die Konzernschwerbehindertenvertretung (§ 97 Abs. 2 des Neunten Buches Sozialgesetzbuch) kann an allen Sitzungen des Konzernbetriebsrats beratend teilnehmen.

---

1 HSG/*Glaubitz*, § 59 BetrVG Rz. 8; GK-BetrVG/*Kreutz*, § 59 Rz. 7. | 2 Richardi/*Annuß*, § 59 BetrVG Rz. 18; *Fitting*, § 59 BetrVG Rz. 14. | 3 DKK/*Trittin*, § 59 BetrVG Rz. 39; Richardi/*Annuß*, § 59 BetrVG Rz. 18; *Fitting*, § 59 BetrVG Rz. 14. | 4 Richardi/*Annuß*, § 59 BetrVG Rz. 19. | 5 *Fitting*, § 59 BetrVG Rz. 13; ErfK/*Eisemann*, § 59 BetrVG Rz. 5. | 6 ErfK/*Eisemann*, § 59 BetrVG Rz. 4; *Fitting*, § 59 BetrVG Rz. 19; HSG/*Glaubitz*, § 59 BetrVG Rz. 24; aA MünchArbR/*Joost*, § 315 Rz. 85.

BetrVG § 59a Rz. 1   Teilnahme der Konzernschwerbehindertenvertretung

1 Entsprechend dem Teilnahmerecht der Schwerbehindertenvertretung an den Sitzungen des BR (§ 32) und dem Recht der Gesamtschwerbehindertenvertretung an den Sitzungen des GesamtBR (§ 52) regelt § 59a das Recht der Konzernschwerbehindertenvertretung, an den Sitzungen des KonzernBR teilzunehmen. Gemäß § 97 Abs. 2 SGB IX wählen die Gesamtschwerbehindertenvertretungen eine Konzernschwerbehindertenvertretung, wenn für mehrere Unternehmen ein KonzernBR errichtet ist.

2 Die Konzernschwerbehindertenvertretung ist **berechtigt, an allen Sitzungen des KonzernBR** beratend **teilzunehmen**. Da die Vorschrift des § 59a dem Teilnahmerecht der Gesamtschwerbehindertenvertretung an den Sitzungen des GesamtBR nachgebildet ist, kann im Hinblick auf das Teilnahmerecht der Konzernschwerbehindertenvertretung auf die entsprechend geltenden Ausführungen zu § 52 verwiesen werden.

Dritter Teil. Jugend- und Auszubildendenvertretung

Erster Abschnitt. Betriebliche Jugend- und Auszubildendenvertretung

60 *Errichtung und Aufgabe*
(1) In Betrieben mit in der Regel mindestens fünf Arbeitnehmern, die das 18. Lebensjahr noch nicht vollendet haben (jugendliche Arbeitnehmer) oder die zu ihrer Berufsausbildung beschäftigt sind und das 25. Lebensjahr noch nicht vollendet haben, werden Jugend- und Auszubildendenvertretungen gewählt.
(2) Die Jugend- und Auszubildendenvertretung nimmt nach Maßgabe der folgenden Vorschriften die besonderen Belange der in Absatz 1 genannten Arbeitnehmer wahr.

Lit.: *Moderegger*, Neuerungen beim Wahlrecht in Berufsausbildungszentren, ArbRB 2002, 339 ff.; *Opolony*, Die Jugend- und Auszubildendenvertretung nach dem Betriebsverfassungs-Reformgesetz, BB 2001, 2055; *Schaub*, Heim- und Telearbeit sowie bei Dritten beschäftigte Arbeitnehmer im Referenten- und Regierungsentwurf zum BetrVG, NZA 2001, 364.

1 **I. Vorbemerkung.** Der dritte Teil des BetrVG ist der **JAV** gewidmet. Bereits das **BetrVG 1952** kannte die **Jugendvertretung**. Sie war aber nur in Grundzügen und an verschiedenen Stellen verstreut geregelt[1]. Erst das BetrVG 1972 fasste die maßgebenden Bestimmungen für die Vertretung der jugendlichen ArbN in einem eigenen Abschnitt zusammen und stärkte die Stellung und Rechte der Jugendvertretung, um die jugendlichen ArbN leichter in das betriebliche Geschehen einzubeziehen[2].

2 Das Gesetz zur Bildung von JAV in den Betrieben vom 13.7.1988[3] hat die Jugendvertretung zur **JAV** weiterentwickelt. Aufgrund längerer Schulzeiten verringerte sich die Anzahl jugendlicher ArbN in den Betrieben und damit auch die Zahl der Jugendvertreter; der Ausbau der Jugendvertretung zu einer JAV zog die Konsequenz aus dieser Entwicklung[4]. Darüber hinaus zeigte sich in der betrieblichen Praxis, dass die betriebliche Berufsausbildung und die mit ihr zusammenhängenden Fragen und Probleme eine die Altersgrenze von 18 Jahren überspringende soziologische Klammer der jugendlichen ArbN und der über 18 Jahre alten zu ihrer Berufsausbildung Beschäftigten darstellt[5]. Damit der Charakter der JAV als eine Vertretung junger ArbN gewahrt bleibt, wurde die Einbeziehung der zu ihrer Berufsausbildung Beschäftigten altersmäßig auf die noch nicht 25-jährigen Auszubildenden begrenzt.

3 Da jugendliche ArbN und Auszubildende über 18 Jahre sich durch die in der Regel gemeinsame Berufsausbildung in einer vergleichbaren Situation befinden, ist eine **einheitliche Interessenvertretung** sachgerecht, wobei durch die altersmäßige Begrenzung auf Auszubildende unter 25 Jahre der Charakter einer Vertretung junger ArbN gewahrt bleibt[6]. Normzweck ist somit, dem benannten Personenkreis eine **zusätzliche betriebsverfassungsrechtliche Vertretung** zu geben, die gegenüber dem BR die speziellen Interessen der jugendlichen und zu ihrer Berufsausbildung beschäftigten ArbN artikuliert[7].

4 **II. Errichtung (Abs. 1).** Eine JAV ist zu wählen, wenn in einem Betrieb in der Regel mindestens fünf ArbN beschäftigt werden, die das 18. Lebensjahr noch nicht vollendet haben oder die zu ihrer Berufsausbildung beschäftigt werden und das 25. Lebensjahr noch nicht vollendet haben.

5 **1. Betrieb.** Betrieb iSv. § 60 Abs. 1 ist in demselben Sinne zu verstehen, wie er auch für die Bildung des BR zugrunde zu legen ist (zum Begriff Betrieb vgl. § 1 Rz. 8 ff.).

6 **Tarifvertragliche Zuordnungen** von Betriebsteilen und Nebenbetrieben nach § 3 gelten auch für die JAV[8].

---

[1] Im Einzelnen GK-BetrVG/*Oetker*, vor § 60 Rz. 3 mwN. [2] DKK/*Trittin*, § 60 BetrVG Rz. 1; Richardi/*Richardi*/*Annuß*, vor § 60 BetrVG Rz. 1. [3] BGBl. I S. 1034. [4] BT-Drs. 11/1134, 5; BT-Drs. 11/955, 10. [5] *Fitting*, § 60 BetrVG Rz. 2. [6] DKK/*Trittin*, § 60 BetrVG Rz. 3; *Fitting*, § 60 BetrVG Rz. 2. [7] ErfK/*Eisemann*, § 60 BetrVG Rz. 1. [8] *Fitting*, § 60 BetrVG Rz. 11; DKK/*Trittin*, § 60 BetrVG Rz. 14.

Für die Wahlberechtigung kommt es darauf an, ob der in § 60 Abs. 1 genannte ArbN-Kreis in den Betrieb **eingegliedert** ist[1]. 7

Besonderheiten gelten bei der **überbetrieblichen** und **außerbetrieblichen** Ausbildungsstätte: In reinen **Ausbildungsbetrieben** sind die zu ihrer Berufsausbildung dort Beschäftigten keine ArbN iSd. BetrVG, da ihre Ausbildung nicht im Rahmen der jeweiligen arbeitstechnischen Zwecksetzung eines Produktions- oder Dienstleistungsbetriebs erfolgt. Vielmehr ist ihre Ausbildung selbst Gegenstand des Betriebszwecks. Daraus folgt, dass Auszubildende in reinen Berufsausbildungswerken mangels Eingliederung keine ArbN iSd. BetrVG sind, soweit sie nicht ihrerseits dort innerhalb des laufenden Betriebs mit einer Zwecksetzung eingesetzt werden, die auch die dort beschäftigten ArbN verfolgen[2]. Eine JAV kann daher dort nur in Anlehnung an die §§ 60 ff. freiwillig errichtet werden[3]. Nach § 18a BBiG ist aus diesem Grunde in Einrichtungen, die lediglich einen Produktions- oder Dienstleistungsbetrieb nachahmen, eine besondere Interessenvertretung zu wählen[4]. Erfolgt die Berufsausbildung in **mehreren Betrieben eines Unternehmens**, so gelten die zu ihrer Berufsausbildung Beschäftigten als ArbN desjenigen Betriebs, in dem die für ihr Ausbildungsverhältnis wesentlichen und der Beteiligung des BR bzw. der JAV unterliegenden personellen und sozialen Entscheidungen zB über Begründung und Beendigung des Ausbildungsverhältnisses, Ausbildungsplan, Lage, Dauer, Folge und Inhalt der Ausbildungsabschnitte sowie Urlaub getroffen werden („**Stammbetrieb**")[5]. Erfolgt die Berufsausbildung durch **mehrere Unternehmen**, ist der Auszubildende grundsätzlich dem Betrieb desjenigen Unternehmens zuzurechnen, mit dem er den Ausbildungsvertrag geschlossen hat[6]. Allerdings sind auch hier Fallkonstellationen denkbar, bei denen es weniger auf den Abschluss des Ausbildungsvertrags, sondern vielmehr auf die tatsächliche Eingliederung ankommt: Zu denken ist insb. an den Fall, dass ein Unternehmen mit einem Auszubildenden einen Ausbildungsvertrag abschließt, die Ausbildung jedoch tatsächlich ausschließlich in einem Betrieb eines anderen Unternehmens erfolgt und dort eine vollständige Eingliederung vorliegt. Hier wird es auf den jeweiligen Einzelfall ankommen. In keinem Fall findet § 7 Satz 2 Anwendung[7]. Danach sind ArbN eines anderen ArbGeb wahlberechtigt, wenn sie zur Arbeitsleistung überlassen werden und länger als drei Monate im Betrieb eingesetzt sind. Das Wahlrecht besteht in diesem Fall nicht nach drei Monaten, sondern vom ersten Tag des Einsatzes an[8]. Erfasst werden alle ArbN, die dem Weisungsrecht des ArbGeb in dem Betrieb unterliegen[9]. Werden Auszubildende zu Ausbildungszwecken einem anderen Betrieb zugewiesen, kann § 7 Satz 2 seinem klaren Wortlaut nach nicht angewandt werden, da keine Überlassung zur Arbeitsleistung vorliegt[10].

Überlässt ein Betriebsinhaber Dritten Einrichtungen (zB **Lehrwerkstatt**) zur Berufsausbildung, ohne dass die dortigen Auszubildenden seinem Weisungsrecht unterstellt sind, werden sie nicht zu Angehörigen seines Betriebs und sind damit nicht wahlberechtigt zu dessen JAV[11]. 9

2. Mindestgröße. Dem Betrieb müssen idR mindestens fünf ArbN angehören, die zu dem in § 60 Abs. 1 BetrVG genannten Personenkreis gehören. 10

a) Jugendliche ArbN. Nach der Legaldefinition in § 60 Abs. 1 sind jugendliche ArbN solche ArbN, die das 18. Lebensjahr noch nicht vollendet und deshalb wegen ihres Alters keine Wahlberechtigung zum BR (§ 7) haben (zum Begriff des ArbN vgl. § 5 Rz. 2 ff.). 11

b) Berufsausbildung. Ferner fallen unter den Geltungsbereich des § 60 Abs. 1 die zu ihrer **Berufsausbildung beschäftigten ArbN**, die das 25. Lebensjahr noch nicht vollendet haben (zum Begriff der in der Berufsausbildung Beschäftigten vgl. § 5 Rz. 16). 12

c) In der Regel. Für die Bildung einer JAV kommt es darauf an, dass im Betrieb idR, dh. **im Allgemeinen und üblicherweise**, fünf oder mehr Jugendliche oder auszubildende ArbN beschäftigt werden. Das bedeutet, dass eine JAV auch dann zu bilden ist, wenn im Zeitpunkt der Wahl gerade nur beispielsweise drei der in Abs. 1 genannten ArbN beschäftigt werden, während regelmäßig fünf oder mehr beschäftigt werden. Gleichermaßen scheidet die Wahl einer JAV dann aus, wenn im Betrieb wegen außergewöhnlicher Umstände fünf oder mehr dieser ArbN tätig sind, während regelmäßig nur drei beschäftigt werden[12] (zum Begriff „**in der Regel**" vgl. auch § 1 Rz. 4). 13

3. BR. Voraussetzung für die Bildung einer JAV ist, dass in dem Betrieb ein BR besteht[13]. Da die JAV keine selbstständige Funktion iSv. eigenständigen Mitbestimmungs- oder Beteiligungsrechten hat, die sie gegenüber dem ArbGeb wahrnehmen kann, sondern letztendlich darauf beschränkt ist, 14

---

1 ErfK/*Eisemann*, § 60 BetrVG Rz. 2. | 2 BAG v. 20.3.1996 – 7 ABR 347/95, AP Nr. 10 zu § 5 BetrVG 1972 – Ausbildung. | 3 *Fitting*, § 60 BetrVG Rz. 16. | 4 *Moderegger*, ArbRB 2002, 339 ff. (341/342). | 5 BAG v. 13.3.1991 – 7 ABR 89/89, AP Nr. 2 zu § 60 BetrVG 1972; *Fitting*, § 60 BetrVG Rz. 17; DKK/*Trittin*, § 60 BetrVG Rz. 19. | 6 *Fitting*, § 60 BetrVG Rz. 18 mwN. | 7 Beachte: „Leiharbeitnehmer wählen, aber zählen nicht" (BAG v. 16.4.2003 – 7 ABR 53/02, ZTR 2003, 288). | 8 BT-Drs. 14/5741, 36. | 9 *Schaub*, NZA 2001, 364 (366); *Fitting*, § 60 BetrVG Rz. 18. | 10 *Opolony*, BB 2001, 2055 (2056); aA Richardi/*Richardi/Annuß*, § 60 BetrVG Rz. 9. | 11 BAG v. 4.4.1990 – 7 ABR 91/89, AP Nr. 1 zu § 60 BetrVG 1972. | 12 *Fitting*, § 60 BetrVG Rz. 12; DKK/*Trittin*, § 60 BetrVG Rz. 15. | 13 Richardi/*Richardi/Annuß*, § 60 BetrVG Rz. 11; Löwisch/*Kaiser*, § 60 BetrVG Rz. 5; HSWG/*Hess*, § 60 BetrVG Rz. 6; *Fitting*, § 60 BetrVG Rz. 22; GK-BetrVG/*Oetker*, § 60 Rz. 37 ff.; Weiss/*Weyand*, § 60 BetrVG Rz. 3; aA DKK/*Trittin*, § 60 BetrVG Rz. 26; *Dachrodt/Engelbert*, § 60 BetrVG Rz. 12.

ihre Aufgaben über den BR zu erfüllen, bedarf es zwangsläufig eines solchen. Der Gegenmeinung, die die Existenz eines BR nicht als Voraussetzung für die JAV ansieht[1], dürfte mit dem BetrVerf-Reformgesetz vom 23.7.2001[2] der Boden entzogen sein[3]. Der Gesetzgeber weist ausdrücklich auf die Verbindung von BR und JAV hin. Die Regelungen, die die Bildung von BR erleichtern sollen, dienen dazu, die Wahl neuer JAV zu ermöglichen[4]. Die Wahl einer JAV in einem Betrieb, in dem kein BR besteht, ist nichtig[5].

15 **III. Aufgaben und Rechtsstellung (Abs. 2).** Liegen die Voraussetzungen für die Bildung einer JAV vor, ist diese zu errichten. Eine Dispositionsbefugnis der Betriebsparteien besteht insoweit nicht[6].

16 **1. Aufgaben.** Nach § 60 Abs. 2 nimmt die JAV nach Maßgabe der weiteren Vorschriften die **besonderen Belange** der Jugendlichen und zu ihrer Berufsausbildung beschäftigten ArbN unter 25 Jahre wahr. Bestimmte allgemeine Aufgaben sind in § 70 Abs. 1 umschrieben. Zweck ist, die Angelegenheiten festzulegen, in denen eine Initiative der JAV erwartet wird, es also zu ihren **Amtspflichten** gehört, sich darum zu kümmern[7].

17 **2. Rechtsstellung.** Die in einem Betrieb bestehende JAV ist **kein gleichberechtigt neben dem BR bestehendes Organ** der Betriebsverfassung[8]. Vielmehr obliegt dem BR die Wahrnehmung der Interessen aller ArbN des Betriebs gegenüber dem ArbGeb, auch solcher, die in § 60 Abs. 1 aufgezählt sind[9]. Dementsprechend ist die JAV kein **eigenständiger Repräsentant** der in Abs. 1 genannten ArbN, sondern lediglich eine zusätzliche betriebsverfassungsrechtliche Einrichtung, deren Aufgabe es ist, die BR-Arbeit in Jugendfragen und vor allem in Fragen der Berufsbildung wirksam zu unterstützen[10].

18 Das BetrVG gibt der JAV keine **Mitwirkungs- oder MitbestR** gegenüber dem ArbGeb. Die JAV kann keine BV abschließen[11]. Ihre Aufgaben und Kompetenzen sind in den §§ 61 bis 71 grundsätzlich abschließend beschrieben, wie der Hinweis auf ihre „Wahrnehmung nach Maßgabe der folgenden Vorschriften" zeigt[12]. Ihre Mitglieder sind nicht Mitglieder des BR. Sie nehmen an seinen Sitzungen mit abgestuften Rechten teil. Die JAV kann alleine keine gegenüber dem ArbGeb wirksamen Beschlüsse fassen, sondern nur der BR[13]. Für die Rechtsstellung der JAV bedeutet das, dass alleine der BR die Interessen der ArbN, einschließlich der in § 60 Abs. 1 genannten, gegenüber dem ArbGeb vertritt[14]. Ausschließlich der BR übt die damit verbundenen MitbestR aus. Die JAV ist daher auf die Mitwirkung des BR angewiesen, wenn sie Maßnahmen durchführen will. Allein **Selbstorganisationsrechte** wie zB das Erstellen einer Geschäftsordnung nimmt sie eigenständig wahr[15].

19 **IV. Wegfall der Voraussetzungen.** Fallen die Voraussetzungen für die Errichtung einer JAV **nachträglich weg**, dh., wird in dem Betrieb nach einem Wegfall des bisherigen BR keine Neuwahl eines neuen BR eingeleitet, so dass in dem Betrieb kein BR mehr besteht, oder sinkt die Zahl der in der Regel beschäftigten ArbN iSv. § 60 Abs. 1 unter fünf, führt dies zur **Beendigung** der JAV[16]. Teilweise wird in der Lit. angenommen, ein nur kurzfristiger Wegfall des BR (etwa bei einer erfolgreichen Wahlanfechtung oder bei einer verzögerten Neuwahl des BR) würde nicht zur Beendigung einer bestehenden JAV führen[17]. Während einer Übergangszeit könne eine JAV **ohne BR** bestehen[18]. Diese Auffassung ist zweifelhaft: Ist die Existenz des BR Voraussetzung für die Bildung einer JAV, entfällt mit seinem Wegfall eine gesetzliche Vertretung für ihre Errichtung, so dass das Amt der JAV endet. Ihre gesetzlich übertragene Funktion, als Hilfsorgan für den BR zu agieren, wird mit dem Wegfall des BR unmöglich. Geht man davon aus, dass Voraussetzung für die Errichtung einer JAV das Bestehen eines BR ist, ist es inkonsequent, bei Wegfall des BR von einem zeitlich befristeten Weiterbestehen der JAV auszugehen[19].

20 Wird für den Fall des vorübergehenden Wegfalls eines BR der Weiterbestand der JAV angenommen, wäre sie in dieser Zeit weitestgehend funktionsunfähig, weil sie gegenüber dem ArbGeb keine eigenständigen Vertretungsbefugnisse hat und die Interessen der jugendlichen ArbN und Auszubildenden nur über den BR wahrgenommen werden können[20].

21 **V. Streitigkeiten.** Streitigkeiten über die Bildung einer JAV sowie über ihre Zuständigkeit sind gemäß §§ 2a Abs. 1 Nr. 1, Abs. 2 iVm. 80 ff. ArbGG von den ArbG im **Beschlussverfahren** zu entscheiden.

---

1 DKK/*Trittin*, § 60 BetrVG Rz. 26. | 2 BGBl. I, S. 1852. | 3 *Stege/Weinspach/Schiefer*, §§ 60 bis 70 BetrVG Rz. 1b. | 4 BT-Drs. 14/5741, 31. | 5 *Fitting*, § 60 BetrVG Rz. 22; Richardi/*Richardi/Annuß*, § 60 BetrVG Rz. 11. | 6 *Fitting*, § 60 BetrVG Rz. 10. | 7 Richardi/*Richardi/Annuß*, § 60 BetrVG Rz. 12. | 8 BAG v. 13.3.1991 – 7 ABR 89/89, AP Nr. 2 zu § 60 BetrVG 1972. | 9 BAG v. 10.5.1974 – 1 ABR 60/73, AP Nr. 4 zu § 65 BetrVG 1972; v. 10.5.1974 – 1 ABR 57/73, AP Nr. 3 zu § 65 BetrVG 1972; v. 20.11.1973 – 1 AZR 331/73, AP Nr. 1 zu § 65 BetrVG 1972. | 10 Richardi/*Richardi/Annuß*, § 60 BetrVG Rz. 13 mwN. | 11 *Fitting*, § 60 BetrVG Rz. 25; DKK/*Trittin*, § 60 BetrVG Rz. 6. | 12 GK-BetrVG/*Oetker*, § 60 Rz. 47. | 13 Vgl. BAG v. 10.6.1975 – 1 ABR 140/73, AP Nr. 1 zu § 73 BetrVG 1972 unter III. 1. d.Gr. | 14 BAG v. 21.1.1982 – 6 ABR 17/79, AP Nr. 1 zu § 70 BetrVG 1972. | 15 ErfK/*Eisemann*, § 60 BetrVG Rz. 3. | 16 *Etzel*, Betriebsverfassungsrecht, Rz. 1325; *Fitting*, § 60 BetrVG Rz. 23. | 17 *Fitting*, § 60 BetrVG Rz. 23; Richardi/*Richardi/Annuß*, § 60 BetrVG Rz. 11. | 18 Vgl. GK-BetrVG/*Oetker*, § 60 Rz. 43, der letztendlich im Wege der Rechtsfortbildung und Analogie zu § 21a BetrVG zu einem zeitlich beschränkten Übergangsmandat von sechs Monaten kommt. | 19 AA DKK/*Trittin*, § 60 BetrVG Rz. 27. | 20 *Fitting*, § 60 BetrVG Rz. 23; GK-BetrVG/*Oetker*, § 60 Rz. 44.

61 Wahlberechtigung und Wählbarkeit

(1) Wahlberechtigt sind alle in § 60 Abs. 1 genannten Arbeitnehmer des Betriebs.

(2) Wählbar sind alle Arbeitnehmer des Betriebs, die das 25. Lebensjahr noch nicht vollendet haben; § 8 Abs. 1 Satz 3 findet Anwendung. Mitglieder des Betriebsrats können nicht zu Jugend- und Auszubildendenvertretern gewählt werden.

I. Vorbemerkung. § 61 Abs. 1 regelt das **aktive**, § 61 Abs. 2 das **passive Wahlrecht** zur JAV. Wahlberechtigt sind nicht nur die jugendlichen ArbN, sondern auch ArbN, die zu ihrer Berufsausbildung beschäftigt werden, sofern sie das 25. Lebensjahr noch nicht vollendet haben. Diese Altersgrenze gilt auch für die Wählbarkeit zur JAV. **1**

Der Betriebsbegriff entspricht dem in § 1 (vgl. zum Begriff **Betrieb** § 1 Rz. 8 sowie § 60 Rz. 5). **2**

II. Aktives Wahlrecht (Abs. 1). 1. Wahlberechtigte ArbN. Nach § 61 Abs. 1 sind wahlberechtigt neben den zu ihrer Berufsausbildung beschäftigten unter 25-Jährigen alle ArbN, die wegen fehlender Volljährigkeit noch nicht zum BR wahlberechtigt sind. **3**

Wahlberechtigt sind auch Jugendliche, die altersbedingt unter **Vormundschaft** stehen, sie benötigen keine besondere Erlaubnis des Erziehungsberechtigten zur Ausübung des Wahlrechts[1]. **4**

2. Stichtag. Maßgebend ist das **Alter** am Wahltag. Erstreckt sich die Wahl über mehrere Tage, ist maßgebend das Alter am letzten Wahltag. **5**

3. Doppeltes Wahlrecht. Dies führt bei den zu ihrer Berufsausbildung beschäftigten ArbN, die das 25. Lebensjahr noch nicht vollendet haben, aber älter sind als 18 Jahre, zu einem Doppelwahlrecht: Einerseits haben sie eine Wahlberechtigung zur JAV. Andererseits zählen sie zu den ArbN iSd. BetrVG (§ 5 Abs. 1) und sind daher auch bei der Wahl zum BR wahlberechtigt (§ 7 Satz 1)[2]. Diese auszubildenden ArbN haben somit ein gesetzlich gewolltes doppeltes Wahlrecht, sie sind wahlberechtigt sowohl zur JAV als auch zum BR. **6**

4. Betriebszugehörigkeit. Auf die **Dauer der Betriebszugehörigkeit** kommt es nicht an. Auch ArbN, deren Arbeitsverhältnis ruht, wie zB bei Wehrpflichtigen, Zivildienstleistenden oder ArbN in Elternzeit, sind wahlberechtigt[3]. **7**

5. Eintrag in Wählerliste. Voraussetzung für die Ausübung des Wahlrechts ist eine Eintragung in die Wählerliste (§§ 38 Satz 1, 2 Abs. 3 Satz 1 WO)[4]. **8**

III. Passives Wahlrecht (Abs. 2). 1. Wählbare ArbN. Passiv wahlberechtigt (wählbar) sind alle ArbN des Betriebs, die das 25. Lebensjahr noch nicht vollendet haben, also auch ArbN unter 18 Jahre. Eine Zustimmung des gesetzlichen Vertreters ist nicht erforderlich, da die Ermächtigung gemäß § 113 BGB auch die Wählbarkeit für die JAV mit umfasst[5]. **9**

Die Wählbarkeit ist, wie sich aus § 61 Abs. 2 Satz 1 Halbs. 1 ergibt, nicht auf den Kreis der wahlberechtigten ArbN zur JAV beschränkt. Vielmehr sind auch ArbN des Betriebs, die über 18 Jahre alt sind und nicht zu ihrer Berufsausbildung beschäftigt werden, wählbar, sofern sie das 25. Lebensjahr noch nicht vollendet haben[6]. **10**

Wählbar sind somit insgesamt alle ArbN, die dem Betrieb angehören und die 25. Lebensjahr noch nicht vollendet haben, unabhängig davon, ob sie zu dem wahlberechtigten Personenkreis nach § 60 Abs. 1 gehören. **11**

2. Stichtag. Maßgebender Stichtag für die festgelegte Höchstaltersgrenze ist nicht der Tag der Wahl der JAV, sondern der Tag des **Beginns der Amtszeit** der JAV. Dies folgt aus § 64 Abs. 3 (zum **Beginn der Amtszeit** vgl. § 64 Rz. 12 ff.)[7]. **12**

3. Keine doppelte Wählbarkeit. § 61 Abs. 2 Satz 2 stellt ausdrücklich klar, dass Mitglieder des BR nicht zu Jugend- und Auszubildendenvertretern gewählt werden können. Wählbar sind aber **Ersatzmitglieder** des BR, so lange sie nicht nachgerückt sind[8]. Wenn ein Ersatzmitglied vorübergehend oder dauerhaft in den BR nachrückt, scheidet es nach § 65 iVm. § 24 Nr. 4 endgültig aus der JAV aus und tritt nach Beendigung der Vertretung nicht wieder ein[9]. Dasjenige Ersatzmitglied, das in den BR nachrückt, verliert nach den §§ 61 Abs. 2 Satz 2 iVm. 24 Nr. 4 seine Wählbarkeit, seine Mitgliedschaft zur JAV erlischt. **13**

---

1 DKK/*Trittin*, § 61 BetrVG Rz. 5; *Fitting*, § 61 BetrVG Rz. 5. |2 *Fitting*, § 61 BetrVG Rz. 6; ErfK/*Eisemann*, § 61 BetrVG Rz. 1. |3 DKK/*Trittin*, § 61 BetrVG Rz. 3. |4 DKK/*Trittin*, § 61 BetrVG Rz. 4; *Fitting*, § 61 BetrVG Rz. 7. |5 DKK/*Trittin*, § 61 BetrVG Rz. 8; *Fitting*, § 61 BetrVG Rz. 9. |6 ErfK/*Eisemann*, § 61 BetrVG Rz. 3; *Fitting*, § 61 BetrVG Rz. 10. |7 *Fitting*, § 61 BetrVG Rz. 11; DKK/*Trittin*, § 61 BetrVG Rz. 12. |8 *Fitting*, § 61 BetrVG Rz. 14; GK-BetrVG/*Oetker*, § 61 Rz. 38. |9 BAG v. 15.1.1980 – 6 AZR 726/79, AP Nr. 8 zu § 78a BetrVG 1972; v. 21.8.1979 – 6 AZR 789/77, AP Nr. 6 zu § 78a BetrVG 1972; *Fitting*, § 61 BetrVG Rz. 14; ErfK/*Eisemann*, § 61 BetrVG Rz. 3; GK-BetrVG/*Oetker*, § 61 Rz. 39, 41; Löwisch/*Kaiser*, § 61 BetrVG Rz. 4; HSWG/*Hess*, § 61 BetrVG Rz. 7; aA Richardi/*Richardi/Annuß*, § 61 BetrVG Rz. 11; DKK/*Trittin*, § 61 BetrVG Rz. 16 für ein nur vorübergehendes Nachrücken.

BetrVG § 61 Rz. 14 — Wahlberechtigung und Wählbarkeit

14 Wegen § 61 Abs. 2 Satz 2 können Mitglieder des BR nicht zu Jugend- und Auszubildendenvertretern gewählt werden. Umgekehrt können jedoch Mitglieder der JAV für den BR kandidieren. Werden sie gewählt und nehmen sie die Wahl an, scheiden sie aus der JAV aus (§§ 65 Abs. 1 iVm. 24 Nr. 4, 61 Abs. 2 Satz 2)[1].

15 **4. Strafgerichtliche Verurteilung.** Die Wählbarkeit ist ebenso wie die zum BR ausgeschlossen, wenn der Wahlbewerber infolge strafgerichtlicher Verurteilung die Fähigkeit, Rechte aus öffentlichen Wahlen zu erlangen, nicht besitzt (§§ 61 Abs. 2 Satz 1 Halbs. 2 iVm. 8 Abs. 1 Satz 3, vgl. im Einzelnen § 8 Rz. 9).

16 **5. Betriebszugehörigkeit.** Eine bestimmte Dauer der Betriebszugehörigkeit ist nicht erforderlich. Im Unterschied zu § 8 für die Wählbarkeit zum BR verzichtet § 61 auf das Erfordernis einer bestimmten Betriebszugehörigkeit. Die Betriebszugehörigkeit des Wahlbewerbers am Wahltag ist daher ausreichend, allerdings auch erforderlich[2].

17 **6. Staatsangehörigkeit.** Der Wahlbewerber braucht weder die deutsche Staatsangehörigkeit zu besitzen oder als Deutscher nach Art. 116 Abs. 1 GG anerkannt zu sein, noch aus einem Mitgliedsland der EU zu stammen. Ausländische ArbN des Betriebs sind wählbar, sofern die Voraussetzungen der Wählbarkeit im Übrigen vorliegen[3].

18 **7. Eintrag in Wählerliste.** Die Wählbarkeit setzt nach §§ 38 Satz 1, 2 Abs. 3 Satz 1 WO die Eintragung in die Wählerliste voraus. Dies ist jedoch nicht für die Wahlbewerber erforderlich, die wählbar, aber nicht wahlberechtigt sind (s.o. Rz. 10 und 11)[4].

19 **IV. Streitigkeiten.** Über die Wahlberechtigung oder Wählbarkeit hat zunächst der Wahlvorstand einen Beschluss zu fassen (vgl. § 4 WO). Streitigkeiten sind ebenso wie bei der BR-Wahl im arbeitsgerichtlichen **Beschlussverfahren** zu entscheiden (§§ 2a Abs. 1 Nr. 1, Abs. 2 iVm. 80 ff. ArbGG).

§ 62 Zahl der Jugend- und Auszubildendenvertreter, Zusammensetzung der Jugend- und Auszubildendenvertretung

(1) Die Jugend- und Auszubildendenvertretung besteht in Betrieben mit in der Regel

5 bis 20 der in § 60 Abs. 1 genannten Arbeitnehmer aus einer Person,
21 bis 50 der in § 60 Abs. 1 genannten Arbeitnehmer aus 3 Mitgliedern,
51 bis 150 der in § 60 Abs. 1 genannten Arbeitnehmer aus 5 Mitgliedern,
151 bis 300 der in § 60 Abs. 1 genannten Arbeitnehmer aus 7 Mitgliedern,
301 bis 500 der in § 60 Abs. 1 genannten Arbeitnehmer aus 9 Mitgliedern,
501 bis 700 der in § 60 Abs. 1 genannten Arbeitnehmer aus 11 Mitgliedern,
701 bis 1000 der in § 60 Abs. 1 genannten Arbeitnehmer aus 13 Mitgliedern,
mehr als 1000 der in § 60 Abs. 1 genannten Arbeitnehmer aus 15 Mitgliedern.

(2) Die Jugend- und Auszubildendenvertretung soll sich möglichst aus Vertretern der verschiedenen Beschäftigungsarten und Ausbildungsberufe der im Betrieb tätigen in § 60 Abs. 1 genannten Arbeitnehmer zusammensetzen.

(3) Das Geschlecht, das unter den in § 60 Abs. 1 genannten Arbeitnehmern in der Minderheit ist, muss mindestens entsprechend seinem zahlenmäßigen Verhältnis in der Jugend- und Auszubildendenvertretung vertreten sein, wenn diese aus mindestens drei Mitgliedern besteht.

1 **I. Vorbemerkung. 1. Gesetzesgeschichte.** § 62 regelt die Größe und die Zusammensetzung der JAV.

2 **a) Größe.** Durch das BetrVG 1972 hat sich die in § 20 Abs. 2 Satz 2 BetrVG 1952 vorgesehene Mitgliederzahl der Jugendvertretung von höchstens fünf auf neun erhöht. Dies wurde damit begründet, dass sich die Aufgaben der JAV erweitert haben und auch in Betrieben mit einer größeren Anzahl von jugendlichen ArbN deren ausreichende Betreuung sichergestellt werden sollte[5]. Da sich in Großbetrieben diese Begrenzung der Mitgliederzahl als zu niedrig erwies, wurde die Zahl der Jugend- und Auszubildendenvertreter in § 62 Abs. 1 durch das Gesetz zur Bildung von JAV in den Betrieben vom 13.7.1988[6] weiter erhöht.

3 Durch das Gesetz zur Reform des BetrVG (BetrVerf-Reformgesetz) vom 23.7.2001[7] wurde sowohl die Staffelung der JAV geändert als auch die Anzahl der Jugend- und Auszubildendenvertreter erhöht.

4 Begründet wurde dies damit, dass die Staffelung der Größe der JAV in der bisherigen Form unsystematisch sei, weil sie zum Teil dem allgemeinen Grundsatz widerspreche, dass die Anzahl der von einer ArbN-Vertretung betreuten Beschäftigten mit ihrer Größe progressiv steigt. So betrage die Bandbreite der von

---

[1] DKK/*Trittin*, § 61 BetrVG Rz. 17; *Fitting*, § 61 BetrVG Rz. 15. | [2] DKK/*Trittin*, § 61 BetrVG Rz. 10; *Fitting*, § 61 BetrVG Rz. 12. | [3] *Fitting*, § 61 BetrVG Rz. 12; DKK/*Trittin*, § 61 BetrVG Rz. 11. | [4] DKK/*Trittin*, § 61 BetrVG Rz. 18; ErfK/*Eisemann*, § 61 BetrVG Rz. 3; HSWG/*Hess*, § 61 BetrVG Rz. 5; *Fitting*, § 61 BetrVG Rz. 8; aA GK-BetrVG/*Oetker*, § 61 Rz. 44; Richardi/*Richardi/Annuß*, § 61 BetrVG Rz. 14. | [5] Richardi/*Richardi/Annuß*, § 62 BetrVG Rz. 1; GK-BetrVG/*Oetker*, § 62 Rz. 1. | [6] BGBl. I S. 1034. | [7] BGBl. I S. 1852.

einer JAV mit fünf Mitgliedern vertretenen Beschäftigten 150 Personen, während diese Spanne bei einer JAV mit sieben Mitgliedern nur 100 Beschäftigte umfasse[1]. Dieses Verhältnis wurde umgekehrt.

Darüber hinaus wurde ab einer neunköpfigen JAV die Zahl ihrer Mitglieder um jeweils zwei erhöht, wenn sich die Zahl der vertretenen Beschäftigten um 200 bzw. ab einer 13-köpfigen JAV um 300 Personen erhöht. Dies sei im Interesse einer ordnungsgemäßen Vertretung der Belange der Jugendlichen und der in der Ausbildung stehenden Beschäftigten erforderlich[2]. In Betrieben mit mehr als 1000 Jugendlichen oder in der Ausbildung stehenden Beschäftigten bleibt die Größe der JAV unverändert, insoweit wurde für eine weitere Erhöhung kein Bedürfnis gesehen[3].

b) **Zusammensetzung.** § 62 Abs. 2 bestimmt allgemein, dass die JAV sich möglichst aus Vertretern der verschiedenen Beschäftigungsarten und Ausbildungsberufe der im Betrieb tätigen, in § 60 Abs. 1 genannten ArbN zusammensetzen soll. Insoweit kennt das Gesetz keinen **Minderheitenschutz** für die Gruppen der Arbeiter und Angestellten[4].

Während in der früheren Gesetzesfassung die Geschlechter entsprechend ihres zahlenmäßigen Verhältnisses vertreten sein sollten, ist es nunmehr in § 62 Abs. 3 zwingend erforderlich, dass das **Geschlecht**, das unter den in § 60 Abs. 1 genannten ArbN in der Minderheit ist, entsprechend seines zahlenmäßigen Verhältnisses in der JAV vertreten sein muss, wenn diese aus mindestens drei Mitgliedern besteht. Das BetrVerf-Reformgesetz[5] hat somit in § 62 Abs. 3 in der jetzigen Fassung[6] einen zwingenden gesetzlichen **geschlechtsbedingten Minderheitenschutz** eingeführt.

2. Normzweck. Normzweck des § 62 ist, nicht nur die Größe der JAV zu definieren, sondern auch ihre **Zusammensetzung**. **Ziel** der gesetzlichen Regelung ist es, die JAV in den Stand zu setzen, ihre Arbeit **sachkundig** zu verrichten[7].

II. Mitgliederzahl (Abs. 1). Der Wahlvorstand legt die Zahl der Beschäftigten anhand des § 60 Abs. 1 fest. Zu berücksichtigen sind allein ArbN des Betriebs unter 18 Jahre und zur Berufsausbildung Beschäftigte unter 25 Jahre. Es gilt der **Betriebsbegriff** des § 1 (vgl. zum Begriff **Betrieb** § 1 Rz. 8 und § 60 Rz. 5). Die Mitgliederzahl der JAV ergibt sich unmittelbar aus der Tabelle des § 62 Abs. 1.

Für die Feststellung der Zahl der „**in der Regel**" Beschäftigten ist auf den Tag des Wahlausschreibens abzustellen[8]. Entscheidend ist die für den Betrieb im Allgemeinen kennzeichnende Anzahl der ArbN nach § 60 Abs. 1. Vorübergehende Veränderungen sind unerheblich[9] (zum Begriff „in der Regel" vgl. § 1 Rz. 4 sowie § 60 Rz. 13).

Ändert sich in der Zeit zwischen Erlass des Wahlausschreibens und Wahl die Zahl der wahlberechtigten ArbN, so nehmen inzwischen hinzugekommene ArbN an der Wahl teil, ausgeschiedene ArbN wählen jedoch nicht mehr mit[10]. Für die Mitgliederzahl der JAV ist unverändert von der Zahl der im Zeitpunkt des Erlasses des Wahlausschreibens in der Regel beschäftigten ArbN iSv. § 60 Abs. 1 auszugehen[11].

Abweichungen von der Staffel des § 62 Abs. 1 können sich in analoger Anwendung des § 11 ergeben, wenn sich der Wahl weniger Kandidaten stellen als die JAV nach dem Gesetz Mitglieder hat. In einem solchen Fall ist für die JAV die nächstniedrigere Stufe der Staffel maßgebend[12]. Daraus folgt, dass es immer bei einer **ungeraden Zahl** von Mitgliedern der JAV bleibt[13].

III. Zusammensetzung. § 62 Abs. 2 und Abs. 3 gibt eine zwingende Regelung für die Zusammensetzung der JAV vor.

1. Allgemeine Zusammensetzung (Abs. 2). Wie nach § 15 Abs. 1 für den BR wird für die JAV gefordert, dass sie sich möglichst aus Vertretern der verschiedenen **Beschäftigungsarten** und **Ausbildungsberufe** zusammensetzen soll (§ 62 Abs. 2). Es ist nicht erforderlich, dass **Arbeiter** und **Angestellte** in der JAV im gleichen Verhältnis vertreten sein müssen, wie die Zahl der in § 60 Abs. 1 genannten ArbN sich unter ihnen aufteilt[14]. Zweck der **Sollvorschrift** ist es, die JAV zu befähigen, ihre Arbeit möglichst sachkundig unter Berücksichtigung der im Betrieb ausgeübten Beschäftigungsarten und Ausbildungsberufe durchzuführen[15].

Eine Nichtbeachtung von § 62 Abs. 2 hat keinen Einfluss auf die Gültigkeit der Wahl und begründet insb. nicht ihre Anfechtbarkeit[16].

2. Geschlechterschutz (Abs. 3). Eine zwingende **Geschlechterquote** für die Besetzung der JAV gilt dann, wenn die JAV aus **mindestens drei Mitgliedern** besteht (§ 62 Abs. 3). Die zwingende Geschlechterquote entspricht der bei der Zusammensetzung des BR in § 15 Abs. 2 (vgl. im Einzelnen zur Geschlechterquote § 15 Rz. 3 ff. mit Beispielsberechnungen).

---

1 BT-Drs. 14/5741, 44. | 2 BT-Drs. 14/5741, 44. | 3 BT-Drs. 14/5741, 44. | 4 GK-BetrVG/*Oetker*, § 62 Rz. 5; HSWG/*Hess*, § 62 BetrVG Rz. 4. | 5 BGBl. I S. 1852. | 6 BGBl. I S. 2518. | 7 ErfK/*Eisemann*, § 62 BetrVG Rz. 2. | 8 Vgl. BAG v. 22.11.1984 – 6 ABR 9/84, AP Nr. 1 zu § 64 BetrVG 1972. | 9 Vgl. BAG v. 22.2.1983 – 1 AZR 260/81, AP Nr. 7 zu § 113 BetrVG 1972 unter II. 1. d.Gr. mwN. | 10 *Dachrodt/Engelbert*, § 62 BetrVG Rz. 4. | 11 *Fitting*, § 62 BetrVG Rz. 6; Richardi/*Richardi/Annuß*, § 62 BetrVG Rz. 5. | 12 HSWG/*Hess*, § 62 BetrVG Rz. 2; DKK/*Trittin*, § 62 BetrVG Rz. 4; ErfK/*Eisemann*, § 62 BetrVG Rz. 1. | 13 ErfK/*Eisemann*, § 62 BetrVG Rz. 1. | 14 DKK/*Trittin*, § 62 BetrVG Rz. 9; *Fitting*, § 62 BetrVG Rz. 8. | 15 *Fitting*, § 62 BetrVG Rz. 8; DKK/*Trittin*, § 62 BetrVG Rz. 9. | 16 *Fitting*, § 62 BetrVG Rz. 8; DKK/*Trittin*, § 62 BetrVG Rz. 11.

17 Ausweislich der Begründung zum Gesetzentwurf[1] sind Frauen im BR unter Berücksichtigung ihres tatsächlichen prozentualen Anteils an den Beschäftigten unterrepräsentiert. Die gesetzliche Geschlechterquote soll eine Erhöhung des Frauenanteils bewirken, damit die Themen, die primär weibliche Beschäftigte betreffen (zB Teilzeitarbeit, Vereinbarkeit von Erwerbstätigkeit mit Familie oder Frauenförderung), in der Diskussion im Betrieb und im BR gefördert werden[2].

18 Nach § 62 Abs. 3 muss das Geschlecht entsprechend seinem zahlenmäßigen Verhältnis in der JAV **mindestens** vertreten sein. Die – problematische[3] – Umsetzung dieser Bestimmung wird näher in der Wahlordnung geregelt[4].

19 Durch die Mindestregelung wird gewährleistet, dass das im Kreis der in § 60 Abs. 1 genannten ArbN unterrepräsentierte Geschlecht überproportional vertreten sein kann (vgl. im Einzelnen § 15 Rz. 6)[5]. Die geänderte Wahlordnung vom 11.12.2001[6] regelt in § 5 WO die Bestimmung der Mindestsitze für das Geschlecht in der Minderheit[7], im Falle der Verhältniswahl die Verteilung der BR-Sitze auf die Vorschlagslisten in § 15 WO[8] sowie die Berücksichtigung der Minderheitenquote bei Mehrheitswahlen in § 22 WO[9]. Für den Fall, dass ein Geschlecht nicht genügend wählbare ArbN hat oder sich nicht genügend ArbN eines Geschlechts zur Übernahme eines Amts als Jugend- und Auszubildendenvertreter bereit erklären, ist in der Wahlordnung vorgesehen, dass die gemäß § 62 Abs. 3 besetzten Jugend- und Auszubildendenmandate auf das **andere Geschlecht übergehen** (§§ 38 Abs. 1 iVm. 15 Abs. 5 Nr. 5, 22 Abs. 4 WO). Damit wird sichergestellt, dass der in § 62 Abs. 1 vorgegebenen Größe der JAV auch dann entsprochen wird, wenn ein Geschlecht die ihm grundsätzlich zustehenden Sitze in der JAV nicht besetzen kann[10]. Bei der Wahl zur JAV gelten nach §§ 38 Satz 1, 39 WO für die Bestimmung der Geschlechterquote die gleichen Regelungen wie bei der Wahl zum BR (vgl. im Einzelnen zur Durchführung der **BR-Wahl** unter Berücksichtigung der **Geschlechterquote** § 15 Rz. 3 ff.)[11].

20 Verstöße gegen die zwingende unabdingbare gesetzliche Regelung über die Verteilung der Sitze der JAV unter Berücksichtigung der Geschlechterquote können zur **Anfechtung** der Wahl zur JAV führen[12].

21 **IV. Beendigung des Amts.** Eine **erhebliche Veränderung** der Zahl der in § 60 Abs. 1 genannten ArbN nach der Wahl zur Jugend- und Auszubildendenvertretung führt nicht zur Änderung der Zahl der Jugend- und Auszubildendenvertreter. Im Unterschied zu § 13 Abs. 2 Nr. 1 erfolgt keine Neuwahl, da § 64 Abs. 1 Satz 2 nur auf § 13 Abs. 2 Nr. 2 bis 6, nicht hingegen auf Nr. 1 verweist[13]. Dies hat seinen Grund darin, dass die **Amtszeit** der JAV nur zwei Jahre beträgt (vgl. § 64 Abs. 2 Satz 1)[14].

22 Sinkt die Zahl der ArbN nach § 60 Abs. 1 **auf Dauer unter fünf**, verlieren die Jugend- und Auszubildendenvertreter ihr Amt[15].

23 Verstöße gegen § 62 Abs. 1 (beispielsweise die **irrtümliche** Festlegung der Zahl der zu wählenden Jugend- und Auszubildendenvertreter durch den Wahlvorstand) führen zur **Anfechtbarkeit** der BR-Wahl nach §§ 63 Abs. 2 iVm. 19[16]. Erfolgt jedoch **keine fristgerechte Anfechtung**, so verbleibt es für die Dauer der Wahlperiode bei der fehlerhaften Zusammensetzung der JAV[17].

24 Zu einer **vorzeitigen Neuwahl** der JAV kann es dann kommen, wenn die Gesamtzahl der Jugend- und Auszubildendenvertreter nach Eintreten sämtlicher Ersatzmitglieder unter die vorgeschriebene Zahl der Mitglieder gesunken ist (§§ 64 Abs. 2 Satz 4 iVm. 13 Abs. 2 Nr. 2). In diesem Fall bestimmt sich die Größe der JAV nach der Zahl der bei Erlass des Wahlausschreibens zu dieser Wahl in der Regel beschäftigten ArbN iSv. § 60 Abs. 1, nicht nach der Zahl der ArbN bei der Wahl der JAV, deren Amtszeit vorzeitig endete[18].

25 **V. Streitigkeiten.** Der Wahlvorstand legt die Zahl der zu wählenden Jugend- und Auszubildendenvertreter fest. Über hierbei auftretende Meinungsverschiedenheiten hat das ArbG im **Beschlussverfahren** zu entscheiden (§§ 2a Abs. 1 Nr. 1, Abs. 2 iVm. 80 ff. ArbGG).

26 Kommt es wegen Verstößen gegen § 62 durch den Wahlvorstand zu einer Anfechtung der Wahl zur JAV (§§ 63 Abs. 2, 19), ist auch der BR Beteiligter, weil die JAV selbst nicht allein prozessual handlungsfähig ist[19].

---

1 BT-Drs. 14/5741, 25. | 2 BT-Drs. 14/5741, 25. | 3 *Richardi/Annuß*, DB 2001, 41 (42); *Schiefer/Korte*, NZA 2001, 351 (353); *Franke*, NJW 2002, 656 (658). | 4 BT-Drs. 14/5741, 44. | 5 *Richardi/Richardi/Annuß*, § 62 BetrVG Rz. 9. | 6 BGBl. I S. 3494. | 7 Vgl. das Beispiel für die Berechnung der Geschlechterquote bei *Schiefer/Korte*, NZA 2002, 57 (60). | 8 Vgl. die Beispiele bei *Schiefer/Korte*, NZA 2002, 113 (114 f.). | 9 Vgl. das Beispiel bei *Schiefer/Korte*, NZA 2002, 113 (115). | 10 *Dachrodt/Engelbert*, § 62 BetrVG Rz. 7. | 11 Zur Kritik wegen der praktischen Umsetzung sowie den verfassungsrechtlichen Bedenken vgl. *Reichold*, NZA 2001, 857 (860); *Braun*, DARB 2001, 110 (111); *Schiefer/Korte*, NZA 2002, 57 (60); *Schiefer/Korte*, NZA 2002, 113 (115 f.). | 12 *Fitting*, § 62 BetrVG Rz. 11; LAG Schl.-Holst. v. 17.9.1987 – 4 TaBV 29/87 nav.; GK-BetrVG/*Oetker*, § 62 Rz. 33. | 13 DKK/*Trittin*, § 62 BetrVG Rz. 8; *Fitting*, § 62 BetrVG Rz. 11. | 14 Vgl. BAG v. 22.11.1984 – 6 ABR 9/84, AP Nr. 1 zu § 64 BetrVG 1972 unter II. 2. b) d.Gr. | 15 DKK/*Trittin*, § 62 BetrVG Rz. 13; *Fitting*, § 62 BetrVG Rz. 11. | 16 Vgl. BAG v. 14.1.1972 – 1 ABR 6/71, AP Nr. 2 zu § 20 BetrVG – Jugendvertreter. | 17 Vgl. BAG v. 14.1.1972 – 1 ABR 6/71, AP Nr. 2 zu § 20 BetrVG – Jugendvertreter; GK-BetrVG/*Oetker*, § 62 Rz. 35; DKK/*Trittin*, § 62 BetrVG Rz. 14. | 18 Vgl. BAG v. 22.11.1984 – 6 ABR 9/84, AP Nr. 1 zu § 64 BetrVG 1972. | 19 Vgl. BAG v. 20.2.1986 – 6 ABR 25/85, AP Nr. 1 zu § 63 BetrVG 1972.

63 Wahlvorschriften

(1) Die Jugend- und Auszubildendenvertretung wird in geheimer und unmittelbarer Wahl gewählt.

(2) Spätestens acht Wochen vor Ablauf der Amtszeit der Jugend- und Auszubildendenvertretung bestellt der Betriebsrat den Wahlvorstand und seinen Vorsitzenden. Für die Wahl der Jugend- und Auszubildendenvertreter gelten § 14 Abs. 2 bis 5, § 16 Abs. 1 Satz 4 bis 6, § 18 Abs. 1 Satz 1 und Abs. 3 sowie die §§ 19 und 20 entsprechend.

(3) Bestellt der Betriebsrat den Wahlvorstand nicht oder nicht spätestens sechs Wochen vor Ablauf der Amtszeit der Jugend- und Auszubildendenvertretung oder kommt der Wahlvorstand seiner Verpflichtung nach § 18 Abs. 1 Satz 1 nicht nach, so gelten § 16 Abs. 2 Satz 1 und 2, Abs. 3 Satz 1 und § 18 Abs. 1 Satz 2 entsprechend; der Antrag beim Arbeitsgericht kann auch von jugendlichen Arbeitnehmern gestellt werden.

(4) In Betrieben mit in der Regel fünf bis fünfzig der in § 60 Abs. 1 genannten Arbeitnehmer gilt auch § 14a entsprechend. Die Frist zur Bestellung des Wahlvorstands wird im Fall des Absatzes 2 Satz 1 auf vier Wochen und im Fall des Absatzes 3 Satz 1 auf drei Wochen verkürzt.

(5) In Betrieben mit in der Regel 51 bis 100 der in § 60 Abs. 1 genannten Arbeitnehmer gilt § 14a Abs. 5 entsprechend.

I. Vorbemerkung. § 63 regelt die Wahl der JAV. Sie wird ergänzt durch die §§ 38 bis 40 WO. Die Vorschrift in der jetzigen Fassung der Bekanntmachung vom 25.9.2001[1] beruht auf dem **BetrVerf-Reformgesetz** vom 23.7.2001[2]. Die Wahlvorschriften wurden im Wesentlichen mit den Änderungen der Wahlvorschriften zum BR harmonisiert.

II. Wahlgrundsätze (Abs. 1). Für die Wahl der JAV gelten nach § 63 Abs. 1 die allgemeinen Wahlgrundsätze der Wahl des BR (vgl. dazu § 14 Rz. 1 ff.).

1. Gemeinsame Wahl. Die Wahl zur JAV findet in gemeinsamer Wahl statt. In der früheren Fassung von § 63 Abs. 1 war dies noch ausdrücklich hervorgehoben. Diese Hervorhebung konnte gestrichen werden, da nach dem BetrVerf-Reformgesetz auch der BR nunmehr nicht in Gruppenwahl gewählt wird[3].

2. Geheime Wahl. Die JAV wird in geheimer Wahl gewählt. Es gilt das Gleiche wie bei der BR-Wahl (vgl. § 14 Rz. 5).

3. Unmittelbare Wahl. Die JAV wird in unmittelbarer Wahl gewählt. Es gilt das Gleiche wie bei der BR-Wahl (vgl. § 14 Rz. 5).

4. Verhältniswahl. Die Wahl zur JAV erfolgt nach §§ 63 Abs. 2 Satz 2 iVm. 14 Abs. 2 Satz 1 nach den Grundsätzen der Verhältniswahl (vgl. § 14 Rz. 10 f.). Eine **Mehrheitswahl** erfolgt, wenn nur ein gültiger Wahlvorschlag eingereicht wird (§§ 63 Abs. 2 Satz 2 iVm. 14 Abs. 2 Satz 2 Halbs. 1) oder wenn die JAV im vereinfachten Wahlverfahren nach § 14a gewählt wird (§§ 63 Abs. 2 Satz 2 iVm. 14 Abs. 2 Satz 2 Halbs. 2).

5. Wahlvorschläge. Gewählt werden kann nur, wer auf einem Wahlvorschlag benannt ist. Das Wahlvorschlagsrecht haben die **wahlberechtigten ArbN**, also für die Wahl zur JAV die in § 60 Abs. 1 genannten ArbN des Betriebs, und die im Betrieb vertretenen Gewerkschaften (§§ 63 Abs. 2 Satz 2 iVm. 14 Abs. 3).

Die **Wahlvorschläge** müssen nach §§ 63 Abs. 2 Satz 2 iVm. 14 Abs. 4 von mindestens einem Zwanzigstel der wahlberechtigten ArbN, mindestens jedoch von drei Wahlberechtigten unterzeichnet sein; in Betrieben mit in der Regel bis zu 20 wahlberechtigten ArbN ist die Unterzeichnung durch zwei Wahlberechtigte ausreichend. In jedem Fall genügt die Unterzeichnung durch 50 wahlberechtigte ArbN. Wahlvorschläge von im Betrieb vertretenen **Gewerkschaften** müssen nach §§ 63 Abs. 2 iVm. 14 Abs. 5 von zwei Beauftragten unterzeichnet sein. Da Voraussetzung für eine JAV ist, dass ein BR besteht, und der BR den Wahlvorstand bildet, können Gewerkschaften in betriebsratslosen Betrieben keine Wahlvorschläge zur Wahl der JAV machen[4].

6. Wahlanfechtung und Wahlnichtigkeit. a) Wahlanfechtung. Die Wahl der JAV kann unter den gleichen Voraussetzungen wie die BR-Wahl angefochten werden (§§ 63 Abs. 2 Satz 2 iVm. 19, vgl. zur Wahlanfechtung § 19 Rz. 1 ff.). **Anfechtungsberechtigt** sind neben dem ArbGeb und den im Betrieb vertretenen Gewerkschaften **nur** ArbN nach § 60 Abs. 1, da aus dem Verweis auf § 19 folgt, dass es sich um **Wahlberechtigte** handeln muss[5].

b) Wahlnichtigkeit. Ebenso wie die BR-Wahl kann die Wahl der JAV nichtig sein, wenn gegen allgemeine Grundsätze einer jeden Wahl in so hohem Maße verstoßen worden ist, dass der Anschein einer dem Gesetz entsprechenden Wahl nicht mehr vorliegt (vgl. zur Nichtigkeit § 19 Rz. 1 ff.).

7. Wahlkosten. Die Kosten der Wahl inklusive der Pflicht, das Arbeitsentgelt weiterzuzahlen, das aufgrund der Versäumnis von Arbeitszeit entsteht, die zur Ausübung des Wahlrechts erforderlich ist, trägt nach §§ 63 Abs. 2 Satz 2 iVm. 20 Abs. 3 der ArbGeb.

---

[1] BGBl. I S. 2518. | [2] BGBl. I S. 1852. | [3] *Dachrodt/Engelbert*, § 63 BetrVG Rz. 1. | [4] *Fitting*, § 63 BetrVG Rz. 11; HSWG/*Hess*, § 63 BetrVG Rz. 4. | [5] DKK/*Trittin*, § 63 BetrVG Rz. 10; *Fitting*, § 63 BetrVG Rz. 15.

12   **8. Wahlschutz.** Die Wahl der JAV ist in gleicher Weise wie die BR-Wahl durch das Verbot der Behinderung und der unzulässigen Beeinflussung (§§ 63 Abs. 2 Satz 2 iVm. 20 Abs. 1 und Abs. 2 BetrVG) geschützt (vgl. zum Wahlschutz § 20 Rz. 1 ff.).

13   Wahlbewerber und Wahlvorstände unterfallen dem besonderen **Kündigungsschutz** des § 15 Abs. 3 KSchG. Eine außerordentliche Kündigung von Wahlbewerbern und Wahlvorständen während des Wahlverfahrens bedürfte der Zustimmung des BR nach § 103[1].

14   § 78a findet keine Anwendung, da **Wahlvorstände** und **(erfolglose) Wahlbewerber** nicht zu dem dort genannten besonders geschützten Personenkreis gehören. Das bedeutet, (erfolglose) Wahlbewerber und Wahlvorstände sind nicht davor geschützt, dass sie nach Beendigung der Ausbildung nicht in ein Arbeitsverhältnis übernommen werden[2]. Die Übernahme eines Auszubildenden in ein unbefristetes Arbeitsverhältnis kann auch nicht über § 20 Abs. 1 oder Abs. 2 durchgesetzt werden, indem ein Wahlvorstand oder (erfolgloser) Wahlbewerber sich darauf beruft, dies sei eine Benachteiligung wegen seiner Tätigkeit als (erfolgloser) Wahlbewerber oder Wahlvorstand. Die Tätigkeit des Wahlvorstands oder die (erfolglose) Kandidatur zur JAV führt nicht dazu, dass der ArbGeb verpflichtet ist, Auszubildende in ein unbefristetes Arbeitsverhältnis zu übernehmen[3].

15   **Hinweis:** Der Nachweis, dass der ArbGeb den Auszubildenden nicht in ein unbefristetes Arbeitsverhältnis nach Ablauf der Ausbildung übernommen hat, weil dieser als (erfolgloser) Wahlbewerber oder Wahlvorstand tätig war, dürfte sich darüber hinaus in der arbeitsrechtlichen Praxis aufgrund der dem Auszubildenden obliegenden Darlegungs- und Beweislast nicht führen lassen.

16   Allerdings kann der erfolgreiche Wahlbewerber bereits ab der Feststellung des Wahlergebnisses (§ 16 WO) sich auf die Schutzvorschrift des § 78a BetrVG berufen[4].

17   **III. Bestellung des Wahlvorstands.** Die **Aufgaben** des Wahlvorstands entsprechen denen des Wahlvorstands der BR-Wahl (vgl. zu den Aufgaben § 18 Rz. 1 ff.). Er muss nach §§ 63 Abs. 2 iVm. 18 Abs. 1 Satz 1 und Abs. 3 die Wahl einleiten, durchführen und das Wahlergebnis feststellen. Dazu hat er unter anderem ein Wahlausschreiben zu erlassen, die Wählerliste anzufertigen, über Einsprüche gegen die Richtigkeit der Wählerliste zu entscheiden, öffentlich die Stimmen auszuzählen, das Ergebnis schriftlich festzuhalten, die gewählten ArbN unverzüglich schriftlich zu benachrichtigen und dem ArbGeb und den im Betrieb vertretenen Gewerkschaften unverzüglich jeweils eine Abschrift der Wahlniederschrift zuzuleiten. Ohne Wahlvorstand gibt es somit keine Wahl zur JAV, so dass die Bedeutung des Wahlvorstands und seiner Bestellung offensichtlich ist. Denn eine nicht von einem Wahlvorstand durchgeführte Wahl ist nichtig[5]. Die Bestellung des Wahlvorstands ist auf mehrfache Art und Weise möglich.

18   **1. Bestellung durch den BR.** Der Regelfall ist die Bestellung des Wahlvorstands durch den BR. Dieser bestellt den Wahlvorstand und seinen Vorsitzenden spätestens acht Wochen vor Ablauf der Amtszeit der JAV (§ 63 Abs. 2 Satz 1).

19   Das **Ende der ordentlichen Amtszeit** der JAV bestimmt sich nach § 64 Abs. 2 Satz 2. Endet das Amt der JAV vorzeitig und muss eine neue JAV gewählt werden, so hat der BR **unverzüglich** einen Wahlvorstand zu bestellen. Kommt der BR dieser Verpflichtung nicht nach, so liegt eine grobe Amtspflichtverletzung vor, die nach § 23 Abs. 1 zur Auflösung des BR berechtigt[6].

20   Die **Anzahl der Mitglieder** des Wahlvorstands liegt im pflichtgemäßen Ermessen des BR. Jedoch muss es sich um eine ungerade Anzahl und um mindestens drei Mitglieder handeln. Dies ergibt sich nicht aus § 16 Abs. 1 Satz 1 und Satz 3, da § 63 Abs. 2 Satz 2 auf diesen nicht Bezug nimmt. Dafür sprechen aber zwei Argumente: Zum einen verweist § 38 Satz 1 WO auf § 1 Abs. 3 WO, der vorausgesetzt, dass die Beschlüsse des Wahlvorstands mit einfacher Stimmmehrheit gefasst werden. Dies ist wiederum nur bei einem Kollegialorgan denkbar, das aus einer ungeraden Mitgliederzahl besteht. Ferner wird in § 63 Abs. 2 Satz 1 ausdrücklich ein **Vorsitzender des Wahlvorstands** erwähnt. Dies führt dazu, dass der Wahlvorstand aus mindestens drei Personen und insgesamt aus einer ungeraden Anzahl bestehen muss[7]. Jede im Betrieb vertretene Gewerkschaft kann zusätzlich einen dem Betrieb angehörigen Beauftragten als nicht stimmberechtigtes Mitglied in den Wahlvorstand entsenden, sofern ihr nicht schon ein stimmberechtigtes Wahlvorstandsmitglied angehört (§§ 63 Abs. 2 Satz 2 iVm. 16 Abs. 1 Satz 6). Ein Mitglied muss nach § 38 Satz 2 WO iVm. § 8 das passive Wahlrecht zum BR besitzen. Das bedeutet, dass eine mindestens sechsmonatige Betriebszugehörigkeit Voraussetzung ist[8]. Der BR kann ArbN iSv. § 60 Abs. 1 oder sonstige ArbN zu Mitgliedern des Wahlvorstands bestellen[9]. Der BR kann für jedes Mitglied des Wahlvorstands ein **Ersatzmitglied** bestellen[10], hat aber die

---

1 DKK/*Trittin*, § 63 BetrVG Rz. 12; *Fitting*, § 63 BetrVG Rz. 17. | 2 DKK/*Trittin*, § 63 BetrVG Rz. 13; *Fitting*, § 63 BetrVG Rz. 17. | 3 GK-BetrVG/*Oetker*, § 63 Rz. 72; DKK/*Trittin*, § 63 BetrVG Rz. 13. | 4 Vgl. BAG v. 22.9.1983 – 6 AZR 323/81, AP Nr. 11 zu § 78a BetrVG 1972; *Fitting*, § 63 BetrVG Rz. 17; ErfK/*Eisemann*, § 63 BetrVG Rz. 4. | 5 Vgl. statt aller Richardi/*Thüsing*, § 16 BetrVG Rz. 1 mzN. | 6 *Fitting*, § 63 BetrVG Rz. 19; GK-BetrVG/*Oetker*, § 63 Rz. 9. | 7 DKK/*Trittin*, § 63 BetrVG Rz. 18; *Fitting*, § 63 BetrVG Rz. 20. | 8 GK-BetrVG/*Oetker*, § 63 Rz. 22; HSWG/*Hess*, § 63 BetrVG Rz. 15. | 9 *Fitting*, § 63 BetrVG Rz. 20; DKK/*Trittin*, § 63 BetrVG Rz. 19. | 10 Richardi/*Richardi*/*Annuß*, § 63 BetrVG Rz. 8; *Fitting*, § 63 BetrVG Rz. 20.

Reihenfolge des Nachrückens festzulegen[1]. Dem Wahlvorstand sollen Frauen und Männer angehören (§§ 63 Abs. 2 Satz 2 iVm. 16 Abs. 1 Satz 5).

Der BR hat einen **Vorsitzenden** des Wahlvorstands zu bestellen. Wenn er dies nicht tut, wählt ihn der Wahlvorstand mit Stimmenmehrheit aus seiner Mitte[2].

2. Ersatzbestellung durch das ArbG. Bestellt der BR den Wahlvorstand nicht oder nicht spätestens sechs Wochen vor Ablauf der Amtszeit der JAV oder kommt der Wahlvorstand seinen Pflichten nicht nach, so gilt § 16 Abs. 2 Satz 1 und Satz 2 (§ 63 Abs. 3). Das heißt, dass **gerichtlich** ein Wahlvorstand bestellt werden kann. Es gelten im Wesentlichen die Grundsätze, die auch bei der BR-Wahl gelten (vgl. § 16 Rz. 1 ff.). Das bedeutet:

a) **Bestehen eines BR.** Da Voraussetzung für die Bildung einer JAV das Bestehen eines BR ist (vgl. § 60 Rz. 14), ist Voraussetzung für einen Antrag auf gerichtliche Bestellung eines Wahlvorstands, dass ein solcher BR in dem Betrieb vorhanden ist.

b) **Antragsberechtigung.** Das ArbG wird nicht von Amts wegen tätig, sondern es bedarf eines Antrags. Antragsberechtigt sind neben den im Betrieb vertretenen Gewerkschaften oder mindestens drei zum BR wahlberechtigten ArbN auch jugendliche ArbN (§ 63 Abs. 3 Halbs. 2)[3]. Antragsberechtigt ist aber auch die Gesamtjugend- und Auszubildendenvertretung oder, falls eine solche nicht besteht, die Konzernjugend- und Auszubildendenvertretung (§§ 63 Abs. 3 iVm. 16 Abs. 3).

c) **Vorschlagsrecht.** Die Antragsteller können nach §§ 63 Abs. 3 iVm. 16 Abs. 2 Satz 2 **Vorschläge** für die Zusammensetzung des Wahlvorstands unterbreiten, die allerdings das ArbG nicht binden[4]. Das ArbG ist vielmehr ebenso wie der BR in der Auswahl der zu bestellenden Personen frei und kann jeden wahlberechtigten ArbN des Betriebs bestellen. Die Möglichkeit, auch Mitglieder einer im Betrieb vertretenen Gewerkschaft, die nicht ArbN des Betriebs sind, zu Mitgliedern des Wahlvorstands zu bestellen, scheidet aus, da § 63 Abs. 3 nicht auf § 16 Abs. 2 Satz 3 verweist[5].

d) **Maßgebende Pflichtverletzungen.** Maßgebende Pflichtverletzungen, die zur Antragsberechtigung führen, sind entweder die Nichtbestellung des Wahlvorstands durch den BR oder die nicht rechtzeitige Bestellung des Wahlvorstands durch den BR bis spätestens sechs Wochen vor Ablauf der Amtszeit der JAV. Bei einer vorzeitigen Neuwahl der JAV ist die Bestellung des Wahlvorstands nicht rechtzeitig, wenn sie nicht innerhalb von 14 Tagen nach dem Ereignis erfolgt, welches die Neuwahl bedingt[6].

Maßgebende Pflichtverletzung ist darüber hinaus, dass der Wahlvorstand durch Untätigkeit gegen seine Pflichten verstößt. Hier können Antragsberechtigte nach § 63 Abs. 3 seine **Ersetzung** durch das ArbG beantragen, allerdings nicht durch gerichtliche Entscheidung die Durchführung der Wahl erzwingen[7].

e) **Formulierung.** Ein **Antrag** auf gerichtliche Bestellung eines Wahlvorstandes könnte wie folgt formuliert werden[8]:

Zur Durchführung einer Wahl einer JAV wird im Betrieb ... der Antragsgegnerin ein Wahlvorstand bestellt, der aus
1. Herrn ... (Privatadresse) als Vorsitzendem,
2. der Frau ... (Privatadresse) und
3. dem Herrn ... (Privatadresse) als Beisitzer besteht.

3. Ersatzbestellung durch GesamtBR oder KonzernBR. Bestellt der BR den Wahlvorstand nicht oder nicht spätestens sechs Wochen vor Ablauf der Amtszeit der JAV, geht die Befugnis zur Bestellung gemäß §§ 63 Abs. 3 iVm. 16 Abs. 3 Satz 1 auf den GesamtBR oder, wo ein solcher nicht besteht, auf den KonzernBR über[9].

Die Bestellung des Wahlvorstands durch den Gesamt- oder KonzernBR kann auch noch nach Einleitung eines Beschlussverfahrens gemäß §§ 63 Abs. 3 iVm. 16 Abs. 2 Satz 1 und Satz 2 erfolgen (vgl. Rz. 22), wodurch dieses seine Erledigung findet[10]. Eine Bestellung durch den Gesamt- oder KonzernBR kommt aber dann nicht in Betracht, wenn in dem Betrieb kein BR besteht[11].

4. Vereinfachte Bestellung. Zur Wahl des BR gibt es in § 14a ein vereinfachtes Wahlverfahren, das über § 63 Abs. 4 Satz 1 auch für die Wahl zur JAV entsprechend anzuwenden ist (vgl. zum **vereinfachten Wahlverfahren** § 14a Rz. 1 ff.). Für die Bestellung des Wahlvorstands zur Wahl einer JAV ergeben sich daraus folgende Besonderheiten:

---

1 ErfK/*Eisemann*, § 63 BetrVG Rz. 6. | 2 DKK/*Trittin*, § 63 BetrVG Rz. 17; *Fitting*, § 63 BetrVG Rz. 22. | 3 Richardi/*Richardi*/*Annuß*, § 63 BetrVG Rz. 12; HSWG/*Hess*, § 63 BetrVG Rz. 17; *Fitting*, § 63 BetrVG Rz. 27; DKK/*Trittin*, § 63 BetrVG Rz. 24; MünchArbR/*Joost*, § 316 Rz. 27; aA GK-BetrVG/*Oetker*, § 63 Rz. 31, der bei den ArbN die Antragsberechtigung auf die ArbN beschränkt, die zur JAV wahlberechtigt sind. | 4 *Fitting*, § 63 BetrVG Rz. 27; ErfK/*Eisemann*, § 63 BetrVG Rz. 7. | 5 DKK/*Trittin*, § 63 BetrVG Rz. 27; *Fitting*, § 63 BetrVG Rz. 26. | 6 DKK/*Trittin*, § 63 BetrVG Rz. 22; *Fitting*, § 63 BetrVG Rz. 25. | 7 *Fitting*, § 63 BetrVG Rz. 28; ErfK/*Eisemann*, § 63 BetrVG Rz. 8. | 8 Bauer/Lingemann/Diller/Haußmann/*Diller*, M 26.1. | 9 *Fitting*, § 63 BetrVG Rz. 23; DKK/*Trittin*, § 63 BetrVG Rz. 16. | 10 Richardi/*Richardi*/*Annuß*, § 63 BetrVG Rz. 17. | 11 *Fitting*, § 63 BetrVG Rz. 24.

33 **a) Bestehen eines BR.** Der Verweis in § 63 Abs. 4 Satz 1 auf die entsprechende Anwendung des vereinfachten Wahlverfahrens in § 14a bedeutet nicht, dass die Wahl einer JAV ohne bestehenden BR möglich ist[1]. Das Bestehen eines BR ist und bleibt Voraussetzung für eine JAV (vgl. § 60 Rz. 14). In der Gesetzesbegründung fehlt es an jeglichem Anhaltspunkt dafür, dass der Gesetzgeber durch den Verweis in § 63 Abs. 4 Satz 1 auf das vereinfachte Wahlverfahren in § 14a die Errichtung einer JAV auch ohne vorhandenen BR ermöglichen wollte. Vielmehr wird aus dem Zusammenhang von § 63 Abs. 4 Satz 1 und Satz 2 deutlich, dass in Kleinbetrieben, dh. solchen, in denen idR fünf bis fünfzig wahlberechtigte ArbN beschäftigt werden und in denen das vereinfachte Wahlverfahren nach § 14a möglich ist, lediglich die Fristen des § 63 Abs. 2 und Abs. 3 zur Bestellung des Wahlvorstands durch den BR bzw. zur Möglichkeit der gerichtlichen Bestellung eines Wahlvorstands verkürzt werden und dass die **eigentliche BR-Wahl** durch den Wahlvorstand vereinfacht durchgeführt werden kann[2].

34 Ansonsten hätte dies zur Folge, dass in Kleinbetrieben, in denen kein BR gewählt wurde, aufgrund der Verweisung in § 63 Abs. 4 Satz 1 auf das vereinfachte Wahlverfahren in § 14a in einer Betriebsversammlung ein Wahlvorstand und über diesen eine JAV gewählt werden könnte, in größeren Betrieben diese Möglichkeit aber in jedem Fall ausscheidet (vgl. § 60 Rz. 14). Eine solche **unterschiedliche Behandlung** wäre durch nichts gerechtfertigt.

35 Letztendlich ergibt sich dies aus der Wahlordnung selbst: § 40 WO regelt die Wahl der JAV im vereinfachten Wahlverfahren. Für das Wahlverfahren verweist § 40 Abs. 1 Satz 2 WO auf § 36 WO. § 36 Abs. 1 WO setzt **nach der Bestellung des Wahlvorstands** insb. durch den BR an (Wahl des BR im einstufigen Verfahren nach § 14a Abs. 3). An einem Verweis auf die §§ 28 ff. WO (Wahl des BR im zweistufigen Verfahren nach § 14a Abs. 1) fehlt es, so dass es dabei bleibt, dass eine Wahl der JAV ohne BR nicht möglich ist.

36 Daraus folgt: In Kleinbetrieben findet das vereinfachte Wahlverfahren zur Bildung einer JAV nur insoweit Anwendung, als ein BR besteht.

37 **b) Betriebsgröße.** Voraussetzung für die Anwendung des vereinfachten Wahlverfahrens ist, dass in dem Betrieb idR fünf bis fünfzig der in § 60 Abs. 1 genannten ArbN beschäftigt werden (§ 63 Abs. 4 Satz 1).

38 **c) Verkürzung der Fristen.** Für den Fall der Anwendung des vereinfachten Wahlverfahrens verkürzen sich die Fristen, innerhalb derer der Wahlvorstand durch den BR zu bestellen bzw. der Wahlvorstand gerichtlich einzusetzen oder zu ersetzen ist (§ 63 Abs. 4 Satz 2 BetrVG):

- Der BR hat spätestens **vier Wochen** vor Ablauf der Amtszeit der JAV den Wahlvorstand und seinen Vorsitzenden zu bestellen.
- Bestellt der BR den Wahlvorstand nicht spätestens **drei Wochen** vor Ablauf der Amtszeit der JAV, kann die gerichtliche Bestellung des Wahlvorstands beantragt werden.

39 **d) Vereinbarung vereinfachtes Wahlverfahren.** Nach §§ 63 Abs. 5 iVm. 14a Abs. 5 können **Wahlvorstand und ArbGeb** in Betrieben mit in der Regel 51 bis 100 der in § 60 Abs. 1 genannten ArbN (vgl. § 60 Rz. 10ff.) die Anwendung des vereinfachten Wahlverfahrens nach § 14a vereinbaren (vgl. zur Vereinbarung des vereinfachten Wahlverfahrens § 14a Rz. 19). Eine solche Vereinbarung ist nicht erzwingbar[3].

40 **IV. Durchführung der Wahl.** Die durch den Wahlvorstand durchgeführte Wahl der JAV folgt den Regeln bei der BR-Wahl. Das bedeutet:

41 **1. Betriebe mit idR fünf bis fünfzig der in § 60 Abs. 1 genannten ArbN.** In Betrieben mit idR fünf bis fünfzig der in § 60 Abs. 1 genannten ArbN findet das vereinfachte Wahlverfahren nach § 14a Anwendung (vgl. zur Durchführung der Wahl durch den Wahlvorstand im Rahmen des **vereinfachten Wahlverfahrens** § 14a Rz. 1 ff.).

42 **2. Betriebe mit in der Regel über 100 der in § 60 Abs. 1 genannten ArbN.** In Betrieben, in denen in der Regel mehr als 100 der in § 60 Abs. 1 genannten ArbN beschäftigt werden, führt der Wahlvorstand die Wahl zur JAV entsprechend den Bestimmungen zur BR-Wahl durch (vgl. zur Durchführung der Wahl durch den Wahlvorstand bei einer **BR-Wahl** § 18 Rz. 1 ff.).

43 **3. Betriebe mit in der Regel 51 bis 100 der in § 60 Abs. 1 genannten ArbN.** In Betrieben mit idR 51 bis 100 der in § 60 Abs. 1 genannten ArbN kommt es darauf an, ob Wahlvorstand und ArbGeb sich auf die Durchführung des vereinfachten Wahlverfahrens geeinigt haben: Liegt eine solche Vereinbarung vor, führt der Wahlvorstand die Wahl nach dem **vereinfachten Wahlverfahren** durch, liegt eine solche Vereinbarung nicht vor, führt er die Wahl nach den **normalen Regelungen** durch.

44 **V. Streitigkeiten.** Streitigkeiten im Zusammenhang mit der Wahl sowie der Bestellung und der Zuständigkeit des Wahlvorstands sind von den ArbG im **Beschlussverfahren** zu entscheiden (§§ 2a Abs. 1 Nr. 1, Abs. 2 iVm. 80 ff. ArbGG).

---

[1] *Opolony*, BB 2001, 2055 (2056). |[2] *Fitting*, § 63 BetrVG Rz. 29; DKK/*Trittin*, § 63 BetrVG Rz. 31. |[3] Richardi/*Richardi*/*Annuß*, § 63 BetrVG Rz. 33.

Kommt der BR seiner Pflicht zur Bestellung des Wahlvorstands nicht nach, kann dies eine **grobe Pflichtverletzung** iSv. § 23 Abs. 1 darstellen. Bei Vorliegen der Voraussetzungen im Übrigen kann der Ausschluss eines Mitglieds aus dem BR oder die Auflösung des BR beantragt werden. Ein solches Verfahren wäre ebenfalls im arbeitsgerichtlichen **Beschlussverfahren** durchzuführen (§§ 2a Abs. 1 Nr. 1, Abs. 2 iVm. 80 ff. ArbGG).

64 Zeitpunkt der Wahlen und Amtszeit

(1) Die regelmäßigen Wahlen der Jugend- und Auszubildendenvertretung finden alle zwei Jahre in der Zeit vom 1. Oktober bis 30. November statt. Für die Wahl der Jugend- und Auszubildendenvertretung außerhalb dieser Zeit gilt § 13 Abs. 2 Nr. 2 bis 6 und Abs. 3 entsprechend.

(2) Die regelmäßige Amtszeit der Jugend- und Auszubildendenvertretung beträgt zwei Jahre. Die Amtszeit beginnt mit der Bekanntgabe des Wahlergebnisses oder, wenn zu diesem Zeitpunkt noch eine Jugend- und Auszubildendenvertretung besteht, mit Ablauf von deren Amtszeit. Die Amtszeit endet spätestens am 30. November des Jahres, in dem nach Absatz 1 Satz 1 die regelmäßigen Wahlen stattfinden. In dem Fall des § 13 Abs. 3 Satz 2 endet die Amtszeit spätestens am 30. November des Jahres, in dem die Jugend- und Auszubildendenvertretung neu zu wählen ist. In dem Fall des § 13 Abs. 2 Nr. 2 endet die Amtszeit mit der Bekanntgabe des Wahlergebnisses der neu gewählten Jugend- und Auszubildendenvertretung.

(3) Ein Mitglied der Jugend- und Auszubildendenvertretung, das im Laufe der Amtszeit das 25. Lebensjahr vollendet, bleibt bis zum Ende der Amtszeit Mitglied der Jugend- und Auszubildendenvertretung.

I. Vorbemerkung. Die zwingende und nicht abänderbare Vorschrift[1] regelt den Zeitpunkt der Wahlen zur JAV (Abs. 1), ihre Amtszeit (Abs. 2) sowie den Fortbestand der Mitgliedschaft eines ArbN in der JAV, der während der Amtszeit das 25. Lebensjahr vollendet (Abs. 3).

II. Zeitpunkt der Wahlen (Abs. 1). Hinsichtlich des Zeitpunkts der Wahlen ist zwischen den regelmäßigen und außerordentlichen Wahlen zu unterscheiden.

1. Regelmäßige Wahlen. Während die regelmäßigen BR-Wahlen alle vier Jahre in der Zeit vom 1. März bis 31. Mai stattfinden (§ 13 Abs. 1 Satz 1), gibt es für die Wahl zur JAV einen festen **regelmäßigen Wahlzeitraum**, der sich auf den Wahltag bezieht, welcher in der Zeit zwischen 1. Oktober bis 30. November liegen muss[2]. Die im Verhältnis zur BR-Wahl um die Hälfte auf zwei Jahre verkürzte Amtszeit hat den Zweck, den zu einer JAV wahlberechtigten ArbN zumindest einmal die reale Möglichkeit der Wahlrechtsausübung zu geben, bevor die Voraussetzungen für ihr Wahlrecht infolge Erreichens der Altersgrenze entfallen[3]. Der Zeitraum im Herbst hat zum einen den Zweck, dass der neu gewählte BR die Wahl der JAV einleiten kann[4], zum anderen soll neu eintretenden jugendlichen ArbN oder zur Berufsausbildung Beschäftigten eine möglichst frühe Teilnahme an den Wahlen zur JAV ermöglicht werden. Da die Schulentlassungen regelmäßig in den Sommer fallen, ist dies bei einer Wahl zur JAV im Herbst möglich[5].

Die **turnusmäßigen Wahlen** zur JAV fanden erstmals im Jahre 1988 und danach folgend regelmäßig alle zwei Jahre statt (§ 125 Abs. 2). Der nächste Wahltag liegt daher zwischen dem 1.10. und 30.11.**2004**, dann wieder im Jahre **2006** usw.

Die Wahl muss so fristgerecht eingeleitet werden, dass in dem Zeitraum vom 1. Oktober bis 30. November diese auch **tatsächlich** durchgeführt werden kann. Es ist daher möglich und vielfach sogar geboten, den Wahlvorstand vor dem Wahlzeitraum zu bestellen[6].

Hinweis: Da die Amtszeit der JAV nach § 64 Abs. 2 Satz 3 spätestens am 30. November des Jahres, in dem die regelmäßigen Wahlen stattfinden, endet, ist die rechtzeitige Einleitung der Wahl zur JAV notwendig, um eine vertretungslose Zeit zu vermeiden. Bei dem erforderlichen Zeitrahmen ist zu berücksichtigen, dass zur Durchführung der Wahl der JAV nicht nur die Stimmabgabe, sondern auch die Stimmauszählung und Bekanntgabe des Wahlergebnisses gehört. Der BR wird dies bei der rechtzeitigen Bestellung des Wahlvorstands zu bedenken haben.

Im Übrigen gelten die Regelungen zum regelmäßigen Wahlzeitraum für die BR-Wahlen auch für die Wahl der JAV (vgl. § 13 Rz. 1 ff.).

2. Außerordentliche Wahlen. Außerhalb des für die JAV maßgebenden Wahlzeitraums finden außerordentliche Wahlen unter denselben Voraussetzungen statt, unter denen der BR außerhalb des regelmäßigen Wahlzeitraums gewählt werden kann (§§ 64 Abs. 1 Satz 2 iVm. 13 Abs. 2). Wegen der im Vergleich zum BR kürzeren Amtszeit der JAV gilt eine Ausnahme nur insofern, als eine wesentliche Veränderung der Zahl der im Betrieb beschäftigten ArbN iSv. § 60 Abs. 1 keine Neuwahl auslöst (§ 64 Abs. 1 erklärt insoweit § 13 Abs. 1 Nr. 1 nicht für entsprechend anwendbar).

---

1 GK-BetrVG/*Oetker*, § 64 Rz. 5; *Fitting*, § 64 BetrVG Rz. 3. | 2 *Fitting*, § 64 BetrVG Rz. 6; DKK/*Trittin*, § 64 BetrVG Rz. 4. | 3 MünchArbR/*Joost*, § 316 Rz. 91. | 4 HSWG/*Hess*, § 64 BetrVG Rz. 1. | 5 DKK/*Trittin*, § 64 BetrVG Rz. 3. | 6 *Fitting*, § 64 BetrVG Rz. 6; DKK/*Trittin*, § 64 BetrVG Rz. 4.

9   Die Fälle der außerordentlichen Wahl der JAV sind:

- das **Sinken der Gesamtzahl** der Mitglieder auch nach Eintreten sämtlicher Ersatzmitglieder unter die gesetzlich in § 62 Abs. 1 BetrVG vorgeschriebene Zahl (vgl. § 13 Rz. 9);
- der **Rücktritt** der JAV mit der Mehrheit der Stimmen seiner Mitglieder (vgl. § 13 Rz. 10);
- die erfolgreiche **Anfechtung** der Wahl (vgl. § 13 Rz. 11);
- die **gerichtliche Auflösung** der JAV (vgl. § 13 Rz. 12);
- das **Nichtbestehen einer JAV** trotz Vorliegens der gesetzlichen Voraussetzungen (vgl. § 13 Rz. 13 sowie § 60 Rz. 14).

10 Eine ohne diese Voraussetzungen durchgeführte außerordentliche Wahl der JAV ist **nichtig**[1].

11 Für den Fall einer außerordentlichen Wahl der JAV sichern die §§ 64 Abs. 1 Satz 2 iVm. 13 Abs. 3 die Rückkehr zum regelmäßigen Wahlzeitraum: Sie findet im **nächstfolgenden regelmäßigen Wahlzeitraum** statt, sofern die JAV zu Beginn des Wahlzeitraums, also dem 1. Oktober, ein Jahr oder länger im Amt ist, ansonsten findet die Wahl erst im **übernächsten regelmäßigen Wahlzeitraum** statt.

12 **III. Amtszeit (Abs. 2).** Bei der **Amtszeit** der JAV ist zu differenzieren zwischen dem Zeitpunkt der Wahlen.

13 **1. Regelmäßige Wahlen.** Die Amtszeit der JAV regelt § 64 Abs. 2. Danach beträgt die regelmäßige Amtszeit **zwei Jahre**. Die Amtszeit beginnt nach § 64 Abs. 2 Satz 2 mit der Bekanntgabe des Wahlergebnisses oder, wenn zu diesem Zeitpunkt noch eine JAV besteht, mit Ablauf von deren Amtszeit. Die Amtszeit endet spätestens am 30. November des Jahres, in dem nach § 64 Abs. 1 Satz 1 die regelmäßigen Wahlen stattfinden (in der Zeit vom 1. Oktober bis 30. November).

14 **2. Außerordentliche Wahlen.** Finden die Wahlen zur JAV außerordentlich statt, erfolgt eine Wiedereinordnung in den einheitlichen Wahlzeitraum durch eine Verlängerung oder Verkürzung der Amtszeit der JAV (§§ 64 Abs. 1 Satz 2 iVm. 13 Abs. 3): Ist die JAV aufgrund der außerordentlichen Wahlen bei Beginn des nächsten regelmäßigen Wahlzeitraums (1. Oktober) ein Jahr oder länger im Amt, finden die Wahlen zur JAV in dem **regelmäßigen Wahlzeitraum** statt; die Amtszeit der JAV verkürzt sich damit entsprechend. War die JAV zu diesem Zeitpunkt (1. Oktober) kürzer als ein Jahr im Amt, finden die Wahlen nicht im auf die außerordentliche Wahl folgenden turnusmäßigen Wahlzeitraum, sondern erst in dem darauf folgenden turnusmäßigen Wahlzeitraum statt; die Amtszeit ist somit insgesamt entsprechend länger.

15 Für Beginn und Ende der Amtszeit der JAV gelten im Übrigen sowohl im **Regelfall** wie auch nach **außerordentlichen Wahlen** die für die Amtszeit des BR nach § 21 maßgebenden Grundsätze (vgl. § 21 Rz. 1 ff.)[2].

16 **3. Rücktritt der JAV.** Ein **Sonderfall** ist der Rücktritt der JAV: Für den BR gilt insoweit, dass er im Falle des Rücktritts die Geschäfte weiterzuführen hat, bis der neue BR gewählt und das Wahlergebnis bekannt gegeben ist (§ 22). Da § 22 in § 64 Abs. 2 nicht erwähnt ist, kommt eine entsprechende Anwendung und damit eine **kommissarische Weiterführung** der Geschäfte durch die zurückgetretene JAV nicht in Betracht[3]. Dafür sprechen insb. zwei Argumente: Endet die Amtszeit der JAV, hat der BR die Interessen der zur JAV wahlberechtigten ArbN wahrzunehmen, so dass ein besonderes Bedürfnis für die Weiterführung der Geschäfte durch die JAV nicht besteht[4]. Sie bleiben daher für die Übergangszeit nicht ohne Vertretung. Darüber hinaus scheiterte im Gesetzgebungsverfahren ein Vorschlag, § 22 in § 64 in Bezug zu nehmen, was für den gesetzgeberischen Willen spricht, für den Fall des Rücktritts der Mitglieder der JAV wegen der anderweitigen Wahrnehmung der Interessen durch den BR kein (kommissarisches) Übergangsmandat anzunehmen[5].

17 **IV. Vollendung des 25. Lebensjahrs (Abs. 3).** Zur JAV ist nur wählbar, wer das 25. Lebensjahr noch nicht vollendet hat (§ 61 Abs. 2). Die Wählbarkeit muss **vor Beginn der Amtszeit** des Mitglieds der JAV gegeben sein (vgl. § 61 Rz. 12). Hatte ein Mitglied der JAV zu Beginn der Amtszeit das 25. Lebensjahr noch nicht vollendet, war er also wählbar und wurde in die JAV gewählt, würde mit der Vollendung des 25. Lebensjahrs seine Wählbarkeit verloren gehen. Daraus folgt grundsätzlich das Erlöschen der Mitgliedschaft im Vertretungsorgan (§§ 65 Abs. 1 iVm. 24 Nr. 4). Dies würde bedeuten, dass Mitglieder der JAV mit der Vollendung des 25. Lebensjahrs ihre Mitgliedschaft verlieren würden. Im Interesse der Kontinuität der Arbeit der JAV bestimmt § 64 Abs. 3 daher, dass ein Mitglied der JAV, das im Laufe der Amtszeit das 25. Lebensjahr vollendet, bis zum Ende der Amtszeit Mitglied der JAV bleibt.

18 Die vorstehenden Grundsätze gelten entsprechend für das Ersatzmitglied, wenn es das 25. Lebensjahr vollendet hat, bevor der gewählte Jugend- und Auszubildendenvertreter, für den das Ersatzmitglied nachrückt, aus dem Amt ausscheidet. Da das Ersatzmitglied bei Beginn der Amtszeit (**Nachrückenszeitpunkt**[6]) das 25. Lebensjahr bereits vollendet hat, wäre es nicht wählbar und würde nicht

---

1 ErfK/*Eisemann*, § 64 BetrVG Rz. 2; *Fitting*, § 64 BetrVG Rz. 9. |2 DKK/*Trittin*, § 64 BetrVG Rz. 9; *Fitting*, § 64 BetrVG Rz. 12. |3 GK-BetrVG/*Oetker*, § 64 Rz. 21; ErfK/*Eisemann*, § 64 BetrVG Rz. 3; HSWG/*Hess*, § 64 BetrVG Rz. 7; MünchArbR/*Joost*, § 316 Rz. 94; Richardi/*Richardi/Annuß*, § 64 BetrVG Rz. 22; aA DKK/*Trittin*, § 64 BetrVG Rz. 10. |4 MünchArbR/*Joost*, § 316 Rz. 94. |5 ErfK/*Eisemann*, § 64 BetrVG Rz. 3. |6 *Fitting*, § 25 BetrVG Rz. 14 mzN.

nachrücken¹. Die Sonderregelung des § 64 Abs. 3 würde nicht greifen, da es **nicht im Laufe** der Amtszeit, sondern **vor Beginn der Amtszeit** (Nachrückenszeitpunkt) das 25. Lebensjahr vollendet hätte. Anders wäre es nur, wenn das Ersatzmitglied bei Beginn seiner Amtszeit (Nachrückenszeitpunkt) das 25. Lebensjahr noch nicht vollendet hätte.

V. Streitigkeiten. Streitigkeiten über den Zeitpunkt der Wahlen zur JAV, über die Amtszeit der JAV oder über vorzeitige Neuwahlen entscheidet das ArbG im **Beschlussverfahren** gemäß §§ 2a Abs. 1 Nr. 1, Abs. 2 iVm. 80 ff. ArbGG. 19

Hinweis: Die Frage der Amtszeit kann **inzident** auch im Rahmen eines Urteilsverfahrens (§§ 2 Abs. 1 Nr. 3b, Abs. 5 iVm. 46 ff. ArbGG) relevant werden: Beruft sich beispielsweise ein ArbN auf den Sonderkündigungsschutz für amtierende Mitglieder einer JAV (§ 15 Abs. 2 KSchG, § 103 BetrVG), wäre inzident zu klären, ob der betreffende ArbN überhaupt wirksam Jugend- und Auszubildendenvertreter (geworden) ist bzw. noch ist. 20

65 Geschäftsführung

(1) Für die Jugend- und Auszubildendenvertretung gelten § 23 Abs. 1, die §§ 24, 25, 26, 28 Abs. 1 Satz 1 und 2, die §§ 30, 31, 33 Abs. 1 und 2 sowie die §§ 34, 36, 37, 40 und 41 entsprechend.

(2) Die Jugend- und Auszubildendenvertretung kann nach Verständigung des Betriebsrats Sitzungen abhalten; § 29 gilt entsprechend. An diesen Sitzungen kann der Betriebsratsvorsitzende oder ein beauftragtes Betriebsratsmitglied teilnehmen.

I. Vorbemerkung. Die **Geschäftsführung** der JAV ist nach § 65 Abs. 1 weitgehend in Anlehnung an die des BR geregelt. Ferner hat die JAV ausdrücklich das Recht, eigene Sitzungen abzuhalten. 1

II. Entsprechend anwendbare Vorschriften (Abs. 1). Für die Organisation und Geschäftsführung der JAV verweist § 65 Abs. 1 auf eine Reihe der für den BR geltenden Bestimmungen. 2

Hinweis: Die in Bezug genommenen Vorschriften sind für den BR konzipiert. Die entsprechende Anwendung kann daher nicht schematisch erfolgen, sondern steht unter dem Vorbehalt der durch Sinn und Zweck ermittelten Vergleichbarkeit. 3

1. Verletzung gesetzlicher Pflichten (§ 23 BetrVG). Nach § 23 Abs. 1 können mindestens ein Viertel der wahlberechtigten ArbN, der ArbGeb oder eine im Betrieb vertretene Gewerkschaft beim ArbG den **Ausschluss eines Mitglieds** aus dem BR oder die **Auflösung des BR** wegen grober Verletzung seiner gesetzlichen Pflichten (vgl. § 23 Rz. 1 ff.) beantragen (§ 23 Abs. 1 Satz 1). Gleiches gilt für die JAV, wobei antragsberechtigt – neben ArbGeb und einer im Betrieb vertretenen Gewerkschaft – die JAV selbst sowie ein Viertel der Wahlberechtigten nach § 60 Abs. 1 sind. 4

Nach § 23 Abs. 1 Satz 2 kann der Ausschluss eines Mitglieds auch vom BR beantragt werden. Gleiches gilt über § 65 Abs. 1 für die JAV, die insoweit antragsberechtigt ist. 5

Obwohl im Gesetz nicht ausdrücklich geregelt, ist auch **der BR** antragsberechtigt, und zwar sowohl für die Auflösung der JAV als auch für den Ausschluss eines ihrer Mitglieder². Dies ergibt sich zum einen aus der allgemeinen **Überwachungspflicht** des BR nach § 80 Abs. 1 Nr. 1, zum anderen aber auch aus der Verpflichtung des BR, in Jugend- und Ausbildungsfragen eng mit der JAV zusammenzuarbeiten (§ 67). 6

Löst das ArbG die JAV auf, hat es **nicht** nach § 23 Abs. 2 unverzüglich einen Wahlvorstand für die Neuwahl einzusetzen. Dies ergibt sich daraus, dass § 65 Abs. 1 **nicht** auf § 23 Abs. 2 verweist. Zunächst einmal ist es Sache des BR, nach § 63 Abs. 2 einen Wahlvorstand zu bestellen. Kommt der BR seiner Verpflichtung nicht nach, kann das ArbG auf Antrag einer im Betrieb vertretenen Gewerkschaft oder von drei (auch jugendlichen) ArbN des Betriebs einen Wahlvorstand bestellen (vgl. § 63 Rz. 24). 7

2. Erlöschen der Mitgliedschaft (§ 24 BetrVG). § 24 regelt bestimmte Fälle, in denen die Mitgliedschaft im BR erlischt. Über § 65 Abs. 1 gilt diese Regelung auch für die JAV mit einer **Ausnahme:** Der Verlust der Wählbarkeit durch Vollendung des 25. Lebensjahrs während der Amtszeit eines Jugend- und Auszubildendenvertreters führt nicht zum Erlöschen der Mitgliedschaft, sondern er bleibt bis zum Ende der Amtszeit Mitglied der JAV, wie § 64 Abs. 3 zeigt (vgl. § 64 Rz. 17). Darüber hinaus führt die nachträgliche Mitgliedschaft eines Jugend- und Auszubildendenvertreters im BR zum Verlust der Wählbarkeit und damit zum Erlöschen des Amts als Jugend- und Auszubildendenvertreter (beispielsweise nachträgliche Mitgliedschaft im BR als Ersatzmitglied, vgl. § 61 Rz. 13). 8

Im Übrigen entsprechen die Tatbestände des Erlöschens der Mitgliedschaft in der JAV denen des Erlöschens der Mitgliedschaft im BR (vgl. § 24 Rz. 1 ff.). 9

---

1 LAG Düsseldorf v. 13.10.1992 – 8 TaBV 119/92, NZA 1993, 474. | 2 ErfK/*Eisemann*, § 65 BetrVG Rz. 2; GK-BetrVG/*Oetker*, § 65 Rz. 9; HSWG/*Hess*, § 65 BetrVG Rz. 2; Richardi/*Richardi/Annuß*, § 65 BetrVG Rz. 5; aA *Weiss/Weyand*, § 65 BetrVG Rz. 11; DKK/*Trittin*, § 65 BetrVG Rz. 3.

10 **3. Ersatzmitglieder (§ 25 BetrVG).** § 25 regelt das **Nachrücken** von Ersatzmitgliedern in den BR (vgl. § 25 Rz. 1 ff.). Die Bestimmung gilt über § 65 Abs. 1 auch für die JAV.

11 Für den Fall des Nachrückens von Ersatzmitgliedern ist zu unterscheiden, ob die JAV in **Verhältniswahl** oder in **Mehrheitswahl** gewählt worden ist:

- Im Falle der **Verhältniswahl** rücken grundsätzlich die nicht gewählten Bewerber aus der Liste nach, der das verhinderte oder ausgeschiedene Mitglied angehörte.

- Im Falle der **Mehrheitswahl** rückt als Ersatzmitglied der nicht gewählte Bewerber mit der nächsthöheren Stimmenzahl nach.

12 **Hinweis:** Während der Zeit der Mitgliedschaft in der JAV genießt das nachgerückte **Ersatzmitglied** den vollen Kündigungsschutz nach § 103 BetrVG und § 15 KSchG. Scheidet ein Ersatzmitglied, das für ein zeitweilig verhindertes ordentliches Mitglied der JAV angehört hat, nach Beendigung des Vertretungsfalls wieder aus der JAV aus, so genießt es, wenn es während der Vertretung Aufgaben eines Jugend- und Auszubildendenvertreters wahrgenommen hat, nach dem Ausscheiden den nachwirkenden Kündigungsschutz gegen ordentliche Kündigungen gemäß § 15 Abs. 1 Satz 2 KSchG (vgl. dazu im Einzelnen § 25 Rz. 1 ff.).

13 **4. Vorsitzender (§ 26 BetrVG).** Nach §§ 65 Abs. 1 iVm. 26 wählt die JAV aus ihrer Mitte einen **Vorsitzenden** sowie einen **Stellvertreter**. Für die **Wahl** des Vorsitzenden und des Stellvertreters der JAV gilt Gleiches wie für die Wahl des BR-Vorsitzenden und dessen Stellvertreter (vgl. dazu § 26 Rz. 1 ff.)[1].

14 Zu den **Aufgaben** des Vorsitzenden der JAV gehört insb. die Vertretung der JAV im Rahmen ihrer Zuständigkeit und der von ihr gefassten Beschlüsse (§ 26 Abs. 2 Satz 1). Er ist für die Entgegennahme von Erklärungen, die die JAV betreffen, zuständig (§ 26 Abs. 2 Satz 2). Es ist seine Aufgabe, die Sitzungen der JAV einzuberufen, den BR-Vorsitzenden hierüber zu unterrichten und die Sitzungen zu leiten (vgl. Rz. 48 ff.).

15 **5. Bildung von Ausschüssen (§ 28 BetrVG).** Durch den Verweis in § 65 Abs. 1 auf § 28 Abs. 1 Satz 1 und Satz 2 ist der JAV die Befugnis gegeben, Ausschüsse zu bilden. Voraussetzung ist zunächst entsprechend § 28 Abs. 1 Satz 1, dass in dem Betrieb mehr als 100 ArbN iSv. § 60 Abs. 1 beschäftigt werden. Die Bildung von Ausschüssen soll der JAV eine größere Effizienz ihrer Arbeit ermöglichen[2].

16 Für die Besetzung von Ausschüssen ist keine bestimmte **Größe** vorgeschrieben, ihre Festlegung liegt im Ermessen der JAV. Die Zweckmäßigkeit dieser Entscheidung unterliegt wie beim BR keiner gerichtlichen Überprüfung[3]. Der Kreis der Angelegenheiten, die solchen Ausschüssen übertragen werden, ist gesetzlich nicht näher umschrieben. Er ist grundsätzlich nicht begrenzt, muss sich jedoch im Rahmen der funktionellen Zuständigkeit der JAV halten (vgl. § 28 Rz. 1 ff.).

17 Im Übrigen gelten bei den weiteren Ausschüssen der JAV die gleichen Regelungen wie bei den weiteren Ausschüssen des BR (vgl. § 28 Rz. 1 ff.) mit der Maßgabe, dass die Führung der Geschäfte nicht generell übertragen werden kann und keine Ausschüsse mit selbständigen Entscheidungsbefugnissen gebildet werden dürfen (vgl. Rz. 48).

18 **6. Sitzungen (§ 30 BetrVG).** Für die Sitzungen der JAV gelten die gleichen Regelungen wie für BR-Sitzungen (vgl. §§ 65 Abs. 1 iVm. 30): Die Sitzungen der JAV finden in der Regel während der Arbeitszeit statt, auf betriebliche Notwendigkeiten ist Rücksicht zu nehmen. Der ArbGeb ist vom Zeitpunkt der Sitzung vorher zu verständigen, die Sitzungen sind nicht öffentlich (vgl. im Einzelnen § 30 Rz. 1 ff.).

19 **7. Teilnahme der Gewerkschaften (§ 31 BetrVG).** Nach § 31 kann auf Antrag von einem Viertel der Mitglieder des BR ein Beauftragter einer **im BR** vertretenen Gewerkschaft an den Sitzungen beratend teilnehmen; in diesem Fall sind der Zeitpunkt der Sitzung und die Tagesordnung der Gewerkschaft rechtzeitig mitzuteilen. Über § 65 Abs. 1 gilt dies **entsprechend** für die JAV. Weil § 31 nur entsprechend anzuwenden ist, muss es sich um eine Gewerkschaft handeln, die in der JAV vertreten ist, also mindestens ein Jugend- und Auszubildendenvertreter Mitglied dieser Gewerkschaft sein muss[4].

20 Nach überwiegender Ansicht kann der BR eine Hinzuziehung von Beauftragten einer in ihm vertretenen Gewerkschaft in Sitzungen der JAV beschließen. Das folgte aus der generellen Beratungsfunktion des BR gegenüber der JAV, dem Teilnahmerecht des BR-Vorsitzenden an ihren Sitzungen nach § 65 Abs. 2 Satz 2 und dem Umstand, dass bei der Teilnahme des ArbGeb auch dieser einen Vertreter des ArbGebVerbandes hinzuziehen kann[5]. *Oetker*[6] weist demgegenüber zu Recht darauf hin, dass die gesamte JAV gemäß § 67 Abs. 1 Satz 2 bei der Behandlung von Angelegenheiten, die besonders die in § 60 Abs. 1 genannten ArbN betreffen, zu diesen Tagesordnungspunkten ein Teilnahmerecht an der BR-Sitzung hat. Zu dieser kann der **BR** einen Beauftragten einer im BR vertretenen Gewerkschaft einladen (§ 31) oder einen

---

[1] Richardi/*Richardi*/*Annuß*, § 65 BetrVG Rz. 10. | [2] BT-Drs. 14/5741, 44. | [3] Vgl. BAG v. 20.10.1993 – 7 ABR 26/93, AP Nr. 5 zu § 28 BetrVG 1972. | [4] GK-BetrVG/*Oetker*, § 65 Rz. 79; *Fitting*, § 65 BetrVG Rz. 9; HSWG/ *Hess*, § 65 BetrVG Rz. 8; aA MünchArbR/*Joost*, § 316 Rz. 75; Richardi*Richardi*/*Annuß*, § 65 BetrVG Rz. 25. | [5] *Fitting*, § 65 BetrVG Rz. 9; DKK/*Trittin*, § 65 BetrVG Rz. 10; aA GK-BetrVG/*Oetker*, § 65 Rz. 81. | [6] GK-BetrVG/*Oetker*, § 65 Rz. 81.

Sachverständigen hinzuziehen (§ 80 Abs. 3). Eines besonderen Teilnahmerechts einer **nur** im BR vertretenen Gewerkschaft an Sitzungen der JAV bedarf es daher nicht.

Auch durch **Mehrheitsbeschluss** der JAV kann nicht ohne weiteres ein Gewerkschaftsvertreter einer nicht in der JAV vertretenen Gewerkschaft hinzugezogen werden[1]. Die JAV hat nicht, wie der BR, die Möglichkeit, sich über § 80 Abs. 3 externen Sachverstands zu bedienen. Sie ist an die Mindestanforderungen des § 31 gebunden, der entsprechend anzuwenden ist und vorsieht, dass auf Antrag von einem Viertel (oder mehr) der Mitglieder der JAV ein Beauftragter einer dort vertretenen Gewerkschaft beratend teilnehmen kann. 21

Hinweis: Die Fragen im Zusammenhang mit der Teilnahme von Gewerkschaftsbeauftragten an Sitzungen der JAV sind höchst umstritten. Da es an höchstrichterlicher Rspr. fehlt, besteht für die Beratungspraxis keine Sicherheit. In der Praxis werden daher Entscheidungen zu treffen sein, die sich am Einzelfall orientieren müssen. Letztendlich bietet sich sowohl für den BR über § 67 Abs. 1 Satz 2 wie auch für die JAV über § 67 Abs. 3 die Möglichkeit, Angelegenheiten der JAV auf die Tagesordnung einer Sitzung des BR zu setzen, zu der der BR wiederum einen Beauftragten einer im BR vertretenen Gewerkschaft hinzuziehen kann. 22

8. Beschlüsse (§ 33 BetrVG). Für die Beschlussfassung der JAV verweist § 65 Abs. 1 auf § 33 Abs. 1 und Abs. 2. Danach werden Beschlüsse der JAV mit der **Mehrheit** der Stimmen der anwesenden Mitglieder gefasst, bei Stimmengleichheit ist der Antrag abgelehnt. **Beschlussfähig** ist die JAV nur, wenn mindestens die Hälfte der Jugend- und Auszubildendenvertreter an der Beschlussfassung teilnimmt, wobei die Stellvertretung durch Ersatzmitglieder zulässig ist (vgl. im Übrigen zur Beschlussfassung und Beschlussfähigkeit § 33 Rz. 1 ff.). 23

Wenn auch nach §§ 65 Abs. 1 iVm. 33 Abs. 1 Satz 1 Beschlüsse des BR idR mit der Mehrheit der Stimmen der anwesenden Mitglieder gefasst werden, so gibt es doch einige Fälle, in denen die **absolute Mehrheit** der Stimmen der JAV erforderlich ist. Dies sind Beschlüsse über 24

- den Rücktritt (§§ 64 Abs. 1 iVm. 13 Abs. 2 Nr. 3),
- die Geschäftsordnung (§ 36),
- die Beauftragung der Gesamt-JAV, eine Angelegenheit für sie mit dem GesamtBR zu behandeln (§§ 73 Abs. 2 iVm. 50 Abs. 2),
- den Antrag auf Aussetzung eines Beschlusses des BR (§ 66).

9. Sitzungsniederschrift (§ 34 BetrVG). Über die Sitzung der JAV ist eine Niederschrift zu fertigen. Die für den BR geltende Regelung des § 34 ist über § 65 Abs. 1 entsprechend anzuwenden (vgl. im Einzelnen § 34 Rz. 1 ff.). 25

10. Geschäftsordnung (§ 36). Die JAV kann sich eine Geschäftsordnung geben. Sie bedarf der Mehrheit der Stimmen der Mitglieder der JAV, dh. einer **absoluten Mehrheit**. Die Regelungen zur Geschäftsordnung im Übrigen folgen den Bestimmungen zur Geschäftsordnung des BR (vgl. im Einzelnen zur Geschäftsordnung § 36 Rz. 1 ff.). 26

Hinweis: Der JAV ist zu empfehlen, eine Geschäftsordnung zu verabschieden, da durch klare und eindeutige Verfahrensregelungen Konflikte vermieden werden können und eine durchsichtige Arbeit der JAV ermöglicht wird. 27

11. Ehrenamt (§ 37 Abs. 1 BetrVG). Nach §§ 65 Abs. 1 iVm. 37 Abs. 1 üben die Mitglieder der JAV ihr Amt ehrenamtlich aus (vgl. im Einzelnen § 37 Rz. 1 ff.). 28

12. Arbeitsbefreiung (§ 37 Abs. 2 und Abs. 3 BetrVG). Mitglieder der JAV haben wie BR-Mitglieder Anspruch auf eine entsprechende Arbeitsbefreiung unter Fortzahlung ihrer Vergütung, soweit dies zu ihrer Aufgabenerfüllung erforderlich ist, und können für notwendige Tätigkeiten außerhalb ihrer Arbeitszeit Freizeitausgleich und ggf. Entgeltausgleich verlangen (vgl. im Einzelnen § 37 Rz. 1 ff.). 29

Die Schutzbestimmungen des JArbSchG finden keine Anwendung, weil es sich nicht um eine vom ArbGeb veranlasste Tätigkeit iSd. JArbSchG handelt[2]. Allerdings sollte bei ArbN unter 18 Jahren zum Schutz der Gesundheit ein Ausgleich primär in **Freizeit** erfolgen[3]. Ist dies nicht möglich, ist die Mehrarbeit in der üblichen Weise zu vergüten[4]. 30

13. Verdienstsicherung (§ 37 Abs. 4 und Abs. 5 BetrVG). Über § 65 Abs. 1 gelten die Regelungen zur Verdienstsicherung bei BR auch für die Mitglieder der JAV (§ 37 Abs. 4 und Abs. 5). Das bedeutet, dass die Jugend- und Auszubildendenvertreter einschließlich eines Zeitraums von einem Jahr nach Beendigung der Amtszeit nur mit Tätigkeiten beschäftigt werden dürfen, die den Tätigkeiten vergleichbarer 31

---

[1] GK-BetrVG/*Oetker*, § 65 Rz. 82; aA ErfK/*Eisemann*, § 65 Rz. 8; Richardi/*Richardi/Annuß*, § 65 BetrVG Rz. 25; DKK/*Trittin*, § 65 BetrVG Rz. 12; *Fitting*, § 65 BetrVG Rz. 9; Weiss/*Weyand*, § 65 BetrVG Rz. 13. | [2] *Fitting*, § 65 BetrVG Rz. 13; DKK/*Trittin*, § 65 BetrVG Rz. 19. | [3] DKK/*Trittin*, § 65 BetrVG Rz. 19; *Fitting*, § 65 BetrVG Rz. 13. | [4] DKK/*Trittin*, § 65 BetrVG Rz. 19; *Fitting*, § 65 BetrVG Rz. 13.

ArbN mit betriebsüblicher beruflicher Entwicklung gleichwertig sind. Das Arbeitsentgelt darf einschließlich eines Zeitraums von einem Jahr nach Beendigung der Amtszeit nicht geringer bemessen werden als das Arbeitsentgelt vergleichbarer ArbN mit betriebsüblicher beruflicher Entwicklung (vgl. im Einzelnen die Kommentierung zu § 37)[1].

32 **14. Schulungs- und Bildungsveranstaltungen (§ 37 Abs. 6 und Abs. 7 BetrVG).** Die Mitglieder der JAV haben einen Anspruch auf Teilnahme an Schulungs- und Bildungsveranstaltungen (§§ 65 Abs. 1, 37 Abs. 6 und Abs. 7, vgl. im Einzelnen § 37 Rz. 1 ff.). Allerdings stellt die Rspr. an die **Erforderlichkeit** einer Schulungsveranstaltung strenge Maßstäbe[2]: Wegen der „entsprechenden" Anwendung von § 37 Abs. 5 und Abs. 6 BetrVG bestimmt sich die Erforderlichkeit der Teilnahme an einer Schulungs- und Bildungsveranstaltung für Jugend- und Auszubildendenvertreter danach, inwieweit die dort vermittelten Kenntnisse für ihre Tätigkeit auch im Hinblick auf ihre nur zweijährige Amtszeit unbedingt erforderlich sind[3]. Dabei ist zu berücksichtigen, dass die JAV nicht der eigenständige Repräsentant jugendlicher ArbN und der zu ihrer Berufsausbildung beschäftigten ArbN ist, sondern sich die ihr übertragenen Aufgaben vorwiegend darauf beschränken, den BR in allen Fragen, die die jugendlichen ArbN betreffen, zu beraten und die Einhaltung der zugunsten der ArbN geltenden Bestimmungen zu überwachen. Um diese Aufgabe durchführen zu können, ist der JAV vom Gesetzgeber ein weit gehendes **Anhörungs- und Mitspracherecht** eingeräumt worden; sie kann jedoch die von ihr in Jugendfragen für erforderlich gehaltenen Maßnahmen nicht von sich aus durchführen, sondern ist hierbei auf die Mitwirkung des BR angewiesen[4].

33 Der Aufgaben- und Wirkungskreis der JAV ist demnach gegenüber dem des BR sehr viel begrenzter. Zur **sachgerechten Wahrnehmung** der ihr übertragenen Aufgaben sind daher auch nicht die gleichen umfangreichen und eingehenden Kenntnisse des BetrVG und anderer zugunsten jugendlicher ArbN und der zur Berufsausbildung beschäftigten ArbN geltenden gesetzlichen Bestimmungen und kollektiv-rechtlichen Normen erforderlich, wie sie andererseits der BR zur sachgemäßen Durchführung der ihm obliegenden Aufgaben haben muss. Dieser **begrenzte Aufgaben- und Wirkungskreis** der JAV macht Schulungsveranstaltungen zwar nicht entbehrlich. Die Schulungen haben sich jedoch nach dem der JAV im Verhältnis zu dem dem BR eingeräumten kleineren Aufgaben- und Wirkungskreis auszurichten und sich auf die Vermittlung der Kenntnisse zu beschränken, die für die sachgemäße Durchführung der ihnen nach dem BetrVG obliegenden Aufgaben **unbedingt erforderlich** sind[5]. Unbedingt erforderlich in diesem Sinne ist eine Schulung, die zur ordnungsgemäßen Durchführung des der JAV nach dem BetrVG obliegenden, gegenüber dem BR kleineren Aufgaben- und Wirkungskreises **notwendig** ist[6]. Die Teilnahme an Schulungs- und Bildungsveranstaltungen kann im Allgemeinen dann für erforderlich angesehen werden, wenn die Vertreter erstmals in die JAV gewählt worden sind.

34 Für die **Zulässigkeit** von Schulungsveranstaltungen kommt es auf eine Gesamtbetrachtung des angebotenen **Lehrprogramms** an[7]. So können als Thema die Grundsätze der Betriebsverfassung und der Jugendvertretung infrage kommen[8]. Auch eine Schulung zum „Gesundheitsschutz im Betrieb" ist zulässig, wenn hierbei der Jugendschutz im Vordergrund steht[9]. Zum BBiG und zum JArbSchG soll dies nur gelten, wenn Kenntnisse hierüber „am Rande" einer ansonsten erforderlichen Schulung vermittelt werden[10].

35 Die Teilnahme eines nicht endgültig nachgerückten **Ersatzmitglieds** einer einköpfigen JAV an einer Schulungsveranstaltung ist in der Regel nicht erforderlich[11]. Eine andere Beurteilung kann sich dann ergeben, wenn ein Ersatzmitglied für längere Zeit nachrückt oder häufiger vertreten muss[12].

36 Letztendlich rechtfertigen sich die strengen Anforderungen[13] nicht nur unter dem Gesichtspunkt des eingeschränkten Aufgaben- und Wirkungskreises der JAV, sondern auch unter dem Gesichtspunkt ihrer nur zweijährigen Amtszeit einerseits, der aber andererseits der **volle Freistellungsanspruch** nach § 37 Abs. 6 und Abs. 7 zur Verfügung steht, was unter Berücksichtigung der verkürzten Amtszeit eine **Verdoppelung** der Freistellungsdauer im Verhältnis zu BR-Mitgliedern bedeutet[14].

37 Die in der **Literatur** angelegten Maßstäbe an die Erforderlichkeit von Schulungs- oder Bildungsveranstaltungen für Jugend- und Auszubildendenvertreter sind teilweise nicht so streng wie die Rspr. des BAG und orientieren sich eher am Wissensdefizit der konkreten Jugend- und Auszubildendenvertreter[15]. Die arbeitsrechtliche Praxis wird sich jedoch primär nach der Rspr. des BAG zu richten haben.

38 Zum **Verfahren** gilt: Über die Teilnahme eines Mitglieds der JAV an einer Schulungsveranstaltung entscheidet nicht die JAV, sondern der **BR** durch **Beschluss**. Zwar lässt sich dies nicht unmittelbar

---

1 MünchArbR/*Joost*, § 316 Rz. 86. | 2 Vgl. BAG v. 6.5.1975 – 1 ABR 135/73, AP Nr. 5 zu § 65 BetrVG 1972; v. 10.5.1974 – 1 ABR 60/73, AP Nr. 4 zu § 65 BetrVG 1972. | 3 Vgl. BAG v. 10.5.1974 – 1 ABR 60/73, AP Nr. 4 zu § 65 BetrVG 1972. | 4 Vgl. BAG v. 20.11.1973 – 1 AZR 331/73, AP Nr. 1 zu § 65 BetrVG 1972. | 5 Vgl. BAG v. 10.5.1974 – 1 ABR 60/73, AP Nr. 4 zu § 65 BetrVG 1972. | 6 Vgl. BAG v. 6.5.1975 – 1 ABR 135/73, AP Nr. 5 zu § 65 BetrVG 1972. | 7 Vgl. BAG v. 6.5.1975 – 1 ABR 135/73, AP Nr. 5 zu § 65 BetrVG 1972. | 8 Vgl. BAG v. 6.5.1975 – 1 ABR 135/73, AP Nr. 5 zu § 65 BetrVG 1972. | 9 Vgl. BAG v. 10.6.1975 – 1 ABR 139/73, AP Nr. 6 zu § 65 BetrVG 1972. | 10 Vgl. BAG v. 6.5.1975 – 1 ABR 135/73, AP Nr. 5 zu § 65 BetrVG 1972. | 11 Vgl. BAG v. 10.5.1974 – 1 ABR 60/73, AP Nr. 4 zu § 65 BetrVG 1972. | 12 Vgl. BAG v. 15.5.1986 – 6 ABR 64/83, AP Nr. 53 zu § 37 BetrVG 1972. | 13 *Hennige* in Tschöpe, Arbeitsrecht, Teil 4 A Rz. 287. | 14 ErfK/*Eisemann*, § 65 BetrVG Rz. 13. | 15 *Fitting*, § 65 BetrVG Rz. 15; DKK/*Trittin*, § 65 BetrVG Rz. 21 f.

Geschäftsführung Rz. 47 § 65 BetrVG

§ 65 Abs. 1 entnehmen, folgt jedoch daraus, dass die JAV keine selbstständigen Mitwirkungs- und MitbestR hat, sondern nur durch und über den BR tätig werden kann[1]. Bei seiner Entscheidung hat der BR gemäß § 67 Abs. 2 die JAV **mit vollem Stimmrecht** zu beteiligen. Geschieht dies nicht, ist der Beschluss nicht deshalb unwirksam[2]. Der BR entscheidet auch dann durch Beschluss über die Teilnahme an einer Schulungs- und Bildungsveranstaltung, wenn der Jugend- und Auszubildendenvertreter zugleich Mitglied der Gesamt-JAV ist. Es entscheidet nicht die Gesamt-JAV[3].

15. Kosten (§ 40 BetrVG). Wie für die Tätigkeit des BR trägt der ArbGeb die durch die **Tätigkeit** der JAV entstehenden Kosten. Es gelten die gleichen Regelungen wie beim BR (vgl. im Einzelnen § 40 Rz. 1 ff.). 39

Speziell bezogen auf die JAV gilt, dass, wenn durch ein Beschlussverfahren der Ausschluss eines Mitglieds der JAV begehrt wird, die dadurch ausgelöste Kostentragungspflicht auch die Kosten, die durch die Hinzuziehung eines Rechtsanwalts entstanden sind, umfasst[4]. In einem Verfahren zwischen einem ArbGeb und einem Jugend- und Auszubildendenvertreter nach § 78a Abs. 4 (Beendigung des Berufsausbildungsverhältnisses) kann der Jugend- und Auszubildendenvertreter keinen Ersatz der ihm entstandenen anwaltlichen Kosten verlangen, da es um einen **individualrechtlichen** Anspruch geht. Insoweit gilt der allgemeine Grundsatz nach ständiger Rspr. des BAG, dass kein betriebsverfassungsrechtlicher Kostenerstattungsanspruch besteht, wenn ein Mitglied eines betriebsverfassungsrechtlichen Gremiums seine individualrechtlichen Interessen gegenüber dem ArbGeb wahrnimmt[5]. 40

16. Umlageverbot (§ 41 BetrVG). Hinsichtlich des Umlageverbots gilt für die JAV nichts anderes als für den BR (vgl. im Einzelnen § 41 Rz. 1 ff.): Beiträge für die Zwecke der JAV dürfen weder von ArbN noch von Dritten erhoben oder geleistet werden. 41

17. Weitere Bestimmungen. Nachfolgende Vorschriften außerhalb der in den §§ 60 ff. genannten Bestimmungen enthalten weitere Regelungen betreffend die JAV: 42

- § 29 Abs. 2 Satz 4 (Ladung der JAV zu BR-Sitzungen);
- § 35 (Aussetzung von Beschlüssen des BR, vgl. hierzu § 66 Rz. 1 ff.);
- § 39 Abs. 2 (Teilnahmerecht an den Sprechstunden des BR);
- § 78 (allgemeines Begünstigungs- und Benachteiligungsverbot);
- § 78a (Anspruch auf Übernahme in ein Arbeitsverhältnis);
- § 79 Abs. 2 (Geheimhaltungspflicht);
- § 80 Abs. 1 Nr. 3 und 5 (Zusammenarbeit mit dem BR);
- §§ 103 BetrVG, 15 KSchG (Kündigungsschutz von Mitgliedern der JAV sowie Wahlbewerbern und Mitgliedern des Wahlvorstands).

III. Nicht anwendbare Vorschriften. Soweit § 65 Abs. 1 bestimmte, im Einzelnen benannte Vorschriften für entsprechend anwendbar erklärt, folgt daraus negativ, dass bestimmte andere Vorschriften keine entsprechende Anwendung finden. Diese sind: 43

1. Betriebsausschuss, Übertragung von Aufgaben auf Ausschüsse. § 27 sowie § 28 Abs. 1 Satz 3 und Abs. 2 finden auf die JAV **keine** Anwendung. Zwar kann die JAV Ausschüsse bilden (vgl. Rz. 15), sie kann jedoch die Führung der Geschäfte nicht generell übertragen und keine Ausschüsse mit selbständigen Entscheidungsbefugnissen bilden[6]. 44

2. Schwerbehindertenvertretung, Vertrauensmann der Zivildienstleistenden. Da § 65 Abs. 1 nicht auf § 32 BetrVG und § 3 Abs. 1 ZDVG verweist, kann an den Sitzungen der JAV weder die Schwerbehindertenvertretung noch der Vertrauensmann der Zivildienstleistenden teilnehmen. 45

3. Aussetzung eigener Beschlüsse. Die Aussetzung von Beschlüssen, soweit es sich um die eigenen Beschlüsse der JAV handelt, ist nicht möglich. Insoweit fehlt es an einer gesetzlichen Regelung. 46

4. Freistellungen. § 38 enthält die Möglichkeit von Freistellungen für BR-Mitglieder ab einer bestimmten Betriebsgröße. Da § 65 Abs. 1 nicht auf § 38 verweist, ist eine Freistellung von Mitgliedern der JAV nicht möglich. Dadurch soll verhindert werden, dass das Ausbildungsziel gefährdet wird[7]. In größeren Betrieben kann die Freistellung nach § 37 Abs. 2 wegen der eventuell umfangreichen Tätigkeit des Jugend- und Auszubildendenvertreters de facto zu einer tatsächlichen fast völligen Freistellung führen. Darüber hinaus steht es ArbGeb und BR frei zu vereinbaren, dass eine bestimmte Anzahl von Mitgliedern der JAV ständig von der Arbeit freizustellen ist, wenn dies zur ordnungsgemäßen Erledigung der 47

---

1 Vgl. BAG v. 15.1.1992 – 7 ABR 23/90, AP Nr. 41 zu § 40 BetrVG 1972; v. 10.5.1974 – 1 ABR 57/73, AP Nr. 3 zu § 65 BetrVG 1972; v. 20.11.1973 – 1 AZR 331/73, AP Nr. 1 zu § 65 BetrVG 1972. | 2 Vgl. BAG v. 6.5.1975 – 1 ABR 135/75, AP Nr. 5 zu § 65 BetrVG 1972. | 3 Vgl. BAG v. 10.6.1975 – 1 ABR 140/73, AP Nr. 1 zu § 73 BetrVG 1972. | 4 Vgl. BAG v. 29.7.1982 – 6 ABR 41/79, nav. | 5 Vgl. BAG v. 5.4.2000 – 7 ABR 6/99, AP Nr. 33 zu § 78a BetrVG 1972. | 6 ErfK/*Eisemann*, § 65 BetrVG Rz. 17. | 7 ErfK/*Eisemann*, § 65 BetrVG Rz. 17.

Aufgaben der JAV erforderlich ist[1]. Dabei würde es sich um eine Vereinbarung zwischen ArbGeb und BR, der insoweit zuständig ist, nach § 37 Abs. 2 über die Erforderlichkeit der Arbeitsbefreiung handeln[2]. Eine derartige Vereinbarung wird aber nur für solche Mitglieder der JAV zulässig sein, die nicht zu ihrer Berufsausbildung beschäftigt werden, um das Ausbildungsziel nicht zu gefährden[3].

48 IV. Sitzungen (Abs. 2). Die JAV kann nach Verständigung des BR Sitzungen abhalten, an denen der BR-Vorsitzende oder ein beauftragtes BR-Mitglied teilnehmen kann.

49 1. **Verständigung des BR.** Verständigung des BR bedeutet, dass dieser über die Sitzung der JAV zu **informieren** ist. Eine Sitzung der JAV bedarf nicht der Zustimmung des BR, dieser ist lediglich zu informieren, so dass eine Sitzung auch gegen den Willen des BR einberufen werden kann. Die Bestimmung ist daher eine **Ordnungsvorschrift**, die die korrekte Information des BR bezweckt, damit das jeweilige BR-Mitglied an den Sitzungen gemäß § 65 Abs. 2 Satz 2 teilnehmen kann[4].

50 2. **Einberufung und Ablauf der Sitzung.** Hinsichtlich der Einberufung der Sitzung, der Tagesordnung, der Sitzungsleitung und ggf. der Ladung von Ersatzmitgliedern gelten dieselben Regelungen wie beim BR (vgl. im Einzelnen § 29 Rz. 1 ff., vgl. auch Rz. 18 ff.).

51 Folgende **Besonderheit** ist zu beachten: Nach §§ 65 Abs. 2 Satz 1 Halbs. 2 iVm. 29 Abs. 3 können der ArbGeb und ein Viertel der Mitglieder der JAV die Einberufung einer Sitzung der JAV beantragen. Der BR kann dies nicht. Er hat selbst die Möglichkeit, Angelegenheiten, die besonders die in § 60 Abs. 1 genannten ArbN betreffen, auf die Tagesordnung einer seiner Sitzungen zu setzen, um die JAV nach § 67 Abs. 1 Satz 2 hinzuzuziehen[5].

52 Für die Beschlussfassung und die Beschlussfähigkeit gilt dasselbe wie beim BR (vgl. Rz. 23 f. sowie § 33 Rz. 1 ff.).

53 3. **Teilnahmerecht.** Teilnahmeberechtigt sind – neben den Mitgliedern der JAV – der **BR-Vorsitzende** oder ein beauftragtes BR-Mitglied (§ 65 Abs. 2 Satz 2). Teilnahmeberechtigt ist der **ArbGeb**, wenn die Sitzung auf sein Verlangen anberaumt wird oder wenn er ausdrücklich eingeladen ist (§§ 65 Abs. 2 Satz 1 Halbs. 2 iVm. 29 Abs. 4 Satz 1). In diesem Fall kann der ArbGeb auch einen Vertreter eines ArbGebVerbandes, dem er angehört, hinzuziehen (§§ 65 Abs. 2 Satz 1 Halbs. 2 iVm. 29 Abs. 4 Satz 2). **Gewerkschaftsbeauftragte** haben unter bestimmten Voraussetzungen ein Teilnahmerecht (vgl. Rz. 19 ff.). Sonstige Personen haben kein Teilnahmerecht. Es gilt das Gleiche wie für die Teilnahme an einer BR-Sitzung (vgl. Rz. 18 und § 30 Rz. 1 ff.).

54 V. Streitigkeiten. Wiederholte Pflichtverletzungen der JAV, wie beispielsweise die Verpflichtung zur Verständigung mit dem BR zur Abhaltung von Sitzungen der JAV, können eine **grobe Pflichtverletzung** iSv. § 23 Abs. 1 mit der Folge eines Auflösungsantrags darstellen[6]. Ein solcher **Auflösungsantrag** kann wie folgt formuliert werden:

Die im Betrieb ... bestehende Jugend- und Auszubildendenvertretung wird aufgelöst.

55 **Praxistipp:** Der Antrag auf Auflösung der JAV kann hilfsweise verbunden werden mit dem Antrag auf Ausschluss eines einzelnen Mitglieds, wenn die Pflichtverletzung des Gesamtgremiums überwiegend auf die Initiative einzelner Mitglieder zurückgeht[7].

56 Über diese Frage wie über die der Organisation, Zuständigkeit und Geschäftsführung der JAV – auch im Verhältnis zum BR – entscheiden die ArbG im **Beschlussverfahren** (§§ 2a Abs. 1 Nr. 1, Abs. 2 iVm. 80 ff. ArbGG).

57 Gleiches gilt für die Teilnahme an Schulungs- und Bildungsveranstaltungen sowie die Höhe der Schulungskosten. Da über die **Teilnahme** von Jugend- und Auszubildendenvertretern **an Schulungs- und Bildungsveranstaltungen** nach § 37 Abs. 6 und Abs. 7 der BR zu beschließen hat (vgl. Rz. 42), ist bei Streitigkeiten mit dem ArbGeb über die Teilnahme neben der beteiligten JAV und dem betroffenen Jugend- und Auszubildendenvertreter[8] auch der BR antrags- und beteiligtenbefugt[9]. Wird über die **Höhe** der vom ArbGeb zu tragenden **Schulungskosten** gestritten, ist die JAV nicht zu beteiligen[10].

58 Ansprüche auf Freizeitausgleich und Lohnansprüche nach §§ 65 Abs. 1, 37 Abs. 3 werden im **Urteilsverfahren** nach §§ 2 Abs. 1 Nr. 3a, Abs. 5 iVm. 46 ff. ArbGG entschieden.

---

1 DKK/*Trittin*, § 65 BetrVG Rz. 34; *Fitting*, § 65 BetrVG Rz. 25. |2 GK-BetrVG/*Oetker*, § 65 Rz. 37. |3 DKK/*Trittin*, § 65 BetrVG Rz. 34; *Fitting*, § 65 BetrVG Rz. 25. |4 DKK/*Trittin*, § 65 BetrVG Rz. 36; *Fitting*, § 65 BetrVG Rz. 26. |5 ErfK/*Eisemann*, § 65 BetrVG Rz. 18; DKK/*Trittin*, § 65 BetrVG Rz. 40; *Fitting*, § 65 BetrVG Rz. 29; GK-BetrVG/*Oetker*, § 65 Rz. 71; HSWG/*Hess*, § 65 BetrVG Rz. 22; aA Richardi/*Annuß*, § 65 BetrVG Rz. 16; MünchArbR/*Joost*, M 29.1 in FN 3 mwN. |6 ErfK/*Eisemann*, § 65 BetrVG Rz. 18. |7 *Bauer/Lingemann/Diller/Haußmann*/Diller, M 29.1 in FN 3 mwN. |8 Vgl. BAG v. 10.5.1974 – 1 ABR 47/73, AP Nr. 2 zu § 65 BetrVG 1972 unter II. 2. d.Gr. |9 Vgl. BAG v. 6.5.1975 – 1 ABR 135/73, AP Nr. 5 zu § 65 BetrVG 1972 unter II. 1. d.Gr. |10 Vgl. BAG v. 30.3.1994 – 7 ABR 45/93, AP Nr. 42 zu § 40 BetrVG 1972.

66 Aussetzung von Beschlüssen des Betriebsrats

(1) Erachtet die Mehrheit der Jugend- und Auszubildendenvertreter einen Beschluss des Betriebsrats als eine erhebliche Beeinträchtigung wichtiger Interessen der in § 60 Abs. 1 genannten Arbeitnehmer, so ist auf ihren Antrag der Beschluss auf die Dauer von einer Woche auszusetzen, damit in dieser Frist eine Verständigung, gegebenenfalls mit Hilfe der im Betrieb vertretenen Gewerkschaften, versucht werden kann.

(2) Wird der erste Beschluss bestätigt, so kann der Antrag auf Aussetzung nicht wiederholt werden; dies gilt auch, wenn der erste Beschluss nur unerheblich geändert wird.

I. Vorbemerkung. § 66 wiederholt im Interesse einer zusammenfassenden Regelung des Rechts der JAV die Bestimmung des § 35 (vgl. im Einzelnen zum **Aussetzungsantrag** § 35 Rz. 1 ff.). Sie räumt der JAV das Recht ein, Beschlüsse des BR aussetzen zu lassen. Die Regelung gilt nach § 73 Abs. 2 entsprechend für die Gesamt-JAV und nach § 73b Abs. 2 für die Konzern-JAV.

II. Antragsvoraussetzungen. Der Antrag ist nur unter bestimmten Voraussetzungen zulässig und berechtigt.

1. Beschluss. Der Antrag verlangt zunächst einen **ordnungsgemäßen Beschluss** der JAV als Organ, der mit absoluter Mehrheit zu fassen ist[1]. Nach anderer Auffassung, die auf den Gesetzeswortlaut abstellt, bedarf es einer Entscheidung der **Mehrheit der Jugend- und Auszubildendenvertreter** als Personen, so dass danach ausreichend ist, dass die Mehrheit der Jugend- und Auszubildendenvertreter den Antrag beim BR, dh. beim Vorsitzenden des BR (§ 26 Abs. 3 Satz 2), stellt[2]. Die Formulierung des Gesetzes, das auf die **Mehrheit** der Jugend- und Auszubildendenvertreter abstellt, soll aber nur deutlich machen, dass es einer **absoluten Mehrheit** der JAV für einen Aussetzungsbeschluss bedarf[3]. Der Antrag kann daher nur durch die JAV nach entsprechender ordnungsgemäßer Beschlussfassung mit absoluter Mehrheit gestellt werden, nicht aber durch die Mehrheit der Jugend- und Auszubildendenvertreter.

Hinweis: Wegen der unterschiedlichen Auffassung, ob antragsberechtigt die Mehrheit der Jugend- und Auszubildendenvertreter oder aber die JAV als Organ nach entsprechender Beschlussfassung ist, sollte in der arbeitsrechtlichen Praxis der Berater der JAV darauf hinwirken, dass sowohl in der JAV ein entsprechender ordnungsgemäßer Beschluss mit absoluter Mehrheit gefasst wird, der durch den Vorsitzenden der JAV dem BR-Vorsitzenden als zur Entgegennahme von Erklärungen Berechtigten (§ 26 Abs. 2 Satz 2) übermittelt wird (§§ 65 Abs. 1 iVm. 26 Abs. 2 Satz 1), als auch die **Mehrheit** der Jugend- und Auszubildendenvertreter einen entsprechenden Aussetzungsantrag beim BR stellt. Dies soll Streitigkeiten zwischen JAV einerseits und BR andererseits über eine zulässige Antragstellung vermeiden.

2. Erhebliche Beeinträchtigung wichtiger Interessen. Der Antrag der JAV setzt nicht voraus, dass **objektiv** eine erhebliche Beeinträchtigung wichtiger Interessen der in § 60 Abs. 1 genannten ArbN vorliegt. Ausreichend ist es, dass nach der **subjektiven** Ansicht der Mehrheit der JAV eine solche Beeinträchtigung vorliegt[4].

Der **Gegenstand** dessen, was eine erhebliche Beeinträchtigung wichtiger Interessen darstellt, ist aber eingeschränkt: Der JAV steht nur das Recht zu, die besonderen Belange der in § 60 Abs. 1 genannten ArbN zu wahren (§ 60 Abs. 2). Danach kommt eine Beeinträchtigung wichtiger Interessen der in § 60 Abs. 1 genannten ArbN nur dann in Betracht, wenn die **gesamten** JAV nach § 67 Abs. 1 Satz 2 ein Teilnahmerecht an der BR-Sitzung oder nach § 67 Abs. 2 sämtlichen Jugend- und Auszubildendenvertretern ein Stimmrecht zustand[5]. Hat auf der BR-Sitzung, auf der der Beschluss, dessen Aussetzung nach § 66 begehrt wird, gefasst wurde, die Mehrheit der Jugend- und Auszubildendenvertreter diesem Beschluss des BR zugestimmt, kommt ein Aussetzungsantrag nicht in Betracht („venire contra factum proprium")[6].

Hinweis: Werden entgegen der Regelung des § 67 Abs. 1 Satz 2 und Abs. 2 die Mitglieder der JAV nicht ordnungsgemäß zur Behandlung der die in § 60 Abs. 1 genannten ArbN „besonders" oder „überwiegend" betreffenden Angelegenheiten hinzugezogen, liegt regelmäßig eine erhebliche Beeinträchtigung wichtiger Interessen vor[7]. Dies gilt auch dann, wenn bei Teilnahme des Mitglieds der JAV an der BR-Sitzung sich am Abstimmungsergebnis nichts geändert hätte.

3. Begründung. Worin die JAV die erhebliche Beeinträchtigung wichtiger Interessen sieht, hat sie zu erläutern: Der Antrag der JAV **muss** begründet werden. Dies ist erforderlich, damit der BR prüfen kann, ob die Voraussetzungen für eine Aussetzung erfüllt sind[8].

4. Frist und Form. Eine Frist für die Antragstellung besteht nicht. Mittelbar ergibt sich eine Frist jedoch daraus, dass der Beschluss nur auf eine Woche von der Sitzung – nicht vom Antrag – an gerechnet ausgesetzt werden kann. Deshalb kann nach Ablauf von einer Woche nach Beschlussfassung der

---

1 DKK/*Trittin*, § 66 BetrVG Rz. 2; *Fitting*, § 66 BetrVG Rz. 3. | 2 Richardi/*Richardi/Annuß*, § 66 BetrVG Rz. 4; HSWG/*Hess*, § 66 BetrVG Rz. 2. | 3 ErfK/*Eisemann*, § 66 BetrVG Rz. 1. | 4 DKK/*Trittin*, § 66 BetrVG Rz. 4; *Fitting*, § 66 BetrVG Rz. 4. | 5 DKK/*Trittin*, § 66 BetrVG Rz. 5; *Fitting*, § 66 BetrVG Rz. 4. | 6 DKK/*Trittin*, § 66 BetrVG Rz. 5; *Fitting*, § 66 BetrVG Rz. 4. | 7 *Fitting*, § 66 BetrVG Rz. 5; HSWG/*Hess*, § 66 BetrVG Rz. 4. | 8 ErfK/*Eisemann*, § 66 BetrVG Rz. 1; *Fitting*, § 66 BetrVG Rz. 6; GK-BetrVG/*Oetker*, § 66 Rz. 10; aA DKK/*Trittin*, § 66 BetrVG Rz. 7.

Antrag nicht mehr gestellt werden[1]. Eine bestimmte **Form** für den Antrag ist nicht vorgeschrieben. Aus Beweissicherungs- und Dokumentationszwecken ist die **Schriftform** empfehlenswert.

10 **III. Aussetzung des Beschlusses.** Ist der Aussetzungsantrag rechtzeitig und ordnungsgemäß gestellt, ist der Beschluss für die Dauer von einer Woche **nach Beschlussfassung**, nicht nach Antragstellung, auszusetzen[2]. Innerhalb dieser Wochenfrist ist eine **Verständigung** ggf. mithilfe der im Betrieb vertretenen Gewerkschaft zu versuchen.

11 **IV. Erneute Beschlussfassung.** Nach Ablauf der Wochenfrist ist über die Angelegenheit neu zu beschließen. Wird der erste Beschluss nach Ablauf der Verständigungsfrist bestätigt, kann **kein erneuter** Aussetzungsantrag mehr gestellt werden. Dies gilt auch für den Fall, dass der ursprüngliche Beschluss unerheblich abgeändert wurde[3]. Der Beschluss ist vielmehr voll wirksam und vom Vorsitzenden des BR durchzuführen[4].

12 **Hinweis:** Es ist in der Lit. streitig, ob die **Aussetzung** von Beschlüssen des BR die **Wirksamkeit** von BR-Beschlüssen berührt. Diese Frage ist von erheblicher Bedeutung: Hat der BR innerhalb bestimmter Fristen eine Stellungnahme abzugeben (zB § 99 Abs. 3, § 102 Abs. 2 Satz 1, § 102 Abs. 2 Satz 3), verlängern sich die dem BR gesetzlich gesetzten Fristen nicht, wenn man der Auffassung folgt, dass es sich bei der Aussetzung (§ 66) lediglich um eine interne Ordnungsvorschrift für die Willensbildung des BR handelt[5]. Mit anderen Worten: Der BR hat unter Umständen fristgerecht einen Beschluss zu einer Frage gefasst, zu der er innerhalb einer bestimmten Frist eine Stellungnahme abgeben musste (beispielsweise die Verweigerung der Zustimmung zu einer Einstellung binnen Wochenfrist nach § 99 Abs. 3), kann aber den Beschluss wegen der Aussetzung nicht vollziehen, so dass sich für den BR eine Fristversäumnis mit den daraus folgenden gesetzlichen Konsequenzen (zB im Falle der Einstellung die Fiktion seiner Zustimmung gemäß § 99 Abs. 3) ergibt. Der Aussetzungsantrag kann den BR daher in **Zeitnot** bringen (vgl. im Übrigen § 35 Rz. 1 ff.).

13 **V. Streitigkeiten.** Streitigkeiten über die Voraussetzungen und Wirkungen des Aussetzungsantrags werden im arbeitsgerichtlichen **Beschlussverfahren** nach den §§ 2a Abs. 1 Nr. 1, Abs. 2 iVm. 80 ff. ArbGG entschieden.

14 **Hinweis:** In der arbeitsrechtlichen Praxis kann dies vor allem dann bedeutsam werden, wenn der Vorsitzende des BR trotz eines – ordnungsgemäß – gestellten Aussetzungsantrags den angegriffenen Beschluss des BR nicht aussetzt. In diesen Fällen ist ein Antrag der JAV auf Erlass einer einstweiligen Verfügung möglich (§ 85 Abs. 2 ArbGG iVm. §§ 945 ff. ZPO)[6]. Praktisch dürfte eine solche einstweilige Verfügung jedoch nur in den seltensten Fällen zum Erfolg führen, da bis zur Vollstreckung einer solchen einstweiligen Verfügung der Beschluss längst vollzogen sein dürfte. Allerdings kann die Nichtbeachtung eines – ordnungsgemäßen – Aussetzungsantrags nach § 66 eine grobe Pflichtverletzung iSv. § 23 darstellen.

67 Teilnahme an Betriebsratssitzungen

(1) Die Jugend- und Auszubildendenvertretung kann zu allen Betriebsratssitzungen einen Vertreter entsenden. Werden Angelegenheiten behandelt, die besonders die in § 60 Abs. 1 genannten Arbeitnehmer betreffen, so hat zu diesen Tagesordnungspunkten die gesamte Jugend- und Auszubildendenvertretung ein Teilnahmerecht.

(2) Die Jugend- und Auszubildendenvertreter haben Stimmrecht, soweit die zu fassenden Beschlüsse des Betriebsrats überwiegend die in § 60 Abs. 1 genannten Arbeitnehmer betreffen.

(3) Die Jugend- und Auszubildendenvertretung kann beim Betriebsrat beantragen, Angelegenheiten, die besonders die in § 60 Abs. 1 genannten Arbeitnehmer betreffen und über die sie beraten hat, auf die nächste Tagesordnung zu setzen. Der Betriebsrat soll Angelegenheiten, die besonders die in § 60 Abs. 1 genannten Arbeitnehmer betreffen, der Jugend- und Auszubildendenvertretung zur Beratung zuleiten.

1 **I. Vorbemerkung.** Soweit Jugendliche oder zu ihrer Berufsausbildung beschäftigte ArbN betroffen sind, obliegt die Wahrnehmung ihrer Interessen gegenüber dem ArbGeb dem BR (vgl. § 60 Rz. 14). **Sinn** und **Zweck** der Vorschrift des § 67 ist es, durch verschiedenartige und unterschiedlich ausgestaltete Befugnisse sicherzustellen, dass die JAV an den Entscheidungen des BR beteiligt wird.

2 **II. Teilnahmerecht (Abs. 1).** Die JAV hat ein Teilnahmerecht an BR-Sitzungen. Dieses Teilnahmerecht ist gestaffelt in ein allgemeines Teilnahmerecht (§ 67 Abs. 1 Satz 1) und ein besonderes Teilnahmerecht (§ 67 Abs. 1 Satz 2).

3 **1. Allgemeines Teilnahmerecht (Abs. 1 Satz 1).** Die **unmittelbare Wahrnehmung** der Interessen der in § 60 Abs. 1 genannten ArbN erfolgt durch den BR, nicht durch die JAV[7]. § 67 Abs. 1 soll sicherstellen, dass die JAV in angemessener Weise an den Entscheidungen des BR beteiligt und über sie informiert wird.

---

[1] Fitting, § 35 BetrVG Rz. 20; DKK/Wedde, § 35 BetrVG Rz. 8. | [2] ErfK/Eisemann, § 66 BetrVG Rz. 1. | [3] Fitting, § 66 BetrVG Rz. 7; DKK/Trittin, § 66 BetrVG Rz. 9. | [4] GK-BetrVG/Oetker, § 66 Rz. 24. | [5] ErfK/Eisemann, § 66 BetrVG Rz. 2. | [6] Fitting, § 35 BetrVG Rz. 34; DKK/Wedde, § 35 BetrVG Rz. 19. | [7] Vgl. BAG v. 21.1.1982 – 6 ABR 17/79, AP Nr. 1 zu § 70 BetrVG 1972.

a) Entsendung eines Vertreters. Die JAV kann nach § 67 Abs. 1 Satz 1 BetrVG zu **allen** BR-Sitzungen einen Vertreter entsenden (allgemeines Teilnahmerecht)[1]. Das allgemeine Teilnahmerecht ist beschränkt auf **einen Vertreter**. Wen die JAV entsendet, bestimmt sie durch Beschluss selbst[2]. Bei dem Vertreter muss es sich um ein **Mitglied** der JAV handeln. Zwar kann auch ein Ersatzmitglied entsandt werden, dieses muss aber auf Dauer in die JAV nachgerückt sein[3]. Dabei steht es der JAV frei, über die Teilnahme eines ihrer Mitglieder jeweils **von Fall zu Fall** oder aber im Voraus für alle Sitzungen in einer bestimmten Zeitspanne zu entscheiden[4]

Hinweis: Die Entscheidung darüber, welcher Vertreter der JAV an der BR-Sitzung teilnimmt, ist zweckmäßigerweise dann von Fall zu Fall zu treffen, wenn sich einzelne Mitglieder der JAV auf bestimmte Sachgebiete spezialisiert haben und diese schwerpunktmäßig auf der BR-Sitzung behandelt werden[5].

b) Teilnahmerecht an BR-Sitzungen. Das allgemeine Teilnahmerecht besteht grundsätzlich allein für **Plenarsitzungen** des BR. Hat der BR allerdings bestimmte Angelegenheiten einem Ausschuss zur **selbständigen Erledigung** übertragen, besteht auch an diesen Ausschusssitzungen ein Teilnahmerecht, da anderenfalls das Teilnahmerecht der JAV und die vom Gesetz gewollte Einflussnahme auf die Willensbildung des BR von diesem durch die Übertragung einer Angelegenheit auf Ausschüsse unterlaufen würde[6].

Zu differenzieren ist, wenn es um das Verhältnis zwischen BR zur JAV oder zu einzelnen Jugend- und Auszubildendenvertretern geht: Hier kann der BR eine **Vorberatung** ohne einen Vertreter der JAV durchführen, hat aber das Ergebnis der JAV mitzuteilen[7].

Die Teilnahme an BR-Sitzungen ist ein **Recht**, keine **Pflicht**: Es besteht daher keine Verpflichtung der JAV, einen Vertreter zu entsenden[8].

c) Beratende Teilnahme. Das Recht zur Teilnahme des Mitglieds der JAV nach § 67 Abs. 1 Satz 1 beschränkt sich auf eine beratende Teilnahme. Ein Stimmrecht besteht nicht. Der Vertreter der JAV kann jedoch das Wort ergreifen und Stellung nehmen, das Wort kann ihm nur unter denselben Voraussetzungen wie einem BR-Mitglied entzogen werden (vgl. hierzu § 29 Rz. 1 ff.)[9].

2. Besonderes Teilnahmerecht (Abs. 1 Satz 2). Die gesamte JAV ist berechtigt, an den Sitzungen des BR teilzunehmen, wenn Angelegenheiten behandelt werden, die besonders jugendliche ArbN oder zu ihrer Berufsausbildung Beschäftigte unter 25 Jahre betreffen (besonderes Teilnahmerecht).

a) Besondere Betroffenheit. Das allgemeine Teilnahmerecht eines einzelnen Vertreters der JAV erweitert sich auf die ganze JAV, wenn Angelegenheiten behandelt werden, die den in § 60 Abs. 1 genannten ArbN-Kreis besonders betreffen. Der Begriff der „besonderen Betroffenheit" setzt nicht voraus, dass die Angelegenheit **quantitativ** überwiegend jugendliche ArbN bzw. Auszubildende betrifft. Es genügt eine **qualitativ** besondere Betroffenheit in dem Sinne, dass die Angelegenheit jugendliche bzw. auszubildende ArbN unter 25 Jahre in spezifischer Weise angeht[10]. Ein solches Betroffensein ist bei Angelegenheiten der Fall, die sich unmittelbar auf Jugendliche bzw. die zu ihrer Berufsausbildung beschäftigte ArbN beziehen, etwa des Berufsbildungsgesetzes, des Jugendarbeitsschutzgesetzes oder des besonderen Gesundheitsschutzes für den genannten Personenkreis[11]. Dies kann aber auch Angelegenheiten betreffen, die von besonderer altersspezifischer Bedeutung für jugendliche ArbN und die zu ihrer Berufsausbildung Beschäftigten sind, wie beispielsweise Berufsschulferien und Urlaubsplan[12] oder Betriebssport[13].

In der Lit. höchst umstritten ist die Frage, inwieweit ein besonderes Teilnahmerecht bei **personellen Einzelmaßnahmen** (zB §§ 99, 102) besteht: Zum Teil wird dies mit der Begründung abgelehnt, dass bei personellen Einzelmaßnahmen in der Regel kollektive Interessen der Belegschaft insgesamt berührt sind und kein „besonderes" Betroffensein der JAV vorliegt[14]. Zum Teil wird ein besonderes Teilnahmerecht im Einzelfall bejaht, wenn bei der personellen Einzelmaßnahme besondere jugend- oder ausbildungsspezifische Gesichtspunkte eine Rolle spielen oder wenn sie von präjudizieller Bedeutung für die jugendlichen oder auszubildenden ArbN ist[15]. Die weitestgehende Auffassung bejaht generell ein besonderes Teilnahmerecht bei personellen Einzelmaßnahmen gegenüber einem einzelnen jugendlichen ArbN oder zur Be-

---

[1] Hennige in Tschöpe, Arbeitsrecht, Teil 4 A Rz. 276. |[2] Fitting, § 67 BetrVG Rz. 8. |[3] GK-BetrVG/Oetker, § 67 Rz. 13; DKK/Trittin, § 67 BetrVG Rz. 4. |[4] Fitting, § 67 BetrVG Rz. 8; DKK/Trittin, § 67 BetrVG Rz. 6. |[5] Fitting, § 67 BetrVG Rz. 8. |[6] GK-BetrVG/Oetker, § 67 Rz. 7; Richardi/Richardi/Annuß, § 67 BetrVG Rz. 10; DKK/Trittin, § 67 BetrVG Rz. 7; Weiss/Weyand, § 67 BetrVG Rz. 3; ErfK/Eisemann, § 67 BetrVG Rz. 1; aA HSWG/Hess, § 67 BetrVG Rz. 5. |[7] ErfK/Eisemann, § 67 BetrVG Rz. 1; GK-BetrVG/Oetker, § 67 Rz. 11; Fitting, § 67 BetrVG Rz. 5; HSWG/Hess, § 67 BetrVG Rz. 5; aA Richardi/Richardi/Annuß, § 67 BetrVG Rz. 26 - Teilnahmerecht besteht auch bei vorbereitenden Ausschüssen. |[8] Fitting, § 67 BetrVG Rz. 5; DKK/Trittin, § 67 BetrVG Rz. 2. |[9] Fitting, § 67 BetrVG Rz. 9; DKK/Trittin, § 67 BetrVG Rz. 9. |[10] MünchArbR/Joost, § 316 Rz. 53; Fitting, § 67 BetrVG Rz. 12; HSWG/Hess, § 67 BetrVG Rz. 9; Richardi/Richardi/Annuß, § 67 BetrVG Rz. 12; DKK/Trittin, § 67 BetrVG Rz. 11; Weiss/Weyand, § 67 BetrVG Rz. 5; aA GK-BetrVG/Oetker, § 67 Rz. 27, der neben der qualitativen auch eine quantitative Betroffenheit in dem Sinne verlangt, dass überwiegend ArbN iSv. § 60 Abs. 1 betroffen sind. |[11] MünchArbR/Joost, § 316 Rz. 53. |[12] ErfK/Eisemann, § 67 BetrVG Rz. 2. |[13] MünchArbR/Joost, § 316 Rz. 53. |[14] GK-BetrVG/Oetker, § 67 Rz. 27; HSWG/Hess, § 67 BetrVG Rz. 10. |[15] Fitting, § 67 BetrVG Rz. 14; ErfK/Eisemann, § 67 BetrVG Rz. 2.

rufsausbildung Beschäftigten unter 25 Jahre[1]. Letztgenannter Auffassung ist zuzustimmen. Geht es um personelle Einzelmaßnahmen gegenüber einem jugendlichen oder auszubildenden ArbN, ist eine Differenzierung danach, ob besondere jugend- oder ausbildungsspezifische Gesichtspunkte eine Rolle spielen oder ob sie präjudizielle Bedeutung für diese ArbN haben, nicht nachzuvollziehen: Soweit es um personelle Einzelmaßnahmen gegenüber diesem Personenkreis geht, haben die Jugend- und Auszubildendenvertreter nach § 67 Abs. 2 ein Stimmrecht, da eine Angelegenheit vorliegt, bei der ausschließlich die in § 60 Abs. 1 genannten ArbN betroffen sind und die gesamte JAV hinzuzuziehen ist. Wenn aber bei solchen Angelegenheiten ein **volles Stimmrecht** besteht, muss erst recht ein besonderes Teilnahmerecht an der der Beschlussfassung zugrunde liegenden BR-Sitzung mit der Beratung über die Angelegenheit bestehen[2].

13 **b) Teilnahmerecht bei speziellen Tagesordnungspunkten.** Das besondere Teilnahmerecht besteht nicht grundsätzlich für die gesamte BR-Sitzung, sondern nur zu den speziellen Tagesordnungspunkten, welche die besonderen Belange der jugendlichen oder auszubildenden ArbN betreffen[3].

14 Zu BR-Sitzungen mit solchen Tagesordnungspunkten ist durch den BR-Vorsitzenden oder seinen Stellvertreter (§ 26 Abs. 2 Satz 1 BetrVG) ordnungsgemäß zu laden. Zwar ist die ordnungsgemäße **Ladung** nicht Wirksamkeitsvoraussetzung für die vom BR gefassten Beschlüsse[4], jedoch kann die Nichtbeachtung eine grobe Pflichtverletzung iSv. § 23 Abs. 1 darstellen[5].

15 **Hinweis:** Die Verletzung der ihm obliegenden Pflichten und ein grober Verstoß iSv. § 23 Abs. 1 kann für den BR-Vorsitzenden den Ausschluss aus dem BR zur Folge haben. Lehnt der BR in seiner Gesamtheit die Hinzuziehung der JAV ab, obwohl die Voraussetzungen für ihre Teilnahme an der Sitzung gegeben sind, so verstößt der BR als solcher gegen die ihm obliegenden Pflichten und kann unter Umständen nach § 23 Abs. 1 aufgelöst werden[6].

16 **c) BR-Sitzungen.** Das besondere Teilnahmerecht bezieht sich nicht nur auf die **Plenarsitzungen** des BR, sondern auch auf **Ausschüsse**, sofern diesen einzelne Angelegenheiten zur selbstständigen Erledigung übertragen worden sind (vgl. Rz. 6). Während an der Plenarsitzung **sämtliche** Mitglieder der JAV teilnehmen können, **reduziert** sich das Teilnahmerecht bei der Sitzung von Ausschüssen, denen eine Angelegenheit zur selbstständigen Erledigung übertragen worden ist, auf so viele Mitglieder der JAV, das dem zahlenmäßigen Verhältnis einer Teilnahme an einer BR-Sitzung in etwa entspricht[7].

17 **d) Beratende Teilnahme.** Das besondere Teilnahmerecht umfasst ebenso wie bei § 67 Abs. 1 Satz 1 nur eine beratende Teilnahme, also ein Recht zur Abgabe von Stellungnahmen zu dem jeweiligen Tagesordnungspunkt. Die Mitglieder der JAV dürfen zu allen Tagesordnungspunkten sprechen, das Wort darf ihnen nur aus den gleichen Gründen wie einem BR-Mitglied entzogen werden (vgl. Rz. 9).

18 Ein Stimmrecht besteht nicht. Dieses liegt nur dann vor, wenn zusätzlich die Voraussetzungen des § 67 Abs. 2 gegeben sind[8].

19 **III. Stimmrecht (Abs. 2).** Soweit es sich um Angelegenheiten handelt, bei denen **überwiegend** Jugendliche oder zu ihrer Berufsausbildung beschäftigte ArbN betroffen sind, steht der JAV nicht nur ein erweitertes Teilnahmerecht, sondern auch ein Stimmrecht zu.

20 **1. Überwiegendes Betroffensein.** Von einer Angelegenheit sind die in § 60 Abs. 1 genannten ArbN überwiegend betroffen, wenn die Durchführung des Beschlusses unmittelbar oder mittelbar **zahlenmäßig mehr** die in § 60 Abs. 1 genannten ArbN als andere ArbN betrifft[9].

21 Bei **personellen Einzelmaßnahmen**, die zur JAV wahlberechtigte ArbN betreffen, ist das Stimmrecht stets gegeben[10]. Stellt man allein auf den kollektivrechtlichen Bezug ab, bestünde ein Stimmrecht der JAV bei personellen Einzelmaßnahmen in den seltensten Fällen, so dass die Interessenvertretung der Jugendlichen und zur Berufsausbildung beschäftigten ArbN durch die JAV unangemessen eingeschränkt wäre. Bei personellen Einzelmaßnahmen gilt es daher, ein besonderes qualitatives Element zu berücksichtigen, das darin besteht, dass durch personelle Maßnahmen wie beispielsweise Kündigungen gegenüber einem Jugendlichen oder zur Berufsausbildung beschäftigten ArbN die Interessen und die Interessenwahrnehmung dieses Personenkreises besonders betroffen sind. Der JAV ist daher ein Stimmrecht bei personellen Einzelmaßnahmen zuzugestehen, die den ArbN-Kreis des § 60 Abs. 1 betreffen.

22 Wenn ein Beschluss sowohl Angelegenheiten der in § 60 Abs. 1 genannten ArbN überwiegend angeht als auch andere Problembereiche erfasst, hat eine **getrennte Beschlussfassung** zu erfolgen[11]. Hinter-

---

[1] DKK/*Trittin*, § 67 BetrVG Rz. 15; Weiss/*Weyand*, § 67 BetrVG Rz. 5. | [2] Richardi/*Richardi*/*Annuß*, § 67 BetrVG Rz. 13. | [3] *Fitting*, § 67 BetrVG Rz. 15; DKK/*Trittin*, § 67 BetrVG Rz. 18. | [4] DKK/*Trittin*, § 67 BetrVG Rz. 16; *Fitting*, § 67 BetrVG Rz. 16. | [5] ErfK/*Eisemann*, § 67 BetrVG Rz. 3. | [6] *Fitting*, § 67 BetrVG Rz. 17. | [7] ErfK/*Eisemann*, § 67 BetrVG Rz. 3; *Fitting*, § 67 BetrVG Rz. 18; GK-BetrVG/*Oetker*, § 67 Rz. 31 und 32; Richardi/*Richardi*/*Annuß*, § 67 BetrVG Rz. 18; aA DKK/*Trittin*, § 67 BetrVG Rz. 20, wonach die Zahl der teilnehmenden Jugend- und Auszubildendenvertreter derjenigen der BR-Mitglieder entsprechen soll. | [8] DKK/*Trittin*, § 67 BetrVG Rz. 16; *Fitting*, § 67 BetrVG Rz. 15. | [9] DKK/*Trittin*, § 67 BetrVG Rz. 21; *Fitting*, § 67 BetrVG Rz. 20. | [10] MünchArbR/*Joost*, § 316 Rz. 60; Richardi/*Richardi*/*Annuß*, § 67 BetrVG Rz. 20; aA GK-BetrVG/*Oetker*, § 67 Rz. 41; *Fitting*, § 67 BetrVG Rz. 20; HSWG/*Hess*, § 67 BetrVG Rz. 19; ErfK/*Eisemann*, § 67 BetrVG Rz. 4; DKK/*Trittin*, § 67 BetrVG Rz. 21. | [11] *Fitting*, § 67 BetrVG Rz. 22; DKK/*Trittin*, § 67 BetrVG Rz. 22.

grund ist, dass durch die Vermischung verschiedener Angelegenheiten das Stimmrecht der JAV nicht beeinträchtigt werden darf. Ist eine Aufteilung des Beschlusses vom Inhalt und der Sache her unmöglich, muss im Einzelfall geprüft werden, ob die Angelegenheit insgesamt überwiegend die von der JAV vertretenen ArbN betrifft oder nicht[1].

2. Abstimmung. Das Stimmrecht steht dem einzelnen Jugend- und Auszubildendenvertreter zu. Er ist nicht an einen etwa vorangegangenen Beschluss der JAV gebunden[2]. Ist die Zahl der Mitglieder in der JAV höher als die Zahl der BR-Mitglieder, können diese bei einem Beschluss in Angelegenheiten des § 67 Abs. 2 **überstimmt** werden, der BR hat insoweit kein **Vetorecht**[3].

Die Stimmen der Mitglieder der JAV zählen nur bei der **Feststellung der Stimmenmehrheit**, nicht dagegen bei der **Feststellung der Beschlussfähigkeit** des BR[4]. Dies folgt bereits aus dem auf einzelne Tagesordnungspunkte beschränkten Teilnahmerecht der JAV.

3. Fehlende Beteiligung. Werden die Mitglieder der JAV in Angelegenheiten des § 67 Abs. 2 an der Beschlussfassung nicht beteiligt, ist der Beschluss des BR insgesamt unwirksam[5]. Der Beschluss soll nur dann nicht unwirksam sein, wenn die fehlende Beteiligung der JAV auf das Ergebnis rechnerisch keinen Einfluss haben konnte[6]. Diese Auffassung ist nicht zweifelsfrei: Die Beschlussfassung beruht regelmäßig auf einer vorhergehenden Beratung, in der Einfluss auf die Willensbildung genommen werden kann. Man wird daher zu differenzieren haben: Der Beschluss ist nur dann unwirksam, wenn die JAV **weder** an der Beratung über den Tagesordnungspunkt **noch** an der Abstimmung beteiligt wurde[7].

Hinweis: Die unterschiedlichen Auffassungen zu der Frage, ob die JAV bei personellen Einzelmaßnahmen betreffend die in § 60 Abs. 1 genannten ArbN stimmberechtigt iSv. § 67 Abs. 2 ist oder nicht, haben erhebliche praktische Auswirkungen: Beispielsweise führt der Widerspruch des BR gegen eine Kündigung nach § 102 Abs. 5 zu einem gesetzlichen Weiterbeschäftigungsanspruch auch über den Ablauf der Kündigungsfrist hinaus (vgl. zum gesetzlichen Weiterbeschäftigungsanspruch § 102 Rz. 83 ff.). Fehlt es an einem wirksamen BR-Beschluss zum Widerspruch zu einer Kündigung eines in § 60 Abs. 1 genannten ArbN, scheidet ein solcher gesetzlicher Weiterbeschäftigungsanspruch aus. Dies wäre dann der Fall, wenn beispielsweise der BR-Beschluss unwirksam ist, weil der BR-Vorsitzende gegen seine Pflicht, die Jugend- und Auszubildendenvertreter zu laden, verstoßen hat. Daher bedarf – gerade bei personellen Einzelmaßnahmen – die Herbeiführung einer Beschlussfassung große Sorgfalt.

IV. Antragsrecht (Abs. 3 Satz 1). § 67 Abs. 3 Satz 1 gibt der JAV das Recht, Angelegenheiten, die besonders die in § 60 Abs. 1 genannten ArbN betreffen und über die sie beraten hat, auf die nächste Tagesordnung zu setzen. Die JAV kann dagegen **keine Sitzung** des BR verlangen[8].

1. Besondere Betroffenheit. Es muss sich um eine Angelegenheit handeln, die ein **besonderes Teilnahmerecht** auslöst (vgl. dazu Rz. 10 ff.)[9].

2. Vorberatung. Das Erfordernis der Vorberatung der Angelegenheit durch die JAV soll sicherstellen, dass diese sich damit bereits befasst hat. Die JAV muss sich keine abschließende Meinung gebildet haben, es muss nur eine vorherige eingehende Erörterung erfolgt sein[10].

Nur mit Vorberatung ist eine sachkundige Diskussion in der BR-Sitzung möglich. Die Tatsache der Vorberatung der Angelegenheit ist dem BR-Vorsitzenden mit dem Antrag bekannt zu machen und ggf. nachzuweisen[11].

Hinweis: Der Nachweis lässt sich am Einfachsten führen, indem die Tatsache der Vorberatung in der Niederschrift der Sitzung der JAV, in der über die Angelegenheit beraten worden ist, festgehalten wird.

Ohne Vorberatung durch die JAV kann der Antrag seitens des BR abgelehnt werden[12].

3. Behandlung der Angelegenheit. Der BR ist verpflichtet, den beantragten Beratungsgegenstand auf die Tagesordnung der nächsten BR-Sitzung zu setzen, wenn die Voraussetzungen des § 67 Abs. 3 Satz 1 vorliegen und der Antrag so rechtzeitig gestellt wurde, dass die Aufnahme in die Tagesordnung der nächsten Sitzung möglich und zumutbar ist. Ist das nicht der Fall, muss die Angelegenheit auf die Tagesordnung der nächstfolgenden Sitzung gesetzt werden[13].

Wird die Angelegenheit im BR behandelt, muss dieser darüber nicht abschließend entscheiden. Er kann sie beispielsweise einem **Ausschuss** zur weiteren Behandlung zuweisen[14]. In dem Ausschuss ist die

---

1 DKK/*Trittin*, § 67 BetrVG Rz. 22. |2 *Fitting*, § 67 BetrVG Rz. 24. |3 GK-BetrVG/*Oetker*, § 67 Rz. 48; ErfK/*Eisemann*, § 67 BetrVG Rz. 4. |4 *Fitting*, § 67 BetrVG Rz. 24; DKK/*Trittin*, § 67 BetrVG Rz. 23. |5 DKK/*Trittin*, § 67 BetrVG Rz. 24; *Fitting*, § 67 BetrVG Rz. 25. |6 BAG v. 6.5.1975 – 1 ABR 135/73, AP Nr. 5 zu § 65 BetrVG 1972 unter II. 5. d.Gr. |7 AA GK-BetrVG/*Oetker*, § 67 BetrVG Rz. 44 unter Verweis auf die argumentative Beeinflussung bei einem möglichen Antrag nach § 66 BetrVG. |8 ErfK/*Eisemann*, § 67 BetrVG Rz. 5. |9 DKK/*Trittin*, § 67 BetrVG Rz. 26; *Fitting*, § 67 BetrVG Rz. 26. |10 *Fitting*, § 67 BetrVG Rz. 27; GK-BetrVG/*Oetker*, § 67 Rz. 57. |11 *Fitting*, § 67 BetrVG Rz. 27. |12 ErfK/*Eisemann*, § 67 BetrVG Rz. 5. |13 *Fitting*, § 67 Rz. 28; DKK/*Trittin*, § 67 BetrVG Rz. 30. |14 *Fitting*, § 67 BetrVG Rz. 28.

JAV zu beteiligen[1]. Der Ausschuss ist so zusammengesetzt wie im Falle des besonderen Teilnahmerechts (vgl. Rz. 16).

35 Der Antrag nach § 67 Abs. 3 Satz 1 kann auch direkt bei dem – zuständigen – Ausschuss des BR eingereicht werden, soweit diesem Aufgaben zur selbstständigen Entscheidung übertragen worden sind[2]. Ggf. muss der BR-Vorsitzende den Antrag an den Ausschussvorsitzenden weiterleiten[3].

36 **V. Informationspflicht (Abs. 3 Satz 2).** § 67 Abs. 3 Satz 2 normiert eine Unterrichtungspflicht des BR, wenn dieser sich mit Angelegenheiten befasst, die besonders die in § 60 Abs. 1 genannten ArbN betreffen. Die JAV soll in die Lage versetzt werden, eine Angelegenheit vor der Erörterung im BR vorberaten zu können, um ihre Ansicht in der BR-Sitzung angemessen vertreten zu können[4].

37 Es muss sich um eine Angelegenheit handeln, die **besonders** die in § 60 Abs. 1 genannten ArbN betrifft (vgl. Rz. 10 ff.). Die vorherige Zuleitung ist nicht Wirksamkeitsvoraussetzung für einen BR-Beschluss[5]. Für die Zuleitung bedarf es keines vorherigen BR-Beschlusses[6]. Die – wiederholte – Verletzung der Informationspflicht nach § 67 Abs. 3 Satz 2 kann eine grobe Amtspflichtverletzung des BR bzw. des BR-Vorsitzenden darstellen (§ 23 Abs. 1)[7]. Im Falle der Zuständigkeit eines Ausschusses trifft dessen Vorsitzenden die Informationspflicht[8].

38 **Hinweis:** Aus Sicht des BR empfiehlt es sich, der JAV für die Beratung eine Frist zu setzen, was zulässig ist[9].

39 Wenn die betreffende Angelegenheit im BR behandelt wird, hat die JAV ein besonderes Teilnahmerecht nach § 67 Abs. 1 Satz 2. Ob auch ein Stimmrecht nach § 67 Abs. 2 besteht, hängt davon ab, ob die Angelegenheit überwiegend die in § 60 Abs. 1 genannten ArbN betrifft.

40 **VI. Rechtsfolgen bei Nichtbeachtung.** Die – wiederholte – Verletzung der Pflicht, Angelegenheiten, die besonders die in § 60 Abs. 1 genannten ArbN betreffen, der JAV zur Beratung zuzuleiten (vgl. Rz. 37), kann eine grobe Amtspflichtverletzung darstellen (§ 23 Abs. 1). Allerdings berührt ein Verstoß nicht **die Wirksamkeit eines BR-Beschlusses**[10].

41 **VII. Streitigkeiten.** Streitigkeiten über das Teilnahmerecht der JAV und das Stimmrecht der Jugend- und Auszubildendenvertreter entscheidet das ArbG im **Beschlussverfahren** (§§ 2a Abs. 1 Nr. 1, Abs. 2 iVm. 80 ff. ArbGG). Gleiches gilt hinsichtlich der Informationspflicht und des Antragsrechts. Antragsberechtigt und beteiligungsbefugt ist in diesen Fällen die JAV, es handelt sich um eine betriebsverfassungsrechtliche Streitigkeit zwischen ihr und dem BR.

42 Über die Frage einer ordnungsgemäßen Beschlussfassung und damit inzident die Frage von Teilnahme- und Stimmrechten der JAV kann auch im **Urteilsverfahren** gemäß §§ 2 Abs. 1 Nr. 3a, Abs. 5 iVm. 46 ff. ArbGG zu entscheiden sein. Dies wäre beispielsweise im Falle der Kündigung eines des in § 60 Abs. 1 genannten ArbN gegeben, wenn entweder seitens des ArbN die Weiterbeschäftigung (§ 102 Abs. 5 Satz 1) oder seitens des ArbGeb die Entbindung von der Verpflichtung zur Weiterbeschäftigung (§ 102 Abs. 5 Satz 2) beantragt wird.

68 Teilnahme an gemeinsamen Besprechungen

Der Betriebsrat hat die Jugend- und Auszubildendenvertretung zu Besprechungen zwischen Arbeitgeber und Betriebsrat beizuziehen, wenn Angelegenheiten behandelt werden, die besonders die in § 60 Abs. 1 genannten Arbeitnehmer betreffen.

1 **I. Vorbemerkung.** Die Vorschrift dient der Zusammenarbeit von BR und JAV. Sie soll sicherstellen, dass die JAV in gleichem Ausmaß an Besprechungen des BR mit dem ArbGeb beteiligt wird, wie dies im Verhältnis zum BR in § 67 Abs. 1 Satz 2 vorgesehen ist[11].

2 **II. Teilnahmerecht.** Das Teilnahmerecht der JAV an gemeinsamen Besprechungen zwischen ArbGeb und BR ist an bestimmte Voraussetzungen geknüpft.

3 **1. Besprechungsgegenstand.** Die JAV ist zu den gemeinsamen Besprechungen zwischen ArbGeb und BR hinzuzuziehen, wenn Angelegenheiten behandelt werden, die **besonders** (vgl. dazu § 67 Rz. 11) und natürlich auch **überwiegend** (vgl. dazu § 67 Rz. 20) die Jugendlichen oder die zu ihrer Berufsausbildung beschäftigten ArbN unter 25 Jahre betreffen[12].

---

1 Richardi/*Richardi*/*Annuß*, § 67 BetrVG Rz. 26 und 29; *Fitting*, § 67 BetrVG Rz. 29 und 18. | 2 *Fitting*, § 67 BetrVG Rz. 29; GK-BetrVG/*Oetker*, § 67 Rz. 63; weitergehend Richardi/*Richardi*/*Annuß*, § 67 BetrVG Rz. 26: Antragsrecht auch bei vorbereitenden Ausschüssen. | 3 *Fitting*, § 67 BetrVG Rz. 29; DKK/*Trittin*, § 67 BetrVG Rz. 25. | 4 *Fitting*, § 67 BetrVG Rz. 30. | 5 *Fitting*, § 67 BetrVG Rz. 30; GK-BetrVG/*Oetker*, § 67 Rz. 70. | 6 Richardi/*Richardi*/*Annuß*, § 67 BetrVG Rz. 32. | 7 *Fitting*, § 67 BetrVG Rz. 30; Richardi/*Richardi*/*Annuß*, § 67 BetrVG Rz. 34. | 8 DKK/*Trittin*, § 67 BetrVG Rz. 32; *Fitting*, § 67 BetrVG Rz. 31. | 9 Richardi/*Richardi*/*Annuß*, § 67 BetrVG Rz. 32. | 10 GK-BetrVG/*Oetker*, § 67 Rz. 70; *Fitting*, § 67 BetrVG Rz. 30. | 11 Richardi/*Richardi*/*Annuß*, § 68 BetrVG Rz. 1. | 12 *Fitting*, § 68 BetrVG Rz. 4; GK-BetrVG/*Oetker*, § 68 Rz. 4.

2. Besprechungen. Hinsichtlich dieser Themen besteht ein Teilnahmerecht der JAV an allen Besprechungen zwischen ArbGeb und BR. Das Teilnahmerecht beschränkt sich damit nicht auf die monatlichen Besprechungen gemäß § 74 Abs. 1[1]. Besprechungen sind **gemeinsame Sitzungen** des ArbGeb mit dem Organ BR oder einem offiziellen Ausschuss[2]. Das Teilnahmerecht gilt aber nicht für **Einzelgespräche**, die der BR-Vorsitzende oder ein anderes BR-Mitglied mit dem ArbGeb von Fall zu Fall führt[3]. Dies ergibt sich aus dem Wortlaut des Gesetzes, das auf Besprechungen zwischen ArbGeb und BR und nicht zwischen ArbGeb und einzelnen BR-Mitgliedern abstellt. Wird die Besprechung von einem **Betriebsausschuss** oder einem sonstigen Ausschuss des BR wahrgenommen, besteht das Teilnahmerecht dort[4].

3. Umfang des Teilnahmerechts. Das Teilnahmerecht besteht nur hinsichtlich der Behandlung von Angelegenheiten, die besonders die in § 60 Abs. 1 genannten ArbN **betreffen**. Hinsichtlich aller anderen Punkte besteht ein Teilnahmerecht weder der JAV noch eines ihrer Mitglieder[5].

Das Recht auf Teilnahme bedeutet nicht nur körperliche Anwesenheit, sondern erlaubt auch, in die Besprechung einzugreifen (zB **Fragen** zu stellen oder **Stellungnahmen** abzugeben)[6].

4. Teilnahmeberechtigung. Teilnahmeberechtigt sind **alle Mitglieder** der JAV[7]. Dies gilt auch, wenn es sich bei einem der Besprechungspartner um einen Ausschuss des BR handelt, der im Vergleich zum BR eine geringere Anzahl von Mitgliedern hat[8]. Allerdings besteht keine **Verpflichtung** aller Mitglieder der JAV, an der Besprechung teilzunehmen[9]. Derjenige Jugend- und Auszubildendenvertreter, der an der Besprechung freiwillig nicht teilnimmt, ist nicht verhindert. Er wird daher auch nicht durch ein Ersatzmitglied vertreten[10].

5. Ladung. Einer Beschlussfassung des BR zur Hinzuziehung der JAV bedarf es nicht, da es sich um eine Pflichtaufgabe des BR handelt, deren Erfüllung keinen Beschluss voraussetzt[11]. Eine bestimmte Form für die Ladung ist nicht vorgeschrieben. Eine schriftliche Ladung ist zu Beweis- und Dokumentationszwecken jedoch zweckmäßig. Der BR hat dem **Vorsitzenden** der JAV den **Besprechungstermin** und die **Inhalte** der Besprechung mitzuteilen. Der Vorsitzende der JAV ist dann verpflichtet, alle Mitglieder der JAV über Ort, Zeit und Inhalt der gemeinsamen Besprechung zu informieren und einzuladen[12].

6. Pflichtverletzung. Verstößt der BR bzw. der BR-Vorsitzende – wiederholt – gegen die Verpflichtung zur Beiziehung der JAV, kann hierin ggf. ein **Verstoß** gegen § 23 Abs. 1 liegen[13]. Da die Hinzuziehungspflicht den BR, **nicht** den ArbGeb trifft, kann gegen ihn nicht nach § 23 Abs. 3 vorgegangen werden, wenn die Beteiligung der JAV unterbleibt[14].

III. Streitigkeiten. Die Streitigkeiten über das Teilnahmerecht der JAV an Besprechungen zwischen ArbGeb und BR über Angelegenheiten, die besonders die in § 60 Abs. 1 genannten ArbN betreffen, entscheidet das ArbG im **Beschlussverfahren** nach §§ 2a Abs. 1 Nr. 1, Abs. 2 iVm. 80 ff. ArbGG. Der Antrag auf Erlass einer einstweiligen Verfügung ist möglich[15], wenn auch in der Praxis wenig erfolgversprechend, da zur Sicherung des Rechts **vor** der Besprechung zwischen ArbGeb und BR schwerlich eine einstweilige Verfügung ergeht, die dann noch rechtzeitig vollstreckt werden muss.

§ 69 *Sprechstunden*

In Betrieben, die in der Regel mehr als fünfzig der in § 60 Abs. 1 genannten Arbeitnehmer beschäftigen, kann die Jugend- und Auszubildendenvertretung Sprechstunden während der Arbeitszeit einrichten. Zeit und Ort sind durch Betriebsrat und Arbeitgeber zu vereinbaren. § 39 Abs. 1 Satz 3 und 4 und Abs. 3 gilt entsprechend. An den Sprechstunden der Jugend- und Auszubildendenvertretung kann der Betriebsratsvorsitzende oder ein beauftragtes Betriebsratsmitglied beratend teilnehmen.

I. Vorbemerkung. In Betrieben mit einer bestimmten Größe **kann** die JAV für Jugendliche oder zu ihrer Berufsausbildung beschäftigte ArbN unter 25 Jahre eigene **Sprechstunden** einrichten. Wird von dieser Möglichkeit **kein** Gebrauch gemacht, so kann an den Sprechstunden des BR ein Mitglied der JAV zur Beratung der in § 60 Abs. 1 genannten ArbN teilnehmen (§ 39 Abs. 2).

II. Sprechstunden der JAV (Satz 1 bis Satz 3). Die Einführung von eigenen Sprechstunden ist für die JAV ab einer bestimmten Betriebsgröße möglich.

---

[1] *Fitting*, § 68 BetrVG Rz. 5; DKK/*Trittin*, § 68 BetrVG Rz. 2. [2] *Dachrodt/Engelbert*, § 68 BetrVG Rz. 2. [3] HSWG/*Hess*, § 68 BetrVG Rz. 4; *Fitting*, § 68 BetrVG Rz. 5; ErfK/*Eisemann*, § 68 BetrVG Rz. 1; aA DKK/*Trittin*, § 68 BetrVG Rz. 2. [4] *Fitting*, § 68 BetrVG Rz. 9; DKK/*Trittin*, § 68 BetrVG Rz. 3. [5] ErfK/*Eisemann*, § 68 BetrVG Rz. 1; *Fitting*, § 68 BetrVG Rz. 5. [6] DKK/*Trittin*, § 68 BetrVG Rz. 8; *Fitting*, § 68 BetrVG Rz. 5. [7] *Fitting*, § 68 BetrVG Rz. 8; DKK/*Trittin*, § 68 BetrVG Rz. 7. [8] *Fitting*, § 68 BetrVG Rz. 9; *Dachrodt/Engelbert*, § 68 BetrVG Rz. 3; GK-BetrVG/*Oetker*, § 68 Rz. 16; DKK/*Trittin*, § 68 BetrVG Rz. 3; einschr. *Weiss/Weyand*, § 68 BetrVG Rz. 2 sowie Richardi/*Richardi/Annuß*, § 68 BetrVG Rz. 8, die eine entsprechend reduzierte Anzahl von Jugend- und Auszubildendenvertretern verlangen. [9] GK-BetrVG/*Oetker*, § 68 BetrVG Rz. 12; DKK/*Trittin*, § 68 BetrVG Rz. 7. [10] DKK/*Trittin*, § 68 BetrVG Rz. 7; *Fitting*, § 68 BetrVG Rz. 8. [11] Richardi/*Richardi/Annuß*, § 68 BetrVG Rz. 6. [12] *Fitting*, § 68 BetrVG Rz. 7; DKK/*Trittin*, § 68 BetrVG Rz. 6. [13] *Dachrodt/Engelbert*, § 68 BetrVG Rz. 6. [14] Richardi/*Richardi/Annuß*, § 68 BetrVG Rz. 9. [15] *Fitting*, § 68 BetrVG Rz. 10; DKK/*Trittin*, § 68 BetrVG Rz. 9.

3 **1. Betriebsgröße.** Voraussetzung für die Errichtung einer eigenen Sprechstunde ist, dass in dem Betrieb (zum Betriebsbegriff vgl. § 1 Rz. 8 ff.) **in der Regel** (zum Begriff „in der Regel" vgl. § 1 Rz. 4) mehr als fünfzig jugendliche ArbN oder zur Berufsausbildung Beschäftigte, die das 25. Lebensjahr noch nicht vollendet haben, tätig sind.

4 Sind **vorübergehend** (zB nach Ende der Ausbildungszeit[1]) weniger ArbN iSv. § 60 Abs. 1 im Betrieb tätig, so hat dies keinen Einfluss auf eine eingerichtete Sprechstunde[2]. Sinkt die Zahl auf Dauer unter 51 oder wird die erforderliche Anzahl von Anfang an nicht erreicht, können eigene Sprechstunden der JAV von Gesetzes wegen nicht abgehalten werden. Allerdings steht es ArbGeb, BR und JAV frei, **freiwillig** eine Vereinbarung abzuschließen, nach der die JAV eigene Sprechstunden abhalten darf[3].

5 **2. Beschlussfassung.** Die Einrichtung einer eigenen Sprechstunde der JAV erfolgt durch einen **Mehrheitsbeschluss** der JAV. Sie entscheidet darüber nach eigenem Ermessen, eine gesetzliche **Pflicht** zur Einrichtung besteht nicht[4].

6 An diesen Beschluss sind, sofern die gesetzlichen Voraussetzungen vorliegen, ArbGeb und BR gebunden[5].

7 Dieser Beschluss besagt zunächst nur, dass eine eigene Sprechstunde der JAV eingerichtet wird. Diese findet während der Arbeitszeit statt (§ 69 Satz 1). Es bedarf jedoch einer Konkretisierung hinsichtlich Zeit, Ort und Häufigkeit.

8 **3. Konkretisierung.** Der BR ist verpflichtet, mit dem ArbGeb eine Vereinbarung über Ort und Zeit der eigenen Sprechstunde der JAV zu treffen (§ 69 Satz 2). Zu vereinbaren ist ebenfalls die **Häufigkeit** der Sprechstunden[6].

9 Die Vereinbarung und damit die Festlegung der Sprechstunden durch ArbGeb und BR ist für die JAV bindend[7]. Die JAV nimmt sowohl an der **Besprechung** mit dem ArbGeb (§ 68) als auch an der **Beratung** (§ 67 Abs. 1 Satz 2) sowie der **Beschlussfassung** des BR über die Festlegung (gemäß § 67 Abs. 2 mit Stimmrecht) teil[8]. Da § 69 Satz 2 ausdrücklich eine Vereinbarung zwischen ArbGeb und BR vorschreibt, ist ein eigener Beschluss der JAV über Häufigkeit, Ort und Zeit der Sprechstunden unzulässig und damit nichtig; die JAV muss sich an den BR zur Herbeiführung der Regelung wenden[9].

10 Können ArbGeb und BR sich nicht einigen, werden Zeit und Ort der Sprechstunden durch die **Einigungsstelle** festgelegt (§§ 69 Satz 3 iVm. 39 Abs. 1 Satz 3 und Satz 4). Da die Vereinbarung zwischen ArbGeb und BR geschlossen werden muss, kann für den Fall der Nichteinigung auch nur der ArbGeb oder der BR die Einigungsstelle anrufen, nicht aber die JAV[10]. Die Einigungsstelle ist nicht verpflichtet, die JAV anzuhören. Diese **sollte** jedoch angehört werden, da die Meinung der JAV für eine sachgerechte Entscheidung zu berücksichtigen ist[11]. Die Einigungsstelle hat bei der **Terminierung** der Sprechstunden der JAV darauf zu achten, dass sowohl die betrieblichen Notwendigkeiten als auch die Belange der JAV an einer sachgerechten Gestaltung der Sprechstunden angemessen berücksichtigt werden[12]. So muss zum Beispiel der Ort für alle ArbN gut erreichbar sein, ohne dass sie sich vom ArbGeb kontrolliert fühlen[13].

11 Die Festlegung von Zeit und Ort der von der JAV beschlossenen Sprechstunden gehört zu den gesetzlichen Pflichten von ArbGeb und BR, deren Nichtbeachtung unter Umständen als grober Verstoß iSv. § 23 Abs. 1 angesehen werden kann[14].

12 **4. Durchführung der Sprechstunden.** Ist eine eigene Sprechstunde der JAV eingerichtet, ist diese durchzuführen[15]. Wer die Sprechstunden abhalten soll, wie sie im Einzelnen ablaufen und wie sie angekündigt werden, entscheidet die JAV ohne Mitwirkung des BR[16]. Werden die Sprechstunden durch die JAV entgegen der Vereinbarung nicht durchgeführt, kann unter Umständen eine grobe Pflichtverletzung iSv. § 23 Abs. 1 vorliegen.

13 Die Sprechstunde der JAV ist **ausschließlich** zuständig für die in § 60 Abs. 1 genannten ArbN. Diese sind aber nicht **gezwungen**, die Sprechstunde der JAV zu besuchen. Sie können wahlweise ihre Anliegen und Wünsche auch in der Sprechstunde des BR vorbringen, der BR darf sie insoweit nicht abweisen und auf die Sprechstunde der JAV verweisen[17].

---

1 DKK/*Trittin*, § 69 BetrVG Rz. 4. | 2 *Dachrodt/Engelbert*, § 69 BetrVG Rz. 2; *Fitting*, § 69 BetrVG Rz. 4. | 3 DKK/*Trittin*, § 69 BetrVG Rz. 4; *Fitting*, § 69 BetrVG Rz. 4. | 4 MünchArbR/*Joost*, § 316 Rz. 78; *Dachrodt/Engelbert*, § 69 BetrVG Rz. 6. | 5 *Fitting*, § 69 BetrVG Rz. 5; DKK/*Trittin*, § 69 BetrVG Rz. 6. | 6 DKK/*Trittin*, § 69 BetrVG Rz. 7; *Fitting*, § 69 BetrVG Rz. 7. | 7 Richardi/*Richardi/Annuß*, § 69 BetrVG Rz. 7. | 8 *Fitting*, § 69 BetrVG Rz. 7; GK-BetrVG/*Oetker*, § 69 Rz. 15. | 9 HSWG/*Hess*, § 69 BetrVG Rz. 4. | 10 *Fitting*, § 69 BetrVG Rz. 7; DKK/*Trittin*, § 69 BetrVG Rz. 8. | 11 DKK/*Trittin*, § 69 BetrVG Rz. 8; *Dachrodt/Engelbert*, § 69 BetrVG Rz. 3; *Fitting*, § 69 BetrVG Rz. 7; aA GK-BetrVG/*Oetker*, § 69 Rz. 17, der von einer Verpflichtung der Einigungsstelle zur Anhörung der JAV ausgeht. | 12 *Fitting*, § 69 BetrVG Rz. 7; ErfK/*Eisemann*, § 69 BetrVG Rz. 2. | 13 *Dachrodt/Engelbert*, § 69 BetrVG Rz. 6. | 14 *Fitting*, § 69 BetrVG Rz. 8; DKK/*Trittin*, § 69 BetrVG Rz. 7. | 15 ErfK/*Eisemann*, § 69 BetrVG Rz. 2. | 16 HSWG/*Hess*, § 69 BetrVG Rz. 3. | 17 *Fitting*, § 69 BetrVG Rz. 6; DKK/*Trittin*, § 69 BetrVG Rz. 12.

Allgemeine Aufgaben §70 BetrVG

5. Kosten. Der ArbGeb hat die **notwendigen Kosten** zu tragen, die durch die Abhaltung der Sprechstunde entstehen, sowie die notwendigen Räume und anderen sachlichen Mittel zur Verfügung zu stellen (§§ 65 Abs. 1 iVm. 40, vgl. im Einzelnen § 39 Rz. 1 ff.). 14

6. Arbeitsentgelt. Sind Sprechstunden eingerichtet, gehört die Durchführung zu den Amtspflichten der Mitglieder der JAV. Sie behalten für die Dauer der Sprechstunden ihren Anspruch auf Arbeitsentgelt (§§ 65 Abs. 1 iVm. 37 Abs. 2)[1]. 15

ArbN iSv. § 60 Abs. 1 dürfen die Sprechstunden der JAV besuchen, ohne dass es zu einer Minderung des Arbeitsentgelts kommt. Es gilt dasselbe wie für den Besuch der Sprechstunden des BR (vgl. im Einzelnen § 39 Rz. 1 ff.). 16

III. Teilnahmerecht (Satz 4). Nach § 69 Satz 4 **kann** der BR-Vorsitzende oder ein beauftragtes BR-Mitglied **beratend** an den Sprechstunden der JAV teilnehmen. **Zweck** ist einerseits, die sachkundige Beratung der in § 60 Abs. 1 genannten ArbN zu ermöglichen[2], andererseits aber auch, den BR unmittelbar mit den spezifischen Problemen jugendlicher ArbN vertraut zu machen[3]. 17

Das Teilnahmerecht beschränkt sich nicht auf eine bloße Anwesenheit für die Dauer der Sprechstunden, sondern der BR-Vorsitzende oder das beauftragte BR-Mitglied kann **aktiv beratend** tätig werden[4]. Die JAV muss die Teilnahme dulden, weil insoweit ein gesetzliches Teilnahmerecht besteht[5]. 18

Allerdings besteht keine **Pflicht** des BR-Vorsitzenden oder eines beauftragten BR-Mitglieds, an den Sprechstunden der JAV teilzunehmen[6]. Das Teilnahmerecht steht primär dem BR-Vorsitzenden zu. Jedoch kann ein **anderes Mitglied** des BR mit dieser Aufgabe beauftragt werden. Die Beauftragung erfolgt durch Beschluss des BR[7]. Bei der Beschlussfassung des BR über die Beauftragung eines anderen Mitglieds hat die JAV kein Stimmrecht nach § 67 Abs. 2, da es sich um eine reine Organisationsregelung des BR handelt[8]. 19

IV. Streitigkeiten. Streitigkeiten betreffend die grundsätzliche Berechtigung der JAV, eigene Sprechstunden durchzuführen, sind im arbeitsgerichtlichen **Beschlussverfahren** gemäß §§ 2a Abs. 1 Nr. 1, Abs. 2 iVm. 80 ff. ArbGG zu entscheiden. Gleiches gilt für die Inanspruchnahme der Sprechstunden durch ArbN iSv. § 60 Abs. 1 und das Teilnahmerecht des BR-Vorsitzenden oder eines anderen beauftragten Mitglieds des BR. 20

Ansprüche von beschäftigten ArbN iSv. § 60 Abs. 1 auf wegen des Besuchs der Sprechstunden vorenthaltenes Arbeitsentgelt sind solche aus dem Arbeitsverhältnis, über die im **Urteilsverfahren** (§§ 2 Abs. 1 Nr. 3a, Abs. 5 iVm. 46 ff. ArbGG) zu entscheiden ist. Gleiches gilt für Jugend- und Auszubildendenvertreter, denen wegen der Durchführung von Sprechstunden Arbeitsentgelt vorenthalten wurde[9]. 21

Kommt zwischen ArbGeb und BR keine Vereinbarung zustande (§ 69 Satz 2) und kommt es zu einem Spruch der Einigungsstelle (§§ 69 Satz 3 iVm. 39 Abs. 1 Satz 3 und Satz 4), kann dieser im **Beschlussverfahren** im Rahmen des § 76 Abs. 5 Satz 4 arbeitsgerichtlich überprüft werden. Das Beschlussverfahren kann jedoch in diesem Fall nur vom BR oder vom ArbGeb, nicht von der JAV eingeleitet werden[10]. 22

70 Allgemeine Aufgaben
(1) Die Jugend- und Auszubildendenvertretung hat folgende allgemeine Aufgaben:
1. Maßnahmen, die den in § 60 Abs. 1 genannten Arbeitnehmern dienen, insbesondere in Fragen der Berufsbildung und der Übernahme der zu ihrer Berufsausbildung Beschäftigten in ein Arbeitsverhältnis, beim Betriebsrat zu beantragen;
1a. Maßnahmen zur Durchsetzung der tatsächlichen Gleichstellung der in § 60 Abs. 1 genannten Arbeitnehmer entsprechend § 80 Abs. 1 Nr. 2a und 2b beim Betriebsrat zu beantragen;
2. darüber zu wachen, dass die zugunsten der in § 60 Abs. 1 genannten Arbeitnehmer geltenden Gesetze, Verordnungen, Unfallverhütungsvorschriften, Tarifverträge und Betriebsvereinbarungen durchgeführt werden;
3. Anregungen von in § 60 Abs. 1 genannten Arbeitnehmern, insbesondere in Fragen der Berufsbildung, entgegenzunehmen und, falls sie berechtigt erscheinen, beim Betriebsrat auf eine Erledigung hinzuwirken. Die Jugend- und Auszubildendenvertretung hat die betroffenen in § 60 Abs. 1 genannten Arbeitnehmer über den Stand und das Ergebnis der Verhandlungen zu informieren;

---

1 ErfK/*Eisemann*, § 69 BetrVG Rz. 3; DKK/*Trittin*, § 69 BetrVG Rz. 11. | 2 DKK/*Trittin*, § 69 BetrVG Rz. 13; *Fitting*, § 69 BetrVG Rz. 12; HSWG/*Hess*, § 69 BetrVG Rz. 12 und 13. | 3 *Weiss/Weyand*, § 69 BetrVG Rz. 3. | 4 DKK/*Trittin*, § 69 BetrVG Rz. 15; *Fitting*, § 69 BetrVG Rz. 13. | 5 DKK/*Trittin*, § 69 BetrVG Rz. 13; *Fitting*, § 69 BetrVG Rz. 12. | 7 DKK/*Trittin*, § 69 BetrVG Rz. 14; *Fitting*, § 69 BetrVG Rz. 13. | 8 *Fitting*, § 69 BetrVG Rz. 13; ErfK/*Eisemann*, § 69 BetrVG Rz. 4; GK-BetrVG/*Oetker*, § 69 Rz. 23; aA DKK/*Trittin*, § 69 BetrVG Rz. 14. | 9 Richardi/*Richardi/Annuß*, § 69 BetrVG Rz. 13. | 10 DKK/*Trittin*, § 69 BetrVG Rz. 18; *Fitting*, § 69 BetrVG Rz. 14.

4. die Integration ausländischer, in § 60 Abs. 1 genannter Arbeitnehmer im Betrieb zu fördern und entsprechende Maßnahmen beim Betriebsrat zu beantragen.

(2) Zur Durchführung ihrer Aufgaben ist die Jugend- und Auszubildendenvertretung durch den Betriebsrat rechtzeitig und umfassend zu unterrichten. Die Jugend- und Auszubildendenvertretung kann verlangen, dass ihr der Betriebsrat die zur Durchführung ihrer Aufgaben erforderlichen Unterlagen zur Verfügung stellt.

1 **I. Vorbemerkung.** Die Aufgaben und Befugnisse der JAV sind **in Anlehnung an die Aufgaben des BR** (§ 80) in § 70 geregelt. Die JAV überwacht, berät, regt an und stellt Anträge in allen Angelegenheiten, welche die ArbN nach § 60 Abs. 1 betreffen oder ihnen dienen. Im Übrigen bestimmt § 60 Abs. 2, dass die JAV nach Maßgabe der §§ 61 ff. die besonderen Belange der in § 60 Abs. 1 genannten ArbN wahrnimmt[1].

2 Durch das Gesetz zur Reform des BetrVG (BetrVerf-Reformgesetz) vom 23.7.2001[2] in der Bekanntmachung der Neufassung vom 25.9.2001[3] wurde § 70 erweitert. Die Erweiterungen sind im Wesentlichen mit denen in § 80 identisch und sollen der Stärkung der JAV dienen[4].

3 Die JAV ist kein **eigenständiger Repräsentant** des in § 60 Abs. 1 genannten ArbN-Kreises (vgl. § 60 Rz. 14). Sie ist daher zur Wahrnehmung ihrer Aufgaben auf die Mitwirkung des BR angewiesen[5]. Dem BR wiederum obliegt die Vertretung der Interessen aller ArbN, also auch des in § 60 Abs. 1 genannten ArbN-Kreises, gegenüber dem ArbGeb[6]. Die in § 70 geregelten Antragsrechte und Informationspflichten treffen aus diesem Grunde auch nicht den ArbGeb, sondern den BR.

4 **II. Allgemeine Aufgaben (Abs. 1).** § 70 Abs. 1 umschreibt in allgemeiner Form die Aufgaben, deren Erfüllung der Gesetzgeber von der JAV erwartet. Dabei ist der Aufgabenkatalog, der in § 70 Abs. 1 aufgezählt wird, nicht abschließend[7]. Die Aufgaben der JAV werden vielmehr durch die Gesamtheit der §§ 61 ff. umschrieben[8].

5 Zur Erfüllung der allgemeinen Aufgaben des § 70 können BR und JAV **gemeinsam** die Durchführung einer **Fragebogenaktion** unter dem in § 60 Abs. 1 genannten ArbN-Kreis beschließen[9]. Soweit dadurch Betriebsablauf oder Betriebsfrieden nicht gestört werden[10], erscheint dies zweckmäßig, um einen Überblick über die wesentlichen Interessen des von § 60 Abs. 1 erfassten ArbN-Kreises zu erhalten.

6 **1. Antragsrecht (Abs. 1 Nr. 1).** Nach § 70 Abs. 1 Nr. 1 hat die JAV Maßnahmen, die den in § 60 Abs. 1 genannten ArbN (vgl. § 60 Rz. 11 f.) dienen, insb. in Fragen der Berufsbildung und der Übernahme der zu ihrer Berufsausbildung Beschäftigten in ein Arbeitsverhältnis, beim BR zu beantragen. Die Vorschrift gewährt der JAV ein **allgemeines Initiativrecht**[11].

7 a) **Relevante Maßnahmen.** Es muss sich um **den Betrieb betreffende Maßnahmen** handeln, die in den **Zuständigkeitsbereich des BR** fallen[12].

8 **Beispiele:** Angelegenheiten iSv. § 70 Abs. 1 Nr. 1 sind beispielsweise Fragen der Arbeitszeit, besondere Sozialleistungen oder Sozialeinrichtungen (zB die Einrichtung von Aufenthaltsräumen, die Bildung einer betrieblichen Sportabteilung oder Musikgruppe, die Einrichtung einer Jugendbibliothek, eines Ferienhauses), Urlaubsregelungen, Ausbildungsmaßnahmen usw.[13].

9 Von besonderer Bedeutung für den in § 60 Abs. 1 genannten ArbN-Kreis sind **Fragen der Berufsbildung**, die aus diesem Grunde auch ausdrücklich in § 70 Abs. 1 Nr. 1 aufgeführt sind. Besonders genannt ist darüber hinaus die Übernahme der zu ihrer Berufsausbildung Beschäftigten in ein Arbeitsverhältnis. Für Auszubildende ist gerade in Zeiten hoher Arbeitslosigkeit, fortschreitender Rationalisierung der betrieblichen Arbeitsabläufe und zunehmender Umstrukturierung von Unternehmen die Frage der Übernahme in ein Arbeitsverhältnis nach Abschluss ihrer Berufsausbildung von besonderer Bedeutung[14]. Deshalb wurde dieser Punkt in Nr. 1 des Katalogs der allgemeinen Aufgaben der JAV ausdrücklich hervorgehoben.

10 Eine inhaltliche Änderung hat das BetrVerf-Reformgesetz durch die besondere Hervorhebung der Übernahme von Auszubildenden in ein Arbeitsverhältnis nicht gebracht. Die Übernahme Auszubildender in ein Arbeitsverhältnis dürfte geradezu zu den „klassischen" Maßnahmen gehören, die den in § 60 Abs. 1 genannten ArbN dient.

11 b) **Beschlussfassung und Antrag.** Die JAV muss einen Antrag **an den BR** richten. Dies setzt voraus, dass die JAV die Angelegenheit zuvor beraten und einen **Beschluss** gefasst hat[15]. Eine einfache Mehr-

---

1 *Hennige* in Tschöpe, Arbeitsrecht, Teil 4 A Rz. 269. | 2 BGBl. I, S. 1852. | 3 BGBl. I, S. 2518. | 4 BT-Drs. 14/5741, 31. | 5 Vgl. BAG v. 10.5.1974 – 1 ABR 57/73, AP Nr. 3 zu § 65 BetrVG 1972. | 6 Vgl. BAG v. 21.1.1982 – 6 ABR 17/79, AP Nr. 1 zu § 70 BetrVG 1972. | 7 *DKK/Trittin*, § 70 BetrVG Rz. 1; *Fitting*, § 70 BetrVG Rz. 5. | 8 *GK-BetrVG/Oetker*, § 70 Rz. 5. | 9 *DKK/Trittin*, § 70 BetrVG Rz. 9; *Fitting*, § 70 BetrVG Rz. 4; BAG v. 8.2.1977 – 1 ABR 82/74, AP Nr. 10 zu § 80 BetrVG 1972. | 10 *Fitting*, § 70 BetrVG Rz. 4. | 11 *Hennige* in Tschöpe, Arbeitsrecht, Teil 4 A Rz. 270; *Fitting*, § 70 BetrVG Rz. 5. | 12 *Fitting*, § 70 BetrVG Rz. 5; *DKK/Trittin*, § 70 BetrVG Rz. 10. | 13 *Hennige* in Tschöpe, Arbeitsrecht, Teil 4 A Rz. 271; *Fitting*, § 70 BetrVG Rz. 6. | 14 BT-Drs. 14/5741, 44. | 15 *DKK/Trittin*, § 70 BetrVG Rz. 12; *Fitting*, § 70 BetrVG Rz. 8.

heit zur Beschlussfassung reicht aus. Der Vorsitzende der JAV hat kein eigenes Antragsrecht, er führt den Beschluss der JAV aus, indem er ihn an den BR weiterleitet[1].

c) Behandlung durch BR. Der BR **muss** sich mit dem Antrag befassen[2]. Er ist aber nicht verpflichtet, dem Antrag der JAV zu folgen. Wie er ihn behandelt, unterliegt seinem Ermessen. Unsachliche, unbegründete oder unzweckmäßige Anträge kann er zurückweisen[3]. Erachtet der BR den Antrag der JAV als sachdienlich oder berechtigt, so ist er im Rahmen seines Ermessens verpflichtet, die Angelegenheit mit dem ArbGeb zu erörtern (§ 80 Abs. 1 Nr. 3, vgl. dort Rz. 44 ff. zu den weiteren **Erörterungen** des BR mit dem ArbGeb). 12

Bei der Behandlung des Antrags im BR hat die JAV in der Regel ein Teilnahmerecht nach § 67 Abs. 1 Satz 2 und auch ein Stimmrecht nach § 67 Abs. 2, wenn überwiegend die in § 60 Abs. 1 genannten ArbN betroffen sind[4]. In jedem Fall hat jedoch der BR die JAV über die Behandlung der Angelegenheit zu informieren (vgl. § 80 Abs. 1 Nr. 3), soweit nicht die JAV an der BR-Sitzung bzw. der Beschlussfassung gemäß § 67 teilgenommen hat[5]. 13

2. Gleichstellung (Abs. 1 Nr. 1a). Nach § 70 Abs. 1 Nr. 1a hat die JAV Maßnahmen zur **Durchsetzung der tatsächlichen Gleichstellung** der in § 60 Abs. 1 genannten ArbN entsprechend § 80 Abs. 1 Nr. 2a und 2b beim BR zu beantragen. Die entsprechende Anwendung von § 80 Abs. 1 Nr. 2a und 2b betrifft die Durchsetzung der tatsächlichen Gleichstellung von Frauen und Männern, insb. bei der Einstellung, Beschäftigung, Aus-, Fort- und Weiterbildung und dem beruflichen Aufstieg, sowie die Vereinbarkeit von Familie und Erwerbstätigkeit. Das Thema Gleichstellung der Geschlechter ist gerade auch für die Jugendlichen in den Betrieben von besonderer Bedeutung. Daher hat die JAV die Aufgabe erhalten, Maßnahmen zur Durchsetzung der tatsächlichen Gleichstellung der in § 60 Abs. 1 genannten ArbN entsprechend § 80 Abs. 1 Nr. 2a und 2b beim BR beantragen zu können[6]. Aus der entsprechenden Anwendung von § 80 Abs. 1 Nr. 2a und 2b folgt, dass auf die dort genannten möglichen Maßnahmen abzustellen ist (vgl. dazu im Einzelnen § 80 Rz. 35 ff.). 14

Wegen der Maßnahmen bedarf es eines Beschlusses der JAV und eines Antrags an den BR, über den der BR wiederum, wenn er den Antrag für berechtigt und begründet erachtet, mit dem ArbGeb zu beraten hat (vgl. im Einzelnen § 80 Rz. 44 ff.). 15

3. Überwachung (Abs. 1 Nr. 2). Nach § 70 Abs. 1 Nr. 2 hat die JAV darüber zu wachen, dass die zugunsten der in § 60 Abs. 1 genannten ArbN geltenden Gesetze, VO, Unfallverhütungsvorschriften, TV und BV durchgeführt werden. Die Vorschrift entspricht § 80 Abs. 1 Nr. 1 und normiert nicht nur ein **Überwachungsrecht** der JAV, sondern zugleich auch eine **Überwachungspflicht**[7]. 16

Nicht erforderlich ist, dass die Rechtsnormen ausschließlich oder überwiegend den in § 60 Abs. 1 genannten ArbN-Kreis betreffen. Das Überwachungsrecht besteht vielmehr hinsichtlich aller Normen, die **auch** für diese ArbN von Bedeutung sind[8]. **Gesetzliche Vorschriften** iSv. § 70 Abs. 1 Nr. 2 sind beispielsweise das BBiG und die Handwerksordnung, soweit sie die Berufsausbildung betreffen, sowie ArbN-Schutzgesetze wie das ArbPlSchG, ArbZG etc.[9]. Bei den **Verordnungen** kommen insb. die aufgrund des BBiG, des JArbSchG sowie der GewO erlassenen VO in Betracht[10]. Zahlreiche **Unfallverhütungsvorschriften** der Berufsgenossenschaften enthalten ebenfalls Sonderregelungen über die Beschäftigung des in § 60 Abs. 1 genannten ArbN-Kreises[11]. Auch **TV** und **BV** sehen vielfach entsprechende Sonderregelungen vor[12]. 17

Das Überwachungsrecht macht die JAV aber nicht zu einem **Kontrollorgan** mit der Befugnis zu Nachforschungen und Inspektionsgängen im Betrieb ohne konkreten Anlass[13]. Für die Durchführung von Kontrollmaßnahmen ist die JAV auf die Mitwirkung des BR angewiesen. Stellt sie Verstöße gegen die in § 70 Abs. 1 Nr. 2 genannten Bestimmungen fest, kann **nur** der BR beim ArbGeb auf **Abhilfe** dringen[14]. Dabei kann der BR keine generelle Einwilligung für jede zukünftige Überwachungsmaßnahme der JAV erteilen, da diese ansonsten in der Lage wäre, eigenständig neben dem BR zu handeln[15]. Allerdings kann die JAV auch **ohne konkreten Verdacht** gemäß § 70 Abs. 1 Nr. 2 die Arbeitsplätze jugendlicher ArbN aufsuchen, bedarf dafür aber in jedem Fall der **Zustimmung** des BR[16]. 18

Hinweis: Dies ist von praktischer Bedeutung. Jugendliche und Auszubildende haben oft Probleme, Beschwerden über ihre Arbeitsplätze oder Arbeits- und Ausbildungsbedingungen zu artikulieren. In persönlichen, vertraulichen Gesprächen mit der JAV „vor Ort" kann es möglich sein, Verletzungen von Rechten oder Missstände festzustellen[17]. 19

Zu den Überwachungsaufgaben gehört es nicht, Individualansprüche der ArbN durchzusetzen oder sie vor dem ArbG zu vertreten[18]. 20

---

1 *Fitting*, § 70 BetrVG Rz. 8; GK-BetrVG/*Oetker*, § 70 Rz. 19. | 2 DKK/*Trittin*, § 70 BetrVG Rz. 12; GK-BetrVG/*Oetker*, § 70 Rz. 20. | 3 DKK/*Trittin*, § 70 BetrVG Rz. 14; *Fitting*, § 70 BetrVG Rz. 10. | 4 GK-BetrVG/*Oetker*, § 70 Rz. 23; *Fitting*, § 70 BetrVG Rz. 9. | 5 *Fitting*, § 70 BetrVG Rz. 10; DKK/*Trittin*, § 70 BetrVG Rz. 14. | 6 BT-Drs. 14/5741, 44. | 7 *Fitting*, § 70 BetrVG Rz. 12; DKK/*Trittin*, § 70 BetrVG Rz. 15. | 8 DKK/*Trittin*, § 70 BetrVG Rz. 15; *Fitting*, § 70 BetrVG Rz. 12. | 9 *Fitting*, § 70 BetrVG Rz. 13; HSWG/*Hess*, § 70 BetrVG Rz. 9. | 10 ErfK/*Eisemann*, § 70 BetrVG Rz. 3; *Fitting*, § 70 BetrVG Rz. 13. | 12 *Fitting*, § 70 BetrVG Rz. 13. | 13 *Hennige* in Tschöpe, Arbeitsrecht, Teil 4 A Rz. 272. | 14 DKK/*Trittin*, § 70 BetrVG Rz. 16; *Fitting*, § 70 BetrVG Rz. 14. | 15 Vgl. BAG v. 21.1.1982 – 6 ABR 17/79, AP Nr. 1 zu § 70 BetrVG 1972. | 16 Vgl. BAG v. 21.1.1982 – 6 ABR 17/79, AP Nr. 1 zu § 70 BetrVG 1972. | 17 *Dachrodt/Engelbert*, § 70 BetrVG Rz. 13. | 18 DKK/*Trittin*, § 70 BetrVG Rz. 20; *Fitting*, § 70 BetrVG Rz. 14.

21 **4. Anregungen (Abs. 1 Nr. 3).** Nach § 70 Abs. 1 Nr. 3 hat die JAV Anregungen von in § 60 Abs. 1 genannten ArbN, insb. in Fragen der Berufsbildung, entgegenzunehmen und, falls sie berechtigt erscheinen, beim BR auf eine Erledigung hinzuwirken.

22 **a) Betriebliche Fragen.** Bei den Anregungen iSv. § 70 Abs. 1 Nr. 3 handelt es sich um alle Formen der Meinungsäußerung. Hierzu gehören beispielsweise auch Beschwerden[1]. Bei den Anregungen muss es sich aber um betriebliche Fragen handeln[2].

23 Das Anregungsrecht entspricht § 80 Abs. 1 Nr. 3 (vgl. im Einzelnen § 80 Rz. 44 ff.). Durch § 70 Abs. 1 Nr. 3 wird lediglich eine Aufgabe der JAV umschrieben. Die jugendlichen oder auszubildenden ArbN brauchen sich nicht mit Anregungen an sie zu wenden, sondern können die Angelegenheiten gemäß § 80 Abs. 1 Nr. 3 **unmittelbar dem BR** vortragen[3].

24 **b) Behandlung durch JAV.** Die JAV ist verpflichtet, die **Anregungen** entgegenzunehmen, wobei auch hier das Gesetz Anregungen in Fragen der Berufsbildung besonders betont. Die JAV hat sich in einer Sitzung mit den Anregungen zu befassen und zu entscheiden, ob sie berechtigt sind. Dabei steht ihr ein der gerichtlichen Kontrolle entzogener **Beurteilungsspielraum** zu[4]. Hält die JAV die Anregung für unberechtigt, unzweckmäßig oder undurchführbar, hat sie dies in einem Beschluss festzustellen. Kommt sie dagegen zu dem Ergebnis, die Anregung sei berechtigt, **muss** sie diese dem BR – nicht dem ArbGeb – mit ihrer Stellungnahme und der Bitte um Erledigung zuleiten[5].

25 **c) Behandlung durch BR.** Der BR ist nach § 80 Abs. 1 Nr. 3 verpflichtet, sich mit der Anregung zu befassen. Hinsichtlich der Erledigung ist der BR nicht an die Stellungnahme der JAV gebunden. Ihm steht ein selbständiges **Prüfungs- und Beurteilungsrecht** zu[6]. Hält der BR die Anregung für berechtigt, hat er mit dem ArbGeb Verhandlungen aufzunehmen[7]. Die betreffenden ArbN sind über den Stand und das Ergebnis der Verhandlungen zu unterrichten (§ 80 Abs. 1 Nr. 3 Halbs. 2, vgl. § 80 Rz. 51).

26 **d) Mitteilungspflicht.** Nach § 70 Abs. 1 Nr. 3 Satz 2 hat die JAV die betroffenen, in § 60 Abs. 1 genannten ArbN über den Stand und das Ergebnis der Verhandlungen zu informieren. Sie muss mitteilen, wenn sie die Anregung für nicht berechtigt hält, oder darüber berichten, wie die Anregung im BR behandelt wurde und welches Ergebnis in dieser Sache die mit dem ArbGeb geführten Verhandlungen hatten[8].

27 **Hinweis:** Die Beteiligung der JAV an der Sitzung des BR über die Anregung richtet sich nach § 67; bespricht der BR die Angelegenheit mit dem ArbGeb, richtet sich ihr Teilnahmerecht nach § 68.

28 **5. Integration ausländischer ArbN (Abs. 1 Nr. 4).** § 70 Abs. 1 Nr. 4 gibt der JAV auf, die Integration ausländischer, in § 60 Abs. 1 genannter ArbN im Betrieb zu fördern und entsprechende Maßnahmen beim BR zu beantragen. Hintergrund der Einführung dieser Regelung durch das BetrVerf-Reformgesetz waren die stark gestiegene Zahl der rechtsextremistischen, fremdenfeindlichen und antisemitischen Straftaten sowie der unbefriedigende Stand der Integration ausländischer ArbN[9]. Die Einführung dieser Vorschrift war und ist umstritten: Schon nach der früheren Fassung hatte der BR nach § 80 Abs. 1 Nr. 7 aF[10] auf die Integration ausländischer ArbN zu achten. Die Vorschrift wird daher vielfach dahingehend kritisiert, dass der BR (bei dem mit § 80 Abs. 1 Nr. 7 eine sinngleiche Regelung gilt, vgl. im Einzelnen § 80 Rz. 60 ff.) letztendlich ein politisches Mandat erhält[11].

29 **a) Entsprechende Maßnahmen.** In den Gesetzesmaterialien heißt es, dass BR und JAV von sich aus aktiv werden sollen, um im Vorfeld Vorurteile abzubauen und sich für die Belange ausländischer Kollegen verstärkt einzusetzen. Werden dem BR oder der JAV ausländerfeindliche Aktivitäten im Betrieb bekannt, können sie beim ArbGeb Maßnahmen zur Bekämpfung von Rassismus und Fremdenfeindlichkeit beantragen. Auf diese Weise sollen sie zum Beispiel gegen ausländerfeindliche Hetzflugblätter wie auch gegen die alltäglichen Nadelstiche wie Belästigungen und kleine Benachteiligungen gemeinsam mit dem ArbGeb vorgehen[12].

30 Grundlagen für Toleranz gegenüber Ausländern und ein friedliches Miteinander werden in der Jugend geschaffen[13]. Die Integration ausländischer ArbN iSv. § 60 Abs. 1 durch die Beantragung entsprechender Maßnahmen beim BR durch die JAV dient daher letztendlich auch dazu, Rassismus und Fremdenfeindlichkeit langfristig zu unterbinden.

31 In Betracht kommen als mögliche Maßnahmen freiwillige BV durch den BR zur Integration ausländischer ArbN sowie zur Bekämpfung von Rassismus und Fremdenfeindlichkeit im Betrieb. Dies können BV über Sprachunterricht für ausländische ArbN oder eventuell Aufklärungsaktionen im Betrieb

---

[1] DKK/*Trittin*, § 70 BetrVG Rz. 21; *Fitting*, § 70 BetrVG Rz. 15. | [2] *Fitting*, § 70 BetrVG Rz. 15; DKK/*Trittin*, § 70 BetrVG Rz. 22. | [3] *Fitting*, § 70 BetrVG Rz. 15; DKK/*Trittin*, § 70 BetrVG Rz. 21. | [4] DKK/*Trittin*, § 70 BetrVG Rz. 23. | [5] *Fitting*, § 70 BetrVG Rz. 18; DKK/*Trittin*, § 70 BetrVG Rz. 24. | [6] GK-BetrVG/*Oetker*, § 70 Rz. 51; *Fitting*, § 70 BetrVG Rz. 18. | [7] DKK/*Trittin*, § 70 BetrVG Rz. 25. | [8] DKK/*Trittin*, § 70 BetrVG Rz. 26; *Fitting*, § 70 BetrVG Rz. 19. | [9] *Engels/Trebinger/Löhr-Steinhaus*, DB 2001, 532 (542); *Schiefer/Korte*, NZA 2001, 71 (82); Bundesvorstand des DGB, NZA 2001, 135 (138); *Richardi/Annuß*, DB 2001, 41 (44); *Reichold*, NZA 2001, 857 (863). | [10] Vgl. BetrVG idF der Bekanntmachung vom 23.12.1988, BGBl. I, S. 1. | [11] *Rieble*, ZIP 2001, 133 (141). | [12] BT-Drs. 14/5741, 31. | [13] BT-Drs. 14/5741, 44.

sein, aber keine „Zensurstellen" für Werkszeitungen uä.[1]. Zu denken ist auch daran, die Integration ausländischer ArbN auf einer Jugend- und Auszubildendenversammlung zu thematisieren[2].

Die Kompetenz der JAV ist auf die Integration ausländischer ArbN beschränkt, während die Kompetenz des BR sich auch auf Maßnahmen zur Bekämpfung von Rassismus und Fremdenfeindlichkeit im Betrieb erstreckt (§ 80 Abs. 1 Nr. 7, vgl. im Einzelnen dazu § 80 Rz. 60 ff.).

b) Antrag und Beschlussfassung. Maßnahmen nach § 70 Abs. 1 Nr. 4 sind durch die JAV zu beschließen und beim BR zu beantragen (vgl. Rz. 6 ff.).

III. Unterrichtung (Abs. 2). Zur Durchführung ihrer Aufgaben ist die JAV durch den BR nach § 70 Abs. 2 Satz 1 rechtzeitig und umfassend zu unterrichten. Sie kann ferner verlangen, dass ihr der BR die zur Durchführung ihrer Aufgaben erforderlichen Unterlagen zur Verfügung stellt (§ 70 Abs. 2 Satz 2). Das **Unterrichtungsrecht** der JAV entspricht dem des BR nach § 80 Abs. 2 (vgl. im Einzelnen § 80 Rz. 81 ff.).

1. Auskunftsverpflichteter (Abs. 2 Satz 1). Die Unterrichtungsverpflichtung nach § 70 Abs. 2 Satz 1 richtet sich **allein** gegen den **BR**, nicht gegen den ArbGeb[3].

2. Umfang der Unterrichtung (Abs. 2 Satz 1). Die Unterrichtungsverpflichtung erstreckt sich auf alle Informationen zu Umständen und Tatsachen, die sich auf die Aufgaben der JAV beziehen und ohne Schwierigkeiten vom BR eingeholt werden können, sofern sie diesem nicht bekannt sind[4].

Über **Betriebs- oder Geschäftsgeheimnisse** darf der BR die JAV **nicht** unterrichten. Dies gilt selbst dann, wenn die Informationen für den von § 60 Abs. 1 genannten ArbN-Kreis von besonderer Bedeutung sind. Dies ergibt sich daraus, dass die JAV in die Ausnahmebestimmungen des § 79 Abs. 1 Satz 4 nicht aufgenommen ist[5].

Hinweis: Sollten Mitglieder der JAV von Betriebs- oder Geschäftsgeheimnissen Kenntnis erlangen, sind sie nach § 79 Abs. 2 zur Verschwiegenheit verpflichtet.

Nicht die JAV muss entsprechende Informationen anfordern, sondern der BR muss die Unterrichtung von sich aus vornehmen[6]. Die Unterrichtung hat rechtzeitig zu erfolgen. Dies ist dann der Fall, wenn die JAV die Informationen bei der Erledigung ihrer Aufgaben noch berücksichtigen kann[7]. Ob eine Unterrichtung rechtzeitig und umfassend erfolgt ist, wird jeweils von den konkreten Umständen des Einzelfalls abhängen[8].

3. Vorlage von Unterlagen (Abs. 2 Satz 2). Auf **Verlangen** der JAV hat der BR seine Unterrichtung durch die Vorlage der erforderlichen Unterlagen zu ergänzen. Die erforderlichen Unterlagen hat **nicht** der ArbGeb, sondern allein der BR zur Verfügung zu stellen[9]. Die Unterlagen müssen zur Erfüllung der Aufgaben der JAV notwendig sein[10] und der JAV **auf Zeit** überlassen und nicht nur vorgelegt werden[11]. Enthalten die Unterlagen Betriebs- oder Geschäftsgeheimnisse, besteht keine Vorlagepflicht (vgl. Rz. 37).

Zu den Unterlagen, die auf Verlangen zur Verfügung zu stellen sind, können Gesetzestexte, Tarifbestimmungen und unter Umständen auch Lit. gehören[12]. Möglich sind aber ebenfalls Ausbildungspläne, Berichte der für die Berufsausbildung zuständigen Behörden und andere Unterlagen, die zur Bearbeitung der jeweils konkreten Aufgabe erforderlich sind[13].

Die **Vorlagepflicht** beschränkt sich auf solche Unterlagen, die dem BR gemäß § 80 Abs. 2 Satz 1 zur Verfügung gestellt worden sind bzw. deren Zurverfügungstellung er im Rahmen des § 80 Abs. 2 Satz 2 verlangen kann[14]. Ein Einblicksrecht der JAV in die Lohn- und Gehaltslisten sieht das Gesetz nicht vor. Denkbar ist aber, dass die JAV beim BR anregt, Einsicht in die Bruttolohn- und -gehaltslisten der ArbN iSv. § 60 Abs. 1 zu nehmen und ihr das Ergebnis dieser Einsichtnahme mitzuteilen[15].

IV. Streitigkeiten. Eine Verletzung der in § 70 Abs. 1 genannten Pflichten durch den BR oder die JAV kann ggf. im Wiederholungsfall einen groben Verstoß iSv. § 23 Abs. 1 mit der Folge einer eventuellen Auflösung von BR oder JAV darstellen[16].

Im Übrigen wird über den Umfang, Inhalt und die Grenzen der Aufgaben einer JAV sowie das Unterrichtungsrecht und die Pflicht zum Überlassen von Unterlagen im arbeitsgerichtlichen **Beschlussverfahren** nach §§ 2a Abs. 1 Nr. 1, Abs. 2 iVm. 80 ff. ArbGG entschieden. In einem solchen Verfahren ist die JAV Beteiligte[17].

---

1 *Löwisch*, BB 2001, 1790 (1794). | 2 Richardi/*Richardi/Annuß*, § 70 BetrVG Rz. 8. | 3 DKK/*Trittin*, § 70 BetrVG Rz. 27; *Fitting*, § 70 BetrVG Rz. 20. | 4 GK-BetrVG/*Oetker*, § 70 Rz. 61 f.; DKK/*Trittin*, § 70 BetrVG Rz. 29. | 5 *Fitting*, § 70 BetrVG Rz. 22; DKK/*Trittin*, § 70 BetrVG Rz. 30. | 6 *Fitting*, § 70 BetrVG Rz. 21; DKK/*Trittin*, § 70 BetrVG Rz. 32. | 7 DKK/*Trittin*, § 70 BetrVG Rz. 32; *Fitting*, § 70 BetrVG Rz. 21. | 8 *Fitting*, § 70 BetrVG Rz. 21. | 9 Vgl. BAG v. 20.11.1973 – 1 AZR 331/73, AP Nr. 1 zu § 65 BetrVG 1972. | 10 *Fitting*, § 70 BetrVG Rz. 23; GK-BetrVG/*Oetker*, § 70 Rz. 66. | 11 DKK/*Trittin*, § 70 BetrVG Rz. 36; *Fitting*, § 70 BetrVG Rz. 25. | 12 Richardi/*Richardi/Annuß*, § 70 BetrVG Rz. 25. | 13 ErfK/*Eisemann*, § 70 BetrVG Rz. 6. | 14 *Fitting*, § 70 BetrVG Rz. 22; DKK/*Trittin*, § 70 BetrVG Rz. 33. | 15 *Hennige* in Tschöpe, Arbeitsrecht, Teil 4 A Rz. 274; GK-BetrVG/*Oetker*, § 70 Rz. 68. | 16 *Fitting*, § 70 BetrVG Rz. 26; DKK/*Trittin*, § 70 BetrVG Rz. 37. | 17 BAG v. 8.2.1977 – 1 ABR 82/74, AP Nr. 10 zu § 80 BetrVG 1972 unter II. 2. d.Gr.

§ 71 Jugend- und Auszubildendenversammlung

Die Jugend- und Auszubildendenvertretung kann vor oder nach jeder Betriebsversammlung im Einvernehmen mit dem Betriebsrat eine betriebliche Jugend- und Auszubildendenversammlung einberufen. Im Einvernehmen mit Betriebsrat und Arbeitgeber kann die betriebliche Jugend- und Auszubildendenversammlung auch zu einem anderen Zeitpunkt einberufen werden. § 43 Abs. 2 Satz 1 und 2, die §§ 44 bis 46 und § 65 Abs. 2 Satz 2 gelten entsprechend.

1 **I. Vorbemerkung.** Die betriebliche Jugend- und Auszubildendenversammlung ist das **Gesprächsforum** zwischen JAV und jugendlichen ArbN und den zu ihrer Berufsausbildung Beschäftigten unter 25 Jahre. Sie soll Gelegenheit geben, die die ArbN iSv. § 60 Abs. 1 betreffenden Angelegenheiten unter sich erörtern zu können[1].

2 **II. Einberufung und Durchführung.** Einberufung und Durchführung der Jugend- und Auszubildendenversammlung sind an bestimmte Voraussetzungen gebunden.

3 **1. Zuständigkeit.** Die Jugend- und Auszubildendenversammlung kann sich nur mit den **besonderen Belangen** der im **Betrieb** beschäftigten jugendlichen und auszubildenden ArbN unter 25 Jahre befassen, dh. mit Fragen, die zum Aufgabenbereich der JAV gehören[2]. Hierzu gehören auch Angelegenheiten tarif-, sozial- (zB Fragen des Jugendarbeitsschutzes im Betrieb oder der Bereitstellung von Ausbildungsplätzen im Betrieb[3]) und wirtschaftspolitischer Art, sofern ein Bezug zu Auszubildenden oder jugendlichen ArbN des Betriebs besteht[4]. Es ist nicht erforderlich, dass die Angelegenheiten besonders oder überwiegend die Auszubildenden oder jugendlichen ArbN betreffen, es genügt, wenn sie diesen Personenkreis „auch" betreffen[5].

4 **2. Einberufung.** Ob eine Jugend- und Auszubildendenversammlung stattfindet, steht im **pflichtgemäßen Ermessen** der JAV[6]. Die Einberufung hat im Einvernehmen mit dem BR zu erfolgen (§ 71 Satz 1). Das bedeutet: Die JAV beschließt das „Ob", „Wann" und „Wie" der Versammlung[7]. Sie hat darüber in einer Sitzung einen **Beschluss** zu fassen, für den die einfache **Stimmenmehrheit** genügt (§§ 65 Abs. 1 iVm. 33 Abs. 1 Satz 1)[8]. Dem muss der BR durch Beschluss zustimmen[9]. An der Beschlussfassung des BR ist die JAV nach § 67 Abs. 1 und Abs. 2 zu beteiligen[10]. Ist das Einvernehmen mit dem BR betreffend die Jugend- und Auszubildendenversammlung hinsichtlich des „Ob", „Wann" und „Wie", dh. inklusive Tagesordnung, hergestellt, ist eine **nachträgliche Änderung** oder Ergänzung der Tagesordnung in wesentlichen Punkten nur mit Zustimmung des BR möglich[11].

5 **3. Versammlungsarten.** Nach §§ 71 Satz 2 iVm. 44 finden die Versammlungen grundsätzlich **während der Arbeitszeit** in unmittelbarem zeitlichen Zusammenhang[12] vor oder nach den (regelmäßigen, weiteren oder außerordentlichen) Betriebs- bzw. Abteilungsversammlungen statt[13].

6 Ebenso wie die Betriebsversammlung kann die betriebliche Jugend- und Auszubildendenversammlung bei Vorliegen der in § 42 Abs. 1 Satz 3 bezeichneten Voraussetzungen in Form von **Teilversammlungen** durchgeführt werden (vgl. zur Teilversammlung § 42 Rz. 29 ff.). Die betriebliche Jugend- und Auszubildendenversammlung kann auch im Wege einer **Abteilungsversammlung** durchgeführt werden, wenn die Voraussetzungen des § 42 Abs. 2 Satz 1 vorliegen (vgl. zur Abteilungsversammlung § 42 Rz. 32 ff.). Letzteres ist streitig: Nach teilweise vertretener Auffassung soll die Jugend- und Auszubildendenversammlung in Form einer Abteilungsversammlung unzulässig sein, da § 71 nicht auf § 42 Abs. 2 und § 43 Abs. 1 verweist[14]. Dagegen spricht, dass § 71 darauf abstellt, dass die Jugend- und Auszubildendenversammlung im **Anschluss** an eine Betriebsversammlung durchgeführt werden kann, eine Betriebsversammlung wiederum aber auch als Abteilungsversammlung gemäß § 42 Abs. 2 möglich ist[15]. Insoweit ist die Auffassung der Gegenmeinung jedenfalls teilweise inkonsequent: Danach sollen Abteilungsversammlungen nicht möglich sein, Teilversammlungen aber dennoch, obwohl für beide gilt, dass in § 71 auf die entsprechende Vorschrift des § 42 nicht verwiesen wird.

7 Der **Regelfall** der Jugend- und Auszubildendenversammlung ist der Vollversammlung im Anschluss an eine Betriebsversammlung. Nur wenn besondere betriebliche oder persönliche Gründe jugendlicher oder zu ihrer Ausbildung beschäftigter ArbN unter 25 Jahre vorliegen, welche dies unmöglich machen oder erheblich erschweren, dürfen die Jugend- und Auszubildendenversammlungen aus-

---

1 *Fitting*, § 71 BetrVG Rz. 1. | 2 GK-BetrVG/*Oetker*, § 71 Rz. 46; *Fitting*, § 71 BetrVG Rz. 21. | 3 *Fitting*, § 71 BetrVG Rz. 21. | 4 Richardi/*Richardi/Annuß*, § 71 BetrVG Rz. 21. | 5 *Fitting*, § 71 BetrVG Rz. 21; DKK/*Trittin*, § 71 BetrVG Rz. 28; ErfK/*Eisemann*, § 71 BetrVG Rz. 1, § 71 BetrVG Rz. 20; HSWG/*Hess*, § 71 BetrVG Rz. 20; aA GK-BetrVG/*Oetker*, § 71 Rz. 46, der eine unmittelbare Betroffenheit verlangt. | 6 *Fitting*, § 71 BetrVG Rz. 10; DKK/*Trittin*, § 71 BetrVG Rz. 2. | 7 ErfK/*Eisemann*, § 71 BetrVG Rz. 3. | 8 Richardi/*Richardi/Annuß*, § 71 BetrVG Rz. 10. | 9 DKK/*Trittin*, § 71 BetrVG Rz. 3; *Fitting*, § 71 BetrVG Rz. 11. | 10 HSWG/*Hess*, § 71 BetrVG Rz. 7; GK-BetrVG/*Oetker*, § 71 Rz. 30. | 11 *Fitting*, § 71 BetrVG Rz. 11; Richardi/*Richardi/Annuß*, § 71 BetrVG Rz. 11. | 12 Vgl. BAG v. 15.8.1978 – 6 ABR 10/76, AP Nr. 1 zu § 23 BetrVG 1972. | 13 DKK/*Trittin*, § 71 BetrVG Rz. 13; *Fitting*, § 71 BetrVG Rz. 15. | 14 *Fitting*, § 71 BetrVG Rz. 8; GK-BetrVG/*Oetker*, § 71 Rz. 17; Richardi/*Richardi/Annuß*, § 71 BetrVG Rz. 9; weitergehender HSWG/*Hess*, § 71 BetrVG Rz. 15: auch Teilversammlung unzulässig. | 15 Ebenso DKK/*Trittin*, § 71 BetrVG Rz. 7; *Weiss/Weyand*, § 71 BetrVG Rz. 3; ErfK/*Eisemann*, § 71 BetrVG Rz. 1.

nahmsweise am vorangehenden oder dem nachfolgenden Tag stattfinden[1]. Beeinträchtigungen des Betriebsablaufs sollen in möglichst engen Grenzen gehalten werden. Im Übrigen können die Jugend- und Auszubildendenversammlungen nach § 71 Satz 2 im Einvernehmen von JAV, BR und ArbGeb an jedem anderen Tag abgehalten werden[2].

4. Teilnahmerecht. Die Jugend- und Auszubildendenversammlung ist grundsätzlich **nicht öffentlich**[3]. Die Einberufung erfolgt durch den Vorsitzenden der JAV, indem er die betriebliche Jugend- und Auszubildendenversammlung zu dem festgesetzten Zeitpunkt lädt. Ist er verhindert, so hat sein Stellvertreter die Einberufung durchzuführen[4].

Teilnahmeberechtigt sind:

a) **ArbGeb.** Der ArbGeb ist gemäß §§ 71 Satz 3 iVm. 43 Abs. 2 Satz 1 zu der Jugend- und Auszubildendenversammlung unter Mitteilung der Tagesordnung einzuladen und nach §§ 71 Satz 3 iVm. 43 Abs. 2 Satz 2 berechtigt, auf dieser Versammlung zu sprechen. Er ist damit teilnahmeberechtigt.

b) **Verbandsvertreter.** Nach §§ 71 Satz 3 iVm. 46 Abs. 1 Satz 2 darf der ArbGeb im Falle der Teilnahme an der Jugend- und Auszubildendenversammlung einen Beauftragten der Vereinigung der ArbGeb, der er angehört, hinzuziehen.

c) **Gewerkschaften.** Nach §§ 71 Satz 3 iVm. 46 Abs. 1 Satz 1 können Beauftragte der **im Betrieb vertretenen** Gewerkschaft an der Jugend- und Auszubildendenversammlung beratend teilnehmen. Dabei ist es unerheblich, ob die Gewerkschaft unter den jugendlichen und zu ihrer Berufsausbildung beschäftigten ArbN unter 25 Jahre vertreten ist. Maßgebend ist allein, ob sie im Betrieb vertreten ist[5]. Der Gewerkschaft ist der Zeitpunkt der Jugend- und Auszubildendenversammlung sowie die Tagesordnung rechtzeitig mitzuteilen[6].

d) **BR.** Nach §§ 71 Satz 3 iVm. 65 Abs. 2 Satz 2 ist auch der **BR-Vorsitzende** oder ein beauftragtes Mitglied des BR teilnahmeberechtigt.

e) **ArbN iSv. § 60 Abs. 1 BetrVG.** Teilnahmeberechtigt sind die ArbN iSv. § 60 Abs. 1.

f) **JAV.** An der Jugend- und Auszubildendenversammlung können die Mitglieder der JAV teilnehmen, auch wenn sie das 25. Lebensjahr überschritten haben[7]. Die Mitglieder der JAV, die das 25. Lebensjahr überschritten haben, bleiben im Amt (vgl. § 64 Rz. 17). Das Teilnahmerecht der Jugend- und Auszubildendenvertreter, die das 25. Lebensjahr überschritten haben, folgt letztendlich aus dem Zweck der Jugend- und Auszubildendenversammlung, einen Meinungsaustausch zwischen den in § 60 Abs. 1 genannten ArbN und der JAV zu ermöglichen. Da die Mitglieder der JAV nicht in ihrer Eigenschaft als ArbN, sondern in ihrer Eigenschaft als Organmitglieder teilnahmeberechtigt sind, steht die Vollendung des 25. Lebensjahrs oder die Beendigung der Berufsausbildung ihrer Teilnahme nicht entgegen[8].

g) **ArbN anderer ArbGeb.** Teilnahmeberechtigt sind auch ArbN anderer ArbGeb, die nach § 7 Satz 2 wahlberechtigt sind und zu dem in § 60 Abs. 1 genannten ArbN-Kreis gehören[9]. Teilnahmeberechtigt sind ebenfalls **LeihArbN**, sofern sie zu den in § 60 Abs. 1 genannten Personen gehören (§ 14 Abs. 2 Satz 2 AÜG).

h) **Sonstige.** Andere Personen haben wegen des Grundsatzes der Nichtöffentlichkeit (vgl. Rz. 11) kein Teilnahmerecht[10].

5. Durchführung. Alle an der Jugend- und Auszubildendenversammlung Teilnahmeberechtigten haben **Rederecht**[11]. Die Jugend- und Auszubildendenversammlung wird vom Vorsitzenden der JAV geleitet[12]. Er hat insoweit die gleichen Rechte und Pflichten wie der Vorsitzende des BR bei der Durchführung von Betriebsversammmlungen[13] und dafür zu sorgen, dass die Jugend- und Auszubildendenversammlung ordnungsgemäß abläuft und auf ihr keine unzulässigen Themen (vgl. Rz. 3) erörtert werden. Während der Versammlung steht ihm das **Hausrecht** zu[14]. Kommt er seinen Pflichten nicht nach, muss der Vertreter des BR für den ordnungsgemäßen Ablauf sorgen[15]; bleibt auch dieser untätig oder sein Eingreifen wirkungslos, wächst das Hausrecht dem ArbGeb zu[16].

---

1 Vgl. BAG v. 15.8.1978 – 6 ABR 10/76, AP Nr. 1 zu § 23 BetrVG 1972 unter III. 2. d.Gr. |2 ErfK/*Eisemann*, § 71 BetrVG Rz. 2; *Fitting*, § 71 BetrVG Rz. 16. |3 *Fitting*, § 71 BetrVG Rz. 20; DKK/*Trittin*, § 71 BetrVG Rz. 19. |4 Richardi/*Richardi*/*Annuß*, § 71 BetrVG Rz. 15. |5 DKK/*Trittin*, § 71 BetrVG Rz. 30. |6 *Fitting*, § 71 BetrVG Rz. 12; DKK/*Trittin*, § 71 BetrVG Rz. 30. |7 DKK/*Trittin*, § 71 BetrVG Rz. 8; GK-BetrVG/*Oetker*, § 71 BetrVG Rz. 13. |8 GK-BetrVG/*Oetker*, § 71 BetrVG Rz. 8. |9 Richardi/*Richardi*/*Annuß*, § 71 BetrVG Rz. 6. |10 HSWG/*Hess*, § 71 BetrVG Rz. 13; Richardi/*Richardi*/*Annuß*, § 71 BetrVG Rz. 7; aA *Fitting*, § 71 BetrVG Rz. 5, der die Teilnahme von Dritten als Sachverständige oder Gäste für zulässig hält, wenn dies im Einverständnis mit dem Vorsitzenden der JAV und dem BR erfolgt. |11 ErfK/*Eisemann*, § 71 BetrVG Rz. 3; GK-BetrVG/*Oetker*, § 71 BetrVG Rz. 55. |12 *Fitting*, § 71 BetrVG Rz. 17; *Fitting*, § 71 BetrVG Rz. 18. |13 DKK/*Trittin*, § 71 BetrVG Rz. 17; vgl. zu den Rechten und Pflichten des BR-Vorsitzenden bei einer Betriebsversammlung § 42 Rz. 22 ff.. |14 *Fitting*, § 71 BetrVG Rz. 18; DKK/*Trittin*, § 71 BetrVG Rz. 18. |15 DKK/*Trittin*, § 71 BetrVG Rz. 18; *Fitting*, § 71 BetrVG Rz. 19. |16 *Fitting*, § 71 BetrVG Rz. 19; ErfK/*Eisemann*, § 71 BetrVG Rz. 3.

19 III. **Kosten.** Der ArbGeb hat die für die betriebliche Jugend- und Auszubildendenversammlung erforderlichen Räume und sachlichen Mittel zur Verfügung zu stellen, er trägt die Kosten für die Durchführung der Versammlung. Insoweit gilt nichts anderes wie bei der Betriebsversammlung (vgl. § 42 Rz. 9).

20 Der ArbGeb hat darüber hinaus grundsätzlich die Lohnkosten zu tragen. Für den Ausgleich des Verdienstausfalls gelten gemäß §§ 71 Satz 3 iVm. 44 die dort niedergelegten Grundsätze (vgl. zum **Verdienstausfall** und zur **Kostenerstattung** § 44 Rz. 23 ff.).

21 IV. **Muster.** Zu der Jugend- und Auszubildendenversammlung hat die JAV einzuladen. Einzuladen ist unter anderem auch der ArbGeb (vgl. Rz. 10). Ein solches **Einladungsschreiben** könnte wie folgt aussehen:

Jugend- und Auszubildendenvertretung Ort, Datum
An den (Arbeitgeber)
– Geschäftsführung –
Einladung zur Jugend- und Auszubildendenversammlung
Sehr geehrte Damen und Herren,
die Jugend- und Auszubildendenvertretung hat im Einvernehmen mit dem Betriebsrat beschlossen, eine Jugend- und Auszubildendenversammlung durchzuführen.
Die Versammlung findet am ... (genaues Datum) in ... (genauer Ort) statt. Als Tagesordnung ist vorgesehen:
...
Zu dieser Jugend- und Auszubildendenversammlung laden wir hiermit ein.
Mit freundlichen Grüßen
...
(Vorsitzender der Jugend- und Auszubildendenvertretung)

Das Muster kann entsprechend auf andere Einladungsschreiben übertragen werden.

22 V. **Streitigkeiten.** Über Streitigkeiten hinsichtlich der Zulässigkeit einer Jugend- und Auszubildendenversammlung, ihrer Durchführung und der Teilnahmerechte entscheidet das ArbG im **Beschlussverfahren** (§§ 2a Abs. 1 Nr. 1, Abs. 2 iVm. 80 ff. ArbGG).

23 Fahrtkosten und Lohnansprüche sind im **Urteilsverfahren** geltend zu machen (§§ 2 Abs. 1 Nr. 3a, Abs. 5 iVm. 46 ff. ArbGG).

Zweiter Abschnitt. Gesamt-Jugend- und Auszubildendenvertretung

72 *Voraussetzungen der Errichtung, Mitgliederzahl, Stimmengewicht*
(1) Bestehen in einem Unternehmen mehrere Jugend- und Auszubildendenvertretungen, so ist eine Gesamt-Jugend- und Auszubildendenvertretung zu errichten.

(2) In die Gesamt-Jugend- und Auszubildendenvertretung entsendet jede Jugend- und Auszubildendenvertretung ein Mitglied.

(3) Die Jugend- und Auszubildendenvertretung hat für das Mitglied der Gesamt-Jugend- und Auszubildendenvertretung mindestens ein Ersatzmitglied zu bestellen und die Reihenfolge des Nachrückens festzulegen.

(4) Durch Tarifvertrag oder Betriebsvereinbarung kann die Mitgliederzahl der Gesamt-Jugend- und Auszubildendenvertretung abweichend von Absatz 2 geregelt werden.

(5) Gehören nach Absatz 2 der Gesamt-Jugend- und Auszubildendenvertretung mehr als zwanzig Mitglieder an und besteht keine tarifliche Regelung nach Absatz 4, so ist zwischen Gesamtbetriebsrat und Arbeitgeber eine Betriebsvereinbarung über die Mitgliederzahl der Gesamt-Jugend- und Auszubildendenvertretung abzuschließen, in der bestimmt wird, dass Jugend- und Auszubildendenvertretungen mehrerer Betriebe eines Unternehmens, die regional oder durch gleichartige Interessen miteinander verbunden sind, gemeinsam Mitglieder in die Gesamt-Jugend- und Auszubildendenvertretung entsenden.

(6) Kommt im Fall des Absatzes 5 eine Einigung nicht zustande, so entscheidet eine für das Gesamtunternehmen zu bildende Einigungsstelle. Der Spruch der Einigungsstelle ersetzt die Einigung zwischen Arbeitgeber und Gesamtbetriebsrat.

(7) Jedes Mitglied der Gesamt-Jugend- und Auszubildendenvertretung hat so viele Stimmen, wie in dem Betrieb, in dem es gewählt wurde, in § 60 Abs. 1 genannte Arbeitnehmer in der Wählerliste eingetragen sind. Ist ein Mitglied der Gesamt-Jugend- und Auszubildendenvertretung für mehrere Betriebe entsandt worden, so hat es so viele Stimmen, wie in den Betrieben, für die es entsandt ist, in § 60 Abs. 1 genannte Arbeitnehmer in den Wählerlisten eingetragen sind. Sind mehrere Mitglieder der Jugend- und Auszubildendenvertretung entsandt worden, so stehen diesen die Stimmen nach Satz 1 anteilig zu.

(8) Für Mitglieder der Gesamt-Jugend- und Auszubildendenvertretung, die aus einem gemeinsamen Betrieb mehrerer Unternehmen entsandt worden sind, können durch Tarifvertrag oder Betriebsvereinbarung von Absatz 7 abweichende Regelungen getroffen werden.

I. Vorbemerkung. Gesamt-JAV sind **zwingend** für die Unternehmen vorgeschrieben, in denen mehrere JAV bestehen (§ 72 Abs. 1). Das Verhältnis zwischen JAV zur Gesamt-JAV entspricht dem eines BR zum GesamtBR (vgl. § 50 Rz. 1 ff.). Die Gesamt-JAV ist zuständig für Angelegenheiten, die das Gesamtunternehmen oder mehrere Betriebe betreffen und nicht durch die einzelnen JAV geregelt werden können, sowie für ihr durch die JAV übertragene Aufgaben (§§ 73 Abs. 2 iVm. 50)[1]. Zweck der Gesamt-JAV ist, dass auch auf **Unternehmensebene** ein Gremium vorhanden ist, das sich speziell den Belangen der jugendlichen ArbN und Auszubildenden unter 25 Jahre des Unternehmens annimmt[2]. Wie auch die JAV hat die Gesamt-JAV **keine eigenen Mitwirkungs- und MitbestR** gegenüber dem ArbGeb[3]. Die Interessen der im Unternehmen beschäftigten ArbN des § 60 Abs. 1 gegenüber dem ArbGeb kann sie nur mithilfe des GesamtBR wahrnehmen[4], indem sie auf dessen Willensbildung Einfluss nimmt[5]. Insoweit entspricht das Verhältnis zwischen Gesamt-JAV zum GesamtBR dem der einzelnen JAV zum BR[6].

II. Errichtung und Ende. Die Voraussetzungen der Errichtung einer Gesamt-JAV ergeben sich aus § 72 Abs. 1.

1. Errichtung (Abs. 1). Die Gesamt-JAV ist in einem Unternehmen zu errichten, in dem mehrere JAV bestehen sowie ein GesamtBR vorhanden ist.

a) Mehrere JAV. Aus § 72 Abs. 1 ergibt sich, dass Voraussetzung für eine Gesamt-JAV ist, dass es mehrere JAV, also mindestens zwei, gibt[7]. Die Voraussetzungen entsprechen insoweit dem gesetzlichen Erfordernis für die Bildung eines GesamtBR im Unternehmen (vgl. dazu § 47 Rz. 6).

b) Bestehender GesamtBR. JAV können nur in Betrieben, die einen BR haben, errichtet werden (vgl. § 60 Rz. 14). Bestehen in einem Unternehmen mehrere JAV, müssen mehrere BR vorhanden sein. Dann ist nach § 47 Abs. 1 in dem Unternehmen auch ein GesamtBR zu errichten (vgl. § 47 Rz. 6). Daraus ergibt sich, dass die Errichtung einer Gesamt-JAV nur in Unternehmen zulässig ist, die auch einen GesamtBR zu bilden haben[8]. Eine ohne GesamtBR gebildete Gesamt-JAV wäre in ihrer Tätigkeit beschränkt, weil sie nicht direkt gegenüber dem ArbGeb agieren kann[9].

Wird entgegen der gesetzlichen Verpflichtung in § 47 Abs. 1 kein GesamtBR gebildet, wird dadurch die Bildung einer Gesamt-JAV nach teilweise in der Lit. vertretener Ansicht zwar nicht ausgeschlossen. Weil die Gesamt-JAV aber nur über den GesamtBR tätig werden kann, bleibt sie bedeutungslos[10]. Da die Errichtung eines praktisch funktionsunfähigen Organs widersinnig ist, ist daher der Auffassung zu folgen, nach der Voraussetzung für die Bildung einer Gesamt-JAV das Bestehen eines GesamtBR ist.

2. Bildung. Die Bildung einer Gesamt-JAV ist bei Vorliegen der gesetzlichen Voraussetzungen **zwingend** vorgeschrieben. Es besteht eine **Rechtspflicht** der JAV, die Gesamt-JAV zu bilden[11].

Eines besonderen **Errichtungsbeschlusses** bedarf es nicht[12]. Die Bildung erfolgt kraft Gesetzes dadurch, dass die JAV ihre Mitglieder entsenden und diese zur konstituierenden Sitzung zusammentreten. Insoweit folgt die **Konstituierung** den für den GesamtBR geltenden Regelungen (vgl. § 47 Rz. 14 ff.). Einer besonderen Berücksichtigung des Geschlechts bedarf es, anders als beim GesamtBR (§ 47 Abs. 2 Satz 2), nicht.

3. Ende. Wie auch der GesamtBR hat die Gesamt-JAV **keine feste Amtszeit**, da sie eine **Dauereinrichtung** ist (vgl. § 49 Rz. 1). Auflösungsbeschlüsse einzelner JAV sowie ein Selbstauflösungsbeschluss der Gesamt-JAV sind rechtlich bedeutungslos[13]. Die Gesamt-JAV endet daher nur, wenn die gesetzlichen Voraussetzungen für ihre Errichtung entfallen.

4. Rechtsstellung der Mitglieder. Die Tätigkeit in der Gesamt-JAV ist **Ausfluss** der Tätigkeit in der JAV des einzelnen Betriebs. Da ein Mitglied der Gesamt-JAV stets Mitglied einer JAV ist, hat es auch den besonderen Kündigungsschutz des § 15 KSchG. Zulässig ist grundsätzlich nur die außerordentli-

---

[1] *Jaeger/Röder/Heckelmann/Kappenhagen*, Kap. 5 Rz. 125 mwN. | [2] *Weber/Ehrich/Hörchens/Oberthür*, BetrVG, Teil B Rz. 592; *Fitting*, § 72 BetrVG Rz. 1. | [3] *Fitting*, § 72 BetrVG Rz. 9; DKK/*Trittin*, § 72 BetrVG Rz. 3. | [4] *Weber/Ehrich/Hörchens/Oberthür*, BetrVG, Teil B Rz. 593; *Fitting*, § 72 BetrVG Rz. 9. | [5] *Weber/Ehrich/Hörchens/Oberthür*, BetrVG, Teil B Rz. 593. | [6] *Fitting*, § 72 BetrVG Rz. 9; DKK/*Trittin*, § 72 BetrVG Rz. 4. | [7] MünchArbR/*Joost*, § 318 Rz. 2. | [8] GK-BetrVG/*Oetker*, § 72 BetrVG Rz. 10; *Fitting*, § 72 BetrVG Rz. 11; Richardi/*Richardi/Annuß*, § 72 BetrVG Rz. 5; *Weiss/Weyand*, § 72 BetrVG Rz. 1; HSWG/*Hess*, § 72 BetrVG Rz. 5; *Weber/Ehrich/Hörchens/Oberthür*, BetrVG, Teil B Rz. 594; ErfK/*Eisemann*, § 72 BetrVG Rz. 2; aA MünchArbR/*Joost*, § 318 Rz. 4; DKK/*Trittin*, § 72 BetrVG Rz. 6. | [9] *Fitting*, § 72 BetrVG Rz. 11; GK-BetrVG/*Oetker*, § 72 BetrVG Rz. 11. | [10] *Weiss/Weyand*, § 72 BetrVG Rz. 1; Richardi/*Richardi/Annuß*, § 72 BetrVG Rz. 5; *Fitting*, § 72 BetrVG Rz. 11; GK-BetrVG/*Oetker*, § 72 BetrVG Rz. 11; HSWG/*Hess*, § 72 BetrVG Rz. 5; ErfK/*Eisemann*, § 72 BetrVG Rz. 2; aA *Dachrodt/Engelbert*, § 72 BetrVG Rz. 4; MünchArbR/*Joost*, § 318 Rz. 4. | [11] *Fitting*, § 72 BetrVG Rz. 12; DKK/*Trittin*, § 72 BetrVG Rz. 7. | [12] *Fitting*, § 72 BetrVG Rz. 12; DKK/*Trittin*, § 72 BetrVG Rz. 7. | [13] *Fitting*, § 72 BetrVG Rz. 13; DKK/*Trittin*, § 72 BetrVG Rz. 10.

che Kündigung, die der Zustimmung des BR, nicht des GesamtBR, bedarf[1]. Daneben ist der besondere Versetzungsschutz nach § 103 Abs. 3 zu beachten.

11 **III. Mitgliederzahl.** Bei der Mitgliederzahl der Gesamt-JAV sind abweichende Regelungen durch TV und BV möglich.

12 **1. Regelfall (Abs. 2).** Die Gesamt-JAV wird durch die Entsendung von Mitgliedern der einzelnen JAV gebildet. Nach § 72 Abs. 2 entsendet jede JAV **ein Mitglied** in die Gesamt-JAV.

13 Für die Entsendung des Vertreters bedarf es eines einfachen **Mehrheitsbeschlusses** der JAV (§§ 65 Abs. 1 iVm. 33)[2]. Auch die Abberufung des Vertreters bedarf (nur) eines einfachen Mehrheitsbeschlusses der JAV, der nicht zu begründen ist[3]. Wird nach einer Abberufung kein neuer Vertreter gewählt, rückt das **Ersatzmitglied** nach[4].

14 Unterlässt es die JAV, einen Vertreter zu entsenden, kann dies eine **grobe Pflichtverletzung** darstellen, die die Auflösung der JAV rechtfertigen kann[5]. Kommt ein Mitglied seinen Pflichten in der Gesamt-JAV nicht nach, kann dies nicht nur zu seinem Ausschluss aus der Gesamt-JAV (§§ 73 Abs. 2 iVm. 48), sondern auch zur Amtsenthebung als betrieblicher Jugend- und Auszubildendenvertreter (§§ 65 Abs. 1 iVm. 23 Abs. 1) führen[6].

15 Die JAV kann nur eines ihrer **Mitglieder** entsenden, die Entsendung anderer Personen ist nicht zulässig[7]. Ist nur ein Jugend- und Auszubildendenvertreter vorhanden, so ist dieser auch Mitglied der Gesamt-JAV[8].

16 **2. Ersatzmitglied (Abs. 3).** Nach § 72 Abs. 3 ist die JAV verpflichtet, für das Mitglied der Gesamt-JAV **mindestens** ein Ersatzmitglied zu bestellen und – für den Fall der Bestellung mehrerer Ersatzmitglieder – die Reihenfolge des Nachrückens festzulegen. Auch die Bestellung des Ersatzmitglieds bzw. der Ersatzmitglieder erfolgt durch einfachen Mehrheitsbeschluss.

17 Besteht die JAV nur aus einem Mitglied, richtet sich die Bestimmung der Ersatzmitglieder nach § 25 (vgl. im Einzelnen § 25 Rz. 1 ff.). Insoweit wurde durch das BetrVerf-Reformgesetz vom 23.7.2001[9] eine Wahlerleichterung geschaffen[10], da es zuvor zur Bestimmung des Ersatzmitglieds eines Jugend- und Auszubildendenvertreters eines gesonderten Wahlgangs nach § 63 Abs. 1 iVm. § 14 Abs. 4 aF bedurfte.

18 Werden mehrere Ersatzmitglieder durch die JAV bestellt, hat diese gleichzeitig durch einfachen Mehrheitsbeschluss die Reihenfolge des Nachrückens in die Gesamt-JAV festzulegen[11].

19 **3. Abweichende Vereinbarungen.** Abweichende Vereinbarungen zur Mitgliederzahl der Gesamt-JAV können zwischen ArbGeb und GesamtBR freiwillig getroffen werden, sind aber in bestimmten Fällen auch erzwingbar.

20 **a) Freiwillige Vereinbarungen.** Wie bei einem GesamtBR kann die Mitgliederzahl der Gesamt-JAV durch **TV** oder freiwillige **GesamtBV** abweichend von dem gesetzlichen Grundsatz der Entsendung eines Mitglieds für jede JAV geregelt werden (§ 72 Abs. 4, vgl. im Einzelnen § 47 Rz. 18 ff.).

21 Dies mag sinnvoll sein, wenn ein Unternehmen bspw. nur einige wenige, aber große Betriebe mit vielen ArbN iSv. § 60 Abs. 1 hat und eine im Verhältnis zur Gesamtzahl der betreffenden ArbN unverhältnismäßig kleine Gesamt-JAV entsteht[12]. Gleiches kann im umgekehrten Fall eintreten, wenn ein Unternehmen viele kleine Betriebe hat und eine im Verhältnis zur Gesamtzahl der betreffenden ArbN unverhältnismäßig große Gesamt-JAV entsteht[13]. Durch TV oder GesamtBV kann insoweit die Anzahl der Gesamt-Jugend- und Auszubildendenvertreter vergrößert oder verkleinert werden.

22 Die tarifliche Regelung hat Vorrang vor der GesamtBV[14]. Die Gesamt-JAV kann – wie die JAV (vgl. § 60 Rz. 14) – keine BV mit dem ArbGeb abschließen, eine solche muss durch den GesamtBR mit dem ArbGeb vereinbart werden[15]. Da es sich allerdings um eine primär jugendliche und zu ihrer Berufsausbildung beschäftigte ArbN betreffende Angelegenheit handelt, ist die Gesamt-JAV bei den Verhandlungen zwischen ArbGeb und BR zu beteiligen und hat im GesamtBR Stimmrecht (§§ 73 Abs. 2 iVm. 67 Abs. 1 und Abs. 2 sowie § 68)[16].

23 **b) Erzwingbare Regelung.** Gehören der Gesamt-JAV in der gesetzlichen Größe (vgl. Rz. 12) **mehr als 20 Mitglieder** an und besteht **keine tarifliche Regelung** über eine abweichende Größe, so ist zwischen GesamtBR und ArbGeb eine BV über die Mitgliederzahl der Gesamt-JAV abzuschließen, in der bestimmt wird, dass JAV mehrerer Betriebe eines Unternehmens, die regional oder durch gleichartige

---

1 Richardi/Richardi/Annuß, § 73 BetrVG Rz. 17. | 2 Fitting, § 72 BetrVG Rz. 16; GK-BetrVG/Oetker, § 72 Rz. 21. | 3 Fitting, § 72 BetrVG Rz. 22; DKK/Trittin, § 72 BetrVG Rz. 13. | 4 Fitting, § 72 BetrVG Rz. 23. | 5 Fitting, § 72 BetrVG Rz. 18. | 6 GK-BetrVG/Oetker, § 72 Rz. 24; Richardi/Richardi/Annuß, § 72 BetrVG Rz. 14. | 7 ErfK/Eisemann, § 72 BetrVG Rz. 2. | 8 Richardi/Richardi/Annuß, § 72 BetrVG Rz. 11. | 9 BGBl. I S. 1852. | 10 BT-Drs. 14/5741, 36. | 11 Fitting, § 72 BetrVG Rz. 21; DKK/Trittin, § 72 BetrVG Rz. 12. | 12 Fitting, § 72 BetrVG Rz. 31. | 13 MünchArbR/Joost, § 318 Rz. 8. | 14 Fitting, § 72 BetrVG Rz. 34; Richardi/Richardi/Annuß, § 72 BetrVG Rz. 16; DKK/Trittin, § 72 BetrVG Rz. 15; ErfK/Eisemann, § 72 BetrVG Rz. 3; aA GK-BetrVG/Oetker, § 72 Rz. 36 (Prioritätsprinzip). | 15 Fitting, § 72 BetrVG Rz. 35; DKK/Trittin, § 72 BetrVG Rz. 17. | 16 DKK/Trittin, § 72 BetrVG Rz. 17; Fitting, § 72 BetrVG Rz. 35.

Interessen miteinander verbunden sind, gemeinsam Mitglieder in die Gesamt-JAV entsenden (§ 72 Abs. 5, vgl. im Einzelnen § 47 Rz. 22 ff.).

Zu einer Verringerung der Mitgliederzahl kommt es nicht **automatisch**. Es bedarf eines Tätigwerdens entweder des GesamtBR oder des ArbGeb. Unterbleibt ein solches Tätigwerden, so verändert sich die Mitgliederzahl in der Gesamt-JAV nicht, auch wenn sie über 20 liegt[1]. Eine solche Vereinbarung bedeutet nicht zwangsläufig, dass die Zahl der Gesamt-Jugend- und Auszubildendenvertreter auf die Zahl 20 oder darunter sinkt[2].

Die GesamtBV ist **erzwingbar**. Kommt eine Einigung zwischen dem ArbGeb und dem GesamtBR nicht zustande, so entscheidet eine für das Unternehmen zu bildende Einigungsstelle, deren Spruch die Einigung zwischen ArbGeb und GesamtBR ersetzt (§ 72 Abs. 6, vgl. § 47 Rz. 24). Da es um eine Vereinbarung zwischen ArbGeb und GesamtBR geht, kann die Gesamt-JAV die Einigungsstelle nicht anrufen, sie sollte im Einigungsstellenverfahren jedoch gehört werden[3].

IV. Abstimmung. Bei der Stimmabgabe sind die Gesamt-Jugend- und Auszubildendenvertreter frei und nicht an Aufträge oder Weisungen der entsendenden JAV gebunden; sie können ihre Stimme nur **einheitlich** abgeben, eine Aufgliederung ist ausgeschlossen[4].

1. Regelfall. Im Regelfall hat nach § 72 Abs. 7 jedes Mitglied der Gesamt-JAV so viele Stimmen, wie in dem Betrieb, in dem es gewählt wurde, zur JAV wahlberechtigte ArbN in der Wählerliste eingetragen sind (§ 72 Abs. 7 Satz 1). Maßgebend ist somit die letzte Wahl, nicht die Zahl der gegenwärtig beschäftigten ArbN iSv. § 60 Abs. 1[5].

Beispiel: Bei der letzten Wahl zur JAV eines Betriebs waren 100 wahlberechtigte ArbN iSv. § 60 Abs. 1 in der Wählerliste eingetragen. Der Gesamt-Jugend- und Auszubildendenvertreter dieses Betriebs hat in der Gesamt-JAV 100 Stimmen, auch wenn die Anzahl der ArbN iSv. § 60 Abs. 1 zwischenzeitlich, dh. nach der letzten Wahl, auf 110 gestiegen ist.

2. Abweichende Vereinbarungen. Hat die Gesamt-JAV wegen einer tarifvertraglichen Regelung oder einer GesamtBV eine von der gesetzlichen Regelung abweichende Mitgliederzahl, ist, je nachdem, ob die Gesamt-JAV vergrößert oder verkleinert wurde, zu unterscheiden:

a) Vergrößerung der Anzahl der Gesamt-Jugend- und Auszubildendenvertreter. Wurde die Mitgliederzahl durch abweichende Vereinbarung vergrößert, teilen sich die einzelnen Mitglieder zu gleichen Teilen die Stimmen, welche den einzelnen Mitglied zugekommen wären (§ 72 Abs. 7 Satz 3)[6].

Beispiel: Aufgrund einer abweichenden Vereinbarung hat ein Betrieb, bei dem bei der letzten Wahl der JAV 300 ArbN iSv. § 60 Abs. 1 in der Wählerliste eingetragen waren, vier (statt gesetzlich einen) Vertreter in die Gesamt-JAV entsandt. Jeder der Vertreter hat 75 Stimmen.

b) Verringerung der Anzahl der Gesamt-Jugend- und Auszubildendenvertreter. Im Falle der Verringerung der Mitgliederzahl stehen dem einzelnen Mitglied alle sich aus den zusammengefassten Betrieben ergebenden Stimmen zu (§ 72 Abs. 7 Satz 2)[7].

Beispiel: Aufgrund einer abweichenden Vereinbarung entsenden vier Betriebe, in denen jeweils 75 ArbN iSv. § 60 Abs. 1 bei der letzten Wahl der JAV in den Wählerlisten eingetragen waren, einen gemeinsamen Vertreter in die Gesamt-JAV. Dieser hat in der Gesamt-JAV 300 Stimmen.

3. Gemeinsamer Betrieb. § 72 Abs. 8 ermöglicht es, dass durch **TV** oder **BV** von den obigen Grundsätzen abweichende Regelungen getroffen werden. Die Voraussetzungen sind zunächst identisch wie im gleich lautenden § 47 Abs. 9 (vgl. im Einzelnen § 47 Rz. 27 ff.): Es muss ein gemeinsamer Betrieb mehrerer Unternehmen vorliegen (vgl. dazu § 1 Rz. 8 ff.) und es muss eine abweichende Regelung, entweder durch TV oder durch GesamtBV zwischen ArbGeb und GesamtBR, zur Stimmengewichtung getroffen sein. Hintergrund dieser abweichenden Regelung zur **Stimmengewichtung** ist folgender: Ein Betrieb kann von mehreren ArbGeb gemeinsam geführt werden[8]. Liegt ein solcher gemeinsamer Betrieb vor, entsendet dieser zumindest einen Vertreter in die jeweiligen Gesamt-JAV beider Unternehmen. In der Gesamt-JAV umfasst sein Stimmrecht die Anzahl derjenigen ArbN iSv. § 60 Abs. 1, die bei der letzten Wahl zur JAV in der Wählerliste eingetragen waren, also letztendlich auch die ArbN iSv. § 60 Abs. 1, deren ArbGeb das andere Unternehmen ist. Durch eine Vereinbarung nach § 72 Abs. 8 kann nunmehr der jeweilige ArbGeb erreichen, dass bei Abstimmungen in der Gesamt-JAV nur die Stimmen derjenigen ArbN iSv. § 60 Abs. 1 berücksichtigt werden, deren ArbGeb er ist. Ein **Beispiel** für den BR findet sich im Gesetzentwurf der Bundesregierung[9]:

---

1 DKK/*Trittin*, § 72 BetrVG Rz. 20; *Fitting*, § 72 BetrVG Rz. 40. |2 DKK/*Trittin*, § 72 BetrVG Rz. 21. |3 ErfK/*Eisemann*, § 72 BetrVG Rz. 3; *Fitting*, § 72 BetrVG Rz. 41; DKK/*Trittin*, § 72 BetrVG Rz. 21. |4 GK-BetrVG/*Oetker*, § 72 Rz. 48; *Fitting*, § 72 BetrVG Rz. 30. |5 *Fitting*, § 72 BetrVG Rz. 27; DKK/*Trittin*, § 72 BetrVG Rz. 22. |6 *Fitting*, § 72 BetrVG Rz. 37; DKK/*Trittin*, § 72 BetrVG Rz. 25. |7 *Fitting*, § 72 BetrVG Rz. 38; DKK/*Trittin*, § 72 BetrVG Rz. 24. |8 BAG v. 9.2.2000 – 7 ABR 21/98, DB 2000, 384; v. 3.12.1997 – 7 AZR 764/96, AP Nr. 24 zu § 1 AÜG; v. 24.1.1996 – 7 ABR 10/95, AP Nr. 8 zu § 1 BetrVG 1972 – Gemeinsamer Betrieb. |9 BT-Drs. 14/5741, 42.

35 Wenn ein an einem gemeinsamen Betrieb beteiligtes Unternehmen über eine betrAV für seine ArbN verfügt und verhindert werden soll, dass die Vertreter der ArbN des gemeinsamen Betriebs im GesamtBR bei Abstimmungen über die betrAV ihr volles Stimmengewicht, also auch die Zahl der in keinem Arbeitsverhältnis zu diesem Unternehmen stehenden ArbN, einbringen können, kann durch TV oder BV vorgesehen werden, dass bei Abstimmungen im GesamtBR in Angelegenheiten der betrAV den Vertretern der ArbN des gemeinsamen Betriebs nur die Stimmen der ArbN dieses Unternehmens zustehen.

36 Gleiches gilt für die Gesamt-JAV: In einem TV oder einer GesamtBV kann festgelegt werden, dass in bestimmten Angelegenheiten, die nur ein Unternehmen betreffen, die Stimmen des Gesamt-Jugend- und Auszubildendenvertreters berücksichtigt werden, soweit der ArbGeb wahlberechtigte ArbN iSv. § 60 Abs. 1 BetrVG in dem gemeinsamen Betrieb beschäftigt.

37 **Beispiel:** Das Unternehmen A und das Unternehmen B unterhalten einen gemeinsamen Betrieb, in dem bei der letzten Wahl zur JAV insgesamt 100 ArbN iSv. § 60 Abs. 1 in der Wählerliste eingetragen waren. Unternehmen A ist ArbGeb von 25 dieser ArbN, Unternehmen B der restlichen 75. Unternehmen A kann nunmehr mit seinem GesamtBR eine Vereinbarung dahingehend treffen, dass in bestimmten näher bezeichneten Angelegenheiten der Gesamt-Jugend- und Auszubildendenvertreter dieses gemeinsamen Betriebs der beiden Unternehmen nur die Stimmen derjenigen ArbN iSv. § 60 Abs. 1 vertritt, deren ArbGeb das Unternehmen A ist. Wenn also der Gesamt-Jugend- und Auszubildendenvertreter dieses gemeinsamen Betriebs im Regelfall 100 Stimmen hat, reduziert sich dies bei bestimmten, im Einzelnen in der abweichenden Vereinbarung bezeichneten Fällen auf 25.

38 **Hinweis:** Eine solche Regelung ist in jedem Fall für Unternehmen sinnvoll und zweckmäßig, um zu vermeiden, dass bei bestimmten, nur das Unternehmen betreffenden Angelegenheiten der Gesamt-Jugend- und Auszubildendenvertreter durch Ausübung seines vollen Stimmrechts (also auch unter Einschluss der durch ihn vertretenen nicht unternehmensangehörigen Mitarbeiter des gemeinsamen Betriebs) mehr Einfluss auf Regelungsgegenstände nimmt, die vom Ergebnis her nur die ArbN des einen Unternehmens betreffen. Gerade die Unternehmen, deren größerer Betrieb Teil des gemeinsamen Betriebs ist, geraten ohne den Abschluss einer solchen Vereinbarung in die Gefahr, dass die Gesamt-JAV in originär den ArbGeb betreffenden Punkten durch das Stimmengewicht einer Mehrheit von nicht unternehmensangehörigen ArbN iSv. § 60 Abs. 1 majorisiert wird.

39 Umso mehr gilt es für den ArbGeb wegen der weitaus höheren Kompetenzen und Befugnisse des GesamtBR, mit diesem selbst eine abweichende Regelung nach § 47 Abs. 9 für die Stimmengewichtung im GesamtBR herbeizuführen (vgl. ausführlich zum Problem § 47 Rz. 29).

40 **V. Streitigkeiten.** Über Streitigkeiten, die sich aus der Anwendung des § 72 ergeben (zB Errichtung, Mitgliedschaft, Stimmengewicht), entscheiden die ArbG im **Beschlussverfahren** (§§ 2a Abs. 1 Nr. 1, Abs. 2 iVm. 80 ff. ArbGG). Örtlich zuständig ist das ArbG, in dessen Bezirk das Unternehmen seinen Sitz hat (§ 82 Satz 2 ArbGG).

41 Für die Überprüfung des Spruchs der Einigungsstelle gilt § 76 Abs. 5 Satz 4.

73 Geschäftsführung und Geltung sonstiger Vorschriften

(1) **Die Gesamt-Jugend- und Auszubildendenvertretung kann nach Verständigung des Gesamtbetriebsrats Sitzungen abhalten. An den Sitzungen kann der Vorsitzende des Gesamtbetriebsrats oder ein beauftragtes Mitglied des Gesamtbetriebsrats teilnehmen.**

(2) Für die Gesamt-Jugend- und Auszubildendenvertretung gelten § 25 Abs. 1, die §§ 26, 28 Abs. 1 Satz 1, die §§ 30, 31, 34, 36, 37 Abs. 1 bis 3, die §§ 40, 41, 48, 49, 50, 51 Abs. 2 bis 5 sowie die §§ 66 bis 68 entsprechend.

1 **I. Vorbemerkung.** § 73 regelt die Geschäftsführung der Gesamt-JAV. Aufgrund der gesetzlichen Verweisung in § 73 Abs. 2 gelten weitestgehend die Grundsätze zur Geschäftsführung der JAV. Allerdings besteht – mangels entsprechender Verweisung – nicht die Möglichkeit der Einrichtung von Sprechstunden[1].

2 Die Vorschrift ist **zwingend**, sie kann weder durch TV noch durch BV abbedungen werden[2].

3 Die Verweisung in § 73 Abs. 2 auf entsprechend anwendbare Vorschriften bedeutet nicht, dass diese **schematisch** angewandt werden können. Die Vorschriften wurden für andere Gremien konzipiert. Die entsprechende Anwendung kann daher nur unter dem Vorbehalt der durch Sinn und Zweck vermittelten Vergleichbarkeit erfolgen[3].

4 **II. Sitzungen (Abs. 1).** Die Gesamt-JAV kann **nach Verständigung** des GesamtBR Sitzungen abhalten. Insoweit gilt nichts anderes als bei den Sitzungen der JAV (vgl. § 65 Rz. 18): Der GesamtBR muss nicht zustimmen (§ 65 Rz. 49), die Ladung erfolgt durch den Vorsitzenden der Gesamt-JAV, der die

---

1 Weber/Ehrich/Hörchens/Oberthür, BetrVG, Teil B Rz. 600. | 2 Fitting, § 73 BetrVG Rz. 2; GK-BetrVG/Oetker, § 73 Rz. 2; HSWG/Hess, § 73 BetrVG Rz. 1. | 3 ErfK/Eisemann, § 73 BetrVG Rz. 2.

Tagesordnung festsetzt und die Sitzung leitet (§§ 73 Abs. 2 iVm. 51 Abs. 2 Satz 2 und Satz 3, vgl. ausführlich zu der insoweit gleich lautenden Regelung bei der JAV § 65 Rz. 48 ff.).

Der Vorsitzende der Gesamt-JAV **muss** nach §§ 73 Abs. 2 iVm. 51 Abs. 2 Satz 3 iVm. 29 Abs. 3 eine Sitzung einberufen und den beantragten Gegenstand auf die Tagesordnung setzen, wenn dies ein Viertel der Mitglieder der Gesamt-JAV oder der ArbGeb verlangt. Es gilt nichts anderes als bei der JAV (vgl. ausführlich § 65 Rz. 51). 5

Ist eine Gesamt-JAV zu errichten, so hat die JAV der Hauptverwaltung zur **konstituierenden Sitzung** einzuladen, um den Vorsitzenden und den stellvertretenden Vorsitzenden der Gesamt-JAV zu wählen (§§ 73 Abs. 2 iVm. 51 Abs. 2 Satz 1). Besteht dort keine JAV, so muss der nach der Zahl der Wahlberechtigten größte Betrieb des Unternehmens zu der Sitzung einladen. Dabei sind nicht die zum jeweiligen Zeitpunkt tatsächlich beschäftigten ArbN iSv. § 60 Abs. 1 maßgebend, sondern die bei der letzten Wahl der JAV in der Wählerliste eingetragenen ArbN[1]. 6

Die zur konstituierenden Sitzung einladungsberechtigte JAV hat den GesamtBR **vorher** von dieser Sitzung **zu unterrichten** (§§ 73 Abs. 2 iVm. 51 Abs. 2 Satz 1). Das Teilnahmerecht des Vorsitzenden des GesamtBR bzw. eines beauftragten Mitglieds des GesamtBR besteht auch für die konstituierende Sitzung[2]. 7

III. Entsprechende Anwendung (Abs. 2). Das Geschäftsführungsrecht, die innere Organisation sowie die Rechtsstellung der Gesamt-JAV sind durch eine **gesetzliche Verweisung** auf die für den BR und den GesamtBR sowie die JAV geltenden Bestimmungen geregelt, die teilweise anzuwenden sind (§ 73 Abs. 2). Damit gelten für die Gesamt-JAV weitgehend dieselben Regelungen wie für die JAV auf betrieblicher Ebene. 8

1. Ersatzmitglied (§ 25 Abs. 1 BetrVG). Scheidet ein Mitglied aus der Gesamt-JAV aus, so rückt das nach § 72 Abs. 3 bestellte Ersatzmitglied nach (zur Bestellung und Wahl der Ersatzmitglieder vgl. im Einzelnen § 72 Rz. 16 ff.). 9

2. Vorsitzender und Stellvertreter (§ 26 BetrVG). Wie auch die JAV wählt die Gesamt-JAV aus ihrer Mitte einen Vorsitzenden und einen Stellvertreter (§ 26 Abs. 1). Der Vorsitzende bzw. im Verhinderungsfall sein Stellvertreter vertritt die Gesamt-JAV im Rahmen der von dieser gefassten Beschlüsse und ist zur Entgegennahme von Erklärungen, die der Gesamt-JAV gegenüber abzugeben sind, berechtigt (§ 26 Abs. 2). Insoweit gilt nichts anderes als für die JAV (vgl. ausführlich § 65 Rz. 13 f.). 10

3. Ausschüsse (§ 28 Abs. 1 Satz 1 BetrVG). Ebenso wie die JAV kann die Gesamt-JAV Aufgaben auf Ausschüsse übertragen, wenn im Unternehmen insgesamt mehr als 100 wahlberechtigte ArbN iSv. § 60 Abs. 1 bei den letzten Wahlen zur jeweiligen JAV beschäftigt waren. Soweit die Befugnis zur Bildung von Ausschüssen der JAV nur in Betrieben mit mehr als 100 wahlberechtigten ArbN zusteht (vgl. ausführlich § 65 Rz. 15 ff.), kann dies die Gesamt-JAV dann, wenn in den einzelnen Betrieben der JAV insgesamt mehr als 100 wahlberechtigte ArbN iSv. § 60 Abs. 1 beschäftigt werden. Damit kann die Situation eintreten, dass die einzelnen JAV keine Ausschüsse bilden können, da in den Betrieben nicht mehr als 100 wahlberechtigte ArbN iSv. § 60 Abs. 1 beschäftigt werden, dies aber die Gesamt-JAV kann, da die Gesamtheit der wahlberechtigten ArbN iSv. § 60 Abs. 1 in den Betrieben mehr als 100 ausmacht. Dies ergibt sich aus dem Zweck der Regelung: Wenn die JAV einen größeren Kreis von wahlberechtigten ArbN iSv. § 60 Abs. 1 vertritt, soll durch die Bildung von Ausschüssen eine größere Effizienz ihrer Arbeit ermöglicht werden[3]. Gleiches gilt für die Gesamt-JAV, wenn in ihr insgesamt mehr als 100 wahlberechtigte ArbN iSv. § 60 Abs. 1 repräsentiert sind[4]. 11

In der Lit. wird teilweise vertreten, dass weitere Voraussetzung für die Bildung von Ausschüssen ist, dass die Gesamt-JAV **mindestens sieben Mitglieder** hat[5]. Begründet wird dies im Wesentlichen damit, dass § 9 eine bestimmte Größe des Gremiums bei einer bestimmten Mitarbeiterzahl vorgibt, was bedeutet, dass bei mehr als 100 ArbN ein BR mindestens sieben Mitglieder haben muss[6]. Diese Argumentation mag im Ergebnis richtig sein, da die Einsetzung eines Ausschusses letztendlich nur dann Sinn macht, wenn die Gesamt-JAV entsprechend „groß" ist, so dass sich die Bildung eines Ausschusses „lohnt". Die Begründung vermag allerdings nicht zu überzeugen, da zum einen die Größe der Gesamt-JAV nicht abhängig von der Anzahl der wahlberechtigten ArbN iSv. § 60 Abs. 1 ist, also auch eine relativ kleine Gesamt-JAV einen großen ArbN-Kreis iSv. § 60 Abs. 1 repräsentiert. So kann es sein, dass in einer Gesamt-JAV mehrere 100 wahlberechtigte ArbN iSv. § 60 Abs. 1 repräsentiert sind, die Gesamt-JAV aber keine sieben Mitglieder umfasst. Wenn es das Ziel des Gesetzgebers war, durch die Bildung von Ausschüssen die Arbeit unter anderem auch der Gesamt-JAV zu erleichtern, dürfte gerade bei dieser Fallkonstellation Bedarf bestehen. Zum anderen lässt sich den Gesetzesmaterialien kein Hinweis darauf entnehmen, dass neben den repräsentierten 100 wahlberechtigten ArbN iSv. § 60 Abs. 1 weitere Voraussetzungen zur Bildung von Ausschüssen zur Vereinfachung und Effektivierung der Arbeit der Gesamt-JAV aufgestellt werden sollten. 12

---

1 DKK/*Trittin*, § 73 BetrVG Rz. 21; *Fitting*, § 73 BetrVG Rz. 8. | 2 *Fitting*, § 73 BetrVG Rz. 9. | 3 BT-Drs. 14/5741, 44. | 4 BT-Drs. 14/5741, 45. | 5 Richardi/*Richardi/Annuß*, § 73 BetrVG Rz. 18 sowie § 51 Rz. 22. | 6 Richardi/*Richardi/Annuß*, § 51 BetrVG Rz. 22.

13 **4. Sitzungen (§ 30 BetrVG).** Hinsichtlich der Sitzungen der Gesamt-JAV gilt nichts anderes als bei der betrieblichen JAV (vgl. dazu Rz. 4 ff. sowie § 65 Rz. 48 ff.).

14 **5. Teilnahme der Gewerkschaften (§ 31 BetrVG).** Vertreter der Gewerkschaften können an den Sitzungen der Gesamt-JAV teilnehmen, wobei streitig ist, ob die Gewerkschaft in der Gesamt-JAV vertreten sein muss oder es ausreicht, dass sie in einer JAV des Unternehmens vertreten ist (vgl. zum **Streitstand** § 65 Rz. 19 ff. mzN)[1]. Allerdings kann die Gesamt-JAV auch selbst beschließen, einen Beauftragten der Gewerkschaft hinzuzuziehen, wenn sie dies für sachdienlich hält. Die Gewerkschaft muss dann nur im Unternehmen vertreten sein[2].

15 Bei der Ermittlung des Quorums von einem Viertel der Mitglieder der Gesamt-JAV, das für einen Antrag auf beratende Teilnahme eines Gewerkschaftsmitglieds erforderlich ist (§ 31), kommt es nicht auf die **Personenzahl**, sondern auf das **Stimmengewicht** an (vgl. § 72 Rz. 26 ff.)[3].

16 **6. Sitzungsprotokoll (§ 34 BetrVG).** Für die über die Sitzung der Gesamt-JAV anzufertigende Niederschrift gelten dieselben Bestimmungen wie für die Niederschrift der JAV (vgl. ausführlich § 65 Rz. 25).

17 **7. Geschäftsordnung (§ 36 BetrVG).** Wie auch die betriebliche JAV kann die Gesamt-JAV sich mit der absoluten Mehrheit ihrer Stimmen eine schriftliche Geschäftsordnung geben (vgl. ausführlich § 65 Rz. 26 f.).

18 **8. Ehrenamt und Arbeitsbefreiung (§ 37 Abs. 1 bis Abs. 3 BetrVG).** § 37 Abs. 1 bis Abs. 3 bestimmt, dass die Mitglieder der Gesamt-JAV – wie die Mitglieder der Jugend- und Auszubildendenvertretung – ihr Amt unentgeltlich als **Ehrenamt** führen. Sie sind von der beruflichen Tätigkeit ohne Minderung des Arbeitsentgelts zu befreien und haben Anspruch auf Arbeitsbefreiung unter Fortzahlung des Arbeitsentgelts, soweit sie ihre Amtstätigkeit außerhalb der Arbeitszeit durchführen (vgl. im Einzelnen § 65 Rz. 29 ff.).

19 Während § 65 Abs. 1 für die Geschäftsführung der JAV insgesamt auf § 37 verweist, beschränkt sich dies bei der Gesamt-JAV auf § 37 Abs. 1 bis Abs. 3. Das bedeutet aber nicht, dass § 37 Abs. 4 bis Abs. 7, der insb. die Teilnahme an Schulungen, Entgeltschutz etc. regelt, keine Anwendung findet: Da die Gesamt-Jugend- und Auszubildendenvertreter gleichzeitig Mitglieder der JAV sind, finden in dieser Eigenschaft über § 65 Abs. 1 die entsprechenden Bestimmungen Anwendung[4]. Daraus folgt aber zwangsläufig, dass über die Teilnahme der Mitglieder der Gesamt-JAV an **Schulungsveranstaltungen** iSv. § 37 Abs. 6 und Abs. 7 nicht die Gesamt-JAV oder der GesamtBR, sondern allein der BR entscheidet. Denn es geht um die Teilnahme eines Mitglieds der JAV an einer Schulungsveranstaltung nach §§ 65 Abs. 1 iVm. 37 Abs. 6 und Abs. 7. Dementsprechend entscheidet über die Freistellung derjenige BR, der für die JAV zuständig ist, die den betreffenden Gesamt-Jugend- und Auszubildendenvertreter in die Gesamt-JAV entsandt hat[5]. Der BR kann ein in die Gesamt-JAV entsandtes Mitglied jedoch auch für solche Schulungsveranstaltungen freistellen, bei denen Kenntnisse vermittelt werden, die für die Tätigkeit in der Gesamt-JAV erforderlich sind[6].

20 **9. Kosten (§ 40 BetrVG).** Wie für die JAV hat der ArbGeb auch die durch die Tätigkeit der Gesamt-JAV und ihrer Mitglieder entstehenden Kosten sowie den erforderlichen Sachaufwand zu tragen (vgl. im Einzelnen § 65 Rz. 39 f.).

21 **10. Umlageverbot (§ 41 BetrVG).** Die Erhebung und Leistung von Beiträgen von ArbN für die Gesamt-JAV ist unzulässig.

22 **11. Ausschluss (§ 48 BetrVG).** Mindestens ein Viertel der wahlberechtigten ArbN iSv. § 60 Abs. 1 des Unternehmens, der ArbGeb, der GesamtBR, die Gesamt-JAV oder eine im Unternehmen vertretene Gewerkschaft können beim ArbG den Ausschluss eines Mitglieds aus der Gesamt-JAV wegen grober Verletzung seiner gesetzlichen Pflichten beantragen (zur Verletzung der gesetzlichen Pflichten vgl. § 23 Rz. 1 ff.)[7].

23 Hinsichtlich des Quorums von einem Viertel der wahlberechtigten ArbN iSv. § 60 Abs. 1 ist nicht auf die Personenzahl, sondern auf das Stimmengewicht abzustellen[8].

24 **12. Erlöschen der Mitgliedschaft (§ 49 BetrVG).** Nach der entsprechend anwendbaren Vorschrift des § 49 endet die Mitgliedschaft in der Gesamt-JAV mit dem Erlöschen der Mitgliedschaft in der JAV (vgl. dazu § 62 Rz. 21 ff.), der Abberufung des Gesamt-Jugend- und Auszubildendenvertreters durch die betriebliche JAV (vgl. dazu § 72 Rz. 13), durch Ausschluss aus der Gesamt-JAV (vgl. dazu Rz. 22) sowie durch Amtsniederlegung.

25 **13. Zuständigkeit (§ 50 BetrVG).** Die Gesamt-JAV ist der örtlichen JAV nicht übergeordnet (§ 50 Abs. 1 Satz 2). Die Zuständigkeit folgt der des GesamtBR. Die Gesamt-JAV ist damit von Gesetzes

---

1 Auch *Fitting*, § 73 BetrVG Rz. 11; DKK/*Trittin*, § 73 BetrVG Rz. 10; HSWG/*Hess*, § 73 BetrVG Rz. 11; ErfK/*Eisemann*, § 73 BetrVG Rz. 1; GK-BetrVG/*Oetker*, § 73 Rz. 28; aA MünchArbR/*Joost*, § 318 Rz. 30; Richardi/*Richardi/Annuß*, § 73 BetrVG Rz. 7. | 2 *Fitting*, § 73 BetrVG Rz. 11; DKK/*Trittin*, § 73 BetrVG Rz. 11. | 3 DKK/*Trittin*, § 73 BetrVG Rz. 11; *Fitting*, § 73 BetrVG Rz. 11. | 4 *Fitting*, § 73 BetrVG Rz. 12; DKK/*Trittin*, § 73 BetrVG Rz. 15. | 5 Vgl. BAG v. 10.6.1975 – 1 ABR 140/73, AP Nr. 1 zu § 73 BetrVG 1972. | 6 Vgl. BAG v. 10.6.1975 – 1 ABR 140/73, AP Nr. 1 zu § 73 BetrVG 1972. | 7 Richardi/*Richardi/Annuß*, § 73 BetrVG Rz. 13. | 8 DKK/*Trittin*, § 73 BetrVG Rz. 18.

wegen für die Wahrnehmung der besonderen Belange der in § 60 Abs. 1 genannten ArbN immer zuständig, wenn die Angelegenheit das Gesamtunternehmen oder mehrere Betriebe betrifft und eine Interessenwahrung nicht durch die einzelnen JAV innerhalb ihrer Betriebe erfolgen kann. Da sie wie auch die JAV **nicht** Träger von Mitwirkungs- und MitbestR ist, sondern darauf angewiesen ist, ihre Aufgaben gegenüber dem GesamtBR bzw. über den GesamtBR zu erfüllen, ist ihre Zuständigkeit stets dann gegeben, wenn der GesamtBR sich mit der Angelegenheit befassen kann[1].

Die Zuständigkeit der Gesamt-JAV erstreckt sich wegen der Verweisung auf § 50 Abs. 1 Satz 1 Halbs. 2 auch auf Betriebe, die selbst keine JAV haben. Dies erscheint problematisch, da die Wahlfreiheit des Einzelnen, die auch in der Freiheit besteht, nicht zu wählen, beeinträchtigt wird (vgl. zur Zuständigkeit für **betriebsratslose Betriebe** im Einzelnen § 50 Rz. 16). 26

Durch Mehrheitsbeschluss können JAV die Gesamt-JAV beauftragen, eine Angelegenheit für sie zu behandeln (§ 50 Abs. 2). Dies ist jedoch nur dann sinnvoll, wenn auch der GesamtBR von dem betreffenden BR entsprechend beauftragt wird, da die Gesamt-JAV nicht unmittelbar mit dem ArbGeb verhandeln kann[2]. 27

14. Konstituierende Sitzung (§ 51 Abs. 2 BetrVG). Zur konstituierenden Sitzung der Gesamt-JAV vgl. bereits Rz. 6. Die Leitung der konstituierenden Sitzung der Gesamt-JAV obliegt dem Vorsitzenden der JAV, der zu der konstituierenden Sitzung einzuladen hat, bis die Gesamt-JAV aus ihrer Mitte einen Wahlleiter bestellt hat (§ 51 Abs. 2 Satz 2). 28

§ 51 Abs. 2 Satz 3 verweist auf § 29 Abs. 2 bis Abs. 4. Daraus folgt insb. die Verpflichtung des Vorsitzenden der Gesamt-JAV, auf Antrag eines Viertels der Mitglieder der Gesamt-JAV (auch insoweit kommt es nicht auf die Personenzahl, sondern auf die Stimmengewichtung an) oder des ArbGeb eine Sitzung der Gesamt-JAV einzuberufen und den Gegenstand, dessen Beratung beantragt ist, auf die **Tagesordnung** zu setzen (§ 29 Abs. 3). Ferner ergibt sich durch den Verweis auf § 29 Abs. 4 die Verpflichtung zur Einladung des ArbGeb zur Sitzung der Gesamt-JAV sowie sein **Teilnahmerecht** und die Hinzuziehung eines Vertreters der Vereinigung der ArbGeb, der er angehört. Diese Regelungen sind insoweit identisch wie bei der JAV (vgl. ausführlich § 65 Rz. 48 ff.). 29

15. Beschlussfassung (§ 51 Abs. 3 BetrVG). Die Gesamt-JAV ist nur dann **beschlussfähig**, wenn mindestens die Hälfte ihrer Mitglieder an der Beschlussfassung teilnimmt und die Teilnehmenden mindestens die Hälfte aller Stimmen vertreten (§ 51 Abs. 3 Satz 3). Soweit nicht gesetzlich anderes bestimmt ist, ist zur Beschlussfassung die Mehrheit der Stimmen der anwesenden Mitglieder erforderlich (§ 51 Abs. 3 Satz 1), bei Stimmengleichheit ist ein Antrag abgelehnt (§ 51 Abs. 3 Satz 2). 30

16. Beschlüsse und Ausschüsse (§ 51 Abs. 4 BetrVG). Die Gesamt-JAV hat die Möglichkeit, Ausschüsse zu bilden (vgl. Rz. 1 f.). Für die Bildung eines Ausschusses bedarf es der Mehrheit der anwesenden Mitglieder, bei Stimmengleichheit ist der Antrag abgelehnt. Der Ausschuss ist nur beschlussfähig, wenn mindestens die Hälfte der Mitglieder an der Beschlussfassung teilnimmt, wobei Stellvertretung durch ein Ersatzmitglied zulässig ist (§§ 51 Abs. 4 iVm. 33 Abs. 1 und Abs. 2). Jedes Ausschussmitglied hat nur eine Stimme. Das unterschiedliche Stimmengewicht der Gesamt-Jugend- und Auszubildendenvertreter spielt hier keine Rolle, weil der Ausschuss als Organ der Gesamt-JAV tätig wird[3]. 31

17. Rechte und Pflichten (§ 51 Abs. 5 BetrVG). Im Übrigen gelten hinsichtlich der Rechte und Pflichten der Gesamt-JAV die Vorschriften für die betriebliche JAV. Da sich § 51 Abs. 5 nicht auf die Organisations- und Geschäftsführungsbestimmungen erstreckt[4], kann die Gesamt-JAV weder eigene Sprechstunden (§ 69) abhalten noch eine Jugend- und Auszubildendenversammlung (§ 71) einberufen[5]. 32

Letztendlich bedeutet die entsprechende Anwendung von § 51 Abs. 5, dass über diese **Generalklausel** § 70 Anwendung findet[6]. Dies gilt insb. für den Unterrichtsanspruch gemäß § 70 Abs. 2, wonach die Gesamt-JAV zur Durchführung ihrer Aufgaben rechtzeitig und umfassend zu informieren ist, sowie das Recht, zur Durchführung ihrer Aufgaben die erforderlichen Unterlagen zur Verfügung gestellt zu bekommen[7]. 33

18. Aussetzung von Beschlüssen (§ 66 BetrVG). Wie die JAV gegenüber dem BR kann auch die Gesamt-JAV gegenüber dem GesamtBR die Aussetzung von Beschlüssen in entsprechender Anwendung von § 66 verlangen. Das Verfahren folgt insoweit der Regelung in § 66 (vgl. im Einzelnen § 66 Rz. 2 ff.). 34

19. Teilnahme- und Stimmrecht (§ 67 BetrVG). Wie die JAV gegenüber dem BR hat auch die Gesamt-JAV gegenüber dem GesamtBR das Recht auf **Teilnahme** an Gesamtbetriebsratssitzungen, sofern Angelegenheiten behandelt werden, die besonders die in § 60 Abs. 1 genannten ArbN betreffen (§ 67 Abs. 1). Soweit die in § 60 Abs. 1 genannten ArbN überwiegend betroffen sind, hat die Gesamt-JAV zu diesen Tagesordnungspunkten **Stimmrecht** (§ 67 Abs. 2). Darüber hinaus besteht ein **Initiativrecht**, besonders 35

---

[1] Fitting, § 73 BetrVG Rz. 13; DKK/Trittin, § 73 BetrVG Rz. 20. | [2] Fitting, § 73 BetrVG Rz. 13; DKK/Trittin, § 73 BetrVG Rz. 20. | [3] Richardi/Richardi/Annuß, § 51 BetrVG Rz. 47; Fitting, § 51 BetrVG Rz. 59. | [4] GK-BetrVG/Oetker, § 73 Rz. 47. | [5] Fitting, § 73 BetrVG Rz. 15; GK-BetrVG/Oetker, § 73 Rz. 47. | [6] GK-BetrVG/Oetker, § 73 Rz. 48. | [7] DKK/Trittin, § 73 BetrVG Rz. 23.

die in § 60 Abs. 1 genannten ArbN betreffende Angelegenheiten auf die Tagesordnung der nächsten Gesamtbetriebsratssitzung zu setzen, und die Verpflichtung des GesamtBR, Angelegenheiten, die besonders die in § 60 Abs. 1 genannten ArbN betreffen, der Gesamt-JAV im Vorfeld zur Beratung zuzuleiten (§ 67 Abs. 3). Die Voraussetzungen und Rechtsfolgen entsprechen dem Teilnahmerecht der JAV nach § 67 (vgl. im Einzelnen § 67 Rz. 2 ff.).

36 Für den Fall der Delegation von Aufgaben durch den GesamtBR auf **Ausschüsse** gelten für das Teilnahmerecht der Gesamt-JAV dieselben Grundsätze wie für das Teilnahmerecht der JAV an den Sitzungen von Ausschüssen des BR (vgl. dazu im Einzelnen § 67 Rz. 16)[1].

37 **20. Besprechungen (§ 68 BetrVG).** Der GesamtBR hat die Gesamt-JAV zu allen Besprechungen zwischen ArbGeb und GesamtBR beizuziehen, wenn hierbei Angelegenheiten erörtert werden, die besonders den in § 60 Abs. 1 genannten ArbN-Kreis betreffen. Insoweit gilt die gleiche Regelung wie bei Besprechungen zwischen ArbGeb und BR betreffend die JAV in § 68 (vgl. im Einzelnen § 68 Rz. 2 ff.).

38 **IV. Streitigkeiten.** Über die Anwendung von § 73 BetrVG und der in Bezug genommenen Bestimmungen wird im arbeitsgerichtlichen **Beschlussverfahren** entschieden (§§ 2a Abs. 1 Nr. 1, Abs. 2 iVm. 80 ff. ArbGG). Zuständig ist das ArbG, in dessen Bezirk das Unternehmen seinen Sitz hat (§ 82 Satz 2 ArbGG).

39 Streitigkeiten, die sich aus der Vorenthaltung oder Minderung von Arbeitsentgelt oder der Verweigerung des ArbGeb zur Gewährung von Freizeitausgleich ergeben, sind im arbeitsgerichtlichen **Urteilsverfahren** zu entscheiden (§§ 2 Abs. 1 Nr. 3a, Abs. 5 iVm. 46 ff. ArbGG). Hier bestimmt sich die örtliche Zuständigkeit nach den allgemeinen Grundsätzen des ArbGG. Örtlich zuständig dürfte in der Regel gemäß § 46 Abs. 2 ArbGG iVm. § 29 ZPO das ArbG sein, in dessen Bezirk der Beschäftigungsbetrieb liegt (Gerichtsstand des Erfüllungsorts).

Dritter Abschnitt. Konzern-Jugend- und Auszubildendenvertretung

73a *Voraussetzung der Errichtung, Mitgliederzahl, Stimmengewicht*
(1) Bestehen in einem Konzern (§ 18 Abs. 1 des Aktiengesetzes) mehrere Gesamt-Jugend- und Auszubildendenvertretungen, kann durch Beschlüsse der einzelnen Gesamt-Jugend- und Auszubildendenvertretungen eine Konzern-Jugend- und Auszubildendenvertretung errichtet werden. Die Errichtung erfordert die Zustimmung der Gesamt-Jugend- und Auszubildendenvertretungen der Konzernunternehmen, in denen insgesamt mindestens 75 vom Hundert der in § 60 Abs. 1 genannten Arbeitnehmer beschäftigt sind. Besteht in einem Konzernunternehmen nur eine Jugend- und Auszubildendenvertretung, so nimmt diese die Aufgaben einer Gesamt-Jugend- und Auszubildendenvertretung nach den Vorschriften dieses Abschnitts wahr.

(2) In die Konzern-Jugend- und Auszubildendenvertretung entsendet jede Gesamt-Jugend- und Auszubildendenvertretung eines ihrer Mitglieder. Sie hat für jedes Mitglied mindestens ein Ersatzmitglied zu bestellen und die Reihenfolge des Nachrückens festzulegen.

(3) Jedes Mitglied der Konzern-Jugend- und Auszubildendenvertretung hat so viele Stimmen, wie die Mitglieder der entsendenden Gesamt-Jugend- und Auszubildendenvertretung insgesamt Stimmen haben.

(4) § 72 Abs. 4 bis 8 gilt entsprechend.

1 **I. Vorbemerkung.** § 73a gibt den Gesamt-JAV die Möglichkeit, eine Konzern-JAV zu bilden.

2 **1. Entstehungsgeschichte.** Die Möglichkeit der Errichtung einer Konzern-JAV wurde mit der Einfügung der §§ 73a und 73b durch das BetrVerf-Reformgesetz vom 23.7.2001[2] eröffnet. Das BetrVG 1972 sah die Möglichkeit einer Konzern-JAV nicht vor.

3 **2. Zweck.** Der Gesetzgeber geht davon aus, dass grundsätzliche Entscheidungen über die Berufsbildung je nach Organisationsstruktur nicht mehr im einzelnen Betrieb oder Unternehmen getroffen, sondern für den gesamten Konzern von der Konzernspitze vorgegeben werden[3]. Aus diesem Grunde wurde durch die Einfügung der §§ 73a und 73b die **Möglichkeit** eingeräumt, eine Konzern-JAV zu bilden[4]. Bei der Konzern-JAV handelt es sich um **keine zwingend** einzurichtende Institution[5]: Für den in § 60 Abs. 1 genannten ArbN-Kreis wird die Errichtung einer Vertretung auf Konzernebene ermöglicht, wenn sich eine **qualifizierte Mehrheit** der Gesamt-JAV der Konzernunternehmen hierfür ausspricht[6].

4 **II. Errichtung (Abs. 1).** Bestehen für einen Konzern mehrere Gesamt-JAV, kann durch Beschlüsse der einzelnen Gesamt-JAV eine Konzern-JAV gebildet werden (§ 73a Abs. 1)[7].

---

[1] *Fitting*, § 73 BetrVG Rz. 14; ErfK/*Eisemann*, § 67 BetrVG Rz. 2; *Richardi*/*Richardi*/*Annuß*, § 73 BetrVG Rz. 26; MünchArbR/*Joost*, § 318 Rz. 21 iVm. § 316 Rz. 57; aA HSWG/*Hess*, § 73 BetrVG Rz. 23. |[2] BGBl. I S. 1852. |[3] BT-Drs. 14/5741, 31. |[4] *Engels*/*Trebinger*/*Löhr-Steinhaus*, DB 2001, 532 (542); *Richardi*, Die neue Betriebsverfassung, § 13 Rz. 19. |[5] *Fitting*, § 73a BetrVG Rz. 8; DKK/*Trittin*, § 73a BetrVG Rz. 7. |[6] BT-Drs. 14/5741, 45; vgl. auch *Richardi*/*Annuß*, DB 2001, 41 (45); DKK/*Trittin*, § 73a BetrVG Rz. 21. |[7] *Schaub*, ZTR 2001, 437 (440); *Schiefer*/*Korte*, NZA 2001, 71 (81).

1. Konzern. Eine Konzern-JAV kann dann eingerichtet werden, wenn ein Konzern iSv. § 18 Abs. 1 AktG vorliegt[1]. Insoweit ist diese Voraussetzung mit der bei der Errichtung eines KonzernBR identisch (vgl. zum **Konzernbegriff** § 54 Rz. 2).

2. Mehrere Gesamt-JAV. Bereits aus dem Konzernbegriff folgt, dass mehrere Unternehmen vorliegen müssen, so dass es mehrere Gesamt-JAV gibt (zur Errichtung der Gesamt-JAV vgl. § 72 Rz. 2 ff.). Voraussetzung ist daher, dass **mindestens zwei** Gesamt-JAV existieren[2].

Eine **Ausnahme** davon macht § 73a Abs. 1 Satz 3: Besteht in einem der Konzernunternehmen keine Gesamt-JAV, sondern nur eine JAV (beispielsweise weil das betreffende Konzernunternehmen nur einen Betrieb unterhält), so nimmt diese einzelne JAV die Aufgaben einer Gesamt-JAV zur Bildung der Konzern-JAV wahr. Das bedeutet: Gibt es in einem Konzern zwei Unternehmen und in einem der Unternehmen eine Gesamt-JAV und im anderen Konzernunternehmen nur eine JAV, können diese eine Konzern-JAV bilden, weil insoweit die JAV die Aufgaben der (fehlenden) Gesamt-JAV wahrnimmt. Die Ausnahmeregelung greift aber nur für Unternehmen, die nicht in zwei oder mehrere betriebsratsfähige Betriebe gegliedert sind und deshalb keinen GesamtBR haben können[3].

3. Quorum. Die Bildung einer Konzern-JAV ist **freiwillig**[4]. § 73a Abs. 1 Satz 2 verlangt zur Errichtung der Konzern-JAV jedoch ein Zustimmungserfordernis: Erforderlich ist die **Zustimmung** der Gesamt-JAV der Konzernunternehmen, in denen insgesamt mindestens 75 vom Hundert der in § 60 Abs. 1 genannten ArbN beschäftigt sind. Dies entspricht dem Quorum, das nach früherem Recht für die Bildung eines KonzernBR erforderlich war (vgl. § 54 Abs. 1 Satz 2 aF). Nach nunmehr geltendem Recht klaffen die Zustimmungserfordernisse auseinander: Während § 54 Abs. 1 für die Errichtung eines KonzernBR die Zustimmung der GesamtBR der Konzernunternehmen, in denen insgesamt **mehr als 50** vom Hundert der ArbN der Konzernunternehmen beschäftigt sind, verlangt, erfordert die Bildung einer Konzern-JAV eine Zustimmung der Gesamt-JAV der Konzernunternehmen, in denen insgesamt **mindestens 75 vom Hundert** der in § 60 Abs. 1 genannten ArbN beschäftigt sind[5].

Das bedeutet: Es ist nicht erforderlich, dass alle Gesamt-JAV der Konzernunternehmen zustimmen. Es genügen **Mehrheitsbeschlüsse** derjenigen Gesamt-JAV, die 75 vom Hundert der ArbN iSv. § 60 Abs. 1 repräsentieren[6].

Aus der Mehrzahl „Gesamt-JAV der Konzernunternehmen" (§ 73a Abs. 1 Satz 2) könnte man schließen, dass mindestens zwei Gesamt-JAV zustimmen und diese mindestens 75 vom Hundert der ArbN iSv. § 60 Abs. 1 vertreten müssen. Bereits für die gleich lautende Regelung des KonzernBR in § 54 Abs. 1 ist anerkannt, dass eine solche Formulierung zu formalistisch ist und dem Sinn der Norm nicht gerecht wird. Es reicht deshalb für die Bildung einer Konzern-JAV aus, wenn es nur **zwei** Gesamt-JAV gibt und **nur eine** der Bildung einer Konzern-JAV zustimmt, wenn die zustimmende Gesamt-JAV mehr als 75 vom Hundert der ArbN iSv. § 60 Abs. 1 vertritt (vgl. im Einzelnen § 54 Rz. 12)[7].

Bei der Ermittlung der maßgebenden Beschäftigtenzahl zählen alle ArbN iSv. § 60 Abs. 1 (vgl. dazu § 60 Rz. 11) mit. Maßgebend ist die Zahl der zurzeit der Beschlussfassung[8] beschäftigten ArbN iSv. § 60 Abs. 1, was sich letztendlich aus der Formulierung des § 73a Abs. 1 Satz 2 ergibt, der auf die Zustimmung der **beschäftigten** ArbN abstellt.

4. KonzernBR. Wie für die Errichtung einer JAV das Bestehen eines BR und für die Errichtung einer Gesamt-JAV das Bestehen eines GesamtBR ist für die **wirksame Errichtung** einer Konzern-JAV Voraussetzung das Bestehen eines KonzernBR (vgl. zur JAV insoweit § 60 Rz. 14 mzN und zur Gesamt-JAV § 72 Rz. 5 mzN)[9].

Das bedeutet: Es ist möglich, dass ein Konzern besteht und dass das erforderliche Quorum, dh. die erforderlichen Zustimmungen von Gesamt-JAV von Konzernunternehmen, in denen insgesamt mindestens 75 vom Hundert der in § 60 Abs. 1 genannten ArbN beschäftigt sind, vorliegt, aber ein KonzernBR nicht besteht, weil beispielsweise entsprechende Anträge in den GesamtBR nicht gestellt wurden oder sich die erforderliche Mehrheit nicht gefunden hat (vgl. insoweit zu den Voraussetzungen der Bildung eines KonzernBR § 54 Rz. 12). In diesem Fall muss – ebenso wie bei der JAV oder der Gesamt-Jugend- und Auszubildendenvertretung – die Bildung der Konzern-JAV unterbleiben, denn diese kann, wie sich insb. aus dem Verweis in § 66 bis in § 73b Abs. 2 ergibt, ihre Aufgaben nur durch und über den KonzernBR erfüllen. Die Errichtung eines praktisch funktionsunfähigen Organs wäre widersinnig[10].

5. Amtszeit. Die Konzern-JAV ist **kraft Gesetzes errichtet**, sobald die Gesamt-JAV der Konzernunternehmen, die insgesamt 75 vom Hundert der ArbN iSv. § 60 Abs. 1 beschäftigen, dahin gehende überein-

---

[1] DKK/*Trittin*, § 73a BetrVG Rz. 10. | [2] Richardi/*Annuß*, § 73a BetrVG Rz. 5; DKK/*Trittin*, § 73a BetrVG Rz. 14. | [3] Richardi/*Annuß*, § 73a BetrVG Rz. 5. | [4] DKK/*Trittin*, § 73a BetrVG Rz. 7; *Fitting*, § 73a BetrVG Rz. 8. | [5] *Dachrodt/Engelbert*, § 73a BetrVG Rz. 1; *Löwisch/Kaiser*, § 73a BetrVG Rz. 1. | [6] Richardi/*Annuß*, § 73a BetrVG Rz. 9. | [7] DKK/*Trittin*, § 73a BetrVG Rz. 23; *Fitting*, § 73a BetrVG Rz. 13. | [8] DKK/*Trittin*, § 73a BetrVG Rz. 24. | [9] *Löwisch*, BB 2001, 1734 (1746); *Löwisch/Kaiser*, § 73a BetrVG Rz. 2; *Fitting*, § 73a BetrVG Rz. 7; aA Richardi/*Annuß*, § 73a BetrVG Rz. 7; DKK/*Trittin*, § 73a BetrVG Rz. 9. | [10] *Löwisch*, BB 2001, 1734 (1746); *Löwisch/Kaiser*, § 73a BetrVG Rz. 2; *Fitting*, § 73a BetrVG Rz. 7.

stimmende Beschlüsse gefasst haben. Damit steht die Bildung der Konzern-JAV fest. Die Anzahl der Mitglieder der Konzern-JAV ergibt sich entweder aus § 73a Abs. 2, kann aber auch abweichend geregelt werden (§§ 73a Abs. 4 iVm. 72 Abs. 4 bis Abs. 8)[1].

15 Die ordnungsgemäß gebildete Konzern-JAV ist – ebenso wie die Gesamt-JAV (vgl. § 72 Rz. 9) – eine **Dauereinrichtung**, dh. sie hat **keine feste Amtszeit**, sondern besteht fort, solange die Voraussetzungen für ihre Errichtung vorliegen[2]. Insoweit gilt für die Amtszeit nichts anderes als beim KonzernBR (vgl. im Einzelnen § 54 Rz. 13).

16 Die Konzern-JAV kann nicht als solche ihren **Rücktritt** beschließen[3]. Da sie allerdings nicht zwingend vorgeschrieben ist, sondern es sich bei ihr um eine **fakultative Einrichtung** handelt, kann sie durch entsprechende Beschlüsse der Gesamt-JAV wieder aufgelöst werden. Insoweit gilt Gleiches wie beim KonzernBR (vgl. im Einzelnen § 54 Rz. 13).

17 **III. Mitgliederzahl.** Bei der Mitgliederzahl ist zwischen dem gesetzlich vorgesehenen Regelfall und möglichen Ausnahmen zu unterscheiden.

18 **1. Regelfall (Abs. 2).** Nach dem gesetzlichen Regelfall in § 73a Abs. 2 Satz 1 entsendet jede Gesamt-JAV durch **Mehrheitsbeschluss** eines ihrer Mitglieder in die Konzern-JAV. Ferner ist ebenfalls durch Mehrheitsbeschluss mindestens ein Ersatzmitglied zu bestellen und für den Fall der Bestellung mehrerer Ersatzmitglieder die Reihenfolge des Nachrückens festzulegen (§ 73a Abs. 2 Satz 2). Voraussetzung und Verfahren sind insoweit mit der Entsendung von Mitgliedern in die Gesamt-JAV identisch (§ 72 Abs. 2 und Abs. 3, vgl. im Einzelnen § 72 Rz. 13 ff.).

19 **2. Abweichende Regelungen (Abs. 4).** Nach §§ 73a Abs. 4 iVm. 72 Abs. 4 bis Abs. 6 sind abweichende Regelungen möglich[4]. Das bedeutet:

20 **a) Freiwillige Vereinbarung.** Nach §§ 73a Abs. 4 iVm. 72 Abs. 4 kann durch TV oder eine zwischen dem KonzernBR und dem **herrschenden Unternehmen** abzuschließende KonzernBV eine abweichende Regelung über die Mitgliederzahl der Konzern-JAV getroffen werden. Insoweit gelten die gleichen Überlegungen und Voraussetzungen wie bei einer abweichenden Regelung der Mitgliederzahl bei der Gesamt-JAV (vgl. im Einzelnen § 72 Rz. 20).

21 **b) Erzwungene Regelung.** In einem sehr großen Konzern kann es passieren, dass die Konzern-JAV mehr als 20 Mitglieder nach der gesetzlichen Entsendungsregelung in § 73a Abs. 2 hat. Ist dies der Fall und besteht keine **tariflich abweichende Regelung** iSv. §§ 73a Abs. 4 iVm. 72 Abs. 4, ist **zwingend** zwischen KonzernBR und ArbGeb eine KonzernBV über die Mitgliederzahl der Konzern-JAV abzuschließen, in der bestimmt wird, dass die Gesamt-JAV mehrerer Unternehmen eines Konzerns, die regional oder durch gleichartige Interessen miteinander verbunden sind, gemeinsam Mitglieder in die Konzern-JAV entsenden (§§ 73a Abs. 4 iVm. 72 Abs. 5)[5]. Kommt eine Einigung nicht zustande, entscheidet **verbindlich** eine **Einigungsstelle**, die beim herrschenden Konzernunternehmen zu bilden ist (§§ 73a Abs. 4 iVm. 72 Abs. 6)[6]. Die Voraussetzungen im Einzelnen sowie die Anrufung der Einigungsstelle sind identisch mit den Regelungen bei der Gesamt-JAV, so dass die dortigen Ausführungen auch hier gelten (vgl. im Einzelnen § 72 Rz. 25).

22 **IV. Stimmengewichtung.** Auch bei der Stimmengewichtung ist zwischen dem gesetzlichen Regelfall und möglichen abweichenden Regelungen zu unterscheiden. Das Stimmengewicht ist in jedem Fall abhängig von der Zahl der in § 60 Abs. 1 genannten und in der Wählerliste eingetragenen wahlberechtigten ArbN.

23 **1. Gesetzlicher Regelfall (Abs. 3).** Nach § 73a Abs. 3 hat jedes Mitglied der Konzern-JAV so viele Stimmen, wie die Mitglieder der entsendenden Gesamt-JAV insgesamt Stimmen haben[7]. Die Regelung ist identisch mit § 72 Abs. 7, so dass auf die dortigen Ausführungen und Beispiele verwiesen werden kann (vgl. im Einzelnen § 72 Rz. 27)[8].

24 **2. Abweichende Regelungen (Abs. 4).** Nach §§ 73a Abs. 4 iVm. 72 Abs. 7 Satz 2 und Satz 3 ergibt sich für den Fall, dass eine von der gesetzlichen Entsendungsregelung abweichende Regelung getroffen wurde, eine andere Stimmengewichtung:

25 **a) Vergrößerung.** Wird die Anzahl der Konzern-Jugend- und Auszubildendenvertreter **vergrößert**, so teilen sich die von der einzelnen Gesamt-JAV entsandten Mitglieder das Stimmengewicht, das bei einer regelmäßigen Zusammensetzung der Konzern-JAV dem Einzigen zu entsendenden Mitglied der Gesamt-JAV zugekommen wäre, **zu gleichen Teilen**[9].

26 **b) Verkleinerung.** Gleiches gilt für den Fall, dass die Mitgliederzahl der Konzern-JAV durch eine Zusammenfassung mehrerer Gesamt-JAV zur gemeinsamen Entsendung eines Vertreters in die Konzern-

---

[1] *Fitting*, § 73a BetrVG Rz. 31; DKK/*Trittin*, § 73a BetrVG Rz. 49. | [2] DKK/*Trittin*, § 73a BetrVG Rz. 4. | [3] Richardi/*Annuß*, § 73a BetrVG Rz. 12. | [4] DKK/*Trittin*, § 73a BetrVG Rz. 49; *Fitting*, § 73a BetrVG Rz. 31. | [5] DKK/*Trittin*, § 73a BetrVG Rz. 55; *Fitting*, § 73a BetrVG Rz. 36. | [6] *Fitting*, § 73a BetrVG Rz. 37; DKK/*Trittin*, § 73a BetrVG Rz. 58. | [7] Richardi/*Annuß*, § 73a BetrVG Rz. 25. | [8] Dachrodt/*Engelbert*, § 73a BetrVG Rz. 1. | [9] *Fitting*, § 73a BetrVG Rz. 35.

JAV verkleinert wird: Jedem der Vertreter stehen so viele Stimmen zu, wie in den zusammengefassten Betrieben ArbN iSv. § 60 Abs. 1 in den Wählerlisten eingetragen sind[1].

Zur abweichenden Regelung und der Stimmengewichtung gelten aufgrund der entsprechenden Anwendung des § 72 Abs. 7 über § 73a Abs. 4 die dortigen Ausführungen, auf die im Übrigen wegen der Einzelheiten verwiesen werden darf (vgl. § 72 Rz. 29). 27

3. Fortführung abweichender Regelung bei gemeinsamem Betrieb. Wenn mehrere Unternehmen einen gemeinsamen Betrieb bilden, besteht die Möglichkeit, durch TV oder BV abweichende Regelungen zur Stimmengewichtung in der Gesamt-JAV zu treffen (§ 72 Abs. 8, vgl. im Einzelnen § 72 Rz. 34). Hintergrund ist, dass Angelegenheiten im GesamtBR, die ausschließlich eines der am gemeinsamen Betrieb beteiligten Unternehmen betreffen, nur mit den Stimmen der in diesem Unternehmen beschäftigten ArbN iSv. § 60 Abs. 1 beschlossen werden können sollen. Die beteiligten Unternehmen können insoweit eine entsprechende Regelung treffen (vgl. § 72 Rz.34). Entsendet nunmehr dieser GesamtBR einen oder ggf. auch mehrere Vertreter in den KonzernBR, lassen die §§ 73a Abs. 4 iVm. 72 Abs. 8 die Möglichkeit, durch eine KonzernBV die Stimmengewichtung so zu regeln, dass bei bestimmten, allein den Konzern betreffenden Angelegenheiten die Stimmen der nicht konzernangehörigen ArbN iSv. § 60 Abs. 1 unberücksichtigt bleiben. Die KonzernBV kann sich insoweit aber nur auf die Veränderung der Stimmenzahl beschränken. Unzulässig wäre beispielsweise eine Regelung, wonach die ArbN des gemeinsamen Betriebs zweier Unternehmen, sofern sie in der Gesamt-JAV repräsentiert sind, überhaupt nicht berücksichtigt werden oder die aus einem gemeinsamen Betrieb entsandten Mitglieder der JAV weniger Stimmen haben als ArbN iSv. § 60 Abs. 1 des jeweiligen Unternehmens in der Wählerliste des Betriebs eingetragen sind[2]. Möglich bleibt – und dies ist auch das Ziel der Regelung – eine Vereinbarung dahingehend, dass die Stimmen nicht konzernangehöriger ArbN iSv. § 60 Abs. 1 bei Angelegenheiten, die allein den Konzern betreffen, nicht berücksichtigt werden. 28

4. Ausübung des Stimmrechts. Das Mitglied der Konzern-JAV hat seine Stimme nach eigener Verantwortung abzugeben. Es gilt insoweit das Gleiche wie für die Mitglieder der Gesamt-JAV (vgl. im Einzelnen § 72 Rz. 26). Auch bei der Ausübung des Stimmrechts des Mitglieds der Konzern-JAV ist zu beachten, dass dieses Mitglied seine Stimme nur **einheitlich** abgeben kann, eine **Aufgliederung** ist ausgeschlossen. 29

V. Streitigkeiten. Über Streitigkeiten, die sich aus der Anwendung des § 73a ergeben (zB Errichtung, Mitgliedschaft, Stimmgewicht), entscheidet das ArbG im **Beschlussverfahren** (§§ 2a Abs. 1 Nr. 1, Abs. 2 iVm. 80 ff. ArbGG). Zuständig ist in entsprechender Anwendung des § 82 Satz 2 ArbGG das ArbG, in dessen Bezirk das herrschende Unternehmen seinen Sitz hat[3]. Zwar wurde mit der Einführung der Konzern-JAV § 82 ArbGG nicht dahingehend ergänzt. Da die **örtliche Zuständigkeit** des KonzernBR nach § 82 Satz 2 ArbGG sich aber ebenfalls nach dem Bezirk bestimmt, in dem das Unternehmen seinen Sitz hat, dürfte Gleiches für die Konzern-JAV gelten. 30

73b   *Geschäftsführung und Geltung sonstiger Vorschriften*

(1) **Die Konzern-Jugend- und Auszubildendenvertretung kann nach Verständigung des Konzernbetriebsrats Sitzungen abhalten. An den Sitzungen kann der Vorsitzende oder ein beauftragtes Mitglied des Konzernbetriebsrats teilnehmen.**

(2) Für die Konzern-Jugend- und Auszubildendenvertretung gelten § 25 Abs. 1, die §§ 26, 28 Abs. 1 Satz 1, die §§ 30, 31, 34, 36, 37 Abs. 1 bis 3, die §§ 40, 41, 51 Abs. 3 bis 5, die §§ 56, 57, 58, 59 Abs. 2 und die §§ 66 bis 68 entsprechend.

I. Vorbemerkung. § 73b regelt die **Geschäftsführung**, Zuständigkeit, Stellung und innere Organisation der Konzern-JAV[4]. Dabei enthält die Vorschrift Regelungen über Sitzungen der Konzern-JAV, die inhaltlich den Vorschriften über die Sitzungen der JAV bzw. der Gesamt-JAV entsprechen. § 73b Abs. 2 regelt durch **Verweisung** auf entsprechende Vorschriften des BR, des Gesamt- und KonzernBR sowie der JAV Fragen der Geschäftsführung und der Zuständigkeit der Konzern-JAV sowie die Beendigung der Mitgliedschaft in diesem Gremium[5]. 1

II. Sitzungen (Abs. 1). Aus § 73b Abs. 1 ergibt sich, dass die Konzern-JAV nach Verständigung des KonzernBR Sitzungen abhalten kann, an denen der Vorsitzende des KonzernBR oder ein beauftragtes Konzernbetriebsratsmitglied teilnehmen kann[6]. Der KonzernBR muss den Sitzungen der Konzern-JAV nicht zustimmen, er ist nur zu verständigen (vgl. im Einzelnen § 73 Rz. 4 und § 65 Rz. 49)[7]. 2

Der Vorsitzende der Konzern-JAV setzt die **Tagesordnung** fest, lädt ein und leitet die Sitzung. Die für den BR geltende Vorschrift des § 29 Abs. 2 findet entsprechende Anwendung (§§ 73b Abs. 2 iVm. 59 Abs. 2 Satz 3). Verlangt der ArbGeb oder ein Viertel der Mitglieder der Konzern-JAV die Einberufung einer Sitzung zu einem bestimmten Tagesordnungspunkt, so muss der Vorsitzende diesem Antrag fol- 3

---

1 *Fitting*, § 73a BetrVG Rz. 35. | 2 Richardi/*Annuß*, § 73a BetrVG Rz. 29. | 3 Richardi/*Annuß*, § 73a BetrVG Rz. 33. | 4 DKK/*Trittin*, § 73b BetrVG Rz. 1. | 5 BT-Drs. 14/5741, 45. | 6 *Löwisch*, BB 2001, 1734 (1746); *Löwisch/Kaiser*, § 73b BetrVG Rz. 1. | 7 DKK/*Trittin*, § 73b BetrVG Rz. 2.

gen (§§ 73b Abs. 2 iVm. 59 Abs. 2 Satz 3 iVm. 29 Abs. 3). Bei dem formellen Anspruch auf Einberufung ist darauf zu achten, dass das Stimmengewicht der Mitglieder der Konzern-JAV sich nach §§ 73a Abs. 4 iVm. 72 Abs. 7 und Abs. 8 bestimmt[1].

4   Zur **konstituierenden Sitzung** lädt die Gesamt-JAV des herrschenden Unternehmens oder, soweit eine solche Gesamt-JAV nicht besteht, die Gesamt-JAV des nach der Zahl der wahlberechtigten ArbN iSv. § 60 Abs. 1 größten Konzernunternehmens ein, um den Vorsitzenden und stellvertretenden Vorsitzenden der Konzern-JAV zu wählen (§§ 73b Abs. 2 iVm. 59 Abs. 2 Satz 1). Dabei leitet der Vorsitzende der einladenden Gesamt-JAV die Sitzung so lange, bis die Konzern-JAV aus ihrer Mitte einen Wahlleiter bestellt hat (§§ 73b Abs. 2 iVm. 59 Abs. 2 Satz 2). Ist dies geschehen, so erlischt das Teilnahmerecht für den Vorsitzenden der einladenden Gesamt-JAV, wenn er nicht selbst der Konzern-JAV angehört. Die Konzern-JAV ist konstituiert, sobald der Vorsitzende und sein Stellvertreter gewählt sind[2].

5   **III. Entsprechende Anwendung (Abs. 2).** § 73b Abs. 2 erklärt eine Reihe von gesetzlichen Regelungen für entsprechend anwendbar, die die Rechtsstellung, die innere Organisation und die Geschäftsführung des BR, des KonzernBR sowie der JAV betreffen[3]. Im Wesentlichen gelten damit für die Konzern-JAV **identische Regelungen** wie für die JAV auf betrieblicher Ebene (vgl. im Einzelnen § 65 Rz. 2 ff.) und die Gesamt-JAV auf Unternehmensebene (vgl. dazu im Einzelnen § 73 Rz. 8). Bei der entsprechenden Anwendung ist zu beachten, dass die Vorschriften für andere Gremien konzipiert sind und die Übertragung nicht schematisch, sondern nur unter dem Vorbehalt der durch Sinn und Zweck vermittelten Vergleichbarkeit erfolgen kann.

6   **1. Ersatzmitglied (§ 25 Abs. 1 BetrVG).** Scheidet ein Mitglied aus der Konzern-JAV aus, so rückt ein Ersatzmitglied nach. Dies gilt entsprechend für die Stellvertretung eines zeitweilig verhinderten Mitglieds des BR. Ersatzmitglieder sind diejenigen, die die Gesamt-JAV nach § 73a Abs. 2 bestellt hat (vgl. § 73a Rz. 18).

7   **2. Vorsitzender und Stellvertreter (§ 26 BetrVG).** Nach §§ 73b Abs. 2 iVm. 26 Abs. 1 wählt die Konzern-JAV aus ihrer Mitte den Vorsitzenden und dessen Stellvertreter. Der Vorsitzende der Konzern-JAV und im Falle seiner Verhinderung sein Stellvertreter vertreten die Konzern-JAV im Rahmen der von ihr gefassten Beschlüsse (§ 26 Abs. 2 Satz 1). Er bzw. im Verhinderungsfall sein Stellvertreter ist zur Entgegennahme von Erklärungen, die der Konzern-JAV gegenüber abzugeben sind, berechtigt (§ 26 Abs. 2 Satz 2). So haben beispielsweise die Ladungen für Sitzungen des KonzernBR an den Vorsitzenden der Konzern-JAV bzw. im Falle der Verhinderung an dessen Stellvertreter zu gehen. Allerdings sind zu den Tagesordnungspunkten, die besonders die in § 60 Abs. 1 genannten ArbN betreffen, **alle** Mitglieder der Konzern-JAV zu laden (§§ 73b iVm. 59 Abs. 2 Satz 3 iVm. 29 Abs. 2 Satz 4).

8   **3. Ausschüsse (§ 28 BetrVG).** Wie die betriebliche JAV und die Gesamt-JAV hat auch die Konzern-JAV die Möglichkeit, Ausschüsse nach § 28 Abs. 1 Satz 1 zu bilden (vgl. im Einzelnen § 65 Rz. 15 und § 73 Rz. 11). Voraussetzung ist, wie sich aus der entsprechenden Anwendung ergibt, dass **im Konzern** mindestens 100 wahlberechtigte ArbN iSv. § 60 Abs. 1 beschäftigt werden.

9   **4. Sitzungen (§ 30 BetrVG).** Die Konzern-JAV hat das Recht, Sitzungen abzuhalten (vgl. Rz. 2). Für die Sitzungen gilt § 30. Das bedeutet: Die Sitzungen finden während der Arbeitszeit statt (§ 30 Satz 1), bei der Ansetzung ist auf die betrieblichen Notwendigkeiten Rücksicht zu nehmen (§ 30 Satz 2), der ArbGeb ist vom Zeitpunkt vorher zu verständigen (§ 30 Satz 3) und die Sitzungen sind nicht öffentlich (§ 30 Satz 4).

10 **5. Teilnahme der Gewerkschaften (§ 31 BetrVG).** Gewerkschaftsvertreter können auf Antrag von einem Viertel der Mitglieder der Konzern-JAV an der Sitzung beratend teilnehmen, wobei der Gewerkschaft für diesen Fall der Zeitpunkt der Sitzung und die Tagesordnung rechtzeitig mitzuteilen sind. Streitig ist, ob es ausreicht, dass die Gewerkschaft im Konzern vertreten ist, oder ob sie in der Konzern-JAV vertreten sein muss (vgl. im Einzelnen § 65 Rz. 19 ff. und § 73 Rz. 14). Bei der Ermittlung der notwendigen Anzahl von „einem Viertel der Mitglieder" ist abzustellen auf das Stimmengewicht (vgl. § 73 Rz. 15).

11 Unabhängig von § 31 kann die Konzern-JAV mit Stimmenmehrheit einen Beschluss fassen, einen Vertreter der Gewerkschaft beratend zur Sitzung hinzuzuziehen, wenn sie dies zur Erfüllung ihrer Aufgaben für notwendig hält. Für diesen Fall ist es ausreichend, wenn die Gewerkschaft im Konzern vertreten ist (vgl. § 65 Rz. 21 und § 73 Rz. 15).

12 **6. Sitzungsniederschrift (§ 34 BetrVG).** Wie die betriebliche JAV und die Gesamt-JAV hat auch die Konzern-JAV eine Niederschrift über die Sitzung nebst Beschlussfassung und Stimmenmehrheit zu fertigen (vgl. im Einzelnen § 65 Rz. 25 und § 73 Rz. 16).

13 **7. Geschäftsordnung (§ 36 BetrVG).** Mit absoluter Stimmenmehrheit kann sich die Konzern-JAV eine schriftliche Geschäftsordnung geben.

14 **8. Ehrenamt und Arbeitsbefreiung (§ 37 Abs. 1 bis Abs. 3 BetrVG).** Die Mitglieder der Konzern-JAV führen ihr Amt unentgeltlich als **Ehrenamt** (§ 37 Abs. 1). Sie sind von ihrer beruflichen Tätigkeit ohne

---

[1] Richardi/*Annuß*, § 73b BetrVG Rz. 6.   [2] DKK/*Trittin*, § 73a BetrVG Rz. 31.   [3] *Fitting*, § 73b BetrVG Rz. 11 ff.

Minderung des Arbeitsentgelts zu befreien, soweit dies zur ordnungsgemäßen Durchführung ihrer Aufgaben erforderlich ist (§ 37 Abs. 2 und Abs. 3).

Auch die Mitglieder der Konzern-JAV haben einen Anspruch auf Freistellung für **Schulungs- und Bildungsveranstaltungen**. Einer ausdrücklichen Bezugnahme auf § 37 Abs. 4 bis Abs. 7 bedurfte es insoweit in § 73b Abs. 2 nicht. Denn die Mitglieder der Konzern-JAV sind gleichzeitig Mitglieder der Gesamt-JAV und letztendlich auch der betrieblichen JAV. Als betriebliche Jugend- und Auszubildendenvertreter haben sie einen Schulungsanspruch, wie sich aus dem Verweis in § 65 Abs. 1 auf § 37 insgesamt ergibt (vgl. im Einzelnen § 65 Rz. 32 ff.). Daher entscheidet allein der für die betriebliche JAV zuständige BR über die Teilnahme eines Mitglieds der JAV an derartigen Schulungsveranstaltungen. Insoweit gilt für die Konzern-Jugend- und Auszubildendenvertreter nichts anderes als für die Gesamt-Jugend- und Auszubildendenvertreter (vgl. im Einzelnen § 65 Rz. 38 und § 73 Rz. 19). **15**

Bei der Beschlussfassung des BR über die Schulung eines Jugend- und Auszubildendenvertreters hat die JAV ein Teilnahme- und Stimmrecht (vgl. § 65 Rz. 38). **16**

9. Kosten (§ 40 BetrVG). Der ArbGeb hat die für Sitzungen und laufende Geschäftsführung erforderlichen Räume und sachlichen Mittel zur Verfügung zu stellen (§ 40 Abs. 2), er trägt die durch die Tätigkeit der Konzern-JAV entstehenden **Kosten** (§ 40 Abs. 1; zum **erforderlichen Sachaufwand** vgl. § 40 Rz. 1 ff.). **17**

10. Umlageverbot (§ 41 BetrVG). Die Erhebung und Leistung von Beiträgen der ArbN für Zwecke der Konzern-JAV ist unzulässig. **18**

11. Beschlussfassung (§ 51 Abs. 3 BetrVG). Die **Beschlüsse** der Konzern-JAV werden mit Mehrheit der Stimmen der anwesenden Mitglieder gefasst, soweit nichts anderes bestimmt ist (§ 51 Abs. 3 Satz 1). Bei Stimmengleichheit ist ein Antrag abgelehnt (§ 51 Abs. 3 Satz 2). Zur Beschlussfähigkeit der Konzern-JAV ist es erforderlich, dass mindestens die Hälfte seiner Mitglieder an der Beschlussfassung teilnimmt **und** der Teilnehmenden mindestens die Hälfte aller Stimmen vertreten, Stellvertretung durch Ersatzmitglieder ist zulässig (§ 51 Abs. 3 Satz 3). Für die Zahl der Stimmen, die ein Mitglied hat, sind die §§ 73a, 72 Abs. 7 und Abs. 8 maßgebend. **19**

Gleiches gilt für einen eventuell durch die Konzern-JAV gebildeten Ausschuss iSv. § 28 Abs. 1 Satz 1 (§ 51 Abs. 4). **20**

12. Rechte und Pflichten (§ 51 Abs. 5 BetrVG). Hinsichtlich der Rechte und Pflichten der Konzern-JAV verweist § 73b Abs. 2 auf § 51 Abs. 5, der letztendlich wiederum – wegen der **entsprechenden** Anwendung – auf die **materiellen Rechte und Pflichten** der JAV verweist. Die **konkreten** Rechte und Pflichten der Konzern-JAV ergeben sich daher – wie auch für die Gesamt-Jugend- und Auszubildendenvertretung – aus § 70, insb. der **Anspruch auf Unterrichtung** gemäß § 70 Abs. 2, wonach die Konzern-JAV zur Durchführung ihrer Aufgaben rechtzeitig und umfassend zu informieren ist. Ferner kann die Konzern-JAV verlangen, dass ihr zur Durchführung ihrer Aufgaben auch die dazu erforderlichen Unterlagen zur Verfügung gestellt werden (§ 70 Abs. 2 Satz 2). **21**

13. Ausschluss von Mitgliedern (§ 56 BetrVG). Mindestens ein Viertel der wahlberechtigten ArbN iSv. § 60 Abs. 1 der Konzernunternehmen, der ArbGeb, der KonzernBR oder eine im Konzern vertretene Gewerkschaft können beim ArbG den Ausschluss eines Mitglieds aus der Konzern-JAV wegen grober Verletzung seiner gesetzlichen Pflichten beantragen (zur groben Verletzung der gesetzlichen Pflichten vgl. § 56 Rz. 1). Bei der Ermittlung des Quorums ist wiederum nicht auf die Personenzahl, sondern auf die Stimmengewichtung abzustellen (vgl. § 73 Rz. 15). **22**

14. Erlöschen der Mitgliedschaft (§ 57 BetrVG). Die Mitgliedschaft in der Konzern-JAV endet **23**

- mit dem Erlöschen der Mitgliedschaft in der Gesamt-JAV (vgl. dazu § 73 Rz. 24),
- durch Amtsniederlegung,
- durch Ausschluss aus der Konzern-JAV aufgrund einer gerichtlichen Entscheidung oder
- durch Abberufung durch die Gesamt-JAV.

15. Zuständigkeit (§ 58 BetrVG). Die Konzern-JAV ist den einzelnen Gesamt-JAV nicht übergeordnet (§ 58 Abs. 1 Satz 2). Sie ist zuständig für die Behandlung von Angelegenheiten, die den Konzern oder mehrere Konzernunternehmen betreffen und nicht durch die einzelnen Gesamt-JAV innerhalb ihrer *Unternehmen* geregelt werden können. Dies gilt auch für Konzernunternehmen, in denen eine Gesamt-JAV **nicht** gebildet wurde, sowie für Betriebe der Konzernunternehmen ohne betriebliche JAV (vgl. im Einzelnen § 58 Rz. 2 ff.). Die bloße **Zweckmäßigkeit** einer konzerneinheitlichen Regelung genügt für die Zuständigkeit der Konzern-JAV nicht. Zwingend erforderlich ist eine unternehmensübergreifende Regelung[1]. Da die Konzern-JAV nicht **Träger** von Mitwirkungs- und MitbestR ist, sondern darauf beschränkt ist, ihre Aufgaben gegenüber dem KonzernBR bzw. über den **24**

---

[1] BAG v. 15.1.2002 – 1 ABR 10/01, NZA 2002, 988.

KonzernBR zu erfüllen, ist ihre Zuständigkeit stets dann gegeben, wenn der KonzernBR sich mit der Angelegenheit befassen kann[1].

25 Darüber hinaus kann die Gesamt-JAV mit der Mehrheit der Stimmen ihrer Mitglieder die Konzern-JAV **beauftragen**, eine Angelegenheit für sie zu behandeln. Dies ist aber in der Regel nur dann sinnvoll, wenn gleichzeitig der GesamtBR den KonzernBR beauftragt hat, da die Konzern-JAV ebenso wie die Gesamt-JAV und die betriebliche JAV nicht direkt mit dem ArbGeb verhandeln kann (vgl. § 65 Rz. 32 und § 73 Rz. 25)[2]. Allerdings ist dies keine Wirksamkeitsvoraussetzung für den Beauftragungsbeschluss[3].

26 Fallkonstellationen, bei denen eine unternehmensübergreifende Regelung **zwingend erforderlich** ist, sind nur schwer vorstellbar: Die Frage von Kontoführungspauschalen oder die Notwendigkeit von Einsparungen zum Zwecke der Sanierung und ein damit verbundener Zeitdruck führen jedenfalls nicht zu einer solchen zwingenden Erforderlichkeit[4]. Zu denken wäre unter Umständen an Fragen im Zusammenhang mit der betrAV oder eventuell eine einheitliche Ausbildungsregelung.

27 **16. Aussetzung von Beschlüssen des KonzernBR (§ 66 BetrVG).** Wie auch die betriebliche JAV und die Gesamt-JAV kann die Konzern-JAV einen Beschluss des KonzernBR für die Dauer von einer Woche aussetzen lassen, wenn durch **Mehrheitsbeschluss** die Konzern-JAV zu dem Ergebnis kommt, dass durch den Beschluss eine erhebliche Beeinträchtigung wichtiger Interessen der in § 60 Abs. 1 genannten ArbN vorliegt. Innerhalb der Wochenfrist ist eine Verständigung zwischen Konzern-JAV und KonzernBR ggf. mit Hilfe der im Konzern vertretenen Gewerkschaften zu versuchen. Bestätigt der KonzernBR den ersten Beschluss, kann der Antrag auf Aussetzung nicht wiederholt werden (vgl. im Einzelnen § 66 Rz. 1 ff.).

28 **17. Teilnahme an Konzernbetriebsratssitzungen (§ 67 BetrVG).** Die Konzern-JAV kann zu allen Konzernbetriebsratssitzungen einen Vertreter entsenden. Werden Angelegenheiten behandelt, die besonders die in § 60 Abs. 1 genannten ArbN betreffen (vgl. § 67 Rz. 1 ff.), so hat zu diesen Tagesordnungspunkten nicht nur ein Vertreter, sondern die gesamte Konzern-JAV ein Teilnahmerecht.

29 Die Konzern-JAV hat **Stimmrecht**, soweit die zu fassenden Beschlüsse des KonzernBR **überwiegend** die in § 60 Abs. 1 genannten ArbN betreffen (vgl. im Einzelnen § 67 Rz. 19). Auch hier ist maßgebend das Stimmengewicht, wie es sich aus den §§ 73a, 72 Abs. 7 und Abs. 8 ergibt.

30 Ferner hat die Konzern-JAV das Recht, beim BR zu **beantragen**, Angelegenheiten, die besonders die in § 60 Abs. 1 genannten ArbN betreffen und über die die Konzern-JAV beraten hat, auf die **nächste Tagesordnung** zu setzen. Der KonzernBR soll Angelegenheiten, die besonders die in § 60 Abs. 1 genannten ArbN betreffen, der Konzern-JAV zur Beratung zuleiten (vgl. im Einzelnen § 67 Rz. 28 ff.).

31 **18. Teilnahme an gemeinsamen Besprechungen (§ 68 BetrVG).** Der KonzernBR hat die Konzern-JAV zu Besprechungen mit dem ArbGeb beizuziehen, wenn Angelegenheiten behandelt werden, die besonders die in § 60 Abs. 1 genannten ArbN betreffen (vgl. im Einzelnen § 68 Rz. 2 ff.).

32 **19. Kündigungsschutz.** Da ein Mitglied der Konzern-JAV stets zugleich Mitglied einer JAV ist, hat es auch den **besonderen Kündigungsschutz** des § 15 KSchG. Zulässig ist grundsätzlich nur die außerordentliche Kündigung, die der Zustimmung des BR – nicht des Gesamt- oder Konzernbetriebsrats – bedarf[5]. Daneben ist der besondere Versetzungsschutz nach § 103 Abs. 3 zu beachten.

33 **20. Abschließende Regelung.** Bei dem Verweis in § 73b Abs. 2 auf die für entsprechend anwendbar erklärten Organisationsvorschriften handelt es sich um eine abschließende Regelung[6]. Insbesondere finden auf die Konzern-JAV die Vorschriften über die Freistellung (§ 38), die Teilnahme der Konzernschwerbehindertenvertretungen an den Sitzungen des KonzernBR (§ 59a), das Abhalten von Sprechstunden (§ 39) sowie über die Betriebsräteversammlung (§ 53) Anwendung.

34 **IV. Streitigkeiten.** Über Streitigkeiten, die sich aus der Anwendung des § 73b ergeben (zB Errichtung, Mitgliedschaft, Stimmengewicht), entscheidet das ArbG im **Beschlussverfahren** (§§ 2a Abs. 1 Nr. 1, Abs. 2 iVm. 80 ff. ArbGG). Zuständig ist in entsprechender Anwendung des § 82 Satz 2 ArbGG das ArbG, in dessen Bezirk das Unternehmen seinen Sitz hat[7]. Zwar wurde mit der Einführung der Konzern-JAV § 82 ArbGG nicht dahingehend ergänzt. Da die **örtliche Zuständigkeit** des KonzernBR nach § 82 Satz 2 ArbGG sich aber ebenfalls nach dem Bezirk bestimmt, in dem das Unternehmen seinen Sitz hat, dürfte Gleiches für die Konzern-JAV gelten.

35 Über den Freizeitausgleich und die Minderung des Arbeitsentgelts nach § 37 Abs. 2 und Abs. 3 wird im **Urteilsverfahren** entschieden (§§ 2 Abs. 1 Nr. 3a, Abs. 5 iVm. 46 ff. ArbGG)[8]. Örtlich zuständig ist nach § 46 Abs. 2 BetrVG iVm. § 29 ZPO das ArbG, in dessen Bezirk der Betrieb, in dem der Konzern-Jugend- und Auszubildendenvertreter tätig ist, liegt.

---

1 Richardi/*Annuß*, § 73b BetrVG Rz. 20. | 2 Zur gleichen Rechtslage bei der Gesamt-JAV ErfK/*Eisemann*, § 73 BetrVG Rz. 2; DKK/*Trittin*, § 73 BetrVG Rz. 20. | 3 Richardi/*Annuß*, § 73b BetrVG Rz. 21; ebenso zur Rechtslage bei der Gesamt-JAV ErfK/*Eisemann*, § 73 BetrVG Rz. 2; DKK/*Trittin*, § 73 BetrVG Rz. 20; GK-BetrVG/*Oetker*, § 73 Rz. 43 f.; *Fitting*, § 73 BetrVG Rz. 13; aA HSWG/*Hess*, § 73 BetrVG Rz. 7. | 4 BAG v. 15.1.2002 – 1 ABR 10/01, NZA 2002, 988. | 5 Richardi/*Annuß*, § 73b BetrVG Rz. 17. | 6 *Fitting*, § 73b BetrVG Rz. 15. | 7 *Fitting*, § 73b BetrVG Rz. 16; DKK/*Trittin*, § 73b BetrVG Rz. 6. | 8 *Fitting*, § 73b BetrVG Rz. 17.

Vierter Teil. Mitwirkung und Mitbestimmung der Arbeitnehmer

Erster Abschnitt. Allgemeines

74 *Grundsätze für die Zusammenarbeit*
(1) Arbeitgeber und Betriebsrat sollen mindestens einmal im Monat zu einer Besprechung zusammentreten. Sie haben über strittige Fragen mit dem ernsten Willen zur Einigung zu verhandeln und Vorschläge für die Beilegung von Meinungsverschiedenheiten zu machen.

(2) Maßnahmen des Arbeitskampfes zwischen Arbeitgeber und Betriebsrat sind unzulässig; Arbeitskämpfe tariffähiger Parteien werden hierdurch nicht berührt. Arbeitgeber und Betriebsrat haben Betätigungen zu unterlassen, durch die der Arbeitsablauf oder der Frieden des Betriebs beeinträchtigt werden. Sie haben jede parteipolitische Betätigung im Betrieb zu unterlassen; die Behandlung von Angelegenheiten tarifpolitischer, sozialpolitischer, umweltpolitischer und wirtschaftlicher Art, die den Betrieb oder seine Arbeitnehmer unmittelbar betreffen, wird hierdurch nicht berührt.

(3) Arbeitnehmer, die im Rahmen dieses Gesetzes Aufgaben übernehmen, werden hierdurch in der Betätigung für ihre Gewerkschaft auch im Betrieb nicht beschränkt.

§ 74 Abs. 2 Satz 3 Halbs. 2 zuletzt geändert (Ergänzung um das Wort „umweltpolitischer") durch das BetrVerf-ReformG v. 23.7.2001 (BGBl. I S. 1852), vgl. Neubekanntmachung v. 25.9.2001 (BGBl. I S. 2518).

Lit.: *Blomeyer*, Das Übermaßverbot im Betriebsverfassungsrecht, FS 25 Jahre BAG, 1979, S. 17; *Canaris*, Die Bedeutung der iustitia distributiva im deutschen Vertragsrecht, 1997; *Derleder*, Die politische Meinungsäußerung des Betriebsrats, AuR 1988, 17; *Enderlein*, Rechtspaternalismus und Vertragsrecht, 1996; *Fastrich*, Gleichbehandlung und Gleichstellung, RdA 2000, 65; *Franzen*, Die Freiheit der Arbeitnehmer zur Selbstbestimmung nach dem neuen BetrVG, ZfA 2001, 423; *Hammer*, Die betriebsverfassungsrechtliche Schutzpflicht für die Selbstbestimmungsfreiheit der Arbeitnehmers, 1998; *H. Hanau*, Individualautonomie und Mitbestimmung in sozialen Angelegenheiten, 1994; *G. Hueck*, Der Grundsatz der gleichmäßigen Behandlung im Privatrecht, 1958; *Kissel*, Arbeitskampfrecht, 2002; *Reichold*, Betriebsverfassung ohne „Betrieb"?, NZA 1999, 561; *Rolfs/Bütefisch*, Gewerkschaftliche Betätigung des Betriebsratsmitglieds im Arbeitskampf, NZA 1996, 17; *Thüsing*, Der Fortschritt des Diskriminierungsschutzes im Europäischen Arbeitsrecht, ZfA 2001, 397; *Thüsing/Wiedemann*, Der Schutz älterer Arbeitnehmer und die Umsetzung der Richtlinie 2000/78/EG, NZA 2002, 1234; *Wiese*, Der Persönlichkeitsschutz des Arbeitnehmers gegenüber dem Arbeitgeber, ZfA 1971, 273; *Wiese*, Der personale Gehalt des Arbeitsverhältnisses, ZfA 1996, 439.

I. Inhalt und Zweck. Die Norm leitet den **materiellen** vierten Teil der betriebsverfassungsrechtlichen Mitbestimmungsordnung ein, indem das Kooperationsgebot für ArbGeb und BR nach § 2 Abs. 1 anhand des Leitbilds einer **friedlichen und vertrauensvollen Zusammenarbeit** konkretisiert und ergänzt wird. Gemeinsam stellen §§ 74, 75 die „Magna Charta" der Betriebsverfassung dar[1], weil nicht nur das Verhältnis zwischen den Betriebspartnern, sondern auch das Verhältnis zu den Gewerkschaften und der Belegschaft durch verfassungskonkretisierendes **objektives Recht** zur Ermöglichung einer Mitwirkungs- und Mitbestimmungsordnung im Betrieb geregelt werden. Dass damit noch nicht ein umfassender „Allgemeiner Teil" für Rechtsfragen der Mitwirkung bzw. Mitbest. des BR formuliert werden konnte, zeigt sich an den vielen ungelösten Fragen, die im Folgenden vor allem zu § 77 (zB Verhältnis der BV zu TV und Arbeitsvertrag) und zu § 87 (zB Rechtsfolgen mitbestimmungswidrigen Verhaltens) im Einzelnen zu kommentieren sind[2]. 1

Abs. 1 kann als gesetzlicher Vorschlag zum Umgang mit betrieblichen Konflikten verstanden werden. Daher bezieht sich das Gebot des Abs. 1 Satz 2 nicht ausschließlich auf das in Abs. 1 geregelte Monatsgespräch, sondern stellt **generelle Verhaltensregeln** für alle Verhandlungen zwischen ArbGeb und BR auf[3]. Wenn die Betriebspartner auf eine Verhandlungskultur „mit dem ernsten Willen zur Einigung", dh. auf eine gegenseitige **Einlassungs- und Erörterungspflicht**[4] in allen streitigen Angelegenheiten verpflichtet werden, ist damit aber keineswegs eine „Rechtspflicht" zum **Kompromiss** gemeint (hM). Eine europarechtskonforme Auslegung der Norm im Hinblick auf Art. 2 lit. g RL 2002/14/EG, der die vergleichbare „Anhörung" als „*Durchführung eines Meinungsaustauschs und eines Dialogs*" iS eines echten Austauschs von Argumenten definiert, überwindet insoweit keine Widerstände – sie stimmt überein mit Sinn und Zweck der deutschen Norm[5]. Abs. 2 verbietet ArbGeb und BR, im Bereich der Betriebsverfassung zu Arbeitskampfmaßnahmen zu greifen und die betriebliche Zusammenarbeit insb. durch parteipolitische Betätigung zu belasten. Die Vorschrift kann daher auch als Konkretisierung von „Treu und Glauben" im 2

---

1 So Richardi/*Richardi*, § 75 BetrVG Rz. 1. | 2 Vgl. hierzu auch ErfK/*Kania*, Einl. vor § 74 BetrVG. | 3 So etwa *Fitting*, § 74 BetrVG Rz. 9; GK-BetrVG/*Kreutz*, § 74 Rz. 24; Richardi/*Richardi*, § 74 BetrVG Rz. 12. | 4 HM, vgl. ErfK/*Kania*, § 74 BetrVG Rz. 8; *Fitting*, § 74 BetrVG Rz. 9; GK-BetrVG/*Kreutz*, § 74 Rz. 26; Richardi/*Richardi*, § 74 BetrVG Rz. 12. | 5 Ausf. *Reichold*, NZA 2003, 289 (296).

Betriebsverhältnis zwischen ArbGeb und BR, ähnlich wie § 242 Abs. 1 BGB, dogmatisch verstanden werden[1]. Schließlich bestätigt Abs. 3 die Koalitionsfreiheit der BR-Mitglieder, wenn diese ausdrücklich in ihrer Betätigung für Gewerkschaften (zB als Vertrauensleute) bestärkt werden (näher Rz. 12).

3 **II. Monatsgespräch (Abs. 1 Satz 1).** ArbGeb und BR **sollen** (nicht: müssen) sich „mindestens einmal im Monat zu einer Besprechung" treffen. Sinn dieses Monatsgesprächs ist es, aufgrund des persönlichen Kontakts auch ohne akuten Anlass eine **vertrauensvolle** Atmosphäre zwischen den Betriebspartnern zu erzeugen und einen ständigen Gesprächskontakt zu gewährleisten[2]. Aus dieser gesetzgeberischen Absicht aber eine **Rechtspflicht** zum Monatsgespräch ableiten zu wollen[3], geht nicht nur über den Wortlaut der Vorschrift hinaus, sondern kann auch dazu führen, dass die Kontakte zu einem leeren Ritual verkommen. Im Zuge der notwendigen Flexibilisierung der Betriebsverfassung ist den Betriebspartnern sinnvollerweise die Entscheidung über den Zeittakt ihrer regelmäßigen Zusammenkünfte selbst zu überlassen, zumal auch **unabhängig vom Monatsrhythmus** die Einberufung einer Besprechung verlangt werden kann[4].

4 Der BR nimmt in **voller Besetzung** an der Besprechung teil. Es handelt sich grundsätzlich nicht um eine nach §§ 26 ff. delegierbare Aufgabe, es sei denn, es sollen ausschließlich Angelegenheiten erörtert werden, die einem Ausschuss zur selbstständigen Erledigung übertragen sind[5]. Auf **ArbGebSeite** muss eine natürliche Person teilnehmen, die zur Vertretung des ArbGeb berechtigt ist (Geschäftsführer, Gesellschafter, Prokurist etc.)[6]. Eine einfache Vollmacht (§ 167 Abs. 1 BGB) ist grundsätzlich ausreichend, allerdings muss der ArbGebVertreter über die nötige Sachkunde und Entscheidungskompetenz verfügen[7].

5 Zum Monatsgespräch hinzuzuziehen ist nach § 68 auch die **JAV**, wenn und soweit dort Angelegenheiten behandelt werden, die besonders jugendliche ArbN betreffen. Nach der Regelung des § 95 Abs. 5 SGB IX gilt das auch für die **Schwerbehindertenvertretung**, jedoch unabhängig davon, ob diese Gruppe betreffende Themen besprochen werden. Der Gesetzgeber hat damit die entgegenstehende BAG-Rspr.[8] für gegenstandslos erklärt.

6 Kein Teilnahmerecht hat dagegen der **Gewerkschaftsbeauftragte**. Sein Recht aus § 31 bzw. § 46 bezieht sich ausdrücklich nur auf BR-Sitzungen bzw. die Betriebs- oder Abteilungsversammlung. Durch eine Teilnahme auch am Monatsgespräch würde die Unterstützungsfunktion der Gewerkschaften aus § 2 deutlich überspannt[9]. **Einvernehmlich** können sich aber ArbGeb und BR auf die Teilnahme von Gewerkschaftsbeauftragten verständigen (hM), dagegen besteht ein einseitiges Hinzuziehungsrecht nur bei eindeutig tarifbezogenen Angelegenheiten[10].

7 Die Besprechungen sind an **keine Form** gebunden. Es bedarf weder einer schriftlichen Einladung noch einer Niederschrift. Sie können auch im Anschluss an eine BR-Sitzung, nicht aber mit ihr zusammen stattfinden[11]. Ob die Besprechung im Sitzen[12] oder als Stehkonvent stattfindet, kann getrost offen bleiben.

8 **III. Verhandlungskultur (Abs. 1 Satz 2).** Die Verhandlungen zwischen ArbGeb und BR sollen ernsthaft und konstruktiv verlaufen. Das erfordert insb. ein **gegenseitiges Eingehen** auf die Positionen und Lösungsvorschläge von Problemen (Rz. 2)[13]. Die vertrauensvolle Zusammenarbeit erfordert in jedem Fall, vor Anrufung der **Einigungsstelle** ein direktes Gespräch zu führen und die wesentlichen Argumente auszutauschen. Doch scheitert die Anrufung der Einigungsstelle nicht an der Verletzung solcher von § 74 Abs. 1 Satz 2 geforderten Verhandlungskultur[14] – der Geist konstruktiver Zusammenarbeit lässt sich nicht erzwingen (Rz. 20). **Nicht erforderlich** ist eine Einigung um jeden Preis; die Parteien können auf ihren Standpunkten verharren und sich einem Kompromiss auch verschließen (Rz. 2). Sachliche Kritik ist durchaus angebracht, dagegen sind persönliche Angriffe und ähnliche Ausfälle zu ver-

---

1 Vgl. MünchArbR/*v. Hoyningen-Huene*, § 300 Rz. 28 f.; § 301 Rz. 4; *Reichold*, Betriebsverfassung als Sozialprivatrecht, 1995, S. 498. |2 Vgl. GK-BetrVG/*Kreutz*, § 74 Rz. 9. |3 So zB DKK/*Berg*, § 74 BetrVG Rz. 3; *Fitting*, § 74 BetrVG Rz. 4; GK-BetrVG/*Kreutz*, § 74 Rz. 10; ErfK/*Kania*, § 74 BetrVG Rz. 3. |4 Wie hier MünchArbR/*v. Hoyningen-Huene*, § 301 Rz. 14; Richardi/*Richardi*, § 74 BetrVG Rz. 8; *Stege/Weinspach/Schiefer*, § 74 BetrVG Rz. 1; aA GK-BetrVG/*Kreutz*, § 74 Rz. 12, der ein solches Recht nur dem BR aus § 23 Abs. 3 zuspricht. |5 Str., wie hier Richardi/*Richardi*, § 74 BetrVG Rz. 7; für Delegation auf Ausschüsse DKK/*Berg*, § 74 BetrVG Rz. 5; ErfK/*Kania*, § 74 BetrVG Rz. 5; *Fitting*, § 74 BetrVG Rz. 5; HaKo-BetrVG/*Lorenz*, § 74 Rz. 2; dagegen GK-BetrVG/*Kreutz*, § 74 Rz. 14; das BAG hält es in seinem Beschluss v. 19.1.1984 – 6 ABR 75/81, BAGE 45, 22 = AP Nr. 4 zu § 74 BetrVG 1972 für möglich, dass auch nur der Betriebsausschuss (§ 27) an Sitzungen nach § 74 Abs. 1 teilnimmt. |6 Vgl. nur *Fitting*, § 74 BetrVG Rz. 7; GK-BetrVG/*Kreutz*, § 74 Rz. 15. |7 BAG v. 11.12.1991 – 7 ABR 16/91, AP Nr. 2 zu § 90 BetrVG 1972 = NZA 1992, 850. |8 Vgl. noch BAG v. 19.1.1984 – 6 ABR 19/83, BAGE 45, 22 (25) = AP Nr. 4 zu § 74 BetrVG 1972. |9 HM, vgl. nur ErfK/*Kania*, § 74 BetrVG Rz. 7; *Fitting*, § 74 BetrVG Rz. 8; GK-BetrVG/*Kreutz*, § 74 Rz. 18. |10 Str., wie hier GK-BetrVG/*Kreutz*, § 74 Rz. 18; MünchArbR/*v. Hoyningen-Huene*, § 301 Rz. 13; Richardi/*Richardi*, § 74 BetrVG Rz. 11; weniger streng ErfK/*Kania*, § 74 BetrVG Rz. 7; *Fitting*, § 74 BetrVG Rz. 8; zu weitgehend DKK/*Berg*, § 74 BetrVG Rz. 6; HaKo-BetrVG/*Lorenz*, § 74 Rz. 2, weil ein Teilnahmerecht auf Wunsch nur einer Partei dem gegenseitigen Vertrauens- und Gesprächskontakt nicht dienlich sein kann. |11 Zutr. GK-BetrVG/*Kreutz*, § 74 Rz. 23, der auf die Unterschiede zwischen förmlicher BR-Sitzung nach § 29 und der Besprechung nach § 74 Abs. 1 verweist. |12 So aber GK-BetrVG/*Kreutz*, § 74 Rz. 21. |13 Vgl. BAG v. 13.10.1987 – 1 ABR 53/86, AP Nr. 7 zu § 81 ArbGG 1979 = NZA 1988, 249: Eine gerichtliche Vorabbeurteilung von Regelungsvorschlägen des BR verstieße gegen § 74 Abs. 1. |14 HM, vgl. LAG Nds. v. 7.12.1998 – 1 TaBV 74/98, AiB 1999, 648; ferner *Fitting*, § 74 BetrVG Rz. 9; GK-BetrVG/*Kreutz*, § 74 Rz. 28 mwN.

meiden. Eine **grobe Missachtung** der gesetzlich vorgezeichneten Verhandlungskultur, zB durch ständige Verweigerung von Verhandlungen, kann zu Ansprüchen aus § 23 Abs. 1 bzw. Abs. 3 führen[1]. Eine durch die Umstände ihrer Mitteilung den BR als reinen „Kostenfaktor" herabwürdigende **Bekanntgabe der BR-Kosten** durch den ArbGeb stellt zwar keine grobe Pflichtverletzung dar, kann aber wegen Behinderung der BR-Arbeit aufgrund § 78 Satz 1, die gleichzeitig einen Verstoß gegen die vertrauensvolle Zusammenarbeit darstellt, untersagt werden[2].

IV. Friedenspflicht (Abs. 2, 3). Abs. 2 ergänzt die kooperationssichernden Verhaltensgebote des Abs. 1 Satz 2 („Verhandlungskultur") um **friedenssichernde Handlungseinschränkungen**, die gleichermaßen beide Betriebspartner betreffen. Der gebräuchliche Begriff „Friedenspflicht" ist dabei als Oberbegriff nicht ganz zutreffend[3], weil über das Arbeitskampfverbot (Satz 1) und das Verbot von Beeinträchtigungen des Betriebsfriedens und des Arbeitsablaufs (Satz 2) hinaus **jedwede parteipolitische Betätigung im Betrieb (Satz 3) generell** untersagt wird (Rz. 16). Die allgemeine Friedenspflicht in Satz 2 wird daher von den spezielleren Verboten in Satz 1 und 3 in deren Anwendungsbereich **verdrängt**[4], bleibt aber als allgemeiner Auffangtatbestand für die Norm prägend (Rz. 14). Der Gesetzgeber bemüht sich hier um einen **innerbetrieblichen Verhaltenskodex**, der Interessengegensätze nicht leugnen, diese dennoch in eine verbindliche Friedensordnung einbinden will. Er überträgt damit vor allem dem BR große Verantwortung im Hinblick auf eine sachgerechte **Abwägung** zwischen der grundrechtlich geschützten Handlungs- und Meinungs-, aber auch Koalitionsfreiheit (Art. 2, 5, 9 Abs. 3 GG) einerseits und der Sicherung einer betrieblichen Friedensordnung nach § 74 Abs. 2 (Art. 12 GG) andererseits. Abs. 3 macht auf diese Spannungslage aufmerksam. Das BVerfG hat zur verfassungsrechtlichen Dimension der Norm ausdrücklich darauf verwiesen, dass parteipolitische Betätigung zwar generell, jede andere Betätigung aber nur dann verboten sei, wenn der Betriebsfrieden **konkret** beeinträchtigt werde[5].

1. Verbot von Arbeitskampfmaßnahmen (Satz 1). Satz 1 Halbs. 1 ordnet pauschal die Unzulässigkeit von Arbeitskampfmaßnahmen zwischen den Betriebspartnern, dh. eine **absolute Friedenspflicht** an, so dass es auf eine konkrete Beeinträchtigung des Betriebsfriedens überhaupt nicht ankommt[6]. Satz 1 Halbs. 2 stellt aber klar, dass damit Arbeitskämpfe **tariffähiger** Parteien nicht berührt würden. Daraus folgt nach ganz hM zweierlei:

- Zum einen, dass die Lösung **betriebsverfassungsrechtlicher Konflikte** nicht nach dem sog. Konfrontationsmodell im Wege des Arbeitskampfs erfolgen darf, sondern ausschließlich im Wege des vom BetrVG nach dem Kooperationsmodell vorgesehenen Schlichtungsmechanismus der „Einigungsstelle" (§ 76) bzw. in einem arbeitsgerichtlichen Beschlussverfahren[7];

- zum anderen, dass Arbeitskampfmaßnahmen **tariffähiger Parteien**, zu denen der BR nach § 2 Abs. 1 TVG nicht gehört, sich weder **positiv** noch **negativ** auf die betriebsverfassungsrechtliche Ordnung auswirken (sollen). Vielmehr soll der Arbeitskampf nichts an der Existenz des BR-Amts und dessen grundsätzlich fortbestehenden Aufgaben ändern – der BR hat sich **neutral** zu verhalten, bleibt aber **funktionstüchtig**[8]. Einwirkungspflichten auf zB (wild) Streikende in der Belegschaft bestehen nicht (hM). Dieses Postulat lässt sich allerdings mit einer Rechtswirklichkeit schwer vereinbaren, die von einer – regelmäßig und ständig auftretenden – **Doppelfunktion** von ArbGeb und BR-Mitgliedern als Betriebspartner einerseits und Arbeitskampfgegner andererseits gekennzeichnet ist[9] – genau deshalb erfolgte die Klarstellung in Abs. 3. Daraus folgende Interessenkonflikte der BR-Mitglieder können sich nicht ohne Rückwirkung auf ihre Beteiligungsrechte bleiben (vgl. Rz. 13).

Verboten sind alle Kampfmaßnahmen, die geeignet sind, auf den anderen Betriebspartner **Druck auszuüben**. Auf das „Kampfziel" kommt es nicht an, weil ArbGeb und BR durch Satz 1 grundsätzlich auf friedliches Verhalten verpflichtet sind[10]. Notwendig ist aber jeweils ein dem BR oder dem ArbGeb **als Organ der Betriebsverfassung** zuzurechnendes Kampfverhalten[11]. Unabhängig davon sind schon nach allgemeinem Arbeitskampfrecht solche Streikmaßnahmen **rechtswidrig**, die zB auf die Rück-

---

1 HM, vgl. ErfK/*Kania*, § 74 BetrVG Rz. 8; *Fitting*, § 74 BetrVG Rz. 9; GK-BetrVG/*Kreutz*, § 74 Rz. 27; MünchArbR/*v. Hoyningen-Huene*, § 301 Rz. 14; Richardi/*Richardi*, § 74 BetrVG Rz. 13. |2 BAG v. 12.11.1997 – 7 ABR 14/97 AP Nr. 27 zu § 23 BetrVG 1972 (Anm. *Bengelsdorf*) = NZA 1998, 559; v. 19.7.1995 – 7 ABR 60/94, AP Nr. 25 zu § 23 BetrVG 1972 = NZA 1996, 332. |3 So GK-BetrVG/*Kreutz*, § 74 Rz. 31; HaKo-BetrVG/*Lorenz*, § 74 Rz. 4; vgl. auch BVerfG v. 28.4.1976 – 1 BvR 71/73, BVerfGE 42, 133 (140 f.) = AP Nr. 2 zu § 74 BetrVG 1972; BAG v. 12.6.1986 – 6 ABR 67/84, AP Nr. 5 zu § 74 BetrVG 1972; diff. BAG v. 21.2.1978 – 1 ABR 54/76, AP Nr. 1 zu § 74 BetrVG 1972 = DB 1978, 1547. |4 Zutr. GK-BetrVG/*Kreutz*, § 74 Rz. 32. |5 BVerfG v. 28.4.1976 – 1 BvR 71/73, BVerfGE 42, 133 (141) = AP Nr. 2 zu § 74 BetrVG 1972. |6 HM, vgl. GK-BetrVG/*Kreutz*, § 74 Rz. 32; *Kissel*, § 36 Rz. 4; *Rolfs/Bütefisch*, NZA 1996, 18. |7 BAG v. 17.12.1976 – 1 AZR 772/75, AP Nr. 52 zu Art. 9 GG – Arbeitskampf (Anm. *Richardi*) = NJW 1977, 918; ferner *Fitting*, § 74 BetrVG Rz. 12; GK-BetrVG/*Kreutz*, § 74 Rz. 37; MünchArbR/*Matthes*, § 331 Rz. 1; Richardi/*Richardi*, § 74 BetrVG Rz. 17. |8 HM, vgl. zuletzt BAG v. 10.12.2002 – 1 ABR 7/02, AP Nr. 59 zu § 80 BetrVG 1972 = BB 2003, 1900; BAG v. 25.10.1988 – 1 AZR 368/87, BAGE 60, 71 (75) = AP Nr. 110 zu Art. 9 GG – Arbeitskampf (Anm. *Brox*); ferner *Fitting*, § 74 BetrVG Rz. 12; GK-BetrVG/*Kreutz*, § 74 Rz. 59; *Kissel*, § 36 Rz. 5, 7; MünchArbR/*v. Hoyningen-Huene*, § 301 Rz. 29; Richardi/*Richardi*, § 74 BetrVG Rz. 23 f., 33. |9 BR-Mitglieder sind sehr häufig auch Gewerkschaftsmitglieder, vgl. nur *Kissel*, § 36 Rz. 4, 22; *Rolfs/Bütefisch*, NZA 1996, 18. |10 Zutr. GK-BetrVG/*Kreutz*, § 74 Rz. 51. |11 Beispiele bei GK-BetrVG/*Kreutz*, § 74 Rz. 68; MünchArbR/*v. Hoyningen-Huene*, § 301 Rz. 27; *Kissel*, § 36 Rz. 26 ff.

nahme eines Antrags des ArbGeb auf Zustimmungsersetzung zur außerordentlichen Kündigung eines BR-Mitglieds zielen, weil hier ein Rechtsstreit nach § 103 und nicht ein tariflicher Regelungsstreit Gegenstand der Forderung ist – die Streikenden sind deshalb zum Ersatz des daraus entstehenden Schadens verpflichtet[1]. Werden BR-Mitglieder dagegen **ausgesperrt** und damit von ihren arbeitsvertraglichen Rechten und Pflichten suspendiert, ändert sich nichts an ihrer **Amtsfunktion** auch während des Arbeitskampfes, doch erhalten sie wie die anderen Ausgesperrten kein Arbeitsentgelt[2].

12 Das Arbeitskampfverbot gilt auch für das **einzelne BR-Mitglied**. Es darf sich nicht der Infrastruktur des BR nach § 40 Abs. 2 zu Streikzwecken bedienen oder Streikaufrufe als BR-Mitglied unterzeichnen[3]. Fraglich ist aber meistens, **wann** ein BR-Mitglied **als solches** handelt und wann es als streikender ArbN von seiner **Koalitionsfreiheit** iSd. Abs. 3 Gebrauch macht. Danach kann es ihm nicht untersagt werden, sich an Ausständen seiner Gewerkschaft wie ein normaler ArbN zu beteiligen (*„in der Betätigung für ihre Gewerkschaft* **auch im Betrieb** *nicht beschränkt"*). Ihm ist die Kampfbeteiligung nur in seiner Funktion als **Amtsträger** verboten[4]. Eine Vermutung für sein Auftreten gerade als BR-Mitglied wäre unzulässig – selbst der **freigestellte** Amtsträger ist nicht immer im Amt. So bleibt vom Neutralitätsgebot bei Arbeitskämpfen übrig, dass der BR als Gremium alle **Unterstützungsmaßnahmen** zugunsten der Streikenden zu unterlassen hat und seine Mitglieder nicht **erkennbar ihre Amtsautorität** zur Streikunterstützung missbrauchen dürfen[5]. Ihnen aufgrund ihrer Amtsstellung eine leitende Funktion im betrieblichen Arbeitskampfgeschehen untersagen zu wollen[6], wird von der hM abgelehnt[7].

13 Die Tarifautonomie und der aus ihr abzuleitende Grundsatz der **Kampfmittelparität** verlangen aber eine arbeitskampfkonforme Auslegung und damit eine **Einschränkung** der Beteiligungsrechte des BR bei arbeitskampfbezogenen Maßnahmen (hM)[8]. In Arbeitskämpfen können für den BR Interessenkollisionen entstehen (Rz. 10), die es ihm unmöglich machen, die abstrakte Trennung zwischen Friedens- und Kampfordnung, dh. zwischen BetrVG-Rechten und Streikbeteiligung durchzuhalten. Will der ArbGeb zB während eines Streiks für arbeitswillige ArbN vorübergehend die betriebsübliche **Arbeitszeit** verlängern, so bedarf er insoweit nicht der Zustimmung des BR[9]. Dass er bei Aussperrungs- bzw. Stilllegungsmaßnahmen nicht den BR zu beteiligen braucht, liegt auf der Hand. Das BVerfG hat die Einschränkung der BR-Rechte zu § 99 Abs. 1 als während des Arbeitskampfs zulässige **verfassungskonforme teleologische Restriktion** gebilligt und damit entgegenstehende Lehren verworfen[10]. Entgegen *Kreutz*[11] möchte das BAG die Einschränkung der Mitbest. nicht aus § 74 Abs. 2 Satz 1 (Neutralitätsgebot) ableiten, sondern aus den übergeordneten Grundsätzen des Arbeitskampfrechts[12]. Im Ergebnis ist sich die hM einig darin, dass die Arbeitskampffreiheit des ArbGeb **tatsächlich und konkret** durch die Ausübung der MitbestR beeinträchtigt sein muss – diese muss geeignet sein, auf ihn **zusätzlichen Druck** auszuüben[13]. Unberührt bleiben daher zB die MitbestR in Bezug auf Sozialeinrichtungen oder Werkswohnungen, gleichermaßen solche Beteiligungsrechte, die „zufälligerweise" in die Arbeitskampfphase fallen, ohne aber einen inneren Bezug dazu aufzuweisen[14]. Dagegen ist **streitig**, ob zB Notdienst- und Erhaltungsarbeiten der BR-Mitbest. unterliegen oder der **Unterrichtungsanspruch** nach § 80 Abs. 2 zB in Bezug auf arbeitskampfbezogene Überstunden erhalten bleibt. Im ersten Fall spricht der unmittelbare Bezug zum Kampfgeschehen gegen eine BR-Kompetenz[15], im zweiten Fall der Bezug des Unterrichtungsanspruchs zum arbeitskampfbezogenen Beteiligungsrecht (*„Zur Durchführung seiner Aufgaben …"*). Der BAG-Entscheidung vom 10. 12. 2002 kann daher nicht gefolgt werden, erscheint es

---

1 BAG v. 7.6.1988 – 1 AZR 372/86, AP Nr. 106 zu Art. 9 GG – Arbeitskampf = NJW 1989, 63. | 2 Das ergibt sich aus dem „Lohnausfallprinzip" nach § 37 Abs. 2, vgl. BAG v. 25.10.1988 – 1 AZR 368/87, BAGE 60, 71 (76) = AP Nr. 110 zu Art. 9 GG – Arbeitskampf (Anm. *Brox*). | 3 HM, vgl. nur ErfK/*Kania*, § 74 BetrVG Rz. 12; *Fitting*, § 74 BetrVG Rz. 15; GK-BetrVG/*Kreutz*, § 74 Rz. 34, 38; *Kissel*, § 36 Rz. 19; Richardi/*Richardi*, § 74 BetrVG Rz. 26; aA DKK/*Berg*, § 74 BetrVG Rz. 18. | 4 Eingehend zur Abgrenzung GK-BetrVG/*Kreutz*, § 74 Rz. 66; *Kissel*, § 36 Rz. 21 ff.; MünchArbR/*Matthes*, § 331 Rz. 4; Richardi/*Richardi*, § 74 BetrVG Rz. 26; *Rolfs/Bütefisch*, NZA 1996, 19 ff.; vgl. auch BAG v. 17.12.1976 – 1 AZR 772/75, BAGE 28, 302 (307) = AP Nr. 52 zu Art. 9 GG – Arbeitskampf. | 5 Ähnlich GK-BetrVG/*Kreutz*, § 74 Rz. 67; *Kissel*, § 36 Rz. 24. | 6 So *Rolfs/Bütefisch*, NZA 1996, 20. | 7 Vgl. nur ErfK/*Kania*, § 74 BetrVG Rz. 12; *Fitting*, § 74 BetrVG Rz. 16; GK-BetrVG/*Kreutz*, § 74 Rz. 65; MünchArbR/*Matthes*, § 331 Rz. 4; Richardi/*Richardi*, § 74 BetrVG Rz. 26. | 8 St. Rspr., zuletzt BAG v. 10.12.2002 – 1 ABR 7/02, AP Nr. 59 zu § 80 BetrVG 1972 = BB 2003, 1900; v. 14.2.1978 – 1 AZR 54/76, BAGE 30, 43 (48) = AP Nr. 57 zu Art. 9 GG – Arbeitskampf (Anm. *Konzen*); krit. aus dogmatischer Sicht aber GK-BetrVG/*Kreutz*, § 74 Rz. 72 ff. | 9 BAG v. 24.4.1979 – 1 ABR 43/77, AP Nr. 63 zu Art. 9 GG – Arbeitskampf (Anm. *Rüthers/Klosterkemper*) = NJW 1980, 140. | 10 BVerfG v. 7.4.1997 – 1 BvL 11/96, AP Nr. 11 zu Art. 100 GG = NJW 1997, 2230 = NZA 1997, 773 gegen zB DKK/*Berg*, § 74 BetrVG Rz. 20; HaKo-BetrVG/*Lorenz*, § 74 Rz. 7. | 11 GK-BetrVG/*Kreutz*, § 74 Rz. 72 ff. mwN. | 12 BAG v. 10.12.2002 – 1 ABR 7/02, AP Nr. 59 zu § 80 BetrVG 1972 (unter III 3d d. Gr.); zust. *Kissel*, § 36 Rz. 56; MünchArbR/*Matthes*, § 331 Rz. 18; Richardi/*Richardi*, § 74 BetrVG Rz. 42. | 13 BAG v. 10.12.2002 – 1 ABR 7/02, AP Nr. 59 zu § 80 BetrVG 1972 (unter III 4a d. Gr.); v. 10.2.1988 – 1 ABR 39/86, AP Nr. 5 zu § 98 BetrVG 1972 = NZA 1988, 549; v. 24.4.1979 – 1 ABR 43/77, BAGE 31, 372 (379) = AP Nr. 63 zu Art. 9 GG – Arbeitskampf (Anm. *Rüthers/Klosterkemper*); ähnlich *Fitting*, § 74 BetrVG Rz. 21; *Kissel*, § 36 Rz. 53 f.; MünchArbR/*v. Hoyningen-Huene*, § 301 Rz. 34 f.; MünchArbR/*Matthes*, § 331 Rz. 15–17; Richardi/*Richardi*, § 74 Rz. 33; i. Erg. auch GK-BetrVG/*Kreutz*, § 74 Rz. 76. | 14 Beispiele bei *Kissel*, § 36 Rz. 45–48, 64–65. | 15 Ähnlich wie hier *Fitting*, § 74 BetrVG Rz. 24; MünchArbR/*Matthes*, § 331 Rz. 25; *Kissel*, § 36 Rz. 89 f.; aA GK-BetrVG/*Kreutz*, § 74 Rz. 82.

doch als merkwürdige Förmelei, eine rechtzeitige Information zu einem Sachverhalt zu verlangen, der arbeitskampfbedingt überhaupt nicht zu einem MBR führen kann, wie das BAG auch selber einräumt[1].

2. Verbot der Störung des Betriebsfriedens (Satz 2). Während den Betriebspartnern Arbeitskampfmaßnahmen **generell** untersagt sind (Rz. 10), ist in Satz 2 das allgemeine Verbot der Störung des **Betriebsfriedens** als „relativer" Auffangtatbestand gegenüber den spezielleren „absoluten" Verboten in Satz 1 und Satz 3 verankert. Zu seiner Anwendung bedarf es einer verfassungskonformen Auslegung im Hinblick auf die Grundrechte der jeweils Beteiligten (zB bei kritischen Veröffentlichungen über den BR in Werkszeitungen[2], vgl. Rz. 9). Verboten sind (nur) **konkrete** Störungen von Arbeitsablauf und Betriebsfrieden, eine bloß abstrakte Gefährdung reicht nicht aus[3]. Mit „Arbeitsablauf" ist die eigentliche Durchführung der betrieblichen **Arbeitsaufgaben** gemeint, mit „Frieden des Betriebs" dagegen das störungsfreie betriebliche **Zusammenwirken**, das sich exakter durch das Gebot zur vertrauensvollen Zusammenarbeit zwischen ArbGeb und BR gem. §§ 2 Abs. 1, 74 Abs. 1 eingrenzen lässt. 14

Satz 2 verleiht dem BR Handhabe gegen zB wiederholte Missachtung von Beteiligungsrechten durch den ArbGeb, diesem dagegen Handhabe zB gegen die Anberaumung spontaner Betriebsversammlungen entgegen §§ 42, 43. Insbesondere der **Übergriff in fremde Kompetenzen** zB durch eigenmächtige Entfernung von Aushängen am schwarzen Brett des BR oder durch einen Eingriff in das Leitungsrecht des ArbGeb stört idR den betrieblichen Frieden[4]. Eine aufwändige Fragebogenaktion des BR stellt nur dann eine Störung des Arbeitsablaufs dar, wenn die ArbN die Fragen während der Arbeitszeit beantworten sollen[5]. Dagegen kann die konsequent „unflexible" Anwendung des BetrVG keinesfalls den Betriebsfrieden stören. Es gehört jedoch nicht zu den dem BR nach dem BetrVG obliegenden Aufgaben, **von sich aus** und ohne Veranlassung durch den ArbGeb die außerbetriebliche Öffentlichkeit über „allgemein interessierende Vorgänge" des Betriebs zu unterrichten[6]. Je nach den Umständen dieser Medieninformation wird eine Störung des Betriebsfriedens hier sehr nahe liegen. Der BR seinerseits muss sich **betriebsinterne Kritik** an seiner Amtsführung gefallen lassen, soweit diese von der Pressefreiheit einer vom ArbGeb herausgegebenen Werkszeitung gedeckt ist[7]. Auch eine Flugblattaktion zu innerbetrieblichen Angelegenheiten von Seiten eines BR-Mitglieds kann bei Bezugnahme auf anstehende betriebliche Entscheidungen wegen Art. 5 GG noch zulässig sein[8]. 15

3. Verbot der parteipolitischen Betätigung (Satz 3). Die Betriebsparteien haben „**jede** parteipolitische Betätigung im Betrieb zu unterlassen", vgl. Satz 3 Halbs. 1. Damit sollen ähnlich wie im den Arbeitskampf betreffenden Satz 1 **parteipolitische** Aktivitäten generell aus dem Betrieb fern gehalten werden – zu einer konkreten Störung des Betriebsfriedens muss es also nicht kommen[9]. Das Verbot wird **relativiert** durch Satz 3 Halbs. 2, wonach die Behandlung tarifpolitischer, sozialpolitischer, umweltpolitischer und wirtschaftlicher Fragen, „die den Betrieb und seine Mitarbeiter unmittelbar betreffen", von Halbs. 1 unberührt bleibt. Damit wird erkennbar, dass – auch wegen der Ausstrahlungswirkung von Art. 5 GG (Rz. 9) – der Betrieb keineswegs als **politikfreie Zone** eingestuft werden kann[10]. Vielmehr wird durch Satz 3 Halbs. 2 das – nur Amtsträger des BetrVG betreffende[11] – pauschale „Politikverbot" sachlich beschränkt auf solche Themen, die den Betrieb und seine Mitarbeiter **nicht unmittelbar betreffen** (zB die Stationierung von Mittelstreckenraketen in Deutschland)[12]. Damit wird nicht eine „zulässige" Parteipolitik im Betrieb festgeschrieben, sondern nur die „zulässige" Behandlung von betriebsbezogenen **Sachthemen** ohne greifbar parteiliche Färbung[13]. 16

Sinn und Zweck von Satz 3 sind nur vom übergreifenden Grundsatz des **Betriebsfriedens** her zu erschließen, der die Betriebspartner einem **verbindlichen Verhaltenskodex** unterwirft (Rz. 9) und sie auf eine Verhandlungskultur festlegt (Rz. 2, 8). Entgegen soziologisch verbrämter Fehldeutungen[14] soll damit nicht die Meinungsfreiheit im Betrieb unterbunden werden, sondern lediglich der „offizielle" **Tätig**- 17

---

1 Vgl. BAG v. 10.12.2002 – 1 ABR 7/02, AP Nr. 59 zu § 80 BetrVG 1972 (unter III 4d d. Gr.). | 2 Vgl. BVerfG v. 8.10.1996 – 1 BvR 1183/90, BVerfGE 95, 28 (37 f.) = NJW 1997, 386: Auswirkung des Art. 5 Abs. 1 Satz 2 GG auf § 74 Abs. 2 BetrVG. | 3 HM, vgl. BVerfG v. 28.4.1976 – 1 BvR 71/73, BVerfGE 42, 133 (141) = AP Nr. 2 zu § 74 1972; ferner ErfK/*Kania*, § 74 BetrVG Rz. 18; *Fitting*, § 74 BetrVG Rz. 29; GK-BetrVG/*Kreutz*, § 74 Rz. 130; MünchArbR/*v. Hoyningen-Huene*, § 301 Rz. 45; Richardi/*Richardi*, § 74 BetrVG Rz. 46. | 4 Vgl. BAG v. 22.7.1980 – 6 ABR 5/78, BAGE 34, 75 = AP Nr. 3 zu § 74 BetrVG 1972; weitere Beispiele bei ErfK/*Kania*, § 74 BetrVG Rz. 20; *Fitting*, § 74 BetrVG Rz. 31; GK-BetrVG/*Kreutz*, § 74 Rz. 136; MünchArbR/*v. Hoyningen-Huene*, § 301 Rz. 46 ff. | 5 BAG v. 8.2.1977 – 1 ABR 82/74, AP Nr. 10 zu § 80 BetrVG 1972 = DB 1977, 914. | 6 BAG v. 18.9.1991 – 7 ABR 63/90, AP Nr. 40 zu § 40 BetrVG 1972 = NZA 1992, 315. | 7 BVerfG v. 8.10.1996 – 1 BvR 1183/90, BVerfGE 95, 28 (37 f.) = NJW 1997, 386. | 8 LAG Hess. v. 17.2.1997 – 11 Sa 1776/96, NZA-RR 1998, 17. | 9 HM, vgl. nur BAG v. 21.2.1978 – 1 ABR 54/76, AP Nr. 1 zu § 74 BetrVG 1972 = DB 1978, 1547; ferner ErfK/*Kania*, § 74 BetrVG Rz. 21; *Fitting*, § 74 BetrVG Rz. 37; GK-BetrVG/*Kreutz*, § 74 Rz. 37; MünchArbR/*v. Hoyningen-Huene*, § 301 Rz. 50; Richardi/*Richardi*, § 74 BetrVG Rz. 57; aA DKK/*Berg*, § 74 BetrVG Rz. 28; HaKo-BetrVG/*Lorenz*, § 74 Rz. 9: konkrete Gefährdung nötig. | 10 Ähnlich MünchArbR/*v. Hoyningen-Huene*, § 301 Rz. 54. | 11 HM, vgl. ErfK/*Kania*, § 74 BetrVG Rz. 22; *Fitting*, § 74 BetrVG Rz. 39; GK-BetrVG/*Kreutz*, § 74 Rz. 101 ff. | 12 Vgl. BAG v. 12.6.1986 – 6 ABR 67/84, AP Nr. 5 zu § 74 BetrVG 1972 = BB 1987, 1810; zust. ErfK/*Kania*, § 74 BetrVG Rz. 25; GK-BetrVG/*Kreutz*, § 74 Rz. 110; MünchArbR/*v. Hoyningen-Huene*, § 301 Rz. 54 f.; Richardi/*Richardi*, § 74 BetrVG Rz. 62; aA DKK/*Berg*, § 74 BetrVG Rz. 31 ff.; *Fitting*, § 74 BetrVG Rz. 48, 50; HaKo-BetrVG/*Lorenz*, § 74 Rz. 9. | 13 Zutr. GK-BetrVG/*Kreutz*, § 74 Rz. 122. | 14 Vgl. etwa DKK/*Berg*, § 74 BetrVG Rz. 30; *Derleder*, AuR 1988, 21 ff.; dazu auch *Reichold*, NZA 1999, 562.

keitsbereich der Betriebspartner auf betriebsunmittelbare Politikfelder beschränkt werden[1]. Das BAG hat deshalb auch den Auftritt eines Spitzenpolitikers auf einer Betriebsversammlung verboten: Obwohl dessen Kurzreferat ein (zulässiges) sozialpolitisches Thema betraf, überwogen die Bedenken gegen die Einbindung seines Auftritts in eine **Wahlkampfstrategie**, die geeignet war, den Betriebsfrieden wegen offenkundig parteipolitischer Absichten abstrakt zu gefährden[2]. Unter das Verbot fällt zB auch das Verteilen von Flugblättern durch BR-Mitglieder selbst dann, wenn dies vor dem Werkstor geschieht[3].

18 Das Verbot gilt **nicht** für die **ArbN** des Betriebs und die dort vertretenen Gewerkschaften (hM); es richtet sich nur an die Funktionsträger des BetrVG (Rz. 16). Dabei wird wiederum fraglich, wann ein BR-Mitglied in Amtsfunktion handelt und wann wie ein „normaler" ArbN. Die Maßstäbe bei der Abgrenzung sind hier strenger als beim Arbeitskampfverbot, weil zugunsten des BR-Mitglieds nicht die Privilegierung **koalitionsgemäßen** Handelns nach Abs. 3 spricht (Rz. 12), sondern zu seinen Lasten eher die Vermutung für die Ausnutzung seiner **Amtsautorität**, jedenfalls im Fall der Freistellung (§ 38)[4]. Soweit nicht aktive Parteipolitik mit BR-Tätigkeit **erkennbar** zusammentrifft, wird man aber wie zB beim Tragen von politischen Plaketten[5] oder beim Verteilen von Flugblättern in der Mittagspause[6] nur Sanktionen **kraft Arbeitsvertrags** und nicht kraft § 74 Abs. 2 in Erwägung ziehen können, die dann aber eine konkrete Störung des Arbeitsverhältnisses im Leistungsbereich oder im Bereich der betrieblichen Verbundenheit wegen deutlich **provokatorischem** Gehalt erfordern[7].

19 **V. Streitigkeiten.** Neben den Ansprüchen aus § 23 Abs. 1 bzw. Abs. 3 (grobe Verletzung der Pflichten aus dem BetrVG) gewährt § 74 Abs. 2 dem ArbGeb bzw. dem BR einen **eigenständigen Unterlassungsanspruch** gegen die jeweilige Gegenseite, soweit die betriebsverfassungsrechtliche Friedenspflicht verletzt wird[8]. Die Geltendmachung im Beschlussverfahren erfordert einen Antrag, der auf einzelne, tatbestandlich **konkret** beschriebene Handlungen als Verfahrensgegenstand zielt – andernfalls ist das Rechtsschutzinteresse zu verneinen. Stellt der Verstoß gegen die Friedenspflicht gleichzeitig eine **Vertragsverletzung** dar, kann eine Abmahnung oder gar (außerordentliche) Kündigung ausgesprochen werden, die aber unter dem Vorbehalt einer strengen Verhältnismäßigkeitsprüfung wegen der Amtsstellung des Betroffenen steht (vgl. § 23 Rz. 7). Im Zweifel ist eine „betriebsverfassungsrechtliche" Abmahnung vorzuziehen (str., vgl. § 23 Rz. 10).

20 Dem BR steht aus § 74 Abs. 1 Satz 2 zwar ein Recht auf ernsthafte Verhandlungen mit dem ArbGeb zu, doch ist dieses Recht **nicht einklagbar** (Rz. 8). Verhandlung und Einigungsversuch stellen keine Verfahrensvoraussetzung für die Anrufung der Einigungsstelle dar; eine ständige Missachtung der Verhandlungskultur kann aber wegen grobem Pflichtverstoß zu einem Anspruch aus § 23 Abs. 3 führen.

75 Grundsätze für die Behandlung der Betriebsangehörigen

(1) Arbeitgeber und Betriebsrat haben darüber zu wachen, dass alle im Betrieb tätigen Personen nach den Grundsätzen von Recht und Billigkeit behandelt werden, insbesondere, dass jede unterschiedliche Behandlung von Personen wegen ihrer Abstammung, Religion, Nationalität, Herkunft, politischen oder gewerkschaftlichen Betätigung oder Einstellung oder wegen ihres Geschlechts oder ihrer sexuellen Identität unterbleibt. Sie haben darauf zu achten, dass Arbeitnehmer nicht wegen Überschreitung bestimmter Altersstufen benachteiligt werden.

(2) Arbeitgeber und Betriebsrat haben die freie Entfaltung der Persönlichkeit der im Betrieb beschäftigten Arbeitnehmer zu schützen und zu fördern. Sie haben die Selbständigkeit und Eigeninitiative der Arbeitnehmer und Arbeitsgruppen zu fördern.

§ 75 zuletzt geändert (Ergänzung von Abs. 1 Satz 1 um „sexuelle Identität", Ergänzung von Abs. 2 um Satz 2) durch das BetrVerf-ReformG v. 23.7.2001 (BGBl. I S. 1852), vgl. Neubekanntmachung v. 25.9.2001 (BGBl. I S. 2518)

1 **I. Inhalt und Zweck.** Die Vorschrift erweitert das Kooperationsgebot aus §§ 2, 74 um eine **Drittdimension**, indem sie Pflichten der Betriebsparteien im Verhältnis zu den Beschäftigten im Betrieb festlegt (vgl. § 74 Rz. 1)[9]. Die beiden Absätze sind dabei strikt auseinander zu halten. Während Abs. 1 als einfachrechtliche Umsetzung und Verstärkung von europäischen (Art. 13 EG) und grundgesetzlichen (Art. 3 GG) **Diskriminierungsverboten** gelten kann, betont Abs. 2 die **Freiheitsrechte** der einzelnen ArbN in Umsetzung von Art. 2, 12 GG[10]. Aus diesen **Schutz-, Förderungs- und Kontrollpflichten** erge-

---

[1] So auch MünchArbR/v. *Hoyningen-Huene*, § 301 Rz. 61. |[2] BAG v. 13.9.1977 – 1 ABR 67/75, AP Nr. 1 zu § 42 BetrVG 1972 = DB 1977, 2452. |[3] BAG v. 21.2.1978 – 1 ABR 54/76, AP Nr. 1 zu § 74 BetrVG 1972 (Anm. *Löwisch*) = DB 1978, 1547; Beispiele ferner bei GK-BetrVG/*Kreutz*, § 74 Rz. 112 ff.; MünchArbR/v. *Hoyningen-Huene*, § 301 Rz. 55 ff. |[4] Vgl. GK-BetrVG/*Kreutz*, § 74 Rz. 102. |[5] BAG v. 9.12.1982 – 2 AZR 620/80, AP Nr. 73 zu § 626 BGB = NJW 1984, 1142 („Anti-Strauß-Plakette"). |[6] BAG v. 12.6.1986 – 6 AZR 559/84, NZA 1987, 153 (Abmahnung kraft Arbeitsvertrags wegen „friedlicher" Flugblattverteilung unberechtigt). |[7] Im Einzelnen str., vgl. nur ErfK/*Kania*, § 74 BetrVG Rz. 23; MünchArbR/*Blomeyer*, § 53 Rz. 86 ff., insb. 89; GK-BetrVG/*Kreutz*, § 74 Rz. 106; Richardi/*Richardi*, § 74 BetrVG Rz. 69; sehr großzügig zB DKK/*Berg*, § 74 BetrVG Rz. 40 f.; ErfK/*Dieterich*, Art. 5 GG Rz. 34. |[8] HM, vgl. BAG v. 22.7.1980 – 6 ABR 5/78, BAGE 34, 75 = AP Nr. 3 zu § 74 BetrVG 1972; ferner ErfK/*Kania*, § 74 BetrVG Rz. 37; *Fitting*, § 74 BetrVG Rz. 74; GK-BetrVG/*Kreutz*, § 74 Rz. 125; MünchArbR/v. *Hoyningen-Huene*, § 301 Rz. 49; Richardi/*Richardi*, § 74 BetrVG Rz. 72. |[9] So Richardi/*Richardi*, § 75 BetrVG Rz. 1; vgl. auch ErfK/*Kania*, § 75 BetrVG Rz. 1. |[10] Monografisch *Hammer*, S. 107 ff.

ben sich einfachrechtliche Schranken vorrangig der betrieblichen Regelungsbefugnis, **nicht aber** eigenständige Unterlassungsansprüche des BR gegen den ArbGeb, zB im Hinblick auf persönlichkeitsrechtsverletzende Maßnahmen gegenüber ArbN[1], oder gar Individualansprüche der ArbN (vgl. Rz. 5)[2]. Auch der Schutzgesetzcharakter der Norm iSd. § 823 Abs. 2 BGB ist abzulehnen (str.)[3].

Bei § 75 handelt sich um kollektives „**Amtsrecht**", das nur in Betrieben mit BR gilt. Berechtigt und verpflichtet werden ausschließlich die Betriebspartner. Die Rspr. leitete aus dem Verweis auf die Grundsätze von „Recht und Billigkeit" in Abs. 1 zunächst die Befugnis zu einer „Billigkeitskontrolle" (Inhaltskontrolle) von BV ab, die inzwischen aber zutreffend auf eine „**Rechtskontrolle**" aufgrund höherrangigen Rechts eingeschränkt worden ist[4]. Insoweit handelt es sich bei § 75 um ein **Verbotsgesetz iSd. § 134 BGB**, so dass BV **nichtig** sind, soweit sie gegen die „Grundsätze von Recht und Billigkeit" (im Sinne einer Rechtskontrolle) verstoßen[5]. 2

Durch das BetrVerf-Reformgesetz 2001 wurde die „sexuelle Identität" als **neues Diskriminierungsmerkmal** in Umsetzung der Richtlinie 2000/78/EG in Abs. 1 Satz 1 aufgenommen (Rz. 12)[6]. Die Norm dient zugleich auch der Umsetzung der Richtlinie 2000/43/EG zur Anwendung des Gleichheitsgrundsatzes ohne Unterschied der Rasse oder ethnischen Herkunft (Rz. 11)[7]. Der neue **Satz 2** in Abs. 2 soll laut amtlicher Begründung einen „Beitrag zu mehr Demokratie im Betrieb" leisten, indem die Betriebspartner durch entsprechende Gestaltung der Betriebsorganisation und der Arbeit mehr „Freiräume für Entscheidungen, Eigenverantwortung und Kreativität der ArbN und Arbeitsgruppen" schaffen sollen[8]. Mit dieser Verstärkung der **Zielnorm**[9] des Abs. 2 wird noch einmal deutlicher, dass hier nicht nur die Regelungsbefugnis der Betriebspartner im Hinblick auf die Entfaltungsfreiheit der Persönlichkeit der ArbN im Sinne eines **Übermaßverbots** beschränkt wird[10], sondern dass ein allgemeines Wertungsprinzip, die sog. **Ausgleichsfunktion**, normiert wird: Danach zielt die Betriebsverfassung nicht auf ein spezifisches Ordnungs- oder Kollektivinteresse „des Betriebs", sondern als Ausformung der Privatautonomie auf die bestmögliche Verwirklichung des **Individualinteresses** jeden einzelnen ArbN **im betrieblichen Verbund**[11]. Die Betriebsparteien sind demnach durch § 75 Abs. 2 zu einer die freie Entfaltung der Persönlichkeit möglichst schonenden Auslegung und Handhabung der in den Mitbestimmungstatbeständen enthaltenen Eingriffsmöglichkeiten verpflichtet[12]. 3

II. Diskriminierungsverbot (Abs. 1). Abs. 1 statuiert ein **Überwachungsgebot** für ArbGeb und BR, die jeder für sich, aber auch im Zusammenwirken darüber „zu wachen haben", dass alle Beschäftigten „nach den Grundsätzen von **Recht und Billigkeit** behandelt werden". Als besonders wichtiges Beispiel werden einzelne **Diskriminierungsverbote** benannt (Rz. 9). Überwachungspflichten und -rechte treffen ArbGeb und BR unabhängig davon, wer die Kenntnis von Rechtsverstößen erlangt hat. Für den BR ist der Auskunftsanspruch nach § 80 Abs. 2 iVm. Abs. 1 Nr. 1 hierfür ein wesentliches Hilfsinstrument[13]. 4

1. Zur Überwachung Verpflichtete. In **persönlicher** Hinsicht richten sich die Überwachungspflichten an die Vertreter des ArbGeb und die BR-Mitglieder einschließlich der BR-Ausschüsse sowie des Ge- 5

---

1 So (zu § 75 Abs. 2 Satz 1) BAG v. 28.5.2002 – 1 ABR 32/01, AP Nr. 39 zu § 87 BetrVG 1972 – Ordnung des Betriebs = NZA 2003, 166; ferner GK-BetrVG/*Kreutz*, § 75 Rz. 92; Richardi/*Richardi*, § 75 BetrVG Rz. 42; aA (ohne Begründung) DKK/*Berg*, § 75 BetrVG Rz. 42; ErfK/*Kania*, § 75 BetrVG Rz. 12 f.; *Fitting*, § 75 BetrVG Rz. 99; HSG/*Glaubitz*, § 75 BetrVG Rz. 18. |2 HM, vgl. ErfK/*Kania*, § 75 BetrVG Rz. 1; *Fitting*, § 75 BetrVG Rz. 5; GK-BetrVG/*Kreutz*, § 75 Rz. 23, 137; MünchArbR/*v. Hoyningen-Huene*, § 301 Rz. 87; Richardi/*Richardi*, § 75 BetrVG Rz. 10. |3 Str., wie hier GK-BetrVG/*Kreutz*, § 75 Rz. 138; MünchArbR/*v. Hoyningen-Huene*, § 301 Rz. 87; Richardi/*Richardi*, § 75 BetrVG Rz. 42; aA BAG v. 5.4.1984 – 2 AZR 513/82, AP Nr. 2 zu § 17 BBiG (Anm. *Herschel*) = NZA 1985, 329 (331); ErfK/*Kania*, § 75 BetrVG Rz. 12; *Fitting*, § 75 BetrVG Rz. 98 mwN. |4 Vgl. zuletzt BAG v. 12.11.2002 – 1 AZR 58/02, AP Nr. 159 zu § 112 BetrVG 1972 = DB 2003, 1635 (Rechtskontrolle eines Sozialplans); v. 19.1.1999 – 1 AZR 499/98, BAGE 90, 316 = AP Nr. 28 zu § 87 BetrVG 1972 – Ordnung des Betriebes (betriebliches Rauchverbot); ferner BAG v. 9.11.1994 – 10 AZR 281/94, AP Nr. 85 zu § 112 BetrVG 1972 (Sozialplan); v. 26.10.1994 – 10 AZR 482/93, BAGE 78, 174 (181) = AP Nr. 18 zu § 611 BGB – Anwesenheitsprämie; v. 15.1.1991 – 1 AZR 80/90, BAGE 67, 29 = AP Nr. 57 zu § 112 BetrVG 1972 (Sozialplan); v. 11.6.1975 – 5 AZR 217/74, BAGE 27, 187 = AP Nr. 1 zu § 77 BetrVG 1972 – Auslegung (zur sog. „Billigkeitskontrolle"); dazu kritisch GK-BetrVG/*Kreutz*, § 75 Rz. 35; MünchArbR/*Matthes*, § 328 Rz. 83 ff.; *Reichold*, Anm. zu AP Nr. 84 zu § 77 BetrVG 1972; *Schliemann*, FS Hanau, 1999, S. 577 (602 f.). |5 HM, vgl. BAG v. 28.5.2002 – 3 AZR 358/01, AP Nr. 29 zu § 6 BetrAVG; v. 19.1.1999 – 1 AZR 499/98, BAGE 90, 316 = AP Nr. 28 zu § 87 BetrVG 1972 – Ordnung des Betriebes; ferner ErfK/*Kania*, § 75 BetrVG Rz. 12; *Fitting*, § 75 BetrVG Rz. 98;GK-BetrVG/*Kreutz*, § 75 Rz. 139 mwN. |6 Amtliche Begründung, vgl. BT-Drs. 14/5741, S. 45. |7 Vgl. *Nickel*, NJW 2001, 2668; *Hanau*, RdA 2001, 65 (70, 74). |8 BT-Drs. 14/5741, S. 45; dazu ausf. *Franzen*, ZfA 2001, 424 f., 448 f.; Richardi/*Richardi*, § 75 BetrVG Rz. 34. |9 So Richardi/*Richardi*, § 75 BetrVG Rz. 33; vgl. auch *Franzen*, ZfA 2001, 424. |10 Vgl. BAG v. 11.7.2000 – 1 AZR 551/99, BAGE 95, 221 = AP Nr. 16 zu § 87 BetrVG 1972 – Sozialeinrichtung (Anm. *v. Hoyningen-Huene*); v. 21.8.1990 – 1 AZR 567/89, AP Nr. 17 zu § 87 BetrVG 1972 – Ordnung des Betriebes; ferner *Blomeyer*, S. 26; ErfK/*Kania*, § 75 BetrVG Rz. 9; *Hammer*, S. 114 ff.; GK-BetrVG/*Kreutz*, § 75 Rz. 95; Richardi/*Richardi*, § 75 BetrVG Rz. 36; *Wiese*, ZfA 1971, 283. |11 Ähnlich *Hammer*, S. 133 f.; zust. Richardi/*Richardi*, § 75 BetrVG Rz. 38; vgl. ferner *Enderlein*, S. 459. Der Begriff „Ausgleichsfunktion" diente zunächst bei *H. Hanau*, S. 194 ff. zur privatrechtlichen Legitimation des Vorrangs der zwingenden Mitbest. nach § 87 Abs. 1 vor vertraglichen Absprachen. |12 Ausf. *Hammer*, S. 140 f.; ferner GK-BetrVG/*Kreutz*, § 75 Rz. 122; *Löwisch/Kaiser*, § 75 BetrVG Rz. 6; Richardi/*Richardi*, § 75 BetrVG Rz. 35 f. |13 Vgl. BAG v. 26.1.1988 – 1 ABR 34/86, AP Nr. 31 zu § 80 BetrVG 1972 (zu II 1b d. Gr.) = DB 1988, 1551 (Diskriminierung streikender ArbN).

samt- und Konzern-BR, wohl auch an die Arbeitsgruppen nach § 28a[1]. **Nicht** verpflichtet sind die einzelnen **ArbN**[2], die weder eine Überwachungs- bzw. Unterrichtungspflicht trifft noch eine entsprechende **Verhaltenspflicht** – alleine ein Verstoß gegen § 75 begründet noch keine Kündigung. Allerdings zeigt die Norm des § 104 („... den Betriebsfrieden *wiederholt ernstlich* gestört" hat), dass über arbeitsvertragliche Verhaltenspflichten die Vorschrift des § 75 Abs. 1 zumindest **mittelbare** Wirkung auch auf das einzelne Arbeitsverhältnis entfaltet[3]. ArbN können umgekehrt aus § 75 auch keine **Rechte** ableiten (Rz. 1), doch können sie sich im Beschwerdewege (§§ 82 bis 85) über den BR oder direkt beim ArbG gegen Diskriminierungen bzw. ungerechtfertigte Maßregelungen zB aufgrund §§ 611a, 612a BGB, §§ 2 bis 4 BeschSchG oder wegen Verletzung der arbeitgeberseitigen **Fürsorgepflicht** zur Wehr setzen.

6 2. „Alle im Betrieb tätigen Personen". Die Überwachungspflicht des Abs. 1 Satz 1 bezieht sich auf „alle im Betrieb tätigen Personen", so dass **nicht nur betriebszugehörige ArbN** erfasst sind, sondern auch LeihArbN und sogar Fremdfirmenpersonal (zB Reinigungskräfte, Wartungspersonal)[4]. **Leitende Angestellte** sind wegen § 5 Abs. 3 nicht von § 75 erfasst[5], doch gilt für sie die gleich lautende Vorschrift des § 27 SprAuG. Das Gebot kann dagegen nicht für leitendes Personal nach § 5 Abs. 2 Nr. 1, 2 sowie für **Selbständige** gelten, soweit diese vorübergehend im Betrieb tätig sind[6]. Es handelt sich zwar um eine Umsetzung der Verfassungsgebote aus Art. 3 GG, Art. 13 EG und fordert daher für den Betrieb, was die Rechtsordnung allgemein in Staat und Gesellschaft verlangt. Doch bleibt zu beachten, dass Abs. 1 „Amtspflichten" statuiert (Rz. 2) – der BR kann deshalb nicht kraft § 75 Abs. 1 andere Personen als die „im Betrieb tätigen" ArbN von Amts wegen überwachen (vgl. auch § 80 Abs. 2 Satz 1 Halbs. 2) – seine Kompetenz wäre sonst überschritten. Er ist auch für **außenstehende** Bewerber um einen betrieblichen Arbeitsplatz nicht zum Handeln nach § 75 Abs. 1 legitimiert[7].

7 3. „Grundsätze von Recht und Billigkeit". Die Aufzählung der Diskriminierungsverbote in Abs. 1 Satz 1 soll nur besonders bedeutende **Ausprägungen** der Grundsätze von „Recht und Billigkeit" beispielhaft (*„insb."*) herausstellen, ohne dass deshalb andere Rechtsgrundsätze und **personenbezogene** Grundrechte von der Überwachungspflicht ausgenommen sind. So kann auch eine Differenzierung je nach Einstellungszeitpunkt bei betrieblichen Ruhegeldern[8] ebenso wie eine Schmälerung von Sozialplanleistungen wegen der Elternzeit[9] gegen Recht und Billigkeit verstoßen. Für Schwerbehinderte gilt ein besonderes Benachteiligungsverbot nach § 81 Abs. 2 SGB IX, das § 611a BGB nachgebildet ist. Solche und ähnliche **spezialgesetzliche** Benachteiligungsverbote stellen ebenso wie die sonstigen arbeitsrechtlichen Normen zB im ArbSchG, ArbZG, BGB, KSchG usw. und die geltenden TV die Grundsätze des **geltenden Rechts** dar, die in Satz 1 erwähnt werden, um die bare Selbstverständlichkeit zu betonen, dass die Betriebspartner an Gesetz und Recht gebunden sind[10]. Dagegen verweist die „Billigkeit" auf die **Einzelfallgerechtigkeit**[11] und stellt einen Appell an ArbGeb und BR dar, auf die individuellen Bedürfnisse des einzelnen ArbN einzugehen. Das wird relevant etwa beim Leistungsbestimmungsrecht des ArbGeb nach § 315 BGB und den entsprechenden MitbestR des BR (zB bei Urlaubsplänen), legitimiert aber nach hL nicht eine **allgemeine Inhaltskontrolle** von BV durch den Richter (Rz. 2), wie sich jetzt auch aus § 310 Abs. 4 Satz 1 BGB ergibt, sondern nur eine einzelfallbezogene Billigkeitskontrolle als „Willkürkontrolle"[12].

8 a) **Relative Differenzierungsverbote** („Willkürverbot"). Wichtigster Unterfall von Abs. 1 Satz 1 ist das dem allgemeinen arbeitsrechtlichen **Gleichbehandlungsgrundsatz** entsprechende „relative" Differenzierungsverbot, das nicht schematische Gleichbehandlung aller Betriebsangehörigen verlangt, sondern den Betriebspartnern nur **unsachliche** Differenzierungen verbietet und damit ein Willkürverbot ausspricht[13]. Sie müssen sich – wie der ArbGeb selbst auch – eine **Selbstbindung** „an die Regelhaf-

---

1 Vgl. nur DKK/*Berg*, § 75 BetrVG Rz. 2; ErfK/*Kania*, § 75 BetrVG Rz. 2; *Fitting*, § 75 BetrVG Rz. 7 f.; GK-BetrVG/*Kreutz*, § 75 Rz. 10 f. | 2 BAG v. 3.12.1985 – 4 ABR 60/85, BAGE 50, 258 (276) = AP Nr. 2 zu § 74 BAT (Anm. *Clemens*). | 3 Weiter gehend DKK/*Berg*, § 75 BetrVG Rz. 4, der aus § 75 Abs. 1 auch die einzelnen ArbN gebunden sieht. AA die hM, vgl. nur *Fitting*, § 75 BetrVG Rz. 9; GK-BetrVG/*Kreutz*, § 75 Rz. 12; Richardi/*Richardi*, § 75 BetrVG Rz. 10. | 4 HM, vgl. ErfK/*Kania*, § 75 BetrVG Rz. 3; *Fitting*, § 75 BetrVG Rz. 10 f.; MünchArbR/*v. Hoyningen-Huene*, § 301 Rz. 69; Richardi/*Richardi*, § 75 BetrVG Rz. 6; aA GK-BetrVG/*Kreutz*, § 75 Rz. 13, 16, der entgegen dem Wortlaut nur auf betriebszugehörige ArbN abstellt. | 5 Vgl. schon BAG v. 19.2.1975 – 1 ABR 55/73, BAGE 27, 33 (42) = AP Nr. 9 zu § 5 BetrVG 1972 (Anm. *Richardi*). | 6 HM, vgl. nur *Fitting*, § 75 BetrVG Rz. 12; GK-BetrVG/*Kreutz*, § 75 Rz. 15; HaKo-BetrVG/*Lorenz*, § 75 Rz. 1; *Löwisch/Kaiser*, § 75 BetrVG Rz. 4; weiter gehend aber DKK/*Berg*, § 75 BetrVG Rz. 6. | 7 Str., wie hier GK-BetrVG/*Kreutz*, § 75 Rz. 44; MünchArbR/*Buchner*, § 39 Rz. 93; MünchArbR/*v. Hoyningen-Huene*, § 301 Rz. 69; aA *Fitting*, § 75 BetrVG Rz. 13; Richardi/*Richardi*, § 75 BetrVG Rz. 7. | 8 Vgl. BAG v. 28.5.2002 – 3 AZR 358/01, AP Nr. 29 zu § 6 BetrAVG: wesentliche Ungleichbehandlung bei der Berechnung der Abschläge wegen vorzeitigem Ausscheiden je nach Einstellungszeitpunkt. | 9 Verstoß gegen Art. 6 Abs. 1, 2 GG, vgl. BAG v. 12.11.2002 – 1 AZR 58/02, AP Nr. 159 zu § 112 BetrVG 1972 = DB 2003, 1635. | 10 Vgl. nur ErfK/*Kania*, § 75 BetrVG Rz. 5; *Fitting*, § 75 BetrVG Rz. 21; GK-BetrVG/*Kreutz*, § 75 Rz. 29 ff.; MünchArbR/*v. Hoyningen-Huene*, § 301 Rz. 71. | 11 HM, vgl. nur *Fitting*, § 75 BetrVG Rz. 22; GK-BetrVG/*Kreutz*, § 75 Rz. 32; MünchArbR/*v. Hoyningen-Huene*, § 301 Rz. 72. | 12 So zB BAG v. 18.9.2001 – 3 AZR 728/00, AP Nr. 34 zu § 1 BetrAVG – Ablösung (Anm. *Feuerborn*) = NZA 2002, 1164 (ablösende Betriebsvereinbarung). | 13 Vgl. etwa GK-BetrVG/*Kreutz*, § 75 Rz. 39; MünchArbR/*v. Hoyningen-Huene*, § 301 Rz. 76; *Löwisch/Kaiser*, § 75 BetrVG Rz. 9; Richardi/*Richardi*, § 75 BetrVG Rz. 15.

tigkeit des eigenen Verhaltens"[1] gefallen lassen, was insb. für die Rspr. zur Billigkeit von Sozialplänen eine große Rolle spielt. Ob eine Regelung für einen einzelnen ArbN billig oder unbillig ist, zeigt sich in erster Linie daran, wie er im Vergleich zu anderen ArbN behandelt wird: So müssen zB **Sozialplanleistungen** auch solchen ArbN zugute kommen, denen zwar nicht gekündigt wurde, die jedoch auf Veranlassung des ArbGeb aufgrund eines Auflösungsvertrags ausgeschieden sind[2]. Billigenswert sind dagegen Gründe, die auf vernünftigen, einleuchtenden Erwägungen beruhen und gegen keine verfassungsrechtlichen oder sonstigen übergeordneten Wertentscheidungen verstoßen. Ob der ArbGeb die zweckmäßigste und gerechteste Lösung wählte, ist dagegen nicht zu überprüfen, so dass er zusätzliche Leistungen auch nur solchen **älteren** ArbN versprechen darf, die sich nicht schon zuvor mit einem Ausscheiden auf der Basis des bestehenden Sozialplans einverstanden erklärt haben[3]. Neben dem Rückgriff auf die Dauer der **Betriebszugehörigkeit** zur pauschalen Bewertung der mit dem Arbeitsplatzverlust verbundenen Nachteile können die Betriebspartner im Sozialplan auch nach Zeiten der Teilzeit- bzw. Vollzeitbeschäftigung trotz § 4 Abs. 1 TzBfG differenzieren[4], nicht jedoch im Hinblick auf Art. 6 GG danach, ob Elternzeit zum Ruhen des Arbeitsverhältnisses geführt hatte[5]. Diese **relativen** Differenzierungsverbote ermöglichen den Gerichten also eine am autonomen Maßstab der Betriebspartner orientierte „**Ausübungskontrolle**" zur Vermeidung von Willkür, nicht dagegen eine Ermessens- oder Inhaltskontrolle der BV bzw. des Sozialplans (Rz. 2).

b) **Absolute Differenzierungsverbote („Diskriminierungsverbot")**. Demgegenüber handelt es sich bei den **ausdrücklich benannten Diskriminierungstatbeständen** des Satz 1 um solche Merkmale, deren Heranziehung als Differenzierungsmerkmal vom Gesetzgeber grundsätzlich nicht geduldet wird, die daher **absolut verboten** sind. Rechtfertigungsgründe sind nur ausnahmsweise anzuerkennen, vgl. Rz. 15 ff. sowie die Regelungsbeispiele in § 611a Abs. 1 Satz 2 (Geschlechtsdiskriminierung) bzw. § 81 Abs. 2 Nr. 1 Satz 2 SGB IX (Behindertendiskriminierung)[6]. Hier ergänzen und überlagern sich die europäischen (Art. 13 EG) und die deutschen (Art. 3 GG) Diskriminierungsverbote. Ein Kontrahierungszwang (Einstellungsanspruch) als Rechtsfolge einer Diskriminierung scheidet aber aus, vgl. § 611a Abs. 2 Halbs. 2. Wer Beschäftigte **allein** und **ausschließlich** „wegen ihrer Abstammung, Religion, Nationalität, Herkunft, politischen oder gewerkschaftlichen Betätigung oder Einstellung oder wegen ihres Geschlechts oder ihrer sexuellen Identität" benachteiligt, kann nicht mit der Billigung der Rechtsordnung rechnen. Dabei sind offene (unmittelbar kausale) Diskriminierungen seltener als versteckte (**mittelbar kausale**) Diskriminierungen, die ebenfalls unter das Verbot fallen (Rz. 10)[7].

Anhand der Geschlechtsbenachteiligung hat die (europäische) Rspr. drei Kriterien erarbeitet, anhand derer eine **mittelbare Diskriminierung** erkennbar sein soll: (1) die Regelung ist neutral formuliert, schließt aber **im Ergebnis** einen gewissen Anteil von ArbN von Vergünstigungen aus; (2) im ausgeschlossenen Anteil dominiert deutlich eine bestimmte Gruppe von ArbN mit übereinstimmenden, nicht zugelassenen Differenzierungsmerkmalen; (3) die nachteilige Wirkung der Regelung kann gerade mit den übereinstimmenden besonderen Merkmalen der Angehörigen der ausgeschlossenen Gruppe in Verbindung gebracht werden[8]. Diese Kriterien ermöglichen die Feststellung einer **faktischen Diskriminierungswirkung** von anscheinend neutralen Regelungen anhand der tatsächlichen Zahl der betroffenen ArbN. Doch muss dem Regelaufsteller hier eine sachliche **Rechtfertigung** seiner Maßnahme möglich bleiben, wie neuere Definitionsnormen in aktuellen EG-Richtlinien (hier: Art. 2 Abs. 2 Gleichbehandlungs-RL 2002/73/EG[9]) bestätigen. Eine mittelbare Diskriminierung soll dann vorliegen, „wenn dem Anschein nach neutrale Vorschriften, Kriterien oder Verfahren Personen, *die einem bestimmten Geschlecht angehören*, in besonderer Weise gegenüber *Personen des anderen Geschlechts* benachteiligen können, es sei denn, die betreffenden Vorschriften, Kriterien oder Verfahren sind durch ein rechtmäßiges Ziel sachlich gerechtfertigt und die Mittel sind zur Erreichung dieses Ziels angemessen und erforderlich." In Anbetracht der ähnlichen Definitionen in RL 2000/43/EG und 2000/78/EG (jeweils Art. 2 Abs. 2 lit. b) erscheint es gerechtfertigt, **alle Diskriminierungstatbestände** iSd. Satz 1 glei-

---

1 So *Canaris*, S. 38; vgl. ferner *Fastrich*, RdA 2000, 65 (71); *G. Hueck*, S. 65. |2 BAG v. 28.4.1993 – 10 AZR 222/92, AP Nr. 67 zu § 112 BetrVG 1972 = DB 1993, 2034; v. 20.4.1994 – 10 AZR 323/93, AP Nr. 77 zu § 112 BetrVG 1972 = NZA 1995, 489. |3 BAG v. 18.9.2001 – 3 AZR 656/00, AP Nr. 179 zu § 242 BGB – Gleichbehandlung = NZA 2002, 148. |4 BAG v. 14.8.2001 – 1 AZR 760/00, AP Nr. 142 zu § 112 BetrVG 1972 = NZA 2002, 451 = DB 2002, 153; v. 30.3.1994 – 10 AZR 352/93, AP Nr. 76 zu § 112 BetrVG 1972 = NZA 1995, 88; v. 16.3.1994 – 10 AZR 606/93, AP Nr. 75 zu § 112 BetrVG 1972 = DB 1994, 2635. |5 BAG v. 12.11.2002 – 1 AZR 58/02, AP Nr. 159 zu § 112 BetrVG 1972 = DB 2003, 1635. |6 Hierzu vgl. näher *Thüsing*, RdA 2001, 319; *Thüsing*, ZfA 2001, 397 (400 f.). |7 Vgl. auch ErfK/*Kania*, § 75 BetrVG Rz. 7; *Fitting*, § 75 BetrVG Rz. 62 f.; GK-BetrVG/*Kreutz*, § 75 Rz. 45, 65, meist nur bezogen auf die Geschlechtsdiskriminierung. |8 St. Rspr.; vgl. EuGH v. 13.5.1986 – Rs. 170/84, EuGHE 1986, 1607 = NZA 1986, 599 = NJW 1986, 3020; BAG v. 14.10.1986 – 3 AZR 66/83, BAGE 53, 161 (168) = AP Nr. 11 zu Art. 119 EWGV, bestätigt durch BVerfG v. 28.9.1992 – 1 BvR 496/87, AP Nr. 32 zu Art. 119 EWGV = NZA 1993, 213; BAG v. 20.11.1990 – 3 AZR 613/89, BAGE 66, 264 = AP Nr. 8 zu § 1 BetrAVG – Gleichberechtigung; zuletzt BAG v. 26.6.2001 – 9 AZR 244/00, AP Nr. 2 zu § 3 ATG = NZA 2002, 44. |9 Richtlinie des Europäischen Parlaments und des Rates vom 23.9.2002 zur Änderung der RL 76/207/EWG des Rates zur Verwirklichung des Grundsatzes der Gleichbehandlung von Männern und Frauen hinsichtlich des Zugangs zur Beschäftigung, zur Berufsbildung und zum beruflichen Aufstieg sowie in Bezug auf die Arbeitsbedingungen, ABl. EG Nr. L 269, S. 15, vgl. Abdruck NZA 2003, 474 sowie *Hadeler*, NZA 2003, 77 (78); *Rust*, NZA 2003, 72.

chermaßen nach dem europarechtlich nun vorgegebenen Schema auf ihre unmittelbare bzw. mittelbare Kausalität und ggf. ihre Rechtfertigung hin zu untersuchen (Rz. 15 ff.).

11 Mit **Abstammung** und **Herkunft** trifft sich das (ältere) deutsche Gesetz mit dem Ziel der Richtlinie 2000/43/EG[1], die in Art. 3 Abs. 1 lit. a, c das Verbot der Diskriminierung wegen Rasse und ethnischer Herkunft gerade auch für das **Arbeitsrecht** anordnet. Als diskriminierend definiert die RL eine benachteiligende Behandlung (Art. 2 Abs. 2) bzw. die Anweisung dazu (Art. 2 Abs. 4) bzw. solche unerwünschten Verhaltensweisen (Art. 2 Abs. 3), die im Zusammenhang mit der Rasse oder ethnischen Herkunft einer Person stehen „und bezwecken oder bewirken, dass die **Würde der betreffenden Person** verletzt und ein von Einschüchterungen, Anfeindungen, Erniedrigungen, Entwürdigungen oder Beleidigungen gekennzeichnetes Umfeld geschaffen wird" („Belästigung"). Über die europarechtlichen Anforderungen hinaus erstreckt sich das Gleichbehandlungsgebot auch auf die **Nationalität**, dh. die Staatsangehörigkeit, das auch Staatenlose erfasst und die entsprechenden Freizügigkeitsregelungen in der EU zu beachten hat[2]. Auch der Begriff „Herkunft" reicht über die ethnisch motivierte Richtlinie hinaus, da er auch Fälle **regionaler** und **sozialer** Herkunft umfasst[3]. Als Beispiel für eine Diskriminierung wegen der Herkunft kann die Entgeltdiskriminierung von solchen ArbN gelten, die zB im Jahr 1996 nur deshalb schlechter entlohnt wurden, weil sie am 2. Oktober 1990 ihren Wohnsitz in der DDR hatten[4]. Das BetrVerf-Reformgesetz 2001 hat dem BR durch § 80 Abs. 1 Nr. 7 darüber hinaus „Maßnahmen zur Bekämpfung von Rassismus und Fremdenfeindlichkeit im Betrieb" besonders ans Herz gelegt und insoweit § 75 Abs. 1 deutlich verstärkt.

12 Die absoluten Differenzierungsverbote nach der **Religion** sowie wegen des **Geschlechts** oder der **sexuellen Identität** treffen sich mit denen der Richtlinie 2000/78/EG[5], die parallel zur Richtlinie 2000/43/EG die Diskriminierung wegen der Religion oder der Weltanschauung oder der sexuellen Ausrichtung festlegt, und der Gleichbehandlungs-RL 2002/73/EG (Rz. 10), die Geschlechtsdiskriminierungen schon seit 1976 untersagt (vgl. Umsetzung in §§ 611a, 611b, 612 Abs. 3, 612a BGB). Neben dem umfassenden und richterlich weitgehend ausgestalteten[6] Verbot der Geschlechtsdiskriminierung werden durch den Begriff der „sexuellen Identität" auch **Homo-, Bi- und Transsexuelle** geschützt[7]. Doch folgt daraus noch nicht eine (positive) Gleichstellung gleichgeschlechtlicher Partnerschaften mit der Ehe zB in Versorgungsordnungen, etwa in Bezug auf „Witwenrenten"[8], wohl aber eine Gleichbehandlung mit sonstigen nichtehelichen Lebensgemeinschaften[9]. Zur Frage ausnahmsweise **gerechtfertigter** religiöser oder weltanschaulicher Ungleichbehandlung in kirchlichen Einrichtungen bzw. Tendenzbetrieben vgl. Rz. 15, 17.

13 Nicht von europäischen Richtlinien gestützt ist das Verbot der Ungleichbehandlung wegen „**politischer oder gewerkschaftlicher Betätigung oder Einstellung**". Dennoch ist es europarechtlich fraglos zulässig, zusätzliche Anforderungen an die Gleichbehandlung im Betrieb kraft der **nationalen Drittwirkung** von Art. 9 Abs. 3 Satz 2 GG zu stellen. Nicht zu verwechseln ist dieses Verbot mit § 74 Abs. 2 iVm. Abs. 3, wo nur **für BR-Mitglieder** die Abwägung zwischen erlaubter gewerkschaftlicher und nicht erlaubter parteipolitischer Tätigkeit geregelt ist (§ 74 Rz. 16 f.). Diese besonderen Amtspflichten sind auf normale Beschäftigte nicht übertragbar, vgl. § 74 Rz. 18. Geschützt wird sowohl deren positive als auch deren negative Koalitionsfreiheit, dh. dass weder die Zugehörigkeit noch die Nichtzugehörigkeit zu einer Gewerkschaft oder einer Partei zum Kriterium etwa einer Sozialleistung gemacht werden darf, wie auch der ArbGeb zB die Einstellung nicht vom Austritt aus der Gewerkschaft abhängig machen darf[10].

14 c) **Überschreitung von Altersgrenzen (Satz 2).** Auch wenn das Verbot der Benachteiligung „wegen Überschreitung bestimmter Altersstufen" in einen besonderen Satz 2 aufgenommen wurde, ergeben sich deshalb **keine rechtlichen Unterschiede** hinsichtlich der Überwachungsrechte und -pflichten der Betriebsparteien (Rz. 4)[11]. Der Schutz älterer ArbN wird durch § 80 Abs. 1 Nr. 6 bestärkt durch die besondere BR-Aufgabe, „die Beschäftigung älterer ArbN im Betrieb zu fördern" (vgl. auch § 96 Abs. 2 Satz 2). Eine besondere **europarechtliche** Stützung ergibt sich jetzt aus der Richtlinie 2000/78/EG (Rz. 12). Danach stellt das Verbot der Diskriminierung wegen Alters „ein wesentliches Element zur Erreichung der Ziele der beschäftigungspolitischen Leitideen und zur Förderung der Vielfalt im Bereich der Beschäftigung dar"[12]. Die nunmehr gebotene europarechtskonforme Auslegung von Satz 2 stützt die hM, wonach **jede objektive Benachteiligung** aufgrund von Altersgrenzen – auch bei jüngeren ArbN – verboten sein soll[13]. Sie präzisiert

---

1 Richtlinie 2000/43/EG des Rates vom 29.6.2000 zur Anwendung des Gleichbehandlungsgrundsatzes ohne Unterschied der Rasse oder der ethnischen Herkunft, ABl. EG Nr. L 180, S. 22, vgl. dazu *Baer*, ZRP 2001, 500; *Nickel*, NJW 2001, 2668; *Waas*, ZIP 2000, 2151. |2 Vgl. GK-BetrVG/*Kreutz*, § 75 Rz. 48; Richardi/*Richardi*, § 75 BetrVG Rz. 19. |3 Vgl. GK-BetrVG/*Kreutz*, § 75 Rz. 49; Richardi/*Richardi*, § 75 BetrVG Rz. 20. |4 BAG v. 15.5.2001 – 1 AZR 672/00, AP Nr. 176 zu § 242 BGB – Gleichbehandlung = DB 2002, 273. |5 Richtlinie 2000/78/EG des Rates vom 27.11.2000 zur Festlegung eines allgemeinen Rahmens für die Verwirklichung der Gleichbehandlung in Beschäftigung und Beruf, ABl. EG Nr. L 303, S. 16, vgl. dazu *Bauer*, NJW 2001, 2672; *Thüsing*, ZfA 2001, 397; *Wiedemann/Thüsing*, NZA 2002, 1234. |6 Hierzu ausf. *Fitting*, § 75 BetrVG Rz. 53 ff.; GK-BetrVG/*Kreutz*, § 75 Rz. 60 ff.; HaKo-BetrVG/*Lorenz*, § 75 Rz. 9 ff.; MünchArbR/*Buchner*, § 40 Rz. 152 ff. |7 GK-BetrVG/*Kreutz*, § 75 Rz. 76. |8 Vgl. *Andresen/Rühmann*, GedS Blomeyer, 2003, S. 5; *Powietzka*, BB 2002, 146. |9 Zutr. ErfK/*Kania*, § 75 BetrVG Rz. 7a; HaKo-BetrVG/*Lorenz*, § 75 Rz. 14. |10 BAG v. 28.3.2000 – 1 ABR 16/99, BAGE 94, 169 (174) = AP Nr. 27 zu § 99 BetrVG 1972 – Einstellung. |11 GK-BetrVG/*Kreutz*, § 75 Rz. 78; HaKo-BetrVG/*Lorenz*, § 75 Rz. 15. |12 Erwägungsgrund Nr. 25 der RL 2000/78/EG. |13 Vgl. ErfK/*Kania*, § 75 BetrVG Rz. 8; GK-BetrVG/*Kreutz*, § 75 Rz. 79; HaKo-BetrVG/*Lorenz*, § 75 Rz. 15.

auch die aufgrund des unscharfen Tatbestands notwendigen Ausnahmen **zulässiger Ungleichbehandlung**, wenn zB schon in Erwägungsgrund Nr. 14 hingewiesen wird, dass die „einzelstaatlichen Bestimmungen über die Festsetzung der Altersgrenzen für den Eintritt in den **Ruhestand**" vom Diskriminierungsverbot nicht berührt würden (Rz. 17)[1]. Die deutliche Sorge des deutschen Gesetzgebers vor einer Verjüngung der Belegschaft zu Lasten älterer ArbN wird, unterstützt vom europäischen Gesetzgeber, die bisher eher großzügige BAG-Rspr. zur zulässigen Altersdiskriminierung zB bei der Verkürzung der individuellen Wochenarbeitszeit[2], der Höchstsummenbegrenzung bei Sozialplänen wegen Betriebsstilllegung[3] oder der wirksamen Festsetzung der Altersgrenze 65[4] möglicherweise in einem neuen Licht erscheinen lassen.

4. Zulässige Ungleichbehandlung. Trotz der **Absolutheit** der Differenzierungsverbote in Abs. 1 (Rz. 9) lassen sich je nach Diskriminierungstatbestand unterschiedlich weitgehende Fallgruppen „zulässiger" Ungleichbehandlungen bilden, die auch angesichts weitgehender Verbote eine Ausnahme aus zwingenden bzw. sachlichen Gründen rechtfertigen[5]. So liegt zB nach § 611a Abs. 1 Satz 2 BGB ausnahmsweise dann eine zulässige Geschlechtsdiskriminierung vor, wenn ein bestimmtes Geschlecht **unverzichtbare** Voraussetzung für die Arbeitsaufgabe darstellt, zB bei bestimmten Filmrollen oder einer Model-Tätigkeit[6]. Eine zulässige Ungleichbehandlung von sog. **Tendenzträgern** in Bezug auf politische oder koalitionspolitische Zielsetzungen ermöglicht das BetrVG selbst in § 118 Abs. 1, wenn es diesbezüglich seinen Geltungsbereich einschränkt; in Bezug auf konfessionelle Einrichtungen wird in § 118 Abs. 2 sogar der staatliche Regelungsanspruch zugunsten kirchenspezifischer Mitarbeitervertretungsordnungen ganz zurückgenommen[7]. Vorschriften des Ausländerrechts können eine Differenzierung nach der **Nationalität** rechtfertigen, zB beim Abschluss von befristeten Arbeitsverträgen mit Angehörigen solcher Nicht-EU-Staaten, denen zB wegen Bürgerkriegs nur eine **befristete** Aufenthaltsbefugnis nach § 30 AuslG erteilt worden ist[8].

Nach Erwägungsgrund Nr. 18 der Richtlinie 2000/43/EG kann eine unterschiedliche Behandlung „unter sehr begrenzten Bedingungen" gerechtfertigt sein, „wenn ein Merkmal, das mit der Rasse oder ethnischen Herkunft zusammenhängt, eine wesentliche und **entscheidende berufliche Anforderung** darstellt, sofern es sich um einen legitimen Zweck und eine angemessene Anforderung handelt" (Art. 4). Man wird dies im Hinblick auf **Sprachkenntnisse** in Berufen annehmen können, bei denen es besonders auf sprachliche Ausdrucksfähigkeit ankommt[9]; umgekehrt wird ein China-Restaurant darauf bestehen können, dass seine Kellner Asiaten sind[10].

Ähnlich regeln Erwägungsgrund Nr. 23 und Art. 4 der Richtlinie 2000/78/EG für die Merkmale Religion, Alter und sexuelle Ausrichtung zulässige Ausnahmen. Für die **Altersdiskriminierung** wird zusätzlich betont (Erwägungsgrund Nr. 25) und ausdrücklich geregelt (Art. 6), dass legitime Ziele der Beschäftigungspolitik, des Arbeitsmarkts und der beruflichen Bildung altersbedingte Differenzierungen rechtfertigen können[11]. In Art. 4 Abs. 2 RL 2000/78/EG findet sich eine weitere spezielle Ausnahme für **kirchliche Einrichtungen** als ArbGeb, „wenn die Religion oder die Weltanschauung dieser Person nach der Art dieser Tätigkeiten oder der Umstände ihrer Ausübung eine **wesentliche**, **rechtmäßige** und **gerechtfertigte** berufliche Anforderung angesichts des Ethos der Organisation darstellt" (Satz 1)[12].

III. Förderung der Persönlichkeit (Abs. 2). Durch Abs. 2 Satz 1 wurden 1972 erstmals Schutz und Verwirklichung der **ArbN-Persönlichkeit** als allgemeine Aufgabe des Arbeitsrechts **gesetzlich** fixiert[13]. Seit 2001 haben die Betriebsparteien darüber hinaus deren „Selbständigkeit und Eigeninitiative" auch in Arbeitsgruppen zu fördern, vgl. Satz 2 (Rz. 3). Der Gesetzgeber selbst hat seine Reformbemühungen faktisch dennoch stärker dem Ausbau **kollektiver** BR-Rechte zugewandt, wie seine sonstigen Änderungen 2001 belegen[14]. Ebenso wie Abs. 1 begründet Abs. 2 **Schutz- und Förderpflichten** der Betriebsparteien als „Amtsrecht", nicht dagegen individuelle Rechte oder Pflichten der einzelnen ArbN (Rz. 1, 2). Doch bleibt von Abs. 2 selbstredend die Geltendmachung allgemeiner und besonderer **Persönlichkeitsrechte** durch den einzelnen ArbN völlig unberührt[15]. Die Vorschrift macht das Spannungs-

---

1 Wegen dieser nur im Erwägungsgrund, nicht im Normtext ausgesprochenen Einschränkung wollen zB *Schmidt/Senne*, RdA 2002, 80 (84 f.) diese Ausnahme allenfalls als „positive Maßnahme" zugunsten Älterer bewerten; differenzierter *Wiedemann/Thüsing*, NZA 2002, 1238 f. | 2 BAG v. 18.8.1987 – 1 ABR 30/86, BAGE 56, 18 (39) = AP Nr. 23 zu § 77 BetrVG 1972 (abl. Anm. *v. Hoyningen-Huene*); krit. GK-BetrVG/*Kreutz*, § 75 Rz. 83. | 3 BAG v. 19.10.1999 – 1 AZR 838/98, AP Nr. 135 zu § 112 BetrVG 1972. | 4 BAG v. 20.11.1987 – 2 AZR 284/86, BAGE 57, 30 (42) = AP Nr. 2 zu § 620 BGB – Altersgrenze (abl. Anm. *Joost*); dazu näher und zT krit. ErfK/*Kania*, § 75 BetrVG Rz. 8; *Fitting*, § 75 BetrVG Rz. 73; GK-BetrVG/*Kreutz*, § 75 Rz. 85; Richardi/*Richardi*, § 77 BetrVG Rz. 107; *Schmidt/Senne*, RdA 2002, 80 (87); *Thüsing*, ZfA 2001, 410. | 5 So weist *Thüsing*, ZfA 2002, 249 (253) zutr. auf die besondere Struktur von § 4 Abs. 1 bzw. Abs. 2 TzBfG hin, die bereits „sachliche Gründe" als Rechtfertigung für die Diskriminierung von Teilzeit- bzw. befristet Beschäftigten ausreichen lässt, so dass ein „Zwischending" zwischen relativem und absolutem Differenzierungsverbot vorliege. | 6 Vgl. nur ErfK/*Schlachter*, § 611a Rz. 22 f.; GK-BetrVG/*Kreutz*, § 75 Rz. 72; *Thüsing*, RdA 2001, 319 ff. | 7 Vgl. nur *Fitting*, § 75 BetrVG Rz. 67; MünchArbR/*Richardi*, § 196 Rz. 1 ff. | 8 Vgl. MünchArbR/*Buchner*, § 38 Rz. 23. | 9 *Fitting*, § 75 BetrVG Rz. 42. | 10 Beispiel bei *Thüsing*, ZfA 2001, 400. | 11 Dazu näher *Schmidt/Senne*, RdA 2002, 80 (85 ff.); *Thüsing/Wiedemann*, NZA 2002, 1237 ff. | 12 Dazu ausf. *Reichold*, NZA 2001, 1054. | 13 GK-BetrVG/*Kreutz*, § 75 Rz. 88; *Wiese*, ZfA 1996, 746. | 14 So auch *Franzen*, ZfA 2001, 449 f.; *Neef*, NZA 2001, 361 (364). | 15 Vgl. nur *Fitting*, § 75 BetrVG Rz. 76; GK-BetrVG/*Kreutz*, § 75 Rz. 90 f.; MünchArbR/*Blomeyer*, § 97; *Wiese*, ZfA 1996, 459 ff.

feld zwischen der privatautonomen Eigenverantwortung der ArbN einerseits und der kollektiven Wahrnehmung ihrer Rechte durch den BR andererseits augenfällig. Im Zusammenhang mit § 28a wird man den BR für verpflichtet halten müssen, **im Zweifel** einer Rahmenvereinbarung nach § 28a zuzustimmen und damit eigene Kompetenzen auf Arbeitsgruppen zu delegieren. Eine Ablehnung des BR ist deshalb an sachliche Gründe zu binden (vgl. § 28a Rz. 10 mwN).

19 Die **freie Entfaltung** der Persönlichkeit soll geschützt und gefördert werden; die neu in das Gesetz aufgenommenen Stichworte „Selbständigkeit und Eigeninitiative" sind lediglich Unterformen. Die Vorschrift knüpft an Art. 2 GG an, möchte aber weiter gehend die Betriebspartner zu einer **aktiven Förderung** verpflichten[1]. Neben der Beachtung des allgemeinen betriebsverfassungsrechtlichen **Übermaßverbots**, das die Regelungsbefugnis der Betriebsparteien zugunsten des Persönlichkeitsschutzes beschränkt (Schutzfunktion), will der Gesetzgeber die aktive Mitarbeit, ggf. auch Verbesserungsvorschläge der ArbN iSd. „**Ausgleichsfunktion**", dh. des Interessenausgleichs im betrieblichen Arbeitszusammenhang (Rz. 3) besonders unterstützt wissen (Förderungsfunktion). Doch können sich hieraus keine neuen, über das Gesetz hinausgehenden MitbestR des BR ergeben (hM)[2].

20 Praktische Bedeutung erlangt Abs. 2 Satz 1 vor allem bei betrieblichen Regelungen, die zB bei der **Videoüberwachung** der Beschäftigten eines Briefzentrums[3] oder bei sonstiger akustischer Überwachung[4] in die Persönlichkeitsrechte des ArbN eingreifen (ständiger „Überwachungsdruck"). Auch psychologische Methoden wie graphologische Gutachten[5] oder Lügendetektoren[6] dürfen nicht ohne besonderen rechtfertigenden Anlass benutzt werden. Der Schutz der Persönlichkeit umfasst ferner zB das Verbot sexueller Belästigung[7], genetischer Analysen[8] und des „Mobbing" am Arbeitsplatz[9]. Die Betriebsparteien müssen dabei einerseits darüber wachen, dass keine Persönlichkeitsverletzungen am Arbeitsplatz auftreten, andererseits aber durch **eigene Regelungen** versuchen, Konfliktpotenzial wie zB bei Raucher-Nichtraucher-Kontroversen möglichst schonend ggf. unter Beachtung der einschlägigen **Gesetzesvorgaben** (zB § 2 BeschSchG, §§ 27 ff. BDSG, § 85 TKG, §§ 3 ff. ArbSchG, § 5 ArbStVO) und des Übermaßverbots zu einem vernünftigen Interessenausgleich zu bringen[10].

21 Eingriffe in **Persönlichkeitsrechte** können jedoch aus betrieblichen Gründen oder auch bei (ohne Druck erfolgter) Einwilligung des Betroffenen **gerechtfertigt** sein. Soweit nicht ohnehin gesetzliche Regelungen zB der informationellen Selbstbestimmung wie in §§ 27 ff. BDSG den Interessenkonflikt bei Speicherung und Weitergabe personenbezogener Daten regeln, bedarf es jeweils der Abwägung zwischen den **berechtigten** betrieblichen Interessen und den gegenläufigen Schutzinteressen des ArbN, um einen unzulässigen Eingriff feststellen zu können. Die Erfassung (nur) der „Abrechnungsdaten" von Telefon- oder Internetnutzung erscheint gerechtfertigt, wenn betrieblich geregelt ist, dass der ArbN die Kosten **privater** Kommunikationsleistungen selbst bezahlt[11]. Die durch Spruch der Einigungsstelle ermöglichte Videoüberwachung im Briefzentrum bei der Deutschen Post AG ist trotz des Eingriffs in Persönlichkeitsrechte in Anbetracht des Stellenwerts des Postgeheimnisses und der Vielzahl der Beschäftigten geeignet, erforderlich und angemessen iSd. **Verhältnismäßigkeitsgrundsatzes** und bringt berechtigte betriebliche Zwecke mit den Schutzinteressen der ArbN zu einem schonenden Ausgleich[12]. Betriebliche Erfordernisse können weiterhin die Außendarstellung betreffen und zB eine gemeinsame **Arbeitskleidung** vorschreiben[13], wobei fraglich ist, ob nicht dennoch aus religiösen Gründen getragene Kopftücher[14], Bärte oder Turbane[15] grundsätzlich zu tolerieren sind. Einschränkungen

---

1 Zutr. GK-BetrVG/*Kreutz*, § 75 Rz. 89; *Wiese*, ZfA 1996, 477. | 2 HM, vgl. BAG v. 8.6.1999 – 1 ABR 67/98, AP Nr. 31 zu § 87 BetrVG 1972 – Ordnung des Betriebs = NZA 1999, 1288; ErfK/*Kania*, § 75 Rz. 10; *Fitting*, § 75 BetrVG Rz. 91; GK-BetrVG/*Kreutz*, § 75 Rz. 120. | 3 Vgl. LAG Berlin v. 5.3.2003 – 10 TaBV 2089/02, nv.; vgl. ferner *Fitting*, § 75 BetrVG Rz. 80; GK-BetrVG/*Kreutz*, § 75 Rz. 97; MünchArbR/*Blomeyer*, § 97 Rz. 8 ff. | 4 BAG v. 1.3.1973 – 5 AZR 453/72, AP Nr. 1 zu § 611 BGB – Persönlichkeitsrecht (zust. Anm. *Wiese*); LAG Berlin v. 19.2.1974 – 4 Sa 94/73, DB 1974, 1243; ferner GK-BetrVG/*Kreutz*, § 75 Rz. 98. Zur Persönlichkeitsrechtsverletzung durch heimliches Mithörenlassen von Telefongesprächen vgl. BAG v. 29.10.1997 – 5 AZR 726/96, AP Nr. 27 zu § 611 BGB – Persönlichkeitsrecht (Anm. *Otto*) = NZA 1998, 307. | 5 BAG v. 16.9.1982 – 2 AZR 228/80, BAGE 41, 54 = AP Nr. 24 zu § 123 BGB (mit Einwilligung des Betroffenen ArbN aber grds. möglich); LAG BW v. 26.1.1972 – 8 Sa 109/71, NJW 1976, 310. | 6 LAG Rh.-Pf. v. 18.11.1997 – 4 Sa 639/97, NZA 1998, 670. | 7 Zum BeschSchG vgl. *Linde*, BB 1994, 2412; MünchArbR/*Blomeyer*, § 97 Rz. 34 f.; *Reichold*, ArbR, 2002, § 8 Rz. 98; *Schlachter*, NZA 2001, 121. | 8 Vgl. *Fitting*, § 75 BetrVG Rz. 81; GK-BetrVG/*Kreutz*, § 75 Rz. 105; MünchArbR/*Blomeyer*, § 97 Rz. 20. | 9 LAG Thür. v. 10.4.2001 – 5 Sa 403/00, DB 2001, 1204; LAG Rh.-Pf. v. 16.8.2001 – 6 Sa 415/01, ZIP 2001, 2298; LAG Hamm v. 25.6.2002 – 18 (11) Sa 1295/01, AP Nr. 3 zu § 611 BGB – Mobbing = NZA-RR 2003, 8; LAG Hamburg v. 15.7.1998 – 5 TaBV 4/98, NZA 1998, 1245: Mobbingschutz als „unveräußerliche Aufgabe des Betriebsrats". | 10 Vgl. dazu BAG v. 19.1.1999 – 1 AZR 499/98, AP Nr. 28 zu § 87 BetrVG 1972 – Ordnung des Betriebs (zust. Anm. *v. Hoyningen-Huene*) = NZA 1999, 546, ferner *Fitting*, § 75 BetrVG Rz. 87 f.; GK-BetrVG/*Kreutz*, § 75 Rz. 114; MünchArbR/*Blomeyer*, § 97 Rz. 33. | 11 Vgl. *Däubler*, Internet und Arbeitsrecht, 2. Aufl. 2002, Rz. 275–277; GK-BetrVG/*Kreutz*, § 75 Rz. 99; MünchArbR/*Blomeyer*, § 97 Rz. 15. | 12 LAG Berlin v. 5.3.2003 – 10 TaBV 2089/02, nv.; vgl. ferner BAG v. 27.3.2003 – 2 AZR 51/02, AP Nr. 6 zu § 87 BetrVG 1972 = DB 2003, 2230. | 13 BAG v. 1.12.1992 – 1 AZR 260/92, AP Nr. 20 zu § 87 BetrVG 1972 – Ordnung des Betriebs = NZA 1993, 711. | 14 Vgl. BAG v. 10.10.2003 – 2 AZR 472/01, AP Nr. 44 zu § 1 KSchG 1969 – Verhaltensbedingte Kündigung = NZA 2003, 483 (keine ordentliche Kündigung wegen Tragen eines islamischen Kopftuchs); bestätigt von BVerfG v. 30.7.2003 – 1 BvR 792/03, NJW 2003, 2815. | 15 ArbG Hamburg v. 3.1.1996 – 19 Ca 141/95, AuR 1996, 243; vgl. dazu *Kraushaar*, ZTR 2001, 208 (211).

betrieblicher Regelungen sind aufgrund der Drittwirkung (Art. 4 GG) des GG bei berechtigtem persönlichen Interesse grds. hinzunehmen, vgl. Rz. 22.

Eingriffe in den Schutz **individueller Freiheitsbetätigung** können im Gegensatz zum kritischeren Schutz der **Persönlichkeit** (Rz. 20) eher durch betriebliche Erfordernisse gerechtfertigt sein. So ist zB ein Rauchverbot eine Maßnahme zum Gesundheitsschutz am Arbeitsplatz (§ 4 Nr. 1 ArbSchG) und darf auch gegen die dadurch in ihrer Selbstentfaltungsfreiheit eingeschränkten Raucher verhängt werden[1]. Das Übermaßverbot ist jedoch verletzt, wenn eine BV auch solche ArbN zur Beteiligung an den Kosten eines Kantinenessens heranzieht, die die Kantinenverpflegung überhaupt nicht in Anspruch nehmen[2]. Denn pauschalisierende Kostenregelungen dürfen nicht völlig losgelöst vom vertraglichen Äquivalenzprinzip festgesetzt werden[3]. 22

IV. Streitigkeiten. § 75 begründet als Norm kollektiven „**Amtsrechts**" Rechte und Pflichten nur für die Betriebsparteien (Rz. 2), nicht aber für die einzelnen ArbN (Rz. 1). Aus der Verletzung von Amtspflichten ergeben sich auch **keine Schadensersatzansprüche** einzelner ArbN gegen ArbGeb oder BR, weil Individualschutz nicht das Anliegen der kollektiven BetrVG-Norm ist und sein kann (str.)[4]. Ein Verstoß des ArbGeb gegen § 75 kann aber **gleichzeitig** eine vertragliche Nebenpflichtverletzung des Arbeitsvertrags darstellen und als solche nach § 280 Abs. 1 BGB bzw. nach Spezialnormen wie zB § 611a Abs. 2 BGB zum Schadensersatz verpflichten. BR bzw. ArbGeb steht bei Verletzung des § 75 jedenfalls der Anspruch aus § 23 Abs. 1 bzw. 3 zu, der allerdings nur bei **groben Verstößen** einschlägig ist. Dagegen lässt sich **nicht direkt** aus § 75 ein eigenständiger Unterlassungsanspruch ableiten, der es zB dem BR ermöglichte, seiner Ansicht nach persönlichkeitsrechtsverletzende Maßnahmen des ArbGeb zu unterbinden[5]. Die Norm des § 75 Abs. 2 Satz 1 beschränkt zwar die Regelungsbefugnis der Betriebsparteien, regelt aber **keine gegenseitigen Rechte und Pflichten** bei jeweils einseitigen Maßnahmen. 23

§ 75 kann als **Verbotsgesetz iSd.** § 134 BGB (Rz. 2) dazu führen, dass betriebsverfassungsrechtliche Regelungen insoweit (§ 139 BGB) **nichtig** sind, als sie zu einer unzulässigen Diskriminierung oder Persönlichkeitsrechtsverletzung von ArbN führen. Die Vorschrift dient daher vor allem als **Kontrollnorm** für BV, insb. Sozialpläne (Rz. 8), und sonstige betriebliche Regelungen zwischen ArbGeb und BR[6]. Im Übrigen trifft vorrangig den ArbGeb, ggf. im Zusammenwirken mit dem BR, die Pflicht zur **Abhilfe**, soweit ihm Rechtsverstöße im Betrieb zu Ohren kommen[7]. Daneben erlaubt es ein Verstoß gegen § 75 als Rechtsverstoß dem BR, seine Zustimmung in personellen Angelegenheiten zu verweigern, vgl. § 99 Abs. 2 Nr. 1[8]. Ein **individuelles** Leistungsverweigerungsrecht eines ArbN gegen eine rechtswidrige BV kommt dagegen nur dann in Betracht, wenn zugleich Pflichten aus dem Arbeitsvertrag verletzt sein können[9]. 24

76 *Einigungsstelle*

(1) Zur Beilegung von Meinungsverschiedenheiten zwischen Arbeitgeber und Betriebsrat, Gesamtbetriebsrat oder Konzernbetriebsrat ist bei Bedarf eine Einigungsstelle zu bilden. Durch Betriebsvereinbarung kann eine ständige Einigungsstelle errichtet werden.

(2) Die Einigungsstelle besteht aus einer gleichen Anzahl von Beisitzern, die vom Arbeitgeber und Betriebsrat bestellt werden, und einem unparteiischen Vorsitzenden, auf dessen Person sich beide Seiten einigen müssen. Kommt eine Einigung über die Person des Vorsitzenden nicht zustande, so bestellt ihn das Arbeitsgericht. Dieses entscheidet auch, wenn kein Einverständnis über die Zahl der Beisitzer erzielt wird.

(3) Die Einigungsstelle hat unverzüglich tätig zu werden. Die Einigungsstelle fasst ihre Beschlüsse nach mündlicher Beratung mit Stimmenmehrheit. Bei der Beschlussfassung hat sich der Vorsitzende zunächst der Stimme zu enthalten; kommt eine Stimmenmehrheit nicht zustande, so nimmt der Vorsitzende nach weiterer Beratung an der erneuten Beschlussfassung teil. Die Beschlüsse der Einigungsstelle sind schriftlich niederzulegen, vom Vorsitzenden zu unterschreiben und Arbeitgeber und Betriebsrat zuzuleiten.

---

1 BAG v. 19.1.1999 – 1 AZR 499/98, AP Nr. 28 zu § 87 BetrVG 1972 – Ordnung des Betriebs = NZA 1999, 546; ferner BAG v. 21.8.1990 – 1 AZR 567/89, AP Nr. 17 zu § 87 BetrVG 1972 – Ordnung des Betriebs = NZA 1991, 154; vgl. auch *Blomeyer*, FS 25 Jahre BAG, S. 26 ff.; GK-BetrVG/*Kreutz*, § 75 Rz. 114. |2 BAG v. 11.7.2000 – 1 AZR 551/99, AP Nr. 16 zu § 87 BetrVG – Sozialeinrichtung (Anm. *v. Hoyningen-Huene*) = DB 2000, 1522. |3 Vgl. dazu näher *Hammer*, S. 125 ff. (Schutz der Selbstbestimmungsfreiheit durch Eingriff in die Vertragsfreiheit). |4 Str., wie hier GK-BetrVG/*Kreutz*, § 75 Rz. 138; MünchArbR/*v. Hoyningen-Huene*, § 301 Rz. 83; *Richardi/Richardi*, § 75 BetrVG Rz. 42; aA BAG v. 5.4.1984 – 2 AZR 513/82, AP Nr. 2 zu § 17 BBiG (Anm. *Herschel*) = NZA 1985, 329 (331); ErfK/*Kania*, § 75 BetrVG Rz. 12; *Fitting*, § 75 BetrVG Rz. 98 mwN. Das BAG hatte maßgeblich auf eine Übereinstimmung von § 75 mit den arbeitsvertraglichen Nebenpflichten des ArbGeb abgestellt. |5 So BAG v. 28.5.2002 – 1 ABR 32/01, AP Nr. 39 zu § 87 BetrVG 1972 – Ordnung des Betriebs = NZA 2003, 166 (169); ebenso GK-BetrVG/*Kreutz*, § 75 Rz. 92; MünchArbR/*v. Hoyningen-Huene*, § 301 Rz. 85. |6 HM, vgl. nur ErfK/*Kania*, § 75 Rz. 12; *Fitting*, § 75 BetrVG Rz. 98; GK-BetrVG/*Kreutz*, § 75 Rz. 139; MünchArbR/*v. Hoyningen-Huene*, § 301 Rz. 86. |7 So DKK/*Berg*, § 75 BetrVG Rz. 9. |8 Zuletzt BAG v. 18.9.2002 – 1 ABR 56/01, AP Nr. 31 zu § 99 BetrVG 1972 – Versetzung = NZA 2003, 622. |9 Str., wie hier *Richardi/Richardi*, § 75 BetrVG Rz. 41; MünchArbR/*v. Hoyningen-Huene*, § 301 Rz. 87.

(4) Durch Betriebsvereinbarung können weitere Einzelheiten des Verfahrens vor der Einigungsstelle geregelt werden.

(5) In den Fällen, in denen der Spruch der Einigungsstelle die Einigung zwischen Arbeitgeber und Betriebsrat ersetzt, wird die Einigungsstelle auf Antrag einer Seite tätig. Benennt eine Seite keine Mitglieder oder bleiben die von einer Seite genannten Mitglieder trotz rechtzeitiger Einladung der Sitzung fern, so entscheiden der Vorsitzende und die erschienenen Mitglieder nach Maßgabe des Absatzes 3 allein. Die Einigungsstelle fasst ihre Beschlüsse unter angemessener Berücksichtigung der Belange des Betriebs und der betroffenen Arbeitnehmer nach billigem Ermessen. Die Überschreitung der Grenzen des Ermessens kann durch den Arbeitgeber oder den Betriebsrat nur binnen einer Frist von zwei Wochen, vom Tage der Zuleitung des Beschlusses an gerechnet, beim Arbeitsgericht geltend gemacht werden.

(6) Im Übrigen wird die Einigungsstelle nur tätig, wenn beide Seiten es beantragen oder mit ihrem Tätigwerden einverstanden sind. In diesen Fällen ersetzt ihr Spruch die Einigung zwischen Arbeitgeber und Betriebsrat nur, wenn beide Seiten sich dem Spruch im Voraus unterworfen oder ihn nachträglich angenommen haben.

(7) Soweit nach anderen Vorschriften der Rechtsweg gegeben ist, wird er durch den Spruch der Einigungsstelle nicht ausgeschlossen.

(8) Durch Tarifvertrag kann bestimmt werden, dass an die Stelle der in Absatz 1 bezeichneten Einigungsstelle eine tarifliche Schlichtungsstelle tritt.

Lit.: *Bischoff*, Die Einigungsstelle im Betriebsverfassungsrecht, 1975; *Friedemann*, Das Verfahren der Einigungsstelle für Interessenausgleich und Sozialplan, 1997; *Gaul, D.*, Die betriebliche Einigungsstelle, 2. Aufl. 1980; *Hennige*, Das Verfahrensrecht der Einigungsstelle, 1996; *Hergenröder*, Die Einigungsstelle, AR-Blattei SD 630.1; *Jäcker*, Die Einigungsstelle nach dem Betriebsverfassungsgesetz 1972, 1974; *Kliemt*, in: Schwab/Weth, ArbGG, 2004, Einigungsstellenverfahren; *Oechsler/Schönfeld*, Die Einigungsstelle als Konfliktlösungsmechanismus – Eine Analyse der Wirkungsweise und Funktionsfähigkeit, 1989; *Pünnel/Isenhardt*, Die Einigungsstelle des BetrVG 1972, 4. Aufl. 1997; *Schönfeld*, Das Verfahren vor der Einigungsstelle – Eine Analyse der Verfahrenshandhabung aus juristischer Sicht, 1988; *Weber/Ehrich*, Einigungsstelle, 1999.

I. Allgemeines. Der Spruch der Einigungsstelle ersetzt die Einigung zwischen ArbGeb und BR. Er hat daher denselben Rechtscharakter wie eine entsprechende **Vereinbarung** der Betriebspartner[1]. Die Tätigkeit der Einigungsstelle ist in erster Linie auf **Kompromisse** angelegt. Dies zeigt § 76 Abs. 3 Satz 3, wonach zunächst eine Beschlussfassung ohne Beteiligung des Vors. zu versuchen ist[2].

Die Einigungsstelle ist ein von ArbGeb und BR gebildetes **betriebsverfassungsrechtliches Hilfsorgan eigener Art**, das kraft Gesetzes dazu bestimmt ist, durch Zwangsschlichtung Pattsituationen im Bereich der paritätischen Mitbest. aufzulösen[3]. Sie ist weder Gericht noch Behörde[4]. Ihre Entscheidungen haben nicht die Qualität von Verwaltungsakten[5]. Ebenso wenig ist die Einigungsstelle ein Schiedsgericht iSv. §§ 1025 ff. ZPO[6], da sie keines Schiedsvertrages bedarf, sondern gesetzlich vorgegeben ist. Dem Einigungsstellenverfahren wohnen mediative Elemente inne. Dennoch handelt es sich nicht um ein Mediationsverfahren, da dem Einigungsstellenvorsitzenden letztlich Entscheidungskompetenz zukommt.

Gegen die Institution der Einigungsstelle bestehen **keine verfassungsrechtlichen Bedenken**. Sie ist keine mit Art. 9 Abs. 3 GG unvereinbare Einrichtung der Zwangsschlichtung zwischen den TV-Parteien, da sie nur Streitigkeiten zwischen den Betriebspartnern schlichtet und der Tarifvorrang durch § 77 Abs. 3, § 87 abgesichert ist[7]. Überdies greift sie nicht in unzulässiger Weise in die Unternehmergrundrechte aus Art. 2, 12 oder 14 GG ein. Die Regelung der Mitbest. und der Entscheidungskompetenz der Einigungsstelle im Streitfall ist vielmehr eine zulässige Einschränkung und Sozialbindung dieser Grundrechte, die dem Sozialstaatsprinzip des Art. 20 Abs. 1 GG entspricht[8].

II. Arten der Einigungsstelle. 1. Bedarfs- oder dauernde Einigungsstelle. Nach § 76 Abs. 1 Satz 1 ist eine Einigungsstelle **bei Bedarf** zu bilden, also bei Meinungsverschiedenheiten, die zwischen BR und ArbGeb nicht beigelegt werden können. Vor Anrufung der Einigungsstelle haben die Betriebspartner nach § 74 Abs. 1 Satz 1 über strittige Fragen zunächst mit dem ernsten Willen zur Einigung zu verhandeln und Vorschläge für die Beilegung der Meinungsverschiedenheit zu machen.

Nach § 76 Abs. 1 Satz 2 kann durch BV auch eine **ständige Einigungsstelle** errichtet werden. Deren **Bildung** ist jedoch **nicht erzwingbar**. Die Zuständigkeit der ständigen Einigungsstelle kann auf bestimmte Fragen, zu denen häufig Streitfälle auftreten, beschränkt werden. Auch die Besetzung der Einigungs-

---

1 BVerfG v. 18.10.1986 – 1 BVR 1426/83, BB 1988, 342; Richardi/*Richardi*, § 76 BetrVG Rz. 7 mwN. | 2 BAG v. 27.6.1995 – 1 ABR 3/95, NZA 1996, 161. | 3 BVerfG v. 18.10.1986 – 1 BVR 1426/83, BB 1988, 342; BAG v. 18.1.1994 – 1 ABR 43/93, DB 1994, 838. | 4 *Pünnel/Isenhardt*, Rz. 5; Richardi/*Richardi*, § 76 BetrVG Rz. 7. | 5 BAG v. 22.1.1980 – 1 ABR 48/77, DB 1980, 1895. | 6 *Friedemann*, Rz. 79; *Pünnel/Isenhardt*, Rz. 5. | 7 BVerfG v. 18.10.1986 – 1 BVR 1426/83, BB 1988, 342. | 8 BVerfG v. 18.10.1986 – 1 BVR 1426/83, BB 1988, 342; BAG v. 31.8.1982 – 1 ABR 27/80, AP Nr. 8 zu § 87 BetrVG 1972 – Arbeitszeit; v. 16.12.1986 – 1 ABR 26/85, AP Nr. 8 zu § 87 BetrVG 1972 – Prämie.

stelle kann geregelt werden. Die Betriebspartner können sich aber vorbehalten, über die Besetzung im jeweiligen Einzelfall zu entscheiden oder die Beisitzer der ständigen Einigungsstelle je nach Regelungsmaterie auszutauschen.

2. Erzwingbare oder freiwillige Einigungsstelle. In den im BetrVG abschließend geregelten Fällen[1] ist die Bildung einer Einigungsstelle erzwingbar. Das Gesetz ordnet in diesen Fällen ausdrücklich an, dass die Einigungsstelle entscheidet, sofern eine Einigung der Betriebsparteien nicht zustande kommt, und dass deren Spruch die Einigung zwischen BR und ArbGeb ersetzt (zB Aufstellung eines Sozialplanes bei Betriebsänderungen gem. § 112 Abs. 4). Daneben ist eine **Erweiterung** der erzwingbaren **MitbestR des BR durch TV** möglich. Dies geschieht, in dem der TV vorsieht, dass über bestimmte, an sich nicht mitbestimmungsbedürftige Fragen (zB Dauer der Wochenarbeitszeit) eine BV geschlossen werden kann (sog. **Öffnungsklausel**) und der Spruch der Einigungsstelle die fehlende Einigung zwischen ArbGeb und BR ersetzt[2]. 6

Für die Errichtung und den Beginn der Tätigkeit der erzwingbaren Einigungsstelle genügt der **Antrag nur einer Seite**, § 76 Abs. 5 Satz 1. Zur Säumnis bzw. Untätigkeit der anderen Seite, § 76 Abs. 5 Satz 2, vgl. Rz. 97 f. 7

Ist gesetzlich für den Streitfall keine verbindliche Entscheidung der Einigungsstelle vorgesehen, wird sie nach § 76 Abs. 6 tätig, wenn **beide Seiten** dies beantragen oder mit ihrem Tätigwerden einverstanden sind (sog. **freiwillige Einigungsstelle**). Der Spruch der Einigungsstelle ist in diesen Fällen nur verbindlich, wenn beide Seiten sich ihm im Voraus unterworfen oder ihn nachträglich angenommen haben. Eine solche freiwillige Einigungsstelle kann in allen, in die **Zuständigkeit** des BR fallenden Angelegenheiten tätig werden[3]. Auch Meinungsverschiedenheiten bezüglich **rechtlicher Fragen**, wie etwa der Auslegung einer BV, können durch ein freiwilliges Einigungsstellenverfahren geregelt werden[4]. Allerdings bleibt dann die Möglichkeit der Überprüfung des Einigungsstellenspruchs durch das ArbG in vollem Umfang bestehen. Anderenfalls käme die Errichtung der freiwilligen Einigungsstelle letztlich der unzulässigen Vereinbarung eines Schiedsgerichtes gleich, vgl. §§ 4, 101 ff. ArbGG[5]. Ein gesetzlich genannter Fall der freiwilligen Einigungsstelle ist die Regelung, dass die **Wirksamkeit von Kündigungen** von der **Zustimmung** des BR abhängig ist und bei Meinungsverschiedenheiten eine (insoweit dann erzwingbare) Einigungsstelle entscheidet, § 102 Abs. 6. 8

3. Tarifliche Schlichtungsstelle, § 76 Abs. 8. Nach § 76 Abs. 8 können die TV-Parteien durch TV bestimmen, dass an die Stelle der Einigungsstelle eine **tarifliche Schlichtungsstelle** tritt[6]. Die Schlichtungsstelle kann sowohl betrieblich als auch überbetrieblich gebildet werden. Mit dem In-Kraft-Treten eines entsprechenden TV entfällt die Zuständigkeit der betrieblichen Einigungsstelle. Ausreichend ist, dass der **ArbGeb tarifgebunden** ist und der Betrieb unter den Geltungsbereich des TV fällt; auf die Tarifbindung der ArbN kommt es nicht an[7]. 9

Soweit es sich um eine die Einigungsstelle ersetzende tarifliche Schlichtungsstelle auf Unternehmensebene handelt, müssen alle Betriebe des Unternehmens vom Geltungsbereich des TV erfasst sein. Eine tarifliche Schlichtungsstelle auf Konzernebene erfordert die Tarifbindung aller Konzernunternehmen[8].

Die **Besetzung** der tariflichen Schlichtungsstelle ist ebenso wie ihre Einsetzung in der Regel im TV näher ausgestaltet. Sie muss paritätisch mit Beisitzern besetzt sein und einen unparteiischen Vors. haben. Die Beisitzer werden von den TV-Parteien benannt. Kommt es über die Person des Vors. zu keiner Einigung und enthält der TV keinen Konfliktlösungsmechanismus, erfolgt die Bestimmung entsprechend § 98 ArbGG durch das ArbG[9]. Die Nichtbenennung der Beisitzer durch die eine oder andere Seite oder deren Nichterscheinen kann den Betriebspartnern nicht ohne weiteres zugerechnet werden. § 76 Abs. 5 Satz 2 findet insoweit keine entsprechende Anwendung. Enthält der TV keine Regelung und fehlt es an der ordnungsgemäßen Besetzung der Schlichtungsstelle, lebt die Zuständigkeit der betrieblichen Einigungsstelle wieder auf[10]. 10

Die **Zuständigkeit** der tariflichen Schlichtungsstelle erstreckt sich auf alle Fragen, für die auch die betriebliche Einigungsstelle zuständig wäre. Ist die Zuständigkeit der Schlichtungsstelle tarifvertraglich beschränkt, bleibt im Übrigen die betriebliche Einigungsstelle zuständig. Der Spruch der Schlichtungsstelle muss unter Einhaltung der wesentlichen **Verfahrensvorschriften** (hierzu nachfolgend Rz. 35 ff.) gefasst werden[11]. Er darf nicht die Grenzen des zustehenden Ermessens überschreiten. Mangels Beteiligung der Betriebspartner am Verfahren ist er **zwingend zu begründen**, vom Vors. zu unter- 11

---

1 Vgl. die Aufstellung bei Schwab/Weth/*Kliemt*, ArbGG, Einigungsstellenverfahren Rz. 13 ff. |2 Vgl. etwa BAG v. 18.8.1987 – 1 ABR 30/86, DB 1987, 2257; v. 9.5.1995 – 1 ABR 56/94, DB 1995, 2610 ff. |3 Beispiele bei Schwab/Weth/*Kliemt*, ArbGG, Einigungsstellenverfahren Rz. 24 ff. |4 Vgl. BAG v. 20.11.1990 – 1 ABR 45/89, NZA 1991, 473 ff.; LAG Köln v. 22.4.1994 – 13 TaBV 8/94, NZA 1995, 445. |5 Vgl. BAG v. 20.11.1990 – 1 ABR 45/89, NZA 1991, 473 ff. |6 Eingehend: *Rieble*, RdA 1993, 140 ff.; *Richardi/Richardi*, § 76 BetrVG Rz. 146 ff. |7 DKK/*Berg*, § 76 BetrVG Rz. 101; *Fitting*, § 76 BetrVG Rz. 113. AA *Rieble*, RdA 1993, 140 (145). |8 Vgl. *Fitting*, § 76 BetrVG Rz. 113; *Rieble*, RdA 1993, 140 (145). |9 LAG Düsseldorf v. 26.10.1976 – 5 TaBV 46/76, EzA § 76 BetrVG 1972 Nr. 14. AA *Richardi*, § 76 BetrVG Rz. 149. |10 *Fitting*, § 76 BetrVG Rz. 117; *Richardi*, § 76 BetrVG Rz. 151; HSWG/*Worzalla*, § 76 BetrVG Rz. 28. |11 AA DKK/*Berg*, § 76 BetrVG Rz. 98.

zeichnen und den Betriebspartnern zuzustellen. Abweichend von der gesetzlichen Regelung für die Einigungsstelle kann der TV für die Schlichtungsstelle eine **2. Instanz**[1], die zwingende Durchführung einer **Güteverhandlung** und eine Regelung der Kostentragung (zB durch die TV-Parteien) vorsehen. Letztlich unterliegt auch der Spruch der Schlichtungsstelle der **gerichtlichen Nachprüfung**[2].

12 4. **Einigungsstelle auf Unternehmens- und Konzernebene.** Für die Bildung von Einigungsstellen auf Unternehmensebene gelten die §§ 76 ff. entsprechend, sofern ein **GesamtBR** existiert und dieser für die jeweilige Materie zuständig ist, §§ 50, 51 Abs. 6. Entsprechendes gilt für Einigungsstellen auf **Konzernebene**, §§ 58, 59 Abs. 1, 51 Abs. 6, und für ArbN-Vertretungen nach § 3 Abs. 1 Nr. 2, 3, etwa **Spartenbetriebsräte**[3]. Für unternehmenseinheitliche **BR** oder für mehrere zusammengefasste **Betriebe** zuständige BR iSd. § 3 Abs. 1 Nr. 1 gelten die §§ 76 f. unmittelbar. Es handelt sich um „normale" BR.

13 5. **Anwendbarkeit der §§ 76 f. im Übrigen.** § 76 gilt nicht für die **Jugendauszubildendenvertretung**, die Gesamt- und die Konzernjugendauszubildendenvertretung. Diese sind nicht Träger von Beteiligungsrechten. Bei fehlender Einigung zwischen ArbGeb und einer **Arbeitsgruppe**, der nach § 28a die Wahrnehmung betriebsverfassungsrechtlicher Aufgaben übertragen worden ist, kommt § 76 gleichfalls nicht zur Anwendung. In diesem Fall fällt die Regelung der umstrittenen konkreten Angelegenheit an den BR zurück. Dies ergibt sich aus § 28a Abs. 2 Satz 3. Eine § 76 entsprechende Vorschrift findet sich in **§ 71 BPersVG**. Das SprAG und das **EBRG** hingegen kennen keine der Einigungsstelle vergleichbare Einrichtung.

14 III. **Einleitung des Einigungsstellenverfahrens. 1. Bildung.** Die Einigungsstelle ist – mit Ausnahme der sog. ständigen Einigungsstelle (hierzu Rz. 5) – keine zwingend vorgeschriebene, stets bestehende Institution. Sie wird zur Beilegung von Meinungsverschiedenheiten zwischen ArbGeb und BR **bei Bedarf** gebildet, § 76 Abs. 1. Sie wird **nicht von Amts wegen** tätig, sondern nur auf Antrag. **Antragsberechtigt** sind nur die Betriebspartner, nicht auch einzelne ArbN. Der einzelne ArbN hat auch keinen klagbaren Anspruch auf Einberufung der Einigungsstelle gegen den BR, etwa im Falle des § 85 Abs. 2[4]. Hat der BR einem seiner Ausschüsse Angelegenheiten zur selbständigen Entscheidung übertragen und hat die zu treffende Regelung nicht die Wirkung einer BV, kann der BR auf diesen Ausschuss auch das Recht zur Anrufung der Einigungsstelle übertragen. Hingegen ist eine Arbeitsgruppe nach § 28a Abs. 2 Satz 3 nicht antragsberechtigt.

15 **Materielle Voraussetzung** für die Anrufung der Einigungsstelle ist, dass die **Verhandlungen** zwischen den Betriebspartnern **gescheitert** sind, § 74 Abs. 1 Satz 2. Haben ernsthafte Verhandlungen stattgefunden und war der Einigungsversuch nicht erfolgreich, steht es jeder Seite frei, das Scheitern der Verhandlungen festzustellen[5]. Gleiches gilt, wenn einer der Betriebspartner trotz Aufforderung jede Verhandlung über den Streitgegenstand ablehnt[6]. Erklärt eine Partei die Verhandlungen jedoch willkürlich für gescheitert oder haben die Betriebspartner nicht einmal Verhandlungen aufgenommen, fehlt es für das Bestellungsverfahren nach § 98 ArbGG am Rechtsschutzinteresse[7].

16 Die Einigungsstelle wird „angerufen", indem der jeweils andere Betriebspartner unter Nennung des Streitgegenstandes zur Errichtung der Einigungsstelle aufgefordert, (mindestens) ein **Vorschlag für die Person des Vors.** unterbreitet und die **gewünschte Zahl der Beisitzer** genannt wird. Akzeptiert der andere Betriebspartner den Vorschlag, brauchen beide Seiten nur noch ihre Beisitzer zu benennen. Wird über die Zahl der Beisitzer und/oder die Person des Vors. keine Einigkeit erzielt, erfolgt auf Antrag eine Festsetzung durch das ArbG, vgl. § 98 ArbGG. Eine **Frist** ist – abgesehen von der zweiwöchigen Frist in § 38 Abs. 2 Satz 4 beim fehlenden Einverständnis des ArbG mit der Zahl der freigestellten BR-Mitglieder – **nicht** zu beachten.

17 2. **Annahme/Ablehnung.** Voraussetzung für die erfolgreiche Bildung der Einigungsstelle ist die **Annahme des Amtes** durch ihre Mitglieder[8]. Eine Rechtspflicht zur Übernahme des Amtes besteht auch dann nicht, wenn der Vors. vom ArbG eingesetzt worden ist.

18 3. **Antragstellung vor der Einigungsstelle.** Ist die Einigungsstelle konstituiert, kann ein **Antrag** an den Vors. gerichtet werden. Schriftform ist empfehlenswert. Zweckmäßigerweise sollten die zur Streitentscheidung notwendigen Unterlagen beigefügt und etwaige Beweismittel benannt werden. Der BR kann vom ArbGeb ggf. nach § 80 Abs. 2 die erforderlichen Auskünfte und Unterlagen verlangen und der Einigungsstelle übermitteln. Bereits in diesem Verfahrensstadium kann das ArbG von der anderen Seite zur Klärung der Frage angerufen werden, ob überhaupt eine **Zuständigkeit** der Einigungsstelle besteht (vgl. hierzu Rz. 59 f.)[9].

19 Der Antrag auf Anrufung der Einigungsstelle und der vor der Einigungsstelle gestellte Antrag können jederzeit **zurückgenommen** werden. In den Fällen der erzwingbaren Mitbest. bedarf die Antragsrück-

---

[1] AA *Müller*, FS Barz, S. 499. | [2] BAG v. 22.10.1981 – 6 ABR 69/79, DB 1982, 811; v. 18.8.1987 – 1 ABR 30/86, AP Nr. 23 zu § 77 BetrVG 1972. | [3] *Fitting*, § 76 BetrVG Rz. 5. | [4] AA *Blomeyer*, GS Dietz, S. 173. | [5] LAG Hess. v. 12.11.1991 – 4 TaBV 148/91, NZA 1995, 1118; v. 22.11.1994 – 4 TaBV 112/94, NZA 1992, 853. | [6] BAG v. 23.9.1997 – 3 ABR 85/96, NZA 1998, 719 ff. | [7] LAG BW v. 4.10.1984 – 11 TaBV 4/84, NZA 1985, 163; v. 16.10.1991 – 12 TaBV 10/91, NZA 1992, 186. | [8] *Fitting*, § 76 BetrVG Rz. 25. | [9] BAG v. 15.10.1979 – 1 ABR 49/77, AP Nr. 5 zu § 111 BetrVG 1972; v. 22.10.1981 – 6 ABR 69/79, DB 1982, 811.

nahme der Zustimmung des anderen Betriebspartners[1]. Gleiches gilt bei Streitigkeiten im Bereich der freiwilligen Mitbest., wenn sich die Betriebspartner für den Fall der Nichteinigung verbindlich zur Anrufung der Einigungsstelle verpflichtet und sich deren Spruch im Voraus unterworfen haben.

4. Amtszeit der Einigungsstelle. Die Amtszeit der **erzwingbaren Einigungsstelle** endet mit dem Erreichen ihres Zwecks, also idR mit der Schlussabstimmung über den Streitgegenstand. Solange der Zweck nicht erreicht ist, kann der Vors. jederzeit einen neuen Termin zur Fortsetzung der Verhandlung bestimmen[2]. Die Amtszeit der Beisitzer kann schon vor dem Ende der Einigungsstelle enden, da sie jederzeit abberufen werden oder ihr Amt niederlegen können. Gleiches gilt für den Vors., wenn er einvernehmlich durch beide Parteien oder wegen Befangenheit (Rz. 64 ff.) abberufen wird. Bei der **dauernden Einigungsstelle** ergibt sich deren Amtszeit aus der dazu abgeschlossenen BV sowie einem etwaigen Bestellungsbeschluss. Im **Insolvenzfall** bleibt die Einigungsstelle unabhängig vom Fortbestand der Arbeitsverhältnisse betriebsangehöriger Beisitzer bestehen[3]. 20

IV. Zusammensetzung der Einigungsstelle. 1. Vorsitzender. Die Einigungsstelle besteht neben den Beisitzern gemäß § 76 Abs. 2 Satz 1 aus einem unparteiischen Vors. Die **Unparteilichkeit** ist die einzige gesetzlich genannte und wichtigste Qualifikation des Vors. Neben der Neutralität sollte der Vors. über ein hohes Maß an **Fachkunde** über den jeweiligen Gegenstand des Einigungsstellenverfahrens verfügen. Aufgrund der Schlüsselposition, die dem Vors. im Einigungsstellenverfahren zukommt, ist dessen **Persönlichkeit** von herausragender Wichtigkeit. Hierbei sind vor allem ein hohes Einfühlungs- und Kommunikationsvermögen, Autorität, Verhandlungsgeschick, Kenntnisreichtum sowie die Fähigkeit zur Analyse der streitigen betrieblichen Probleme gefragt. Häufig werden **Arbeitsrichter** zu Einigungsstellenvorsitzenden ernannt. Sie bedürfen nach § 40 Abs. 2 DRiG zur Übernahme des Einigungsstellenvorsitzes einer Nebentätigkeitsgenehmigung. Auch andere Sachkundige, etwa **Rechtsanwälte** und **Hochschullehrer**, kommen als Vors. in Betracht. 21

Können sich die Betriebsparteien auf den Vors. nicht einigen, erfolgt dessen **Bestellung** nach § 76 Abs. 2 Satz 2 BetrVG, § 98 ArbGG auf Antrag **durch das ArbG** (vgl. die Kommentierung zu § 98 ArbGG). Eine Person kann auch entgegen dem Widerspruch einer Partei bestellt werden[4]. Die **Betriebspartner** können sich jederzeit, also während oder nach Abschluss des gerichtlichen Bestellungsverfahrens und sogar noch während des Einigungsstellenverfahrens, **auf einen anderen Vors. einigen**. Ebenso kann der Vors. sein Amt niederlegen. 22

2. Beisitzer. Die Einigungsstelle muss nach § 76 Abs. 2 Satz 1 aus einer gleichen Anzahl von Beisitzern bestehen, die je zur Hälfte vom ArbGeb und vom BR benannt werden (**Paritätsgrundsatz**). Die **Anzahl der Beisitzer** ist abhängig vom Streitgegenstand. Bei wichtigen, schwierigen oder komplexen Streitfällen, die besondere Fachkenntnisse erfordern, kann eine höhere Anzahl von Beisitzern bestimmt werden. Auch die Größe des Betriebes spielt eine Rolle. **Im Regelfall** sind **zwei Beisitzer** pro Seite erforderlich, aber auch ausreichend[5]. Bei einfachen Fällen kann ein Beisitzer pro Seite ausreichend sein, bei komplexen Fällen kann sich die Zahl auf drei erhöhen. Können sich die Parteien nicht auf die Anzahl der Beisitzer einigen, entscheidet das ArbG, § 76 Abs. 2 Satz 3. In der Antragsschrift können die Beisitzer bereits namentlich genannt werden; es genügt jedoch der Antrag auf Festsetzung einer bestimmten Zahl von Beisitzern. Trotz der Festlegung durch das ArbG bleibt es den Betriebsparteien unbenommen, sich **im Nachhinein** auf eine andere Zahl von Beisitzern zu einigen[6]. 23

Die Betriebspartner können ihre jeweiligen Beisitzer **frei wählen**. Die Beisitzer der Gegenseite können nicht abgelehnt werden. Sie müssen nicht Angehörige des Betriebes sein. Häufig werden Vertreter einer Gewerkschaft oder eines ArbGebVerbandes oder **Rechtsanwälte** als Beisitzer benannt. Der BR ist nicht gehalten, aus Kostengründen betriebsangehörige Beisitzer zu benennen[7]. **Unparteilichkeit** ist von den Beisitzern - anders als vom Vors. - **nicht** zu verlangen. Da sie jeweils vom ArbGeb bzw. dem BR benannt werden, sollen sie sogar deren jeweilige Interessen vertreten. Daher können auch Mitglieder des BR oder der ArbGeb selbst Beisitzer in der Einigungsstelle sein[8]. Eine Ablehnung wegen **Befangenheit** ist nicht möglich (vgl. Rz. 63). 24

Die Betriebspartner müssen ihre Beisitzer erst mit der Eröffnung der mündlichen Verhandlung **bekannt geben**. Der **BR** muss für die Bestellung der Beisitzer einen **Beschluss** iSv. § 33 fassen, der den allgemeinen Wirksamkeitsvoraussetzungen entsprechen muss[9]. Wird die Einigungsstelle im Verlaufe 25

---

1 Ebenso: *Fitting*, § 76 BetrVG Rz. 39; Richardi/*Richardi*, § 76 BetrVG Rz. 5; *Hennige*, S. 144 ff., *Friedemann*, Rz. 309. | 2 BAG v. 30.1.1990 – 1 ABR 2/89, DB 1990, 1090. | 3 BAG v. 27.3.1979 – 6 ABR 39/76, DB 1979, 1562 f. | 4 Unzutr. daher LAG Berlin v. 12.9.2001 – 4 TaBV 1436/01, NZA-RR 2002, 25. | 5 So auch LAG München v. 15.7.1975 – 5 TaBV 27/75, DB 1975, 2452; LAG Bremen v. 2.7.1982 – 1 TaBV 7/82, AuR 1983, 28; LAG Düsseldorf v. 28.11.1980 – 16 TaBV 13/80, DB 1981, 379; LAG Schl.-Holst. v. 4.2.1997 – 1 TaBV 3/97, LAGE § 76 BetrVG 1972 Nr. 44; LAG Hamm v. 8.4.1987 – 12 TaBV 17/87, DB 1987, 1441; LAG München v. 15.7.1991 – 4 TaBV 27/91, NZA 1992, 185. AA (nur ein Beisitzer: LAG Schl.-Holst. v. 15.11.1990 – 4 TaBV 35/90, DB 1991, 287. IdR drei Beisitzer: DKK/*Berg*, § 76 BetrVG Rz. 23; *Weber/Ehrich*, Teil D, Rz. 34. Vier Beisitzer bei komplexem Sachverhalt: LAG Hamburg v. 13.1.1999 – 4 TaBV 9/98, AiB 1999, 221. | 6 DKK/*Berg*, § 76 BetrVG Rz. 57; *Fitting*, § 76 BetrVG Rz. 14. | 7 Vgl. BAG v. 24.4.1996 – 7 ABR 40/95, AP Nr. 5 zu § 76 BetrVG 1972 – Einigungsstelle. | 8 BAG v. 6.5.1986 – 1 AZR 553/84, AP Nr. 8 zu § 128 HGB. | 9 Vgl. BAG v. 19.8.1992 – 7 ABR 58/91, NZA 1993, 710 ff.

eines **Insolvenzverfahrens** gebildet, besteht keine Verpflichtung, Vertreter der Gläubiger zu Mitgliedern zu bestellen[1].

26 Jede Seite kann die von ihr benannten Beisitzer jederzeit **abberufen** und durch andere ersetzen (zB bei Verhinderung, Vertrauensentfall), ohne dass es hierzu des Einverständnisses der Gegenseite bedarf. Ebenso kann jeder Beisitzer sein Amt jederzeit **niederlegen**.

27 **3. Ersatzmitglieder.** Die Betriebsparteien, aber auch das ArbG können für den Vors. einen oder mehrere **Ersatzvorsitzende** bestellen, die bei dessen Wegfall den Vorsitz übernehmen. Möglich ist auch die Bestellung von **Ersatzbeisitzern** (sog. stellvertretende Beisitzer), um Unterbrechungen in Krankheitsfällen zu vermeiden. Ersatzbeisitzer und -vorsitzender dürfen in der Einigungsstelle **nicht anwesend** sein, sofern zwischen den Parteien keine abweichende Regelung getroffen ist[2].

28 **4. Rechtsstellung der Einigungsstellenmitglieder.** Es besteht keine Rechtspflicht, das **höchstpersönliche Amt** als Vors. oder Beisitzer zu übernehmen. Es kann jederzeit niedergelegt werden. Sofern es übernommen wird, besteht eine Verpflichtung, an den Sitzungen der Einigungsstelle teilzunehmen und an einer Entscheidung mitzuwirken.

29 Mit der Annahme des Amtes kommt ein besonderes **betriebsverfassungsrechtliches Schuldverhältnis** mit dem ArbGeb zustande[3]. Dieses Rechtsverhältnis hat, soweit ein Honoraranspruch besteht (vgl. § 76a Rz. 4, 18, 21), den Charakter eines entgeltlichen Geschäftsbesorgungsvertrags (§§ 611 ff., 675 ff. BGB)[4]. Bei den betriebsangehörigen Einigungsstellenmitgliedern, die keinen Anspruch auf Vergütung besitzen, hat das Schuldverhältnis den Rechtscharakter eines Auftragsverhältnisses (§ 662 BGB). Kein Vertragsverhältnis besteht hingegen zwischen dem BR und den von ihm bestimmten Mitgliedern der Einigungsstelle[5]. Zu den Einzelheiten des **Vergütungsanspruchs** vgl. § 76a.

30 Die Mitglieder der Einigungsstelle sind **nicht an Weisungen** oder Aufträge **gebunden**[6]. Dies gilt trotz ihrer Bestellung durch eine Partei auch für die Beisitzer. Sie sind nicht verlängerter Arm der jeweiligen Betriebspartei, sondern frei in ihrer Entscheidung. Sie sollen mit einer gewissen **inneren Unabhängigkeit** bei der Schlichtung des Regelungsstreits mitwirken[7].

31 Der Einigungsstellenmitglieder sind ebenso wie BR-Mitglieder gemäß § 79 Abs. 2, Abs. 1 zur **Geheimhaltung** aller Betriebs- oder Geschäftsgeheimnisse verpflichtet, die ihnen aufgrund ihrer Zugehörigkeit zur Einigungsstelle bekannt werden, und die der ArbGeb ausdrücklich als geheimhaltungsbedürftig bezeichnet hat. Die Verletzung dieser Pflicht ist nach § 120 Abs. 1 Nr. 1, Abs. 2 und 3 strafbar.

32 Die Mitglieder der Einigungsstelle dürfen nach § 78 in der Ausübung ihrer Tätigkeit **nicht behindert** werden. Ebenso ist deren Benachteiligung oder Begünstigung wegen ihrer Tätigkeit untersagt. Dies gilt auch für ihre berufliche Entwicklung. Verstöße sind durch § 119 Abs. 1 Nr. 2 und 3 strafbewehrt. Der besondere Kündigungsschutz nach § 15 KSchG, § 103 findet keine direkte Anwendung. Dennoch ist eine Kündigung betriebsangehöriger Mitglieder wegen ihrer Tätigkeit in der Einigungsstelle wegen Gesetzesverstoßes nichtig, § 134 BGB[8].

33 **5. Schadensersatzansprüche.** Bei Pflichtverletzungen können Schadensersatzansprüche insb. des ArbGeb gegen die Einigungsstellenmitglieder entstehen. Für Schadensersatzansprüche des BR, einzelner betroffener ArbN oder Dritter wird es meist an einer Anspruchsgrundlage fehlen. Als **Pflichtverletzungen** des Vors. kommen nur Handlungen in Betracht, die ihm **selbst zurechenbar** sind (zB Verletzung der Verschwiegenheitspflicht nach § 79, unberechtigte Amtsniederlegung zur Unzeit oder Verweigerung der Schlussabstimmung). Hieraus muss ein Schaden resultieren. Aus allgemeinen Grundsätzen zur Amtshaftung ergibt sich, dass **Handlungen des Kollegialorgans** Einigungsstelle (insb. ein fehlerhafter Spruch) dem Vors. nicht als **Pflichtverletzung** zugerechnet werden können[9]. Danach liegt kein Verschulden vor, wenn das mehrheitlich gefundene Ergebnis nach sorgfältiger Prüfung aller Umstände zustande gekommen ist.

34 Aufgrund des Charakters der Einigungsstelle als betriebliches Schlichtungsorgan ist die Haftung analog § 839 Abs. 2 BGB **auf Vorsatz und grobe Fahrlässigkeit** beschränkt[10]. Ein überwiegendes **Mitverschulden** des ArbGeb iSd. § 254 Abs. 2 Satz 1 BGB liegt vor, wenn dieser verabsäumt, einen fehlerhaften Einigungsstellenspruch zur Abwendung von Schäden gerichtlich anzufechten.

35 **V. Allgemeine Verfahrensgrundsätze. 1. Allgemeines; Schaffung einer besonderen Verfahrensordnung.** Das Verfahren vor der Einigungsstelle ist gesetzlich weitgehend ungeregelt. ZPO und ArbGG finden auf das Einigungsstellenverfahren keine direkte Anwendung. § 76 Abs. 3 schreibt lediglich einige, allerdings zwingende **Verfahrensregeln** vor: die mündliche Beratung (hierzu Rz. 43), die Abstim-

---

1 BAG v. 6.5.1986 – 1 AZR 553/84, AP Nr. 8 zu § 128 HGB. | 2 *Friedemann*, Rz. 128; *Fitting*, § 76 BetrVG Rz. 15; GK-BetrVG/*Kreutz*, § 76 Rz. 49. AA *Pünnel/Isenhardt*, Rz. 40. | 3 BAG v. 27.7.1994 – 7 ABR 10/93, DB 1995, 499; v. 15.12.1978 – 6 ABR 64/77, DB 1979, 1467. | 4 BAG v. 15.12.1978 – 6 ABR 64/77, DB 1979, 1467. | 5 BAG v. 15.12.1978 – 6 ABR 93/77, AP Nr. 6 zu § 76 BetrVG 1972. | 6 BAG v. 18.1.1994 – 1 ABR 43/93, DB 1994, 838; v. 27.6.1995 – 1 ABR 3/95, NZA 1996, 161. | 7 BAG v. 29.1.2002 – 1 ABR 18/01, DB 2002, 1948; v. 27.6.1995 – 1 ABR 3/95, NZA 1996, 161. | 8 ErfK/*Kania*, § 76 BetrVG Rz. 13; *Fitting*, § 76 BetrVG Rz. 35. | 9 Vgl. *Friedemann*, Rz. 356. | 10 *Fitting*, § 76 BetrVG Rz. 34; *Pünnel/Isenhardt*, Rz. 47. AA *Friedemann*, Rz. 355.

mung durch den Spruchkörper, den Abstimmungsmodus (hierzu Rz. 72 ff.), die schriftliche Niederlegung (Rz. 90) sowie die Zuleitung der Beschlüsse der Einigungsstelle an ArbGeb und BR (Rz. 90).

Die Betriebsparteien können nach § 76 Abs. 4 weitere Einzelheiten des Verfahrens vor der Einigungsstelle durch eine – freiwillige – BV regeln, zB Protokollführung, Einlassungs- und Ladungsfristen. Das durch § 76 Abs. 3 vorgeschriebene Abstimmungsverfahren indes ist zwingend und der Disposition der Betriebsparteien entzogen[1]. Dies folgt aus der Formulierung des § 74 Abs. 4 („weitere Einzelheiten"). Auch durch TV können weitere Einzelheiten des Einigungsstellenverfahrens geregelt werden[2]. Solche tariflichen Regelungen gehen denen einer etwa bestehenden BV vor. **36**

Soweit keine Regelungen in TV oder BV existieren oder diese Gestaltungsspielräume offen lassen, steht der Einigungsstelle im Interesse einer effektiven und zeitnahen Schlichtung ein **weiter Spielraum** zu, innerhalb dessen sie das Verfahren nach **pflichtgemäßem Ermessen selbst gestalten** kann[3]. Allerdings ist die Einigungsstelle hierbei an die nachfolgenden **allgemein anerkannten Verfahrensgrundsätze** gebunden. Diese Grundsätze folgen zum Teil aus dem Rechtsstaatsprinzip (Art. 20 Abs. 1 und 3, Art. 28 Abs. 1 GG), zum Teil aus der Funktion der Einigungsstelle als Organ, das normative Regelungen erzeugt[4]. Deren **Nichteinhaltung** macht den Spruch der Einigungsstelle **unwirksam** und kann zu einer späteren gerichtlichen Aufhebung des Spruchs führen (siehe hierzu unten Rz. 114). **37**

2. Nichtöffentlichkeit. Die Sitzungen der Einigungsstelle sind – im Gegensatz zu Gerichtsverfahren, vgl. § 169 GVG – **nicht öffentlich**, aber **parteiöffentlich**[5]. Dies bedeutet, dass an den Verhandlungen nicht jeder beliebige Dritte, wohl aber die Betriebsparteien teilnehmen können, also sowohl Angehörige des BR als auch Vertreter der ArbGebSeite, soweit sie nicht Beisitzer der Einigungsstelle sind. Keinen Zutritt haben demgegenüber Pressevertreter oder betroffene ArbN[6], soweit sie nicht Beisitzer oder Vertreter der Betriebsparteien sind. Allerdings kann die Einigungsstelle neben den Beisitzern, dem Vors. und den Verfahrensbevollmächtigten die Anwesenheit Dritter zuzulassen. **38**

Zeugen und **Sachverständige** nehmen nur für den Zeitraum ihrer Vernehmung bzw. der Erläuterung ihres Gutachtens an der Sitzung der Einigungsstelle teil[7]. Sie äußern sich nur zum Beweisthema und verlassen danach den Sitzungsraum. Gleiches gilt für sonstige Auskunftspersonen. Durch die Anwesenheit eines **Protokollführers** (vgl. hierzu noch Rz. 57) wird der Grundsatz der Nichtöffentlichkeit nicht verletzt[8]. **39**

Die auf die Verhandlung vor der Einigungsstelle folgende Phase der abschließenden **Beratung** und **Beschlussfassung** der Einigungsstelle ist **weder öffentlich, noch parteiöffentlich**. An ihr dürfen nur die Mitglieder der Einigungsstelle teilnehmen (vgl. noch Rz. 72). Ansonsten ist der Spruch unwirksam[9]. **40**

3. Grundsatz des rechtlichen Gehörs. Die Einigungsstelle hat den beteiligten Betriebsparteien (nicht nur den Mitgliedern der Einigungsstelle[10]) rechtliches Gehör zu gewähren[11]. Dieser sich für das gerichtliche Verfahren aus Art. 103 Abs. 1 GG ergebende **Grundsatz des rechtlichen Gehörs** gilt für das Einigungsstellenverfahren **analog**. Ein **Verstoß** gegen den Anspruch auf rechtliches Gehör führt zur **Unwirksamkeit** des Spruchs der Einigungsstelle[12]. **41**

Der Grundsatz des rechtlichen Gehörs verpflichtet die Einigungsstelle, jeder der beteiligten Seiten Gelegenheit zu geben, zum Tatsächlichen vorzutragen, Beweismittel anzubieten[13], die eigene Rechtsauffassung darzustellen und einen eigenen Vorschlag zur Lösung des Konfliktes zu unterbreiten. Hierzu muss nicht nur schriftlich, sondern auch im Rahmen einer zwingenden mündlichen Verhandlung Gelegenheit bestehen (vgl. Rz. 43). **Nicht erforderlich** ist, den Betriebsparteien zu jedem **einzelnen Verfahrensschritt** rechtliches Gehör zu gewähren[14]. Beispielsweise braucht ein nach Erläuterung und Erörterung des Streitfalles vom Vors. unterbreiteter Einigungsvorschlag den Betriebsparteien nicht zur erneuten Stellungnahme zugeleitet werden. **42**

4. Grundsatz der Mündlichkeit. Zwingend ist eine **mündliche Verhandlung der Betriebsparteien** vor der Einigungsstelle[15]. Zwar ist nach dem Wortlaut des § 76 Abs. 3 Satz 2 nur die „mündliche Beratung" vorgeschrieben; allerdings hat der Gesetzgeber eine mündliche Verhandlung als selbstverständlich un- **43**

---

1 *Pünnel*, AuR 1973, 257 (260). | 2 *Fitting*, § 76 BetrVG Rz. 66; GK-BetrVG/*Kreutz*, § 76 Rz. 120. | 3 BAG v. 4.7.1989 – 1 ABR 40/88, NZA 1990, 29; v. 18.1.1994 – 1 ABR 43/93, DB 1994, 838. | 4 BAG v. 18.1.1994 – 1 ABR 43/93, DB 1994, 838. Zu Einzelheiten: Schwab/Weth/*Kliemt*, ArbGG, Einigungsstellenverfahren, Rz. 105 ff. | 5 BAG v. 18.1.1994 – 1 ABR 43/93, DB 1994, 838; *Pünnel/Isenhardt*, Rz. 53; *Fitting*, § 76 BetrVG Rz. 49; Richardi/*Richardi*, § 76 BetrVG Rz. 88. Krit. *Friedemann*, Rz. 208 ff. | 6 AA DKK/*Berg*, § 76 BetrVG Rz. 64; *Hennige*, S. 193. | 7 *Friedemann*, Rz. 205; *Weber/Ehrich*, Teil E; Rz. 18. | 8 *Fitting*, § 76 BetrVG Rz. 49, 50; GK-BetrVG/*Kreutz*, § 76 Rz. 106; *Heinze*, RdA 1990, 273. AA *Friedemann*, Rz. 182, 255; MünchArbR/*Joost*, § 320 Rz. 46. | 9 BAG v. 18.1.1994 – 1 ABR 43/93, DB 1994, 838. | 10 Früher aA BAG v. 11.2.1992 – 1 ABR 51/91, DB 1992, 1730. | 11 BAG v. 18.1.1994 – 1 ABR 43/93, DB 1994, 838 f. | 12 BAG v. 11.2.1992 – 1 ABR 51/91, DB 1992, 1730; v. 4.7.1989 – 1 ABR 40/88, NZA 1990, 29. | 13 Vgl. BAG v. 11.2.1992 – 1 ABR 51/91, DB 1992, 1730. | 14 *Fitting*, § 76 BetrVG Rz. 46; *Weber/Ehrich*, Teil E, Rz. 33. | 15 *Pünnel/Isenhardt*, Rz. 53; DKK/*Berg*, § 76 BetrVG Rz. 62; *Schönfeld*, NZA 1988, Beil. 4, S. 9. AA *Friedemann*, Rz. 215.; *Hennige*, S. 159 f.; *Heinze*, RdA 1990, 262 (267); ErfK/*Kania*, § 76 BetrVG Rz. 18; *Hanau/Reitze*, FS Kraft, S. 167 (176 f.); GK-BetrVG/*Kreutz*, § 76 Rz. 101; Richardi/*Richardi*, § 76 BetrVG Rz 86; *Fitting*, § 76 BetrVG Rz. 47.

terstellt, ohne noch eine besondere Erwähnung für notwendig zu erachten. Ein schriftliches Verfahren bildet im deutschen Rechtssystem die absolute Ausnahme und würde dem Sinn des Einigungsstellenverfahrens nicht gerecht, nach gemeinsamer offener Aussprache der Beteiligten unter Leitung und Vermittlung des unparteiischen Vors. eine der beiderseitigen Interessenlage Rechnung tragende, einvernehmliche Lösung zu vermitteln.

44 Die Einigungsstelle hat ihre Beschlüsse „nach mündlicher Beratung" zu fassen, § 76 Abs. 3 Satz 2. Deren Mitglieder müssen demnach gleichzeitig zur Beratung und Beschlussfassung an einem Ort anwesend sein. Die **Mündlichkeit ist Wirksamkeitserfordernis**. Eine Alleinentscheidung durch den Vors., eine Entscheidung im Umlaufverfahren oder durch schriftliches Votum sowie eine Beratung mittels einer Telefon- oder Videokonferenz sind daher unzulässig.

45 **5. Beschleunigungsgrundsatz.** Nach § 76 Abs. 3 Satz 1 „hat" die Einigungsstelle **unverzüglich** (§ 121 BGB) tätig zu werden. Dem ist ein **allgemeiner Verfahrensgrundsatz** der **Beschleunigung** des Einigungsstellenverfahrens zu entnehmen. § 76 Abs. 3 Satz 1 zielt nicht nur auf eine rasche Verfahrensaufnahme; er beinhaltet auch die Pflicht zum unverzüglichen Handeln sowie zur zügigen und konzentrierten Abwicklung des Einigungsstellenverfahrens. Eine andere Interpretation stünde im Gegensatz zum erklärten Willen des Gesetzgebers, das Verfahren insgesamt zu beschleunigen, der auch in § 98 ArbGG zu Tage tritt. Hiernach entscheidet der Vors. bei Meinungsverschiedenheiten über die Person des Einigungsstellenvorsitzenden und die Zahl der Beisitzer allein. Darüber hinaus sind die **Einlassungs- und Ladungsfristen auf 48 Stunden abgekürzt**. Schließlich muss der Beschluss des Gerichts spätestens innerhalb von vier Wochen nach Eingang des Antrags den Beteiligten zugestellt werden.

46 Die Pflicht zur Verfahrensbeschleunigung trifft sämtliche Mitglieder der Einigungsstelle. Sie müssen sich so schnell wie möglich mit den tatsächlichen und rechtlichen Fragen der Meinungsverschiedenheit vertraut machen. Der Vors. hat auf eine möglichst baldige Sitzungsterminierung hinzuwirken; soweit erforderlich, hat er vorsorglich mehrere Termine vorzusehen und für eine die zügige Arbeit der Einigungsstelle ermöglichende Vorbereitung der Sitzung zu sorgen. Er hat darauf hinzuwirken, dass ihm alle für die Entscheidung und deren Vorbereitung sachdienlichen Unterlagen überlassen werden[1].

47 **6. Dispositionsmaxime.** Die Einigungsstelle ist **nicht an die Anträge gebunden**[2]. Sie kann den Antrag einer Seite zum Inhalt ihres Spruchs machen, jedoch auch eine von den Anträgen beider Seiten abweichende Lösung des Konflikts beschließen. Die Einigungsstelle ist zu diesem Vorgehen sogar verpflichtet, um den **Verfahrensgegenstand auszuschöpfen**. Zwar entscheidet sie nicht von Amts wegen, sondern nur auf begründeten Antrag der Parteien. Auch darf sie die Angelegenheit nur insoweit regeln, als sie unter den Betriebspartnern streitig ist und die Regelungsstreitigkeit in den „Anträgen" Ausdruck findet. Der Antrag dient aber vor allem dazu, das Einigungsstellenverfahren einzuleiten, seinen Gegenstand zu bestimmen und zu umreißen. Soweit das MitbestR reicht, hat die Einigungsstelle den Konflikt vollständig zu lösen. Sie darf aber nicht über den ihr unterbreiteten Regelungsgegenstand hinausgehen und andere Fragen in ihre Entscheidung mit einbeziehen[3].

48 **7. Offizialmaxime/Amtsermittlungsprinzip.** Im Einigungsstellenverfahren gilt ebenso wie im arbeitsgerichtlichen Beschlussverfahren die sog. **Offizialmaxime**. Die Einigungsstelle hat im Rahmen des ihr unterbreiteten Streitgegenstandes den für die Entscheidung erheblichen Sachverhalt **von Amts wegen aufzuklären**[4]. Sie ist befugt, nach pflichtgemäßem Ermessen selbst Ermittlungen vorzunehmen, zB durch Vernehmung von Zeugen, Hinzuziehung von Sachverständigen oder Inaugenscheinnahme. Letztlich folgt dies aus der Ähnlichkeit und Nähe des Einigungsstellenverfahrens zum arbeitsgerichtlichen Beschlussverfahren.

49 **VI. Konstituierung der Einigungsstelle. 1. Allgemeines.** Die Einigungsstelle ist **gebildet**, wenn der Vors. und die von den Parteien jeweils benannten Beisitzer ihr Amt angenommen haben. Nach einer ordnungsgemäßen Ladung (Rz. 52) konstituiert sich die Einigungsstelle, indem sie erstmals zusammentritt. Der Vors. eröffnet die erste mündliche Verhandlung und stellt zunächst die **Beschlussfähigkeit** und die **Anwesenden** fest. Dies sind neben dem Vors. vor allem die Beisitzer. Sie sollten mit Namen und Privat- oder Dienstanschrift im Protokoll (vgl. Rz. 57) vermerkt werden. Für die Verhandlungen, nicht hingegen für die Beschlussfassung sind darüber hinaus **anwesenheitsberechtigt** die **Verfahrensbevollmächtigten** (Rz. 58) sowie die **Parteien** des Einigungsstellenverfahrens selbst (Rz. 38). **Weitere Personen** dürfen nur im allgemeinen Einvernehmen an den Sitzungen teilnehmen (vgl. Rz. 38).

50 Die **Vorbereitung** und die **Leitung der Verhandlung** obliegt ausschließlich dem Vors. Er bestimmt **Zeitpunkt** und **Ort** der Einigungsstellenverhandlung, trifft die erforderlichen **Vorbereitungen**, eröffnet und unterbricht die Verhandlung, führt oder diktiert das Protokoll (Rz. 57), erteilt das Wort und fasst Ergebnisse zusammen.

---

1 *Fitting*, § 76 BetrVG Rz. 42. |2 BAG v. 30.1.1990 – 1 ABR 2/89, NZA 1990, 571; v. 28.7.1981 – 1 ABR 79/79, AP Nr. 2 zu § 87 BetrVG 1972 – Urlaub. AA *Heinze*, RdA 1990, 262 (264). |3 *Fitting*, § 76 BetrVG Rz. 60; GK-BetrVG/*Kreutz*, § 76 Rz. 114, 95; *Richardi*, § 76 BetrVG Rz. 104. |4 *Fitting*, § 76 BetrVG Rz. 44; *Friedemann*, Rz. 231; *Pünnel/Isenhardt*, Rz. 49; ErfK/*Kania*, § 76 BetrVG Rz. 17. AA (Parteimaxime): Richardi/*Richardi*, § 76 BetrVG Rz. 92; MünchArbR/*Joost*, § 320 Rz. 40; *Heinze*, RdA 1990, 262 (265); *Hennige*, S. 191.

Grundlegende Entscheidungen, die über die bloße Verhandlungsführung hinausgehen, entscheidet die Einigungsstelle als Kollegialorgan in einfacher Abstimmung mit einfacher Mehrheit[1]. Hierzu gehört etwa die Frage, inwieweit den Parteien rechtliches Gehör gewährt wird oder in welchem Umfang eine Protokollierung der Verhandlung erfolgt. Das in § 76 Abs. 3 geregelte zweistufige Verfahren der Beschlussfassung (Rz. 75) ist für verfahrensleitende Beschlüsse nicht anwendbar. Es gilt nur für die abschließende Entscheidung. 51

2. Ordnungsgemäße Ladung und Unterrichtung der Beisitzer. Die Mitglieder der Einigungsstelle sind vom Vors. so **rechtzeitig** und ordnungsgemäß über **Ort und Zeit der Sitzungen** zu unterrichten und mit den **notwendigen Unterlagen** zu versehen, dass sie sich noch auf den Termin vorbereiten können (vgl. § 76 Abs. 5 Satz 2: „trotz rechtzeitiger Einladung"). Die Nichteinhaltung dieses selbständigen Verfahrensgrundsatzes führt zur Unwirksamkeit des Spruchs der Einigungsstelle[2]. Das Angebot geeigneter Räume im Betrieb hat der Vors. zur Vermeidung unnötiger Kosten idR zu akzeptieren. Es sollte eine **Ladungsfrist** von mindestens einer Woche gewahrt werden. Allen Beisitzern sind die gleichen Unterlagen zur Verfügung zu stellen. 52

Eine **förmliche Ladung** analog §§ 166 ff., 214 f., 497 ZPO ist **nicht erforderlich**. Ausreichend ist eine **mündliche, telefonische** oder **schriftliche** Unterrichtung aller Beisitzer über Ort und Zeit der Verhandlung. Ist ein nachfolgender Termin in der letzten Verhandlung zwischen allen Mitgliedern der Einigungsstelle abgesprochen worden, erübrigt sich eine erneute Unterrichtung[3]. 53

Der Vors. kann sich **zur Übermittlung der Einladung** auch **anderer Personen**, zB einzelner Beisitzer, bedienen. Dennoch bleibt der Vors. verantwortlich: Erreicht die Einladung ihren bestimmungsgemäßen Adressaten nicht, so ist der betreffende Beisitzer nicht ordnungsgemäß zur Sitzung eingeladen[4]. Allerdings können Beisitzer Dritten, etwa anderen Beisitzern oder der Schreibkraft im Büro des BR, **Ladungsvollmacht** erteilen[5]. Die Einladung gilt dann als bewirkt, auch wenn sie den Adressaten nicht persönlich erreicht, § 164 Abs. 3 BGB analog. 54

Die Ladung der Einigungsstellenmitglieder hat **unverzüglich** zu erfolgen (vgl. Rz. 45). Zur Verfahrensbeschleunigung kann der Vors. das Einigungsstellenverfahren durch sofortige Terminierung und Ladung der Parteien einleiten, auch wenn die Beschwerdefrist gegen den Bestellungsbeschluss des ArbG nach § 98 Abs. 2 Satz 2 ArbGG noch nicht abgelaufen ist[6]. 55

Mängel der Einladung können dadurch **geheilt** werden, dass das betreffende Einigungsstellenmitglied rügelos an der Sitzung und Beschlussfassung teilnimmt. Erscheint ein Beisitzer hingegen nur kurz, um die Gründe seiner Abwesenheit (etwa die zu kurzfristige Kenntnis vom Termin und die daraus resultierende fehlende Vorbereitungszeit) zu erläutern, kann hierin noch keine Heilung gesehen werden[7]. Haben nicht alle Beisitzer an der Sitzung der Einigungsstelle teilgenommen, weil sie nicht oder nicht ordnungsgemäß geladen wurden, und ergeht dennoch ein Einigungsstellenspruch, so ist dieser unwirksam[8]. 56

3. Protokollführung. Eine Protokollierung der Verhandlungen der Einigungsstelle ist zur Dokumentation der Ordnungsgemäßheit des Verfahrens **zweckmäßig**, jedoch nicht zwingend. §§ 159 ff. ZPO über die Protokollierung der mündlichen Verhandlung finden keine Anwendung. § 76 Abs. 3 Satz 4 zwingt lediglich dazu, die Beschlüsse der Einigungsstelle schriftlich niederzulegen, vom Vors. zu unterschreiben und dem ArbGeb und dem BR zuzuleiten. Das Protokoll wird im Normalfall durch den Vors. selbst geführt. Es kann aber auch ein Beisitzer oder eine neutrale Person als **Protokollführer** ernannt werden. Das Protokoll ist sodann vom Vors. zu **unterzeichnen**. Die Beisitzer können eine Abschrift des Protokolls beanspruchen. 57

4. Vertretung von Parteien durch Verfahrensbevollmächtigte. ArbGeb und BR können sich im Verfahren vor der Einigungsstelle durch Verfahrensbevollmächtigte, etwa durch Rechtsanwälte oder Verbandsvertreter, **vertreten lassen**[9]. Der Einigungsstelle steht **nicht das Recht** zu, den **Bevollmächtigten zurückzuweisen**. Die **Aufgabe** der Verfahrensbevollmächtigten im Einigungsstellenverfahren besteht darin, die jeweilige Partei in der mündlichen Verhandlung zu vertreten und schriftliche Erklärungen abzugeben. Bei der **Beratung** und **Beschlussfassung** dürfen sie hingegen nicht anwesend sein. Zur Erstattung der **Kosten** des Verfahrensbevollmächtigten des BR durch den ArbGeb vgl. § 76a Rz. 31 f. 58

5. Prüfung der eigenen Zuständigkeit. Die Einigungsstelle muss zunächst prüfen, ob sie zuständig ist (sog. „**Vorfragenkompetenz**")[10]. Dies gilt auch, wenn sie durch das ArbG **bestellt** wurde[11], da das ArbG die Einigungsstelle nach § 98 ArbGG nur dann nicht einsetzt, wenn sie „offensichtlich unzuständig" ist. 59

---

1 LAG Düsseldorf v. 23.10.1986 – 17 Ta BV 98/86, DB 1987, 1255; *Fitting*, § 76 BetrVG Rz. 37. | 2 BAG v. 27.6.1995 – 1 ABR 3/95, NZA 1996, 161. | 3 BAG v. 27.6.1995 – 1 ABR 3/95, NZA 1996, 161. | 4 BAG v. 27.6.1995 – 1 ABR 3/95, NZA 1996, 161. | 5 BAG v. 27.6.1995 – 1 ABR 3/95, NZA 1996, 161. | 6 DKK/*Berg*, § 76 BetrVG Rz. 65. | 7 BAG v. 27.6.1995 – 1 ABR 3/95, NZA 1996, 161. | 8 BAG v. 27.6.1995 – 1 ABR 3/95, NZA 1996, 161. | 9 BAG v. 21.6.1989 – 7 ABR 78/87, DB 1989, 2436; v. 5.11.1981 – 6 ABR 50/80, AP Nr. 9 zu § 76 BetrVG 1972. AA *Friedemann*, Rz. 154 ff.; *Bengelsdorf*, NZA 1989, 489 (497); *Sowka*, NZA 1990, 91 ff. | 10 BAG v. 28.5.2002 – 1 ABR 37/01, NZA 2003, 171; v. 22.1.2002 – 3 ABR 28/01, DB 2002, 1838; v. 3.4.1979 – 6 ABR 29/77, DB 1979, 2186 f.; v. 22.10.1981 – 6 ABR 69/79, DB 1982, 811 f. | 11 Vgl. etwa BAG v. 15.5.2001 – 1 ABR 39/00, NZA 2001, 1154. AA *Hennige*, S. 219.

Bei erzwingbaren Einigungsstellenverfahren läuft die Entscheidung über die Zuständigkeit häufig auf die Frage hinaus, ob hinsichtlich des zu entscheidenden Regelungsgegenstandes ein **MitbestR** besteht.

60 Gelangt die Einigungsstelle zu dem Ergebnis, dass sie unzuständig ist, hat sie das Verfahren **einzustellen**[1] (hierzu noch näher Rz. 83). Der Antrag des Betriebspartners, der die Einigungsstelle angerufen hat, wird in diesem Fall zurückgewiesen. Der einstellende Beschluss ist anfechtbar. Kommt das ArbG zu dem Ergebnis, dass die Einigungsstelle zuständig ist, stellt es die Unwirksamkeit des Einigungsstellenspruchs fest. Das Verfahren ist dann vor der Einigungsstelle fortzuführen, ohne dass es einer Neuerrichtung oder einer erneuten Anrufung bedarf[2].

61 **Bejaht** die Einigungsstelle ihre Zuständigkeit, ist das Verfahren fortzusetzen und zum Abschluss zu bringen. Wird die Zuständigkeit dennoch von einer Partei weiter bestritten, kann sie die Zuständigkeit im **arbeitsgerichtlichen Beschlussverfahren** überprüfen lassen[3]. Hierdurch wird das Einigungsstellenverfahren nicht unterbrochen. Im Interesse einer effektiven Ausübung der Beteiligungsrechte des BR darf die Einigungsstelle das weitere Verfahren auch **nicht aussetzen**, sondern hat zügig eine Sachregelung herbeizuführen[4].

62 Es steht im **Ermessen** der Einigungsstelle, ob sie über ihre Zuständigkeit vorab durch **Zwischenbeschluss** entscheidet[5]. Selbst bei einem entsprechenden Antrag ist die Einigungsstelle zu einem förmlichen Zwischenbeschluss nicht verpflichtet[6]. Ein die Zuständigkeit bejahender Zwischenbeschluss der Einigungsstelle kann in einem gerichtlichen Verfahren gesondert auf seine materielle Richtigkeit überprüft werden[7]. Vgl. auch Rz. 105.

63 **6. Besorgnis der Befangenheit von Einigungsstellenmitgliedern.** Die **Ablehnung** eines Beisitzers wegen Besorgnis der Befangenheit ist **ausgeschlossen**[8] – auch wenn vom Ergebnis des Einigungsstellenverfahrens persönliche Interessen des Beisitzers berührt werden. Die Beisitzer sind anders als der Vors. kraft Gesetzes nicht zur Unparteilichkeit verpflichtet. Ihre Befangenheit ist vom Gesetzgeber „eingeplant".

64 Den **Vors.** können die Parteien einvernehmlich jederzeit wegen Befangenheit abberufen und sich auf einen neuen Vors. einigen oder ihn durch das ArbG bestellen lassen[9]. Hält **nur eine Seite** den Vors. für befangen, kann sie ihn – anders als Beisitzer – **wegen Besorgnis der Befangenheit ablehnen**[10]. Die Besorgnis der **Befangenheit** ist in entsprechender Anwendung des § 42 Abs. 2 ZPO dann anzunehmen, wenn ein objektiver Grund besteht, der geeignet ist, aus Sicht der ablehnenden Partei an der Unvoreingenommenheit des Vors. zu zweifeln. Nicht erforderlich ist das tatsächliche Bestehen der Befangenheit des Vors. **Antragsberechtigt** für ein Befangenheitsgesuch gegen den Vors. ist nur eine der beiden Betriebsparteien, nicht die zu ihrer Vertretung in die Einigungsstelle entsandten Beisitzer[11]. Beisitzer können allerdings **als Bote** ein **schriftliches Befangenheitsgesuch** einer Betriebspartei überbringen[12].

65 Die Befangenheitsgründe sind spätestens innerhalb von **zwei Wochen** nach bekannt werden **schriftlich** gegenüber der Einigungsstelle **darzulegen**[13]. Ein Nachschieben von Ablehnungsgründen im gerichtlichen Verfahren zur Klärung des Befangenheitsgesuches ist damit ausgeschlossen. Wer sich in Kenntnis der Ablehnungsgründe rügelos auf die Verhandlung der Einigungsstelle einlässt, verliert analog §§ 1036 f. ZPO sein Ablehnungsrecht[14].

66 **Kein Ablehnungsrecht** besteht, wenn der Vors. ausnahmsweise nicht in der Funktion eines Richters tätig wird, weil ihm das Recht zur Letztentscheidung nach § 76 Abs. 3 Satz 3 fehlt. Ein solcher Ausnahmefall liegt bei der Einigungsstelle bezüglich eines Interessenausgleich nach §§ 111, 112 Abs. 2 und 3 vor, da sie über die Ausgestaltung der Betriebsänderung nicht verbindlich entscheiden kann[15].

67 **Entscheidet die Einigungsstelle ohne Rücksicht** auf einen erhobenen Befangenheitsantrag, ist der Spruch unwirksam[16]. Ob die Befangenheitsrüge parteiobjektiv begründet war, ist hiernach unerheblich[17]. **Legt der Vors. sein Amt freiwillig nieder**, weil er die Besorgnis der Befangenheit als begründet ansieht, ist

---

1 DKK/*Berg*, § 76 BetrVG Rz. 72; *Fitting*, § 76 BetrVG Rz. 83; *Pünnel*, AuR 1973, 257 (262). |2 BAG v. 30.1.1990 – 1 ABR 2/89, NZA 1990, 571. AA *Pünnel/Isenhardt*, Rz. 49; *Schaub*, § 232 Rz. 47. |3 AA ErfK/*Kania*, § 76 BetrVG Rz. 35. |4 BAG v. 28.5.2002 – 1 ABR 37/01, NZA 2003, 171; v. 17.9.1991 – 1 ABR 74/90, DB 1992, 435; v. 22.2.1983 – 1 ABR 27/81, BB 1983, 1724. AA (Ermessen zur Aussetzung): BAG v. 3.4.1979 – 6 ABR 29/77, DB 1979, 2186 f. |5 BAG v. 22.1.2002 – 3 ABR 28/01, DB 2002, 1938; v. 25.5.2002 – 1 ABR 37/01, NZA 2003, 171. |6 BAG v. 25.5.2002 – 1 ABR 37/01, NZA 2003, 171. |7 BAG v. 4.7.1989 – 1 ABR 40/88, NZA 1990, 29; LAG Nds. v. 20.3.2003 – 4 TaBV 108/00, LAGE § 5 ArbSchG Nr. 1. Zweif. BAG v. 28.5.2002 – 1 ABR 37/01, NZA 2003, 171. AA GK-BetrVG/*Kreutz*, § 76 Rz. 124; *Fitting*, § 76 BetrVG Rz. 84. |8 BAG v. 6.4.1973 – 1 ABR 20/72, DB 1973, 2197; LAG Düsseldorf v. 3.4.1981 – 8 TaBV 11/81, DB 1981, 733; LAG BW v. 4.9.2001 – 8 TaBV 2/01, ArbuR 2002, 151. Zu den diskutierten Ausnahme-Fallgruppen: Schwab/Weth/*Kliemt*, ArbGG, Einigungsstellenverfahren, Rz. 183 ff. |9 *Schaub*, NZA 2000, 1087. |10 BAG v. 29.1.2002 – 1 ABR 18/01, DB 2002, 1948; v. 9.11.2001 – 1 ABR 5/01, BB 2002, 576; v. 9.5.1995 – 1 ABR 56/94, DB 1995, 2610 ff. AA GK-ArbGG/*Leinemann*, § 98 Rz. 66; GMPM/*Matthes*, § 98 ArbGG Rz. 35; *Pünnel/Isenhardt*, Rz. 101 ff. Diff. *Friedemann*, Rz. 186 ff. |11 BAG v. 11.9.2001 – 1 ABR 5/01, BB 2002, 576. |12 BAG v. 11.9.2001 – 1 ABR 5/01, BB 2002, 576. |13 BAG v. 11.9.2001 – 1 ABR 5/01, BB 2002, 576. |14 BAG v. 9.5.1995 – 1 ABR 56/94, DB 1995, 2610 ff. |15 Ebenso *Bauer/Diller*, DB 1996, 137 (139); *Friedemann*, Rz. 186. |16 BAG v. 11.9.2001 – 1 ABR 5/01, BB 2002, 576; v. 29.1.2002 – 1 ABR 18/01, DB 2002, 1948. |17 Anders noch *Fitting*, § 76 BetrVG Rz. 28.

Einigungsstelle   Rz. 72 § 76 BetrVG

der Weg frei für eine einvernehmliche oder gerichtlich herbeizuführende Neubesetzung des Vorsitzes[1]. Hält der Vors. den Befangenheitsantrag für unbegründet, **entscheidet über das Ablehnungsgesuch** zunächst analog § 1037 Abs. 2 Satz 2 ZPO die **Einigungsstelle** selbst, allerdings nach § 76 Abs. 3 Satz 3 Halbs. 1 ohne den abgelehnten Vors.[2]. Eine zweite Abstimmung unter seiner Beteiligung nach § 76 Abs. 3 Satz 3 Halbs. 2 erfolgt nicht[3]. Wird das Ablehnungsgesuch mehrheitlich **abgelehnt**, nimmt das Einigungsstellenverfahren unter Beteiligung des Vors. seinen Fortgang (zur gerichtlichen Überprüfung Rz. 100 ff.). Ergibt sich eine Mehrheit zugunsten des Ablehnungsgesuchs, ist der Vors. wegen Besorgnis der Befangenheit von der weiteren Durchführung des Einigungsstellenverfahrens ausgeschlossen. Kommt es bei der Abstimmung in der Einigungsstelle über den Befangenheitsantrag zu einer **Pattsituation**, entscheidet die Einigungsstelle unter Beteiligung des für befangen gehaltenen Vors. darüber, ob sie das Verfahren fortsetzt oder ggf. bis zur gerichtlichen Entscheidung über die geltend gemachten Ablehnungsgründe aussetzt (§ 1037 Abs. 3 Satz 1, 2 ZPO analog). Bei dieser Entscheidung steht ihr ein vom ArbG zu beachtender Ermessensspielraum zu[4]. Im Fall der Aussetzung hat nunmehr das ArbG im Beschlussverfahren über die Abberufung des Vors. zu entscheiden (§ 1037 Abs. 3 Satz 1 ZPO analog, § 98 ArbGG)[5].

Wird der **Ablehnungsantrag** eines Beteiligten von der Einigungsstelle **zurückgewiesen**, kann er innerhalb **eines Monats** die **Entscheidung des ArbG** über die Ablehnung beantragen, § 1037 Abs. 3 Satz 1 ZPO analog[6]. Bis zur Antragserhebung und während eines anhängig gemachten Verfahrens kann das Einigungsstellenverfahren entsprechend § 1037 Abs. 3 Satz 2 ZPO unter Beteiligung des abgelehnten Vors. fortgesetzt und durch Spruch abgeschlossen werden. Gegen die Entscheidung des ArbG über die Ablehnung des Vors. findet nach § 98 Abs. 2 die Beschwerde an das LAG statt[7]. **68**

7. Erörterung des Sach- und Streitandes sowie Bemühen um gütliche Regelung. Ziel des Einigungsstellenverfahrens ist die Herbeiführung einer **gütlichen Einigung** zwischen den Betriebspartnern. Dies kommt nicht nur im Namen der Einigungsstelle, sondern auch in der Abstimmungsregelung des § 76 Abs. 3 Satz 3 zum Ausdruck. Es existieren keine festen Regeln dafür, auf welche Weise sich der Vors. um eine gütliche Einigung zu bemühen hat. Im Normalfall wird er zunächst den **Sachverhalt** erfassen und die Streitpunkte sowie die Interessenlage herausarbeiten. Mitunter ist es sinnvoll, die streitigen Punkte des Sachverhalts im Rahmen einer **Beweisaufnahme** zu klären. Sodann wird der Vors. nach Kompromisslösungen suchen. Zu gegebener Zeit kann er einen eigenen **Lösungsvorschlag** unterbreiten. Je nach Verhandlungsklima und -situation können sich Unterbrechungen der Verhandlung anbieten, um den Parteien Gelegenheit zu getrennten Beratungen über den Vergleichsvorschlag zu geben. Der Vors. hat auch die Möglichkeit, mit den Parteien getrennt zu beraten („Pendeldiplomatie"). Solche **Einzelgespräche** sind idR nützlich, da der Vors. einen besseren Einblick in die Motivationslage der Parteien erhält und wesentliche Hintergründe für Standpunkte erfährt, die auf den ersten Blick unverständlich und unversöhnlich erscheinen mögen. **69**

8. Beweismittel und -aufnahme. Streitige entscheidungserhebliche Sachverhaltspunkte können unter Berücksichtigung des Verhältnismäßigkeitsgrundsatzes aufgeklärt werden. Allerdings stehen der Einigungsstelle – anders als dem Gericht – **keine Zwangsmittel** zur Verfügung. Zeugen und Sachverständige können nicht gezwungen werden, vor der Einigungsstelle zu erscheinen und auszusagen[8]. Es besteht kein Recht, Zeugen zu vereidigen. Die Einigungsstelle ist auch nicht befugt, das persönliche Erscheinen der Parteien anzuordnen, so wie es dem ordentlichen Gericht nach § 141 ZPO möglich wäre. Ebenso wenig kann die Einigungsstelle eine Zeugenvernehmung durch einen beauftragten oder ersuchten Richter nach § 375 ZPO veranlassen. Sie kann allerdings ohne vorherige Vereinbarung mit dem ArbGeb nach § 80 Abs. 3 **Sachverständige** hinzuziehen, soweit dies erforderlich und angemessen ist[9]. Sofern die Einigungsstelle **Unterlagen** für erforderlich hält, kann sie die Parteien zu deren Herausgabe auffordern. Ein indirekter Zwang zur Vorlage der Unterlagen ergibt aus der Interessenlage der Parteien, die befürchten müssen, dass die Einigungsstelle aus einer Weigerung negative Schlüsse zieht. Der BR kann im Rahmen des § 80 Abs. 2 die Erteilung von Auskünften des ArbGeb an die Einigungsstelle verlangen[10]. **70**

Die Fassung und Protokollierung eines formellen **Beweisbeschlusses** ist empfehlenswert, jedoch nicht zwingend. Die Einigungsstelle entscheidet über den Beweisbeschluss mit einfacher Mehrheit. Er kann nicht selbständig angefochten werden[11]. **71**

VII. Abschluss des Einigungsstellenverfahrens. 1. Beratung und Beschlussfassung. Konnte im Rahmen der mündlichen Verhandlung keine einvernehmliche Lösung des Regelungsstreites gefunden werden, hat sich der Vors. mit den Beisitzern der Einigungsstelle zur Schlussberatung und Abstimmung zurückzuziehen[12]. Nach § 76 Abs. 3 Satz 2 ist vor der Beschlussfassung eine **mündliche Beratung** zwin- **72**

---

1 Stege/Weinspach/Schiefer, § 76 BetrVG Rz. 15b; Gaul, S. 284, Rz. 11; Heinze, RdA 1990, 262 (272). | 2 BAG v. 29.1.2002 – 1 ABR 18/01, DB 2002, 1948; v. 11.9.2001 – 1 ABR 5/01, BB 2002, 576. | 3 BAG v. 29.1.2002 – 1 ABR 18/01, DB 2002, 1948; LAG Düsseldorf v. 2.11.2000 – 13 TaBV 23/00, AuR 2001, 157. | 4 BAG v. 29.1.2002 – 1 ABR 18/01, DB 2002, 1948. | 5 BAG v. 7.5.1995 – 1 ABR 56/94, DB 1995, 2610 ff. | 6 BAG v. 11.9.2001 – 1 ABR 5/01, BB 2002, 576. | 7 Vor dem 1.1.2002 existierte analog § 49 Abs. 3 ArbGG kein Rechtsmittel, vgl. hierzu Weber/Ehrich, Teil E, Rz. 77. | 8 Fitting, § 76 BetrVG Rz. 45; Richardi, § 76 BetrVG Rz. 91. | 9 BAG v. 13.11.1991 – 7 ABR 70/90, DB 1992, 789. | 10 ArbG Berlin v. 2.7.1999 – 24 BV 13410/99, AiB 2000, 436. | 11 BAG v. 4.7.1989 – 1 ABR 40/88, AP Nr. 20 zu § 87 BetrVG 1972 – Tarifvorrang. | 12 BAG v. 18.1.1994 – 1 ABR 43/93, DB 1994, 838 f.

BetrVG § 76 Rz. 73   Einigungsstelle

gend erforderlich (zum Grundsatz der Mündlichkeit bereits Rz. 43 f.). Zur Nichtöffentlichkeit der Beratung und der Beschlussfassung bereits Rz. 40. Mangels gesetzlicher Regelung ist die Beratung **nicht geheim**[1]. Eine Verschwiegenheitspflicht kann sich jedoch aus § 79 ergeben.

73   Die Einigungsstelle ist grundsätzlich nur bei Anwesenheit aller Mitglieder **beschlussfähig**[2]. Dies folgt aus der Verpflichtung der paritätischen Besetzung und der Beschlussregelung des § 76 Abs. 3 Sätze 2 und 3. Eine Ausnahme hiervon ist der Fall der **Säumnis** einer Seite (hierzu Rz. 97 f.) bei erzwingbaren Einigungsstellenverfahren einschließlich des Interessenausgleichs (§ 113 Abs. 3), in dem gerade nicht alle Mitglieder anwesend sind.

74   Die Stimmabgabe hat **persönlich** zu erfolgen. Sie kann nicht auf ein anderes Mitglied oder auf Dritte delegiert werden. Jede Stimme, auch die des Vors., hat das gleiche Gewicht. Die Mitglieder der Einigungsstelle können mit Stimmenmehrheit eine geheime Abstimmung beschließen. Bei diesem Beschluss ist der Vors. stimmberechtigt.

75   § 76 Abs. 3 Satz 3 regelt ein **zweistufiges Verfahren der Beschlussfassung**. Dieses findet allerdings nur für die abschließende Sachentscheidung der Einigungsstelle. In **Verfahrensfragen** hingegen findet bereits der erste Abstimmungsgang unter Beteiligung des Vors. statt[3].

76   Im zweistufigen Verfahren hat sich der Vors. bei der **ersten Abstimmung** der **Stimme zu enthalten**. Dies gilt auch dann, wenn nicht alle Mitglieder der Einigungsstelle bei der Beschlussfassung anwesend sind[4]. Kommt bei der ersten Abstimmung **keine Mehrheit** zustande, so hat die Einigungsstelle **erneut zu beraten** („nach weiterer Beratung", § 76 Abs. 3 Satz 3). Eine erneute Sitzung ist nicht erforderlich. Das Unterlassen der erneuten Beratung führt als Verfahrensfehler zur Unwirksamkeit des Einigungsstellenspruchs[5]. Von der erneuten Beratung kann nur abgesehen werden, wenn sie von allen Mitgliedern der Einigungsstelle für nicht mehr erforderlich gehalten wird[6]. Sodann erfolgt die **zweite Abstimmung**, an der zwingend auch der Vors. teilnimmt.

77   Kommt es auch bei der zweiten Abstimmung zu einem **Patt** (etwa weil sich ein Beisitzer der Stimme enthalten hat), gibt – anders als nach § 29 Abs. 2 MitbestG – die Stimme des Vors. nicht den Ausschlag[7]. Eine Entscheidung ist dann nicht zustande gekommen. Das Verfahren ist fortzusetzen. Der Vors. hat ebenso wie die übrigen Mitglieder der Einigungsstelle nur ein einfaches Stimmrecht.

78   Eine **Stimmenthaltung des Vors.** bei der zweiten Abstimmung ist unzulässig. Seine Stimme soll gerade den Ausschlag geben, falls nicht schon im ersten Abstimmungsgang eine Mehrheit erzielt worden ist[8]. Demgegenüber ist eine **Stimmenthaltung der Beisitzer** sowohl im Ersten als auch im zweiten Wahlgang **zulässig**[9]. Eine Stimmenthaltung ist weder als Zustimmung noch als Ablehnung zu werten. Sie ist nicht mit zu berücksichtigen[10]. Von der Stimmenthaltung abzugrenzen ist die – mögliche – **konkludente Ablehnung** des Vorschlags der Gegenseite[11]. Da für eine Beschlussfassung die Mehrheit der abgegebenen Stimmen ausreichend ist, kann bei einer Stimmenthaltung einerseits bereits im ersten Abstimmungsvorgang eine Mehrheit erzielt werden, andererseits auch bei der zweiten Abstimmung eine Pattsituation entstehen.

79   **2. Beendigung des Verfahrens ohne „Spruch".** Im Einigungsstellenverfahren gilt die **Dispositionsmaxime**, allerdings mit der Besonderheit, dass die Einigungsstelle nicht an die Fassung der Anträge gebunden ist (Rz. 47). Bei einer **freiwilligen Einigungsstelle** verliert die Einigungsstelle durch die **Antragsrücknahme** idR ihre Existenzberechtigung; das Verfahren ist einzustellen[12]. Dasselbe gilt bei erzwingbaren Einigungsstellen, sofern nur ein **einseitiges Antragsrecht** besteht (§ 37 Abs. 6, 7; § 38 Abs. 2; § 65 Abs. 1 iVm. § 37 Abs. 6, 7; § 85 Abs. 2; § 95 Abs. 1). Auch hier kann der Antragsteller das Verfahren jederzeit und ohne Einwilligung der anderen Seite beenden[13]. Besteht bei erzwingbaren Einigungsstellenverfahren hingegen ein **beiderseitiges Antragsrecht** ist zur wirksamen Antragsrücknahme nach Verfahrensbeginn die **Zustimmung der anderen Seite** erforderlich. Ansonsten könnte genau in dem Zeitpunkt, in dem eine Seite ihren Antrag zurücknimmt, die andere Seite kraft ihres eigenen Antragsrechtes das Verfahren wieder aufleben lassen. Ggf. müsste dann das Verfahren von vorne beginnen[14].

80   Das Einigungsstellenverfahren endet überdies ohne Spruch, wenn die Parteien eine **Einigung** über den Streitgegenstand erzielen. Eine solche Einigung ist **in jedem Stand des Verfahrens** möglich. Durch eine

---

1 *Friedemann*, Rz. 257; *Kaven*, S. 122. AA MünchArbR/*Joost*, § 320 Rz. 46. | 2 ErfK/*Kania*, § 76 BetrVG Rz. 19; HSWG/*Worzalla*, § 76 BetrVG Rz. 47. AA *Fiebig*, DB 1995, 1278; *Friedemann*, Rz. 264. | 3 DKK/*Berg*, § 76 BetrVG Rz. 80; *Fitting*, § 76 BetrVG Rz. 59; *Friedemann*, Rz. 259; *Hennige*, S. 212 f.; *Schönfeld*, NZA 1988, Beil. 4, 9. | 4 Richardi/*Richardi*, § 76 BetrVG Rz. 101; *Brill*, BB 1972, 178 (179). | 5 BAG v. 30.1.1990 – 1 ABR 2/89, DB 1990, 1090 f.; LAG Hamburg v. 5.5.2000 – 3 TaBV 6/00, AiB 2001, 50. | 6 BAG v. 30.1.1990 – 1 ABR 2/89, DB 1990, 1090 f. | 7 ErfK/*Kania*, § 76 BetrVG Rz. 20; *Fitting*, § 76 BetrVG Rz. 57. AA MünchArbR/*Joost*, § 320 Rz. 52. | 8 DKK/*Berg*, § 76 BetrVG Rz. 77; *Friedemann*, Rz. 269; *Heinze*, RdA 1990, 275. | 9 BAG v. 17.9.1991 – 1 ABR 23/91, DB 1992, 229 f. | 10 BAG v. 17.9.1991 – 1 ABR 23/91, DB 1992, 229 f. AA Richardi/*Richardi*, § 76 BetrVG Rz. 103; GK-BetrVG/*Kreutz*, § 76 Rz. 111. | 11 Hierzu BAG v. 11.11.1998 – 7 ABR 47/99, NZA 1999, 947. | 12 Einhellige Auff., vgl. *Fitting*, § 76 BetrVG Rz. 39; *Friedemann*, Rz. 310; *Hennige*, S. 142 ff.; *Pünnel/Isenhardt*, Rz. 121. | 13 Ausf. *Hennige*, S. 139 ff.; ebenso *Friedemann*, Rz. 308. | 14 *Hennige*, S. 144 ff.; *Friedemann*, Rz. 309. Vgl. auch LAG Hess. v. 20.7.1993 – 5 Ta BV 5/93, BB 1994, 430. AA *Pünnel/Isenhardt*, Rz. 121.

zeitlich nachfolgende Einigung wird der Spruch der Einigungsstelle gegenstandslos. Für die Einigung ist in formaler Hinsicht auf Seiten des BR ein Beschluss iSv. § 33 oder eine entsprechende Bevollmächtigung der entsandten Beisitzer erforderlich. Eine BV muss ferner nach § 77 Abs. 2 Satz 1 schriftlich abgeschlossen und von den Parteien unterzeichnet werden. Kommt eine Einigung über einen **Interessenausgleich** oder **Sozialplan** zustande, ist sie schriftlich niederzulegen und von den Parteien und vom Vors. zu unterschreiben, § 112 Abs. 3 Satz 2. Die Einigung kann – anders als der Spruch der Einigungsstelle – **nicht beim ArbG angefochten** werden. Sie kann als BV nur nach § 77 Abs. 5 gekündigt werden.

3. Sonstige Entscheidung der Einigungsstelle. Die Einigungsstelle kann durch Mehrheitsbeschluss im einstufigen Verfahren beschließen, die Verhandlung zu einem späteren Zeitpunkt fortzusetzen. Eine solche **Vertagung** ist als verfahrensbegleitender Zwischenbeschluss nicht gesondert gerichtlich anfechtbar[1]. 81

Das Verfahren kann analog § 148 ZPO mit einfacher Mehrheit der Mitglieder im einstufigen Verfahren **ausgesetzt** werden, etwa wenn das ArbG bei einer Pattsituation bei der Abstimmung über den Befangenheitsantrag gegen den Vors. analog § 1037 Abs. 3 ZPO entscheiden soll (Rz. 64 f.). Hingegen ist eine Aussetzung zur Entscheidung der Vorfrage, ob die Einigungsstelle überhaupt zuständig ist, nicht zulässig (Rz.61). 82

Eine **Einstellung des Verfahrens** kommt in Betracht, wenn sich zB die Einigungsstelle für **unzuständig** hält (zur Vorfragenkompetenz Rz. 59) oder nach übereinstimmender Auffassung der Betriebsparteien die Meinungsverschiedenheit, wegen der sie die Einigungsstelle angerufen haben, nicht mehr besteht. So kann es beispielsweise liegen, wenn der ArbGeb beim Streit über den Inhalt eines Sozialplanes von der beabsichtigten Betriebsänderung absieht. Die bloße einseitige Erklärung des ArbGeb reicht hierfür allerdings nicht aus, wenn sie von BR-Seite für unglaubwürdig erachtet wird[2]. 83

4. Sachentscheidung („Spruch"). a) Keine Bindung der Einigungsstelle an die Anträge. Die Einigungsstelle ist nicht an die Fassung der Anträge gebunden (vgl. Rz. 47). Die Einigungsstelle hat den ihr unterbreiteten Konflikt vollständig zu lösen; sie darf nicht wesentliche Fragen offen lassen[3]. Aus diesem Grunde wäre ein Spruch unwirksam, der lediglich dem ArbGeb aufgibt, dem BR eine BV vorzulegen, die bestimmte von der Mehrheit der Einigungsstelle für richtig gehaltene Grundsätze beachtet, und der bei Nichteinigung über diese BV die Fortsetzung des Einigungsstellenverfahrens anordnet[4]. Dies käme einem „mitbestimmungsfreien Zustand" nahe[5]. Räumt hingegen der Beschluss der Einigungsstelle unter Ausschöpfung des MitbestR dem ArbGeb gewisse Entscheidungsspielräume ein (zB Aufstellung der Schichtpläne auf der Grundlage von der Einigungsstelle festgelegter Grundsätze), ist dieser nicht ermessensfehlerhaft[6]. Andererseits darf die Einigungsstelle nicht über den ihr unterbreiteten Streitgegenstand hinausgehen und andere Fragen in ihre Entscheidung einbeziehen[7]. 84

Handelt es sich um einen komplexen Sachverhalt und werden Detailregelungen einer Gesamtregelung einer Angelegenheit in **Einzelabstimmungen** mit unterschiedlichen Mehrheiten beschlossen, so ist in einer **Schlussabstimmung** nochmals über den gesamten Streitstoff zu entscheiden[8]. 85

Einvernehmlich ist jederzeit eine **Einschränkung** oder **Erweiterung** des Verfahrensgegenstandes möglich. Eine nachträgliche Einschränkung des Verfahrensgegenstandes allein durch die Antragstellerseite richtet sich nach denselben Grundsätzen wie die Rücknahme des Antrags[9]. Eine einseitige Erweiterung des Verfahrensgegenstandes ist im laufenden Verfahren auch in Angelegenheiten der erzwingbaren Mitbest. nicht möglich[10]. Ansonsten würde das Bestellungsverfahren gemäß § 98 ArbGG umgangen[11]. 86

b) Grenzen der Entscheidung. Inhalt des Spruchs der Einigungsstelle kann nur sein, was die Betriebspartner zulässiger Weise hätten regeln können. Die Einigungsstelle kann nur im Rahmen ihrer **Zuständigkeit** (vgl. Rz. 59) tätig werden und ist bei ihrer Entscheidung an **zwingendes vorrangiges Recht** gebunden. Aufgrund von § 77 Abs. 3 sind auch die geltenden TV zu beachten, soweit diese keine Öffnungsklauseln enthalten. 87

Geht es im erzwingbaren Einigungsstellenverfahren um **Regelungsstreitigkeiten**, hat die Einigungsstelle nach § 76 Abs. 5 Satz 3 ihre Entscheidung unter angemessener Berücksichtigung der Belange des Betriebs und des Unternehmens und der betroffenen ArbN nach **billigem Ermessen** zu treffen. Dieser Grundsatz gilt über den Wortlaut des § 76 Abs. 5 hinaus jedenfalls dann gleichfalls in **freiwilligen Einigungsstellenverfahren**, wenn sich die Parteien im Voraus dem Spruch der Einigungsstelle unterworfen haben[12]. Die Einigungsstelle muss stets eine Interessenabwägung vornehmen, wobei die 88

---

1 Vgl. *BAG* v. 22.1.2002 – 3 ABR 28/01, DB 2002, 1839; v. 4.7.1989 – 1 ABR 40/88, NZA 1990, 29. |2 LAG Köln v. 23.8.2000 – 7 TaBV 35/00, NZA-RR 2001, 428. |3 Grundl. *BAG* v. 30.1.1990 – 1 ABR 2/89, DB 1990, 1090 f. |4 *BAG* v. 22.1.2002 – 3 ABR 28/01, DB 2002, 183; LAG Bremen v. 26.10.1998 – 4 TaBV 4/98, NZA-RR 1999, 86; LAG Hamburg v. 12.8.2002 – 7 TaBV 14/00, nv. |5 Vgl. *BAG* v. 28.10.1986 – 1 ABR 11/85, NZA 1987, 248; v. 17.10.1989 – 1 ABR 31/87, NZA 1990, 399. |6 *BAG* v. 28.10.1986 – 1 ABR 11/85, NZA 1987, 248. |7 *BAG* v. 27.10.1992 – 1 ABR 4/92, NZA 1993, 608; LAG Schl.-Holst. v. 28.9.1983 – 5 TaBV 30/83, DB 1984, 1530; LAG Hess. v. 13.11.1984 – 4 TaBV 39/84, DB 1985, 1535. |8 *BAG* v. 18.4.1989 – 1 ABR 2/88, AP § 87 BetrVG 1972 – Arbeitszeit Nr. 34. |9 Ebenso *Hennige*, S. 151 f. |10 *BAG* v. 27.10.1992 – 1 ABR 4/92, NZA 1993, 608; LAG Hess. v. 13.11.1984 – 4 Ta BV 39/84, DB 1985, 1535. AA noch *BAG* v. 28.7.1981 – 1 ABR 79/79, AP Nr. 2 zu § 87 BetrVG 1972 – Urlaub. |11 *Friedemann*, Rz. 314. |12 *Fitting*, § 76 BetrVG Rz. 90; GK-BetrVG/*Kreutz*, § 76 Rz. 129.

BetrVG § 76 Rz. 89   Einigungsstelle

hierbei zu berücksichtigenden Aspekte von unterschiedlichem Gewicht sein können[1]. Für die Aufstellung eines Sozialplanes ergeben sich Ermessensrichtlinien aus § 112 Abs. 5.

89   Innerhalb des ihr zustehenden Ermessensspielraumes hat die Einigungsstelle nach einer Lösung zu suchen, auf die sich die Betriebsparteien vernünftigerweise auch freiwillig hätten einigen können. Soweit der Spruch von seinem Rechtscharakter her eine **BV** ist, kann er auch die Möglichkeit einer **Kündigung** vorsehen und die **Kündigungsfrist** festlegen[2]. Überdies kann er wie eine BV auch bei Belastung der ArbN **rückwirken**, wenn diese mit einer rückwirkenden Regelung rechnen mussten und sich hierauf einstellen konnten[3].

90   **c) Äußere Form des Spruchs, Begründung und Zustellung.** Die Beschlüsse der Einigungsstelle sind nach § 76 Abs. 3 Satz 4 **schriftlich niederzulegen**, vom Vors. zu unterschreiben und ArbGeb und BR **zuzuleiten**. Die Unterzeichnung durch die Beisitzer ist möglich, aber nicht erforderlich. Das **Schriftformerfordernis** betrifft nur den regelnden Teil des Spruchs, den sog. Tenor. Eine schriftliche **Begründung** dieser Sachentscheidung ist **nicht zwingend**, aber zweckmäßig[4]. Trägt der den Beteiligten zugeleitete Spruch nicht schon am Ende des Regelungstextes, sondern erst am Ende der Begründung die Unterschrift des Einigungsstellenvorsitzenden, stellt dies keinen Verfahrensfehler dar, wenn es sich nach außen erkennbar um ein einheitliches Dokument handelt[5].

91   Der **Zeitpunkt der Zuleitung** sollte eindeutig feststellbar sein. Er ist maßgeblich für den Beginn der zweiwöchigen Frist nach § 76 Abs. 5 Satz 4, innerhalb der eine gerichtliche Anfechtung wegen Ermessensüberschreitung möglich ist (Rz. 107). Dies kann etwa durch Übergabe im Anschluss an die Sitzung oder durch Überbringung per Boten gewährleistet werden. Zur **Kostenlast** oder zum **Streitwert** trifft der Spruch keine Aussagen, ebenso wenig zur – nicht gegebenen – Vollstreckbarkeit. Auch eine **Rechtsmittelbelehrung**, die zB auf die Anfechtungsmöglichkeit des § 76 Abs. 5 Satz 4 und die damit verbundene Frist hinweist, ist nicht erforderlich[6].

92   **d) Rechtswirkungen des Spruchs.** Im **erzwingbaren Verfahren** gemäß § 76 Abs. 5 ist der Spruch der Einigungsstelle für die Betriebspartner **verbindlich**. Er ersetzt deren Einigung. Nach § 77 Abs. 1 ist es die Aufgabe des ArbGeb, BV durchzuführen. Eine Ausnahme gilt beim **Interessenausgleich** nach § 112 Abs. 3: Das Einigungsstellenverfahren kann zwar auch in diesem Fall gegen den Willen des jeweils anderen Betriebspartners durchgeführt werden; die Einigungsstelle kann aber nur einen Vorschlag unterbreiten, den die Betriebspartner nicht annehmen müssen. Unzulässig wäre es daher, Regelungsinhalte des letztlich freiwilligen Interessenausgleiches (zB Kündigungsverbote) in den Spruch der Einigungsstelle über die Aufstellung des Sozialplanes nach § 112 Abs. 4 mit aufzunehmen. Ein entsprechender Spruch wäre unwirksam.

93   Im **freiwilligen Verfahren** hat der Spruch der Einigungsstelle gemäß § 76 Abs. 6 Satz 2 nur dann verbindliche Wirkung, wenn sich die Betriebsparteien ihm im Vorhinein unterworfen haben oder ihn im Nachhinein annehmen. Die Einigungsstelle kann auch eine Frist zur Annahme setzen. **Unterwerfung** bzw. **Annahme** können formfrei erfolgen. Die Unterwerfung kann im Rahmen einer BV für bestimmte, nicht jedoch antizipiert für alle Fälle erfolgen[7].

94   Der Spruch der Einigungsstelle ist **kein vollstreckbarer Titel**[8]. Sofern der ArbGeb sich weigert, den Spruch umzusetzen, muss der BR ihn gerichtlich durchsetzen. Gleiches gilt für den einzelnen ArbN, der etwa aus dem durch die Einigungsstelle festgesetzten Sozialplan Abfindungsansprüche einklagen müsste. Verstöße gegen die Pflicht zur Umsetzung von BV können ferner zu Sanktionen gemäß § 23 führen.

95   Der Einigungsstellenspruch hat die gleiche **Rechtsnatur**, wie sie eine entsprechende freiwillige Vereinbarung der Betriebsparteien über den Regelungsgegenstand hätte. Meist wird dies der Charakter einer **BV** sein. Im Einzelfall kann es sich aber auch um eine formlose Regelungsabrede oder Rechtsfeststellung handeln. Der Spruch ist daher idR im Betrieb auszulegen, § 77 Abs. 2 Satz 3.

96   **Nur ein wirksamer, rechtmäßiger Spruch** entfaltet **Bindungswirkung**. Die Unwirksamkeit des Spruchs kann jederzeit ohne Einhaltung einer Frist geltend gemacht werden. Die Zwei-Wochen-Frist des § 76 Abs. 5 Satz 4 gilt nur für die Überschreitung der Ermessensgrenzen (vgl. Rz. 107). Die **Bindungswirkung** des Spruchs der Einigungsstelle **endet**, wenn dieser **als BV gekündigt** wird. BV können nach § 77 Abs. 5 unter Einhaltung einer Frist von drei Monaten gekündigt werden, sofern nichts anderes vereinbart ist. In Angelegenheiten der erzwingbaren Mitbest. gelten sie jedoch solange fort, bis sie durch eine andere Vereinbarung ersetzt werden, § 77 Abs. 6.

---

[1] Vgl. hierzu *Fiebig*, Ermessensspielraum der Einigungsstelle, S. 86 ff. | [2] BAG v. 8.3.1977 – 1 ABR 33/75, Nr. 1 zu AP § 87 BetrVG 1972 – Auszahlung; v. 28.7.1981 – 1 ABR 79/79, AP Nr. 2 zu § 87 BetrVG 1972 – Urlaub Nr. 2. | [3] BAG v. 19.9.1995 – 1 AZR 208/95, AP Nr. 61 zu § 77 BetrVG 1972 – Nr. 61; v. 8.3.1977 – 1 ABR 33/75, AP Nr. 1 zu § 87 BetrVG 1972 – Auszahlung. | [4] So auch BAG v. 30.1.1990 – 1 ABR 2/89, DB 1990, 1090 f.; v. 31.8.1982 – 1 ABR 27/80, AP Nr. 8 zu § 87 BetrVG 1972 – Arbeitszeit; BVerfG v. 18.10.1986 – 1 BVR 1426/83, BB 1988, 342. AA Heinze, RdA 1990, 262 (275). | [5] BAG v. 29.1.2002 – 1 ABR 18/01, DB 2002, 1948. | [6] *Friedemann*, Rz. 332 ff. | [7] BAG v. 18.1.1994 – 1 ABR 44/93, nv. AA *Fitting*, § 76 BetrVG Rz. 91. | [8] LAG Köln v. 20.4.1999 – 13 TaBV 243/98, NZA-RR 2000, 311.

5. Säumnisentscheidung. Nach § 76 Abs. 5 Satz 2 entscheidet der Vors. mit den erschienenen Mitgliedern **97** allein, wenn in einem erzwingbaren Einigungsstellenverfahren die andere Seite keine Mitglieder benennt oder die Mitglieder trotz rechtzeitiger Einladung nicht erscheinen (sog. „**Säumnisentscheidung**" oder „**Säumnisspruch**"[1]). In Angelegenheiten der erzwingbaren Mitbest. kann das Einigungsstellenverfahren daher nicht durch bloßes Untätigbleiben einer Seite blockiert werden. Eine Säumnisentscheidung ist nur im Fall der echten Säumnis, **nicht im Fall** der **persönlichen Verhinderung** möglich. Ist beispielsweise ein Beisitzer wegen Krankheit ausgefallen, ist eine Säumnisentscheidung nicht möglich. Dies gebietet aufgrund der fehlenden Einspruchsmöglichkeit der Grundsatz der vertrauensvollen Zusammenarbeit[2]. Die Parität könnte allerdings durch Stimmverzicht der anderen Seite hergestellt werden (**Pairingabrede**).

Auch bei Säumnis einer Partei erfolgt die Entscheidung **im zweistufigen Verfahren** des § 76 Abs. 3 **98** Satz 3, da es sich um eine Sachentscheidung, nicht um eine bloße Verfahrensentscheidung handelt. Ein **Einspruch** gegen die Säumnisentscheidung analog § 338 ZPO ist **nicht** gegeben. Die säumige Partei kann also nicht erreichen, dass das Verfahren vor der Einigungsstelle wieder aufgenommen wird. Die Säumnisentscheidung ist aber ebenso gerichtlich **anfechtbar**, wie eine **reguläre Entscheidung** der Einigungsstelle. Bei Verfahrens- oder Rechtsmängeln wird sie auf Antrag durch das ArbG aufgehoben.

6. Entscheidung in Eilfällen. Ein Verfahren des einstweiligen Rechtsschutzes ist für die Einigungsstelle **99** im Gesetz nicht vorgesehen. Dennoch kann die Einigungsstelle in eiligen Angelegenheiten eine **vorläufige Regelung** bis zu ihrem endgültigen Spruch treffen[3]. Auch die Eilentscheidung wird durch die gesamte Einigungsstelle gefällt, nicht etwa nur durch den Vors.[4]. Es handelt sich um eine Entscheidung in der Sache, nicht um eine bloße Verfahrensregelung.

VIII. Gerichtliche Überprüfung des Spruchs der Einigungsstelle. 1. Zuständigkeit der Gerichte für **100** **Arbeitssachen.** Der Spruch der Einigungsstelle unterliegt der **rechtlichen Kontrolle** durch das ArbG. Die gerichtliche Überprüfung kann durch die Parteien nicht im Vorhinein ausgeschlossen werden. Dies ergibt sich aus dem Umkehrschluss zu § 4 ArbGG.

Die Überprüfung des Spruchs erfolgt primär im arbeitsgerichtlichen **Beschlussverfahren** nach §§ 80, **101** 2a Abs. 2 ArbGG. Soweit es um die Überprüfung der Einhaltung des Ermessens geht, ist dies die einzige Verfahrensart. Dies ergibt sich aus § 76 Abs. 5 Satz 4, wonach diese Rüge nur in einer bestimmten Form und Frist geltend gemacht werden kann (vgl. Rz. 107). Andere Rechtsverstöße können **auch inzident überprüft** werden, zB im Rahmen der Zahlungsklage eines ArbN auf Leistungen aus dem Spruch der Einigungsstelle. Hier entscheidet das ArbG im Urteilsverfahren auch über die Wirksamkeit des Einigungsstellenspruchs als Vorfrage für den Zahlungsanspruch. Ein solches Urteilsverfahren, in dem die Rechtmäßigkeit des Spruchs der Einigungsstelle entscheidungserheblich ist, ist bis zum rechtskräftigen Abschluss eines anhängigen Beschlussverfahrens über die Rechtmäßigkeit des Einigungsstellenspruchs **auszusetzen**[5].

2. Antragsinhalt; Antragsberechtigung; Beteiligtenfähigkeit. Der **Antrag** lautet auf **Feststellung der** **102** **Unwirksamkeit des Spruchs**, nicht auf seine Aufhebung[6]. Hält der jeweilige Beteiligte nur einen Teil des Spruchs für unwirksam, kann er die gerichtliche Überprüfung von vornherein hierauf beschränken[7], sofern die verbleibende Regelung mit dem unwirksamen Teil nicht in unlösbarem Zusammenhang steht. **Antragsberechtigt** sind der ArbGeb und der BR, nicht hingegen einzelne ArbN oder die Einigungsstelle selbst[8]. Die TV-Parteien sind dann antragsberechtigt, wenn die Wirksamkeit des Spruchs im Verhältnis zum TV in Frage steht oder in sonstiger Weise in deren Rechte eingegriffen wird[9].

Beteiligte des Verfahrens können einzelne ArbN des Betriebs sein, wenn sie durch die gerichtliche **103** Entscheidung über die Wirksamkeit des Spruchs unmittelbar betroffen werden (zB in den Fällen des § 37 Abs. 6 Satz 5, § 38 Abs. 2 Satz 5, § 87 Abs. 1 Nr. 5 oder 9)[10]. Die **Einigungsstelle** selbst kann nicht Beteiligte des Verfahrens sein, da sie lediglich ein Hilfsorgan der Betriebspartner ist[11].

Unzulässig ist es, die Unwirksamkeit eines Spruchs aus mehreren Gründen (zB wegen eines Ermessens- **104** fehlers und wegen fehlender Zuständigkeit der Einigungsstelle) in **unterschiedlichen Beschlussverfahren** geltend zu machen. Der Streitgegenstand beider Verfahren ist derselbe. Selbst wenn die Verfahren gleichzeitig anhängig gemacht würden, stünde der Einwand anderweitiger Rechtshängigkeit entgegen[12].

---

[1] BAG v. 27.6.1995 – 1 ABR 3/95, NZA 1996, 161. |[2] *Hennige*, S. 181 f. AA *Galperin/Löwisch*, § 76 BetrVG Rz. 33. |[3] *Küttner/Schmidt*, DB 1988, 704 (706); *Bengelsdorf*, BB 1991, 618; *Heinze*, RdA 1990, 279. |[4] *MünchArbR/Joost*, § 320 Rz. 72; aA *Küttner/Schmidt*, DB 1988, 704 (706): Entscheidung durch Vorsitzenden möglich. |[5] *Fitting*, § 76 BetrVG Rz. 97; GK-BetrVG/*Kreutz*, § 76 Rz. 144. |[6] BAG v. 14.12.1993 – 1 ABR 31/93, NZA 1994, 809; v. 27.10.1992 – 1 ABR 4/92, NZA 1993, 608. |[7] LAG Hamm v. 27.3.1985 – 12 TaBV 129/84, NZA 1985, 631; LAG Berlin v. 16.6.1986 – 9 TaBV 3/86, LAGE § 76 BetrVG Nr. 24; *Stege/Weinspach/Schiefer*, § 76 BetrVG Rz. 28. |[8] *Fitting*, § 76 BetrVG Rz. 98; MünchArbR/*Joost*, § 320 Rz. 78. |[9] *Fitting*, § 76 BetrVG Rz. 98. |[10] *Fitting*, § 76 BetrVG Rz. 100; GK-BetrVG/*Kreutz*, § 76 Rz. 149. |[11] BAG v. 28.4.1981 – 1 ABR 53/79, DB 1981, 1882; v. 28.7.1981 – 1 ABR 65/79, DB 1982, 386 f. AA BVerwG v. 13.2.1976 – VII P.9.74, BVerwGE 50, 176 ff.; LAG Düsseldorf v. 24.1.1978 – 8 TaBV 33/77, EzA Nr. 1 zu § 87 BetrVG 1972 – Vorschlagswesen; LAG Hamm v. 21.10.1977 – 3 Ta BV 57/77, EzA Nr. 19 zu § 76 BetrVG 1972. |[12] BAG v. 16.7.1996 – 3 ABR 13/95, AP Nr. 53 zu § 76 BetrVG 1972.

105 Am **Rechtschutzinteresse** für die gerichtliche Überprüfung des Spruchs fehlt es dann, wenn er eine Regelungsstreitigkeit zum Inhalt hat, die sich lediglich auf einen einmaligen, in der Vergangenheit liegenden Vorfall bezieht und keine Wiederholungsgefahr besteht[1]. Der **Zwischenbeschluss** einer Einigungsstelle, in dem diese ihre Zuständigkeit feststellt, ist mangels Rechtsschutzinteresse dann nicht mehr gesondert anfechtbar, wenn bereits vor der gerichtlichen Anhörung im Verfahren 1. Instanz der abschließend regelnde Spruch der Einigungsstelle vorliegt (vgl. Rz. 62)[2].

106 Die Anrufung des ArbG im Beschlussverfahren hat **keine suspendierende Wirkung** für die Geltendmachung von Rechten aus dem Spruch der Einigungsstelle[3]. Der Spruch bleibt verbindlich. Nur bei offensichtlicher Wirksamkeit bzw. offensichtlicher Unwirksamkeit des Spruchs kann dessen Vollziehung im Wege einer **einstweiligen Verfügung** durchgesetzt bzw. ausgesetzt werden[4].

107 3. **Überprüfungsfrist.** Will eine der Parteien den Spruch wegen **Überschreitung der Grenzen des Ermessens** gerichtlich angreifen, ist dies nach § 76 Abs. 5 Satz 4 in Fragen der **erzwingbaren Mitbest.** nur innerhalb von **zwei Wochen** ab Zustellung des Spruchs möglich. Hierbei handelt es sich um eine **materiellrechtliche Ausschlussfrist**, nicht um eine prozessuale Frist für das Verfahren als solches[5]. Dh., auch nach Überschreitung der Frist findet eine gerichtliche Überprüfung des Spruchs statt; die Frage, ob die Grenzen des Ermessens überschritten sind, ist jedoch nicht mehr zu prüfen. Insoweit ist der Spruch der Einigungsstelle dann endgültig. Eine Verlängerung der Frist oder eine Wiedereinsetzung in den vorigen Stand ist ausgeschlossen[6]. Die Zwei-Wochen-Frist gilt **nicht** bei Entscheidungen im Rahmen der **freiwilligen Mitbest.**. Diesbezüglich fehlt es in § 76 Abs. 6 an einer entsprechenden Regelung.

108 Der Antragsteller muss **innerhalb der Frist die Gründe vortragen**, aus denen sich eine Überschreitung der Grenzen des Ermessens ergeben soll. Die bloße Antragstellung genügt nicht. Ein Nachschieben der Gründe heilt den Mangel nicht. Allerdings können innerhalb der Zwei-Wochen-Frist vorgetragene Gründe für die Ermessensüberschreitung später konkretisiert oder erweitert werden[7]. Ist ein Ermessensfehler innerhalb der Frist gerügt, hat das ArbG die Rechtswirksamkeit des Spruchs unter allen rechtlichen Gesichtspunkten zu überprüfen, auch darauf, ob die Einigungsstelle überhaupt zuständig war[8].

109 **Andere Rügen** als die Überschreitung der Ermessensgrenzen sind zeitlich **unbefristet** möglich[9]. Dies gilt für Verfahrensfehler (vgl. Rz. 35 ff.) ebenso wie für die Auslegung unbestimmter Rechtsbegriffe, die in vollem Umfang der richterlichen Rechtskontrolle unterliegen[10]. Auch die Überprüfung von Regelungsfragen oder Verstößen gegen höherrangiges Recht sind zeitlich nicht befristet[11]. Eine Ausnahme gilt, wenn die Verfahrensverstöße zwischenzeitlich geheilt oder deren Geltendmachung verwirkt worden ist[12].

110 4. **Umfang der gerichtlichen Prüfung.** Die arbeitsgerichtliche Kontrolle des Spruchs der Einigungsstelle beschränkt sich nicht auf dessen **inhaltliche Rechtmäßigkeit**; sie erstreckt sich auch auf Verstöße gegen elementare **Verfahrensgrundsätze**, die bei Bildung, Verhandlung und Beschlussfassung der Einigungsstelle zu berücksichtigen sind. Beispiele hierfür sind die fehlende Zuständigkeit der Einigungsstelle, Gesetzesverstöße, Verstöße gegen TV oder BV, die Verletzung des Anspruchs auf rechtliches Gehör, die nicht ordnungsgemäße Ladung des Beisitzer oder die Nichteinhaltung der Abstimmungsregelung des § 76 Abs. 3 Satz 3. Dies gilt selbst dann, wenn sie von keinem der Beteiligten gerügt worden sind[13].

111 Steht der Einigungsstelle bei der **Auslegung** eines **unbestimmten Rechtsbegriffes** ein Beurteilungsspielraum zu, beschränkt sich die gerichtliche Kontrolle auf die Prüfung, ob bei der Auslegung die Grenzen des Beurteilungsspielraums eingehalten wurden[14].

112 Die Überprüfung der **Ermessensausübung** durch die Einigungsstelle bei Regelungsfragen ist in zweierlei Hinsicht begrenzt: Zum einen können Ermessensfehler nur bei Einhaltung der Zwei-Wochen-Frist des § 76 Abs. 5 Satz 4 überprüft werden (hierzu bereits Rz. 107); zum anderen ist lediglich die **Überschreitung der Grenzen des Ermessens** zu überprüfen[15]. Dabei darf die Einigungsstelle den ihr eingeräumten Ermessensspielraum ausschöpfen[16]. Nur eine Überschreitung führt zur Unwirksamkeit des Spruchs. Dem ArbG steht **keine Zweckmäßigkeitskontrolle** zu; es hat nicht das Recht, sein Ermes-

---

1 LAG Düsseldorf v. 23.9.1977 – 17 TaBV 76/77, nv. | 2 BAG v. 22.1.2002 – 3 ABR 28/01, DB 2002, 1839. | 3 LAG Köln v. 20.4.1999 – 13 Ta 243/98, NZA-RR 2000, 311; LAG Berlin v. 6.12.1984 – 4 Ta BV 2/84, BB 1985, 1199 f. | 4 LAG Köln v. 30.7.1999 – 11 TaBV 35/99, BB 2000, 987; LAG Hess. v. 24.9.1987 – 12 TaBVGa 70/87, BB 1988, 347; LAG BW v. 7.11.1989 – 7 TaBV Ha 1/89, NZA 1990, 286; LAG Berlin v. 8.11.1990 – 14 TaBV 5/90, BB 1991, 206. | 5 BAG v. 27.6.1995 – 1 ABR 3/95, NZA 1996, 161. | 6 BAG v. 26.5.1988 – 1 ABR 11/87, DB 1988, 2154 f.; v. 25.7.1989 – 1 ABR 46/88, BB 1989, 2255. | 7 Fitting, § 76 BetrVG Rz. 107; GK-BetrVG/Kreutz, § 76 BetrVG Rz. 160. | 8 BAG v. 16.7.1996 – 3 ABR 13/95, DB 1996, 2448. | 9 BAG v. 27.6.1995 – 1 ABR 3/95, NZA 1996, 161. | 10 BAG v. 11.7.2000 – 1 ABR 43/99, AP § 109 BetrVG 1972 Nr. 2. | 11 Fitting, § 76 BetrVG Rz. 101 mwN. | 12 BAG v. 18.1.1994 – 1 ABR 43/93, DB 1994, 838. | 13 BAG v. 18.1.1994 – 1 ABR 43/93, DB 1994, 838 f.; v. 27.6.1995 – 1 ABR 3/95, NZA 1996, 161. | 14 BAG v. 8.8.1989 – 1 ABR 61/88, AP Nr. 6 zu § 106 BetrVG 1972 Nr. 6; Fitting, § 76 BetrVG Rz. 102; Henssler, RdA 1991, 269; Rieble, BB 1991, 471. AA GK-BetrVG/Kreutz, § 76 Rz. 151. | 15 Zu den Grenzen des Ermessens vgl.: LAG Bdb. v. 13.2.2003 – 3 TaBV 15/01, nv.; LAG Rostock v. 28.10.2002 – 2 TaBV 2/02, nv. Zum Ermessensnichtgebrauch vgl. LAG Hamburg v. 12.8.2002 – 7 TaBV 14/00, nv. | 16 Fitting, § 76 BetrVG Rz. 87 f.; Pünnel/Isenhardt, Rz. 142.

sen an die Stelle des Ermessens der Einigungsstelle zu setzen[1]. Die Grenzen des Ermessens werden bestimmt durch die Interessen des ArbGeb einerseits und des BR andererseits. Beide müssen angemessen berücksichtigt werden. Der Zweck des jeweiligen MitbestR ist zu beachten[2].

Zu überprüfen ist nur der Spruch selbst, nicht eine etwaige Fehlerhaftigkeit der Erwägungen der Einigungsstelle, die zu ihm geführt haben (sog. **Ermessensfehlgebrauch**)[3]. Ebenso wenig sind **verfahrensbegleitende Zwischenbeschlüsse** der Einigungsstelle gesondert gerichtlich anfechtbar, es sei denn, sie hätten deren Zuständigkeit zum Gegenstand (Rz. 60)[4]. Auch die **Nichtbescheidung von Sachaufklärungsanträgen**, die zuvor eine Betriebspartei oder ein Beisitzer gestellt haben, ist kein erheblicher Verfahrensfehler[5]. Allein die von der Einigungsstelle beschlossene inhaltliche Regelung ist nach § 76 Abs. 5 auf Rechts- und Ermessensfehler zu überprüfen[6]. Stellt sich dabei heraus, dass mangels hinreichender Sachaufklärung von der Einigungsstelle Rechtsfehler begangen oder die Belange des Betriebs oder der betroffenen ArbN nicht angemessen berücksichtigt worden sind, ist aus diesem Grund der Spruch der Einigungsstelle unwirksam, nicht aber wegen des zugrunde liegenden Verfahrensverstoßes. 113

5. Rechtsfolgen bei Unwirksamkeit. Kommt das ArbG zu dem Ergebnis, dass die Ermessensgrenzen überschritten worden sind oder ein sonstiger zur Unwirksamkeit führender Rechtsverstoß vorliegt, hat es **die Unwirksamkeit des Spruchs festzustellen**. Es kann den Spruch **nicht aufheben** und durch eine **eigene Regelung** ersetzen. Bei Regelungsstreitigkeiten darf es nicht sein Ermessen an die Stelle des Ermessens der Einigungsstelle setzen[7]. Nur wenn die Einigungsstelle ausschließlich über eine Rechtsfrage entschieden hat, kann das ArbG diese sogleich selbst entscheiden. Sofern nur einzelne Bestimmungen des Spruchs unwirksam sind, kann eine **Teilunwirksamkeit** ausgesprochen werden, wenn der verbleibende Teil des Spruchs eine sinnvolle und in sich geschlossene Regelung bildet und nicht in einem unlösbaren Zusammenhang mit dem unwirksamen Teil steht[8]. Wenn jedoch die wirksamen und die unwirksamen Teile der Regelung zwingend zusammengehören, ist der Spruch insgesamt unwirksam zu erklären. 114

Hat das ArbG die Unwirksamkeit des Spruchs festgestellt, muss die **Einigungsstelle** das Verfahren wieder aufgreifen, **erneut zusammentreten und entscheiden**. Es bedarf weder einer Neuanrufung der Einigungsstelle durch die Beteiligten noch der Bildung einer neuen Einigungsstelle. Sie tritt sie in derselben Konstellation zusammen wie zuvor. Ihre Aufgabe ist durch den unwirksamen Spruch noch nicht erfüllt[9]. Bei der neuen Entscheidung hat die Einigungsstelle die Feststellungen des ArbG zu berücksichtigen. Beruht die Unwirksamkeit des Spruchs darauf, dass die Einigungsstelle insgesamt unzuständig war, also kein MitbestR besteht, ist das Einigungsstellenverfahren beendet. 115

76a Kosten der Einigungsstelle

(1) Die Kosten der Einigungsstelle trägt der Arbeitgeber.

(2) Die Beisitzer der Einigungsstelle, die dem Betrieb angehören, erhalten für ihre Tätigkeit keine Vergütung; § 37 Abs. 2 und 3 gilt entsprechend. Ist die Einigungsstelle zur Beilegung von Meinungsverschiedenheiten zwischen Arbeitgeber und Gesamtbetriebsrat oder Konzernbetriebsrat zu bilden, so gilt Satz 1 für die einem Betrieb des Unternehmens oder eines Konzernunternehmens angehörenden Beisitzer entsprechend.

(3) Der Vorsitzende und die Beisitzer der Einigungsstelle, die nicht zu den in Absatz 2 genannten Personen zählen, haben gegenüber dem Arbeitgeber Anspruch auf Vergütung ihrer Tätigkeit. Die Höhe der Vergütung richtet sich nach den Grundsätzen des Absatzes 4 Satz 3 bis 5.

(4) Das Bundesministerium für Wirtschaft und Arbeit kann durch Rechtsverordnung die Vergütung nach Absatz 3 regeln. In der Vergütungsordnung sind Höchstsätze festzusetzen. Dabei sind insbesondere der erforderliche Zeitaufwand, die Schwierigkeit der Streitigkeit sowie ein Verdienstausfall zu berücksichtigen. Die Vergütung der Beisitzer ist niedriger zu bemessen als die des Vorsitzenden. Bei der Festsetzung der Höchstsätze ist den berechtigten Interessen der Mitglieder der Einigungsstelle und des Arbeitgebers Rechnung zu tragen.

---

1 BAG v. 30.10.1979 – 1 ABR 112/77, DB 1980, 548; v. 22.1.1980 – 1 ABR 28/78, DB 1980, 1402; v. 27.5.1986 – 1 ABR 48/84, NZA 1986, 643. AA ErfK/*Kania*, § 76 BetrVG Rz. 32; *Rieble*, Einigungsstelle, S. 163 ff. |2 BAG v. 30.8.1995 – 1 ABR 4/95, DB 1996, 333 f.; LAG Berlin v. 5.3.2003 – 10 TaBV 2089/02, nv. |3 BAG v. 29.1.2002 – 1 ABR 18/01, DB 2002, 1948; v. 25.1.2000 – 1 ABR 1/99, DB 2000, 2329 f.; v. 30.8.1995 – 1 ABR 4/95, DB 1996, 333 f. DKK/*Berg*, § 76 BetrVG Rz. 92; *Fitting*, § 76 BetrVG Rz. 105. AA (Überprüfung auch der Bewegründe): ErfK/*Kania*, § 76 BetrVG Rz. 32; *Rieble*, Ermessen der Einigungsstelle, S. 23 f.; *Fiebig*, DB 1995, 1278 (1280); *Heinze*, RdA 1990, 262 (272); Richardi/*Richardi*, § 76 BetrVG Rz. 137. |4 BAG v. 22.1.2002 – 3 ABR 28/01, DB 2002, 1839; v. 4.7.1989 – 1 ABR 40/88, NZA 1990, 29. |5 BAG v. 29.1.2002 – 1 ABR 18/01, DB 2002, 1948. |6 BAG v. 31.8.1982 – 1 ABR 27/80, BAGE 40, 107 (122). |7 *Herschel*, ArbuR 1974, 265; Richardi/*Richardi*, § 76 BetrVG Rz. 136; *Fitting*, § 76 BetrVG Rz. 108. |8 BAG v. 28.5.2002 – 1 ABR 37/01, NZA 2003, 171; v. 20.7.1999 – 1 ABR 66/98, NZA 2000, 495 ff. |9 BAG v. 30.1.1990 – 1 ABR 2/89, DB 1990, 1090 f.; LAG Düsseldorf v. 24.1.1978 – 8 TaBV 33/77, EzA Nr. 1 zu § 87 BetrVG 1972 – Vorschlagswesen. AA (Bildung einer neuen Einigungsstelle): *Pünnel*/*Isenhardt*, Rz. 149; ErfK/*Kania*, § 76 BetrVG Rz. 22.

(5) Von Absatz 3 und einer Vergütungsordnung nach Absatz 4 kann durch Tarifvertrag oder in einer Betriebsvereinbarung, wenn ein Tarifvertrag dies zulässt oder eine tarifliche Regelung nicht besteht, abgewichen werden.

Lit.: *Bauer/Röder*, Problemlose Einigungsstellenkosten? – Gedanken zum neuen § 76a BetrVG –, DB 1989, 224; *Bengelsdorf*, Die Vergütung der Einigungsstellenmitglieder, NZA 1989, 489; *Ebert*, Die Kosten der Einigungsstelle unter besonderer Berücksichtigung der Honorierung, 1999; *Hergenröder*, Die Kosten der Einigungsstelle, AR-Blattei SD 620.2; *Kamphausen*, Pauschalierung oder Stundensatz-Vergütung für außerbetriebliche Beisitzer in Einigungsstellen, NZA 1992, 55; *Kamphausen*, Rechtsanwälte „vor" oder „in" der Einigungsstelle – auch eine Frage der Meistbegünstigung von Anwälten?, NZA 1994, 49; *Löwisch*, Die gesetzliche Regelung der Einigungsstellenkosten (§ 76a BetrVG nF), DB 1989, 223; *Lunck/Nebendahl*, Die Vergütung der außerbetrieblichen Einigungsstellenbeisitzer, NZA 1990, 921; *Schäfer*, Zur Vergütung der außerbetrieblichen Mitglieder der Einigungsstelle nach § 76a BetrVG, NZA 1991, 836.

1 **I. Vorbemerkung.** Das **BetrVG** von 1972 enthielt bis 1989 keine Regelung über die Kosten der Einigungsstelle. Es galt der allgemeine Grundsatz des § 40, wonach der ArbGeb die Kosten der Tätigkeit des BR zu tragen hat. Viele Einzelheiten der Kostentragungslast waren umstritten, insb. die Berechnung der Beisitzerhonorare nach den Grundsätzen der Bundesrechtsanwaltsgebührenordnung (BRAGO)[1]. Kritisiert wurde vor allem, dass die Einigungsstelle den Gegenstandswert selbst schätzen musste und damit die Höhe der eigenen Vergütung selbst bestimmte. Beanstandet wurde zudem, dass die zuweilen hohen Gegenstandswerte bei Sozialplanverhandlungen zu unangemessen hohen Honoraren führten[2].

2 Durch das am 1.1.1989 in Kraft getretene **Änderungsgesetz zum BetrVG** erfuhr die Kostenfrage in § 76a eine gesetzliche Regelung[3]. Weder das BPersVG noch das SprAG oder das EBRG enthalten vergleichbare Vorschriften. § 76a Abs. 1 schreibt die Verpflichtung des ArbGeb, die Kosten der Einigungsstelle zu tragen, gesetzlich fest. Die Abs. 2 und 3 regeln die Vergütung der Mitglieder der Einigungsstelle. Die gesetzliche Neuregelung knüpft hinsichtlich der Vergütungshöhe nicht mehr an die BRAGO an, sondern enthält eigene Bemessungskriterien. Unterschieden wird zudem zwischen betriebsangehörigen und betriebsfremden Beisitzern; Erstere haben keinen Anspruch auf eine gesonderte Vergütung. Von der in § 76 Abs. 4 enthaltenen Ermächtigung des Bundesministers für Arbeit und Sozialordnung, die Vergütung der Einigungsstellenmitglieder durch Rechtsverordnung näher zu regeln, wurde bisher kein Gebrauch gemacht.

3 Die **Kostentragungspflicht des ArbGeb** umfasst **alle Kosten** der Einigungsstelle. Dies sind neben der Vergütung der Mitglieder auch deren Aufwendungen und Auslagen, aber auch die allgemeinen Kosten der Einigungsstelle (vgl. Rz. 33). Es gilt allerdings der Grundsatz, dass all diese Kosten nur erstattet werden müssen, soweit sie **erforderlich und verhältnismäßig** sind[4].

4 **II. Honorar und sonstige Kosten des Vorsitzenden. 1. Allgemeines.** Der Vorsitzende hat einen **gesetzlichen Anspruch** gegen den ArbGeb auf Zahlung einer Vergütung aus § 76a Abs. 3 und 4. Dies gilt auch, wenn er dem Betrieb angehört, da § 76a Abs. 2 nur für Beisitzer gilt[5]. Bis zum Erlass einer Rechtsverordnung nach § 76a Abs. 4 Satz 1 ist die Vergütung im Einzelfall festzulegen. Die früher übliche Bemessung des Honorars nach den Grundsätzen der **BRAGO** kommt seit In-Kraft-Treten des § 76a **nicht mehr in Betracht**.

5 a) **Vereinbarung oder einseitige Bestimmung.** Zur Vermeidung späterer Streitigkeiten ist es empfehlenswert, bereits vor Beginn der Einigungsstelle eine **Vereinbarung** über die Höhe der Vergütung (zB. den Stundensatz) zu schließen. Für eine solche Honorarvereinbarung gilt der Grundsatz der **Vertragsfreiheit**: Der ArbGeb kann mit dem Vorsitzenden eine höhere Vergütung vereinbaren, als sie sich nach den Grundsätzen des § 76a Abs. 3, 4 ergäbe; der Vorsitzende kann andererseits auch ganz oder teilweise auf sein Honorar verzichten. Zum Schicksal des Beisitzerhonorars im Falle des Verzichts noch Rz. 24.

6 Kommt eine Vereinbarung zwischen dem Einigungsstellenvorsitzenden und dem ArbGeb über das Vorsitzendenhonorar oder die maßgebenden Aspekte seiner Berechnung nicht zustande, hat der Vorsitzende ein **einseitiges Bestimmungsrecht** iSv. §§ 315, 316 BGB. Danach kann er die Vergütung unter Berücksichtigung der Kriterien des § 76a Abs. 4 Sätze 3 – 5 (hierzu Rz. 97 ff.) nach billigem Ermessen einseitig **selbst festsetzen**[6]. Erscheint dem ArbGeb das nach § 316 BGB einseitig festgesetzte Honorar zu hoch, kann er es **gerichtlich überprüfen** lassen. Dies geschieht im Beschlussverfahren[7]. Hat der Vorsitzende bei der einseitigen Bestimmung die Grenzen billigen Ermessens überschritten, setzt das ArbG die Höhe der zu zahlenden Vergütung fest, vgl. § 315 Abs. 3 Satz 2 BGB[8]. Das Gericht hat die Billigkeit der Vergütungsfestsetzung unter Berücksichtigung der Besonderheiten des jeweiligen Einzelfalles zu beurteilen. Der pauschale Vergleich mit der Vergütung in einem anderen Streitfall ist jedenfalls dann nicht zulässig, wenn in diesem die Vergütungshöhe zuvor vereinbart worden ist[9]. Hatten der

---

[1] BAG v. 15.12.1978 – 6 ABR 64/77, AP Nr. 5 zu § 76 BetrVG 1972; Richardi/*Richardi*, § 76a BetrVG Rz. 1. | [2] Vgl. Richardi/*Richardi*, § 76a BetrVG Rz. 2; *Bengelsdorf*, NZA 1989, 489 (490); *Wlotzke*, DB 1989, 111 (117); BT-Drs. 11/3618. | [3] G. v. 20.12.1988, BGBl 1988 I S. 2312 ff. | [4] BAG v. 13.11.1991 – 7 ABR 70/90, DB 1992, 789 f. | [5] Unzutr. daher *Ziege*, NZA 1990, 928. | [6] BAG v. 12.2.1992 – 7 ABR 20/91, NZA 1993, 605; v. 28.8.1996 – 7 ABR 42/95, AP Nr. 7 zu § 76a BetrVG 1972. | [7] Vgl. BAG v. 21.6.1989 – 7 ABR 78/87, DB 1989, 2436 f. | [8] BAG v. 12.2.1992 – 7 ABR 20/91, NZA 1993, 605. | [9] BAG v. 28.8.1996 – 7 ABR 42/95, AP Nr. 7 zu § 76a BetrVG 1972.

ArbGeb und der Einigungsstellenvorsitzende eine Vergütungsvereinbarung getroffen oder hat der Arb-
Geb die vom Vorsitzenden der Einigungsstelle gemäß § 316 Abs. 1 BGB bestimmte Vergütungshöhe
nicht als unbillig beanstandet, entspricht diese in aller Regel billigem Ermessen[1].

2. Kriterien der Vergütungsbemessung. Für die Bemessung der Höhe der Vergütung sind die **Kriterien
des § 76a Abs. 4 Satz 3 bis 5** maßgeblich. Diese sind bis zum Erlass einer Rechtsverordnung zur Vergütung
der Einigungsstellenmitglieder auch unmittelbar bei der privatrechtlichen Festsetzung des Honorars zu
berücksichtigen[2]. Dies ergibt sich aus der Verweisung des § 76a Abs. 3 Satz 2. Nach § 76a Abs. 4 Satz 3 ist
bei der Bemessung der Vergütung insb. der erforderliche **Zeitaufwand**, die **Schwierigkeit** der Streitigkeit
sowie ein **Verdienstausfall** zu berücksichtigen. Die Aufzählung ist nicht abschließend („insbesondere")[3].
Nach § 76a Abs. 4 Satz 5 ist auch den berechtigten Interessen der Mitglieder der Einigungsstelle und des
ArbGeb Rechnung zu tragen. Zu den Kriterien im Einzelnen: 7

a) Erforderlicher Zeitaufwand. Das **wichtigste Kriterium** bei der Bemessung der Vergütung ist der
„erforderliche Zeitaufwand" iSv. § 76a Abs. 4 Satz 3. Hierzu zählt auch die **erforderliche Vor- und Nach-
bereitung** der Einigungsstelle (zB Studium von Unterlagen, Abfassen des Protokolls und einer etwaigen Begründung des Einigungsstellenspruchs)[4]. Zur Bemessung des Zeitaufwandes nach **Stunden-**
oder **Tagessätzen** noch näher Rz. 13 f. 8

b) Schwierigkeit der Streitigkeit. Neben dem Zeitaufwand hat die Schwierigkeit der Streitigkeit als
Kriterium **eine eigenständige Bedeutung**. Im Einzelfall kann eine besonders schwierige Streitigkeit
durchaus in kurzer Zeit abgeschlossen werden. Dann wäre es unangemessen, das gleiche Honorar zuzusprechen wie bei einer Streitigkeit, die ebenso schnell abgeschlossen werden konnte, aber bedeutend
einfacher war[5]. Ein erhöhter Tages- oder Stundensatz lässt sich daher durch eine besondere Schwierigkeit des Streitgegenstandes rechtfertigen. Die Schwierigkeit ist an **objektiven Maßstäben** und nicht
daran zu messen, welche Schwierigkeit der Verhandlungsgegenstand dem einzelnen Einigungsstellenmitglied bereitet. Die Schwierigkeit kann sich aus der **Materie** des Einigungsstellenverfahrens oder aus
sonstigen Umständen (zB hoher Zeit- oder psychischer Druck) ergeben. 9

c) Verdienstausfall. Ein Verdienstausfall (§ 76a Abs. 4 Satz 3) ist bei der Honorarbemessung **zu berücksichtigen**, sofern er tatsächlich eingetreten ist. Eine gesonderte Erstattung des Verdienstausfalls im Wege
eines individuellen Auslagenersatzes verstieße gegen den Wortlaut des Gesetzes[6]. Ausgehend von der
70 %-Regel (hierzu Rz. 24) ist hinsichtlich der Honorarhöhe ausnahmsweise eine **Differenzierung** vorzunehmen, wenn bei den einzelnen Mitgliedern der Einigungsstelle ein unterschiedlich hoher Verdienstausfall vorliegt (hierzu Rz. 25)[7]. Das **Fehlen eines Verdienstausfalles** führt nicht zu einer Verringerung der
nach den übrigen Kriterien errechneten Vergütung[8]. 10

Wird ein **Rechtsanwalt** als Vorsitzender der Einigungsstelle tätig, ist er idR verpflichtet, seinen Verdienstausfall so konkret wie möglich zu belegen[9]. Hierbei kann nicht davon ausgegangen werden, dass
ein Rechtsanwalt wegen seiner Tätigkeit in der Einigungsstelle auch lukrative Mandate ausschlägt[10].
Der als Vorsitzende beauftragte Rechtsanwalt sollte daher bereits im Vorfeld mit dem ArbGeb eine
Honorarvereinbarung treffen. 11

d) Berechtigte Interessen des Einigungsstellenmitgliedes sowie des ArbGeb. Bei der Festlegung der
Vergütung sind auch die **berechtigten Interessen** der Mitglieder der Einigungsstelle sowie des ArbGeb zu
berücksichtigen, § 76a Abs. 4 Satz 5. Die zunächst anhand der zuvor genannten Kriterien ermittelte Vergütung kann unter **Abwägung aller Umstände** des Einzelfalles nochmals überprüft und ggf. angepasst
werden. Im Rahmen der anzustellenden **Gesamtschau** kann eine Vergütungsanpassung aufgrund der
wirtschaftlichen Lage des ArbGeb, der wirtschaftlichen Bedeutung des Einigungsstellenspruchs oder
der besonderen Fachkunde der Einigungsstellenmitglieder gerechtfertigt sein. Befindet sich das Unternehmen in wirtschaftlich schwieriger Lage oder gar im Insolvenzverfahren, sind Vergütungsabschläge vorzunehmen[11]. 12

3. Art der Berechnung. Meist wird die Tätigkeit auf der Grundlage eines festen **Tages- oder Stundensatzes** abgerechnet. Zulässig ist auch die Vereinbarung eines **Pauschalhonorars** (ggf. zzgl. einer Aus-
lagenpauschale) unabhängig vom tatsächlichen Zeitaufwand[12]. Auch **Kombinationen** sind möglich.
Beispielsweise können die eigentlichen Sitzungen auf der Basis eines Tageshonorars, die Zeiten der 13

---

1 BAG v. 12.2.1992 – 7 ABR 20/91, NZA 1993, 605. | 2 BAG v. 12.2.1992 – 7 ABR 20/91, NZA 1993, 605. | 3 *Bau-
er/Röder*, DB 1989, 223; *Fitting*, § 76a BetrVG Rz. 19. AA GK-BetrVG/*Kreutz*, § 76a Rz. 43. | 4 *Fitting*, § 76a
BetrVG Rz. 20; *Löwisch*, DB 1989, 224; GK-BetrVG/*Kreutz*, § 76a Rz. 45. | 5 *Fitting*, § 76a BetrVG Rz. 21; *We-
ber/Ehrich*, Teil G, Rz. 18. | 6 BAG v. 14.2.1996 – 7 ABR 24/95, DB 1996, 2233 f. | 7 Ausf. Schwab/Weth/*Kliemt*,
ArbGG, Einigungsstellenverfahren, Rz. 374. | 8 BAG v. 28.8.1996 – 7 ABR 42/95, DB 1997, 283 f. | 9 BAG v.
20.2.1991 – 7 ABR 6/90, DB 1991, 1939 f.; *Fitting*, § 76a BetrVG Rz. 22. | 10 Vgl. BAG v. 20.2.1991 – 7 ABR 6/90,
DB 1991, 1939 f.; v. 20.2.1991 – 7 ABR 78/98, nv. | 11 *Fitting*, § 76a BetrVG Rz. 23; DKK/*Berg*, § 76a BetrVG
Rz. 24. | 12 BAG v. 21.6.1989 – 7 ABR 78/87, DB 1989, 2436 f. (Pauschalhonorar 5.000 DM netto); v. 13.11.1991 –
7 ABR 70/90, DB 1992, 789 f. (drei Tagessätze à 2.000 DM); v. 14.2.1996 – 7 ABR 24/95, DB 1996, 2233 f. (Pauschalhonorar 19.000 DM netto zzgl. 2.000 DM Spesenpauschale). Krit. MünchArbR/*Joost*, § 320 Rz. 116; GK-BetrVG/
Kreutz, § 76a Rz. 45.

Vor- und Nacharbeit hingegen auf Stundenbasis vergütet werden. Um eine zügige Durchführung der Einigungsstelle zu gewährleisten, kann eine vorherige Vereinbarung eines **Höchsthonorars** (sog. **Deckelung**) ratsam sein. Eine Orientierung der Stundensätze an denjenigen des Gesetzes über die Entschädigung von Zeugen und Sachverständigen (**ZSEG**) (höchstens 78 Euro) scheidet aus[1], da die Tätigkeit der Einigungsstellenmitglieder erheblich komplexer und umfassender als die eines Sachverständigen iSd. ZSEG ist[2]. Aus den gleichen Gründen ist eine Orientierung an der **Entschädigung ehrenamtlicher Richter**[3] abzulehnen[4]. Ebenso wenig ist der Honoraranspruch durch eine sich an § 3 ZSEG orientierende Höchstgrenze beschränkt. § 76a sieht eben keine Höchstgrenze vor. Es fehlt daher an einer Gesetzeslücke, die im Wege der analogen Anwendung von § 3 ZSEG zu schließen wäre[5].

14 Die **Höhe des Stundensatzes** bestimmt sich nach den oben (vgl. Rz 7 ff.) dargestellten Kriterien des § 76a Abs. 4. Je nach Schwierigkeit der Streitigkeit und den sonstigen Umständen des Einzelfalles betragen die Stundensätze idR **100 Euro** bis **300 Euro**, in besonderen Fällen auch darüber[6]. Das **BAG** hat bereits im Jahre 1996 einen Stundensatz von 300 DM (jetzt 153 Euro) bei einer Angelegenheit mittlerer Schwierigkeit, der Aufstellung eines Sozialplans anlässlich einer Betriebsstilllegung, für angemessen erachtet[7].

15 **4. Fälligkeit der Vergütung.** Der Vergütungsanspruch entsteht mit der Bestellung zum Vorsitzenden der Einigungsstelle und wird - sofern nichts anderes vereinbart wurde - erst **nach Beendigung** des Einigungsstellenverfahrens fällig, § 614 Satz 1 BGB. Ist eine Vergütung nach Tages- oder Stundensätzen vereinbart, wäre diese nach § 614 Satz 2 BGB jeweils nach Ablauf der einzelnen Zeitabschnitte zu entrichten. Hier ist jedoch in aller Regel konkludent oder ausdrücklich vereinbart, dass die Vergütung erst bei Abschluss des Verfahrens fällig werden soll. Bei langwierigen Einigungsstellenverfahren oder bei zu erwartenden hohen Auslagen (Reisekosten oÄ) haben die Einigungsstellenmitglieder Anspruch auf einen angemessenen **Vorschuss** oder auf Abschlagszahlungen[8].

16 **5. Auslagenersatz.** Neben der Vergütung hat der Vorsitzende (zu den Beisitzern Rz. 28) einen Anspruch auf Ersatz aller ihm im Zusammenhang mit der Einigungsstelle entstehenden **Aufwendungen** und **Auslagen**. Hierzu zählen Fahrtkosten, Telefon- und Telefaxgebühren, Porto- und Fotokopierkosten sowie erforderliche Übernachtungs- und Verpflegungskosten[9]. Eine Pauschalierung dieser Aufwendungen (Spesen) oder die Vereinbarung einer **pauschalen** Abgeltung mit dem Honorar ist zulässig. Sofern dies nicht geschieht, müssen die Aufwendungen im Einzelnen belegt und abgerechnet werden. Bei den Auslagen handelt es sich nicht um Honorar iSd. § 76a Abs. 3 und 4, sondern um sonstige Kosten der Einigungsstelle, die der ArbGeb nach § 76a Abs. 1 zu tragen hat[10].

17 **6. Mehrwertsteuer.** Ist der Vorsitzende zur Abführung von MwSt verpflichtet, hat er gegen den ArbGeb auch ohne gesonderte Vereinbarung einen gesetzlichen Anspruch auf deren Erstattung[11]. Die MwSt ist keine eigenständige Honorarforderung, sondern Teil des vereinbarten Honorars iSv. § 76a Abs. 3 und 4. Sie ist gemäß § 14 Abs. 1 UStG gesondert auszuweisen.

18 **III. Honorar und sonstige Kosten der Beisitzer. 1. Betriebsangehörige Beisitzer.** Dem Betrieb angehörende Beisitzer der Einigungsstelle erhalten für ihre Tätigkeit **keine gesonderte Vergütung**, § 76a Abs. 2 Satz 1 Halbs. 1. Dies gilt für Beisitzer der ArbGeb- und ArbN-Seite, auch für leitende Angestellte. Betriebsangehörige Beisitzer üben - wie BR-Mitglieder nach § 37 Abs. 1 - ein unentgeltliches Ehrenamt aus. Erhielten sie für die im Interesse des eigenen Betriebs liegende Tätigkeit in der Einigungsstelle eine Vergütung, wäre dies eine gegenüber den Mitgliedern des BR nicht zu rechtfertigende Besserstellung[12]. Scheidet ein Beisitzer während des Einigungsstellenverfahrens aus dem Betrieb aus, hat er für die danach erbrachte Tätigkeit in der Einigungsstelle Anspruch auf eine **anteilige Vergütung**[13]. Für die Zeit der Einigungsstelle sind betriebsangehörige Beisitzer ebenso wie BR-Mitglieder bezahlt von ihrer Verpflichtung zu Arbeitsleistung **freizustellen**, § 76a Abs. 2 Satz 1 Halbs. 2 iVm. § 37 Abs. 2, 3. Sofern die Einigungsstelle außerhalb der Arbeitszeit tagt, haben sie einen Anspruch auf Freizeitausgleich bzw. - wenn der Freizeitausgleich nicht rechtzeitig gewährt werden kann - auf Abgeltung. Die gesetzliche Regelung ist **zwingend**. Eine davon abweichende Vereinbarung ist nichtig. Dies gilt auch dann, wenn sie Teil einer tarifvertraglichen Regelung iSv. § 76a Abs. 5 oder einer BV ist[14].

---

1 BAG v. 28.8.1996 – 7 ABR 42/95, DB 1997, 283 f., ganz hM. AA *Stege/Weinspach/Schiefer*, § 76a BetrVG Rz. 28; HSWG/*Worzalla*, § 76a BetrVG Rz. 31; GK-BetrVG/*Kreutz*, § 76a Rz. 46. |2 Eingehend: Schwab/Weth/*Kliemt*, ArbGG, Einigungsstellenverfahren, Rz. 340 ff. mwN. |3 G. über die Entschädigung ehrenamtlicher Richter vom 1.10.1969, BGBl. I S. 1753. |4 LAG Hess. v. 26.9.1991 – 12 TaBV 73/91, NZA 1992, 469; DKK/*Berg*, § 76a BetrVG Rz. 23; *Kamphausen*, NZA 1992, 55 (59); *Pünnel/Isenhardt*, Rz. 174. AA *Bengelsdorf*, NZA 1999, 489 (495); *Lunk/Nebendahl*, NZA 1990, 921 (925). |5 BAG v. 28.8.1996 – 7 ABR 42/95, DB 1997, 283 f. |6 Vgl. etwa ErfK/*Kania*, § 76a BetrVG Rz. 5; *Fitting*, § 76a BetrVG Rz. 24; *Pünnel/Isenhardt*, Rz. 176; *Weber/Ehrich*, Teil G, Rz. 24. |7 BAG v. 28.8.1996 – 7 ABR 42/95, DB 1997, 283 f. |8 BAG v. 14.2.1996 – 7 ABR 24/95, DB 1996, 2233 f.; *Fitting*, § 76a BetrVG Rz. 18. AA GK-BetrVG/*Kreutz*, § 76a Rz. 57. |9 *Fitting*, § 76a BetrVG Rz. 9; ErfK/*Kania*, § 76a BetrVG Rz. 2. |10 BAG v. 14.2.1996 – 7 ABR 24/95, DB 1996, 2233 f. |11 BAG v. 14.2.1996 – 7 ABR 24/95, DB 1996, 2233 f. Ausf. Schwab/Weth/*Kliemt*, ArbGG, Einigungsstelle, Rz. 375 f. mwN. Zur früheren Rechtslage vgl. BAG v. 31.7.1986 – 6 ABR 79/83, DB 1987, 441 f. |12 *Fitting*, § 76a BetrVG Rz. 11; GK-BetrVG/*Kreutz*, § 76a Rz. 63. |13 ArbG Düsseldorf v. 24.6.1992 – 4 BV 90/92, EzA Nr. 5 zu § 76a BetrVG; GK-BetrVG/*Kreutz*, § 76a Rz. 24; DKK/*Berg*, § 76a BetrVG Rz. 16; *Fitting*, § 76a BetrVG Rz. 11. AA *Stege/Weinspach/Schiefer*, § 76a BetrVG Rz. 8. |14 *Fitting*, § 76a BetrVG Rz. 11; DKK/*Berg*, § 76a BetrVG Rz. 14.

Wird die Einigungsstelle auf **Unternehmens- oder Konzernebene** zur Beilegung einer Meinungsverschiedenheit zwischen ArbGeb und Unternehmens- oder KonzernBR gebildet, gelten die vorstehenden Ausführungen für Beisitzer, die einem Betrieb des Unternehmens bzw. eines Konzernunternehmens angehören, entsprechend (§ 76a Abs. 2 Satz 2). Auch mit ihnen kann eine Vergütung nicht vereinbart werden. Sie können gleichfalls bezahlte Freistellung, Freizeitausgleich und ggf. Abgeltung beanspruchen. 19

Wird die Einigungsstelle nicht auf Unternehmens- oder Konzernebene, sondern in einem **Betrieb** gebildet, **dem der Beisitzer nicht angehört**, ist er hinsichtlich seiner Vergütung wie ein betriebsfremder Beisitzer zu behandeln[1]. Statt der üblichen Honorarregelung kann eine Freistellung und Freizeitausgleich nach § 76a Abs. 2 Satz 1 iVm. § 37 Abs. 2, 3 vereinbart werden[2]. 20

2. Betriebsfremde Beisitzer. a) Gesetzlicher Anspruch. Die betriebsfremden Beisitzer besitzen nach § 76a Abs. 3 einen unmittelbaren **gesetzlichen Anspruch** gegen den ArbGeb auf Zahlung einer Vergütung für ihre Tätigkeit in der Einigungsstelle. Sofern keine besonderen Umstände vorliegen, sind alle betriebsfremden Beisitzer gleich zu vergüten[3]. 21

Bei den Beisitzern des BR ist allein die Fassung **eines wirksamen Beschlusses** durch den BR erforderlich[4]. Auf eine Mitteilung an den ArbGeb oder gar dessen Billigung kommt es nicht an[5]. Der ordnungsmäße BR-Beschluss (vgl. § 29 Abs. 2, § 33) muss vor Aufnahme der Tätigkeit als Beisitzer gefasst worden sein. Ein Anspruch des nicht wirksam bestellten Beisitzers aus dem Gesichtspunkt des **Vertrauensschutzes** besteht nicht, da der ArbGeb, gegen den sich der Anspruch richten würde, keinen Vertrauenstatbestand geschaffen hat[6]. 22

Auf die Erforderlichkeit der Beauftragung eines (kostenträchtigen) betriebsfremden Beisitzers kommt es nach dem eindeutigen Wortlaut des § 76a Abs. 3 Satz 1 nicht (mehr) an[7]. Belastet der BR den ArbGeb jedoch erkennbar und bewusst mit unnötigen Kosten, ist ggf. an einen **Regressanspruch** gegen die einzelnen BR-Mitglieder zu denken[8]. Nach der rechtswirksamen Konstituierung der Einigungsstelle kann der ArbGeb den Einwand, die Hinzuziehung einer bestimmten Anzahl von Beisitzern sei **nicht erforderlich** gewesen, nicht mehr erheben. Dieser Einwand muss bereits im Bestellungsverfahren vorgebracht werden. 23

b) Höhe der Vergütung. Für die **Höhe des Beisitzerhonorars** gilt das **Abstandsgebot** des § 76a Abs. 4 Satz 4. Danach ist die Vergütung der Beisitzer **zwingend niedriger** zu bemessen als die des Vorsitzenden. Wenngleich § 76a keinen bestimmten Prozentsatz vorsieht, ist für die Beisitzer idR ein Honorar in Höhe von **70 %** des Vorsitzendenhonorars angemessen[9]. Aufgrund **besonderer Umstände des Einzelfalles** kann ein anderer Prozentsatz geboten sein[10]. Wird beispielsweise ein Teil der an den Vorsitzenden entrichteten Vergütung als „pauschaler Auslagenersatz" deklariert, während die tatsächlich entstandenen Auslagen erheblich geringer sind, ist als Berechnungsgrundlage für die Beisitzervergütung die Gesamthonorierung des Vorsitzenden zugrunde zu legen[11]. Eine Pauschalierung in Höhe von 70 % der Vorsitzendenvergütung kann auch dann unbillig sein, wenn der Vorsitzende auf sein Honorar ganz oder teilweise verzichtet. Die Vergütung des Beisitzers ist nicht akzessorisch; sie ist dann auf der Grundlage der fiktiv zu ermittelnden Vergütung des Vorsitzenden zu berechnen[12]. 24

Eine **unterschiedlich hohe Vergütung** der Beisitzer des **BR und der ArbGebSeite** ist **unzulässig**. Der **Grundsatz der Parität** und das Benachteiligungsverbot nach § 78 Satz 2 gebieten, an die Vergütung der Beisitzer die gleichen Maßstäbe anzulegen[13]. Hieraus folgt jedoch nicht ein Verbot jeglicher Differenzierung und jeglicher Abweichung vom 70 %-Grundsatz. Die Honorarhöhe der Beisitzer kann differieren, wenn dies sachlich gerechtfertigt ist. Beispiele hierfür sind: unterschiedlich hoher Verdienstausfall, Fehlen einzelner Beisitzer bei einigen Sitzungen der Einigungsstelle. Wurde die Höhe des Vorsitzendenhonorars unter Berücksichtigung seines Verdienstausfalls ermittelt, während bei keinem der Beisitzer ein Verdienstausfall eingetreten ist, rechtfertigt dies eine Verringerung ihres Honorars unter die üblichen 70 %. Liegt hingegen bei keinem der Einigungsstellenmitglieder ein Verdienstausfall vor, kann dies kein Anlass sein, von der 70 %-Praxis abzuweichen[14]. 25

Will ein Beisitzer eine höhere Vergütung als 70 % des Vorsitzendenhonorars beanspruchen, obliegt ihm die **Darlegungs- und Beweislast** für die besonderen Umstände. Umgekehrt ist der ArbGeb, der auf- 26

---

1 LAG BW v. 30.12.1988 – 7 TaBV 9/88, DB 1989, 736; *Fitting*, § 76a BetrVG Rz. 13; Schwab/Weth/*Kliemt*, ArbGG, Einigungsstellenverfahren, Rz. 381. |2 *Fitting*, § 76a BetrVG Rz. 13. |3 *Pünnel/Isenhardt*, Rz. 187. |4 BAG v. 19.8.1992 – 7 ABR 58/91, DB 1993, 1196; *Hanau/Reitze*, in: FS Kraft, S. 168 ff. |5 BAG v. 24.4.1996 – 7 ABR 40/95, NZA 1996, 1171. |6 BAG v. 19.8.1992 – 7 ABR 18/91, DB 1993, 1196. |7 BAG v. 24.4.1996 – 7 ABR 40/95, NZA 1996, 1171; DKK/*Berg*, § 76a BetrVG Rz. 18; *Fitting*, § 76a BetrVG Rz. 15. AA *Bauer/Röder*, DB 1989, 225; *Bengelsdorf*, SAE 1995, 192; GK-BetrVG/*Kreutz*, § 76a Rz. 30 ff. |8 So auch *Fitting*, § 76a BetrVG Rz. 15. |9 HM, BAG v. 12.2.1996 – 7 ABR 20/91, NZA 1993, 605; v. 14.2.1996 – 7 ABR 24/95, DB 1996, 2233 f.; v. 27.7.1994 – 7 ABR 10/93, DB 1995, 835 f.; Schwab/Weth/*Kliemt*, ArbGG, Einigungsstellenverfahren, Rz. 389 ff. mwN. |10 *Fitting*, § 76a BetrVG Rz. 25; DKK/*Berg*, § 76a BetrVG Rz. 26. |11 ArbG Koblenz v. 5.5.1994 – 8 BV 18/93, nv. |12 *Schäfer*, NZA 1991, 836 (839); *Pünnel/Isenhardt*, Rz 200. |13 BAG v. 20.2.1991 – 7 ABR 6/90, DB 1991, 1939 f.; LAG BW v. 24.5.1991 – 6 TaBV 14/91, DB 1991, 1992; LAG München v. 11.1.1991 – 2 TaBV 57/90, BB 1991, 551. AA Richardi/*Richardi*, § 76a BetrVG Rz. 23; *Bauer/Röder*, DB 1989, 224 (226); GK-BetrVG/*Kreutz*, § 76a Rz. 51, 61. |14 BAG v. 14.2.1996 – 7 ABR 24/95, DB 1996, 2233 f.; v. 28.8.1996 – 7 ABR 42/95, AP Nr. 7 zu § 76a BetrVG 1972.

grund der Grundsätze des § 76a Abs. 4 Sätze 3 bis 5 eine geringere Beisitzervergütung als 70 % für angemessen hält, für die Gründe darlegungs- und beweisbelastet. Beträgt die Vergütung des anwaltlichen Beisitzers einer Einigungsstelle weniger als ⅓ des Vorsitzendenhonorars, besteht eine Vermutung für einen Vorstoß gegen § 78[1]. Da die Gewährung unterschiedlich hoher Vergütungen und die Abweichung vom 70 %-Grundsatz eine nur bei Vorliegen sachlicher Gründe zulässige Ausnahme darstellen, haben die Beisitzer gegen den ArbGeb einen **Auskunftsanspruch** auf Mitteilung der an die Beisitzer und den Vorsitzenden gewährten Vergütungen[2].

27 c) **Gewerkschaftssekretäre und Rechtsanwälte als Beisitzer.** Auch Verbandsvertretern (zB **Gewerkschaftssekretäre**) steht ein Honorar zu, wenn sie als Beisitzer in der Einigungsstelle tätig werden[3]. Wird ein **Rechtsanwalt als Beisitzer** in der Einigungsstelle tätig, ergeben sich keine Besonderheiten. Seine Vergütung bestimmt sich ebenfalls nach den Grundsätzen des § 76a Abs. 3, 4, nicht nach der BRAGO[4]. IdR wird er ein Honorar in Höhe von 70 % des Vorsitzendenhonorars beanspruchen können. Ein höherer Anspruch ergibt sich auch nicht daraus, dass der Rechtsanwalt im Unterschied zu den anderen Beisitzern idR einen erheblichen laufenden Büroaufwand hat[5]. Ein etwaiger Verdienstausfall kann bei der Bemessung des Honorars nur berücksichtigt werden, wenn er konkret dargelegt wird. Hierfür reicht der bloße Hinweis auf seinen durchschnittlichen Verdienst nicht[6]. Die Vergütung nach § 76 Abs. 3 Satz 2 erfasst jedoch nur die Tätigkeit in der Einigungsstelle, nicht hingegen die vorherige Beratung oder aber das spätere Mandat, die Unwirksamkeit des Einigungsstellenspruchs gerichtlich feststellen zu lassen.

28 **3. Auslagenersatz; Mehrwertsteuer.** Die betriebsangehörigen und die betriebsfremden Beisitzer haben ebenso wie der Vorsitzende einen Anspruch auf **Erstattung von Auslagen** (vgl. Rz. 16) und ggf. auf Erstattung der MwSt.

29 **IV. Abweichende Regelungen durch TV und BV, § 76a Abs. 5.** Von der gesetzlichen Vergütungsregelung des § 76a Abs. 3, 4 kann durch **TV** oder, wenn dieser eine entsprechende Öffnungsklausel enthält, durch (freiwillige, nicht erzwingbare) **BV** abgewichen werden. Für die Geltung der abweichenden tariflichen Regelung reicht nach § 3 Abs. 2 TVG die Tarifbindung des ArbGeb, da es sich um eine betriebsverfassungsrechtliche Norm iSd. § 1 Abs. 1 TVG handelt. Geändert werden kann zu deren Gunsten oder Ungunsten die Vorsitzenden- oder die Beisitzervergütung. Denkbar ist auch die Aufstellung gänzlich von § 76a Abs. 4 Sätze 3 bis 5 abweichender eigener Berechnungskriterien[7]. Nicht disponibel sind § 76a Abs. 1 und 2. Aus diesem Grund kann weder die Entgeltregelung der betriebsangehörigen Beisitzer noch der Grundsatz der Kostentragungspflicht des ArbGeb modifiziert werden[8].

30 Obgleich in § 76a Abs. 5 nicht ausdrücklich erwähnt, sind auch **individuelle Vereinbarungen** zwischen dem ArbGeb und den vergütungsberechtigten Einigungsstellenmitgliedern zulässig, soweit sie eine für die Einigungsstellenmitglieder günstigere Vergütungsregelung beinhalten[9] und die Gleichbehandlung aller Beisitzer gewährleistet bleibt. Dies gebietet der Grundsatz der **Parität** (vgl. hierzu Rz. 25).

31 **V. Kosten der Vertretung des BR vor der Einigungsstelle.** Lässt sich der BR **vor** der Einigungsstelle durch einen **Rechtsanwalt als Verfahrensbevollmächtigten** vertreten, sind die hieraus resultierenden Kosten **keine Kosten der Einigungsstelle** iSv. § 76a Abs. 1 selbst, sondern Kosten des BR iSd. § 40[10]. Die durch die Beauftragung entstehenden Kosten sind vom ArbGeb dann zu tragen, wenn der BR dessen Hinzuziehung bei pflichtgemäßer, verständiger Würdigung aller Umstände für erforderlich halten durfte. Dies ist zu bejahen, wenn der Streitgegenstand schwierige Rechtsfragen aufwirft, die zwischen den Betriebspartnern umstritten sind, und kein BR-Mitglied über den notwendigen juristischen Sachverstand verfügt[11]. Die anwaltliche Vertretung des ArbGeb vor der Einigungsstelle kann ein Indiz für die Schwierigkeit des Streitgegenstandes darstellen. Bei der Abwägung der Erforderlichkeit hat der BR auch die Kostenlast für den ArbGeb zu berücksichtigen[12]. Voraussetzung eines Honoraranspruchs ist, dass die Beauftragung auf einem **ordnungsgemäßen BR-Beschluss** beruht (vgl. Rz. 22). Ein tatsächliches Tätigwerden des Rechtsanwalts genügt nicht[13].

32 Die **Vergütung** des Rechtsanwalts bemisst sich nach § 65 Abs. 1 Nr. 4 und Abs. 2 BRAGO. Hiernach erhält er eine volle Gebühr in Verfahren vor sonstigen gesetzlich eingerichteten Einigungsstellen, die sich im Fall einer Einigung der Parteien um eine weitere Gebühr erhöht. Der Gegenstandswert bemisst sich nach § 8 Abs. 2 BRAGO, ohne dass eine Begrenzung nach § 76a Abs. 4 stattfände[14]. Bei vor-

---

[1] LAG München v. 11.1.1991 – 2 TaBV 57/90, LAGE Nr. 1 zu § 76a BetrVG 1972. | [2] DKK/*Berg*, § 76a BetrVG Rz. 26. | [3] BAG v. 14.2.1996 – 7 ABR 24/95, DB 1996, 2233 f.; v. 24.4.1996 – 7 ABR 40/95, NZA 1996, 1171. | [4] *Fitting*, § 76a BetrVG Rz. 17; Schwab/Weth/*Kliemt*, ArbGG, Einigungsstelle, Rz. 396 f. mwN. | [5] BAG v. 20.2.1991 – 7 ABR 6/90, DB 1991, 1939; BAG v. 15.8.1990 – 7 ABR 76/88, nv. AA Bauer/*Röder*, DB 1989, 225. | [6] BAG v. 20.2.1991 – 7 ABR 6/90, DB 1991, 1939. | [7] *Fitting*, § 76a BetrVG Rz. 31; DKK/*Berg*, § 76a BetrVG Rz. 30. AA Stege/Weinspach/*Schiefer*, § 76a BetrVG Rz. 23. | [8] *Weiss/Weyand*, § 76a BetrVG Rz. 10; *Fitting*, § 76a BetrVG Rz. 30. | [9] LAG Rh.-Pf. v. 24.5.1991 – 6 TaBV 14/91, DB 1991, 1992. | [10] BAG v. 14.2.1996 – 7 ABR 25/95, DB 1996, 2187 f.; v. 5.11.1981 – 6 ABR 24/78, AP Nr. 9 zu § 76 BetrVG 1972; v. 21.6.1989 – 7 ABR 78/87, DB 1989, 2436 f. | [11] BAG v. 14.2.1996 – 7 ABR 25/95, DB 1996, 2187 f.; v. 21.6.1989 – 7 ABR 78/87, DB 1989, 2436 f. AA Bengelsdorf, NZA 1989, 489 (497); Stege/Weinspach/*Schiefer*, § 76a BetrVG Rz. 18. | [12] BAG v. 14.2.1996 – 7 ABR 25/95, DB 1996, 2187 f. | [13] BAG v. 14.2.1996 – 7 ABR 25/95, DB 1996, 2187 f. | [14] BAG v. 14.2.1996 – 7 ABR 25/95, DB 1996, 2187 f.

zeitiger Beendigung richtet sich der Vergütungsanspruch nach § 628 BGB. Übernimmt der Rechtsanwalt im Auftrag des BR die gerichtliche Anfechtung des Einigungsstellenspruchs, handelt es sich hierbei um eine neue Angelegenheit iSd. § 13 Abs. 1 BRAGO[1].

VI. Kosten durch die Sitzung; Sachverständiger. Zu den nach § 76a durch den ArbGeb zu tragendem Kosten der Einigungsstelle, zählen auch die **allgemeinen Sachkosten** der Einigungsstelle (sog. **Geschäftsaufwand**). Hierzu gehören Kosten für Räume, Schreibmaterial, Schreibpersonal (zB Protokollführer), Telefon oder Porto und die Kosten eines **Sachverständigengutachtens**[2]. Die Einigungsstelle darf nach § 80 Abs. 3 den **Sachverständigen ohne vorheriges Einverständnis des ArbGeb** beauftragen, wenn die Hinzuziehung **erforderlich** ist und die damit verbundenen Kosten **verhältnismäßig** sind. Insoweit steht der Einigungsstelle jedoch ein gewisser Beurteilungsspielraum zu. Sie muss dabei wie jeder andere, der auf Kosten eines Dritten handeln darf, die Maßstäbe einhalten, die sie einhielte, wenn sie als Gremium selbst oder wenn ihre Mitglieder die Kosten zu tragen hätten[3]. Wird ohne Beachtung dieser Grundsätze ein Gutachten eingeholt, besteht kein Honoraranspruch des Sachverständigen gegen den ArbGeb. Er kann sich in diesem Fall nur an die handelnden Mitglieder der Einigungsstelle halten. 33

VII. Gerichtliche Durchsetzung. Ansprüche der **betriebsangehörigen** Beisitzer auf Fortzahlung des Arbeitsentgelts, auf Freizeitausgleich oder auf Abgeltung sind nach § 2 Abs. 1 Nr. 3a, Abs. 5, §§ 46 ff. ArbGG im **Urteilsverfahren** durchzusetzen, da es sich hierbei um arbeitsvertraglich zugesagtes Gehalt handelt[4]. Die **sonstigen Ansprüche** der Beisitzer und des Vorsitzenden sind im **Beschlussverfahren** geltend zu machen, § 2a Abs. 1 Nr. 1, §§ 80 ff. ArbGG. Dies gilt für die Vergütung, aber auch für Auslagen als sonstige Kosten der Einigungsstelle und für die Gebühren eines Rechtsanwalts, der als **Verfahrensbevollmächtigter** aufgetreten ist. **Antragsberechtigt** ist das einzelne Mitglied der Einigungsstelle bzw. der Verfahrensbevollmächtigte[5]. Das ArbG ist auch für nach erfolgter Anfechtung gegebene Rückzahlungsansprüche des Insolvenzverwalters gegen Einigungsstellenmitglieder zuständig[6]. Der BR ist nicht Beteiligter dieses Verfahrens, weil die Voraussetzungen des § 83 Abs. 3 ArbGG nicht vorliegen[7]: der gesetzliche Vergütungsanspruch des Einigungsstellenbeisitzers richtet sich unmittelbar gegen den ArbGeb, ohne dass es einer Honorarzusage des BR bedürfte. 34

Der ArbGeb hat auch die Kosten zu tragen, die einem betriebsfremden Einigungsstellenmitglied bei der Durchsetzung seines berechtigten Honoraranspruchs entstehen (**Honorardurchsetzungskosten**). Dieser Anspruch ergibt sich unter dem Gesichtspunkt des Verzugsschadens iSv. §§ 280 Abs. 1 und 2, 286 BGB mittelbar aus der Einigungsstelle[8]. Dies gilt auch für etwaige Anwaltskosten, da § 12a Abs. 1 Satz 1 ArbGG, wonach in der 1. Instanz keine Kostenerstattung erfolgt, nur im Urteilsverfahren gilt[9]. Die Honorardurchsetzungskosten sind selbst dann zu ersetzen, wenn der Antragsteller selbst Rechtsanwalt ist und seine eigene Vergütung gerichtlich durchsetzen muss[10]. 35

War das Einigungsstellenverfahren vor Eröffnung der **Insolvenz** bereits abgeschlossen, sind Honoraransprüche der Einigungsstellenmitglieder nur einfache Insolvenzforderungen iSd. § 38 InsO[11]. Ist das Einigungsstellenverfahren hingegen erst nach Insolvenzeröffnung eingeleitet worden oder zwar vorher begonnen, dann aber vom Insolvenzverwalter fortgeführt worden, sind die Honorar- und sonstigen Ansprüche Masseverbindlichkeiten iSd. § 55 Abs. 1 InsO[12]. 36

77 *Durchführung gemeinsamer Beschlüsse, Betriebsvereinbarungen*

(1) Vereinbarungen zwischen Betriebsrat und Arbeitgeber, auch soweit sie auf einem Spruch der Einigungsstelle beruhen, führt der Arbeitgeber durch, es sei denn, dass im Einzelfall etwas anderes vereinbart ist. Der Betriebsrat darf nicht durch einseitige Handlungen in die Leitung des Betriebs eingreifen.

(2) Betriebsvereinbarungen sind von Betriebsrat und Arbeitgeber gemeinsam zu beschließen und schriftlich niederzulegen. Sie sind von beiden Seiten zu unterzeichnen; dies gilt nicht, soweit Betriebsvereinbarungen auf einem Spruch der Einigungsstelle beruhen. Der Arbeitgeber hat die Betriebsvereinbarungen an geeigneter Stelle im Betrieb auszulegen.

(3) Arbeitsentgelte oder sonstige Arbeitsbedingungen, die durch Tarifvertrag geregelt sind oder üblicherweise geregelt werden, können nicht Gegenstand einer Betriebsvereinbarung sein. Dies gilt nicht, wenn ein Tarifvertrag den Abschluss ergänzender Betriebsvereinbarungen ausdrücklich zulässt.

---

1 LAG Rh.-Pf. v. 6.8.1992 – 9 Ta 163/92, NZA 1993, 93. | 2 BAG v. 6.4.1973 – 1 ABR 20/72, AP Nr. 1 zu § 76 BetrVG 1972; v. 11.5.1976 – 1 ABR 37/75, AP Nr. 3 zu § 76 BetrVG 1972; *Fitting*, § 76a Rz. 6; DKK/*Berg*, § 76a BetrVG Rz. 9. | 3 BAG v. 13.11.1991 – 7 ABR 70/90, DB 1992, 789 f.; Schwab/Weth/*Kliemt*, ArbGG, Einigungsstellenverfahren, Rz. 407 mwN. | 4 *Fitting*, § 76a BetrVG Rz. 35; GK-BetrVG/*Kreutz*, § 76a Rz. 66. | 5 Schwab/Weth/*Kliemt*, ArbGG, Einigungsstellenverfahren, Rz. 412; *Fitting*, § 76a BetrVG Rz. 33. | 6 LAG Hess. v. 15.9.1992 – 4 TaBV 52/92, NZA 1994, 96. | 7 BAG v. 12.2.1992 – 7 ABR 20/91, NZA 1993, 605. | 8 LAG Bremen v. 5.2.1992 – 2 TaBV 27/91, AiB 1992, 647; *Fitting*, § 76 BetrVG Rz. 34. | 9 BAG v. 27.7.1994 – 7 ABR 10/93, DB 1995, 835 f. | 10 BAG v. 27.7.1994 – 7 ABR 10/93, DB 1995, 835 f. | 11 BAG v. 25.8.1983 – 6 ABR 52/80, DB 1984, 303; LAG Nds. v. 21.10.1981 – 4 TaBV 5/81, ZIP 1982, 488 zur alten KO. | 12 BAG v. 28.3.1979 – 6 ABR 39/76, AP Nr. 7 zu § 76 BetrVG 1972 zum alten Konkursrecht.

BetrVG § 77   Durchführung gemeinsamer Beschlüsse, Betriebsvereinbarungen

(4) Betriebsvereinbarungen gelten unmittelbar und zwingend. Werden Arbeitnehmern durch die Betriebsvereinbarung Rechte eingeräumt, so ist ein Verzicht auf sie nur mit Zustimmung des Betriebsrats zulässig. Die Verwirkung dieser Rechte ist ausgeschlossen. Ausschlussfristen für ihre Geltendmachung sind nur insoweit zulässig, als sie in einem Tarifvertrag oder einer Betriebsvereinbarung vereinbart werden; dasselbe gilt für die Abkürzung der Verjährungsfristen.

(5) Betriebsvereinbarungen können, soweit nichts anderes vereinbart ist, mit einer Frist von drei Monaten gekündigt werden.

(6) Nach Ablauf einer Betriebsvereinbarung gelten ihre Regelungen in Angelegenheiten, in denen ein Spruch der Einigungsstelle die Einigung zwischen Arbeitgeber und Betriebsrat ersetzen kann, weiter, bis sie durch eine andere Abmachung ersetzt werden.

I. Die Betriebsvereinbarung 1
  1. Begriff und Rechtsnatur 1
  2. Rechtswirkungen der Betriebsvereinbarung . . 2
  3. Mitbestimmte/teilmitbestimmte und freiwillige Betriebsvereinbarung 8
  4. Kennzeichnung der Vereinbarung mit Arbeitsgruppe nach § 28a 9
  5. Zustandekommen von Betriebsvereinbarungen . 10
  6. Auslegung einer Betriebsvereinbarung 22
  7. Reichweite der Regelungskompetenz 23
  8. Kündigung einer Betriebsvereinbarung 34
  9. Sonstige Beendigungsgründe 39
  10. Wegfall der Geschäftsgrundlage 43
  11. Nachwirkung der Betriebsvereinbarung . . . 44
  12. Verhältnis der Betriebsvereinbarung zu höherrangigem Recht 47
    a) Grundgesetz und einfache Gesetze 47
    b) Bedeutung des Tarifvorrangs 48
  13. Verhältnis der Betriebsvereinbarung zu anderen Betriebsvereinbarungen 54
    a) Verhältnis zwischen gleichrangigen Betriebsvereinbarungen 54
    b) Verhältnis zwischen Betriebsvereinbarung, Gesamt- und Konzernbetriebsvereinbarung . 58
  14. Verhältnis zwischen Betriebsvereinbarung und Arbeitsvertrag 59
    a) Grundsatz 59
    b) Ablösung betrieblicher Einheitsregelungen durch Betriebsvereinbarung 62
    c) Betriebsvereinbarungsoffene Arbeitsverträge . 68
  15. Besonderheiten bei Betriebsübergang und Umwandlung 69
    a) Übertragung eines Betriebs unter Wahrung seiner Identität 69
    b) Fortbestand des Betriebs als Gemeinschaftsbetrieb 70
    c) Spaltung eines Betriebs und Übertragung eines Betriebsteils 71
    d) Ablösung durch andere Vereinbarung . . . 76
    e) Beendigung der Betriebsvereinbarung im Zusammenhang mit Übergang 78
    f) Besonderheiten für Gesamtbetriebsvereinbarungen 79
    g) Besonderheiten für Konzernbetriebsvereinbarungen 82
  16. Unternehmensinterne Veränderungen/Bildung und Auflösung eines gemeinsamen Betriebs . . 83
  17. Rechtsfolgen von Abschlussmängeln bei einer Betriebsvereinbarung 84
    a) Nichtigkeit von Betriebsvereinbarungen . . 85
    b) Umdeutung einer Betriebsvereinbarung . . 88
    c) Anfechtung einer Betriebsvereinbarung . . 90
  18. Gerichtliche Klärung von Zweifelsfragen . . . 91
II. Die Regelungsabrede 97
  1. Inhalt und rechtliche Bedeutung 97
  2. Beendigung einer Regelungsabrede 102
  3. Rechtsfolgen einer Reorganisation, eines Betriebsübergangs oder einer Umwandlung . . . 104

Lit: *Adomeit*, Das Günstigkeitsprinzip – neu verstanden, NJW 1984, 26; *Annuß*, Schutz der Gewerkschaften vor tarifwidrigem Handeln der Betriebsparteien?, RdA 2000, 287; *Annuß*, Der Eingriff in den Arbeitsvertrag durch Betriebsvereinbarung, NZA 2001, 756; *Bachner*, Auswirkungen unternehmensinterner Betriebsumstrukturierungen auf die Wirksamkeit von Betriebsvereinbarungen, NZA 1997, 79; *Bauer*, Betriebliche Bündnisse für Arbeit vor dem Aus?, NZA 1999, 957; *Bauer/Lingemann*, Das neue Umwandlungsrecht und seine arbeitsrechtlichen Auswirkungen, NZA 1994, 1057; *Beckschulze/Henkel*, Der Einfluss des Internets auf das Arbeitsrecht, DB 2001, 1491; *Belling*, Das Günstigkeitsprinzip im Arbeitsrecht 1984; *Belling*, Das Günstigkeitsprinzip nach dem Beschluss des Großen Senats des Bundesarbeitsgerichts vom 16.9.1986, DB 1987, 1888; *Birk*, Arbeitsrechtliche Probleme der Betriebsaufspaltung, BB 1976, 1227; *Blomeyer*, Das kollektive Günstigkeitsprinzip – Bemerkungen zum Beschluss des Großen Senats des Bundesarbeitsgerichts vom 16.9.1986, DB 1987, 634; *Blomeyer*, Nachwirkung und Weitergeltung abgelaufener Betriebsvereinbarungen über „freiwillige" Sozialleistungen, DB 1990, 173; *Boemke/Kursawe*, Grenzen der vereinbarten Nachwirkung freiwilliger Betriebsvereinbarungen, DB 2000, 1405; *Däubler*, Der gebremste Sozialabbau, AuR 1987, 349; *Däubler*, Die Auswirkungen der Schuldrechtsmodernisierung auf das Arbeitsrecht, NZA 2001, 1329; *Diller*, Englisch im Betrieb und Betriebsverfassung, DB 2000, 718; *Düwell*, Auswirkungen einer Fusion von Betrieben und Unternehmen auf Arbeitsvertrag, (Gesamt-)Betriebsvereinbarung, Tarifvertrag, Münster 1994; *Ehmann/Schmidt*, Betriebsvereinbarungen und Tarifvertrag, NZA 1995, 193; *Engels/Trebinger/Löhr-Steinhaus*, Regierungsentwurf eines Gesetzes zur Reform des Betriebsverfassungsgesetzes, DB 2001, 532; *Fischer*, Geheime Tarifverträge und Betriebsvereinbarungen, BB 2000, 354; *Fuchs*, Betriebliche Sozialleistungen beim Betriebsübergang – Unter besonderer Berücksichtigung unternehmensspezifischer Sozialleistungen, Köln 2000; *Gaul, B.*, Das Schicksal von Tarifverträgen und Betriebsvereinbarungen bei der Umwandlung von Unternehmen, NZA 1995, 717; *Gaul, B.*, Konsequenzen eines Betriebsübergangs für Kollektivvereinbarungen kirchlicher Rechtsträger, ZTR 2002, 368; *Gaul, B./Kühnreich*, Änderung von Versorgungszusagen nach Betriebsübergang bzw. Umwandlung, NZA 2002, 495; *D. Gaul*, Die Beendigung der Betriebsvereinbarung im betriebsratslosen Betrieb, NZA 1986, 628; *Gussen/Dauck*, Die Weitergeltung von Betriebsvereinbarungen und Tarifverträgen bei Betriebsübergang und Umwandlung, 2. Aufl., Berlin 1997; *Gotthardt*, Der Arbeitsvertrag auf dem AGB-rechtlichen Prüfstand, ZIP 2002, 277; *H. Hanau*, Die lediglich relationale Wirkung des § 87 Abs. 1 Nr. 10 BetrVG, RdA 1998, 345; *P. Hanau*, Rechtswirkungen der Betriebsvereinbarung, RdA 1989, 207; *P. Hanau*, Arbeitsrecht und Mitbestimmung in Umwandlung und Fusion, ZGR 1990, 548; *P. Hanau*, Der Tarifvertrag in der Krise, RdA 1998, 65; *P. Hanau/Vossen*, Die Auswirkungen des Betriebsinhaberwechsels auf Betriebsvereinbarungen und Tarifverträge, in: Festschrift für Marie Luise Hilger und Hermann Stumpf, München 1983, 271; *Hartmann*, Unternehmensaufspaltung und Betriebsübergang, AuA 1997, 16; *Heinze*, Regelungsabrede, Betriebsvereinbarung und Spruch der Einigungsstelle, NZA 1994, 580; *Heinze*, Betriebsvereinbarung versus Tarifvertrag, NZA 1989, 41; *Heinze*, Arbeitsrechtliche Probleme bei der Umstrukturierung von Unternehmen, DB 1998, 1861; *Henssler*, Aktuelle Probleme des Betriebsübergangs, NZA 1994, 913; *Henssler*, Arbeitsrecht und Schuldrechtsreform, RdA 2002, 129; *Hohenstatt/Günther-Gräff*, Schicksal von Betriebsvereinbarungen und Tarifverträgen bei Unternehmenskauf und Umstrukturierung, DStR 2001, 1980; *v. Hoyningen-Huene*, Die Inhaltskontrolle von Betriebsvereinbarungen der betrieblichen Altersversorgung, BB 1992, 1640; *v. Hoyningen-Huene*, Die Bezugnahme auf einen Firmentarifvertrag durch Betriebsvereinbarung, DB 1994, 2026; *v. Hoynignen-Huene*, Freiwilligkeitsvorbehalt und Nachwirkungsklausel in Betriebsvereinbarungen über Sozialleistungen, BB 1997, 1998; *Hromadka*, Betriebsvereinbarung über mitbestimmungspflichtige soziale Angelegenheiten bei Tarifüblichkeit – Zwei-Schranken-Theorie ade?, DB 1987, 1991; *Hromadka*, Änderung und Ablösung von Einheitsarbeitsbedingungen – Zum Beschluss des Großen Senats des BAG über die ablösende Betriebsvereinbarung, NZA 1987 Beil. 3 S. 2; *Hromadka*, Zum Unterlassungsanspruch gegen tarifwidrige Bündnisse für Arbeit, ZTR 2000, 253; *Hromadka*, Schuldrechtsmodernisierung und Vertragskontrolle im Arbeitsrecht, NJW 2002, 2523; *Hromadka*, Bündnisse für Arbeit – Angriff auf die Tarifautonomie?, DB 2003, 42; *Jacobi*, Grundlehren des Arbeitsrechts, 1927; *Jacobs*, Die vereinbarte Nachwirkung bei freiwilligen Betriebsvereinbarungen, NZA 2000, 69; *Joost*, Ablösende Betriebsvereinbarungen und Allgemeine Arbeitsbedingungen, RdA 1989, 7; *Jung*, Die Weitergeltung kollektivvertraglicher Regelungen (Tarifverträge, Betriebsvereinbarungen) bei einem Betriebsinhaberwechsel, RdA 1981, 360; *Jung*, Die Weitergeltung kollektivvertraglicher Regelungen (Tarifverträge, Betriebsvereinbarungen) bei einem Betriebsinhaberwechsel, RdA 1981, 360; *Junker*, Die auf einer Betriebsvereinbarung beruhende Altersversorgung beim Betriebsübergang, RdA 1993, 203; *Kania*, Tarifbindung bei Ausgliederung und Aufspaltung eines Betriebs, DB 1995, 625; *Kania*, § 77 Abs. 3 Betriebsverfassungsgesetz auf dem Rückzug – auch mit Hilfe der Verbände, BB 2001, 1091; *Kemper*, Rechtsfragen beim Zusammentreffen unterschiedlicher Versorgungsregelungen anlässlich eines Betriebsübergangs, BetrAV 1990, 7; *Kort*, Arbeitszeitverlängerndes „Bündnis für Arbeit" zwischen Arbeitgeber und Betriebsrat – Verstoß gegen die Tarifautonomie?, NJW 1997, 1476; *Kort*, Die Grenzen betrieblicher Mitbestimmung bei tarifvertraglicher Zulassung lediglich „freiwilliger" Betriebsvereinbarungen, NZA 2001, 477; *Krebs*, Kündigung einer Betriebsvereinbarung über freiwillige Leistungen – Nachwirkung teilmitbestimmter Betriebsvereinbarungen, Anm. SAE 1995, 280; *Kreßel*, Betriebsverfassungsrechtliche Auswirkungen des Zusammenschlusses zweier Betriebe, DB 1989, 1623; *Lakies*, Inhaltskontrolle von Vergütungsvereinbarungen im Arbeitsrecht, NZA-RR 2002, 337; *Loritz*, Die Kündigung von Betriebsvereinbarungen und die Diskussion um eine Nachwirkung freiwilliger Betriebsvereinbarungen, RdA 1991, 65; *Loritz*, Die Beendigung freiwilliger Betriebsvereinbarungen mit vereinbarter Nachwirkung, DB 1997, 2074; *Mallotke*, Die Übertragung von Aufgaben auf Arbeitsgruppen nach § 28a BetrVG, AiB 2001, 625; *Merten/Schwartz*, Die Ablösung einer betrieblichen Übung durch Betriebsvereinbarung, DB 2001, 646; *Meyer*, Ablösung von Betriebs-, Gesamt- und Konzernbetriebsvereinbarungen beim Betriebsübergang, DB 2000, 1174; *Natzel*, Die Delegation von Aufgaben an Arbeitsgruppen nach dem neuen § 28a BetrVG, DB 2001, 1362; *Neef*, Wer schützt vor dem Betriebsrat?, NZA 2001, 361; *Neumann-Duesberg*, Probleme des Betriebsverfassungsrechts, RdA 1962, 404; *Peterek*, Fragen zur Regelungsabrede, in: Festschrift für Dieter Gaul, S. 471; *Preis/Steffan*, Zum Schicksal kollektivrechtlicher Regelungen beim Betriebsübergang, in: Festschrift für Alfons Kraft, S. 477; *Reichold*, Rechtsprobleme der Einführung einer 32-Stunden-Woche durch Tarifvertrag oder Betriebsvereinbarung, ZfA 1998, 237; *Richardi*, Kollektivgewalt und Induvidualwille bei der Gestaltung der Arbeitsverhältnisses, München 1968; *Richardi*, Tarifautonomie und Betriebsautonomie als Formen wesensverschiedener Gruppenautonomie im Arbeitsrecht, DB 2000, 42; *Richardi*, Welche Folgen hätte eine Aufhebung des Tarifvorbehalts (§ 77 III BetrVG)?, NZA 2000, 617; *Robert*, Vereinbarkeit betrieblicher Bündnisse für Arbeit mit dem Günstigkeitsprinzip, Berlin 2003; *Röder/Haußmann*, Die Geltung von Gesamtbetriebsvereinbarungen nach einer Umwandlung, DB 1999, 1754; *Schaub*, Die Beendigung von Betriebsvereinbarungen, BB 1995, 1639; *Schmidt*, Das Günstigkeitsprinzip im Tarifvertrags- und Betriebsverfassungsrecht, 1994; *Sowka*, Betriebsverfassungsrechtliche Probleme der Betriebsaufspaltung, DB 1988, 1318; *Sowka/Weiss*, Gesamtbetriebsvereinbarung und Tarifvertrag bei Aufnahme eines neuen Betriebs in das Unternehmen, DB 1991, 1518; *Wendeling-Schröder*, Individuum und Kollektiv in der neuen Betriebsverfassung, NZA 2001, 357; *Wurth*, Die Folgen des Irrtums über den Umfang der Mitbestimmung in sozialen Angelegenheiten, Köln 1993.

I. Die BV

1. Begriff und Rechtsnatur. Die BV ist ein privatrechtlicher Normenvertrag[1] zwischen ArbGeb und BR im Rahmen der gesetzlichen Aufgaben des BR für die von ihm repräsentierte Belegschaft (vgl. § 5 Rz. 2 ff., 45 ff.) zur Regelung von Rechten und Pflichten in Bezug auf Inhalt, Abschluss und Beendigung von Arbeitsverhältnissen oder zur Klärung betrieblicher und betriebsverfassungsrechtlicher Fragen[2]. Für den BR ist die BV das wohl wichtigste Mittel zur Wahrnehmung der Mitbest.

---

[1] BAG v. 1.8.2001 – 4 AZR 82/00, NZA 2002, 41 (43); BVerfG v. 23.4.1986 – 2 BvR 487/80, DB 1987, 279; *Richardi*, Kollektivgewalt und Individualwille, S. 317. [2] BAG v. 1.8.2001 – 4 AZR 82/00, NZA 2002, 41 (43); GK-BetrVG/*Kreutz*, § 77 Rz. 35 f.; HSWG/*Worzalla*, § 77 BetrVG Rz. 3; Richardi/*Richardi*, § 77 BetrVG Rz. 23 ff.; *Hromadka/Maschmann*, Rz. 354; abw. noch die Vereinbarungstheorie von *Jacobi*, Grundlehren des Arbeitsrechts S. 350 ff.; *Neumann-Duesberg*, RdA 1962, 404 (409 f.), bzw. die Satzungstheorie von *Herschel*, RdA 1948, 47 (49); *Bogs*, RdA 1956, 1 (5).

2. Rechtswirkungen der BV. Normative Wirkung: Die BV hat normative Wirkung für die Arbeitsvertragsparteien. Im Gegensatz zur Regelungsabrede (vgl. Rz. 97 ff.) wirkt sie insoweit unmittelbar und zwingend und kann nicht durch Einzelabsprachen zum Nachteil der ArbN abbedungen werden, wenn die betrieblichen Sozialpartner die Abweichung nicht ausdrücklich oder in Form einer Öffnungsklausel zugelassen haben[1]. Eingehend zum Verhältnis zwischen BV und Arbeitsvertrag vgl. Rz. 59 ff. Diese Wirkung ist auch dann gegeben, wenn sich die Betriebsparteien in mitbestimmungspflichtigen Angelegenheiten nicht einigen und die Einigung durch Spruch der Einigungsstelle ersetzt wird[2].

Der ArbN kann während und nach Beendigung des Arbeitsverhältnisses nur mit Zustimmung des BR auf Ansprüche aus einer BV verzichten (Abs. 4 Satz 2)[3]. Dies gilt auch für Vereinbarungen in einem Vergleich[4]. Zulässig ist nur der Tatsachenvergleich, durch den ein Streit über die tatsächlichen Voraussetzungen eines Anspruchs durch gegenseitiges Nachgeben beseitigt wird[5]. Die Zustimmung des BR zu einem Verzicht kann formlos erfolgen, ist aber an einen ordnungsgemäßen Beschluss geknüpft und muss einzelfallbezogen erklärt werden. Entsprechend §§ 182 ff. BGB kann sie als Einwilligung oder Genehmigung erfolgen. Damit kann sie zwar auch mündlich oder durch konkludentes Verhalten erklärt werden[6]. Unzureichend ist zB jedoch wenn BR (nur) eine neutrale Haltung einnimmt bzw. schweigt[7].

Die Verwirkung von Ansprüchen aus einer BV ist ausgeschlossen. Denkbar ist aber, dass Ansprüche aus anderen Gründen nicht (mehr) geltend gemacht werden können[8]. Ausschlussfristen mit Wirkung für Ansprüche aus einer BV können – wie auch eine Verlängerung der Verjährungsfrist – nur durch TV oder BV vorgegeben werden[9]. Dabei müssen allerdings die allgemeinen Nichtigkeitsregelungen des BGB (insb. Sittenwidrigkeit) berücksichtigt werden. Der Umstand, dass unterschiedliche Fristen für die erste Stufe (Geltendmachung im Arbeitsverhältnis) und die zweiten Stufe (gerichtliche Geltendmachung) festgesetzt werden, begründet noch keine Unwirksamkeit. Dies gilt sogar bei Fristen von einem Monat[10]. §§ 305 ff. BGB gelten nicht (vgl. Rz. 21).

Schuldrechtliche Wirkung: Nach hM enthält die BV regelmäßig auch einen schuldrechtlichen Teil, in dem über die bloße Wiedergabe der gesetzlichen Verpflichtung zur Umsetzung der BV hinaus Vereinbarungen zwischen ArbGeb und BR über ihr Verhalten gegenüber der jeweils anderen Partei und/oder Dritten getroffen werden[11]. Beispiele: Pflicht zu Neuverhandlungen bei Kündigung, Einbeziehung einer Schlichtungsstelle bei Auslegungsschwierigkeiten, Verzicht auf alternative – in der BV nicht geregelte – Maßnahmen[12], Pflicht des ArbGeb zur Vereinbarung bestimmter Arbeitsbedingungen (hier: feste Arbeitszeiten statt KAPOVAZ) bei Neueinstellungen[13].

Auch ohne gesonderte Vereinbarung sind die Parteien der BV zu ihrer Durchführung verpflichtet (§ 77 Abs. 1 Satz 1). In entsprechender Weise kann die Durchführung eines Einigungsstellenspruchs durchgesetzt werden, sobald die Frist zur Anfechtung abgelaufen ist[14]. Beide Seiten können deshalb bei einem Verstoß im Beschlussverfahren, ggf. im Wege der einstweiligen Verfügung, die Verurteilung zur Vornahme „pflichterfüllender" bzw. zum Unterlassen vereinbarungswidriger Handlungen geltend machen. Der BR kann dies selbst dann, wenn sich der ArbGeb bereits länger vereinbarungswidrig verhält und der BR dies zunächst hingenommen hat[15]. Eine grobe Verletzung der Pflichten aus der BV ist entgegen § 23 Abs. 3 nicht erforderlich[16]. Hinzu kommt, dass die Zusicherung des ArbGeb nach einer groben Pflichtverletzung, sich künftig vereinbarungsgetreu zu verhalten, die Wiederholungsgefahr nicht beseitigt[17]. Voraussetzung für den Durchsetzungsanspruch ist indes eine normative Geltung der BV. Wenn sie zB nach Betriebsübergang gemäß § 613a BGB nur noch als Bestandteil des Arbeitsvertrags zur Anwendung kommt und – falls Regelungen zum Nachteil des ArbN in Rede stehen – die 1-Jahres-Frist abgelaufen ist (vgl. Rz. 69, 72 ff.), kann sie durch eine andere Abmachung ersetzt werden. Die steht dann dem Durchführungsanspruch entgegen[18].

Ein Recht des BR zur eigenhändigen Durchsetzung einer BV besteht nicht (Abs. 1 Satz 2); sie kann indes vereinbart werden[19]. Insbesondere kann der BR keine Weisungen gegenüber ArbN aussprechen; ein Widerruf von Anordnungen des ArbGeb ist unzulässig. Zuwiderhandlungen durch den BR oder

---

1 GK-BetrVG/*Kreutz*, § 77 Rz. 229, 269; DKK/*Berg*, § 77 BetrVG Rz. 42. |2 Richardi/*Richardi*, § 77 BetrVG Rz. 39. |3 BAG v. 31.7.1996 – 10 AZR 138/96, BB 1997, 882 (883); LAG Frankfurt v. 18.2.1991 – 7 Sa 997/91, NZA 1992, 799; DKK/*Berg*, § 77 BetrVG Rz. 43. |4 DKK/*Berg*, § 77 BetrVG Rz. 43; Richardi/*Richardi*, § 77 BetrVG Rz. 168. |5 Vgl. BAG v. 31.7.1996 – 10 AZR 138/96, DB 1997, 882 (883); vgl. auch für entsprechende tarifliche Ansprüche BAG v. 20.8.1980 – 5 AZR 955/78, DB 1981, 222 (223); v. 5.11.1997 – 4 AZR 682/95, DB 1998, 579. |6 BAG v. 3.6.1997 – 3 AZR 25/96, NZA 1998, 382 (384). |7 BAG v. 3.6.1997 – 3 AZR 25/96, NZA 1998, 382 (384). |8 GK-BetrVG/*Kreutz*, § 77 Rz. 281 ff. |9 BAG v. 9.4.1991 – 1 AZR 406/90, NZA 1991, 734 (735). |10 Vgl. BAG v. 27.2.2002 – 9 AZR 543/00, BB 2002, 2285 ff. |11 BAG v. 10.11.1987 – 1 ABR 55/86, NZA 1988, 255; v. 13.10.1987 – 1 ABR 51/86, NZA 1988, 253 (254); *Fitting*, § 77 BetrVG Rz. 50; Richardi/*Richardi*, § 77 BetrVG Rz. 59 f.; abl. GK-BetrVG/*Kreutz*, § 77 Rz. 187; *Birk*, ZfA 1986, 73 (79), die in § 77 Abs. 4 Satz 1 ein „stets und im Ganzen" hineinlesen. |12 Vgl. BAG v. 10.11.1987 – 1 ABR 55/86, NZA 1988, 255. |13 BAG v. 13.10.1987 – 1 ABR 51/86, NZA 1988, 253. |14 Vgl. LAG Frankfurt v. 24.11.1987 – 5 Ta BV Ga 142/87, BB 1988, 1461. |15 LAG Frankfurt v. 12.7.1988 – 5 Ta BV Ga 89/88, AiB 1988, 288; LAG BW v. 11.7.2002 – 2 TaBV 2/01, BB 2002, 1751 ff. m. Anm. *Bayreuther*. |16 BAG v. 23.6.1992 – 1 ABR 11/92, DB 1992, 2450 (2451). |17 BAG v. 23.6.1992 – 1 ABR 11/92, DB 1992, 2450. |18 Vgl. *Gaul, B.*, Betriebs- und Unternehmensspaltung, § 25 Rz. 246 f. |19 BAG v. 24.4.1986 – 6 AZR 607/83, NZA 1987, 100: Führen einer Betriebskantine oder Organisation eines Betriebsausflugs.

einzelne Mitglieder können einen wichtigen Grund zur außerordentlichen Kündigung der betroffenen Mitglieder darstellen, Schadensersatzansprüche begründen oder zu einer Auflösung des BR oder der Amtsenthebung einzelner Mitglieder führen[1]. Der BR kann aber die allgemeinen Vollzugs-, Informations- und Überwachungsrechte (zB § 80 Abs. 1 Nr. 1, Abs. 2) geltend machen.

3. Mitbestimmte/teilmitbestimmte und freiwillige BV. Insbesondere mit Blick auf die Frage ihrer Erzwingbarkeit, der Abgrenzung der Zuständigkeit zwischen BR, Gesamt- und KonzernBR (vgl. § 50 Rz. 2 ff., § 58 Rz. 2 ff.), ihre Kündigung und die Frage der Nachwirkung (vgl. Rz. 44) ist zwischen mitbestimmten, teilmitbestimmten und freiwilligen BV zu unterscheiden. BV, die in einer mitbestimmungspflichtigen Angelegenheit abgeschlossen werden, bei der die fehlende Einigung zwischen ArbGeb und BR durch Beschluss der Einigungsstelle ersetzt werden kann (erzwingbare BV), bezeichnet man als „mitbestimmte" BV[2]. Beispiel: BV nach §§ 87, 94 f., 97 Abs. 2 oder Sozialplan nach § 112. Nicht erzwingbare BV werden entsprechend als „freiwillige Betriebsvereinbarungen" bezeichnet. Beispiel: Vereinbarungen nach §§ 88, 92a. Teilmitbestimmte BV sind Vereinbarungen über Angelegenheiten, die zum Teil mitbestimmungspflichtig, zum Teil aber auch der Mitbest. des BR entzogen sind. Beispiel: BV über Sonderbonus oder übertarifliche Zahlungen. Bei diesen BV kann der ArbGeb mitbestimmungsfrei über die Dotierung, den Zweck der Zuwendung und den Adressatenkreis entscheiden, während der BR nach § 87 Abs. 1 Nr. 10 im Hinblick auf die Verteilungsgrundsätze ein volles MitbestR hat (vgl. § 87 Rz. 178 ff.).

4. Kennzeichnung der Vereinbarung mit Arbeitsgruppe nach § 28a. Soweit § 77 auf Vereinbarungen entsprechende Anwendung findet, die zwischen ArbGeb und Arbeitsgruppe nach § 28a abgeschlossen werden, ist den Vereinbarungen – vergleichbar mit § 112 Abs. 1 Satz 3, 4 – der Charakter einer BV zuzuerkennen[3]. Das Verhältnis zwischen BV und Vereinbarung nach § 28a entspricht also dem Verhältnis von BV zueinander (vgl. Rz. 54 ff.). Damit verdrängt die speziellere Vereinbarung nach § 28a die BV, soweit die Arbeitsgruppe durch die Rahmenvereinbarung zum Abschluss solcher Vereinbarungen berechtigt wird[4]. Durch BV kann eine vorangehende Vereinbarung nach § 28a geändert werden. Ein vorheriger Widerruf der Delegation[5] gilt mit Abschluss der nachfolgenden BV – auch ohne explizite Erwähnung – als konkludent erklärt[6]. Eine gekündigte Gruppenvereinbarung entfaltet Nachwirkung entsprechend § 77 Abs. 6; es kommt also auf die Art der Angelegenheit an[7].

5. Zustandekommen von BV. Allgemeines: Soweit § 77 Abs. 2 Satz 1 von einem gemeinsamen Beschluss von ArbGeb und BR spricht, ist das Zustandekommen der BV nicht an eine gemeinsame Abstimmung geknüpft. Erforderlich sind aber zwei übereinstimmende Willenserklärungen beider Parteien, gerichtet auf den Abschluss einer BV. Der BR, vertreten nach § 26 Abs. 2, äußert seinen Willen auf der Grundlage eines ordnungsgemäßen Beschlusses[8]. Ist der BR-Beschluss unwirksam[9] oder überschreitet der Vorsitzende die ihm durch Beschluss eingeräumte Vertretungsmacht[10], ist die BV unwirksam. Sie kann aber nachträglich genehmigt werden[11]. Dies gilt auch dann, wenn der ArbGeb keine Kenntnis von dem Fehler hatte. Die Bewertung der Rechtsfolgen eines fehlerhaften BR-Beschlusses im Rahmen von § 102 (vgl. § 102 Rz. 82) kann auf das Zustandekommen einer normativen Vereinbarung nicht übertragen werden.

Die Befugnis zum Abschluss von BV besteht auch während des Übergangs- und Restmandats nach §§ 21a, 21b BetrVG. Im Rahmen ihrer Zuständigkeit können auch Gesamt- oder KonzernBR[12] sowie ArbN-Vertretungen nach § 3 Abs. 1 Nr. 1 bis 3 BV abschließen. Zum Verhältnis dieser BV zueinander vgl. Rz. 58. Die ArbN-Vertreter nach § 3 Abs. 1 Nr. 4, 5, die Vertreter der Jugend und Auszubildenden, die Betriebsversammlung oder der SprAu leitender Angestellter können nicht Partei einer BV sein. ArbGeb und SprAu können allerdings die normative Wirkung einer Richtlinie vereinbaren[13]. Dieser Wille muss indes deutlich erkennbar sein; die bloße Beteiligung des SprAu an einer BV genügt nicht.

Der SprAu muss vor Abschluss von BV angehört werden (§ 2 Abs. 1 Satz 2 SprAuG). Wirksamkeitsvoraussetzung ist dies nicht[14].

Die Initiative zum Abschluss einer BV können ArbGeb und BR gleichermaßen ergreifen. Nur bei mitbestimmungspflichtigen Angelegenheiten aber kann eine Regelung, ggf. durch Spruch der Einigungs-

---

1 Ausf. Richardi/*Richardi*, § 77 BetrVG Rz. 10 ff. | 2 BAG v. 10.8.1994 – 10 ABR 61/93, DB 1995, 480. | 3 Krit. Richardi/*Annuß*, DB 2001, 41 (44 Fn. 33); abl. DKK/*Wedde*, § 28a BetrVG Rz. 57; *Mallotke*, AiB 2001, 625 (628), die die Gruppenvereinbarung nachrangig zur BV einordnen. | 4 So auch *Neef*, NZA 2001, 361 (363); *Wendeling-Schröder*, NZA Sonderheft 2001, 29 (33); *Natzel*, DB 2001, 1362 (1363); *Fitting*, § 77 BetrVG § 28a Rz. 34; *Stege/Weinspach/Schiefer*, § 28a BetrVG Rz. 17; aA *Mallotke*, AiB 2001, 625 (627 f.), die das Günstigkeitsprinzip anwendet. | 5 So *Stege/Weinspach/Schiefer*, § 28a BetrVG Rz. 17; *Engels/Trebinger/Löhr-Steinhaus*, DB 2001, 532 (537). | 6 Ebenso Richardi/*Thüsing*, § 28a Rz. 28. | 7 *Neef*, NZA 2001, 361 (363); *Natzel*, DB 2001, 1362, (1363); aA DKK/*Wedde*, § 28a BetrVG Rz. 65. | 8 *Fitting*, § 77 BetrVG Rz. 18; DKK/*Berg*, § 77 BetrVG Rz. 29. | 9 ArbG Heilbronn v. 13.6.1989 – 4 Ca 116/89, AiB 1989, 351 f. | 10 BAG v. 15.12.1961 – 1 AZR 207/59, AP Nr. 1 zu § 615 BGB – Kurzarbeit; v. 24.2.2000 – 8 AZR 180/99, DB 2000, 1287. | 11 BAG v. 15.12.1961 – 1 AZR 207/59, AP Nr. 1 zu § 615 BGB – Kurzarbeit; v. 24.2.2000 – 8 AZR 180/99, DB 2000, 1287; LAG Nürnberg v. 23.9.1997 – 6 Sa 242/96, AiB 1998, 162; *Fitting* § 33 BetrVG Rz. 57. | 12 DKK/*Berg*, § 77 BetrVG Rz. 28; Richardi/*Richardi*, § 77 BetrVG Rz. 31; *Fitting*, § 77 BetrVG Rz. 18. | 13 GK-BetrVG/*Kreutz*, § 77 Rz. 39; *Fitting*, § 77 BetrVG Rz. 27; *Oetker*, ZfA 1990, 43, (83 ff.); DKK/*Berg*, § 77 BetrVG Rz. 28. | 14 *Fitting*, § 77 BetrVG Rz. 28; DKK/*Berg*, § 77 BetrVG Rz. 28.

14 Schriftform: Gemäß § 77 Abs. 2 bedarf die BV für ihr Wirksamwerden zwingend der Schriftform[3]. Textform (§ 126b BGB) genügt nicht; die elektronische Form nach § 126a Abs. 2 BGB dürfte wegen der fehlenden technischen Voraussetzungen (qualifizierte elektronische Signatur von ArbGeb und BR) ohne Bedeutung sein[4].

15 ArbGeb und BR müssen eigenhändig auf derselben Urkunde unterzeichnen[5]. Der Austausch gleich lautender Urkunden ist abweichend von § 126 Abs. 2 Satz 2 BGB unzureichend[6]. Damit genügt die Unterzeichnung einer Kopie eines BR-Beschlusses durch den ArbGeb selbst dann nicht, wenn alle BR-Mitglieder das Original unterzeichnet haben[7]. Abweichend von §§ 126, 766 BGB[8] brauchen Regelungen, auf die Bezug genommen wird, nicht ihrerseits in der BV wiederholt oder als Anlage beigefügt zu werden, wenn sie selbst schriftlich getroffen wurden. Beispiel: TV[9] oder bereits bekannt gegebene Gesamtzusage[10], Richtlinien und Erlasse[11]. Zur dynamischen Bezugnahme vgl. Rz. 53. Dies gilt auch für Anlagen, die nicht unterzeichnet werden müssen. Es genügt, wenn darauf in der BV Bezug genommen wird und die Einbeziehung auch äußerlich – etwa durch ein Zusammenheften – erkennbar wird[12]. Ohne feste körperliche Verbindung kann sich ihre Einbeziehung auch aus fortlaufender Paginierung, fortlaufender Nummerierung der einzelnen Vorschriften, einheitlicher grafischer Gestaltung, einheitlichem Textzusammenhang oder aus sonstigen vergleichbaren Merkmalen ergeben[13].

16 Wegen der normativen Wirkung muss der beiderseitige Wille, eine BV abzuschließen, in der Vereinbarung erkennbar werden. Daran fehlt es zB bei einem gemeinsam unterzeichneten Rundschreiben[14] oder einer Kurzarbeitsanzeige[15], wobei die Möglichkeit der Umdeutung in eine Regelungsabrede bleibt (vgl. Rz. 88). Ein Sitzungs- bzw. Verhandlungsprotokoll kann BV sein, wenn die darin getroffene Vereinbarung von beiden Parteien beschlossen und schriftlich niedergelegt worden ist[16]. Wenn damit in einzelvertragliche Rechte der ArbN eingegriffen werden soll, muss dies aber deutlich erkennbar sein. Eine Protokollnotiz, die nur „beiläufig" entsprechende Ausführungen enthält, soll im Zweifel keine ablösende BV sein[17]. Ist eine Vereinbarung der betrieblichen Sozialpartner auch durch die Gewerkschaft unterzeichnet, liegt regelmäßig ein Firmen- oder Haustarifvertrag vor, wenn die Vereinbarung andernfalls wegen Verstoßes gegen § 77 Abs. 3 unwirksam wäre[18].

17 Ein Anspruch auf Unterzeichnung einer BV besteht nicht, selbst wenn mündlich dem Verhandlungsergebnis zugestimmt wurde und eine entsprechende Beschlussfassung durch den BR erfolgt ist[19]. Die BV wird erst mit wechselseitiger Unterzeichnung wirksam. Die fehlende Zustimmung kann allenfalls nur durch Einigungsstellenspruch ersetzt werden.

18 Sprache: Die Sprache des Betriebsverfassungsrechts ist nicht notwendig Deutsch[20]; BV in anderen Sprachen (zB Englisch) sind wirksam. Allerdings kann aus § 75 ein Übersetzungsanspruch entstehen, wenn ein Teil der Mitarbeiter die Fremdsprache nicht beherrscht[21].

19 Bekanntgabe der BV: Gemäß Abs. 2 Satz 3 muss der ArbGeb die BV an geeigneter Stelle im Betrieb auslegen. Entgegen abweichender Stimmen[22] handelt es sich dabei nur um eine Ordnungsvorschrift. Ihre Beachtung ist keine Wirksamkeitsvoraussetzung[23]. Verstoß gegen die Auslegungspflicht begründet keinen Schadensersatzanspruch[24]. Dies gilt auch für den Bereich der Altersversorgung[25]. Andernfalls wäre es für ArbGeb möglich, einseitig das Wirksamwerden einer BV zu verhindern oder zu verzögern. Die ArbN-Interessen werden in der Regel dadurch gewahrt, dass der ArbN – wenn auch im Arbeitsvertrag entgegen § 2 Abs. 1 Satz 2 Nr. 10 bzw. Abs. 3 NachwG keine Bezugnahme auf die BV erfolgt ist – aus §§ 241 Abs. 2, 280 Abs. 1, 2, 286, 611 BGB iVm. diesen Regeln des NachwG einen Anspruch auf Ersatz des ihm aus

---

1 Vgl. BAG v. 4.3.1986 – 1 ABR 15/84, DB 1986, 1395. | 2 Vgl. BAG v. 4.3.1986 – 1 ABR 15/84, DB 1986, 1395 (1397). | 3 BAG v. 3.6.1997 – 3 AZR 25/96, NZA 1998, 382 (384); v. 11.11.1986 – 3 ABR 74/85, NZA 1987, 449. | 4 Richardi/*Richardi*, § 77 BetrVG Rz. 33. | 5 BAG v. 11.11.1986 – 3 ABR 74/85, NZA 1987, 449. | 6 Richardi/*Richardi*, § 77 BetrVG Rz. 38. | 7 LAG Berlin v. 6.9.1991 – 2 Ta BV 3/91, DB 1991, 2593 (2593); HSWG/*Worzalla*, § 77 BetrVG Rz. 118. | 8 Vgl. nur BGH v. 13.11.1963 – V ZR 8/62, BGHZ 40, 255 (263). | 9 Vgl. BAG v. 27.3.1963 – 4 AZR 72/62, DB 1963, 902; v. 23.6.1992 – 1 ABR 9/92, NZA 1993, 229. | 10 BAG v. 3.6.1997 – 3 AZR 25/96, NZA 1997, 382 (383). | 11 BAG v. 2.2.1959 – 2 AZR 275/58, BAGE 7, 220 (221 f.); v. 23.9.1981 – 4 AZR 569/79, DB 1982, 608. | 12 BAG v. 11.11.1986 – 3 ABR 74/85, NZA 1987, 449. | 13 BGH v. 24.9.1997 – XII ZR 234/95, NJW 1998, 58; v. 7.5.1998 – 2 AZR 55/98 DB 1998, 1770; offenbar strenger BAG v. 6.12.2001 – 2 AZR 422/00, NZA 2002, 999. | 14 LAG Düsseldorf v. 3.2.1977 – 7 Sa 327/76, DB 1977, 1954. | 15 BAG v. 12.2.1991 – 2 AZR 415/90, DB 1991, 1990 (1991). | 16 BAG v. 20.12.1961 – 4 AZR 213/60, DB 1962, 609. | 17 BAG v. 9.12.1997 – 1 AZR 330/97, NZA 1998, 609, (611). | 18 BAG v. 7.11.2000 – 1 AZR 175/00, NZA 2001, 727 ff. | 19 LAG Berlin v. 6.9.1991 – 2 Ta BV 3/91, DB 1991, 2593. | 20 Vgl. LG Düsseldorf v. 16.3.1999 – 36 T 3/99, GmbHR 1999, 609. | 21 *Diller*, DB 2000, 718 (722). | 22 So *Zöllner/Loritz*, § 46 II 2; *Heinze*, NZA 1994, 580 (582); *Preis/Lindemann*, Anm. zu EuGH v. 8.2.2001 – Rs. C-350/99, EAS RL 91/533/EWG Art. 2 Nr. 2, 18. | 23 Vgl. für die entsprechende Auslegungspflicht bei Tarifverträgen: BAG v. 23.1.2002 – 4 AZR 56/01, NZA 800 (804); DKK/*Berg*, §§ 77 BetrVG Rz. 33; GK-BetrVG/ *Kreutz*, § 77 Rz. 50 ff., 52; *Fitting*, § 77 BetrVG Rz. 25. | 24 BAG v. 23.1.2002 – 4 AZR 56/01, NZA 800, (805); aA *Kempen/Zachert*, TVG § 8 Rz. 6 ff.; *Löwisch/Rieble*, TVG § 8 Rz. 10; *Koch*, FS Schaub, S. 421, (430). | 25 Abw. *Fischer*, BB 2000, 354 (360 ff.).

der Nichtbeachtung entstehenden Schadens hat[1]. Beispiel: Nichtbeachtung der in der BV festgelegten Ausschlussfrist[2]. Andernfalls würde ein Widerspruch zu §§ 305 Abs. 2, 310 Abs. 4 Satz 2 BGB geschaffen. Danach ist der ArbGeb nicht verpflichtet, dem ArbN die Möglichkeit einer Kenntnisnahme der im Formulararbeitsvertrag in Bezug genommenen Regelungswerke zu verschaffen. Im Übrigen ist der BR berechtigt, selbst auf die BV hinzuweisen bzw. ihre Bekanntgabe vorzunehmen (vgl. § 80 Abs. 1 Satz 1).

Die Auslegung muss allen ArbN ermöglichen, den Inhalt der BV ohne besondere Mühe zur Kenntnis zu nehmen. Dabei genügt es entsprechend § 8 TVG, wenn dem ArbN die Möglichkeit eines Einblicks verschafft wird. Ein „Aushändigen" ist nicht erforderlich[3]. Wenn alle ArbN über einen Bildschirm die Möglichkeit der Einsichtnahme besitzen, können BV auch in elektronischer Form im Intranet bekannt gegeben werden[4]. **20**

AGB-Kontrolle von BV: BV sind von der AGB-Kontrolle im Arbeitsrecht[5] ausgeschlossen (§ 310 Abs. 4 Satz 1 BGB). Grundsätzlich erfolgt eine Inhaltskontrolle nach §§ 305 ff. BGB auch dann nicht, wenn die BV ihrem Wortlaut nach zum Inhalt des Arbeitsvertrags gemacht wird (§§ 307 Abs. 3, 310 Abs. 4 Satz 3 BGB). Etwas anderes gilt allerdings dann, wenn im Formulararbeitsvertrag von einer BV abweichende Vereinbarungen getroffen werden oder wenn auf BV Bezug genommen wird, die ihrem Geltungsbereich nach das Arbeitsverhältnis eigentlich nicht erfassen. Beispiel: Bezugnahme auf BV einer anderen Konzerngesellschaft. Dies gilt erst recht, wenn nur auf einen Teil einer BV verwiesen wird. Da der in der BV insgesamt gefundene Interessenausgleich nicht übernommen wird, gibt es hier keine Vermutung der materiellen Richtigkeit. Bei einer Bezugnahme auf betriebsfremde Regelungswerke steht außerdem zu besorgen, dass die Interessen der betroffenen ArbN durch den anderen BR schon wegen der anderweitigen Zusammensetzung und der verschiedenen Verhandlungsstärke nicht angemessen berücksichtigt werden. Allerdings rechtfertigt dies nicht, die materielle Angemessenheit der in der BV geregelten Leistungen entsprechend § 307 Abs. 1 BGB zu bewerten. Eine solche „Preiskontrolle" sollte durch §§ 310 Abs. 4, 307 Abs. 3 BGB nicht eröffnet werden. Andernfalls würde damit eine faktische Pflicht zur Umsetzung von BV auch außerhalb ihres Geltungsbereichs geschaffen; bei TV läge ein Eingriff in die negative Koalitionsfreiheit vor[6]. **21**

6. Auslegung einer BV. Die Auslegung der BV folgt den Grundsätzen der Gesetzesauslegung[7]. Damit ist zunächst vom Wortlaut auszugehen, wobei der maßgebliche Sinn zu erforschen ist, ohne am Buchstaben zu haften. Der Wille der betrieblichen Sozialpartner ist grundsätzlich nur insoweit zu berücksichtigen, als er in den Vorschriften seinen Niederschlag gefunden hat. Abzustellen ist stets auf den Gesamtzusammenhang und auf die Systematik der Regelung, weil diese Anhaltspunkte für den wirklichen Willen der Vertragsparteien enthalten und so Sinn und Zweck der Normen zutreffend ermittelt werden können. So können etwa Sitzungsniederschriften, Protokollnotizen oder gemeinsame – auch nachträgliche – Erklärungen der Betriebsparteien von Bedeutung sein. Die Auslegung hat sich auch daran zu orientieren, ob ihr Ergebnis in sich verständlich und umsetzbar ist. Im Zweifel gebührt derjenigen Auslegung der Vorzug, welche zu einer vernünftigen, sachgerechten und praktisch brauchbaren Regelung führt[8]. Zu berücksichtigen ist dabei, dass die Parteien im Zweifel Regelungen treffen wollen, die mit höherrangigem Recht in Einklang stehen. Hierzu gehört auch die aus Art. 189 EG folgende Pflicht, BV – soweit dies nach ihrem Wortlaut möglich ist – gemeinschaftskonform auszulegen, damit – sofern eine entsprechende Verbindlichkeit gegeben ist – die Vorgaben europäischer VO und Richtlinien umgesetzt werden[9]. Bleiben hiernach noch Zweifel, können die Gerichte für Arbeitssachen ohne Bindung an eine Reihenfolge weitere Kriterien wie die Entstehungsgeschichte oder auch eine praktische Übung ergänzend hinzuziehen. Für die Auslegung einer KonzernBV (Entsprechendes gilt auch für die Gesamtbetriebsvereinbarung) spielt die Vollzugspraxis eines einzelnen beherrschten Unternehmens indes keine Rolle[10]. **22**

7. Reichweite der Regelungskompetenz. Persönlich: Die BV gilt grundsätzlich für alle ArbN iSd. BetrVG (vgl. § 5 Rz. 2, 45). Unter Beachtung des Gleichbehandlungsgrundsatzes (§ 75) kann der Geltungsbereich aber durch Vereinbarung auf bestimmte Betriebsabteilungen oder ArbN-Gruppen be- **23**

---

[1] Vgl. BAG v. 30.9.1970 – 1 AZR 535/69, DB 1971, 101 (§ 70 Abs. 2 BAT); Richardi/*Richardi*, § 77 BetrVG Rz. 41 f.; ebenso ArbG Frankfurt a. M. v. 25.8.1999 – 2 Ca 477/99, DB 1999, 2316; *Fitting*, § 77 BetrVG Rz. 26, deren Kennzeichnung von § 2 NachwG als Schutzgesetz iSd. § 823 Abs. 2 BGB indes nicht überzeugt. | [2] Vgl. für die entsprechende Pflicht bei TV BAG v. 17.4.2002 – 5 AZR 89/01, NZA 2002, 1096 (1098); BAG v. 29.5.2002 – 5 AZR 105/01, EzA § 2 NachwG Nr. 4 (5); aA *Weber*, NZA 2002, 641 (643): keine Anwendbarkeit der BV bei fehlendem Nachweis. | [3] Vgl. BAG 5.11.1963 – 5 AZR 136/63, DB 1964, 470; GK-BetrVG/*Kreuz*, § 77Rz. 43; Richardi/*Richardi*, § 77 BetrVG Rz. 41; zweifelnd BAG v. 11.11.1998 – 5 AZR 63/98, NZA 1999, 605 (606); aA *Fitting*, § 77 BetrVG Rz. 25, die das tatsächliche Auslegen eines oder mehrerer Abschriften für notwendig halten. | [4] *Beckschulze/Henkel*, DB 2001, 1491 (1502). | [5] Hierzu *Henssler*, RdA 2002, 129 ff.; *Lingemann*, NZA 2002, 181 ff.; *Gotthardt*, ZIP 2002, 277 ff.; *Gaul, B.*, AktuellAR 2002, 43 ff., 359 ff. | [6] Ebenso *Hromadka*, NJW 2002, 2523 (2526 f.); aA *Däubler*, NZA 2001, 1329 (1334 f.); *Lakies*, NZA-RR 2002, 337 (343). | [7] BAG v. 7.11.2000 – 1 AZR 175/00, NZA 2001, 727 (728); v. 22.5.2001 – 3 AZR 491/00, EzA § 1 BetrAVG – Betriebsvereinbarung Nr. 3 (S. 3 f.); v. 1.7.2002 – 1 ABR 22/02, NZA 2003, 1209 (1211). | [8] BAG v. 7.11.2000 – 1 AZR 175/00, NZA 2001, 727, (728); v. 22.5.2001 – 3 AZR 491/00, EzA § 1 BetrAVG – Betriebsvereinbarung Nr. 3 (S. 3 f.); v. 15.1.2002 – 1 AZR 165/01, EzA § 614 BGB Nr. 1 (S. 6 ff.); v. 12.11.2002 – 1 AZR 632/01, NZA 2003, 676 (677). | [9] Vgl. EuGH v. 14.7.1994 – Rs. C 91/92, NJW 1994, 2473 (2474); BAG v. 23.1.2002 – 4 AZR 56/01, NZA 2002, 800 (803). | [10] BAG v. 22.1.2002 – 3 AZR 554/00, NZA 2002, 1224 ff.

grenzt werden[1]. Dabei spielt die Gewerkschaftszugehörigkeit der ArbN keine Rolle. Dies gilt auch bei einer BV zur Konkretisierung eines TV[2]. Neueinstellungen nach Abschluss der BV werden erfasst; Abweichendes kann vereinbart werden[3]. LeihArbN bleiben nach § 14 Abs. 1 AÜG auch während der Zeit ihrer Arbeitsleistung bei einem Entleiher Angehörige des entsendenden Betriebs des Verleihers. Soweit allerdings gleichwohl Mitbestimmungs- oder Mitwirkungsrechte des BR im Einsatzbetrieb gegeben sind (vgl. § 5 Rz. 12), ist auch der Abschluss einer BV möglich (zB Flexibilisierung der Arbeitszeit).

24 Ausgenommen sind die in § 5 Abs. 2 genannten Personen und leitende Angestellte iSd. § 5 Abs. 3[4]; für diesen Personenkreis hat der BR keine Regelungskompetenz. Werden sie gleichwohl in den Geltungsbereich der BV einbezogen, entsteht keine normative Wirkung. Die Regelung kann aber als Vertrag zugunsten Dritter (§ 328 BGB) Ansprüche dieser Personen begründen[5]. Dass der BR nach BAG v. 9.12.1997[6] keine Befugnis hat, außerhalb von § 77 unmittelbar anspruchsbegründende Vereinbarungen abzuschließen, steht § 328 BGB nicht entgegen. Denn die Einschränkung betrifft nur ArbN iSd. § 5 Abs. 1. Nur hier würde die Anerkennung eines Vertrags zugunsten Dritter auch zu einer Wirkungslosigkeit des in § 77 Abs. 3 vorgesehenen Tarifvorrangs führen. Bei den Personen iSd. § 5 Abs. 2, 3 kommt dieser Vorbehalt ohnehin nicht zur Anwendung. Ein Anspruch auf Gleichbehandlung besteht indes nicht.

25 Ausgeschiedene ArbN werden vom Geltungsbereich einer BV grundsätzlich nicht erfasst. Diesem Personenkreis fehlt das aktive und passive Wahlrecht, was an sich zur Legitimation des BR notwendig ist[7]. Eine erste Ausnahme betrifft Sozialpläne. Hier folgt bereits aus dem Restmandat (§ 21b), dass der BR Regelungen mit Wirkung für ausgeschiedene ArbN treffen kann[8]. Er ist auch berechtigt, in den Grenzen der Verhältnismäßigkeit und des Vertrauensschutzes Änderungen zugunsten oder zum Nachteil der bereits ausgeschiedenen ArbN in Bezug auf bereits abgeschlossene Regelungen vorzunehmen (vgl. § 112 Rz. 37)[9]. Andernfalls bestünde die Gefahr, dass notwendige Änderungen – ggf. sogar wegen Wegfalls der Geschäftsgrundlage – nur zu Lasten der noch verbliebenen ArbN, häufig also der älteren ArbN mit längerer Kündigungsfrist, vorgenommen würden[10]. Fällige Ansprüche und feste Anwartschaften können hiervon nicht generell ausgenommen werden[11].

26 Eine weitere Ausnahme betrifft Sozialleistungen, die ihrem Zweck nach auch nach Beendigung des Arbeitsverhältnisses gewährt werden[12]. Beispiel: Werkmietwohnungen, Übergangsgelder, betrAV (vgl. auch Vorb. BetrAVG Rz. 137 ff.). Entgegen einer häufig vertretenen Auffassung[13] kann der BR Änderungen vornehmen. Sie können auch frühere ArbN betreffen, die mit einer unverfallbaren Anwartschaft ausgeschieden sind und/oder bereits Altersversorgung beziehen[14]. Folgerichtig können Änderungen des Versorgungsniveaus, sofern die allgemeinen Schranken für die Änderung von BV im Bereich der betrAV berücksichtigt werden (vgl. Rz. 55), mit Wirkung für die aktive Belegschaft und die bereits ausgeschiedenen ArbN gleichermaßen vorgenommen werden. Dabei können die Regelungen über die Anpassung laufender Betriebsrenten bereits beim Vorliegen sachlicher Gründe geändert werden[15]. Eine Störung der Geschäftsgrundlage (§ 313 BGB), wie dies in BAG v. 9.7.1985[16] der Fall war, ist nicht erforderlich.

27 **Räumlicher Geltungsbereich:** Die BV gilt grundsätzlich für den gesamten Betrieb oder selbständigen Betriebsteil iSd. §§ 1, 4, die betriebsverfassungsrechtliche Organisationseinheit nach § 3 Abs. 1 Nr. 1–3 und Betriebe, für die unter Verkennung des Betriebsbegriffs eine BR-Wahl durchgeführt worden ist. Die letztgenannte Einheit wird – ggf. bis zum rechtskräftigen Abschluss einer Anfechtung der BR-Wahl – wie ein Betrieb iSd. § 1 behandelt[17]. Allerdings können in den Grenzen des Gleichbehandlungsgrundsatzes (§ 75) innerhalb des Betriebs einzelne Betriebsteile oder Funktionsgruppen ausgegrenzt werden. Ein räumlich weit entfernter Betriebsteil, der nach § 4 Abs. 1 Satz 1 Nr. 1 als selbständiger Betrieb gilt

---

1 BAG v. 1.2.1957 – 1 AZR 195/55, BB 1957, 294; *Fitting*, § 77 BetrVG Rz. 35; DKK/*Berg*, § 77 BetrVG Rz. 35. | 2 GK-BetrVG/*Kreutz*, § 77 Rz. 172; *Fitting*, § 77 BetrVG Rz. 35. | 3 BAG v. 5.9.1960 – 1 AZR 509/57, DB 1960, 1309; DKK/*Berg*, § 77 BetrVG Rz. 35; *Fitting*, § 77 BetrVG Rz. 35. | 4 BAG v. 31.1.1979 – 5 AZR 454/77, DB 1979, 1039; DKK/*Berg*, § 77 BetrVG Rz. 35; Richardi/*Richardi*, § 77 BetrVG Rz. 73; *Fitting*, § 77 BetrVG Rz. 36. | 5 Vgl. BAG v. 31.1.1979 – 5 AZR 454/77, DB 1979, 1039; ähnlich *Hanau*, RdA 1979, 324 (329) im Rahmen der Folgen wegen Handelns als Vertreter ohne Vertretungsmacht; abl. Richardi/*Richardi*, § 77 BetrVG Rz. 73; HSWG/*Worzalla*, § 77 BetrVG Rz. 13; *Fitting*, § 77 BetrVG Rz. 36; GK-BetrVG/*Kreutz*, § 77 BetrVG Rz. 175: Angebot zum Abschluss einer einzelvertraglichen Vereinbarung. | 6 BAG v. 9.12.1977 – 1 AZR 319/97, NZA 1998, 661 (663). | 7 BAG v. 16.3.1956 – GS 1/55, NJW 1956, 1086; v. 13.5.1997 – 1 AZR 75/97, NZA 1998, 160; v. 5.10.2000 – 1 AZR 48/00, NZA 2001, 849 (851). | 8 BAG v. 5.10.2000 – 1 AZR 48/00, NZA 2001, 849 (851); v. 10.8.1994 – 10 ABR 61/93, NZA 1995, 314. | 9 BAG v. 10.8.1994 – 10 ABR 61/93, NZA 1995, 314 (318); v. 5.10.2000 – 1 AZR 48/00, NZA 2001, 849 (852); GK-BetrVG/*Kreutz*, § 77 Rz. 179. | 10 Vgl. BAG v. 10.8.1994 – 10 ABR 61/93, NZA 1995, 314 (319). | 11 Vgl. BAG v. 14.8.2001 – 1 ABR 52/00, BB 2002, 48 (49); anders noch BAG v. 16.3.1956 – GS 1/53, NJW, 1086 für Ruhegeldleistung. Bestätigt durch BAG v. 10.3.1992 – 3 ABR 54/91, NZA 1993, 234; v. 13.5.1997 – 1 AZR 75/97, NZA 1998, 160 (162); *Fitting*, § 77 BetrVG Rz. 59; DKK/*Berg*, § 77 BetrVG Rz. 39; ErfK/*Kania*, § 77 BetrVG Rz. 6. | 12 *Fitting*, § 77 BetrVG Rz. 38 f.; GK-BetrVG/*Kreutz*, § 77 Rz. 184. | 13 So BAG v. 16.3.1956 – GS 1/55, NJW 1956, 1086; v. 10.11.1977 – 3 AZR 705/76, DB 1978, 939; v. 25.10.1988 – 3 AZR 483/86, NZA 1989, 522 (523); v. 13.5.1997 – 1 AZR 75/97, NZA 1998, 160; Richardi/*Richardi*, § 77 BetrVG Rz. 75 ff. | 14 BAG v. 25.7.2000 – 3 AZR 676/99, EZA § 1 BetrAVG – *Ablösung Nr. 25 S. 10 ff.*; v. 18.2.2003 – 3 AZR 81/02, EzA § 1 BetrAVG Ablösung Nr. 35 S. 8 ff.; vgl. noch HSWG/*Worzalla*, § 77 BetrVG Rz. 10 ff. | 15 BAG v. 16.7.1996 – 3 AZR 398/95, DB 1997, 631. | 16 BAG v. 9.7.1985 – 3 ABR 546/82, NZA 1986, 517. | 17 BAG v. 27.6.1995 – 1 ABR 62/94, EzA § 111 BetrVG 1972 Nr. 31 (S. 3); v. 19.1.1999 – 1 AZR 342/98, EzA § 113 BetrVG 1972 Nr. 28 (S. 11).

(vgl. § 4 Rz. 6), wird nicht erfasst[1]. Die im gemeinsamen Betrieb mehrerer Unternehmen (vgl. § 1 Rz. 16) abgeschlossene BV ist im Zweifel dahin auszulegen, dass die ArbN nur ihren VertragsArbGeb, nicht dagegen alle Unternehmen, die den Gemeinschaftsbetrieb geführt haben, gesamtschuldnerisch in Anspruch nehmen können[2]. Entsprechendes gilt, wenn eine BV für eine betriebsverfassungsrechtliche Organisationseinheit iSd. § 3 abgeschlossen wurde, an der mehrere Unternehmen beteiligt sind.

Der räumliche Geltungsbereich von Gesamt- oder KonzernBV hängt vom Regelungsgegenstand ab. Wird die ArbN-Vertretung im Rahmen der originären Zuständigkeit tätig (§§ 50 Abs. 1, 58 Abs. 1), werden in der Regel alle Betriebe bzw. Unternehmen erfasst. Abweichendes kann indes vereinbart werden. Wenn Gesamt- oder KonzernBR nach einer Delegation gemäß §§ 50 Abs. 2, 58 Abs. 2 tätig werden, bestimmt sich der räumliche Geltungsbereich nach der Zuständigkeit des vertretenen BR oder GesamtBR. **28**

ArbN, die außerhalb eines Betriebs tätig sind, werden erfasst, wenn Betriebszugehörigkeit gegeben ist. Grundsätzlich gehören hierzu auch ArbN im Außendienst oder in Telearbeit (vgl. § 5 Rz. 13, 36), sofern der Einsatzort kein selbständiger Betriebsteil iSd. § 4 Abs. 1 Satz 1 ist. Dabei werden auch ArbN im Ausland erfasst, sofern eine arbeitsvertragliche Bindung zum Inland besteht und – vor allem bei nur vorübergehender Entsendung – (weiterhin) eine tatsächliche Eingliederung in die inländische Betriebsorganisation gegeben ist (vgl. § 5 Rz. 14). Beispiel: Reiseleiterin im Ausland[3]. **29**

Zeitlicher Geltungsbereich: Vorbehaltlich abweichender Vereinbarung tritt die BV mit Abschluss, also mit der letzten notwendigen Unterschrift, in Kraft[4]. Alternativ kann das Wirksamwerden an einen bestimmten Zeitpunkt oder den Eintritt einer vor allem für die ArbN klar erkennbaren Bedingung geknüpft werden[5]. **30**

Auch ein rückwirkendes Inkraftsetzen ist möglich[6], soweit dies nicht aus tatsächlichen Gründen – wie zB bei Verhaltens- und Ordnungsregeln sowie Abschlussnormen – ausgeschlossen ist. Im Gegensatz zu Inhaltsnormen, die Rechte und Pflichten für das bestehende Arbeitsverhältnis regeln (Bsp.: Arbeitszeit, Entgelt)[7], und Beendigungsnormen, die das „Ob" und „Wie" der Beendigung des Arbeitsverhältnisses zum Inhalt haben (Bsp.: Sonderkündigungsschutz)[8], regeln Abschlussnormen das Zustandekommen, die Wiederaufnahme oder die Fortsetzung von Arbeitsverhältnissen (Bsp.: Vorgaben zur Befristung)[9]. Keine Einschränkung gilt, wenn für die betroffenen ArbN günstigere Regelungen getroffen werden[10]. Bei einer Verschlechterung müssen die allgemeinen Grundsätze über die Wirksamkeit abändernder BV (vgl. Rz. 54) sowie der Grundsatz des Vertrauensschutzes und der Verhältnismäßigkeit beachtet werden[11]. Eine belastende Rückwirkung setzt deshalb voraus, dass die bisherige Rechtslage unklar war und die Betroffenen damit rechnen und sich darauf einstellen konnten oder aber dass eine Anpassung wegen Störung der Geschäftsgrundlage (§ 313 BGB) erforderlich ist[12]. Diese Voraussetzung ist erfüllt, wenn die Vereinbarung – auch nach längeren Verhandlungen – eine zuvor gekündigte BV (rückwirkend) zum Ablauf der Kündigungsfrist ersetzen soll[13]. Unerheblich ist, ob die Neuregelung einvernehmlich oder durch Spruch der Einigungsstelle zustande kommt[14]. Allerdings muss die Rückwirkung in der BV deutlich zum Ausdruck kommen; im Zweifelsfall gilt dies als nicht gewollt[15]. **31**

Sachlicher Geltungsbereich: Den betrieblichen Sozialpartnern kommt eine umfassende Regelungskompetenz zu. In den Grenzen des Tarifvorrangs aus § 77 Abs. 3 bzw. des Tarifvorbehalts aus § 87 Abs. 1 (vgl. Rz. 48 ff.) können alle tarifvertraglich regelbaren Angelegenheiten Gegenstand einer BV sein[16]. Hierzu gehören Abschluss-, Inhalts- und Beendigungsnormen (zur Begrifflichkeit vgl. Rz. 31 sowie § 1 TVG Rz. 45 ff.). Daraus folgt nicht nur die Befugnis zum Abschluss von BV im Rahmen der gesetzlichen Zuständigkeit des BR. Durch BV können auch zusätzliche Pflichten des ArbGeb oder Beteiligungsrechte des BR begründet werden. Beispiel: Entscheidungsbefugnis der Einigungsstelle in freiwilligen Angelegenheiten[17]. Insofern besteht eine unbeschränkte Zuständigkeit in Bezug auf alle sozialen, personellen und wirtschaftlichen Angelegenheiten, die Arbeitsbedingungen im weitesten Sinne betreffen[18]. Zusätzliche Pflichten der ArbN-Seite ohne Bezug zur Abwicklung des Arbeitsverhältnisses können durch BV indes nicht begründet werden. Der BR ist nur in betriebsverfassungsrechtlichen Angele- **32**

---

1 BAG v. 19.2.2002 – 1 ABR 26/01, AP § 4 BetrVG 1972 Nr. 13. |2 Vgl. für Sozialplan im Konkurs BAG v. 12.12.2002 – 1 AZR 632/01, NZA 2003, 676 ff.; *Gaul, B.*, NZA 2003, 695 (700 f.). |3 BAG v. 7.12.1989 – 2 AZR 228/98, NZA 1990, 658; vgl. auch LAG München v. 13.4.2000 – 2 Sa 886/99, NZA-RR 2000, 425 f. |4 *Fitting*, § 77 BetrVG Rz. 40. |5 BAG v. 15.1.2002 – 1 AZR 165/01, EzA § 614 BGB Nr. 1 (S. 10); LAG Rh.-Pf. v. 4.10.1999 – 7 Sa 821/99, NZA-RR 2001, 89. |6 BAG v. 8.3.1977 – 1 ABR 33/75, DB 1977, 1464; v. 19.9.1995 – 1 AZR 208/95, NZA 1996, 386; Richardi/*Richardi*, § 77 BetrVG Rz. 128 ff.; *Fitting*, § 77 BetrVG Rz. 41; abl. GK-BetrVG/*Kreutz*, § 77 Rz. 195. |7 Vgl. Wiedemann/*Wiedemann*, § 1 TVG Rz. 314 f. |8 *Löwisch/Rieble*, § 1 TVG Rz. 73 f. |9 Wiedemann/*Wiedemann*, § 1 TVG Rz. 479. |10 BAG v. 6.3.1984 – 3 AZR 82/82, 1984, 356. |11 BAG v. 19.9.1995 – 1 AZR 208/95, NZA 1996, 386; *Fitting*, § 77 BetrVG Rz. 43, Richardi/*Richardi*, § 77 BetrVG Rz. 130. |12 BAG v. 19.9.1995 – 1 AZR 208/95, NZA 1996, 386; v. 5.10.2000 – 1 AZR 48/00, NZA 2001, 849 (852) mwN. |13 BAG v. 8.3.1977 – 1 ABR 33/75, DB 1977, 1464. |14 BAG v. 19.9.1995 – 1 AZR 208/95, NZA 1996, 386. |15 BAG v. 19.9.1995 – 1 AZR 208/95, NZA 1996, 386. |16 BAG v. 7.11 1989 – GS 3/85, NZA 1990, 816 (818). |17 BAG v. 13.7.1962 – 1 ABR 2/61, DB 1962, 1473. |18 BAG v. 16.3.1956 – GS 1/55, NJW 1956, 1086; v. 25.3.1971 – 2 AZR 185/70, DB 1971, 1113; v. 7.11.1989 – GS 3/85, NZA 1990, 816; ErfK/*Kania*, § 77 BetrVG Rz. 3; *Fitting*, § 77 BetrVG Rz. 45 ff.; abl. Richardi/*Richardi*, § 77 BetrVG Rz. 66.

genheiten zur Vertretung berechtigt. Regelungen in Bezug auf außerdienstliches Verhalten der ArbN sind deshalb im Zweifel unzulässig[1].

33 Durch BV kann dem ArbGeb oder einer – meist paritätisch besetzten – Kommission die Befugnis zur einseitigen Gestaltung mitbestimmungspflichtiger Angelegenheiten in der Zukunft eingeräumt werden. Darin liegt kein Verzicht auf das MitbestimmungsR, der unzulässig wäre, wenn dem ArbGeb das alleinige Gestaltungsrecht über den mitbestimmungspflichtigen Tatbestand eröffnet würde. Voraussetzung ist, dass darin bereits die Wahrnehmung etwaiger MitbestR zu sehen ist (zB durch Vorgabe von Rahmenbedingungen) und die Substanz des MitbestR für die Zukunft unberührt bleibt[2]. Beispiel: Härtefallregelung im Sozialplan, Festsetzung der Jahresboni für Angestellte. Das Gesetz verlangt nicht, dass zu jeder einzelnen mitbestimmungspflichtigen Anordnung jeweils die Zustimmung des BR eingeholt wird, wenn dieser seine Zustimmung – etwa für immer wieder auftretende Überstunden in Eil- oder Notfällen – im Voraus erteilt hat[3]. Insofern kann auf die Schranken einer Bezugnahme auf TV verwiesen werden (vgl. Rz. 53).

34 **8. Kündigung einer BV.** BV sind nach Abs. 5 kündbar. Dies gilt auch, wenn sie auf einen Einigungsstellenspruch zurückgehen[4]. Ohne anderweitige Vereinbarung bedarf die Kündigung keiner Rechtfertigung[5]; Schriftform nach Abs. 2 ist nicht erforderlich[6]. Ein Vorrang der Änderungskündigung zur Vermeidung einer Beendigungskündigung besteht nicht[7]. Mit den Regelungen zur Kündigung und Nachwirkung (§ 77 Abs. 5, 6) hat das BetrVG eigenständige Regelungen zum Schutz anspruchsberechtigter ArbN getroffen[8]. Dies gilt auch bei betrieblicher Altersversorgung (vgl. Vorb. BetrAVG Rz. 146 ff.)[9].

35 Die Betriebsparteien können eine ordentliche Kündigung ausschließen. Eine solche Vereinbarung muss allerdings hinreichend erkennbar sein[10]. Nur beim Sozialplan ist eine ordentliche Kündigung ohne entsprechende Vereinbarung ausgeschlossen. Schließlich wäre der Zweck des Sozialplans[11] gefährdet, weil die Betriebsänderung, nachdem Interessenausgleichsverhandlungen im Zweifel abgeschlossen sind, sonst ohne Vereinbarung über Ausgleich oder Milderung der Nachteile umgesetzt würde[12].

36 Grundsätzlich sind BV aus wichtigem Grund (§§ 314, 626 BGB) außerordentlich kündbar[13]. Man wird aber differenzieren müssen: Regelt die BV ein einmaliges Austauschverhältnis, ist die außerordentliche Kündigung ausgeschlossen[14]. Beispiel: Arbeitszeit an Heiligabend; Abfindung wegen Entlassung im Rahmen einer bestimmten Betriebsänderung. Die Grundsätze zur Störung der Geschäftsgrundlage (vgl. Rz. 43) bleiben hiervon unberührt[15]. Regelt die BV ein Dauerschuldverhältnis, ist die außerordentliche Kündigung denkbar. Beispiel: betrAV, Dienstwagengestellung. Ein wichtiger Grund liegt entsprechend §§ 314, 626 BGB vor, wenn dem Kündigenden unter Berücksichtigung aller Umstände des Einzelfalls und unter Abwägung der beiderseitigen Interessen die Fortsetzung des Vertragsverhältnisses bis zur vereinbarten Beendigung oder bis zum Ablauf einer Frist für die ordentliche Kündigung nicht zuzumuten ist[16]. Bei Pflichtverletzungen liegt ein wichtiger Grund aber grundsätzlich erst nach erfolglosem Ablauf einer zur Abhilfe bestimmten Frist oder einer erfolglosen (betriebsverfassungsrechtlichen) Abmahnung der anderen Seite vor. Die Abmahnung ist entbehrlich, wenn die Pflichterfüllung ernsthaft und endgültig verweigert wird. Außerdem muss die Kündigung in angemessener Frist (idR 2 Wochen) nach Kenntnis des Berechtigten vom Kündigungsgrund erklärt werden.

37 Die Kündigung eröffnet keine weiter gehendere Einwirkungsmöglichkeit als der Abschluss einer Aufhebungs- oder Änderungsvereinbarung[17]. Darüber hinaus kann die Wirkung einer Kündigung durch die Grundsätze des Vertrauensschutzes und der Verhältnismäßigkeit begrenzt sein[18]. Je stärker mit der Kündigung in bereits erworbenen Besitzstand oder bestehende Erwerbschancen eingegriffen wird, umso gewichtigere Gründe müssen durch ArbGeb geltend gemacht werden[19]. Dies gilt insb. bei betrieblicher Altersversorgung (vgl. Vorb. BetrAVG Rz. 146 ff.).

---

1 BAG v. 1.12.1992 – 1 AZR 260/92, DB 1993, 990; v. 19.1.1999 – 1 AZR 499/98, NZA 1999, 546, *Lansnicker/Schwirtzek*, DB 2001, 865 (868). |2 BAG v. 26.7.1988 – 1 AZR 54/87, NZA 1989, 109, (110); v. 28.4.1992 – 1 ABR 68/91, NZA 1993, 31 (35); v. 3.6.2003 – 1 AZR 349/02, NZA 2003, 1155 (1158 f.); v. 1.7.2003 – 1 ABR 22/02, NZA 2003, 1209 (1212). |3 BAG v. 3.6.2003 – 1 AZR 349/02, NZA 2003, 1155 (1159). |4 GK-BetrVG/*Kreutz*, § 77 Rz. 360; HSWG/*Worzalla*, § 77 BetrVG Rz. 199; DKK/*Berg*, § 77 BetrVG Rz. 55. |5 BAG v. 17.1.1995 – 3 ABR 29/94, NZA 1995, 1010, (1012); v. 17.8.1999 – 3 ABR 55/98, NZA 2000, 498, (500); v. 21.8.2001 – 3 ABR 44/00, NZA 2002, 575. |6 HSWG/*Worzalla*, § 77 BetrVG Rz. 211; *Fitting*, § 77 BetrVG Rz. 157. |7 BAG v. 10.3.1992 – 3 ABR 54/91, NZA 1993, 234; v. 26.10.1993 – 1 AZR 46/93, NZA 1994, 572 (573). |8 BAG v. 26.10.1993 – 1 AZR 46/93, NZA 1994, 572 (573); v. 17.8.1999 – 3 ABR 55/98, NZA 2000, 498, (500). |9 BAG v. 18.4.1989 – 3 AZR 688/87, NZA 1990, 67; v. 11.5.1999 – 3 AZR 21/98, DB 2000, 525; v. 21.8.2001 – 3 ABR 44/00, NZA 2002, 575. |10 BAG v. 17.1.1995 – 1 ABR 29/94, NZA 1995, 1010 (1011); v. 21.8.2001 – 3 ABR 44/00, NZA 2002, 575 (577). |11 Vgl. BAG v. 14.8.2001 – 1 AZR 760/00, DB 2002, 153 (154). |12 BAG v. 10.8.1994 – 10 ABR 61/93, NZA 1995, 314 (316). |13 Vgl. BAG v. 28.4.1992 – 1 ABR 68/91, NZA 1993, 31 (35); v. 17.1.1995 – 1 ABR 29/24, NZA 1995, 1010 (1011); DKK/*Berg*, § 77 BetrVG Rz. 38; Richardi/*Richardi*, § 77 BetrVG Rz. 202; GK-BetrVG/*Kreutz*, § 77 Rz. 366; DKK/*Berg*, § 77 BetrVG Rz. 54. |14 Vgl. BAG v. 10.8.1994 – 10 ABR 61/93, NZA 1995, 314 (317); aA HSWG/*Worzalla*, § 77 BetrVG Rz. 200 ff. |15 Vgl. BAG v. 28.8.1996 – 10 AZR 886/95, NZA 1997, 109; Hromadka/*Maschmann*, § 16 Rz. 406. |16 Vgl. BAG v. 28.4.1992 – 1 ABR 68/91, NZA 1993, 31 (35). |17 BAG v. 21.8.2001 – 3 ABR 44/00, NZA 2002, 575 (578). |18 BAG v. 11.5.1999 – 3 AZR 21/98, NZA 2000, 322. |19 BAG v. 26.10.1993 – 1 AZR 46/93, NZA 1994, 572 (573); v. 11.5.1999 – 3 AZR 21/98, NZA 2000, 322.

Die Teilkündigung einer BV kann vereinbart werden. Ohne Vereinbarung ist sie zulässig, wenn sie sich auf einen selbständigen und abgrenzbaren Teil der BV bezieht, dessen Kündigung den verbleibenden Teil als eigenständig handhabbare Regelung bestehen lässt[1]. **38**

9. Sonstige Beendigungsgründe. Anstatt durch Kündigung kann eine BV kraft Vereinbarung durch Zeitablauf (Befristung) bzw. Zweckerfüllung oder -verfehlung (auflösende Bedingung) enden[2]. Sie kann auch durch Aufhebungsvertrag beendet werden; Schriftform ist hierfür – wie bei der Kündigung (vgl. Rz. 34) – nicht erforderlich[3]. Demzufolge ist auch Ablösung oder Aufhebung durch (formlose) Regelungsabrede möglich, wenn der Wille einer solchen Aufhebung in der Regelungsabrede zum Ausdruck gebracht wird[4]. Da eine Neuregelung nicht zwingend normativen Charakter haben muss, steht der Grundsatz „lex posterior derogat legi priori" einer solchen Ablösung nicht entgegen[5]. Zur Ablösung einer BV durch BV vgl. Rz. 54. **39**

Eine BV endet auch dann, wenn nachträglich der Tarifvorrang bzw. -vorbehalt aus § 77 Abs. 3 (vgl. Rz. 48) oder § 87 Abs. 1 Einleitungssatz (vgl. § 87 Rz. 51) zur Anwendung kommt. **40**

Die Insolvenz oder der Tod des Betriebsinhabers haben keinen Einfluss auf die BV[6]. Wegen einer Betriebsspaltung, eines Betriebsübergangs oder einer Umwandlung vgl. Rz. 69 ff., 83. **41**

Endet die Amtszeit des BR, hat dies für Wirksamkeit der BV keine Bedeutung. Beispiel: erfolgreiche Anfechtung der BR-Wahl[7], gerichtliche Auflösung oder Rücktritt der BR-Mitglieder, Ablauf, Übergangs- oder Restmandat iSd. §§ 21a, 21b. Sie gilt kollektivrechtlich auch dann fort, wenn kein neuer BR gewählt wird. Der ArbGeb ist in diesem Fall zur Kündigung gemäß § 77 Abs. 5 durch Erklärung gegenüber den betroffenen ArbN berechtigt[8]. §§ 1, 2 KSchG finden keine Anwendung. Allerdings kann eine Nachwirkung gemäß § 77 Abs. 6 eintreten. War die BR-Wahl nichtig, folgt daraus indes auch die Nichtigkeit der mit diesem „Betriebsrat" abgeschlossenen BV. **42**

10. Wegfall der Geschäftsgrundlage. Entsprechend § 313 BGB kann jede Partei die Anpassung einer BV verlangen, wenn sich die Umstände, die zur Grundlage der BV gemacht wurden, nach Vertragsschluss schwerwiegend verändert haben und die Parteien die Vereinbarung nicht oder mit anderem Inhalt geschlossen hätten, wenn sie diese Veränderung vorausgesehen hätten, soweit einem Teil unter Berücksichtigung aller Umstände des Einzelfalls, insb. der vertraglichen oder gesetzlichen Risikoverteilung, das Festhalten am unveränderten Vertrag nicht zugemutet werden kann. Einer Veränderung der Umstände steht es gleich, wenn wesentliche Vorstellungen, die zur Grundlage der BV geworden sind, sich als falsch herausstellen. Beispiel: Annahme eines völlig überhöhten Sozialplanvolumens – ca. 66 statt ca. 35 Millionen DM[9]. Die Anpassung kann mit einem Eingriff in bereits entstandene Ansprüche verbunden sein. Da die Betroffenen auf den Bestand dieser Ansprüche ebenso wenig vertrauen können, als wenn der Sozialplan von Anfang an nichtig ist oder wegen Ermessensüberschreitung der Einigungsstelle für unwirksam erklärt wird, steht der Vertrauensgrundsatz der Änderung nicht entgegen[10]. Ist in mitbestimmungsfreien Angelegenheiten eine Anpassung nicht möglich oder nicht zumutbar, kann die BV entsprechend §§ 313 Abs. 3 BGB, 77 Abs. 5 gekündigt werden. Kommt in mitbestimmungspflichtigen Angelegenheiten eine Einigung über die Anpassung nicht zustande, entscheidet die Einigungsstelle verbindlich[11]. **43**

11. Nachwirkung der BV. Nach § 77 Abs. 6 gelten mitbestimmte BV (vgl. Rz. 8) nach ihrem Ablauf weiter, bis sie durch eine andere Abmachung ersetzt werden. Dies gilt für jede Form der Beendigung[12]. Mit der Nachwirkung soll ein Regelungsvakuum bis zu einer Neuregelung vermieden werden[13]. Unter Berücksichtigung der Beteiligungsrechte des BR kann die Neuregelung – wie bei § 4 Abs. 5 TVG – auf individual- oder kollektivrechtlicher Ebene, insb. also durch TV, BV, Arbeitsvertrag oder Änderungskündigung, auch zum Nachteil der ArbN, getroffen werden. Auch eine Regelungsabrede genügt[14]. Da § 77 Abs. 6 dispositiv ist[15], kann eine Nachwirkung ausdrücklich oder konkludent (ggf. kraft Natur der Sache) ausgeschlossen werden[16]. Hiervon ist insb. auszugehen, wenn die BV einen einmaligen, zeitlich begrenzten Gegenstand regelt[17]. Da es sich hierbei um die Vereinbarung einer Geltungsdauer handelt, ist allerdings Schriftform nach § 77 Abs. 1 notwendig. Befristung genügt zum Ausschluss der Nachwirkung nicht[18]. **44**

---

1 Vgl. BAG v. 17.4.1959 – 1 AZR 83/58, DB 1959, 768; v. 29.5.1964 – 1 AZR 281/63, DB 1964, 1342; DKK/*Berg*, § 77 BetrVG Rz. 55; HSWG/*Worzalla*, § 77 BetrVG Rz. 213; GK-BetrVG/*Kreutz*, § 77 Rz. 365. |**2** Vgl. BAG v. 14.12.1966 – 4 AZR 18/65, DB 1967, 1181. |**3** *Schaub*, BB 1995, 1639, aA DKK/*Berg*, § 77 BetrVG Rz. 46; HSWG/ *Worzalla*, § 77 BetrVG Rz. 218; *Fitting*, § 77 BetrVG Rz. 143; offen BAG v. 20.11.1990 – 1 AZR 643/89, BB 1991, 835. |**4** AA BAG v. 27.6.1985 – 6 AZR 392/81, NZA 1986, 401 (402); v. 20.11.1990 – 1 AZR 643/789, BB 1991, 835. |**5** AA BAG v. 20.11.1990 – 1 AZR 643/89, BB 1991, 835 (836). |**6** DKK/*Berg*, § 77 BetrVG Rz. 52; GK-BetrVG/*Kreutz*, § 77 Rz. 381. |**7** *Richardi*/*Richardi*, § 77 BetrVG Rz. 31. |**8** Ebenso GK-BetrVG/*Kreutz*, § 77 Rz. 383; DKK/ *Berg*, § 77 BetrVG; abl. *D. Gaul*, NZA 1986, 628 (631 f.): Wegfall der Betriebsvereinbarung. |**9** BAG v. 10.8.1994 – 10 AZR 61/93, NZA 1995, 314 (318). |**10** Eingehend BAG v. 10.8.1994 – 10 ABR 61/93, NZA 1995, 314 (318). |**11** BAG v. 10.8.1994 – 10 ABR 61/93, NZA 1995, 314 (318). |**12** BAG v. 10.8.1994 – 10 ABR 61/93, NZA 1995, 314 (316); DKK/*Berg*, § 77 BetrVG Rz. 58; aA GK-BetrVG/*Kreutz*, § 77 Rz. 399; *Fitting*, § 77 BetrVG Rz. 179: keine Nachwirkung bei fristloser Kündigung. |**13** BAG v. 28.4.1998 – 1 ABR 43/97, NZA 1998, 1348 (1350). |**14** AA *Fitting*, § 77 BetrVG Rz. 184. |**15** Vgl. HSWG/*Worzalla*, § 77 BetrVG Rz. 234. |**16** BAG v. 17.1.1995 – 1 ABR 29/94, NZA 1995, 1010 (1013); v. 6.5.2003 – 1 AZR 340/02, nv. |**17** BAG v. 17.1.1995 – 1 ABR 29/94, NZA 1995, 1010 (1013). |**18** BAG v. 19.2.1991 – 1 ABR 31/90, DB 1991, 2043.

BetrVG § 77 Rz. 45   Durchführung gemeinsamer Beschlüsse, Betriebsvereinbarungen

45 Bei freiwilligen BV gibt es keine Nachwirkung gemäß § 77 Abs. 6[1]. Sie kann aber vereinbart werden[2]. Wird keine anderweitige Abrede getroffen, liegt darin zugleich die Vereinbarung, eine Ablösung bei Streit über die Neuregelung durch Einigungsstellenspruch herbeiführen zu können[3]. Vorsorglich sollte diese Möglichkeit, ggf. auch eine zeitliche Begrenzung der Nachwirkung, indes ausdrücklich vereinbart werden.

46 Problematisch sind teilmitbestimmte BV (vgl. Rz. 8). Hier ist zunächst zu prüfen, ob es sich um die letztendlich zufällige Zusammenführung mehrerer BV handelt, die „aus sich heraus handhabbare Regelungen" enthalten. In diesem Fall werden Änderung oder Beendigung jeweils getrennt behandelt[4]. Beispiel: Betriebsordnung (§ 87 Abs. 1 Nr. 1) mit Regelungen zum Umweltschutz (§ 88 Nr. 1a). Anders ist mit zusammenhängenden Regelungen zu verfahren. Beispiel: Gewährung einer übertariflichen Zulage. Mit Beendigung der BV fällt die Zahlungspflicht weg (freiwilliger Teil); eine Nachwirkung gibt es nicht. Da damit auch die mitbestimmungspflichtigen Regelungen zur Verteilung und der damit verbundenen Wahrung innerbetrieblicher Lohngerechtigkeit obsolet sind, entfaltet die gesamte BV keine Nachwirkung mehr[5]. Eine gesonderte Kündigung ist nicht erforderlich[6]. Ausnahmsweise soll nach BAG v. 26.10.1993[7] indes eine vorübergehende Nachwirkung gegeben sein, wenn die BV nur mit dem Ziel einer Verringerung des Volumens und/oder einer geänderten Verteilung gekündigt wird. Hier gehe es letztlich nur um den mitbestimmten Teil der BV. Da die fehlende Einigung hier durch Einigungsstellenspruch ersetzt werden könne, sei bis dahin eine Nachwirkung als „überschießende" Konsequenz aus Abs. 6 hinzunehmen[8]. Führt man sich den klaren Wortlaut von § 77 Abs. 6 vor Augen, überzeugt diese Ausnahme allerdings nicht[9]. Sie lässt sich im Übrigen schon dadurch vermeiden, dass die Kündigung ohne Hinweis auf die Absicht einer Gewährung unter veränderten Bedingungen erklärt wird[10]. Denn wenn überhaupt nicht erkennbar ist, ob, wann und in welcher Weise zukünftig eine mitbestimmungspflichtige Regelungsfrage (wieder) entstehen kann, der Spruch der Einigungsstelle also in Betracht kommt, hat die gekündigte BV ihre Bedeutung als Verhandlungsgrundlage verloren[11]. Der BR kann durch eigene Initiative keine Nachwirkung auslösen, selbst wenn daraufhin verhandelt wird. Außerdem kann sich der ArbGeb jederzeit von der Absicht einer Neuregelung lösen[12]. Soll die Einigungsstelle die fehlende Einigung zwischen ArbGeb und BR ersetzen, muss sie die vom ArbGeb frei zu bestimmenden Regelungen (zB Dotierungsrahmen bei übertariflichen Zulagen) zugrunde legen[13].

47 **12. Verhältnis der BV zu höherrangigem Recht. a) Grundgesetz und einfache Gesetze.** Die betrieblichen Sozialpartner unterliegen bei Abschluss der BV einer mittelbaren Grundrechtsbindung[14]. Daraus folgt die Pflicht, die grundrechtlichen Wertentscheidungen bei der Auslegung und Anwendung der Generalklauseln, insb. also der Wahrung von Recht und Billigkeit, bei den Vorgaben zur Gleichbehandlung und dem Schutz des allgemeinen Persönlichkeitsrechts nach § 75 zu berücksichtigen[15]. Bezüglich weiterer Einzelheiten vgl. § 75 Rz. 1 ff. Besonderheiten gelten für die Koalitionsfreiheit. Hier kann Art. 9 Abs. 3 GG iVm. §§ 823, 1004 BGB einen Unterlassungsanspruch der Gewerkschaft gegenüber tarifwidrigen Maßnahmen von ArbGeb und/oder BR begründen[16]. Bezüglich weiterer Einzelheiten vgl. § 4 TVG Rz. 49 f. Vom Gesetz abweichende Regelungen sind unwirksam, wenn das zwingenden Charakter haben und eine Abweichung (durch Betriebsvereinbarung) nicht zugelassen wird[17].

48 **b) Bedeutung des Tarifvorrangs. Allgemein:** Gemäß Abs. 3 sind Angelegenheiten einer Regelung durch BV nicht zugänglich, die durch TV geregelt sind oder üblicherweise geregelt werden. Dies gilt ohne Rücksicht auf die Günstigkeit einer betrieblichen Regelung[18]. Der grundsätzliche Vorrang des TV vor der BV soll die Funktionsfähigkeit der verfassungsrechtlich gewährleisteten Tarifautonomie schüt-

---

1 BAG v. 21.8.1990 – 1 ABR 73/89, NZA 1991, 190 (191); v. 26.10.1993 – 1 AZR 43/93, NZA 1994, 572 (574). | 2 BAG v. 28.4.1998 – 1 ABR 43/97, NZA 1998, 1348; krit. *v. Hoyningen-Huene*, BB 1997, 1998 (2000). | 3 BAG v. 18.1.1994 – 1 ABR 44/93 nv.; v. 28.4.1998 – 1 ABR 43/97, NZA 1998, 1348; *Kort*, NZA 2001, 477 (479); abw. *Loritz*, DB 1997, 2074; *Jacobs*, NZA 2000, 69 (74 ff.) plädieren bis zum endgültigen Scheitern der Verhandlungen; *Boemke/Kursawe*, DB 2000, 1405 (1409): Möglichkeit einer außerordentlichen Kündigung der Nachwirkung. | 4 BAG v. 23.6.1992 – 1 ABR 9/92, NZA 1993, 229. | 5 BAG v. 9.2.1989 – 8 AZR 310/87, NZA 1989, 765 (766); v. 9.12.1997 – 1 AZR 319/97, NZA 1998, 661, (666). | 6 BAG v. 21.8.1990 – 1 ABR 73/89, NZA 1991, 190 (192). | 7 BAG v. 26.10.1993 – 1 AZR 46/93, NZA 1994, 572 (574); ebenso LAG Hamm v. 31.5.1995 – 2 Sa 1145/94, LAGE § 77 BetrVG 1972 – Nachwirkung Nr. 1. | 8 Abw. LAG Köln v. 27.4.1995 – 10 Ta BV 69/94, AiB 1996, 250, DKK/*Berg*, § 77 BetrVG Rz. 59, die ohnehin von einer „untrennbaren Verknüpfung" der erzwingbaren und freiwilligen Elemente mit der Folge einer generellen Nachwirkung ausgehen; krit. *Krebs*, SAE 1995, 280 ff.; *Stege/Weinspach/Schiefer*, § 77 BetrVG Rz. 44 b; *Fitting*, § 77 BetrVG Rz. 191. | 9 Abl. auch *H. Hanau*, RdA 1998, 345 (350). | 10 Vgl. hierzu die Rspr. zu vorangegangenen Fallgestaltungen: BAG v. 9.2.1989 – 8 AZR 310/87, NZA 1989, 765 (766); v. 26.4.1990 – 6 AZR 278/88, NZA 1990, 814 (815); abl. *Blomeyer*, DB 1990, 173 ff.; *Loritz*, RdA 1991, 65 (76 ff.). | 11 BAG v. 17.1.1995 – 1 ABR 29/94, NZA 1995, 1010 (1012 f.). | 12 Abw. *ArbG Hameln* 13.7.1994 – 2 BV 19/93 nv.; DKK/*Berg*, § 77 BetrVG Rz. 59: „Auslauffrist" von 3 Monaten. | 13 Vgl. BAG v. 26.10.1993 – 1 AZR 46/93, NZA 1994, 572 (574). | 14 BVerfG v. 23.4.1986 – 2 BvR 487/80, DB 1987, 279; abw. DKK/*Berg*, § 77 BetrVG Rz. 9: unmittelbare Bindung. | 15 Vgl. BAG v. 27.5.1986 – 1 ABR 48/84, NZA 1986, 643, 645; v. 11.6.2002 – 1 ABR 46/01, NZA 2002, 1299. | 16 Vgl. BAG v. 20.4.1999 – 1 ABR 72/98, NZA 1999, 887; v. 13.3.2001 – 1 AZB 19/00, NZA 2001, 1037, (1038); abl. *Richardi*, DB 2000, 42, (44 ff.). | 17 Vgl. BAG v. 13.2.2002 – 5 AZR 470/00, NZA 2002, 683 ff.: Betriebsvereinbarung zur Entgeltfortzahlung im Krankheitsfall; GK-BetrVG/*Kreutz*, § 77 Rz. 290 ff.; HSWG/*Worzalla*, § 77 BetrVG Rz. 68 ff.; DKK/*Berg*, § 77 BetrVG Rz. 10. | 18 ErfK/*Kania*, § 77 BetrVG Rz. 49; aA *Schmidt*, Günstigkeitsprinzip S. 96 ff., 106 ff.

zen[1]. Insbesondere soll die Befugnis der Tarifparteien zur Regelung von Arbeitsentgelten und sonstigen Arbeitsbedingungen nicht durch abweichende Regelung der betrieblichen Sozialpartner ausgehöhlt werden[2]. Vorschläge zu einer Reform des Tarifvorrangs[3] die zu einer Stärkung betrieblicher Regelungsmöglichkeiten führen sollten, sind im Bundestag bisher abgelehnt worden[4]. Regelungsabreden (vgl. Rz. 97 ff.) werden durch den Tarifvorrang des § 77 Abs. 3 indes nicht gesperrt, was gerade bei betrieblichen Bündnissen für Arbeit genutzt wird[5].

Die Tarifbindung des ArbGeb spielt für die Sperrwirkung des Abs. 3 keine Rolle[6]. Folgerichtig kann dem Tarifvorrang auch nicht durch OT-Mitgliedschaft im ArbGebVerband ausgewichen werden[7]. Der Geltungsbereich etwaiger TV muss zeitlich, räumlich, persönlich und sachlich so begrenzt sein, dass die entsprechende Frage für den in Rede stehenden Personenkreis tatsächlich nicht durch TV geregelt ist oder üblicherweise geregelt wird[8]. Zur Festlegung des tariflichen Geltungsbereichs vgl. § 4 TVG Rz. 13 ff. Der Organisationsgrad auf ArbN-Seite ist für § 77 Abs. 3 unerheblich. **49**

Tarifüblichkeit kann bereits nach der ersten tariflichen Regelung angenommen werden, sofern sie lange genug gilt[9]. Da die Betriebsautonomie nicht der Disposition durch die TV-Parteien unterliegt[10], können TV-Verhandlungen allein noch keinen Tarifvorrang begründen, wenn schlussendlich wegen fehlender Einigung keine Regelung getroffen wurde. Ein jahrelanger tarifloser Zustand beseitigt die einmal begründete Tarifüblichkeit nicht, solange Verhandlungen laufen und eine Einigung angestrebt wird und möglich ist[11]. Die einzelvertragliche Bezugnahme auf einen TV, der das Arbeitsverhältnis von seinem Geltungsbereich her nicht erfasst, genügt für Tarifüblichkeit nicht. Ein FirmenTV kann genügen, wenn er die überwiegende Zahl vergleichbarer Betriebe erfasst[12]. Wenn ein TV von einer kleinen Gewerkschaft abgeschlossen wurde, löst dies Tarifvorrang aus, wenn die Zahl der regelmäßig Beschäftigten in den tarifgebundenen Betrieben größer ist als die Zahl der in den nichttarifgebundenen Betrieben[13]. In Bereichen, in denen (noch) keine TV geschlossen werden (zB Gewerkschaften als ArbGeb), ist Tarifüblichkeit ausgeschlossen[14]. Die Regelungssperre wird allerdings (ex nunc) wirksam, sobald entsprechende TV in Kraft treten[15]. **50**

Verhältnis zu § 87 Abs. 1: Nach der „Vorrangtheorie" kommt § 77 Abs. 3 bei Angelegenheiten, die der zwingenden Mitbest. des BR nach § 87 unterliegen, nicht zur Anwendung. Für sie gilt allein § 87 Abs. 1 Einleitungssatz[16]. Andernfalls wäre dem BR die Möglichkeit, durch den Abschluss von BV mitzubestimmen, in wichtigen sozialen Angelegenheiten versperrt[17]. Damit ist eine uneingeschränkte Ausübung des MitbestR aus § 87 BetrVG möglich, wenn und soweit dem ArbGeb in sozialen Angelegenheiten wegen fehlender Vorgaben durch einen konkreten TV ein Bestimmungsrecht verbleibt. Hiervon ist auch dann auszugehen, wenn der TV eine Angelegenheit nicht „vollständig und abschließend" regelt oder eine Konkretisierung notwendig ist[18]. Beispiel: übertarifliches Urlaubsgeld[19], über- oder außertarifliche Leistungen[20]. Hiervon ist auch nach Beendigung des TV auszugehen; Nachwirkung begründet keine Tarifsperre[21]. Ob die Frage (in einem anderen Betrieb) üblicherweise durch TV geregelt wird, ist ebenso unerheblich wie die arbeitnehmerseitige Tarifbindung[22]. **51**

Öffnungsklausel: Die Tarifparteien können im TV abweichende bzw. ergänzende BV zulassen (§ 77 Abs. 3 Satz 2). Dies gilt auch im Rahmen von § 87 Abs. 1 BetrVG[23]. Die Öffnungsklausel muss allerdings **52**

---

1 BAG v. 24.2.1987 – 1 ABR 18/85, NZA 1987, 639; v. 22.6.1993 – 1 ABR 62/92, NZA 1994, 184; v. 24.1.1996 – 1 AZR 597/95, NZA 1996, 948; v. 20.4.1999 – 1 ABR 72/98, NZA 1999, 887. | 2 BAG v. 3.12.1991 – GS 2/90, NZA 1992, 749; v. 22.6.1993 – 1 ABR 62/92, NZA 1994, 184, (185); eingehender HSWG/*Worzalla*, § 77 BetrVG Rz. 128; DKK/*Berg*, § 77 BetrVG Rz. 62. | 3 Vgl. BT-Drs. 14/2612; 14/6548; 15/1182; 15/1889. | 4 Vgl. BT-Drs. 14/5214; 14/7362; 15/1587; 15/2245; vgl. auch *Hromadka*, DB 2003, 42 ff. | 5 BAG v. 20.4.1999 – 1 ABR 72/98, NZA 1999, 887 (890); v. 21.1.2003 – 1 ABR 9/02, NZA 2003, 1097 (1099). | 6 BAG v. 24.1.1996 – 1 AZR 597/95, NZA 1996, 948, (949); v. 21.1.2003 – 1 ABR 9/02, NZA 2003, 1097 (1099); DKK/*Berg*, § 77 BetrVG Rz. 69 a; HSWG/*Worzalla*, § 77 BetrVG Rz. 141; aA GK-BetrVG/*Kreutz*, § 77 Rz. 99 f. | 7 Vgl. *Kania*, BB 2001, 1091 (1092). | 8 Vgl. BAG v. 27.1.1987 – 1 ABR 66/85, NZA 1987, 489; v. 24.2.1999 – 4 AZR 62/98, NZA 1999, 995; *Fitting*, § 77 BetrVG Rz. 75. | 9 BAG v. 6.12.1963 – 1 ABR 7/63, DB 1964, 411. | 10 BAG v. 1.12.1992 – 1 AZR 234/92, NZA 1993, 613 (615). | 11 Vgl. BAG v. 16.9.1960 – 1 ABR 5/59, BB 1960, 1329; LAG Berlin v. 15.6.1977 – 9 Ta BV 1/77, DB 1978, 115 (117); LAG Berlin v. 5.11.1980 – 5 Ta BV 2/80, DB 1981, 1730. | 12 BAG v. 27.1.1987 – 1 ABR 66/85, NZA 1987, 489; v. 21.1.2003 – 1 ABR 9/02, NZA 2003, 1097 (1099). | 13 BAG v. 6.12.1963 – 1 ABR 7/63, DB 1964, 411; Richardi/*Richardi*, § 77 BetrVG Rz. 271; abl. ErfK/*Kania*, § 77 BetrVG Rz. 51. | 14 Vgl. BAG v. 15.11.2000 – 5 AZR 310/99, NZA 2001, 900 (901); v. 20.2.2001 – 1 AZR 322/00, NZA 2001, 1204 (1205 f.). | 15 BAG v. 21.1.2003 – 1 ABR 9/02, NZA 2003, 1097 (1099); GK-BetrVG/*Kreutz*, § 77 Rz. 132. | 16 BAG v. 3.12.1991 – GS 2/90, NZA 1992, 749; v. 24.1.1996 – 1 AZR 597/95, *NZA 1996, 948*; v. 27.11.2002 – 4 AZR 660/01, EzA § 77 BetrVG 2001 Nr. 2 S. 9 f.; v. 3.6.2003 – 1 AZR 349/02, NZA 2003, 1155 (1157); DKK/*Berg*, § 77 BetrVG Rz. 66; *v. Hoyningen-Huene/Meier-Krenz*, NZA 1987, 793 (797 f.); *Heinze*, NZA 1989, 41 (47); abl. die sog. „Zwei-Schranken-Theorie" Richardi/*Richardi*, § 77 BetrVG Rz. 247 ff.; GK-BetrVG/*Kreutz*, § 77 Rz. 139 ff.; *Hromadka*, DB 1987, 1991. | 17 Vgl. BAG v. 3.12.1991 – GS 2/90, NZA 1992, 749 (755); v. 20.4.1999 – 1 ABR 72/98, NZA 1989, 887. | 18 BAG v. 4.7.1989 – 1 ABR 40/88, NZA 1990, 29; v. 24.1.1996 – 1 AZR 597/95, NZA 1996, 948 (949); v. 22.6.1993 – 1 ABR 62/92, NZA 1994, 184 (185); v. 9.12.1997 – 1 AZR 319/97, NZA 1998, 661 (665). | 19 BAG v. 9.2.1989 – 8 AZR 310/87, NZA 1989, 765. | 20 BAG v. 3.12.1991 – GS 2/90, NZA 1992, 749. | 21 BAG v. 24.2.1987 – 1 ABR 18/85, NZA 1987, 639; v. 27.11.2002 – 4 AZR 660/01, EzA § 77 BetrVG 2001 Nr. 2 S. 10. | 22 BAG v. 24.2.1987 – 1 ABR 18/85, NZA 1987, 639; aA *Löwisch/Kaiser*, § 87 BetrVG Rz. 39. | 23 Vgl. BAG v. 20.2.2001 – 1 AZR 23/00, DB 2001, 2100.

ausdrücklich erkennbar sein[1]. Fehlt eine Öffnungsklausel, können die Tarifparteien eine BV, die gegen den Tarifvorrang bzw. -vorbehalt aus §§ 77 Abs. 3, 87 Abs. 1 BetrVG verstößt, auch nachträglich genehmigen und sie – ggf. auch rückwirkend – wirksam werden lassen. Dabei müssen indes die allgemeinen Grenzen der Verhältnismäßigkeit und des Vertrauensschutzes beachtet werden[2]. Wenn eine Angelegenheit durch TV der einzelvertraglichen Regelung zugewiesen wird, steht dies einer BV nicht entgegen, denn der Verzicht auf eine Regelung bestimmter Arbeitsbedingungen stellt eben keine Regelung dar und kann entsprechend keine Sperrwirkung auslösen[3].

53 **Übernahme eines TV durch BV:** Aus Sinn und Zweck des Tarifvorrangs in § 77 Abs. 3 folgt, dass der Inhalt eines TV in seiner Gesamtheit nicht durch BV verbindlich gemacht werden kann. Andernfalls würden ArbGeb und BR eine Allgemeinverbindlichkeit des TV herstellen, die im Widerspruch zur negativen Koalitionsfreiheit steht[4]. Dies gilt erst Recht für „dynamische Verweisungen" oder „Blankettverweisungen", durch die ohne zeitliche Begrenzung auf einen TV in der jeweils gültigen Fassung verwiesen wird. Denn dadurch entäußern sich die Betriebsparteien auch ihrer gesetzlichen Normsetzungsbefugnis[5]. Dass die betrieblichen Sozialpartner durch eine Bezugnahme nur eine Abschrift ersetzen, ist unerheblich. § 77 Abs. 3 steht jeder Regelung durch BV entgegen, mag sie kurz oder lang sein[6]. Zulässig ist, einzelne Regelungen eines TV – ggf. durch Bezugnahme – zum Gegenstand einer BV zu machen[7]. Dies gilt insb. im Anwendungsbereich von § 87, wo eine Bindungswirkung des TV nur bei Tarifgebundenheit des ArbGeb gegeben ist (vgl. Rz. 51). Da die Regelung bekannt ist, liegt darin kein unzulässiger Verzicht auf MitbestR oder eine mittelbare Übertragung von Rechtssetzungsbefugnissen[8]. Im Zweifel kann dynamische Bezugnahme geltungserhaltend auf statische Bezugnahme reduziert werden[9].

54 **13. Verhältnis der BV zu anderen BV. a) Verhältnis zwischen gleichrangigen BV.** Die Betriebsparteien können eine Angelegenheit, die bislang durch BV geregelt war, unter – auch stillschweigender – Aufhebung dieser BV mit Wirkung für die Zukunft in einer neuen BV regeln[10]. Die neue tritt dann an die Stelle der bisherigen BV (Ablösungsprinzip)[11]. Dies gilt grundsätzlich auch bei Änderungen zum Nachteil der betroffenen ArbN[12], soweit die Grundsätze der Verhältnismäßigkeit und des Vertrauensschutzes gewahrt sind[13].

55 Für den Bereich der betrAV haben Rspr.[14] und Lit.[15] ein dreistufiges Prüfungsschema entwickelt: In den zum Zeitpunkt der Neuregelung erdienten und nach § 2 zu errechnenden Teilbetrag darf nur im Ausnahmefall eingegriffen werden. Erforderlich sind zwingende Gründe. Beispiel: Störung der Geschäftsgrundlage wegen wirtschaftlicher Notlage des Unternehmens oder wegen einer wesentlichen Störung des Zwecks der Altersversorgung (zB planwidrige Überversorgung durch veränderte Rahmenbedingungen). Soll die Neuregelung zum Nachteil der ArbN die (zeitanteilig) erdiente Dynamik eines variablen, dienstzeitunabhängigen Berechnungsfaktors – im Regelfall geht es um Änderung des für die Höhe der Altersversorgungsbezüge maßgeblichen ruhegehaltsfähigen Entgelts (endgehaltsabhängige Dynamik) – ändern, bedarf es eines triftigen Grundes. Beispiel: langfristige Substanzgefährdung des Unternehmens bei Verzicht auf Änderung[16], fehlende Möglichkeit, die Versorgungszuwächse aus Erträgen und Wertzuwächsen zu erwirtschaften oder eine angemessene Eigenkapitalverzinsung sicherzustellen[17]. In der Regel liegt ein triftiger Grund vor, wenn der Gesamtaufwand des Unternehmens für die betrAV nicht geschmälert wird[18]. Geht es nur um die Neuregelung der dienstzeitabhängigen künftigen Zuwächse, genügt zur Rechtfertigung bereits ein sachlicher, also willkürfreier, nachvollziehbarer und anerkennenswerter Grund. Beispiel: Vereinheitlichung der Versorgungsregelungen[19], Reaktion auf ungünstige wirtschaft-

---

1 Vgl. BAG v. 20.4.1999 – 1 AZR 631/98, NZA 1999, 1059. | 2 BAG v. 20.4.1999 – 1 AZR 631/98, NZA 1999, 1059 (1064); v. 29.1.2002 – 1 AZR 267/01, EzA § 77 BetrVG 1972 Nr. 71 (S. 6 f.). | 3 BAG v. 1.12.1992 – 1 AZR 234/92, NZA 1993, 613 (614 ff.); v. 14.12.1993 – 1 ABR 31/93, NZA 1994, 809 (810). | 4 Vgl. BT-Drs. 6/1786 S. 47 und 6/2729 S. 11; BAG v. 3.12.1991 – GS 2/90, NZA 1992, 749, 753; DKK/*Berg*, § 77 BetrVG Rz. 67; GK-BetrVG/*Kreutz*, § 77 Rz. 131; HSWG/*Worzalla*, § 77 BetrVG Rz. 162; für Zulässigkeit der Inbezugnahme BAG v. 27.3.1963 – 4 AZR 72/62, DB 1963, 902; *Stege/Weinspach/Schiefer*, § 77 BetrVG Rz. 21; *v. Hoyningen-Huene*, DB 1994, 2026. | 5 BAG v. 16.2.1962 – 1 AZR 167/61, DB 1962, 543; v. 23.6.1992 – 1 ABR 9/92, NZA 1993, 229; DKK/*Berg*, § 77 BetrVG Rz. 32; *Fitting*, § 77 BetrVG Rz. 24; mit anderer Begründung Richardi/*Richardi*, § 77 BetrVG Rz. 35: Verstoß gegen das Schriftformerfordernis; aA HSWG/*Worzalla*, § 77 BetrVG Rz. 120; MünchArbR/*Matthes*, § 328 Rz. 15; BAG v. 9.7.1980 – 4 AZR 564/78, DB 1981, 374; v. 10.11.1982 – 4 AZR 1203/79, DB 1983, 717, wonach solche Verweisungen zulässig sind. | 6 Abw. BAG v. 23.6.1992 – 1 ABR 9/92, NZA 1993, 229 (231). | 7 BAG v. 23.6.1992 – 1 ABR 9/92, NZA 1993, 229. | 8 BAG v. 3.6.1997 – 3 AZR 25/96, NZA 1998, 382. | 9 BAG v. 23.6.1992 – 1 ABR 9/92, NZA 1993, 229; DKK/*Berg*, § 77 BetrVG Rz. 32; Richardi/*Richardi*, § 77 BetrVG Rz. 36; *Fitting*, § 77 BetrVG Rz. 24. | 10 BAG v. 5.10.2000 – 1 AZR 48/00, NZA 2001, 849; v. 20.2.2001 – 1 AZR 322/00, NZA 2001, 1204 (1206). | 11 BAG v. 10.8.1994 – 10 ABR 61/93, NZA 1995, 314; v. 20.2.2001 – 1 AZR 322/00, NZA 2001, 1204; v. 14.8.2001 – 1 AZR 619/00, NZA 2002, 276 (278). | 12 BAG v. 5.10.2000 – 1 AZR 48/00, NZA 2001, 849 (852); v. 15.11.2000 – 5 AZR 310/99, NZA 2001, 900 (901); v. 20.2.2001 – 1 AZR 322/00, NZA 2001, 1204 (1206). | 13 BAG v. 10.8.1994 – 10 ABR 61/93, NZA 1995, 314; v. 20.2.2001 – 1 AZR 322/00, NZA 2001, 1204; *Fitting*, § 77 BetrVG Rz. 41; DKK/*Berg*, § 77 BetrVG Rz. 12. | 14 Vgl. nur BAG v. 11.9.1990 – 3 AZR 380/89, DB 1991 503 f.; v. 26.8.1997 – 3 AZR 235/96, DB 1998, 1190 (1191); v. 18.9.2001 – 3 AZR 728/00, NZA 2002, 1164 ff. | 15 Vgl. nur *Griebeling*, BetrAVG Rz. 840; *Höfer*, BetrAVG ART Rz. 459 ff.; *Blomeyer/Otto*, BetrAVG Einl. Rz. 604 ff. | 16 BAG v. 21.8.2001 – 3 ABR 44/00, DB 2001, 952 ff. | 17 Vgl. BAG v. 11.5.1999 – 3 AZR 21/98, DB 2000, 525 (527); v. 23.5.2000 – 3 AZR 146/99, NZA 2001, 1251 (1252). | 18 Vgl. BAG v. 27.8.1996 – 3 AZR 466/95, DB 1997, 633 (635). | 19 BAG v. 8.12.1981 – 3 ABR 53/80, DB 1982, 46 ff.; *Junker*, RdA 1993, 203 (209); *Blomeyer/Otto*, Einl. BetrAVG Rz. 621; krit. *Kemper*, BetrAV 1990, 7, (8 f.)

liche Entwicklung des Unternehmens; Fehlentwicklung im betrieblichen Versorgungswerk[1]. Dabei genügt es, wenn ein unabhängiger Sachverständiger den dringenden Sanierungsbedarf bestätigt[2]. Schließlich kann kein ArbN annehmen, dass eine Versorgungsordnung nicht an veränderte rechtliche und wirtschaftliche Rahmenbedingungen angepasst wird[3]. Bei Änderungen, die ausgeschiedene ArbN betreffen, müssen zum Teil abweichende Vorgaben berücksichtigt werden[4].

Die vorstehend dargelegten Änderungen können im Bereich der betrAV auch durch Kündigung bewirkt werden (vgl. Vorb. BetrAVG Rz. 146 ff.)[5]. Wenngleich die Kündigung selbst keiner Rechtfertigung bedarf, können deshalb nur solche Rechtsfolgen bewirkt werden, die den Grundsatz der Verhältnismäßigkeit und des Vertrauensschutzes sowie die MitbestR des BR aus § 87 berücksichtigen. Beispiel: Liegen sachlich-proportionale Gründe vor, kann die Kündigung neben einer Schließung des Versorgungswerks für Neueinstellungen auch Änderungen zum Nachteil der bereits Beschäftigten bewirken[6]. Kann das Ziel bereits durch Maßnahmen auf der Grundlage der Versorgungsordnung erreicht werden (zB Verzicht auf Anpassung der Betriebsrente), ist die Kündigung nicht erforderlich und damit unwirksam[7]. Nach einer Kündigung wirkt die BV für die bis dahin geleistete Betriebszugehörigkeit als Anspruchsgrundlage kollektivrechtlich fort. Daraus folgt: Einzelvertraglich kann ohne Zustimmung des BR keine Verschlechterung vereinbart werden. Änderungen der Anspruchsgrundlage sind nur mit den Mitteln des Kollektivarbeitsrechts möglich. Selbst wenn künftige Betriebszugehörigkeit keine anspruchssteigernde Wirkung mehr hat, kann sie auch nach dem Wirksamwerden der Kündigung noch zu einer Unverfallbarkeit der Anwartschaft führen.

Auf andere BV über freiwillige Sozialleistungen können die Grundsätze für den Bereich der Altersversorgung nicht übertragen werden. Beispiel: Verschlechternde BV über die Entgeltfortzahlung im Krankheitsfall[8].

b) **Verhältnis zwischen BV, Gesamt- und KonzernBV.** Das Verhältnis der unternehmens- oder konzernbezogenen BV zur BV richtet sich nach der Zuständigkeitsverteilung. Werden Gesamt- oder KonzernBR im Rahmen der originären Zuständigkeit nach §§ 50 Abs. 1, 58 Abs. 1 tätig und regeln sie einen Gegenstand abschließend, ist der einzelne BR bzw. GesamtBR nicht mehr befugt, über denselben Gegenstand eine BV abzuschließen. Eine bereits bestehende BV wird ohne Rücksicht auf Günstigkeit verdrängt[9]. Eine Gesamt- oder KonzernBV kann indes abweichende Vereinbarungen zulassen[10]. Handeln Gesamt- oder KonzernBR im Rahmen der übertragenen Zuständigkeit (§§ 50 Abs. 2, 58 Abs. 2), liegt eine Betriebs- oder GesamtBV vor, die wie die mit der eigentlich zuständigen ArbN-Vertretung abgeschlossene Vereinbarung zu behandeln ist.

14. **Verhältnis zwischen BV und Arbeitsvertrag. a) Grundsatz.** Wegen der normativen Wirkung der BV (vgl. Rz. 2) muss ihre Wirkung für das Arbeitsverhältnis nicht vereinbart werden. Es bedarf keiner Anerkennung, Unterwerfung oder Übernahme[11]. Gleichwohl gelten einzelvertragliche Regelungen fort, wenn nachträglich eine günstigere BV abgeschlossen wird. Sie werden aber für die Zeit der normativen Geltung der BV verdrängt[12]. Nach Ablauf der BV lebt die einzelvertragliche Regelung wieder auf[13]. Im Übrigen gilt im Verhältnis zwischen BV und Arbeitsvertrag das Günstigkeitsprinzip: Individualrechtliche Vereinbarungen haben gegenüber verschlechternden BV Vorrang, wenn und soweit sie eine für den ArbN günstigere Regelung enthalten[14]. Voraussetzung ist freilich, dass der Arbeitsvertrag selbst bewusst die Frage günstiger geregelt hat. Ist die Frage nicht geregelt, sind BV in der Lage, unmittelbar gegenseitige Rechte und Pflichten der Arbeitsvertragsparteien zu begründen. Beispiel: Berechtigung zur Anordnung von Überstunden[15]. Liegt keine BV vor, kann der ArbGeb in mitbestimmungspflichtigen Angelegenheiten (zB Vereinbarung zur Arbeitszeitverteilung) an einer Umsetzung der einzelvertraglichen Abrede gehindert sein, wenn die notwendige Zustimmung des BR fehlt. Beispiel: Widerspruch zwischen BV und einzelvertraglicher Zusage zur Lage der Arbeitszeit.

Der Günstigkeitsvergleich ist als Sachgruppenvergleich vorzunehmen (vgl. § 4 TVG Rz. 30). Dabei sind die in innerem Zusammenhang stehenden Teilkomplexe der Regelung zu vergleichen. Entscheidend ist eine objektive Sichtweise. Ein Vergleich von Regelungen, deren Gegenstände sich thematisch nicht berühren, ist ausgeschlossen[16]. Die Kennzeichnung vergleichbarer Regelungsgegenstände ist al-

---

1 Vgl. allgemein BAG v. 17.8.1999 – 3 ABR 55/98, BB 2000, 777 ff.; v. 21.8.2001 – 3 ABR 44/00, NZA 2002, 575 (579). | 2 BAG v. 18.9.2001 – 3 AZR 728/00, DB 2002, 1114 (1115). | 3 BAG v. 8.12.1981 – 3 ABR 53/80, DB 1982, 46 ff.; weiter gehend *v. Hoyningen-Huene*, BB 1992, 1640, 1644, der einen Eingriff in künftige Erwerbsmöglichkeiten auch ohne sachlichen Grund für zulässig hält. | 4 Vgl. BAG v. 25.7.2000 – 3 AZR 676/99, EzA § 1 BetrAVG - Ablösung Nr. 25 (S. 10 ff.). | 5 Vgl. BAG v. 11.5.1999 – 3 AZR 21/98, DB 2000, 525 ff.; v. 17.8.1999 – 3 AZR 55/98, BB 2000, 777 ff. | 6 BAG v. 18.9.2001 – 3 AZR 728/00, DB 2002, 1114. | 7 BAG v. 21.8.2001 – 3 ABR 44/00, DB 2001, 952 (954). | 8 BAG v. 15.11.2000 – 5 AZR 310/99, NZA 2001, 900. | 9 Vgl. BAG v. 3.5.1984 – 6 ABR 68/81, DB 1984, 2413. | 10 BAG v. 3.5.1984 – 6 ABR 68/81, DB 1984, 2413 (2414). | 11 BAG v. 16.9.1986 – GS 1/82, NZA 1987, 168 (171); v. 21.9.1989 – 1 AZR 454/88, NZA 1990, 351 (353). | 12 BAG v. 21.9.1989 – 1 AZR 454/88, NZA 1990, 351 (353 ff.); v. 28.3.2000 – 1 AZR 366/99, NZA 2001, 49 ff. | 13 DKK/*Berg*, § 77 BetrVG Rz. 19. | 14 BAG v. 16.9.1986 – GS 1/82, NZA 1987, 168 (171); v. 21.9.1989 – 1 AZR 454/88, NZA 1990, 351 (353); v. 28.3.2000 – 1 AZR 366/99, NZA 2001, 49 (51); v. 12.12.2000 – 1 AZR 183/00, nv. | 15 BAG v. 3.6.2003 – 1 AZR 349/02, NZA 2003, 1155 (1159). | 16 Vgl. BAG v. 20.4.1999 – 1 ABR 72/98, NZA 1999, 887, 893: kein Vergleich von Äpfeln mit Birnen; GK-BetrVG/*Kreutz*, § 77 Rz. 245 ff.; *Belling*, Günstigkeitsprinzip im Arbeitsrecht, S. 169 ff.; *Kort*, NJW 1997, 1476 (1479).

lerdings streitig. So wird man zwar Arbeitszeit und -entgelt in einen Vergleich einbeziehen können[1]. Entgegen der Praxis so mancher „Bündnisse für Arbeit" soll der Verzicht auf betriebsbedingte Kündigungen aber nicht zum Ausgleich einer Absenkung der Vergütung bzw. einer Anhebung der Arbeitszeit eingebracht werden können[2]. Die Unterscheidung zwischen mitbestimmungspflichtigen oder freiwilligen Angelegenheiten ist ohne Bedeutung[3].

61 Eine Verschlechterung einzelvertraglich begründeter Ansprüche kann grundsätzlich nur durch Änderungskündigung, Änderungsvereinbarung oder Widerruf vorgenommen werden. Ausnahmsweise mag auch ein Wegfall der Geschäftsgrundlage (§ 313 BGB) gegeben sein, der einen Anspruch auf Anpassung schafft[4].

62 **b) Ablösung betrieblicher Einheitsregelungen durch BV.** Grundsätzlich gelten die vorangehenden Ausführungen auch für das Verhältnis zwischen einer BV und einer betrieblichen Einheitsregelung, die durch Arbeitsvertrag, Gesamtzusage oder betriebliche Übung geschaffen werden und freiwillige Sozialleistungen an mehrere ArbN zum Gegenstand haben. An sich können für die ArbN nachteilige Änderungen also nicht durch BV bewirkt werden[5].

63 Abweichend hiervon können betriebliche Einheitsregelungen aber auf der Grundlage der vom Großen Senat des BAG im Beschluss vom 16.9.1986[6] entwickelten Grundsätze geändert werden, wenn hierbei das Prinzip der „kollektiven Günstigkeit" gewahrt bleibt[7] und - insb. im Bereich der betrAV - die Grundsätze der Verhältnismäßigkeit und des Vertrauensschutzes gewahrt sind[8]. Unerheblich ist, ob es sich um eine freiwillige oder eine mitbestimmte Angelegenheit handelt und ob die betriebliche Einheitsregelung unter Verletzung des MitbestR des BR zustande gekommen ist[9].

64 Voraussetzung für eine Anwendung des Prinzips der kollektiven Günstigkeit ist, dass die nach Maßgabe der Einheitsregelung gewährten Leistungen in einem Bezugssystem zueinander gestanden haben. Hiervon ist auszugehen, wenn arbeitgeberseitig eine Entscheidung über die Höhe der einzusetzenden Mittel und die Grundsätze ihrer Verteilung getroffen wurde. Wenn die insoweit durch einen Dotierungsrahmen vorgegebenen Mittel als Folge der „umstrukturierenden Betriebsvereinbarung" zum Nachteil einzelner ArbN verändert werden, soll dies zulässig sein, wenn die Neuregelung insgesamt bei kollektiver Betrachtung nicht ungünstiger ist. Eine isolierte Betrachtung einzelner Ansprüche wäre verfehlt, da günstigere Einzelansprüche aufgrund der vorgegebenen Finanzierungsmasse nur auf Kosten einer Verkürzung der Ansprüche anderer ArbN erzielt werden könnten[10]. Bleiben die Aufwendungen des ArbGeb konstant oder werden sie erweitert, steht das Günstigkeitsprinzip einer Neuregelung nicht entgegen, selbst wenn einzelne ArbN dadurch schlechter gestellt werden. Umgekehrt gehen die Regelungen einer betrieblichen Einheitsregelung einer nachfolgenden BV (weiterhin) vor, wenn durch die BV der Gesamtaufwand des ArbGeb verringert wird[11].

65 Beispiel für vorhandenes Bezugssystem: Geringere Jubiläumszuwendung gegenüber höherem Weihnachtsgeld[12]; Wegfall der Steigerungsbeträge in betrieblicher Altersversorgung zugunsten fester und dynamisierter Zulagen zum Tarifentgelt[13]. Das für eine Anwendung des Prinzips der „kollektiven Günstigkeit" erforderliche Bezugssystem der Leistungen ist nicht gegeben, wenn nur eine durch TV nach Höhe und/oder Verteilung vorgegebene Leistungspflicht umgesetzt wird. Beispiel für fehlendes Bezugssystem: Regelungen zur Altersgrenze für Vertragsbeendigung[14], Regelungen über das eigentliche Arbeitsentgelt als Gegenleistung für die geschuldete Arbeitsleistung, die Bezugnahme auf TV, Regelungen über die Bezahlung von Mehrarbeit, Nacht- und Feiertagsarbeit, Urlaub und Urlaubsvergütung, Regelungen zur Lohnfortzahlung bei Fehlzeiten oder andere Regelungen, die - wie die Dauer der Wochenarbeitszeit, Kündigungsfristen - den Inhalt des Arbeitsverhältnisses bestimmen[15]. Einheitsregelungen zu diesen Angelegenheiten können durch BV nicht verändert werden. Soweit die BV

---

1 Ebenso *Buchner*, DB 1996, Beil. 12 S. 1 (10); *Heinze*, NZA 1991, 229 (335 f.); *Joost*, ZfA 1984, 273 (276); aA *Wank*, NJW 1996, 2273 (2276 f.); *Däubler*, DB 1989, 2534 (2536 f.). | 2 So BAG v. 20.4.1999 - 1 ABR 72/98, NZA 1999, 887, 893; *Ehmann/Schmidt*, NZA 1995, 193, (202); *P. Hanau*, RdA 1998, 65 (70); *Reichold*, ZfA 1998, 237 (252); aA *Adomeit*, NJW 1984, 26; *Buchner*, DB 1996 Beil. 12 S. 1 (10 ff.). | 3 Vgl. BAG v. 16.9.1986 - GS 1/82, NZA 1987, 168; abw. DKK/*Berg*, § 77 BetrVG Rz. 19a ff. | 4 Vgl. für den Bereich der betrieblichen Altersversorgung BAG v. 16.9.1986 - GS 1/82, NZA 168, (171, 177); BAG v. 23.9.1997 - 3 ABR 85/96, NZA 1998, 719; v. 18.3.2003 - 3 AZR 101/02, nv. | 5 Vgl. BAG v. 16.9.1986 - GS 1/82, NZA 1987, 168, (171); v. 28.3.2000 - 1 AZR 366/99, NZA 2001, 49 (50 f.); aA LAG Düsseldorf v. 19.6.2001 - 16 Sa 418/01, LAGE § 242 - Betriebliche Übung Nr. 27 (S. 3); *Merten/Schwartz*, DB 2001, 646 ff., die im Zweifel betriebsvereinbarungsoffene Regelung (vgl. hierzu Rz. 68) annehmen. | 6 BAG v. 16.9.1986 - GS 1/82, NZA 1987, 168 (171). | 7 Ebenso BAG v. 7.11.1989 - GS 3/85, NZA 1990, 816; v. 28.3.2000 - 1 AZR 366/99, NZA 2001, 49 (51); v. 18.3.2003 - 3 AZR 101/02, nv.; *Richardi/Richardi*, § 77 BetrVG Rz. 153 f.; diff. GK-BetrVG/*Kreutz*, Rz. 256 ff.; aA *Däubler*, AuR 1987, 349 ff.; *Blomeyer*, DB 1987, 634 ff.; *Joost*, RdA 1989, 7 (18 ff.); *Annuß*, NZA 2001, 756 (761); abl. *Hromadka*, NZA 1987 Beil. 3 S. 2 ff. | 8 BAG v. 18.3.2003 - 3 AZR 101/02, nv. | 9 BAG v. 16.9.1986 - GS 1/82, NZA 1987, 168 (176). | 10 BAG v. 16.9.1986 - GS 1/82, NZA 1987, 168 (173 ff.); v. 21.9.1989 - 1 AZR 454/88, NZA 1990, 351; v. 28.3.2000 - 1 AZR 366/99, NZA 2001, 49 (51); krit. GK-BetrVG/*Kreutz*, § 77 Rz. 258.; *Belling*, DB 1987, 1888 ff.; *Däubler*, AuR 1987, 349 ff. | 11 BAG v. 16.9.1986 - GS 1/82, NZA 1987, 168 (175). | 12 BAG v. 3.11.1987 - 8 AZR 316/81, NZA 1988, 509 (510). | 13 LAG Hamm v. 17.12.1996 - 6 Sa 643/96, BB 1997, 528 ff. | 14 BAG v. 7.11.1989 - GS 3/85, NZA 1990, 816. | 15 BAG v. 28.3.2000 - 1 AZR 366/99, NZA 2001, 49 (51); v. 21.9.1989 - 1 AZR 454/88, NZA 1990, 351.

für die einzelnen ArbN günstigere Normen enthält, verdrängt sie indes während ihrer Geltungsdauer die arbeitsvertraglichen Regelungen[1].

Mit Abschluss der ablösenden BV entfällt die betriebliche Einheitsregelung. Sie wird durch die BV ersetzt. Damit kann der Anspruch später auch durch BV geändert (Ablösungsprinzip) oder beendet werden[2]. **66**

Wenn eine Änderung betrieblicher Einheitsregelungen durch BV bereits vor dem Beschluss des Großen Senats v. 16.9.1986[3] vorgenommen wurde, hat die BV ablösenden Charakter, selbst wenn sie die Rechte der ArbN insgesamt bei kollektiver Betrachtung verschlechtert, falls die Betriebspartner auf die Geeignetheit des Ablösungsmittels „Betriebsvereinbarung" vertrauen durften und die Neuregelung ihrerseits einer inhaltlichen Kontrolle unter den Gesichtspunkten der Verhältnismäßigkeit und des Vertrauensschutzes standhält[4]. Jedenfalls bis zum Bekanntwerden von BAG v. 12.8.1982[5] durften die Betriebsparteien davon ausgehen, dass die BV eine Gesamtzusage oder betriebliche Einheitsregelung ablösen und ungünstiger gestalten kann[6]. **67**

c) **Betriebsvereinbarungsoffene Arbeitsverträge.** Abweichend hiervon kann durch BV in einzelvertragliche Regelungen auch zu Ungunsten der ArbN eingegriffen werden, wenn dort der Vorbehalt einer kollektivrechtlichen Änderung enthalten war[7] und die allgemeinen Grenzen der Verhältnismäßigkeit und des Vertrauensschutzes beachtet werden[8]. Dieser Vorbehalt kann ausdrücklich oder konkludent erfolgen. Er muss jedenfalls in der Vereinbarung oder Zusage bzw. anlässlich der Verhandlungen über die einzelvertragliche Regelung zum Ausdruck kommen, ggf. muss eine Auslegung vorgenommen werden[9]. Beispiel: Richtlinie über Jubiläumsgeld mit Bezugnahme auf vorherige Abstimmung mit KonzernBR[10]. Der Arbeitsvertrag ist einer Änderung auch dann zugänglich, wenn auf eine BV in bestimmter Fassung verwiesen worden ist. Ausgehend davon, dass BV auch ohne den Hinweis unmittelbar und zwingend zur Anwendung kommen (§ 77 Abs. 4 Satz 1), soll eine solche Bezugnahme in der Regel nur den Vorgaben des NachwG entsprechen. Insofern muss man den Verweis im Zweifel als deklaratorisch[11] und „dynamisch" verstehen[12]. Beispiel: Im Arbeitsvertrag wird die zu dieser Zeit im Betrieb geltende Regelung über Beginn und Ende der täglichen Arbeitszeit und die Verteilung der Arbeitszeit auf die einzelne Wochentage Bezug genommen. Im Zweifel liegt darin keine individuelle Arbeitszeitvereinbarung, die gegenüber einer späteren Veränderung der betrieblichen Arbeitszeit durch BV Bestand haben kann[13]. Wenn der ArbN eine bestimmte Regelung (statisch) festgeschrieben wissen will, muss dies im Arbeitsvertrag selbst deutlich zum Ausdruck gebracht werden[14]. Wenn im Arbeitsvertrag indes eine Zahlung nach den Maßgaben einer BV zugesagt wird, kann dies eine konstitutive Bezugnahme sein, die nicht vom Fortbestand der BV abhängig ist. Ob sie auch dynamisch ist, hängt von der weiteren Auslegung im Einzelfall ab[15]. **68**

15. Besonderheiten bei Betriebsübergang und Umwandlung (vgl. auch § 613a BGB). a) Übertragung eines Betriebs unter Wahrung seiner Identität. Wird ein Betrieb im Rahmen von § 613a BGB unter Wahrung seiner betriebsverfassungsrechtlichen Identität auf einen anderen Rechtsträger übertragen[16], gilt die BV auf kollektivrechtlicher Ebene fort, da sie – unabhängig von der Frage des Betriebsinhabers – in ihrem Bestand am Betrieb anknüpft[17]. Dabei kommt es auf die Rechtsform der Übertragung nicht an; auch die Umwandlung wird einbezogen. Auch der Regelungsgegenstand spielt keine Rolle; § 613a Abs. 1 Satz 2 bis 4 BGB kommt nicht zur Anwendung[18]. Einzelvertragliche Vereinbarungen zum Nachteil der ArbN sind bereits nach § 77 Abs. 4 unwirksam. Änderungen der BV sind nach den allgemeinen Grundsätzen zulässig (vgl. Rz. 54). Wenn eine BV unternehmensspezifische Regelungen enthält, die beim Erwerber keine Anwendung finden können (Beispiel: Stock-Option-Plan, umsatzabhängige Bonusregelung), ist eine Anpassung nach den Grundsätzen zur Störung der Geschäftsgrundlage denkbar[19]. **69**

---

1 BAG v. 28.3.2000 – 1 AZR 366/99, NZA 2001, 49 (51). | 2 Vgl. BAG v. 16.9.1986 – GS 1/82, NZA 168 ff.; v. 21.9.1989 – 1 AZR 454/88, NZA 1990, 351 (352 f.); abw. DKK/*Berg*, § 77 BetrVG Rz. 24: nur einvernehmliche Verschlechterung oder Beendigung der Betriebsvereinbarung; ErfK/*Kania*, § 77 BetrVG Rz. 87: nur (vorübergehend) verdrängende Wirkung. |3 BAG v. 16.9.1986 – GS 1/82, NZA 1987, 168. |4 BAG v. 20.11.1990 – 3 AZR 573/89, NZA 1991, 477; v. 18.9.2001 – 3 AZR 679/00, EzA § 1 BetrAVG – Ablösung Nr. 29 (S. 8). |5 BAG v. 12.8.1982 – 6 AZR 1117/79, BB 1982, 2183. |6 BAG v. 20.11.1990 – 3 AZR 573/89, NZA 1991, 477; v. 18.9.2001 – 3 AZR 679/00, NZA 2002, 760. |7 BAG v. 16.9.1986 – GS 1/82, NZA 1987, 168 (171); v. 3.11.1987 – 8 AZR 316/81, NZA 1988, 509 (510). |8 Vgl. BAG v. 10.12.2002 – 3 AZR 92/02, EzA § 1 BetrAVG – Ablösung Nr. 37 S. 9. |9 BAG v. 3.11.1987 – 8 AZR 316/81, NZA 1988, 509, (510); v. 16.9.1986 – GS 1/82, NZA 1987, 168, (171); ErfK/*Kania*, § 77 BetrVG Rz. 92 ff. |10 Vgl. BAG v. 3.11.1987 – 8 AZR 316/81, NZA 1988, 509; ähnlich BAG v. 10.12.2002 – 3 AZR 92/02, EzA § 1 BetrAVG – Ablösung Nr. 37 S. 6 ff. („Beschluss im Einvernehmen mit Betriebsrat"). |11 BAG v. 14.8.2001 – 1 AZR 619/00, NZA 2002, 276 (278). |12 BAG v. 16.8.1988 – 3 AZR 61/87, NZA 1989, 102; v. 20.11.1987 – 2 AZR 284/86, NZA 1988, 617. |13 BAG v. 23.6.1993 – 1 AZR 57/92, NZA 1993, 89. |14 BAG v. 16.8.1988 – 3 AZR 61/87, NZA 1989, 102; v. 23.6.1993 – 1 AZR 57/92, NZA 1993, 89; DKK/*Berg*, § 77 BetrVG Rz. 19a ff. |15 Vgl. BAG v. 24.9.2003 – 10 AZR 34/03, nv. |16 Hierzu *Gaul, B.*, Betriebs- und Unternehmensspaltung, § 25 Rz. 12 ff. |17 BAG v. 27.7.1994 – 7 ABR 37/93, NZA 1995, 222 (225); v. 7.11.2000 – 1 ABR 17/00, nv. |18 BAG v. 27.7.1994 – 7 ABR 37/93, NZA 1995, 222 (225); *Henssler*, NZA 1994, 913 (914); *Heinze*, DB 1998, 1861 (1893); *Röder/Haußmann*, DB 1999, 1754; aA *Junker*, RdA 1993, 203 (205). |19 Vgl. *Gaul, B.*, Betriebs- und Unternehmensspaltung, § 13 Rz. 40 ff.

70 **b) Fortbestand des Betriebs als Gemeinschaftsbetrieb.** Wenn einzelne Teile auf einen anderen Rechtsträger übertragen werden, der Betrieb aber als gemeinsamer Betrieb der beteiligten Rechtsträger fortbesteht (§ 1 Abs. 2 Nr. 2), gelten diese Grundsätze entsprechend[1]. Die BV gilt also für die im gemeinsamen Betrieb der beteiligten Rechtsträger beschäftigten ArbN kollektivrechtlich fort[2].

71 **c) Spaltung eines Betriebs und Übertragung eines Betriebsteils.** Wird nur ein Betriebsteil ausgegliedert und übertragen, besteht aber der Betrieb in seiner Identität beim übertragenden Rechtsträger fort, gilt die BV dort kollektivrechtlich fort[3]. Entsprechendes gilt dann, wenn der ausgegliederte Betriebsteil beim übertragenden Rechtsträger bleibt, der Betrieb im Übrigen aber unter Wahrung seiner betriebsverfassungsrechtlichen Identität auf einen anderen Rechtsträger übertragen wird. In diesem Fall gilt die BV für die ArbN kollektivrechtlich weiter, deren Arbeitsverhältnis auf den anderen Rechtsträger übergegangen ist. Ein Rückgriff auf § 613a Abs. 1 Satz 2 bis 4 BGB ist nicht erforderlich.

72 In dem ausgegliederten Betriebsteil ist eine kollektivrechtliche Fortgeltung der BV wegen der fehlenden Identität mit dem bisherigen Betrieb ausgeschlossen[4]. Das Gleiche gilt dann, wenn der Betrieb aufgelöst und die daraus entstehenden Teile – ganz oder teilweise – auf einen oder mehrere Rechtsträger übertragen werden[5]. In diesem Fall gelten Rechte und Pflichten, die bislang durch BV geregelt waren, gemäß § 613a Abs. 1 Satz 2 BGB als Bestandteil des Arbeitsvertrags fort und dürfen für die Dauer von einem Jahr nicht zum Nachteil der betroffenen ArbN geändert werden[6]. Maßgeblich für den Fristbeginn ist die tatsächliche Spaltung bzw. Auflösung des bisherigen Betriebs. Der Zeitpunkt des Übergangs der Arbeitsverhältnisse spielt insoweit keine Rolle. Analog § 613a Abs. 1 Satz 2 bis 4 BGB gelten die bisherigen Rechte und Pflichten auch dann fort, wenn der ausgegliederte Betriebsteil beim übertragenden Rechtsträger bleibt, während der Restbetrieb unter Wahrung seiner Identität übertragen wird[7].

73 Wird eine BV gemäß § 613a Abs. 1 Satz 2 BGB zum Inhalt des Arbeitsverhältnisses, ist sie vor der Ablösung durch BV nicht anders geschützt, als wenn sie kollektivrechtlich weitergelten würde. Auf ihre Ablösung nach § 613a Abs. 1 Satz 3 BGB finden insofern ohne Rücksicht auf die 1-Jahres-Frist die Regelungen zur ablösenden BV Anwendung[8]. Dem Ordnungsinteresse des neuen Betriebsinhabers wird also gegenüber dem Interesse der ArbN an einer individualrechtlichen Fortgeltung der bisherigen Kollektivverträge Vorrang eingeräumt, wenn die neuen TV bzw. BV unmittelbar und zwingend für das mit dem Erwerber bestehende Arbeitsverhältnis gelten[9]. Dies gilt auch, wenn die Neuregelung erst nach dem Übergang des Betriebsteils geschaffen wird[10]. Allerdings muss die ablösende BV notwendigerweise der Sache nach den selben Gegenstand regeln[11]. Im Bereich der betrAV gelten darüber hinaus die allgemeinen Besonderheiten[12].

74 Die individualrechtliche Fortgeltung gemäß § 613a Abs. 1 Satz 2 BGB ist auf Inhalts- und Beendigungsnormen beschränkt. Abschlussnormen gelten nur dann fort, wenn sie sich nicht auf Neueinstellungen, sondern auf Veränderungen in Arbeitsverhältnissen beziehen, die zum Zeitpunkt des Übertragungsvorgangs bereits bestanden haben. Regelungen über betriebliche oder betriebsverfassungsrechtliche Fragen sind von einer Fortgeltung ausgeschlossen[13].

75 Wenn der auf einen anderen Rechtsträger übertragene oder der beim übertragenden Rechtsträger bleibende Betriebsteil mit einem anderen Betrieb zusammengeschlossen wird, kann dies zu einer Ablösung der bis dahin individualrechtlich fortgeltenden Regelungen der früheren BV führen[14]. Voraussetzung ist, dass der Betriebsteil in den anderen Betrieb eingegliedert wird. Ob dies der Fall ist, muss vor allem durch Vergleich der Organisation der Einheiten vor dem Zusammenschluss und der Organisation der Einheit nach dem Zusammenschluss festgestellt werden[15]. Für Eingliederung spricht zB, wenn in der aufnehmenden Einheit deutlich mehr ArbN beschäftigt werden (ungefähr 60 : 40) oder wenn der arbeitstechnische Zweck, der in den beteiligten Einheiten verfolgt wird, keine Integration einzelner Abteilungen/Bereiche erforderlich macht. Wenn auf dieser Grundlage davon auszugehen ist, dass die bisherige Organisation des

---

1 *Gaul, B.*, Betriebs- und Unternehmensspaltung, § 25 Rz. 59 ff., 80 ff.; *Hartmann*, AuA 1997, 16 (17). | 2 BAG v. 5.2.1991 – 1 AZR 32/90, DB 1991, 1937 (1939); HSWG/*Worzalla*, § 77 BetrVG Rz. 226; GK-BetrVG/*Kreutz*, § 77 Rz. 387. | 3 *Gaul, B.*, Betriebs- und Unternehmensspaltung, § 25 Rz. 154; GK-BetrVG/*Kreutz*, § 77 Rz. 386; DKK/*Berg*, § 77 BetrVG Rz. 51; aA *D. Gaul*, NZA 1986, 628 (631); *Sowka*, DB 1988, 1318 (1321). | 4 BAG v. 27.7.1994 – 7 ABR 37/93, NZA 1995, 222; BAG v. 24.7.2001 – 3 AZR 660/00, NZA 2002, 520; Erman/*Hanau*, BGB § 613a Rz. 73; abw. Staudinger/*Richardi/Annuß*, § 613a BGB Rz. 174; offen BAG v. 21.1.2003 – 1 ABR 9/02, NZA 2003, 1097 (1098), das von der Möglichkeit einer Fortgeltung als „normativer Teilordnung" im aufnehmenden Betrieb spricht (so für Sozialplan BAG v. 24.3.1981 – 1 AZR 805/78, DB 1981, 2178 (2180)). | 5 *Gaul, B.*, Betriebs- und Unternehmensspaltung, § 25 Rz. 117. | 6 *Gaul, B.*, Betriebs- und Unternehmensspaltung, § 24 Rz. 31 ff., 25 Rz. 125. | 7 *P. Hanau*, RdA 1989, 207, 211; *Gaul, B.*, Betriebs- und Unternehmensspaltung, § 25 Rz. 173 ff., 182 ff.; 194; abl. *Schiefer*, RdA 1994, 83 (85); *D. Gaul*, NZA 1986, 628 (630). | 8 Vgl. BAG v. 24.7.2001 – 3 AZR 660/00, NZA 2002, 520; v. 14.8.2001 – 1 AZR 619/00, NZA 2002, 276 (279). | 9 BAG v. 21.2.2001 – 4 AZR 18/00, NZA 2001, 1318; v. 14.8.2001 – 1 AZR 619/00, NZA 2002, 276 (279). | 10 BAG v. 19.3.1986 – 4 AZR 640/84, NZA 1986, 687; v. 20.4.1994 – 4 AZR 342/93, NZA 1994, 1140; BAG v. 14.8.2001 – 1 AZR 619/00, NZA 2002, 276 (279). | 11 BAG v. *24.7.2001 – 3 AZR 660/00, NZA 2002, 520;* v. *1.8.2001 – 4 AZR 82/00, NZA 2002, 41 ff.* | 12 Vgl. Rz. 55; BAG v. 24.7.2001 – 3 AZR 660/00, NZA 2002, 520; *Gaul, B./Kühnreich*, NZA 2002, 495 ff. | 13 *Gaul, B.*, Betriebs- und Unternehmensspaltung, § 25 Rz. 120 f. | 14 BAG v. 24.7.2001 – 3 AZR 660/00, NZA 2002, 520 ff.; v. 21.1.2003 – 1 ABR 9/02, NZA 2003, 1097 (1099 f.). | 15 Ausf. *Gaul, B.*, Betriebs- und Unternehmensspaltung, § 25 Rz. 157 ff.

aufnehmenden Betriebs fortbesteht, lösen die dort geltenden BV die bisherigen Regelungen zum gleichen Regelungsgegenstand ab. Auf die Günstigkeit der Regelungen kommt es nicht an. Wenn der Zusammenschluss des übertragenen Betriebs oder Betriebsteils mit einer beim übernehmenden Rechtsträger bestehenden Einheit hingegen als Neugründung eines Betriebs anzusehen ist, bleibt es zunächst einmal bei der individualrechtlichen Fortgeltung der Rechte und Pflichten aus der BV gemäß §§ 613a Abs. 1 Satz 2 BGB, 324 UmwG. Eine Ablösung durch eine andere BV setzt voraus, dass diese Vereinbarung mit dem BR, der für den gegründeten Betrieb neu gewählt werden muss, abgeschlossen wird[1]. Besteht Streit über die Frage, ob ein Betrieb oder mehrere Betriebe im Anschluss an einen Übertragungsvorgang bestehen, kann ein Beschlussverfahren nach § 18 Abs. 2 eingeleitet werden (vgl. § 18 Rz. 12 ff.).

d) Ablösung durch andere Vereinbarung. Die Regelungen einer BV können nach der Übertragung eines Betriebs oder Betriebsteils durch Gesamt- oder KonzernBV des Erwerbers abgelöst werden, sofern der gleiche Regelungsgegenstand betroffen ist und der Betrieb/Betriebsteil in den Geltungsbereich fällt[2]. Unerheblich ist dabei, ob ein Betrieb oder Betriebsteil übertragen wird. Voraussetzung ist lediglich, dass die Gesamt- oder KonzernBV – ausgehend von einem Sachgruppenvergleich – den gleichen Regelungsgegenstand betrifft. In diesem Fall verdrängt sie nach den allgemeinen Grundsätzen zur Konkurrenz zwischen BV einerseits und Gesamt- oder KonzernBV andererseits bzw. nach Maßgabe von § 613a Abs. 1 Satz 3 BGB die bisherige Regelung. **76**

Eine Ablösung der individualrechtlich fortgeltenden BV durch TV ist nach § 613a Abs. 1 Satz 3 BGB ebenfalls möglich, ohne dass ein Günstigkeitsvergleich vorgenommen wird[3]. Eine Ablösung der individualrechtlich fortgeltenden Regelungen einer früheren BV durch eine betriebliche Einheitsregelung, die beim übernehmenden Rechtsträger besteht, setzt Zustimmung des ArbN voraus und darf eine Verschlechterung der Arbeitsbedingungen erst nach Ablauf der Jahresfrist bewirken[4]. Eine Ausnahme ist nur bei betriebsvereinbarungsoffenen Regelungen denkbar (vgl. Rz. 68). **77**

e) Beendigung der BV im Zusammenhang mit Übergang. War die BV vor dem Übergang bereits beendet, ist ihre Fortgeltung beim übernehmenden Rechtsträger ausgeschlossen, wenn sie keine Nachwirkung hat. Liegt Nachwirkung vor, gilt sie kollektivrechtlich (Übertragung des Betriebs) oder als Bestandteil des Arbeitsverhältnisses (Übertragung eines Betriebsteils) fort. Sie kann nicht nur durch Kollektivvereinbarung geändert werden. Vielmehr kann sie ohne Rücksicht auf die 1-Jahres-Frist durch Änderungskündigung oder Änderungsvereinbarung auch zum Nachteil der betroffenen ArbN geändert werden. Entsprechendes gilt, wenn die BV nach der Spaltung bzw. Übertragung des Betriebs oder Betriebsteils beendet wird. **78**

f) Besonderheiten für GesamtBV. Eine GesamtBV gilt als GesamtBV fort, wenn sämtliche Betriebe unter Wahrung ihrer Identität übertragen werden und der übernehmende Rechtsträger – beispielsweise bei einer Spaltung zur Neugründung – seinerseits noch keine Betriebe oder Betriebsteile besitzt, die bei ihrer Einbeziehung zu einer Ausweitung des bisherigen Geltungsbereichs führen würden[5]. Bestehen beim übernehmenden Rechtsträger andere Betriebe, setzt eine kollektivrechtliche Fortgeltung voraus, dass die GesamtBV in ihrem Geltungsbereich auf die übertragenen Betriebe begrenzt ist. **79**

Eine GesamtBV gilt als BV fort, wenn ein einzelner Betrieb unter Wahrung seiner Identität auf einen anderen Rechtsträger übertragen wird. Unerheblich ist, ob die Vereinbarung im originären oder im übertragenen Zuständigkeitsbereich abgeschlossen wird[6]. Folgt man der Entscheidung des BAG v. 18.9.2002[7], gilt die GesamtBV auch dann als BV fort, wenn ein Betriebsteil übertragen und durch Erwerber als eigenständiger Betrieb fortgeführt wird[8]. Konsequenz der kollektivrechtlichen Fortgeltung ist, dass eine Änderung oder Beendigung nach Maßgabe der allgemeinen Grundsätze zur Änderung oder Beendigung von BV (vgl. Rz. 34 ff., 54 ff.) erfolgen kann. Bei einer einzelvertraglichen Fortgeltung müsste die Jahresfrist des § 613a Abs. 1 Satz 2 BGB beachtet werden. **80**

Beim übertragenden Rechtsträger wirkt die GesamtBV kollektivrechtlich als GesamtBV oder BV fort, sofern die dort verbleibenden Einheiten als Betrieb oder selbstständiger Betriebsteil iSd. § 4 Abs. 1 Satz 1 BetrVG qualifiziert werden können[9]. **81**

g) Besonderheiten für KonzernBV. Eine KonzernBV wirkt als KonzernBV fort, wenn der Rechtsträger, auf den Betriebe oder Betriebsteile übertragen wurden, im Konzern steht[10]. Es genügt, dass die **82**

---

1 Vgl. *Gaul, B.*, Betriebs- und Unternehmensspaltung, § 25 Rz. 169 ff., 175 ff. | 2 *Gaul, B.*, Betriebs- und Unternehmensspaltung, § 25 Rz. 139; *Henssler*, NZA 1994, 913 (918); abw. *Sowka/Weiss*, DB 1991, 1518 (1520 f.). | 3 LAG Hamburg v. 7.6.1995 – 4 Sa 115/94, AuR 1996, 75; *Gaul, B.*, Betriebs- und Unternehmensspaltung, § 25 Rz. 146 ff.; *Kania*, DB 1995, 625 (626 f.); Erman/*Hanau*, § 613a BGB Rz. 93. | 4 *Gaul, B.*, Betriebs- und Unternehmensspaltung, § 26 Rz. 142 ff.; aA *Henssler*, NZA 1994, 913 (918). | 5 *Gaul, B.*, Betriebs- und Unternehmensspaltung, § 25 Rz. 210; WHSS/*Hohenstatt*, Umstrukturierung E Rz. 48; *Kittner/Zwanziger/Bachner*, Arbeitsrecht § 116 Rz. 12; abl. *Boecken*, Unternehmensumwandlungen Rz. 160. | 6 Vgl. BAG v. 18.9.2002 – 1 ABR 54/01, NZA 2003, 670 (673); ArbG Frankfurt a. M. v. 12.9.1996 – 18 Ca 8666/95, AiB 1997, 481 (482 f.); *Gaul, B.*, Betriebs- und Unternehmensspaltung, § 25 Rz. 216 ff.; aA noch BAG v. 29.10.1985 – 3 AZR 485/83, BB 1986, 1644; LAG Hamburg v. 7.6.1995 – 4 Sa 115/94, AuR 1996, 75 (76 f.); *Hanau*, ZGR 1990, 548 (555); *Berscheid*, FS Stahlhacke S. 15 (31 f.): Fortgeltung gemäß § 613a Abs. 1 Satz 2 BGB. | 7 BAG v. 18.9.2002 – 1 ABR 54/01 nv. | 8 Abw. *Gaul, B.*, Betriebs- und Unternehmensspaltung, § 25 Rz. 223 ff. mwN: Fortgeltung gem. § 613a Abs. 1 Satz 2 BGB. | 9 *Gaul, B.*, Betriebs- und Unternehmensspaltung, § 25 Rz. 229 f. | 10 *Gaul, B.*, Betriebs- und Unternehmensspaltung, § 25 Rz. 239 ff.

Einheiten auch im Anschluss an den Übertragungsvorgang in den Geltungsbereich fallen (§ 58 Abs. 1 Satz 1). Steht der übernehmende Rechtsträger nicht in einer Konzernbindung, gelten die Ausführungen zur GesamtBV entsprechend[1].

83 **16. Unternehmensinterne Veränderungen/Bildung und Auflösung eines gemeinsamen Betriebs.** Wenn Betriebe oder Betriebsteile unternehmensintern ausgegliedert oder zusammengeschlossen werden, gelten die vorstehenden Ausführungen zu solchen Veränderungen im Anschluss an einen Betriebsübergang oder eine Umwandlung entsprechend (vgl. Rz. 69, 71 ff.). Diese Grundsätze gelten auch dann, wenn die Veränderung mit der Bildung oder Auflösung eines gemeinsamen Betriebs verbunden ist. Ggf. kommt es also zu einer analogen Anwendung von § 613a BGB[2]. Für Gesamt- oder KonzernBV hat die unternehmensinterne Veränderung keine Bedeutung. Sie gelten kollektivrechtlich fort[3].

84 **17. Rechtsfolgen von Abschlussmängeln bei einer BV.** Da es sich bei der BV um einen Vertrag handelt (vgl. Rz. 1), sind die Vorschriften des BGB über Willenserklärungen und Rechtsgeschäfte grundsätzlich anwendbar[4].

85 **a) Nichtigkeit von BV.** BV sind damit nichtig, soweit sie gegen ein zwingendes Gesetz oder die guten Sitten verstoßen (§§ 134, 138 BGB) oder das Schriftformerfordernis nicht beachtet wird (§ 125 Abs. 1 BGB). Eine BV ist auch dann nichtig, wenn die betrieblichen Sozialpartner außerhalb ihrer Regelungszuständigkeit handelten. Beispiel: Abschluss einer BV für anderen Betrieb, Vereinbarung über anderweitige Verteilung der Zuständigkeit zwischen BR, Gesamt- und KonzernBR oder Nichtbeachtung des Tarifvorrangs bzw. -vorbehalts aus §§ 77 Abs. 3, 87 Abs. 1[5]. Handelte der BR-Vorsitzende ohne bzw. außerhalb seiner Vertretungsbefugnis, kann der Abschluss der BV, die insoweit schwebend unwirksam ist, durch den BR genehmigt werden. War die BR-Wahl nichtig, ist die durch den vermeintlichen BR abgeschlossene Vereinbarung unwirksam. War die BR-Wahl nur anfechtbar, kann der BR allerdings bis zur rechtskräftigen Entscheidung nach § 19 alle Beteiligungsrechte ausüben, wozu auch der Abschluss einer BV gehört[6].

86 In der Regel handelt es sich um eine anfängliche Unwirksamkeit. Die Nichtigkeit wirkt allerdings ex nunc, wenn die BV bereits ein Dauerschuldverhältnis gestaltet hat (Beispiel: Vereinbarung über die Gewährung übertariflicher Leistungen) oder der Grund für die Unwirksamkeit erst nach Abschluss der BV wirksam wird (Beispiel: Nachträglicher Abschluss eines TV zum gleichen Regelungsgegenstand).

87 Aus dem Normencharakter der BV folgt, dass sie trotz Nichtigkeit einzelner Regelungen im Übrigen wirksam ist, wenn die verbleibenden Bestimmungen eine sinnvolle und in sich geschlossene Regelung enthalten und kein solcher Zusammenhang zu dem unwirksamen Teil der BV besteht, der einer isolierten Fortgeltung entgegensteht[7]. Ob dabei § 139 BGB analog zur Anwendung kommt[8], kann offen bleiben.

88 **b) Umdeutung einer BV.** Eine nichtige BV kann nach § 140 BGB in eine Regelungsabrede umgedeutet werden, um in Bezug auf die Handhabe der betriebsverfassungsrechtlichen Beteiligungsrechte als schuldrechtlicher Vertrag zwischen ArbGeb und BR fortzubestehen[9]. Beispiel: Verletzung des Tarifvorbehalts aus § 77 Abs. 3[10].

89 Weiter gehend kann eine nichtige BV, die gleichwohl zur Umsetzung kommt, zur Begründung entsprechender Ansprüche im Wege der Gesamtzusage oder betrieblichen Übung führen. Voraussetzung ist allerdings, dass der ArbGeb in Kenntnis der Unwirksamkeit handelt und gleichzeitig zum Ausdruck bringt, sich ohne Rücksicht auf die Wirksamkeit der BV binden zu wollen[11]. Hiervon ist auch dann auszugehen, wenn die Vereinbarung abgeschlossen wird, um Unruhe im Betrieb wegen der Zahlung unterschiedlicher übertariflicher Zulagen zu beseitigen und die nichtige BV als „unkündbar" bezeichnet worden ist[12]. Folge der Umdeutung ist, dass eine Beendigung oder Änderung der Zusage nur noch mit den Mitteln des Individualarbeitsrechts möglich ist[13]. Der Tarifvorrang steht einer solchen Umdeutung nicht entgegen[14]. Dass der Mangel der BV hätte erkannt werden können oder müssen, genügt nicht. Denn wenn der ArbGeb in der (irrtümlichen) Annahme handelt, eine durch die BV wirksam begründete

---

1 *Gaul, B.*, Betriebs- und Unternehmensspaltung, § 25 Rz. 239 ff. | 2 Eingehend *Gaul, B.*, Betriebs- und Unternehmensspaltung, § 25 Rz. 59 ff., 111 ff., 157 ff., 196 ff. | 3 *Gaul, B.*, Betriebs- und Unternehmensspaltung, § 25 Rz. 209, 232 ff., 238, 243 ff. | 4 Richardi/*Richardi*, § 77 BetrVG Rz. 45; *Wurth*, S. 47 ff., 86 ff. | 5 BAG v. 21.1.2003 – 1 ABR 9/02, NZA 2003, 1097 (1099 ff.). | 6 LAG Frankfurt v. 24.10.2987 – 5 Ta BV Ga 142/87, BB 1980, 140; DKK/*Berg*, § 77 BetrVG Rz. 5; *Fitting* § 19 BetrVG Rz. 49; Richardi/*Richardi*, § 77 BetrVG Rz. 31. | 7 BAG v. 12.10.1994 – 7 AZR 398/93, NZA 1995, 641; BAG v. 30.8.1995 – 1 ABR 4/95, NZA 1996, 218; v. 21.1.2003 – 1 ABR 9/02, NZA 2003, 1097 (1101) („Rechtsgedanken" des § 139 BGB); *Fitting*, § 77 BetrVG Rz. 32; Richardi/*Richardi*, § 77 BetrVG Rz. 48; GK-BetrVG/*Kreutz*, § 77 Rz. 61. | 8 So BAG v. 15.5.1964 – 1 ABR 15/63, BB 1964, 1004 (1005); v. 21.1.2003 – 1 ABR 9/02, NZA 2003, 1097 (1101) („Rechtsgedanken" des § 139 BGB); HSWG/*Hess*, § 77 BetrVG Rz. 225; abl. *Wurth*, S. 94 f.; Richardi/*Richardi*, § 77 BetrVG Rz. 48; diff. GK-BetrVG/*Kreutz*, § 77 Rz. 61. | 9 BAG v. 20.4.1999 – 1 ABR 72/98, NZA 1999, 887; Richardi/*Richardi*, § 77 BetrVG Rz. 46; abl. *Wurth*, S. 247 f. | 10 BAG v. 20.4.1999 – 1 ABR 72/98, NZA 1999, 887 (890). | 11 Vgl. BAG v. 23.8.1989 – 5 AZR 391/88, BB 1989, 2330; v. 24.1.1996 – 1 AZR 597/95, NZA 1996, 948 (949); v. 5.3.1997 – 4 AZR 532/95, NZA 1997, 951; *Wurth*, S. 254; DKK/*Berg*, § 77 BetrVG Rz. 65; aA LAG Hamm v. 22.10.1998 – 8 Sa 1353/98, NZA-RR 2000, 27, das aus Gründen des Verkehrsschutzes jede Umdeutung ablehnt. | 12 BAG v. 23.8.1989 – 5 AZR 391/88, BB 1989, 2330. | 13 BAG v. 23.8.1989 – 5 AZR 391/88, BB 1989, 2330; v. 20.11.2001 – 1 AZR 12/01, EzA § 77 BetrVG 1972 – Nr. 70 (S. 10 ff.). | 14 BAG v. 20.4.1999 – 1 ABR 72/98, NZA 1999, 887 (890).

Verpflichtung zu erfüllen, kann eine betriebliche Übung nicht entstehen[1]. Auch ist eine Umdeutung in eine Gesamtzusage ausgeschlossen[2]. Vermieden werden kann die Umdeutung bei Kenntnis der Unwirksamkeit nur dann, wenn eine einzelvertragliche Fortgeltung der Regelungen zwischen ArbGeb und BR bewusst ausgeschlossen wird[3].

c) Anfechtung einer BV. Die Erklärung zum Abschluss einer BV ist anfechtbar nach Maßgabe der §§ 119 ff. BGB. Die Wirkung tritt indes nicht rückwirkend, sondern nur ex nunc ein[4]. **90**

18. Gerichtliche Klärung von Zweifelsfragen. Antragsbefugnis im Beschlussverfahren besitzt, wer nach materiellem Recht durch die begehrte Entscheidung in seiner eigenen betriebsverfassungsrechtlichen Rechtsstellung unmittelbar betroffen wird bzw. dies zumindest behauptet[5]. Ein solches Interesse von ArbGeb und BR besteht, wenn der Inhalt einer BV[6], die Mitbestimmungspflichtigkeit einer konkreten Maßnahme[7] oder die Wirksamkeit, Unwirksamkeit oder Nachwirkung einer BV[8] streitig sind oder ein Anspruch auf Anwendung oder Durchführung einer BV, der sich aus § 77 Abs. 1 bzw. der BV selbst ergibt, durchgesetzt werden soll[9]. Die Feststellung oder Erfüllung individueller Ansprüche einzelner ArbN kann durch den BR nicht zum Gegenstand eines Beschlussverfahrens gemacht werden[10]. Darüber wird im Urteilsverfahren, ggf. unter inzidenter Prüfung der BV, entschieden[11]. Etwas anderes gilt, wenn der BR über die Feststellung individualrechtlicher Positionen eigene betriebsverfassungsrechtliche Rechte und Pflichten klären will[12]. **91**

Gesamt- oder KonzernBR sind antragsbefugt, wenn sie Partei einer BV sind oder ihre Beteiligung im Rahmen der Zuständigkeit nach §§ 50, 58 in Rede steht[13]. Bei ArbN-Vertretungen nach § 3 Abs. 1 Nr. 1 bis 3 gilt Entsprechendes. **92**

Gerichtliche Entscheidungen über den Inhalt, die Wirksamkeit oder den Fortbestand einer BV im Beschlussverfahren sind für ArbGeb, BR und ArbN im Geltungsbereich der Vereinbarung verbindlich[14]. Ist die beantragte Feststellung nicht offensichtlich unzulässig oder unbegründet, muss der ArbGeb nach § 40 die Kosten des Verfahrens tragen[15]. **93**

Gewerkschaften sind grundsätzlich nicht antragsbefugt, da die BV das Rechtsverhältnis zwischen ArbGeb und BR bzw. ArbN betrifft[16]. Etwas anderes gilt dann, wenn sie gemäß § 1004 Abs. 1 Satz 2 iVm. § 823 BGB eine Unterlassung der Verletzung ihrer durch Art. 9 Abs. 3 GG geschützten Koalitionsfreiheit einwendet[17]. Als TV-Partei kann sie diesen Anspruch auch selbständig mit dem Ziel verfolgen, den Geltungsanspruch des TV gegenüber unzulässigen konkurrierenden oder abweichenden Vereinbarungen zu verteidigen, ohne den Bestand des TV anzutasten, über den die TV-Parteien im Grundsatz nicht allein verfügen können[18]. Unerheblich ist, dass der Eingriff in die Koalitionsfreiheit als Folge einer Umdeutung der nichtigen BV letztendlich auf einzelvertraglicher Ebene erfolgt[19]. Unerheblich ist auch, ob es sich um mitbestimmungspflichtige oder freiwillige Angelegenheiten handelt[20]. Voraussetzung für einen Eingriff ist aber, dass eine Tarifnorm als kollektive Ordnung verdrängt und ihrer zentralen Funktion beraubt werden soll. Hierfür ist eine betriebliche Regelung notwendig, die einheitlich wirken und an die Stelle der Tarifnorm treten soll[21]. **94**

Ob ein Verstoß gegen den Tarifvorrang aus § 77 Abs. 3 bzw. Tarifvorbehalt aus § 87 Abs. 1 Einleitungssatz auch Unterlassungsansprüche der Gewerkschaft gemäß § 23 Abs. 3 begründen kann, ist zweifelhaft. Nach BAG v. 20.8.1991[22] soll nämlich nur ein Verstoß gegen § 77 Abs. 3, nicht aber gegen den Tarifvorbehalt aus § 87 Abs. 1 Einleitungssatz geeignet sein, Ansprüche aus § 23 Abs. 1 zu begründen[23]. Wei- **95**

---

1 Vgl. BAG v. 13.8.1980 – 5 AZR 325/78, EzA § 77 BetrVG 1972 – Nr. 8 (S. 22); v. 17.12.1987 – 6 AZR 747/85, NZA 1988, 801 (803); v. 26.4.1990 – 6 AZR 278/88, DB 1990, 1871 (1873); v. 14.8.2001 – 1 AZR 619/00, NZA 2002, 276 (278); v. 22.1.2002 – 3 AZR 554/00, NZA 2002, 1224 ff. |2 *Wurth*, S. 253 f. |3 Vgl. BAG v. 20.11.2001 – 1 AZR 12/01, EzA § 77 BetrVG 1972 - Nr. 70 (S. 9). |4 BAG v. 15.12.1961 – 1 AZR 207/59, DB 1962, 306; *Fitting*, § 77 BetrVG Rz. 33; Richardi/*Richardi*, § 77 BetrVG Rz. 49; DKK/*Berg*, § 77 BetrVG Rz. 54. |5 BAG v. 20.12.1995 – 7 ABR 8/95, NZA 1996, 945 (947); LAG Köln v. 20.5.1999 – 13 Ta BV 37/98, NZA-RR 2000, 140 (141). |6 BAG v. 27.5.1986 – 1 ABR 48/84, NZA 1986, 643. |7 BAG v. 15.1.2002 – 1 ABR 13/01, NZA 2002, 995 (996 ff.); v. 25.8.2002 – 1 ABR 40/01, DB 2002, 2385 ff.; v. 11.6.2002 – 1 ABR 44/01, DB 2002, 2727 ff.; v. 11.6.2002 – 1 ABR 46/01, NZA 2002, 1299 f. |8 BAG v. 8.12.1970 – 1 ABR 20/70, DB 1971, 582 f.; v. 21.8.1990 – 1 ABR 73/89, BB 1990, 2406 ff.; ErfK/*Kania*, § 77 BetrVG Rz. 8. |9 Vgl. BAG v. 21.1.2003 – 1 ABR 9/02, NZA 2003, 1097 (1098). |10 BAG v. 17.10.1989 – 1 ABR 75/88, NZA 1990, 441; v. 21.1.2003 – 1 ABR 9/02, NZA 2003, 1097 (1098). |11 Vgl. BAG v. 24.11.1987 – 1 ABR 57/86, NZA 1988, 322; v. 22.1.2002 – 3 AZR 554/00, NZA 2002, 1224 ff. |12 Vgl. BAG v.17.8.1999 – 3 ABR 55/98, NZA 2000, 498 (501); v. 22.10.1985 – 1 ABR 47/83, DB 1986, 704. |13 BAG v. 31.1.1989 – 1 ABR 60/87, NZA 1989, 606 (608); LAG Köln v. 20.5.1999 – 13 Ta BV 37/98, NZA-RR 2000, 140 f. |14 BAG v. 17.2.1992 – 10 ABR 448/91, NZA 1992, 999; v. 17.8.1999 – 3 ABR 55/98, NZA 2000, 498, 502; LAG Nürnberg v. 23.12.2002 – 6 Sa 66/00, LAG-Report 2003, 131 (132 f.). |15 BAG v. 19.4.1989 – 7 ABR 6/88, NZA 1990, 233. |16 BAG v. 23.2.1988 – 1 ABR 75/86, NZA 1989, 229; v. 20.4.1999 – 1 ABR 72/98, NZA 1999, 887 (889). |17 BAG v. 20.8.1991 – 1 ABR 85/90, NZA 1992, 317, 318 f.; v. 20.4.1999 – 1 ABR 72/98, NZA 1999, 887 (889); offenbar ohne weitere Prüfung LAG BW v. 11.7.2002 – 2 Ta BV 2/01, BB 2002, 1751, 1758. |18 BAG v. 20.4.1999 – 1 ABR 72/98, NZA 1999, 887 (889). |19 BAG v. 20.4.1999 – 1 ABR 72/98, NZA 1999, 887 (890 f.). |20 Vgl. BAG v. 20.8.1991 – 1 ABR 85/90, NZA 1992, 317; v. 13.3.2001 – 1 AZB 19/00, NZA 2001, 1037. |21 BAG v. 20.4.1999 – 1 ABR 72/98, NZA 1999, 887 (892). |22 BAG v. 20.8.1991 – 1 ABR 85/90, NZA 1992, 317. |23 Krit. DKK/*Berg*, § 77 BetrVG Rz. 85.

tergehend lässt BAG v. 20.4.1999[1] sogar offen, ob § 23 überhaupt zur Abwehr von Verstößen gegen § 77 Abs. 3 gedacht war[2].

96 Für die Geltendmachung eines Unterlassungsanspruchs durch Gewerkschaft, der sich gegen die Durchführung oder den Abschluss einer BV richtet, soll das Beschlussverfahren die zutreffende Verfahrensart sein, und zwar auch dann, wenn die Gewerkschaft einen deliktsrechtlichen Unterlassungsanspruch geltend macht[3].

97 **II. Die Regelungsabrede. 1. Inhalt und rechtliche Bedeutung.** Die Regelungsabrede ist eine formlose Abrede zwischen ArbGeb und BR; sie kann auch konkludent zustande kommen[4]. Bloßes Schweigen oder widerspruchslose Hinnahme arbeitgeberseitiger Maßnahmen genügen nicht[5]. Insofern sind auch Erklärungen des BR-Vorsitzenden unzureichend, solange sie nicht von einem BR-Beschluss gedeckt sind[6].

98 Gegenstand einer Regelungsabrede ist die einvernehmliche Handhabe einer bestimmten – nicht zwingend mitbestimmungspflichtigen – Angelegenheit[7]. Beispiel: Handhabe der Beteiligung bei der Anordnung von Überstunden in Eilfällen. Da die formalen Voraussetzungen einer BV nicht beachtet werden müssen, erleichtert die Regelungsabrede den Umgang mit Beteiligungsrechten des BR. Sie sind mit ihrem Abschluss gewahrt[8]. Durch Regelungsabrede kann auch Erweiterung der MitbestR vereinbart werden[9].

99 Im Gegensatz zur BV entfaltet die Regelungsabrede keine normative Wirkung in Bezug auf einzelne Arbeitsverhältnisse, sondern begründet nur eine schuldrechtliche Beziehung zwischen ArbGeb und BR[10]. Ein Vertrag zugunsten Dritter liegt darin nicht[11]. Rechtsansprüche der ArbN auf ein abredegemäßes Verhalten des ArbGeb begründet die Regelungsabrede deshalb nicht[12]. Wenn als Folge einer Regelungsabrede Rechte oder Pflichten im Rahmen des Arbeitsverhältnisses begründet werden sollen, ist individualrechtliche Umsetzung durch den ArbGeb erforderlich[13]. Beispiel: einseitige Leistungszusage, Vereinbarung einer Vertragsänderung, Anordnung von Überstunden im Rahmen des Direktionsrechts, Widerruf einer übertariflichen Zulage, Änderungskündigung. Wirksam sind diese Maßnahmen ohne Rücksicht auf die vorherige Zustimmung des BR indes nur dann, wenn die arbeitsvertraglichen und gesetzlichen Schranken (zB § 315 BGB, §§ 1, 2 KSchG) berücksichtigt werden[14]. Die Sperrwirkung des § 77 Abs. 3 steht einer bloßen Regelungsabrede indes nicht entgegen[15].

100 ArbGeb oder BR können frei darüber entscheiden, ob Regelungen durch BV oder Regelungsabrede getroffen werden[16]. Allerdings kann in mitbestimmungspflichtigen Angelegenheiten wechselseitig der Abschluss einer BV, ggf. ein Spruch der Einigungsstelle, verlangt werden[17].

101 Der BR kann im Beschlussverfahren – ggf. sogar im Wege einstweiliger Verfügung – eine Verurteilung des ArbGeb zur Unterlassung abredewidriger Maßnahmen verlangen[18].

102 **2. Beendigung einer Regelungsabrede.** Die Regelungsabrede endet nach den für BV geltenden Grundsätzen, nämlich durch Zweckerreichung, Ablauf der vereinbarten Geltungsdauer, Aufhebungsvertrag, Wegfall der Geschäftsgrundlage, Kündigung oder Ablösung durch anderweitige Vereinbarung[19]. Insofern kann die Regelungsabrede zwar durch BV abgelöst werden. Eine BV kann jedoch nur dann durch Regelungsabrede aufgehoben und abgelöst werden, wenn dieser Wille zur Änderung der normativen Vorgabe klar erkennbar ist (vgl. Rz. 39).

103 Die Kündigung einer Regelungsabrede ist mit 3-Monats-Frist des § 77 Abs. 5 möglich, sofern nichts anderes vereinbart wurde oder sich aus dem Zweck der Vereinbarung nichts anderes ergibt[20]. Weiterhin geht BAG v. 23.6.1992[21] von der Nachwirkung einer Regelungsabrede in mitbestimmungspflichtigen Angelegenheiten analog Abs. 6 aus[22]. Schließlich habe die Regelungsabrede in mitbestimmungspflichtigen

---

1 BAG v. 20.4.1999 – 1 ABR 72/98, NZA 1999, 887 (890). | 2 Vgl. auch BAG v.13.3.2001 – 1 AZB 19/00, NZA 2001, 1037 (1038). | 3 BAG v. 20.4.1999 – 1 ABR 72/98, NZA 1999, 887; v. 13.3.2001 – 1 AZB 19/00, NZA 2001, 1037; *Fitting*, § 77 BetrVG Rz. 237; krit. *Annuß*, RdA 2000, 287, 297; *Bauer*, NZA 1999, 957 (958); *Hromadka*, ZTR 2000, 253 (256). | 4 BAG v. 15.12.1961 – 1 AZR 492/59, BB 1962, 371; v. 21.1.2003 – 1 ABR 9/02, NZA 2003, 1097 (1099); *Richardi/Richardi*, § 77 BetrVG Rz. 227; GK-BetrVG/*Kreutz*, § 77 Rz. 11. | 5 BAG v. 10.11.1992 – 1 AZR 183/92, NZA 1993, 570 (572); LAG Frankfurt v. 17.3.1983 – 4 Ta BV 130/82, ZIP 1983, 1114 ff. | 6 BAG v. 10.11.1992 – 1 AZR 183/92, NZA 1993, 570 (572); *Stege/Weinspach/Schiefer*, § 77 BetrVG Rz. 45; *Richardi/Richardi*, § 77 BetrVG Rz. 227. | 7 Vgl. BAG v. 14.8.2001 – 1 AZR 744/00, NZA 2002, 342 (344 f.); *Peterek*, FS D. Gaul S. 471, 472 ff.; DKK/*Berg*, § 77 BetrVG Rz. 79 ff. | 8 BAG v. 14.2.1991 – 2 AZR 415/90, NZA 1991, 607. | 9 BAG v. 14.8.2001 – 1 AZR 744/00, NZA 2002, 342 (344 f.). | 10 BAG v. 24.2.1987 – 1 ABR 18/85, NZA 1987, 639; v. 14.2.1991 – 2 AZR 415/90, NZA 1991, 607; v. 6.5.2003 – 1 AZR 340/02, nv. | 11 BAG v. 9.12.1997 – 1 AZR 319/97, NZA 1998, 661 (663); aA ErfK/*Kania*, § 77 BetrVG Rz. 26. | 12 BAG v. 21.1.2003 – 1 ABR 9/02, NZA 2003, 1097 (1099). | 13 BAG v. 20.4.1999 – 1 AZR 631/98, NZA 1999, 1059 (1061 ff.); *Peterek*, FS D. Gaul S. 471 (475); aA Erman/*Hanau*, § 613a BGB Rz. 82. | 14 BAG v. 14.2.1991 – 2 AZR 415/90, NZA 1991, 607 (609); v. 3.12.1991 – GS 2/90, NZA 1991, 749 (753). | 15 BAG v. 20.4.1999 – 1 ABR 72/98, NZA 1999, 887 (890); v. 21.1.2003 – 1 ABR 9/02, NZA 2003, 1097 (1099). | 16 BAG v. 14.8.2001 – 1 AZR 744/00, NZA 2002, 342 (344 f.). | 17 BAG v. 8.8.1989 – 1 ABR 62/88, NZA 1990, 322 (324). | 18 BAG v. 23.6.1992 – 1 ABR 53/91, NZA 1992, 1098. | 19 Vgl. DKK/*Berg*, § 77 BetrVG Rz. 82; *Richardi/Richardi*, § 77 BetrVG Rz. 231 ff. | 20 BAG v. 23.6.1992 – 1 ABR 53/91, NZA 1992, 1098; v. 10.3.1992 – 1 ABR 31/91, NZA 1992, 952; *Peterek*, FS D. Gaul S. 471 (492). | 21 BAG v. 23.6.1992 – 1 ABR 53/91, NZA 1992, 1098. | 22 Abl. BAG v. 3.12.1991 – GS 2/90, NZA 1992, 749, 753 f.; *Richardi/Richardi*, § 77 BetrVG Rz. 234; GK-BetrVG/*Kreutz*, § 77 Rz. 22.

3. Rechtsfolgen einer Reorganisation, eines Betriebsübergangs oder einer Umwandlung. Regelungsabreden, die zwischen den betrieblichen Sozialpartnern außerhalb der formalen Erfordernisse für BV abgeschlossen werden, gelten kollektivrechtlich fort, wenn der Betrieb unter Wahrung seiner Identität übertragen wird. Wird ein Teil des Betriebs ausgegliedert und eigenständig fortgeführt, besteht der Restbetrieb aber unter Wahrung der Identität fort, gilt die Regelungsabrede in diesem Restbetrieb entsprechend in kollektivrechtlicher Form weiter. Unerheblich ist, ob der Restbetrieb beim bisherigen ArbGeb verblieben oder von anderem Rechtsträger übernommen wurde. In dem Teil, der keine Identität mit dem fortbestehenden Restbetrieb besitzt, gilt die Regelungsabrede nur für die Dauer des Übergangsmandats des BR nach § 21a fort. Mit dem Wegfall des BR entfällt auch der Sozialpartner, mit dem Einvernehmen hinsichtlich der Handhabe einer bestimmten Angelegenheit erzielt wurde. Ein neu gewählter BR ist an diese Vereinbarung nicht gebunden. Auf die Rechtsform der Übertragung (Einzel- oder Gesamtrechtsnachfolge) kommt es nicht an. Hiervon kann auch bei einer unternehmensinternen Betriebsspaltung oder der Auflösung eines gemeinsamen Betriebs ausgegangen werden[2].

78 Schutzbestimmungen

Die Mitglieder des Betriebsrats, des Gesamtbetriebsrats, des Konzernbetriebsrats, der Jugend- und Auszubildendenvertretung, der Gesamt-Jugend- und Auszubildendenvertretung, der Konzern-Jugend- und Auszubildendenvertretung, des Wirtschaftsausschusses, der Bordvertretung, des Seebetriebsrats, der in § 3 Abs. 1 genannten Vertretungen der Arbeitnehmer, der Einigungsstelle, einer tariflichen Schlichtungsstelle (§ 76 Abs. 8) und einer betrieblichen Beschwerdestelle (§ 86) sowie Auskunftspersonen (§ 80 Abs. 2 Satz 3) dürfen in der Ausübung ihrer Tätigkeit nicht gestört oder behindert werden. Sie dürfen wegen ihrer Tätigkeit nicht benachteiligt oder begünstigt werden; dies gilt auch für ihre berufliche Entwicklung.

I. Vorbemerkung. Der BR sowie die sonstigen Organe der Betriebsverfassung haben die Interessen der ArbN gegenüber dem ArbGeb zu vertreten. In der **Betriebswirklichkeit** bleiben Spannungen und Konflikte mit dem ArbGeb nicht aus, sie liegen in der Natur der Sache und können durch keine rechtliche Regelung vermieden werden[3]. Es bedarf daher für den BR sowie die sonstigen Organe der Betriebsverfassung eines besonderen und nachhaltigen Schutzes, damit ihre Unabhängigkeit gesichert wird. § 78 sieht in zweierlei Hinsicht entsprechende Schutzregelungen vor: Nach § 78 Satz 1 besteht ein **Verbot der Störung oder Behinderung** der Amtstätigkeit, nach § 78 Satz 2 gilt ein **Verbot der Begünstigung oder Benachteiligung**, das sich auch auf die berufliche Entwicklung erstreckt.

Die Vorschrift des § 78 ist **zwingend**. Sie kann weder durch TV, noch durch BV, noch durch eine einzelvertragliche Absprache abbedungen werden[4].

II. Persönlicher Schutzbereich. Nach dem ausdrücklichen Wortlaut findet die Vorschrift Anwendung auf Mitglieder

- des BR,
- des GesamtBR,
- des KonzernBR,
- der JAV,
- der Gesamt-JAV,
- der Konzern-JAV,
- des Wirtschaftsausschusses,
- der Bordvertretung,
- des SeeBR,
- der in § 3 Abs. 1 genannten Vertretungen der ArbN (zB SpartenBR),
- der Einigungsstelle,
- einer tariflichen Schlichtungsstelle (§ 76 Abs. 8),
- einer betrieblichen Beschwerdestelle (§ 86) sowie
- auf Auskunftspersonen (§ 80 Abs. 2 Satz 3).

---

[1] BAG v. 23.6.1992 – 1 ABR 53/91, NZA 1992, 1098. | [2] Eingehend *Gaul, B.*, Betriebs- und Unternehmensspaltung, § 26 Rz. 8 ff. | [3] MünchArbR/*Joost*, § 308 Rz. 143. | [4] *Fitting*, § 78 BetrVG Rz. 4; GK-BetrVG/*Kreutz*, § 78 Rz. 20.

4 Der Schutz der Vorschrift erstreckt sich auch auf **amtierende Ersatzmitglieder**[1]. Für ArbN-Vertreter im Aufsichtsrat nach dem BetrVG 1952 gilt die Vorschrift entsprechend (§ 76 Abs. 2 Satz 5 BetrVG 1952 iVm. § 129 Abs. 2 BetrVG). Für die Aufsichtsratsmitglieder der ArbN nach dem MitbestG gilt § 26 MitbestG, der eine entsprechende Regelung, allerdings ohne Begünstigungsverbot, enthält. In § 96 Abs. 2 SGB IX findet sich eine entsprechende Schutzvorschrift für die Schwerbehindertenvertretung, die auch für die Gesamt-Schwerbehindertenvertretung und die Konzern-Schwerbehindertenvertretung gilt (§ 97 Abs. 7 SGB IX)[2].

5 Weitere **Schutzbestimmungen** enthalten die §§ 78a, 103 BetrVG sowie § 15 KSchG.

6 **III. Störungs- und Behinderungsverbot (Satz 1).** § 78 Satz 1 untersagt zunächst die Störung oder Behinderung in der Ausübung der Tätigkeit.

7 **1. Störungen und Behinderungen.** Der Begriff der Behinderung in § 78 Satz 1 ist umfassend zu verstehen. Er erfasst jede unzulässige Erschwerung, Störung oder gar Verhinderung der Tätigkeit der in § 78 Satz 1 genannten betriebsverfassungsrechtlichen Organe oder Gremien[3]. Die Vorschrift richtet sich gegen **jedermann**, dh. nicht nur gegen den ArbGeb, sondern auch gegen ArbN, Betriebsangehörige, die nicht ArbN sind, sowie leitende Angestellte (§ 5 Abs. 3 und Abs. 4) und gegen außerbetriebliche Stellen[4].

8 Behinderungen können durch **positives Tun** oder durch **Unterlassen** bei entsprechenden Mitwirkungspflichten erfolgen[5]. So kann beispielsweise eine Behinderung durch Unterlassung vorliegen, wenn sich der ArbGeb weigert, die für Sitzungen, Sprechstunden und die laufende Geschäftsführung erforderlichen Räume und sachlichen Mittel zur Verfügung zu stellen[6].

9 **2. Verschulden.** Erfasst wird jede **objektive Behinderung**, und zwar unabhängig davon, ob ein Verschulden vorliegt oder nicht[7]. So kann beispielsweise der Hinweis des ArbGeb auf die mit der BR-Tätigkeit verbundenen Kosten eine Behinderung sein, wenn nicht erkennbar wird, dass es sich um für die BR-Tätigkeit erforderliche und verhältnismäßige Kosten handelt, für die der ArbGeb von Gesetzes wegen einzustehen hat[8]. Denn stellt der ArbGeb diese Zusammenhänge nicht heraus, wird nicht hinreichend deutlich, dass der BR nicht nach eigenem Gutdünken über die durch seine Amtsführung verursachten Kosten befinden kann und ihre Höhe nur durch den Umfang erforderlicher BR-Tätigkeit bestimmt wird. Eine Äußerung des ArbGeb gegenüber den ArbN zu den Kosten der BR-Tätigkeit, die die gesetzlichen Zusammenhänge außer Acht lässt, setzt den BR gegenüber der Belegschaft des Betriebs unter einen Rechtfertigungsdruck, der nicht ohne Auswirkungen auf seine Amtsführung bleibt[9].

10 Eine Behinderung liegt nicht vor bei **zulässigem Handeln**. Insoweit kann die Abgrenzung im Einzelfall problematisch sein.

11 **Beispiel:** Geht es um den **Zutritt Dritter** zum Betriebsgelände, so kann das begründete Interesse an einem Gespräch mit dem gesamten BR-Gremium oder die Möglichkeit einer etwa erforderlichen kurzfristigen Einsichtnahme in die im BR-Büro vorhandenen Unterlagen ebenso eine Rolle spielen wie berechtigte Geheimhaltungs- oder Sicherheitsbelange des ArbGeb oder dessen Interesse daran, dass betriebliche Abläufe nicht beeinträchtigt werden. So kann der BR die Duldung des Zutritts eines betriebsfremden Dritten (wie beispielsweise des beauftragten Rechtsanwalts) vom ArbGeb nur dann verlangen, wenn der BR zuvor im Einzelfall unter Berücksichtigung der jeweiligen Umstände die Erforderlichkeit des Zutritts zur Erfüllung seiner gesetzlichen Aufgaben geprüft und in Anwendung des vorgenannten Maßstabs bejaht hat. Ein Anspruch auf Duldung des Zutritts eines betriebsfremden Dritten durch den ArbGeb besteht daher nicht einschränkungslos für alle Fallgestaltungen[10].

12 **3. Rechtsfolgen.** Im Falle eines Verstoßes gegen das Behinderungsverbot können sowohl die betriebsverfassungsrechtlichen Organe und Gremien wie auch ihre Mitglieder Unterlassungsansprüche geltend machen[11]. Der Unterlassungsanspruch kann auch im Wege der einstweiligen Verfügung durchgesetzt werden[12]. Im Falle **grober Verstöße** bleibt die Möglichkeit der Geltendmachung von Unterlassungsansprüchen gem § 23 Abs. 3. Bei einem **vorsätzlichen Verstoß** gegen das Behinderungsverbot liegt ein **Straftatbestand** nach § 119 Abs. 1 Nr. 2 vor.

---

1 DKK/*Buschmann*, § 78 BetrVG Rz. 6; *Fitting*, § 78 BetrVG Rz. 2. | 2 Vgl. im Übrigen zu weiteren Schutzvorschriften ähnlicher Art DKK/*Buschmann*, § 78 BetrVG Rz. 7; *Fitting*, § 78 BetrVG Rz. 2; Richardi/*Richardi/Thüsing*, § 78 BetrVG Rz. 1. | 3 BAG v. 20.10.1999 – 7 ABR 37/98 nav.; v. 12.11.1997 – 7 ABR 14/97, AP Nr. 27 zu § 23 BetrVG 1972; v. 19.7.1995 – 7 ABR 60/94, AP Nr. 25 zu § 23 BetrVG 1972. | 4 *Fitting*, § 78 BetrVG Rz. 7; DKK/*Buschmann*, § 78 BetrVG Rz. 9. | 5 GK-BetrVG/*Kreutz*, § 78 BetrVG Rz. 27; DKK/*Buschmann*, § 78 BetrVG Rz. 12. | 6 *Stege/Weinspach/Schiefer*, § 78 BetrVG Rz. 2. | 7 BAG v. 20.10.1999 – 7 ABR 37/98, nav.; v. 12.11.1997 – 7 ABR 14/97, AP Nr. 27 zu § 23 BetrVG 1972; v. 19.7.1995 – 7 ABR 60/94, AP Nr. 25 zu § 23 BetrVG 1972. | 8 Vgl. BAG v. 12.11.1997 – 7 ABR 14/97, AP Nr. 27 zu § 23 BetrVG 1972; v. 19.7.1995 – 7 ABR 60/94, AP Nr. 25 zu § 23 BetrVG 1972. | 9 Vgl. BAG v. 12.11.1997 – 7 ABR 14/97, AP Nr. 27 zu § 23 BetrVG 1972. | 10 BAG v. 20.10.1999 – 7 ABR 37/98, nav.; vgl. im Übrigen zu weiteren umfangreichen Beispielen *Fitting*, § 78 BetrVG Rz. 9; DKK/*Buschmann*, § 78 BetrVG Rz. 14; Richardi/*Richardi/Thüsing*, § 78 BetrVG Rz. 17. | 11 Vgl. BAG v. 12.11.1997 – 7 ABR 14/97, AP Nr. 27 zu § 23 BetrVG 1972; v. 19.7.1995 – 7 ABR 60/94, AP Nr. 25 zu § 23 BetrVG 1972. | 12 ArbG Düsseldorf v. 8.9.1999 – 2 GaBV 13/99, AiB 1999, 648; ArbG Hamburg v. 16.6.1997 – 21 GaBV 1/97, AiB 1997, 659; ArbG Hamburg v. 6.5.1997 – 25 GaBV 4/97, NZA-RR 1998, 78; ArbG Elmshorn v. 10.9.1996 – 1 d GaBV 36/96, AiB 1997, 173; ArbG Stuttgart v. 22.12.1987 – 4 GaBV 3/87, AiB 1988, 109; LAG Hess. v. 17.8.1976 – 5 TaBV 40/76, ArbuR 1977, 90.

Anweisungen des ArbGeb an ein BR-Mitglied, die dem Benachteiligungsverbot widersprechen, sind **unwirksam** (§ 134 BGB). Das BR-Mitglied macht sich somit keiner Verletzung seiner arbeitsvertraglichen Pflichten schuldig, wenn entsprechenden Anweisungen keine Folge geleistet wird[1]. 13

4. Darlegungs- und Beweislast. Die Darlegungs- und Beweislast trägt grundsätzlich derjenige, der die unzulässige Benachteiligung oder Begünstigung behauptet[2]. Das bedeutet, dass das jeweilige betriebsverfassungsrechtliche Organ oder Gremium bzw. die einzelnen Mitglieder die behauptete Behinderung darlegen und beweisen müssen, wenn sie daraus Rechte wie beispielsweise Unterlassungsansprüche herleiten wollen. 14

IV. Benachteiligungs- und Begünstigungsverbot (Satz 2). Das Benachteiligungs- und Begünstigungsverbot nach § 78 Satz 2 BetrVG will **jede Schlechterstellung oder Bevorzugung** tatsächlicher oder rechtlicher Art des geschützten Personenkreises (vgl. Rz. 3) gegenüber anderen ArbN verhindern. 15

1. Benachteiligung oder Begünstigung. Mitglieder betriebsverfassungsrechtlicher Organe oder Gremien üben ihr Amt als **Ehrenamt** aus, sie erhalten weder eine **Amtsvergütung**, noch ist ihre Tätigkeit eine zu vergütende **Arbeitsleistung**. Ihnen steht nur dasjenige Entgelt zu, das sie verdient hätten, wenn sie anstelle der BR-Tätigkeit während ihrer Arbeitszeit die vertraglich geschuldete Arbeitsleistung erbracht hätten. Das schließt es aus, dass die Mitglieder des BR auch nur einen geringen Teil ihrer Vergütung wegen oder aufgrund ihres Amts erhalten. Das Ehrenamtsprinzip wahrt die innere **Unabhängigkeit** des BR. Sie können sich stets vergegenwärtigen, dass besondere Leistungen des ArbGeb auf ihr Votum keinen Einfluss genommen haben können. Das Ehrenamtsprinzip sichert ihre äußere Unabhängigkeit. Es trägt entscheidend dazu bei, dass die vom BR vertretenen ArbN davon ausgehen können, dass die Vereinbarungen zwischen BR und ArbGeb nicht durch die Gewährung oder den Entzug materieller Vorteile für die Mitglieder des BR beeinflusst sind. Das begründet oder stärkt die Akzeptanz der vom BR mitzutragenden Entscheidungen, die, wie die Mitbestimmungs- und Mitwirkungsrechte des BR im Bereich der sozialen Angelegenheiten, der Kündigungen und der Aufstellung von Sozialplänen zeigen, zwangsläufig auch mit Nachteilen für die Belegschaft oder einzelne ArbN verbunden sind. Die durch das Ehrenamtsprinzip gesicherte Unabhängigkeit der BR gegenüber dem ArbGeb als betrieblichem Gegenspieler der ArbN ist damit wesentliche Voraussetzung für eine sachgerechte Durchführung von Mitwirkung und Mitbest. nach dem BetrVG[3]. 16

Benachteiligung iSv. § 78 Satz 2 ist daher jede Schlechterstellung im Verhältnis zu anderen vergleichbaren ArbN, die nicht aus sachlichen Erwägungen, sondern wegen ihrer Amtstätigkeit erfolgt[4]. Das Verbot der Benachteiligung umfasst jede **Zurücksetzung** und **Schlechterstellung** gegenüber vergleichbaren ArbN in entsprechender Stellung[5]. Infrage käme beispielsweise die Versetzung auf einen geringer dotierten Arbeitsplatz, nicht dagegen auf einen vergleichbaren Arbeitsplatz, da ein ArbN, unabhängig davon, ob er einem betriebsverfassungsrechtlichen Organ oder Gremium angehört, damit rechnen muss, dass er von seinem ArbGeb im Rahmen des Direktionsrechts auf einen anderen gleichwertigen Arbeitsplatz versetzt wird[6]. Bei einer Versetzung mit der Folge des Amtsverlusts gilt der besondere Schutz des § 103 (vgl. im Einzelnen § 103 Rz. 3 ff.). Das Benachteiligungsverbot umfasst ebenfalls die **berufliche Entwicklung**. So darf zum Beispiel bei der Entscheidung zur Besetzung einer Beförderungsposition eine Freistellung nicht nachteilig berücksichtigt werden[7]. 17

Nicht nur jede Benachteiligung, sondern auch jede **Bevorzugung** ist verboten. Der ArbGeb darf einem BR-Mitglied keine **Zuwendungen** machen, die diesem nicht aufgrund seines Arbeitsverhältnisses zustehen. Insbesondere ist jede unmittelbare Bezahlung der Tätigkeit des BR-Mitglieds und jedes versteckte Entgelt verboten, so etwa das Versprechen eines höheren Lohns als bisher oder als vergleichbare ArbN mit betriebsüblicher beruflicher Entwicklung erhalten[8]. Ein solcher Verstoß gegen das Begünstigungsverbot kann beispielsweise dann vorliegen, wenn einem BR-Mitglied im Zuge eines Aufhebungsvertrags eine höhere **Abfindung** wegen Verlustes seines Arbeitsplatzes als vergleichbaren ArbN zugestanden wird[9]. 18

Das Benachteiligungs- und Begünstigungsverbot richtet sich gegen jedermann und setzt voraus, dass ein **Kausalzusammenhang** zwischen der Amtstätigkeit des betreffenden Mandatsträgers und der Benachteiligung oder Begünstigung besteht[10]. 19

---

1 DKK/*Buschmann*, § 78 BetrVG Rz. 17; *Fitting*, § 78 BetrVG Rz. 12. | 2 Vgl. BAG v. 12.2.1975 – 5 AZR 79/74, AP Nr. 1 zu § 78 BetrVG 1972 unter IV. 3. d.Gr. | 3 Vgl. BAG v. 5.3.1997 – 7 AZR 581/92, AP Nr. 123 zu § 37 BetrVG 1972. | 4 *Fitting*, § 78 BetrVG Rz. 14; DKK/*Buschmann*, § 78 BetrVG Rz. 18. | 5 Vgl. BAG v. 9.6.1982 – 4 AZR 766/79, AP Nr. 1 zu § 107 BPersVG; LAG Sachsen v. 4.7.2001 – 3 Sa 876/00, NZA-RR 2002, 471. | 6 Vgl. BAG v. 9.6.1982 – 4 AZR 766/79, AP Nr. 1 zu § 107 BPersVG. | 7 Vgl. BAG v. 29.10.1998 – 7 AZR 676/96, AP Nr. 22 zu § 46 BPersVG; vgl. im Übrigen zu umfangreichen weiteren Beispielen die Aufstellung bei *Fitting*, § 78 BetrVG Rz. 18; DKK/*Buschmann*, § 78 BetrVG Rz. 19; Richardi/*Richardi/Thüsing*, § 78 BetrVG Rz. 25. | 8 Richardi/*Richardi/Thüsing*, § 78 BetrVG Rz. 26. | 9 LAG Düsseldorf v. 13.9.2001 – 11 (4) Sa 906/01, BB 2002, 306; vgl. im Übrigen zu umfangreichen weiteren Beispielen Richardi/*Richardi/Thüsing*, § 78 BetrVG Rz. 33; DKK/*Buschmann*, § 78 BetrVG Rz. 26; *Fitting*, § 78 BetrVG Rz. 22. | 10 HSWG/*Worzalla*, § 78 BetrVG Rz. 11; Richardi/*Richardi/Thüsing*, § 78 BetrVG Rz. 20.

20 **2. Verschulden.** Wie bei § 78 Satz 1 kommt es allein darauf an, ob **objektiv** eine Begünstigung oder Benachteiligung vorliegt, weder kommt es auf eine entsprechende Absicht des Handelnden, noch auf ein Verschulden an[1].

21 **3. Rechtsfolgen.** Im Falle von Verstößen gegen das Benachteiligungsverbot hat dies die **Nichtigkeit** des Rechtsgeschäfts nach § 134 BGB zur Folge[2]. Verstößt der ArbGeb **schuldhaft** gegen das Benachteiligungsverbot, können dem betreffenden ArbN Schadensersatzansprüche aus § 823 Abs. 2 BGB zustehen, da § 78 Satz 2 Schutzgesetz im Sinne dieser Bestimmung ist[3].

22 Auch Vereinbarungen oder Regelungen betreffend eine Begünstigung von ArbN wegen ihrer BR-Tätigkeit sind nach § 134 BGB nichtig. Zur Wahrung der Unabhängigkeit dürfen BR-Mitgliedern keine höheren Vergütungen und Ähnliches zugesagt werden[4]. Daraus folgt einerseits, dass die im Rahmen einer rechtswidrigen Begünstigung versprochene Leistung nicht mit Erfolg eingeklagt werden kann, andererseits aber auch, dass andere ArbN die rechtswidrig gegen das Begünstigungsverbot zugesagte Leistung nicht für sich einfordern können[5].

23 **Vorsätzliche Verstöße** gegen das Benachteiligungs- und Begünstigungsverbot werden auf Antrag der geschützten betriebsverfassungsrechtlichen Organe oder Gremien, des entsprechenden Unternehmers oder einer im Betrieb vertretenen Gewerkschaft nach § 119 Abs. 1 Nr. 3, Abs. 2 strafrechtlich verfolgt. Im Falle von **groben Verstößen** sind Unterlassungsansprüche nach § 23 Abs. 3 möglich.

24 **4. Darlegungs- und Beweislast.** Die **Darlegungs- und Beweislast** für einen Verstoß gegen das Benachteiligungs- und Begünstigungsverbot iSv. § 78 Satz 2 trägt derjenige, der daraus etwas herleiten will[6]. Derjenige ArbN, der Ansprüche aus § 823 Abs. 2 BGB iVm. § 78 Satz 2 wegen Verstoßes gegen das Benachteiligungsverbot geltend macht, muss die entsprechenden Voraussetzungen darlegen und beweisen.

25 **V. Streitigkeiten.** Streitigkeiten über die Unterlassung einer Störung, Behinderung, Benachteiligung oder Begünstigung der Arbeit von betriebsverfassungsrechtlichen Organen oder Gremien sind im arbeitsgerichtlichen **Beschlussverfahren** durchzuführen (§§ 2a Abs. 1 Nr. 1, Abs. 2 iVm. 80 ff. ArbGG). Der Antrag auf Erlass einer einstweiligen Verfügung ist zulässig (vgl. Rz. 12). Neben dem betroffenen BR-Mitglied ist auch der BR antragsberechtigt[7].

26 Soweit einzelne Mitglieder eines betriebsverfassungsrechtlichen Organs oder Gremiums iSv. § 78 Satz 1 direkt einen Schadensersatzanspruch nach § 823 Abs. 2 BGB iVm. § 78 Satz 2 geltend machen, ist darüber im arbeitsgerichtlichen **Urteilsverfahren** zu entscheiden (§§ 2 Abs. 1 Nr. 3a und d, Abs. 5 iVm. 46 ff. ArbGG).

78a *Schutz Auszubildender in besonderen Fällen*

(1) Beabsichtigt der Arbeitgeber, einen Auszubildenden, der Mitglied der Jugend- und Auszubildendenvertretung, des Betriebsrats, der Bordvertretung oder des Seebetriebsrats ist, nach Beendigung des Berufsausbildungsverhältnisses nicht in ein Arbeitsverhältnis auf unbestimmte Zeit zu übernehmen, so hat er dies drei Monate vor Beendigung des Berufsausbildungsverhältnisses dem Auszubildenden schriftlich mitzuteilen.

(2) Verlangt ein in Absatz 1 genannter Auszubildender innerhalb der letzten drei Monate vor Beendigung des Berufsausbildungsverhältnisses schriftlich vom Arbeitgeber die Weiterbeschäftigung, so gilt zwischen Auszubildendem und Arbeitgeber im Anschluss an das Berufsausbildungsverhältnis ein Arbeitsverhältnis auf unbestimmte Zeit als begründet. Auf dieses Arbeitsverhältnis ist insbesondere § 37 Abs. 4 und 5 entsprechend anzuwenden.

(3) Die Absätze 1 und 2 gelten auch, wenn das Berufsausbildungsverhältnis vor Ablauf eines Jahres nach Beendigung der Amtszeit der Jugend- und Auszubildendenvertretung, des Betriebsrats, der Bordvertretung oder des Seebetriebsrats endet.

(4) Der Arbeitgeber kann spätestens bis zum Ablauf von zwei Wochen nach Beendigung des Berufsausbildungsverhältnisses beim Arbeitsgericht beantragen,

1. festzustellen, dass ein Arbeitsverhältnis nach Absatz 2 oder 3 nicht begründet wird, oder
2. das bereits nach Absatz 2 oder 3 begründete Arbeitsverhältnis aufzulösen,

wenn Tatsachen vorliegen, aufgrund derer dem Arbeitgeber unter Berücksichtigung aller Umstände die Weiterbeschäftigung nicht zugemutet werden kann. In dem Verfahren vor dem Arbeitsgericht sind der Betriebsrat, die Bordvertretung, der Seebetriebsrat, bei Mitgliedern der Jugend- und Auszubildendenvertretung auch diese Beteiligte.

---

[1] GK-BetrVG/*Kreutz*, § 78 Rz. 46; DKK/*Buschmann*, § 78 BetrVG Rz. 18. |[2] *Fitting*, § 78 BetrVG Rz. 21. |[3] Vgl. BAG v. 9.6.1982 – 4 AZR 766/79, AP Nr. 1 zu § 107 BPersVG. |[4] ErfK/*Kania*, § 78 BetrVG Rz. 9; vgl. auch *Fitting*, § 78 BetrVG Rz. 22 mit weiteren Beispielen. |[5] LAG Düsseldorf v. 13.9.2001 – 11 (4) Sa 906/01, BB 2002, 306. |[6] ErfK/*Kania*, § 78 BetrVG Rz. 7. |[7] *Fitting*, § 78 BetrVG Rz. 25; DKK/*Buschmann*, § 78 BetrVG Rz. 30.

(5) Die Absätze 2 bis 4 finden unabhängig davon Anwendung, ob der Arbeitgeber seiner Mitteilungspflicht nach Absatz 1 nachgekommen ist.

I. Vorbemerkung. § 78a enthält eine besondere **Schutzregelung** für Auszubildende, wenn sie Mitglied der JAV, des BR, der Bordvertretung oder des Seebetriebsrats sind. Da deren Berufsausbildungsverhältnis nach § 14 BBiG mit dem Ablauf der Ausbildungszeit bzw. mit dem Bestehen der Abschlussprüfung automatisch endet, nützt ihnen der Kündigungsschutz nach § 15 KSchG nichts. Davor schützt die Regelung des § 78a, in dem ein **Recht auf Übernahme** in ein Arbeitsverhältnis auf unbestimmte Zeit eingeräumt wird[1]. 1

Zweck der Vorschrift ist, die zeitliche Kontinuität des Amts sicherzustellen. Der in einem Berufsausbildungsverhältnis Stehende soll ähnlich wie seine in einem Arbeitsverhältnis stehenden Kollegen und BR-Mitglieder weitgehenden Schutz vor einer Beendigung seines Amts während seiner Amtszeit bzw. innerhalb eines Jahres nach Beendigung der Amtszeit (§ 78a Abs. 3) erhalten. Damit sollen diejenigen Auszubildenden, die Mitglied der JAV, des BR, der Bordvertretung oder des SeeBR sind, eine Rechtsposition erhalten, die der des BR nach § 15 KSchG, § 103 angenähert ist[2]. 2

II. Persönlicher Schutzbereich (Abs. 1 und Abs. 3). Der persönliche Schutzbereich umfasst Auszubildende, die Mitglied der JAV, des BR, der Bordvertretung oder des SeeBR sind. 3

1. Auszubildende. Von § 78a sind nicht nur die nach §§ 25 ff. BBiG staatlich anerkannten Ausbildungsverhältnisse erfasst. Die Vorschrift ist auch auf Ausbildungsverhältnisse, die tariflichen Regelungen entsprechen und eine geordnete Ausbildung von zwei Jahren Dauer (vgl. § 25 Abs. 2 Nr. 2 BBiG) vorsehen, anwendbar[3]. Eine solche tarifliche Regelung enthielt beispielsweise der TV über die Ausbildungsrichtlinie für **Redaktionsvolontäre** an Tageszeitungen, in dem die Ausbildung und Ausbildungsdauer geregelt war[4]. 4

Nach dieser Rspr. des BAG[5] kommt es auf eine „geordnete Ausbildung" an. Praktikanten und Volontäre, bei denen eine solche Voraussetzung nicht gegeben ist, fallen nicht unter den Schutzbereich des § 78a[6]. 5

Bei **Umschülern** ist zu differenzieren: Wer zur Umschulung für einen anerkannten Ausbildungsberuf in ein Berufsausbildungsverhältnis tritt (§ 47 Abs. 3 BBiG), gehört zu den Auszubildenden und fällt deshalb unter die Schutzvorschrift des § 78a[7]. Bei einer reinen **Fortbildung** wäre der Schutzbereich des § 78a nicht eröffnet. 6

2. Mitglied eines betriebsverfassungsrechtlichen Organs. Die Auszubildenden müssen **amtierende Mitglieder** der JAV, des BR, der Bordvertretung oder des SeeBR sein. 7

Nach § 78a Abs. 3 gilt der Schutz auch für **ausgeschiedene Mitglieder** der Betriebsverfassungsorgane während des ersten Jahrs nach Ablauf der Amtszeit, sofern das Ausscheiden nicht auf einem gerichtlichen Ausschluss oder der Feststellung der Nichtwählbarkeit oder einer gerichtlichen Auflösung des betreffenden Betriebsverfassungsorgans beruht[8]. 8

§ 78a findet auch auf **Ersatzmitglieder** Anwendung, soweit diese in den letzten drei Monaten vor Beendigung des Berufsausbildungsverhältnisses einem Betriebsverfassungsorgan angehören und in diesem Zeitraum die Weiterbeschäftigung verlangen[9]. Dabei kommt es nicht darauf an, in welchem Umfang während der Vertretungszeit effektiv Aufgaben anfallen. Maßgeblich ist allein, dass das Ersatzmitglied während der Vertretungszeit die Mitgliedschaftsrechte besitzt[10]. Das nur vorübergehend nachgerückte Ersatzmitglied kann den nachwirkenden Schutz gemäß § 78a Abs. 3 in Anspruch nehmen, sofern das Berufsausbildungsverhältnis innerhalb eines Jahres nach dem Vertretungsfall erfolgreich abgeschlossen wird und der Auszubildende innerhalb von drei Monaten vor der Beendigung des Ausbildungsverhältnisses seine Weiterbeschäftigung verlangt[11]. 9

3. Wirksame Wahl. Voraussetzung für die Anwendung des § 78a BetrVG auf Auszubildende, die Mitglied der JAV, des BR, der Bordvertretung oder des Seebetriebsrats sind, ist, dass ihre Wahl wirksam war[12]. 10

Hinweis: In der Praxis wird dieser Gesichtspunkt immer wieder übersehen. Es kann gerade für den ArbGeb sinnvoll sein, die Frage zu überprüfen, ob die Wahl des Auszubildenden überhaupt wirksam war. 11

---

1 Vgl. BAG v. 24.7.1991 – 7 ABR 68/90, AP Nr. 23 zu § 78a BetrVG 1972. | 2 Vgl. BAG v. 16.1.1979 – 6 AZR 153/77, AP Nr. 5 zu § 78a BetrVG 1972 unter II. 2. a d.Gr. | 3 Vgl. BAG v. 23.6.1983 – 6 AZR 595/80, AP Nr. 10 zu § 78a BetrVG 1972. | 4 Vgl. BAG v. 23.6.1983 – 6 AZR 595/80, AP Nr. 10 zu § 78a BetrVG 1972. | 5 Wegen des entgegenstehenden Wortlauts von § 78a, der auf einen „Auszubildenden" in einem „Berufsausbildungsverhältnis" abstellt, ist diese Rspr. in der Lit. umstritten, vgl. *Fitting*, § 78a BetrVG Rz. 6; GK-BetrVG/*Kreutz*, § 78a Rz. 12; DKK/*Kittner*, § 78a BetrVG Rz. 4; *Stege/Weinspach/Schiefer*, § 78a BetrVG Rz. 1; *Richardi/Richardi/Thüsing*, § 78a BetrVG Rz. 6. | 6 GK-BetrVG/*Kreutz*, § 78a Rz. 14; *Fitting*, § 78a BetrVG Rz. 6; ErfK/*Kania*, § 78a BetrVG Rz. 2; HSWG/*Nicolai*, § 78a BetrVG Rz. 7; *Richardi/Richardi/Thüsing*, § 78a BetrVG Rz. 5; *Stege/Weinspach/Schiefer*, § 78a BetrVG Rz. 1; aA DKK/*Kittner*, § 78a BetrVG Rz. 4. | 7 *Richardi/Richardi/Thüsing*, § 78a BetrVG Rz. 5; *Fitting*, § 78a BetrVG Rz. 5; DKK/*Kittner*, § 78a BetrVG Rz. 17; *Dachrodt/Engelbert*, § 78a BetrVG Rz. 4; aA HSWG/*Nicolai*, § 78a BetrVG Rz. 6, der § 78a grundsätzlich nicht auf Umschüler anwendet. | 8 Vgl. BAG v. 21.8.1979 – 6 AZR 789/77, AP Nr. 6 zu § 78a BetrVG 1972. | 9 Vgl. BAG v. 15.1.1980 – 6 AZR 726/79, AP Nr. 8 zu § 78a BetrVG 1972. | 10 Vgl. BAG v. 15.1.1980 – 6 AZR 726/79, AP Nr. 8 zu § 78a BetrVG 1972. | 11 Vgl. BAG v. 13.3.1986 – 6 AZR 207/85, AP Nr. 3 zu § 9 BPersVG. | 12 Vgl. BAG v. 15.1.1980 – 6 AZR 726/79, AP Nr. 8 zu § 78a BetrVG 1972 unter II. 3. d.Gr.

12 **III. Mitteilungspflichten des ArbGeb (Abs. 1).** Beabsichtigt der ArbGeb die Nichtübernahme eines Auszubildenden, der unter den persönlichen Schutzbereich des § 78a fällt, muss er dies **spätestens** drei Monate vor Beendigung des Berufsausbildungsverhältnisses dem Auszubildenden schriftlich mitteilen (§ 78a Abs. 1).

13 **1. Übernahme in ein unbefristetes Arbeitsverhältnis.** Der ArbGeb muss die **Absicht** haben, einen Auszubildenden, der Mitglied der JAV, des BR, der Bordvertretung oder des Seebetriebsrats ist, nach Beendigung des Ausbildungsverhältnisses **nicht** in ein unbefristetes Arbeitsverhältnis zu übernehmen.

14 **2. Frist.** Die Erklärung der Nichtübernahme in ein unbefristetes Arbeitsverhältnis muss der ArbGeb **spätestens** drei Monate vor Ende des Berufsausbildungsverhältnisses abgeben. Eine frühere Mitteilung des ArbGeb schadet dagegen nicht.

15 **a) Ende des Berufsausbildungsverhältnisses.** Das Berufsausbildungsverhältnis endet in der Regel mit dem Ablauf der vereinbarten Ausbildungszeit (§ 14 Abs. 1 BBiG). Besteht der Auszubildende **vor Ablauf der Ausbildungszeit** die Abschlussprüfung, dann endet das Berufsausbildungsverhältnis bereits mit dem Bestehen der Abschlussprüfung (§ 14 Abs. 2 BBiG). Die Abschlussprüfung ist bestanden, wenn das **Prüfungsverfahren** abgeschlossen und das Ergebnis der Prüfung **mitgeteilt** worden ist[1].

16 Bei **Nichtbestehen** der Abschlussprüfung verlängert sich **auf Verlangen** des Auszubildenden das Ausbildungsverhältnis bis zur nächstmöglichen Wiederholungsprüfung, höchstens jedoch um ein Jahr (§ 14 Abs. 3 BBiG). In diesem Fall ist für die nunmehrige Fristberechnung von der Wiederholungsprüfung bzw. dem Tag des Jahresablaufs auszugehen[2].

17 **b) Fristbeginn.** Spätestens **drei Monate** vor diesem Zeitpunkt muss der ArbGeb dem Auszubildenden die Ablehnung der Weiterbeschäftigung mitteilen. Ist infolge vorzeitiger Ablegung der Prüfung ein früheres Ende des Berufsausbildungsverhältnisses vorauszusehen, muss die Mitteilung drei Monate vor diesem Zeitpunkt erfolgen. Für die Berechnung der Drei-Monats-Frist des § 78a BetrVG ist vom Bestehen der Abschlussprüfung zurückzurechnen[3].

18 Die Fristberechnung erfolgt nach den §§ 187, 188 BGB[4].

19 **3. Form.** Die Mitteilung des ArbGeb muss **schriftlich** erfolgen, dh. das Schreiben erfordert gemäß § 126 BGB eigenhändige Namensunterschrift des ArbGeb oder seines Vertreters.

20 **4. Zugang.** Die Mitteilung muss dem Auszubildenden spätestens drei Monate vor Beendigung des Berufsausbildungsverhältnisses **zugegangen** sein (§ 130 BGB).

21 **5. Rechtsfolgen bei unterlassener Mitteilung.** Unterbleibt die arbeitgeberseitige Mitteilung, dass der Auszubildende nicht in ein unbefristetes Arbeitsverhältnis übernommen werden soll, ergeben sich drei Fallkonstellationen mit jeweils unterschiedlichen Rechtsfolgen:

22 **a) Kein automatisches Arbeitsverhältnis.** Unterlässt der ArbGeb die rechtzeitige Mitteilung, führt dies nicht zu einer **automatischen Begründung** eines Arbeitsverhältnisses. Voraussetzung für das Entstehen eines unbefristeten Arbeitsverhältnisses ist nach § 78a Abs. 2 ein **Übernahmeverlangen** des Auszubildenden, so dass eine Handlung seinerseits erforderlich ist, um ein Rechtsverhältnis zu begründen, und zwar unabhängig davon, ob der ArbGeb seiner Mitteilungspflicht nachkommt oder nicht (vgl. § 78a Abs. 5)[5]. Ein Auszubildender kann nicht darauf vertrauen, übernommen zu werden, wenn der ArbGeb die ihm nach § 78a Abs. 1 obliegende Mitteilung versäumt[6].

23 **b) Schadensersatzansprüche.** In der Lit. wird einheitlich die Auffassung vertreten, dass der ArbGeb sich **Schadensersatzansprüchen** aussetzt, wenn der Auszubildende aufgrund der verspäteten oder unterbliebenen Mitteilung durch den ArbGeb ein anderes Arbeitsverhältnis ausschlägt[7]. Diese Auffassung ist zweifelhaft: Zwar liegt eine Pflichtverletzung des ArbGeb vor, wenn er bei beabsichtigter Nichtübernahme eines Auszubildenden diesem eine entsprechende Mitteilung nicht zukommen lässt. Andererseits hat es aber der Auszubildende in der Hand, sein Weiterbeschäftigungsbegehren an den ArbGeb zu richten, unabhängig davon, ob der ArbGeb seiner Mitteilungspflicht nachkommt oder nicht. Das BAG stellt ausdrücklich darauf ab, dass der Auszubildende eben nicht darauf vertrauen darf, übernommen zu werden, wenn der ArbGeb die ihm nach § 78a Abs. 1 obliegende Mitteilung versäumt[8]. Wenn es somit der Auszubildende selbst in der Hand hat, durch Abgabe einer entsprechenden Erklärung seine Weiterbeschäftigung herbeizuführen, kann die unterbliebene Mitteilung des ArbGeb letztendlich nicht adäquat kausal für den Schadenseintritt in Form der Nichtaufnahme eines anderen Arbeitsverhältnisses sein. Denn dies würde voraussetzen, dass der Auszubildende die Begründung eines Arbeitsverhältnisses nach Ende der Ausbildungszeit ausschlägt, weil er aufgrund der unterbliebenen Mitteilung des ArbGeb

---

1 Vgl. BAG v. 7.10.1971 – 5 AZR 265/71, AP Nr. 1 zu § 14 BBiG; v. 24.5.1960 – 5 AZR 314/58, AP Nr. 1 zu § 6 ErziehungsbeihilfenAO; v. 4.6.1958 – 2 AZR 136/58, AP Nr. 2 zu § 77 HGB. | 2 *Fitting*, § 78a BetrVG Rz. 14. | 3 Vgl. BAG v. 31.10.1985 – 6 AZR 557/84, AP Nr. 15 zu § 78a BetrVG 1972. | 4 DKK/*Kittner*, § 78a BetrVG Rz. 9. | 5 Vgl. BAG v. 15.1.1980 – 6 AZR 621/78, AP Nr. 7 zu § 78a BetrVG 1972. | 6 Vgl. BAG v. 31.10.1985 – 6 AZR 557/84, AP Nr. 15 zu § 78a BetrVG 1972. | 7 *Fitting*, § 78a BetrVG Rz. 16; DKK/*Kittner*, § 78a BetrVG Rz. 11. | 8 Vgl. BAG v. 31.10.1985 – 6 AZR 557/84, AP Nr. 15 zu § 78a BetrVG 1972 unter II. 2. d.Gr.

darauf vertraut, bei ihm in ein unbefristetes Arbeitsverhältnis übernommen zu werden. Ein solches Vertrauen besteht nach der Rspr. des BAG gerade nicht.

c) Tatsächliche Weiterbeschäftigung. Hatte der ArbGeb ursprünglich die Absicht, den Auszubildenden nicht in ein unbefristetes Arbeitsverhältnis zu übernehmen, und unterlässt er die Mitteilung nach § 78a Abs. 1 an den Auszubildenden, so wird nach § 17 BBiG ein Arbeitsverhältnis auf unbestimmte Zeit begründet, wenn der ArbGeb den Auszubildenden entgegen seiner ursprünglichen Absicht tatsächlich nach Ablauf des Ausbildungsverhältnisses **weiterbeschäftigt**. Insoweit wird nach § 17 BBiG aufgrund der tatsächlichen Weiterbeschäftigung ein unbefristetes Arbeitsverhältnis begründet, auch wenn nichts ausdrücklich vereinbart wird.

IV. Weiterbeschäftigungsanspruch des Auszubildenden (Abs. 2). Verlangt ein Auszubildender iSv. § 78a Abs. 1 innerhalb der letzten drei Monate vor Beendigung des Berufsausbildungsverhältnisses schriftlich vom ArbGeb die Weiterbeschäftigung, so gilt zwischen Auszubildendem und ArbGeb im Anschluss an das Berufsausbildungsverhältnis ein Arbeitsverhältnis auf unbestimmte Zeit als begründet (§ 78a Abs. 2 Satz 1). Voraussetzung ist daher zunächst das frist- und formgerechte Geltendmachen der Weiterbeschäftigung.

1. Frist. Der Auszubildende muss **innerhalb von drei Monaten** vor Ablauf des Berufsausbildungsverhältnisses die Weiterbeschäftigung verlangen (zur Beendigung des Ausbildungsverhältnisses und Fristberechnung vgl. Rz. 14). Macht der Auszubildende seine Weiterbeschäftigung **früher** als drei Monate vor Beendigung des Ausbildungsverhältnisses geltend, ist das Weiterbeschäftigungsverlangen nach § 78a Abs. 2 Satz 1 unwirksam[1].

Beispiel:[2] Ein Auszubildender war Mitglied der JAV. Am 29.6.1983 bestand er die Abschlussprüfung und erhielt sofort die entsprechende Urkunde. Er verlangte am 8.3.1983, in ein unbefristetes Arbeitsverhältnis übernommen zu werden. Da die Geltendmachung am 8.3.1983 früher als drei Monate vor Beendigung der Abschlussprüfung erfolgte, war das Weiterbeschäftigungsverlangen unwirksam.

Die Geltendmachung innerhalb von drei Monaten vor Ablauf des Ausbildungsverhältnisses ist auch dann erforderlich, wenn der ArbGeb seiner Mitteilungspflicht aus § 78a Abs. 1 nicht nachgekommen ist, wie sich aus § 78a Abs. 5 ergibt.

2. Form. Das Weiterbeschäftigungsverlangen muss durch den Auszubildenden **schriftlich** erfolgen. Dies erfordert nach § 126 Abs. 1 BGB eine Urkunde des Auszubildenden, die von ihm eigenhändig durch Namensunterschrift unterzeichnet ist. Eine **mündliche** Geltendmachung des Weiterbeschäftigungsverlangens kann die Rechtsfolgen des § 78a Abs. 2 Satz 1 nicht herbeiführen[3]. Die Schriftform ist daher zwingend, eine mündliche Erklärung ist nach § 125 Satz 1 BGB unwirksam.

3. Zugang. Dieses frist- und formgerechte Weiterbeschäftigungsverlangen muss dem ArbGeb zugehen. Eine schriftliche Willenserklärung ist dem Empfänger zugegangen (§ 130 Abs. 1 Satz 1 BGB), sobald sie in verkehrsüblicher Weise in dessen tatsächliche Verfügungsgewalt gelangt ist und unter gewöhnlichen Verhältnissen die Möglichkeit besteht, von der Erklärung Kenntnis zu nehmen. Demnach müssen für den Zugang einer schriftlichen Willenserklärung zwei Voraussetzungen erfüllt sein: Die Willenserklärung muss in verkehrsüblicher Weise in die tatsächliche Verfügungsgewalt des Empfängers oder eines empfangsbevollmächtigten Dritten gelangen und der Empfänger muss unter gewöhnlichen Umständen Kenntnis nehmen können[4]. Darlegungs- und beweispflichtig für den Zugang des Weiterbeschäftigungsverlangens ist der Auszubildende[5].

Beispiel (Fortführung von Rz. 27): Wenn der Auszubildende behauptet, er habe innerhalb des Drei-Monats-Zeitraums das schriftliche Weiterbeschäftigungsverlangen beim ArbGeb eingereicht, muss er dies darlegen und beweisen. Behauptet er beispielsweise die Übergabe des schriftlichen Weiterbeschäftigungsverlangens am 29.6.1983 zwischen 17.10 Uhr und 17.20 Uhr, käme es darauf an, wem er das Schreiben übergibt: Überreicht er es dem ArbGeb, ist der Zugang beim ArbGeb bewirkt, übergibt er es aber dem Pförtner, muss er damit rechnen, dass sein Übernahmeverlangen dem ArbGeb erst am Folgetag zu Beginn der üblichen Geschäftszeit zur Kenntnis gelangt, so dass das Weiterbeschäftigungsverlangen im letzteren Fall nicht fristgerecht geltend gemacht worden wäre[6].

4. Rechtsfolgen. Hinsichtlich der Rechtsfolgen ist danach zu differenzieren, ob ein wirksames Weiterbeschäftigungsverlangen vorliegt oder nicht.

a) Unwirksames Weiterbeschäftigungsverlangen. Verlangt der Auszubildende entweder seine Weiterbeschäftigung überhaupt nicht oder ist sein Weiterbeschäftigungsverlangen nicht form- und fristgerecht,

---

1 Vgl. BAG v. 15.1.1980 – 6 AZR 621/78, AP Nr. 7 zu § 78a BetrVG 1972. | 2 Vgl. BAG v. 31.10.1985 – 6 AZR 557/84, AP Nr. 15 zu § 78a BetrVG 1972. | 3 GK-BetrVG/*Kreutz*, § 78a Rz. 51; *Fitting*, § 78a BetrVG Rz. 21; HSWG/*Nicolai*, § 78a BetrVG Rz. 18; DKK/*Kittner*, § 78a BetrVG Rz. 17; aA Richardi/*Richardi/Thüsing*, § 78a BetrVG Rz. 23 (reine Ordnungsvorschrift). | 4 Vgl. BAG v. 8.12.1983 – 2 AZR 337/82, AP Nr. 12 zu § 130 BGB mzN; v. 16.12.1980 – 7 AZR 1148/78, AP Nr. 11 zu § 130 BGB. | 5 Vgl. BAG v. 31.10.1985 – 6 AZR 557/84, AP Nr. 15 zu § 78a BetrVG 1972. | 6 Vgl. BAG v. 31.10.1985 – 6 AZR 557/84, AP Nr. 15 zu § 78a BetrVG 1972.

scheidet er mit Ablauf des Ausbildungsverhältnisses aus dem Unternehmen aus. Etwas anderes gilt nach § 17 BBiG nur dann, wenn der ArbGeb ihn nach Ablauf des Ausbildungsverhältnisses tatsächlich weiterbeschäftigt (vgl. Rz. 24).

34 **b) Wirksames Weiterbeschäftigungsverlangen.** Macht der Auszubildende das Weiterbeschäftigungsverlangen frist- und formgerecht geltend, kommt nach § 78a Abs. 2 Satz 1 nach Ablauf des Ausbildungsverhältnisses ein unbefristetes Arbeitsverhältnis zustande. Der **Inhalt des Arbeitsverhältnisses** ergibt sich durch den Verweis in § 78a Abs. 2 Satz 2 auf § 37 Abs. 4 und Abs. 5: Der ArbN darf während seiner Amtstätigkeit und des darauf folgenden Jahres nur mit Tätigkeiten beschäftigt werden, die den Tätigkeiten vergleichbarer ArbN mit betriebsüblicher beruflicher Entwicklung gleichwertig sind, sein Arbeitsentgelt muss dem vergleichbarer ArbN entsprechen (vgl. im Einzelnen § 37 Rz. 1 ff.).

35 Bei dem kraft des Weiterbeschäftigungsverlangens fingierten Arbeitsverhältnis nach Ablauf des Ausbildungsverhältnisses handelt es sich um ein **unbefristetes Vollzeitarbeitsverhältnis**. Für die Begründung eines befristeten Arbeitsverhältnisses bedürfte es stets einer dahingehenden vertraglichen Vereinbarung zwischen ArbGeb und ArbN[1].

36 **Hinweis:** Der ArbGeb kann sich von der Weiterbeschäftigungspflicht entbinden lassen, wenn die Weiterbeschäftigung nicht zugemutet werden kann, weil beispielsweise kein freier Arbeitsplatz oder nur ein solcher zu anderen als den Konditionen, die sich aus den §§ 78a Abs. 2 Satz 2 iVm. 37 Abs. 4 und Abs. 5 ergeben, besteht (vgl. im Einzelnen nachstehend unter Rz. 38). Um seine Weiterbeschäftigung nach Ablauf des Ausbildungsverhältnisses in jedem Fall sicherzustellen, sollte der Auszubildende spätestens mit dem Übernahmeverlangen nach § 78a Abs. 2 mitteilen, ob er bereit ist, zu anderen als den sich aus § 78a ergebenden Arbeitsbedingungen in ein Arbeitsverhältnis übernommen zu werden[2]. Durch diese **hilfsweise** erklärte Bereitschaft erweitert der Auszubildende das Spektrum des Arbeitsverhältnisses, in das er übernommen werden kann: Während der Regelfall die Übernahme in ein Arbeitsverhältnis zu den sich aus § 78a ergebenden Arbeitsbedingungen ist, kann sich dies durch die hilfsweise abgegebene Bereitschaft, auch zu anderen als den sich aus § 78a ergebenden Arbeitsbedingungen in ein Arbeitsverhältnis übernommen zu werden, auf weitere Tätigkeitsbereiche erstrecken.

37 **5. Darlegungs- und Beweislast.** Darlegungs- und beweispflichtig für Frist und Form sowie Zugang des Weiterbeschäftigungsverlangens nach § 78a Abs. 2 Satz 1 ist der Auszubildende[3].

38 **V. Entbindung von der Weiterbeschäftigungspflicht (Abs. 4).** § 78a Abs. 2 gibt dem Auszubildenden ein **Gestaltungsrecht**, um auch gegen den Willen des ArbGeb die Begründung eines neuen (Vollzeit-)Arbeitsverhältnisses herbeizuführen[4]. Der ArbGeb kann jedoch beim ArbG nach § 78a Abs. 4 feststellen lassen, dass ein Arbeitsverhältnis nicht begründet bzw. aufgelöst wird, wenn ihm die Weiterbeschäftigung **nicht zugemutet** werden kann. Hinsichtlich der gestellten Anträge ist danach zu unterscheiden, ob das Ausbildungsverhältnis bereits abgelaufen ist oder nicht.

39 **1. Feststellungsantrag (Abs. 4 Satz 1 Nr. 1).** Der Antrag auf Feststellung, dass ein Arbeitsverhältnis nicht begründet wird, soll das Zustandekommen eines Arbeitsverhältnisses verhindern.

40 **a) Antrag.** Der **Feststellungsantrag** kann **nur vor Beendigung** des Berufsausbildungsverhältnisses gestellt werden[5].

41 **b) Geltendmachung.** Der Feststellungsantrag kann bereits gestellt werden, **bevor** der Auszubildende die Weiterbeschäftigung nach § 78a Abs. 2 Satz 1 verlangt[6]. Dem ArbGeb muss es möglich sein, klare Verhältnisse zu schaffen und die Unzumutbarkeit der Weiterbeschäftigung schon zu einem entsprechend früheren Zeitpunkt zu klären. Er muss über Arbeitsplätze disponieren, letztendlich aber auch vermeiden, dass überhaupt ein Arbeitsverhältnis zustande kommt, das dann nur durch gerichtliche Gestaltungsentscheidung mit Wirkung für die Zukunft wieder aufgelöst werden kann[7].

42 **c) Formulierung.** Der Antrag nach § 78a Abs. 4 Satz 1 Nr. 1 kann wie folgt formuliert werden:
Es wird festgestellt, dass zwischen der Antragstellerin und dem Antragsgegner nach Ablauf der Ausbildungszeit am ... ein Arbeitsverhältnis nicht begründet werden wird[8].

43 **d) Zwischenzeitlicher Ablauf des Ausbildungsverhältnisses.** Ist der Feststellungsantrag im Zeitpunkt des Ablaufs des Ausbildungsverhältnisses noch nicht **rechtskräftig** entschieden, wandelt sich der Feststellungsantrag in einen Auflösungsantrag nach § 78a Abs. 4 Satz 1 Nr. 2 um, ohne dass es einer Antragsänderung bedarf[9].

---

1 Vgl. BAG v. 24.7.1991 – 7 ABR 68/90, AP Nr. 23 zu § 78a BetrVG 1972. | 2 Vgl. BAG v. 6.11.1996 – 7 ABR 54/95, AP Nr. 26 zu § 78a BetrVG 1972. | 3 Vgl. BAG v. 31.10.1985 – 6 AZR 557/84, AP Nr. 15 zu § 78a BetrVG 1972. | 4 Vgl. BAG v. 13.11.1987 – 7 AZR 246/87, AP Nr. 18 zu § 78a BetrVG 1972. | 5 Vgl. BAG v. 29.11.1989 – 7 ABR 67/88, AP Nr. 20 zu § 78a BetrVG 1972. | 6 Richardi/Richardi/Thüsing, § 78a BetrVG Rz. 33; GK-BetrVG/Kreutz, § 78a Rz. 110 ff.; HSWG/Nicolai, § 78a BetrVG Rz. 24; aA DKK/Kittner, § 78a BetrVG Rz. 28; Fitting, § 78a BetrVG Rz. 35; Weiss/Weyand, § 78a BetrVG Rz. 9. | 7 GK-BetrVG/Kreutz, § 78a Rz. 115. | 8 Bauer/Lingemann/Diller/Haußmann/Diller, M 38.12. | 9 Vgl. BAG v. 11.1.1995 – 7 AZR 574/94, AP Nr. 24 zu § 78a BetrVG 1972; v. 24.7.1991 – 7 ABR 68/90, AP Nr. 23 zu § 78a BetrVG 1972; v. 29.11.1989 – 7 ABR 67/88, AP Nr. 20 zu § 78a BetrVG 1972.

Hinweis: Die automatische Umwandlung des Feststellungsantrags in einen Auflösungsantrag mit dem Ende des Ausbildungsverhältnisses beruht auf einer Rechtsprechungsänderung des BAG. Aufgrund dieser Rspr. ist eine ausdrückliche Umstellung des Antrags zwar nicht erforderlich, kann in der Praxis aber nur empfohlen werden[1]. 44

e) **Rechtsfolgen.** Es ist zu unterscheiden zwischen antragsstattgebender und antragsablehnender Entscheidung. 45

aa) **Antragsstattgebende Entscheidung.** Ergeht vor Beendigung des Ausbildungsverhältnisses eine **rechtskräftige** gerichtliche Entscheidung über den Feststellungsantrag nach § 78a Abs. 4 Satz 1 Nr. 1 dahingehend, dass ein Arbeitsverhältnis nicht begründet wird, scheidet der Auszubildende mit Beendigung seines Ausbildungsverhältnisses aus dem Betrieb und damit aus dem Organ, dem er angehört, aus. 46

bb) **Antragsablehnende Entscheidung.** Ergeht vor Ablauf des Ausbildungsverhältnisses eine **rechtskräftige** gerichtliche Entscheidung dahingehend, dass der Feststellungsantrag des ArbGeb abgelehnt wird, ergibt sich daraus, dass der Auszubildende in ein unbefristetes Arbeitsverhältnis übernommen wird. In diesem Fall kann nach Begründung des Arbeitsverhältnisses kein Antrag auf Auflösung nach § 78a Abs. 4 Satz 1 Nr. 2 gestellt werden, da für einen solchen Antrag wegen der Rechtskraft des Antrags nach § 78a Abs. 4 Satz 1 Nr. 1 das Rechtsschutzinteresse fehlen würde. Insoweit betreffen sowohl der Feststellungsantrag nach § 78a Abs. 4 Satz 1 Nr. 1 als auch der Auflösungsantrag nach § 78a Abs. 4 Satz 1 Nr. 2 **denselben Streitgegenstand**[2]. 47

cc) **Fehlende rechtskräftige Entscheidung.** Ist über den Feststellungsantrag nach § 78a Abs. 4 Satz 1 Nr. 1 bis zum Ablauf des Ausbildungsverhältnisses noch nicht **rechtskräftig** entschieden, wandelt sich der Feststellungsantrag in einen Auflösungsantrag um. 48

2. **Auflösungsantrag (Abs. 4 Satz 1 Nr. 2).** Sowohl der Feststellungsantrag nach § 78a Abs. 4 Satz 1 Nr. 1 wie auch der Auflösungsantrag nach § 78a Abs. 4 Satz 1 Nr. 2 zielen auf eine **rechtsgestaltende gerichtliche Entscheidung**, die ihre Wirkung erst mit ihrer Rechtskraft für die Zukunft entfaltet[3]. 49

a) **Keine rechtskräftige Entscheidung bis Ablauf des Ausbildungsverhältnisses.** Liegt bis zum Ablauf des Ausbildungsverhältnisses keine rechtskräftige Entscheidung vor, verhindert ein vom ArbGeb vor Ende des Ausbildungsverhältnisses eingeleitetes Verfahren gemäß § 78a Abs. 4 Satz 1 Nr. 1 nicht die Begründung eines Arbeitsverhältnisses. Zwar wandelt sich der Feststellungsantrag in einen Auflösungsantrag um (vgl. Rz. 48), jedoch ist der geschützte Auszubildende grundsätzlich bis zu einer rechtskräftigen Entscheidung entsprechend seiner Ausbildung im Betrieb zu beschäftigen[4]. 50

b) **Ausschlussfrist.** Der Auflösungsantrag kann daher nur gestellt werden, wenn das Ausbildungsverhältnis **bereits abgelaufen** und damit kraft der gesetzlichen **Fiktion** ein Arbeitsverhältnis begründet worden ist. Dieser Antrag ist aber **fristgebunden**. Er muss **vor Ablauf von zwei Wochen** nach Beendigung des Ausbildungsverhältnisses gestellt werden. Für die Fristberechnung gelten die §§ 187 ff. BGB[5]. Das bedeutet, dass der letzte Tag des Ausbildungsverhältnisses bei der Fristberechnung nicht mitzählt (§ 187 Abs. 1 BGB); fällt der letzte Tag der Frist auf einen Samstag, Sonntag oder staatlich anerkannten Feiertag, läuft die Frist mit dem nächstfolgenden Werktag ab (§ 193 BGB). Spätestens am Tag des Fristablaufs muss ein entsprechender Antrag beim ArbG eingegangen sein. 51

Bei der **Rechtsnatur** der Ausschlussfrist ist streitig, ob es sich um eine **materiellrechtliche Ausschlussfrist**[6] oder um eine **prozessuale Ausschlussfrist**[7] handelt. Wird die Ausschlussfrist versäumt, kann das kraft Fiktion begründete Arbeitsverhältnis nicht mehr wegen Unzumutbarkeit der Weiterbeschäftigung infrage gestellt werden[8]. Es liegt ein unbefristetes Arbeitsverhältnis vor, in dem der ehemalige Auszubildende und nunmehrige ArbN Sonderkündigungsschutz, ggf. nachwirkend hat[9]. 52

c) **Formulierung.** Der Auflösungsantrag nach § 78a Abs. 4 Satz 1 Nr. 2 kann wie folgt formuliert werden[10]: 53
Das am ... begründete Arbeitsverhältnis wird aufgelöst.

d) **Rechtsfolgen.** Hinsichtlich der Rechtsfolgen ist zwischen einer antragsstattgebenden und einer antragsabweisenden Entscheidung zu differenzieren. 54

aa) **Antragsstattgebende Entscheidung.** Wird dem Auflösungsantrag stattgegeben, endet aufgrund der **rechtsgestaltenden gerichtlichen Entscheidung**, die ihre Wirkung erst mit ihrer Rechtskraft für die Zukunft entfaltet[11], das kraft Fiktion begründete unbefristete Arbeitsverhältnis. 55

---

1 Bauer/Lingemann/Diller/Haußmann/*Diller*, Fn. 5 zu M 38.12. | 2 Vgl. BAG v. 29.11.1989 – 7 ABR 67/88, AP Nr. 20 zu § 78a BetrVG 1972. | 3 Vgl. BAG v. 29.11.1989 – 7 ABR 67/88, AP Nr. 20 zu § 78a BetrVG 1972. | 4 Vgl. BAG v. 29.11.1989 – 7 ABR 67/88, AP Nr. 20 zu § 78a BetrVG 1972; v. 15.1.1980 – 6 AZR 361/79, AP Nr. 9 zu § 78a BetrVG 1972. | 5 *Fitting*, § 78a BetrVG Rz. 37; Richardi/*Richardi/Thüsing*, § 78a BetrVG Rz. 35. | 6 *Fitting*, § 78a BetrVG Rz. 38; Richardi/*Richardi/Thüsing*, § 78a BetrVG Rz. 35. | 7 GK-BetrVG/*Kreutz*, § 78a Rz. 112. | 8 *Fitting*, § 78a BetrVG Rz. 38. | 9 Vgl. *Fitting*, § 78a BetrVG Rz. 10; DKK/*Kittner*, § 78a BetrVG Rz. 6. | 10 Bauer/Lingemann/Diller/Haußmann/*Diller*, M 38.12. | 11 Vgl. BAG v. 29.11.1989 – 7 ABR 67/88, AP Nr. 20 zu § 78a BetrVG 1972.

56 **bb) Antragsablehnende Entscheidung.** Wird der Auflösungsantrag rechtskräftig abgewiesen, besteht ein unbefristetes Arbeitsverhältnis.

57 **3. Weiterer Feststellungsantrag.** Voraussetzung für ein wirksames Weiterbeschäftigungsverlangen iSv. § 78a Abs. 2 und Abs. 3 ist, dass der Auszubildende dem geschützten Personenkreis (vgl. Rz. 3) angehört und fristgerecht (vgl. Rz. 26) sowie unter Beachtung der Schriftform (vgl. Rz. 29) sein Weiterbeschäftigungsverlangen geltend gemacht hat. Der ArbGeb kann daher auch daran denken, neben dem auf rechtsgestaltende Veränderung der Rechtslage abzielenden Antrag nach § 78a Abs. 4 Satz 1 Nr. 2 zugleich feststellen zu lassen, dass die Voraussetzungen des § 78a Abs. 2 oder Abs. 3 nicht erfüllt sind[1]. Das BAG hat diese Frage nicht abschließend entscheiden müssen und offen gelassen[2].

58 Hält der ArbGeb daher das Verfahren nach § 78a von vornherein nicht für einschlägig, sei es, weil das Amt nicht besteht, sei es, weil der Auszubildende nicht wie in § 78a Abs. 2 vorgeschrieben innerhalb der letzten drei Monate vor Beendigung der Ausbildung schriftlich die Weiterbeschäftigung verlangt hat, kann er daran denken, diese Vorfrage zum Streitgegenstand zu machen, und folgenden Antrag stellen[3]:
1. Es wird festgestellt, dass zwischen der Antragstellerin und dem Antragsgegner nach Ablauf der Ausbildungszeit am ... ein Arbeitsverhältnis nicht begründet worden ist.
2. Hilfsweise: Das am ... begründete Arbeitsverhältnis wird aufgelöst.

59 Das Formulierungsbeispiel unterstellt, dass der Antrag nach Ablauf des Ausbildungsverhältnisses gestellt worden ist. Vor Ablauf der Ausbildungszeit würde der Feststellungsantrag (vgl. Rz. 39) gestellt, bei dem als Vorfrage zu klären wäre, ob ein wirksames Weiterbeschäftigungsverlangen iSd. § 78a Abs. 2 und Abs. 3 vorliegt.

60 **4. Unzumutbarkeit der Weiterbeschäftigung.** Dem Feststellungs- und dem Auflösungsantrag ist dann stattzugeben, wenn Tatsachen vorliegen, aufgrund derer dem ArbGeb unter Berücksichtigung aller Umstände die Weiterbeschäftigung nicht zugemutet werden kann. Dabei können sich die Tatsachen sowohl aus der Person des Auszubildenden wie auch aus dringenden betrieblichen Erfordernissen ergeben.

61 **a) Maßstab.** Obwohl sich die Formulierung in § 78a Abs. 4 Satz 1 an die des § 626 BGB, der die außerordentliche Kündigung regelt, anlehnt, sind die Zumutbarkeitsbegriffe nicht inhaltlich identisch[4]. Die zum Begriff der Unzumutbarkeit in § 626 Abs. 1 BGB entwickelten Grundsätze lassen sich nicht auf den Auflösungstatbestand des § 78a Abs. 4 übertragen. Der Tatbestand des § 626 Abs. 1 BGB ist erst dann gegeben, wenn dem ArbGeb die Fortsetzung des Arbeitsverhältnisses bis zum Ablauf der Kündigungsfrist oder bis zur vereinbarten Beendigung nicht zugemutet werden kann. Bei § 78a Abs. 4 ist demgegenüber zu entscheiden, ob dem ArbGeb die Beschäftigung des ArbN in einem unbefristeten Arbeitsverhältnis zumutbar ist. Diese Frage ist im Grundsatz zu verneinen, wenn der ArbGeb keinen andauernden Bedarf für die Beschäftigung eines ArbN hat. Der Inhalt der Begriffe ist daher nach den genannten unterschiedlichen Funktionen zu bestimmen[5].

62 Liegt ein außerordentlicher Kündigungsgrund iSv. § 626 Abs. 1 BGB vor, rechtfertigt dies auch die Nichtübernahme eines Auszubildenden in ein Arbeitsverhältnis[6]. Darüber hinaus ist im Einzelfall nach den aufgeführten unterschiedlichen Funktionen zu prüfen, ob eine Unzumutbarkeit iSv. § 78a Abs. 4 vorliegt oder nicht.

63 Da die Zumutbarkeitsbegriffe in § 626 Abs. 1 BGB und § 78a Abs. 4 nicht identisch sind, folgt daraus, dass § 626 BGB insgesamt nicht entsprechend auf § 78a Abs. 4 anzuwenden ist. Daraus folgt weiter, dass die Ausschlussfrist nach § 626 Abs. 2 BGB – wie auch die Ausschlussfrist nach § 15 Abs. 4 BBiG (außerordentliche Kündigung eines Auszubildenden) – auf das Verfahren nach § 78a Abs. 4 keine Anwendung findet[7].

64 **b) Personenbedingte Gründe.** Grundsätzlich können nur **schwerwiegende Gründe persönlicher Art** geeignet sein, die Nichtbegründung eines Arbeitsverhältnisses bzw. die Auflösung eines schon begründeten Arbeitsverhältnisses zu rechtfertigen[8]. So kann das **wiederholte Nichtbestehen** der Abschlussprüfung die Unzumutbarkeit der Beschäftigung begründen[9]. Dagegen reicht das schlechtere Abschneiden bei der Abschlussprüfung im Verhältnis zu anderen Auszubildenden nicht aus[10]. Auch ist ein **Qualifikationsvergleich** zwischen dem geschützten Amtsträger und anderen Bewerbern um den Arbeitsplatz unzulässig[11].

65 **c) Dringende betriebliche Gründe. Dringende betriebliche Gründe** finden im Rahmen der Unzumutbarkeit des § 78a Abs. 4 Berücksichtigung. Das BAG geht dabei davon aus, dass § 78a BetrVG nicht dazu verpflichtet, ohne jede Rücksicht auf Planungen und Bedarfslage neue Arbeitsplätze zu schaffen[12].

---

1 DKK/*Kittner*, § 78a BetrVG Rz. 30.   2 Vgl. BAG v. 16.8.1995 – 7 ABR 52/94, AP Nr. 25 zu § 78a BetrVG 1972; v. 11.1.1995 – 7 AZR 574/94, AP Nr. 24 zu § 78a BetrVG 1972.   3 Bauer/Lingemann/Diller/Haußmann/*Diller*, M 38.12.   4 Vgl. BAG v. 6.11.1996 – 7 ABR 54/95, AP Nr. 26 zu § 78a BetrVG 1972; v. 16.1.1979 – 6 AZR 153/77, AP Nr. 5 zu § 78a BetrVG 1972.   5 Vgl. BAG v. 6.11.1996 – 7 ABR 54/95, AP Nr. 26 zu § 78a BetrVG 1972 unter B. I. 1. d.Gr.   6 Vgl. BAG v. 6.11.1996 – 7 ABR 54/95, AP Nr. 26 zu § 78a BetrVG 1972; v. 16.1.1979 – 6 AZR 153/77, AP Nr. 5 zu § 78a BetrVG 1972.   7 Vgl. BAG v. 15.12.1983 – 6 AZR 60/83, AP Nr. 12 zu § 78a BetrVG 1972.   8 Vgl. BAG v. 16.1.1979 – 6 AZR 153/77, AP Nr. 5 zu § 78a BetrVG 1972.   9 LAG Nds. v. 8.4.1975 – 2 TaBV 60/74, DB 1975, 1224.   10 LAG Hamm v. 21.10.1992 – 3 TaBV 106/92, LAGE Nr. 6 zu § 78a BetrVG 1972.   11 DKK/*Kittner*, § 78a BetrVG Rz. 35; *Fitting*, § 78a BetrVG Rz. 49.   12 Vgl. BAG v. 16.1.1979 – 6 AZR 153/77, AP Nr. 5 zu § 78a BetrVG 1972.

aa) Freier Arbeitsplatz. Eine Übernahmeverpflichtung wird in der Rspr. nur für den Fall bejaht, dass **66** zum Zeitpunkt des Ablaufs des Berufsausbildungsverhältnisses ein Arbeitsplatz frei ist[1]. Ist im Zeitpunkt der Beendigung des Ausbildungsverhältnisses ein freier Arbeitsplatz vorhanden, hat bei der Prüfung der Unzumutbarkeit einer Weiterbeschäftigung ein **künftiger Wegfall** von Arbeitsplätzen unberücksichtigt zu bleiben[2]. Innerhalb von drei Monaten vor Ablauf des Ausbildungsverhältnisses frei werdende Stellen stehen freien Stellen im Zeitpunkt der Übernahme gleich, wenn eine sofortige Neubesetzung nicht durch dringende betriebliche Gründe geboten war[3]. Anderes gilt, wenn fünf Monate vor Ablauf des Ausbildungsverhältnisses freie Arbeitsplätze besetzt wurden: Der ArbGeb ist regelmäßig nicht verpflichtet, zu bedenken, dass fünf Monate später nach § 78a geschützte Auszubildende ihre Ausbildung beenden und Übernahmeverlangen stellen könnten[4].

Ist ein freier Arbeitsplatz in diesem Sinne nicht vorhanden, kann vom ArbGeb nicht **die Schaffung** **67** **zusätzlicher Arbeitsplätze** oder **die Entlassung anderer ArbN** verlangt werden[5].

bb) Entgegenstehende gesetzliche Bestimmungen. Hat der ArbGeb zwar einen freien Arbeitsplatz **68** zur Verfügung, kann aber der betreffende Auszubildende auf diesem Arbeitsplatz kraft entgegenstehender gesetzlicher Verbote nicht eingesetzt werden, besteht eine Beschäftigungsmöglichkeit für den ArbGeb nicht, so dass die Weiterbeschäftigung unzumutbar ist[6].

cc) Geänderte Arbeitsbedingungen. Das Weiterbeschäftigungsverlangen nach § 78a Abs. 2 ist gerich- **69** tet auf eine Tätigkeit vergleichbarer ArbN mit betriebsüblicher beruflicher Entwicklung, die Vergütung muss der vergleichbarer ArbN entsprechen (vgl. Rz. 34). Die Prüfung, ob ein anderer freier Arbeitsplatz zur Verfügung steht, reduziert sich daher auf einen solchen Arbeitsplatz. Durch das Übernahmeverlangen des Auszubildenden entsteht ein unbefristetes Vollzeitarbeitsverhältnis, das einen Anspruch auf **ausbildungsgerechte Beschäftigung** im Ausbildungsbetrieb begründet[7]. Inhaltliche Abänderungen dieses Arbeitsverhältnisses unterliegen dem Konsensprinzip, so dass der Auflösungsantrag nach § 78a Abs. 4 nicht mit der Begründung abgewiesen werden darf, dem ArbGeb wäre die Beschäftigung im Rahmen eines anderen als des nach § 78a Abs. 2 entstehenden Arbeitsverhältnisses zumutbar gewesen[8].

Sofern allerdings der Auszubildende – wenn auch nur hilfsweise – sein Einverständnis mit einer Weiter- **70** beschäftigung zu geänderten Arbeitsbedingungen erklärt hat (vgl. Rz. 36), gebietet es der Schutzzweck, dass der ArbGeb auf derartige Änderungswünsche eingeht. Tut er dies nicht, ist von einer Zumutbarkeit der Weiterbeschäftigung auszugehen. Das bedeutet: Hat der Auszubildende rechtzeitig erklärt, ggf. auch zu anderen Bedingungen zu arbeiten, muss der ArbGeb prüfen, ob die anderweitige Beschäftigung möglich und zumutbar ist. Unterlässt er die Prüfung oder verneint er zu Unrecht die Möglichkeit und die Zumutbarkeit, so kann das nach § 78a Abs. 2 entstandene Arbeitsverhältnis nicht nach § 78a Abs. 4 aufgelöst werden[9].

d) Betrieb und Unternehmen. Bei der Prüfung der Weiterbeschäftigungsmöglichkeit ist auf das **Un- 71 ternehmen** und nicht nur auf den **Betrieb** abzustellen. Eine Beschränkung auf den Betrieb, in dem der Auszubildende Mitglied des betriebsverfassungsrechtlichen Gremiums war, widerspricht der Wertung des Gesetzgebers im Verhältnis zu den §§ 1 Abs. 2 Nr. 1b, 15 Abs. 4 KSchG[10].

e) Darlegungs- und Beweislast. Darlegungs- und beweisbelastet für die Frage der Unzumutbarkeit **72** der Weiterbeschäftigung ist der ArbGeb. Der ArbN ist darlegungs- und beweisbelastet dafür, dass er frist- und formgerecht ein Weiterbeschäftigungsverlangen nach § 78a Abs. 2 gestellt hat (vgl. Rz. 37). Der ArbN ist daraus folgend auch dafür darlegungs- und beweisbelastet, dass er bei seinem Weiterbeschäftigungsverlangen ggf. hilfsweise die Erklärung abgegeben hat, auch zu geänderten Arbeitsbedingungen tätig zu werden.

f) Rechtsfolgen. Liegt die Unzumutbarkeit der Weiterbeschäftigung vor, wird entweder dem Feststel- **73** lungs- oder Auflösungsantrag entsprochen mit der Folge, dass bei einem bereits entstandenen Weiterbeschäftigungsanspruch nach § 78a Abs. 2 aufgrund der **rechtsgestaltenden Wirkung** der arbeitsgerichtlichen Entscheidung **für die Zukunft** (vgl. Rz. 55) die Weiterbeschäftigung mit Rechtskraft der Entscheidung endet. Wird die Unzumutbarkeit der Weiterbeschäftigung verneint, steht mit Rechtskraft der Entscheidung abschließend fest, dass ein unbefristetes Arbeitsverhältnis besteht.

---

1 Vgl. BAG v. 12.11.1997 – 7 ABR 73/96, AP Nr. 31 zu § 78a BetrVG 1972; v. 6.11.1996 – 7 ABR 54/95, AP Nr. 26 zu § 78a BetrVG 1972; v. 24.7.1991 – 7 ABR 68/90, AP Nr. 23 zu § 78a BetrVG 1972; v. 29.11.1989 – 7 ABR 67/88, AP Nr. 20 zu § 78a BetrVG 1972; v. 15.1.1980 – 6 AZR 361/79, AP Nr. 9 zu § 78a BetrVG 1972; v. 16.1.1979 – 6 AZR 153/77, AP Nr. 5 zu § 78a BetrVG 1972. | 2 Vgl. BAG v. 16.8.1995 – 7 ABR 52/94, AP Nr. 25 zu § 78a BetrVG 1972. | 3 Vgl. BAG v. 12.11.1997 – 7 ABR 63/96, AP Nr. 30 zu § 78a BetrVG 1972. | 4 Vgl. BAG v. 12.11.1997 – 7 ABR 73/96, AP Nr. 31 zu § 78a BetrVG 1972. | 5 Vgl. BAG v. 6.11.1996 – 7 ABR 54/95, AP Nr. 26 zu § 78a BetrVG 1972; v. 15.1.1980 – 6 AZR 361/79, AP Nr. 9 zu § 78a BetrVG 1972; v. 16.1.1979 – 6 AZR 153/77, AP Nr. 5 zu § 78a BetrVG 1972. | 6 So BAG v. 15.1.1980 – 6 AZR 361/79, AP Nr. 9 zu § 78a BetrVG 1972 zu den einer Weiterbeschäftigung im konkreten Fall entgegenstehenden Bestimmungen der Arbeitszeitordnung. | 7 Vgl. BAG v. 16.8.1995 – 7 ABR 52/94, AP Nr. 25 zu § 78a BetrVG 1972. | 8 Vgl. BAG v. 24.7.1991 – 7 ABR 68/90, AP Nr. 23 zu § 78a BetrVG 1972. | 9 Vgl. BAG v. 6.11.1996 – 7 ABR 54/95, AP Nr. 26 zu § 78a BetrVG 1972. | 10 LAG Nds. v. 26.4.1996 – 16 TaBV 107/95, LAGE Nr. 9 zu § 78a BetrVG 1972; vgl. auch ErfK/*Kania*, § 78a BetrVG Rz. 9; Richardi/*Richardi*/ *Thüsing*, § 78a BetrVG Rz. 39 mwN.

74   **VI. Streitigkeiten.** Bei Streitigkeiten ist zu unterscheiden, ob der ArbGeb oder der Auszubildende/ ArbN ein Verfahren einleitet.

75   **1. ArbGeb.** Die Entscheidung über einen Feststellungs- oder Auflösungsantrag des ArbGeb über die Frage, ob ihm gemäß § 78a Abs. 4 die Weiterbeschäftigung des Auszubildenden nicht zugemutet werden kann, ist im arbeitsgerichtlichen **Beschlussverfahren** zu treffen (§§ 2a Abs. 1 Nr. 1, Abs. 2 iVm. 80 ff. ArbGG)[1]. Gleiches gilt, falls der ArbGeb die **Vorfrage**, dass ein Arbeitsverhältnis deswegen nicht zustande gekommen ist, weil die Voraussetzungen nach § 78a Abs. 2 oder Abs. 3 nicht vorliegen, durch Einleitung eines **Beschlussverfahrens** gerichtlich klären lassen will[2].

76   **Beteiligte** an diesem Beschlussverfahren sind neben dem ArbGeb und dem Auszubildenden/ArbN auch das jeweilige betriebsverfassungsrechtliche Organ, also der BR, die Bordvertretung, der SeeBR oder die JAV (§ 78a Abs. 4 Satz 2).

77   Der ArbGeb hat allerdings nicht die **Kosten** einer anwaltlichen Tätigkeit zu tragen, die einem Mitglied der JAV in einem Verfahren nach § 78a Abs. 4 entstanden sind[3]. Die Beteiligung des jeweiligen Mitglieds der JAV dient ausschließlich dessen individualrechtlichem Interesse an der Fortsetzung seiner Tätigkeit bei dem ArbGeb aufgrund eines Arbeitsverhältnisses, das infolge eines schriftlichen Weiterbeschäftigungsverlangens entstanden war. Nach ständiger Rspr. des BAG besteht aber kein betriebsverfassungsrechtlicher Kostenerstattungsanspruch, wenn ein Mitglied eines betriebsverfassungsrechtlichen Gremiums seine individualrechtlichen Interessen gegenüber dem ArbGeb wahrnimmt. So sind beispielsweise Anwaltskosten, die einem BR-Mitglied aufgrund seiner Beteiligung in einem Verfahren nach § 103 Abs. 2 entstanden sind, nicht nach § 40 Abs. 1 erstattungsfähig, weil es sich nicht um eine BR-Tätigkeit handelt und die in diesem Verfahren zu berücksichtigenden kollektiven Interessen vom BR selbst zu wahren sind[4].

78   **2. Auszubildender.** Der Auszubildende hat seinen Anspruch auf Feststellung des Bestehens und Inhalts eines Arbeitsverhältnisses im arbeitsgerichtlichen **Urteilsverfahren** geltend zu machen (§§ 2 Abs. 1 Nr. 3b, Abs. 5 iVm. 46 ff. ArbGG)[5].

79   **3. Einstweiliger Rechtsschutz.** Der **Auszubildende** kann im Wege der einstweiligen Verfügung seine Weiterbeschäftigung geltend machen[6]. Anders der **ArbGeb**: Er kann im Wege der einstweiligen Verfügung nicht die Vertragsauflösung geltend machen[7], wohl aber die Entbindung von der tatsächlichen Weiterbeschäftigungspflicht[8]. Eine solche einstweilige Verfügung auf Entbindung von der tatsächlichen Weiterbeschäftigung kann allerdings nur unter ganz engen Voraussetzungen in Betracht kommen, weil hierdurch der ArbN sein betriebsverfassungsrechtliches Amt nicht mehr ordnungsgemäß ausüben kann[9].

79 *Geheimhaltungspflicht*

(1) Die Mitglieder und Ersatzmitglieder des Betriebsrats sind verpflichtet, Betriebs- oder Geschäftsgeheimnisse, die ihnen wegen ihrer Zugehörigkeit zum Betriebsrat bekannt geworden und vom Arbeitgeber ausdrücklich als geheimhaltungsbedürftig bezeichnet worden sind, nicht zu offenbaren und nicht zu verwerten. Dies gilt auch nach dem Ausscheiden aus dem Betriebsrat. Die Verpflichtung gilt nicht gegenüber Mitgliedern des Betriebsrats. Sie gilt ferner nicht gegenüber dem Gesamtbetriebsrat, dem Konzernbetriebsrat, der Bordvertretung, dem Seebetriebsrat und den Arbeitnehmervertretern im Aufsichtsrat sowie im Verfahren vor der Einigungsstelle, der tariflichen Schlichtungsstelle (§ 76 Abs. 8) oder einer betrieblichen Beschwerdestelle (§ 86).

(2) Absatz 1 gilt sinngemäß für die Mitglieder und Ersatzmitglieder des Gesamtbetriebsrats, des Konzernbetriebsrats, der Jugend- und Auszubildendenvertretung, der Gesamt-Jugend- und Auszubildendenvertretung, der Konzern-Jugend- und Auszubildendenvertretung, des Wirtschaftsausschusses, der Bordvertretung, des Seebetriebsrats, der gemäß § 3 Abs. 1 gebildeten Vertretungen der Arbeitnehmer, der Einigungsstelle, der tariflichen Schlichtungsstelle (§ 76 Abs. 8) und einer betrieblichen Beschwerdestelle (§ 86) sowie für die Vertreter von Gewerkschaften oder von Arbeitgebervereinigungen.

1   **I. Vorbemerkung.** Das BetrVG gibt dem ArbGeb eine Reihe von Unterrichtungspflichten auf. Dies bringt es mit sich, dass der BR und sonstige Organe und Gremien der Betriebsverfassung eine Vielzahl vertraulicher Informationen erhalten, die zur effektiven und sachgerechten Wahrnehmung ihrer Aufgaben erforderlich sind. An der Geheimhaltung dieser Informationen hat der ArbGeb regelmäßig ein

---

1 Vgl. BAG v. 29.11.1989 – 7 ABR 67/88, AP Nr. 20 zu § 78a BetrVG 1972; v. 5.4.1984 – 6 AZR 70/83, AP Nr. 13 zu § 78a BetrVG 1972. |2 Vgl. BAG v. 16.8.1995 – 7 ABR 52/94, AP Nr. 25 zu § 78a BetrVG 1972 unter II. 2. c d.Gr., anders noch BAG v. 29.11.1989 – 7 ABR 67/88, AP Nr. 20 zu § 78a BetrVG 1972 (Urteilsverfahren). |3 Vgl. BAG v. 5.4.2000 – 7 ABR 6/99, AP Nr. 33 zu § 78a BetrVG 1972. |4 Vgl. BAG v. 21.1.1990 – 7 ABR 39/89, AP Nr. 28 zu § 103 BetrVG 1972. |5 Vgl. BAG v. 13.11.1987 – 7 AZR 246/87, AP Nr. 18 zu § 78a BetrVG 1972; v. 22.9.1983 – 6 AZR 323/81, AP Nr. 11 zu § 78a BetrVG 1972. |6 *Fitting*, § 78a BetrVG Rz. 64; GK-BetrVG/*Kreutz*, § 78a Rz. 75; ErfK/*Kania*, § 78a BetrVG Rz. 12; DKK/*Kittner*, § 78a BetrVG Rz. 45; HSWG/*Nicolai*, § 78a BetrVG Rz. 37; LAG Berlin v. 22.2.1991 – 2 Sa 35/90, LAGE Nr. 29 zu § 611 BGB – Beschäftigungspflicht; aA *Stege/Weinspach/Schiefer*, § 78a BetrVG Rz. 10 d. |7 GK-BetrVG/*Kreutz*, § 78a Rz. 129; DKK/*Kittner*, § 78a BetrVG Rz. 46. |8 ErfK/*Kania*, § 78a BetrVG Rz. 12; HSWG/*Nicolai*, § 78a BetrVG Rz. 42. |9 KR/*Weigand*, 6. Aufl., § 78a BetrVG Rz. 53; vgl. auch LAG Nds. v. 25.5.1998 – 11 Sa 695/98, AiB 1999, 43.

erhebliches Interesse. Aus diesem Grunde wird für bestimmte Fälle eine besondere Geheimhaltungspflicht festgelegt.

II. Gegenstand und Umfang der Geheimhaltungspflicht. Nach § 79 sind Mitglieder betriebsverfassungsrechtlicher Organe und Gremien sowie Ersatzmitglieder verpflichtet, Betriebs- oder Geschäftsgeheimnisse, die ihnen wegen ihrer Zugehörigkeit zu dem Organ bzw. Gremium bekannt geworden und vom ArbGeb ausdrücklich als geheimhaltungsbedürftig bezeichnet worden sind, nicht zu offenbaren und zu verwerten.

1. Verpflichteter Personenkreis (Abs. 1 Satz 1, Abs. 2). Verpflichteter Personenkreis sind nach § 79 Abs. 1 Satz 1 sämtliche Mitglieder des BR sowie die Ersatzmitglieder. Der aus § 79 Abs. 1 Satz 1 folgende Unterlassungsanspruch richtet sich aber nicht nur gegen die BR-Mitglieder sowie die Ersatzmitglieder, sondern auch an **den BR als Organ** der Betriebsverfassung. Insoweit ist § 79 Abs. 1 Satz 1 planwidrig unvollständig und enthält eine offene, durch Analogie zu schließende Regelungslücke[1].

Die Geheimhaltungspflicht gilt nach § 79 Abs. 2 für die Mitglieder und Ersatzmitglieder des GesamtBR, des KonzernBR, der JAV, der Gesamt-JAV, der Konzern-JAV, des Wirtschaftsausschusses, der Bordvertretung, des SeeBR, der gemäß § 3 Abs. 1 gebildeten Vertretungen der ArbN, der Einigungsstelle, der tariflichen Schlichtungsstelle (§ 76 Abs. 8) und einer betrieblichen Beschwerdestelle (§ 86) sowie für die Vertreter von Gewerkschaften oder von ArbGebVereinigungen.

Die Aufzählung in § 79 Abs. 1 Satz 1 und Abs. 2 ist nicht abschließend: Kraft ausdrücklicher gesetzlicher Verweisung gilt die Verschwiegenheitspflicht auch für **Sachverständige** und ArbN, die zur Durchführung betriebsverfassungsrechtlicher Aufgaben hinzugezogen werden (vgl. § 80 Abs. 4, § 107 Abs. 3 Satz 4, § 108 Abs. 2 Satz 3 und § 109 Satz 3).

Über die Geheimhaltungspflicht in § 79 hinaus gibt es eine Reihe weiterer Schweigepflichten (vgl. Rz. 29).

2. Betriebs- oder Geschäftsgeheimnisse. Die Geheimhaltungspflicht nach § 79 umfasst Betriebs- oder Geschäftsgeheimnisse. Betriebs- oder Geschäftsgeheimnisse sind Tatsachen, Erkenntnisse oder Unterlagen, die im Zusammenhang mit dem technischen Betrieb oder der wirtschaftlichen Betätigung des Unternehmens stehen, nur einem eng begrenzten Personenkreis bekannt, also nicht offenkundig sind, nach dem bekundeten Willen des ArbGeb geheim gehalten werden sollen oder deren Geheimhaltung, insb. vor Konkurrenten, für den Betrieb oder das Unternehmen wichtig ist (**materielles Geheimnis**)[2]. Dabei sind **Betriebsgeheimnisse** solche, die sich auf die Erreichung des Betriebszwecks, und **Geschäftsgeheimnisse** solche, die sich auf das Know-how des Unternehmens beziehen[3].

Beispiele für Betriebs- und Geschäftsgeheimnisse sind: Patente, Lizenzen, ArbNErf, Fertigungsmethoden, Materialzusammensetzungen, Jahresabschlüsse, Preisberechnungen sowie Lohn- und Gehaltsdaten, da sie Teil der betriebswirtschaftlichen Kalkulation über Umsätze und Gewinnmöglichkeiten sind und aus diesen Daten Konkurrenten – unter Berücksichtigung der Besonderheiten des betroffenen Unternehmensbereichs – Informationen über Kalkulation und Unternehmenspolitik gewinnen können[4].

Was danach ein Betriebs- oder Geschäftsgeheimnis ist, lässt sich objektiv feststellen. Ein Betriebs- oder Geschäftsgeheimnis liegt dann nicht vor, wenn etwas **offenkundig** ist: Offenkundig ist, was sich jeder Interessierte ohne besondere Mühe zur Kenntnis beschaffen kann.

Beispiel: Die Rezeptur eines Reagenzes ist nicht offenkundig, wenn die quantitative Analyse für ausgebildete Chemiker einen mittleren Schwierigkeitsgrad bietet und die sinnvolle Verwendung der Bestandteile nicht ohne Detailkenntnisse und erst nach entsprechenden Überlegungen und Untersuchungen möglich ist[5]. An der Geheimhaltung muss der ArbGeb ein berechtigtes wirtschaftliches Interesse haben[6], welches nicht an unlauteren und gesetzeswidrigen Vorgängen, wie beispielsweise Steuerhinterziehungen, besteht[7]. Ferner unterliegen sog. **vertrauliche Angaben** des ArbGeb nicht der betriebsverfassungsrechtlichen Schweigepflicht nach § 79, da es hinsichtlich der Geheimhaltungspflicht darauf ankommt, ob **objektiv** ein Betriebs- oder Geschäftsgeheimnis vorliegt. Durch die Kennzeichnung als „vertraulich" können nicht willkürlich Angelegenheiten zu Geschäftsgeheimnissen gemacht werden[8].

3. Ausdrückliche Geheimhaltungserklärung. Außer dem Vorliegen eines materiellen Geheimnisses erfordert die Geheimhaltungspflicht nach § 79, dass der ArbGeb durch **ausdrückliche Erklärung** darauf hingewiesen hat, eine bestimmte Angelegenheit als Betriebs- oder Geschäftsgeheimnis zu betrachten und darüber Stillschweigen zu bewahren (**formelles Geheimnis**)[9]. Die Erklärung kann auch durch

---

1 Vgl. BAG v. 26.2.1987 – 6 ABR 46/84, AP Nr. 2 zu § 79 BetrVG 1972 unter II. 2. b d.Gr. mwN. | 2 Vgl. BAG v. 26.2.1987 – 6 ABR 46/84, AP Nr. 2 zu § 79 BetrVG 1972; v. 16.3.1982 – 3 AZR 83/79, AP Nr. 1 zu § 611 BGB – Betriebsgeheimnis; DKK/*Buschmann*, § 79 BetrVG Rz. 6; *Fitting*, § 79 BetrVG Rz. 3. | 3 DKK/*Buschmann*, § 79 BetrVG Rz. 8 und 9; GK-BetrVG/*Oetker*, § 79 Rz. 11. | 4 Vgl. BAG v. 26.2.1987 – 6 ABR 46/84, AP Nr. 2 zu § 79 BetrVG 1972. | 5 Vgl. BAG v. 16.3.1982 – 3 AZR 83/79, AP Nr. 1 zu § 611 BGB – Betriebsgeheimnis. | 6 Vgl. BAG v. 26.2.1987 – 6 ABR 46/84, AP Nr. 2 zu § 79 BetrVG 1972. | 7 DKK/*Buschmann*, § 79 BetrVG Rz. 6a; *Fitting*, § 79 BetrVG Rz. 3. | 8 DKK/*Buschmann*, § 79 BetrVG Rz. 13; *Fitting*, § 79 BetrVG Rz. 5. | 9 DKK/*Buschmann*, § 79 BetrVG Rz. 11; *Fitting*, § 79 BetrVG Rz. 5.

einen **Vertreter** des ArbGeb abgegeben werden[1]. Hinsichtlich Gegenstand und Umfang der Geheimhaltung muss die Erklärung **klar und eindeutig** sein[2]. Eine bestimmte Form ist nicht vorgeschrieben, so dass die Erklärung **mündlich** abgegeben werden kann[3].

12   **Hinweis:** Aus **Beweissicherungsgründen** kann es angezeigt sein, die Erklärung **schriftlich** abzugeben[4]. Dabei sollte darauf geachtet werden, dass der Zugang beweisbar ist (zB Empfangsbestätigung). Erfolgt die Erklärung in einer Sitzung, empfiehlt es sich, einen entsprechenden Hinweis in das Sitzungsprotokoll aufzunehmen[5]. In jedem Fall ist zu beachten, dass die Erklärung gegenüber einem **empfangszuständigen Mitglied** abgegeben wird: Dies ist beispielsweise beim BR der BR-Vorsitzende und im Falle seiner Verhinderung sein Stellvertreter (§ 26 Abs. 2 Satz 2 BetrVG). Nur dann, wenn kein zur Entgegennahme der Erklärung Berechtigter vorhanden ist (etwa wegen Urlaubsabwesenheit und fehlender weiterer Vertretungsregelung), ist jedes BR-Mitglied berechtigt und verpflichtet, Erklärungen des ArbGeb für den BR entgegenzunehmen. Anderenfalls handelt das BR-Mitglied nur als **Erklärungsbote**[6], was für den das Übermittlungsrisiko tragenden ArbGeb[7] die Gefahr mit sich bringt, ob ein wirksamer Zugang seiner Erklärung gegenüber dem gesamten Organ BR erfolgt ist.

13   Haben die in § 79 genannten Stellen und Personen die ausdrückliche Geheimhaltungsmitteilung des ArbGeb erhalten, haben sie ihrerseits dafür Sorge zu tragen, dass **andere Mitglieder**, die von der Erklärung bisher keine Kenntnis hatten (zB Ersatzmitglieder), von der Geheimhaltungspflicht unterrichtet werden[8].

14   Wird das Betriebs- oder Geschäftsgeheimnis dem betreffenden Organ oder Gremium im Rahmen seiner Amtstätigkeit aus anderer Quelle (zB von **Dritten**) bekannt oder teilt ihm der ArbGeb entsprechende Informationen mit, ohne zunächst ausdrücklich auf die Geheimhaltungsbedürftigkeit hinzuweisen, greift § 79 dennoch ein, wenn der ArbGeb im Nachhinein eine ausdrückliche Geheimhaltungsmitteilung macht[9]. In diesem Fall gilt die Geheimhaltungspflicht erst ab Zugang der Erklärung[10].

15   **4. Kenntniserlangung.** § 79 Abs. 1 Satz 1 verlangt darüber hinaus, dass die Betriebs- oder Geschäftsgeheimnisse den zur Geheimhaltung verpflichteten Personen **in ihrer Eigenschaft als Mitglied** der genannten betriebsverfassungsrechtlichen Institutionen zur Kenntnis gelangt sind[11]. Von wem die Angaben stammen, ob vom ArbGeb durch mündliche Information oder aufgrund dessen Unterlagen oder von ArbN des Betriebs oder Dritten, ist dabei ohne Bedeutung[12].

16   Entscheidend ist allein, dass die Kenntniserlangung in der Eigenschaft als Amtsträger oder aufgrund einer betriebsverfassungsrechtlichen Funktion erfolgt[13]. Soweit Betriebs- oder Geschäftsgeheimnisse auf anderem Wege ohne Zusammenhang mit einer Amtstätigkeit bekannt werden, sind auch Mitglieder betriebsverfassungsrechtlicher Institutionen lediglich in dem für alle ArbN geltenden Rahmen zur Geheimhaltung verpflichtet (§§ 17, 18 UWG, arbeitsvertragliche Treuepflicht)[14].

17   **5. Dauer der Geheimhaltungspflicht.** Die Verschwiegenheitspflicht beginnt mit dem Amtsantritt[15]. Sie wird wirksam, wenn dem Verpflichteten das Geheimnis und die Bezeichnung als geheimhaltungsbedürftig bekannt geworden sind.

18   Die Geheimhaltungspflicht besteht während der ganzen Zeit der Amtstätigkeit und **endet** nach der ausdrücklichen Regelung in § 79 Abs. 1 Satz 2 **nicht** mit dem **Ausscheiden** aus dem Amt und nicht mit der Beendigung des Arbeitsverhältnisses[16]. Entsprechendes gilt für die in § 79 Abs. 2 genannten Organisationsvertreter (Gewerkschaften und ArbGebVereinigungen), auch wenn sie es nicht mehr sind, sowie für Sachverständige nach Beendigung ihrer Sachverständigentätigkeit (§ 80 Abs. 2)[17].

19   Die Geheimhaltungspflicht besteht so lange, bis das Betriebs- oder Geschäftsgeheimnis allgemein bekannt ist oder es der ArbGeb als nicht mehr geheimhaltungsbedürftig bezeichnet[18].

20   **6. Ausnahmen von der Geheimhaltungspflicht.** Nach § 79 Abs. 1 Satz 3 gilt die Geheimhaltungspflicht nicht gegenüber Mitgliedern des BR, sie gilt nach § 79 Abs. 1 Satz 4 ferner nicht gegenüber dem GesamtBR, dem KonzernBR, der Bordvertretung, dem SeeBR und den ArbN-Vertretern im Aufsichtsrat sowie im Verfahren vor der Einigungsstelle, der tariflichen Schlichtungsstelle (§ 76 Abs. 8) oder einer betrieblichen Beschwerdestelle (§ 86).

---

1 *Fitting*, § 79 BetrVG Rz. 5; DKK/*Buschmann*, § 79 BetrVG Rz. 11. |2 DKK/*Buschmann*, § 79 BetrVG Rz. 11; *Fitting*, § 79 BetrVG Rz. 5. |3 DKK/*Buschmann*, § 79 BetrVG Rz. 11; *Fitting*, § 79 BetrVG Rz. 5. |4 HSWG/*Nicolai* § 79 BetrVG Rz. 6; DKK/*Buschmann*, § 79 BetrVG Rz. 11. |5 HSWG/*Nicolai*, § 79 BetrVG Rz. 6. |6 Vgl. BAG v. 27.6.1985 – 2 AZR 412/84, AP Nr. 37 zu § 102 BetrVG 1972. |7 DKK/*Buschmann*, § 79 BetrVG Rz. 11. |8 *Fitting*, § 79 BetrVG Rz. 6; DKK/*Buschmann*, § 79 BetrVG Rz. 11. |9 ErfK/*Kania*, § 79 BetrVG Rz. 8; DKK/*Buschmann*, § 79 BetrVG Rz. 12. |10 *Fitting*, § 79 BetrVG Rz. 5; GK-BetrVG/*Oetker*, § 79 Rz. 17. |11 *Fitting*, § 79 BetrVG Rz. 7; DKK/*Buschmann*, § 79 BetrVG Rz. 12. |12 *Fitting*, § 79 BetrVG Rz. 7; DKK/*Buschmann*, § 79 BetrVG Rz. 12. |13 DKK/*Buschmann*, § 79 BetrVG Rz. 12; *Fitting*, § 79 BetrVG Rz. 7. |14 DKK/*Buschmann*, § 79 BetrVG Rz. 12; *Fitting*, § 79 BetrVG Rz. 7. |15 DKK/*Buschmann*, § 79 BetrVG Rz. 15; GK-BetrVG/*Oetker*, § 79 Rz. 30. |16 Vgl. BAG v. 15.12.1987 – 3 AZR 474/86, AP Nr. 5 zu § 611 BGB – Betriebsgeheimnis; v. 16.3.1982 – 3 AZR 83/79, AP Nr. 1 zu § 611 BGB – Betriebsgeheimnis. |17 DKK/*Buschmann*, § 79 BetrVG Rz. 15; GK-BetrVG/*Oetker*, § 79 Rz. 31. |18 *Fitting*, § 79 BetrVG Rz. 17; DKK/*Buschmann*, § 79 BetrVG Rz. 15.

Daraus folgt, dass die Geheimhaltungspflicht nicht **innerhalb des BR** sowie im Verhältnis des BR zum Gesamt- und KonzernBR, zur Bordvertretung, zum Seebetriebsrat und gegenüber den ArbN-Vertretern im Aufsichtsrat besteht. Im Verfahren vor der Einigungsstelle, der tariflichen Schlichtungsstelle (§ 76 Abs. 8) oder einer betrieblichen Beschwerdestelle (§ 86) gilt die Geheimhaltungspflicht ebenfalls nicht. 21

Für die in § 79 Abs. 2 aufgeführten Organe und Gremien gilt zunächst das Gleiche: In der jeweiligen internen Kommunikation besteht keine Geheimhaltungspflicht. Ferner dürfen die in § 79 Abs. 2 genannten Organe und Gremien Betriebs- oder Geschäftsgeheimnisse an die in § 79 Abs. 1 aufgeführten Organe weitergeben, weil für diese die Geheimhaltungspflicht nach § 79 Abs. 1 gilt. Das bedeutet: Die Offenbarung von Betriebs- und Geschäftsgeheimnissen an den BR, den GesamtBR, den KonzernBR, die Bordvertretung und den SeeBR, die ArbN-Vertreter im Aufsichtsrat sowie im Verfahren vor der Einigungsstelle, der tariflichen Schlichtungsstelle oder einer betrieblichen Beschwerdestelle ist den in § 79 Abs. 2 genannten Personen und Gremien erlaubt[1]. 22

Unzulässig ist die Weitergabe von Betriebs- oder Geschäftsgeheimnissen **umgekehrt** von den in § 79 Abs. 1 genannten Organen und Gremien gegenüber den in § 79 Abs. 2 aufgeführten Organen, Gremien und Vertretern, soweit diese nicht bereits in § 79 Abs. 1 aufgeführt sind[2]. Somit ist die Offenbarung von Betriebs- oder Geschäftsgeheimnissen gegenüber der JAV, der Gesamt-JAV, der Konzern-JAV, dem Wirtschaftsausschuss, den zusätzlichen nach § 3 Abs. 1 gebildeten ArbN-Vertretungen und den Vertretern der Gewerkschaften und den ArbGebVerbänden nicht gestattet[3]. 23

Allerdings ist hinsichtlich der nach § 3 Abs. 1 gebildeten Vertretungen der ArbN zu unterscheiden: § 3 Abs. 1 Nr. 1 bis 3 regelt die Möglichkeit zur Bildung anderer betriebsverfassungsrechtlicher Strukturen mit der Folge, dass für diese **der BR** gewählt wird. § 3 Abs. 1 Nr. 4 bis 5 regelt **zusätzliche** betriebsverfassungsrechtliche Gremien. Insoweit treten die in § 3 Abs. 1 Nr. 1 bis 3 genannten ArbN-Vertretungen **an die Stelle des BR**. Ihre Mitglieder sind daher den BR-Mitgliedern gleichzusetzen, ihnen gegenüber dürfen aus diesem Grunde Geheimnisse offenbart werden[4]. 24

Ferner greift keine Geheimhaltungspflicht, wenn eine **vorrangige Pflicht** zum Reden (zB bei Zeugenaussagen vor Gericht) oder Handeln (zB Anzeige strafbarer Handlungen) besteht[5]. 25

Eine Ausnahme gilt auch für Zeugenaussagen: Ein BR-Mitglied kann sich im Strafprozess nicht unter Hinweis auf seine Geheimhaltungspflicht auf ein **Zeugnisverweigerungsrecht** nach § 53 Abs. 1 StPO berufen[6]. Dagegen ist im **Zivilprozess** die Berufung auf ein Zeugnisverweigerungsrecht nach § 383 Abs. 1 Nr. 6 ZPO möglich[7]. 26

7. Rechtsfolge. Besteht wirksam eine Geheimhaltungspflicht, ergibt sich aus § 79 Abs. 1 Satz 1 die Rechtsfolge, dass das Offenbaren und die Verwertung von Betriebs- und Geschäftsgeheimnissen untersagt ist. 27

Offenbaren ist die Weitergabe des Geheimnisses an (unberechtigte) Dritte[8]. **Verwerten** ist das wirtschaftliche Ausnutzen des Geheimnisses zum Zwecke der Gewinnerzielung[9]. 28

III. Sonstige Schweige- und Geheimhaltungspflichten. Neben der Geheimhaltungspflicht aus § 79 gibt es eine Reihe weiterer Vorschriften, aus denen sich Schweige- und Geheimhaltungspflichten ergeben. 29

1. BetrVG. Die Verschwiegenheitspflicht nach § 79 Abs. 1 erstreckt sich nur auf Betriebs- und Geschäftsgeheimnisse und nicht auf die persönlichen Verhältnisse und Angelegenheiten der ArbN. Soweit der BR Kenntnisse über solche persönlichen Verhältnisse und Angelegenheiten der ArbN im Rahmen seiner betriebsverfassungsrechtlichen Tätigkeit erlangt, ist darüber Stillschweigen zu bewahren. Gesetzlich geregelt ist dies in § 80 Abs. 4 (Geheimhaltungspflicht für Auskunftspersonen und Sachverständige), § 82 Abs. 2 Satz 3 (Anhörungs- und Erörterungsrecht des ArbN), § 83 Abs. 1 Satz 3 (Einsicht in die Personalakten), §§ 99 Abs. 1 Satz 3 Halbs. 2 iVm. 79 Abs. 1 Satz 2 bis 4 (Mitbest. bei personellen Einzelmaßnahmen) sowie in §§ 102 Abs. 2 Satz 5 iVm. 99 Abs. 1 Satz 3 iVm. 79 Abs. 1 Satz 2 bis 4 (Mitbest. bei Kündigungen). Eine besondere Erklärung des ArbGeb zur Geheimhaltungsbedürftigkeit ist nicht nötig, die Pflicht zur Verschwiegenheit ergibt sich aus den entsprechenden Normen selbst[10]. 30

Aber auch soweit es im Gesetz nicht ausdrücklich angeordnet wird, sind vertrauliche Angaben über die Person eines ArbN geheim zu halten. Dies ergibt sich bereits aus § 75 Abs. 2, der bestimmt, das ArbGeb und BR die freie Entfaltung der Persönlichkeit der im Betrieb beschäftigten ArbN zu schützen und zu fördern haben (vgl. im Einzelnen § 75 Rz. 1 ff.). Dem Schutz des allgemeinen Persönlichkeitsrechts unterliegt die unbegrenzte Erhebung, Speicherung, Verwendung und Weitergabe der per- 31

---

[1] *Fitting*, § 79 BetrVG Rz. 22; GK-BetrVG/*Oetker*, § 79 Rz. 35. | [2] GK-BetrVG/*Oetker*, § 79 Rz. 36; DKK/*Buschmann*, § 79 BetrVG Rz. 20. | [3] ErfK/*Kania*, § 79 BetrVG Rz. 13; GK-BetrVG/*Oetker*, § 79 Rz. 36. | [4] ErfK/*Kania*, § 79 BetrVG Rz. 13; GK-BetrVG/*Oetker*, § 79 Rz. 37. | [5] *Fitting*, § 79 BetrVG Rz. 30; DKK/*Buschmann*, § 79 BetrVG Rz. 25. | [6] *Fitting*, § 79 BetrVG Rz. 30; GK-BetrVG/*Oetker*, § 79 Rz. 32. | [7] *Hennige* in Tschöpe, Arbeitsrecht, Teil 4 A Rz. 459 mwN. | [8] *Fitting*, § 79 BetrVG Rz. 16; DKK/*Buschmann*, § 79 BetrVG Rz. 18. | [9] *Fitting*, § 79 BetrVG Rz. 16; DKK/*Buschmann*, § 79 BetrVG Rz. 18. | [10] *Fitting*, § 79 BetrVG Rz. 32; DKK/*Buschmann*, § 79 BetrVG Rz. 28.

sönlichen Daten des ArbN[1]. Daraus ergibt sich die Verpflichtung des BR, vertrauliche Angaben, die er von ArbN im Rahmen seiner BR-Tätigkeit erhalten hat, geheim zu halten, solange er nicht im Einzelfall von dieser Pflicht entbunden worden ist[2].

32 Im Allgemeinen besteht keine Pflicht der BR-Mitglieder, über den Verlauf von **BR-Sitzungen** Stillschweigen zu bewahren. Eine solche Schweigepflicht ist nur bei Vorliegen besonderer Umstände zu bejahen[3]. Eine Schweigepflicht besteht nur, wenn die Funktionsfähigkeit des BR durch Bekanntwerden bestimmter betriebsratsinterner Vorgänge ernsthaft gestört wird[4].

33 **2. Datenschutzgesetz.** Für den BR und seine Mitglieder gilt die Regelung des § 5 BDSG über das **Datengeheimnis**. Die Vorschrift erfasst alle Personen, die im Rahmen ihrer beruflichen Tätigkeit im Unternehmen geschützte personenbezogene Daten zur Kenntnis bekommen. Zu diesem Personenkreis zählt auch der BR[5].

34 **3. Arbeitsvertragliche Verschwiegenheitspflicht.** Den ArbN trifft grundsätzlich während des bestehenden Arbeitsverhältnisses, aber auch nach dessen Beendigung die **arbeitsvertragliche Nebenpflicht**, solche Tatsachen geheim zu halten, die mit dem Betrieb im Zusammenhang stehen, die nicht offenkundig sind, die aus der Natur der Sache heraus für alle Beteiligten erkennbar geheim gehalten werden müssen und deren Geheimhaltung für die Stellung des Betriebs im Wettbewerb von entscheidender Bedeutung ist[6]. Kraft dieser Pflicht ist der ArbN gehalten, über Dinge, die er aufgrund des Arbeitsverhältnisses erfährt, Verschwiegenheit zu wahren, soweit an der Geheimhaltung ein berechtigtes Interesse des ArbGeb besteht[7]. Diese Schweigepflicht ist weiter gehender als die des § 79, da sie alle vertraulichen und schützenswerten betrieblichen und persönlichen Angelegenheiten erfasst und gegenüber jedermann gilt[8].

35 **4. Geheimnisschutz nach dem UWG.** Betriebs- oder Geschäftsgeheimnisse unterliegen dem besonderen strafrechtlichen Schutz nach den §§ 17 ff. UWG, nach § 19 UWG besteht eine Schadensersatzpflicht. Das Verbot des Verrats von Betriebs- oder Geschäftsgeheimnissen zu Wettbewerbszwecken richtet sich an alle ArbN und Auszubildenden eines Geschäftsbetriebs, denen ein Geheimnis aufgrund des Arbeitsverhältnisses anvertraut oder zugänglich gemacht wurde[9].

36 **5. ArbN-Vertreter im Aufsichtsrat.** Die ArbN-Vertreter im Aufsichtsrat unterliegen einer Schweigepflicht, die sich allerdings nach dem Gesellschaftsrecht richtet (§§ 116, 93 Abs. 1 Satz 2 AktG, auf die wiederum auch für die mitbestimmte GmbH verwiesen wird, vgl. § 77 Abs. 1 Satz 2 BetrVG 1952, § 25 Abs. 1 Nr. 2 MitbestG)[10].

37 **6. Schwerbehindertenvertretungen.** Für die Vertrauensperson der schwerbehinderten Menschen sowie für die Gesamt- und Konzernschwerbehindertenvertretung findet sich in den §§ 96 Abs. 7, 97 Abs. 7 SGB IX eine dem § 79 entsprechende Geheimhaltungspflicht, deren Verletzung nach § 155 SGB IX strafbewehrt ist. Eine Ausnahme von der Verschwiegenheitspflicht besteht nach § 96 Abs. 7 Satz 3 SGB IX nicht nur hinsichtlich der in § 79 Abs. 1 genannten Organe, Gremien und Personen, sondern auch hinsichtlich der BA, der zuständigen Integrationsämter und der Rehabilitationsträger, soweit dies erforderlich ist.

38 **IV. Rechtsfolgen einer Verletzung der Geheimhaltungspflicht.** Die Verletzung der Schweigepflicht kann unterschiedlichste Rechtsfolgen auslösen.

39 **1. Auflösung und Amtsenthebung.** Bei einer groben Verletzung der Schweigepflicht nach § 79 kann der ArbGeb die Amtsenthebung des betreffenden BR-Mitglieds nach § 23 Abs. 1 beantragen[11]. Problematisch ist, ob bei unmittelbaren und groben Verstößen auch die Auflösung des BR als Organ verlangt werden kann. Dies kommt nur dann in Betracht, wenn der BR in seiner Gesamtheit gegen die Geheimhaltungspflicht grob verstößt[12]. Dies wäre beispielsweise dann der Fall, wenn der Bruch der Geheimhaltung auf einer Entscheidung des BR beruht oder sonst dem BR als Kollegialorgan zuzurechnen ist[13].

40 Die **Darlegungs- und Beweislast** für einen groben Verstoß iSv. § 23 Abs. 1, insb. für die Verletzung der Geheimhaltungspflicht aus § 79 Abs. 1, trägt derjenige, der den Amtsenthebungs- oder Auflösungsantrag nach § 23 Abs. 1 stellt, also in der Regel der ArbGeb.

---

1 BVerfG v. 15.12.1983 – 1 BvR 209/83 ua., NJW 1984, 419 (422). | 2 DKK/*Buschmann*, § 79 BetrVG Rz. 29; Richardi/*Richardi/Thüsing*, § 79 BetrVG Rz. 32. | 3 BAG v. 21.2.1978 – 1 ABR 54/76, AP Nr. 1 zu § 74 BetrVG 1972 unter II. 3. a d.Gr.; LAG München v. 15.11.1977 – 5 TaBV 34/77, DB 1978, 894; BAG v. 5.9.1967 – 1 ABR 1/67, AP Nr. 8 zu § 23 BetrVG. | 4 *Fitting*, § 79 BetrVG Rz. 40; DKK/*Buschmann*, § 79 BetrVG Rz. 30. | 5 *Fitting*, § 79 BetrVG Rz. 35; DKK/*Buschmann*, § 79 BetrVG Rz. 31. | 6 LAG Hess. v. 1.6.1967 – 5 Sa 211/67, AP Nr. 2 zu § 611 BGB – Schweigepflicht. | 7 LAG Köln v. 18.12.1987 – 2 Sa 623/84, LAGE Nr. 1 zu § 611 BGB – Betriebsgeheimnis; BGH v. 20.1.1981 – VI ZR 162/79, AP Nr. 4 zu § 611 BGB – Schweigepflicht; BAG v. 25.8.1966 – 5 AZR 525/65, AP Nr. 1 zu § 611 BGB – Schweigepflicht. | 8 *Fitting*, § 79 BetrVG Rz. 39; DKK/*Buschmann*, § 79 BetrVG Rz. 32. | 9 ErfK/*Kania*, § 79 BetrVG Rz. 17; GK-BetrVG/*Oetker*, § 79 Rz. 56. | 10 GK-BetrVG/*Oetker*, § 79 Rz. 28; *Fitting*, § 79 BetrVG Rz. 15. | 11 *Fitting*, § 79 BetrVG Rz. 41; DKK/*Buschmann*, § 79 BetrVG Rz. 34. | 12 *Fitting*, § 79 BetrVG Rz. 41; DKK/*Buschmann*, § 79 BetrVG Rz. 34. | 13 Richardi/*Richardi/Thüsing*, § 79 BetrVG Rz. 36; *Weber/Ehrich/Hörchens/Oberthür*, BetrVG, Teil D Rz. 152.

2. Außerordentliche Kündigung. Liegt in der Verletzung der Geheimhaltungspflicht nach § 79 Abs. 1 zugleich eine Verletzung arbeitsvertraglicher Pflichten, kommt eine außerordentliche Kündigung des einzelnen BR-Mitglieds in Betracht, wenn eine Fortführung des Arbeitsverhältnisses unzumutbar geworden ist[1]. 41

Die **Darlegungs- und Beweislast** für die Tatsachen, die den wichtigen Grund iSv. § 626 BGB für eine außerordentliche Kündigung bilden, trägt der ArbGeb. 42

3. Unterlassungsansprüche. Dem ArbGeb steht ein Unterlassungsanspruch gegen die zur Geheimhaltung verpflichteten Personen, Organe und Gremien zu, falls diese die Verschwiegenheitspflicht verletzt haben oder wenn eine derartige Verletzung ernsthaft droht[2]. 43

Die **Darlegungs- und Beweislast** für die (drohende) Verletzung der Geheimhaltungspflicht iSv. § 79 Abs. 1 trägt derjenige, der den Unterlassungsanspruch geltend macht, also regelmäßig der ArbGeb. 44

4. Schadensersatzansprüche. Eine Verletzung der Geheimhaltungspflicht kann auch Schadensersatzansprüche zugunsten des ArbGeb auslösen, da die Vorschrift des § 79 ein Schutzgesetz iSv. § 823 Abs. 2 BGB ist[3]. Geltend machen können solche Schadensersatzansprüche nicht nur der ArbGeb, sondern auch ArbN, soweit ihnen gegenüber eine Schweige- oder Geheimhaltungspflicht verletzt worden ist[4]. 45

Stellt ein Verstoß gegen die Geheimhaltungspflicht eine arbeitsvertragliche Pflichtverletzung dar, kann auch ein Schadensersatzanspruch aus Pflichtverletzung nach § 280 Abs. 1 BGB in Betracht kommen[5]. 46

Schadensersatzansprüche können ArbN darüber hinaus geltend machen, wenn ihnen gegenüber eine Schweigepflicht (etwa aus § 82 Abs. 2 Satz 3 oder aus § 83 Abs. 1 Satz 2) verletzt worden ist[6]. 47

Die anspruchsbegründenden Tatsachen sind von demjenigen, der sich eines Schadensersatzanspruchs berühmt, **darzulegen und zu beweisen**. 48

Hinweis: Die Darlegungs- und Beweislast bezieht sich auch auf die Höhe des Schadens. Diesen **konkret** zu beziffern, kann problematisch sein. 49

5. Straftat. Der vorsätzliche Bruch der Geheimhaltungspflicht ist nach § 120 **strafbewehrt**. Die Tat wird nur auf Antrag des Verletzten verfolgt (§ 120 Abs. 5 Satz 1). Daneben kommt eine Bestrafung nach den §§ 17, 18 und 20 UWG in Betracht. 50

V. Streitigkeiten. Streitigkeiten über das Bestehen und den Umfang einer Geheimhaltungspflicht nach § 79 BetrVG entscheidet das ArbG im **Beschlussverfahren** (§§ 2a Abs. 1 Nr. 1, Abs. 2 iVm. 80 ff. ArbGG). 51

Allerdings kann die Frage der Verletzung der Schweigepflicht auch in einem arbeitsgerichtlichen **Urteilsverfahren** gemäß §§ 2 Abs. 1 Nr. 3a, 3b und 3c, Abs. 5 iVm. 46 ff. ArbGG als Vorfrage zu klären sein (zB in einem Kündigungs- oder Schadensersatzprozess). 52

Unterlassungsansprüche können im Wege der einstweiligen Verfügung durchgesetzt werden (§§ 2a Abs. 1 Nr. 1, Abs. 2, 85 Abs. 2 ArbGG iVm. 935 ff. ZPO)[7]. 53

80 Allgemeine Aufgaben

(1) Der Betriebsrat hat folgende allgemeine Aufgaben:

1. darüber zu wachen, dass die zugunsten der Arbeitnehmer geltenden Gesetze, Verordnungen, Unfallverhütungsvorschriften, Tarifverträge und Betriebsvereinbarungen durchgeführt werden;

2. Maßnahmen, die dem Betrieb und der Belegschaft dienen, beim Arbeitgeber zu beantragen;

2a. die Durchsetzung der tatsächlichen Gleichstellung von Frauen und Männern, insbesondere bei der Einstellung, Beschäftigung, Aus-, Fort- und Weiterbildung und dem beruflichen Aufstieg, zu fördern;

2b. die Vereinbarkeit von Familie und Erwerbstätigkeit zu fördern;

3. Anregungen von Arbeitnehmern und der Jugend- und Auszubildendenvertretung entgegenzunehmen und, falls sie berechtigt erscheinen, durch Verhandlungen mit dem Arbeitgeber auf eine Erledigung hinzuwirken; er hat die betreffenden Arbeitnehmer über den Stand und das Ergebnis der Verhandlungen zu unterrichten;

4. die Eingliederung Schwerbehinderter und sonstiger besonders schutzbedürftiger Personen zu fördern;

5. die Wahl einer Jugend- und Auszubildendenvertretung vorzubereiten und durchzuführen und mit dieser zur Förderung der Belange der in § 60 Abs. 1 genannten Arbeitnehmer eng zusammenzuarbeiten; er *kann von der Jugend- und Auszubildendenvertretung Vorschläge und Stellungnahmen anfordern;*

6. die Beschäftigung älterer Arbeitnehmer im Betrieb zu fördern;

---

1 DKK/*Buschmann*, § 79 BetrVG Rz. 35; *Fitting*, § 79 BetrVG Rz. 41. | **2** Vgl. BAG v. 26.2.1987 – 6 ABR 46/84, AP Nr. 2 zu § 79 BetrVG 1972; *Fitting*, § 79 BetrVG Rz. 42; DKK/*Buschmann*, § 79 BetrVG Rz. 39. | **3** DKK/*Buschmann*, § 79 BetrVG Rz. 36; *Fitting*, § 79 BetrVG Rz. 43. | **4** *Fitting*, § 79 BetrVG Rz. 43; DKK/*Buschmann*, § 79 BetrVG Rz. 36. | **5** HSWG/*Nicolai*, § 79 BetrVG Rz. 25; Richardi/*Richardi/Thüsing*, § 79 BetrVG Rz. 38. | **6** DKK/*Buschmann*, § 79 BetrVG Rz. 36; Richardi/*Richardi/Thüsing*, § 79 BetrVG Rz. 39. | **7** *Weber/Ehrich/Hörchens/Oberthür*, BetrVG, Teil D Rz. 156; ErfK/*Kania*, § 79 BetrVG Rz. 22.

7. die Integration ausländischer Arbeitnehmer im Betrieb und das Verständnis zwischen ihnen und den deutschen Arbeitnehmern zu fördern sowie Maßnahmen zur Bekämpfung von Rassismus und Fremdenfeindlichkeit im Betrieb zu beantragen;
8. die Beschäftigung im Betrieb zu fördern und zu sichern;
9. Maßnahmen des Arbeitsschutzes und des betrieblichen Umweltschutzes zu fördern.

(2) Zur Durchführung seiner Aufgaben nach diesem Gesetz ist der Betriebsrat rechtzeitig und umfassend vom Arbeitgeber zu unterrichten; die Unterrichtung erstreckt sich auch auf die Beschäftigung von Personen, die nicht in einem Arbeitsverhältnis zum Arbeitgeber stehen. Dem Betriebsrat sind auf Verlangen jederzeit die zur Durchführung seiner Aufgaben erforderlichen Unterlagen zur Verfügung zu stellen; in diesem Rahmen ist der Betriebsausschuss oder ein nach § 28 gebildeter Ausschuss berechtigt, in die Listen über die Bruttolöhne und -gehälter Einblick zu nehmen. Soweit es zur ordnungsgemäßen Erfüllung der Aufgaben des Betriebsrats erforderlich ist, hat der Arbeitgeber ihm sachkundige Arbeitnehmer als Auskunftspersonen zur Verfügung zu stellen; er hat hierbei die Vorschläge des Betriebsrats zu berücksichtigen, soweit betriebliche Notwendigkeiten nicht entgegenstehen.

(3) Der Betriebsrat kann bei der Durchführung seiner Aufgaben nach näherer Vereinbarung mit dem Arbeitgeber Sachverständige hinzuziehen, soweit dies zur ordnungsgemäßen Erfüllung seiner Aufgaben erforderlich ist.

(4) Für die Geheimhaltungspflicht der Auskunftspersonen und der Sachverständigen gilt § 79 entsprechend.

	Rn
I. Vorbemerkung	1
II. Allgemeine Aufgaben des Betriebsrats (Abs. 1)	7
1. Überwachungsrechte (Abs. 1 Nr. 1)	8
a) Gegenstand der Überwachung	9
aa) Gesetze und Vorschriften	10
(1) Arbeitsrechtliche Gesetze und Verordnungen	11
(2) Zivilrechtliche Gesetze mit arbeitsrechtlichem Bezug	12
(3) Arbeitnehmerschützende Umweltvorschriften	13
(4) Gesetze, die dem Betriebsrat weitere Zuständigkeiten zuweisen	14
(5) Europarechtliche Vorschriften	15
(6) Sozialversicherungsvorschriften	16
(7) Allgemeine arbeitsrechtliche Grundsätze	17
bb) Unfallverhütungsvorschriften	18
cc) Tarifverträge	19
dd) Betriebsvereinbarungen	20
b) Ausübung des Überwachungsrechts	22
aa) Kontrolle	23
bb) Keine Durchsetzungsmöglichkeit	25
2. Antragsrecht (Abs. 1 Nr. 2)	29
a) Initiativrecht	30
b) Gegenstand des Initiativrechts	32
c) Durchsetzung der Initiative	34
3. Förderung der Durchsetzung der tatsächlichen Gleichstellung von Frauen und Männern (Abs. 1 Nr. 2 a)	35
a) Zweck der Vorschrift	36
b) Inhalt der Förderungspflicht	38
c) Durchsetzung der Förderungsmaßnahmen	39
4. Förderung der Vereinbarkeit von Familie und Erwerbstätigkeit (Abs. 1 Nr. 2b)	40
a) Zweck der Regelung	41
b) Inhalt der Regelung	42
c) Durchsetzung der Maßnahmen	43
5. Behandlung von Anregungen der Arbeitnehmer und der Jugend- und Auszubildendenvertretung (Abs. 1 Nr. 3)	44
a) Zweck der Regelung	45
b) Inhalt der Regelung	46
c) Durchsetzung der Anregung	48
aa) Anregungen von Arbeitnehmern	49
bb) Anregungen der Jugend- und Auszubildendenvertretung	50
d) Informationspflicht	51
6. Förderung der Eingliederung besonders schutzwürdiger Personen (Abs. 1 Nr. 4)	52
a) Betroffener Personenkreis	53
b) Förderung des Personenkreises	54
c) Durchsetzung der Förderung	55
7. Wahl und Zusammenarbeit mit Jugend- und Auszubildendenvertretung (Abs. 1 Nr. 5)	57
8. Förderung der Beschäftigung älterer Arbeitnehmer (Abs. 1 Nr. 6)	58
9. Integration ausländischer Arbeitnehmer und Bekämpfung von Rassismus und Fremdenfeindlichkeit (Abs. 1 Nr. 7)	60
a) Integration ausländischer Arbeitnehmer	61
b) Schutz vor Rassismus und Fremdenfeindlichkeit	62
10. Beschäftigungssicherung (Abs. 1 Nr. 8)	68
a) Zweck der Regelung	69
b) Inhalt der Regelung	71
c) Durchsetzung der Maßnahmen	72
11. Arbeitsschutz und betrieblicher Umweltschutz (Abs. 1 Nr. 9)	74
a) Zweck der Regelung	75
b) Inhalt der Regelung	78
c) Durchsetzung der Maßnahmen	79
III. Auskunfts- und Unterrichtungsanspruch (Abs. 2)	80
1. Unterrichtung (Abs. 2 Satz 1)	81
a) Aufgabenbezug	82
aa) Aufgaben	83
bb) Grad der Wahrscheinlichkeit	85
(1) Eigene Initiative	86
(2) Tätigwerden des Arbeitgebers	87
b) Umfang	88
c) Rechtzeitigkeit	93
d) Beispiele	94
e) Form	95
f) Anspruchsberechtigung und Anspruchsverpflichtung	96
2. Vorlage von Unterlagen (Abs. 2 Satz 2 Halbs. 1)	97
a) Unterlagen	98
b) Jederzeit	101
c) Dauer der Überlassung	105
d) Verlangen	106
3. Einblick in Bruttolohn- und -gehaltslisten (Abs. 2 Satz 2 Halbs. 2)	107
a) Zweck	108
b) Bruttolohn- und -gehaltslisten	109

c) Einsicht 111
d) Ausnahmen 113
e) Berechtigter 115
4. Auskunftsperson (Abs. 2 Satz 3) 117
   a) Zweck 119
   b) Aufgaben 120
   c) Erforderlichkeit 121
   d) Sachkundige Arbeitnehmer 122
     aa) Keine jederzeitige Anforderung 123
     bb) Leitende Angestellte 125
     cc) Sachkunde 126

e) Vorschlagsrecht 128
f) Tätigkeit 132
g) Vergütung 133
h) Schutzbestimmung 134
IV. Hinzuziehung von Sachverständigen (Abs. 3) . . 135
  1. Sachverständige 136
  2. Erforderlichkeit 139
  3. Vereinbarung 143
V. Geheimhaltungspflicht (Abs. 4) 148
VI. Streitigkeiten 149

I. Vorbemerkung. Die Vorschrift ist eine der wichtigsten im BetrVG. Sie beschreibt zunächst die allgemeinen **Aufgaben** (Abs. 1), gewährt dem BR umfangreiche **Informationsrechte** sowie die Inanspruchnahme **sachkundiger Auskunftspersonen** (Abs. 2) und enthält Regelungen zur Hinzuziehung von **Sachverständigen** (Abs. 3). 1

Die in § 80 Abs. 1 katalogartig normierten allgemeinen Aufgaben des BR beziehen sich auf **sämtliche Tätigkeitsbereiche**, d.h. den sozialen, personellen und wirtschaftlichen Bereich[1]. Die allgemeinen Aufgaben bestehen **unabhängig** von den konkreten Mitwirkungs- und MitbestR, die dem BR in sozialen, personellen und wirtschaftlichen Angelegenheiten eingeräumt sind[2]. Die in § 80 Abs. 1 aufgeführten Aufgaben berechtigen den BR aber nicht zu einseitigen Eingriffen in die Betriebsführung[3]. Auch im Hinblick auf § 80 Abs. 1 bleibt es daher bei dem Grundsatz des § 77 Abs. 1 Satz 2, wonach der BR gehalten ist, nicht durch **einseitige Handlungen** in die Leitung des Betriebs einzugreifen[4]. Basis für die Durchführung der Aufgaben nach § 80 Abs. 1 ist das Gebot der vertrauensvollen Zusammenarbeit nach § 2 Abs. 1. Das bedeutet, dass der ArbGeb entsprechend § 2 Abs. 1 verpflichtet ist, sich ernsthaft mit dem Problem, das der BR im Rahmen von § 80 Abs. 1 an ihn heranträgt, auseinander zu setzen und über diese Frage mit dem ernsten Willen zur Einigung zu verhandeln sowie Vorschläge für die Beilegung von Meinungsverschiedenheiten zu machen[5]. 2

Durch das BetrVerf-Reformgesetz vom 23.7.2001[6] wurde der allgemeine Aufgabenkatalog in § 80 Abs. 1 um die Ziffern 2b, 8 und 9 ergänzt. Ferner wurde in § 80 Abs. 2 die Informationsverpflichtung des ArbGeb ergänzt sowie insb. der ArbGeb verpflichtet, dem BR **sachkundige ArbN** als Auskunftspersonen zur Verfügung zu stellen. Die Erweiterung des Aufgabenkatalogs in Abs. 1 um die Ziffern 8 und 9 ist nicht unproblematisch, da es sich um Themen mit mehr oder weniger allgemeinem gesellschaftspolitischen Bezug handelt. 3

Der BR ist **verpflichtet**, die in § 80 Abs. 1 genannten Aufgaben wahrzunehmen[7]. Seine Grenze findet die BR-Tätigkeit in dem Verbot von Arbeitskampfmaßnahmen (§ 74 Abs. 2), dem Verbot, durch einseitige Handlungen in die Leitung des Betriebs einzugreifen (§ 77 Abs. 1 Satz 2), sowie Rechtsmissbrauch[8]. 4

Die Vorschrift gilt für den GesamtBR und den KonzernBR im Rahmen ihrer Zuständigkeit entsprechend[9]. Parallele Vorschriften finden sich für die JAV in § 70, für die Schwerbehindertenvertretung in § 95 Abs. 1 SGB IX und in § 37 Abs. 2 und Abs. 3 ZDG für den Vertrauensmann der Zivildienstleistenden. Deren Aufgaben und Zuständigkeiten schließen die des BR nicht aus[10]. 5

Die in § 80 genannten Aufgaben hat der BR für die ArbN iSv. § 5 Abs. 1 wahrzunehmen. Ausgenommen sind leitende Angestellte iSv. § 5 Abs. 3[11]. Für die leitenden Angestellten ist der SprAu zuständig, dessen (allgemeine) Aufgaben in § 25 SprAuG geregelt sind. 6

II. Allgemeine Aufgaben des BR (Abs. 1). Die allgemeinen Aufgaben des BR ergeben sich aus dem Katalog des § 80 Abs. 1. 7

1. Überwachungsrechte (Abs. 1 Nr. 1). § 80 Abs. 1 Nr. 1 macht es dem BR ausdrücklich zur Pflicht, darüber zu wachen, dass die zugunsten der ArbN geltenden Gesetze, VO, Unfallverhütungsvorschriften, TV und BV durchgeführt werden. Dieses **Überwachungsrecht** bezieht sich nicht nur auf die eigentlichen ArbN-Schutzvorschriften, sondern auf alle Normen, die die ArbN in irgendeiner Form begünstigen[12]. Voraussetzung ist allerdings, dass die Normen das Rechtsverhältnis zwischen ArbGeb und ArbN unmittelbar gestalten oder auf dieses einwirken[13]. 8

a) Gegenstand der Überwachung. Gegenstand der Überwachung sind Gesetze und Vorschriften, Unfallverhütungsvorschriften, TV und BV. 9

---

1 *Fitting*, § 80 BetrVG Rz. 4. | 2 *Fitting*, § 80 BetrVG Rz. 4; DKK/*Buschmann*, § 80 BetrVG Rz. 1. | 3 GK-BetrVG/*Kraft*, § 80 Rz. 8. | 4 HSWG/*Nicolai*, § 80 BetrVG Rz. 10; GK-BetrVG/*Kraft*, § 80 Rz. 8. | 5 HSWG/*Nicolai*, § 80 BetrVG Rz. 10; GK-BetrVG/*Kraft*, § 80 Rz. 8. | 6 BGBl. I S. 1852. | 7 *Fitting*, § 80 BetrVG Rz. 4; ErfK/*Kania*, § 80 BetrVG Rz. 1. | 8 Vgl. BAG v. 11.7.1972 – 1 ABR 2/72, AP Nr. 1 zu § 80 BetrVG 1972. | 9 *Fitting*, § 80 BetrVG Rz. 2; ErfK/*Kania*, § 80 BetrVG Rz. 2. | 10 *Fitting*, § 80 BetrVG Rz. 2. | 11 ErfK/*Kania*, § 80 BetrVG Rz. 2; *Weiss/Weyand*, § 80 BetrVG Rz. 1; GK-BetrVG/*Kraft*, § 80 Rz. 4. | 12 *Fitting*, § 80 BetrVG Rz. 6; DKK/*Buschmann*, § 80 BetrVG Rz. 6. | 13 *Hennige* in Tschöpe, Arbeitsrecht, Teil 4 A Rz. 416.

10 **aa) Gesetze und Vorschriften.** Unter den Begriff der Gesetze und Vorschriften, die sich zugunsten der ArbN des Betriebs auswirken können, fallen zunächst die Grundrechte, soweit sie im Arbeitsrecht Geltung erlangen[1]. Darüber hinaus sind insb. zu berücksichtigen:

11 **(1) Arbeitsrechtliche Gesetze und Verordnungen**[2]. BUrlG, EFZG, KSchG, TzBfG, ArbZG, JArbSchG, BetrVG, AÜG, MuSchG, BErzGG, NachwG[3].

12 **(2) Zivilrechtliche Gesetze mit arbeitsrechtlichem Bezug**[4]. BGB, HGB, GewO.

13 **(3) ArbN-Schützende Umweltvorschriften**[5]. BImSchG, ChemikalienG, AtomG, StrahlenschutzVO, GefahrstoffVO, UmweltauditG, StörfallVO.

14 **(4) Gesetze, die dem BR weitere Zuständigkeiten zuweisen**[6]. ArbNErfG, ArbPlSchG, ASiG, MitbestG, SchiedsstellenG, SGB IX, UmwG, BDSG, soweit seine Bestimmungen auf die ArbN des Betriebs Anwendung finden[7].

15 **(5) Europarechtliche Vorschriften**[8]. Artt. 39, 136 ff., 141 EG sowie die dazu ergangenen Richtlinien, die bei der Auslegung nationalen Rechts (richtlinienkonform) sowie bei der Ermessensausübung nach § 76 Abs. 5 (Einigungsstellenspruch) zu berücksichtigen sind[9].

16 **(6) SozV-Vorschriften.** Nach Ansicht des BAG trifft den ArbGeb aus dem Arbeitsverhältnis die **Nebenpflicht**, die Steuern der ArbN richtig zu berechnen und abzurechnen[10], es gehört aber nicht zu den Aufgaben des BR, darüber zu wachen, dass der ArbGeb bei der Berechnung des Lohns die Vorschriften des **LStRechts** und die hierzu ergangenen Richtlinien beachtet[11].

17 **(7) Allgemeine arbeitsrechtliche Grundsätze**[12]. Gleichbehandlungsgrundsatz[13], betriebliche Übung, Fürsorgepflicht, Grundsatz von Recht und Billigkeit[14].

18 **bb) Unfallverhütungsvorschriften.** Als Gegenstand der Überwachungspflicht ausdrücklich erwähnt werden die Unfallverhütungsvorschriften, die die Berufsgenossenschaften als Träger der gesetzlichen Unfallversicherung nach § 15 SGB VII erlassen[15].

19 **cc) TV.** Die Überwachung der Durchführung von TV bezieht sich auf die jeweils für den Betrieb geltenden TV. Hierbei erstreckt sich die Überwachungspflicht nicht nur auf **Inhaltsnormen** iSv. § 4 Abs. 1 Satz 1 TVG, sondern auch auf **betriebliche und betriebsverfassungsrechtliche Normen** iSv. § 4 Abs. 1 Satz 2 TVG[16]. Das gilt auch für obligatorische Bestimmungen eines TV, die sich zugunsten der ArbN auswirken[17]. Voraussetzung für die Überwachung der Einhaltung von TV ist eine Tarifgebundenheit des ArbGeb[18]. Bei Inhaltsnormen muss auch der ArbN tarifgebunden oder die Anwendung des TV einzelvertraglich vereinbart sein[19]. Der TV muss kraft seines persönlichen und fachlichen Geltungsbereichs für den ArbN gelten[20].

20 **dd) BV.** Dem BR obliegt nach § 80 Abs. 1 Nr. 1 die Überwachung und Einhaltung von **BV** und **Regelungsabreden**. Die Durchführung der BV selbst bleibt aber nach § 77 Abs. 1 Satz 1 Aufgabe des ArbGeb[21]. Die Überwachungspflicht nach § 80 Abs. 1 Nr. 1 fällt auch dann in die Zuständigkeit des EinzelBR, wenn es um die Einhaltung einer Gesamt- oder KonzernBV geht[22].

21 Entsprechendes gilt für die sich aus betrieblichen Einheitsregelungen ergebenden **allgemeinen Arbeitsbedingungen**; dies folgt aus dem Gleichbehandlungsgrundsatz nach § 75[23]. Das Überwachungsrecht bezieht sich allerdings nicht auf den **Inhalt** und die **Ausgestaltung** einzelner, **individueller Arbeitsverträge**[24]. Individuell ausgehandelte Verträge muss der ArbN selbst überwachen. Dies gilt jedoch nur, soweit es sich wirklich um individualrechtliche Abreden handelt[25]. Liegen arbeitsvertragliche Einheitsregelungen, Gesamtzusagen oder eine betriebliche Übung vor, hat der BR zwar kein Mitgestaltungsrecht bei den allgemeinen Vertragsbedingungen, hat aber darüber zu wachen, dass der ArbGeb den Gleichbehandlungsgrundsatz einhält, wenn er nach einer bestimmten Regel ein Vertragsangebot an die ArbN macht[26].

---

1 DKK/*Buschmann*, § 80 BetrVG Rz. 6; *Fitting*, § 80 BetrVG Rz. 6. | 2 DKK/*Buschmann*, § 80 BetrVG Rz. 6 ff.; *Fitting*, § 80 BetrVG Rz. 6 bis 8. | 3 Vgl. BAG v. 19.10.1999 – 1 ABR 75/98, AP Nr. 58 zu § 80 BetrVG 1972. | 4 GK-BetrVG/*Kraft*, § 80 Rz. 10. | 5 ErfK/*Kania*, § 80 BetrVG Rz. 3. | 6 ErfK/*Kania*, § 80 BetrVG Rz. 3. | 7 Vgl. BAG v. 17.3.1987 – 1 ABR 59/85, AP Nr. 29 zu § 80 BetrVG 1972. | 8 DKK/*Buschmann*, § 80 BetrVG Rz. 6. | 9 Vgl. BAG v. 2.12.1992 – 4 AZR 152/92, AP Nr. 28 zu § 23a BAT. | 10 Vgl. BAG v. 17.3.1960 – 5 AZR 395/58, AP Nr. 8 zu § 670 BGB. | 11 Vgl. BAG v. 11.12.1973 – 1 ABR 37/73, AP Nr. 5 zu § 80 BetrVG 1972; diff. DKK/*Buschmann*, § 80 BetrVG Rz. 9; GK-BetrVG/*Kraft*, § 80 Rz. 16; Richardi/*Richardi/Thüsing*, § 80 BetrVG Rz. 9; HSWG/*Nicolai*, § 80 BetrVG Rz. 14. | 12 GK-BetrVG/*Kraft*, § 80 Rz. 17. | 13 Vgl. BAG v. 11.7.1972 – 1 ABR 2/72, AP Nr. 1 zu § 80 BetrVG 1972 unter II. 4. b d.Gr. | 14 Vgl. BAG v. 18.9.1973 – 1 ABR 7/73, AP Nr. 3 zu § 80 BetrVG 1972 unter III. 4. d.Gr. | 15 Richardi/*Richardi/Thüsing*, § 80 BetrVG Rz. 10. | 16 DKK/*Buschmann*, § 80 BetrVG Rz. 11; *Fitting*, § 80 BetrVG Rz. 11. | 17 BAG v. 11.7.1972 – 1 ABR 2/72, AP Nr. 1 zu § 80 BetrVG 1972; *Fitting*, § 80 BetrVG Rz. 11; DKK/*Buschmann*, § 80 BetrVG Rz. 11. | 18 *Fitting*, § 80 BetrVG Rz. 11. | 19 Vgl. BAG v. 18.9.1973 – 1 ABR 7/73, AP Nr. 3 zu § 80 BetrVG 1972. | 20 ErfK/*Kania*, § 80 BetrVG Rz. 4. | 21 *Hennige* in Tschöpe, Arbeitsrecht, Teil 4 A Rz. 421. | 22 Vgl. BAG v. 20.12.1988 – 1 ABR 63/87, AP Nr. 5 zu § 92 ArbGG 1979. | 23 DKK/*Buschmann*, § 80 BetrVG Rz. 12; *Fitting*, § 80 BetrVG Rz. 12. | 24 DKK/*Buschmann*, § 80 BetrVG Rz. 13; *Fitting*, § 80 BetrVG Rz. 12. | 25 MünchArbR/*Matthes*, § 325 Rz. 13. | 26 MünchArbR/*Matthes*, § 325 Rz. 13; *Fitting*, § 80 BetrVG Rz. 12; HSWG/*Nicolai*, § 80 BetrVG Rz. 20.

b) Ausübung des Überwachungsrechts. Bei der Ausübung des Überwachungsrechts ist zu unterscheiden zwischen der Kontrolle und möglichen Maßnahmen. 22

aa) Kontrolle. Das Überwachungsrecht macht den BR nicht zu einem dem ArbGeb übergeordneten **Kontrollorgan**[1]. Es dient nur der **Rechtskontrolle**[2]. Die Befugnisse des BR finden insb. ihre Schranken in § 77 Abs. 1 Satz 2, also in dem Verbot, in die Leitung des Betriebs einzugreifen, und in dem Gebot der vertrauensvollen Zusammenarbeit nach § 2 Abs. 1. 23

Der BR kann jedoch, ohne einen konkreten Verdacht der Nichtbeachtung einer der in § 80 Abs. 1 Nr. 1 genannten Vorschriften darzulegen, die Arbeitsplätze der ArbN aufsuchen[3]. Er darf auch ArbN aufsuchen, die außerhalb des Betriebs tätig sind[4]. Allerdings ist der BR auf Verlangen des ArbGeb verpflichtet, sich vor Ausübung seines Zugangsrechts anzumelden und grob den Grund anzugeben[5]. 24

bb) Keine Durchsetzungsmöglichkeit. Der BR kann die Erfüllung von Ansprüchen der ArbN, die sich aus einzelnen Rechtsnormen zu ihren Gunsten ergeben, nicht kraft eigenen Rechts im arbeitsgerichtlichen **Beschlussverfahren** durchsetzen[6]. Aus der Überwachungsaufgabe folgt kein eigener Anspruch des BR gegen den ArbGeb auf Einhaltung und Durchführung einer Rechtsvorschrift[7]. 25

Letztendlich ist der BR darauf beschränkt, dem ArbGeb Verstöße gegen gesetzliche Bestimmungen und VO anzuzeigen und auf Beseitigung hinzuwirken[8]. 26

Bevor der BR den ArbGeb bei Behörden **anzeigt** oder sich an die **Öffentlichkeit** wendet, ist die **interne Bereinigung** innerbetrieblicher Missstände zu **versuchen**[9]. Ferner kann der BR die AA unterrichten, falls der ArbGeb der Anzeigepflicht bei Massenentlassungen nicht nachkommt (§ 17 KSchG)[10]. 27

Was die Erteilung von Rechtsauskünften angeht, sollte der BR sich zurückhalten und die ArbN auf die allgemeine Möglichkeit der Inanspruchnahme Dritter (zB Rechtsanwälte oder Gewerkschaftssekretäre) verweisen[11]. Allerdings ist der BR nicht gehindert, den einzelnen ArbN auf eine eventuell gegebene unzutreffende rechtliche Behandlung durch den ArbGeb und seine Rechte hinzuweisen[12]. Die Übernahme der Prozessvertretung des ArbN gehört nicht zu den Aufgaben des BR[13]. 28

2. Antragsrecht (Abs. 1 Nr. 2). Nach § 80 Abs. 1 Nr. 2 hat der BR Maßnahmen, die dem Betrieb und der Belegschaft dienen, beim ArbGeb zu beantragen. 29

a) Initiativrecht. § 80 Abs. 1 Nr. 2 räumt dem BR ein Initiativrecht ein. Er kann aufgrund der ihm bekannten Verhältnisse im Betrieb auch solche Maßnahmen anregen, für die er keine weiteren ausgestaltenden Beteiligungsrechte hat[14]. Ein zusätzliches MitbestR wird dem BR dadurch nicht eingeräumt, er kann lediglich Maßnahmen anregen und insoweit initiativ werden[15]. 30

Erforderlich ist dabei, dass die Maßnahmen überhaupt in die **Zuständigkeit** des BR fallen, sie müssen noch einen Sachzusammenhang zur Betriebsverfassung haben[16]. 31

b) Gegenstand des Initiativrechts. Gegenstand des Initiativrechts können **Maßnahmen auf sozialem, personellem** oder **wirtschaftlichem Gebiet** sein[17]. Ein konkreter Bezug zum Betrieb und zur Belegschaft ist erforderlich[18]. Nach der Gesetzessystematik bezieht sich das Initiativrecht **nicht** auf **rein individuelle Belange**, insoweit sind § 80 Abs. 1 Nr. 3 wie auch die §§ 81 bis 86a einschlägig[19]. 32

Beispiele: Der BR hat auf **sozialem Gebiet** die Möglichkeit, eine Initiative zur Zahlung einer Weihnachtsgratifikation oder allgemein zur betrieblichen Lohnpolitik (unter der Voraussetzung, dass kein TV einschlägig ist) zu ergreifen[20]. Auf **personellem Gebiet** kann der BR von sich aus Anträge für Einstellungen, Versetzungen und Umgruppierungen an den ArbGeb richten[21]. Auf **wirtschaftlichem Ge-** 33

---

1 Vgl. BAG v. 11.7.1972 – 1 ABR 2/72, AP Nr. 1 zu § 80 BetrVG 1972. | 2 *Fitting*, § 80 BetrVG Rz. 13; DKK/*Buschmann*, § 80 BetrVG Rz. 17. | 3 So für die inhaltsgleiche Regelung in § 70 Abs. 1 Nr. 2 BetrVG BAG v. 21.1.1982 – 6 ABR 17/79, AP Nr. 1 zu § 70 BetrVG 1972. | 4 Vgl. BAG v. 13.6.1989 – 1 ABR 4/88, AP Nr. 36 zu § 80 BetrVG 1972. | 5 Vgl. LAG Nürnberg v. 18.10.1993 – 7 TaBV 13/93, LAGE Nr. 11 zu § 80 BetrVG 1972. | 6 Vgl. BAG v. 24.2.1987 – 1 ABR 73/84, AP Nr. 28 zu § 80 BetrVG 1972; v. 10.6.1986 – 1 ABR 59/84, AP Nr. 26 zu § 80 BetrVG 1972; *Fitting*, § 80 BetrVG Rz. 14; GK-BetrVG/*Kraft*, § 80 Rz. 28. | 7 Vgl. BAG v. 10.6.1986 – 1 ABR 59/84, AP Nr. 26 zu § 80 BetrVG 1972; Richardi/Richardi/*Thüsing*, § 80 BetrVG Rz. 18; GK-BetrVG/*Kraft*, § 80 Rz. 28. | 8 Vgl. BAG v. 24.2.1987 – 1 ABR 73/84, AP Nr. 28 zu § 80 BetrVG 1972; v. 10.6.1986 – 1 ABR 59/84, AP Nr. 26 zu § 80 BetrVG 1972. | 9 So zutr. *Fitting*, § 80 BetrVG Rz. 16. | 10 ErfK/*Kania*, § 80 BetrVG Rz. 7; DKK/*Buschmann*, § 80 BetrVG Rz. 21. | 11 ErfK/*Kania*, § 80 BetrVG Rz. 7; DKK/*Buschmann*, § 80 BetrVG Rz. 22. | 12 MünchArbR/*Matthes*, § 325 Rz. 22. | 13 Vgl. zur Teilnahme eines BR-Mitglieds als Zuhörer an einer Gerichtsverhandlung BAG v. 31.5.1989 – 7 AZR 277/88, AP Nr. 9 zu § 38 BetrVG 1972; v. 19.5.1983 – 6 AZR 290/81, AP Nr. 44 zu § 37 BetrVG 1972; vgl. auch *Fitting*, § 80 BetrVG Rz. 14; ErfK/*Kania*, § 80 BetrVG Rz. 7; DKK/*Buschmann*, § 80 BetrVG Rz. 22; MünchArbR/*Matthes*, § 325 Rz. 22. | 14 Vgl. BAG v. 27.6.1989 – 1 ABR 19/88, AP Nr. 37 zu § 80 BetrVG 1972 unter II. 4. d d.Gr. | 15 *Fitting*, § 80 BetrVG Rz. 18; DKK/*Buschmann*, § 80 BetrVG Rz. 23. | 16 *Fitting*, § 80 BetrVG Rz. 18; DKK/*Buschmann*, § 80 BetrVG Rz. 23. | 17 DKK/*Buschmann*, § 80 BetrVG Rz. 23. | 18 Richardi/Richardi/*Thüsing*, § 80 BetrVG Rz. 22; DKK/*Buschmann*, § 80 BetrVG Rz. 23. | 19 Richardi/Richardi/*Thüsing*, § 80 BetrVG Rz. 23; GK-BetrVG/*Kraft*, § 80 Rz. 32; auch MünchArbR/*Matthes*, § 325 Rz. 25; DKK/*Buschmann*, § 80 BetrVG Rz. 23. | 20 Vgl. BAG v. 26.1.1962 – 2 AZR 244/61, AP Nr. 8 zu § 626 BGB Druckkündigung unter II. 3. a und b d.Gr. | 21 *Fitting*, § 80 BetrVG Rz. 20; DKK/*Buschmann*, § 80 BetrVG Rz. 24.

34 **c) Durchsetzung der Initiative.** Der ArbGeb ist nach §§ 2 Abs. 1, 74 Abs. 1 nur verpflichtet, sich mit den Anregungen des BR **ernsthaft zu beschäftigen**[2]. **Durchsetzen** kann der BR seine Anregungen nicht. Auch wenn die Anregungen sachlich berechtigt sein mögen, ist die Befolgung nur in den im BetrVG ausdrücklich genannten Fällen erzwingbar (vgl. beispielsweise §§ 85 Abs. 2, 87, 91, 93, 95 Abs. 2, 98 Abs. 5, 103 Abs. 1, 104, 109, 112 Abs. 4 iVm. 112a)[3].

35 **3. Förderung der Durchsetzung der tatsächlichen Gleichstellung von Frauen und Männern (Abs. 1 Nr. 2a).** § 80 Abs. 1 Nr. 2a gibt dem BR die Aufgabe auf, die Durchsetzung der tatsächlichen Gleichstellung von Frauen und Männern, insb. bei der Einstellung, Beschäftigung, Aus-, Fort- und Weiterbildung und dem beruflichen Aufstieg, zu fördern.

36 **a) Zweck der Vorschrift.** Die Verpflichtung zur Durchsetzung der tatsächlichen **Gleichberechtigung** wurde durch Art. 6 des 2. Gleichberechtigungsgesetzes vom 24.4.1994[4] in § 80 aufgenommen. Durch das BetrVerf-Reformgesetz wurde das Wort „Gleichberechtigung" durch das Wort „**Gleichstellung**" ersetzt. Zweck war die Anpassung des Gesetzestextes an den Sprachgebrauch des vom Bundeskabinett am 13.12.2000 beschlossenen Gesetzes zur Gleichstellung von Frauen und Männern in der Bundesverwaltung und in den Gerichten des Bundes[5].

37 Der gesetzgeberische Auftrag in Art. 3 Satz 2 GG, nach dem der Staat die tatsächliche Durchsetzung der Gleichberechtigung von Männern und Frauen fördert und auf die Beseitigung bestehender Nachteile hinwirkt, wird durch die Verpflichtung des BR zu **aktiver Förderung** der Gleichstellungsmaßnahmen untermauert[6]. Zweck ist, die vielfachen Benachteiligungen der Frauen im Berufsleben abzubauen[7].

38 **b) Inhalt der Förderungspflicht.** Bei § 80 Abs. 1 Nr. 2a handelt es sich um eine **Zielvorgabe** an den BR, seine Möglichkeiten bei der Wahrnehmung der MitbestR auszuschöpfen, damit die tatsächliche Durchsetzung der Gleichstellung von Männern und Frauen gefördert wird[8]. Zu denken ist beispielsweise an Maßnahmen im Bereich der Teilzeitbeschäftigung (Ausschreibung neuer Stellen als Teilzeitarbeitsplätze[9]) sowie daran, bei (Neu-)Einstellungen verstärkt Frauen zu berücksichtigen usw.

39 **c) Durchsetzung der Förderungsmaßnahmen.** Zwar muss sich der ArbGeb gemäß §§ 2 Abs. 1, 74 Abs. 1 mit den angeregten Förderungsmaßnahmen des BR befassen[10], jedoch kann der BR ein Tätigwerden des ArbGeb nur im Rahmen einzelner MitbestR, insb. der §§ 92 ff., erzwingen[11]. Eine rechtliche Handhabe, den ArbGeb zu bestimmten Verhaltensweisen zu zwingen, besitzt der BR grundsätzlich nicht, so dass in den meisten Fällen nur der ArbGeb in der Lage ist, die Gleichstellung tatsächlich herzustellen[12].

40 **4. Förderung der Vereinbarkeit von Familie und Erwerbstätigkeit (Abs. 1 Nr. 2b).** § 80 Abs. 1 Nr. 2b gibt dem BR auf, die Vereinbarkeit von Familie und Erwerbstätigkeit zu fördern.

41 **a) Zweck der Regelung.** Die Vorschrift wurde durch das BetrVerf-Reformgesetz vom 23.7.2001[13] in § 80 aufgenommen. Der Gesetzgeber hat damit bezweckt, die Chancengleichheit von Frauen und Männern im Betrieb zu fördern[14]. Dadurch soll es ArbN mit Familienpflichten erleichtert werden, eine Berufstätigkeit auszuüben[15].

42 **b) Inhalt der Regelung.** Bei § 80 Abs. 1 Nr. 2b handelt es sich um eine **Zielvorgabe** an den BR, Maßnahmen zur Förderung der Vereinbarkeit von Familie und Erwerbstätigkeit anzuregen[16]. Hier ist insb. an eine familienfreundliche Gestaltung der betrieblichen Arbeitszeit zu denken, die es ArbN erlaubt, ihre familiären Pflichten, wie zB Betreuung kleiner Kinder oder pflegebedürftiger Angehöriger, mit ihren Pflichten aus dem Arbeitsverhältnis in Übereinstimmung zu bringen[17]. Zu denken wäre beispielsweise an die Anregung zur Errichtung von betrieblichen Kindergärten und Horten, aber auch an die (verstärkte) Einrichtung von Teilzeitarbeitsplätzen[18].

43 **c) Durchsetzung der Maßnahmen.** Der ArbGeb ist nach §§ 2 Abs. 1, 74 Abs. 1 verpflichtet, sich mit den Anträgen des BR ernsthaft zu befassen. Eine Pflicht zur Umsetzung besteht nicht. Damit § 80 Abs. 1 Nr. 2b nicht nur symbolische Gesetzgebung bleibt, besteht eine Folgewirkung auf weitere MitbestR des BR[19]: Die Vorschrift ist Richtschnur für die Ausübung der MitbestR durch den BR. So muss er bei der Regelung der Arbeitszeit nach § 87 Abs. 1 Nr. 2 auf eine familienfreundliche Gestaltung achten[20]. Die Vernachlässigung dieses Punktes kann wegen Verstoßes gegen die §§ 80 Abs. 1 Nr. 2b iVm. 75 Abs. 2 Satz 1 zur Nichtigkeit der Regelung führen[21].

---

1 *Fitting*, § 80 BetrVG Rz. 20; DKK/*Buschmann*, § 80 BetrVG Rz. 24. | 2 *Fitting*, § 80 BetrVG Rz. 18; DKK/*Buschmann*, § 80 BetrVG Rz. 25. | 3 *Fitting*, § 80 BetrVG Rz. 18; DKK/*Buschmann*, § 80 BetrVG Rz. 25. | 4 BGBl. I S. 1406. | 5 BT-Drs. 14/5741, 46. | 6 Richardi/*Richardi/Thüsing*, § 80 BetrVG Rz. 28. | 7 *Fitting*, § 80 BetrVG Rz. 34. | 8 Richardi/*Richardi/Thüsing*, § 80 BetrVG Rz. 29. | 9 Richardi/*Richardi/Thüsing*, § 80 BetrVG Rz. 29. | 10 GK-BetrVG/*Kraft*, § 80 Rz. 33. | 11 ErfK/*Kania*, § 80 BetrVG Rz. 11; GK-BetrVG/*Kraft*, § 80 Rz. 33. | 12 GK-BetrVG/*Kraft*, § 80 Rz. 33. | 13 BGBl. I S. 1852. | 14 BT-Drs. 14/5741, 46. | 15 BT-Drs. 14/5741, 46. | 16 Richardi/*Richardi/Thüsing*, § 80 BetrVG Rz. 30; *Fitting*, § 80 BetrVG Rz. 40. | 17 BT-Drs. 14/5741, 46. | 18 *Löwisch*, BB 2001, 1790 (1790); DKK/*Buschmann*, § 80 BetrVG Rz. 34. | 19 *Reichold*, NZA 2001, 857 (863). | 20 *Dachrodt/Engelbert*, § 80 BetrVG Rz. 15; *Fitting*, § 80 BetrVG Rz. 40. | 21 *Löwisch*, BB 2001, 1790 (1790).

5. Behandlung von Anregungen der ArbN und der JAV (Abs. 1 Nr. 3). § 80 Abs. 1 Nr. 3 macht es dem BR zur Pflicht, Anregungen von ArbN und der JAV entgegenzunehmen und, falls sie berechtigt erscheinen, durch Verhandlungen mit dem ArbGeb auf eine Erledigung hinzuwirken. **44**

a) **Zweck der Regelung.** § 80 Abs. 1 Nr. 3 **ergänzt** § 80 Abs. 1 Nr. 2[1]. Der BR soll nicht nur aus eigenem Antrieb auf den ArbGeb einwirken, sondern auch Anregungen der ArbN und der JAV entgegennehmen und sich sachlich mit ihnen befassen[2]. **45**

b) **Inhalt der Regelung.** Der BR ist **Anlaufstelle** für Anregungen der ArbN und der JAV. Während ArbN die Möglichkeit haben, sich mit ihren Anregungen direkt an den ArbGeb oder den unmittelbaren Vorgesetzten zu wenden[3], kann die JAV nicht selbst direkt gegenüber dem ArbGeb tätig werden, sie ist insoweit auf ein Tätigwerden des BR angewiesen (vgl. im Einzelnen § 60 Rz. 17 ff.). **46**

Unter Anregungen iSv. § 80 Abs. 1 Nr. 3 sind **Vorschläge und Beschwerden** zu verstehen[4]. Der BR hat diese nicht nur entgegenzunehmen, sondern ist verpflichtet, sich mit ihnen zu befassen. Er hat sie, sofern sie nicht offensichtlich abwegig oder undurchführbar sind, in einer der nächsten Sitzungen zu beraten und darüber zu beschließen, keine Anregung darf unerledigt bleiben[5]. Hält der BR die Anregung für berechtigt, so hat er mit dem ArbGeb über die Möglichkeit einer sachgerechten Erledigung zu verhandeln[6]. Diese Verpflichtung zur Hinwirkung auf eine Erledigung durch Verhandlungen mit dem ArbGeb besteht bereits dann, wenn die Mehrheit des BR die Berechtigung der Anregung für gegeben hält[7]. Gleiches gilt, wenn die Behandlung von Anregungen gemäß §§ 27 oder 28 auf Ausschüsse übertragen wurde[8]. **47**

c) **Durchsetzung der Anregung.** Bei der Durchsetzung von Anregungen ist nicht nur nach dem Inhalt, sondern auch danach zu unterscheiden, ob diese von ArbN oder der JAV eingehen. Zunächst gilt, dass der ArbGeb nach §§ 2 Abs. 1, 74 Abs. 1 BetrVG gezwungen ist, sich ernsthaft mit den Anregungen zu befassen. **48**

aa) **Anregungen von ArbN.** Anregungen von ArbN kann der BR nicht gegen den Willen des ArbGeb durchsetzen. Nur in zwei Fällen ist eine Regelung erzwingbar: **49**

- Liegt der Anregung ein mitbestimmungspflichtiger Tatbestand zugrunde, bei der der Spruch der Einigungsstelle die Einigung zwischen ArbGeb und BR ersetzt, kann der BR über die Einigungsstelle eine Regelung erzwingen (§ 76 Abs. 5, vgl. § 76 Rz. 1 ff.).

- Handelt es sich um eine Beschwerde des ArbN, ist der BR nicht gehindert, den ArbN auf die Erhebung einer förmlichen Beschwerde nach § 84 hinzuweisen. Erachtet der BR eine solche Beschwerde für berechtigt und bestehen über die Berechtigung der Beschwerde Meinungsverschiedenheiten mit dem ArbGeb, kann der BR die Einigungsstelle anrufen, deren Spruch die Einigung zwischen ArbGeb und BR ersetzt (§ 85 Abs. 1 und Abs. 2).

bb) **Anregungen der JAV.** Bei Anregungen der JAV ist der BR gezwungen, sich mit diesen zu befassen. Wie er diese behandelt, unterliegt seinem Ermessen. Die JAV hat keinen Anspruch, dass der BR das Anliegen für berechtigt hält und gegenüber dem ArbGeb weiterverfolgt (vgl. im Einzelnen § 70 Rz. 12 ff.). Hält der BR das Anliegen der JAV für berechtigt, hat er darüber mit dem ArbGeb zu verhandeln, der sich wiederum mit der Anregung zu befassen hat. Eine Regelung gegen den Willen des ArbGeb kann jedoch nur dann erzwungen werden, wenn die Anregung einen mitbestimmungspflichtigen Tatbestand erfasst, bei dem der BR die Möglichkeit hat, über den Spruch der Einigungsstelle eine Einigung mit dem ArbGeb zu erzwingen (§ 76 Abs. 5, vgl. § 76 Rz. 1 ff.). **50**

d) **Informationspflicht.** Der BR hat über das Ergebnis der Verhandlungen mit dem ArbGeb den ArbN bzw. die JAV zu informieren. Unter Umständen ist ein Zwischenbescheid zu erteilen, wenn sich die Verhandlungen mit dem ArbGeb hinziehen oder die Angelegenheit längere Zeit benötigt[9]. Diese Unterrichtungspflicht besteht auch dann, wenn der BR die Anregungen für nicht berechtigt erachtet[10]. **51**

6. Förderung der Eingliederung besonders schutzwürdiger Personen (Abs. 1 Nr. 4). Als besondere Pflicht wird dem BR in § 80 Abs. 1 Nr. 4 aufgegeben, die Eingliederung Schwerbehinderter und sonstiger besonders schutzbedürftiger Personen zu fördern. **52**

a) **Betroffener Personenkreis.** § 80 Abs. 1 Nr. 4 erfasst zunächst schwerbehinderte Menschen iSv. § 2 SGB IX. Die **Förderungspflicht** erstreckt sich darüber hinaus auf sonstige ArbN, die besonders schutzbedürftig sind. Hierunter fallen körperlich, geistig oder seelisch beeinträchtigte Personen (§ 19 SGB III) und Langzeitarbeitslose (§ 18 SGB III). Zu diesem besonders schutzbedürftigen Personenkreis werden gerade wegen der Problematik der Jugendarbeitslosigkeit Jugendliche gehören[11]. Bei der besonderen Schutzbedürftigkeit handelt es sich um einen unbestimmten Rechtsbegriff. Er unterliegt gesellschaftli- **53**

---

[1] *Fitting*, § 80 BetrVG Rz. 24; DKK/*Buschmann*, § 80 BetrVG Rz. 37. [2] *Fitting*, § 80 BetrVG Rz. 25; GK-BetrVG/*Kraft*, § 80 Rz. 34. [3] DKK/*Buschmann*, § 80 BetrVG Rz. 37; GK-BetrVG/*Kraft*, § 80 Rz. 34. [4] *Fitting*, § 80 BetrVG Rz. 24; DKK/*Buschmann*, § 80 BetrVG Rz. 37. [5] *Fitting*, § 80 BetrVG Rz. 25; DKK/*Buschmann*, § 80 BetrVG Rz. 38. [6] *Fitting*, § 80 BetrVG Rz. 25; GK-BetrVG/*Kraft*, § 80 Rz. 36. [7] GK-BetrVG/*Kraft*, § 80 Rz. 37. [8] DKK/*Buschmann*, § 80 BetrVG Rz. 38; GK-BetrVG/*Kraft*, § 80 Rz. 37. [9] GK-BetrVG/*Kraft*, § 80 Rz. 37; DKK/*Buschmann*, § 80 BetrVG Rz. 39. [10] DKK/*Buschmann*, § 80 BetrVG Rz. 39; *Fitting*, § 80 BetrVG Rz. 25. [11] DKK/*Buschmann*, § 80 BetrVG Rz. 44.

chen Veränderungen, so dass zu der Gruppe der besonders Schutzbedürftigen beispielsweise auch Aussiedler und allein erziehende Eltern zählen[1].

54 **b) Förderung des Personenkreises.** Den BR treffen **Überwachungspflichten**: Er hat zunächst darüber zu wachen, dass die Pflicht zur Beschäftigung schwerbehinderter Menschen (§ 71 SGB IX) sowie die Pflichten des ArbGeb bei der Beschäftigung schwerbehinderter Menschen (§ 81 SGB IX) beachtet werden. Zur **Förderungspflicht** gehört es, Anregungen dahin zu geben, dass eine den Kräften und Fähigkeiten entsprechende Beschäftigung zugewiesen wird. Der BR soll auf die besonders schutzwürdigen Personen dahingehend einwirken, die richtige Einstellung zum Betrieb, zum Arbeitsplatz und zu anderen ArbN zu finden, sowie bei der Belegschaft Verständnis für die besondere Lage dieser Personen wecken[2].

55 **c) Durchsetzung der Förderung.** Der ArbGeb ist wiederum nach §§ 2 Abs. 1, 74 Abs. 1 verpflichtet, sich mit den Anliegen des BR ernsthaft zu befassen. Eine **Pflicht zur Umsetzung** besteht nur in den im Gesetz ausdrücklich genannten Fällen (vgl. Rz. 34).

56 **Hinweis:** Der ArbGeb wird gut beraten sein, sich mit den Anliegen des BR gemäß § 80 Abs. 1 Nr. 4 ausführlich auseinander zu setzen und nach Lösungsmöglichkeiten zu suchen. Denn die Einstellung eines nicht schwerbehinderten ArbN verstößt gegen eine gesetzliche Vorschrift iSv. § 99 Abs. 2 Nr. 1, wenn der ArbGeb vor der Einstellung nicht gemäß § 81 Abs. 1 Satz 1 SGB IX geprüft hat, ob der freie Arbeitsplatz mit einem schwerbehinderten ArbN besetzt werden kann[3]. Durch die Verweigerung zur Zustimmung einer Einstellung kann der BR daher, wenn auch nicht im Rahmen von § 80 Abs. 1 Nr. 4, so doch im Rahmen von § 99, Probleme bereiten, die sich eventuell durch Gespräche im Vorfeld, bspw. gerade im Bereich von Anregungen nach § 80 Abs. 1 Nr. 4, vermeiden lassen.

57 **7. Wahl und Zusammenarbeit mit JAV (Abs. 1 Nr. 5).** § 80 Abs. 1 Nr. 5 wiederholt zunächst, dass es zu den Aufgaben des BR gehört, die Wahl einer JAV vorzubereiten und durchzuführen (§ 63 Abs. 2, vgl. dort Rz. 17 ff.). Außerdem hat der BR mit der JAV zur Förderung der Belange der in § 60 Abs. 1 genannten ArbN eng zusammenzuarbeiten. Die Einzelheiten, die das Verhältnis zwischen BR und JAV bestimmen, sind in den §§ 65 bis 70 geregelt. Der BR kann Vorschläge und Stellungnahmen von der JAV anfordern. Das Recht der JAV, Anregungen zu geben, ergibt sich bereits aus § 80 Abs. 1 Nr. 3. Die Regelung der Zusammenarbeit zwischen BR und JAV ist deshalb notwendig, weil gegenüber dem ArbGeb allein der BR verantwortlicher Interessenvertreter bleibt (vgl. § 60 Rz. 17 ff.).

58 **8. Förderung der Beschäftigung älterer ArbN (Abs. 1 Nr. 6).** § 80 Abs. 1 Nr. 6 gibt dem BR auf, die Beschäftigung älterer ArbN im Betrieb zu fördern. Insoweit ergänzt § 80 Abs. 1 Nr. 6 die §§ 75 Abs. 1 Satz 2, 96 Abs. 2[4]. Förderungsmöglichkeiten bestehen insb. hinsichtlich der beruflichen Weiterentwicklung, der Anpassung an veränderte wirtschaftliche und technische Gegebenheiten sowie der Neueinstellung älterer ArbN[5]. Im Bereich der Neueinstellungen kann sich die Möglichkeit befristeter Arbeitsverträge älterer ArbN ohne Sachgrund (§ 14 Abs. 3 TzBfG) als Förderungsmaßnahme auswirken. Der ArbGeb ist wiederum verpflichtet, sich mit den Anliegen des BR gemäß §§ 2 Abs. 1, 74 Abs. 1 ernsthaft zu befassen, zur Umsetzung der Anregungen kann der ArbGeb jedoch nur dann gezwungen werden, wenn ergänzend ein erzwingbares MitbestR besteht (vgl. Rz. 34).

59 **Hinweis:** Sofern die BR den Schutzauftrag überhaupt wahrgenommen haben[6], hat er tatsächlich in der arbeitsrechtlichen Praxis kaum etwas bewirkt.

60 **9. Integration ausländischer ArbN und Bekämpfung von Rassismus und Fremdenfeindlichkeit (Abs. 1 Nr. 7).** § 80 Abs. 1 Nr. 7 gibt dem BR zwei Aufgaben: Zum einen soll die Integration ausländischer ArbN in den Betrieb und das Verständnis zwischen ihnen und den deutschen ArbN gefördert werden. Zum anderen soll der BR Maßnahmen zur Bekämpfung von Rassismus und Fremdenfeindlichkeit im Betrieb beantragen.

61 **a) Integration ausländischer ArbN.** Aufgabe ist die Integration ausländischer ArbN in den Betrieb nach erfolgter Einstellung[7]. Der BR soll das Verständnis zwischen ihnen und den deutschen ArbN fördern. Angesichts der großen Zahl ausländischer ArbN und deren besonderer Probleme (Sprache, Religion, Wohnraumbeschaffung, Einarbeitung, Lebensgewohnheiten) besteht hier eine besonders wichtige Aufgabe des BR[8]. Insoweit geht es um den Abbau von Vorurteilen und die Schaffung gegenseitigen Verständnisses, wozu auch Sprachkurse für ausländische ArbN gehören[9].

62 **b) Schutz vor Rassismus und Fremdenfeindlichkeit.** Die ausdrückliche Pflicht, Maßnahmen zur Bekämpfung von Rassismus und Fremdenfeindlichkeit im Betrieb zu beantragen, wurde durch das BetrVerf-Reformgesetz vom 23.7.2001[10] in das BetrVG eingeführt. Bereits zuvor entsprach es einhelliger Auffassung der Lit., dass der BR auch die Aufgabe hat, sich schützend vor Ausländer zu stellen, die zu Opfern betrieblicher Erscheinungsformen von Ausländerfeindlichkeit werden[11].

---

1 DKK/*Buschmann*, § 80 BetrVG Rz. 45; Richardi/*Richardi/Thüsing*, § 80 BetrVG Rz. 38. | 2 *Fitting*, § 80 BetrVG Rz. 28; ErfK/*Kania*, § 80 BetrVG Rz. 13. | 3 Vgl. BAG v. 14.11.1989 – 1 ABR 88/88, AP Nr. 77 zu § 99 BetrVG 1972. | 4 DKK/*Buschmann*, § 80 BetrVG Rz. 49; *Fitting*, § 80 BetrVG Rz. 31. | 5 ErfK/*Kania*, § 80 BetrVG Rz. 15. | 6 Zu Recht zweifelnd Richardi/*Richardi/Thüsing*, § 80 BetrVG Rz. 42. | 7 *Hennige* in Tschöpe, Arbeitsrecht, Teil 4 A Rz. 429. | 8 *Fitting*, § 80 BetrVG Rz. 32. | 9 Richardi/*Richardi/Thüsing*, § 80 BetrVG Rz. 43. | 10 BGBl. I S. 1852. | 11 DKK/*Buschmann*, § 80 BetrVG Rz. 54; *Fitting*, § 80 BetrVG Rz. 32.

In der Begründung des Gesetzentwurfs der Bundesregierung heißt es hierzu, dass der BR von sich aus **63** aktiv werden kann, um im Vorfeld Vorurteile abzubauen und sich für die Belange ausländischer ArbN verstärkt einzusetzen. Wenn dem BR ausländerfeindliche Aktivitäten im Betrieb bekannt werden, kann er beim ArbGeb Maßnahmen zur Bekämpfung von Rassismus und Fremdenfeindlichkeit beantragen. Auf diese Weise soll er beispielsweise gegen ausländerfeindliche Hetzflugblätter, aber auch gegen die alltäglichen Nadelstiche wie Belästigungen und kleine Benachteiligungen gemeinsam mit dem ArbGeb vorgehen[1]. Ergänzt wird die Bestimmung durch die Pflicht des ArbGeb, auf der Betriebsversammlung und der Betriebsräteversammlung (§§ 43 Abs. 2 Satz 3, 53 Abs. 2 Nr. 2) zur Frage der Integration ausländischer ArbN vorzutragen. Darüber hinaus haben ArbN und BR die Möglichkeit, das Thema in einer Betriebs- oder Abteilungsversammlung zu erörtern (§ 45). Ferner können die Integration ausländischer ArbN sowie Maßnahmen zur Bekämpfung von Rassismus und Fremdenfeindlichkeit im Betrieb zum Gegenstand einer freiwilligen BV gemacht werden (§ 88 Nr. 4).

Eine konkretisierende Klarstellung erfährt § 80 Abs. 1 Nr. 7 dadurch, dass dem BR im Falle begründe- **64** ter Besorgnis der Störung des Betriebsfriedens durch rassistische oder fremdenfeindliche Betätigung ein Zustimmungsverweigerungsrecht nach § 99 Abs. 2 Nr. 6 eingeräumt wurde und § 104 Satz 1 dem BR das Recht gibt, vom ArbGeb die Entlassung oder Versetzung eines Mitarbeiters zu verlangen, der durch rassistische oder fremdenfeindliche Betätigungen wiederholt ernstlich den Betriebsfrieden stört[2].

Erforderlich ist ein **konkreter Vorfall** im Betrieb, der Anlass gibt, Maßnahmen zur Bekämpfung zu **65** ergreifen, diese wiederum müssen Bezug zum Betrieb haben[3]. Zu denken wäre beispielsweise an die Verteilung eines ausländerfeindlichen Flugblatts mit dem Titel „Der Asylbetrüger in Deutschland"[4].

Die Regelung ist nicht unproblematisch: So begrüßenswert und richtig einerseits die Bekämpfung von **66** Fremdenfeindlichkeit und Rassismus ist, so problematisch ist andererseits die Definition dessen, was im Einzelfall Ausländerfeindlichkeit und Rassismus ist. Stellen beispielsweise Äußerungen wie „in Deutschland gibt es zu viele Ausländer" oder „das Boot ist voll" solche ausländerfeindlichen und rassistischen Äußerungen dar, die dem BR die Möglichkeit geben, dagegen gemäß § 80 Abs. 1 Nr. 7 vorzugehen? Insoweit ist die Kritik, dass die bislang harte Grenze zur verbotenen partei- und allgemeinpolitischen Betätigung des BR (§ 74 Abs. 2 Satz 3) aufgeweicht wird, nicht ganz von der Hand zu weisen[5].

Der ArbGeb ist verpflichtet, sich mit entsprechenden Anregungen des BR ernsthaft zu befassen (§§ 2 **67** Abs. 1, 74 Abs. 1). Der BR kann eine Beteiligung des ArbGeb an allgemeinen Aufklärungskampagnen oder die Unterstützung sonstiger außerbetrieblicher integrationsfördernder Einrichtungen nicht verlangen[6]. Er kann ein Handeln des ArbGeb letztendlich nur im Rahmen anderer betriebsverfassungsrechtlicher Möglichkeiten (zB erzwingbare Mitbest., vgl. Rz. 34, Zustimmungsverweigerungen nach § 99 Abs. 2 Nr. 6, Entfernungsverlangen nach § 104) erzwingen.

10. Beschäftigungssicherung (Abs. 1 Nr. 8). Durch das BetrVerf-Reformgesetz vom 23.7.2001[7] wurde **68** dem BR in § 80 Abs. 1 Nr. 8 aufgegeben, die Beschäftigung im Betrieb zu fördern und zu sichern. Die Vorschrift wird konkretisiert durch den ebenfalls neu eingeführten § 92a BetrVG. Dieser verpflichtet den ArbGeb, sich mit den Vorschlägen des BR auseinander zu setzen und mit ihm zu beraten, für den Fall der Ablehnung bedarf es einer schriftlichen Begründung (vgl. im Einzelnen § 92a Rz. 6 ff.)[8].

a) **Zweck der Regelung.** Zweck der Regelung ist einerseits die **Beschäftigungssicherung**, also Rege- **69** lungen zur Erhaltung des Arbeitsplatzes, und andererseits die **Beschäftigungsförderung**, also Maßnahmen zur Ausweitung der vorhandenen Arbeitsplätze[9].

Auch diese Vorschrift ist nicht unproblematisch: Die Beschäftigungssicherung war bisher schon vom **70** Mandat des BR gedeckt. So besteht beispielsweise ein Initiativrecht nach § 87 Abs. 1 Nr. 3 BetrVG bei der Einführung von Kurzarbeit, die der BR verlangen und ggf. über den Spruch einer Einigungsstelle erzwingen kann[10]. Bei Betriebsänderungen ist ein Interessenausgleich ordnungsgemäß zu versuchen, was eine Pflicht zur Beratung mit dem ArbGeb voraussetzt[11]. Die **Beschäftigungsförderung** steht dagegen primär im Interesse der Allgemeinheit. Denn insofern geht es um die Arbeitslosen, die außerhalb des Betriebs stehen und für die der BR nicht legitimiert ist[12]. Das ihm insoweit übertragene beschäftigungspolitische Mandat kann der BR kaum ausfüllen[13].

b) **Inhalt der Regelung.** Der BR kann dem ArbGeb **Vorschläge** zur Sicherung und Förderung der Be- **71** schäftigung machen. Diese können beispielsweise in einer flexiblen Gestaltung der Arbeitszeit, der Förderung von Teilzeitarbeit und ATZ, einer Änderung der Arbeitsorganisation, der Arbeitsmethoden und -abläufe, der Qualifizierung der ArbN, „Insourcing" sowie Investitionsprogrammen bestehen[14].

---

1 BT-Drs. 14/5741, 31. | 2 *Engels/Trebinger/Löhr-Steinhaus*, DB 2001, 532 (542); *Schaub*, ZTR 2001, 437 (443). | 3 *Löwisch*, BB 2001, 1790 (1790). | 4 Vgl. BAG v. 9.3.1995 – 2 AZR 644/94, NZA 1996, 875. | 5 *Rieble*, ZIP 2001, 133 (141); Richardi/*Richardi/Thüsing*, § 80 BetrVG Rz. 24. | 6 *Löwisch*, BB 2001, 1790 (1790). | 7 BGBl. I S. 1852. | 8 *Schaub*, ZTR 2001, 437 (443). | 9 *Schaub*, ZTR 2001, 437 (443). | 10 Vgl. BAG v. 4.3.1986 – 1 ABR 15/84, AP Nr. 3 zu § 87 BetrVG 1972 – Kurzarbeit. | 11 Statt aller *Neef*, NZA 1997, 65 (66 f.) mzN. | 12 *Rieble*, ZIP 2001, 133 (140); Richardi/*Richardi/Thüsing*, § 80 BetrVG Rz. 44. | 13 *Reichold*, NZA 2001, 857 (863). | 14 *Schaub*, ZTR 2001, 437 (443).

72 **c) Durchsetzung der Maßnahmen.** Der ArbGeb ist verpflichtet, die vorgeschlagenen Maßnahmen mit dem BR ernsthaft zu erörtern (§§ 2 Abs. 1, 74 Abs. 1). **Erzwingen** kann der BR Maßnahmen zur Beschäftigungssicherung und Beschäftigungsförderung im Rahmen von § 80 Abs. 1 Nr. 8 nicht. Er ist hierzu auf andere Mitbestimmungs- und Beteiligungsrechte, die insb. die Beschäftigungssicherung und -förderung ansprechen, angewiesen (vgl. beispielsweise §§ 92a, 95 Abs. 2, 96 Abs. 1 Satz 2, 97 Abs. 2, 99 Abs. 2 Nr. 3, 112 Abs. 5 Nr. 2a)[1].

73 Es ist nicht iSv. § 80 Abs. 1 Nr. 8, wenn ein BR die Beschäftigungsförderung dadurch zu erreichen versucht, dass er eine betriebsnotwendige Überstundenregelung mit dem Hinweis auf eine allgemeine Beschäftigungsförderungspflicht ablehnt oder im Hinblick auf § 80 Abs. 1 Nr. 8 seine Zustimmung zu einer lediglich befristeten Einstellung nach § 99 Abs. 2 Nr. 1 verweigert[2].

74 **11. Arbeitsschutz und betrieblicher Umweltschutz (Abs. 1 Nr. 9).** Durch das BetrVerf-Reformgesetz vom 23.7.2001[3] wurde der Katalog in § 80 Abs. 1 um Maßnahmen des Arbeitsschutzes und des betrieblichen Umweltschutzes ergänzt. Darüber hinaus wird der betriebliche Umweltschutz als Thema von Betriebsversammlungen in § 43 Abs. 2 und § 45 Satz 1 sowie im Rahmen freiwilliger BV in § 88 Nr. 1a, im Rahmen des Arbeits- und betrieblichen Umweltschutzes in § 89 sowie bei den Regelungen zum Wirtschaftsausschuss in § 106 erwähnt[4].

75 **a) Zweck der Regelung.** Zweck der Regelung ist, das **betriebliche Wissen** für den betrieblichen Umweltschutz zu nutzen. Eine generelle Ausdehnung auf den allgemeinen Umweltschutz würde BR in vielen Fällen in einen kaum auflösbaren **Zielkonflikt** zwischen den wirtschaftlichen Interessen des Betriebs und damit der Beschäftigungssituation der Belegschaft einerseits und allgemeinen Umweltschutzinteressen andererseits führen[5]. Durch die Beschränkung auf den betrieblichen Umweltschutz sollen das betriebliche Wissen sowie arbeitsplatzbezogene Erfahrungen der ArbN über den BR im Interesse der Beschäftigten und des Unternehmens nutzbar gemacht werden[6]. Maßnahmen zum Arbeitsschutz, die grundsätzlich bereits unter § 80 Abs. 1 Nr. 1 fallen (vgl. Rz. 13), sind im Zusammenhang mit dem betrieblichen Umweltschutz zu sehen: In Bezug auf die Arbeitsbedingungen wird betrieblicher Umweltschutz in aller Regel Arbeitsschutz beinhalten (zB Schutz vor Lärm- und Schadstoffemissionen). Aber auch in anderen Bereichen (zB Abfallvermeidung) können ArbN über ihren BR praxisnahe Vorschläge machen, um Umweltbelastungen zu minimieren[7].

76 Eine **Legaldefinition** des betrieblichen Umweltschutzes findet sich in § 89 Abs. 3: Als betrieblicher Umweltschutz sind alle personellen und organisatorischen Maßnahmen sowie alle die betriebliche Bauten, Räume, technische Anlagen, Arbeitsverfahren, Arbeitsabläufe und Arbeitsplätze betreffenden Maßnahmen zu verstehen, die dem Umweltschutz dienen.

77 Dadurch werden alle betrieblichen Einrichtungen und Verfahren, die dem Umweltschutz dienen, dem Aufgabenbereich des BR zugewiesen[8]. Er wird insofern von einem Interessenvertreter der Belegschaft zu einem Vertreter des öffentlichen Interesses[9].

78 **b) Inhalt der Regelung.** Inhalt der Regelung ist, dass der BR das Recht hat, Maßnahmen zum betrieblichen Umweltschutz und daraus folgend zum Arbeitsschutz vorzuschlagen. Dies bezieht sich nicht auf Investitionsentscheidungen des ArbGeb[10]. Ein allgemeines umweltpolitisches Mandat zugunsten Dritter oder der Allgemeinheit steht dem BR nicht zu[11]. Unter Berücksichtigung der betrieblichen Umstände wären daher Vorschläge beispielsweise zur Verringerung der Emissionen (Lärm und Schadstoffe), zur Abfallvermeidung (zB Einführung von Mehrwegflaschen uÄ.), zum Recycling etc. zu erwägen.

79 **c) Durchsetzung der Maßnahmen.** Zwar ist der ArbGeb verpflichtet, mit dem BR die vorgeschlagenen Maßnahmen ernsthaft zu erörtern (§§ 2 Abs. 1, 74 Abs. 1), jedoch kann er im Rahmen des § 80 Abs. 1 Nr. 9 zu konkreten Maßnahmen **nicht gezwungen** werden. Eine Regelung gegen den Willen des ArbGeb kann nur dann herbeigeführt werden, wenn ein erzwingbarer Mitbestimmungstatbestand vorliegt (vgl. Rz. 34). Aus der Aufnahme des betrieblichen Umweltschutzes in § 88 (freiwillige Betriebsvereinbarung) und § 89 (arbeits- und betrieblicher Umweltschutz) ergibt sich keine erzwingbare Mitbest.[12]

80 **III. Auskunfts- und Unterrichtungsanspruch (Abs. 2).** § 80 Abs. 2 gibt dem BR ein Unterrichtungsrecht (Abs. 2 Satz 1), die zur Durchführung seiner Aufgaben erforderlichen Unterlagen sind herauszugeben (Abs. 2 Satz 2) und ggf. ist ihm eine Auskunftsperson zur Verfügung zu stellen (Abs. 2 Satz 3).

81 **1. Unterrichtung (Abs. 2 Satz 1).** § 80 Abs. 2 Satz 1 stellt einerseits eine **Generalklausel des Informationsrechts** dar, ist aber zugleich andererseits **Auffangtatbestand** neben speziellen Informationspflichten (§§ 43, 53, 89, 90, 92, 96, 97, 99, 100, 102, 106, 111, 115)[13].

---

[1] *Reichold*, NZA 2001, 857 (863), vertritt deshalb auch die Auffassung, es handele sich um „symbolische Gesetzgebung"; *Bauer*, NZA 2001, 375 (378), weist darauf hin, dass die Regelung angesichts des schon nach § 80 Abs. 1 Nr. 2 bestehenden Antragsrechts überflüssig sei. | [2] *Richardi/Richardi/Thüsing*, § 80 BetrVG Rz. 44. | [3] BGBl. I S. 1852. | [4] *Wiese*, BB 2002, 674 (674). | [5] *Wiese*, BB 2002, 674 (675). | [6] BT-Drs. 14/5741, 30. | [7] BT-Drs. 14/5741, 30. | [8] *Richardi/Richardi/Thüsing*, § 80 BetrVG Rz. 45. | [9] *Buchner*, NZA 2001, 633 (638); *Rieble*, ZIP 2001, 133 (140). | [10] *Engels/Trebinger/Löhr-Steinhaus*, DB 2001, 532 (541); *Reichold*, NZA 2001, 857 (863). | [11] BT-Drs. 14/5741, 30. | [12] *Wiese*, BB 2002, 674 (678). | [13] Der Unterrichtungsanspruch besteht auch im Arbeitskampf (BAG v. 10.12.2002 – 1 ABR 7/02, BB 2003, 1900).

a) **Aufgabenbezug.** Die Unterrichtspflicht bezieht sich auf Informationen, die der BR zur Durchführung seiner **Aufgaben** nach dem BetrVG benötigt. 82

aa) **Aufgaben.** Zu den Aufgaben iSv. § 80 Abs. 2 Satz 1 gehören **alle Mitwirkungsrechte** nach dem BetrVG und nicht nur die in § 80 Abs. 1 aufgeführten Aufgaben. Insbesondere zählen auch die Wahrnehmung der MitbestR nach § 87 Abs. 1[1] und die Überwachung der Einhaltung der in § 75 festgelegten Grundsätze für die Behandlung von Betriebsangehörigen dazu[2]. Dabei muss nicht feststehen, dass ein solches Recht besteht: Für den Auskunftsanspruch des BR nach § 80 Abs. 2 genügt es, dass der BR die Auskunft benötigt, um feststellen zu können, ob ihm ein MitbestR zusteht und ob er davon Gebrauch machen soll. Das Auskunftsrecht besteht nur dann nicht, wenn ein MitbestR offensichtlich nicht in Betracht kommt[3]. 83

Beispiel: Der BR kann vom ArbGeb nach § 80 Abs. 2 Auskunft über die Auswertung einer im Betrieb durchgeführten Umfrage verlangen, wenn die **hinreichende Wahrscheinlichkeit** besteht, dass die dabei gewonnenen Erkenntnisse Aufgaben des BR betreffen. Für den notwendigen **Grad der Wahrscheinlichkeit** ist der jeweilige Kenntnisstand des BR maßgeblich. Die Anforderungen sind umso niedriger, je weniger der BR aufgrund der ihm bereits zugänglichen Informationen beurteilen kann, ob die begehrten Auskünfte tatsächlich zur Durchsetzung seiner Aufgaben nötig sind[4]. 84

bb) **Grad der Wahrscheinlichkeit.** Der BR kann nicht jede Auskunft verlangen, nur weil die dadurch vermittelten Kenntnisse ihn insgesamt sachkundiger machen[5]. Es bedarf des Bezugs auf eine konkrete Aufgabe, wobei zu differenzieren ist zwischen den Aufgaben, die der BR aus eigener Initiative angehen kann, und solchen, die sich für ihn erst stellen, wenn der ArbGeb tätig wird: 85

(1) **Eigene Initiative.** Handelt es sich um Aufgaben, die der BR aus eigener Initiative (zB den Katalog des § 80 Abs. 1) angehen kann, darf der BR von sich aus an den ArbGeb herantreten und die Gegenstände der Unterrichtung bestimmen, ohne dass es eines konkreten Anlasses bedarf[6]. 86

(2) **Tätigwerden des ArbGeb.** Handelt es sich dagegen um eine Maßnahme, die der **ArbGeb** ergreift oder plant, kann der BR Auskünfte und Unterlagen, die zur Erfüllung seiner Aufgaben erforderlich sind, erst dann verlangen, wenn der ArbGeb tatsächlich tätig wird. Revisionsberichte, die Maßnahmen des ArbGeb lediglich anregen, also ein Beteiligungsrecht erst dann auslösen, wenn der ArbGeb sie plant oder ergreift, sind daher dem BR nicht zur Verfügung zu stellen[7]. Der Grad der Wahrscheinlichkeit ist anhand des Einzelfalls zu bestimmen. Beantragt der BR beispielsweise Informationen über „freie Mitarbeiter", ist von einem in diesem Sinne hinreichenden Grad der Wahrscheinlichkeit auszugehen und sind dem BR die begehrten Informationen zur Verfügung zu stellen, damit er prüfen kann, ob eine mitbestimmungspflichtige Einstellung iSv. § 99 vorliegt[8]. 87

b) **Umfang.** Die Unterrichtung muss **umfassend** sein, dh. alle Angaben enthalten, die der BR zur ordnungsgemäßen Erfüllung seiner Aufgaben benötigt[9]. Die Information ist **unaufgefordert** zu erteilen, wenn es um eine solche geht, die für den BR zur Erfüllung seiner gesetzlichen Aufgaben erforderlich ist[10]. 88

Der ArbGeb muss und kann nur die Informationen weitergeben, die er selbst besitzt. Er ist nicht verpflichtet, sich weiter gehende Informationen zu beschaffen, auch wenn der BR sie für erforderlich hält[11]. Der BR kann sich aber auch selbst Informationen beschaffen, etwa durch Betriebsbegehungen oder Besuche der ArbN am Arbeitsplatz[12]. 89

Der Umfang der Unterrichtspflicht ist in § 80 Abs. 2 Satz 1 Halbs. 2 hinsichtlich eines Punkts konkreter: Es wird ausdrücklich klargestellt, dass Gegenstand der vom ArbGeb geschuldeten Unterrichtung des BR auch die Beschäftigung von Personen ist, die in keinem Arbeitsverhältnis zum ArbGeb stehen. Damit wird die Rspr. des BAG, nach der eine entsprechende Unterrichtungspflicht des ArbGeb beim Einsatz von ArbN von Fremdfirmen besteht[13], aufgenommen. Werden beispielsweise LeihArbN oder ArbN, die aufgrund von Dienst- oder Werkverträgen des ArbGeb mit Dritten als deren Erfüllungsgehilfen im Einsatzbetrieb tätig werden, oder werden freie Mitarbeiter im Rahmen eines Dienstvertrags beschäftigt, ist der BR zu informieren[14]. Dies gilt nicht für Personen, die nur kurzfristig im Betrieb eingesetzt werden, wie zB der Elektriker, der eine defekte Stromleitung zu reparieren hat[15]. Die Klarstellung soll dazu beitragen, dass Streitigkeiten über eine entsprechende Unterrichtungspflicht des ArbGeb und daraus folgende eventuelle Verfahren vermieden werden[16]. 90

---

1 Vgl. BAG v. 10.2.1987 – 1 ABR 43/84, AP Nr. 27 zu § 80 BetrVG 1972. | 2 Vgl. BAG v. 26.1.1988 – 1 ABR 34/86, AP Nr. 31 zu § 80 BetrVG 1972. | 3 Vgl. BAG v. 26.1.1988 – 1 ABR 34/86, AP Nr. 31 zu § 80 BetrVG 1972; v. 10.2.1987 – 1 ABR 43/84, AP Nr. 27 zu § 80 BetrVG 1972. | 4 Vgl. BAG v. 8.6.1999 – 1 ABR 28/97, AP Nr. 57 zu § 80 BetrVG 1972. | 5 Vgl. BAG v. 5.2.1991 – 1 ABR 32/90, AP Nr. 89 zu § 613a BGB. | 6 Vgl. BAG v. 18.9.1973 – 1 ABR 7/73, AP Nr. 3 zu § 80 BetrVG 1972; v. 11.7.1972 – 1 ABR 2/72, AP Nr. 1 zu § 80 BetrVG 1972. | 7 Vgl. BAG v. 27.6.1989 – 1 ABR 19/88, AP Nr. 37 zu § 80 BetrVG 1972. | 8 Vgl. BAG v. 15.12.1998 – 1 ABR 9/98, AP Nr. 56 zu § 80 BetrVG 1972. | 9 DKK/*Buschmann*, § 80 BetrVG Rz. 66; GK-BetrVG/*Kraft*, § 80 Rz. 69. | 10 GK-BetrVG/*Kraft*, § 80 Rz. 67; *Fitting*, § 80 BetrVG Rz. 56. | 11 GK-BetrVG/*Kraft*, § 80 Rz. 70. | 12 Vgl. BAG v. 13.6.1989 – 1 ABR 4/88, AP Nr. 36 zu § 80 BetrVG 1972; v. 17.1.1989 – 1 AZR 805/87, AP Nr. 1 zu § 2 LPVG NW. | 13 Vgl. BAG v. 15.12.1998 – 1 ABR 9/98, AP Nr. 56 zu § 80 BetrVG 1972; v. 31.1.1989 – 1 ABR 72/87, AP Nr. 33 zu § 80 BetrVG 1972. | 14 BT-Drs. 14/5741, 46. | 15 BT-Drs. 14/5741, 46. | 16 Richardi/*Richardi/Thüsing*, § 80 BetrVG Rz. 51.

91 Das Gebot der vertrauensvollen Zusammenarbeit bedingt insoweit ein **hohes Maß an Offenheit**[1]. Der ArbGeb kann die Erteilung von Informationen nicht mit der Begründung verweigern, Betriebs- oder Geschäftsgeheimnisse könnten gefährdet werden[2]. Zur Wahrung von Betriebs- und Geschäftsgeheimnissen gibt es die Geheimhaltungspflicht in § 79.

92 Die Erteilung von Informationen des ArbGeb an den BR wird nicht durch das **BDSG** eingeschränkt, weil § 80 Abs. 2 insoweit dem BDSG vorgeht[3].

93 c) **Rechtzeitigkeit.** Die Unterrichtung muss so **rechtzeitig** erfolgen, dass der BR noch seine Überlegungen anstellen und seine Meinung gegenüber dem ArbGeb äußern kann[4]. Nach verbreiteter Ansicht wird wegen des Zeitpunkts der Unterrichtung auf die Sechs-Stufen-Methode der Systemgestaltung (REFA-Standardprogramm Arbeitsgestaltung) verwiesen. Danach wird zwischen den Stufen erstens Zielsetzung, zweitens Aufgabe abgrenzen, drittens ideale Lösung suchen, viertens Datensammlung, fünftens optimale Lösung auswählen und sechstens Lösung einführen und Zielerfüllung kontrollieren, differenziert[5]. Die Unterrichtung des BR ist rechtzeitig, wenn sie unmittelbar nach Abschluss der fünften Stufe erfolgt, dh. nachdem die aus Sicht des ArbGeb optimale Lösung ausgewählt worden ist, auf jeden Fall vor „Einführung" (Umsetzung) iSd. sechsten Stufe[6].

94 d) **Beispiele.** Beispiele für die Unterrichtungspflicht des BR sind:

- Einführung und Änderung von EDV-Systemen[7];
- Merkmale, nach denen Zulagen gezahlt werden, da eventuell ein MitbestR nach § 87 Abs. 1 Nr. 10 besteht[8];
- Einsicht in die Verträge mit Fremdfirmen, die Mitarbeiter im Betrieb einsetzen, um beurteilen zu können, ob eine zustimmungspflichtige Einstellung iSv. § 99 vorliegt[9].

95 e) **Form.** Die Unterrichtung des BR unterliegt **keiner gesetzlichen Formvorschrift**. Die Erteilung von Auskünften ist daher mündlich möglich. Zu **Beweissicherungszwecken** ist aber die Schriftform empfehlenswert. Die Unterrichtung muss verständlich sein (kein „Fachchinesisch"[10]). Sie hat grundsätzlich in deutscher Sprache zu erfolgen, es sei denn, die Beteiligten sind mit einer Unterrichtung in einer fremden Sprache einverstanden[11].

96 f) **Anspruchsberechtigung und Anspruchsverpflichtung. Anspruchsberechtigt** ist der BR als Gesamtgremium bzw. im Falle einer gesetzlichen Verweisung der Gesamt- oder KonzernBR im Rahmen seiner Zuständigkeit[12]. **Anspruchsverpflichtet** ist der ArbGeb, der auch dann verpflichtet bleibt, wenn er die Informationen durch einen entsprechend bevollmächtigten Vertreter erteilt[13].

97 2. **Vorlage von Unterlagen (Abs. 2 Satz 2 Halbs. 1).** Über die Unterrichtungspflicht hinaus sind dem BR die erforderlichen Unterlagen zur Verfügung zu stellen, dh. auch ggf. auszuhändigen (§ 80 Abs. 2 Satz 2 Halbs. 1).

98 a) **Unterlagen.** Die Unterlagen sind dem BR im Original, in Durchschrift oder in Fotokopie zur Verfügung zu stellen[14]. Unterlagen iSv. § 80 Abs. 2 Satz 2 Halbs. 1 sind alle **Aufzeichnungen**[15]. Die **Art** der Unterlagen ist unerheblich, es kommt auch die Vorlage von Tonträgern, Fotos oder Werkstücken in Betracht[16]. Zu überlassen sind nur Unterlagen, die **bereits vorhanden** sind[17]. Der ArbGeb ist zur Herstellung von Unterlagen verpflichtet, wenn die erforderlichen Daten zwar nicht in schriftlicher Form vorliegen, aber beispielsweise in einem Datenspeicher vorhanden sind und mit einem vorhandenen Programm jederzeit abgerufen werden können[18]. Allerdings kann der BR nicht verlangen, dass der ArbGeb zunächst Anlagen installiert (zB Lärmmessgeräte), die die geforderten Unterlagen erstellen sollen. Die Zurverfügungstellung ist beschränkt auf die vorhandenen oder jederzeit erstellbaren Unterlagen[19].

99 Wie beim allgemeinen Auskunfts- und Unterrichtungsanspruch ist das Herausgabeverlangen nicht durch die Vorschriften des BDSG eingeschränkt (vgl. Rz. 92). Der ArbGeb kann die Herausgabe von Unterlagen nicht unter Verweis auf Betriebs- oder Geschäftsgeheimnisse verweigern (vgl. Rz. 91).

---

1 ErfK/*Kania*, § 80 BetrVG Rz. 18; DKK/*Buschmann*, § 80 BetrVG Rz. 66. | 2 Vgl. BAG v. 5.2.1991 – 1 ABR 24/90, AP Nr. 10 zu § 106 BetrVG 1972. | 3 Vgl. BAG v. 17.3.1983 – 6 ABR 33/80, AP Nr. 18 zu § 80 BetrVG 1972 unter II. 3. d.Gr. | 4 Vgl. BAG v. 27.6.1989 – 1 ABR 19/88, AP Nr. 37 zu § 80 BetrVG 1972. | 5 *Fitting*, § 80 BetrVG Rz. 55 ff.; *Hennige* in Tschöpe, Arbeitsrecht, Teil 4 A Rz. 433. | 6 *Fitting*, § 80 BetrVG Rz. 55. | 7 Vgl. BAG v. 17.3.1987 – 1 ABR 59/85, AP Nr. 29 zu § 80 BetrVG 1972 unter III. d.Gr. | 8 Vgl. BAG v. 26.1.1988 – 1 ABR 34/86, AP Nr. 31 zu § 80 BetrVG 1972. | 9 Vgl. BAG v. 31.1.1989 – 1 ABR 72/87, AP Nr. 33 zu § 80 BetrVG 1972. | 10 *Fitting*, § 80 BetrVG Rz. 56. | 11 LAG Hess. v. 19.8.1993 – 12 TaBV 9/93, NZA 1995, 285; aA *Diller/Powietzka*, DB 2000, 718 (722), für den Fall, dass im BR ausreichende Kenntnisse der betreffenden Fremdsprache vorhanden sind. | 12 GK-BetrVG/*Kraft*, § 80 Rz. 56. | 13 GK-BetrVG/*Kraft*, § 80 Rz. 55. | 14 DKK/*Buschmann*, § 80 BetrVG Rz. 88; *Fitting*, § 80 BetrVG Rz. 62 ff. | 15 *Richardi/Thüsing*, § 80 BetrVG Rz. 63. | 16 Vgl. BAG v. 7.8.1986 – 6 ABR 77/83, AP Nr. 25 zu § 80 BetrVG 1972 unter IV. 2. a d.Gr. | 17 ErfK/*Kania*, § 80 BetrVG Rz. 24. | 18 Vgl. BAG v. 17.3.1983 – 6 ABR 33/80, AP Nr. 18 zu § 80 BetrVG 1972 für den Ausdruck von Gehaltslisten. | 19 Vgl. BAG v. 7.8.1986 – 6 ABR 77/83, AP Nr. 25 zu § 80 BetrVG 1972.

Der BR kann allerdings **nicht** die Herausgabe von **Personalakten** verlangen, wie sich mittelbar aus § 83 ergibt[1]. Es ist aber allgemein anerkannt, dass im Einzelfall der ArbGeb konkrete Informationen auch aus der Personalakte erteilen muss, wenn diese Angaben für die Aufgabenerfüllung des BR erforderlich sind[2]. Das Persönlichkeitsrecht des einzelnen ArbN ist dadurch hinreichend geschützt, dass die Mitglieder des BR gemäß § 79 zur Verschwiegenheit verpflichtet sind[3]. 100

b) Jederzeit. § 80 Abs. 2 Satz 2 Halbs. 1 gibt dem BR das Recht, **jederzeit** die zur Durchführung seiner Aufgaben erforderlichen Unterlagen herauszuverlangen. 101

Daraus folgt, dass die Vorlagepflicht des ArbGeb **nicht** von einem **konkreten Streitfall** abhängig ist. Der BR kann vielmehr die Einsicht in die Unterlagen schon dann verlangen, wenn er im Rahmen seiner gesetzlichen Aufgaben, insb. nach § 80 Abs. 1, tätig werden will. Bestimmte Verdachtsmomente wegen eines Verstoßes des ArbGeb gegen zugunsten der ArbN geltende Vorschriften brauchen nicht vorzuliegen[4]. 102

Allerdings besteht der Anspruch auf Vorlage von Unterlagen nicht uneingeschränkt. Die Prüfung ist insoweit **zweistufig**: Zunächst geht es darum, ob überhaupt eine Aufgabe des BR gegeben ist, und anschließend darum, ob im Einzelfall die begehrte Information bzw. Zurverfügungstellung von Unterlagen **erforderlich** ist. Verwendet beispielsweise der ArbGeb mit dem BR abgestimmte **Formulararbeitsverträge**, hat der BR nur dann einen Anspruch auf Vorlage der **ausgefüllten** Arbeitsverträge, um die Einhaltung des NachwG zu überwachen, wenn er **konkrete Anhaltspunkte** für die Erforderlichkeit weiterer Informationen darlegt[5]. Weitere Grenze der Verpflichtung zur Vorlage von Unterlagen ist die **Rechtsmissbräuchlichkeit**, die beispielsweise dann gegeben sein kann, wenn der BR lediglich Einsichtnahme in die Gehaltslisten nehmen will, um zu entscheiden, ob Mitarbeiter leitende Angestellte iSv. § 5 Abs. 3 sind oder nicht[6]. Solche Streitigkeiten wären in einem gesonderten Beschlussverfahren auszutragen[7]. 103

Der BR kann auch die **regelmäßige Vorlage** bestimmter Unterlagen verlangen, die er zur Durchführung seiner Aufgaben benötigt. Dies können beispielsweise Statistiken über Arbeitsunfälle oder solche über Mehr- und Nachtarbeit sein[8]. 104

c) Dauer der Überlassung. Die **Zeitdauer**, während der der ArbGeb dem BR die entsprechenden Unterlagen zur Verfügung zu stellen hat, richtet sich nach der Art der Unterlagen, ihrer Bedeutung für den Betrieb und den Gesamtumständen des Einzelfalls. Sind Unterlagen für den Betrieb unentbehrlich oder sehr umfangreich, so muss sich der BR mit der Einsichtnahme begnügen; er kann aber Aufzeichnungen und auch Fotokopien anfertigen[9]. Im Regelfall sind die Unterlagen dem BR eine angemessene Zeit zu überlassen. 105

d) Verlangen. Der ArbGeb ist nicht verpflichtet, dem BR die zur Durchführung seiner Aufgaben erforderlichen Unterlagen von sich aus zur Verfügung zu stellen, sondern diese Pflicht besteht nur **auf Verlangen des BR**[10]. 106

3. Einblick in Bruttolohn- und -gehaltslisten (Abs. 2 Satz 2 Halbs. 2). § 80 Abs. 2 Satz 2 Halbs. 2 räumt dem BR zur Durchführung seiner Aufgaben das **Recht zur Einsicht** in die Listen über Bruttolöhne und -gehälter ein. 107

a) Zweck. Durch das Einsichtsrecht in die Bruttolohn- und -gehaltslisten soll der BR die Möglichkeit erhalten, überprüfen zu können, ob anwendbare TV oder die Grundsätze des § 75 Abs. 1 BetrVG eingehalten werden. 108

b) Bruttolohn- und -gehaltslisten. Das Einblicksrecht erstreckt sich auf die gesamten effektiven Bruttobezüge einschließlich übertariflicher Zulagen. Von dem Einblicksrecht kann der BR auch ohne Darlegung eines besonderen Anlasses jederzeit Gebrauch machen[11]. Das Einsichtsrecht umfasst **alle Lohnbestandteile** einschließlich übertariflicher Zulagen und solcher Zahlungen, die individuell unter Berücksichtigung verschiedener Umstände ausgehandelt und geleistet werden[12]. 109

Der Begriff „Liste" in § 80 Abs. 2 Satz 2 Halbs. 2 bezieht sich auch auf in EDV-Anlagen gespeicherte Gehaltsdaten, die Bestimmungen des BDSG stehen dem Einblicksrecht des BR in die Bruttolohn- und -gehaltslisten nicht entgegen[13]. Der Begriff der „Liste" ist unabhängig von der Datenführung zu verstehen, so dass es nicht erforderlich ist, dass die Listen tatsächlich schon ausgedruckt sind. Es 110

---

1 Vgl. BAG v. 20.12.1988 – 1 ABR 63/87, AP Nr. 5 zu § 92 ArbGG 1979 unter II. 1. b d.Gr. | 2 Vgl. BAG v. 20.12.1988 – 1 ABR 63/87, AP Nr. 5 zu § 92 ArbGG 1979 unter II. 1. b d.Gr. | 3 Vgl. BAG v. 23.2.1973 – 1 ABR 17/72, AP Nr. 2 zu § 80 BetrVG 1972 unter II. 5. d.Gr. | 4 Vgl. BAG v. 10.2.1987 – 1 ABR 43/84, AP Nr. 27 zu § 80 BetrVG 1972; v. 18.9.1973 – 1 ABR 7/73, AP Nr. 3 zu § 80 BetrVG 1972; v. 11.7.1972 – 1 ABR 2/72, AP Nr. 1 zu § 80 BetrVG 1972. | 5 Vgl. BAG v. 19.10.1999 – 1 ABR 75/98, AP Nr. 58 zu § 80 BetrVG 1972. | 6 Vgl. BAG v. 10.6.1974 – 1 ABR 23/73, AP Nr. 8 zu § 80 BetrVG 1972. | 7 Vgl. BAG v. 10.6.1974 – 1 ABR 23/73, AP Nr. 8 zu § 80 BetrVG 1972. | 8 *Fitting*, § 80 BetrVG Rz. 63; DKK/*Buschmann*, § 80 BetrVG Rz. 90. | 9 GK-BetrVG/*Kraft*, § 80 Rz. 86; DKK/*Buschmann*, § 80 BetrVG Rz. 96. | 10 Richardi/*Richardi/Thüsing*, § 80 BetrVG Rz. 65. | 11 Vgl. BAG v. 17.3.1983 – 6 ABR 33/80, AP Nr. 18 zu § 80 BetrVG 1972; v. 3.12.1981 – 6 ABR 60/79, AP Nr. 16 zu § 80 BetrVG 1972; v. 12.2.1980 – 6 ABR 2/78, AP Nr. 12 zu § 80 BetrVG 1972. | 12 Vgl. BAG v. 10.2.1987 – 1 ABR 43/84, AP Nr. 27 zu § 80 BetrVG 1972. | 13 Vgl. BAG v. 17.3.1983 – 6 ABR 33/80, AP Nr. 18 zu § 80 BetrVG 1972.

reicht, wenn hierfür die Möglichkeit besteht¹. Das Einblicksrecht ist auf die **Bruttolisten** beschränkt, da die besonderen persönlichen Verhältnisse der ArbN, beispielsweise die Besteuerung, eventuelle Lohnpfändungen uÄ, der Einsicht Dritter verschlossen sind².

111 c) **Einsicht.** Der BR hat nur das Recht, **Einblick** in die Bruttolohn- und -gehaltslisten zu nehmen. Er hat weder einen Anspruch auf Aushändigung der Liste³, noch umfasst das Einblicksrecht des BR in die Bruttolohn- und -gehaltslisten die Befugnis, diese Listen abzuschreiben oder sich Kopien zu fertigen⁴. Der BR hat aber die Möglichkeit, sich **Notizen** zu machen⁵.

112 Bei der Einsichtnahme in die Bruttolohn- und -gehaltslisten dürfen keine Personen anwesend sein, die den BR überwachen oder mit seiner Überwachung beauftragt sind⁶.

113 d) **Ausnahmen.** Ausgenommen vom Einsichtsrecht in die Bruttolohn- und -gehaltslisten sind die Gehälter der leitenden Angestellten iSv. § 5 Abs. 3 und Abs. 4, da diese nicht dem BetrVG unterfallen⁷. Nach der Rspr. des BAG kann der BR auch in **Tendenzbetrieben** das Recht auf Einblick in die vollständige Liste aller Bruttolöhne und -gehälter geltend machen⁸.

114 Einer Einverständniserklärung der ArbN zur Einsicht des BR in die Bruttolohn- und -gehaltslisten bedarf es nicht, da gegenüber dem kollektivrechtlich begründeten Einsichtsrecht die Individualinteressen der ArbN zurückzutreten haben⁹.

115 e) **Berechtigter. Einsichtsberechtigt** sind nach § 80 Abs. 2 Satz 2 Halbs. 1 der BR bzw. nach § 80 Abs. 2 Satz 2 Halbs. 2 der Betriebsausschuss oder ein nach § 28 gebildeter Ausschuss.

116 Das bedeutet, dass in größeren Betrieben das Einsichtsrecht in die Bruttolohn- und -gehaltslisten wegen der Vertraulichkeit der Informationen nicht dem gesamten BR, sondern nur dem Betriebsausschuss (§ 27) oder einem nach § 28 besonders gebildeten Ausschuss des BR zusteht. Aus dem Wortlaut des § 80 Abs. 2 Satz 2 Halbs. 2 den Schluss zu ziehen, das Einblicksrecht sei auf Betriebe mit mehr als 300 ArbN beschränkt, ist nach Auffassung des BAG unvereinbar mit dem Gesamtsinn der Regelung. In kleineren Betrieben steht vielmehr das Einblicksrecht den Personen zu, die in § 27 Abs. 3 erwähnt sind, das ist der Vorsitzende des BR oder ein anderes Mitglied des BR, dem die laufenden Geschäfte übertragen wurden. Die Beschränkung des Einblicksrechts auf Mitglieder des Betriebsausschusses hat nur einen praktischen Grund: Sie soll den reibungslosen Betriebsablauf sichern. Kleinere Betriebe sollen von der Information **nicht** ausgeschlossen werden¹⁰.

117 4. **Auskunftsperson (Abs. 2 Satz 3).** Durch das BetrVerf-Reformgesetz vom 23.7.2001¹¹ wurde § 80 Abs. 2 Satz 3 neu in das BetrVG eingefügt. § 80 Abs. 2 Satz 3 verpflichtet den ArbGeb, dem BR sachkundige ArbN als Auskunftspersonen zur Verfügung zu stellen, soweit dies zur ordnungsgemäßen Erfüllung von BR-Aufgaben erforderlich ist.

118 Diese Bestimmung wird ergänzt durch § 111 Satz 2, wonach der BR bei Betriebsänderungen auch ohne vorherige Einigung mit dem ArbGeb einen Berater hinzuziehen kann (vgl. § 111 Rz. 66)¹².

119 a) **Zweck.** Der rasante technische und wirtschaftliche Wandel stellt auch die BR vor vielfältige neue, schwierige und komplexe Aufgaben. Die von ArbGeb und BR zu regelnden Sachverhalte werden immer komplizierter. Der BR soll aus diesem Grund die Möglichkeit erhalten, den **internen Sachverstand** der ArbN zu nutzen, um diesen bei der Suche nach Problemlösungen einzubeziehen¹³. Auf der anderen Seite wird durch die Möglichkeit der Inanspruchnahme einer Auskunftsperson der Rspr. des BAG Rechnung getragen, nach der die Hinzuziehung eines externen Sachverständigen nach § 80 Abs. 3 dann nicht in Betracht kommt, wenn sich der BR die erforderlichen Kenntnisse durch die Inanspruchnahme sachkundiger ArbN verschaffen kann¹⁴. Die Regelung dient somit allenfalls der Klarstellung¹⁵.

120 b) **Aufgaben.** Als Aufgaben, für die sachkundige ArbN angefordert werden können, kommen alle gesetzlichen Aufgaben des BR in Betracht, also sowohl seine allgemeinen Überwachungsrechte nach § 80 Abs. 1 wie auch Mitwirkungs- und MitbestR in sozialen, personellen und wirtschaftlichen Angelegenheiten¹⁶.

---

1 Vgl. BAG v. 17.3.1983 – 6 ABR 33/80, AP Nr. 18 zu § 80 BetrVG 1972. | 2 *Fitting*, § 80 BetrVG Rz. 72. | 3 Vgl. BAG v. 15.6.1976 – 1 ABR 116/74, AP Nr. 9 zu § 80 BetrVG 1972. | 4 Vgl. BAG v. 3.12.1981 – 6 ABR 8/80, AP Nr. 17 zu § 80 BetrVG 1972. | 5 Vgl. BAG v. 15.6.1976 – 1 ABR 116/74, AP Nr. 9 zu § 80 BetrVG 1972; vgl. auch DKK/*Buschmann*, § 80 BetrVG Rz. 110; *Fitting*, § 80 BetrVG Rz. 76. | 6 Vgl. BAG v. 16.8.1995 – 7 ABR 63/94, AP Nr. 53 zu § 80 BetrVG 1972. | 7 Vgl. BAG v. 10.6.1974 – 1 ABR 23/73, AP Nr. 8 zu § 80 BetrVG 1972; vgl. auch GK-BetrVG/*Kraft*, § 80 Rz. 89; *Fitting*, § 80 BetrVG Rz. 74. | 8 Vgl. BAG v. 30.6.1981 – 1 ABR 26/79, AP Nr. 15 zu § 80 BetrVG 1972; v. 22.5.1979 – 1 ABR 45/77, AP Nr. 12 zu § 118 BetrVG 1972. | 9 Vgl. BAG v. 20.12.1988 – 1 ABR 63/87, AP Nr. 5 zu § 92 ArbGG 1979; v. 30.6.1981 – 1 ABR 26/79, AP Nr. 15 zu § 80 BetrVG 1972; v. 30.4.1974 – 1 ABR 33/73, AP Nr. 1 zu § 118 BetrVG 1972; v. 18.9.1973 – 1 ABR 7/73, AP Nr. 3 zu § 80 BetrVG 1972. | 10 Vgl. BAG v. 10.2.1987 – 1 ABR 43/84, AP Nr. 27 zu § 80 BetrVG 1972; v. 18.9.1973 – 1 ABR 17/73, AP Nr. 4 zu § 80 BetrVG 1972; v. *18.9.1973 – 1 ABR 7/73, AP Nr. 3 zu § 80 BetrVG 1972*; v. 23.2.1973 – 1 ABR 17/72, AP Nr. 2 zu § 80 BetrVG 1972. | 11 BGBl. I S. 1852. | 12 *Richardi/Annuß*, DB 2001, 41 (45). | 13 BT-Drs. 14/5741, 46 f. | 14 Vgl. BAG v. 26.2.1992 – 7 ABR 51/90, AP Nr. 48 zu § 80 BetrVG 1972. | 15 *Neef*, NZA 2001, 361 (363). | 16 *Löwisch*, BB 2001, 1790 (1791).

Allgemeine Aufgaben   Rz. 131 § 80 BetrVG

c) Erforderlichkeit. Die Zurverfügungstellung einer Auskunftsperson muss zur ordnungsgemäßen Erfüllung der Aufgaben des BR erforderlich sein. Die Regelung darf nicht dazu benutzt werden, etwa durch Bildung von Arbeitskreisen faktisch den BR dauerhaft zu vergrößern[1]. Der unbestimmte Rechtsbegriff der „Erforderlichkeit" kann Probleme aufwerfen, wie sich beispielsweise im Rahmen des § 37 Abs. 6 Satz 1 (Erforderlichkeit von Schulungen) zeigt (vgl. § 37 Rz. 1 ff.)[2]. Durch das Abstellen auf die „Erforderlichkeit" soll offensichtlich ein **Missbrauch** der Inanspruchnahme von Auskunftspersonen verhindert werden[3]. Dies ergibt sich auch aus der Begründung des Gesetzentwurfs, in dem ausdrücklich die Beachtung des Grundsatzes der Verhältnismäßigkeit hervorgehoben wird[4]. Wegen der gleichen Begrifflichkeit kann im Einzelfall, wenn streitig ist, ob das Tatbestandsmerkmal der Erforderlichkeit zur ordnungsgemäßen Erfüllung der Aufgaben des BR vorliegt, auf die zu der Hinzuziehung von Sachverständigen entwickelten Grundsätze zurückgegriffen werden (vgl. Rz. 139)[5]. 121

d) Sachkundige ArbN. Die sachkundigen ArbN sind dem BR als **Auskunftspersonen** zur Verfügung zu stellen. 122

aa) Keine jederzeitige Anforderung. Die Formulierung in § 80 Abs. 2 Satz 3 stellt darauf ab, dass sachkundige ArbN als Auskunftspersonen zur ordnungsgemäßen Erfüllung der Aufgaben des BR erforderlich sind. In dem Gesetzentwurf der Bundesregierung wird betont, dass der BR sich sachkundiger ArbN zur Hilfe bei **Problemlösungen** bedienen können soll[6]. Der Anspruch des BR ist daher auf die Fälle beschränkt, in denen er selbst über die erforderliche Sachkunde nicht verfügt, was die insb. bei technischen und organisatorischen Fragen gegeben sein kann. Auskunftspersonen dürfen deshalb **nicht jederzeit**, sondern nur dann angefordert werden, wenn eine **konkrete Aufgabe** zu erfüllen ist[7]. 123

Um eine übermäßige Belastung des ArbGeb zu vermeiden, ist ein strenger Erforderlichkeitsmaßstab geboten. Der BR muss darlegen, dass er ohne die Hinzuziehung die von ihm anlässlich eines konkreten Sachverhalts zu bewältigenden Aufgaben wegen fehlender Fachkenntnis oder mangelnder Kenntnis tatsächlicher Umstände nicht erfüllen kann und ihm auch sonst kein anderes, kostengünstigeres Mittel zur Erlangung der erforderlichen Information zur Verfügung steht[8]. 124

bb) Leitende Angestellte. Da leitende Angestellte nicht dem BetrVG unterliegen, hat der BR keinen Anspruch darauf, dass leitende Angestellte iSv. § 5 Abs. 3 und Abs. 4 als Auskunftspersonen zur Verfügung gestellt werden[9]. Soweit die Hinzuziehung leitender Angestellter möglich ist, wird dies ausdrücklich genannt (zB in § 108 Abs. 2). 125

cc) Sachkunde. Der Begriff des **sachkundigen ArbN** ist weder im Gesetz noch in der Gesetzesbegründung definiert. Seine Hinzuziehung muss allerdings zur Entscheidungsfindung dienlich sein, was erfordert, dass die hinzugezogene Person über Kenntnisse aus dem Bereich des ArbGeb verfügen muss[10]. 126

Hinweis: Aus ArbGebSicht ist es empfehlenswert, entscheidungskompetente Personen dem BR zur Verfügung zu stellen, um den Entscheidungsfindungsprozess im BR zu beeinflussen. 127

e) Vorschlagsrecht. Nach § 80 Abs. 2 Satz 3 Halbs. 2 kann der BR Vorschläge unterbreiten, die der ArbGeb zu berücksichtigen hat, soweit betriebliche Notwendigkeiten nicht entgegenstehen. 128

Der BR hat kein **Bestimmungsrecht**[11]. Es bedarf daher der Herstellung des Einvernehmens zwischen ArbGeb und BR und damit letztendlich einer Freigabeentscheidung des ArbGeb[12]. 129

Allerdings muss der ArbGeb einen Vorschlag berücksichtigen, soweit nicht **betriebliche Notwendigkeiten** entgegenstehen. Als solche kommen in Betracht die Unentbehrlichkeit des vom BR angeforderten sachkundigen ArbN (zB Anforderung eines Technikers mit der Folge des Eintritts einer Produktionsunterbrechung[13]) oder sonstige betriebliche Ablaufstörungen[14] (zB Nichteinhaltung eines Liefertermins wegen Abwesenheit des ArbN aufgrund einer Anforderung des BR[15]). 130

Hat der ArbGeb einen sachkundigen ArbN als Auskunftsperson ausgewählt oder sich mit dem BR auf einen solchen verständigt, ist der ArbN verpflichtet, die Auskunftstätigkeit wahrzunehmen. Es obliegt dem arbeitgeberseitigen Direktionsrecht, zu bestimmen, wo der ArbN eingesetzt wird. Dabei hat der ArbGeb allerdings, weil es sich um eine einseitige Leistungsbestimmung handelt, die Grundsätze billigen Ermessens zu wahren (§ 315 BGB)[16]. Die Ausübung des Direktionsrechts durch den ArbGeb wird insoweit regelmäßig billigem Ermessen entsprechen, da die ArbN den BR **nicht beraten**, sondern lediglich **Auskunft erteilen** sollen[17]. Soweit *Löwisch* die Anweisung des ArbGeb nicht vom Direktionsrecht gedeckt hält, da ein ArbN nicht verpflichtet werden könne, einen BR durch Sachkunde zu unterstützen, 131

---

1 Richardi/*Richardi*/*Thüsing*, § 80 BetrVG Rz. 90. |2 *Schiefer*/*Korte*, NZA 2001, 71 (82). |3 *Schiefer*/*Korte*, NZA 2001, 351 (355). |4 BT-Drs. 14/5741, 47. |5 *Engels*/*Trebinger*/*Löhr-Steinhaus*, DB 2001, 532 (538). |6 BT-Drs. 14/5741, 47. |7 *Löwisch*, BB 2001, 1790 (1791). |8 *Natzel*, NZA 2001, 872 (873). |9 *Reichold*, NZA 2001, 857 (862); aA Richardi/*Richardi*/*Thüsing*, § 80 BetrVG Rz. 86, der allerdings auch auf den Loyalitätskonflikt des leitenden Angestellten hinweist. |10 *Natzel*, NZA 2001, 872 (873). |11 *Natzel*, NZA 2001, 872 (873). |12 *Reichold*, NZA 2001, 857 (862); *Natzel*, NZA 2001, 872 (873); *Stege*/*Weinspach*/*Schiefer*, § 80 BetrVG Rz. 12 j; aA DKK/*Buschmann*, § 80 BetrVG Rz. 123. |13 *Löwisch*, BB 2001, 1790 (1791). |14 *Natzel*, NZA 2001, 872 (873). |15 *Löwisch*, BB 2001, 1790 (1791). |16 Vgl. BAG v. 16.9.1998 – 5 AZR 183/97, AP Nr. 2 zu § 24 BAT-O; v. 23.11.1988 – 5 AZR 663/87, nav. |17 *Natzel*, NZA 2001, 872 (873).

den er nicht gewählt habe oder mit dessen Tätigkeit er nicht einverstanden sei[1], geht dieser Einwand fehl: Die Auskunftserteilung des ArbN dient nicht ausschließlich der Unterstützung der BR-Arbeit, sondern genauso dem Interesse des ArbGeb, weil es zum einen um die Lösung konkreter Probleme geht und zum anderen sich ggf. die Hinzuziehung eines externen Sachverständigen nach § 80 Abs. 3 mit den dadurch verbundenen Kosten vermeiden lässt. Darüber hinaus hat der vom ArbGeb ausgewählte ArbN die Möglichkeit, durch Auskunftserteilung die Beschlussfassung des BR zu beeinflussen, indem aufgrund der erforderlichen Sachkunde und der übermittelten Informationen dem BR deutlich gemacht wird, dass bestimmte **Problemlösungen**, die der BR sich unter Umständen vorstellt, nicht praxisgerecht sind.

132 **f) Tätigkeit.** Die Tätigkeit der Auskunftsperson besteht darin, entweder bei Einzelfalllösungen entsprechende Auskünfte zu erteilen oder aber zusammen mit anderen BR-Mitgliedern Arbeitskreise zu bilden, um zu wichtigen, komplexen Themen (zB Qualifizierung, Beschäftigungssicherung oder Gesundheitsschutz im Betrieb) fundierte Vorschläge zu erarbeiten[2]. Der sachkundige ArbN ist **Auskunftsperson**, nicht **Berater**[3]. Er nimmt keine BR-Arbeit wahr, sondern seine Tätigkeit beschränkt sich in sachlicher Hinsicht auf die Erteilung von Informationen, die auch der ArbGeb dem BR zur Verfügung stellen müsste[4]. Die erteilten Auskünfte müssen wahr sein.

133 **g) Vergütung.** Eine gesonderte Vergütung erhält die Auskunftsperson nicht. Die Auskunftstätigkeit gegenüber dem BR ist Teil der Arbeitsleistung, so dass sie vom ArbGeb einschließlich etwaiger Mehrarbeit zu vergüten ist[5].

134 **h) Schutzbestimmung.** Für den sachkundigen ArbN gelten die allgemeinen Schutzbestimmungen für BR des § 78. Weitere betriebsverfassungsrechtliche Schutzbestimmungen bestehen zu seinen Gunsten nicht.

135 **IV. Hinzuziehung von Sachverständigen (Abs. 3).** Der BR kann nach § 80 Abs. 3 zur ordnungsgemäßen Durchführung seiner Aufgaben nach näherer Vereinbarung mit dem ArbGeb Sachverständige hinzuziehen, soweit dies erforderlich ist.

136 **1. Sachverständige.** Sachverständige iSv. § 80 Abs. 3 sind Personen, die dem BR fehlende Fachkenntnisse zur Beantwortung konkreter, aktueller Fragen vermitteln sollen, damit der BR die ihm obliegende betriebsverfassungsrechtliche Aufgabe sachgerecht erfüllen kann[6].

137 Sachverständiger kann auch ein **Rechtsanwalt** sein, wenn es darum geht, dem BR fehlende Rechtskenntnis zu vermitteln[7]. Gleiches gilt für **Gewerkschaftssekretäre**, soweit ihre Tätigkeit über die ihnen ohnehin obliegende Unterstützungsfunktion bei Sitzungen und Versammlungen hinausgeht[8].

138 Der Sachverständige braucht seine Tätigkeit nicht „neutral" auszuüben. Zieht der BR eine betriebsfremde Person zur Beratung über eine vom ArbGeb vorgeschlagene Maßnahme hinzu, so soll diese Person für den BR in der Funktion eines Sachverständigen tätig werden, der seine Kenntnisse nicht an **den Interessen des BR** ausgerichtet zur Verfügung stellt. In der Sache handelt es sich um eine **sachkundige Interessenvertretung**[9].

139 **2. Erforderlichkeit.** Die **Hinzuziehung** eines Sachverständigen ist erst dann erforderlich, wenn der BR sich das notwendige Wissen nur durch einen Sachverständigen zur ordnungsgemäßen Erfüllung seiner Aufgaben verschaffen kann. Vor Hinzuziehung eines Sachverständigen sind zunächst die **betriebsinternen Informationsquellen** auszuschöpfen[10]. Eine Einschaltung von Sachverständigen kommt nicht in Betracht, wenn es dem BR zunächst um die **allgemeine Vermittlung** von Kenntnissen geht, auf denen dann später Vorschläge aufbauen sollen[11]. Die Hinzuziehung eines Sachverständigen ist möglich, wenn eine **bestimmte Aufgabe** des BR ordnungsgemäß nur wahrgenommen werden kann, wenn dafür Kenntnisse und Erfahrungen erforderlich sind, über die der BR nicht verfügt. Die Vermittlung von für die Arbeit des BR erforderlichen und geeigneten Kenntnissen, losgelöst von einer konkreten Aufgabe oder einem bestimmten Problem, ist Schulungsveranstaltungen vorbehalten, die der BR nach § 37 Abs. 6 und Abs. 7 besuchen kann[12].

140 **Beispiel:** Soll in einem Betrieb ein IT-System eingeführt werden und fehlt dem BR die hierfür erforderliche Sachkunde, setzt die Hinzuziehung eines externen Sachverständigen voraus, dass der BR sich die erforderliche Sachkunde nicht kostengünstiger etwa durch den Besuch einschlägiger Schulungen oder durch Inanspruchnahme sachkundiger Betriebs- oder Unternehmensangehöriger verschaffen kann[13]. Die Inanspruchnahme sachkundiger Betriebs- oder Unternehmensangehöriger darf der BR nicht mit der pauschalen Begründung ablehnen, diese Personen besäßen nicht das Vertrauen des BR, weil sie im Dienste des ArbGeb stünden und deshalb nicht als neutral oder objektiv angesehen werden könnten[14].

---

1 *Löwisch*, BB 2001, 1790 (1791). | 2 *Hanau*, NJW 2001, 2513 (2517). | 3 *Natzel*, NZA 2001, 872 (873). | 4 *Natzel*, NZA 2001, 872 (873). | 5 *Löwisch*, BB 2001, 1790 (1791). | 6 Vgl. BAG v. 19.4.1989 – 7 ABR 87/87, AP Nr. 35 zu § 80 BetrVG 1972 mwN. | 7 Vgl. BAG v. 25.4.1978 – 6 ABR 9/75, AP Nr. 11 zu § 80 BetrVG 1972. | 8 LAG Berlin v. 2.3.1989 – 14 TaBV 5/88, AiB 1994, 751; vgl. auch BAG v. 25.6.1987 – 6 ABR 45/85, AP Nr. 6 zu § 108 BetrVG 1972; vgl. im Übrigen *Richardi/Thüsing*, § 80 BetrVG Rz. 85; *Fitting*, § 80 BetrVG Rz. 87; ErfK/*Kania*, § 80 BetrVG Rz. 32. | 9 Vgl. BAG v. 26.2.1992 – 7 ABR 51/90, AP Nr. 48 zu § 80 BetrVG 1972. | 10 Vgl. BAG v. 4.6.1987 – 6 ABR 63/85, AP Nr. 30 zu § 80 BetrVG 1972. | 11 *Fischer*, DB 2002, 322 (323). | 12 Vgl. BAG v. 17.3.1987 – 1 ABR 59/85, AP Nr. 29 zu § 80 BetrVG 1972. | 13 Vgl. BAG v. 26.2.1992 – 7 ABR 51/90, AP Nr. 48 zu § 80 BetrVG 1972. | 14 Vgl. BAG v. 26.2.1992 – 7 ABR 51/90, AP Nr. 48 zu § 80 BetrVG 1972 unter III. 1. b d.Gr.

Die Frage der Erforderlichkeit der Hinzuziehung eines Sachverständigen lässt sich erst dann beantworten, wenn der ArbGeb den BR **abschließend unterrichtet** hat[1]. 141

Die Erforderlichkeit wird beispielsweise bei der Hinzuziehung von **Rechtsanwälten** regelmäßig bei schwierigen Rechtsfragen sowie Vorbereitungen für einen Interessenausgleich und Sozialplan bejaht[2]. 142

3. Vereinbarung. Im Falle der Erforderlichkeit hat der BR das Recht, nach **näherer Vereinbarung** mit dem ArbGeb einen Sachverständigen hinzuzuziehen[3]. 143

Nach § 80 Abs. 3 bedarf es der **vorherigen Vereinbarung** mit dem ArbGeb. In der erforderlichen Vereinbarung sind das Thema, zu dessen Klärung der Sachverständige hinzugezogen werden soll, die voraussichtlichen Kosten der Hinzuziehung und insb. die Person des Sachverständigen festzulegen[4]. Einer besonderen Form bedarf diese Vereinbarung nicht[5]. 144

Kommt eine Vereinbarung nicht zustande, kann das ArbG im Beschlussverfahren die Zustimmung des ArbGeb ersetzen (vgl. näher Rz. 149 f.)[6]. In diesem Fall darf der BR **nach Eintritt der Rechtskraft des Beschlusses** den Sachverständigen hinzuziehen[7]. Der ArbGeb soll auch dann kostenerstattungspflichtig sein, wenn der Sachverständige zunächst hinzugezogen, jedoch erst später die Zustimmung arbeitsgerichtlich ersetzt worden ist[8]. Allerdings hat der Ersetzungsbeschluss **keine Rückwirkung**[9]. 145

Das bedeutet: Wird eine Vereinbarung getroffen oder durch arbeitsgerichtlichen Beschluss ersetzt, ist der ArbGeb für Kosten der Hinzuziehung eines Sachverständigen eintrittspflichtig, ohne eine solche Vereinbarung oder arbeitsgerichtliche Ersetzung sind die Kosten für die Hinzuziehung des Sachverständigen nicht vom ArbGeb zu tragen[10]. Entspricht die Hinzuziehung nicht den Erfordernissen des § 80 Abs. 3, so kann die Kostentragungspflicht des ArbGeb auch nicht auf § 40 Abs. 1 gestützt werden[11]. 146

Hinweis: In der Praxis besteht in der Regel Streit über die Erforderlichkeit. Insoweit hat der BR einen Beurteilungsspielraum[12]. Der BR sollte, um nicht mit dem ArbGeb in einem Folgeverfahren über die Kostenerstattungspflicht streiten zu müssen[13], nach Möglichkeit eine vorherige Vereinbarung abschließen. Der Abschluss einer solchen Vereinbarung wird regelmäßig auch im Interesse des ArbGeb liegen, um Zeitverzögerungen zu vermeiden, die dadurch eintreten, dass in einem Verfahren erst die Frage der Erforderlichkeit der Hinzuziehung eines Sachverständigen geklärt werden muss. 147

V. Geheimhaltungspflicht (Abs. 4). Die Mitglieder und Ersatzmitglieder des BR unterliegen der durch § 120 Abs. 1 Nr. 3 strafbewehrten **Verschwiegenheitspflicht** nach § 79 (vgl. im Einzelnen § 79 Rz. 1 ff.). Gleiches gilt entsprechend § 80 Abs. 4 für die Auskunftsperson (§ 80 Abs. 2 Satz 3) und den Sachverständigen (§ 80 Abs. 3). 148

VI. Streitigkeiten. Streitigkeiten zwischen ArbGeb und BR über das Bestehen und den Umfang von Informations- und Vorlagepflichten oder über das Einblicksrecht in die Bruttolohn- und -gehaltslisten werden im arbeitsgerichtlichen **Beschlussverfahren** entschieden (§§ 2a Abs. 1 Nr. 1, Abs. 2 iVm. 80 ff. ArbGG). Der BR kann die Vorlage von Unterlagen im Wege der einstweiligen Verfügung durchsetzen (§ 85 Abs. 2 ArbGG)[14]. Ist der ArbGeb im arbeitsgerichtlichen Beschlussverfahren rechtskräftig verpflichtet worden, Einsicht in die Listen über die Bruttolöhne und -gehälter zu gewähren, richtet sich die Vollstreckung nach § 888 ZPO[15]. 149

Ebenfalls im arbeitsgerichtlichen **Beschlussverfahren** ist darüber zu entscheiden, ob die Hinzuziehung eines Sachverständigen erforderlich ist[16]. Antragsberechtigt ist der BR[17]. Die Entscheidung des ArbG ersetzt die „nähere Vereinbarung" gemäß § 80 Abs. 3. Der BR kann auch gegen den Widerstand des ArbGeb einen Sachverständigen mittels einstweiliger Verfügung hinzuziehen[18], was nicht unproblematisch ist, da damit in der Regel dem im Hauptverfahren zu verfolgenden Anspruch endgültig vorgegriffen wird[19]. An diesem Beschlussverfahren ist der Sachverständige nicht zu beteiligen[20]. 150

---

1 Vgl. BAG v. 4.6.1987 – 6 ABR 63/85, AP Nr. 30 zu § 80 BetrVG 1972; v. 17.3.1987 – 1 ABR 59/85, AP Nr. 29 zu § 80 BetrVG 1972. | 2 Vgl. BAG v. 5.11.1981 – 6 ABR 24/78, AP Nr. 9 zu § 76 BetrVG 1972. | 3 So bereits BAG v. 27.9.1974 – 1 ABR 67/73, AP Nr. 8 zu § 40 BetrVG 1972. | 4 Vgl. BAG v. 19.4.1989 – 7 ABR 87/87, AP Nr. 35 zu § 80 BetrVG 1972. | 5 Richardi/*Richardi/Thüsing*, § 80 BetrVG Rz. 89; ErfK/*Kania*, § 80 BetrVG Rz. 35. | 6 Vgl. BAG v. 19.4.1989 – 7 ABR 87/87, AP Nr. 35 zu § 80 BetrVG 1972; v. 25.4.1978 – 6 ABR 9/75, AP Nr. 11 zu § 80 BetrVG 1972. | 7 Vgl. BAG v. 19.4.1989 – 7 ABR 87/87, AP Nr. 35 zu § 80 BetrVG 1972. | 8 Vgl. BAG v. 13.5.1998 – 7 ABR 65/96, AP Nr. 55 zu § 80 BetrVG 1972. | 9 Vgl. BAG v. 25.4.1978 – 6 ABR 9/75, AP Nr. 11 zu § 80 BetrVG 1972; aA LAG Hess. v. 11.11.1986 – 5 TaBV 121/86, DB 1987, 1440. | 10 Vgl. BAG v. 19.4.1989 – 7 ABR 87/87, AP Nr. 35 zu § 80 BetrVG 1972. | 11 Vgl. BAG v. 26.2.1992 – 7 ABR 51/90, AP Nr. 48 zu § 80 BetrVG 1972. | 12 *Fitting*, § 80 BetrVG Rz. 90; Richardi/*Richardi/Thüsing*, § 80 BetrVG Rz. 87. | 13 Der BR kann seinen Anspruch auf Freistellung von den Kosten an den Sachverständigen abtreten, so dass dieser ein Verfahren gegen den ArbGeb einleiten kann (vgl. BAG v. 13.5.1998 – 7 ABR 65/96, AP Nr. 55 zu § 80 BetrVG 1972). | 14 Richardi/*Richardi/Thüsing*, § 80 BetrVG Rz. 94; DKK/*Buschmann*, § 80 BetrVG Rz. 144. | 15 LAG Hamm v. 21.8.1973 – 8 TaBV 57/73, DB 1973, 1951. | 16 Vgl. BAG v. 18.7.1978 – 1 ABR 34/75, AP Nr. 1 zu § 108 BetrVG 1972; v. 25.4.1978 – 6 ABR 9/75, AP Nr. 11 zu § 80 BetrVG 1972. | 17 Vgl. BAG v. 19.4.1989 – 7 ABR 87/87, AP Nr. 35 zu § 80 BetrVG 1972; v. 18.7.1978 – 1 ABR 34/75, AP Nr. 1 zu § 108 BetrVG 1972. | 18 Vgl. LAG Hamm v. 15.3.1994 – 13 TaBV 16/94, LAGE Nr. 12 zu § 80 BetrVG 1972. | 19 Vgl. LAG Köln v. 5.3.1986 – 5 TaBV 4/86, nav. | 20 Vgl. BAG v. 25.4.1978 – 6 ABR 9/75, AP Nr. 11 zu § 80 BetrVG 1972.

151 Wenn der ArbGeb grob gegen seine in § 80 geregelten Pflichten verstößt, kommt die Einleitung eines Verfahrens nach § 23 Abs. 3 in Betracht[1].

152 Eine Bestrafung nach § 119 Abs. 1 Nr. 2 und 3 kann dann verwirkt sein, wenn der ArbGeb die Tätigkeit des BR vorsätzlich behindert oder stört oder Mitglieder der in § 119 Abs. 1 Nr. 3 genannten Organe oder Gremien sowie die Auskunftsperson nach § 80 Abs. 2 Satz 3 um ihrer Tätigkeit willen benachteiligt oder begünstigt.

Zweiter Abschnitt. Mitwirkungs- und Beschwerderecht des Arbeitnehmers

§ 81 *Unterrichtungs- und Erörterungspflicht des Arbeitgebers*

(1) Der Arbeitgeber hat den Arbeitnehmer über dessen Aufgabe und Verantwortung sowie über die Art seiner Tätigkeit und ihre Einordnung in den Arbeitsablauf des Betriebs zu unterrichten. Er hat den Arbeitnehmer vor Beginn der Beschäftigung über die Unfall- und Gesundheitsgefahren, denen dieser bei der Beschäftigung ausgesetzt ist, sowie über die Maßnahmen und Einrichtungen zur Abwendung dieser Gefahren und die nach § 10 Abs. 2 des Arbeitsschutzgesetzes getroffenen Maßnahmen zu belehren.

(2) Über Veränderungen in seinem Arbeitsbereich ist der Arbeitnehmer rechtzeitig zu unterrichten. Absatz 1 gilt entsprechend.

(3) In Betrieben, in denen kein Betriebsrat besteht, hat der Arbeitgeber die Arbeitnehmer zu allen Maßnahmen zu hören, die Auswirkungen auf Sicherheit und Gesundheit der Arbeitnehmer haben können.

(4) Der Arbeitgeber hat den Arbeitnehmer über die aufgrund einer Planung von technischen Anlagen, von Arbeitsverfahren und Arbeitsabläufen oder der Arbeitsplätze vorgesehenen Maßnahmen und ihre Auswirkungen auf seinen Arbeitsplatz, die Arbeitsumgebung sowie auf Inhalt und Art seiner Tätigkeit zu unterrichten. Sobald feststeht, dass sich die Tätigkeit des Arbeitnehmers ändern wird und seine beruflichen Kenntnisse und Fähigkeiten zur Erfüllung seiner Aufgaben nicht ausreichen, hat der Arbeitgeber mit dem Arbeitnehmer zu erörtern, wie dessen berufliche Kenntnisse und Fähigkeiten im Rahmen der betrieblichen Möglichkeiten den künftigen Anforderungen angepasst werden können. Der Arbeitnehmer kann bei der Erörterung ein Mitglied des Betriebsrats hinzuziehen.

1 **I. Vorbemerkung.** Das BetrVG gibt dem einzelnen ArbN in den §§ 81 bis 86 unterschiedliche Mitwirkungs- und Beschwerderechte. Sie sollen zusätzlich zu den kollektiven Beteiligungsrechten des BR dem einzelnen ArbN in dem Bereich „rund um seinen Arbeitsplatz"[2] ein eigenständiges, unmittelbares Mitsprache- und Mitwirkungsrecht gewähren. Die Regelungen sind dem **Arbeitsvertragsrecht** zuzuordnen und bestehen daher auch in betriebsratslosen Betrieben[3]. Die Einzelrechte ergeben sich bereits als **Nebenpflichten** des ArbGeb aus dem Arbeitsverhältnis[4].

2 Mit der Bestimmung des § 81 korrespondiert § 2 Abs. 1 Nr. 5 NachwG, wonach in einer Niederschrift über das Arbeitsverhältnis eine kurze Charakterisierung oder Beschreibung der vom ArbN zu leistenden Tätigkeit aufzunehmen ist. ArbN haben insoweit einen **einklagbaren Anspruch** auf Niederschrift der wesentlichen Vertragsbedingungen.

3 **Zweck** der Regelung ist, dem ArbN die ordnungsgemäße Erbringung der Arbeitsleistung zu ermöglichen sowie ihn gegen Gefahren, die mit der Arbeit für Person und Eignung verbunden sind, zu sichern. Ferner soll die Regelung das Interesse des ArbN an seinem Arbeitsplatz und allen damit zusammenhängenden Fragen wecken, erhalten und fördern. Der ArbN soll die Möglichkeit erhalten, sich über die Gesamtzusammenhänge des Arbeitsablaufs zu informieren[5].

4 **II. Persönlicher Geltungsbereich.** Der Anwendungsbereich der §§ 81 bis 86 richtet sich nach dem allgemeinen räumlichen, sachlichen und persönlichen Geltungsbereich des BetrVG[6]. Die Vorschriften gelten für **sämtliche ArbN iSd. BetrVG**, also auch für die Auszubildenden[7]. Die Bestimmungen gelten **nicht** für ArbN des öffentlichen Dienstes sowie die in § 5 Abs. 2 genannten Personen und leitende Angestellte iSv. § 5 Abs. 3[8]. Nach § 14 Abs. 2 Satz 3 AÜG gelten die §§ 81, 82 Abs. 2, 84 bis 86 im **Entleiherbetrieb** hinsichtlich der dort tätigen LeihArbN, im **Verleiherbetrieb** finden die §§ 81 bis 86 uneingeschränkt Anwendung[9].

5 **III. Unterrichtung des ArbN über Aufgabe, Tätigkeitsbereich und Verantwortung (Abs. 1 Satz 1).** Nach § 81 Abs. 1 Satz 1 muss der ArbGeb den ArbN über dessen Aufgabe und Verantwortung sowie über die Art seiner Tätigkeit und ihre Einordnung in den Arbeitsablauf des Betriebs unterrichten.

---

1 GK-BetrVG/*Kraft*, § 80 Rz. 120; DKK/*Buschmann*, § 80 BetrVG Rz. 146. |2 MünchArbR/*v. Hoyningen-Huene*, § 303 Rz. 1. |3 *Fitting*, § 81 BetrVG Rz. 2; HSWG/*Hess*, vor §§ 81–86 BetrVG Rz. 3; einschr. GK-BetrVG/*Wiese*, vor § 81 Rz. 21, der die Anwendbarkeit auf betriebsratsfähige Betriebe beschränkt. |4 DKK/*Buschmann*, § 81 BetrVG Rz. 1; *Fitting*, § 81 BetrVG Rz. 2. |5 MünchArbR/*v. Hoyningen-Huene*, § 303 Rz. 8; *Fitting*, § 81 BetrVG Rz. 5. |6 MünchArbR/*v. Hoyningen-Huene*, § 303 Rz. 3. |7 DKK/*Buschmann*, § 81 BetrVG Rz. 4; *Fitting*, § 81 BetrVG Rz. 1. |8 Vgl. BAG v. 19.2.1975 – 1 ABR 55/73, AP Nr. 9 zu § 5 BetrVG 1972; DKK/*Buschmann*, § 81 BetrVG Rz. 4; *Fitting*, § 81 BetrVG Rz. 1 |9 DKK/*Buschmann*, § 81 BetrVG Rz. 4; *Fitting*, § 81 BetrVG Rz. 1.

1. Abgrenzung zu betrieblichen Bildungsmaßnahmen (§ 98 BetrVG). Nach § 98 Abs. 1 hat der BR bei der Durchführung von Maßnahmen der betrieblichen Berufsbildung mitzubestimmen. Das BAG legt hier ein weites Verständnis des Begriffs der **betrieblichen Berufsbildung** zugrunde, da nur dies dem Schutzzweck der Regelung des § 98 Abs. 1 gerecht werde[1]. Häufig entscheidet die Teilnahme an betrieblichen Schulungsmaßnahmen darüber, ob der ArbN seinen Arbeitsplatz behalten darf oder beruflich aufsteigt[2]. Es geht somit bei der betrieblichen Berufsbildung um Maßnahmen, die ArbN die für die Ausfüllung ihres Arbeitsplatzes und ihrer beruflichen Tätigkeit notwendigen Kenntnisse und Fähigkeiten verschaffen sollen. Von solchen **mitbestimmungspflichtigen Berufsbildungsmaßnahmen** ist die mitbestimmungsfreie **Unterrichtung** nach § 81 Abs. 1 abzugrenzen. Die Unterrichtungspflicht des ArbGeb nach § 81 erschöpft sich in der **Einweisung** an einen konkreten Arbeitsplatz. Dieser Einsatz setzt voraus, dass der ArbN die für die Ausübung **seiner Tätigkeit** an diesem Arbeitsplatz erforderlichen beruflichen Kenntnisse und Erfahrungen schon besitzt. Nur auf der Grundlage dieser Kenntnisse und Erfahrungen kann dem ArbN eine Tätigkeit im Betrieb zugewiesen werden, über deren **konkrete Ausübung** unter Einsatz seiner Kenntnisse und Erfahrungen dann nach § 81 zu unterrichten ist[3]. **Beispiele** für mitbestimmungsfreie Unterrichtungen nach § 81 sind die Anleitung zur Bedienung von Arbeitsgeräten oder Maschinen und Unterweisungen, die sich auf die Arbeitsaufgabe oder das Unternehmen beziehen.

2. Inhalt und Umfang der Unterrichtung. Die Unterrichtung des ArbN über Aufgabe, Tätigkeit und Verantwortung dient dem Zweck, ihm ein rechtzeitiges Vertrautmachen und Einstellen auf seine Arbeit zu ermöglichen[4]. Die Unterrichtung hat daher **vor Aufnahme** der tatsächlichen Beschäftigung zu erfolgen, sie muss **konkret und individuell** auf den einzelnen ArbN und seinen Arbeitsplatz bezogen sein. Pauschale und allgemeine Informationen, zB im Rahmen eines Vorstellungsgesprächs, reichen nicht[5]. Dabei setzt die Unterrichtungspflicht keine umfassende Betriebsbesichtigung mit einer ausführlichen Beschreibung des Produktionsablaufs und Darstellung sowie Erläuterung aller im Betrieb hergestellten Produkte voraus[6]. Der ArbN ist über den Arbeitsplatz und die zu benutzenden Geräte zu unterrichten, Funktionsweise und Bedienung von Maschinen und Geräten sind ihm ebenso zu erklären wie die be- oder verarbeitenden Materialien, er muss darüber in Kenntnis gesetzt werden, wo er Material bekommt (Materialausgabe), Vorgesetzte und Mitarbeiter sind ihm bekannt zu machen, er ist darüber zu informieren, was er bei Funktionsstörungen zu machen hat[7].

Neben dieser **fachlichen Einweisung** sind dem ArbN seine **Verantwortlichkeiten** mitzuteilen. Hierzu gehört zunächst die Personalverantwortung, aber auch die Verantwortung für das Arbeitsergebnis[8].

Beispiel: Lässt der ArbGeb eine Kundenbefragung vornehmen und ergibt sich, dass die Kunden Verhalten und Leistung der ArbN in den einzelnen Abteilungen als wenig „freundlich", „hilfsbereit" oder „fachkundig" bewerten, kann der ArbGeb organisierte Veranstaltungen abhalten mit dem Ziel, die ArbN zu befähigen, freundlich und hilfsbereit zu sein. Bei solchen Veranstaltungen handelt es sich nicht um Maßnahmen der beruflichen Bildung, sondern um **gezielte Einweisungen** in die aufgrund des Arbeitsvertrags geschuldete Tätigkeit[9].

3. Form der Unterrichtung. Eine besondere **Formvorschrift** für die Unterrichtung besteht nicht. Verantwortlich für die ordnungsgemäße Unterrichtung ist der ArbGeb[10]. Die Unterrichtung kann daher auch mündlich erfolgen.

Hinweis: Unberührt von einer eventuellen mündlichen Unterrichtung nach § 81 Abs. 1 Satz 1 bleibt das Recht des ArbN, nach § 2 Abs. 1 Nr. 5 NachwG eine Niederschrift mit einer kurzen Charakterisierung oder Beschreibung der zu leistenden Tätigkeit zu verlangen.

Erforderlich ist nicht die Unterrichtung durch den ArbGeb persönlich, es genügt die Einweisung durch einen **sachkundigen Vorgesetzten**[11].

4. Ausländische ArbN. Die Unterrichtung eines **ausländischen ArbN** muss in seiner Landessprache erfolgen, wenn ansonsten nicht garantiert wird, dass er sie auf Deutsch zweifelsfrei verstehen kann[12].

IV. Unterrichtung über Unfallgefahren (Abs. 1 Satz 2). Gemäß § 81 Abs. 1 Satz 2 ist der ArbN vor Beginn der Beschäftigung über die Unfall- und Gesundheitsgefahren, denen er bei der Beschäftigung ausgesetzt ist, sowie über die Maßnahmen und Einrichtungen zur Abwendung dieser Gefahren zu belehren.

1. Inhalt und Umfang. Dem ArbN ist im Einzelnen darzulegen, welche konkreten **Unfall- und Gesundheitsgefahren** bei der von ihm aufzunehmenden Beschäftigung bestehen. Umfang und Bedeutung von

---

1 Vgl. BAG v. 23.4.1991 – 1 ABR 49/90, AP Nr. 7 zu § 98 BetrVG 1972. | 2 Vgl. BAG v. 5.11.1985 – 1 ABR 49/83, AP Nr. 2 zu § 98 BetrVG 1972. | 3 Vgl. BAG v. 23.4.1991 – 1 ABR 49/90, AP Nr. 7 zu § 98 BetrVG 1972. | 4 ErfK/*Kania*, § 81 BetrVG Rz. 2. | 5 DKK/*Buschmann*, § 81 BetrVG Rz. 6 f.; *Fitting*, § 81 BetrVG Rz. 3. | 6 *Stege/Weinspach/Schiefer*, § 81 BetrVG Rz. 5. | 7 Vgl. die Beispiele bei *Stege/Weinspach/Schiefer*, § 81 BetrVG Rz. 5. | 8 *Fitting*, § 81 BetrVG Rz. 5; ErfK/*Kania*, § 81 BetrVG Rz. 4. | 9 Vgl. BAG v. 28.1.1992 – 1 ABR 41/91, AP Nr. 1 zu § 96 BetrVG 1972. | 10 GK-BetrVG/*Wiese*, § 81 Rz. 11; DKK/*Buschmann*, § 81 BetrVG Rz. 7. | 11 DKK/*Buschmann*, § 81 BetrVG Rz. 8; *Fitting*, § 81 BetrVG Rz. 7. | 12 LAG BW v. 1.12.1989 – 5 Sa 55/89, AiB 1990, 313; GK-BetrVG/*Wiese*, § 81 Rz. 10; DKK/*Buschmann*, § 81 BetrVG Rz. 7.

Schutzmaßnahmen sind zu erläutern[1]. Die Erläuterung hat so ausführlich zu geschehen, dass der ArbN weiß, mit welchen Unfall- und Gesundheitsgefahren in seinem Arbeitsbereich typischerweise zu rechnen ist[2].

16 Zur Unterrichtung über Unfallgefahren gehört die Erklärung der Verwendung von **Schutzausrüstung** (Helme, Brillen, Handschuhe, Masken, Rettungsgeräte, Sicherheitsschuhe), die Demonstration von **Sicherheitseinrichtungen**, die **sicherheitsgerechte Arbeit** an gefährlichen Maschinen, die Erläuterung von **Warnsignalen**, die Benennung der **zuständigen Personen**, die bei Unfällen oder Gefahrenlagen zu unterrichten sind, und die Erteilung von **Informationen** über Sanitätskästen und Unfallhilfestellen uÄ[3].

17 Allein die Übergabe von Merkblättern an die ArbN reicht nicht aus[4].

18 Die ArbN sind darüber hinaus über die nach § 10 Abs. 2 ArbSchG getroffenen Maßnahmen zu belehren. Der Verweis ist missverständlich, da § 10 Abs. 2 ArbSchG formal nur die „Benennung" von Beschäftigten, die Aufgaben übernehmen, regelt. Die **Maßnahmen** (solche zur ersten Hilfe, Brandbekämpfung und Evakuierung, Einrichtung der Verbindung zu außerbetrieblichen Stellen) ergeben sich aus § 10 Abs. 1 ArbSchG, auf den sich § 10 Abs. 2 ArbSchG inhaltlich bezieht. Diese Maßnahmen sind den ArbN ebenso mitzuteilen wie die damit beauftragten Personen[5].

19 **2. Konkretisierung der Belehrungspflicht.** Die **allgemeine Belehrungspflicht** in § 81 Abs. 1 Satz 2 wird konkretisiert durch Vorschriften des **gesetzlichen Arbeitsschutzes**. Solche Bestimmungen sind beispielsweise § 12 ArbSchG, § 29 JArbSchG, § 7a HAG, §§ 20 Abs. 2, 21 GefStoffV, § 6 Abs. 1 Nr. 5 StörfallVO.

20 **3. Form der Unterrichtung.** Weder ist eine besondere Form der Unterrichtung vorgeschrieben (vgl. Rz. 10), noch muss der ArbGeb persönlich die Unterrichtung vornehmen (vgl. Rz. 12). Ausländische ArbN sind ggf. in ihrer Heimatsprache zu unterrichten (vgl. Rz. 13).

21 **V. Unterrichtung bei Veränderungen im Arbeitsbereich (Abs. 2).** Über Veränderungen in seinem Arbeitsbereich ist der ArbN **rechtzeitig** zu unterrichten (§ 81 Abs. 2 Satz 1). Der **Inhalt** der Unterrichtungspflicht ergibt sich aus § 81 Abs. 1, wie aus dem Verweis in § 82 Abs. 2 Satz 2 folgt. **Arbeitsbereich** iSv. § 81 Abs. 2 Satz 1 ist der Arbeitsplatz und seine Beziehung zur betrieblichen Umgebung in räumlicher, technischer und organisatorischer Hinsicht[6]. Unter **Veränderungen** sind im Hinblick auf die Verweisung in § 81 Abs. 2 Satz 2 alle Änderungen zu verstehen, die einen Gegenstand der Unterrichtungspflicht nach § 81 Abs. 1 betreffen und sich auf den ArbN unmittelbar auswirken[7]. Solche Veränderungen können die Einführung neuer Maschinen, Verwendung neuer Materialien, Restrukturierung der Arbeitsorganisation etc. sein[8].

22 Konkretisierend verlangt § 12 Abs. 1 Satz 3 und Satz 4 ArbSchG, dass die Unterweisung bei Veränderungen im Aufgabenbereich, der Einführung neuer Arbeitsmittel oder einer neuen Technologie vor Aufnahme der Tätigkeit erfolgen muss; die Unterweisung muss an die Gefährdungsentwicklung angepasst sein und erforderlichenfalls regelmäßig wiederholt werden.

23 **VI. Anhörung der ArbN in betriebsratslosen Betrieben zu Arbeitsschutzmaßnahmen (Abs. 3).** Für Betriebe ohne BR wurde durch das Gesetz zur Umsetzung der EG-Rahmenrichtlinie Arbeitsschutz und weitere Arbeitsschutz-Richtlinien vom 7.8.1996[9] Abs. 3 in § 81 eingefügt, der den ArbGeb verpflichtet, die ArbN zu allen Maßnahmen zu hören, die Auswirkungen auf **Sicherheit** und **Gesundheit** haben können. Betriebsratslose Betriebe sind zum einen betriebsratsfähige Betriebe, in denen kein BR gewählt wurde, aber auch nicht betriebsratsfähige Betriebe[10]. Das **allgemeine Anhörungsrecht** der ArbN ist als Ausgleich für die in betriebsratslosen Betrieben nicht zum Tragen kommenden kollektiven Beteiligungsrechte des BR zum Arbeitsschutz gedacht[11].

24 Aus dieser **Anhörungspflicht** ergibt sich jedoch kein Anspruch der ArbN gegen den ArbGeb auf Durchführung bestimmter Maßnahmen[12].

25 **VII. Unterrichtung und Erörterung bei der Planung und Einführung neuer Techniken (Abs. 4).** § 81 Abs. 4 gibt dem ArbGeb zwei Pflichten auf.

26 **1. Unterrichtungspflicht.** Nach § 81 Abs. 4 Satz 1 hat der ArbGeb den ArbN über die aufgrund einer Planung von technischen Anlagen, von Arbeitsverfahren und Arbeitsabläufen oder der Arbeitsplätze vorgesehenen **Maßnahmen und ihre Auswirkungen auf seinen Arbeitsplatz**, die Arbeitsumgebung sowie auf Inhalt und Art seiner Tätigkeit zu unterrichten. Diese Unterrichtungspflicht besteht, wenn sich **konkrete Maßnahmen** abzeichnen, die den ArbN in den von § 81 Abs. 4 Satz 1 genannten Bereichen betreffen[13].

---

1 DKK/*Buschmann*, § 81 BetrVG Rz. 12; *Fitting*, § 81 BetrVG Rz. 9. | 2 Richardi/*Richardi/Thüsing*, § 81 BetrVG Rz. 6. | 3 *Fitting*, § 81 BetrVG Rz. 9; DKK/*Buschmann*, § 81 BetrVG Rz. 12. | 4 HSWG/*Hess*, § 81 BetrVG Rz. 5; ErfK/*Kania*, § 81 BetrVG Rz. 12. Für „einfach Fälle" aA Löwisch/*Kaiser*, § 81 BetrVG Rz. 2. | 5 DKK/*Buschmann*, § 81 BetrVG Rz. 13. | 6 DKK/*Buschmann*, § 81 BetrVG Rz. 14; *Fitting*, § 81 BetrVG Rz. 17. | 7 GK-BetrVG/*Wiese*, § 81 Rz. 8; *Fitting*, § 81 BetrVG Rz. 18. | 8 Vgl. die Beispiele bei Stege/*Weinspach/Schiefer*, § 81 BetrVG Rz. 9; *Fitting*, § 81 BetrVG Rz. 18; DKK/*Buschmann*, § 81 BetrVG Rz. 14. | 9 BGBl. I S. 1246. | 10 *Fitting*, § 81 BetrVG Rz. 20; GK-BetrVG/*Wiese*, § 81 Rz. 18. | 11 *Fitting*, § 81 BetrVG Rz. 21; MünchArbR/*v. Hoyningen-Huene*, § 303 Rz. 12. | 12 GK-BetrVG/*Wiese*, § 81 Rz. 18. | 13 DKK/*Buschmann*, § 81 BetrVG Rz. 16; *Fitting*, § 81 BetrVG Rz. 24.

Mit der Unterrichtungspflicht nach § 81 Abs. 4 wird die nach § 90 gegenüber dem BR obliegende Informationspflicht ergänzt[1]. Technische Veränderungen, die Auswirkungen auf die Gestaltung von Arbeitsplatz, Arbeitsablauf und Arbeitsumgebung haben können, sollen nicht nur mit dem BR erörtert, sondern auch direkt den betroffenen ArbN mitgeteilt werden, damit diese sich darauf einstellen können[2]. Da sich bereits bestimmte Maßnahmen abzeichnen müssen, erfolgt die Unterrichtung nach § 81 Abs. 4 Satz 1 im Allgemeinen später als die Unterrichtung des BR nach § 90[3]. 27

2. Erörterung. Sobald feststeht, dass sich die Tätigkeit des ArbN ändern wird und seine beruflichen Kenntnisse und Fähigkeiten zur Erfüllung seiner Aufgaben nicht mehr ausreichen, entsteht nach § 81 Abs. 4 Satz 2 eine Verpflichtung des ArbGeb, dies mit dem ArbN zu erörtern. Diese Erörterung ist keine **höchstpersönliche Pflicht** des ArbGeb (vgl. Rz. 12). Die Erörterung bezieht sich auf die Anpassung der beruflichen Kenntnisse und Fähigkeiten des ArbN an die veränderten betrieblichen Gegebenheiten. In Betracht kommen beispielsweise Umschulungen oder Weiterbildungen[4]. 28

Eine darüber hinausgehende Verpflichtung des ArbGeb besteht im Rahmen von § 81 Abs. 4 nicht, so dass der ArbN aus der Unterrichtung und Erörterung keinen **Rechtsanspruch** auf Umschulungs- oder Weiterbildungsmaßnahmen, sei es innerbetrieblich, sei es außerbetrieblich, herleiten kann[5]. 29

3. Beiziehung BR-Mitglied. Der ArbN kann bei der **Erörterung** ein BR-Mitglied seiner Wahl hinzuziehen (§ 81 Abs. 4 Satz 3). 30

VIII. Rechtsfolgen. Beachtet der ArbGeb Unterrichtungs- und Erörterungspflichten nach § 81 nicht, können sich daraus folgende Rechtsfolgen ergeben: 31

1. Leistungsverweigerungsrecht. Kommt der ArbGeb seinen Verpflichtungen nach § 81 nicht nach, so hat der ArbN zunächst ein Leistungsverweigerungsrecht nach § 273 BGB[6]. Das bedeutet, dass er bis zur ordnungsgemäßen Einweisung bei weiterbestehendem Entgeltanspruch (§§ 298, 615 BGB) seine Arbeitsleistung verweigern kann. 32

2. Erfüllungsanspruch. Teilweise wird dem ArbN ein Erfüllungsanspruch zugesprochen: Er soll die Möglichkeit haben, auf Erfüllung, dh. Vornahme einer ordnungsgemäßen Einweisung, zu klagen, weil es sich um einen individualrechtlichen Anspruch handelt[7]. 33

3. Schadensersatzanspruch. In Betracht kommt ein Schadensersatzanspruch des ArbN aus § 280 Abs. 1 BGB und aus § 823 Abs. 2 BGB sowie bei durch Unterlassen der Belehrung eingetretener Verletzung von Körper, Gesundheit oder Eigentum aus § 823 Abs. 1 BGB[8]. 34

Hinweis: Bei der Prüfung eines etwaigen Schadensersatzanspruchs muss stets beachtet werden, ob dieser nicht nach den §§ 104 ff. SGB VII ausgeschlossen ist. 35

4. Kündigungsrechtliche Auswirkung. Als Folge einer versäumten Erörterung gemäß § 81 Abs. 4 Satz 2 soll sich ergeben, dass der ArbGeb vor einer personenbedingten Kündigung gemäß § 1 Abs. 2 KSchG wegen unzureichender Kenntnisse und Fähigkeiten für die neue Aufgabe dem ArbN einen längeren Anpassungszeitraum an die neuen Anforderungen einzuräumen hat[9]. Hier gilt es zu differenzieren: Es kommt darauf an, ob der ArbN nach erfolgten Umschulungs- oder Weiterbildungsmaßnahmen die geänderten Anforderungen an seinen Arbeitsbereich hätte erfüllen können. Wenn dies nicht der Fall ist, wäre es überflüssiger Formalismus, dem ArbGeb verlängerte Umschulungs- oder Weiterbildungsfristen aufzugeben. 36

5. Betriebsverfassungsrechtliche Sanktion. Verstößt der ArbGeb gegen seine Pflichten aus § 81, kann der BR nach § 23 Abs. 3 ein Verfahren einleiten[10]. 37

IX. Streitigkeiten. Im Falle von Verstößen des ArbGeb gegen § 81 haben die ArbN die Möglichkeit, ihre **individuellen Rechte** in einem arbeitsgerichtlichen **Urteilsverfahren** einzufordern (je nach geltend gemachtem Anspruch §§ 2 Abs. 1 Nr. 3a, 3b oder 3d, Abs. 5 iVm. 46 ff. ArbGG). Leitet der BR ein Verfahren nach § 23 Abs. 3 BetrVG ein, wäre dies im arbeitsgerichtlichen **Beschlussverfahren** durchzuführen (§§ 2a Abs. 1 Nr. 1, Abs. 2 iVm. 80 ff. ArbGG). Je nach Einzelfall kommen **einstweilige Verfügungen** in Betracht[11]. 38

82 Anhörungs- und Erörterungsrecht des Arbeitnehmers

(1) **Der Arbeitnehmer hat das Recht, in betrieblichen Angelegenheiten, die seine Person betreffen, von den nach Maßgabe des organisatorischen Aufbaus des Betriebs hierfür zuständigen Personen gehört zu werden. Er ist berechtigt, zu Maßnahmen des Arbeitgebers, die ihn betreffen, Stellung zu nehmen sowie Vorschläge für die Gestaltung des Arbeitsplatzes und des Arbeitsablaufs zu machen.**

---

1 HSWG/Hess, § 81 BetrVG Rz. 7. | 2 Weiss/Weyand, § 81 BetrVG Rz. 4. | 3 Richardi/Richardi/Thüsing, § 81 BetrVG Rz. 21; Fitting, § 81 BetrVG Rz. 24. | 4 ErfK/Kania, § 81 BetrVG Rz. 15; DKK/Buschmann, § 81 BetrVG Rz. 17. | 5 Richardi/Richardi/Thüsing, § 81 BetrVG Rz. 22; HSWG/Hess, § 81 BetrVG Rz. 9. | 6 DKK/Buschmann, § 81 BetrVG Rz. 21; Fitting, § 81 BetrVG Rz. 28. | 7 Fitting, § 81 BetrVG Rz. 28; aA MünchArbR/v. Hoyningen-Huene, § 303 Rz. 13. | 8 DKK/Buschmann, § 81 BetrVG Rz. 21; Fitting, § 81 BetrVG Rz. 28. | 9 DKK/Buschmann, § 81 BetrVG Rz. 21; Löwisch/Kaiser, § 81 BetrVG Rz. 6. | 10 DKK/Buschmann, § 81 BetrVG Rz. 22. | 11 DKK/Buschmann, § 81 BetrVG Rz. 21; Fitting, § 81 BetrVG Rz. 28.

(2) Der Arbeitnehmer kann verlangen, dass ihm die Berechnung und Zusammensetzung seines Arbeitsentgelts erläutert und dass mit ihm die Beurteilung seiner Leistungen sowie die Möglichkeiten seiner beruflichen Entwicklung im Betrieb erörtert werden. Er kann ein Mitglied des Betriebsrats hinzuziehen. Das Mitglied des Betriebsrats hat über den Inhalt dieser Verhandlungen Stillschweigen zu bewahren, soweit es vom Arbeitnehmer im Einzelfall nicht von dieser Verpflichtung entbunden wird.

1   I. Vorbemerkung. § 82 ergänzt § 81 dahingehend, dass ein einzelner ArbN von sich aus die Initiative ergreifen kann, wenn es um **Informationen** über seine persönliche Stellung im Betrieb und seine berufliche Entwicklung geht. Darüber hinaus sind dem ArbN Berechnung und Zusammensetzung seines Arbeitsentgelts zu erläutern und seine Leistungen und Möglichkeiten der beruflichen Entwicklung im Betrieb zu erörtern (§ 82 Abs. 2). Die Norm will demgemäß die persönliche Initiative des ArbN und seine Mitarbeit fördern[1]. Die Regelung stellt klar, was schon ohne sie als Konkretisierung der Fürsorgepflicht des ArbGeb anerkannt war[2].

2   Die Vorschrift findet auch in Betrieben ohne BR Anwendung[3]. Der persönliche Geltungsbereich ist identisch mit dem des § 81 (vgl. § 81 Rz. 4). Die Rechte aus § 82 BetrVG können grundsätzlich **während der Arbeitszeit** ausgeübt werden, das Arbeitsentgelt ist weiterzuzahlen[4].

3   **II. Recht des ArbN auf Anhörung und Stellungnahme.** Nach § 82 Abs. 1 Satz 1 hat der ArbN das Recht, in betrieblichen Angelegenheiten, die seine Person betreffen, von den nach Maßgabe des organisatorischen Aufbaus des Betriebs hierfür zuständigen Personen gehört zu werden. Darüber hinaus ist er nach § 82 Abs. 1 Satz 2 berechtigt, zu Maßnahmen des ArbGeb, die ihn betreffen, Stellung zu nehmen sowie Vorschläge für die Gestaltung des Arbeitsplatzes und des Arbeitsablaufs zu machen.

4   **1. Anhörungsrecht (Abs. 1 Satz 1).** Das Anhörungsrecht besteht in **betrieblichen Angelegenheiten**, bei denen sich der ArbN an hierfür **zuständige Personen** wenden kann.

5   **a) Betriebliche Angelegenheiten.** Zu den betrieblichen Angelegenheiten, die den ArbN betreffen, gehören insb. Fragen, die mit seiner Arbeitsleistung zusammenhängen, sowie Fragen der betrieblichen Organisation und des Arbeitsablaufs, die Auswirkungen auf den Arbeitsbereich und die auszuübende Tätigkeit haben[5]. Der Begriff der „betrieblichen Angelegenheiten" ist weit zu verstehen. In Betracht kommen alle Angelegenheiten, die mit der Stellung des ArbN im Betrieb und seiner Funktion zusammenhängen[6]. Dazu gehören auch Angelegenheiten, die sich aus einer Tätigkeit des ArbN außerhalb des Betriebs ergeben[7]. Zu denken ist beispielsweise an betriebliche Umweltstöße, die auf der dem ArbN zugewiesenen Tätigkeit beruhen, sich aber außerhalb des Betriebs auswirken. Entscheidend ist, dass die Angelegenheiten mit der Stellung und der Arbeitsfunktion des ArbN zusammenhängen[8].

6   **Beispiel:** Nimmt der ArbN in seinem Arbeitsumfeld rechtswidrige Umweltpraktiken wahr, die sich außerhalb des Betriebs auswirken, steht ihm ein Anhörungsrecht nach § 82 Abs. 1 zu, weil der ArbN verpflichtet sein kann, dagegen einzuschreiten oder jedenfalls den ArbGeb zu informieren[9].

7   Die Beschränkung auf betriebliche Angelegenheiten verdeutlicht, dass **private Angelegenheiten** des ArbN, die keinen Bezug zum dienstlichen Bereich haben, von § 81 Abs. 1 Satz 1 nicht erfasst werden[10].

8   **b) Zuständigkeit.** Sachlich zuständig für das Anhörungsrecht ist zunächst der **unmittelbare Vorgesetzte** (Meister, Abteilungsleiter etc.)[11]. Soweit diese nicht selbst ermächtigt sind, über die vom ArbN vorgetragenen Anregungen zu befinden, sind sie zur Weiterleitung an die dafür zuständige Stelle verpflichtet[12].

9   **Hinweis:** Im Interesse einer klaren und eindeutigen Regelung, wer nach dem organisatorischen Aufbau des Betriebs im Einzelnen für die Anhörung der ArbN zuständig ist, sollte dies festgelegt und im Betrieb bekannt gemacht werden[13].

10 **c) Abhilfe.** Der ArbN hat nur Anspruch darauf, gehört zu werden, er hat keinen Anspruch darauf, dass eine Stellungnahme des ArbGeb erfolgt oder den Anregungen entsprochen wird.

11 Grundsätzlich ist für die Anhörung nach § 82 Abs. 1 Satz 1 nicht erforderlich, dass der ArbN sich beeinträchtigt fühlt[14]. Fühlt der ArbN sich durch betriebliche Maßnahmen beeinträchtigt und wünscht er Abhilfe, kann sein Vorbringen gegenüber den nach § 82 Abs. 1 Satz 1 genannten Personen als **Beschwerde** iSv. § 84 Abs. 1 anzusehen sein, so dass der ArbGeb den ArbN über die Behandlung der Beschwerde zu bescheiden hat (§ 84 Abs. 2, vgl. im Einzelnen § 84 Rz. 17). Ob eine Beschwerde iSv. § 84 Abs. 1 vorliegt, ist durch **Auslegung** zu ermitteln[15].

---

1 HSWG/*Hess*, § 82 BetrVG Rz. 1. | 2 *Fitting*, § 82 BetrVG Rz. 1; DKK/*Buschmann*, § 82 BetrVG Rz. 1. | 3 ErfK/*Kania*, § 82 BetrVG Rz. 1; *Fitting*, § 82 BetrVG Rz. 1. | 4 DKK/*Buschmann*, § 82 BetrVG Rz. 2; *Fitting*, § 82 BetrVG Rz. 2. | 5 *Fitting*, § 82 BetrVG Rz. 4; DKK/*Buschmann*, § 82 BetrVG Rz. 4. | 6 DKK/*Buschmann*, § 82 BetrVG Rz. 4; *Fitting*, § 82 BetrVG Rz. 4. | 7 GK-BetrVG/*Wiese*, § 82 Rz. 6. | 8 DKK/*Buschmann*, § 82 BetrVG Rz. 4. | 9 GK-BetrVG/*Wiese*, § 82 Rz. 6. | 10 *Hennige* in Tschöpe, Arbeitsrecht, Teil 4 A Rz. 382; Richardi/*Richardi/Thüsing*, § 82 BetrVG Rz. 5. | 11 DKK/*Buschmann*, § 82 BetrVG Rz. 2; *Fitting*, § 82 BetrVG Rz. 4. | 12 *Weiss/Weyand*, § 82 BetrVG Rz. 2; *Löwisch/Kaiser*, § 82 BetrVG Rz. 1. | 13 GK-BetrVG/*Wiese*, § 82 Rz. 7. | 14 ErfK/*Kania*, § 82 BetrVG Rz. 5; GK-BetrVG/*Wiese*, § 82 Rz. 5. | 15 DKK/*Buschmann*, § 82 BetrVG Rz. 4; *Fitting*, § 82 BetrVG Rz. 6.

Im Rahmen des § 82 Abs. 1 Satz 1 hat der ArbGeb nur die vorgetragenen Gründe zu prüfen und zu erwägen, seine **Entscheidungskompetenz** wird durch die Anhörungspflicht nicht berührt[1]. 12

Wird eine Anhörung abgelehnt, hat der ArbN das Recht, sich an den BR zu wenden, der Anregungen gemäß § 80 Abs. 1 Nr. 3 weiterverfolgen kann (vgl. § 80 Rz. 44 ff.)[2]. Unberührt von § 80 Abs. 1 bleibt auch das Recht des ArbN, sich beim BR zu beschweren, der wiederum, wenn er die Beschwerde für berechtigt erachtet, beim ArbGeb auf Abhilfe hinzuwirken hat (vgl. zur Behandlung von Beschwerden durch den BR im Einzelnen § 85 Rz. 1 ff.). 13

2. Stellungnahme (Abs. 1 Satz 2). Neben dem Recht auf Anhörung gibt § 82 Abs. 1 Satz 2 dem ArbN das Recht, zu Maßnahmen des ArbGeb Stellung zu nehmen, die Auswirkungen auf seinen betrieblichen Arbeitsbereich oder seine persönliche Stellung im Betrieb haben. Das gilt auch, wenn der ArbN sich nicht beeinträchtigt fühlt[3]. 14

Die Vorschläge können sich auf alle Aspekte der Arbeitsplatzgestaltung und des Arbeitsablaufs beziehen, wie beispielsweise auf Fragen des Arbeits-, Gesundheits- und Umweltschutzes, auf die Herbeiführung einer menschengerechten Arbeitsplatzgestaltung und der Verbesserung des Betriebsablaufs[4]. Dem ArbN wird durch das Recht zur Stellungnahme **kein MitbestR** eingeräumt[5], jedoch können, falls der ArbN Anregungen beim BR vorbringt und dieser die Anregungen aufnimmt, mitbestimmungspflichtige Tatbestände erfüllt sein, bei denen der BR ggf. über den Spruch einer Einigungsstelle eine Regelung herbeiführen kann. 15

Hinweis: Bei dem Recht zur Stellungnahme handelt es sich an sich um eine Selbstverständlichkeit[6]. Abgesehen von Ausnahmefällen (zB Querulanten) ist der ArbGeb letztendlich gut beraten, auf die Anregungen und Stellungnahmen der ArbN zumindest einzugehen, um das Engagement der ArbN für den Betrieb und das Unternehmen zu erhöhen[7]. 16

Unberührt von § 82 Abs. 1 Satz 2 bleibt das Beschwerderecht des ArbN gegenüber ArbGeb und BR sowie eventuell ein Tätigwerden des BR (vgl. im Einzelnen Rz. 11 ff.). 17

III. Erläuterungen des Arbeitsentgelts, Erörterung der Leistung und der beruflichen Entwicklung (Abs. 2). Über das Anhörungsrecht nach § 82 Abs. 1 hinaus kann der ArbN nach § 82 Abs. 2 Satz 1 verlangen, dass ihm die Berechnung und Zusammensetzung seines Arbeitsentgelts erläutert und dass mit ihm die Beurteilung seiner Leistungen sowie die Möglichkeiten seiner beruflichen Entwicklung im Betrieb erörtert werden. 18

1. Berechnung und Zusammensetzung des Arbeitsentgelts (Abs. 2 Satz 1 Alt. 1). Der ArbN hat einen Anspruch darauf, dass ihm die Berechnung und Zusammensetzung seines Arbeitsentgelts erläutert wird. Unberührt von diesem **Individualrecht** kann der BR nach Maßgabe des § 80 Abs. 2 Satz 2 Einblick in die Listen der **Bruttolöhne und -gehälter** nehmen[8]. 19

a) Arbeitsentgelt. Unter dem Begriff des „Arbeitsentgelts" ist die Gesamtheit der dem ArbN zustehenden Bezüge zu verstehen, also Lohn, Gehalt, Sachleistungen, Zulagen, Auslösungen, Prämien, Provisionen, Tantiemen, Gratifikationen, Gewinn- und Ergebnisbeteiligungen sowie vermögenswirksame Leistungen[9]. Der ArbN hat einen Anspruch darauf, dass ihm das Arbeitsentgelt **der Höhe nach** erläutert wird (Bruttolohn und dessen Berechnung, zB unter Berücksichtigung der tariflichen Eingruppierung, der vergüteten Arbeitszeit oder der Elemente des Leistungslohns, Abzüge, Nettolohn)[10]. Die Vorschrift gewinnt angesichts der zunehmenden Verwendung von **Datenverarbeitungsanlagen** für die Berechnung von Löhnen und Gehältern an Bedeutung. Wichtig ist die Aufklärung über die verschlüsselten Angaben auf Lohn- und Gehaltsstreifen oder -zetteln bei Verwendung von Datenverarbeitungsanlagen. Die ArbN müssen die Möglichkeit haben, diese zu entschlüsseln und zu verstehen[11]. 20

Ggf. müssen dem ArbN auch die **Rechtsgrundlagen** mitgeteilt werden, nach denen sich sein Arbeitsentgelt berechnet (Gesetz, TV, BV, Arbeitsvertrag, Freiwilligkeit)[12]. Dies kann erforderlich sein, wenn nur anhand der Rechtsgrundlage die ordnungsgemäße Berechnung des Arbeitsentgelts sowohl dem Grund wie auch der Höhe nach nachvollziehbar ist[13]. 21

b) Kein konkreter Anlass. Der Erläuterungsanspruch kann grundsätzlich jederzeit ohne konkreten Anlass geltend gemacht werden[14]. Jedoch hat der ArbN aufgrund seiner Treuepflicht auf die betrieblichen Bedürfnisse Rücksicht zu nehmen. Der Anspruch darf nicht zur **Unzeit** oder, sofern nicht besondere Gründe vorliegen, in **unangemessenen Zeitabständen** geltend gemacht werden[15]. 22

---

1 HSWG/*Hess*, § 82 BetrVG Rz. 2; GK-BetrVG/*Wiese*, § 82 Rz. 8. | 2 *Fitting*, § 82 BetrVG Rz. 6. | 3 *Fitting*, § 82 BetrVG Rz. 7; GK-BetrVG/*Wiese*, § 82 Rz. 10. | 4 DKK/*Buschmann*, § 82 BetrVG Rz. 5. | 5 ErfK/*Kania*, § 82 BetrVG Rz. 4. | 6 Richardi/*Richardi/Thüsing*, § 82 BetrVG Rz. 6. | 7 *Weiss/Weyand*, § 82 BetrVG Rz. 3. | 8 Vgl. BAG v. 18.9.1973 – 1 ABR 17/73, AP Nr. 4 zu § 80 BetrVG 1972 unter III. 7. d.Gr. | 9 *Hennige* in Tschöpe, Arbeitsrecht, Teil 4 A Rz. 384. | 10 DKK/*Buschmann*, § 82 BetrVG Rz. 6; *Fitting*, § 82 BetrVG Rz. 9. | 11 DKK/*Buschmann*, § 82 BetrVG Rz. 7; *Fitting*, § 82 BetrVG Rz. 9. | 12 GK-BetrVG/*Wiese*, § 82 Rz. 13; *Hennige* in Tschöpe, Arbeitsrecht, Teil 4 A Rz. 386. | 13 GK-BetrVG/*Wiese*, § 82 Rz. 13. | 14 GK-BetrVG/*Wiese*, § 82 Rz. 12; DKK/*Buschmann*, § 82 BetrVG Rz. 6. | 15 GK-BetrVG/*Wiese*, § 82 Rz. 17.

23 2. **Beurteilung der Leistung (Abs. 2 Satz 1 Alt. 2).** Der ArbN kann ohne konkreten Anlass (vgl. dazu Rz. 22) vom ArbGeb die Beurteilung seiner Leistung verlangen. Zweck ist, dass er seine Situation realistisch einschätzen können soll[1].

24 Der ArbGeb darf Eignung, Befähigung und fachliche Leistung der bei ihm beschäftigten ArbN beurteilen und die Beurteilung in den Personalakten festhalten[2]. Findet sich eine **schriftliche Beurteilung** in der Personalakte, kann der ArbN diese nach § 83 einsehen und seine Gegendarstellung zur Personalakte geben (vgl. im Einzelnen § 83 Rz. 1 ff.). Existiert eine Beurteilung, ist diese dem ArbN zur Kenntnis zu geben und auf Verlangen zu begründen, wozu die Angabe von Tatsachen gehört, die eine ungünstige Beurteilung rechtfertigen[3]. Fragen des ArbN sind so zu beantworten. Er hat keinen Anspruch auf Aushändigung einer schriftlichen Leistungsbeurteilung[4].

25 Die Zuständigkeit richtet sich nach der betrieblichen Organisation[5]. Im Zweifel sind diejenigen Vorgesetzten zuständig, die den ArbN zu beurteilen haben[6].

26 3. **Möglichkeiten der beruflichen Entwicklung (Abs. 2 Satz 1 Alt. 3).** Die weitere berufliche Entwicklung im Betrieb ist mit dem ArbN zu erörtern. Auch dies dient der Information des ArbN und der – realistischen – Einschätzung seiner Situation. Die Erörterung hat daher möglichst umfassend unter Berücksichtigung seiner Leistungen, der betrieblichen Berufsbildungsmaßnahmen (§§ 96 ff.) und Personalüberlegungen zu erfolgen[7]. Dazu gehören die **Sicherung des Arbeitsplatzes** bei Rationalisierungsmaßnahmen, Aufstiegsmöglichkeiten, Übertragung neuer Verantwortungen, Auswirkungen der Einführung neuer Technologien (zB Bildschirmarbeit, computerunterstütztes Konstruieren)[8].

27 Dieses **Erörterungsrecht** besteht, ohne dass ein konkreter Anlass gegeben sein muss (vgl. Rz. 22). Die **Zuständigkeit** richtet sich nach der betrieblichen Organisation, im Zweifel ist eine für die berufliche Entwicklung kompetente Person zuständig[9].

28 Auf verbindliche **Zusagen** im Rahmen eines solchen Gesprächs besteht kein Anspruch, wird dagegen vom ArbGeb oder von seinem zuständigen Vertreter eine Zusage erteilt, ist diese verbindlich[10].

29 **Hinweis:** Zu Beweissicherungs- und Dokumentationszwecken sollte eine Zusage schriftlich festgehalten werden.

30 4. **Beteiligung eines Betriebsratsmitglieds (Abs. 2 Satz 2 und Satz 3).** Das in § 82 Abs. 2 Satz 1 geregelte Recht, mit dem ArbGeb die dort genannten Themen zu erörtern, betrifft nur das Verhältnis zwischen ArbGeb und ArbN. Die in § 82 Abs. 2 Satz 2 eröffnete **Unterstützungsmöglichkeit** des ArbN durch ein Betriebsratsmitglied seines Vertrauens dient damit allein einem **Individualrecht des Arbeitnehmers**. Das Betriebsratsmitglied soll auf **Wunsch** des ArbN teilnehmen, um diesem bei der Vorbereitung und Durchführung des Gesprächs beratend zur Seite zu stehen. Dabei kann es für den ArbN im Einzelfall darauf ankommen, ein intellektuelles Übergewicht des ArbGeb auszugleichen, indem das Betriebsratsmitglied aktiv in das Gespräch durch Vorschläge und Fragestellungen eingreift oder nur als Zeuge des ArbN bei der Unterredung zugegen ist[11].

31 Es besteht **kein Anspruch des einzelnen BR-Mitglieds** auf Teilnahme an einem Gespräch zwischen ArbGeb und ArbN[12]. Wird auf Wunsch des ArbN ein BR-Mitglied zu dem Gespräch hinzugezogen, darf es sich aktiv an dem Gespräch beteiligen, selbst Fragen stellen und Vorschläge machen[13]. Die Auswahl des BR-Mitglieds bleibt grundsätzlich der Entscheidung des ArbN überlassen, so dass der BR nicht durch Beschluss festlegen kann, wer von den BR-Mitgliedern diese Aufgabe wahrnimmt[14]. Allerdings hat der ArbN keinen Anspruch auf ein **bestimmtes Verhalten** des BR-Mitglieds im Rahmen des Gesprächs[15].

32 **Hinweis:** Es ist aus ArbN-Sicht empfehlenswert, vor solchen Gesprächen mit dem hinzugezogenen BR-Mitglied das Verhalten in dem bevorstehenden Gespräch zu besprechen und damit letztendlich dessen Verlauf zu planen.

33 Das Teilnahmerecht eines BR-Mitglieds besteht auch dann, wenn die **Initiative** zu einem Gespräch nach § 82 Abs. 2 Satz 1 nicht vom ArbN, sondern vom ArbGeb ausgeht[16]. Der ArbGeb muss die Wahl des ArbN hinsichtlich des teilnehmenden BR-Mitglieds akzeptieren. Das BR-Mitglied hat dem Verlangen des ArbN auf Teilnahme zu entsprechen[17].

---

1 GK-BetrVG/*Wiese*, § 82 Rz. 15. | 2 Vgl. BAG v. 28.3.1979 – 5 AZR 80/77, AP Nr. 3 zu § 75 BPersVG. | 3 Vgl. BAG v. 28.3.1979 – 5 AZR 80/77, AP Nr. 3 zu § 75 BPersVG. | 4 DKK/*Buschmann*, § 82 BetrVG Rz. 11; *Fitting*, § 82 BetrVG Rz. 10. | 5 Richardi/*Richardi/Thüsing*, § 82 BetrVG Rz. 13; Löwisch/Kaiser, § 82 BetrVG Rz. 3. | 6 GK-BetrVG/*Wiese*, § 82 Rz. 17; DKK/*Buschmann*, § 82 BetrVG Rz. 9. | 7 GK-BetrVG/*Wiese*, § 82 Rz. 18. | 8 *Fitting*, § 82 BetrVG Rz. 10. | 9 DKK/*Buschmann*, § 82 BetrVG Rz. 9. | 10 *Fitting*, § 82 BetrVG Rz. 11; DKK/*Buschmann*, § 82 BetrVG Rz. 11. | 11 Vgl. BAG v. 23.2.1984 – 6 ABR 22/81, AP Nr. 2 zu § 82 BetrVG 1972. | 12 Vgl. BAG v. 23.2.1984 – 6 ABR 22/81, AP Nr. 2 zu § 82 BetrVG 1972. | 13 DKK/*Buschmann*, § 82 BetrVG Rz. 13; *Fitting*, § 82 BetrVG Rz. 12. | 14 *Fitting*, § 82 BetrVG Rz. 12; GK-BetrVG/*Wiese*, § 82 Rz. 20. | 15 *Fitting*, § 82 BetrVG Rz. 12; DKK/*Buschmann*, § 82 BetrVG Rz. 13. | 16 Vgl. BAG v. 24.4.1979 – 6 AZR 69/77, AP Nr. 1 zu § 82 BetrVG 1972. | 17 *Fitting*, § 82 BetrVG Rz. 12; DKK/*Buschmann*, § 82 BetrVG Rz. 13.

Nach § 82 Abs. 2 Satz 3 hat das BR-Mitglied über den Inhalt der Verhandlungen **Stillschweigen** zu bewahren, soweit es vom ArbN im Einzelfall nicht von dieser Verpflichtung entbunden wird. Die Verschwiegenheitspflicht gilt auch gegenüber dem BR und den anderen BR-Mitgliedern, weil nicht der BR als solcher, sondern das BR-Mitglied **persönlich** hinzugezogen wird[1]. 34

IV. Streitigkeiten. Ansprüche nach § 82 sind im arbeitsgerichtlichen **Urteilsverfahren** einklagbar (§§ 2 Abs. 1 Nr. 3a, Abs. 5 iVm. 46 ff. ArbGG). Gleiches gilt für den Anspruch des ArbN auf Teilnahme eines BR-Mitglieds an Gesprächen nach § 82 Abs. 1 Satz 1[2]. Das BR-Mitglied selbst hat keinen einklagbaren Anspruch auf Teilnahme[3]. 35

Kommt ein BR-Mitglied seiner Pflicht zur Teilnahme nicht nach, so liegt eine Amtspflichtverletzung vor, die bei einem groben Verstoß zur Amtsenthebung durch Beschluss des ArbG berechtigt (§ 23 Abs. 1). Zuständig ist das ArbG, das im **Beschlussverfahren** entscheidet (§§ 2a Abs. 1 Nr. 1, Abs. 2 iVm. 80 ff. ArbGG). Verstößt ein BR-Mitglied gegen die Verschwiegenheitspflicht des § 82 Abs. 2 Satz 3, hat der betroffene ArbN einen Schadensersatzanspruch aus § 823 Abs. 2 BGB, denn § 82 Abs. 2 Satz 3 ist ein Schutzgesetz iSv. § 823 Abs. 2 BGB zugunsten des ArbN[4]. Über eine solche Schadensersatzklage entscheidet das ArbG im Urteilsverfahren, da es sich um eine Streitigkeit zwischen ArbN aus einer unerlaubten Handlung handelt, die mit dem Arbeitsverhältnis im Zusammenhang steht (§§ 2 Abs. 1 Nr. 9, Abs. 5 iVm. 46 ff. ArbGG). 36

Verletzt das BR-Mitglied, das an einem Gespräch zwischen ArbN und ArbGeb teilgenommen hat, seine Schweigepflicht nach § 82 Abs. 2 Satz 3, kann der Straftatbestand des § 120 Abs. 2 verwirklicht sein. Die Tat wird nur auf Antrag des ArbN verfolgt (§ 120 Abs. 5 Satz 1). 37

83 Einsicht in die Personalakten

(1) Der Arbeitnehmer hat das Recht, in die über ihn geführten Personalakten Einsicht zu nehmen. Er kann hierzu ein Mitglied des Betriebsrats hinzuziehen. Das Mitglied des Betriebsrats hat über den Inhalt der Personalakte Stillschweigen zu bewahren, soweit es vom Arbeitnehmer im Einzelfall nicht von dieser Verpflichtung entbunden wird.

(2) Erklärungen des Arbeitnehmers zum Inhalt der Personalakte sind dieser auf sein Verlangen beizufügen.

I. Vorbemerkung. § 83 gibt allen ArbN (zum persönlichen Geltungsbereich vgl. § 81 Rz. 4) das Recht, jederzeit Einsicht in die Personalakten zu nehmen und diesen Erklärungen beizufügen. Es handelt sich um ein **Individualrecht**, das aus diesem Grunde auch unabhängig von der Existenz eines BR oder der BR-Fähigkeit des Betriebs besteht[5]. 1

Für leitende Angestellte ergibt sich das Recht zur Einsicht in die Personalakten aus § 26 Abs. 2 SprAuG, für Beamte ist das Akteneinsichtsrecht in § 90 BBG geregelt, für ArbN des öffentlichen Dienstes enthält § 13 BAT entsprechende Vorschriften. 2

Zweck der Vorschrift ist es, dass der ArbN seine Position im Betrieb und Unternehmen realistisch einschätzen kann. Ferner würden die Anhörungs- und Erörterungsrechte sowie die Beschwerderechte weitgehend leer laufen, wenn der ArbN nicht überprüfen könnte, wie sich diese Vorgänge längerfristig auf seine Position auswirken[6]. 3

II. Einsichtsrecht (Abs. 1). Nach § 83 Abs. 1 Satz 1 hat der ArbN das Recht, in die über ihn geführten Personalakten Einsicht zu nehmen. Er kann hierzu gemäß § 83 Abs. 1 Satz 2 ein Mitglied des BR hinzuziehen, das über den Inhalt der Personalakte Stillschweigen zu bewahren hat. 4

1. Begriff der Personalakte. Zu unterscheiden ist zwischen **materiellen** und **formellen** Personalakten. Diese Unterscheidung ergibt sich aus dem durch das Gesetz nicht näher umschriebenen Begriff der Personalakte. Personalakten sind nach der ständigen Rspr. des BAG eine Sammlung von Urkunden und Vorgängen, die die persönlichen und dienstlichen Verhältnisse des ArbN betreffen und in einem inneren Zusammenhang mit dem Arbeitsverhältnis stehen. Sie sollen ein möglichst vollständiges, wahrheitsgemäßes und sorgfältiges Bild über die persönlichen und dienstlichen Verhältnisse des ArbN geben. Dabei ist es unerheblich, wie der ArbGeb einen Vorgang, der zu den Personalakten gehört, bezeichnet und wo und wie er ihn führt und aufbewahrt. Allein entscheidend ist der Inhalt des Vorgangs. Erfüllt dieser die begrifflichen Merkmale einer Personalakte, ist der Vorgang als Personalakte zu qualifizieren[7]. 5

Von diesem **materiellen Personalaktenbegriff** ist der **formelle Personalaktenbegriff** zu unterscheiden. Unter formellen Personalakten sind diejenigen Schriftstücke und Unterlagen zu verstehen, die der ArbGeb als Personalakten führt oder diesen als Bei-, Neben- oder Sonderakten zuordnet. Auch für die formellen Personalakten gilt der Grundsatz, dass sie ein möglichst vollständiges, wahrheitsgemä- 6

---

1 DKK/*Buschmann*, § 82 BetrVG Rz. 13. |2 Vgl. BAG v. 24.4.1979 – 6 AZR 69/77, AP Nr. 1 zu § 82 BetrVG 1972. |3 Vgl. BAG v. 23.2.1984 – 6 ABR 22/81, AP Nr. 2 zu § 82 BetrVG 1972. |4 Richardi/*Richardi/Thüsing*, § 82 BetrVG Rz. 17. |5 *Fitting*, § 83 BetrVG Rz. 1; DKK/*Buschmann*, § 83 BetrVG Rz. 1. |6 MünchArbR/*v. Hoyningen-Huene*, § 303 Rz. 37. |7 BAG v. 7.5.1980 – 4 AZR 214/78, ArbuR 1981, 124.

ßes und sorgfältiges Bild über die persönlichen und dienstlichen Verhältnisse des ArbN geben sollen. Sie sind dazu bestimmt, Grundlage für Beurteilungen und Auskünfte des ArbGeb über den ArbN zu sein. Nach der allgemeinen Fürsorgepflicht hat der ArbGeb sich für die Belange des ArbN einzusetzen, auf dessen Wohl bedacht zu sein und alles zu unterlassen, was den berechtigten Interessen des ArbN schaden könnte[1]. Dieser Pflicht wird der ArbGeb nur gerecht, wenn er für Vollständigkeit und Richtigkeit der Personalakten sorgt. Daraus folgt, dass der ArbGeb **alle Personalakten** im materiellen Sinn zu den formellen Personalakten zu nehmen hat. Hierauf hat der ArbN einen einklagbaren Anspruch. Dieser Anspruch besteht unabhängig davon, dass der ArbN auch dann auf Einsicht in materielle Personalakten klagen kann, wenn sie vom ArbGeb nicht in den formellen Personalakten aufbewahrt werden[2].

7 Zu den Personalakten zählen neben dem Arbeitsvertrag alle für den Betrieb wissenswerten Angaben zur Person des ArbN (zB Personenstand, Berufsbildung, berufliche Entwicklung, Fähigkeiten, Leistung, Anerkennung, Beurteilungen aller Art, graphologische Gutachten, Testergebnisse, Abmahnungen, Betriebsbußen, Krankheiten, Urlaub, Pfändungen und Abtretungen)[3].

8 **2. Führung der Personalakte.** Über die Art und Weise der Anlegung von Personalakten enthält § 83 keine Aussage. Hierüber entscheidet allein der ArbGeb: **Form** und **System** etwaiger Personalakten iSv. § 83 obliegen ihm[4]. Genauso kann der ArbGeb aber die Entscheidung treffen, **keine** Personalakten anzulegen, er ist dazu gesetzlich nicht verpflichtet[5].

9 Personalakten können in herkömmlicher Form schriftlich, aber auch elektronisch geführt werden[6]. Da **keine Pflicht zur Führung** von Personalakten besteht, gilt nicht – anders als im öffentlichen Dienst – der Grundsatz der Vollständigkeit der Personalakten[7]. Daher steht es grundsätzlich dem ArbGeb frei, welche Unterlagen er in die Personalakten aufnimmt. Voraussetzung ist dabei, dass der ArbGeb die in den Personalakten enthaltenen Angaben **rechtmäßig** erlangt hat, er muss an ihnen ein **sachliches Interesse** haben[8]. Verneint wurde dies beispielsweise im Hinblick auf die Aufnahme eines Strafurteils in die Personalakte, das gegen einen ArbN im öffentlichen Dienst wegen einer außerdienstlichen Verfehlung ergangen war[9]. Nicht zu den Personalakten gehören Prozessakten aus anhängigen Rechtsstreitigkeiten zwischen ArbGeb und ArbN[10]. Darüber hinaus gehören nicht zu den Personalakten Aufzeichnungen des Betriebsarztes („Befundbogen"), die dem ArbGeb aufgrund der in § 8 Abs. 1 Satz 3 ASiG normierten ärztlichen Schweigepflicht nicht zugänglich sind[11].

10 Den ArbGeb trifft eine **Aufbewahrungspflicht** dahingehend, dass er die Personalakten vor dem Zugriff und der Einsichtnahme Dritter schützen muss. Wird diese Pflicht verletzt, liegt regelmäßig ein Eingriff in das allgemeine Persönlichkeitsrecht vor. Dies gilt ausnahmsweise dann nicht, wenn die Einsichtnahme Dritter keine Nachteile verursacht hat und aus Sicht des ArbGeb auch den Interessen des ArbN dienen sollte[12].

11 **3. Einsichtsrecht des ArbN (Abs. 1 Satz 1).** Nach § 83 Abs. 1 Satz 1 hat der ArbN das Recht, in die Personalakte Einsicht zu nehmen. Das bedeutet, dass er Einblick nicht nur in die „eigentliche" Personalakte, sondern in alle sonstigen Neben- oder Beiakten, die der ArbGeb über ihn führt, nehmen kann. Das Führen von **Geheimakten** ist unzulässig[13]. Das Einsichtsrecht bezieht sich demnach auch auf Aufzeichnungen, die außerhalb der „eigentlichen" Personalakte geführt und aufbewahrt werden. Sind die Angaben kodiert (zB solche auf elektronischen Datenträgern), sind diese lesbar zu machen und ggf. zu erläutern[14]. Der ArbN kann sich **Notizen** machen, er darf – sofern im Betrieb die Möglichkeit besteht – auf seine Kosten **Fotokopien** aus den Akten fertigen[15].

12 Darüber hinaus ist das Einsichtsrecht **kostenlos**. Es besteht **jederzeit** während der **Arbeitszeit** an dem **Ort**, an dem die Personalakten verwahrt werden[16]. Bei der Einsichtnahme hat der ArbN jedoch aufgrund seiner Treuepflicht (§ 242 BGB) auf die betrieblichen Verhältnisse Rücksicht zu nehmen und darf das Recht nicht zur **Unzeit** oder in **unangemessen kurzen Zeitabständen** ausüben[17].

13 Das Recht zur Einsicht in die Personalakten ist **höchstpersönlich**, so dass eine Bevollmächtigung Dritter zur Einsichtnahme nur dann in Betracht kommt, wenn der ArbN über längere Zeit an einer

---

1 Vgl. BAG v. 9.2.1977 – 5 AZR 2/76, AP Nr. 83 zu § 611 BGB – Fürsorgepflicht. | 2 BAG v. 7.5.1980 – 4 AZR 214/78, ArbuR 1981, 124. | 3 *Fitting*, § 83 BetrVG Rz. 4; DKK/*Buschmann*, § 83 BetrVG Rz. 3. | 4 GK-BetrVG/*Wiese*, § 83 Rz. 17; *Löwisch/Kaiser*, § 83 BetrVG Rz. 2. | 5 MünchArbR/*v. Hoyningen-Huene*, § 303 Rz. 39; GK-BetrVG/*Wiese*, § 83 Rz. 16. | 6 GK-BetrVG/*Wiese*, § 83 Rz. 17. | 7 GK-BetrVG/*Wiese*, § 83 Rz. 17; Richardi/*Richardi/Thüsing*, § 83 BetrVG Rz. 13. | 8 LAG Nds. v. 10.7.1980 – 6 Sa 35/80, AP Nr. 35 zu § 611 BGB – Fürsorgepflicht; ErfK/*Kania*, § 83 BetrVG Rz. 2; DKK/*Buschmann*, § 83 BetrVG Rz. 3. | 9 Vgl. BAG v. 9.2.1977 – 5 AZR 2/76, AP Nr. 83 zu § 611 BGB – Fürsorgepflicht. | 10 BAG v. 8.4.1992 – 5 AZR 101/91, RDV 1993, 171. | 11 *Fitting*, § 83 BetrVG Rz. 6; DKK/*Buschmann*, § 83 BetrVG Rz. 3. | 12 Vgl. BAG v. 18.12.1984 – 3 AZR 389/83, AP Nr. 8 zu § 611 BGB – Persönlichkeitsrecht (Arbeitsvertrag und Personalkreditvertrag wurden einem anderen ArbGeb gezeigt, bei dem der ArbN sich bewerben wollte). | 13 *Fitting*, § 83 BetrVG Rz. 5; DKK/*Buschmann*, § 83 BetrVG Rz. 2. | 14 MünchArbR/*v. Hoyningen-Huene*, § 303 Rz. 41; GK-BetrVG/*Wiese*, § 83 Rz. 34. | 15 LAG Nds. v. 31.3.1981 – 2 Sa 79/80, DB 1981, 1623; *Fitting*, § 83 BetrVG Rz. 11; ErfK/*Kania*, § 83 BetrVG Rz. 4. | 16 Richardi/*Richardi/Thüsing*, § 83 BetrVG Rz. 19 und 21. | 17 GK-BetrVG/*Wiese*, § 83 Rz. 33; MünchArbR/*v. Hoyningen-Huene*, § 303 Rz. 41.

persönlichen Einsichtnahme gehindert ist (zB durch Krankheit)¹. Das BetrVG sieht lediglich vor, dass der ArbN ein Mitglied des BR hinzuziehen kann. Deshalb kann gegen den Willen des ArbGeb – abgesehen von einer längeren Verhinderung des ArbN als Ausnahmefall – das Einsichtsrecht nicht von einem Bevollmächtigten ausgeübt werden².

Die Einzelheiten des Einsichtsrechts können in einer BV geregelt werden, wobei streitig ist, ob der Regelungsgegenstand der erzwingbaren Mitbest. nach § 87 Abs. 1 Nr. 1 unterliegt³. **14**

4. Hinzuziehung eines BR-Mitglieds (Abs. 1 Satz 2 und Satz 3). Der ArbN kann nach § 83 Abs. 1 Satz 2 ein Mitglied des BR zur Einsichtnahme hinzuziehen. Nimmt der ArbN dieses Recht wahr, kann das BR-Mitglied Einsicht in demselben Umfang nehmen wie der betreffende ArbN⁴. Das Recht des ArbN auf Hinzuziehung eines BR-Mitglieds begründet **kein Recht des BR** auf Einsicht in die Personalakten als solche⁵. Das vom ArbN gewünschte BR-Mitglied kann sich dieser Unterstützungsfunktion nur entziehen, wenn es wichtige Gründe geltend machen kann⁶. Über den Inhalt der Personalakten hat das BR-Mitglied **Stillschweigen** zu bewahren, soweit es vom ArbN im Einzelfall nicht von dieser Verpflichtung entbunden wird (§ 83 Abs. 1 Satz 3). Die Vorschriften des BetrVG über die Schweigepflicht gehen im Rahmen ihres Geltungsbereichs den Vorschriften des BDSG vor (§ 1 Abs. 4 Satz 1 BDSG). **15**

Schwerbehinderte Menschen haben das Recht, bei Einsicht in die über sie geführten Personalakten oder sie betreffenden Daten die Schwerbehindertenvertretung hinzuzuziehen (§ 95 Abs. 3 Satz 1 SGB IX). **16**

5. Beginn und Ende des Einsichtsrechts. Das Recht auf Einsichtnahme in die Personalakten besteht vom Beginn bis zur Beendigung des Arbeitsverhältnisses. Aus der **nachwirkenden Fürsorgepflicht** kann sich ein Recht des ArbN auf Einsicht in seine Personalakte nach Beendigung des Arbeitsverhältnisses ergeben. Voraussetzung ist, dass der ArbN ein berechtigtes Interesse darlegt (zB Altersversorgung, Zeugnis oÄ)⁷. Allerdings dürfen angesichts der Anerkennung des informationellen Selbstbestimmungsrechts durch das BVerfG an die Darlegung des berechtigten Interesses keine allzu hohen Anforderungen gestellt werden⁸. **17**

III. Erklärungen des ArbN zur Personalakte (Abs. 2). Nach § 83 Abs. 2 sind bei Verlangen des ArbN dessen Erklärungen der Personalakte beizufügen. Damit wird dem Umstand Rechnung getragen, dass auch der ArbN ein Interesse an der Dokumentation bestimmter Vorgänge hat. § 83 Abs. 2 enthält aber nur ein **Gegenerklärungsrecht**, durch das unrichtige oder abwertende Angaben über die Person des ArbN nicht neutralisiert werden. Der ArbGeb hat aber das allgemeine Persönlichkeitsrecht in Bezug auf Ansehen, soziale Geltung und berufliches Fortkommen zu beachten. Das Persönlichkeitsrecht des ArbN wird durch unrichtige, das berufliche Fortkommen berührende Tatsachenbehauptungen beeinträchtigt. Der ArbN kann daher in entsprechender Anwendung der §§ 242, 1004 BGB bei einem objektiv rechtswidrigen Eingriff in das Persönlichkeitsrecht in Form von unzutreffenden oder abwertenden Äußerungen deren Widerruf oder Beseitigung verlangen⁹. **18**

Daraus folgt, dass der ArbN nicht nur **Gegenerklärungen** zur Personalakte geben kann, sondern, gestützt auf die §§ 242, 1004 BGB analog, die **Entfernung** von unzutreffenden oder abwertenden Äußerungen aus der Personalakte verlangen kann. Dazu gehört das Recht auf Entfernung einer unzutreffenden **Abmahnung**¹⁰. Dies gilt auch dann, wenn in einem Abmahnungsschreiben mehrere Pflichtverletzungen gleichzeitig gerügt werden, jedoch nur einige Pflichtverletzungen zutreffen. In diesem Fall kann die Herausnahme der vollständigen Abmahnung aus der Personalakte verlangt werden¹¹. Der Anspruch auf Entfernung der Abmahnung aus der Personalakte besteht regelmäßig nur bis zur Beendigung des Arbeitsverhältnisses. Nach Beendigung des Arbeitsverhältnisses ist die Abmahnung nur dann aus der Personalakte zu entfernen, wenn **objektive Anhaltspunkte** dafür vorhanden sind, dass die Abmahnung dem ArbN noch nach Beendigung des Arbeitsverhältnisses schaden kann. Dafür ist der ArbN darlegungs- und beweispflichtig¹². **19**

IV. Verhältnis zum BDSG. Die Personalakte wird im Normalfall nicht dem Schutzbereich des BDSG unterliegen¹³. Nur wenn eine **automatisierte Verarbeitung** iSv. § 3 Abs. 2 BDSG vorliegt, kommt das Ein- **20**

---

1 *Hennige* in Tschöpe, Arbeitsrecht, Teil 4 A Rz. 395; MünchArbR/*v. Hoyningen-Huene*, § 303 Rz. 42; GK-BetrVG/*Wiese*, § 83 Rz. 37; Richardi/*Richardi/Thüsing*, § 83 BetrVG Rz. 27; aA *Fitting*, § 83 BetrVG Rz. 12; HSWG/*Hess*, § 83 BetrVG Rz. 18; DKK/*Buschmann*, § 83 BetrVG Rz. 7; ErfK/*Kania*, § 83 BetrVG Rz. 4 (grundsätzliche Möglichkeit einer Bevollmächtigung ohne Einschränkung auf Ausnahmefälle). | 2 Richardi/*Richardi/Thüsing*, § 83 BetrVG Rz. 27; GK-BetrVG/*Wiese*, § 83 Rz. 37. | 3 Für freiwillige Betriebsvereinbarung ErfK/*Kania*, § 83 BetrVG Rz. 4; für erzwingbare Mitbest. nach § 87 Abs. 1 Nr. 1 GK-BetrVG/*Wiese*, § 83 Rz. 33; Richardi/*Richardi/Thüsing*, § 83 BetrVG Rz. 24; DKK/*Buschmann*, § 83 BetrVG Rz. 7; *Fitting*, § 83 BetrVG Rz. 13. | 4 DKK/*Buschmann*, § 83 BetrVG Rz. 10; *Fitting*, § 83 BetrVG Rz. 41. | 5 GK-BetrVG/*Wiese*, § 83 Rz. 45 mzN. | 6 DKK/*Buschmann*, § 83 BetrVG Rz. 9; ErfK/*Kania*, § 83 BetrVG Rz. 7. | 7 *Fitting*, § 83 BetrVG Rz. 8. | 8 BAG v. 11.5.1994 – 5 AZR 660/93, EzBAT § 13 BAT Nr. 30. | 9 Vgl. BAG v. 5.8.1992 – 5 AZR 531/91, AP Nr. 8 zu § 611 BGB – Abmahnung; v. 27.11.1985 – 5 AZR 101/84, AP Nr. 93 zu § 611 BGB – Fürsorgepflicht; v. 21.2.1979 – 5 AZR 568/77, AP Nr. 13 zu § 847 BGB. | 10 Vgl. BAG v. 5.8.1992 – 5 AZR 531/91, AP Nr. 8 zu § 611 BGB – Abmahnung; v. 27.11.1985 – 5 AZR 101/84, AP Nr. 93 zu § 611 BGB – Fürsorgepflicht. | 11 Vgl. BAG v. 13.3.1991 – 5 AZR 133/90, AP Nr. 5 zu § 611 BGB – Abmahnung. | 12 Vgl. BAG v. 14.9.1994 – 5 AZR 632/93, AP Nr. 13 zu § 611 BGB – Abmahnung. | 13 Vgl. BAG v. 18.12.1984 – 3 AZR 389/83, AP Nr. 8 zu § 611 BGB – Persönlichkeitsrecht; v. 6.6.1984 – 5 AZR 286/81, AP Nr. 7 zu § 611 BGB – Persönlichkeitsrecht.

21 Das in § 83 Abs. 2 geregelte Recht, eine Erklärung zur Personalakte zu geben, verdrängt den in § 35 Abs. 4 BDSG vorgesehenen **Anspruch auf Sperrung**; weil, soweit dort der Anspruch in dem Fall besteht, dass die Richtigkeit personenbezogener Daten vom Betroffenen bestritten wird und sich weder die Richtigkeit noch die Unrichtigkeit feststellen lässt, es sich um die gleiche Konfliktlage handelt, für die in § 83 Abs. 2 ein Anspruch des ArbN eingeräumt wird[3].

22 **V. Streitigkeiten.** Streitigkeiten zwischen ArbGeb und ArbN über die in § 83 gewährten Rechte sind im arbeitsgerichtlichen **Urteilsverfahren** auszutragen (§§ 2 Abs. 1 Nr. 3 a, Abs. 5 iVm. 46 ff. ArbGG). Gleiches gilt für den Rechtsstreit auf Entfernung einer Abmahnung aus der Personalakte sowie für Auseinandersetzungen über Ansprüche des ArbN nach dem BDSG. Schadensersatzansprüche, die der ArbN gegen den ArbGeb wegen ungerechtfertigter Weitergabe personenbezogener Daten geltend macht, wären ebenfalls im Urteilsverfahren zu verfolgen.

23 Der BR kann den Anspruch des ArbN auf Hinzuziehung eines BR-Mitglieds nicht, auch nicht im Wege eines Beschlussverfahrens, durchsetzen (vgl. § 82 Rz. 35). Weigert sich ein BR-Mitglied, dem Wunsch des ArbN auf Hinzuziehung bei der Akteneinsicht nachzukommen, so kann dies unter Umständen eine grobe Pflichtverletzung iSv. § 23 Abs. 1 darstellen (vgl. § 82 Rz. 36). Allerdings besteht kein gerichtlich durchsetzbarer Rechtsanspruch des ArbN auf Teilnahme eines BR-Mitglieds an der Einsicht in die Personalakte[4].

24 Streitigkeiten zwischen BR und ArbGeb über eine BV zum Zwecke der weiteren Ausgestaltung der Einsicht in die Personalakten (vgl. Rz. 14) sind im arbeitsgerichtlichen **Beschlussverfahren** auszutragen (§§ 2 a Abs. 1 Nr. 1, Abs. 2 iVm. 80 ff. ArbGG).

84 Beschwerderecht

(1) Jeder Arbeitnehmer hat das Recht, sich bei den zuständigen Stellen des Betriebs zu beschweren, wenn er sich vom Arbeitgeber oder von Arbeitnehmern des Betriebs benachteiligt oder ungerecht behandelt oder in sonstiger Weise beeinträchtigt fühlt. Er kann ein Mitglied des Betriebsrats zur Unterstützung oder Vermittlung hinzuziehen.

(2) Der Arbeitgeber hat den Arbeitnehmer über die Behandlung der Beschwerde zu bescheiden und, soweit er die Beschwerde für berechtigt erachtet, ihr abzuhelfen.

(3) Wegen der Erhebung einer Beschwerde dürfen dem Arbeitnehmer keine Nachteile entstehen.

1 **I. Vorbemerkung.** § 84 regelt das **individuelle Beschwerderecht** des ArbN (zum persönlichen Geltungsbereich vgl. § 81 Rz. 4) gegenüber dem ArbGeb. **Neben** der Beschwerde nach § 84 **direkt gegenüber dem ArbGeb** darf der ArbN auch eine Beschwerde **beim BR** einreichen (§ 85). Der ArbN kann sich damit sowohl direkt an den ArbGeb bzw. die zuständige betriebliche Stelle als auch an den BR wenden.

2 Für leitende Angestellte findet sich ein entsprechendes Beschwerderecht im SprAuG nicht. § 26 Abs. 1 SprAuG normiert nur, dass leitende Angestellte bei der Wahrnehmung ihrer Belange gegenüber dem ArbGeb ein Mitglied des SprAu zur Unterstützung und Vermittlung hinzuziehen können.

3 Zusätzlich zum Beschwerderecht nach den §§ 84 und 85 haben ArbN, die sich vom ArbGeb, von Vorgesetzten, von anderen Beschäftigten oder von Dritten am Arbeitsplatz sexuell belästigt fühlen, das Recht, sich bei den zuständigen Stellen des Betriebs zu beschweren. Der ArbGeb oder Dienstvorgesetzte hat die Beschwerde zu prüfen und geeignete Maßnahmen zu treffen, um die Fortsetzung einer festgestellten Belästigung zu unterbinden (§ 3 BeschSchG). Da die weiteren in den §§ 84 und 85 vorgesehenen Möglichkeiten (Hinzuziehung eines BR-Mitglieds bei § 84, ggf. die Einsetzung einer Einigungsstelle bei § 85) in § 3 BeschSchG nicht aufgeführt sind, kann es aus taktischen Gesichtspunkten angezeigt sein, alle denkbaren Beschwerden einzulegen, um alle Möglichkeiten auszuschöpfen[5].

4 Da es sich um einen **Individualanspruch** des ArbN als Ausfluss arbeitsvertraglicher Beziehungen handelt, findet er auch in nicht betriebsratsfähigen und betriebsratslosen Betrieben Anwendung[6].

5 Durch die Erhebung der Beschwerde nach § 84 werden gesetzliche Fristen nicht gehemmt[7]. Die Beschwerde kann allerdings tarifliche Ausschlussfristen wahren, wenn lediglich eine schlichte Geltendmachung des Anspruchs verlangt wird[8].

---

1 GK-BetrVG/*Wiese*, § 83 Rz. 55; *Fitting*, § 83 BetrVG Rz. 32. | 2 Vgl. im Übrigen ausf. zum BDSG und § 83 BetrVG ErfK/*Kania*, § 83 BetrVG Rz. 8 ff.; *Fitting*, § 83 BetrVG Rz. 16 ff.; DKK/*Buschmann*, § 83 BetrVG Rz. 18 ff.; GK-BetrVG/*Wiese*, § 83 Rz. 20 ff. | 3 *Fitting*, § 83 BetrVG Rz. 35; *Löwisch/Kaiser*, § 83 BetrVG Rz. 5. | 4 *Fitting*, § 83 BetrVG Rz. 43; DKK/*Buschmann*, § 83 BetrVG Rz. 27. | 5 GK-BetrVG/*Wiese*, § 84 Rz. 6; ErfK/*Kania*, § 84 BetrVG Rz. 3. | 6 *Fitting*, § 84 BetrVG Rz. 1; DKK/*Buschmann*, § 84 BetrVG Rz. 2. | 7 *Löwisch/Kaiser*, § 84 BetrVG Rz. 3; Richardi/*Richardi/Thüsing*, § 84 BetrVG Rz. 17. | 8 DKK/*Buschmann*, § 84 BetrVG Rz. 2; *Fitting*, § 84 BetrVG Rz. 1.

Beschwerderecht   Rz. 16 § 84 BetrVG

Beschwerden bei **außerbetrieblichen Stellen** sind regelmäßig erst nach Erschöpfung der betrieblichen Beschwerdemöglichkeiten zulässig[1]. Für den Bereich des ArbSchG sieht § 17 Abs. 2 ArbSchG ausdrücklich vor, dass die ArbN zuerst beim ArbGeb auf Abhilfe hinwirken müssen, bevor sie sich an die zuständigen Behörden wenden können. **6**

II. Beschwerderecht (Abs. 1). Nach § 84 Abs. 1 Satz 1 hat jeder ArbN das Recht, sich bei den zuständigen Stellen des Betriebs zu beschweren, wenn er sich vom ArbGeb oder von ArbN des Betriebs benachteiligt oder ungerecht behandelt oder in sonstiger Weise beeinträchtigt fühlt. **7**

1. Gegenstand der Beschwerde. Gegenstand der Beschwerde ist die Behauptung des ArbN, in seiner **individuellen Position** vom ArbGeb oder von einem sonstigen Betriebsangehörigen beeinträchtigt worden zu sein. Unter Beschwerde ist jedes Vorbringen eines ArbN zu verstehen, mit dem er darauf hinweisen will, dass er sich benachteiligt oder in sonstiger Weise beeinträchtigt **fühlt**, und mit dem er die **Abhilfe** des ihn persönlich belastenden Zustands begehrt. Unerheblich ist, ob das Verlangen des ArbN **objektiv** begründet ist. § 84 verlangt lediglich, dass der ArbN sich selbst beeinträchtigt fühlt, stellt also auf seinen **subjektiven Standpunkt** ab[2]. Das bedeutet zugleich, dass es keine **Popularbeschwerde** gibt. Wenn Gegenstand der Beschwerde das subjektive Empfinden des betreffenden ArbN ist, er fühle sich in seiner individuellen Position benachteiligt, ungerecht behandelt oder in sonstiger Weise beeinträchtigt, kann die Beschwerde nicht auf **allgemeine betriebliche Streitpunkte** gestützt werden[3]. **8**

Beispiele für Beschwerdegegenstände: Arbeits- und Gesundheitsschutz (Lärm, Vibration, Geruch, Raumklima)[4]; betrieblicher Umweltschutz (zB Zuweisung einer umweltrechtswidrigen oder -problematischen Tätigkeit)[5] sowie Arbeitsorganisation (Leistungsverdichtung, etwa durch die Geschwindigkeit des Maschinenlaufs, Vergrößerung des Arbeitspensums, Einführung von Gruppenarbeit insb. im Rahmen von Lean production)[6]; sexuelle Belästigungen; Beleidigungen; schikanierendes und herablassendes Verhalten anderer Arbeitskollegen[7], ausländerfeindliche Äußerungen und Mobbing[8]; vermeintliche Vereitelung von Rechtsansprüchen (Verstoß gegen den Gleichbehandlungsgrundsatz, falsche Eingruppierung, unberechtigte Abmahnung)[9]; empfundene Beeinträchtigung wegen betriebsverfassungsrechtlicher Regelungsfragen (Lage der Arbeitszeit, Essensqualität in der Werkskantine)[10]. **9**

Gegenstand einer Beschwerde kann nicht die Amtstätigkeit des BR oder eines der BR-Mitglieder sein, wohl aber das Verhalten einzelner BR-Mitglieder, sofern dieses auch unabhängig von der Amtstätigkeit den ArbN beeinträchtigt[11]. Dies ergibt sich daraus, dass zum einen § 84 nur von ArbGeb und ArbN spricht, zum anderen der ArbGeb keine Einwirkungs-, also auch keine Abhilfemöglichkeit hätte, sofern es um die Amtstätigkeit des BR und seiner Mitglieder geht[12]. Im Übrigen bleibt im Falle grober Pflichtverstöße des BR oder einzelner BR-Mitglieder ggf. die Möglichkeit, einen Antrag nach § 23 Abs. 1 zu stellen[13]. **10**

Die Beeinträchtigungen können sowohl vom ArbGeb oder von anderen Vorgesetzten des ArbN wie auch von Arbeitskollegen ausgehen. Das Beschwerderecht nach § 84 Abs. 1 ist daher seinem Wortlaut nach nicht beschränkt auf Beeinträchtigungen durch den ArbGeb oder Vorgesetzte. **11**

2. Adressat der Beschwerde. Die Beschwerde ist bei der organisatorisch für die Abhilfe **zuständigen Stelle des Betriebs** einzulegen. Diese bestimmt der ArbGeb[14]. Beschwerdeadressat wird in der Regel der **unmittelbare Vorgesetzte** sein[15]. **12**

Hinweis: Gerade in größeren Betrieben wird der ArbGeb regelmäßig gut beraten sein, wenn er die für die Entgegennahme von Beschwerden zuständige Stelle ausdrücklich vorgibt. Dies kann beispielsweise die Personalabteilung sein[16]. Der ArbGeb vermeidet damit, dass Beschwerden bei den unterschiedlichsten Vorgesetzten eingelegt werden mit der Gefahr von Reibungsverlusten und einer unterschiedlichen Handhabung der Beschwerden. **13**

3. Form und Frist. Die Beschwerde nach § 84 ist nicht an eine bestimmte Form oder bestimmte Frist gebunden. **14**

Hinweis: Zu Beweis- und Dokumentationszwecken ist die Schriftform für die Beschwerde regelmäßig zu empfehlen. Dies gilt insb. dann, wenn mit der Beschwerde Leistungsansprüche, die tariflichen Ausschlussfristen unterliegen, geltend gemacht werden. **15**

4. Hinzuziehung BR-Mitglied. Nach § 84 Abs. 1 Satz 2 kann der betroffene ArbN zur Unterstützung und zur Vermittlung ein Mitglied des BR hinzuziehen. Das Recht des ArbN, zu seiner Unterstützung **16**

---

[1] *Fitting*, § 84 BetrVG Rz. 1; ErfK/*Kania*, § 84 BetrVG Rz. 2. |2 Vgl. BAG v. 11.3.1982 – 2 AZR 798/79, nav. |3 LAG Schl.-Holst. v. 21.12.1989 – 4 TaBV 42/89, NZA 1990, 703 (704); *Fitting*, § 84 BetrVG Rz. 4; GK-BetrVG/*Wiese*, § 84 Rz. 11. |4 Vgl. zum Nichtraucherschutz durch einstweilige Verfügung LAG München v. 27.11.1990 – 2 Sa 542/90, LAGE Nr. 5 zu § 618 BGB. |5 *Fitting*, § 84 BetrVG Rz. 6; DKK/*Buschmann*, § 84 BetrVG Rz. 8. |6 *Fitting*, § 84 BetrVG Rz. 6. |7 ErfK/*Kania*, § 84 BetrVG Rz. 5. |8 GK-BetrVG/*Wiese*, § 84 Rz. 8; Löwisch/*Kaiser*, § 84 BetrVG Rz. 1. |9 *Richardi/Richardi/Thüsing*, § 84 BetrVG Rz. 8; ErfK/*Kania*, § 84 BetrVG Rz. 5. |10 ErfK/*Kania*, § 84 BetrVG Rz. 5. |11 MünchArbR/*v. Hoyningen-Huene*, § 303 Rz. 18. |12 DKK/*Buschmann*, § 84 BetrVG Rz. 11. |13 *Fitting*, § 84 BetrVG Rz. 12; GK-BetrVG/*Wiese*, § 84 Rz. 15. |14 DKK/*Buschmann*, § 84 BetrVG Rz. 12; *Fitting*, § 84 BetrVG Rz. 13. |15 Löwisch/*Kaiser*, § 84 BetrVG Rz. 2. |16 MünchArbR/*v. Hoyningen-Huene*, § 303 Rz. 19.

oder zur Vermittlung ein Mitglied des BR hinzuzuziehen, findet sich entsprechend in § 82 Abs. 2 und § 83 Abs. 1 (vgl. im Einzelnen § 82 Rz. 30 und § 83 Rz. 15). Im Unterschied zu § 83 Abs. 1 Satz 3 besteht **keine besondere Schweigepflicht** des BR-Mitglieds. Ein Recht auf anonyme Behandlung seiner Beschwerde hat der ArbN nicht, jedoch folgt aus dem **allgemeinen Persönlichkeitsrecht** des ArbN eine Pflicht zur vertraulichen Behandlung der Beschwerde[1].

17 **III. Bescheidung der Beschwerde (Abs. 2).** Nach § 84 Abs. 2 hat der ArbGeb oder ein bevollmächtigter Vertreter über die Behandlung der Beschwerde zu bescheiden und, soweit er die Beschwerde für berechtigt erachtet, ihr abzuhelfen. Der ArbN hat daher nur einen Anspruch auf **Prüfung** der Beschwerde, nicht dagegen auf Abhilfe. Zumindest bei der Ablehnung der Beschwerde sind die wesentlichen Gründe mitzuteilen[2]. Erkennt der ArbGeb die Berechtigung der Beschwerde an, so ist er durch diese **Selbstbindung** zur Abhilfe verpflichtet, soweit eine solche Möglichkeit in seinem Einflussbereich liegt. Der ArbGeb geht durch die Anerkennung eine vertragliche Verpflichtung ein, aus der ein Rechtsanspruch des ArbN erwächst[3].

18 Braucht die Bearbeitung der Beschwerde längere Zeit, soll dem ArbN ein mündlicher oder schriftlicher **Zwischenbescheid** erteilt werden[4].

19 Eine bestimmte **Form** oder eine bestimmte **Frist** für die Entscheidung über die Beschwerde ist nach § 84 Abs. 2 nicht vorgesehen. Hinsichtlich der Form empfiehlt es sich aus Beweissicherungs- und Dokumentationszwecken, die Beschwerde schriftlich zu verbescheiden. Wenn auch keine bestimmte Frist geregelt ist, hat ein ArbN Anspruch darauf, innerhalb angemessener Frist über die Beschwerde verbeschieden zu werden[5].

20 **Hinweis:** Der ArbN muss einer Anordnung, über die er sich beschwert, zunächst nachkommen, es sei denn, es besteht im Einzelfall ein **Leistungsverweigerungsrecht** (§ 273 BGB)[6]. Anderenfalls droht unter Umständen eine (außerordentliche) Kündigung des Arbeitsverhältnisses wegen **Arbeitsverweigerung**.

21 **Beispiel:** Ein – einschlägig abgemahnter – ArbN hatte einen Anspruch auf eine Pause. Als er in die Pause gehen wollte, trat ein Schaden bei der Maschine, an der er tätig war, auf. Sein Vorgesetzter erteilte ihm – wie auch seinen Kollegen – die Anweisung, zunächst bei der Reparatur der Maschine mitzuhelfen, anschließend könne der ArbN seine Pause machen. Der ArbN kam der Anweisung nicht nach, sondern begab sich in das Abteilungsbüro und beschwerte sich bei dem weiteren Vorgesetzten, er würde „als Ausländer bei der Pausennahme benachteiligt". Die Vorgesetzten halfen der Beschwerde nicht ab und forderten den ArbN zur Arbeitsaufnahme auf. Dieser Aufforderung leistete der ArbN keine Folge. Nach dem Bescheid über die Beschwerde „machte er Pause". Indem der ArbN nach Verbescheidung seiner Beschwerde der ihm erteilten Anweisung nicht nachkam, beging er eine beharrliche Arbeitsverweigerung, die zur Berechtigung der ausgesprochenen außerordentlichen Kündigung führte[7].

22 **IV. Benachteiligungsverbot (Abs. 3).** Gemäß § 84 Abs. 3 dürfen dem ArbN wegen der Erhebung der Beschwerde keine Nachteile entstehen (**Benachteiligungsverbot**). Als Benachteiligungen kommen Entgeltminderungen oder eine Kündigung in Betracht. § 84 Abs. 3 stellt insoweit eine **Spezialregelung** des allgemeinen Maßregelungsverbots gemäß § 612a BGB dar[8]. Kommt es zu einer Benachteiligung als Folge einer Beschwerde, so sind die **wegen einer Beschwerde** zugefügten Nachteile unwirksam, eine etwaige Kündigung ist nichtig[9]. Als Rechtsfolge kommen Schadensersatzansprüche nach § 823 Abs. 2 BGB iVm. § 84 Abs. 3 in Betracht[10].

23 Etwas anderes kann sich aus den Begleitumständen der Beschwerde ergeben: Grundsätzlich gilt, dass im Falle der Erhebung einer Beschwerde des ArbN gegen seinen Vorgesetzten ihm gemäß § 84 Abs. 3 auch dann keine Nachteile entstehen dürfen, wenn sich die Beschwerde als ungerechtfertigt herausstellt. Allerdings kann eine Kündigung dann gerechtfertigt sein, wenn **völlig haltlose schwere Anschuldigungen** gegen den ArbGeb oder den Vorgesetzten erhoben werden[11].

24 **Beispiel:** Ein ArbN behauptete, von seinem Vorgesetzten tätlich angegriffen und am Ohr verletzt worden zu sein. Erweisen sich solche Vorwürfe als unzutreffend, wäre ein wichtiger Grund für eine außerordentliche Kündigung iSv. § 626 Abs. 1 BGB gegeben[12].

25 **Hinweis:** Die Einzelheiten des Beschwerdeverfahrens können durch TV oder BV geregelt werden (§ 86).

26 **V. Streitigkeiten.** Das ArbG entscheidet im **Urteilsverfahren** (§§ 2 Abs. 1 Nr. 3a, Abs. 5 iVm. 46 ff. ArbGG) über[13]

---

1 MünchArbR/v. Hoyningen-Huene, § 303 Rz. 20; GK-BetrVG/Wiese, § 84 Rz. 23. | 2 Fitting, § 84 BetrVG Rz. 16; DKK/Buschmann, § 84 BetrVG Rz. 16. | 3 Fitting, § 84 BetrVG Rz. 18; DKK/Buschmann, § 84 BetrVG Rz. 17. | 4 Fitting, § 84 BetrVG Rz. 15; DKK/Buschmann, § 84 BetrVG Rz. 15. | 5 GK-BetrVG/Wiese, § 84 BetrVG Rz. 27. | 6 Fitting, § 84 BetrVG Rz. 15. | 7 LAG Hamm v. 29.10.1997 – 14 Sa 762/97, nv. | 8 ErfK/Kania, § 84 BetrVG Rz. 8. | 9 BAG v. 11.3.1982 – 2 AZR 798/79, nav. | 10 GK-BetrVG/Wiese, § 84 Rz. 35; Fitting, § 84 BetrVG Rz. 21. | 11 Fitting, § 84 BetrVG Rz. 21; DKK/Buschmann, § 84 BetrVG Rz. 20. | 12 LAG Köln v. 20.1.1999 – 8 (10) Sa 1215/98, LAGE Nr. 128 zu § 626 BGB. | 13 Fitting, § 84 BetrVG Rz. 22.

- Streitigkeiten zwischen ArbGeb und ArbN betreffend die **Entgegennahme und Bescheidung** der Beschwerde, wobei der ArbN keinen Anspruch auf eine konkrete Beschwerdeentscheidung hat;
- **Rechtsansprüche**, die sich aus einer **Anerkennung** der Berechtigung der Beschwerde durch den ArbGeb ergeben;
- **Rechtsansprüche**, die der ArbN mit seiner Beschwerde gegenüber dem ArbGeb geltend macht (zB Leistungsansprüche wegen eines behaupteten Verstoßes gegen den Gleichbehandlungsgrundsatz);
- Rechtsstreitigkeiten zwischen ArbN und ArbGeb über **Schadensersatzansprüche** (zB wegen **Verletzung der Schutzvorschrift** des § 84 Abs. 3) sowie
- Rechtsstreitigkeiten zwischen ArbN und ArbGeb über die **Hinzuziehung** eines BR-Mitglieds (vgl. § 82 Rz. 36)[1].

Der ArbN kann ein Tätigwerden des von ihm gewünschten BR-Mitglieds nicht erzwingen. Die Frage ist kaum von praktischer Bedeutung, da dem ArbN mit einem unwilligen BR-Mitglied nicht gedient ist[2]. Allerdings macht sich aber unter Umständen das BR-Mitglied einer groben Pflichtverletzung iSv. § 23 Abs. 1 schuldig (vgl. § 82 Rz. 36)[3]. 27

85 Behandlung von Beschwerden durch den Betriebsrat

(1) Der Betriebsrat hat Beschwerden von Arbeitnehmern entgegenzunehmen und, falls er sie für berechtigt erachtet, beim Arbeitgeber auf Abhilfe hinzuwirken.

(2) Bestehen zwischen Betriebsrat und Arbeitgeber Meinungsverschiedenheiten über die Berechtigung der Beschwerde, so kann der Betriebsrat die Einigungsstelle anrufen. Der Spruch der Einigungsstelle ersetzt die Einigung zwischen Arbeitgeber und Betriebsrat. Dies gilt nicht, soweit Gegenstand der Beschwerde ein Rechtsanspruch ist.

(3) Der Arbeitgeber hat den Betriebsrat über die Behandlung der Beschwerde zu unterrichten. § 84 Abs. 2 bleibt unberührt.

I. Vorbemerkung. § 85 ergänzt § 84: Während § 84 das **individuelle Beschwerdeverfahren** regelt, ist Gegenstand des § 85 das **Beschwerdeverfahren beim BR**. Zwischen beiden Vorschriften besteht keine **Rangordnung**, so dass der ArbN (zum persönlichen Geltungsbereich vgl. § 81 Rz. 4) selbst darüber entscheiden kann, welchen Weg er wählt: Es liegt bei ihm, ob er seine Beschwerde beim BR sofort oder erst nach einem erfolglosen Beschwerdeverfahren gemäß § 84 Abs. 1 einlegt. Er kann aber auch **gleichzeitig** beide Wege beschreiten[4]. 1

Hinweis: Eine Beschwerde unmittelbar beim BR nach § 85 ist häufig für den ArbN nicht zu empfehlen. Dies kann gegenüber dem unmittelbaren Vorgesetzten, der in der Regel der für eine Beschwerde nach § 84 BetrVG zuständige Ansprechpartner ist (vgl. § 84 Rz. 12 f.), ein gestörtes Vertrauensverhältnis dokumentieren, was unter Umständen dem weiteren beruflichen Werdegang nicht förderlich ist[5]. 2

II. Einlegung und Behandlung der Beschwerde (Abs. 1). Nach § 85 Abs. 1 hat der BR Beschwerden von ArbN entgegenzunehmen und, falls er sie für berechtigt erachtet, beim ArbGeb auf Abhilfe hinzuwirken. 3

1. Beschwerdegegenstand. Begriff und **Gegenstand** von Beschwerden nach § 85 Abs. 1 bestimmen sich nach § 84 Abs. 1[6]. Der Beschwerdegegenstand entspricht somit dem des § 84 (vgl. im Einzelnen § 84 Rz. 8 ff.)[7]. Daraus folgt unter anderem, dass eine **Popularbeschwerde** nach § 85 Abs. 1 ausgeschlossen ist. Der ArbN kann aber dem BR im Hinblick auf allgemeine Missstände und Benachteiligungen anderer ArbN Anregungen geben, damit dieser nach § 80 Abs. 1 Nr. 3 tätig wird[8]. 4

2. Form und Frist. Für die Beschwerde nach § 85 ist weder eine bestimmte **Form** noch eine bestimmte **Frist** vorgeschrieben. Zu Beweissicherungs- und Dokumentationszwecken ist die schriftliche Abfassung der Beschwerde empfehlenswert. Der ArbN kann die Beschwerde aber jederzeit **mündlich** einlegen, beispielsweise im Rahmen einer Sprechstunde nach § 39[9]. 5

3. Einlegung beim BR. Die Beschwerde ist beim BR einzulegen. Zuständig für die Entgegennahme ist nach § 26 Abs. 2 Satz 2 der **BR-Vorsitzende** oder im Falle der Verhinderung sein Stellvertreter (zum Zugang von Erklärungen beim BR vgl. im Einzelnen § 26 Rz. 1 ff.). Hat der BR einen besonderen (Beschwerde-)Ausschuss gebildet (§ 28), ist die Beschwerde an diesen zu richten. 6

---

1 Vgl. BAG v. 24.4.1979 – 6 AZR 69/77, AP Nr. 1 zu § 82 BetrVG 1972. | 2 GK-BetrVG/*Wiese*, § 84 Rz. 37. | 3 *Fitting*, § 84 BetrVG Rz. 23; Richardi/*Richardi*/*Thüsing*, § 84 BetrVG Rz. 32. | 4 DKK/*Buschmann*, § 85 BetrVG Rz. 1; *Fitting*, § 85 BetrVG Rz. 1. | 5 MünchArbR/*v. Hoyningen-Huene*, § 303 Rz. 25. | 6 BAG v. 11.3.1982 – 2 AZR 798/79, nav. | 7 LAG Düsseldorf v. 21.12.1993 – 8 (5) TaBV 92/93, NZA 1994, 767; LAG Schl.-Holst. v. 21.12.1989 – 4 TaBV 42/89, NZA 1990, 703; DKK/*Buschmann*, § 85 BetrVG Rz. 2; *Fitting*, § 85 BetrVG Rz. 3. | 8 MünchArbR/*v. Hoyningen-Huene*, § 303 Rz. 26. | 9 MünchArbR/*v. Hoyningen-Huene*, § 303 Rz. 26.

7 **4. Behandlung durch BR.** Der BR muss die Beschwerde auf ihre **sachliche Berechtigung** hin prüfen und darüber nach **pflichtgemäßem Ermessen** durch **Beschluss** entscheiden[1]. Allerdings kann der ArbN nicht gerichtlich erzwingen, dass der BR sich mit der Beschwerde befasst. Je nach den Umständen des Einzelfalls kommt aber eine grobe Amtspflichtverletzung nach § 23 Abs. 1 in Betracht[2]. Die Behandlung der Beschwerde durch den BR kann zu zwei Ergebnissen führen:

8 **a) Unberechtigte Beschwerde.** Hält der BR die Beschwerde für **unberechtigt**, hat er den Beschwerdeführer unter Angabe der **Gründe** zu unterrichten[3].

9 Dem ArbN steht es für diesen Fall frei, eine erneute Beschwerde einzureichen. Beruht die Beschwerde auf demselben, bereits einmal beschiedenen Sachverhalt, bedarf der Beschluss des BR, mit dem er zu dem Ergebnis der Nichtberechtigung der Beschwerde kommt, keiner Begründung. Enthält die erneute Beschwerde **ergänzende Fakten**, muss der BR diese mit Begründung verbescheiden[4]. Ferner steht es dem ArbN frei, nach § 84 die Beschwerde erneut, nunmehr beim ArbGeb, einzulegen[5].

10 Hält der BR die Beschwerde für unberechtigt und verbescheidet den ArbN mit Begründung entsprechend, kann dieser ein weiteres Tätigwerden des BR nicht erzwingen. Dem ArbN bleibt nur die Möglichkeit, ggf. ein Verfahren nach § 23 Abs. 1 einzuleiten[6].

11 Eine bestimmte **Form** für die Verbescheidung der Beschwerde des ArbN ist nicht vorgeschrieben. Aus Beweissicherungs- und Dokumentationszwecken ist auch hier die **Schriftform** empfehlenswert.

12 **b) Berechtigte Beschwerde.** Hält der BR die Beschwerde für berechtigt, so ist er nach § 85 Abs. 1 verpflichtet, beim ArbGeb auf **Abhilfe** hinzuwirken. Es ergibt sich bereits aus § 80 Abs. 1 Nr. 3, dass der BR den Beschwerdeführer über den Stand und das Ergebnis der Verhandlungen mit dem ArbGeb zu unterrichten hat (vgl. § 80 Rz. 51)[7].

13 **5. Behandlung durch ArbGeb.** ArbGeb und BR haben über die Berechtigung der Beschwerde zu verhandeln[8].

14 **a) Berechtigte Beschwerde.** Hält der ArbGeb die Beschwerde für berechtigt, ist er verpflichtet, ihr **abzuhelfen** (§§ 85 Abs. 3 Satz 2 iVm. 84 Abs. 2 Halbs. 2, vgl. im Einzelnen § 84 Rz. 17). In diesem Fall hat der ArbGeb den ArbN über die Berechtigung der Beschwerde zu verbescheiden (§§ 85 Abs. 3 Satz 2 iVm. 84 Abs. 2 Halbs. 1). Der BR ist ebenfalls über die Berechtigung der Beschwerde zu unterrichten (§ 85 Abs. 3 Satz 1).

15 Erachtet der ArbGeb die Beschwerde für berechtigt und teilt er dies ArbN und BR mit, entsteht ein ggf. im Klagewege durchsetzbarer **Rechtsanspruch** des einzelnen ArbN[9]. Der Anspruch ist gerichtet auf Abhilfe, nicht jedoch auf eine bestimmte Maßnahme. Die Art und Weise der Abhilfe obliegt dem ArbGeb[10]. Mit der Anerkennung der Berechtigung der Beschwerde durch den ArbGeb ist das Beschwerdeverfahren nach § 85 abgeschlossen[11].

16 **b) Unberechtigte Beschwerde.** Die Verhandlungen zwischen ArbGeb und BR über die Berechtigung der Beschwerde führen nicht zwangsläufig zu einer Abhilfe durch den ArbGeb.

17 **aa) Übereinstimmende Feststellung der Nichtberechtigung.** Ergebnis der Gespräche kann sein, dass ArbGeb und BR übereinstimmend die Berechtigung der Beschwerde verneinen. In diesem Fall ist der ArbN von dem Ergebnis mit Begründung (vgl. Rz. 8) zu verständigen, das Verfahren nach § 85 ist abgeschlossen (§§ 85 Abs. 3 Satz 2 iVm. 84 Abs. 2 Halbs. 1)[12].

18 **bb) Keine Einigung.** Führen die Verhandlungen zwischen ArbGeb und BR zu keiner Einigung, weil der ArbGeb die Beschwerde für unberechtigt, der BR sie hingegen für berechtigt hält, kann der BR die Einigungsstelle anrufen.

19 Da es sich um die Beschwerde eines bestimmten ArbN handelt, muss dessen **Name** genannt werden, weil sonst eine Prüfung der Angelegenheit und Entscheidung über die Berechtigung der Beschwerde nicht möglich ist[13].

20 **III. Anrufung und Kompetenz der Einigungsstelle (Abs. 2).** Kommen BR und ArbGeb nicht zu einer Einigung, so kann der **BR** nach § 85 Abs. 2 Satz 1 die **Einigungsstelle** anrufen. Die Anrufung der Einigungsstelle erfolgt durch ein Anschreiben an den ArbGeb[14]. Können ArbGeb und BR sich über die Einsetzung der Einigungsstelle nicht einigen, weil beispielsweise der ArbGeb die Zuständigkeit be-

---

1 DKK/*Buschmann*, § 85 BetrVG Rz. 5; *Fitting*, § 85 BetrVG Rz. 3. | 2 DKK/*Buschmann*, § 85 BetrVG Rz. 4; Richardi/*Richardi/Thüsing*, § 85 BetrVG Rz. 12. | 3 DKK/*Buschmann*, § 85 BetrVG Rz. 4; *Fitting*, § 85 BetrVG Rz. 3. | 4 GK-BetrVG/*Wiese*, § 85 Rz. 6. | 5 *Hennige* in Tschöpe, Arbeitsrecht, Teil 4 A Rz. 409. | 6 ErfK/*Kania*, § 85 BetrVG Rz. 2; DKK/*Buschmann*, § 85 BetrVG Rz. 4; *Fitting*, § 85 BetrVG Rz. 2; aA GK-BetrVG/*Wiese*, § 85 Rz. 31. | 7 Richardi/*Richardi/Thüsing*, § 85 BetrVG Rz. 10. | 8 ErfK/*Kania*, § 85 BetrVG Rz. 3. | 9 *Fitting*, § 85 BetrVG Rz. 9; DKK/*Buschmann*, § 85 BetrVG Rz. 6. | 10 GK-BetrVG/*Wiese*, § 85 Rz. 23; HSWG/*Hess*, § 85 BetrVG Rz. 8. | 11 MünchArbR/*v. Hoyningen-Huene*, § 303 Rz. 30. | 12 MünchArbR/*v. Hoyningen-Huene*, § 303 Rz. 30; *Hennige* in Tschöpe, Arbeitsrecht, Teil 4 A Rz. 410. | 13 GK-BetrVG/*Wiese*, § 85 Rz. 7; MünchArbR/*v. Hoyningen-Huene*, § 303 Rz. 29. | 14 Zum Muster eines solchen Anschreibens vgl. Bauer/Lingemann/Diller/Haußmann/*Diller*, M 40.1.

streitet oder keine Einigung über die Besetzung der Einigungsstelle (Person des Einigungsstellenvorsitzenden, Anzahl der Beisitzer) zu erzielen ist, kann der BR eine Einigungsstelle gerichtlich einsetzen lassen[1]. Die Einigungsstelle kann, wie sich aus dem Gesetzeswortlaut in § 85 Abs. 2 Satz 1 ergibt, nur vom BR, nicht dagegen vom ArbGeb oder ArbN angerufen werden. Die Anrufung der Einigungsstelle steht im **Ermessen** des BR, der ArbN hat insoweit keinen Anspruch[2]. Ferner bedarf es für die Anrufung der Einigungsstelle nicht der **Zustimmung** des ArbN. Dieser kann aber dem Einigungsstellenverfahren jederzeit die Grundlage entziehen, indem er seine Beschwerde zurücknimmt[3].

1. Zuständigkeit der Einigungsstelle (Abs. 2 Satz 3). Die Zuständigkeit der Einigungsstelle ist beschränkt auf **Regelungsstreitigkeiten** und erstreckt sich nicht auf **Rechtsansprüche** (§ 85 Abs. 2 Satz 3). **21**

a) Keine Zuständigkeit bei Rechtsansprüchen. Die Einigungsstelle ist zuständig, wenn es um Regelungsstreitigkeiten geht und nicht um Rechtsansprüche des ArbN. Etwas anderes könnte dann gelten, wenn man der Auffassung folgt, § 85 Abs. 2 Satz 3 schließe nur die Verbindlichkeit eines Spruchs der Einigungsstelle aus, wenn mit der Beschwerde ein Rechtsanspruch geltend gemacht wird[4]. Dies würde aber dazu führen, dass zunächst ein „Gutachten" der Einigungsstelle über das Bestehen von Rechtsansprüchen eingeholt würde, um nachfolgend im arbeitsgerichtlichen Beschlussverfahren im Falle der Anfechtung eines Spruchs der Einigungsstelle klären zu lassen, ob die Rechtsansicht der Einigungsstelle zutrifft oder nicht. Das Beschwerdeverfahren nach § 85 hat nicht den Sinn, einem ArbN die Einholung eines gerichtlichen Gutachtens zu ermöglichen. Für die Geltendmachung von Rechtsansprüchen steht dem ArbN das **arbeitsgerichtliche Urteilsverfahren** offen, die Einigungsstelle ist nicht zuständig und kann daher über Rechtsansprüche nicht, auch nicht „unverbindlich", entscheiden[5]. **22**

b) Abgrenzung Rechtsansprüche. Rechtsansprüche sind iSv. **Rechtsstreitigkeiten** zu verstehen, weil bei diesen aus rechtsstaatlichen Gründen weder dem ArbGeb noch dem ArbN der Rechtsweg abgeschnitten werden kann[6]. **Der Begriff des Rechtsanspruchs** ist im weiten Sinn zu verstehen. Er umfasst neben vermögenswerten Rechten auch alle anderen Rechtsansprüche, die aus der Ordnung des Rechtsverhältnisses zwischen ArbN und ArbGeb oder Dritten hergeleitet werden[7]. **23**

Kein Rechtsanspruch liegt beispielsweise vor, wenn der ArbN sich über seine „totale" Arbeitsüberlastung beschwert[8]. Eine Regelungsstreitigkeit liegt vor, wenn es um den Inhalt von Gesprächen zwischen ArbGeb und ArbN geht, die zumindest nicht ausschließlich Rechtsansprüche betreffen[9]. Ferner ist die Einigungsstelle zuständig bei mangelnden oder unzureichenden Informationen und Zielsetzungen, unsachgemäßer Kritik oder Kontrolle, ständigem Einsatz als „Springer" unter Verschonung anderer ArbN[10]. **Rechtsansprüche** sind beispielsweise dann gegeben, wenn der ArbN sich auf die Verletzung des Benachteiligungsverbots iSd. §§ 75 Abs. 1 Satz 1 und § 78 bei der Auswahl von Bewerbern für die Zulassung zu einem Aufstiegsverfahren beruft[11], wenn er sich wegen einer vermeintlichen Benachteiligung bei Gehaltserhöhungen beschwert[12], bei Eingriffen des ArbGeb in die vertraglichen Rechte des ArbN (unzulässige Versetzungen)[13] und bei Beschwerden von ArbN, die darauf gerichtet sind, andere ArbN aus dem Unternehmen zu entfernen (nach einer tätlichen Auseinandersetzung beschwerte sich ein ArbN über seinen Kollegen und verlangte dessen Entfernung aus dem Betrieb)[14]. Ein weiteres Beispiel ist die Entfernung einer Abmahnung aus der Personalakte[15]. Andere Fälle von Rechtsansprüchen sind solche, die sich aus Gesetz, TV, BV oder individualvertraglichen Regelungen ergeben (Nichtzahlung der vereinbarten Vergütung, Nichtgewährung des dem ArbN zustehenden Urlaubs uÄ.)[16]. **24**

Grenzfälle sind Beschwerdegegenstände, bei denen sich möglicherweise Rechtsansprüche aus arbeitsvertraglichen Nebenpflichten (zB Verletzung der Fürsorge- oder Gleichbehandlungspflicht)[17] herleiten lassen[18]. Das Problem besteht darin, dass das Beschwerderecht nach § 85 weitgehend leer läuft, wenn auch in diesen Fällen von einem Rechtsanspruch ausgegangen würde, bei dem die Zuständigkeit der Einigungsstelle ausscheidet und der ArbN auf die individualrechtliche Durchsetzung verwiesen wäre[19]. **25**

---

1 Zum Muster eines Antrags an das Arbeitsgericht auf Errichtung einer Einigungsstelle nach § 98 ArbGG vgl. Bauer/Lingemann/Diller/Haußmann/*Diller*, M 40.2. | 2 MünchArbR/*v. Hoyningen-Huene*, § 303 Rz. 31. | 3 Vgl. BAG v. 28.6.1984 – 6 ABR 5/83, AP Nr. 1 zu § 85 BetrVG 1972 unter II. 1. b d.Gr. | 4 DKK/*Buschmann*, § 85 BetrVG Rz. 10. | 5 HM, vgl. BAG v. 28.6.1984 – 6 ABR 5/83, AP Nr. 1 zu § 85 BetrVG 1972; *Fitting*, § 85 BetrVG Rz. 4. | 6 LAG Düsseldorf v. 21.12.1993 – 8 (5) TaBV 92/93, NZA 1994, 767 (768). | 7 LAG Düsseldorf v. 21.12.1993 – 8 (5) TaBV 92/93, NZA 1994, 767 (768); HSWG/*Hess*, § 85 BetrVG Rz. 11. | 8 LAG BW v. 13.3.2000 – 15 TaBV 4/99, AiB 2000, 760; LAG Düsseldorf v. 21.12.1993 – 8 (5) TaBV 92/93, NZA 1994, 767 (768). | 9 ArbG Hannover v. 29.3.1989 – 1 BV 2/89, AiB 1989, 313. | 10 *Fitting*, § 85 BetrVG Rz. 6. | 11 Vgl. LAG München v. 25.3.1987 – 7 (8) TaBV 47/86, LAGE Nr. 1 zu § 85 BetrVG 1972. | 12 Vgl. LAG München v. 6.3.1987 – 4 TaBV 3/97, LAGE Nr. 4 zu § 85 BetrVG 1972. | 13 ArbG Marburg v. 30.10.1998 – 2 BV 9/98, ArbuR 1999, 365. | 14 LAG Köln v. 2.9.1999 – 10 TaBV 44/99, NZA-RR 2000, 26. | 15 Vgl. LAG Berlin v. 19.8.1988 – 2 TaBV 4/88, LAGE Nr. 11 zu § 98 ArbGG; LAG Rh.-Pf. v. 17.1.1985 – 5 TaBV 36/84, NZA 1985, 190; aA LAG Hamburg v. 9.7.1985 – 8 TaBV 11/85, LAGE Nr. 7 zu § 98 ArbGG; LAG Köln v. 16.11.1984 – 7 TaBV 40/84, NZA 1985, 191; LAG Hess. v. 27.3.1980 – 4 TaBV 79/79, nav. | 16 ErfK/*Kania*, § 85 BetrVG Rz. 5. | 17 MünchArbR/*v. Hoyningen-Huene*, § 303 Rz. 33. | 18 LAG Düsseldorf v. 21.12.1993 – 8 (5) TaBV 92/93, NZA 1994, 767 (768); LAG Hess. v. 8.12.1992 – 4 TaBV 103/92, LAGE Nr. 25 zu § 98 ArbGG; v. 15.9.1992 – 4 TaBV 52/92, LAGE Nr. 26 zu § 98 ArbGG. | 19 Für Rechtsanspruch MünchArbR/*v. Hoyningen-Huene*, § 303 Rz. 33; GK-BetrVG/*Wiese*, § 85 Rz. 10; aA HSWG/*Hess*, § 85 BetrVG Rz. 9 a; ErfK/*Kania*, § 85 BetrVG Rz. 5; *Fitting*, § 85 BetrVG Rz. 8; Richardi/*Richardi/Thüsing*, § 85 BetrVG Rz. 20.

Richtig ist, Rechtsansprüche grundsätzlich aus dem Zuständigkeitsbereich der Beschwerde nach § 85 zu nehmen. Die mehr oder weniger rechtspolitische Überlegung, dass § 85 weitgehend leer liefe, wenn auch Rechtsansprüche, die aus arbeitsvertraglichen Nebenpflichten herrühren, herausfielen, vermag nicht zu überzeugen. § 85 Abs. 2 Satz 3 stellt ausschließlich auf Rechtsansprüche ab, ohne danach zu differenzieren, ob diese auf arbeitsvertraglichen Haupt- oder Nebenpflichten beruhen. Im Übrigen ist es nicht recht einzusehen, dass der ArbN, der sich eines Rechtsanspruchs aus arbeitsvertraglichen Nebenpflichten berühmt, über den BR und die Einigungsstelle auf Kosten des ArbGeb (§ 40 Abs. 1) seine individualrechtlichen Ansprüche durchsetzt.

26 c) **Mitbest.**. Eine weitere **Schranke** für die **Anrufung** und **Entscheidungskompetenz** der Einigungsstelle besteht insoweit, als die **Grenzen der Mitbest.** es ausschließen, dass die Einigungsstelle eine für den ArbGeb bindende Entscheidung trifft. Das Recht, über die Berechtigung einer Beschwerde einen verbindlichen Spruch der Einigungsstelle herbeizuführen, erweitert nicht das MitbestR des BR. Der BR hat ein MitbestR im Beschwerdeverfahren, nicht aber über das Beschwerdeverfahren MitbestR, die das Gesetz nicht vorsieht[1].

27 d) **Freiwilliges Einigungsstellenverfahren.** Unbenommen bleibt es dem ArbGeb und dem BR, bei Nichteinigung über die Berechtigung eines durch die Beschwerde geltend gemachten Rechtsanspruchs ein freiwilliges Einigungsstellenverfahren einzuleiten (§ 76 Abs. 6). Trotz Unzuständigkeit könnte in diesem Fall die Einigungsstelle bei Vorliegen der Voraussetzungen des § 76 Abs. 6 verbindlich durch Spruch entscheiden[2].

28 **2. Kompetenz der Einigungsstelle (Abs. 2 Satz 2).** Der Spruch der Einigungsstelle ersetzt die Einigung zwischen ArbGeb und BR (§ 85 Abs. 2). Das bedeutet, dass im Rahmen des Einigungsstellenverfahrens Gegenstand nur die **fehlende Einigung** zwischen ArbGeb und BR über die Berechtigung der durch den Antrag inhaltlich bestimmten Beschwerde ist; die Einigungsstelle entscheidet **nicht** über die zu treffenden Maßnahmen[3]. Durch den Spruch der Einigungsstelle entsteht, wenn die Beschwerde für berechtigt erachtet wird, ein im Klageweg durchsetzbarer Rechtsanspruch des einzelnen ArbN auf Abhilfe. Die konkreten Maßnahmen obliegen dem ArbGeb (vgl. Rz. 14 ff.).

29 Der betroffene ArbN ist vor der Einigungsstelle zu hören (vgl. im Übrigen zum Ablauf des Einigungsstellenverfahrens § 76 Rz. 1 ff.)[4].

30 **IV. Unterrichtung (Abs. 3).** Über die Behandlung der Beschwerde, insb. über die Art der Abhilfe, hat der ArbGeb den BR (§ 85 Abs. 3 Satz 1) und den betreffenden ArbN (§§ 85 Abs. 3 Satz 2 iVm. 84 Abs. 2) zu unterrichten. Dies gilt auch bei einvernehmlicher Ablehnung der Berechtigung der Beschwerde durch ArbGeb und BR oder durch Spruch der Einigungsstelle[5].

31 **V. Benachteiligungsverbot.** Wegen der Erhebung der Beschwerde dürfen dem ArbN keine **Nachteile** entstehen. § 84 Abs. 3 BetrVG gilt auch, wenn die Beschwerde über den BR erhoben wird[6].

32 **VI. Streitigkeiten.** Die von ihm behaupteten **Rechtsansprüche** kann der ArbN jederzeit im arbeitsgerichtlichen **Urteilsverfahren** geltend machen (§§ 2 Abs. 1 Nr. 3a, Abs. 5 iVm. 46 ff. ArbGG). Hat der ArbGeb die Berechtigung der Beschwerde anerkannt oder wurde durch Spruch der Einigungsstelle die Berechtigung der Beschwerde festgestellt, kann der ArbN ebenfalls im arbeitsgerichtlichen Urteilsverfahren (§§ 2 Abs. 1 Nr. 3 a, Abs. 5 iVm. 46 ff. ArbGG) Abhilfe einfordern, wobei der Anspruch auf Abhilfe nicht auf eine bestimmte Maßnahme gerichtet ist.

33 Streitigkeiten zwischen ArbGeb und BR über die Anrufung der Einigungsstelle und deren Zuständigkeit entscheidet das ArbG im **Beschlussverfahren** (§§ 2 a Abs. 1 Nr. 1, Abs. 2 iVm. 80 ff. ArbGG, § 98 ArbGG). Das Gleiche gilt, wenn der Spruch der Einigungsstelle nach § 76 Abs. 5 Satz 4 BetrVG angefochten werden sollte. Im Verfahren über die Wirksamkeit des Spruchs der Einigungsstelle ist der beschwerdeführende ArbN nicht Beteiligter[7].

34 Der einzelne ArbN hat keinen gerichtlich durchsetzbaren Anspruch darauf, dass der BR sich mit der Beschwerde befasst. Das beharrliche Nichtbefassen mit den an den BR herangetragenen Beschwerden ist eine Pflichtwidrigkeit, die bei Vorliegen der weiteren Voraussetzungen des § 23 Abs. 1 BetrVG zur Einleitung eines Amtsenthebungsverfahrens berechtigt. Zuständig wäre das ArbG, das im Beschlussverfahren entscheidet (§§ 2a Abs. 1 Nr. 1, Abs. 2 iVm. 80 ff. ArbGG).

---

1 DKK/*Buschmann*, § 85 BetrVG Rz. 13; *Fitting*, § 85 BetrVG Rz. 12. | 2 *Fitting*, § 85 BetrVG Rz. 7; GK-*BetrVG/Wiese*, § 85 Rz. 14. | 3 DKK/*Buschmann*, § 85 BetrVG Rz. 17; *Fitting*, § 85 BetrVG Rz. 6. | 4 Vgl. BAG v. 28.6.1984 – 6 ABR 5/83, AP Nr. 1 zu § 85 BetrVG 1972 unter II. 1. b d.Gr. | 5 *Fitting*, § 85 BetrVG Rz. 10; GK-BetrVG/*Wiese*, § 85 Rz. 28 f. | 6 *Richardi/Richardi/Thüsing*, § 85 BetrVG Rz. 37; *Fitting*, § 85 BetrVG Rz. 11. | 7 Vgl. BAG v. 28.6.1984 – 6 ABR 5/83, AP Nr. 1 zu § 85 BetrVG 1972.

86 *Ergänzende Vereinbarungen*
Durch Tarifvertrag oder Betriebsvereinbarung können die Einzelheiten des Beschwerdeverfahrens geregelt werden. Hierbei kann bestimmt werden, dass in den Fällen des § 85 Abs. 2 an die Stelle der Einigungsstelle eine betriebliche Beschwerdestelle tritt.

I. Vorbemerkung. Im Interesse einer möglichst betriebsnahen Regelung des Beschwerdewesens eröffnet § 86 die Möglichkeit, die Einzelheiten des Beschwerdeverfahrens durch TV oder BV zu regeln. Im Rahmen des kollektiven Beschwerdeverfahrens kann an die Stelle der Einigungsstelle eine betriebliche Beschwerdestelle treten.

II. Regelung des Beschwerdeverfahrens durch TV oder BV (Satz 1). Die Einzelheiten des Beschwerdeverfahrens können in einem TV oder in einer BV geregelt werden.

1. Regelungsgegenstand. Durch TV oder BV können Einzelheiten sowohl des **individuellen Beschwerdeverfahrens** nach § 84 als auch des **kollektiven Beschwerdeverfahrens** nach § 85 näher geregelt werden: Möglich sind Vereinbarungen über Fragen der Frist und der Form für die Einlegung von Beschwerden, die **Zuständigkeit** für die Entgegennahme von Beschwerden und die Einführung eines Instanzenzugs für die Behandlung von Beschwerden im Betrieb[1].

Durch die Verfahrensregelung dürfen das Beschwerderecht der einzelnen ArbN und die Kompetenz der Einigungsstelle bzw. der betrieblichen Beschwerdestelle **nicht eingeschränkt** werden[2]. Nicht ausgeschlossen werden kann, dass ArbN beide Beschwerdeverfahren gleichzeitig einleiten[3].

§ 86 Satz 1 eröffnet lediglich die Regelungsbefugnis durch TV oder BV für die Einzelheiten des **Beschwerdeverfahrens**, so dass keine Regelungen betreffend das Verfahren vor der **Einigungsstelle** möglich sind. Die für das Einigungsstellenverfahren zwingenden Grundsätze gelten auch für das Verfahren vor der betrieblichen Beschwerdestelle[4]. Die **organisatorische Struktur** der Einigungsstelle wie auch die Verfahrensgrundsätze müssen erhalten bleiben[5].

2. Vorrang TV. Soweit ein TV das Beschwerdeverfahren regelt, ist eine BV ausgeschlossen[6]. Da es sich um eine betriebsverfassungsrechtliche Regelung handelt, ist die Tarifgebundenheit des ArbGeb ausreichend (§ 3 Abs. 2 TVG)[7].

3. Freiwillige BV. Eine BV iSv. § 86 Satz 1 ist eine freiwillige BV, sie kann nicht durch verbindlichen Spruch der Einigungsstelle erzwungen werden[8].

III. Betriebliche Beschwerdestelle (Satz 2). Nach § 86 Satz 2 BetrVG kann durch TV oder BV bestimmt werden, dass in den Fällen des § 85 Abs. 2 an die Stelle der Einigungsstelle eine betriebliche Beschwerdestelle tritt. Die betriebliche Beschwerdestelle übernimmt die Aufgaben der Einigungsstelle gemäß § 85 Abs. 2.

1. Regelungsgegenstand. Die Beschwerdestelle ist wie die Einigungsstelle im Verfahren nach § 85 Abs. 2 nur zuständig für die **Entscheidung über die Berechtigung** der Beschwerde, nicht aber für die Entscheidung über die Form der Abhilfe[9]. Die Kompetenz und Zuständigkeit der betrieblichen Beschwerdestelle sowie der von ihr zu treffende Regelungsgegenstand ist mit der der Einigungsstelle nach § 85 Abs. 2 identisch (vgl. § 85 Rz. 28).

2. Zusammensetzung und Verfahren. Da die betriebliche Beschwerdestelle letztendlich an die Stelle der Einigungsstelle nach § 85 Abs. 2 tritt, muss ihre **Zusammensetzung** § 76 Abs. 2 BetrVG entsprechen. Das bedeutet, dass die betriebliche Beschwerdestelle einen unparteiischen Vorsitzenden haben muss und ihre Mitglieder paritätisch durch ArbGeb und BR bestellt werden[10]. Hinsichtlich des **Verfahrens** gelten die für das Einigungsstellenverfahren zwingenden Grundsätze auch für die betriebliche Beschwerdestelle[11]. Über die zwingenden Grundsätze des Einigungsstellenverfahrens (vgl. dazu im Einzelnen § 76 Rz. 1 ff.) hinaus können allerdings weitere Einzelheiten des Verfahrens durch BV geregelt werden, da § 76 Abs. 4, der diese Möglichkeit eröffnet, nicht nur für die Einigungsstelle, sondern auch für die an ihre Stelle tretende betriebliche Beschwerdestelle Anwendung findet.

3. Tarifliche Schlichtungsstelle. Die Möglichkeit der Errichtung einer betrieblichen Beschwerdestelle nach § 86 Satz 2 BetrVG schließt nicht die Ersetzung der Einigungsstelle durch eine tarifliche

---

1 DKK/*Buschmann*, § 86 BetrVG Rz. 1; *Fitting*, § 86 BetrVG Rz. 2. |2 Richardi/*Richardi*/*Thüsing*, § 86 BetrVG Rz. 2; DKK/*Buschmann*, § 86 BetrVG Rz. 2. |3 Richardi/*Richardi*/*Thüsing*, § 86 BetrVG Rz. 2; aA GK-BetrVG/*Wiese*, § 86 Rz. 6. |4 Richardi/*Richardi*/*Thüsing*, § 86 BetrVG Rz. 3 und 11; HSWG/*Hess*, § 86 BetrVG Rz. 3; aA GK-BetrVG/*Wiese*, § 86 Rz. 10. |5 Weiss/*Weyand*, § 86 BetrVG Rz. 3. |6 *Fitting*, § 86 BetrVG Rz. 2; DKK/*Buschmann*, § 86 BetrVG Rz. 3. |7 *Fitting*, § 86 BetrVG Rz. 1; GK-BetrVG/*Wiese*, § 86 Rz. 1. |8 HSWG/*Hess*, § 86 BetrVG Rz. 1; DKK/*Buschmann*, § 86 BetrVG Rz. 3. |9 HSWG/*Hess*, § 86 BetrVG Rz. 5. |10 Richardi/*Richardi*/*Thüsing*, § 86 BetrVG Rz. 10; Weiss/*Weyand*, § 86 BetrVG Rz. 3; aA HSWG/*Hess*, § 86 BetrVG Rz. 4; GK-BetrVG/*Wiese*, § 86 Rz. 9; *Fitting*, § 86 BetrVG Rz. 4, die vertreten, dass ArbGeb und BR frei sind, die Zusammensetzung der Beschwerdestelle zu vereinbaren, insbesondere, dass die betriebliche Beschwerdestelle auch ohne unparteiischen Vorsitzenden tätig werden kann. |11 Richardi/*Richardi*/*Thüsing*, § 86 BetrVG Rz. 11; HSWG/*Hess*, § 86 BetrVG Rz. 3; Weiss/*Weyand*, § 86 BetrVG Rz. 3; aA GK-BetrVG/*Wiese*, § 86 Rz. 10; *Fitting*, § 86 BetrVG Rz. 4.

BetrVG § 86 Rz. 12   Ergänzende Vereinbarungen

Schlichtungsstelle gemäß § 76 Abs. 8 BetrVG aus. § 86 Satz 2 BetrVG schafft nur eine zusätzliche (Dritte) Möglichkeit für die Entscheidung über eine Beschwerde[1].

12   **4. Schutz der Mitglieder der betrieblichen Beschwerdestelle.** Die Mitglieder der betrieblichen Beschwerdestelle genießen ebenso wie die Mitglieder der Einigungsstelle oder einer tariflichen Schlichtungsstelle nach § 76 Abs. 8 hinsichtlich ihrer Tätigkeit den **Schutz** nach § 78. Die Behinderung oder Störung der Tätigkeit ist genauso wie eine Benachteiligung wegen der Tätigkeit bei Vorliegen der Voraussetzungen Straftatbestand nach § 119. Die Mitglieder der betrieblichen Beschwerdestelle unterliegen darüber hinaus der Geheimhaltungspflicht nach § 79.

13   **IV. Streitigkeiten.** Streitigkeiten aus der Anwendung des § 86, beispielsweise über die Zulässigkeit und den Inhalt eines TV oder einer BV, entscheiden die ArbG im **Beschlussverfahren** (§§ 2a Abs. 1 Nr. 1, Abs. 2 iVm. 80 ff. ArbGG).

86a *Vorschlagsrecht der Arbeitnehmer*

Jeder Arbeitnehmer hat das Recht, dem Betriebsrat Themen zur Beratung vorzuschlagen. Wird ein Vorschlag von mindestens 5 vom Hundert der Arbeitnehmer des Betriebs unterstützt, hat der Betriebsrat diesen innerhalb von zwei Monaten auf die Tagesordnung einer Betriebsratssitzung zu setzen.

1   **I. Vorbemerkung.** Zur Belebung und Bereicherung der **innerbetrieblichen Diskussion**[2] wurde durch das BetrVerf-Reformgesetz vom 23.7.2001[3] § 86a eingefügt. Dieser legt fest, dass jeder ArbN das Recht hat, dem BR Themen zur Beratung vorzuschlagen, und verpflichtet den BR, den Vorschlag innerhalb von zwei Monaten auf die Tagesordnung einer BR-Sitzung zu setzen, wenn er von mindestens 5 % der ArbN des Betriebs unterstützt wird.

2   Zweck der Vorschrift ist die Stärkung des **demokratischen Engagements** der ArbN[4], die selbst vermehrt Einfluss auf die **Betriebspolitik** und die **BR-Arbeit** nehmen sollen[5]. Dies soll dadurch erreicht werden, dass der einzelne ArbN auch außerhalb von Betriebsversammlungen und Sprechstunden die Initiative ergreifen kann, um Themen, die er für wichtig hält, an den BR heranzutragen, damit dieser sich mit den aufgeworfenen Fragen auseinander setzen und ggf. entsprechende Regelungen mit dem ArbGeb anstreben kann. Das individuelle Vorschlagsrecht soll Anreiz bieten, dass sich die ArbN in betrieblichen Angelegenheiten verstärkt einschalten und ihre **Ideen** und **Sichtweisen** gegenüber ihrer Interessenvertretung kundtun[6].

3   Die Vorschrift erscheint verfehlt: Sie setzt ein falsches Signal, da sie den BR unmittelbar in das **Kreuzfeuer widerstreitender Belegschaftsinteressen** stellt und nicht repräsentativen Minderheiten insb. in Kleinbetrieben eine das Arbeitsklima des BR und seine Leistungsfähigkeit nachhaltig beeinträchtigende Obstruktionspolitik ermöglicht[7]. Die Vorschrift schafft keine **neuen Rechte** der Belegschaft, sie ähnelt vielmehr dem Einberufungs- und Beratungsrecht bei Betriebsversammlungen nach § 43 Abs. 3 Satz 1 und § 45 Satz 3[8]. Durch die Regelung dürfte sich die bereits in vielen Betrieben erhebliche Dauer der BR-Sitzung sowie ggf. deren Anzahl erhöhen[9].

4   Vom Vorschlagsrecht nach § 86a unabhängig ist das Recht des ArbN nach § 80 Abs. 1 Nr. 3, dem BR Anregungen für die Verfolgung bestimmter Themen zu unterbreiten. Die Vorschrift des § 86a ist insoweit enger, als eine **Pflicht** des BR besteht, den Vorschlag innerhalb von zwei Monaten auf die Tagesordnung einer BR-Sitzung zu setzen, wenn er von einem bestimmten Quorum unterstützt wird[10].

5   **II. Vorschlagsrecht (Satz 1).** § 86a Satz 1 gibt jedem ArbN das Recht, dem BR Themen zur Beratung vorzuschlagen.

6   **1. Themen.** Eine Begrenzung des Vorschlagsrechts auf bestimmte Themen sieht § 86a Satz 1 nicht vor. Einzige Voraussetzung ist, dass das Thema in die **Zuständigkeit des BR** fällt[11]. Nicht vorausgesetzt ist eine **unmittelbare Betroffenheit** der vorschlagenden ArbN[12]. Deshalb kommen auch **Popularbeschwerden** in Betracht[13].

7   **2. Ausübung.** Die Ausübung des Vorschlagsrechts kann grundsätzlich **jederzeit**, dh. auch außerhalb von Betriebsversammlungen und Sprechstunden, erfolgen[14]. Das bedeutet, dass der ArbN während

---

1 *Löwisch/Kaiser*, § 86 BetrVG Rz. 1; ErfK/*Kania*, § 86 BetrVG Rz. 1; DKK/*Buschmann*, § 86 BetrVG Rz. 4; *Fitting*, § 86 BetrVG Rz. 5; aA GK-BetrVG/*Wiese*, § 86 Rz. 7; Richardi/*Richardi/Thüsing*, § 86 BetrVG Rz. 9; HSWG/*Hess*, § 86 BetrVG Rz. 7. | 2 *Richardi*, Die neue Betriebsverfassung, § 15 Rz. 6. | 3 BGBl. I S. 1852. | 4 *Fitting*, § 86a BetrVG Rz. 2; *Dachrodt/Engelbert*, § 86a BetrVG Rz. 1. | 5 DKK/*Buschmann*, § 86a BetrVG Rz. 2; *Löwisch/Kaiser*, § 86a BetrVG Rz. 1. | 6 BT-Drs. 14/5741, 47. | 7 *Richardi*, Die neue Betriebsverfassung, § 15 Rz. 6; *Richardi/Annuß*, DB 2001, 41 (46); *Annuß*, NZA 2001, 367 (367). | 8 *Wendeling-Schröder*, NZA Sonderheft 2001, 29 (32). | 9 *Schiefer/Korte*, NZA 2001, 71 (83). | 10 *Wiese*, BB 2001, 2267 (2268); DKK/*Buschmann*, § 86a BetrVG Rz. 12. | 11 BT-Drs. 14/5741, 47; DKK/*Buschmann*, § 86a BetrVG Rz. 10; *Fitting*, § 86a BetrVG Rz. 6. | 12 *Fitting*, § 86a BetrVG Rz. 6; *Löwisch/Kaiser*, § 86a BetrVG Rz. 1. | 13 *Wiese*, BB 2001, 2267 (2268); Richardi/*Thüsing*, § 86a BetrVG Rz. 2. | 14 BT-Drs. 14/5741, 47.

der **Arbeitszeit** den BR aufsuchen kann, um Themen vorzuschlagen[1]. Dies ist allerdings nicht uneingeschränkt möglich: Der ArbN ist nach wie vor an seine Arbeitspflicht gebunden, sofern sie nicht durch das BetrVG suspendiert ist. Einschlägig ist § 39 Abs. 3, nach dem der ArbGeb nicht berechtigt ist, wegen Versäumnis von Arbeitszeit, die zum Besuch der Sprechstunden oder durch sonstige Inanspruchnahme des BR **erforderlich** ist, das Arbeitsentgelt zu kürzen.

3. Keine Form und Frist. Eine bestimmte Form oder eine bestimmte Frist für das Vorschlagsrecht ist im Gesetz nicht vorgesehen. Der ArbN kann es daher mündlich, schriftlich oder auf elektronischem Weg ausüben[2]. 8

4. Adressat. Das Vorschlagsrecht besteht gegenüber dem BR. Nach § 26 Abs. 2 Satz 2 ist zur Entgegennahme von Erklärungen der BR-Vorsitzende oder im Falle seiner Verhinderung sein Stellvertreter zuständig (vgl. ausführlich § 26 Rz. 1 ff.)[3]. 9

5. Weitere Behandlung durch den BR. Der BR ist im Rahmen **pflichtgemäßen Ermessens**[4] in seiner Entscheidung frei darüber, wie er mit dem Vorschlag verfährt. Er kann ihn beraten, muss es aber nicht. Der BR kann sich auch darauf beschränken, den Vorschlag nur zur Kenntnis zu nehmen[5]. Es besteht keine Verpflichtung des BR, den ArbN über die weitere Behandlung seines Vorschlags zu informieren[6]. 10

III. Unterstützter Vorschlag (Satz 2). Wird der Vorschlag des ArbN iSv. § 86a Satz 1 von mindestens 5 vom Hundert der ArbN unterstützt, hat der BR diesen innerhalb von zwei Monaten auf die Tagesordnung einer BR-Sitzung zu setzen und zu behandeln[7]. 11

1. Quorum. Der Vorschlag iSv. § 86a Satz 1 (vgl. Rz. 5 ff.) muss von mindestens 5 vom Hundert der ArbN des Betriebs unterstützt werden. Beim Quorum ist die Unterstützung **jedes** ArbN zu berücksichtigen. Im Gegensatz zu § 43 Abs. 3 Satz 1 wird das Quorum nicht von einer Unterstützung **wahlberechtigter** ArbN abhängig gemacht, so dass einschränkungslos alle ArbN iSv. § 5 Abs. 1 berechtigt sind, einen entsprechenden Vorschlag zu unterstützen[8]. 12

2. Arbeitszeit. Nach § 86a Satz 1 kann der ArbN während der Arbeitszeit dem BR Vorschläge unterbreiten. Der ArbGeb hat die Vergütung fortzuzahlen, wenn die Wahrnehmung des Vorschlagsrechts während der Arbeitszeit erforderlich ist (vgl. Rz. 7). Um das nach § 86a Satz 2 für die Unterstützung eines Vorschlags durch andere ArbN erforderliche Quorum zu erreichen, wird allerdings ein gewisser Zeitaufwand kaum vermeidbar sein[9]. Der ArbN hat insoweit das Recht, sich während der Arbeitszeit um die Unterstützung anderer ArbN für seinen Vorschlag zu bemühen. Diese Unterschriften dürfen aber nur dann während der Arbeitszeit gesammelt werden, wenn dies auf andere zumutbare Weise nicht möglich ist[10], wobei auf den Erforderlichkeitsmaßstab des § 39 Abs. 3 (versäumte Arbeitszeit wegen des Besuchs der Sprechstunden des BR) zurückzugreifen ist[11]. Der Umfang der Erforderlichkeit iSv. § 39 Abs. 3 wird allerdings in der Praxis für eine hohe Streitanfälligkeit sorgen. Denn konsequent zu Ende gedacht wären ArbN nicht gehindert, **tagtäglich** dem BR Vorschläge zu unterbreiten und sich, damit die Vorschläge auf einer BR-Sitzung innerhalb von zwei Monaten behandelt werden, um ein entsprechendes Quorum zu bemühen. 13

3. Behandlung durch den BR. Im Falle der Unterstützung des Vorschlags durch das Quorum von 5 vom Hundert der ArbN besteht ein **Rechtsanspruch**, dass der BR den Vorschlag innerhalb von zwei Monaten auf die Tagesordnung einer BR-Sitzung setzt. Die weitere Behandlung unterliegt wiederum dem **pflichtgemäßen Ermessen** des BR[12]. Er entscheidet darüber, ob er den Vorschlag nur zur Kenntnis nimmt, ihn – unter Umständen auch aus taktischen Erwägungen[13] – zunächst zurückstellt oder nach § 80 Abs. 1 Nr. 2 bzw. Nr. 3 zum Gegenstand von Verhandlungen mit dem ArbGeb macht[14]. So kann es sein, dass der Vorschlag im Betrieb nicht verwirklicht wird, weil er bereits mit dem ArbGeb ohne Ergebnis beraten worden ist oder mit den Interessen der vom BR insgesamt vertretenen ArbN nicht vereinbar ist oder sich aus anderen betrieblichen Gründen als nicht umsetzbar erweist[15]. Die Nichtberücksichtigung kann aber auch daran liegen, dass der Vorschlag dem BR unsinnig, eindeutig querulatorisch, aussichtslos oder im Widerspruch zu den Interessen der Belegschaft stehend erscheint[16]. 14

4. Unterrichtungspflicht. § 86a Satz 1 und Satz 2 geben dem ArbN keinen Anspruch darauf, über die Behandlung seines Vorschlags durch den BR unterrichtet zu werden. Zwar hat der BR nach § 86a Satz 2 den Vorschlag innerhalb von zwei Monaten auf die Tagesordnung einer BR-Sitzung zu setzen. Vom Ergebnis der BR-Sitzung ist der ArbN aber nicht zu informieren[17]. 15

---

1 DKK/*Buschmann*, § 86a BetrVG Rz. 8; *Fitting*, § 86a BetrVG Rz. 5. | 2 *Wiese*, BB 2001, 2267 (2268); DKK/ *Buschmann*, § 86a BetrVG Rz. 7; *Fitting*, § 86a BetrVG Rz. 5. | 3 *Fitting*, § 86a BetrVG Rz. 7. | 4 *Wiese*, BB 2001, 2267 (2269); DKK/*Buschmann*, § 86a BetrVG Rz. 8. | 5 *Löwisch*, BB 2001, 1734 (1741); *Schaub*, ZTR 2001, 437 (443). | 6 *Neef*, NZA 2001, 361 (363); DKK/*Buschmann*, § 86a BetrVG Rz. 12; aA *Fitting*, § 86a BetrVG Rz. 8. | 7 *Posselt*, ZRP 2001, 176 (179). | 8 *Fitting*, § 86a BetrVG Rz. 5; *Löwisch/Kaiser*, § 86a BetrVG Rz. 3. | 9 *Wiese*, BB 2001, 2267 (2268). | 10 *Richardi/Thüsing*, § 86a BetrVG Rz. 3. | 11 *Fitting*, § 86a BetrVG Rz. 5. | 12 *Fitting*, § 86a BetrVG Rz. 8; DKK/*Buschmann*, § 86a BetrVG Rz. 17. | 13 *Wiese*, BB 2001, 2267 (2269). | 14 *Schaub*, ZTR 2001, 437 (443). | 15 BT-Drs. 14/5741, 47. | 16 *Wiese*, BB 2001, 2267 (2269); *Richardi/Thüsing*, § 86a BetrVG Rz. 8. | 17 *Neef*, NZA 2001, 361 (363); aA *Wiese*, BB 2001, 2267 (2269), der auf § 86a Satz 2 § 80 Abs. 1 Nr. 3 Halbs. 2 analog anwenden will; *Fitting*, § 86a BetrVG Rz. 7; *Richardi/Thüsing*, § 86a BetrVG Rz. 10.

16 **5. Teilnahmerecht an BR-Sitzung.** Die Aufnahme in die Tagesordnung bedeutet nicht, dass ein Recht zur Teilnahme an der betreffenden BR-Sitzung durch den vorschlagenden ArbN oder die den Vorschlag unterstützenden ArbN besteht: § 86a ändert nichts an der Vorschrift des § 30 Satz 4, wonach BR-Sitzungen nicht öffentlich sind[1].

17 **6. Benachteiligungsverbot.** ArbN dürfen wegen der Ausübung des Vorschlagsrechts nach § 86a keine Nachteile entstehen. Dies ist zwar im Gegensatz zu § 84 Abs. 3 bei der Ausübung des Beschwerderechts im BetrVG nicht ausdrücklich geregelt, folgt aber aus der allgemeinen Vorschrift des § 612a BGB[2].

18 **IV. Streitigkeiten.** Streitigkeiten zwischen den beteiligten ArbN und dem BR über die Behandlung eines Vorschlags werden im arbeitsgerichtlichen **Beschlussverfahren** entschieden (§§ 2a Abs. 1 Nr. 1, Abs. 2 iVm. 80 ff. ArbGG).

19 Streitigkeiten zwischen ArbGeb und ArbN über Vergütungszahlungen, wenn der ArbN sich während der Arbeitszeit an den BR wendet oder sich um Unterschriften für das Quorum nach § 86a Satz 2 bemüht und damit keine Arbeitsleistung erbringt, sind im arbeitsgerichtlichen **Urteilsverfahren** zu entscheiden (§§ 2 Abs. 1 Nr. 3a, Abs. 5 iVm. 46 ff. ArbGG). Der ArbN ist insoweit darlegungs- und beweispflichtig dafür, dass er dem BR einen Vorschlag iSv. § 86a unterbreitet hat und dies während der Arbeitszeit erforderlich war.

20 Nimmt der BR willkürlich oder generell Vorschläge von ArbN nicht zur Kenntnis, kann hierin eine grobe Amtspflichtverletzung iSv. § 23 Abs. 1 liegen. Gleiches gilt, wenn der BR-Vorsitzende den Vorschlag eines ArbN willkürlich nicht auf die Tagesordnung einer BR-Sitzung setzt. Bei Vorliegen der Voraussetzungen des § 23 Abs. 1 kann daher der Ausschluss eines Mitglieds aus dem BR oder die Auflösung des BR insgesamt beantragt werden. Das ArbG hätte im **Beschlussverfahren** zu entscheiden (§§ 2a Abs. 1 Nr. 1, Abs. 2 iVm. 80 ff. ArbGG).

Dritter Abschnitt. Soziale Angelegenheiten

87 *Mitbestimmungsrechte*
(1) Der Betriebsrat hat, soweit eine gesetzliche oder tarifliche Regelung nicht besteht, in folgenden Angelegenheiten mitzubestimmen:

1. Fragen der Ordnung des Betriebs und des Verhaltens der Arbeitnehmer im Betrieb;
2. Beginn und Ende der täglichen Arbeitszeit einschließlich der Pausen sowie Verteilung der Arbeitszeit auf die einzelnen Wochentage;
3. vorübergehende Verkürzung oder Verlängerung der betriebsüblichen Arbeitszeit;
4. Zeit, Ort und Art der Auszahlung der Arbeitsentgelte;
5. Aufstellung allgemeiner Urlaubsgrundsätze und des Urlaubsplans sowie die Festsetzung der zeitlichen Lage des Urlaubs für einzelne Arbeitnehmer, wenn zwischen dem Arbeitgeber und den beteiligten Arbeitnehmern kein Einverständnis erzielt wird;
6. Einführung und Anwendung von technischen Einrichtungen, die dazu bestimmt sind, das Verhalten oder die Leistung der Arbeitnehmer zu überwachen;
7. Regelungen über die Verhütung von Arbeitsunfällen und Berufskrankheiten sowie über den Gesundheitsschutz im Rahmen der gesetzlichen Vorschriften oder der Unfallverhütungsvorschriften;
8. Form, Ausgestaltung und Verwaltung von Sozialeinrichtungen, deren Wirkungsbereich auf den Betrieb, das Unternehmen oder den Konzern beschränkt ist;
9. Zuweisung und Kündigung von Wohnräumen, die den Arbeitnehmern mit Rücksicht auf das Bestehen eines Arbeitsverhältnisses vermietet werden, sowie die allgemeine Festlegung der Nutzungsbedingungen;
10. Fragen der betrieblichen Lohngestaltung, insbesondere die Aufstellung von Entlohnungsgrundsätzen und die Einführung und Anwendung von neuen Entlohnungsmethoden sowie deren Änderung;
11. Festsetzung der Akkord- und Prämiensätze und vergleichbarer leistungsbezogener Entgelte, einschließlich der Geldfaktoren;
12. Grundsätze über das betriebliche Vorschlagswesen;
13. Grundsätze über die Durchführung von Gruppenarbeit; Gruppenarbeit im Sinne dieser Vorschrift liegt vor, wenn im Rahmen des betrieblichen Arbeitsablaufs eine Gruppe von Arbeitnehmern eine ihr übertragene Gesamtaufgabe im Wesentlichen eigenverantwortlich erledigt.

(2) Kommt eine Einigung über eine Angelegenheit nach Absatz 1 nicht zustande, so entscheidet die Einigungsstelle. Der Spruch der Einigungsstelle ersetzt die Einigung zwischen Arbeitgeber und Betriebsrat.

---

1 *Löwisch*, BB 2001, 1734 (1741); *Fitting*, § 86a BetrVG Rz. 9. | 2 *Fitting*, § 86a BetrVG Rz. 10.

§ 87 BetrVG

I. Vorbemerkung 1	c) Umfang der Mitbestimmung 97
II. **Voraussetzungen und Schranken des Mitbestimmungsrechts** 2	aa) Zeit der Entgeltleistung 98
1. Persönlicher Geltungsbereich 2	bb) Ort der Entgeltleistung 100
2. Kollektivmaßnahme 3	cc) Art der Entgeltleistung 101
3. Gesetzes-/Tarifvorrang 6	dd) Mitbestimmungsfreie Tatbestände .. 102
a) Gesetzesvorbehalt 7	d) Grenzen des Mitbestimmungsrechts 103
b) Tarifvorbehalt 9	5. Aufstellung allgemeiner Urlaubsgrundsätze, des Urlaubsplans und Festsetzung der zeitlichen Lage des Urlaubs für einzelne Arbeitnehmer (§ 87 Abs. 1 Nr. 5 BetrVG) 104
c) § 77 Abs. 3 BetrVG 14	a) Zweck 104
III. **Reichweite und Ausübung des Mitbestimmungsrechts** 16	b) Begriffsbestimmung 105
1. Erzwingbare und freiwillige Mitbestimmung .. 16	c) Umfang der Mitbestimmung 106
2. Eil- und Notfälle 21	aa) Urlaubsgrundsätze 106
3. Erweiterung des Mitbestimmungsrechts .. 25	bb) Urlaubsplan 107
4. Beschränkung und Verzicht 28	cc) Streit über einzelne Urlaubswünsche .. 109
5. Initiativrecht 32	dd) Mitbestimmungsfreie Tatbestände .. 111
6. Form der Ausübung 35	d) Initiativrecht 112
IV. **Nichtbeachtung des Mitbestimmungsrechts** .. 38	e) Grenzen des Mitbestimmungsrechts 113
1. Theorie der Wirksamkeitsvoraussetzung .. 38	f) Nichtbeachtung des Mitbestimmungsrechts .. 114
2. Individualrechtliche Folgen 41	6. Einführung und Anwendung von technischen Einrichtungen (§ 87 Abs. 1 Nr. 6 BetrVG) 115
V. **Einigungsstelle** 44	a) Zweck 115
VI. **Rechtsstreitigkeiten** 51	b) Begriffsbestimmung 116
1. Unterlassungsanspruch aus § 23 Abs. 3 BetrVG .. 52	aa) Technische Einrichtungen 116
2. Allgemeiner Unterlassungs- und Beseitigungsanspruch .. 55	bb) Zur Überwachung bestimmt 117
3. Sonstige Streitigkeiten 59	(1) Überwachung 118
VII. **Die einzelnen Mitbestimmungstatbestände des § 87 Abs. 1 BetrVG** 60	(2) Verhalten oder Leistung 119
1. Fragen der Ordnung des Betriebs und des Verhaltens der Arbeitnehmer im Betrieb (§ 87 Abs. 1 Nr. 1 BetrVG) .. 60	(3) Bestimmung zur Überwachung 120
a) Zweck 60	c) Beispiele 121
b) Tendenzbetriebe 61	aa) Mitbestimmungspflichtige Einrichtungen .. 121
c) Umfang des Mitbestimmungsrechts 62	bb) Mitbestimmungsfreie Einrichtungen .. 124
aa) Mitbestimmungspflichtiges Ordnungsverhalten .. 63	d) Umfang des Mitbestimmungsrechts 125
bb) Mitbestimmungsfreies Arbeitsverhalten .. 64	e) Grenzen des Mitbestimmungsrechts 128
d) Grenzen des Mitbestimmungsrechts 65	f) Individualrechtliche Folgen der Nichtbeachtung des Mitbestimmungsrechts 129
e) Gesetzessystematik 66	g) Gesetzessystematik 130
2. Beginn und Ende der täglichen Arbeitszeit, Verteilung der Arbeitszeit auf die einzelnen Wochentage (§ 87 Abs. 1 Nr. 2 BetrVG) .. 67	7. Regelungen über die Verhütung von Arbeitsunfällen und Berufskrankheiten, Gesundheitsschutz (§ 87 Abs. 1 Nr. 7 BetrVG) 131
a) Zweck 67	a) Zweck 131
b) Tendenzbetriebe 68	b) Begriffsbestimmung 132
c) Begriffsbestimmung 69	aa) Arbeitsunfälle und Berufskrankheiten .. 132
d) Umfang des Mitbestimmungsrechts .. 70	bb) Gesundheitsschutz 133
aa) Beginn und Ende der täglichen Arbeitszeit .. 70	cc) Ausfüllungsbedürftige Rahmenvorschriften .. 134
bb) Verteilung der Arbeitszeit auf die einzelnen Wochentage .. 77	dd) Regelungen 135
cc) Pausen 79	c) Umfang des Mitbestimmungsrechts 136
e) Grenzen des Mitbestimmungsrechts 80	aa) Mitbestimmungspflichtige Maßnahmen .. 136
3. Vorübergehende Verkürzung oder Verlängerung der betriebsüblichen Arbeitszeit (§ 87 Abs. 1 Nr. 3 BetrVG) .. 81	bb) Mitbestimmungsfreie Maßnahmen .. 137
a) Zweck 81	cc) Exkurs: Bildschirmarbeitsplätze ... 138
b) Begriffsbestimmung 82	d) Initiativrecht 139
c) Umfang der Mitbestimmung 84	e) Gesetzessystematik, weitere Beteiligungsrechte .. 140
aa) Kurzarbeit 84	8. Form, Ausgestaltung und Verwaltung von Sozialeinrichtungen (§ 87 Abs. 1 Nr. 8 BetrVG) .. 142
bb) Überstunden 85	a) Zweck 142
cc) *Sonderfall: Arbeitskampf* 89	b) Begriffsbestimmung 143
d) Art und Form der Mitbestimmung .. 90	aa) Sozialeinrichtung 143
e) Initiativrecht 92	bb) Beschränkter Wirkungsbereich ... 144
f) Grenzen des Mitbestimmungsrechts 93	cc) Beispiele 146
g) Nichtbeachtung des Mitbestimmungsrechts .. 94	c) Umfang der Mitbestimmung 147
4. Zeit, Ort und Art der Auszahlung der Arbeitsentgelte (§ 87 Abs. 1 Nr. 4 BetrVG) .. 95	aa) Mitbestimmungsfreie Entscheidungen .. 148
a) Zweck 95	bb) Form 150
b) Begriffsbestimmung 96	cc) Ausgestaltung 151
	dd) Verwaltung 152
	d) Ausübung der Mitbestimmung 153
	aa) Sozialeinrichtungen mit eigener Rechtspersönlichkeit 154

Clemenz

BetrVG § 87

bb) Sozialeinrichtungen ohne eigene Rechtspersönlichkeit 155
cc) Sozialeinrichtung mit eigenem Betriebsrat 156
dd) Zuständigkeit des Gesamt- oder Konzernbetriebsrats 157
e) Grenzen des Mitbestimmungsrechts 158
f) Nichtbeachtung des Mitbestimmungsrechts 159
g) Gesetzessystematik 160
9. Zuweisung und Kündigung von Wohnräumen sowie allgemeine Festlegung der Nutzungsbedingungen (§ 87 Abs. 1 Nr. 9 BetrVG) 161
   a) Zweck 161
   b) Begriffsbestimmung 162
   c) Umfang der Mitbestimmung 165
      aa) Zuweisung von Wohnraum 166
      bb) Kündigung des Mietverhältnisses ... 167
      cc) Exkurs: Veräußerung von Werkmietwohnungen 168
      dd) Allgemeine Festlegung der Nutzungsbedingungen 169
   d) Ausübung des Mitbestimmungsrechts ... 170
   e) Grenzen des Mitbestimmungsrechts ... 171
   f) Nichtbeachtung des Mitbestimmungsrechts 172
   g) Gesetzessystematik 173
10. Fragen der betrieblichen Lohngestaltung (§ 87 Abs. 1 Nr. 10 BetrVG) 174
    a) Zweck 174
    b) Tendenzbetriebe 175
    c) Lohn 176
    d) Fragen der betrieblichen Lohngestaltung . 178
       aa) Lohnpolitische Entscheidungen 179
       bb) Betriebliche Lohngestaltung 180
    e) Aufstellen von Entlohnungsgrundsätzen . 183
    f) Einführung und Anwendung von Entlohnungsmethoden sowie deren Änderung . 184
    g) Grenzen des Mitbestimmungsrechts 185
    h) Nichtbeachtung des Mitbestimmungsrechts 186

i) Gesetzessystematik 187
j) Besonderheiten 188
   aa) Besonderheiten bei freiwilligen Leistungen, insbesondere der betrieblichen Altersversorgung 189
      (1) Mitbestimmungsfreie Entscheidungen 191
      (2) Mitbestimmungspflichtige Entscheidungen 192
   bb) Besonderheiten bei der Anrechnung einer Tariflohnerhöhung auf Zulagen ... 193
k) Entgeltfindung für AT-Angestellte ... 199
11. Festsetzung der Akkord- und Prämiensätze und vergleichbarer leistungsbezogener Entgelte (§ 87 Abs. 1 Nr. 11 BetrVG) 200
    a) Zweck 200
    b) Begriffsbestimmung 201
       aa) Akkord 202
       bb) Prämien 204
       cc) Vergleichbare leistungsbezogene Entgelte 205
    c) Umfang des Mitbestimmungsrechts ... 206
    d) Gesetzessystematik 207
12. Betriebliches Vorschlagswesen (§ 87 Abs. 1 Nr. 12 BetrVG) 208
    a) Zweck 208
    b) Begriffsbestimmung 209
    c) Umfang der Mitbestimmung 211
    d) Initiativrecht 213
13. Gruppenarbeit (§ 87 Abs. 1 Nr. 13 BetrVG) ... 214
    a) Zweck 214
    b) Begriffsbestimmung 215
    c) Umfang des Mitbestimmungsrechts ... 216
       aa) Mitbestimmungsfreie Angelegenheiten 216
       bb) Mitbestimmungspflichtige Angelegenheiten 217
    d) Delegation der Mitbestimmung 218
    e) Sonstige Beteiligungsrechte 219
    f) Übergangszeitraum 220

Lit.: *Annuß*, Mitwirkung und Mitbestimmung der Arbeitnehmer im Regierungsentwurf eines Gesetzes zur Reform des BetrVG, NZA 2001, 367; *Bauer/Opolony*, Arbeitsrechtliche Änderungen in der Gewerbeordnung, BB 2002, 1590; *Bauer*, 25 Jahre Betriebsverfassungsgesetz, NZA 1997, 233; *Bauer/Diller/Göpfert*, Zielvereinbarungen auf dem Prüfstand, BB 2002, 882; *Bauer/Göpfert*, Aktenoptionen bei Betriebsübergang, ZIP 2001, 1129; *Beckschulze/Henkel*, Der Einfluss des Internets auf das Arbeitsrecht, DB 2001, 1491; *Blanke*, Arbeitsgruppen und Gruppenarbeit in der Betriebsverfassung, RdA 2003, 140; *Blanke/Rosé*, Betriebsverfassung 2001: Flexible Mitbestimmung in modernen Zeiten, RdA 2001, 92; *Blomeyer*, Der Entgeltumwandlungsanspruch des Arbeitnehmers in individual- und kollektivrechtlicher Sicht, DB 2001, 1413; *Boemke/Ankersen*, Telearbeit und Betriebsverfassung, BB 2000, 2254; *Boemke/Seifert*, Mitbestimmung bei vollständiger und gleichmäßiger Anrechnung von Tariflohnerhöhungen auf übertarifliche Zulagen, BB 2001, 985; *Däubler*, Die veränderte Betriebsverfassung – Erste Anwendungsprobleme, AuR 2001, 285; *Däubler*, Eine bessere Betriebsverfassung?, Der Referentenentwurf zur Reform des BetrVG, AuR 2001, 1; *Diller/Powietzka*, Englisch im Betrieb und Betriebsverfassung, DB 2000, 2254; *Diller/Powietzka*, Drogenscreenings und Arbeitsrecht, NZA 2001, 1227; *Ebener/Schmalz*, Bereitschaftsdienst als Arbeitszeit im Sinne des Arbeitszeitgesetzes?, DB 2001, 281; *Engels/Treibing/Löhr-Steinhaus*, Regierungsentwurf eines Gesetzes zur Reform des Betriebsverfassungsgesetzes, DB 2001, 532; *Ernst*, Der Arbeitgeber, die E-Mail und das Internet, NZA 2002, 585; *Etzel*, Betriebsverfassungsrecht, Grundsätze über die Durchführung von Gruppenarbeit, 8. Auflage, 2002; *Federlin*, Arbeitsgruppen im Betrieb als neue Größe der Betriebsverfassung, NZA 2001, Sonderheft, 24; *Felix/Mache*, Einführung und Anwendung von Cafeteria-Systemen, AiB 2001, 338; *Fischer*, Betriebliche Mitbestimmung nach § 87 BetrVG im internationalen Konzern bei einheitlicher Entscheidungsvorgabe, BB 2000, 562; *Franke/Hunold/Malter*, Das neue Betriebsverfassungsrecht, Dritter Abschnitt, Soziale Angelegenheiten, 2001, 85–92; *Franzen*, Freiheit der Arbeitnehmer zur Selbstbestimmung nach dem neuen BetrVG, FAZ 2001, IV Mitwirkungsbefugnisse des Betriebsrats, S. 441–450; *Freitag*, Die Freiwilligkeit freiwilliger Leistungen, NZA 2002, 294; *Geffken*, Zielvereinbarung – eine Herausforderung für Personalwesen und Arbeitsrecht, NZA 2000, 1033; *Göhner*, Bürokratie- und Kostenschub statt Fortschritt, FA 2001, 130; *Hamm*, Arbeiten im Zeitgeist: Die Vertrauensarbeitszeit hält Einzug in den Unternehmen, AiB 2000, 152; *Hanau*, Die Reform der Betriebsverfassung, NJW 2001, 2513; *Hanau*, Denkschrift, RdA 2001, 76; *Konzen*, Der Regierungsentwurf des Betriebsverfassungsreformgesetzes, RdA 2001, 1790; *Kraft*, Die betriebliche Lohngestaltung im Spannungsfeld von Tarifautonomie, betrieblicher Mitbestimmung und Vertragsfreiheit, Festschrift für Karl Molitor, 1988, S. 207; *Krummel*, Betriebsrat und betriebliche Mitbestimmung im Arbeitskampf, BB 2002, 1418; *Lindemann/Simon*, Betriebsvereinbarungen zur E-mail-, Internet- und Intranetnutzung, BB 2001, 1950; *Lingemann/Diller/Men-

gel, Aktienoptionen im internationalen Konzern – ein arbeitsrechtsfreier Raum, NZA 2000, 1191; *Löwisch*, Änderung der Betriebsverfassung durch das Betriebsverfassungs-Reformgesetz, BB 2001, 1790; *Maschmann*, Zuverlässigkeitstests durch Verführung illoyaler Mitarbeiter?, NZA 2002, 13; *Picker*, Betriebsverfassung und Arbeitsverfassung, RdA 2001, 258; *Plander*, Der operativen Rechte des Betriebsrats als Gegenstand einer Novellierung des Betriebsverfassungsgesetzes, DB 2000, 2014; *Preis/Elert*, Erweiterung der Mitbestimmung bei Gruppenarbeit?, NZA 2001, 371; *Rieble/Gutzeit*, Teilzeitanspruch nach § 8 TzBfG und Arbeitszeitmitbestimmung, NZA 2002, 7; *Richardi*, Reform des Betriebsverfassungsgesetzes?, NZA 2000, 161; *Röder/Göpfert*, Aktien statt Gehalt, BB 2001, 2002; *Schanz*, Mitarbeiterbeteiligungsprogramm, NZA 2000, 626; *Schleusener*, Die betriebsverfassungsrechtliche Abmahnung, NZA 2001, 640; *Schneider*, Anrechnung von Tariferhöhungen, DB 2000, 922; *Tietje*, Ist Bereitschaftsdienst wirklich Arbeitszeit?, NZA 2001, 241; *Wellnhofer-Klein*, Der rauchfreie Arbeitsplatz, RdA 2003, 155; *Welmerath*, Die Mitbestimmung des Betriebs- und Personalrats bei psychosozialen Belastungen am Arbeitsplatz, AuR 2001, 416; *Wiese*, Die Mitbestimmung des Betriebsrats über Grundsätze zur Durchführung von Gruppenarbeit nach § 87 Abs. 1 Nr. 13 BetrVG, BB 2002, 1998.

I. Vorbemerkung. In § 87 ist der Kernbereich der betrieblichen Mitbest. geregelt[1]. Die Vorschrift dient dem Schutz der ArbN und soll ihnen die Mitgestaltung der wichtigsten Arbeitsbedingungen ermöglichen[2]. Sinn und Zweck der Regelung ist nach Auffassung des BAG die Sicherstellung der gleichberechtigten Teilhabe der ArbN an unternehmerischen Entscheidungen, die sie unmittelbar betreffen[3]. Das MitbestR nach § 87 gilt in jedem Betrieb mit gewähltem BR unabhängig von der Betriebsgröße. Die Rechte stehen also auch dem Betriebsobmann im Kleinstbetrieb uneingeschränkt zu[4]. Die Vorschrift gilt auch für GesamtBR und KonzernBR im Rahmen ihrer Zuständigkeit[5]. Das BetrVerf-Reformgesetz vom 23.7.2001[6] hat in diesem Bereich nur maßvoll eingegriffen und lediglich den Mitbestimmungskatalog um die Ziff. 13 (Grundsätze über die Durchführung von Gruppenarbeit erweitert).

II. Voraussetzungen und Schranken des MitbestR. 1. Persönlicher Geltungsbereich. Das MitbestR des BR in sozialen Angelegenheiten erstreckt sich auf ArbN iSd. Gesetzes, wie sie in § 5 BetrVG definiert sind. Erfasst werden also Arbeiter und Angestellte einschließlich der zu ihrer Berufsausbildung Beschäftigten sowie die in Heimarbeit Beschäftigten, die in der Hauptsache für den Betrieb arbeiten[7]. Der BR kann auch im Rahmen des § 87 MitbestR nur für die ArbN geltend machen, die er repräsentiert. Außerhalb seiner gesetzlichen MitbestR stehen damit aus dem Arbeitsverhältnis ausgeschiedene ArbN wie insb. auch Betriebsrentner[8]. Auf LeihArbN kann sich das MitbestR dann erstrecken, wenn aufgrund des Normzwecks einerseits und des Direktionsrechts des ArbGeb des Entleiherbetriebs andererseits eine betriebsverfassungsrechtliche Zuordnung der LeihArbN auch zum Entleiherbetrieb erforderlich ist, weil sonst die Schutzfunktion des Betriebsverfassungsrechts außer Kraft gesetzt würde[9]. Eine generelle Einbeziehung von LeihArbN, die länger als drei Monate im Betrieb eingesetzt werden, ist auch vor dem Hintergrund des neugeregelten § 7 Satz 2 abzulehnen[10]. In der Begründung zum Regierungsentwurf des BetrVerf-Reformgesetzes wird ausdrücklich darauf hingewiesen, dass die LeihArbN durch Verleihung des aktiven Wahlrechts nicht in „rechtlich unzutreffender Weise als ArbN" des Entleiherbetriebs eingestuft werden sollen[11]. Nachdem der Gesetzgeber also ausdrücklich die LeihArbN auch mit Verleihung des aktiven Wahlrechts nicht in den Kreis der ArbN des Betriebes einbeziehen wollte, bleibt es für diesen Personenkreis bei der „gespaltenen" Zuständigkeit des BR des Entleiher- und des Verleiherbetriebes. Eine Mitbest. des BR des Entleiherbetriebes im Rahmen des § 87 kommt nur in Ausnahmefälle zum Tragen. Das BetrVerf-Reformgesetz ändert insoweit nichts an den vom BAG hierzu entwickelten Grundsätzen.

2. Kollektivmaßnahme. Der Streit, ob die MitbestR des BR nach § 87 nur für kollektive Tatbestände gelten oder auch einzelne Maßnahmen erfassen, wurde bereits zu § 56 BetrVG 1952 diskutiert[12]. Nach dem Bericht des BT-Ausschusses für Arbeit und Sozialordnung für das BetrVG 1972 hielt der Gesetzgeber an der seinerzeit vorherrschenden Meinung fest, wonach sich die „Mitbest. des BR grundsätzlich nur auf generelle Tatbestände und nicht auf die Regelungen von Einzelfällen beziehe"[13]. Dementsprechend unterwirft § 87 Abs. 1 nur ausnahmsweise, nämlich in den Nr. 5 und 6 auch Individualtatbestände dem MitbestR. Gleichwohl ist bislang nicht abschließend geklärt, ob grundsätzlich von einer Beschränkung des MitbestR auf kollektive Tatbestände auszugehen ist und nach welchen Kriterien Kollektiv- und Individualtatbestände von einander abzugrenzen sind. Mit der auch heute herrschenden Auffas-

---

1 *Fitting*, § 87 BetrVG Rz. 2; *Stege/Weinspach/Schiefer*, § 87 BetrVG Rz. 1; HSWG/*Worzalla*, § 87 BetrVG Rz. 1; GK-BetrVG/*Wiese*, Vor § 87 BetrVG Rz. 1; Richardi/*Richardi*, § 87 BetrVG Rz. 2, der von der „Urzelle" der Mitbestimmung spricht. | 2 *Fitting*, § 87 BetrVG Rz. 3. | 3 BAG v. 18.4.1989 – 1 ABR 100/87, BAGE 61, 296. | 4 *Fitting*, § 87 BetrVG Rz. 9; *Stege/Weinspach/Schiefer*, § 87 BetrVG Rz. 2; HSWG/*Worzalla*, § 87 BetrVG Rz. 2; DKK/*Klebe*, § 87 BetrVG Rz. 1. | 5 GK-BetrVG/*Wiese*, § 87 BetrVG Rz. 2. | 6 BGBl I S. 1852. | 7 *Fitting*, § 87 BetrVG Rz. 12; Richardi/*Richardi*, § 87 BetrVG Rz. 14; HSWG/*Worzalla*, § 87 BetrVG Rz. 8 b. | 8 Grundl.: BAG v. 16.3.1956 – GS 1/55, BAGE 3,1; ausdrücklich bestätigt durch BAG v. 25.1.1988 – 3 AZR 483/86, BAGE 60, 78 und v. 13.5.1997 – 1 AZR 75/97, NZA 1998, 160. | 9 BAG v. 15.12.1992 – 1 ABR 38/92, BAGE 72,107; v. 19.6.2001 – 1 ABR 43/00, NZA 2001, 1263. | 10 Vgl. BAG v. 16.4.2003 – 7 ABR 53/02, nv.; LAG Hamm v. 15.11.2002 – 10 TaBV 92/02, DB 2003, 342; LAG Düsseldorf v. 31.10.2002 – 5 TaBV 42/02, AP Nr. 6 zu § 7 BetrVG 1972, DKK/*Klebe*, § 87 BetrVG Rz. 6. | 11 Begr. RegE, BetrVerf.-Reformgesetz, BT-Drs. 14/5741, 28. | 12 Vgl. die Nachw. bei GK-BetrVG/*Wiese*, § 87 BetrVG Rz. 15 ff. | 13 Vgl. BT-Drs. VI/2729, Seite 4.

4 Das BAG stellt zwar vielfach auf den kollektiven Bezug einer Maßnahme ab[2], vermeidet bisher aber eine festlegende Stellungnahme zu dieser Grundsatzfrage. Die Abgrenzung zwischen Kollektiv- und Individualmaßnahmen ist wenig präzise. So soll es für den kollektiven Bezug ausreichen, wenn auch kollektive Interessen der ArbN eines Betriebes berührt werden, ohne dass es auf die Zahl der konkret betroffenen ArbN ankommt[3].

5 Maßnahmen, die nur den individuellen Besonderheiten einzelner Arbeitsverhältnisse Rechnung tragen und deren Auswirkungen sich auch darauf beschränken, sind aber nach soweit ersichtlich ganz überwiegender Auffassung mitbestimmungsfrei[4].

6 **3. Gesetzes-/Tarifvorrang.** § 87 Abs. 1 Halbs. 1 stellt das MitbestR des BR in den nachfolgend katalogartig aufgeführten Angelegenheiten unter den Vorbehalt, dass insoweit eine gesetzliche oder tarifliche Regelung nicht besteht. Wenn der ArbGeb bei einer bestimmten Maßnahme aufgrund vorrangiger gesetzlicher oder tariflicher Regelungen keinen Regelungsspielraum mehr hat, bleibt kein Raum für einen Schutz durch das MitbestR. Soweit Gesetz oder TV die mitbestimmungspflichtige Angelegenheit zwingend und abschließend regeln, wird das einseitige Bestimmungsrecht des ArbGeb beseitigt und dadurch bereits den Interessen der ArbN an gleichberechtigter Teilhabe Rechnung getragen[5].

7 **a) Gesetzesvorbehalt.** Gesetz iSd. Vorbehaltsregelung ist neben den formellen Gesetzen jedes Gesetz in materiellen Sinne, also auch Satzungsrecht öffentlicher Körperschaften und Anstalten[6]. Verwaltungsakte und bindende behördliche Anordnungen, die den ArbGeb verpflichten, eine bestimmte Maßnahme vorzunehmen, stehen dem Gesetzesrecht gleich[7]. Das MitbestR wird nicht ausgeschlossen, wenn in diesen Fällen auf den ArbGeb nur ein faktischer, zB finanzieller Zwang für eine bestimmte Entscheidung ausgeübt wird. In diesen Fällen ist aber das Ermessen der Einigungsstelle insoweit gebunden, als eine entsprechende Zwangslages des ArbGeb Berücksichtigung finden muss[8].

8 Umstritten ist, ob auch das sog. gesetzesvertretende Richterrecht als zwingende gesetzliche Regelung iSd. § 87 anzusehen ist[9]. Richtiger Weise ist auch das gesetzesvertretende Richterrecht, soweit es zwingende Vorgaben enthält, einer gesetzlichen Regelung iSd. § 87 Abs. 1 gleichzustellen. Es wäre mit der Rechtsordnung schwer vereinbar, wenn ArbGeb und BR Grundsatzentscheidungen der höchsten Gerichte ignorieren könnten[10].

9 **b) Tarifvorbehalt.** Wenn ein TV die mitbestimmungspflichtige Angelegenheit zwingend und abschließend regelt und dadurch das einseitige Bestimmungsrecht des ArbGeb beseitigt, besteht ebenfalls kein MitbestR nach § 87, weil auch hierdurch dem Interesse der ArbN an gleichberechtigter Teilhabe Rechnung getragen ist[11]. Gemäß § 19 Abs. 3 HAG stehen bindende Festsetzungen des Heimarbeitsausschusses für die in Heimarbeit Beschäftigten einem allgemein verbindlichen TV gleich. Sie sperren das MitbestR gleichermaßen[12].

10 Der Tarifvorbehalt des § 87 sperrt nur die erzwingbare Mitbest. des BR. Freiwillige BV gem. § 88 werden nicht ausgeschlossen, insoweit ist aber § 77 Abs. 3 zu beachten[13].

11 Voraussetzung für die Sperrwirkung ist, dass der TV für den betreffenden Betrieb gilt. Der Betrieb muss also vom sachlich-/fachlichen und räumlichen Geltungsbereich des TV erfasst werden[14]. Zudem

---

1 Fitting, § 87 BetrVG Rz. 15; GK-BetrVG/Wiese, § 87 BetrVG Rz. 18 f.; Stege/Weinspach/Schiefer, § 87 BetrVG Rz. 16; Löwisch/Kaiser, § 87 BetrVG Rz. 2; ErfK/Kania, § 87 BetrVG Rz. 6; diff.: Richardi/Richardi, § 87 BetrVG Rz. 21 f.; DKK/Klebe, § 87 BetrVG Rz. 16. | 2 BAG v. 21.12.1982 – 1 ABR 14/81, BB 1983, 503; v. 27.11.1990 – 1 ABR 777/89, BB 1991, 548; v. 3.12.1991 – GS 2/90, BAGE 69, 134 (161); v. 27.6.1995 – 1 AZR 999/94, BuW 1996, 338. | 3 BAG v. 18.4.1985 – 6 ABR 19/84, NZA 1985, 783 (785); v. 10.6.1986 – 1 ABR 61/84, BAGE 52, 160. | 4 BAG v. 21.12.1982 – 1 ABR 14/82, BB 1984, 503; v. 10.6.1986 – 1 ABR 61/84, NZA 1986, 840 (841); v. 27.11.1990 – 1 ABR 77/89, NZA 1991, 382 (383); v. 3.12.1991, GS 2/90, BAGE 69, 134 (163); v. 22.9.1992 – 1 AZR 461/90, NZA 1993, 569; Fitting, § 87 BetrVG Rz. 16; Löwisch/Kaiser, § 87 BetrVG Rz. 2; Fitting, § 87 BetrVG Rz. 33 ff.; DKK/Klebe, § 87 BetrVG Rz. 16; GK-BetrVG/Wiese, § 87 BetrVG Rz. 33; diff. auch hier Richardi/Richardi, § 87 BetrVG Rz. 25. | 5 BAG v. 25.1.2000 – 1 ABR 3/99, NZA 2000, 665; v. 18.4.1989 – 1 ABR 100/87, DB 1989, 1676; v. 14.12.1993 – 1 ABR 31/93, NZA 1994, 809; v. 3.12.1991 – GS 2/90, BAGE 69, 134; Fitting, § 87 BetrVG Rz. 32. | 6 BAG v. 25.5.1982 – 1 AZR 1073/79, DB 1982, 2712; HSWG/Worzalla, § 87 BetrVG Rz. 47; Fitting, § 87 BetrVG Rz. 29; DKK/Klebe, § 87 BetrVG Rz. 27. | 7 BAG v. 9.7.1991 – 1 ABR 57/90, NZA 1992, 126 (Verfassungsbeschwerde des BR gegen diese Entscheidung, nicht angenommen: BVerfG v. 22.8.1994 – 1 BVR 176/91, NZA 1995, 129); BAG v. 26.5.1988 – 1 ABR 9/87, DB 1988, 2055; Fitting, § 87 BetrVG Rz. 31; HSWG/Worzalla, § 87 BetrVG Rz. 49; aA: DKK/Klebe, § 87 BetrVG Rz. 28. | 8 So zu Recht: ErfK/Kania, § 87 BetrVG Rz. 12; Fitting, § 87 BetrVG Rz. 33 ff. | 9 Dafür: GK-BetrVG/Wiese, § 87 BetrVG Rz. 58; Richardi/Richardi, § 87 BetrVG Rz. 145; HSWG/Worzalla, § 87 BetrVG Rz. 47; MünchArbR/Matthes, § 332, Rz. 13; Ziegler, NZA 1987, 224 (226); dagegen: Fitting, § 87 BetrVG Rz. 30; DKK/Klebe, § 87 BetrVG Rz. 26; ErfK/Kania, § 87 BetrVG Rz. 11. | 10 So zutr. HSWG/Worzalla, § 87 BetrVG Rz. 47. | 11 BAG v. 18.4.1989 – 1 ABR 100/87, DB 1989, 1676; v. 3.12.1991 – GS 2/90, BAGE 69, 134; v. 14.12.1993 – 1 ABR 31/93, NZA 1994, 809; Fitting, § 87 BetrVG Rz. 37 ff. | 12 BAG v. 13.9.1983 – 3 AZR 343/81, NZA 1984, 41; Fitting, § 87 BetrVG Rz. 36; DKK/Klebe, § 87 BetrVG Rz. 29; GK-BetrVG/Wiese, § 87 BetrVG Rz. 60. | 13 Fitting, § 87 BetrVG Rz. 39; HSWG/Worzalla, § 87 BetrVG Rz. 61; GK-BetrVG/Wiese, § 87 BetrVG Rz. 59. | 14 HSWG/Worzalla, § 87 BetrVG Rz. 57; Fitting, § 87 BetrVG Rz. 44; DKK/Klebe, § 87 BetrVG Rz. 30.

muss die tarifliche Regelung „bestehen", dass heißt, der TV muss schon, bzw. noch in Kraft sein. Ein abgelaufener oder nachwirkender TV schließt die MitbestR des BR nach § 87 Abs. 1 nicht aus[1]. Anders als im Geltungsbereich des § 77 Abs. 3 löst die bloße Tarifüblichkeit keine Sperrwirkung im Rahmen des § 87 Abs. 1 aus, weil sie für den konkreten Betrieb keine Bindung erzeugt und damit die durch die Beteiligungsrechte des BR zu gewährleistende Teilhabe der ArbN nicht sicherstellt[2].

Der TV muss entweder nach § 5 TVG für allgemeinverbindlich erklärt worden sein oder den Betrieb über die Tarifbindung des ArbGeb erfassen. Eine Tarifbindung der ArbN des Betriebes ist nach herrschender Meinung nicht erforderlich, da die ArbN den Schutz der tariflichen Regelung jederzeit durch Beitritt zur vertragsschließenden Gewerkschaft erlangen können[3]. Soweit ArbN vom persönlichen Geltungsbereich des TV nicht erfasst sind (außertarifliche Angestellte), sperrt der Tarifvorbehalt das MitbestR des BR für diese Personengruppe bei im Übrigen bestehender Tarifbindung nicht[4]. **12**

Ein für den Betrieb geltender TV kann das MitbestR nur soweit ausschließen, wie die mitbestimmungspflichtige Angelegenheit zwingend und abschließend geregelt und dadurch das einseitige Bestimmungsrecht des ArbGeb beseitigt wird. Insoweit gilt gleiches, wie für den Gesetzesvorrang. Die Tarifregelung muss also dem Schutzzweck des Mitbestimmungsgesetzes genügen. Der Tarifvorrang greift daher nicht, wenn die TV-Parteien das MitbestR des BR durch ein einseitiges Gestaltungsrecht des ArbGeb ersetzen[5]. Deshalb kann ein TV die Befugnis des ArbGeb, ohne Zustimmung des BR Überstunden anzuordnen, nur als Teil einer für Ausnahmefälle vorgesehenen Verfahrensregelung einräumen. Die TV-Parteien sind nicht befugt, den ArbGeb pauschal zur Anordnung von Überstunden zu ermächtigen[6]. Eine zwingende und abschließende Regelung fehlt auch bei einer vom ArbGeb gezahlten freiwilligen Zulage zum Tariflohn, da der TV nur die Mindestentlohnung, aber nicht die mitbestimmungspflichtige Angelegenheit an sich, abschließend regelt[7]. Das MitbestR bleibt also bestehen, wenn die TV-Parteien von ihrem Vorrangsrecht keinen Gebrauch machen und/oder den Betriebspartner über eine Öffnungsklausel ausdrücklich das Recht zu ergänzenden/ausfüllenden Regelungen einräumen[8]. Wenn die TV-Parteien die Angelegenheit abschließend und vollständig geregelt haben, den Betriebsparteien aber durch eine Öffnungsklausel die Möglichkeit einräumen, im gegenseitigen Einvernehmen abweichende Regelungen zu treffen, sperrt der TV im Fall der Nichteinigung die erzwingbare Mitbest., weil in diesem Fall der Tarifvorrang eingreift[9]. Die Auslegung der jeweiligen tarifvertraglichen Vorgaben kann im Einzelfall schwierig sein. Entscheidend ist, ob der TV eine Materie erkennbar vollständig regelt, ohne dass eine weitere Ergänzung zwingend notwendig ist, um die Regelung auch praktisch handhabbar zu machen. In diesem Fall kann auch eine Nichtregelung einzelner Teilkomplexe das MitbestR sperren, wenn die im Übrigen vorhandenen Regelungen nicht ohne weiteres als nur unvollständig gemeint erkennbar sind[10]. **13**

c) **§ 77 Abs. 3 BetrVG.** Nach § 77 Abs. 3 können Arbeitsentgelte und sonstige Arbeitsbedingungen die durch TV geregelt sind oder üblicherweise geregelt werden, nicht Gegenstand einer BV sein. Diese den Tarifpartnern eingeräumte Vorrangkompetenz vor den Betriebsparteien dient der Absicherung der in Art. 9 Abs. 3 GG verfassungsrechtlich gewährleisteten Tarifautonomie und hat damit eine andere Zweckrichtung als der Tarifvorbehalt des § 87 Abs. 1 Eingangssatz. **14**

Die Frage, ob das MitbestR nach § 87 außer durch den Gesetzes- und Tarifvorrang des § 87 Abs. 1 Eingangssatz auch bei Vorliegen der Voraussetzungen des § 77 Abs. 3 ausgeschlossen wird (Zwei-Schranken-Theorie), ist nach wie vor umstritten[11]. Der Große Senat des BAG hat sich den Vertretern der sog. Vorrang-Theorie angeschlossen[12]. Die Sperre des § 77 Abs. 3 gilt seitdem in nunmehr ständiger Rspr. nicht in Angelegenheiten, die nach § 87 Abs. 1 der Mitbest. des BR unterliegen[13]. § 87 BetrVG wird als speziellere Vorschrift gegenüber § 77 Abs. 3 angesehen, weil der Schutz der ArbN durch die MitbestR des § 87 Abs. 1 nicht schon dann ausgeschlossen sein könne, wenn die betreffende Angelegenheit nur üblicherweise durch TV geregelt würde, eine die ArbN schützende tarifliche Regelung also tatsächlich für den Betrieb und seine ArbN gar nicht gelte[14]. Der Theorienstreit ist damit für die Praxis entschieden[15]. **15**

---

1 BAG v. 14.2.1989 – 1 AZR 97/88, AP Nr. 8 zu § 87 BetrVG 1972; v. 24.2.1987 – 1 ABR 18/85, BAGE 54, 191; v. 13.7.1977 – 1 AZR 336/75, BB 1977, 1702; HSWG/*Worzalla*, § 87 BetrVG Rz. 53; *Fitting*, § 87 BetrVG Rz. 41; GK-BetrVG/*Wiese*, § 87 BetrVG Rz. 64. |2 BAG v. 23.6.1992 – 1 ABR 9/92, NZA 1993, 229; DKK/*Klebe*, § 87 Rz. 32. |3 BAG v. 24.2.1987 – 1 ABR 18/85, BAGE 54, 191; v. 24.11.1987 – 1 ABR 25/86, DB 1988, 813; v. 30.1.1990 – 1 ABR 98/88, BAGE 64, 94; v. 10.8.1993 – 1 ABR 21/93, AP Nr. 12 zu § 87 BetrVG 1972 – Auszahlung; *Fitting*, § 87 BetrVG Rz. 42; HSWG/*Worzalla*, § 87 BetrVG Rz. 55; DKK/*Klebe*, § 87 BetrVG Rz. 30, mit der Einschränkung, dass die tarifvertragsschließende Gewerkschaft eine Mindestrepräsentativität für den Betrieb habe; ebenso Richardi/*Richardi*, § 87 BetrVG Rz. 156; für die Notwendigkeit einer Tarifbindung sowohl des ArbGeb als auch der ArbN GK-BetrVG/*Wiese*, § 87 BetrVG Rz. 67 ff. |4 BAG v. 22.1.1980 – 1 ABR 48/77, DB 1980, 1895; v. 11.2.1992 – 1 ABR 51/91, NZA 1992, 702; *Fitting*, § 87 BetrVG Rz. 44. |5 BAG v. 17.11.1998 – 1 ABR 12/98, NZA 1999, 662. |6 BAG v. 17.11.1998 – 1 ABR 12/98, NZA 1999, 662. |7 BAG v. 17.12.1985 – 1 ABR 6/84, BB 1986, 734; v. 3.12.1991 – GS 2/90, BAGE 69, 134. |8 *Fitting*, § 87 BetrVG Rz. 53. |9 So zu Recht: BAG v. 28.2.1984 – 1 ABR 37/82, DB 1984, 1682; v. 25.4.1989 – 1 ABR 91/87, NZA 1989, 976; *Fitting*, § 87 BetrVG Rz. 55; HSWG/*Worzalla*, § 87 BetrVG Rz. 59. |10 HSWG/*Worzalla*, § 87 BetrVG Rz. 58; einschr. GK-BetrVG/*Wiese*, § 87 BetrVG Rz. 73. |11 HSWG/*Worzalla*, § 87 BetrVG Rz. 62; *Fitting*, § 87 BetrVG Rz. 58 ff.; GK-BetrVG/*Wiese*, § 87 Rz. 47 ff. mwN. |12 BAG v. 3.12.1991 – GS 1/90, ArbuR 1993, 28; v. 3.12.1991 – GS 2/90, BAGE 69, 134. |13 BAG v. 24.1.1996 – 1 AZR 597/95, NZA 1996, 948. |14 So bereits BAG v. 24.2.1987 – 1 ABR 18/85, NZA 1987, 639. |15 *Fitting*, § 87 BetrVG Rz. 58.

16 **III. Reichweite und Ausübung des MitbestR. 1. Erzwingbare und freiwillige Mitbest..** § 87 zählt abschließend die Angelegenheiten auf, in denen der BR ein erzwingbares MitbestR hat. Daneben können die Betriebspartner nach § 88 in allen anderen sozialen Angelegenheiten freiwillig, also im beiderseitigen Einvernehmen, BV abschließen.

17 Eine andere Frage ist, ob die Freiwilligkeit einer Leistung das MitbestR des BR nach § 87 ausschließt. Eine freiwillige Leistung liegt dann vor, wenn der ArbGeb weder gesetzlich noch aufgrund tariflicher Vorschriften zur Leistung verpflichtet ist[1]. Entscheidend für die Freiwilligkeit ist, dass die Leistung auf einer eigenen lohnpolitischen Entscheidung des ArbGeb beruht. Sie wird nicht durch etwaige individualrechtliche Bindungen ausgeschlossen, die der ArbGeb bei Gewährung dieser Leistung eingegangen ist[2]. Für die Gewährung freiwilliger Leistungen hat das BAG in ständiger Rspr. – teils auch schon zur Vorläufervorschrift des § 56 – einen „Negativkatalog"[3] entwickelt, welche Entscheidungen des ArbGeb in diesem Zusammenhang mitbestimmungsfrei sind. Ein zwingendes MitbestR sei mit dem Charakter der Freiwilligkeit nicht zu vereinbaren[4], sonst könne von Freiwilligkeit nicht mehr die Rede sein[5]. Das BAG unterscheidet dabei zwischen dem mitbestimmungsfreien „Ob" und dem mitbestimmungspflichtigen „Wie". Mitbestimmungsfrei ist die Entscheidung des ArbGeb, ob und in welchem Umfang er finanzielle Mittel für eine freiwillige Leistung zur Verfügung stellen will (sog. Dotierungsrahmen). Bei der Verteilung der Leistung greift dann das MitbestR des BR im Rahmen der Vorgaben des § 87.

18 Der Dotierungsrahmen ist die Summe aller freiwilligen Leistungen die der ArbGeb gewähren will bzw. versprochen hat[6]. Der BR kann den Dotierungsrahmen im Wege der erzwingbaren Mitbest. nicht erhöhen. Gleichwohl kann es infolge mitbestimmungswidrigen Verhaltens des ArbGeb faktisch zu einer Erhöhung des Dotierungsrahmens kommen. Hat nämlich der ArbGeb bereits vor der Beteiligung des BR Zahlungen erbracht, die er nicht mehr zurückfordern kann, können im Fall einer dann abweichenden Verteilungsentscheidung nach Durchführung des Mitbestimmungsverfahrens Kosten entstehen, die den ursprünglich vorgesehenen Dotierungsrahmen übersteigen. Im schlimmsten Fall kann sich der zur Befriedigung aller Ansprüche erforderliche finanzielle Aufwand verdoppeln, nämlich dann, wenn keiner der ursprünglichen Empfänger der freiwilligen Leistung zum Kreise derjenigen gehört, die nach der mitbestimmten Entscheidung begünstigt sein sollen. Nach Auffassung des BAG ist eine solche zusätzliche Belastung des ArbGeb aber als Folge seines rechtswidrigen Verhaltens allein ihm zuzurechnen[7].

19 Mitbestimmungsfrei ist nicht nur die Entscheidung des ArbGeb, ob eine freiwillige Leistung überhaupt gewährt wird, sondern auch die Entscheidung, sie einzustellen oder zu kürzen[8]. Gesetzessystematisch ist dies mit § 88 Nr. 2 zu begründen, wonach die Errichtung einer Sozialeinrichtung nur in einer freiwilligen BV geregelt werden kann[9]. Bei der Kürzung der Leistung ist auch die Entscheidung mitbestimmungsfrei, in welchem Umfang gekürzt werden soll[10].

20 Der ArbGeb ist nicht nur frei in der Entscheidung, ob er überhaupt eine freiwillige Leistung gewähren will, er kann mitbestimmungsfrei auch den mit der Zahlung verfolgten Zweck und den abstrakt begünstigten Personenkreis festlegen[11]. Gleichwohl kann sich auch hier eine Erweiterung des Dotierungsrahmens ergeben, wenn nicht begünstigte ArbN erfolgreich eine Verletzung des Gleichbehandlungsgrundsatzes oder des Maßregelungsverbotes geltend machen können und damit Ansprüche in gleicher Höhe erwerben, wie der ursprünglich begünstigte Personenkreis[12].

21 **2. Eil- und Notfälle.** Der ArbGeb muss vor Durchführung einer nach § 87 mitbestimmungspflichtigen Maßnahme an den BR herantreten und dessen Zustimmung einholen. Wenn der BR zu eigenmächtigen Maßnahmen/Regelungen des ArbGeb schweigt oder diese hinnimmt, liegt darin regelmäßig keine Zustimmung, obwohl das MitbestR auch formlos (etwa durch eine Regelungsabrede) ausgeübt werden kann. Dies bedeutet aber keineswegs, dass ein stillschweigendes Einverständnis im Sinne einer konkludenten Zustimmung in jedem Fall ausgeschlossen ist[13]. Entscheidend ist vielmehr, ob dem Schweigen oder der Hinnahme unter Berücksichtigung der gesamten Umstände des Einzelfalles eine konkludente Zustimmung zu entnehmen ist und diese Zustimmung durch eine auch für die Ausübung des MitbestR nach § 87 notwendige, ordnungsgemäße Beschlussfassung des BR gedeckt ist[14].

---

1 BAG v. 16.9.1986 – GS 1/82, NZA 1987, 168. | 2 MünchArbR/*Matthes*, § 341, Rz. 17. | 3 BAG v. 12.6.1975 – 3 ABR 13/74, AP Nr. 1 zu § 87 BetrVG 1972 – Altersversorgung. | 4 BAG v. 4.10.1956 – 2 AZR 213/54, AP Nr. 4 zu § 611 BGB – Gratifikation. | 5 BAG v. 15.5.1957 – 1 ABR 8/55, AP Nr. 5 zu § 56 BetrVG. | 6 *Fitting*, § 87 BetrVG Rz. 445. | 7 BAG v. 12.6. 1975 – 3 ABR 13/74, AP Nr. 1 zu § 87 BetrVG 1972 – Altersversorgung; v. 14.6.1994 – 1 ABR 63/93, BAGE 77, 86. | 8 BAG v. 15.8.2000 – 1 AZR 485/99, nv.; v. 3.12.1991 – GS 2/90, BAGE 69, 134. | 9 BAG v. 6.12.1963 – 1 ABR 9/63, AP Nr. 6 zu § 56 BetrVG – Wohlfahrtseinrichtungen; v. 13.3.1973 – 1 ABR 16/72, AP Nr. 1 zu § 87 BetrVG 1972 – Werkmietwohnungen. | 10 BAG v. 10.2.1988 – 1 ABR 56/86, BAGE 57, 309. | 11 BAG v. 14.6.1994 – 1 ABR 63/93, BAGE 77, 86; v. 15.8.2002 – 1 AZR 458/99, nv.; *Fitting*, § 87 BetrVG Rz. 449 ff.; ErfK/*Kania*, § 87 BetrVG Rz. 109. | 12 Vgl. BAG v. 13.2.2002 – 5 AZR 713/2000, AP Nr. 184 zu § 242 BGB – Gleichbehandlung. | 13 So aber: DKK/*Klebe*, § 87 BetrVG Rz. 12. | 14 Richardi/*Richardi*, § 87 BetrVG Rz. 80; GK-BetrVG/*Wiese*, § 87 BetrVG Rz. 91 ff.

Auch in Eilfällen entfällt das MitbestR des BR nicht[1]. Sowohl die Rspr. als auch die Lit. verweisen den ArbGeb für Fälle, in denen eine Regelung möglichst umgehend erfolgen muss und der BR im Zweifel nicht rechtzeitig um Zustimmung ersucht werden kann, auf den Abschluss sog. Rahmenregelungen, mit denen dem ArbGeb gestattet wird, unter bestimmten Voraussetzungen im Einzelfall einseitige Anordnungen zu treffen. Ohne diese kann der ArbGeb keine vorläufigen Anordnungen treffen, ohne zumindest eine formlose Regelungsabrede mit dem BR getroffen zu haben. 22

Ob in sog. Notfällen, dh. in Extremsituationen wie beispielsweise Brand, Überschwemmungen oÄ, das MitbestR suspendiert wird, hat die Rspr. zunächst offen gelassen, inzwischen aber bejaht[2]. Das BAG leitet die Suspendierung des MitbestR in diesen Fällen aus dem Grundsatz der vertrauensvollen Zusammenarbeit gem. § 2 Abs. 1 ab[3]. Bei einer Extremsituation, die zum Ausschluss der Mitbest. führen kann, muss es sich um eine unvorhersehbare und schwerwiegende Situation handeln, in welcher der BR entweder nicht erreichbar oder nicht zur rechtzeitigen Beschlussfassung in der Lage ist, der ArbGeb aber sofort handeln muss, um vom Betrieb oder den ArbN nicht wieder gutzumachende Schäden abzuwenden[4]. Die Beteiligung des BR ist in diesen Fällen unverzüglich nachzuholen. 23

In allen Fällen, die keine Notfälle iSd. Rspr. sind, ist die Zustimmung des BR Wirksamkeitsvoraussetzung für mitbestimmungspflichtige Maßnahmen[5]. Führt der ArbGeb gleichwohl eine mitbestimmungspflichtige Maßnahme durch, ohne den BR zuvor beteiligt zu haben, so ist die Maßnahme unwirksam. Auch eine nachträgliche Zustimmung des BR kann diesen Mangel nicht heilen[6]. 24

3. Erweiterung des MitbestR. Nach § 87 hat der BR in „folgenden" Angelegenheiten mitzubestimmen. Gleichwohl geht die ganz überwiegende Meinung in Rspr. und Lit. davon aus, dass das MitbestR des BR im Bereich der sozialen Angelegenheiten erweitert werden kann. Dem liegt die Auffassung zu Grunde, dass die funktionelle Zuständigkeit des BR in sozialen Angelegenheiten unbeschränkt ist. Dies wird insb. daraus abgeleitet, dass nach § 88 auch über den Katalog des § 87 hinaus freiwillige BV abgeschlossen werden können und die dort aufgeführten Regelungsbereiche nicht abschließend sind („insbesondere")[7]. 25

So kann das MitbestR des BR in sozialen Angelegenheiten durch TV-Parteien nach herrschender Meinung erweitert werden. Nach § 1 Abs. 1 TVG iVm. § 3 Abs. 2 TVG sind die TV-Parteien berechtigt, betriebliche und betriebsverfassungsrechtliche Fragen mit verbindlicher Wirkung für tarifgebundene Betriebe zu ordnen. Diese Rechtssetzungsbefugnis der TV-Parteien wird durch das BetrVG nicht beschränkt[8]. Demnach soll es zulässig sein, wenn die TV-Parteien dem BR ein MitbestR bei der Festlegung der individuellen regelmäßigen wöchentlichen Arbeitszeit einräumen[9]. Gleiches gilt für ein von den TV-Parteien eingeräumtes MitbestR bei der Festlegung von tariflichen Erschwerniszulagen[10]. Verfassungsrechtlich zweifelhaft dürfte es allerdings sein, wenn eine tarifliche Regelung dem BR ein echtes MitbestR bei der Frage zubilligt, welcher Bewerber einzustellen ist. Dies gilt auch dann, wenn im Streitfall die Einigungsstelle entscheiden soll[11]. Auch die Rechtssetzungsbefugnis der TV-Parteien hat sich im Rahmen der verfassungsrechtlichen Grenzen zu bewegen mit einer entsprechenden Begrenzung auch einer etwaigen Delegationsbefugnis. Unabhängig davon, ob durch TV das MitbestR erweitert oder nur die Beteiligung des BR ausgestaltet werden soll, sind daher die verfassungsrechtlichen Grenzen der im Kern geschützten unternehmerischen Freiheit zu beachten[12]. 26

Die Betriebsparteien können nach § 88 auch soziale Angelegenheiten, die in § 87 Abs. 1 nicht aufgeführt sind, der Mitbest. unterwerfen. Dabei sind die Betriebsparteien nicht auf das Regelungsinstrument der BV beschränkt. Auch eine Erweiterung der Mitbest. durch formlose Regelungsabrede ist zulässig[13]. 27

4. Beschränkung und Verzicht. Das BetrVG regelt als Schutzgesetz zu Gunsten der ArbN die Mitbestimmungs- und Mitwirkungsrechte des BR in zwingender Weise. Aus diesem Grund ist ein Verzicht des BR auf die Ausübung der ihm eingeräumten MitbestR nach ganz herrschender Meinung und ständiger Rspr. des BAG unzulässig[14]. Damit ist eine BV unzulässig, mit der dem ArbGeb in einer mitbestimmungspflichtigen Angelegenheit das Alleinentscheidungsrecht uneingeschränkt eingeräumt wird. Eine 28

---

1 BAG v. 17.11.1998 – 1 ABR 12/98, BAGE 90, 194; v. 19.2.1991 – 1 ABR 31/90, BAGE 38, 96; HSWG/*Worzalla*, § 87 BetrVG Rz. 29; *Fitting*, § 87 BetrVG Rz. 24; DKK/*Klebe*, § 87 BetrVG Rz. 21. |2 Offen gelassen noch BAG v. 13.7.1977 – 1 AZR 336/75, DB 1977, 2235; für Suspendierung BAG v. 19.2.1991 – 1 ABR 31/90, NZA 1991, 609. |3 BAG v. 19.2.1991 – 1 ABR 31/90, NZA 1991, 609. |4 BAG v. 19.2.1991 – 1 ABR 31/90, BAGE 38/96; v. 17.11.1998 – 1 ABR 12/98, NZA 1999, 692. |5 Vgl. nur BAG v. 3.5.1994 – 1 ABR 24/93, DB 1994, 2450; v. 3.12.1991 – GS 2/90, DB 1992, 1579; DKK/*Klebe*, § 87 BetrVG Rz. 4 mwN; *Fitting*, § 87 BetrVG Rz. 595; aA: HSWG/*Worzalla*, § 87 BetrVG Rz. 83 mwN. |6 *Fitting*, § 87 BetrVG Rz. 602; LAG Hess. v. 27.11.1986 – 9 Sa 828/86, DB 1987, 1844. |7 *Fitting*, § 87 BetrVG Rz. 7 ff. mwN. |8 Grundl.: BAG v. 18.8.1987 – 1 ABR 30/86, BAGE 56,18; v. 10.2.1988 – 1 ABR 70/86, NZA 1988, 699; v. 9.5.1995 – 1 ABR 56/94, NZA 1996, 156; GK-BetrVG/*Wiese*, § 87 BetrVG Rz. 11 mwN; DKK/*Klebe*, § 87 BetrVG Rz. 37; widersprüchlich: Richardi/*Richardi*, vor § 87 BetrVG Rz. 11, Einleitung Rz. 151; aA: ArbG Solingen v. 9.10.1985 – 3 BV 6/85, NZA 1986, 102. |9 BAG v. 18.8.1987 – 1 ABR 30/86, BAGE 56, 18. |10 BAG v. 9.5.1995 – 1 ABR 56/94, NZA 1996, 156. |11 Unbedenklich nach Auffassung BAG v. 10.2.1988 – 1 ABR 70/86, BAGE 56, 18. |12 Vgl. *Fitting*, § 87 BetrVG Rz. 8. |13 BAG v. 14.8.2001 – 1 AZR 744/00, NZA 2002, 342; *Fitting*, § 87 BetrVG Rz. 7; DKK/*Klebe*, § 87 BetrVG Rz. 36. |14 BAG v. 14.8.2001 – 1 AZR 619/00, NZA 2002, 276; v. 14.12.1999 – 1 ABR 27/98, NZA 2000, 783; v. 26.5.1998 – 1 AZR 704/97, NZA 1998, 1292; v. 23.6.1992 – 1 ABR 53/91, NZA 1992, 1098.

BV kann aber für bestimmte Fälle ein Alleinentscheidungsrecht des ArbGeb vorsehen, soweit dadurch das MitbestR nicht in seiner Substanz beeinträchtigt wird[1]. Nach Auffassung des BAG ist der BR verpflichtet, sein Mandat höchstpersönlich auszuüben im Sinn einer Verpflichtung zur Normsetzung[2]. Er darf daher nur, für bestimmte, eng umgrenzte Fallkategorien, etwa für nicht vorhersehbare und planbare Verkaufsvorbereitungs- und Abschlussarbeiten vor oder nach Ladenschluss im Voraus die Zustimmung zu notwendig werdender Mehrarbeit zu erteilen[3]. Dabei muss es sich aber um eine erkennbare Ausübung des MitbestR in konkreten Fallgestaltungen handeln, eine „Generalermächtigung" liefe auf einen unzulässigen Verzicht hinaus.

29 Aus dem gleichen Grund sind sog. **dynamische Blankettverweisungen** auf TV in BV grundsätzlich unzulässig[4]. Nach Auffassung des BAG entäußern sich die Betriebspartner mit einer derartigen Verweisung ihrer gesetzlichen Normsetzungsbefugnis. Anders als bei Übernahme bestehender, konkreter Regelungen eines TV sei die vorherige Unterwerfung unter künftige Regelungen, die von dritter Seite getroffen werden, mit den Funktionen des Betriebsverfassungsrechts unvereinbar[5].

30 Obwohl die Erweiterung von MitbestR durch TV weitestgehend anerkannt ist, wird eine Einschränkung der MitbestR durch tarifvertragliche Regelungen außerhalb des Tarifvorrangs in § 87 Abs. 1 Eingangssatz von der herrschenden Auffassung für unzulässig erachtet[6]. Insoweit räumte § 1 Abs. 1 TVG iVm. § 3 Abs. 2 TVG den TV-Parteien keine Vorrangkompetenz gegenüber den Betriebspartnern ein, die über die in § 87 Abs. 1 Eingangssatz und § 77 Abs. 3 geregelten Tarifsperren hinausginge. Allerdings sind die tariflichen Regelungsspielräume auch nicht enger als die der Betriebsparteien. Auch die TV-Parteien können also in gleicher Weise wie die Betriebspartner für Ausnahmefälle Vorsorge treffen. Ein TV kann also im Rahmen eines tarifvertraglichen Mitbestimmungsverfahrens die Befugnis des ArbGeb vorsehen, auch ohne Zustimmung des BR Überstunden anzuordnen[7]. Derartige Regelungen sollen aber nach Auffassung des Ersten Senats keine Alleinentscheidungsbefugnis des ArbGeb auch für Fälle eröffnen dürfen, in denen die Notwendigkeit von Überstunden mit einer gewissen Regelmäßigkeit auftritt oder bezogen auf den Einzelfall schon seit längerem erkennbar ist oder in denen der zusätzliche Arbeitsbedarf nicht kurzfristig befriedigt werden muss. Darin soll ein unzulässiger Ausschluss des MitbestR liegen[8].

31 Einen **Sonderfall** der zulässigen Delegation von MitbestR auf den ArbGeb und ArbN regelt nun § 28a. Da der Gesetzgeber mit dieser Neuregelung bewusst einen Teil der Kompetenzen des BR auf eine Arbeitsgruppe delegieren lässt, ist auf die Übertragung von MitbestR in diesem Zusammenhang ein weiterer Maßstab anzulegen. Der Arbeitsgruppe soll nach der gesetzlichen Konzeption gerade ein eigenständiges Ausüben der übertragenen MitbestR zukommen, so dass die vereinzelt geforderte Beschränkung auf den bloßen „Vollzug" einer vorgegeben Vereinbarung den Sinn und Zweck der gesetzlichen Vorgaben konterkariert[9].

32 **5. Initiativrecht.** Aus dem Grundgedanken der gleichberechtigten Teilhabe folgt, dass das MitbestR des BR nach § 87 grundsätzlich auch ein Initiativrecht beinhaltet[10]. Der BR kann also an den ArbGeb herantreten und die Regelung einer mitbestimmungspflichtigen Angelegenheit verlangen. Kommt eine Einigung nicht zu Stande, entscheidet die Einigungsstelle verbindlich.

33 Dieses grundsätzlich zu bejahende Initiativrecht besteht nur, soweit die MitbestR des BR reichen. Es ist zudem durch Sinn und Zweck des jeweiligen Mitbestimmungstatbestandes begrenzt[11]. Ein MitbestR, das dem Schutz und der Abwehr belastender Maßnahmen dient, schließt ein Initiativrecht des BR auf Einführung eben solcher Maßnahmen aus[12]. Aus diesem Grund kommt im Rahmen der Mitbestimmungstatbestände des § 87 Abs. 1 Nr. 3 (Anordnung von Überstunden), § 87 Abs. 1 Nr. 11 (Leistungsentgelte) und § 87 Abs. 1 Nr. 6 (technische Überwachungseinrichtungen) ein Initiativrecht des BR nicht in Betracht[13].

34 Die MitbestR des BR, wie auch das daraus resultierende Initiativrecht stehen nicht unter dem allgemeinen Vorbehalt, das durch sie nicht in die unternehmerische Entscheidungsfreiheit eingegriffen werden dürfte. Die Betriebsverfassung ist als Kooperationsmodell angelegt, die MitbestR des BR sollen

---

1 BAG v. 17.11.1998 – 1 ABR 12/98, NZA 1999, 662; v. 26.7.1988 – 1 AZR 54/87, AP Nr. 6 zu § 87 BetrVG 1972 – Provision; v. 12.1.1988 – 1 ABR 54/86, AP Nr. 8 zu § 81 ArbGG 1979. | 2 BAG v. 23.6.1992 – 1 ABR 9/92, NZA 1993, 229. | 3 BAG v. 12.1.1988 – 1 ABR 54/86, AP Nr. 8 zu § 81 ArbGG 1979. | 4 BAG v. 23.6.1992 – 1 ABR 9/92, NZA 1993, 229. | 5 BAG v. 23.6.1992 – 1 ABR 9/92, NZA 1993, 229. | 6 BAG v. 17.11.1998 – 1 ABR 12/98, NZA 1999, 662; v. 23.7.1996 – 1 ABR 13/96, NZA 1997, 274; v. 21.9.1993 – 1 ABR 16/93, BAGE 74, 206; v. 23.3.1993 – 1 AZR 520/92, NZA 1993, 806; *Fitting*, § 87 BetrVG Rz. 6; GK-BetrVG/*Wiese*, § 87 BetrVG Rz. 5 mwN; DKK/*Klebe*, § 87 BetrVG Rz. 38. | 7 BAG v. 17.11.1998 – 1 ABR 12/98, NZA 1999, 662. | 8 BAG v. 17.11.1998 – 1 ABR 12/98, NZA 1999, 662. | 9 So aber: DKK/*Klebe*, § 87 BetrVG Rz. 39. | 10 BAG v. 10.8.1994 – 7 ABR 35/93, NZA 1995, 796; v. 22.9.1992 – 1 AZR 405/90, BAGE 71, 180; v. 28.7.1992 – 1 ABR 22/92, NZA 1993, 272; *Fitting*, § 87 BetrVG Rz. 583; HSWG/*Worzalla*, § 87 BetrVG Rz. 42; DKK/*Klebe*, § 87 BetrVG Rz. 19. | 11 BAG v. 28.11.1989 – 1 ABR 97/88, NZA 1990, 406; v. 4.3.1986 – 1 ABR 15/84, BAGE 51, 187; MünchArbR/*Matthes*, § 327, Rz. 38 ff.; aA: *Fitting*, § 87 BetrVG Rz. 589. | 12 So zu Recht: BAG v. 28.11.1989 – 1 ABR 97/88, NZA 1990, 406; ebenso MünchArbR/*Matthes*, § 327 Rz. 40. | 13 MünchArbR/*Matthes*, § 327 Rz. 41. Für § 87 Abs. 1 Nr. 6 BetrVG: BAG v. 28.11.1989 – 1 ABR 97/88, NZA 1990, 406; Anordnung von Mehrarbeit und Überstunden: BVerwG v. 6.10.1992 – 6 P 25/90, AP Nr. 1 zu § 79 LPVG Berlin.

gerade die unternehmerische Freiheit iS einer gleichberechtigten Teilhabe einschränken[1]. Dabei darf aber nicht übersehen werden, dass es trotz der gesetzlich weitgehend ausgestalteten MitbestR einen dem Zugriff des BR entzogenen Kernbereich der unternehmerischen Entscheidung gibt. Dies ist bereits in der Konzeption des BetrVG angelegt, wie die unterschiedliche Ausgestaltung der verschiedenen mitbestimmungsrechtlichen Angelegenheiten zeigt. Sachverhalte, bei denen das vom BR geltend gemachte MitbestR unmittelbar die unternehmerische Entscheidung als solche zum Regelungsgegenstand macht, sind daher sorgfältig darauf zu prüfen, ob die begehrte Regelung vom MitbestR des § 87 abgedeckt wird oder darüber hinaus in den nach der gesetzlichen Konzeption mitbestimmungsfreien unternehmerischen Entscheidungsspielraum eingreifen[2].

6. Form der Ausübung. § 87 sagt nichts darüber aus, in welcher Form das MitbestR des BR auszuüben ist. Möglich ist daher sowohl der Abschluss einer förmlichen BV als auch eine Verständigung im Wege der Regelungsabrede. Die Zustimmung des BR kann sowohl ausdrücklich als auch konkludent erteilt werden. Da die Regelungsabrede aber nicht wie eine BV normativ auf die Arbeitsverhältnisse einwirkt, ist der Abschluss einer BV in der Regel zweckmäßig. Jeder Beteiligung des BR, gleich in welcher Form sie stattfindet, muss ein ordnungsgemäßer Beschluss des Gremiums zu Grunde liegen. Wenn allerdings der BR-Vorsitzende in seiner Funktion die Zustimmung zu einer vom ArbGeb begehrten Maßnahme erteilt, spricht eine widerlegbare Vermutung dafür, dass dem ein ordnungsgemäßer Beschluss zu Grunde liegt[3]. 35

Der BR ist im Rahmen seiner MitbestR nach § 87 grundsätzlich nicht verpflichtet, eine etwaige Verweigerung der Zustimmung zu begründen. Dies sieht das Gesetz anders als im Bereich der personellen Maßnahmen nicht vor. Gleichwohl muss auch im Rahmen des § 87 die Ausübung der MitbestR, wie alle Handlungen der von den Betriebspartner im Rahmen der Betriebsverfassung, dem Grundsatz der vertrauensvollen Zusammenarbeit (§ 2 Abs. 1) entsprechen. Hieraus ergibt sich im Einzelfall eine Begrenzung des MitbestR mit der Folge, dass eine gegen diesen Grundsatz verstoßende rechtsmissbräuchliche Zustimmungsverweigerung gegenstandslos ist und den ArbGeb berechtigt, die beabsichtigte Maßnahme umzusetzen. Der Gesetzgeber hat dem BR weitgehende MitbestR in sozialen Angelegenheiten eingeräumt, mit denen der ArbGeb erheblich in seiner unternehmerischen Freiheit beschränkt wird. Diese MitbestR dürfen nicht rechtsmissbräuchlich dazu genutzt werden, um über sog. „Koppelungsgeschäfte" Leistungen des ArbGeb zu erzwingen, die außerhalb der Mitbest. des BR stehen. Das BAG hat dies – soweit ersichtlich – bisher noch nicht ausdrücklich anerkannt, weist aber darauf hin, dass ein Widerspruch des BR im Rahmen des § 87 dann unbeachtlich ist, wenn er etwas durchsetzen will, worauf kein MitbestR besteht[4]: 36

Es ist insb. rechtsmissbräuchlich, wenn der BR die Zustimmung zur beantragten Mehrarbeit von der Zahlung zusätzlicher Leistungen abhängig macht oder für die Einführung von Schichtarbeit weitere Zuschläge oder gar den Ausschluss einer ordentlichen Kündigung verlangt[5]. 37

IV. Nichtbeachtung des MitbestR. 1. Theorie der Wirksamkeitsvoraussetzung[6]. Das BAG sowie die herrschende Auffassung in der Lit. folgert aus dem Gesetzeszweck des § 87, dass die Mitbest. des BR Wirksamkeitsvoraussetzung für jede der Mitbest. gem. § 87 unterliegende Maßnahme des ArbGeb ist[7]. Um die gesetzlich bezweckte gleichberechtigte Teilhabe der durch den BR repräsentierten ArbN-Seite sicherzustellen, soll mit der Theorie der Wirksamkeitsvoraussetzung verhindert werden, dass der ArbGeb dem Einigungszwang mit dem BR durch Rückgriff auf arbeitsvertragliche Gestaltungsmöglichkeiten ausweicht. Das gesetzliche MitbestR beschränkt also die Gestaltungsmacht des ArbGeb, wobei die Mitbest. (im Gegensatz etwa zur anderweitig erforderlichen Zustimmung gesetzlicher Vertreter) nicht eine außerhalb des Geschäftsakts liegende zusätzliche Wirksamkeitsvoraussetzung, sondern rechtsnotwendiger Bestandteil der Maßnahme selbst ist[8]. 38

---

1 BVerfG v. 18.12.1985 – 1 BVR 143/83, AP Nr. 15 zu § 87 BetrVG 1972 – Arbeitszeit; BAG v. 31.8.1982 – 1 ABR 27/80, DB 1982, 1884; MünchArbR/*Matthes*, § 327 Rz. 45 ff. mwN. |2 So zu Recht: GK-BetrVG/*Wiese*, § 87 BetrVG Rz. 146 ff. mit instruktiven Beispielen. |3 BAG v. 17.2.1981 – 1 AZR 290/78, BAGE 35, 80. |4 Vgl. BAG v. 26.5.1998 – 1 AZR 704/97, DB 1998, 2119: Wenn der BR der Verteilung eines Kürzungsvolumens allein mit dem Ziel widerspricht, eine Verringerung des Kürzungsvolumens durchzusetzen, darf der ArbGeb in die mitbestimmungsfreie Vollanrechnung ausweichen; vgl. BAG v. 10.2.1988 – 1 ABR 56/86, BAGE 57, 309: Erhebt der BR keine Einwände gegen die Verteilung des Kürzungsvolumens, sondern nur gegen die Kürzung als solche, kann eine Einigung über die Verteilungsgrundsätze vorliegen und die Kürzung vorgenommen werden. |5 ArbG Bielefeld v. 29.10.1982 – 3 BV 10/82, DB 1983, 1880; GK-BetrVG/*Wiese*, § 87 BetrVG Rz. 361 mwN; aA: LAG Nürnberg v. 6.11.1990 – 4 TaBV 13/90, DB 1991, 707 (Lärmzulage gegen Zustimmung zu Mehrarbeit); ArbG Hamburg v. 6.4.1993 – 5 BV 14/92, AiB 1994, 120 (zusätzliche Leistungen für die Anordnung von Mehrarbeit); DKK/*Klebe*, § 87 BetrVG Rz. 9; MünchArbR/*Matthes*, § 332, Rz. 42. |6 Auch als Theorie der notwendigen Mitbestimmung bezeichnet, vgl. GK-BetrVG/*Wiese*, § 87 BetrVG Rz. 98. |7 BAG v. 14.11.1974 – 1 ABR 65/73, AP Nr. 1 zu § 87 BetrVG 1972; v. 16.9.1986 – GS 1/82, BAGE 53, 42; v. 8.8.1989 – 1 ABR 62/88, AP Nr. 3 zu § 87 BetrVG 1972 – Initiativrecht; v. 17.6.1998 – 2 AZR 336/94, BAGE 98, 149; *Fitting*, § 87 BetrVG Rz. 599, DKK/*Klebe*, § 87 BetrVG Rz. 4; GK-BetrVG/*Wiese*, § 87 BetrVG Rz. 99 mwN. |8 GK-BetrVG/*Wiese;* § 87 BetrVG Rz. 100; *v. Hoyningen-Huene*, Die fehlerhafte Beteiligung des Betriebsrates in sozialen Angelegenheiten – Rechtsfolgen und Handlungsmöglichkeiten des Betriebsrates, DB 1987, 1426.

39 Folge dieser Theorie ist, dass eine ohne Mitwirkung des BR durchgeführte arbeitgeberseitige Maßnahme nicht schwebend unwirksam ist und daher nicht im Nachhinein durch Genehmigung Wirksamkeit erlangen kann. Vielmehr muss die Zustimmung des BR stets vorher erteilt werden, eine nachträgliche Zustimmung kann die Unwirksamkeit nicht mehr heilen. Anderenfalls würde das MitbestR ausgehöhlt und zu einem bloßen Kontrollrecht degradiert[1].

40 Solange noch kein BR gewählt ist, kann der ArbGeb im Rahmen der gesetzlichen, tariflichen und vertraglichen Regelungen einseitig Maßnahmen treffen, die auch bei Neuwahl eines BR wirksam bleiben, bis sie durch eine anderweitige Einigung zwischen BR und ArbGeb oder einen ersetzenden Spruch der Einigungsstelle ersetzt werden[2]. Für die in der Lit. und Rspr. teilweise vertretene Auffassung, vom ArbGeb in betriebsratslosen Zeiten einseitig eingeführte Regelungen würden nach einer Übergangszeit rechtsunwirksam[3], fehlt die gesetzliche Grundlage. Das Zurückführen eines Betriebes mit Ablauf einer solchen Übergangsfrist auf eine gleichsam mitbestimmungsrechtliche „Nulllinie" ist angesichts der Vielzahl der Gestaltungsmöglichkeiten nicht nur praktisch unmöglich (wie wäre eine solche Nulllinie zu definieren), sondern auch unter Berücksichtung der gesetzlichen Vorgaben verfassungswidrig. Damit würde im Ergebnis nämlich dem BR, ohne dass vorher ein entsprechendes Verfahren durchgeführt worden wäre, zumindest für den dann anlaufenden Zeitraum der Entscheidungsfindung die Befugnis übertragen, die unternehmerische Grundentscheidung über die Ausgestaltung einzelner Maßnahmen zu treffen, bis diese Situation dann durch ein entsprechend mitbestimmtes Verfahren abgeändert würde. Es ist daher mit dem BAG und der wohl herrschenden Auffassung in der Lit. davon auszugehen, dass die zunächst wirksam eingeführte Maßnahme wirksam bleibt, bis sie auf Initiative des BR oder des ArbGeb im Rahmen eines mitbestimmten Verfahrens abgelöst wird[4]. Für die von *Klebe* vertretende Auffassung, der ArbGeb sei verpflichtet, in dieser Situation die Initiative zu ergreifen[5], fehlt ebenfalls jegliche gesetzliche Grundlage.

41 **2. Individualrechtliche Folgen.** Die Theorie der Wirksamkeitsvoraussetzung führt allerdings nicht dazu, dass Maßnahmen, die sich zu Gunsten der ArbN auswirken, auch ihnen gegenüber unwirksam sind. Vielmehr gilt umgekehrt, dass mitbestimmungswidrige Anordnungen des ArbGeb dem ArbN im Individualarbeitsverhältnis nicht zum Nachteil gereichen dürfen. Wirkt die Maßnahme zu seinen Gunsten, darf sich der ArbGeb auf das mitbestimmungswidrige Zustandekommen nicht berufen, wirkt die Maßnahme zu seinen Lasten, gilt gleiches, aber mit dem Ergebnis, dass die Situation des ArbN durch die mitbestimmungswidrige Maßnahme nicht verschlechtert werden darf[6]. Es gilt das aus § 242 BGB herzuleitende allgemeine Rechtsprinzip, dass sich der ArbGeb gegenüber dem ArbN nicht auf sein eigenes rechtswidriges Verhalten berufen darf[7].

42 Die mitbestimmungswidrige Maßnahme darf den ArbN nicht belasten. Es besteht aber Einigkeit darüber, dass aus der Verletzung des betriebverfassungsrechtlichen MitbestR kein individualrechtlicher Anspruch entstehen kann, der zuvor nicht bestanden hat[8].

43 Mitbestimmungswidriges Verhalten des ArbGeb kann also sowohl zur Unwirksamkeit einzelner Maßnahmen als auch uU zu prozessualen Hindernissen führen:

- Die einseitig verhängte Betriebsbuße ist unwirksam[9].
- Bei mitbestimmungswidrig angeordneten Überstunden haben ArbN ein Leistungsverweigerungsrecht, wird die Arbeit geleistet, muss der ArbGeb sie vergüten[10].
- Der bisherige Entgeltzahlungsanspruch bleibt insb. in Bezug auf etwaige Zuschläge bei mitbestimmungswidriger Versetzung von der Wechsel – in die Normalschicht erhalten[11].
- Bei Einsatz von Überwachungseinrichtungen im Sinn der Nr. 6 ohne Beteiligung des BR kann im späteren Kündigungsschutzprozess ein Beweisverwertungsverbot drohen[12].
- Mitbestimmungswidrige einzelvertragliche Vereinbarungen mit einzelnen Mitarbeitern zur Umgehung des MitbestR sind unwirksam[13].

---

1 BAG v. 20.1.1998 – 9 AZR 698/96, AP Nr. 73 zu § 77 BetrVG 1972; LAG Hess. v. 27.11.1986 – 9 Sa 828/86, DB 1987, 1844; *Fitting*, § 87 BetrVG Rz. 602; GK-BetrVG/*Wiese* § 87 BetrVG Rz. 100, DKK/*Klebe*, § 87 BetrVG Rz. 13; MünchArbR/*Matthes*, § 330, Rz. 17. |2 BAG v. 25.11.1981 – 4 AZR 274/79, AP Nr. 3 zu § 9 TVAL II; LAG Berlin v. 9.1.1984 – 12 Sa 127/83, DB 1984, 2098; GK-BetrVG/*Wiese*, § 87 BetrVG Rz. 85. |3 LAG Frankfurt/M. v. 6.3.1990 – 5 Sa 1202/89, DB 1991, 1027; DKK/*Klebe*, § 87 BetrVG Rz. 8. |4 BAG v. 25.11.1981 – 4 AZR 274/79, AP Nr. 3 zu § 9 TVAL II; LAG Berlin v. 9.1.1984 – 12 Sa 127/83, DB 1984, 2098; GK-BetrVG/*Wiese*, § 87 BetrVG Rz. 85 mwN. |5 DKK/*Klebe*, § 87 BetrVG Rz. 8. |6 *Fitting*, § 87 BetrVG Rz. 599; GK-BetrVG/*Wiese*, § 87 BetrVG Rz. 119 ff. mwN. |7 GK-BetrVG/*Wiese*, § 87 BetrVG Rz. 125 mwN. |8 BAG v. 20.1.1998 – 9 AZR 698/96, NZA 1998, 1237; v. 15.11.1994 – 5 AZR 682/93, DB 1995, 580; v. 20.8.1991 – 1 AZR 326/90, DB 1992, 687; GK-BetrVG/*Wiese*, § 87 BetrVG Rz. 128; *Fitting*, § 87 BetrVG Rz. 606. |9 BAG v. 17.10.1989 – 1 ABR 100/88, BAGE 63,169. |10 BAG v. 5.7.1976 – 5 AZR 264/75, BB 1976, 1223. |11 LAG BW v. 27.10.1994 – 5 Sa 55/94, AiB 1995, 291. |12 BAG v. 29.10.1997 – 5 AZR 508/96, NZA 1998, 307. |13 BAG v. 10.11.1992 – 1 AZR 183/92, NZA 1993, 507; v. 13.2.1990 – 1 ABR 35/87, AP Nr. 43 zu § 87 BetrVG 1972 – Lohngestaltung; *Fitting*, § 87 BetrVG Rz. 607; GK-BetrVG/*Wiese*, § 87 BetrVG Rz. 120 mwN.

Für den Fall der mitbestimmungswidrigen Änderungskündigung differenziert die Rspr. Das BAG trennt zwischen dem individualrechtlichen und dem kollektivrechtlichen Teil der Änderungskündigung. Will ein ArbGeb durch betriebsbedingte Änderungskündigung Lohnzusatzleistungen reduzieren und umgestalten, so ist die vorherige Beteiligung des BR gem. § 87 Abs. 1 Nr. 10 für die Wirksamkeit der Änderungskündigung nicht erforderlich. Im Fall der rechtzeitigen Vorbehaltsannahme der Änderungskündigung durch den ArbN ist nur die Durchsetzung der beabsichtigten Vertragsänderung davon abhängig, ob die Mitbest. des BR erfolgt ist. Wenn ein ArbN also bei einer Änderungskündigung das Änderungsangebot nicht bzw. nicht rechtzeitig unter Vorbehalt annimmt, geht er das Risiko ein, dass die Änderungskündigung trotz einer eventuell vorliegenden Verletzung des § 87 Abs. 1 Nr. 10 (im Übrigen) wirksam und sozial gerechtfertigt ist[1].

V. Einigungsstelle. Können ArbGeb und BR über die Regelung eines der zwingenden Mitbestimmungstatbestände des Abs. 1 Nr. 1 bis 13 keine Einigung erzielen, entscheidet gem. § 87 Abs. 2 die Einigungsstelle. 44

Die Einigungsstelle ist in allen Fällen zuständig, in denen der BR ein MitbestR nach Abs. 1 Nr. 1 bis 13 hat. Der Umfang ihrer Zuständigkeit ist deckungsgleich mit der Reichweite des MitbestR. Die Einigungsstelle ist bei ihrer Entscheidung an zwingende gesetzliche Vorschriften gebunden. Sie muss zB bei einem Spruch 45

- im Rahmen des Abs. 1 Nr. 2 und 3 die Vorschriften des öffentlich-rechtlichen Arbeitszeitrechts (ArbZG; JArbSchG; MuSchG) beachten;
- im Rahmen des Abs. 1 Nr. 5 die zeitliche Lage des Urlaubs einzelner ArbN § 7 Abs. 1 BUrlG beachten;
- im Rahmen des Abs. 1 Nr. 6 zwingende datenschutzrechtliche Vorschriften beachten.

Europäische Richtlinien, die vom Gesetzgeber noch nicht (ausreichend) umgesetzt worden sind (zB die EG-Arbeitszeitrichtlinie[2]), sind im Verhältnis zwischen privaten Arbeitsvertragsparteien nicht unmittelbar anwendbar[3], binden mithin auch die Einigungsstelle nicht. Erst wenn der Gesetzgeber tätig geworden ist, sind daran auch die Betriebspartner bzw. die Einigungsstelle gebunden. 46

Sie wird auf Antrag des ArbGeb oder des BR tätig (§ 76 Abs. 5 Satz 1). Der BR kann sie nur anrufen, wenn ihm ein Initiativrecht in der konkreten Frage zusteht[4]. 47

Das Verfahren vor der Einigungsstelle ist in § 76 geregelt. TV können bestimmen, dass statt der Einigungsstelle eine tarifliche Schlichtungsstelle tätig wird (§ 76 Abs. 8). 48

Der Spruch der Einigungsstelle ersetzt die Einigung der Betriebspartner (Abs. 2) und hat die Wirkung einer BV[5]. Bei den sog. „gemischten Tatbeständen" – Sachverhalte mit mitbestimmungsfreien und -pflichtigen Elementen – ersetzt der Spruch die Einigung der Betriebspartner verbindlich nur so weit, wie das zwingende MitbestR jeweils reicht. Wenn die mit dem Spruch festgelegte Ausgestaltung den Vorstellungen des ArbGeb nicht entspricht, kann er von der Gewährung der Leistung insgesamt absehen. Nur wenn und solange er die Leistung tatsächlich gewährt, ist er an den Spruch der Einigungsstelle gebunden[6].

Der Spruch der Einigungsstelle hat unmittelbare und zwingende Wirkung auf die Arbeitsverhältnisse (§ 77 Abs. 4 Satz 1) und gehen damit arbeitsvertraglichen Vereinbarungen vor. 49

Im Streitfall entscheidet das ArbG im Beschlussverfahren (§§ 2 a, 80 ff., 98 ArbGG) über die Zuständigkeit der Einigungsstelle, über deren Zusammensetzung, über die Ordnungsmäßigkeit des Verfahrens und über die Rechtswirksamkeit eines Spruchs. 50

VI. Rechtsstreitigkeiten. Die Mitbest. des BR in sozialen Angelegenheiten vollzieht sich keinesfalls reibungslos wie die Vielzahl von Beschlussverfahren zur Klärung streitiger Fragen zeigt. Die mitbestimmungswidrigen Maßnahmen des ArbGeb sind zwar nicht wirksam (Rz. 38 ff.), dies hindert den ArbGeb aber dennoch nicht, sie betriebsverfassungswidrig aufrecht zu erhalten oder weiterhin gegen § 87 zu verstoßen. Um das für die Zukunft zu verhindern, kann der BR unter bestimmten Voraussetzungen Unterlassungsansprüche gegenüber dem ArbGeb durchsetzen. Wirkt ein betriebsverfassungswidriger Zustand fort, kann er dessen Beseitigung verlangen. Nicht selten ist zwischen den Betriebspartnern schon die Frage streitig, ob überhaupt ein MitbestR eingreift bzw. wie weit es reicht. 51

1. Unterlassungsanspruch aus § 23 Abs. 3 BetrVG. Bei groben Verstößen des ArbGeb gegen seine Pflichten aus dem BetrVG, also auch aus § 87, können der BR oder eine im Betrieb vertretene Gewerkschaft beim ArbG beantragen, dem ArbGeb aufzugeben, eine Handlung zu unterlassen, vorzunehmen oder zu dulden (§ 23 Abs. 3). 52

---

1 So ausdrücklich: BAG v. 23.11.2002 – 2 AZR 690/99, FA 2001, 243. | 2 Richtlinie 93/104/EG, ABL. EG Nr. L 307/1993, 18. | 3 EuGH v. 3.10.2000 – Rs. C-303/98, AP Nr. 2 zu EWG-Richtlinie Nr. 93/104 (SIMAP); BAG v. 18.2.2003 – 1 ABR 2/02, FA 2003, 215; gegen Vorinstanz: LAG Hamburg v. 13.2.2002 – 8 TaBV 10/01, AP Nr. 1 zu § 611 BGB – Bereitschaftsdienst. | 4 GK-BetrVG/*Wiese*, § 87 BetrVG Rz. 1073. | 5 BAG v. 8.3.1977 – 1 ABR 33/75, AP Nr. 1 zu § 87 BetrVG 1972 – Auszahlung. | 6 BAG v. 13.9.1983 – 1 ABR 32/81, AP Nr. 3 zu § 87 BetrVG 1972 – Prämie.

53   Ein grober Verstoß liegt vor, wenn es sich um eine objektiv erhebliche und offensichtlich schwerwiegende Pflichtverletzung handelt, wobei es auf ein Verschulden nicht ankommt[1]. Das ist im Rahmen der Mitbest. nach § 87 zB in folgenden Konstellationen der Fall:

- mehrfache Anordnung bzw. Duldung von Überstunden ohne Beteiligung des BR[2]
- Abwicklung von Überstunden über einen „Strohmann" trotz mehrfacher Verfahren über MitbestR bei Anordnung von Überstunden[3]
- Dienstplanänderung[4] oder Aufstellen einer Kleiderordnung[5] ohne Beteiligung des BR trotz entgegenstehender rechtskräftiger Entscheidung.

Eine Wiederholungsgefahr wird nicht vorausgesetzt[6].

54   Antragsberechtigt sind der BR und eine im Betrieb vertretene Gewerkschaft (§ 23 Abs. 3 Satz 1). Sie müssen den Anspruch im Beschlussverfahren (§§ 2a, 80 ff. ArbGG) geltend machen. Der Antrag des BR setzt eine ordnungsgemäße Beschlussfassung (§ 33) voraus. Der BR bzw. die Gewerkschaft können mit dem Antrag nach § 23 Abs. 3 Satz 1 bereits einen Antrag auf Ordnungsgeld/Zwangsgeld (§ 23 Abs. 3 Satz 2 und 3) für den Fall der Zuwiderhandlung/Nichtvornahme stellen. Das Höchstmaß des Ordnungsgelds/Zwangsgelds ist auf 10.000 Euro beschränkt (§ 23 Abs. 3 Satz 5). Eine Festsetzung von Ordnungs- oder Zwangshaft ist nicht möglich (§ 85 Abs. 1 Satz 3 ArbGG). Einstweiligen Rechtsschutz erlangen die Antragsteller im Rahmen des § 23 Abs. 3 nicht[7].

55   **2. Allgemeiner Unterlassungs- und Beseitigungsanspruch.** Nach der jüngeren Rspr. des BAG steht dem BR auch unabhängig von einer groben Pflichtverletzung iSd. § 23 Abs. 3 ein sog. „allgemeiner Unterlassungsanspruch" als selbständiger, einklagbare Nebenleistungsanspruch zu[8]. Bei der Mitbest. nach § 87 ergebe sich der Anspruch aus der besonderen Rechtsbeziehung, die zwischen ArbGeb und BR bestehe, die insb. in § 2 zum Ausdruck komme[9]. Der allgemeine Unterlassungsanspruch ist nur begründet, wenn Wiederholungsgefahr besteht[10]. Erforderlich ist eine ernstliche, sich auf Tatsachen gründende Besorgnis weiterer Eingriffe zurzeit der letzten mündlichen Verhandlung. Dafür besteht allerdings eine tatsächliche Vermutung, es sei denn, dass zB die tatsächliche Entwicklung einen neuen Eingriff unwahrscheinlich macht[11].

56   Wenn der ArbGeb das mitbestimmungswidrige Verhalten bereits vollzogen hat, kann der BR Beseitigung des mitbestimmungswidrigen Zustands verlangen. Dieser Beseitigungsanspruch ist das Gegenstück zum Unterlassungsanspruch[12].

57   Der BR muss die Unterlassungsansprüche im Beschlussverfahren (§§ 2a, 80 ff. ArbGG) geltend machen. Der Antrag muss dem Bestimmtheitserfordernis (§ 253 Abs. 2 Nr. 2 ZPO) genügen. Nach der jüngeren Rspr. des BAG ist ein Globalantrag zulässig, mit dem für einen bestimmten Vorgang generell ein MitbestR (zB jede Änderung von Zulagen; jede Anordnung von Überstunden) geltend gemacht wird[13]. Er ist unbegründet, wenn auch nur für eine erfasste Sachverhaltsvariante ein MitbestR ausscheidet[14]. Wiederholt der Antrag indes allein den Gesetzeswortlaut ist er unzulässig[15]. Die Vollstreckung erfolgt nach § 85 Abs. 1 ArbGG iVm. §§ 888 ff. ZPO.

58   Der allgemeine Unterlassungsanspruch kann im Wege des einstweiligen Rechtsschutzes durchgesetzt werden[16] (§ 85 Abs. 2 ArbGG). Voraussetzung ist neben den Verfügungsanspruch ein Verfügungsgrund. Der BR ist auf den Erlass der einstweiligen Verfügung immer dann angewiesen, wenn der ArbGeb immer wieder gegen das MitbestR des BR verstößt und zurzeit eine Regelung der umstrittenen Angelegenheit durch die Einigungsstelle nicht in Sicht ist[17].

---

1 BAG v. 29.2.2000 – 1 ABR 4/99, AP Nr. 105 zu § 87 BetrVG 1972 – Lohngestaltung. | 2 BAG v. 18.4.1985 – 6 ABR 19/84, AP Nr. 5 zu § 23 BetrVG 1972; v. 27.11.1990 – 1 ABR 77/89, AP Nr. 41 zu § 87 BetrVG 1972 – Arbeitszeit. | 3 BAG v. 22.10.1991 – 1 ABR 28/91, AP Nr. 48 zu § 87 BetrVG 1972 – Arbeitszeit. | 4 BAG v. 8.8.1989 – 1 ABR 59/88, AP Nr. 11 zu § 23 BetrVG 1972. | 5 BAG v. 8.8.1989 – 1 ABR 65/88, AP Nr. 15 zu § 87 BetrVG 1972 – Ordnung des Betriebes. | 6 BAG v. 18.4.1985 – 6 ABR 19/84, AP Nr. 5 zu § 23 BetrVG 1972. | 7 LAG Hamm, DB 1977, 1514; LAG Nds. v. 5.6.1987 – 12 TaBV 17/87, LAGE § 23 BetrVG 1972 Nr. 11; *Fitting*, § 23 BetrVG Rz. 74; LAG Köln v. 22.4.1985 – 6 TaBV 5/85, NZA 1985, 634; ArbG Münster v. 8.9.186 – 3 BVGa 7/86, AiB 1986, 236; LAG Schl.-Holst. v. 15.11.1984 – 2 TaBV 26/84, BB 1985, 997; GK-BetrVG/*Oetker*, § 23 BetrVG Rz. 189. | 8 BAG v. 3.5.1994 – 1 ABR 24/93, AP Nr. 23 zu § 23 BetrVG 1972 unter Aufgabe der entgegenstehenden Rspr. (BAG v. 22.2.1983 – 1 ABR 27/81, AP Nr. 2 zu § 23 BetrVG 1972). Bestätigt: BAG v. 23.7.1996 – 1 ABR 13/96, AP Nr. 68 zu § 87 BetrVG 1972 – Arbeitszeit; v. 28.5.2002 – 1 ABR 32/01, AP Nr. 39 zu § 87 BetrVG 1972 – Ordnung des Betriebes. | 9 Kritisch zum dogmatischen Ansatz: Richardi/*Richardi*, § 87 BetrVG Rz. 37; im Ergebnis aber zust.: ebd., Rz. 139 ff. (142). | 10 BAG v. 3.5.1994 – 1 ABR 24/93, AP Nr. 23 zu § 23 BetrVG 1972; v. 9.2.2000 – 1 ABR 4/99, AP Nr. 105 zu § 87 BetrVG 1972 – Lohngestaltung. | 11 BAG v. 9.2.2000 – 1 ABR 4/99, AP Nr. 105 zu § 87 BetrVG 1972 – Lohngestaltung. | 12 BAG v. 16.6.1998 – 1 ABR 68/97, AP Nr. 7 zu § 87 BetrVG 1972 – Gesundheitsschutz. | 13 BAG v. 3.5.1994 – 1 ABR 24/93, AP Nr. 23 zu § 23 BetrVG 1972. | 14 BAG v. 3.5.1994 – 1 ABR 24/96, AP Nr. 23 zu § 23 BetrVG 1972; v. 28.5.2002 – 1 ABR 40/01, AP Nr. 96 zu § 87 BetrVG 1972 – Arbeitszeit. | 15 BAG v. 17.3.1987 – 1 ABR 65/85, AP Nr. 19 zu § 23 BetrVG 1972. | 16 BAG v. 3.5.1994 – 1 ABR 24/93, NZA 1995,40; LAG Frankfurt v. 19.4.1988 – 5 TaBVGa 52/88, LAGE § 99 BetrVG 1972 Nr. 17; *Fitting*, § 87 BetrVG Rz. 610; DKK/*Klebe*, § 87 Rz. 316; GK-BetrVG/*Wiese*, § 87 BetrVG Rz. 1075. | 17 LAG Hamm v. 6.2.2001 – 13 TaBV 132/00, AiB 2001, 488; aA LAG Bremen v. 25.7.1986 – 2 TaBV 50/86, LAGE § 23 BetrVG 1972 Nr. 7: Ein Verstoß des ArbGeb gegen die Bestimmungen der §§ 87 Abs. 1 Nr. 2 und 3 BetrVG gibt grundsätzlich einen Verfügungsgrund.

3. Sonstige Streitigkeiten. Streiten die Betriebspartner darüber, 59

- ob bzw. in welchem Umfang ein MitbestR besteht,
- ob das MitbestR wirksam ausgeübt worden ist,
- ob eine Betriebsvereinbarung/Regelungsabrede besteht, welchen Inhalt sie hat oder wie sie durchzuführen ist,
- ob die Voraussetzungen eines Notfalls gegeben waren,

können sie diese Frage im Beschlussverfahren (§ 2a Abs. 1 Nr. 1, Abs. 2; §§ 80 ff. ArbGG) vom ArbG klären lassen[1]. Voraussetzung für den Erfolg eines solchen Feststellungsantrags ist gemäß § 256 ZPO ein Rechtsschutzinteresse[2]. Daran fehlt es regelmäßig bei einer nur in die Vergangenheit gerichtete Feststellung (abgeschlossener Sachverhalt). Das BAG hält zu Recht daran fest, dass es nicht Aufgabe der Gerichte ist, den Betriebsparteien zu bescheinigen, ob und wer im Recht war und auch nicht, eine die Beteiligten interessierende Rechtsfrage gutachterlich zu klären[3].

VII. Die einzelnen Mitbestimmungstatbestände des § 87 Abs. 1 BetrVG. 1. Fragen der Ordnung des 60
Betriebs und des Verhaltens der ArbN im Betrieb (§ 87 Abs. 1 Nr. 1 BetrVG). a) Zweck. Nach Nr. 1 hat der BR mitzubestimmen über Fragen der Ordnung des Betriebes und des Verhaltens der ArbN im Betrieb. Zweck des MitbestR nach Nr. 1 ist es, die Belange der ArbN geltend zu machen und unter Einschränkung der Regelungsbefugnis des ArbGeb beide Interessenlagen in einen gleichberechtigten Ausgleich zu bringen[4]. Zudem bezweckt das MitbestR den Schutz der Persönlichkeit des einzelnen ArbN und die gleichberechtigte Teilhabe der ArbN an der Gestaltung der betrieblichen Ordnung[5].

b) Tendenzbetriebe. Was die Mitbest. in Tendenzbetrieben betrifft, so wird im Allgemeinen bei Nr. 1 eine 61
Einschränkung nicht in Betracht kommen, da es meist um den wertneutralen Arbeitsablauf des Betriebs geht. Nur ausnahmsweise kann bei Fragen der Ordnung des Betriebs und des Verhaltens der ArbN im Betrieb eine Einschränkung des MitbestR nach § 118 Abs. 1 in Betracht kommen, wenn nämlich eine Beteiligung des BR dazu führte, dass die durch Art. 5 Abs. 1 Satz 2 GG geschützte geistig-ideelle Zielrichtung ernsthaft beeinträchtigt würde. Dies ist der Fall bei der Einführung von Regeln, die für Redakteure einer Wirtschaftszeitung den Besitz von Wertpapieren mit dem Ziel einschränken, die Unabhängigkeit der Berichterstattung zu gewährleisten. Hier schließt der Tendenzschutz eine Mitbest. nach Nr. 1 aus[6].

c) Umfang des MitbestR. Das BAG unterscheidet in st. Rspr.[7] zwischen dem mitbestimmungsfreien 62
Arbeitsverhalten und dem mitbestimmungspflichtigen Ordnungsverhalten[8]. Das Arbeitsverhalten ist berührt, wenn der ArbGeb kraft seines Weisungsrechts näher bestimmt, welche Arbeiten wie auszuführen sind, also Anordnungen trifft, mit denen die Arbeitspflicht unmittelbar konkretisiert wird. Trifft er hingegen Anordnungen, um das sonstige Verhalten der ArbN zu koordinieren, ist das Ordnungsverhalten betroffen[9]. Entscheidend für die Abgrenzung ist der jeweilige objektive Regelungszweck[10]. In jedem Fall berechtigt das MitbestR die Betriebspartner nicht, in die private Lebensführung der ArbN einzugreifen[11].

aa) Mitbestimmungspflichtiges Ordnungsverhalten. Nach den oben dargestellten Grundsätzen un- 63
terliegen der Mitbest. beispielsweise[12]:

- Alkohol- und Rauchverbote zum Zwecke der betrieblichen Ordnung[13]; generelle Regelung von Alkoholtests[14];
- Anwesenheitskontrollen bei gleitender Arbeitszeit;
- Einführung eines Formulars, in dem die Notwendigkeit eines Arztbesuchs während der Arbeitszeit bescheinigt wird[15];
- Anordnungen über den Zeitpunkt der Vorlage einer Arbeitsunfähigkeitsbescheinigung[16];
- Benutzungsordnungen für Kantinen[17], Gemeinschaftsräume etc.;

---

1 BAG v. 16.8.1983 – 1 ABR 11/82 und BAG v. 13.10.1987 – 1 ABR 53/86, AP Nr. 2 und 7 zu § 81 ArbGG 1979. | 2 BAG v. 8.2.1957 – 1 ABR 11/55, AP Nr. 1 zu § 82 BetrVG; v. 29.7.1982 – 6 ABR 51/79, AP Nr. 5 zu § 83 ArbGG 1979. | 3 BAG v. 28.5.2002 – 1 ABR 35/01, AP Nr. 76 zu § 256 ZPO 1977; v. 11.12.2001 – 1 ABR 9/01, EZA ZPO § 256, 61. | 4 BAG v. 24.3.1981 – 1 ABR 32/78, AP Nr. 2 zu § 87 BetrVG 1972 – Arbeitssicherheit. | 5 BAG v. 23.7.1996 – 1 ABR 17/96, AP Nr. 26 zu § 87 BetrVG 1972 – Ordnung des Betriebes; BAG v. 18.4.2000 – 1 ABR 22/99, AP Nr. 33 zu § 87 BetrVG 1972 – Überwachung. | 6 BAG v. 28.5.2002 – 1 ABR 32/01, AP Nr. 39 zu § 87 BetrVG 1972 – Ordnung des Betriebes. | 7 Seit BAG v. 24.3.1981 – 1 ABR 32/78, AP Nr. 2 zu § 87 BetrVG 1972 – Arbeitssicherheit. | 8 Kritisch dazu: *Fitting*, § 87 BetrVG Rz. 66 ff. mwN. | 9 BAG v. 25.1.2000 – 1 ABR 3/99, AP Nr. 34 zu § 87 BetrVG 1972 – Ordnung des Betriebes. | 10 BAG v. 11.6.2002 – 1 ABR 46/01, AP Nr. 38 zu § 87 BetrVG 1972 – Ordnung des Betriebes. | 11 BAG v. 19.1.1999 – 1 AZR 499/98, AP Nr. 28 zu § 87 BetrVG 1972 – Ordnung des Betriebes; v. 11.7.2000 – 1 AZR Nr. 16 zu § 87 BetrVG 1972 – Sozialeinrichtung. | 12 Umfangreiche Rspr.-Nachw. bei GK-BetrVG/*Wiese*, § 87 BetrVG Rz. 227 ff. | 13 BAG v. 19.1.1999 – 4 AZR 499/98, AP Nr. 28 zu § 87 BetrVG 1972 – Ordnung des Betriebes. | 14 BAG v. 13.2.1990 – 1 ABR 11/89, AiB 1991, 272. | 15 BAG v. 21.1.1997 – 1 ABR 53/96, AP Nr. 27 zu § 87 BetrVG 1972 – Ordnung des Betriebes. | 16 BAG v. 25.1.2000 – 1 ABR 3/99, AP Nr. 34 zu § 87 BetrVG 1972 – Ordnung des Betriebes. | 17 BAG v. 11.7.2000 – 1 AZR 551/99, AP Nr. 16 zu § 87 BetrVG 1972 – Sozialeinrichtung.

- Betriebsausweise[1];
- Betriebsbußordnungen[2], Verhängen der Buße im Einzelfall als Durchsetzung der betrieblichen Ordnung[3];
- Namensschilder auf Dienstkleidung[4]; einheitliche Arbeitskleidung[5]; Behandlung und Bezahlung der Arbeitskleidung[6]; Trageordnung für Dienstkleidung[7];
- formalisierte „Krankengespräche" (zur Aufklärung eines überdurchschnittlichen Krankenstandes), wenn sie mit einer nach abstrakten Kriterien ermittelten Zahl von ArbN erfolgen und Regelungsgegenstand das Verhalten der ArbN bei der Führung der Gespräche selbst ist[8];
- allgemeine Anordnung, während der Pausen, den Betrieb nicht zu verlassen[9];
- Parkplatzordnung[10];
- allgemeines Verbot, im Betrieb Radio zu hören[11];
- Einführung von Stechuhren und EDV-Anwesenheitslisten, Taschen- und Torkontrollen[12];
- Anordnungen über die Modalitäten der privaten Telefon-, E-Mail-, Internetnutzung im Betrieb, soweit vom ArbGeb gestattet[13];
- Behandlung von Werbegeschenken[14].

64 **bb) Mitbestimmungsfreies Arbeitsverhalten.** Mitbestimmungsfrei sind beispielsweise folgende Anordnungen:

- Abmahnungen oder sonstige individuelle Gestaltungsmittel wie Versetzung, Kündigung oder Vertragsstrafen[15];
- Arbeitsablaufstudien[16];
- Führen und Abliefern arbeitsbegleitender Papiere[17];
- Führen von Arbeitsbüchern (Betriebshandwerker)[18];
- Eintragen von Zeiten für die Ausführung bestimmter Arbeitsvorgänge in Lochkarten oder Arbeitsbogen zwecks Auswertung durch EDV für die Kalkulation[19];
- Verfahrensregelung für Vorgesetzte betreffend Abmeldung der BR-Mitglieder im Rahmen ihrer Amtstätigkeit[20];
- Dienstreiseordnung, die Verfahrens- und Abrechnungsvorschriften enthält[21]; die Anordnung einer Dienstreise, die Reisezeiten außerhalb der normalen Arbeitszeit erforderlich macht[22];
- Ehrlichkeitskontrollen (heimliche Erhöhung des Wechselgeldbestandes)[23];
- Führungsrichtlinien[24];
- Angabe von Vor- und Nachnamen in Geschäftsbriefen[25];
- Überwachung des ArbN durch einen vom ArbGeb eingeschalteten Privatdetektiv[26];
- Rauchverbot, wenn die Arbeitsleistung selbst durch das Rauchen beeinträchtigt wird[27];

1 BAG v. 16.12.1986 – 1 ABR 35/85, AP Nr. 13 zu § 87 BetrVG 1972 – Ordnung des Betriebes. |2 BAG v. 17.10.1989 – 1 ABR 100/88, AP Nr. 12 zu § 87 BetrVG 1972 – Betriebsbuße. |3 BAG v. 7.4.1992 – 1 AZR 322/91, AP Nr. 4 zu § 75 LPVG Niedersachsen. |4 BAG v. 11.6.2002 – 1 ABR 46/01, AP Nr. 38 zu § 87 BetrVG 1972 – Ordnung des Betriebes. |5 BAG v. 1.12.1992 – 1 AZR 260/92, BAGE 72, 40; v. 8.8.1989 – 1 ABR 65/88, AP Nr. 15 zu § 87 BetrVG 1972 – Ordnung des Betriebes. |6 LAG Nürnberg v. 10.9.2002 – 6 (5) TaBV 41/01, LAGE § 87 BetrVG 2001 – Betriebliche Ordnung Nr. 1. |7 BAG v. 8. 8.1989 – 1 ABR 65/88, AP Nr. 15 zu § 87 BetrVG 1972 – Ordnung des Betriebes. |8 BAG v. 8.11.1994 – 1 ABR 22/94, AP Nr. 24 zu § 87 BetrVG 1972 – Ordnung des Betriebes. |9 BAG v. 21.8.1990 – 1 AZR 567/89, AP Nr. 17 zu § 87 BetrVG 1972 – Ordnung des Betriebes. |10 GK-BetrVG/*Wiese*, § 87 BetrVG Rz. 219 ff. |11 BAG v. 14. 1.1986 – 1 ABR 75/83, AP Nr. 10 zu § 87 BetrVG 1972 – Ordnung des Betriebes. |12 BAG v. 26.5.1988 – 1 ABR 9/87, AP Nr. 14 zu § 87 BetrVG 1972 – Ordnung des Betriebes. |13 LAG Nürnberg v. 29.1.1987 – 5 TaBV 4/86, LAGE § 87 BetrVG 1972 – Kontrolleinrichtung Nr. 9. |14 LAG Köln v. 20.6.1984 – 5 TaBV 20/84, DB 1984, 2202. |15 BAG v. 7.11.1979 – 5 AZR 962/77, AP Nr. 3 zu § 87 BetrVG 1972 – Betriebsbuße. |16 BAG v. 8.11.1994 – 1 ABR 22/94, AP Nr. 24 zu § 87 BetrVG 1972 – Ordnung des Betriebes. |17 BAG v. 24.11.1981 – 1 ABR 108/79, AP Nr. 3 zu § 87 BetrVG 1972 – Ordnung des Betriebes. |18 LAG Hamm v. 12.11.1976 – 3 TaBV 56/76, LAGE § 87 BetrVG 1972 – Betriebliche Ordnung Nr. 1. |19 BAG v. 23.1.1979 – 1 ABR 101/76, DB 1981, 1144. |20 BAG v. 23.6.1986 – 6 ABR 65/80, AP Nr. 45 zu § 37 BetrVG 1972; v. 13. 5.1997 – 1 ABR 2/97, AP Nr. 119 zu § 37 BetrVG 1972. |21 BAG v. 8. 12.1981 – 1 ABR 91/79, AP Nr. 6 zu § 87 BetrVG 1972 – Lohngestaltung. |22 BAG v. 8.12.1981 – 1 ABR 91/79, AP Nr. 6 zu § 87 BetrVG 1972 – Ordnung des Betriebes; v. 18.11.1999 – 2 AZR 743/98, AP Nr. 32 zu § 626 BGB – Verdacht strafbarer Handlung. |24 BAG v. 23.10.1984 – 1 ABR 2/83, AP Nr. 8 zu § 87 BetrVG 1972 – Ordnung des Betriebes. |25 BAG v. 8.6.1999 – 1 ABR 67/98, AP Nr. 31 zu § 87 BetrVG 1972 – Ordnung des Betriebes. |26 BAG v. 26.3.1991 – 1 ABR 26/90, AP Nr. 21 zu § 87 BetrVG 1972 – Ordnung des Betriebes. |27 BAG v. 19.1.1999 – 4 AZR 499/98, AP Nr. 28 zu § 87 BetrVG 1972 – Ordnung des Betriebes.

- Anordnung zum Führen von Tätigkeitsberichten für Außendienstmitarbeiter[1]; Ausfüllen von Tätigkeitslisten[2];
- Anonyme, unangekündigte Tests an Bankschaltern zur Feststellung des tatsächlich vorhandenen Serviceniveaus[3];
- Ausfüllen von Überstundennachweisen[4];
- Zugangssicherungssystem ohne Speicherung der Ein- und Austrittsdaten[5].

d) Grenzen des MitbestR. § 5 Abs. 1 Satz 3 EFZG beschränkt das MitbestR des BR nicht[6]. Auch das Weisungsrecht des ArbGeb nach § 106 Satz 2 GewO[7] ist keine gesetzliche Bestimmung iSd. Einleitungssatzes[8]. Im Rahmen der Nr. 1 sind die Betriebspartner verpflichtet, Persönlichkeitsrechte der ArbN zu berücksichtigen (§ 75 Abs. 2). Zwingende Regelungen, die das MitbestR nach Nr. 1 beschränken, können sich auch in VO oder Verwaltungsakten finden, die dem ArbGeb keinen Regelungsspielraum lassen[9]. 65

e) Gesetzessystematik. Nr. 6 geht als Spezialvorschrift der Nr. 1 vor, soweit eine Verhaltens- oder Leistungskontrolle der ArbN durch technische Einrichtungen erfolgt[10]. Regelungen im Rahmen des gesetzlichen Arbeits- und Gesundheitsschutzes können Teil der Ordnung des Betriebes iSd. Nr. 1 sein, soweit sie dem Arbeitsschutz dienende Verhaltenspflichten der ArbN begründen. Soweit es um die Schaffung dieses Teils der Ordnung des Betriebes geht, geht das MitbestR nach Nr. 7 dem MitbestR nach Nr. 1 vor[11]. 66

2. Beginn und Ende der täglichen Arbeitszeit, Verteilung der Arbeitszeit auf die einzelnen Wochentage (§ 87 Abs. 1 Nr. 2 BetrVG). a) Zweck. Der BR hat nach Nr. 2 mitzubestimmen über Beginn und Ende der täglichen Arbeitszeit, die Verteilung der Arbeitszeit auf die einzelnen Wochentage und die Pausen. Die Beteiligung des BR nach Nr. 2 soll die Interessen der ArbN an einer sinnvollen Arbeitszeit- und Freizeiteinteilung und -gestaltung schützen[12]. Anders als Nr. 3 dient dieses MitbestR aber nicht dem Schutz des ArbN vor Überforderung[13]. 67

b) Tendenzbetriebe. Die Eigenart eines Unternehmens oder eines Betriebes iSv. § 118 Abs. 1 steht einem Beteiligungsrecht des BR nur dann entgegen, wenn durch die Ausübung des Beteiligungsrechts die geistig-ideelle Zielsetzung des Tendenzträgers ernstlich beeinträchtigt werden kann. Das ist zB in karitativen Einrichtungen aus therapeutischen Gründen, in Presseunternehmen[14] wegen der Aktualität der Berichterstattung oder bei Theatern wegen der künstlerischen Qualität[15] denkbar[16]. 68

c) Begriffsbestimmung. Der Begriff der Arbeitszeit iSd. Nr. 2 ist weiter als der des ArbZG oder der der Arbeitszeit im vergütungsrechtlichen Sinn. Demgemäß unterfallen dem MitbestR grundsätzlich auch Arbeitsbereitschaft (§ 7 Abs. 1a ArbZG), Bereitschaftsdienst[17] und Rufbereitschaft[18] sowie Reisezeit, wenn in dieser Zeit Arbeitsleistung erbracht wird[19]. Ob bestimmte Tätigkeiten der Arbeitszeit zuzurechnen sind, unterliegt nicht der Mitbest., sondern muss durch Auslegung des Arbeits- oder TV ermittelt werden[20]. 69

d) Umfang des MitbestR. aa) Beginn und Ende der täglichen Arbeitszeit. Der BR hat mitzubestimmen über Beginn und Ende der täglichen Arbeitszeit, nicht aber über die Dauer der wöchentlichen Arbeitszeit. Man unterscheidet zwischen der mitbestimmungspflichtigen Festlegung der Dauer der täglichen Arbeitszeit und der mitbestimmungsfreien Regelung der Dauer der wöchentlichen Arbeitszeit[21]. 70

Das MitbestR bezieht sich – in dem durch Gesetze oder TV vorgegebenen Rahmen – nur auf den Beginn und das Ende, also die Lage, der täglichen Arbeitszeit. Es erfasst auch die nur einmalige Änderung der bisherigen Lage, soweit ein kollektiver Bezug besteht[22]. Der BR kann indes nach der ständigen Rspr. des BAG[23] keine Beteiligung nach Nr. 2 wegen der Dauer der wöchentlichen Arbeitszeit verlan- 71

---

1 LAG Düsseldorf v. 17.1.1975 – 9 TaBV 115/74, BB 1975, 328. | 2 LAG Hamburg v. 23.9.1981 – 12 TaBV 90/81, DB 1982, 385. | 3 BAG v. 18.4.2000 – 1 ABR 22/99, AP Nr. 33 zu § 87 BetrVG 1972 – Überwachung. | 4 BAG v. 4.8.1981 – 1 ABR 54/78, AP Nr. 1 zu § 87 BetrVG 1972 – Tarifvorrang. | 5 BAG v. 10. 4.1984 – 1 ABR 69/82, AP Nr. 7 zu § 87 BetrVG 1972 – Ordnung des Betriebes. | 6 BAG v. 25.1.2000 – 1 ABR 3/99, AP Nr. 34 zu § 87 BetrVG 1972 – Ordnung des Betriebes. | 7 IdF v. 22.2.1999, BGBl. I S. 202; zuletzt geändert am 11.10.2002, BGBl. I S. 3970. | 8 *Bauer/Opolony*, BB 2002, 1590 (1591). | 9 BAG v. 26.5.1988 – 1 ABR 9/87, AP Nr. 14 zu 87 BetrVG 1972 – Ordnung des Betriebes; v. 9.7.1991 – 1 ABR 57/90, AP Nr. 19 zu § 87 BetrVG 1972 – Ordnung des Betriebes. | 10 BAG v. 9.9.1975 – 1 ABR 20/74, AP Nr. 2 zu § 87 BetrVG 1972 – Überwachung. | 11 BAG v. 24.3.1981 – 1 ABR 32/78, AP Nr. 2 zu § 87 BetrVG 1972 – Arbeitssicherheit. | 12 BAG v. 23.7.1996 – 1 ABR 17/96, AP Nr. 26 zu § 87 BetrVG 1972 – Ordnung des Betriebes mwN. | 13 BAG v. 28.5.2002 – 1 ABR 40/01, AP Nr. 96 zu § 87 BetrVG 1972 – Ordnung des Betriebes mwN. | 14 BAG v. 30.1.1990 – 1 ABR 101/88, AP Nr. 44 zu § 118 BetrVG 1972; v. 14.1.1992 – 1 ABR 35/91, AP Nr. 49 zu § 118 BetrVG 1972. | 15 BAG v. 4.8.1981 – 1 ABR 106/79, AP Nr. 5 zu § 87 BetrVG 1972 – Arbeitszeit. | 16 *Fitting*, § 118 BetrVG Rz. 32. | 17 BAG v. 29.2.2000 – 1 ABR 15/99, AP Nr. 81 zu § 87 BetrVG 1972 – Arbeitszeit. | 18 BAG v. 21.12.1982 – 1 ABR 14/81, AP Nr. 9 zu § 87 BetrVG 1972 – Arbeitszeit; v. 29.2.2000 – 1 ABR 15/99, AP Nr. 81 zu § 87 BetrVG 1972 – Arbeitszeit; v. 23.1.2001 – 1 ABR 36/00, AP Nr. 78 zu § 75 BPersVG. | 19 BAG v. 23.7.1996 – 1 ABR 17/96, AP Nr. 26 zu § 87 BetrVG 1972 – Arbeitszeit. | 20 BAG v. 29.10.2002 – 1 AZR 603/01, ArbRB 2003, 168. | 21 BAG v. 13.10.1987 – 1 ABR 10/86, AP Nr. 24 zu § 87 BetrVG 1972 – Arbeitszeit. | 22 BAG v. 13.7.1977 – 1 AZR 336/75, AP Nr. 2 zu § 87 BetrVG 1972 – Kurzarbeit; v. 25. 2.1997 – 1 ABR 69/96, AP Nr. 72 zu § 87 BetrVG 1972 – Arbeitszeit. | 23 St. Rspr: vgl. nur BAG v. 21.11.1978 – 1 ABR 67/76, AP Nr. 2 zu § 87 BetrVG 1972 – Arbeitszeit; v. 27.1.1998 – 1 ABR 35/97, AP Nr. 14 zu § 87 BetrVG 1972 – Sozialeinrichtung; aA DKK/*Klebe*, § 87 BetrVG Rz. 73 mwN.

gen[1]. Das ergibt schon der Umkehrschluss aus Nr. 3, der ausnahmsweise ein MitbestR über die Dauer der Arbeitszeit (Verkürzung/Verlängerung) vorsieht[2]. Auch die Dauer der Betriebsnutzungszeit, also der Zeit, in der die betrieblichen Anlagen, Einrichtungen durch arbeitende ArbN tatsächlich genutzt werden, unterliegt nicht der Mitbest.[3]

72 Bei der Arbeitszeit von TeilzeitArbN gilt es zu differenzieren: Der BR hat in Bezug auf die Teilzeitbeschäftigten dieselben MitbestR wie genüber den Vollzeitbeschäftigten[4]. Er hat also – wie bei den Vollzeitarbeitnehmern – kein MitbestR hinsichtlich der Dauer der wöchentlichen Arbeitszeit[5]. Aus diesem Grund ist die Einführung oder Beibehaltung der Teilzeitarbeit nicht nach Nr. 2 mitbestimmungspflichtig[6]. Besteht im Betrieb eine BV über die wöchentliche Arbeitszeit können deren Regelungen dem Teilzeitbegehren des ArbN entgegenstehende „betriebliche Gründe" iSd. § 8 Abs. 4 Satz 1 TzBfG sein[7].

73 Das MitbestR über die Lage der Arbeitszeit greift ua. in folgenden Fällen ein:

- Einführung von Bereitschaftsdiensten[8];
- Verlegung der Arbeitszeit wegen einer Betriebsfeier[9];
- Aufstellung und Änderung von Dienstplänen[10], auch wenn das die gesetzlichen Ladenöffnungszeiten tangiert[11];
- Einführung und Änderung von Gleitzeit; Modalitäten der Gleitzeit[12]; Überwachung der Gleitzeitkonten[13];
- Regelungen des ArbGeb über die Lage[14] der Arbeitszeit beim Job-Splitting[15] oder Job-Sharing (§ 13 Abs. 1 TzBfG)[16]; nicht aber Abschluss einzelner Verträge;
- Einsatz von ArbN in KAPOVAZ[17] (kapazitätsorientierter variabler Arbeitszeit – Arbeit auf Abruf, § 12 TzBfG); nicht aber Abschluss von KAPOVAZ-Verträgen[18];
- Beginn und Ende der täglichen Arbeitszeit der LeihArbN (zuständig ist der Entleiherbetriebsrat)[19];
- Festlegung der Probenzeit in einem Theater[20];
- Einrichtung einer Rufbereitschaft[21];
- Schichtarbeit[22]: Einführung; zeitliche Lage der einzelnen Schichten; Abgrenzung des Personenkreises, der Schichtarbeit zu leisten hat; Schichtplan und dessen nähere Ausgestaltung bzw. Grundsätze der Schichtplanerstellung; Zuordnung der ArbN zu den einzelnen Schichten; Abweichung vom Schichtplan; vorzeitige Rückkehr von befristeter Schichtarbeit zur Normalarbeitszeit[23];
- Einsatz von Aushilfsarbeitnehmern im einmaligen Sonntagsverkauf bei sonst nur werktäglicher Arbeitszeit[24];
- die Vorgabe der Betriebszeit (Einschaltzeit) des Computers bei Telearbeit[25].

74 Die Einführung der Vertrauensarbeitszeit, also der Verzicht auf (maschinelle) Zeiterfassung, Arbeitszeitkontrolle und geregelte Arbeitszeiten, unterliegt als Arbeitszeitmodell der Mitbest. des BR. Ist sie jedoch einmal eingeführt, kommt eine Mitbest. nach Nr. 2 nicht mehr in Betracht, weil der ArbGeb die Lage der Arbeitszeit gerade nicht mehr regelt[26]. In einer neuen Entscheidung stellt das BAG aber fest, dass der ArbGeb nicht auf die arbeitszeitrechtliche Dokumentationspflicht (§ 16 Abs. 2 ArbZG) ver-

---

1 Vgl. zuletzt BAG v. 22.7.2003 – 1 ABR 28/02, Pressemitteilung des BAG Nr. 51/03 = EzA-SD 2003, Heft 15. |2 BAG v. 27.1.1998 – 1 ABR 35/97, AP Nr. 14 zu § 87 BetrVG 1972 – Sozialeinrichtung. |3 BAG v. 18.12.1990 – 1 ABR 11/90, BAGE 66,338. |4 BAG v. 13.10.1987 – 1 ABR 10/86, AP Nr. 24 zu § 87 BetrVG 1972 – Arbeitszeit. |5 BAG v. 13.10.1987 – 1 ABR 10/86, AP Nr. 24 zu § 87 BetrVG 1972 – Arbeitszeit; BAG v. 14.3.1989 – 1 ABR 77/87, nv. |6 GK-BetrVG/*Wiese*, § 87 BetrVG Rz. 312 mwN. |7 LAG Berlin v. 18.1.2002 – 19 Sa 1982/01, NZA-RR 2002, 401. |8 BAG v. 29.2.2000 – 1 ABR 15/99, AP Nr. 81 zu § 87 BetrVG 1972 – Arbeitszeit; LAG Hamburg, 13.2.2002 – 8 TaBV 10/01, LAGE § 7 ArbZG Nr. 1. |9 GK-BetrVG/*Wiese*, § 87 BetrVG Rz. 288. |10 BAG v. 4.6.1969 – 3 AZR 180/68, AP Nr. 1 zu § 16 BMT-G II; v. 18.4.1989 – 1 ABR 2/88, AP Nr. 34 zu § 87 BetrVG 1972 – Arbeitszeit; v. 18.2.2003 – 1 ABR 2/02, FA 2003, 123 ff. |11 BAG v. 31.8.1982 – 1 ABR 27/80, AP Nr. 8 zu § 87 BetrVG 1972 – Arbeitszeit; v. 13.10.1987 – 1 ABR 10/86, AP Nr. 24 zu § 87 BetrVG 1972 – Arbeitszeit. |12 BAG v. 18.4.1989 – 1 ABR 3/88, AP Nr. 33 zu § 87 BetrVG 1972 – Arbeitszeit; v. 21.8.1990, AP Nr. 17 zu § 87 BetrVG 1972 – Ordnung des Betriebes. |13 LAG BW v. 21.2.1994 – 15 TaBV 11/93, BB 1994, 1352. |14 Nicht aber Absprachen der am Job-Sharing beteiligten ArbN. |15 GK-BetrVG/*Wiese*, § 87 BetrVG Rz. 315. |16 GK-BetrVG/*Wiese*, § 87 BetrVG Rz. 316; *Fitting*, § 87 BetrVG Rz. 110. |17 BAG v. 28.9.1988 – 1 ABR 41/87, AP Nr. 29 zu § 87 BetrVG 1972 – Arbeitszeit. |18 Vgl. auch ausf. zum Streitstand: GK-BetrVG/*Wiese*, § 87 BetrVG Rz. 318 ff. |19 BAG v. 15.12.1992 – 1 ABR 38/92, AP Nr. 7 zu § 14 AÜG; v. 19.6.2001 – 1 ABR 43/00, AP Nr. 1 zu § 87 BetrVG 1972 – Leiharbeitnehmer. |20 BAG v. 4.8.1981 – 1 ABR 106/79, AP Nr. 5 zu § 87 BetrVG 1972 – Arbeitszeit. |21 BAG v. 21.12.1982 – 1 ABR 14/81, AP Nr. 9 zu § 87 BetrVG 1972 – Arbeitszeit. |22 BAG v. 28.5.2002 – 1 ABR 40/01 und v. 27.6.1989 – 1 ABR 33/88, AP Nr. 96 und 35 zu § 87 BetrVG 1972 – Arbeitszeit. |23 BAG v. 18.9.2002 – 1 AZR 668/01, AP Nr. 99 zu § 615 BGB. |24 BAG v. 25.2.1997 – 1 ABR 69/96, AP Nr. 72 zu § 87 BetrVG 1972 – Arbeitszeit. |25 *Fitting*, § 87 BetrVG Rz. 127. |26 Zur Wirksamkeit unter dem Gesichtspunkt des Verzichts auf Mitbestimmungsrechte *Hamm*, AiB 2000, 152 (158); DKK/*Klebe*, § 87 BetrVG Rz. 80 a.

zichten könne und er mithin den BR nach § 80 Abs. 2 Satz 1 auch über die Arbeitszeit der ArbN mit Vertrauensarbeitszeit zu unterrichten habe[1].

Ohne die Mitbest. des BR kann der ArbGeb die Lage der Arbeitszeit nicht wirksam neu festsetzen; die ArbN dürfen nach der bisherigen Arbeitsregelung weiter arbeiten und haben ggf. Verzugslohnansprüche (§ 615 BGB).

Keiner Beteiligung nach Nr. 2 unterliegt die Lage der Arbeitszeit der ArbN von Fremdfirmen[2]. Auch hier greift aber ggf. der Unterrichtungsanspruch nach § 80 Abs. 2 Satz 1 Halbs. 2 BetrVG, zudem ist ggf. das MitbestR aus § 99 BetrVG zu beachten.

bb) Verteilung der Arbeitszeit auf die einzelnen Wochentage. Das MitbestR nach Nr. 2 erfasst auch die Verteilung der Arbeitszeit auf die einzelnen Wochentage, also beispielsweise:

- Einführung der Vier-, Fünf- oder Sechs-Tage-Woche[3];
- Sonntagsarbeit[4];
- Einführung flexibler/rollierender Arbeitszeitmodelle[5];
- Lage des Ersatzruhetags für Feiertagsbeschäftigung[6];
- Einführung und Ausgestaltung eines rollierenden Arbeitszeitsystems, bei dem die arbeitsfreien Tage in verschiedenen Wochen auf verschiedene Wochentage verteilt werden[7];
- Erstellung von Studienplänen für angestellte Lehrer[8];
- Grundsätze über die Ableistung variabler Wochenarbeitszeit[9].

Besteht zwischen Betriebsnutzungszeit und regelmäßiger wöchentlicher Arbeitszeit der ArbN eine Differenz, so muss diese Differenz im Rahmen eines Arbeitszeitmodells durch freie Tage ausgeglichen werden. Ist also der Betrieb des ArbGeb an sechs Werktagen in der Woche geöffnet, die ArbN arbeiten aber in einer Fünf-Tage-Woche, so ist die Regelung des Systems, mit dem die Fünf-Tage-Woche für Vollzeitbeschäftigte verwirklicht werden soll, in allen Details mitbestimmungspflichtig nach § 87 Abs. 1 Nr. 2 BetrVG. In diesem Fall unterliegt der Mitbest. nach Auffassung des BAG nicht nur die Frage, nach welchem System (rollierend oder nicht) Freizeit gewährt werden soll. Der BR soll auch darüber mitbestimmen, in wie viel Rolliergruppen ggf. die Belegschaft aufzuteilen ist, welche ArbN den einzelnen Rolliergruppen zuzuordnen sind und ob für die einzelnen Rolliergruppen Freizeitkalender zu führen sind[10]. Dem MitbestR ist aber Genüge getan, wenn die Betriebspartner sich auf die Grundsätze der Regelung eines entsprechenden Systems beschränken und die Aufstellung von Einzelplänen nach diesen Vorgaben dem ArbGeb überlassen. Dies gilt auch dann, wenn in der Rahmenvereinbarung nicht alle im Interesse der ArbN liegenden Fragen abschließend geregelt sind[11].

cc) Pausen. Pausen iSd. Nr. 2 sind nur Ruhepausen (§ 4 ArbZG[12]), durch die die Arbeitszeit unterbrochen wird, die selbst nicht zur Arbeitszeit gehören und deshalb auch nicht vergütet werden müssen[13]. Erholungszeiten beim Akkord gehören zur Arbeitszeit und sind daher keine Pausen[14]. Lärm- und Bildschirmpausen[15] sind nicht mitbestimmungspflichtig nach Nr. 2, ggf. aber nach Nr. 7. Das MitbestR erstreckt sich auf die Dauer und Lage der Pausen[16]. Ob eine Pause als Arbeitszeit anzusehen und daher zu vergüten ist, unterliegt nicht der Mitbest. nach Nr. 2[17].

e) Grenzen des MitbestR. Das MitbestR des BR wird neben vielfältigen tariflichen Vorgaben insb. durch die zwingenden Vorschriften des öffentlich-rechtlichen Arbeitszeitrechts[18] beschränkt.

3. Vorübergehende Verkürzung oder Verlängerung der betriebsüblichen Arbeitszeit (§ 87 Abs. 1 Nr. 3 BetrVG). a) Zweck. Nr. 3 regelt die Mitbest. des BR bei der vorübergehenden Verkürzung oder Verlängerung der betriebsüblichen Arbeitszeit und stellt eine Ausnahme von dem Grundsatz dar, dass die Dauer der Arbeitszeit mitbestimmungsfrei ist. Zweck des MitbestR bei der Verlängerung der betriebsüblichen Arbeitszeit ist es, die Interessen der ArbN bei der Änderung zur Arbeitszeit zur Geltung zu bringen. Dazu

---

1 BAG v. 6.5.2003 – 1 ABR 13/02, Pressemitteilung Nr. 36/03, FA 2003, 215. | 2 ArbG Passau v. 8.5.1990 – 4 BVGa 1/90, BB 1990, 2335. | 3 BAG v. 31.1.1989 – 1 ABR 69/87, DB 1989, 1631; v. 21.7.1997 – 1 AZR 52/96, NZA 1997, 1009 (1011). | 4 BAG v. 25.2.1997 – 1 ABR 69/96, AP Nr. 72 zu § 87 BetrVG 1972 – Arbeitszeit. | 5 BAG v. 18.8.1987 – 1 ABR 30/86, NZA 1987, 779; v. 25.7.1989 – 1 ABR 46/88, DB 1990, 791. | 6 LAG Köln v. 24.9.1998 – 10 TaBV 57/97, AiB 1999, 467. | 7 BAG v. 25.7.1989 – 1 ABR 46/88, AP Nr. 38 zu § 87 BetrVG 1972 – Arbeitszeit. | 8 BAG v. 23.6.1992 – 1 ABR 53/91, AP Nr. 51 zu § 87 BetrVG 1972 – Arbeitszeit. | 9 GK-BetrVG/*Wiese*, § 87 BetrVG Rz. 298. | 10 BAG v. 25.7.1989 – 1 ABR 46/88, DB 1990, 791. | 11 BAG v. 28.5.2002 – 1 ABR 40/01, DB 2002, 2385; v. 28.10.1986 – 1 ABR 11/85, AP Nr. 20 zu § 87 BetrVG 1972 – Arbeitszeit. | 12 BAG v. 29.10.2002 – 1 AZR 603/01, ArbRB 2003, 168. | 13 BAG v. 28.7.1981 – 1 ABR 65/79, AP Nr. 3 zu § 87 BetrVG 1972 – Arbeitssicherheit. | 14 *Fitting*, § 87 BetrVG Rz. 118 mwN. | 15 BAG v. 28.7.1981 – 1 ABR 65/79, AP Nr. 3 zu § 87 BetrVG 1972 – Arbeitssicherheit; v. 6.12.1983 – 1 ABR 43/81, AP Nr. 7 zu § 87 BetrVG 1972 – Überwachung. | 16 BAG v. 13.10.1987 – 1 ABR 10/86, AP Nr. 24 zu § 87 BetrVG 1972 – Arbeitszeit. | 17 LAG Hamm v. 4.12.1985 – 12 TaBV 110/85, NZA Beil. 2/1986, 29. | 18 Insbesondere ArbZG, JArbSchG, MuSchG, LadSchlG.

gehört neben der Frage, ob die Arbeitszeit überhaupt verlängert bzw. verkürzt werden soll, vor allem auch eine gerechte Verteilung der mit Überstunden bzw. Kurzarbeit verbundenen Belastungen und Vorteile[1].

82 **b) Begriffsbestimmung.** Betriebsübliche Arbeitszeit iSd. Nr. 3 ist die regelmäßige betriebliche Arbeitszeit, die durch den regelmäßig geschuldeten zeitlichen Umfang der Arbeitsleistung und die für ihn erfolgte Verteilung auf einzelne Zeitabschnitte bestimmt wird[2]. In einem Betrieb kann es mehrere betriebsübliche Arbeitszeiten geben. Sie muss nicht für eine Mehrzahl der im Betrieb beschäftigten ArbN gelten, sondern kann auch für Gruppen von ArbN oder sogar einzelne ArbN unterschiedlich sein[3]. Wenn die Verteilung des für einen bestimmten Zeitraum regelmäßig geschuldeten Arbeitszeitumfangs bis auf einzelne Wochentage vorgenommen worden ist, so ist die betriebsübliche Arbeitszeit mit der Dauer der regelmäßigen täglichen Arbeitszeit gleichzusetzen[4]. Arbeitszeit ist die Zeit, innerhalb derer die ArbN ihrer Leistungspflicht nachkommen müssen[5].

83 Kurzarbeit ist die vorübergehende Herabsetzung der betriebsüblichen Arbeitszeit um Stunden, Tage oder Wochen[6]. Die Verringerung der Arbeitszeit nach § 8 TzBfG unterliegt nicht der Mitbest., weil sie nicht nur vorübergehend ist, keine abstrakt-generelle Regelung erfordert und auf Initiative des ArbN erfolgt. Überstunden nennt man die Arbeitszeit, die vorübergehend über die (tarif-)vertraglich geschuldete Arbeitszeit hinausgeht[7]. Mehrarbeit hingegen ist die Überschreitung der gesetzlichen Höchstarbeitszeit, die im ArbZG geregelt ist. Eine vorübergehende Veränderung der Arbeitszeit liegt vor, wenn diese nur einen begrenzten Zeitraum betrifft, nicht auf Dauer gelten und anschließend zur normalen Arbeitszeit zurückgekehrt werden soll[8].

84 **c) Umfang der Mitbest.. aa) Kurzarbeit.** Ob, in welchem Umfang und mit welcher Ankündigungsfrist Kurzarbeit eingeführt wird, unterliegt der betrieblichen Mitbest. ebenso wie die Frage, wie die verbleibende Arbeitszeit auf die Wochentage verteilt werden soll[9]. Die Rückkehr von der Kurzarbeit zur betriebsüblichen Arbeitszeit ist ebenso wenig mitbestimmungspflichtig[10] wie der Abbau von Überstunden[11]. Ob Kurzarbeitergeld (§§ 169 ff. SGB III) beansprucht werden kann, ist mitbestimmungsrechtlich ohne Bedeutung. Weder schließen die §§ 169 ff. SGB III das MitbestR aus[12], noch sind sie Voraussetzung für dessen Ausübung[13]. Entsprechendes gilt auch für die Entscheidung der BA nach § 19 KSchG[14] (Kurzarbeit bei beabsichtigter Massenentlassung). Umstritten ist aber, ob sich das MitbestR auch auf Fragen der Milderung der Folgen der Kurzarbeit bezieht. Die überwiegende Meinung lehnt insoweit zu Recht ein erzwingbares MitbestR ab[15]. Die Entgeltminderung ist nur Folge der mitbestimmten Entscheidung, nicht Teil derselben[16]. Das BAG hat sich zu dieser Frage noch nicht geäußert, geht aber davon aus, dass das MitbestR nach Nr. 3 den ArbN auch vor Entgelteinbußen schützen soll[17].

85 **bb) Überstunden.** Der Mitbest. unterliegt die Anordnung, ob, von wem und in welchem Umfang und zu welchen Zeiten, Überstunden zu leisten sind. Es kommt nicht darauf an, wie viele ArbN von der Anordnung betroffen sind; auch die Anordnung für einen einzigen ArbN kann das MitbestR auslösen, wenn ein kollektiver Bezug gegeben ist[18]. Duldet der ArbGeb, dass Überstunden abgeleistet werden, in dem er sie entgegennimmt und bezahlt, besteht Mitbestimmungspflicht[19].

86 Mitbestimmungspflichtig sind zB:

- Sonderschichten[20];
- Arbeitsbereitschaft, Bereitschaftsdienst[21] oder Rufbereitschaft[22] außerhalb der regelmäßigen Arbeitszeit;
- Dienstreisen nur, wenn währenddessen Arbeitsleistung erbracht wird[23];

---

1 BAG v. 23.7.1996 – 1 ABR 17/96, AP Nr. 26 zu § 87 BetrVG 1972 – Ordnung des Betriebes; vgl. auch Richardi/*Richardi*, § 87 BetrVG Rz. 335. |2 BAG v. 11.12.2001 – 1 ABR 3/01, AP Nr. 93 zu § 87 BetrVG 1972 – Arbeitszeit; v. 16.7.1991 – 1 ABR 69/90, AP Nr. 44 zu § 87 BetrVG 1972 – Arbeitszeit. |3 BAG v. 11.12.2001 – 1 ABR 3/01, AP Nr. 93 zu § 87 BetrVG 1972 – Arbeitszeit; v. 23.7.1996 – 1 ABR 13/96, AP Nr. 68 zu § 87 BetrVG 1972 – Arbeitszeit. |4 BAG v. 11.12.2001 – 1 ABR 3/01, AP Nr. 93 zu § 87 BetrVG 1972 – Arbeitszeit. |5 BAG v. 13.3.2001 – 1 ABR 33/00, AP Nr. 87 zu § 87 BetrVG 1972 – Arbeitszeit. |6 BAG v. 25.10.1977 – 1 AZR 452/74, AP Nr. 1 zu § 87 BetrVG 1972 – Arbeitszeit. |7 *Fitting*, § 87 BetrVG Rz. 140. |8 BAG v. 29.2.2000 – 1 ABR 15/99, DB 2000, 1971; v. 27.1.1998 – 1 ABR 35/97, AP Nr. 14 zu § 87 BetrVG 1972 – Sozialeinrichtung; v. 21.12.1982 – 1 ABR 14/81, DB 1983, 611. |9 *Fitting*, § 87 BetrVG Rz. 150. |10 BAG v. 11.7.1990 – 5 AZR 557/89, NZA 1991, 67; v. 21.11.1978 – 1 ABR 67/76, AP Nr. 2 zu § 87 BetrVG 1972 – Arbeitszeit; aA *Fitting*, § 87 BetrVG Rz. 151. |11 BAG v. 25.10.1977 – 1 AZR 452/74, AP Nr. 1 zu § 87 BetrVG 1972 – Arbeitszeit. |12 *Fitting*, § 87 BetrVG Rz. 156. |13 LAG Köln v. 14.6.1989 – 2 TaBV 17/89, NZA 1989, 939 mwN; LAG Sachs. v. 31.7.2002 – 2 Sa 910/01, NZA-RR 2003, 366. |14 *Fitting*, § 87 BetrVG Rz. 155. |15 ErfK/*Hanau/Kania*, § 87 BetrVG Rz. 37; *Fitting*, § 87 BetrVG Rz. 153; aA DKK/*Klebe*, § 87 BetrVG Rz. 102 mwN. |16 LAG Köln v. 14.6.1989 – 2 TaBV 17/89, NZA 1989,939. |17 BAG v. 21.11.1978 – 1 ABR 67/76, AP Nr. 2 zu § 87 BetrVG 1972 – Arbeitszeit. |18 BAG v. 11.11.1986 – 1 ABR 17/85, AP Nr. 21 zu § 87 BetrVG 1972 – Arbeitszeit. |19 BAG v. 27.11.1990 – 1 ABR 77/89, AP Nr. 41 zu § 87 BetrVG 1972 – Arbeitszeit. |20 *Fitting*, § 87 BetrVG Rz. 133 und 142. |21 BAG v. 29.2.2000 – 1 ABR 15/99, AP Nr. 81 zu § 87 BetrVG 1972 – Arbeitszeit. |22 BAG v. 21.12.1982 – 1 ABR 14/81, AP Nr. 9 zu § 87 BetrVG 1972 – Arbeitszeit. |23 BAG v. 23.7.1996 – 1 ABR 17/96, AP Nr. 26 zu § 87 BetrVG 1972 – Ordnung des Betriebes.

- Betriebsversammlungen außerhalb der betriebsüblichen Arbeitszeit, wenn die ArbN zur Teilnahme verpflichtet sind[1];
- Verlegung von Arbeitstagen auf eine andere Woche bei wöchentlicher Arbeitszeit, auch wenn im Schnitt nicht mehr gearbeitet wurde[2];
- Anordnung von Mehrarbeit, ohne Rücksicht darauf, ob die Arbeit zulässig ist oder Ausnahmen bewilligt wurden[3].

Anders als die vorzeitige Rückkehr von Schichtarbeit zur Normalarbeitszeit, bedarf das Nichtabrufen bereits genehmigter Überstunden nicht der Zustimmung des BR.[4] Überstunden mit vollem Freizeitausgleich führen nur zu einer Veränderung der Lage der Arbeitszeit, unterliegen also dem MitbestR nach Nr. 2[5]. 87

Hinsichtlich der LeihArbN hat der BR des Verleiherbetriebs nach Nr. 3 mitzubestimmen, wenn auf Grund der Entsendeentscheidung des Verleihers feststeht, dass sich die vertraglich geschuldete Arbeitszeit wegen einer davon abweichenden betriebsüblichen Arbeitszeit im Entleiherbetrieb vorübergehend verlängert[6]. Die Arbeitszeit von Fremdfirmen-ArbN unterliegt nicht der Mitbest. des BR des Einsatzbetriebes[7]. 88

cc) Sonderfall: Arbeitskampf. Umstritten ist, ob der ArbGeb im Arbeitskampf mitbestimmungsfrei Kurzarbeit oder Überstunden anordnen darf. § 74 Abs. 2 verpflichtet den BR zur Neutralität. Will der ArbGeb während eines Streiks in seinem Betrieb die betriebsübliche Arbeitszeit der arbeitswilligen ArbN aus streikbedingten Gründen vorübergehend verlängern oder verkürzen, muss er nach der zutreffenden Auffassung des BAG den BR nicht beteiligen; dessen Rechte sind eingeschränkt[8]. Nach Auffassung des BAG soll der ArbGeb aber gleichwohl verpflichtet sein, bei Anordnung von Überstunden den BR im Voraus mitzuteilen, welche namentlich genannten ArbN wann, wie viel Überstunden leisten sollen. Die bloße Möglichkeit der rechtswidrigen Verwendung oder Weitergabe der Informationen schließt den Unterrichtungsanspruch des BR nicht aus[9]. Will er aufgrund arbeitskampfbedingter Fernwirkungen Kurzarbeit anordnen und ist die Kampfparität beeinflusst, ist das MitbestR auf die Regelung der Modalitäten (Verteilung der Restarbeitszeit) beschränkt. Hingegen unterliegen die Voraussetzungen und der Umfang der Arbeitszeitverkürzung nicht von der Zustimmung des BR[10]. 89

d) Art und Form der Mitbest.. ArbGeb und BR können nach der Rspr. des BAG im Voraus eine Rahmenregelung für diejenigen Fälle treffen, in denen Überstunden erforderlich werden, die zwar als solche vorhersehbar sind, von denen aber nicht bekannt ist, wann sie notwendig werden[11]. Der ArbGeb kann sogar vorläufig und kurzfristig zur einseitigen Anordnung von Überstunden ermächtigt werden, wenn es sich dabei um eine Verfahrensregelung für außergewöhnliche Fälle handelt und das MitbestR nicht in seiner Substanz beeinträchtigt wird[12]. Weder die Betriebspartner noch die TV-Parteien sind aber nach Auffassung des 1. Senats befugt, den ArbGeb pauschal zur Anordnung von Überstunden zu berechtigen[13]. 90

Mit wirksamer Beteiligung des BR durch BV[14] kann der ArbGeb auf den Inhalt der Arbeitsverhältnisse einwirken und die Arbeits- und Vergütungspflicht vorübergehend mindern[15] bzw. bei Überstunden die Arbeitszeit erhöhen – soweit sich das nicht bereits aus (tarif-)vertraglichen Regelungen ergibt. Zu beachten ist, dass eine formlose Regelungsabrede zwischen BR und ArbGeb über die Einführung von Kurzarbeit zwar das MitbestR des BR wahrt, nicht aber zu einer entsprechenden Änderung der Arbeitsverträge der betroffenen ArbN führt. Hierzu bedarf es dann zusätzlich einer vertraglichen Vereinbarung oder einer Änderungskündigung[16]. 91

e) Initiativrecht. Nach der Rspr. des BAG[17] steht dem BR für die Einführung von Kurzarbeit oder Überstunden ein Initiativrecht zu. Dem wird zu Recht entgegengehalten[18], dass damit die unternehmerische Entscheidung selbst zum Gegenstand der Mitbest. wird[19]. 92

f) Grenzen des MitbestR. Bei der Ausübung des MitbestR sind die gesetzlichen Höchstgrenzen des ArbZG zu beachten. 93

Ihre Grenzen findet die Mitbest. nach Nr. 3 aber auch in § 242 BGB iVm. § 2 Abs. 1. Koppelungsgeschäfte, bei denen der BR seine Zustimmung nur erteilt, wenn der ArbGeb im Gegenzug etwas anderes ver-

---

1 BAG v. 13.3.2001 – 1 ABR 33/00, AP Nr. 87 zu § 87 BetrVG 1972 – Arbeitszeit. | 2 LAG Rh.-Pf. v. 24.10.2000 – 2 TaBV 693/00, NZA-RR 2001, 369 (370). | 3 *Fitting*, § 87 BetrVG Rz. 146. | 4 BAG v. 18.9.2002 – 1 AZR 668/01, ArbRB 2003, 106. | 5 Vgl. LAG Rh.-Pf. v. 24.10.2000 – 2 TaBV 693/00, AuR 2001, 197; GK-BetrVG/*Wiese*, § 87 BetrVG Rz. 398. | 6 BAG v. 19.6.2001 – 1 ABR 43/00, AP Nr. 2 zu § 87 BetrVG 1972 – Leiharbeitnehmer. | 7 BAG v. 22.10.1991 – 1 ABR 28/91, AP Nr. 48 zu § 87 BetrVG 1972 – Arbeitszeit (Umgehung des MitbestimmungsR durch *Einsetzung eines Strohmannes*). | 8 BAG v. 24.4.1979 – 1 ABR 43/77, AP Nr. 63 zu Art. 9 GG Arbeitskampf; v. 22.12.1980 – 1 ABR 2/79 und 1 ABR 76/79, AP Nr. 70 und 71 zu Art. 9 BetrVG – Arbeitskampf. | 9 BAG v. 10.12.2002 – 1 ABR 7/02, FA 2003, 57. | 10 BAG v. 22.12.1980 – 1 ABR 2/79 und 1 ABR 76/79, AP Nr. 70 und 71 zu Art. 9 BetrVG – Arbeitskampf; für uneingeschränkte Mitbestimmung: DKK/*Klebe*, § 87 BetrVG Rz. 94 mwN. | 11 BAG v. 12.1.1988 – 1 ABR 54/86, AP Nr. 8 zu § 81 ArbGG 1979. | 12 BAG v. 26.7.1988 – 1 AZR 54/87, AP Nr. 6 zu § 87 BetrVG 1972 – Provision. | 13 BAG v. 17.11.1998 – 2 TaBV 693/00, AP Nr. 79 zu § 87 BetrVG 1972 – Arbeitszeit. | 14 Zum Inhalt solcher BV vgl. LAG Sachs. v. 31.7.2002 – 2 Sa 910/01, NZA-RR 2003, 366. | 15 BAG v. 14.2.1991 – 2 AZR 415/90, AP Nr. 4 zu § 615 BGB – Kurzarbeit. | 16 BAG v. 14.2.1991 – 2 AZR 415/90, AP Nr. 4 zu § 615 BGB – Kurzarbeit. | 17 BAG v. 4.3.1986 – 1 ABR 15/84 BAG, AP Nr. 3 zu § 87 BetrVG 1972 – Kurzarbeit. | 18 GK-BetrVG/*Wiese*, § 87 BetrVG Rz. 367 ff. mwN. | 19 GK-BetrVG/*Wiese*, § 87 BetrVG Rz. 146 f.

spricht, sind nur wirksam, wenn die Gegenleistung im Zusammenhang mit dem Normzweck steht[1]. Macht er seine Zustimmung für die Anordnung von Überstunden von einem späteren Freizeitausgleich abhängig, ist das vom Normzweck der Nr. 3 gedeckt. Etwas gilt jedoch, wenn er als Gegenleistung materielle Leistungen verlangt[2].

94 g) **Nichtbeachtung des MitbestR.** Beteiligt der ArbGeb den BR bei der Einführung von Kurzarbeit nicht und gerät er in Annahmeverzug, kann der ArbN Verzugslohn nach § 615 BGB beanspruchen. Ordnet er mitbestimmungswidrig Überstunden an, kann der ArbN die Leistung sanktionslos verweigern[3].

95 **4. Zeit, Ort und Art der Auszahlung der Arbeitsentgelte (§ 87 Abs. 1 Nr. 4 BetrVG). a) Zweck.** Der BR hat ein MitbestR über Zeit, Ort und Art der Auszahlung der Arbeitsentgelte. Das MitbestR soll sicher stellen, dass das Interesse des ArbGeb an einer einheitlichen Ordnung der Auszahlung der Arbeitsentgelte mit den Interessen der ArbN in Einklang gebracht wird[4].

96 b) **Begriffsbestimmung.** Arbeitsentgelte sind die dem ArbN vom ArbGeb geschuldete Vergütung (§ 611 Abs. 1 BGB) ohne Rücksicht auf ihre Bezeichnung sowie sämtliche Sozial- und Sachleistungen. Dazu gehören zB:

- Auslösungen;
- Gehalt;
- Gewinnbeteiligung;
- Kindergeld;
- Provisionen;
- Lohn;
- Reisekosten und Familienzulage;
- Sachleistungen (zB Deputate);
- Spesen;
- Teuerungszulage;
- Urlaubsgeld[5] und -entgelt;
- Wegegelder.

97 c) **Umfang der Mitbest..** Vom MitbestR werden nur Zeit, Ort und Art der Entgeltleistung erfasst.

98 aa) **Zeit der Entgeltleistung.** Mitzubestimmen ist über die Frage, wann (an welchem Tag, zu welcher Stunde) und in welchen Zeitabschnitten[6] (wöchentlich, monatlich etc.) die Entgelte zu zahlen sind. Dazu gehören auch Regelungen über Vorschusszahlungen bzw. Abschlagszahlungen[7]; ein Initiativrecht steht dem BR diesbezüglich aber ebenso wenig zu wie hinsichtlich der Vorverlagerung der Fälligkeit[8].

99 Zwingende gesetzliche Sonderregelungen (zB §§ 64, 87c Abs. 1 HGB, § 11 BBiG, § 19 HAG, haben Vorrang. Ein sondergesetzliches MitbestR über den Zeitpunkt der Auszahlung von vermögenswirksamen Leistungen enthält § 11 Abs. 4 Satz 2 des 5. VermBildungsgesetzes[9].

100 bb) **Ort der Entgeltleistung.** Auch die Entscheidung, wo der ArbN die Vergütung erhält, unterliegt der Mitbest. IdR hat die Zahlung im Betrieb zu erfolgen. Bei Sachbezügen ist zu regeln, ob eine Holschuld oder Schickschuld besteht. Eine zwingende Sondervorschrift, von der auch die Betriebspartner nicht abweichen dürfen, findet sich zB in § 35 Abs. 2 SeemG (Verbot der Auszahlung in einer Gast- oder Schankwirtschaft).

101 cc) **Art der Entgeltleistung.** Soll die Vergütung – wie heute typisch – bargeldlos erfolgen, betrifft das die Art der Auszahlung und unterliegt ebenfalls der Mitbest. des BR. Der bargeldlose Zahlungsverkehr erfordert, dass der ArbN ein Konto einrichtet. Dadurch können weitere Aufwendungen (Buchungs-/Kontoführungsgebühren[10]; Wegekosten[11]) und Zeitaufwand für die Abhebung ("Kontostunde") entstehen[12]. Ohne besondere kollektivrechtliche Vereinbarung ist der ArbGeb nicht verpflichtet, diese Kosten zu tragen bzw. den Zeitaufwand zu vergüten[13]. Das BAG billigt dem BR über eine Annexkompetenz das Recht zu, mitzubestimmen, wer diese weiteren Aufwendungen in welchem Umfang zu tragen hat. Bietet der ArbGeb die Barauszahlung der Löhne im Betrieb an, kann er nicht durch Einigungsstellenspruch ver-

---

1 GK-BetrVG/*Wiese*, § 87 BetrVG Rz. 361. | 2 ArbG Bielefeld v. 29.10.1982 – 3 BV 10/82, DB 1983, 1880. | 3 LAG Berlin v. 30.6.1982 – 5 TaBV 4/82, BetrVG 1982, 418. | 4 Richardi/*Richardi*, § 87 BetrVG Rz. 412. | 5 BAG v. 25.4.1989 – 1 ABR 91/87, AP Nr. 3 zu § 98 ArbGG 1979. | 6 BAG v. 26.1.1983 – 4 AZR 206/80, AP Nr. 1 zu § 75 LPVG Rheinland-Pfalz. | 7 *Fitting*, § 87 BetrVG Rz. 181. | 8 Richardi/*Richardi*, § 87 BetrVG Rz. 415 mwN. | 9 Vom 7.9.1998, BGBl. I S. 2647. | 10 BAG v. 8.3.1977 – 1 ABR 33/75, AP Nr. 1 zu § 87 BetrVG – Auszahlung. | 11 LAG Düsseldorf v. 20.8.1973 – 10 TaBV 46/73, BB 1974, 556. | 12 BAG v. 20.12.1988 – 1 ABR 57/87 und v. 10.8.1993 – 1 ABR 21/93, AP Nr. 9 und 12 zu § 87 BetrVG – Auszahlung. | 13 Zur Sperrwirkung einer tariflichen Regelung vgl. BAG v. 31.8.1982 – 1 ABR 8/81, AP Nr. 2 zu § 87 BetrVG 1972 – Auszahlung.

pflichtet werden, den ArbN die Kontoführungsgebühren mit einer Pauschale zu erstatten[1] oder sie monatlich eine Stunde unter Fortzahlung der Vergütung freizustellen[2]. Umgekehrt darf die Einigungsstelle den ArbGeb zur Zahlung von Kontoführungsgebühren verpflichten, wenn dieser die Barauszahlung der Vergütung nicht anbietet.

dd) Mitbestimmungsfreie Tatbestände. Nicht der Mitbest. nach Nr. 4 unterliegen folgende Fragen: **102**

- Abtretungsverbote[3];
- die Aufrechnung oder Verrechnung[4];
- der Anspruch auf betrAV durch Entgeltumwandlung (§ 1a BetrAVG)[5];
- die Höhe der Arbeitsentgelte;
- die Lohngestaltungsregelungen[6] in § 107 GewO[7];
- die Währung, in der die Vergütung der ins Ausland entsandten Mitarbeiter zu zahlen ist (aber mitbestimmungspflichtig nach Nr. 10)[8].

d) Grenzen des MitbestR. Zwingende gesetzliche Vorschriften, von denen nicht zu Lasten der ArbN abgewichen werden darf, sind § 64 HGB (Fälligkeitszeitpunkt der Gehaltszahlung für Handlungsgehilfen), §§ 65 iVm. 87c Abs. 1 Satz 1 HGB (Abrechnung über Provisionszahlung), § 11 BBiG (Fälligkeit der Auszubildendenvergütung), § 19 HAG, §§ 34, 35 SeemG (Fälligkeit und Auszahlungsort der Heuer). **103**

5. Aufstellung allgemeiner Urlaubsgrundsätze, des Urlaubsplans und Festsetzung der zeitlichen Lage des Urlaubs für einzelne ArbN (§ 87 Abs. 1 Nr. 5 BetrVG). a) Zweck. Nr. 5 gibt dem BR das Recht, bei der Aufstellung allgemeiner Grundsätze über die Gewährung und Versagung von Urlaub, bei der Aufstellung des konkreten Urlaubsplans sowie bei Individualstreitigkeiten über die zeitliche Lage des Urlaubs mitzubestimmen. Der BR soll mitbestimmen bei der Harmonisierung der Urlaubswünsche der einzelnen ArbN untereinander und beim Ausgleich dieser Wünsche mit dem Interesse des ArbGeb an der Kontinuität des Betriebsablaufs[9]. Das Gestaltungsrecht des ArbGeb bei der Festlegung der Lage der Urlaubstage wird dadurch eingeschränkt. **104**

b) Begriffsbestimmung. Urlaub iSd. Nr. 5 ist nach der Rspr. des BAG weit zu verstehen, nämlich die Befreiung eines ArbN von seinen Arbeitspflichten in einem Arbeitsverhältnis während einer bestimmten Anzahl von Arbeitstagen[10]. Dazu gehören **105**

- der Bildungsurlaub nach den Weiterbildungsgesetzen der Länder[11];
- der Erholungsurlaub iSd. BUrlG;
- sonstige Formen der (un)bezahlten Freistellung[12];
- der unbezahlte Sonderurlaub in unmittelbarem Zusammenhang mit Erholungsurlaub[13];
- der Zusatzurlaub für schwerbehinderte Menschen (§ 125 SGB IX)[14].

Die Suspendierung aller ArbN von der Arbeitspflicht während der Kündigungsfrist im Rahmen einer Betriebsstilllegung ist kein Urlaub iSd. Nr. 5, weil hier keine unterschiedlichen Interessen gegeneinander abzuwägen sind und kein Regelungsspielraum verbleibt[15]. Die Vorschriften über die Freistellung von Mandatsträgern für Schulungs- und Bildungsveranstaltungen (§§ 37 Abs. 6 und 7, 65 Abs. 1) sind Sonderregelungen, die Nr. 5 vorgehen[16].

c) Umfang der Mitbest. aa) Urlaubsgrundsätze. Die chronologisch erste Stufe der Mitbest. ist die Aufstellung der allgemeinen Urlaubsgrundsätze. Darin werden generelle Richtlinien festgelegt, nach denen ArbN im Einzelfall Urlaub zu gewähren ist. Dazu gehören folgende Regelungen[17]: **106**

- Erteilung geteilten oder ungeteilten Urlaubs;
- Verteilung des Urlaubs innerhalb des Kalenderjahres;
- Urlaubssperre;
- Urlaubsvertretung;

---

1 LAG Hamm v. 22.2.2000 – 13 TaBV 80/99, BuW 2001, 167. | 2 BAG v. 10.8.1993 – 1 ABR 21/93, AP Nr. 12 zu § 87 BetrVG – Auszahlung. | 3 Vgl. BAG v. 26.1.1983 – 4 AZR 206/80, AP Nr. 1 zu § 75 LPVG Rheinland-Pfalz. | 4 BAG v. 11.7.2000 – 1 AZR 551/99, AP Nr. 16 zu § 87 BetrVG 1972 – Sozialeinrichtung. | 5 Richardi/*Richardi*, § 87 BetrVG Rz. 424. | 6 Richardi/*Richardi*, § 87 BetrVG Rz. 423. | 7 IdF v. 22.2.1999, BGBl. I S. 202; zuletzt geändert am 11.10.2002, BGBl. S. 3970. | 8 GK-BetrVG/*Wiese*, § 87 BetrVG Rz. 431; aA ArbG Herne 16.6.1977 – 3 BV 23/76, nv. | 9 BAG v. 28.5.2002 – 1 ABR 37/01, AP Nr. 10 zu § 87 BetrVG 1972 – Urlaub. | 10 BAG v. 28.5.2002 – 1 ABR 37/01, AP Nr. 10 zu § 87 BetrVG 1972 – Urlaub. | 11 BAG v. 28.5.2002 – 1 ABR 37/01, AP Nr. 10 zu § 87 BetrVG 1972 – Urlaub. | 12 BAG v. 18.6.1974 – 1 ABR 25/73, AP Nr. 1 zu § 87 BetrVG 1972 – Urlaub. | 13 BAG v. 18.6.1974 – 1 ABR 25/73, AP Nr. 1 zu § 87 BetrVG 1972 – Urlaub. | 14 LAG Hess. v. 16.2.1987 – 11 Sa 609/86, BB 1987, 1461. | 15 LAG Köln v. 16.3.2000 – 10 (11) Sa 1280/99, BB 2000, 1627. | 16 GK-BetrVG/*Wiese*, § 87 BetrVG Rz. 445. | 17 *Fitting*, § 87 BetrVG Rz. 195, 199; BAG v. 28.5.2002 – 1 ABR 37/01, AP Nr. 10 zu § 87 BetrVG 1972 – Urlaub.

- Ausgleich paralleler Urlaubswünsche;
- Kriterien für die Berücksichtigung bestimmter Personengruppen bei der Urlaubsverteilung (zB: Eltern schulpflichtiger Kinder; ArbN mit berufstätigen Ehegatten);
- Anberaumung von Betriebsferien; Inanspruchnahme des Urlaubs während der Betriebsferien[1];
- Betriebsschließung an einem Brückentag unter Anrechnung auf den Urlaub[2];
- Verfahrensgrundsätze für Urlaubsantrag und -bewilligung.

107 bb) **Urlaubsplan.** Auf der chronologisch zweiten Stufe wird mit Beteiligung des BR der Urlaubsplan aufgestellt, in dem unter Berücksichtigung der allgemeinen Urlaubsgrundsätze für das Urlaubsjahr der konkrete Urlaub der einzelnen ArbN zu bestimmten Zeiten festgesetzt wird. Der Urlaub ist damit bewilligt, die ArbN dürfen ihn zu der darin festgelegten Zeit antreten[3]. Von dem einmal aufgestellten Urlaubsplan darf der ArbGeb nur mit Beteiligung des BR abweichen[4].

108 Abzugrenzen davon ist die sog. Urlaubsliste, in der die Urlaubswünsche der ArbN eingetragen werden. Wird eine solche Liste geführt, hat der BR ein MitbestR: Es handelt sich um einen Verfahrensschritt der Urlaubsgewährung[5]. Wenn kein Urlaubsplan aufgestellt wird, soll der Urlaub nach den Grundsätzen von Treu und Glauben als bewilligt gelten, wenn der ArbGeb dem Urlaubsbegehren nicht innerhalb angemessener Frist (binnen eines Monats nach Vorlage des Urlaubswunsches oder der Eintragung in die Urlaubsliste) widerspricht[6].

109 cc) **Streit über einzelne Urlaubswünsche.** Ausnahmsweise unterliegt mit der letzten Alternative der Nr. 5 ein Individualtatbestand der Mitbest. des BR: Können sich die Arbeitsvertragsparteien nicht einigen, wann der ArbN seinen Urlaub nimmt, ist der BR auch im Einzelfall zu beteiligen. Die Betriebspartner haben dann die widerstreitenden Interessen von ArbGeb und ArbN nach den in § 7 Abs. 1 Satz 1 BUrlG aufgestellten Grundsätzen und nach billigem Ermessen abzuwägen[7]. Nach der hM greift der Mitbestimmungstatbestand bei jedem Streit zwischen ArbGeb und ArbN ein[8]; es ist also nicht notwendig, dass mindestens zwei ArbN betroffen sind[9].

110 Streitig ist ob auch der Widerruf eines einmal genehmigten Urlaubs gegen den Willen des ArbN bzw. der Rückruf des ArbN aus dem Urlaub ohne seine Zustimmung mitbestimmungspflichtig sind[10]. Ist der ArbN mit der von den Betriebspartnern festgelegten Urlaubszeit nicht einverstanden, kann er im Urteilsverfahren unter Berufung auf § 7 Abs. 1 BUrlG auf Erteilung des Urlaubs zur gewünschten Zeit klagen. Damit wird er allerdings nur dann Erfolg haben, wenn die Betriebspartner die Grundsätze des § 7 Abs. 1 BUrlG nicht beachtet haben[11].

111 dd) **Mitbestimmungsfreie Tatbestände.** Die Dauer des Urlaubs unterliegt eben sowenig der Mitbest.[12] nach Nr. 5 wie die Höhe und Berechnung des Urlaubsentgelts bzw. des zusätzlichen Urlaubsgelds[13]. Hier gelten die gesetzlichen[14] bzw. (tarif-)vertraglichen Regelungen. Die Einigungsstelle überschreitet die Grenzen des MitbestR aus Nr. 5, wenn sie Regelungen über die Dauer des Bildungsurlaubs, den Kreis der Anspruchsberechtigten und sonstige Anspruchsvoraussetzungen trifft[15].

112 d) **Initiativrecht.** Der BR hat ein Initiativrecht für die Aufstellung des Urlaubsplans[16]. Für die Einführung von Betriebsferien ist ein Initiativrecht abzulehnen, weil damit unmittelbar in die unternehmerische Entscheidung eingegriffen würde, ob der Betrieb überhaupt und in welcher Zeit stillgelegt wird[17].

113 e) **Grenzen des MitbestR.** Begrenzt wird das MitbestR durch die zwingenden urlaubsrechtlichen Vorschriften, insb. § 7 BUrlG[18]. Dabei steht die Bindung an das Urlaubsjahr einer allgemeinen Regelung über die Einführung von Betriebsferien für mehrere aufeinander folgende Urlaubsjahre im Rahmen einer BV oder durch Spruch einer Einigungsstelle nicht entgegen. Aus § 7 BUrlG folgt auch nicht, dass die Einführung von Betriebsferien nur dann zulässig wäre, wenn dringende betriebliche Belange dafür sprechen. Vielmehr begründet umgekehrt die rechtswirksame Einführung von Betriebsferien solche betrieblichen Belange, die dann der Berücksichtigung der individuellen Urlaubswünsche der ArbN entgegenstehen können[19].

---

1 BAG v. 28.7.1981 – 1 ABR 79/79, AP Nr. 2 zu § 87 BetrVG 1972 – Urlaub. | 2 GK-BetrVG/*Wiese*, § 87 BetrVG Rz. 452. | 3 *Fitting*, § 87 BetrVG Rz. 201. | 4 GK-BetrVG/*Wiese*, § 87 BetrVG Rz. 468. | 5 Vgl. dazu GK-BetrVG/*Wiese*, § 87 BetrVG Rz. 465. | 6 Abzulehnen: LAG Düsseldorf v. 8.5.1970 – 3 Sa 89/70, DB 1970, 1136. | 7 BAG v. 4.12.1970 – 5 AZR 242/70, BB 1971, 220. | 8 LAG München v. 23.3.1988 – 8 Sa 1060/88, LAGE § 611 BGB – Abmahnung Nr. 13; ArbG Frankfurt v. 28.4.1988 – 5 BV 7/88, AiB 1988, 288; *Fitting*, § 87 BetrVG Rz. 206 mwN. | 9 GK-BetrVG/*Wiese*, § 87 BetrVG Rz. 471 f. | 10 Dafür: LAG München v. 23.3.1998 – 8 Sa 1060/88, LAGE § 611 BGB – Abmahnung Nr. 13; dagegen: MünchArbR/*Matthes*, § 337, Rz. 34; HSWG/*Worzalla*, § 87 BetrVG Rz. 279. | 11 *Fitting*, § 87 BetrVG Rz. 211, der dortige Hinweis auf § 76 Abs. 7 BetrVG geht aber fehl. | 12 BAG v. 14.1.1992 – 9 AZR 148/91, AP Nr. 5 zu § 3 BUrlG; *Fitting*, § 87 BetrVG Rz. 212. | 13 Vgl. GK-BetrVG/*Wiese*, § 87 BetrVG Rz. 446, 447. | 14 Urlaubsdauer: § 3 BUrlG, § 19 JArbSchG, § 125 SGB IX; Urlaubsentgelt: § 11 BUrlG. | 15 BAG v. 28.5.2002 – 1 ABR 37/01, AP Nr. 10 zu § 87 BetrVG 1972 – Urlaub. | 16 GK-BetrVG/*Wiese*, § 87 BetrVG Rz. 463 mwN. | 17 So zu Recht GK-BetrVG/*Wiese*, § 87 BetrVG Rz. 463; aA *Fitting*, § 87 BetrVG Rz. 198. | 18 Vgl. BAG v. 28.7.1981 – 1 ABR 79/79, AP Nr. 2 zu § 87 BetrVG 1972. | 19 BAG v. 28.7.1981 – 1 ABR 79/79, DB 1981, 2621; LAG Düsseldorf v. 20.6.2002 – 11 Sa 378/02, LAGE § 7 BUrlG Nr. 40.

f) Nichtbeachtung des MitbestR. Bei der Nichtbeachtung des MitbestR gilt es zu differenzieren: Stellt 114
der ArbGeb Urlaubsgrundsätze oder einen Urlaubsplan ohne Zustimmung des BR auf oder ändert sie,
gelten die allgemeinen Grundsätze. Die Maßnahme ist unwirksam. Gewährt er einzelnen ArbN in dieser
Situation Urlaub, ist das individualarbeitsrechtlich wirksam[1].

6. Einführung und Anwendung von technischen Einrichtungen (§ 87 Abs. 1 Nr. 6 BetrVG). a) Zweck. 115
Nach Nr. 6 hat der BR ein MitbestR bei der Einführung und Anwendung von technischen Einrichtungen,
die dazu bestimmt sind, das Verhalten oder die Leistung der ArbN zu überwachen. Sinn dieser Vorschrift
ist es, (zulässige[2]) Eingriffe in den Persönlichkeitsbereich der ArbN durch Verwendung anonymer technischer Kontrolleinrichtungen nur bei gleichberechtigter Mitbest. des BR zuzulassen[3]. Insoweit besteht
ein Zusammenhang mit § 75 Abs. 2[4].

b) Begriffsbestimmung. aa) Technische Einrichtungen. Technische Einrichtungen sind Geräte und Anlagen, die mit den Mitteln der Technik eine eigene Leistung im Zuge der Überwachung erbringen, indem sie 116
selbst Tätigkeiten verrichten, die sonst der überwachende Mensch wahrnehmen müsste[5]. Davon abzugrenzen sind die bloßen technischen Hilfsmittel beim Überwachungsvorgang (zB Stoppuhr, Lupe), die
keine eigene Überwachungsleistung erbringen[6], und die Kontrolle durch Personen[7], seien es Vorgesetzte
oder Dritte. Auf die Art[8], den Ort[9] und die Bezeichnung[10] der technischen Einrichtung kommt es nicht an.

bb) Zur Überwachung bestimmt. Die technischen Einrichtungen müssen dazu bestimmt sein, das 117
Verhalten oder die Leistung der ArbN zu überwachen.

(1) Überwachung. Überwachung erfolgt in drei verschiedenen Phasen[11]: Zunächst werden die Informa- 118
tionen gesammelt, anschließend werden sie verarbeitet und schließlich ausgewertet. Jede einzelne Phase
ist bereits Überwachung iSd. Nr. 6[12]. Dafür reicht die reine Datenerfassung (zB durch Multimomentkameras[13]; Produktographen[14]; Fahrtenschreiber[15]), wie auch die bloße Auswertung anderweitig erhobener
Daten (zB Techniker-Berichtssystem[16]; „PAISY"[17]) aus. Unerheblich ist die Dauer der Kontrolle[18].

Die erhobenen Daten müssen einem einzelnen ArbN zugeordnet werden können[19]. Wird nur eine Gruppe
von ArbN von der Kontrolleinrichtung erfasst, ohne dass die einzelnen ArbN individualisiert werden können, greift der Mitbestimmungstatbestand nicht ein[20]. Das gilt nicht für überschaubare Gruppen[21], wie
Akkordgruppen oder Gruppen iSd. Nr. 13, wenn der von der technischen Einrichtung ausgehende Überwachungsdruck auf die Gruppe, aber auch auf den einzelnen ArbN durchschlägt[22].

(2) Verhalten oder Leistung. Die Überwachung muss auf die Leistung oder das Verhalten des ArbN ge- 119
richtet sein. Verhalten ist jedes Tun oder Unterlassen im betrieblichen und außerbetrieblichen Bereich,
das für das Arbeitsverhältnis erheblich werden kann; Leistung wird von diesem Oberbegriff umfasst[23]. Statusdaten (Geschlecht, Familienstand, Kinderzahl, Steuerklasse, Anschrift, Tarifgruppe, schulische und
sonstige Ausbildung, etwaige Sprachkenntnisse, usw.) dürfen ohne Mitbest. des BR gespeichert werden.
Allein die Speicherung verletzt das MitbestR des BR nach Nr. 6 nicht, weil diese Daten nichts über Verhalten und Leistung des ArbN aussagen[24]. Können die Daten aber aufgrund eines Programms mit anderen
Daten verknüpft werden und so Aussagen zum Verhalten der ArbN erlauben, greift das MitbestR ein[25].

(3) Bestimmung zur Überwachung. Eine technische Einrichtung ist dann dazu bestimmt, das Verhal- 120
ten oder die Leistung der ArbN zu überwachen, wenn sie zur Überwachung objektiv geeignet ist[26]. Auf
das ursprünglich zusätzliche Kriterium der „unmittelbaren" Eignung stellt das BAG nicht mehr ab[27].
Unerheblich ist, ob der ArbGeb die durch die technische Einrichtung erfassten und festgehaltenen
Verhaltens- und Leistungsdaten auch auswerten oder für Reaktionen auf festgestellte Verhaltens-

---

1 GK-BetrVG/*Wiese*, § 87 BetrVG Rz. 479. | 2 Vgl. die Kritik von GK-BetrVG/*Wiese*, § 87 BetrVG Rz. 488.
| 3 BAG v. 9.9.1975 – 1 ABR 20/74, AP Nr. 2 zu § 87 BetrVG 1972 – Überwachung; v. 6.12.1983 – 1 ABR 43/81, AP
Nr. 7 zu § 87 BetrVG 1972 – Überwachung. | 4 Vgl. dazu auch *Fitting*, § 87 BetrVG Rz. 216. | 5 BVerwG v.
31.8.1988 – 6 P 35/85, AP Nr. 25 zu § 75 BPersVG. | 6 BAG v. 8.11.1994 – 1 ABR 20/94, AP Nr. 27 zu § 87 BetrVG
1972 – Überwachung. | 7 BAG v. 26.3.1991 – 1 ABR 26/90 und BAG v. 18.4.2000 – 1 ABR 22/99, AP Nr. 21 und 33
zu § 87 BetrVG 1972 – Überwachung. | 8 GK-BetrVG/*Wiese*, § 87 BetrVG Rz. 500. | 9 Vgl. *Fitting*, § 87
BetrVG Rz. 225 mwN. | 10 MünchArbR/*Matthes*, § 338, Rz. 7. | 11 Zur unterschiedlichen Terminologie vgl.
einerseits *Fitting*, § 87 BetrVG Rz. 217 und andererseits GK-BetrVG/*Wiese*, § 87 BetrVG Rz. 520. | 12 BAG v.
14.9.1984 – 1 ABR 23/82, AP Nr. 9 zu § 87 BetrVG 1972 – Überwachung. | 13 BAG v. 14.5.1974 – 1 ABR 45/73, AP
Nr. 1 zu § 87 BetrVG 1972 – Überwachung. | 14 BAG v. 9.9.1975 – 1 ABR 20/74, AP Nr. 2 zu § 87 BetrVG 1972 –
Überwachung. | 15 BAG v. 10.7.1979 – 1 ABR 50/78, AP Nr. 3 zu § 87 BetrVG 1972 – Überwachung. | 16 BAG
v. 14.9.1984 – 1 ABR 23/82, AP Nr. 9 zu § 87 BetrVG 1972 – Überwachung. | 17 BAG v. 11.3.1986 – 1 ABR 12/84,
AP Nr. 14 zu § 87 BetrVG 1972 – Überwachung. | 18 BAG v. 10.7.1979 – 1 ABR 97/77, AP Nr. 4 zu § 87 BetrVG
1972 – Überwachung. | 19 BAG v. 6.12.1983 – 1 ABR 43/81, AP Nr. 7 zu § 87 BetrVG 1972 – Überwachung.
| 20 BAG v. 6.12.1983 – 1 ABR 43/81 und v. 26.7.1994 – 1 ABR 6/94, AP Nr. 7 und 26 zu § 87 BetrVG 1972 – Überwachung. | 21 BAG v. 18.2.1986 – 1 ABR 21/84 und v. 26.7.1994 – 1 ABR 6/94, AP Nr. 13 und 26 zu § 87 BetrVG
1972 – Überwachung. | 22 BAG v. 18.2.1986 – 1 ABR 21/84, AP Nr. 13 zu § 87 BetrVG 1972 – Überwachung.
| 23 Zum Verhältnis vgl. BAG v. 11.3.1986 – 1 ABR 12/84, AP Nr. 14 zu § 87 BetrVG 1972 – Überwachung.
| 24 BAG v. 9.9.1975 – 1 ABR 20/74, AP Nr. 2 zu § 23 BDSG; v. 22.10.1986 – 5 AZR 660/85, AP Nr. 2 zu § 23 BDSG.
| 25 BAG v. 11.3.1986 – 1 ABR 12/84, AP Nr. 14 zu § 87 BetrVG 1972 – Überwachung. | 26 BAG v. 9.9.1975 – 1
ABR 20/74, AP Nr. 2 zu § 87 BetrVG 1972 – Überwachung. | 27 Vgl. GK-BetrVG/*Wiese*, § 87 BetrVG Rz. 510 f.
mwN.

oder Leistungsweisen verwenden will[1], ob die Überwachung nur ein Nebeneffekt ist[2] oder die Bedienung der Einrichtung durch den ArbN selbst erfolgt[3]. Die reine Einführung einer Hardware, mit der allein die ArbN nicht überwacht werden können, reicht also nicht aus. Erforderlich ist, dass zusätzlich entsprechende Software eingesetzt wird, so dass das System objektiv zur Überwachung geeignet ist. Die reine Betriebsdatenerfassung, aus der objektiv keine Rückschlüsse auf Leistung oder Verhalten der ArbN gezogen werden können, ist mithin keine Kontrolle iSd. Nr. 6[4]. Das gilt auch für Anordnungen des ArbGeb, Tätigkeitsberichte zu erstellen, Arbeitsbücher zu führen[5] oder die Erlaubnis des ArbGeb, auf Wunsch des ArbN private Computer im Betrieb zu nutzen[6].

121 c) **Beispiele. aa) Mitbestimmungspflichtige Einrichtungen.** Ausgehend von diesen Grundsätzen sind technische Einrichtungen iSd. Nr. 6[7]:

- Arbeitswirtschaftsinformationssysteme („ARWIS")[8];
- Bildschirmgeräte[9], sofern sie derart mit einem Rechner verbunden sind, dass Verhaltens- und Leistungsdaten aufgezeichnet/ermittelt werden können;
- Überwachungstechnik im Zusammenhang mit dem Versand von E-Mails[10];
- EDV-Anlagen[11], sofern leistungs- und verhaltensbezogene Datenerfassung aufgrund der Software möglich ist;
- Einwegspiegel und -scheiben[12];
- Fahrtenschreiber, sofern nicht schon gesetzlich vorgeschrieben[13];
- Fernseh-, Film- und Videoanlagen[14], sofern sie aufzeichnen/übertragen und nicht der reinen Wiedergabe dienen (zB Fernseher für Schulungen);
- Fotokopiergeräte mit PIN-Code für einzelne Benutzer, sofern die Benutzungsdaten aufgezeichnet werden[15];
- Internetanschluss[16], soweit die aufgerufenen Verbindungen, deren Dauer und Inhalte gespeichert werden (Stichwort: Proxy-Server);
- Intranet, sofern die Kommunikationsdaten gespeichert werden;
- Multimoment-Filmkameras, die in regelmäßigen Abständen Aufnahmen von Arbeitsplätzen machen;
- Produktographen[17] (Aufzeichnung der Daten über Lauf, Stillstand und Ausnutzung von Maschinen);
- Personalabrechnungs- und -informationssysteme (zB „PAISY"[18]);
- Tonbandgeräte;
- Zeiterfassungsgeräte[19] (Stech- und Stempeluhren, Zeitstempler).

122 Im Bereich der **Telekommunikationseinrichtungen** gilt Folgendes[20]:

Ein Telefon bzw. ein Mobiltelefon ist an sich keine technische Einrichtung, weil es für sich allein – als Hardware – noch keine Überwachung des ArbN ermöglicht. In Verbindung mit entsprechender Software – zB in Telefonanlagen (Telefondatenerfassungsanlage[21]); ISDN-Nebenstellenanlage[22]; ACD (=„Automatic-Call-Distribution")-Telefonanlage[23]; unternehmenseinheitliche Telefonvermittlungsanlage („HICOM")[24] – ist es aber zur Überwachung geeignet.

123 Auch ohne derartige Anlagen ist eine Überwachung durch Abfrage der bei den Telefongesellschaften aufgezeichneten Einzelverbindungsdaten möglich. Es ist im Rahmen der Nr. 6 unerheblich, ob der ArbGeb den eigenen Gebührenrechner oder den des Teledienstunternehmens einsetzt[25].

---

1 BAG v. 9.9.1975 – 1 ABR 20/74, AP Nr. 2 zu § 87 BetrVG 1972 – Überwachung. | 2 BAG v. 9.9.1975 – 1 ABR 20/74, AP Nr. 2 zu § 87 BetrVG 1972 – Überwachung. | 3 BAG v. 14.5.1974 – 1 ABR 45/73 und v. 9.9.1975 – 1 ABR 20/74, AP Nr. 1 und 3 zu § 87 BetrVG 1972 – Überwachung. | 4 BAG v. 9.9.1975 – 1 ABR 20/74, AP Nr. 2 zu § 87 BetrVG 1972 – Überwachung. | 5 BAG v. 24.11.1981 – 1 ABR 108/79, AP Nr. 3 zu § 87 BetrVG 1972 – Ordnung des Betriebes. | 6 BVerwG v. 12.10.1989 – 6 P 9/88, NZA 1990, 451. | 7 Vgl. *Fitting*, § 87 BetrVG Rz. 244 ff. und GK-BetrVG/*Wiese*, § 87 BetrVG Rz. 551. | 8 BAG v. 26.7.1994 – 1 ABR 6/94, AP Nr. 26 zu § 87 BetrVG 1972 – Überwachung. | 9 BAG v. 6.12.1983 – 1 ABR 43/81, AP Nr. 7 zu § 87 BetrVG 1972 – Überwachung. | 10 *Fitting*, § 87 BetrVG Rz. 245. | 11 BAG v. 6.12.1983 – 1 ABR 43/81, AP Nr. 7 zu § 87 BetrVG 1972 – Überwachung. | 12 Zur möglichen generellen Unzulässigkeit vgl. GK-BetrVG/*Wiese*, § 87 BetrVG Rz. 512. | 13 BAG v. 10.7.1979 – 1 ABR 50/78, AP Nr. 3 zu § 87 BetrVG 1972 – Überwachung. | 14 BAG v. 10.7.1979 – 1 ABR 97/77, AP Nr. 4 zu § 87 BetrVG 1972 – Überwachung; BAG v. 7.10.1987 – 5 AZR 116/86, AP Nr. 15 zu § 611 BGB – Persönlichkeitsrecht. | 15 OVG NRW v. 11.3.1992 – CL 38/89, CR 1993, 375. | 16 Vgl. Richardi/*Richardi*, § 87 BetrVG Rz. 487; *Fitting*, § 87 BetrVG Rz. 245 mwN. | 17 BAG v. 9.9.1975 – 1 ABR 20/74, AP Nr. 2 zu § 87 BetrVG 1972 – Überwachung. | 18 BAG v. 11.3.1986 – 1 ABR 12/84, AP Nr. 14 zu § 87 BetrVG 1972 – Überwachung. | 19 LAG Düsseldorf v. 21.11.1978 – 19 TaBV 39/78, DB 1979, 459. | 20 Vgl. ausf. GK-BetrVG/*Wiese*, § 87 BetrVG Rz. 555. | 21 BAG v. 27.5.1986 – ABR 48/84, AP Nr. 15 zu § 87 BetrVG 1972 – Überwachung. | 22 BVerwG v. 2.2.1990 – 6 PB 11/89, CR 1993, 507. | 23 BAG v. 30.8.1995 – 1 ABR 4/95, AP Nr. 29 zu § 87 BetrVG 1972 – Überwachung. | 24 BAG v. 11.11.1998 – 7 ABR 47/97, AP Nr. 19 zu § 50 BetrVG 1972. | 25 *Fitting*, § 87 BetrVG Rz. 245.

Einzelverbindungsnachweise werden von den Telekommunikationsgesellschaften nur erteilt, wenn der ArbGeb schriftlich erklärt hat, dass die Mitarbeiter informiert worden sind und künftige Mitarbeiter unverzüglich informiert werden und dass der BR entsprechend den gesetzlichen Vorschriften beteiligt worden oder eine solche Beteiligung nicht erforderlich ist (§ 8 Abs. 1 Satz 3 TDSV)[1].

bb) Mitbestimmungsfreie Einrichtungen. Keine Einrichtungen iSd. Nr. 6 sind zB[2]: **124**

- Uhren (zB Stoppuhr[3]);
- Brillen, Lupen oder Längenmessgeräte;
- bloße Zugangssicherungssysteme, sofern sie keine Daten speichern, die Rückschlüsse auf das Verhalten/die Leistung zulassen[4];
- konventionelle Schreibgeräte, mit denen der ArbN seine Arbeitsleistung auf Papier aufschreibt[5].

d) Umfang des MitbestR. Mitzubestimmen hat der BR bei der Einführung und Anwendung von technischen Überwachungseinrichtungen. Aber auch deren Änderung unterliegt seiner Mitbest.. Die Rspr. des BAG erfasst praktisch jede Form der automatischen Erhebung, Speicherung und sonstigen Verarbeitung von Daten, wenn sie Rückschlüsse auf das Verhalten oder die Leistung zulassen[6]. In den 70er und 80er Jahren des 20. Jahrhunderts[7], in denen peu à peu technische Einrichtungen entwickelt und in den Betrieben eingeführt wurden, mag dies noch eine Berechtigung gehabt haben. Seinerzeit konnte man die Einführung eines bis dato nicht vorhandenen Personalinformationssystems problemlos der Mitbest. nach Nr. 6 unterwerfen und ggf. durch die Einigungsstelle klären lassen. Im Zeitalter der Globalisierung ist die heutige Arbeitswelt aber auch außerhalb der „New Economy Unternehmen in einem zu früheren Zeiten schlicht unvorstellbaren Ausmaß technisiert und – vielfach ohne dass der einzelne ArbGeb sich dem entziehen könnte – IT-lastig. In der Folge müssen immer aufwendigere IT-Systeme eingesetzt und vor allen Dingen gepflegt werden. Damit rückt insb. das MitbestR bei Änderung einer technischen Einrichtung in den Vordergrund. Nicht jedes Up-Date und jeder Einsatz neuer Tools im Rahmen bereits eingeführter Systeme kann das MitbestR nach Nr. 6 erneut auslösen. Nur ausnahmsweise, wenn durch entsprechende Programmerweiterungen grundsätzlich neue „Überwachungsrisiken" eröffnet werden, kommt ein erneutes MitbestR nach Nr. 6 in Betracht. Im Rahmen der Bestellung einer Einigungsstelle ist in diesen Fällen also zunächst davon auszugehen, dass ein MitbestR nicht besteht, die Einigungsstelle also offensichtlich unzuständig ist, wenn das ursprüngliche System/Instrument bereits zulässig mitbestimmt eingeführt wurde. **125**

Ob das MitbestR auch für die Abschaffung der technischen Einrichtung(en) iSd. Nr. 6 gilt, ist umstritten[8]. Nach der zutreffenden Rspr. des BAG unterliegt sie[9] nicht der Mitbest., weil dem MitbestR des BR im Rahmen der Nr. 6 nur eine Abwehrfunktion zukomme und eine Mitbest. bei der Abschaffung der Zweckbestimmung des Mitbestimmungstatbestands widerspreche. Umgekehrt steht dem BR auch kein Initiativrecht für die Einführung einer technischen Einrichtung zu. **126**

Die Vertrauensarbeitszeit geht in aller Regel mit der Abschaffung der technischen Zeiterfassung einher. Es wird daher vertreten, dass der BR bei der Abschaffung mitzubestimmen habe, weil die Zeiterfassung auch Schutz vor der „Selbstausbeutung" des ArbN sei[10]. Dies ist mit der zutreffenden Begründung des BAG abzulehnen. **127**

e) Grenzen des MitbestR. Die Mitbest. findet ihre Grenzen im Persönlichkeitsschutz des ArbN (§ 75 Abs. 2)[11], in den Fällen gesetzlich vorgeschriebener Überwachungseinrichtungen (Fahrtenschreiber, § 57a StVZO)[12] bzw. in den zwingenden Vorschriften des BDSG[13]. Art. 10 GG (Fernmeldegeheimnis) steht dem MitbestR nicht entgegen[14]. **128**

f) Individualrechtliche Folgen der Nichtbeachtung des MitbestR. Eine ohne Mitbest. des BR betriebene technische Einrichtung iSd. Nr. 6 braucht der ArbN nicht zu benutzen; er hat insoweit ein Leistungsverweigerungsrecht. Sein Vergütungsanspruch bleibt bestehen (§§ 324, 615 BGB). Ggf. steht ihm auch ein Unterlassungs- bzw. Beseitigungsanspruch auf Löschung der erhobenen Daten zu[15]. **129**

g) Gesetzessystematik. Nr. 6 geht als Spezialvorschrift der Nr. 1 vor, soweit eine Verhaltens- oder Leistungskontrolle der ArbN durch technische Einrichtungen erfolgt[16]. Neben Nr. 6 können ggf. weitere **130**

---

1 Telekommunikations-Datenschutzverordnung vom 18.12.2000, BGBl. I S. 1740. | 2 Vgl. die Übersicht bei GK-BetrVG/*Wiese*, § 87 BetrVG Rz. 552. | 3 BAG v. 8.11.1994 – ABR 20/94, AP Nr. 27 zu § 87 BetrVG 1972 – Überwachung. | 4 GK-BetrVG/*Wiese*, § 87 BetrVG Rz. 523. | 5 BAG v. 24.11.1981 – 1 ABR 108/79, AP Nr. 3 zu § 87 BetrVG 1972 – Ordnung des Betriebes. | 6 So zutr.: Richardi/*Richardi*, § 87 BetrVG Rz. 476. | 7 In § 56 BetrVG 1952 war eine mit Nr. 6 vergleichbare Regelung nicht enthalten. | 8 Dafür: DKK/*Klebe*, § 87 BetrVG Rz. 135. | 9 BAG v. 28.11.1989 – 1 ABR 97/88, AP Nr. 4 zu § 87 BetrVG 1972 – Initiativrecht. | 10 DKK/*Klebe*, § 87 BetrVG Rz. 135 und 80 a. | 11 BAG v. 15.5.1991 – 5 AZR 115/90, AP Nr. 23 zu § 611 – Persönlichkeitsrecht. | 12 BAG v. 10.7.1979 – 1 ABR 50/78, AP Nr. 3 zu § 87 BetrVG 1972 – Überwachung. | 13 Vgl. BAG v. 27.5.1986 – 1 ABR 48/84, AP Nr. 15 zu § 87 BetrVG 1972 – Überwachung. | 14 BAG v. 27.5.1986 – ABR 48/84, AP Nr. 15 zu § 87 BetrVG 1972 – Überwachung. | 15 GK-BetrVG/*Wiese*, § 87 BetrVG Rz. 580 f. | 16 BAG v. 9.9.1975 – 1 ABR 20/74, AP Nr. 2 zu § 87 BetrVG 1972 – Überwachung.

131 **7. Regelungen über die Verhütung von Arbeitsunfällen und Berufskrankheiten, Gesundheitsschutz (§ 87 Abs. 1 Nr. 7 BetrVG). a) Zweck.** Nr. 7 gibt dem BR ein MitbestR bei Regelungen über die Verhütung von Arbeitsunfällen und Berufskrankheiten sowie über den Gesundheitsschutz, soweit ausfüllungsbedürftige Rahmenvorschriften umgesetzt werden. Der Zweck dieses MitbestR folgt aus der gesetzlichen Ausgestaltung des Tatbestands. Der BR soll an betrieblichen Regelungen beteiligt werden, die der ArbGeb zwar auf Grund einer öffentlich-rechtlichen Rahmenvorschrift zu treffen hat, bei deren Umsetzung ihm aber Handlungsspielräume verbleiben. Voraussetzung ist, dass der ArbGeb aufgrund einer gesetzlichen Vorschrift zum Handeln verpflichtet ist, aber mangels zwingender Vorgaben betriebliche Regelungen notwendig sind, um das gesetzlich vorgeschriebene Ziel des Arbeits- und Gesundheitsschutzes zu erreichen[2]. Dabei hat der BR mitzubestimmen. Dadurch soll im Interesse der betroffenen ArbN eine möglichst effiziente Umsetzung des gesetzlichen Arbeitsschutzes im Betrieb erreicht werden[3]. Hinsichtlich des betrieblichen Umweltschutzes gelten §§ 80 Abs. 1 Nr. 9, 88 Nr. 1a und 89, nicht aber Nr. 7[4].

Beteiligungsrechte[1] nach Nr. 2 Nr. 7, Nr. 10 und Nr. 11 sowie nach §§ 90 und 91 bzw. 111 Satz 3 Nr. 5 relevant werden.

132 **b) Begriffsbestimmungen. aa) Arbeitsunfälle und Berufskrankheiten.** Arbeitsunfälle sind Unfälle, die Versicherte infolge einer den Versicherungsschutz nach §§ 2, 3 oder 6 SGB VII begründenden Tätigkeit erleiden, § 8 Abs. 1 Satz 1 SGB VII. Berufskrankheiten sind Krankheiten, die die Bundesregierung durch Rechtsverordnung[5] mit Zustimmung des Bundesrates als solche bezeichnet und die Versicherte infolge einer den Versicherungsschutz nach §§ 2, 3 oder 6 SGB VII begründenden Tätigkeit erleiden, § 9 Abs. 1 Satz 1 SGB VII.

133 **bb) Gesundheitsschutz.** Der Begriff „Gesundheitsschutz" ist umfassend zu verstehen[6] und beinhaltet den gesamten Bereich der menschengerechten Gestaltung der Arbeit. Darunter sind aber nur die Vermeidung und Minimierung von Gesundheitsbeeinträchtigungen zu verstehen. Maßnahmen, die darüber hinausgehend der Vermeidung oder Minderung nicht gesundheitsbeeinträchtigender Belastungen oder Lästigkeiten dienen, fallen nicht unter Nr. 7, sondern allein unter § 91[7].

134 **cc) Ausfüllungsbedürftige Rahmenvorschriften.** Ausfüllungsbedürftige Rahmenvorschriften sind in einer Vielzahl von Gesetzen und VO enthalten, von denen die Folgenden[8] besondere praktische Bedeutung haben:

- Gesetz über Betriebsärzte, Sicherheitsingenieure und andere Fachkräfte der Arbeitssicherheit[9] (Arbeitssicherheitsgesetz, ASiG);
- §§ 62 HGB, 618 BGB (str.[10]);
- Arbeitsschutzgesetz[11];
- LasthandhabungsV[12];
- VO über Sicherheit und Gesundheitsschutz bei der Benutzung persönlicher Schutzausrüstungen bei der Arbeit[13];
- § 3 Abs. 1 und § 3a ArbStättVO[14];
- GefStoffV[15];
- BaustellV[16];
- SörfallV[17];
- BiostoffV[18];
- BildschArbV[19];
- Unfallverhütungsvorschriften der Berufsgenossenschaften[20] (UVV).

135 **dd) Regelungen.** Regelungen iSd. Nr. 7 sind nicht nur innerbetriebliche Vorschriften, sondern auch technische und organisatorische Maßnahmen des ArbGeb[21].

---

1 Vgl. ausf. *Fitting*, § 87 BetrVG Rz. 214. | 2 BAG v. 26.8.1997 – 1 ABR 16/97, AP Nr. 74 zu § 87 BetrVG 1972 – Arbeitszeit und BAG v. 24.3.1981 – 1 ABR 32/78, AP Nr. 2 zu § 87 BetrVG 1972 – Arbeitssicherheit. | 3 BAG v. 15.1.2002 – 1 ABR 13/01, AP Nr. 12 zu § 87 BetrVG 1972 – Gesundheitsschutz. | 4 Richardi/*Richardi*, § 87 BetrVG Rz. 539. | 5 Berufskrankheiten-Verordnung vom 31.10.1997, BGBl. I S. 2623, zuletzt geändert am 5.9.2002, BGBl. I S. 3541. | 6 Richardi/*Richardi*, § 87 BetrVG Rz. 542. | 7 *Fitting*, § 91 BetrVG Rz. 3. | 8 Ausf. Katalog bei *Fitting*, § 87 BetrVG Rz. 292 ff. sowie bei DKK/*Klebe*, § 87 BetrVG Rz. 204. | 9 Vom 12.12.1973, BGBl. I S. 1885, zuletzt geändert am 24.8.2002, BGBl. I S. 3412. | 10 Dafür: *Fitting*, § 87 BetrVG Rz. 258; dagegen: GK-BetrVG/*Wiese*, § 87 BetrVG Rz. 591 jeweils mwN. | 11 Vom 7.8.1996, BGBl. I S. 1246, zuletzt geändert am 21.6.2002, BGBl. I S. 2167. | 12 4.12.1996, BGBl. I S. 1841 ff., zuletzt geändert am 29.10.2001, BGBl. I S. 2785. | 13 4.12.1996, BGBl. I S. 1841. | 14 V. 20.3.1975, BGBl. I S. 729, zuletzt geändert am 24.8.2002, BGBl. I S. 3412. | 15 V. 15.11.1999, BGBl. I S. 2233, zuletzt geändert am 15.10.2002, BGBl. I S. 4123. | 16 V. 10.6.1998, BGBl. I S. 1283. | 17 V. 26.4.2000, BGBl. I S. 603. | 18 V. 27.1.1999, BGBl. I S. 50 und 2059. | 19 V. 4.12.1996, BGBl. I S. 1841. | 20 Veröffentlicht in der Anlage zu den Unfallverhütungsberichten der Bundesregierung (§ 25 Abs. 1 SGB VII). | 21 *Fitting*, § 87 BetrVG Rz. 273.

c) Umfang des MitbestR. aa) Mitbestimmungspflichtige Maßnahmen. Ausgehend von den oben beschriebenen Grundsätzen unterliegen beispielsweise folgende Regelungen der Mitbest.: 136

- Anzahl der Betriebsbeauftragten[1] und Kriterien für ihre Bestellung;
- Aufstellung eines Flucht- und Rettungsplans[2];
- Einführung von Lärmpausen;
- Entscheidung über Art und Voraussetzungen der Ausgleichsmaßnahmen für Nachtarbeit (§ 6 Abs. 5 ArbZG); nicht aber der Umfang des Freizeitausgleichs bzw. die Höhe des Zuschlags[3];
- Rauchverbote (beachte auch § 3a ArbStättV[4])[5];
- Verpflichtung, Schutzausrüstungen zu tragen, soweit sich das nicht zwingend aus den UVV ergibt;
- ärztliche Untersuchungen.

bb) Mitbestimmungsfreie Maßnahmen. Mitbestimmungsfrei sind Maßnahmen, die aufgrund zwingender konkreter Regelungen erfolgen und die aus sich selbst heraus und unmittelbar die Schutzstandards festlegen[6]; also keine Entscheidungsspielräume mehr belassen. Das sind zB Beschäftigungsverbote nach § 4 MuSchG[7] oder das Betreiben einer Mobilfunkantenne auf dem Betriebsgelände[8]. 137

cc) Exkurs: Bildschirmarbeitsplätze. Für Bildschirmarbeitsplätze gibt es eine Vielzahl von ausfüllungsbedürftigen Regelungen iSd. Nr. 7[9]: 138

- Gefährdungsbeurteilung[10] (§ 5 ArbSchG iVm. § 3 BildschArbV);
- Ausgestaltung der Dokumentation (§ 6 ArbSchG);
- Unterweisung der ArbN (§ 12 ArbSchG);
- Maßnahmen des Gesundheitsschutzes (§§ 3 Abs. 1 und 4 ArbSchG; §§ 4 und 5 BildschArbV) einschließlich einer Pausenregelung und präventiver Maßnahmen des Gesundheitsschutzes;
- Organisation des Gesundheitsschutzes (§ 13 Abs. 2 ArbSchG);
- angemessene[11] Augenuntersuchung (§ 11 ArbSchG; § 6 BildschArbV).

Darunter fällt allerdings nicht die Verpflichtung des ArbGeb ggf. die Kosten für eine Sehhilfe zu übernehmen (jetzt: § 6 Abs. 2 BildschArbV)[12].

d) Initiativrecht. Macht der BR von seinem Initiativrecht Gebrauch, müssen die von ihm angestrebten Maßnahmen im Rahmen des Schutzbereichs der betreffenden Vorschrift liegen[13], dürfen nicht ihrerseits ausfüllungsbedürftige Regelungen sein[14] und dürfen nicht eigene Sicherheitsstandards schaffen[15]. 139

e) Gesetzessystematik, weitere Beteiligungsrechte. Regelungen im Rahmen des gesetzlichen Arbeits- und Gesundheitsschutzes können Teil der Ordnung des Betriebes iSd. Nr. 1 sein, soweit sie dem Arbeitsschutz dienende Verhaltenspflichten der ArbN begründen. Das MitbestR nach Nr. 7 geht in diesem Fall dem nach Nr. 1 vor[16]. § 91 tritt hinter Nr. 7 zurück, soweit es um gesetzlichen Arbeitsschutz geht; § 90 gilt neben Nr. 7[17]. 140

Im Rahmen des betrieblichen Arbeits- und Gesundheitsschutz hat der BR noch eine Vielzahl weitere Beteiligungsrechte. Das betrifft zB: 141

- § 80 Abs. 1 Nr. 1 und Abs. 2 (Überwachungspflicht und Informationsrecht);
- § 89 (Zusammenarbeit mit Arbeitsschutzbehörden und Unfallversicherungsträgern);
- § 88 Nr. 1 (freiwillige BV zur Verhütung von Arbeitsunfällen und Gesundheitsschädigungen);
- §§ 90 f. (Gestaltung von Arbeitsplatz, -ablauf und -umgebung);
- § 9 Abs. 3 ASiG[18] (Bestellung und Abberufung von Betriebsärzten[19] und Fachkräften für Arbeitssicherheit; Erweiterung und Einschränkung von Aufgaben);
- § 11 ASiG (Mitgliedschaft von BR-Mitgliedern im Arbeitsschutzausschuss);

---

1 Ausf. Übersicht bei: GK-BetrVG/*Wiese*, § 87 BetrVG Rz. 619. | 2 *Fitting*, § 87 BetrVG Rz. 306. | 3 BAG v. 26.8.1997 – 1 ABR 16/97, AP Nr. 74 zu § 87 BetrVG 1972. | 4 *Wellenhofer-Klein*, RdA 2003, 155, 160. | 5 *Fitting*, § 87 BetrVG Rz. 308. | 6 LAG Hamburg v. 21.9.2000 – 7 TaBV 3/98, NZA-RR 2001, 190; BAG v. 28.7.1981 – 1 ABR 65/79, AP Nr. 3 zu § 87 BetrVG 1972 – Überwachung. | 7 BAG v. 6.12.1983 – 1 ABR 43/81, AP Nr. 7 zu § 87 BetrVG 1972 – Überwachung. | 8 LAG Nürnberg v. 8.1.2003 – 6 (2) TaBV 39/01, nv. | 9 LAG Hamburg v. 21.9.2000 – 7 TaBV 3/98, AP Nr. 11 zu § 87 BetrVG 1972 – Gesundheitsschutz. | 10 ArbG Hamburg v. 2.7.1998 – 4 BV 2/98, AuR 99, 115. | 11 Vgl. aber BAG v. 26.8.1997 – 1 ABR 16/97, AP Nr. 74 zu § 87 BetrVG 1972, das eine Mitbest. des BR wegen der Angemessenheit des Nachtarbeitsausgleichs ablehnt. | 12 BAG v. 2.4.1996 – 1 ABR 47/95, AP Nr. 5 zu § 87 BetrVG 1972 – Gesundheitsschutz, zum alten Recht vor Erlass der BildschArbV. | 13 *Fitting*, § 87 BetrVG Rz. 287. | 14 BAG v. 6.12.1983 – 1 ABR 43/81, AP Nr. 7 zu § 87 BetrVG 1972 – Überwachung. | 15 LAG Düsseldorf v. 4.11.1988 – 17 (6) TaBV 114/88, NZA 89, 146. | 16 BAG v. 24.3.1981 – 1 ABR 32/78, AP Nr. 2 zu § 87 BetrVG 1972 – Arbeitssicherheit. | 17 *Fitting*, § 90 BetrVG Rz. 4. | 18 Ausf.: Richardi/*Richardi*, § 87 BetrVG Rz. 570 ff. | 19 BAG v. 10.4.1979 – 1 ABR 34/77, AP Nr. 1 zu § 87 BetrVG 1972 – Arbeitssicherheit.

BetrVG § 87 Rz. 142   Mitbestimmungsrechte

- § 22 Abs. 1 SGB VII (Bestellung von Sicherheitsbeauftragten);
- § 21 GefStoffV (Unterrichtung und Anhörung).

142   **8. Form, Ausgestaltung und Verwaltung von Sozialeinrichtungen (§ 87 Abs. 1 Nr. 8 BetrVG). a) Zweck.** Der BR hat nach Nr. 8 mitzubestimmen bei der Form, der Ausgestaltung und der Verwaltung von Sozialeinrichtungen, deren Wirkungsbereich auf den Betrieb, das Unternehmen oder den Konzern beschränkt ist. Nr. 8 soll die innerbetriebliche Verteilungsgerechtigkeit und die Transparenz aller Maßnahmen im Zusammenhang mit Sozialeinrichtungen sicherstellen.

143   **b) Begriffsbestimmung. aa) Sozialeinrichtung.** Eine Sozialeinrichtung[1] iSd. Nr. 6 ist ein zweckgebundenes Sondervermögen mit abgrenzbarer[2] Organisation, das eine rechtliche und tatsächliche Verwaltung verlangt[3]. Die Einrichtung muss „sozialen" Zwecken dienen, dh. den ArbN über das unmittelbare Arbeitsentgelt für die Arbeitsleistung hinaus weitere Vorteile gewähren, um deren soziale Lage zu verbessern[4]. Wenn diese Vorteile gleichzeitig Entgeltcharakter haben, ist das unschädlich[5].

144   **bb) Beschränkter Wirkungsbereich.** Die Sozialeinrichtung muss den ArbN des Betriebes, des Unternehmens oder des Konzerns[6] zur Verfügung stehen, also unternehmerischen Einheiten, in denen auf unterschiedlichen Organisationsebenen eine einheitliche ArbN-Vertretung bestehen kann[7]. Die Nutzung durch Familienangehörige[8], Pensionäre[9] oder Dritte als Gäste ist unschädlich[10].

145   Mitbestimmungsfrei sind Einrichtungen, die ausschließlich zugunsten von leitenden Angestellten (§ 5 Abs. 3 und 4) bestehen, da diese nicht vom BR vertreten werden. Sind Sozialeinrichtungen jedoch sowohl für leitende Angestellte und sonstige ArbN bestimmt, greift das MitbestR ein[11].

146   **cc) Beispiele. Mitbestimmungspflichtige Sozialeinrichtungen** sind danach zB[12]:

- Erholungsheime[13];
- Kantinen und Kasinos[14];
- Betriebskindergärten[15];
- Parkräume[16];
- Pensions- und Unterstützungskassen[17];
- Sportanlagen[18];
- Verkaufsstellen und Automaten zum Bezug verbilligter Getränke[19];
- Werksverkehr mit Bussen, soweit eine eigenständige Organisation besteht[20];
- Werkmietwohnungen (hier gilt aber der speziellere Tatbestand der Nr. 9).

Mitbestimmungsfrei nach Nr. 8 sind hingegen:

- Betriebsärztlicher und sicherheitstechnischer Dienst[21] (aber Mitbest. nach Nr. 7);
- Betriebsfeste und -ausflüge[22];
- Betriebskrankenkassen als gesetzliche Träger der SozV[23];
- Busverkehr durch Dritte[24];
- Gewährung von ArbGebDarlehen[25] (aber Mitbest. nach Nr. 10);
- einmalige finanzielle Zuwendungen des ArbGeb (Gratifikationen)[26];

---

1 Früher: „Wohlfahrtseinrichtungen", § 56 Abs. 1 lit. e) BetrVG 1952. |2 BAG v. 16.6.1998 – 1 ABR 67/97, AP Nr. 92 zu § 87 BetrVG 1972 – Lohngestaltung mwN. |3 BAG v. 18.3.1976 – 3 ABR 32/75, AP Nr. 4 zu § 87 BetrVG 1972 – Altersversorgung; v. 9.7.1985 – 1 AZR 631/80, AP Nr. 16 zu § 75 BPersVG; v. 24.4.1986 – 6 AZR 607/83, AP Nr. 7 zu § 87 BetrVG 1972 – Sozialeinrichtung. |4 *Fitting*, § 87 BetrVG Rz. 335. |5 BAG v. 12.6.1975 – 3 ABR 13/74, AP Nr. 1 zu § 87 BetrVG 1972 – Altersversorgung. |6 Nur Unterordnungskonzern iSd. § 18 Abs. 1 AktG: GK-*Wiese*, § 87 BetrVG Rz. 698; Richardi/*Richardi*, § 87 BetrVG Rz. 613; abzulehnen: *Fitting*, § 87 BetrVG Rz. 340. |7 BAG v. 22.4.1986 – 3 AZR 100/83, AP Nr. 13 zu § 87 BetrVG 1972 – Altersversorgung. |8 GK-BetrVG/*Wiese*, § 87 BetrVG Rz. 697. |9 BAG v. 21.6.1979 – 3 ABR 3/78, AP Nr. 1 zu § 87 BetrVG 1972 – Sozialeinrichtung. |10 BAG v. 11.7.2000 – 1 AZR 551/99, AP Nr. 16 zu § 87 BetrVG 1972 – Sozialeinrichtung. |11 BAG v. 30.4.1974 – 1 ABR 36/73, AP Nr. 2 zu § 87 BetrVG 1972 – Werkmietwohnungen. |12 Vgl. die Übersicht bei GK-*Wiese*, § 87 BetrVG Rz. 692. |13 BAG v. 15.9.1987 – 1 ABR 31/86, AP Nr. 9 zu § 87 BetrVG 1972 – Sozialeinrichtung. |14 BAG v. 15.9.1987 – 1 ABR 31/86, AP Nr. 9 zu § 87 BetrVG 1972 – Sozialeinrichtung. |15 LAG Hamm (Westfalen) v. 27.11.1975 – 8 TaBV 88/75, LAGE § 87 BetrVG 1972 – Sozialeinrichtung Nr. 3. |16 ArbG Wuppertal v. 7.1.1975 – 1 BV 33/73, BB 1975, 56. |17 BAG v. 12.6.1975 – 3 ABR 13/74 und v. 13.7.1978 – 1 ABR 108/77, AP Nr. 1 und 5 zu § 87 BetrVG 1972 – Altersversorgung. |18 *Fitting*, § 87 BetrVG Rz. 347. |19 *Fitting*, § 87 BetrVG Rz. 347. |20 BAG v. 9.7.1985 – 1 AZR 631/80, AP Nr. 16 zu § 75 BPersVG. |21 Richardi/*Richardi*, § 87 BetrVG Rz. 624. |22 BAG v. 27.1.1998 – 1 ABR 35/97, AP Nr. 14 zu § 87 BetrVG 1972 – Sozialeinrichtung. |23 *Fitting*, § 87 BetrVG Rz. 348. |24 LAG Schl.-Holst. v. 17.3.1983 – 2 (3) Sa 548/82, BB 1984, 140. |25 BAG v. 9.12.1980 – 1 ABR 80/77, AP Nr. 5 zu § 87 BetrVG 1972 – Lohngestaltung, das aber Mitbest. nach Nr. 10 annimmt. |26 Hier kommt aber die Mitbest. nach Nr. 10 in Betracht.

- (Gruppen-)Unterstützungskassen, die für einen Gewerbezweig oder für eine Mehrzahl nichtkonzernverbundener ArbGeb errichtet worden sind[1] (aber Mitbest. nach Nr. 10);

- Liquidationspools für Chefärzte[2] (aber Mitbest. nach Nr. 10);

- Werkszeitungen[3].

c) Umfang der Mitbest. Der Mitbest. unterliegen die Form, die Ausgestaltung und die Verwaltung der Sozialeinrichtungen, nicht jedoch deren Errichtung (arg. e § 88 Nr. 2). 147

aa) Mitbestimmungsfreie Entscheidungen. Mitbestimmungsfrei sind also die Entscheidungen, ob der ArbGeb eine Sozialeinrichtung errichten[4] oder schließen[5] will, die Höhe der Dotierung[6] und die Zweckbestimmung[7]. Sie gehören zur mitbestimmungsfreien „Errichtung" und nicht zur mitbestimmungspflichtigen „Ausgestaltung". Zur mitbestimmungsfreien „Zweckbestimmung" gehören auch die abstrakte[8] Festlegung des zu begünstigenden Personenkreises[9] und der Art der Leistungen[10]. Auch die Änderung der Zweckbestimmung ist mitbestimmungsfrei[11]. Die Durchführungsform (zB Pensions- oder Unterstützungskasse) kann der ArbGeb aber frei wählen[12]. 148

Beispiel betrAV: Da der ArbGeb Leistungen der betrAV freiwillig[13] erbringt, darf er allein entscheiden, ob und inwieweit er Leistungen an die Belegschaft erbringen will. Der 3. Senat des BAG hat in einer Leitentscheidung[14] zu Nr. 10 die vier mitbestimmungsfreien Vorentscheidungen des ArbGeb im Rahmen der betrAV herausgearbeitet: 149

- ob der ArbGeb finanzielle Mittel zur Verfügung stellt (Einführung; Einschränkung; Abschaffung);
- den Umfang des Dotierungsrahmens und dessen spätere Änderung/Einschränkung;
- die Versorgungsform;
- abstrakte Abgrenzung des Kreises der Begünstigten.

bb) Form. Die Mitbest. bei der Form betrifft zum einen die Rechtsform der Sozialeinrichtung, also ob sie mit oder ohne eigene Rechtsfähigkeit organisiert werden soll oder ob der Betrieb durch Dritte erfolgen soll[15]. Der BR selbst kann nicht Träger einer Sozialeinrichtung sein, da er nicht rechtsfähig ist[16]. Er kann aber mit deren Verwaltung beauftragt werden. Auch die Änderung der bisherigen Form unterliegt der Mitbest[17]. 150

cc) Ausgestaltung. Die Ausgestaltung betrifft die zeitliche Phase zwischen der Festlegung der Form und der laufenden Verwaltung[18]. Mitbestimmungspflichtig sind folgende Maßnahmen: 151

- die Organisation der Sozialeinrichtung;
- die Verabschiedung von Organisationsstatuten;
- die Verabschiedung einer Geschäftsordnung;
- die Verabschiedung von Benutzungsrichtlinien[19];
- das Aufstellen allgemeiner Grundsätze über die Verwendung der vom ArbGeb vorgegebenen finanziellen Mittel[20], über die Ausstattung und die Konkretisierung der vom ArbGeb mitbestimmungsfrei vorgegebenen Zweckbestimmung[21];
- die Gestaltung des Leistungsplans, soweit nicht der Dotierungsrahmen, die Grundform der Altersversorgung, und die Abgrenzung des begünstigten Personenkreises berührt werden. Für eine Änderung des Leistungsplanes im Wege des Initiativrechts, muss der BR konstruktiv darlegen, wie dabei der vom ArbGeb vorgegebene Dotierungsrahmen gewahrt werden kann[22];
- die Anpassung von Betriebsrenten, aber nur soweit sie über eine Sozialeinrichtung gewährt werden[23].

---

1 BAG v. 22.4.1986 – 3 AZR 100/83, AP Nr. 13 zu § 87 BetrVG 1972 – Altersversorgung. | 2 BAG v. 16.6.1998 – 1 ABR 67/97, AP Nr. 92 zu § 87 BetrVG 1972 – Lohngestaltung. | 3 *Fitting*, § 87 BetrVG Rz. 348. | 4 BAG v. 13.3.1973 – 1 ABR 16/72, AP Nr. 1 zu § 87 BetrVG 1972 – Werkmietwohnungen. | 5 BAG v. 13.3.1973 – 1 ABR 16/72, AP Nr. 1 zu § 87 BetrVG 1972 – Werkmietwohnungen. | 6 BAG v. 13.7.1978 – 3 ABR 108/77, AP Nr. 5 zu § 87 BetrVG 1972 – Altersversorgung. | 7 BAG v. 26.10.1965 – 1 ABR 7/65, AP Nr. 8 zu § 56 BetrVG – Wohlfahrtseinrichtungen. | 8 BAG v. 15.9.1987 – 1 ABR 31/86, AP Nr. 9 zu § 87 BetrVG 1972 – Sozialeinrichtung. | 9 BAG v. 14.2.1967 – 1 ABR 6/66, AP Nr. 9 zu § 56 BetrVG – Wohlfahrtseinrichtungen. | 10 Richardi/*Richardi*, § 87 BetrVG Rz. 629 mwN. | 11 BAG v. 14.2.1967 – 1 ABR 6/66, AP Nr. 9 zu § 56 BetrVG – Wohlfahrtseinrichtungen. | 12 BAG v. 12.6.1975 – 3 ABR 13/74, AP Nr. 1 zu § 87 BetrVG 1972 – Altersversorgung. | 13 Ausnahme: Verpflichtung aus Tarifvertrag. | 14 BAG v. 12.6.1975 – 3 ABR 13/74, AP Nr. 1 zu § 87 BetrVG 1972 – Altersversorgung. | 15 *Fitting*, § 87 BetrVG Rz. 357. | 16 BAG v. 24.4.1986 – 6 AZR 607/83, AP Nr. 7 zu § 87 BetrVG 1972 – Sozialeinrichtung. | 17 GK-BetrVG/*Wiese*, § 87 BetrVG Rz. 722. | 18 BAG v. 13.3.1973 – 1 ABR 16/72, AP Nr. 1 zu § 87 BetrVG 1972 – Werkmietwohnungen. | 19 BAG v. 15.9.1987 – 1 ABR 31/86, AP Nr. 9 zu § 87 BetrVG 1972 – Sozialeinrichtung. | 20 BAG v. 13.3.1973 – 1 ABR 16/72, AP Nr. 1 zu § 87 BetrVG 1972 – Werkmietwohnungen; v. 26.4.1988 – 3 AZR 168/86, AP Nr. 16 zu § 87 BetrVG 1972 – Altersversorgung. | 21 BAG v. 15.9.1987 – 1 ABR 31/86, AP Nr. 9 zu § 87 BetrVG 1972 – Sozialeinrichtung. | 22 BAG v. 12.6.1975 – 3 ABR 13/74, AP Nr. 1 zu § 87 BetrVG 1972 – Altersversorgung. | 23 GK-BetrVG/*Wiese*, § 87 BetrVG Rz. 730.

152 **dd) Verwaltung.** Unter Verwaltung iSd. Nr. 8 sind alle übrigen Entscheidung und Maßnahmen nach der Errichtung und Ausgestaltung zu verstehen[1]. Dazu gehört nach der Rspr. des BAG auch die Festsetzung von Nutzungsentgelten[2]. ArbN dürfen von den Betriebspartnern nicht zur Teilnahme an einer Sozialeinrichtung (zB Pflichtbeitrag für Kantinenessen) verpflichtet werden[3].

153 **d) Ausübung der Mitbest.** Bei der Ausübung der Mitbest. gelten Besonderheiten:

154 **aa) Sozialeinrichtungen mit eigener Rechtspersönlichkeit.** Hat die Sozialeinrichtung eine eigene Rechtspersönlichkeit, kann die Mitbest. „zweistufig" ausgeübt werden, indem der BR mit dem ArbGeb die mitbestimmungspflichtigen Maßnahmen aushandelt und dieser dafür sorgt, dass die Sozialeinrichtung deren Ausführungen übernimmt. Daneben kommt die „organschaftliche" Mitbest. in Betracht, bei der BR-Mitglieder – nicht jedoch reine ArbN-Vertreter[4] – gleichberechtigt mit ArbGebVertretern in den Organen der juristischen Person vertreten sind[5] oder beide deren Organvertreter gleichberechtigt berufen[6].

155 **bb) Sozialeinrichtungen ohne eigene Rechtspersönlichkeit.** Bei Sozialeinrichtungen ohne eigene Rechtspersönlichkeit vollzieht sich die Mitbest. „klassisch" durch Verhandlungen zwischen ArbGeb und BR. Die Betriebspartner können aber einen gemeinsamen Ausschuss[7] (§ 28 Abs. 2) oder ein anderes paritätisch besetztes Verwaltungsgremium mit der Verwaltung der Sozialeinrichtung betrauen. Die Verwaltung darf auch allein dem BR[8], nicht jedoch allein dem ArbGeb übertragen werden (str.[9]).

156 **cc) Sozialeinrichtung mit eigenem BR.** Ist die Sozialeinrichtung selbst betriebsratsfähig (§ 1) und ist dort ein BR gewählt, so hat dieser alle betriebsverfassungsrechtlichen Rechte und Pflichten in Bezug auf die Belegschaft der Sozialeinrichtung. Auf die Verwaltung der Sozialeinrichtung hat er keinen Einfluss[10].

157 **dd) Zuständigkeit des Gesamt- oder KonzernBR.** Besteht die Sozialeinrichtung für das Unternehmen oder den Konzern, sind Gesamt- bzw. KonzernBR (§§ 50 ff. und 58 ff.) zuständig; die EinzelBR haben kein MitbestR[11].

158 **e) Grenzen des MitbestR.** Zwingende gesellschaftsrechtliche oder versicherungsaufsichtsrechtliche Normen[12] begrenzen die Mitbest. ebenso wie § 3 Nr. 1 KWG[13], der Werkssparkassen verbietet.

159 **f) Nichtbeachtung des MitbestR.** Unterbleibt eine Mitbest. des BR, kann dies auch individualrechtliche Folgen haben. Maßnahmen zum Nachteil der ArbN, die unter Verstoß gegen das MitbestR zustande gekommen sind, sind individualrechtlich unwirksam. Dies soll auch dann gelten, wenn die Sozialeinrichtung rechtlich verselbständigt ist[14].

160 **g) Gesetzessystematik.** Nr. 8 kann neben Nr. 1 zur Anwendung kommen[15]. Nr. 10 regelt die Mitbest. des BR bei Entgeltfragen; dazu gehören auch Sozialleistungen, soweit sie nicht bereits vom spezielleren Tatbestand der Nr. 8 erfasst werden, weil sie durch eine Sozialeinrichtung gewährt werden[16]. Das MitbestR aus Nr. 9 geht dem aus Nr. 8 vor, soweit es um die Zuweisung, Kündigung und die allgemeine Festlegung der Nutzungsbedingungen geht. Sind die Werkmietwohnungen gleichzeitig Sozialeinrichtung iSd. Nr. 8 findet diese Katalognummer Anwendung, soweit nicht Nr. 9 konkretisierende Regelungen enthält[17].

161 **9. Zuweisung und Kündigung von Wohnräumen sowie allgemeine Festlegung der Nutzungsbedingungen (§ 87 Abs. 1 Nr. 9 BetrVG). a) Zweck.** Der BR hat nach Nr. 9 mitzubestimmen bei der Zuweisung und Kündigung von Wohnräumen, die mit Rücksicht auf das Bestehen eines Arbeitsverhältnisses vermietet werden, sowie der allgemeinen Festlegung der Nutzungsbedingungen. Durch die Mitbest. nach Nr. 9 soll zum einen eine gerechte Verteilung des zur Verfügung gestellten Wohnraums und eine Gleichbehandlung bei den Mietbedingungen sichergestellt werden. Zum anderen soll dem gesteigerten Schutzbedürfnis des Mieters Rechnung getragen werden, dessen gesetzliche Schutzrechte in einem Werkmietverhältnis schwächer als in einem normalen sind und der auch bei der Gestaltung seines außerdienstlichen Lebensbereichs insoweit vom ArbGeb abhängig ist[18].

162 **b) Begriffsbestimmung.** Wohnräume iSd. Nr. 9 sind abgeschlossene Wohnungen und Einzelne, zum Wohnen geeignete und bestimmte Räume jeder Art[19]. Dazu gehören auch[20]:

---

[1] *Fitting*, § 87 BetrVG Rz. 366. | [2] BAG v. 22.1.1965 – 1 ABR 9/64, AP Nr. 7 zu § 56 BetrVG 1952 – Wohlfahrtseinrichtungen. | [3] BAG v. 11.7.2000 – 1 AZR 551/99, AP Nr. 16 zu § 87 BetrVG 1972 – Sozialeinrichtung. | [4] *Fitting*, § 87 BetrVG Rz. 373. | [5] BAG v. 13.7.1978 – 3 ABR 108/77, AP Nr. 5 zu § 87 BetrVG 1972 – Altersversorgung. | [6] GK-BetrVG/*Wiese*, § 87 BetrVG Rz. 753. | [7] BAG v. 13.3.1973 – 1 ABR 16/72, AP Nr. 1 zu § 87 BetrVG 1972 – Werkmietwohnungen. | [8] BAG v. 24.4.1986 – 6 AZR 607/83, AP Nr. 7 zu § 87 BetrVG 1972 – Sozialeinrichtung. | [9] GK-BetrVG/*Wiese*, § 87 BetrVG Rz. 745 mwN. | [10] GK-BetrVG/*Wiese*, § 87 BetrVG Rz. 757. | [11] BAG v. 6.4.1976 – 1 ABR 27/74, AP Nr. 2 zu § 50 BetrVG 1972. | [12] *Fitting*, § 87 BetrVG Rz. 359. | [13] IdF v. 9.9.1998, BGBl. I S. 2776, zuletzt geändert am 22.8.2002, BGBl. I S. 3387. | [14] BAG v. 26.4.1988 – 3 AZR 168/86, AP Nr. 18 zu § 1 BetrAVG – Unterstützungskassen. | [15] BAG v. 11.7.2000 – 1 AZR 551/99, AP Nr. 16 zu § 87 BetrVG 1972 – Sozialeinrichtung. | [16] BAG v. 12.6.1975 – 3 ABR 137/73, AP Nr. 1 zu § 87 BetrVG 1972 – Altersversorgung. | [17] *Richardi*/*Richardi*, § 87 BetrVG Rz. 687 ff. mit berechtigter Kritik an der Rspr. des BAG v. 13.3.1973 – 1 ABR 118/73, AP Nr. 4 zu § 87 BetrVG 1972 – Werkmietwohnungen. | [18] GK-BetrVG/*Wiese*, § 87 BetrVG Rz. 761. | [19] BAG v. 3.6.1975 – 1 ABR 118/73, AP Nr. 3 zu § 87 BetrVG 1972 – Werkmietwohnungen. | [20] Vgl. *Fitting*, § 87 BetrVG Rz. 381 und GK-BetrVG/*Wiese*, § 87 BetrVG Rz. 772, 773.

Mitbestimmungsrechte Rz. 169 § 87 BetrVG

- Transportable Baracken;
- Behelfsheime;
- Schiffskajüten;
- Zweibettzimmer mit Nebenräumen in einem Wohnheim[1];
- Wohnwagen.

Weitere Voraussetzung ist, dass die Wohnräume den ArbN mit Rücksicht auf das Bestehen eines Arbeitsverhältnisses vermietet werden (sog. Werkmietwohnungen, §§ 576, 576a BGB). Es existieren zwei Vertragsverhältnisse, nämlich das Arbeitsverhältnis und das Mietverhältnis, die derart miteinander verbunden sind, dass der Arbeitsvertrag Anlass für den Mietvertrag war[2]. Ein zeitlicher Zusammenhang zwischen beiden Vertragsabschlüssen ist nicht notwendig[3]. Unerheblich ist, für wie lange dem ArbN der Wohnraum vermietet wird[4].

Der ArbGeb muss nicht Eigentümer der Werkmietwohnungen sein. Es reicht aus, wenn ihm das Bestimmungsrecht gegenüber dem Eigentümer zusteht. Das MitbestR reicht jedoch nur so weit wie die Rechte des ArbGeb bei der Begründung oder Durchführung der Werkmietverhältnisse gegenüber dem Eigentümer[5]. Die unentgeltliche Gebrauchsüberlassung unterfällt nach hM ebenfalls dem Mitbestimmungstatbestand[6]. Das ist abzulehnen, da ein Mietverhältnis ein Schuldverhältnis bezeichnet, das auf Gebrauchsgewährung gegen Entgelt[7], nämlich die Miete, gerichtet ist. Die unentgeltliche Gebrauchsüberlassung ist Leihe[8]. 163

Wegen der Überlassung an leitende Angestellte kann auf die oben unter Nr. 8 dargestellten Grundsätze verwiesen werden (Rz. 145). Werkdienstwohnungen für Pförtner, Hausmeister, Ärzte etc., die der ArbGeb dem ArbN zu dienstlichen Zwecken im Rahmen des Arbeitsverhältnisses überlässt (§ 576b BGB), unterliegen nicht der Mitbest.[9]. Rechtsgrundlage dieses Mietverhältnisses ist allein der Arbeitsvertrag. 164

c) Umfang der Mitbest. Ob der ArbGeb Werkmietwohnungen zu Verfügung stellt oder Mittel dafür bereit stellt, unterliegt ebenso wenig der Mitbest. des BR[10] wie die Entwidmung[11] oder Umwidmung vorhandener Werkmietwohnungen[12]. Mitbestimmungspflichtig ist nur das „Wie" der Überlassung. Dazu gehören folgende Tatbestände: 165

aa) Zuweisung von Wohnraum. Mit der Zuweisung von Wohnraum ist die Entscheidung über den Begünstigten, nicht aber Abschluss des Mietvertrags gemeint[13]. 166

bb) Kündigung des Mietverhältnisses. Nr. 9 erfasst nur die Kündigung des Mietverhältnisses (veranlasst) durch den ArbGeb, nicht jedoch die Eigenkündigung und den Aufhebungsvertrag[14]. Auch nach Beendigung des Arbeitsverhältnisses[15] unterliegt die Kündigung der Mitbest. Entschließt sich der ArbGeb – mitbestimmungsfrei – zur Entwidmung seiner Werkmietwohnungen und kündigt daher – soweit mietrechtlich zulässig – sämtliche Mietverhältnisse, unterliegen diese Kündigungen der Mitbest. Bei noch nicht frei gewordenen Wohnungen wirkt die Widmung nämlich bis zur Beendigung des Mietverhältnisses fort[16]. 167

cc) Exkurs: Veräußerung von Werkmietwohnungen. Entwidmet der ArbGeb seine Mietwohnungen und veräußert diese an einen Dritten, tritt der Erwerber an Stelle des ArbGeb in die sich aus dem Mietvertrag ergebenden Rechte und Pflichten ein (§ 566 Abs. 1 BGB). Allerdings besteht die Besonderheit, dass die den Vermieter begünstigenden Sondervorschriften des Werkmietwohnungsrechts (§§ 576 f. BGB) keine Anwendung mehr finden. Zwischen Erwerber und ArbN/Mieter besteht bzw. bestand kein Arbeitsverhältnis, so dass kein Bedürfnis für die Anwendung der §§ 576 f. BGB besteht. Erfüllt der Erwerber seine Pflichten nicht, haftet der ArbGeb für die vom Erwerber zu ersetzenden Schaden wie ein Bürge, der auf die Einrede der Vorausklage verzichtet hat (§ 566 Abs. 2 Satz 1 BGB). Zur Haftungsbefreiung des ArbGeb vgl. § 566 Abs. 2 Satz 2 BGB. 168

dd) Allgemeine Festlegung der Nutzungsbedingungen. Zur allgemeinen Festlegung der Nutzungsbedingungen gehören 169

---

1 BAG v. 3.6.1975 – 1 ABR 118/73, AP Nr. 3 zu § 87 BetrVG 1972 – Werkmietwohnungen. |2 Vgl. BAG v. 18.7.1978 – 1 ABR 20/75, AP Nr. 4 zu § 87 BetrVG 1972 – Werkmietwohnungen. |3 GK-BetrVG/*Wiese*, § 87 BetrVG Rz. 765. |4 BAG v. 3.6.1975 – 1 ABR 118/73, AP Nr. 3 zu § 87 BetrVG 1972 – Werkmietwohnungen. |5 BAG v. 18.7.1978 – 1 ABR 20/75, AP Nr. 4 zu § 87 BetrVG 1972 – Werkmietwohnungen. |6 *Fitting*, § 87 BetrVG Rz. 382 mwN. |7 Vgl. auch BAG v. 3.6.1975 – 1 ABR 118/73, AP Nr. 3 zu § 87 BetrVG 1972 – Werkmietwohnungen. |8 Palandt/*Weidenkaff*, Einf. vor § 535 BGB, Rz. 1 und 17; vgl. auch GK-BetrVG/*Wiese*, § 87 BetrVG Rz. 766. |9 BAG v. 28.7.1992 – 1 ABR 22/92, AP Nr. 7 zu § 87 BetrVG 1972 – Werkmietwohnungen. |10 BAG v. 13.3.1973 – 1 ABR 16/72, AP Nr. 1 zu § 87 BetrVG 1972 – Werkmietwohnungen; v. 23.3.1993 – 1 ABR 65/92, § 87 Nr. 8 zu § 87 BetrVG 1972 – Werkmietwohnungen. |11 BAG v. 23.3.1993 – 1 ABR 65/92, AP Nr. 8 zu § 87 BetrVG 1972 – Werkmietwohnungen. |12 BAG v. 18.7.1978 – 1 ABR 20/75, AP Nr. 4 zu § 87 BetrVG 1972 – Werkmietwohnungen; v. 23.3.1993 – 1 ABR 65/92, AP Nr. 8 zu § 87 BetrVG 1972 – Werkmietwohnungen. |13 GK-BetrVG/*Wiese*, § 87 BetrVG Rz. 779, 781. |14 GK-BetrVG/*Wiese*, § 87 BetrVG Rz. 786. |15 BAG v. 28.7.1992 – 1 ABR 22/92, AP Nr. 7 zu § 87 BetrVG 1972 – Werkmietwohnungen. |16 GK-BetrVG/*Wiese*, § 87 BetrVG Rz. 778.

- der Inhalt der Mietverträge, der Hausordnungen, der Nebenkostenerhebung und ihrer Abrechnung;
- die Kriterien für die Grundsätze der Mietzinsbildung im Rahmen der vom ArbGeb vorgegebenen Dotierung[1];
- die Änderung der Nutzungsbedingungen[2].

170 **d) Ausübung des MitbestR.** Wegen Besonderheiten bei der Ausübung des MitbestR – insb. bei Vermietungseinrichtungen mit eigener Rechtspersönlichkeit – kann auf die Ausführungen unter Nr. 8 verwiesen werden (Rz 153 ff.).

171 **e) Grenzen des MitbestR.** Die zwingenden Mietrechtsvorschriften des BGB, insb. das Werkmietwohnungsrecht (§§ 535 ff., 576 f. BGB), sind von den Betriebspartnern zu beachten, sie schließen die Mitbest. des BR aber nicht aus[3].

172 **f) Nichtbeachtung des MitbestR.** Kündigt der ArbGeb das Werkmietverhältnis ohne Zustimmung des BR, ist die Kündigung nach §§ 182, 111 BGB nichtig. Wird hingegen der Werkmietvertrag ohne Mitbest. des BR abgeschlossen, ist dieser zivilrechtlich wirksam; der BR kann aber dessen Kündigung verlangen[4].

173 **g) Gesetzessystematik.** Das BAG bezeichnet den Mitbestimmungstatbestand der Nr. 9 als einen Unterfall des MitbestR nach Nr. 8[5]. Das ist ungenau[6], weil auch Werkmietverhältnisse von Nr. 9 erfasst werden, die nicht die Voraussetzungen einer Sozialeinrichtung erfüllen. Sind die Werkmietwohnungen gleichzeitig Sozialeinrichtung iSd. Nr. 8, findet Nr. 9 Anwendung, soweit es um die Zuweisung, Kündigung und Nutzungsbedingungen geht; im Übrigen gilt Nr. 8[7].

174 **10. Fragen der betrieblichen Lohngestaltung (§ 87 Abs. 1 Nr. 10 BetrVG). a) Zweck.** Der BR hat nach Nr. 10 ein umfassendes MitbestR in nahezu allen Fragen der betrieblichen Lohngestaltung, insb. bei der Aufstellung von Entlohnungsgrundsätzen und bei der Einführung und Anwendung von neuen Entlohnungsmethoden sowie deren Änderung. Das MitbestR hat den Zweck, eine transparente Lohnordnung für den Betrieb zu schaffen und zur innerbetrieblichen Lohngerechtigkeit beizutragen. Die ArbN sollen vor einer einseitigen, ausschließlich an den Interessen des Unternehmens ausgerichteten Lohnpolitik geschützt werden[8]. Es geht um die Angemessenheit und Durchsichtigkeit des innerbetrieblichen Lohngefüges. Dabei ist die abstrakte Lohngerechtigkeit innerhalb des Betriebes der maßgebliche Gesichtspunkt, nicht aber Fragen der Lohn- und Gehaltshöhe[9].

175 **b) Tendenzbetriebe.** Die Mitbest. ist durch § 118 Abs. 1 in Tendenzbetrieben ausgeschlossen, wenn die geistig-ideelle Zielsetzung eines Betriebes durch die Mitbest. ernstlich beeinträchtigt wird. Das ist zB der Fall, wenn die ArbN mit einem System besonderer Leistungszulagen zu besonderen Leistungen für die Tendenzverwirklichung angespornt werden sollen[10].

176 **c) Lohn.** Unter „Lohn" ist das Arbeitsentgelt im weitesten Sinne zu verstehen; also alle Leistungen des ArbGeb, die dieser als Gegenleistung für die von den ArbN erbrachten Leistungen gewährt, ohne Rücksicht auf ihre Bezeichnung[11]. Darunter fallen auch geldwerte Sach- oder Dienstleistungen[12]. Die Leistungen müssen nicht unmittelbar arbeitsleistungsbezogen sein. Es ist ebenfalls unerheblich, ob Leistungen auf Dauer oder nur einmalig erbracht werden (sollen)[13]. Auch freiwillige Leistungen gehören zum „Lohn"[14]; hier ergeben sich aber Beschränkungen des MitbestR (Rz. 188 ff.).

177 Folgende Leistungen sind neben Lohn und Gehalt nach der Rspr. „Lohn" iSd. Nr. 10:
- Aktienoptionen[15] und Belegschaftsaktien[16];
- zinsgünstige ArbGebDarlehen[17];
- Auslandszulagen[18];
- Leistungen der betrAV[19] (soweit sie nicht über Sozialeinrichtungen nach Nr. 8 erbracht werden);
- Boni[20];

---

1 BAG v. 13.3.1972 – 1 ABR 16/72 und BAG v. 28.7.1992 – 1 ABR 22/92, AP Nr. 1 und 7 zu § 87 BetrVG 1972 – Werkmietwohnungen. | 2 GK-BetrVG/*Wiese*, § 87 BetrVG Rz. 791. | 3 Vgl. BAG v. 13.3.1972 – 1 ABR 16/72, AP Nr. 1 zu § 87 BetrVG 1972 – Werkmietwohnungen. | 4 GK-BetrVG/*Wiese*, § 87 BetrVG Rz. 782. | 5 BAG v. 13.3.1973 – 1 ABR 16/72 und BAG v. 3.6.1975 – 1 ABR 118/73, AP Nr. 1 und 3 zu § 87 BetrVG 1972 – Werkmietwohnungen. | 6 Vgl. Richardi/*Richardi*, § 87 BetrVG Rz. 688. | 7 Richardi/*Richardi*, § 87 BetrVG Rz. 689 mwN. | 8 BAG v. 3.12.1991 – GS 2/90, AP Nr. 51 zu § 87 BetrVG 1972 – Lohngestaltung. | 9 BAG v. 22.1.1980 – 1 ABR 48/77, AP Nr. 3 zu § 87 BetrVG 1972 – Lohngestaltung. | 10 BAG v. 31.1.1984 – 1 AZR 174/81, AP Nr. 15 zu § 87 BetrVG 1972 – Lohngestaltung; v. 13.2.1990 – 1 ABR 13/89, AP Nr. 45 zu § 118 BetrVG 1972. | 11 BAG v. 16.9.1986 – GS 1/82, AP Nr. 17 zu § 77 BetrVG 1972. | 12 BAG v. 30.3.1982 – 1 ABR 55/80, AP Nr. 10 zu § 87 BetrVG 1972 – Lohngestaltung. | 13 BAG v. 29.2.2000 – 1 ABR 4/99, AP Nr. 105 zu § 87 BetrVG 1972 – Lohngestaltung. | 14 BAG v. 8.12.1981 – 1 ABR 55/79, AP Nr. 1 zu § 87 BetrVG 1972 – Prämie. | 15 LAG Nürnberg v. 22.1.2002 – 6 TaBV 19/01, LAGE § 87 BetrVG 1972 – Betriebliche Lohngestaltung Nr. 17. | 16 BAG v. 28.11.1989 – 3 AZR 118/88, AP Nr. 6 zu § 88 BetrVG 1972. | 17 BAG v. 9.12.1980 – 1 ABR 80/77, AP Nr. 5 zu § 87 BetrVG 1972 – Lohngestaltung. | 18 BAG v. 30.1.1990 – 1 ABR 2/89, AP Nr. 41 zu § 87 BetrVG 1972 – Lohngestaltung. | 19 BAG v. 12.6.1975 – 3 ABR 13/74, AP Nr. 1 zu § 87 BetrVG 1972 – Altersversorgung. | 20 BAG v. 14.6.1994 – 1 ABR 63/93, AP Nr. 69 zu § 87 BetrVG 1972 – Lohngestaltung.

Mitbestimmungsrechte　　　　　　　　　　　　　　　　　Rz. 180 § 87 BetrVG

- Gewinn- und Erfolgsbeteiligungen[1];
- die Ausgabe von Essenszusatzmarken für die Kantine[2];
- Abgabe verbilligter Flugscheine[3]; Kosten für Familienheimflüge[4];
- Gratifikationen[5];
- die Lieferung verbilligten Heizgases aus eigener Produktion[6];
- Jahresabschlussvergütungen[7];
- Jubiläumsgelder[8];
- Beteiligung am Liquidationspool der Chefärzte auf Veranlassung des Krankenhausträgers[9];
- die Übernahme von Mietzuschüssen[10];
- Ausgleichszahlung für Nachtarbeit gem. § 6 Abs. 5 ArbZG[11];
- Personalrabatt[12];
- Treue-, Anwesenheits- oder Wettbewerbsprämien[13];
- Provision[14];
- Spesen, die nicht den Zweck haben, entstandene Unkosten in pauschalierter Form abzugelten[15];
- Sondervergütung[16];
- Tantieme[17];
- Urlaubsgeld[18];
- Werkdienstwohnung[19] (Anrechnung eines Nutzungsbeitrags auf den Lohn);
- unentgeltlicher Werksverkehr[20];
- Zulage[21].

Reiner Auslagenersatz für Kontoführungsgebühren, Reise- und Umzugskosten oder die dienstliche Nutzung eines privaten Pkw sind kein Lohn im vorstehenden Sinne. Auch Abfindungen fallen nicht darunter[22]. Das Verkaufs- oder Bearbeitungsgebiet eines Außendienstmitarbeiters ist kein Lohn iSd. Nr. 10[23].

d) Fragen der betrieblichen Lohngestaltung. Das MitbestR besteht in nahezu allen Bereichen der betrieblichen Lohngestaltung. 178

aa) Lohnpolitische Entscheidungen. Die lohnpolitischen Entscheidungen gehören nicht zur Lohngestaltung[24] des ArbGeb; der BR kann also weder eine Lohnerhöhung, eine Lohnherabsetzung noch zusätzliche Leistungen verlangen[25]. Auch die Anpassung der Ruhegehälter nach § 16 BetrAVG unterliegt nicht der Mitbest[26]. 179

bb) Betriebliche Lohngestaltung. Der Begriff der betrieblichen Lohngestaltung ist der Oberbegriff für Entlohnungsgrundsatz und Entlohnungsmethode. Eine Differenzierung zwischen beiden ist nicht immer möglich, was aber letztlich keine praktische Bedeutung hat, da in jedem Fall ein MitbestR besteht. Unter Lohngestaltung ist die Festlegung abstrakt genereller Grundsätze zur Lohnfindung zu verstehen. Es geht um die Strukturformen des Entgelts einschließlich der näheren Vollzugsformen[27]. Der Begriff „betriebliche" Lohngestaltung bedeutet, dass es sich um die Lohngestaltung durch die Betriebspartner handelt, und nicht um die individuelle oder tarifvertragliche. Die Lohngestaltung muss nicht räumlich auf den Betrieb iSd. BetrVG beschränkt sein; sie kann auch im Unternehmen oder Konzern stattfinden[28]. 180

---

1 *Fitting*, § 87 BetrVG Rz. 414.　|2 BAG v. 15.1.1987 – 6 AZR 589/84, AP Nr. 21 zu § 75 BPersVG.　|3 BAG v. 22.10.1985 – 1 ABR 38/83, AP Nr. 18 zu § 87 BetrVG 1972 – Lohngestaltung.　|4 BAG v. 10.6.1986 – 1 ABR 65/84, AP Nr. 22 zu § 87 BetrVG 1972 – Lohngestaltung.　|5 *Fitting*, § 87 BetrVG Rz. 414.　|6 BAG v. 22.10.1985 – 1 ABR 47/83, AP Nr. 5 zu § 87 BetrVG 1972 – Werkmietwohnungen.　|7 BAG v. 14.6.1994 – 1 ABR 63/93, AP Nr. 69 zu § 87 BetrVG 1972 – Lohngestaltung.　|8 *Fitting*, § 87 BetrVG Rz. 414.　|9 BAG v. 16.6.1998 – 1 ABR 67/97, AP Nr. 92 zu § 87 BetrVG 1972 – Lohngestaltung.　|10 BAG v. 10.6.1986 – 1 ABR 65/84, AP Nr. 22 zu § 87 BetrVG 1972 – Lohngestaltung.　|11 BAG v. 26.8.1997 – 1 ABR 16/97, AP Nr. 74 zu § 87 BetrVG 1972 – Arbeitszeit.　|12 BAG v. 26.5.1993 – 5 AZR 219/92, AP Nr. 3 zu § 23 AGB-Gesetz.　|13 BAG v. 10.7.1979 – 1 ABR 88/77, AP Nr. 2 zu § 87 BetrVG 1972 – Lohngestaltung.　|14 BAG v. 26.7.1988 – 1 ABR 54/87, AP Nr. 6 zu § 87 BetrVG 1972 – Provision.　|15 BAG v. 27.10.1998 – 1 ABR 3/98, AP Nr. 99 zu § 87 BetrVG 1972 – Lohngestaltung.　|16 BAG v. 14.6.1994 – 1 ABR 63/93, AP Nr. 69 zu § 87 BetrVG 1972 – Lohngestaltung.　|17 GK-BetrVG/*Wiese*, § 87 BetrVG Rz. 823.　|18 *Fitting*, § 87 BetrVG Rz. 413.　|19 *Fitting*, § 87 BetrVG Rz. 385.　|20 BAG v. 9.7.1985 – 1 ABR 631/80, AP Nr. 16 zu § 75 BPersVG.　|21 BAG v. 17.12.1980 – 1 ABR 80/77, AP Nr. 2 zu § 87 BetrVG 1972 – Lohngestaltung.　|22 ErfK-*Hanau/Kania*, § 87 BetrVG Rz. 98.　|23 BAG v. 16.7.1991 – 1 ABR 66/90, AP Nr. 49 zu § 87 BetrVG 1972 – Lohngestaltung.　|24 St. Rspr.: vgl. nur BAG v. 29.3.1977 – 1 ABR 123/74, AP Nr. 1 zu § 87 BetrVG 1972 – Provision.　|25 Richardi/*Richardi*, § 87 BetrVG Rz. 772.　|26 GK-BetrVG/*Wiese*, § 87 BetrVG Rz. 858.　|27 BAG v. 10.2.1988 – 1 ABR 56/86, AP Nr. 33 zu § 87 BetrVG 1972 – Lohngestaltung.　|28 GK-BetrVG/*Wiese*, § 87 BetrVG Rz. 817.

181 Der Mitbest. unterliegen nur **kollektive Tatbestände**. Die Abgrenzung zu mitbestimmungsfreien Individualmaßnahmen erfolgt nach der ständigen Rspr. des BAG danach, ob es um „Strukturformen des Entgelts einschließlich ihrer näheren Vollzugsformen" geht[1]. Die Anzahl der betroffenen ArbN kann nur ein Indiz dafür sein, ob ein kollektiver Tatbestand vorliegt oder nicht[2]. Nach der Rspr. des BAG ist ein kollektiver Bezug nicht deshalb ausgeschlossen, weil der ArbGeb mit mehreren ArbN eine Vielzahl individueller Vereinbarungen trifft[3]. Maßgeblich ist vielmehr, ob das vom ArbG bei Lohnentscheidungen verwendete Differenzierungskriterium nur den Einzelfall berücksichtigt oder abstrakt-generell bestimmt ist[4]. Von Letzterem geht das BAG bei folgenden Kriterien aus, weil dort jeweils ein innerer Zusammenhang zu ähnlichen Regelungen für andere ArbN bestand oder zumindest nicht auszuschließen war oder weil bestimmte Bewertungskriterien zu einander in ein Verhältnis gesetzt wurden:

- Krankheitsbedingte Leistungsminderung[5];
- Leistung[6], weil diese zu den vorgegebenen Mindestanforderungen und der Leistung der anderen ArbN in Beziehung gesetzt wird; auch wenn bei jedem einzelnen ArbN ein anderer Leistungsaspekt (großer Einsatz; gute Einarbeitung; betriebliche Doppelbelastung; Fehlerquote; Arbeitsqualität, Förderungswürdigkeit) zugrunde gelegt wird[7];
- Verhalten des ArbN[8];
- Dauer der Betriebszugehörigkeit bzw. absehbare Beendigung des Arbeitsverhältnisses[9];
- Tarifgruppenwechsel wegen höherer Zahl von Berufsjahren[10];
- Kurz zuvor erfolgte Gehaltsanhebung[11];
- Inanspruchnahme von tariflicher Alterssicherung[12];
- allgemeine Erwägungen sozialer Art[13];
- Mutterschutz, Erziehungsurlaub (jetzt: Elternzeit)[14];
- Langzeiterkrankung[15];
- Arbeitsmarktlage[16], soweit allgemeine personalwirtschaftliche Erwägungen zugrunde liegen.

182 **Mitbestimmungsfreie Individualtatbestände** wurden vom BAG nur in eng begrenzten Ausnahmefällen angenommen, in denen es unter keinem Gesichtspunkt einen kollektiven Bezug herstellen konnte:

- unveränderte Vergütung trotz Umsetzung auf einen tariflich niedriger bewerteten Arbeitsplatz[17];
- Wunsch eines ArbN zur Vermeidung steuerlicher Nachteile[18];
- Berücksichtigung ausschließlich der Besonderheiten des konkreten Arbeitsverhältnisses, ohne inneren Zusammenhang zu ähnlichen Maßnahmen gegenüber anderen ArbN[19];
- Arbeitsmarktpolitische Gründe[20], wenn ein bestimmter ArbN zum Eintritt in den Betrieb veranlasst werden soll.

Diese Rspr. engt „in geradezu beängstigender Weise die Möglichkeit individueller Lohn- und damit Personalpolitik des ArbGeb ein"[21], weil sich bis auf eng begrenzte Ausnahmefälle bei allen Lohnentscheidungen des ArbGeb irgendein kollektiver Bezug festmachen lässt. Zweck der Nr. 10 ist aber nur die abstrakte Lohngerechtigkeit im Betrieb. Auf inidividuell ausgehandelte oder gewährte Löhne soll der BR keinen Einfluss nehmen. Dieser Gesichtspunkt muss bei der Abgrenzung wieder in den Vorder-

---

1 BAG v. 3.12.1991 – GS 2/90, AP Nr. 51 zu § 87 BetrVG 1972 – Lohngestaltung mwN. | 2 BAG v. 3.12.1991 – GS 2/90, AP Nr. 51 zu § 87 BetrVG 1972 – Lohngestaltung; v. 23.3.1993 – 1 AZR 582/92, AP Nr. 64 zu § 87 BetrVG 1972 – Lohngestaltung. | 3 BAG v. 3.12.1991 – GS 2/90, AP Nr. 51 zu § 87 BetrVG 1972 – Lohngestaltung. | 4 BAG v. 22.9.1992 – 1 AZR 461/90, AP Nr. 57 zu § 87 BetrVG 1972 – Lohngestaltung. | 5 BAG v. 22.9.1992 – 1 AZR 460/90, AP Nr. 60 zu § 87 BetrVG 1972 – Lohngestaltung. | 6 BAG v. 22.9.1992 – 1 AZR 459/90 und 1 AZR 461/90, AP Nr. 56 und 57 zu § 87 BetrVG 1972 – Lohngestaltung; v. 27.10.1992 – 1 ABR 17/92, AP Nr. 61 zu § 87 BetrVG 1972 – Lohngestaltung; v. 29.2.2000 – 1 ABR 4/99, AP Nr. 105 zu § 87 BetrVG 1972 – Lohngestaltung. | 7 BAG v. 14.6.1994 – 1 ABR 63/93, AP Nr. 69 zu § 87 BetrVG 1972 – Lohngestaltung. | 8 BAG v. 27.10.1992 – 1 ABR 17/92, AP Nr. 61 zu § 87 BetrVG 1972 – Lohngestaltung. | 9 BAG v. 27.10.1992 – 1 ABR 17/92, AP Nr. 61 zu § 87 BetrVG 1972 – Lohngestaltung. | 10 Offen gelassen von BAG v. 22.9.1992 – 1 AZR 235/90, AP Nr. 54 zu § 87 BetrVG 1972 – Lohngestaltung; bejaht von der Vorinstanz LAG Hamm v. 7.3.1990 – 15 (17) Sa 1421/89, nv. | 11 BAG v. 27.10.1992 – 1 ABR 17/92, AP Nr. 61 zu § 87 BetrVG 1972 – Lohngestaltung. | 12 BAG v. 23.3.1993 – 1 AZR 582/92, AP Nr. 64 zu § 87 BetrVG 1972 – Lohngestaltung. | 13 BAG v. 14.6.1994 – 1 ABR 63/93, AP Nr. 69 zu § 87 BetrVG 1972 – Lohngestaltung. | 14 BAG v. 27.10.1992 – 1 ABR 17/92, AP Nr. 61 zu § 87 BetrVG 1972 – Lohngestaltung. | 15 BAG v. 27.10.1992 – 1 ABR 17/92, AP Nr. 61 zu § 87 BetrVG 1972 – Lohngestaltung. | 16 BAG v. 14.6.1994 – 1 ABR 63/93, AP Nr. 69 zu § 87 BetrVG 1972 – Lohngestaltung. | 17 BAG v. 22.9.1992 – 1 AZR 461/90, *AP Nr. 57 zu § 87 BetrVG 1972 – Lohngestaltung.* | 18 BAG v. 27.10.1992 – 1 ABR 17/91, AP Nr. 61 zu § 87 BetrVG 1972 – Lohngestaltung. | 19 BAG v. 22.9.1992 – 1 AZR 461/90, AP Nr. 57 zu § 87 BetrVG 1972 – Lohngestaltung. | 20 BAG v. 14.6.1994 – 1 ABR 63/93, AP Nr. 69 zu § 87 BetrVG 1972 – Lohngestaltung. | 21 *Kraft*, FS für Karl Molitor, S. 207 (220).

grund gerückt werden. Die Katalognummer muss daher teleologisch ausgelegt werden[1]: Erst bei erkennbar abstrakt-generellen Regelungen des ArbGeb greift das MitbestR ein[2].

e) **Aufstellen von Entlohnungsgrundsätzen.** Entlohnungsgrundsätze sind die Systeme, nach denen das Arbeitsentgelt bemessen werden soll. Der Mitbest. unterliegen daher 183

- die Entscheidung für Zeitlohn (beispielsweise Stunden-, Schicht-, Wochen- oder Monatslohn);
- die Entscheidung für Leistungslohn (beispielsweise Akkord- oder Prämienlohn[3]);
- der Wechsel von Zeit- zu Leistungslohn und umgekehrt[4];
- Festlegung von Bezugsgröße und Bezugsbasis für den Prämienlohn; Verlauf der Prämienkurve (progressiv oder degressiv)[5];
- die Entscheidung für andere Systeme erfolgsabhängiger Vergütungen (Provisionen[6], Gewinn- und Ergebnisbeteiligungen)[7];
- das Aufstellen eines detaillierten Entgeltsystems; die Bildung von Entgeltgruppen nach abstrakten Kriterien; die abstrakte Festsetzung der Wertunterschiede einzelner Entgeltgruppen nach Prozentsätzen oder sonstige Bezugsgrößen[8];
- die Änderung bestehender Entlohnungsgrundsätze[9], zB eines Eingruppierungsschemas[10].

f) **Einführung und Anwendung von Entlohnungsmethoden sowie deren Änderung.** Die Entlohnungsmethode ist die Art und Weise der Durchführung des gewählten Entlohnungssystems[11]. Der Mitbest. unterliegen die Einführung, die Anwendung und die Änderung der Entlohnungsmethode. Dazu zählt ua.[12]: 184

- ob im Gruppen- oder Einzelakkord gearbeitet werden soll[13];
- ob die Akkordvorgabe konkret ausgehandelt oder geschätzt wird;
- ob sie nach arbeitswissenschaftlichen Grundsätzen ermittelt wird und wenn ja nach welcher Methode (zB REFA, Bedaux-System oder eine modifizierte Form[14] usw.);
- ob Wartezeiten in die Vorgabezeiten als Verteilzeit mit einbezogen oder daneben gesondert erfasst werden[15];
- ob die in der Vorgabezeit enthaltene Erholungszeit zu feststehenden Kurzpausen zusammengefasst werden soll[16] (die Dauer der Erholungszeit ist mitbestimmungspflichtig nach Nr. 11, vgl. Rz. 206)
- welche von mehreren Möglichkeiten für die Akkordermittlung gewählt wird[17];
- wie der Verlauf der Prämienkurve und die Prämienleistungsnorm ermittelt werden[18];
- wie die für die Provisionsart maßgeblichen Daten erhoben werden[19].

g) **Grenzen des MitbestR.** Neben tarifvertraglichen Regelungen findet das MitbestR aus Nr. 10 seine Grenze in § 75 Abs. 1. Insbesondere im Rahmen der betrAV sind daher der Gleichbehandlungsgrundsatz und das Diskriminierungsverbot zu beachten. Eingeschränkt wird das MitbestR auch durch § 23 JArbSchG, § 4 Abs. 3 Nr. 1 MuSchG, Art. 141 EWG-Vertrag und § 107 GewO[20]. 185

h) **Nichtbeachtung des MitbestR.** Hier gelten die allgemeinen Grundsätze. Allerdings können Ansprüche des ArbN auf neue Leistungen durch die Verletzung des MitbestR nicht begründet werden[21]. Zur besonderen Problematik der Änderungskündigung zur Änderung der Lohngestaltung siehe Rz 43. 186

i) **Gesetzessystematik.** Werden Entgeltleistungen durch eine Sozialeinrichtung erbracht, geht Nr. 8 als lex specialis vor. Die Art und Weise der Auszahlung des Arbeitsentgelts unterliegt nach Nr. 4 der Mitbest. Das Recht des BR, bei der Regelung von Fragen der betrAV mitzubestimmen, ergibt sich aus Nr. 10, wenn die Versorgungsleistungen durch Direktzusagen, über einen Pensionsfonds oder über eine Direkt- 187

---

1 Vgl. *Reichold*, Entgeltmitbestimmung als Gleichbehandlungsgrundsatz, RdA 1995, 147, 156 f.; HSWG/*Worzalla*, § 87 BetrVG Rz. 470 a. | 2 Vgl. *Reichold*, Entgeltmitbestimmung als Gleichbehandlungsgrundsatz, RdA 1995, 147, 157. | 3 Ausf.: Richardi/*Richardi*, § 87 BetrVG Rz. 821 ff. | 4 BAG v. 17.12.1968 – 1 AZR 178/68, AP Nr. 27 zu § 56 BetrVG. | 5 BAG v. 16.12.1986 – 1 ABR 26/85, AP Nr. 8 zu § 87 BetrVG 1972 – Prämie. | 6 Ausf. Richardi/*Richardi*, § 87 BetrVG Rz. 827 ff. | 7 BAG v. 29.3.1977 – 1 ABR 123/74, AP Nr. 1 zu § 87 BetrVG 1972 – Provision. | 8 St. Rspr., vgl. BAG v. 14.12.1993 – 1 ABR 31/93, AP Nr. 65 zu § 87 BetrVG 1972 – Lohngestaltung. | 9 BAG v. 3.12.1991 – GS 1/90, AP Nr. 52 zu § 87 BetrVG 1972 – Lohngestaltung; v. 11.6.2002 – 1 AZR 390/01, AP Nr. 113 zu § 87 BetrVG 1972 – Lohngestaltung. | 10 BAG v. 13.3.2001 – 1 ABR 7/00, ArbRB 2001, 42. | 11 St. Rspr.: BAG v. 29.3.1977 – 1 ABR 123/74, AP Nr. 1 zu § 87 BetrVG 1972 – Provision. | 12 Ausf.: Richardi/*Richardi*, § 87 BetrVG Rz. 814 ff. | 13 DKK/*Klebe*, § 87 BetrVG Rz. 250. | 14 BAG v. 24.11.1987 – 1 ABR 12/86, AP Nr. 6 zu § 87 BetrVG 1972 – Akkord. | 15 BAG v. 14.2.1989 – 1 AZR 97/88, AP Nr. 8 zu § 87 BetrVG 1972 – Akkord. | 16 BAG v. 24.11.1987 – 1 ABR 12/86, AP Nr. 6 zu § 87 BetrVG 1972 – Akkord. | 17 BAG v. 22.1.1980 – 1 ABR 48/77, AP Nr. 3 zu § 87 BetrVG 1972 – Lohngestaltung; v. 16.4.2002 – 1 ABR 34/01, AP Nr. 9 zu § 87 BetrVG 1972 – Akkord. | 18 Richardi/*Richardi*, § 87 BetrVG Rz. 825. | 19 Richardi/*Richardi*, § 87 BetrVG Rz. 830. | 20 IdF v. 22.2.1999, BGBl. I S. 202; zuletzt geändert am 11.10.2002, BGBl. I S. 3970. | 21 BAG v. 20.8.1991 – 1 AZR 326/90, AP Nr. 50 zu § 87 BetrVG 1972 – Lohngestaltung; v. 11.6.2002 – 1 AZR 390/01, AP Nr. 113 zu § 87 BetrVG 1972 – Lohngestaltung.

versicherung erbracht werden[1]. Werden die Versorgungsleistungen unter Einschaltung eines Versorgungsträgers, also insb. einer Pensions- oder Unterstützungskasse, erbracht, ist Nr. 8 einschlägig[2]. Betreiben mehrere Trägerunternehmen gemeinsam eine Gruppen-Unterstützungskasse, deren satzungsmäßige Organe über Form, Ausgestaltung und Verwaltung mehrheitlich entscheiden, so haben die BR der einzelnen Trägerunternehmen gemäß Nr. 10 mitzubestimmen, soweit das Abstimmungsverhalten ihres Unternehmens bei Beschlüssen der satzungsmäßigen Unterstützungskassen-Organe über Fragen der Lohngestaltung (insb. des Leistungsplans) festzulegen ist[3].

188 **j) Besonderheiten.** Besonderheiten, nämlich ein eingeschränktes MitbestR, ergeben sich bei der Mitbest. im Hinblick auf freiwillige Leistungen und die Anrechnung von Tariflohnerhöhungen auf Zulagen.

189 **aa) Besonderheiten bei freiwilligen Leistungen, insb. der betrAV.** Dass der ArbGeb freiwillige Leistungen erbringt oder zu erbringen gedenkt, schließt das MitbestR nicht aus, begrenzt es aber in seinem Umfang auf die gerechte Ausgestaltung der zusätzlichen Leistungen[4]. Freiwillige Leistungen sind solche, die der ArbGeb aufgrund eigener lohnpolitischer Entschlüsse von sich aus gewährt, ohne hierzu durch bindende tarifliche oder gesetzliche Vorgaben verpflichtet zu sein[5].

190 Ungeachtet sonstiger Beschränkungen aufgrund individualarbeits- oder tarifvertraglicher Bestimmungen unterliegen Entscheidungen des ArbGeb über freiwillige Leistungen, insb. über die betrAV, nur eingeschränkt dem MitbestR des BR aus Nr. 10. Dabei ist zwischen mitbestimmungsfreien unternehmerischen Grundentscheidungen und der mitbestimmungspflichtigen konkreten Ausgestaltung der Leistungsordnung zu unterscheiden[6]. Insoweit kann auf die Darstellung der Leitentscheidung des BAG vom 12.6.1975[7] verwiesen werden.

191 **(1) Mitbestimmungsfreie Entscheidungen.** Mitbestimmungsfrei sind folgende Fragen:

- ob und in welchem Umfang die Leistungen erbracht werden sollen[8];
- welchen abstrakten Zweck der ArbGeb mit der Leistung verfolgen will[9];
- wer generell zum begünstigten Personenkreis[10] gehören soll[11];
- die Art bzw. (Durchführungs-)form/Organisation der Leistungen und deren Änderung[12]
- die endgültige Abschaffung der Leistungen[13];
- die Kürzung/Erhöhung der Leistungen, wenn diese nicht zu einer Änderung der Verteilungsgrundsätze führt[14];
- Reduzierung des Dotierungsrahmens, wenn aus tatsächlichen oder rechtlichen Gründen kein Verteilungsspielraum für die verbliebenen Versorgungsmittel bleibt, ein abweichender Leistungsplan also nicht aufgestellt werden kann[15].

Im Rahmen der betrAV besteht kein MitbestR bei der Anpassung laufender Renten nach § 16 BetrAVG[16]. Hinsichtlich des Anspruchs auf betrAV durch Entgeltumwandlung (§ 1a BetrAVG)[17] scheitert das MitbestR bereits an der zwingenden gesetzlichen Regelung.

192 **(2) Mitbestimmungspflichtige Entscheidungen.** Der Mitbest. unterliegen die Entscheidungen, die sich auf die Lohnverteilung auswirken[18] und bei denen dem ArbGeb ein Regelungsspielraum verbleibt, nämlich die Aufstellung und Änderung der betrieblichen Regeln darüber, welcher Mitarbeiter unter welchen Voraussetzungen welche Leistungen erhalten oder versagt bekommen soll (Verteilungs-/Leistungsplan)[19]. Das gilt auch für die Neuverteilung der Leistungen nach mitbestimmungsfreier Kürzung des Dotierungsrahmens[20].

---

1 BAG v. 12.6.1975 – 3 ABR 13/74 und 3 ABR 137/73 und 3 ABR 66/74, AP Nr. 1, 2 und 3 zu § 87 BetrVG 1972 – Altersversorgung. |2 BAG v. 6.9.2000 – 3 AZR 607/99, nv. mwN. |3 BAG v. 22.4.1986 – 3 AZR 100/83, AP Nr. 13 zu § 87 BetrVG 1972 – Altersversorgung; v. 9.5.1989 – 3 AZR 439/88, AP Nr. 18 zu § 87 BetrVG 1972 – Altersversorgung. |4 BAG v. 12.6.1975 – 3 ABR 13/74, AP Nr. 1 zu § 87 BetrVG 1972 – Altersversorgung; v. 3.12.1991 – 2/90, AP Nr. 51 zu § 87 BetrVG 1972 – Lohngestaltung. |5 BAG v. 16.9.1986 – GS 1/82, AP Nr. 17 zu § 77 BetrVG 1972. |6 BAG v. 26.9.2000 – 3 AZR 570/99, DB 2000, 2075. |7 BAG v. 12.6.1975 – 3 ABR 137/73, AP Nr. 2 zu § 87 BetrVG 1972 – Altersversorgung. |8 BAG v. 13.7.1978 – 3 ABR 108/77 und BAG v. 16.2.1993 – 3 ABR 29/92, AP Nr. 5 und 19 zu § 87 BetrVG 1972 – Altersversorgung. |9 BAG v. 9.12.1980 – 1 ABR 80/77, AP Nr. 5 zu § 87 BetrVG 1972 – Lohngestaltung. |10 In den rechtlich zulässigen Grenzen (Gleichbehandlungsgebot). |11 BAG v. 8.12.1981 – 1 ABR 55/79, AP Nr. 1 zu § 87 BetrVG 1972 – Prämie. |12 BAG v. 16.3.1993 – 3 ABR 29/92, AP Nr. 19 zu § 87 BetrVG 1972 – Altersversorgung. |13 BAG v. 13.1.1987 – 1 ABR 51/85, AP Nr. 26 zu § 87 BetrVG 1972 – Lohngestaltung. |14 BAG v. 26.4.1988 – 3 AZR 277/87, AP Nr. 3 zu § 1 BetrAVG – Geschäftsgrundlage. |15 BAG v. 26.4.1988 – 3 AZR 168/86, AP Nr. 18 zu § 1 BetrAVG – Unterstützungskassen; v. 11.5.1999 – 3 AZR 21/98, AP Nr. 6 zu § 1 BetrAVG – Betriebsvereinbarung. |16 GK-BetrVG/*Wiese*, § 87 BetrVG Rz. 858 mwN. |17 *Blomeyer*, DB 2001, 1413 (1418); aA DKK/*Klebe*, § 87 BetrVG Rz. 264 a. |18 BAG v. 16.3.1993 – 3 ABR 29/92, AP Nr. 19 zu § 87 BetrVG 1972 – Altersversorgung. |19 BAG v. 18.3.1976 – 3 ABR 32/75, AP Nr. 4 zu § 87 BetrVG 1972 – Altersversorgung. |20 BAG v. 9.5.1989 – 3 AZR 439/88, AP Nr. 18 zu § 87 BetrVG 1972 – Altersversorgung.

bb) Besonderheiten bei der Anrechnung einer Tariflohnerhöhung auf Zulagen.

193 Besonderheiten ergeben sich bei der Anrechnung einer Tariflohnerhöhung auf über-/außertarifliche Zulagen[1]. Damit sind solche Zulagen gemeint, die über den tariflichen Leistungskatalog in Art bzw. Höhe hinausgehen. Unerheblich ist, ob der über-/außertarifliche Bestandteil auch als Zulage neben dem Tariflohn ausgewiesen wird. Entscheidend ist, ob auf das Arbeitsverhältnis ein Lohn- oder Gehaltstarifvertrag anwendbar und die Gesamtvergütung daher in einen tariflichen und einen übertariflichen Bestandteil aufteilbar ist[2]. Es kommt auch nicht darauf an, wie sich die Anrechnung vollzieht: durch eine konstitutive Entscheidung des ArbGeb – Widerruf oder Anrechnung – oder automatisch[3].

194 Bei rechtswidrigen Maßnahmen des ArbGeb steht dem BR kein MitbestR zu: Ist eine Zulage „tariffest", also die Anrechnung nach dem jeweiligen Individualarbeitsvertrag oder einer BV unzulässig, rechnet der ArbGeb aber dennoch (rechtsunwirksam) an, besteht nach der zutreffenden[4] Rspr. des BAG kein MitbestR des BR[5].

195 Ist die Anrechnung einer Tariflohnerhöhung auf bzw. der Widerruf solcher Zulagen aus Anlass und bis zur Höhe einer Tariflohnerhöhung individualrechtlich zulässig, unterliegt sie der Mitbest. nach Nr. 10, wenn folgende Voraussetzungen erfüllt sind:

- wenn sich dadurch die Verteilungsgrundsätze ändern und
- wenn für eine anderweitige Regelung innerhalb des vom ArbGeb mitbestimmungsfrei vorgegebenen Dotierungsrahmens ein Regelungsspielraum verbleibt.

196 Von einer Änderung der Verteilungsgrundsätze ist immer dann auszugehen, wenn sich aufgrund der Anrechnung das Verhältnis der Zulagen verschiedener ArbN zueinander verändert[6]. Dafür gibt es folgende **Beispiele aus der Rspr. des BAG**:

- Die Tariflohnerhöhung wird unterschiedlich auf die einzelnen Zulagen angerechnet[7].
- Die Tariflohnerhöhung wird scheinbar vollständig angerechnet, dadurch wird aber erst die Grundlage für die Neugewährung übertariflicher Leistungen geschaffen[8].
- Werden alle übertariflichen Zulagen um den gleichen Prozentsatz gekürzt, ändern sich die Verteilungsgrundsätze, wenn ein vereinbarter Sockelbetrag unterschritten würde oder wenn unterschiedlich hohe Zulagen zum jeweiligen Tariflohn gezahlt werden oder wenn die Tarifentgelte für verschiedene Entgeltgruppen um einen unterschiedlichen Prozentsatz erhöht werden und für alle ArbN die unterschiedliche Tariflohnerhöhung voll oder mit dem gleichen Prozentsatz angerechnet wird[9].
- Sieht ein TV eine zweistufige Tariferhöhung vor und verrechnet der ArbGeb nur die zweite, nicht aber die erste Stufe mit übertariflichen Zulagen, ändern sich die Verteilungsgrundsätze, wenn der ArbGeb damit ein einheitliches Regelungskonzept verfolgt (Sonderfall)[10].
- Die Verteilungsgrundsätze bleiben indes unberührt, wenn die Zulagen in einem einheitlichen und gleichen Verhältnis zum jeweiligen Tariflohn stehen, die Tariflöhne jeweils um den gleichen Prozentsatz erhöht werden und die Anrechnung im Umfang eines bestimmten Prozentsatzes der Tariflohnerhöhung erfolgt[11].
- Unterbleibt die vollständige Anrechnung versehentlich bei einem Teil der ArbN, greift das MitbestR nicht ein. Der ArbGeb ist dafür aber ggf. darlegungs- und beweispflichtig[12].

197 Weitere Voraussetzung für ein MitbestR ist, dass dem ArbGeb bei Kürzung oder Anrechnung ein Regelungsspielraum für eine anderweitige Anrechnung oder Kürzung der Zulagen verbleibt. Das ist nicht der Fall, wenn einer Änderung der Verteilungsgrundsätze tatsächliche oder rechtliche Hindernisse entgegenstehen. Ein tatsächliches Hindernis besteht, wenn die Anrechnung oder der Widerruf dazu führt, dass alle Zulagen wegfallen. Dann gibt es nämlich kein Zulagenvolumen mehr, das verteilt werden kann[13]. Ein rechtliches Hindernis besteht, wenn die Tariflohnerhöhung vollständig und gleichmäßig auf die Zulagen aller ArbN angerechnet wird oder alle Zulagen in Höhe der Tariflohnerhöhung aufgrund eines Widerrufsvorbehalts widerrufen werden[14].

---

1 Ausf. *Schneider*, DB 2000, 922. | 2 BAG v. 22.9.1992 – 1 AZR 405/90, AP Nr. 55 zu § 87 BetrVG 1972 – Lohngestaltung. | 3 BAG v. 3.12.1991 – GS 2/90, AP Nr. 51 zu § 87 BetrVG 1972 – Lohngestaltung, mit Hinweis auf die bis dato divergierenden Auffassungen einzelner Senate. | 4 AA Fitting, § 87 BetrVG Rz. 472. | 5 BAG v. 23.3.1993 – 1 AZR 520/92, AP Nr. 26 zu § 87 BetrVG 1972 – Tarifvorrang; v. 7.2.1996 – 1 AZR 657/95, AP Nr. 85 zu § 87 BetrVG 1972 – Lohngestaltung. | 6 BAG v. 26.5.1998 – 1 AZR 704/97, AP Nr. 98 zu § 87 BetrVG 1972 – Lohngestaltung. | 7 BAG v. 3.12.1991 – GS 2/90 und GS 1/90, AP Nr. 51 und 52 zu § 87 BetrVG 1972 – Lohngestaltung. | 8 BAG v. 17.1.1995 – 1 ABR 19/94, AP Nr. 71 zu § 87 BetrVG 1972 – Lohngestaltung. | 9 BAG v. 3.12.1991 – GS 2/90, AP Nr. 51 zu § 87 BetrVG 1972 – Lohngestaltung. | 10 BAG v. 14.2.1995 – 1 ABR 41/94, AP Nr. 72 zu § 87 BetrVG 1972 – Lohngestaltung. | 11 BAG v. 3.12.1991 – GS 2/90, AP Nr. 51 zu § 87 BetrVG 1972 – Lohngestaltung, mit Rechenbeispiel. | 12 BAG v. 31.10.1995 – 1 AZR 276/95, AP Nr. 80 zu § 87 BetrVG 1972 – Lohngestaltung. | 13 BAG v. 3.12.1991 – GS 2/90, AP Nr. 51 zu § 87 BetrVG 1972 – Lohngestaltung. | 14 BAG v. 3.12.1991 – GS 2/90, AP Nr. 51 zu § 87 BetrVG 1972 – Lohngestaltung.

198 Erfolgt die Anrechnung von Zulagen im ersten und die Neufestsetzung im zweiten Schritt, verbleibt ein Regelungsspielraum, wenn der Entscheidung des ArbGeb ein einheitliches Konzept zugrunde liegt[1]. Werden übertarifliche Zulagen in unterschiedlicher Höhe gewährt und sollen diese voll auf eine neu geschaffene tarifliche Zulage angerechnet werden, bleibt dennoch ein Regelungsspielraum, wenn gleichzeitig mit der Einführung der neuen Tarifzulage auch die Tarifgehälter linear erhöht werden und der ArbGeb nicht nur die Tarifgehälter entsprechend anhebt, sondern auch – ohne Rechtspflicht – seine übertariflichen Zulagen[2].

199 k) **Entgeltfindung für AT-Angestellte.** Die Vergütung außertariflicher (sog. AT-)Angestellter wird nicht durch TV geregelt, so dass §§ 77 Abs. 3 und 87 Abs. 1 Einleitungssatz einer betrieblichen Mitbest. im Hinblick auf die AT-Vergütungsstruktur nicht entgegenstehen[3]. Soweit die AT-Angestellten nicht gleichzeitig leitende Angestellte iSd. § 5 Abs. 3, 4 sind[4], unterliegen folgende abstrakt-generellen Grundsätze der Gehaltsfindung der **Mitbest.** nach Nr. 10:

- Bildung und Umschreibung von Gehaltsgruppen sowie deren Abstufung[5] (zB Tätigkeitsmerkmale);
- isolierte Festsetzung der Wertunterschiede zwischen den einzelnen AT-Gruppen – zB nach abstrakten Kriterien, nach Prozentsätzen oder sonstigen Bezugsgrößen[6];
- Verteilung des vom ArbGeb festgelegten Gesamtvolumens für die Gehaltserhöhung[7];
- Kriterien für Gehaltserhöhung bzw. für die Ausnahme davon[8].

Mitbestimmungsfrei indes sind

- die Festsetzung der Gehaltshöhe[9];
- Entscheidung, ob und in welchem Umfang die AT-Gehälter erhöht werden[10];
- die Festlegung der Wertunterschiede zwischen der letzten Tarif- und der ersten AT-Gruppe, weil damit gleichzeitig die Gehaltshöhe festgelegt wäre[11];
- die Festlegung eines Sockelbetrags, aus dem die Höhe der einzelnen AT-Gruppen zu errechnen ist[12].

200 11. **Festsetzung der Akkord- und Prämiensätze und vergleichbarer leistungsbezogener Entgelte (§ 87 Abs. 1 Nr. 11 BetrVG). a) Zweck.** Das MitbestR nach Nr. 11 bezieht sich auf die Festsetzung der Akkord- und Prämiensätze sowie vergleichbarer leistungsbezogener Entgelte, einschließlich der Geldfaktoren selbst, die als Teil der betrieblichen Lohngestaltung hinsichtlich ihrer Einführung und näheren Ausgestaltung schon dem MitbestR nach Nr. 10 unterliegen. Die Vorschrift räumt dem BR zusätzliche MitbestR ein, die sich noch nicht aus Nr. 10 ergeben. Die Beteiligung des BR soll gewährleisten, dass die von den ArbN erwartete Zusatzleistung sachgerecht bewertet wird und in einem angemessenen Verhältnis zum erzielbaren Mehrverdienst steht. Darüber hinaus soll vermieden werden, dass Leistungsanreize geschaffen werden, die zu einer Überforderung der ArbN führen. Deshalb erstreckt sich das MitbestR auch auf den Geldfaktor[13].

201 b) **Begriffsbestimmung.** Akkord- und Prämienlöhne sind nach der Rspr. des BAG dadurch gekennzeichnet, dass ihre Höhe proportional zur Leistung des ArbN ist und sich deshalb jede Änderung der Arbeitsleistung unmittelbar auf die Höhe des gezahlten Entgelts auswirkt. Dazu muss aber die Normalleistung ermittelt werden, die zur tatsächlichen Leistung in Bezug gesetzt wird[14].

202 aa) **Akkord.** Man unterscheidet zwischen Geld- und Zeitakkord. Beim Geldakkord wird die vom ArbN erbrachte Arbeitsmenge gemessen und jeder Mengeneinheit ein Geldbetrag (Geldfaktor) zugeordnet. Zur Berechnung des Akkordlohns bedarf es einer Akkordvorgabe. Das ist der pro Leistungseinheit festgesetzte Geldwert[15]. Beim Zeitakkord wird eine feste Vorgabezeit als Verrechnungsfaktor (Zeitfaktor) der zu erbringenden Arbeitsmenge zugeordnet. In Verbindung mit dem ebenfalls vorgegebenen Geldfaktor errechnet sich aus den erbrachten Leistungseinheiten der Verdienst[16].

---

[1] ZB: BAG v. 17.1.1995 – 1 ABR 19/94, AP Nr. 71 zu § 87 BetrVG 1972 – Lohngestaltung. [2] BAG v. 14.2.1995 – 1 AZR 565/94, AP Nr. 73 zu § 87 BetrVG 1972 – Lohngestaltung. [3] BAG v. 22.1.1980 – 1 ABR 48/77, AP Nr. 3 zu § 87 BetrVG 1972 – Lohngestaltung; v. 28.9.1994 – 1 AZR 870/93, AP Nr. 68 zu § 87 BetrVG 1972 – Lohngestaltung. [4] Vgl. BAG v. 27.10.1992 – 1 ABR 17/92, AP Nr. 61 zu § 87 BetrVG 1972 – Lohngestaltung. [5] BAG v. 27.10.1992 – 1 ABR 17/92, AP Nr. 61 zu § 87 BetrVG 1972 – Lohngestaltung; v. 28.9.1994 – 1 AZR 870/93, AP Nr. 68 zu § 87 BetrVG 1972 – Lohngestaltung. [6] BAG v. 22.12.1981 – 1 ABR 38/79, AP Nr. 7 zu § 87 BetrVG 1972 – Lohngestaltung; v. 27.10.1992 – 1 ABR 17/92, AP Nr. 61 zu § 87 BetrVG 1972 – Lohngestaltung. [7] BAG v. 27.10.1992 – 1 ABR 17/92, AP Nr. 61 zu § 87 BetrVG 1972 – Lohngestaltung. [8] BAG v. 27.10.1992 – 1 ABR 17/92, AP Nr. 61 zu § 87 BetrVG 1972 – Lohngestaltung. [9] BAG v. 22.1.1980 – 1 ABR 48/77, AP Nr. 3 zu § 87 BetrVG 1972 – Lohngestaltung; v. 21.1.2003 – 1 ABR 5/02, NZA 2003, 810. [10] BAG v. 27.10.1992 – 1 ABR 17/92, AP Nr. 61 zu § 87 BetrVG 1972 – Lohngestaltung; v. 21.1.2003 – 1 ABR 5/02, ArbRB 2003, 138. [11] BAG v. 22.1.1980 – 1 ABR 48/77, AP Nr. 3 zu § 87 BetrVG 1972 – Lohngestaltung. [12] GK-BetrVG/Wiese, § 87 BetrVG Rz. 941. [13] BAG v. 13.9.1983 – 1 ABR 32/81, AP Nr. 3 zu § 87 BetrVG 1972 – Prämie. [14] BAG v. 28.7.1981 – 1 ABR 56/78, AP Nr. 2 zu § 87 BetrVG 1972 – Provision. [15] Berechnungsbeispiel bei Richardi/*Richardi*, § 87 BetrVG Rz. 813 und DKK/*Klebe*, § 87 BetrVG Rz. 276. [16] Berechnungsbeispiel bei Richardi/*Richardi*, § 87 BetrVG Rz. 813 und DKK/*Klebe*, § 87 BetrVG Rz. 277.

Die Akkordvorgabe ist die vorgegebene Zeit, die aufgrund arbeitswissenschaftlicher Methoden[1] (Zeitstudien) ermittelt, geschätzt oder frei vereinbart wird. Maßstab dafür ist der Akkordrichtsatz, der festlegt, welcher Verdienst bei normaler Leistung pro Stunde erreicht werden soll. Die Vergütung erhöht oder verringert sich entsprechend der tatsächlich erbrachten Leistung. Der Akkordrichtsatz wird meist durch TV vorgegeben, so dass dann eine betriebliche Mitbest. ausscheidet. Teil der Vorgabezeiten sind auch die Erholungs- und Verteilzeiten.

bb) Prämien. Prämien sind eine besondere Form der Leistungsentlohnung. Die Höhe der Prämie ist proportional zur Leistung des ArbN. Das Ergebnis der Leistung muss für den ArbN beeinflussbar sein[2], die Leistung gemessen und mit einer Bezugsleistung verglichen werden. Als **Bezugsgrößen** kommen zB in Betracht[3]:

- Arbeitsmenge;
- Arbeitsausführung;
- Wirtschaftlichkeit;
- Reduzierung des Ausschusses.

Nicht der Mitbest. nach Nr. 11 (aber nach Nr. 10) **unterliegen** daher folgende Leistungen[4], weil diese nicht messbar sind:

- Treue-, Jubiläums-, Umsatz-, Jahresabschlussprämien;
- Anwesenheits- und Pünktlichkeitsprämien, weil die Leistung ohnehin geschuldet wird;
- Wettbewerbsprämien[5].

cc) Vergleichbare leistungsbezogene Entgelte. Vergleichbare leistungsbezogene Entgelte sind solche, bei denen die Leistung des ArbN gemessen und mit einer Bezugsleistung verglichen wird. Die Höhe der Vergütung bestimmt sich unmittelbar nach dem Verhältnis beider Leistungen zueinander[6]. Darunter fallen Leistungszulagen (für Arbeitsergebnis, -ausführung, -einsatz, -sorgfalt, -sicherheit usw.), die in Prozenten oder nach Punkten insb. zum Zeitlohn der jeweiligen Lohngruppe als Grundlohn gewährt werden. Auch das Stückentgelt der Heimarbeiter (§ 20 HAG)[7] ist ein solches vergleichbares leistungsbezogenes Entgelt. Nicht dazu gehören Zulagen (zB für Überstunden oder Nachtarbeit), die ohne weitere Anforderungen gleich bleiben. Leistungen, die vom wirtschaftlichen Erfolg des Unternehmens abhängen[8] (zB Gewinnbeteiligungen; Gratifikationen) oder die von der in einem vergangenen Beurteilungszeitraum erbrachten Leistung abhängen, fallen ebenfalls nicht unter Nr. 11[9], aber unter Nr. 10. Nach der Rspr. des BAG[10] sind auch Provisionen keine leistungsbezogenen Entgelte iSd. Nr. 11, weil es an der notwendigen Bezugsleistung fehlt[11]. Mithin fallen Abschluss[12]-, Vermittlungs-, Anteils- und Leitungsprovisionen[13] nicht unter Nr. 11, aber unter Nr. 10.

c) Umfang des MitbestR. Soweit nicht durch TV vorgegeben, gehören zur „Festsetzung" gemäß Nr. 11 und damit zu den mitbestimmungspflichtigen Maßnahmen:

- Ermittlung des Geldfaktors[14];
- Entscheidung, nach welchen – ggf. abgeänderten – arbeitswissenschaftlichen Systemen die Leistungsansätze erfolgen sollen[15];
- Vornahme von Zeitstudien und -aufnahmen[16];
- Dauer der Vorgabe-[17], Verteil-, Rüst-, Erholungs-[18] und Wartezeiten[19];
- Festsetzung der Prämienart, des Prämienausgangs- bzw. -grundlohns, des Prämienhöchstlohns, der Leistungsstufen, der einzelnen Prämien[20].

---

1 REFA, Bedaux-System, MTN usw. | 2 BAG v. 10.12.1965 – 4 AZR 411/64, AP Nr. 1 zu § 4 TVG – Tariflohn und Leistungsprämie. | 3 Vgl. DKK/*Klebe*, § 87 BetrVG Rz. 279. | 4 Vgl. GK-BetrVG/*Wiese*, § 87 BetrVG Rz. 987. | 5 BAG v. 10.7.1979 – 1 ABR 88/77, AP Nr. 2 zu § 87 BetrVG 1972 – Lohngestaltung. | 6 BAG v. 26.7.1988 – 1 AZR 54/87, AP Nr. 6 zu § 87 BetrVG 1972 – Provision; v. 15.5.2001 – 1 ABR 39/00, AP Nr. 17 zu § 87 BetrVG 1972 – Prämie. | 7 BAG v. 13.9.1983 – 3 AZR 343/81, AP Nr. 11 zu § 18 HAG. | 8 LAG Bremen v. 27.10.1978 – 1 TaBV 5/78, AP Nr. 1 zu § 87 BetrVG 1972 – Lohngestaltung. | 9 BAG v. 15.5.2001 – 1 ABR 39/00, AP Nr. 17 zu § 87 BetrVG 1972 – Prämie. | 10 BAG v. 13.3.1984 – 1 ABR 57/82, AP Nr. 4 zu § 87 BetrVG 1972 – Provision (Aufgabe der bisherigen Rspr.); v. 26.7.1988 – 1 AZR 54/87, AP Nr. 6 zu § 87 BetrVG 1972 – Provision. | 11 AA *Fitting*, § 87 BetrVG Rz. 533 mwN. | 12 BAG v. 13.3.1984 – 1 ABR 57/82, AP Nr. 4 zu § 87 BetrVG 1972 – Provision. | 13 BAG v. 28.7.1981 – 1 ABR 56/78, AP Nr. 2 zu § 87 BetrVG 1972 – Provision. | 14 BAG v. 13.9.1983 – 1 ABR 32/81, AP Nr. 3 zu § 87 BetrVG 1972 – Prämie; v. 16.12.1986 – 1 ABR 26/85, AP Nr. 8 zu § 87 BetrVG 1972 – Prämie. | 15 BAG v. 24.2.1987 – 1 ABR 18/85, AP Nr. 21 zu § 77 BetrVG 1972. | 16 BAG v. 24.2.1987 – 1 ABR 18/85, AP Nr. 21 zu § 77 BetrVG 1972; v. 24.11.1987, AP Nr. 6 zu § 87 BetrVG 1972 – Akkord. | 17 BAG v. 16.4.2002 – 1 ABR 34/01, AP Nr. 9 zu § 87 BetrVG 1972 – Akkord. | 18 BAG v. 24.2.1987 AP Nr. 21 zu § 77 BetrVG 1972; v. 24.11.1987 – 1 ABR 12/86, AP Nr. 6 zu § 87 BetrVG 1972 – Akkord. | 19 BAG v. 14.2.1989 – 1 AZR 97/88, AP Nr. 8 zu § 87 BetrVG 1972 – Akkord. | 20 BAG v. 13.9.1983 – 1 ABR 32/81; AP Nr. 3 zu § 87 BetrVG 1972 – Prämie; DKK/*Klebe*, § 87 BetrVG Rz. 286.

Durch das MitbestR für die Geldfaktoren, erhält der BR durch Nr. 11 ausnahmsweise das Recht, auch über die Lohnhöhe mitzubestimmen[1].

207 **d) Gesetzessystematik.** Nr. 11 ist im Verhältnis zu Nr. 10 lex specialis und enthält zusätzliche MitbestR bei der Festsetzung von Akkord- und Prämiensätzen[2].

208 **12. Betriebliches Vorschlagswesen (§ 87 Abs. 1 Nr. 12 BetrVG). a) Zweck.** Grundsätze über das betriebliche Vorschlagswesen unterliegen nach Nr. 12 der Mitbest. des BR. Zweck des MitbestR ist, dass die Behandlung betrieblicher Verbesserungsvorschläge für die ArbN durchschaubar wird. Es dient der Entfaltung der Persönlichkeit des ArbN, indem dieser zum Mitdenken und damit zur Teilnahme an der Gestaltung der Arbeit und der Entwicklung des Betriebes motiviert wird. Es dient seinem Schutz, indem es die Berücksichtigung seiner Initiative und seiner Leistung ordnet und durchschaubar macht und so dazu beiträgt, dass die ArbN des Betriebes insoweit gleichmäßig und nach den Grundsätzen von Recht und Billigkeit behandelt werden[3].

209 **b) Begriffsbestimmung.** Der Begriff des betrieblichen Vorschlagswesens umfasst Verbesserungsvorschläge, soweit sie nicht schon arbeitsvertraglich geschuldet sind[4]. Ob der BR im Hinblick auf Vorschläge von „Qualitätszirkeln" mitzubestimmen hat, ist umstritten[5]. Die Vorschläge müssen konstruktiv sein und können den technischen, sozialen, kaufmännischen oder organisatorischen Bereich betreffen; reine Kritik reicht nicht aus[6].

210 Die qualifizierten technischen Verbesserungsvorschläge (§ 3 ArbnErfG) werden zT abschließend durch das ArbnErfG[7] geregelt und unterliegen damit nicht der Mitbest. Soweit sie dem ArbGeb eine ähnliche Vorzugsstellung gewähren wie ein gewerbliches Schutzrecht (§ 20 Abs. 1 ArbnErfG), gelten für die Vergütung §§ 9 und 12 ArbnErfG. Es bleibt damit nur Raum für die Mitbest. in organisatorischen Fragen. Für einfache technische Verbesserungsvorschläge besteht hingegen ein volles MitbestR, soweit keine tarifliche Regelung entgegensteht (vgl. § 20 Abs. 2 ArbnErfG). Patent- und gebrauchsmusterfähige Erfindungen[8] gehören nicht zum betrieblichen Vorschlagswesen; hier gilt das ArbnErfG.

211 **c) Umfang der Mitbest.** Der ArbGeb darf allein entscheiden, ob er Mittel für die Entlohnung betrieblicher Verbesserungsvorschläge zur Verfügung stellt und wie hoch ggf. der Prämienetat sein soll[9]. Die Bewertung und Prämierung des einzelnen Verbesserungsvorschlags unterliegt ebenso wenig der Mitbest. des BR wie die Frage, ob ein Verbesserungsvorschlag verwendet werden[10] oder ob eine Anerkennungsprämie für nicht verwertete Vorschläge gezahlt werden soll.

212 Mitbestimmungspflichtig ist aber die Einführung und Aufstellung allgemeiner Grundsätze für die Bearbeitung der Vorschläge und die Bemessung der Prämien; auch wenn dadurch Kosten entstehen[11].

Zu den Grundsätzen gehören folgende Regelungskreise[12]:

- Organe (Beauftragter oder Ausschuss) und ggf. ihre Zusammensetzung und Aufgaben;
- Festlegung des teilnahmeberechtigten Personenkreises[13];
- Verfahrensvorschriften (Vorschlagsberechtigung; Prüfungsvoraussetzungen; Bewertungsmethoden; Grundsätze der Prämienberechnung; Verteilung der Prämie bei Gruppenvorschlägen).

Die Bestellung eines Erfinderberaters ist mitbestimmungspflichtig, weil § 21 Abs. 1 ArbnErfG dies ausdrücklich vorsieht. Das gilt aber nicht für die Bestellung eines Beauftragten für das betriebliche Vorschlagswesen[14].

213 **d) Initiativrecht.** Der BR hat ein Initiativrecht für die Einführung eines betrieblichen Vorschlagswesen, sobald ein allgemeines Bedürfnis für eine Regelung besteht. Davon ist nach der Rspr. des BAG auszugehen, wenn im Betrieb Verbesserungsvorschläge gemacht, vom ArbGeb angenommen und verwertet werden[15]. Im Übrigen setzt das BAG die Schwelle hoch: Nur wenn das Begehren des BR, ein betriebliches Vorschlagswesen einzuführen, rechtsmissbräuchlich wäre, soll ein Initiativrecht ausscheiden[16].

---

1 BAG v. 29.3.1977 – 1 ABR 123/74, AP Nr. 1 zu § 87 BetrVG 1972 – Provision; aA Richardi/*Richardi*, § 87, BetrVG Rz. 904 ff. | 2 BAG v. 29.3.1977 – 1 ABR 123/74, AP Nr. 1 zu § 87 BetrVG 1972 – Provision. | 3 BAG v. 16.3.1983 – 1 ABR 63/80, AP Nr. 2 zu § 87 BetrVG 1972 – Vorschlagswesen. | 4 ArbG Heilbronn v. 15.5.1986 – 4 Ca 136/85, DB 1987, 541; *Fitting*, § 87 BetrVG Rz. 541 mwN. | 5 Einerseits: GK-*Wiese*, § 87 BetrVG Rz. 1014; andererseits: *Fitting*, § 87 BetrVG Rz. 547. | 6 GK-BetrVG/*Wiese*, § 87 BetrVG Rz. 1012. | 7 IdF der Bekanntmachung vom 25.7.1957, BGBl. I S. 756, zuletzt geändert am 18.1.2002, BGBl. I S. 414. | 8 *Fitting*, § 87 BetrVG Rz. 542. | 9 BAG v. 16.3.1982 – 1 ABR 63/80, AP Nr. 2 zu § 87 BetrVG 1972 – Vorschlagswesen. | 10 BAG v. 16.3.1982 – 1 ABR 63/80, AP Nr. 2 zu § 87 BetrVG 1972 – Vorschlagswesen. | 11 BAG v. 28.4.1981 – 1 ABR 53/79, AP Nr. 1 zu § 87 BetrVG 1972 – Vorschlagswesen. | 12 BAG v. 28.4.1981 – 1 ABR 53/79, AP Nr. 1 zu § 87 BetrVG 1972 – Vorschlagswesen; v. 28.4.1981 – 1 ABR 53/79, AP Nr. 1 zu § 87 BetrVG 1972 – Vorschlagswesen. | 13 *Fitting*, § 87 BetrVG Rz. 553. | 14 BAG v. 16.3.1982 – 1 ABR 63/80, AP Nr. 2 zu § 87 BetrVG 1972 – Vorschlagswesen. *beachten ist aber ggf. die Mitbestimmung nach § 99 BetrVG, falls eine Einstellung oder Versetzung erforderlich ist.* | 15 BAG v. 28.4.1981 – 1 ABR 53/79, AP Nr. 1 zu § 87 BetrVG 1972 – Vorschlagswesen. | 16 BAG v. 28.4.1981 – 1 ABR 53/79, AP Nr. 1 zu § 87 BetrVG 1972 – Vorschlagswesen; krit.: GK-BetrVG/*Wiese*, § 87 BetrVG Rz. 1025.

13. Gruppenarbeit (§ 87 Abs. 1 Nr. 13 BetrVG). a) Zweck.
Die Durchführung von Gruppenarbeit unterliegt erst seit der Reform des BetrVG[1] der Mitbest. des BR nach § 87. Gesetzessystematisch ist Nr. 13 dort fehl am Platz, da nicht wie in den anderen Katalognummern nur einzelne Arbeitsbedingungen, sondern ein unternehmerisches Gesamtkonzept der Mitbest. unterworfen wird[2]. Teilautonome Gruppenarbeit fördert einerseits die Selbständigkeit und Eigeninitiative der Gruppe und der ArbN (vgl. auch § 75 Abs. 2 Satz 2). Andererseits birgt sie – so die Gesetzesbegründung – auch Gefahren, nämlich die „Selbstausbeutung" der Gruppenmitglieder und die Ausgrenzung leistungsschwächerer Mitarbeiter. Diesen soll durch die Mitbest. des BR begegnet werden[3].

b) Begriffsbestimmung. Der Begriff „Gruppenarbeit" ist im zweiten Halbsatz der Nr. 13 legal definiert: Danach ist Gruppenarbeit iS dieser Vorschrift, wenn

- im Rahmen des betrieblichen Arbeitsablaufs;
- eine Gruppe von ArbN;
- eine ihr übertragene Gesamtaufgabe;
- im Wesentlichen eigenverantwortlich erledigt.

Die Gruppe muss in den betrieblichen Ablauf integriert sein. Reine Arbeitsgruppen parallel zur üblichen Arbeitsorganisation, in der nur mehrere ArbN zusammengefasst sind (zB Projekt – oder Steuerungsgruppen), werden nicht erfasst[4]. Eine Gruppe besteht aus mindestens drei ArbN[5]. Job-Sharing-Arbeitsverhältnisse sind also keine Gruppe[6].

Der Gruppe muss eine Gesamtaufgabe von gewisser Dauer übertragen werden[7]. Die Eigenverantwortlichkeit resultiert daraus, dass der ArbGeb der Gruppe die arbeitgebertypischen Weisungsrechte überträgt. Die Gruppe reguliert und verwaltet sich innerhalb vorgegebener Grenzen selbst[8]. Sie steuert weitgehend die Ausführung der Aufgabe selbständig und kontrolliert – ggf. im Rahmen der Vorgaben – das Ergebnis. Demnach sind Akkordkolonnen, denen keine Entscheidungskompetenz übertragen wird[9], keine Gruppen iSd. Nr. 13.

c) Umfang des MitbestR. aa) Mitbestimmungsfreie Angelegenheiten. Mitbestimmungsfrei sind die Einführung[10] und Beendigung[11] der Gruppenarbeit. Der ArbGeb hat es also selbst in der Hand, ob er die Aufgaben weisungsgebundenen Arbeitsgruppen überträgt oder nach Nr. 13 mitbestimmungspflichtige Gruppenarbeit verrichten lässt. Er entscheidet mitbestimmungsfrei[12]

- ob,
- in welchem Umfang,
- in welchen Bereichen,
- wie lange,
- mit welcher Größe,
- in welcher personellen Zusammensetzung der Gruppe[13] er Gruppenarbeit verrichten lässt.

Auch die eigenverantwortlichen Entscheidungen der Gruppe, wie die Arbeit im Rahmen der ihr übertragenen Delegation zu erledigen ist[14], unterliegen nicht der Mitbest.

bb) Mitbestimmungspflichtige Angelegenheiten. Ein MitbestR nach Nr. 13 steht dem BR erst dann zu, wenn sich der ArbGeb entschlossen hat, Gruppenarbeit verrichten zu lassen. Dann hat der BR das Recht bei den Grundsätzen der Durchführung der Gruppenarbeit mitzubestimmen, also Verfahren und Organisation der Gruppenarbeit mit zu regeln. Dazu gehören zB[15] folgende Themenkomplexe[16]:

- Wahl, Stellung und Aufgaben des Gruppensprechers;
- Abhalten von Gruppengesprächen zwecks Meinungsbildung und -austausch;
- Zusammenarbeit in der Gruppe und mit anderen Gruppen;
- Berücksichtigung leistungsschwächerer ArbN;
- Konfliktlösung in der Gruppe.

---

1 Art. 1 Nr. 56 BetrVerf-Reformgesetz vom 27.7.2001, BGBl. I, 1852. | 2 *Preis/Elert*, NZA 2001, 371 (373); Richardi/*Richardi*, § 87 BetrVG Rz. 949. | 3 BT-Drs. 14/5741, S. 47. Krit.: *Preis/Elert*, NZA 2001, 371 (373 f.). | 4 Begr. RegE, BT-Drs. 14/5741, S. 48. | 5 *Löwisch*, BB 2001, 1790 (1792). | 6 GK-BetrVG/*Wiese*, § 87 BetrVG Rz. 1044. | 7 *Preis/Elert*, NZA 2001, 371 (372 f.). | 8 *Preis/Elert*, NZA 2001, 371 (372); *Löwisch*, BB 2001, 1790 (1792). | 9 *Preis/Elert*, NZA 2001, 371 (372 f.). | 10 *Fitting*, § 87 BetrVG Rz. 561, 572. | 11 *Fitting*, § 87 BetrVG Rz. 572; *Annuß*, NZA 2001, 370. | 12 Begründung zum Regierungsentwurf, BT-Drs. 14/5741, S. 47. | 13 *Preis/Elert*, NZA 2001, 371 (374); *Löwisch*, BB 2001, 1790 (1792); GK-BetrVG-/*Wiese*, § 87 BetrVG Rz. 1055; aA *Fitting*, § 87 BetrVG Rz. 575. | 14 *Löwisch*, BB 2001, 1790 (1792). | 15 Ausf.: GK-BetrVG/*Wiese*, § 87 BetrVG Rz. 1065. | 16 Begr. RegE, BT-Drs. 14/5741, S. 47.

218 **d) Delegation der Mitbest.** Der BR kann nach Maßgabe des § 28a (Rz 31) Aufgaben nach Nr. 13 auf die Gruppe delegieren, so dass die Gruppe mit dem ArbGeb Vereinbarungen treffen kann (§ 28a Abs. 2)[1]. Erzwingen kann der BR eine solche Delegation nicht, weil sie nicht mehr zu den Grundsätzen über die Durchführung der Gruppenarbeit gehört[2].

219 **e) Sonstige Beteiligungsrechte.** Auch im nach Nr. 13 mitbestimmungsfreien Bereich der Einführung oder Beendigung der Gruppenarbeit sind ggf. sonstige Beteiligungsrechte, zB nach Nr. 6 und 10, §§ 80 Abs. 2, 90, 91, 92, 95, 99, bzw. §§ 106 Abs. 3 Nr. 5, 111 Satz 3 Nr. 5 zu beachten.

220 **f) Übergangszeitraum.** Schon vor In-Kraft-Treten des BetrVerf-Reformgesetzes wurde Gruppenarbeit praktiziert. Sollen die Grundsätze nunmehr festgeschrieben oder geändert werden, können ArbGeb und BR dieses aufgrund des Initiativrechts von einander verlangen[3].

88 *Freiwillige Betriebsvereinbarungen*
Durch Betriebsvereinbarung können insbesondere geregelt werden

1. zusätzliche Maßnahmen zur Verhütung von Arbeitsunfällen und Gesundheitsschädigungen;

1a. Maßnahmen des betrieblichen Umweltschutzes;

2. die Errichtung von Sozialeinrichtungen, deren Wirkungsbereich auf den Betrieb, das Unternehmen oder den Konzern beschränkt ist;

3. Maßnahmen zur Förderung von Vermögensbildung;

4. Maßnahmen zur Integration ausländischer Arbeitnehmer sowie zur Bekämpfung von Rassismus und Fremdenfeindlichkeit im Betrieb.

Lit.: *Etzel*, Betriebsverfassungsrecht, Grundsätze über die Durchführung von Gruppenarbeit, 8. Auflage, 2002; *Franke/Hunold/Malter*, Das neue Betriebsverfassungsrecht, Dritter Abschnitt, Soziale Angelegenheiten, 2001, S. 85–92; *Annuß*, Mitwirkung und Mitbestimmung der Arbeitnehmer im Regierungsentwurf eines Gesetzes zur Reform des BetrVG, NZA 2001, 367; *Bauer*, 25 Jahre Betriebsverfassungsgesetz, NZA 1997, 233; *Blanke/Rosé*, Betriebsverfassung 2001: Flexible Mitbestimmung in modernen Zeiten, RdA 2001, 92; *Buchner*, Betriebsverfassungs-Novelle auf dem Prüfstand, NZA 2001, 379; *Däubler*, Die veränderte Betriebsverfassung – Erste Anwendungsprobleme –, AuR 2001, 285; *Däubler*, Eine bessere Betriebsverfassung?, Der Referentenentwurf zur Reform des BetrVG, AuR 2001, 1; *Engels/Treibing/Löhr-Steinhaus*, Regierungsentwurf eines Gesetzes zur Reform des Betriebsverfassungsgesetzes, DB 2001, 532; *Fischer*, Die Vorschläge von DGB und DAG zur Reform des Betriebsverfassungsgesetzes, NZA 2000, 167; *Franzen*, Freiheit der Arbeitnehmer zur Selbstbestimmung nach dem neuen BetrVG, FAZ 2001, IV Mitwirkungsbefugnisse des Betriebsrats, S. 441–450; *Göhner*, Bürokratie- und Kostenschub statt Fortschritt, FA 2001, 130; *Hanau*, Die Reform der Betriebsverfassung, NJW 2001, 2513; *Hanau*, Denkschrift, RdA 2001, 76; *Kiper*, Betrieblicher Umweltschutz in der neuen Betriebsverfassung, AiB 2001, 438; *Konzen*, Der Regierungsentwurf des Betriebsverfassungsreformgesetzes, RdA 2001, 1790; *Löwisch*, Änderung der Betriebsverfassung durch das Betriebsverfassungs-Reformgesetz, BB 2001, 1790; *Neef*, Wer schützt den Betriebsrat?, NZA 2001, 361; *Picker*, Betriebsverfassung und Arbeitsverfassung, RdA 2001, 258; *Plander*, Der operativen Rechte des Betriebsrats als Gegenstand einer Novellierung des Betriebsverfassungsgesetzes, DB 2000, 2014; *Preis/Elert*, Erweiterung der Mitbestimmung bei Gruppenarbeit, NZA 2001, 371; *Reichold*, Die reformierte Betriebsverfassung 2001, NZA 2001, 857; *Richardi*, Reform des Betriebsverfassungsgesetzes?, NZA 2000, 161; *Schiefer/Korte*, Der Referentenentwurf eines Gesetzes zur Reform des Betriebsverfassungsgesetzes, NZA 2001, 71.

1 **I. Allgemeines.** § 88 ergänzt die Vorschrift des § 87. Während § 87 erzwingbare MitbestR regelt, ermöglicht § 88 BV auch über Angelegenheiten in denen kein erzwingbares MitbestR besteht.

2 Dabei nennt das Gesetz beispielhaft fünf mögliche Regelungsgegenstände. Von diesen sind die Regelungen der Ziffern 1a und 4 durch das BetrVerf-Reformgesetz hinzugefügt worden.

3 Wie das Wort insb. im Gesetzeswortlaut zeigt, ist die Aufzählung nicht abschließend[4]. Dies galt auch schon vor der Hinzufügung zusätzlicher Regelungsgegenstände durch das BetrVerf-Reformgesetz. Die nun ausdrücklich erfasste Möglichkeit, in freiwilligen BV Maßnahmen des betrieblichen Umweltschutzes (Ziffer 1a) oder zur Integration ausländischer ArbN sowie zur Bekämpfung von Rassismus und Fremdenfeindlichkeit im Betrieb (Ziffer 4) zu regeln, bedeutet also substanziell nicht Neues[5]. Die Novellierung hat letztlich nur klarstellende Funktion[6] und erschöpft sich in ihrer symbolischen Wirkung.

---

1 Vgl. GK-BetrVG/*Wiese*, § 87 BetrVG Rz. 1068 mwN; krit. zu den damit verbundenen Gefahren: *Preis/Elert*, NZA 2001, 371 (374); ausf.: *Blanke*, RdA 2003, 140. | 2 *Annuß*, NZA 2001, 367, 370. aA DKK/*Klebe*, § 87 BetrVG Rz. 302. | 3 GK-BetrVG/*Wiese*, § 87 BetrVG Rz. 1070; *Löwisch*, BB 2001, 1790 (1791); abl. indes: *Däubler*, Probleme beim Übergang zum neuen Betriebsverfassungsrecht, DB 2001, 1669 (1671): Der BR könne die Fortführung *der Gruppenarbeit untersagen*. | 4 Einhellige Ansicht: BAG, vom 7.11.1989 – GS 3/85, DB 1990, 1724; Richardi/*Richardi*, § 88 BetrVG Rz. 6; GK-BetrVG/*Wiese*, § 88 BetrVG Rz. 7; ErfK/*Kania*, § 88 BetrVG Rz. 1; *Fitting*, § 88 BetrVG Rz. 2 mwN. | 5 DKK/*Däubler*, § 88 BetrVG Rz. 1. | 6 BT-Drs. 14/57/41, Seite 48 zu Nr. 57; DKK/*Däubler*, § 88 BetrVG Rz. 1; Richardi/*Richardi*, § 88 BetrVG Rz. 1.

II. Umfang der Regelungsbefugnis. 1. Mögliche Regelungsgegenstände. Zu den sozialen Angelegenheiten, die durch freiwillige BV geregelt werden können gehören alle Fragen, die auch Regelungsgegenstand des normativen Teils eines TV sein können[1].

Die Betriebspartner sind beim Abschluss freiwilliger BV nicht auf soziale Angelegenheiten beschränkt. Die Rspr. und ein Teil der Lit. leitet diese umfassende Regelungskompetenz der Betriebspartner unmittelbar aus § 88 ab[2]. Begründet wird dies mit der Entstehungsgeschichte der Vorschrift und damit, dass die der alten Fassung des BetrVG zeitlich nachfolgende Regelung des § 28 SprAuG umfassende Kompetenzen über die Vereinbarung von Richtlinien zwischen SprAu und ArbGeb beinhalte. Es sei davon auszugehen, dass die Regelungskompetenz des SprAu nicht weitergehen sollte als die Regelungskompetenz des BR[3].

Zutreffend verweist aber die in der Lit. wohl herrschende Gegenansicht auf die thematische Stellung der Vorschrift im Bereich der sozialen Angelegenheiten und nimmt an, eine über die sozialen Angelegenheiten hinausgehende Regelungskompetenz der Betriebspartner könne nicht aus § 88, sondern nur konkret aus ausdrücklichen gesetzlichen Regelungen (zB aus §§ 102 Abs. 6 und 112 Abs. 1 Satz 3) und aus allgemeinen Grundsätzen folgen[4]. Das Argument der Gegenansicht mit § 28 SprAuG überzeugt entsprechend nicht, weil es allein dafür spricht, dass auch nach dem BetrVG eine umfassende Regelungsbefugnis bestehen muss. Zu deren dogmatischem Anknüpfungspunkt lässt sich aus § 28 SprAuG nichts herleiten.

2. Grenzen der Mitbest. Das Recht freiwillige BV abzuschließen, besteht nicht schrankenlos. Anders als im Falle der mitbestimmungspflichtigen Angelegenheiten gem. § 87 fehlt eine dem Eingangssatz des § 87 entsprechende Spezialregelung. Damit ist der allgemeine Tarifvorrang des § 77 Abs. 3 zu beachten, dh. eine freiwillige BV ist schon bei bloßer Tarifüblichkeit der Regelung ausgeschlossen[5].

Dagegen gilt im Gegensatz zu § 87 der Gesetzesvorrang nur indirekt. Ein Gesetz zum selben Regelungsgegenstand schließt eine freiwillige BV nicht völlig aus. Allerdings ist sie nur im Rahmen der geltenden Gesetze zulässig und darf den gesetzlichen Regelungen nicht widersprechen[6].

Ausgeschlossen sind auch BV, die allein zu Lasten der ArbN wirken. Die Betriebsautonomie ist nämlich durch den Schutzzweck der BV eingeschränkt[7]. Dieser besteht darin, durch Einschaltung des BR als Sachwalter der Interessen der ArbN die Vertragsimparität zwischen ArbGeb und ArbN auszugleichen[8]. Dieser Zweck wird verfehlt, wenn BV sich ausschließlich zuungunsten der ArbN auswirken. Entsprechende BV sind wegen des Missbrauchs der Regelungsbefugnis der Betriebspartner unwirksam[9]. Im Verhältnis von vertraglichen Vereinbarungen zur BV gilt das Günstigkeitsprinzip als Regelungsschranke[10]. Ob eine Regelung belastend ist, ergibt sich aus dem Vergleich mit der Rechtslage, wie sie ohne BV bestünde[11]. Eine Ausnahme besteht dann, wenn eine günstigere ältere durch eine für ArbN ungünstige neue BV abgelöst wird. Grundsätzlich ist nämlich jede Regelung durch einen actus contrarius aufhebbar[12].

BV, die für die ArbN Vertragsstrafen begründen, sind jedenfalls dann unwirksam, wenn sie einzelvertraglichen Vertragsstrafenregelungen auch dann Vorrang einräumen, wenn sie für den ArbN ungünstiger sind[13]. Ebenso unzulässig sind Lohnverwendungsabreden, die den ArbN verpflichten, einheitliche Dienstkleidung zu tragen und sich an den Anschaffungskosten zu beteiligen[14] oder dazu verpflichten, für Kantinenessen unabhängig von der tatsächlichen Inanspruchnahme anteilig die Kosten zu tragen[15]. Unzulässig ist auch eine BV, die die Stundung fälliger Lohnansprüche vorsieht[16].

III. Zustandekommen/Wirkung/Kündbarkeit. Für das Zustandekommen, die Wirkung und die Kündbarkeit freiwilliger BV gelten die allgemeinen Vorschriften des § 77. Den ArbGeb trifft die allgemeine Durchführungspflicht gem. § 77 Abs. 1[17]. Dies bedeutet insb., dass er auch freiwillige BV während ihrer Laufzeit nicht einseitig außer Kraft setzen, sondern nur kündigen kann. Das Recht zur Kündigung kann in der BV ausgeschlossen oder in seiner Wirkung beschränkt werden[18].

Freiwillige BV wirken nicht nach. Dies folgt aus § 77 Abs. 6, der eine Nachwirkung nur für solche BV, in denen der Spruch der Einigungsstelle die Einigung zwischen den Betriebspartnern ersetzen kann, also gerade nicht für freiwillige BV vorsieht. Allerdings kann die Nachwirkung vereinbart werden[19]. Solche

---

1 Ganz hM: vgl. nur ErfK/*Kania*, § 88 BetrVG Rz. 1; *Fitting*, § 88 BetrVG Rz. 3; DKK/*Däubler*, § 88 BetrVG Rz. 1. |2 BAG, v. 7.11.1989 – GS 3/85, DB 1990, 1724; *Fitting*, § 88 BetrVG Rz. 3. |3 BAG, v. 7.11.1989 – GS 3/85, DB 1990, 1724; *Fitting*, § 88 BetrVG Rz. 4. |4 GK-BetrVG/*Wiese*, § 88 BetrVG Rz. 10; GK-BetrVG/*Kreutz*, § 77 BetrVG Rz. 68; HSWG/*Worzalla*, § 88 BetrVG Rz. 3; Richardi/*Richardi*, § 88 BetrVG Rz. 3. |5 LAG BW v. 13.11.1999 – 17 TaBV 3/98, AuR 1999, 156; DKK/*Däubler*, § 88 BetrVG Rz. 2. |6 BAG, v. 7.11.1989 – GS 3/85, NZA 1990, 816 (821). |7 *Canaris*, AuR 1966, 129 ff. |8 GK-BetrVG/*Kreutz*, § 77 BetrVG Rz. 236, 356 f. |9 BAG v. 12.8.1982 – 6 AZR 1117/79, BAGE 39, 295; v. 6.8.1991 – 1 AZR 3/90, BB 1992, 427; v. 1.12.1992 – 1 AZR 260/92, BB 1993, 939; Richardi/*Richardi*, § 88 BetrVG Rz. 7; *Stege/Weinspach/Schiefer*, § 88 BetrVG Rz. 3a. |10 BAG v. 1.12.1992 – 1 AZR 260/92, BB 1993, 939. |11 *Fitting*, § 88 BetrVG Rz. 7. |12 GK-BetrVG/*Kreutz*, § 77 BetrVG Rz. 273. |13 BAG v. 6.8.1991 – 1 AZR 3/90, BB 1992, 427. |14 BAG v. 1.12.1992 – 1 AZR 260/92, BB 1993, 939. |15 BAG v. 11.7.2000 – 1 AZR 551/99, BB 2001, 471. |16 LAG BW v. 27.4.1977 – 8 Sa 203/76, DB 1977, 1706. |17 BAG v. 13.10.1987 – 1 ABR 51/86, NZA 1988, 253; DKK/*Däubler*, § 88 BetrVG Rz. 3 mwN. |18 *Fitting*, § 88 BetrVG Rz. 9. |19 BAG v. 28.4.1998 – 1 ABR 43/97, NZA 1998, 1348.

Vereinbarungen sind in der Regel so auszulegen, dass die Nachwirkung auch einseitig gegen den Willen der anderen Seite beendet werden kann. Im Zweifel geht das BAG davon aus, dass die Betriebspartner eine Konfliktlösung entsprechend der erzwingbaren Mitbest. wollen. Scheitern Verhandlungen über eine einvernehmliche Neuregelung kann die Einigungsstelle angerufen werden, die verbindlich entscheidet[1].

13 **IV. Ausdrücklich erwähnte Angelegenheiten. 1. Verhütung von Arbeitsunfällen und Gesundheitsschädigungen.** Die Regelung des § 88 Nr. 1 ergänzt die Vorschrift des § 87 Abs. 1 Nr. 7. Während danach Maßnahmen innerhalb des Rahmens gesetzlicher Vorschriften der erzwingbaren Mitbest. unterworfen sind, ermöglicht § 88 Nr. 1 zusätzliche Regelungen, die über diesen Rahmen hinausgehen, also Maßnahmen, zu denen der ArbGeb nicht ohnehin aufgrund gesetzlicher oder tariflicher Vorschriften verpflichtet ist.

14 Möglich sind Regelungen im Bereich der Sicherheitstechnik wie beispielsweise die Festlegung von Höchstgeschwindigkeiten auf dem Werksgelände oder von Höchstdrehzahlen für Maschinen[2] oder organisatorische Maßnahmen, wie die Einführung von Reihenuntersuchungen[3], die Einführung gesetzlich nicht vorgeschriebener Feuerschutzeinrichtungen, Alarmvorrichtungen oder Einrichtung einer Unfallstation, die Verbesserung der Arbeitsumgebung (zB durch Verbesserung der Licht- und Luftverhältnisse oder durch Lärmreduktion) oder auch die Durchführung von Sicherheitswettbewerben[4].

15 **2. Maßnahmen des betrieblichen Umweltschutzes.** Die ausdrückliche Nennung von Maßnahmen des betrieblichen Umweltschutzes als Gegenstand einer freiwilligen BV erfolgte durch das BetrVerf-Reformgesetz vor 2001. Sie steht im Kontext mit der Änderung zahlreicher weiterer Vorschriften, die durch das Thema betrieblicher Umweltschutz erweitert worden sind (vgl. zB §§ 43 Abs. 2 Satz 2, 80 Abs. 1 Nr. 9, 89 Nr. 1).

16 Eine Legaldefinition des Begriffes „betrieblicher Umweltschutz" findet sich in § 89 Abs. 3[5]. Weitgehende Einigkeit besteht darüber, dass unter betrieblichem Umweltschutz nur solche Fragen zu fassen sind, die den Betrieb unmittelbar berühren, ein allgemeines umweltpolitisches Mandat der Betriebspartner besteht nicht. Die Abgrenzung gestaltet sich schwierig. Was bleibt, ist eine an Beispielen orientierte Näherung. So kann der ArbGeb nicht per BV zur Gewinnung von Solarstrom auf dem Dach des Firmengebäudes verpflichtet werden[6]. Wie fließend die Grenzen sind, zeigt sich aber daran, dass auf der anderen Seite die Vereinbarung von umweltfreundlichen Produktionstechniken für zulässig gehalten wird[7]. Es bleibt daher abzuwarten, welche Grenzen die Rspr. ziehen wird.

17 Weitere Beispiele für Maßnahmen des betrieblichen Umweltschutzes sind die Reduzierung von Lärm- und Schadstoffemissionen, Vereinbarungen über ein Öko-Controlling oder über die Fortbildung von ArbN in Umweltfragen[8]. Gerade zu Letzterem wird aber nach dem Inhalt der Fortbildung zu fragen sein. So dürften Vereinbarungen über Fortbildungen in allgemeinen umweltpolitischen Fragen ohne jeglichen Betriebsbezug (zB über den Schutz der Meere in nicht küstennahen Betrieben) nicht von § 88 BetrVG gedeckt sein. Der notwendige Betriebsbezug kann nämlich nicht allein dadurch vermittelt werden, dass es um die Weiterbildung von Betriebsangehörigen geht. So hat das BAG zumindest unter Geltung des früheren Rechts in einem Urteil, dass sich mit der Geeignetheit einer Schulungsveranstaltung nach § 37 Abs. 7 beschäftigte, festgestellt, dass der BR kein Mandat habe, sich mit umweltschutzrelevanten Fragestellungen zu befassen, die allein dem Interesse der Allgemeinheit dienen[9].

18 **3. Errichtung von Sozialeinrichtungen.** § 88 Nr. 2 ergänzt für Sozialeinrichtungen die den mitbestimmungspflichtigen Teil regelnde Vorschrift des § 87 Abs. 1 Nr. 7. ArbGeb und BR können in einer freiwilligen BV die Einrichtung, Auflösung und die finanzielle Ausstattung einer Sozialeinrichtung regeln. Die funktionale Zuständigkeit des BR, Gesamt- oder KonzernBR richtet sich dabei nach dem Wirkungskreis der Regelung.

19 Grundsätzlich ist es allein Sache des ArbGeb die Entscheidung über das „ob" einer Sozialeinrichtung und ihre finanzielle Ausstattung zu treffen. Gemäß § 88 Ziff. 2 kann er sich aber gegenüber dem BR in einer freiwilligen BV zur Einrichtung oder einer bestimmten finanziellen Ausstattung verpflichten. Dabei ist zu beachten, dass dann, wenn durch BV die Verpflichtung zur Einrichtung besteht, der ArbGeb von einem ansonsten bestehenden Recht zur Auflösung nicht mehr ohne weiteres Gebrauch machen kann. Vielmehr ist er gezwungen vor Auflösung der Sozialeinrichtung die Einrichtung regelnde BV zu kündigen[10].

20 **4. Förderung der Vermögensbildung.** Die Vorschrift trägt der Bildung von Vermögen in Arbeitnehmerhand Rechnung. Sie korrespondiert mit den Regelungen des Fünften Vermögensbildungsgesetzes idF vom 7.9.1998[11], das in seinem § 10 Abs. 1 die BV ausdrücklich als Rechtsgrundlage für zusätzlich zum Arbeitsentgelt gewährte vermögenswirksame Leistungen beschreibt.

---

1 BAG v. 28.4.1998 – 1 ABR 43/97, NZA 1998, 1348. | 2 *Fitting*, § 88 BetrVG Rz. 16. | 3 *Löwisch*, DB 1987, 936 (938 f.). | 4 BAG v. 24.3.1981 – 1 ABR 32/78, DB 1981, 1674. | 5 Zum Inhalt der Definition und zu deren Kritik siehe die Kommentierung zu § 89 BetrVG Rz. 23 ff. | 6 *Löwisch/Kaiser*, § 88 BetrVG Rz. 3; *Stege/Weinspach/Schiefer*, § 88 BetrVG Rz. 6a; *Reichold*, NZA 2001, 857 (863). | 7 *Dachrodt/Engelbert*, § 88 BetrVG Rz. 7. | 8 Diese und weitere Beispiele bei *Fitting*, § 88 BetrVG Rz. 18. | 9 BAG v. 11.10.1995 – 7 ABR 42/94, BB 1996, 1440. | 10 Einhellige Ansicht: vgl. nur HSWG/*Worzalla*, § 88 BetrVG Rz. 8; GK-BetrVG/*Wiese*, § 88 BetrVG Rz. 24, jeweils mwN. | 11 BGBl I S. 2647.

ArbGeb und BR können auch andere Anlagearten vereinbaren, als sie im Vermögensbildungsgesetz geregelt sind[1]. Der mögliche Maßnahmenkatalog wird durch die Erwähnung der BV nicht begrenzt.

Umstritten ist, ob § 77 Abs. 3 Anwendung findet, wenn vermögenswirksame Leistungen durch TV geregelt sind oder üblicherweise geregelt werden. Unter Hinweis auf den gesetzgeberischen Zweck und die große Bedeutung von Vermögen in Arbeitnehmerhand wird dies zum Teil verneint[2]. § 77 Abs. 3 sei in Bezug auf vermögenswirksame Leistungen restriktiv auszulegen. Im Übrigen handele es sich bei vermögenswirksamen Leistungen nur um einen Randbereich der Lohnpolitik, in dem der Zweck des Sperrvorrangs im Hinblick auf die erkennbare Absicht des Gesetzes, BV über Fragen der Vermögensbildung zu begünstigen, nicht mehr durchschlage[3].

Diese Auffassung findet in der Gesetzesbegründung keine Stütze. Zutreffend verweist die Gegenansicht darauf, dass das BetrVG in § 112 Abs. 1 Satz 4 eine Einschränkung des § 77 Abs. 3 ausdrücklich kenne. Das Fehlen einer solchen Einschränkung in § 88 lässt nur den Schluss zu, dass § 77 Abs. 3 gerade nicht eingeschränkt wird und BV unzulässig sind, wenn vermögenswirksame Leistungen tarifvertraglich geregelt sind oder üblicherweise geregelt werden[4].

Schnittpunkte ergeben sich mit dem MitbestR aus § 87 Abs. 1 Nr. 10. Da vermögenswirksame Leistungen Bestandteil des Lohns und Gehalts sind, sind sie Teil der betrieblichen Lohngestaltung, bei der dem BR ein MitbestR zusteht. Allerdings bezieht sich dieses Recht nicht auf die Einführung solcher Leistungen, sondern allein auf deren Verteilung.

5. Maßnahmen zur Integration ausländischer ArbN sowie zur Bekämpfung von Rassismus und Fremdenfeindlichkeit im Betrieb. Die Maßnahmen zur Integration ausländischer ArbN sowie zur Bekämpfung von Rassismus und Fremdenfeindlichkeit im Betrieb sind durch das BetrVerf-Reformgesetz 2001 neu in das Gesetz eingefügt worden.

Was Inhalt einer solchen BV sein kann, bleibt den Betriebspartnern überlassen. Möglich sind zB Aufklärungsaktionen, besondere Veranstaltungen oder die Bestellung besonderer Ansprechpartner. Ansonsten sollen „phantasievolle Regelungen" gefragt sein[5].

Mit der Novellierung hat sich die Regelungszuständigkeit des BR nicht erweitert, sondern nur konkretisiert. Insbesondere wird den Betriebsparteien kein von den sozialen Angelegenheiten abweichender neuer Regelungsgegenstand zugewiesen[6]. Die Bekämpfung von Rassismus und Fremdenfeindlichkeit als Handlungsauftrag ist aber eher allgemeinpolitisch angelegt[7]. So besteht durchaus die Gefahr, dass § 88 Ziff. 4 als Einfallstor für gem. § 74 Abs. 2 Satz 2 untersagte parteipolitische Aktivitäten genutzt wird[8].

V. Streitigkeiten. Da die Betriebspartner nicht zum Abschluss freiwilliger BV gezwungen werden können, ist die Anrufung der Einigungsstelle nur im beiderseitigen Einvernehmen möglich. Ihr Spruch ist nur bindend, wenn beide Parteien ihn annehmen oder sich ihm unterworfen haben.

Streitigkeiten über das Bestehen, den Inhalt und die Durchführung einer freiwilligen BV entscheidet das ArbG im Beschlussverfahren. Gleiches gilt für Streitigkeiten über die Frage, ob eine Angelegenheit im Wege einer freiwilligen BV geregelt werden kann[9].

Ansprüche einzelner ArbN aus einer BV sind im Urteilsverfahren geltend zu machen.

89 Arbeits- und betrieblicher Umweltschutz

(1) Der Betriebsrat hat sich dafür einzusetzen, dass die Vorschriften über den Arbeitsschutz und die Unfallverhütung im Betrieb sowie über den betrieblichen Umweltschutz durchgeführt werden. Er hat bei der Bekämpfung von Unfall- und Gesundheitsgefahren die für den Arbeitsschutz zuständigen Behörden, die Träger der gesetzlichen Unfallversicherung und die sonstigen in Betracht kommenden Stellen durch Anregung, Beratung und Auskunft zu unterstützen.

(2) Der Arbeitgeber und die in Absatz 1 Satz 2 genannten Stellen sind verpflichtet, den Betriebsrat oder die von ihm bestimmten Mitglieder des Betriebsrats bei allen im Zusammenhang mit dem Arbeitsschutz oder der Unfallverhütung stehenden Besichtigungen und Fragen und bei Unfalluntersuchungen hinzuzuziehen. Der Arbeitgeber hat den Betriebsrat auch bei allen im Zusammenhang mit dem betrieblichen Umweltschutz stehenden Besichtigungen und Fragen hinzuzuziehen und ihm

---

[1] Richardi/*Richardi*, § 88 BetrVG Rz. 28; Löwisch/*Kaiser*, § 88 BetrVG Rz. 6. | [2] *Fitting*, § 88 BetrVG Rz. 21; Richardi/*Richardi*, § 88 BetrVG Rz. 29; DKK/*Däubler*, § 88 BetrVG Rz. 13; *Schimana/Frauenkron*, DB 1985, 531 (538). | [3] *Löwisch*, AuR 178, 97 (107). | [4] So auch GK-BetrVG/*Wiese*, § 88 BetrVG Rz. 29; HSWG/*Konzen*, § 88 BetrVG Rz. 11; ErfK/*Hanau/Kania*, § 88 BetrVG Rz. 6; *Stege/Weinspach/Schiefer*, § 88 BetrVG Rz. 9; *Konzen*, BB 1977, 1307 (1312); im Ergebnis auch *Loritz*, DB 1985, 531 (538), der die Kompetenz der Betriebspartner nur für die Vereinbarung von betrieblichen Beteiligungen bejaht, weil hier den Tarifparteien die Regelungskompetenz fehle, ansonsten aber verneint. | [5] *Fitting*, § 88 BetrVG Rz. 27. | [6] Richardi/*Richardi*, § 88 BetrVG Rz. 33; *Annuß*, NZA 2001, 367 (370). | [7] *Picker*, RdA 2001, 257 (274). | [8] Dies andeutend: *Däubler*, AuR 2001, 1 (7), der die Möglichkeit zu Vereinbarungen sieht, bei denen bisher immer die Gefahr parteipolitischer Betätigung bestanden habe. | [9] *Fitting*, § 88 BetrVG Rz. 29 mwN.

unverzüglich die den Arbeitsschutz, die Unfallverhütung und den betrieblichen Umweltschutz betreffenden Auflagen und Anordnungen der zuständigen Stellen mitzuteilen.

(3) Als betrieblicher Umweltschutz im Sinne dieses Gesetzes sind alle personellen und organisatorischen Maßnahmen sowie alle die betrieblichen Bauten, Räume, technische Anlagen, Arbeitsverfahren, Arbeitsabläufe und Arbeitsplätze betreffenden Maßnahmen zu verstehen, die dem Umweltschutz dienen.

(4) An Besprechungen des Arbeitgebers mit den Sicherheitsbeauftragten im Rahmen des § 22 Abs. 2 des Siebten Buches Sozialgesetzbuch nehmen vom Betriebsrat beauftragte Betriebsratsmitglieder teil.

(5) Der Betriebsrat erhält vom Arbeitgeber die Niederschriften über Untersuchungen, Besichtigungen und Besprechungen, zu denen er nach den Absätzen 2 und 4 hinzuzuziehen ist.

(6) Der Arbeitgeber hat dem Betriebsrat eine Durchschrift der nach § 193 Abs. 5 des Siebten Buches Sozialgesetzbuch vom Betriebsrat zu unterschreibenden Unfallanzeige auszuhändigen.

Lit.: *Etzel*, Betriebsverfassungsrecht, Grundsätze über die Durchführung von Gruppenarbeit, 8. Auflage, 2002; *Franke/Hunold/Malter*, Das neue Betriebsverfassungsrecht, Dritter Abschnitt, Soziale Angelegenheiten, 2001, S. 85–92; *Annuß*, Mitwirkung und Mitbestimmung der Arbeitnehmer im Regierungsentwurf eines Gesetzes zur Reform des BetrVG, NZA 2001, 367; *Bauer*, 25 Jahre Betriebsverfassungsgesetz, NZA 1997, 233; *Blanke/Rosé*, Betriebsverfassung 2001: Flexible Mitbestimmung in modernen Zeiten, RdA 2001, 92; *Buchner*, Betriebsverfassungs-Novelle auf dem Prüfstand, NZA 2001, 379; *Däubler*, Die veränderte Betriebsverfassung – Erste Anwendungsprobleme –, AuR 2001, 285; *Däubler*, Eine bessere Betriebsverfassung?, Der Referentenentwurf zur Reform des BetrVG, AuR 2001, 1; *Engels/Treibing/Löhr-Steinhaus*, Regierungsentwurf eines Gesetzes zur Reform des Betriebsverfassungsgesetzes, DB 2001, 532; *Fischer*, Die Vorschläge von DGB und DAG zur Reform des Betriebsverfassungsgesetzes, NZA 2000, 167; *Franzen*, Freiheit der Arbeitnehmer zur Selbstbestimmung nach dem neuen BetrVG, FAZ 2001, IV Mitwirkungsbefugnisse des Betriebsrats, S. 441–450; *Göhner*, Bürokratie- und Kostenschub statt Fortschritt, FA 2001, 130; *Hanau*, Die Reform der Betriebsverfassung, NJW 2001, 2513; *Hanau*, Denkschrift, RdA 2001, 76; *Kiper*, Betrieblicher Umweltschutz in der neuen Betriebsverfassung, AiB 2001, 438; *Konzen*, Der Regierungsentwurf des Betriebsverfassungsreformgesetzes, RdA 2001, 1790; *Löwisch*, Änderung der Betriebsverfassung durch das Betriebsverfassungs-Reformgesetz, BB 2001, 1790; *Neef*, Wer schützt den Betriebsrat?, NZA 2001, 361; *Picker*, Betriebsverfassung und Arbeitsverfassung, RdA 2001, 258; *Plander*, Der operativen Rechte des Betriebsrats als Gegenstand einer Novellierung des Betriebsverfassungsgesetzes, DB 2000, 2014; *Preis/Elert*, Erweiterung der Mitbestimmung bei Gruppenarbeit, NZA 2001, 371; *Reichold*, Die reformierte Betriebsverfassung 2001, NZA 2001, 857; *Richardi*, Reform des Betriebsverfassungsgesetzes?, NZA 2000, 161; *Schiefer/Korte*, Der Referentenentwurf eines Gesetzes zur Reform des Betriebsverfassungsgesetzes, NZA 2001, 71.

1 **I. Allgemeines.** § 89 beschreibt die Rechtsstellung des BR im Bereich Arbeitsschutz und Umweltschutz. Die Neuaufnahme des Umweltschutzes durch das BetrVerf-Reformgesetz 2001 trägt der Tatsache Rechnung, dass beide Bereiche schon immer eng verwoben waren[1]. Ihre Wechselwirkung wird in der Gesetzesbegründung ausdrücklich hervorgehoben[2]. Sie ist inzwischen auch in mehreren anderen Gesetzen, zB im Chemikaliengesetz, in der Gefahrstoffverordnung und in der Störfallverordnung anerkannt.

2 Die Vorschrift fügt sich ein in den Kontext der Aufnahme von Fragen des betrieblichen Umweltschutzes in zahlreichen weiteren Vorschriften des BetrVG, so insb. in § 80 Abs. 1 Nr. 9, § 88 Nr. 1a, §§ 43, 45, 74 sowie in § 106 Abs. 3 Nr. 5a.

3 **II. Aufgaben des BR. 1. Einsatz für die Durchführung der Vorschriften über den Arbeitsschutz und die Unfallverhütung im Betrieb (Abs. 1 Satz 1).** Der BR hat sich dafür einzusetzen, dass die Vorschriften über den Arbeitsschutz und die Unfallverhütung im Betrieb sowie über den betrieblichen Umweltschutz durchgeführt werden.

4 **a) Vorschriften über Arbeitsschutz, Unfallverhütung und betrieblichen Umweltschutz.** Zu den Vorschriften über Arbeitsschutz und Unfallverhütung gehören allgemein die staatlichen Regelungen zu den genannten Materien inklusive konkretisierender Einzelanweisungen[3] sowie TV und BV, die Maßnahmen zur Verhütung von Unfällen, zum Arbeits- oder betrieblichen Umweltschutz regeln[4].

5 **aa) Vorschriften über Arbeitsschutz.** Zu den Vorschriften über den Arbeitsschutz zählen dabei insb. alle bindenden Regeln, die der Verhütung von Arbeitsunfällen oder arbeitsbedingten Erkrankungen dienen (technischer Arbeitsschutz)[5].

6 In manchen Gesetzen wird dabei auf die allgemein anerkannten Regeln der Technik Bezug genommen. Diese haben als solche zwar nicht die Qualität einer Rechtsnorm, verlangen aber nach Maßgabe der auf sie bezugnehmenden Normen Beachtung und sind in diesem Umfang verbindlich. Soweit dies der Fall ist, gehören auch die Regeln der Technik zu den Vorschriften iSd. § 89[6].

---

1 Vgl. *Kloepfer/Veit*, NZA 1990, 121, (123); Richardi/*Annuß*, § 89 BetrVG Rz. 1 mwN. | 2 BT-Drs. 14/5741, S. 48. | 3 MünchArbR/*Matthes*, § 344, Rz. 8; Richardi/*Annuß*, § 89 BetrVG Rz. 4. | 4 Einhellige Ansicht: vgl. nur GK-BetrVG/*Wiese*, § 89 BetrVG Rz. 9 ff.; Richardi/*Annuß*, § 89 BetrVG Rz. 4 mwN. | 5 Beispiele finden sich ua. im ArbSchG, im ASiG, im BBergG, im SeemG, im GenTG sowie in den UVV der gesetzlichen Unfallversicherung. | 6 GK-BetrVG/*Wiese*, § 89 BetrVG Rz. 16 mwN.

Der BR hat sich auch für die Durchführung der Bestimmungen des sozialen Arbeitsschutzes einzusetzen, die die Erhaltung der Arbeitskraft und den Schutz vor Überbeanspruchung zum Zweck haben. Dies betrifft arbeitszeitrechtliche Vorschriften ebenso wie die Vorschriften zum Schutz bestimmter ArbN-Gruppen, zB das MuSchG, das JArbSchG oder das dem Schutz schwerbehinderter Menschen dienende SGB IX. **7**

Steigende Bedeutung gewinnen die zahlreichen europarechtlichen Arbeitsschutzvorschriften[1]. **8**

bb) Vorschriften über den betrieblichen Umweltschutz. Zu den Vorschriften über den betrieblichen Umweltschutz zählen alle verbindlichen Vorgaben, die dem Schutz der im Betrieb vorhandenen Umweltgüter vor außerbetrieblichen Einflüssen oder dem Schutz außerbetrieblicher Güter vor Beeinträchtigungen durch den Betrieb dienen. **9**

Zu beachten sind insb. das Bundesbodenschutzgesetz, das Bundesimmissionsschutzgesetz, das Kreislaufwirtschafts- und Abfallgesetz, das Pflanzenschutzgesetz und das Tierschutzgesetz. Dazu gehören aber auch alle zur Durchführung der o.a. Gesetze erlassenen VO, Anordnungen und Anweisungen, wie zB die TA Luft und die TA Lärm mit den darin enthaltenen Grenzwerten. **10**

b) Durchführung der Vorschriften. Die Durchführung der o.a. Vorschriften ist gemeinsame Aufgabe der Betriebspartner. Der BR hat sich auch gegenüber den ArbN für die Beachtung der Vorschriften einzusetzen hat und diese auf die Einhaltung aufmerksam zu machen[2]. **11**

Der BR hat das Recht sich fortlaufend vom Vorhandensein und der Benutzung von Schutzvorrichtungen zu überzeugen. Dabei darf er auch Räume betreten, die mit dem Hinweis „Unbefugten ist der Zutritt verboten" gekennzeichnet sind. Umstritten ist, unter welchen Voraussetzungen das Betreten möglich ist. Ein Teil der Lit. hält ein Betreten auch ohne Voranmeldung beim ArbGeb für zulässig[3]. Richtigerweise ist gleichwohl eine Voranmeldung zu verlangen[4]. Ohne Anmeldung kann nämlich der Besuch des BR oder einzelner Mitglieder selbst zum Sicherheitsrisiko werden. **12**

Die Entscheidung über die Einführung konkreter Arbeitsschutz- und Unfallverhütungsmaßnahmen liegt allein beim ArbGeb. Der BR kann Maßnahmen nicht selbständig vornehmen oder veranlassen[5]. **13**

2. Unterstützung der für den Arbeitsschutz zuständigen Stellen. Der BR hat die für den Arbeitsschutz zuständigen Behörden, die Träger der gesetzlichen Unfallversicherung und die ansonsten in Betracht kommenden Stellen durch Anregung, Beratung und Auskunft zu unterstützen. **14**

Diese Mitwirkung ist aber nicht – wie es nach dem Wortlaut zunächst den Anschein hat – nur Pflicht, sondern auch das Recht des BR. Die Unterstützungspflicht nach Abs. 1 Satz 2 ist daher im Zusammenhang mit dem Hinzuziehungsrecht nach Abs. 2 Satz 1 zu sehen[6]. **15**

Im Gegensatz zu Abs. 1 Satz 1 nennt Satz 2 den Umweltschutz nicht. Aus dem Wortlaut folgt also eindeutig, dass sich Satz 2 nicht auf den betrieblichen Umweltschutz bezieht[7]. Die Unterstützung von für den Umweltschutz zuständigen Stellen kommt daher nur in Betracht, wenn zugleich der Schutz vor Unfall – oder Gesundheitsgefahren berührt ist. Dies entspricht dem gesetzgeberischen Willen, den BR nicht zum Hilfsorgan staatlicher Umweltbehörden aufzuwerten[8]. Die Rolle als „Umweltpolizei" im Dienste staatlicher Behörden würde auch den BR vor unlösbare Interessenkonflikte stellen[9]. **16**

a) Zu unterstützende Stellen. Als für den Arbeitsschutz zuständige Behörden sind in erster Linie die Gewerbeaufsichtsämter, die Bergämter und die Gesundheitsämter zu nennen. Hinzu kommen die in § 114 SGB VII genannten Versicherungsträger. Gemeint sind auch die technischen Überwachungsvereine und insb. die betrieblichen Sicherheitsbeauftragten und die nach anderen Arbeitsschutzgesetzen zu bestellenden Beauftragten (zB Störfallbeauftragte, Strahlenschutzbeauftragte), die Betriebsärzte, Fachkräfte für Arbeitssicherheit und auch der ArbGeb selbst[10]. **17**

b) Art der Unterstützung. Als Art der Unterstützung schreibt der Gesetzestext „Anregung, Beratung und Auskunft" vor. Der BR kann daher insb. Betriebskontrollen durch die zuständigen Stellen anregen. Dies gilt nach einhelliger Ansicht jedenfalls dann, wenn der ArbGeb gegen Vorschriften des Arbeitsschutzes verstößt und eine Einigung auf betrieblicher Ebene gescheitert ist[11]. **18**

---

1 Siehe die zahlreichen Beispiele bei DKK/*Buschmann*, § 89 BetrVG Rz. 14 ff. | 2 *Fitting*, § 89 BetrVG Rz. 13; GK-BetrVG/*Wiese*, § 89 BetrVG Rz. 10; HSWG/*Worzalla*, § 89 BetrVG Rz. 10; Richardi/*Annuß*, § 89 BetrVG Rz. 11. | 3 *Fitting*, § 89 BetrVG Rz. 12; DKK/*Buschmann*, § 89 BetrVG Rz. 28. | 4 GK-BetrVG/*Wiese*, § 89 BetrVG Rz. 11; Stege/Weinspach/Schiefer, § 89 BetrVG Rz. 4; Richardi/*Annuß* § 89 BetrVG Rz. 12; LAG Frankfurt v. 4.2.1975 – 5 TaBV 3/71, DB 1972, 2214. | 5 *Fitting*, § 88 BetrVG Rz. 15; GK-BetrVG/*Wiese*, § 89 BetrVG Rz. 59; HSWG/*Worzalla*, § 89 BetrVG Rz. 13; Richardi/*Annuß*, § 89 Rz. 14. | 6 Richardi/*Annuß*, § 89 BetrVG Rz. 15. | 7 Richardi/*Annuß*, § 89 BetrVG Rz. 15. | 8 BT-Drs. 14/5741, S. 31. | 9 *Kiper*, AiB 2001, 438, (439 f.). | 10 Nahezu einhellige Ansicht: vgl. Richardi/*Annuß*, § 89 BetrVG Rz. 16; GK-BetrVG/*Wiese*, § 89 BetrVG Rz. 61 ff.; *Fitting*, § 89 BetrVG Rz. 16 f.; teilw. aA mit beachtlichen Argumenten HSWG/*Worzalla*, § 89 BetrVG Rz. 6. | 11 BAG v. 6.12.1983 – 1 ABR 43/81, BAGE 44, 285; BAG v. 7.8.1986 – 6 ABR 77/83, BAGE 52, 316; DKK/*Buschmann*, § 89 BetrVG Rz. 23; *Fitting*, § 89 BetrVG Rz. 18.

19 Aus § 2 Abs. 1 und § 74 Abs. 1 Satz 2 folgt aber die Verpflichtung zunächst eine Einigung mit dem ArbGeb zu versuchen, bevor außerbetriebliche Stellen eingeschaltet werden[1].

20 **3. Hinzuziehung des BR in Fragen des Arbeits- und Umweltschutzes (Abs. 2).** Die Pflicht den BR hinzuzuziehen, trifft in Fragen des Arbeitsschutzes nicht nur den ArbGeb, sondern auch die in Abs. 1 genannten Stellen. Dies gilt insb. für Betriebsbesichtigungen und Begehungen durch betriebsfremde Stellen und für alle Maßnahmen der Unfallaufklärung[2]. Letzteres unabhängig davon, ob der Unfall Folge des Verstoßes gegen Unfallverhütungsvorschriften war[3], ob bei dem Unfall ArbN zu Schaden gekommen sind[4] und unabhängig davon, ob sich der Unfall innerhalb des Betriebsgeländes ereignet hat[5].

21 Anders verhält es sich in Fragen des Umweltschutzes. Hier nennt das Gesetz allein den ArbGeb als Adressaten der Hinzuziehungspflicht. Dies bedeutet insb., dass andere Stellen nicht zur Hinzuziehung des BR verpflichtet sind[6]. Vielmehr fungiert der ArbGeb als Mittler zwischen staatlichen Umweltbehörden und BR, indem er verpflichtet wird, behördliche Auflagen und Anordnungen mitzuteilen.

22 In beiden Fällen, Arbeits- und Umweltschutz ist es nicht notwendig, den gesamten BR hinzuzuziehen. Vielmehr reicht die Hinzuziehung einzelner Mitglieder aus. Während sich dies für den Arbeitsschutz unmittelbar aus dem Gesetzeswortlaut ergibt, ist in dem den Umweltschutz regelnden Abs. 2 Satz 2 einzig vom „BR", nicht von einzelnen Mitgliedern die Rede. Die Diskrepanz im Gesetzeswortlaut beruht auf einem Versehen des Gesetzgebers[7]. Ein Grund, warum zwischen Arbeitsschutz und Umweltschutz zu differenzieren und in Umweltschutzfragen jeweils der gesamte BR hinzuziehen sein sollte, ist nicht ersichtlich.

23 **III. Legaldefinition „Betrieblicher Umweltschutz".** Die in Abs. 3 geregelte Legaldefinition des betrieblichen Umweltschutzes ist handwerklich missglückt[8]. Sie definiert den Begriff des Umweltschutzes nämlich nicht, sondern setzt ihn voraus und erklärt ihn mit sich selbst[9].

24 Problematisch ist insb. die Reichweite der Definition. Absicht des Gesetzgebers war, dem BR kein allgemeines umweltpolitisches Mandat zuzuweisen[10]. Der Gesetzeswortlaut trägt diese Einschränkung nicht. Zwar wird auf den ersten Blick durch die Verwendung des Begriffes „betrieblich" die vom Gesetzgeber gewünschte Einschränkung vorgenommen. Allerdings wird der Begriff nur im zweiten Halbsatz der Vorschrift in Bezug auf Bauten, Räume, technische Anlagen, Arbeitsverfahren, Arbeitsabläufe und Arbeitsplätze genannt, nicht jedoch im ersten Halbsatz. Danach sind betrieblicher Umweltschutz alle personellen und organisatorischen Maßnahmen, die der Umwelt dienen. Der Wortlaut des Gesetzes räumt dem BR also ein allgemeines umweltpolitisches Mandat ein[11].

25 Ein Teil der Lit. folgert hieraus, der Begriff „betrieblich" sei nur für die Kompetenzabgrenzung zwischen örtlichem und Gesamt- oder KonzernBR relevant[12]. Vor einer extensiven Auslegung kann nur gewarnt werden[13]. Im Übrigen bleibt abzuwarten, ob sich ein einschränkendes Verständnis des betrieblichen Umweltschutzes in der Praxis halten lassen wird[14]. Trotz des missglückten Wortlauts ist der Begriff des betrieblichen Umweltschutzes eng zu verstehen. Dem BR steht kein allgemeines umweltpolitisches Mandat zu[15]. Hierfür sprechen neben dem eindeutigen Willen des Gesetzgebers insb. drei Argumente:

26 Die Beteiligungsrechte des BR dienen dem Schutz der vertretenen ArbN. Die Kompetenz des BR ist auf die Wahrung von deren Interessen beschränkt. Eine darüber hinaus gehende Kompetenz in allgemeinen Umweltfragen würde die Kompetenzordnung des BetrVG sprengen[16].

27 Für eine einschränkende Auslegung sprechen auch verfassungsrechtliche Argumente. Die Kompetenzordnung des Grundgesetzes weist in Art. 74 Abs. 1 Ziff. 12 GG dem Bundesgesetzgeber eine konkurrierende Gesetzgebungszuständigkeit auf dem Gebiet des Arbeitsrechts einschließlich der Betriebsverfassung, des Arbeitsschutzes und der Arbeitsvermittlung zu. Der Oberbegriff des „Arbeitsrechts", der die Betriebsverfassung beinhaltet, kennzeichnet dabei die privatrechtlichen und öffentlich-rechtlichen Bestimmungen über das abhängige Arbeitsverhältnis[17]. Für weite Bereiche des Umweltschutzes hat der Bund dagegen nur eine Rahmenkompetenz gem. Art. 75 Abs. 1 Ziff. 3 und 4 GG. Zur Verleihung eines vom abhängigen Arbeitsverhältnis losgelösten allgemeinen umweltpolitischen Mandats, fehlt dem Bundesgesetzgeber damit die Gesetzgebungskompetenz[18].

---

1 GK-BetrVG/*Wiese*, § 89 BetrVG Rz. 58; Richardi/*Annuß*, § 89 BetrVG Rz. 19; *Denck*, DB 1980, 2132, (2137). |2 Richardi/*Annuß*, § 89 BetrVG Rz. 24. |3 Richardi/*Annuß*, § 89 BetrVG Rz. 22. |4 GK-BetrVG/*Wiese*, § 89 BetrVG Rz. 70; DKK/*Buschmann*, § 89 BetrVG Rz. 36. |5 DKK/*Buschmann*, § 89 BetrVG Rz. 36. |6 *Fitting*, § 89 BetrVG Rz. 26; aA aber ohne Begründung wohl Richardi/*Annuß*, § 89 BetrVG Rz. 24. |7 So auch Richardi/*Annuß*, § 89 BetrVG Rz. 26. |8 *Konzen*, RdA 2001, 76 (89) („unbeholfene" Definition); aA *Dachrodt/Engelbert*, § 89 BetrVG Rz. 162 („ausreichend klar"). |9 *Fitting*, § 89 BetrVG Rz. 9; *Konzen*, RdA 2001, 76 (89). |10 BT-Drs. 14/5741, S. 48. |11 DKK/*Buschmann*, § 89 BetrVG Rz. 56; *Fitting*, § 89 BetrVG Rz. 10; *Hanau*, RdA 2001, 76 (89). |12 DKK/*Buschmann*, § 89 BetrVG Rz. 56; im Ergebnis auch *Picker*, RdA 2001, 259 (271), der allerdings rechtspolitische Bedenken erhebt. |13 *Schiefer/Korte*, NZA 2001, 71 (84). |14 *Gaul*, Aktuell – AR 2001, S. 24. |15 *Fitting*, § 89 BetrVG Rz. 10; *Löwisch/Kaiser*, § 89 BetrVG Rz. 11; *Stege/Weinspach/Schiefer*, § 89 BetrVG Rz. 12; *Löwisch*, BB 2001, 1790 (1793); *Reichold*, NZA 2001, 857 (863); *Engels/Trebinger/Löhr-Steinhaus*, DB 2001, 532 (541). |16 *Fitting*, § 89 BetrVG Rz. 10; *Löwisch/Kaiser*, § 89 BetrVG Rz. 11; *Löwisch*, BB 2001, 1790 (1793); *Reichold*, NZA 2001, 857 (863). |17 BVerfG v. 22.4.1958, BVerfGE 7, 342 (345). |18 *Löwisch/Kaiser*, § 89 BetrVG Rz. 12.

Der Gesetzgeber wollte für den Umweltschutz Regelungen schaffen, die denen zum Arbeitsschutz vergleichbar sind[1]. Dies zeigt auch die systematische Einordnung der Legaldefinition des betrieblichen Umweltschutzes in § 89. Der Arbeitsschutz setzt einen Bezug zum Arbeitsverhältnis aber begriffsnotwendig voraus. Für den betrieblichen Umweltschutz kann daher nichts anderes gelten[2]. 28

Folglich schließt der betriebliche Umweltschutz nur die Fragen des Umweltschutzes ein, die die ArbN in ihrer Eigenschaft als Betriebsangehörige (nicht in ihrer Eigenschaft als Staatsangehörige) unmittelbar betreffen. Der Begriff des Umweltschutzes erfasst alle Maßnahmen und Handlungen, die den Bestand der Umwelt sichern oder stärken. Zur Umwelt zählen sämtliche Natur-, Kultur- und Sachgüter, einschließlich ihrer Wechselbeziehungen. Zu den Naturgütern gehören neben Boden, Wasser, Luft und Klima insb. sämtliche lebenden Organismen, einschließlich des Menschen[3]. 29

IV. Teilnahmerecht an Besprechungen mit Sicherheitsbeauftragten (Abs. 4). In Betrieben mit mehr als 20 Beschäftigten hat der ArbGeb unter Beteiligung des BR Sicherheitsbeauftragte zu bestellen (§ 22 Abs. 1 SGB VII). 30

An den Besprechungen mit diesen Beauftragten nehmen vom BR beauftragte Mitglieder teil. Das Teilnahmerecht besteht also nicht für den BR als Ganzes. Der ArbGeb kann verlangen, dass der BR einzelne Mitglieder delegiert, wenn und soweit nach Art und Umfang des Betriebes nicht eine Teilnahme aller Mitglieder erforderlich ist. 31

V. Aushändigung von Niederschriften über Untersuchungen, Besichtigungen und Besprechungen (Abs. 5). Der ArbGeb hat dem BR Niederschriften über die Untersuchungen, Besichtigungen und Besprechungen auszuhändigen, zu denen der BR nach Abs. 2 und 4 hinzuzuziehen ist. Die Aushändigungspflicht knüpft an das bloße Hinzuziehungsrecht an. Sie besteht daher unabhängig davon, ob BR-Mitglieder tatsächlich teilgenommen haben[4]. 32

VI. Mitunterzeichnung und Aushändigung der Unfallanzeige. Gem. § 89 Abs. 6 ist der ArbGeb verpflichtet, dem BR eine Durchschrift der von ihm unterschriebenen Unfallanzeige nach § 193 SGB VII auszuhändigen. Dies soll die Unterrichtung des BR über Unfälle gewährleisten. 33

Durch seine Unterzeichnung übernimmt der BR keine Richtigkeitsgewähr für die Anzeige[5]. 34

VII. Verstöße. Verstöße des ArbGeb gegen die Pflichten aus § 89 sind gem. § 119 Abs. 1 Nr. 2 strafbar. Die Tat wird nur auf Antrag verfolgt. Bei groben Verstößen kann der BR gem. § 23 Abs. 3 gegen den ArbGeb vorgehen. Bei Verstößen gegen Unfallverhütungsvorschriften kommt eine Geldbuße nach § 209 Abs. 1 Nr. 1, Abs. 3 SGB VII in Betracht. 35

Ein gröblicher Verstoß des BR oder einzelner Mitglieder gegen die Pflichten aus § 89 kann gem. § 23 Abs. 1 zum Ausschluss einzelner Mitglieder oder zur Auflösung des BR führen[6]. 36

VIII. Streitigkeiten. Streitigkeiten über die Mitwirkung nach § 89 werden im Beschlussverfahren entschieden. Dies gilt sowohl für Streitigkeiten zwischen ArbGeb und BR, als auch für Streitigkeiten zwischen BR und den für Arbeitsschutz zuständigen Stellen iSd. § 89 Abs. 1. 37

Ansprüche einzelner BR-Mitglieder auf Ersatz von Aufwendungen, die im Zuge von Tätigkeiten nach § 89 entstehen, werden ebenfalls im Beschlussverfahren entschieden. Über den Anspruch auf Fortzahlung des Arbeitsentgelts für die Zeit der Zeitversäumnis entscheiden die ArbG im Urteilsverfahren[7]. 38

Vierter Abschnitt. Gestaltung von Arbeitsplatz, Arbeitsablauf und Arbeitsumgebung

90 *Unterrichtungs- und Beratungsrechte*
(1) Der Arbeitgeber hat den Betriebsrat über die Planung

1. von Neu-, Um- und Erweiterungsbauten von Fabrikations-, Verwaltungs- und sonstigen betrieblichen Räumen,
2. von technischen Anlagen,
3. von Arbeitsverfahren und Arbeitsabläufen oder
4. der Arbeitsplätze

rechtzeitig unter Vorlage der erforderlichen Unterlagen zu unterrichten.

(2) Der Arbeitgeber hat mit dem Betriebsrat die vorgesehenen Maßnahmen und ihre Auswirkungen auf die Arbeitnehmer, insbesondere auf die Art ihrer Arbeit sowie die sich daraus ergebenden Anforderungen an die Arbeitnehmer so rechtzeitig zu beraten, dass Vorschläge und Bedenken des Betriebs-

---

1 BT-Drs. 14/5741, S. 48. | 2 *Stege/Weinspach/Schiefer*, § 89 BetrVG Rz. 12. | 3 Vgl. Definition des Umweltbegriffs bei Richardi/*Annuß*, § 89 BetrVG Rz. 30. | 4 Richardi/*Annuß*, § 89 BetrVG Rz. 27. | 5 Löwisch/*Kaiser*, § 89 Rz. 10; Richardi/*Annuß*, § 89 BetrVG Rz. 28. | 6 GK-BetrVG/*Wiese* § 89 BetrVG Rz. 87 mwN. | 7 *Fitting*, § 89 BetrVG Rz. 40 mwN.

rats bei der Planung berücksichtigt werden können. Arbeitgeber und Betriebsrat sollen dabei auch die gesicherten arbeitswissenschaftlichen Erkenntnisse über die menschengerechte Gestaltung der Arbeit berücksichtigen.

1 **I. Vorbemerkung.** § 90 regelt die Beteiligung des BR bei der Planung künftiger Änderungen, gewährt ihm also ein Recht auf Unterrichtung und Beratung im **Planungsstadium**[1]. Mit diesen Beteiligungsrechten soll ein Bereich erfasst werden, der noch nicht durch arbeitsschutzrechtliche Vorschriften geregelt ist, dem aber im Vorfeld des Arbeitsschutzes schon eine erhebliche Bedeutung zukommt[2]. Es geht um die **menschengerechte Gestaltung** der Arbeit, die **Humanisierung** der Arbeit[3].

2 Die in § 90 genannten Planungsmaßnahmen können zugleich eine Betriebsänderung iSv. § 111 darstellen. Während aber nach § 111 der BR beteiligt wird, um **wirtschaftliche Nachteile** für die ArbN zu verhindern oder auszugleichen, geht es bei § 90 primär um die Einführung und Anwendung **neuer Techniken im Betrieb**, die sowohl positive als auch negative Folgen für die betroffenen ArbN haben (können)[4]. Insoweit hat die Bestimmung den Zweck, dass Vorbehalte gegenüber neuen Techniken abgebaut werden können, wenn die ArbN über die Auswirkungen auf Gesundheit, Arbeitsplatz und berufliche Qualifikation rechtzeitig und möglichst genau unterrichtet werden.

3 **II. Unterrichtungspflicht (Abs. 1).** Die Beteiligung des BR nach § 90 Abs. 1 erfolgt durch **rechtzeitige Unterrichtung** über die Planung von Neu-, Um- und Erweiterungsbauten von Fabrikations-, Verwaltungs- und sonstigen betrieblichen Räumen (Abs. 1 Nr. 1), von technischen Anlagen (Abs. 1 Nr. 2), von Arbeitsverfahren und Arbeitsabläufen (Abs. 1 Nr. 3) oder der Arbeitsplätze (Abs. 1 Nr. 4).

4 **1. Gegenstand der Unterrichtung.** Der Gegenstand der Unterrichtung wird definiert durch die abschließende Aufzählung in § 90 Abs. 1.

5 **a) Baumaßnahmen (Abs. 1 Nr. 1).** Nach § 90 Abs. 1 Nr. 1 ist der BR über die Planung aller Baumaßnahmen an den in dieser Vorschrift aufgeführten Räumen zu unterrichten. Bauvorhaben in diesem Sinne sind alle Veränderungen der baulichen Substanz an Fabrikations-, Verwaltungs- und sonstigen betrieblichen Räumen, in denen sich, wenn auch nur vorübergehend, ArbN aufhalten[5]. Daher unterfallen der Vorschrift nicht nur die eigentlichen Produktions-, Verkaufs-, Lager- und Büroräume, sondern auch sonstige betriebliche Räume, insb. Sozialräume wie Aufenthaltsräume, Kantinen, Dusch- und Baderäume bzw. Waschkauen, Toiletten etc.[6]. Nicht in den Anwendungsbereich fallen Park- oder Sportplätze und Grünanlagen[7].

6 **Reparatur-** oder **Renovierungsarbeiten** können vom Geltungsbereich der Vorschrift erfasst sein: Werden beispielsweise neue Türen eingebaut oder die Fenster durch andere Rahmen mit Thermopane-Verglasung ersetzt, so wird die Bausubstanz verändert. Es handelt sich um einen beteiligungspflichtigen Umbau, soweit dadurch im arbeitswissenschaftlichen Sinne Änderungen der Licht-, Temperatur- und Lüftungsverhältnisse eintreten können[8]. Auch kann ein neuer Anstrich unter das Beteiligungsrecht fallen, da er der Gestaltung des Arbeitsplatzes dient[9]. Reparatur- und Renovierungsarbeiten sind daher in jedem Einzelfall zu prüfen, um beurteilen zu können, ob ein Beteiligungsrecht besteht oder nicht. In der Regel werden sie nicht unter das Beteiligungsrecht fallen[10]. Nicht zu § 90 Abs. 1 Nr. 1 zählen reine **Abbrucharbeiten**[11].

7 **b) Technische Anlagen (Abs. 1 Nr. 2).** Zu den technischen Anlagen iSv. § 90 Abs. 1 Nr. 2 gehören **sämtliche technischen Einrichtungen im Fabrikations- und Verwaltungsbereich**. Dies sind beispielsweise Montagebänder, Maschinen, Produktionsanlagen, Kräne, Transportmittel, Silos, Tankanlagen, Geräte zum computergestützten Konstruieren (CAD) oder Fertigen (CAM), numerisch gesteuerte (NC), computergesteuerte (CNC) und zentralcomputergesteuerte Maschinen[12]. Technische Anlagen iSd. Vorschrift sind Computeranlagen und Computersysteme sowie Bildschirm- und Datensichtgeräte[13]. Die beabsichtigte Umstellung der Lohn- und Gehaltsabrechnung von Offline- auf Onlinebetrieb stellt die Planung einer technischen Anlage iSv. § 90 Abs. 1 Nr. 2 dar[14].

8 Bloßes Handwerkszeug und Büromöbel sind keine technischen Anlagen[15]. Auch die reine Reparatur oder Ersatzbeschaffung von technischen Anlagen fällt nicht in den Anwendungsbereich der Vorschrift, soweit es hierdurch nicht zu andersartigen Auswirkungen auf die Arbeitsbedingungen kommt[16].

---

1 Vgl. GK-BetrVG/*Wiese*, § 90 Rz. 1. | 2 Vgl. MünchArbR/*Matthes*, § 345 Rz. 1. | 3 Vgl. *Fitting*, § 90 BetrVG Rz. 2; DKK/*Klebe*, § 90 BetrVG Rz. 1. | 4 Vgl. Richardi/*Richardi/Annuß*, § 90 BetrVG Rz. 3. | 5 Vgl. MünchArbR/*Matthes*, § 345 Rz. 4; *Fitting*, § 90 BetrVG Rz. 18. | 6 Vgl. *Fitting*, § 90 BetrVG Rz. 18; DKK/*Klebe*, § 90 BetrVG Rz. 7. | 7 Vgl. MünchArbR/*Matthes*, § 345 Rz. 4; GK-BetrVG/*Wiese*, § 90 Rz. 9. | 8 Vgl. GK-BetrVG/*Wiese*, § 90 Rz. 10; DKK/*Klebe*, § 90 BetrVG Rz. 7. | 9 Vgl. MünchArbR/*Matthes*, § 345 Rz. 5. | 10 Vgl. DKK/*Klebe*, § 90 BetrVG Rz. 7; *Fitting*, § 90 BetrVG Rz. 18. | 11 Vgl. GK-BetrVG/*Wiese*, § 90 Rz. 10; *Hennige* in Tschöpe, Arbeitsrecht, Teil 4 A Rz. 462. | 12 Vgl. DKK/*Klebe*, § 90 BetrVG Rz. 8; GK-BetrVG/*Wiese*, § 90 Rz. 12 f.. | 13 Vgl. *Fitting*, § 90 BetrVG Rz. 21; DKK/*Klebe*, § 90 BetrVG Rz. 9; zur Installation von Bildschirmarbeitsplätzen vgl. BAG v. 6.12.1983 – 1 ABR 43/81, AP Nr. 7 zu § 87 BetrVG 1972 – Überwachung. | 14 Vgl. LAG Hamburg v. 20.6.1985 – 7 TaBV 10/84, DB 1985, 2308; die gegen dieses Urteil ergangene Rechtsbeschwerdeentscheidung des BAG v. 17.3.1987 – 1 ABR 59/85, AP Nr. 29 zu § 80 BetrVG 1972 stützt den Anspruch des BR *allerdings auf § 80 Abs. 2 Satz 1 BetrVG*. | 15 Vgl. GK-BetrVG/*Wiese*, § 90 Rz. 13; MünchArbR/*Matthes*, § 345 Rz. 6; Richardi/*Richardi/Annuß*, § 90 BetrVG Rz. 11; aA HSWG/*Glock*, § 90 BetrVG Rz. 6; *Löwisch/Kaiser*, § 90 BetrVG Rz. 2. | 16 Vgl. DKK/*Klebe*, § 90 BetrVG Rz. 10; *Fitting*, § 90 BetrVG Rz. 20.

c) **Arbeitsverfahren und Arbeitsabläufe (Abs. 1 Nr. 3).** Unter **Arbeitsverfahren** ist die Technologie zu verstehen, die zur Veränderung des Arbeitsgegenstands angewandt wird, um die Arbeitsaufgabe zu erfüllen[1]. Die Planung des Arbeitsverfahrens betrifft daher die **Fabrikationsmethode**, also die Frage, mit welchen Maschinen, Stoffen und Materialien die Arbeit zu bewältigen ist[2]. **9**

Arbeitsablauf ist die räumliche und zeitliche Folge des Zusammenwirkens von Mensch und Betriebsmitteln, betrifft also die **Gestaltung des Arbeitsprozesses** nach Ort, Zeit und Art[3]. **10**

Beispiele[4]: Schichtarbeit, Gruppen- oder Einzelarbeit, Arbeit im Freien oder in geschlossenen Räumen, Einführung oder Abschaffung von Fließbandarbeit, Veränderung der Bandgeschwindigkeit[5]. Hierzu gehört aber auch die Einführung eines Qualitätsmanagements oder des Öko-Audit-Systems[6]. **11**

d) **Arbeitsplätze (Abs. 1 Nr. 4).** Die Planung der Arbeitsplätze betrifft die **Ausgestaltung der einzelnen Arbeitsplätze**, also die räumliche Unterbringung, die Ausstattung mit Geräten und Einrichtungsgegenständen, die Beleuchtung, Belüftung, Beheizung etc.[7]. Der Begriff des Arbeitsplatzes ist sowohl räumlich als auch funktional zu verstehen[8]. **12**

Die Planung von Baumaßnahmen, technischen Anlagen, Arbeitsverfahren und Arbeitsabläufen hat regelmäßig Einfluss auf die Gestaltung des Arbeitsplatzes, so dass die einzelnen Planungstatbestände vielfach **nebeneinander** vorliegen werden[9]. **13**

2. Zeitpunkt der Unterrichtung. Die Unterrichtung hat **rechtzeitig** zu erfolgen. Sie soll den BR in die Lage versetzen, sich über die Auswirkungen der Maßnahmen auf die ArbN ein eigenes Urteil zu bilden, diese mit dem ArbGeb zu beraten und damit auf dessen **Willensbildung** Einfluss zu nehmen[10]. Das BetrVG weist dem BR Aufgaben erst dann zu, wenn der ArbGeb durch sein **Tätigwerden** Beteiligungsrechte des BR auslöst, sei es, dass der ArbGeb eine beteiligungspflichtige Maßnahme vornehmen will, sei es, dass er Maßnahmen in Erwägung zieht, über deren Planung der BR zu unterrichten ist und die davon vorab mit dem BR zu beraten sind. So stellen sich Aufgaben für den BR in Bezug auf personelle Einzelmaßnahmen dann, wenn der ArbGeb solche durchführen will und dazu nach § 99 die Zustimmung des BR benötigt oder vor Ausspruch einer Kündigung den BR nach § 102 anhören muss. **Erst die Planung** von Neubauten, technischen Anlagen, Arbeitsverfahren und ähnlichen Maßnahmen iSv. § 90 löst Beratungsaufgaben des BR aus. Frühestens wenn der ArbGeb eine Betriebsänderung iSv. § 111 **plant**, stellen sich für den BR die im Zusammenhang mit der geplanten Betriebsänderung stehenden Aufgaben, die Betriebsänderung mit dem ArbGeb zu beraten, über einen Interessenausgleich und Sozialplan zu verhandeln und ggf. einen Sozialplan zu erzwingen. Daraus folgt, dass in diesen Fällen der BR die Vorlage von Unterlagen, die für die Erfüllung seiner Aufgaben erforderlich sein können, **verlangen kann**, wenn der ArbGeb sich zu solchen, Aufgaben des BR **auslösenden Maßnahmen** entschließt[11]. Berichte über Rationalisierungs- und Personalreduzierungsmöglichkeiten sind nur dann vorzulegen, wenn die Überlegungen des ArbGeb das **Stadium der Planung** erreicht haben. Erst in diesem Moment stellen sich für den BR Aufgaben, zu deren Erfüllung erforderliche Unterlagen vom ArbGeb vorzulegen sind[12]. **14**

3. Art der Unterrichtung. Im Rahmen der Unterrichtung sind dem BR die erforderlichen Unterlagen zur Verfügung zu stellen, wozu schriftliche Unterlagen und Zeichnungen gehören, soweit dies zur Darlegung der Planung notwendig ist[13]. „Vorlage" bedeutet nicht nur, dass der BR Einsicht nehmen kann, sondern ihm sind die Unterlagen zu **überlassen**. Dabei mag es Unterlagen geben, an deren Geheimhaltung der ArbGeb ein größeres Interesse hat. In diesem Fall braucht er die Unterlagen nur zeitweise zu überlassen[14]. **15**

Daneben hat der ArbGeb den BR über die geplanten Maßnahmen hinsichtlich ihres Gegenstands, ihres Ziels und ihrer Durchführung zu unterrichten, wobei ihre Auswirkungen auf die ArbN, insb. auf die Art der Arbeit sowie die sich ergebenden Anforderungen an die ArbN, im Mittelpunkt zu stehen haben[15]. Eine besondere Form für diese Unterrichtung ist nicht vorgeschrieben, sie kann daher auch mündlich erfolgen. **16**

Die erforderlichen Unterlagen iSv. § 90 Abs. 1 hat der ArbGeb nicht erst auf Verlangen des BR, sondern **von sich aus** herauszugeben[16]. Sowohl die Verpflichtung zur Unterrichtung wie zur Vorlage von Unterlagen kann nicht unterlassen oder inhaltlich eingeschränkt werden, indem der ArbGeb sich darauf beruft, dass Betriebs- oder Geschäftsgeheimnisse gefährdet werden könnten. Eine Einschränkung **17**

---

1 Vgl. DKK/*Klebe*, § 90 BetrVG Rz. 12; *Fitting*, § 90 BetrVG Rz. 23.　|2 Vgl. *Hennige* in Tschöpe, Arbeitsrecht, Teil 4 A Rz. 465.　|3 Vgl. DKK/*Klebe*, § 90 BetrVG Rz. 12; *Fitting*, § 90 BetrVG Rz. 24.　|4 Vgl. zu weiteren **Beispielen DKK/Klebe**, § 90 BetrVG Rz. 13; *Fitting*, § 90 BetrVG Rz. 25 ff.　|5 Vgl. *Weiss/Weyand*, § 90 BetrVG Rz. 2; ErfK/*Kania*, § 90 BetrVG Rz. 4.　|6 Vgl. DKK/*Klebe*, § 90 BetrVG Rz. 13.　|7 Vgl. DKK/*Klebe*, § 90 BetrVG Rz. 15; *Fitting*, § 90 BetrVG Rz. 30.　|8 Vgl. DKK/*Klebe*, § 90 BetrVG Rz. 15; *Fitting*, § 90 BetrVG Rz. 31.　|9 Vgl. MünchArbR/*Matthes*, § 345 Rz. 10; DKK/*Klebe*, § 90 BetrVG Rz. 17.　|10 Vgl. BAG v. 11.12.1991 – 7 ABR 16/91, AP Nr. 2 zu § 90 BetrVG 1972 unter II. 3. b d.Gr.　|11 Vgl. BAG v. 27.6.1989 – 1 ABR 19/88, AP Nr. 37 zu § 80 BetrVG 1972.　|12 Vgl. BAG v. 19.6.1984 – 1 ABR 6/83, AP Nr. 2 zu § 92 BetrVG 1972. |13 Vgl. DKK/*Klebe*, § 90 BetrVG Rz. 22; *Fitting*, § 90 BetrVG Rz. 13.　|14 Vgl. BAG v. 20.11.1984 – 1 ABR 64/82, AP Nr. 3 zu § 106 BetrVG 1972 zur Vorlage von Unterlagen an den Wirtschaftsausschuss nach § 106 Abs. 2 Satz 1.　|15 Vgl. DKK/*Klebe*, § 90 BetrVG Rz. 22; GK-BetrVG/*Wiese*, § 90 Rz. 25.　|16 Vgl. DKK/*Klebe*, § 90 BetrVG Rz. 25; *Fitting*, § 90 BetrVG Rz. 13.

der Unterrichtungspflicht sieht § 90 nicht vor[1]. Der ArbGeb hat aber die Möglichkeit, bei Vorliegen von Betriebs- oder Geschäftsgeheimnissen die Unterlagen unter Verweis auf die Vertraulichkeit zu übergeben mit der Folge, dass eine Geheimhaltungspflicht nach § 79 besteht (vgl. im Einzelnen § 79 Rz. 11 ff.).

18 4. **Unterrichtungsberechtigter und -verpflichteter.** Zu unterrichten ist der örtliche BR, der von der Maßnahme iSv. § 90 Abs. 1 betroffen ist[2].

19 Bei der Unterrichtung nach § 90 Abs. 1 wie auch bei der Beratung nach § 90 Abs. 2 kann der ArbGeb sich **vertreten** lassen. Der Vertreter muss aber über die **notwendige Fachkompetenz** verfügen, da nur so gewährleistet ist, dass das mit der Unterrichtung und Beratung verfolgte Ziel erreicht wird[3]. Nicht erforderlich ist, dass der Vertreter des ArbGeb neben der erforderlichen Fachkompetenz stets auch die **organisatorische Kompetenz** hat, die vom BR vorgetragenen Erwägungen unmittelbar in den Entscheidungsprozess einzubringen und umzusetzen[4].

20 **III. Beratung (Abs. 2).** Die Unterrichtung des BR durch den ArbGeb nach § 90 Abs. 1 ist nur die **Vorstufe** der vom Gesetz geforderten Beratung. Deren Gegenstand und Zeitpunkt wird durch § 90 Abs. 2 konkretisiert. Die Unterrichtung schafft daher die Voraussetzung für die Beratung[5].

21 1. **Zeitpunkt der Beratung.** Die Beratung muss ebenso **rechtzeitig** erfolgen wie dies für die Unterrichtung gilt (vgl. Rz. 15 ff.), sie ist aber dennoch klar von dieser zu trennen: Gerade bei umfangreicheren Vorhaben liegt idR zwischen Unterrichtung und Beratung ein gewisser Zeitraum, damit der BR Gelegenheit hat, sich selbst eine Meinung zu bilden, um seinerseits Vorschläge auszuarbeiten[6]. § 90 Abs. 2 Satz 1 verlangt, dass die Beratung so rechtzeitig zu erfolgen hat, dass Vorschläge und Bedenken des BR bei der Planung berücksichtigt werden können. Das bedeutet, dass die Beratung zu einem Zeitpunkt zu erfolgen hat, an dem der BR seine Aufgaben am sinnvollsten noch wahrnehmen kann und daran nicht faktisch gehindert wird, indem eine Änderung bestehender und als endgültig betrachteter Zustände nur schwer oder unter zusätzlichen Kosten möglich ist[7]. Die Beratung ist daher nur dann rechtzeitig, wenn Vorschläge und Bedenken des BR bei der Planung noch berücksichtigt werden können und keine „vollendeten Tatsachen" geschaffen worden sind[8].

22 2. **Inhalt der Beratung.** Inhalt der Beratung sind die vorgesehenen Maßnahmen und ihre Auswirkungen auf die ArbN, insb. auf die Art ihrer Arbeit sowie die sich daraus ergebenden Anforderungen an die ArbN (§ 90 Abs. 2 Satz 1 Halbs. 2).

23 a) **Auswirkungen auf die ArbN (Abs. 2 Satz 1).** Unter den Auswirkungen auf die ArbN sind insb. diejenigen auf die **Art der Arbeit** und die sich daraus ergebenden **Anforderungen an die ArbN**, auch auf ihre Stellung im Betrieb, ihre Qualifikation und ihre künftigen materiellen Arbeitsbedingungen, gemeint[9].

24 **Beispiele:** Auswirkungen auf ArbN können höhere Anforderungen an Ausbildung, Erfahrung, Geschicklichkeit, Körpergewandtheit, Verantwortung etc. sein. Weitere Auswirkungen können sich aus den Umständen der Arbeitsleistung ergeben, wie beispielsweise erhöhte Belastungen durch Schmutz, Nässe, Gase, Öl, Blendung oder Lichtmangel, Erkältungsgefahr, Schutzkleidung[10]. Nicht nach § 90 Abs. 2 zu beraten sind Maßnahmen, die sich auf den Inhalt und den Bestand des Arbeitsverhältnisses selbst auswirken (Kündigungen, Umgruppierungen etc.). Darüber ist mit dem BR zum einen unter dem Gesichtspunkt der Personalplanung nach § 92 und zum anderen nach § 111 dann zu beraten, wenn die geplante Maßnahme gleichzeitig eine Betriebsänderung darstellt[11].

25 b) **Menschengerechte Gestaltung der Arbeit (Abs. 2 Satz 2).** Bei der Beratung sind nach § 90 Abs. 2 Satz 2 auch die gesicherten arbeitswissenschaftlichen Erkenntnisse über die menschengerechte Gestaltung der Arbeit zu berücksichtigen. Damit soll erreicht werden, dass die Arbeit den Bedürfnissen und Möglichkeiten des arbeitenden Menschen entsprechend gestaltet wird[12]. Gemeint sind arbeitswissenschaftliche Erkenntnisse über die zweckmäßige Gestaltung von Arbeitsplatz, Arbeitsablauf, Arbeitsmedizin, Arbeitsphysiologie und -psychologie sowie Arbeitssoziologie und Arbeitspädagogik[13].

26 Dies führt zwangsläufig zu einem Zielkonflikt: Die menschengerechte Gestaltung der Arbeit orientiert sich am **Menschen**. Das bedeutet, dass die Arbeit möglichst nicht mit Gesundheitsschäden verbunden sein sollte, das Wohlbefinden soll gesteigert werden, der ArbN soll sich mit der Arbeit identifizieren (Zufriedenheit, Anerkennung, Kreativität)[14]. Dazu gehört, dass die Arbeitsplatzgestaltung (ergonomische Fragen wie Anpassung von Büromöbeln auf Körpermaße, körperfreundliche Gestaltung,

---

1 Vgl. MünchArbR/*Matthes*, § 345 Rz. 15; aA *Löwisch/Kaiser*, § 90 BetrVG Rz. 6; HSWG/*Glock*, § 90 BetrVG Rz. 11; vgl. auch BAG v. 5.2.1991 – 1 ABR 24/90, AP Nr. 10 zu § 106 BetrVG 1972. |2 Vgl. MünchArbR/*Matthes*, § 345 Rz. 17. |3 Vgl. BAG v. 11.12.1991 – 7 ABR 16/91, AP Nr. 2 zu § 90 BetrVG 1972. |4 Vgl. BAG v. 11.12.1991 – 7 ABR 16/91, AP Nr. 2 zu § 90 BetrVG 1972. |5 Vgl. Richardi/*Richardi/Annuß*, § 90 BetrVG Rz. 24. |6 Vgl. HSWG/*Glock*, § 90 BetrVG Rz. 13. |7 Vgl. LAG Hess. v. 3.11.1992 – 5 TaBV 27/92, LAGE Nr. 32 zu § 23 BetrVG. |8 Vgl. *Fitting*, § 90 BetrVG Rz. 34; DKK/*Klebe*, § 90 BetrVG Rz. 26. |9 Vgl. MünchArbR/*Matthes*, § 345 Rz. 18. |10 Vgl. ErfK/*Kania*, § 90 BetrVG Rz. 9; GK-BetrVG/*Wiese*, § 90 Rz. 30. |11 Vgl. MünchArbR/*Matthes*, § 345 Rz. 19; Richardi/*Richardi/Annuß*, § 90 BetrVG Rz. 26. |12 Vgl. *Hennige* in Tschöpe, Arbeitsrecht, Teil 4 A Rz. 468. |13 Vgl. die Nachweise bei HSWG/*Glock*, § 90 BetrVG Rz. 18 sowie GK-BetrVG/*Wiese*, § 90 Rz. 36 ff. |14 Vgl. ErfK/*Kania*, § 90 BetrVG Rz. 11; DKK/*Klebe*, § 90 BetrVG Rz. 32.

aber auch Licht, Lärm, Temperatur, soziale Struktur etc.) möglichst menschengerecht sein sollte[1]. Dem ArbGeb wiederum geht es um die Rentabilität. Rentabilität und menschengerechte Gestaltung der Arbeit können, müssen sich aber nicht ausschließen[2].

3. Entscheidung des ArbGeb. Der ArbGeb hat mit dem BR **nur** die geplante Maßnahme zu beraten. Ist der ArbGeb dieser Verpflichtung nachgekommen, muss er Anregungen und Vorschläge des BR hinsichtlich einer Modifizierung der geplanten Maßnahme nicht befolgen. Er bleibt vielmehr in seiner Entscheidung **frei**, ob und wie er die geplante Maßnahme durchführen will[3]. 27

Damit gibt § 90 dem BR **keine rechtliche Möglichkeit**, eine menschengerechte Gestaltung der Arbeit vom ArbGeb zu erzwingen. Dem BR steht es aber frei, nach § 80 Abs. 1 Nr. 2 Änderungen zugunsten der ArbN zu beantragen, er hat jedoch keinen Anspruch darauf, dass der ArbGeb in entsprechende Planungen eintritt[4]. Insoweit steht dem BR ein Initiativrecht nicht zu[5]. 28

IV. Streitigkeiten. Streitigkeiten zwischen ArbGeb und BR über Voraussetzungen und Umfang der Beratungs- und Informationspflichten entscheidet das ArbG im **Beschlussverfahren** (§§ 2a Abs. 1 Nr. 1, Abs. 2 iVm. 80 ff. ArbGG). Im Wege der einstweiligen Verfügung kann der BR sein Recht auf Information und Beratung geltend machen. Es ist jedoch nicht möglich, dem ArbGeb im Wege der einstweiligen Verfügung zu untersagen, eine Maßnahme durchzuführen, da § 90 nur ein Unterrichtungs- und Beratungsrecht, aber kein MitbestR, das den ArbGeb an einer einseitigen Durchführung der Maßnahme hindert, gewährt[6]. Soweit teilweise vertreten wird, die vom ArbGeb beabsichtigten Maßnahmen könnten durch einstweilige Verfügung gestoppt werden[7], vermag dies nicht zu überzeugen, da eine solche einstweilige Verfügung dem BR im vorläufigen Rechtsschutzverfahren mehr Rechte einräumt als ihm in der Hauptsache (Unterrichtung und Beratung) zustehen[8]. Hat aber der BR nach § 91 ein **korrigierendes MitbestR**, die geplante Änderung also den gesicherten arbeitswissenschaftlichen Erkenntnissen über die menschengerechte Gestaltung der Arbeit **offensichtlich** widerspricht und deshalb die ArbN in besonderer Weise belastet, kann das ArbG durch einstweilige Verfügung dem ArbGeb die Durchführung der geplanten Maßnahme untersagen[9]. 29

Kommt der ArbGeb seiner Pflicht aus § 90 zur Unterrichtung und Beratung unvollständig, verspätet, überhaupt nicht oder mit wahrheitswidrigen Informationen nach, handelt es sich um eine Ordnungswidrigkeit iSv. § 121 Abs. 1, die mit einer Geldbuße bis zu 10.000 Euro geahndet werden kann (§ 121 Abs. 2). Darüber hinaus stellt ein Verstoß gegen Unterrichtungs- und Beratungspflichten iSv. § 90 unter Umständen eine grobe Verletzung der Pflichten des ArbGeb aus dem BetrVG dar[10]. Für diesen Fall kann der BR gegen den ArbGeb mit Anträgen nach § 23 Abs. 3 vorgehen, über die das ArbG ebenfalls im **Beschlussverfahren** zu entscheiden hätte (§§ 2a Abs. 1 Nr. 1, Abs. 2 iVm. 80 ff. ArbGG). 30

91 Mitbestimmungsrecht

Werden die Arbeitnehmer durch Änderungen der Arbeitsplätze, des Arbeitsablaufs oder der Arbeitsumgebung, die den gesicherten arbeitswissenschaftlichen Erkenntnissen über die menschengerechte Gestaltung der Arbeit offensichtlich widersprechen, in besonderer Weise belastet, so kann der Betriebsrat angemessene Maßnahmen zur Abwendung, Milderung oder zum Ausgleich der Belastung verlangen. Kommt eine Einigung nicht zustande, so entscheidet die Einigungsstelle. Der Spruch der Einigungsstelle ersetzt die Einigung zwischen Arbeitgeber und Betriebsrat.

I. Vorbemerkung. Nach § 90 haben ArbGeb und BR bei der Einrichtung neuer oder Änderung bestehender Arbeitsplätze und bei der Einführung neuer Arbeitsverfahren und Arbeitsabläufe diese Maßnahmen gemeinsam zu beraten und insb. deren Auswirkungen auf die Art der Arbeit und die Anforderungen an die ArbN zu beachten. Sie sollen dabei gemeinsam die gesicherten arbeitswissenschaftlichen Erkenntnisse über die menschengerechte Gestaltung der Arbeit berücksichtigen. Diese Vorschrift begründet für den ArbGeb noch keine Verpflichtung, Arbeitsplätze, Arbeitsverfahren und Arbeitsabläufe jeweils so zu gestalten, dass den genannten gesicherten arbeitswissenschaftlichen Erkenntnissen entsprochen wird. Welche Anforderungen Arbeitsplätze, Arbeitsverfahren und Arbeitsabläufe in Bezug auf Sicherheit und menschengerechte Gestaltung zwingend zu erfüllen haben, ist vielmehr in anderen Rechtsvorschriften geregelt. Diese zu beachten ist der ArbGeb ohnehin verpflichtet. Ein Recht, entsprechende Regelungen zu erzwingen, räumt § 90 nicht ein. Der BR wird durch diese Vorschrift nicht in die Lage versetzt, dem ArbGeb die Beachtung von noch nicht zu Rechtsnormen erhobenen gesicherten arbeitswissenschaftlichen Erkenntnissen über die menschengerechte Gestaltung der Arbeit allgemein zur Pflicht zu machen. 1

Erst § 91 gibt dem BR die Möglichkeit, tätig zu werden, wenn nämlich Arbeitsplätze, Arbeitsabläufe oder Arbeitsumgebung **gesicherten arbeitswissenschaftlichen Erkenntnissen** nicht entsprechen. Da- 2

---

1 Vgl. MünchArbR/*Matthes*, § 345 Rz. 24; *Fitting*, § 90 BetrVG Rz. 40 und 42. | 2 Vgl. DKK/*Klebe*, § 90 BetrVG Rz. 30. | 3 Vgl. MünchArbR/*Matthes*, § 345 Rz. 21; GK-BetrVG/*Wiese*, § 90 Rz. 32. | 4 Vgl. MünchArbR/*Matthes*, § 345 Rz. 26. | 5 Vgl. BAG v. 6.12.1983 – 1 ABR 43/81, AP Nr. 7 zu § 87 BetrVG 1972 – Überwachung. | 6 Vgl. *Fitting*, § 90 BetrVG Rz. 48; MünchArbR/*Matthes*, § 345 Rz. 26. | 7 Vgl. DKK/*Klebe*, § 90 BetrVG Rz. 37 mwN. | 8 Vgl. *Fitting*, § 90 BetrVG Rz. 48. | 9 Vgl. Richardi/*Richardi/Annuß*, § 90 BetrVG Rz. 42; DKK/*Klebe*, § 90 BetrVG Rz. 37; *Fitting*, § 90 BetrVG Rz. 49; aA HSWG/*Glock*, § 90 BetrVG Rz. 22. | 10 Vgl. LAG Hess. v. 3.11.1992 – 5 TaBV 27/92, LAGE Nr. 32 zu § 23 BetrVG 1972.

von, dass dies auch erlaubtermaßen der Fall sein kann, geht § 91 aus[1]. Das MitbestR nach § 91 BetrVG ist ein **korrigierendes MitbestR**. Der BR soll das Recht haben, Arbeitsbedingungen nach Möglichkeit an gesicherte arbeitswissenschaftliche Erkenntnisse heranzuführen, wenn Arbeitsplätze, Arbeitsverfahren oder Arbeitsumgebung diesen **offensichtlich** widersprechen und ArbN **besonders** belasten.

3 Inhalt des MitbestR ist nicht der Ausgleich **wirtschaftlicher Nachteile** der ArbN, dies ist Inhalt des MitbestR nach § 112. Im Rahmen des § 91 geht es vielmehr um die arbeitstechnische Gestaltung von Arbeitsplatz, Arbeitsablauf oder Arbeitsumgebung.

4 **II. Voraussetzungen des MitbestR.** Werden die ArbN durch in § 91 Satz 1 genannte Umstände, die den gesicherten arbeitswissenschaftlichen Erkenntnissen über die menschengerechte Gestaltung der Arbeit offensichtlich widersprechen, in besonderer Weise belastet, kann der BR angemessene Maßnahmen zur Abwendung, Milderung oder zum Ausgleich der Belastung verlangen.

5 **1. Änderung der Arbeitsplätze, des Arbeitsablaufs und der Arbeitsumgebung.** Voraussetzung ist zunächst, dass eine Änderung der Arbeitsplätze, des Arbeitsablaufs oder der Arbeitsumgebung gegeben ist. Die Begriffe **Arbeitsplatz** und **Arbeitsablauf** sind identisch mit den Begriffen in § 90 Abs. 1 Nr. 3 und 4 (vgl. zu den Begriffen im Einzelnen § 90 Rz. 10, 13)[2]. Soweit § 91 gegenüber § 90 bauliche Veränderungen und den Begriff „technische Anlagen" nicht anführt, liegt darin keine Einschränkung, da der Begriff **Arbeitsumgebung** umfassend ist. Es fallen darunter **alle Umwelteinflüsse** auf den Arbeitsplatz und seine Gestaltung und damit letztendlich auch solche Einflüsse, die von einer baulichen Maßnahme oder einer technischen Anlage ausgehen[3].

6 Das MitbestR des BR nach § 91 ist nur gegeben, wenn die besondere Belastung der ArbN auf einer **Änderung** von Arbeitsplätzen, des Arbeitsablaufs oder der Arbeitsumgebung beruht. Es erstreckt sich **nicht** auf Fälle, in denen **schon bestehende Verhältnisse** den gesicherten arbeitswissenschaftlichen Erkenntnissen über die menschengerechte Gestaltung der Arbeit offensichtlich widersprechen[4]. Das bedeutet aber nicht, dass der BR nach § 91 erst einen Verstoß und das Eintreten besonderer Belastungen abwarten muss, bevor er tätig werden kann. Der BR kann vielmehr schon dann, wenn im Planungsstadium erkennbar ist, dass gegen gesicherte arbeitswissenschaftliche Erkenntnisse offensichtlich verstoßen wird und ArbN deswegen besonders belastet werden, Maßnahmen zur Abwendung, zur Milderung und zum Ausgleich dieser Belastungen verlangen[5]. In diesem Fall kann der BR **präventiv** tätig werden, ansonsten beschränkt sich das MitbestR nach § 91 auf die **Änderung** von Arbeitsplatz, Arbeitsablauf oder Arbeitsumgebung, so dass **bestehende Arbeitsplätze** vom MitbestR nicht umfasst werden.

7 **2. Widerspruch zu gesicherten arbeitswissenschaftlichen Erkenntnissen.** Die Änderung von Arbeitsplatz, Arbeitsablauf oder Arbeitsumgebung muss gesicherten arbeitswissenschaftlichen Erkenntnissen widersprechen. Der Begriff der gesicherten arbeitswissenschaftlichen Erkenntnisse iSv. § 91 Satz 1 BetrVG ist identisch mit § 90 Abs. 2 Satz 2 (vgl. im Einzelnen § 90 Rz. 25 f.).

8 **3. Offensichtlicher Widerspruch. Offensichtlichkeit** ist anzunehmen, wenn der Widerspruch **eindeutig**, dh. ohne weiteres erkennbar ist[6]. Streitig ist, **für wen** er eindeutig erkennbar sein muss: Teilweise wird abgestellt auf einen **Fachmann**, der mit dem **konkreten Lebenssachverhalt vertraut** ist[7], teilweise auf einen einigermaßen **Fachkundigen**[8] und überwiegend auf einen **sachkundigen Betriebspraktiker**[9]. Zutreffend dürfte es sein, auf den sachkundigen Betriebspraktiker abzustellen, da es in § 91 um die Gestaltung von Arbeitsplatz, Arbeitsablauf und Arbeitsumgebung in dem **konkreten Betrieb** geht. Durch § 91 wird die Entscheidung des ArbGeb und die Stellungnahme des BR beeinflusst. Ein sachkundiger Betriebspraktiker, der Kenntnis über die betreffenden arbeitswissenschaftlichen Anforderungen hat, ist am besten geeignet, beurteilen zu können, ob ein offensichtlicher Widerspruch vorliegt oder nicht[10].

9 **4. Besondere Belastung.** Unter besonderen Belastungen iSv. § 91 Satz 1 sind erhebliche typisiert-negative Belastungen zu verstehen, die das Maß zumutbarer Belastungen und Beanspruchungen von arbeitenden Menschen übersteigen[11].

10 **Beispiele:** Lärm, Vibration, Nässe, Öl, Fette, Gase, Dämpfe, Hitze, Kälte, Lichtverhältnisse.

11 Abzustellen ist auf eine **objektive** besondere Belastung, nicht entscheidend ist ein **subjektiver Maßstab**[12]. Die besondere Belastung darf nicht nur vorübergehend sein[13].

---

1 Vgl. BAG v. 6.12.1983 – 1 ABR 43/81, AP Nr. 7 zu § 87 BetrVG 1972 – Überwachung. |2 Vgl. *Löwisch/Kaiser*, § 91 BetrVG Rz. 1. |3 Vgl. DKK/*Klebe*, § 91 BetrVG Rz. 3; *Fitting*, § 91 BetrVG Rz. 10. |4 Vgl. BAG v. 28.7.1981 – 1 ABR 65/79, AP Nr. 3 zu § 87 BetrVG 1972 – Arbeitssicherheit, unter II. 2. d.Gr. |5 Vgl. BAG v. 6.12.1983 – 1 ABR 43/81, AP Nr. 7 zu § 87 BetrVG 1972 – Überwachung unter C. 2. b d.Gr. |6 Vgl. DKK/*Klebe*, § 91 BetrVG Rz. 14; *Fitting*, § 91 BetrVG Rz. 12. |7 Vgl. DKK/*Klebe*, § 91 BetrVG Rz. 14. |8 Vgl. Stege/Weinspach/*Schiefer*, § 91 BetrVG Rz. 4; *Fitting*, § 91 BetrVG Rz. 12. |9 Vgl. Richardi/*Richardi/Annuß*, § 91 BetrVG Rz. 9; HSWG/*Glock*, § 91 BetrVG Rz. 7. |10 Vgl. GK-BetrVG/*Wiese*, § 91 Rz. 13 f. |11 Vgl. DKK/*Klebe*, § 91 BetrVG Rz. 17. |12 Vgl. GK-BetrVG/*Wiese*, § 91 Rz. 17; Richardi/*Richardi/Annuß*, § 91 BetrVG Rz. 13. |13 Vgl. DKK/*Klebe*, § 91 BetrVG Rz. 17; GK-BetrVG/*Wiese*, § 91 Rz. 18; MünchArbR/*Matthes*, § 345 Rz. 31; weiter gehend HSWG/*Glock*, § 91 BetrVG Rz. 8; Richardi/*Richardi/Annuß*, § 91 BetrVG Rz. 12; *Löwisch/Kaiser*, § 91 BetrVG Rz. 6, die eine über die Einarbeitungszeit hinausgehende, auf Dauer bestehende Belastung verlangen.

5. Darlegungslast. Der BR muss **substanziiert darlegen**, weshalb seiner Ansicht nach eine Änderung 12
offensichtlich den gesicherten arbeitswissenschaftlichen Erkenntnissen über die menschengerechte
Gestaltung der Arbeit widerspricht und besondere Belastungen eingetreten sind. Der BR kann insoweit nicht **generalpräventiv** tätig werden. Durch das MitbestR nach § 91 kann nur die Korrektur von
Zuständen an **ganz konkreten Arbeitsplätzen** erreicht werden[1]. Diese Voraussetzungen hat der BR im
Einzelnen darzulegen[2].

III. Inhalt des MitbestR. Liegen die Voraussetzungen des MitbestR nach § 91 Satz 1 vor, kann der BR 13
angemessene Maßnahmen zur Abwendung und Milderung der Belastung oder einen Ausgleich für den
belasteten ArbN verlangen. Es muss sich hierbei um Maßnahmen handeln, die einerseits geeignet sind,
eine Änderung zu bewirken, andererseits aber auch für den ArbGeb wirtschaftlich vertretbar sind[3].

1. Abwendung. § 91 Satz 1 Halbs. 2 sieht eine bestimmte **Rangfolge** vor, mit der die Beseitigung der 14
besonderen Belastung erreicht werden soll. Diese geht von der Abwendung über die Milderung bis hin
zum Ausgleich.

Abwendung ist die Korrektur der Belastung, so dass der ArbN dieser nicht mehr ausgesetzt ist[4]. Dies 15
kann zu einer Rückgängigmachung der Maßnahme führen, wenn es wirtschaftlich vertretbar ist, von einer Änderung der Arbeitsplatzgestaltung abzusehen[5]. Beispielsweise können neue Leuchtröhren gegen
die früheren, alten wieder ausgewechselt werden[6]. Andererseits kann nicht der Abbau einer Maschine mit
außergewöhnlicher Lärmentwicklung verlangt werden, sondern allenfalls deren konstruktive Änderung
etwa durch den Einbau schalldämpfender Teile[7]. Maßnahmen zur Abwendung können die Verbesserung
der ergonomischen Gestaltung des Arbeitsplatzes nach Körpermaßen und -kräften, die Einführung technischer Hilfsmittel (zB bei Hebearbeit), die Einführung von Transportmitteln (zB bei Tragearbeit) und
die Beseitigung von Umwelteinflüssen (Staub, Lärm, Gasen etc.) sein[8].

2. Milderung. Als Maßnahmen zur Milderung, also teilweiser Aufhebung der Belastung, kommen in Be- 16
tracht die Einführung besonderer Schutzbekleidung oder Schutzbrillen, Gehörschutzmittel, schallisolierende Maßnahmen, zusätzliche ärztliche Vorsorge- und Überwachungsuntersuchungen, zusätzliche
Pausen oder Erholungszeiten, Ausgleichstätigkeiten zur Verringerung von Unterbelastung oder Monotonie etc.[9]. Entscheidend ist, dass die Maßnahme geeignet ist, die Belastung zu mildern, sie muss darüber hinaus erforderlich sein, um dieses Ziel zu erreichen[10].

3. Ausgleich. Erst wenn besondere Belastungen weder abzuwenden noch zu mildern sind, muss der BR 17
sich auf einen Ausgleich der Belastung verweisen lassen[11]. Solche Ausgleichsmaßnahmen können die Herabsetzung der Arbeitszeit, zusätzliche Pausen, die Versorgung mit Getränken bei großer Hitze, Duschen
und Bäder bei schmutziger Arbeit, die Einrichtung von Ruheräumen, die Aufstellung von Regenschutz
bei Arbeit im Freien uÄ sein[12].

Hinweis: Die Ausgleichsmaßnahmen sollen **Kompensation** für die in Kauf zu nehmende Belastung sein. 18
Sie sollten also primär darauf angelegt sein, dem gesteigerten Erholungsbedarf des ArbN gerecht zu werden. Das bedeutet, dass sie möglichst mit zusätzlicher Freizeit gekoppelt sein sollten (Sonderurlaub,
längere Pausen etc.)[13]. Das schließt aber – auch wenn der Anspruch auf eine menschengerechte Gestaltung der Arbeit grundsätzlich **nicht abgekauft** werden sollte – zusätzliche **Geldleistungen** des ArbGeb
nicht aus[14].

IV. Durchführung der Mitbest.. Können ArbGeb und BR sich nicht über angemessene Maßnahmen 19
zur Abwendung, Milderung oder zum Ausgleich der Belastung einigen, so entscheidet auf Antrag des
ArbGeb oder des BR nach § 91 Satz 2 die **Einigungsstelle**. Gemäß § 91 Satz 3 ersetzt der Spruch der
Einigungsstelle die Einigung zwischen ArbGeb und BR (zum Verfahren vor der Einigungsstelle vgl. im
Einzelnen § 76 Rz. 1 ff.)[15].

V. Streitigkeiten. Einigen ArbGeb und BR sich nicht über die Besetzung der Einigungsstelle (Eini- 20
gungsstellenvorsitzender, Anzahl der Beisitzer, Zuständigkeit der Einigungsstelle an sich), kann eine
Einigungsstelle gerichtlich eingesetzt werden. Das ArbG entscheidet im **Beschlussverfahren** (§§ 2a

---

1 Vgl. *Löwisch/Kaiser*, § 91 BetrVG Rz. 8. | **2** Vgl. BAG v. 6.12.1983 – 1 ABR 43/81, AP Nr. 7 zu § 87 BetrVG 1972
– Überwachung. | **3** Vgl. DKK/*Klebe*, § 91 BetrVG Rz. 19; *Fitting*, § 91 BetrVG Rz. 17. | **4** Vgl. DKK/*Klebe*,
§ 91 BetrVG Rz. 19. | **5** Vgl. DKK/*Klebe*, § 91 BetrVG Rz. 19; *Fitting*, § 91 BetrVG Rz. 17. | **6** Vgl. Richardi/
Richardi/Annuß, § 91 BetrVG Rz. 19. | **7** Vgl. HSWG/*Glock*, § 91 BetrVG Rz. 10. | **8** Vgl. die Beispiele bei
Fitting, § 91 BetrVG Rz. 19. | **9** Vgl. die Beispiele bei *Fitting*, § 91 BetrVG Rz. 20. | **10** Vgl. Richardi/*Richardi/Annuß*, § 91 BetrVG Rz. 20. | **11** Vgl. DKK/*Klebe*, § 91 BetrVG Rz. 21; GK-BetrVG/*Wiese*, § 91 Rz. 33.
| **12** Vgl. die Beispiele bei *Fitting*, § 91 BetrVG Rz. 21. | **13** Vgl. *Weiss/Weyand*, § 91 BetrVG Rz. 12. | **14** Vgl.
Löwisch/Kaiser, § 91 BetrVG Rz. 11; MünchArbR/*Matthes*, § 345 Rz. 45; *Weiss/Weyand*, § 91 BetrVG Rz. 12; *Fitting*, § 91 BetrVG Rz. 21; GK-BetrVG/*Wiese*, § 91 Rz. 33 f.; *Etzel*, Betriebsverfassungsrecht, Rz. 667; aA DKK/
Klebe, § 91 BetrVG Rz. 21; HSWG/*Glock*, § 91 BetrVG Rz. 12; Richardi/*Richardi/Annuß*, § 91 BetrVG Rz. 23; *Stege/Weinspach/Schiefer*, § 91 BetrVG Rz. 13. | **15** Vgl. zur Anrufung der Einigungsstelle, zum Antrag an das
ArbG auf Errichtung einer Einigungsstelle nach § 98 ArbGG sowie zu einem Einigungsstellenspruch die Muster bei Bauer/Lingemann/Diller/Haußmann/*Diller*, M 40.1, M 40.2 und M 40.3.

Abs. 1 Nr. 1, Abs. 2 iVm. 80 ff., 98 ArbGG)[1]. Die Einigungsstelle entscheidet verbindlich durch Spruch[2]. Der Spruch der Einigungsstelle kann vom ArbGeb oder BR angefochten werden (§ 76 Abs. 5 Satz 4, vgl. zur Anfechtung eines Einigungsstellenspruchs im Einzelnen § 76 BetrVG Rz. 1 ff.). Für die Anfechtung eines Spruchs der Einigungsstelle ist das ArbG zuständig, das im **Beschlussverfahren** entscheidet (§§ 2a Abs. 1 Nr. 1, Abs. 2 iVm. 80 ff. ArbGG).

21 Ist zwischen ArbGeb und BR streitig, ob überhaupt die Voraussetzungen des § 91 BetrVG erfüllt sind, kann dies unabhängig von einem Einigungsstellenverfahren im arbeitsgerichtlichen **Beschlussverfahren** geklärt werden (§§ 2a Abs. 1 Nr. 1, Abs. 2 iVm. 80 ff. ArbGG).

22 Wird durch den Spruch der Einigungsstelle festgelegt, welche Maßnahmen der ArbGeb zu treffen hat und führt dieser sie nicht durch, kann der BR durch das ArbG die Durchsetzung des Spruchs verfolgen. Das ArbG entscheidet einen solchen Rechtsstreit im **Beschlussverfahren** (§§ 2a Abs. 1 Nr. 1, Abs. 2 iVm. 80 ff. ArbGG). Den ArbGeb trifft insoweit nach § 77 Abs. 1 BetrVG eine **Durchführungspflicht**, die der BR ggf. auch mit einer einstweiligen Verfügung durchsetzen kann[3]. Werden durch einen Spruch der Einigungsstelle dem ArbN unmittelbar Individualansprüche eingeräumt, können diese im arbeitsgerichtlichen **Urteilsverfahren** durchgesetzt werden (§§ 2 Abs. 1 Nr. 3a, Abs. 5 iVm. 46 ff. ArbGG).

23 Für den einzelnen ArbN kann sich unter Umständen ein Zurückbehaltungsrecht nach § 273 BGB ergeben, wenn der ArbGeb ihm obliegende Maßnahmen nicht vornimmt und dadurch dem ArbN die Arbeitsleistung unzumutbar wird[4].

Fünfter Abschnitt. Personelle Angelegenheiten

Erster Unterabschnitt. Allgemeine personelle Angelegenheiten

92 *Personalplanung*
(1) Der Arbeitgeber hat den Betriebsrat über die Personalplanung, insbesondere über den gegenwärtigen und künftigen Personalbedarf sowie über die sich daraus ergebenden personellen Maßnahmen und Maßnahmen der Berufsbildung anhand von Unterlagen rechtzeitig und umfassend zu unterrichten. Er hat mit dem Betriebsrat über Art und Umfang der erforderlichen Maßnahmen und über die Vermeidung von Härten zu beraten.

(2) Der Betriebsrat kann dem Arbeitgeber Vorschläge für die Einführung einer Personalplanung und ihre Durchführung machen.

(3) Die Absätze 1 und 2 gelten entsprechend für Maßnahmen im Sinne des § 80 Abs. 1 Nr. 2a und 2b, insbesondere für die Aufstellung und Durchführung von Maßnahmen zur Förderung der Gleichstellung von Frauen und Männern.

Lit.: *Drumm*, Personalwirtschaftslehre, 3. Aufl. 1995; *Hunold*, Zur Entwicklung des Einstellungsbegriffs in der Rechtsprechung (Randbelegschaften), NZA 1990, 461; *Kadel*, Personalabbauplanung und die Unterrichtungs- und Beratungsrechte des Betriebsrates nach § 92 BetrVG, BB 1993, 797; *Oechsler*, Personal und Arbeit, 7. Aufl. 2000; *Lachenmann*, Betriebsverfassungsrechtliche Fragen bei der Einführung eines nach der DIN EN ISO 9001 zertifizierbaren Qualitätsmanagementsystems, RdA 1998, 105; *Peltzer*, Personalplanung, innerbetriebliche Stellenausschreibung, Personalfragebogen und Auswahlrichtlinien (§§ 92 ff. BetrVG 72), DB 1972, 1164; *Plander*, Fremdfirmeneinsatz und Betriebsverfassung, AiB 1990, 19; *Rumpff/Boewer*, Mitbestimmung in wirtschaftlichen Angelegenheiten und bei Unternehmens- und Personalplanung, 3. Aufl. 1990; *von Friesen*, Tarifliche und betriebliche Instrumente zur Frauen- und Familienförderung – Erfordernis- und Ausgestaltung, AuR 1994, 405; *Wendeling-Schröder*, Neue Mitbestimmungsrechte im neuen Betriebsverfassungsgesetz?, NZA Sonderheft 2001, 29; *Worzalla/Will*, Das neue Betriebsverfassungsrecht, 2002.

1 **I. Regelungszweck.** Mit der Generalklausel des § 92 berücksichtigt der Gesetzgeber, dass immer dort, wo eine Personalplanung besteht, vielfach schon im Planungsstadium Weichenstellungen erfolgen, die die Grundlage für personelle Einzelentscheidungen bilden. Speziell erwartete der Gesetzgeber von einer Beteiligung des BR im Rahmen der Personalplanung eine bessere **Objektivierung** und eine bessere **Durchschaubarkeit** sowohl der allgemeinen Personalwirtschaft als auch der personellen Einzelentscheidung[5]. Mittlerweile hat sich jedoch die betriebliche Wirklichkeit erheblich weiterentwickelt. So hat sich vielfach im Hinblick auf die Personalarbeit in den Unternehmen ein Ansatz herausgebildet, der auf eine ganzheitliche Sichtweise der Integration von Personal und Arbeit bei allen unternehmerischen Entscheidungen abstellt. Dies ist der sog. Human-Ressource-Management-Ansatz. Danach werden aus betriebs-

---

1 Vgl. zum Antrag nach § 98 ArbGG das Muster bei Bauer/Lingemann/Diller/Haußmann/*Diller*, M 40.2. | 2 Vgl. zum Einigungsstellenspruch das Muster bei Bauer/Lingemann/Diller/Haußmann/*Diller*, M. 40.3. | 3 Vgl. DKK/*Klebe*, § 91 BetrVG Rz. 25; Richardi/*Richardi/Annuß*, § 91 BetrVG Rz. 37. | 4 Vgl. zur Arbeit in gefahrstoffbelasteten Räumen BAG v. 8.5.1996 – 5 AZR 315/95, AP Nr. 23 zu § 618 BGB. | 5 BT-Drs. VI/1786, S. 50.

wirtschaftlicher Sicht die in einem Unternehmen tätigen Menschen als Erfolgsfaktoren betrachtet, die zusammen mit den übrigen Ressourcen des Unternehmens so geführt, motiviert und entwickelt werden müssen, dass dies direkt zum Erreichen von Unternehmenszielen beiträgt[1]. Damit wird aber auch eine transparente Personalplanung zum Bestandteil des Unternehmensführungskonzepts selbst.

II. Begriffsbestimmung. Eine Begriffsbestimmung für den Begriff „Personalplanung" fehlt im Gesetz. Deshalb haben Rechtswissenschaft und Praxis versucht, teilweise unter Rückgriff auf betriebswirtschaftliche Kenntnisse, einen **Begriff der Personalplanung** zu entwickeln. Der Begriff wird im Wesentlichen durch das Wort „Planung" geprägt. Insofern geht es um das gedankliche Erarbeiten verschiedener Wahlmöglichkeiten bei der Festlegung von personalpolitischen Zielen und den zu treffenden Maßnahmen[2]. Personalplanung in diesem Sinne umfasst nicht nur langfristige, mittelfristige und kurzfristige Personalplanung, sondern auch eine „intuitive Planung", bei der unter Umständen nur eine kurzfristige Maßnahmeplanung aufgrund schwer nachvollziehbarer Vorstellungen des ArbGeb betrieben wird[3]. Fehlt es dagegen überhaupt an einer Personalplanung, kann dem ArbGeb unter Rückgriff auf § 92 eine solche nicht auferlegt werden. Keine Planung liegt etwa vor bei bloßer Fixierung der **Personaldaten**[4]. Jedoch ist darauf hinzuweisen, dass eine völlig planlose Personalpolitik, die nur auf zufällige Änderungen des Personalbestandes reagiert, in der betrieblichen Praxis nur schwer vorstellbar ist[5].

Besondere Bedeutung gewinnt die Personalplanung gerade im Zusammenhang mit der Einführung neuer Produktions- und Fertigungsverfahren. Dies betrifft die im Rahmen eines Lean-Production-Konzeptes eingeführte verstärkte Gruppenarbeit, die Einführung flacher Hierarchien, die organisatorische Begleitung von Total-Quality Management-Ansätzen sowie die Schaffung flexibler Vergütungs- und Arbeitszeitsysteme (etwa Cafeteria-Systeme)[6].

Die Rechtswissenschaft hat versucht, auch unter Rückgriff auf betriebswirtschaftliches Schrifttum die **Elemente von Personalplanung** herauszuarbeiten. Hier differieren bisweilen die Begrifflichkeiten erheblich, ohne jedoch Unterschiedliches zu meinen. Ausgangspunkt jeder Personalplanung bildet eine **Personalbedarfsplanung** und damit die Ermittlung des Personalbedarfs nach den Gegebenheiten des Betriebs unter Berücksichtigung der unternehmerischen Planziele. Hierzu zählen auch die **Stellenbeschreibungen**, die den konkreten Arbeitsplatz innerhalb des betrieblichen Geschehens festlegen und damit die Anforderungsprofile definieren[7]. Damit untrennbar verknüpft ist die Frage, ob bestimmte Aufgaben durch **LeihArbN** oder ArbN von Fremdfirmen erledigt werden sollen. Auch diese Entscheidung zählt zur Personalplanung[8].

Dem Personalbedarf ist für eine zutreffende Planung der **Personalbestand** gegenüberzustellen. Das heißt, zur Personalplanung iSd. § 92 zählt auch die Erfassung des gegenwärtigen Personalpotentials hinsichtlich seiner Zahl, Fähigkeiten und Kenntnisse[9]. Nach Auffassung der Rspr. kann unter Umständen auch für den Abschluss eines Werkvertrages der BR nach § 92 zu beteiligen sein[10].

Aus der Gegenüberstellung von Personalbedarfs- und Personalbestandsplanung folgt dann die Entscheidung, ob aufgrund dessen eine **Personalfreisetzungsplanung** und damit die Festlegung wegfallender Stellen einschließlich der Planung von Verwendungsalternativen für das freigesetzte Personal erforderlich wird[11] oder ob eine **Personalbeschaffungsplanung** erfolgen muss. Hierbei stellt sich auch die Frage nach möglichen Beschaffungsalternativen, etwa ob das notwendige Personal auf dem unternehmensinternen Arbeitsmarkt rekrutiert werden kann. Auch diese Entscheidung ist Personalplanung iSd. § 92[12].

Unmittelbar hiermit im Zusammenhang steht die **Personalentwicklungsplanung**. Hier hat der BR durch die Novellierung des BetrVG ganz erhebliche Möglichkeiten gewonnen (vgl. §§ 96 ff.). So liegt die Hauptaufgabe der Personalentwicklung in der Anpassung des qualitativen Arbeitskräftepotentials an die Bedarfsziele des Unternehmens[13]. Von besonderer Bedeutung ist die Personalentwicklungsplanung nach der Novellierung des BetrVG insb. im Hinblick auf Maßnahmen zur Förderung der Gleichstellung von Frauen und Männern (§ 92 Abs. 3). Insofern können sog. **Frauenförderpläne**[14] bereits Bestandteil der Personalentwicklungsplanung werden.

Diese einzelnen Teilplanungen münden dann in die **Personaleinsatzplanung**, bei der festgelegt wird, wie die durch Planung ermittelten personellen Kapazitäten im Unternehmen zur Verwirklichung der Planziele zeitlich und qualitativ einzuordnen sind[15]. In diesem Rahmen kommt insb. der Frage der Zuordnung von Mensch und Arbeit erhebliche Bedeutung zu. Dies führt zwangsläufig zu Überschnei-

---

1 *Oechsler*, Personal und Arbeit, S. 20 mwN. | 2 DKK, § 92 BetrVG Rz. 10; LAG Berlin v. 13.6.1988 – 9 TaBV 1/88, LAGE § 92 BetrVG 1972 Nr. 2. | 3 LAG Berlin v. 13.6.1988 – 9 TaBV 1/88, LAGE § 92 BetrVG 1972 Nr. 2. | 4 *Heinze*, Personalplanung, Rz. 42. | 5 Kritisch zu den Defiziten in der Praxis: *Fitting*, § 92 BetrVG Rz. 8. | 6 Vgl. hierzu *Fitting*, § 92 BetrVG Rz. 7. | 7 BAG v. 6.11.1990 – 1 ABR 60/89, AP Nr. 3 zu § 92 BetrVG 1972; v. 19.6.1984 – 1 ABR 6/83, AP Nr. 2 zu § 92 BetrVG 1972; vgl. zum Beteiligungsrecht des BR bei Stellenbeschreibungen im Zusammenhang mit der Einführung von Qualitätsmanagementsystemen: *Lachenmann*, RdA 1998, 105 (111). | 8 *Fitting*, § 92 BetrVG Rz. 14; vgl. auch *Plander*, AiB 1990, 19 ff. | 9 *Richardi/Thüsing*, § 92 BetrVG Rz. 8. | 10 LAG Köln v. 9.8.1989 – 5 TaBV 3/89, LAGE Nr. 28 zu § 99 BetrVG 1972. | 11 Hierzu *Kadel*, BB 1993, 797 (798 f.). | 12 HSWG, § 92 BetrVG Rz. 15. | 13 *Richardi/Thüsing*, § 92 BetrVG Rz. 12. | 14 Vgl. *von Friesen*, AuR 1994, 405 ff. | 15 *Richardi/Thüsing*, § 92 BetrVG Rz. 13.

dungen mit dem Beteiligungsrecht des BR nach § 99. Ob auch die **Kontrollplanung** zu den Elementen der Personalplanung gehört, ist bisher nicht abschließend geklärt[1].

9 Ebenfalls umstritten ist, ob die **Personalkostenplanung**, die betriebswirtschaftlich ebenfalls zur Personalplanung gehört[2], auch iSd. § 92 zur Personalplanung zu zählen ist. Da es sich hierbei um Folgen der Personalplanung selbst handelt, ist nicht einzusehen, dass Personalkostenplanung ein eigenständiges Element der Personalplanung ist. Insofern wird zu Recht darauf hingewiesen, dass Teilbereiche der so definierten Personalkostenplanung bereits bei anderen Elementen der Personalplanung zu berücksichtigen sind[3]. Ebenso wenig Bestandteil der Personalplanung ist die Planung eines **Personalinformationssystems** oder die Planung der Personalorganisation an sich[4]. Bei beiden geht es nämlich um die Vorhaltung von Ressourcen zur Durchführung der Personalplanung, nicht aber um die Personalplanung als solche[5].

10 **III. Unterrichtungsrechte.** Gemäß § 92 Abs. 1 Satz 1 hat der ArbGeb den BR über die Personalplanung, insb. über den gegenwärtigen und künftigen Personalbedarf, sowie über die sich daraus ergebenden personellen Maßnahmen und Maßnahmen der Berufsbildung anhand von Unterlagen rechtzeitig und umfassend zu unterrichten. Hierbei ist jedoch zu betonen, dass für die Personalplanung der **Unternehmer allein verantwortlich** ist. Deshalb hat der BR auch **kein MitbestR** bei der Personalplanung, sondern Unterrichtungs- und Beratungsrechte in dem Umfang, in dem der ArbGeb Personalplanung durchführt[6].

11 **1. Zeitpunkt.** Voraussetzung für das Unterrichtungsrecht nach § 92 Abs. 1 Satz 1 ist also, dass überhaupt eine Personalplanung erfolgt. Ist dies der Fall, so hat nach ganz überwiegender Meinung die Unterrichtung so **rechtzeitig** zu erfolgen, dass eine Beratung über Art und Umfang der erforderlichen Maßnahmen zur Vermeidung von Härten noch in einem Stadium stattfinden kann, in dem die Planung noch nicht, auch nicht teilweise, verwirklicht ist[7]. In diesem Zusammenhang gilt es allerdings, die Rspr. des BAG zu beachten, wonach der BR gemäß § 92 Abs. 1 Satz 1 erst beteiligt zu werden braucht, wenn Überlegungen des ArbGeb das Stadium der Planung erreicht haben[8]. Jedenfalls aber ist der BR so **frühzeitig** vor Vollziehung der Planungsergebnisse zu unterrichten, dass er realistisch noch auf den ArbGeb im Hinblick auf eine Änderung der Planung einwirken kann. Es wird daher im eigenen Interesse der Unternehmen liegen, den BR frühzeitig in die Planungsprozesse miteinzubeziehen, um so die schnellstmögliche Umsetzung der Planungsergebnisse sicherzustellen. Hier zeigt sich einmal mehr, dass das BetrVG gerade **kooperative Handlungsformen** zwischen ArbGeb und BR unterstützt, denn der ArbGeb hat ein Interesse daran, den BR frühzeitig zu beteiligen, um überflüssigen Zeitverlust bei der Umsetzung der Planungsergebnisse zu vermeiden.

12 **2. Umfang der Unterrichtung.** Der ArbGeb muss den BR **umfassend** über die Planung unterrichten. Er hat dem BR also alle **Tatsachen** bekannt zu geben, auf die er die jeweilige Personalplanung stützt[9]. Hierbei gilt es zu beachten, dass der ArbGeb über die aus anderen Planungsbereichen stammenden Ergebnisse im Rahmen des § 92 nur dann unterrichten muss, wenn er diese Planungsergebnisse zur Grundlage seiner Personalplanung macht, wobei zu betonen ist, dass das Unterrichtungsrecht sich nur auf die Ergebnisse, etwa der Investitionsplanung, bezieht. Nicht umfasst vom Unterrichtungsrecht ist der **Investitionsplanungsvorgang** als solcher. Ebenso wenig kann sich der ArbGeb dadurch seiner Unterrichtungspflicht entziehen, dass er eine **Unternehmensberatungsgesellschaft** mit der Durchführung der Personalplanung beauftragt. Auch kann er die Übermittlung personenbezogener Daten, soweit die Weitergabe für die Erfüllung der Unterrichtungspflicht über die Personalplanung notwendig ist, nicht unter Berufung auf angebliche **Datenschutzgründe** verweigern[10]. Die Unterrichtungspflicht des ArbGeb gilt für **alle Bereiche** der Personalplanung. Soweit das Gesetz in § 92 Abs. 1 Satz 1 den „gegenwärtigen und künftigen Personalbedarf" hervorhebt, ist dies nur beispielhaft zu verstehen. Auch ist die Unterrichtung nicht von einem ausdrücklichen Verlangen des BR abhängig, sondern der ArbGeb hat stattdessen von sich aus den BR zu unterrichten, wenn er eine Personalplanung durchführt[11].

13 **3. Vorlage von Unterlagen.** Die Unterrichtung des BR hat anhand von Unterlagen zu erfolgen. Hierunter sind nicht nur **Schriftstücke** zu verstehen, sondern auch **Datenträger** bzw., wenn es nicht anders möglich ist, sind in diesem Zusammenhang dem BR auch die in Rechnern gespeicherten Daten zugänglich zu machen[12]. Die Unterrichtung anhand von Unterlagen bedeutet, dass den BR-Mitgliedern Einblick zu gewähren ist. Bei einem computergestützten Personalinformationssystem reicht auch ein Computerausdruck mit den maßgeblichen Daten, um der Unterrichtungspflicht nachzukommen[13].

---

[1] Vgl. *Fitting*, § 92 BetrVG Rz. 10; aA GK-BetrVG/*Kraft*, § 92 Rz. 17. | [2] *Drumm*, Personalwirtschaftslehre, S. 221 ff. | [3] Vgl. *Richardi/Thüsing*, § 92 BetrVG Rz. 15; GK-BetrVG/*Kraft*, § 92 Rz. 18; aA *Fitting*, § 92 BetrVG Rz. 20; DKK, § 92 BetrVG Rz. 30. | [4] Vgl. *Richardi/Thüsing*, § 92 BetrVG Rz. 16; GK-BetrVG/*Kraft*, § 92 Rz. 19. | [5] AA *Fitting*, § 92 BetrVG Rz. 24 f. | [6] *Fitting*, § 92 BetrVG Rz. 21. | [7] *Richardi/Thüsing*, § 92 BetrVG Rz. 24; DKK, § 92 BetrVG Rz. 36 ff.; *Peltzer*, DB 1972, 1164. | [8] BAG v. 19.6.1984 – 1 ABR 6/83, AP Nr. 2 zu § 92 BetrVG 1972. | [9] BAG v. 19.6.1984 – 1 ABR 6/83, AP Nr. 2 zu § 92 BetrVG 1972. | [10] *Richardi/Thüsing*, § 92 BetrVG Rz. 33. | [11] *Fitting*, § 92 BetrVG Rz. 23. | [12] *Rumpff/Boewer*, Mitbestimmung in wirtschaftlichen Angelegenheiten, Rz. E 44. | [13] *Richardi/Thüsing*, § 92 BetrVG Rz. 30; *Heinze*, Personalplanung, Rz. 43.

Dagegen ist höchst umstritten, ob der ArbGeb auch verpflichtet ist, dem BR die **Unterlagen zur Verfügung** zu stellen. Dies wird teilweise aus § 80 Abs. 2 Satz 2 hergeleitet[1]. Angesichts der besonderen Regelungen in § 92 Abs. 1 kann eine Verpflichtung zur Aushändigung von Unterlagen nicht aus § 80 Abs. 2 für den Bereich der Personalplanung hergeleitet werden[2]. Etwas anderes lässt sich dem Gesetzeswortlaut des § 92 nicht entnehmen. Schließlich sollen durch die Vorlage der Unterlagen lediglich die durch den ArbGeb vorgebrachten Informationen belegt werden[3]. Erst recht darf der BR von den Unterlagen keine **Abschriften** herstellen, sondern muss sich vielmehr mit einzelnen Notizen begnügen[4]. Zu den vorzulegenden Unterlagen können auch Arbeitsblätter gehören, die eine Unternehmensberatungsfirma für den ArbGeb als Ergebnis innerbetrieblicher Planungsüberlegungen erstellt hat[5]. Nach der Rspr. können hierzu auch Listen gehören, aus denen sich die Einsatztage und Einsatzzeiten einzelner ArbN von Fremdfirmen ergeben[6]. Selbst eine monatliche Vorlage eines **Stellenplans**, der die personellen Zielvorstellungen eines ArbGeb enthält, sowie des aktuellen Stellenbesetzungsplans kann nach Auffassung der Rspr. verlangt werden[7].

IV. Beratungsrechte. Die Verpflichtung des ArbGeb, sich mit dem BR zu beraten, erstreckt sich gemäß § 92 Abs. 1 Satz 2 nicht auf die gesamte Personalplanung, sondern nur auf die **Art und den Umfang** der erforderlichen Maßnahmen und auf die **Vermeidung von Härten**. Auch in diesem Zusammenhang braucht der BR die Beratung nicht einzufordern, sondern der ArbGeb hat von sich aus die Beratung zu veranlassen. Vielfach wird die Einschränkung des **Beratungsrechts** gegenüber einem weiter gehenden Unterrichtungsrecht für sinnwidrig erachtet[8]. Insofern sei das Beratungsrecht des BR weiter zu verstehen, als es in § 92 Abs. 1 Satz 2 seinen Niederschlag gefunden habe[9]. Sicherlich kann der ArbGeb freiwillig über sonstige Teile einer Personalplanung mit dem BR beraten. Eine Verpflichtung hierzu besteht angesichts des klaren Wortlauts des § 92 Abs. 1 Satz 2 indes nicht[10].

Gegenstand der Beratung ist die Art und der Umfang der erforderlichen Maßnahmen sowie die Vermeidung von Härten. Bereits aus dem Wortlaut wird deutlich, dass die Frage, ob Maßnahmen getroffen werden oder nicht, nicht dem Beratungsrecht des BR unterliegt. Dies bedeutet aber auch, dass die aus der Personalplanung entwickelte Zielvorgabe nicht dem Beratungsrecht unterfällt. Ebenso wenig sind Gegenstand der Beratung iSd. § 92 Abs. 1 Satz 2 **Einzelmaßnahmen**. Diese werden vom Beteiligungsrecht des BR gemäß §§ 99 ff. umfasst[11].

Beratung heißt nicht, dass der BR lediglich seine Vorstellung zu den Beratungsgegenständen äußern darf. Vielmehr muss die Beratung gemäß dem Gedanken des § 2 von dem Grundsatz getragen sein, eine **Einigung** herbeizuführen[12]. Allerdings besteht für den ArbGeb keine Verpflichtung, den Stellungnahmen des BR zu folgen oder nur im gegenseitigen Einvernehmen die mit Hilfe der Personalplanung gefundenen Ergebnisse umzusetzen[13].

V. Vorschlagsrechte. Gemäß § 92 Abs. 2 kann der BR dem ArbGeb auch **Vorschläge** für die Einführung einer Personalplanung und ihre Durchführung machen. Dieses Vorschlagsrecht ergänzt das Beratungsrecht des BR. Zwar ist der ArbGeb nicht verpflichtet, den Vorschlägen des BR nachzukommen. Aus § 2 Abs. 1 folgt aber, dass er sich zumindest ernsthaft mit den Vorschlägen zu befassen hat[14]. So kann der BR nach Auffassung der Rspr. vorschlagen, dass die gegenwärtig von ArbN von Fremdfirmen geleisteten Arbeiten durch ArbN des Betriebs, die ggf. auch neu einzustellen sind, verrichtet werden[15]. Allerdings darf das Vorschlagsrecht nicht dazu **missbraucht** werden, Beratungsgegenstände zu kreieren, mit deren Hilfe der BR die Offenlegung bestimmter Unterlagen durch den ArbGeb herbeiführen will. Vom Vorschlagsrecht des BR mit umfasst sieht die hM auch die Befugnis, dass, sofern bereits **Personaldaten** in EDV-Anlagen verarbeitet werden, auch ein Programm für ein Personalinformationssystem zu entwickeln sei[16]. Ebenso wenig ist der BR auf **Einzelvorschläge** festgelegt, sondern kann auch Vorschläge zu einer **Gesamtpersonalplanung** machen[17].

VI. Besondere Fördermaßnahmen. Neu in das Gesetz aufgenommen wurde § 92 Abs. 3. Danach gilt das Recht, umfassend unterrichtet zu werden, zu Beratungen hinzugezogen zu werden und Vorschläge machen zu dürfen, auch für Maßnahmen iSd. § 80 Abs. 1 Nr. 2a und 2b, insb. für die Aufstellung und Durchführung von Maßnahmen zur Förderung der Gleichstellung von Frauen und Männern[18]. Der Gesetzgeber wollte damit den ArbGeb verpflichten, bereits von sich aus bei der Personalplanung die **Frauenförderung**[19] zu berücksichtigen, seine Vorstellungen hierzu, insb. die damit verbundenen personellen

---

[1] DKK, § 92 BetrVG Rz. 40; *Hunold*, NZA 1990, 461 (463); vgl. auch LAG München v. 6.8.1986 – 8 TaBV 34/86, LAGE Nr. 1 zu § 92 BetrVG 1972. | [2] GK-BetrVG/*Kraft*, § 92 Rz. 26; *Richardi/Thüsing*, § 92 BetrVG Rz. 31. | [3] So die hM: GK-BetrVG/*Kraft*, § 92 Rz. 26. | [4] Vgl. LAG München v. 6.8.1986 – 8 TaBV 34/86, LAGE Nr. 1 zu § 92 BetrVG 1972. | [5] LAG Schl.-Holst. v. 14.12.1993 – 1 TaBV 3/93, AuR 1994, 202. | [6] BAG v. 31.1.1989 – 1 ABR 72/87, AP Nr. 33 zu § 80 BetrVG 1972. | [7] LAG Bremen v. 18.3.1992 – 2 TaABV 25/91, AIB 1993, 185. | [8] *Fitting*, § 92 BetrVG Rz. 35. | [9] *Fitting*, § 92 BetrVG Rz. 35. | [10] *Richardi/Thüsing*, § 92 BetrVG Rz. 34. | [11] GK-BetrVG/*Kraft*, § 92 Rz. 29. | [12] GK-BetrVG/*Kraft*, § 92 Rz. 29. | [13] *Heinze*, Personalplanung, Rz. 46. | [14] GK-BetrVG/*Kraft*, § 92 Rz. 31. | [15] BAG v. 15.12.1998 – 1 ABR 9/98, AP Nr. 56 zu § 80 BetrVG 1972. | [16] *Fitting*, § 92 BetrVG Rz. 36; MünchArbR/*Matthes*, § 338 Rz. 28. | [17] ArbG Koblenz v. 18.2.1983 – 8 (4) BV 13/82, nv. | [18] Vgl. hierzu: *Wendeling-Schröder*, NZA Sonderheft 2001, 29 (30). | [19] Vgl. für den öffentlichen Dienst auch: § 11 des Gesetzes zur Durchsetzung der Gleichstellung von Frauen und Männern (Gleichstellungsdurchsetzungsgesetz – DGleichG) vom 30.11.2001, BGBl. I S. 3234.

Maßnahmen und erforderlichen Bildungsmaßnahmen, dem BR anhand von Unterlagen zu unterbreiten und mit ihm zu beraten[1]. Aufgrund dieser Neuregelung finden die Abs. 1 und 2 auch auf Maßnahmen zur Durchsetzung der tatsächlichen Gleichstellung von Frauen und Männern, insb. bei der Einstellung, Beschäftigung, Aus-, Fort- und Weiterbildung und dem beruflichen Aufstieg, sowie für Maßnahmen zur Förderung der Vereinbarkeit von Familie und Erwerbstätigkeit Anwendung. Angesichts des Wortlautes der Neufassung ist jedoch fraglich, ob der Gesetzgeber seiner Intention gerecht geworden ist. Dem Wortlaut des § 92 Abs. 3 ist nicht zu entnehmen, dass der ArbGeb tatsächlich auf entsprechende Maßnahmen verpflichtet wird. Nur wenn er solche Maßnahmen durchführt oder durchführen will, hat er hiervon den BR zu unterrichten und mit diesem über Art und Umfang der entsprechenden Maßnahmen und über die Vermeidung von Härten zu beraten. Zwar besteht gemäß § 92 Abs. 3 iVm. Abs. 2 ein Vorschlagsrecht des BR für entsprechende Maßnahmen, jedoch kann der BR nicht – entgegen der Andeutung in der Gesetzesbegründung – den ArbGeb auf solche Maßnahmen verpflichten. Hinzuweisen ist insb. auch auf die dem ArbGeb gemäß **§ 7 TzBfG** auferlegte Pflicht zur Information über vorhandene und geplante Teilzeitarbeitsplätze. Auch in diesem Zusammenhang hat der Gesetzgeber vorgesehen, dass dem BR auf Verlangen erforderliche Unterlagen zur Verfügung zu stellen sind.

20 **VII. Personenkreis/Tendenzcharakter.** Nicht von der Personalplanung iSd. § 92 erfasst ist die Personalplanung für **leitende Angestellte** iSd. § 5 Abs. 3[2]. Jedoch muss sich die Personalplanung ausschließlich auf leitende Angestellte beziehen. Dagegen ist der BR einzuschalten, wenn es darum geht, ArbN durch Qualifikationsmaßnahmen zu befähigen, zu leitenden Angestellten des Unternehmens aufzusteigen[3].

21 Seine Unterrichtungsverpflichtung sowie die Beratungsverpflichtung kann der ArbGeb auch nicht unter Hinweis auf den **Tendenzcharakter** des Unternehmens in Abrede stellen. § 118 Abs. 1 Satz 2 schließt die Beteiligungsrechte des BR nach § 92 Abs. 1 nicht generell aus[4].

22 **VIII. Zuständigkeiten.** Zuständig für die Ausübung der Beteiligungsrechte nach § 92 ist in erster Linie der BR. Bei Unternehmen mit mehreren Betrieben, kann, falls die Personalplanung auf Unternehmensebene erfolgt, der **GesamtBR** zuständig werden[5]. Ebenfalls denkbar ist eine Zuständigkeit des **KonzernBR**[6].

23 **IX. Streitigkeiten.** Verletzt der ArbGeb seine Verpflichtungen aus § 92, hat dies keine rechtlichen Auswirkungen auf personelle Einzelmaßnahmen[7]. Jedoch kann die **Verletzung von Informations- und Unterrichtungspflichten** eine Ordnungswidrigkeit begründen, die mit einer Geldbuße bis zu 10.000 Euro geahndet wird (§ 121 Abs. 2). Dies gilt auch für die Verletzung von Pflichten aus § 92 Abs. 3 (§ 121 Abs. 1). Verstößt der ArbGeb in grober Weise gegen seine Verpflichtungen aus § 92, so kann er gemäß § 23 Abs. 3 durch das ArbG angehalten werden, seinen Verpflichtungen nachzukommen. Insofern ist die Regelung des § 23 Abs. 3 abschließend; insb. kann der BR nicht im Wege einer einstweiligen Verfügung verlangen, dass die Ausführung der Personalplanung, die unter Verletzung der Beteiligungsrechte nach § 92 zustande gekommen ist, zeitlich hinauszuschieben ist[8]. Bei Streitigkeiten über das Bestehen und den Umfang der in § 92 vorgesehenen Rechte und Pflichten entscheidet das ArbG im **Beschlussverfahren** (§ 2a Abs. 1 Nr. 1, Abs. 2 iVm. §§ 80 ff. ArbGG).

92a *Beschäftigungssicherung*

(1) Der Betriebsrat kann dem Arbeitgeber Vorschläge zur Sicherung und Förderung der Beschäftigung machen. Diese können insbesondere eine flexible Gestaltung der Arbeitszeit, die Förderung von Teilzeitarbeit und Altersteilzeit, neue Formen der Arbeitsorganisation, Änderungen der Arbeitsverfahren und Arbeitsabläufe, die Qualifizierung der Arbeitnehmer, Alternativen zur Ausgliederung von Arbeit oder ihrer Vergabe an andere Unternehmen sowie zum Produktions- und Investitionsprogramm zum Gegenstand haben.

(2) Der Arbeitgeber hat die Vorschläge mit dem Betriebsrat zu beraten. Hält der Arbeitgeber die Vorschläge des Betriebsrats für ungeeignet, hat er dies zu begründen; in Betrieben mit mehr als 100 Arbeitnehmern erfolgt die Begründung schriftlich. Zu den Beratungen kann der Arbeitgeber oder der Betriebsrat einen Vertreter der Bundesagentur für Arbeit hinzuziehen.

Lit.: *Annuß*, Mitwirkung und Mitbestimmung der Arbeitnehmer im Regierungsentwurf eines Gesetzes zur Reform des BetrVG, NZA 2001, 367; *Boemke*, Reform des Betriebsverfassungsgesetzes, JuS 2002, 521; *Fischer*, Beschäftigungsförderung nach neuem Betriebsverfassungsrecht, DB 2002, 322; *Konzen*, Der Regierungsentwurf des Betriebsverfassungsreformgesetzes, RdA 2001, 76; *Löwisch*, Änderung der Betriebsverfassung durch das Betriebsverfassungs-Reformgesetz, BB 2001, 1790; *Reichold*, Die reformierte Betriebsverfassung 2001, NZA 2001, 857; *Rieble*, Die Betriebsverfassungsgesetz-Novelle 2001 in ordnungspolitischer Sicht, ZIP 2001, 133.

---

[1] BT-Drs. 14/5741, S. 48; *Worzalla/Will*, Das neue Betriebsverfassungsrecht, Rz. 424. | [2] GK-BetrVG/*Kraft*, § 92 Rz. 5; *Richardi/Thüsing*, § 92 BetrVG Rz. 20; aA DKK, § 92 BetrVG Rz. 42. | [3] *Richardi/Thüsing*, § 92 BetrVG Rz. 21 ff. | [4] BAG v. 6.11.1990 – 1 ABR 60/89, AP Nr. 3 zu § 92 BetrVG 1972. | [5] *Heinze*, Personalplanung, Rz. 68; *Richardi*, § 92 BetrVG Rz. 44. | [6] *Richardi/Thüsing*, § 92 BetrVG Rz. 45. | [7] *Richardi/Thüsing*, § 92 BetrVG Rz. 50. | [8] Vgl. *Heinze*, Personalplanung, Rz. 49 ff.; aA ArbG Bamberg v. 30.11.1984 – 3 BvGa 3/84, NZA 1985, 259.

I. Vorbemerkung. Diese Vorschrift ist durch das Gesetz zur Reform des BetrVG vom 23.7.2001 in das BetrVG neu eingefügt worden. Nachdem bereits das Thema Beschäftigungssicherung in den **allgemeinen Aufgabenkatalog** für die BR-Arbeit eingefügt wurde, sollte dem BR mit der Vorschrift des § 92a BetrVG ein Instrumentarium an die Hand gegeben werden, um die Initiative für eine Beschäftigungssicherung ergreifen zu können[1]. Mit dieser Regelung will der Gesetzgeber dazu beitragen, dass der Meinungsbildungsprozess im Betrieb zu Fragen der Sicherung und Förderung der Beschäftigung in Gang gehalten wird und der ArbGeb sich den Vorschlägen des BR stellen muss, auch wenn sie den Bereich der Unternehmensführung betreffen[2]. Jedoch räumt bereits § 80 Abs. 1 Nr. 2 dem BR das Recht ein, dem ArbGeb Maßnahmen vorzuschlagen, die dem Betrieb und der Belegschaft dienen. Insofern wird die Vorschrift von großen Teilen der Lit. kritisch betrachtet und als überflüssig bewertet[3].

II. Vorschlagsrecht. § 92a Abs. 1 Satz 1 enthält ein Vorschlagsrecht des BR zum Zwecke der **Beschäftigungssicherung** und der **Beschäftigungsförderung**. Beschäftigungssicherung meint den Erhalt bestehender Arbeitsplätze, während Beschäftigungsförderung Maßnahmen betrifft, die geeignet sind, die Arbeit im Betrieb attraktiver und arbeitnehmerfreundlicher zu machen[4]. Will der BR Vorschläge machen, so müssen diese Vorschläge auf zumindest eines dieser beiden Ziele ausgerichtet sein. Dabei setzt § 92a voraus, dass die entsprechenden Vorschläge einen **kollektiven Bezug** haben. Beschäftigungsförderung oder Beschäftigungssicherung in Bezug auf einen konkreten Arbeitsplatz oder einen konkreten ArbN sind aufgrund dieser Regelung nicht zulässig[5]. Als mögliche Inhalte für einen Vorschlag des BR zur Beschäftigungssicherung und Beschäftigungsförderung zählt das Gesetz in § 92a Abs. 1 Satz 2 einige Beispiele auf. Diese Aufzählung hat aber **keinen abschließenden Charakter**. Hiermit konkretisiert der Gesetzgeber einmal mehr die Verpflichtung von ArbGeb und BR, zum Wohle der ArbN und des Betriebes zusammenzuarbeiten (§ 2). Insofern erweist sich eine Beschränkung der Regelungen auf **Gegenstände sozialer Angelegenheiten** iSd. § 88 als zu eng[6]. Das Vorschlagsrecht des BR ist vielmehr, wie sich aus der Gesetzesbegründung herauslesen lässt, weit gefasst und erlaubt deshalb auch Vorschläge zur Führung des Betriebes. Allerdings dürfen sich diese Vorschläge aufgrund des beschränkten Mandats des BR nur auf **belegschaftsbezogene Gegenstände** ausrichten[7]. Das bedeutet, dass der BR keine Vorschläge zur Unternehmensführung auf der Grundlage des § 92a machen kann, die weder einen Bezug zur Beschäftigungssicherung noch zur Beschäftigungsförderung der im Betrieb beschäftigten ArbN aufweisen[8]. Jedoch beinhaltet die Vorschrift des § 92a lediglich ein Vorschlags- und kein echtes Initiativrecht.

III. Beratungsrecht. § 92a Abs. 2 Satz 1 verpflichtet den ArbGeb, die Vorschläge mit dem BR zu beraten. Dh., dass sich der ArbGeb zumindest inhaltlich mit dem entsprechenden Vorschlag auseinander zu setzen hat. Eine **Beratungspflicht** besteht jedoch dann nicht, wenn der BR nach einer erfolgten Ablehnung des Vorschlags durch den ArbGeb denselben Vorschlag noch einmal macht, ohne dass sich an den Umständen etwas geändert hat[9].

Der BR hat aber keinen Anspruch darauf, mit einer bestimmten Person, etwa dem ArbGeb in Person, zu beraten. Dieser kann vielmehr einen sachkundigen Verhandlungspartner beauftragen, der jedoch über das entsprechende Fachwissen verfügen und mit eigener Entscheidungskompetenz ausgestattet sein muss. Sowohl ArbGeb als auch BR können nach § 92a Abs. 2 Satz 3 einen Vertreter der Bundesagentur für Arbeit zu den Beratungen hinzuziehen. Damit wird sichergestellt, dass die spezifischen Kenntnisse der Arbeitsverwaltung, insb. was Fortbildungs- und Umschulungsmaßnahmen sowie Förderungsmöglichkeiten betrifft, den Betriebspartnern zur Verfügung stehen. Darüber hinaus kann der Vertreter der Arbeitsverwaltung bei Meinungsverschiedenheiten der Betriebsparteien vermittelnd tätig werden. Er hat das gleiche Rederecht wie die Betriebsparteien, unabhängig, auf wessen Antrag er hinzugezogen wurde[10].

Werden sich ArbGeb und BR über Maßnahmen zur Beschäftigungsförderung bzw. Beschäftigungssicherung einig, richtet sich das Weitere nach den entsprechenden Vorschriften des BetrVG. Eine bestimmte Form der Einigung schreibt § 92a nicht vor. Wollen aber die Parteien ihre Einigung in Form einer **BV** abschließen[11], gelten insofern die Vorgaben des § 77. Betrifft die Einigung über Beschäftigungssicherungs- bzw. Beschäftigungsförderungsmaßnahmen darüber hinaus Regelungsgegenstände des § 87, ist insoweit § 87 Abs. 1 Eingangssatz die rechtliche Grenze für ein Tätigwerden der Betriebspartner. Insofern bringt § 92a keine Ausweitung des Regelungsspielraumes der Betriebspartner.

IV. Begründungspflicht des ArbGeb. Hält der ArbGeb die Vorschläge des BR allerdings für ungeeignet, so hat er dies zu begründen. In Betrieben mit mehr als 100 ArbN hat diese Begründung **schriftlich** zu erfolgen. Ausweislich des Wortlautes des § 92a Abs. 2 Satz 2 gilt dieses Begründungserfordernis nur dann, wenn der ArbGeb die vorgeschlagenen Maßnahmen für „**ungeeignet**" hält. Meint dagegen der ArbGeb, dass der Vorschlag des BR im Hinblick auf die Beschäftigungsförderung bzw. Beschäftigungssicherung geeignet sei, will er aber gleichwohl diesen Vorschlag nicht umsetzen, weil er ihn etwa für

---

[1] Vgl. *Boemke*, JuS 2002, 521 (527). | [2] BR- Drs. 140/01, S. 111 f. | [3] Vgl. *Reichold*, NZA 2001, 857 (863); *Annuß*, NZA 2001, 367 (368). | [4] *Löwisch/Kaiser*, § 92a BetrVG Rz. 2. | [5] *Löwisch/Kaiser*, § 92a BetrVG Rz. 4. | [6] So aber *Löwisch/Kaiser*, § 92a BetrVG Rz. 7. | [7] *Fitting*, § 92a BetrVG Rz. 5; *Konzen*, RdA 2001, 76 (90). | [8] Vgl. auch *Rieble*, ZIP 2001, 133 (140). | [9] DKK, § 92a BetrVG Rz. 13. | [10] *Richardi/Thüsing*, § 92a BetrVG Rz. 14. | [11] Hierzu: *Fischer*, DB 2002, 322 (323).

wirtschaftlich nicht tragbar hält, so braucht er dies angesichts des Wortlauts des § 92a Abs. 2 Satz 2 nicht zu begründen[1]. Aus dem Grundsatz der vertrauensvollen Zusammenarbeit wird man aber den ArbGeb in solchen Fällen als verpflichtet ansehen, zumindest stichwortartig dem BR formlos mitzuteilen, warum der Vorschlag des BR nicht umgesetzt werden soll.

7 Der Zweck der Begründungspflicht ist sicherlich auch in der unterstützenden Funktion im Hinblick auf das Beratungsrecht zu sehen. Wenn die Betriebspartner zuvor über einen Vorschlag ausführlich beraten haben, so zwingt noch einmal die Begründungspflicht den ArbGeb dazu, sich mit den Argumenten des BR auseinander zu setzen. Für den Inhalt der Begründung ist aber nur die **subjektive Einschätzung** des ArbGeb maßgeblich. Ob seine Argumente letztlich zutreffend sind oder nicht, ist insoweit unerheblich. Die Begründung muss jedoch **verständlich** sein, dh., aus ihr müssen die tragenden Gründe für die Zurückweisung des Vorschlages ersichtlich werden[2].

8 In Betrieben mit mehr als 100 ArbN muss die Begründung schriftlich erfolgen. Ob dieser **Schwellenwert** erfüllt ist, bestimmt sich nach dem **Zeitpunkt**, zu dem die Ablehnung mitgeteilt werden soll[3]. Die schriftliche Begründung setzt grundsätzlich voraus, dass die entsprechende Begründung eigenhändig durch Namensunterschrift unterzeichnet sein muss. Insofern erlangt die Vorschrift des § 92a indirekte Bedeutung im Kündigungsschutzprozess. Will etwa der ArbGeb Kündigungen aus personenbedingten oder betriebsbedingten Gründen aussprechen, wird er sich ggf. seine Ablehnung für einen Vorschlag des BR entgegenhalten lassen müssen, mit dem der BR versucht hat, durch beschäftigungssichernde Maßnahmen eben diesen Kündigungen entgegenzuwirken (zB durch Fortbildungsmaßnahmen oder Umstrukturierungen)[4].

9 **V. Streitigkeiten.** Weigert sich der ArbGeb, mit dem BR über dessen Vorschläge für beschäftigungssichernde bzw. beschäftigungsfördernde Maßnahmen zu beraten oder lehnt der ArbGeb die ihm unterbreiteten Vorschläge als ungeeignet ab, ohne sie zu begründen, kann er zur Einhaltung seiner betriebsverfassungsrechtlichen Verpflichtung aus § 92a im arbeitsgerichtlichen **Beschlussverfahren** auf Antrag des BR zur Beratung bzw. zur Begründung gezwungen werden[5]. Dagegen kann der BR nicht die Unterlassung solcher Maßnahmen durch den ArbGeb fordern, die die noch nicht erschöpfend diskutierten Vorschläge des BR gegenstandslos machen würden[6]. Dies war gerade nicht vom Gesetzgeber beabsichtigt. Bei groben Verletzungen der Pflichten aus § 92a kann jedoch ein Verfahren nach § 23 Abs. 3 eingeleitet werden.

93 *Ausschreibung von Arbeitsplätzen*
Der Betriebsrat kann verlangen, dass Arbeitsplätze, die besetzt werden sollen, allgemein oder für bestimmte Arten von Tätigkeiten vor ihrer Besetzung innerhalb des Betriebs ausgeschrieben werden.

Lit.: *Hromadka*, Anm. zu BAG Urt. v. 27.7.1993 – 1 ABR 7/93, SAE 1994, 133; *Rolfs*, Das neue Recht der Teilzeit, RdA 2001, 129; *Schloßer*, Stellenausschreibung auch als Teilzeitarbeitsplatz – ein Gebot ohne Sanktion, BB 2001, 411.

1 **I. Vorbemerkung.** Mit dieser Vorschrift wollte der Gesetzgeber dem BR die Möglichkeit geben, im Interesse der Belegschaftsangehörigen den **innerbetrieblichen Arbeitsmarkt** zu aktivieren[7]. Auch sollten Irritationen der Belegschaft über die Hereinnahme Externer trotz eines möglicherweise im Betrieb vorhandenen qualifizierten Angebots vermieden werden[8].

2 **II. Ausschreibung von Arbeitsplätzen.** Durch die Regelungen des § 93 hat der Gesetzgeber dem BR für einen bestimmten Bereich der Personalplanung ein als MitbestR ausgestaltetes **Initiativrecht** gegeben. Der BR kann verlangen, dass Arbeitsplätze, die besetzt werden sollen, allgemein oder für bestimmte Arten von Tätigkeiten vor ihrer Besetzung innerhalb des Betriebes ausgeschrieben werden. Hierbei bedeutet „allgemein", dass alle freien Stellen, auch solche, die keine Aufstiegs- und Qualifizierungschancen bieten, auszuschreiben sind. Bezieht sich das Verlangen des BR dagegen „auf bestimmte Arten von Tätigkeiten" heißt das, dass die Ausschreibungspflicht sich auf bestimmte Gruppen von Arbeitsplätzen beschränkt, die durch Aufgaben- oder Stellenbeschreibungen definiert werden. Dies bedeutet im Umkehrschluss, dass sich das Verlangen des BR im Hinblick auf die Ausschreibung von Arbeitsplätzen nicht auf einzelne konkrete Arbeitsplätze beziehen darf[9]. Der BR kann also nicht von Fall zu Fall verlangen, dass ein bestimmter Arbeitsplatz allgemein ausgeschrieben wird[10].

3 Ein Initiativrecht steht dem BR nach ganz hM auch dann zu, wenn der ArbGeb den Arbeitsplatz mit einem **LeihArbN** besetzen will[11]. Umstritten ist dagegen, ob bei einer Fremdvergabe der Arbeit an ein

---

1 *Fischer*, DB 2002, 322; aA *Fitting*, § 92a BetrVG Rz. 11. | 2 Vgl. *Löwisch*, BB 2001, 1790 (1794). | 3 Vgl. *Fitting*, § 92a BetrVG Rz. 12. | 4 *Löwisch*, BB 2001, 1790 (1794); ähnlich auch DKK, § 92a BetrVG Rz. 21 ff., die darauf hinweisen, dass § 92a keine unmittelbare Kündigungsschranke darstelle, jedoch über das dem Kündigungsschutzrecht immanente Ultima-ratio-Prinzip Bedeutung erlange. | 5 *Löwisch/Kaiser*, § 92a BetrVG Rz. 10; *Fitting*, § 92a BetrVG Rz. 14. | 6 So auch *Richardi/Thüsing*, § 92a BetrVG Rz. 15; aA DKK, § 92a BetrVG Rz. 25. | 7 BR-Drs. 715/70, S. 32, 50. | 8 BAG v. 27.7.1993 – 1 ABR 7/93, AP Nr. 3 zu § 93 BetrVG 1972. | 9 *Etzel*, Betriebsverfassungsrecht, in: HzA, Gruppe 19/1 Rz. 713. | 10 *Fitting*, § 93 BetrVG Rz. 5; LAG Köln v. 1.4.1993 – 10 TaBV 97/92, LAGE § 93 BetrVG 1972 Nr. 2; aA DKK, § 93 BetrVG Rz. 3. | 11 *Richardi/Thüsing*, § 93 BetrVG Rz. 3; *Fitting*, § 93 BetrVG Rz. 5.

Drittunternehmen das Initiativrecht ausgelöst wird. Hier steht die Rspr. auf dem Standpunkt, dass auch dann der BR gemäß § 93 die Ausschreibung von solchen Arbeitsplätzen verlangen kann, die der ArbGeb mit **freien Mitarbeitern** besetzen will, wenn es sich hierbei um eine gemäß § 99 mitbestimmungspflichtige Einstellung handelt[1]. Wird dagegen die Aufgabe einem Drittunternehmen übertragen, ohne dass eine Einstellung nach § 99 vorliegt, so ist das Initiativrecht des BR nach § 93 nicht einschlägig[2].

Der BR kann die betriebsinterne Ausschreibung **zeitlich** nur vor der Besetzung der Arbeitsplätze verlangen. Hat der ArbGeb bereits das Verfahren nach § 99 eingeleitet, kann er sich nicht mehr auf sein Initiativrecht nach § 93 berufen[3]. Es kann zweckmäßig sein, für größere Betriebe über Umfang, Inhalt und Form von Ausschreibungen eine **freiwillige BV** abzuschließen. 4

Ausweislich des Wortlauts des § 93 kann der BR die Ausschreibung nur „innerhalb des Betriebs" verlangen. Eine **unternehmens- oder konzernbezogene Ausschreibung** ist daher durch den BR nicht erzwingbar[4]. Falls jedoch die Voraussetzungen für die Zuständigkeit des **GesamtBR** oder gar des **KonzernBR** vorliegen, so können diese Gremien im Ausnahmefall auch die unternehmensweite bzw. konzernweite Ausschreibung verlangen[5]. 5

III. Tendenzbetriebe/Leitende Angestellte. Dem Verlangen des BR, Arbeitsplätze, die besetzt werden sollen, innerbetrieblich auszuschreiben, steht in der Regel auch nicht die Eigenart eines **Tendenzunternehmens** entgegen, selbst wenn sich die Ausschreibung auf sog. Tendenzträger erstrecken soll. Hier stellt sich die Frage der Tendenzbeeinträchtigung erst, wenn der BR wegen einer unterbliebenen Ausschreibung seine Zustimmung zur personellen Einzelmaßnahme verweigern will[6]. Dagegen unterliegen die Arbeitsplätze **leitender Angestellter** iSd. § 5 Abs. 3 nicht dem Initiativrecht des BR[7]. 6

IV. Art und Weise der Ausschreibung. Die gesetzliche Regelung definiert indes nicht, was sie unter einer innerbetrieblichen Ausschreibung verstehen will. Hier dürfte weitgehend Einigkeit bestehen, dass aus einer Ausschreibung zumindest hervorgehen muss, um welchen Arbeitsplatz es sich handelt und welche **Anforderungen der Bewerber** erfüllen muss[8]. In der Regel wird die Ausschreibung schriftlich erfolgen, etwa durch einen Aushang oder durch Rundschreiben. Ausschreibungen in elektronischer **Form** wird man nur insoweit anerkennen können, als dass sichergestellt ist, dass sämtliche Mitarbeiter, die für die ausgeschriebene Stelle in Betracht kommen könnten, von der Ausschreibung Kenntnis erlangen. Des Weiteren muss die Ausschreibung eine bestimmte **Frist** für die Bewerbung vorsehen[9]. Allerdings hat der BR kein MitbestR nach § 93 hinsichtlich des **Inhalts und der Abfassung der internen Ausschreibung**[10]. Da das Ausschreibungsverlangen der Chancengleichheit innerbetrieblicher und betriebsinterner Bewerber dient, genügt der ArbGeb dem vom BR geforderten innerbetrieblichen Stellenausschreibungsverfahren nicht, wenn er eine bestimmte Stelle im Betrieb zwar ausschreibt, in einer Stellenanzeige in der Tagespresse etwa dann aber geringere Anforderungen für eine Bewerbung um diese Stelle nennt[11]. Für die Ausschreibung hat der ArbGeb auch § 7 Abs. 1 TzBfG zu beachten. Danach hat er einen Arbeitsplatz, den er öffentlich oder innerhalb des Betriebes ausschreibt, auch als Teilzeitarbeitsplatz auszuschreiben, wenn sich der Arbeitsplatz hierfür eignet[12]. 7

Keinesfalls verlangt aber das Initiativrecht nach § 93, dass der ArbGeb zunächst verpflichtet ist, unter allen Umständen den betrieblichen Arbeitsmarkt auszuschöpfen. Ebenso wenig ist er verpflichtet, einem innerbetrieblichen Bewerber den Vorrang einzuräumen. Statt dessen obliegt es dem **Ermessen des ArbGeb**, die Stelle mit dem ArbN seiner Wahl zu besetzen, selbst wenn dieser sich nicht rechtzeitig beworben haben sollte[13]. 8

V. Streitigkeiten. Kommt der ArbGeb dem Initiativrecht des BR nicht nach und will er Arbeitsplätze mit ArbN besetzen, ohne zuvor die vom BR verlangte interne Ausschreibung vorzunehmen, kann der BR nach § 99 Abs. 2 Nr. 5 seine Zustimmung zu der Einstellung verweigern. Dies gilt jedoch nur bei Unternehmen mit in der Regel mehr als 20 wahlberechtigten ArbN. Verweigert der BR in einem solchen Fall seine Zustimmung zu einer Einstellung unter dem Hinweis, dass eine nach § 93 erforderliche Ausschreibung im Betrieb unterblieben ist, vermag diese fehlende Zustimmung des BR auch nicht durch das ArbG ersetzt zu werden. Dies wäre nur denkbar, wenn der ArbGeb die **interne Ausschreibung nachholt** und sich niemand auf diese betriebsinterne Ausschreibung bewirbt[14]. Hierdurch wird bereits ein starker indirekter Zwang auf den ArbGeb ausgeübt, die verlangte Stellenausschreibung 9

---

1 BAG v. 27.7.1993 – 1 ABR 7/93, AP Nr. 3 zu § 93 BetrVG 1972; GK-BetrVG/*Kraft*, § 93 Rz. 4. | 2 BAG v. 27.7.1993 – 1 ABR 7/93, AP Nr. 3 zu § 93 BetrVG 1972 (unter B. I 2 b); kritisch: *Hromadka*, SAE 1994, 133 (135). | 3 *Richardi/Thüsing*, § 93 BetrVG Rz. 13. | 4 HSWG, § 93 BetrVG Rz. 12; GK-BetrVG/*Kraft*, § 93 Nr. 9; weiter gehend *Fitting*, § 93 BetrVG Rz. 10. | 5 GK-BetrVG/*Kraft*, § 93 Rz. 9 mwN. | 6 BAG v. 30.1.1979 – 1 ABR 78/76, AP Nr. 11 zu § 118 BetrVG 1972. | 7 *Gnade/Kehrmann/Schneider/Klebe/Ratayczak*, § 93 BetrVG Rz. 1; GK-BetrVG/*Kraft*, § 93 Rz. 5. | 8 BAG v. 23.2.1988 – 1 ABR 82/86, AP Nr. 2 zu § 93 BetrVG 1972; *Heinze*, Personalplanung, Rz. 85. | 9 *Heinze*, Personalplanung, Rz. 85. | 10 BAG v. 27.5.1982 – 6 ABR 105/79, AP Nr. 3 zu § 80 ArbGG 1979; v. 23.2.1988 – 1 ABR 82/86, AP Nr. 2 zu § 93 BetrVG 1972; *Stege/Weinspach/Schiefer*, § 93 BetrVG Rz. 6; aA DKK, § 93 BetrVG Rz. 4. | 11 BAG v. 23.2.1988 – 1 ABR 82/86, AP Nr. 2 zu § 93 BetrVG 1972. | 12 Vgl. dazu *Schlosser*, BB 2001, 411 f.; *Rolfs*, RdA 2001, 129 ff. | 13 HSWG, § 93 Rz. 14 ff.; BAG v. 7.11.1977 – 1 ABR 55/75, EZA § 100 BetrVG 1972 Nr. 1; LAG Hamm v. 24.11.1978 – 3 TABV 92/78, DB 1979, 1468. | 14 *Richardi/Thüsing*, § 93 BetrVG Rz. 28.

tatsächlich vorzunehmen. Bei groben Verstößen des ArbGeb gegen seine Ausschreibungsverpflichtung kommt darüber hinaus ein Antrag gemäß § 23 Abs. 3 in Betracht[1].

94 Personalfragebogen, Beurteilungsgrundsätze

(1) **Personalfragebogen bedürfen der Zustimmung des Betriebsrats. Kommt eine Einigung über ihren Inhalt nicht zustande, so entscheidet die Einigungsstelle. Der Spruch der Einigungsstelle ersetzt die Einigung zwischen Arbeitgeber und Betriebsrat.**

(2) **Absatz 1 gilt entsprechend für persönliche Angaben in schriftlichen Arbeitsverträgen, die allgemein für den Betrieb verwendet werden sollen, sowie für die Aufstellung allgemeiner Beurteilungsgrundsätze.**

Lit.: *Brogmann*, Ethikrichtlinien und Arbeitsrecht, NZA 2003, 352; *Däubler*, Balanced Scorecard und Betriebsverfassung, AiB 2001, 208; *Diller/Powietzka*, Drogenscreenings und Arbeitsrecht, NZA 2001, 1227; *Grunewald*, Der Einsatz der Personalauswahl und -methoden im Betrieb – ein faktisch rechtsfreier Raum?, NZA 1996, 15; *Hunold*, Aktuelle Rechtsprobleme der Personalauswahl, DB 1993, 224; *Joussen*, Si tacuisses – Der aktuelle Stand zum Fragerecht des Arbeitgebers nach einer Schwerbehinderung NJW 2003, 2857; *Kempe*, Zielvereinbarungen – Ende der Mitarbeiterbeurteilung?, AuA 2002, 166; *Messingschlager*, „Sind Sie schwerbehindert?" Das Ende einer (un)beliebten Frage, NZA 2003, 301; *Schaub*, Ist die Frage nach der Schwerbehinderung zulässig, NZA 2003, 299; *Schönfeld/Gennen*, Mitbestimmung bei Assessment-Centern – Beteiligungsrechte des Betriebsrates und des Sprecherausschusses; NZA 1989, 543; *Thüsing/Lambrich*, Das Fragerecht des Arbeitgebers – aktuelle Probleme zu einem klassischen Thema, BB 2002, 1146; *Zeller*, Die arbeitsrechtlichen Aspekte des Personalfragebogens als Mittel der Personalauswahl, BB 1987, 1522.

1 **I. Vorbemerkung.** Persönliche Daten in Personalfragebögen und Formulararbeitsverträgen sind zweifellos ein bedeutendes Mittel für den ArbGeb, die fachliche und persönliche **Eignung von ArbN** bzw. von Bewerbern um einen Arbeitsplatz festzustellen. Diesem Interesse der ArbGebSeite steht indes ein Interesse des ArbN an der Wahrung seiner **Intimsphäre** gegenüber. Deshalb wollte der Gesetzgeber sicherstellen, dass die Fragen, denen sich ein ArbN ausgesetzt sieht, auf die Gegenstände und den Umfang beschränkt bleiben, für die ein berechtigtes Auskunftsbedürfnis des ArbGeb besteht[2]. Nicht so sehr um den Schutz informeller Selbstbestimmung der ArbN geht es bei dem Beteiligungsrecht in Bezug auf die Aufstellung allgemeiner Beurteilungsgrundsätze. Vielmehr soll durch die Einschaltung des BR erreicht werden, dass die Bewertung des ArbN und seine Arbeitsleistungen nach **objektiven und arbeitsbezogenen Kriterien** erfolgt[3].

2 **II. Personalfragebogen.** Anknüpfungspunkt für den Mitbestimmungstatbestand ist der Begriff des Personalfragebogens[4]. Unter **Personalfragebogen** versteht man im Allgemeinen die formularmäßige Zusammenfassung von Fragen über die persönlichen Verhältnisse, Kenntnisse und Fähigkeiten einer Person[5]. Für diese **Begriffsbestimmung** spielt es keine Rolle, ob die Daten schriftlich oder in elektronischer Form niedergelegt werden. So ist etwa auch eine Befragungsaktion per E-Mail oder Internet iSd. § 94 Abs. 1 mitbestimmungspflichtig[6]. Auch spielt es keine Rolle, ob die befragte Person selbst den Fragebogen ausfüllt oder ob ein Befrager die Personaldaten erhebt. Demnach ist § 94 Abs. 1 anwendbar, wenn die Fragen an Bewerber oder ArbN anhand eines standardisierten Fragenkataloges, einer Checkliste vom ArbGeb oder einem von ihm Beauftragten mündlich gestellt werden und die Antworten vom Fragenden oder von sonst einer Person schriftlich festgehalten werden[7]. Dies führt aber weder dazu, dass die Durchführung des Tests als solches dem MitbestR unterliegt oder gar der BR verlangen kann, an dem Vorstellungsgespräch beteiligt zu werden[8].

3 Der Personalfragebogen in § 94 Abs. 1 zielt auf persönliche Angaben des ArbN, also Angaben über persönliche Verhältnisse ab. Insofern muss bei **Assessmentcentern** differenziert werden. Soweit die dort gestellten Fragen sich auf den konkret zu besetzenden Arbeitsplatz beziehen, werden sie regelmäßig keine formularmäßige Informationserhebung über persönliche Angaben des ArbN darstellen. Erst wenn die Beobachter ihre Eindrücke festhalten und der ArbGeb diese Aufzeichnungen bei seiner Auswahl berücksichtigt, löst dies das MitbestR nach § 94 Abs. 1 aus[9]. Ebenso wenig zählen Fragen im Rahmen eines **Vorstellungsgespräches**, sofern es sich hierbei nicht um standardisierte Fragen handelt, zum Personalfragebogen iSd. § 94 Abs. 1[10]. Auch **ärztliche Fragebögen** für Einstellungsuntersuchungen obliegen nicht dem Beteiligungsrecht des BR, da die Formulierung solcher Fragebögen vom Weisungsrecht des ArbGeb unabhängig ist. Schließlich darf der Arzt wegen der ärztlichen Schweigepflicht einen solchen Fragebogen nicht an den ArbGeb weitergeben, so dass ausgeschlossen ist, dass auf diese Weise die Mitbest. des BR beim Personalfragebogen umgangen wird[11].

---

1 *Heinze*, Personalplanung, Rz. 87; DKK, § 93 BetrVG Rz. 19. | 2 BT-Drs. VI/1786, S. 50; BAG v. 9.7.1991 – 1 ABR 57/90, AP Nr. 19 zu § 87 BetrVG 1972 – Ordnung des Betriebes; kritisch hierzu *Grunewald*, NZA 1996, 15 (16). | 3 BT-Drs. VI/1786, S. 50. | 4 Hierzu ausf. einschl. Formular *Zeller*, BB 1987, 1522. | 5 BAG v. 21.9.1993 – 1 ABR 28/93, AP Nr. 4 zu § 94 BetrVG 1972. | 6 LAG Hess. v. 5.7.2001 – 5 TaBV 153/00, DB 2001, S. 2254 f. | 7 *Fitting*, § 94 BetrVG Rz. 12; BAG v. 21.9.1993 – 1 ABR 28/93, AP Nr. 4 zu § 94 BetrVG 1972. | 8 BAG v. 18.7.1978 – 1 ABR 8/75, AP Nr. 7 zu § 99 BetrVG 1972. | 9 HSWG, § 94 BetrVG Rz. 3. | 10 GK-BetrVG/*Kraft*, § 94 Rz. 11. | 11 *Richardi/Thüsing*, § 94 BetrVG Rz. 8; *Diller/Powietzka*, NZA 2001, 1227 (1229).

Ebenfalls nicht von § 94 erfasst ist die Einholung von Auskünften über den ArbN bei Dritten[1]. Gleiches gilt erst recht etwa für die Befragung von Kunden über das Verhalten von Mitarbeitern gegenüber den Kunden[2]. Dagegen findet § 94 Anwendung, wenn persönliche Angaben in Interviews, zB in sog. **Krankengesprächen**, erhoben werden und die Antworten des ArbN vom ArbGeb festgehalten werden[3].

Das MitbestR hinsichtlich der Befragung in Personalfragebögen erstreckt sich, wie sich aus § 94 Abs. 2 ergibt, auf Angaben über persönliche Verhältnisse des ArbN, also auf seine Familienverhältnisse, Vermögensverhältnisse, Bekanntschaften, Beziehungen zu Personen und Organisationen, über persönliche Eigenschaften wie etwa seinen Gesundheitszustand, seine Neigungen und Vorlieben, sowie über seine Kenntnisse und Fähigkeiten, seine Ausbildung, seinen beruflichen Werdegang oder sonstige Kenntnisse und Erfahrungen[4]. Hierbei gilt es zu beachten, dass neben der kollektivrechtlichen Zulässigkeit einer Fragestellung auch stets die individualrechtliche Zulässigkeit einer Frage überprüft werden muss. Im Hinblick auf das **Fragerecht** des ArbGeb muss weiter danach differenziert werden, ob es sich um eine Frage vor oder nach der Einstellung handelt. Hierzu gibt es eine umfangreiche Judikatur, auf die hinsichtlich der Einzelheiten verwiesen wird[5].

Hinsichtlich der persönlichen Lebensverhältnisse des ArbN besteht nur ein Fragerecht, wenn der ArbGeb ein **betriebsbezogenes berechtigtes Interesse** an der Auskunft hat. Insbesondere die Ausforschung des Intimbereiches ist unzulässig, so dass also Fragen an einen Bewerber nach seinen sexuellen Neigungen oder ob er in einer nichtehelichen Lebensgemeinschaft lebt oder ob er geschieden ist, als unzulässig zu gelten haben[6]. Auch Fragen nach der persönlichen **Vermögenssituation** sind nur eingeschränkt zulässig, nämlich wenn der Bewerber eine besondere Vertrauensstellung einnehmen soll[7]. Umstritten ist jedoch, ob vor Einstellung eines ArbN nach **Lohn- und Gehaltspfändungen** gefragt werden darf[8]. Problematisch war in der Vergangenheit die Frage nach der **Schwangerschaft** einer Bewerberin. Hier wird man auf Grundlage der Regelungen des § 611a BGB und im Anschluss an die Rspr. des BAG zu dem Ergebnis kommen müssen, dass die Frage nach einer bestehenden Schwangerschaft vor einer Einstellung in der Regel unzulässig ist und zwar unabhängig davon, ob sich auf die zu besetzende Stelle neben Frauen auch Männer beworben haben[9]. Der EuGH steht auf dem Standpunkt, dass die Richtlinie zur Verwirklichung des Grundsatzes der Gleichbehandlung von Männern und Frauen hinsichtlich des Zugangs zur Beschäftigung, zur Berufsbildung und zum beruflichen Aufstieg sowie in Bezug auf die Arbeitsbedingungen[10] es verbiete, eine Schwangere deshalb nicht auf eine unbefristete Stelle einzustellen, weil sie für die Dauer der Schwangerschaft wegen eines aus ihrem Zustand folgenden gesetzlichen Beschäftigungsverbots auf dieser Stelle von Anfang an nicht beschäftigt werden darf[11]. Angesichts dessen besteht, zumindest wenn es um die Besetzung einer unbefristeten Stelle geht, vor dem Hintergrund der Rspr. des EuGH kein Bedürfnis des ArbGeb, sich vor Besetzung der Stelle bei einer Bewerberin nach einer etwaigen Schwangerschaft zu erkundigen[12]. In Übereinstimmung mit der Rspr. des EuGH geht nunmehr auch das BAG davon aus, dass die Frage des ArbGeb nach einer Schwangerschaft vor der geplanten unbefristeten Einstellung einer Frau regelmäßig gegen § 611a BGB verstößt und daher unzulässig ist[13]. Nach der Einstellung ist jedoch zu beachten, dass eine Mitteilungspflicht der ArbN von einer bestehenden Schwangerschaft gemäß § 5 Abs. 1 MuSchG besteht[14]. Allerdings soll eine ArbN, die mit Zustimmung ihres ArbGeb vor dem Ende ihres Erziehungsurlaubs an ihren Arbeitsplatz zurückkehren möchte, nicht verpflichtet sein, dem ArbGeb mitzuteilen, dass sie schwanger ist, wenn sie wegen gesetzlicher Beschäftigungsverbote ihre Tätigkeit nicht in vollem Umfang ausüben kann[15]. Dagegen wird von der Rspr. die Frage nach einer etwaigen **Schwerbehinderteneigenschaft** eines ArbN bei der Einstellung bisher auch dann für zulässig erachtet, wenn die Behinderung keinen Einfluss auf die zu erbringende Arbeitsleistung hat[16].

III. Formulararbeitsverträge. Der Verwendung von Personalfragebögen stehen nach § 94 Abs. 2 persönliche **Angaben in Formulararbeitsverträgen** gleich. Das MitbestR bezieht sich jedoch nur auf Formulararbeitsverträge, soweit diese persönliche Angaben enthalten. Erfasst wird also nicht der sonstige

---

[1] MünchArbR/*Matthes*, § 347 Rz. 11. | [2] AA *Däubler*, AiB 2001, 208 (219). | [3] MünchArbR/*Matthes*, § 347 Rz. 7. | [4] MünchArbR/*Matthes*, § 347 Rz. 12. | [5] BAG v. 18.10.2000 – 2 AZR 380/99, AP Nr. 59 zu § 123 BGB; vgl. auch die ausführliche Darstellung bei: *Schliemann* in *Schliemann* (Hrsg.), Das Arbeitsrecht im BGB, § 611 BGB Rz. 400 ff. | [6] *Richardi/Thüsing*, § 94 BetrVG Rz. 17; *Fitting*, § 94 BetrVG Rz. 20. | [7] *Fitting*, § 94 BetrVG Rz. 17. Besonderheiten können bei bestimmten Berufsgruppen gelten, vgl. *Brogmann*, NZA 2003, 352 ff. | [8] Dies verneinen *Fitting*, § 94 BetrVG Rz. 21; GK-BetrVG/*Kraft*, § 94 Rz. 24; zulässig halten diese Frage jedoch *Richardi/Thüsing*, § 94 BetrVG Rz. 22; HSWG, § 94 BetrVG Rz. 14. | [9] BAG v. 15.10.1992 – 2 AZR 227/92, AP Nr. 8 zu § 611a BGB; *Fitting*, § 94 BetrVG Rz. 22 mwN. | [10] Richtlinie 76/207/EWG v. 9.2.1976 – ABl. EG Nr. L 39 v. 14.2.1976, 40. | [11] EuGH v. 3.2.2000 – C-207/98, EuGHE I 2000, 549 ff. | [12] Vgl. auch *Schliemann* in *Schliemann* (Hrsg.), Das Arbeitsrecht im BGB, § 611 BGB Rz. 415. | [13] BAG v. 6.2.2003 – 2 AZR 621/01, NZA 2003, 848. | [14] *Fitting*, § 94 BetrVG Rz. 22. | [15] EuGH v. 27.2.2003 – Rs. C-320/01, EuZW 2003, 176. | [16] BAG v. 5.10.1995 – 2 AZR 923/94, AP Nr. 40 zu § 123 BGB; kritisch hierzu unter Rückgriff auf die Regelung des § 81 Abs. 2 SGB IX *Thüsing/Lambrich*, BB 2002, 1146 (1148 f.); *Messingschlager*, NZA 2001, 301 (303 f.); *Joussen*, NJW 2003, 2857 (2860 f.), die von einer grundsätzlichen Unzulässigkeit der Frage ausgehen. Hierbei ist zu berücksichtigen, dass die Frage nach der Schwerbehinderteneigenschaft als solche noch keine Benachteiligung begründet, sondern erst die eventuell mit der Fragestellung beabsichtige benachteiligende Intention (vgl. hierzu *Schaub*, NZA 2003, 299 (300 f.)).

BetrVG § 94 Rz. 8   Personalfragebogen, Beurteilungsgrundsätze

Inhalt von Formulararbeitsverträgen[1]. Ebenfalls nicht erfasst werden individuelle Arbeitsverträge, auch soweit diese persönliche Angaben enthalten, wie auch Arbeitsverträge für leitende Angestellte[2].

8   **IV. Allgemeine Beurteilungsgrundsätze.** Darüber hinaus bezieht sich das Beteiligungsrecht des BR ferner auf sog. **allgemeine Beurteilungsgrundsätze.** Dies sind Regelungen, die die Bewertung des Verhaltens oder der Leistung des ArbN veobjektivieren und nach einheitlichen Kriterien ausrichten sollen, damit die Beurteilungserkenntnisse miteinander verglichen werden können[3]. Das Beteiligungsrecht im Hinblick auf allgemeine Beurteilungsgrundsätze erhält heute zunehmende Bedeutung infolge der verstärkten Nutzung von Zielvereinbarungen[4]. Nicht zu solchen allgemeinen Beurteilungsgrundsätzen zählen hingegen sog. **Führungsrichtlinien**, die Regelungen darüber enthalten, in welcher Weise Mitarbeiter allgemein ihre Arbeitsaufgaben und Führungskräfte ihre Führungsaufgaben zu erledigen haben. Durch derartige Richtlinien wird lediglich das Arbeitsverhalten der Mitarbeiter geregelt[5]. Zu den allgemeinen Beurteilungsgrundsätzen iSd. Vorschrift des § 94 Abs. 2 gehören nicht nur die jeweilige Festlegung der materiellen Beurteilungsmerkmale, sondern vielmehr auch die Verfahren, die für deren Feststellung maßgeblich sein sollen. Jedoch müssen sich die Beurteilungsgrundsätze immer auf die Person des ArbN beziehen. Demzufolge sind bloße **Stellenbeschreibungen** oder Bewertungen des Arbeitsplatzes, sofern sie nicht personenbezogen sind, keine Beurteilungsgrundsätze[6]. Ob dagegen sog. **Assessmentcenter**[7] als allgemeine Beurteilungsgrundsätze zu werten sind und insoweit unter § 94 Abs. 2 fallen, ist eine Frage ihrer konkreten Ausgestaltung.

9   **V. Zustimmungsrecht des BR.** § 94 gibt dem BR kein Initiativrecht, sondern nur ein **Zustimmungsrecht**. Der BR kann also nicht erzwingen, dass allgemeine Beurteilungsgrundsätze oder Personalfragebögen verwendet werden[8]. Zwar empfiehlt es sich, die Zustimmung des BR durch den Abschluss einer **BV** abzusichern. Jedoch genügt es, um dem Beteiligungsrecht des BR Genüge zu tun, dass dieser sich formlos etwa mit einem Personalfragebogen einverstanden erklärt. Liegt einmal eine Einverständniserklärung vor, kann er diese nicht einfach widerrufen.

10   Zu beachten ist, dass die **kollektivrechtliche Zulässigkeit** in keinem Fall die **individualrechtliche Zulässigkeit** ersetzt. Vielmehr kann selbst dann, wenn der BR einem Personalfragebogen mit einer unzulässigen Frage zugestimmt hat, der ArbN die Beantwortung der Frage verweigern. Fehlt dagegen die Zustimmung des BR und wird diese auch nicht durch Spruch der Einigungsstelle ersetzt, so ist die Datenerhebung als solches durch den Personalfragebogen unzulässig. In diesem Fall braucht der ArbN aufgrund der betriebsverfassungsrechtlichen Unzulässigkeit der Fragestellung die Frage nicht zu beantworten. Beantwortet er hingegen die Frage, so hat dies **wahrheitsgemäß** zu geschehen[9].

11   Grundsätzlich steht das Beteiligungsrecht nach § 94 dem BR zu. Besteht jedoch ein Unternehmen aus mehreren Betrieben und soll etwa ein Personalfragebogen einheitlich für mehrere Betriebe des Unternehmens verwendet werden, so ist gemäß § 50 der **GesamtBR** zuständig. Eine Zuständigkeit des **KonzernBR** wird dagegen nur in seltenen Ausnahmefällen begründbar sein[10].

12   **VI. Streitigkeiten und Sanktionen.** Wenn sich der ArbGeb und der BR nicht über den Inhalt eines Personalfragebogens oder der persönlichen Angaben in Formulararbeitsverträgen einigen können, so kann jede Seite gemäß § 76 Abs. 5 iVm. § 94 Abs. 1 Satz 2 die **Einigungsstelle** anrufen. In diesem Fall ersetzt der Spruch der Einigungsstelle die fehlende Einigung zwischen ArbGeb und BR. Dem MitbestR des BR unterliegt nur die inhaltliche Gestaltung des Personalfragebogens, nicht allerdings die Entscheidung, ob ein solcher tatsächlich eingesetzt wurde. Diese Entscheidung kann auch nicht durch einen Einigungsstellenspruch ersetzt werden. Verwendet der ArbGeb aber Formulare, wie Personalfragebögen oder Formulararbeitsverträge, ohne die Zustimmung des BR, setzt er sich damit der Sanktion des § 23 Abs. 3 Satz 1 aus. Daneben kann der BR auch die Einigungsstelle anrufen[11]. Dagegen ist die Auffassung, dass darüber hinaus dem BR ein allgemeiner **Unterlassungs- und Beseitigungsanspruch** zusteht, abzulehnen. Insofern ist § 23 Abs. 3 die abschließende Regelung[12].

95   *Auswahlrichtlinien*

(1) Richtlinien über die personelle Auswahl bei Einstellungen, Versetzungen, Umgruppierungen und Kündigungen bedürfen der Zustimmung des Betriebsrats. Kommt eine Einigung über die Richtlinien oder ihren Inhalt nicht zustande, so entscheidet auf Antrag des Arbeitgebers die Einigungsstelle. Der Spruch der Einigungsstelle ersetzt die Einigung zwischen Arbeitgeber und Betriebsrat.

---

1 GK-BetrVG/*Kraft*, § 94 Rz. 9; *Heinze*, Personalplanung, Rz. 95; *Fitting*, § 94 BetrVG Rz. 27. | 2 GK-BetrVG/*Kraft*, § 94 Rz. 9. | 3 BAG v. 23.10.1984 – 1 ABR 2/83, AP Nr. 8 zu § 87 BetrVG 1972 – Ordnung des Betriebes. | 4 *Kempe*, AuA 2002, 166 (170). | 5 BAG v. 23.10.1984 – 1 ABR 2/83, AP Nr. 8 zu § 87 BetrVG 1972 – Ordnung des Betriebes. | 6 *Richardi/Thüsing*, § 94 BetrVG Rz. 50. | 7 Vgl. hierzu *Hunold*, DB 1993, 224, 228; *Schönfeld/Gennen*, NZA 1989, 543 ff. | 8 *Fitting*, § 94 BetrVG Rz. 28; *Richardi/Thüsing*, § 94 BetrVG Rz. 57. | 9 Vgl. hierzu *Heinze*, Personalplanung, Rz 98; *Richardi/Thüsing*, § 94 BetrVG Rz. 45. | 10 *Richardi/Thüsing*, § 94 BetrVG Rz. 39; GK-BetrVG/*Kraft*, § 94 BetrVG Rz. 5. | 11 *Heinze*, Personalplanung, Rz. 102. | 12 AA DKK, § 94 BetrVG Rz. 44; ErfK/*Kania*, § 94 BetrVG Rz. 5.

(2) In Betrieben mit mehr als 500 Arbeitnehmern kann der Betriebsrat die Aufstellung von Richtlinien über die bei Maßnahmen des Absatzes 1 Satz 1 zu beachtenden fachlichen und persönlichen Voraussetzungen und sozialen Gesichtspunkte verlangen. Kommt eine Einigung über die Richtlinien oder ihren Inhalt nicht zustande, so entscheidet die Einigungsstelle. Der Spruch der Einigungsstelle ersetzt die Einigung zwischen Arbeitgeber und Betriebsrat.

(3) Versetzung im Sinne dieses Gesetzes ist die Zuweisung eines anderen Arbeitsbereichs, die voraussichtlich die Dauer von einem Monat überschreitet, oder die mit einer erheblichen Änderung der Umstände verbunden ist, unter denen die Arbeit zu leisten ist. Werden Arbeitnehmer nach der Eigenart ihres Arbeitsverhältnisses üblicherweise nicht ständig an einem bestimmten Arbeitsplatz beschäftigt, so gilt die Bestimmung des jeweiligen Arbeitsplatzes nicht als Versetzung.

Lit.: *Buchner*, Freiheit und Bindung des Arbeitgebers bei Einstellungsentscheidungen, NZA 1991, 577; *Däubler*, Das Gesetz zu Korrekturen in der Sozialversicherung und zur Sicherung der Arbeitnehmerrechte, NJW 1999, 601; *Henssler/Holletschek*, Anmerkung zu BAG v. 27.10.1992 – 1 ABR 4/92, SAE 1994, 14; *Richardi*, Mitbestimmung des Betriebsrates über Kündigungs- und Versetzungsrichtlinien, in Festschrift für Stahlhacke, 1995, S. 447; *Zöllner*, Auswahlrichtlinien für Personalmaßnahmen, in Festschrift für Gerhard Müller, 1981, S. 665.

I. Vorbemerkungen. Die Schaffung von Auswahlrichtlinien liegt vielfach sowohl im Interesse der ArbN als auch der ArbGeb. Sie tragen zum einen dazu bei, dass die Personalführung in den Betrieben allgemein durchschaubarer wird, zum anderen aber können sie Streitigkeiten über personelle Einzelmaßnahmen zwischen ArbGeb und BR sowie zwischen ArbGeb und ArbN vorbeugen. So gesehen bilden Auswahlrichtlinien eine Art Zwischenstufe zwischen der Personalplanung auf der einen und der personellen Einzelentscheidung auf der anderen Seite[1]. **1**

II. Auswahlrichtlinien. Eine Begriffsbestimmung, was unter einer Auswahlrichtlinie zu verstehen ist, findet sich im Gesetz nicht. Man wird darunter zunächst allgemeine Grundsätze verstehen können, welche Gesichtspunkte der ArbGeb bei personellen Maßnahmen zu berücksichtigen hat[2]. Umstritten ist jedoch, mit welcher Verbindlichkeit solche Grundsätze gelten sollen, damit sie als Richtlinien anzusehen sind. Einigkeit herrscht insoweit, dass **Richtlinien** nur dann vorliegen, wenn dem ArbGeb bei seiner Auswahlentscheidung noch ein **Entscheidungsspielraum** bleibt[3]. Ob aber Auswahlrichtlinien nur dann vorliegen, wenn sie bestimmen, wem unter mehreren ArbN oder Bewerbern bei der personellen Einzelmaßnahme der Vorzug zu geben ist[4], oder ob es ausreicht, wenn die Auswahlrichtlinien lediglich Entscheidungshilfen für den ArbGeb enthalten[5], wird unterschiedlich beurteilt. Man wird aber alle diejenigen allgemeinen Auswahlgrundsätze als Auswahlrichtlinie zu werten haben, die in **generell abstrakter Form** auf den ArbGeb bei der einzelnen Personalentscheidung einwirken sollen. So können Auswahlrichtlinien auch aus bloßen „Negativkatalogen" bestehen, in denen festgelegt wird, welche Kriterien bei Durchführung personeller Einzelmaßnahmen nicht zu berücksichtigen sind[6]. Ebenso können etwa auch Punkteschemata Auswahlrichtlinien iSd. § 95 sein. Ob die Auswahlrichtlinien in **Schriftform** vorliegen oder formlos praktiziert werden, ist für ihre rechtliche Einordnung unerheblich. Dagegen zählen sog. **Stellen- oder Funktionsbeschreibungen** nicht zu den Auswahlrichtlinien[7]. **2**

III. Regelungsinhalte der Richtlinien. Dem MitbestR des BR unterliegen Auswahlrichtlinien über die personelle Auswahl bei Einstellungen, Versetzungen, Umgruppierungen und Kündigungen. **3**

1. Richtlinien für Einstellungen. Richtlinien über die personelle Auswahl bei **Einstellungen** legen dabei die Auswahlkriterien fest, die für eine Einstellung maßgebend sein sollen und regeln ggf. auch das Verfahren, wie diese Kriterien ermittelt werden. Der Begriff der Einstellung ist hierbei deckungsgleich mit dem des § 99 (vgl. § 99 Rz. 17). Auswahlkriterien für Einstellungen können sich naturgemäß sowohl aus den fachlichen wie auch persönlichen Voraussetzungen für den zu besetzenden Arbeitsplatz ergeben. Um hier zu Kriterien zu kommen, muss eine möglichst detaillierte Arbeitsplatzbeschreibung vorliegen. Neben den **fachlichen** und **persönlichen Voraussetzungen** können sich Auswahlrichtlinien auch auf **soziale Gesichtspunkte** beziehen. Strittig ist aber, ob es sich bei solchen sozialen Gesichtspunkten, wie etwa Alter, Gesundheitszustand, Familienstand usw. um nachrangig zu berücksichtigende Kriterien handelt, oder ob diese Merkmale gleichberechtigt neben der fachlichen und persönlichen Eignung stehen. Da jedoch das Gesetz keine Beschränkung vorgenommen hat, wird man dazu kommen müssen, dass Auswahlrichtlinien auch einem Bewerber mit geringerer fachlicher oder persönlicher Eignung den Vorzug geben können[8]. Darüber hinaus können Einstellungsrichtlinien ferner **Verfahrensregelungen** enthalten, etwa die Vorgabe, die soziale Kompetenz der Bewerber im Rahmen eines Assessmentcenter-Verfahrens zu prüfen. **4**

---

1 *Heinze*, Personalplanung, Rz. 59; *Fitting*, § 95 BetrVG Rz. 1. | 2 BAG v. 27.10.1992 – 1 ABR 4/92, AP Nr. 29 zu § 95 BetrVG 1972. | 3 BAG v. 27.10.1992 – 1 ABR 4/92, AP Nr. 29 zu § 95 BetrVG 1972; *Richardi/Thüsing*, § 95 BetrVG Rz. 6; *Fitting*, § 95 BetrVG Rz. 6. | 4 MünchArbR/*Matthes*, § 349 Rz. 3; *Zöllner*, FS G. Müller, S. 665 (675). | 5 *Fitting*, § 95 BetrVG Rz. 6. | 6 *Fitting*, § 95 BetrVG Rz. 7. | 7 BAG v. 31.1.1984 – 1 ABR 63/81, AP Nr. 3 zu § 95 BetrVG 1972; v. 14.1.1986 – 1 ABR 82/83, AP Nr. 21 zu § 87 BetrVG 1972 Lohngestaltung. | 8 Wie hier MünchArbR/*Matthes*, § 349 Rz. 13; aA *Richardi/Thüsing*, § 95 BetrVG Rz. 25.

5   **2. Richtlinien für Versetzungen.** Ähnliches wie für die Einstellungsrichtlinien gilt auch für die **Versetzungsrichtlinien**[1]. Was unter einer Versetzung zu verstehen ist, hat der Gesetzgeber in § 95 Abs. 3 BetrVG legal definiert. Bei Versetzungen spielen soziale Gesichtspunkte bei der Auswahl des zu versetzenden ArbN eine weit größere Rolle. Dies gilt insb. dann, wenn mit der Versetzung eine tatsächliche oder vom ArbN so empfundene Verschlechterung der Arbeitssituation verknüpft ist. Da bei der Auswahl im Rahmen von Versetzungen nur Betriebsangehörige miteinander konkurrieren, kommt es bei Versetzungsrichtlinien weit mehr auf die objektivierbare Feststellung der Auswahlkriterien an. Hier werden sich die Betriebspartner im Sinne einer Verobjektivierbarkeit der Personalentscheidung auf Verfahren verständigen müssen, wie derartige Auswahlkriterien zu ermitteln sind. Wenn hierfür auf ein **Punktesystem** zurückgegriffen werden soll, ist zu beachten, dass nach der Rspr. des BAG sichergestellt ist, dass dem ArbGeb trotz dieses Punkteschemas noch ein Entscheidungsspielraum verbleiben muss[2]. Dieser muss umso größer sein, desto differenzierter das Punktesystem ausgestaltet ist[3].

6   **3. Richtlinien für Umgruppierungen.** Eine Besonderheit stellen in diesem Zusammenhang die in § 95 genannten **Umgruppierungsrichtlinien** dar. Unter **Umgruppierung** ist allgemein die Veränderung der Eingruppierung in ein tarifliches oder betriebliches Gehalts- bzw. Lohngruppenschema zu verstehen[4]. Bei einem solchen Vorgang bleibt jedoch für Ermessensentscheidungen des ArbGeb, die durch Umgruppierungsrichtlinien gesteuert werden sollen, kaum Raum. Wie die Eingruppierung ist auch die Umgruppierung im Regelfall dann bloße **Rechtsanwendung**. Das BAG meint dagegen neuerdings, dass § 95 Abs. 1 nicht von Richtlinien für die Durchführung von Umgruppierungen spricht, sondern von Richtlinien über die personelle Auswahl bei Umgruppierungen. Diese Richtlinien steuern die personelle Auswahl zum Zwecke einer sich anschließenden Umgruppierung. Mitbestimmungspflichtig nach § 95 Abs. 1 ist also nicht die Frage, wie umgruppiert wird, sondern wer umgruppiert wird. Dies betrifft etwa die Aufstellung von allgemeinen Kriterien durch den ArbGeb, anhand deren er die Voraussetzungen für Umgruppierungen festlegt. Gegenstand entsprechender Richtlinien können zB Kriterien darüber sein, welchen Beschäftigten unter welchen Bedingungen eine anders bewertete Tätigkeit übertragen wird[5].

7   **4. Richtlinien für Kündigungen.** Von wesentlich größerer Bedeutung sind jedoch – neben der Möglichkeit, einen Interessenausgleich mit Namensliste (§ 1 Abs. 5 KSchG) zu vereinbaren – **Auswahlrichtlinien für Kündigungen**. Hierzu wird ganz überwiegend zu Recht die Auffassung vertreten, dass Auswahlrichtlinien für Kündigungen nur bei **betriebsbedingten Kündigungen** in Betracht kommen können, da es letztlich nur bei betriebsbedingten Kündigungen zu einer Auswahlentscheidung kommen kann, die durch Richtlinien steuerbar wäre[6]. Besondere Bedeutung erlangen die Auswahlrichtlinien für Kündigungen durch § 1 Abs. 4 KSchG. Danach kann die soziale Auswahl der ArbN kündigungsschutzrechtlich nur auf **grobe Fehlerhaftigkeit** überprüft werden, wenn etwa in einer BV nach § 95 festgelegt ist, wie die sozialen Gesichtspunkte nach § 1 Abs. 3 Satz 1 KSchG im Verhältnis zueinander zu bewerten sind. Ausweislich des Gesetzeswortlauts kommen aber für § 1 Abs. 4 KSchG nur solche Auswahlrichtlinien in Betracht, die in Form einer BV vereinbart wurden. Damit ist § 1 Abs. 4 KSchG also nicht anwendbar bei Kündigungsrichtlinien, welche als Regelungsabrede geschlossen wurden[7].

8   Auswahlrichtlinien, mit denen zunächst lediglich der **Kreis der in die Sozialauswahl einzubeziehenden ArbN** bestimmt wird, haben dagegen nicht die Rechtswirkung des § 1 Abs. 4 KSchG. Ebenso wenig können Auswahlrichtlinien mit der Wirkung des § 1 Abs. 4 KSchG festlegen, welche berechtigten **betrieblichen Bedürfnisse** die Weiterbeschäftigung bestimmter ArbN bedingen[8]. Da kollektivarbeitsrechtlich dem ArbGeb nichts individualarbeitsrechtlich Unmögliches vorgeschrieben werden kann, haben die Auswahlrichtlinien zwingend die sozialen Gesichtspunkte nach § 1 Abs. 3 Satz 1 KSchG zu berücksichtigen. Allerdings können die Betriebspartner weitere soziale Kriterien heranziehen, um die sozialen Gesichtspunkte nach § 1 Abs. 3 Satz 1 KSchG im Verhältnis zueinander zu bewerten.

9   Den Betriebspartnern steht es frei, die einzelnen sozialen Gesichtspunkte zueinander in ein **Bewertungsschema** zu bringen. Hierbei können sie sich auch eines **Punktesystems** bedienen[9]. Allerdings kann in der Auswahlrichtlinie nicht die Vergleichbarkeit im Rahmen der Sozialauswahl geregelt werden. Liegt eine Auswahlrichtlinie für Kündigungen in Form einer BV vor, so kann die soziale Auswahl im Kündigungsschutzprozess nur auf grobe Fehlerhaftigkeit hin überprüft werden.

10   **IV. MitbestR des BR.** Abgesehen von den besonderen Rechtswirkungen der Auswahlrichtlinien für Kündigungen gemäß § 1 Abs. 4 KSchG besteht die Rechtswirkung von Auswahlrichtlinien im Allgemeinen darin, die personelle Auswahlentscheidung des ArbGeb zu begrenzen. Jedoch ist zu beachten, dass das MitbestR des BR nur hinsichtlich der Aufstellung von Richtlinien besteht, nicht aber

---

1 Dazu: *Richardi/Thüsing*, FS Stahlhacke, S. 447 (453). |2 Vgl. aber zu einer Ermessensreduzierung auf null im Ausnahmefall bei Versetzungsrichtlinien: *Henssler/Holletschek*, SAE 1994, 14 (19). |3 BAG v. 27.10.1992 – 1 ABR 4/92, AP Nr. 29 zu § 95 BetrVG 1972. |4 GK-BetrVG/*Kraft*, § 95 Rz. 34. |5 BAG v. 10.12.2002 – 1 ABR 27/01, AP Nr. 42 zu § 95 BetrVG 1972. |6 GK-BetrVG/*Kraft*, § 95 Rz. 35; HSWG, § 95 BetrVG Rz. 29; *Richardi/Thüsing*, § 95 BetrVG Rz. 37; *Richardi*, FS Stahlhacke, S. 447 (452); aA DKK, § 95 BetrVG Rz. 24. |7 *Fitting*, § 95 BetrVG Rz. 27; aA GK-BetrVG/*Kraft*, § 95 Rz. 39. |8 *Richardi/Thüsing*, § 95 BetrVG Rz. 41. |9 Vgl. hierzu: BAG v. 7.12.1995 – 2 AZR 1008/94, AP Nr. 29 zu § 1 KSchG 1969 – Soziale Auswahl; v. 18.1.1990 – 2 AZR 357/89, AP Nr. 19 zu § 1 KSchG 1969 – Soziale Auswahl.

nach § 95 bei der Umsetzung der Richtlinien in Einzelmaßnahmen. Hierbei gilt es zudem zu berücksichtigen, dass ArbGeb und BR bei Ausübung ihrer Richtlinienkompetenz an das **zwingende Gesetzesrecht** gebunden sind, mit der Folge, dass ein gewisser Entscheidungsspielraum des ArbGeb unangetastet bleiben muss. Sein Auswahlermessen darf deshalb nicht beseitigt werden[1].

Hinsichtlich des MitbestR des BR ist zu differenzieren nach der Betriebsgröße. Während bei Betrieben mit 500 oder weniger ArbN der BR lediglich ein Zustimmungsrecht hat, besitzt er seit der Novellierung des BetrVG durch das Gesetz zur Reform des BetrVG vom 23.7.2001 ein Initiativrecht hinsichtlich der Einführung von Auswahlrichtlinien, sofern mehr als 500 ArbN im Betrieb vorhanden sind[2]. Erreicht ein Betrieb diesen **Schwellenwert** nicht, so obliegt es der Entscheidung des ArbGeb, ob er Auswahlrichtlinien überhaupt einführt und wie sie gestaltet sein sollen[3].

Das Zustimmungsrecht steht dem BR zwangsläufig ferner dann zu, wenn der ArbGeb vorhandene Auswahlrichtlinien abändern will. Das heißt aber auch, dass zustimmungspflichtig nicht nur die Einführung von Auswahlrichtlinien überhaupt ist, sondern ebenso die inhaltliche Ausgestaltung dieser Auswahlrichtlinien[4]. Werden die Auswahlrichtlinien in Form einer BV geschlossen, so kann der BR bestehende Richtlinien aufkündigen; jedoch entfällt hier die Nachwirkung dieser Richtlinien, weil das Initiativrecht einseitig beim ArbGeb liegt[5]. Erteilt der BR seine Zustimmung nicht (das Gesetz spricht hier von Einigung) so kann nur der ArbGeb die **Einigungsstelle** anrufen, deren Spruch die Einigung zwischen ArbGeb und BR ersetzt.

Erreicht ein Betrieb einen **Schwellenwert** von mehr als 500 ArbN, so wandelt sich das Zustimmungsrecht des BR in ein **Initiativrecht** um. Obwohl nicht ausdrücklich geregelt, kommt es für den Schwellenwert auf den regelmäßigen Bestand an ArbN an[6]. Hierbei sind die leitenden Angestellten iSd. § 5 Abs. 3 nicht mitzuzählen[7]. Maßgebend ist die Zahl der ArbN, die der Betrieb in dem **Zeitpunkt** regelmäßig hat, in dem der BR von seinem Initiativrecht nach § 95 Abs. 2 Gebrauch macht. Ebenso wie das Zustimmungsrecht des BR beschränkt sich auch das Initiativrecht, wie § 95 Abs. 2 Satz 1 ausdrücklich erwähnt, auf die zu beachtenden fachlichen und persönlichen Voraussetzungen sowie auf soziale Gesichtspunkte.

V. Zuständigkeiten. Der Gesetzgeber hat vom Grundsatz her dem BR die Zuständigkeit sowohl im Hinblick auf das Zustimmungs- als auch auf das Initiativrecht zugewiesen. Jedoch kann unter den allgemeinen Voraussetzungen auch eine Zuständigkeit des **GesamtBR** begründet sein[8]. Dabei kann sich die Zuständigkeit des GesamtBR gemäß § 50 Abs. 1 Satz 1 auch auf Betriebe ohne BR erstrecken. Ein unternehmensweites Initiativrecht steht dem GesamtBR jedoch nur dann zu, wenn sämtliche Betriebe des Unternehmens den Schwellenwert überschreiten[9].

VI. Begriff der Versetzung. Der Begriff der betriebsverfassungsrechtlichen Versetzung ist in § 95 Abs. 3 legal definiert. Erläutert wird diese Legaldefinition aus Zweckmäßigkeitsgründen bei der Kommentierung zu § 99 (siehe dort Rz. 36 ff.).

VII. Streitigkeiten und Sanktionen. Gemäß § 95 Abs. 1 Satz 3 und § 95 Abs. 2 Satz 3 ersetzt der Spruch der **Einigungsstelle** die fehlende Einigung zwischen ArbGeb und BR. Hat der BR nur ein Zustimmungsrecht, so kann nur der ArbGeb die Einigungsstelle anrufen. Diese muss dann über die vom ArbGeb vorgeschlagene Auswahlrichtlinie entscheiden. Hat der ArbGeb die Einigungsstelle angerufen und nicht etwa die von ihm vorgeschlagene Auswahlrichtlinie wieder zurückgezogen, so hat er sich dadurch selbst gebunden, mit der Folge, die dann von der Einigungsstelle festgelegte Auswahlrichtlinie akzeptieren zu müssen[10]. Im Fall einer vom ArbGeb als ungünstig empfundenen **Einigungsstellenentscheidung** bleibt ihm nur der Weg, wenn er seinen Antrag auf Entscheidung der Einigungsstelle nicht rechtzeitig zurückgezogen hat, die mit Spruch der Einigungsstelle zustande gekommene Einigung zwischen ArbGeb und BR durch **Kündigung** wieder zu beseitigen.

Hat dagegen der BR ein Initiativrecht, so hat auch dieser die Möglichkeit, die Einigungsstelle anzurufen. Der Spruch der Einigungsstelle hat sowohl im Falle der Mitbest. nach § 95 Abs. 1 wie auch der Mitbest. nach § 95 Abs. 2 die Rechtswirkungen einer BV[11].

Wendet jedoch ein ArbGeb Auswahlrichtlinien bei konkreten personellen Einzelmaßnahmen an, ohne das Verfahren nach § 95 eingehalten zu haben, so berührt das zwar nicht die Wirksamkeit der personellen Einzelmaßnahme. Ebenso wenig ergibt sich aus § 95 eine Sanktionsmöglichkeit des BR[12]. Allenfalls ist der BR darauf beschränkt, seine Rechte im Wege des § 23 Abs. 3 geltend zu machen. Mittelbar gewährleisten indes die Beteiligungsrechte des BR bei **personellen Einzelmaßnahmen** (§§ 99 und 102), dass der ArbGeb das MitbestR nach § 95 anerkennt und die vereinbarten Auswahlrichtlinien durchführt.

---

1 BAG v. 27.10.1992 – 1 ABR 4/92, AP Nr. 29 zu § 95 BetrVG 1972. | 2 Zuvor lag der Schwellenwert bei mehr als 1000 ArbN. | 3 *Richardi/Thüsing*, § 95 BetrVG Rz. 44. | 4 MünchArbR/*Matthes*, § 349 Rz. 26. | 5 *Fitting*, § 95 BetrVG Rz. 14; *Richardi/Thüsing*, § 95 BetrVG Rz. 55. | 6 *Fitting*, § 95 BetrVG Rz. 15. | 7 MünchArbR/ *Matthes*, § 349 Rz. 30; GK-BetrVG/*Kraft*, § 95 Rz. 22. | 8 BAG v. 31.1.1984 – 1 ABR 63/81, AP Nr. 3 zu § 95 BetrVG 1972; v. 31.5.1983 – 1 ABR 6/80, AP Nr. 2 zu § 95 BetrVG 1972. | 9 GK-BetrVG/*Kraft*, § 95 Rz. 24; *Richardi/Thüsing*, § 95 BetrVG Rz. 58; aA *Fitting*, § 95 BetrVG Rz. 17. | 10 *Heinze*, Personalplanung, Rz. 65. | 11 BAG v. 11.3.1976 – 2 AZR 43/75, AP Nr. 1 zu § 95 BetrVG 1972. | 12 *Heinze*, Personalplanung, Rz. 78.

Zweiter Unterabschnitt. Berufsbildung

96 *Förderung der Berufsbildung*
(1) Arbeitgeber und Betriebsrat haben im Rahmen der betrieblichen Personalplanung und in Zusammenarbeit mit den für die Berufsbildung und den für die Förderung der Berufsbildung zuständigen Stellen die Berufsbildung der Arbeitnehmer zu fördern. Der Arbeitgeber hat auf Verlangen des Betriebsrats den Berufsbildungsbedarf zu ermitteln und mit ihm Fragen der Berufsbildung der Arbeitnehmer des Betriebs zu beraten. Hierzu kann der Betriebsrat Vorschläge machen.

(2) Arbeitgeber und Betriebsrat haben darauf zu achten, dass unter Berücksichtigung der betrieblichen Notwendigkeiten den Arbeitnehmern die Teilnahme an betrieblichen oder außerbetrieblichen Maßnahmen der Berufsbildung ermöglicht wird. Sie haben dabei auch die Belange älterer Arbeitnehmer, Teilzeitbeschäftigter und von Arbeitnehmern mit Familienpflichten zu berücksichtigen.

Lit.: *Alexander*, Das weite Verständnis der betrieblichen Berufsbildung, NZA 1992, 1057; *Birk*, Berufsbildung und Arbeitsrecht – Zu einigen arbeitsrechtlichen Fragen der beruflichen Ausbildung, Fortbildung und Umschulung, in Festschrift für Gnade, 1992, S. 311; *Eich*, Die Beteiligungsrechte des Betriebsrates im Ausbildungswesen, DB 1974, 2154; *Goos*, Betriebsvereinbarungen über Weiterbildung, ZfA 1991, 61; *Heinze*, Der Arbeitnehmer als Investor – Eine Skizze, in Festschrift für J.F. Kirchhoff, 2002, S. 167; *Oetker*, Die Mitbestimmung der Betriebs- und Personalräte bei der Durchführung von Berufsbildungsmaßnahmen, 1986; *Wiesinger*, Berufsbildung – Rechte des Betriebsrats iSd. BetrVG, Betrieb und Wirtschaft (BuW) 2003, 780.

1 **I. Vorbemerkung.** Der Gesetzgeber des BetrVG hat bereits frühzeitig erkannt, dass der Berufsbildung wegen des technischen und wirtschaftlichen Wandels eine überragende Bedeutung zukommt. Deshalb widmete er der Berufsbildung in den §§ 96 bis 98 einen eigenen Unterabschnitt, um die Bedeutung der Berufsbildung hervorzuheben[1]. Erst in den letzten Jahren wuchs die Erkenntnis, dass sichere Arbeitsplätze regelmäßig ohne ein **Konzept des lebenslangen Lernens** nicht zu haben sind. Schließlich ist für die Unternehmen die **Qualifikation der Mitarbeiter** ein wesentliches Kriterium für die Wettbewerbsfähigkeit; für die ArbN ist sie Voraussetzung für den Erhalt des Arbeitsplatzes und den beruflichen Aufstieg[2].

2 **II. Begriffsbildung.** Der Gesetzgeber hat es aber bisher unterlassen, den Begriff der Berufsbildung näher zu umschreiben. Eine **Legaldefinition** der Berufsbildung findet sich zwar in § 1 Abs. 1 des **BBiG**. Danach umfasst Berufsbildung die Berufsausbildungsvorbereitung, die Berufsausbildung, die berufliche Fortbildung und die berufliche Umschulung. Diese Begriffsbestimmung bezieht sich jedoch nur auf die Berufsbildung iSd. BBiG und kann deshalb nicht ohne weiteres auf den betriebsverfassungsrechtlichen Berufsbildungsbegriff übertragen werden[3]. Rspr. und herrschende Lehre haben aber seit jeher den Begriff der Berufsbildung iSd. BetrVG weit ausgelegt[4]. Hierbei umfasst der **betriebsverfassungsrechtliche Berufsbildungsbegriff** zumindest alle Maßnahmen der Berufsbildung iSv. § 1 Abs. 1 BBiG[5]. Bei der Berufsbildung iSd. BetrVG handelt es sich demzufolge um einen offenen Rechtsbegriff, der nur bestimmbar wird durch Sinn und Zweck der Vorschrift.

3 **1. Bildungsbezug.** Allgemein wird man sagen können, dass solche Maßnahmen zur Berufsbildung zählen, die sowohl einen Bezug zum Beruf haben als auch Bildungscharakter aufweisen. **Bildungscharakter** haben wiederum solche Maßnahmen, wenn sie methodisch Kenntnisse und Fähigkeiten vermitteln sollen[6]. Um aber von Berufsbildung iSd. BetrVG sprechen zu können, müssen die Maßnahmen ein gewisses **Gewicht** bzw. einen gewissen **Umfang** haben; dh., dass die zu vermittelnden Kenntnisse und Fähigkeiten von einem solchen Gewicht sind, dass sie für das berufliche Fortkommen des ArbN von Bedeutung sein können und deshalb den „Wert" des ArbN auf dem Arbeitsmarkt erhöhen[7].

4 Insofern ist es folgerichtig, wenn die Rspr. Berufsbildung gegenüber der **mitbestimmungsfreien Unterrichtung** des ArbN über seine Aufgaben und Verantwortung sowie über die Art seiner Tätigkeit und ihre Einordnung in den Arbeitsablauf des Betriebes nach § 81 Abs. 1 Satz 1 abgrenzt[8]. Jedoch wird das, was noch als Unterweisung am Arbeitsplatz angesehen werden kann, eng auszulegen sein. Dies können nur solche Maßnahmen sein, die aktuell einen ArbN in die Lage versetzen, die ihm zugewiesene Arbeitsaufgabe zu erledigen. Sobald aber die Maßnahmen der Berufsbildung einen Zukunftsbezug aufweisen, unterfallen sie den §§ 96 ff. und damit dem Beteiligungsrecht des BR.

---

1 *Richardi/Thüsing*, § 96 BetrVG Rz. 2. | 2 BR- Drs. 140/01, S. 113. | 3 *Richardi/Thüsing*, § 96 BetrVG Rz. 6; aA *Eich*, DB 1974, 2154 (2155). | 4 BAG v. 5.11.1985 – 1 ABR 49/83, AP Nr. 2 zu § 98 BetrVG 1972; v. 23.4.1991 – 1 ABR 49/90, AP Nr. 7 zu § 98 BetrVG 1972; v. 10.2.1988 – 1 ABR 39/86, AP Nr. 5 zu § 98 BetrVG 1972; *Alexander*, NZA 1992, 1057 ff. | 5 BAG v. 23.4.1991 – 1 ABR 49/90, AP Nr. 7 zu § 98 BetrVG 1972. | 6 BAG v. 5.11.1985 – 1 ABR 49/83, AP Nr. 2 zu § 98 BetrVG 1972; v. 23.4.1991 – 1 ABR 49/90, AP Nr. 7 zu § 98 BetrVG 1972; v. 4.12.1990 – 1 ABR 10/90, AP Nr. 1 zu § 97 BetrVG 1972; *Fitting*, § 96 BetrVG Rz. 10. | 7 So zu Recht: MünchArbR/*Matthes*, § 351 Rz. 13; *Kraft*, NZA 1990, 459; aA *Fitting*, § 96 BetrVG Rz. 10. | 8 Vgl. hierzu BAG v. 5.11.1985 – 1 ABR 49/83, AP Nr. 2 zu § 98 BetrVG 1972; v. 10.2.1988 – 1 ABR 39/86, AP Nr. 5 zu § 98 BetrVG 1972; kritisch zu dieser Abgrenzung: *Richardi/Thüsing*, § 96 BetrVG Rz. 14; vgl. auch *Birk*, FS Gnade, S. 311 (315).

2. Berufsbezug. Betriebsverfassungsrechtlich ist daher Berufsbildung weit zu verstehen. Aus ihrer 5
Begrifflichkeit folgt aber, dass sie **berufsbezogen** sein muss[1]. Demnach fallen solche Bildungsmaßnahmen nicht unter den Begriff der Berufsbildung, mit denen lediglich die Persönlichkeit des ArbN weiterentwickelt werden soll oder die Kenntnisse etwa in politischer, sozialer, kultureller oder wirtschaftlicher Hinsicht vermitteln sollen, ohne dass hierfür ein Berufsbezug erkennbar wird. Dies darf allerdings nicht zu eng ausgelegt werden. So erfordert das Anforderungsprofil vieler Berufe ein erhöhtes Maß an Sozialkompetenz, so dass Bildungsveranstaltungen, die die Kommunikationsfähigkeit von ArbN fördern und trainieren sollen, durchaus einen Berufsbezug haben.

3. Betriebsbezug. Jedoch müssen die Bildungsmaßnahmen neben dem Berufsbezug auch einen **Be-** 6
triebsbezug aufweisen. Andernfalls würde es wenig Sinn machen, den Betriebspartnern eine Verpflichtung zur Förderung der Berufsbildung gerade im Rahmen der betrieblichen Personalplanung aufzuerlegen. Betriebsbezug bedeutet, dass die Bildungsmaßnahme einen gewissen Anknüpfungspunkt an das betriebliche Geschehen aufweist. Dies kann etwa darin bestehen, dass die mit der Berufsbildungsmaßnahme ins Auge gefasste Qualifikation eines ArbN dringend im Betrieb benötigt wird oder aber auch, dass die Berufsbildungsmaßnahme etwa im Zuge von Personalabbaumaßnahmen den ArbN in die Lage versetzen soll, angesichts seines gefährdeten Arbeitsplatzes eine andere Arbeitsstelle zu finden.

4. Einzelfälle. Dagegen unterfallen solche Berufsbildungsmaßnahmen nicht dem MitbestR des BR, wel- 7
che Bestandteil des **arbeitsvertraglichen Synallagmas** sind. Dies sind einmal Bildungsmaßnahmen, die als eine Art Entgelt dem ArbN zugesagt wurden, was mittlerweile etwa in Bereichen der IT-Branchen nicht unüblich ist. Hier geht es nicht mehr um betriebsbezogene Berufsbildung, sondern der ArbN sieht sich bewusst als Qualifikationsträger, der seine Arbeitskraft ua. dafür einsetzt, weitere Qualifikationen zu erlangen, ohne dass das in irgendeinem Bezug zum jeweiligen ArbGeb bzw. zu dem jeweiligen Betrieb steht[2].

Ebenso wenig sind sog. **Qualitätszirkel** als Bildungsmaßnahme anzusehen[3]. Hierbei handelt es sich 8
um Arbeitskreise, bei denen sich ArbN zusammenfinden, um, häufig im Rahmen von Qualitätsmanagementsystemen, zu einer Verbesserung der Produkte bzw. Leistungen zu kommen. Dass durch solche Arbeitskreise auch die berufliche Qualifikation der beteiligten ArbN sich verbessern kann, ist indes nur mittelbare Folge der geschuldeten Arbeitsleistung, die schließlich in der Teilnahme an solchen Arbeitskreisen besteht. Wenn also ein Unternehmen sich für derartige Qualitätsmanagementsysteme (zB **TQM**, **Kaizen**, oder **KVP**) entschieden und hierauf auch seine ArbN – in welcher Form auch immer – verpflichtet hat, so sind dies Systeme, die nicht der Berufsbildung zuzuordnen sind, sondern hierdurch wird der Inhalt der konkreten Arbeitsleistung eines ArbN bestimmt, mit der Folge, dass diese nicht unter den Begriff der Berufsbildung iSd. § 96 ff. fallen[4].

III. Pflicht zur Förderung. Falls im Betrieb Berufsbildungsmaßnahmen durchgeführt werden sollen, 9
so beinhaltet der § 96 Abs. 1 Satz 1 ein **Gebot der Zusammenarbeit** zwischen ArbGeb und BR. Diese Zusammenarbeit hat mit den für die die Berufsbildung und den für die Förderung der Berufsbildung zuständigen Stellen zu erfolgen. Dies sind etwa die Handwerkskammern, die Industrie- und Handelskammer aber auch die für die finanzielle Förderung der Berufsbildung zuständigen Stellen der **Bundesagentur für Arbeit**.

Der Gesetzgeber hat sowohl ArbGeb als auch BR gemäß § 96 Abs. 1 Satz 1 verpflichtet, die Berufs- 10
bildung zu fördern. Hieraus ergibt sich jedoch keine Verpflichtung des ArbGeb, überhaupt Berufsbildung zu betreiben[5]. Aus der Förderungspflicht nach § 96 Abs. 1 Satz 1 erwachsen keine **individuellen Ansprüche** der ArbN auf berufliche Förderung. Erst recht wird durch die Vorschrift dem ArbGeb nicht die Verpflichtung zur Übernahme von **Fortbildungskosten** auferlegt[6].

Auf Verlangen des BR ist der ArbGeb verpflichtet, mit diesem Fragen der Berufsbildung der ArbN des 11
Betriebs zu **beraten**. Dem BR steht darüber hinaus das Recht zu, **Vorschläge** zu dem Thema zu machen. Der BR hat also ein **Initiativ- und Beratungsrecht**. Dabei können Gegenstände der Beratung bzw. der Vorschläge alle Themen sein, sofern sie sich mit der Berufsbildung beschäftigen. Insbesondere zählen dazu auch Fragen der Ausbildungsart, der Ausbildungsdauer sowie die Zahl der Teilnehmer. Strittig ist jedoch, ob die individualrechtliche Gestaltung der Berufsbildung, etwa die Vereinbarung von Rückzahlungsverpflichtungen bei vorzeitigen Kündigungen, unter das Beratungs- und Vorschlagsrecht des BR fallen. Dieses wird man verneinen müssen, da es sich hierbei letztlich um eine Frage des arbeitsrechtlichen Austauschverhältnisses handelt, die vom Zweck des Beteiligungsrechtes nicht erfasst wird[7].

Aus dem Beratungsanspruch und dem Vorschlagsrecht des BR folgt, dass der ArbGeb verpflichtet ist, 12
mit dem BR über das gewünschte Thema zu beraten und zu versuchen, zu einer **Einigung** zu kommen. Ein zwingendes MitbestR des BR besteht jedoch nicht[8].

---

[1] *Oetker*, Die Mitbestimmung der Betriebs- und Personalräte bei der Durchführung von Berufsbildungsmaßnahmen, 1986. | [2] Vgl. hierzu: *Heinze*, FS J.F. Kirchhoff, S. 167 ff. | [3] Vgl. bereits *Goos*, ZfA 1991, 61 (62).
| [4] Ähnlich auch GK-BetrVG/*Kraft*, § 96 Rz. 18; aA *Fitting*, § 96 BetrVG Rz. 24; DKK, § 96 BetrVG Rz. 10.
| [5] MünchArbR/*Matthes*, § 351 Rz. 4; *Richardi/Thüsing*, § 96 BetrVG Rz. 16. | [6] *Fitting*, § 96 BetrVG Rz. 27.
| [7] AA *Fitting*, § 96 BetrVG Rz. 39. | [8] GK-BetrVG/*Raab*, § 96 Rz. 33.

13 Mit der Novellierung neu ins Gesetz gekommen ist das Recht des BR im Vorfeld der Beratung von dem ArbGeb die Ermittlung des Berufsbildungsbedarfs zu verlangen. Nach der Gesetzesbegründung ergibt sich der Berufsbildungsbedarf aus der Durchführung einer Ist-Analyse, der Erstellung eines Soll-Konzepts und der Ermittlung des betrieblichen Bildungsinteresses der ArbN[1]. Allerdings kann der BR nicht mehr vom ArbGeb verlangen, als dieser imstande ist zu leisten. Speziell bezieht sich das Recht des BR, die Ermittlung des Berufsbildungsbedarfs verlangen zu können, nicht darauf, auf welche Weise dies zu erfolgen hat. Er kann nur verlangen, dass überhaupt der Berufsbildungsbedarf ermittelt wird. Allerdings muss dieses korrekt erfolgen. Solange also der ArbGeb die Ermittlung des Berufsbildungsbedarfs nicht ordnungsgemäß vorgenommen hat, kann der BR auf einer **korrekten Analyse des Berufsbildungsbedarfes** bestehen. Da der BR aber dem ArbGeb nicht die Art und Weise vorschreiben kann, wie der Berufsbildungsbedarf zu ermitteln ist, genügt ein ArbGeb auch dann seinen Verpflichtungen, wenn er die Soll- und Ist-Analyse nur auf den Teil der Belegschaft beschränkt, der ein Bildungsinteresse angezeigt hat.

14 **IV. Überwachungspflicht.** § 96 Abs. 2 verpflichtet sowohl ArbGeb als auch BR darauf zu achten, dass unter Berücksichtigung der betrieblichen Notwendigkeiten den ArbN die Teilnahme an betrieblichen oder außerbetrieblichen Maßnahmen der Berufsbildung ermöglicht wird. Eine **betriebliche Berufsbildungsmaßnahme** liegt vor, wenn der ArbGeb der Träger oder Veranstalter der Maßnahme ist und sie für seine ArbN durchführt. Entscheidend ist nach der Rspr., ob der ArbGeb auf Inhalt und Organisation rechtlich einen beherrschenden Einfluss hat[2]. Unerheblich für eine betriebliche Bildungsmaßnahme ist also, ob der ArbGeb diese von einem anderen Unternehmen durchführen lässt, solange er auf Inhalt und Gestaltung einen beherrschenden Einfluss hat. Ebenso unerheblich ist der Ort, an dem die Maßnahme durchgeführt wird. Außerbetriebliche Bildungsmaßnahmen sind dann alle solche Bildungsmaßnahmen, die nicht im og. Sinne zu den betrieblichen zu zählen sind.

15 Die Teilnahme an Bildungsmaßnahmen ist unter Berücksichtigung der betrieblichen Notwendigkeiten zu ermöglichen. Das heißt aber auch, dass nicht jedes betriebliche Interesse einer Förderung von Berufsbildungsmaßnahmen entgegensteht. Nur wenn betrieblich eine Notwendigkeit besteht, dass eine Bildungsmaßnahme zu einem bestimmten Zeitpunkt nicht durchgeführt wird, kann unter Berufung auf derartig schwerwiegende Gründe die Förderung einer solchen Bildungsmaßnahme verweigert werden.

16 In § 96 Abs. 2 Satz 2 werden ArbGeb und BR weiter darauf verpflichtet, auch die Belange **älterer ArbN, Teilzeitbeschäftigter und von ArbN mit Familienpflichten** zu berücksichtigen. Diese Verpflichtung betrifft einmal den Inhalt der Bildungsveranstaltungen, aber auch gerade die zeitliche Ausgestaltung der jeweiligen Bildungsmaßnahme. Wenn der Gesetzeswortlaut von Familienpflichten spricht, so wird man darunter zB den Fall fassen können, bei dem eine beschäftigte Person mindestens ein Kind unter 18 Jahren oder einen nach ärztlichem Gutachten pflegebedürftigen sonstigen Angehörigen tatsächlich betreut oder pflegt[3]. Aus § 96 Abs. 2 Satz 2 folgt aber kein Rechtsanspruch der dort genannten Personenkreise, an Berufsbildungsmaßnahmen teilzunehmen[4].

17 **V. Streitigkeiten und Sanktionen.** Bei groben Verstößen gegen die Verpflichtung nach § 96 kann ein Verfahren nach § 23 Abs. 3 eingeleitet werden. Aber auch der BR kann seine Beratungspflichten verletzen, mit der Folge, dass ein Verfahren nach § 23 Abs. 1 eingeleitet werden kann[5].

97 Einrichtungen und Maßnahmen der Berufsbildung

(1) Der Arbeitgeber hat mit dem Betriebsrat über die Errichtung und Ausstattung betrieblicher Einrichtungen zur Berufsbildung, die Einführung betrieblicher Berufsbildungsmaßnahmen und die Teilnahme an außerbetrieblichen Berufsbildungsmaßnahmen zu beraten.

(2) Hat der Arbeitgeber Maßnahmen geplant oder durchgeführt, die dazu führen, dass sich die Tätigkeit der betroffenen Arbeitnehmer ändert und ihre beruflichen Kenntnisse und Fähigkeiten zur Erfüllung ihrer Aufgaben nicht mehr ausreichen, so hat der Betriebsrat bei der Einführung von Maßnahmen der betrieblichen Berufsbildung mitzubestimmen. Kommt eine Einigung nicht zustande, so entscheidet die Einigungsstelle. Der Spruch der Einigungsstelle ersetzt die Einigung zwischen Arbeitgeber und Betriebsrat.

Lit.: *Franzen*, Das Mitbestimmungsrecht des Betriebsrats bei der Einführung von Maßnahmen der betrieblichen Bildung nach § 97 II BetrVG, NZA 2001, 865; *Hammer*, Neuregelung der Berufsbildung im Betriebsverfassungsgesetz, ZRP 1998, 23; *Hanau*, Gebremster Schub im Arbeitsrecht, NJW 2002, 1240; *Löwisch*, Auswirkungen des Betriebsverfassungsrechts-Reformgesetzes auf Mitwirkung und Mitbestimmung des Betriebsrats, Sonderbeilage zu NZA Heft 24/2001, 40 (45); *Richardi/Annuß*, Neues Betriebsverfassungsgesetz: Revolution oder strukturwahrende Reform?, DB 2001, 41; *Thannheiser*, Qualifizierung zur Arbeitsplatzsicherung, AiB 2002, 25; *Wiesinger*, Berufsbildung – Rechte des Betriebsrats iSd. BetrVG, Betrieb und Wirtschaft (BuW) 2003, 780.

1 **I. Vorbemerkungen.** Im Gegensatz zur Regelung des § 96 schafft § 97 eine vom Verlangen des BR unabhängige **Beratungspflicht**, die dann eintritt, wenn der ArbGeb beabsichtigt, betriebliche Einrichtungen

---

[1] BR- Drs. 140/01, S. 113; vgl. hierzu *Wiesinger*, BuW 2003, 780. | [2] BAG v. 4.12.1990 – 1 ABR 10/90, AP Nr. 1 zu § 97 BetrVG 1972; v. 12.11.1991 – 1 ABR 21/91, AP Nr. 8 zu § 98 BetrVG 1972. | [3] *Fitting*, § 96 BetrVG Rz. 32. | [4] GK-BetrVG/*Raab*, § 96 Rz. 34. | [5] GK-BetrVG/*Raab*, § 96 Rz. 37; *Fitting*, § 96 BetrVG Rz. 42.

für die Berufsbildung zu schaffen, betriebliche Berufsbildungsmaßnahmen einzuführen oder sich an außerbetrieblichen Berufsbildungsmaßnahmen zu beteiligen. Insofern ergänzt § 97 Abs. 1 die Regelungen des § 96. § 97 Abs. 1 betrifft aber nur die Beteiligung des BR bei der **Einführung** von Bildungsmaßnahmen, während für die **Durchführung** ein MitbestR nach § 98 besteht. § 97 Abs. 1 gewährt auch nur ein Beratungsrecht und kein MitbestR; ob ein ArbGeb also eine betriebliche Einrichtung zur Berufsbildung schafft oder berufliche Bildungsmaßnahmen durchführt, obliegt – abgesehen vom Sonderfall des § 97 Abs. 2 – allein seiner freien **unternehmerischen Entscheidung**[1].

II. Beratungsrecht gem. § 97 Abs. 1. Gegenstand des Beratungsrechts ist einmal die Errichtung und Ausstattung betrieblicher Einrichtungen zur Berufsbildung. Hierbei wird man in einer **Einrichtung** die Zusammenfassung sachlicher und/oder persönlicher Mittel zu sehen haben, deren Zweck die Berufsbildung zumindest auch betriebsangehöriger ArbN ist[2]. Der Begriff der Einrichtung setzt weiter voraus, dass die betreffenden Mittel auf **Dauer** angelegt sind. Demzufolge fallen unter betriebliche Einrichtungen zur Berufsbildung etwa Lehrwerkstätten und Schulungsräume. Das Beratungsrecht des BR bezieht sich nicht nur auf die Errichtung und die Ausstattung, sondern auch jede **Änderung** einer Einrichtung zur Berufsbildung löst das Beratungsrecht aus[3]. Der Gesetzeswortlaut spricht aber ausdrücklich nur die Errichtung und Ausstattung **betrieblicher Einrichtungen** an. Folglich fallen sog. **Qualifizierungsgesellschaften** oder **Transfergesellschaften** nicht unter die Regelungen des § 97 Abs. 1[4]. Erfüllt eine betriebliche Berufsbildungseinrichtung die Voraussetzungen einer betrieblichen Sozialeinrichtung, so steht dem BR unter den Voraussetzungen des § 87 Abs. 1 Nr. 8 auch ein MitbestR hinsichtlich ihrer Verwaltung zu[5]. Dagegen hat der BR regelmäßig kein **erzwingbares MitbestR** zur Schaffung derartiger Einrichtungen sowie zur Bereitstellung der erforderlichen Mittel. Die jeweilige **Investitionsentscheidung** bleibt beim ArbGeb[6].

Eine Beratungsverpflichtung des ArbGeb besteht überdies bei der Einführung von **Fortbildungskursen**, **Trainee-Programmen**, also für sämtliche betriebliche Berufsbildungsmaßnahmen[7]. Hierbei kommt es nicht darauf an, ob die Maßnahmen innerhalb oder außerhalb der Arbeitszeit stattfinden[8]. Auch hier entscheidet der ArbGeb darüber, ob er derartige Maßnahmen einführen will. Wenn er sich dazu entschließt, so ist die gesamte Organisation derartiger Berufsbildungsmaßnahmen Gegenstand seiner Beratungspflicht. Diese Verpflichtung ist umso bedeutender, je größer der Ermessensspielraum des ArbGeb bei Ausgestaltung der Berufsbildungsmaßnahme ist.

Auch die Teilnahme an **außerbetrieblichen Berufsbildungsmaßnahmen** ist mit dem BR zu beraten. Damit sind einmal solche Teile eines Ausbildungsganges gemeint, die in einem anderen Betrieb oder in einer überbetrieblichen Einrichtung stattfinden oder solche Bildungsmaßnahmen, die von außerbetrieblichen Trägern, etwa den Kammern, veranstaltet werden. Vom Beratungsrecht umfasst ist insb. die **Art** der Maßnahme, die **Auswahl** der ArbN sowie der **Zeitpunkt** und die **Zeitdauer** der Teilnahme[9]. Dabei muss der ArbGeb in jedem Fall die Beratung durchführen, bevor Belegschaftsmitglieder an einer solchen Maßnahme teilnehmen[10].

III. MitbestR gem. § 97 Abs. 2 BetrVG. Neu eingeführt hat der Gesetzgeber mit der Novellierung des BetrVG in § 97 Abs. 2 ein MitbestR des BR bei der Einführung von Maßnahmen der betrieblichen Berufsbildung in besonderen Fällen. Plant der ArbGeb Maßnahmen, die dazu führen, dass sich die Tätigkeit der betroffenen ArbN ändert und ihre beruflichen Kenntnisse und Fähigkeiten zur Erfüllung ihrer Aufgaben nicht mehr ausreichen, oder hat er solche bereits durchgeführt, so wird dieses MitbestR ausgelöst. Der Gesetzgeber hatte bei der Neuregelung der Vorschrift folgende Situation vor Augen: Ein ArbGeb hat technische Anlagen, Arbeitsverfahren und Arbeitsabläufe oder Arbeitsplätze geplant, die zur Folge haben, dass sich die Tätigkeit der betroffenen ArbN ändern wird. Wenn dann die damit verbundenen Änderungen so nachhaltig sind, dass die beruflichen Kenntnisse und Fähigkeiten der betroffenen ArbN nicht mehr ausreichen, um ihre Aufgaben noch erfüllen zu können, soll nunmehr **frühzeitig** und **präventiv** der BR betriebliche Berufsbildungsmaßnahme zugunsten der betroffenen ArbN durchsetzen können, um deren Beschäftigung zu sichern[11]. Der BR erhält also in diesem **eng umschriebenen Ausnahmefall** ein Initiativ- und MitbestR bei der Einführung von Berufsbildungsmaßnahmen.

Das MitbestR des BR setzt **nicht** schon während der **Planungsphase** ein[12]. Erst in dem Moment, in dem der ArbGeb entschlossen ist, Maßnahmen durchzuführen, die die Tätigkeit der ArbN ändern und ihre beruflichen Kenntnisse und Fähigkeiten zur Erfüllung ihrer Aufgaben nicht mehr ausreichen, liegt der Tatbestand des § 97 Abs. 2 vor. Selbst wenn aber der ArbGeb die Maßnahme durchgeführt hat, kann der BR von seinem **Initiativrecht** Gebrauch machen.

Hier gilt es allerdings zu betonen, dass durch § 97 Abs. 2 die freie **Unternehmerentscheidung** nicht eingeschränkt wird. Will also der ArbGeb anstatt technische Anlagen, Arbeitsverfahren und Arbeits-

---

1 GK-BetrVG/*Raab*, § 97 Rz. 5. | 2 GK-BetrVG/*Raab*, § 97 Rz. 6. | 3 HM: *Richardi/Thüsing*, § 97 BetrVG Rz. 4; *Fitting*, § 97 BetrVG Rz. 4; GK-BetrVG/*Raab*, § 97 Rz. 6; aA wohl: HSWG, § 97 BetrVG Rz. 3. | 4 GK-BetrVG/*Raab*, § 97 Rz. 7. | 5 GK-BetrVG/*Raab*, § 97 BetrVG Rz. 8; HSWG, § 97 BetrVG Rz. 4a. | 6 Vgl. *Heinze*, Personalplanung, Rz. 115. | 7 Vgl. die Aufzählung von Beispielen aus der Rspr. bei: *Hammer*, ZRP 1998, 23 (25). | 8 HSWG, § 97 BetrVG Rz. 5. | 9 *Fitting*, § 97 BetrVG Rz. 6. | 10 HSWG, § 97 BetrVG Rz. 7. | 11 BR-Drs. 140/01, S. 113 f. | 12 Weiter gehend dagegen *Richardi/Annuß*, DB 2001, 41 (45), die ein Initiativrecht bereits während der Planungsphase anerkennen.

abläufe im konkreten Betrieb zu ändern, lieber die Arbeitsaufgaben an einen anderen Produktionsstandort verlagern oder durch Dritte erbringen lassen, hat der BR keine Möglichkeit, vom ArbGeb gemäß § 97 Abs. 2 die Durchführung von Berufsbildungsmaßnahmen zu verlangen. Nur wenn der ArbGeb sich entschließt, die Produktion am jeweiligen Standort zu belassen, aber die Produktionsabläufe so zu verändern, dass die Tätigkeit der ArbN sich ändert und ihre beruflichen Kenntnisse und Fähigkeiten zur Erfüllung ihrer Aufgaben nicht mehr ausreichen, liegt ein Fall des § 97 Abs. 2 vor.

8   Ein Tätigwerden des BR setzt also **kumulativ** voraus, dass sich die Tätigkeiten der Beschäftigten ändern und deren berufliche Kenntnisse und Fähigkeiten zur Erfüllung dieser Aufgaben nicht mehr ausreichen. Nur wenn beide Voraussetzungen vorliegen, kann sich der BR auf § 97 Abs. 2 berufen[1]. Dagegen ist nicht erforderlich, dass die vom ArbGeb geplanten Maßnahmen die Schwelle einer Betriebsänderung iSd. § 111 erreichen[2]. Das MitbestR des BR bezieht sich nur auf die ArbN, die konkret von den Maßnahmen, insb. von der Änderung der Tätigkeiten, betroffen sind. Hinsichtlich dieses Personenkreises ist dann zu fragen, ob deren berufliche Kenntnisse und Fähigkeiten noch ausreichen, um den neuen Anforderungen gerecht zu werden[3]. Der Wortlaut des § 97 Abs. 2 spricht ausdrücklich von **beruflichen Kenntnissen**. Insofern setzt die Vorschrift ein bestimmtes **Berufsbild** voraus. Gestützt auf § 97 Abs. 2 kann also nicht verlangt werden, dass ArbN, deren Tätigkeit sich ändert, in einen anderen Beruf umgeschult werden, selbst wenn nur durch eine Umschulung die betreffenden ArbN ihre Tätigkeit fortsetzen können. Ebenso wenig kann der BR eine allgemeine Weiterqualifizierung verlangen.

9   Sofern die Voraussetzungen des § 97 Abs. 2 vorliegen, kann der BR vom ArbGeb die Einführung entsprechender betrieblicher Berufsbildungsmaßnahmen verlangen. Diese Schulungsmaßnahmen dürfen sich nur auf solche Personen beziehen, bei denen die Voraussetzungen des § 97 Abs. 2 Satz 1 vorliegen. Es besteht demgemäß kein allgemein auf die Weiterbildung ausgerichteter Mitbestimmungsanspruch. Grundsätzlich ist der ArbGeb auch bei der **Auswahl der Teilnehmer** an den beruflichen Bildungsmaßnahmen frei[4]. Er hat jedoch gemäß § 96 Abs. 2 die dortigen Belange zu berücksichtigen.

10 Nach dem Gesetzeszweck soll das MitbestR nach § 97 Abs. 2 dazu dienen, Kündigungen zu verhindern[5]. Deshalb kann der BR nur solche Bildungsmaßnahmen vom ArbGeb verlangen, die sich in den **Grenzen der Zumutbarkeit** iSd. § 1 Abs. 1 Satz 3 KSchG halten[6]. In keinem Fall kann der BR den ArbGeb aber verpflichten, allgemein durch Qualifizierungsmaßnahmen die Chancen der ArbN auf dem Arbeitsmarkt zu erhöhen. Aus diesem Grunde kommt ein MitbestR nach § 97 Abs. 2 für solche ArbN nicht in Betracht, die bereits wirksam wegen mangelnder Qualifikation gekündigt wurden[7].

11 **IV. Streitigkeiten.** Kommt eine Einigung nicht zustande, so entscheidet die **Einigungsstelle** in einem verbindlichen Einigungsverfahren. Bei **Streitigkeiten** über den Umfang der Beteiligung des BR entscheiden die Gerichte für Arbeitssachen im Beschlussverfahren. Im Übrigen kommt auch ein Antrag nach § 23 Abs. 3 in Betracht[8].

98 *Durchführung betrieblicher Bildungsmaßnahmen*

(1) Der Betriebsrat hat bei der Durchführung von Maßnahmen der betrieblichen Berufsbildung mitzubestimmen.

(2) Der Betriebsrat kann der Bestellung einer mit der Durchführung der betrieblichen Berufsbildung beauftragten Person widersprechen oder ihre Abberufung verlangen, wenn diese die persönliche oder fachliche, insbesondere die berufs- und arbeitspädagogische Eignung im Sinne des Berufsbildungsgesetzes nicht besitzt oder ihre Aufgaben vernachlässigt.

(3) Führt der Arbeitgeber betriebliche Maßnahmen der Berufsbildung durch und stellt er für außerbetriebliche Maßnahmen der Berufsbildung Arbeitnehmer frei oder trägt er die durch die Teilnahme von Arbeitnehmern an solchen Maßnahmen entstehenden Kosten ganz oder teilweise, so kann der Betriebsrat Vorschläge für die Teilnahme von Arbeitnehmern oder Gruppen von Arbeitnehmern des Betriebs an diesen Maßnahmen der beruflichen Bildung machen.

(4) Kommt im Fall des Absatzes 1 oder über die nach Absatz 3 vom Betriebsrat vorgeschlagenen Teilnehmer eine Einigung nicht zustande, so entscheidet die Einigungsstelle. Der Spruch der Einigungsstelle ersetzt die Einigung zwischen Arbeitgeber und Betriebsrat.

(5) Kommt im Fall des Absatzes 2 eine Einigung nicht zustande, so kann der Betriebsrat beim Arbeitsgericht beantragen, dem Arbeitgeber aufzugeben, die Bestellung zu unterlassen oder die Abberufung durchzuführen. Führt der Arbeitgeber die Bestellung einer rechtskräftigen gerichtlichen Entscheidung zuwider durch, so ist er auf Antrag des Betriebsrats vom Arbeitsgericht wegen der Bestel-

---

1 *Wiesinger*, BuW 2003, 780 (781); AA *Thannheiser*, AiB 2002, 25, (27). | 2 So zu Recht *Thannheiser*, AiB 2002, 25, (27). | 3 *Löwisch*, Sonderbeilage zu NZA Heft 24/2001, 40 (45). | 4 AA *Franzen*, NZA 2001, 865 (868 f.). | 5 BT-Drs. 140/01, S. 114; so auch *Hanau*, NJW 2002, 1240 (1242). | 6 Ähnlich *Franzen*, NZA 2001, 865 (867), der § 102 Abs. 3 Nr. 4 BetrVG als Zumutbarkeitsmaßstab anwenden will. | 7 Vgl. zur individualarbeitsrechtlichen Wirkung des § 97 Abs. 2 BetrVG: *Franzen*, NZA 2001, 865 (871). | 8 *Fitting*, § 97 BetrVG Rz. 38; *Wiesinger*, BuW 2003, 780 (781).

lung nach vorheriger Androhung zu einem Ordnungsgeld zu verurteilen; das Höchstmaß des Ordnungsgeldes beträgt 10.000 Euro. Führt der Arbeitgeber die Abberufung einer rechtskräftigen gerichtlichen Entscheidung zuwider nicht durch, so ist auf Antrag des Betriebsrats vom Arbeitsgericht zu erkennen, dass der Arbeitgeber zur Abberufung durch Zwangsgeld anzuhalten sei; das Höchstmaß des Zwangsgeldes beträgt für jeden Tag der Zuwiderhandlung 250 Euro. Die Vorschriften des Berufsbildungsgesetzes über die Ordnung der Berufsbildung bleiben unberührt.

(6) Die Absätze 1 bis 5 gelten entsprechend, wenn der Arbeitgeber sonstige Bildungsmaßnahmen im Betrieb durchführt.

Lit.: *Ehrich*, Das Mitbestimmungsrecht des Betriebsrats bei der Bestellung und Abberufung von betrieblichen Bildungsbeauftragten (§ 98 Abs. 2, 5 BetrVG), RdA 1993, 220; *Frauenkron*, Betriebsverfassungsrecht mit Gesetzestext und Wahlordnung, 1980; *Hammer*, Berufsbildung und Betriebsverfassung, 1990; *Kraft*, Mitbestimmungsrechte des Betriebsrates bei betrieblichen Berufsbildungs- und sonstigen Bildungsmaßnahmen nach § 98 BetrVG, NZA 1990, 457; *Raab*, Der Unterlassungsanspruch des Betriebsrats, ZfA 1997, 183.

I. Vorbemerkung. Im Gegensatz zur Beteiligung des BR bei der Einführung von Berufsbildungsmaßnahmen gibt § 98 dem BR bei der Durchführung von Berufsbildungsmaßnahmen ein **umfassendes MitbestR**. Hierbei hat der Gesetzgeber ganz bewusst durch § 98 Abs. 6 sonstige Bildungsmaßnahmen miteinbezogen, um auch eine Beteiligung des BR entsprechend der Regelungen zur Durchführung der Berufsbildung zu ermöglichen[1]. 1

II. Reichweite des MitbestR. Das MitbestR des BR kann sich aber nur auf solche ArbN beziehen, die vom BR vertreten werden. Demgemäß fallen Bildungsmaßnahmen für **leitende Angestellte** gemäß § 5 Abs. 3 nicht unter den Anwendungsbereich[2]. Umstritten ist dagegen, ob und inwieweit Berufsbildungsmaßnahmen, durch die ArbN für die Position eines leitenden Angestellten qualifiziert werden sollen, dem MitbestR unterliegen. Hier kann nur ein eingeschränktes MitbestR bestehen. Die Mitbest. kann sich nicht auf solche Themen erstrecken, die zumindest mittelbar die Qualifikationsanforderungen der leitenden Angestellten umschreiben[3]. 2

Eingeschränkt wird das MitbestR durch den relativen **Tendenzschutz** (§ 118 Abs 1 Satz 1); es ist ausgeschlossen, soweit es um die Berufsbildung und berufliche Fortbildung von Tendenzträgern geht[4]. Die Ausübung des MitbestR nach § 98 steht jedoch insoweit unter dem Vorbehalt, dass keine anderweitigen verbindlichen Regelungen zur Berufsbildung bestehen, so dass der ArbGeb bereits an derartige Vorgaben gebunden ist[5]. 3

III. Durchführung von Berufsbildungsmaßnahmen. Gemäß § 98 Abs. 1 hat der BR bei der Durchführung von Maßnahmen der betrieblichen Berufsbildung mitzubestimmen. Eine betriebliche Berufsbildungsmaßnahme liegt dann vor, wenn der ArbGeb auf Inhalt und Organisation der Maßnahme einen beherrschenden Einfluss hat. Hierbei müssen dem ArbN über eine abgeschlossene arbeitsplatzbezogene Unterrichtung gezielt Kenntnisse und Erfahrungen vermittelt werden, die ihn zu einer bestimmten Tätigkeit befähigen oder es ermöglichen, die beruflichen Kenntnisse und Fähigkeiten zu erhalten[6]. Eine Bildungsmaßnahme ist dabei dann als **Berufsbildungsmaßnahme** zu qualifizieren, wenn durch sie Kenntnisse und Erfahrungen vermittelt werden, die zur Ausfüllung des Arbeitsplatzes und der beruflichen Tätigkeit der ArbN dienen[7]. Hinsichtlich der Durchführung aller Maßnahmen der betrieblichen Berufsbildung steht dem BR ein echtes MitbestR zu. Dieses existiert allerdings nur in dem Umfang, in dem dem ArbGeb ein **Gestaltungsspielraum** zusteht[8]. Insofern besteht bei der Berufsausbildung, deren Durchführung durch gesetzliche Bestimmungen bzw. Ausbildungsordnungen geregelt ist, kaum ein Gestaltungsspielraum, so dass hier das MitbestR des BR nur eine geringe Bedeutung erlangt. Einen weit größeren Gestaltungsspielraum besitzt der ArbGeb aber bei der beruflichen Fortbildung und bei der beruflichen Umschulung. Dementsprechend erlangt hier das MitbestR eine weit größere Bedeutung. Der BR kann etwa über den Ausbildungsplan, die Dauer der Ausbildungsabschnitte sowie über den Ort, an dem die Ausbildung erfolgen soll, mitbestimmen[9]. Ist Bestandteil einer Berufsbildungsmaßnahme auch eine betriebliche Prüfung, so erstreckt sich das MitbestR des BR auch auf die Ausgestaltung dieser Prüfung[10]. 4

Über das MitbestR bei der Durchführung von Bildungsmaßnahmen kann der BR nicht zu einem generellen MitbestR über die Einführung solcher Bildungsmaßnahmen kommen. Dies verbietet bereits die unterschiedliche Regelung in den §§ 97, 98. Demnach gehören alle Umstände, die die jeweilige Berufsbildungsmaßnahme in ihrer generellen Gestalt definieren, nicht zum MitbestR des BR nach § 98. 5

---

[1] BT-Drs. VI/1786, S. 51. | [2] DKK, § 98 BetrVG Rz. 25; *Fitting*, § 98 BetrVG Rz. 36. | [3] So *Richardi/Thüsing*, § 98 BetrVG Rz. 6; für ein uneingeschränktes MitbestimmungsR dagegen *Fitting*, § 98 BetrVG Rz. 10; *Heinze*, Personalplanung, Rz. 145; gegen ein MitbestimmungsR: HSWG, § 98 BetrVG Rz. 2a; *Kraft*, NZA 1990, 457 (458). | [4] *Fitting*, § 98 BetrVG Rz. 2; *Richardi/Thüsing*, § 98 BetrVG Rz. 7. | [5] Vgl. sehr weitgehend *Frauenkron*, Betriebsverfassungsrecht, Rz. 784. | [6] BAG v. 28.1.1992 – 1 ABR 41/91, AP Nr. 1 zu § 96 BetrVG 1972; v. 4.12.1990 – 1 ABR 10/90, AP Nr. 1 zu § 97 BetrVG 1972. | [7] BAG v. 4.12.1990 – 1 ABR 10/90, AP Nr. 1 zu § 97 BetrVG 1972. | [8] BAG v. 5.11.1985 – 1 ABR 49/83, AP Nr. 2 zu § 98 BetrVG 1972. | [9] *Stege/Weinspach/Schiefer*, §§ 96–98 BetrVG Rz. 18. | [10] BAG v. 5.11.1985 – 1 ABR 49/83, AP Nr. 2 zu § 98 BetrVG 1972; *Raab*, ZfA 1997, 183 (231); aA wohl: *Stege/Weinspach/Schiefer*, §§ 96–98 BetrVG Rz. 19 f.

Dies bezieht sich einmal nach nahezu einhelliger Auffassung auf die Höhe der vom ArbGeb hierfür bereitgestellten Mittel[1]. Strittig ist aber, ob auch der **Zweck der jeweiligen Maßnahme** sowie die Festlegung und zahlenmäßige **Umschreibung des Teilnehmerkreises** ebenfalls noch eine Frage der Einführung einer Berufsbildungsmaßnahme ist und insoweit dem MitbestR des BR nach § 98 entzogen ist[2].

6 Da das MitbestR nach § 98 Abs. 1 dem BR lediglich Einflussmöglichkeiten auf die Durchführung von Berufsbildungsmaßnahmen geben soll, bedeutet dies nicht, dass der BR auch über die **materiellen Arbeitsbedingungen** mitbestimmen soll. Insofern fallen etwa Vereinbarungen über die **Rückzahlung von Fortbildungskosten** in Arbeitsverträgen nicht unter das MitbestR des BR nach § 98 Abs. 1[3]. **Einzelunterweisungen** eines Auszubildenden oder konkrete Arbeitsaufträge an den Auszubildenden sind nicht dem MitbestR unterworfen, da andernfalls eine geordnete Durchführung von Berufsbildungsmaßnahmen, was gerade die Intention des § 98 ist, nicht gewährleistet werden kann[4].

7 Zur Wahrung des MitbestR genügt regelmäßig eine **formlose Absprache** zwischen ArbGeb und BR. Grundsätzlich ist aber im Interesse eines geordneten betrieblichen Bildungssystems der Abschluss von BV empfehlenswert. Kommt es über Fragen der Durchführung der betrieblichen Berufsbildung zu Meinungsverschiedenheiten zwischen BR und ArbGeb, so kann Letzterer zwar die komplette Maßnahme zurückziehen. Will er diese durchführen, so ist die **Einigungsstelle** anzurufen, die über die Streitigkeiten verbindlich entscheidet (§ 98 Abs. 4). Der Spruch der Einigungsstelle ersetzt dann nach § 98 Abs. 4 Satz 2 die Einigung zwischen ArbGeb und BR. Besteht dagegen Streit, ob dem BR überhaupt für eine bestimmte Maßnahme oder Regelungsfrage ein MitbestR zusteht, so haben auf Antrag eines der Betriebspartner die Gerichte für Arbeitssachen im Beschlussverfahren zu entscheiden.

8 **IV. Bestellung und Abberufung von Ausbildern. 1. Umfang des MitbestR.** Hinsichtlich der mit der Durchführung von betrieblichen Bildungsmaßnahmen beauftragten Personen steht dem BR ein **besonderes MitbestR** zu. Gemäß § 98 Abs. 2 kann er der **Bestellung widersprechen** oder ihre **Abberufung** verlangen, wenn die beauftragte Person die persönliche oder fachliche Eignung iSd. BBiG nicht besitzt oder ihre Aufgaben vernachlässigt. Hierbei spielt es keine Rolle, ob es sich bei dem Beauftragten um einen ArbN des Betriebes handelt[5]. Ebenso wenig verliert der BR deshalb sein MitbestR nach § 98 Abs. 2, weil der Beauftragte leitender Angestellter ist[6].

9 Der Gesetzeswortlaut verweist hinsichtlich der **persönlichen und fachlichen Eignung** ausdrücklich auf das BBiG. So gilt als persönlich nicht geeignet, wer Kinder und Jugendliche nicht beschäftigen darf oder wiederholt oder schwer gegen das BBiG und die aufgrund dessen erlassenen Vorschriften und Bestimmungen verstoßen hat. Die fachliche Eignung fehlt bei demjenigen, der die erforderlichen beruflichen Fertigkeiten und Kenntnisse oder die erforderlichen berufs- und arbeitspädagogischen Kenntnisse nicht besitzt. Aber nicht nur, wenn dem Ausbilder die persönliche oder fachliche Eignung fehlt, sondern auch dann, wenn er seine Aufgaben vernachlässigt, kann der BR seine Abberufung verlangen. Eine **Vernachlässigung der Aufgaben** durch eine mit der Durchführung der betrieblichen Berufsbildung beauftragten Person liegt vor, wenn der jeweilige Ausbilder seine Aufgaben verkennt oder so nachlässig wahrnimmt, dass der Erfolg der Berufsausbildung oder der sonstigen Bildungsmaßnahme gefährdet wird[7].

10 Zuständig für die Ausübung des MitbestR ist grundsätzlich der BR. Falls es um Personen geht, die mit der Berufsausbildung betraut sind, so steht den **Jugend- und Auszubildendenvertretern** gemäß § 67 Abs. 2 ein Stimmrecht zu.

11 Wenn der ArbGeb eine mit der Durchführung der betrieblichen Berufsbildung beauftragte Person bestellen will, so hat er hierüber zunächst den BR rechtzeitig und umfassend zu **informieren**. Will der ArbGeb dagegen einen Ausbilder von sich heraus abberufen, so kann dies der BR nicht verhindern. Ebenfalls steht dem BR kein MitbestR nach § 98 Abs. 2 BetrVG zu, wenn der ArbGeb selbst die Ausbildung vornimmt.

12 **2. Durchsetzung des MitbestR.** Können sich ArbGeb und BR über die Bestellung bzw. Abberufung eines Ausbilders nicht einigen, kann gemäß § 98 Abs. 5 der BR beim ArbG beantragen, dem ArbGeb aufzugeben, die **Bestellung zu unterlassen oder die Abberufung durchzuführen**. Eine Bestellung kann also dem Grundsatz nach solange nicht erfolgen, wie der BR seinen Widerspruch gegen diese Bestellung nicht zurückgezogen hat oder das ArbG den Widerspruch des BR zurückweist[8]. Widerspricht der BR aber der Bestellung eines Ausbilders, stellt aber dann nicht unverzüglich einen Antrag nach § 98 Abs. 5, wird die Bestellung des Ausbilders wirksam und der BR kann dann nur noch die Abberufung verlangen[9]. Zwar sieht der Wortlaut des Gesetzes ausschließlich ein **Antragsrecht** des BR vor. Jedoch ist es sachgerecht, auch dem ArbGeb das Recht zuzugestehen, im Fall eines Widerspruchs gegen die

---

1 Vgl. *Richardi/Thüsing*, § 98 BetrVG Rz. 8. | 2 So etwa: GK-BetrVG/*Raab*, § 98 Rz. 9; *Richardi/Thüsing*, § 98 BetrVG Rz. 8; dagegen etwa: *Fitting*, § 98 BetrVG Rz. 2; *Hammer*, Berufsbildung und Betriebsverfassung, S. 136 f. | 3 GK-BetrVG/*Raab*, § 98 Rz. 12. | 4 *Fitting*, § 98 BetrVG Rz. 7; *Richardi/Thüsing*, § 98 BetrVG Rz. 14. | 5 *Fitting*, § 98 BetrVG Rz. 13. | 6 *Richardi/Thüsing*, § 98 BetrVG Rz. 24; DKK, § 98 BetrVG Rz. 13. | 7 *Richardi/Thüsing*, § 98 BetrVG Rz. 31; DKK, § 98 BetrVG Rz. 11. | 8 *Heinze*, Personalplanung, Rz. 124. | 9 *Heinze*, Personalplanung, Rz. 124; *Fitting*, § 98 BetrVG Rz. 21; aA *Richardi/Thüsing*, § 98 BetrVG Rz. 35.

Bestellung eines Ausbilders die Wirksamkeit des Widerspruchs durch das ArbG überprüfen zu lassen. Der ArbGeb muss ebenfalls die Möglichkeit haben, eine Klärung der Rechtslage herbeizuführen[1].

Liegt eine **rechtskräftige Entscheidung** einmal vor und führt der ArbGeb die Bestellung des Ausbilders dieser rechtskräftigen gerichtlichen Entscheidung zuwider durch, so ist gemäß § 98 Abs. 5 Satz 2 das ArbG verpflichtet, auf Antrag des BR und nach vorheriger Androhung den ArbGeb zu einem **Ordnungsgeld** zu verurteilen. Trotz des Wortlautes der Vorschrift entscheidet das ArbG im **Beschlussverfahren**[2]. Gemäß § 85 Abs. 1 ArbGG iVm. § 890 Abs. 2 ZPO kann der Beschluss, mit dem ein Ordnungsgeld angedroht wird, auch nachträglich vom ArbG erlassen werden. Dieser Beschluss muss in Rechtskraft erwachsen, bevor der Antrag gestellt wird, das Zwangsverfahren einzuleiten[3]. Die Vollstreckung erfolgt von Amts wegen. Das eingezogene Ordnungsgeld fließt der Staatskasse zu[4]. 13

Führt dagegen der ArbGeb die **Abberufung** einer Ausbildungsperson einer rechtskräftigen gerichtlichen Entscheidung zuwider nicht durch, so kann das ArbG auf Antrag des BR erkennen, dass der ArbGeb zur **Abberufung** durch **Zwangsgeld** anzuhalten sei (§ 98 Abs. 5 Satz 3). Voraussetzung ist auch hier, dass eine rechtskräftige gerichtliche Entscheidung vorliegt und der BR einen Antrag auf Festsetzung eines Zwangsgeldes gestellt hat. Eine Androhung eines Zwangsgeldes ist nicht mehr erforderlich[5]. 14

Sowohl gegen die Festsetzung des Ordnungsgeldes als auch des Zwangsgeldes findet die **sofortige Beschwerde** zum LAG statt (vgl. § 85 Abs. 1 ArbGG iVm. §§ 793, 888, 890, 891 ZPO). Das Zwangsgeld verfällt der Staatskasse. 15

V. Auswahl von ArbN für eine Berufsbildungsmaßnahme. Auch auf die **Auswahl** der an einer Bildungsmaßnahme teilnehmenden ArbN soll gemäß § 98 Abs. 3 der BR Einfluss nehmen können. Wenn also der ArbGeb betriebliche Maßnahmen der Berufsbildung durchführt oder er für außerbetriebliche Maßnahmen der Berufsbildung ArbN freistellt oder er die durch die Teilnahme von ArbN an solchen Maßnahmen entstehenden Kosten ganz oder teilweise trägt, so kann der BR **Vorschläge für die Teilnahme von ArbN** oder Gruppen von ArbN des Betriebes an diesen Maßnahmen der beruflichen Bildung machen. Hierbei ist es gleichgültig, ob diese Freistellung mit oder ohne Fortzahlung des Entgelts erfolgt[6]. Darüber hinaus ist das MitbestR betroffen, wenn der ArbGeb die durch die Teilnahme an Berufsbildungsmaßnahmen entstehenden Kosten zumindest teilweise übernimmt. Teilnahmekosten wären etwa Seminargebühren, Reisekosten, Aufenthaltskosten etc. Hierbei kommt es nicht darauf an, ob es sich um eine außerbetriebliche oder betriebliche Maßnahme handelt oder ob eine solche Maßnahme in der Arbeitszeit oder außerhalb der Arbeitszeit etwa am Wochenende stattfindet. 16

Dagegen ist die Entscheidung, ob der ArbGeb überhaupt ArbN für außerbetriebliche Maßnahmen von der Arbeit freistellt oder sich an Kosten beteiligt oder welche Maßnahmen er fördert, dem MitbestR des BR entzogen[7]. Der ArbGeb legt auch **autonom** die **Teilnehmeranzahl** sowie den **Zweck der Bildungsmaßnahme** fest. Ebenso entscheidet er über die sachlich gebotenen Zulassungsvoraussetzungen[8]. 17

Das MitbestR des BR bezieht sich allein auf die **Auswahl**[9]. Die Ausübung des MitbestR setzt allerdings voraus, dass der BR auch **Vorschläge** macht. Er kann sich nicht darauf zurückziehen, lediglich der vom ArbGeb getroffenen Auswahl zu widersprechen. Macht der BR Vorschläge, so sind sowohl die von ihm vorgeschlagenen ArbN als auch die vom ArbGeb vorgeschlagenen ArbN in die Auswahl einzubeziehen. Hierbei fallen auf der ersten Ebene alle die ArbN aus der Auswahl heraus, die von ihren fachlichen Voraussetzungen her die sachlich gebotenen Zulassungsvoraussetzungen für die jeweilige Bildungsmaßnahme nicht erfüllen. Sodann hat die Auswahl unter Berücksichtigung der betrieblichen Interessen wie auch unter den Prämissen des Gleichbehandlungsgebots zu erfolgen. Jedoch gilt es zu beachten, dass eine Einigung iS eines Konsenses zwischen ArbGeb und BR nur hinsichtlich der vom BR vorgeschlagenen ArbN, nicht aber hinsichtlich der vom ArbGeb vorgeschlagenen ArbN erfolgen muss[10]. Das heißt, der BR kann also nicht verhindern, dass der ArbGeb bestimmten ArbN Berufsbildungschancen eröffnet. Dies wird in dem Fall problematisch, wenn nur eine begrenzte Anzahl von Plätzen für eine Bildungsmaßnahme zur Verfügung stehen. Schlagen in diesem Fall BR und ArbGeb zusammen mehr ArbN für diese Maßnahme vor, so darf dies nicht zu einer Grenze für das MitbestR des BR werden[11]. Vielmehr ist auch in diesem Fall die Verteilungsgerechtigkeit der Berufsbildungschancen zu wahren. Allerdings ist es dem ArbGeb dann unbenommen, die von ihm vorgeschlagenen ArbN, die aus der Auswahl herausgefallen sind, in die jeweilige Maßnahme oder eine Ersatzmaßnahme einzubeziehen, ohne dass hier ein MitbestR des BR nach § 98 Abs. 3 erneut entsteht. 18

Darüber hinaus hat der BR kein MitbestR hinsichtlich der **Teilnahme von leitenden Angestellten** an Fortbildungskursen. Ebenso wenig wird ein MitbestR dadurch ausgelöst, wenn ein ArbN seine Ansprü- 19

---

1 *Fitting*, § 98 BetrVG Rz. 21; *Richardi/Thüsing*, § 98 BetrVG Rz. 35; GK-BetrVG/*Raab*, § 98 Rz. 30. | 2 GK-BetrVG/*Raab*, § 98 Rz. 25. | 3 *Richardi/Thüsing*, § 98 BetrVG Rz. 41. | 4 *Fitting*, § 98 BetrVG Rz. 25. | 5 *Ehrich*, RdA 1993, 220 (225). | 6 GK-BetrVG/*Raab*, § 98 Rz. 21; *Fitting*, § 98 BetrVG Rz. 30. | 7 GK-BetrVG/*Raab*, § 98 Rz. 22. | 8 *Fitting*, § 98 BetrVG Rz. 31 f.; *Richardi/Thüsing*, § 98 BetrVG Rz. 57; BAG v. 8.12.1987 – 1 ABR 32/86, AP Nr. 4 zu § 98 BetrVG 1972. | 9 BAG v. 8.12.1987 – 1 ABR 32/86, AP Nr. 4 zu § 98 BetrVG 1972. | 10 BAG v. 8.12.1987 – 1 ABR 32/86, AP Nr. 4 zu § 98 BetrVG 1972; GK-BetrVG/*Raab*, § 98 Rz. 23 f.; *Raab*, ZfA 1997, 183 (233). | 11 AA GK-BetrVG/*Raab*, § 98 Rz. 23.

che nach den Gesetzen der Länder über Bildungsurlaub gegenüber dem ArbGeb geltend macht und dieser dem gesetzlichen **Bildungsurlaubsanspruch**[1] des ArbN nachkommt. Hierbei geht es um die Erfüllung eines individualarbeitsrechtlichen Anspruches und nicht um die Auswahlentscheidung des ArbGeb. Das gilt auch in den Fällen, in denen ein ArbN sich Leistungen des ArbGeb zur Berufsbildung arbeitsvertraglich hat zusichern lassen (zB den Fachanwaltskurs für den Angestellten einer Rechtsabteilung). Da in diesen Fällen dem ArbGeb kein Auswahlermessen zusteht, sondern er lediglich den arbeitsvertraglichen Anspruch des ArbN zu erfüllen hat, besteht auch kein Bedürfnis nach einem MitbestR nach § 98 Abs. 3. Dies gilt allerdings nicht, wenn der Weg über eine arbeitsvertragliche Vereinbarung bei Berufsbildungsmaßnahmen dazu dienen soll, das MitbestR des BR zu umgehen.

20 Kommt über die vom BR vorgeschlagenen Teilnehmer eine Einigung mit dem ArbGeb nicht zustande, so ist jede der beiden Seiten gemäß § 98 Abs. 4 berechtigt, die **Einigungsstelle** anzurufen. Diese ersetzt dann gemäß § 98 Abs. 4 Satz 2 die Einigung zwischen ArbGeb und BR. Hierbei ist die Einigungsstelle an die Grundentscheidung des ArbGeb gebunden, welche Berufsbildungsmaßnahmen er fördern will und welche Kosten er hierfür übernehmen will.

21 **VI. Durchführung sonstiger Bildungsmaßnahmen.** Die dargestellten MitbestR sind allerdings nicht beschränkt auf den Bereich der Berufsbildung. Ausdrücklich hat der Gesetzgeber in § 98 Abs. 6 bestimmt, dass die MitbestR entsprechend gelten, wenn der ArbGeb **sonstige Bildungsmaßnahmen** im Betrieb durchführt. Sonstige Bildungsmaßnahmen sind solche Veranstaltungen, die sich nicht auf ein konkretes Berufsbild beziehen. Speziell sind dies Bildungsveranstaltungen, die zum Ziel haben, die **Allgemeinbildung zu vertiefen** und zu erweitern[2]. Denkbar sind hier etwa Erste-Hilfe-Kurse, Sprachkurse sowie Computerkurse, die nicht ein berufsspezifisches Wissen vermitteln[3]. Das MitbestR bei solchen sonstigen Bildungsmaßnahmen besteht nur insoweit, als es sich um Bildungsmaßnahmen im Betrieb handelt. Dies ist nicht örtlich zu verstehen. Es genügt, dass der ArbGeb die Maßnahme für seine ArbN durchführt[4]. Strittig ist jedoch, ob bei außerbetrieblichen Berufsbildungsmaßnahmen, für die der ArbGeb ArbN freistellt oder sich an den Kosten beteiligt, entgegen dem Wortlaut des § 98 Abs. 6 das MitbestR nach § 98 Abs. 3 und Abs. 4 gilt[5]. Hier dürfte die Gesetzessystematik dafür sprechen, auch bei dieser besonderen Konstellation ein MitbestR entsprechend § 98 Abs. 3 anzunehmen.

Dritter Unterabschnitt. Personelle Einzelmaßnahmen

99 *Mitbestimmung bei personellen Einzelmaßnahmen*
(1) In Unternehmen mit in der Regel mehr als 20 wahlberechtigten Arbeitnehmern hat der Arbeitgeber den Betriebsrat vor jeder Einstellung, Eingruppierung, Umgruppierung und Versetzung zu unterrichten, ihm die erforderlichen Bewerbungsunterlagen vorzulegen und Auskunft über die Person der Beteiligten zu geben; er hat dem Betriebsrat unter Vorlage der erforderlichen Unterlagen Auskunft über die Auswirkungen der geplanten Maßnahme zu geben und die Zustimmung des Betriebsrats zu der geplanten Maßnahme einzuholen. Bei Einstellungen und Versetzungen hat der Arbeitgeber insbesondere den in Aussicht genommenen Arbeitsplatz und die vorgesehene Eingruppierung mitzuteilen. Die Mitglieder des Betriebsrats sind verpflichtet, über die ihnen im Rahmen der personellen Maßnahmen nach den Sätzen 1 und 2 bekannt gewordenen persönlichen Verhältnisse und Angelegenheiten der Arbeitnehmer, die ihrer Bedeutung oder ihrem Inhalt nach einer vertraulichen Behandlung bedürfen, Stillschweigen zu bewahren; § 79 Abs. 1 Satz 2 bis 4 gilt entsprechend.

(2) Der Betriebsrat kann die Zustimmung verweigern, wenn

1. die personelle Maßnahme gegen ein Gesetz, eine Verordnung, eine Unfallverhütungsvorschrift oder gegen eine Bestimmung in einem Tarifvertrag oder in einer Betriebsvereinbarung oder gegen eine gerichtliche Entscheidung oder eine behördliche Anordnung verstoßen würde,
2. die personelle Maßnahme gegen eine Richtlinie nach § 95 verstoßen würde,
3. die durch Tatsachen begründete Besorgnis besteht, dass infolge der personellen Maßnahme im Betrieb beschäftigte Arbeitnehmer gekündigt werden oder sonstige Nachteile erleiden, ohne dass dies aus betrieblichen oder persönlichen Gründen gerechtfertigt ist; als Nachteil gilt bei unbefristeter Einstellung auch die Nichtberücksichtigung eines gleich geeigneten befristet Beschäftigten,
4. der betroffene Arbeitnehmer durch die personelle Maßnahme benachteiligt wird, ohne dass dies aus betrieblichen oder in der Person des Arbeitnehmers liegenden Gründen gerechtfertigt ist,
5. eine nach § 93 erforderliche Ausschreibung im Betrieb unterblieben ist oder

---

1 Nach Ansicht des BAG erstreckt sich allerdings das MitbestimmungsR nach § 87 Abs. 1 Nr. 5 BetrVG auf die Gewährung von Bildungsurlaub (BAG v. 28.5.2002 – 1 ABR 37/01, NZA 2003, 171). | 2 Richardi/Thüsing, § 98 BetrVG Rz. 67. | 3 Kraft, NZA 1990, 457 (460). | 4 Fitting, § 98 BetrVG Rz. 40. | 5 So: Heinze, Personalplanung, Rz. 134; Richardi/Thüsing, § 98 BetrVG Rz. 70; aA Fitting, § 98 BetrVG Rz. 40.

6. die durch Tatsachen begründete Besorgnis besteht, dass der für die personelle Maßnahme in Aussicht genommene Bewerber oder Arbeitnehmer den Betriebsfrieden durch gesetzwidriges Verhalten oder durch grobe Verletzung der in § 75 Abs. 1 enthaltenen Grundsätze, insbesondere durch rassistische oder fremdenfeindliche Betätigung, stören werde.

(3) Verweigert der Betriebsrat seine Zustimmung, so hat er dies unter Angabe von Gründen innerhalb einer Woche nach Unterrichtung durch den Arbeitgeber diesem schriftlich mitzuteilen. Teilt der Betriebsrat dem Arbeitgeber die Verweigerung seiner Zustimmung nicht innerhalb der Frist schriftlich mit, so gilt die Zustimmung als erteilt.

(4) Verweigert der Betriebsrat seine Zustimmung, so kann der Arbeitgeber beim Arbeitsgericht beantragen, die Zustimmung zu ersetzen.

I. Vorbemerkungen 1	IV. Mitbestimmungsrecht des Betriebsrates . . . 50
II. Anwendungsbereich 2	1. Grundsätze 50
1. Schwellenwert 2	2. Umfang des Unterrichtungsrechts 52
2. Vorhandensein eines Betriebsrates 8	3. Schweigepflicht 60
3. Betroffene Arbeitnehmer 9	4. Zustimmung des Betriebsrates 62
4. Mitbestimmung im Arbeitskampf 11	5. Zustimmungsverweigerungsgründe 63
5. Auslandsbeziehungen 14	a) Verstoß gegen Rechtsvorschriften (Nr. 1) . 64
6. Tendenzunternehmen 15	b) Verstoß gegen Auswahlrichtlinien (Nr. 2) . 73
7. Erweiterung der Beteiligungsrechte 16	c) Benachteiligung anderer Arbeitnehmer
III. Gegenstand des Mitbestimmungsrechtes . . . 17	(Nr. 3) 74
1. Einstellung 17	d) Benachteiligung des betroffenen Arbeitnehmers (Nr. 4) 82
2. Eingruppierung 24	
3. Umgruppierung 32	e) Unterlassen einer Ausschreibung (Nr. 5) . 84
4. Versetzung 36	f) Störung des Betriebsfriedens (Nr. 6) . . . 86
a) Änderung des Arbeitsbereiches 37	V. Zustimmungsverweigerungsverfahren 88
aa) Grundsätze 37	VI. Zustimmungsersetzungsverfahren 92
bb) Einzelfälle 40	VII. Rechtsstellung des einzelnen Arbeitnehmers . 94
b) Erheblichkeit der Zuweisung 44	VIII. Streitigkeiten 98

Lit.: *Blomeyer*, Der Interessenkonflikt zwischen Arbeitnehmern und Betriebsrat bei Individualmaßnahmen, in Gedächtnisschrift für Rolf Dietz, S. 147; *Brors*, „Leiharbeitnehmer wählen ohne zu zählen" - eine kurzlebige Entscheidung, NZA 2003, 1380; *Dauner-Lieb*, Der innerbetriebliche Fremdfirmeneinsatz auf Dienst- oder Werkvertragbasis im Spannungsfeld zwischen AÜG und BetrVG, NZA 1992, 817; DGB-Bundesvorstand, Informationen zum Arbeitsrecht, Gesetz zur Reform des Betriebsverfassungsgesetzes, 2001, S. 76; *Franzen*, Reformbedarf beim Betriebs- und Arbeitnehmerbegriff des Betriebsverfassungsgesetzes?, ZfA 2000, 285; *Hanau*, Denkschrift zu dem Regierungsentwurf eines Gesetzes zur Reform des Betriebsverfassungsgesetzes, RdA 2001, 65; *Hanau*, Probleme der Neuregelung der Betriebsverfassung, ZIP 2001, 1981; *Henssler*, Aufspaltung, Aufgliederung und Fremdvergabe, NZA 1994, 294; *Hueck/Nipperdey*, Lehrbuch des Arbeitsrechts, Band II/2, 7. Aufl. 1970; *Hunold*, BB-Kommentar zum Beschluss des BAG v. 21.9.1999 – 1 ABR 40/98, BB 2000, 1038; *Hunold*, Fortentwicklung des Einstellungsbegriffs in der Rechtsprechung des BAG, NZA 1998, 1025; *Konzen*, Der Regierungsentwurf des Betriebsverfassungsreformgesetzes, RdA 2001, 76; *Löwisch*, Änderung der Betriebsverfassung durch das Betriebsverfassungs-Reformgesetz, BB 2001, 1790; *Löwisch*, Arbeits- und sozialrechtliche Hemmnisse einer weiteren Flexibilisierung der Arbeitszeit, RdA 1984, 197; *Maschmann*, Leiharbeitnehmer und Betriebsratswahl nach dem BetrVG-Reformgesetz, DB 2001, 2446; *Maschmann*, Zuverlässigkeitstests durch Verführung illoyaler Mitarbeiter?, NZA 2002, 13; *Poletti*, Auswirkungen fehlender oder fehlerhafter Beteiligung des Betriebsrats bei der Versetzung auf das Einzelarbeitsverhältnis, 1996; *Preis/Lindemann*, Mitbestimmung bei Teilzeitarbeit und befristeter Beschäftigung, NZA Sonderheft 2001, 33; *Raab*, Individualrechtliche Auswirkungen der Mitbestimmung des Betriebsrates gem. §§ 99, 102 BetrVG, ZfA 1995, 479; *Reichold*, Die reformierte Betriebsverfassung 2001 – Ein Überblick über die neuen Regelungen des Betriebsverfassungs-Reformgesetzes, NZA 2001, 857; *Rieble*, Erweiterte Mitbestimmung in personellen Angelegenheiten, NZA-Sonderheft 2001, 48; *Schüren* (Hrsg), Arbeitnehmerüberlassungsgesetz, 2. Aufl., München 2003; *Sibben*, Beteiligung des Betriebsrates bei Suspendierungen, NZA 1998, 1266; *von Hoyningen-Huene*, Grundlagen und Auswirkungen der Versetzung, NZA 1993, 145; *Walle*, Betriebsverfassungsrechtliche Aspekte beim werkvertraglichen Einsatz von Fremdpersonal, NZA 1999, 518.

I. Vorbemerkungen. Mit dem BetrVG 1972 hat der Gesetzgeber das MitbestR des BR bei Einstellungen, Eingruppierungen, Umgruppierungen und Versetzungen im Sinne eines **positiven Konsensprinzips** gestaltet. Anders als noch im BetrVG 1952 muss nunmehr der ArbGeb, wenn der BR die Zustimmung zu einer personellen Einzelmaßnahme iSd. § 99 verweigert, das Beschlussverfahren vor dem ArbG einleiten, um auf diesem Wege die Zustimmung ersetzen zu lassen. Damit ist gegenüber dem BetrVG 1952 eine Veränderung der Darlegungslast verbunden, derzufolge nunmehr der ArbGeb die vom BR vorgetragenen Verweigerungsgründe zu widerlegen hat[1]. Allerdings kann der BR personellen Einzelmaßnahmen, wie sie in § 99 erwähnt sind, nicht aus jedem Grund widersprechen. Nur soweit das Gesetz in seinem Abs. 2 ausdrücklich einen Zustimmungsverweigerungsgrund vorsieht, darf der BR von seinem MitbestR Gebrauch machen.

---

[1] BT-Drs. VI/1786, S. 51.

2   **II. Anwendungsbereich. 1. Schwellenwert.** Dieses MitbestR bei Einstellungen, Eingruppierungen, Umgruppierungen und Versetzungen besteht jedoch nur in **Unternehmen** mit in der Regel mehr als 20 wahlberechtigten ArbN. Dies ist mit dem Gesetz zur Reform des BetrVG neu geregelt worden. Bisher war maßgeblich für das Erreichen des Schwellenwertes, dass in den **Betrieben** in der Regel mehr als 20 wahlberechtigte ArbN vorhanden waren. Im Regierungsentwurf wurde diese **Veränderung des Schwellenwerts** damit begründet, dass der Gesetzgeber des BetrVG 1972 davon ausgegangen sei, dass in sog. Kleinbetrieben, wo in der Regel noch von einer engen persönlichen Zusammenarbeit zwischen ArbGeb und ArbN auszugehen sei, über Fragen der Einstellung und Versetzung der ArbGeb noch unbeeinflusst durch den BR entschieden werden sollte. Diese Sichtweise erwies sich für den Gesetzgeber als nicht mehr zeitgerecht. Umstrukturierungen von Unternehmen haben in den letzten Jahren dazu geführt, dass große Unternehmensstrukturen dezentralisiert wurden, so dass einzelne leistungsstarke Organisationseinheiten geschaffen wurden. Diese Betriebsstruktur entsprach aber nicht den Vorstellungen, die der Gesetzgeber noch bei Schaffung des BetrVG 1972 hatte. Mittlerweile fehle es vielfach an einer durch die räumliche Nähe bedingten engen Zusammenarbeit zwischen ArbGeb und ArbN, die den Ausschluss der betrieblichen Mitbest. bei personellen Einzelmaßnahmen hätte rechtfertigen können. Insofern wurde im Regierungsentwurf allein die Anknüpfung an das Unternehmen für sachgerecht erachtet. Hierzu berief man sich ua. auf die Rspr. des BVerfG[1] zur Kleinbetriebsklausel des Kündigungsschutzgesetzes (§ 23 Abs. 1 KSchG)[2]. Damit hat der Gesetzgeber einer nahezu allgemeinen Kritik Rechnung getragen, die es als unbillig empfunden hat, das MitbestR in personellen Angelegenheiten von einer durch den ArbGeb beeinflussbaren Zahl und Größe unternehmensangehöriger Betriebe abhängig zu machen[3]. Ob dies allerdings konsequent gelungen ist, dürfte zweifelhaft sein. Auch mit der Wahl des Unternehmens als Bezugspunkt ist letztlich das MitbestR von arbeitgeberseitigen Vorgaben abhängig. Es bleibt auch nach der Novellierung die Möglichkeit, größere Unternehmen durch neue Unternehmensgründungen so zu dezentralisieren, dass auf diese Weise ein MitbestR unterlaufen würde. Allerdings ist darauf hinzuweisen, dass derartige Umgehungsversuche aus unternehmerischer Sicht häufig zum Scheitern verurteilt sind, da ein offensichtliches Ausweichen vor Mitbest., was letztlich eine Misstrauensbekundung gegenüber der eigenen Belegschaft bedeutet, nicht selten die Gefahr eines Produktivitätsverlustes birgt.

3   Aufgrund der Novellierung ist nunmehr für die Bestimmung des Schwellenwertes das **Unternehmen** maßgeblich. Jedoch findet sich keine gesetzliche Definition des Unternehmensbegriffs im BetrVG. Die Rspr. definiert seit jeher Unternehmen als eine organisatorische Einheit, mit der der Unternehmer seine wirtschaftlichen oder ideellen Zwecke verfolgt[4]. Die Rspr. weist in diesem Zusammenhang ferner stets darauf hin, dass es in der Rechtsordnung keinen allgemein verbindlichen Unternehmensbegriff gibt[5]. Die Unternehmenseigenschaft setzt allerdings die Einheit des Rechtsträgers voraus. Das heißt aber auch, dass etwa bei Personengesellschaften oder Kapitalgesellschaften die Gesellschaft identisch mit dem Unternehmen ist. Hat ein Unternehmen nur einen Betrieb, so sind Unternehmen und Betrieb identisch. Allerdings können Unternehmen auch aus mehreren Betrieben bestehen.

4   Für die Frage, ob der Schwellenwert des § 99 erreicht wird, sind alle **wahlberechtigten ArbN** eines Unternehmens zu berücksichtigen. Ob das Unternehmen konzerngebunden ist, spielt also keine Rolle. Für die Ermittlung der wahlberechtigten ArbN kommt es darauf an, wie viele Personen regelmäßig beschäftigt werden. Das heißt, maßgeblich ist der Stand der Normalzahl der wahlberechtigten ArbN. Deshalb wird es regelmäßig auf die Zahl der im Betrieb vorhandenen Arbeitsplätze entscheidend ankommen[6]. Stellt man also auf die vorhandenen Arbeitsplätze und damit auf die Normalzahl der ArbN ab, so zählen vorübergehend Beschäftigte nur mit, wenn diese Personengruppe regelmäßig im Betrieb beschäftigt wird, etwa wenn ein Unternehmen dauerhaft mit befristet eingestellten Kräften arbeitet. Bei der Feststellung der regelmäßigen Beschäftigtenzahl ist auf den Zeitpunkt der Durchführung der jeweiligen personellen Einzelmaßnahme abzustellen[7]. Demnach ist es also nicht erforderlich, dass gerade zum Zeitpunkt der personellen Maßnahme in einem Unternehmen mehr als 20 wahlberechtigte ArbN beschäftigt sind, wenn nur die Normalzahl der im Unternehmen Beschäftigten mehr als 20 wahlberechtigte ArbN beträgt[8].

5   Der Gesetzeswortlaut verweist ausdrücklich auf die wahlberechtigten ArbN und damit auf die Regelung des **§ 7**. Maßgeblich sind damit für das Erreichen des Schwellenwertes alle ArbN des Unternehmens, die das **18. Lebensjahr** vollendet haben. Nach der Novellierung des BetrVG zählen ausweislich des § 7 Satz 2 auch **LeihArbN** hierzu, wenn sie länger als 3 Monate im Betrieb eingesetzt werden. Dies führt dazu, dass auch die Arbeitsplätze von LeihArbN dann zu den regelmäßig Beschäftigten des Unternehmens hinzugerechnet werden, wenn diese Arbeitsplätze regelmäßig von LeihArbN ausgefüllt werden, die länger als 3 Monate im Betrieb eingesetzt werden. Da mit § 7 Satz 2 der Gesetzgeber den Begriff des „wahlberechtigten ArbN" ausdrücklich gesetzlich für den Bereich des BetrVG definiert hat, können LeihArbN nicht deshalb bei den Schwellenwerten unberücksichtigt bleiben, weil diese Personengruppe nicht aufgrund eines Arbeitsvertrages mit dem Betriebsinhaber tätig wird[9]. Aufgrund des eindeutigen Wortlauts der Vorschrift

---

[1] BVerfG v. 27.1.1998 – 1 BvL 15/87, BVerfGE 97, 169 ff. | [2] BR-Drs. 140/01, S. 115. | [3] *Konzen*, RdA 2001, 76 (91); *Franzen*, ZfA 2000, 285 (293). | [4] *Fitting*, § 1 BetrVG Rz. 145. | [5] BAG v. 5.3.1987 – 2 AZR 623/85, AP Nr. 30 zu § 15 KSchG 1969. | [6] GK-BetrVG/*Kraft*, § 99 Rz. 7; *Fitting*, § 99 BetrVG Rz. 11. | [7] *Richardi/Thüsing*, § 99 BetrVG Rz. 14. | [8] *Heinze*, Personalplanung, Rz. 186. | [9] So aber *Maschmann*, DB 2001, 2446 (2448).

des § 7 Satz 2 kommt es für die Frage, inwieweit LeihArbN zu berücksichtigen sind, auf eine betriebsbezogene Sichtweise an. Das heißt aber auch, dass LeihArbN dann nicht berücksichtigt werden, wenn diese in einem Betrieb zwar kürzer als 3 Monate eingesetzt werden, im Unternehmen jedoch länger als 3 Monate beschäftigt werden. Der 7. Senat des BAG hat zwar entschieden, dass LeihArbN nicht bei der Berechnung des Schwellenwerts des § 9 berücksichtigt werden[1]. Hierzu verwies der Senat auf seine bisherige Rspr., ohne sich aber mit eindeutigen Äußerungen im Gesetzgebungsverfahren auseinander zu setzen, wonach gerade die Novellierung des § 7 das Ziel verfolgte, auch LeihArbN bei der Bestimmung der BR-Größe zu berücksichtigen[2]. Allerdings beziehen sich diese Äußerungen des BAG nur auf den Schwellenwert des § 9. Im Hinblick auf den Sinn und Zweck des Schwellenwertes des § 99 ist dagegen eine Berücksichtigung der LeihArbN geboten[3]. Schließlich sollte lediglich in Kleinunternehmen bei personellen Maßnahmen eine Beteiligung des BR entfallen. Was ein Kleinunternehmen ist, bestimmt sich indes nach der Anzahl der vorhandenen Arbeitsplätze. Werden diese regelmäßig mit LeihArbN besetzt, könnte dies bei deren Nichtberücksichtigung zu einer Reduzierung des Mitbestimmungsniveaus führen[4]. Werden also LeihArbN auf Dauerarbeitsplätzen beschäftigt, so sind sie bei der Ermittlung des Schwellenwerts des § 99 mit zu zählen. Bei der Feststellung der wahlberechtigten ArbN eines Unternehmens gilt der **betriebsverfassungsrechtliche ArbN-Begriff** des § 5. Danach sind ArbN **Arbeiter** und **Angestellte** einschließlich der **zu ihrer Berufsausbildung Beschäftigten**. Dies gilt nach der Novellierung unabhängig davon, ob sie im **Außendienst** oder mit **Telearbeit** beschäftigt werden. Als ArbN gelten auch die in Heimarbeit Beschäftigten, die in der Hauptsache für einen Betrieb des Unternehmens arbeiten. Hierbei gilt es zu beachten, dass das Gesetz nicht danach differenziert, ob es sich bei dem ArbN um eine Vollzeit- oder um eine **Teilzeitkraft** handelt. Es wird also nicht nach Arbeitsstunden, sondern nach Kopfzahl gezählt[5].

Dass nunmehr die Beschäftigtenzahl im Unternehmen maßgeblich für das Erreichen des Schwellenwerts sein soll, führt dazu, dass auf jeden Fall **Kleinbetriebe** größerer Unternehmen jetzt der Mitbest. nach § 99 **unterstellt** werden. Dies ändert aber nichts an dem Umstand, dass kleinere **Unternehmen** selbst dann dem MitbestR nach § 99 **nicht unterfallen**, wenn sie größeren Konzernen angehören. Insofern ist bereits zweifelhaft, ob mit der Änderung des Schwellenwerts der vom Gesetzgeber ins Auge gefasste Zweck der Vorschrift erreicht werden kann. Aufgrund der neuen Rechtslage ist weiterhin fraglich, ob das MitbestR des § 99 auch bei einem **gemeinsamen Betrieb** mehrerer Unternehmen einschlägig wird, wenn zwar die Unternehmen für sich genommen nicht mehr als 20 wahlberechtigte ArbN beschäftigen, jedoch im gemeinsamen Betrieb dieser Schwellenwert überschritten wird. Hier wird teilweise vertreten, dass in diesem Fall Bezugspunkt des Schwellenwerts der Gemeinschaftsbetrieb sein soll. Begründet wird dies mit dem Schutzzweck der Norm[6]. Der Gesetzgeber hat sich jedoch entschieden, als Bezugspunkt für den Schwellenwert eindeutig das Unternehmen zu wählen, obwohl er in § 1 nunmehr den gemeinsamen Betrieb mehrerer Unternehmen ausdrücklich erwähnt und eine Vermutungsregel hierfür geschaffen hat. Deshalb muss auch bei einem gemeinsamen Betrieb für die Mitbest. nach § 99 am Wortlaut der Vorschrift festgehalten werden. Bezugspunkt ist daher allein das Unternehmen. Das bedeutet aber auch, dass, wenn eines der am gemeinsamen Betrieb beteiligten Unternehmen den Schwellenwert überschreitet, das andere aber nicht, die Beteiligungsrechte des BR nach § 99 nicht entfallen. In diesem Fall hat das Unternehmen, welches den Schwellenwert überschreitet, die MitbestR des BR nach § 99 zu beachten[7]. Stellt aber ein Unternehmen, welches mit anderen Unternehmen einen gemeinsamen Betrieb bildet, aber nicht den Schwellenwert des § 99 erreicht, einen Mitarbeiter neu ein, so führt dies nicht zu einer mitbestimmungspflichtigen Einstellung nach § 99.

Leitende Angestellte iSv. § 5 Abs. 3 und Abs. 4 bleiben hingegen für die Berechnung des Schwellenwerts unberücksichtigt. Dies ergibt sich daraus, dass § 99 ausdrücklich von wahlberechtigten ArbN spricht.

2. Vorhandensein eines BR. Für das MitbestR nach § 99 ist weiterhin Voraussetzung, dass ein **BR** in dem Betrieb **vorhanden** ist. Maßgeblich ist hierfür der **Zeitpunkt** der Durchführung der personellen Einzelmaßnahme[8]. Konstituiert sich erst nach der Durchführung der personellen Einzelmaßnahme ein BR, so ist für die bereits durchgeführte Maßnahme keine nachträgliche Genehmigung durch diesen BR erforderlich[9].

3. Betroffene ArbN. Vom MitbestR des § 99 sind nur die vom BR des jeweiligen Betriebes repräsentierten ArbN erfasst. Werden Arbeiten im Betrieb durch **Fremdfirmen** ausgeführt, so hat deshalb der BR nicht mitzubestimmen, wenn ArbN dieser Fremdfirmen im Betrieb tätig werden. Hier fehlt es an der arbeitsrechtlichen Weisungsgebundenheit gegenüber dem Betriebsinhaber[10]. Etwas anderes gilt in Fällen, in denen eine Eingliederung in die Arbeitsorganisation des Betriebsinhabers vorliegt, um zusammen mit den im Betrieb schon beschäftigten ArbN den arbeitstechnischen Zweck des Betriebes

---

1 BAG v. 16.4.2003 – 7 ABR 53/02, NZA 2003, 1345. | 2 BT-Drs. 14/6352, S. 54. | 3 IE: Schüren/Hamann, § 14 AÜG Rz. 109; Reichold, NZA 2001, 857 (861). | 4 Brors, NZA 2003, 1380 (1382). | 5 Richardi/Thüsing, § 99 BetrVG Rz. 12; aA Löwisch, RdA 1984, 197 (207). | 6 Vgl. DGB-Bundesvorstand (Hrsg.), Informationen zum Arbeitsrecht, Gesetz zur Reform des Betriebsverfassungsgesetzes, Berlin 2001, S. 76 f. | 7 Löwisch, BB 2001, 1790 (1795). | 8 Vgl. BAG v. 23.8.1984 – 6 AZR 520/82, AP Nr. 36 zu § 102 BetrVG 1972. | 9 Fitting, § 99 BetrVG Rz. 15; GK-BetrVG/Kraft, § 99 Rz. 10. | 10 Richardi/Thüsing, § 99 BetrVG Rz. 15.

durch weisungsgebundene Tätigkeit zu verwirklichen[1]. Hierbei gilt es allerdings zu beachten, dass Fremdarbeitnehmer nicht schon deswegen in den Betrieb des Auftraggebers und dessen Organisation iSv. § 99 eingegliedert sind, weil sie im Betrieb des Auftraggebers tätig werden und weil die von ihnen zu erbringenden Dienstleistungen oder das von ihnen zu erstellende Werk hinsichtlich Art, Umfang, Güte, Zeit und Ort in den betrieblichen Arbeitsprozess eingeplant ist. Hinzukommen muss vielmehr, dass der ArbGeb hinsichtlich solcher Fremdarbeitnehmer die für ein Arbeitsverhältnis typischen Entscheidungen über deren Arbeitseinsatz auch nach Zeit und Ort zu treffen hat[2]. Entsprechendes gilt auch für die Beschäftigung von freien Mitarbeitern (zB Taxifahrer, Dozenten etc).

10 Beim Einsatz von **LeihArbN** gilt **§ 14 Abs. 3 AÜG** als Sondervorschrift[3]. Danach ist der BR des Entleiherbetriebes vor der Übernahme eines LeihArbN zur Arbeitsleistung nach § 99 des BetrVG zu beteiligen[4]. Als **Ausnahmevorschrift** ist diese Regelung des AÜG eng auszulegen. Im Umkehrschluss bedeutet dies aber auch, dass bei einer Versetzung des LeihArbN innerhalb des Entleiherbetriebes eine Beteiligung des BR des Entleiherbetriebes nicht vorgesehen ist.

11 **4. Mitbest. im Arbeitskampf.** Besonderheiten gelten für das MitbestR des § 99 im Fall des **Arbeitskampfes**. Das BAG vertritt hier in ständiger Rspr. die Auffassung, dass die Beteiligungsrechte des BR während eines Arbeitskampfes arbeitskampfkonform einzuschränken seien. Dies gelte insb. bei arbeitskampfbedingten Einstellungen und Versetzungen[5]. Es gilt also der **Grundsatz einer arbeitskampfkonformen Interpretation** der Beteiligungsrechte des BR unter besonderer Berücksichtigung des Prinzips der **Kampfparität**[6]. Vor diesem Hintergrund ist danach zu differenzieren, ob es sich um eine personelle Einzelmaßnahme handelt, mit der der ArbGeb arbeitskampfbezogen agieren oder reagieren will, oder ob es sich um eine Maßnahme handelt, die nicht **wegen des Arbeitskampfes**, sondern nur **während des Arbeitskampfes** durchgeführt werden soll. Bei letzteren Maßnahmen kommt eine Einschränkung des MitbestR nicht in Betracht, da bei solchen Maßnahmen eine Beeinträchtigung der Kampfparität nicht zu erwarten steht[7]. Insofern wird das MitbestR des BR bei Eingruppierung und Umgruppierung regelmäßig nicht arbeitskampfbezogen einzuschränken sein. Dagegen erhält bei Einstellungen und Versetzungen die Frage einer **verfassungskonformen Einschränkung des MitbestR** erhebliche praktische Bedeutung. Es gilt jedoch der Grundsatz, dass eine Einschränkung nur insoweit zulässig ist, wie dieses zur Gewährleistung der Kampfparität erforderlich erscheint. Das bedeutet etwa, dass mangels Arbeitskampfrelevanz eine Einschränkung des Informationsrechts der BR regelmäßig ausgeschlossen ist[8]. Voraussetzung für die Einschränkung des MitbestR im Arbeitskampf ist aber, dass sich der ArbGeb selbst im Arbeitskampf befindet. Nicht notwendig ist dagegen, dass der Betrieb des ArbGeb, in dem die personelle Maßnahme durchgeführt werden soll, am Arbeitskampf beteiligt ist. Es genügt vielmehr, wenn irgendein Betrieb des ArbGeb in Arbeitskampfmaßnahmen verwickelt ist und die ins Auge gefasste personelle Maßnahme mit dem Arbeitskampf zusammenhängt. Voraussetzung ist jedoch, dass beide Betriebe demselben fachlichen Tarifbereich unterliegen[9].

12 **Abzulehnen** ist dagegen die teilweise im Schrifttum vertretene Auffassung, wonach nach Ende des Arbeitskampfes das Beteiligungsrecht des BR, welches während des Arbeitskampfes eingeschränkt war, **wieder auflebt**. Danach soll eine personelle Einzelmaßnahme, die als kampfbedingte Maßnahme mitbestimmungsfrei war, nach Ende des Arbeitskampfes nur dann wirksam bleiben, wenn das MitbestR nachgeholt wird[10]. Wollte man dieser Auffassung folgen, so wäre hierdurch die Kampfparität gefährdet. Ein ArbGeb müsste arbeitskampfbezogene personelle Einzelmaßnahmen genau auf Dauer des Arbeitskampfes terminieren, wenn er nicht später Gefahr laufen will, sich nach dem Arbeitskampf mit dem BR über die Zustimmung zu solchen arbeitskampfbezogenen Personalmaßnahmen streiten zu müssen. Allein dieses Risiko, mit welchem der ArbGeb einseitig belastet ist, könnte zu einer Beeinträchtigung der Kampfparität beitragen. Darüber hinaus gibt § 99 dem BR nur ein MitbestR hinsichtlich geplanter Maßnahmen. Hat der ArbGeb aber die Maßnahmen bereits durchgeführt, was er aufgrund des Arbeitskampfbezuges mitbestimmungsfrei konnte, so fehlt es an der Rechtsgrundlage für ein nachträgliches MitbestR. Eine einmal zu Recht mitbestimmungsfrei durchgeführte personelle Einzelmaßnahme bleibt auch nach Beendigung des Arbeitskampfes mitbestimmungsfrei[11].

13 Diese aufgezeigten Grundsätze gelten auch bei einem **rechtswidrigen Streik**[12]. Die Verpflichtung des BR gemäß § 2, auf die Beendigung eines rechtswidrigen Streiks hinzuwirken, bleibt hiervon unberührt.

---

1 BAG v. 15.4.1986 – 1 ABR 44/84, AP Nr. 35 zu § 99 BetrVG 1972. | 2 BAG v. 5.3.1991 – 1 ABR 39/90, AP Nr. 90 zu § 99 BetrVG 1972; v. 9.7.1991 – 1 ABR 45/90, AP Nr. 94 zu § 99 BetrVG 1972. | 3 Vgl. BAG v. 19.6.2001 – 1 ABR 43/00, BB 2001, 2582 (2583). | 4 BAG v. 12.11.2002 – 1 ABR 1/02, AP Nr. 41 zu § 99 BetrVG 1972 – Einstellung. | 5 BAG v. 26.10.1971 – 1 AZR 113/68, AP Nr. 44 zu Art. 9 GG – Arbeitskampf; v. 10.2.1988 – 1 ABR 39/96, AP Nr. 5 zu § 98 BetrVG 1972; vgl. auch BVerfG v. 4.7.1997 – 1 BvL 11/96, AP Nr. 11 zu § 100 GG. | 6 *Richardi/Thüsing*, § 99 BetrVG Rz. 20. | 7 Vgl. BAG v. 6.3.1979 – 1 AZR 866/77, AP Nr. 20 zu § 102 BetrVG 1972. | 8 BAG v. 10.12.2002 – 1 ABR 7/02, AP Nr. 59 zu § 80 BetrVG 1972; *Heinze*, Personalplanung, Rz. 435; GK-BetrVG/*Kraft*, § 99 Rz. 15. | 9 Vgl. BAG v. 19.2.1991 – 1 ABR 36/90, AP Nr. 26 zu § 95 BetrVG 1972. | 10 *Richardi/Thüsing*, § 99 BetrVG Rz. 23; *Fitting*, § 99 BetrVG Rz. 28. | 11 GK-BetrVG/*Kraft*, § 99 Rz. 16; *Heinze*, Personalplanung, Rz. 437. | 12 *Richardi/Thüsing*, § 99 BetrVG Rz. 20; GK-BetrVG/*Kraft*, § 99 Rz. 17; *Fitting*, § 99 BetrVG Rz. 28; aA HSWG, § 99 BetrVG Rz. 13.

5. Auslandsbeziehungen. Bei Fällen mit **Auslandsberührung** ist wie folgt zu differenzieren: Der BR eines in der Bundesrepublik Deutschland gelegenen Betriebs hat etwa bei der Einstellung eines ArbN, der für einen einmaligen befristeten Auslandseinsatz beschäftigt ist, kein MitbestR[1]. Wenn jedoch ein ArbN nur vorübergehend zur Beschäftigung **ins Ausland entsandt** wird und seine Betriebsangehörigkeit bestehen bleibt, so ist hierin eine mitbestimmungspflichtige Versetzung zu sehen. Nach der Rspr. des BAG richtet sich schließlich der räumliche Anwendungsbereich des BetrVG nach dem **Territorialitätsprinzip**. So gilt das BetrVG für alle in der Bundesrepublik Deutschland ansässigen Betriebe unabhängig vom Vertragsstatut. Deshalb werden vom BetrVG alle solchen Mitarbeiter erfasst, bei deren Tätigkeit es sich um eine „**Ausstrahlung" des Inlandsbetriebs** handelt. Hierfür ist nach Auffassung des BAG erforderlich, dass eine solche Beziehung zum Inlandsbetrieb besteht, die es rechtfertigt, die Auslandstätigkeit der im Inland entfalteten Betriebstätigkeit zuzurechnen. Entscheidend ist also die Dauer der Auslandstätigkeit und inwieweit der ArbN im Ausland in eine betriebliche Struktur eingegliedert ist. Deshalb soll ein vom ArbGeb vorbehaltenes **Rückrufrecht** ein starkes Indiz für einen fortbestehenden Inlandsbezug darstellen[2]. Damit entfällt das MitbestR nach § 99 bei personellen Einzelmaßnahmen immer dann, wenn diese im Ausland getroffen werden und sich in ihren Rechtswirkungen auf die Auslandsbeschäftigung beschränken[3].

6. Tendenzunternehmen. Handelt es sich um ein **Tendenzunternehmen**, so schränkt der Tendenzcharakter des Unternehmens die Ausübung des Beteiligungsrechts nach § 99 insoweit ein, als es sich um Maßnahmen gegenüber **Tendenzträgern** handelt. Dabei wird die Ausübung von MitbestR dann ausgeschlossen, wenn sie die Tendenzverwirklichung ernstlich beeinträchtigen könnte. Hier reduziert sich das MitbestR des BR lediglich auf ein **Informationsrecht**[4].

7. Erweiterung der Beteiligungsrechte. Nach verbreiteter Auffassung im Schrifttum sowie nach Ansicht des BAG können die in § 99 vorgesehenen MitbestR durch **TV** oder durch **BV** erweitert werden[5]. Dieser herrschenden Auffassung ist entgegenzuhalten, dass es für eine **Erweiterung des MitbestR** BR nach § 99 an einer gesetzlichen Regelung fehlt. Die Novellierung des § 3 hat noch einmal deutlich gemacht, dass der Gesetzgeber des BetrVG dessen Dispositivität vom Bestehen einer gesetzlichen Öffnungsklausel abhängig machen wollte. Da diese jedoch auch mit der Novellierung nicht zum Bestandteil des § 99 gemacht wurde, handelt es sich bei § 99 um eine abschließende Regelung.

III. Gegenstand des MitbestR. 1. Einstellung. Anders als bei der Versetzung enthält das Gesetz keine Legaldefinition für den Begriff **Einstellung**. Nicht zuletzt deshalb herrscht in Rspr. und Schrifttum Streit darüber, ob bereits die **Begründung eines Arbeitsverhältnisses** als Einstellung anzusehen ist oder erst die **tatsächliche Arbeitsaufnahme** in einem bestimmten Betrieb[6]. Auch das BAG hat hinsichtlich dieser Frage nicht immer einheitlich entschieden. Während in seinen früheren Entscheidungen das BAG davon ausgegangen ist, dass unter Einstellung sowohl die rechtliche Begründung des Arbeitsverhältnisses als auch die zeitlich damit zusammenfallende, vorhergehende aber auch nachfolgende tatsächliche Arbeitsaufnahme im Betrieb zu verstehen sei (wobei das MitbestR jeweils beim zeitlich ersten Vorgang ansetzt), liegt nach der **neueren Rspr. des BAG** eine mitbestimmungspflichtige Einstellung immer dann vor, wenn Personen in den Betrieb eingegliedert werden, um zusammen mit den im Betrieb schon beschäftigten ArbN den arbeitstechnischen Zweck des Betriebs durch weisungsgebundene Tätigkeit zu verwirklichen[7]. Hierbei kommt es nicht darauf an, dass das Rechtsverhältnis, in dem die einzustellende Person zum Inhaber des Betriebes steht, als Arbeitsverhältnis zu qualifizieren ist[8]. Vielmehr ist allein entscheidend, ob die von dieser Person zu verrichtende Tätigkeit ihrer Art nach eine weisungsgebundene Tätigkeit ist, die der Verwirklichung des arbeitstechnischen Zweckes des Betriebes zu dienen bestimmt ist und daher vom ArbGeb organisiert werden muss, nicht aber, ob diesen Personen tatsächlich Weisungen hinsichtlich dieser Tätigkeit gegeben werden[9]. Diese Definition des BAG lässt jedoch viele Fragen unbeantwortet. Richtungsweisend in diesem Zusammenhang ist aber der Verweis auf die Legaldefinition der Versetzung in § 95 Abs. 3[10]. Wenn Versetzung nach § 95 Abs. 3 die Zuweisung eines anderen Arbeitsbereiches beinhaltet, ist unter **Einstellung die erstmalige Zuweisung eines**

---

1 Vgl. die Rspr. des BAG zu § 102 BetrVG: BAG v. 21.10.1980 – 6 AZR 640/79, AP Nr. 17 zu Internationales Privatrecht – Arbeitsrecht. | 2 Ausf. BAG v. 20.2.2001 – 1 ABR 30/00, NZA 2001, 1033 ff.; vgl. auch BAG v. 25.4.1978 – 6 ABR 2/77, AP Nr. 16 zu Internationales Privatrecht – Arbeitsrecht. | 3 *Richardi/Thüsing*, § 99 BetrVG Rz. 24. | 4 BAG v. 31.1.1995 – 1 ABR 35/94, AP Nr. 56 zu § 118 BetrVG 1972; v. 21.9.1993 – 1 ABR 28/93, AP Nr. 4 zu § 94 BetrVG 1972; v. 8.5.1990 – 1 ABR 33/89, AP Nr. 46 zu § 118 BetrVG 1972. | 5 BAG v. 10.2.1988 – 1 ABR 70/86, AP Nr. 53 zu § 99 BetrVG 1972; v. 18.8.1987 – 1 ABR 30/86, AP Nr. 23 zu § 77 BetrVG 1972; *Fitting*, § 99 BetrVG Rz. 1; aA *Richardi/Thüsing*, § 99 BetrVG Rz. 2; *Heinze*, Personalplanung, Rz. 440 f. | 6 Für den Abschluss des Arbeitsvertrages plädieren etwa GK-BetrVG/*Kraft*, § 99 Rz. 21; HSWG, § 99 BetrVG Rz. 15; für die tatsächliche Beschäftigung als maßgebliches Kriterium spricht sich etwa MünchArbR/*Matthes*, § 352 Rz. 8, aus. | 7 BAG v. 5.4.2001 – 2 AZR 580/99, AP Nr. 32 zu § 99 BetrVG 1972; v. 28.4.1998 – 1 ABR 63/97, AP Nr. 22 zu § 99 BetrVG 1972 – Einstellung; v. 22.4.1997 – 1 ABR 74/96, AP Nr. 18 zu § 99 BetrVG 1972 – Einstellung. | 8 BAG v. 19.6.2001 – 1 ABR 25/00, EzA § 99 BetrVG 1972 – Einstellung Nr. 9 (Beschäftigung von Zivildienstleistenden als Einstellung); v. 12.11.2002 – 1 ABR 60/01, AP Nr. 43 zu § 99 BetrVG – Einstellung (Einsatz von Ehrenamtlichen als Einstellung). | 9 BAG v. 5.5.1992 – 1 ABR 78/91, AP Nr. 97 zu § 99 BetrVG 1972; MünchArbR/*Matthes*, § 352 Rz. 9. | 10 *Richardi/Thüsing*, § 99 BetrVG Rz. 29.

Arbeitsbereiches zu sehen. Diese Zuweisung kann bereits gleichzeitig mit dem Arbeitsvertrag erfolgen, in der Regel aber wird dies mit der Zuweisung eines konkreten Arbeitsplatzes geschehen. Damit ist es, um eine Einstellung bejahen zu können, unerheblich, ob ein Beschäftigungsverhältnis **rechtswirksam** vereinbart wurde. Auch wenn kein Arbeitsvertrag abgeschlossen wird, kann eine Einstellung vorliegen. Allein diese Sichtweise entspricht auch der gesetzgeberischen Intention, die auf einen kollektiven, nicht aber auf einen Individualrechtsschutz ausgerichtet ist. Schließlich dient das MitbestR bei der Einstellung in erster Linie dem Schutz der übrigen ArbN im Betrieb. Diesem Schutzinteresse wird man nur dann gerecht, wenn man sich von der rechtswirksamen Vereinbarung eines Arbeitsverhältnisses löst und vielmehr die Frage stellt, ob eine Maßnahme dazu führt, dass ein bestimmter Arbeitsbereich im Betrieb von einer bisher betriebsexternen Person besetzt wird[1]. Damit verliert der bisweilen schillernde Begriff der Eingliederung seine Bedeutung für den Tatbestand der Einstellung und wird vielmehr durch den tatsächlichen Vorgang der **Zuweisung eines Arbeitsbereiches** ersetzt. Hierdurch können insb. die Fälle des Einsatzes von Fremdpersonal befriedigend gelöst werden.

18 Die Rspr. hat sich mittlerweile mit einer Vielzahl von Einzelfällen beschäftigt. Hierbei gilt es darauf hinzuweisen, dass es für das MitbestR des BR unerheblich ist, ob eine Einstellung nur für kurze Zeit erfolgen soll. Auch Einstellungen für nur wenige Tage bedürfen der Zustimmung des BR[2]. Das MitbestR nach § 99 bezieht sich auf alle ArbN iSd. § 5 Abs. 1, soweit ihnen ein Arbeitsbereich im Betrieb zugewiesen wurde. Damit unterfällt auch die Einstellung von **Auszubildenden** sowie von **Praktikanten** und **Volontären** der Zustimmung des BR. Lediglich sog. **Schülerpraktikanten** fallen nicht unter den Mitbestimmungstatbestand des § 99[3]. Auch die Einstellung von **studentischen Aushilfskräften**, die bei Bedarf auf entsprechende Anfrage des Studenten eingesetzt werden, ist nach § 99 mitbestimmungspflichtig, da es sich bei dieser Tätigkeit um eine weisungsgebundene Tätigkeit handelt[4]. Ebenso liegt eine zustimmungsbedürftige Einstellung iSv. § 99 vor, wenn Personen für eine in Aussicht genommene Beschäftigung eine Ausbildung erhalten, ohne die eine solche Beschäftigung nicht möglich wäre. Dabei macht es nach der Rspr. des BAG keinen Unterschied, ob diese Personen nach der Ausbildung in einem Arbeitsverhältnis oder als freie Mitarbeiter beschäftigt werden[5].

19 Inwieweit die Ausgabe von Arbeit an in Heimarbeit Beschäftigte eine Einstellung iSd. § 99 darstellt[6], ist eine Frage des Einzelfalls. Zwar erwähnt nun die gesetzliche ArbN-Definition in § 5 ausdrücklich die in Heimarbeit Beschäftigten. Jedoch führt die Annahme der ArbN-Eigenschaft nicht unweigerlich dazu, dass es sich bei der Vergabe von Heimarbeit an einen Beschäftigten um eine Einstellung iSd. § 99 handelt. Fraglich ist hier vielmehr, ob durch die Vergabe von Heimarbeit dem Heimarbeiter ein Arbeitsbereich innerhalb des Betriebes zugewiesen wird.

20 Immer wieder zu Streit führen die Fälle, in denen der Betreffende bereits seit längerem in dem Betrieb tätig ist, sich aber die Arbeitsbedingungen aufgrund interner oder externer Umstände ändern. So wird von der überwiegenden Meinung in der **Übernahme eines Auszubildenden** in ein Beschäftigungsverhältnis nach Beendigung seiner Ausbildung eine mitbestimmungspflichtige Einstellung gesehen[7]. Auch die **Verlängerung eines befristeten Arbeitsverhältnisses** soll nach Auffassung der Rspr. eine Einstellung darstellen[8]. Dies gilt ebenso für den Fall, dass für das Arbeitsverhältnis eine **Altersgrenze** besteht und die Beschäftigung über die Altersgrenze hinaus fortgesetzt werden soll[9]. Letzteres gilt nach der Rspr. sowohl für eine tarifliche als auch für eine einzelvertragliche Altersgrenze. Wenn jedoch ein **befristetes Probearbeitsverhältnis** nach Ablauf der Probezeit in ein unbefristetes Arbeitsverhältnis umgewandelt wird, so meint die Rspr. hierin keine erneute mitbestimmungspflichtige Einstellung sehen zu müssen, wenn dem BR vor der Einstellung zur Probe mitgeteilt worden ist, der ArbN solle bei Bewährung auf unbestimmte Zeit weiterbeschäftigt werden[10].

21 Nach mittlerweile ständiger Rspr. des BAG kommt es für die Bejahung einer Einstellung nicht darauf an, dass ein Arbeitsvertrag mit dem Betriebsinhaber geschlossen wird[11]. Maßgebend sei allein die **Eingliederung** in den Betrieb in der Weise, dass die von einer Person zu verrichtende Tätigkeit ihrer Art nach eine **weisungsgebundene Tätigkeit** ist, die der **Verwirklichung des arbeitstechnischen Zwecks** des Betriebs zu dienen bestimmt ist und daher vom ArbGeb organisiert werden muss[12]. Maßgebend ist hierbei, ob die von diesen Personen zu verrichtende Tätigkeit ihrer Art nach eine weisungsgebundene Tätigkeit ist[13]. Insofern liegt in der Beschäftigung von **ArbN einer Drittfirma** aufgrund eines echten Werkvertrages keine Ein-

---

1 Richardi/Thüsing, § 99 BetrVG Rz. 29 ff. | 2 BAG v. 16.12.1986 – 1 ABR 52/85, AP Nr. 40 zu § 99 BetrVG 1972. | 3 BAG v. 8.5.1990 – 1 ABR 7/89, AP Nr. 80 zu § 99 BetrVG 1972. | 4 BAG v. 15.12.1992 – 1 ABR 39/92, ZTR 1993, 256. | 5 BAG v. 20.4.1993 – 1 ABR 59/92, AP Nr. 106 zu § 99 BetrVG 1972 (in dieser Entscheidung ging es um ein Asessment-Center, welches sich über mehrere Unterrichtseinheiten erstreckte, um die Qualifikation von Bewerbern festzustellen). | 6 So Fitting, § 99 BetrVG Rz. 50. | 7 LAG Hamm v. 14.7.1982 – 12 TaBV 27/82, DB 1982, 2303; GK-BetrVG/Kraft, § 99 Rz. 27; Richardi/Thüsing, § 99 BetrVG Rz. 41; aA HSWG, § 99 BetrVG Rz. 23. | 8 Vgl. hierzu Preis/Lindemann, NZA Sonderheft 2001, 33 (46 f.). | 9 BAG v. 7.8.1990 – 1 ABR 68/89, AP Nr. 82 zu § 99 BetrVG 1972; v. 12.7.1988 – 1 ABR 85/86, AP Nr. 54 zu § 99 BetrVG 1972. | 10 BAG v. 7.8.1990 – 1 ABR 68/89, AP Nr. 82 zu § 99 BetrVG 1972. | 11 Kritisch hierzu: Walle, NZA 1999, 518 (522). | 12 BAG v. 1.8.1989 – 1 ABR 54/88, AP Nr. 68 zu § 99 BetrVG 1972; v. 27.7.1993 – 1 ABR 7/93, AP Nr. 3 zu § 93 BetrVG 1972; v. 11.9.2001 – 1 ABR 14/01, EzA § 99 BetrVG 1972 – Einstellung Nr. 10; kritisch hierzu: Hunold, NZA 1998, 1025 (1028 f.). | 13 BAG v. 9.7.1991 – 1 ABR 45/90, AP Nr. 94 zu § 99 BetrVG 1972.

stellung iSv. § 99 vor, wenn diese Drittfirma die für ein Arbeitsverhältnis typischen Entscheidungen über den Arbeitseinsatz nach Zeit und Ort ihrer Mitarbeiter zu treffen hat[1]. Von einer Einstellung iSd. § 99 beim Einsatz von Drittfirmen ist jedoch dann zu sprechen, wenn die im Betrieb des ArbGeb tätigen ArbN der Drittfirmen so in die Arbeitsorganisation des ArbGeb eingegliedert sind, dass dieser die für ein Arbeitsverhältnis typischen Entscheidungen über deren Einsatz nach Zeit und Ort zu treffen hat[2]. Dies gilt selbst dann, wenn die Tätigkeit des Fremdpersonals unverzichtbare Hilfsfunktion für den Betriebszweck ist und selbst der Einsatz des Fremdpersonals durch ArbN des Betriebs koordiniert werden muss[3]. Selbst das Einschleusen von Detektiven in den Betrieb wird als „Einstellung" qualifiziert[4].

Allerdings ergeben sich beim Einsatz von Fremdpersonal ganz erhebliche Probleme in der Praxis. Regelmäßig besteht zwischen dem Werkunternehmer (Drittfirma) und dem Betriebsinhaber zumindest konkludent die Abrede, dass der Betriebsinhaber notwendige **Einzelanweisungen auch den Fremdfirmenarbeitnehmern** erteilen kann, während die Mehrzahl der Entscheidungen, auf die sich ein Direktionsrecht erstrecken könnte, bereits zwischen Betriebsinhaber und Werkunternehmer vertraglich festgelegt sind. In diesen Fällen fehlt es an einer Einstellung iSd. § 99[5]. Für die Praxis stellt sich dann die Frage, ab welcher Intensität des Direktionsrechts von einer mitbestimmungspflichtigen Einstellung iSd. § 99 gesprochen werden kann. Spätestens aber wenn die Grenze zur **verdeckten AÜ** überschritten ist, muss hinsichtlich der FremdfirmenArbN von einer Einstellung ausgegangen werden. Die ständige Rspr. des BAG geht davon aus, dass die Einstellung von LeihArbN entsprechend den Vorgaben des AÜG für den Entleiherbetrieb eine mitbestimmungspflichtige Maßnahme iSd. § 99 ist. Hierbei kommt es auch nicht darauf an, ob es sich um eine gewerbsmäßige oder erlaubte AÜ handelt[6]. Dies hat der Gesetzgeber mittlerweile auch in § 14 Abs. 3 AÜG aufgenommen, wonach vor der Übernahme eines LeihArbN zur Arbeitsleistung der BR des Entleiherbetriebs nach § 99 zu beteiligen ist[7].

22

Selbst wenn aber im Fall einer **konzerninternen AÜ** die Vorschriften des AÜG weitestgehend keine Anwendung finden, hat dies für die Frage, ob es sich um eine Einstellung handelt, keine Bedeutung. Überlässt nämlich ein konzernangehöriges Unternehmen einem anderen Unternehmen desselben Konzerns ArbN aushilfsweise, so stellt dieser Vorgang eine mitbestimmungspflichtige Einstellung dar[8]. Dementsprechend konsequent beurteilt die Rspr. auch den Personaleinsatz aufgrund von **Gestellungsverträgen**. Setzt also ein ArbGeb Personal ein, das von einem Dritten aufgrund eines mit dem ArbGeb geschlossenen Gestellungsvertrages entsandt wird, so liegt hierin eine mitbestimmungspflichtige Einstellung, wenn dieses Personal in den Betrieb eingegliedert wird. Dies will die Rspr. dann annehmen, wenn der ArbGeb aufgrund des Gestellungsvertrages auch gegenüber dem gestellten Personal die für ein Arbeitsverhältnis typischen Weisungsbefugnisse hinsichtlich des Arbeitseinsatzes hat[9].

23

2. Eingruppierung. Auch die **Eingruppierung** als Mitbestimmungstatbestand des § 99 ist gesetzlich nicht definiert. Dieser Mitbestimmungstatbestand ist 1972 als eigenes Tatbestandsmerkmal in § 99 aufgenommen worden. Das BetrVG 1952 kannte den Tatbestand der Eingruppierung nicht. Daher war ein Meinungsstreit über die Frage entstanden, ob der Tatbestand der Einstellung bereits den Tatbestand der Eingruppierung mit umfasse[10]. Diese damaligen Streitigkeiten hat der Gesetzgeber dahingehend aufgelöst, dass es sich bei der Eingruppierung um einen eigenständigen Mitbestimmungstatbestand handelt. Demzufolge kann der BR, der Bedenken gegen die Eingruppierung eines ArbN hat, nicht deshalb der Einstellung widersprechen, sondern hat seinen Widerspruch allein auf die Eingruppierung zu beschränken[11].

24

Unter Eingruppierung ist die **erstmalige Einordnung des ArbN** in ein für den Betrieb geltendes **kollektives Entgeltschema** zu verstehen[12]. Dieses Entgeltschema ist dadurch charakterisiert, dass es die einzelnen Tätigkeiten in verschiedene Kategorien einteilt und dabei eine Bewertung vornimmt, die sich in der Höhe des Arbeitsentgelts ausdrückt[13]. Insofern kommt es nicht darauf an, auf welcher **Rechtsgrundlage dieses Vergütungsschema** in einem Betrieb gilt. Häufig wird das Vergütungsschema Bestandteil eines TV sein. Dabei ist jedoch unerheblich, ob diese tarifliche Vergütungsordnung kraft Tarifbindung, Allgemeinverbindlicherklärung, einzelvertraglicher Vereinbarung im Betrieb, betrieblicher Übung, oder kraft einseitiger Einführung durch den ArbGeb gilt[14]. Entscheidend ist daher, dass für die Arbeitsverhältnisse im Betrieb eine Vergütungsordnung maßgebend sein soll. Ein ArbGeb muss daher immer

25

---

1 BAG v. 9.7.1991 – 1 ABR 45/90, AP Nr. 94 zu § 99 BetrVG 1972; v. 5.3.1991 – 1 ABR 39/90, AP Nr. 90 zu § 99 BetrVG 1972. | 2 BAG v. 1.12.1992 – 1 ABR 30/92, EZA § 99 BetrVG Nr. 110; *Walle*, NZA 1999, 518 (521). | 3 BAG v. 18.10.1994 – 1 ABR 9/94, AP Nr. 5 zu § 99 BetrVG 1972 – Einstellung. | 4 Vgl. die ausf. Darstellung bei *Maschmann*, NZA 2002, 13 (19). | 5 Vgl. BAG, v. 13.3.2001 – 1 ABR 34/00, BB 2001, 2586; *Dauner-Lieb*, NZA 1992, 817; *Henssler*, NZA 1994, 294 (303). | 6 BAG v. 14.5.1974 – 1 ABR 40/73, AP Nr. 2 zu § 99 BetrVG 1972; v. 6.6.1978 – 1 ABR 66/75, AP Nr. 6 zu § 99 BetrVG 1972; v. 29.8.1988 – 1 ABR 85/87, AP Nr. 60 zu § 99 BetrVG 1972; v. 18.4.1989 – 1 ABR 97/87, AP Nr. 65 zu § 99 BetrVG 1972; v. 10.9.1985 – 1 ABR 28/83, AP Nr. 3 zu § 117 BetrVG 1972. | 7 Hierzu: BAG v. 12.11.2002 – 1 ABR 1/02, NZA 2003, 513. | 8 BAG v. 9.3.1976 – 1 ABR 53/74, AuR 1976, S. 152. | 9 BAG v. 22.4.1997 – 1 ABR 74/96, AP Nr. 18 zu § 99 BetrVG 1972 – Einstellung. | 10 Vgl. *Heinze*, Personalplanung, Rz. 218. | 11 BAG v. 10.2.1976 – 1 ABR 49/74, AP Nr. 4 zu § 99 BetrVG 1972; v. 20.12.1988 – 1 ABR 68/87, AP Nr. 62 zu § 99 BetrVG 1972. | 12 BAG v. 27.7.1993 – 1 ABR 11/93, AP Nr. 110 zu § 99 BetrVG 1972; v. 2.4.1996 – 1 ABR 50/95, AP Nr. 7 zu § 99 BetrVG 1972. | 13 BAG v. 2.4.1996 – 1 ABR 50/95, AP Nr. 7 zu § 99 BetrVG 1972 – Eingruppierung. | 14 BAG v. 3.12.1985 – 4 ABR 80/83, AP Nr. 31 zu § 99 BetrVG 1972; v. 23.11.1993 – 1 ABR 34/93, AP Nr. 111 zu § 99 BetrVG 1972.

dann, wenn ein ArbN eingestellt oder versetzt wird, der vom Geltungsbereich einer für den Betrieb maßgebenden Vergütungsordnung erfasst wird, diesen ArbN eingruppieren und dabei den BR beteiligen. Das MitbestR entfällt auch nicht immer deshalb, weil der ArbGeb bei seiner Prüfung zu dem Ergebnis gelangt, dass die zu bewertende Tätigkeit Anforderungen stellt, die die Qualifikationsmerkmale der obersten Vergütungsgruppe übersteigen[1]. Der Mitbestimmungstatbestand kann vielmehr auch dann vorliegen, wenn ein ArbN **außertariflich** entlohnt werden soll. Besteht nämlich für **außertarifliche Angestellte** eine nach Gruppen geschaffene Vergütungsregelung, so ist die Einstufung in diese Regelung eine mitbestimmungspflichtige Eingruppierung, sofern der betreffende ArbN nicht zum Kreis der leitenden Angestellten zählt[2]. Existiert aber für außertarifliche Angestellte gerade keine solche Vergütungsordnung, kann es auch kein MitbestR hinsichtlich einer nicht vornehmbaren Eingruppierung geben. Somit ist auch die Mitteilung des ArbGeb, dass bestimmte ArbN nicht in das tarifliche Vergütungsgruppenschema eingeordnet werden, sondern als außertarifliche Angestellte frei vereinbarte Vergütungen erhalten, keine mitbestimmungspflichtige Eingruppierung iSv. § 99.

26   Gerade in diesem Zusammenhang ist darauf hinzuweisen, dass das MitbestR nach § 99 insb. **kollektiven Interessen** zu dienen bestimmt ist. Speziell das MitbestR bei der Eingruppierung dient einer **Richtigkeitskontrolle** und nicht einer Angemessenheitskontrolle. Das heißt aber auch, nur wenn der ArbGeb von einer kollektiven Vergütungsordnung Gebrauch macht, auch wenn diese auf einzelvertraglicher Grundlage beruht, ist das MitbestR des BR betroffen. Greift der ArbGeb aber nicht auf eine kollektive Vergütungsordnung zurück, sondern wurde die Vergütung **einzelvertraglich individuell** vereinbart, ist kein Raum für das MitbestR nach § 99.

27   Das MitbestR nach § 99 ist indes nicht nur auf tarifliche Vergütungsordnungen beschränkt. Vielmehr können sich Vergütungsordnungen auch aus BV ergeben. Besteht also etwa für außertarifliche Angestellte eine Vergütungsordnung in Form einer **BV**, so hat der BR über die Eingruppierung mitzubestimmen[3].

28   Auch ein einseitig vom ArbGeb **aufgestelltes und angewandtes Vergütungssystem**, welches weder auf einem TV noch auf einer BV beruht, führt dazu, dass der BR bei der Einordnung eines ArbN in dieses System mitzubestimmen hat. Hiervon abzugrenzen sind diejenigen Fälle, in denen Lohn oder Gehalt individuell vereinbart werden. Schließlich handelt es sich bei § 99 um einen kollektiven Schutztatbestand, der im Fall der Eingruppierung nicht dazu bestimmt ist, eine individuelle Angemessenheitskontrolle der vertraglichen Arbeitsbedingungen durchzuführen[4].

29   Liegt aber eine Eingruppierung iSv. § 99 vor, so ist zu beachten, dass es sich dabei nicht um einen rechtsgestaltenden Vorgang handelt, sondern das MitbestR sich auf ein **Mitbeurteilungsrecht** beschränkt[5]. In diesem Sinne beinhaltet die Beteiligung des BR eine Richtigkeitskontrolle[6]. Sie bezweckt die Sicherstellung der **innerbetrieblichen Lohngerechtigkeit** und die Transparenz der im Betrieb vorgenommenen Eingruppierungen vor dem Hintergrund einer vorhandenen kollektiven Vergütungsordnung. Genauso wenig wie etwa tarifliche Vergütungsordnungen Raum für rechtsgestaltende ArbGebEntscheidungen lassen, ist der BR befugt, unter Ausübung seines Beteiligungsrechts nach § 99 im Rahmen von Eingruppierungen rechtsgestalterisch tätig zu werden.

30   Seiner Verpflichtung zur Beteiligung des BR ist der ArbGeb dann nachgekommen, wenn das Mitbestimmungsverfahren positiv abgeschlossen ist, dh. wenn eine Vergütungsgruppe mit Zustimmung des BR oder durch deren gerichtliche Ersetzung gefunden wurde[7]. Ist der ArbN jedoch einmal mit Zustimmung des BR bzw. mit ersetzter Zustimmung eingruppiert worden, besteht seitens des BR **kein Initiativrecht**, um eine von ihm als fehlerhaft eingeschätzte Eingruppierung im Mitbestimmungsverfahren zu korrigieren.

31   Jedoch hat weder die Zustimmung des BR noch die Ersetzung der Zustimmung des BR durch das ArbG **präjudizielle Wirkung** für einen etwaigen Eingruppierungsrechtsstreit des ArbN[8]. Die rechtliche Durchsetzung eines individualrechtlichen Anspruchs des ArbN ist nämlich nicht das Ziel des Verfahrens nach § 99. Dessen Sinn und Zweck liegt vielmehr auch hier auf kollektivrechtlicher Ebene. Deshalb kann der ArbN unabhängig von dem Beteiligungsverfahren nach § 99 seine Eingruppierung überprüfen lassen.

32   **3. Umgruppierung.** Als weiteren Mitbestimmungstatbestand erwähnt § 99 die Umgruppierung. Auch bei der Umgruppierung geht es um die Einordnung des ArbN in ein **kollektives Entgeltschema**. Insofern gelten dieselben Grundsätze wie bei der Eingruppierung. Grundlage der Umgruppierung ist die Feststellung des ArbGeb, dass eine Tätigkeit des ArbN nicht oder nicht mehr den Tätigkeitsmerkma-

---

1 BAG v. 31.10.1995 – 1 ABR 5/95, AP Nr. 5 zu § 99 BetrVG 1972 – Eingruppierung. | 2 *Richardi/Thüsing*, § 99 BetrVG Rz. 67. | 3 GK-BetrVG/*Kraft*, § 99 Rz. 38. | 4 *Richardi/Thüsing*, § 99 BetrVG Rz. 69. | 5 BAG v. 22.3.1983 – 1 ABR 49/81, AP Nr. 6 zu § 101 BetrVG 1972; v. 31.5.1983 – 1 ABR 57/80, AP Nr. 27 zu § 118 BetrVG 1972; v. 21.3.1995 – 1 ABR 46/94, AP Nr. 4 zu § 99 BetrVG 1972 – Eingruppierung; v. 12.8.1997 – 1 ABR 13/97, AP Nr. 14 zu § 99 BetrVG 1972 – Eingruppierung; v. 28.4.1998 – 1 ABR 50/97, AP Nr. 18 zu § 99 BetrVG 1972 – Eingruppierung; v. 27.6.2000 – 1 ABR 36/99, AP Nr. 23 zu § 99 BetrVG 1972 – Eingruppierung; v. 6.8.2002 – 1 ABR 49/01, AP Nr. 27 zu § 99 BetrVG 1972 – Eingruppierung. | 6 BAG v. 30.10.2001 – 1 ABR 8/01, ZIP 2002, 634 (635). | 7 BAG v. 3.5.1994 – 1 ABR 58/93, AP Nr. 2 zu § 99 BetrVG 1972 – Eingruppierung. | 8 BAG v. 13.5.1981 – 4 AZR 1076/78, AP Nr. 24 zu § 59 HGB; v. 15.3.1989 – 4 AZR 327/88, AP Nr. 23 zu § 1 TVG – Tarifverträge: Druckindustrie; v. 9.2.1993, 1 – ABR 51/92, AP Nr. 103 zu § 99 BetrVG 1972; *Raab*, ZfA 1995, 479 (493).

len derjenigen Vergütungsgruppe entspricht, in die er eingruppiert ist[1]. Anlass für eine solche Feststellung kann eine Änderung der Tätigkeit sein, eine Änderung des Entgeltschemas oder aber eine veränderte Einschätzung der Rechtslage durch den ArbGeb[2].

Eine **Änderung der Tätigkeit** des ArbN in diesem Sinne ist häufig gleichzeitig mit einer Versetzung verbunden. Ebenso wie bei Einstellung und Eingruppierung ist auch die Umgruppierung neben der Versetzung ein **selbständiger Mitbestimmungstatbestand**. Das heißt, die Zustimmung zu einer Versetzung des ArbN kann nicht davon abhängig gemacht werden, ob der ArbN bei der neuen Tätigkeit richtig eingruppiert ist. Indes braucht nicht jede andere Tätigkeit des ArbN gleichzeitig mit einer Versetzung verbunden sein. Hier sind die Voraussetzungen für eine Versetzung eigenständig zu prüfen. Aber auch wenn sich die Tätigkeit eines ArbN nicht ändert, kann eine Umgruppierung erforderlich werden, nämlich dann, wenn sich die **kollektive Vergütungsordnung ändert**[3]. So bedarf es einer Umgruppierung der ArbN, wenn eine tarifliche Vergütungsgruppenordnung in der Weise abgeändert wird, dass sich die Zahl der Vergütungsgruppen erhöht, die allgemeinen Tätigkeitsmerkmale neu gefasst und die Tätigkeitsbeispiele vermehrt werden[4]. Auch die Gewährung oder der Wegfall einer Zulage kann eine Ein- oder Umgruppierung nach § 99 darstellen, wenn die Zulage eine Zwischenstufe zwischen Vergütungsgruppen darstellt. Ist die Zulage nur in „angemessener" Höhe für eine unspezifische Kombination von Tätigkeiten geschuldet, deren Wertigkeit in beliebiger Weise die Merkmale einer tariflichen Vergütungsgruppe übersteigt, so ist die Entscheidung über die Gewährung oder den Wegfall einer solchen Zulage nicht mitbestimmungspflichtig. Entscheidend ist also, ob die Zulage eine Art Zwischenstufe zwischen Vergütungsgruppen einer kollektiven Vergütungsordnung darstellt[5]. Eine Umgruppierung kann auch aufgrund **fehlerhafter Rechtsanwendung** erforderlich werden. Hat nämlich ein ArbGeb irrtümlich einen ArbN in eine höhere Vergütungsgruppe eingruppiert, als dies den tariflichen Vergütungsmerkmalen entspricht, so unterliegt die Korrektur dieser **Falscheingruppierung** der Mitbest. des BR nach § 99[6].

Keine mitbestimmungspflichtige Umgruppierung liegt dagegen vor, wenn ein ArbN **zum leitenden Angestellten „befördert"** wird, sofern für diesen Personenkreis eine Vergütungsordnung existiert. In diesem Fall ist die Umgruppierung dem BR nur nach § 105 mitzuteilen[7].

Auch für die Umgruppierung gilt, dass sich das MitbestR des BR in einer **Richtigkeitskontrolle** erschöpft. Auch hier steht dem BR kein Mitgestaltungsrecht zu. Ein MitbestR nach § 99 entfällt darüber hinaus gänzlich, wenn kein kollektivrechtlicher Tatbestand berührt ist, weil eine einzelvertragliche Abmachung über eine höhere oder übertarifliche Entlohnung zwischen ArbN und ArbGeb geschlossen wurde[8].

4. Versetzung. Nach der **Legaldefinition** des § 95 Abs. 3 ist eine **Versetzung** iSd. BetrVG die Zuweisung eines anderen Arbeitsbereichs, die voraussichtlich die Dauer von einem Monat überschreitet, oder die mit einer erheblichen Änderung der Umstände verbunden ist, unter denen die Arbeit zu leisten ist. Werden ArbN nach der Eigenart ihres Arbeitsverhältnisses üblicherweise nicht ständig an einem bestimmten Arbeitsplatz beschäftigt, so gilt die Bestimmung des jeweiligen Arbeitsplatzes nicht als Versetzung. Hierbei ist hervorzuheben, dass es sich bei der Regelung des § 95 Abs. 3 um den **betriebsverfassungsrechtlichen Versetzungsbegriff** handelt. Hiervon zu unterscheiden ist die individualrechtliche Ebene. Diese umschreibt die Befugnis des ArbGeb, einem ArbN eine andere Tätigkeit zuzuweisen. Diese Befugnis kann sich aus der allgemeinen Direktionsrecht oder aber aus einer einvernehmlichen bzw. durch Änderungskündigung erzwungenen Vertragsänderung ergeben. Damit kann also eine **individualarbeitsrechtliche Versetzung** sowohl eine einseitige wie auch eine zweiseitige Maßnahme beinhalten. Demzufolge wird der individualarbeitsrechtliche Versetzungsbegriff nicht dadurch bestimmt, dass es sich bei der Maßnahme um eine einseitige oder zweiseitige handelt.

a) **Änderung des Arbeitsbereiches. aa) Grundsätze.** Von der individualarbeitsrechtlichen Ebene scharf zu trennen ist der betriebsverfassungsrechtliche Versetzungsbegriff. Dieser setzt zunächst voraus, dass sich der **Arbeitsbereich** des betroffenen ArbN ändert. Erst in einem zweiten Schritt ist dann zu prüfen, ob diese Änderung voraussichtlich die Dauer von einem Monat überschreitet oder mit erheblichen Änderung der Umstände verbunden ist, unter denen die Arbeit zu leisten ist[9]. Nach gefestigter Rspr. des BAG liegt die **Zuweisung eines anderen Arbeitsbereiches** dann vor, wenn dem ArbN ein neuer Tätigkeitsbereich übertragen wird, so dass der Gegenstand der nunmehr geforderten Arbeitsleistung ein anderer wird und sich das Gesamtbild der Tätigkeit ändert[10]. Hierbei ist maßgeblich, dass sich die Tätigkeiten des ArbN vor und nach der Maßnahme so voneinander unterscheiden, dass die neue Tätigkeit vom **Standpunkt eines mit den betrieblichen Verhältnissen vertrauten Beobach-

---

1 BAG v. 2.4.1996 – 1 ABR 50/95, AP Nr. 7 zu § 99 BetrVG 1972 – Eingruppierung; v. 11.11.1997 – 1 ABR 29/97, AP Nr. 17 zu § 99 BetrVG 1972 – Eingruppierung. |2 BAG v. 20.3.1990 – 1 ABR 20/89, AP Nr. 79 zu § 99 BetrVG 1972; v. 2.4.1996 – 1 ABR 50/95, AP Nr. 7 zu § 99 BetrVG 1972 – Eingruppierung. |3 *Fitting*, § 99 BetrVG Rz. 89 mwN. |4 BAG v. 12.1.1993 – 1 ABR 42/92, AP Nr. 102 zu § 99 BetrVG 1972. |5 BAG v. 2.4.1996 – 1 ABR 50/95, AP Nr. 5 zu § 99 BetrVG 1972 – Eingruppierung. |6 BAG v. 30.5.1990 – 4 AZR 74/90, AP Nr. 31 zu § 75 BPersVG; v. 20.3.1990 – 1 ABR 20/89, AP Nr. 79 zu § 99 BetrVG 1972. |7 BAG v. 29.1.1980 – 1 ABR 49/78, AP Nr. 24 zu § 5 BetrVG 1972. |8 *Fitting*, § 99 BetrVG Rz. 96. |9 BAG v. 19.2.1991 – 1 ABR 21/90, AP Nr. 25 zu § 95 BetrVG 1972; v. 21.9.1999 – 1 ABR 40/98, AP Nr. 21 zu § 99 BetrVG 1972 – Versetzung. |10 BAG v. 23.11.1993 – 31 ABR 38/93, AP Nr. 33 zu § 95 BetrVG 1972; v. 28.3.2000 – 1 ABR 17/99, AP Nr. 39 zu § 95 BetrVG 1972.

38 Der **Begriff des Arbeitsbereichs** wird in § 81 durch die Aufgabe und die Verantwortung sowie die Art der Tätigkeit und ihrer Einordnung in den Arbeitsablauf des Betriebes umschrieben. Arbeitsbereich ist demnach der konkrete Arbeitsplatz und seine Beziehung zur betrieblichen Umgebung in räumlicher, technischer und organisatorischer Hinsicht[2]. Dabei bestimmt die betriebliche Organisation, welche Arbeitsbereiche in einem Betrieb vorhanden sind.

39 Eine Zuweisung eines anderen Arbeitsbereichs liegt immer dann vor, wenn dem ArbN ein neuer Tätigkeitsbereich zugewiesen wird, so dass der Gegenstand der geschuldeten Arbeitsleistung, der **Inhalt der Arbeitsaufgabe**, ein anderer wird und sich das **Gesamtbild der Tätigkeit des ArbN** ändert[3]. Das bedeutet aber, dass die Veränderungen so erheblich sein müssen, dass sich das Gesamtbild der Tätigkeit vom Standpunkt eines mit den betrieblichen Verhältnissen vertrauten Beobachters ändert[4]. Unproblematisch als Änderung des Tätigkeitsbereiches lassen sich die Fälle einordnen, bei denen der Inhalt der Arbeitsaufgaben ein anderer wird, wobei unerheblich ist, ob dies für den Betroffenen vorteilhaft oder nachteilig ist[5]. Aus der Definition des Versetzungsbegriffs folgt aber auch, dass eine Änderung des Arbeitsbereichs vorliegen kann, wenn sich die Umstände, unter denen die Arbeit zu leisten ist, ändern. Trotz gleicher Arbeitsaufgaben liegt ein anderer Arbeitsbereich vor[6]. Problematisch sind jedoch die Fallgestaltungen, bei denen nicht der gesamte Tätigkeitsbereich eines ArbN sich verändert, sondern diese Änderungen nur **wesentliche Teilfunktionen** betreffen. Auch in diesen Fällen kann eine Änderung des Arbeitsbereiches vorliegen, wenn dem ArbN wesentliche Teilfunktionen seiner Tätigkeit neu übertragen oder entzogen werden, die der Gesamttätigkeit ein solches **Gepräge** geben, dass von einer anderen Tätigkeit ausgegangen werden muss[7]. Dabei muss es sich um eine erhebliche Änderung der Teilfunktionen handeln. Dieses ist nicht allein nach **quantitativen Gesichtspunkt**en zu überprüfen, sondern auch qualitative Elemente haben hierbei Berücksichtigung zu finden[8].

40 bb) **Einzelfälle.** So hat es das BAG ausreichen lassen, wenn eine Änderung des Arbeitsbereiches nur 25 % der Gesamtarbeitszeit betrifft. Jedoch kann auch eine noch kleinere Veränderung eine wesentliche Änderung des Arbeitsbereichs bedeuten, wenn diese kleine Änderung sich als Bestandteil einer mehraktigen Maßnahme erweist, die insgesamt zu einer erheblichen Änderung des Arbeitsbereiches führt[9].

41 Dagegen ist die bloße **Suspendierung** eines ArbN von der Arbeit keine Versetzung iSd. § 99. Schließlich wird bei einer Suspendierung dem ArbN gerade kein neuer Arbeitsbereich zugewiesen; ihm wird lediglich der alte Arbeitsbereich entzogen[10]. Der Arbeitsbereich bestimmt sich zwar nach **räumlichen** und **funktionalen Gesichtspunkt**en; er hat aber **keine zeitliche** Komponente. Eine zeitliche Komponente in dem Sinne, dass der Arbeitsbereich auch durch die **Lage der Arbeitszeit** bestimmt wird, lässt sich dem Begriff Arbeitsbereich hingegen nicht entnehmen[11]. Daher ist weder die Verlängerung noch die **Verkürzung der Wochenarbeitszeit** eines ArbN eine Versetzung iSd. § 95 Abs. 3. Dies gilt auch hinsichtlich der Verlängerung oder Verkürzung der Mindestwochenarbeitszeit von Teilzeitkräften mit variabler Arbeitszeit[12]. Ebenso wenig stellt die **Umwandlung eines Vollzeitarbeitsplatzes in einen Teilzeitarbeitsplatz** eine Versetzung dar. Dies gilt auch für die **Umsetzung** eines ArbN von der **Tagschicht** in die **Nachtschicht**[13]. Immer dann, wenn sich nur die Lage der Arbeitszeit verändert, was auch bei der Umsetzung des ArbN von **Normalschicht** in Wechselschicht gilt, liegt eine zustimmungspflichtige Versetzung nicht vor[14].

42 Dagegen ist die Zuweisung eines anderen Arbeitsbereiches auch anzunehmen, wenn der **Arbeitsort** sich ändert, der ArbN aus einer betrieblichen Einheit herausgenommen und einer anderen zugewiesen wird oder sich die Umstände ändern, unter denen die Arbeit zu leisten ist[15]. Die ganz herrschende Auffassung in Rspr. und Lit. sieht in der alleinigen Zuweisung eines anderen Arbeitsortes auch bei einer ihrer Art nach gleich bleibenden Tätigkeit eine Zuweisung eines anderen Arbeitsbereichs iSd. § 95 Abs. 3 Satz 1[16]. Nach ständiger Rspr. des BAG erfasst der Versetzungsbegriff der §§ 95, 99 ferner die Zu-

---

1 BAG v. 22.4.1997 – 1 ABR 84/96, AP Nr. 14 zu § 99 BetrVG 1972 – Versetzung; v. 29.2.2000 – 1 ABR 5/99, AP Nr. 36 zu § 95 BetrVG 1972. | 2 BAG v. 29.2.2000 – 1 ABR 5/99, AP Nr. 36 zu § 95 BetrVG 1972; *Fitting*, § 99 BetrVG Rz. 103. | 3 BAG v. 10.4.1984 – 1 ABR 67/82, AP Nr. 4 zu § 94 BetrVG 1972; v. 15.5.1984 – 1 AZR 289/83, nv.; BAG v. 26.5.1988 – 1 ABR 18/87, AP Nr. 13 zu § 95 BetrVG 1972. | 4 BAG v. 2.4.1996 – 1 AZR 743/95, AP Nr. 34 zu § 95 BetrVG 1972; v. 22.4.1997 – 1 ABR 84/96, AP Nr. 14 zu § 99 BetrVG 1972 – Versetzung. | 5 *Richardi*, § 99 BetrVG Rz. 99. | 6 Vgl. BAG v. 26.5.1988 – 1 ABR 18/87, AP Nr. 13 zu § 95 BetrVG 1972. | 7 BAG v. 2.4.1996 – 1 AZR 743/95, AP Nr. 34 zu § 95 BetrVG 1972. | 8 BAG v. 2.4.1996 – 1 AZR 743/95, AP Nr. 34 zu § 95 BetrVG 1972. | 9 *Fitting*, § 99 BetrVG Rz. 108. | 10 BAG v. 28.3.2000 – 1 ABR 17/99, AP Nr. 39 zu § 95 BetrVG 1972; GK-BetrVG/*Kraft*, § 99 Rz. 66; *Sibben*, NZA 1998, 1266 (1267 f.); aA AG Wesel v. 7.1.1998 – 3 Ca 3942/97, NZA-RR 98, 266 f. | 11 BAG v. 23.11.1993 – 1 ABR 38/93, AP Nr. 33 zu § 95 BetrVG 1972; v. 16.7.1991 – 1 ABR 71/90, AP Nr. 28 zu § 95 BetrVG 1972. | 12 BAG v. 16.7.1991 – 1 ABR 71/90, AP Nr. 28 zu § 95 BetrVG 1972. | 13 LAG Hess. v. 14.6.1988 – 4 TABV 167/87, DB 1989, 332; BAG v. 23.11.1993 – 1 ABR 38/93, AP Nr. 33 zu § 95 BetrVG 1972. | 14 BAG v. 19.2.1991 – 1 ABR 21/90, AP Nr. 25 zu § 95 BetrVG 1972. | 15 BAG v. 29.2.2000 – 1 ABR 5/99, AP Nr. 36 zu § 95 BetrVG 1972. | 16 BAG v. 23.7.1996 – 1 ABR 17/96, AP Nr. 26 zu § 87 BetrVG 1972 – Ordnung des Betriebes; v. 18.10.1988 – 1 ABR 26/87, AP Nr. 56 zu § 99 BetrVG 1972; v. 1.8.1989 – 1 ABR 51/88, AP Nr. 17 zu § 95 BetrVG 1972; v. 21.9.1999 – 1 ABR 40/98, AP Nr. 21 zu § 99 BetrVG 1972; aA GK-BetrVG/*Kraft*, § 99 Rz. 64 f.

weisung eines Arbeitsplatzes in einem anderen Betrieb desselben Unternehmens[1]. Inwieweit Auslandsdienstreisen als Versetzungen zu qualifizieren sind, macht die Rspr. von den Umstände der jeweiligen Einzelfälle abhängig[2].

Eine Zuweisung eines anderen Arbeitsbereichs liegt jedoch nur vor, wenn dies auf **Initiative des ArbGeb** geschieht[3]. Dagegen ist nicht Voraussetzung für die Zuweisung eines anderen Arbeitsbereiches, dass dies allein aufgrund des Direktionsrechts des ArbGeb einseitig dem ArbN gegenüber erfolgt. Stattdessen ist eine Zuweisung auch dann gegeben, wenn diese auf Initiative des ArbGeb aber im **Einverständnis mit dem ArbN** erfolgt[4]. 43

b) Erheblichkeit der Zuweisung. Die Zuweisung eines anderen Arbeitsbereiches muss jedoch, um den Tatbestand der Versetzung zu erfüllen, von einer gewissen **Erheblichkeit** sein. § 95 Abs. 3 Satz 1 verlangt, dass die Zuweisung des anderen Arbeitsbereichs entweder voraussichtlich die Dauer von einem Monat überschreitet oder mit einer erheblichen Änderung der Umstände verbunden ist, unter denen die Arbeit zu leisten ist. Das Gesetz unterscheidet damit **längerfristige** von **kurzfristigen Zuweisungen**. 44

Bei längerfristigen Zuweisungen, also bei solchen Zuweisungen, die voraussichtlich die Dauer von einem Monat überschreiten, kommt es entscheidend auf die **geplante Dauer** der Zuweisung an. Damit verlangt das Gesetz also eine **Prognoseentscheidung**. Abzustellen ist hierbei auf eine objektive, sachliche Beurteilung der wahrscheinlichen Dauer im Zeitpunkt der Zuweisung des anderen Arbeitsbereichs[5]. Verlängert sich etwa eine Krankheitsvertretung unvorhersehbar über einen Monat hinaus, so ist auch für die länger andauernde Vertretung keine Zustimmung des BR erforderlich, es sei denn, dass die Überschreitung der Frist wiederum einen Monat beträgt[6]. Für die Fristberechnung ist der Tag der Versetzung maßgebend. 45

Erreicht die Zuweisung eines anderen Arbeitsbereiches nicht die voraussichtliche Dauer von einem Monat, so kann dies gleichwohl eine Versetzung iSd. BetrVG sein, wenn sie mit einer erheblichen Änderung der Umstände verbunden ist, unter denen die Arbeit zu leisten ist. Die Umstände, unter denen die Arbeit zu leisten ist, meinen die **äußeren Arbeitsbedingungen**, unter denen die Arbeit geleistet wird. Dies können etwa die Gestaltung des Arbeitsplatzes, die Arbeitsumgebung, der Arbeitsablauf aber auch die Lage der Arbeitszeit sein[7]. Ebenso können Belastungen, Umwelteinflüsse sowie Veränderungen der fachlichen Anforderungen eine Änderung der äußeren Umstände, unter denen die Arbeit zu leisten ist, bedeuten[8]. 46

Allerdings muss die Änderung der äußeren Umstände unter denen die Arbeit zu leisten ist, **erheblich** sein. Dies richtet sich nicht nach den Anschauungen des betroffenen ArbN, sondern ist aus der **Sicht eines neutralen Beobachters** aus zu beurteilen[9]. Das BAG geht hierbei regelmäßig davon aus, dass eine erhebliche Änderung immer dann vorliegt, wenn der ArbN seine gleich bleibende Arbeit in einer **anderen organisatorischen Einheit** erbringen soll[10]. Gerade die Entsendung an einen anderen Arbeitsort mit einer erheblich längeren An- und Rückfahrt kann eine erhebliche Änderung der Umstände darstellen, unter denen die Arbeit zu leisten ist. Dies gilt insb. hinsichtlich der stärkeren physischen Belastungen, die aus einer längeren Anfahrt zu einem anderen Arbeitsort herrühren[11]. Bei größeren Betrieben kann auch ein **innerbetrieblicher Wechsel** von einer Abteilung in eine andere Abteilung eine erhebliche Änderung der äußeren Umstände darstellen. Dagegen genügt es nicht, wenn lediglich ein **Wechsel des Vorgesetzten** stattfindet[12]. Problematisch sind in diesem Zusammenhang Tätigkeiten von ArbN im Rahmen von **Gruppenarbeit**. Hier kann je nach Ausgestaltung der Gruppenarbeit der arbeitgeberseitig veranlasste Gruppenwechsel eine Versetzung iSd. § 95 Abs. 3 darstellen[13]. Ähnlich sieht die Rspr. den Wechsel vom Einzel- in den Gruppenakkord. Wenn ein ArbN Tätigkeiten, die er bisher im **Einzelakkord** verrichtete, nunmehr im **Gruppenakkord** erbringt, kann hierin je nach Ausgestaltung der Arbeitsleistung ebenfalls eine mitbestimmungspflichtige Versetzung liegen. Dabei sind insb. die durch die Einbindung in die Gruppe entstehenden Abhängigkeiten und die Notwendigkeit der Zusammenarbeit mit den anderen Gruppenmitgliedern zu berücksichtigen[14]. 47

Unerheblich ist in diesem Zusammenhang, ob durch eine erhebliche Änderung der Umstände, unter denen die Arbeit zu verrichten ist, eine **Verschlechterung** oder **Verbesserung** dieser Umstände eintritt. Der Wortlaut des Gesetzes spricht hier nur von einer erheblichen Änderung. Dass der Gesetzgeber nur eine Veränderung zum Negativen gemeint hat, ist nicht ersichtlich[15]. 48

---

1 BAG v. 26.1.1993 – 31 AZR 303/92, AP Nr. 102 zu § 99 BetrVG 1972; v. 21.9.1999 – 1 ABR 40/98, AP Nr. 21 zu § 99 BetrVG 1972 – Versetzung; v. 11.7.2000 – 1 ABR 39/99, NZA 2001, 516 ff. | 2 BAG v. 21.9.1999 – 1 ABR 40/98, BB 2000, 1036 f.; *Hunold*, BB, 2000, 1038. | 3 BAG v. 19.2.1991 – 1 ABR 36/90, AP Nr. 26 zu § 95 BetrVG 1972. | 4 *Richardi/Thüsing*, § 99 BetrVG Rz. 110. | 5 *Fitting*, § 99 BetrVG Rz. 130. | 6 *Heinze*, Personalplanung, Rz. 210. | 7 BAG v. 8.8.1989 – 1 ABR 63/88, AP Nr. 18 zu § 95 BetrVG 1972. | 8 *Fitting*, § 99 BetrVG Rz. 115. | 9 *Richardi/Thüsing*, § 99 BetrVG Rz. 115; GK-BetrVG/*Kraft*, § 99 Rz. 76. | 10 BAG v. 10.4.1984 – 1 ABR 67/82, AP Nr. 4 zu § 95 BetrVG 1972; v. 19.2.1991 – 1 ABR 36/90, AP Nr. 26 zu § 95 BetrVG 1972. | 11 BAG v. 1.8.1989 – 1 ABR 51/88, AP Nr. 17 zu § 95 BetrVG 1972. | 12 *Fitting*, § 99 BetrVG Rz. 117. | 13 LAG Köln v. 26.7.1996 – 12 TABV 33/96, NZA 1997, 280. | 14 BAG v. 22.4.1997 – 1 ABR 84/96, AP Nr. 14 zu § 99 BetrVG 1972. | 15 So: *Fitting*, § 99 BetrVG Rz. 115; *Richardi/Thüsing*, § 99 BetrVG Rz. 116; HSWG, § 99 BetrVG Rz. 55; aA GK-BetrVG/*Kraft*, § 99 Rz. 77.

49 Gemäß § 95 Abs. 3 Satz 2 gilt die Bestimmung eines anderen Arbeitsplatzes nicht als Versetzung, wenn ArbN nach der Eigenart ihres Arbeitsverhältnisses üblicherweise nicht ständig an einem bestimmten Arbeitsplatz beschäftigt werden. Dies kann etwa bei Monteuren, ArbN im Baugewerbe oder auch bei Ausbildungsverhältnissen der Fall sein. Jedoch kommt es darauf an, dass die Beschäftigung nach der **Eigenart des Arbeitsverhältnisses** üblicherweise nicht an einem bestimmten Arbeitsplatz erfolgt. Die Eigenart des Arbeitsverhältnisses muss es also mit sich bringen, dass der ArbN nicht ständig an einem bestimmten Arbeitsplatz beschäftigt wird. Das BAG spricht davon, dass der Wechsel des Arbeitsplatzes für das Arbeitsverhältnis typisch sein müsse[1]. Demnach ist es nicht ausreichend, dass lediglich arbeitsvertraglich vereinbart wurde, dass der ArbN auch an einem anderen Arbeitsplatz beschäftigt werden kann[2]. **Typisch** ist der Wechsel des Arbeitsplatzes etwa bei Vertretern und Propagandisten, ArbN im Baugewerbe, sog. „**Springern**", aber auch bei **LeihArbN**[3].

50 **IV. MitbestR des BR. 1. Grundsätze.** Das Mitbestimmungsverfahren beginnt, indem der ArbGeb vor der geplanten Einstellung, Eingruppierung, Umgruppierung oder Versetzung den BR unterrichtet (§ 99 Abs. 1 Satz 1 und Satz 2). Allerdings setzt dies voraus, dass im Betrieb ein **funktionsfähiger BR** vorhanden ist. Fehlt dieser, braucht der ArbN nicht eine beteiligungspflichtige Maßnahme herauszuschieben, bis sich ein BR konstituiert hat[4]. Wenn aber ein BR besteht, so hat die **Unterrichtung** durch den ArbGeb **umfassend** und **rechtzeitig** zu erfolgen. Dabei gilt der Grundsatz, dass der ArbGeb nur nach seinem eigenen Informationsstand unterrichten kann. Hat er dieses getan, so läuft für den BR die **Anhörungsfrist**.

51 Der ArbGeb ist gehalten, dem BR gegenüber klarzustellen, um welche konkrete personelle Maßnahme es sich handeln soll. Dies heißt aber auch, dass, wenn zuvor längere Vorgespräche zwischen ArbGeb und BR geführt wurden, der ArbGeb den BR darauf hinzuweisen hat, wenn das formelle Beteiligungsverfahren iSd. § 99 beginnen soll[5]. Die Unterrichtung muss insb. **rechtzeitig** erfolgen. Wie sich aus § 99 Abs. 3 ergibt, wird daher die Unterrichtung regelmäßig mindestens eine Woche vor dem Zeitpunkt erfolgen müssen, an dem die beteiligungspflichtige Maßnahme durchgeführt werden soll[6]. Nur in besonderen Ausnahmefällen, wenn aufgrund einer besonderen Eilbedürftigkeit vom BR eine Stellungnahme zu der personellen Maßnahme vor Ablauf einer Woche erwartet werden darf, kann die Wochenfrist unterschritten werden.

52 **2. Umfang des Unterrichtungsrechts.** Der **Umfang des Unterrichtungsrechts** richtet sich nach der jeweiligen personellen Maßnahme. Keinesfalls kann allerdings der BR verlangen, dass ihm die **Personalakten** der betroffenen ArbN vorgelegt werden. Hier entfaltet § 83 Sperrwirkung. Das Einsichtsrecht in die Personalakte kann danach ausschließlich der ArbN, der jedoch ein BR-Mitglied bei der Einsichtnahme hinzuziehen kann[7]. **Maßstab** für den Umfang der Unterrichtungspflicht ist, dass der ArbGeb den BR so zu unterrichten hat, dass dieser aufgrund der mitgeteilten Tatsachen in die Lage versetzt wird, zu prüfen, ob einer der in § 99 Abs. 2 genannten Zustimmungsverweigerungsgründe geltend gemacht werden kann[8]. Demzufolge richtet sich der Umfang der Unterrichtungspflicht danach, welche personelle Einzelmaßnahme vorgenommen werden soll.

53 **Bei Neueinstellungen** bedeutet das nach ständiger Rspr., dass der ArbGeb die **Personalien aller vorgesehenen Bewerber** dem BR mitzuteilen hat. Bewerber ist danach nicht jeder ArbN, der geeignet ist einen bestimmten Arbeitsplatz zu besetzen, vielmehr muss sich zusätzlich dieser ArbN auch für den Einsatz auf diesem bestimmten Arbeitsplatz bereit erklärt haben. Weiter muss zumindest ein **Anbahnungsverhältnis** zum ArbGeb für einen konkreten Arbeitsplatz seitens des ArbN bestehen, um ihn als „Bewerber" zu qualifizieren[9]. Bewerber in diesem Sinne ist auch ein ArbN eines anderen Betriebs des gleichen Unternehmens, der in den Betrieb „versetzt" werden soll, da auch in solchen Fällen der BR des neuen Betriebes nach § 99 zu beteiligen ist[10]. Hat der ArbGeb die Einstellung durch eine **Unternehmensberatungsgesellschaft** vorbereiten lassen, so hat er den BR über diejenigen Bewerber zu informieren, die ihm von der Beratungsgesellschaft benannt wurden[11].

54 Mitzuteilen sind jeweils die genauen **Personalien** des Bewerbers, alle Umstände über seine **fachliche und persönliche Eignung**, der vorgesehene Arbeitsplatz, der Zeitpunkt der Unterrichtung sowie die dem ArbGeb bekannten betrieblichen Auswirkungen der Maßnahme[12]. Dieses Unterrichtungsrecht bezieht sich grundsätzlich auf alle vom Bewerber eingereichten als auch vom ArbGeb ermittelten Informationen. Deren Herausgabe darf insb. vom ArbGeb nicht aus **Datenschutzgründen** verweigert werden. Indes steht es dem Bewerber frei, die Weiterleitung seiner Unterlagen an den BR zu untersagen. In diesem Fall ist der ArbGeb gehindert, die Informationen als auch die vom Bewerber erhaltenen Unterlagen an den BR weiterzugeben[13]. Es kann durchaus Konstellationen geben, bei denen Bewerber ein erhebliches In-

---

1 BAG v. 3.12.1985 – 1 ABR 58/83, AP Nr. 8 zu § 95 BetrVG 1972; v. 8.8.1989 – 1 ABR 63/88, AP Nr. 18 zu § 95 BetrVG 1972. | 2 MünchArbR/*Matthes*, § 353 Rz. 26. | 3 Vgl. *Fitting*, § 99 BetrVG Rz. 135. | 4 Vgl. BAG v. 28.10.1992 – 10 ABR 75/91, AP Nr. 63 zu § 112 BetrVG 1972. | 5 DKK, § 99 BetrVG Rz. 126; *Fitting*, § 99 BetrVG Rz. 140. | 6 GK-BetrVG/*Kraft*, § 99 Rz. 105. | 7 Vgl. GK-BetrVG/*Kraft*, § 99 Rz. 81. | 8 BAG v. 3.10.1989 – 1 ABR 73/88, AP Nr. 74 zu § 99 BetrVG 1972; v. 10.8.1993 – 1 ABR 22/93, NZA 1994, 187. | 9 BAG v. 10.11.1992 – 1 ABR 21/92, AP Nr. 100 zu § 99 BetrVG 1972. | 10 BAG v. 26.1.1993 – 1 AZR 303/92, AP Nr. 102 zu § 99 BetrVG 1972. | 11 LAG Köln v. 6.10.1987 – 11 TABV 50/87, LAGE § 99 BetrVG 1972 Nr. 20. | 12 BAG v. 10.11.1992 – 1 ABR 21/92, AP Nr. 100 zu § 99 BetrVG 1972. | 13 *Heinze*, Personalplanung, Rz. 239 ff.; *Richardi/Thüsing*, § 99 BetrVG Rz. 146; aA *Stege/Weinspach/Schiefer*, §§ 99–101 BetrVG Rz. 37; *Fitting*, § 99 BetrVG Rz. 157.

teresse daran haben, dass ihre Angaben nur im Rahmen eines sehr beschränkten Kreises bekannt werden. Wenn also Bewerber ihre Bewerbung mit einem diesbezüglichen Sperrvermerk versehen, soll dieser geäußerte **Individualwille** unbedingten Vorrang haben und ist auch vom ArbGeb zu beachten. Dass in diesem Fall eine Einstellung des Bewerbers nur mit ausdrücklicher Zustimmung des BR erfolgen kann, ist vom Bewerber hinzunehmen[1]. Hierauf ist der Bewerber vom ArbGeb rechtzeitig hinzuweisen.

Bestehen derartige **Sperrvermerke** nicht, sind dem BR die erforderlichen **Bewerbungsunterlagen** vorzulegen. Dies bedeutet, dass der ArbGeb die Bewerbungsunterlagen dem BR bis zur Beschlussfassung über die beantragte Zustimmung, längstens für eine Woche, zu überlassen hat[2]. Sind Bewerberdaten elektronisch erfasst, so hat der ArbGeb diese dem BR in Form eines Ausdrucks zur Verfügung zu stellen. Dagegen ist der BR nicht berechtigt, etwa unmittelbar beim Bewerber eigenständige Erkundigungen einzuziehen. Ebenso wenig hat der BR ein Recht, dass sich der Stellenbewerber bei BR-Mitgliedern **persönlich vorstellt**. Genauso wenig besteht für BR-Mitglieder ein Recht darauf, an **Einstellungsgesprächen** des ArbGeb mit den Stellenbewerbern teilzunehmen[3]. Der ArbGeb ist auch nicht dazu verpflichtet, dem BR Auskunft über den **Inhalt des Arbeitsvertrages** zu geben, den er mit dem Bewerber abschließen will oder bereits abgeschlossen hat, soweit es sich nicht um Vereinbarungen über Art und Dauer der vorgesehenen Beschäftigung oder die beabsichtige Eingruppierung handelt[4]. 55

In welcher **Form die Unterrichtung** erfolgt, ist dem ArbGeb nicht vorgegeben. Regelmäßig ist der Vorsitzende des BR oder in seinem Verhinderungsfall sein Stellvertreter der Ansprechpartner für den ArbGeb. Auch für den **Antrag auf Zustimmung** des BR zu der geplanten Einstellung sieht das Gesetz keine besondere Form vor. Es genügt auch eine konkludente Antragstellung, sofern zweifelsfrei ist, dass der Antrag auf Zustimmung des BR zu der geplanten Einstellung Sinn der Information über die geplante Einstellung durch den ArbGeb ist[5]. 56

Diese Grundsätze gelten in gleicher Weise im Wesentlichen für die **Unterrichtung über Versetzungen**. Insbesondere hat der ArbGeb den in Aussicht genommenen Arbeitsplatz mitzuteilen sowie Auskunft darüber zu geben, welche Auswirkungen die geplante Versetzung hat. Bei vorübergehender Versetzung ist zudem die Dauer der Maßnahme anzugeben. Als Maßstab gilt hier Folgendes: *„Je weniger mit einer Versetzung eine Änderung der Umstände verbunden ist, unter denen der ArbN die Arbeit zu leisten hat, desto geringer ist die Unterrichtungspflicht des ArbGeb über die Auswirkungen der Versetzung."*[6] Besonderheiten ergeben sich dann, wenn ein ArbN von einem Betrieb in einen anderen Betrieb versetzt werden soll, und dieser ArbN mit dieser Versetzung einverstanden ist[7]. Dann entfällt das MitbestR des BR, wenn der ArbN die Versetzung selbst gewünscht hat oder diese seinen Wünschen und seiner freien Entscheidung entspricht. Schließlich kann in diesen Fällen der Zweck des MitbestR nach § 99 nicht mehr erreicht werden, weil der BR auch ein freiwilliges Ausscheiden des ArbN aus dem Betrieb letztlich nicht verhindern könnte. Allerdings ist der ArbGeb verpflichtet, den BR zumindest von dieser Versetzung zu unterrichten, wobei an den Umfang der Mitteilungspflicht keine großen Anforderungen gestellt werden können[8]. Anders ist allerdings die Rechtslage, wenn es sich um eine vorübergehende Versetzung handelt. Auch wenn diese im Einverständnis mit dem ArbN erfolgt, ist der BR hier gemäß § 99 zu beteiligen. 57

Hinsichtlich des **Unterrichtungsrechts bei der Eingruppierung** hat der ArbGeb den BR über alle für die Eingruppierung maßgeblichen Umstände zu unterrichten. Dem BR muss mitgeteilt werden, in welche Gruppe des jeweils vorhandenen kollektiven Entgeltschemas der ArbN gehört. Weiter muss der ArbGeb dem BR erläutern, wenn der ArbN unter den Geltungsbereich eines TV fällt, weshalb nach der Beurteilung des ArbGeb der ArbN nicht mehr von einer tarifvertraglichen Vergütungsgruppe erfasst wird[9]. Damit sind dem BR also die **Beurteilungskriterien** zu nennen, die der jeweiligen Entscheidung des ArbGeb zugrunde liegen. Dagegen brauchen **sonstige arbeitsvertragliche Abreden** dem BR nicht mitgeteilt werden[10]. Dies gilt auch für die **Höhe des jeweiligen Arbeitsentgelts**. Dementsprechend braucht der ArbGeb dem BR auch nicht die Bruttolohn- und -gehaltslisten vorzulegen. Er kommt seiner Informationspflicht nach, wenn der ArbGeb dem BR Einsicht in die Listen gibt, in denen die Arbeitsplätze und die für sie maßgeblichen Lohngruppen genannt sind[11]. 58

Entsprechendes ergibt sich auch für die **Umgruppierung**. Bei einer Massenumgruppierung reicht es auch aus, dass der ArbGeb dem BR die Arbeitsplätze nennt und angibt, in welche Vergütungsgruppe er sie einstufen will[12]. 59

3. Schweigepflicht. Aus der Sicht der besonderen Regelung in § 99 Abs. 1 Satz 3 unterliegen die Mitglieder des BR über die ihnen im Rahmen der personellen Maßnahmen nach § 99 Abs. 1 Satz 1 und 2 60

---

1 *Richardi/Thüsing*, § 99 BetrVG Rz. 146 mwN. | 2 BAG v. 3.12.1985 – 1 ABR 72/83, AP Nr. 29 zu § 99 BetrVG 1972. | 3 BAG v. 18.7.1978 – 1 ABR 8/75, AP Nr. 7 zu § 99 BetrVG 1972. | 4 BAG v. 18.10.1988, 1 ABR 33/87, AP Nr. 57 zu § 99 BetrVG 1972. | 5 *Richardi/Thüsing*, § 99 BetrVG Rz. 156; GK-BetrVG/*Kraft*, § 99 Rz. 110. | 6 *Richardi/Thüsing*, § 99 BetrVG Rz. 161. | 7 BAG v. 26.1.1993 – 1 AZR 303/92, AP Nr. 102 zu § 99 BetrVG 1972; v. 20.9.1990 – 1 ABR 37/90, AP Nr. 84 zu § 99 BetrVG 1972. | 8 GK-BetrVG/*Kraft*, § 99 Rz. 99 ff. | 9 BAG v. 31.10.1995 – 1 ABR 5/95, AP Nr. 5 zu § 99 BetrVG 1972. | 10 BAG v. 3.10.1989 – 1 ABR 73/88, AP Nr. 74 zu § 99 BetrVG 1972. | 11 *Richardi/Thüsing*, § 99 BetrVG Rz. 166 ff. | 12 BAG v. 5.2.1971, 1 ABR 24/70, AP Nr. 6 zu § 61 BetrVG.

bekannt gewordenen persönlichen Verhältnisse und Angelegenheiten der ArbN, die ihrer Bedeutung oder ihrem Inhalt nach einer vertraulichen Behandlung bedürfen, **einer besonderen Schweigepflicht**. Dies sollte sicherstellen, dass der Schutz der Intimsphäre der ArbN auch im Rahmen der Beteiligung des BR bei personellen Einzelmaßnahmen gewährleistet bleibt[1]. Die Verpflichtung zur Verschwiegenheit betrifft alle Mitglieder des BR. Dies gilt gemäß § 99 Abs. 1 Satz 3 iVm. § 79 Abs. 1 Satz 2 auch nach dem Ausscheiden aus dem BR. Aufgrund der Verweisung in § 99 Abs. 1 Satz 3 auf die Regelungen des § 79 Abs. 1 Satz 2–4 unterliegt die Verschwiegenheitsverpflichtung bestimmten **Einschränkungen**. Diese gilt nicht gegenüber Mitgliedern des BR. Sie gilt ferner nicht gegenüber dem GesamtBR, dem KonzernBR, der Bordvertretung, dem Seebetriebsrat und den ArbN-Vertretern im Aufsichtsrat sowie im Verfahren vor der Einigungsstelle, der tariflichen Schlichtungsstelle oder einer betrieblichen Beschwerdestelle[2]. Von der Schweigepflicht umfasst sind insb. alle Einzelangaben über persönliche und sachliche Verhältnisse, sofern der ArbN ein schutzwürdiges Interesse an dem Ausschluss der Übermittlung hat. Es kommt nicht darauf an, dass der ArbGeb ausdrücklich auf die Geheimhaltungspflicht hingewiesen hat. Geschützt sind die Daten auch dann, wenn der BR von diesen auch außerhalb der Beteiligung des BR nach § 99 Kenntnis erlangt hat.

61 Von der Verschwiegenheitsverpflichtung kann der ArbN den BR befreien. Verletzt dagegen der BR oder einzelne BR-Mitglieder ihre Schweigeverpflichtung, so kann der betroffene ArbN gegen diese einen **Schadensersatzanspruch** aus unerlaubter Handlung gemäß § 823 Abs. 2 BGB geltend machen[3]. Im Übrigen ist die Verletzung der Verschwiegenheitspflicht gemäß § 120 Abs. 2 und Abs. 3 strafbewehrt.

62 **4. Zustimmung des BR.** Damit eine vom ArbGeb geplante personelle Maßnahme betriebsverfassungsrechtlich wirksam vorgenommen werden kann, bedarf dies der Zustimmung des BR. Seine Zustimmung kann der BR jedoch nach § 99 Abs. 2 nur aus den dort genannten und abschließend aufgezählten Gründen verweigern. Ob ein **Zustimmungsverweigerungsgrund** vorliegt, ist eine Rechtsfrage, die der BR zu überprüfen hat und die ggf. durch das ArbG zu entscheiden ist. Stellt der BR fest, dass die tatbestandlichen Voraussetzungen eines Zustimmungsverweigerungsgrundes vorliegen, so ist er jedoch keinesfalls verpflichtet, von seinem Zustimmungsverweigerungsrecht Gebrauch zu machen. Vielmehr steht es in seinem **Ermessen**, ob er sein Beteiligungsrecht ausüben will. Allerdings kann der BR nur auf Maßnahmen des ArbGeb reagieren. Ihm steht **kein Initiativrecht** auf Durchführung bestimmter personeller Einzelmaßnahmen zu. Allein dem ArbGeb steht die Entscheidung darüber zu, welcher ArbN überhaupt eingestellt, versetzt, ein- oder umgruppiert werden soll. Bei der Entscheidung, ob der BR einen Zustimmungsverweigerungsgrund geltend machen will, geht es einmal um die Überprüfung, ob die geplante Maßnahme mit dem geltenden Recht übereinstimmt. Darüber hinaus hat der BR im Rahmen des § 99 die kollektiven Interessen der im Betrieb beschäftigten ArbN zu wahren, soweit diese durch etwaige personelle Einzelmaßnahmen berührt werden können.

63 **5. Zustimmungsverweigerungsgründe.** Bei der Aufzählung der Zustimmungsverweigerungsgründe in § 99 Abs. 2 differenziert der Gesetzgeber nicht nach der Art der geplanten personellen Einzelmaßnahme. Gleichwohl sind die einzelnen Zustimmungsverweigerungsgründe von unterschiedlicher Relevanz bei den möglichen personellen Einzelmaßnahmen.

64 **a) Verstoß gegen Rechtsvorschriften (Nr. 1).** Gemäß § 99 Abs. 2 Nr. 1 kann der BR die Zustimmung verweigern, wenn die personelle Maßnahme gegen ein Gesetz, eine VO, eine Unfallverhütungsvorschrift oder gegen eine Bestimmung in einem TV oder in einer BV oder gegen eine gerichtliche Entscheidung oder eine behördliche Anordnung verstoßen würde. Bei Einstellungen und Versetzungen bedeutet dies, dass die Übernahme des Arbeitsbereichs nach Inhalt und vertraglicher Gestaltungsform gegen zwingendes Recht verstößt. Nicht entscheidend ist dagegen, ob nur einzelne Vertragsbestimmungen gesetzwidrig sind. Das heißt, der BR kann die Zustimmung zu einer Einstellung oder Versetzung nur dann nach § 99 Abs. 2 Nr. 1 verweigern, wenn nach dem Zweck der verletzten Rechtsnorm die geplante Einstellung oder Versetzung ganz zu unterbleiben hat. Keinesfalls dient das MitbestR des BR nach § 99 einer umfassenden **Vertragskontrolle** und hat nicht die Aufgabe, normgemäße Vertragsbedingungen zu erzwingen[4]. Eine Gesetzesverletzung, die das Zustimmungsverweigerungsrecht des BR begründen kann, liegt vor, wenn die geplante personelle Maßnahme als solche nach dem Zweck der Norm untersagt ist[5]. Derartige Vorschriften können sich aus verschiedenen **Rechtsquellen**, auch aus der Verfassung ergeben. So verbietet Art. 9 Abs. 3 Satz 2 GG jede nachteilige Behandlung wegen der Koalitionszugehörigkeit. Insofern sind alle Maßnahmen, die auf eine Behinderung der Koalitionsfreiheit hinauslaufen, rechtswidrig. Diese Regelung schlägt auch auf die Einstellungsentscheidung und ihre Vorbereitung durch. Insofern ist das mögliche Interesse des ArbGeb, der Tarifbindung durch Einstellung nichtorganisierter ArbN auszuweichen, nicht geschützt. Er kann daher nicht die Einstellungsbewerber nach Zugehörigkeit oder Nichtzugehörigkeit zur Gewerkschaft trennen[6].

---

[1] BT-Drs. VI/2729, S. 31. | [2] Kritisch hierzu: *Richardi/Thüsing*, § 99 BetrVG Rz. 173. | [3] *Richardi/Thüsing*, § 99 BetrVG Rz. 174. | [4] BAG v. 28.6.1994 – 1 ABR 59/93, AP Nr. 4 zu § 99 BetrVG 1972 – Einstellung; v. 9.7.1996 – 1 ABR 55/95, AP Nr. 9 zu § 99 BetrVG 1972 – Einstellung. | [5] BAG v. 28.3.2000 – 1 ABR 16/99, NZA 2000, 1294. | [6] BAG v. 28.3.2000 – 1 ABR 16/99, NZA 2000, 1284.

Insbesondere erlangt der Zustimmungsverweigerungsgrund des § 99 Abs. 2 Nr. 1 Bedeutung im Zusammenhang mit **Diskriminierungsverboten** (Art. 141 EG § 75 Abs. 1 BetrVG, § 611a BGB)[1]. So verstößt die Einstellung eines nicht **schwerbehinderten** ArbN gegen eine gesetzliche Vorschrift iSd. § 99 Abs. 2 Nr. 1, wenn der ArbGeb vor der Einstellung nicht gemäß § 81 Abs. 1 Satz 1 SGB IX geprüft hat, ob der freie Arbeitsplatz mit einem schwerbehinderten ArbN besetzt werden kann[2]. Dagegen kann der BR der beabsichtigten Einstellung eines ArbN nicht mit der Begründung widersprechen, im Einstellungsbetrieb sei die **Pflichtzahl** an schwerbehinderten Menschen noch nicht erreicht, weshalb ein schwerbehinderter Bewerber vorzuziehen sei[3]. 65

Ein Zustimmungsverweigerungsrecht nach § 99 Abs. 2 Nr. 1 besteht auch dann, wenn **Ausländer** ohne die dafür erforderliche Arbeitserlaubnis beschäftigt werden oder **LeihArbN** unter Verstoß gegen die Vorschriften des AÜG eingesetzt werden sollen[4]. Darüber hinaus besteht ein Zustimmungsverweigerungsrecht im Falle einer Einstellung, wenn die ins Auge gefasste Einstellung gegen ein **Beschäftigungsverbot** verstößt (zB §§ 22 ff. JArbSchG, § 15a GefStoffV, § 42 IfSG). Bei den Beschäftigungsverboten für Frauen nach dem **MuSchG** besteht jedoch die Besonderheit, dass der BR seinerseits nicht der Einstellung widersprechen kann, wenn der ArbGeb nicht berechtigt ist, eine Bewerberin von der Einstellung auszuschließen, etwa eine Schwangere deshalb nicht auf eine unbefristete Stelle einzustellen, weil sie für die Dauer der Schwangerschaft wegen eines aus ihrem Zustand folgenden gesetzlichen Beschäftigungsverbots auf dieser Stelle von Anfang an nicht beschäftigt werden darf. Die Vorschriften zur Anwendung des MuSchG dürfen für die werdende Mutter keine Nachteile beim Zugang zur Beschäftigung mit sich bringen[5]. 66

Dagegen liegt kein Gesetzesverstoß iSd. § 99 Abs. 2 Nr. 1 bei einer vertraglich vorgesehenen **Befristung** eines Arbeitsverhältnisses ohne rechtfertigenden Grund vor[6]. Hier ist nochmals darauf hinzuweisen, dass das Beteiligungsrecht des BR nach § 99 nicht einer **Inhaltskontrolle** des Arbeitsvertrages dient und insb. keine „Prozessstandschaft" des BR zur Überprüfung der Wirksamkeit einer Befristung begründet. Ebenfalls kein Zustimmungsverweigerungsrecht kann der BR mit der Behauptung geltend machen, dass der ArbGeb bei einer geplanten Einstellung oder Versetzung ihn nicht **ordnungsgemäß unterrichtet** habe. Mit diesem Einwand übt der BR gerade nicht sein MitbestR aus, sondern macht geltend, dass der ArbGeb ihn nicht ordnungsgemäß beteiligt habe[7]. 67

Der Verstoß gegen Rechtsvorschriften braucht sich nicht unbedingt aus Gesetzen und VO ergeben. Vielmehr stellt § 99 Abs. 2 Nr. 1 diesen Rechtsquellen die **Unfallverhütungsvorschriften** der Berufsgenossenschaften gleich (vgl. § 15 SGB VII). So kann der BR der Versetzung eines ArbN in die Position einer Aufsichtsperson iSd. Unfallverhütungsvorschriften die Zustimmung versagen, wenn der zu versetzende ArbN nicht über die in der betreffenden Unfallverhütungsvorschrift vorgesehene Qualifikation verfügt[8]. 68

Auch ein Verstoß gegen eine Bestimmung in einem **TV** oder in einer **BV** kann ein Zustimmungsverweigerungsgrund bedeuten. Voraussetzung hierfür ist, dass die Maßnahme selbst gegen die Tarifnorm bzw. BV verstoßen muss. Es genügt nicht, dass einzelne Vertragsbedingungen dem TV oder der BV zuwiderlaufen. Im Hinblick auf tarifvertragliche Normen ist dafür erforderlich, dass diese für den betroffenen ArbN gelten. Dies kann unproblematisch bei für allgemeinverbindlich erklärten TV angenommen werden. Liegt eine Allgemeinverbindlicherklärung nicht vor, aber ist die betreffende Norm als Betriebsnorm zu qualifizieren, so genügt die Tarifbindung des ArbGeb. Handelt es sich dagegen um eine Inhaltsnorm, dann kommt ein Verstoß iSv. § 99 Abs. 2 Nr. 1 nur in Frage, wenn beiderseitige Tarifbindung besteht. Dagegen liegt dem Grunde nach „nur" eine Verletzung des Gleichbehandlungsgrundsatzes vor, wenn bei einer Inhaltsnorm keine beiderseitige Tarifbindung besteht, aber der TV kraft einzelvertraglicher Inbezugnahme oder betrieblicher Übung für das konkrete Arbeitsverhältnis zur Anwendung kommt. Voraussetzung ist aber, dass die aufgrund betrieblicher Übung oder einzelvertraglicher Bezugnahme geltende Inhaltsnorm Vorrang vor der vertraglichen Gestaltungsfreiheit im Arbeitsverhältnis hat[9]. Als typische TV-Inhalte, die ein Zustimmungsverweigerungsrecht des BR auslösen können, werden tarifvertragliche Abschlussverbote und Gebote, Regelungen über die vorrangige Besetzung mit Betriebsangehörigen, älteren ArbN, Langzeitarbeitslosen, Regelung zum Verbot der Beschäftigung von ArbN unter einer bestimmten Arbeitszeit usw. genannt[10]. 69

Ein Verstoß gegen die Bestimmung einer **BV** kann unter ähnlichen Voraussetzungen in Betracht kommen, wie ein Verstoß gegen die Bestimmung aus einem TV[11]. Voraussetzung ist allerdings, dass eine BV 70

---

[1] So: *Fitting*, § 99 BetrVG Rz. 164; *Gnade/Kermann/Schneider/Klebe/Ratayczak*, § 99 BetrVG Rz. 26; *Richardi/Thüsing*, § 99 BetrVG Rz. 186; BAG v. 22.1.2003 – 4 ABR 18/02, nv. | [2] BAG v. 14.11.1989 – 1 ABR 88/88, AP Nr. 77 zu § 99 BetrVG 1972; vgl. auch BAG v. 10.11.1992 – 1 ABR 21/92, AP 100 zu § 99 BetrVG 1972. | [3] ArbG Lüneburg v. 27.5.1986 – 2 Bv 3/86, NZA 1987, 67. | [4] BAG v. 28.9.1988 – 1 ABR 85/87, AP Nr. 60 zu § 99 BetrVG 1972; BAG v. 22.1.1991 – 1 ABR 18/90, AP Nr. 86 zu § 99 BetrVG 1972. | [5] EuGH v. 3.2.2000, C-207/98, AP Nr. 18 zu § 611a BGB. | [6] BAG v. 28.6.1994, 1 ABR 59/93, AP Nr. 4 zu § 99 BetrVG – Einstellung; v. 16.7.1985 – 1 ABR 35/83, AP Nr. 21 zu § 99 BetrVG 1972; v. 20.6.1978 – 1 ABR 65/75, AP Nr. 8 zu § 99 BetrVG 1972. | [7] *Richardi/Thüsing*, § 99 BetrVG Rz. 196; vgl. auch BAG v. 28.1.1986 – 1 ABR 10/84, AP Nr. 34 zu § 99 BetrVG 1972. | [8] Vgl. ArbG Berlin v. 15.3.1988 – 31 BV 4/87, AiB 1988, S. 292. | [9] So *Richardi/Thüsing*, § 99 BetrVG Rz. 201; aA DKK, § 99 BetrVG Rz. 177. | [10] Vgl. DKK, § 99 BetrVG Rz. 177 mwN. | [11] BAG v. 10.3.1992 – 1 ABR 67/91, AP Nr. 96 zu § 99 BetrVG 1972.

nach § 77 Abs. 3 oder § 87 Abs. 1 Eingangssatz zulässig ist. Liegen Auswahlrichtlinien in Form einer BV vor, so ist hierfür in § 99 Abs. 2 Nr. 2 ein selbständiger Zustimmungsverweigerungsgrund vorgesehen.

71 Neben den Verstößen gegen Rechtsvorschriften sieht das BetrVG als Zustimmungsverweigerungsgrund auch den Verstoß gegen eine **gerichtliche Entscheidung** oder eine behördliche Anordnung vor. Hierzu gehört einmal die rechtskräftige Entscheidung eines ArbG, dass bei einer bestimmten personellen Maßnahme die Zustimmungsverweigerung des BR begründet war. Ein Verstoß gegen eine gerichtliche Entscheidung kann ebenfalls vorliegen, wenn es um eine Einstellung eines ArbN geht, für den ein gerichtlich angeordnetes Berufsverbot besteht. Dagegen darf der BR die Zustimmung zu einer personellen Maßnahme nicht deshalb verweigern, weil diese angeblich einer gefestigten höchstrichterlichen Rspr. entgegensteht [1].

72 Unter **behördlichen Anordnungen**, die eine Zustimmungsverweigerung begründen können, kommen etwa folgende Maßnahmen in Betracht: Verbot der Beschäftigung Jugendlicher mit bestimmten Arbeiten gem. § 27 JArbSchG, Verbot des Einstellens und Ausbildens von Jugendlichen gem. §§ 22, 24 BBiG, §§ 22, 24 HandwO [2].

73 b) **Verstoß gegen Auswahlrichtlinien (Nr. 2).** Der BR kann ebenfalls gem. **§ 99 Abs. 2 Nr. 2** die Zustimmung verweigern, wenn die personelle Maßnahme gegen eine Auswahlrichtlinie iSd. § 95 verstoßen würde. Damit ist das Zustimmungsverweigerungsrecht des BR die Sanktion für den Fall, dass der ArbGeb Maßnahmen in Abweichung von einmal aufgestellten Auswahlrichtlinien vornehmen will. Hierbei kommt es nicht darauf an, ob der BR gem. § 95 Abs. 2 die Aufstellung von Auswahlrichtlinien verlangen konnte oder es sich um freiwillige Auswahlrichtlinien gem. § 95 Abs. 1 handelt. In allen Fällen ist aber Voraussetzung für eine Zustimmungsverweigerung gestützt auf § 99 Abs. 2 Nr. 2, dass die Auswahlrichtlinie wirksam zustande gekommen ist. Ein Zustimmungsverweigerungsrecht hat der BR aber nur bei Verstoß gegen die Auswahlrichtlinie. Hier ist in Erinnerung zu rufen, dass Auswahlrichtlinien die Entscheidung eines ArbGeb nicht vorwegnehmen sollen, sondern lediglich diesen Entscheidungen einen Rahmen setzen sollen. In jedem Fall muss gewährleistet sein, dass aufgrund von Auswahlrichtlinien dem ArbGeb ein Ermessensspielraum verbleibt. Demzufolge liegt ein Verstoß gegen Auswahlrichtlinien erst dann vor, wenn der ArbGeb diesen Ermessensspielraum überschreitet. Ist dies der Fall, ist der BR berechtigt, von seinem Zustimmungsverweigerungsrecht Gebrauch zu machen. Dabei kommt es nicht darauf an, ob die Verweigerung der Zustimmung unangemessen ist [3].

74 c) **Benachteiligung anderer ArbN (Nr. 3).** Zum Schutz der im Betrieb beschäftigten ArbN kann der BR gem. **§ 99 Abs. 2 Nr. 3** seine Zustimmung zu einer personellen Einzelmaßnahme auch verweigern, wenn die durch Tatsachen begründete Besorgnis besteht, dass infolge der personellen Maßnahme im Betrieb beschäftigte ArbN gekündigt werden oder sonstige **Nachteile** erleiden, ohne dass dies aus betrieblichen oder persönlichen Gründen gerechtfertigt ist. Nach der Novellierung des BetrVG gilt bei unbefristeter Einstellung als Nachteil auch die Nichtberücksichtigung eines gleich geeigneten befristeten Beschäftigten. Dieses Zustimmungsverweigerungsrecht wird regelmäßig nur bei Einstellungen und Versetzungen in Betracht kommen. Bei Eingruppierungen und Umgruppierungen lassen sich regelmäßig keine nachteiligen Auswirkungen auf andere ArbN denken [4]. § 99 Abs. 2 Nr. 3 setzt einen **ursächlichen Zusammenhang** zwischen einer mitbestimmungspflichtigen Maßnahme und einer befürchteten Kündigung bzw. dem sonstigen Nachteil voraus. Dies folgt aus dem Tatbestandsmerkmal „infolge". Ein ursächlicher Zusammenhang ist aber schon zu bejahen, wenn Kündigung und personelle Einzelmaßnahme Folge derselben Betriebsänderungen sind und wenn diese eine Auswahlentscheidung nach § 1 Abs. 3 KSchG erforderlich macht [5]. Es genügt also, dass die ins Auge gefasste personelle Maßnahme mitursächlich für eine Kündigung oder einen sonstigen Nachteil wird. Das ist nicht mehr der Fall, wenn die ins Auge gefasste personelle Maßnahme selbst noch nicht zum Nachteil führt, dieser aber beim Hinzutreten einer weiteren jedoch noch ungewissen Tatsache ausgelöst wird. In diesem Fall ist die Ursächlichkeit zu verneinen [6].

75 Der BR muss eine **durch Tatsachen begründete Besorgnis** von durch die Maßnahme ausgelösten Nachteilen vortragen. Es ist also nicht erforderlich, dass wegen der personellen Einzelmaßnahme tatsächlich einem im Betrieb beschäftigten ArbN gekündigt wird oder dieser sonstige Nachteile erleidet. Vielmehr lässt das Gesetz die Besorgnis genügen. Auf der anderen Seite reichen reine Vermutungen des BR nicht aus. Grundlage einer begründeten Verweigerung können daher nur greifbare, feststehende Umstände bilden, nicht aber vage Vorstellungen oder theoretisierende Mutmaßungen [7]. Dabei lässt sich als Tatsache alles Vorhandene, Geschehene oder Geschehende, das durch äußere oder innere Wahrnehmung erfasst wird, definieren [8]. Nur wenn sich aufgrund derartiger Tatsachen ein Rückschluss auf eine drohende Kündigung bzw. eintretende Nachteile rechtfertigen lässt, kann überhaupt erst das Zustimmungsverweigerungsrecht ausgelöst werden.

---

1 *Richardi/Thüsing*, § 99 BetrVG Rz. 203. | 2 Vgl. DKK, § 99 BetrVG Rz. 180. | 3 *Fitting*, § 99 BetrVG Rz. 179; GK-BetrVG/*Kraft*, § 99 Rz. 137; aA *Blomeyer*, Der Interessenkonflikt zwischen Arbeitnehmer und Betriebsrat bei Individualmaßnahmen, S. 147, 165 f. | 4 LAG Hamm v. 1.8.1979 – 12 TABV 39/79, DB 1979, 2499 (2500). | 5 BAG v. 15.9.1987 – 1 ABR 29/86, AP Nr. 45 zu § 99 BetrVG 1972. | 6 DKK, § 99 BetrVG Rz. 184. | 7 LAG Schl.-Holst. v. 18.1.1993 – 4 TABV 43/92, ARST 1993, 155. | 8 LAG Rh.-Pf. v. 10.12.1981 – 4 TABV 27/81, DB 1982, 652.

Das Gesetz hebt als einen ausdrücklichen **Nachteil** die durch eine personelle Einzelmaßnahme verursachte **Kündigung** anderer im Betrieb beschäftigter ArbN besonders hervor. Damit dient das Zustimmungsverweigerungsrecht in § 99 Abs. 2 Nr. 3 der Ergänzung des Kündigungsschutzes[1]. Mit Kündigung ist hier nicht nur die Beendigungskündigung gemeint. Vielmehr ist das Zustimmungsverweigerungsrecht auch dann einschlägig, wenn infolge der Einstellung oder Versetzung eine **Änderungskündigung** zu besorgen ist[2]. Regelmäßig wird der Zustimmungsverweigerungstatbestand dann einschlägig sein, wenn die Einstellung oder Versetzung auf einen Arbeitsplatz erfolgt, der noch mit einem ArbN besetzt ist[3]. Der BR ist nach Auffassung des BAG indes nicht berechtigt, seine Zustimmung zu der Versetzung zu verweigern, wenn der versetzte oder eingestellte ArbN iSd. § 1 Abs. 3 KSchG sozial stärker schutzbedürftig ist als der Arbeitsplatzinhaber, mit der Folge, dass nach den Grundsätzen für eine **soziale Auswahl** des zu kündigenden ArbN die betriebsbedingte Kündigung gerade gegenüber demjenigen ArbN auszusprechen sei, auf dessen Arbeitsplatz die Versetzung erfolgen soll[4]. Hat der ArbGeb einem Arbeitsplatzinhaber gekündigt, obwohl dieser sozial schutzbedürftiger ist als derjenige, der neu eingestellt oder auf diesen Arbeitsplatz versetzt werden soll, so hindert allein der Ausspruch der Kündigung nicht den BR, sich auf das Zustimmungsverweigerungsrecht gemäß § 99 Abs. 2 Nr. 3 zu berufen[5]. Andernfalls könnte der ArbGeb das MitbestR des BR nach § 99 unterlaufen. Das Zustimmungsverweigerungsrecht ist jedoch dann nicht mehr gegeben, wenn die bereits ausgesprochene Kündigung zur endgültigen Beendigung des Arbeitsverhältnisses geführt hat[6].

Das BAG zieht aber den Anwendungsbereich des § 99 Abs. 2 Nr. 3 sehr weit. Geraten etwa die Arbeitsplätze mehrerer vergleichbarer ArbN in Wegfall und stehen für einen Teil dieser ArbN andere Beschäftigungsmöglichkeiten zur Verfügung, mit der Folge, dass eine Sozialauswahl nach § 1 Abs. 3 KSchG erforderlich wird, so begründet etwa die Versetzung eines ArbN auf einen der freien Arbeitsplätze die Besorgnis, dass einem anderen ArbN infolge dieser Maßnahme gekündigt wird[7]. Hier verliert das Zustimmungsverweigerungsrecht nach § 99 Abs. 2 Nr. 3 jede Kontur. Sinn der Regelung ist schließlich lediglich, den Arbeitsplatzinhaber davor zu schützen, dass durch eine personelle Maßnahme der Kreis der mit ihm vergleichbaren ArbN erweitert wird, mit der Folge, dass sich für ihn die Gefahr einer Kündigung erhöht[8]. Wenn damit das Zustimmungsverweigerungsrecht des BR auf die richtige Durchführung der Sozialauswahl ausgerichtet ist, bedeutet dies zwangsläufig, dass ein Zustimmungsverweigerungsrecht dann nicht besteht, wenn die aufgrund der personellen Einzelmaßnahme zu erwartende Kündigung sozial gerechtfertigt wäre. § 99 Abs. 2 Nr. 3 dient letztlich der Absicherung des individualrechtlichen Kündigungsschutzes, nicht aber soll durch diese Vorschrift der BR in die Lage versetzt werden, durch entsprechende Ausübung des Zustimmungsverweigerungsrechts den im Betrieb beschäftigten ArbN einen zusätzlichen Kündigungsschutz zu gewähren.

Gem. § 99 Abs. 2 Nr. 3 ist der BR berechtigt, die Zustimmung zu einer personellen Einzelmaßnahme auch dann zu verweigern, wenn diese durch Tatsachen begründete Besorgnis **sonstiger Nachteile** für die im Betrieb beschäftigten ArbN auslöst. Hierbei definiert das Gesetz nicht, um welche Art von Nachteilen es sich handeln muss. Man wird jedoch verlangen müssen, dass es sich zumindest um erhebliche und ins Gewicht fallende Nachteile zu handeln hat[9]. Ein Nachteil lässt sich als eine **Verschlechterung des bisherigen rechtlichen oder tatsächlichen Status** definieren. Nachteile in diesem Sinne sind also nicht nur der Verlust einer Rechtsposition oder einer rechtserheblichen Anwartschaft. Vielmehr können auch die auf der Versetzung eines ArbN beruhenden **erheblichen Erschwerungen** der Arbeit für die in der Abteilung verbleibenden ArbN nachteilig sein[10]. Dabei ist der Umstand, dass andere ArbN infolge einer Einstellung oder Versetzung die Aussicht verlieren, den zu besetzenden, als besser empfundenen Arbeitsplatz zu bekommen, nicht als Nachteil zu werten[11]. Ebenso wenig als Nachteil anzusehen ist es, wenn aufgrund der personellen Einzelmaßnahme **Überstunden** abgebaut werden und damit der Verlust eines höheren Einkommens verbunden ist. Schließlich besteht für ArbN kein Anspruch auf Leistung von Überstunden[12]. Anders ist es aber zu sehen, wenn aufgrund der personellen Einzelmaßnahme die Besorgnis besteht, dass zusätzliche Überstunden anfallen. Ebenso ist bei einer durch die personelle Einzelmaßnahme hervorgerufenen deutlichen **Leistungsverdichtung** von einem erheblichen Nachteil iSv. § 99 Abs. 2 Nr. 3 auszugehen[13].

Unabhängig davon, ob ein Nachteil iSv. § 99 Abs. 2 Nr. 3 vorliegt, besteht ein Zustimmungsverweigerungsgrund dann nicht, wenn die zu erwartenden Kündigungen oder sonstigen Nachteile aus **betrieblichen oder persönlichen Gründen gerechtfertigt** sind. Dies ist hypothetisch in Anlehnung an § 1

---

1 BAG v. 30.8.1995 – 1 ABR 11/95, AP Nr. 5 zu § 99 BetrVG 1972 – Versetzung. | 2 BAG v. 30.8.1995 – 1 ABR 11/95, AP Nr. 5 zu § 99 BetrVG 1972 – Versetzung. | 3 BAG v. 15.9.1987 – 1 ABR 29/86, AP Nr. 45 zu § 99 BetrVG 1972. | 4 BAG v. 15.9.1987 – 1 ABR 29/86, AP Nr. 45 zu § 99 BetrVG 1972. | 5 MünchArbR/*Matthes*, § 352 Rz. 76; *Richardi/Thüsing*, § 99 BetrVG Rz. 213; aA *Löwisch/Kaiser*, § 99 BetrVG Rz. 60; GK-BetrVG/*Kraft*, § 99 Rz. 140. | 6 *Richardi/Thüsing*, § 99 BetrVG Rz. 213. | 7 BAG v. 30.8.1995 – 1 ABR 11/95, AP Nr. 5 zu § 99 BetrVG 1972. | 8 So zu Recht: *Löwisch/Kaiser*, § 99 BetrVG Rz. 59. | 9 MünchArbR/*Matthes*, § 352 Rz. 77. | 10 BAG v. 6.10.1978 – 1 ABR 51/77; AP Nr. 10 zu § 99 BetrVG 1972; v. 15.9.1987 – 1 ABR 44/86, AP Nr. 46 zu § 99 BetrVG 1972. | 11 Vgl. BAG v. 18.9.2002 – 1 ABR 56/01, AP Nr. 31 zu § 99 BetrVG 1972 – Versetzung. | 12 MünchArbR/*Matthes*, § 352 Rz. 78. | 13 DKK, § 99 BetrVG Rz. 189; ArbG Bielefeld v. 15.1.2003 – 3 BV 78/02; kritisch: ErfK/*Kania*, § 99 BetrVG Rz. 30.

Abs. 2 und 3 KSchG zu prüfen[1]. Allerdings ist darauf hinzuweisen, dass etwa die aufgrund einer personellen Einzelmaßnahme zu befürchtenden Nachteile nur dann gerechtfertigt sind, wenn eine Kündigung eines ArbN sozial gerechtfertigt iSd. Kündigungsschutzgesetzes wäre[2]. Zwar trägt grundsätzlich der BR die **Darlegungs- und Beweislast** für das Vorliegen eines Widerspruchsgrundes; dafür, dass die Nachteile durch betriebliche oder persönliche Gründe des betroffenen ArbN gerechtfertigt sind, trägt allerdings der ArbGeb die Darlegungs- und Beweislast[3].

80 Mit dem Gesetz zur Reform des BetrVG hat der Gesetzgeber nunmehr eine Ergänzung des Zustimmungsverweigerungstatbestandes des § 99 Abs. 2 Nr. 3 vorgenommen. Danach gilt bei einer unbefristeten Einstellung als Nachteil auch die **Nichtberücksichtigung** eines gleich geeigneten **befristet Beschäftigten**. Der Regelungsumfang dieser Ergänzung beschränkt sich jedoch nur auf das Vorliegen eines Nachteils. Weder trifft die Novellierung Aussagen darüber, ob die Nichtberücksichtigung eines gleich geeigneten befristeten Beschäftigten in einem kausalen Verhältnis zur personellen Einzelmaßnahme steht, noch ist durch § 99 Abs. 2 Nr. 3 letzter Halbs. bereits bestimmt, dass die Nichtberücksichtigung eines gleich geeigneten befristeten Beschäftigten nicht durch betriebliche oder persönliche Gründe gerechtfertigt ist. Nach der Gesetzesbegründung soll durch die Ergänzung in § 99 Abs. 2 Nr. 3 dem BR ausdrücklich zur Aufgabe gemacht werden, im Rahmen der Personalpolitik des ArbGeb darauf zu achten und hinzuwirken, dass im Betrieb befristet beschäftigte ArbN eine Chance erhalten, in ein Dauerarbeitsverhältnis zu wechseln. Damit soll gleichzeitig ein Beitrag zur Beschäftigungssicherung dieser Personengruppe geleistet werden[4]. Diese Regelung steht im Zusammenhang mit den Bestimmungen des TzBfG. Dort ist in § 18 TzBfG vorgesehen, dass der ArbGeb die befristet beschäftigte ArbN durch allgemeine Bekanntgabe an geeigneter, den ArbN zugänglicher Stelle über entsprechende unbefristete Arbeitsplätze, die besetzt werden sollen, zu informieren hat. Außerdem sieht § 9 TzBfG eine Verpflichtung des ArbGeb vor, einem teilzeitbeschäftigten ArbN, der ihm den Wunsch nach einer Verlängerung seiner vertraglich vereinbarten Arbeitszeit angezeigt hat, bei der Besetzung eines entsprechenden freien Arbeitsplatzes bei gleicher Eignung bevorzugt zu berücksichtigen, es sei denn, dass dringende betriebliche Gründe und Arbeitszeitwünsche anderer teilzeitbeschäftigter ArbN entgegenstehen.

81 Die Vorschrift des § 99 Abs. 2 Nr. 3 letzter Halbs. hat bereits eine erhebliche Anzahl **offener Fragen** aufgeworfen. So wird vertreten, dass die Neufassung des § 99 Abs. 2 Nr. 3 lediglich verhindern will, dass ArbN zugunsten externer Bewerber benachteiligt werden, hingegen der interne Wettbewerb um Arbeitsplätze nicht beeinflusst werden soll[5]. Hintergrund dieser Auffassung ist, dass das Gesetz nur die Einstellung nennt und die Versetzung ausspart. Daraus wird geschlossen, dass die Vorschrift eben nicht den internen Wettbewerb um Arbeitsplätze betrifft. Insofern dürfe der BR nicht widersprechen, wenn eine unbefristete Stelle an einen bereits im Betrieb befristet beschäftigten ArbN vergeben wird zu Lasten eines anderen ebenfalls befristet im Betrieb beschäftigten ArbN. Einschlägig wird das Zustimmungsverweigerungsrecht jedoch nur bei unbefristeter Einstellung. Insofern besteht kein Zustimmungsverweigerungsrecht aufgrund der Neufassung des § 99 Abs. 2 Nr. 3, wenn der ArbGeb eine weitere befristete Einstellung vornimmt, obwohl er diese auch hätte unbefristet vornehmen können[6]. Der BR kann nämlich nicht verlangen, dass anstatt einer befristeten Einstellung eine **unbefristete Einstellung** vorgenommen wird. Dies bedeutet letztlich eine Gesetzeslücke. Wenn die Befristung des Arbeitsverhältnisses eines einzustellenden externen Bewerbers zeitlich weiterreicht, als die eines Konkurrenten, löst sich die **Konkurrenzsituation** aufgrund Zeitablaufs auf, wenn der interne Konkurrent aufgrund Ablaufs der Befristung den Betrieb verlassen muss und dann der befristet neu eingestellte ArbN eine unbefristete Anstellung erhält[7]. Ebenso wenig kann der BR aufgrund von § 99 Abs. 2 Nr. 3 letzter Halbs. verlangen, dass ein bereits ausgeschiedener ehemals befristet Beschäftigter bei einer geplanten unbefristeten Einstellung vorrangig zum Zuge kommt. § 99 Abs. 2 Nr. 3 dient schließlich nur dem Schutz der aktiven Belegschaft, soweit diese befristet beschäftigt ist. Ohnehin kommt ein Zustimmungsverweigerungsrecht aufgrund der Novellierung des § 99 Abs. 2 Nr. 3 nur dann in Betracht, wenn der befristet beschäftigte, betriebsinterne **Konkurrent** gleich **geeignet** ist. Das heißt aber auch, dass der BR befristet beschäftigten ArbN auf der Grundlage von § 99 Abs. 2 Nr. 3 keine Beförderungsstelle verschaffen kann, da andernfalls der befristete ArbN besser stünde als der gekündigte ArbN, bei dem eine Sozialauswahl vorzunehmen ist[8]. Ob ein befristet beschäftigter ArbN iSd. § 99 Abs. 2 Nr. 3 als gleich geeignet anzusehen ist, obliegt dem **Beurteilungsspielraum des ArbGeb**[9]. Liegt im Rahmen dieses Beurteilungsspielraums keine gleiche Eignung vor, so steht dem BR auch kein Zustimmungsrecht zu[10]. Eine besondere Problematik liegt allerdings bei Probearbeitsverhältnissen vor. Hier soll es den Parteien, insb. dem ArbGeb, freistehen, ob er sich nach Ablauf eines befristeten Probearbeitsverhältnisses dauerhaft an den jeweiligen ArbN binden will. In diesen Fällen macht es keinen Sinn, dass der BR die Entscheidung des ArbGeb, sich von einem zur Probe beschäftigten ArbN nach Ablauf dessen Probezeit trennen zu wollen,

---

1 BAG v. 30.8.1995 – 1 ABR 11/95, AP Nr. 5 zu § 99 BetrVG 1972 – Versetzung; *Richardi/Thüsing*, § 99 BetrVG Rz. 225. |2 So: GK-BetrVG/*Kraft*, § 99 Rz. 143; *Richardi/Thüsing*, § 99 BetrVG Rz. 225; einschr. offenbar: DKK, § 99 BetrVG Rz. 191. |3 *Fitting*, § 99 BetrVG Rz. 195 mwN. |4 BR-Drs. 140/01, S. 115. |5 *Löwisch/ Kaiser*, § 99 BetrVG Rz. 63. |6 *Hanau*, ZIP 2001, 1981 (1987). |7 *Rieble*, NZA-Sonderheft 2001, 48 (57). |8 So zu Recht *Rieble*, NZA-Sonderheft 2001, 48 (57). |9 *Hanau*, RdA 2001, 65 (73); *Löwisch/Kaiser*, § 99 BetrVG Rz. 63. |10 *Rieble*, NZA-Sonderheft 2001, 48 (57).

konterkarieren kann, indem der BR von dem Zustimmungsverweigerungsrecht nach § 99 Abs. 2 Nr. 3 Gebrauch macht. Insofern wird zu Recht gefordert, dass § 99 Abs. 2 Nr. 3 letzter Halbs. teleologisch zu reduzieren ist, mit der Folge, dass zugunsten von ArbN, die sich in der sechsmonatigen Probezeit befinden, der BR von seinem Zustimmungsverweigerungsrecht nicht Gebrauch machen kann. Anderenfalls würden diese befristet beschäftigten ArbN besser gestellt als unbefristete Beschäftigte[1].

d) Benachteiligung des betroffenen ArbN (Nr. 4). Gem. § 99 Abs. 2 Nr. 4 kann der BR die Zustimmung zu einer personellen Einzelmaßnahme verweigern, wenn der **betroffene ArbN** durch die **personelle Maßnahme** benachteiligt wird, ohne dass dies aus betrieblichen oder in der Person des ArbN liegenden Gründen gerechtfertigt ist. Nach mittlerweile st. Rspr. dient § 99 Abs. 2 Nr. 4 allein der Wahrung der Interessen des betroffenen ArbN. Dies entspricht dem Willen des Gesetzgebers, dem BR ein Zustimmungsverweigerungsrecht bei Nichtbeachtung berechtigter Belange des unmittelbar von einer personellen Maßnahme betroffenen ArbN einzuräumen[2]. Demzufolge ist betroffener ArbN iSd. § 99 Abs. 2 Nr. 4 nur derjenige, auf den sich die personelle Maßnahme unmittelbar bezieht. Wirkt sich die personelle Maßnahme auf andere im Betrieb beschäftigte ArbN aus, kann insoweit § 99 Abs. 2 Nr. 3 einschlägig sein[3]. Auf der Grundlage der herrschenden Meinung kann daher der Zustimmungsverweigerungsgrund des § 99 Abs. 2 Nr. 4 nicht auf den Fall der **Einstellung** Anwendung finden, da der **einzustellende Bewerber** durch seine Einstellung keinen Nachteil erleidet und ein etwa übergangener Bewerber aus Sicht der herrschenden Meinung durch § 99 Abs. 2 Nr. 4 nicht geschützt wird[4]. Auch das **Einverständnis** des betroffenen ArbN zur Benachteiligung schließt das Zustimmungsverweigerungsrecht des BR nicht aus[5]. Etwas anderes gilt dann, wenn die Regelung des § 99 durch die Privatautonomie des einzelnen ArbN überlagert wird. Dies wird man in den Fällen annehmen können, in denen der ArbN selbst eine personelle Einzelmaßnahme, wie etwa eine Versetzung, wünscht. Da der BR auch nicht verhindern kann, dass etwa ein ArbN das Arbeitsverhältnis beendet, wird man dem BR ein Zustimmungsverweigerungsrecht in Bezug auf eine solche **gewünschte Versetzung** absprechen müssen[6]. Das BAG weist aber zutreffend darauf hin, dass allein der Verzicht auf die Erhebung einer Klage gegen eine entsprechende Änderungskündigung nicht genügt, um darauf schließen zu können, dass eine Versetzung dem Wunsch eines betroffenen ArbN entspricht[7].

Regelmäßig wird gerade bei **Versetzungen** die Frage auftauchen, ob die personelle Maßnahme für den betroffenen ArbN einen **Nachteil** bedeutet. Derartige Nachteile können vielfältig sein. Einmal können sich die materiellen Arbeitsbedingungen verschlechtern, wenn zB durch den neu zugewiesenen Tätigkeitsbereich der betroffene ArbN in eine geringer entlohnte Gehaltsgruppe eingruppiert werden muss. Aber auch aus den äußeren Umständen, die sich aufgrund der Versetzung ändern, kann ein Nachteil für den betroffenen ArbN erwachsen. Dies kann etwa der Fall sein, dass die neue Tätigkeit unter erschwerten Bedingungen zu erbringen ist oder dass für den ArbN längere **Wegezeiten** anfallen. Das Zustimmungsverweigerungsrecht des BR entfällt jedoch, wenn die jeweilige personelle Maßnahme, insb. eine Versetzung, und die mit ihr verbundenen Nachteile **durch betriebliche oder in der Person des ArbN** liegende Gründe **gerechtfertigt** sind. Ob ein solcher Rechtfertigungsgrund vorliegt, ist in Anlehnung an die Regelungen des § 1 KSchG zu prüfen[8].

e) Unterlassen einer Ausschreibung (Nr. 5). Der BR kann die Zustimmung zu einer personellen Maßnahme darüber hinaus verweigern, wenn eine nach § 93 erforderliche **Ausschreibung** unterblieben ist. Dies gilt auch dann, wenn zwar ausgeschrieben wurde, die Ausschreibung jedoch unvollständig ist oder eine mit dem BR vereinbarte Form nicht eingehalten wurde[9]. So genügt der ArbGeb nicht der vom BR geforderten innerbetrieblichen Stellenausschreibung, wenn er eine bestimmte Stelle im Betrieb zwar ausschreibt, in einer Stellenanzeige in der Tagespresse dann aber geringere Anforderungen für die Bewerbung um diese Stelle nennt[10]. Darüber hinaus soll zwischen der innerbetrieblichen Stellenausschreibung und der Einstellung eines externen Bewerbers mindestens eine Woche liegen[11]. Umstritten ist die Frage, ob der BR unter Berufung auf **§ 99 Abs. 2 Nr. 5** die Zustimmung zu einer Einstel-

---

1 Vgl. zu diesem Komplex: *Hanau*, RdA 2001, 73; *Konzen*, RdA 2001, 76 (92); *Preis/Lindemann*, NZA Sonderheft 2001, 33 (47); *Rieble*, NZA-Sonderheft 2001, 48 (57); kritisch *Richardi/Thüsing*, § 99 BetrVG Rz. 220. |2 So ausdrücklich: BAG v. 6.10.1978 – 1 ABR 51/77, AP Nr. 10 zu § 99 BetrVG 1972; v. 20.9.1990 – 1 ABR 37/90, AP Nr. 84 zu § 99 BetrVG 1972; v. 2.4.1996 – 1 ABR 39/95, AP Nr. 9 zu § 99 BetrVG 1972 – Versetzung; aA *Heinze*, Personalplanung, Rz. 326. |3 BAG v. 6.10.1978 – 1 ABR 51/77, AP Nr. 10 zu § 99 BetrVG 1972. |4 BAG v. 6.10.1978 – 1 ABR 51/77, AP Nr. 10 zu § 99 BetrVG 1972; *Richardi/Thüsing*, § 99 BetrVG Rz. 228; aA *Heinze*, Personalplanung, S. 322, der zu Recht auf den Fall hinweist, dass ein ArbN zu schlechteren Arbeitsbedingungen, als sie für vergleichbare ArbN innerhalb der Belegschaft bisher gelten, eingestellt wird und hieraus eine Benachteiligung des einzustellenden ArbN folgt. |5 *Fitting*, § 99 BetrVG Rz. 202; *Heinze*, Personalplanung, Rz. 324; aA GK-BetrVG/*Kraft*, § 99 Rz. 145 (die letztere Auffassung erklärt sich vor dem Hintergrund, dass nach ihr lediglich Individualinteressen und keine kollektiven Interessen durch § 99 Abs. 2 Nr. 4 BetrVG geschützt werden). |6 BAG v. 20.9.1990 – 1 ABR 37/90, AP Nr. 84 zu § 99 BetrVG 1972; v. 2.4.1996 – 1 ABR 39/95, AP Nr. 9 zu § 99 BetrVG 1972 – Versetzung; aA *v. Hoyningen-Huene*, NZA 1993, 145 (148). |7 BAG v. 2.4.1996 – 1 ABR 39/95, AP Nr. 9 zu § 99 BetrVG 1972 – Versetzung. |8 *Heinze*, Personalplanung, Rz. 323. |9 MünchArbR/*Matthes*, § 352 Rz. 86; DKK, § 99 BetrVG Rz. 198; *Fitting*, § 99 BetrVG Rz. 206; BAG v. 18.12.1990 – 1 ABR 15/90, AP Nr. 85 zu § 99 BetrVG 1972. |10 BAG v. 23.2.1988 – 1 ABR 82/86, AP Nr. 2 zu § 93 BetrVG 1972. |11 ArbG Reutlingen v. 9.9.1990 – 1 Bv 20/93, AiB 1994, 122.

lung verweigern kann, wenn die freien Arbeitsplätze entgegen § 611b BGB nicht geschlechtsneutral ausgeschrieben wurden[1]. Der Zustimmungsverweigerungsgrund in § 99 Abs. 2 Nr. 5 hat jedoch nicht zur Aufgabe, die **allgemeine Rechtmäßigkeit von Ausschreibungen** sicherzustellen. Vielmehr soll das Recht des BR, personellen Einzelmaßnahmen seine Zustimmung aufgrund des § 99 Abs. 2 Nr. 5 zu versagen, dazu dienen, das **MitbestR nach § 93 abzusichern**. Hierfür ist jedoch nicht erforderlich, dass der BR seine Zustimmung zu personellen Einzelmaßnahmen auch dann verweigern kann, wenn dem ArbGeb unabhängig vom Recht des BR nach § 93 Rechtsfehler unterlaufen. Konsequent ist deshalb, dass dem BR kein Zustimmungsverweigerungsrecht gem. § 99 Abs. 2 Nr. 5 zusteht, wenn der ArbGeb seiner Verpflichtung nach § 7 Abs. 1 TzBfG nicht nachkommt[2].

85 Allerdings darf der BR sein Zustimmungsverweigerungsrecht nach § 99 Abs. 2 Nr. 5 nicht **rechtsmissbräuchlich** ausüben, was zB der Fall wäre, wenn bereits vorher feststand, dass kein ArbN des Betriebs für den zu besetzenden Arbeitsplatz in Betracht kommt[3]. Ebenfalls fehlt es an einem Zustimmungsverweigerungsrecht, wenn der ArbGeb mittlerweile erkannt hat, dass er die Ausschreibung mangelhaft durchgeführt hat und die Ausschreibung dann korrekt nachholt, ohne dass weitere Bewerbungen eingehen. In diesem Fall darf sich der BR nicht im Hinblick auf den Zustimmungsverweigerungsgrund des § 99 Abs. 2 Nr. 5 auf die zuerst fehlerhafte Ausschreibung berufen[4].

86 **f) Störung des Betriebsfriedens (Nr. 6).** Gemäß § 99 Abs. 2 Nr. 6 kann der BR die Zustimmung auch verweigern, wenn die durch Tatsachen begründete Besorgnis besteht, dass der für die personelle Maßnahme in Aussicht genommene Bewerber oder ArbN den **Betriebsfrieden** durch gesetzwidriges Verhalten oder durch grobe Verletzung der in § 75 Abs. 1 enthaltenen Grundsätze, insb. durch **rassistische** oder **fremdenfeindliche Betätigung,** stören werde. Dieser Zustimmungsverweigerungsgrund kommt nur bei der Einstellung und bei der Versetzung in Betracht. Hierdurch wird das in § 104 enthaltene Recht des BR ergänzt, vom ArbGeb die Entfernung betriebsstörender ArbN zu verlangen. Der Tatbestand des § 99 Abs. 2 Nr. 6 setzt insgesamt eine **Prognoseentscheidung** voraus. Dh., es müssen also Tatsachen vorliegen, die darauf schließen lassen, dass der von der personellen Maßnahme Betroffene bei Durchführung dieser Maßnahme den Betriebsfrieden durch gesetzwidriges Verhalten oder durch eine grobe Verletzung der in § 75 Abs. 1 enthaltenen Grundsätze stören werde. Anknüpfungspunkt kann aber nur das erwartete Verhalten des von der personellen Maßnahme Betroffenen sein. So kann der BR die Zustimmung zu einer Einstellung eines Bewerbers nicht etwa deshalb verweigern, weil die jeweilige **Einstellung** des Bewerbers zu religiösen, politischen oder gewerkschaftlichen Fragen zu einer Störung des Betriebsfriedens führen würde. Erst wenn zu erwarten steht, dass der Bewerber durch sein **Verhalten** die in § 75 Abs. 1 genannten Grundsätze grob verletzen wird und dieses Verhalten zu einer Störung des Betriebsfriedens führen wird, kann der BR von seinem Zustimmungsverweigerungsrecht nach § 99 Abs. 2 Nr. 6 Gebrauch machen[5]. Ein gesetzeswidriges Verhalten, welches zu einer Störung des Betriebsfriedens führen kann, wird beispielsweise anzunehmen sein bei Diebstählen zu Lasten der Arbeitskollegen, Beleidigungen, Mobbing, Verleumdungen, sexuellen Belästigungen am Arbeitsplatz, Körperverletzungsdelikten am Arbeitsplatz etc. Ein gesetzeswidriges Verhalten ist aber unerheblich, wenn es in keinerlei **Zusammenhang zum betrieblichen Geschehen** steht[6]. Besonders betont hat der Gesetzgeber nunmehr, dass der BR ein Zustimmungsverweigerungsrecht dann hat, wenn die durch Tatsachen begründete Besorgnis besteht, dass der für die personelle Maßnahme in Aussicht genommene Bewerber oder ArbN den Betriebsfrieden durch **rassistische oder fremdenfeindliche Betätigung** stören werde. Hiermit sollte dem BR eine ausdrückliche Handhabe eingeräumt werden, um zu gewährleisten, dass in Betrieben kein Raum für Rassismus und Fremdenfeindlichkeit ist. Dieser Zustimmungsverweigerungsgrund bezieht sich auf alle Nationalitäten. Gerade in Großbetrieben, in denen viele Nationalitäten in der Belegschaft zusammentreffen, hat nunmehr der BR die Aufgabe erhalten, präventiv sich zu bemühen, rassistischer und fremdenfeindlicher Tätigkeit in jedweder Form vorzubeugen.

87 Allerdings muss die Besorgnis der Störung des Betriebsfriedens durch Tatsachen begründet sein. Bloße **Vermutungen** des BR oder „allgemeine Erfahrungen" reichen hierfür nicht aus. Deshalb genügt auch nicht der Hinweis, dass ein Bewerber nicht in die Belegschaft passe[7].

88 **V. Zustimmungsverweigerungsverfahren.** Wenn der BR seine Zustimmung zu einer personellen Einzelmaßnahme verweigern will, so hat er dies dem ArbGeb unter Angabe von Gründen gem. § 99 Abs. 3 Satz 1 **innerhalb einer Woche schriftlich** mitzuteilen. Dagegen kann die Erteilung der Zustimmung ohne die Beachtung besonderer Formvorschriften erfolgen. Dies kann also mündlich und ohne Begründung geschehen. Auch ist der BR bei Erteilung der Zustimmung nicht an die Wochenfrist gebunden. Er kann also, nachdem er zunächst frist- und formgerecht seine Zustimmungsverweigerung erklärt hat, später auch nach Ablauf der Wochenfrist seine Zustimmung erteilen. Wenn der BR aber einmal seine Zustimmung erteilt hat, so ist dies bindend. Er kann also nicht nachträglich, etwa noch vor Ablauf der Wochenfrist, diese **Zustimmung zurücknehmen** und stattdessen noch ausdrücklich die Zustimmung

---

1 Für ein Zustimmungsverweigerungsrecht: LAG Hess. v. 13.7.1999 – 4 TABV 192/97 – LAGE § 99 BetrVG 1972 Nr. 58; *Fitting,* § 99 BetrVG Rz. 205; DKK, § 99 BetrVG Rz. 198; gegen ein Zustimmungsverweigerungsrecht: MünchArbR/*Matthes,* § 352 Rz. 86. | 2 So zu Recht: *Löwisch/Kaiser,* § 99 BetrVG Rz. 70. | 3 *Richardi/Thüsing,* § 99 BetrVG Rz. 238. | 4 MünchArbR/*Matthes,* § 352 Rz. 85. | 5 So zu Recht: *Richardi/Thüsing,* § 99 BetrVG Rz. 243. | 6 *Fitting,* § 99 BetrVG Rz. 212. | 7 *Richardi/Thüsing,* § 99 BetrVG Rz. 243.

verweigern[1]. Die Zustimmung bedarf dem Grundsatz nach eines wirksamen Beschlusses des BR oder eines Gremiums, dem der BR diese Aufgabe übertragen hat. Der ArbGeb darf zwar grundsätzlich auf die Wirksamkeit eines entsprechenden Beschlusses vertrauen, wenn ihm der BR-Vorsitzende oder sein Vertreter mitteilt, der BR habe die beantragte Zustimmung erteilt[2]. Dies gilt aber dann nicht, wenn der ArbGeb die Tatsachen kennt oder kennen muss, aus denen die Unwirksamkeit des Beschlusses folgt[3].

Will der BR die Zustimmung jedoch zu einer bestimmten personellen Maßnahme verweigern, so hat dieses schriftlich zu erfolgen. Hierzu genügt es allerdings nicht, dass überhaupt schriftlich der Widerspruch eingelegt wird, vielmehr muss der **Widerspruch** des BR **mit Gründen versehen** sein. Eine Zustimmungsverweigerung ohne Gründe ist von der Rspr. bisher als unwirksam erklärt worden[4]. Für die Beachtung der Schriftform gilt, dass die **Unterschrift** des BR-Vorsitzenden unter der Urkunde diese räumlich abschließen muss[5]. Dagegen braucht die Urkunde nach der Rspr. des BAG nicht die **eigenhändige Originalunterschrift** aufzuweisen, so dass die Zustimmungsverweigerung auch mittels **Telefax** erfolgen kann[6]. Befindet sich die Begründung zur Zustimmungsverweigerung auf einer nicht unterschriebenen Anlage, so ist die Form nur eingehalten, wenn die unterzeichnete Erklärung auf die beigefügte Begründung in der Anlage verweist, diese mit der unterzeichneten Erklärung fest verbunden ist und kein Zweifel möglich ist, dass sie die Willensbildung des BR-Gremiums wiedergibt[7]. Auch ein **Vorbehalt, die Begründung nachzureichen**, reicht nicht aus, wenn die schriftliche Begründung nicht fristgemäß erfolgt. 89

Inhaltlich darf sich die **Begründung** nicht auf die Wiederholung des Wortlauts einer der Nummern des Abs. 2 beschränken. Dagegen ist nicht erforderlich, dass der Zustimmungsverweigerungsgrund ziffernmäßig benannt wird. Es genügt, wenn die vom BR für die Verweigerung seiner Zustimmung vorgetragene Begründung es als möglich erscheinen lässt, dass einer der in § 99 Abs. 2 abschließend genannten Zustimmungsverweigerungsgründe geltend gemacht wird[8]. Damit ist nur eine Begründung, die offensichtlich auf keinen der Verweigerungsgründe Bezug nimmt, unbeachtlich, mit der Konsequenz, dass die Zustimmung des BR nach Fristablauf als erteilt gilt. Dagegen ist auch eine **offensichtlich unsinnige Begründung** vom ArbGeb zu beachten, mit der Konsequenz, dass dieser das ArbG anrufen muss, um die Stichhaltigkeit der Gründe nachzuprüfen[9]. Dies bedeutet aber auch, dass es nicht zu den Wirksamkeitsvoraussetzungen einer Zustimmungsverweigerung gehört, dass die vom BR angegebenen Gründe tatsächlich existieren[10]. 90

Der BR hat sein Zustimmungsverweigerungsrecht innerhalb der Wochenfrist auszuüben. Die **Wochenfrist** beginnt gem. § 187 Abs. 1 BGB mit dem Tag nach der Unterrichtung und endet gem. § 188 Abs. 2 BGB mit dem Ablauf des Tages der nächsten Woche, der dem Tag der Unterrichtung entspricht. In Lauf gesetzt wird die Wochenfrist durch die **ordnungsgemäße Unterrichtung** des BR durch den ArbGeb[11]. Was für eine ordnungsgemäße Unterrichtung erforderlich ist, hängt im Einzelfall von der geplanten personellen Einzelmaßnahme ab. Hält der BR die Unterrichtung durch den ArbGeb nicht für ordnungsgemäß, so ist er aber aus dem Gebot einer vertrauensvollen Zusammenarbeit verpflichtet, innerhalb der Wochenfrist dies dem ArbGeb mitzuteilen[12]. War die Unterrichtung zunächst nicht vollständig oder wurden die erforderlichen Unterlagen nicht vorgelegt, und holt der ArbGeb dies später nach, so beginnt die Wochenfrist vom Tag des Zugangs der vollständigen Information[13]. Nach der Ansicht des BAG kann die Wochenfrist durch Vereinbarung zwischen dem ArbGeb und BR aber auch durch einen TV **verlängert** werden[14]. Wird die Frist, aus welchem Grund auch immer, vom BR versäumt, so gilt grundsätzlich gem. § 99 Abs. 3 Satz 2 seine Zustimmung als erteilt. Allenfalls in den Fällen, in denen der BR durch höhere Gewalt daran gehindert ist, sich rechtzeitig zu äußern, ist dem BR noch das Recht einzuräumen, seine Zustimmung alsbald nach Wegfall des Hindernisses zur Abgabe einer Erklärung noch nachträglich verweigern zu können[15]. Keinesfalls ist aber ein solcher Fall höherer Gewalt gegeben, wenn sich der BR lediglich deshalb an einer Einhaltung der Wochenfrist gehindert sieht, weil eine Vielzahl von personellen Einzelmaßnahmen von ihm zu bearbeiten ist[16]. 91

VI. Zustimmungsersetzungsverfahren. Hat der BR seine Zustimmung ordnungsgemäß verweigert, so kann der ArbGeb gem. § 99 Abs. 4 beim ArbG beantragen, die **Zustimmung zu ersetzen**. Er ist jedoch nicht verpflichtet, diesen Weg zu gehen. Vielmehr steht es ihm frei, ob er auf die Durchführung der personellen Maßnahme ganz verzichten will oder erneut versuchen will, die Zustimmung des BR zu der 92

---

1 MünchArbR/*Matthes*, § 352 Rz. 105; *Richardi/Thüsing*, § 99 BetrVG Rz. 249; aA bei besonderen Fallgestaltungen: *Hueck/Nipperdey*, Lehrbuch des Arbeitsrechts, 7. Aufl., Bd. II/2, S. 1427, Fn. 54 a). | 2 Dies gilt auch dann, wenn die personelle Maßnahme den BR-Vorsitzenden betrifft (BAG v. 19.3.2003 – 7 ABR 15/02, NZA 2003, 870). | 3 Vgl. hierzu BAG v. 23.8.1984 – 2 AZR 391/83, AP Nr. 17 zu § 103 BetrVG 1972. | 4 BAG v. 18.7.1978 – 1 ABR 43/75, AP Nr. 1 zu § 101 BetrVG 1972; v. 21.11.1978 – 1 ABR 91/76, AP Nr. 3 zu § 101 BetrVG 1972. | 5 BAG v. 24.7.1979 – 1 ABR 78/77, AP Nr. 11 zu § 99 BetrVG 1972. | 6 BAG v. 11.6.2002 – 1 ABR 43/01, AP Nr. 118 zu § 99 BetrVG 1972. | 7 LAG München v. 16.3.1987 – 2 (3) TABV 51/86, LAGE § 99 BetrVG 1972 Nr. 12. | 8 BAG v. 20.11.1990 – 1 ABR 87/89, AP Nr. 47 zu § 118 BetrVG 1972; v. 26.1.1988 – 1 AZR 531/86, AP Nr. 50 zu § 99 BetrVG 1972. | 9 *Fitting*, § 99 BetrVG Rz. 215. | 10 *Richardi/Thüsing*, § 99 BetrVG Rz. 270. | 11 BAG v. 14.3.1989 – 1 ABR 80/87, AP Nr. 64 zu § 99 BetrVG 1972; v. 28.1.1986 – 1 ABR 10/84, AP Nr. 34 zu § 99 BetrVG 1972. | 12 BAG v. 14.3.1989 – 1 ABR 80/87, AP Nr. 64 zu § 99 BetrVG 1972. | 13 *Fitting*, § 99 BetrVG Rz. 218. | 14 BAG v. 17.5.1983 – 1 ABR 5/80, AP Nr. 18 zu § 99 BetrVG 1972; v. 22.10.1985 – 1 ABR 42/84, AP Nr. 23 zu § 99 BetrVG 1972; aA *Richardi/Thüsing*, § 99 BetrVG Rz. 257 f. | 15 *Fitting*, § 99 BetrVG Rz. 221; *Heinze*, Personalplanung, Rz. 291; aA MünchArbR/*Matthes*, § 352 Rz. 94. | 16 MünchArbR/*Matthes*, § 352 Rz. 94.

Maßnahme zu erlangen. **Antragsberechtigt** ist nur der ArbGeb. Der ArbN, auf den sich die personelle Einzelmaßnahme bezieht, kann die Ersetzung des BR beim ArbG nicht beantragen[1]. Der Antrag des ArbGeb setzt jedoch voraus, dass er den BR gem. § 99 Abs. 1 zuvor ausreichend unterrichtet hat[2]. Der ArbGeb ist berechtigt, im Laufe des Zustimmungsersetzungsverfahrens eine zuvor **unvollständige Unterrichtung des BR** zu **ergänzen** und damit den Antrag zulässig zu machen. Ob der BR aber seinerseits berechtigt ist, weitere Gründe für die Zustimmungsverweigerung nachzuschieben, ist umstritten[3]. Das BAG ist indes der Auffassung, dass der BR alle Gründe, aus denen er seine Zustimmung zu einer personellen Einzelmaßnahme verweigern will, innerhalb der Wochenfrist dem ArbGeb schriftlich mitteilen muss, so dass ein **Nachschieben von Zustimmungsverweigerungsgründen** durch den BR als unzulässig angesehen wird[4]. Dies gilt nach der Rspr. des BAG allerdings nur für Gründe **tatsächlicher Art** sowie für die Einführung anderer Widerspruchsgründe des § 99 Abs. 2[5]. Daher ist der BR nicht gehindert, auch noch nach Ablauf der Wochenfrist seine Zustimmungsverweigerung ergänzend auf **rechtliche** Argumente zu stützen, wie etwa rechtsfehlerhaftes Verhalten des ArbGeb, sowie auf solche Gründe, die die Wirksamkeit einer Norm betreffen, auf der die vom ArbGeb beabsichtigte Maßnahme beruht[6]. Dafür, dass Tatsachen vorliegen, die einen Zustimmungsverweigerungsgrund begründen, ist der BR **darlegungs- und beweispflichtig**[7]. Dagegen ist der ArbGeb dafür darlegungs- und beweislastpflichtig, dass der BR rechtzeitig und vollständig unterrichtet worden ist[8] sowie dafür, dass im Fall von § 99 Abs. 2 Nr. 3 und 4 betriebliche oder persönliche Gründe die personelle Maßnahme rechtfertigen.

93 Wird durch das **ArbG** dann rechtskräftig festgestellt, dass keine ausreichenden Gründe zur Verweigerung der Zustimmung vorgelegen haben, so hat es dem Antrag des ArbGeb stattzugeben, mit der Folge, dass dieser dann die personelle Maßnahme durchführen kann. Wird der Antrag des ArbGeb dagegen rechtskräftig abgelehnt, so ist er grundsätzlich daran gehindert, die personelle Maßnahme durchzuführen, es sei denn, der Antrag wurde mit der Begründung abgewiesen, dass eine Zustimmung des BR nicht erforderlich gewesen sei. In diesem Fall nehmen auch die tragenden Gründe des Beschlusses an der inneren Rechtskraft teil[9].

94 **VII. Rechtsstellung des einzelnen ArbN.** Die Mitbest. des BR nach § 99 beeinflusst auch mittelbar das **Rechtsverhältnis zwischen ArbGeb und dem einzelnen ArbN**[10]. Welche Rechtsfolgen aber die Missachtung der Mitbestimmungsregeln zu § 99 haben, hängt von den jeweiligen Maßnahmen ab.

95 So bleibt etwa der Arbeitsvertrag wirksam, wenn bei der **Einstellung** das MitbestR des BR verletzt wurde[11]. Trotz wirksamen Arbeitsvertrages darf aber der ArbGeb die personelle Maßnahme der Einstellung nicht durchführen. Insofern besteht ein **betriebsverfassungsrechtliches Beschäftigungsverbot** für den betreffenden ArbN. Da sich regelmäßig der ArbN, der neu eingestellt wird, noch nicht im Geltungsbereich des Kündigungsschutzgesetzes befindet, weil die Wartezeit noch nicht erfüllt ist, steht es dem ArbGeb frei, die Kündigung des Arbeitsverhältnisses auszusprechen. Selbst wenn der ArbN unter den Schutz des Kündigungsschutzgesetzes fällt, so ist bei fortbestehendem betriebsverfassungsrechtlichen Beschäftigungsverbot die Kündigung als sozial gerechtfertigt anzusehen[12].

96 Soll eine **Versetzung** ohne Zustimmung des BR vorgenommen werden und ist die Zustimmung auch nicht vom ArbG ersetzt worden, so ist die Zuweisung eines anderen Arbeitsbereichs unwirksam[13]. Der ArbN ist nicht verpflichtet, der Versetzungsanordnung nachzukommen[14]. Hiervon ist dann eine Ausnahme zu machen, wenn die auf Dauer angelegte Versetzung des ArbN in einen anderen Betrieb gerade mit dem Einverständnis des ArbN erfolgt[15]. Darüber hinaus ist im Hinblick auf die rechtliche Bedeutung des Einverständnisses eines ArbN zu der ihn betreffenden Versetzungsmaßnahme danach zu differenzieren, welcher Zustimmungsverweigerungsgrund seitens des BR geltend gemacht wird[16].

97 Dagegen geht es bei der **Ein- und Umgruppierung** lediglich um Fragen der Rechtsanwendung. Nimmt der ArbGeb die Ein- oder Umgruppierung unter Verletzung des Beteiligungsrechts des BR vor, so bleibt es dem ArbN unbenommen, das ArbG anzurufen, um im Urteilsverfahren feststellen zu lassen, in welche Vergütungsgruppe er einzugruppieren ist. Der BR kann hier nicht die Aufhebung einer unzutreffenden Eingruppierung verlangen. Er kann aber beantragen, dass dem im Zustimmungserset-

---

1 GK-BetrVG/*Kraft*, § 99 Rz. 165; BAG v. 3.12.2002 – 9 AZR 481/01, AP Nr. 2 zu § 81 SGB IX. | 2 BAG v. 15.4.1986 – 1 ABR 55/84, AP Nr. 36 zu § 99 BetrVG 1972. | 3 Dies bejaht etwa *Fitting*, § 99 BetrVG Rz. 238. | 4 BAG v. 15.4.1986 – 1 ABR 55/84, AP Nr. 36 zu § 99 BetrVG 1972; v. 3.7.1984 – 1 ABR 74/82, AP Nr. 20 zu § 99 BetrVG 1972; v. 10.8.1993 – 1 ABR 22/93, NZA 1994, 187 ff. | 5 BAG v. 28.4.1998 – 1 ABR 50/97, BAGE 88, 309. | 6 BAG v. 6.8.2002 – 1 ABR 49/01, AP Nr. 27 zu § 99 BetrVG 1972 – Eingruppierung. | 7 Strittig: GK-BetrVG/ *Kraft*, § 99 Rz. 162 f.; wie hier: *Richardi/Thüsing*, § 99 BetrVG Rz. 277; MünchArbR/*Matthes*, § 352 Rz. 119; aA *Fitting*, § 99 BetrVG Rz. 237. | 8 BAG v. 28.1.1986 – 1 ABR 10/84, AP Nr. 34 zu § 99 BetrVG 1972. | 9 BAG v. 21.9.1989 – 1 ABR 32/89, AP Nr. 72 zu § 99 BetrVG 1972. | 10 BAG v. 3.5.1994 – 1 ABR 58/93, AP Nr. 2 zu § 99 BetrVG 1972 – Eingruppierung. | 11 BAG v. 2.7.1980 – 5 AZR 56/79, AP Nr. 5 zu § 101 BetrVG 1972; v. 3.5.1994 – 1 ABR 58/93, AP Nr. 2 zu § 99 BetrVG 1972 – Eingruppierung. | 12 *Raab*, ZfA 1995, 479 (482); aA *Richardi/Thüsing, § 99 BetrVG Rz. 296*. | 13 *Raab*, ZfA 1995, 479 (497 f.). | 14 BAG v. 26.1.1988 – 1 AZR 531/86, AP Nr. 50 zu § 99 BetrVG 1972. | 15 *Richardi/Thüsing*, § 99 BetrVG Rz. 301. | 16 *Poletti*, Auswirkungen fehlender oder fehlerhafter Beteiligung des Betriebsrats bei der Versetzung auf das Einzelarbeitsverhältnis, S. 189 ff.

zungsverfahren erfolglos gebliebenen ArbGeb aufgegeben wird, ein erneutes Beteiligungsverfahren einzuleiten, das die Eingruppierung in eine andere Vergütungsgruppe vorsieht[1].

VIII. Streitigkeiten. Bei Streitigkeiten, ob ein MitbestR nach § 99 einschlägig ist, entscheidet das ArbG im **Beschlussverfahren**. Antragsberechtigt sind sowohl der ArbGeb als auch der BR. Geht es dagegen lediglich darum, ob eine Zustimmungsverweigerung des BR berechtigt war, ist nur der ArbGeb antragsberechtigt. Im Rahmen dieses Beschlussverfahrens ist der betroffene ArbN bzw. Bewerber nicht beteiligt. 98

Ein Antrag auf Erlass einer **einstweiligen Verfügung**, mit der dem ArbGeb die vorläufige Aufhebung einer personellen Einzelmaßnahme iSd. § 99 aufgegeben werden soll, ist unzulässig, weil dadurch die in § 101 enthaltene gesetzliche Regelung unterlaufen würde[2]. Ebenso wenig kann der BR eine einstweilige Verfügung zur Untersagung einer vorläufigen personellen Einzelmaßnahme nach § 100 verlangen[3]. Allenfalls in krassen Fällen der Missachtung des Beteiligungsrechts des BR kann die Aufhebung einer vorläufigen personellen Maßnahme im Wege der einstweiligen Verfügung in Betracht kommen[4]. 99

100 Vorläufige personelle Maßnahmen

(1) Der Arbeitgeber kann, wenn dies aus sachlichen Gründen dringend erforderlich ist, die personelle Maßnahme im Sinne des § 99 Abs. 1 Satz 1 vorläufig durchführen, bevor der Betriebsrat sich geäußert oder wenn er die Zustimmung verweigert hat. Der Arbeitgeber hat den Arbeitnehmer über die Sach- und Rechtslage aufzuklären.

(2) Der Arbeitgeber hat den Betriebsrat unverzüglich von der vorläufigen personellen Maßnahme zu unterrichten. Bestreitet der Betriebsrat, dass die Maßnahme aus sachlichen Gründen dringend erforderlich ist, so hat er dies dem Arbeitgeber unverzüglich mitzuteilen. In diesem Fall darf der Arbeitgeber die vorläufige personelle Maßnahme nur aufrechterhalten, wenn er innerhalb von drei Tagen beim Arbeitsgericht die Ersetzung der Zustimmung des Betriebsrats und die Feststellung beantragt, dass die Maßnahme aus sachlichen Gründen dringend erforderlich war.

(3) Lehnt das Gericht durch rechtskräftige Entscheidung die Ersetzung der Zustimmung des Betriebsrats ab oder stellt es rechtskräftig fest, dass offensichtlich die Maßnahme aus sachlichen Gründen nicht dringend erforderlich war, so endet die vorläufige personelle Maßnahme mit Ablauf von zwei Wochen nach Rechtskraft der Entscheidung. Von diesem Zeitpunkt an darf die personelle Maßnahme nicht aufrechterhalten werden.

Lit.: *Lahusen*, Zur Durchsetzung vorläufiger Einzelmaßnahmen, NZA 1989, 869; *Matthes*, Verfahrensrechtliche Fragen im Zusammenhang mit Beteiligungsrechten des Betriebsrates bei personellen Einzelmaßnahmen, DB 1989, 1285.

I. Vorbemerkung. Der Gesetzgeber wollte durch die Vorschrift des § 100 die Auswirkungen des Zustimmungserfordernisses des BR bei personellen Einzelmaßnahmen für die betriebliche Praxis mildern. Auf der anderen Seite bedeutet die Existenz der Vorschrift des § 100, dass ein ArbGeb nicht im Wege einer einstweiligen Verfügung die Umsetzung einer personellen Maßnahme im Beschlussverfahren durchsetzen kann[5]. Insofern ist durch § 100 ein **besonderes einstweiliges Rechtschutzverfahren** normiert[6]. Nach dieser Vorschrift ist es dem ArbGeb gestattet, eine personelle Maßnahme vorläufig durchzuführen, wenn dies aus sachlichen Gründen dringend erforderlich ist, obwohl der BR sich noch nicht geäußert hat, oder wenn er die Zustimmung zu dieser personellen Einzelmaßnahme verweigert hat. In der Praxis wird insofern bisweilen die Problematik des § 99 zu Recht oder zu Unrecht durch das Eilverfahren nach § 100 kompensiert. Macht der ArbGeb von dieser Möglichkeit Gebrauch, so hat er den BR unverzüglich von der vorläufigen personellen Maßnahme zu unterrichten. Will der BR aber daraufhin bestreiten, dass die Maßnahme aus sachlichen Gründen dringend erforderlich ist, so muss er dieses unverzüglich dem ArbGeb mitteilen. Dieser darf dann die vorläufige personelle Maßnahme nur dann aufrechterhalten, wenn er innerhalb von drei Tagen beim ArbG die Ersetzung der Zustimmung des BR und die Feststellung beantragt, dass die Maßnahme aus sachlichen Gründen dringend erforderlich war. 1

II. Anwendungsbereich. Vom Wortlaut her findet die Regelung des § 100 auf alle in § 99 genannten personellen Maßnahmen Anwendung. Jedoch setzt die Regelung des § 100 voraus, dass es sich um Maßnahmen handelt, die vorläufig durchführbar sind. **Eingruppierungen** und **Umgruppierungen** fallen jedoch nicht hierunter[7]. Nimmt der ArbGeb eine Ein- oder Umgruppierung vor, obwohl der BR dem widersprochen hat, so hat Letzterer einen Anspruch darauf, dass der ArbGeb das Zustimmungsersetzungsverfahren durchführt und damit den betriebsverfassungswidrigen Zustand beseitigt. Insofern erlangt die Regelung des § 100 insb. bei Einstellungen und Versetzungen Relevanz. 2

---

1 BAG v. 3.5.1994 – 1 ABR 58/93, AP Nr. 2 zu § 99 BetrVG 1972 – Eingruppierung. | 2 LAG Hamm v. 17.2.1998 – 13 TaBV 14/98, NZA-RR 1998, 421. | 3 ArbG Münster v. 19.12.1990 – 4 BvGA 5/90, DB 1991, 103. | 4 LAG Hess. v. 15.12.1987 – 4 TaBV GA 160/87, NZA 1989, 232. | 5 *Fitting*, § 100 BetrVG Rz. 1; *Richardi/Thüsing*, § 100 BetrVG Rz. 1; aA in besonderen Fällen: LAG Köln v. 12.8.2002 – 12 TaBV 244/02, NZA-RR 2003, 249. | 6 *Heinze*, Personalplanung, Rz. 361. | 7 BAG v. 27.1.1987 – 1 ABR 66/85, AP Nr. 42 zu § 99 BetrVG 1972.

3   Einschlägig ist die Regelung des § 100 in **zwei Fällen**. Eine vorläufige Maßnahme ist bereits zulässig, **bevor der BR sich geäußert hat**. Dies ist nicht nur dann der Fall, wenn die Maßnahme noch im Rahmen der Wochenfrist des § 99 durchgeführt werden soll. Vielmehr ist die Regelung des § 100 auch dann anzuwenden, wenn die Wochenfrist mangels Unterrichtung des BR noch nicht in Lauf gesetzt wurde[1]. Unabhängig davon, ob der ArbGeb bereits ein Zustimmungsersetzungsverfahren eingeleitet hat, kann er gem. § 100 eine personelle Maßnahme vorläufig durchführen, wenn der BR ordnungsgemäß seine **Zustimmung bereits verweigert** hat. Diese Möglichkeit steht dem ArbGeb allerdings nur solange offen, wie über einen Zustimmungsersetzungsantrag noch nicht rechtskräftig entschieden wurde.

4   **III. Dringende Erforderlichkeit – sachlicher Grund.** Für die Durchführung einer personellen Maßnahme kommt es entscheidend darauf an, dass diese aus **sachlichen Gründen dringend erforderlich** ist. Diese Voraussetzung liegt dann vor, wenn ohne die sofortige Durchführung der Maßnahme spürbare Nachteile für den Betrieb eintreten oder ihm spürbare Vorteile entgehen würden, wenn die Maßnahme im Interesse des Betriebes mithin keinen Aufschub duldet[2]. Ob diese Voraussetzungen vorliegen, ist allein nach den Verhältnissen im **Zeitpunkt** der Durchführung der Maßnahme zu entscheiden. Hierbei sind jeweils die Folgen gegeneinander abzuwägen, die eintreten würden, wenn einmal die vorläufige Maßnahme unterlassen würde bzw. einmal die vorläufige Maßnahme durchgeführt würde. Demnach kommt es nicht darauf an, dass die Folgen bei Unterbleiben einer vorläufigen Maßnahme durch ein anderweitiges Vorgehen kompensiert werden könnten. Unerheblich ist mithin, ob etwa andere ArbN den zu besetzenden Arbeitsplatz vorläufig hätten ausfüllen können[3]. Unerheblich sind auch die Gründe, die dazu führen, dass eine vorläufige personelle Maßnahme dringend erforderlich wird. Selbst wenn diese durch den ArbGeb nachlässig herbeigeführt wurden, schließt das eine vorläufige personelle Einzelmaßnahme nach § 100 nicht aus[4]. Eine **Ursachenforschung**, warum eine vorläufige Durchführung einer personellen Einzelmaßnahme notwendig wird, würde geradezu im Widerspruch zur Intention der Regelung des § 100 als besonderes einstweiliges Rechtsschutzverfahren stehen. Hierbei geht es nicht um die Beurteilung vergangenen ArbGeb-Verhaltens, sondern vielmehr um die **Sicherstellung betrieblicher Abläufe**.

5   Auch deshalb wird einhellig die Auffassung vertreten, dass im Rahmen des § 100 **soziale Gesichtspunkte in der Person des betroffenen ArbN** nicht zu berücksichtigen sind[5]. Ob dagegen sachliche Gründe für die vorläufige Maßnahme vorliegen, ist aus der **Sicht eines objektiven Betrachters** unter verständiger Würdigung der Belange des Betriebes zu beurteilen. Entfallen diese Voraussetzungen später, so braucht die vorläufige personelle Maßnahme nicht deshalb wieder aufgehoben zu werden[6].

6   Entscheidend ist damit bei Einstellungen und Versetzungen die Frage, ob ohne die ins Auge gefasste Einzelmaßnahme der ordnungsgemäße, geregelte Ablauf des Betriebes gestört würde. Hierbei kann sich die betriebliche Notwendigkeit einer Maßnahme auch gerade deshalb ergeben, weil etwa ein **Bewerber** über bestimmte für den Betrieb **notwendige Qualifikationen** verfügt, die seine Einstellung als dringend erforderlich erscheinen lassen.

7   **IV. Rechtsstellung des betroffenen ArbN.** Gem. § 100 Abs. 1 Satz 2 ist der ArbGeb verpflichtet, wenn er eine personelle Maßnahme vorläufig durchführt, den ArbN über die Sach- und Rechtslage **aufzuklären**. Dies stellt eine Konkretisierung der arbeitsvertraglichen Fürsorgepflicht dar. Der ArbGeb muss also dem ArbN gegenüber sowohl den **Sachverhalt** offen legen, nämlich ob und inwieweit der BR über die personelle Maßnahme bereits unterrichtet wurde, ob und inwieweit sich der BR hierzu geäußert hat, welche Zustimmungsverweigerungsgründe geltend gemacht wurden, und aus welchen Gründen eine vorläufige Einstellung sachlich geboten ist. Des Weiteren obliegt dem ArbGeb die Pflicht, den ArbN über die **Rechtslage** aufzuklären, insb. ihn darauf hinzuweisen, dass etwa die endgültige Einstellung und damit auch der Bestand des Arbeitsverhältnisses von der Zustimmung des BR bzw. vom Ausgang des Zustimmungsersetzungsverfahrens abhängig ist. Außerdem hat der ArbGeb den ArbN über die Rechtsfolgen einer vorläufigen personellen Einzelmaßnahme aufzuklären. Nach allgemeiner Auffassung stellt aber die Aufklärung des ArbGeb keine **Wirksamkeitsvoraussetzung** für die vorläufige Durchführung der personellen Maßnahme dar[7]. Unterlässt jedoch der ArbGeb die vorgeschriebene Aufklärung des ArbN, so ist er diesem zum **Ersatz des Schadens** verpflichtet, den der ArbN dadurch erleidet, dass er auf die Endgültigkeit der personellen Maßnahme vertraut hat. Insofern sollte in Fällen einer vorläufigen personellen Einstellung ein entsprechender **Vorbehalt im Arbeitsvertrag** aufgenommen werden[8].

8   **V. Ablauf einer vorläufigen personelle Maßnahme. 1. Innerbetriebliches Verfahren.** Gemäß § 100 Abs. 2 Satz 1 ist der ArbGeb verpflichtet, den BR **unverzüglich** von der vorläufigen personellen Maßnahme zu **unterrichten**. Zwar kann diese Unterrichtung auch noch unverzüglich sein, wenn die vorläufige personelle Maßnahme schon vorgenommen worden ist[9]. Jedoch hat die Unterrichtung unverzüg-

---

1 BAG v. 6.4.1973 – 1 ABR 13/72, AP Nr. 1 § 99 BetrVG 1972; *Stege/Weinspach/Schiefer*, §§ 99–101 BetrVG Rz. 104 f. | 2 GK-BetrVG/*Kraft*, § 100 Rz. 9; MünchArbR/*Matthes*, § 352 Rz. 124. | 3 BAG v. 7.11.1977 – 1 ABR 55/75, AP Nr. 1 zu § 100 BetrVG 1972. | 4 MünchArbR/*Matthes*, § 352 Rz. 124; *Stege/Weinspach/Schiefer*, § 99–101 BetrVG Rz. 107; aA *Fitting*, § 100 BetrVG Rz. 4; *Heinze*, Personalplanung, Rz. 364. | 5 BAG v. 7.11.1977 – 1 ABR 55/75, AP Nr. 1 zu § 100 BetrVG 1972. | 6 BAG v. 7.11.1977 – 1 ABR 55/75, AP Nr. 1 zu § 100 BetrVG 1972. | 7 *Fitting*, § 100 BetrVG Rz. 7; DKK, § 100 BetrVG Rz. 17. | 8 *Lahusen*, NZA 1989, 869 (870). | 9 BAG v. 7.11.1977 – 1 ABR 55/75, AP Nr. 1 zu § 100 BetrVG.

lich und damit ohne schuldhaftes Zögern zu erfolgen. Dh., der ArbGeb hat den BR, sobald sich die Notwendigkeit einer vorläufigen personellen Einzelmaßnahme ergibt, im Rahmen eines ordnungsgemäßen Verfahrensganges zu unterrichten. Zu betonen ist, dass sich die Unterrichtung nach § 100 Abs. 2 von der des § 99 Abs. 1 unterscheidet. Die Unterrichtung nach § 99 Abs. 1 und die Unterrichtung nach § 100 Abs. 2 können aber zusammen vorgenommen werden[1].

Wenn der BR der vorläufigen personellen Einzelmaßnahme zustimmt, kann er dies ausdrücklich tun. Wenn er allerdings bestreiten will, dass die Maßnahme aus sachlichen Gründen dringend erforderlich ist, so hat der BR dies dem ArbGeb unverzüglich mitzuteilen. Daraus folgt, dass, falls eine solche unverzügliche Mitteilung nicht erfolgt, das **Schweigen des BR** vom Gesetz als Zustimmung zur Durchführung der personellen Einzelmaßnahme gewertet wird. Bestreitet der BR das Vorliegen der Voraussetzungen für die Durchführung einer vorläufigen personellen Einzelmaßnahme, so bedarf dies, anders als bei § 99, keiner Form und kann deshalb auch mündlich erfolgen. Auch für den **Widerspruch** des BR gilt, dass dieser **ohne schuldhaftes Zögern** erfolgen muss. Hierbei muss berücksichtigt werden, dass die Stellungnahme des BR zu einer vorläufigen personellen Maßnahme grundsätzlich einen Beschluss des BR voraussetzt, was wiederum bedeutet, dass die nächste Sitzung des BR abgewartet werden muss[2]. Will der BR die Erforderlichkeit der vorläufigen personellen Maßnahme bestreiten, so trägt er hierfür das Übermittlungsrisiko. Erfolgt etwa die Erklärung des BR gegenüber einem unzuständigen Mitarbeiter des ArbGeb, der nicht von diesem bevollmächtigt wurde, derartige Erklärungen entgegenzunehmen, und gibt dieser Mitarbeiter die Erklärung des BR nur mit Verzögerungen weiter, so trifft dieses Übermittlungsrisiko den BR. Dies kann dazu führen, dass der Widerspruch des BR als verspätet zu werten ist[3]. Einer besonderen **Begründung** bedarf das Bestreiten der Erforderlichkeit für die vorläufige Durchführung der personellen Maßnahme nicht.

2. Arbeitsgerichtliches Verfahren. Hat der BR die Erforderlichkeit der vorläufigen personellen Einzelmaßnahme bestritten, so hat der ArbGeb, wenn er an der vorläufigen personellen Maßnahme festhalten will, **innerhalb von drei Tagen** beim **ArbG** die Ersetzung der Zustimmung des BR und die Feststellung zu beantragen, dass die Maßnahme aus sachlichen Gründen dringend erforderlich war. Bei dieser Frist handelt es sich um eine Ausschlussfrist. Selbst bei schuldloser Versäumung der Frist ist eine nachträgliche Zulassung der Anträge nicht möglich[4]. Die Berechnung der Fristen folgt aus §§ 186 ff. BGB. Hierbei ist gem. § 187 BGB der Tag des Zugangs der Erklärung des BR nicht mitzurechnen. Fällt der letzte Tag der Drei-Tages-Frist auf einen Samstag, Sonntag oder einen gesetzlichen Feiertag, so verlängert sich gem. § 193 BGB die Frist bis zum Ablauf des nächsten Werktages. Diese kurze Frist hat zur Konsequenz, dass wenn die Erklärung des BR über ein Bestreiten der sachlichen Erforderlichkeit der vorläufigen personellen Maßnahme dem ArbGeb an einem Freitag zugeht, die Frist bereits am Montag, sofern es sich hierbei nicht um einen gesetzlichen Feiertag handelt, abläuft. Die Drei-Tages-Frist wird also nicht dadurch verlängert, dass zwischen dem Fristbeginn und dem Fristende ein Samstag, Sonntag oder ein gesetzlicher Feiertag liegt.

§ 100 Abs. 2 zwingt den ArbGeb dazu, wenn er sich gegen den Widerspruch gegen die Dringlichkeit der personellen Maßnahme wehren will, **innerhalb der Drei-Tages-Frist zwei Anträge** zu stellen. Der Antrag des ArbGeb lautet also sowohl auf **Ersetzung der Zustimmung** des BR zur endgültigen personellen Einzelmaßnahme und zudem auf **Feststellung**, dass die vorläufige personelle Einzelmaßnahme aus sachlichen Gründen dringend erforderlich war. Auf den Zustimmungsersetzungsantrag darf der ArbGeb nur dann verzichten, wenn der BR, obwohl er noch könnte, die Zustimmung zur endgültigen personellen Einzelmaßnahme noch nicht verweigert hat. Dies dürften aber vom zeitlichen Ablauf her Ausnahmefälle darstellen, zumal der ArbGeb, wenn dann der BR rechtzeitig die Zustimmung zur endgültigen personellen Einzelmaßnahme verweigert hat, den Feststellungsantrag nach § 100 Abs. 2 um den Zustimmungsersetzungsantrag nach § 99 zu erweitern hat. Beschränkt sich jedoch der ArbGeb darauf, lediglich den Feststellungsantrag nach § 100 Abs. 2 Satz 3 zu stellen, ohne auch den Feststellungsantrag nach § 99 zu erheben, so ist der Feststellungsantrag wegen fehlenden Rechtsschutzbedürfnisses als unzulässig abzuweisen[5].

Beide **Anträge müssen begründet werden**. Teilweise wird auch vertreten, dass die **Begründungen innerhalb der Drei-Tages-Frist** erfolgen müssen[6]. Dem ist jedoch entgegenzuhalten, dass ein Begründungserfordernis aus der Vorschrift des § 100 Abs. 2 nicht zu ersehen ist. Zwar hat der ArbGeb im Rahmen seiner Unterrichtungspflicht gem. § 100 Abs. 2 Satz 1 dem BR auch die sachlichen Gründe mitzuteilen, welche die vorläufige Einstellung oder Versetzung rechtfertigen[7]. Für die Anträge nach § 100 Abs. 2 Satz 3, die im Rahmen des Beschlussverfahrens zu behandeln sind, gilt jedoch nicht der Beibringungsgrundsatz, so dass es genügt, wenn die Begründung dieser Anträge rechtzeitig zur Vorbereitung einer gerichtlichen Entscheidung vorliegen[8]. Hierbei gilt zu beachten, dass gemäß § 83 Abs. 1a ArbGG eine Frist für das Vorbringen gesetzt werden kann.

---

1 *Fitting*, § 100 BetrVG Rz. 8. | 2 *Heinze*, Personalplanung, Rz. 375. | 3 *Stege/Weinspach/Schiefer*, § 99–101 BetrVG Rz. 111. | 4 MünchArbR/*Matthes*, § 352 Rz. 132. | 5 BAG v. 15.9.1987 – 1 ABR 44/86, AP Nr. 46 zu § 99 BetrVG 1972. | 6 LAG Frankfurt v. 13.9.1988 – 4 TaBV 43/88, DB 1989, 1092. | 7 *Löwisch/Kaiser*, § 100 BetrVG Rz. 4. | 8 So: HSWG, § 100 BetrVG Rz. 30; *Stege/Weinspach/Schiefer*, §§ 99–101 BetrVG Rz. 118 a.

13 Hat der ArbGeb die Anträge nach § 100 Abs. 2 Satz 3 gestellt, so kann der BR in diesem Verfahren seinen Abweisungsantrag mit dem Antrag verknüpfen, den ArbGeb zu verpflichten, falls das ArbG dem Antrag des ArbGeb nicht entspricht, die durchgeführte personelle Maßnahme gem. § 101 aufzuheben[1].

14 Über die beiden Anträge des ArbGeb entscheidet das ArbG im Beschlussverfahren. Hierbei können sich **vier Entscheidungskombinationen** ergeben. Ersetzt das ArbG die Zustimmung des BR und stellt fest, dass die vorläufige Maßnahme aus sachlichen Gründen dringend erforderlich war, so wird mit Rechtskraft die vorläufige Maßnahme zur endgültigen Maßnahme. Ersetzt das ArbG die Zustimmung des BR nicht und stellt fest, dass die vorläufige Maßnahme offensichtlich aus sachlichen Gründen nicht erforderlich war, so muss mit Rechtskraft die vorläufige Maßnahme binnen zweier Wochen aufgehoben werden. Dieses Ergebnis tritt auch ein, wenn das ArbG zwar feststellt, dass die vorläufige Maßnahme aus sachlichen Gründen dringend erforderlich war, jedoch die Zustimmung des BR zu der personellen Einzelmaßnahme nicht ersetzt. Ersetzt jedoch das ArbG die Zustimmung des BR, stellt aber fest, dass die vorläufige Maßnahme offensichtlich aus sachlichen Gründen nicht erforderlich war, so wird die erforderliche Maßnahme mit Rechtskraft zur endgültigen Maßnahme[2]. Der ArbGeb kann sich daher letztendlich auch dann im Eilverfahren durchsetzen, wenn die Dringlichkeit fehlte, der Widerspruch des BR jedoch in der Sache unberechtigt war.

15 Das Gericht ist dabei grundsätzlich frei, welche der beiden vom ArbGeb gestellten Anträge es zuerst behandeln will. Insbesondere kann das ArbG auch durch einen selbständig anfechtbaren **Teilbeschluss** über den Feststellungsantrag entscheiden, wenn in Bezug auf diesen Streitgegenstand die Sache bereits entscheidungsreif ist[3]. Streitgegenstand des Feststellungsantrags ist das Recht des ArbGeb, die personelle Maßnahme vorläufig durchzuführen. Die Formulierung des Antrags ergibt sich aus § 100 Abs. 2 Satz 3. Falls das ArbG diesen Antrag lediglich abweisen würde, hieße das aber nach § 100 Abs. 3 noch nicht, dass der ArbGeb die vorläufige personelle Maßnahme nicht aufrecht erhalten dürfte. Vielmehr verlangt § 100 Abs. 3 Satz 1 die Feststellung, dass offensichtlich die Maßnahme aus sachlichen Gründen nicht dringend erforderlich war. Das heißt aber auch, dass das ArbG den Feststellungsantrag im Wege einer **Vorabentscheidung** nur zurückweisen kann, wenn **offensichtlich** ist, dass die vorläufige Durchführung der personellen Maßnahme aus sachlichen Gründen nicht dringend erforderlich war. Nur in diesem Fall endet die Berechtigung des ArbGeb zur Durchführung oder Aufrechterhaltung der vorläufigen Maßnahme[4]. Entscheidend ist also, ob die vorläufige Maßnahme offensichtlich nicht dringend erforderlich war. Für die Beurteilung hierfür kommt es allein auf die Verhältnisse zurzeit der Durchführung der Maßnahme an[5]. Was unter Offensichtlichkeit verstanden wird, ist durchaus umstritten. In Anlehnung an eine ältere Entscheidung des BAG ist eine vorläufige Maßnahme offensichtlich aus dringenden Gründen nicht erforderlich, wenn der ArbGeb die Situation grob verkannt hat, die vorläufige Durchführung der Maßnahme also leichtfertig war[6]. Richtigerweise verweist das Merkmal der Offensichtlichkeit darauf, dass das Gericht nur eine **summarische Prüfung** vorzunehmen hat. Offensichtlichkeit liegt also vor, wenn es keiner besonderen Aufklärung bedarf, dass eine Dringlichkeit für die Durchführung der personellen Maßnahme nicht vorgelegen hat. Allein diese Sichtweise entspricht dem Zweck des Verfahrens nach § 100 als ein besonderes einstweiliges Rechtsschutzverfahren[7].

16 Wenn das ArbG feststellen will, dass eine vorläufige personelle Einzelmaßnahme nicht dringend erforderlich war, so muss es ausdrücklich im **Tenor** seiner Entscheidung feststellen, dass offensichtlich die vorläufige Maßnahme aus sachlichen Gründen nicht dringend erforderlich war. Sobald diese Entscheidung Rechtskraft erhält, beginnt gem. § 100 Abs. 3 Satz 1 eine Zwei-Wochen-Frist zu laufen, mit deren Ablauf die vorläufige personelle Maßnahme endet. Dies bedeutet etwa bei einer vorläufigen Einstellung, dass der ArbGeb den betreffenden ArbN mit Ablauf der genannten zwei Wochen nicht mehr im Betrieb beschäftigen darf.

17 Nach wohl überwiegender Meinung soll diese Entscheidung **rechtsgestaltend** wirken, was zur Konsequenz hätte, dass mit Ablauf der Zwei-Wochen-Frist unabhängig davon, wie lange die Kündigungsfristen für das betreffende Arbeitsverhältnis laufen, das Arbeitsverhältnis mit dem betroffenen ArbN beendet wird[8]. Gegen diese Ansicht, dass es sich bei § 100 Abs. 3 Satz 1 um einen Auflösungstatbestand eigener Art handelt, spricht jedoch die Regelung des § 100 Abs. 3 Satz 2. Danach darf mit Ablauf von zwei Wochen nach Rechtskraft der gerichtlichen Entscheidung die personelle Maßnahme nicht aufrecht erhalten werden. Eine solche Regelung wäre letztlich überflüssig, wenn die vorläufige personelle Maßnahme auch individualrechtlich von sich aus beendet wird[9]. Gerade die Vorschrift des § 100 Abs. 3 Satz 2 verpflichtet den ArbGeb, dafür zu sorgen, dass die Folgen seiner vorläufigen **personellen Maßnahme rückgängig** gemacht werden. Bezieht sich etwa die vorläufige personelle Maßnahme auf eine

---

1 *Stege/Weinspach/Schiefer*, §§ 99–101 BetrVG Rz. 122. | 2 DKK, § 100 BetrVG Rz. 34; HSWG, § 100 BetrVG Rz. 33 ff. | 3 BAG v. 18.10.1988 – 1 ABR 36/87, AP Nr. 4 zu § 100 BetrVG 1972; MünchArbR/*Matthes*, § 352 Rz. 143; *Matthes*, DB 1989, 1285 (1287 f.). | 4 Vgl. hierzu MünchArbR/*Matthes*, § 352 Rz. 141; BAG v. 18.10.1988 – 1 ABR 36/87, AP Nr. 4 zu § 100 BetrVG 1972. | 5 BAG v. 6.10.1978 – 1 ABR 51/77, AP Nr. 10 zu § 99 BetrVG 1972. | 6 BAG v. 7.11.1977 – 1 ABR 55/75, AP Nr. 1 zu § 100 BetrVG 1972. | 7 *Heinze*, Personalplanung, Rz. 383; MünchArbR/*Matthes*, § 352 Rz. 142. | 8 Wie hier *Fitting*, § 100 BetrVG Rz. 18; *Richardi/Thüsing*, § 100 BetrVG Rz. 50. | 9 Vgl. GK-BetrVG/*Kraft*, § 100 Rz. 46 f.; *Heinze*, Personalplanung, Rz. 391.

Versetzung, hat er dafür zu sorgen, dass der ArbN an seinen alten Arbeitsplatz zurückkehren kann. Ist der ArbGeb aber nicht mehr in der Lage, dem ArbN eine betriebsverfassungsrechtlich erlaubte Tätigkeit zuzuweisen, so kommt er in **Annahmeverzug**. Der ArbN behält also seinen Anspruch auf das Arbeitsentgelt[1]. Daher empfiehlt es sich, bei entsprechenden Vereinbarungen über personelle Einzelmaßnahmen eine **auflösende Bedingung** für den Fall einer für den ArbGeb negativen Gerichtsentscheidung in die Vereinbarung mit aufzunehmen[2]. Wenn der ArbGeb aber die Maßnahme zwei Wochen nach Rechtskraft weiterhin aufrechterhält, kann der BR das Verfahren gem. § 101 betreiben.

101 Zwangsgeld

Führt der Arbeitgeber eine personelle Maßnahme im Sinne des § 99 Abs. 1 Satz 1 ohne Zustimmung des Betriebsrats durch oder hält er eine vorläufige personelle Maßnahme entgegen § 100 Abs. 2 Satz 3 oder Abs. 3 aufrecht, so kann der Betriebsrat beim Arbeitsgericht beantragen, dem Arbeitgeber aufzugeben, die personelle Maßnahme aufzuheben. Hebt der Arbeitgeber entgegen einer rechtskräftigen gerichtlichen Entscheidung die personelle Maßnahme nicht auf, so ist auf Antrag des Betriebsrats vom Arbeitsgericht zu erkennen, dass der Arbeitgeber zur Aufhebung der Maßnahme durch Zwangsgeld anzuhalten sei. Das Höchstmaß des Zwangsgelds beträgt für jeden Tag der Zuwiderhandlung 250 Euro.

Lit.: *Lipke*, Einstweiliger Rechtsschutz des Betriebsrates bei Missachtung betriebsverfassungsrechtlicher Beteiligungsrechte nach § 99 BetrVG?, DB 1980, 2239; *Matthes*, Verfahrensrechtliche Fragen im Zusammenhang mit Beteiligungsrechten des Betriebsrats bei personellen Einzelmaßnahmen, DB 1989, 1285.

I. Vorbemerkung. Mit dieser Vorschrift wollte der Gesetzgeber die Einhaltung der personellen MitbestR des Personalrats gem. §§ 99, 100 absichern. Von ihrer Struktur her sieht die Vorschrift ein **zweistufiges Verfahren** vor: Zunächst muss der ArbGeb rechtskräftig verurteilt sein, die personelle Maßnahme aufzuheben. Erst dann kann ein Zwangsgeld festgesetzt werden, wenn er der gerichtlichen Entscheidung nicht Folge leistet. Gegenüber § 888 ZPO stellt das Verfahren nach § 101 eine abschließende **Sondervorschrift** dar[3]. Dagegen kann § 101 neben § 23 Abs. 3 Anwendung finden[4]. Allerdings hat das BAG zu Recht darauf hingewiesen, dass die Reichweite der Regelungen der §§ 100, 101 begrenzt ist. Schließlich kann der Aufhebungsanspruch nach § 101 nur im Nachhinein wirken und geht deshalb bei vorübergehenden Maßnahmen, die sich vor Rechtskraft erledigen, ins Leere[5]. 1

II. Anwendungsbereich. Nach seinem Wortlaut betrifft auch die Regelung des § 101 alle personellen Einzelmaßnahmen. Jedoch macht die Rechtsfolge der Regelung des § 101, nämlich die Verpflichtung, die personelle Maßnahme aufzuheben, nur Sinn bei **Einstellungen** und **Versetzungen**. Dagegen handelt es sich bei **Ein- oder Umgruppierungen** um Akte der Rechtsanwendung. Insofern kann gestützt auf § 101 Satz 1 diesbezüglich der BR allenfalls verlangen, dass der ArbGeb zu einer Ein- oder Umgruppierung die Zustimmung des BR einholt oder, falls die Zustimmung verweigert wird, das Zustimmungsersetzungsverfahren gem. § 99 Abs. 4 einleiten[6]. Ist der ArbGeb im Zustimmungsersetzungsverfahren mit seinem Antrag gescheitert, kann der BR beantragen, dass dem ArbGeb aufgegeben wird, ein neues Beteiligungsverfahren einzuleiten[7]. 2

Das Verfahren nach § 101 findet in **drei Konstellationen** Anwendung: 3

- Der ArbGeb hat eine endgültige personelle Maßnahme entgegen § 99 durchgeführt. Dies wäre dann der Fall, wenn der BR die Zustimmung weder ausdrücklich erteilt hat, noch die Zustimmung wegen Ablaufs der Wochenfrist als erteilt gilt und die Zustimmung auch nicht durch das ArbG ersetzt wurde.

- Der ArbGeb hält eine vorläufige personelle Maßnahme aufrecht, obwohl der BR die dringende Erforderlichkeit bestritten hat und ohne dass der ArbGeb daraufhin das ArbG angerufen hat.

- Der ArbGeb hält eine vorläufige personelle Maßnahme aufrecht, obwohl das ArbG durch rechtskräftige Entscheidung festgestellt hat, dass die vorläufige Maßnahme offensichtlich aus sachlichen Gründen nicht erforderlich war, oder die Ersetzung der Zustimmung rechtskräftig durch das ArbG abgelehnt wird[8].

III. Verfahrensfragen und Entscheidung des ArbG. Das Verfahren nach § 101 Satz 1 setzt einen **Antrag des BR** voraus. Hierfür ist erforderlich, dass über die Einleitung des Verfahrens nach § 101 ein **ordnungsgemäßer Beschluss des BR** (§ 33) zustande gekommen ist. Beteiligter an diesem Verfahren ist sowohl der **BR als Antragsteller** wie auch der **ArbGeb als Antragsgegner**, jedoch nicht der von der personellen Maß- 4

---

1 DKK, § 100 BetrVG Rz. 40. | 2 Vgl. BAG v. 17.2.1983 – 2 AZR 208/81, AP Nr. 74 zu § 620 BGB – befristeter Arbeitsvertrag; HSWG, § 100 BetrVG Rz. 40. | 3 DKK, § 101 BetrVG Rz. 1; *Fitting*, § 101 BetrVG Rz. 1. | 4 BAG v. 17.3.1987 – 1 ABR 65/85, AP Nr. 7 zu § 23 BetrVG 1972. | 5 BAG v. 6.12.1994 – 1 ABR 30/94, AP Nr. 24 zu § 23 BetrVG 1972; kritisch in diesem Sinne auch: *Lipke*, DB 1980, 2239 ff. | 6 BAG v. 18.6.1991 – 1 ABR 53/90, AP Nr. 91 zu § 99 BetrVG 1972; v. 9.2.1993 – 1 ABR 51/92, AP Nr. 103 zu § 99 BetrVG 1972; v. 23.9.2003 – 1 ABR 35/02, nv. | 7 BAG v. 3.5.1994 – 1 ABR 58/93, AP Nr. 2 zu § 99 BetrVG 1972 Eingruppierung. | 8 Vgl. zu den Fallgruppen *Fitting*, § 101 BetrVG Rz. 2; *Löwisch/Kaiser*, § 101 BetrVG Rz. 1.

BetrVG § 101 Rz. 5   Zwangsgeld

nahme betroffene ArbN[1]. Eine **Frist** für den Antrag des BR ist nicht vorgesehen. Jedoch kann sich der ArbGeb auf die Verwirkung berufen, wenn der BR trotz Kenntnis längere Zeit nichts gegen die betriebsverfassungswidrige personelle Einzelmaßnahme unternommen hat[2]. Der BR kann aber den Antrag nach § 101 Satz 1 auch im Rahmen eines vom ArbGeb angestrengten Verfahrens auf Ersetzung der Zustimmung und Feststellung der Dringlichkeit nach § 100 Abs. 2 Satz 3 stellen[3]. Da das Verfahren gem. § 101 Satz 1 dazu dienen soll, vor Abwicklung des Zustimmungsverfahrens nach § 99 und trotz fehlender Berechtigung zu vorläufigen Maßnahmen nach § 100 vollendete Tatsachen zu schaffen, ist es auf der anderen Seite dem ArbGeb verwehrt, auf den Antrag des BR gem. § 101 Satz 1 mittels Hilfsantrages seinerseits die Ersetzung der fehlenden Zustimmung des BR zu verlangen[4]. Allerdings kann der ArbGeb im Verfahren gem. § 101 geltend machen, dass die Zustimmungsverweigerung durch den BR unbeachtlich ist oder dass etwa aufgrund Zeitablaufs die Zustimmung zu der personellen Maßnahme als erteilt gilt.

5   Schließt sich das Gericht dem Antrag des BR an, so gibt es dem ArbGeb auf, die **konkrete personelle Maßnahme aufzuheben**. Damit ist die Beseitigung des tatsächlichen betriebsverfassungswidrigen Zustandes gemeint[5]. Das Gericht hat allerdings nicht auszusprechen, auf welchem Wege der betriebsverfassungswidrige Zustand zu beseitigen ist. **Ein bestimmtes Handeln kann dem ArbGeb nicht aufgegeben werden**. Gegenstand des Verfahrens nach § 101 Satz 1 ist allein die Frage, ob der BR vom ArbGeb die Aufhebung einer bestimmten personellen Einzelmaßnahme verlangen kann. Die in diesem Verfahren ergehende Entscheidung hat im Übrigen keine rückwirkende Auswirkung auf das **Arbeitsverhältnis** des von der personellen Einzelmaßnahme betroffenen ArbN. Vielmehr gehen von diesem Verfahren nur Wirkungen für die Zukunft aus[6].

6   **IV. Vollstreckungsverfahren.** Hebt der ArbGeb die Maßnahme nicht auf, so kann der BR **nach rechtskräftiger Entscheidung** den Antrag stellen, den ArbGeb durch **Zwangsgeld** zur Befolgung der gerichtlichen Anordnung anzuhalten. Insoweit ist in der Vorschrift des § 101 Satz 2 eine **Sonderregelung** der Zwangsvollstreckung zu sehen, wobei das Zwangsgeldverfahren dem der Zwangsvollstreckung nach § 888 ZPO entspricht[7]. Auch das Zwangsgeldverfahren setzt einen **Antrag des BR** voraus. Jedoch wird nach nahezu einhelliger Auffassung angenommen, dass vor Verhängung des Zwangsgeldes analog § 100 Abs. 3 dem ArbGeb für die Rückgängigmachung der Maßnahme eine Frist von zwei Wochen einzuräumen ist[8]. Die gerichtliche **Androhung** des Zwangsgeldes ist nicht erforderlich[9]. Der entsprechende Beschluss des ArbG kann ohne mündliche Verhandlung ergehen. Allerdings ist dem ArbGeb zuvor rechtliches Gehör zu gewähren. Das Höchstmaß des Zwangsgeldes beträgt gem. § 101 Satz 3 für jeden Tag der Zuwiderhandlung 250 Euro. Den genauen Betrag setzt das Gericht nach freiem Ermessen fest; insofern braucht der Antrag des BR gem. § 101 Satz 2 nicht beziffert zu sein. Die **Vollstreckung** des Beschlusses erfolgt nach den Vorschriften der §§ 803 ff. ZPO. Die Vollstreckung des Zwangsgeldes setzt **kein Verschulden** des ArbGeb voraus. Das Zwangsgeld kann jedoch nur solange vollstreckt werden, als der ArbGeb die personelle Maßnahme aufrecht erhält[10]. Die eingehenden Gelder verfallen der Staatskasse. Gegen den Zwangsgeldbeschluss findet die **sofortige Beschwerde** zum LAG statt (§§ 85 Abs. 1 ArbGG iVm. §§ 793, 577 ZPO).

102   *Mitbestimmung bei Kündigungen*

(1) Der Betriebsrat ist vor jeder Kündigung zu hören. Der Arbeitgeber hat ihm die Gründe für die Kündigung mitzuteilen. Eine ohne Anhörung des Betriebsrats ausgesprochene Kündigung ist unwirksam.

(2) Hat der Betriebsrat gegen eine ordentliche Kündigung Bedenken, so hat er diese unter Angabe der Gründe dem Arbeitgeber spätestens innerhalb einer Woche schriftlich mitzuteilen. Äußert er sich innerhalb dieser Frist nicht, gilt seine Zustimmung zur Kündigung als erteilt. Hat der Betriebsrat gegen eine außerordentliche Kündigung Bedenken, so hat er diese unter Angabe der Gründe dem Arbeitgeber unverzüglich, spätestens jedoch innerhalb von drei Tagen, schriftlich mitzuteilen. Der Betriebsrat soll, soweit dies erforderlich erscheint, vor seiner Stellungnahme den betroffenen Arbeitnehmer hören. § 99 Abs. 1 Satz 3 gilt entsprechend.

(3) Der Betriebsrat kann innerhalb der Frist des Absatzes 2 Satz 1 der ordentlichen Kündigung widersprechen, wenn

1. der Arbeitgeber bei der Auswahl des zu kündigenden Arbeitnehmers Sozialgesichtspunkte nicht oder nicht ausreichend berücksichtigt hat,

2. die Kündigung gegen eine Richtlinie nach § 95 verstößt,

---

1 BAG v. 22.3.1983 – 1 ABR 49/81, AP Nr. 6 zu § 101 BetrVG 1972. | 2 MünchArbR/*Matthes*, § 354 Rz. 8. | 3 *Richardi/Thüsing*, § 101 BetrVG Rz. 11; einschr.: MünchArbR/*Matthes*, § 354 Rz. 9. | 4 *Heinze*, Personalplanung, Rz. 401; DKK, § 101 BetrVG Rz. 12; BAG v. 18.7.1978 – 1 ABR 43/75, AP Nr. 1 zu § 101 BetrVG 1972; v. 21.11.1978 – 1 ABR 91/76, AP Nr. 3 zu § 101 BetrVG 1972. | 5 MünchArbR/*Matthes*, § 354 Rz. 12. | 6 BAG v. 26.4.1990 – 1 ABR 79/89, AP Nr. 3 zu § 83a ArbGG 1979. | 7 *Richardi/Thüsing*, § 101 BetrVG Rz. 19. | 8 *Fitting*, § 101 BetrVG Rz. 4; *Richardi/Thüsing*, § 101 BetrVG Rz. 21; aA DKK, § 101 BetrVG Rz. 13. | 9 *Fitting*, § 101 BetrVG Rz. 4b; *Richardi/Thüsing*, § 101 BetrVG Rz. 23. | 10 *Matthes*, DB 1989, 1285 (1289).

3. der zu kündigende Arbeitnehmer an einem anderen Arbeitsplatz im selben Betrieb oder in einem anderen Betrieb des Unternehmens weiterbeschäftigt werden kann,
4. die Weiterbeschäftigung des Arbeitnehmers nach zumutbaren Umschulungs- oder Fortbildungsmaßnahmen möglich ist oder
5. eine Weiterbeschäftigung des Arbeitnehmers unter geänderten Vertragsbedingungen möglich ist und der Arbeitnehmer sein Einverständnis hiermit erklärt hat.

(4) Kündigt der Arbeitgeber, obwohl der Betriebsrat nach Absatz 3 der Kündigung widersprochen hat, so hat er dem Arbeitnehmer mit der Kündigung eine Abschrift der Stellungnahme des Betriebsrats zuzuleiten.

(5) Hat der Betriebsrat einer ordentlichen Kündigung frist- und ordnungsgemäß widersprochen und hat der Arbeitnehmer nach dem Kündigungsschutzgesetz Klage auf Feststellung erhoben, dass das Arbeitsverhältnis durch die Kündigung nicht aufgelöst ist, so muss der Arbeitgeber auf Verlangen des Arbeitnehmers diesen nach Ablauf der Kündigungsfrist bis zum rechtskräftigen Abschluss des Rechtsstreits bei unveränderten Arbeitsbedingungen weiterbeschäftigen. Auf Antrag des Arbeitgebers kann das Gericht ihn durch einstweilige Verfügung von der Verpflichtung zur Weiterbeschäftigung nach Satz 1 entbinden, wenn

1. die Klage des Arbeitnehmers keine hinreichende Aussicht auf Erfolg bietet oder mutwillig erscheint oder
2. die Weiterbeschäftigung des Arbeitnehmers zu einer unzumutbaren wirtschaftlichen Belastung des Arbeitgebers führen würde oder
3. der Widerspruch des Betriebsrats offensichtlich unbegründet war.

(6) Arbeitgeber und Betriebsrat können vereinbaren, dass Kündigungen der Zustimmung des Betriebsrats bedürfen und dass bei Meinungsverschiedenheiten über die Berechtigung der Nichterteilung der Zustimmung die Einigungsstelle entscheidet.

(7) Die Vorschriften über die Beteiligung des Betriebsrats nach dem Kündigungsschutzgesetz bleiben unberührt.

I. Vorbemerkungen … 1	IV. Beschlussfassung des Betriebsrates … 48
II. Geltungsbereich der Vorschrift … 2	1. Allgemeines … 48
1. Beendigungstatbestände … 2	2. Zuständiges Gremium … 50
2. Kreis der geschützten Arbeitnehmer … 7	3. Ordnungsgemäße Beschlussfassung … 53
a) Allgemeines … 7	4. Entscheidung des Betriebsrates … 55
b) Arbeitsverhältnisse mit Auslandsbezug … 8	a) Allgemeines … 55
c) Arbeitsverhältnisse in Tendenzunternehmen … 9	b) Nachfrage beim Arbeitgeber nach weiteren Informationen … 57
d) Arbeitsverhältnisse bei Insolvenz des Arbeitgebers … 10	c) Zustimmung zur Kündigung … 58
e) Arbeitsverhältnisse im Arbeitskampf … 11	d) Schweigen gegenüber der Kündigungsabsicht … 59
f) Kündigungen auf Veranlassung des Betriebsrates oder des Arbeitnehmers … 12	e) Ausdrückliches Absehen von einer Stellungnahme … 60
III. Unterrichtungspflicht des Arbeitgebers gem. § 102 BetrVG … 14	f) Äußerung von Bedenken … 61
1. Partner des Anhörungsverfahrens … 14	g) Einlegen eines Widerspruchs … 66
2. Adressat der Informationen … 17	aa) Widerspruchsgründe … 69
3. Form und Umfang der Unterrichtung … 18	(1) Fehlerhafte Sozialauswahl … 70
4. Zeitpunkt der Unterrichtung … 20	(2) Verstoß gegen Auswahlrichtlinien … 71
5. Inhalt der Unterrichtung … 25	(3) Weiterbeschäftigungsmöglichkeit auf anderem Arbeitsplatz … 72
a) Sozialdaten … 25	(4) Weiterbeschäftigungsmöglichkeit mit Umschulung oder Fortbildung … 75
b) Art der Kündigung … 26	(5) Weiterbeschäftigungsmöglichkeit unter geänderten Vertragsbedingungen … 77
c) Kündigungsfrist … 27	bb) Kündigungsrechtliche Bedeutung des Widerspruchs … 79
d) Kündigungsgründe … 28	V. Informationsanspruch des Arbeitnehmers … 80
aa) Allgemeines … 28	VI. Rechtsfolgen eines fehlerhaften Beteiligungsverfahrens … 82
bb) Unterrichtung bei einer außerordentlichen Kündigung … 30	VII. Der betriebsverfassungsrechtliche Weiterbeschäftigungsanspruch … 83
cc) Unterrichtung bei einer ordentlichen Kündigung … 31	1. Voraussetzungen des Weiterbeschäftigungsanspruchs … 84
(1) Allgemeines … 31	a) Ordentliche Kündigung … 84
(2) Verhaltensbedingte Kündigung … 33	b) Widerspruch des Betriebsrates … 85
(3) Personenbedingte Kündigung … 34	c) Klageerhebung des Arbeitnehmers … 86
(4) Betriebsbedingte Kündigung … 35	d) Weiterbeschäftigungsverlangen des Arbeitnehmers … 87
(5) Änderungskündigung … 39	
dd) Nachschieben von Gründen … 40	
e) Verzicht des Betriebsrats auf Beteiligung … 45	
6. Darlegungs- und Beweislastfragen … 46	
7. Rechtsfolgen bei fehlerhafter Einleitung des Anhörungsverfahrens … 47	

2. Inhalt des Weiterbeschäftigungsanspruchs . 89
3. Durchsetzung des Weiterbeschäftigungsanspruchs 91
4. Arbeitsgerichtliche Entbindung von der Weiterbeschäftigungspflicht 92

VIII. Der allgemeine Weiterbeschäftigungsanspruch 97
IX. Erweiterung der Mitbestimmung (§ 102 Abs. 6
    BetrVG) 98
X. Beteiligung des Betriebsrates nach anderen
   Vorschriften 101

Lit.: *Becker-Schaffner*, Die Rechtsprechung zum Umfang der Pflicht zur Mitteilung der Kündigungsgründe gem. § 102 Abs. 1 BetrVG, DB 1996, 426; *Düwell*, § 102 IV BetrVG – eine noch zu entdeckende Formvorschrift, NZA 1988, 866; *Giesen*, Das neue Kündigungsschutzrecht in der Insolvenz, ZIP 1998, 46; *Gaul, B.*, Die Weiterbeschäftigung nach zumutbaren Umschulungs- oder Fortbildungsmaßnahmen, BB 1995, 2422; *Heinze*, Das Arbeitsrecht der Insolvenzordnung, NZA 1999, 57; *Henssler*, Die Entscheidungskompetenz der betriebsverfassungsrechtlichen Einigungsstelle in Rechtsfragen, RdA 1991, 268; *Höland*, Zur Problematik des Nachschiebens von Kündigungsgründen aus rechtstatsächlicher Sicht, ZIP 1982, 143; *Hümmerich*, Abschied vom arbeitsrechtlichen Aufhebungsvertrag, NZA 1994, 200; *Kraft*, Das Anhörungsverfahren gemäß § 102 BetrVG und die „subjektive Determinierung" der Mitteilungspflicht, in Festschrift für Kissel, 1994, S. 611; *Mauer/Schüßler*, Gestaltung von Betriebsvereinbarungen nach § 102 Abs. 6 BetrVG, BB 2000, 2518; *Müller-Limbach*, Arbeitsgerichtliche Überprüfung betriebsbedingter Kündigungen durch den Insolvenzverwalter (§§ 126–128 InsO), 2000; *Kraft*, Anmerkung zu dem Urteil des BAG vom 18.5.1994, AP Nr. 64 zu § 102 BetrVG 1972; *Oetker*, Die Anhörung des Betriebsrats vor Kündigung und die Darlegungs- und Beweislast im Kündigungsschutzprozess, BB 1989, 417; *Oppertshäuser*, Anhörung des Betriebsrats zur Kündigung und Mitteilung der Sozialdaten, NZA 1997, 920; *Picker*, Die Anfechtung von Arbeitsverträgen, ZfA 1981, 1; *Raab*, Individualrechtliche Auswirkungen der Mitbestimmung des Betriebsrats gemäß §§ 99, 102 BetrVG, ZfA 1995, 479; *Reiter*, Kündigung vor Ablauf der Anhörungsfrist nach § 102 BetrVG, NZA 2003, 954; *Richardi*, Die neue Betriebsverfassung, 2001; *Rieble*, Entbindung von der Weiterbeschäftigungspflicht nach § 102 Abs. 5 Satz 2 Nr. 2 BetrVG, BB 2003, 844; *Rieble*, § 102 Abs. 6 BetrVG – eine funktionslose Vorschrift?, AuR 1993, 39; *Rinke*, Anhörung des Betriebsrats: Vorgezogenes Kündigungsschutzverfahren?, NZA 1998, 77; *Schaub*, Reform der Betriebsverfassung, ZTR 2001, 437; *Willemsen/Annuß*, Kündigungsschutz nach der Reform, NJW 2004, 177; *Willemsen/Hohenstatt*, Weiterbeschäftigung und Entbindungsmöglichkeiten nach § 102 Abs. 5 BetrVG, insbesondere bei Massenentlassungen, DB 1995, 215.

1 **I. Vorbemerkungen.** Mit der Einführung der besonderen Beteiligungsrechte des BR durch das BetrVG 1972 verfolgte der Gesetzgeber das Ziel, wegen der einschneidenden Bedeutung der Kündigung des Arbeitsverhältnisses durch den ArbGeb die Rechtsstellung sowohl des BR als aber auch des einzelnen ArbGeb erheblich zu verbessern[1]. Dieses Ziel wollte der Gesetzgeber so erreichen, dass dem BR die Gelegenheit gegeben wird, aus seiner Sicht zur Kündigung des ArbN Stellung zu nehmen, um so auf den Willensbildungsprozess des ArbGeb vor Ausspruch der Kündigung einzuwirken, damit ggf. es gar nicht zu einer Kündigung kommt[2]. Bereits aus der Gesetzesbegründung zum BetrVG 1972 wird deutlich, dass § 102 nicht allein dem **Individualschutz** dient, sondern auch, wie sich aus § 102 Abs. 3 Nr. 2 ergibt, **kollektive Interessen** zu verwirklichen trachtet[3].

2 **II. Geltungsbereich der Vorschrift. 1. Beendigungstatbestände.** Anknüpfungstatbestand für das Beteiligungsrecht nach § 102 ist die Kündigung. Kündigung ist die einseitige empfangsbedürftige Willenserklärung, durch die das Arbeitsverhältnis für die Zukunft aufgelöst wird. Hierbei differenziert das Gesetz nicht danach, ob es sich um eine **ordentliche oder außerordentliche Kündigung** handelt. Demzufolge findet § 102 auch im Fall der außerordentlichen Kündigung Anwendung[4]. Ob das KSchG auf das zu kündigende Arbeitsverhältnis Anwendung findet, hat keine Bedeutung für den Beteiligungstatbestand. Selbst eine **Kündigung vor Arbeitsantritt** unterliegt dem Beteiligungsrecht des BR[5]. Hingegen besteht bei einer sog. **Teilkündigung** ein Beteiligungsrecht des BR gem. § 102 nicht. Nach der st. Rspr. des BAG ist die Teilkündigung, also das Aufkündigen einzelner Arbeitsvertragsbestimmungen unter Aufrechterhaltung des Arbeitsverhältnisses als solches, als grundsätzlich unzulässig anzusehen[6]. Wenn aber ausnahmsweise im Arbeitsvertrag dem ArbGeb das Recht eingeräumt wird, sich einseitig von bestimmten arbeitsvertraglichen Nebenabreden lösen zu können[7], so ist hierin keine Kündigung iSd. Beteiligungstatbestandes des § 102 zu sehen. Schließlich wird durch eine solche „Teilkündigung" die Stellung des ArbN in der Belegschaft nicht berührt[8]. Gleiches gilt auch für den **Widerruf einzelner Leistungen**.

3 Anders stellt sich dagegen die Rechtslage bei der sog. **Änderungskündigung** dar. Hierbei bezweckt der ArbGeb zwar nicht die Auflösung des Arbeitsverhältnisses, sondern will lediglich eine Änderung der Arbeitsbedingungen erreichen. Wenn der ArbN sich aber nicht mit dem Änderungsangebot einverstanden erklärt, folgt auch aus der Änderungskündigung eine Beendigung des Arbeitsverhältnisses. Deshalb ist in jedem Fall der BR gem. § 102 zu beteiligen[9]. Bei der Anhörung nach § 102 im Rahmen einer Änderungskündigung ist dem BR nicht nur das Änderungsangebot in allen Einzelheiten mit-

---

[1] RegE eines BetrVG, BT-Drs. VI/1786, S. 32. | [2] Vgl. BAG v. 1.4.1981 – 7 AZR 1003/78, AP Nr. 23 zu § 102 BetrVG 1972. | [3] BAG v. 13.7.1978 – 2 AZR 717/76, AP Nr. 17 zu § 102 BetrVG 1972. | [4] Vgl. bereits RegE eines BetrVG, BT-Drs. VI/1786, S. 52. | [5] LAG Hess. v. 18.4.1979 – 10/7 SA 788/78, ARST 1980, S. 14; *Richardi/Thüsing*, Die neue Betriebsverfassung, S. 162. | [6] BAG v. 7.10.1982 – 2 AZR 455/80, BAGE 40, 199; v. 25.2.1988 – 2 AZR 346/87, BAGE 57, 344; v. 14.11.1990 – 5 AZR 509/89, BAGE 66, 214; v. 19.6.2001 – 1 AZR 463/00, BAGE 98, 76. | [7] Vgl. etwa hierzu BAG v. 14.11.1990 – 5 AZR 509/89, AP Nr. 25 zu § 611 BGB – Arzt-Krankenhaus-Vertrag. | [8] *Heinze*, Personalplanung, Rz. 466; *Fitting*, § 102 BetrVG Rz. 5. | [9] BAG v. 3.11.1977 – 2 AZR 277/76, AP Nr. 1 zu § 75 BPersVG; v. 30.9.1993 – 2 AZR 283/93, AP Nr. 33 zu § 2 KSchG 1969; v. 8.6.1995 – 2 AZR 739/94, nv.

zuteilen, sondern der ArbGeb muss auch eindeutig darauf **hinweisen**, dass er bei Ablehnung des Änderungsangebots eine Beendigungskündigung beabsichtigt[1]. Die Anhörung nach § 102 ist selbst dann erforderlich, wenn der ArbN das Arbeitsverhältnis in jedem Fall weiterführen möchte und deshalb die geänderten Arbeitsbedingungen unter Vorbehalt annimmt[2]. Falls das Änderungsangebot eine personelle Einzelmaßnahme gem. § 99 beinhaltet, ist neben dem Verfahren nach § 102 der BR auch gem. § 99 zu beteiligen. Beide Verfahren sind **nebeneinander** durchzuführen[3]. Jedoch verlangt die Wirksamkeit einer Änderungskündigung nur eine ordnungsgemäße Anhörung iSd. § 102, nicht aber die ordnungsgemäße Durchführung des Beteiligungsverfahrens nach § 99. Fehlt etwa die Zustimmung des BR zu einer personellen Einzelmaßnahme nach § 99, so ist nicht etwa die Änderungskündigung unwirksam, vielmehr ist der ArbGeb dann daran gehindert, die personelle Einzelmaßnahme, wie zB eine Versetzung, tatsächlich durchzuführen[4]. Beide Beteiligungsverfahren unterscheiden sich jedoch sowohl von ihren Voraussetzungen als auch von ihren Rechtsfolgen. Selbst die Entscheidung des BR muss nicht notwendigerweise einheitlich sein[5].

Bei einem befristeten Arbeitsverhältnis ist die Erklärung des ArbGeb, dass dieses **befristete Arbeitsverhältnis** mit Ablauf der Frist ende, bzw. dass es nicht verlängert werde, keine Kündigung iSd. § 102[6]. Anders kann sich die Rechtslage dann darstellen, wenn es sich um eine unzulässige Befristung des Arbeitsverhältnisses gehandelt hat, mit der Folge, dass die Befristung unwirksam war. In diesen Fällen kann das Verhalten des ArbGeb, der eine Fortsetzung des Arbeitsverhältnisses ablehnt, als **hilfsweise erklärte Kündigung** für den Fall angesehen werden, dass die Befristung unzulässig gewesen ist. Dann unterliegt die Beurteilung der Wirksamkeit einer solchen Kündigungserklärung den Vorschriften des § 102[7]. Gleiches gilt, wenn ein **auflösend bedingtes Arbeitsverhältnis** durch Eintritt der Bedingung endet.

Ebenfalls besteht kein Anhörungsrecht des BR gem. § 102 im Fall der **Anfechtung des Arbeitsvertrages**. Bei der Anfechtung handelt es sich gegenüber der Kündigung um ein anderes Gestaltungsrecht. Hierbei geht es um die Frage der Geltung oder Nicht-Geltung eines Rechtsgeschäfts. Da der BR aber nach § 99 nicht die Einstellung eines Bewerbers erzwingen kann, muss der ArbGeb auch frei in seiner Entscheidung darüber sein, ob er den Arbeitsvertrag gelten lässt, nachdem ein Anfechtungsgrund bekannt geworden ist. Von daher verbietet sich die Gleichstellung von Anfechtung und Kündigung bei der Anwendung des § 102[8].

Nach ganz überwiegender Auffassung ist auch vor **Abschluss eines Aufhebungsvertrages** die Durchführung des Beteiligungsverfahrens nach § 102 nicht erforderlich[9]. Im Hinblick auf die Beteiligung des BR ist vom Aufhebungsvertrag der sog. **Abwicklungsvertrag** zu unterscheiden. Dieser beinhaltet im Wesentlichen die Modalitäten, wie ein bereits gekündigtes Arbeitsverhältnis abgewickelt werden soll[10]. Für die dem Abwicklungsvertrag zugrunde liegende Kündigung ist die Beteiligung des BR gem. § 102 erforderlich. Dagegen ist der Streit über die Beteiligung des BR bei Beendigung des Eingliederungsvertrages durch die im Rahmen des Gesetzes zur Reform der arbeitsmarktpolitischen Instrumente (Job-AQTIV-Gesetz)[11] vorgenommene Novellierung obsolet geworden[12].

2. Kreis der geschützten ArbN. a) Allgemeines. Das Beteiligungsrecht des BR bezieht sich auf alle ArbN des Betriebes iSv. § 5. Demnach findet § 102 auch auf die Kündigung von **Berufsausbildungsverhältnissen**, Beschäftigungsverhältnissen von Außendienstmitarbeitern sowie auf **Telearbeitsverhältnisse** Anwendung. Sofern ArbN in **Heimarbeit** beschäftigt sind und in der Hauptsache für den Betrieb arbeiten, gelten auch für die Beendigung solcher Beschäftigungsverhältnisse die Beteiligungsrechte nach § 102. Dagegen sind **Kündigungen leitender Angestellter** gem. § 5 Abs. 3 dem BR gem. § 105 lediglich mitzuteilen. Hierbei gilt es zu beachten, dass die Mitteilung nach § 105 nicht eine **vorsorgliche Anhörung** des BR zu ersetzen vermag. Wenn also ArbGeb und BR einen zu kündigenden ArbN für einen leitenden Angestellten halten, muss sich aus der Mitteilung des ArbGeb an den BR eindeutig ergeben, ob er den BR nach § 105 nur unterrichten oder nach § 102 Abs. 1 zu der beabsichtigten Kündigung vorsorglich anhören will[13]. Es genügt aber, wenn der BR der Mitteilung des ArbGeb entnehmen kann, dass damit auch ein vorsorgliches Anhörungsverfahren nach § 102 Abs. 1 eingeleitet werden soll[14].

---

1 BAG v. 30.11.1989 – 2 AZR 197/89, AP Nr. 53 zu § 102 BetrVG 1972. | 2 BAG v. 28.5.1998 – 2 AZR 615/97, AP Nr. 48 zu § 2 KSchG 1969; APS/*Künzl*, § 2 KSchG Rz. 115 f.; KR-*Etzel*, § 102 BetrVG Rz. 30; aA *Fitting*, § 102 BetrVG Rz. 11. | 3 HM: BAG v. 3.11.1977 – 2 AZR 277/76, AP Nr. 1 zu § 75 BPersVG; v. 30.9.1993 – 2 AZR 283/93, AP Nr. 33 zu § 2 KSchG 1969. | 4 BAG v. 8.6.1995 – 2 AZR 739/94, nv.; v. 30.9.1993 – 2 AZR 283/93, AP Nr. 33 zu § 2 KSchG 1969. | 5 BAG v. 30.9.1993 – 2 AZR 283/93, AP Nr. 33 zu § 2 KSchG 1969; *Fitting*, § 102 BetrVG Rz. 9. | 6 HM: *Richardi/Thüsing*, § 102 BetrVG Rz. 16 mwN; KR-*Etzel*, § 102 BetrVG Rz. 39. | 7 Heinze, Personalplanung, Rz. 467; *Fitting*, § 102 BetrVG Rz. 17. | 8 BAG v. 11.11.1993 – 2 AZR 467/93, AP Nr. 38 zu § 123 BGB; *Löwisch/Kaiser*, § 102 BetrVG Rz. 4; *Picker*, ZfA 1981, 1 (43 ff.); kritisch hierzu: DKK, § 102 BetrVG Rz. 21. | 9 *Dachrodt/Engelbert*, § 102 BetrVG Rz. 69; GK-BetrVG/*Raab*, § 102 Rz. 25; KR-*Etzel*, § 102 BetrVG Rz. 42; aA *Keppeler*, AuR 1996, 263 (265 f.). | 10 Zum Abwicklungsvertrag: *Hümmerich*, NZA 1994, 200 ff. | 11 Gesetz zur Reform der arbeitsmarktpolitischen Instrumente (Job-AQTIV-Gesetz) v. 10.12.2001, BGBl I S. 3443). | 12 Vgl. zur ehemaligen Sondervorschrift des § 232 SGB III aF(Auflösungstatbestand eigener Art bei einem Eingliederungsvertrag): BAG v. 17.5.2001 – 2 AZR 10/00, BAGE 98, 19; LAG Köln v. 26.1.2000 – 3 Sa 1272/99, AP Nr. 1 zu § 232 SGB III. | 13 BAG v. 26.5.1977 – 2 AZR 135/76, AP Nr. 13 zu § 102 BetrVG 1972; v. 7.12.1979 – 7 AZR 1063/77, AP Nr. 21 zu § 102 BetrVG 1972. | 14 BAG v. 7.12.1979 – 2 AZR 1063/77, AP Nr. 21 zu § 102 BetrVG 1972.

8 **b) Arbeitsverhältnisse mit Auslandsbezug.** Bei Arbeitsverhältnissen mit Auslandsbezug entfällt die Beteiligungspflicht nach § 102 nur dann, wenn der ArbN kein Betriebsangehöriger des im Inland gelegenen Betriebes ist. Stellt sich die Auslandstätigkeit als Ausstrahlung des Inlandbetriebes dar, so findet auch § 102 bei Kündigungen der im Ausland tätigen ArbN Anwendung. So ist der BR eines in der Bundesrepublik Deutschland gelegenen Betriebes auch bei der Kündigung eines nicht nur vorübergehend im Ausland eingesetzten ArbN jedenfalls dann zu beteiligen, wenn der im Ausland tätige ArbN nach wie vor dem Inlandsbetrieb zuzuordnen ist. Dies hängt insb. von den Umständen des Einzelfalls ab und hier insb. von der Dauer des Auslandseinsatzes, der Eingliederung in einen Auslandsbetrieb, dem Bestehen und den Voraussetzungen eines Rückrufrechts zu einem Inlandseinsatz sowie dem sonstigen Inhalt der Weisungsbefugnis des ArbGeb[1].

9 **c) Arbeitsverhältnisse in Tendenzunternehmen.** Einschränkungen beim Beteiligungsrecht nach § 102 ergeben sich auch aus dem Gesichtspunkt des **Tendenzschutzes**[2]. Jedoch können sich derartige Einschränkungen nur auf Tendenzträger als solche beziehen. Allerdings steht nach st. Rspr. des BAG auch der Tendenzcharakter eines Unternehmens nicht der Anhörung des BR zur Kündigung eines Tendenzträgers nach § 102 Abs. 1 entgegen[3]. Insoweit sind dem BR bei Kündigung eines Tendenzträgers selbst etwaige tendenzbedingte Kündigungsgründe mitzuteilen. Hinsichtlich seiner Einwendungen gegen die Kündigung muss sich jedoch der BR auf soziale Gesichtspunkte beschränken[4].

10 **d) Arbeitsverhältnisse bei Insolvenz des ArbGeb.** Auch bei Insolvenz des ArbGeb bleiben die Beteiligungsrechte des BR gem. § 102 erhalten. So ist durch den Eintritt der Insolvenz keine Änderung der Rechtslage eingetreten. Im Hinblick auf die Regelungen des § 126 Abs. 1 Satz 2 InsO, wonach die soziale Auswahl der ArbN nur im Hinblick auf die Dauer der Betriebszugehörigkeit, das Lebensalter und die Unterhaltspflichten nachgeprüft werden kann, konnte sich der BR bei einem etwaigen Widerspruch gem. § 102 Abs. 3 Nr. 1 nur auf die genannten drei sozialen Gesichtspunkte berufen[5]. Dies hat durch die Neuregelung in § 1 Abs. 3 Satz 1 KSchG durch das Gesetz zu Reformen am Arbeitsmarkt vom 24.12.2003[6] eine Modifikation erfahren. Auch wenn das ArbG gem. § 126 InsO feststellt, dass die Kündigung bestimmter ArbN durch dringende betriebliche Erfordernisse bedingt und sozial gerechtfertigt ist, so bleibt auch in diesem Fall das Beteiligungsrecht des BR nach § 102 bestehen[7].

11 **e) Arbeitsverhältnisse im Arbeitskampf.** Auch im Arbeitskampf findet eine Einschränkung des Beteiligungsrechts des BR nach § 102 nur in Ausnahmefällen statt. Grundsätzlich bleiben die Beteiligungsrechte des BR hier insoweit bestehen, wie die fraglichen **Maßnahmen keinen Arbeitskampfbezug** haben[8]. Daher bedarf auch eine während eines Streiks ausgesprochene arbeitgeberseitige Kündigung der vorherigen Anhörung des BR, wenn die Kündigung aus anderen als arbeitskampfbedingten Gründen erfolgt[9]. Insofern entfällt das Beteiligungsrecht des BR nur, wenn der ArbGeb als Reaktion auf Arbeitskampfmaßnahmen Kündigungen ausspricht[10]. Von einer solchen **Kampfkündigung** ist auch dann auszugehen, wenn der ArbGeb wegen Beteiligung an einem rechtswidrigen Arbeitskampf eine außerordentliche Kündigung ausspricht[11].

12 **f) Kündigungen auf Veranlassung des BR oder des ArbN.** Besonderheiten ergeben sich dann, wenn eine **Kündigung auf Veranlassung des BR** ausgesprochen wird. Verlangt etwa der BR vom ArbGeb, einen bestimmten ArbN zu kündigen und entschließt sich der ArbGeb, dem Wunsch des BR aus den von diesem angegebenen Gründen zu entsprechen, so ist – selbst wenn kein Fall einer **Druckkündigung** iSd. § 104 BetrVG vorliegt – eine Beteiligung des BR nach § 102 nicht erforderlich. In dem Kündigungsverlangen des BR liegt dann bereits dessen Zustimmung zur Kündigung[12].

13 Anders ist die Rechtslage jedoch zu beurteilen, wenn nicht der BR die Kündigung verlangt, sondern der **ArbN** selbst derjenige ist, der auf die Anhörung des BR gem. § 102 Abs. 1 **verzichtet**. Würde die Kündigung ohne Beteiligung des BR ausgesprochen, so wäre sie wegen Verstoßes gegen § 102 Abs. 1 unwirksam, weil das Beteiligungsrecht des BR nicht durch eine Vereinbarung zwischen dem ArbGeb und dem ArbN ausgeschlossen werden kann[13].

14 **III. Unterrichtungspflicht des ArbGeb gem. § 102 BetrVG. 1. Partner des Anhörungsverfahrens.** Das Beteiligungsrecht nach § 102 BetrVG setzt einen **handlungsfähigen BR** voraus. Die Anhörungspflicht besteht also erst dann, wenn die Amtszeit des BR begonnen und der BR sich gem. § 29 konstituiert

---

1 BAG v. 7.12.1989 – 2 AZR 228/89, AP Nr. 27 zu Internationales Privatrecht – Arbeitsrecht. | 2 Vgl. KR/*Etzel*, § 102 BetrVG Rz. 13. | 3 BAG v. 7.11.1975 – 1 AZR 282/74, AP Nr. 4 zu § 118 BetrVG 1972; v. 6.12.1988 – 1 ABR 42/87, nv. | 4 BVerfG v. 6.11.1979 – 1 BvR 81/76, AP Nr. 14 zu § 118 BetrVG 1972. | 5 *Müller-Limbach*, Arbeitsgerichtliche Überprüfung betriebsbedingter Kündigungen durch den Insolvenzverwalter (§§ 126–128 InsO), S. 84. | 6 BGBl I S. 3002. | 7 *Heinze*, NZA 1999, 57 (61); *Giesen*, ZIP 1998, 46 (54). | 8 BAG v. 22.12.1980 – 1 ABR 2/79, AP Nr. 70 zu Artikel 9 GG – Arbeitskampf. Auswirkung hat der Arbeitskampf also nur auf die Beteiligungsrechte des BR, wenn durch die Ausübung der Beteiligungsrechte die Kampfparität zwischen den *Arbeitskampfparteien beeinträchtigt werden könnte.* | 9 BAG v. 6.3.1979 – 1 AZR 866/77, AP Nr. 20 zu § 102 BetrVG 1972. | 10 Vgl. hierzu APS/*Koch*, § 102 BetrVG Rz. 15. | 11 BAG v. 14.2.1978 – 1 AZR 76/76, AP Nr. 58 zu Artikel 9 GG – Arbeitskampf. | 12 BAG v. 15.5.1997 – 2 AZR 519/96, AP Nr. 1 zu § 104 BetrVG 1972; LAG BW v. 31.5.1995 – 12 SA 188/94, nv. | 13 *Richardi/Thüsing*, § 102 BetrVG Rz. 39; *Fitting*, § 102 BetrVG Rz. 56.

hat[1]. Zur Konstituierung des BR hat der Wahlvorstand, nachdem die Namen der BR-Mitglieder endgültig feststehen, die Mitglieder des BR zu der nach § 26 vorgeschriebenen Wahl des Vorsitzenden und seines Stellvertreters einzuberufen. Die Wahl des BR-Vorsitzenden und seines Stellvertreters ist Voraussetzung für die Handlungsfähigkeit des BR nach Beginn der Amtszeit[2]. Der ArbGeb ist nicht verpflichtet, mit dem Ausspruch einer Kündigung zu warten, bis sich der BR konstituiert hat[3].

Sind alle BR- und Ersatzmitglieder gleichzeitig und nicht nur kurzfristig an der **Amtsausübung gehindert**, so entfällt die Beteiligungspflicht des ArbGeb nach § 102[4]. Da das Anhörungsrecht auch dann besteht, wenn der BR lediglich aus einer Person gebildet ist, entfällt eine Anhörungsverpflichtung des ArbGeb nur dann, wenn der Betriebsobmann nicht nur kurzfristig verhindert ist und ein Ersatzmitglied fehlt. Wenn das einzige Mitglied des BR arbeitsunfähig erkrankt und ein Stellvertreter nicht vorhanden ist, besteht für den ArbGeb jedenfalls eine Verpflichtung zur Anhörung des erkrankten BR-Mitglieds, wenn er davon ausgehen kann, dass dieses bereit und in der Lage ist, derartige BR-Tätigkeiten auszuüben[5]. **Funktionsfähig** ist der BR solange, wie auch nur ein einziges BR- bzw. Ersatzmitglied sein Amt ausüben kann. Hierbei spielt es keine Rolle, ob der BR noch nach § 33 Abs. 2 beschlussfähig ist. Vielmehr nimmt, wenn ein BR für die Dauer der Äußerungsfristen des § 102 Abs. 2 beschlussunfähig ist, weil in dieser Zeit mehr als die Hälfte der BR-Mitglieder an der Amtsausübung verhindert ist und nicht durch Ersatzmitglieder vertreten werden kann, der **Rest-BR** in entsprechender Anwendung des § 22 die Beteiligungsrechte des § 102 wahr[6]. Umstritten hingegen ist, ob und inwieweit ein Beteiligungsrecht des BR nach § 102 während der **Betriebsferien** besteht[7]. Es ist allerdings nicht einzusehen, warum im Fall der urlaubsbedingten Abwesenheit aller BR-Mitglieder etwas anderes gelten soll, als wenn aus sonstigen Gründen alle BR-Mitglieder an der Amtsausübung vorübergehend verhindert sind. Auch in diesem Fall ist die Anhörung des BR entbehrlich, wenn er wegen urlaubsbedingter Abwesenheit seiner Mitglieder funktionsunfähig ist[8]. 15

Die Anhörungsverpflichtung entfällt zudem, wenn die Amtszeit des BR abgelaufen und noch kein neuer gewählt worden ist, es sei denn, der frühere BR führt die BR-Geschäfte gem. § 22 weiter. Geht ein Betrieb durch Stilllegung, Spaltung oder Zusammenlegung unter, so bleibt gem. § 21b dessen BR solange im Amt, wie dies zur Wahrnehmung der damit im Zusammenhang stehenden Mitwirkungs- und MitbestR erforderlich ist. Demgemäß bleibt es auch solange bei der Verpflichtung des ArbGeb, vor Ausspruch der Kündigung das Verfahren nach § 102 einzuleiten. 16

2. Adressat der Informationen. Für das Mitwirkungsverfahren bei Kündigungen ist grundsätzlich der BR des Betriebes **zuständig**, dem der ArbN angehört[9]. Die Mitteilung der Gründe für die Kündigung hat dabei gegenüber dem BR zu erfolgen. Dh., zur Entgegennahme ist nur der **Vorsitzende des BR** oder im Fall seiner Verhinderung dessen Stellvertreter berechtigt[10]. Hat aber der BR die Ausübung der Mitbest. einem **besonderen Ausschuss**, wie etwa einem Personalausschuss zur selbständigen Erledigung übertragen, so ist in diesem Fall der Vorsitzende dieses Ausschusses neben dem BR-Vorsitzenden ebenfalls berechtigt, die Erklärungen des ArbGeb entgegenzunehmen[11]. Wendet sich der ArbGeb dagegen an ein **BR-Mitglied**, welches nicht zur Entgegennahme von Erklärungen des ArbGeb berechtigt ist, so ist dieses BR-Mitglied lediglich **Erklärungsbote** des ArbGeb. Dies hat zur Konsequenz, dass die Mitteilung erst wirksam wird, wenn sie vom unzuständigen Mitglied als Erklärungsbote des ArbGeb dem Vorsitzenden oder einem zum Empfang ermächtigten Mitglied des BR oder einem zuständigen Ausschuss zugeht[12]. Die Funktion des Erklärungsboten setzt jedoch das Einverständnis des BR-Mitglieds und des ArbGeb voraus, für diesen die Wissensvermittlung an den BR vorzunehmen[13]. Der BR-Vorsitzende, bzw. im Falle seiner Verhinderung der stellvertretende BR-Vorsitzende, ist jedoch nicht verpflichtet, Mitteilungen des ArbGeb betreffend beabsichtigter Kündigungen **außerhalb seiner Arbeitszeit** entgegenzunehmen. In einem solchen Fall muss allerdings der ArbGeb darauf hingewiesen werden, dass der BR-Vorsitzende bzw. dessen Stellvertreter nicht bereit ist, außerhalb seiner Arbeitszeit und außerhalb der Betriebsräume derartige Mitteilungen entgegenzunehmen. Die widerspruchslose Entgegennahme einer Mitteilung des ArbGeb iSd. § 102 Abs. 1 durch den BR-Vorsitzenden, oder bei dessen Verhinderung durch den Stellvertreter, setzt selbst dann die Wochenfrist des § 102 Abs. 2 Satz 1 in Lauf, wenn die Mitteilung außerhalb der Arbeitszeit und außerhalb der Betriebsräume erfolgt[14]. Bereits an dieser Stelle ist darauf hinzuweisen, dass eine Mitteilung der Kündigungsgründe entbehrlich sein kann, wenn der BR bei Einleitung des Anhörungsverfahrens bereits über den erforder- 17

---

1 BAG v. 23.8.1984 – 6 AZR 520/82, AP Nr. 36 zu § 102 BetrVG 1972; LAG Hamm v. 20.5.1999 – 4 SA 1989/98, ZInsO 1999, 362. | 2 LAG Hamm v. 20.5.1999 – 4 SA 1989/98, ZInsO 1999, 362 f. | 3 BAG v. 23.8.1984 – 6 AZR 520/82, AP Nr. 36 zu § 102 BetrVG 1972; Richardi/Thüsing, § 102 BetrVG Rz. 30; aA APS/Koch, § 102 BetrVG Rz. 45; KR/Etzel, § 102 BetrVG Rz. 24b. | 4 BAG v. 18.8.1982 – 7 AZR 437/80, AP Nr. 24 zu § 102 BetrVG 1972. | 5 BAG v. 15.11.1984 – 2 AZR 341/83, AP Nr. 2 zu § 25 BetrVG 1972. | 6 BAG v. 18.8.1992 – 7 AZR 437/80, AP Nr. 24 zu § 102 BetrVG 1972. | 7 Vgl. hierzu APS/Koch, § 102 BetrVG Rz. 49. | 8 Stege/Weinspach/Schiefer, § 102 BetrVG Rz. 43c; ausdrücklich offen gelassen: BAG v. 22.5.1980 – 2 AZR 619/78, nv.; aA KR/Etzel, § 102 BetrVG Rz. 24d. | 9 BAG v. 7.11.1990 – 2 AZR 225/90, nv. | 10 BAG v. 6.2.1997 – 2 AZR 265/96, AP Nr. 85 zu § 102 BetrVG 1972; v. 5.4.1990 – 2 AZR 337/89, nv. | 11 BAG v. 4.8.1975 – 2 AZR 266/74, AP Nr. 4 zu § 102 BetrVG 1972. | 12 BAG v. 26.9.1991 – 2 AZR 132/91, AP Nr. 28 zu § 1 KSchG 1969; v. 5.4.1990 – 2 AZR 337/89, nv. | 13 BAG v. 27.6.1985 – 2 AZR 412/84, AP Nr. 37 zu § 102 BetrVG 1972; APS/Koch, § 102 BetrVG Rz. 80; aA KR-Etzel, § 102 BetrVG Rz. 85. | 14 BAG v. 27.8.1992 – 7 AZR 30/80, AP Nr. 25 zu § 102 BetrVG 1972.

lichen Kenntnisstand verfügt, um über die konkret beabsichtigte Kündigung eine Stellungnahme abgeben zu können. Jedoch muss sich auch hierbei der BR grundsätzlich nur das Wissen eines zur Entgegennahme von Erklärungen gem. § 26 Abs. 2 Satz 2 berechtigten oder hierzu ausdrücklich ermächtigten BR-Mitglieds zurechnen lassen[1]. Nicht ausreichend dagegen ist indes, wenn nur einzelne und nicht empfangsberechtigte BR-Mitglieder über einen ausreichenden Wissensstand verfügen[2].

18 **3. Form und Umfang der Unterrichtung.** Für die Mitteilung der Kündigungsgründe an den BR sieht das Gesetz keine besondere **Form** vor. Dies bedeutet, dass die erforderlichen Informationen dem BR-Vorsitzenden auch mündlich übermittelt werden können[3]. In keinem Fall besteht aber für den ArbGeb die Verpflichtung, vorhandene **schriftliche Unterlagen** dem BR vorzulegen oder **Einsicht in die Personalakten** des betroffenen ArbN zu gewähren[4]. Für die Praxis ist indes zu empfehlen, die Unterrichtung zumindest auch in schriftlicher Form vorzunehmen. Hierbei empfiehlt es sich, dass der BR-Vorsitzende oder der sonstige Adressat des Anhörungsschreibens auf einer Kopie des Anhörungsschreibens die Entgegennahme des Originals ausdrücklich mit Datumsangabe **quittiert**.

19 Mit der Mitteilung ist der BR aufzufordern, zu der beabsichtigten Kündigung Stellung zu nehmen. Diese **Aufforderung zur Stellungnahme** sollte, aber braucht nicht ausdrücklich zu erfolgen. Es muss sich jedoch aus den Gesamtumständen ergeben, dass der BR nicht nur nach § 105 unterrichtet werden soll, sondern dass mit der Mitteilung ein Anhörungsverfahren nach § 102 eingeleitet werden soll.

20 **4. Zeitpunkt der Unterrichtung.** Hinsichtlich des **Zeitpunktes** der Mitteilung regelt § 102 Abs. 1 Satz 1 nur, dass der BR vor jeder Kündigung zu hören ist. Die Dauer der Anhörungsfrist ergibt sich dann aus § 102 Abs. 2 Satz 1 und 3. Wahrt der BR die Frist nicht, so gilt gemäß § 102 Abs. 2 Satz 2 die Zustimmung zur Kündigung als erteilt. Für den Fristbeginn ist unerheblich, ob der ArbGeb seinen Kündigungswillen zum Zeitpunkt der Einleitung des Anhörungsverfahrens schon abschließend gebildet hat[5]. Demzufolge spielt es keine Rolle, wenn der ArbGeb, als er das Anhörungsverfahren einleitete, das Original des Kündigungsschreibens bereits unterschrieben hatte. Vielmehr ist entscheidend, dass er seinen Kündigungswillen noch nicht verwirklicht hat, bevor das Anhörungsverfahren abgeschlossen ist. Dies wäre dann der Fall, wenn die schriftliche Kündigungserklärung den Machtbereich des ArbGeb verlassen hat, also etwa wenn das Kündigungsschreiben zur Post aufgegeben wurde[6]. Hier kann dann auch eine **nachträglich erteilte Zustimmung des BR** zur Kündigung keine nachträgliche Heilung des unwirksamen Rechtsgeschäfts herbeiführen.

21 Besonders problematisch sind die Fälle sog. **Wiederholungskündigungen**, in denen bereits eine Kündigung erklärt wurde, zu der der BR ordnungsgemäß angehört wurde, jedoch der ArbGeb eine weitere auf den gleichen Sachverhalt gestützte Kündigung aussprechen will. Hier differenziert die Rspr. nach dem Zugang der Kündigungserklärung. Wurde der BR bereits angehört, ist jedoch dem ArbN die Kündigungserklärung nicht zugegangen, so kann der ArbGeb, ohne noch einmal den BR beteiligen zu müssen, die Kündigung erneut aussprechen und den Zugang bewirken, wenn noch ein zeitlicher Zusammenhang zur Anhörung besteht und der Sachverhalt sich nicht geändert hat[7]. Ist jedoch die erste Kündigung beim ArbN zugegangen, löst dies nach Auffassung des BAG für eine weitere Kündigung eine erneute Beteiligungspflicht nach § 102 aus. Mit dem Zugang der Kündigungserklärung ist die erfolgte BR-Anhörung regelmäßig verbraucht[8]. Von einem solchen „Verbrauch" des Kündigungsrechts geht das BAG auch dann aus, wenn ein Bevollmächtigter für den ArbGeb kündigt und dieser wegen nachträglich eintretender Zweifel an der Zurechenbarkeit dieser ersten Kündigung eine weitere Kündigung ausspricht[9].

22 Von dieser sog. Wiederholungskündigung ist die sog. **Vorratskündigung** zu unterscheiden. Hierbei erfolgt der Ausspruch der Kündigung nicht unmittelbar nach Kenntniserlangung vom Kündigungsgrund und anschließender Beendigung des Beteiligungsverfahrens nach § 102, sondern erst mit einem zeitlichen Abstand zur Anhörung des BR. In einem solchen Fall ist eine erneute Anhörung erforderlich, jedenfalls dann, wenn sich inzwischen der Kündigungssachverhalt geändert hat[10].

23 Besonderheiten können sich bei der Kündigung von **schwerbehinderten Menschen** ergeben. Gem. §§ 85, 91 SGB IX bedarf die außerordentliche oder ordentliche Kündigung des Arbeitsverhältnisses eines schwerbehinderten Menschen durch den ArbGeb der vorherigen Zustimmung des **Integrationsamtes**. Im Hinblick auf das Anhörungsverfahren nach § 102 steht es dem ArbGeb frei, ob er dieses Verfahren vor dem Antrag auf Erteilung der Zustimmung gem. SGB IX oder noch während des Verwal-

---

1 BAG v. 27.6.1985 – 2 AZR 412/84, AP Nr. 37 zu § 102 BetrVG; v. 28.3.1974 – 2 AZR 472/73, AP Nr. 3 zu § 102 BetrVG 1972; KR/*Etzel*, § 102 BetrVG Rz. 69a. |2 BAG v. 2.11.1983 – 7 AZR 65/82, AP Nr. 29 zu § 102 BetrVG 1972. |3 BAG v. 6.2.1997 – 2 AZR 265/96, AP Nr. 85 zu § 102 BetrVG 1972. |4 BAG v. 26.1.1995 – 2 AZR 386/94, AP Nr. 69 zu § 102 BetrVG 1972; v. 6.2.1997 – 2 AZR 265/96, AP Nr. 85 zu § 102 BetrVG 1972; aA noch LAG Hamm v. 6.1.1994 – 16 SA 1216/93, LAGE § 102 BetrVG 1972 Nr. 40. |5 BAG v. 28.9.1978 – 2 AZR 2/77, AP Nr. 19 zu § 102 BetrVG 1972. |6 Vgl. BAG v. 28.9.1978 – 2 AZR 2/77, AP Nr. 19 zu § 102 BetrVG 1972; v. 13.11.1975 – 2 AZR 610/74, AP Nr. 7 zu § 102 BetrVG 1972. Anders jedoch für einen Sonderfall: BAG v. 8.4.2003 – 2 AZR 515/02, AP Nr. 133 zu § 102 BetrVG 1972. |7 BAG v. 6.2.1997 – 2 AZR 192/96, EZA § 102 BetrVG 1972 Nr. 95. |8 BAG v. 16.9.1993 – 2 AZR 267/93, AP Nr. 62 zu § 102 BetrVG 1972. |9 BAG v. 31.1.1996 – 2 AZR 273/95, AP Nr. 80 zu § 102 BetrVG 1972. |10 BAG v. 26.5.1977 – 2 AZR 201/76, AP Nr. 14 zu § 102 BetrVG 1972; *Heinze*, Personalplanung, Rz. 503; APS/*Koch*, § 102 BetrVG Rz. 64.

tungsverfahrens stellt oder aber die Entscheidung des Integrationsamtes abwarten will, um anschließend das Anhörungsverfahren gem. § 102 einzuleiten[1]. Leitet der ArbGeb aber das Anhörungsverfahren vor Beteiligung des Integrationsamtes ein, so ist nach abschließender Entscheidung des Integrationsamtes eine erneute Anhörung des BR dann erforderlich, wenn wegen der Dauer des Zustimmungsverfahrens die ursprüngliche Einschätzung der Tragweite der beabsichtigten Kündigung nicht mehr zutreffend ist, dh. wenn sich inzwischen der Sachverhalt im Übrigen wesentlich geändert hat[2]. Bei einer **außerordentlichen Kündigung** eines behinderten Menschen ist jedoch zu beachten, dass gem. § 91 Abs. 5 SGB IX der ArbGeb, sofern die Zustimmung des Integrationsamtes zur außerordentlichen Kündigung vorliegt, **unverzüglich** handeln muss. Ist bis dahin eine Anhörung gem. § 102 nicht erfolgt, so muss durch den ArbGeb **unverzüglich das Anhörungsverfahren eingeleitet werden**[3]. In diesem Zusammenhang ist zu beachten, dass der ArbGeb nicht auf die Zustimmung des Integrationsamtes zu warten braucht. Vielmehr bestimmt § 91 Abs. 3 Satz 2 SGB IX, dass die Zustimmung als erteilt gilt, wenn das Integrationsamt nicht innerhalb einer Frist von zwei Wochen vom Tag des Eingangs des Antrages an eine Entscheidung getroffen hat. Spätestens nach Ablauf dieser zwei Wochen ist der ArbGeb gehalten, unverzüglich das Anhörungsverfahren nach § 102 einzuleiten.

Entsprechendes gilt bei behördlichen Entscheidungen gem. § 9 Abs. 3 MuSchG. So hat bei einer außerordentlichen Kündigung der ArbGeb nach Zugang der Zulässigkeitserklärung iSd. § 9 Abs. 3 MuSchG unverzüglich den BR gem. § 102 anzuhören, sofern dieses noch nicht geschehen ist, und bei Vorliegen der Stellungnahme des BR oder bei Ablauf der Stellungnahmefrist nach § 102 die Kündigung auszusprechen[4]. **24**

5. Inhalt der Unterrichtung. a) Sozialdaten. Die Regelung in § 102 Abs. 1 Satz 2 verlangt, dass der ArbGeb dem BR die Gründe für die Kündigung mitzuteilen hat. Hierzu gehört, dass der ArbGeb den zu kündigenden **ArbN hinreichend individualisiert**. Der ArbGeb muss schließlich den BR eindeutig wissen lassen, wen er zu kündigen beabsichtigt. Dafür genügt es jedoch nach der Rspr. des BAG nicht, dass der ArbGeb dem BR bei einer Massenentlassung die Anzahl der zu berücksichtigenden ArbN mitteilt, ohne die ArbN näher zu bezeichnen. So hat der ArbGeb vielmehr auch bei einer Massenentlassung dem BR insb. **Alter, Familienstand, Betriebszugehörigkeit** und eventuell die Schwerbehinderteneigenschaft des zu kündigenden ArbN, mitzuteilen[5]. Ausnahmsweise führt die fehlende Mitteilung der genauen Sozialdaten des zu kündigenden ArbN an den BR dann nicht zur Unwirksamkeit der Kündigung gem. § 102 Abs. 1 Satz 3, wenn es dem ArbGeb wegen der Schwere der Kündigungsvorwürfe auf die genauen Daten ersichtlich nicht ankommt und der BR die ungefähren Daten kennt, so dass er die Kündigungsabsicht des ArbGeb ausreichend beurteilen kann[6]. Ob Unterhaltspflichten mitzuteilen sind, richtet sich danach, ob der ArbGeb diese bei seinem Kündigungsentschluss berücksichtigt hat[7]. Hinsichtlich der Einzelheiten zu den **Unterhaltspflichten** kann sich der ArbGeb auf die in den LStKarten enthaltenen Angaben beschränken. Insbesondere besteht für ihn keine Verpflichtung, über die Angaben in den Steuerkarten hinaus weitere Nachforschungen anzustellen[8]. Zu den mitteilungspflichtigen Tatsachen gehören auch Angaben darüber, ob der ArbN einen besonderen Kündigungsschutz etwa nach dem MuSchG bzw. dem SGB IX oder aufgrund tarifvertraglicher Bestimmungen besitzt. Ist jedoch einem ArbGeb nicht bekannt, dass der ArbN einen Antrag auf Anerkennung als Schwerbehinderter gestellt hat, macht dies die Kündigung nicht wegen Verstoßes gegen § 102 Abs. 1 unwirksam (vgl. hierzu auch § 90 Abs. 1 SGB IX)[9]. **25**

b) Art der Kündigung. Zu den Mitteilungspflichten des ArbGeb zählt auch, dass dieser dem BR die **Art der beabsichtigten Kündigung** mitzuteilen hat, insb. ob der Ausspruch einer ordentlichen oder außerordentlichen Kündigung beabsichtigt ist. Im Fall einer außerordentlichen Kündigung muss der ArbGeb ggf. deutlich machen, dass er den BR ebenfalls zu einer vorsorglichen ordentlichen Kündigung anhören will. Die Anhörung allein zur außerordentlichen Kündigung ersetzt nicht die Anhörung zu einer ordentlichen Kündigung. Eine Ausnahme von diesem Grundsatz lässt jedoch die Rspr. dann zu, wenn der BR, der lediglich zu einer beabsichtigten außerordentlichen Kündigung angehört wurde, dieser ausdrücklich und vorbehaltlos zugestimmt hat und auch aus sonstigen Umständen nicht zu ersehen war, dass der BR für den Fall der Unwirksamkeit der außerordentlichen Kündigung der dann verbleibenden ordentlichen Kündigung entgegengetreten wäre[10]. Im Fall einer beabsichtigten Kündigung eines **unkündbaren ArbN** setzt eine ordnungsgemäße Anhörung des BR nach § 102 Abs. 1 voraus, dass der ArbGeb dem BR die Art der beabsichtigten Kündigung, insb. also mitteilt, ob eine ordentliche oder eine außerordentliche Kündigung ausgesprochen werden soll, selbst wenn der ArbGeb ohne jede Erläuterung eine nach der objektiven Rechtslage nur außerordentlich mögliche Kündigung unter Einhaltung einer Auslauffrist aussprechen will[11]. Will der ArbGeb im Wege der **Änderungskündigung** die Arbeitsbedingungen einseitig ändern, so hat er dem BR das Änderungsangebot und die Gründe für die beabsichtigte Änderung der Arbeitsbedingun- **26**

---

[1] BAG v. 18.5.1994 – 2 AZR 626/93, AP Nr. 3 zu § 108 BPersVG; v. 11.3.1998 – 2 AZR 401/97, nv. |[2] BAG v. 11.3.1998 – 2 AZR 401/97, nv.; KR/*Etzel*, § 102 BetrVG Rz. 60. |[3] BAG v. 3.7.1980 – 2 AZR 340/78, AP Nr. 2 zu § 18 Schwerbehindertengesetz. |[4] LAG Hamm v. 3.10.1986 – 17 SA 935/86, DB 1987, 282. |[5] BAG v. 16.9.1993 – 2 AZR 267/93, AP Nr. 62 zu § 102 BetrVG 1972; umfassend hierzu: *Oppertshäuser*, NZA 1997, 920 ff. |[6] BAG v. 15.11.1995 – 2 AZR 974/94, AP Nr. 73 zu § 102 BetrVG 1972. |[7] Vgl. APS/*Koch*, § 102 BetrVG Rz. 94. |[8] LAG BW v. 9.11.1990 – 15 SA 86/90, LAGE § 102 BetrVG 1972 Nr. 25. |[9] LAG Berlin v. 24.6.1991 – 9 SA 20/81, LAGE § 1 KSchG – personenbedingte Kündigung Nr. 8. |[10] BAG v. 16.3.1978 – 2 AZR 424/76, AP Nr. 15 zu § 102 BetrVG 1972. |[11] BAG v. 29.8.1991 – 2 AZR 59/91, AP Nr. 58 zu § 102 BetrVG 1972.

gen mitzuteilen sowie dann, wenn er sich eine Beendigungskündigung vorbehält und dazu sich eine erneute Anhörung ersparen will, zugleich zu verdeutlichen, dass er im Fall der Ablehnung des Änderungsangebots durch den ArbN die Beendigungskündigung beabsichtigt[1]. Aber auch, wenn der ArbGeb den BR zu einer Beendigungskündigung angehört hat und er dann aber hiervon abweichend lediglich eine Änderungskündigung aussprechen will, hat er erneut das Anhörungsverfahren nach § 102 durchzuführen[2].

27 c) **Kündigungsfrist.** Will der ArbGeb eine ordentliche Kündigung aussprechen, so muss er in seiner Mitteilung an den BR ferner dem Grundsatz nach den **Kündigungstermin** und die **Kündigungsfrist** angeben. Hier sieht die Rspr. die Frist als einen wesentlichen Bestandteil für die Interessenabwägung an. Jedoch ist der ArbGeb nur gehalten, dem BR seine **subjektive Vorstellung** über die anwendbare Kündigungsfrist mitzuteilen. Dies hat zur Konsequenz, dass das Anhörungsverfahren nicht deshalb fehlerhaft ist, weil sich der ArbGeb hinsichtlich der anwendbaren Kündigungsfrist bzw. der Fristberechnung in einem Irrtum befindet[3]. Allerdings braucht der ArbGeb für eine ordnungsgemäße Anhörung nur das ungefähre Vertragsende und die zwischen Ausspruch der Kündigung und Entlassungstermin liegende Zeitdauer in etwa abzuschätzen. Die ganz exakte Kenntnis ist nach Auffassung des BAG schon deshalb nicht erforderlich, weil in der Regel nicht sicher ist, zu welchem Zeitpunkt die Kündigung zugeht[4]. Ausnahmsweise muss der ArbGeb dann keine besonderen Ausführungen über die Dauer der einzuhaltenden Frist machen, wenn der BR über die tatsächlichen Umstände für die Berechnung der maßgeblichen Kündigungsfrist unterrichtet ist[5]. Ein solcher Fall liegt etwa vor, wenn sich aus der Anhörung entnehmen lässt, dass die beabsichtigte ordentliche Kündigung unter Einhaltung der tarifvertraglich vorgeschriebenen Kündigungsfrist zum nächstmöglichen Zeitpunkt ausgesprochen werden soll[6].

28 d) **Kündigungsgründe. aa) Allgemeines.** § 102 Abs. 1 verlangt ausdrücklich, dass der ArbGeb **die Gründe für die Kündigung** dem BR mitzuteilen hat. Dies hat zur Konsequenz, dass der ArbN in einem etwaigen Kündigungsrechtsstreit die Kündigung nicht auf Gründe stützen kann, die er nicht dem BR im Anhörungsverfahren mitgeteilt hat. Hierbei hat er den für ihn maßgeblichen Kündigungssachverhalt so deutlich darzustellen, dass der BR in der Lage ist, ohne eigene zusätzliche Ermittlungen zu der beabsichtigten Kündigung aus der Sicht der ArbN-Seite Stellung zu nehmen. Zwar reichen pauschale, schlagwortartige Bezeichnungen des Kündigungsgrunds für eine ordnungsgemäße Anhörung des BR nicht aus[7]. Vom ArbGeb können aber im Anhörungsverfahren keine Ausführungen verlangt werden, die seiner Darlegungspflicht im Kündigungsschutzprozess entsprechen[8]. Nur ausnahmsweise können auch schlagwortartige Begründungen des ArbGeb ausreichend sein, wenn der BR den zugrunde liegenden Sachverhalt bereits kennt und einen Bezug zu den Angaben des ArbGeb herstellen kann[9]. Der Inhalt der Unterrichtung hängt dann davon ab, ob der ArbGeb eine außerordentliche oder eine ordentliche Kündigung aussprechen will. Für Inhalt und Umfang der Mitteilungspflicht ist auf die **subjektive Determination** der Kündigungsgründe abzustellen; dh., dass der ArbGeb nicht alle Gründe mitteilen muss, auf die er die Kündigung stützen kann, sondern **er braucht nur die Gründe zu nennen, die nach seiner subjektiven Sicht für seinen Kündigungsentschluss maßgebend sind**[10]. Gegenstand der subjektiven Determination ist also der Lebenssachverhalt, den der ArbGeb zur Grundlage seiner Kündigung machen will. Bezogen auf diesen Lebenssachverhalt hat der ArbGeb dem BR die ihm bekannten und seinen Kündigungsentschluss bestimmenden Tatsachen mitzuteilen, er darf sie nicht bewusst vorenthalten[11].

29 Dies hat zur Konsequenz, dass eine Anhörung des BR nicht deshalb fehlerhaft und insoweit unwirksam ist, weil der ArbGeb seinen Kündigungsentschluss gegenüber dem BR mit Gründen zu belegen versucht, die objektiv gar nicht vorliegen. Es genügt, wenn der ArbGeb der Auffassung ist, die Gründe liegen vor, und er auf diese Gründe die Kündigung stützen will. Ob dies Gründe sind, die – unterstellt sie würden tatsächlich vorliegen – eine Kündigung rechtfertigen würden, ist dagegen unerheblich. In einem Kündigungsrechtsstreit ist der ArbGeb dann aber an die von ihm vorgetragenen Kündigungsgründe gebunden, er kann also keine Kündigungsgründe geltend machen, über die er den BR nicht informiert hat, obwohl sie ihm bei Ausspruch der Kündigung bekannt waren[12]. Allerdings ist es dem ArbGeb erlaubt, eine weitere Erläuterung und Konkretisierung der dem BR rechtzeitig mitgeteilten Kündigungsgründe ohne wesentliche Veränderungen des Kündigungssachverhalts im Rahmen des Kündigungsschutzpro-

---

1 BAG v. 30.11.1989 – 2 AZR 197/89, AP Nr. 53 zu § 102 BetrVG 1972; v. 20.3.1986 – 2 AZR 294/85, AP Nr. 14 zu § 2 KSchG 1969. | 2 BAG v. 27.5.1982 – 2 AZR 96/80, DB 1984, 620 f. | 3 BAG v. 15.12.1994 – 2 AZR 327/94, AP Nr. 67 zu § 1 KSchG 1969 – Betriebsbedingte Kündigung. | 4 BAG v. 15.12.1994 – 2 AZR 327/94, AP Nr. 67 zu § 1 KSchG 1969 – Betriebsbedingte Kündigung; BAG v. 29.1.1986 – 7 AZR 257/84, AP Nr. 42 zu § 102 BetrVG 1972. | 5 KR/*Etzel*, § 102 BetrVG Rz. 59. | 6 BAG v. 15.12.1994 – 2 AZR 327/94, AP Nr. 67 zu § 1 KSchG 1969 – Betriebsbedingte Kündigung. | 7 AA *Rinke*, NZA 1998, 77 (88) für solche ArbN, die nicht dem Kündigungsschutzgesetz unterfallen. | 8 BAG v. 6.6.1991 – 2 AZR 540/90, nv. | 9 BAG v. 13.7.1978 – 2 AZR 717/76 Nr. 17 zu § 102 BetrVG 1972 (pauschale schlagwortartig bezeichnende Angaben reichen nicht: BAG v. 30.11.1989 – 2 AZR 197/89, AP Nr. 53 zu § 102 BetrVG 1972). | 10 BAG v. 6.2.1997 – 2 AZR 265/96, AP Nr. 85 zu § 102 BetrVG 1972; v. 7.11.2002 – 2 AZR 599/01, AP Nr. 40 zu § 1 KSchG 1969 – Krankheit; dazu ausf.: *Kraft*, FS Kissel, S. 611 ff. | 11 BAG v. 18.5.1994 – 2 AZR 920/93, AP Nr. 64 zu § 102 BetrVG 1972; LAG Hamm v. 30.9.1999 – 16 SA 2598/98, LAGE § 102 BetrVG 1972 Nr. 73. | 12 BAG v. 7.11.2002 – 2 AZR 599/01, AP Nr. 40 zu § 1 KSchG 1969 – Krankheit; *Richardi/Thüsing*, § 102 BetrVG Rz. 57.

zesses vorzunehmen, sofern dadurch nicht überhaupt erst ein kündigungsrechtlich erheblicher Sachverhalt vorgetragen wird[1]. Zum Nachschieben von Kündigungsgründen vgl. unten Rz. 40 ff.

bb) Unterrichtung bei einer außerordentlichen Kündigung. Was dem BR mitzuteilen ist, richtet sich zunächst danach, ob eine **außerordentliche** oder **ordentliche Kündigung** vom ArbGeb beabsichtigt ist. Gem. § 102 hat der ArbGeb dem BR die Tatsachen mitzuteilen, die aus seiner Sicht einen **wichtigen Grund für die Beendigung des Arbeitsverhältnisses** bilden. Hierzu zählt auch, zu welchem Zeitpunkt der ArbGeb von den Vorwürfen, die er der außerordentlichen Kündigung zugrunde legen will, Kenntnis erlangt hat. Die genauen Sozialdaten des zu kündigenden ArbN brauchen dagegen dann dem BR nicht mitgeteilt zu werden, wenn es dem ArbGeb wegen der Schwere der Kündigungsvorwürfe auf die genauen Daten ersichtlich nicht ankommt, der BR die ungefähren Daten kennt und er daher die Kündigungsabsicht des ArbGeb ausreichend beurteilen kann[2]. Im Gegensatz dazu muss der ArbGeb deutlich darauf hinweisen, wenn er die außerordentliche Kündigung auch darauf stützen will, dass anstelle einer für nachgewiesen erachteten Straftat er lediglich **wegen Verdachts der strafbaren Handlung** das Arbeitsverhältnis aufkündigen will[3]. Selbst bei unverändertem Kündigungssachverhalt kann der Verdacht der strafbaren Handlung oder Pflichtverletzung anstelle einer für nachgewiesen erachteten Straftat ohne erneute Anhörung des BR nicht nachgeschoben werden[4]. Kündigt der ArbGeb das Arbeitsverhältnis mit einem ordentlich unkündbaren ArbN außerordentlich unter Einhaltung einer **Auslauffrist**, so hat er auch die vorgesehene Auslauffrist dem BR ausdrücklich anzugeben[5].

cc) Unterrichtung bei einer ordentlichen Kündigung. (1) Allgemeines. Bei einer **ordentlichen Kündigung** kommt es für die Mitteilungsverpflichtung des ArbGeb darauf an, auf welchen Kündigungsgrund er die geplante Kündigung des ArbN stützen will. Hierbei gilt es zu beachten, dass der ArbGeb auch schon während der Wartezeit des § 1 Abs. 1 KSchG verpflichtet ist, den BR gem. § 102 zu beteiligen[6]. Innerhalb der sechsmonatigen Wartezeit des § 1 Abs. 1 KSchG gilt der Grundsatz der Kündigungsfreiheit, dh. Kündigungsgründe müssen weder vorliegen noch angegeben werden. Damit mindern sich nach Auffassung des BAG die Anforderungen an die Substantiierungspflichten des ArbGeb hinsichtlich der Kündigungsgründe[7]. Wird der Kündigungsentschluss des ArbGeb allein von subjektiven, durch Tatsachen nicht belegbaren Vorstellungen des ArbGeb bestimmt, so reicht die Unterrichtung des BR über diese Vorstellungen aus. § 102 verpflichtet den ArbGeb nicht, seine lediglich auf einem Werturteil beruhende Kündigung mit Tatsachen zu begründen, die aus seiner subjektiven Sicht für den Kündigungsentschluss nicht maßgeblich waren. Deshalb kann es ausreichen, dass der ArbGeb den BR lediglich über das Fehlen von Kündigungsgründen unterrichtet. Der ArbGeb handelt dann aus seiner subjektiven Sicht konsequent, wenn er, obwohl für ihn keine Kündigungsgründe vorliegen, an seinem Kündigungsentschluss festhält. Wenn er allerdings aus seiner subjektiven Sicht dem BR bewusst unrichtige oder unvollständige Sachdarstellungen unterbreitet oder wenn er bewusst ihm bekannte, genau konkretisierbare Kündigungsgründe nur pauschal vorträgt, obwohl sein Kündigungsentschluss auf der Würdigung dieser konkreten Kündigungssachverhalte beruht, so führt dies zu einer Verletzung seiner Unterrichtungspflicht[8]. Hieran wird deutlich, dass das Anhörungsverfahren vor einer Kündigung eben **kein vorgezogener Kündigungsschutzprozess ist**[9]. Insofern sind die Auffassungen, die im Hinblick auf den nicht vorhandenen Kündigungsschutz innerhalb der ersten sechs Monate eines Beschäftigungsverhältnisses zu einer einschränkenden Anwendung des § 102 Abs. 1 Satz 3 kommen wollen[10], abzulehnen. Auf der Grundlage der Theorie der subjektiven Determination der Kündigungsgründe besteht **kein Widerspruch** zwischen dem **individualrechtlichen Kündigungsschutz** nach § 1 KSchG, der erst nach einer Wartezeit von sechs Monaten eintritt, und dem **kollektivrechtlichen „Kündigungsschutz"** durch die Beteiligung des BR nach § 102.

Findet das KSchG auf das Arbeitsverhältnis des zu kündigenden ArbN Anwendung, so steht der **präventive, kollektivrechtliche Kündigungsschutz** des § 102 insofern im Zusammenhang mit dem Kündigungsschutz nach dem KSchG, als der ArbGeb in einem Kündigungsrechtsstreit die Kündigung nicht auf Gründe stützen kann, die er nicht dem BR im Anhörungsverfahren mitgeteilt hat[11]. Deshalb ist der ArbGeb gehalten, bereits die Unterrichtung des BR im Hinblick auf die Kündigungsgründe des § 1 KSchG vorzunehmen.

(2) Verhaltensbedingte Kündigung. Dies bedeutet für eine **verhaltensbedingte Kündigung**, dass der ArbGeb das Verhalten, welches ihn zur Kündigung veranlasst, genau bezeichnen muss, und ggf. gegenüber dem BR darlegen muss, ob und wie oft der ArbN bereits abgemahnt wurde. Zur ordnungsgemäßen Anhörung des BR gehört in der Regel nicht nur die Information über eine erteilte **Abmahnung**, sondern

---

1 BAG v. 7.11.1996 – 2 AZR 720/95 nv.; v. 11.4.1985 – 2 AZR 239/84, AP Nr. 39 zu § 102 BetrVG 1972; v. 27.2.1997 – 2 AZR 302/96, AP Nr. 36 zu § 1 KSchG 1969 – Verhaltensbedingte Kündigung. | 2 BAG v. 15.11.1995 – 2 AZR 974/94, AP Nr. 73 zu § 102 BetrVG 1972. | 3 *Becker-Schaffner*, DB 1996, 426 (428). | 4 BAG v. 3.4.1986 – 2 AZR 324/85, AP Nr. 18 zu § 626 BGB – Verdacht strafbare Handlung. | 5 APS/*Koch*, § 102 BetrVG Rz. 129. | 6 KR/*Etzel*, § 102 BetrVG Rz. 62b. | 7 Vgl. *Kraft*, FS Kissel, S. 611 (620 f.). | 8 BAG v. 7.11.2002 – 2 AZR 599/01, AP Nr. 40 zu § 1 KSchG 1969 – Krankheit; v. 3.12.1998 – 2 AZR 234/98, AP Nr. 99 zu § 102 BetrVG 1972; v. 18.5.1994 – 2 AZR 920/93, AP Nr. 64 zu § 102 BetrVG 1972. | 9 APS/*Koch*, § 102 BetrVG Rz. 105. | 10 *Kraft*, Anm. zu BAG v. 18.5.1994 – 2 AZR 920/93, AP Nr. 64 zu § 102 BetrVG 1972; *Raab*, ZfA 1995, 479 (528 ff.). | 11 Zum Nachschieben von Kündigungsgründen vgl. unten Rz. 40 ff.

auch über eine bereits vorliegende Gegendarstellung des ArbN[1]. Auch ist der ArbGeb gehalten, dem BR entlastende oder in sonstiger Weise gegen die Kündigung sprechende Umstände mitzuteilen, soweit diese nach Auffassung des ArbGeb für den Kündigungssachverhalt erheblich sind[2]. Verschweigt der ArbGeb etwa im Anhörungsverfahren, dass die einzige in Betracht kommende Tatzeugin den von einer Zeugin vom Hörensagen erhobenen Vorwurf einer schweren Pflichtwidrigkeit nicht bestätigt hat, so führt dies nach Auffassung des BAG jedenfalls dann zur Unwirksamkeit der Kündigung, wenn die angeblichen Pflichtwidrigkeiten so erheblich sind, dass sie sich auf das berufliche Fortkommen des ArbN auswirken können[3]. War der BR-Vorsitzende aber bereits bei den Ermittlungen im Zusammenhang mit den der Kündigung zugrunde liegenden Pflichtverstößen beteiligt, und konnte er sich deshalb ein Bild vom Umfang des Pflichtverstoßes des ArbN machen, so genügt es, wenn der ArbGeb im Rahmen des Anhörungsverfahrens die Kündigungsgründe in aller Kürze angibt[4]. Der ArbGeb braucht in aller Regel keine Ausführungen dazu zu machen, ob eine **Weiterbeschäftigung auf einem anderen Arbeitsplatz** möglich ist, da in einer mitgeteilten Kündigungsabsicht bereits die Verneinung einer solchen Weiterbeschäftigungsmöglichkeit liegt[5]. Besonderheiten ergeben sich bei einer **Verdachtskündigung**. Diese unterscheidet die Rspr. von einer Kündigung wegen einer erwiesenen Tat. Die Verdachtskündigung ist dadurch gekennzeichnet, dass gerade wegen des Verdachts eines vertragswidrigen Verhaltens das für die Fortsetzung des Arbeitsverhältnisses erforderliche Vertrauensverhältnis zerstört ist. Für das Anhörungsverfahren nach § 102 gilt, dass sich aus der Mitteilung des ArbGeb an den BR-Vorsitzenden ergeben muss, dass die Anhörung zumindest auch im Hinblick auf eine auszusprechende Verdachtskündigung erfolgen soll. Damit hat der ArbGeb im Anhörungsverfahren alle Umstände offen zu legen, die nach seiner Auffassung den Verdacht eines vertragswidrigen Verhaltens des ArbN begründet haben. Zudem ist dem BR mitzuteilen, wie sich der ArbN zu dem Verdacht eingelassen hat[6].

34 **(3) Personenbedingte Kündigung.** Will der ArbGeb eine **personenbedingte Kündigung** aussprechen, so hat er dem BR den Grund in der Person des ArbN konkret zu nennen, der den ArbGeb zur Kündigung veranlasst. Dies hat etwa bei einer Kündigung wegen **häufiger Kurzerkrankung** zur Folge, dass nicht nur die bisherigen **Fehlzeiten** mitzuteilen sind, sondern auch die **wirtschaftlichen Belastungen und Betriebsbeeinträchtigungen**, die infolge der Fehlzeiten entstanden sind und mit denen noch gerechnet werden muss[7]. An die Mitteilungspflicht sind allerdings hinsichtlich der wirtschaftlichen und betrieblichen Belastungen keine so strengen Anforderungen zu stellen wie an eine **Darlegungspflicht im Kündigungsschutzprozess**. Die entsprechende Darlegung kann sogar entbehrlich sein, wenn der BR oder zumindest sein Vorsitzender die Folgen wiederholter Fehlzeiten genau kennt[8]. Als personenbedingte Kündigungsgründe kommen in diesem Zusammenhang auch die **dauernde Unmöglichkeit, die geschuldete Arbeitsleistung zu erbringen**, wie auch eine **Arbeitsunfähigkeit auf unabsehbare Zeit** oder eine **Langzeiterkrankung** in Betracht. Diese Kündigungsgründe sind für das Anhörungsverfahren nach § 102 strikt zu unterscheiden. Hört der ArbGeb etwa den BR nur im Hinblick auf eine Langzeiterkrankung an, so ist er im Kündigungsschutzprozess mit dem Kündigungsgrund der dauernden Leistungsunmöglichkeit des ArbN ausgeschlossen, wenn er diesen Kündigungsgrund im Anhörungsverfahren nicht mitgeteilt hat[9]. Bei einer Kündigung wegen dauernder Unmöglichkeit, die geschuldete Arbeitsleistung zu erbringen, hat der ArbGeb dem BR die Tatsachen mitzuteilen, aus denen sich dieser Umstand ergibt[10]. Darüber hinaus ist dem BR die **Quelle** anzugeben, aus der der ArbGeb die Erkenntnis schöpft, dass der ArbN auf Dauer nicht mehr in der Lage ist, die geschuldete Arbeit zu erbringen. Dies können eigene Angaben des ArbN sein aber auch ärztliche Atteste oder ein Bescheid eines RV-Trägers. Dagegen braucht der ArbGeb nicht darzulegen, dass die dauernde Arbeitsunfähigkeit zu **Betriebsablaufstörungen** geführt habe[11]. Dem dauernden Unvermögen zur Erbringung der geschuldeten Arbeitsleistung wird die **Ungewissheit über die Wiederherstellung der Arbeitsfähigkeit** des ArbN gleichgestellt. Auch hier ist keine Darlegung der Betriebsablaufstörungen im Anhörungsverfahren erforderlich[12]. Soll dagegen die Kündigung auf eine Arbeitsunfähigkeit auf längere Zeit gestützt werden, hat der ArbGeb dem BR entweder die bekannte Krankheitsursache oder die der Negativprognose zugrunde liegenden Tatsachen anzugeben und darzustellen, inwieweit eine erhebliche Beeinträchtigung der betrieblichen Interessen zu erwarten ist[13].

35 **(4) Betriebsbedingte Kündigung.** Bei einer **betriebsbedingten Kündigung** muss der ArbGeb dem BR im Einzelnen mitteilen, aus welchen Gründen der Arbeitsplatz des zu kündigenden ArbN wegfällt. Hier genügen keinesfalls pauschale oder schlagwortartige Ausführungen. Begründet der ArbGeb die Kündigung mit **außerbetrieblichen Umständen**, etwa einem Umsatzrückgang, so hat er dessen Auswirkungen

---

[1] BAG v. 31.8.1989 – 2 AZR 453/88, AP Nr. 1 zu § 77 LPVG Schl.-Holst. | [2] KR/*Etzel*, § 102 BetrVG Rz. 64a. | [3] BAG v. 2.11.1993 – 7 AZR 65/82, AP Nr. 29 zu § 102 BetrVG 1972. | [4] BAG v. 26.1.1995 – 2 AZR 649/94, AP Nr. 34 zu § 1 KSchG 1969 – Verhaltensbedingte Kündigung. | [5] BAG v. 26.1.1995 – 2 AZR 649/94, AP Nr. 34 zu § 1 KSchG 1969. | [6] APS/*Koch*, § 102 BetrVG Rz. 128; GK-BetrVG/*Kraft*, § 102 Rz. 65. | [7] BAG v. 12.4.1984 – 2 AZR 439/83, nv.; v. 24.11.1983 – 2 AZR 347/82, AP Nr. 30 zu § 102 BetrVG 1972. | [8] BAG v. 12.4.1984 – 2 AZR 439/83, nv. | [9] BAG v. 21.5.1992 – 2 AZR 399/91, AP Nr. 30 zu § 1 KSchG 1969. | [10] BAG v. 30.1.1986 – 2 AZR 668/84, NZA 1987, 555. | [11] BAG v. 30.1.1986 – 2 AZR 668/84, NZA 1987, 555. | [12] BAG v. 21.5.1992 – 2 AZR 399/91, AP Nr. 30 zu § 1 KSchG 1969 – Krankheit. | [13] APS/*Koch*, § 102 BetrVG Rz. 120; diff. KR/*Etzel*, § 102 BetrVG Rz. 63.

auf den gefährdeten Arbeitsplatz darzulegen. Er muss also erläutern, inwieweit der rückläufige Umsatz sich auf den Arbeitsbereich der von der Kündigung bedrohten ArbN auswirkt.

Will der ArbGeb die betriebsbedingte Kündigung auf **innerbetriebliche Gründe** stützen, etwa auf eine **gestaltende Unternehmerentscheidung**, so hat er dem BR die zukünftige Gestaltung der Arbeitsabläufe und die entsprechenden Auswirkungen auf die Arbeitsplätze darzulegen. Dieser muss durch die Unterrichtung des ArbGeb in die Lage versetzt werden, sich ein solches Bild von der geplanten Umorganisation zu machen, dass er hierzu eine qualifizierte Stellungnahme abgeben kann. Je genauer der ArbGeb in einer gestaltenden Unternehmerentscheidung ein Konzept entwickelt hat, desto sorgfältiger muss er den BR über die Umsetzung des Konzepts informieren, damit dieser in die Lage versetzt wird, zu einer beabsichtigten Kündigung eine qualifizierte Stellungnahme abzugeben[1]. Allerdings besteht keine Verpflichtung für den ArbGeb, dem BR ein Gutachten einer Unternehmensberatung vorzulegen, auch wenn dieses Grundlage für die von ihm getroffene freie Unternehmerentscheidung ist[2]. Beabsichtigt der ArbGeb dagegen, den gesamten Betrieb stillzulegen, genügt es regelmäßig, dem BR lediglich das genaue Stilllegungsdatum anzugeben[3]. Begründet der ArbGeb gegenüber dem BR die betriebsbedingte Kündigung zunächst mit wirtschaftlichen Erwägungen, etwa Umsatzrückgängen, so ist er für den Kündigungsschutzprozess auf diese Begründung festgelegt. Er kann sich deshalb mangels Beteiligung des BR nicht zur Begründung der Kündigung auf eine gestaltende Unternehmerentscheidung berufen. 36

Gem. § 1 Abs. 2 KSchG liegen dringende betriebliche Erfordernisse für eine Kündigung nur dann vor, wenn der ArbN an einem anderen Arbeitsplatz in demselben Betrieb oder in einem anderen Betrieb des Unternehmens **nicht weiterbeschäftigt werden kann**. Insoweit wird vor Ausspruch einer jeden betriebsbedingten Kündigung der ArbGeb prüfen müssen, ob eine anderweitige Beschäftigungsmöglichkeit für den ArbN besteht. Leitet der ArbGeb dann das Anhörungsverfahren nach § 102 Abs. 1 ein, so liegt hierin regelmäßig die Erklärung, dass eine solche anderweitige Beschäftigungsmöglichkeit für den ArbN nicht besteht. Es genügt also der konkludente Hinweis auf die fehlende Weiterbeschäftigungsmöglichkeit[4]. Auf die konkludente Erklärung, dass Weiterbeschäftigungsmöglichkeiten nicht vorliegen, kann sich der ArbGeb dann nicht beschränken, wenn der BR den ArbGeb schon vor Einleitung des Anhörungsverfahrens darauf aufmerksam gemacht hat, dass ein konkreter Arbeitsplatz frei sei und dort eine **Weiterbeschäftigungsmöglichkeit für den von einer Kündigung bedrohten ArbN** bestehe. Gleiches muss auch dann gelten, wenn der zu kündigende ArbN bereits im Vorfeld des Anhörungsverfahrens auf konkrete Weiterbeschäftigungsmöglichkeiten für ihn hingewiesen hat. In diesen Fällen hat deshalb der ArbGeb dem BR im Einzelnen darzulegen, weshalb eine Weiterbeschäftigung des ArbN auf dem genannten Arbeitsplatz aus seiner Sicht nicht in Betracht kommt[5]. Auf diese erweiterte Darlegungsverpflichtung braucht sich nach Auffassung der Rspr. der ArbGeb nur dann nicht einzulassen, wenn das Verlangen des BR über Weiterbeschäftigungsmöglichkeiten für den ArbN auf einem bestimmten anderen Arbeitsplatz informiert zu werden, von der Sache her nicht gerechtfertigt ist, etwa weil der BR bereits über entsprechende Kenntnisse verfügt[6]. Liegt ein solcher Ausnahmefall aber nicht vor und hat der BR im Vorfeld des Anhörungsverfahrens bereits Weiterbeschäftigungsmöglichkeiten für den ArbN aufgezeigt, ist die Kündigung nach § 102 Abs. 1 unwirksam, wenn der ArbGeb es unterlässt, Näheres zu den aus seiner Sicht fehlenden Weiterbeschäftigungsmöglichkeiten für den ArbN im Anhörungsverfahren vorzutragen[7]. Diese erweiterte Mitteilungspflicht gilt indes dann nicht, wenn der BR den ArbGeb erst während des Anhörungsverfahrens mit Kündigungsalternativen konfrontiert[8]. 37

Sind mehr vergleichbare ArbN vorhanden als Arbeitsmöglichkeiten weggefallen, so kann erst die **Sozialauswahl** gem. § 1 Abs. 3 KSchG entscheiden, welchen dieser ArbN die Kündigung trifft. Damit ist die Sozialauswahl ein ganz wesentlicher **Bestandteil** des im **Anhörungsverfahren** nach § 102 Abs. 1 mitzuteilenden Kündigungsgrunds. Insoweit ist auch auf das Widerspruchsrecht des BR nach § 102 Abs. 3 Nr. 1 zu verweisen. Die BR-Anhörung setzt deshalb voraus, dass der ArbGeb angibt, ob er eine Sozialauswahl vorgenommen hat, und, ist dies der Fall, dass er dem BR die Sozialdaten nicht nur der zur Kündigung anstehenden, sondern auch die der in die Sozialauswahl einbezogenen ArbN, sowie die Gesichtspunkte mitteilt, nach denen er bei der Sozialauswahl vorgegangen ist[9]. In diesem Zusammenhang ist der ArbGeb verpflichtet, dem BR ggf. mitzuteilen, warum er bestimmte ArbN gem. § 1 Abs. 3 Satz 3 KSchG von der Sozialauswahl ausnehmen will[10]. Zu den mitteilungspflichtigen Sozialdaten wird man regelmäßig die Betriebszugehörigkeit, das Lebensalter, die Schwerbehinderteneigenschaft sowie die Unterhaltsverpflichtungen zählen müssen (vgl. § 1 Abs. 3 Satz 1 KSchG)[11]. Weiter hat der ArbGeb nachvollziehbar darzulegen, wieso er gerade den zu kündigenden ArbN als sozial stärker als die im Betrieb verbleibenden ArbN 38

---

1 LAG Hamm v. 30.9.1999 – 16 SA 2598/98, LAGE § 102 BetrVG 1972 Nr. 73. | 2 BAG v. 6.2.1997 – 2 AZR 265/96, EZA § 102 BetrVG 1972 Nr. 96. | 3 Vgl. APS/*Koch*, § 102 BetrVG Rz. 117. | 4 BAG v. 27.2.2000 – 2 AZR 913/98, AP Nr. 113 zu § 102 BetrVG 1972; v. 29.3.1990 – 2 AZR 369/89, AP Nr. 50 zu § 1 KSchG 1969 – Betriebsbedingte Kündigung. | 5 BAG v. 17.2.2000 – 2 AZR 913/98, AP Nr. 113 zu § 102 BetrVG 1972. | 6 BAG v. 17.2.2000 – 2 AZR 913/98, AP Nr. 113 zu § 102 BetrVG 1972. | 7 KR/*Etzel*, § 102 BetrVG Rz. 62e. | 8 BAG v. 15.3.2001 – 2 AZR 141/00, NZA 2001, 1267. | 9 St. Rspr.: BAG v. 29.3.1984 – 2 AZR 429/83 (A), AP Nr. 31 zu § 102 BetrVG 1972; v. 16.1.1987 – 7 AZR 495/85, EZA § 1 KSchG – Betriebsbedingte Kündigung Nr. 48; v. 20.5.1999 – 2 AZR 532/98, AP Nr. 5 zu § 1 KSchG 1969 – Namensliste. | 10 *Richardi/Thüsing*, § 102 BetrVG Rz. 69. | 11 Vgl. BAG v. 18.1.1990 – 2 AZR 357/89, AP Nr. 19 zu § 1 KSchG 1969 – soziale Auswahl.

ansieht. Hierzu genügt nicht der pauschale Hinweis auf die vorliegenden Sozialdaten. Auch beim Vorliegen eines **Interessenausgleichs mit Namensliste** (vgl. § 1 Abs. 5 KSchG) unterliegt die BR-Anhörung nicht etwa erleichterten Anforderungen, jedoch kann es zur Darlegung einer ordnungsgemäßen Anhörung des BR ausreichen, wenn der ArbGeb zur BR-Anhörung weitgehend auf den dem BR aus den Verhandlungen über den Interessenausgleich und die Namensliste bekannten Sachverhalt Bezug nimmt, da sich hieraus regelmäßig der Kenntnisstand des BR ergibt[1]. Existiert im Betrieb für die beabsichtigten Kündigungen eine **Auswahlrichtlinie** nach § 95, kann es für die Anhörung des BR genügen, wenn der ArbGeb dem BR lediglich die Sozialdaten des kündigungsrelevanten Personenkreises mitteilt, sofern ausnahmsweise die Entscheidung, welche ArbN von den Kündigungen betroffen sind, sich bereits aus der Anwendung der Auswahlrichtlinie ergibt. Etwas anderes gilt dann, wenn dem ArbGeb eine Einzelfallbeurteilung vorbehalten ist. In diesem Fall umfasst seine Mitteilungspflicht auch die Gründe, warum einem bestimmten ArbN gekündigt werden soll[2].

39 (5) **Änderungskündigung.** Beabsichtigt der ArbGeb eine **Änderungskündigung** auszusprechen, so hat er zuvor den BR über die **verhaltens-, personen- oder betriebsbedingten Gründe** für die Änderung der Arbeitsbedingungen zu informieren sowie auch das **Änderungsangebot** selbst mitzuteilen[3]. Wenn darüber hinaus für eine betriebsbedingte Änderungskündigung eine **Sozialauswahl** erforderlich ist, so richtet sich der Umfang der Mitteilung an den BR nach den für die betriebsbedingte Kündigung geltenden Grundsätzen[4]. Will der ArbGeb mit einer Änderungskündigung eine personelle Einzelmaßnahme iSd. § 99 durchsetzen, so ist die Zustimmung des BR nach § 99 Wirksamkeitsvoraussetzung nur für die tatsächliche Durchführung der personellen Einzelmaßnahme nach Ablauf der Kündigungsfrist. Fehlt die Zustimmung des BR nach § 99, so führt dies nicht etwa zur Unwirksamkeit der Änderungskündigung. Der ArbGeb ist lediglich daran gehindert, die geänderten Vertragsbedingungen durchzusetzen[5].

40 dd) **Nachschieben von Gründen.** Im Rahmen eines Kündigungsschutzprozesses ist der ArbGeb **individualarbeitsrechtlich** grundsätzlich nicht daran gehindert, **Kündigungsgründe**, die im Zeitpunkt der Kündigung bereits bestanden, im Kündigungsschutzprozess **nachzuschieben**. **Kollektivarbeitsrechtlich** ist der ArbGeb andererseits gehindert, dem BR nicht mitgeteilte Gründe im Kündigungsrechtsstreit nachzuschieben, da insoweit die Regelung des § 102 Abs. 1 entgegensteht. Deshalb **differenziert** die Rspr. und herrschende Meinung wie folgt:

41 **Gründe**, die dem ArbGeb bereits **bei Einleitung des Anhörungsverfahrens bekannt** waren, die er aber dem BR nicht mitgeteilt hatte, können nicht mehr nachgeschoben werden. Dies gilt auch dann, wenn der BR der Kündigung zugestimmt hatte. Der ArbGeb kann den BR wegen dieser nachzuschiebenden Gründe auch nicht nachträglich wirksam beteiligen[6]. Der ArbGeb kann dann lediglich eine erneute Kündigung nach vorheriger Beteiligung des BR im Hinblick auf die bisher dem BR verschwiegenen Kündigungsgründe aussprechen.

42 Erhält der ArbGeb Kenntnis von weiteren kündigungsrelevanten Tatsachen **bevor die Kündigung ausgesprochen** wurde aber **nach Einleitung des Anhörungsverfahrens**, so muss er diese Umstände dem BR **unverzüglich mitteilen**. Nur dann sind diese Umstände in einem Kündigungsschutzprozess verwertbar. Allerdings können diese nachträglichen Informationen dazu führen, dass die Frist für die Stellungnahme des BR gem. § 102 Abs. 2 neu zu laufen beginnt, wenn es sich bei den neuen Kündigungsgründen um einen völlig neuen Sachverhalt handelt[7].

43 Dagegen können Kündigungsgründe, die **bei Ausspruch der Kündigung bereits entstanden** waren, dem ArbGeb aber erst **später bekannt** geworden sind, im Kündigungsschutzprozess **nur nachgeschoben** werden, wenn der ArbGeb zuvor den **BR hierzu erneut angehört** hat[8].

44 Von einem **Nachschieben** der dem BR nicht mitgeteilten Kündigungsgründe ist die zulässige **Substantiierung** der dem BR mitgeteilten Gründe im Kündigungsschutzprozess zu unterscheiden[9]. Da die Darlegungslast des ArbGeb im Prozess nach Auffassung der Rspr. in der Regel weiter geht als die Informationspflicht gegenüber dem BR, ist es dem ArbGeb erlaubt, im Prozess seinen Tatsachenvortrag weiter zu substantiieren[10]. Hierdurch darf aber das Beteiligungsrecht des BR nach § 102 BetrVG nicht verkürzt werden. Der Prozessvortrag soll also nicht dazu führen, dass erst hierdurch ein kündigungsrechtlich relevanter Grund geschaffen wird oder dem Kündigungsgrund mehr Gewicht verliehen wird[11]. Auch in Eilfäl-

---

1 BAG v. 21.2.2002 – 2 AZR 581/00, EzA § 1 KSchG – Interessenausgleich Nr. 10; LAG Rh.-Pf. v. 27.1.2000 – 11 SA 1062/99, AuR 2000, 195; BAG v. 20.5.1999 – 2 AZR 532/98, AP Nr. 5 zu § 1 KSchG 1969 – Namensliste. | 2 Vgl. APS/*Koch*, § 102 BetrVG Rz. 116. | 3 BAG v. 30.11.1989 – 2 AZR 197/89, AP Nr. 53 zu § 102 BetrVG 1972. | 4 Vgl. BAG v. 13.6.1986 – 7 AZR 623/84, AP Nr. 13 zu § 1 KSchG 1969. | 5 BAG v. 30.9.1993 – 2 AZR 283/93, AP Nr. 33 zu § 2 KSchG 1969. | 6 BAG v. 26.9.1991 – 2 AZR 132/91, AP Nr. 28 zu § 1 KSchG 1969 – Krankheit; v. 2.4.1987 – 2 AZR 418/86, AP Nr. 96 zu § 626 BGB. | 7 BAG v. 4.3.1987 – 7 AZR 66/86, NZA 1988, 37; v. 6.2.1997 – 2 AZR 665/96, AP Nr. 85 zu § 102 BetrVG 1972. | 8 BAG v. 4.6.1997 – 2 AZR 362/96, AP Nr. 5 zu § 626 BGB – Nachschieben von Kündigungsgründen; v. 11.4.1985 – 2 AZR 239/84, AP Nr. 39 zu § 102 BetrVG 1972; v. 18.1.1980 – 7 AZR 260/78, AP Nr. 1 zu § 626 BGB – Nachschieben von Kündigungsgründen; LAG Hess. v. 20.9.1999 – 16 SA 2617/98, NZA-RR 2000, 413. | 9 Kritisch hierzu *Höland*, ZIP 1982, 147 ff. | 10 KR/*Etzel*, § 102 BetrVG Rz. 70 f. | 11 BAG v. 18.12.1980 – 2 AZR 1006/78, AP Nr. 22 zu § 102 BetrVG 1972.

len gelten diesbezüglich keine Besonderheiten[1]. Hat der **BR** der beabsichtigten Kündigung aber **ausdrücklich zugestimmt**, kann die Ordnungsgemäßheit der Anhörung nicht mit der Begründung in Frage gestellt werden, die Mitteilungen an den BR seien nicht substantiiert genug gewesen, solange durch weggelassene Einzelheiten kein verfälschtes Bild vom Kündigungstatbestand entsteht[2].

e) **Verzicht des BR auf Beteiligung.** Die Verpflichtung zur Mitteilung der Kündigungsgründe ist eingeschränkt bzw. ganz aufgehoben, wenn der BR auf die Durchführung des Anhörungsverfahrens verzichtet. Überwiegend wird ein **Verzicht des BR** auf Mitwirkungsrechte für zulässig erachtet[3]. Insofern kann der BR auch im Rahmen des § 102 ganz auf die Durchführung des Anhörungsverfahrens verzichten oder auch auf Teilbereiche wie zB bestimmte Informationen zum Kündigungsgrund. Allerdings ist darauf hinzuweisen, dass ein solcher Verzicht nicht von einem einzelnen BR-Mitglied erklärt werden kann, sondern es hierfür eines ordnungsgemäßen Beschlusses des BR bedarf. Teilweise werden jedoch in der Lit. Bedenken gegen die Auffassung geäußert, dass der BR auf das Anhörungsverfahren verzichten könne[4]. Indes macht es keinen Sinn, den BR auf ein Beteiligungsverfahren zu verpflichten, an dem dieser selbst kein Interesse hat. Andernfalls würde man den ArbGeb dazu verpflichten, ein Anhörungsverfahren einzuleiten, obwohl dieses Anhörungsverfahren letztlich keine Funktion hat, weil der BR nicht gewillt ist, die Kündigungsgründe zu prüfen, um ggf. der Kündigung zu widersprechen. Um aber jedes Risiko auszuschließen, bleibt es dem ArbGeb unbenommen, gleichwohl ein Anhörungsverfahren einzuleiten. 45

6. Darlegungs- und Beweislastfragen. Der ArbGeb trägt im Kündigungsschutzprozess die **Darlegungs- und Beweislast** für eine ordnungsgemäße Anhörung des BR[5]. Er muss daher im Prozess substantiiert darlegen, wann und wer den BR auf welche Weise über welche Kündigungsgründe unterrichtet hat[6]. Er trägt ferner die Darlegungs- und Beweislast für eine nicht bewusste Irreführung des BR[7]. Insofern ist auch ein pauschales Bestreiten des ArbN mit Nichtwissen im Kündigungsschutzprozess bezüglich der Ordnungsgemäßheit der BR-Anhörung grundsätzlich zulässig, da die BR-Anhörung keine Handlung des ArbN und gewöhnlich auch nicht Gegenstand seiner Wahrnehmung ist. Daher ist der ArbN nicht gehalten, vor Bestreiten der Ordnungsgemäßheit der BR-Anhörung Erkundigungen über das Anhörungsverfahren beim BR einzuholen[8]. Das BAG erkennt jedoch eine **abgestufte Darlegungslast** bei der BR-Anhörung im Weiteren an. Hat der ArbGeb eine ordnungsgemäße BR-Anhörung im Detail schlüssig dargelegt, so ist es Sache des ArbN im Kündigungsschutzprozess konkret zu beanstanden, in welchen Punkten er die BR-Anhörung für fehlerhaft hält, wobei auch ein völliges oder teilweises **Bestreiten mit Nichtwissen** wegen fehlender eigener Wahrnehmung möglich und zulässig ist. Dagegen ist ein pauschales Bestreiten unzureichend. Bei komplexen Sachverhalten, wie einer BR-Anhörung, genügt deshalb ein undifferenziertes pauschales Bestreiten nicht, vielmehr muss der ArbN als nicht beweisbelastete Partei sein Bestreiten insoweit substantiieren, dass für das Gericht erkennbar wird, über welche einzelne Behauptung des ArbGeb Beweis erhoben werden soll[9]. 46

7. Rechtsfolgen bei fehlerhafter Einleitung des Anhörungsverfahrens. Verletzt der ArbGeb seine Verpflichtungen aus § 102 Abs. 1, so ist gem. § 102 Abs. 1 Satz 3 die **Kündigung unwirksam**. Dieser Mangel wird auch dadurch nicht geheilt, dass der BR zur beabsichtigten Kündigung „abschließend" Stellung nimmt[10]. Eine wirksame Anhörung kann nicht mehr erfolgen, nachdem die Kündigung erklärt ist. Die gleichwohl nachträglich eingeholte Stellungnahme des BR verhindert die Unwirksamkeit der ohne vorherige Anhörung erklärten Kündigung also nicht. Die Kündigung bleibt infolge fehlender Anhörung unwirksam, selbst wenn der BR zu der ausgesprochenen Kündigung nachträglich seine Zustimmung erklärt[11]. Lässt der ArbGeb nach Abschluss des Anhörungsverfahrens geraume Zeit bis zum Ausspruch der Kündigung verstreichen (häufig bei einer sog. Vorratskündigung), dann ist eine erneute Anhörung des BR jedenfalls dann zu verlangen, wenn sich eine wesentliche Änderung des Sachverhalts ergeben hat, insb. beim Hinzutreten neuer Kündigungsgründe[12]. Der Verstoß gegen § 102 ist nach der Neufassung des § 4 Satz 1 KSchG nunmehr ebenfalls innerhalb der 3-Wochen-Frist des § 4 KSchG geltend zu machen. 47

IV. Beschlussfassung des BR. 1. Allgemeines. Hat der ArbGeb unter Beachtung der in § 102 Abs. 1 umschriebenen Erfordernisse das Anhörungsverfahren eingeleitet, so geht die Durchführung des Anhörungsverfahrens in den **Verantwortungsbereich des BR** über, der sich dann mit der beabsichtigten Kündigung zu befassen und darüber zu entscheiden hat, ob und in welchem Sinne er Stellung nehmen will. Diese Trennung der beiden Verantwortungsbereiche ist wesentlich für die Entscheidung der Frage, wann eine Kündigung iSd. § 102 Abs. 1 Satz 3 ohne Anhörung des BR ausgesprochen und deswegen unwirksam ist. Nur wenn der ArbGeb bei der ihm obliegenden Einleitung des Anhörungsverfahrens einen Fehler begeht, liegt darin eine Verletzung des § 102 Abs. 1, die zur Unwirksamkeit der Kündigung 48

---

1 Vgl. BAG v. 29.3.1977 – 1 AZR 46/75, AP Nr. 11 zu § 102 BetrVG 1972. | 2 LAG Köln v. 7.8.1998 – 11 SA 218/98, LAGE § 102 BetrVG 1972 Nr. 72. | 3 BAG v. 26.8.1997 – 1 ABR 12/97, AP Nr. 117 zu § 112 BetrVG 1972. | 4 GK-BetrVG/*Raab*, § 102 Rz. 84 f. mwN. | 5 Ausf. hierzu: *Oetker*, BB 1989, 417 (418 f.). | 6 BAG v. 29.3.1990 – 2 AZR 420/89, AP Nr. 56 zu § 102 BetrVG 1972; v. 27.6.1985 – 2 AZR 412/84, AP Nr. 37 zu § 102 BetrVG 1972. | 7 BAG v. 22.9.1994 – 2 AZR 31/94, AP Nr. 68 zu § 102 BetrVG 1972. | 8 BAG v. 16.3.2000 – 2 AZR 75/99, AP Nr. 114 zu § 102 BetrVG 1972. | 9 BAG v. 16.3.2000 – 2 AZR 75/99, AP Nr. 114 zu § 102 BetrVG 1972. | 10 BAG v. 28.9.1978 – 2 AZR 2/77, AP Nr. 19 zu § 102 BetrVG 1972. | 11 So bereits BAG v. 28.2.1974 – 2 AZR 455/73, AP Nr. 2 zu § 102 BetrVG 1972. | 12 BAG v. 26.5.1977 – 2 AZR 201/76, AP Nr. 14 zu § 102 BetrVG 1972.

führt. **Fehler bei der Willensbildung des BR** berühren deshalb im Grundsatz das Anhörungsverfahren nicht. Das Risiko, dass der BR nicht ordnungsgemäß tätig geworden ist, liegt daher grundsätzlich beim ArbN[1]. Dieses gilt grundsätzlich selbst dann, wenn der ArbGeb im Zeitpunkt der Kündigung weiß oder nach den Umständen vermuten kann, dass die Behandlung der Angelegenheit durch den BR nicht fehlerfrei erfolgt ist. Etwas anderes gilt allerdings in den Fällen, wenn in Wahrheit kein BR-Beschluss, sondern erkennbar nur eine persönliche Äußerung des BR-Vorsitzenden vorliegt oder der ArbGeb den Fehler des BR durch unsachgemäßes Verhalten selbst veranlasst hat[2].

49 Eine Kündigung ist schon dann ohne Anhörung des BR iSd. § 102 Abs. 1 Satz 3 ausgesprochen, wenn der ArbGeb seinen Kündigungswillen bereits vor der Stellungnahme des BR oder vor dem Ablauf der in § 102 Abs. 2 festgelegten Fristen verwirklicht[3]. Insofern ist der ArbGeb gehalten, dem BR Gelegenheit zu geben, zu der beabsichtigten Kündigung Stellung zu nehmen.

50 **2. Zuständiges Gremium. Zuständig** für die Stellungnahme ist grundsätzlich der BR. Existiert ein **Betriebsausschuss** und ist diesem die Wahrnehmung des Beteiligungsrechts nach § 102 als Aufgabe zur selbständigen Erledigung übertragen, so fällt die Stellungnahme zu einer Kündigung in seinen Zuständigkeitsbereich. Der BR kann aber auch das Beteiligungsrecht einem besonders gebildeten **Personalausschuss** zur selbständigen Erledigung übertragen. In diesem Fall ist der Vorsitzende dieses Ausschusses berechtigt, die Erklärung des ArbGeb im Anhörungsverfahren gem. § 102 Abs. 1 entgegenzunehmen[4]. Eine Vertretung des BR allein durch den Vorsitzenden in der Willensbildung ist ausgeschlossen. Das MitbestR gem. § 102 ist nicht auf den **BR-Vorsitzenden** delegierbar. Insbesondere handelt es sich hierbei nicht um laufende Geschäfte iSd. § 27 Abs. 3[5]. Ob in einem Einzelfall der BR durch Beschluss ein einzelnes BR-Mitglied, insb. den BR-Vorsitzenden, dazu ermächtigen kann, eine Stellungnahme im Rahmen eines Verfahrens nach § 102 abzugeben, ist umstritten[6]. Aus Gründen der Rechtssicherheit des Verfahrens sollte jedoch davon ausgegangen werden, dass ein einzelnes BR-Mitglied auch in einem ganz bestimmten Einzelfall nicht ermächtigt werden kann, eine Stellungnahme abzugeben.

51 Nur ausnahmsweise kann der **GesamtBR** eines Unternehmens zur Wahrnehmung des Beteiligungsrechts nach § 102 zuständig sein[7]. Allenfalls wenn der ArbN kraft seines Arbeitsvertrages mehreren Betrieben des Unternehmens gleichzeitig zugeordnet ist, kann sich gem. § 50 Abs. 1 eine Zuständigkeit des GesamtBR ergeben. Insbesondere ist der GesamtBR zur Ausübung der Rechte aus § 102 nicht zuständig für betriebsratslose Betriebe des Unternehmens. Dies hat sich auch durch die Novellierung des § 50 Abs. 1 nicht geändert[8].

52 Aufgrund besonderen Kirchenrechts könnten bei **Religionsgemeinschaften** kirchliche Mitarbeitervertretungen für das Beteiligungsverfahren bei Kündigungen zuständig sein. Soweit die dort bestehenden Vorschriften § 102 entsprechen, können die hierfür maßgeblichen Grundsätze zur Auslegung herangezogen werden[9].

53 **3. Ordnungsgemäße Beschlussfassung.** Der BR hat als Organ darüber zu befinden, ob und ggf. welche Stellungnahme er zu der vom ArbGeb beabsichtigten Kündigung abzugeben gedenkt. Hierzu hat regelmäßig der BR-Vorsitzende den BR zu einer Sitzung einzuberufen und einen Beschluss über die Kündigung herbeizuführen (vgl. § 33)[10]. Wesentliche Voraussetzung für das **ordnungsgemäße Zustandekommen eines BR-Beschlusses** ist die gem. § 29 erfolgte ordnungsgemäße Ladung aller BR-Mitglieder einschließlich etwaiger Ersatzmitglieder unter Mitteilung der Tagesordnung[11]. Die Tagesordnung muss hierbei erkennen lassen, dass eine Beschlussfassung zu einer bestimmten Kündigungsabsicht des Arb-Geb erfolgen soll. Regelmäßig erfolgt eine Beschlussfassung nach einer Aussprache der BR-Mitglieder. Gegebenenfalls ist gem. § 102 Abs. 2 Satz 4 der betroffene ArbN zu hören. Jedoch besteht für den ArbN kein Anspruch darauf, vom BR im Rahmen des Verfahrens nach § 102 angehört zu werden. Eine etwaige Nichtanhörung stellt keine Verletzung des Grundsatzes des rechtlichen Gehörs dar. Dem BR allein obliegt es nach **pflichtgemäßem Ermessen** zu entscheiden, ob er den ArbN anhört oder nicht. Ein etwaiger Ermessensfehlgebrauch und eine dadurch hervorgerufene Verhinderung des dem ArbN nach § 102 Abs. 2 Satz 4 zugedachten Schutzes hat allerdings im Allgemeinen keine Auswirkungen auf die **Ordnungsgemäßheit des Anhörungsverfahrens**[12]. Allenfalls dann, wenn der ArbGeb durch ein unsachgemäßes Verhalten den Mangel bei der Beteiligung des BR veranlasst hat, kann hier etwas anderes gelten.

---

1 BAG v. 4.8.1975 – 2 AZR 266/74, AP Nr. 4 zu § 102 BetrVG 1972. | 2 BAG v. 16.1.2003 – 2 AZR 707/01, AP Nr. 129 zu § 102 BetrVG 1972. | 3 BAG v. 13.11.1975 – 2 AZR 610/74, AP Nr. 7 zu § 102 BetrVG 1972; siehe aber auch den Sonderfall bei BAG v. 8.2.2003 – 2 AZR 515/02, AP Nr. 133 zu § 102 BetrVG 1972, wenn der ArbGeb noch in der Lage ist, die Auslieferung des Kündigungsschreibens durch einen Boten zu stoppen (vgl. kritisch hierzu: *Reiter*, NZA 2003, 954 ff.). | 4 Vgl. BAG v. 4.8.1975 – 2 AZR 266/74, AP Nr. 4 zu § 102 BetrVG 1972; v. 12.7.1984 – 2 AZR 320/83, AP Nr. 32 zu § 102 BetrVG 1972. | 5 *Richardi/Thüsing*, § 102 BetrVG Rz. 89; ArbG Celle v. 28.6.1974 – 2 Ca 452/74, ARST 1975, 62. | 6 Dafür *Richardi/Thüsing*, § 102 BetrVG Rz. 89; aA DKK, § 102 BetrVG Rz. 125. | 7 Vgl. BAG v. 21.3.1996 – 2 AZR 559/95, AP Nr. 81 zu § 102 BetrVG 1972. | 8 *Fitting*, § 50 BetrVG Rz. 33. | 9 Vgl. BAG v. 16.10.1991 – 2 AZR 156/91, EZA § 102 BetrVG 1972 Nr. 83. | 10 BAG v. 28.3.1974 – 2 AZR 472/73, AP Nr. 3 zu § 102 BetrVG 1972. | 11 BAG v. 23.8.1984 – 2 AZR 391/83, AP Nr. 17 zu § 103 BetrVG 1972; LAG Hamm v. 27.10.1994 – 4 Sa 79/94, nv. | 12 BAG v. 2.4.1976 – 2 AZR 513/75, AP Nr. 9 zu § 102 BetrVG 1972; LAG Hamm v. 27.2.1992 – 4 (9) Sa 1437/90, LAGE § 1 KSchG – Personenbedingte Kündigung Nr. 10.

Allein die Mitteilung einer falschen Anschrift des kündigenden ArbN genügt hierfür jedoch nicht, es sei denn, der ArbGeb hat dem BR bewusst eine unrichtige Anschrift mitgeteilt[1]. Grundsätzlich setzt eine Stellungnahme des BR die **Beschlussfähigkeit des BR-Gremiums** voraus[2]. Ist jedoch absehbar, dass der BR für die Dauer der Anhörungszeit beschlussunfähig bleibt, nimmt in entsprechender Anwendung des § 22 der Restbetriebsrat das Beteiligungsrecht wahr[3]. Nach ganz überwiegender Auffassung wird allerdings eine **Beschlussfassung im Umlaufverfahren**, selbst wenn alle BR-Mitglieder mit einer solchen Beschlussfassung einverstanden sind, für unzulässig erachtet[4]. Gleiches gilt auch bei einer „Beschlussfassung" im „Rundrufverfahren", bei dem lediglich telefonisch durch den BR-Vorsitzenden die Stimmen der einzelnen BR-Mitglieder abgefragt werden[5].

Gem. § 102 Abs. 2 Satz 5 iVm. § 99 Abs. 1 Satz 3 sind die Mitglieder des BR verpflichtet, über die ihnen im Rahmen der Anhörung vor einer Kündigung bekannt gewordenen persönlichen Verhältnisse und Angelegenheiten der ArbN, die ihrer Bedeutung oder ihrem Inhalt nach einer vertraulichen Behandlung bedürfen, **Stillschweigen** zu bewahren. Dies gilt insb. dann, wenn die Kündigung aus personenbedingten Gründen ausgesprochen werden soll. In solchen Fällen kann auch die Information als solche, dass eine Kündigung ausgesprochen werden soll, zu den geheimhaltungsbedürftigen Tatsachen zählen[6]. Ein Verstoß gegen die Verschwiegenheitspflicht ist gem. § 120 Abs. 2 strafbar.

4. Entscheidung des BR. a) Allgemeines. Welche Haltung der BR gegenüber der beabsichtigten Kündigung einnehmen will, steht in seinem **Ermessen**. Insbesondere hat der ArbN keinen Rechtsanspruch auf ein bestimmtes Tätigwerden des BR. Erst recht kann er nicht die Einlegung eines Widerspruchs durch den BR verlangen[7]. Als Reaktionsmöglichkeiten stehen dem BR folgende Optionen offen:

- Nachfrage beim ArbGeb nach weiteren Informationen,
- Zustimmung zur Kündigung,
- Schweigen gegenüber der Kündigungsabsicht,
- ausdrückliches Absehen von einer Stellungnahme,
- Äußerung von Bedenken,
- Einlegen eines Widerspruchs.

Welche **Optionsmöglichkeiten** der BR wählen will, ist durch BR-Beschluss zu entscheiden. Unterlässt der BR eine entsprechende Beschlussfassung, so liegt zwar hierin eine Amtspflichtverletzung, auf die Wirksamkeit der Kündigung hat dies jedoch keinen Einfluss.

b) Nachfrage beim ArbGeb nach weiteren Informationen. Der BR kann beschließen, vom ArbGeb **ergänzende Informationen** zur Person des ArbN oder zu den Kündigungen und deren Hintergründe einzuholen. Dies führt aber nicht ohne weiteres zu einer automatischen Verlängerung der Äußerungsfrist nach § 102 Abs. 2[8]. Jedoch ist es ArbGeb und BR unbenommen, eine Fristverlängerung zu vereinbaren. Erfüllt der ArbGeb erst seine Mitteilungspflicht, nachdem er auf Nachfrage des BR weitere Informationen zu den Kündigungsgründen dem BR mitteilt, so dass dieser erst jetzt in der Lage ist, sich qualifiziert mit der Kündigungsabsicht des ArbGeb auseinander zu setzen, so führt das dazu, dass mit der nachträglichen Unterrichtung des BR die Frist für die Stellungnahme gem. § 102 Abs. 2 neu zu laufen beginnt[9]. Indes hat der BR gegenüber dem ArbGeb keine Verpflichtung, die Vollständigkeit der ihm überlassenen Informationen zu prüfen. Deshalb kann sich der ArbGeb auch nicht darauf verlassen, dass er den BR ausreichend informiert hat, wenn dieser nicht die Unvollständigkeit der ihm gegebenen Informationen rügt[10].

c) Zustimmung zur Kündigung. Der BR kann das Anhörungsverfahren auch auf die Weise beenden, dass er vorbehaltlos der Kündigung zustimmt und dies gegenüber dem ArbGeb auch erklärt. Für diese **Zustimmungserklärung** bedarf es keiner besonderen Form. Es handelt sich hierbei um eine unwiderrufliche Erklärung[11]. In dem Moment, in dem dem ArbGeb die einmal beschlossene Zustimmung mitgeteilt wurde, kann der BR diese nicht nachträglich wieder aufheben. Auch durch eine telefonische Mitteilung der Zustimmung an den ArbGeb wird das Anhörungsverfahren abgeschlossen[12]. Ebenso wenig

---

1 LAG Hamm v. 27.2.1992 – 4 (9) Sa 1437/90, LAGE § 1 KSchG – Personenbedingte Kündigung Nr. 10. | 2 LAG Düsseldorf v. 7.3.1975 – 16 Sa 690/74, LAGE § 102 BetrVG 1972 Nr. 5. | 3 BAG v. 18.8.1982 – 7 AZR 437/80, AP Nr. 24 zu § 102 BetrVG 1972; DKK, § 102 BetrVG Rz. 146. | 4 BAG v. 4.8.1975 – 2 AZR 266/74, AP Nr. 4 zu § 102 BetrVG 1972; v. 19.5.1983 – 2 AZR 454/81, nv.; LAG Köln, v. 9.2.1994 – 7 Sa 1080/93, ARST 1994, 182; aA APS/*Koch*, § 102 BetrVG Rz. 142. | 5 Vgl. BAG v. 19.5.1983 – 2 AZR 454/81, nv. | 6 Vgl. *Richardi/Thüsing*, § 102 BetrVG Rz. 109. | 7 DKK, § 102 BetrVG Rz. 150. | 8 LAG Hess. v. 21.3.1973 – 7 Sa 667/72, DB 1973, 1806. | 9 Vgl. BAG v. 6.2.1997 – 2 AZR 265/96, AP Nr. 85 zu § 102 BetrVG 1972. | 10 So: APS/*Koch*, § 102 BetrVG Rz. 144 mwN. Zwar hat der 1. Senat des BAG in seiner Entscheidung vom 28.1.1986 (1 ABR 10/84, AP Nr. 34 zu § 99 BetrVG 1972) entschieden, dass im Rahmen des Beteiligungsverfahrens nach § 99 BetrVG eine Verpflichtung des BR bestehe, den ArbGeb innerhalb der Wochenfrist auf bekannte Mängel bei der Unterrichtung hinzuweisen. Diese Entscheidung dürfte allerdings für das Beteiligungsverfahren nach § 102 BetrVG nicht übertragbar sein. Andernfalls wäre der BR gehalten, zu Lasten einer möglichen Rechtsposition des ArbN in einem Kündigungsrechtsstreit zu handeln. | 11 GK-BetrVG/*Raab*, § 102 Rz. 94. | 12 BAG v. 24.8.1983 – 7 AZR 475/81, nv.

kann der BR seinen BR-Beschluss, der Kündigung des ArbN zuzustimmen, anfechten. Denn der BR-Beschluss als solcher erfüllt schon nicht die Voraussetzungen einer Willenserklärung, so dass die §§ 119, 123 BGB keine Anwendung finden[1]. Nicht ausgeschlossen ist jedoch, dass die Erklärung des BR-Vorsitzenden gegenüber dem ArbGeb angefochten wird, sofern hier ein Anfechtungsgrund vorliegt.

59 d) **Schweigen gegenüber der Kündigungsabsicht.** Dem BR ist es unbenommen, von einer Äußerung zur beabsichtigten Kündigung des ArbN ganz abzusehen. Dann endet das Anhörungsverfahren nach **Ablauf der Äußerungsfristen** der § 102 Abs. 2. Gem. § 102 Abs. 2 Satz 2 gilt bei einer ordentlichen Kündigung die Zustimmung als erteilt. Das **bloße Schweigen** kann deshalb in keinem Fall als Stellungnahme des BR gewertet werden[2]. Nach dem Gesetzeswortlaut bezieht sich die Fiktion der Zustimmung zur Kündigung durch Schweigen nur auf die ordentliche Kündigung. In Bezug auf eine außerordentliche Kündigung schweigt der Gesetzeswortlaut. Jedoch hat dieser Unterschied keine praktische Bedeutung[3].

60 e) **Ausdrückliches Absehen von einer Stellungnahme.** Vom bloßen Schweigen des BR zu unterscheiden ist der Beschluss des BR, **von einer inhaltlichen Stellungnahme zur Kündigungsabsicht des ArbGeb abzusehen**[4]. Wird ein solcher Beschluss dem ArbGeb mitgeteilt, so wird dieser sehr sorgfältig zu prüfen haben, ob hierin eine abschließende Stellungnahme des BR, die zur Beendigung des Anhörungsverfahrens führen würde, liegt. Dies ist nur dann der Fall, wenn der Erklärung des BR eindeutig zu entnehmen ist, dass er eine weitere Erörterung nicht mehr wünscht. Das kann auch der Fall sein, wenn der BR dem ArbGeb mitteilt, dass er beschlossen habe, die Anhörungsfrist verstreichen zu lassen[5]. Im Fall also, dass eine abschließende Stellungnahme des BR vorliegt, die dahin geht, von einer ausdrücklichen Stellungnahme abzusehen, steht dies betriebsverfassungsrechtlich einer Zustimmung gleich.

61 f) **Äußerung von Bedenken.** Dem BR steht es aber auch frei, **Bedenken** gegen die geplante Kündigung aus allen ihm wichtig erscheinenden Gründen zu erheben. Hierauf weist ausdrücklich die Regelung des § 102 Abs. 2 Satz 1 hin. Die Äußerung von Bedenken wird dann regelmäßig in Betracht zu ziehen sein, wenn Widerspruchsgründe iSd. § 102 Abs. 3 nicht vorliegen und gleichwohl der BR Vorbehalte gegen die vom ArbGeb beabsichtigte Kündigung hat. Eine rechtliche Besserstellung des ArbN durch Äußerung von Bedenken des BR besteht zwar nicht, jedoch ist nicht zu verkennen, dass dadurch der BR die prozessuale Situation des ArbN in einem Kündigungsschutzprozess erheblich verstärken können[6]. Zu beachten ist, dass die Erhebung von Bedenken **schriftlich** erfolgen muss. Lediglich mündlich geäußerte Bedenken bedeuten keine formgerechte abschließende Stellungnahme, so dass der ArbGeb in diesem Fall nicht vor Ablauf der Äußerungsfrist kündigen darf[7].

62 Sowohl für die Äußerung von Bedenken als auch für den Widerspruch haben die in § 102 Abs. 2 geregelten **Äußerungsfristen** besondere Bedeutung. Hier hat der Gesetzgeber nach der Art der beabsichtigten Kündigung, also danach, ob es sich um eine ordentliche oder außerordentliche Kündigung handelt, differenziert. Gem. § 102 Abs. 2 Satz 1 hat der BR Bedenken gegen eine ordentliche Kündigung **innerhalb einer Woche** mitzuteilen. Bedenken gegen eine außerordentliche Kündigung hat der BR unverzüglich, spätestens jedoch **innerhalb von drei Tagen** dem ArbGeb mitzuteilen.

63 Die Frist beginnt mit dem Tag, an dem die Mitteilung des ArbGeb dem BR zugeht. Dieser Tag wird nicht mitgerechnet (§ 187 BGB). Auch sonst gelten für die **Fristberechnung** die Vorschriften der §§ 187 ff. BGB. Für die Bestimmung des Endes etwa der einwöchigen Anhörungsfrist gem. § 102 Abs. 2 BetrVG ist § 188 Abs. 2 BGB heranzuziehen. Fristende ist damit der Ablauf des letzten Tages der Woche, welcher durch seine Benennung dem Tage entspricht, in dem das Ereignis fällt, das den Fristbeginn bestimmt. Dieser Tag und damit auch die Frist läuft um 24 Uhr ab[8]. Damit endet also die Frist nicht etwa bei Dienstschluss der Personalverwaltung[9]. (Beispiel für den Fall der ordentlichen Kündigung: Wird der BR an einem Freitag unterrichtet, so endet die Frist am Freitag der darauf folgenden Woche um 24 Uhr. Ist dieser Freitag ein gesetzlicher Feiertag, so endet die Frist wegen § 193 BGB am darauf folgenden Montag um 24 Uhr.) Jedoch ist bei einer schriftlichen Stellungnahme des BR zu beachten, dass sich deren Zugang nach § 130 Abs. 1 BGB regelt. Dh., die schriftliche Stellungnahme ist erst zugegangen, sobald sie in verkehrsüblicher Weise in die tatsächliche Verfügungsgewalt des Empfängers bzw. eines empfangsberechtigten Dritten gelangt ist und für den Empfänger unter gewöhnlichen Verhältnissen die Möglichkeit besteht, von dem Inhalt des Schreibens Kenntnis zu nehmen[10]. Damit geht eine schriftliche Stellungnahme des BR erst am folgenden Tage zu, wenn sie vom BR-Vorsitzenden zu einer Zeit in ein für den ArbGeb bestehendes Postfach gelegt wird, zu der nicht mehr mit der Leerung dieses Postfachs am selben Tag gerechnet werden kann. In diesen Fällen muss also der

---

1 So auch GK-BetrVG/*Raab*, § 102 Rz. 95; APS/*Koch*, § 102 BetrVG Rz. 145; in diesem Sinne auch: BAG v. 11.6.2002 – 1 ABR 43/01, AP Nr. 118 zu § 99 BetrVG 1972 („die Zustimmungsverweigerung nach § 99 Abs. 3 Satz 1 BetrVG ist keine Willenserklärung"); aA HSWG, § 102 BetrVG Rz. 71. | 2 Vgl. BAG v. 12.3.1987 – 2 AZR 176/86, AP Nr. 47 zu § 102 BetrVG; KR/*Etzel*, § 102 BetrVG Rz. 103b. | 3 DKK, § 102 BetrVG Rz. 164. | 4 Vgl. hierzu BAG v. 12.3.1987 – 2 AZR 176/86, AP Nr. 47 zu § 102 BetrVG 1972. | 5 LAG Hess. v. 18.6.1997 – 8 Sa 977/96, LAGE § 626 BGB Nr. 114. | 6 *Heinze*, Personalplanung, Rz. 531. | 7 DKK, § 102 BetrVG Rz. 160. | 8 LAG Berlin v. 21.6.1999 – 18 Sa 71/99, nv. | 9 BAG v. 12.12.1996 – 2 AZR 803/95, nv.; BAG v. 12.12.1996 – 2 AZR 809/95, AIB 1998, 113; vgl. aber zu einem Sonderfall: BAG v. 8.4.2003 – 2 AZR 515/02, AP Nr. 133 zu § 102 BetrVG 1972. | 10 Vgl. BAG v. 2.3.1989 – 2 AZR 275/88, AP Nr. 17 zu § 130 BGB.

BR sicherstellen, dass seine schriftliche Stellungnahme am letzten Tage der Frist so in den Machtbereich des ArbGeb gelangt, dass dieser bzw. ein von ihm Bevollmächtigter die Möglichkeit hat, von dem Inhalt der Stellungnahme Kenntnis zu nehmen. Der BR kann zwar die ihm gesetzte Frist voll ausschöpfen und also mit seiner Stellungnahme bis zum letzten Tag des Fristablaufs abwarten. Versäumt er jedoch die Frist, ist eine Wiedereinsetzung in den vorherigen Stand nicht möglich. Damit sind die Anhörungsfristen **Ausschlussfristen**. Diese verlängern sich auch dann nicht, wenn es sich um Massenentlassungen handelt[1].

Zwar können ArbGeb und BR die Anhörungsfrist durch **Vereinbarung** verlängern oder auch abkürzen[2]. Jedoch hat weder der BR einen Anspruch darauf, dass eine Frist verlängert wird, noch hat der ArbGeb einen Anspruch darauf, dass der BR einer Verkürzung der Frist zustimmt. Lediglich in extremen Ausnahmefällen kann die Berufung des ArbGeb auf die Einhaltung der Anhörungsfrist rechtsmissbräuchlich sein. Hierfür reichen jedoch objektive Umstände wie die Zahl der Kündigungen und die sich hieraus für die Bearbeitung im BR ergebenden Schwierigkeiten nicht aus[3].   **64**

Äußert sich der BR nicht innerhalb der Anhörungsfrist, so gilt gem. § 102 Abs. 2 Satz 2 die Zustimmung zur Kündigung als erteilt. Dies bezieht sich ausdrücklich auf die ordentliche Kündigung, ist aber auch entsprechend auf die außerordentliche Kündigung anzuwenden. Jedoch schreibt das Gesetz ausdrücklich vor, dass eine **Stellungnahme schriftlich** zu erfolgen hat. Dies gilt auch für die fristlose Kündigung. Eine bloß mündliche Stellungnahme zur außerordentlichen Kündigung ist daher nicht geeignet, das Anhörungsverfahren zu beenden. In diesem Fall muss der ArbGeb die Anhörungsfrist abwarten. Wird die **außerordentliche** Kündigung vorsorglich mit einer **ordentlichen** Kündigung **verbunden**, so hat der ArbGeb für die ordentliche Kündigung die maßgebliche Anhörungsfrist abzuwarten, bevor er die Kündigung erklären kann. Hier kann es sich deshalb empfehlen, die außerordentliche Kündigung und die vorsorgliche ordentliche Kündigung zu **zwei verschiedenen Zeitpunkten** auszusprechen, um zumindest so sicherzustellen, dass für die außerordentliche Kündigung in jedem Fall die Frist des § 626 Abs. 2 BGB eingehalten wird[4].   **65**

g) **Einlegen eines Widerspruchs.** Die schärfste Reaktion des BR ist die Erhebung eines Widerspruchs gegen die Kündigung. In § 102 Abs. 3 wird ausdrücklich bestimmt, dass der BR innerhalb der Anhörungsfrist des § 102 Abs. 2 Satz 1 aus bestimmten Gründen einer ordentlichen Kündigung widersprechen kann. Das bedeutet, dass bei einer außerordentlichen Kündigung ein Widerspruch des BR iSd. § 102 Abs. 3 und damit auch der Weiterbeschäftigungsanspruch in § 102 Abs. 5 nicht in Betracht kommt.   **66**

Besonderheiten bestehen aber bei einer **außerordentlichen Kündigung** gegenüber einem **unkündbaren ArbN**. Hier will die Rspr. vermeiden, dass betriebsverfassungsrechtlich die Kündigung eines unkündbaren ArbN im Wege der außerordentlichen Kündigung unter Beachtung einer entsprechenden Auslauffrist erleichterten Voraussetzungen unterliegt, als die Kündigung eines ordentlich kündbaren ArbN. Deshalb gilt für solche Fälle, dass sich derartige außerordentliche Kündigungen im Hinblick auf die BR-Beteiligung an den Voraussetzungen des Beteiligungsverfahrens für ordentliche Kündigungen zu orientieren haben. Der BR ist deshalb bei derartigen außerordentlichen Kündigungen mit einer Auslauffrist für seine Stellungnahme nicht an die Frist nach § 102 Abs. 2 Satz 3, sondern vielmehr an die Wochenfrist des § 102 Abs. 2 Satz 1 gebunden. Zudem will die Rspr. auch auf solche außerordentlichen Kündigungen das Widerspruchsrecht des BR nach § 102 Abs. 3 bis 5 entsprechend anwenden[5].   **67**

Inhaltlich liegt ein **Widerspruch** nur vor, wenn der BR **eindeutig** und **unmissverständlich** zu erkennen gibt, dass er die Kündigung ablehnt. Zwar ist der BR nicht verpflichtet, ausdrücklich das Wort Widerspruch zu benutzen. Um jedoch Unklarheiten zu vermeiden, ist dringend zu empfehlen, von den gesetzlichen Begrifflichkeiten Gebrauch zu machen. Der Widerspruch muss **schriftlich** erfolgen. Zur Wahrung der Schriftform reicht ein Telefax aus[6]. Ein nur mündlich erklärter Widerspruch ist unbeachtlich. Dies gilt auch, wenn der schriftlich erklärte Widerspruch nach Fristablauf nachgereicht wird. Für die Wahrung der Schriftform ist erforderlich, dass der Widerspruch die eigenhändige Unterschrift des zur Abgabe zuständigen bzw. ermächtigten BR-Mitglieds aufweist. Ordnungsgemäß erhoben ist der Widerspruch nur dann, wenn in der schriftlichen Stellungnahme **Gründe** angegeben sind, die es möglich erscheinen lassen, dass ein Widerspruchsgrund vorliegt. Nicht erforderlich ist, dass der geltend gemachte Widerspruchsgrund tatsächlich vorliegt[7]. Für eine **Begründung des Widerspruchs** genügt allerdings nicht ein bloßes Wiederholen oder Abschreiben der abstrakten gesetzlichen Widerspruchsgründe oder etwaige Bezugnahmen auf das Gesetz. Vielmehr müssen die Widerspruchsgründe unter Angabe **konkreter Tatsachen** erläutert werden[8]. Die Rspr. verlangt ausdrücklich dem BR ein Mindest-   **68**

---

1 BAG v. 14.8.1986 – 2 AZR 561/85, AP Nr. 43 zu § 102 BetrVG 1972. | 2 BAG v. 14.8.1986 – 2 AZR 561/85, AP Nr. 43 zu § 102 BetrVG 1972; dagegen verneint KR/*Etzel*, § 102 BetrVG Rz. 89, die Möglichkeit einer Verkürzung der Frist. | 3 BAG v. 14.8.1986 – 2 AZR 561/85, AP Nr. 43 zu § 102 BetrVG 1972. | 4 Richardi/*Thüsing*, § 102 BetrVG Rz. 104. | 5 BAG v. 5.2.1998 – 2 AZR 227/97, AP Nr. 143 zu § 626 BGB. | 6 KR/*Etzel*, § 102 BetrVG Rz. 142. | 7 Vgl. etwa: LAG Düsseldorf v. 21.6.1974 – 15 Sa 633/74, DB 1974, 2112. | 8 LAG Düsseldorf v. 5.11.1976 – 9 Sa 1604/75, DB 1976, 1065; LAG Nds. v. 22.8.1975 – 7 A (3) Sa 80/75, DB 1975, 1898; LAG München v. 2.3.1994 – 5 Sa 908/93, NZA 1994, 1000; LAG Schl.-Holst. v. 22.11.1999 – 4 Sa 514/99, AP Nr. 12 zu § 102 BetrVG 1972 – Weiterbeschäftigung.

maß an konkreter Argumentation ab[1]. Das heißt aber auch, dass, wenn der BR eine Weiterbeschäftigung für möglich hält, er den freien Arbeitsplatz in seinem Widerspruch in bestimmbarer Weise anzugeben hat[2]. Nach ganz herrschender Auffassung kann der BR den einmal eingelegten Widerspruch durch einen entsprechenden Beschluss rückgängig machen. Allerdings können dadurch nicht die individualrechtlichen Folgen beseitigt werden, die ein einmal ordnungsgemäß erhobener Widerspruch ausgelöst hat. Insofern ist der gekündigte ArbN als schutzwürdig anzusehen[3].

69 aa) **Widerspruchsgründe.** Die Widerspruchsgründe sind in § 102 Abs. 3 **abschließend** aufgeführt:

70 (1) **Fehlerhafte Sozialauswahl.** Gem. § 102 Abs. 3 Nr. 1 kann der BR einer ordentlichen Kündigung widersprechen, wenn der ArbGeb bei der Auswahl der zu kündigenden ArbN **soziale Gesichtspunkte** nicht oder nicht ausreichend berücksichtigt hat. Dieser Widerspruchsgrund kommt nur bei betriebsbedingten Kündigungen in Betracht[4]. Soziale Gesichtspunkte sind insb. das Lebensalter, die Dauer der Betriebszugehörigkeit, eine Schwerbehinderung sowie die Unterhaltspflichten des ArbN (vgl. § 1 Abs. 3 Satz 1 KSchG). Ob darüber hinaus weitere soziale Gesichtspunkte berücksichtigt werden können, ist umstritten[5]. Dagegen kann der BR gestützt auf § 102 Abs. 3 Nr. 1 nicht der Betriebsbedingtheit der Kündigung als solcher widersprechen. Allerdings steht es ihm frei, auch wenn er die Betriebsbedingtheit der Kündigung bestreiten will, hilfsweise bereits die soziale Auswahl zu rügen und gestützt auf diese Eventual-Rüge der Kündigung zu widersprechen[6]. Ist nach Auffassung des ArbGeb eine soziale Auswahl entbehrlich, weil aufgrund einer **Betriebsstilllegung** allen ArbN des Betriebes gekündigt werden soll, so scheidet ein Widerspruch nach § 102 Abs. 3 Nr. 1 nur aus, wenn allen ArbN tatsächlich zum Stilllegungstermin gekündigt wird[7]. Nach dem ausdrücklichen Gesetzeswortlaut bezieht sich das Widerspruchsrecht des BR nach § 102 Abs. 3 Nr. 1 nur darauf, ob soziale Gesichtspunkte nicht oder nicht ausreichend berücksichtigt wurden. Das heißt aber auch, dass der BR nicht deshalb der Kündigung widersprechen kann, weil er meint, der ArbGeb habe den **Kreis der vergleichbaren ArbN** zu eng gezogen. Vielmehr ist die Frage der Vergleichbarkeit der Sozialauswahl vorgeschaltet. Dass der BR bei dieser Vorfrage einen Widerspruchsgrund haben soll, kann jedoch dem Gesetzeswortlaut nicht entnommen werden. Miteinander zu vergleichen sind alle im Betrieb beschäftigten ArbN, die ihrer betrieblichen Stellung nach vergleichbar sind und bei denen gem. § 1 Abs. 3 Satz 2 KSchG berechtigte betriebliche Interessen der Kündigung nicht entgegenstehen[8]. Insofern kann der BR seinen Widerspruch nicht darauf stützen, dass der ArbGeb den Kreis der nach § 1 Abs. 3 Satz 2 KSchG aus der Sozialauswahl herausgenommenen ArbN zu weit gezogen hat[9]. Eine ordnungsgemäße **Widerspruchsbegründung** des BR zu § 102 Abs. 3 Nr. 1 setzt voraus, dass dem ArbGeb gegenüber die fehlende oder fehlerhafte Sozialauswahl beanstandet wird. Regelmäßig reicht es hierfür nicht aus, wenn lediglich pauschal auf sozial stärkere ArbN hingewiesen wird[10]. Jedoch kann der Umfang der Begründungspflicht nicht generell bestimmt werden, sondern ist abhängig von der jeweiligen Darstellung des ArbGeb[11]. Hat also der ArbGeb seine Auswahlüberlegungen dezidiert dem BR mitgeteilt, so verlangt § 102 Abs. 3 Satz 1 eine konkrete Stellungnahme, warum die **Auswahlüberlegungen** des ArbGeb nicht ausreichend sein sollen. Dies gilt gerade, wenn der ArbGeb dem BR die Namen und Sozialdaten der seiner Ansicht nach vergleichbaren ArbN mitgeteilt hat. Dann hat der BR, der die vom ArbGeb getroffene Auswahlentscheidung für unrichtig hält, dem ArbGeb den oder die sozialen Gesichtspunkte zur Begründung seines Widerspruchs anzugeben, die er nicht oder nicht ausreichend berücksichtigt sieht. Hier wird regelmäßig die **Benennung** eines anderen zu kündigenden ArbN erforderlich werden[12]. In keinem Fall reicht aber eine pauschale Berufung auf den Wortlaut des Gesetzes für die Begründung des Widerspruchs aus[13].

71 (2) **Verstoß gegen Auswahlrichtlinien.** Der BR kann der ordentlichen Kündigung auch widersprechen, wenn die Kündigung gegen eine **Auswahlrichtlinie** iSd. § 95 verstößt (vgl. § 95 Rz. 7 ff.). Auch dieser Widerspruchsgrund kommt nur bei einer betriebsbedingten Kündigung zum Tragen[14]. Der Widerspruchsgrund nach § 102 Abs. 3 Nr. 2 hat aufgrund der Neuregelung in § 1 Abs. 4 KSchG an Bedeutung gewonnen. Indes setzt die ordnungsgemäße Geltendmachung dieses Widerspruchsgrundes voraus, dass nicht nur die konkrete Auswahlrichtlinie, gegen die die Kündigung nach Meinung des BR verstößt, benannt wird, sondern der BR **Tatsachen** angibt, aus denen sich der Verstoß gegen die Auswahlrichtlinie ergibt[15].

---

1 BAG v. 11.5.2000 – 2 AZR 54/99, AP Nr. 13 zu § 102 BetrVG 1972 – Weiterbeschäftigung. | 2 BAG v. 17.6.1999 – 2 AZR 608/98, AP Nr. 11 zu § 102 BetrVG 1972 – Weiterbeschäftigung. | 3 Vgl. APS/*Koch*, § 102 BetrVG Rz. 150. | 4 DKK, § 102 BetrVG Rz. 186; KR/*Etzel*, § 102 BetrVG Rz. 149. | 5 *Willemsen/Annuß*, NJW 2004, 177 f. | 6 LAG Düsseldorf v. 23.5.1975 – 8 Sa 152/75, EZA § 102 BetrVG 1972 – Beschäftigungspflicht Nr. 4. | 7 LAG Düsseldorf v. 20.11.1980 – 25 Sa 412/80, EZA § 102 BetrVG 1972 – Beschäftigungspflicht Nr. 8. | 8 *Löwisch/Kaiser*, § 102 BetrVG Rz. 32. | 9 AA *Fitting*, § 102 BetrVG Rz. 70. | 10 Vgl. BAG v. 9.7.2003 – 5 AZR 305/02, NZA 2003, 1191. | 11 So zu Recht LAG München v. 2.8.1983 – 6 Sa 439/83, AMBlBY 1985, C 9 ff.; LAG Schl.-Holst. v. 22.11.1999 – 4 Sa 514/99; AP Nr. 12 zu § 102 BetrVG 1972 – Weiterbeschäftigung; APS/*Koch*, § 102 BetrVG Rz. 164; aA DKK, § 102 BetrVG Rz. 189. | 12 Vgl. BAG v. 9.7.2003 – 5 AZR 305/02, NZA 2003, 1191; LAG Düsseldorf v. 5.1.1976 – 9 Sa 1604/75, DB 1976, 1065; *Stege/Weinspach/Schiefer*, § 102 BetrVG Rz. 126; aA LAG Rh.-Pf. v. 19.1.1982 – 3 Sa 883/81, AuR 1982, 323; einschr. auch KR/*Etzel*, § 102 BetrVG Rz. 151. | 13 LAG Schl.-Holst. v. 22.11.1999 – 4 Sa 514/99, AP Nr. 12 zu § 102 BetrVG 1972 – Weiterbeschäftigung. | 14 APS/*Koch*, § 102 BetrVG Rz. 195; KR/*Etzel*, § 102 BetrVG Rz. 158; aA DKK, § 102 BetrVG Rz. 191. | 15 *Heinze*, Personalplanung, Rz. 578.

(3) Weiterbeschäftigungsmöglichkeit auf anderem Arbeitsplatz. Gem. § 102 Abs. 3 Nr. 3 kann der BR ebenfalls widersprechen, wenn der zu kündigende ArbN an einem anderen Arbeitsplatz im selben Betrieb oder in einem anderen Betrieb des Unternehmens **weiterbeschäftigt** werden kann. Die Rspr. des BAG verlangt hierfür ein Mindestmaß an konkreter Argumentation[1]. Ein rein spekulativer Widerspruch etwa in dem Sinne, es sei im Betrieb irgendeine anderweitige Beschäftigungsmöglichkeit vorhanden, reicht nicht aus. Der BR muss **konkret darlegen**, auf welchem (freien) Arbeitsplatz eine Weiterbeschäftigung des ArbN in Betracht kommt. Hierbei ist der Arbeitsplatz zumindest in bestimmbarer Weise anzugeben und der Bereich zu bezeichnen, in dem der ArbN anderweitig beschäftigt werden kann[2]. Der Widerspruch hat sich also darauf zu beziehen, dass gerade ein anderer Arbeitsplatz für den zu kündigenden ArbN vorhanden ist. Nicht ausreichend ist deshalb, dass der BR meint, es gebe eine **Weiterbeschäftigung auf dem bisherigen Arbeitsplatz**[3]. Die gegenteilige Ansicht[4] hätte letztlich zur Konsequenz, dass, wenn man für den Widerspruch die Weiterbeschäftigungsmöglichkeit auf dem bisherigen Arbeitsplatz als genügend ansehen würde, man das Widerspruchsrecht des BR auf die Frage der Sozialwidrigkeit der Kündigung als solche erstrecken würde[5]. Der Widerspruch des BR nach § 102 Abs. 3 Nr. 3 darf sich deshalb nur auf einen freien Arbeitsplatz beziehen. Ein solcher ist dann vorhanden, wenn der Arbeitsplatz zum Zeitpunkt des voraussichtlichen Zugangs der Kündigung unbesetzt ist oder bis zum Ablauf der Kündigungsfrist zur Verfügung stehen wird. Keinesfalls besteht aber die Verpflichtung für den ArbGeb, für den zu kündigenden ArbN einen neuen Arbeitsplatz zu schaffen oder besetzte Arbeitsplätze freizumachen[6]. Auch ist der ArbGeb nur zu einer Beschäftigung auf einem vergleichbaren, also gleichwertigen Arbeitsplatz, und nicht zum Angebot einer Beförderungsstelle verpflichtet[7]. In diesem Sinne „frei" ist auch ein solcher Arbeitsplatz, auf dem ein **LeihArbN** beschäftigt wird[8]. Die Arbeitsplätze, auf denen Leiharbeitskräfte beschäftigt sind, können in absehbarer Zeit freigemacht werden und gelten deshalb als freie Arbeitsplätze[9]. Allerdings darf das Widerspruchsrecht des BR nicht dazu führen, dass letztlich in die **unternehmerische Dispositionsfreiheit** des ArbGeb eingegriffen wird. Ein Arbeitsplatz, der erst durch eine neue unternehmerische Disposition geschaffen werden müsste, kann für die Beurteilung der Weiterbeschäftigungsmöglichkeit keine Berücksichtigung finden[10]. Folgerichtig kann der BR nicht unter Berufung auf § 102 Abs. 3 Nr. 3 verlangen, dass zur Vermeidung einer aus dringenden betrieblichen Gründen beabsichtigten Kündigung **Kurzarbeit** für die gesamte Belegschaft eingeführt wird, um so einen freien Arbeitsplatz für den zu kündigenden ArbN zu schaffen[11]. Teilweise wird vertreten, dass freie Arbeitsplätze auch dann vorhanden sind, wenn in einer bestimmten Abteilung regelmäßig **Mehrarbeit** geleistet wird. Hier sei dann eine Beschäftigungsmöglichkeit für den zu kündigenden ArbN vorhanden[12]. Wollte man den ArbGeb verpflichten, anstatt der Mehrarbeit einen Arbeitsplatz einzurichten, so wäre dies ein Eingriff in die unternehmerische Dispositionsfreiheit. Insofern ist ein Verweis des BR auf regelmäßig geleistete Mehrarbeit in bestimmten Abteilungen des Betriebes nicht als Begründung für einen Widerspruch iSd. § 102 Abs. 3 Nr. 3 geeignet. Dagegen kann der BR der Kündigung nach § 102 Abs. 3 Nr. 3 mit der Begründung widersprechen, dass ein ArbN zwar räumlich auf demselben Arbeitsplatz, aber in einer anderen **Schicht** beschäftigt werden kann[13].

Der Gesetzeswortlaut beschränkt die Weiterbeschäftigungsmöglichkeit ausdrücklich auf den Betrieb und das Unternehmen. Hieraus folgt, dass der BR nicht auf eine **Weiterbeschäftigungsmöglichkeit im Konzern** verweisen kann[14]. Nur in Ausnahmefällen, etwa wenn arbeitsvertraglich der konzernweite Einsatz des ArbN vorbehalten oder eine entsprechende Zusage des ArbGeb vorliegt, könnte hier etwas anderes gelten[15]. Da also grundsätzlich der Bestandsschutz nicht konzernbezogen ist, kann der BR einen Widerspruch auch nicht darauf stützen, dass seines Erachtens für den zu kündigenden ArbN eine Weiterbeschäftigungsmöglichkeit etwa in einer **Beschäftigungsgesellschaft** oder **Qualifizierungsgesellschaft** besteht[16].

Die Geltendmachung des Widerspruchsgrundes nach § 102 Abs. 3 Nr. 3 ist nicht vom **Einverständnis des ArbN** abhängig[17]. Falls der ArbN allerdings ausdrücklich erklärt, eine bestimmte, vom BR ins Auge gefasste Weiterbeschäftigungsmöglichkeit komme für ihn nicht in Betracht, so ist ein gleichwohl hierauf gestützter Widerspruch des BR **rechtsmissbräuchlich**. Widerspricht der BR unter Hinweis auf eine Weiterbeschäftigungsmöglichkeit, dann liegt hierin zugleich auch die **Zustimmung zu einer ggf. erforderlichen Versetzung** gem. § 99[18]. Verweigert der BR des aufnehmenden Betriebes bei einer betriebsübergreifenden Versetzung innerhalb eines Unternehmens seine Zustimmung, so hindert dies die Weiterbeschäftigung, mit der Folge, dass der **Widerspruch** des BR im abgebenden Betrieb gegen die Kün-

---

1 BAG v. 17.6.1999 – 2 AZR 608/98, AP Nr. 11 zu § 102 BetrVG 1972 – Weiterbeschäftigung. |2 So ausdrücklich: BAG v. 11.5.2000 – 2 AZR 54/99, AP Nr. 13 zu § 102 BetrVG 1972 – Weiterbeschäftigung. |3 BAG v. 12.9.1985 – 2 AZR 324/84, AP Nr. 7 zu § 102 BetrVG 1972 – Weiterbeschäftigung. |4 Vgl. *Fitting*, § 102 BetrVG Rz. 90 mwN. |5 So zutr.: *Richardi/Thüsing*, § 102 BetrVG Rz. 164. |6 BAG v. 29.3.1990 – 2 AZR 369/89, AP Nr. 50 zu § 1 KSchG 1969 – betriebsbedingte Kündigung. |7 BAG v. 15.12.1994 – 2 AZR 327/94, AP Nr. 67 zu § 1 KSchG 1969 – betriebsbedingte Kündigung. |8 KR/*Etzel*, § 102 BetrVG Rz. 163a. |9 ArbG Stuttgart v. 5.6.1996 – 6 GA 23/96, NZA-RR 1997, 260. |10 ArbG Berlin v. 20.7.1977 – 7 GA 5/77, DB 1977, 2454. |11 LAG Düsseldorf v. 21.6.1974 – 15 SA 633/74, LAGE § 102 BetrVG 1972 – Beschäftigungspflicht Nr. 3. |12 APS/*Koch*, § 102 BetrVG Rz. 198; DKK, § 102 BetrVG Rz. 199. |13 *Löwisch/Kaiser*, § 102 BetrVG Rz. 35. |14 LAG BAG v. 14.10.1982 – 2 AZR 568/80, AP Nr. 1 zu § 1 KSchG 1969 – Konzern; v. 27.11.1991 – 2 AZR 255/91, AP Nr. 6 zu § 1 KSchG 1969. |15 *Richardi/Thüsing*, § 102 BetrVG Rz. 168. |16 APS/*Koch*, § 102 BetrVG Rz. 167; aA DKK, § 102 BetrVG Rz. 196. |17 KR/*Etzel*, § 102 BetrVG Rz. 167. |18 *Fitting*, § 102 BetrVG Rz. 84; *Heinze*, Personalplanung, Rz. 556.

digung **unbeachtlich** ist[1]. Falls zur Realisierung einer Versetzung eine Änderungskündigung erforderlich ist, so bedarf es eines erneuten Verfahrens nach § 102[2].

75 (4) **Weiterbeschäftigungsmöglichkeit mit Umschulung oder Fortbildung.** Der BR kann einer Kündigung auch deshalb widersprechen, weil die Weiterbeschäftigung des ArbN nach zumutbaren **Umschulungs- und Fortbildungsmaßnahmen** möglich ist. Dieser Widerspruchsgrund bezieht sich sowohl auf betriebs- wie auch auf personenbedingte Kündigungen[3]. Wie beim Widerspruchsgrund des Nr. 3 muss der Widerspruch gem. § 102 Abs. 3 Nr. 4 darauf gerichtet sein, dass der ArbN nach zumutbaren Umschulungs- oder Fortbildungsmaßnahmen auf einem Arbeitsplatz im selben Betrieb oder in einem anderen Betrieb des Unternehmens weiterbeschäftigt werden kann. Auch hier gilt kein konzernübergreifender Kündigungsschutz[4].

76 Notwendige Voraussetzung für einen Widerspruch gem. § 102 Abs. 3 Nr. 4 ist, dass es mit hinreichender Sicherheit vorausehbar sein muss, dass nach Abschluss der Maßnahmen eine Beschäftigungsmöglichkeit aufgrund der durch die Umschulung oder Fortbildung erworbene Qualifikation für den ArbN besteht[5]. Hierbei dürfen die Schulungsmaßnahmen nicht auf irgendeine Beschäftigungsmöglichkeit für den ArbN ausgerichtet sein. Der BR kann allenfalls verlangen, dass der betreffende ArbN aufgrund der Umschulung eine gleichwertige Beschäftigungsmöglichkeit erlangt, nicht aber eine höherwertige. Ferner muss zu erwarten sein, dass nach Absolvierung der Schulungsmaßnahme ein entsprechender **freier Arbeitsplatz** im Unternehmen vorhanden ist[6]. Keinesfalls ist der ArbN verpflichtet, erst durch eine Kündigung einen Arbeitsplatz und damit eine Beschäftigungsmöglichkeit zu schaffen. Insofern ist ein Widerspruch des BR offensichtlich unbegründet, wenn er die Begründung enthält, dass der Arbeitsplatz, auf dem der zu kündigende ArbN nach den Vorstellungen des BR ggf. nach Umschulungsmaßnahmen weiterbeschäftigt werden kann, mit einem anderen ArbN besetzt ist[7]. Die Umschulungs- oder Fortbildungsmaßnahme muss dem ArbGeb allerdings **zumutbar** sein. Dies ist durch eine sorgfältige **Abwägung** der berechtigten Interessen von ArbGeb und ArbN zu ermitteln. Hierbei wird man etwa die Dauer der bisherigen Tätigkeit des ArbN sowie dessen Lebensalter zu berücksichtigen haben, aber auch die Frage, welche Kosten auf den ArbGeb aufgrund der Umschulungsmaßnahme zukommen, ob der Betrieb eigene Einrichtungen für die Umschulung vorhält, und welche Bereitschaft der ArbN in der Vergangenheit gezeigt hat, sich beruflich weiter zu entwickeln. Ist der ArbN selbst angesichts einer drohenden Kündigung nicht bereit, eine Umschulungs- oder Fortbildungsmaßnahme durchzuführen, so ist regelmäßig dessen dem ArbGeb die Umschulung oder Fortbildung dieses ArbN nicht zumutbar[8]. Auch ein Widerspruch gem. § 102 Abs. 3 Nr. 4 bedarf durch den BR einer **hinreichenden Begründung**. Hierbei ist regelmäßig nicht erforderlich, dass er eine ganz konkrete Bildungsmaßnahme benennt. Stattdessen ist es als ausreichend anzusehen, wenn er die Bildungsmaßnahme so umschreibt, dass für die Beteiligten klar ist, welchen Inhalt die Bildungsmaßnahme hat und auf welchen Abschluss diese gerichtet ist, welchen zeitlichen Umfang diese hat und mit welchen ungefähren Kosten zu rechnen ist. Darüber hinaus ist anzugeben, auf welchem **freien Arbeitsplatz** der ArbN nach Beendigung der Bildungsmaßnahme eingesetzt werden kann und dass der ArbN fortbildungswillig ist. Mit dem Widerspruch erklärt der BR gleichzeitig seine Bereitschaft, einer entsprechenden betrieblichen Bildungsmaßnahme nach § 98 zuzustimmen[9]. Insofern flankiert der Widerspruchsgrund des § 102 Abs. 3 Nr. 4 die Beteiligungsrechte des BR nach **§ 97 Abs. 2**[10].

77 (5) **Weiterbeschäftigungsmöglichkeit unter geänderten Vertragsbedingungen.** Ist eine **Weiterbeschäftigung** des ArbN nur **unter geänderten Vertragsbedingungen** möglich und hat der ArbN sein Einverständnis hiermit erklärt, so kann gem. § 102 Abs. 3 Nr. 5 der BR auch der deshalb beabsichtigten ordentlichen Kündigung widersprechen. Dieser Widerspruchsgrund ergänzt insoweit die in § 102 Abs. 3 Nr. 3 und Nr. 4 enthaltenen Widerspruchsgründe. Teilweise wird insoweit dieser Widerspruch als Auffangtatbestand gesehen[11]. Aber auch aufgrund der Regelungen des § 102 Abs. 3 Nr. 5 kann der BR nicht die Beförderung eines ArbN verlangen[12]. Darüber hinaus bezieht sich die Widerspruchsmöglichkeit nach § 102 Abs. 3 Nr. 5 ausschließlich auf individuelle Maßnahmen. Gestützt auf diesen Widerspruchsgrund kann deshalb der BR keine Einführung von Kurzarbeit verlangen, um für den zur Kündigung anstehenden ArbN eine Beschäftigungsmöglichkeit zu schaffen[13].

78 Mögliche Vertragsänderungen können die Kürzung eines außertariflichen Gehaltes oder vertraglich zugesagter Zulagen, die Kürzung von Prämien, die Reduzierung der Arbeitszeit des einzelnen ArbN etc. sein[14]. Voraussetzung für den Widerspruchsgrund ist indes, dass der ArbN sein **Einverständnis** zur

---

1 *Löwisch/Kaiser*, § 102 BetrVG Rz. 37. | 2 *Heinze*, Personalplanung, Rz. 557; DKK, § 102 BetrVG Rz. 205. | 3 *Löwisch/Kaiser*, § 102 BetrVG Rz. 38. | 4 *Richardi/Thüsing*, § 102 BetrVG Rz. 172. | 5 BAG v. 7.2.1991 – 2 AZR 205/90, AP Nr. 1 zu § 1 KSchG 1969 – Umschulung. | 6 *Gaul*, BB 1995, 2422 (2427 f.). | 7 LAG BW v. 30.8.1993 – 15 SA 36/93, AuR 1994, 200. | 8 *Richardi/Thüsing*, § 102 BetrVG Rz. 173; *Fitting*, § 102 BetrVG Rz. 91. | 9 APS/*Koch*, § 102 BetrVG Rz. 202. | 10 Vgl. *Schaub*, ZTR 2001, 437 (444). | 11 DKK, § 102 BetrVG Rz. 217. | 12 Vgl. BAG v. 29.3.1990 – 2 AZR 369/89, AP Nr. 50 zu § 1 KSchG 1969 – betriebsbedingte Kündigung. | 13 Vgl. LAG Hamm v. 8.3.1983 – 7 (10) SA 1237/82, BB 1983, 1349; LAG Düsseldorf v. 21.6.1974 – 15 SA 633/74, LAGE § 102 BetrVG 1972 – Beschäftigungspflicht Nr. 3; aA DKK, § 102 BetrVG Rz. 219. | 14 *Löwisch/Kaiser*, § 102 BetrVG Rz. 39.

Änderung des Vertragsinhalts erklärt hat. Das bedeutet, dass ein Widerspruchsgrund ausscheidet, soweit die Arbeitsbedingungen für die Arbeitsvertragsparteien rechtsverbindlich etwa durch **TV** oder **BV** festgelegt sind[1]. Dieses Einverständnis des ArbN zur Vertragsänderung muss bereits bei Einlegung des Widerspruchs vorliegen[2]. Auf das vorliegende Einverständnis hat der Widerspruch des BR ausdrücklich hinzuweisen. Dem ArbN steht es frei, dieses Einverständnis unter dem **Vorbehalt der sozialen Rechtfertigung** der geänderten Arbeitsbedingungen zu erklären[3]. Macht der ArbN von diesem Vorbehalt Gebrauch, so ist der ArbGeb, wenn er an seiner Kündigungsabsicht festhalten will, auf den Ausspruch einer Änderungskündigung beschränkt[4]. Widerspricht der BR einer Kündigung unter Hinweis auf das unter Vorbehalt der sozialen Rechtfertigung abgegebene Einverständnis des ArbN, zu geänderten Arbeitsbedingungen in Zukunft tätig zu sein, braucht der BR für die dann folgende **Änderungskündigung** des ArbGeb nicht gesondert gehört werden[5].

bb) **Kündigungsrechtliche Bedeutung des Widerspruchs.** Trotz Widerspruchs des BR kann der ArbGeb gleichwohl eine ordentliche **Kündigung** aussprechen. Dies gilt erst recht, wenn der BR lediglich Bedenken gegen die Kündigung geltend gemacht hat, ohne ihr ausdrücklich zu widersprechen. Umstritten ist in diesem Zusammenhang die Frage, ob der ArbGeb sich vor Ausspruch der Kündigung inhaltlich mit den **Bedenken oder Widerspruchsgründen des BR auseinander zu setzen hat**[6]. Insofern wäre eine Kündigung unwirksam, wenn der ArbGeb die vom BR erhobenen Einwendungen überhaupt nicht zur Kenntnis nimmt. Hiergegen spricht aber die Struktur des Beteiligungsverfahrens nach § 102. Dies ist nach st. Rspr. des BAG als zweistufiges Verfahren zu charakterisieren, wobei auf einer ersten Stufe der ArbGeb dem BR die Kündigungsgründe mitzuteilen hat, während auf einer zweiten Stufe eine Beschlussfassung durch den BR erfolgt[7]. Kollektivarbeitsrechtlich ist damit das Beteiligungsverfahren gem. § 102 beendet. Nimmt der ArbGeb die Einwendungen des BR nicht zur Kenntnis, so treffen ihn die Nachteile spätestens dann im Kündigungsschutzprozess, wenn der ArbGeb trotz berechtigten Widerspruchs gleichwohl eine Kündigung ausgesprochen hat.

V. Informationsanspruch des ArbN. Der Gesetzgeber hat folgerichtig den ArbGeb gem. § 102 Abs. 4 verpflichtet, der Kündigung eine **Abschrift der Stellungnahme des BR** zuzuleiten, wenn der BR im Rahmen des Beteiligungsverfahrens der Kündigung widersprochen hat. Dadurch wollte der Gesetzgeber es dem ArbGeb erschweren, eine Kündigung trotz Widerspruchs des BR auszusprechen. Ferner sollte der betroffene ArbN durch die Kenntnis der Widerspruchsgründe des BR in die Lage versetzt werden, die Aussichten eines Kündigungsschutzprozesses besser abzuschätzen und sich im Verfahren auf den Widerspruch des BR berufen zu können[8]. Die Verpflichtungen aus § 102 Abs. 4 gilt auch dann, wenn das Arbeitsverhältnis noch nicht unter den Geltungsbereich des Kündigungsschutzgesetzes fällt[9].

Das Beifügen einer Abschrift der Stellungnahme des BR ist kein **Wirksamkeitserfordernis** für die Kündigung[10]. Jedoch kommen Schadensersatzansprüche des ArbN gegen den ArbGeb in Betracht, wenn Letzterer seine Verpflichtungen aus § 102 Abs. 4 nicht erfüllt hat[11]. Allerdings setzt die Verpflichtung nach § 102 Abs. 4 stets voraus, dass ein frist- und ordnungsgemäßer Widerspruch des BR vorliegt[12].

VI. Rechtsfolgen eines fehlerhaften Beteiligungsverfahrens. Hinsichtlich der Fehler im Beteiligungsverfahren nach § 102 differenziert die Rspr. des BAG nach **Verantwortungssphären**. So wird die erste Stufe des Beteiligungsverfahrens, nämlich die Mitteilung des ArbGeb über die Person des zu Kündigenden und die Kündigungsgründe dem Verantwortungsbereich des ArbGeb zugeordnet. Fehler in diesem Bereich treffen den ArbGeb und führen regelmäßig zur Unwirksamkeit der Kündigung. Im Anschluss an die entsprechenden Mitteilungen des ArbGeb an den BR ist es Aufgabe des BR, sich mit der beabsichtigten Kündigung zu befassen und über eine mögliche Stellungnahme zu entscheiden[13]. Mängel, die in dem Bereich vorkommen, für den der BR zuständig und verantwortlich ist, also Fehler bei seiner Willensbildung oder bei der Mitteilung eines BR-Beschlusses an den ArbGeb, berühren die Ordnungsmäßigkeit des Anhörungsverfahrens iSd. § 102 Abs. 1 nicht, dh. die Kündigung ist insoweit nicht wegen fehlerhafter Anhörung des BR unwirksam. Dies gilt grundsätzlich auch dann, wenn der ArbGeb weiß oder vermuten kann, dass das Verfahren des BR nicht fehlerfrei gelaufen ist[14]. Nicht zur Sphäre des BR zählt es jedoch, wenn in Wahrheit keine Stellungnahme des BR als Gremium, sondern erkennbar nur eine persönliche Äußerung des BR-Vorsitzenden vorliegt oder der ArbGeb den Fehler des BR durch unsachgemäßes Verhalten selbst veranlasst hat[15]. In diesen Fällen weiß der ArbGeb positiv, dass der BR sich noch nicht mit dem Kündigungsfall befasst haben kann. Dann ist das Anhörungsverfahren nach § 102 Abs. 1 noch nicht als abgeschlossen anzusehen.

---

1 KR/*Etzel*, § 102 BetrVG Rz. 172a. | 2 *Fitting*, § 102 BetrVG Rz. 95. | 3 HM: DKK, § 102 BetrVG Rz. 221; *Heinze*, Personalplanung, Rz. 564. | 4 *Richardi/Thüsing*, § 102 BetrVG Rz. 178. | 5 *Löwisch/Kaiser*, § 102 BetrVG Rz. 39. | 6 APS/*Koch*, § 102 BetrVG Rz. 158. | 7 Vgl. BAG v. 2.11.1983 – 7 AZR 65/82, AP Nr. 29 zu § 102 BetrVG 1972. | 8 BT-Drs. VI/1786, S. 52. | 9 GK-BetrVG/*Raab*, § 102 Rz. 140; APS/*Koch*, § 102 BetrVG Rz. 159. | 10 HM vgl.: *Fitting*, § 102 BetrVG Rz. 53; aA *Düwell*, NZA 1988, 866. | 11 *Richardi/Thüsing*, § 102 BetrVG Rz. 191 mwN; KR/*Etzel*, § 102 BetrVG Rz. 180. | 12 LAG Köln v. 19.10.2000 – 10 SA 243/00, MDR 2001, 517. | 13 Vgl. bereits BAG v. 4.8.1975 – 2 AZR 266/74, AP Nr. 4 zu § 102 BetrVG 1972. | 14 BAG v. 16.1.2003 – 2 AZR 707/01, AP Nr. 129 zu § 102 BetrVG 1972; v. 2.4.1976 – 2 AZR 513/75, AP Nr. 9 zu § 102 BetrVG 1972; v. 13.6.1996 – 2 AZR 745/95, nv.; v. 15.5.1997 – 2 AZR 519/96, AP Nr. 1 zu § 104 BetrVG 1972. | 15 BAG v. 16.1.2003 – 2 AZR 707/01, AP Nr. 129 zu § 102 BetrVG 1972; v. 18.8.1982 – 7 AZR 437/80, BAGE 40, 42 (48).

83 **VII. Der betriebsverfassungsrechtliche Weiterbeschäftigungsanspruch.** Der Gesetzgeber hat in § 102 Abs. 5 Satz 1 zum Schutz des ArbN einen besonderen **betriebsverfassungsrechtlichen Weiterbeschäftigungsanspruch** geregelt. Dieser setzt voraus, dass der ArbGeb eine ordentliche Kündigung ausgesprochen hat, der BR der Kündigung frist- und ordnungsgemäß widersprochen hat, der ArbN rechtzeitig nach dem KSchG Klage auf Feststellung erhoben hat, dass das Arbeitsverhältnis durch die Kündigung nicht aufgelöst ist und der ArbN rechtzeitig vom ArbGeb verlangt, nach Ablauf der Kündigungsfrist bis zum rechtskräftigen Abschluss des Rechtsstreits bei unveränderten Arbeitsbedingungen weiterbeschäftigt zu werden.

84 **1. Voraussetzungen des Weiterbeschäftigungsanspruchs. a) Ordentliche Kündigung.** Der Gesetzgeber hat in § 102 Abs. 5 ausdrücklich den Weiterbeschäftigungsanspruch auf **ordentliche Kündigungen** beschränkt. Bei einer **außerordentlichen Kündigung** findet also der Weiterbeschäftigungsanspruch keine Anwendung. Er entsteht auch dann nicht, wenn der ArbGeb mit einer außerordentlichen Kündigung vorsorglich eine ordentliche Kündigung verbindet[1]. Der Gesetzgeber hat sich schließlich ausdrücklich dafür entschieden, bei einer außerordentlichen Kündigung keinen Weiterbeschäftigungsanspruch zu gewähren. Verbindet ein ArbGeb eine außerordentliche Kündigung mit einer vorsorglichen ordentlichen Kündigung, ändert sich hierdurch nicht der Charakter der Kündigung. Auch in diesem Fall ist eine außerordentliche Kündigung erklärt. Dass unter einer Rechtsbedingung gleichzeitig der ArbGeb eine ordentliche Kündigung ausgesprochen hat, ändert hieran nichts. Da also in einem solchen Fall eine außerordentliche Kündigung vorliegt, für die der Gesetzgeber gerade keinen Weiterbeschäftigungsanspruch vorgesehen hat, ist der herrschenden Meinung zuzustimmen. Folgerichtig gilt dann etwas anderes, wenn rechtskräftig feststeht, dass die außerordentliche Kündigung unwirksam ist. In diesem Fall ist nur noch die ordentliche Kündigung in der Welt. Demzufolge muss sich dann der ArbN auf einen Weiterbeschäftigungsanspruch des § 102 Abs. 5 berufen können[2]. Auch bei einer **Änderungskündigung** kann ein Weiterbeschäftigungsanspruch in Betracht kommen. Lehnt etwa der ArbN ein Änderungsangebot ab, welches ihm im Rahmen einer Änderungskündigung unterbreitet wurde, wird die ordentliche Änderungskündigung zur ordentlichen Beendigungskündigung mit der Folge, dass ein Weiterbeschäftigungsanspruch gem. § 102 Abs. 5 unter den dort genannten Voraussetzungen entstehen kann. Nimmt dagegen der ArbN das Änderungsangebot unter dem Vorbehalt der sozialen Rechtfertigung an, ist nicht mehr das Bestehen oder Nichtbestehen des Arbeitsverhältnisses im Streit, sondern lediglich die Frage, ob die Änderung der Arbeitsbedingungen sozial gerechtfertigt ist. Insofern kann hier kein Weiterbeschäftigungsanspruch des § 102 Abs. 5 entstehen[3].

85 **b) Widerspruch des BR.** Die Weiterbeschäftigung nach § 102 Abs. 5 kann der ArbN jedoch nur beanspruchen, wenn der **BR der Kündigung frist- und ordnungsgemäß widersprochen hat.** Ein ordnungsgemäßer Widerspruch liegt vor, wenn er die Voraussetzungen des § 102 Abs. 3 erfüllt. Dagegen ist es unerheblich, ob die vom BR geltend gemachten Widerspruchsgründe tatsächlich begründet sind. Dies kann allenfalls bei der Entbindung des ArbGeb von der einstweiligen Weiterbeschäftigung gem. § 102 Abs. 5 Satz 2 geprüft werden. Keine Auswirkungen auf die Verpflichtung zur Weiterbeschäftigung hat eine Rücknahme des Widerspruchs durch den BR, nachdem die Kündigung dem ArbN zugegangen ist[4].

86 **c) Klageerhebung des ArbN.** Weiter setzt der Weiterbeschäftigungsanspruch nach § 102 Abs. 5 voraus, dass der ArbN nach dem Kündigungsschutzgesetz **Klage auf Feststellung erhoben** hat, dass das Arbeitsverhältnis durch die Kündigung nicht aufgelöst ist. Hieraus folgt zwangsläufig, dass nur derjenige ArbN einen Weiterbeschäftigungsanspruch geltend machen kann, der dem **Geltungsbereich des KSchG** unterfällt und dessen Arbeitsverhältnis in demselben Betrieb oder Unternehmen ohne Unterbrechung länger als sechs Monate bestanden hat[5]. Nach ganz überwiegender Auffassung entfällt der Weiterbeschäftigungsanspruch auch dann, wenn der ArbN für seine Klageerhebung die **Drei-Wochenfrist** des § 4 KSchG versäumt hat[6]. Dementsprechend erlischt der Anspruch auf Weiterbeschäftigung, sobald der ArbN seine Klage zurücknimmt oder einen **Auflösungsantrag** nach § 9 KSchG stellt[7]. Gerade wenn der ArbN einen Auflösungsantrag gestellt hat, hat er damit deutlich gemacht, dass er eine Fortsetzung des Arbeitsverhältnisses nicht wünscht. Das weitere Aufrechterhalten eines Weiterbeschäftigungsanspruches wäre insofern widersprüchlich[8]. Besonders umstritten ist der Fall, dass der ArbN zwar die Kündigungsschutzklage nicht fristgerecht erhoben hat, gleichwohl rechtzeitig nach § 5 KSchG einen **Antrag auf nachträgliche Zulassung der Kündigungsschutzklage** stellt. Teilweise wird hier vertreten, dass allein die Schlüssigkeit des Antrags auf nachträgliche Klagezulassung ausreiche, um den Mangel der Fristversäumnis bei der Erhebung der Kündigungsschutzklage für die Begründung des Weiterbeschäftigungsanspruches zu heilen[9]. Dagegen sieht zu Recht die herrschende Meinung die Voraussetzung für den Wei-

---

1 HM: LAG Hamm v. 18.5.1982 – 11 SA 311/82, DB 1982, 1679; LAG Köln v. 6.2.1985 – 5 SA 1175/84, nv.; APS/*Koch*, § 102 BetrVG Rz. 186; KR/*Etzel*, § 102 BetrVG Rz. 198; diff.: GK-BetrVG/*Raab*, § 102 Rz. 165 f.; aA DKK, § 102 BetrVG Rz. 249. |2 Vgl. *Richardi/Thüsing*, § 102 BetrVG Rz. 210. |3 Vgl. BAG v. 18.1.1990 – 2 AZR 183/89, AP Nr. 27 zu § 2 KSchG 1969 mwN; aA LAG Düsseldorf v. 25.1.1993 – 19 SA 1650/92, LAGE § 102 BetrVG 1972 - Beschäftigungspflicht Nr. 12 (entsprechende Anwendung des § 102 Abs. 5 BetrVG). |4 LAG Berlin v. 20.3.1978 – 9 Sa 10/78, ARST 1978, 178. |5 BAG v. 13.7.1978 – 2 AZR 798/77, AP Nr. 18 zu § 102 BetrVG 1972. |6 APS/*Koch*, § 102 BetrVG Rz. 205. |7 *Richardi/Thüsing*, § 102 BetrVG Rz. 219; *Fitting*, § 102 BetrVG Rz. 110. |8 AA DKK, § 102 BetrVG Rz. 256. |9 So etwa DKK, § 102 BetrVG Rz. 258.

terbeschäftigungsanspruch nach § 102 erst dann als erfüllt an, wenn über die nachträgliche Zulassung der Klage rechtskräftig gem. § 5 Abs. 4 KSchG zugunsten des ArbN entschieden worden ist[1]. Solange noch keine rechtskräftige Entscheidung über den Antrag auf Zulassung der verspäteten Klage vorliegt, muss sich der ArbN so behandeln lassen, als ob er die Frist des § 4 KSchG versäumt habe.

d) **Weiterbeschäftigungsverlangen des ArbN.** Schließlich hängt die Verpflichtung zur Weiterbeschäftigung gem. § 102 Abs. 5 vom **Weiterbeschäftigungsverlangen des ArbN** ab. Dh. der Weiterbeschäftigungsanspruch muss vom ArbN bei Vorliegen der übrigen Voraussetzungen ausdrücklich geltend gemacht werden. Der ArbN ist daher verpflichtet, gegenüber dem ArbGeb zu erklären, dass er bis zur rechtskräftigen Entscheidung des von ihm eingeleiteten Kündigungsschutzprozesses weiterbeschäftigt werden will. Einer bestimmten **Form** bedarf es nicht[2]. Zwar ist dem Gesetz keine ausdrückliche **zeitliche Begrenzung** für das Weiterbeschäftigungsverlangen zu entnehmen[3]. Von dieser formalen Sichtweise ist das BAG inzwischen abgerückt[4]. Dies folgert das BAG zu Recht aus dem Inhalt des Weiterbeschäftigungsanspruches, der schließlich auf eine „Weiterbeschäftigung" gerichtet ist. Hiervon kann nicht mehr gesprochen werden, wenn der ArbN erst einige Monate nach Ablauf der Kündigungsfrist sich auf § 102 Abs. 5 beruft[5]. Das **Weiterbeschäftigungsverlangen** des ArbN **am ersten Arbeitstag nach Ablauf der Kündigungsfrist** ist aber noch als rechtzeitig anzusehen[6]. Jedoch muss der ArbN die Art und Weise und den Grund seines Anspruches **deutlich** benennen[7]. Erklärt der ArbN noch vor Ablauf der Kündigungsfrist, dass er in keinem Falle gem. § 102 Abs. 5 weiterbeschäftigt werden wolle, so ist er mit der späteren Geltendmachung des Weiterbeschäftigungsanspruches aufgrund **Verwirkung** ausgeschlossen[8]. Will der ArbN seine Weiterbeschäftigung geltend machen, so kann dies allein vom ArbN eingefordert werden. Es genügt nicht, wenn der BR die Weiterbeschäftigung verlangt. Der ArbN kann indes ausdrücklich den BR bevollmächtigen, das Weiterbeschäftigungsverlangen für ihn geltend zu machen[9].

Der Weiterbeschäftigungsanspruch entfällt spätestens mit dem **rechtskräftigen Abschluss des Kündigungsschutzprozesses** oder wenn der ArbN die Kündigungsschutzklage zurücknimmt. Aber auch wenn der ArbGeb das Arbeitsverhältnis **erneut kündigt**, endet mit Zugang einer außerordentlichen Kündigung bzw. Ablauf der Kündigungsfrist bei einer ordentlichen Kündigung auch das Weiterbeschäftigungsverhältnis gem. § 102 Abs. 5[10].

2. Inhalt des Weiterbeschäftigungsanspruchs. Inhaltlich ist der Weiterbeschäftigungsanspruch darauf gerichtet, dass der ArbN bis zum rechtskräftigen Abschluss des Kündigungsschutzrechtsstreits bei unveränderten Arbeitsbedingungen weiter zu beschäftigen ist. Obwohl diese Verpflichtung durch Gesetz begründet ist, handelt es sich bei dem zugrunde liegenden **Rechtsverhältnis** während der Weiterbeschäftigungszeit um dasselbe durch Arbeitsvertrag begründete Arbeitsverhältnis, das durch die rechtskräftige Abweisung der Kündigungsschutzklage auflösend bedingt ist[11]. Folge hiervon ist, dass der ArbN mit der Geltendmachung des Weiterbeschäftigungsanspruches zur Arbeitsleistung verpflichtet ist und er dafür vom ArbGeb das entsprechende Arbeitsentgelt verlangen kann. Dies gilt unabhängig davon, ob die Kündigung wirksam war oder nicht[12].

Der Weiterbeschäftigungsanspruch nach § 102 Abs. 5 ist darauf gerichtet, dass der ArbN auch tatsächlich mit seiner bisherigen Tätigkeit weiter zu beschäftigen ist[13]. Allerdings reicht der Weiterbeschäftigungsanspruch nicht weiter als der **Beschäftigungsanspruch eines ungekündigten ArbN**[14]. Dies hat zur Konsequenz, dass ein nach § 102 Abs. 5 weiterbeschäftigter ArbN Anspruch auf die gleichen Leistungen hat, wie sie einem ungekündigten ArbN zustehen würden. Auf der anderen Seite besteht auch der Beschäftigungsanspruch nur in den Grenzen, wie sie für ein nicht gekündigtes Arbeitsverhältnis bestehen. Dh., dass auch ein vorläufig beschäftigter ArbN **suspendiert** werden kann, wenn der ArbGeb gegenüber einem nicht gekündigten ArbN zur Suspendierung unter Fortzahlung der Bezüge berechtigt sein würde[15]. Auch kollektivarbeitsrechtlich entspricht die Stellung eines vorläufig weiterbeschäftigten ArbN der eines ungekündigten ArbN. So kann der nach § 102 Abs. 5 weiterbeschäftigte ArbN etwa an Arbeitskämpfen teilnehmen und ist bei BR-Wahlen aktiv und passiv wahlberechtigt[16].

3. Durchsetzung des Weiterbeschäftigungsanspruchs. Verweigert der ArbGeb eine Weiterbeschäftigung des ArbN, obwohl dieser sie verlangt hat, kann der ArbN **gerichtlichen Rechtsschutz** in Anspruch

---

1 GK-BetrVG/*Raab*, § 102 Rz. 171; APS/*Koch*, § 102 BetrVG Rz. 205. | 2 BAG v. 31.8.1978 – 3 AZR 989/77, AP Nr. 1 zu § 102 BetrVG 1972 – Weiterbeschäftigung. | 3 BAG v. 31.8.1978 – 3 AZR 989/77, AP Nr. 1 zu § 102 BetrVG 1972 – Weiterbeschäftigung. | 4 BAG v. 17.6.1999 – 2 AZR 608/98, AP Nr. 11 zu § 102 BetrVG 1972 – *Weiterbeschäftigung*. | 5 BAG v. 17.6.1999 – 2 AZR 608/98, AP Nr. 11 zu § 102 BetrVG 1972 – Weiterbeschäftigung. | 6 BAG v. 11.5.2000 – 2 AZR 54/99, AP Nr. 13 zu § 102 BetrVG 1972. | 7 BAG v. 17.6.1999 – 2 AZR 608/98, AP Nr. 11 zu § 102 BetrVG 1972 – Weiterbeschäftigung. | 8 DKK, § 102 BetrVG Rz. 262. | 9 DKK, § 102 BetrVG Rz. 260. | 10 LAG Düsseldorf v. 19.8.1977 – 16 SA 471/77, EZA § 102 BetrVG 1972 – Beschäftigungspflicht Nr. 5; LAG Berlin v. 3.5.1978, 6 Ta 1/78, ARST 1979, 30. | 11 BAG v. 12.9.1985 – 2 AZR 324/84, AP Nr. 7 zu § 102 BetrVG 1972 – Weiterbeschäftigung. | 12 BAG v. 10.3.1987 – 8 AZR 146/84, AP Nr. 1 zu § 611 BGB – Weiterbeschäftigung. | 13 BAG v. 10.3.1987 – 8 AZR 146/84, AP Nr. 1 zu § 611 BGB – Weiterbeschäftigung. BAG v. 12.9.1985 – 2 AZR 324/84, AP Nr. 7 zu § 102 BetrVG 1972 – Weiterbeschäftigung. | 14 LAG Berlin v. 27.6.1986 – 13 SA 6/86, LAGE § 15 KSchG Nr. 4. | 15 *Richardi/Thüsing*, § 102 BetrVG Rz. 229. | 16 DKK, § 102 BetrVG Rz. 274.

nehmen. So besteht die Möglichkeit, dass der ArbN im Urteilsverfahren durch Klage versucht, den Weiterbeschäftigungsanspruch geltend zu machen[1]. Regelmäßig ist jedoch die einzig sinnvolle Möglichkeit, den Weiterbeschäftigungsanspruch effektiv durchzusetzen, ein Antrag auf **Erlass einer einstweiligen Verfügung**[2]. Auch im einstweiligen Verfügungsverfahren hat der ArbN die anspruchsbegründenden Tatsachen und damit den **Verfügungsanspruch** glaubhaft zu machen. Insbesondere betrifft dies einen frist-, form- und ordnungsgemäßen Widerspruch des BR[3]. Umstritten ist dagegen, ob auch der **Verfügungsgrund** glaubhaft gemacht werden muss. Wegen des drohenden endgültigen Rechtsverlustes bei einer Nicht-Weiterbeschäftigung verzichtet die wohl herrschende Ansicht auf eine besondere Glaubhaftmachung des Verfügungsgrundes[4]. Dagegen wird zu Recht der Einwand erhoben, dass § 102 Abs. 5 Satz 1 im Gegensatz zu § 102 Abs. 5 Satz 2 keine spezielle Regelung enthält, die auf die Darlegung und Glaubhaftmachung eines Verfügungsgrundes verzichtet. Deshalb muss auch bei einer einstweiligen Verfügung auf Weiterbeschäftigung gem. § 102 Abs. 5 Satz 1 ein Verfügungsgrund gegeben sein[5]. Weitgehend besteht aber dahingehend Übereinstimmung, dass im Rahmen des einstweiligen Verfügungsverfahrens nach § 102 Abs. 5 Satz 1 der ArbGeb zur Abwehr eines Weiterbeschäftigungsanspruchs nicht die Entbindungsgründe des § 102 Abs. 5 Satz 2 entgegenhalten kann[6]. Die Vollstreckung des titulierten Weiterbeschäftigungsanspruchs erfolgt dann nach § 888 ZPO[7].

92   4. **ArbG-Liche Entbindung von der Weiterbeschäftigungspflicht.** Gem. § 102 Abs. 5 Satz 2 kann der ArbGeb durch einstweilige Verfügung des ArbG von der **Verpflichtung zur Weiterbeschäftigung entbunden** werden, wenn

1. die Klage des ArbN keine hinreichende Aussicht auf Erfolg bietet oder mutwillig erscheint oder
2. die Weiterbeschäftigung des ArbN zu einer unzumutbaren wirtschaftlichen Belastung des ArbGeb führen würde oder
3. der Widerspruch des BR offensichtlich unbegründet war.

93   Diesen **Antrag auf Entbindung von der Weiterbeschäftigungspflicht** kann der ArbGeb während der Dauer des gesamten Kündigungsrechtsstreits stellen[8]. Das Bestehen des Weiterbeschäftigungsanspruchs nach § 102 Abs. 5 Satz 1 ist indes nicht Voraussetzung der Begründetheit einer Entbindungsverfügung[9]. Voraussetzung für eine entsprechende einstweilige Verfügung sind ein Verfügungsanspruch und ein Verfügungsgrund, wobei in aller Regel der Verfügungsgrund gegeben sein wird. Insofern vertritt die ganz überwiegende Meinung zu Recht die Auffassung, dass der Verfügungsgrund, mithin die Eilbedürftigkeit, durch den Antrag des ArbGeb nicht glaubhaft gemacht werden braucht[10]. Über den Antrag des ArbGeb auf Erlass einer einstweiligen Verfügung ist im **Urteilsverfahren** zu entscheiden[11]. Zuständig ist das Gericht der Hauptsache, also das ArbG, bei dem der Kündigungsschutzprozess anhängig ist. Das Rechtsschutzinteresse für einen solchen Antrag auf Erlass einer einstweiligen Verfügung fehlt aber nicht schon dann, wenn der BR einer Kündigung nicht ordnungsgemäß widersprochen hat. Zwar braucht der ArbGeb in diesem Fall sich von einer angeblichen Weiterbeschäftigungspflicht nicht durch eine einstweilige Verfügung befreien zu lassen[12]. Wenn jedoch Streit über seine Weiterbeschäftigungsverpflichtung besteht, so sollte es ihm unbenommen sein, gleichwohl das Verfahren nach § 102 Abs. 5 Satz 2 einzuleiten, um auf diese Weise Rechtssicherheit herzustellen[13].

94   Voraussetzung für die Entbindung von der Weiterbeschäftigungspflicht ist, dass ein entsprechender **Entbindungsgrund** vorliegt. Nach § 102 Abs. 5 Satz 2 Nr. 1 ist der ArbGeb von der Weiterbeschäftigung zu entbinden, wenn die Kündigungsschutzklage des ArbN **keine hinreichende Aussicht auf Erfolg** bietet oder mutwillig ist. Ein Fehlen der hinreichenden Erfolgsaussicht der Klage ist nur anzunehmen, wenn eine **summarische Prüfung** ergibt, dass die Klage offensichtlich oder doch mit hinreichender Wahrscheinlichkeit keinen Erfolg haben wird[14]. Nicht erforderlich ist also die Prognose, dass die Kündigungsschutzklage absolut aussichtslos ist[15]. Demgegenüber erscheint die Klageerhebung als mutwillig, wenn eine verständige Partei ihr Recht nicht auf diese Weise erfolgen würde[16].

---

1 LAG Hess. v. 28.11.1994 – 16 SA GA 1284/94, nv.; LAG Köln v. 18.1.1984 – 7 SA 1156/83, NZA 1984, 57. | 2 LAG München v. 16.8.1995 – 9 SA 543/95, LAGE § 102 BetrVG 1972 – Beschäftigungspflicht Nr. 22; LAG Hamm v. 24.1.1994 – 19 SA 2029/93, AuR 1994, 310. | 3 LAG Düsseldorf v. 26.6.1980 – 3 SA 242/80, DB 1980, 2043. | 4 Vgl. etwa LAG Hamburg v. 25.1.1994 – 3 SA 113/93, § 102 BetrVG 1972 Nr. 21; LAG Hamm v. 24.1.1994 – 19 SA 2029/93, AuR 1994, 310. | 5 LAG München v. 16.8.1995 – 9 SA 543/95, LAGE § 102 BetrVG 1972 Nr. 22; LAG BW v. 30.8.1993 – 15 SA 35/93, LAGE § 102 BetrVG 1972 – Beschäftigungspflicht Nr. 20; LAG Köln v. 18.1.1984 – 7 SA 1156/83, NZA 1985, 47. | 6 LAG Schl.-Holst. v. 5.3.1996 – 1 TA 16/96, LAGE § 102 BetrVG 1972 – Beschäftigungspflicht Nr. 23; LAG München v. 16.8.1995 – 9 SA 543/95, LAGE § 102 BetrVG 1972 – Beschäftigungspflicht Nr. 22. | 7 APS/*Koch*, § 102 BetrVG Rz. 215. | 8 *Löwisch/Kaiser*, § 102 BetrVG Rz. 56. | 9 LAG München v. 13.7.1994 – 5 SA 508/94, LAGE § 102 BetrVG 1972 – Beschäftigungspflicht Nr. 17. | 10 Vgl. LAG München v. 13.7.1994 – 5 SA 508/94, LAGE § 102 BetrVG 1972 – Beschäftigungspflicht Nr. 17; DKK, § 102 BetrVG Rz. 281. | 11 KR/*Etzel*, § 102 BetrVG Rz. 223. | 12 BAG v. 11.5.2000 – 2 AZR 54/99, AP Nr. 13 zu § 102 BetrVG 1972 – Weiterbeschäftigung. | 13 Vgl. im Ergebnis auch: DKK, § 102 BetrVG Rz. 277. | 14 Vgl. etwa LAG Berlin v. 28.4.1975 – 5 SA 30/75, AuR 1975, 347; DKK, § 102 BetrVG Rz. 287. | 15 LAG Hess. v. 21.8.1979 – 4 SA GA 654/79, nv. | 16 DKK, § 102 BetrVG Rz. 288.

Eine Entbindungsmöglichkeit besteht auch dann, wenn die Weiterbeschäftigung des ArbN zu einer **unzumutbaren wirtschaftlichen Belastung** des ArbGeb führen würde[1]. Hierbei wird es im Wesentlichen auf die Umstände des Einzelfalls ankommen. Jedenfalls müssen die wirtschaftlichen Belastungen des ArbGeb so gravierend sein, dass Auswirkungen für die Liquidität oder Wettbewerbsfähigkeit des Unternehmens nicht von der Hand zu weisen sind[2]. Zur Darlegung einer unzumutbaren wirtschaftlichen Belastung muss der ArbGeb die Tatsachen, die die vorläufige Weiterbeschäftigung des ArbN als wirtschaftlich unzumutbar erscheinen lassen, **glaubhaft** machen. Allgemeine Angaben des ArbGeb, wie Arbeitsmangel, finanzielle Schwierigkeiten etc., genügen zur Begründung nicht. Vielmehr ist die Angabe konkreter und detaillierter Daten über die wirtschaftliche und finanzielle Lage des Betriebs und Unternehmens und eine Prognose der künftigen Entwicklung erforderlich[3]. 95

Ein weiterer Entbindungsgrund liegt vor, wenn **offenkundig** ist, dass **kein Widerspruchsrecht** besteht. Können allerdings Tatsachen, auf welche sich der Widerspruch des BR gründet, nur im Wege der gerichtlichen Beweisaufnahme geklärt werden, so ist der Widerspruch des BR regelmäßig nicht offensichtlich unbegründet[4]. Offensichtliche Unbegründetheit liegt generell vor, wenn sich die Grundlosigkeit des Widerspruchs bei unbefangener Beurteilung geradezu aufdrängt[5]. So ist ein Widerspruch des BR offensichtlich unbegründet, wenn er bei einer personenbedingten Kündigung einwendet, dass der ArbGeb bei der Auswahl des zu kündigenden ArbN soziale Gesichtspunkte nicht oder nicht ausreichend berücksichtigt habe[6]. Die Entbindungsmöglichkeit nach § 102 Abs. 5 Satz 2 Nr. 3 ist entsprechend anzuwenden auf **formell nicht ordnungsgemäß erhobene Widersprüche des BR**. Zwar besteht hier schon kein Weiterbeschäftigungsanspruch nach § 102 Abs. 5 Satz 1. Im Interesse einer effektiven Rechtschutzgewährung sollte aber dem ArbGeb die Möglichkeit offen stehen, gem. § 102 Abs. 5 Satz 2 das ArbG anzurufen[7]. 96

VIII. Der allgemeine Weiterbeschäftigungsanspruch. Im Jahre 1985 hat der Große Senat des BAG entschieden, dass auch außerhalb der Regelungen des § 102 Abs. 5 ein gekündigter ArbN einen arbeitsvertraglichen Anspruch auf vertragsgemäße Beschäftigung über den Ablauf der Kündigungsfrist oder bei einer fristlosen Kündigung über deren Zugang hinaus bis zum rechtskräftigen Abschluss des Kündigungsschutzprozesses hat, wenn die Kündigung unwirksam ist und überwiegende schutzwerte Interessen des ArbGeb einer solchen Beschäftigung nicht entgegenstehen[8]. Außer im Falle einer offensichtlich unwirksamen Kündigung begründet nach Auffassung des Großen Senats die Ungewissheit über den Ausgang des Kündigungsprozesses ein schutzwertes Interesse des ArbGeb an der Nichtbeschäftigung des nicht gekündigten ArbN für die Dauer des Kündigungsprozesses. Dieses überwiegt in der Regel das Beschäftigungsinteresse des ArbN bis zu dem Zeitpunkt, in dem im Kündigungsprozess ein die Unwirksamkeit der Kündigung feststellendes Urteil ergeht. Solange ein solches Urteil besteht, kann die Ungewissheit des Prozessausgangs für sich allein ein überwiegendes Gegeninteresse des ArbGeb nicht begründen. Hinzukommen müssten dann vielmehr zusätzliche Umstände, aus denen sich im Einzelfall ein überwiegendes Interesse des ArbGeb ergibt, den ArbN nicht zu beschäftigen[9]. Dieser **allgemeine Weiterbeschäftigungsanspruch** kann im Klagewege geltend gemacht werden. Ist die Wirksamkeit einer Kündigung nach den Vorschriften des Kündigungsschutzgesetzes zu beurteilen, so darf einer Beschäftigungsklage nur stattgegeben werden, wenn ein Gericht für Arbeitssachen auf eine entsprechende Kündigungsschutzklage des ArbN hin festgestellt hat oder gleichzeitig feststellt, dass das Arbeitsverhältnis durch die Kündigung nicht aufgelöst worden ist[10]. Selbstverständlich ist es den Parteien des Arbeitsverhältnisses unbenommen, unabhängig von etwaigen Weiterbeschäftigungsansprüchen die Weiterbeschäftigung des ArbN bis zum Abschluss des Kündigungsschutzprozesses einvernehmlich zu regeln. 97

IX. Erweiterung der Mitbest. (§ 102 Abs. 6 BetrVG). Gem. § 102 Abs. 6 können ArbGeb und BR vereinbaren, dass **Kündigungen der Zustimmung des BR** bedürfen und bei nicht beizulegenden Meinungsverschiedenheiten eine verbindliche Entscheidung der Einigungsstelle über die Berechtigung der nicht erteilten Zustimmung zu ergehen hat. Damit wollte der Gesetzgeber eine bisher schon in einzelnen Betrieben geübte Praxis, durch **freiwillige BV** dem BR ein volles MitbestR bei Kündigungen einzuräumen, ausdrücklich zulassen[11]. Jedoch ist die Vorschrift in ihrer Funktion rechtspolitisch umstritten[12]. Vereinbarungen nach § 102 Abs. 6, dass Kündigungen der Zustimmung des BR bedürfen, können nicht durch formlose Regelungsabsprache zwischen ArbGeb und BR abgeschlossen werden, sondern nur in der Form einer BV[13]. Aber auch durch **TV** kann die Zulässigkeit von Kündigungen an die Zustimmung 98

---

1 Ausf. dazu *Rieble*, BB 2003, 844 (845 ff.); *Willemsen/Hohenstatt*, DB 1995, 215 (218 ff.). | **2** *Löwisch/Kaiser*, § 102 BetrVG Rz. 59; LAG Hamburg v. 24.2.1993 – 4 Sa 13/93, AuR 1994, 424. | **3** LAG Hamburg v. 16.5.2001 – 4 Sa 33/01, NZA-RR 2002, 25. | **4** *Richardi/Thüsing*, § 102 BetrVG Rz. 247. | **5** LAG München v. 5.10.1994 – 5 Sa 698/94, LAGE § 102 BetrVG 1972 – Beschäftigungspflicht Nr. 19; LAG Hamburg v. 10.5.1993 – 4 Sa 20/93, LAGE § 102 BetrVG 1972 – Beschäftigungspflicht Nr. 16. | **6** LAG Düsseldorf v. 2.9.1975 – 5 Sa 323/75, DB 1975, 1995. | **7** Vgl. nur LAG Bdb. v. 15.12.1992 – 1 Ta 61/92, LAGE § 102 BetrVG 1972 – Beschäftigungspflicht Nr. 13; APS/*Koch*, § 102 BetrVG Rz. 224 mwN. | **8** BAG, GS v. 27.2.1985 – GS 1/84, AP Nr. 14 zu § 611 BGB – Beschäftigungspflicht. | **9** BAG, GS v. 27.2.1985 – GS 1/84, AP Nr. 14 zu § 611 BGB – Beschäftigungspflicht. | **10** BAG, GS v. 27.2.1985 – GS 1/84, AP Nr. 14 zu § 611 BGB – Beschäftigungspflicht. | **11** BT-Drs. VI/1786, S. 52. | **12** Vgl. *Henssler*, RdA 1991, 268 ff.; *Rieble*, AuR 1993, 39 ff. | **13** BAG v. 14.2.1978 – 1 AZR 154/76, AP Nr. 60 zu Art. 9 GG – Arbeitskampf.

des BR geknüpft werden¹. Hier können die TV-Parteien regeln, dass die Zustimmung des BR als erteilt gilt, wenn er sich nicht innerhalb einer Stellungnahmefrist äußert. Ebenso können die TV-Parteien entgegen § 102 Abs. 6 nach der Rspr. des BAG vorsehen, dass im Konfliktfall nicht die Einigungsstelle zuständig ist, sondern der direkte Weg zum ArbG gewählt werden muss².

99 Umstritten ist indessen, ob eine Vereinbarung, nach der eine Kündigung nur mit Zustimmung des BR zulässig ist, sich sowohl auf eine **ordentliche** als auch auf eine **außerordentliche Kündigung** erstrecken darf. Der Gesetzeswortlaut differenziert nicht zwischen ordentlicher und außerordentlicher Kündigung. Bedenken bestehen deshalb, weil durch die Festlegung eines Zustimmungserfordernisses bei einer außerordentlichen Kündigung gegen die zwingende Natur des § 626 BGB verstoßen werden könnte. Soweit aber sichergestellt ist, dass ein die Zustimmung verweigernder Beschluss des BR oder der Einigungsstelle zu einer beabsichtigten außerordentlichen Kündigung vom ArbG in vollem Umfang dahin gehend nachgeprüft werden kann, ob die Voraussetzungen des § 626 BGB verkannt wurden, handelt es sich bei einer (Betriebs-)Vereinbarung gem. § 102 Abs. 6 nur um eine Verfahrensregelung und nicht um eine Regelung des materiellen Kündigungsrechts³. Dementsprechend muss eine Vereinbarung nach § 102 Abs. 6 auf Verfahrensregelungen beschränkt werden und darf nicht den Kündigungsschutz einzelner ArbN erweitern oder beschränken⁴.

100 Sieht die Vereinbarung vor, dass bei Verweigerung der **Zustimmung die Einigungsstelle** anzurufen ist, so kann der ArbGeb seine Informationen zu den Kündigungsgründen auch noch im Verfahren vor der Einigungsstelle vervollständigen⁵. Bei ihrer Entscheidung ist die Einigungsstelle an das materielle Kündigungsrecht, insb. an das KSchG, gebunden. Dh. die Einigungsstelle muss die Zustimmung des BR ersetzen, wenn die Kündigung nach materiellem Kündigungsrecht wirksam ist⁶. Die Zustimmung des BR bzw. der Beschluss der Einigungsstelle, mit der die Zustimmung des BR ersetzt wird, ist Wirksamkeitsvoraussetzung für die Kündigung⁷. Lehnt die Einigungsstelle die Zustimmungsersetzung ab, so unterliegt ihr Spruch in vollem Umfang der **arbeitsgerichtlichen Rechtskontrolle**⁸. Dagegen kann der ArbN die Erteilung der Zustimmung des BR zur Kündigung nicht in einem entsprechenden Einigungsstellenverfahren anfechten⁹.

101 X. Beteiligung des BR nach anderen Vorschriften. In § 102 Abs. 7 wird klargestellt, dass die Vorschriften über die Beteiligung des BR nach dem KSchG unberührt bleiben. Dies bezieht sich in erster Linie auf die Beteiligung des BR bei anzeigepflichtigen Entlassungen nach dem KSchG. Beabsichtigt der ArbGeb nach § 17 Abs. 1 KSchG anzeigepflichtige Entlassungen vorzunehmen, so hat er den BR rechtzeitig über die Gründe für die Entlassungen, die Zahl der zu entlassenden ArbN, die Zahl der idR beschäftigten ArbN und den Zeitraum, in dem die Entlassungen vorgenommen werden sollen, schriftlich zu unterrichten sowie weitere zweckdienliche Auskünfte zu erteilen (§ 17 Abs. 2 KSchG). Die Stellungnahme des BR ist dabei Bestandteil der schriftlichen Anzeige des ArbGeb, die dieser gem. § 17 Abs. 1 KSchG der AA zu erstatten hat. Fehlt eine solche Stellungnahme und kann der ArbGeb nicht glaubhaft machen, dass er den BR mindestens zwei Wochen vor Erstattung der Anzeige nach § 17 Abs. 2 Satz 1 KSchG unterrichtet hat, wobei er den Stand der Beratungen darzulegen hat, so ist die Anzeige an die AA als unwirksam anzusehen. Dies hat zur Konsequenz, dass die einzelnen Kündigungen unwirksam sind, solange der ArbGeb seine Anzeigepflicht nicht ordnungsgemäß erfüllt hat und der ArbN sich auf den entsprechenden Gesetzesverstoß beruft¹⁰. In diesem Fall ist jedoch der ArbN beweispflichtig dafür, dass eine Anzeigepflicht bestand.

102 Darüber hinaus ist der BR in den Kündigungsschutz gem. § 3 KSchG insoweit eingeschaltet, als ein ArbN, der eine Kündigung für sozial ungerechtfertigt hält, binnen einer Woche nach der Kündigung **Einspruch beim BR** einlegen kann (§ 3 Satz 1 KSchG). Diese Möglichkeit wird dem ArbN selbstverständlich nicht deshalb genommen, weil der BR zuvor im Rahmen des Anhörungsverfahrens nach § 102 Abs. 1 beteiligt war. Unabhängig von der Verweisung in § 102 Abs. 7 ist der BR etwa bei der Kündigung eines schwerbehinderten Menschen (Verpflichtung des Integrationsamtes gem. § 87 Abs. 2 SGB IX eine Stellungnahme des BR einzuholen) oder etwa bei der Abberufung eines Betriebsarztes bzw. einer Fachkraft für Arbeitssicherheit nach § 9 Abs. 3 ASiG beteiligt.

103 *Außerordentliche Kündigung und Versetzung in besonderen Fällen*
(1) Die außerordentliche Kündigung von Mitgliedern des Betriebsrats, der Jugend- und Auszubildendenvertretung, der Bordvertretung und des Seebetriebsrats, des Wahlvorstands sowie von Wahlbewerbern bedarf der Zustimmung des Betriebsrats.

---

1 BAG v. 21.6.2000 – 4 AZR 379/99, NZA 2001, 271; v. 10.2.1988 – 1 ABR 70/86, BAGE 57, 317; KR/*Etzel*, § 102 BetrVG Rz. 244; aA *Heinze*, Personalplanung, Rz. 734. | 2 BAG v. 21.6.2000 – 4 AZR 379/99, NZA 2001, 271 ff.; diff.: *Richardi/Thüsing*, § 102 BetrVG Rz. 292. | 3 HSWG, § 102 BetrVG Rz. 191; ErfK/*Kania*, § 102 BetrVG Rz. 43 ff. | 4 *Löwisch/Kaiser*, § 102 BetrVG Rz. 65 mwN.; einschr. dagegen *Rieble*, AuR 1993, 39 (47). | 5 BAG v. 7.12.2000 – 2 AZR 391/99, NZA 2001, 495 ff. | 6 *Löwisch/Kaiser*, § 102 BetrVG Rz. 66. | 7 *Richardi/Thüsing*, § 102 BetrVG Rz. 297. | 8 Vgl. *Mauer/Schüßler*, BB 2000, 2518 (2519 f.). | 9 DKK, § 102 BetrVG Rz. 316; *Rieble*, AuR 1993, 39 (46). | 10 BAG v. 19.6.1991 – 2 AZR 127/91, AP Nr. 53 zu § 1 KSchG 1969 – Betriebsbedingte Kündigung.

Außerordentliche Kündigung und Versetzung in besonderen Fällen   Rz. 3 § 103 BetrVG

(2) Verweigert der Betriebsrat seine Zustimmung, so kann das Arbeitsgericht sie auf Antrag des Arbeitgebers ersetzen, wenn die außerordentliche Kündigung unter Berücksichtigung aller Umstände gerechtfertigt ist. In dem Verfahren vor dem Arbeitsgericht ist der betroffene Arbeitnehmer Beteiligter.

(3) Die Versetzung der in Absatz 1 genannten Personen, die zu einem Verlust des Amtes oder der Wählbarkeit führen würde, bedarf der Zustimmung des Betriebsrats; dies gilt nicht, wenn der betroffene Arbeitnehmer mit der Versetzung einverstanden ist. Absatz 2 gilt entsprechend mit der Maßgabe, dass das Arbeitsgericht die Zustimmung zu der Versetzung ersetzen kann, wenn diese auch unter Berücksichtigung der betriebsverfassungsrechtlichen Stellung des betroffenen Arbeitnehmers aus dringenden betrieblichen Gründen notwendig ist.

Lit.: *Annuß*, Mitwirkung und Mitbestimmung der Arbeitnehmer im Regierungsentwurf eines Gesetzes zur Reform des BetrVG, NZA 2001, 367; *Ascheid*, Kündigungsschutzrecht, 1993; *Ascheid*, Zustimmungsersetzung nach § 103 BetrVG und Individualprozess, in Festschrift für Hanau, 1999, S. 685; *Belling*, Die Beteiligung des Betriebsrats bei der Kündigung von Amtsträgern wegen der Stilllegung des Betriebs oder einer Betriebsabteilung, NZA 1985, 481; *Franzen*, Anmerkung zu BAG v. 11.7.2000 – 1 ABR 39/99, SAE 2001, 269; *Löwisch*, Änderungen der Betriebsverfassung durch das Betriebsverfassungs-Reformgesetz, BB 2001, 1790; *Oetker*, Die Reichweite des Amtsschutzes betriebsverfassungsrechtlicher Organmitglieder – am Beispiel der Versetzung von Betriebsratsmitgliedern, RdA 1990, 343; *Rieble*, Erweiterte Mitbestimmung in personellen Angelegenheiten, NZA-Sonderheft 2001, 48; *Stahlhacke*, Außerordentliche betriebsbedingte Änderungskündigungen von Betriebsratsmitgliedern, in Festschrift für Hanau, 1999, S. 281; *Zumkeller*, Die Anhörung des Betriebsrats bei der Kündigung von Ersatzmitgliedern, NZA 2001, 823.

I. Vorbemerkungen. Mit dem BetrVG 1972 hatte der Gesetzgeber zunächst nur die außerordentliche Kündigung von Funktionsträgern von der Zustimmung des BR abhängig gemacht. Im Hinblick auf die besondere Stellung der Mitglieder des BR, der Jugendvertretung und des Wahlvorstands sowie der Wahlbewerber hatte der Gesetzgeber damals die **ordentliche Kündigung** gem. § 15 KSchG für grundsätzlich unzulässig erklärt. Um diesen Personenkreis auch gegen eine hiernach noch zulässige **außerordentliche Kündigung** stärker abzusichern, sollten Kündigungen an die Zustimmung des BR gebunden werden. Hierdurch sollte es unmöglich gemacht werden, BR-Mitglieder durch willkürliche außerordentliche Kündigungen aus dem Betrieb zu entfernen und durch Ausnutzung der Rechtsmittel das Verfahren solange zu verschleppen, dass inzwischen das BR-Mitglied dem Betrieb entfremdet wird und keine Aussicht auf eine Wiederwahl hat[1]. Gleichzeitig wollte der Gesetzgeber sicherstellen, dass bei einer groben Pflichtverletzung des BR-Mitglieds in seiner Eigenschaft als BR-Mitglied der ArbGeb sich der hierfür vorgesehenen Möglichkeit des Ausschlusses aus dem BR (§ 23) bedient und nicht etwa auf den Weg der außerordentlichen Kündigung des Arbeitsverhältnisses ausweicht[2]. 1

Mit dem Gesetz zur Reform des BetrVG vom 23.7.2001 hat der Gesetzgeber den Schutz der Funktionsträger insoweit ergänzt, als grundsätzlich auch eine über die Grenzen des Betriebs hinausgehende **Versetzung** eines Funktionsträgers von der Zustimmung des BR abhängig gemacht wird. Der Gesetzgeber war der Auffassung, dass eine Einflussnahme auf Stellung und Unabhängigkeit der Amtsführung betriebsverfassungsrechtlicher Funktionsträger auch dadurch erfolgen könne, dass ein ArbGeb andere arbeitsrechtliche Maßnahmen als Kündigungen ergreift, die ebenfalls dazu führen, dass ein Funktionsträger seine betriebsverfassungsrechtliche Stellung verliert. Ist nämlich ein ArbGeb aufgrund des Arbeitsvertrages berechtigt, den ArbN betriebsübergreifend einzusetzen, führt die Ausübung dieses Rechts bei einem betriebsverfassungsrechtlichen Funktionsträger zum Verlust seines Amtes, da dieses grundsätzlich an die Zugehörigkeit des Betriebs gebunden ist. Für diese Fälle wollte der Gesetzgeber eine ergänzende Regelung schaffen, die einen sachgerechten Ausgleich zwischen den arbeitsvertraglichen Befugnissen des ArbGeb einerseits und der Sicherung der Stellung betriebsverfassungsrechtlicher Funktionsträger andererseits gewährleistet[3]. Demgegenüber hatte die BAG noch im Jahr vor In-Kraft-Treten der BetrVG-Novellierung es zu Recht abgelehnt, auf der Grundlage der damaligen Rechtslage den Kündigungsschutz von Funktionsträgern analog auf Fälle der betriebsübergreifenden Versetzung anzuwenden[4]. 2

II. Sonderkündigungsschutz von Funktionsträgern – Grundzüge. Die Regelungen des § 103 sind Teil einer komplexen Gesamtregelung[5], mit der der Gesetzgeber versucht, einen besonderen Kündigungsschutz für Mandatsträger zu realisieren. Mit § 15 KSchG hat der Gesetzgeber für den Regelfall die ordentliche Kündigung gegenüber Funktionsträgern ausgeschlossen (vgl. zu den Einzelheiten die Kommentierung zu § 15 KSchG). Stattdessen verweist § 15 Abs. 1 Satz 1 KSchG darauf, dass der ArbGeb *dem Grundsatz nach* nur zur Kündigung aus wichtigem Grund ohne Einhaltung der Kündigungsfrist berechtigt ist, sofern die entsprechenden Tatsachen vorliegen und die nach § 103 erforderliche Zustimmung vorliegt bzw. durch gerichtliche Entscheidung ersetzt ist. Dieser grundsätzliche Ausschluss der ordentlichen Kündigungsmöglichkeit gilt nicht nur im Hinblick auf BR-Mitglieder etc. Vielmehr ist der durch § 15 KSchG **geschützte Personenkreis** noch einmal durch das Gesetz zur Reform des BetrVG 3

---

1 *Belling*, NZA 1985, 481 (483). | 2 BT-Drs. VI/1786, S. 53. | 3 BR-Drs. 140/01, S. 116 f. | 4 BAG v. 11.7.2000 – 1 ABR 39/99, NZA 2001, 516; zur Begründung der Gesetzesnovellierung: BR-Drs. 140/01, S. 116. | 5 DKK, § 103 BetrVG Rz. 2.

erweitert worden. Danach ist die Kündigung eines ArbN, der zu einer Betriebs-, Wahl- oder Bordversammlung nach den Vorschriften des BetrVG einlädt oder die Bestellung eines Wahlvorstandes gemäß den dafür vorgesehenen Vorschriften des BetrVG beantragt, vom Zeitpunkt der Einladung oder Antragstellung an bis zur Bekanntgabe des Wahlergebnisses unzulässig, es sei denn, dass Tatsachen vorliegen, die den ArbGeb zur Kündigung aus wichtigem Grund ohne Einhaltung einer Kündigungsfrist berechtigen[1]. Diese Ergänzung in § 15 Abs. 3a KSchG hat keine Entsprechung in § 103 gefunden. Insofern ist zu beachten, dass der geschützte Personenkreis in § 15 KSchG sich von dem des § 103 unterscheidet. Selbst wenn also in § 15 KSchG für einige Personengruppen die ordentliche Kündigungsmöglichkeit durch den ArbGeb ausgeschlossen wird, bedeutet das nicht zwangsläufig, dass zu einer außerordentlichen Kündigung immer eine Zustimmung des BR gemäß § 103 erforderlich ist. Vielmehr ist bei beiden Vorschriften gesondert zu prüfen, wer unter den besonderen Schutz fällt. Unabhängig davon müssen auch für eine außerordentliche Kündigung eines betriebsverfassungsrechtlichen Funktionsträgers die Voraussetzungen des § 626 BGB erfüllt sein.

4   Nur ausnahmsweise sehen die Regelungen in § 15 Abs. 4 KSchG sowie § 15 Abs. 5 KSchG die Möglichkeit vor, einen betriebsverfassungsrechtlichen Mandatsträger ordentlich zu kündigen. In diesen Fällen ist der BR vor Ausspruch der Kündigung gem. **§ 102** zu hören[2]. Jedoch ist eine Kündigung eines BR-Mitglieds frühestens zum Zeitpunkt der **Betriebsstilllegung** gem. § 15 Abs. 4 KSchG zulässig, es sei denn, die Kündigung ist zu einem früheren Zeitpunkt durch dringende betriebliche Erfordernisse bedingt[3]. Wird nur eine **Betriebsabteilung** stillgelegt, sind die geschützten Personen in eine andere Betriebsabteilung zu übernehmen. Sofern dies nicht möglich ist, dürfen sie erst als Letzte gekündigt werden. Dies bedeutet nach Auffassung des BAG, dass, wenn ein BR-Mitglied in einer Betriebsabteilung beschäftigt ist, die stillgelegt wird, der ArbGeb verpflichtet sei, die Übernahme des BR-Mitglieds in eine andere Betriebsabteilung notfalls durch **Freikündigen** eines geeigneten Arbeitsplatzes sicherzustellen[4].

5   **III. Geschützter Personenkreis.** Der durch § 103 geschützte Personenkreis ist abschließend aufgezählt. Hierzu zählen die Mitglieder des BR selbst, der JAV, der Bordvertretung und des SeeBR, des Wahlvorstands sowie die Wahlbewerber. Folglich sind **Ersatzmitglieder** von Betriebsverfassungsorganen nicht geschützt, soweit sie nicht nachgerückt sind oder eine vorübergehende Vertretung übernommen haben[5]. Nicht besonders geschützt sind auch die **ArbN-Vertreter im Aufsichtsrat**[6]. Sind betriebsverfassungsrechtliche Organmitglieder aus einer nichtigen Wahl hervorgegangen, so unterfallen diese ebenso wenig dem geschützten Personenkreis des § 103[7]. In § 103 werden jedoch nicht erwähnt die Mitglieder der **Gremien, die aufgrund TV oder BV gem. § 3** gegründet werden sollen. Auch wenn diese Gremien zumindest zum Teil (vgl. § 3 Abs. 1 Nr. 3) vorhandene BR-Strukturen ersetzen sollen und somit die Funktionen des BR übernehmen sollen, fallen die Mitglieder derartiger Gremien mangels ausdrücklicher gesetzlicher Regelung nicht unter den Schutzbereich des § 103. Diese Regelung ist auch durchaus konsequent. Durch die Neuregelung in § 3 Abs. 1 hat der Gesetzgeber den Tarifparteien bzw. den Betriebspartnern die Verantwortung für die Schaffung besonderer Vertretungsstrukturen übertragen. Damit umfasst ist auch die Kompetenz, für die Mitglieder der in Vereinbarungswege geschaffenen Gremien, sofern dies erforderlich ist, besondere Schutzvorschriften zu vereinbaren[8]. Zwar sind auch Mitglieder des Wahlvorstands und Wahlbewerber in § 103 ausdrücklich erwähnt. Nicht unter den Schutzbereich fallen aber **Bewerber für den Wahlvorstand**. Hierbei handelt es sich eben nicht um Wahlbewerber iSd. § 103 Abs. 1[9]. Kraft ausdrücklicher gesetzlicher Regelung genießen die Vertrauenspersonen der schwerbehinderten Menschen ebenfalls den besonderen Kündigungsschutz wie BR-Mitglieder (§§ 96 Abs. 3, 94 Abs. 6 SGB IX)[10].

6   Unter den Schutz des § 103 fallen BR-Mitglieder während ihrer gesamten **Amtszeit**. Dies gilt auch für Mitglieder der JAV und des See-BR. Maßgeblich ist jeweils die Amtszeit und nicht etwa der Zeitpunkt, zu dem der jeweilige Funktionsträger sein Amt angetreten hat[11]. Entscheidend ist hier nach ganz herrschender Auffassung der Zeitpunkt, zu dem die Kündigung ausgesprochen wurde, also der Zeitpunkt des Herausgehens des Kündigungsschreibens[12].

7   Der **Kündigungsschutz** von ArbN nach **Ende ihrer betriebsverfassungsrechtlichen Funktionen** bestimmt sich nach § 15 Abs. 1 Satz 3 KSchG. Hierbei ist eine Einschaltung des BR gem. § 103 nicht vorgesehen. Auch außerordentliche Kündigungen von ehemaligen Funktionsträgern unterliegen daher dem Beteiligungsrecht des BR nach § 102 Abs. 1. Insofern wird auf die entsprechenden Ausführungen zu § 15 KSchG und § 102 verwiesen.

---

1 Vgl. § 15 Abs. 3a KSchG. |2 BAG v. 29.3.1977 – 1 AZR 46/75, AP Nr. 11 zu § 102 BetrVG 1972; LAG Düsseldorf v. 20.11.1980 – 25 SA 412/80, EzA Nr. 8 zu § 102 BetrVG 1972 – Beschäftigungspflicht. |3 BAG v. 21.11.1985 – 2 AZR 33/85, nv. |4 BAG v. 18.10.2000 – 2 AZR 494/99, NZA 2001, 321 ff. |5 DKK, § 103 BetrVG Rz. 14. Ebenso wenig geschützt sind dagegen die Mitglieder des Wirtschaftsausschusses, der Einigungsstelle, einer tariflichen Schlichtungsstelle. Hier besteht lediglich der allgemeine Schutz gem. § 78 BetrVG. |6 Vgl. BAG v. 4.4.1974 – 2 AZR 452/73, AP Nr. 1 zu § 626 BGB – Arbeitnehmervertreter im Aufsichtsrat; KR/*Etzel*, § 103 BetrVG Rz. 17. |7 BAG v. 7.5.1986 – 2 AZR 349/85, AP Nr. 18 zu § 15 KSchG 1969. |8 AA Richardi/Thüsing, § 103 BetrVG Rz. 5; KR/*Etzel*, § 103 BetrVG Rz. 10. |9 LAG BW v. 31.5.1974 – 7 SA 680/74, ARST 1975, 38. |10 DKK, § 103 BetrVG Rz. 11; *Richardi/Thüsing*, § 103 BetrVG Rz. 11; aA HSWG, § 103 BetrVG Rz. 8. |11 DKK, § 103 BetrVG Rz. 15. |12 *Fitting*, § 103 BetrVG Rz. 9 mwN.

Ersatzmitglieder des BR genießen den besonderen Kündigungsschutz, solange sie stellvertretend für ein verhindertes ordentliches BR-Mitglied dem BR angehören[1]. Hier beginnt die Vertretung mit der Arbeitsaufnahme des Ersatzmitglieds an dem Tag, an dem das ordentliche Mitglied erstmals verhindert ist. Eine förmliche Benachrichtigung des Ersatzmitglieds ist nicht erforderlich[2]. Die Ersatzmitglieder des BR genießen den besonderen Kündigungsschutz nicht nur an den Tagen, an denen sie Geschäfte eines BR wahrnehmen, sondern für die gesamte Dauer der Vertretung eines ordentlichen BR-Mitglieds. Nach Beendigung des Vertretungsfalles besteht der nachwirkende Kündigungsschutz des § 15 Abs. 1 KSchG[3]. 8

Für die **Mitglieder des Wahlvorstandes** beginnt der Kündigungsschutz nach § 103 vom Zeitpunkt ihrer Bestellung an und endet mit der Bekanntgabe des endgültigen Wahlergebnisses bzw. der gerichtlichen Abberufung oder Niederlegung des Amtes[4]. Der besondere Kündigungsschutz für **Wahlbewerber** beginnt, sobald ein Wahlvorstand für die Wahl bestellt ist und für diesen Wahlbewerber ein Wahlvorschlag vorliegt, der die erforderliche Mindestzahl von Stützunterschriften aufweist. Auf den Zeitpunkt der Einreichung dieses Wahlvorschlags beim Wahlvorstand kommt es dagegen nach Auffassung der Rspr. nicht an[5]. Der besondere Kündigungsschutz des Wahlbewerbers setzt indes zumindest dessen Wählbarkeit voraus[6]. 9

IV. Gegenstand des Zustimmungsrechts. Der besondere Kündigungsschutz gem. § 103 gilt nur, wenn die Beendigung des Arbeitsverhältnisses durch eine **Kündigung** erfolgen soll. Dazu ist auch eine außerordentliche Änderungskündigung zu rechnen[7]. Dagegen ist von § 103 nicht erfasst eine **außerordentliche Kündigung**, die im Falle sog. tariflicher Unkündbarkeit des BR-Mitglieds mit einer **Auslauffrist** ausgesprochen werden soll[8]. Ebenso wenig findet der besondere Kündigungsschutz des § 103 Anwendung, wenn das BR-Mitglied oder ein sonstiger geschützter Funktionsträger seinerseits das Arbeitsverhältnis kündigt, einen **Aufhebungsvertrag** abschließt oder das Arbeitsverhältnis in anderer Weise, etwa durch **Zeitablauf, Zweckerreichung oder Anfechtung** endet. Will der ArbGeb gegenüber BR-Mitgliedern, Mitgliedern des Wahlvorstands oder Wahlbewerbern wegen Teilnahme an rechtswidrigen Arbeitsniederlegungen außerordentliche Kündigungen, sog. **Kampfkündigungen**, aussprechen, so bedürfen diese nicht der Zustimmung des BR nach § 103 Abs. 1. Der ArbGeb hat jedoch in entsprechender Anwendung des § 103 Abs. 2 alsbald die **Erteilung der Zustimmung** beim ArbG zu beantragen[9]. Gleiches gilt für den Fall, dass noch kein BR besteht, aber ein Mitglied des Wahlvorstands oder ein Wahlbewerber gekündigt werden soll, oder wenn nur noch ein BR-Mitglied amtiert, dem gekündigt werden soll und kein Ersatzmitglied mehr vorhanden ist. Auch in diesem Fall hat der ArbGeb in entsprechender Anwendung des § 103 Abs. 2 die Erteilung der Zustimmung zur Kündigung unmittelbar beim ArbG zu beantragen[10]. 10

V. Zustimmungsverfahren. Für das Zustimmungsverfahren gilt, dass dieses vor Ausspruch der außerordentlichen Kündigung abgeschlossen sein muss. Kündigt der ArbGeb vorher, so ist die Kündigung von vornherein **unheilbar nichtig** und nicht nur schwebend unwirksam. Insbesondere heilt eine nachträgliche Zustimmung des BR die Unwirksamkeit einer bereits ausgesprochenen Kündigung nicht[11]. Insoweit gelten die für das Verfahren nach § 102 entwickelten Grundsätze[12]. Auf das Zustimmungsersuchen des ArbGeb finden aber die §§ 164 ff. BGB Anwendung. Insofern ist auch eine **Zurückweisung wegen fehlender Vollmacht** gem. § 174 BGB durch den BR möglich[13]. Das Zustimmungsersuchen hat der ArbGeb grundsätzlich an den **BR-Vorsitzenden**, bei dessen Verhinderung an den Stellvertreter oder an das vom BR zur Entgegennahme solcher Erklärungen des ArbGeb in Kündigungsangelegenheiten ermächtigte BR-Mitglied zu richten. Zuständig für die **Beschlussfassung** ist grundsätzlich der **BR** als solcher. Der BR kann aber die Ausübung seines Zustimmungsrechts dem Betriebsausschuss oder einem sonstigen Ausschuss zur selbständigen Erledigung übertragen[14]. Bei der Beratung und Beschlussfassung nimmt das betroffene Mitglied nicht teil, sondern an seine Stelle tritt ein Ersatzmitglied[15]. Ist bei einem einköpfigen BR kein Ersatzmitglied vorhanden, so hat der ArbGeb das Verfahren entsprechend § 103 Abs. 2 einzuleiten. Kann dagegen bei einem mehrköpfigen BR dieser auch mit Ersatzmitgliedern nicht mehr voll besetzt werden, so ist der Restbetriebsrat zu beteiligen[16]. Beabsichtigt der ArbGeb allen BR-Mitgliedern außerordentlich zu kündigen, so wird deshalb der BR für das Verfahren gem. § 103 nicht etwa unzuständig, selbst wenn keine Ersatzmitglieder vorhanden sind. Von der Abstimmung ist 11

---

1 BAG v. 9.11.1977 – 5 AZR 175/76, AP Nr. 3 zu § 15 KSchG 1969. | 2 BAG v. 17.1.1979 – 5 AZR 891/77, AP Nr. 5 zu § 15 KSchG 1969. | 3 BAG v. 9.11.1977 – 5 AZR 175/76, AP Nr. 3 zu § 15 KSchG 1969; v. 6.9.1979 – 2 AZR 548/77, AP Nr. 7 zu § 15 KSchG 1969. | 4 Vgl. LAG Hamm v. 29.11.1973 – 3 SA 663/73, DB 1974, 389. | 5 BAG v. 4.3.1976 – 2 AZR 620/74, AP Nr. 1 zu § 15 KSchG 1969 – Wahlbewerber; v. 5.12.1980 – 7 AZR 781/78, AP Nr. 9 zu § 15 KSchG 1969; *Fitting*, § 103 BetrVG Rz. 10; aA *Richardi/Thüsing*, § 103 BetrVG Rz. 19. | 6 BAG v. 26.9.1996 – 2 AZR 528/95, AP Nr. 3 zu § 15 KSchG 1969 – Wahlbewerber. | 7 Vgl. BAG v. 6.3.1986 – 2 ABR 15/85, AP Nr. 19 zu § 15 KSchG 1969. | 8 BAG v. 18.9.1997 – 2 ABR 15/97, AP Nr. 35 zu § 103 BetrVG 1972. | 9 BAG v. 14.2.1978 – 1 AZR 54/76, AP Nr. 57 zu Artikel 9 GG – Arbeitskampf. | 10 BAG v. 16.12.1982 – 2 AZR 76/81, AP Nr. 13 zu § 15 KSchG 1969; v. 30.5.1978 – 2 AZR 637/76, AP Nr. 4 zu § 15 KSchG 1969. | 11 BAG v. 20.3.1975 – 2 ABR 111/74, AP Nr. 2 zu § 103 BetrVG 1972; v. 9.7.1998 – 2 AZR 142/98, AP Nr. 36 zu § 103 BetrVG 1972. | 12 BAG v. 18.8.1977 – 2 ABR 19/77, AP Nr. 10 zu § 103 BetrVG 1972. | 13 LAG Hess. v. 29.1.1998 – 5 TaBV 122/97, NZA 1999, 878. | 14 *Richardi/Thüsing*, § 103 BetrVG Rz. 42; *Fitting*, § 103 BetrVG Rz. 32; aA wegen der besonderen Bedeutung der Angelegenheit: *Heinze*, Personalplanung, Rz. 667; LAG Köln v. 28.8.2001 – 13 Sa 19/01, ZTR 2002, 46. | 15 BAG v. 26.8.1981 – 7 AZR 550/79, AP Nr. 13 zu § 103 BetrVG 1972; v. 23.8.1984 – 2 AZR 391/83, AP Nr. 17 zu § 103 BetrVG 1972. | 16 Vgl. BAG v. 16.10.1986 – 2 ABR 71/85, AP Nr. 95 zu § 626 BGB.

12 Ob der BR seine Zustimmung zu einer außerordentlichen Kündigung einer der in § 103 genannten besonders geschützten Personen erteilen will, entscheidet er auf der Grundlage der ihm vom ArbGeb mitgeteilten Kündigungsgründe. Hat der ArbGeb den BR **unzureichend unterrichtet**, so führt dies selbst bei etwaiger Zustimmung des BR zur Unwirksamkeit der Kündigung[2]. Angesichts der Frist in § 626 Abs. 2 BGB ist der ArbGeb gehalten, die Unterrichtung so rechtzeitig vorzunehmen, dass er bei Nichterteilung der Zustimmung noch innerhalb dieser Zwei-Wochen-Frist die Ersetzung der Zustimmung beim ArbG beantragen kann[3]. Der ArbGeb hat jedoch zu beachten, dass das **Schweigen** des BR nicht als Zustimmung gilt. **Zweckmäßigerweise** ist deshalb dem BR eine angemessene **Frist zu setzen**, die in entsprechender Anwendung des § 102 Abs. 2 Satz 3 drei Tage betragen soll. Die Zustimmung gilt dann als verweigert, wenn der BR nicht binnen dieser drei Tage eine Erklärung abgibt[4]. Hat der ArbGeb einen Antrag auf Zustimmung gestellt und auf die spontane Zustimmungserklärung des BR-Vorsitzenden hin vor Ablauf von drei Tagen gekündigt, so muss er erneut die Zustimmung des BR beantragen, wenn er wegen Bedenken gegen die Wirksamkeit der ersten Kündigung eine weitere Kündigung aussprechen will[5]. Insgesamt gilt daher als Leitlinie, dass für einen ArbGeb der fristgerechte Ausspruch einer außerordentlichen Kündigung unter Beachtung des § 103 nur dann möglich ist, wenn er spätestens 10 Tage nach Kenntnis der für die Kündigung maßgebenden Tatsachen beim BR die Zustimmung zur Kündigung beantragt hat[6].

13 Hat der BR einmal seine Zustimmung erklärt, so kann er diese nicht nachträglich wieder zurücknehmen[7]. Dagegen steht es dem BR frei, auch nach Ablauf der ihm durch den ArbGeb gesetzten Frist noch seine **Zustimmung nachträglich zu erteilen**. In diesem Fall wird ein etwaiges durch den ArbGeb eingeleitetes Beschlussverfahren nach § 103 Abs. 2 gegenstandslos[8]. Dann aber ist der ArbGeb gehalten, unverzüglich die Kündigung auszusprechen. Dagegen bleibt eine zuvor bereits ausgesprochene Kündigung unwirksam. Diese wird nicht durch die nachträgliche Zustimmung des BR geheilt.

14 Ob der BR seine Zustimmung zur außerordentlichen Kündigung erklären will oder nicht, entscheidet er durch **Beschluss**. Hierbei steht es allerdings nicht im **Ermessen** des BR, welche Entscheidung er treffen will. Vielmehr ist er verpflichtet, die Zustimmung zu erteilen, wenn nach seiner Beurteilung die außerordentliche Kündigung unter Berücksichtigung aller Umstände gerechtfertigt ist[9]. Maßstab für den BR muss also sein, ob die Kündigung aus wichtigem Grund nach § 626 Abs. 1 BGB gerechtfertigt ist. Als Gründe für eine außerordentliche Kündigung kommen **Verstöße gegen arbeitsvertragliche Pflichten**, nicht dagegen die Verletzung betriebsverfassungsrechtlicher Amtspflichten, für die das Amtsenthebungsverfahren nach dem BetrVG vorgesehen ist, in Betracht[10]. Hierbei ist zu berücksichtigen, dass einem BR-Mitglied gem. den §§ 15 KSchG, 626 BGB nur fristlos gekündigt werden kann, wenn dem ArbGeb bei einem vergleichbaren Nichtbetriebsratsmitglied dessen Weiterbeschäftigung bis zum Ablauf der einschlägigen ordentlichen Kündigungsfrist unzumutbar wäre. Abzustellen ist also stets auf die **fiktive Kündigungsfrist eines vergleichbaren Nichtbetriebsratsmitglieds**[11]. Würde man bei der Interessenabwägung demgegenüber auf eine längere Bindungsdauer, wie etwa das Ende der Wahlperiode bzw. des nachwirkenden Kündigungsschutzes, abstellen, würde das BR-Mitglied allein wegen seiner BR-Tätigkeit benachteiligt werden[12]. Einer **Begründung** bedarf der **Beschluss** des BR nicht[13]. Für die Zustimmung besteht kein Schriftformzwang. Die §§ 182 Abs. 3, 111 Satz 2 BGB sind nach Auffassung des BAG nicht anwendbar[14].

15 § 103 Abs. 1 verlangt für eine Kündigung einen wirksamen Beschluss des BR, mit dem dieser seine Zustimmung zur Kündigung erklärt. Fraglich ist jedoch, wie im Falle von **Verfahrensfehlern** vorzugehen ist. Die Rspr. vertritt hierzu die Auffassung, dass die für das Anhörungsverfahren nach § 102 entwickelte **Sphärentheorie** auf das Zustimmungsverfahren nach § 103 nicht übertragbar sei[15]. Diese Auffassung ist abzulehnen. Ebenso wie im Verfahren nach § 102 kann auch im Verfahren nach § 103 Abs. 1 der ArbGeb grundsätzlich darauf vertrauen, dass die **Beschlussfassung** innerhalb des BR **ordnungsgemäß** erfolgt ist. Der ArbGeb genießt ebenso wie bei § 102 eine Art **Vertrauensschutz**, wenn ihm der BR-Vorsitzende oder sein Vertreter mitteilt, der BR habe die beantragte Zustimmung erteilt[16].

16 Teilt der BR-Vorsitzende oder dessen Stellvertreter dem ArbGeb die Zustimmung des BR innerhalb der dreitägigen Äußerungsfrist mit, so ist die außerordentliche Kündigung bis zum Ablauf der Zwei-

---

1 BAG v. 25.3.1976 – 2 AZR 163/75, AP Nr. 6 zu § 103 BetrVG 1972. | 2 BAG v. 5.2.1981 – 2 AZR 1135/78, AP Nr. 1 zu § 72 LPVG NW. | 3 BAG v. 24.10.1996 – 2 AZR 3/96, AP Nr. 32 zu § 103 BetrVG 1972. | 4 BAG v. 18.8.1977 – 2 ABR 19/77, AP Nr. 10 zu § 103 BetrVG 1972. | 5 BAG v. 24.10.1996 – 2 AZR 3/96, AP Nr. 32 zu § 103 BetrVG 1972. | 6 *Fitting*, § 103 BetrVG Rz. 33. | 7 *Fitting*, § 103 BetrVG Rz. 37. | 8 Vgl. BAG v. 23.6.1993 – 2 ABR 58/92, AP Nr. 2 zu § 83a ArbGG 1979. | 9 BAG v. 25.3.1976 – 2 AZR 163/75, AP Nr. 6 zu § 103 BetrVG 1972. | 10 BAG v. 16.10.1986 – 2 ABR 71/85, AP Nr. 95 zu § 626 BGB. | 11 *Stahlhacke*, FS Hanau, S. 281 (292) – Ausnahmsweise anders aber im Sonderfall der außerordentlichen Änderungskündigung. | 12 BAG v. 27.9.2001 – 2 AZR 487/00, nv.; BAG v. 10.2.1999 – 2 ABR 31/98, BAGE 91, 30. | 13 *Richardi/Thüsing*, § 103 BetrVG Rz. 50. | 14 BAG v. 4.3.2004 – 2 AZR 147/03. | 15 LAG Köln v. 28.8.2001 – 13 SA 19/01, ZTR 2002, 46; BAG v. 23.8.1984 – 2 AZR 391/83, AP Nr. 17 zu § 103 BetrVG 1972; *Fitting*, § 103 BetrVG Rz. 38 mwN; *Zumkeller*, NZA 2001, 823 (825), aA *Stahlhacke/Preis/Vossen*, Kündigung und Kündigungsschutz, Rz. 1010. | 16 So zutr.: *Richardi/Thüsing*, § 103 BetrVG Rz. 53.

Wochen-Frist des § 626 Abs. 2 BGB auszusprechen. Verweigert der BR seine Zustimmung oder gilt sie als verweigert, so hat der ArbGeb unverzüglich das Verfahren nach § 103 Abs. 2 einzuleiten. Wird die Zustimmung durch Beschluss des ArbG ersetzt, so muss der ArbGeb dann die Kündigung **unverzüglich nach Rechtskraft der Zustimmungsersetzung** aussprechen. Für die Kündigung eines schwerbehinderten BR-Mitglieds gelten Besonderheiten. Hier braucht der ArbGeb nicht als ersten Schritt das Verfahren nach § 103 einzuleiten. Vielmehr wird regelmäßig ein ArbGeb zunächst gem. § 91 Abs. 2 SGB IX innerhalb von zwei Wochen, nachdem er von den für die Kündigung maßgebenden Tatsachen Kenntnis erlangt hat, die **Zustimmung des Integrationsamtes** zur Kündigung beantragen. Nach erteilter oder fingierter Zustimmung ist unverzüglich das Verfahren nach § 103 einzuleiten[1].

VI. Zustimmungsersetzungsverfahren. Verweigert der BR seine Zustimmung zu einer außerordentlichen Kündigung, so kann gem. § 103 Abs. 2 das ArbG sie auf Antrag des ArbGeb ersetzen, wenn die außerordentliche Kündigung unter Berücksichtigung aller Umstände gerechtfertigt ist. Hierüber ist im **Beschlussverfahren** zu entscheiden. Antragsgegner ist der BR, der **betroffene ArbN** ist gem. § 103 Abs. 2 Satz 2 **Beteiligter**. In dieser Funktion kann er ggf. nach § 87 Abs. 1 ArbGG Beschwerde einlegen, selbst wenn der BR die erstinstanzliche Entscheidung des ArbG hinnehmen sollte[2]. Der Ersetzungsantrag darf solange aber nicht bei Gericht gestellt werden, wie der BR noch nicht endgültig die Zustimmung verweigert hat. Dies folgt aus dem Wortlaut von § 103 Abs. 2. Ein solcher **verfrühter Zustimmungsersetzungsantrag** wird auch nicht etwa dadurch wieder zulässig, dass der BR später die Zustimmung verweigert. Der Antrag bleibt vielmehr unheilbar unzulässig[3]. Dies kann der ArbGeb nicht dadurch umgehen, dass er den Zustimmungsantrag unter die Bedingung stellt, dass der BR die Zustimmung zu der beabsichtigten außerordentlichen Kündigung verweigert. Auch ein solcher vor der Entscheidung des BR gestellter, bedingter Ersetzungsantrag ist unzulässig und wird nicht mit der Zustimmungsverweigerung zulässig[4]. Mit einem **Hauptantrag**, die Zustimmung des BR zur außerordentlichen Kündigung des BR-Mitglieds zu ersetzen, kann **hilfsweise** der Antrag verbunden werden, das Mitglied aus dem BR wegen grober Verletzung seiner gesetzlichen Pflichten auszuschließen (§ 23)[5]. Für die Zulässigkeit des Antrags nach § 103 Abs. 2 ist es dagegen nicht relevant, ob der ArbGeb innerhalb der Ausschlussfrist des § 626 Abs. 2 BGB den Antrag auf Ersetzung der Zustimmung beim ArbG gestellt hat. Dies ist vielmehr eine Frage der Begründetheit des Antrages[6]. Ist der ArbGeb mit einem Zustimmungsersetzungsantrag einmal rechtskräftig unterlegen, so ist ein neuer Antrag nur statthaft, wenn neue Tatsachen die Ersetzung der Zustimmung zulassen würden. Dies kann etwa dann der Fall sein, wenn das BR-Mitglied wegen der Tatvorwürfe, die bereits einem ersten, erfolglosen Zustimmungsersetzungsantrag zugrunde lagen, mittlerweile rechtskräftig strafrechtlich verurteilt wurde[7]. Unzulässig wird der Zustimmungsersetzungantrag ferner, wenn während des laufenden Verfahrens das Arbeitsverhältnis mit dem BR-Mitglied beendet wird[8].

Begründet ist der Zustimmungsersetzungsantrag dann, wenn die außerordentliche Kündigung unter Berücksichtigung aller Umstände gerechtfertigt ist. Dies bedeutet, dass das ArbG nicht nur zu prüfen hat, ob ein **wichtiger Grund** iSd. § 626 Abs. 1 BGB vorliegt, sondern auch, ob durch die Einleitung des Zustimmungsersetzungsverfahrens die **Ausschlussfrist** des § 626 Abs. 2 BGB gewahrt ist. Gegebenenfalls hat das ArbG zudem zu überprüfen, ob für den betreffenden ArbN **Sonderkündigungstatbestände**, wie etwa § 9 MSchG, einschlägig sind[9]. Das ArbG ist **von Amts wegen zur Aufklärung aller maßgebenden Umstände** verpflichtet, soweit der ArbGeb sich auf einen bestimmten Sachverhalt beruft. Insofern hat es im Zustimmungsersetzungsverfahren alle Gründe für die etwaige Unwirksamkeit der beabsichtigten Kündigung zu prüfen[10].

Noch während des Beschlussverfahrens kann der ArbGeb **Kündigungsgründe nachschieben**[11]. Anders als im Kündigungsrechtsstreit geht es in diesem Verfahrensabschnitt um die Zustimmung zu einer erst noch auszusprechenden Kündigung[12]. Voraussetzung für ein Nachschieben von Kündigungsgründen ist indes, dass der ArbGeb wegen dieser neuen Gründe zuvor erneut vergeblich die Zustimmung des BR nach § 103 beantragt hat, was sich daraus ergibt, dass das ArbG lediglich befugt ist, eine vom BR verweigerte Zustimmung zu ersetzen[13]. Inwieweit beim Nachschieben von Kündigungsgründen Fristen zu beachten sind, ist umstritten. Einigkeit dürfte noch insoweit bestehen, als für die Mitteilung der neuen Gründe an den BR die Zwei-Wochen-Frist unbedingt einzuhalten ist[14]. Insbesondere nach der Rspr. ist es nicht erforderlich, dass die nachzuschiebenden Gründe auch innerhalb der Zwei-Wochen-Frist in das

---

1 DKK, § 103 BetrVG Rz. 33a. | 2 BAG v. 10.12.1992 – 2 ABR 32/92, AP Nr. 4 zu § 87 ArbGG 1979; v. 23.6.1993 – 2 ABR 58/92, AP Nr. 2 zu § 83a ArbGG 1979. | 3 BAG v. 30.5.1978 – 2 AZR 637/76, AP Nr. 4 zu § 15 KSchG 1969. | 4 BAG v. 7.5.1986 – 2 ABR 27/85, AP Nr. 18 zu § 103 BetrVG 1972. | 5 BAG v. 21.2.1978 – 1 ABR 54/76, AP Nr. 1 zu § 74 BetrVG 1972. | 6 BAG v. 7.5.1986 – 2 ABR 27/85, AP Nr. 18 zu § 103 BetrVG 1972. | 7 BAG v. 16.9.1999 – 2 ABR 68/98, AP Nr. 38 zu § 103 BetrVG 1972. | 8 BAG v. 27.6.2002 – 2 ABR 22/01, AP Nr. 47 zu § 103 BetrVG 1972. | 9 Vgl. Richardi/Thüsing, § 103 BetrVG Rz. 68 f. | 10 BAG v. 11.5.2000 – 2 AZR 276/99, NZA 2000, 1106. | 11 KR/Etzel, § 103 BetrVG Rz. 118. | 12 BAG v. 22.8.1974 – 2 ABR 17/74, AP Nr. 1 zu § 103 BetrVG 1972; LAG Nürnberg v. 25.3.1999 – 8 TA BV 21/98, NZA-RR 1999, 413. | 13 BAG v. 27.1.1977 – 2 ABR 77/76, AP Nr. 7 zu § 103 BetrVG 1972; v. 22.8.1974 – 2 ABR 17/74, AP Nr. 1 zu § 103 BetrVG 1972; teilweise soll auch die bloße Mitteilung der Kündigungsgründe zur Stellungnahme ausreichen (vgl. LAG Nürnberg v. 25.3.1999 – 8 TaBV 21/98, NZA-RR 1999, 413). | 14 APS/Böck, § 103 BetrVG Rz. 26.

Zustimmungsersetzungsverfahren eingeführt werden müssen[1]. Der zu kündigende ArbN kann schließlich bei einem anhängigen Beschlussverfahren auf Zustimmungsersetzung nicht mehr annehmen, der ArbGeb werde seine Kündigung nicht auf einen zunächst nicht genannten oder unbekannten Kündigungsgrund stützen[2]. Demgegenüber wird teilweise in der Lit. darin ein Wertungswiderspruch gesehen[3]. Insofern ist dem ArbGeb **dringend anzuraten**, nachgeschobene Kündigungsgründe **innerhalb der Ausschlussfrist des § 626 Abs. 2 BGB in das Zustimmungsersetzungsverfahren einzubringen.**

20 **Ersetzt das ArbG die Zustimmung**, so kann der ArbGeb nach **formeller Rechtskraft** der Entscheidung die Kündigung **unverzüglich**, dh. ohne schuldhaftes Zögern, aussprechen[4]. Selbst im Falle einer offensichtlich unstatthaften Divergenzbeschwerde gegen einen die Zustimmung des BR ersetzenden Beschluss der ArbG kann aber der ArbGeb den Eintritt der formellen Rechtskraft dieses Beschlusses abwarten[5]. Spricht des ArbGeb im Laufe eines Zustimmungsersetzungsverfahrens nach § 103 vor Eintritt der formellen Rechtskraft eines Beschlusses über die Ersetzung der Zustimmung zu einer außerordentlichen Kündigung gegenüber einem BR-Mitglied eine Kündigung aus, so ist diese Kündigung nicht nur unheilbar nichtig. Durch den Ausspruch der vorzeitigen Kündigung, selbst wenn dieser versehentlich erfolgte, erledigt sich nämlich das Zustimmungsverfahren nach § 103 einschließlich des Zustimmungsersetzungsverfahrens beim ArbG. Will der ArbGeb in einem derartigen Fall nach rechtskräftigem Abschluss des Zustimmungsersetzungsverfahrens erneut kündigen, bedarf es der Einleitung eines neuen Zustimmungsverfahrens beim BR und ggf. eines neuen Zustimmungsersetzungsverfahrens[6].

21 Gegen den Beschluss des ArbG im Verfahren auf Zustimmungsersetzung zu einer außerordentlichen Kündigung findet gem. § 87 ArbGG die **Beschwerde** an das LAG statt. Beschwerdeberechtigt ist auch der betroffene ArbN als Beteiligter des Zustimmungsersetzungsverfahrens. Dies gilt selbst dann, wenn sich im BR, der im Zustimmungsersetzungsverfahren unterlegen ist, für die Beschwerdeeinlegung keine Mehrheit findet[7].

22 Die Zustimmung des BR kann nicht im Wege der **einstweiligen Verfügung** ersetzt werden[8]. Auch eine einstweilige Verfügung mit dem Ziel, einem BR-Mitglied die Ausübung des BR-Amtes zu verbieten, ist regelmäßig nicht statthaft[9]. Allenfalls in besonderen Ausnahmefällen will zum Teil die Rspr. die Zulässigkeit einer derartigen Verfügung ausnahmsweise bejahen[10].

23 **VII. Rechtsstellung des betroffenen Funktionsträgers.** Obsiegt der ArbGeb im Zustimmungsersetzungsverfahren, so ist der ArbN, obwohl er an diesem Beschlussverfahren Beteiligter war, nicht daran gehindert, im **Kündigungsschutzprozess** gegen seinen ArbGeb auf Feststellung zu klagen, dass die außerordentliche Kündigung unwirksam ist. Aufgrund der **Präklusionswirkung** der Entscheidung des Zustimmungsersetzungsverfahrens kann er sich aber nach ganz überwiegender Ansicht in dem späteren Kündigungsschutzverfahren, welches die außerordentliche Kündigung zum Gegenstand hat, nicht auf solche Tatsachen berufen, die er im Zustimmungsersetzungsverfahren nicht geltend gemacht hat und auch nicht hätte geltend machen können[11]. Dies gilt allerdings nicht für solche Kündigungshindernisse, die – wie die fehlende Zustimmung des Integrationsamtes zur Kündigung eines schwerbehinderten Menschen – noch nach Abschluss des betriebsverfassungsrechtlichen Zustimmungsersetzungsverfahrens beseitigt werden können. Auch die erst später mit Rückwirkung festgestellte Schwerbehinderung ist als neue Tatsache im Kündigungsschutzverfahren berücksichtigungsfähig (vgl. hierzu aber nun § 90 Abs. 2a SGB IX)[12]. Spricht der ArbGeb nach Ablauf des besonderen Schutzes des § 103 eine ordentliche Kündigung aus, so trifft den ArbN im entsprechenden Kündigungsschutzverfahren indes nicht die Präklusionswirkung, selbst wenn es um denselben Kündigungsgrund geht[13].

24 Solange die Zustimmung des BR nicht erteilt oder rechtskräftig ersetzt ist, behält der ArbN seinen arbeitsvertraglichen **Anspruch auf Beschäftigung** zu den bisherigen Bedingungen. Damit steht ihm zugleich die Möglichkeit offen, sein **betriebsverfassungsrechtliches Amt** auszuüben. Jedoch wird man im Allgemeinen den ArbGeb für berechtigt halten dürfen, das BR-Mitglied, welches in seiner Person einen fristlosen Kündigungsgrund verwirkt hat, bis zum Abschluss des Zustimmungsersetzungsverfahrens unter Fortzahlung der Bezüge von der Arbeit zu suspendieren. Dies setzt voraus, dass die vom ArbGeb vorgebrachten Kündigungsgründe einiges Gewicht haben[14]. Für eine **Suspendierung** eines BR-Mitglieds

---

1 BAG v. 22.8.1974 – 2 ABR 17/74, AP Nr. 1 zu § 103 BetrVG 1972; aA KR/*Etzel*, § 103 BetrVG Rz. 124 f. | 2 Vgl. APS/*Böck*, § 103 BetrVG Rz. 26. | 3 *Richardi/Thüsing*, § 103 BetrVG Rz. 72 mwN. | 4 BAG v. 24.4.1975 – 2 AZR 118/74, AP Nr. 3 zu § 103 BetrVG 1972; *Richardi/Thüsing*, § 103 BetrVG Rz. 85; für die Anwendung von § 626 Abs. 2 BGB: *Fitting*, § 103 BetrVG Rz. 46. | 5 BAG v. 9.7.1998 – 2 AZR 142/98, AP Nr. 36 zu § 103 BetrVG 1972. | 6 Vgl. BAG v. 24.10.1996 – 2 AZR 3/96, AP Nr. 32 zu § 103 BetrVG 1972; LAG Hamm v. 4.8.2000 – 10 TaBV 7/00, ZINSO 2001, 335. | 7 BAG v. 10.12.1992 – 2 ABR 32/92, AP Nr. 4 zu § 87 ArbGG 1979. | 8 *Richardi/Thüsing*, § 103 BetrVG Rz. 81; DKK, § 103 BetrVG Rz. 46. | 9 DKK, § 103 BetrVG Rz. 47 mwN. | 10 Vgl. LAG München v. 26.8.1992 – 5 Ta BV 43/92, LAGE § 23 BetrVG 1972 Nr. 29. | 11 BAG v. 24.4.1975 – 2 AZR 118/74, AP Nr. 3 zu § 103 BetrVG 1972; v. 10.12.1992 – 2 ABR 32/92, AP Nr. 4 zu § 87 ArbGG 1979; v. 11.5.2000 – 2 AZR 276/99, *AP Nr. 42 zu § 103 BetrVG 1972;* KR/*Etzel*, § 103 BetrVG Rz. 139; aA *Ascheid*, Kündigungsschutzrecht, Rz. 697 ff.; *Ascheid*, FS Hanau, S. 685 ff. | 12 BAG v. 11.5.2000 – 2 AZR 276/99, AP Nr. 42 zu § 103 BetrVG 1972. | 13 BAG v. 15.8.2002 – 2 AZR 214/01, AP Nr. 48 zu § 103 BetrVG 1972. | 14 LAG Hamm v. 24.10.1974 – 8 TABV 53/74, LAGE § 78 BetrVG 1972 Nr. 1.

während des Zustimmungsverfahrens wird man aber auch verlangen müssen, dass die Weiterbeschäftigung gerade überwiegende und schutzwürdige Interessen des ArbGeb beeinträchtigt[1]. Jedoch ist ein suspendiertes BR-Mitglied nicht daran gehindert, sein Amt als BR-Mitglied oder seine sonstigen betriebsverfassungsrechtlichen Funktionen auszuüben. Das bedeutet, dass der ArbGeb dem betreffenden BR-Mitglied oder sonstigen Funktionsträgern nicht das Betreten des Betriebs zur Amtsausübung verbieten darf[2]. Das **Zutrittsrecht** des Funktionsträgers endet aber dort, wo seine Ausübung als Rechtsmissbrauch zu beurteilen ist[3]. Der Gesichtspunkt des Rechtsmissbrauchs kann sich etwa bei drohender Gefährdung des Betriebsfriedens ergeben, vorausgesetzt, dass es sich um eine unmittelbare und konkrete Gefährdung handelt[4]. Dagegen kann ein mit Zustimmung des BR fristlos entlassenes BR-Mitglied regelmäßig nicht, zB im Wege der einstweiligen Verfügung, sein Zutrittsrecht zum Betrieb während des laufenden Kündigungsrechtsstreites durchsetzen[5].

VIII. Schutz bei Versetzungen. Durch das Gesetz zur Reform des BetrVG ist § 103 durch einen Abs. 3 ergänzt worden. Damit hat der Gesetzgeber die Frage entschieden, inwieweit § 103 analog auf **Versetzung von BR-Mitgliedern** und **sonstigen Funktionsträgern** anzuwenden ist[6]. Nach der Neuregelung bedarf nunmehr die Versetzung einer der in § 103 Abs. 1 genannten Personen der Zustimmung des BR, sofern die Versetzung zu einem Verlust des Amtes oder der Wählbarkeit führen würde und der betroffene ArbN sich nicht mit der Versetzung einverstanden erklärt hat. Insofern zielt die Vorschrift in erster Linie auf Versetzungen, zu denen der ArbGeb kraft seines Direktionsrechts berechtigt ist. Können Versetzungen jedoch nur mittels Änderungskündigung durchgesetzt werden, so gilt der besondere Kündigungsschutz für BR-Mitglieder nach § 15 KSchG, § 103 Abs. 1[7]. Der Gesetzgeber wollte hier schließlich durch die Regelung des § 103 Abs. 3 den Schutz der Mandatsträger ergänzen, nicht aber sollte dies zu einer Kumulation der Schutzmechanismen führen[8]. Auch für § 103 Abs. 3 gilt der **allgemeine Versetzungsbegriff** iSd. § 95 Abs. 3 (vgl. § 99 Rz. 36 ff.). Insofern liegt keine Versetzung in diesem Sinne vor, wenn der Funktionsträger im Rahmen einer Betriebsspaltung oder einer Betriebszusammenlegung seinen konkreten Arbeitsplatz behält, er also gerade nicht versetzt wird[9]. 25

Geschützt werden jeweils die in § 103 Abs. 1 genannten Funktionsträger (vgl. oben Rz. 5 ff.). Insofern sind alle **BR-Mitglieder** geschützt, sei es, dass sie ein **Vollmandat**, ein **Übergangsmandat** gem. § 21a oder ein **Restmandat** gem. § 21b ausüben. Ebenfalls geschützt sind die Mitglieder der Schwerbehindertenvertretung (§ 96 Abs. 3 SGB IX)[10]. Geschützt werden auch die **Mitglieder der JAV**. Hierbei gilt es allerdings zu beachten, dass es bei diesem Personenkreis gerade vorkommen kann, dass diese vorübergehend zu einer überbetrieblichen Ausbildungsstätte versetzt werden und nach Absolvierung ihrer Ausbildung dort wieder in den ursprünglichen Betrieb zurückkehren. In diesem Fall lebt nach Rückkehr deren Mandat wieder auf, was zur Folge hat, dass § 103 Abs. 3 keine Anwendung findet[11]. 26

Eine Versetzung eines geschützten Mandatsträgers fällt nur dann unter den Anwendungsbereich des § 103 Abs. 3, wenn diese dazu führen würde, dass der Funktionsträger sein Amt verlieren oder bei einem Wahlbewerber es zu einem Verlust der Wählbarkeit kommen würde. Insofern bleiben unberührt etwa betriebsinterne Versetzungen, aber auch kurzzeitige Abordnungen in andere Betriebe, soweit die **Betriebszugehörigkeit zum abordnenden Betrieb** erhalten bleibt[12]. 27

Aber auch die einen Amtsverlust begründende Versetzung macht nur dann die Zustimmung des BR erforderlich, wenn die **Versetzung gegen den Willen** des betroffenen ArbN erfolgen soll. Der Wille des ArbN, den Arbeitsplatz zu wechseln, soll eindeutig Vorrang haben. Das **Einverständnis** muss sich aber auf die konkrete Versetzungsmaßnahme beziehen. In keinem Fall kann also eine **allgemeine Versetzungsklausel**, etwa im Arbeitsvertrag, das Einverständnis des ArbN ersetzen[13]. Bei diesem Einverständnis handelt es sich um ein spezifisch betriebsverfassungsrechtliches Einverständnis. Dies ist nicht identisch mit einem etwa individualarbeitsrechtlich erzwingbaren Einverständnis des ArbN. Insofern kann der ArbGeb die Vorschrift des § 103 nicht in der Weise umgehen, dass er etwa im Klagewege gestützt auf eine arbeitsvertragliche Versetzungsklausel vom ArbN eine Einverständniserklärung zu einer Versetzung verlangt. Die in § 103 Abs. 3 angesprochene Einverständniserklärung ist **nicht formbedürftig**. Sie kann auch konkludent erfolgen. Dies kann nicht schon bereits dann angenommen werden, wenn der betreffende Funktionsträger widerspruchslos der Versetzungsanordnung Folge leistet[14]. Der ArbGeb wird aber zu beachten haben, dass er bei einem Streit über die Berechtigung der Versetzung für das Vorliegen des Einverständnisses des betroffenen Amtsträgers darlegungs- und beweispflichtig ist. 28

---

1 Sächs. LAG v. 14.4.2000 – 3 SA 298/00, LAGE § 103 BetrVG 1972 Nr. 16; Löwisch/Kaiser, § 103 BetrVG Rz. 34. | 2 Vgl. LAG Hamm v. 27.4.1972 – 8 BV Ta 6/72, LAGE § 103 BetrVG 1972 Nr. 1; LAG München v. 26.8.1992 – 5 TA BV 43/92, LAGE § 23 BetrVG 1972 Nr. 29. | 3 KR/Etzel, § 103 BetrVG Rz. 150. | 4 LAG Hamm v. 27.4.1972 – 8 BV TA 6/72, LAGE § 103 BetrVG 1972 Nr. 1. | 5 LAG Düsseldorf v. 27.2.1975 – 3 TA BV 2/75, LAGE § 25 KSchG 1972 Nr. 1. | 6 Für eine analoge Anwendung: LAG Frankfurt v. 8.5.1995 – 11 SA GA 589/95, LAGE § 103 BetrVG 1972 Nr. 10; gegen eine analoge Anwendung: BAG v. 11.7.2000 – 1 ABR 39/99, NZA 2001, 516; Oetker, RdA 1990, 343 (356). | 7 Auf die Ungereimtheiten, insbesondere im Hinblick auf § 15 Abs. 4 u. 5 KSchG weist zu Recht Franzen, SAE 2001, 269 (271 f.) hin. | 8 AA DKK, § 103 BetrVG Rz. 65. | 9 Annuß, NZA 2001, 367 (369); Rieble, NZA-Sonderheft 2001, 48 (58). | 10 KR/Etzel, § 103 BetrVG Rz. 156. | 11 Fitting, § 103 BetrVG Rz. 68. | 12 Rieble, NZA-Sonderheft 2001, 48 (59). | 13 Fitting, § 103 BetrVG Rz. 70. | 14 DKK, § 103 BetrVG Rz. 68.

29 Ist eine Versetzung zustimmungspflichtig, so gelten für das Verfahren bzw. die Erteilung der Zustimmung die auf eine außerordentliche Kündigung anwendbaren Regelungen.

30 Bei seiner Entscheidung, ob er der Versetzung eines Funktionsträgers zustimmen will, trifft der **BR** eine **Rechtsentscheidung** und keine Ermessensentscheidung. Insoweit hat er die beabsichtigte Versetzungsanordnung des ArbGeb zu überprüfen. Der BR kann insb. rügen, dass der ArbGeb mit seiner Versetzungsentscheidung die Grenzen seines Direktionsrechts überschreiten würde, oder dass arbeitsvertraglich die konkrete Versetzungsmaßnahme ausgeschlossen sei, so dass allenfalls im Wege der Änderungskündigung die Versetzung durchgesetzt werden könne[1]. Ist die beabsichtigte Versetzungsmaßnahme vom Direktionsrecht des ArbGeb umfasst, wird der BR prüfen müssen, ob der ArbGeb auch die Grenzen des billigen Ermessens iSv. § 315 Abs. 1 BGB beachtet hat. Bei dieser Entscheidung sind die in § 103 Abs. 3 Satz 2 genannten Gesichtspunkte, nämlich die **betriebsverfassungsrechtliche Stellung** des betroffenen ArbN sowie etwaige **dringende betriebliche Gründe**, die die Versetzungsmaßnahme notwendig machen, zu berücksichtigen. Hierbei können dringende betriebliche Gründe nicht mit betriebsbedingten Gründen iSd. Kündigungsschutzrechts gleichgesetzt werden. Vielmehr können auch personen- oder verhaltensbedingte Gründe dazu führen, dass dringende betriebliche Gründe für die Versetzung vorliegen (etwa wenn der betroffene ArbN massiv den Betriebsfrieden stört)[2]. Den dringenden betrieblichen Gründen hat der Gesetzgeber die zwingende Berücksichtigung der betriebsverfassungsrechtlichen Stellung des betroffenen ArbN gegenübergestellt (§ 103 Abs. 3 Satz 2). Damit ist zu prüfen, ob angesichts einer besonderen betriebsverfassungsrechtlichen Stellung eines Funktionsträgers trotz dringender betrieblicher Gründe eine Versetzung zu unterbleiben hat. Hier weist der Gesetzgeber auf eine Differenzierung zwischen den einzelnen Funktionsträgern hin[3]. Zu Recht wird deshalb in der Lit. darauf hingewiesen, dass etwa ein BR-Vorsitzender oder ein besonders qualifiziertes BR-Mitglied gegen eine Versetzung eher geschützt wird, als zB ein Wahlbewerber auf aussichtsloser Stelle in der Vorschlagsliste[4]. Unter Berücksichtigung dieser genannten Kriterien ist dann zu fragen, ob die Versetzungsmaßnahme notwendig ist. Notwendig ist die Maßnahme nicht, wenn sie lediglich nur sinnvoll oder zweckmäßig erscheint. Insofern verweist das Gesetz auf einen **strengen Prüfungsmaßstab**[5]. Aber auch bei Anlegung eines strengen Maßstabes wird man von einem ArbGeb nicht verlangen können, einen Funktionsträger auf einer Stelle zu beschäftigen, die dieser nicht mindestens kostendeckend ausfüllen kann. Andernfalls würde dies dazu führen, dass im Gegensatz zu den sonstigen Regelungen der Funktionsträger als ArbN anders behandelt werden würde, als sonstige ArbN. Insbesondere ist der ArbGeb nicht verpflichtet, zur Abwendung einer betriebsübergreifenden Versetzung einen Arbeitsplatz im bisherigen Betrieb für den betroffenen Funktionsträger einzurichten.

31 Verweigert der BR die Zustimmung zu der Versetzungsmaßnahme, kann der ArbGeb beim **ArbG** beantragen, dass die Zustimmung ersetzt wird. Auf einen solchen Antrag kann das ArbG dann die Zustimmung ersetzen, wenn die Versetzung auch unter Berücksichtigung der betriebsverfassungsrechtlichen Stellung des betroffenen ArbN aus dringenden betrieblichen Gründen notwendig ist. Insofern sind durch das ArbG noch einmal dieselben Gesichtspunkte zu überprüfen, die bereits der Entscheidung des BR zugrunde liegen mussten. Hier gelten die gleichen verfahrensrechtlichen Grundsätze wie bei dem Zustimmungsersetzungsverfahren zu einer außerordentlichen Kündigung. Auch das ArbG kann nur überprüfen, ob der ArbGeb, sofern die Versetzung vom Direktionsrecht erfasst war, die Grenzen des billigen Ermessens unter Berücksichtigung der in § 103 Abs. 3 Satz 2 genannten Kriterien nicht überschritten hat. Liegt die Versetzungsanordnung innerhalb der Grenzen des billigen Ermessens, so hat das ArbG die Zustimmung zu ersetzen. Erst wenn die zustimmungsersetzende Entscheidung des ArbG rechtskräftig wird, kann der ArbGeb die Versetzung vornehmen. Eine ohne Zustimmung oder ohne eine die Zustimmung ersetzende arbeitsgerichtliche Entscheidung ausgesprochene Versetzung ist unwirksam. Für den Fall, dass kein BR oder ein sonstiges Gremium besteht, das das Zustimmungsrecht ausüben kann, muss der ArbGeb in entsprechender Anwendung des § 103 Abs. 2 das Zustimmungsverfahren vor dem ArbG erfolgreich durchführen, um den ArbN versetzen zu können[6].

32 Besondere Probleme bereitet aber das **Konkurrenzverhältnis zu § 99**. In diesem Zusammenhang wird zum Teil vertreten, dass das Verfahren nach § 103 Abs. 3 an die Stelle des Beteiligungsrechts nach § 99 tritt, wenn der ArbN mit der überbetrieblichen Versetzung nicht einverstanden ist[7]. Jedoch haben die Beteiligungsverfahren nach § 99 und § 103 Abs. 3 unterschiedliche Schutzzwecke. Während das Beteiligungsverfahren nach § 99 von seinem Schutzzweck her kollektiv ausgerichtet ist, dient das Verfahren nach § 103 Abs. 3 „nur" der Absicherung der Funktionsfähigkeit betriebsverfassungsrechtlicher Organe. Diese unterschiedlichen Schutzrichtungen bedingen, dass beide Verfahren zwar miteinander verknüpft werden können, aber beide Verfahren nebeneinander Anwendung finden[8].

---

[1] *Löwisch/Kaiser*, § 103 BetrVG Rz. 23. | [2] *Richardi/Thüsing*, § 103 BetrVG Rz. 34; mE zu eng: *Franzen*, SAE 2001, 269 (272); aA *KR/Etzel*, § 103 BetrVG Rz. 186. | [3] Dies soll nach KR/Etzel, § 103 BetrVG Rz. 189 nur in Ausnahmefällen möglich sein. | [4] *Fitting*, § 103 BetrVG Rz. 73; Löwisch, BB 2001, 1790 (1794); aA *Rieble*, NZA-Sonderheft 2001, 48 (60). | [5] *Fitting*, § 103 BetrVG Rz. 74. | [6] *Richardi/Thüsing*, § 103 BetrVG Rz. 37. | [7] Vgl. etwa *Richardi/Thüsing*, § 103 BetrVG Rz. 36. | [8] DKK, § 103 BetrVG Rz. 74.

Anderes gilt für den **nachwirkenden Versetzungsschutz**. Dieser ist nicht in § 103 Abs. 3 geregelt[1]. Der nachwirkende Versetzungsschutz von ehemaligen Funktionsträgern kann von Seiten des BR nur im Rahmen der Beteiligungsrechte nach §§ 99 ff. gewährleistet werden. Dies gilt auch für Ersatzmitglieder, die ein zeitweilig verhindertes BR-Mitglied vertreten. Ihnen steht der Versetzungsschutz nach § 103 Abs. 3 nur während der jeweiligen Vertretungszeit zu[2].

104 Entfernung betriebsstörender Arbeitnehmer

Hat ein Arbeitnehmer durch gesetzwidriges Verhalten oder durch grobe Verletzung der in § 75 Abs. 1 enthaltenen Grundsätze, insbesondere durch rassistische oder fremdenfeindliche Betätigungen, den Betriebsfrieden wiederholt ernstlich gestört, so kann der Betriebsrat vom Arbeitgeber die Entlassung oder Versetzung verlangen. Gibt das Arbeitsgericht einem Antrag des Betriebsrats statt, dem Arbeitgeber aufzugeben, die Entlassung oder Versetzung durchzuführen, und führt der Arbeitgeber die Entlassung oder Versetzung einer rechtskräftigen gerichtlichen Entscheidung zuwider nicht durch, so ist auf Antrag des Betriebsrats vom Arbeitsgericht zu erkennen, dass er zur Vornahme der Entlassung oder Versetzung durch Zwangsgeld anzuhalten sei. Das Höchstmaß des Zwangsgeldes beträgt für jeden Tag der Zuwiderhandlung 250 Euro.

Lit.: *Opolony*, Ausländerfeindlichkeit – Wie eignet sich das Arbeitsrecht dagegen?, AuA 2001, 456; *Rieble*, Die Betriebsverfassungsgesetz-Novelle 2001 in ordnungspolitischer Sicht, ZIP 2001, 133; *Wendeling-Schröder*, Neue Mitbestimmungsrechte im neuen Betriebsverfassungsgesetz?, NZA Sonderheft 2001, 29; *Zimmer*, Fremdenfeindlichkeit und Rassismus im Betrieb, AiB 2001, 256.

I. Vorbemerkung. Voraussetzung dafür, dass der BR personelle Maßnahmen in Bezug auf einen ArbN verlangen kann, ist, dass der ArbN den Betriebsfrieden wiederholt ernstlich gestört hat und dass diese Störungen auf einem gesetzwidrigen Verhalten beruhen oder durch grobe Verletzung der in § 75 enthaltenen Grundsätze verursacht sind. Die Regelung bezieht sich dabei auf alle **ArbN iSd. BetrVG** (vgl. § 5 Abs. 1). Der BR kann also nicht etwa in Betrieben einer juristischen Person die Entlassung einzelner Mitglieder des Vertretungsorgans verlangen[3]. Ebenso wenig findet die Vorschrift Anwendung auf **leitende Angestellte** iSd. § 5 Abs. 3[4]. Der BR kann also selbst dann nicht die Entfernung eines leitenden Angestellten verlangen, wenn der ArbN erst nach Schluss der mündlichen Verhandlung 1. Instanz zum leitenden Angestellten bestellt wird[5].

II. Störendes ArbN-Verhalten. Sofern die Vorschrift des § 104 von einem **gesetzwidrigen Verhalten** spricht, ist damit ein solches Verhalten gemeint, das gegen eine Rechtsvorschrift verstößt. In Betracht kommen hier insb. Strafvorschriften oder Arbeitsschutzvorschriften. Hierbei ist nicht erforderlich, dass das gesetzwidrige Verhalten sich im Betrieb ereignet. Es reicht aus, wenn es sich auf die Zusammenarbeit im Betrieb auswirkt[6].

Neben einem gesetzwidrigen Verhalten kann auch eine **grobe Verletzung der in § 75 enthaltenen Grundsätze** geeignet sein, ein Entfernungsverlangen des BR zu begründen. Dies kann etwa dann vorliegen, wenn ein ArbN andere ArbN in besonders auffälliger Weise diskriminiert. Hier werden in der Lit. beispielhaft genannt: Schikane gegenüber älteren oder behinderten ArbN, Psychoterror, Tätlichkeiten, sexuelle Belästigungen, Betrügereien[7]. Keinesfalls genügt hierfür aber oppositionelles Verhalten eines ArbN gegenüber BR-Mitgliedern, Eigensinn oder Ungefälligkeiten. Ob in einem Einzelfall die grobe Verletzung der in § 75 Abs. 1 enthaltenen Grundsätze vorliegt, hängt auch davon ab, welche Stellung der betreffende ArbN im Betrieb einnimmt.

Besonders betont hat der Gesetzgeber nunmehr, dass er rassistische und fremdenfeindliche Betätigungen in Betrieben nicht dulden will[8]. Hierunter werden regelmäßig Fälle offener **Ausländerfeindlichkeit** unter Belegschaftsangehörigen fallen, wobei der Tatbestand des § 104 keine bestimmte Staatsangehörigkeit des Störers voraussetzt. Jedoch müssen die Betätigungen einen gewissen **Bezug zum Betrieb** haben[9], sei es, dass der Störer auf dem Betriebsgelände rassistische oder fremdenfeindliche Betätigungen vornimmt, oder dass der Störer sich so in der Öffentlichkeit rassistisch und fremdenfeindlich betätigt, dass dies geeignet ist, den Betriebsfrieden zu stören. Es spielt im Übrigen keine Rolle, ob der Belegschaft des Betriebes ausländische ArbN oder Angehörige von Minderheiten angehören. Ebenso wenig ist erforderlich, dass sich die fremdenfeindlichen oder rassistischen Betätigungen des Störers auf Belegschaftsmitglieder beziehen.

Das vom BR beanstandete Verhalten eines ArbN muss den Betriebsfrieden wiederholt ernstlich gestört haben. Insofern genügt die begründete Besorgnis, dass es in Zukunft zu erheblichen Betriebsstörungen kommen werde, hier nicht[10]. Es muss vielmehr durch das Verhalten des Störers eine so erhebli-

---

[1] *Fitting*, § 103 BetrVG Rz. 76. | [2] *Fitting*, § 104 BetrVG Rz. 76. | [3] Vgl. *Fitting*, § 104 BetrVG Rz. 3. | [4] *Richardi/Thüsing*, § 104 BetrVG Rz. 12. | [5] LAG Nürnberg v. 22.1.2002 – 6 TaBV 13/01, DB 2002, 488. | [6] MünchArbR/*Matthes*, § 359 Rz. 2. | [7] *Löwisch/Kaiser*, § 104 BetrVG Rz. 1. | [8] Kritisch zu dieser Aufgabenzuweisung an den BR: *Rieble*, ZIP 2001, 133 (141 f.). | [9] *Zimmer*, AiB 2001, 256 (258). | [10] LAG Köln v. 15.10.1993 – 13 TABV 36/93, NZA 1994, 431.

che **Beunruhigung** innerhalb der Belegschaft ausgelöst worden sein, dass das friedliche Zusammenarbeiten der ArbN untereinander und mit dem ArbGeb so beeinträchtigt ist, dass dadurch die reibungslose Zusammenarbeit und das notwendige gegenseitige Vertrauen gefährdet werden[1]. Dadurch, dass § 104 eine wiederholte Störung des Betriebsfriedens verlangt, ist zumindest eine **zweimalige Störung** erforderlich[2]. Entgegen der hM kommt es auf ein **Verschulden des ArbN** bei seinem gesetzwidrigen Verhalten oder im Rahmen der groben Verletzung der in § 75 Abs. 1 enthaltenen Grundsätze nicht an[3]. Die Regelung des § 104 dient schließlich dazu, dass auch der BR gehalten ist, für die Sicherstellung des Betriebsfriedens Sorge zu tragen. Im Endeffekt geht es also hier um präventive Störungsvorsorge.

6 III. **Entfernungsverlangen des BR.** Liegen die Voraussetzungen des § 104 Satz 1 vor, kann der BR oder ein dazu ermächtigter Ausschuss verlangen, dass das Arbeitsverhältnis des ArbN gekündigt wird oder dass dieser auf einen anderen Arbeitsplatz versetzt wird. Bei einer derartigen Entscheidung hat der BR oder ein hierzu ermächtigter Ausschuss den Grundsatz der **Verhältnismäßigkeit** zu beachten. Sofern es also ausreicht, dass zum Schutz des Betriebsfriedens der betroffene ArbN lediglich an einen anderen Arbeitsplatz versetzt wird, kann der BR nicht etwa die Kündigung verlangen, sondern „nur" die Versetzung des betreffenden ArbN[4]. Ein solches Verlangen des BR setzt einen wirksamen **BR-Beschluss** voraus.

7 Der BR darf aber vom ArbGeb nichts Unmögliches verlangen, so dass er nur dann die Kündigung oder Versetzung des ArbN fordern kann, wenn die **rechtlichen Voraussetzungen einer solchen Kündigung**, speziell ein Kündigungsgrund, vorliegen, bzw. wenn dem ArbGeb überhaupt die Versetzung des ArbN rechtlich möglich ist. Ebenso wenig enthält diese Vorschrift eine **Befugnis zur Versetzung** von ArbN, sondern setzt die Versetzungsmöglichkeit voraus[5].

8 Verlangt der BR die Kündigung eines ArbN oder dessen Versetzung und will der ArbGeb dem nachkommen, bedarf es für die Wirksamkeit einer solchen Maßnahme nicht noch einmal der Beteiligung des BR gem. § 99 bzw. §§ 102, 103[6]. Ausnahmsweise ist aber auch der abgebende BR bei einer Versetzung noch einmal zu beteiligen, wenn der ArbGeb zwar auf Verlangen des BR die Versetzung durchführen will, aber von einem konkreten Versetzungsvorschlag des BR abweichen möchte[7].

9 IV. **Reaktionsmöglichkeiten des ArbGeb.** Der ArbGeb hat aber, da § 104 keinen Kündigungs- oder Versetzungsgrund schafft, in eigener Verantwortung den **Sachverhalt zu prüfen** und von sich aus zu entscheiden, ob eine Kündigung bzw. Versetzung rechtlich möglich ist[8]. Stellt der ArbGeb bei der Prüfung des Sachverhaltes fest, dass für die vom BR geforderte personelle Maßnahme keine Grundlage besteht, so hat er sich vor seinen ArbN zu stellen. Nur dann, wenn trotz aller **Versuche zur Schlichtung** bei Weiterbeschäftigung des ArbN dem ArbGeb erhebliche Schäden drohen, wäre eine Kündigung des betroffenen ArbN unter dem Gesichtspunkt der sog. **Druckkündigung** sozial gerechtfertigt[9]. Verlangt der BR aber zu Recht die Kündigung eines ArbN, so muss der ArbGeb dem ArbN kündigen.

10 Spricht der ArbGeb eine Kündigung aus, kann der betroffene ArbN gegen die Kündigung **Kündigungsschutzklage** erheben. Darüber hinaus können dem ArbN, der seinen Arbeitsplatz aufgrund eines Verlangens des BR gem. § 104 verloren hat, obwohl die Voraussetzungen des § 104 nicht vorlagen, Schadensersatzansprüche zustehen. Diese Ansprüche richten sich gegen jedes BR-Mitglied, das sich an der Ausübung des rechtswidrigen Drucks auf den ArbGeb beteiligt hat[10].

11 V. **Durchsetzung des Entfernungsverlangens.** Kommt der ArbGeb dem Verlangen des BR auf Entlassung oder Versetzung nicht nach, kann gem. § 104 Satz 2 der BR beim ArbG beantragen, dem ArbGeb aufzugeben, die Entlassung oder Versetzung durchzuführen. Das ArbG entscheidet dann im **Beschlussverfahren**, wobei der betroffene ArbN wegen der präjudiziellen Wirkung in Bezug auf den Kündigungsschutzprozess in diesem Verfahren nach herrschender Meinung die Stellung eines Beteiligten hat[11]. Jedoch unterliegt das Recht des BR, eine gerichtliche Entscheidung herbeizuführen, den **Grundsätzen der Verwirkung**. Nach ganz herrschender Auffassung wird als Richtwert angenommen, dass die Anrufung des ArbG verwirkt ist, wenn eine Frist von drei Monaten vergangen ist, in der der ArbGeb nicht auf das Entlassungsverlangen oder das Versetzungsverlangen des BR eingegangen ist[12].

12 Kommt das ArbG zu dem Ergebnis, dass das **Verlangen des BR** auf **Entlassung** des ArbN begründet ist, so ist der ArbGeb verpflichtet, ohne schuldhaftes Zögern nach Eintritt der Rechtskraft des Beschlusses das Arbeitsverhältnis des ArbN durch Kündigung zum nächstzulässigen Termin aufzulösen[13]. Auch hier darf vom ArbGeb nichts Unmögliches verlangt werden. Insoweit sind die Kündigungsfristen wie auch

---

1 *Löwisch/Kaiser*, § 104 BetrVG Rz. 2. |2 Vgl. *Wendeling-Schröder*, NZA Sonderheft 2001, 29 (31); *Opolony*, AuA 2001, 456 (458). |3 So auch *Heinze*, Personalplanung, Rz. 690; aA *Richardi/Thüsing*, § 104 BetrVG Rz. 8; *Fitting*, § 104 BetrVG Rz. 8. |4 DKK, § 104 BetrVG Rz. 8. |5 *Löwisch/Kaiser*, § 104 BetrVG Rz. 4. |6 BAG v. 15.5.1997 – 2 AZR 519/96, AP Nr. 1 zu § 104 BetrVG 1972. |7 DKK, § 104 BetrVG Rz. 7; *Fitting*, § 104 BetrVG Rz. 13. |8 Vgl. bereits BAG v. 21.2.1957 – 2 AZR 410/54, AP Nr. 22 zu § 1 KSchG; v. 10.10.1957 – 2 AZR 32/56, AP Nr. 1 zu § 626 BGB Druckkündigung. |9 Vgl. BAG v. 19.6.1986 – 2 AZR 563/85, AP Nr. 33 zu § 1 KSchG 1969 – *betriebsbedingte Kündigung*. |10 *Fitting*, § 104 BetrVG Rz. 11; DKK, § 104 BetrVG Rz. 10. |11 LAG BW v. 24.1.2002 – 4 TaBV 1/01, AuR 2002, 16; *Fitting*, § 104 BetrVG Rz. 14; *Löwisch/Kaiser*, § 104 BetrVG Rz. 6; aA MünchArbR/*Matthes*, § 359 Rz. 16. |12 DKK, § 104 BetrVG Rz. 12. |13 *Fitting*, § 104 BetrVG Rz. 17; kritisch: *Richardi/Thüsing*, § 104 BetrVG Rz. 24.

etwaige Sonderkündigungstatbestände zwingend zu beachten. Stellt das ArbG fest, dass das Verlangen des BR auf **Versetzung** begründet ist, so hat der ArbGeb den ArbN nach Eintritt der Rechtskraft des Beschlusses unverzüglich an einen anderen Arbeitsplatz zu versetzen. Besteht eine solche Möglichkeit kraft Direktionsrechts nicht, so ist der ArbGeb gehalten, eine Änderungskündigung auszusprechen.

Kommt der ArbGeb dem rechtskräftigen Beschluss des ArbG nicht nach, so kann der BR dann den Antrag an das ArbG stellen, den ArbGeb durch Verhängung von **Zwangsgeld** zur Befolgung der gerichtlichen Anordnung anzuhalten. Das Höchstmaß des Zwangsgeldes beträgt für jeden Tag der Zuwiderhandlung 250 Euro. Jedoch ist seine Beitreibung nur solange zulässig, wie der ArbGeb die Entlassung oder Versetzung nicht vornimmt. Dies bedeutet bei einer Entlassung nur bis zum Ausspruch der Kündigung und nicht etwa bis zum Ablauf der Kündigungsfrist[1]. 13

105 Leitende Angestellte
Eine beabsichtigte Einstellung oder personelle Veränderung eines in § 5 Abs. 3 genannten leitenden Angestellten ist dem Betriebsrat rechtzeitig mitzuteilen.

Lit.: *Kaiser*, Angestellte II – Leitende Angestellte, Arbeitsrecht-Blattei, hrsg. v. *Dieterich/Neef/Schwab*, Loseblattausgabe Stand 2002, SD 70.2.

Leitende Angestellte werden vom BR nicht mit repräsentiert. Daher finden die allgemeinen Regelungen über die Mitwirkung und Mitbest. des BR in personellen Angelegenheiten auf leitende Angestellte iSd. § 5 Abs. 3 keine Anwendung. Um einem berechtigten **Informationsbedürfnis des BR** Rechnung zu tragen, sieht § 105 die Verpflichtung des ArbGeb vor, den BR über Einstellungen und personelle Veränderungen leitender Angestellter zu informieren. Zum Personenkreis der leitenden Angestellten iSd. § 5 Abs. 3 wird auf die dortigen Ausführungen verwiesen. Der Begriff der Einstellung ist im gleichen Sinn zu verstehen wie in § 99 (vgl. § 99 Rz. 17). Insofern ist die Einstellung auch hier nicht mit dem Abschluss des Arbeitsvertrages identisch. Die Mitteilungspflicht des ArbGeb bezieht sich aber nicht auf Einstellungen, sondern auf **jede personelle Veränderung**. Hierunter fallen nicht nur die in §§ 99, 102 genannten personellen Einzelmaßnahmen. Vielmehr ist unter personellen Veränderungen jede Veränderung der Funktion zu verstehen, die dem betreffenden Angestellten innerhalb der betrieblichen Organisation zukommt[2]. 1

Die Mitteilungspflicht nach § 105 gilt allerdings nur, soweit **kollektive Belange** betroffen sind. Demzufolge bezieht sich die Mitteilungspflicht ausschließlich auf die Stellung des leitenden Angestellten innerhalb der betrieblichen Organisation[3]. Keine personellen Veränderungen sind also **Änderungen des Anstellungsvertrages** oder auch **Änderungen im Entgeltbereich**, dagegen sind nach § 105 dem BR auch **einvernehmliche personelle Veränderungen** eines leitenden Angestellten mitzuteilen, die etwa die Stellung des leitenden Angestellten innerhalb der betrieblichen Organisation betreffen, zB eine zwischen den Arbeitsvertragsparteien vereinbarte Versetzung oder das einvernehmliche Ausscheiden aus dem Betrieb aufgrund eines **Aufhebungsvertrages**[4]. Ebenso ist der BR darüber zu informieren, wenn der leitende Angestellte sein Anstellungsverhältnis durch **Eigenkündigung** beendet hat[5]. 2

Die Mitteilung des ArbGeb über Einstellungen und personelle Veränderungen bei leitenden Angestellten hat **rechtzeitig** zu erfolgen. Dh., dass die Mitteilung regelmäßig vor der Durchführung der Einstellung oder personellen Veränderung zu erfolgen hat. Ist dieses nicht möglich, etwa bei einer überraschenden Eigenkündigung eines leitenden Angestellten, so ist der BR im **Nachhinein zu unterrichten**. Bei der Wahl des Zeitpunktes hat der ArbGeb die Interessen des leitenden Angestellten zu berücksichtigen. Bei einer Neueinstellung kann es deshalb ausreichen, wenn der BR erst nach Abschluss des Anstellungsvertrages informiert wird[6]. 3

Mitzuteilen sind dem BR die **Personalien des leitenden Angestellten** sowie die zukünftige **Position** des Betreffenden. Keinesfalls kann allerdings der BR verlangen, dass ihm der **Inhalt des Anstellungsvertrages** offen gelegt wird[7]. **Adressat** der Mitteilung ist grundsätzlich der **BR** des Betriebes, in dem der leitende Angestellte eingesetzt wird. Erstreckt sich der Aufgabenbereich des leitenden Angestellten aber auf mehrere Betriebe des Unternehmens und besteht ein **Gesamt-BR**, so ist auch dieser zu informieren[8]. 4

Dem BR, bzw. auch dem GesamtBR, steht es frei, zu der angekündigten Einstellung bzw. zu den angekündigten personellen Veränderungen **Bedenken** und **Anregungen** vorzutragen. In diesem Fall ist der ArbGeb aus dem Grundsatz der vertrauensvollen Zusammenarbeit verpflichtet, diese Bedenken *in seine Überlegungen einzubeziehen*[9]. 5

---

1 *Richardi/Thüsing*, § 104 BetrVG Rz. 29. | 2 Vgl. *Richardi/Thüsing*, § 105 BetrVG Rz. 5; HSWG, § 105 BetrVG Rz. 10. | 3 So zutr. *Richardi/Thüsing*, § 105 BetrVG Rz. 8. | 4 *Kaiser*, AR-Blattei SD 70.2, Rz. 111. | 5 *Löwisch/Kaiser*, § 105 BetrVG Rz. 1; DKK, § 105 BetrVG Rz. 5; aA GK- BetrVG/*Raab*, § 105 Rz. 8. | 6 *Richardi/Thüsing*, § 105 BetrVG Rz. 14; GK-BetrVG/*Raab*, § 105 Rz. 11. | 7 *Fitting*, § 105 BetrVG Rz. 5. | 8 *Fitting*, § 105 BetrVG Rz. 8; *Richardi/Thüsing*, § 105 BetrVG Rz. 15; aA HSWG, § 105 BetrVG Rz. 13. | 9 DKK, § 105 BetrVG Rz. 6 mwN.

BetrVG § 105 Rz. 6   Leitende Angestellte

6   Verletzt der ArbGeb seine Mitteilungspflicht gegenüber dem BR, so hat dies keine Auswirkungen auf die Wirksamkeit der Einstellung oder personellen Einzelmaßnahme. Die **Rechtsfolgen** der §§ 99 bis 101 greifen beim leitenden Angestellten gerade nicht[1]. Die Verletzung der Informationspflicht stellt ebenso wenig eine Ordnungswidrigkeit iSd. § 121 dar. Bei groben Verstößen des ArbGeb gegen seine Mitteilungspflichten kommt ein Verfahren nach § 23 Abs. 3 in Betracht[2].

Sechster Abschnitt. Wirtschaftliche Angelegenheiten

Erster Unterabschnitt. Unterrichtung in wirtschaftlichen Angelegenheiten

106 *Wirtschaftsausschuss*
(1) In allen Unternehmen mit in der Regel mehr als einhundert ständig beschäftigten Arbeitnehmern ist ein Wirtschaftsausschuss zu bilden. Der Wirtschaftsausschuss hat die Aufgabe, wirtschaftliche Angelegenheiten mit dem Unternehmer zu beraten und den Betriebsrat zu unterrichten.

(2) Der Unternehmer hat den Wirtschaftsausschuss rechtzeitig und umfassend über die wirtschaftlichen Angelegenheiten des Unternehmens unter Vorlage der erforderlichen Unterlagen zu unterrichten, soweit dadurch nicht die Betriebs- und Geschäftsgeheimnisse des Unternehmens gefährdet werden, sowie die sich daraus ergebenden Auswirkungen auf die Personalplanung darzustellen.

(3) Zu den wirtschaftlichen Angelegenheiten im Sinne dieser Vorschrift gehören insbesondere

1. die wirtschaftliche und finanzielle Lage des Unternehmens;
2. die Produktions- und Absatzlage;
3. das Produktions- und Investitionsprogramm;
4. **Rationalisierungsvorhaben;**
5. Fabrikations- und Arbeitsmethoden, insbesondere die Einführung neuer Arbeitsmethoden;
5a. Fragen des betrieblichen Umweltschutzes;
6. die Einschränkung oder Stilllegung von Betrieben oder von Betriebsteilen;
7. die Verlegung von Betrieben oder Betriebsteilen;
8. der Zusammenschluss oder die Spaltung von Unternehmen oder Betrieben;
9. die Änderung der Betriebsorganisation oder des Betriebszwecks sowie
10. sonstige Vorgänge und Vorhaben, welche die Interessen der Arbeitnehmer des Unternehmens wesentlich berühren können.

	Rz.
I. Vorbemerkungen	1
1. Mitbestimmung in wirtschaftlichen Angelegenheiten	2
2. Aufgabe und Funktion des Wirtschaftsausschusses (Abs. 1 Satz 2)	8
3. Verhältnis zu anderen Unterrichtungsrechten	11
II. Bildung des Wirtschaftsausschusses (Abs. 1 Satz 1)	15
1. Unternehmen	16
2. Schwellenwert von mehr als 100 Arbeitnehmern	19
3. Bestehen eines Betriebsrats	23
4. Sonderfälle	24
a) Tendenzunternehmen (§ 118 Abs. 1)	25
b) Ausländische Unternehmen mit inländischen Betrieben	26
c) Gemeinschaftsbetrieb mehrerer Unternehmen	27
d) Abweichend vereinbarte Betriebsverfassungsstrukturen (§ 3 Abs. 1 Nr. 1 bis 3)	29
III. Unterrichtungspflicht des Unternehmers (Abs. 2)	31
1. Rechtzeitige und umfassende Unterrichtung des Wirtschaftsausschusses	33
2. Vorlage der erforderlichen Unterlagen	41
3. Grenze: Gefährdung von Betriebs- oder Geschäftsgeheimnissen	48
IV. Keine Beratungspflicht des Unternehmers	54
V. Wirtschaftliche Angelegenheiten (Abs. 3)	55
1. Wirtschaftliche und finanzielle Lage des Unternehmens (Nr. 1)	57
2. Produktions- und Absatzlage (Nr. 2)	60
3. Produktions- und Investitionsprogramm (Nr. 3)	63
4. Rationalisierungsvorhaben (Nr. 4)	66
5. Fabrikations- und Arbeitsmethoden (Nr. 5)	68
6. Fragen des betrieblichen Umweltschutzes (Nr. 5a)	69
7. Einschränkung oder Stilllegung von Betrieben oder Betriebsteilen (Nr. 6)	74
8. Verlegung von Betrieben oder Betriebsteilen (Nr. 7)	76
9. Zusammenschluss oder Spaltung von Unternehmen oder Betrieben (Nr. 8)	77
10. Änderung der Betriebsorganisation oder des Betriebszwecks (Nr. 9)	81
11. Sonstige Vorgänge und Vorhaben, welche die Interessen der Arbeitnehmer des Unternehmens wesentlich berühren können (Nr. 10)	82
VI. Streitigkeiten	84
1. Beschlussverfahren	85
2. Ordnungswidrigkeit (§ 121)	88

---

[1] Vgl. BAG v. 16.4.2002 – 1 ABR 23/01, NZA 2003, 56 f.   [2] Vgl. BAG v. 25.3.1976 – 1 AZR 192/75, AP Nr. 13 zu § 5 BetrVG 1972; LAG Düsseldorf v. 13.5.1976 – 3 TaBV 2/76, DB 1976, 1383 ff.

Lit.: *Bauer/Lingemann*, Das neue Umwandlungsrecht und seine arbeitsrechtlichen Auswirkungen, NZA 1994, 1057; *Cox/Grimberg*, Rechtsprechungsübersicht Wirtschaftsausschuss, AiB 2003, 26; *Engels/Trebinger/Löhr-Steinhaus*, Regierungsentwurf eines Gesetzes zur Reform des Betriebsverfassungsgesetzes, DB 2001, 532; *Fischer*, Betriebsverfassungsrechtliche Informationsansprüche bei Börsennotierung des Unternehmens in den USA, DB 1998, 2606; *Gaul, B.*, Beteiligungsrechte von Wirtschaftsausschuss und Betriebsrat bei Umwandlung und Betriebsübergang, DB 1995, 2265; *Gaumann/Schafft*, Auskunftspflichten über den Mitgliedsstatus im Arbeitgeberverband, NZA 2001, 1125; *Growe/Grüninger*, Eine steuerliche Organschaft öffnet arbeitsrechtliche Tore!, AiB 2001, 582; *Hanau*, Denkschrift zu dem Regierungsentwurf eines Gesetzes zur Reform des Betriebsverfassungsgesetzes, RdA 2001, 65; *Hommelhoff*, Abschlussprüfer-Berichte an den Wirtschaftsausschuss?, ZIP 1990, 218; *Kappes*, Weitergabe von Insidertatsachen, NJW 1995, 2832; *Keim*, Wann ist über die Einschaltung des Wirtschaftsausschusses rechtzeitig?, BB 1980, 1330; *Konzen*, Der Regierungsentwurf des Betriebsverfassungsreformgesetzes, RdA 2001, 76; *Kreßel*, Arbeitsrechtliche Aspekte des neuen Umwandlungsbereinigungsgesetzes, BB 1995, 925; *Reichel/Meyer*, Betrieblicher Umweltschutz als Schnittstelle zwischen Arbeitsrecht und Umweltrecht, RdA 2003, 101; *Reichold*, Durchbruch zu einer europäischen Betriebsverfassung, NZA 2003, 289; *Röder/Göpfert*, Unterrichtung des Wirtschaftsausschusses bei Unternehmenskauf und Umwandlung, BB 1997, 2105; *Rumpff/Boewer*, Mitbestimmung in wirtschaftlichen Angelegenheiten, 3. Auflage 1990; *Schiefer/Korte*, Gesetzentwurf eines Gesetzes zur Reform des Betriebsverfassungsgesetzes, NZA 2001, 351; *Schleifer/Kliemt*, Einschränkung betriebsverfassungsrechtlicher Unterrichtungspflichten durch Insiderrecht?, DB 1995, 2214; *Weiss*, Arbeitnehmermitwirkung in Europa, NZA 2003, 177 ff.; *Wiese*, Beteiligung des Betriebsrats beim betrieblichen Umweltschutz nach dem Gesetz zur Reform des Betriebsverfassungsgesetzes, BB 2002, 674; *Wlotzke*, Arbeitsrechtliche Aspekte des neuen Umwandlungsrechts, DB 1995, 40.

I. Vorbemerkungen. Die Leitung des Unternehmens bzw. Betriebs fällt unter die grundrechtlich geschützte unternehmerische Handlungsfreiheit (Art. 12 Abs. 1 GG) und ist daher grundsätzlich Sache des Unternehmers bzw. ArbGeb (vgl. § 77 Abs. 1 Satz 2). Kern der Unternehmensleitung sind die wirtschaftlichen Angelegenheiten. Der 6. Abschnitt des BetrVG behandelt die Beteiligungsrechte des BR in diesem Bereich.

1. Mitbest. in wirtschaftlichen Angelegenheiten. Der 1. Unterabschnitt (§§ 106 bis 110) regelt die Unterrichtung der ArbN bzw. ihrer Vertretungen über wirtschaftliche Angelegenheiten. Dies geschieht in Unternehmen mit regelmäßig mehr als 100 ArbN über den Wirtschaftsausschuss (§ 106). Dessen Bestellung und Zusammensetzung sind in § 107, die Sitzungen in § 108 und Streitigkeiten zwischen den Betriebpartnern über den Umfang der Unterrichtung des Wirtschaftsausschusses in § 109 näher geregelt. § 110 sieht die direkte Unterrichtung der ArbN vor und erlegt dem Unternehmer die Pflicht zur Erstattung eines Vierteljahresberichts auf.

Auf **Tendenzunternehmen** finden die §§ 106 bis 110 **keine Anwendung** (§ 118 Abs. 1 – s. dort Rz. 25). Allerdings kann der Unternehmer/ArbGeb – etwa im Rahmen eines Haustarifvertrags – auf den Tendenzschutz jedenfalls dann verzichten, wenn sich der Schutz aus einer karitativen oder erzieherischen Zwecksetzung ergibt[1].

Der 2. Unterabschnitt (§§ 111 bis 113) behandelt die MitbestR des BR bei Betriebsänderungen. Sie sind auf Tendenzbetriebe bzw. -unternehmen nur eingeschränkt anzuwenden (vgl. § 118 Abs. 1).

Neben den vorgenannten Regelungen findet die Beteiligung der ArbN in wirtschaftlichen Angelegenheiten noch in zahlreichen **anderen gesetzlichen Regelungen** ihren Niederschlag, wie etwa in § 32 Abs. 1 SprAuG, in den Gesetzen zur Unternehmensmitbestimmung (v.a. MitbestG, §§ 76 ff. BetrVG 1952), in den Unterrichtungspflichten nach §§ 5 Abs. 3, 126 Abs. 3, 176, 177, 194 Abs. 2 UmwG[2] sowie nach §§ 10 Abs. 5 Satz 2, 14 Abs. 4 Satz 2, 27 Abs. 3 Satz 2 WpÜG[3] und für gemeinschaftsweit tätige Unternehmen oder Konzerne einer gewissen Größe im EBRG.

In diesem Zusammenhang zu erwähnen ist schließlich auch die **Richtlinie 2002/14/EG vom 11.3.2002 zur Festlegung eines allgemeinen Rahmens für die Unterrichtung und Anhörung der ArbN in der Europäischen Gemeinschaft**[4], welche in Artikel 4 Abs. 2 vorsieht, dass die Mitgliedstaaten in Unternehmen mit mindestens 50 ArbN oder Betrieben mit mindestens 20 ArbN (Artikel 3 Abs. 1) die Unterrichtung und Anhörung der ArbN-Vertreter regeln, welche mindestens Folgendes umfassen muss:

- die Unterrichtung über die jüngste Entwicklung und die wahrscheinliche Entwicklung der Tätigkeit und der wirtschaftlichen Situation des Unternehmens oder Betriebs;

- die Unterrichtung und Anhörung zu Beschäftigungssituation, Beschäftigungsstruktur und wahrscheinlicher Beschäftigungsentwicklung im Unternehmen oder Betrieb sowie zu ggf. geplanten antizipativen Maßnahmen, insb. bei einer Bedrohung für die Beschäftigung;

- die Unterrichtung und Anhörung zu Entscheidungen, die wesentliche Veränderungen der Arbeitsorganisation oder der Arbeitsverträge mit sich bringen können, einschließlich solcher, die Gegen-

---

1 BAG v. 5.10.2000 – 1 ABR 14/00, AP Nr. 69 zu § 118 BetrVG 1972; DKK/*Däubler*, § 106 BetrVG Rz. 26; *Fitting*, § 106 BetrVG Rz. 7. |2 Dazu Kallmeyer/Willemsen, § 5 UmwG Rz. 74 ff. |3 Dazu *Grobys*, NZA 2002, 1 ff.; *Seibt*, DB 2002, 529 ff. |4 ABl. EG Nr. L 80 v. 23.3.2002, S. 29; dazu *Düwell*, FA 2002, 172 (174 f.); *Reichold*, NZA 2003, 289 ff.; *Weiler*, AiB 2002, 265; *Weiss*, NZA 2003, 177 (182 f.).

stand der Richtlinie 98/59/EG (Massenentlassungsrichtlinie)[1] und der Richtlinien 2001/23/EG (Betriebsübergangsrichtlinie)[2] sind.

7 Die Richtlinie ist in den Mitgliedstaaten bis spätestens zum 23.3.2005 umzusetzen (Artikel 11 Abs. 1). Es ist damit zu rechnen, dass die Umsetzung zu erheblichen Veränderungen im BetrVG und namentlich in den §§ 106 ff. führen wird[3].

8 **2. Aufgabe und Funktion des Wirtschaftsausschusses (Abs. 1 Satz 2).** Der in §§ 106 bis 109 näher geregelte Wirtschaftsausschuss ist ein besonderes betriebsverfassungsrechtliches Organ[4], das gemäß Abs. 1 Satz 2 des § 106 die Aufgabe hat, nach Unterrichtung durch den Unternehmer (Abs. 2) **wirtschaftliche Angelegenheiten mit dem Unternehmer zu beraten** (näher dazu unten Rz. 54) **und den BR zu unterrichten** (s. auch § 108 Abs. 4). Fällt eine wirtschaftliche Angelegenheit in die Zuständigkeit des GesamtBR gemäß § 50 Abs. 1, so hat der Wirtschaftsausschuss den GesamtBR zu unterrichten, andernfalls den BR (vgl. § 108 Rz. 34)[5]. Die Unterrichtung ist mündlich möglich und kann einem Mitglied des Wirtschaftsausschusses übertragen werden (vgl. § 108 Rz. 35)[6].

9 Der Wirtschaftsausschuss erfüllt eine soziale Schutzfunktion. Seine Aufgaben sollen dazu dienen, Entscheidungen auf der Ebene des Unternehmens, die sich auf die ArbN-Schaft nachteilig auswirken können, möglichst frühzeitig zu erkennen[7]. Nach **Sinn und Zweck** des § 106 soll der Wirtschaftsausschuss gleichgewichtig und gleichberechtigt mit dem Unternehmer über die wirtschaftlichen Angelegenheiten des Unternehmens beraten[8].

10 Dabei ist der Wirtschaftsausschuss nach der gesetzlichen Konzeption ein mit fachkundigen Personen (vgl. § 107 Abs. 1 Satz 3) besetzter **Ausschuss des BR bzw. – bei Vorhandensein mehrerer Betriebe – des GesamtBR**[9]. Er ist weniger ein Repräsentationsorgan der Belegschaft, als vielmehr ein **Hilfsorgan des BR bzw. GesamtBR**, dh. des Organs, das ihn errichtet hat; seine Tätigkeit dient letztlich nur der Erfüllung der BR-Aufgaben[10].

11 **3. Verhältnis zu anderen Unterrichtungsrechten.** Neben dem allgemeinen Unterrichtungsanspruch des BR nach § 80 Abs. 2 enthält das BetrVG im Zusammenhang mit einzelnen Mitbestimmungsgegenständen Unterrichtungsrechte des BR, wie etwa hinsichtlich der Gestaltung von Arbeitsablauf und -umgebung (§ 90 Abs. 1), Personalplanung (§ 92 Abs. 1) und Betriebsänderungen (§ 111 Satz 2). Die Informationsrechte des Wirtschaftsausschusses nach § 106 Abs. 2 und die Unterrichtungsansprüche des BR nach anderen Vorschriften stehen **nebeneinander**.

12 **Zeitlich** gesehen setzt die **Unterrichtung des Wirtschaftsausschusses** über wirtschaftliche Angelegenheiten allerdings **früher als die Information des BR** an. Denn wirtschaftliche Angelegenheiten iSd. § 106 Abs. 3 sollen in einem frühen Stadium mit einem sachverständigen Gremium beraten werden, bevor es in den Betrieben zu konkreten Planungen und Maßnahmen kommt, an denen der BR zu beteiligen ist[11]. Außerdem ergibt sich aus der Berichtspflicht des Wirtschaftsausschusses gegenüber dem BR nach § 108 Abs. 4, dass nach der gesetzlichen Konzeption die Unterrichtung des Wirtschaftsausschusses der Information des BR zeitlich vorgelagert ist[12] (zur Rechtzeitigkeit der Unterrichtung des Wirtschaftsausschusses näher unten Rz. 33 ff.).

13 Besteht mangels Erreichens des Schwellenwertes nach § 106 Abs. 1 in einem Unternehmen **kein Wirtschaftsausschuss**, kann der **BR** die **Unterrichtung über wirtschaftliche Angelegenheiten** unter Vorlage der erforderlichen Unterlagen zwar nicht nach §§ 106 Abs. 2, 108 Abs. 5 verlangen, aber **unter Umständen gemäß § 80 Abs. 2**, wenn und soweit dies zur Durchführung konkreter Aufgaben erforderlich ist[13].

---

1 ABl. EG Nr. L 225 v. 12.8.1998, S. 16. | 2 ABl. EG Nr. L 82 v. 22.3.2001, S. 16. | 3 Vgl. *Düwell*, FA 2002, 172 (175); vgl. zum gesetzgeberischen Handlungsbedarf hinsichtlich des Richtlinienentwurfs vom 17.11.1998, BR-Drs. 1002/98, *Deinert*, NZA 1999, 800 ff. | 4 BAG v. 16.3.1982 – 1 AZR 406/80, AP Nr. 3 zu § 108 BetrVG 1972 unter II 2; s. auch BAG v. 17.10.1990 – 7 ABR 69/89, AP Nr. 8 zu § 108 BetrVG 1972 unter B I 4: „In Sitzungen des Wirtschaftsausschusses sind die Mitglieder des Gesamtbetriebsrats nur in ihrer Funktion als Mitglieder des Wirtschaftsausschusses tätig." | 5 *Fitting*, § 106 BetrVG Rz. 20; MünchArbR/*Joost*, § 319 Rz. 58; aA *Löwisch/Kaiser*, § 106 BetrVG Rz. 16, wonach das jeweilige Bestellungsorgan vom Wirtschaftsausschuss zu unterrichten ist. | 6 *Fitting*, § 106 BetrVG Rz. 18. | 7 BAG v. 1.10.1974 – 1 ABR 77/73, AP Nr. 1 zu § 106 BetrVG 1972 unter II 1. | 8 BAG v. 11.7.2000 – 1 ABR 43/99, AP Nr. 2 zu § 109 BetrVG 1972 unter B I 1 c. | 9 BAG v. 25.6.1987 – 6 ABR 45/85, AP Nr. 6 zu § 108 BetrVG 1972 unter II 2 und 3 c. | 10 BAG v. 23.8.1989 – 7-ABR 39/88, AP Nr. 7 zu § 106 BetrVG 1972 unter II 3; v. 1.8.1990, AP Nr. 8 zu § 106 BetrVG 1972 unter II 2 c; v. 18.11.1980 – 1 ABR 31/78, AP Nr. 2 zu § 108 BetrVG 1972 unter 2 b; DKK/*Däubler*, § 106 BetrVG Rz. 2; GK-BetrVG/*Fabricius/Oetker*, § 106 Rz. 3 f.; *Fitting*, § 106 BetrVG Rz. 4; MünchArbR/*Joost*, § 319 Rz. 2. | 11 BAG v. 5.2.1991 – 1 ABR 24/90, AP Nr. 10 zu § 106 BetrVG 1972 unter II 2; s. auch *Fitting*, § 106 BetrVG Rz. 22; Richardi/*Richardi/Annuß*, § 106 BetrVG Rz. 19; *Schweibert* in Willemsen/Hohenstatt/Schweibert/Seibt Rz. C 401. | 12 Vgl. GK-BetrVG/*Fabricius/Oetker*, § 106 Rz. 81. | 13 BAG v. 5.2.1991 – 1 ABR 24/90, AP Nr. 10 zu § 106 BetrVG 1972; DKK/*Däubler*, § 106 BetrVG Rz. 21 f.; GK-BetrVG/*Fabricius/Oetker*, 7. Aufl. 2002, § 106 BetrVG Rz. 31 f.; MünchArbR/*Joost*, § 319 Rz. 8 f.; *Löwisch/Kaiser*, § 106 BetrVG Rz. 6; Richardi/*Richardi/Annuß*, § 106 BetrVG Rz. 16; *Schweibert* in Willemsen/Hohenstatt/Schweibert/Seibt, Rz. C 399; aA GK-BetrVG/*Fabricius*, 6. Aufl. 1998, § 106 Rz. 11 ff.

Wirtschaftsausschuss Rz. 21 § 106 BetrVG

Der BR in Unternehmen bis 100 ArbN hat aber kein allgemeines Einblicksrecht in die Jahresbilanz[1] oder den Wirtschaftsprüfungsbericht zum Jahresabschluss[2].

Der Unternehmer kann die Unterrichtung des SprAu der leitenden Angestellten nach § 32 Abs. 1 SprAuG mit der des Wirtschaftsausschusses nach § 106 verbinden, wenn beide Organe damit einverstanden sind[3]. 14

II. Bildung des Wirtschaftsausschusses (Abs. 1 Satz 1). Abs. 1 Satz 1 schreibt die Errichtung eines Wirtschaftsausschusses durch BR oder GesamtBR (vgl. § 107 Abs. 2) in **Unternehmen mit in der Regel mehr als 100 ständig beschäftigten ArbN** zwingend vor. Die Nichterrichtung des Wirtschaftsausschusses durch den BR bzw. den GesamtBR stellt eine Pflichtverletzung dar[4]. Es besteht **keine Pflicht auf Seiten des Unternehmens**, auf die gesetzlich vorgeschriebene Bildung eines Wirtschaftsausschusses hinzuwirken. 15

1. Unternehmen. Der Gesetzeswortlaut knüpft hinsichtlich der Bildung des Wirtschaftsausschusses an das Unternehmen an. Funktional versteht man unter Unternehmen eine organisatorische Einheit, mit welcher der Unternehmer seine wirtschaftlichen oder ideellen Zwecke verfolgt, also den geschäftlichen Tätigkeitsbereich des ArbGeb[5] (vgl. § 47 Rz. 2). In rechtlicher Hinsicht muss ein Unternehmen iSd. § 106 notwendigerweise einen einheitlichen Rechtsträger haben; mehrere rechtlich selbständige Unternehmen können nicht ihrerseits ein Unternehmen darstellen, sondern nur einen Konzern[6]. Vereinfacht gesagt kann man daher das „**Unternehmen**" mit der **natürlichen oder juristischen Person** des Unternehmers gleichsetzen. Mit dem „**Unternehmer**" iSd. §§ 106 ff. sind der **ArbeitGeb** bzw. bei einer juristischen Person die diese in ihrer ArbGebStellung vertretenden Personen gemeint[7]. 16

Anknüpfungspunkt für den Wirtschaftsausschuss ist das Unternehmen, nicht der Konzern. Daher kann der KonzernBR **keinen Konzernwirtschaftsausschuss** bilden; eine analoge Anwendung des § 106 Abs. 1 scheidet aus[8]. Der im Rahmen der jüngsten Reform des BetrVG im Referentenentwurf vorgesehene § 109a über den Konzernwirtschaftsausschuss[9] wurde im BetrVerf-Reformgesetz vom 23.7.2001[10] nicht umgesetzt. 17

Der Wirtschaftsausschuss wird für das ganze Unternehmen gebildet unabhängig von der Anzahl der Betriebe[11] (zum Betriebsbegriff § 1 Rz. 1 ff.). Es gilt daher im Grundsatz, dass **pro Unternehmen nur ein Wirtschaftsausschuss** bestehen und für einzelne Betriebe kein Wirtschaftsausschuss errichtet werden kann (zu Sonderfällen unten Rz. 24 ff.)[12]. 18

2. Schwellenwert von mehr als 100 ArbN. Voraussetzung für die Errichtung des Wirtschaftsausschusses ist, dass in dem Unternehmen in der Regel mehr als 100 ArbN ständig beschäftigt werden. Hat ein Unternehmen mehrere Betriebe, sind im Hinblick auf diesen Schwellenwert die ArbN aller Betriebe zusammenzuzählen, einschließlich der ArbN, die in nicht betriebsratsfähigen oder sonstwie betriebsratslosen Betrieben beschäftigt sind[13]. 19

Es gilt der **betriebsverfassungsrechtliche ArbN-Begriff** (§ 5 Abs. 1 – näher dazu § 5 Rz. 2 ff.). Leitende Angestellte (§ 5 Abs. 3) zählen daher nicht mit[14]. Hingegen zählen Teilzeitbeschäftigte voll mit[15]. Auf die Wahlberechtigung der ArbN kommt es im Rahmen des § 106 Abs. 1 angesichts des eindeutigen Wortlauts nicht an[16]. LeihArbN sind – auch wenn sie nach § 7 Satz 2 wahlberechtigt sind – beim Entleihen nicht zu berücksichtigen, da sie insoweit nicht unter den ArbN-Begriff des § 5 fallen[17]. Personen, die aufgrund eines als „Hilfe zur Arbeit" abgeschlossenen Arbeitsvertrags beschäftigt werden (vgl. § 19 Abs. 2 Satz 1 BSHG), sind mitzuzählen, wenn ihre Tätigkeit dem arbeitstechnischen Zeck des Betriebs gilt[18]. Die in **ausländischen Betrieben beschäftigten ArbN** eines Unternehmens sind hinsichtlich des Schwellenwertes für den Wirtschaftsausschuss aufgrund des Territorialitätsprinzips (dazu § 1 Rz. 3) **nicht** zu berücksichtigen[19]. 20

Maßgeblich für die Zahl „**ständig**" **beschäftigter** ArbN ist die Zahl ständig zu besetzender Arbeitsplätze, unabhängig davon, ob die ArbN auf diesen Arbeitsplätzen befristet oder unbefristet beschäf- 21

---

[1] LAG Köln v. 8.9.1987 – 11 Ta BV 32/87, NZA 1988, 210 f. | [2] BAG v. 5.2.1991 – 1 ABR 24/90, AP Nr. 10 zu § 106 BetrVG 1972; *Fitting*, § 106 BetrVG Rz. 16; ErfK/*Kania*, § 106 BetrVG Rz. 2. | [3] *Löwisch/Kaiser*, § 106 BetrVG Rz. 10. | [4] DKK/*Däubler*, § 106 BetrVG Rz. 14; *Richardi/Richardi/Annuß*, § 106 BetrVG Rz. 17. | [5] Näher zum Unternehmensbegriff *v. Hoyningen-Huene*, BetrVR, 4. Aufl. 1998, § 3 II 4, S. 27 ff. | [6] BAG v. 23.8.1989 – 7-ABR 39/88, AP Nr. 7 zu § 106 BetrVG 1972 unter III 2 a; v. 1.8.1990, AP Nr. 8 zu § 106 BetrVG 1972 unter II 2 a. | [7] Ebenso MünchArbR/*Joost*, § 319 Rz. 3; *Richardi/Richardi/Annuß*, Vor § 106 BetrVG Rz. 12. | [8] BAG v. 23.8.1989 – 7-ABR 39/88, AP Nr. 7 zu § 106 BetrVG 1972 unter III 2; *Löwisch/Kaiser*, § 106 BetrVG Rz. 1; *Richardi/Richardi/Annuß*, § 106 BetrVG Rz. 9. | [9] Nachweis bei *Schiefer/Korte*, NZA 2001, 71 (87). | [10] BGBl. I S. 1852. | [11] *Fitting*, § 106 BetrVG Rz. 12; *Richardi/Richardi/Annuß*, § 106 BetrVG Rz. 6. | [12] MünchArbR/*Joost*, § 319 Rz. 5. | [13] *Löwisch/Kaiser*, § 106 BetrVG Rz. 3. | [14] DKK/*Däubler*, § 106 BetrVG Rz. 23; GK-BetrVG/*Fabricius/Oetker*, § 106 Rz. 23; ErfK/*Kania*, § 106 BetrVG Rz. 2; aA *Schaub/Koch*, ArbRHab, § 243 Rz. 2. | [15] DKK/*Däubler*, § 106 BetrVG Rz. 13; *Löwisch/Kaiser*, § 106 BetrVG Rz. 2. | [16] Ebenso DKK/*Däubler*, § 106 BetrVG Rz. 5; *Fitting*, § 106 BetrVG Rz. 11. | [17] BAG v. 16.4.2003 – 7 ABR 53/02, BB 2003, 2178 (2179); *Hanau*, RdA 2001, 65 (75); *Löwisch/Kaiser*, § 106 BetrVG Rz. 2; *Maschmann*, DB 2001, 2446 (2448); aA DKK/*Däubler*, § 106 BetrVG Rz. 12; *Richardi/Richardi/Annuß*, § 106 BetrVG Rz. 11. | [18] BAG v. 5.10.2000 – 1 ABR 14/00, AP Nr. 69 zu § 118 BetrVG 1972; *Fitting*, § 106 BetrVG Rz. 11. | [19] *Fitting*, § 106 BetrVG Rz. 14; MünchArbR/*Joost*, § 319 Rz. 12; *Löwisch/Kaiser*, § 106 BetrVG Rz. 4; *Richardi/Richardi/Annuß*, § 106 BetrVG Rz. 13; *Schweibert* in Willemsen/Hohenstatt/Schweibert/Seibt, Rz. C 398; aA DKK/*Däubler*, § 106 BetrVG Rz. 23.

tigt werden[1] (s. auch § 1 Rz. 4). Hinsichtlich der **„in der Regel"** beschäftigten ArbN ist nicht auf die Zahl der ArbN an einem bestimmten Stichtag abzustellen, sondern es bedarf einer Einschätzung, wie viele ArbN ein Unternehmen in der Vergangenheit beschäftigt hat und in der Zukunft voraussichtlich beschäftigen wird; es kommt auf das gewöhnliche Erscheinungsbild bei normalem Gang der Geschäftstätigkeit an[2] (s. auch § 1 Rz. 4).

22 **Sinkt die Zahl** der ständig beschäftigten ArbN aufgrund einer Prognose **auf idR 100 oder weniger ArbN**, fallen die gesetzlichen Voraussetzungen für den Wirtschaftsausschuss weg, so dass dessen Amt ohne weiteres endet[3] (vgl. auch § 107 Rz. 24). Beruht das Absinken auf einer Spaltung des Rechtsträgers nach §§ 123 ff. UmwG, kann gemäß § 325 Abs. 2 UmwG die Beibehaltung des Wirtschaftsausschusses vereinbart werden[4].

23 **3. Bestehen eines BR.** Da die Mitglieder des Wirtschaftsausschusses gemäß § 107 Abs. 2 vom BR oder vom GesamtBR bestimmt werden, setzt die Errichtung eines Wirtschaftsausschusses die Existenz zumindest eines BR in einem Betrieb des Unternehmens voraus[5].

24 **4. Sonderfälle.** Vom Grundsatz, dass pro Unternehmen mit BR und mehr als 100 ArbN ein Wirtschaftsausschuss zu bilden ist, gibt es Ausnahmen in folgenden Sonderfällen:

25 a) **Tendenzunternehmen (§ 118 Abs. 1).** In Tendenzunternehmen finden die §§ 106 bis 110 gemäß § 118 Abs. 1 keine Anwendung (s.o. Rz. 3), so dass auch bei Erreichen des Schwellenwerts kein Wirtschaftsausschuss zu errichten ist.

26 b) **Ausländisches Unternehmen mit inländischen Betrieben.** Für die **inländischen Betriebe oder Unternehmensteile eines ausländischen Unternehmens** kann der BR bzw. GesamtBR einen Wirtschaftsausschuss bilden, sofern die sonstigen gesetzlichen Voraussetzungen vorliegen[6]. Insoweit erfährt der Grundsatz, dass für einzelne Betriebe eines Unternehmens kein Wirtschaftsausschuss gebildet werden kann, eine Durchbrechung. Erforderlich ist aber – neben dem **Erreichen des Schwellenwertes bei Berücksichtigung der in Deutschland beschäftigten ArbN** (s.o. Rz. 20) –, dass die inländischen Betriebe oder Unternehmensteile ein Unternehmen iSd. BetrVG bilden, dh. dass ein Zusammenschluss mehrerer Betriebe in einer ihnen übergeordneten Organisation vorliegt, deren Betätigung im wirtschaftlichen Bereich liegt[7]. Ausreichend ist es insoweit, wenn das Unternehmen mit Hauptsitz im Ausland eine **zentrale Direktion in Deutschland** hat, die im Rahmen ihrer Befugnisse unternehmerische Aufgaben erfüllt, ArbGebFunktionen wahrnimmt und die bei der ausländischen Zentrale getroffenen Unternehmensentscheidungen in Deutschland durchführt. Unerheblich ist nach Auffassung des BAG, ob der Direktion selbst keine oder nur geringe Entscheidungsbefugnis eingeräumt ist[8].

27 c) **Gemeinschaftsbetrieb mehrerer Unternehmen.** Betreiben **mehrere Unternehmen** einen **gemeinsamen Betrieb** (vgl. § 1 Abs. 1 Satz 2 und Abs. 2 – näher zum Gemeinschaftsbetrieb § 1 Rz. 15 ff.) **mit** in der Regel **mehr als 100** ständig beschäftigten **ArbN**, so ist nach Auffassung des BAG und der hM für den Gemeinschaftsbetrieb ein Wirtschaftsausschuss nach § 106 (analog) auch dann zu bilden, wenn keines der am Gemeinschaftsbetrieb beteiligten Unternehmen für sich alleine diese Beschäftigtenzahl erreicht[9]. Hinsichtlich des Schwellenwertes von 100 ständig beschäftigten ArbN sind die in dem Gemeinschaftsbetrieb beschäftigten ArbN der beteiligten Unternehmen also zusammenzurechnen. Die Unterrichtungspflicht gegenüber dem Wirtschaftsausschuss nach § 106 Abs. 2 trifft alle am Gemeinschaftsbetrieb beteiligten Unternehmen, wobei **jedes Unternehmen über seine wirtschaftlichen Angelegenheiten zu berichten** hat[10]. Das BAG begründet die analoge Anwendung des § 106 mit dem Vorliegen einer planwidrigen Regelungslücke, da dem Gesetzgeber der Fall eines mehreren Unternehmen zuzuordnenden einheitlichen Be-

---

1 BAG v. 5.10.2000 – 1 ABR 14/00, AP Nr. 69 zu § 118 BetrVG 1972. |2 DKK/*Däubler*, § 106 BetrVG Rz. 8 ff.; *Schweibert* in Willemsen/Hohenstatt/Schweibert/Seibt, Rz. C 396. |3 BAG v. 7.4.2004 – 7 ABR 41/03; GK-BetrVG/*Fabricius/Oetker*, 7. Aufl. 2002, § 106 Rz. 21; MünchArbR/*Joost*, § 319 Rz. 4; *Picot/Schnitker*, Arbeitsrecht bei Unternehmenskauf und Restrukturierung, 2001, Teil III Rz. 81; Richardi/*Richardi/Annuß*, § 106 BetrVG Rz. 11; aA DKK/*Däubler*, § 106 BetrVG Rz. 13a; GK-BetrVG/*Fabricius*, 6. Aufl. 1998, § 106 Rz. 5; vgl. auch LAG Frankfurt v. 17.8.1993 – 4 TaBV 61/93, DB 1994, 1248 = BB 94, 717 für den Fall des Absinkens des Belegschaftsstärke im Betrieb (§ 13 Abs. 2 Nr. 1), ohne dass erkennbar wäre, ob in dem zugrunde liegenden Fall auch der Schwellenwert nach § 106 Abs. 1 unterschritten wurde. |4 GK-BetrVG/*Fabricius/Oetker*, § 106 Rz. 21; *Gaul*, DB 1995, 2265; MünchArbR/*Joost*, § 319 Rz. 4; Kallmeyer/Willemsen, § 325 UmwG Rz. 12. |5 DKK/*Däubler*, § 106 BetrVG Rz. 16; MünchArbR/*Joost*, § 319 Rz. 4. |6 BAG v. 31.10.1975 – 1 ABR 4/74, AP Nr. 2 zu § 106 BetrVG 1972 unter II 4; v. 1.10.1974 – 1 ABR 77/73, AP Nr. 1 zu § 106 BetrVG 1972 unter II 1 c; GK-BetrVG/*Fabricius/Oetker*, § 106 Rz. 14 f.; *Fitting*, § 106 BetrVG Rz. 15. |7 BAG v. 31.10.1975 – 1 ABR 4/74, AP Nr. 2 zu § 106 BetrVG 1972 unter II 4; v. 1.10.1974 – 1 ABR 77/73, AP Nr. 1 zu § 106 BetrVG 1972 unter II 1 c, d; weiter gehend MünchArbR/*Joost*, § 319 Rz. 10 f.; *Schweibert* in Willemsen/Hohenstatt/Schweibert/Seibt, Rz. C 398. |8 BAG v. 31.10.1975 – 1 ABR 4/74, AP Nr. 2 zu § 106 BetrVG 1972 unter II 4. |9 BAG v. 1.8.1990, AP Nr. 8 zu § 106 BetrVG 1972 unter II 2; *Fitting*, § 106 BetrVG Rz. 19 ff.; *Fitting*, § 106 BetrVG Rz. 13; ErfK/*Kania*, § 106 BetrVG Rz. 2; MünchArbR/*Joost*, § 319 Rz. 6 f.; *Löwisch/Kaiser*, § 106 BetrVG Rz. 3; *Schweibert* in Willemsen/Hohenstatt/Schweibert/Seibt, Rz. C 397; aA Richardi/Richardi/*Annuß*, § 106 BetrVG Rz. 8, 12, wonach es im Hinblick auf §§ 1 Abs. 1 Satz 2, 47 Abs. 9 an einer Regelungslücke für die analoge Anwendung des § 106 fehle. |10 Vgl. BAG v. 1.8.1990, AP Nr. 8 zu § 106 BetrVG 1972 unter II 2 c; DKK/*Däubler*, § 106 BetrVG Rz. 20.

triebs bei Gesetzeserlass noch nicht bekannt gewesen sei[1]. Diese Begründung ist nach der jüngsten Reform des BetrVG durch das BetrVerf-Reformgesetz vom 23.7.2001[2] zweifelhaft geworden, da der Gesetzgeber die Fallkonstellation des gemeinsamen Betriebs mehrerer Unternehmen nunmehr ausdrücklich in §§ 1 Abs. 1 Satz 2 und Abs. 2 sowie 47 Abs. 9 regelt und von einer planwidrigen Regelungslücke daher kaum mehr gesprochen werden kann. In dogmatischer Hinsicht wird teilweise vertreten, den Gemeinschaftsbetrieb als eine selbständige Einheit (zB in Form der BGB-Gesellschaft, § 705 BGB)[3] zu erfassen, die einem Unternehmen iSd. § 106 Abs. 1 gleichzustellen ist[4]. Konsequenterweise dürften sich dann aber die Rechte des Wirtschaftsausschusses nur auf die wirtschaftlichen Angelegenheiten des „Unternehmens Gemeinschaftsbetrieb" beziehen und nicht auf die der Unternehmen, welche den Gemeinschaftsbetrieb führen. Daher fiele zB die Erläuterung des Jahresabschlusses nach § 108 Abs. 5 weg, da der Gemeinschaftsbetrieb keinen Jahresabschluss erstellt. Dieser Ansatz überzeugt daher letztlich nicht. Insgesamt steht eine überzeugende dogmatische Lösung der hier aufgeworfenen Frage noch aus. Die Auffassung des BAG und der hM lässt sich heute am ehesten mit dem Charakter der Wirtschaftsausschusses als Hilfsorgan des BR (s.o. Rz. 10) begründen: Ist die Bildung eines BR im Gemeinschaftsbetrieb anerkannt, so liegt es nahe, auch die Bildung eines Wirtschaftsausschusses im Gemeinschaftsbetrieb bei Überschreiten des Schwellenwerts *in diesem* zuzulassen[5].

Haben die am Gemeinschaftsbetrieb beteiligten Unternehmen **weitere Betriebe** und überschreiten sie den Schwellenwert, ist nicht im Gemeinschaftsbetrieb, sondern in den beteiligten Unternehmen selbst jeweils ein Wirtschaftsausschuss zu errichten (und zwar im Regelfall vom GesamtBR, es sei denn, es existiert nur ein BR – vgl. § 107 Rz. 14 f.)[6]. Dabei ist zu beachten, dass alle ArbN des Gemeinschaftsbetriebs bei jedem Unternehmen mitzählen[7]. 28

d) Abweichend vereinbarte Betriebsverfassungsstrukturen (§ 3 Abs. 1 Nr. 1 bis 3). Wenn gemäß § 3 Abs. 1 Nr. 1 die Bildung eines unternehmenseinheitlichen BR (lit. a) oder eines einheitlichen BR für mehrere Betriebe (lit. b) vereinbart werden, bleibt die von § 106 Abs. 1 vorgesehene Anknüpfung des Wirtschaftsausschusses an das Unternehmen möglich, so dass hinsichtlich dessen Bildung keine Besonderheiten gelten. 29

Wird hingegen gemäß § 3 Abs. 1 Nr. 2 oder 3 die Bildung unternehmensübergreifender BR vereinbart, so gelten die dadurch gebildeten Organisationseinheiten gemäß § 3 Abs. 5 Satz 1 als Betriebe iSd. Gesetzes. Die daran beteiligten Unternehmen dürften also so zu behandeln sein, als würden sie einen gemeinsamen Betrieb unterhalten. Hinsichtlich der Errichtung des Wirtschaftsausschusses finden daher wohl die zum Gemeinschaftsbetrieb mehrerer Unternehmen dargestellten Grundsätze entsprechende Anwendung (s.o. Rz. 27 f.). Die in der vereinbarten Betriebsverfassungsstruktur beschäftigten ArbN der beteiligten Unternehmen sind zusammenzuzählen. 30

III. Unterrichtspflicht des Unternehmers (Abs. 2). Nach Abs. 2 hat der Unternehmer (ArbGeb) den Wirtschaftsausschuss über die wirtschaftlichen Angelegenheiten des Unternehmens und die sich daraus ergebenden Auswirkungen auf die Personalplanung unter Vorlage der erforderlichen Unterlagen zu unterrichten, es sei denn, Betriebs- oder Geschäftsgeheimnisse werden gefährdet. Träger der Pflicht ist der Unternehmer, also der ArbGeb (s.o. Rz. 16). Unternehmer ist bei Einzelfirmen der Inhaber, bei juristischen Personen sind dies die Mitglieder des gesetzlichen Vertretungsorgans und bei anderen Personengesamtheiten die zur Vertretung oder Geschäftsführung berufenen Personen (vgl. § 108 Rz. 11)[8]. 31

§§ 14, 15 WpHG als solche **vermögen keine Ausnahme von der Unterrichtungspflicht** nach § 106 Abs. 2 zu begründen[9]. Das Verbot, einem anderen eine Insidertatsache (§ 13 Abs. 1 WpHG) unbefugt mitzuteilen oder zugänglich zu machen (§ 14 Abs. 1 Nr. 2 WpHG), wird durch die Unterrichtung des Wirtschaftsausschusses über wirtschaftliche Angelegenheiten nicht verletzt, da die Informationsweitergabe gesetzlich vorgeschrieben (§ 106 Abs. 2) und damit nicht „unbefugt" ist[10]. Ferner liegt in der Unterrichtung des Wirtschaftsausschusses kein Verstoß gegen das Verbot der anderweitigen (Vorab-)Veröffentlichung von Tatsachen, die der Ad-hoc-Publizitätspflicht unterliegen (§ 15 Abs. 3 Satz 2 WpHG)[11]. Für die Mitglieder des Wirtschaftsausschusses gilt es aber zu beachten, dass sie durch die Unterrichtung über Insidertatsachen selbst zu Insidern werden und dem strafbewehrten (§ 38 Abs. 1 Nr. 2 WpHG) Verbot der unbefugten Weitergabe von Insidertatsachen gemäß § 14 Abs. 1 Nr. 2 WpHG unterliegen[12]. 32

---

1 BAG v. 1.8.1990, AP Nr. 8 zu § 106 BetrVG 1972 unter II 2 b. |2 BGBl. I S. 1852. |3 Vgl. BAG v. 27.3.1981 – 7 AZR 523/78, AP Nr. 1 zu § 611 BGB–Arbeitgebergruppe unter I 1 c; Hess. LAG v. 17.7.2001 – 4 Sa 491/00, BB 2002, 1421 (1424). |4 IdS GK-BetrVG/*Fabricius/Oetker*, § 106 Rz. 12, 26. |5 IdS bereits BAG v. 1.8.1990, AP Nr. 8 zu § 106 BetrVG 1972 unter II 2 c; *Löwisch/Kaiser*, § 106 BetrVG Rz. 3. |6 DKK/*Däubler*, § 106 BetrVG Rz. 19a; *Fitting*, § 106 BetrVG Rz. 13; *Schweibert* in Willemsen/Hohenstatt/Schweibert/Seibt, Rz. C 397; so wohl auch BAG v. 1.8.1990, AP Nr. 8 zu § 106 BetrVG 1972 unter II 2 c. |7 *Fitting*, § 106 BetrVG Rz. 13; *Schweibert* in Willemsen/Hohenstatt/Schweibert/Seibt, Rz. C 397. |8 GK-BetrVG/*Fabricius/Oetker*, § 106 Rz. 103.
|9 DKK/*Däubler*, § 106 BetrVG Rz. 55; *Fitting*, § 106 BetrVG Rz. 29; *Kappes*, NJW 1995, 2832; *Schleifer/Kliemt*, DB 1995, 2214 ff. |10 GK-BetrVG/*Fabricius/Oetker*, § 106 Rz. 84; *Kappes*, NJW 1995, 2832; *Schleifer/Kliemt*, DB 1995, 2214 (2216 f.). |11 *Schleifer/Kliemt*, DB 1995, 2214 (2217 f.). |12 DKK/*Däubler*, § 106 BetrVG Rz. 55; *Fischer*, DB 1998, 2606 (2607); *Kappes*, NJW 1995, 2832; *Richardi/Richardi/Annuß*, § 106 BetrVG Rz. 21; *Schleifer/Kliemt*, DB 1995, 2214 (2219).

33 **1. Rechtzeitige und umfassende Unterrichtung des Wirtschaftsausschusses.** Die Verpflichtung, den Wirtschaftsauschuss rechtzeitig und umfassend zu unterrichten, soll sicherstellen, dass der Wirtschaftsausschuss und der von ihm unterrichtete BR (Gesamtbetriebsrat) Einfluss auf die Gesamtplanung nehmen kann, weil sich die Gesamtplanung in der Regel auch auf die Personalplanung auswirkt[1].

34 **Rechtzeitig** ist die Unterrichtung also, wenn der Unternehmer den Wirtschaftsausschuss **vor** geplanten unternehmerischen **Entscheidungen** und sonstigen Vorhaben so frühzeitig informiert, dass dieser und der von ihm unterrichtete BR bzw. GesamtBR durch ihre Stellungnahmen und eigenen Vorschläge noch Einfluss auf die Gesamtplanung und die einzelnen Vorhaben nehmen können[2]. Der **Wirtschaftsausschuss muss vor dem BR** unterrichtet werden (vgl. oben Rz. 12). Daraus folgt für die Praxis, dass der Wirtschaftsausschuss im Falle von geplanten Betriebsänderungen iSd. § 111 auf keinen Fall erst nach dem BR unterrichtet werden kann. Dies wäre ein klarer Gesetzesverstoß, der ein Ordnungswidrigkeitenverfahren nach § 121 nach sich ziehen kann. Möglich ist es allerdings, die Beteiligung des BR vorzuziehen und ihn zeitgleich mit dem Wirtschaftsausschuss zu unterrichten (vgl. unten Rz. 84). Verspätet ist die Unterrichtung ferner, wenn das zuständige Unternehmensorgan (Geschäftsführung, Vorstand, Aufsichtsrat) die Entscheidung bereits beschlossen hat und der Wirtschaftsausschuss vor vollendete Tatsachen gestellt wird[3]. Bei der **Formulierung von Aufsichtsratbeschlüssen** sollte hierauf besonders geachtet werden, da dem Vorstand ansonsten ein Ordnungswidrigkeitenverfahren nach § 121 droht. Die Unterrichtungspflicht besteht jedoch **nicht** im Stadium **bloßer Gedankenspiele und Vorüberlegungen** (zB Erarbeitung von Diskussionsmodellen), in dem sich noch keine gangbaren Handlungsalternative herausgebildet haben[4]. Bereits aus den Begriffen „unterrichten" und „beraten" folgt, dass dem Wirtschaftsausschuss nur ein Vorgang zur Kenntnis zu geben ist, den der Unternehmer bereits reflektiert hat[5]. Der Übergang zwischen den Phasen ist allerdings fließend, was zu entsprechender **Rechtsunsicherheit** führt. Vor diesem Hintergrund kann es sich aus Unternehmersicht unter Umständen empfehlen, zunächst eine (kleine) Kommission einzusetzen, die alle in Betracht kommenden Lösungsmöglichkeiten **unverbindlich sondiert** und anschließend der Geschäftsführung Bericht erstattet. Zusammenfassend setzt die Unterrichtungspflicht des Unternehmers nach Abs. 2 ein, wenn der Unternehmer einen Entschluss über das „Ob" der wirtschaftlichen Angelegenheit bzw. Maßnahme **im Grundsatz** (dh. noch nicht abschließend, sondern vorbehaltlich der Beratung mit ArbN-Vertretungen und sonstigen zuständigen Organen, Gremien und Stellen) gefasst hat und sich die Willensbildung hinsichtlich des „Wie" zu konkreten Handlungsoptionen und -konzeptionen verdichtet, dh. eine Vorauswahl realistischer Handlungsalternativen getroffen wurde. Die Geschäftsleitung des Unternehmens kann daher zunächst für sich die Durchführbarkeit der ins Auge gefassten Maßnahme prüfen und den Wirtschaftsausschuss erst dann unterrichten, wenn die Vorüberlegungen abgeschlossen sind[6].

35 Die Unterrichtungspflicht nach Abs. 2 kann bereits **vor** der **Ad-hoc-Publizitätsverpflichtung** gemäß § 15 WpHG bestehen, welche besteht, wenn eine neue nicht öffentlich bekannte Tatsache im Tätigkeitsbereich der Gesellschaft eingetreten ist, die wegen der Auswirkungen auf die Vermögens- oder Finanzlage oder auf den allgemeinen Geschäftsverlauf der Gesellschaft geeignet ist, den Börsenpreis der Wertpapiere erheblich zu beeinflussen[7].

36 Die Mitglieder des Wirtschaftsausschusses müssen die Möglichkeit haben, sich in gleicher Weise wie der Unternehmer auf die Sitzungen des Wirtschaftsausschusses, in denen die Beratungen mit dem Unternehmer stattfinden (vgl. § 108 Abs. 2), vorzubereiten. Zu diesem Zweck kommen vorbereitende „Informationssitzungen" des Wirtschafsausschusses vor der eigentlichen Beratung der Angelegenheit in Betracht (vgl. § 108 Rz. 15).

37 **Umfassend** ist die Unterrichtung, wenn der Wirtschaftsausschuss alle **Informationen über die wirtschaftliche Angelegenheit** und die **Darstellung der Auswirkungen auf** die **Personalplanung** erhält, die für eine sinnvolle Beratung der wirtschaftlichen Angelegenheit und die Unterbreitung eigener Vorschläge erforderlich sind[8] (zum Begriff der Personalplanung § 92 Rz. 2 ff.). Gegenstand der Unterrichtung sind die Maßnahme, ihre Auswirkungen und ihre Gründe[9]. Abgesehen davon hat der Unternehmer dem Wirtschaftsausschuss gemäß **§ 108 Abs. 5** den **Jahresabschluss** unter Beteiligung des BR zu erläutern. Die Informationen müssen verständlich sein[10].

---

1 BAG v. 20.11.1984 – 1 ABR 64/82, AP Nr. 3 zu § 106 BetrVG 1972 unter B II 2 a. | 2 BAG v. 22.1.1991 – 1 ABR 38/89, AP Nr. 9 zu § 106 BetrVG 1972 unter B II 2; *Fitting*, § 106 BetrVG Rz. 22; *Löwisch/Kaiser*, § 106 BetrVG Rz. 12; *Richardi/Annuß*, § 106 BetrVG Rz. 24. | 3 DKK, § 106 BetrVG Rz. 41; ErfK/*Kania*, § 106 BetrVG Rz. 4; *Schweibert* in Willemsen/Hohenstatt/Schweibert/Seibt, Rz. C 401. | 4 Ebenso GK-BetrVG/*Fabricius/Oetker*, § 106 Rz. 82; *Röder/Göpfert*, BB 1997, 2105 (2107); *Keim*, BB 1980, 1330; *Löwisch/Kaiser*, § 106 BetrVG Rz. 12. | 5 Vgl. GK-BetrVG/*Fabricius/Oetker*, § 106 Rz. 82; *Keim*, BB 1980, 1330. | 6 *Röder/Göpfert*, BB 1997, 2105 (2107); näher dazu auch *Ziegler/Wolff* in Jaeger/Röder/Heckelmann, Kapitel 27 Rz. 37 ff. | 7 *Fitting*, § 106 BetrVG Rz. 22; *Löwisch/Kaiser*, § 106 BetrVG Rz. 12; *Schleifer/Kliemt*, DB 1995, 2214 (2218). | 8 *Fitting*, § 106 BetrVG Rz. 23; ErfK/*Kania*, § 106 BetrVG Rz. 5. | 9 *Fitting*, § 106 BetrVG Rz. 23; *Richardi/Richardi/Annuß*, § 106 BetrVG Rz. 25. | 10 GK-BetrVG/*Fabricius/Oetker*, § 106 Rz. 86; *Schweibert* in Willemsen/Hohenstatt/Schweibert/Seibt, Rz. C 402; vgl. auch BAG v. 17.3.1987 – 1 ABR 59/85, AP Nr. 29 zu § 80 BetrVG 1972 unter IV.

Da die Leitung des Unternehmens und der Betriebe Sache des ArbGeb ist (§ 77 Abs. 1 Satz 2) und in den Bereich der grundrechtlich geschützten Unternehmerfreiheit (Art. 12 Abs. 1 GG) fällt, kann sich der Umfang der Unterrichtungspflicht nicht auf alle Bagatellangelegenheiten und ständig wiederkehrende Vorgänge ohne wesentliche Bedeutung beziehen, sonst würde der Unternehmer unverhältnismäßig in der Unternehmensleitung beeinträchtigt. Daher hat der Unternehmer den Wirtschaftsausschuss nur über **wirtschaftliche Angelegenheiten iSd. Abs. 3** zu unterrichten, die **von einiger Erheblichkeit** sind bzw. Vorgänge und Vorhaben darstellen, **welche die Interessen der ArbN des Unternehmens wesentlich berühren können**[1] (vgl. die Generalklausel des Abs. 3 Nr. 10 – näher zu „wirtschaftlichen Angelegenheiten" unten Rz. 55 ff.). Zur umfassenden Unterrichtung gehört also **nicht** die Information über jede Geschäftsführungstätigkeit und insb. über „**Geschäfte der laufenden Verwaltung**", dh. regelmäßig wiederkehrende Geschäfte ohne wesentliche Bedeutung[2]. Die Unterrichtungspflicht und ihr Umfang stehen unter dem Vorbehalt des Grundsatzes von Treu und Glauben (§ 242 BGB) sowie dessen betriebsverfassungsrechtlicher Ausprägung, dem Grundsatz der vertrauensvollen Zusammenarbeit (§ 2 Abs. 1). Der Pflicht zur umfassenden Unterrichtung ist also Rechnung getragen, wenn der ArbGeb in zumutbarer Weise Auskunft erteilt hat, so dass sich der Wirtschaftsausschuss ein eigenes Bild über die betreffende wirtschaftliche Angelegenheit machen kann und ggf. gezielt nachfragen kann.

38

Mangels besonderer Formvorschrift ist die Unterrichtung **nicht** an eine **bestimmte Form** gebunden und kann daher mündlich, schriftlich oder in sonstiger Weise (zB per E-Mail) erfolgen[3]. Sofern Streit zwischen den Betriebsparteien über die Ordnungsmäßigkeit der Unterrichtung zu erwarten ist, kann es sich allerdings aus Beweisgründen empfehlen, die Unterrichtung schriftlich vorzunehmen.

39

Keine Aussage trifft das Gesetz, in welcher **Sprache** der Wirtschaftsausschuss zu unterrichten ist. Die Unterrichtungspflicht kann grundsätzlich in deutscher Sprache erfüllt werden (vgl. auch § 110 Rz. 14)[4]; denn Erklärungen im Rahmen von Rechtsverhältnissen, die deutschem Recht unterliegen, können generell in deutscher Sprache wirksam abgegeben werden, sofern nicht Ausnahmevorschriften bestehen (wie zB § 11 Abs. 2 Satz 2 AÜG; § 2 Abs. 5 WO zum BetrVG; § 16 Abs. 1 Satz 3 EBRG. Außerdem folgt dies auch aus § 184 GVG, wonach Gerichtssprache deutsch ist. Sofern alle Mitglieder des Wirtschaftsausschusses eine andere Sprache verstehen, kann die Unterrichtung allerdings auch in der anderen Sprache erfolgen[5]. Ausnahmsweise kann eine Pflicht zur Übersetzung in eine andere Sprache aus dem Grundsatz von Treu und Glauben (§ 242 BGB) bzw. seinem betriebsverfassungsrechtlichen Pendant, dem Grundsatz der vertrauensvollen Zusammenarbeit (§ 2 Abs. 1), folgen, etwa wenn in einem amerikanischen Unternehmen nur Englisch sprechende Wirtschaftsausschussmitglieder vorhanden sind[6].

40

2. Vorlage der erforderlichen Unterlagen. Der Unternehmer hat dem Wirtschaftsausschuss die erforderlichen Unterlagen **unaufgefordert** vorzulegen; anders als bei § 80 Abs. 2 bedarf es eines ausdrücklichen Verlangens des Wirtschaftsausschusses nicht. Allerdings wird die Vorlagepflicht im Hinblick auf die Primärzuständigkeit der Einigungsstelle hinsichtlich Streitigkeiten über den Umfang der Unterrichtungs- und Vorlagepflicht (s.u. Rz. 87; § 109 Rz. 1) praktisch erst virulent, wenn der Wirtschaftsausschuss die Vorlage bestimmter Unterlagen verlangt (vgl. § 109 Satz 1).

41

Zu welchem **Zeitpunkt** der Unternehmer den Mitgliedern des Wirtschaftsausschusses die erforderlichen **Unterlagen vorzulegen** hat, hängt von den Angelegenheiten ab, die mit dem Unternehmer beraten werden sollen. Handelt es sich um Entwicklungen und Prognosen, die nur anhand umfangreicher Daten und Zahlen beurteilt werden können, sind die Unterlagen schon vor der Sitzung vorzulegen[7].

42

Die Vorlagepflicht bezieht sich nur auf **vorhandene oder jederzeit leicht erstellbare** Unterlagen[8] (vgl. § 80 Rz. 98). Der Wirtschaftsausschuss kann auch verlangen, dass bereits in einem Datenspeicher vorhandene Daten abgerufen und ausgedruckt werden. Sofern es nicht auf die Authentizität der Unterlagen ankommt, kann der Unternehmer statt des Originals auch Kopien der Unterlagen überreichen bzw. die Unterlagen als Dateien auf einer Diskette oder als Anhang zu einer E-Mail zur Verfügung stellen.

43

Was mit **Vorlage** der **erforderlichen** Unterlagen gemeint ist, hängt ebenso wie der Zeitpunkt der Vorlage (dazu oben Rz. 42) von der **jeweiligen Fallgestaltung** und namentlich von der Komplexität des Beratungsthemas ab. Wie bei § 111 besteht **keine Pflicht zur Vorlage von Dokumenten**, die im Rahmen von **Vorüberlegungen** des ArbGeb erstellt worden sind, unabhängig davon, ob es sich um interne Überlegun-

44

---

1 Vgl. Richardi/*Richardi/Annuß*, § 106 BetrVG Rz. 21. | 2 Ebenso GK-BetrVG/*Fabricius/Oetker*, § 106 Rz. 40; Fitting, § 106 BetrVG Rz. 34; Löwisch/Kaiser, § 106 BetrVG Rz. 10, 32; Richardi/*Richardi/Annuß*, § 106 BetrVG Rz. 38. | 3 LAG BW v. 22.11.1985 – 5 TaBV 6/85, DB 1986, 334; ABG Hamburg v. 19.6.2002 – 23 BV 1/02, ZIP 2003, 132 (134); GK-BetrVG/*Fabricius/Oetker*, § 106 Rz. 85; *Rumpff/Boewer*, Mitbestimmung in wirtschaftlichen Angelegenheiten, G Rz. 25; aA DKK/*Däubler*, § 106 BetrVG Rz. 49: schriftlich. | 4 Zutr. Diller/*Powietzka*, DB 2000, 718 (719); vgl. auch Fitting, § 80 BetrVG Rz. 56; *Grobys* in Geibel/Süßmann, WpÜG, 2002, § 10 Rz. 95; aA DKK/*Däubler*, § 106 BetrVG Rz. 44. | 5 Vgl. für § 613a Abs. 5 BGB Willemsen/Lembke, NJW 2002, 1159, 1163 Fn. 58; generell zum „Sprachrisiko" Küttner/*Bauer*, Personalbuch 2003, Ausländer Rz. 7 ff. | 6 Vgl. – wenn auch zu weitgehend – ArbG Frankfurt v. 5.3.1997 – 14 BV 170/96, AiB 1998, 524 (525). | 7 BAG v. 20.11.1984 – 1 ABR 64/82, AP Nr. 3 zu § 106 BetrVG 1972 unter B II 2 b. | 8 GK-BetrVG/*Fabricius/Oetker*, § 106 Rz. 89; ErfK/*Kania*, § 106 BetrVG Rz. 6 iVm. § 80 BetrVG Rz. 24; vgl. auch BAG v. 7.8.1986 – 6 ABR 77/83, AP Nr. 25 zu § 80 BetrVG 1972, Ls. 2; v. 6.5.2003 – 1 ABR 13/02, DB 2003, 2445 (2447); GK-BetrVG/*Kraft*, § 80 Rz. 82 f.

gen handelt oder ob ein externes Beratungsunternehmen eingeschaltet wurde (vgl. oben Rz. 34; § 111 Rz. 60). Um eine gründliche Vorbereitung zu ermöglichen, kann der Unternehmer verpflichtet sein, die Unterlagen den Mitgliedern des Wirtschaftsausschusses **zeitweise**, dh. soweit zur Vorbereitung auf die Sitzung erforderlich, zu **überlassen**. Geht es zB um schwer zu beurteilende Entwicklungen und Prognosen, um umfangreiches Zahlenmaterial oder um eine Vielzahl von Daten, ist es nach Auffassung des BAG den Wirtschaftsausschussmitgliedern nicht zuzumuten, die Unterlagen nur in Gegenwart des ArbGeb einsehen zu können; vielmehr muss der ArbGeb sie zeitweise aus der Hand geben[1].

45 Allerdings sind die Unterlagen nur für die Dauer der Vorbereitung zu überlassen. Das berechtigt die Mitglieder des Wirtschaftsausschusses **nicht**, von den überlassenen Unterlagen – über zur Vorbereitung erforderliche Notizen hinausgehende – Abschriften oder **Kopien** anzufertigen[2]. Nach Abschluss der Vorbereitung sind die überlassenen Unterlagen wieder zurückzugeben[3]. Falls sich die Sitzung des Wirtschaftsausschusses unmittelbar an die Vorbereitung anschließt, genügt die Rückgabe der Unterlagen am Ende der Sitzung[4].

46 Gemäß § 106 Abs. 2 vorzulegende **Unterlagen** müssen einen **Bezug zu den in Abs. 3 genannten wirtschaftlichen Angelegenheiten** haben. Unerheblich ist, ob der Unternehmer selbst oder Dritte sie angefertigt haben[5]. Derartige Unterlagen sind zB der Jahresabschluss und der Wirtschaftsprüfungsbericht (s.u. Rz. 59) oder der vom Unternehmer genutzte Bericht einer Unternehmensberatung[6]. Nicht vorzulegen sind hingegen Dokumente, die einer Unternehmensberatung zur Erstellung eines Berichts zugänglich gemacht wurden, da sich dieser Vorgang noch im Vorfeldstadium zu etwaigen wirtschaftlichen Angelegenheiten iSd. Abs. 3 bewegt (vgl. oben Rz. 34). Angesichts des weit gefassten und nicht abschließenden Katalogs wird es allerdings eher die Ausnahme darstellen, dass in Unternehmen erstellte, vorhandene und benutzte Unterlagen keinen Bezug zu wirtschaftlichen Angelegenheiten iSd. Abs. 3 aufweisen[7]. Ob und inwieweit diese Unterlagen jeweils vorzulegen sind, ist eine Frage der Erforderlichkeit oder der Geheimhaltungsbedürftigkeit, über die im Streitfall die Einigungsstelle nach § 109 zu entscheiden hat[8].

47 An der **Erforderlichkeit** der Vorlage von (bestimmten) Unterlagen fehlt es, wenn der Wirtschaftsausschuss ausreichende Kenntnis von den in den Unterlagen enthaltenen Tatsachen hat oder wenn es „mildere Mittel" zur Informationsbeschaffung gibt, dh. wenn sich der Wirtschaftsausschuss die Informationen mit zumutbarem Aufwand auf andere Weise (zB aus allgemein zugänglichen Quellen) beschaffen kann. Maßstab für die Erforderlichkeit ist der Standpunkt eines vernünftigen Dritten, der die Interessen des Betriebs, Unternehmens, des Wirtschaftsausschusses bzw. BR und der ArbN gegeneinander abwägt.

48 **3. Grenze: Gefährdung von Betriebs- oder Geschäftsgeheimnissen.** Die Pflicht des Unternehmers (ArbGeb) zur Unterrichtung und Vorlage von Unterlagen findet dort ihre Grenze, wo durch die Unterrichtung des Wirtschaftsausschusses Betriebs- und Geschäftsgeheimnisse gefährdet werden (Abs. 2). Trotz des Wortlauts („und") dürfte eine Gefährdung von Betriebsgeheimnissen **oder** Geschäftsgeheimnissen ausreichen, denn sonst würde der Schutzzweck der Schrankenregelung vereitelt (vgl. auch § 32 Abs. 1 SprAuG, § 43 Abs. 2 Satz 2). Zur Verweigerung der Unterrichtung ist der Unternehmer auch berechtigt, soweit vertraglich geheim zu haltende Betriebs- oder Geschäftsgeheimnisse von Geschäftspartnern gefährdet sind[9].

49 Die Entscheidung, ob durch die Auskunft trotz der Verschwiegenheitspflicht nach § 79 Abs. 2 ein Betriebs- oder Geschäftsgeheimnis gefährdet wird, trifft der ArbGeb nach pflichtgemäßem Ermessen[10]. In Streitfällen entscheidet zunächst die Einigungsstelle (§ 109) und dann ggf. das ArbG (s.u. Rz. 87). Gegenüber der Einigungsstelle genügt es, wenn der Unternehmer glaubhaft macht, dass eine Auskunft ein Betriebs- oder Geschäftsgeheimnis gefährden wird[11].

50 **Betriebs- und Geschäftsgeheimnisse** sind Tatsachen, Erkenntnisse und Unterlagen, die im Zusammenhang mit einem Geschäftsbetriebs stehen, nicht offenkundig sind, nur einem eng begrenzten Personenkreis bekannt sind, nach dem bekundeten Willen des Unternehmers (ArbGeb) geheim gehalten werden sollen und an deren Geheimhaltung der Unternehmer ein berechtigtes Interesse hat; Betriebsgeheimnisse beziehen sich auf den technischen Arbeitsablauf und Geschäftsgeheimnisse auf den kaufmännischen Bereich bzw. die wirtschaftliche Betätigung des Unternehmens[12] (vgl. § 79 Rz. 7 ff.). In der Praxis hat das Merkmal der Offenkundigkeit zentrale Bedeutung. Sie wird bereits bejaht, wenn es um Tatsachen geht, die ein Interessierter ohne besondere Schwierigkeiten und Mühen in Erfahrung brin-

---

[1] Zum Ganzen BAG v. 20.11.1984 – 1 ABR 64/82, AP Nr. 3 zu § 106 BetrVG 1972 unter B II 3; *Fitting*, § 106 BetrVG Rz. 27; Richardi/*Richardi/Annuß*, § 106 BetrVG Rz. 30. | [2] BAG v. 20.11.1984 – 1 ABR 64/82, AP Nr. 3 zu § 106 BetrVG 1972 unter B II 4; DKK/*Däubler*, § 106 BetrVG Rz. 46; Richardi/*Richardi/Annuß*, § 106 BetrVG Rz. 31. | [3] BAG v. 20.11.1984 – 1 ABR 64/82, AP Nr. 3 zu § 106 BetrVG 1972 unter B II 4. | [4] Zutr. DKK/*Däubler*, § 106 BetrVG Rz. 47. | [5] Hess. LAG v. 19.3.1996 – 4 TaBV 12/96, AiB 1996, 668; *Fitting*, § 106 BetrVG Rz. 25. | [6] DKK/*Däubler*, § 106 BetrVG Rz. 48; *Fitting*, § 106 BetrVG Rz. 25. | [7] BAG v. 17.9.1991 – 1 ABR 74/90, AP Nr. 13 zu § 106 BetrVG 1972 unter B II 2. | [8] BAG v. 17.9.1991 – 1 ABR 74/90, AP Nr. 13 zu § 106 BetrVG 1972 unter B II 2. | [9] *Fitting*, § 106 BetrVG Rz. 30. | [10] OLG Karlsruhe v. 7.6.1985 – 1 Ss 68/85, AP Nr. 1 zu § 121 BetrVG 1972 unter 2 a; ErfK/*Kania*, § 106 BetrVG Rz. 6; *Löwisch/Kaiser*, § 106 BetrVG Rz. 14; Richardi/*Richardi/Annuß*, § 106 BetrVG Rz. 35. | [11] MünchArbR/*Joost*, § 319 Rz. 130. | [12] Küttner/*Kreitner*, Personalbuch 2003, Betriebsgeheimnis Rz. 2; GK-BetrVG/*Oetker*, § 79 Rz. 8, je mwN; *Richters/Wodtke*, NZA-RR 2003, 281.

gen kann[1]. Betriebsgeheimnisse können beispielsweise sein: Erfindungen; Herstellungsverfahren; Versuchsprotokolle; Rezepturen. Geschäftsgeheimnisse können zB sein: Kalkulationsunterlagen, Kundenlisten, Bezugsquellen, Planungen, beabsichtigte, eingeleitete oder abgeschlossene Verhandlungen, Liquidität des Unternehmens, Auftragslage, Höhe des Umsatzes usw[2]. Wirtschaftliche Angelegenheiten nach Abs. 3 betreffen daher oftmals Betriebs- oder Geschäftsgeheimnisse. Die Unterrichtungspflicht des Unternehmers nach Abs. 2 ist jedoch nur ausgeschlossen, soweit durch die Unterrichtung bzw. Vorlage von Unterlagen eine Gefährdung von Betriebs- oder Geschäftsgeheimnissen eintritt.

Eine derartige Gefährdung kommt nur in **Ausnahmefällen** in Betracht, etwa wenn die **konkrete Befürchtung** besteht, dass **Informationen** von Mitgliedern des Wirtschaftsausschusses trotz der auferlegten Verschwiegenheitspflicht (§§ 79, 107 Abs. 3 Satz 4) **weitergegeben werden**[3], oder wenn es sonst an der Zuverlässigkeit eines oder mehrerer Mitglieder des Wirtschaftsausschusses, des von diesem unterrichteten BR oder des gemäß § 31 zugezogenen Gewerkschaftsbeauftragten fehlt. Letzteres kann zB der Fall sein, wenn der hinzugezogene Gewerkschaftsbeauftragte zugleich Aufsichtsratsmitglied eines gewerkschaftseigenen oder mit der Gewerkschaft wirtschaftlich eng verflochtenen Wirtschaftsunternehmens ist, das mit dem unterrichtungspflichtigen Unternehmer in Konkurrenz steht[4]. Im Übrigen wird diese Fallgruppe einschlägig sein, wenn eine der vorgenannten Personen bereits in der Vergangenheit einmal ein Betriebs- oder Geschäftsgeheimnis unbefugt weitergegeben hat[5]. 51

Eine Gefährdung liegt unabhängig von konkreten Verdachtsmomenten für einen drohenden Geheimnisbruch ferner vor, wenn **Betriebs- und Geschäftsgeheimnisse von so überragender Bedeutung** betroffen sind, dass auch schon die geringste Gefahr einer unbefugten Weitergabe vermieden werden muss, dh. wenn objektiv ein sachliches Interesse an der völligen Geheimhaltung bestimmter Tatsachen wegen der sonst zu befürchtenden Gefährdung des Bestandes oder der Entwicklung des Unternehmens besteht[6]. Dies kommt beispielsweise in Betracht im Hinblick auf ein Produktionsprojekt, an dem die Konkurrenz des Unternehmens ebenfalls arbeitet, oder bei Vertragsverhandlungen über einen Großauftrag, welche bei Bekanntwerden ggf. scheitern[7]. 52

Hingegen kann die Unterrichtung nicht mit der Begründung verweigert werden, gewerkschaftliche Mitglieder des Wirtschaftsausschusses könnten die erlangten Kenntnisse im Rahmen von Tarifverhandlungen verwerten[8]. 53

IV. Keine Beratungspflicht des Unternehmers. Obwohl es nach Abs. 1 Satz 2 die Aufgabe des Wirtschaftsausschusses ist, wirtschaftliche Angelegenheiten mit dem Unternehmer zu beraten, folgt daraus nicht zwingend eine entsprechende Beratungspflicht des Unternehmers. Vielmehr folgt im Umkehrschluss aus den Normen, die explizit eine Unterrichtungs- und Beratungspflicht des ArbGeb vorsehen (zB §§ 90 Abs. 2 Satz 1, 92 Abs. 1 Satz 2, 111 Satz 1), dass den Unternehmer (ArbGeb) im Rahmen des § 106 nur eine Unterrichtungspflicht gegenüber dem Wirtschaftsausschuss trifft, nicht hingegen eine „aktive" Beratungspflicht. Für den Wirtschaftsausschuss bedeutet dies, dass er seiner Beratungsaufgabe nur nachkommen kann und muss, wenn der Unternehmer sich zu Beratungen bereit erklärt. Dennoch kann der Wirtschaftsausschuss freilich eigene Initiativen und Vorschläge gegenüber dem Unternehmer einbringen[9]. Es ist im Übrigen davon auszugehen, dass der Unternehmer im Rahmen des betriebsverfassungsrechtlichen Kooperationsgebots (vgl. §§ 74 Abs. 1 Satz 2, 2 Abs. 1)[10] verpflichtet ist, sich auf Erörterungsverlangen, Vorschläge und Initiativen des Wirtschaftsausschusses einzulassen und darauf zumindest substantiiert Stellung zu nehmen. Für die Praxis gilt ohnehin der Erfahrungssatz, dass ein kooperativer Umgang mit den ArbN-Vertretungen im Regelfall dem Unternehmen zugute kommt. 54

V. Wirtschaftliche Angelegenheiten (Abs. 3). Abs. 3 zählt die für die Unterrichtungs- und Vorlagepflicht des Unternehmers maßgeblichen wirtschaftlichen Angelegenheiten auf. Nach dem Wortlaut („insbesondere") ist die Aufzählung nicht abschließend. In der Praxis bleibt angesichts der (beschränkten) Generalklausel der Nr. 10 allerdings kaum Platz für weitere relevante wirtschaftliche Angelegenheiten[11]. Insbesondere fallen Tätigkeiten der laufenden Geschäftsführung nicht unter die wirtschaftlichen Angelegenheiten iSd. Abs. 3 (s.o. Rz. 38). 55

Die Nr. 5 und 6 bis 9 überschneiden sich teilweise mit den in § 111 Satz 3 genannten Tatbeständen der Betriebsänderung. Durch das BetrVerf-Reformgesetz vom 23.7.2001[12] zuletzt hinzugefügt wurden Fra- 56

---

[1] BAG v. 26.2.1987 – 26.2.1987, DB 1987, 2526 (2527); Küttner/*Kreitner*, Personalbuch 2003, Betriebsgeheimnis Rz. 3 mwN.   [2] GK-BetrVG/*Oetker*, § 79 Rz. 11.   [3] BAG v. 11.7.2000 – 1 ABR 43/99, AP Nr. 2 zu § 109 BetrVG 1972 unter B I 2 b; *Fitting*, § 106 BetrVG Rz. 30; Richardi/*Richardi/Annuß*, § 106 BetrVG Rz. 34.   [4] OLG Karlsruhe v. 7.6.1985 – 1 Ss 68/85, AP Nr. 1 zu § 121 BetrVG 1972 unter 2a; aA DKK/*Däubler*, § 106 BetrVG Rz. 59.   [5] DKK/*Däubler*, § 106 BetrVG Rz. 60; GK-BetrVG/*Fabricius/Oetker*, § 106 Rz. 100; *Löwisch/Kaiser*, § 106 BetrVG Rz. 13.   [6] BAG v. 11.7.2000 – 1 ABR 43/99, AP Nr. 2 zu § 109 BetrVG 1972 unter B I 2 b; OLG Karlsruhe v. 7.6.1985 – 1 Ss 68/85, AP Nr. 1 zu § 121 BetrVG 1972 unter 2a; *Fitting*, § 106 BetrVG Rz. 30; *Löwisch/Kaiser*, § 106 BetrVG Rz. 13; Richardi/*Richardi/Annuß*, § 106 BetrVG Rz. 34 – weiter gehend MünchArbR/*Joost*, § 319 Rz. 54.   [7] Vgl. *Löwisch/Kaiser*, § 106 BetrVG Rz. 13.   [8] BAG v. 11.7.2000 – 1 ABR 43/99, AP Nr. 2 zu § 109 BetrVG 1972 unter B I 2 b.   [9] Vgl. ErfK/*Kania*, § 106 BetrVG Rz. 3.   [10] Vgl. *Lembke*, Mediation im Arbeitsrecht, 2001, Rz. 182, 382.   [11] GK-BetrVG/*Fabricius/Oetker*, § 106 Rz. 41; Richardi/*Richardi/Annuß*, § 106 BetrVG Rz. 37; aA offenbar *Fitting*, § 106 BetrVG Rz. 33.   [12] BGBl. I S. 1852.

gen des betrieblichen Umweltschutzes (Nr. 5a), welche nunmehr insb. auch im Rahmen der allgemeinen Aufgaben des BR (§ 80 Abs. 1 Nr. 9) relevant sind.

57 **1. Wirtschaftliche und finanzielle Lage des Unternehmens (Nr. 1).** Nr. 1 erfasst vor allem die Vermögens- und Kreditlage des Unternehmens, nicht hingegen die privaten finanziellen Verhältnisse des Unternehmers[1]. Zur wirtschaftlichen und finanziellen Lage (Nr. 1) gehören alle auf das Unternehmen einwirkenden Gegebenheiten und Faktoren, die für die unternehmerische Planung und die wirtschaftliche Entwicklung des Unternehmens in Vergangenheit und Zukunft von Bedeutung waren und von Bedeutung sein können, insb. Verluste, Gewinne, Risikolage (dh. die Frage, ob die Geschäftstätigkeit mit besonderen kaufmännischen Risiken belastet ist, wie etwa Kreditschwierigkeiten), Versorgungslage mit Roh- und Betriebsstoffen, Preisgestaltung und deren Kalkulationsgrundlagen (str.)[2], Außenstände, die steuerliche Belastung, soziale Aufwendungen, konjunkturelle Entwicklung, Konkurrenzsituation, wirtschaftliche Entwicklung der Branche, Situation der Exportmärkte und Wechselkurse, Auftragsbestand und Liquidität[3]. Da sich die Unterrichtungspflicht auf die Lage des Unternehmens im Ganzen bezieht, kann der Wirtschaftsausschuss grundsätzlich keine Informationen hinsichtlich einzelner Betriebe oder Betriebsabteilungen verlangen[4].

58 Im Rahmen der Nr. 1 hat der Unternehmer insb. auch über die Absicht des Unternehmers zu unterrichten, die **Eröffnung eines Insolvenzverfahrens** zu beantragen. Zu informieren ist ferner über die Stellung des Insolvenzantrags durch einen Dritten[5].

59 Zu den **erforderlichen Unterlagen** iSd. § 106 Abs. 2, die anlässlich der Unterrichtung über die wirtschaftliche und finanzielle Lage des Unternehmens (§ 106 Abs. 3 Nr. 1) vorzulegen sind, gehören vor allem der – **Bilanz** und **Gewinn- und Verlustrechnung** umfassende (§ 242 Abs. 3 HGB) – **Jahresabschluss** (vgl. § 108 Abs. 5)[6] sowie der bereits erstellte **Wirtschaftsprüfungsbericht** nach § 321 HGB, da er Umstände und Verhältnisse belegt, welche die wirtschaftliche und finanzielle Lage des Unternehmens beleuchten[7].

60 **2. Produktions- und Absatzlage (Nr. 2).** Die Unterrichtung über die **Produktionslage** umfasst eine Analyse der Kapazität (mögliche Erzeugnismenge) und ihr Verhältnis zur tatsächlichen Auslastung der Betriebe aufgegliedert nach Typen und Warenarten, des Bedarfs an Betriebsmitteln sowie Roh- und Hilfsstoffen, der Hemmnisse, die einer Steigerung der Produktion entgegenstehen, und der Möglichkeiten ihrer Beseitigungen sowie Informationen über Streik, höhere Gewalt, gewerbliche Auflagen uÄ[8]. Für **Dienstleistungsunternehmen** gilt dies mutatis mutandis.

61 Die **Absatzlage** bezieht sich auf die Gegebenheiten und Entwicklungen, die für den Vertrieb, Umsatz und Verkauf der Produkte oder Dienstleistungen des Unternehmens relevant sind[9].

62 Im Zusammenhang mit der Nr. 2 vorzulegende **Unterlagen** können also zB Produktions-, Verkaufs- und Umsatzstatistiken, Marktforschungsanalysen oder wichtige Liefer- und Bezugsverträge sein.

63 **3. Produktions- und Investitionsprogramm (Nr. 3).** Unter Berücksichtigung des Absatzprogramms, der Beschaffungsmärkte und der Kapazität der Produktionsbereiche legt das **Produktionsprogramm** die arbeitstechnische Leistung der Betriebe fest, dh. welche Produkte in einem bestimmten Zeitraum erzeugt bzw. welche Dienstleistungen erbracht werden sollen[10].

64 Das **Investitionsprogramm** bestimmt, welche Finanzmittel für welche Ausgaben und welche Investitionsprojekte eingesetzt werden sollen[11].

65 Im Rahmen der Nr. 3 vorzulegende **Unterlagen** können zB der Business Plan, Haushaltsplan, Finanzierungspläne, Werbeaktionsplan usw. sein.

66 **4. Rationalisierungsvorhaben (Nr. 4).** Unter Rationalisierungsvorhaben fallen alle Maßnahmen, die der Steigerung der Wirtschaftlichkeit des Unternehmens durch Herabsenkung der mit dem Einsatz von ArbN, Zeit, Energie, Material und Kapital dienen[12]. Dies kann durch Personalabbau, Kurzarbeit, Einführung neuer Arbeits- oder Fabrikationsmethoden, stärkere Automatisierung und Mechanisierung (zB Einsatz von Robotern oder EDV-Systemen), Normung der Produkte oder eine Straffung der

---

1 GK-BetrVG/*Fabricius/Oetker*, § 106 Rz. 50 f.; Richardi/*Richardi/Annuß*, § 106 BetrVG Rz. 40 mwN. |2 Zu Recht krit. *Picot/Schnitker*, Arbeitsrecht bei Unternehmenskauf und Restrukturierung, 2001, Teil II Rz. 341 mwN. |3 BAG v. 8.8.1989 – 1 ABR 61/88, AP Nr. 6 zu § 106 BetrVG unter II 3 a; OLG Karlsruhe v. 7.6.1985 – 1 Ss 68/85, AP Nr. 121 BetrVG 1972 unter 1 b; GK-BetrVG/*Fabricius/Oetker*, § 106 Rz. 50; *Fitting*, § 106 BetrVG Rz. 37; MünchArbR/*Joost*, § 319 Rz. 29. |4 *Löwisch/Kaiser*, § 106 BetrVG Rz. 18. |5 DKK/*Däubler*, § 106 BetrVG Rz. 64; GK-BetrVG/*Fabricius/Oetker*, § 106 Rz. 52; *Fitting*, § 106 BetrVG Rz. 38; *Löwisch/Kaiser*, § 106 BetrVG Rz. 17. |6 BAG v. 8.8.1989 – 1 ABR 61/88, AP Nr. 6 zu § 106 BetrVG 1972 unter II 3 a. |7 BAG v. 8.8.1989 – 1 ABR 61/88, AP Nr. 6 zu § 106 BetrVG 1972 unter II 3 a und III; MünchArbR/*Joost*, § 319 Rz. 49; Richardi/*Richardi/Annuß*, § 106 BetrVG Rz. 28; aA *Hommelhoff*, ZIP 1990, 218 ff. |8 *Fitting*, § 106 BetrVG Rz. 39; ErfK/*Kania*, § 106 BetrVG Rz. 9; Richardi/*Richardi/Annuß*, § 106 BetrVG Rz. 42. |9 Vgl. DKK/*Däubler*, § 106 BetrVG Rz. 65; *Fitting*, § 106 BetrVG Rz. 39; Richardi/*Richardi/Annuß*, § 106 BetrVG Rz. 42. |10 Vgl. DKK/*Däubler*, § 106 BetrVG Rz. 66; GK-BetrVG/*Fabricius/Oetker*, § 106 Rz. 55; *Fitting*, § 106 BetrVG Rz. 40. |11 Vgl. DKK/*Däubler*, § 106 BetrVG Rz. 67; ErfK/*Kania*, § 106 BetrVG Rz. 10; Richardi/*Richardi/Annuß*, § 106 BetrVG Rz. 44. |12 Vgl. DKK/*Däubler*, § 106 BetrVG Rz. 68; *Fitting*, § 106 BetrVG Rz. 41; MünchArbR/*Joost*, § 319 Rz. 32.

Betriebsorganisation (zB Outsourcing, Stilllegung von Betriebsteilen) geschehen. Die Unterrichtung nach Nr. 4 ist insb. im Zusammenhang mit den Beteiligungsrechten des BR nach §§ 90, 92 und 111 zu sehen (zum Verhältnis der Bestimmungen zueinander vgl. oben Rz. 11).

Im Zusammenhang mit Rationalisierungsvorhaben nach Nr. 4 können insb. Gutachten und Berichte von Unternehmensberatungen vorzulegen sein. **67**

5. Fabrikations- und Arbeitsmethoden (Nr. 5). Der Wirtschaftsausschuss ist auch über die **Fabrikationsmethoden** (Fertigungsverfahren), dh. den Ablauf der Gütererzeugung unter **technischen** Gesichtspunkten (zB Umfang des Maschineneinsatzes, Einzel- oder Massenfertigung, Sorten- oder Serienfertigung, Reihen-, Fließband- oder Roboterfertigung), und über **Arbeitsmethoden**, dh. die Gestaltung der menschlichen Arbeit bei der Gütererzeugung bzw. Ausführung von Dienstleistungen unter **arbeitswissenschaftlichen Aspekten** (zB Einzel- oder Gruppenarbeit, Einsatz von technischen Hilfsmitteln, Schichtarbeit, Gleitzeit, Telearbeit; Kontrolleinrichtungen[1]), zu unterrichten[2]. Die Regelung ist insb. im Zusammenhang mit den Beteiligungsrechten des BR nach §§ 90, 91, 87 Abs. 1 Nr. 2, 6, 13 und 111 Nr. 5 zu sehen. **68**

6. Fragen des betrieblichen Umweltschutzes (Nr. 5a). Neuerdings (s.o. Rz. 56) ist der Wirtschaftsausschuss vom Unternehmer auch über Fragen des betrieblichen Umweltschutzes zu unterrichten. Nr. 5a erfasst nur Fragen des „betrieblichen" Umweltschutzes. Es geht also nicht um ein allgemeinpolitisches Mandat des Wirtschaftsausschusses bzw. BR[3]. Vielmehr ist ein konkreter Betriebsbezug der Umweltschutzangelegenheit erforderlich. Was darunter zu verstehen ist, soll sich aus der missglückten **Definition des betrieblichen Umweltschutzes in § 89 Abs. 3** ergeben. Sie beschreibt aber nur den Begriff „betrieblich", nicht hingegen den des Umweltschutzes. **69**

Unter **Umweltschutz** dürfte jede Handlung zu verstehen sein, die den vorhandenen Bestand an Sachgütern, Naturgütern (Boden, Wasser, Luft, Klima, Tiere, Pflanzen, Menschen, sonstige lebende Organismen), Kulturgütern, an Landschaft und Naturhaushalt sowie das zwischen ihnen bestehende Wirkungsgefüge stärkt[4]. **70**

Der Begriff „**betrieblich**" wird in § 89 Abs. 3 so weit gefasst wird, dass nicht nur Verhaltensweisen erfasst werden, die dem innerbetrieblichen Umweltschutz dienen, sondern auch alle vom Betrieb ausgehenden Einwirkungen auf die Umwelt[5]. Damit können letztlich alle betrieblichen Tätigkeiten mit Außenwirkung unter dem Gesichtspunkt des betrieblichen Umweltschutzes erörtert werden (wie zB die Umweltverträglichkeit der hergestellten Produkte oder der eingesetzten Transportmittel). Eine einschränkende Funktion kommt dem Begriff „betrieblich" dann nur noch dahingehend zu, dass die Umwelteinwirkung etwas mit dem Betrieb des ArbGeb zu tun haben muss. Zur Vermeidung eines – vom Gesetzgeber nicht intendierten – allgemeinen umweltpolitischen Mandats des Wirtschaftsausschusses bzw. BR ist aber eine **einschränkende Auslegung geboten**. Zusammenfassend lässt sich der Begriff des **betrieblichen Umweltschutzes** daher als die **Einflussnahme auf umweltgerechte und umweltschützende Arbeits- und Betriebsbedingungen verstehen**[6]. **71**

Fest steht, dass weder der BR noch der Wirtschaftsausschuss umweltrelevante Investitionsentscheidungen des Unternehmens aufhalten können[7]. Die Unterrichtungspflicht in Fragen des betrieblichen Umweltschutzes ist auch aufgrund der Bußgeldbewehrung in § 121 Abs. 1 und des verfassungsrechtlichen Bestimmtheitsgebots (Art. 103 Abs. 2 GG) restriktiv auszulegen[8]. Die **Unterrichtungspflicht** erstreckt sich nicht auf Geschäfte der laufenden Verwaltung, selbst wenn sie für den betrieblichen Umweltschutz relevant sein sollten (vgl. oben Rz. 38). Vielmehr geht es im Rahmen der Nr. 5a um konkrete Maßnahmen des Umweltschutzes im Betrieb (zB Mülltrennung; Wiederverwertung von Materialresten), deren Kosten und Auswirkungen auf die wirtschaftliche Situation des Unternehmens und der dortigen Arbeitsplätze[9], die Festlegung umweltpolitischer Ziele des Unternehmens, die Einführung eines Umweltmanagementsystems[10], die Umweltvorsorge bei der Einführung neuer Produkte, die Verbesserung der Umweltverträglichkeit von Produktionsverfahren uÄ[11]. **In Zweifelsfällen** ist dem Unternehmer eine **Einschätzungsprärogative** zuzugestehen, welche Angelegenheiten sich für das Unternehmen als „Fragen" des betrieblichen Umweltschutzes stellen. **72**

Im Zusammenhang mit der Nr. 5a vorzulegende Unterlagen können zB Gutachten von Umweltfachleuten, Analysen und Berichte im Rahmen eines Umwelt-Audits[12], für das Unternehmen oder die ArbN bedeutende Auflagen und Anordnungen der Umweltschutzbehörden etc. sein. **73**

7. Einschränkung oder Stilllegung von Betrieben oder Betriebsteilen (Nr. 6). Der Tatbestand der „Einschränkung oder Stilllegung von Betrieben oder Betriebsteilen" (Nr. 6) entspricht im Wesentlichen dem **74**

---

[1] Str., vgl. DKK/*Däubler*, § 106 BetrVG Rz. 73 mwN. | [2] Vgl. DKK/*Däubler*, § 106 BetrVG Rz. 71 f.; GK-BetrVG/*Fabricius/Oetker*, § 106 Rz. 59 f.; *Fitting*, § 106 BetrVG Rz. 42 f. | [3] Vgl. BT-Drs. 14/5741, S. 48; *Engels/Trebinger/Löhr-Steinhaus*, DB 2001, 532 (541); *Reichel/Meyer*, RdA 2003, 101 (102); *Wiese*, BB 2002, 674 (675). | [4] *Konzen*, RdA 2001, 76 (89); vgl. auch *Wiese*, BB 2002, 674 (677). | [5] *Hanau*, RdA 2001, 65 (73); *Konzen*, RdA 2001, 76 (89); vgl. auch DKK/*Däubler*, § 106 BetrVG Rz. 73a; *Reichel/Meyer*, RdA 2003, 101 (103). | [6] Näher *Wiese*, BB 2002, 674 (677). | [7] Vgl. BT-Drs. 14/5741, S. 26; *Wiese*, BB 2002, 674 (678). | [8] IdS auch *Konzen*, RdA 2001, 76 (90). | [9] BT-Drs. 14/5741, S. 51; *Richardi/Richardi/Annuß*, § 106 BetrVG Rz. 49. | [10] Vgl. *Wiese*, BB 2002, 674 (681). | [11] Vgl. *Fitting*, § 106 BetrVG Rz. 45. | [12] Vgl. auch *Wiese*, BB 2002, 674 (680).

der Betriebsänderung nach § 111 Nr. 1 (s. dort Rz. 22 ff.). Allerdings ist der Wirtschaftsausschuss auch über derartige Veränderungen bei **nicht wesentlichen** Betriebsteilen zu unterrichten[1]. Aus dem systematischen Zusammenspiel mit der beschränkten Generalklausel der Nr. 10 folgt aber, dass eine Beeinträchtigung der Interessen von ArbN des Unternehmens möglich sein muss. Dies dürfte beim Tatbestand der Nr. 6 regelmäßig der Fall sein[2].

75 Zu den wirtschaftlichen Angelegenheiten iSd. Abs. 3 Nr. 6 gehört auch die Stilllegung von Betrieben, in denen kein BR gebildet ist[3]. Dies gilt umso mehr, als mittlerweile der GesamtBR – dessen Hilfsorgan der Wirtschaftsausschuss (s.o. Rz. 10) – im Falle eines Unternehmens mit mehreren BR und mehr als 100 ArbN ist (s.o. Rz. 10) – im Rahmen des § 50 Abs. 1 auch für betriebsratslose Betriebe zuständig ist.

76 **8. Verlegung von Betrieben oder Betriebsteilen (Nr. 7).** Der Tatbestand der „Verlegung von Betrieben oder Betriebsteilen" (Nr. 7) entspricht § 111 Nr. 2 (vgl. dort Rz. 34 ff.), der allerdings eine Beschränkung auf „wesentliche" Betriebsteile enthält. Wie bei Nr. 6 ist der Wirtschaftsausschuss daher auch dann zu unterrichten, wenn sich die geplante Verlegung auf kleine, unwesentliche Betriebsteile bezieht oder wenn der Betrieb(-steil) keinen BR besitzt (s.o. Rz. 74 f.)[4].

77 **9. Zusammenschluss oder Spaltung von Unternehmen oder Betrieben (Nr. 8).** Der Tatbestand der Nr. 8 beschränkte sich ursprünglich auf den „Zusammenschluss von Betrieben" und wurde ab 1.1.1995 durch Art. 13 Nr. 1 UmwBerG[5] in die heutige Fassung gebracht.

78 Im Hinblick auf den **Zusammenschluss oder die Spaltung von Betrieben** entspricht Nr. 8 der Regelung des **§ 111 Nr. 3** (s. dort Rz. 37 ff.), wobei eine Unterrichtung auch dann erforderlich ist, wenn es sich um unwesentliche oder betriebsratslose Betrieb(steil)e geht (vgl. oben Rz. 74 f.).

79 Über § 111 Nr. 3 hinaus ist der Wirtschaftsausschuss über den Zusammenschluss oder die Spaltung von Unternehmen zu unterrichten[6]. Mit dem **Zusammenschluss von Unternehmen** ist die Verschmelzung (§§ 2 ff. UmwG) und die Vermögensübertragung in Form der Vollübertragung (§ 174 Abs. 1 UmwG) nach dem UmwG gemeint. Unter die **Spaltung von Unternehmen** fallen die Aufspaltung, Abspaltung und Ausgliederung (§§ 123 ff. UmwG) sowie die Vermögensübertragung in Form der Teilübertragung (§ 174 Abs. 2 UmwG). Sonstige Änderungen der Unternehmensstruktur (zB Formwechsel nach §§ 190 ff. UmwG; Spaltung des Unternehmens im Wege der Einzelrechtsnachfolge) fallen nicht unter Nr. 8, aber regelmäßig unter die Nr. 10[7].

80 Der Wirtschaftsausschuss ist schon **im Planungsstadium** über die genannten Vorhaben zu unterrichten, wenn sich die Planungen konkretisiert haben und das Stadium bloßer Vorüberlegungen überschritten ist (vgl. oben Rz. 34). Erforderlich ist also, dass das Unternehmen im Prinzip zur jeweiligen Maßnahme entschlossen ist, auch wenn noch nicht alle Modalitäten feststehen und/oder über **konkrete** Handlungsalternativen noch abschließend zu entscheiden ist. Soweit bei der Unterrichtung bereits erkennbar, ist **inhaltlich** zu unterrichten über die beteiligten Unternehmen, die in Aussicht genommenen Maßnahmen auf betrieblicher und/oder gesellschaftsrechtlicher Ebene, die übergehenden Betrieb(steil)e und Arbeitsverhältnisse, die individual-, tarif-, betriebsverfassungs- und mitbestimmungsrechtlichen Folgen für die ArbN und deren Vertretungen sowie die insoweit vorgesehenen Maßnahmen (v.a. mögliche personelle Maßnahmen wie Versetzungen, Umschulungen, Entlassungen; Betriebsänderungen)[8]. Insoweit entfalten die umwandlungsrechtlichen Vorschriften, wonach der Umwandlungsvertrag Angaben über die Folgen der Umwandlung für die ArbN und ihre Vertretungen sowie die insoweit vorgesehenen Maßnahmen enthalten muss (vgl. §§ 5 Abs. 1 Nr. 9, 126 Abs. 1 Nr. 11, 176 f., 194 Abs. 1 Nr. 7 UmwG) und dem zuständigen BR der beteiligten Rechtsträger spätestens einen Monat vor der Beschlussfassung zuzuleiten ist (vgl. §§ 5 Abs. 3, 126 Abs. 3, 194 Abs. 2 UmwG), eine Art „Vorwirkung". Die Unterrichtung hat sich ferner auf das den Maßnahmen zugrunde liegende wirtschaftliche Konzept zu erstrecken.

81 **10. Änderung der Betriebsorganisation oder des Betriebszwecks (Nr. 9).** Nr. 9 erfasst wie § 111 Nr. 4 die Änderung der Betriebsorganisation oder des Betriebszwecks (s. § 111 Rz. 44 ff.), nicht hingegen die Änderung der Betriebsanlagen, welche allerdings regelmäßig zumindest unter Nr. 10 fallen wird[9]. Allerdings ist der Wirtschaftsausschuss auch bei nicht „grundlegenden" Änderungen der Betriebsorganisation oder des Betriebszwecks zu unterrichten[10].

82 **11. Sonstige Vorgänge und Vorhaben, welche die Interessen der ArbN des Unternehmens wesentlich berühren können (Nr. 10).** Abs. 3 Nr. 10 ist eine **beschränkte Generalklausel**, welche alle nicht bereits in den Nummern 1 bis 9 des Abs. 3 aufgeführten Fragen erfasst, die das wirtschaftliche Leben des Un-

---

1 DKK/*Däubler*, § 106 BetrVG Rz. 74; *Löwisch/Kaiser*, § 106 BetrVG Rz. 28. | 2 So auch Richardi/*Richardi/Annuß*, § 106 BetrVG Rz. 38, 50. | 3 BAG v. 9.5.1995 – 1 ABR 61/94, AP Nr. 12 zu § 106 BetrVG 1972; DKK/*Däubler*, § 106 BetrVG Rz. 74; ErfK/*Kania*, § 106 BetrVG Rz. 13; Richardi/*Richardi/Annuß*, § 106 BetrVG Rz. 50. | 4 GK-BetrVG/*Fabricius/Oetker*, § 106 Rz. 64; ErfK/*Kania*, § 106 BetrVG Rz. 14. | 5 Gesetz zur Bereinigung des Umwandlungsrechts vom 28.10.1994, BGBl. I S. 3210. | 6 Vgl. *Bauer/Lingemann*, NZA 1994, 1057 (1063); *Kreßel*, BB 1995, 925 (926 f.); *Wlotzke*, DB 1995, 40 (47). | 7 DKK/*Däubler*, § 106 BetrVG Rz. 76; Richardi/*Richardi/Annuß*, § 106 BetrVG Rz. 53; zum Ganzen s. auch *Gaul*, DB 1995, 2265. | 8 Vgl. *Fitting*, § 106 BetrVG Rz. 50. | 9 Vgl. DKK/*Däubler*, § 106 BetrVG Rz. 77; Richardi/*Richardi/Annuß*, § 106 BetrVG Rz. 55. | 10 GK-BetrVG/*Fabricius/Oetker*, § 106 Rz. 69.

ternehmens in entscheidenden Punkten betreffen, dies jedoch stets unter der Voraussetzung, dass die **Interessen der ArbN des Unternehmens wesentlich berührt werden können**; es muss also möglich sein, dass die Vorhaben bzw. Vorgänge von erheblicher sozialer Auswirkung sein können[1].

Daher sind zB Auskünfte zu erteilen über

- ein **Outsourcing-Pilotprojekt** und die damit verbundenen Kosten, wenn und weil das Pilotprojekt geeignet ist, erhebliche Auswirkungen auch auf die zukünftige Personalplanung des ArbGeb zu entfalten[2];

- die Zusammenarbeit mit anderen Unternehmen[3];

- den Übergang eines Betriebs oder Betriebsteils des Unternehmens auf einen anderen Inhaber nach § 613a BGB („**asset deal**")[4]. Die Unterrichtungspflicht gegenüber dem jeweiligen Wirtschaftsausschuss trifft neben dem **Veräußerer** regelmäßig auch den **Erwerber**, da der Erwerb des Betriebs- oder Betriebsteils Auswirkungen auf die ArbN des Erwerbers haben kann, wenn – wie häufig in der Praxis – Synergieeffekte genutzt werden sollen.

- bestimmte Einzelheiten einer Veräußerung von Geschäftsanteilen („**share deal**"), wobei hinsichtlich des Adressaten der Unterrichtungspflicht zwischen dem Zielunternehmen einerseits sowie Anteilsveräußerer- und Anteilserwerberunternehmen andererseits zu **differenzieren** ist: Bei der Veräußerung sämtlicher Geschäftsanteile am Unternehmen an einen neuen Gesellschafter, hat der ArbGeb des **Zielunternehmens** seinen Wirtschaftsausschuss über den **Namen des Erwerbers** und **eventuelle Planungen oder Absprachen über die künftige Geschäftsführung** und Unternehmenspolitik zu informieren[5]. **Keine Vorlagepflicht** trifft die Geschäftsleitung des Zielunternehmens hinsichtlich des **Vertrags über die Veräußerung** der Geschäftsanteile, weil der Vertrag das Innenverhältnis zwischen dem bisherigen und dem neuen Gesellschafter betrifft und nicht eine auf wirtschaftliche Angelegenheiten des Zielunternehmens bezogene Unterlage ist, jedenfalls solange darin nicht eine Absprache über die künftige Geschäftsführung oder -politik getroffen ist[6].

  Ob der **Anteilsveräußerer** und der **Anteilserwerber** ihre jeweiligen Wirtschaftsausschüsse über den „share deal" unterrichten müssen, hängt davon ab, ob die Transaktion die Interessen der ArbN des Veräußerers bzw. des Erwerbers wesentlich berühren können. Beschränkt sich beispielsweise die Tätigkeit des veräußernden bzw. erwerbenden Unternehmens alleine auf die Verwaltung von Beteiligungen, kann dies zu verneinen sein. Sind allerdings im Zusammenhang mit der Anteilsveräußerung Umstrukturierungsmaßnahmen beim Veräußerer bzw. Erwerber geplant oder wird der Schwellenwert hinsichtlich der Unternehmensmitbestimmung nun unter- oder überschritten, so besteht die Möglichkeit, dass wesentliche ArbN-Interessen berührt sind, so dass der jeweilige Wirtschaftsausschuss zu unterrichten ist. Dasselbe gilt, wenn zwischen dem Veräußerer und dem Unternehmen, dessen Anteile veräußert werden, eine enge wirtschaftliche und/oder arbeitsorganisatorische Zusammenarbeit (zB Führung eines Gemeinschaftsbetriebs) besteht, die durch die Anteilsveräußerung beendet wird.

- Beabsichtigt ein Unternehmen (**Bieter**), ein **Angebot zum Erwerb von Wertpapieren einer börsennotierten Zielgesellschaft nach § 10 WpÜG** abzugeben, hat es seinen Wirtschaftsausschuss grundsätzlich vor der Entscheidung darüber zu unterrichten, wenn der Anteilserwerb die Interessen der ArbN des Bieterunternehmens, zB im Hinblick auf die Geschäftspolitik, wesentlich beeinträchtigen können[7]. Im Einzelfall kann die Vorlage der Angebotsunterlage (§ 11 WpÜG) gegenüber dem Wirtschaftsausschuss des Bieters erforderlich sein. Grundsätzlich enthält die Angebotsunterlage aber nur Angaben über die Absichten des Bieters im Hinblick auf die Geschäftstätigkeit der Zielgesellschaft und deren ArbN (vgl. § 11 Abs. 2 Satz 3 Nr. 2 WpÜG), so dass die Vorlage der Angebotsunterlage nicht erforderlich ist[8]. **Im Zielunternehmen** ist der Wirtschaftsausschuss hingegen umfassend über das Angebot, die Angebotsunterlage und die beabsichtigte Reaktion des Vorstands zu unterrichten. Insoweit ergänzt § 106 Abs. 3 Nr. 10 die allgemeinen Unterrichtspflichten des Vorstands der Zielgesellschaft gegenüber dem BR nach §§ 10 Abs. 5 Satz 2, 14 Abs. 4 Satz 2, 27 Abs. 3 Satz 2 WpÜG (vgl. oben Rz. 5).

- monatliche Erfolgsrechnungen (Betriebsabrechnungsbögen) für einzelne Filialen oder Betriebe im Rahmen der Erforderlichkeit[9];

---

1 BAG v. 11.7.2000 – 1 ABR 43/99, AP Nr. 2 zu § 109 BetrVG 1972 unter B I 1 c; v. 22.1.1991 – 1 ABR 38/89, AP Nr. 9 zu § 106 BetrVG 1972 unter B II 1. | 2 BAG v. 11.7.2000 – 1 ABR 43/99, AP Nr. 2 zu § 109 BetrVG 1972 unter B I 1 c; LAG Köln v. 13.7.1999 – 13 (10) TaBV 10/99, AP Nr. 1 zu § 109 BetrVG 1972 unter A 2. | 3 BAG v. 22.1.1991 – 1 ABR 38/89, AP Nr. 9 zu § 106 BetrVG 1972 unter B II 1; Richardi/*Richardi/Annuß*, § 106 BetrVG Rz. 56. | 4 BAG v. 22.1.1991 – 1 ABR 38/89, AP Nr. 9 zu § 106 BetrVG 1972 unter B II 1; Richardi/*Richardi/Annuß*, § 106 BetrVG Rz. 56; *Schweibert* in Willemsen/Hohenstatt/Schweibert/Seibt, Rz. C 409. | 5 BAG v. 22.1.1991 – 1 ABR 38/89, AP Nr. 9 zu § 106 BetrVG 1972 unter B II 1 und 3; *Fitting*, § 106 BetrVG Rz. 54; Richardi/*Richardi/Annuß*, § 106 BetrVG Rz. 57; *Röder/Göpfert*, BB 1997, 2105 f.; *Schweibert* in Willemsen/Hohenstatt/Schweibert/Seibt, Rz. C 409; aA MünchArbR/*Joost*, § 319 Rz. 27. | 6 BAG v. 22.1.1991 – 1 ABR 38/89, AP Nr. 9 zu § 106 BetrVG 1972 unter B II 2 und 3. | 7 Vgl. *Grobys* in Geibel/Süßmann, WpÜG, 2002, § 10 Rz. 103. | 8 Vgl. auch *Grobys* in Geibel/Süßmann, WpÜG, 2002, § 10 Rz. 103. | 9 BAG v. 17.9.1991 – 1 ABR 74/90, AP Nr. 13 zu § 106 BetrVG 1972 unter B II 2.

- Rechtsstreitigkeiten oder behördliche Entscheidungen (zB Erteilung oder Versagung einer Erlaubnis) mit grundlegender Bedeutung für das Unternehmen[1];
- politische Entscheidungen oder sonstige wirtschaftliche oder politische Vorgänge und Entwicklungen, die erhebliche Auswirkungen auf die wirtschaftliche Tätigkeit des Unternehmens haben[2];
- Kürzung von Sozialaufwendungen und freiwilligen Leistungen[3];
- Austritt aus dem ArbGebVerband bzw. Aufnahme einer OT-Mitgliedschaft[4];
- die Begründung einer umsatzsteuerrechtlichen Organschaft, da diese nicht nur finanzielle, sondern auch arbeitsrechtliche Folgen nach sich ziehen kann[5];
- ein geplanter Börsengang[6].

84 **VI. Streitigkeiten.** In der Praxis geht es bei Streitigkeiten im Zusammenhang mit dem Wirtschaftsausschuss entweder um die Durchsetzung der Rechte des Wirtschaftsausschusse im Einigungsstellenverfahren bzw. im arbeitsgerichtlichen Beschlussverfahren oder um die Sanktionierung der nicht ordnungsgemäßen Unterrichtung durch den Unternehmer als Ordnungswidrigkeit. Derartige Streitigkeiten sind oftmals überflüssig und lassen sich iSd. betriebsverfassungsrechtlichen Kooperationsmaxime (vgl. §§ 2 Abs. 1, 74 Abs. 1 Satz 2) dadurch vermeiden, dass Wirtschaftsausschuss und (Gesamt-)BR während des gesamten Prozesses der betreffenden wirtschaftlichen Angelegenheit regelmäßig – eher zu viel als zu wenig – unterrichtet werden. Obwohl die Beteiligungsrechte des BR prinzipiell später ansetzen als die Unterrichtung des Wirtschaftsausschusses (Rz. 12), empfiehlt es sich in der Praxis oftmals, die Einbeziehung des BR vorzuziehen und ihn zeitgleich mit dem Wirtschaftsausschuss zu unterrichten (vgl. oben Rz. 34).

85 **1. Beschlussverfahren.** Streitigkeiten über die **Zulässigkeit der Bildung eines Wirtschaftsausschuss** werden im arbeitsgerichtlichen Beschlussverfahren (§ 2a Abs. 1 Nr. 1 ArbGG) entschieden[7]. Zulässig ist dabei ein Antrag des BR bzw. in einem Unternehmen mit mehreren BR des GesamtBR auf Feststellung, dass die Bildung des Wirtschaftsausschusses bei dem ArbGeb zulässig ist[8]. Antragsberechtigt ist ferner der Unternehmer[9]. Hingegen ist in einem solchen Beschlussverfahren der Wirtschaftsausschuss nicht Beteiligter[10].

86 Auch über Streitigkeiten über die **Zuständigkeit des Wirtschaftsausschusses** (dh. über die Frage, ob es sich um wirtschaftliche Angelegenheiten iSd. Abs. 2 und 3 handelt oder nur um laufende Geschäftsführung oder die persönlichen Verhältnisse des Unternehmers) entscheidet das ArbG im Beschlussverfahren[11]. Insoweit besteht keine Primärzuständigkeit der Einigungsstelle[12]. Im Beschlussverfahren, in dem es in der Sache um Auskunftsansprüche des Wirtschaftsausschusses geht, sind der BR bzw. GesamtBR antragsbefugt[13]. BR bzw. GesamtBR haben nämlich einen eigenen betriebsverfassungsrechtlichen Anspruch gegen den Unternehmer auf Erfüllung der dem Wirtschaftsausschuss gegenüber obliegenden Auskunftspflichten. Dies folgt daraus, dass der Wirtschaftsausschuss lediglich Hilfsfunktionen für den (Gesamt-)BR erfüllt[14] (vgl. oben Rz. 8 ff.) Der Wirtschaftsausschuss ist in dem Beschlussverfahren nicht Beteiligter[15].

87 Bei Meinungsverschiedenheiten zwischen dem Wirtschaftsausschuss und dem Unternehmer über den **Umfang der Unterrichtungspflicht**, das **Vorliegen einer Gefährdung von Betriebs- und Geschäftsgeheimnissen und den Zeitpunkt der Unterrichtung** setzt das arbeitsgerichtliche Beschlussverfahren eine Entscheidung der Einigungsstelle nach § 109 voraus[16]. Insofern besteht eine **Primärzuständigkeit der Einigungsstelle** (s. § 109 Rz. 1).

---

1 Vgl. *Fitting*, § 106 BetrVG Rz. 54; ErfK/*Kania*, § 106 BetrVG Rz. 17; *Löwisch/Kaiser*, § 106 BetrVG Rz. 32; Richardi/*Richardi/Annuß*, § 106 BetrVG Rz. 56. │2 Vgl. DKK/*Däubler*, § 106 BetrVG Rz. 78; *Fitting*, § 106 BetrVG Rz. 54; ErfK/*Kania*, § 106 BetrVG Rz. 17. │3 Vgl. *Fitting*, § 106 BetrVG Rz. 54. │4 Vgl. *Gaumann/Schafft*, NZA 2001, 1125 (1128); zur OT-Mitgliedschaft näher *Lembke*, Die Arbeitskampfbeteiligung von Außenseitern, 2000, S. 11 ff. mwN. │5 Näher *Growe/Grüninger*, AiB 2001, 582 ff., die allerdings eher beiläufig auf die jüngsten steuerrechtlichen Änderungen zur Organschaft eingehen. Die körperschaftsteuerrechtliche Organschaft (§§ 14 ff. KStG) und die gewerbesteuerrechtliche Organschaft (§ 2 Abs. 2 Satz 2 GewStG) setzen im Wesentlichen nur noch die finanzielle Eingliederung und einen Gewinnabführungsvertrag voraus, während die umsatzsteuerrechtliche Organschaft eine finanzielle, wirtschaftliche und organisatorische Eingliederung verlangt (§ 2 Abs. 2 Nr. 2 UStG), dazu *Orth*, DB 2002, 811. │6 ErfK/*Kania*, § 107 BetrVG Rz. 17; *Löwisch/Kaiser*, § 106 BetrVG Rz. 32. │7 DKK, § 106 BetrVG Rz. 81, Richardi/*Richardi/Annuß*, § 106 BetrVG Rz. 58. │8 Vgl. BAG v. 31.10.1975 – 1 ABR 4/74, AP Nr. 2 zu § 106 BetrVG 1972. │9 GK-BetrVG/*Fabricius/Oetker*, § 106 Rz. 105. │10 BAG v. 8.3.1983 – 1 ABR 44/81, AP Nr. 26 zu § 118 BetrVG 1972, Ls. 2 und unter B I. │11 DKK/*Däubler*, § 106 BetrVG Rz. 81; *Fitting*, § 106 BetrVG Rz. 55; Richardi/*Richardi/Annuß*, § 106 BetrVG Rz. 58. │12 BAG v. 9.5.1995 – 1 ABR 61/94, AP Nr. 12 zu § 106 BetrVG 1972 unter B I 1; v. 22.1.1991 – 1 ABR 38/89, AP Nr. 9 zu § 106 BetrVG 1972 unter B I 1. │13 BAG v. 22.1.1991 – 1 ABR 38/89, AP Nr. 9 zu § 106 BetrVG 1972 unter B I 3; v. 8.8.1989 – 1 ABR 61/88, AP Nr. 6 zu § 106 BetrVG 1972 unter I 4 a. │14 St. Rspr., BAG v. 9.5.1995 – 1 ABR 61/94, AP Nr. 12 zu § 106 BetrVG 1972 unter B I 2 mwN. │15 BAG v. 22.1.1991 – 1 ABR 38/89, AP Nr. 9 zu § 106 BetrVG 1972 unter B I 3; v. 8.8.1989 – 1 ABR 61/88, AP Nr. 6 zu § 106 BetrVG 1972 unter I 4 b; offenbar aA BAG v. 5.2.1991 – 1 ABR 24/90, AP Nr. 10 zu § 106 BetrVG 1972 unter II 1 am Ende: „Inhaber des Anspruchs auf Information nach § 106 Abs. 2 BetrVG ist der Wirtschaftsausschuss". │16 OLG Karlsruhe v. 7.6.1985 – 1 Ss 68/85, AP Nr. 1 zu § 121 BetrVG 1972 unter 2 b mwN.

2. Ordnungswidrigkeit (§ 121). Erfüllt der Unternehmer (ArbGeb) die Unterrichtungspflicht gegenüber dem Wirtschaftsausschuss nach Abs. 2 nicht, wahrheitswidrig, unvollständig oder verspätet, begeht er – im Falle **vorsätzlichen** Handelns (§ 10 OWiG)[1] – eine Ordnungswidrigkeit gemäß § 121, die mit einer Geldbuße von bis zu 10.000 Euro geahndet werden kann[2]. 88

Besteht Streit über den Umfang der Unterrichtungspflicht oder den Zeitpunkt der Unterrichtung, kann ein ordnungswidriges Verhalten des Unternehmers hinsichtlich der Nichtunterrichtung, der unvollständigen oder verspäteten Unterrichtung aufgrund der Primärzuständigkeit der Einigungsstelle (oben Rz. 87) allerdings **erst** vorliegen, wenn aufgrund einer **Entscheidung der Einigungsstelle** der zwischen Unternehmer und Wirtschaftsausschuss streitige Umfang der Unterrichtungspflicht konkretisiert worden ist[3]. Etwas anderes gilt für die bewusst wahrheitswidrige Unterrichtung, die unabhängig von der Einigungsstelle eine Ordnungswidrigkeit darstellt. 89

107 *Bestellung und Zusammensetzung des Wirtschaftsausschusses*

(1) **Der Wirtschaftsausschuss besteht aus mindestens drei und höchstens sieben Mitgliedern, die dem Unternehmen angehören müssen, darunter mindestens einem Betriebsratsmitglied. Zu Mitgliedern des Wirtschaftsausschusses können auch die in § 5 Abs. 3 genannten Angestellten bestimmt werden. Die Mitglieder sollen die zur Erfüllung ihrer Aufgaben erforderliche fachliche und persönliche Eignung besitzen.**

(2) **Die Mitglieder des Wirtschaftsausschusses werden vom Betriebsrat für die Dauer seiner Amtszeit bestimmt. Besteht ein Gesamtbetriebsrat, so bestimmt dieser die Mitglieder des Wirtschaftsausschusses; die Amtszeit der Mitglieder endet in diesem Fall in dem Zeitpunkt, in dem die Amtszeit der Mehrheit der Mitglieder des Gesamtbetriebsrats, die an der Bestimmung mitzuwirken berechtigt waren, abgelaufen ist. Die Mitglieder des Wirtschaftsausschusses können jederzeit abberufen werden; auf die Abberufung sind die Sätze 1 und 2 entsprechend anzuwenden.**

(3) **Der Betriebsrat kann mit der Mehrheit der Stimmen seiner Mitglieder beschließen, die Aufgaben des Wirtschaftsausschusses einem Ausschuss des Betriebsrats zu übertragen. Die Zahl der Mitglieder des Ausschusses darf die Zahl der Mitglieder des Betriebsausschusses nicht überschreiten. Der Betriebsrat kann jedoch weitere Arbeitnehmer einschließlich der in § 5 Abs. 3 genannten leitenden Angestellten bis zur selben Zahl, wie der Ausschuss Mitglieder hat, in den Ausschuss berufen; für die Beschlussfassung gilt Satz 1. Für die Verschwiegenheitspflicht der in Satz 3 bezeichneten weiteren Arbeitnehmer gilt § 79 entsprechend. Für die Abänderung und den Widerruf der Beschlüsse nach den Sätzen 1 bis 3 sind die gleichen Stimmenmehrheiten erforderlich wie für die Beschlüsse nach den Sätzen 1 bis 3. Ist in einem Unternehmen ein Gesamtbetriebsrat errichtet, so beschließt dieser über die anderweitige Wahrnehmung der Aufgaben des Wirtschaftsausschusses; die Sätze 1 bis 5 gelten entsprechend.**

I. Vorbemerkung. § 107 regelt die Bestellung und Zusammensetzung des Wirtschaftsausschusses durch den BR bzw. GesamtBR (Abs. 1 und 2) sowie die Möglichkeit zur Übertragung der Aufgaben auf einen Ausschuss des (Gesamt-)BR (Abs. 3). Die Amtszeit des Wirtschaftsausschusses hängt von der Amtszeit des Bestellungsorgans ab. Auch darin zeigt sich der „dienende Charakter" des Wirtschaftsausschusses (vgl. § 106 Rz. 8 ff.). 1

II. Zusammensetzung des Wirtschaftsausschusses (Abs. 1). Abs. 1 von § 107 regelt die Größe des Wirtschaftsausschusses sowie die erforderlichen Eigenschaften dessen Mitglieder. 2

1. Zahl und persönliche Voraussetzungen der Mitglieder (Abs. 1 Sätze 1 und 2). Der Wirtschaftsausschuss muss aus **mindestens drei** und darf aus **maximal sieben** Mitgliedern bestehen (Abs. 1 Satz 1). Eine abweichende Regelung der Mitgliederzahl durch BV oder TV ist nicht möglich (arg. e contr. § 47 Abs. 4). Innerhalb des gesetzlichen Rahmens bestimmt in Unternehmen mit nur einem BR der BR und in Unternehmen mit mehreren BR der GesamtBR die Größe des Wirtschaftsausschusses[4]. An die Stelle des BR kann freilich eine nach § 3 Abs. 1 Nr. 1 bis 3 gebildete ArbN-Vertretung treten (vgl. § 3 Abs. 5). 3

Eine bestimmte Zusammensetzung nach Beschäftigungsarten und Geschlechtern (vgl. § 15) ist nicht vorgesehen[5]. 4

Mindestens ein Mitglied des Wirtschaftsausschusses muss dem **BR** eines Betriebs des Unternehmens angehören (Abs. 1 Satz 1 a.E.). Existiert ein GesamtBR, ist die minimale BR-Beteiligung durch das Mitglied eines BR erfüllt; die Beteiligung eines Gesamtbetriebsratsmitglieds ist nicht erforderlich[6]. 5

---

1 Dazu OLG Hamm v. 7.12.77 – 4 Ss OWi 1407/77, DB 1978, 748 (749). | 2 Dazu näher *Picot/Schnitker*, Arbeitsrecht bei Unternehmenskauf und Restrukturierung, 2001, Teil II Rz. 382 ff.; *Röder/Göpfert*, BB 1997, 2105. | 3 OLG Karlsruhe v. 7.6.1985 – 1 Ss 68/85, AP Nr. 1 zu § 121 BetrVG 1972 unter 2 b; GK-BetrVG/*Fabricius/Oetker*, § 106 Rz. 104, § 109 Rz. 4; aA DKK/*Däubler*, § 106 BetrVG Rz. 52. | 4 *Fitting*, § 107 BetrVG Rz. 3. | 5 *Fitting*, § 107 BetrVG Rz. 3. | 6 DKK/*Däubler*, § 107 BetrVG Rz. 11; GK-BetrVG/*Fabricius/Oetker*, 7. Aufl. 2002, § 107 Rz. 11; *Fitting*, § 107 BetrVG Rz. 8; ErfK/*Kania*, § 107 BetrVG Rz. 3; *Löwisch/Kaiser*, § 107 BetrVG Rz. 5; *Richardi*/*Richardi/Annuß*, § 107 BetrVG Rz. 7; aA GK-BetrVG/*Fabricius*, 6. Aufl. 1998, § 107 Rz. 12.

6 Alle Mitglieder des Wirtschaftsausschusses müssen nach Satz 1 dem Unternehmen angehören. Das Gesetz verlangt hingegen nicht, dass sie ArbN (§ 5 Abs. 1) des Unternehmens sind. Für die **Unternehmenszugehörigkeit** ist kein arbeitsvertragliches Grundverhältnis erforderlich. Allerdings setzt die Zugehörigkeit zum Unternehmen voraus, dass die Person in die personelle Organisation des Unternehmens eingegliedert ist und sich an der wirtschaftlichen und betrieblichen Tätigkeit des Unternehmens nicht nur vorübergehend beteiligt[1]. Erfasst werden daher auch Heimarbeitern, arbeitnehmerähnliche Personen oder aufgrund eines Dienst- oder Werkvertrags tätige freie Mitarbeiter[2].

7 Nicht erfasst werden mangels dauerhafter Eingliederung in das Unternehmen LeihArbN oder vorübergehend von anderen Konzernunternehmen überlassene ArbN, selbst wenn sie nach § 7 Satz 2 aktiv wahlberechtigt bei der BR-Wahl sind[3]. Nicht in das Unternehmen eingegliedert sind auch Aktionäre einer AG, Mitglieder des Aufsichtsrats, Gesellschafter einer GmbH und Genossen einer Genossenschaft[4].

8 ArbN aus **ausländischen Betrieben** des Unternehmens können nur dann in den Wirtschaftsausschuss bestellt werden, wenn sie dauerhaft in einen inländischen Betrieb entsandt und eingegliedert werden[5]. Dies folgt daraus, dass das BetrVG im Rahmen des Territorialitätsprinzips nur für das Inland gilt. Umgekehrt bleiben ArbN, die von einem inländischen Betrieb des Unternehmens vorübergehend in einen ausländischen Betrieb entsandt werden, im Anwendungsbereich des Gesetzes und können in den Wirtschaftsausschuss bestellt werden[6] (vgl. § 1 Rz. 3).

9 Abs. 1 Satz 2 bestimmt ausdrücklich, dass **leitende Angestellte** iSd. § 5 Abs. 3 zu Mitgliedern des Wirtschaftsausschusses bestimmt werden können. Dadurch soll die Nutzbarmachung ihren Sachverstands ermöglicht werden. Allerdings kann ein leitender Angestellter nicht zur Mitgliedschaft gezwungen werden[7]. Nicht in den Wirtschaftsausschuss bestellt werden können hingegen der Unternehmer (ArbGeb) und Personen, die ArbGebFunktionen wahrnehmen (dh. der Personenkreis des § 5 Abs. 2 Nr. 1 und 2)[8].

10 **2. Eignung der Mitglieder (Satz 3).** Nach Abs. 1 Satz 3 sollen die Wirtschaftsausschussmitglieder die zur Erfüllung ihrer Aufgaben erforderliche fachliche und persönliche Eignung besitzen. Die **fachliche Eignung** ist gegeben, wenn die Person in der Lage ist, die Unterrichtung durch den Unternehmer über wirtschaftliche Angelegenheiten im Allgemeinen und die Erläuterung des Jahresabschlusses (§ 108 Abs. 5) im Besonderen zu verstehen, Nachfragen dazu zu stellen und ggf. mit dem Unternehmer darüber zu beraten. Dazu bedarf es gewisser betriebswirtschaftlicher Grundkenntnisse, ohne dass die Fähigkeit verlangt wird, dass die Mitglieder ohne weiteres eine Bilanz richtig lesen können[9].

11 **Persönliche Eignung** setzt Sachlichkeit, Loyalität und Diskretion voraus[10].

12 § 107 Abs. 1 Satz 3 ist eine **Sollvorschrift** ohne zwingenden Charakter, um klarzustellen, dass der Unternehmer die ordnungsgemäße Zusammensetzung des Wirtschaftsausschusses nicht deshalb in Frage stellen kann, weil nach seiner Meinung ein Mitglied nicht die erforderliche fachliche und persönliche Eignung besitzt[11]. Besitzen Wirtschaftsausschussmitglieder die erforderlichen Fachkenntnisse nicht, können sie auf Kosten des Unternehmers (§§ 40 Abs. 1, 37 Abs. 6) die erforderlichen Schulungen besuchen, sofern sie **zugleich BR-Mitglieder** sind (vgl. unten Rz. 33)[12]. Die Berufung nicht geeigneter Mitglieder kann aber nicht durch Heranziehung von Sachverständigen kompensiert werden (vgl. § 108 Rz. 19)[13].

13 **III. Bestellung, Abberufung und Amtszeit der Wirtschaftsausschussmitglieder (Abs. 2).** Der Wirtschaftsausschuss ist ein „Hilfsorgan" der ArbN-Vertretung, die ihn bestellt (§ 106 Rz. 10). Die Einzelheiten der Bestellung, Abberufung und Amtszeit der Wirtschaftsausschussmitglieder werden in Abs. 2 geregelt.

14 **1. Bestellung.** Bestellungsorgan für die Mitglieder des Wirtschaftsausschusses ist in Unternehmen mit nur einem BR der **BR (Abs. 2 Satz 1)**, und zwar unabhängig davon, ob noch weitere betriebsratsfähige Betriebe im Unternehmen existieren[14]. Die Bestellung erfolgt für jedes Mitglied des Wirtschaftsausschusses einzeln durch Beschluss mit einfacher Stimmenmehrheit der anwesenden BR-Mitglieder (§ 33)[15]. Möglich und zweckmäßig ist die Bestellung von Ersatzmitgliedern, die im Falle der Verhinderung von

---

[1] DKK/*Däubler*, § 107 BetrVG Rz. 6 f.; *Fitting*, § 107 BetrVG Rz. 6. | [2] DKK/*Däubler*, § 107 BetrVG Rz. 7; GK-BetrVG/*Fabricius/Oetker*, § 107 Rz. 5. | [3] DKK/*Däubler*, § 107 BetrVG Rz. 7. | [4] DKK/*Däubler*, § 107 BetrVG Rz. 8; *Fitting*, § 107 BetrVG Rz. 6. | [5] Ähnlich GK-BetrVG/*Fabricius/Oetker*, § 107 Rz. 8; Richardi/*Richardi/Annuß*, § 107 BetrVG Rz. 6; aA DKK/*Däubler*, § 107 BetrVG Rz. 10; *Fitting*, § 107 BetrVG Rz. 7. | [6] Ebenso Richardi/*Richardi/Annuß*, § 107 BetrVG Rz. 6. | [7] *Fitting*, § 107 BetrVG Rz. 5. | [8] GK-BetrVG/*Fabricius/Oetker*, § 107 Rz. 10; *Fitting*, § 107 BetrVG Rz. 5; Richardi/*Richardi/Annuß*, § 107 BetrVG Rz. 5. | [9] BAG v. 18.7.1978 – 1 ABR 34/75, AP Nr. 1 zu § 108 BetrVG 1972 unter B II 2; vgl. auch GK-BetrVG/*Fabricius/Oetker*, § 107 Rz. 17; MünchArbR/*Joost*, § 319 Rz. 21. | [10] Vgl. DKK/*Däubler*, § 107 BetrVG Rz. 13; *Fitting*, § 107 BetrVG Rz. 11; Richardi/*Richardi/Annuß*, § 107 BetrVG Rz. 8. | [11] BAG v. 18.7.1978 – 1 ABR 34/75, AP Nr. 1 zu § 108 BetrVG 1972 unter B II 2; *Fitting*, § 107 BetrVG Rz. 10, 12; Richardi/*Richardi/Annuß*, § 107 BetrVG Rz. 9. | [12] LAG Hamm v. 13.10.1999 – 3 TaBV 44/99, NZA-RR 2000, 641 f. | [13] Zutr. GK-BetrVG/*Fabricius/Oetker*, § 107 Rz. 20. | [14] DKK/*Däubler*, § 107 BetrVG Rz. 15, 17; *Fitting*, § 107 BetrVG Rz. 21; MünchArbR/*Joost*, § 319 Rz. 14; *Löwisch/Kaiser*, § 107 BetrVG Rz. 1. | [15] *Fitting*, § 107 BetrVG Rz. 13; Richardi/*Richardi/Annuß*, § 107 BetrVG Rz. 13.

ordentlichen Wirtschaftsausschussmitgliedern nachrücken können. Werden mehrere Ersatzmitglieder bestellt, ist die Reihenfolge des Nachrückens festzulegen[1].

Bestehen in einem Unternehmen mehrere BR, werden die Mitglieder des Wirtschaftsausschusses hingegen vom **GesamtBR** bestimmt (**Abs. 2 Satz 2**), sofern ein GesamtBR besteht. Existiert hingegen kein GesamtBR, obwohl die Voraussetzungen für dessen Bildung gegeben sind, **kann der Wirtschaftsausschuss nicht errichtet werden**[2]. Die Bestellung erfolgt für jedes Mitglied des Wirtschaftsausschusses einzeln durch Beschluss des GesamtBR mit der einfachen Mehrheit der anwesenden, gemäß § 47 Abs. 7 bis 9 zu gewichtenden Stimmen (§§ 51 Abs. 4, 33 Abs. 1 und 2)[3]. 15

In den Fällen des § 3 Abs. 1 Nr. 1 bis 3 gelten die vereinbarten betriebsverfassungsrechtlichen Organisationseinheiten als Betriebe, und die darin gebildeten ArbN-Vertretungen (zB unternehmenseinheitlicher BR, SpartenBR) nehmen die Stellung des BR ein (§ 3 Abs. 5). Dies gilt auch im Hinblick auf § 107. 16

2. Dauer der Amtszeit. Die Amtszeit des Wirtschaftsausschusses ist gemäß Abs. 2 Satz 1 und 2 mit der des bestellenden Organs verknüpft. 17

Ist der **BR** Bestellungsorgan, beträgt die Amtszeit des Wirtschaftsausschusses so lange, wie der bestellende BR als Organ im Amt ist. Die Einzelheiten zur Amtszeit des BR ergeben sich aus §§ 21 ff. 18

Ist das Mitglied des Wirtschaftsausschusses gleichzeitig BR-Mitglied und erlischt seine BR-Mitgliedschaft (§ 24), so verliert er sein Amt als Wirtschaftsausschussmitglied nur, wenn er bisher das einzige, von Abs. 1 Satz 1 als Minimum geforderte BR-Mitglied war[4]. 19

Ist der **GesamtBR** Bestellungsorgan, richtet sich die Amtszeit der Wirtschaftsausschussmitglieder nach der Mehrheit der Mitglieder des GesamtBR (ohne Rücksicht auf deren Stimmengewichtung gemäß § 47 Abs. 7 bis 9). Der GesamtBR selbst hat als „Dauereinrichtung" keine Amtszeit. Der Wortlaut des Abs. 2 Satz 2, wonach es auf den Ablauf der „Amtszeit der Mehrheit der Mitglieder des Gesamtbetriebsrats" ankommen soll, ist missverständlich. Zu beachten ist, dass im Falle des Erlöschens der Mitgliedschaft im GesamtBR aus persönlichen Gründen (zB Amtsniederlegung, Beendigung des Arbeitsverhältnisses, Verlust der Wählbarkeit, Ausschluss durch das ArbG, Tod) gemäß § 47 Abs. 3 ein Ersatzmitglied an die Stelle des ausgeschiedenen Gesamtbetriebsratsmitglieds tritt[5]. Daher wird es hinsichtlich der Amtszeit des Wirtschaftsausschusses regelmäßig nicht auf alle in § 49 genannten Gründe für das Erlöschen der Gesamtbetriebsratsmitgliedschaft ankommen, sondern auf den Ablauf der Amtszeit des BR (als Organ), dem das Gesamtbetriebsratsmitglied angehört. Mit dem Ablauf der Amtszeit des BR erlischt die Mitgliedschaft im BR (§ 24 Nr. 1) und im GesamtBR (§ 49). Besteht also zB der den Wirtschaftsausschuss bestellende GesamtBR aus 6 Mitgliedern (je zwei Vertretern von drei BR) und läuft die Amtszeit von zwei BR, dh. von vier GesamtBR ab, so endet auch die Amtszeit der Wirtschaftsausschussmitglieder. Hinsichtlich der Beendigung der Amtszeit im Wirtschaftsausschuss ist mithin auf das Ende der Amtszeit der Mehrheit der Gesamtbetriebsratsmitglieder abzustellen und nicht auf die Mehrheit der gemäß § 47 Abs. 7 bis 9 zu gewichtenden Stimmen[6]. 20

3. Abberufung und sonstiges Amtsende. Vor Ablauf der Amtszeit des Wirtschaftsausschusses erlischt die Mitgliedschaft des einzelnen Mitglieds im Wirtschaftsausschuss außer im Fall der Abberufung durch **Amtsniederlegung** oder **Ende der Unternehmenszugehörigkeit** (dazu vgl. oben Rz. 6 f.)[7]. 21

Abs. 2 Satz 3 regelt ferner, dass die Mitglieder des Wirtschaftsausschusses jederzeit **abberufen** werden können. Zuständig ist das für die Bestellung zuständige Organ. Insoweit gelten die Ausführungen zur Bestellung entsprechend (oben Rz. 14 ff.). Ein besonderer Grund für die Abberufung ist nicht erforderlich[8]. 22

4. Auswirkungen von Umstrukturierungen auf den Wirtschaftsausschuss. Umstrukturierungen von Unternehmen auf betrieblicher oder gesellschaftsrechtlicher Ebene können Auswirkungen auf den Bestand oder die Bildung des Wirtschaftsausschusses haben. So kommen aufgrund des Übergang eines Betriebs von einem Unternehmen auf das andere etwa folgende Konsequenzen in Betracht: 23

Beim veräußernden Unternehmen kann der **Schwellenwert** des § 106 Abs. 1 von in der Regel mehr als 100 ständig beschäftigten ArbN **dauerhaft unterschritten** werden, was anhand einer Prognose festzustellen ist. Nach verbreiteter Auffassung soll der Wirtschaftsausschuss so lange im Amt bleiben, wie der ihn bestel- 24

---

[1] DKK/*Däubler*, § 107 BetrVG Rz. 5; *Fitting*, § 107 BetrVG Rz. 16; Richardi/*Richardi/Annuß*, § 107 BetrVG Rz. 14. | [2] DKK/*Däubler*, § 107 BetrVG Rz. 16; GK-BetrVG/*Fabricius/Oetker*, 7. Aufl. 2002, § 107 Rz. 22; *Fitting*, § 107 BetrVG Rz. 20; ErfK/*Kania*, § 107 BetrVG Rz. 5; MünchArbR/*Joost*, § 319 Rz. 14; *Löwisch/Kaiser*, § 107 BetrVG Rz. 2; Richardi/*Richardi/Annuß*, § 107 BetrVG Rz. 11; aA GK-BetrVG/*Fabricius*, 6. Aufl. 1998, § 107 Rz. 23 ff. | [3] *Fitting*, § 107 BetrVG Rz. 18; Richardi/*Richardi/Annuß*, § 107 BetrVG Rz. 13. | [4] DKK/*Däubler*, § 107 BetrVG Rz. 28; Richardi/*Richardi/Annuß*, § 107 BetrVG Rz. 23; aA *Fitting*, § 107 BetrVG Rz. 9. | [5] Vgl. *Fitting*, § 107 BetrVG Rz. 22; Richardi/*Richardi/Annuß*, § 107 BetrVG Rz. 18. | [6] GK-BetrVG/*Fabricius/Oetker*, § 107 Rz. 29; *Fitting*, § 107 BetrVG Rz. 19; MünchArbR/*Joost*, § 319 Rz. 101. | [7] DKK/*Däubler*, § 107 BetrVG Rz. 25 f.; *Fitting*, § 107 BetrVG Rz. 14; ErfK/*Kania*, § 107 BetrVG Rz. 8 f. | [8] DKK/*Däubler*, § 107 BetrVG Rz. 24; GK-BetrVG/*Fabricius/Oetker*, § 107 Rz. 30; ErfK/*Kania*, § 107 BetrVG Rz. 10; Richardi/*Annuß*, § 107 BetrVG Rz. 21; aA ArbG Hamburg 11.9.1975 – 12 Bv 26/75, DB 1975, 2331: Fehlen oder Wegfall der persönlichen oder fachlichen Eignung erforderlich.

lende BR bzw. die Mehrheit der Mitglieder des ihn bestellenden GesamtBR im Amt sind (vgl. § 107 Abs. 2 Satz 1 und 2)[1]. Diese Ansicht überzeugt jedoch nicht. Vielmehr fehlt es bei einem Unterschreiten des Schwellenwertes auf Dauer an einer gesetzlichen Voraussetzung für die Bildung des Wirtschaftsausschusses (§ 106 Abs. 1), so dass das Amt des Wirtschaftsausschusses ohne weiteres endet[2] (vgl. § 106 Rz. 22).

25 Beim erwerbenden/aufnehmenden Rechtsträger kann es hingegen dazu kommen, dass der **Schwellenwert** durch Hinzukommen der neuen ArbN (§ 613a Abs. 1 Satz 1 BGB) **erstmals dauerhaft überschritten** wird. In diesem Fall ist der Wirtschaftsausschuss neu vom BR oder vom GesamtBR zu bestellen.

26 Denkbar ist ferner, dass bei einem Betriebsübergang im übertragenden Unternehmen nur noch ein Betrieb mit BR verbleibt, so dass der **bisherige Gesamtbetriebrat als Bestellungsorgan für den Wirtschaftsausschuss wegfällt**. In diesem Fall endet die Amtszeit der Mitglieder des Wirtschaftsausschusses mit dem Wegfall des GesamtBR gemäß § 107 Abs. 2 Satz 2[3]. Der im übertragenden Unternehmen verbleibende BR bestellt die Mitglieder des Wirtschaftsausschusses neu (§ 107 Abs. 2 Satz 1), wenn der Schwellenwert immer noch überschritten ist.

27 In Betracht kommt außerdem, dass beim aufnehmenden Unternehmen mit dem hinzukommenden Betrieb samt BR **erstmals** mehrere BR bestehen, so dass nach § 47 Abs. 1 ein **GesamtBR zu errichten** ist. Für diesen bislang kaum diskutierten Fall wird vertreten, dass der Wirtschaftsausschuss bis zum Abschluss der Amtszeit des ihn bestellenden BR bestehen bleibe; vorher komme nur die kollektive Amtsniederlegung der Mitglieder des bestellenden BR oder die Abberufung der Wirtschaftsausschussmitglieder in Betracht[4]. Überzeugender erscheint es jedoch, davon auszugehen, dass der Wirtschaftsausschuss mit Hinzutreten des neuen BR im (aufnehmenden) Unternehmen wegfällt. Das folgt aus der Hilfsfunktion des Wirtschaftsausschusses für das Organ, das ihn gemäß § 107 Abs. 2 zu bestellen hat (vgl. § 106 Rz. 10). Außerdem kann nach ganz hM der Wirtschaftsausschuss nicht errichtet werden, wenn kein GesamtBR existiert, obwohl die Voraussetzungen für dessen Bildung gegeben sind (oben Rz. 15). Entsprechendes muss hier gelten. Es ist also zunächst von der erstmals bestehenden Möglichkeit der Errichtung des GesamtBR Gebrauch zu machen. Sodann bestellt der neue GesamtBR die Mitglieder des Wirtschaftsausschusses (§ 107 Abs. 2 Satz 2)[5].

28 **Besteht** bei einem Betriebsübergang im aufnehmenden Unternehmen **bereits** ein vom dortigen GesamtBR bestellter **Wirtschaftsausschuss**, bleibt dieser Wirtschaftsausschuss im Amt[6]. Das Hinzukommen neuer ArbN im Unternehmen und ggf. die Entsendung neuer BR-Mitglieder in den GesamtBR lässt die Amtszeit des Wirtschaftsausschusses, die sich nach der Amtszeit der Mehrheit der Mitglieder des GesamtBR richtet, unberührt.

29 Die vorherigen Ausführungen gelten entsprechend, wenn im Rahmen einer Umwandlung nach dem UmwG Betriebe übergehen. Zusätzlich ist bei **Umwandlungen** noch festzuhalten, dass der Wirtschaftsausschuss im übertragenden Unternehmen wegfällt, wenn der **übertragende Rechtsträger erlischt**, wie es bei der **Verschmelzung und** bei der **Aufspaltung** der Fall ist (§§ 20 Abs. 1 Nr. 2, 131 Abs. 1 Nr. 2 UmwG)[7]. Denn der Wirtschaftsausschuss ist mit dem Bestand des Unternehmens verknüpft.

30 **IV. Rechtsstellung der Wirtschaftsausschussmitglieder.** Nicht in § 107 geregelt ist die Stellung der Wirtschaftsausschussmitglieder im Hinblick auf Entgeltschutz, Schulungsteilnahme, Kündigungsschutz etc. Insoweit gilt Folgendes:

31 **1. Ehrenamt; Arbeitsversäumnis; Benachteiligungsverbot; Tätigkeitsschutz.** Mangels Anordnung eines besonderen Vergütungsanspruchs ist die Tätigkeit als Mitglied des Wirtschaftsausschusses **unentgeltlich**. Insoweit kann man § 37 Abs. 1 analog heranziehen[8].

32 Einigkeit besteht darin, dass die Mitglieder des Wirtschaftsausschusses von ihrer beruflichen Tätigkeit **ohne Minderung des Arbeitsentgelts zu befreien** sind, wenn und soweit es zur ordnungsgemäßen Durchführung ihrer Aufgaben erforderlich ist. Das BAG wendet für Wirtschaftsausschussmitglieder, die zugleich BR-Mitglieder sind, § 37 Abs. 2 und 3 direkt an[9] und zieht für die übrigen Ausschussmit-

---

1 DKK/*Däubler*, § 106 BetrVG Rz. 13a; GK-BetrVG/*Fabricius*, 6. Aufl. 1998, § 106 Rz. 5; vgl. auch LAG Frankfurt v. 17.8.1993 – 4 TaBV 61/93, DB 1994, 1248 = BB 94, 717 für den Fall des Absinkens des Belegschaftsstärke im Betrieb (§ 13 Abs. 2 Nr. 1), ohne dass erkennbar wäre, ob in dem zugrunde liegenden Fall auch der Schwellenwert nach § 106 Abs. 1 unterschritten wurde; aA *Hohenstatt* in Willemsen/Hohenstatt/Schweibert/Seibt, Rz. D 228; MünchArbR/*Joost*, § 319 Rz. 4; Richardi/*Richardi*/*Annuß*, § 106 BetrVG Rz. 11. |2 Ebenso GK-BetrVG/*Fabricius*/*Oetker*, 7. Aufl. 2002, § 107 Rz. 28; MünchArbR/*Joost*, § 319 Rz. 4; *Picot*/*Schnitker*, Arbeitsrecht bei Unternehmenskauf und Restrukturierung, 2001, Teil III Rz. 81; Richardi/*Richardi*/*Annuß*, § 106 BetrVG Rz. 11. |3 Ebenso GK-BetrVG/*Fabricius*/*Oetker*, § 107 Rz. 23. |4 Vgl. *Hohenstatt* in Willemsen/Hohenstatt/Schweibert/Seibt, Rz. D 117. |5 Ebenso *Hohenstatt* in Willemsen/Hohenstatt/Schweibert/Seibt, 1. Aufl. 1999, Rz. D 216. |6 Ebenso *Hohenstatt* in Willemsen/Hohenstatt/Schweibert/Seibt, 1. Aufl. 1999, Rz. D 118. |7 Ebenso *Ziegler*/*Wolff* in Jaeger/Röder/Heckelmann, Kapitel 27 Rz 12. |8 Vgl. *Fitting*, § 107 BetrVG Rz. 24; Richardi/*Richardi*/*Annuß*, § 107 BetrVG Rz. 27. |9 Vgl. BAG v. 16.3.1982 – 1 AZR 406/80, AP Nr. 3 zu § 108 BetrVG 1972 unter II 3.

glieder das Benachteiligungsverbot des § 78 Satz 2 heran[1], während die Lit. überwiegend § 37 Abs. 2 und 3 analog anwendet[2].

Streitig ist, ob hinsichtlich der **Schulung von Wirtschaftsausschussmitgliedern** § 37 Abs. 6 grundsätzlich **nur auf BR-Mitglieder** Anwendung findet (so das BAG)[3] oder analog auch auf die übrigen Ausschussmitglieder[4]. Für die Auffassung des BAG spricht, dass es an einer planwidrigen Regelungslücke fehlt. Gemäß § 107 Abs. 1 Satz 3 geht das Gesetz davon aus, dass das Bestellungsorgan auf ausreichende Fachkunde bei den Ausschussmitgliedern achtet. Liegt diese ausnahmsweise nicht vor, kann ein Sachverständiger gemäß § 108 Abs. 2 Satz 3 iVm. § 80 Abs. 3 hinzugezogen werden (s. § 108 Rz. 18 f.). 33

Ein Anspruch auf Freistellung zur Teilnahme an Schulungs- und Bildungsveranstaltungen nach § 37 Abs. 7 (analog) scheidet für Mitglieder des Wirtschaftsausschusses aus[5]. 34

Ebenso nicht anwendbar sind die Vorschriften über die wirtschaftliche und berufliche Absicherung (§ 37 Abs. 4 und 5)[6]. Allerdings dürfen die Wirtschaftsausschussmitglieder gemäß § 78 Satz 2 wegen ihrer Tätigkeit nicht benachteiligt oder begünstigt werden, insb. auch nicht hinsichtlich ihrer beruflichen Entwicklung. Die Verletzung des **Benachteiligungsverbots** wird – ebenso wie das Begünstigungsverbot – als Straftat sanktioniert (§ 119 Abs. 1 Nr. 3). Ergänzend zum Benachteiligungsverbot bestimmt § 78 Satz 1, dass die Mitglieder des Wirtschaftsausschusses nicht in der Ausübung ihrer Tätigkeit gestört oder behindert werden dürfen. Die Verletzung dieses **Tätigkeitsschutzes** kann ebenfalls als Straftat geahndet werden (§ 119 Abs. 1 Nr. 2). 35

2. Kündigungsrechtliche Stellung. Mitglieder des Wirtschaftsausschusses genießen nicht den besonderen Kündigungsschutz nach § 15 Abs. 3 KSchG, soweit sie nicht BR-Mitglieder sind[7]. Allerdings besteht ein relativer Schutz gegen Kündigungen wegen der Tätigkeit im Wirtschaftsausschuss über das **Benachteiligungsverbot** des § 78 Satz 2 (vgl. § 78 Rz. 17). 36

3. Geheimhaltungspflicht (§ 79). Mitglieder des Wirtschaftsausschusses sind gemäß § 79 Abs. 2 verpflichtet, **Betriebs- oder Geschäftsgeheimnisse**, die ihnen wegen ihrer Zugehörigkeit zum Wirtschaftsausschuss bekannt geworden sind und vom Unternehmer (ArbGeb) ausdrücklich als geheimhaltungsbedürftig bezeichnet worden sind, nicht zu offenbaren und nicht zu verwerten, auch nicht nach dem Ausscheiden aus dem Wirtschaftsausschuss (näher § 79 Rz. 4 ff.). Die Verpflichtung gilt nicht gegenüber anderen Wirtschaftsausschussmitgliedern oder gegenüber den ebenfalls der Geheimhaltungspflicht unterliegenden Organen iSd. § 79 Abs. 1 Satz 3 und 4, also insb. BR- und Gesamtbetriebsratsmitgliedern. Eine Verletzung der Geheimhaltungspflicht kann nach § 120 Abs. 1 Nr. 1 als Straftat verfolgt werden. 37

Daneben kann ein Wirtschaftsausschussmitglied theoretisch auch nach § 120 Abs. 2 bestraft werden, wenn es unbefugt ein fremdes **Geheimnis eines ArbN**, namentlich ein zu dessen persönlichen Lebensbereich gehörendes Geheimnis, offenbart, das ihm in seiner Eigenschaft als Ausschussmitglied bekannt geworden ist und über das Stillschweigen nach dem BetrVG zu bewahren ist. Diese Vorschrift dürfte in der Praxis für den Wirtschaftsausschuss kaum eine Rolle spielen. 38

4. Kosten des Wirtschaftsausschusses. Die durch die Tätigkeit des Wirtschaftsausschusses entstehenden Kosten hat der Unternehmer (ArbGeb) im Rahmen der Erforderlichkeit zu tragen. § 40 gilt insoweit entsprechend (s. auch § 108 Rz. 9)[8]. Der Unternehmer hat daher zB Reisekosten der Mitglieder des Wirtschaftsausschusses zu den Sitzungen oder die Kosten für die Sitzung und dessen Protokollierung zu tragen. 39

V. Ersetzung des Wirtschaftsausschusses (Abs. 3). Zur Anpassung an etwaige besondere Verhältnisse in dem Unternehmen sieht Abs. 3 unter bestimmten Voraussetzungen die Möglichkeit vor, die Aufgaben des Wirtschaftsausschusses auf einen Ausschuss des BR zu übertragen. Dadurch soll der Tatsache Rechnung getragen werden, dass in zahlreichen Unternehmen eine enge unmittelbare Zusammenarbeit zwischen Unternehmensleitung und Betriebrat auch in wirtschaftlichen Angelegenheiten besteht und sich daher die Bildung eines Wirtschaftsausschusses häufig erübrigt[9]. Während der Wirtschaftsausschuss nach § 107 40

---

1 BAG v. 11.11.1998 – 7 AZR 491/97, AP Nr. 129 zu § 37 BetrVG 1972 unter I 2; *Löwisch/Kaiser*, § 107 BetrVG Rz. 9. |2 DKK/*Däubler*, § 107 BetrVG Rz. 30; GK-BetrVG/*Fabricius/Oetker*, § 107 Rz. 36; *Fitting*, § 107 BetrVG Rz. 24. |3 BAG v. 11.11.1998 – 7 AZR 491/97, AP Nr. 129 zu § 37 BetrVG 1972 unter I 1; v. 28.4.1988 – 6 AZR 39/86, NZA 1989, 221 f.; st. Rspr.; GK-BetrVG/*Fabricius/Oetker*, 7. Aufl. 2002, § 107 Rz. 37; MünchArbR/*Joost*, § 319 Rz. 111; *Löwisch/Kaiser*, § 107 BetrVG Rz. 9. |4 GK-BetrVG/*Fabricius*, 6. Aufl. 1998, § 107 Rz. 42, 44; *Fitting*, § 107 BetrVG Rz. 25; Richardi/*Richardi/Annuß*, § 107 BetrVG Rz. 28. |5 GK-BetrVG/*Fabricius/Oetker*, 7. Aufl. 2002, § 107 Rz. 39; Richardi/*Richardi/Annuß*, § 107 BetrVG Rz. 28; aA GK-BetrVG/*Fabricius*, 6. Aufl. 1998, § 107 Rz. 42, 49. |6 GK-BetrVG/*Fabricius/Oetker*, 7. Aufl. 2002, § 107 Rz. 40; *Fitting*, § 107 BetrVG Rz. 26; MünchArbR/*Joost*, § 319 Rz. 112; *Löwisch/Kaiser*, § 107 BetrVG Rz. 9; Richardi/*Richardi/Annuß*, § 107 BetrVG Rz. 30; aA DKK/*Däubler*, § 107 BetrVG Rz. 30; GK-BetrVG/*Fabricius*, 6. Aufl. 1998, § 107 Rz. 42 f. |7 GK-BetrVG/*Fabricius/Oetker*, 7. Aufl. 2002, § 107 Rz. 33; ErfK/*Kania*, § 107 BetrVG Rz. 14; MünchArbR/*Joost*, § 319 Rz. 114; *Löwisch/Kaiser*, § 107 BetrVG Rz. 8; Richardi/*Richardi/Annuß*, § 107 BetrVG Rz. 29; aA GK-BetrVG/*Fabricius*, 6. Aufl. 1998, § 107 Rz. 50 ff. |8 So ausdr. für § 40 Abs. 2 BAG v. 17.10.1990 – 7 ABR 69/89, AP Nr. 8 zu § 108 BetrVG 1972 unter B I 3; allg. *Fitting*, § 107 BetrVG Rz. 27; ErfK/*Kania*, § 107 BetrVG Rz. 13; Richardi/*Richardi/Annuß*, § 107 BetrVG Rz. 32. |9 Richardi/*Richardi/Annuß*, § 107 BetrVG Rz. 34 mwN.

Abs. 1 überwiegend mit Nicht-BR-Mitgliedern besetzt werden kann (s.o. Rz. 3 ff.), besteht ein BR-Ausschuss grundsätzlich nur aus BR-Mitgliedern (vgl. §§ 28 Abs. 1 Satz 2 iVm. § 27 Abs. 1 Satz 3). Letzteres wird durch § 107 Abs. 3 dahingehend modifiziert, dass weitere ArbN, die nicht dem BR angehören müssen, in den BR-Ausschuss berufen werden können, der den Wirtschaftsausschuss ersetzt.

41 **1. Aufgabenübertragung auf einen Ausschuss des BR (Abs. 3 Sätze 1 bis 5).** Besteht in einem Unternehmen nur ein BR, ist der **BR** zuständig für die Aufgabenübertragung – ebenso wie für die Bestimmung der Mitglieder des Wirtschaftsausschusses. Erforderlich ist ein mit der Mehrheit der Stimmen der BR-Mitglieder, dh. **mit absoluter Mehrheit**, gefasster **Beschluss (Abs. 3 Satz 1)**.

42 Eine Aufgabenübertragung nach Abs. 3 kommt allerdings **nur** in Betracht, wenn der **BR mindestens neun Mitglieder** hat und ein Betriebsausschuss gemäß § 27 Abs. 1 zu bilden ist. Das folgt daraus, dass Abs. 3 Satz 2 hinsichtlich der Höchstzahl der Ausschussmitglieder auf den Betriebsausschuss abstellt[1]. Abs. 3 spielt also nur in **Betrieben mit** in der Regel **201 und mehr ArbN** eine Rolle (vgl. § 9). Die Zahl der Ausschussmitglieder darf bis zur Zahl des Betriebsausschusses in beliebiger Höhe festgesetzt werden. Der Betriebsausschuss hat gemäß § 27 Abs. 1 Satz 2 je nach Größe des BR zwischen 5 und 11 Mitgliedern.

43 Für die Zusammensetzung und Bestellung des BR-Ausschusses gilt § 28 entsprechend[2].

44 Der BR kann durch Beschluss weitere ArbN bis zur selben Zahl, wie der BR-Ausschuss Mitglieder hat, in den Ausschuss **berufen (Abs. 3 Satz 3)**. Die Höchstzahl der Ausschussmitglieder beträgt theoretisch also 22. Für den Beschluss ist wiederum die absolute Mehrheit erforderlich (Abs. 3 Satz 3 Halbs. 2 iVm. Satz 1). Als solche sog. „kooptierten ArbN" können leitende Angestellte (§ 5 Abs. 3) oder andere ArbN des Unternehmens hinzugezogen werden, die nicht dem BR angehören müssen, aber können[3]. Auch die hinzugewählten ArbN unterliegen der **Verschwiegenheitspflicht** des § 79 **(Abs. 3 Satz 4)**, deren Verletzung gemäß § 120 Abs. 1 Nr. 4 als Straftat sanktioniert wird.

45 Durch einen mit absoluter Mehrheit der BR-Mitglieder gefassten Beschluss kann der BR jederzeit frühere Beschlüsse zur Übertragung der Aufgaben des Wirtschaftsausschusses auf den Betriebsausschuss oder einen anderen Ausschuss des BR bzw. zur Berufung weiterer ArbN in den Ausschuss **abändern oder widerrufen (Abs. 3 Satz 5)**[4].

46 **2. Aufgabenübertragung auf einen Ausschuss des GesamtBR (Abs. 3 Satz 6).** Besteht in einem Unternehmen mit mehreren BR ein **GesamtBR**, ist der GesamtBR nicht nur Bestellungsorgan für die Mitglieder des Wirtschaftsausschusses, sondern beschließt auch über die anderweitige Wahrnehmung der Aufgaben des Wirtschaftsausschusses **(Abs. 3 Satz 6 Halbs. 1)**.

47 Die Sätze 1 bis 5 gelten entsprechend (Abs. 3 Satz 6 Halbs. 2). Das bedeutet zunächst, dass der GesamtBR durch Beschluss mit der Mehrheit der – nach § 47 Abs. 7 bis 9 zu gewichtenden – Stimmen seiner Mitglieder die Aufgaben des Wirtschaftsausschusses einem **Ausschuss des GesamtBR** (§ 51 iVm. § 28 Satz 1 und 3, Abs. 2) übertragen kann **(Abs. 3 Satz 6 iVm. Satz 1)**. Dies kann auch der Gesamtbetriebsausschuss (§ 51 iVm. § 27) sein[5]. Eine Aufgabenübertragung an einzelne BR oder Ausschüsse des BR ist nicht möglich[6].

48 Eine Aufgabenübertragung durch den GesamtBR kommt **nur** in Betracht, **wenn der GesamtBR mindestens neun Mitglieder hat** und ein Gesamtbetriebsausschuss gemäß § 51 iVm. § 27 zu bilden ist (arg. e. Abs. 3 Satz 6 iVm. Satz 2)[7].

49 Die **Zahl der Ausschussmitglieder** darf die Zahl der Mitglieder des Gesamtbetriebsausschusses nicht überschreiten, welche sich nach § 51 Abs. 1 Satz 2 bemisst und je nach Größe des GesamtBR bis zu 11 Ausschussmitglieder beträgt **(Abs. 3 Satz 6 iVm. Satz 2)**.

50 Der GesamtBR kann durch mit absoluter Mehrheit gefassten Beschluss weitere ArbN – einschließlich leitender Angestellter (§ 5 Abs. 3) – bis zur selben Zahl, wie der Ausschuss Mitglieder hat, in den Ausschuss **berufen (Abs. 3 Satz 6 iVm. Satz 3)**, so dass die Höchstzahl danach 22 Ausschussmitglieder nicht übersteigt.

51 Durch mit absoluter Mehrheit gefassten Beschluss kann der GesamtBR den Beschluss über die Aufgabenübertragung jederzeit **abändern oder widerrufen (Abs. 3 Satz 6 iVm. Satz 5)**.

52 **VI. Streitigkeiten.** Über alle Streitigkeiten bezüglich der **Errichtung, Zusammensetzung und Amtszeit** des Wirtschaftsausschusses sowie die Aufgabenübertragung auf einen Ausschuss (Abs. 3) wird im arbeitsgerichtlichen **Beschlussverfahren** (§ 2a Abs. 1 Nr. 1, Abs. 2 iVm. §§ 80 ff. ArbGG) entschieden. Der Wirtschaftsausschuss selbst ist weder antragsbefugt noch Beteiligter, da er nur „Hilfsorgan" des

---

[1] *Fitting*, § 107 BetrVG Rz. 31; MünchArbR/*Joost*, § 319 Rz. 15; Richardi/*Richardi/Annuß*, § 107 BetrVG Rz. 36. [2] *Fitting*, § 107 BetrVG Rz. 30; Richardi/*Richardi/Annuß*, § 107 BetrVG Rz. 38. [3] *Fitting*, § 107 BetrVG Rz. 35. [4] *Fitting*, § 107 BetrVG Rz. 37; Richardi/*Richardi/Annuß*, § 107 BetrVG Rz. 46. [5] *Fitting*, § 107 BetrVG Rz. 33. [6] *Fitting*, § 107 BetrVG Rz. 33; Richardi/*Richardi/Annuß*, § 107 BetrVG Rz. 43. [7] Richardi/*Richardi/Annuß*, § 107 BetrVG Rz. 42.

bestellenden BR bzw. GesamtBR ist (s. auch § 106 Rz. 85 f.)[1]. Antragsbefugt ist neben dem Unternehmer (ArbGeb) der BR bzw. GesamtBR.

Ebenfalls im Beschlussverfahren zu entscheiden sind Streitigkeiten über die **Kostentragungspflicht** des Unternehmers hinsichtlich der durch die Tätigkeit des Wirtschaftsausschusses entstandenen Kosten. Das gilt auch, wenn ein Wirtschaftsausschussmitglied einen Anspruch auf Erstattungen bzw. Freistellung bezüglich der im Rahmen der Wirtschaftsausschusstätigkeit entstandenen Aufwendungen geltend macht[2]. 53

Hingegen ist das **Urteilsverfahren** (§ 2 Abs. 1 Nr. 3a, Abs. 5 iVm. 46 ff. ArbGG) die richtige Verfahrensart für Streitigkeiten über **Lohn- und Gehaltsansprüche** bzw. **Freizeitausgleichsansprüche** der Wirtschaftsausschussmitglieder[3]. 54

108 Sitzungen

(1) Der Wirtschaftsausschuss soll monatlich einmal zusammentreten.

(2) An den Sitzungen des Wirtschaftsausschusses hat der Unternehmer oder sein Vertreter teilzunehmen. Er kann sachkundige Arbeitnehmer des Unternehmens einschließlich der in § 5 Abs. 3 genannten Angestellten hinzuziehen. Für die Hinzuziehung und die Verschwiegenheitspflicht von Sachverständigen gilt § 80 Abs. 3 und 4 entsprechend.

(3) Die Mitglieder des Wirtschaftsausschusses sind berechtigt, in die nach § 106 Abs. 2 vorzulegenden Unterlagen Einsicht zu nehmen.

(4) Der Wirtschaftsausschuss hat über jede Sitzung dem Betriebsrat unverzüglich und vollständig zu berichten.

(5) Der Jahresabschluss ist dem Wirtschaftsausschuss unter Beteiligung des Betriebsrats zu erläutern.

(6) Hat der Betriebsrat oder der Gesamtbetriebsrat eine anderweitige Wahrnehmung der Aufgaben des Wirtschaftsausschusses beschlossen, so gelten die Absätze 1 bis 5 entsprechend.

Lit.: *Disselkamp*, Überblick über die Kennzahlen für die Bilanzanalyse, AiB 2003, 303; *Eisbach/Rothkegel*, Der Jahresabschluss – Grundlagen der Betriebswirtschaft für die Arbeit des Wirtschaftsausschusses, AiB 2003, 17; *Eisbach/Rothkegel*, Jahresabschlussanalyse – Schritt für Schritt, AiB 2003, 687; *Eisbach/Rothkegel*, Über den Jahresabschluss hinaus, AiB 2004, 172; *Martens*, Die Vorlage des Jahresabschlusses und des Prüfungsberichts gegenüber dem Wirtschaftsausschuss, DB 1988, 1229; *Oetker*, Die Erläuterung des Jahresabschlusses gegenüber dem Wirtschaftsausschuss unter Beteiligung des Betriebsrats (§ 108 V BetrVG), NZA 2001, 689.

I. Vorbemerkung. Die Vorschrift enthält neben organisatorischen Bestimmungen zu den Sitzungen des Wirtschaftsausschusses § 106 ergänzende Regelungen über die Berichtspflicht des Wirtschaftsausschusses gegenüber dem (Gesamt-)BR und über die Pflicht des Unternehmers zur Erläuterung des Jahresabschlusses. 1

II. Sitzungen. Die Bedeutung des Wirtschaftsausschusses als Hilfsorgan des (Gesamt-)BR liegt in der sachlichen, aber zwanglosen Aussprache, im Austausch von Unterrichtungen, Erfahrungen und Ratschlägen[4]. Daher regelt § 108 die Organisation des Wirtschaftsausschusses und den Ablauf seiner Sitzungen nur sehr kursorisch. 2

1. Häufigkeit (Abs. 1). Gemäß Abs. 1 soll der Wirtschaftsausschuss monatlich einmal zu einer Sitzung zusammentreten. Abs. 1 ist eine bloße **Sollvorschrift**, von der nach unten abgewichen werden kann, wenn es an Unterrichtungs- und Beratungsgegenständen fehlt, und nach oben, wenn dringende wirtschaftliche Angelegenheiten eine weitere Sitzung erforderlich machen[5]. In der Praxis finden regelmäßig ca. vier Sitzungen pro Jahr statt[6]. 3

2. Anwendbare Vorschriften. Da der Wirtschaftsausschuss nach der gesetzlichen Konzeption ein Ausschuss des ihn bestellenden BR bzw. GesamtBR ist und gleichsam an die Stelle des (Gesamt-)BR tritt (§ 106 Rz. 10), gelten die Grundregeln über Organisation, Geschäftsführung und Sitzungen des (Gesamt-)BR für den Wirtschaftsausschuss – soweit erforderlich – sinngemäß[7]. 4

So findet etwa § 29 Abs. 2 und 3 hinsichtlich der **Einberufung und Leitung der Sitzungen** entsprechende Anwendung[8]. Zweckmäßigerweise wählt der Wirtschaftsausschuss aus einer Mitte den **Vorsitzenden**, der dann die zwischen den Sitzungen anfallenden Geschäfte erledigt (zB Entgegennahme von Erklärungen des Unternehmers) und die Sitzungen einberuft und leitet. Da der Unternehmer (ArbGeb) 5

---

1 *Fitting*, § 107 BetrVG Rz. 38; Richardi/*Richardi/Annuß*, § 107 BetrVG Rz. 49. |2 DKK/*Däubler*, § 107 BetrVG Rz. 44; Richardi/*Richardi/Annuß*, § 107 BetrVG Rz. 52. |3 DKK/*Däubler*, § 107 BetrVG Rz. 44; *Fitting*, § 107 BetrVG Rz. 39; Richardi/*Richardi/Annuß*, § 107 BetrVG Rz. 51. |4 *Fitting*, § 108 BetrVG Rz. 3. |5 *Fitting*, § 108 BetrVG Rz. 2; *Löwisch/Kaiser*, § 108 BetrVG Rz. 1. |6 GK-BetrVG/*Fabricius*, 6. Aufl. 1998, § 108 Rz. 3 mwN; ErfK/*Kania*, § 108 BetrVG Rz. 1. |7 BAG v. 18.11.1980 – 1 ABR 31/78, AP Nr. 2 zu § 108 BetrVG 1972 unter 2 a; *Fitting*, § 108 BetrVG Rz. 3; *Löwisch/Kaiser*, § 108 BetrVG Rz. 2. |8 BAG v. 18.11.1980 – 1 ABR 31/78, AP Nr. 2 zu § 108 BetrVG 1972 unter 2a; Richardi/*Richardi/Annuß*, § 108 BetrVG Rz. 5.

zur Teilnahme an den Sitzungen des Wirtschaftsausschusses verpflichtet ist, ist der **Zeitpunkt** der Sitzungen mit dem Unternehmer abzustimmen. Die **Tagesordnung** orientiert sich weitgehend an den wirtschaftlichen Angelegenheiten, über die der Unternehmer unterrichten wird. Wirtschaftsausschuss und Unternehmer haben ihrerseits das Erforderliche zu unternehmen, damit sich die andere Seite jeweils angemessen auf die Sitzung vorbereiten kann. Dazu hat der Unternehmer über den Unterrichtungsgegenstand zu informieren und ggf. die erforderlichen Unterlagen vorzulegen (vgl. § 106 Rz. 31 ff.); der Wirtschaftsausschuss hat dem Unternehmer vorher anstehende Fragen mitzuteilen[1].

6 Die Sitzungen finden in der Regel **während der Arbeitszeit** statt und sind **nicht öffentlich**. § 30 gilt entsprechend[2]; ebenso § 31 (s.u. Rz. 23) Personen, die kein Teilnahmerecht haben, dürfen also grundsätzlich nicht anwesend sein. Die Wirtschaftsausschussmitglieder haben für die Zeiten zur Vorbereitung der und Teilnahme an Wirtschaftsausschusssitzungen Anspruch auf Arbeitsbefreiung ohne Minderung des Arbeitsentgelts (§ 107 Rz. 32).

7 Der Wirtschaftsausschuss hat angesichts seines Hilfscharakters (oben Rz. 4) grundsätzlich keine **Beschlüsse** zu fassen, so dass es der entsprechenden Anwendung des § 35 an sich nicht bedarf[3]. In Betracht kommt ein Beschluss des Wirtschaftsausschuss allerdings zB, wenn der Unternehmer eine eigentlich nicht teilnahmeberechtigte Person (zB Rechtsanwalt) zur Sitzung hinzuziehen will und der Wirtschaftsausschuss auf die Einhaltung der Nichtöffentlichkeit der Sitzung insoweit verzichtet[4] (vgl. unten Rz. 12, 20) oder wenn der Wirtschaftsausschuss ein Verlangen auf konkrete Auskunft oder Vorlage bestimmter Unterlagen an den Unternehmer richtet (vgl. § 109 Rz. 6).

8 Die Anfertigung einer Sitzungsniederschrift ist nicht notwendig[5]; § 34 findet keine entsprechende Anwendung[6].

9 § 40 Abs. 2 ist auf den Wirtschaftsausschuss entsprechend anzuwenden, dh. der ArbGeb im erforderlichen Umfang **sachliche und personelle Hilfsmittel** für die Tätigkeit des Wirtschaftsausschusses zur Verfügung zu stellen (vgl. § 107 Rz. 39)[7]. Notwendige Aufwendungen eines Mitglieds (zB Reisekosten) sind vom Unternehmer zu erstatten.

10 **III. Sitzungsteilnehmer (Abs. 2).** Abs. 2 bestimmt den Kreis der Teilnehmer an den Sitzungen des Wirtschaftsausschusses näher.

11 **1. Unternehmer oder dessen Vertreter (Abs. 2 Satz 1).** Nach Abs. 2 Satz 1 besteht für den Unternehmer eine **Teilnahmepflicht**. Er muss entweder selbst an der Sitzung teilnehmen oder nach seiner Wahl[8] einen **Vertreter** entsenden. **Unternehmer** iSd. Norm sind bei Einzelfirmen der Inhaber, bei juristischen Personen und anderen Personengesamtheiten mindestens ein Mitglied des gesetzlichen Vertretungsorgans bzw. eine zur Vertretung oder Geschäftsführung berufene Person, auch wenn nur Gesamtvertretungs- bzw. Gesamtgeschäftsführungsbefugnis besteht[9].

12 **Vertreter** iSd. Abs. 2 Satz 1 ist nach allgemeiner Ansicht nicht jeder vom Unternehmer Bevollmächtigte, der die für die Unterrichtung erforderliche Sachkunde besitzt, da ansonsten Abs. 2 Satz 2 weitgehend überflüssig wäre. Vielmehr ist Vertreter nur die sachkundige Person, die den Unternehmer entweder allgemein oder mindestens in dem relevanten Bereich allgemein und verbindlich vertritt, insb. also ein gesetzlicher Vertreter oder ein **leitender Angestellter**, der **Generalvollmacht** oder **Prokura** (nicht nur Titularprokura) hat[10]. Allerdings dürfen leitende Angestellte, die Wirtschaftsausschussmitglieder geworden sind (vgl. § 107 Abs. 1 Satz 2), vom Unternehmer nicht als seine Vertreter in Besprechungen mit dem Wirtschaftsausschuss geschickt werden[11]. Nicht als Vertreter in Betracht kommt etwa auch der Rechtsanwalt, der den Unternehmer im Rahmen einer Verschmelzung oder Spaltung von Unternehmen berät. Er kann wegen der Nichtöffentlichkeit der Sitzung nur mit dem Einverständnis des Wirtschaftsausschusses hinzugezogen werden (vgl. oben Rz. 7).

13 Der Wirtschaftsausschuss kann weder das persönliche Erscheinen des Unternehmers noch die Entsendung eines bestimmten Mitglieds des Vertretungsorgans, eines bestimmten Gesellschafters oder

---

1 Zum Ganzen vgl. GK-BetrVG/*Fabricius*, 6. Aufl. 1998, § 108 Rz. 8 ff.; *Fitting*, § 108 BetrVG Rz. 4; ErfK/*Kania*, § 108 BetrVG Rz. 4 f. |2 BAG v. 18.11.1980 – 1 ABR 31/78, AP Nr. 2 zu § 108 BetrVG 1972 unter 2 a; DKK/*Däubler*, § 108 BetrVG Rz. 5, 7; *Fitting*, § 108 BetrVG Rz. 7; *Löwisch/Kaiser*, § 108 BetrVG Rz. 3. |3 Vgl. *Fitting*, § 108 BetrVG Rz. 11; Richardi/*Richardi/Annuß*, § 108 BetrVG Rz. 10. |4 GK-BetrVG/*Fabricius/Oetker*, 7. Aufl. 2002, § 108 Rz. 11 halten einen solchen Beschluss wegen der Unabdingbarkeit des Grundsatzes der Nichtöffentlichkeit für unzulässig – wie hier für die Möglichkeit der Hinzuziehung betriebsfremder Auskunftspersonen bzw. Sachverständiger DKK/*Däubler*, § 108 BetrVG Rz. 21; ErfK/*Eisemann*, § 30 BetrVG Rz. 3; *Fitting*, § 30 BetrVG Rz. 17 und § 108 Rz. 18. |5 *Fitting*, § 108 BetrVG Rz. 8; Richardi/*Richardi/Annuß*, § 108 BetrVG Rz. 10; aA GK-BetrVG/*Fabricius/Oetker*, 7. Aufl. 2002, § 108 Rz. 13. |6 Offen gelassen von BAG v. 17.10.1990 – 7 ABR 69/89, AP Nr. 8 zu § 108 BetrVG 1972 unter B I 2. |7 BAG v. 17.10.1990 – 7 ABR 69/89, AP Nr. 8 zu § 108 BetrVG 1972 unter B I 3; *Fitting*, § 108 BetrVG Rz. 10; Richardi/*Richardi/Annuß*, § 108 BetrVG Rz. 11. |8 *Fitting*, § 108 BetrVG Rz. 5; Richardi/*Richardi/Annuß*, § 108 BetrVG Rz. 16. |9 DKK/*Däubler*, § 108 BetrVG Rz. 10; *Fitting*, § 108 BetrVG Rz. 12; *Löwisch/Kaiser*, § 108 BetrVG Rz. 4; Richardi/*Richardi/Annuß*, § 108 BetrVG Rz. 14. |10 DKK/*Däubler*, § 108 BetrVG Rz. 11; *Fitting*, § 108 BetrVG Rz. 14; *Löwisch/Kaiser*, § 108 BetrVG Rz. 5; Richardi/*Richardi/Annuß*, § 108 BetrVG Rz. 15. |11 DKK/*Däubler*, § 107 BetrVG Rz. 9.

Vertreters verlangen[1]. Allerdings gebietet es der Grundsatz der vertrauensvollen Zusammenarbeit (§ 2 Abs. 1), dass der Unternehmer eine Person in die Sitzung entsendet, die innerhalb der Unternehmensleitung die maßgebliche Funktion ausübt oder zumindest die erforderliche Sachkunde besitzt.

Im mitbestimmten Unternehmen besteht keine originäre Alleinzuständigkeit des **Arbeitsdirektors** (§ 33 MitbestG, § 13 MontanMitbestG), den Vorstand gegenüber dem Wirtschaftsausschuss zu vertreten[2].

Die Teilnahme des Unternehmers (§ 108 Abs. 2) ist nicht zwingende Voraussetzung für das Vorliegen einer Wirtschaftsausschusssitzung im Rechtssinne. Der Wirtschaftsausschuss kann auch **ohne den Unternehmer** eine **Sitzung** abhalten, etwa um die Unterrichtung und Beratung mit dem Unternehmer vorzubereiten und das Vorgehen abzustimmen[3]. Die Teilnahme des Wirtschaftsausschussmitglieds an einer solchen Sitzung stellt also keine Verletzung der arbeitsvertraglichen Pflichten dar.

2. Sachkundige ArbN (Abs. 2 Satz 2). Gemäß Abs. 2 Satz 2 kann der **Unternehmer** sachkundige ArbN des Unternehmens einschließlich der leitenden Angestellten (§ 5 Abs. 3) hinzuziehen. Die Hinzuziehung hat den **Zweck**, dass der Unternehmer sich bei der Unterrichtung des Wirtschaftsausschusses und anschließender Beratung des Sachverstands seiner Mitarbeiter bedient. Der Unternehmer entscheidet, welche und wie viele ArbN er zu welchen Unterrichtungs- und Beratungsgegenständen hinzuzieht[4]. Externe ArbN, die dem Unternehmen nicht angehören, können nicht nach Abs. 2 Satz 2 hinzugezogen werden.

Die hinzugezogenen ArbN unterliegen zwar nicht der **Geheimhaltungspflicht** des § 79, sind aber aufgrund ihres Anstellungsverhältnisses zum Unternehmer (ArbGeb) zur Verschwiegenheit der Betriebs- und Geschäftsgeheimnisse verpflichtet, die sie auch im Rahmen der Teilnahme an der Wirtschaftsausschusssitzung erfahren[5]. Außerdem wird gemäß **§ 120 Abs. 1 Nr. 4** mit Freiheitsstrafe bis zu einem Jahr oder mit Geldstrafe bestraft, wer unbefugt ein fremdes Betriebs- oder Geschäftsgeheimnis offenbart, das ihm in dieser Eigenschaft als nach § 108 Abs. 2 Satz 2 hinzugezogener ArbN bekannt geworden ist und das vom ArbGeb ausdrücklich als geheimhaltungsbedürftig bezeichnet worden ist.

3. Sachverständiger (Abs. 2 Satz 3). Gemäß § 108 Abs. 2 Satz 3 iVm. § 80 Abs. 3 kann der Wirtschaftsausschuss bei der Durchführung seiner Aufgaben nach näherer Vereinbarung mit dem Unternehmer **Sachverständige** hinzuziehen, soweit dies zur ordnungsgemäßen Erfüllung seiner Aufgaben erforderlich ist. Die Tätigkeit des Sachverständigen muss sich auf die Aufgaben des Wirtschaftsausschusses beziehen und erforderlich sein. Außerdem ist eine **Vereinbarung zwischen Wirtschaftsausschuss und Unternehmer** über Thema, Person des Sachverständigen, Kosten und Zeitpunkt erforderlich[6]. Es gelten die Grundsätze zu § 80 Abs. 3 (näher § 80 Rz. 135 ff.). Das Bestellungsorgan (dh. BR bzw. Gesamtbetriebsrat) ist berechtigt, den Anspruch des Wirtschaftsausschuss im arbeitsgerichtlichen Beschlussverfahren durchzusetzen (s.u. Rz. 47).

Die Frage der **Erforderlichkeit** ist eine im arbeitsgerichtlichen Beschlussverfahren zu klärende Rechtsfrage, bei der vom objektiven Standpunkt eines vernünftigen Dritten auszugehen ist, der die Interessen des Unternehmens einerseits und die des Wirtschaftsausschusses, des BR und der ArbN-Schaft andererseits gegeneinander abwägt[7]. Die Zuziehung eines Sachverständigen ist nur dann notwendig, wenn der Wirtschaftsausschuss im Einzelfall bestimmte ihm gesetzlich zugewiesene Aufgaben ohne sachverständige Beratung nicht ordnungsgemäß erfüllen kann[8]. Bei der Beurteilung der Erforderlichkeit ist nach der gesetzlichen Konzeption jedoch im Regelfall davon auszugehen, dass die Mitglieder des Wirtschafsausschusses die zur ordnungsgemäßen Erfüllung ihrer normalerweise anfallenden Aufgaben notwendige fachliche Eignung besitzen[9]. Denn der (Gesamt-)BR soll bei der Bestellung der Wirtschaftsausschussmitglieder gemäß § 107 Abs. 1 Satz 3 geeignete Personen auswählen und kann sich dabei speziell geschulter (§ 37 Abs. 6) BR-Mitglieder und sogar leitender Angestellter (§ 5 Abs. 3) bedienen (§ 107 Abs. 1 Satz 2 und Abs. 3 Satz 3). Tut er dies nicht, kann er nicht zu Lasten des Unternehmers für den Wirtschaftsausschuss einen Sachverständigen verlangen. Die Hinzuziehung eines Sachverständigen für den Wirtschaftsausschuss ist daher **nur in Ausnahmefällen** erforderlich, etwa wegen der Schwierigkeit der Materie im konkreten Fall. Mangels besonderer Gründe ist sachverständige Hilfe zB nicht erforderlich zum Verständnis des vom ArbGeb zu erläuternden Jahresabschluss (§ 108 Abs. 5) oder zur Erarbeitung eines Musterdatenblattes, anhand dessen die regelmäßige Unterrichtung des Wirtschaftsausschusses erfolgen soll[10].

---

1 *Fitting*, § 108 BetrVG Rz. 15; Richardi/*Richardi*/*Annuß*, § 108 BetrVG Rz. 17. | 2 GK-BetrVG/*Fabricius*/*Oetker*, § 108 Rz. 19; *Fitting*, § 108 BetrVG Rz. 16; Richardi/*Richardi*/*Annuß*, § 108 BetrVG Rz. 16. | 3 BAG v. 16.3.1982 – 1 AZR 406/80, AP Nr. 3 zu § 108 BetrVG 1972 unter II 1; DKK/*Däubler*, § 108 BetrVG Rz. 9; GK-BetrVG/*Fabricius*/*Oetker*, § 108 Rz. 8; *Fitting*, § 108 BetrVG Rz. 13; Richardi/*Richardi*/*Annuß*, § 108 BetrVG Rz. 12 f. | 4 DKK/*Däubler*, § 108 BetrVG Rz. 20; *Fitting*, § 108 BetrVG Rz. 17; Richardi/*Richardi*/*Annuß*, § 108 BetrVG Rz. 18. | 5 Vgl. *Fitting*, § 108 BetrVG Rz. 17. | 6 Vgl. DKK/*Däubler*, § 108 BetrVG Rz. 24; *Fitting*, § 108 BetrVG Rz. 19; ErfK/*Kania*, § 108 BetrVG Rz. 8; Richardi/*Richardi*/*Annuß*, § 108 BetrVG Rz. 21; aA offenbar GK-BetrVG/*Fabricius*/*Oetker*, § 108 Rz. 33; *Löwisch*/*Kaiser*, § 108 BetrVG Rz. 7, wonach eine Vereinbarung mit dem BR bzw. GesamtBR erforderlich sein soll. | 7 BAG v. 18.7.1978 – 1 ABR 34/75, AP Nr. 1 zu § 108 BetrVG 1972 unter B II 2. | 8 BAG v. 18.7.1978 – 1 ABR 34/75, AP Nr. 1 zu § 108 BetrVG 1972 unter B II 2. | 9 BAG v. 18.7.1978 – 1 ABR 34/75, AP Nr. 1 zu § 108 BetrVG 1972 unter B II 2. | 10 BAG v. 18.7.1978 – 1 ABR 34/75, AP Nr. 1 zu § 108 BetrVG 1972 unter B II 2; GK-BetrVG/*Fabricius*/*Oetker*, § 108 Rz. 32 mwN.

20 Der Unternehmer kann ebenfalls einen Sachverständigen hinzuziehen. Abs. 2 Satz 3 regelt jedoch nicht diesen Fall[1]. Allerdings bedarf die Hinzuziehung dennoch der Zustimmung des Wirtschaftsausschusses, da die Sitzungen nichtöffentlich sind und der externe Sachverständige nicht in den Kreis der Teilnahmeberechtigten fällt, so dass der Wirtschaftsausschuss insoweit auf die Einhaltung der Nichtöffentlichkeit verzichten müsste (s.o. Rz. 12).

21 Für den Sachverständigen gilt die **Geheimhaltungspflicht des § 79** entsprechend (Abs. 2 Satz 3 iVm. § 80 Abs. 4). Allerdings kann die Verletzung der Geheimhaltungspflicht wegen der (unzureichenden) Gesetzesformulierung **nicht** nach § 120 Abs. 1 Nr. 3 als Straftat verfolgt werden. Der vom Wirtschaftsausschuss nach § 108 Abs. 2 Satz 3 hinzugezogene Sachverständige ist vom Wortlaut des § 120 Abs. 1 Nr. 3 nicht erfasst. Eine analoge Anwendung der Strafvorschrift scheidet wegen des Bestimmtheitsgrundsatzes (Art. 103 Abs. 2 GG) aus.

22 Da Abs. 2 Satz 3 nicht auf den – neu eingefügten – § 80 Abs. 2 Satz 3 verweist, kann der Wirtschaftsausschuss nicht vom Unternehmer verlangen, dass ihm sachkundige ArbN als **Auskunftspersonen** zur Verfügung gestellt werden[2]. Vielmehr hat das Bestellungsorgan (BR oder Gesamtbetriebsrat) bei der Bestimmung der Mitglieder des Wirtschaftsausschusses auf deren fachliche und persönliche Eignung zu achten (§ 107 Abs. 1 Satz 3).

23 **4. Gewerkschaftsbeauftragter.** Ein **Beauftragter einer im BR vertretenen Gewerkschaft** kann analog § 31 auf Antrag eines Viertels der Mitglieder des (Gesamt-)BR oder auf Beschluss des (Gesamt-)BR an den Sitzungen des Wirtschaftsausschusses beratend teilnehmen[3]. Der Wirtschaftsausschuss kann die Zuziehung jedenfalls dann selbst beschließen, wenn ihm der (Gesamt-)BR eine entsprechende Ermächtigung erteilt hat[4].

24 Die Teilnahme eines Gewerkschaftsbeauftragten kann jeweils **nur für** eine konkret **bestimmte Wirtschaftsausschusssitzung** beschlossen werden; eine generelle Einladung zu allen künftigen Sitzungen des Wirtschaftsausschusses ist hingegen unzulässig[5]. Die Gewerkschaft muss in einem BR vertreten sein. Dies gilt auch, wenn Bestellungsorgan für den Wirtschaftsausschuss der GesamtBR ist[6].

25 Der Gewerkschaftsbeauftragte unterliegt der **Geheimhaltungspflicht** nach § 79 Abs. 2, deren Verletzung nach § 120 Abs. 1 Nr. 2 als Straftat geahndet werden kann. Die Pflicht gilt auch gegenüber der Gewerkschaft. Dies wird insb. relevant, wenn in der Sitzung vom Unternehmen erteilte Informationen für laufende oder künftige **Tarifauseinandersetzungen** von Bedeutung sind.

26 **5. Vertreter der ArbGebVereinigung.** Der Unternehmer (ArbGeb) kann **analog § 29 Abs. 4 Satz 2** einen Vertreter der ArbGebVereinigung, der er angehört, hinzuziehen[7].

27 Der Vertreter des ArbGebVerbands unterliegt der strafbewehrten (§ 120 Abs. 1 Nr. 2) **Geheimhaltungspflicht** des § 79 Abs. 2.

28 **6. Schwerbehindertenvertretung.** Die Vertrauensperson der Schwerbehinderten (§ 94 SGB IX) ist berechtigt, an Sitzungen des Wirtschaftsausschusses beratend teilzunehmen[8]. §§ 95 Abs. 4, 97 Abs. 7 SGB IX, § 32 gelten entsprechend.

29 Sie unterliegen der strafbewehrten (§ 155 SGB IX) **Geheimhaltungspflicht** des § 96 Abs. 7 SGB IX.

30 **7. Sonstige Personen.** Der Wirtschaftsausschuss oder der (Gesamt-)BR haben **nicht** das Recht, zu den Sitzungen des Wirtschaftsausschusses zusätzlich zu dessen Mitgliedern ein (freigestelltes) **Mitglied des (Gesamt-)BR als Protokollführer** hinzuzuziehen[9].

31 In Sitzungen des Wirtschaftsausschusses, in denen der Unternehmer den **Jahresabschluss** erläutert, sind auch die **Mitglieder des BR bzw. GesamtBR** teilnahmeberechtigt (§ 108 Abs. 5).

32 **IV. Einsichtnahme in die Unterlagen (Abs. 3).** § 108 Abs. 3 ergänzt die Pflicht zur Vorlage der erforderlichen Unterlagen nach § 106 Abs. 2 (dazu § 106 Rz. 41 ff.). Er bezieht sich nach seinem sachlichen Zusam-

---

1 Ebenso DKK/*Däubler*, § 108 BetrVG Rz. 21; Richardi/*Richardi/Annuß*, § 108 BetrVG Rz. 21; aA *Fitting*, § 108 BetrVG Rz. 18. | 2 GK-BetrVG/*Fabricius/Oetker*, 7. Aufl. 2002, § 108 Rz. 24; MünchArbR/*Joost*, § 319 Rz. 83; *Löwisch/Kaiser*, § 108 BetrVG Rz. 8; aA DKK/*Däubler*, § 108 BetrVG Rz. 22. | 3 BAG v. 18.11.1980 – 1 ABR 31/78, AP Nr. 2 zu § 108 BetrVG 1972; DKK/*Däubler*, § 108 BetrVG Rz. 15 ff.; *Fitting*, § 108 BetrVG Rz. 21 f. | 4 BAG v. 18.11.1980 – 1 ABR 31/78, AP Nr. 2 zu § 108 BetrVG 1972. | 5 BAG v. 25.6.1987 – 6 ABR 45/85, AP Nr. 6 zu § 108 BetrVG 1972 unter II 4; *Fitting*, § 108 BetrVG Rz. 22; ErfK/*Kania*, § 108 BetrVG Rz. 9; MünchArbR/*Joost*, § 319 Rz. 87; Richardi/*Richardi/Annuß*, § 108 BetrVG Rz. 26; offen gelassen von BAG v. 28.2.1990 – 7 ABR 22/89, AP Nr. 1 zu § 31 BetrVG 1972 unter B II 2 b; abl. DKK/*Däubler*, § 108 BetrVG Rz. 18. | 6 DKK/*Däubler*, § 108 BetrVG Rz. 17, 19; *Fitting*, § 108 BetrVG Rz. 21; Richardi/*Richardi/Annuß*, § 108 BetrVG Rz. 25. | 7 DKK/*Däubler*, § 108 BetrVG Rz. 10, 19; GK-BetrVG/*Fabricius/Oetker*, 7. Aufl. 2002, § 108 Rz. 41; *Fitting*, § 108 BetrVG Rz. 24; MünchArbR/*Joost*, § 319 Rz. 88; Richardi/*Richardi/Annuß*, § 108 BetrVG Rz. 30; aA GK-BetrVG/*Fabricius*, 6. Aufl. 1998, § 108 Rz. 37. | 8 BAG v. 4.6.1987 – 6 ABR 70/85, AP Nr. 2 zu § 22 SchwbG; DKK/*Däubler*, § 108 BetrVG Rz. 14; GK-BetrVG/*Fabricius/Oetker*, 7. Aufl. 2002, § 108 Rz. 44; *Fitting*, § 108 BetrVG Rz. 23; Richardi/*Richardi/Annuß*, § 108 BetrVG Rz. 31; aA GK-BetrVG/*Fabricius*, 6. Aufl. 1998, § 108 Rz. 40 f. | 9 BAG v. 17.10.1990 – 7 ABR 69/89, AP Nr. 8 zu § 108 BetrVG 1972.

menhang nur auf Sitzungen. Normzweck ist es, sicherzustellen, dass jedenfalls in der Sitzung des Wirtschaftsausschusses die Unterlagen vorhanden sind, damit die Mitglieder des Wirtschaftsausschusses in diesem Zeitpunkt die Möglichkeit haben, in die Unterlagen tatsächlich Einsicht nehmen zu können[1]. Das Einsichtsrecht umfasst die Befugnis, sich schriftliche Notizen zu machen[2].

V. Berichtspflicht des Wirtschaftsausschusses (Abs. 4). Abs. 4 konkretisiert die in § 106 Abs. 1 Satz 2 angesprochene Aufgabe des Wirtschaftsausschusses, den BR über die Unterrichtung durch und Beratung mit dem Unternehmer zu informieren. Nach Abs. 4 hat der Wirtschaftsausschuss dem BR bzw. GesamtBR über jede Sitzung des Wirtschaftsausschusses **unverzüglich**, dh. ohne schuldhaftes Zögern (§ 121 Abs. 1 BGB), und **vollständig** zu berichten. Dies geschieht zweckmäßigerweise mündlich in einer Sitzung des BR bzw. GesamtBR.

Fällt eine wirtschaftliche Angelegenheit in die Zuständigkeit des **GesamtBR** nach § 50 Abs. 1, ist dem GesamtBR Bericht zu erstatten, ansonsten dem **BR** bzw. den Betriebsräten (§ 106 Rz. 8)[3].

Die Übersendung eines Sitzungsprotokolls reicht nicht aus[4]. Vielmehr ist im Einzelnen mitzuteilen, welche Auskünfte der Unternehmer gegeben hat und worüber mit welchem Ergebnis beraten wurde. Wird über Betriebs- oder Geschäftsgeheimnisse berichtet, ist ggf. auf die Geheimhaltungsbedürftigkeit hinzuweisen, damit sich die Mitglieder des (Gesamt-)BR entsprechend verhalten können[5]. Die Unterrichtung des (Gesamt-)BR kann einem Mitglied des Wirtschaftsausschusses übertragen werden. Die Zustimmung des (Gesamt-)BR ist dazu nicht erforderlich[6].

VI. Pflicht des Unternehmers zur Erläuterung des Jahresabschlusses (Abs. 5). Abs. 5 ergänzt die allgemeine Unterrichtungs- und Vorlagepflicht des Unternehmers gegenüber dem Wirtschaftsausschuss nach § 106 Abs. 2. Im Zusammenhang mit der Unterrichtung über die wirtschaftliche und finanzielle Lage des Unternehmens (§ 106 Abs. 3 Nr. 1) hat der Unternehmer den Jahresabschluss sowie – falls vorhanden – den Wirtschaftsprüferbericht vorzulegen (§ 106 Rz. 59). Abs. 5 schränkt die Verpflichtung zur Vorlage des Jahresberichts aus § 106 Abs. 2 nicht ein, sondern erweitert sie zu einer Erläuterungspflicht gegenüber dem Wirtschaftsausschuss unter **Beteiligung des BR bzw. des** – in das Gesamtunternehmen betreffenden Fragen zuständigen (§ 50 Abs. 1) – **GesamtBR**[7], wenn im Unternehmen ein GesamtBR besteht[8].

Bei der **Erläuterung des Jahresabschlusses** hat der Unternehmer bzw. sein Vertreter (zum Begriff oben Rz. 12) – ggf. unter Zuziehung sachkundiger Mitarbeiter des Unternehmens (Abs. 2 Satz 2) – die Bedeutung der einzelnen Bilanzposten zu erklären und ihre Zusammenhänge darzustellen[9]. Dabei muss er auch auf entsprechende Fragen der Wirtschaftsausschussmitglieder und des BR eingehen und sie beantworten[10]. Soweit Betriebs- oder Geschäftsgeheimnisse gefährdet werden, braucht der Unternehmer analog § 106 Abs. 2 über die betreffenden Punkte keine Auskünfte zu geben[11].

Die Erläuterungspflicht nach Abs. 5 erstreckt sich nur auf den **Jahresabschluss**. Dieser umfasst nach der Legaldefinition des § 242 Abs. 3 HGB die **Bilanz** sowie die **Gewinn- und Verlustrechnung**. Für Kapitalgesellschaften (AG, KGaA, GmbH) sehen die §§ 264 ff. ergänzende Vorschriften vor, für Genossenschaften gelten die §§ 336 ff. HGB. Nach § 264 Abs. 1 Satz 1 ist der Jahresabschluss um einen **Anhang** (§§ 284 ff. HGB) zu erweitern, der mit der Bilanz und der Gewinn- und Verlustrechnung eine Einheit bildet und daher Teil des gemäß Abs. 5 vom Unternehmer zu erläuternden Jahresabschlusses ist[12].

Nicht zum Jahresabschluss gehört dagegen der gemäß § 264 Abs. 1 Satz 1 aufzustellende **Lagebericht** (§ 289 HGB). Daher erstreckt sich die Erläuterungspflicht nicht auf den Lagebericht[13]. Die darin aufzunehmenden Gegenstände werden aber jedenfalls teilweise von der allgemeinen Unterrichtungspflicht

---

1 BAG v. 20.11.1984 – 1 ABR 64/82, AP Nr. 3 zu § 106 BetrVG 1972 unter B II 2 a; *Fitting*, § 108 BetrVG Rz. 25; Richardi/*Richardi*/*Annuß*, § 108 BetrVG Rz. 33. |2 LAG Hamm v. 9.2.1983 – 12 Ta BV 65/82, DB 1983, 1311; DKK/*Däubler*, § 108 BetrVG Rz. 26; *Löwisch/Kaiser*, § 108 BetrVG Rz. 11. |3 *Fitting*, § 106 BetrVG Rz. 20; MünchArbR/*Joost*, § 319 Rz. 58; aA DKK/*Däubler*, § 108 BetrVG Rz. 29; GK-BetrVG/*Fabricius/Oetker*, § 108 Rz. 54, wonach dem GesamtBR zu berichten sei, falls er besteht. |4 DKK/*Däubler*, § 108 BetrVG Rz. 29; *Fitting*, § 108 BetrVG Rz. 26; *Löwisch/Kaiser*, § 108 BetrVG Rz. 16. |5 DKK/*Däubler*, § 108 BetrVG Rz. 30. |6 GK-BetrVG/*Fabricius/Oetker*, § 108 Rz. 55; MünchArbR/*Joost*, § 319 Rz. 60; Richardi/*Richardi*/*Annuß*, § 108 BetrVG Rz. 35; aA DKK/*Däubler*, § 108 BetrVG Rz. 29; *Fitting*, § 108 BetrVG Rz. 27; ErfK/*Kania*, § 108 BetrVG Rz. 11. |7 BAG v. 8.8.1989 – 1 ABR 61/88, AP Nr. 6 zu § 106 BetrVG unter II 3 b. |8 GK-BetrVG/*Fabricius/Oetker*, § 108 Rz. 66, *Fitting*, § 108 BetrVG Rz. 37; *Oetker*, NZA 2001, 689 (696). |9 BAG v. 18.7.1978 – 1 ABR 34/75, AP Nr. 1 zu § 108 BetrVG 1972 unter B II 2 a. |10 BAG v. 18.7.1978 – 1 ABR 34/75, AP Nr. 1 zu § 108 BetrVG 1972 unter B II 2 a.; *Oetker*, NZA 2001, 689 (693). |11 *Löwisch/Kaiser*, § 108 BetrVG Rz. 15; *Oetker*, NZA 2001, 689 (693 f.). |12 *Fitting*, § 108 BetrVG Rz. 28; *Martens*, DB 1988, 1229 (1229 f. *Oetker*, NZA 2001, 689 (691). Zu Jahresabschluss und anderen wirtschaftlichen Grundbegriffen *Eisbach/Rothkegel*, AiB 2003, 17 ff.; *Eisbach/Rothkegel*, AiB 2003, 305 ff., 480 ff., 687 ff.; AiB 2004, 172 ff.; *Disselkamp*, AiB 2003, 303 f. |13 GK-BetrVG/*Fabricius/Oetker*, § 108 Rz. 59; HSG, § 108 BetrVG Rz. 15; *Martens*, DB 1988, 1229 (1230); *Oetker*, NZA 2001, 689 (691 f.); aA *Fitting*, § 108 BetrVG Rz. 29; Richardi/*Richardi*/*Annuß*, § 108 BetrVG Rz. 37.

hinsichtlich der wirtschaftlichen Angelegenheiten (§ 106 Abs. 2) erfasst. Dasselbe gilt für den **Wirtschaftsprüfungsbericht** (§ 321 HGB)[1], den **Konzernabschluss** (§§ 290 ff. HGB)[2] und die **Steuerbilanz**[3].

40 Die Mitglieder des Wirtschaftsausschusses können in der „Bilanzsitzung" während der Erläuterung des Jahresabschlusses Einsicht in die zum Jahresabschluss gehörenden Unterlagen nehmen (Abs. 3). Da die Erläuterung des Jahresabschlusses nach Abs. 5 aber unter vollständiger „Beteiligung" des BR bzw. GesamtBR vorzunehmen ist, haben die Mitglieder des (Gesamt-)BR während der Sitzung ebenfalls ein **Einsichtsrecht**[4]. Alle Sitzungsteilnehmer können sich auch **Notizen und Aufzeichnungen** machen sowie **Fragen** an den Unternehmer stellen[5].

41 Sofern eine **Pflicht zur Offenlegung** des Jahresabschlusses besteht (§§ 325 ff., 339 HGB), hat der Unternehmer den Teilnehmern der „Jahresabschlusserörterungssitzung" ein Exemplar des Jahresabschlusses auszuhändigen; dies folgt aus dem Kooperationsgebot des § 2 Abs. 1[6].

42 Hinsichtlich des **Zeitpunktes** der geschuldeten Erläuterung enthält Abs. 5 keine nähere Bestimmung. Aus dem Gebot der vertrauensvollen Zusammenarbeit (§ 2 Abs. 1) folgt aber, dass der Unternehmer den Jahresabschluss erläutern muss, **sobald er fertig gestellt** ist[7]. Bei Kapitalgesellschaften ist der Jahresabschluss von den gesetzlichen Vertretern innerhalb der ersten drei Monaten des Geschäftsjahres für das vergangene Geschäftsjahr aufzustellen (§ 264 Abs. 1 Satz 2 HGB). Kleine Kapitalgesellschaften (§ 267 Abs. 1 HGB) haben den Jahresabschluss im Rahmen eines ordnungsgemäßen Geschäftsgangs innerhalb der ersten sechs Monate des Geschäftsjahres aufzustellen (§ 264 Abs. 1 Satz 3 HGB). Soweit bei Kapitalgesellschaften eine Pflicht zur Prüfung besteht (§ 316 HGB), ist der Jahresabschluss erst mit Erteilung des Bestätigungsvermerks des Abschlussprüfers (§ 322 HGB) fertig gestellt[8]. Für den Jahresabschluss von Einzelkaufleuten und Personengesellschaften enthält das HGB keine Fristen[9].

43 **VII. Aufgabenübertragung auf einen (Gesamt-)BR-Ausschuss (Abs. 6).** Abs. 6 ordnet die entsprechende Anwendung der Absätze 1 bis 5 an, wenn der BR oder der GesamtBR die Aufgaben des Wirtschaftsausschusses auf einen Ausschuss des BR bzw. GesamtBR gemäß § 107 Abs. 3 übertragen hat (dazu § 107 Rz. 40 ff.). Insoweit gelten die obigen Ausführungen entsprechend.

44 **VIII. Streitigkeiten.** Erfüllt der Unternehmer (ArbGeb) die Pflicht zur Erläuterung des Jahresabschlusses nach Abs. 5 nicht, wahrheitswidrig, unvollständig oder verspätet, kann dies bei Vorsatz (§ 10 OWiG) als **Ordnungswidrigkeit** mit einer Geldbuße bis zu 10 000 Euro geahndet werden (§ 121). Im Übrigen gelten für Streitigkeiten hinsichtlich der Erläuterungspflicht des Unternehmers die Ausführungen zu Streitigkeiten über die Unterrichtungspflicht (§ 106 Rz. 85 ff.) entsprechend.

45 Streitigkeiten über die Geschäftsführung des Wirtschaftsausschusses (oder eines nach § 107 Abs. 3 gebildeten Ausschusses) und hinsichtlich der Sitzungen (insb. des Teilnahmerechts) werden vor dem ArbG im **Beschlussverfahren** (§ 2a Abs. 1 Nr. 1, Abs. 2 iVm. §§ 80 ff. ArbGG) entschieden. Antragsberechtigt sind der Unternehmer und der BR bzw. GesamtBR; der Wirtschaftsausschuss ist hingegen nicht Beteiligter[10].

46 Hinsichtlich der Streitigkeiten über das Einsichtnahmerecht nach Abs. 3 und den Umfang der Erläuterungspflicht des Unternehmers gemäß Abs. 5 besteht die **Primärzuständigkeit** der Einigungsstelle nach § 109 (s. dort Rz. 1).

47 Das arbeitsgerichtliche Beschlussverfahren ist hingegen die statthafte Verfahrensart für Streitigkeiten über die Hinzuziehung eines **Sachverständigen**. BR bzw. GesamtBR haben ein unmittelbares Recht gegenüber dem Unternehmer, den Abschluss einer Vereinbarung über die Bestellung eines Sachverständigen zu verlangen, soweit dies zur Erfüllung der Aufgaben des Wirtschaftsausschusses erforderlich ist[11].

---

1 GK-BetrVG/*Fabricius/Oetker*, § 108 Rz. 61; *Martens*, DB 1988, 1229 (1231); *Oetker*, NZA 2001, 689 (692); ebenso, aber eine Erläuterungspflicht annehmend Richardi/*Richardi/Annuß*, § 108 BetrVG Rz. 37. |2 GK-BetrVG/*Fabricius/Oetker*, § 108 Rz. 60; HSG, § 108 BetrVG Rz. 15; *Martens*, DB 1988, 1229 (1230 f.); *Oetker*, NZA 2001, 689 (693); aA *Fitting*, § 108 BetrVG Rz. 31; Richardi/*Richardi/Annuß*, § 108 BetrVG Rz. 38. |3 GK-BetrVG/*Fabricius/Oetker*, § 108 Rz. 62; *Oetker*, NZA 2001, 689 (692); aA *Fitting*, § 108 BetrVG Rz. 30; Richardi/*Richardi/Annuß*, § 108 BetrVG Rz. 40. |4 *Fitting*, § 108 BetrVG Rz. 36; Richardi/*Richardi/Annuß*, § 108 BetrVG Rz. 41. |5 LAG Hamm v. 9.2.1983 – 12 Ta BV 65/82, DB 1983, 1311; DKK/*Däubler*, § 108 BetrVG Rz. 39; *Fitting*, § 108 BetrVG Rz. 30. |6 *Fitting*, § 108 BetrVG Rz. 36; MünchArbR/*Joost*, § 319 Rz. 51; Richardi/*Richardi/Annuß*, § 108 BetrVG Rz. 42. |7 GK-BetrVG/*Fabricius/Oetker*, § 108 Rz. 65; *Fitting*, § 108 BetrVG Rz. 33; Richardi/*Richardi/Annuß*, § 108 BetrVG Rz. 43. |8 DKK/*Däubler*, § 108 BetrVG Rz. 38; GK-BetrVG/*Fabricius/Oetker*, § 108 Rz. 65; *Fitting*, § 108 BetrVG Rz. 3; ErfK/*Kania*, § 108 BetrVG Rz. 13; *Oetker*, NZA 2001, 689 (695); Richardi/*Richardi/Annuß*, § 108 BetrVG Rz. 43; aA MünchArbR/*Joost*, § 319 Rz. 45; Löwisch/*Kaiser*, § 108 BetrVG Rz. 14; *Rumpff/Boewer*, Mitbestimmung in wirtschaftlichen Angelegenheiten, G Rz. 67, wonach die Feststellung des Jahresabschlusses gemäß § 172 f. AktG bzw. § 46 Nr. 1, 42a Abs. 2, 52 Abs. 1 GmbHG maßgeblich sein soll. |9 Zum Ganzen *Fitting*, § 108 BetrVG Rz. 33; Richardi/*Richardi/Annuß*, § 108 BetrVG Rz. 43. |10 DKK/*Däubler*, § 108 BetrVG Rz. 42; *Fitting*, § 108 BetrVG Rz. 40; Richardi/*Richardi/Annuß*, § 108 BetrVG Rz. 49. |11 BAG v. 18.7.1978 – 1 ABR 34/75, AP Nr. 1 zu § 108 BetrVG 1972 unter B I 2.

Dasselbe gilt für den Fall, dass der Unternehmer die Teilnahme eines **Gewerkschaftsbeauftragten** an den Wirtschaftsausschusssitzungen dulden soll[1]. In diesem Fall hat auch die im (Gesamt-)BR vertretene Gewerkschaft eine eigenständige Antragsbefugnis[2]. 48

Befolgen Kapitalgesellschaften die in § 335 HGB aufgelisteten Pflichten über den Jahresabschluss nicht, sind sie auf Antrag vom Registergericht durch **Festsetzung von Zwangsgeld** zur Einhaltung der Vorschriften anzuhalten. Antragsberechtigt ist jedermann, also auch der (Gesamt-)BR[3]. 49

109 *Beilegung von Meinungsverschiedenheiten*

Wird eine Auskunft über wirtschaftliche Angelegenheiten des Unternehmens im Sinn des § 106 entgegen dem Verlangen des Wirtschaftsausschusses nicht, nicht rechtzeitig oder nur ungenügend erteilt und kommt hierüber zwischen Unternehmer und Betriebsrat eine Einigung nicht zustande, so entscheidet die Einigungsstelle. Der Spruch der Einigungsstelle ersetzt die Einigung zwischen Arbeitgeber und Betriebsrat. Die Einigungsstelle kann, wenn dies für ihre Entscheidung erforderlich ist, Sachverständige anhören; § 80 Abs. 4 gilt entsprechend. Hat der Betriebsrat oder der Gesamtbetriebsrat eine anderweitige Wahrnehmung der Aufgaben des Wirtschaftsausschusses beschlossen, so gilt Satz 1 entsprechend.

I. Vorbemerkungen. Soweit es um (Rechts-)Streitigkeiten über den Umfang und Zeitpunkt der Unterrichtung in wirtschaftlichen Angelegenheiten und die Vorlage der erforderlichen Unterlagen geht, hat die **Einigungsstelle** gemäß § 109 eine **Primärzuständigkeit**, dh. die Einleitung des Beschlussverfahrens vor dem ArbG ist bis zum Abschluss des Einigungsstellenverfahrens (vorübergehend) unzulässig (s. auch § 106 Rz. 87)[4]. **Sinn** ist es, die internsten Angelegenheiten der Unternehmensleitung zunächst einer betriebs- oder unternehmensinternen Regelung zuzuführen[5]. Das gilt insb. auch hinsichtlich der Frage, ob eine verlangte Auskunft mit Rücksicht auf die Gefährdung von Betriebs- oder Geschäftsgeheimnissen verweigert werden kann[6]. § 109 bezieht sich auch auf Streitigkeiten über das Einsichtsrecht nach § 108 Abs. 3[7] und den Umfang der Erläuterungspflicht des Unternehmers nach § 108 Abs. 5[8], nicht hingegen in Bezug auf die individuelle Unterrichtung der ArbN nach § 110[9]. 1

Einigungsstellenverfahren nach § 109 kommen in der Praxis selten vor[10]. 2

Der Spruch der Einigungsstelle ergeht im Fall des § 109 über eine **Rechtsfrage** und unterliegt daher der vollen Rechtskontrolle der ArbG (s.u. Rz. 14, 19). 3

II. Voraussetzungen für das Einigungsstellenverfahren (Satz 1). Wird die Auskunft des Unternehmens über wirtschaftliche Angelegenheiten entgegen einem Verlangen des Wirtschaftsausschusses nicht, nicht rechtzeitig oder nur ungenügend erteilt, so haben nach § 109 Satz 1 BR bzw. – in Unternehmen mit mehreren BR – GesamtBR und Unternehmer eine Einigung zu versuchen, und es entscheidet die Einigungsstelle, wenn eine solche Einigung nicht zustande kommt[11]. Dies gilt auch, wenn der Unternehmer – nach Auffassung des Wirtschaftsausschusses – erforderliche Unterlagen nicht vorlegt[12]. 4

1. Zuständigkeit der Einigungsstelle. Die Zuständigkeit der Einigungsstelle setzt allerdings voraus, dass es sich bei der Streitfrage zwischen Unternehmer und (Gesamt-)BR um eine wirtschaftliche Angelegenheit iSd. § 106 handelt[13]. Diese Frage hat die Einigungsstelle als Vorfrage zu prüfen[14]. Der Streit, ob eine Frage zu den wirtschaftlichen Angelegenheiten iSv. § 106 Abs. 3 gehört und in die Zuständigkeit der Einigungsstelle fällt, ist im arbeitsgerichtlichen Beschlussverfahren auszutragen, in dem die Einigungsstelle und der Wirtschaftsausschuss nicht zu beteiligen sind (s. auch § 106 Rz. 86)[15]. Insoweit besteht keine Primärzuständigkeit der Einigungsstelle[16]. Vielmehr können Beschlussverfahren und Einigungsstellenverfahren in diesen Fällen gleichzeitig betrieben werden[17]. 5

---

1 BAG v. 18.11.1980 – 1 ABR 31/78, AP Nr. 2 zu § 108 BetrVG 1972 unter 1 a. | 2 BAG v. 18.11.1980 – 1 ABR 31/78, AP Nr. 2 zu § 108 BetrVG 1972 unter 1 b. | 3 *Baumbach/Hopt*, HGB, § 335 Rz. 2. | 4 DKK/*Däubler*, § 109 BetrVG Rz. 1; *Löwisch/Kaiser*, § 109 BetrVG Rz. 6. | 5 *Schweibert* in Willemsen/Hohenstatt/Schweibert/Seibt, Rz. C 411. | 6 Vgl. BAG v. 8.8.1989 – 1 ABR 61/88, AP Nr. 6 zu § 106 BetrVG 1972 unter II 2 b aa (1) mit Bedenken hinsichtlich des Verzögerungspotentials dieser Auffassung, da es bis zu 4 oder 6 Instanzen bis zu einer vollstreckbaren Entscheidung dauern kann; DKK/*Däubler*, § 109 BetrVG Rz. 4; ErfK/*Kania*, § 109 BetrVG Rz. 1; *Löwisch/Kaiser*, § 109 BetrVG Rz. 3; Richardi/*Richardi/Annuß*, § 109 BetrVG Rz. 6 f. | 7 DKK/*Däubler*, § 109 BetrVG Rz. 5; ErfK/*Kania*, § 109 BetrVG Rz. 1; MünchArbR/*Joost*, § 319 Rz. 125; aA *Fitting*, § 108 BetrVG Rz. 41. | 8 Ebenso LAG Düsseldorf v. 13.3.1978 – 21 Ta BV 3/78, DB 1978, 1696 ff.; DKK/*Däubler*, § 109 BetrVG Rz. 5; GK-BetrVG/*Fabricius/Oetker*, 7. Aufl. 2002, § 109 Rz. 9; *Löwisch/Kaiser*, § 109 BetrVG Rz. 1; Richardi/*Richardi/Annuß*, § 109 BetrVG Rz. 3. | 9 AA *Löwisch/Kaiser*, § 109 BetrVG Rz. 1; Richardi/*Richardi/Annuß*, § 109 BetrVG Rz. 3. | 10 GK-BetrVG/*Fabricius*, 6. Aufl. 1998, § 109 Rz. 4 mwN. | 11 BAG v. 8.8.1989 – 1 ABR 61/88, AP Nr. 6 zu § 106 BetrVG 1972 unter II 1. | 12 BAG v. 8.8.1989 – 1 ABR 61/88, AP Nr. 6 zu § 106 BetrVG 1972 unter II 1. | 13 BAG v. 11.7.2000 – 1 ABR 43/99, AP Nr. 2 zu § 109 BetrVG 1972 unter B I 1. | 14 DKK/*Däubler*, § 109 BetrVG Rz. 3; *Fitting*, § 109 BetrVG Rz. 1 ErfK/*Kania*, § 109 BetrVG Rz. 4. | 15 BAG v. 11.7.2000 – 1 ABR 43/99, AP Nr. 2 zu § 109 BetrVG 1972 unter B I 1 b; *Löwisch/Kaiser*, § 109 BetrVG Rz. 5. | 16 BAG v. 9.5.1995 – 1 ABR 61/94, AP Nr. 12 zu § 106 BetrVG 1972 unter B I 1; v. 22.1.1991 – 1 ABR 38/89, AP Nr. 9 zu § 106 BetrVG 1972 unter B I 1. | 17 BAG v. 17.9.1991 – 1 ABR 74/90, AP Nr. 13 zu § 106 BetrVG 1972 unter B I 4.

6   **2. Auskunfts- oder Vorlageverlangen des Wirtschaftsausschusses.** Zunächst hat allerdings der Wirtschaftsausschuss als besonderes betriebsverfassungsrechtliches Organ zu entscheiden, ob er vom Unternehmer weitere Auskünfte oder die Vorlage weiterer Unterlagen verlangen will. Verneint er dies, kann der (Gesamt-)BR nicht eine weiter gehende Unterrichtung verlangen[1]. Voraussetzung für das Einigungsstellenverfahren ist also, dass der Wirtschaftsausschuss aufgrund eines Beschlusses an den Unternehmer oder seinen Vertreter ein Verlangen richtet, das auf eine konkrete Auskunft oder Vorlage bestimmter Unterlagen gerichtet ist[2]. Diesem Auskunfts- und/oder Vorlageverlangen muss der Unternehmer sodann nicht, unvollständig oder verspätet nachkommen. Die Zuständigkeit der Einigungsstelle umfasst nur konkret-individuelle Auskunftsverlangen. Die Einigungsstelle ist nicht für dauerhafte generell-abstrakte Regelungen zur Auskunftserteilung gegenüber dem Wirtschaftsausschuss zuständig[3].

7   Tritt ein nach § 107 Abs. 3 gebildeter Ausschuss des (Gesamt-)BR an die Stelle des Wirtschaftsausschusses, gilt Entsprechendes (Satz 4).

8   **3. Einigungsversuch zwischen Unternehmer und (Gesamt-)BR.** Kommt der Unternehmer dem Verlangen des Wirtschaftsausschusses nicht nach, „beschwert sich" der Wirtschaftsausschuss beim BR bzw. GesamtBR (je nach dem, wer nach § 107 Abs. 2 den Wirtschaftsausschuss gebildet hat), der dann beim Unternehmer (ArbGeb) auf Abhilfe hinwirkt, falls er das Verlangen für berechtigt hält[4]. Kommt es trotz Verhandlungen mit ernstem Einigungswillen (§ 74 Abs. 1 Satz 2 analog) nicht zur einer **Einigung** zwischen den Betriebspartnern, kann jede Seite die Einigungsstelle anrufen, welche dann eine bindende Entscheidung fällen kann.

9   **Einigen** sich Unternehmer und (Gesamt-)BR hingegen darauf, dass eine bestimmte Auskunft an den Wirtschaftsausschuss zu erteilen bzw. Unterlagen vorzulegen sind, so hat der Unternehmer dies vereinbarungsgemäß zu erfüllen. Die Einigung stellt eine Regelungsabrede dar[5] und begründet einen Anspruch des (Gesamt-)BR, den dieser im Beschlussverfahren vor dem Arbeitsgericht durchsetzen kann[6]. Wird Einvernehmen unter den Betriebsparteien hergestellt, dass die verlangte Auskunft nicht erteilt werden muss, bindet diese Vereinbarung auch den Wirtschaftsausschuss, da dieser nur Hilfsorgan des (Gesamt-)BR ist (vgl. § 106 Rz. 10)[7].

10   Auch wenn anstatt des Wirtschaftsausschusses ein besonderer Ausschuss gemäß § 107 Abs. 3 besteht, hat der BR bzw. GesamtBR eine Einigung mit dem Unternehmer über das Auskunftsverlangen des besonderen Ausschusses zu versuchen (Satz 4), es sei denn an die Stelle des (Gesamt-)BR tritt kraft entsprechender Aufgabenübertragung gemäß § 28 Abs. 1 der Ausschuss selbst[8].

11   **4. Bildung der Einigungsstelle.** Scheitert der Einigungsversuch zwischen Unternehmer (ArbGeb) und (Gesamt-)BR über die Berechtigung des Auskunftsverlangens des Wirtschaftsausschusses, kann der Unternehmer oder der (Gesamt-)BR die Einigungsstelle anrufen (vgl. 76 Abs. 5 Satz 1). Die Bildung der Einigungsstelle richtet sich nach den allgemeinen Vorschriften des § 76 Abs. 1, 2 und 8 iVm. § 98 ArbGG.

12   **III. Entscheidung der Einigungsstelle (Satz 2 und 3).** Die Einigungsstelle wird als innerbetriebliche Konfliktlösungsinstitution mit Zwangsschlichtungsbefugnissen tätig. Nach Satz 2 ersetzt der Spruch der Einigungsstelle die Einigung zwischen ArbGeb (Unternehmer) und BR. Das in § 109 vorgesehene Einigungsstellenverfahren stellt ein vorgeschaltetes Schiedsverfahren dar, das die Möglichkeit einer raschen Einigung auf betrieblicher Ebene eröffnet, ohne den Charakter eines sog. **„Med-Arb-Verfahrens"** (zuerst Mediation, dann Schiedsverfahren/Arbitration)[10].

13   **1. Verfahren.** Hinsichtlich des Verfahrens vor der Einigungsstelle gelten die allgemeinen Vorschriften (§ 76 Abs. 3 bis 5 Satz 2). Zusätzlich regelt **Satz 3** von § 109, dass die Einigungsstelle im Rahmen der Erforderlichkeit **Sachverständige** anhören kann. Aus der Formulierung der Norm (Nichtnennung des § 80 Abs. 3) folgt, dass es hier keiner Vereinbarung zwischen BR und/oder Einigungsstelle mit dem ArbGeb über die Hinzuziehung des Sachverständigen bedarf (anders §§ 80 Abs. 3, 108 Abs. 2 Satz 3)[11]. Der Sachverständige unterliegt gemäß Satz 3 Halbs. 2 iVm. § 80 Abs. 4 der strafbewehrten (§ 120 Abs. 1 Nr. 3) Geheimhaltungspflicht des § 79.

14   **2. Bindender Spruch der Einigungsstelle.** Der Spruch der Einigungsstelle ersetzt nach Satz 2 die Einigung zwischen Unternehmer und (Gesamt-)BR und bindet die Betriebsparteien sowie den Wirtschaftsausschuss. Allerdings kann der Einigungsstellenspruch im Beschlussverfahren vom ArbGeb oder vom (Gesamt-)BR angefochten werden (s.u. Rz. 19). Die Einigungsstelle nach § 109 entscheidet

---

1 BAG v. 5.2.1991 – 1 ABR 24/90, AP Nr. 10 zu § 106 BetrVG 1972 unter III 3 d. | 2 GK-BetrVG/*Fabricius/Oetker*, § 109 Rz. 12 f.; Richardi/*Richardi/Annuß*, § 109 BetrVG Rz. 11 mwN. | 3 ArbG Hamburg v. 19.6.2002 – 23 BV 1/02, ZIP 2003, 132 ff. m. zust. Anm. *Zeising*. | 4 Vgl. systematisch ähnlich das (kollektive) Beschwerdeverfahren nach § 85 Abs. 1. | 5 Ebenso GK-BetrVG/*Fabricius/Oetker*, § 109 Rz. 16. | 6 BAG v. 8.8.1989 – 1 ABR 61/88, AP Nr. 6 zu § 106 BetrVG 1972 unter II 1; *Fitting*, § 109 BetrVG Rz. 8; *Löwisch/Kaiser*, § 109 BetrVG Rz. 5. | 7 *Fitting*, § 109 BetrVG Rz. 8; Richardi/*Richardi/Annuß*, § 109 BetrVG Rz. 13. | 8 *Fitting*, § 109 BetrVG Rz. 9. | 9 BAG v. 11.7.2000 – 1 ABR 43/99, AP Nr. 2 zu § 109 BetrVG 1972 unter B I 2 a. | 10 Näher dazu *Lembke*, Mediation im Arbeitsrecht, 2001, Rz. 392 ff. | 11 DKK/*Däubler*, § 109 BetrVG Rz. 10; *Fitting*, § 109 BetrVG Rz. 10; *Löwisch/Kaiser*, § 109 BetrVG Rz. 7.

Unterrichtung der Arbeitnehmer **§ 110 BetrVG**

über Rechtsfragen[1]. Ihre Entscheidung darüber, ob, wann, in welcher Weise und in welchem Umfang der Unternehmer den Wirtschaftsausschuss zu unterrichten hat, unterliegt der vollen Rechtskontrolle der ArbG[2]. Dies gilt auch für die Frage, ob eine Gefährdung von Betriebs- oder Geschäftsgeheimnissen der Auskunft entgegensteht[3].

3. Durchsetzung des Einigungsstellenspruchs. Spricht die Entscheidung der Einigungsstelle die Verpflichtung des ArbGeb zu einer bestimmten Auskunft oder Vorlage bestimmter Unterlagen aus, stellt der Spruch der Einigungsstelle eine **Anspruchsgrundlage** dar, wenn er wirksam ist[4]. Kommt der Unternehmer der Verpflichtung aus dem Einigungsstellenspruch nicht nach, kann der (Gesamt-)BR (nicht der Wirtschaftsausschuss) diesen Anspruch im Beschlussverfahren verfolgen[5]. Dabei ist als Vorfrage die Rechtmäßigkeit des Spruchs in vollem Umfang nachzuprüfen[6]. 15

Wird der Unternehmer aufgrund des Einigungsstellenspruchs vom ArbG durch rechtskräftigen Beschluss zur Auskunftserteilung verurteilt, kann die Auskunftserteilung als unvertretbare Handlung durch Zwangsgeld oder ersatzweise Zwangshaft **vollstreckt** werden (§ 85 Abs. 1 ArbGG iVm. § 888 Abs. 1 ZPO)[7]. Daneben kommt (subsidiär) ein Verfahren gegen den Unternehmer nach § 23 Abs. 3 in Betracht[8]. Im Übrigen droht bei Nichterfüllung des Einigungsstellenspruchs auch ein Ordnungswidrigkeitenverfahren nach § 121 (vgl. § 106 Rz. 88 f.) 16

Vor Abschluss des Hauptsacheverfahrens kommt in dringenden Fällen eine **einstweilige Leistungsverfügung** auf die im Spruch der Einigungsstelle festgelegte Auskunft in Betracht[9]. Hingegen scheidet eine einstweilige Verfügung (zB auf Einsicht in Unterlagen) vor Abschluss des Einigungsstellenverfahrens aus, da sie den Gesetzeszweck des § 109 vereiteln würden[10]. 17

IV. Streitigkeiten. Streitigkeiten über den **Umfang und Zeitpunkt der Unterrichtung** des Wirtschaftsausschusses sowie über die **Gefährdung von Betriebs- oder Geschäftsgeheimnissen** können so lange nicht vor die ArbG gebracht werden, bis das Einigungsstellenverfahren abgeschlossen ist (s.o. Rz. 1). 18

Die Frage der **Zuständigkeit der Einigungsstelle** (s.o. Rz. 5) sowie die **Rechtmäßigkeit des Verfahrens und des Spruchs der Einigungsstelle** unterliegen aber der vollen arbeitsgerichtlichen Rechtskontrolle. Meinungsverschiedenheiten über diese Fragen werden zwischen ArbGeb und (Gesamt-)BR im arbeitsgerichtlichen Beschlussverfahren ausgetragen, in dem die Einigungsstelle und der Wirtschaftsausschuss nicht zu beteiligen sind[11]. Da es um eine Rechtskontrolle geht, findet die zweiwöchige Ausschlussfrist des § 76 Abs. 5 Satz 4 keine Anwendung[12]. 19

Streitigkeiten über die Erforderlichkeit der Anhörung des **Sachverständigen** und die insoweit entstehenden **Kosten** werden im arbeitsgerichtlichen Beschlussverfahren unter Beteiligung von Unternehmer, (Gesamt-)BR und Einigungsstelle entschieden[13]. 20

Ansprüche aus einer Einigung der Beteiligten über die streitigen Fragen können im arbeitsgerichtlichen Beschlussverfahren durchgesetzt werden (s.o. Rz. 9). 21

110 *Unterrichtung der Arbeitnehmer*
(1) In Unternehmen mit in der Regel mehr als 1000 ständig beschäftigten Arbeitnehmern hat der Unternehmer mindestens einmal in jedem Kalendervierteljahr nach vorheriger Abstimmung mit dem Wirtschaftsausschuss oder den in § 107 Abs. 3 genannten Stellen und dem Betriebsrat die Arbeitnehmer schriftlich über die wirtschaftliche Lage und Entwicklung des Unternehmens zu unterrichten.

(2) In Unternehmen, die die Voraussetzungen des Absatzes 1 nicht erfüllen, aber in der Regel mehr als zwanzig wahlberechtigte ständige Arbeitnehmer beschäftigen, gilt Absatz 1 mit der Maßgabe, dass

---

1 Zutr. ArbG Hamburg v. 19.6.2002 – 23 BV1/02, ZIP 2003, 132; zweifelnd BAG v. 8.8.1989 – 1 ABR 61/88, AP Nr. 6 zu § 106 BetrVG 1972 unter II 2 b bb. | 2 BAG v. 11.7.2000 – 1 ABR 43/99, AP Nr. 2 zu § 109 BetrVG 1972 unter B I 2 a (unter Aufgabe von BAG v. 8.8.1989 – 1 ABR 61/88, AP Nr. 6 zu § 106 BetrVG 1972 unter II 2); vgl. ArbG Hamburg v. 19.6.2002 – 23 BV 1/02, ZIP 2003, 132; MünchArbR/*Joost*, § 319 Rz. 134; *Löwisch/Kaiser*, § 109 BetrVG Rz. 8; Richardi/*Richardi/Annuß*, § 109 BetrVG Rz. 19; *Schweibert* in Willemsen/Hohenstatt/Schweibert/Seibt, Rz. C 413; aA LAG Köln v. 13.7.1999 – 13 (10) TaBV 10/99, AP Nr. 1 zu § 109 BetrVG 1972 unter A 3 a. | 3 BAG v. 11.7.2000 – 1 ABR 43/99, AP Nr. 2 zu § 109 BetrVG 1972. | 4 BAG v. 8.8.1989 – 1 ABR 61/88, AP Nr. 6 zu § 106 BetrVG 1972 unter II 1. | 5 BAG v. 8.8.1989 – 1 ABR 61/88, AP Nr. 6 zu § 106 BetrVG 1972 unter II 1; GK-BetrVG/*Fabricius/Oetker*, § 109 Rz. 32; MünchArbR/*Joost*, § 319 Rz. 133; Richardi/*Richardi/Annuß*, § 109 BetrVG Rz. 21. | 6 *Fitting*, § 109 BetrVG Rz. 13. | 7 DKK/*Däubler*, § 109 BetrVG Rz. 13; ErfK/*Kania*, § 109 BetrVG Rz. 6; Richardi/*Richardi/Annuß*, § 109 BetrVG Rz. 22 mwN. | 8 GK-BetrVG/*Fabricius*, 6. Aufl. 1998, § 109 Rz. 53; aA *Fitting*, § 109 BetrVG Rz. 14. | 9 DKK/*Däubler*, § 109 BetrVG Rz. 16; *Fitting*, § 109 BetrVG Rz. 14; ErfK/*Kania*, § 109 BetrVG Rz. 8. | 10 ArbG Wetzlar v. 28.2.1989 – 1 BVGa 4/89, NZA 1989, 443 f.; GK-BetrVG/*Fabricius/Oetker*, § 109 Rz. 4; *Fitting*, § 109 BetrVG Rz. 5; aA DKK/*Däubler*, § 109 BetrVG Rz. 16; ErfK/*Kania*, § 109 BetrVG Rz. 8, falls die Einigungsstelle verzögerlich handelt. | 11 BAG v. 11.7.2000 – 1 ABR 43/99, AP Nr. 2 zu § 109 BetrVG 1972 unter B I 1 b; GK-BetrVG/*Fabricius*, 6. Aufl. 1998, § 109 Rz. 53 f.; *Fitting*, § 109 BetrVG Rz. 2. | 12 *Fitting*, § 76 BetrVG Rz. 102; Richardi/*Richardi/Annuß*, § 109 BetrVG Rz. 19. | 13 *Fitting*, § 109 BetrVG Rz. 10; Richardi/*Richardi/Annuß*, § 109 BetrVG Rz. 16; gegen die Beteiligtenfähigkeit der Einigungsstelle GK-BetrVG/*Fabricius*, 6. Aufl. 1998, § 109 Rz. 54.

die Unterrichtung der Arbeitnehmer mündlich erfolgen kann. Ist in diesen Unternehmen ein Wirtschaftsausschuss nicht zu errichten, so erfolgt die Unterrichtung nach vorheriger Abstimmung mit dem Betriebsrat.

1 **I. Vorbemerkungen.** § 110 regelt die Pflicht des Unternehmers zur Unterrichtung der ArbN eines Unternehmens mit in der Regel mehr als 20 ArbN über die wirtschaftliche Lage und Entwicklung des Unternehmens. Diese Unterrichtungspflicht ist ihrer Art nach nicht betriebsverfassungsrechtlicher Natur, sondern begründet einen **individuellen Auskunftsanspruch jedes einzelnen unternehmenszugehörigen ArbN**[1]. Insoweit ist § 110 vergleichbar mit den Individualrechten der §§ 81 ff.

2 **Sinn und Zweck** der Regelung ist es, die ArbN allgemein über die wirtschaftliche Lage und Entwicklung des Unternehmens zu informieren, um die Identifikation der ArbN mit dem Unternehmen durch regelmäßige Information über das Resultat ihres Einsatzes und die zukünftigen Erwartungen zu stärken. § 110 stellt ein demokratisches Element in der Betriebsverfassung dar; daher wird gelegentlich auch von einem „Vierteljahresbericht" gesprochen[2]. Die ArbN werden durch die Informationen des Unternehmers in die Lage versetzt, dem BR Themen zur Beratung gemäß § 86a vorschlagen[3] oder auf der Betriebsversammlung sachgerechte Fragen stellen[4].

3 Neben der Unterrichtungspflicht nach § 110 obliegen dem ArbGeb noch weitere, davon unabhängige Informationspflichten. So hat der ArbGeb auf einer der vierteljährlich stattfindenden **Betriebsversammlungen** gemäß § 43 Abs. 2 Satz 3 mindestens einmal in jedem Kalenderjahr unter anderem über die wirtschaftliche Lage und Entwicklung des Betriebs zu berichten, soweit dadurch nicht Betriebs- oder Geschäftsgeheimnisse gefährdet werden.

4 Nach dem zum 1.4.2002 neu eingefügten § 613a Abs. 5 BGB sind der alte und der neue ArbGeb verpflichtet, die von einem **Betriebsübergang** betroffenen ArbN in Textform über den Zeitpunkt und Grund des Übergangs, die rechtlichen, wirtschaftlichen und sozialen Folgen für die ArbN und die hinsichtlich der ArbN in Aussicht genommenen Maßnahmen zu unterrichten[5].

5 Nicht auszuschließen ist, dass § 110 im Zusammenhang mit der Umsetzung der Richtlinie 2002/14/EG vom 11.3.2002 zur Festlegung eines allgemeinen Rahmens für die Unterrichtung und Anhörung der ArbN in der Europäischen Gemeinschaft künftig verändert wird (vgl. auch § 106 Rz. 6 f.).

6 **II. Unterrichtungspflicht in Unternehmen mit mehr als 1000 ArbN (Abs. 1).** Die Unterrichtungspflicht nach § 110 trifft den Unternehmer (ArbGeb), der sich zur Erfüllung der Pflicht selbstverständlich eines Vertreters bedienen kann. Anspruchsinhaber sind die zum Unternehmen gehörenden ArbN (zur Unternehmenszugehörigkeit § 107 Rz. 6 f.).

7 **1. Schwellenwert.** Die Pflicht zur schriftlichen Unterrichtung gilt nach Abs. 1 nur in Unternehmen mit in der Regel mehr als 1000 ständig beschäftigten ArbN. Unterhalten mehrere Unternehmen einen Gemeinschaftsbetrieb, sind die im Gemeinschaftsbetrieb beschäftigten ArbN der beteiligten Unternehmen zusammenzurechnen (vgl. zur Berechnung des Schwellenwertes § 106 Rz. 19 ff.).

8 **2. Zeitpunkt der Unterrichtung.** Die Unterrichtung der ArbN hat **mindestens einmal in jedem Kalendervierteljahr** stattzufinden. Den genauen Zeitpunkt legt der Unternehmer fest[6]. In der Praxis dürfte es sich anbieten, die ArbN im Zusammenhang mit den quartalsmäßigen Betriebsversammlungen – über § 43 Abs. 2 Satz 3 hinaus – über die wirtschaftliche Lage und Entwicklung des Betriebs *und* Unternehmens zu unterrichten. Sind wesentliche Veränderungen in der wirtschaftlichen Lage des Unternehmens eingetreten oder zu erwarten, ist auch öfter zu unterrichten[7].

9 Über Tatsachen, die der Ad-hoc-Publizitätsverpflichtung nach § 15 WpHG unterliegen, dürfen die ArbN nach § 110 wegen des Verbots der vorausgehenden anderweitigen Veröffentlichung (§ 15 Abs. 3 Satz 2 WpHG) erst **nach der Ad-hoc-Veröffentlichung** unterrichtet werden[8].

10 **3. Vorherige Abstimmung.** Der Unternehmer hat sich vor der Unterrichtung mit dem **Wirtschaftsausschuss** oder dem an seiner Stelle gebildeten Ausschuss (§ 107 Abs. 3) und mit dem **BR bzw. GesamtBR**, wenn ein solcher besteht[9], abzustimmen. Besteht kein Wirtschaftsausschuss, ist dennoch der (Gesamt-)BR vorab zu beteiligen. Sinn der Vorschrift ist es, dass Inhalt und Umfang der Unterrichtung mit diesen Organen erörtert werden[10]. Die **vorherige Abstimmung** verlangt nur die Gelegenheit zur Stel-

---

1 Ebenso DKK/*Däubler*, § 110 BetrVG Rz. 2; *Schaub/Koch*, ArbRHdb § 234 Rz. 27; aA offenbar die hM, GK-BetrVG/*Fabricius/Oetker*, § 110 Rz. 4; *Fitting*, § 110 BetrVG Rz. 10; MünchArbR/*Joost*, § 319 Rz. 119; Richardi/*Richardi/Annuß*, § 110 BetrVG Rz. 12. | 2 DKK/*Däubler*, § 110 BetrVG Rz. 5. | 3 Näher zu § 86a *Lembke* in Das neue Betriebsverfassungsgesetz, Die Reform, 2001, S. 244 ff.; *Wiese*, BB 2001, 2267 ff. | 4 ErfK/*Kania*, § 110 BetrVG Rz. 1. | 5 Dazu ausf. *Willemsen/Lembke*, NJW 2002, 1159 (1160 ff.); s. auch *Bauer/v. Steinau-Steinrück*, ZIP 2002, 457 ff.; *Düwell*, FA 2002, 107 ff.; *Franzen*, RdA 2002, 258; *Gaul/Otto*, DB 2002, 634 f.; *Grobys*, BB 2002, 726 ff.; *Meyer*, BB 2003, 1010; *Nehls*, NZA 2003, 822; *Worzalla*, NZA 2002, 353 ff. | 6 DKK/*Däubler*, § 110 BetrVG Rz. 8; Richardi/*Richardi/Annuß*, § 110 BetrVG Rz. 3 mwN. | 7 GK-BetrVG/*Fabricius/Oetker*, § 110 Rz. 10; ErfK/*Kania*, § 110 BetrVG Rz. 5. | 8 *Schleifer/Kliemt*, DB 1995, 2214 (2218). | 9 DKK/*Däubler*, § 110 BetrVG Rz. 11; Richardi/*Richardi/Annuß*, § 110 BetrVG Rz. 4. | 10 *Fitting*, § 110 BetrVG Rz. 3.

lungnahme vorab und den ernsten Willen zur Einigung, nicht hingegen eine Einigung[1]. Die Letztverantwortlichkeit für die Unterrichtung trägt der Unternehmer.

Kommt eine Einigung über den Inhalt der Unterrichtung nicht zustande, haben (Gesamt-)BR und Wirtschaftsausschuss weder das Recht, in dem Unterrichtungsschreiben ihre Sicht der Dinge aufzunehmen, noch die Verteilung eines „**Alternativberichts**" zu verlangen[2]. Dafür gibt es im Wortlaut des § 110 keinerlei Anhaltspunkt. Außerdem würde es der Rechtsnatur des § 110 als individuellem Auskunftsanspruch widersprechen. Aus praktischer Sicht sollte der Unternehmer allerdings einem derartigen Vorbringen des BR nicht von vornherein ablehnend gegenüber stehen. Denn erstens kann der BR auf der Betriebsversammlung zur Unterrichtung nach § 110 Stellung nehmen (vgl. §§ 43, 45). Zweitens besteht die Möglichkeit, dass die ArbN sich einzeln in der Sprechstunde des BR (§ 39) über die Meinung des BR informieren. 11

4. Sprache, Form und Zugang der Unterrichtung. In Unternehmen, die den Schwellenwert des Abs. 1 überschreiten, hat die Unterrichtung der **Schriftform** (§§ 126, 126a BGB) zu genügen. De lege ferenda sollte bei derartigen Massenvorgängen – wie im neuen § 613a Abs. 5 BGB – die Textform (§ 126b BGB) zugelassen werden[3]. 12

Die Erklärung hat zur Erfüllung des individuellen Auskunftsanspruchs (s.o. Rz. 1) nach § 110 **jedem einzelnen ArbN zuzugehen**. Ein Aushang am schwarzen Brett reicht daher nicht[4]. Aufgrund des Unterschriftserfordernisses der Schriftform (§ 126 Abs. 1 BGB) scheidet praktisch auch die Veröffentlichung der Unterrichtung in der Werkszeitung aus[5]. 13

Werden im Unternehmen nicht nur vereinzelt ausländische ArbN beschäftigt, die keine hinreichenden Deutschkenntnisse haben, ist zu **empfehlen**, das Unterrichtungsschreiben **übersetzen** zu lassen. Nach hM besteht sogar eine Pflicht dazu[6]. Dem kann in dieser Allgemeinheit nicht gefolgt werden. Erklärungspflichten im Rahmen von Rechtsverhältnissen, die deutschem Recht unterliegen, können mangels anderer gesetzlicher Regelung (zB § 11 Abs. 2 Satz 2 AÜG; § 2 Abs. 5 WahlO zum BetrVG[7]) oder anderweitiger Parteivereinbarung stets in deutscher Sprache erfüllt werden. Dies folgt auch daraus, dass deutsch Gerichts- (§ 184 GVG) und Amtssprache (§ 23 VwVfG) ist[8] (vgl. auch § 106 Rz. 40). 14

5. Inhalt der Unterrichtung. Inhaltlich hat der Unternehmer über die wirtschaftliche Lage und Entwicklung des Unternehmens zu unterrichten (zum Begriff „wirtschaftliche Lage des Unternehmens" s. § 106 Rz. 57; zur „wirtschaftlichen Lage und Entwicklung des Betriebs" s. § 43 Rz. 17). Der Gegenstand der Unterrichtung ist breit. Der Unternehmer ist aber nur im Rahmen des nach Treu und Glauben Zumutbaren zur Unterrichtung verpflichtet (§ 242 BGB). Insbesondere kann im Rahmen des § 110 nichts anderes gelten als bei § 43 Abs. 2 Satz 3, so dass keine Unterrichtungspflicht besteht, soweit Betriebs- oder Geschäftsgeheimnisse gefährdet werden. Da die Unterrichtungsadressaten, dh. die ArbN, abgesehen von etwaigen individualarbeitsrechtlichen Vertraulichkeitspflichten keiner sanktionsbewehrten Verschwiegenheitspflicht (vgl. §§ 79, 120) unterliegen und der Adressatenkreis groß ist, genügt die **zusammenfassende, überblicksartige Darstellung der wirtschaftlichen Lage und Entwicklung des Unternehmens in groben Zügen**. Angaben, deren Bekanntwerden die Wettbewerbsfähigkeit des Unternehmens beeinträchtigen können, müssen nicht in die Unterrichtung aufgenommen werden[9]. 15

Insofern ist das Bild des „**vierteljährlichen Lageberichts**" auch unter Berücksichtigung des Normzwecks (s.o. Rz. 2) hilfreich. Die Unterrichtung hat also darüber zu informieren, wie sich die wirtschaftliche Lage etwa bezüglich des Vermögens, der Absatzlage, Investitionen, sozialen Leistungen und Konkurrenzsituation seit dem letzten Bericht geändert hat und welche Entwicklungen sich insb. bis zum Bericht im nächsten Quartal abzeichnen[10]. Hinsichtlich des Inhalts ist dem Unternehmer ein **unternehmerischer Beurteilungsspielraum** zuzugestehen. Anhaltspunkt über den Umfang kann die Mitteilung an die Aktionäre sein[11]. Maßgeblich für die Richtigkeit und Vollständigkeit der Unterrichtung ist der Zeitpunkt des Zugangs der Unterrichtung beim ArbN. Aus einem Umkehrschluss zu § 106 Abs. 3 Nr. 1 folgt, dass über die finanzielle Lage nicht detailliert zu informieren ist; insb. ist auch nicht der Jahresabschluss (§ 242 Abs. 3 HGB) vorzulegen oder zu erläutern. 16

---

1 Vgl. GK-BetrVG/*Fabricius/Oetker*, § 110 Rz. 14; Richardi/*Richardi/Annuß*, § 110 BetrVG Rz. 5. | 2 So auch GK-BetrVG/*FabriciusOetker*, § 110 Rz. 15; MünchArbR/*Joost*, § 319 Rz. 67; Richardi/*Richardi/Annuß*, § 110 BetrVG Rz. 5; *Rumpff/Boewer*, Mitbestimmung in wirtschaftlichen Angelegenheiten, 3. Aufl. 1990, G Rz. 150; diff. ErfK/*Kania*, § 110 BetrVG Rz. 6; aA DKK/*Däubler*, § 110 BetrVG Rz. 12; *Fitting*, § 110 BetrVG Rz. 5. | 3 Zu Zweck und Voraussetzungen der Textform *Willemsen/Lembke*, NJW 2002, 1159, 1164. | 4 I. E. ebenso DKK/*Däubler*, § 110 BetrVG Rz. 9; ErfK/*Kania*, § 110 BetrVG Rz. 3; Richardi/*Richardi/Annuß*, § 110 BetrVG Rz. 6; aA *Fitting*, § 110 BetrVG Rz. 5; MünchArbR/*Joost*, § 319 Rz. 65. | 5 AA DKK/*Däubler*, § 110 BetrVG Rz. 9; *Fitting*, § 110 BetrVG Rz. 5. | 6 DKK/*Däubler*, § 110 BetrVG Rz. 10; GK-BetrVG/*Fabricius/Oetker*, § 110 Rz. 19; *Fitting*, § 110 BetrVG Rz. 6. | 7 Erste Verordnung zur Durchführung des BetrVG vom 11.12.2001, BGBl. I S. 3494. | 8 So bereits *Willemsen/Lembke*, NJW 2002, 1159, 1163, Fn. 58; s. auch *Boemke*, AÜG, 2002, § 11 Rz. 45. | 9 *Fitting*, § 110 BetrVG Rz. 7; ErfK/*Kania*, § 110 BetrVG Rz. 4; MünchArbR/*Joost*, § 319 Rz. 64; Richardi/*Richardi/Annuß*, § 110 BetrVG Rz. 9; aA DKK/*Däubler*, § 110 BetrVG Rz. 7; GK-BetrVG/*Fabricius/Oetker*, § 110 Rz. 7, wonach nur bei einer Gefährdung von Betriebs- und Geschäftsgeheimnissen keine Unterrichtungspflicht besteht. | 10 Vgl. GK-BetrVG/*Fabricius/Oetker*, § 110 Rz. 6; *Fitting*, § 110 BetrVG Rz. 7; MünchArbR/*Joost*, § 319 Rz. 64. | 11 DKK/*Däubler*, § 110 BetrVG Rz. 6; *Fitting*, § 110 BetrVG Rz. 7.

BetrVG § 110 Rz. 17   Unterrichtung der Arbeitnehmer

17 **III. Unterrichtungspflicht in Unternehmen mit mehr als 20 ArbN (Abs. 2).** In Unternehmen mit in der Regel mehr als 20 **wahlberechtigten** (§ 7) ständigen ArbN genügt eine **mündliche** Unterrichtung zur Erfüllung des individuellen Auskunftsanspruchs. Diese erfolgt zweckmäßigerweise auf der Betriebsversammlung (§ 43). Die Grundsätze der Zugangsvereitelung finden Anwendung, wenn ein ArbN die Versammlung trotz der angekündigten Unterrichtung verlässt. In Betracht kommt ferner die Unterrichtung in Textform (§ 126b BGB).

18 Existiert im Unternehmen kein Wirtschaftsausschuss (§ 106), erfolgt die Unterrichtung nach **vorheriger Abstimmung mit dem BR bzw. GesamtBR**. Dies gilt auch, wenn die Voraussetzungen für die Errichtung eines Wirtschaftsausschuss an sich gegeben sind[1].

19 Im Übrigen gelten die obigen Ausführungen zu Abs. 1 entsprechend (oben Rz. 6 ff.).

20 **IV. Streitigkeiten.** Erfüllt der Unternehmer die Unterrichtungspflicht nach § 110 nicht, wahrheitswidrig, unvollständig oder verspätet, begeht er bei vorsätzlichem Handeln (§ 10 OWiG) eine **Ordnungswidrigkeit**, die mit einer Geldbuße bis zu 10 000 Euro geahndet werden kann (§ 121)[2].

21 Streitigkeiten über die ordnungsgemäße Unterrichtung nach § 110 sind aufgrund des individualrechtlichen Charakters der Norm zwischen dem betroffenen ArbN und dem Unternehmer im **Urteilsverfahren** auszutragen[3]. Demgegenüber hält die **hM** ein **Beschlussverfahren** für einschlägig, in dem der ArbGeb, der BR oder der GesamtBR antragsberechtigt sein sollen[4]. Das Beschlussverfahren kann aber allenfalls statthaft sein, soweit es um die Einbeziehung von BR bzw. GesamtBR und Wirtschaftsausschuss zum Zwecke der Abstimmung vor der Unterrichtung geht[5].

Zweiter Unterabschnitt. Betriebsänderungen

111 *Betriebsänderungen*

(1) In Unternehmen mit in der Regel mehr als zwanzig wahlberechtigten Arbeitnehmern hat der Unternehmer den Betriebsrat über geplante Betriebsänderungen, die wesentliche Nachteile für die Belegschaft oder erhebliche Teile der Belegschaft zur Folge haben können, rechtzeitig und umfassend zu unterrichten und die geplanten Betriebsänderungen mit dem Betriebsrat zu beraten. Der Betriebsrat kann in Unternehmen mit mehr als 300 Arbeitnehmern zu seiner Unterstützung einen Berater hinzuziehen; § 80 Abs. 4 gilt entsprechend; im Übrigen bleibt § 80 Abs. 3 unberührt. Als Betriebsänderung im Sinne des Satzes 1 gelten

1. Einschränkung und Stilllegung des ganzen Betriebs oder von wesentlichen Betriebsteilen,
2. Verlegung des ganzen Betriebs oder von wesentlichen Betriebsteilen,
3. Zusammenschluss mit anderen Betrieben oder die Spaltung von Betrieben,
4. grundlegende Änderungen der Betriebsorganisation, des Betriebszwecks oder der Betriebsanlagen,
5. Einführung grundlegend neuer Arbeitsmethoden und Fertigungsverfahren.

I. Allgemeines ... 1	c) Zusammenschluss mit anderen Betrieben oder die Spaltung von Betrieben (§ 111 Satz 3 Nr. 3) ... 37
1. Überblick über die §§ 111–113 ... 1	
2. Gesetzesentwicklung; rechtspolitischer Ausblick ... 4	d) Grundlegende Änderungen der Betriebsorganisation, des Betriebszwecks oder der Betriebsanlagen (§ 111 Satz 3 Nr. 4) ... 44
II. Anwendungsvoraussetzungen ... 9	
1. Bestehen eines Betriebsrats ... 9	e) Einführung grundlegend neuer Arbeitsmethoden und Fertigungsverfahren (§ 111 Satz 3 Nr. 5) ... 51
2. Unternehmensgröße ... 12	
3. Sonderregelungen für Tendenzunternehmen ... 17	
4. Sonderregelungen bei der Insolvenz ... 18	f) Exkurs: Betriebsinhaberwechsel und Betriebsänderung ... 53
III. Vorliegen einer Betriebsänderung ... 19	IV. Planung, Unterrichtung und Beratung ... 58
1. Grundsätzliches ... 19	1. Planung; Zeitpunkt der Unterrichtung ... 59
2. Wesentliche Nachteile für (erhebliche Teile der) Belegschaft ... 21	2. Form, Inhalt und Umfang der Unterrichtung ... 62
3. Die einzelnen Fälle der Betriebsänderung ... 22	3. Beratung ... 65
a) Einschränkung und Stilllegung des ganzen Betriebs oder von wesentlichen Betriebsteilen (§ 111 Satz 3 Nr. 1) ... 22	V. Hinzuziehung eines Beraters (§ 111 Satz 2) ... 66
	VI. Zuständigkeit für die Mitwirkungsrechte ... 72
b) Verlegung des ganzen Betriebs oder von wesentlichen Betriebsteilen (§ 111 Satz 3 Nr. 2) ... 34	VII. Sicherung der Mitwirkungsrechte ... 78

---

1 GK-BetrVG/*Fabricius*/*Oetker*, § 110 Rz. 12; *Fitting*, § 110 BetrVG Rz. 9. | 2 Vgl. OLG Hamm v. 7.12.1977 – 4 Ss OWi 1407/77, DB 1978, 748. | 3 Ebenso DKK/*Däubler*, § 110 BetrVG Rz. 18; ErfK/*Kania*, § 110 BetrVG Rz. 8. | 4 GK-BetrVG/*Fabricius*/*Oetker*, § 110 Rz. 22; *Fitting*, § 110 BetrVG Rz. 10; MünchArbR/*Joost*, § 319 Rz. 119; Richardi/*Richardi*/*Annuß*, § 110 BetrVG Rz. 12 – diff. ErfK/*Kania*, § 110 BetrVG Rz. 8. | 5 So wohl auch DKK/*Däubler*, § 110 BetrVG Rz. 17.

Lit.: *Baeck/Diller,* Zur Teilbarkeit von Betriebsänderungen, NZA 1997, 689; *Gaul, B.*, Gestaltungsspielraum bei Sozialplanabfindungen, DB 1998, 513; *Gaul, B.*, Das Arbeitsrecht der Betriebs- und Unternehmensspaltung, 2002; *Henssler,* Aufspaltung, Ausgliederung und Fremdvergabe, NZA 1994, 294; *Hohenstatt,* Der Interessenausgleich in einem veränderten rechtlichen Umfeld, NZA 1998, 846; *v. Hoyningen-Huene,* Die wirtschaftliche Vertretbarkeit von Sozialplänen, RdA 1986, 102; *Jaeger/Röder/Heckelmann,* Praxishandbuch Betriebsverfassungsrecht, 2003; *Konzen,* Unternehmensaufspaltungen und Organisationsänderungen im betriebsverfassungsrecht, 1986; *Knorr,* der Sozialplan im Widerstreit der Interessen, 1995; *Kruip,* Betriebsrentenanpassung und Sozialplandotierung im Konzern und Umwandlung, 1997; *Küttner,* Unterschiedliche Abfindungen in Sozialplänen (...), FS Stahlhacke 1995, 289; *Matthes,* Betriebsübergang und Betriebsteilübergang als Betriebsänderung, NZA 2000, 1073; *Matthes,* Neue Funktionen für Interessenausgleich und Sozialplan, RdA 1999, 178; *C. Meyer,* Abänderung von Sozialplanregelungen, NZA 1995, 974; *Neef,* Betriebsübergang und Betriebsänderung, NZA 1994, 97; *Picot/Schnitker,* Arbeitsrecht bei Unternehmenskauf und Restrukturierung, 2001; *Röder/Baeck,* Interessenausgleich und Sozialplan, 3. Aufl. 2001; Schaub, der Interessenausgleich, FS Däubler 1999, 347; *Willemsen/Hohenstatt/Schweibert/Seibt,* Umstrukturierung und Übertragung von Unternehmen, 2. Aufl. 2003; *Willemsen/Hohenstatt,* Zur umstrittenen Bindungs- und Normwirkung des Interessenausgleichs, NZA 1997, 345.

I. Allgemeines. 1. Überblick über die §§ 111–113. Die Beteiligung des BR bei Betriebsänderungen ist das **Kernelement der wirtschaftlichen Mitbest..** Wegen ihrer zentralen Bedeutung für die unternehmerische Handlungsfreiheit stand und steht dieser Teil der Mitbestimmungsordnung im Zentrum der rechtspolitischen Diskussion. Der **Kompromisscharakter** der Vorschriften ist unübersehbar. Das Gesetz bringt zwar klar zum Ausdruck, dass die Beteiligung des BR nicht die **unternehmerische Entscheidungsfreiheit** aufhebt und der Unternehmer letztlich bindend über die Durchführung von Betriebsänderungen entscheiden kann. Im Unterschied zu § 72 BetrVG 1952, der dem BR unter der amtlichen Überschrift „Wirtschaftliches Mitbestimmungsrecht" im Hinblick auf die Durchführung von Betriebsänderungen die Möglichkeit einräumte, eine Vermittlungsstelle anzurufen, die von sich aus einen Einigungsvorschlag zur Beilegung der Meinungsverschiedenheiten machen konnte (§ 73 BetrVG 1952), stellt heute § 112 Abs. 4 klar, dass die **Einigungsstelle verbindlich nur** über die Aufstellung eines **Sozialplans** entscheiden kann und der Spruch der Einigungsstelle nur insofern die Einigung zwischen ArbGeb und BR ersetzt. Der Unternehmer ist demnach nur verpflichtet, den BR rechtzeitig und umfassend zu unterrichten und die geplanten Maßnahmen mit ihm zu beraten. Darüber hinaus muss er allerdings einen **Interessenausgleich versuchen** (so der Wortlaut in § 113 Abs. 3). Nach Abschluss des insoweit vorgesehenen Verfahrens, das allerdings sehr **zeitaufwendig** ausfallen kann (vgl. hierzu § 112 Rz. 10), ist der Unternehmer frei in seiner Entscheidung, ob er die anfänglich geplante Betriebsänderung implementiert oder die Alternativvorschläge des BR aufgreift. Mithin wahrt das Verfahren zwar die unternehmerische Entscheidungsfreiheit, engt sie jedoch faktisch durch verfahrensmäßige Vorgaben sowie durch die Auferlegung finanzieller Verpflichtungen erheblich ein. 1

Soweit nicht § 112a eingreift (Privilegierung von reinen Personalabbaumaßnahmen unterhalb einer bestimmten Schwelle bzw. von Betriebsänderungen in neu gegründeten Unternehmen) steht dem BR ein **volles MitbestR** im Hinblick auf den **Sozialplan** zu, der die wirtschaftlichen Nachteile, die die Betriebsänderung für die ArbN mit sich bringt, mildern oder ausgleichen soll (§ 112 Abs. 1 Satz 2). Während dem BR somit im Hinblick auf den Interessenausgleich nur ein Mitwirkungsrecht zusteht[1], besteht im Hinblick auf die Aufstellung eines Sozialplans ein volles MitbestR. Kommt über ihn keine Einigung zustande, entscheidet die Einigungsstelle mit bindender Wirkung (§ 112 Abs. 4). 2

§ 113 regelt die **Sanktion** für den Fall, dass der Unternehmer von einem Interessenausgleich über die geplante Betriebsänderung abweicht oder wenn er eine geplante Betriebsänderung durchführt, ohne den Versuch unternommen zu haben, hierüber einen Interessenausgleich mit dem BR abzuschließen. In beiden Fällen trifft den ArbGeb eine finanzielle Sanktion in Form des an die betroffenen ArbN zu zahlenden **Nachteilsausgleichs**. 3

2. Gesetzesentwicklung; rechtspolitischer Ausblick. Durch das **Beschäftigungsförderungsgesetz 1985** (BGBl. I S. 710) wurde § 112 Abs. 4 neu gefasst und § 112 Abs. 5 (Ermessensvorgaben für die Einigungsstelle im Hinblick auf den Sozialplan) eingefügt. Im Übrigen wurde § 112a hinzugefügt, der Unternehmen in bestimmten Konstellationen von der Verpflichtung zum Abschluss eines Sozialplans befreit[2]. 4

Mit dem Gesetz zur Bereinigung des **Umwandlungsrechts** vom 28.10.1994 (BGBl. I S. 3210) wurde § 111 Satz 2 (nunmehr Satz 3) Nr. 3 um die Worte „oder die Spaltung von Betrieben" ergänzt, auch wenn die Betriebsspaltung schon zuvor als Betriebsänderung iSv. § 111 Satz 3 Nr. 4 angesehen wurde. 5

Rechtspolitisch besonders umstritten waren die – zeitweiligen – Änderungen, die das **Arbeitsrechtliche Beschäftigungsförderungsgesetz** vom 25.9.1996 (BGBl. I S. 1476) mit sich brachte. Seinerzeit wurden in § 113 Abs. 3 die Sätze 2 und 3 angefügt und der Versuch eines Interessenausgleichs an eine Dreimonatsfrist gebunden. Der Gesetzgeber hatte damit einer Forderung der Praxis Rechnung getragen, da die in 6

---

1 Richardi/*Richardi/Annuß*, § 112 BetrVG Rz. 3. |2 In den in § 112a geregelten Fällen besteht jedoch das Beteiligungsrecht des BR gemäß § 111 und § 112 Abs. 1–3 ungeschmälert, so dass bei einem Verstoß hiergegen Nachteilsausgleichsansprüche der ArbN gemäß § 113 Abs. 3 entstehen können, obwohl ein MitbestR im Hinblick auf den Sozialplan nicht besteht (BAG v. 8.11.1988 – 1 AZR 687/87, AP Nr. 18 zu § 113 BetrVG 1972).

kontroversen Fällen häufig erhebliche Dauer des Verfahrens für den Versuch eines Interessenausgleichs ein marktgerechtes und zeitnahes Handeln nahezu unmöglich macht und sich das Verfahren damit als Innovationshemmnis erweist. Zusätzlich war in § 1 Abs. 5 KSchG vorgesehen, dass die Rechtfertigung einer Kündigung durch dringende betriebliche Erfordernisse gesetzlich vermutet wurde und dass die soziale Auswahl nur auf grobe Fehlerhaftigkeit hin überprüft werden konnte, sofern die ArbN, denen gekündigt werden sollte, in einem Interessenausgleich namentlich bezeichnet waren[1]. Diese Änderungen sind durch das **arbeitsrechtliche Korrekturgesetz** vom 19.12.1998 (BGBl. I S. 3843, 3850) mit Wirkung zum 31.12.1998 wieder rückgängig gemacht worden, als wesentlicher Bestandteil des Regierungsprogramms der Koalition aus SPD und Grünen. Zum 1.1.2004 ist als Bestandteil der Agenda 2010 die Regelung zur Namensliste im Interessenausgleich wieder eingeführt worden (vgl. § 1 KSchG Rz. 418 ff.).

7 Durch das **BetrVG-Reformgesetz** vom 23.7.2001 (BGBl. I S. 1852) wurde in § 111 Satz 1 der Bezugspunkt des **Schwellenwerts** für die Anwendbarkeit von § 111 vom „**Betrieb**" auf das „**Unternehmen**" umgestellt (vgl. § 111 Rz. 12 ff.). Ein neuer **§ 111 Satz 2** (Hinzuziehung eines **Beraters** für den BR) wurde eingefügt (vgl. § 111 Rz. 66 ff.). Die **Ermessensrichtlinien für die Einigungsstelle** in § 112 Abs. 5 wurden um Ziffer 2a ergänzt (Berücksichtigung von Förderungsmöglichkeiten zur Vermeidung von Arbeitslosigkeit). § 112a Abs. 1 wurde redaktionell angepasst.

8 Insbesondere der Streit um das arbeitsrechtliche Beschäftigungsförderungsgesetz 1996 hat deutlich werden lassen, dass der Zweck der BR-Beteiligung bei Betriebsänderungen und insb. die Austarierung der unternehmerischen Handlungsfreiheit einerseits und der Beteiligungsrechte andererseits Gegenstand einer außerordentlich politischen Auseinandersetzung sind. Trotz des Nichtbestehens eines echten MitbestR im Hinblick auf das „Ob" geplanter Betriebsänderungen soll dem in §§ 111, 112 geregelten Verfahren zum Versuch eines Interessenausgleichs sowie der Erzwingbarkeit des Sozialplans eine „**Steuerungsfunktion**" zukommen[2]. Bei dieser Sicht der Dinge steht im Vordergrund, dass der ArbGeb durch die Belastungen des Sozialplans von „leichtfertigen" Maßnahmen ohne Rücksicht auf die sozialen Interessen der Belegschaft abgehalten werden soll. Der Sozialplan erfüllt diese Funktion sicherlich ohne weiteres. Das in §§ 111, 112 vorgesehene Verfahren – flankiert durch den nach wie vor umständlichen Weg bis zur Etablierung einer Einigungsstelle, vgl. § 98 ArbGG – lässt jedoch weithin unberücksichtigt, dass es nicht nur im „Kapitalinteresse", sondern auch im Interesse der Wettbewerbsfähigkeit der Unternehmen und der Sicherung der Arbeitsplätze liegt, wenn im Hinblick auf die Durchführung von Betriebsänderungen eine gewisse **Planungssicherheit** besteht und sichergestellt ist, dass vom Unternehmer als notwendig erkannte Maßnahmen **zeitnah** durchgeführt werden können. Eine das Verfahren begrenzende **Fristenregelung** wäre im Zusammenspiel mit den Sanktionsmöglichkeiten des § 113 geeignet und erforderlich, um diesem volkswirtschaftlich erwünschten Ziel näher zu kommen. Stattdessen erweist sich das Interessenausgleichsverfahren zunehmend als schädliches „Trostpflaster" für die schon aus verfassungsrechtlichen Gründen notwendige Beschränkung der Mitwirkungsmöglichkeiten in wirtschaftlichen Angelegenheiten.

9 **II. Anwendungsvoraussetzungen. 1. Bestehen eines BR.** Die Beteiligungsrechte gemäß §§ 111, 112 bestehen nur, wenn in dem Zeitpunkt, in dem sich der ArbGeb zur Durchführung einer Betriebsänderung entschließt, ein BR besteht (anders bei originärer Zuständigkeit des Gesamt- oder KonzernBR; vgl. § 111 Rz. 75). In **betriebsratslosen Betrieben** können demnach umfangreiche und einschneidende Betriebsänderungen durchgeführt werden, ohne dass der ArbGeb kollektivrechtlich im Hinblick auf das Ob der Maßnahme und im Hinblick auf die wirtschaftlichen Folgen gebunden wäre[3]. Wird ein **BR** erst nach dem Beschluss des ArbGeb über die Durchführung einer Betriebsänderung **gewählt**, kann er nicht mehr Beratungen über einen Interessenausgleich und den Abschluss eines Sozialplans verlangen[4]. Der ArbGeb ist nicht verpflichtet, mit der Durchführung einer Betriebsänderung so lange zu warten, bis im Betrieb ein funktionsfähiger BR vorhanden ist, selbst dann nicht, wenn mit der Wahl eines BR zu rechnen bzw. die Zeit bis zu dessen Konstituierung absehbar ist[5]. Teilweise wird in der Lit. darauf abgestellt, ob jedenfalls zum Zeitpunkt der *Umsetzung* der Betriebsänderung ein ordnungsgemäß gewählter BR besteht. Sei dies der Fall, könne dieser sowohl im Hinblick auf den Interessenausgleich als auch auf den Sozialplan noch ordnungsgemäß beteiligt werden[6]. Der Leitsatz der BAG-Entschei-

---

1 Zu diesen Regelungen ausf. *Hohenstatt*, NZA 1998, 846 ff. | 2 BAG v. 22.5.1979 – 1 ABR 17/77, AP Nr. 4 zu § 111 BetrVG 1972; v. 20.4.1982 – 1 ABR 3/80, AP Nr. 15 zu § 112 BetrVG 1972; DKK/*Däubler*, § 111 BetrVG Rz. 4; Richardi/*Richardi/Annuß*, § 111 BetrVG Rz. 16. | 3 ErfK/*Kania*, § 111 BetrVG Rz. 6; *Fitting*, § 111 BetrVG Rz. 33. | 4 BAG v. 20.4.1982 – 1 ABR 3/80, AP Nr. 15 zu § 112 BetrVG 1972; v. 28.10.1992 – 10 ABR 75/91, AP Nr. 63 zu § 112 BetrVG 1972; *Schweibert* in Willemsen/Hohenstatt/Schweibert/Seibt, Rz. C 15 f.; HSG/*Hess*, § 111 BetrVG Rz. 2; ErfK/*Kania*, § 111 BetrVG Rz. 6. | 5 BAG v. 28.10.1992 – 10 ABR 75/91, AP Nr. 63 zu § 112 BetrVG 1972; Richardi/*Richardi/Annuß*, § 111 BetrVG Rz. 27; ErfK/*Kania*, § 111 BetrVG Rz. 6; *Picot/Schnitker*, Teil II Rz. 23; aA DKK/*Däubler*, § 111 BetrVG Rz. 125, wonach volle Mitwirkungsrechte bestehen, wenn Bekanntmachung des Wahlausschreibens vor Umsetzung der Betriebsänderung erfolgt; ebenso *Kraushaar*, AiB 1994, 289, 293; vgl. auch LAG Saarl. v. 14.5.2003, NZA RR 2003, 639. | 6 *Fitting*, § 111 BetrVG Rz. 34; *Bauer*, DB 1994, 217, 217; *Fuchs*, Der Sozialplan nach dem BetrVG 1972, 1977, S. 25, der das unmittelbare Einleiten einer BR-Wahl durch die ArbN nach Bekanntgabe der Änderungspläne für die Beteiligung des in der Folgezeit gewählten BR ausreichen lässt.

dung vom 28.10.1992[1] („... und mit der Stilllegung begonnen hat ...") könnte in diesem Sinne verstanden werden. Der *Zehnte Senat* hat jedoch in derselben Entscheidung klargestellt[2], dass es allein darauf ankomme, ob zum **Zeitpunkt der Entscheidung des ArbGeb** ein BR bestehe.

Ausnahmsweise kann für die Beteiligungsrechte bei Betriebsänderungen der GesamtBR bzw. der KonzernBR zuständig sein (vgl. hierzu § 111 Rz. 73 ff.). 10

Erlischt das BR-Amt mit dem Ablauf der Amtszeit (§ 21 Satz 3) oder aufgrund Verlustes der Betriebsidentität (vgl. hierzu § 21a Rz. 4), enden die Beteiligungsrechte. Bei der Spaltung oder beim Zusammenschluss von Betrieben entsteht allerdings ein **Übergangsmandat** (§ 21a), das die weitere Ausübung der Beteiligungsrechte gemäß §§ 111, 112 beinhaltet. Im Übrigen kann ein **Restmandat** gemäß § 21b entstehen, das die Mitwirkungsrechte des durch Stilllegung, Spaltung oder Zusammenlegung untergegangenen BR im Hinblick auf seinen bisherigen Zuständigkeitsbereich betrifft (vgl. § 21a Rz. 4 ff. sowie § 21b Rz. 1 ff.). 11

2. Unternehmensgröße. Die Beteiligungsrechte gemäß §§ 111, 112 bestehen nur in **Unternehmen** mit **mehr als 20 regelmäßig beschäftigten wahlberechtigten ArbN**. Bis zum BetrVerf-Reformgesetz stellte § 111 Satz 1 BetrVG hingegen auf die im jeweiligen *Betrieb* vorhandene Zahl von ArbN ab. Dies hatte zur Folge, dass Betriebsänderungen in kleineren Betrieben beteiligungsfrei durchgeführt werden konnten, selbst wenn diese zu weitaus größeren Unternehmen gehörten, was weithin als Verstoß gegen Art. 3 Abs. 1 GG angesehen wurde[3]. Das BAG hat 1999 infolge der Entscheidung des BVerfG zum Schwellenwert in § 23 KSchG[4] entschieden, die Anwendung des Schwellenwertes in § 111 „betriebsübergreifend entsprechend der repräsentierten Belegschaft" vorzunehmen, soweit die unterbetriebsübergreifende Regelung der GesamtBR für die Ausübung des MitbestR zuständig war[5]. Nunmehr stellt das Gesetz einheitlich für alle Betriebsänderungen auf einen unternehmensbezogenen Schwellenwert ab. 12

„**In der Regel**" werden mehr als 20 **wahlberechtigte** ArbN beschäftigt, wenn das Unternehmen durch eine entsprechende Zahl von Arbeitsplätzen iS einer **regelmäßigen Größe** geprägt wird[6]. Auf die Größe des einzelnen Betriebes kommt es daher nur noch für die Frage an, ob die konkret zu beurteilende Maßnahme die Schwelle zur Betriebsänderung iSv. von Satz 1 überschreitet (s. hierzu Rz. 28 ff.). **Teilzeit- und Vollzeitarbeitnehmer** zählen gleich, da die Berechnung nach Kopfzahlen erfolgt[7]. Das Bestehen eines Arbeitsvertrages ist nicht erforderlich; es muss sich nur materiellrechtlich um wahlberechtigte ArbN handeln[8]. 13

Bei schwankender Belegschaftsstärke ist eine **wertende Gesamtwürdigung** unter Einbeziehung einer **Prognose** für die weitere Entwicklung erforderlich, wobei unbeachtet bleibt, dass sich die ArbN-Zahl durch die geplante Betriebsänderung reduziert[9]. Entscheidender Zeitpunkt ist der Abschluss der Planungen des ArbGeb, da hierdurch zugleich die Beteiligungsrechte des BR entstehen[10]. **LeihArbN** iSv. von § 7 Satz 2 (Einsatz länger als drei Monate) sind nur zu berücksichtigen, wenn die entsprechenden Arbeitsplätze prägend für die Größe des Unternehmens sind, was im Sinne einer Prognose voraussetzt, dass diese Arbeitsplätze auch zukünftig entweder durch LeihArbN oder eigene Mitarbeiter besetzt werden[11]. 14

Gemäß **§ 325 Abs. 2 UmwG** kann durch TV oder BV die Fortgeltung der Beteiligungsrechte bei Betriebsänderungen vereinbart werden, wenn eine **Spaltung oder Teilübertragung** eines Rechtsträgers mit der Folge verbunden ist, dass die aus der Spaltung hervorgegangenen Betriebe nicht mehr die erforderliche ArbN-Zahl aufweisen. Dem Wortlaut nach gilt die Regelung nur für *betriebs*bezogene Schwellenwerte. Die durch den veränderten Bezugspunkt des Schwellenwerts in § 111 entstandene Gesetzeslücke ist jedoch durch eine analoge Anwendung von § 325 Abs. 2 Satz 1 UmwG zu schließen[12]. § 325 Abs. 2 UmwG kann jedoch nicht auf Umstrukturierungsmaßnahmen außerhalb des Umwandlungsrechts ausgedehnt werden[13]. 15

Streitig ist die Handhabung des Schwellenwerts bei **Gemeinschaftsbetrieben**. Hier kann insb. der Fall auftreten, dass der Gemeinschaftsbetrieb selbst mehr als zwanzig wahlberechtigte ArbN beschäftigt, 16

---

1 BAG v. 28.10.1992 – 10 ABR 75/91, AP Nr. 63 zu § 112 BetrVG 1972. |2 Unter II 2. c) d.Gr. |3 Offen gelassen BAG v. 17.10.1989 – 1 ABR 80/88, AP Nr. 29 zu § 111 BetrVG 1972; Verfassungswidrigkeit bejahend LAG Bremen 31.10.1986 – 4 Sa 75/86, LAGE § 111 BetrVG 1972 Nr. 5; DKK/*Däubler*, 7. Aufl. 2000, § 111 BetrVG Rz. 29; MünchArbR/*Matthes*, § 360 Rz. 7; *Richardi*, 7. Aufl. 1998, § 111 Rz. 17 f. |4 BVerfG v. 27.1.1998 – 1 BvL 15/87, AP Nr. 17 zu § 23 KSchG 1969. |5 BAG v. 8.6.1999 – 1 AZR 831/98, AP Nr. 47 zu § 111 BetrVG 1972 mit Anm. von *Hess*. |6 Richardi/*Richardi/Annuß*, § 111 BetrVG Rz. 23; *Stege/Weinspach/Schiefer*, §§ 111–113 BetrVG Rz. 9; DKK/*Däubler*, § 111 BetrVG Rz. 26; GK-BetrVG/*Fabricius/Oetker*, § 111 Rz. 18; *Etzel*, Betriebsverfassungsrecht Rz. 970; *Fitting*, § 111 BetrVG Rz. 27 die beiden Letzteren stellen dabei versehentlich noch auf den Betrieb als Bezugsgröße ab. |7 GK-BetrVG/*Fabricius/Oetker*, § 111 Rz. 16. |8 Richardi/*Richardi/Annuß*, § 111 BetrVG Rz. 23. |9 BAG v. 9.5.1995 – 1 ABR 51/94, AP Nr. 33 zu § 111 BetrVG 1972; v. 10.12.1996 – 1 ABR 43/96, AP Nr. 37 zu § 111 BetrVG 1972. |10 BAG v. 9.5.1995 – 1 ABR 51/94, AP Nr. 33 zu § 111 BetrVG 1972; v. 10.12.1996 – 1 ABR 43/96, AP Nr. 37 zu § 111 BetrVG 1972; vgl. GK-BetrVG/*Fabricius/Oetker*, § 111 Rz. 20. |11 Weiter gehend im Sinne einer grundsätzlichen Berücksichtigung von LeihArbN *Fitting*, § 111 BetrVG Rz. 25; DKK/*Däubler*, § 111 BetrVG Rz. 25; GK-BetrVG/*Fabricius/Oetker*, § 111 Rz. 17. |12 Richardi/*Richardi/Annuß*, § 111 BetrVG Rz. 25; offenbar auch GK-BetrVG/*Fabricius/Oetker*, § 111 Rz. 21. |13 Richardi/*Richardi/Annuß*, § 111 BetrVG Rz. 25; wohl auch Lutter/*Joost*, § 325 UmwG Rz. 38; Kallmeyer/*Willemsen*, § 325 UmwG Rz. 10.

die beiden **Trägerunternehmen** oder eines davon jedoch **unterhalb des Schwellenwerts** liegt. Angesichts des Gesetzeswortlauts kann nicht ohne weiteres der Gemeinschaftsbetrieb als Unternehmen iSv. § 111 Satz 1 angesehen werden mit der Folge, dass die Beteiligungsrechte schon dann entstehen, wenn der gemeinsame Betrieb mehr als 20 ArbN beschäftigt[1]. Dem steht entgegen, dass dem Reformgesetzgeber sowohl die Abgrenzung zwischen Betrieb und Unternehmen als auch die Figur des Gemeinschaftsbetriebs (s. § 1 nF) bekannt war, wie gerade die Änderung des Bezugspunktes des Schwellenwertes in § 111 deutlich zeigt[2]. Haben beide Trägerunternehmen weniger als 20 ArbN, scheidet daher eine Anwendung von §§ 111, 112 auf den Gemeinschaftsbetrieb aus. Verfügt eines der Trägerunternehmen über mehr als 20 ArbN, kommt allerdings nicht in Betracht, die Beteiligungsrechte des BR auf denjenigen Teil des Gemeinschaftsbetriebs zu beschränken, der dem entsprechenden Trägerunternehmen zugehört[3]. Die Einheitlichkeit des Betriebs und die regelmäßig gegebene Untrennbarkeit der Betriebsänderung sprechen gegen eine solche Lösung. Die Beteiligungsrechte bestehen u.E. vielmehr ohne Einschränkung, soweit eines der Trägerunternehmen mehr als 20 ArbN beschäftigt[4].

17 **3. Sonderregelungen für Tendenzunternehmen.** Die §§ 111 finden auf Tendenzunternehmen nur eingeschränkt Anwendung (§ 118 Abs. 1 Satz 2). Der Versuch eines Interessenausgleichs ist nicht erforderlich. Der Sozialplan ist jedoch auch in Tendenzunternehmen erzwingbar (siehe § 118 Rz. 25 ff.).

18 **4. Sonderregelungen in der Insolvenz.** Die Beteiligungsrechte gem. § 111 bestehen auch in der Insolvenz. Die Tatsache, dass in der Insolvenz häufig eine Zwangslage zur Durchführung von Sanierungs- oder Schließungsmaßnahmen besteht, ändert nichts am Vorliegen einer „geplanten" Betriebsänderung[5]. Allerdings sehen die §§ 121 ff. InsO wesentliche Besonderheiten für das Beteiligungsverfahren und für den Inhalt von Interessenausgleich und Sozialplan vor (siehe die Kommentierung zu §§ 121 ff. InsO). Die **Stellung des Insolvenzantrages** stellt keine Betriebsänderung dar[6], da durch diese Maßnahme unmittelbar keine betrieblich wirksamen Maßnahmen eingeleitet werden. Mit Sinn und Zweck des Insolvenzverfahrens wäre auch jede zeitliche Verzögerung, die mit einer vorherigen Beteiligung des BR verbunden wäre, nicht zu vereinbaren.

19 **III. Vorliegen einer Betriebsänderung. 1. Grundsätzliches.** Der BR ist im Hinblick auf „**geplante Betriebsänderungen**, die **wesentliche Nachteile** für die Belegschaft oder erhebliche Teile der Belegschaft zur Folge haben können" zu beteiligen. Das Gesetz stellt mithin auf die Veränderungen bezogen auf den *Betrieb* ab, wobei Satz 3 einen **Katalog der Maßnahmen** enthält, die als Betriebsänderung iSd. Satzes 1 anzusehen sind.

20 Bereits § 72 BetrVG 1952 enthielt **katalogmäßig umschriebene Maßnahmen**, an die das Mitwirkungsrecht geknüpft war, woran das BetrVG 1972 entgegen dem Regierungsentwurf festhielt[7]. Die **Aufzählung in Satz 3 ist erschöpfend**[8]. Hierfür spricht, dass in § 111 Satz 3 nicht von Maßnahmen die Rede ist, die *insb.* als Betriebsänderungen gelten. Der Gesichtspunkt der **Rechtssicherheit** spricht ebenfalls dafür, das Gesetz in dieser Weise zu verstehen. Die Gegenauffassung betrachtet Satz 1 hingegen als Generalklausel und Satz 3 lediglich als beispielhafte Aufzählung[9]. Diese Auffassung würde allerdings dazu führen, dass es für das Vorliegen einer Betriebsänderung letztlich nur auf das Vorliegen wesentlicher Nachteile gemäß Satz 1 ankäme und der Begriff jede Kontur verlöre, was im Hinblick auf die vom Gesetzgeber angestrebte Rechtssicherheit und angesichts der Entstehungsgeschichte (vgl. § 72 BetrVG 1952) ausgeschlossen erscheint.

21 **2. Wesentliche Nachteile für (erhebliche Teile der) Belegschaft.** Satz 1 bestimmt, dass beteiligungspflichtige Betriebsänderungen nur vorliegen, wenn sie mit wesentlichen Nachteilen für die Belegschaft

---

1 So aber LAG Berlin v. 23.1.2003, NZA-RR 2003, 477; DKK/*Däubler*, § 111 BetrVG Rz. 24 a unter Hinweis auf die Entscheidung des BAG für Bildung eines Wirtschaftsausschusses – BAG v. 1.8.1990 – 7 ABR 91/88, AP Nr. 8 zu § 106 BetrVG 1972; ErfK/*Kania*, § 111 BetrVG Rz. 5; ähnlich *Schweibert* in Willemsen/Hohenstatt/Schweibert/Seibt, Rz. C 11, soweit die Trägerunternehmen eine GbR bilden; vgl. zu der parallelen, aber nicht zwingend gleich zu entscheidenden Problematik beim Wirtschaftsausschuss Komm. zu § 106 Rz. 27. |2 *Annuß*, NZA Sonderheft 2001, 12, 21; im Ergebnis so auch *Löwisch/Kaiser*, § 111 BetrVG Rz. 4. |3 So aber *Löwisch*, BB 2001, 1790, 1797; *Annuß*, NZA Sonderheft 2001, 12, 21; Richardi/*Richardi/Annuß*, § 111 BetrVG Rz. 26; hiergegen *Hanau*, ZIP 2001, 1981, 1985 f.; unklar *Fitting*, § 111 BetrVG Rz. 20. |4 *Hanau*, ZIP 2001, 1981, 1985 f. |5 BAG v. 17.9.1974 – 1 AZR 16/74, AP Nr. 1 zu § 113 BetrVG 1972; BAG (Großer Senat) 13.12.1978 – GS 1/77, AP Nr. 6 zu § 112 BetrVG 1972; *Fitting*, § 111 BetrVG Rz. 37. |6 *Fitting*, § 111 BetrVG Rz. 38; MünchArbR/*Matthes*, § 363 Rz. 2; nunmehr auch GK-BetrVG/*Fabricius/Oetker*, § 111 BetrVG Rz. 27. |7 Vgl. BAG v. 22.5.1979 – 1 ABR 17/77, AP Nr. 4 zu § 111 BetrVG 1972; v. 22.5.1979 – 1 AZR 848/76, AP Nr. 3 zu § 111 BetrVG 1972. |8 LAG Düsseldorf v. 29.3.1978 – 2 Sa 701/77, DB 1979, 114; GL/*Löwisch*, § 111 Rz. 19; HSG/*Hess*, § 111 BetrVG Rz. 16; *Stege/Weinspach/Schiefer*, §§ 111–113 BetrVG Rz. 27; *Matthes*, DB 1972, 286, 286; *Bauer*, DB 1994, 217, 218; *Hanau*, ZfA 1974, 89, 93; *Schweibert* in Willemsen/Hohenstatt/Schweibert/Seibt, Rz. C 20; offen gelassen BAG v. 17.2.1981 – 1 ABR 101/78, AP Nr. 9 zu § 111 BetrVG 1972; BAG v. 17.8.1982 – 1 ABR 40/80, AP Nr. 11 zu § 111 BetrVG 1972; v. 6.12.1988 – 1 ABR 47/87, AP Nr. 26 zu § 111 BetrVG 1972. |9 Vgl. für viele LAG BW v. 16.6.1987 – 8 (14) TaBV 21/86, LAGE § 111 BetrVG 1972 Nr. 6; GK-BetrVG/*Fabricius/Oetker*, § 111 Rz. 43 f.; *Fitting*, § 111 BetrVG Rz. 44, gehen von einer nicht erschöpfenden Aufzählung aus, die aber alle praktisch wichtigen Fälle enthalte; DKK/*Däubler*, § 111 BetrVG Rz. 33, 33 a; *Zöllner/Loritz*, Arbeitsrecht, § 49 II 1 d; *von Hoyningen/Huene*, Betriebsverfassungsrecht, § 15 II 1; *Engels*, DB 1979, 2227, 2227 ff.; zu den (wenigen) Fällen, in denen sich dieser Meinungsstreit auswirken könnte, s. DKK/*Däubler*, § 111 BetrVG Rz. 89 ff.

oder für erhebliche Teile der Belegschaft verbunden sein können. Indem der Gesetzgeber jedoch in Satz 3 die Formen der Betriebsänderung erschöpfend katalogisiert hat (vgl. Rz. 20), ist für diese Fälle stets davon auszugehen, dass sie diese Anforderung erfüllen[1]. Jede andere Auffassung würde die mit dem Katalog gemäß Satz 3 angestrebte Rechtssicherheit wieder beseitigen. Für die in Satz 3 aufgeführten Fälle gilt demnach eine **unwiderlegliche Vermutung** dafür, dass die dort genannten Betriebsänderungen **wesentliche Nachteile** für die Belegschaft oder erhebliche Teile der Belegschaft mit sich bringen[2]. Der Relativsatz in § 111 Satz 1 ist dennoch nicht ohne Bedeutung. Er ist vielmehr für die **Auslegung** der in Satz 3 geregelten Betriebsänderungen heranzuziehen, um in Zweifelsfällen zu bestimmen, ob die konkret beabsichtigte Maßnahme unter den Katalog der beteiligungspflichtigen Betriebsänderungen fällt[3]. Relevant wird dies insb. bei der Anwendung der Begriffe „wesentlich" (Satz 3 Nrn. 1 und 2) bzw. „grundlegend" in Nr. 4 und 5[4].

3. Die einzelnen Fälle der Betriebsänderung. a) Einschränkung und Stilllegung des ganzen Betriebs oder von wesentlichen Betriebsteilen (§ 111 Satz 3 Nr. 1). Satz 3 Nr. 1 umfasst bei genauer Betrachtung vier unterschiedliche Fälle: Die Stilllegung des gesamten Betriebs, die Einschränkung des gesamten Betriebs, die Stilllegung eines wesentlichen Betriebsteils und die Einschränkung eines wesentlichen Betriebsteils. Bei abteilungsübergreifenden Abbaumaßnahmen können sich die Tatbestände der Einschränkung des ganzen Betriebs und der Einschränkung wesentlicher Betriebsteile überschneiden. 22

Unter der **Stilllegung** des Betriebs wird die **Aufgabe des Betriebszwecks unter Auflösung der Betriebsorganisation** verstanden; hierfür ist ein ernsthafter und endgültiger Willensschluss des Unternehmers erforderlich[5]. Entscheidend ist nicht die Produktionseinstellung. Hinzukommen muss vielmehr die **Auflösung der** dem Betriebszweck dienenden konkreten **Organisation**[6]. Hiervon zu unterscheiden ist die bloße Ruhepause bzw. Betriebsunterbrechung für eine wirtschaftlich nicht erhebliche Zeitspanne[7]. Die Weiterbeschäftigung weniger ArbN mit **Abwicklungsarbeiten** steht jedoch der Annahme einer Betriebsstilllegung nicht entgegen[8]. Eine Einstellung der betrieblichen Tätigkeit infolge einer von vornherein zeitlich begrenzten Arbeitsaufgabe (zB zeitweilige Baustelle, gastronomischer Betrieb auf Messen/Volkfesten; Auffanggesellschaften) stellt keine Betriebsänderung dar[9]. Die **Veräußerung oder Verpachtung eines Betriebes** stellt keine Betriebsstilllegung dar, da durch diese Maßnahmen die betriebliche Organisation nicht berührt wird[10]. 23

Auch die **Stilllegung eines wesentlichen Betriebsteils** stellt eine Betriebsänderung gemäß Nr. 1 dar. An den Begriff des Betriebsteils werden keine strengen Anforderungen gestellt, abweichend etwa von § 15 Abs. 5 KSchG, so dass kein abgeschlossener und relativ selbständig organisierter Bereich vorliegen muss[11]. Es ist lediglich erforderlich, dass der Betriebsteil **Teilfunktionen des Betriebes** erfüllt, die trotz der Eingliederung in die Gesamtorganisation dieser gegenüber **räumlich oder organisatorisch abgrenzbar** sind[12]. 24

Ob ein **wesentlicher** Betriebsteil vorliegt, bestimmt sich primär nach **quantitativen Kriterien**[13], ausnahmsweise auch im Hinblick auf die Bedeutung des Betriebsteils für den Gesamtbetrieb (**qualitative Betrachtung**). Für die quantitative Betrachtung ist ausschlaggebend, ob in dem Betriebsteil ein **erheblicher Teil der ArbN** des Gesamtbetriebs beschäftigt ist. Hierfür zieht das BAG – ebenso wie bei dem Merkmal der Einschränkung des ganzen Betriebs (vgl. Rz. 28) – die **Schwellenwerte in § 17 Abs. 1 KSchG** 25

---

1 BAG v. 17.8.1982 – 1 ABR 40/80, AP Nr. 11 zu § 111 BetrVG 1972; v. 26.10.1982 – 1 ABR 11/81, AP Nr. 10 zu § 111 BetrVG 1972; v. 16.6.1987 – 1 ABR 41/85, AP Nr. 19 zu § 111 BetrVG 1972; v. 7.8.1990, – 1 AZR 445/89, AP Nr. 34 zu § 111 BetrVG 1972; GK-BetrVG/*Fabricius/Oetker*, § 111 Rz. 41 ff.; *Fitting*, § 111 BetrVG Rz. 42; DKK/*Däubler*, § 111 BetrVG Rz. 32; aA im Sinne einer widerleglichen Vermutung HSG/*Hess*, § 111 BetrVG Rz. 18. | 2 GK-BetrVG/*Fabricius/Oetker*, § 111 Rz. 45; HSG/*Hess*, § 111 BetrVG Rz. 18; in diesem Zusammenhang ist auch von einer gesetzlichen „Fiktion" die Rede, BAG v. 17.8.1982 – 1 ABR 40/80, AP Nr. 11 zu § 111 BetrVG; ErfK/*Kania*, § 111 BetrVG Rz. 7; *Etzel*, Betriebsverfassungsrecht, Rz. 973; ähnlich *Fitting*, § 111 BetrVG Rz. 43 f.; Richardi/*Richardi/Annuß*, § 111 BetrVG Rz. 46. | 3 BAG v. 22.5.1979 – 1 ABR 17/77, AP Nr. 4 zu § 111 BetrVG 1972; v. 17.8.1982 – 1 ABR 40/80, AP Nr. 11 zu § 111 BetrVG 1972; Richardi/*Richardi/Annuß*, § 111 BetrVG Rz. 47; GK-BetrVG/*Fabricius/Oetker*, § 111 Rz. 43. | 4 GK-BetrVG/*Fabricius/Oetker*, § 111 Rz. 47; Richardi/*Richardi/Annuß*, § 111 BetrVG Rz. 48 ff. | 5 BAG v. 17.9.1957 – 1 AZR 352/56, DB 1957, 1111; v. 12.2.1987 – 2 AZR 247/86, AP Nr. 67 zu § 613a BGB; v. 19.6.1991 – 2 AZR 127/91, AP Nr. 53 zu § 1 KSchG 1969 – Betriebsbedingte Kündigung; v. 27.6.1995 – 1 ABR 62/94, AP Nr. 7 zu § 4 BetrVG 1972. | 6 BAG v. 3.7.1986 – 2 AZR 68/85, AP Nr. 53 zu § 613a BGB; v. 12.2.1987 – 2 AZR 247/86, AP Nr. 67 zu § 613a BGB; Richardi/*Richardi/Annuß*, § 111 BetrVG Rz. 60; *Fitting*, § 111 BetrVG Rz. 65. | 7 BAG v. 17.9.1957 – 1 AZR 352/56, DB 1957, 1111; v. 14.10.1982 – 2 AZR 568/80, AP Nr. 1 zu § 1 KSchG 1969 – Konzern; v. 27.9.1984 – 2 AZR 309/83, AP Nr. 39 zu § 613a BGB; v. 16.6.1987 – 1 AZR 528/85, AP Nr. 20 zu § 111 BetrVG 1972. | 8 BAG v. 23.4.1980 – 5 AZR 49/78, AP Nr. 8 zu § 15 KSchG 1969; v. 14.10.1982 – 2 AZR 568/80, AP Nr. 1 zu § 1 KSchG 1969 – Konzern; *Fitting*, § 111 BetrVG Rz. 66. | 9 *Fitting*, § 111 BetrVG Nr. 63; Richardi/*Richardi/Annuß*, § 111 BetrVG Rz. 82; GK-BetrVG/*Fabricius/Oetker*, § 111 Rz. 66; *Stege/Weinspach/Schiefer*, §§ 111–113 BetrVG Rz. 30. | 10 BAG v. 28.4.1988 – 2 AZR 623/87, AP Nr. 74 zu § 613a BGB; v. 21.10.1980 – 1 AZR 145/79, AP Nr. 8 zu § 111 BetrVG 1972; *Fitting*, § 111 BetrVG Rz. 50; Richardi/*Richardi/Annuß*, § 111 BetrVG Rz. 67; MünchArbR/*Matthes*, § 360 Rz. 21. | 11 *Fitting*, § 111 BetrVG Rz. 69; Richardi/*Richardi/Annuß*, § 111 BetrVG Rz. 82; GK-BetrVG/*Fabricius/Oetker*, § 111 Rz. 81. | 12 BAG v. 6.12.1988 – 1 ABR 47/87, AP Nr. 26 zu § 111 BetrVG 1972; GK-BetrVG/*Fabricius/Oetker*, § 111 Rz. 80; Richardi/*Richardi/Annuß*, § 111 BetrVG Rz. 82. | 13 ErfK/*Kania*, § 111 BetrVG Rz. 9; *Picot/Schnitker*, II D. Rz. 63; *Schweibert* in Willemsen/Hohenstatt/Schweibert/Seibt, Rz. C 37.

als **Maßstab** heran[1]. Bei **größeren Betrieben** müssen aber **mindestens 5%** der ArbN in dem betreffenden Betriebsteil beschäftigt sein[2] (siehe auch die Übersicht bei Rz. 29). Allerdings kann die Heranziehung der Schwellenwerte in § 17 Abs. 1 KSchG stets nur eine **Richtschnur** bilden, so dass geringfügige Abweichungen insb. dann nicht ins Gewicht fallen, wenn bei qualitativer Betrachtung die Annahme eines wesentlichen Betriebsteils nahe liegt[3]. Im Hinblick auf die **qualitative Betrachtung** soll es darauf ankommen, ob der Betriebsteil „wirtschaftlich gesehen für den Gesamtbetrieb von erheblicher Bedeutung ist"[4]. In der Praxis spielt dieses Merkmal keine wesentliche Rolle; es soll dann erfüllt sein, wenn die Schließung des Betriebsteils bedeutsame Auswirkungen auf andere Betriebsteile und andere ArbN mit sich bringt[5]. Bislang sind allerdings nur Fälle bekannt, in denen das Vorliegen eines wesentlichen Betriebsteils allein aufgrund qualitativer Kriterien verneint worden ist[6].

26 Die **Ausgliederung** einzelner Betriebsteile ist nicht mit deren Stilllegung gleichzusetzen, da der mit dem Betriebsteil verfolgte arbeitstechnische Zweck nicht aufgegeben und die Teilorganisation nicht aufgelöst wird[7]. Allerdings kann die organisatorische Abtrennung eines Betriebsteils – unabhängig davon, ob sie mit einer rechtlichen Verselbständigung einhergeht – mit der Spaltung eines Betriebs iSv. Nr. 3 einhergehen (vgl. hierzu unter Rz. 39 ff.).

27 Die **Einschränkung des ganzen Betriebs** kann mit einer **Verringerung der Betriebsmittel** einhergehen, ebenso jedoch in einem **reinen Personalabbau** bestehen[8]. Nicht unter Nr. 1 fallen hingegen Maßnahmen, die die Auslastung der Betriebsanlagen verringern, zB die Einschränkung der betrieblichen Arbeitszeit durch Wegfall von Schichten, Arbeitszeitverkürzung oder Kurzarbeit; diese Änderungen können aber nach § 87 mitbestimmungspflichtig sein[9].

28 Da nicht bereits die Entlassung einzelner ArbN eine Betriebsänderung mit wesentlichen Nachteilen für die Belegschaft oder erhebliche Teile der Belegschaft darstellen kann (vgl. Relativsatz in § 111 Satz 1), besteht weitgehende Einigkeit dahingehend, dass nur wesentliche Personalabbaumaßnahmen eine **Einschränkung des Betriebs** iSv. § 111 Satz 3 Nr. 1 darstellen. Nach gefestigter Rspr. werden hierfür die **Schwellenwerte in § 17 Abs. 1 KSchG** zugrunde gelegt, allerdings ohne die in § 17 Abs. 1 KSchG normierte Voraussetzung, dass der Personalabbau innerhalb von 30 Kalendertagen erfolgen muss[10]. Ein sich über längere Zeit hinziehender Personalabbau, wie er schon angesichts der unterschiedlichen Kündigungsfristen häufig zwangsläufig ist, ist daher als Betriebsänderung anzusehen, soweit die einzelnen Schritte auf einer **einheitlichen Planung** des ArbGeb beruhen[11]. Erfolgen Personalabbaumaßnahmen in mehreren Schritten, die zeitlich nur Wochen oder wenige Monate auseinanderliegen, spricht eine **tatsächliche Vermutung** für eine einheitliche unternehmerische Planung[12]. Sofern trotz zeitlicher Nähe unterschiedliche Maßnahmen vorliegen, die auf voneinander unabhängige unternehmerische Gestaltungsmaßnahmen zurückgehen, sollten die jeweiligen Entscheidungsprozesse besonders sorgfältig dokumentiert werden[13].

29 Die Schwellenwerte dienen lediglich als „**Richtschnur**", so dass geringfügige Abweichungen nicht ins Gewicht fallen[14]. Im Hinblick auf Großbetriebe hat das BAG angenommen, dass eine Betriebseinschränkung erst bei der Entlassung von **mindestens 5%** der Belegschaft anzunehmen ist[15]. Danach ergeben sich für die **Einschränkung des ganzen Betriebs** folgende Schwellenwerte:

Betriebsgröße	Schwellenwert
21–59 Arbeitnehmer	Mindestens 6 Arbeitnehmer
60–499 Arbeitnehmer	10 % oder mehr als 25 Arbeitnehmer
500–599 Arbeitnehmer	Mindestens 30 Arbeitnehmer
Betriebe ab 600 Arbeitnehmer	Mindestens 5 %

---

1 BAG v. 21.10.1980 – 1 AZR 145/79, AP Nr. 8 zu § 111 BetrVG 1972; v. 2.8.1983 – 1 AZR 516/81, AP Nr. 12 zu § 111 BetrVG 1972; v. 6.12.1988 – 1 ABR 47/87, AP Nr. 26 zu § 111 BetrVG 1972; v. 7.8.1990 – 1 AZR 445/89, AP Nr. 34 zu § 111 BetrVG 1972. | 2 Vgl. GK-BetrVG/*Fabricius/Oetker*, § 111 Rz. 83; *Fitting*, § 111 BetrVG Rz. 70. | 3 BAG v. 7.8.1990 – 1 AZR 445/89, AP Nr. 34 zu § 111 BetrVG 1972; LAG Berlin v. 7.9.1995 – 10 TaBV 5/95, AP Nr. 36 zu § 111 BetrVG 1972; DKK/*Däubler*, § 111 BetrVG Rz. 62; *Fitting*, § 111 BetrVG Rz. 70. | 4 BAG v. 6.12.1988 – 1 ABR 47/87, AP Nr. 26 zu § 111 BetrVG 1972; v. 7.8.1990 – 1 AZR 445/89, AP Nr. 34 zu § 111 BetrVG 1972. | 5 *Etzel*, Betriebsverfassungsrecht, Rz. 983. | 6 Vgl. die Nachw. bei DKK/*Däubler*, § 111 BetrVG Rz. 44. | 7 *Richardi/ Richardi/Annuß*, § 111 BetrVG Rz. 88. | 8 BAG v. 22.5.1979 – 1 ABR 17/77, AP Nr. 4 zu § 111 BetrVG 1972; v. 6.12.1988 – 1 ABR 47/87, AP Nr. 26 zu § 111 BetrVG 1972; v. 10.12.1996 – 1 ABR 43/96, AP Nr. 37 zu § 111 BetrVG 1972; DKK/*Däubler*, § 111 BetrVG Rz. 40; *Etzel*, Betriebsverfassungsrecht, Rz. 979 f.; GK-BetrVG/*Fabricius/ Oetker*, § 111 Rz. 58 ff. | 9 GK-BetrVG/*Fabricius/Oetker*, § 111 Rz. 63; *Richardi/Richardi/Annuß*, § 111 BetrVG Rz. 69; *Picot/Schnitker*, II. D. Rz. 58; unklar DKK/*Däubler*, § 111 BetrVG Rz. 41 f., der die „Abschaffung einer Schicht (...) ohne eine relevante Anzahl von Entlassungen" als Betriebsänderung ansehen will. | 10 BAG v. 22.5.1979 – 1 AZR 848/76, AP Nr. 3 zu § 111 BetrVG 1972; ErfK/*Kania*, § 111 BetrVG Rz. 8. | 11 Vgl. die umfangreichen Nachw. bei GK-BetrVG/*Fabricius/Oetker*, § 111 Rz. 74; instruktiv mit Praxisbeispielen *Schweibert* in Willemsen/Hohenstatt/Schweibert/Seibt, Rz. C 22 ff. | 12 *Röder/Baeck*, S. 46 f.; *Fitting*, § 111 BetrVG Rz. 48; ErfK/*Kania*, § 111 BetrVG Rz. 8. | 13 *Röder/Baeck*, S. 47. | 14 BAG v. 7.8.1990 – 1 AZR 445/89, AP Nr. 34 zu § 111 BetrVG 1972; LAG Berlin v. 7.9.1995 – 10 Ta BV 5/95, AP Nr. 36 zu § 111 BetrVG 1972; DKK/*Däubler*, § 111 BetrVG Rz. 62; *Fitting*, § 111 BetrVG Rz. 74. | 15 BAG v. 6.12.1988 – 1 ABR 47/87, AP Nr. 26 zu § 111 BetrVG 1972; v. 2.8.1983 – 1 AZR 516/81, AP Nr. 12 zu § 111 BetrVG 1972.

Unklar ist der Schwellenwert allerdings im Hinblick auf Betriebe, die nur zwanzig oder weniger ArbN beschäftigen, da jene bis zur BetrVG-Reform 2001 nicht unter den Anwendungsbereich von § 111 fielen, was sich durch den nunmehr *unternehmens*bezogenen Schwellenwert in § 111 Abs. 1 Satz 1 geändert hat. Plausibel dürfte sein, in Anlehnung an den Schwellenwert bei Betrieben mit 21 ArbN eine Betriebsänderung im **Kleinbetrieb** dann anzunehmen, wenn **mindestens ein Drittel** der Mitarbeiter vom Personalabbau betroffen ist[1]. 30

Bei der Berechnung der Zahl der ausscheidenden ArbN sind nur die Fälle zu berücksichtigen, die im **Zusammenhang mit der maßgeblichen Betriebsänderung** stehen und **vom ArbGeb veranlasst**[2] sind. Hierzu gehören insb. **betriebsbedingte Kündigungen** durch den ArbGeb und **vom ArbGeb veranlasste Eigenkündigungen**. Eine Eigenkündigung ist vom ArbGeb veranlasst, wenn mit ihr einer ansonsten notwendig gewordenen ArbGebKündigung im Zuge der geplanten Betriebsänderung vorgegriffen wird[3]. Auch **Aufhebungsverträge** sind zu berücksichtigen[4], soweit sie im Zusammenhang mit der Betriebsänderung stehen (vgl. auch § 112a Abs. 1 Satz 2[5]). Werden ArbN im Zuge der Betriebsänderung in **anderen Betrieben** des Unternehmens oder in anderen Konzernunternehmen **weiterbeschäftigt**, sind sie ebenfalls vom Personalabbau betroffen[6]. Betriebsbedingte Kündigungen infolge eines **Widerspruchs von ArbN gegen den Übergang ihrer Arbeitsverhältnisse** auf einen anderen ArbGeb werden nach Auffassung des BAG mitgezählt[7]. Diese Auffassung ist problematisch; sie führt zum Vorliegen einer Betriebsänderung selbst dann, wenn ein gesamter Betrieb veräußert werden soll (die Veräußerung des Betriebes stellt keine Betriebsänderung dar; vgl. Rz. 53 f.) und der ArbGeb keine Entlassungen beabsichtigt[8], sofern ArbN entgegen seiner Planung widersprechen. In jedem Fall können durch Widersprüche der ArbN *nicht nachträglich* Beteiligungsrechte gemäß §§ 111, 112 im Hinblick auf die ursprünglich geplante Transaktion entstehen. Diese können sich vielmehr nur noch auf die nunmehr geplanten Entlassungen und auf den Abschluss eines Sozialplans beziehen. Der **Sozialplan** kann ohne sachlichen Grund widersprechende ArbN allerdings **von Abfindungen ausnehmen**[9] (vgl. § 112 Rz. 37, 50). Ob **Änderungskündigungen** bei der Anwendung der Schwellenwerte gem. § 17 Abs. 1 KSchG mitzählen, hängt nach der hM davon ab, ob der betroffene ArbN die geänderten Arbeitsbedingungen mindestens unter Vorbehalt annimmt oder diese *ablehnt*; nur in letzterem Falle soll der Fall im Hinblick auf die Schwellenwerte Berücksichtigung finden[10]. Die abweichende Auffassung, wonach sämtliche Änderungskündigungen mitzählen sollen[11], hat zwar für sich, dass Planungssicherheit besteht und von vornherein beurteilt werden kann, ob eine Betriebsänderung gegeben ist. Nach dieser Auffassung wäre jedoch jede Massenänderungskündigung mit dem Ziel einer – noch so geringfügigen – Änderung der Arbeitsbedingungen zugleich eine Betriebsänderung iSd. Stilllegung bzw. Einschränkung des Betriebs, was über den Sinn des Beteiligungsrechts hinausgehen würde. 31

Verringert sich infolge der Interessenausgleichsverhandlungen oder aus anderen Gründen die Zahl der von der Maßnahme betroffenen ArbN auf Größenordnungen unterhalb der Schwellenwerte, ändert dies zwar rückwirkend nichts mehr daran, dass wegen der ursprünglichen Planungen der ArbGeb der Versuch eines Interessenausgleichs zu unternehmen war[12]. Wenn allerdings nach dem **abgeschlossenen Interessenausgleich** feststeht, dass die **Schwellenwerte zum Vorliegen einer Betriebsänderung** bzw. für die Maßgeblichkeit eines Personalabbaus iSv. § 112a Abs. 1 **nicht erreicht** werden, kann ein **Sozialplan nicht mehr verlangt** werden[13]. Es wäre kontraproduktiv und vom Schutzzweck der gesetzlichen Bestimmungen nicht umfasst, wenn ein Sozialplan erzwingbar wäre, obwohl der ArbGeb seine Planung im Interesse des Erhalts von Arbeitsplätzen so weit „abgeschwächt" hat, dass die Schwelle zur Betriebsänderung nicht mehr erreicht wird. Im Übrigen zeigt § 112a, dass nicht stets dann, wenn ein Interessenausgleich abgeschlossen wurde, auch ein Sozialplan erzwungen werden kann. 32

Auch die **Einschränkung eines wesentlichen Betriebsteils** (zum Begriff des wesentlichen Betriebsteils Rz. 25) fällt nach dem Wortlaut der Vorschrift unter Nr. 1. Es würde allerdings zu Wertungswidersprüchen 33

---

[1] DKK/*Däubler*, § 111 BetrVG Rz. 45 a; etwas abweichend *Bauer*, NZA Sonderheft 2001, 62; *Fitting*, § 111 BetrVG Rz. 75; ähnlich wie hier *Richardi*/*Annuß*, § 111 BetrVG Rz. 74; *Lingemann*, NZA 2002, 934, 936 meint hingegen, dass wegen der unveränderten Fassung von § 17 Abs. 1 KSchG Betriebsänderungen nach wie vor nur in Betrieben mit mehr als 20 ArbN anzunehmen seien. |[2] Vgl. *Richardi*/*Richardi*/*Annuß*, § 111 BetrVG Rz. 76; *Stege*/*Weinspach*/*Schiefer*, §§ 111–113 BetrVG Rz. 33a. |[3] BAG v. 20.4.1994 – 10 AZR 323/93, AP Nr. 77 zu § 112 BetrVG 1972; v. 19.7.1995 – 10 AZR 885/94, AP Nr. 96 zu § 112 BetrVG 1972; *Richardi*/*Annuß*, § 111 BetrVG Rz. 76. |[4] BAG v. 4.7.1989 – 1 ABR 35/88, AP Nr. 27 zu § 111 BetrVG 1972; *Richardi*/*Richardi*/*Annuß*, § 111 BetrVG Rz. 76; ErfK/*Kania*, § 111 BetrVG Rz. 9; *Röder*/*Baeck*, S. 47. |[5] Aus dieser Vorschrift ziehen *Stege*/*Weinspach*/*Schiefer*, §§ 111–113 BetrVG Rz. 33a, den Schluss, dass Aufhebungsverträge bei § 111 nicht zu berücksichtigen seien – ein nicht einleuchtender Umkehrschluss. |[6] DKK/*Däubler*, § 111 BetrVG Rz. 56; *Fitting*, § 111 BetrVG Rz. 78. |[7] BAG v. 10.12.1996 – 1 AZR 290/96, AP Nr. 32 zu § 113 BetrVG 1972. |[8] Dennoch wie BAG *Fitting*, § 111 BetrVG Rz. 78; *Richardi*/*Richardi*/*Annuß*, § 111 BetrVG Rz. 137 f.; *Baeck*/*Diller*, NZA 1997, 689, 693 f.; *Matthes*, NZA 2000, 1073, 1075 f.; *Löwisch*/*Kaiser*, § 111 BetrVG Rz. 26; aA *Henssler*, NZA 1994, 913, 922; *Bauer*, DB 1994, 217, 220 f. |[9] Vgl. BAG v. 5.2.1997 – 10 AZR 553/96, AP Nr. 112 zu § 112 BetrVG 1972; v. 15.12.1998 – 1 AZR 332/98, AP Nr. 126 zu § 112 BetrVG 1972; *Richardi*/*Annuß*, § 112 BetrVG Rz. 104. |[10] *Fitting*, § 111 BetrVG Rz. 79; DKK/*Däubler*, § 111 BetrVG Rz. 56; MünchArbR/*Matthes*, § 360 Rz. 33. |[11] *Richardi*/*Richardi*/*Annuß*, § 111 BetrVG Rz. 77; *Röder*/*Baeck*, S. 48. |[12] DKK/*Däubler*, § 111 BetrVG Rz. 63. |[13] *Röder*/*Baeck*, S. 12; aA ohne Begründung DKK/*Däubler*, § 111 BetrVG Rz. 63.

führen, wenn in dieser Konstellation bei Anwendung der **Schwellenwerte** lediglich die Belegschaft des Betriebsteils ins Verhältnis mit der Zahl der betroffenen ArbN gesetzt würde. Für die Frage, ob eine beteiligungspflichtige Einschränkung eines wesentlichen Betriebsteils gegeben ist, kommt es daher ebenfalls auf das **Verhältnis der Gesamtbelegschaft zur Anzahl der von Nachteilen betroffenen ArbN** an[1].

34 b) **Verlegung des ganzen Betriebs oder von wesentlichen Betriebsteilen (§ 111 Satz 3 Nr. 2).** Unter Verlegung eines Betriebs bzw. eines wesentlichen Betriebsteils (zu diesem Begriff Rz. 25) versteht man die Veränderung der **örtlichen Lage** der entsprechenden Einheit. Die **Abgrenzung von der Betriebsstilllegung** ist mitunter schwierig, da insb. die Verlegung über eine erhebliche Entfernung hinweg regelmäßig mit der **Auflösung** der alten **Betriebsgemeinschaft** und der **betrieblichen Organisation** verbunden ist, womit die Voraussetzungen einer Betriebsstilllegung erfüllt sind. Entscheidend ist, ob der Großteil der Belegschaft die Tätigkeit in der neuen Betriebsstätte fortsetzt[2].

35 Es muss eine **nicht nur geringfügige** räumliche Veränderung erfolgen, da ansonsten die Schwelle zur Betriebsänderung nicht überschritten wird[3]. Ein Umzug in ein Nachbargebäude oder auf die gegenüberliegende Straßenseite reicht daher keinesfalls aus. Bei geringeren oder mittleren Entfernungen innerhalb einer Stadt kommt es entscheidend auf die **Verkehrsanbindung** bzw. die Anfahrtswege für die Belegschaft an; maßgeblich ist der Interpretationsmaßstab gemäß § 111 Abs. 1 Satz 1 (wesentliche Nachteile für die Belegschaft oder erhebliche Teile der Belegschaft). Die örtliche Verlegung eines wesentlichen Betriebsteils *innerhalb* des Betriebes kann keine Betriebsänderung darstellen[4].

36 Eine Verlegung ins **Ausland** kann eine Betriebsänderung iSd. Nr. 2 darstellen, auch wenn das BetrVG nur in Deutschland Anwendung findet[5]. Ausschlaggebend ist, dass der Betrieb, auf den sich die Planungen des ArbGeb beziehen, sich (noch) im Geltungsbereich des Gesetzes befindet.

37 c) **Zusammenschluss mit anderen Betrieben oder die Spaltung von Betrieben (§ 111 Satz 3 Nr. 3).** Dieser Tatbestand bezieht sich – wie alle anderen in § 111 – auf die *betriebliche* Ebene und betrifft nicht die Unternehmensebene[6]. Der **Zusammenschluss von Unternehmen** oder die **Spaltung von Unternehmen** (§§ 2 ff., 123 ff. UmwG) stellen daher **für sich genommen keine Betriebsänderungen** gemäß Nr. 3 dar[7]. Notwendig sind vielmehr Maßnahmen, die sich auf die betriebliche Organisation und auf die **Betriebsidentität**[8] auswirken.

38 Der **Zusammenschluss von Betrieben** bedeutet, dass zwei bislang getrennte organisatorische Einheiten dergestalt zusammengefügt werden, dass sie nunmehr einer **einheitlichen Leitung** unterstellt sind, insb. in personellen und sozialen Angelegenheiten. Diese von der Rspr. für den Gemeinschaftsbetrieb mehrerer Unternehmen (vgl. § 1 Abs. 2) herausgearbeiteten Kriterien gelten ebenso für die Betriebsabgrenzung innerhalb ein und desselben Unternehmens[9]. Der Zusammenschluss von Betrieben kann so erfolgen, dass einer der Betriebe der **aufnehmende** Betrieb ist und demgemäß in seiner Betriebsidentität fortbesteht oder dass die Betriebe zu einem **neuen Betrieb** zusammengeschlossen werden, mit der Folge, dass der neue Betrieb mit keinem der bisherigen Betriebe identisch ist[10] (vgl. zu den Auswirkungen dieser unterschiedlichen Formen des Zusammenschlusses auf das BR-Amt § 21a Rz. 9 sowie auf das Schicksal bestehender BV § 77 Rz. 83, 69 ff.). Für die Beteiligungsrechte gemäß §§ 111, 112 ist beim Zusammenschluss von Betrieben regelmäßig der **GesamtBR** oder – falls die Betriebe verschiedenen Unternehmen desselben Konzern angehören – der **KonzernBR** zuständig (vgl. Rz. 72 f.).

39 Die **Spaltung eines Betriebs** führt zum **Verlust der Betriebsidentität** (siehe § 21a Rz.5). Aus einer einheitlichen organisatorischen Einheit entstehen mehrere betriebliche Einheiten[11]. Erfasst werden sowohl Betriebsspaltungen innerhalb eines Unternehmens (Beispiel: Produktion und Verwaltung werden in unterschiedliche betriebliche Einheiten getrennt), als auch Konstellationen bei denen der „abgespaltene" Betriebsteil einem anderen Rechtsträger zugeordnet wird[12]. Unerheblich ist, ob die Betriebsspaltung mit einer **Spaltung des Rechtsträgers** (§§ 123 ff. UmwG) einhergeht oder ob die Über-

---

1 Richardi/*Richardi/Annuß*, § 111 BetrVG Rz. 86; MünchArbR/*Matthes*, § 360 Rz. 50 f.; *Picot/Schnitker*, II. D Rz. 63. | 2 BAG v. 12.2.1987 – 2 AZR 247/86, AP Nr. 67 zu § 613a BGB; GK-BetrVG/*Fabricius/Oetker*, § 111 Rz. 97; *Fitting*, § 111 BetrVG Rz. 82; *Schweibert* in Willemsen/Hohenstatt/Schweibert/Seibt, Rz. C 31. | 3 BAG v. 17.8.1982 – 1 ABR 40/80, AP Nr. 11 zu § 111 BetrVG 1972; *Fitting*, § 111 BetrVG Rz. 81; Richardi/*Richardi/Annuß*, § 111 BetrVG Rz. 92; GK-BetrVG/*Fabricius/Oetker*, § 111 BetrVG Rz. 95. | 4 ErfK/*Kania*, § 111 BetrVG Rz. 12; Picot/Schnitker, II D. Rz. 66; aA DKK/Däubler, § 111 BetrVG RN. 65; GK-BetrVG/*Fabricius/Oetker*, § 111 Rz. 98; in solchen Fällen sind wesentliche Nachteile für die Belegschaft von der Dimension, wie sie § 111 voraussetzt, nicht erkennbar. | 5 DKK/*Däubler*, § 111 BetrVG Rz. 69; aA Richardi/*Richardi/Annuß*, § 111 BetrVG Rz. 95. | 6 *Fitting*, § 111 BetrVG Rz. 83; ausf. *Hohenstatt* in Willemsen/Hohenstatt/Schweibert/Seibt, Rz. D 2 ff. | 7 *Gaul*, Betriebs-und Unternehmensspaltung, § 28 Rz. 48. | 8 Vgl. zu diesem für das Betriebsverfassungsrecht zentralen Begriff ausf. *Hohenstatt* in Willemsen/Hohenstatt/Schweibert/Seibt, Rz. D 68 ff. | 9 *Hohenstatt* in Willemsen/Hohenstatt/Schweibert/Seibt, Rz. D 42 f. | 10 Ausf. *Hohenstatt* in Willemsen/Hohenstatt/Schweibert/Seibt, Rz. D 68 ff.; Richardi/*Richardi/Annuß*, § 111 BetrVG Rz. 97; *Fitting*, § 111 BetrVG Rz. 84; GK-BetrVG/*Fabricius/Oetker*, § 111 Rz. 102. | 11 Vgl. ausf. *Hohenstatt* in Willemsen/Hohenstatt/Schweibert/Seibt, Rz. D 14 ff. | 12 BAG v. 10.12.1996 – 1 ABR 32/96, AP Nr. 110 zu § 112 BetrVG 1972; GK-BetrVG/*Fabricius/Oetker*, § 111 Rz. 104; *Fitting*, § 111 BetrVG Rz. 86; *Etzel*, Betriebsverfassungsrecht Rz. 989; *Gaul*, Betriebs- und Unternehmensspaltung, § 2 Rz. 5; § 28 Rz. 47.

tragung von Betriebsteilen auf einen anderen Rechtsträger mittels **Übertragung von Betriebsmitteln (Asset Deal)** erfolgt; **entscheidend** ist die insofern identische **Auswirkung auf die Betriebsidentität**[1]. Im Fall der Unternehmensspaltung sind allerdings die arbeitsrechtlichen Mindestangaben im Spaltungsvertrag (§ 126 Abs. 1 Nr. 11 UmwG) und die diesbezüglichen Informationsrechte des BR (§ 126 Abs. 3 UmwG) zu beachten[2].

Auch die **Auflösung eines gemeinsamen Betriebs mehrerer ArbGeb** in dem Sinne, dass die gemeinsame Organisation aufgehoben wird, beinhaltet eine Betriebsspaltung iSv. Nr. 3[3]. Andererseits kann trotz der Durchführung einer Unternehmensspaltung das Vorliegen einer **Betriebsänderung iSv. Nr. 3 vermieden** werden, wenn die beteiligten Rechtsträger (**zunächst**) **einen Gemeinschaftsbetrieb mehrerer ArbGeb** bilden. Diese Vorgehensweise kann sich zur „Entzerrung" der Unternehmensspaltung und der Durchführung der Betriebsänderung empfehlen[4]. Gemäß **§ 1 Abs. 2 Nr. 2** wird ein gemeinsamer Betrieb mehrerer Unternehmen nach Durchführung einer Unternehmensspaltung **vermutet**, soweit sich die **Organisation des betroffenen Betriebs nicht wesentlich geändert** hat. Wird hingegen eine Betriebsspaltung durchgeführt, steht dem BR im Ursprungsbetrieb unter bestimmten Voraussetzungen ein **Übergangsmandat** im Hinblick auf die abgespaltene Einheit zu (vgl. § 21a). 40

Allein durch den Abschluss oder die Vereinbarung von besonderen BR-Strukturen iSv. § 3 BetrVG kommt es nicht zu einer Betriebsänderung iSv. Nr. 3[5]. Werden zB bislang betriebsverfassungsrechtlich eigenständige Einheiten durch einen unternehmenseinheitlichen BR (§ 3 Abs. 1 Nr. 1 a) oder durch einen Spartenbetriebsrat (§ 3 Abs. 1 Nr. 2) vertreten, stellt der Abschluss einer entsprechenden Vereinbarung keine Betriebsänderung dar. Wird indessen im Zuge der Entstehung solcher zusammengefassten Einheiten eine einheitliche Leitung in personellen und sozialen Angelegenheiten geschaffen, liegt in der späteren Veräußerung einzelner „Betriebe", die ansonsten keine Betriebsänderung darstellt (vgl. Rz. 53), eine **Betriebsspaltung**[6]. 41

Streitig ist, ob „**Bagatellausgliederungen**", also die Abspaltung zahlenmäßig nicht ins Gewicht fallender Betriebsteile, eine Betriebsspaltung iSv. Nr. 3 darstellen können. Das BAG[7] hat dies offen gelassen, will aber jedenfalls die Schwellenwerte gemäß § 17 KSchG nicht anwenden, da in Nr. 3 keine Einschränkung im Hinblick auf die Abspaltung „wesentlicher" Betriebsteile enthalten sei. Nach dieser Entscheidung genügt die Abspaltung/Ausgliederung einer „**veräußerungsfähigen Einheit**". In der Lit. wird hingegen im Hinblick auf den Relativsatz in § 111 Satz 1 vertreten, dass die Schwellenwerte gemäß § 17 KSchG jedenfalls als Anhaltspunkt dienen müssten[8]. Nach zutreffender Ansicht wird man – in Abhängigkeit von der Gesamtgröße des Betriebs – jedenfalls verlangen können, dass eine **wirtschaftlich nicht ganz unbedeutende Größe** vorliegt und der abgespaltene Teil eine **gewisse organisatorische Selbständigkeit** schon im Ursprungsbetrieb inne hatte[9]. 42

Nr. 3 erfasst nur Zusammenschlüsse und Spaltungen solcher Einheiten, die betriebsverfassungsrechtlich einen eigenständigen Betrieb darstellen, was sich aus dem Wortlaut der Vorschrift unzweifelhaft ergibt[10]. Der Zusammenschluss bzw. die Spaltung von Betriebsteilen fällt daher nicht unter Nr. 3, es sei denn, dass sie die Voraussetzungen von § 4 Abs. 1 erfüllen (räumlich weite Entfernung vom Hauptbetrieb oder Eigenständigkeit im Hinblick auf Aufgabenbereich und Organisation)[11]. 43

d) Grundlegende Änderungen der Betriebsorganisation, des Betriebszwecks oder der Betriebsanlagen (§ 111 Satz 3 Nr. 4). Nr. 4 umfasst lediglich **grundlegende** Änderungen, wobei der Tatbestand den Charakter einer **beschränkten Generalklausel** hat[12]. 44

Unter der **Betriebsorganisation** versteht man den Betriebsaufbau, dh. die Organisation des Leitungsapparats sowie die organisatorische Untergliederung des Betriebes[13]. 45

---

[1] BAG v. 10.12.1996 – 1 ABR 32/96, AP Nr. 110 zu § 112 BetrVG 1972; GK-BetrVG/*Fabricius/Oetker*, § 111 Rz. 103; Richardi/*Richardi/Annuß*, § 111 BetrVG Rz. 100. |[2] Vgl. hierzu ausf. *Kallmeyer/Willemsen*, § 126 UmwG Rz. 4 ff. und 68. |[3] Richardi/*Richardi/Annuß*, § 111 BetrVG Rz. 101; *Hohenstatt* in Willemsen/Hohenstatt/Schweibert/Seibt, Rz. D 192; *Gaul*, Betriebs- und Unternehmensspaltung, § 28 Rz. 50. |[4] *Willemsen*, RdA 1998, 23, 30; *Rieble*, FS Wiese, 1998, S. 453, 464; *Hohenstatt* in Willemsen/Hohenstatt/Schweibert/Seibt, Rz. D 12 f., 17. |[5] DKK/*Trümner*, § 3 BetrVG Rz. 151; *Hohenstatt* in Willemsen/Hohenstatt/Schweibert/Seibt, Rz. D 192. |[6] *Picot/Schnitker*, II C. Rz. 83; *Hohenstatt* in Willemsen/Hohenstatt/Schweibert/Seibt, Rz. D 192. |[7] BAG v. 10.12.1996 – 1 ABR 32/96, AP Nr. 110 zu § 112 BetrVG 1972. |[8] *Schweibert* in Willemsen/Hohenstatt/Schweibert/Seibt, Rn C 61; *Stege/Weinspach*/Schiefer, §§ 111–113 BetrVG Rz. 52 f.; *Picot/Schnitker*, II C. Rz. 80. |[9] Vgl. etwa *Lingemann/Göpfert*, NZA 1997, 1325, 1326; *Willemsen*, NZA 96, 791, 797; *Henssler*, NZA 94, 294, 299; ansatzweise auch GK-BetrVG/*Fabricius/Oetker*, § 111 BetrVG Rz. 106; *Gaul*, Betriebs- und Unternehmensspaltung, stellt auf qualitative Kriterien (Bedeutung für die Gesamtorganisation) und im Sinne einer indiziellen Betrachtung auf § 17 KSchG ab; ErfK/*Kania*, § 111 BetrVG Rz. 14 stellt auf die Zahlengrenzen gemäß § 1 BetrVG ab. |[10] Richardi/*Richardi/Annuß*, § 111 BetrVG Rz. 105; GK-BetrVG/*Fabricius/Oetker*, § 111 Rz. 107; aA *Fitting*, § 111 BetrVG Rz. 85; DKK/*Däubler*, § 111 BetrVG Rz. 71. |[11] *Schweibert* in Willemsen/Hohenstatt/Schweibert/Seibt, Rz. C 55. *Gaul*, Betriebs- und Unternehmensspaltung, § 28 Rz. 51; aA im Hinblick auf Zusammenschlüsse *Fitting*, § 111 BetrVG Rz. 85. |[12] Richardi/*Richardi/Annuß*, § 111 BetrVG Rz. 107; DKK/*Däubler*, § 111 BetrVG Rz. 81. |[13] Richardi/*Richardi/Annuß*, § 111 BetrVG Rz. 108; GK-BetrVG/*Fabricius/Oetker*, § 111 Rz. 109.

46 **Beispiele** für grundlegende Änderungen der Betriebsorganisation: Einführung einer Spartenorganisation oder eines Profitcenter-Systems, soweit diese Organisationsprinzipien grundlegend vom bisherigen Betriebsaufbau abweichen[1], Maßnahmen der Zentralisierung oder Dezentralisierung, soweit sie sich einschneidend auswirken[2], Einführung von Gruppenarbeit in wesentlichen Teilen des Unternehmens[3].

47 Die Organisationsänderung muss „grundlegend" sein und damit **erhebliche Auswirkungen auf den Betriebsablauf** haben; es ist daher verfehlt, bestimmte Maßnahmen ohne Bewertung im Einzelfall als beteiligungspflichtige Organisationsänderung anzusehen (Beispiele: Einführung „flacher Hierarchien", Vergabe von Leistungen an Dritte etc.). Maßgeblich ist immer, ob derlei Veränderungen von ihrer Bedeutung für die Gesamtorganisation und im Vergleich zur bisherigen Organisationsstruktur ein hinreichendes Gewicht haben, um als Betriebsänderung angesehen werden zu können. Maßnahmen zur Verbesserung der Unternehmenskommunikation sowie Einsatz moderner Technik im Vertrieb (Beispiele: Einrichtung eines Intranets, Umstellung auf E-Commerce) fallen nicht unter die Fälle der Änderungen der Betriebsorganisation, da sie den Leitungsapparat und die organisatorische Untergliederung des Betriebs nicht notwendigerweise beeinflussen[4] (siehe aber möglicherweise Nr. 5).

48 Unter dem **Betriebszweck** versteht man die verfolgte **arbeitstechnische Zwecksetzung**[5]. Denkbar ist das Hinzukommen eines weiteren Zwecks – also die Erweiterung der betrieblichen Tätigkeiten – oder deren Einschränkung, also das Wegfallen eines arbeitstechnischen Zwecks. **Beispiele:** Einführung von Automatenspielen in einem klassischen Spielcasino[6]; Herstellung von Geländewagen oder Motorrädern anstelle bzw. zusätzlich zur Produktion von Personenwagen[7]; Übergang von der Produktion auf bloßen Servicebetrieb/Kundendienst[8]. Die Änderungen müssen jedoch von grundlegender Bedeutung sein, so dass bloße Weiterentwicklungen des Produkt- bzw. Dienstleistungsportfolios in aller Regel nicht unter Nr. 4 fallen[9]. Für einen Schlachthof hat das BAG entschieden, dass die Umstellung des Schlachtprogramms keine grundlegende Änderung des Betriebszwecks darstelle[10].

49 **Betriebsanlagen** sind diejenigen Einrichtungen, mittels derer der **Produktions- und Leistungsprozess** innerhalb des Betriebs erfolgt[11]. Beteiligungspflichtig ist nicht jede Änderung *von* Betriebsanlagen, sondern lediglich die grundlegende Änderung *der* Betriebsanlagen. Zwar muss die Änderung nicht die Gesamtheit der Produktionsmittel erfassen; die geänderten Betriebsmittel müssen jedoch im Verhältnis zu den Produktionsmitteln des gesamten Betriebs für das betriebliche Gesamtgeschehen von erheblicher Bedeutung sein[12]. Es ist daher missverständlich, wenn pauschal die Einführung neuer Maschinen, der Einsatz von Mikroprozessoren, Datensichtgeräten oder Bildschirmarbeitsplätzen als beteiligungspflichtige Maßnahme genannt werden[13]. Entscheidend ist stets, ob die Änderung für sich selbst hinreichend **substantiell** ist[14] und dass der Umfang der Maßnahme in Anbetracht der gesamten Betriebsgröße erhebliches Gewicht hat.

50 Für sämtliche Formen der Betriebsänderung gemäß Nr. 4 ist erforderlich, dass die Änderung „**grundlegend**" ist. Dabei ist wiederum im Sinne einer Interpretationshilfe von Bedeutung, dass durch § 111 nur Betriebsänderungen erfasst werden sollen, die **wesentliche Nachteile** für die Belegschaft oder erhebliche Teile der Belegschaft zur Folge haben können. Der Relativsatz in **§ 111 Satz 1** dient hier als **Interpretationsmaßstab** für die Auslegung der unbestimmten Rechtsbegriffe in Nr. 4[15]. Dabei ist es nicht ausreichend, wenn von einer Maßnahme eine erhebliche Zahl von Mitarbeitern betroffen ist, wenn die Maßnahme selbst nicht von hinreichendem Gewicht ist (zB bei der Ersatzbeschaffung abgenutzter Maschinen)[16]. Soweit die Maßnahmen qualitativ jedoch unter Nr. 4 fallen können, kommt es im Hinblick auf die Frage, ob erhebliche Teile der Belegschaft betroffen sind, auf die Schwellenwerte gemäß § 17 KSchG an[17].

51 e) **Einführung grundlegend neuer Arbeitsmethoden und Fertigungsverfahren (§ 111 Satz 3 Nr. 5).** Dieser Tatbestand hat bislang kaum praktische Bedeutung erlangt, da sich inhaltlich erhebliche Überschneidungen mit Nr. 4 ergeben[18]. In Nr. 4 geht es im Wesentlichen um die technischen Arbeitsmittel, während bei Nr. 5 der **Einsatz der menschlichen Arbeitskraft** zur Erledigung bestimmter Aufgaben im

---

1 Richardi/*Richardi/Annuß*, § 111 BetrVG Rz. 109. | 2 *Fitting*, § 111 BetrVG Rz. 92. | 3 DKK/*Däubler*, § 111 BetrVG Rz. 82; *Fitting*, § 111 BetrVG Rz. 92. | 4 AA DKK/*Däubler*, § 111 BetrVG Rz. 82. | 5 BAG v. 17.12.1985 – 1 ABR 78/83, AP Nr. 15 zu § 111 BetrVG 1972; v. 16.6.1987 – 1 ABR 41/85, AP Nr. 19 zu § 111 BetrVG 1972. | 6 BAG v. 17.12.1985 – 1 ABR 78/83, AP Nr. 15 zu § 111 BetrVG 1972. | 7 Richardi/*Richardi/Annuß*, § 111 BetrVG Rz. 111. | 8 DKK/*Däubler*, § 111 BetrVG Rz. 83. | 9 *Fitting*, § 111 BetrVG Rz. 93; Richardi/*Richardi/Annuß*, § 111 BetrVG Rz. 111. | 10 BAG v. 28.4.1993 – 10 AZR 38/92, AP Nr. 32 zu § 111 BetrVG 1972. | 11 BAG v. 26.10.1982 – 1 ABR 11/81, AP Nr. 10 zu § 111 BetrVG 1972; Richardi/*Richardi/Annuß*, § 111 BetrVG Rz. 114. | 12 BAG v. 26.10.1982 – 1 ABR 11/81, AP Nr. 10 zu § 111 BetrVG 1972; Richardi/*Richardi/Annuß*, § 111 BetrVG Rz. 114; GK-BetrVG/*Fabricius/Oetker*, § 111 Rz. 116. | 13 Vgl. die ausf. Nachw. der Rspr. und Lit. bei GK-BetrVG/*Fabricius/Oetker*, § 111 Rz. 115; *Fitting*, § 111 BetrVG Rz. 94; DKK/*Däubler*, § 111 BetrVG Rz. 84. | 14 Was etwa nicht gegeben ist bei Änderungen der Software, zB Übergang von Windows 95 auf Windows 2000 oder Einsatz größerer Lkws mit anderen Bedienungsanforderungen; so aber DKK/*Däubler*, § 111 BetrVG Rz. 84. | 15 BAG v. 26.10.1982 – 1 ABR 11/81, AP Nr. 10 zu § 111 BetrVG 1972. | 16 Vgl. BAG v. 26.10.1982 – 1 ABR 11/81, AP Nr. 10 zu § 111 BetrVG 1972; v. 6.12.1983 – 1 AZR 43/81, AP Nr. 7 zu § 87 BetrVG 1972 – Überwachung; v. 28.4.1993 – 10 AZR 38/92, AP Nr. 32 zu § 111 BetrVG 1972. | 17 BAG v. 26.10.1982 – 1 ABR 11/81, AP Nr. 10 zu § 111 BetrVG 1972; v. 6.12.1983 – 1 ABR 43/81, AP Nr. 7 zu § 87 BetrVG 1972 – Überwachung. | 18 DKK/*Däubler*, § 111 BetrVG Rz. 89.

Vordergrund steht[1]. Die hierfür genannten **Beispiele** betreffen jedoch immer auch grundlegende Organisationsänderungen oder den Einsatz neuer technischer Hilfsmittel: Einführung von Gruppenarbeit[2], erstmaliger oder vermehrter Übergang zur EDV-gestützten Arbeit[3], Drittbezug eines bislang selbst hergestellten Vorprodukts[4], Einführung von Qualitätsmanagement[5]. Nicht unter Nr. 5 fallen allerdings Änderungen im Hinblick auf das Arbeitszeitregime[6].

Unbestritten ist, dass die neuen Arbeitsmethoden und Fertigungsverfahren für den Betrieb neu sein müssen, während – im Unterschied zur früheren Gesetzesfassung (§ 77 Abs. 1 Satz 2 lit. e BetrVG 1952) – unerheblich ist, ob die Methoden bzw. Verfahren dem technischen Fortschritt entsprechen oder ihm dienen. **Grundlegend neu** sind die Methoden und Verfahren, wenn sie **über den kontinuierlichen Verbesserungsprozess der Fertigungsverfahren hinausgehen**[7]. Zusätzlich ist für die Feststellung, ob es sich um eine grundlegende Änderung handelt, interpretatorisch der Relativsatz in Satz 1 heranzuziehen (vgl. hierzu bereits Rz. 21)[8]. Es kommt daher auch auf die **Zahl der von ihrer Einführung betroffenen ArbN** an[9].

f) **Exkurs: Betriebsinhaberwechsel und Betriebsänderung.** Es ist mittlerweile nahezu einhellige Auffassung, dass der **bloße Betriebsinhaberwechsel keine Betriebsänderung** darstellt und somit nicht der Mitbest. gemäß §§ 111 ff. unterliegt[10]. Die Gegenauffassung[11] ist nicht mehr haltbar, da der Begriff Betriebsänderung erkennbar voraussetzt, dass sich konkrete Änderungen der betrieblichen Arbeitsorganisation bzw. Eingriffe in die Betriebsidentität ergeben, während der **Wechsel des ArbGeb die Betriebsorganisation** gerade **unverändert lässt**[12]. Die Arbeitsverhältnisse werden mit dem neuen Betriebsinhaber zu unveränderten Bedingungen fortgesetzt (§ 613a BGB), der BR bleibt im Amt (§ 21a Rz. 13) und die BV gelten kollektivrechtlich weiter (vgl. § 613a BGB Rz. 255 ff.)[13]. Dabei ist unerheblich, ob sich der Betriebsübergang im Zuge einer Betriebsveräußerung, einer Betriebsverpachtung[14], oder im Zuge der Aufspaltung in eine Besitz- und Produktionsgesellschaft[15] vollzieht. § 613a BGB findet bei Unternehmensumwandlungen über § 324 UmwG Anwendung; auch in diesen Fällen liegt keine Betriebsänderung vor, soweit sich ein Betriebsinhaberwechsel auf den gesamten Betrieb bezieht.

Indessen *kann* ein **Betriebsübergang mit einer Betriebsänderung verbunden** werden, zB wenn eine Betriebsveräußerung mit einem Personalabbau einhergeht; nur *insofern* ist der BR dann gemäß § 111 ff. zu beteiligen[16]. In diesen Fällen kann fraglich sein, ob die Beteiligungsrechte gegenüber dem Veräußerer oder gegenüber dem neuen ArbGeb bestehen. Das Beteiligungsrecht gemäß § 111 besteht gegenüber dem Unternehmer, der die Betriebsänderung plant[17]. Plant der Veräußerer eine Betriebsänderung, um den Betrieb nach deren Durchführung zu veräußern oder zu verpachten, besteht das Beteiligungsrecht ihm gegenüber, und zwar auch dann, wenn die Betriebsänderung bereits nach den Wünschen des zukünftigen ArbGeb erfolgt[18]. Erfolgt der Übergang des Betriebs während der Beteiligung nach § 111, übernimmt der neue ArbGeb das Verfahren zum jeweiligen Stand[19]. Führt indessen erst der Betriebserwerber Betriebsänderungen durch, treffen nur ihn die Beteiligungsrechte gemäß § 111. In allen Fällen bedarf es für den Betriebsübergang selbst nicht des Versuchs eines Interessenausgleichs; die entsprechenden Verpflichtungen beziehen sich lediglich auf die reinen Betriebsänderungen. Der Betrieb kann daher auf den Erwerber übertragen werden, auch wenn die Beratungen über die Betriebsänderung noch nicht abgeschlossen worden sind. Entscheidend ist allein, dass hinsichtlich der Betriebsänderung noch keine vollendeten Tatsachen (zB durch Ausspruch von Kündigungen) getroffen wurden.

---

1 DKK/*Däubler*, § 111 BetrVG Rz. 89; Richardi/*Richardi/Annuß*, § 111 BetrVG Rz. 120; GK-BetrVG/*Fabricius/Oetker*, § 111 Rz. 123; *Rumpff/Boewer*, Mitbestimmung in wirtschaftlichen Angelegenheiten, H Rz. 146. |2 Richardi/*Richardi/Annuß*, § 111 BetrVG Rz. 120; DKK/*Däubler*, § 111 BetrVG Rz. 90. |3 DKK/*Däubler*, § 111 BetrVG Rz. 90; *Etzel*, Betriebsverfassungsrecht Rz. 998; BAG v. 6.12.1983 – 1 ABR 43/81, AP Nr. 7 zu § 87 BetrVG 1972 – Überwachung. |4 BAG v. 7.8.1990 – 1 AZR 445/89, AP Nr. 34 zu § 111 BetrVG 1972. |5 DKK/*Däubler*, § 111 BetrVG Rz. 90. |6 Richardi/*Richardi/Annuß*, § 111 BetrVG Rz. 122; MünchArbR/*Matthes*, § 360 Rz. 71; GK-BetrVG/*Fabricius/Oetker*, § 111 Rz. 124; aA im Hinblick auf den Einsatz von Teilzeitkräften mit flexibler Arbeitszeit DKK/*Däubler*, § 111 BetrVG Rz. 90; *Fitting*, § 111 BetrVG Rz. 100. |7 Richardi/*Richardi/Annuß*, § 111 BetrVG Rz. 123. |8 BAG v. 6.12.1983 – 1 ABR 43/81, AP Nr. 7 zu § 87 BetrVG 1972 – Überwachung; Richardi/*Richardi/Annuß*, § 111 BetrVG Rz. 124. |9 Siehe auch BAG v. 7.8.1990 – 1 AZR 445/89, AP Nr. 34 zu § 111 BetrVG 1972 Bl. 3 f.; *Bauer*, DB 1994, 217, 220; *Fitting*, § 111 BetrVG Rz. 101. |10 BAG v. 4.12.1979 – 1 AZR 843/76, AP Nr. 6 zu § 111 BetrVG 1972; v. 21.10.1980 – 1 AZR 145/79, AP Nr. 8 zu § 111 BetrVG 1972; v. 17.3.1987 – 1 ABR 47/85, AP Nr. 18 zu § 111 BetrVG 1972; v. 10.12.1996 – 1 ABR 32/96, AP Nr. 110 zu § 112 BetrVG 1972; BAG v. 25.1.2000 – 1 ABR 1/99, AP Nr. 137 zu § 112 BetrVG 1972; *Matthes*, NZA 2000, 1073, 1073; Richardi/*Richardi/Annuß*, § 111 BetrVG Rn 124; *Fitting*, § 111 BetrVG Rz. 50. |11 DKK/*Däubler*, § 111 BetrVG Rz. 102 mwN. |12 *Fitting*, § 111 BetrVG Rz. 50; Richardi/*Richardi/Annuß*, § 111 BetrVG Rz. 124 f. |13 Vgl. zum Schicksal des BR und der BV beim Betriebsübergang ausf. *Hohenstatt* in Willemsen/Hohenstatt/Schweibert/Seibt, Rz. D 1 ff. und Rz. E 1 ff. |14 Vgl. BAG v. 15.11.1978 – 5 AZR 199/77, AP Nr. 14 zu § 613a BGB; v. 25.2.1981 – 5 AZR 991/78, AP Nr. 24 zu § 613a BGB; v. 26.2.1987 – 2 AZR 768/85, AP Nr. 59 zu § 613a BGB;Richardi/*Richardi/Annuß*, § 111 BetrVG Rz. 126. |15 BAG v. 17.2.1981 – 1 ABR 101/78, AP Nr. 9 zu § 111 BetrVG 1972. |16 BAG v. 4.12.1979 – 1 AZR 843/76, AP Nr. 6 zu § 111 BetrVG 1972; v. 10.12.1996 – 1 ABR 32/96, AP Nr. 110 zu § 112 BetrVG 1972; *Fitting*, § 111 BetrVG Rz. 51; GK-BetrVG/*Fabricius/Oetker*, § 111 BetrVG Rz. 104. |17 Richardi/*Richardi/Annuß*, § 111 BetrVG Rz. 129. |18 *Schweibert* in Willemsen/Hohenstatt/Schweibert/Seibt, Rz. C 82; MünchArbR-*Matthes*, § 360 Rz. 59; Richardi/*Richardi/Annuß*, § 111 BetrVG Rz. 130. |19 Richardi/*Richardi/Annuß*, § 111 BetrVG Rz. 130; DKK/*Däubler*, § 111 BetrVG Rz. 104.

55 Wird lediglich ein **Betriebsteil** auf einen anderen Rechtsträger übertragen, liegt eine Betriebsänderung nur dann vor, wenn sich hierdurch zugleich die **Organisation** des betroffenen Betriebs **ändert**, der neue Inhaber den ihm übertragenen Betriebsteil also selbst führt, was zugleich mit einer **Spaltung** des bisherigen Betriebs iSv. Nr. 3 verbunden ist (vgl. Rz. 39)[1]. Auch kann darin eine **grundlegende Änderung der Betriebsorganisation** iSv. Nr. 4 liegen[2]. Bleibt die Organisation des betreffenden Betriebs hingegen unverändert, wird gemäß **§ 1 Abs. 2 Nr. 2** das Vorliegen eines **gemeinsamen Betriebs** der beteiligten Rechtsträger vermutet[3]. Die Beibehaltung eines Gemeinschaftsbetriebs kann sich daher dazu eignen, den Übergang eines Betriebsteils auf einen anderen Rechtsträger zunächst mitbestimmungsfrei zu gestalten (vgl. Rz. 40).

56 Die an sich mitbestimmungsfreie Übertragung eines Betriebes auf einen anderen Rechtsträger kann in eine Betriebsänderung münden, wenn in größerer Zahl **ArbN dem Übergang ihrer Arbeitsverhältnisse widersprechen** und der bisherige ArbGeb gezwungen ist, in entsprechender Zahl betriebsbedingte Kündigungen auszusprechen[4]. Nach der wohl hM wäre hier der BR wenigstens noch im Hinblick auf den Sozialplan zu beteiligen; für die wirksame Wahrnehmung der Unterrichtungs- und Beratungsrechte gemäß § 111 wird es in den meisten Fällen zu spät sein[5].

57 Probleme werfen die Fälle auf, in denen der bisherige ArbGeb zunächst eine **Stilllegung plant** und hierüber ein Interessenausgleich und Sozialplan zustande kommt, sich dann jedoch überraschend noch ein **Käufer findet, der den Betrieb übernimmt**. In diesem Fall kommt es nicht zu der vereinbarten Betriebsänderung; der Interessenausgleich verpflichtet nicht zur Durchführung der Stilllegung (vgl. zur umstrittenen Bindungswirkung des Interessenausgleichs § 112 Rz. 25 f.). Der Abfindungsanspruch bereits gekündigter ArbN ist allerdings bereits entstanden[6]. Diese Mitarbeiter können daher die vereinbarte Abfindung verlangen, es sei denn, dass im Hinblick auf den bereits abgeschlossenen Sozialplan ein **Wegfall der Geschäftsgrundlage** gegeben ist[7].

58 **IV. Planung, Unterrichtung und Beratung.** § 111 Satz 1 verpflichtet den Unternehmer, den BR über geplante Betriebsänderungen „rechtzeitig und umfassend zu unterrichten und die geplanten Betriebsänderungen mit dem BR zu beraten".

59 **1. Planung; Zeitpunkt der Unterrichtung.** § 111 Satz 1 enthält in doppelter Hinsicht eine zeitliche Komponente. Zu unterrichten ist lediglich über „geplante" Betriebsänderungen, so dass sich häufig die Frage stellt, zu welchem Zeitpunkt die Überlegungen des Unternehmens in das Planungsstadium vorgerückt sind. Zum anderen hat die Unterrichtung „rechtzeitig" zu erfolgen.

60 Von einer „geplanten" Betriebsänderung kann erst die Rede sein, wenn die **Vorüberlegungen des ArbGeb abgeschlossen**[8] sind. Die Überlegungen des ArbGeb müssen demnach bereits zu „einer gewissen Reife gediehen" sein. Der Unternehmer muss „im Prinzip entschlossen" sein, eine bestimmte Betriebsänderung durchzuführen[9]. § 111 bietet daher keine Grundlage für eine Unterrichtung oder eine Vorlagepflicht im Hinblick auf Dokumente, die im Rahmen der Vorüberlegungen des ArbGeb erstellt worden sind, unabhängig davon ob es sich um interne Überlegungen handelt oder ein externes **Beratungsunternehmen** eingeschaltet wurde[10]. Der ArbGeb muss über bloße **Planspiele** nicht unterrichten[11]. Allerdings soll der BR bereits zu beteiligen sein, wenn mehrere Alternativlösungen beleuchtet werden, und zwar bevor sich der Unternehmer für eine dieser Lösungen entscheidet[12].

61 „Rechtzeitig" erfolgt die Unterrichtung nur, wenn der Unternehmer mit der Verwirklichung der von ihm geplanten Betriebsänderung **noch nicht begonnen** hat[13]. Das Ziel der Unterrichtungs- und Beratungsrechte gemäß §§ 111, 112 erfordert, dass zum Zeitpunkt der Unterrichtung noch die Möglichkeit besteht, über das Ob und Wie der Betriebsänderung zu beraten und auf ihre Durchführung **Einfluss zu nehmen**[14]. Von dieser Zwecksetzung her ist es jedoch unschädlich, wenn vor dem BR zunächst die Ge-

---

1 Hohenstatt in Willemsen/Hohenstatt/Schweibert/Seibt, Rz. D 15 ff.; Richardi/*Richardi/Annuß*, § 111 BetrVG Rz. 133. | 2 BAG v. 16.6.1987 – 1 ABR 41/85, AP Nr. 19 zu § 111 BetrVG 1972; Richardi/*Richardi/Annuß*, § 111 BetrVG Rz. 133. | 3 Vgl. zur Vermutungsregelung ausf. *Annuß*, NZA Sonderheft 2001, 12, 16 f.; Hohenstatt in Willemsen/Hohenstatt/Schweibert/Seibt, Rz. D 30 ff. | 4 BAG v. 10.12.1996 – 1 AZR 290/96, AP Nr. 32 zu § 113 BetrVG 1972; vgl. die w.N. bei Richardi/*Richardi/Annuß*, § 111 BetrVG Rz. 138. | 5 Zur von der hM abweichenden Ansicht, die bei Widersprüchen nicht nachträglich von einer Betriebsänderung ausgeht, s. Rz. 31. | 6 BAG v. 13.12.1994 – 3 AZR 357/94, AP Nr. 6 zu § 4 TVG – Rationalisierungsschutz; v. 28.8.1996 – 10 AZR 886/95, AP Nr. 104 zu § 112 BetrVG 1972 m. Anm. v. *C. Meyer*. | 7 BAG v. 10.8.1994 – 10 ABR 61/93, AP Nr. 86 zu § 112 BetrVG m. Anm. v. *v. Hoyningen-Huene*; v. 28.8.1996 – 10 AZR 886/95, AP Nr. 104 zu § 112 BetrVG 1972; vgl. zum Ganzen auch Willemsen/Hohenstatt/Schweibert/Seibt, Rz. C 83. | 8 BAG v. 28.10.1992 – 10 ABR 75/91, AP Nr. 63 zu § 112 BetrVG 1972 unter II.2.c). | 9 Richardi/*Richardi/Annuß*, § 111 BetrVG Rz. 145; DKK/*Däubler*, § 111 BetrVG Rz. 115a; Stege/Weinspach/Schiefer, §§ 111–113 BetrVG Rz. 19; Bauer DB 1994, 217, 222; vgl. auch BAG v. 28.10.1992 – 10 ABR 75/91, AP Nr. 63 zu § 112 BetrVG 1972 Bl. 3 R. | 10 Picot/Schnitker, II D. Rz. 104. | 11 Vgl. LAG Düsseldorf 27.8.1985 – 16 Ta BV 52/85, NZA 1986, 371; ArbG Mannheim/Heidelberg 2.7.1987 – 5 BV 4/87, NZA 1987, 682; BAG v. 27.6.1989 – 1 ABR 19/88, AP Nr. 37 zu § 80 BetrVG 1972; Stege/Weinspach/Schiefer, §§ 111–113 BetrVG Rz. 19. | 12 BAG v. 18.7.1972 – 1 AZR 189/72, AP Nr. 10 zu § 72 BetrVG 1952; Stege/Weinspach/Schiefer, §§ 111–113 BetrVG Rz. 19. | 13 BAG v. 14.9.1976 – 1 AZR 784/75, AP Nr. 2 zu § 113 BetrVG 1972; DKK/*Däubler*, § 111 BetrVG Rz. 132; GK-BetrVG/*Fabricius/Oetker*, § 111 BetrVG Rz. 148; Bauer, DB 1994, 217, 222; Fitting, § 111 BetrVG Rz. 109. | 14 BAG v. 14.9.1976 – 1 AZR 784/75, AP Nr. 2 zu § 113 BetrVG 1972; Fitting, § 111 BetrVG Rz. 109; ErfK/*Kania*, § 111 BetrVG Rz. 20; Picot/Schnitker, II D. Rz. 107.

sellschafterversammlung oder die Aufsichtsgremien des Unternehmens (insb. **Beirat/Aufsichtsrat**) informiert werden oder wenn diese bereits ihre Zustimmung (vorbehaltlich der sich anschließenden Konsultation des BR) erteilt haben. Die entgegenstehende Auffassung des BAG, wonach der BR vor diesem Gremium zu beteiligen ist, kann sich nicht auf den Gesetzeswortlaut stützen und ist auch nicht plausibel, da der Unternehmer auch nach Beteiligung der Aufsichtsgremien substantielle Verhandlungen mit dem BR führen kann, die zu Abweichungen im Hinblick auf die Planung führen können[1]. Inzwischen hat das BAG[2] immerhin klargestellt, dass ein Stilllegungsbeschluss der Gesellschafterversammlung vor Beteiligung des BR als „**Teil des Meinungsbildungsprozesses auf ArbGebSeite**" anzusehen sei und nicht notwendigerweise eine Verletzung der Beteiligungsrechte des BR darstelle. Umgekehrt ist eine Beteiligung des BR wenig sinnvoll, wenn noch gar nicht feststeht, ob das gesellschaftsrechtlich zuständige Gremium seine Zustimmung geben würde. Umstritten ist die Rechtslage, wenn die Planung der Betriebsänderung nicht durch den ArbGeb, sondern durch eine **Konzernobergesellschaft** erfolgt. Eine unmittelbare Verpflichtung der Obergesellschaft lässt sich aus dem Gesetz nicht herleiten[3]. Dennoch kann sich das abhängige Unternehmen nicht hinter dem herrschenden Unternehmen „verstecken"; die Sanktionen gemäß § 113 treffen das abhängige Unternehmen auch dann, wenn die Nichterfüllung der Verpflichtungen gemäß §§ 111, 112 darauf beruht, dass das herrschende Unternehmen das abhängige nicht in die Lage versetzt hat, seine gesetzlichen Verpflichtungen zu erfüllen[4]. Eine parallele Wertung enthält § 17 Abs. 3a KSchG im Hinblick auf die Verpflichtungen des ArbGeb bei Massenentlassungen (vgl. § 17 KSchG Rz. 37).

2. Form, Inhalt und Umfang der Unterrichtung. Für die Unterrichtung gemäß § 111 Satz 1 ist keine bestimmte Form vorgeschrieben[5], so dass sie auch **mündlich** erfolgen kann[6]. Schon aus Gründen der besseren **Verständlichkeit**, jedoch auch aus Gründen der **Beweissicherung** im Hinblick auf eine rechtzeitige und umfassende Unterrichtung dürfte es empfehlenswert sein, dem BR eine schriftliche Darstellung zu übergeben[7]. Ergänzend kann sich aus § 80 Abs. 2 Satz 2 die Verpflichtung zur **Vorlage von Unterlagen** ergeben, wenn diese für das Verständnis der Planungen des ArbGeb erforderlich sind. Hierzu können intern erstellte Ausarbeitungen, Berichte von Unternehmensberatern oder Wirtschaftsprüfern, technische Unterlagen oder andere Dokumente gehören[8]. Die **Erforderlichkeit** der Vorlage bezieht sich aber stets nur auf die konkret geplante Betriebsänderung, so dass nicht wahllos sämtliche in den vergangenen Jahren erstellten Prüfberichte, Gutachten und Bilanzen vorzulegen sind[9]. Der ArbGeb ist nur verpflichtet, vorhandene Unterlagen vorzulegen; hingegen muss er nicht Gutachten oder Studien herstellen, weil der BR dies wünscht[10]. 62

Im Hinblick auf die Unterrichtung besteht **kein Geheimnisvorbehalt**, abweichend von § 106 Abs. 2[11]. Zur Erläuterung der Betriebsänderung sind daher auch Betriebs- und Geschäftsgeheimnisse mitzuteilen, wenn dies zum Verständnis oder zum Zwecke der Beratungen erforderlich ist. Selbstverständlich gilt aber die Geheimhaltungspflicht gemäß §§ 79, 120[12]. In diesem Zusammenhang ist es besonders wichtig, dass der ArbGeb **ausdrücklich auf die Geheimhaltungsbedürftigkeit hinweist**. 63

Die Unterrichtung muss **umfassend** sein. Aus ihr müssen sich die Gründe für die Planungen des ArbGeb und die zu erwartenden Auswirkungen auf die Belegschaft ergeben[13]. Die Unterrichtung durch den ArbGeb ist aber **nicht erst dann** vollständig und umfassend **erfolgt**, wenn **sämtliche Fragen des BR beantwortet** und **sämtliche** von diesem verlangten **Unterlagen vorgelegt** sind. Maßgeblich ist vielmehr, ob der Unternehmer **die für seine Überlegungen und Planungen wesentlichen Informationen mitgeteilt hat**. Der Unternehmer muss daher nicht über Alternativen unterrichten, die er selbst nicht in Betracht gezogen hat. 64

---

1 Wie hier für den Fall, dass die Zustimmung des Aufsichtsgremiums unter dem Vorbehalt der Beteiligung des BR erteilt wird, *Schweibert* in Willemsen/Hohenstatt/Schweibert/Seibt, Rz. C 140; Richardi/*Richardi*/Annuß, § 111 BetrVG Rz. 147; HSG, § 111 Rz. 33; *Picot/Schnitker*, II D. Rz. 107; aA BAG v. 14.9.1976 – 1 AZR 784/75, AP Nr. 2 zu § 113 BetrVG 1972; *Fitting*, § 111 BetrVG Rz. 109; GK-BetrVG/*Fabricius*/Oetker, § 111 Rz. 150, die allerdings die Befolgung der gesetzlichen Berichtspflicht gemäß § 90 AktG als unschädlich ansehen; DKK/*Däubler*, § 111 BetrVG Rz. 132; ErfK/*Kania*, § 111 BetrVG Rz. 20. |2 BAG v. 20.11.2001 – 1 AZR 97/01, BB 2002, 1862, 1863. |3 So aber *Fitting*, § 111 BetrVG Nr. 105; DKK/*Däubler*, § 111 BetrVG Rz. 130; wie hier: BAG v. 15.1.1991 – 1 AZR 94/90, AP Nr. 21 zu § 113 BetrVG; GK-BetrVG/*Fabricius*/Oetker, § 111 Rz. 174; *Schweibert* in Willemsen/Hohenstatt/Schweibert/Seibt, Rz. C 142; Richardi/*Richardi*/Annuß, § 111 BetrVG Rz. 146; Diller/*Powietzka*, DB 2001, 1034, 1036; zur fehlenden Bindung der Konzernobergesellschaft an arbeitsrechtliche Verpflichtungen allgemein *Willemsen* in FS H. Wiedemann 2002. |4 *Röder/Baeck*, S. 7; *Schweibert* in Willemsen/Hohenstatt/Schweibert/Seibt, Rz. C 142. |5 *Fitting*, § 111 BetrVG Rz. 113. |6 Richardi/*Richardi*/Annuß, § 111 BetrVG Rz. 149; *Picot/Schnitker*, II D. Rz. 119. |7 Vgl. *Picot/Schnitker*, II. D Rz. 127. |8 *Fitting*, § 111 BetrVG Rz. 112; *Röder/Baeck*, S. 8; Richardi/*Richardi/Annuß*, § 111 BetrVG Rz. 151; sehr weitgehend DKK/*Däubler*, § 111 BetrVG Rz. 133. |9 Instruktiv *Picot/Schnitker*, II. D. Rz. 130 ff.; *Schweibert* in Willemsen/Hohenstatt/Schweibert/Seibt, Rz. C 147 f.; *Bauer/Göpfert*, DB 1997, 1464, 1469; pauschale Vorlagepflichten befürwortet hingegen DKK/*Däubler*, § 111 BetrVG Rz. 133 mwN. |10 *Schweibert* in Willemsen/Hohenstatt/Schweibert/Seibt, Rz. C 148; ErfK/*Kania*, § 111 BetrVG Rz. 21; *Stege/Weinspach/Schiefer*, §§ 111–113 BetrVG Rz. 23 a. |11 BAG v. 20.11.1970 – 1 AZR 409/69, AP Nr. 8 zu § 72 BetrVG; vgl. Richardi/*Richardi/Annuß*, § 111 BetrVG Rz. 152; GK-BetrVG/*Fabricius*/Oetker, § 111 Rz. 144; ErfK/*Kania*, § 111 BetrVG Rz. 21. |12 Vgl. GK-BetrVG/*Fabricius*/Oetker, § 111 Rz. 144. |13 *Fitting*, § 111 BetrVG Rz. 111; *Stege/Weinspach/Schiefer*, §§ 111–113 BetrVG Rz. 23; GK-BetrVG/*Fabricius*/Oetker, § 111 Rz. 143.

65 3. **Beratung.** Der Unternehmer hat die geplante Betriebsänderung mit dem BR zu beraten (Satz 1). Der ArbGeb kann nicht auf die bereits erfolgten Beratungen mit dem Wirtschaftsausschuss verweisen. **Ziel der Beratungen ist der Abschluss eines Interessenausgleichs und eines Sozialplans** (vgl. §§ 112, 112a)[1]. Die Beratungsgespräche sind mit dem **Ziel einer Einigung** mit dem BR zu führen[2]. Kommt eine solche Einigung im Hinblick auf das Ob und Wie der Betriebsänderung zustande, wird ein Interessenausgleich abgeschlossen (§ 112 Abs. 2). Den Ausgleich der wirtschaftlichen Nachteile, die den ArbN durch die Betriebsänderung entstehen, regelt der erzwingbare Sozialplan (§ 112 Abs. 1 Satz 2, Abs. 4). Die Beratungen über **Interessenausgleich und Sozialplan** *können* **miteinander verbunden** werden, was in der Praxis häufig geschieht[3]. Der BR kann seine Zustimmung zu einer Betriebsänderung vom Abschluss eines bestimmten Sozialplans abhängig machen (vgl. hierzu § 112 Rz. 11). Kommt eine Einigung über das Ob und Wie der Betriebsänderung nicht zustande, muss die **Einigungsstelle** angerufen werden (§ 112 Abs. 2 BetrVG). Obwohl dies im Hinblick auf den Interessenausgleich in § 112 Abs. 2 nur als Möglichkeit ("können") vorgesehen ist, soll der Unternehmer nach der BAG-Rspr. verpflichtet sein, auch im Hinblick auf den Interessenausgleich die **Einigungsstelle anzurufen** und das Verfahren abzuwarten, bevor im Fall der Nichteinigung mit der Umsetzung der Betriebsänderung begonnen wird (vgl. § 112 Rz. 20).

66 **V. Hinzuziehung eines Beraters (§ 111 Satz 2).** § 111 Satz 2 wurde durch das **BetrVerf-Reformgesetz** eingefügt und gewährt dem BR in Unternehmen mit **mehr als 300 ArbN** die **Unterstützung durch einen Berater**. Dieser soll den BR in die Lage versetzen, die Pläne des ArbGeb im Einzelnen nachzuvollziehen, die Auswirkungen für die Beschäftigten zu analysieren und Alternativvorschläge zu erarbeiten[4]. Grund für die Neuregelung waren die teilweise **zeitaufwendigen Verfahren** zur Hinzuziehung eines Sachverständigen gemäß **§ 80 Abs. 3**. Ob der **Wegfall des Erfordernisses einer vorherigen Vereinbarung mit dem ArbGeb** jedoch die erhoffte Zeitersparnis bedeutet, muss bezweifelt werden, da es in der Zukunft voraussichtlich noch häufiger zur Einschaltung externer Berater kommen wird, deren Einarbeitung und deren Tätigkeit nicht selten mit einem erheblichen Zeitverzug verbunden ist[5], ohne dass stets der „Mehrwert" für den BR bzw. für das Unterrichtungs- und Beratungsverfahren erkennbar wäre.

67 Der Anspruch besteht nur in Unternehmen mit mehr als 300 ArbN. Das Gesetz stellt – möglicherweise als Resultat eines Redaktionsversehens – nicht auf die *regelmäßige* ArbN-Zahl ab, so dass eigentlich die ArbN-Zahl zum Zeitpunkt der Hinzuziehung des Beraters maßgeblich ist[6]. Hiergegen spricht jedoch, dass es systemwidrig wäre, bei der Anwendung der Schwellenwerte des § 111 unterschiedliche Ansatzpunkte für die Feststellung der ArbN-Zahl zu wählen (vgl. zum Schwellenwert „zwanzig wahlberechtigte ArbN" Rz. 13 f.). Es ist daher zutreffend, wenn dennoch auf die **regelmäßige ArbN-Zahl** abgestellt[7] oder mindestens eine **gewisse dauerhafte Größe**[8] verlangt wird.

68 Der Berater kann hinzugezogen werden, **sobald der BR über eine geplante Betriebsänderung unterrichtet worden ist**[9], hingegen *nicht*, wenn der BR lediglich eine bevorstehende Betriebsänderung vermutet oder wenn der Unternehmer seinen Beteiligungsverpflichtungen gemäß § 111 nicht nachkommt[10]. Ein Berater ist nicht das geeignete Instrument, um den ArbGeb zur Befolgung seiner betriebsverfassungsrechtlichen Verpflichtungen anzuhalten. Hierfür stehen insb. die Sanktionen gemäß § 113 zur Verfügung. Bestehen Meinungsverschiedenheiten darüber, ob eine bestimmte Maßnahme eine Betriebsänderung darstellt, kann der BR im Rahmen von § 80 Abs. 3, der gemäß dem letzten Halbsatz in Satz 2 unberührt bleibt, einen Sachverständigen mit der rechtlichen Prüfung beauftragen.

69 Als **Berater** kommen Personen in Betracht, die aufgrund ihrer **besonderen Qualifikation**[11] geeignet sind, den BR im Hinblick auf das Verständnis bzw. die Auswirkungen einer Betriebsänderung und im Hinblick auf Alternativvorschläge zu beraten. In Betracht kommen daher insb. Personen mit **betriebswirtschaftlichen oder technischen Spezialkenntnissen**[12]. Auch **rechtliche Berater**, insb. Rechtsanwälte können hinzugezogen werden[13].

70 § 111 Satz 2 Halbs. 1 entbindet den BR lediglich von der Verpflichtung, vor Einschaltung eines Beraters eine Vereinbarung mit dem ArbGeb zu treffen. Hingegen bleibt es dabei, dass den ArbGeb eine **Verpflichtung zur Kostentragung** nur dann trifft, wenn die Voraussetzungen von § 40 Abs. 1 vorliegen, also die Hin-

---

1 ErfK/Kania, § 111 BetrVG Rz. 22; *Fitting*, § 111 BetrVG Rz. 116. | 2 *Rumpff/Boewer*, Mitbestimmung in wirtschaftlichen Angelegenheiten, H Rz. 214; GK-BetrVG/*Fabricius/Oetker*, § 111 Rz. 169; Richardi/*Richardi/Annuß*, § 111 BetrVG Rz. 154. | 3 *Röder/Baeck*, S. 15; *Fitting*, § 111 BetrVG Rz. 115. | 4 Gesetzesbegründung BT-Drs. 14/5741, S. 52; GK-BetrVG/*Fabricius/Oetker*, § 111 Rz. 151; Richardi/*Richardi/Annuß*, § 111 BetrVG Rz. 52. | 5 Kritisch insb. *Bauer*, NZA 2001, 375, 376 f.; GK-BetrVG/*Fabricius/Oetker*, § 111 Rz. 152; *Schweibert* in Willemsen/Hohenstatt/Schweibert/Seibt, Rz. C 164a. | 6 Richardi/*Richardi/Annuß*, § 111 BetrVG Rz. 53; *Oetker*, NZA 2002, 465, 467. | 7 DKK/*Däubler*, § 111 BetrVG Rz. 135b. | 8 *Bauer*, NZA Sonderheft 2001, 64; ihm folgend *Fitting*, § 111 BetrVG Rz. 118 und *Stege/Weinspach/Schiefer*, §§ 111–113 BetrVG Rz. 26b. | 9 *Stege/Weinspach/Schiefer*, §§ 111–113 BetrVG Rz. 26b; *Fitting*, § 111 BetrVG Rz. 119; Richardi/*Richardi/Annuß*, § 111 BetrVG Rz. 53. | 10 AA *Fitting*, § 111 BetrVG Rz. 119; DKK/*Däubler*, § 111 BetrVG Rz. 135j. | 11 Zum Erfordernis der besonderen Sachkunde ausf. *Oetker*, NZA 2002, 465, 467. | 12 GK-BetrVG/*Fabricius/Oetker*, § 111 Rz. 153; DKK/*Däubler*, § 111 BetrVG Rz. 135k. | 13 *Fitting*, § 111 BetrVG Rz. 120; *Stege/Weinspach/Schiefer*, §§ 111–113 BetrVG Rz. 26 f.; DKK/*Däubler*, § 111 BetrVG Rz. 135k; aA GK-BetrVG/*Fabricius/Oetker*, § 111 Rz. 153; *Oetker*, NZA 2002, 465, 467.

zuziehung eines externen Beraters **notwendig** war und die entstandenen Kosten **verhältnismäßig** sind[1]. Soweit vertreten wird, die Erforderlichkeit der Hinzuziehung werde auch im Hinblick auf die Kostentragungspflicht des ArbGeb stets vermutet[2], kann sich diese Auffassung nicht auf § 111 Satz 2 stützen, da diese Vorschrift die Kostentragungspflicht des ArbGeb nicht regelt. Es bestehen keine Anhaltspunkte dafür, dass der Gesetzgeber von dem Grundprinzip, dass der ArbGeb nur im Hinblick auf erforderliche und verhältnismäßige Maßnahmen mit Kosten belastet werden darf, abweichen wollte. Der BR hat daher in jedem Einzelfall zu prüfen, ob die geplante Betriebsänderung tatsächlich Fragen aufwirft, die ohne einen Berater nicht effektiv geklärt werden können; im Zweifelsfall sind **zunächst betriebsinterne Erkenntnisquellen zu nutzen** (vgl. auch die Möglichkeit der Befragung einer betriebsinternen Auskunftsperson; **§ 80 Abs. 2 Satz 3**)[3]. Die Heranziehung mehrerer Berater ähnlicher oder unterschiedlicher Qualifikation ist angesichts des eindeutigen Gesetzeswortlauts nicht möglich[4]. Im Falle der Hinzuziehung eines anwaltlichen Beraters sind die gesetzlichen Gebührensätze zugrunde zu legen; eine Vereinbarung des BR über Stundensätze bindet den ArbGeb nicht[5].

Nicht ausgeschlossen – auch nicht in Unternehmen mit weniger als 300 ArbN – bleibt die Möglichkeit, externe Sachverständige nach § 80 Abs. 3 heranzuziehen (Satz 2, Halbs. 3). Für einen Berater nach Satz 2 gilt § 80 Abs. 4, so dass er der in § 79 geregelten **Verpflichtung zur Geheimhaltung** unterliegt (vgl. auch § 120 Abs. 1 Nr. 3a; Straftatbestand)[6]. **71**

VI. Zuständigkeit für die Mitwirkungsrechte. Für die Mitwirkungsrechte gemäß §§ 111, 112 ist **in der Regel der (örtliche) BR zuständig**. UU ist jedoch der **Gesamt- oder der KonzernBR** zu beteiligen. Für den ArbGeb ist es von herausragender Bedeutung, dass er das „richtige" betriebsverfassungsrechtliche Gremium beteiligt. Der **„Versuch"** eines Interessenausgleichs gemäß **§ 113 Abs. 3** setzt voraus, dass der ArbGeb den **zuständigen BR** beteiligt hat[7]. Die Beteiligung des unzuständigen Gremiums kann daher mit erheblichem Zeitverzug verbunden sein, wenn das Verfahren wiederholt werden muss. Es drohen die Unwirksamkeit abgeschlossener Vereinbarungen (Interessenausgleich/Sozialplan) sowie Nachteilsausgleichsansprüche gem. § 113 Abs. 3. **72**

IdR – insb. wenn die Betriebsänderung nur einen Betrieb umfasst – ist entsprechend den allgemeinen Grundsätzen der örtliche BR für die Beteiligungsrechte gem. § 111 zuständig[8]. Der GesamtBR ist gem. § 50 Abs. 1 für die Beratung über die Betriebsänderung und für den Versuch eines Interessenausgleichs nur dann zuständig, wenn die **Betriebsänderung mehrere Betriebe betrifft** bzw. sich auf mehrere Betriebe **auswirkt** und eine die Interessen der ArbN wahrende **Regelung** sinnvollerweise nur **überbetrieblich** getroffen werden kann (vgl. § 50 Rz. 13)[9]. Dabei kommt es *nicht* auf den Inhalt des schließlich abgeschlossenen Interessenausgleichs an, sondern auf die vom ArbGeb *geplante* Betriebsänderung[10]. Bei einem **unternehmenseinheitlichen** oder jedenfalls **betriebsübergreifenden Konzept** ist folglich der GesamtBR zuständig. Dies ist etwa der Fall bei der **Stilllegung mehrerer oder aller Betriebe des Unternehmens**[11] und beim **Zusammenschluss**[12] mehrerer Betriebe eines Unternehmens[13]. Gleiches gilt bei einem unternehmenseinheitlichen Konzept, aufgrund dessen mehrere Betriebe geschlossen und das Personal im Übrigen reduziert werden soll[14]. Weitere **Beispiele**: Entlassung aller Außendienstmitarbeiter (betriebsübergreifend) zugunsten freier Handelsvertreter[15], Entlassung aller ArbN (betriebsübergreifend) aufgrund einheitlicher Kriterien (Altersgrenze)[16], Einführung eines **unternehmenseinheitlichen EDV-Systems**, soweit die Maßnahme eine Betriebsänderung iSv. Nrn. 4 und/oder 5 darstellt[17]. Besteht das Ziel des Unternehmens in einer Kapazitätsreduzierung und kommen für ein Personalabbauprogramm oder für eine Betriebsschließung **alternativ mehrere Betriebe** in Betracht, ist für die Unterrichtung und die Beratung des Interessenausgleichs der **GesamtBR** zuständig, auch wenn die Betriebsänderung letztlich nur **73**

---

1 *Bauer*, NZA 2001, 375, 376 f.; *Hanau*, RdA 2001, 65, 72; GK-BetrVG/*Fabricius/Oetker*, § 111 Rz. 164; *Fitting*, § 111 BetrVG Rz. 127; DKK/*Däubler*, § 111 BetrVG Rz. 135n ff.; ErfK/*Kania*, § 111 BetrVG Rz. 22a. | 2 DKK/*Däubler*, AUR 2001, 285, 286; wohl auch *Fitting*, § 111 BetrVG Rz. 123. | 3 *Oetker*, NZA 2002, 465, 470; aA *Fitting*, § 111 BetrVG Rz. 125. | 4 Wie hier: *Stege/Weinspach/Schiefer*, §§ 111–113 BetrVG Rz. 26e; ErfK/*Kania*, § 111 Rz. 22a; *Rose/Grimmer*, DB 2003, 1790; *Bauer*, NZA 2001, 375, 376; aA *Däubler*, AuR 2001, 286; *Fitting*, § 111 BetrVG Rz. 121; *Richardi/Richardi/Annuß*, § 111 BetrVG Rz. 54. | 5 *Löwisch*, BB 2001, 1790, 1798; *Fitting*, § 111 BetrVG Rz. 127; *Bauer*, NZA 2001, 874; *Stege/Weinspach*/Schiefer, §§ 111–113 BetrVG Rz. 26 f.; aA DKK/*Däubler*, § 111 BetrVG Rz. 135p. | 6 *Richardi/Richardi/Annuß*, § 111 BetrVG Rz. 55; *Stege/Weinspach/Schiefer*, §§ 111–113 BetrVG Rz. 126g. | 7 BAG v. 24.1.1996 – 1 AZR 542/95, AP Nr. 16 zu § 50 BetrVG 1972; *Fitting*, § 113 BetrVG Rz. 18. | 8 BAG v. 11.12.2001 – 1 AZR 193/01, AP Nr. 22 zu § 50 BetrVG 1972 unter II.1.a); BAG v. 23.10.2002 – 7 ABR 55/01, ZIP 2003, 1514; DKK/*Däubler*, § 111 BetrVG Rz. 117; GK-BetrVG/*Fabricius/Oetker*, § 111 Rz. 176; *Richardi/Richardi/Annuß*, § 111 BetrVG Rz. 158. | 9 BAG v. 11.12.2001 – 1 AZR 193/01, AP Nr. 22 zu § 50 BetrVG 1972 unter II. 1 b); vgl. zum Ganzen *Röder/Gragert*, DB 1996, 1674, 1674 f. | 10 BAG v. 20.4.1994 – 10 AZR 186/93, AP Nr. 27 zu § 113 BetrVG 1972 unter III.; v. 11.12.2001 – 1 AZR 193/01, AP Nr. 22 zu § 50 BetrVG 1972 unter II 1. b); *Richardi/Richardi/Annuß*, § 50 BetrVG Rz. 37; *Röder/Baeck*, S. 3 f. | 11 BAG v. 17.2.1981 – 1 AZR 290/78, AP Nr. 11 zu § 112 BetrVG 1972. | 12 BAG v. 24.1.1996 – 1 AZR 542/95, AP Nr. 16 zu § 50 BetrVG 1972. | 13 Ebenso *Richardi/Richardi/Annuß* § 50 BetrVG Rz. 37; DKK/*Däubler*, § 111 BetrVG Rz. 118. | 14 BAG v. 11.12.2001 – 1 AZR 193/01, AP Nr. 22 zu § 50 BetrVG 1972 unter II 1 b). | 15 BAG v. 8.6.1999 – 1 AZR 831/98, AP Nr. 47 zu § 111 BetrVG. | 16 BAG v. 20.4.1994 – 10 AZR 186/93, AP Nr. 27 zu § 113 BetrVG. | 17 Im Zusammenhang mit § 87 LAG Köln 3.7.1987 – 5 Ta BV 11/87, CR 1988, 315, 316; LAG Düsseldorf 21.8.1987 – 9 Ta BV 132/86, CR 1988, 1016, 1018; DKK/*Däubler*, § 111 BetrVG Rz. 118.

einen Betrieb betrifft¹. Über Alternativen kann nur im betriebsübergreifenden Gremium sinnvoll gesprochen werden. Hingegen ist der örtliche BR zuständig, wenn der ArbGeb von vornherein nur Maßnahmen im Hinblick auf einen bestimmten Betrieb ins Auge fasst. Dass eine Maßnahme im Zusammenhang mit einer „**Unternehmenssanierung**" steht, die auch Gegenstand eines mit dem GesamtBR abgeschlossenen Interessenausgleichs und Sozialplans ist, begründet *keine* Zuständigkeit des GesamtBR zur sparmotivierten Änderung oder Aufhebung von sonstigen BV (zB über Sozialleistungen), sofern nicht auch diese einen betriebsübergreifenden Charakter aufweisen².

74 Für die Frage, ob überhaupt eine Betriebsänderung vorliegt, kommt es unabhängig davon, ob möglicherweise der GesamtBR zuständig ist, auf das Erreichen der Schwellenwerte im einzelnen *Betrieb* an³. **Besteht** trotz des Vorliegens einer betriebsübergreifenden Maßnahme **kein GesamtBR**, sind **nicht** etwa **die EinzelBR zuständig**⁴. Kommen die BR ihrer Rechtspflicht zur Bildung eines GesamtBR nicht nach, kann dies vielmehr dazu führen, dass bei Zuständigkeit des GesamtBR keine betriebsverfassungsrechtliche Beteiligung erfolgt.

75 Soweit der **GesamtBR** im Rahmen seiner **originären Kompetenz** Vereinbarungen (Interessenausgleich/Sozialplan) abschließt, gelten diese auch für **betriebsratslose Betriebe** (§ 50 Rz. 16)⁵. Die Zuständigkeit des GesamtBR für den Interessenausgleich **präjudiziert nicht die Zuständigkeit für den Sozialplan**⁶; die Zuständigkeiten können auseinander fallen (zu den Zuständigkeitsfragen beim Sozialplan vgl. § 112 Rz. 32).

76 Für die Abgrenzung der Zuständigkeit des **KonzernBR** gelten entsprechende Grundsätze. **Beispiele** für die Zuständigkeit des KonzernBR: Zusammenschluss mehrerer Konzernbetriebe zu einem einheitlichen Betrieb⁷, Schließung einzelner Konzernbetriebe mit der Folge der Übernahme von (Teil-)Belegschaften durch andere Konzernunternehmen⁸, Einführung konzernweiter Informations- oder Kommunikationssysteme⁹, soweit darin überhaupt eine Betriebsänderung liegt.

77 Bei Meinungsverschiedenheiten oder **unklarer Zuständigkeit** kann der ArbGeb die für die Mitwirkungsrechte gem. § 111 in Betracht kommenden **Gremien auffordern**, die **Zuständigkeitsfrage zu klären**. Beteiligt der ArbGeb das von BR-Seite benannte Gremium, trifft ihn bei unterlassener Beteiligung des rechtlich zuständigen BR keine Pflicht zum Nachteilsausgleich gem. § 113 Abs. 3¹⁰. Erfolgt keine Klärung, kann der ArbGeb eine Wahl treffen, soweit diese nachvollziehbar ist. In diesen Fällen kann der rechtlich zuständige BR nicht zu einem späteren Zeitpunkt die Unterlassung der mit dem anderen Gremium geregelten Betriebsänderung oder die Wiederholung des gesamten Verfahrens gem. §§ 111, 112 verlangen. Dies scheidet unter dem Gesichtspunkt des widersprüchlichen Verhaltens aus.

78 **VII. Sicherung der Beteiligungsrechte.** Verletzt der Unternehmer die Beteiligungsrechte des BR gem. § 111, trifft ihn unter den dort geregelten Voraussetzungen die Verpflichtung zum **Nachteilsausgleich gem. § 113**. Im Übrigen kann eine **Ordnungswidrigkeit gem. § 121** (Geldbuße bis 10.000 Euro) vorliegen¹¹.

79 Der BR kann seinen **Unterrichtungsanspruch** im arbeitsgerichtlichen **Beschlussverfahren** geltend machen¹², auch im Wege des **einstweiligen Rechtsschutzes**¹³, wenn hierfür die allgemeinen Voraussetzungen vorliegen. In schwerwiegenden Fällen kann der BR nach § 23 Abs. 3 vorgehen¹⁴.

80 Von jeher umstritten war die Frage, ob dem BR zur Sicherung seiner Beteiligungsrechte ein **Anspruch auf die zeitlich befristete Unterlassung betriebsändernder Maßnahmen** zusteht. Das BAG hat zwar klargestellt, dass das Verfahren gem. § 23 Abs. 3 einen betriebsverfassungsrechtlichen Unterlassungsanspruch nicht generell ausschließt und einen Unterlassungsanspruch im Zusammenhang mit der Sicherung der Mitbest. in sozialen Angelegenheiten anerkannt (vgl. hierzu § 87 Rz. 55 ff.). Im Zusammenhang mit Betriebsänderungen liegen die Dinge rechtlich anders und es fehlt an einer höchstrichterlichen Klärung. Insofern ist entscheidend, dass mit § 113 bereits eine – bewusst individualrechtlich wirkende – Regelung besteht, die, um schwerwiegende Wertungswidersprüche zu vermeiden, als abschließend angesehen werden muss. Ein kollektivrechtlich wirkender Unterlassungsanspruch wäre daher systemwidrig¹⁵.

---

1 GK-BetrVG/*Fabricius*/*Oetker*, § 111 Rz. 177. | 2 BAG v. 15.1.2002 – 1 ABR 10/01, NZA 2002, 988. | 3 DKK/*Däubler*, § 111 BetrVG Rz. 118. | 4 So jedoch DKK/*Däubler*, § 111 BetrVG Rz. 121. | 5 GK-BetrVG/*Fabricius*/*Oetker*, § 111 Rz. 177; DKK/*Däubler*, § 111 BetrVG Rz. 119. | 6 BAG v. 11.12.2001 – 1 AZR 193/01, AP Nr. 22 zu § 50 BetrVG 1972; DKK/*Däubler*, § 111 BetrVG Rz. 118; *Fitting*, § 50 BetrVG Rz. 59. | 7 Richardi/*Richardi*/*Annuß*, § 58 BetrVG Rz. 15; DKK/*Däubler*, § 111 BetrVG Rz. 122; *Dross*, Besonderheiten des Sozialplans im Konzern, 1999, S. 72 f. | 8 Ähnlich *Dross*, Besonderheiten des Sozialplans im Konzern, 1999, S. 73; DKK/*Däubler*, § 111 BetrVG Rz. 122. | 9 DKK/*Däubler*, § 111 BetrVG Rz. 122. | 10 BAG v. 24.1.1996 – 1 AZR 542/95, AP Nr. 16 zu § 50 BetrVG 1972. | 11 Vgl. OLG Hamm 7.12.1977, DB 1978, 748. | 12 Eingehend GK-BetrVG/*Fabricius*/*Oetker*, § 111 Rz. 183. | 13 ErfK/*Kania*, § 111 BetrVG Rz. 23; DKK/*Däubler*, § 111 BetrVG Rz. 142. | 14 *Fitting*, § 111 BetrVG Rz. 139; DKK/Däubler, § 111 BetrVG Rz. 142. | 15 Im Ergebnis ebenso (gegen Unterlassungsanspruch): LAG Düsseldorf 14.11.1983 – 12 Ta BV 88/83, DB 1984, 511 f.; 19.11.1996 – 8 TaBV 80/96, LAGE § 111 BetrVG 1972 Nr. 14; LAG Rh.-Pf., 28.3.1989 – 3 TaBV 6/89, LAGE § 111 BetrVG 1972 Nr. 10; LAG Schl.-Holst. 13.1.1992 – 4 Ta BV 54/91, LAGE § 111 BetrVG 1972 Nr. 11; LAG BW 28.8.1985 – 2 Ta BV 8/85, DB 1986, 805 f.; *Bauer/Göpfert*, DB 1997, 1464, 1470 f.; *Bengelsdorf*, DB 1990, 1233, 1235 ff.; 1282 ff.; *Ehrich*, BB 1993, 356, 358; GK-BetrVG/*Fabricius*/*Oetker*, § 111 Rz. 192; HSG, § 111 Rz. 85; *Hohenstatt*, NZA 1998, 846, 850; *Löwisch*, NZA 1996, 1009, 1016; ErfK/*Kania*, § 111 BetrVG Rz. 24; *Neef*, NZA 1997, 68; *Raab*, ZfA 1997, 183, 246 ff.; Richardi/*Richardi*/*Annuß*, § 111 BetrVG Rz. 168; *Röder/Baeck*, S. 28 f.; *Stege/Weinspach/Schiefer*, §§ 111–113

Die **Praxis** wird sich jedoch an der jeweiligen Rspr. im Bezirk des maßgeblichen Betriebes orientieren müssen, bis eine Klarstellung durch den Gesetzgeber erfolgt ist. Eine Klärung durch das BAG ist kaum zu erwarten, da es in Angelegenheiten des einstweiligen Rechtsschutzes, in denen solche Auseinandersetzungen typischerweise ausgetragen werden, keine Revisions- bzw. Rechtsbeschwerdeinstanz gibt.

112 *Interessenausgleich über die Betriebsänderung, Sozialplan*

(1) Kommt zwischen Unternehmer und Betriebsrat ein Interessenausgleich über die geplante Betriebsänderung zustande, so ist dieser schriftlich niederzulegen und vom Unternehmer und Betriebsrat zu unterschreiben. Das Gleiche gilt für eine Einigung über den Ausgleich oder die Milderung der wirtschaftlichen Nachteile, die den Arbeitnehmern infolge der geplanten Betriebsänderung entstehen (Sozialplan). Der Sozialplan hat die Wirkung einer Betriebsvereinbarung. § 77 Abs. 3 ist auf den Sozialplan nicht anzuwenden.

(2) Kommt ein Interessenausgleich über die geplante Betriebsänderung oder eine Einigung über den Sozialplan nicht zustande, so können der Unternehmer oder der Betriebsrat den Vorstand der Bundesagentur für Arbeit um Vermittlung ersuchen, der Vorstand kann die Aufgabe auf andere Bedienstete der Bundesagentur für Arbeit übertragen. Erfolgt kein Vermittlungsersuchen oder bleibt der Vermittlungsversuch ergebnislos, so können der Unternehmer oder der Betriebsrat die Einigungsstelle anrufen. Auf Ersuchen des Vorsitzenden der Einigungsstelle nimmt ein Mitglied des Vorstands der Bundesagentur für Arbeit oder ein vom Vorstand der Bundesagentur für Arbeit benannter Bediensteter der Bundesagentur für Arbeit an der Verhandlung teil.

(3) Unternehmer und Betriebsrat sollen der Einigungsstelle Vorschläge zur Beilegung der Meinungsverschiedenheiten über den Interessenausgleich und den Sozialplan machen. Die Einigungsstelle hat eine Einigung der Parteien zu versuchen. Kommt eine Einigung zustande, so ist sie schriftlich niederzulegen und von den Parteien und vom Vorsitzenden zu unterschreiben.

(4) Kommt eine Einigung über den Sozialplan nicht zustande, so entscheidet die Einigungsstelle über die Aufstellung eines Sozialplans. Der Spruch der Einigungsstelle ersetzt die Einigung zwischen Arbeitgeber und Betriebsrat.

(5) Die Einigungsstelle hat bei ihrer Entscheidung nach Absatz 4 sowohl die sozialen Belange der betroffenen Arbeitnehmer zu berücksichtigen als auch auf die wirtschaftliche Vertretbarkeit ihrer Entscheidung für das Unternehmen zu achten. Dabei hat die Einigungsstelle sich im Rahmen billigen Ermessens insbesondere von folgenden Grundsätzen leiten zu lassen:

1. Sie soll beim Ausgleich oder bei der Milderung wirtschaftlicher Nachteile insbesondere durch Einkommensminderung, Wegfall von Sonderleistungen oder Verlust von Anwartschaften auf betriebliche Altersversorgung, Umzugskosten oder erhöhte Fahrtkosten, Leistungen vorsehen, die in der Regel den Gegebenheiten des Einzelfalles Rechnung tragen.

2. Sie hat die Aussichten der betroffenen Arbeitnehmer auf dem Arbeitsmarkt zu berücksichtigen. Sie soll Arbeitnehmer von Leistungen ausschließen, die in einem zumutbaren Arbeitsverhältnis im selben Betrieb oder in einem anderen Betrieb des Unternehmens oder eines zum Konzern gehörenden Unternehmens weiterbeschäftigt werden können und die Weiterbeschäftigung ablehnen; die mögliche Weiterbeschäftigung an einem anderen Ort begründet für sich allein nicht die Unzumutbarkeit.

2a. Sie soll insbesondere die im Dritten Buch des Sozialgesetzbuches vorgesehenen Förderungsmöglichkeiten zur Vermeidung von Arbeitslosigkeit berücksichtigen.

3. Sie hat bei der Bemessung des Gesamtbetrages der Sozialplanleistungen darauf zu achten, der Fortbestand des Unternehmens oder die nach Durchführung der Betriebsänderung verbleibenden Arbeitsplätze nicht gefährdet werden.

I. Allgemeines 1	c) Zuständigkeit für den Interessenausgleich . 14
1. Gesetzessystematik 1	d) Vermittlung durch die Bundesagentur für
2. Änderungen des Gesetzes 2	Arbeit 16
3. Verfassungsrechtliche Bewertung 3	e) Anrufung der Einigungsstelle 20
II. Interessenausgleich über die Betriebsänderung . 4	3. Wirkungen des Interessenausgleichs 25
1. Inhalt und Bedeutung des Interessenausgleichs . 4	III. Sozialplan 27
2. Zustandekommen eines Interessenausgleichs . 10	1. Allgemeines; Zweck des Sozialplans 27
a) Grundsatz der Freiwilligkeit 10	2. Erzwingbarkeit des Sozialplans 30
b) Der innerbetrieblich vereinbarte Interessenausgleich 11	3. Personeller Geltungsbereich und Zuständigkeit für den Sozialplan 32

BetrVG Rz. 104; *Schweibert* in Willemsen/Hohenstatt/Schweibert/Seibt, Rz. C 309; *Löwisch/Kaiser*, § 111 BetrVG Rz. 50; *Lipinski/Melms*, BB 2002, 2226; im Ergebnis für Unterlassungsanspruch: LAG Berlin 7.9.1995, LAGE § 111 BetrVG 1972 Nr. 13; LAG Frankfurt 21.9.1982 – 4 Ta BV Ga 94/82, DB 1983, 613; LAG Hamburg 13.11.1981 – 6 Ta BV 9/81, DB 1982, 1522, 1522 f.; 27.6.1997 – 5 TaBV 5/97, LAGE § 111 BetrVG 1972 Nr. 15; LAG Hamm 23.3.1983 – 12 TaBV 15/83, AuR 1984, 54; DKK/*Däubler*, § 23 BetrVG Rz. 131; *Fitting*, § 111 BetrVG Rz. 132; *Heither*, FS für Däubler, S. 338, 340 ff.; *Matthes*, FS Wlotzke, S. 393, 405 f.; MünchArbR/*Matthes*, § 361 Rz. 50 f.; *Zwanziger*, BB 1998, 477, 480.

4. Der einvernehmliche Sozialplan 33	cc) Förderungsmöglichkeiten gemäß SGB III 71
a) Zustandekommen 33	dd) Wirtschaftliche Vertretbarkeit; Sicherung des Fortbestands des Unternehmens und der Arbeitsplätze . . . 74
b) Ausgleich der wirtschaftlichen Nachteile . . 35	
c) Rechtliche Schranken der Regelungsbefugnis . 46	
5. Sozialplan durch Spruch der Einigungsstelle . 58	6. Rechtswirkungen des Sozialplans; Verhältnis zum Tarifvertrag 78
a) Abwägungsgrundsatz gemäß Abs. 5 Satz 1 . 61	
b) Ermessensrichtlinien gemäß Abs. 5 Satz 2 . 62	7. Kündigung und Änderung von Sozialplänen . 83
aa) Belange der betroffenen Arbeitnehmer (Einzelfallbetrachtung) 62	8. Individualrechtlicher Sozialplananspruch . . 89
bb) Aussichten auf dem Arbeitsmarkt; Weiterbeschäftigungsmöglichkeiten 66	9. Anfechtung des Sozialplans 94

1 I. Allgemeines. 1. Gesetzessystematik. § 112 regelt das Beteiligungsverfahren im Hinblick auf geplante Betriebsänderungen. Die Vorschrift setzt voraus, dass ein Beteiligungstatbestand nach § 111 vorliegt. Während § 111 lediglich die Verpflichtung des Unternehmers regelt, den BR rechtzeitig und umfassend zu unterrichten und die geplante Betriebsänderung mit ihm zu beraten, detailliert § 112 den **Gang des Beteiligungsverfahrens** und seine Zielrichtung. In den Absätzen 1 bis 3 geht es im Wesentlichen um den **Interessenausgleich**. Was man unter diesem zu verstehen hat, lässt sich dem Gesetz jedoch nicht unmittelbar entnehmen. Aus der Abgrenzung zu dem ebenfalls in § 112 geregelten Sozialplan ergibt sich, dass Inhalt des Interessenausgleichs die **Einigung** darüber sein soll, **ob und ggf. wann und wie die geplante Betriebsänderung durchgeführt wird**. Kommt diese Einigung mit dem ArbGeb nicht zustande (vgl. zu dem Erfordernis des Versuchs des Interessenausgleichs unter § 112 Rz. 20 und § 113 Rz. 10), besteht **keine Möglichkeit für den BR**, die Durchführung einer geplanten **Betriebsänderung zu verhindern**. Der Unternehmer kann die Maßnahme vielmehr wie geplant durchführen. Hingegen besteht im Hinblick auf den **Sozialplan ein volles MitbestR**. Der Sozialplan betrifft den **Ausgleich der wirtschaftlichen Nachteile**, die den ArbN durch die Betriebsänderung entstehen (Abs. 1 Satz 2). Über den Sozialplan entscheidet notfalls die Einigungsstelle, sofern sich Unternehmer und BR nicht einvernehmlich auf seinen Inhalt verständigen können. § 112a enthält für Fälle des „reinen" Personalabbaus unterhalb einer bestimmten Schwelle sowie für neu gegründete Unternehmen **Ausnahmen von der Erzwingbarkeit des Sozialplans**.

2 2. Änderungen des Gesetzes. Das **Beschäftigungsförderungsgesetz** vom 26.4.1985 (BGBl. I S. 710) hat insb. die Vorgaben in § 112 Abs. 5 für die Entscheidung der Einigungsstelle über den Sozialplan in das Gesetz eingefügt. Im Übrigen sind durch diese Änderung die Ausnahmen von der Erzwingbarkeit des Sozialplans gemäß § 112a statuiert worden. Das **BetrVerf-Reformgesetz** vom 23.7.2001 (BGBl. I S. 1852) hat in § 112 Abs. 5 die Nr. 2a eingefügt, wonach die Einigungsstelle Maßnahmen gemäß SGB III zur Vermeidung von Arbeitslosigkeit berücksichtigen soll.

3 3. Verfassungsrechtliche Bewertung. Gegen die Verfassungsmäßigkeit der **Erzwingbarkeit eines Sozialplans** sind im Rahmen der Betriebsverfassungsreform 1972 unter dem Aspekt der unternehmerischen Entscheidungsfreiheit und der Eigentumsgarantie gemäß Art. 14 GG grundlegende Zweifel laut geworden[1]. Unter Zugrundelegung der Rspr. des BVerfG wird man § 112 indes vermutlich für eine verfassungsrechtlich zulässige Inhalts- und Schrankenbestimmung iSd. Art. 14 Abs. 1 Satz 2 GG ansehen, ebenso wie die Einschränkungen der Eigentumsgarantie durch das MitbestG 1976[2]. Problematischer ist eher, dass die Belastungen, die von einem Sozialplan ausgehen, nicht im Gesetz konkretisiert sind, so dass für den Unternehmer **keinerlei Planungssicherheit** besteht und er die finanziellen Folgen einer Betriebsänderung im Voraus nicht abschätzen kann. Die Leitlinien für die Ermessensentscheidung der Einigungsstelle gemäß Abs. 5 ändern daran nichts, da offen bleibt, in welchem Umfang die vielfältigen wirtschaftlichen Nachteile der ArbN ausgeglichen werden müssen, insb., für welche Dauer ein wirtschaftlicher Ausgleich erfolgen soll (vgl. Rz. 35 ff.). Dennoch geht die ganz hM davon aus, dass die Bestimmung dem Erfordernis der Vorhersehbarkeit gerecht wird[3]. Dem wird man allenfalls insofern zustimmen können, als die Sozialplanpraxis durch eine Vielzahl von Erfahrungswerten und durch die BAG-Rspr. gewisse Leitlinien gezeichnet hat, die zu einem etwas höheren Maß an Vorhersehbarkeit führen. Problematisch bleibt jedoch weiterhin, dass im Rahmen einer gerichtlichen Überprüfung kaum konkrete Maßstäbe zur Verfügung stehen.

4 II. Interessenausgleich über die Betriebsänderung. 1. Inhalt und Bedeutung des Interessenausgleichs. Der Begriff Interessenausgleich wird durch das Gesetz nicht definiert; er ist in besonderer Weise irreführend, da sein Inhalt durchaus nicht auf einen Ausgleich der Interessen hinauslaufen muss, etwa dann, wenn die vom ArbGeb geplante Betriebsänderung vollen Umfangs realisiert wird. In diesen Fällen erfolgt der materielle Interessenausgleich ausschließlich im Sozialplan, der den Ausgleich der wirtschaftlichen Nachteile regelt. Entsprechend missverständlich ist auch die gebräuchliche Übersetzung ins Englische (balance of interests). Richtigerweise geht es beim Interessenausgleich um eine **Vereinbarung über das Ob, Wann und Wie einer Betriebsänderung**. Im Englischen würde man sinnvollerweise von einem „reor-

---

[1] *Herbert Krüger*, Der Regierungsentwurf eines Betriebsverfassungsgesetzes vom 29. Januar 1971 und das Grundgesetz, 1971, S. 44 f., 66; *Galperin*, Der Regierungsentwurf eines neuen Betriebsverfassungsgesetzes, 1971, S. 45 f.   [2] BVerfG 1.3.1979 – 1 BvR 532/77, AP Nr. 1 zu § 1 MitbestG unter III.1a), ebenso Richardi/*Annuß*, § 112 Rz. 10; *Fitting*, §§ 112, 112a BetrVG Rz. 8.   [3] Richardi/*Annuß*, § 112 Rz. 11; HSG/*Hess*, § 112 BetrVG Rz. 28 f.; *Teubner*, BB 1974, 982, 987.

ganization plan" oder einem „implementation plan" im Kontrast zum „collective severance plan" (Sozialplan) sprechen. Im Interessenausgleich wird demnach im Einzelnen geregelt, in welchem Umfang, zu welchem Zeitpunkt bzw. in welcher Abfolge und mit welchem Inhalt die vom Unternehmer geplante Betriebsänderung durchgeführt werden soll[1]. Bei größeren und von ihrem Gesamtumfang umstrittenen Rationalisierungen bietet sich der Abschluss von Teilvereinbarungen an („**Teil-Interessenausgleich**"), so dass schnell wirkende und im Konsenswege durchführbare Maßnahmen bereits eingeleitet werden können und hinreichend Zeit für die Beratung weiterführender Maßnahmen zur Verfügung steht[2].

Wenn die vom ArbGeb geplanten Maßnahmen nicht aufgrund einer Zwangslage unvermeidlich sind, einigen sich die Parteien im Interessenausgleich häufig auf eine modifizierte (abgeschwächte) Form der ursprünglich geplanten Betriebsänderung[3]. Zu unterscheiden sind **Organisationsregelungen** und **Folgeregelungen**[4]. Organisationsregelungen betreffen allein die Durchführung einer **organisatorischen Maßnahme**, also etwa die Stilllegung eines Betriebsteils oder einer Maschine. Folgeregelungen gehen darüber hinaus, indem die geplante **Betriebsänderung eingegrenzt oder zeitlich gestreckt** wird oder eine **Absicherung der verbleibenden Arbeitsplätze** erfolgt (Beispiel: Zeitweiser **Ausschluss betriebsbedingter Kündigungen** über das Maß eines vereinbarten Personalabbaus hinaus). Einzelnen Bestimmungen kann auch ein Doppelcharakter („janusköpfige Regelungen")[5] zukommen, wenn sie zwar organisatorische Maßnahmen betreffen, indirekt jedoch eine Schutzwirkung zugunsten der betroffenen ArbN entfalten (Beispiel: Verpflichtung des Unternehmers, einen bestimmten Produktionszweig nicht ins Ausland zu verlagern, eine bestimmte Aufgabe nicht fremd zu vergeben oder eine Abteilung nicht zu schließen).

Ein Interessenausgleich kann nur dann den mit ihm verknüpften Sinn erfüllen, wenn der Unternehmer die **Betriebsänderung nicht bereits durchgeführt** hat, da in diesem Fall eine Einflussnahme auf die Planungen des ArbGeb nicht mehr möglich ist[6]. Bei einseitiger Durchführung einer Betriebsänderung können jedoch Ansprüche auf Nachteilsausgleich entstehen (§ 113 Abs. 3). Das Recht zum Abschluss eines Sozialplans besteht hingegen auch nach Durchführung der Betriebsänderung (vgl. § 112 Rz. 30).

Gegenstand des Interessenausgleichs sind nur Regelungen über das Ob, Wie und Wann der Betriebsänderung, während Regelungen zum Ausgleich der wirtschaftlichen Nachteile vom Sozialplan erfasst werden. In der Praxis ist es dennoch üblich, **Interessenausgleich und Sozialplan im Zusammenhang und in einer Urkunde abzuschließen**. Von einer „Vermischung" von Interessenausgleich und Sozialplan ist indes aus praktischer Sicht **abzuraten**, weil beide Institute im Hinblick auf ihren Inhalt und ihre Rechtswirkungen unterschiedlich sind (s. dazu Rz. 25 f.). Auch ohne ausdrücklichen Hinweis kann in der Vereinbarung eines Sozialplans im Zusammenhang mit einer konkreten Betriebsänderung zugleich konkludent ein Interessenausgleich über die entsprechende Maßnahme liegen[7]. Die Unterscheidung ist jedoch erforderlich für die Festlegung, welche Regelungen Gegenstand des Spruchs der Einigungsstelle sein können[8]. Ein von der Einigungsstelle beschlossener Sozialplan, der Regelungen zur Modifizierung der vom Unternehmer geplanten Maßnahme enthält, ist unwirksam[9].

Der Interessenausgleich muss eine **konkrete Betriebsänderung** betreffen. Allein der Abschluss eines „**Rahmeninteressenausgleichs**", der dem Unternehmer freie Hand für die Durchführung von Betriebsänderungen während eines bestimmten Zeitraums ließe, wäre **nicht zulässig**[10]. Steht allerdings fest, dass in einem Betrieb fortlaufende Anstrengungen zur Reduzierung der Arbeitsplätze unternommen werden müssen, kann ein langfristig wirkender Interessenausgleich in der Weise abgeschlossen werden, dass **Personalabbaumaßnahmen** innerhalb der Laufzeit **bis zu einer bestimmten Belegschaftsstärke** zugelassen werden; in der Regel wird dies mit dem Abschluss eines entsprechend langfristigen Sozialplans verbunden (vgl. demgegenüber zum „Rahmensozialplan" Rz. 31).

Seit dem 1.1.2004 sieht § 1 Abs. 5 KSchG wieder vor, dass bei Kündigungen aufgrund einer Betriebsänderung eine Vermutung der Betriebsbedingtheit der Kündigung greift und die soziale Auswahl nur auf grobe Fehlerhaftigkeit überprüft werden kann, sofern die zur Kündigung vorgesehenen ArbN im Interessenausgleich namentlich bezeichnet sind (sog. **Namensliste**). Die Anwendung der Bestimmung setzt voraus, dass eine geplante Betriebsänderung vorliegt, so dass ein freiwilliger Interessenausgleich nicht genügt[11]. Das Schriftformerfordernis gem. § 112 Abs. 1 Satz 1 gilt auch für die Namensliste[12]. Be-

---

1 BAG v. 9.7.1985 – 1 AZR 323/83, AP Nr. 13 zu § 113 BetrVG 1972; v. 27.10.1987 – 1 ABR 9/86, AP Nr. 41 zu § 112 BetrVG 1972; v. 17.9.1991 – 1 ABR 23/91, AP Nr. 59 zu § 112 BetrVG 1972; *Fitting*, §§ 112, 112a BetrVG Rz. 12; Richardi/*Annuß*, § 112 Rz. 14, 18; HSG/*Hess*, § 112 BetrVG Rz. 2. | 2 Vgl. BAG v. 20.4.1994 – 10 AZR 186/93, AP Nr. 27 zu § 113 BetrVG 1972 Bl. 2. | 3 Vgl. Richardi/*Annuß*, § 112 Rz. 21; *Fitting*, §§ 112, 112a BetrVG Rz. 15, 17. | 4 Ausf. *Willemsen/Hohenstatt*, NZA 1997, 345; vgl. auch Richardi/*Annuß*, § 112 Rz. 22. | 5 *Willemsen/Hohenstatt*, NZA 1997, 345, 346 f. | 6 Richardi/*Annuß*, § 112 Rz. 16. | 7 BAG v. 20.4.1994 – 10 AZR 186/93, AP Nr. 27 zu § 113 BetrVG 1972 unter II. 2. b). | 8 BAG v. 17.9.1991 – 1 ABR 23/91, AP Nr. 59 zu § 112 BetrVG 1972; *Fitting*, §§ 112, 112a BetrVG Rz. 20. | 9 BAG v. 17.9.1991 – 1 ABR 23/91, AP Nr. 59 zu § 112 BetrVG 1972; HSG/*Hess*, § 112 BetrVG Rz. 18; Richardi/*Annuß*, § 112 Rz. 21. | 10 BAG v. 29.11.1983 – 1 AZR 523/82, AP Nr. 10 zu § 113 BetrVG 1972; v. 19.1.1999 – 1 AZR 342/98, AP Nr. 37 zu § 113 BetrVG 1972; GK-BetrVG/*Fabricius*/Oetker, §§ 112, 112a Rz. 11; ErfK/*Kania*, §§ 112, 112a BetrVG Rz. 4; *Fitting*, §§ 112, 112a BetrVG Rz. 21; Picot/Schnitker, Teil II Rz. 152. | 11 *Hohenstatt*, NZA 1998, 846, 851; *Oetker/Friese*, DZWIR 2001, 177; *Willemsen/Annuß*, NJW 2004, 177, 180; ErfK/*Ascheid*, § 1 KSchG Rz. 582; aA Kopenhagen, NZA 1998, 968 ff. | 12 BAG v. 7.5.1998, AP Nr. 1 zu § 1 KSchG 1969 – Namensliste; vgl. ErfK/*Ascheid* § 1 KSchG Rz. 582 mwN.

sonderheiten bestehen für den Interessenausgleich im **Insolvenzverfahren** (§ 125 InsO). Im Interessenausgleich anlässlich einer **Unternehmensumwandlung** ist eine namentliche Zuordnung von ArbN zu einem bestimmten Betrieb oder Betriebsteil möglich (§ 323 Abs. 2 UmwG; s. dazu die dortige Komm.). Die Zuordnung kann durch das ArbG nur auf grobe Fehlerhaftigkeit überprüft werden.

10   **2. Zustandekommen eines Interessenausgleichs. a) Grundsatz der Freiwilligkeit.** Der Interessenausgleich kann nur freiwillig zustande kommen. Die **Einigungsstelle** kann – im Unterschied zum Sozialplan (Abs. 4) – **nicht verbindlich über den Interessenausgleich entscheiden**. Allerdings wirken sich die Anforderungen an das Verfahren zum Versuch eines Interessenausgleichs praktisch dergestalt aus, dass Unternehmer häufig gezwungen sind, auch im Hinblick auf die geplante Maßnahme Kompromisse einzugehen. Insbesondere entstehen durch die Einschaltung der BA (Abs. 2 Satz 1) sowie durch das Erfordernis, die Einigungsstelle anzurufen (Abs. 2 Satz 2; vgl. hierzu Rz. 20), erhebliche **zeitliche Verzögerungen**, die finanziell so einschneidend wirken können, dass die unternehmerische Freiheit weitgehend eingeschränkt ist und der Unternehmer faktisch gezwungen ist, zur Vermeidung eines solchen Zeitverzugs erhebliche Zugeständnisse zu machen. Es ist daher nicht praxisgerecht, bei der verfassungsrechtlichen Bewertung von § 112 von einer reinen Freiwilligkeit des Interessenausgleichs auszugehen. Aus einer Vielzahl von Gründen wäre eine Verkürzung und zeitliche Begrenzung des Verfahrens von großem Nutzen (vgl. zur früheren Fristenregelung in § 113 unter § 111 Rz. 6).

11   **b) Der innerbetrieblich vereinbarte Interessenausgleich.** Der **Unternehmer** muss selbst die **Initiative** zu Verhandlungen über einen Interessenausgleich ergreifen[1]. Ohne den **Versuch eines Interessenausgleichs** (vgl. zu den Anforderungen § 112 Rz. 20) darf der Unternehmer die Betriebsänderung nicht durchführen[2].

Der BR kann die **Zustimmung** zu einer Betriebsänderung **vom Inhalt und Abschluss eines Sozialplans abhängig machen**, auch wenn das Gesetz das Beteiligungsverfahren im Hinblick auf den Interessenausgleich und den Sozialplan trennt[3].

12   Der Interessenausgleich ist **schriftlich** niederzulegen und vom Unternehmer oder bei juristischen Personen vom zur Vertretung befugten Organ und dem Vorsitzenden des BR zu **unterschreiben** (Abs. 1 Satz 1). Die Wahrung der Schriftform ist **Wirksamkeitsvoraussetzung**[4]. Eine im Rahmen mündlicher Verhandlungen erzielte Einigung ist daher noch keine hinreichende Grundlage für die Durchführung einer geplanten Betriebsänderung.

13   Für die Schriftform genügt eine Urkunde, die zugleich einen Sozialplan und andere mitbestimmte Regelungen enthält[5]. Eine fälschliche Bezeichnung der in ihr getroffenen Vereinbarungen berührt die Wirksamkeit der Einigung nicht[6]. Für die Urkunde ist keine dauernde äußere körperliche Verbindung der einzelnen Blätter erforderlich. Nach der Rspr. des BGH genügt es, wenn die Einheit der Urkunde zweifelsfrei festgestellt werden kann, etwa aufgrund fortlaufender Nummerierung der Bestimmungen oder der Blätter, oder aufgrund einheitlicher grafischer Gestaltung[7].

14   **c) Zuständigkeit für den Interessenausgleich.** IdR ist der Interessenausgleich mit dem **BR** zu versuchen, der für den Betrieb zuständig ist, auf den sich die geplante Maßnahme bezieht. Nur wenn die Betriebsänderung betriebsübergreifend geplant ist, ist der **GesamtBR** zuständig. Bei einer **unternehmensübergreifenden Planung** innerhalb eines Konzerns kann auch die Zuständigkeit des **KonzernBR** gegeben sein (vgl. im Einzelnen § 111 Rz. 72 ff.).

15   Der BR ist als **Gesamtorgan** für den Interessenausgleich zuständig, so dass dessen Abschluss nicht dem Betriebsausschuss oder einem sonstigen Ausschuss zu selbständigen Erledigung übertragen werden kann[8]. Ob die Zuständigkeit auf eine Arbeitsgruppe nach § 28a übertragen werden kann, wenn sich die Betriebsänderung auf den Zuständigkeitsbereich einer solchen Arbeitsgruppe beschränkt, ist umstritten[9]. Auf der ArbGebSeite ist der **Rechtsträger des Betriebs**, in dem die geplante Betriebsänderung durchgeführt werden soll, zur Durchführung des Verfahrens verpflichtet[10]. Dies gilt auch bei ab-

---

1 ErfK/*Kania*, § 112, 112a BetrVG Rz. 6; Richardi/*Richardi*/*Annuß*, § 113 BetrVG Rz. 30. |2 BAG v. 24.1.1996 – 1 AZR 542/95, AP Nr. 16 zu § 50 BetrVG 1972; *Fitting*, §§ 112, 112a BetrVG Rz. 25, 35; HSG/*Hess*, § 112 BetrVG Rz. 22; AR-Blattei SD/*Heither*, 530.14.5 Rz. 139. |3 BAG v. 20.11.1970 – 1 AZR 408/69, AP Nr. 7 zu § 72 BetrVG; v. 17.9.1974 – 1 AZR 16/74, AP Nr. 1 zu § 113 BetrVG 1972 unter 4.; *Fitting*, §§ 112, 112a BetrVG Rz. 26; GK-BetrVG/*Fabricius*/*Oetker*, §§ 112, 112a Rz. 29; *Schweibert* in Willemsen/Hohenstatt/Schweibert/Seibt, Rz. C 155; DKK/*Däubler*, §§ 112, 112a BetrVG Rz. 13; Richardi/*Annuß*, § 112 BetrVG Rz. 24; MünchArbR/*Matthes*, § 361 Rz. 11; aA *Stege*/*Weinspach*/*Schiefer*, §§ 111–113 BetrVG Rz. 110; HSG/*Hess*, § 112 BetrVG Rz. 16. |4 BAG v. 9.7.1985 – 1 AZR 323/83, AP Nr. 13 zu § 113 BetrVG 1972; v. 20.4.1994 – 10 AZR 186/93, AP Nr. 27 zu § 113 BetrVG 1972; *Fitting*, §§ 112, 112a BetrVG Rz. 27; Richardi/*Richardi*/*Annuß*, § 112 BetrVG Rz. 28; *Picot*/*Schnitker*, Teil II Rz. 149; HSG/*Hess*, § 112 BetrVG Rz. 14; GK-BetrVG/*Fabricius*/*Oetker*, §§ 112, 112a Rz. 40. |5 BAG v. 20.4.1994 – 10 AZR 186/93, AP Nr. 27 zu § 113 BetrVG 1972; Richardi/*Annuß*, § 112 BetrVG Rz. 30; *Fitting*, §§ 112, 112a BetrVG Rz. 27. |6 BAG v. 20.4.1994 – 10 AZR 186/93, AP Nr. 27 zu § 113 BetrVG 1972; v. 17.9.1991 – 1 ABR 23/91, AP Nr. 59 zu § 112 BetrVG 1972. |7 BGH v. 24.9.1997 – XII ZR 234/95, NJW 1998, 58, 61; Richardi/*Annuß*, § 112 Rz. 29. |8 DKK/*Däubler*, §§ 112, 112a BetrVG Rz. 12; Richardi/*Annuß*, § 112 Rz. 32. |9 Die Begr. zum RegE (BT-Drs. 14/5741, Seite 40) geht nicht von dieser Möglichkeit aus; aA Richardi/*Annuß*, § 112 Rz. 33. |10 GK-BetrVG/*Fabricius*/*Oetker*, §§ 112, 112a Rz. 46.

hängigen Konzerngesellschaften[1]. Die Begriffe „Unternehmer" und „Arbeitgeber" sind in den §§ 111 f. identisch, bezeichnen lediglich unterschiedliche Funktionen und Rechtsbeziehungen derselben Person. Wird über das Unternehmen ein Insolvenzverfahren eröffnet, tritt gemäß § 80 Abs. 1 InsO der Insolvenzverwalter an die Stelle des Unternehmers[2]. Vor Eröffnung des Insolvenzverfahrens ist der Insolvenzverwalter im Fall des § 22 Abs. 1 InsO zuständig. Der sog. „schwache" Insolvenzverwalter ist nur zuständig, wenn dies das Insolvenzgericht angeordnet hat (§ 22 Abs. 2 InsO)[3].

d) Vermittlung durch die BA. Gemäß Abs. 2 Satz 1 können, soweit eine Einigung über den Interessenausgleich (oder eine Einigung über den Sozialplan) nicht zustande kommt, sowohl der Unternehmer als auch der BR den Vorstand der BA um Vermittlung ersuchen. In der Praxis wird hiervon häufig dann Gebrauch gemacht, wenn die ArbN-Seite den **Einigungsprozess verzögern** möchte. Die Möglichkeit der Vermittlung durch die BA ist daher kritisch zu sehen, zumal nach der gesetzlichen Konzeption ohnehin ein Einigungsversuch in der Einigungsstelle (vgl. Abs. 2 Satz 2) unternommen werden muss (vgl. zu dieser Obliegenheit näher Rz. 20). Im Insolvenzverfahren muss denn auch ein Vermittlungsversuch nur durchgeführt werden, wenn der Insolvenzverwalter und der BR gemeinsam um eine solche Vermittlung ersuchen (§ 121 InsO). 16

Anzurufen ist der Vorstand der BA, der sich gemäß dem geänderten Gesetzeswortlaut vertreten lassen kann. Die Einschaltung der BA ist **freiwillig**. Sie ist daher **keine Voraussetzung für die Anrufung der Einigungsstelle**[4]. Einigkeit besteht dahingehend, dass **kein rechtlicher Einlassungszwang** im Rahmen des Vermittlungsverfahrens besteht[5]. Allerdings soll sich aus dem **Gebot der vertrauensvollen Zusammenarbeit** (§ 2 Abs. 1) eine Verpflichtung ergeben, sich an dem Vermittlungsversuch zu beteiligen[6]. Daraus ergibt sich, dass der Unternehmer die Einigungsstelle nach der Einleitung des Vermittlungsverfahrens erst anrufen kann, wenn das Vermittlungsverfahren abgeschlossen ist[7]. Hierfür ist allerdings **nicht erforderlich**, dass der Vorstand der BA das **Scheitern des Vermittlungsversuchs feststellt**[8]. Durch die Anrufung der Einigungsstelle bringt die jeweilige Partei vielmehr zugleich zum Ausdruck, dass der Vermittlungsversuch ergebnislos geblieben ist. Die **Anrufung der Einigungsstelle** ist daher mit dem **Abbruch der Verhandlungen gleichzusetzen**[9]. Soweit eine Seite bereits die Einigungsstelle angerufen hat (vgl. zum Begriff der Anrufung § 76 Rz. 16) muss nicht etwa das Einigungsstellenverfahren unterbrochen werden, bis das Vermittlungsverfahren durchgeführt ist. Aus der Freiwilligkeit des Vermittlungsverfahrens folgt vielmehr, dass es **nicht mehr durchzuführen** ist, wenn eine Seite bereits die **Einigungsstelle angerufen** hat[10]. 17

Der Vermittler gestaltet das Verfahren nach eigenem Ermessen[11]. In der Regel wird er die Parteien auffordern, ihren Standpunkt vorzutragen und wird den Versuch unternehmen, zwischen den Parteien zu vermitteln und Einigungsvorschläge vorzulegen. Der Vermittler hat jedoch nicht die Möglichkeit, eine verbindliche Regelung herbeizuführen[12]. Ob die Parteien einvernehmlich den Vermittler ermächtigen können, eine für sie verbindliche Entscheidung zu treffen, ist umstritten[13], wobei es sich hierbei eher um eine theoretische Streitfrage handeln dürfte, da sich die Parteien in der Regel nicht der Entscheidung eines Dritten unterwerfen wollen. 18

Kommt durch die Vermittlung ein Interessenausgleich zustande, ist er schriftlich niederzulegen und vom Unternehmer sowie vom BR zu unterschreiben (Abs. 1 Satz 1). Es gelten hier also dieselben Formvorschriften wie für den innerbetrieblich vereinbarten Interessenausgleich (vgl. Rz. 12 f.). Eine Unterzeichnung des Interessenausgleichs durch den Vorstand der BA oder einen Vertreter ist nicht erforderlich, jedoch unschädlich. 19

e) Anrufung der Einigungsstelle. Sind die innerbetrieblichen Einigungsversuche über den Interessenausgleich erfolglos geblieben, kann jede Seite die Einigungsstelle anrufen (Abs. 2 Satz 2). Obwohl das Gesetz keine ausdrückliche Verpflichtung zur Anrufung der Einigungsstelle vorsieht, soll die **Anrufung der Einigungsstelle** durch den Unternehmer, der die Betriebsänderung durchführen will, **rechtlich geboten** sein. Nach der BAG-Rspr. soll der Unternehmer mit der Durchführung der Betriebsänderung so lange warten, bis alle Einigungsmöglichkeiten – einschließlich das Verfahren in der Einigungsstelle – erschöpft sind. Ansonsten liegt nach der Rspr. des BAG kein hinreichender **Versuch eines Interessenausgleichs iSv.** 20

---

1 BAG v. 15.1.1991 – 1 AZR 94/90, AP Nr. 21 zu § 113 BetrVG unter I.2.; *Tomicic*, Interessenausgleich und Sozialplan im Konzern, 1981, S. 35 ff. | 2 Richardi/*Annuß*, § 112 Rz. 34; GK-BetrVG/*Fabricius/Oetker*, §§ 112, 112a Rz. 47. | 3 Vgl. im Einzelnen GK-BetrVG/*Fabricius/Oetker*, §§ 112, 112a Rz. 47; Richardi/*Annuß*, § 112 Rz. 34. | 4 *Fitting*, §§ 112, 112a BetrVG Rz. 31; Richardi/*Annuß*, § 112 Rz. 219; HSG/*Hess*, § 112 BetrVG Rz. 70; GK-BetrVG/*Fabricuis/Oetker*, §§ 112, 112a Rz. 200; *Schweibert* in Willemsen/Hohenstatt/Schweibert/Seibt, Rz. C 166. | 5 Richardi/*Annuß*, § 112 Rz. 220; GK-BetrVG/*Fabricius/Oetker*, §§ 112, 112a Rz. 205. | 6 *Bauer*, DB 1994, 217, 224; DKK/*Däubler*, §§ 112, 112a BetrVG Rz. 4; *Fitting*, §§ 112, 112a BetrVG Rz. 33; Richardi/*Annuß*, § 112 Rz. 220. | 7 *Fitting*, §§ 112, 112a BetrVG Rz. 33; aA Richardi/*Annuß*, § 112 Rz. 220. | 8 GK-BetrVG/*Fabricius/Oetker*, §§ 112, 112a Rz. 206. | 9 GK-BetrVG/*Fabricius/Oetker*, §§ 112, 112a Rz. 206; Richardi/*Annuß*, § 112 Rz. 220; *Rumpff/Boewer*, Mitbestimmung in wirtschaftliche Angelegenheiten, I. Rz. 38; aA wohl *Fitting*, §§ 112, 112a BetrVG Rz. 33; AR-Blattei SD/*Heither*, 530.14.5, Rz. 147. | 10 So ausdrücklich GK-BetrVG/*Fabricius/Oetker*, §§ 112, 112a Rz. 201; *Friedemann*, Das Verfahren der Einigungsstelle für Interessenausgleich und Sozialplan, 1997, Rz. 36 Fn. 62; wohl auch *Etzel*, Betriebsverfassungsrecht, Rz. 1009. | 11 Vgl. im Einzelnen GK-BetrVG/*Fabricius/Oetker*, §§ 112, 112a Rz. 204. | 12 Vgl. die Nachw. bei Richardi/*Annuß*, § 112 Rz. 222; GK-BetrVG/*Fabricius/Oetker*, §§ 112, 112a Rz. 204; *Rumpff/Boewer*, Mitbestimmung in wirtschaftlichen Angelegenheiten, I. Rz. 37. | 13 Vgl. die Nachw. bei *Fitting*, §§ 112, 112a BetrVG Rz. 33.

§ 113 Abs. 3 vor[1]. Diese Verpflichtung soll den ArbGeb selbst dann treffen, wenn der BR von vornherein mitgeteilt hat, mit dem ArbGeb keinen Interessenausgleich abschließen zu wollen[2]. Dies muss man wohl als überzogen ansehen, wenn das Verfahren angesichts des Standpunkts des BR als reine Förmelei erscheint[3]. Immerhin hat es das BAG für möglich angesehen, dass die Verpflichtung zur Anrufung der Einigungsstelle entfallen kann, wenn der BR die Verhandlungen **rechtsmissbräuchlich hinauszögert**[4].

21 Ebenso wie der Vermittlungsversuch der BA (vgl. hierzu Rz. 16 ff.) kann sich auch das **Einigungsstellenverfahren** entweder **ausschließlich auf den Interessenausgleich oder zugleich auf den Sozialplan** beziehen[5]. Der Gegenstand des Einigungsstellenverfahrens unterliegt der Disposition des Antragstellers. Der ArbGeb kann sich daher aus Gründen der Beschleunigung des Verfahrens zunächst darauf beschränken, die Einigungsstelle nur im Hinblick auf den Interessenausgleich anzurufen[6]. Hat der BR seine Zustimmung zur geplanten Betriebsänderung jedoch von der Aufstellung eines Sozialplans abhängig gemacht (vgl. Rz. 11), muss sich auch die Einigungsstelle mit dem Sozialplan befassen. Bezieht sich der Antrag des ArbGeb dennoch nur auf den Interessenausgleich, kann der BR die Zuständigkeit der Einigungsstelle durch einen eigenen Antrag auf den Sozialplan erweitern[7].

22 Die **Anrufung der Einigungsstelle** erfolgt durch die Aufforderung der anderen Partei, sich an der Bildung einer Einigungsstelle zu beteiligen; dies geschieht in der Regel, indem konkrete Vorschläge über die Zahl der Beisitzer und der Person des Vorsitzenden unterbreitet werden (vgl. zur Bildung einer Einigungsstelle § 76 Rz. 16).

23 Das **Verfahren der Einigungsstelle** richtet sich nach § 76. Nach § 112 Abs. 3 sollen Unternehmer und BR der Einigungsstelle Vorschläge zur Beilegung der Meinungsverschiedenheiten unterbreiten. Die Einigungsstelle hat sodann eine Einigung der Parteien zu versuchen. Zu diesem Zweck kann der Vorsitzende der Einigungsstelle Informationen und Unterlagen von den Parteien anfordern und eine Seite auffordern, konkrete Vorschläge vorzulegen, soweit dies nicht bereits geschehen ist. Die Einigungsstelle kann sodann selbst einen Einigungsvorschlag unterbreiten, über den nach § 76 Abs. 3 zu entscheiden ist. Gelingt es, eine Einigung über den Interessenausgleich herbeizuführen, ist der Interessenausgleich schriftlich niederzulegen und vom Unternehmer, BR-Vorsitzenden und vom Vorsitzenden der Einigungsstelle zu unterzeichnen. Nur unter dieser Voraussetzung liegt ein wirksamer Interessenausgleich vor (vgl. Abs. 3 Satz 3). Da die Einigungsstelle nicht verbindlich über den Interessenausgleich entscheiden kann, wird in der Sache eine Kollektivvereinbarung zwischen den Betriebsparteien geschlossen, deren Wirksamkeit einen **Beschluss des BR** gemäß § 33 erforderlich macht[8]. In eiligen Fällen ist deshalb darauf zu achten, dass der BR als Gremium zeitnah ordnungsgemäß zusammentreten kann, um das Verhandlungsergebnis der Einigungsstelle ggf. zu genehmigen.

24 Kommt auch in der Einigungsstelle kein Interessenausgleich zustande, kann der Unternehmer die von ihm geplante Betriebsänderung wie geplant durchführen. Vereinzelt wird vertreten, dass hierfür eine **Feststellung der Einigungsstelle** bzw. des Vorsitzenden der Einigungsstelle dahingehend vorliegen muss, **dass die Verhandlungen um einen Interessenausgleich gescheitert sind**[9]. Eine so weitgehende Verpflichtung lässt sich aus dem Gesetz jedoch nicht herleiten. Sobald die geplante Betriebsänderung in der Einigungsstelle ausführlich beraten und Einigungsmöglichkeiten ausgelotet worden sind, muss es jeder Seite freistehen, weitere Bemühungen der Einigungsstelle für aussichtslos anzusehen und die Verhandlungen für gescheitert zu erklären. In einem solchen Fall setzt sich der Unternehmer Nachteilsausgleichsansprüchen gemäß § 113 Abs. 3 uE nur dann aus, wenn der **Abbruch der Verhandlungen willkürlich** war.

25 **3. Wirkungen des Interessenausgleichs.** Abs. 1 Satz 3 bestimmt lediglich für den Sozialplan, dass er die Wirkung einer BV hat, während im Hinblick auf den Interessenausgleich eine Regelung fehlt. Im Umkehrschluss kann dies nur bedeuten, dass der **Interessenausgleich weder die Wirkungen einer BV hat noch eine BV darstellt**[10]. Der Interessenausgleich wird daher überwiegend als Kollektivvereinbarung besonderer Art bezeichnet, auch wenn diese Charakterisierung keine wesentliche Klärung mit sich bringt[11]. Eine **normative Wirkung** des Interessenausgleichs, also eine **unmittelbare und zwingende Wirkung auf die**

---

1 BAG v. 18.12.1984 – 1 AZR 176/82, AP Nr. 11 zu § 113 BetrVG 1972; v. 9.7.1985 – 1 AZR 323/83, AP Nr. 13 zu § 113 BetrVG 1972; v. 1 AZR 97/01 – 20.11.2001, BB 2002, 1862, 1863; ebenso Richardi/*Richardi/Annuß*, § 113 BetrVG Rz. 29; *Fitting*, §§ 112, 112a BetrVG Rz. 35; DKK/*Däubler*, §§ 112, BetrVG 112a Rz. 5. |2 Richardi/*Richardi/Annuß*, § 113 BetrVG Rz. 30. |3 Vgl. GK-BetrVG/*Fabricius/Oetker*, § 113 BetrVG Rz. 40; *Matthes*, FS Wlotzke, S. 393, 403. |4 BAG v. 20.11.2001 – 1 AZR 97/01, BB 2002, 1862, 1863. |5 *Fitting*, §§ 112, 112a BetrVG Rz. 34. |6 Richardi/*Annuß*, § 112 Rz. 226 f.; GK-BetrVG/*Fabricius-Oetker*, §§ 112, 112a Rz. 213 f.; *Etzel*, Betriebsverfassungsrecht, Rz. 1008. |7 Vgl. *Fitting*, §§ 112, 112a BetrVG Rz. 34. |8 Vgl. BAG v. 24.2.2000 – 8 AZR 180/99, AP Nr. 7 zu § 1 KSchG 1969 unter II. 3. b); *Fitting*, §§ 112, 112a BetrVG Rz. 45; GK-BetrVG/*Fabricius/Oetker*, §§ 112, 112a Rz. 222; *Stege/Weinspach/Schiefer*, §§ 111–113 BetrVG Rz. 122. |9 *Fitting*, §§ 112, 112a BetrVG Rz. 47; *Röder/Baeck*, S. 21 f. beide unter Hinweis auf LAG Düsseldorf 14.11.1983 – 12 TaBV 88/83, DB 1984, 511, der Entscheidung ist aber die Erforderlichkeit einer solchen Feststellung durch den Vorsitzenden nicht zu entnehmen; *Friedemann*, Das Verfahren der Einigungsstelle für Interessenausgleich und Sozialausgleich, 1997, Rz. 441. |10 ErfK/*Kania*, §§ 112, 112a BetrVG Rz. 9; GK-BetrVG/*Fabricius/Oetker*, §§ 112, 112a Rz. 50; HSG/*Hess*, § 112 BetrVG Rz. 12; *Willemsen/Hohenstatt*, NZA 1997, 345, 347 f.; aA *Ohl*, Der Sozialplan, S. 68; *Matthes*, FS Wlotzke 1996, 393, 396 f. |11 BAG v. 20.4.1994 – 10 AZR 186/93, AP Nr. 27 zu § 113 BetrVG 1972 unter II.2.b); *Röder/Baeck*, S. 72 und dortige Fn. 411; MünchArbR/*Matthes*, § 361 Rz. 28.

Einzelarbeitsverhältnisse, wird ganz überwiegend abgelehnt[1]. Aus den typischen Organisationsregelungen (vg. Rz. 5) eines Interessenausgleichs ergeben sich ohnehin zumeist keine direkten Auswirkungen auf das einzelne Arbeitsverhältnis[2]. Ein Bedürfnis für eine normative Wirkung könnte sich allerdings im Hinblick auf sog. **Folgeregelungen** (oder bei Regelungen mit Doppelcharakter; vgl. Rz. 5) stellen, zB wenn in einem Interessenausgleich ein Personalabbau, zugleich jedoch über die vereinbarten Grenzen hinaus ein **Ausschluss betriebsbedingter Kündigungen** für einen bestimmten Zeitraum vereinbart worden ist. Im Hinblick auf solche Regelungen wird in Rspr. und Schrifttum teilweise angenommen, dass sich aus dem Interessenausgleich unmittelbare normative Rechte und Ansprüche der ArbN ableiten[3]. Diese Auffassung wird jedoch dem besonderen Charakter des Interessenausgleichs nicht gerecht. Insbesondere wird übersehen, dass der Gesetzgeber ausdrücklich ausgeschlossen hat, dass der Interessenausgleich eine BV darstellt. Im Übrigen verstößt diese Auffassung gegen den Vorrang der Sanktionsregelung in § 113 Abs. 1 und 2[4]. Da es den Betriebsparteien jedoch unbenommen bleibt, freiwillige BV abzuschließen, die entsprechende Rechtsansprüche für die ArbN begründen, oder aber den Interessenausgleich ausdrücklich als BV abzuschließen[5], sollte für die Praxis der Schluss gezogen werden, dass im Interessenausgleich ausdrücklich festgelegt wird, welche Regelungen ggfls. unmittelbare Wirkung auf die einzelnen Arbeitsverhältnisse entfalten sollen[6]. **Unterbleibt** dies, **verbleibt** es bei den Sanktionsmöglichkeiten gemäß § 113, ohne dass eine normative Wirkung auf das Arbeitsverhältnis erfolgen kann.

Eine davon gesondert zu sehende Fragestellung betrifft die **kollektivrechtliche Bindungswirkung** des Interessenausgleichs. Dass eine kollektivrechtliche Bindungswirkung bestehen muss, zeigt § 113 Abs. 1, da ansonsten an die Nichtbeachtung des Interessenausgleichs keine Sanktionen geknüpft werden könnten[7]. Daraus kann jedoch nach zutreffender Ansicht *nicht* auf einen **kollektivrechtlichen Erfüllungsanspruch des BR** und ebenso wenig auf das Bestehen von **Unterlassungsansprüchen bei Abweichungen vom Interessenausgleich** geschlossen werden[8], da ansonsten systematische und wertungsmäßige Widersprüche mit der Sanktionsregelung in § 113 entstünden. Die den §§ 111–113 zugrunde liegende Konzeption geht insgesamt von einem Freiraum unternehmerischer Betätigung aus, mit dem es nicht vereinbar wäre, wenn der Unternehmer im Rahmen arbeitsgerichtlicher Verfahren zur Durchführung von organisatorischen Maßnahmen oder zu deren Unterlassung gezwungen werden könnte[9]. Eine hiervon abweichende Auffassung in der Lit. lässt hingegen einen kollektivrechtlichen Erfüllungsanspruch zu[10]. 26

III. Sozialplan. 1. Allgemeines; Zweck des Sozialplans. Der Sozialplan ist gemäß Abs. 1 Satz 2 die Einigung über den **Ausgleich oder die Milderung der wirtschaftlichen Nachteile**, die den ArbN infolge der geplanten Betriebsänderung entstehen. Gemäß Satz 3 hat der Sozialplan die Wirkung einer **BV** (§ 77), wobei der Tarifvorrang, wie er in § 77 Abs. 3 geregelt ist, keine Anwendung finden soll (vgl. hierzu Rz. 80 f.). 27

Im Hinblick auf die Wirksamkeit der in ihm geregelten Bestimmungen ist zwischen dem **frei vereinbarten** Sozialplan und dem **erzwungenen Sozialplan**, der von der Einigungsstelle verabschiedet wird, zu unterscheiden. Bei einem vereinbarten Sozialplan bestehen erhebliche Regelungsspielräume, während der von der Einigungsstelle aufgestellte Sozialplan die **Richtlinien nach Abs. 5** beachten muss[11]. Maßnahmen, die die Betriebsänderung selbst betreffen und verhindern sollen, dass wirtschaftliche Nachteile überhaupt entstehen, können nicht Bestandteil des (erzwingbaren) Sozialplans sein (vgl. Rz. 7). 28

Der Zweck des Sozialplans besteht in erster Linie darin, den von einer Entlassung betroffenen ArbN eine **Überbrückungshilfe** bis zu einem neuen Arbeitsverhältnis oder bis zum Bezug von Altersrenten zu gewähren[12]. Daraus hat das BAG den Schluss gezogen, dass sich die zu zahlenden Abfindungen **nicht ausschließlich an der bisherigen Betriebszugehörigkeit** orientieren dürfen, es sei denn, dass sich die anderen Sozialdaten der ArbN nur marginal unterscheiden[13]. Die **Überbrückungs- und Vorsorgefunktion** des Sozial- 29

---

1 BAG v. 20.4.1994 – 10 AZR 186/93, AP Nr. 27 zu § 113 BetrVG 1972; ebenso LAG Düsseldorf v. 16.12.1996, LAGE § 112 BetrVG 1972 Nr. 41; BGH NJW 2001, 439, 440; GK-BetrVG/*Fabricius/Oetker*, §§ 112, 112a Rz. 50 f.; *Willemsen/Hohenstatt*, NZA 1997, 345, 347 f.; *Schweibert* in Willemsen/Hohenstatt/Schweibert/Seibt, Rz. C 194; *Fitting*, §§ 112, 112a BetrVG Rz. 50; *Picot/Schnitker*, II Rz. 144; ErfK/*Kania*, §§ 112, 112a BetrVG Rz. 9. |2 Vgl. *Willemsen/Hohenstatt*, NZA 1997, 345, 346 f. |3 GK-BetrVG/*Fabricius/Oetker*, §§ 112, 112a Rz. 51; DKK/*Däubler*, §§ 112, 112a BetrVG Rz. 21; MünchArbR/*Matthes*, § 361 Rz. 31. |4 *Willemsen/Hohenstatt*, NZA 1997, 345, 347. |5 Vgl. *Willemsen/Hohenstatt*, NZA 1997, 345, 347; GK-BetrVG/*Fabricius/Oetker*, §§ 112, 112a Rz. 51; DKK/*Däubler*, §§ 112, 112a BetrVG Rz. 19; *Fitting*, §§ 112, 112a BetrVG Rz. 53. |6 Vgl. *Picot/Schnitker*, II Rz. 144. |7 Vgl. GK-BetrVG/*Fabricius/Oetker*, §§ 112, 112a Rz. 53. |8 BAG v. 28.8.1991 – 7 ABR 72/90, AP Nr. 2 zu § 85 ArbGG 1979; *Willemsen/Hohenstatt*, NZA 1997, 346, 348 ff.; ErfK/*Kania*, §§ 112, 112a BetrVG Rz. 9; *Bauer* DB 1994, 271, 273; Löwisch, RdA 1989, 216, 217; Richardi/Annuß, § 112 Rz. 45. |9 Richardi/*Annuß*, § 112 Rz. 45; GK-BetrVG/*Fabricius/Oetker*, §§ 112, 112a Rz. 61. |10 *Fitting*, 112, 112a BetrVG Rz. 51; MünchArbR/*Matthes*, § 361 Rz. 28; *Zwanziger*, BB 1998, 477, 479; *Meyer*, BB 2001, 882, 885; DKK/*Däubler*, §§ 112, 112a BetrVG Rz. 16; *Schweibert* in Willemsen/Hohenstatt/Schweibert/Seibt, Rz. C 194 ff. |11 Vgl. BAG v. 9.11.1994 – 10 AZR 281/94, AP Nr. 85 zu § 112 BetrVG 1972; Richardi/*Annuß*, § 112 Rz. 50; *Fitting*, §§ 112, 112a BetrVG Rz. 78. |12 BAG v. 28.10.1992 – 10 AZR 129/92, AP Nr. 66 zu § 112 BetrVG 1972; v. 16.3.1994 – 10 AZR 606/93, AP Nr. 75 zu § 112 BetrVG 1972; v. 30.11.1994 – 10 AZR 578/93, AP Nr. 89 zu § 112 BetrVG 1972; v. 9.11.1994 – 10 AZR 281/94, AP Nr. 85 zu § 112 BetrVG 1972; v. 5.10.2000 – 1 AZR 48/00, AP Nr. 141 zu § 112 BetrVG 1972; v. 30.10.2001 – 1 AZR 65/01, DB 2002, 903. |13 BAG v. 9.11.1994 – 10 AZR 281/94, AP Nr. 85 zu § 112 BetrVG 1972; v. 30.3.1994 – 10 AZR 352/93, AP Nr. 76 zu § 112 BetrVG 1972 unter II.3; v. 12.11.2002 – 1 AZR 58/02, NZA 2003, 1287.

plans[1] hat daher zumindest Vorrang vor der Entschädigungsfunktion im Hinblick auf den Verlust des Arbeitsplatzes[2]. Die praktischen Auswirkungen dieser verschiedenen Ansätze sind indessen begrenzt. So ist anerkannt, dass auch zu Zwecken der Bemessung der Überbrückungshilfe ua. auf das Lebensalter und auf die Betriebszugehörigkeit abgestellt werden darf, da ältere ArbN, die zumeist auch über längere Betriebszugehörigkeiten verfügen, schwerer zu vermitteln sind und deshalb in besonderem Maße der Überbrückungshilfe bedürfen[3]. Da den Betriebsparteien bzw. der Einigungsstelle häufig Maßstäbe für eine verlässliche Prognose der Arbeitsmarktaussichten der Mitarbeiter fehlen, wird sich die Bemessung der Sozialplanabfindungen auch zukünftig weitgehend an **vergangenheitsbezogenen Kriterien** orientieren. Unbestritten ist, dass im Rahmen des erzwingbaren Sozialplans ausschließlich wirtschaftliche Nachteile gemildert oder ausgeglichen werden können, nicht hingegen immaterielle Nachteile[4] oder rechtliche Nachteile[5].

30   **2. Erzwingbarkeit des Sozialplans.** Die Aufstellung eines Sozialplans ist – im Gegensatz zum Interessenausgleich – erzwingbar. Kommt keine Einigung zustande, entscheidet die **Einigungsstelle** mit bindender Wirkung (Abs. 4). Die Mitbest. über den Sozialplan ist unabhängig vom Interessenausgleich[6]. Zwar setzt die Erzwingbarkeit des Sozialplans das Vorliegen einer Betriebsänderung voraus, wobei § 112a Ausnahmen regelt, bei denen trotz Vorliegens einer Betriebsänderung kein Sozialplan erzwungen werden kann; der Anspruch auf Aufstellung eines Sozialplans besteht jedoch auch dann, wenn der Unternehmer keinen Interessenausgleich versucht bzw. erreicht hat. Auch **nach Durchführung der Betriebsänderung** kann noch der Abschluss eines Sozialplans verlangt werden[7]. Auch bei Vorliegen einer Verpflichtung zum Nachteilsausgleich kann der Abschluss eines Sozialplans verlangt werden, auch wenn die Ansprüche gegeneinander verrechnet werden können (vgl. hierzu § 113 Rz. 17).

31   Ohne Vorliegen einer **konkret geplanten Betriebsänderung** kann die Aufstellung von Sozialplänen nicht verlangt werden. Ein **vorsorglicher Sozialplan** bzw. ein **Rahmensozialplan** für noch nicht feststehende Betriebsänderungen kann **freiwillig** vereinbart werden, ist jedoch **nicht erzwingbar**[8]. Besteht eine rechtliche Unsicherheit dahingehend, ob ein Betriebsübergang auf einen Erwerber möglich ist oder ob es zur Stilllegung kommt, kann vorsorglich für den Fall einer Betriebsstilllegung ein Sozialplan abgeschlossen werden[9]. Hingegen darf der Sozialplan keine Ausschlussklausel dahingehend enthalten, dass ein Anspruch eine erfolglose Feststellungsklage gg. den potentiellen Betriebserwerber voraussetzt. Eine solche Regelung ist unzumutbar[10]. Nach Auffassung des BAG verzichtet der BR bei Aufstellung eines vorsorglichen Sozialplans zugleich auf seine Beteiligungsrechte im Hinblick auf den wirtschaftlichen Ausgleich der Nachteile, die aus zukünftigen Betriebsänderungen resultieren. Dieser Verzicht sei zulässig, da der Ausgleich wirtschaftlicher Nachteile abstrakt generell geregelt werden könne und nicht unbedingt von der einzelnen Betriebsänderung abhängig sei[11]. In der Lit. wird hingegen vertreten, dass der BR ohne Kenntnis der konkreten Betriebsänderung nicht auf sein MitbestR im Hinblick auf den Sozialplan verzichten könne, so dass die Regelungen eines Rahmensozialplans oder eines vorsorglichen Sozialplans nur **Mindestbestimmungen** darstellten, die durch den Abschluss eines ergänzenden Sozialplans noch „aufgebessert" werden könnten[12]. Dies kann jedoch allenfalls dann gelten, wenn der Rahmen- oder vorsorgliche Sozialplan bestimmte Nachteile, die durch eine konkrete Betriebsänderung entstehen, nicht regelt; in diesem Fall muss eine Ergänzung vorgenommen werden. Hingegen können nicht die Abfindungen für den Verlust des Arbeitsplatzes „nachverhandelt" werden, wenn diese im Rahmen des Sozialplans bereits verbindlich vereinbart wurden.

32   **3. Personeller Geltungsbereich und Zuständigkeit für den Sozialplan.** Der Sozialplan gilt nur für die ArbN des Betriebs (§ 5 Abs. 1; vgl. § 5 Rz. 2 ff.), soweit sie von dem vereinbarten personellen Anwendungsbereich umfasst sind. Für **leitende Angestellte** (§ 5 Abs. 3) gilt der Sozialplan nicht, auch wenn er sich ausdrücklich auf diesen Personenkreis bezieht. Der BR hat für leitende Angestellte **kein Mandat**[13]. Allerdings

---

1 IdS bereits *Galperin/Löwisch*, § 112 Rz. 3; *Willemsen*, Arbeitnehmerschutz bei Betriebsänderungen im Konkurs, 1980, S. 212. |2 IdS wurde die Entscheidung des Großen Senats des BAG verstanden – BAG v. 13.12.1978 – GS 1/77, AP Nr. 6 zu § 112 BetrVG 1972; vgl. auch *Richardi*, Sozialplan S. 11 ff.; *Fuchs*, Der Sozialplan nach dem BetrVG 1972, S. 28 ff.; *Ohl*, Der Sozialplan, 1977, S. 6 ff. |3 *Fitting*, §§ 112, 112a BetrVG Rz. 103; vgl. auch DKK/*Däubler*, §§ 112, BetrVG 112a Rz. 41; ErfK/*Kania*, §§ 112, 112a BetrVG Rz. 12. |4 *Fitting*, §§ 112, 112a BetrVG Rz. 99; DKK/*Däubler*, §§ 112, 112a BetrVG Rz. 39; ErfK/*Kania*, §§ 112, 112a BetrVG Rz. 12. |5 *Richardi/Annuß*, § 112 Rz. 53. |6 *Richardi/Annuß*, § 112 Rz. 60; *Roeder/Baeck* S. 134. |7 BAG v. 15.10.1979 – 1 ABR 49/77, AP Nr. 5 zu § 111 BetrVG 1972. |8 BAG v. 25.10.1983 – 1 AZR 225/8 nv., zitiert nach *Fitting*, § 112, 112a BetrVG Rz. 80; BAG v. 26.8.1997 – 1 ABR 12/97, AP Nr. 117 zu § 112 BetrVG 1972; DKK/*Däubler*, §§ 112, 112a BetrVG Rz. 130; *Röder/Baeck*, S. 134; *Schweibert* in Willemsen/Hohenstatt/Schweibert/Seibt, Rz. C 208 ff. |9 BAG v. 1.4.1998 – 10 ABR 17/97, AP Nr. 123 zu § 112 BetrVG 1972; v. 22.7.2003 – 1 AZR 575/02, DB 2003, 2658; *Löwisch*, FS für Dieterich 1999, S. 345, 346; *Richardi/Annuß*, § 112 Rz. 66; DKK/*Däubler*, §§ 112, 112a BetrVG Rz. 132 b. |10 BAG v. 22.7.2003 – 1 AZR 575/02, DB 2003, 2658. |11 BAG v. 26.8.1997 – 1 ABR 12/97, AP Nr. 117 zu § 112 BetrVG 1972; vgl. auch BAG v. 19.1.1999 – 1 AZR 342/98, NZA 1999, 949, 950. |12 DKK/*Däubler*, §§ 112, 112a BetrVG Rz. 131 bzgl. Rahmensozialplan, Rz. 132 a bzgl. vorsorgl. Sozialplan; *Löwisch*, FS Dieterich, 1999, S. 345, 347 ff.; *C.Meyer*, Anm. zu AP Nr. 117 zu § 112 BetrVG 1972 unter IV. 3.; aA ErfK/*Kania*, §§ 112, 112a BetrVG Rz. 15; *Roeder/Baeck*, S. 135; *Schweibert* in Willemsen/Hohenstatt/Schweibert/Seibt, Rz. C 212; *Picot/Schnitker*, II E. Rz. 168. |13 BAG v. 31.1.1979 – 5 AZR 454/77, AP Nr. 8 zu § 112 BetrVG 1972; v. 16.7.1985 – 1 AZR 206/81, AP Nr. 32 zu § 112 BetrVG 1972; *Richardi/Annuß*, § 112 Rz. 74; GK-BetrVG/*Fabricius*, §§ 112, 112a Rz. 65; DKK/*Däubler*, §§ 112, 112a BetrVG Rz. 47.

soll in einem die leitenden Angestellten einbeziehenden Sozialplan ein Vertrag zugunsten Dritter iSv. § 328 BGB liegen können[1]. Aufgrund des arbeitsrechtlichen Gleichbehandlungsgrundsatzes ist der ArbGeb aber nicht verpflichtet, auch den leitenden Angestellten Abfindungen für den Verlust des Arbeitsplatzes zu zahlen[2]. Mit dem **SprAu** für leitende Angestellte kann jedoch eine dem Sozialplan vergleichbare Regelung vereinbart werden, wobei der SprAu einen Sozialplan nicht erzwingen kann (vgl. § 32 Abs. 2 SprAuG). Ob für den Sozialplan der örtliche BR oder der **GesamtBR bzw. KonzernBR zuständig** ist, beurteilt sich nach §§ 50, 58 (s. zur Zuständigkeit im Rahmen von § 111 und für den Interessenausgleich § 111 Rz. 73 und § 112 Rz. 14). Aus der Zuständigkeit (zB des GesamtBR) für den Interessenausgleich folgt nach der Rspr. des BAG[3] nicht ohne weiteres die Zuständigkeit für den Abschluss des Sozialplans; im Hinblick auf den Sozialplan sei gesondert zu überprüfen, ob – wie im Regelfall – der örtliche BR zuständig oder ob eine **zwingende Notwendigkeit einer betriebs- bzw. unternehmensübergreifenden Regelung** gegeben ist. In der Praxis wird sich aber in der Regel eine einheitliche Zuständigkeit für den Interessenausgleich und den Sozialplan ergeben[4]. Betrifft nämlich der Interessenausgleich eine betriebs- oder unternehmensübergreifend angelegte Betriebsänderung, muss der Sozialplan diesem Umstand Rechnung tragen; steht für die Abfindungen insgesamt nur ein **begrenztes finanzielles Volumen** zur Verfügung (Beispiel: insolvenznahe Situation), kann dessen Verteilung nur unternehmenseinheitlich geregelt werden, woraus sich die Zuständigkeit des GesamtBR ergibt[5]. Sieht der Interessenausgleich **betriebs- bzw. unternehmensübergreifende Versetzungen und Umsetzungen** vor, können die in diesem Zusammenhang erforderlichen Ausgleichsregelungen ebenfalls nur einheitlich geregelt werden, was zur Zuständigkeit des GesamtBR bzw. KonzernBR führt[6]. Hingegen kann bei übergreifenden Maßnahmen die Zuständigkeit der örtlichen BR nicht allein damit begründet werden, dass sich die Bemessung und Ausgestaltung der Sozialplanleistungen nach den örtlichen Gegebenheiten richten müsse, die für jeden Betrieb gesondert zu beurteilen seien. Derlei lokale Unterschiede können auch vom GesamtBR oder KonzernBR berücksichtigt werden[7].

4. Der einvernehmliche Sozialplan. a) Zustandekommen. Das Verfahren zur Vereinbarung eines Sozialplans läuft zunächst parallel mit den Bemühungen um einen Interessenausgleich. Aus Abs. 2 und Abs. 3 ergibt sich, dass das Verfahren insoweit in einem systematischen Zusammenhang steht[8]. 33

Der Sozialplan bedarf der **Schriftform**. Er ist vom Unternehmer und vom Vorsitzenden des BR oder seinem Vertreter zu **unterschreiben** (Abs. 1 Satz 1 und 2). Dem Abschluss des Sozialplans muss ein wirksamer Beschluss des BR zugrunde liegen (§ 33; vgl. bereits Rz. 15). Die Wahrung der **Schriftform ist Wirksamkeitsvoraussetzung**[9]. 34

b) Ausgleich der wirtschaftlichen Nachteile. Die **Betriebspartner** sind bei der Aufstellung eines Sozialplans **im Wesentlichen frei in ihrer Entscheidung, welche Nachteile in welchem Umfang ausgeglichen oder gemindert werden sollen**[10]. Die in Abs. 5 normierten Ermessensgrenzen finden auf den einvernehmlichen Sozialplan keine Anwendung (vgl. Rz. 28). Ein Ausgleich kann auch erfolgen, wenn keine wesentlichen Nachteile vorliegen[11]. 35

Die **Nachteile** müssen **konkret durch die geplante Betriebsänderung verursacht** worden sein. Wird ein Betrieb gespalten (§ 111 Satz 3 Nr. 3) und ein Betriebsteil auf einen anderen Rechtsträger übertragen, können die **Nachteile, die sich aus dem Rechtsträgerwechsel ergeben** (Verringerung der Haftungsmasse; befristete Befreiung von der Sozialplanpflicht gem. § 112a Abs. 2) daher **nicht Gegenstand erzwingbarer Regelungen des Sozialplans sein**[12]. Gleiches gilt, wenn der neue ArbGeb weniger ArbN beschäftigt und hierdurch bestimmte Schwellenwerte (zB § 111) nicht mehr überschritten werden. Sofern durch § 613a Abs. 1 Satz 3 BGB eine **Änderung im Hinblick auf die anzuwendenden TV** eintritt (vgl. 36

---

1 BAG v. 31.1.1979 – 5 AZR 454/77, AP Nr. 8 zu § 112 BetrVG 1972; Stege/Weinspach/Schiefer, §§ 111–113 BetrVG Rz. 90; Hanau, RdA 1979, 324, 329 sieht in dem BR als Vertreter ohne Vertretungsmacht; gegen jegliche Erweiterung der Regelungskompetenz des BR: MünchArbR/Matthes, § 362 Rz. 21; Fitting, § 112, 112a BetrVG Rz. 177; Röder/Baeck, S. 136; Richardi/Annuß spricht von Erklärungen des ArbG im Sozialplan als einem Vertragsangebot an die leitenden Angestellten, das diese konkludent annehmen könnten, § 112 Rz. 74. |2 BAG v. 16.7.1985 – 1 AZR 206/81, AP Nr. 32 zu § 112 BetrVG 1972 unter Aufgabe der noch in BAG v. 31.1.1979 – 5 AZR 454/77, AP Nr. 8 zu § 112 BetrVG 1972, vertretenen Rechtsansicht; ErfK/Kania, §§ 112, 112a BetrVG Rz. 19; DKK/Däubler, §§ 112, 112a BetrVG Rz. 47; HSG/Hess, § 112 BetrVG Rz. 37; Knorr, Sozialplan im Widerstreit der Interessen, § 6 Rz. 33; aA Stege/Weinspach/Schäfer, §§ 111–113 BetrVG Rz. 90. |3 BAG v. 11.12.2001 – 1 AZR 193/01, AP Nr. 22 zu § 50 BetrVG 1972; v. 23.10.2002 – 7 ABR 55/01, ZIP 2003, 1514; GK-BetrVG/Fabricius/Oetker, §§ 112, 112a Rz. 153; ErfK/Eisemann, § 50 BetrVG Rz. 6; Schweibert in Willemsen/Hohenstatt/Schweibert, Rz. C 315; abl. Röder/Baeck, Praxishandbuch 28/109. |4 Hiervon ohne weiteres ausgehend Richardi/Richardi/Annuß, § 50 BetrVG Rz. 37. |5 BAG v. 11.12.2001 – 1 AZR 193/01, AP Nr. 22 zu § 50 BetrVG 1972 Bl. 4.; so auch Siebert, Burkhard, Die Zuständigkeit des Gesamtbetriebsrats, 1999, S. 154, der ansonsten stets von der Zuständigkeit des örtlichen BR ausgeht; DKK/Trittin, § 50 BetrVG Rz. 59. |6 BAG v. 23.10.2002 – 7 ABR 55/01, ZIP 2003, 1514, 1516. |7 Schweibert in Willemsen/Hohenstatt/Schweibert, Rz. C 317; Richardi/Richardi/Annuß, § 50 BetrVG Rz. 37. |8 Fitting, §§ 112, 112a BetrVG Rz. 108. |9 Richardi/Annuß, § 112 Rz. 78; Fitting, §§ 112, 112a BetrVG Rz. 112. |10 BAG v. 19.10.1999 – 1 AZR 838/98, AP Nr. 135 zu § 112 BetrVG 1972; ErfK/Kania, §§ 112, 112a BetrVG Rz. 27; Röder/Baeck, S. 141. |11 Fitting, §§ 112, 112a BetrVG Rz. 79; Richardi/Annuß, § 112 Rz. 86; Picot/Schnitker, II E. Rz. 166. |12 BAG v. 10.12.1996 – 1 ABR 32/96, AP Nr. 110 zu § 112 BetrVG 1972; v. 5.2.1997 – 10 AZR 553/96, AP Nr. 112 zu § 112 BetrVG 1972; v. 25.1.2000 – 1 ABR 1/99, AP Nr. 137 zu § 112 BetrVG 1972; Richardi/Annuß, § 112 Rz. 87; aA DKK/Däubler, §§ 112, 112a BetrVG Rz. 35; Hanau, FS Gaul, 1992, 287, 295.

hierzu § 613a BGB Rz. 267) sind auch hieraus entstehende Nachteile dem Rechtsträgerwechsel geschuldet und gelten *nicht* als Nachteile, die durch die Betriebsänderung selbst eintreten[1].

37 **Widersprechen** ArbN dem **Übergang ihres Arbeitsverhältnisses** im Zuge einer Betriebsänderung (§ 613a Abs. 6 BGB) und müssen deshalb entlassen werden, können diese Entlassungen Bestandteil oder Gegenstand einer Betriebsänderung sein (vgl. § 111 Rz. 31). Der abzuschließende Sozialplan kann von vornherein widersprechende ArbN einbeziehen. Ebenso kommt in Betracht, dass Regelungen für widersprechende ArbN später vereinbart werden, sobald feststeht, in welcher Zahl es zu Widersprüchen gekommen ist und welche wirtschaftlichen Nachteile den betreffenden Mitarbeitern entstehen[2]. Die Einigungsstelle kann die **Abfindungen** für dem Übergang von Arbeitsverhältnissen **widersprechenden ArbN kürzen**, insb. dann, wenn keine plausiblen Gründe für den Widerspruch geltend gemacht werden können. Dies ergibt sich aus der Wertung, die § 112 Abs. 5 Nr. 2 Satz 2 beinhaltet (vgl. näher § 112 Rz. 50).

38 Es entspricht nach wie vor der Praxis, dass Abfindungen für entlassene ArbN **pauschaliert in Abhängigkeit von der Betriebszugehörigkeit, dem Lebensalter und anderen Faktoren** festgelegt werden. Dies soll auch im Hinblick auf die im Vordergrund stehende Überbrückungsfunktion des Sozialplans zulässig sein (vgl. Rz. 29)[3]. Im Hinblick auf die zukünftig eintretenden Nachteile sind insb. die **Unterhaltspflichten** des ArbN zu berücksichtigen. Sofern Zuschläge von der Zahl unterhaltsberechtigter Kinder abhängig gemacht werden, ist es zulässig, auf die entsprechende Eintragung auf der LStKarte abzustellen[4]. Auch im Hinblick auf die Eigenschaft als Schwerbehinderter sind Stichtagsregelungen zulässig[5]. Dies folgt daraus, dass die finanziellen Belastungen aus einem Sozialplan voraussehbar sein müssen[6].

39 Statt pauschaler Abfindungen können auch **Überbrückungsgelder** oder ähnliche Leistungen vorgesehen werden, die sich nach den **konkret eintretenden Nachteilen** richten[7]. Derlei Leistungen sind auch in Ergänzung zu pauschalierten Sozialplanabfindungen denkbar[8]. Auch die **vorzeitige Zahlung von Ruhegeldern** kommt als Ausgleichsmaßnahme in Betracht. Ähnliches gilt für die Zahlung von Sonderleistungen, die ohne den Sozialplan verfallen oder nicht entstehen würden (**Jubiläumszahlungen, Gratifikationen etc.**), wenngleich sich derlei Regelungen eher an der nicht im Vordergrund stehenden Ausgleichsfunktion des Sozialplans für den Verlust des Arbeitsplatzes und weniger an der Überbrückungsfunktion orientieren (vgl. hierzu Rz. 29)[9].

40 Der Sozialplan kann auch Leistungen zum Ausgleich von **Gehaltseinbußen** oder anderen Nachteilen vorsehen, die aus einer **Versetzung** resultieren[10]. In Betracht kommen zeitlich begrenzte oder einmalige Ausgleichszahlungen, Übernahme von Umzugs- oder Fahrtkosten, Zahlung von Trennungsentschädigungen und Umschulungskosten etc. Auch die Nachteile im Hinblick auf den **Verlust verfallbarer Anwartschaften** können im Sozialplan ganz oder teilweise ausgeglichen werden[11]. Angesichts der Verkürzung der Unverfallbarkeitsfristen gemäß § 1b Abs. 1 Satz 1 BetrAVG dürfte es aber keineswegs zwingend sein, dass der Sozialplan derlei Regelungen beinhaltet.

41 Das Risiko der **Verhängung einer Sperrzeit (§ 144 SGB III)** kann im Sozialplan dem ArbGeb auferlegt werden. Dies gilt insb. dann, wenn der Sozialplan Anreize für Mitarbeiter enthält, die aufgrund eines Aufhebungsvertrages ausscheiden[12].

42 Der Anspruch auf **bevorzugte Wiedereinstellung** ist streng genommen nicht Gegenstand des Sozialplans, da diese Regelung nicht unmittelbar dem Ausgleich wirtschaftlicher Nachteile dient, sondern sachlich eine Einschränkung der vom ArbGeb geplanten Betriebsänderung darstellt. Eine solche Regelung gehört daher zum nicht erzwingbaren Interessenausgleich[13].

43 Im Sozialplan kann ein **Härtefonds** gebildet werden, um besondere Nachteile, die zum Zeitpunkt des Abschlusses des Sozialplans noch nicht voraussehbar sind, ausgleichen zu können. Der Sache nach liegt hier eine Sozialeinrichtung des ArbGeb vor (§ 87 Abs. 1 Nr. 8)[14]. Es sind daher Regelungen über die Verteilung der Mittel zu treffen. Nicht verbrauchte Mittel des Härtefonds fallen an den ArbGeb zurück[15].

---

1 BAG v. 5.2.1997 – 10 AZR 553/96, AP Nr. 112 zu § 112 BetrVG 1972. |2 Vgl. zum Ganzen Richardi/*Annuß*, § 112 Rz. 88. |3 BAG v. 5.10.2000 – 1 AZR 48/00, AP Nr. 141 zu § 112 BetrVG 1972; MünchArbR/*Matthes*, § 362 Rz. 9; Röder/Baeck, S. 144 f. u. dortige Fn. 588; *Fitting*, §§ 112, 112a BetrVG Rz. 121; ErfK/*Kania*, §§ 112, 112a BetrVG Rz. 27; *Schweibert* in Willemsen/Hohenstatt/Schweibert/Seibt, C Rz. 239 ff. Zu Zulässigkeit und Grenze der Pauschalisierung von Sozialplananspüchen *Willemsen*, ZIP 1981, 1058 ff. |4 BAG v. 12.3.1997 – 10 AZR 648/96, AP Nr. 111 zu § 112 BetrVG 1972. |5 BAG v. 19.4.1983 – 10 AZR 498/81, AP Nr. 124 zu Art. 3 GG; Richardi/*Annuß*, § 112 Rz. 91; aA DKK/*Däubler*, §§ 112, 112a BetrVG Rz. 49. |6 Vgl. BAG v. 12.3.1997 – 10 AZR 648/96, AP Nr. 111 zu § 112 BetrVG 1972; Röder/Baeck, S. 144; Richardi/*Annuß*, § 112 Rz. 94 f. |7 Vgl. BAG v. 12.2.1985 – 1 AZR 40/84, AP Nr. 25 zu § 112 BetrVG 1972; Röder/Baeck, S. 144; Richardi/*Annuß*, § 112 Rz. 94 f. |8 *Fitting*, §§ 112, 112a BetrVG Rz. 125. |9 Richardi/*Annuß*, § 112 Rz. 95; Ohl, Der Sozialplan, 1977, S. 93 ff. |10 *Fitting*, §§ 112, 112a BetrVG Rz. 126; Richardi/*Annuß*, § 112 Rz. 96 f. |11 BAG v. 27.10.1987 – 1 ABR 9/86, AP Nr. 41 zu § 112 BetrVG 1972; v. 29.11.1978 – 5 AZR 553/77, AP Nr. 7 zu § 112 BetrVG 1972. |12 BAG v. 27.10.1987 – 1 ABR 9/86, AP Nr. 41 zu § 112 BetrVG 1972. |13 AA *Fitting*, § 112, 112a BetrVG Rz. 125; *Knorr*, Sozialplan im Widerstreit der Interessen, § 6 Rz. 52. |14 DKK/*Däubler*, §§ 112, 112a BetrVG Rz. 109; Richardi/*Annuß*, § 112 Rz. 100; *Knorr*, Sozialplan im Widerstreit der Interessen, § 6 Rz. 50. |15 LAG Bremen v. 15.6.1990 – 4 Sa 353/89, LAGE § 112 BetrVG 1972 Nr. 17; Richardi/*Annuß*, § 112 Rz. 100; DKK/*Däubler*, §§ 112, 112a BetrVG Rz. 112.

Verbindliche Höchstgrenzen für das Volumen eines einvernehmlichen Sozialplans bestehen nur im Zusammenhang mit einem Insolvenzverfahren (vgl. § 123 InsO). Der Sozialplan kann Abfindungen, die sich nach pauschalierenden Formeln berechnen, mit einer **Höchstbegrenzung** versehen, zB entsprechend § 10 KSchG[1]. 44

Einvernehmliche Sozialpläne können Leistungen vorsehen, die im Rahmen von Maßnahmen gewährt werden, die von der BA gefördert werden (vgl. hierzu unter Rz. 71 ff.). 45

c) Rechtliche Schranken der Regelungsbefugnis. Zwar sind Unternehmer und BR bei der einvernehmlichen Aufstellung eines Sozialplans im Grundsatz frei in ihrer Entscheidung, welche wirtschaftlichen Nachteile sie in welchem Umfang ausgleichen oder mindern wollen[2]. Jedoch besteht diese Freiheit nur in den **Grenzen von Recht und Billigkeit (§ 75)** und insb. unter Wahrung des **Gleichbehandlungsgrundsatzes**[3]. Dies bedeutet jedoch nicht, dass die Betriebsparteien verpflichtet wären, jeden wirtschaftlichen Nachteil auszugleichen oder zu mildern[4]. Auch wenn Abs. 5 auf den einvernehmlichen Sozialplan keine Anwendung findet, können aus der gesetzlichen Regelung die Wertungsmaßstäbe entnommen werden, die sinngemäß auch für einvernehmlich getroffene Regelungen Anwendung finden sollen[5]. 46

Die wesentlichsten Einschränkungen für die Regelungsfreiheit der Betriebspartner ergeben sich aus dem **Gleichbehandlungsgrundsatz**. Dies bedeutet einerseits, dass im Wesentlichen gleich gelagerte Fälle gleich zu behandeln sind. Andererseits sind jedoch dann Differenzierungen geboten, wenn unterschiedlich schwere wirtschaftliche Nachteile vorliegen oder Unterschiede im Hinblick auf deren Vermeidbarkeit bestehen[6]. So können insb. Mitarbeiter, die einen ihnen angebotenen anderen **zumutbaren Arbeitsplatz ablehnen**, von Abfindungen ausgeschlossen werden[7] (vgl. auch Rz. 67 f.). Auch eine Herabsetzung der Abfindung in solchen Fällen ist zulässig[8]. Die Festlegung, welche im Unternehmen oder Konzern zur Verfügung stehenden Arbeitsplätze **zumutbar** sind, obliegt den Betriebspartnern[9]. Sofern nicht abweichend geregelt, ist von einem zumutbaren Arbeitsplatz auszugehen, wenn die neue Position im Wesentlichen den Fähigkeiten und der Leistung sowie den Kenntnissen des ArbN entspricht[10]. Ein erforderlicher **Ortswechsel** (vgl. hierzu Abs. 5 Nr. 2) und mit der neuen Position verbundene Gehaltseinbußen sprechen nicht in jedem Fall gegen die Zumutbarkeit[11], auch wenn seitens der BR in den Verhandlungen zumeist der gegenseitige Standpunkt vertreten wird. Auch das Angebot einer **Teilzeitbeschäftigung**[12] kann zumutbar sein. Der Ausschluss von einer Abfindung oder deren Reduzierung kommt auch in Betracht, wenn Mitarbeiter auf **Vermittlung des ArbGeb** einen neuen **Arbeitsplatz außerhalb des Konzerns** gefunden haben[13]. Allerdings sind in diesen Fällen Differenzierungen erforderlich, je nachdem, welche Qualität der neue Arbeitsplatz aufweist und wie es um die Sicherheit dieses Arbeitsplatzes bestellt ist (Anerkennung der bisherigen Betriebszugehörigkeit; Verzicht auf eine Probezeit etc.)[14]. 47

ArbN, die ihr Arbeitsverhältnis aufgrund der Betriebsänderung **selbst kündigen**, können finanziell schlechter gestellt werden als diejenigen, die aufgrund einer ArbGebKündigung oder durch Aufhebungsvertrag ausscheiden[15]. Insbesondere ArbN, die vor einem bestimmten **Stichtag** selbst kündigen, haben in der Regel bessere Chancen auf dem Arbeitsmarkt, so dass die Kürzung der Abfindung gerechtfertigt erscheint[16]. Die Festlegung des Stichtags muss indessen **sachlich berechtigt** sein[17]. So kann auf den Zeitpunkt abgestellt werden, zu dem die Bemühungen um einen Interessenausgleich gescheitert sind[18] bzw. 48

---

1 BAG v. 23.8.1988 – 1 AZR 284/87, AP Nr. 46 zu § 112 BetrVG 1972; vgl. auch BAG v. 19.10.1999 – 1 AZR 838/98, AP Nr. 135 zu § 112 BetrVG 1972; Richardi/*Annuß*, § 112 Rz. 115. |2 BAG v. 28.9.1988 – 1 AbR 23/87, AP Nr. 47 zu § 112 BetrVG 1972; v. 30.11.1994 – 10 AZR 578/93, AP Nr. 89 zu § 112 BetrVG 1972; v. 13.11.1996 – 10 AZR 340/96, AP Nr. 4 zu § 620 BGB – Aufhebungsvertrag; v. 15.12.1998 – 1 AZR 332/98, AP Nr. 126 zu § 112 BetrVG 1972; v. 19.10.1999 – 1 AZR 838/98, AP Nr. 135 zu § 112 BetrVG 1972; v. 5.10.2000 – 1 AZR 48/00, AP Nr. 141 zu § 112 BetrVG 1972. |3 BAG v. 15.1.1991 – 1 AZR 80/90, AP Nr. 57 zu § 112 BetrVG 1972; v. 30.11.1994 – 10 AZR 578/93, AP Nr. 89 zu § 112 BetrVG 1972; v. 11.2.1998 – 10 AZR 22/97, AP Nr. 121 zu § 112 BetrVG 1972; *Fitting*, §§ 112, 112a BetrVG Rz. 153; Richardi/*Annuß*, § 112 Rz. 101 f.; *Knorr*, Sozialplan im Widerstreit der Interessen, § 6 Rz. 60. |4 BAG v. 20.4.1994 – 10 AZR 323/93, AP Nr. 77 zu § 112 BetrVG 1972; v. 9.11.1994 – 10 AZR 281/94, AP Nr. 85 zu § 112 BetrVG 1972. |5 Vgl. Richardi/*Annuß*, § 112 Rz. 101. |6 BAG v. 15.1.1991 – 1 AZR 80/90, AP Nr. 57 zu § 112 BetrVG 1972. |7 BAG v. 28.9.1988 – 1 ABR 23/87, AP Nr. 47 zu § 112 BetrVG 1972; v. 19.6.1996 – 10 AZR 23/96, AP Nr. 102 zu § 112 BetrVG 1972. |8 BAG v. 25.10.1983 – 1 AZR 260/82, AP Nr. 18 zu § 112 BetrVG 1972; v. 27.10.1987 – 1 ABR 9/86, AP Nr. 41 zu § 112 BetrVG 1972 (50 % Abschlag). |9 BAG v. 28.9.1988 – 1 ABR 23/87, AP Nr. 47 zu § 112 BetrVG 1972; v. 19.6.1996, AP Nr. 102 zu § 112 BetrVG 1972; *Fitting*, §§ 112, 112a BetrVG Rz. 157; Richardi/*Annuß*, § 112 Rz. 104; *Picot/Schnitker*, II E. Rz. 201. |10 Vgl. BAG v. 26.10.1995 – 6 AZR 928/94, AP Nr. 23 zu § 1 TVG – Tarifverträge: DDR; v. 18.4.1996 – 6 AZR 607/95, AP Nr. 14 zu § 4 TVG – Rationalisierungsschutz, unter II. 2. d.Gr. |11 Vgl. die umfangreiche Darstellung bei *Küttner*, FS Stahlhacke, S. 289, 301 f. |12 Vgl. BAG v. 18.4.1996, AP Nr. 14 zu § 4 TVG – Rationalisierungsschutz, bezogen auf eine 3/4tel-Stelle; vgl. zu einem Absicherungstarifvertrag auch BAG v. 28.2.2002 – 6 AZR 525/01, DB 2002, 1946. |13 BAG v. 19.6.1996 – 10 AZR 23/96, AP Nr. 102 zu § 112 BetrVG 1972; DKK/*Däubler*, §§ 112, 112a BetrVG Rz. 51; *Schweibert* in Willemsen/Hohenstatt/Schweibert/Seibt, Rz. C 260. |14 Einzelheiten hierzu bei DKK/*Däubler*, §§ 112, 112a BetrVG Rz. 51, 51a. |15 *Fitting*, §§ 112, 112a BetrVG Rz. 160; *Picot/Schnitker*, II E. Rz. 199. |16 BAG v. 24.1.1993 – 10 AZR 311/93, AP Nr. 72 zu § 112 BetrVG 1972 (50 % Abschlag); v. 6.8.1997 – 10 AZR 66/97, AP Nr. 116 zu § 112 BetrVG 1972; Richardi/*Annuß*, § 112 Rz. 107; *Fitting*, §§ 112, 112a BetrVG Rz. 161 f.; ErfK/*Kania*, § 112 BetrVG Rz. 25. |17 BAG v. 24.1.1996 – 10 AZR 155/95, AP Nr. 98 zu § 112 BetrVG 1972. |18 BAG v. 30.11.1994 – 10 AZR 578/93, AP Nr. 89 zu § 112 BetrVG 1972; vgl. GK-BetrVG/*Fabricius/Oetker*, §§ 112, 112a Rz. 275.

auf den Zeitpunkt des Zustandekommens des Interessenausgleichs. Auch die Bekanntgabe des Stilllegungsbeschlusses an den BR kommt als Anknüpfungspunkt in Betracht[1]. Insbesondere hat das BAG anerkannt, dass die Stichtagsregelung das Interesse eines ArbGeb an einer **geordneten Durchführung der Betriebsänderung** berücksichtigen darf[2]. Hingegen darf nicht ohne sachlichen Grund rein formal danach unterschieden werden, ob der ArbGeb oder der ArbN die Kündigung ausgesprochen hat[3]. Insbesondere dann, wenn die **Eigenkündigung** oder der Aufhebungsvertrag nach einem bestimmten Stichtag im Zusammenhang mit einer Betriebsänderung **vom ArbGeb veranlasst** worden sind, darf ein Ausschluss vom Abfindungsanspruch nicht erfolgen[4]. Nach Auffassung des LAG Köln[5] ist es zulässig, für sog. Schlüsselkräfte eine 25 %-ige Minderung der Abfindung vorzusehen, sofern diese vor dem Stillegungszeitpunkt selbst kündigen.

49 Wann eine Eigenkündigung oder ein Aufhebungsvertrag **vom ArbGeb veranlasst** sind, ist mitunter schwierig festzustellen. Nicht ausreichend ist es, wenn der ArbGeb den Mitarbeitern empfohlen hat, sich angesichts der wirtschaftlichen Lage des Unternehmens um eine neue Arbeitsstelle zu bemühen[6]. Vielmehr muss der ArbGeb den ArbN **im Zusammenhang mit einer konkret geplanten Betriebsänderung dazu bestimmt** haben, selbst zu kündigen oder einen Aufhebungsvertrag zu schließen, um hierdurch eine Kündigung zu vermeiden[7]. Im Rahmen der Umstrukturierung einer Unternehmensgruppe ist von einer vom ArbGeb veranlassten Eigenkündigung nicht auszugehen, wenn zwar der Arbeitsplatz beim bisherigen ArbGeb nicht fortbestehen soll, die entsprechenden Aufgaben jedoch auf andere Unternehmen der Gruppe übertragen werden[8].

50 ArbN, die dem **Übergang ihrer Arbeitsverhältnisse auf einen neuen ArbGeb (§ 613a BGB) widersprechen**, können von Abfindungen ausgeschlossen werden oder müssen zumindest eine Minderung der Zahlung hinnehmen, da die Fortsetzung der Tätigkeit beim Betriebserwerber **im Regelfall zumutbar** ist[9]. Andererseits *darf* der Sozialplan durchaus für ArbN Abfindungen vorsehen, die ohne triftigen Grund widersprechen; § 112 Abs. 5 Satz 2 gilt nicht für einvernehmlich herbeigeführte Sozialpläne[10]. Eine Sozialplanbestimmung, wonach Mitarbeiter, die einen zumutbaren Arbeitsplatz ausschlagen, von Abfindungen ausgenommen werden, ist auch auf ohne sachlichen Grund widersprechende ArbN anwendbar, selbst wenn sich die Bestimmung nicht ausdrücklich auf diese Konstellation bezieht[11]. Fehlt es hingegen an einer solchen Vorschrift und wird die Abfindung ausschließlich an eine vom ArbGeb veranlasste Beendigung des Arbeitsverhältnisses geknüpft, soll dies nicht gelten[12]. Es empfiehlt sich daher, in Sozialplänen vorsorglich eine Regelung aufzunehmen, die widersprechende ArbN ausdrücklich von einem Abfindungsanspruch ausnimmt, auch wenn im Rahmen der geplanten Betriebsänderung noch gar nicht feststeht, ob es überhaupt zu einem Betriebs(teil)übergang kommt. Umgekehrt müssen idR auch diejenigen Mitarbeiter von Abfindungsansprüchen ausgenommen werden, deren Arbeitsverhältnisse auf den Betriebserwerber übergehen, da sie keine wirtschaftlichen Nachteile erleiden, die ausgleichspflichtig wären[13] (siehe zu den ausgleichungspflichtigen Nachteilen beim Betriebsübergang Rz. 36).

51 Ein Verstoß gegen § 75 liegt nicht vor, wenn die Abfindung für ArbN **rentennaher Jahrgänge** konkret auf die zu überbrückende Zeit bis zum Bezug von Altersruhegeld bezogen wird und hierdurch **niedrigere Leistungen als für jüngere ArbN** entstehen[14]. Zulässig und angezeigt ist stets eine Bestimmung dahingehend, dass die Abfindung nicht höher sein darf als die Summe der Vergütungsleistungen bis zum regulären Rentenalter.

52 Sozialplanbestimmungen dürfen nicht diskriminierenden Charakters sein. Insbesondere dürfen sie **Frauen, Ausländer** oder **Minderheiten** nicht benachteiligen[15]. Da die Abfindung im Wesentlichen für

---

1 BAG v. 13.11.1996 – 10 AZR 340/96, AP Nr. 4 zu § 620 BGB – Aufhebungsvertrag, unter II. 2. | 2 BAG v. 9.11.1994 – 10 AZR 281/94, AP Nr. 85 zu § 112 BetrVG 1972; v. 19.7.1995 – 10 AZR 885/94, AP Nr. 96 zu § 112 BetrVG 1972; vgl. auch *Schweibert* in Willemsen/Hohenstatt/Schweibert/Seibt, Rz. C 262; *Picot/Schnitker*, II E Rz. 198. | 3 BAG v. 15.1.1991 – 1 AZR 80/90, AP Nr. 57 zu § 112 BetrVG 1972. | 4 Vgl. BAG v. 28.4.1993 – 10 AZR 222/92, AP Nr. 67 zu § 112 BetrVG 1972; v. 20.4.1994 – 10 AZR 323/93, AP Nr. 77 zu § 112 BetrVG 1972; v. 19.7.1995 – 10 AZR 885/94, AP Nr. 96 zu § 112 BetrVG 1972; ErfK/*Kania*, § 112 BetrVG Rz. 25; *Fitting*, §§ 112, 112a BetrVG Rz. 165. | 5 LAG Köln v. 2.11.1999 – 13 Sa 477/99, NZA RR 2000, 193, 193. | 6 BAG v. 20.4.1994 – 10 AZR 323/93, AP Nr. 77 zu § 112 BetrVG 1972; Richardi/*Annuß*, § 112 Rz. 109; *Fitting*, §§ 112, 112a BetrVG Rz. 165. | 7 BAG v. 19.7.1995 – 10 AZR 885/94, AP Nr. 96 zu § 112 BetrVG 1972; s. a. BAG v. 25.3.2003 – 1 AZR 170/02, NZA 2004, 64; Richardi/*Annuß*, § 112 Rz. 109; *Picot/Schnitker*, II E. Rz. 199; *Fitting*, §§ 112, 112a BetrVG Rz. 165. | 8 BAG v. 16.4.2002 – 1 AZR 368/01, ZIP 2002, 2055. | 9 BAG v. 5.2.1997 – 10 AZR 553/96, AP Nr. 112 zu § 112 BetrVG 1972; Richardi/*Annuß*, § 112 Rz. 104; *Picot/Schnitker*, II E. Rz. 201; *Neef/Schrader*, NZA 1998, 804, 807 f.; abweichend: *Fitting*, §§ 112, 112a BetrVG Rz. 158; DKK/*Däubler*, §§ 112, 112a BetrVG Rz. 73, wonach die Vermutung, dass die Fortsetzung des Arbeitsverhältnisses zumutbar sei, nicht gerechtfertigt sei. Die Zumutbarkeit soll in jedem Einzelfall zu überprüfen sein. | 10 BAG v. 15.12.1998 – 1 AZR 332/98, AP Nr. 126 zu § 112 BetrVG 1972; *Fitting*, §§ 112, 112a BetrVG Rz. 158. | 11 BAG v. 5.2.1997 – 10 AZR 553/96, AP Nr. 112 zu § 112 BetrVG 1972; Richardi/*Annuß*, § 112 Rz. 104. | 12 BAG v. 15.12.1998 – 1 AZR 332/98, AP Nr. 126 zu § 112 BetrVG 1972; *Schweibert* in Willemsen/Hohenstatt/Schweibert/Seibt, Rz. C 261; Richardi/*Annuß*, § 112 Rz. 104. | 13 *Neef/Schrader*, NZA 1998, S. 804, 806; *Schweibert* in Willemsen/Hohenstatt/Schweibert/Seibt, Rz. C 261. | 14 BAG v. 31.7.1996 – 10 AZR 45/96, AP Nr. 103 zu § 112 BetrVG 1972; v. 26.7.1988 – 1 AZR 156/87, AP Nr. 45 zu § 112 BetrVG 1972; vgl. *Picot/Schnitker*, II Rz. 200; Richardi/*Annuß*, § 112 Rz. 105; GK-BetrVG/*Fabricius/Oetker*, §§ 112, 112a Rz. 276. | 15 *Fitting*, §§ 112, 112a BetrVG Rz. 167; DKK/*Däubler*, §§ 112, 112a BetrVG Rz. 49; ErfK/*Kania*, §§ 112, 112a BetrVG Rz. 26.

Zwecke der Überbrückungshilfe gezahlt wird und vor dem Hintergrund der „wertentscheidenden Grundsatznorm des Art. 6 Abs. 1, 2 GG" in Anspruch genommene **Elternzeit** nicht abfindungsmindernd berücksichtigt werden[1]. Da die Sozialplanformeln, die ua. auf die Dauer der Betriebszugehörigkeit abstellen, stets auch den Aspekt der **tatsächlichen Arbeitsleistung** bzw. der Betriebstreue mit berücksichtigen, dürfte es jedoch nach wie vor zulässig sein, andere Zeiten, während derer das Arbeitsverhältnis geruht hat, zB Zeiten bei der Nationalen Volksarmee, nicht zu berücksichtigen[2].

TeilzeitArbN müssen Abfindungen mindestens im Verhältnis ihrer jeweiligen persönlichen Arbeitszeit zur Vollarbeitszeit erhalten[3]. Dies folgt auch aus § 4 Abs. 1 TzBfG. Da Sozialplanformeln üblicherweise auch auf die Vergütung abstellen, wird der Aspekt der Teilzeit dabei bereits automatisch berücksichtigt. Problematisch sind die Fälle, in denen Mitarbeiter jahrelang in Teilzeit tätig waren und erst kürzlich in eine Vollzeittätigkeit wechselten. Hier soll es zulässig (aber keinesfalls rechtlich geboten) sein, bei der Bemessung der Betriebszugehörigkeit die Phasen der Teilzeittätigkeit nur anteilig zu zählen[4]. Ob es im Umkehrschluss auch im Ermessen der Betriebsparteien läge, bei Teilzeitmitarbeitern frühere Vollzeittätigkeiten anspruchserhöhend zu berücksichtigen ist im Hinblick auf die **Überbrückungsfunktion** des Sozialplans (Rz. 29) zumindest fraglich. **Befristet beschäftigte ArbN** erleiden nur einen wirtschaftlichen Nachteil, wenn es durch die Betriebsänderung zu einer frühzeitigen Vertragsbeendigung gekommen ist; in aller Regel werden die eintretenden Nachteile wesentlich geringer als bei unbefristet beschäftigten Mitarbeitern sein, so dass ein entsprechend zurückhaltender Ausgleich erfolgen muss[5]. 53

Auch **sachwidrige Bevorzugungen** sind unwirksam; für Mitglieder des BR folgt dies schon aus § 78 Satz 2[6]. Die Erhebung einer **Kündigungsschutzklage** darf nicht zur Minderung oder zum Ausschluss des Abfindungsanspruchs führen[7]; hingegen ist es zulässig und angezeigt, die **Fälligkeit** der Abfindung für den Zeitpunkt vorzusehen, zu dem rechtskräftig feststeht, dass die Kündigung das Arbeitsverhältnis beendet hat. 54

Soweit für die Berechnung von Abfindungen auch die Länge der Betriebszugehörigkeit maßgeblich ist, müssen gemäß **§ 613a BGB** anzuerkennende **Betriebszugehörigkeiten** berücksichtigt werden[8]. Dies gilt nicht zwingend für Betriebszugehörigkeiten bei einem früheren ArbGeb, die lediglich in einer einzelvertraglichen Vereinbarung anerkannt wurden[9]. 55

Nach einer Entscheidung des BAG[10] soll es unzulässig sein, **Erstattungsansprüche des Arbeitsamts gemäß § 147a SGB III** ganz oder teilweise auf die Abfindungen der ArbN anzurechnen. Das drohende Erstattungsrisiko soll stattdessen bei dem Umfang des Sozialplanvolumens berücksichtigt werden können. Sieht ein Sozialplan allerdings Abfindungsansprüche auch im Fall des Abschlusses von Aufhebungsverträgen vor, die auf Wunsch des ArbN zustande kommen, kann es gerechtfertigt sein, das aus der Entscheidung des ArbN resultierende Risiko im Hinblick auf § 147a SGB III auf die ArbN abzuwälzen. 56

Die **Folgen eines Verstoßes gegen den Gleichbehandlungsgrundsatz oder das Diskriminierungsverbot** bestehen nicht etwa darin, dass der gesamte Sozialplan unwirksam ist. Vielmehr können die **benachteiligten ArbN Gleichbehandlung mit den begünstigten ArbN verlangen**[11]. Hierdurch wird nachträglich das Volumen des Sozialplans erhöht; das BAG hat dies für unproblematisch angesehen, soweit es um **relativ wenige Personen** bzw. **um ein verhältnismäßig geringes Volumen** geht. In besonders einschneidenden Fällen kann die Anwendung der Grundsätze über den **Wegfall der Geschäftsgrundlage** (vgl. hierzu Rz. 87) in Betracht kommen[12]. Dies steht im Einklang mit der Rspr. des BAG, wonach eine **Teilunwirksamkeit** einer Sozialplanregelung nicht automatisch zur Unwirksamkeit des gesamten Sozialplans führt, unabhängig davon, ob es sich um eine freiwillige Regelung oder um den Spruch einer Einigungsstelle handelt[13]. 57

5. Sozialplan durch Spruch der Einigungsstelle. Kommt vor der Einigungsstelle keine Einigung über den Sozialplan zustande, entscheidet die Einigungsstelle verbindlich über dessen Aufstellung (Abs. 4 Satz 1). Der Spruch der Einigungsstelle ersetzt die Einigung zwischen ArbGeb und BR (Abs. 4 Satz 2). Ausnahmen hiervon regelt § 112a. 58

---

1 BAG v. 12.11.2002 – 1 AZR 58/02, NZA 2003, 1287; Hess. LAG 27.1.1998 – 4 Sa 133/97, BB 1998, 2646; LAG Nds. 16 Sa 1542/01 – 7.6.2002, DB 2002, 2227; *Fitting*, §§ 112, 112a BetrVG Rz. 167; aA LAG Berlin v. 18.1.1999 – 9 Sa 107/98, NZA-RR 1999, 179. | 2 Vgl. BAG v. 30.3.1994 – 10 AZR 352/93, AP Nr. 76 zu § 112 BetrVG 1972; v. 16.3.1994 – 10 AZR 606/93, AP Nr. 75 zu § 112 BetrVG 1972; DKK/*Däubler*, §§ 112, 112a BetrVG Rz. 51b; Richardi/*Annuß*, § 112 Rz. 6; *Stege/Weinspach/Schiefer*, §§ 111–113 BetrVG Rz. 135b. | 3 BAG v. 28.10.1992 – 10 AZR 129/92, AP Nr. 66 zu § 112 BetrVG 1972; *Fitting*, §§ 112, 112a BetrVG Rz. 169; Richardi/*Annuß*, § 112 Rz. 106. | 4 BAG v. 14.8.2001 – 1 AZR 760/00, AP Nr. 142 zu § 112 BetrVG, ua. unter Hinweis auf die „Befriedungsfunktion" des Sozialplans; zust. *Fitting*, §§ 112, 112a BetrVG Rz. 156. | 5 *Annuß/Thüsing/Thüsing*, § 4 TzBfG Rz. 73. | 6 Vgl. *Schweibert* in Willemsen/Hohenstatt/Schweibert/Seibt, Rz. C 264; LAG Düsseldorf 13.9.2001 – 11 (4) Sa 906/01, BB 2002, 306, 307. | 7 BAG v. 20.6.1985 – 2 AZR 427/84, AP Nr. 33 zu § 112 BetrVG; *Fitting*, §§ 112, 112a BetrVG Rz. 171; Richardi/*Annuß*, § 112 Rz. 112; *Schweibert* in Willemsen/Hohenstatt/Schweibert/Seibt, Rz. C 264. | 8 Richardi/*Annuß*, § 112 Rz. 106. | 9 BAG v. 16.3.1994 – 10 AZR 606/93, AP Nr. 75 zu § 112 BetrVG 1972. | 10 BAG v. 26.6.1990 – 1 AZR 263/88, AP Nr. 56 zu § 112 BetrVG 1972. | 11 BAG v. 15.1.1991 – 1 AZR 80/90, AP Nr. 57 zu § 112 BetrVG 1972; DKK/*Däubler*, §§ 112, 112a BetrVG Rz. 52; *Fitting*, §§ 112, 112a BetrVG Rz. 170. | 12 Vgl. DKK/*Däubler*, §§ 112, 112a BetrVG Rz. 52. | 13 BAG v. 20.12.1983 – 1 AZR 442/82, AP Nr. 17 zu § 112 BetrVG 1972; v. 25.1.2000 – 1 ABR 1/99, AP Nr. 137 zu § 112 BetrVG 1972 mwN unter II.2.; vgl. auch Richardi/*Annuß*, § 112 Rz. 116.

BetrVG § 112 Rz. 59   Interessenausgleich über die Betriebsänderung, Sozialplan

59 Die Zuständigkeit der Einigungsstelle besteht allerdings nur im Hinblick auf **erzwingbare Sozialplanregelungen**. Da der Interessenausgleich gerade nicht erzwingbar ist (vgl. Rz. 1), darf der von der Einigungsstelle beschlossene Sozialplan **keine Regelungen enthalten**, die den Eintritt wirtschaftlicher Nachteile verhindern sollen, also etwa **Einschränkungen von Kündigungs- oder Versetzungsmöglichkeiten**, Durchführung von Fortbildungsmaßnahmen, Projekte, die vom AA gefördert werden etc[1].

60 Die Regelungsbefugnis der Einigungsstelle geht nicht weiter als die der Betriebspartner, so dass selbstverständlich auch die Einigungsstelle die rechtlichen Grenzen zu beachten hat, die sich durch § 75 und insb. durch den Gleichbehandlungsgrundsatz ergeben[2]. Die Ermessensspielräume der Einigungsstelle sind im Gegenteil enger als beim einvernehmlich abgeschlossenen Sozialplan[3]. Zusätzlich zu den allgemeinen rechtlichen Grenzen für Sozialpläne hat die Einigungsstelle die allgemeine Regel des Abs. 5 Satz 1 und insb. die **Ermessensrichtlinien gemäß Abs. 5 Satz 2** zu beachten.

61 a) **Abwägungsgrundsatz gemäß Abs. 5 Satz 1.** Vom Grundsatz her entscheidet auch die Einigungsstelle innerhalb der Grenzen billigen Ermessens frei darüber, welche mit dem Verlust eines Arbeitsplatzes verbundenen Nachteile ausgeglichen werden[4]. Abs. 5 Satz 1 präzisiert dies dahingehend, dass sie sowohl die sozialen Belange der betroffenen ArbN zu berücksichtigen als auch auf die wirtschaftliche Vertretbarkeit ihrer Entscheidung für das Unternehmen zu achten hat. Die beiden genannten Kriterien bilden die beiden Pole, zwischen denen sich die Einigungsstelle orientieren muss. Der „**Sozialplanbedarf**"[5] wird durch die wirtschaftlichen Nachteile vorgegeben, die die ArbN erleiden. Die **wirtschaftlichen Grenzen** werden durch die **Vertretbarkeit** für das Unternehmen begrenzt. Insofern wird Abs. 5 Satz 1 durch Satz 2 Nr. 3 konkretisiert (Sicherung des Fortbestands des Unternehmens bzw. der nach Durchführung der Betriebsänderung verbleibenden Arbeitsplätze).

62 b) **Ermessensrichtlinien gemäß Abs. 5 Satz 2. aa) Belange der betroffenen ArbN (Einzelfallbetrachtung).** Abs. 5 Satz 2 Nr. 1 konkretisiert die in Satz 1 geregelte Anforderung, dass die sozialen Belange der betroffenen ArbN zu berücksichtigen sind. Insbesondere werden einzelne wirtschaftliche Nachteile genannt, wie sie typischerweise auftreten. Im Übrigen wird vorgeschrieben, dass den „Gegebenheiten des Einzelfalles Rechnung" zu tragen ist.

63 Im Rahmen der beispielhaften[6] Aufzählung unter Nr. 1 fehlt der **Wegfall des Arbeitsplatzes** als typischer wirtschaftlicher Nachteil; offenbar hat der Gesetzgeber es als selbstverständlich angesehen, dass dieser einschneidenste wirtschaftliche Nachteil gemildert oder ausgeglichen werden muss. Nr. 1 ist daher auch auf diesen Fall anzuwenden[7].

64 Die Vorgabe, dass den **Gegebenheiten des Einzelfalles Rechnung** zu tragen ist (s. hierzu schon Rz. 29, 35 ff.), schließt es aus, für sämtliche ArbN Abfindungen vorzusehen, die sich allein an der Dauer der Betriebszugehörigkeit und an der Höhe des Gehalts orientieren[8]. Dies bedeutet jedoch *nicht*, dass die Einigungsstelle auf jegliche **Pauschalierungen** verzichten müsste. Dies wäre auch gar nicht möglich, da die wirtschaftlichen Nachteile, die im Einzelfall eintreten, zum Zeitpunkt der Entscheidung der Einigungsstelle zumeist noch nicht konkret feststehen. Dies gilt insb. für die Frage, wie rasch es den entlassenen ArbN gelingt, eine anderweitige Beschäftigung zu finden[9]. Es werden daher allgemein Regelungen für zulässig gehalten, die typisierend an bestimmte Umstände anknüpfen, die aller Erfahrung nach für die individuelle Situation der betroffenen ArbN maßgeblich sind[10]; dies sind nach wie vor die Dauer der Betriebszugehörigkeit, die Höhe der Vergütung und das Lebensalter. Ergänzend werden insb. Unterhaltsverpflichtungen und eine etwaige Schwerbehinderung berücksichtigt. Auch sind **Punktesysteme**, die schlüssig und logisch nachvollziehbar an diese Parametern anknüpfen, zulässig und praktikabel[11].

65 Bestehen erhebliche Unsicherheiten im Hinblick auf zukünftig eintretende wirtschaftliche Nachteile, bietet es sich an, einen **Härtefonds** (vgl. Rz. 43) einzurichten, der zu einem späteren Zeitpunkt anhand der konkret eingetretenen Nachteile auf die besonders betroffenen ArbN verteilt wird[12]. Die Einigungsstelle muss allerdings Verfahrensregelungen über die zu treffenden Entscheidungen festlegen. Nicht verwandte Mittel fallen an den ArbGeb zurück[13].

---

1 BAG v. 17.9.1991 – 1 ABR 23/91, AP Nr. 59 zu § 112 BetrVG 1972; DKK/*Däubler*, §§ 112, 112a BetrVG Rz. 13 f.; vgl. zu den vom AA geförderten Sozialplänen näher Rz. 71 ff. |2 Richardi/*Annuß*, § 112 Rz. 137. |3 Vgl. die Nachw. bei DKK/*Däubler*, §§ 112, 112a BetrVG Rz. 65. |4 BAG v. 29.11.1978 – 5 AZR 553/77, AP Nr. 7 zu § 112 BetrVG 1972; v. 27.10.1987 – 1 ABR 9/86, AP Nr. 41 zu § 112 BetrVG 1972; v. 28.9.1988 – 1 ABR 23/87, AP Nr. 47 zu § 112 BetrVG 1972. |5 Richardi/*Annuß*, § 112 Rz. 141. |6 Vgl. hierzu *Berenz*, NZA, 1993, 538, 539; BT-Drs. 10/2102, S. 27. |7 Vgl. BAG v. 14.9.1994 – 10 ABR 7/94, AP Nr. 87 zu § 112 BetrVG 1972; GK-BetrVG/*Fabricius/Oetker*, §§ 112, 112a Rz. 318; ErfK/*Kania*, §§ 112, 112a BetrVG Rz. 32; aA *Fitting*, §§ 112, 112a BetrVG Rz. 221. |8 BAG v. 14.9.1994 – 10 ABR 7/94, AP Nr. 87 zu § 112 BetrVG 1972; *Schweibert* in Willemsen/Hohenstatt/Schweibert/Seibt, Rz. C 267; *Picot/Schnitker*, II E. Rz. 223. |9 Vgl. *Schweibert* in Willemsen/Hohenstatt/Schweibert/Seibt, Rz. C 267. |10 GK-BetrVG/*Fabricius/Oetker*, §§ 112, 112a BetrVG Rz. 316 f.; Richardi/*Annuß*, § 112 Rz. 151; *Fitting*, §§ 112, 112a BetrVG Rz. 222 f.; ErfK/*Kania*, §§ 112, 112a BetrVG Rz. 32; MünchArbR/*Matthes*, § 362 Rz. 25; *Etzel*, Betriebsverfassungsrecht Rz. 1049, *Willemsen*, ZIP 1981, 1058 ff. |11 *Etzel*, Betriebsverfassungsrecht Rz. 1032; GK-BetrVG/*Fabricius/Oetker*, §§ 112, 112a Rz. 317; *Fitting*, §§ 112, 112a BetrVG Rz. 223; ErfK/*Kania*, §§ 112, 112a BetrVG Rz. 32; *Stege/Weinspach/Schiefer*, §§ 111–113 BetrVG Rz. 131. |12 DKK/*Däubler*, §§ 112, 112a BetrVG Rz. 108; *Etzel*, Betriebsverfassungsrecht Rz. 1035; *Fitting*, §§ 112, 112a BetrVG Rz. 127. |13 LAG Bremen 15.6.1990 – 4 Sa 353/89, LAGE § 112 BetrVG 1972 Nr. 17.

bb) Aussichten auf dem Arbeitsmarkt; Weiterbeschäftigungsmöglichkeiten. Die Einigungsstelle muss die Aussichten der betroffenen ArbN auf dem Arbeitsmarkt berücksichtigen. Dies betrifft Betriebsänderungen, die zum Wegfall von Arbeitsplätzen führen. Die Einigungsstelle tut daher gut daran, sich nicht mit pauschalen Prognosen zu begnügen, sondern konkrete Erkundigungen über den spezifischen Arbeitsmarkt für den betroffenen ArbN-Kreis einzuholen. Entscheidend ist die Situation zum Zeitpunkt der Beschlussfassung[1].

Nach Nr. 2 Satz 2 soll die Einigungsstelle solche ArbN von den Sozialplanleistungen **ausschließen**, die in einem zumutbaren Arbeitsverhältnis im selben Betrieb oder in einem anderen Betrieb des **Unternehmens** oder eines zum **Konzern** gehörenden Unternehmens **weiterbeschäftigt** werden können und die Weiterbeschäftigung ablehnen (vgl. bereits Rz. 47), wobei die Weiterbeschäftigung an einem **anderen Ort** für sich allein nicht die Unzumutbarkeit der Weiterbeschäftigung begründen soll. Nehmen ArbN entsprechende Angebote an, erleiden sie keine oder nur eingeschränkte wirtschaftliche Nachteile, so dass der Ausschluss von Sozialplanleistungen oder deren Kürzung ebenfalls gerechtfertigt ist. Hingegen betrifft Nr. 2 Satz 2 lediglich den Fall, dass Mitarbeiter zumutbare Weiterbeschäftigungsangebote ablehnen. Unter welchen Voraussetzungen ein **Arbeitsplatzangebot zumutbar** ist, wird von der Einigungsstelle festgelegt[2]. Wegen der weitreichenden Folgen eines Ausschlusses von jeglicher Sozialplanleistung besteht jedoch Einigkeit dahingehend, dass an die **Zumutbarkeit des Angebots strenge Anforderungen** zu stellen sind[3]. Die Ermessensrichtlinie in Nr. 2 Satz 2 schließt es jedoch andererseits nicht aus, dass die Einigungsstelle im Rahmen billigen Ermessens über Abs. 5 Satz 2 Nr. 2 hinausgeht und Sozialplanleistungen auch dann streicht oder kürzt, wenn den ArbN nur unzumutbare Arbeitsplätze angeboten werden konnten und sie diese ablehnen[4].

Der **zwingende Ausschluss von Sozialplanleistungen** gilt nur für das Angebot eines **im Wesentlichen gleichwertigen Arbeitsplatzes**[5]. Die Arbeitsbedingungen müssen nicht völlig gleichartig sein, sondern in rechtlicher, finanzieller und beruflicher Hinsicht (Anforderungsprofil) nahezu gleichwertig[6]. Das Angebot einer Teilzeittätigkeit bei bisheriger Vollarbeitszeit wäre in der Regel nicht gleichwertig[7]. Die Zumutbarkeit bezieht sich jedoch nur auf das Arbeitsverhältnis selbst, so dass der Ort der Arbeitsleistung außer Betracht bleibt (Nr. 2 Satz 2 Halbs. 2). Die **Zumutbarkeitskriterien der Arbeitsverwaltung (§ 121 SGB III)** sind **nicht maßgeblich**[8]. Dies schließt aber selbstverständlich nicht aus, dass die Einigungsstelle ungeachtet der Ermessensrichtlinie in Nr. 2 nach billigem Ermessen ähnliche Zumutbarkeitskriterien aufstellt.

Zumutbarkeit iSv Nr. 2 Satz 2 setzt im Hinblick auf die Beschäftigung in einem anderen Konzernunternehmen voraus, dass die bisherige **Betriebszugehörigkeit** und damit der bestehende Kündigungsschutz **anerkannt** werden[9]. Der Ablehnung eines Angebots zur Weiterbeschäftigung steht es gleich, wenn ein ArbN dem Übergang seines Arbeitsverhältnisses bei einem Betriebs(teil)übergang auf einen neuen ArbGeb ohne sachlichen Grund widerspricht[10] (vgl. Rz. 50).

Die **Verfassungsmäßigkeit** von § 112 Abs. 5 Satz 2 Nr. 2 kann nicht ernsthaft in Zweifel gezogen werden[11]. Zwar sichert Art. 12 Abs. 1 GG in der Tat auch die Möglichkeit, einen angebotenen Arbeitsplatz ausschlagen zu können. Daraus ergibt sich jedoch – entgegen *Däubler*[12] – keine Verpflichtung des ArbGeb, wirtschaftliche Nachteile auszugleichen, die im Wesentlichen auf der Entscheidung des ArbN gegen eine angebotene Weiterbeschäftigung beruhen. Die Inspruchnahme von Freiheitsrechten kann im Regelfall nicht auf Kosten anderer Grundrechtsträger erfolgen.

---

1 *Etzel*, Betriebsverfassungsrecht Rz. 1052; *Knorr*, Sozialplan im Widerstreit der Interessen, § 6 Rz. 99 f. | 2 BAG v. 28.9.1988 – 1 ABR 23/87, APNr. 47 zu § 112 BetrVG 1972; *Röder/Baeck*, S. 159; DKK/*Däubler*, §§ 112, 112a BetrVG Rz. 70; HSG/*Hess*, § 112 BetrVG Rz. 157 f. | 3 *Etzel*, Betriebsverfassungsrecht, Rz. 1054; in der Sache auch DKK/*Däubler*, §§ 112, 112a BetrVG Rz. 71; *Richardi*/*Annuß*, § 112 Rz. 156 f.; *Fitting*, §§ 112, 112a BetrVG Rz. 229 ff. | 4 BAG v. 28.9.1988 – 1 ABR 23/87, AP Nr. 47 zu § 112 BetrVG 1972 unter II. 4.; *Richardi*/*Annuß*, § 112 Rz. 160; *Etzel*, Betriebsverfassungsrecht Rz. 1054; einschr. DKK/*Däubler*, §§ 112, 112a BetrVG Rz. 79. | 5 *Fitting*, §§ 112, 112a BetrVG Rz. 229; ErfK/*Kania*, § 112, 112a BetrVG Rz. 35; *Richardi*/*Annuß*, § 112 Rz. 156. | 6 BAG v. 28.9.1988 – 1 ABR 23/87, AP Nr. 47 zu § 112 BetrVG 1972 unter II. 5.; *Richardi*/*Annuß*, § 112 Rz. 157; *Fitting*, §§ 112, 112a BetrVG Rz. 229 f.; GK-BetrVG/*Fabricius*/*Oetker*, §§ 112, 112a BetrVG Rz. 324; *Schweibert* in Willemsen/Hohenstatt/Schweibert/Seibt, Rz. C 269; HSG/*Hess*, § 112 BetrVG Rz. 156; *Stege*/*Weinspach*/*Schiefer*, §§ 111–113 BetrVG Rz. 138c. | 7 Die scheinbar entgegenstehende Entscheidung BAG v. 28.2.2002 – 6 AZR 525/01 bezieht sich auf einen tariflichen Abfindungsanspruch; vgl. ErfK/*Kania*, §§ 112, 112a BetrVG Rz. 35. | 8 *Richardi*/*Annuß*, § 112 Rz. 157; *Fitting*, §§ 112, 112a BetrVG Rz. 230; DKK/*Däubler*, §§ 112, 112a BetrVG Rz. 71; *Schweibert* in Willemsen/Hohenstatt/Schweibert/Seibt, Rz. C 269; HSG/*Hess*, § 112 BetrVG Rz. 159; *Löwisch*, BB 1985, 1200, 1205; LAG Düsseldorf v. 23.10.1986 – 17 TaBV 98/86, DB 1987, 1254, 1255. | 9 Vgl. BT-Drs. 10/2102, S. 27; GK-BetrVG/*Fabricius*/*Oetker*, §§ 112, 112a BetrVG Rz. 324; *Etzel*, Betriebsverfassungsrecht, Rz. 1055; ErfK/*Kania*, §§ 112, 112a BetrVG Rz. 35; *Knorr*, Sozialplan im Widerstreit der Interessen, § 6 Rz. 118; *wohl auch Richardi*/*Annuß*, § 112 Rz. 155. | 10 BAG v. 5.2.1997 – 10 AZR 553/96, AP Nr. 112 zu § 112 BetrVG 1972 unter II. 1. u. 2.; v. 19.2.1998 – 6 AZR 367/96, AP Nr. 25 zu § 4 TVG; DKK/*Däubler*, §§ 112, 112a BetrVG Rz. 70; ErfK/*Kania*, §§ 112, 112a BetrVG Rz. 37; *Schweibert* in Willemsen/Hohenstatt/Schweibert/Seibt, Rz. C 270; *Picot*/*Schnitker*, II E. Rz. 228. | 11 S. auch BAG v. 8.12.1976 – 5 AZR 613/75, AP Nr. 3 zu § 112 BetrVG 1972 m. zust. Anm. von *Wiedemann*/*Willemsen*. | 12 DKK/*Däubler*, §§ 112, 112a BetrVG Rz. 77.

71 cc) **Förderungsmöglichkeiten gemäß SGB III.** Durch das BetrVerf-Reformgesetz 2001 ist die Reihe der Ermessensrichtlinien um Nr. 2a ergänzt worden, wonach die Einigungsstelle die im SGB III vorgesehenen Förderungsmöglichkeiten zur Vermeidung von Arbeitslosigkeit berücksichtigen soll. Der Zweck der Regelung in Nr. 2a geht dahin, die bisher üblichen Abfindungssozialpläne zunehmend durch Regelungen abzulösen, die der Vermeidung von Arbeitslosigkeit dienen[1]. Die Eingliederung der von einer Entlassung betroffenen ArbN in den Arbeitsmarkt soll nach dem 3. Gesetz für moderne Dienstleistungen am Arbeitsmarkt (sog. Hartz III)[2] vor allem durch Transfermaßnahmen (§ 216a SGB III) und Transferkurzarbeit (§ 216b SGB III) erreicht werden[3]. Im Gegenzug sind die bisherigen Regelungen zur strukturellen Kurzarbeit (§ 175 SGB III) sowie zu den Zuschüssen zu Sozialplanmaßnahmen (§§ 254 SGB III) mit Wirkung zum 1.1.2004 gestrichen worden. Nach § 216a Abs. 1 Satz 2 SGB III sind **Transfermaßnahmen** sämtliche Maßnahmen zur Eingliederung von ArbN in den Arbeitsmarkt, an deren Finanzierung sich der ArbGeb angemessen beteiligt. Dabei geht es ua. um Trainingsmaßnahmen (§ 48 SGB III), Mobilitätshilfen (§§ 53 SGB III) sowie Maßnahmen zur Förderung der beruflichen Weiterbildung (§§ 77 SGB III)[4]. Die einzelnen Förderungsbedingungen ergeben sich aus dem zum 1.1.2004 neu gefassten § 216a SGB III[5]. Im Gegensatz zu den bisherigen Zuschüssen zu Sozialplanmaßnahmen sind die Förderleistungen nach § 216a SGB III keine Ermessensleistungen, sondern eine **Pflichtleistung.** Dies soll die Planungssicherheit der Betriebsparteien bei der Gestaltung von Restrukturierungsprozessen erhöhen[6]. Außerdem wird die Förderleistung nicht mehr an den Träger der Eingliederungsmaßnahme, sondern künftig an den ArbN gezahlt. Gefördert werden die Transfermaßnahmen durch einen Zuschuss iHv. 50 % der aufzuwendenden Maßnahmekosten, höchstens jedoch mit 2.500 Euro je gefördertem ArbN (vgl. § 216a Abs. 2 SGB III). Auf Verlangen berät die BA die Betriebsparteien bei die Einführung von Transfermaßnahmen – insb. im Rahmen von Sozialplanverhandlungen – über die entsprechenden Fördermöglichkeiten (vgl. § 216a Abs. 4 SGB III). Für den Bezug von **TransferKug** gemäß § 216b SGB III wird im Gegensatz zur früheren Regelung in § 175 SGB III eine Erheblichkeit des Arbeitsausfalls nicht mehr verlangt. Außerdem wurde in der Neuregelung auf das Merkmal der Strukturkrise, die eine Betriebsänderung nach sich ziehen musste, verzichtet. Damit soll allein auf die betriebliche Ebene abgestellt werden und das TransferKug bei sämtlichen betrieblichen Restrukturierungsmaßnahmen genutzt werden können[7]. Neu ist hingegen, dass die ArbN gemäß § 216b Abs. 4 Nr. 4 SGB III verpflichtet sind, vor ihrer Überleitung in eine betriebsorganisatorisch eigenständige Einheit eine Maßnahme zur Feststellung ihrer Eingliederungsaussichten zu durchlaufen (sog. Profiling-Modul).

72 Aus Nr. 2a ergibt sich, dass die Einigungsstelle **ermessensfehlerhaft** handelt, wenn sie nicht zumindest prüft, ob Förderungsmöglichkeiten für Maßnahmen gemäß SGB III bestehen und ob diese zum Bestandteil des Sozialplans gemacht werden können[8]. Auf die Wirksamkeit des Sozialplans kann sich dies jedoch nur auswirken, wenn eine Förderung durch die AA überhaupt sinnvollerweise in Betracht gekommen und vermutlich zugesagt worden wäre. Hingegen ist die Einigungsstelle keineswegs verpflichtet, solche Maßnahmen zur Vermeidung von Arbeitslosigkeit in den Sozialplan aufzunehmen[9]. Es wird jedoch empfohlen, im Einzelnen zu dokumentieren, dass Informationen über Förderungsmöglichkeiten eingeholt und in die Beratungen einbezogen wurden[10].

73 Streitig ist, in welchem Umfang die Einigungsstelle durch **Spruch** die Durchführung geförderter **Maßnahmen** vorsehen kann, die direkt oder indirekt die geplante **Betriebsänderung modifizieren** bzw. in die **unternehmerische Entscheidungsfreiheit eingreifen**. Nach zutreffender Auffassung ändert § 112 Abs. 5 Satz 2 Nr. 2a nichts daran, dass im erzwingbaren Sozialplan ausschließlich die Milderung bzw. der Ausgleich wirtschaftlicher Nachteile geregelt werden kann, während der Unternehmer letztlich frei darin ist, ob und welche Betriebsänderungen er durchführen will. Im Zusammenhang mit von der Arbeitsverwaltung geförderten Maßnahmen können daher **keine Projekte erzwungen** werden, die zu einer (vorübergehenden) **Verlängerung der Arbeitsverhältnisse zu Qualifizierungszwecken** führen; insb. sind die Bildung von **Beschäftigungsgesellschaften** und die Schaffung „**betriebsorganisatorisch eigenständiger Einheiten**" (§ 216b Abs. 3 Nr. 2 SGB III) nicht erzwingbar, da auch hierdurch in die **betrieblichen Strukturen** eingegriffen wird[11]. Hiergegen wird eingewandt, dass der Gesetzgeber bewusst die Förderungsmöglichkeiten und ihre Berücksichtigung beim erzwingbaren Sozialplan geregelt habe[12]. Dies ist jedoch nicht überzeugend, da nicht angenommen werden kann, dass durch die Ermessensrichtlinie gemäß Nr. 2a die Mitbestimmungsstruktur der §§ 111, 112 BetrVG, die von erheblicher Tragweite ist, in Frage gestellt werden sollte. Auch der ebenfalls durch die BetrVG-Novelle 2001 neu eingefügte § 92a spricht für diese Sicht der Dinge, da dem BR

---

[1] BT-Drs. 14/5741, S. 52. [2] BGBl. 2003 I, S. 2848. [3] BT-Drs. 15/1515, S. 91. [4] Richardi/*Annuß*, § 112 BetrVG Rz. 162; ähnlich *Fitting*, §§ 112, 112a BetrVG Rz. 235. [5] Vgl. zu diesen Vorschriften und zu den Förderungsvoraussetzungen im Einzelnen *Gaul/Bonanni/Otto*, DB 2003, 2386; *Ludwig*, BB 2003, 2398. [6] BT-Drs. 15/1515, S. 91. [7] BT-Drs. 15/1515, S. 92. [8] *Fitting*, §§ 112, 112a BetrVG Rz. 236; GK-BetrVG/*Fabricius/Oetker*, §§ 112, 112a Rz. 331; *Löwisch*, BB 2001, 1790, 1798. [9] *Gaul/Bonanni/Otto*, DB 2003, 2386, 2390; GK-BetrVG/*Fabricius/Oetker*, §§ 112, 112a Rz. 331; *Hanau*, ZiP 2001, 1981, 1986. [10] *Löwisch*, BB 2001, 1790, 1798; GK-BetrVG/*Fabricius/Oetker*, §§ 112, 112a Rz. 331; *Schweibert* in Willemsen/Hohenstatt/Schweibert/Seibt, Rz. C 271a. [11] *Bauer*, NZA 2001, 375, 378; *Fitting*, §§ 112, 112a BetrVG Rz. 236; Richardi/*Annuß*, § 112 BetrVG Rz. 163; *Schweibert* in Willemsen/Hohenstatt/Schweibert/Seibt, Rz. C 271a; *Lingemann*, NZA 2002, 934, 941; *Gaul/Bonanni/Otto*, DB 2003, 2386, 2390; *Meyer*, DB 2003, 206, 209. [12] DKK/*Däubler*, §§ 112, 112a BetrVG Rz. 176; *Bepler*, AuR 1999, 219, 226; *Wendeling-Schröder/Welkoborsky*, NZA 2002, 1370, 1377.

in dieser Vorschrift im Hinblick auf die Förderung der Beschäftigung lediglich ein Vorschlags- und Beratungsrecht eingeräumt worden ist. Es wäre daher widersprüchlich, in § 112 Abs. 5 Satz 2 Nr. 2a im Zusammenhang mit Betriebsänderungen die Statuierung eines zwingenden MitbestR zu sehen[1].

dd) Wirtschaftliche Vertretbarkeit; Sicherung des Fortbestands des Unternehmens und der Arbeitsplätze. § 112 Abs. 5 Satz 1 (Abwägungsgrundsatz; vgl. Rz. 61) und Satz 2 Nr. 3 sind im Zusammenhang zu sehen. Nach Satz 1 hat die Einigungsstelle auf die **wirtschaftliche Vertretbarkeit** ihrer Entscheidung für das **Unternehmen** zu achten. Nach Nr. 3 ist bei der Bemessung des Gesamtbetrags der Sozialplanleistungen (**Sozialplanvolumen**) darauf zu achten, dass der **Fortbestand des Unternehmens** oder die nach Durchführung der Betriebsänderung **verbleibenden Arbeitsplätze nicht gefährdet** werden. Anknüpfungspunkt für die Vertretbarkeit des Sozialplans ist das Unternehmen, also der Rechtsträger des Betriebs[2]. Im **Gemeinschaftsbetrieb** ist die wirtschaftliche Vertretbarkeit im Hinblick auf die Trägerunternehmen jeweils gesondert zu bewerten[3]. Die gesetzlichen Vorgaben für die wirtschaftliche Vertretbarkeit sind so rudimentär, dass **wenig Rechtssicherheit** besteht; sie kann **nicht abstrakt** ohne Berücksichtigung der konkret eintretenden wirtschaftlichen Nachteile der ArbN beurteilt werden[4]. Das BAG hat sich teilweise an den durch die Betriebsänderung herbeigeführten „**Einsparungen**" orientiert und ließ einen Sozialplan, der die Einsparungen für ein Jahr aufzehrte, unbeanstandet[5]. Dieser Maßstab ist jedoch unbrauchbar, da die durch Betriebsänderungen möglicherweise eintretenden Einsparungseffekte zur **Erhaltung der Wettbewerbsfähigkeit** erforderlich sein können und daher nicht in erheblichem Umfang zur Finanzierung des Sozialplans zur Verfügung stehen. Ebenso **unbrauchbar** ist die Orientierung an der **Höhe gebildeter Rückstellungen**, die in der Steuerbilanz erst möglich sind, nachdem der BR von der geplanten Betriebsänderung unterrichtet wurde[6]. Die Rückstellungen spiegeln eine möglichst realistische Prognose des Unternehmers über den Ausgang der Sozialplanverhandlungen wider; über die Angemessenheit bzw. Vertretbarkeit des Sozialplans sagen sie nichts aus. Das BAG meint allerdings, Sozialpläne dürften durchaus „einschneidend" für die Ertragskraft des Unternehmens sein[7].

Ist ein im Kern gesundes und liquides Unternehmen betroffen, so dass die finanzielle Leistungsfähigkeit des Unternehmens nicht von vornherein Grenzen für den Sozialplan setzt, bietet allein § 113 Abs. 1 iVm. § 10 KSchG einen Anhaltspunkt dafür, in welchem Umfang die wirtschaftlichen Nachteile der Mitarbeiter regelmäßig als angemessen ausgeglichen anzusehen sind[8], auch wenn andererseits feststeht, dass die Abfindungsgrenzen gemäß § 10 KSchG im Rahmen des Sozialplans keine absolute Höchstgrenze darstellen (vgl. hierzu § 112 Rz. 44).

In Unternehmen mit begrenzter finanzieller Leistungskraft sind die in Nr. 3 genannten Ermessensgrenzen von besonderer Bedeutung. Insbesondere dürfen durch das Sozialplanvolumen für die Zukunft und die Arbeitsplätze **wichtige Investitionen nicht verhindert oder verzögert** werden[9]. Befindet sich das Unternehmen bereits in der Verlustzone, bestehen erhebliche Markt- und Absatzschwierigkeiten[10] oder ist eine fortschreitende Aufzehrung des Eigenkapitals zu verzeichnen, befindet sich das Unternehmen in einer **Krisensituation**, die es rechtfertigt, den Ausgleich der wirtschaftlichen Nachteile der ArbN außerordentlich zurückhaltend vorzunehmen[11]. Diejenigen Auffassungen, die selbst in einer nachhaltigen Krisensituation noch Kreditaufnahmen für den Sozialplan fordern, setzen sich über die Ermessensgrenze von Abs. 5 Nr. 3 hinweg[12]. In der Unternehmenskrise müssen die zur Verfügung stehenden Investitionsmittel für die Absicherung des Unternehmens und der Arbeitsplätze genutzt werden. Konsumtive Ausgaben, wozu der Sozialplan gehört, müssen in dieser Situation in den Hintergrund treten. Ein Sozialplan,

---

1 *Schweibert* in Willemsen/Hohenstatt/Schweibert/Seibt, Rz. C 271a; einschr. *Gaul/Bonanni/Otto*, DB 2003, 2386, 2390, wonach die Einigungsstelle den betroffenen Mitarbeitern die Möglichkeit der Inanspruchnahme von Eingliederungsmaßnahme bis hin zum Wechsel in eine externe Transfergesellschaft einräumen kann, sofern das Gesamtvolumen der daraus für den ArbGeb entstehenden wirtschaftlichen Verpflichtungen noch billigem Ermessen entspricht und infolgedessen nicht in die unternehmerische Entscheidungsfreiheit eingegriffen wird. |2 GK-BetrVG/*Fabricius/Oetker*, §§ 112, 112a Rz. 309; *Fitting*, §§ 112, 112a BetrVG Rz. 213; DKK/*Däubler*, §§ 112, 112a BetrVG Rz. 85; abweichend: Richardi/*Annuß*, § 112 Rz. 144, der auf den Inhaber des Unternehmens abstellen will; ausschlaggebend ist jedoch die finanzielle Situation des Unternehmens und nicht die Frage, ob die Gesellschafter weiteres Geld hinzuschießen wollen. |3 Richardi/*Annuß*, § 112 Rz. 168; aA DKK/*Däubler*, §§ 112, 112a BetrVG Rz. 85; offen gelassen in BAG v. 12.11.2002 – 1 AZR 632/01 – NZA 2003, 676, 678. |4 BAG v. 14.9.1994 – 10 ABR 7/94, AP Nr. 87 zu § 112 BetrVG 1972 unter II 2. c); *Fitting*, §§ 112, 112a BetrVG Rz. 243; ErfK/*Kania*, §§ 112, 112a BetrVG Rz. 38. |5 BAG v. 27.10.1987 – 1 ABR 9/86, AP Nr. 41 zu § 112 BetrVG 1972 unter II. 4.; s. auch BAG v. 6.5.2003 – 1 ABR 11/02 – EZA § 112 BetrVG 2001, Nr. 8; zust.: DKK/*Däubler*, §§ 112, 112a BetrVG Rz. 86; ErfK/*Kania*, §§ 112, 112a BetrVG Rz. 38; aA Richardi/*Annuß*, § 112 Rz. 144. |6 Einkommensteuerrichtlinien Abschnitt 31 a Abs. 9; vgl. DKK/*Däubler*, §§ 112, 112a BetrVG Rz. 88. |7 BAG v. 17.10.1998 – 1 ABR 80/88, AP Nr. 29 zu § 111 BetrVG 1972, unter II. 2. c); v. 6.5.2003 – 1 ABR 11/02 – EZA § 112 BetrVG 2001, Nr. 8; zust. DKK/*Däubler*, §§ 112, 112a BetrVG Rz. 86 unter Hinw. auf die „Steuerungsfunktion" des Sozialplans. |8 So GK-BetrVG/*Fabricius/Oetker*, §§ 112, 112a Rz. 334; Richardi/*Annuß*, § 112 Rz. 166; *Stege/Weinspach/Schiefer*, §§ 111–113 BetrVG Rz. 142; *Picot/Schnitker*, II Rz. 232; aA aber BAG v.6.5.2003 – 1 ABR 11/02 – EZA § 112 BetrVG 2001, Nr. 8; *Fitting*, §§ 112, 112a BetrVG Rz. 242. |9 *von Hoyningen-Huene*, RdA 1986, 102, 108; ErfK/*Kania*, §§ 112, 112a BetrVG Rz. 38; *Fitting*, §§ 112, 112a BetrVG Rz. 242; *Picot/Schnitker*, II Rz. 232. |10 Vgl. hierzu BAG v. 14.9.1994 – 10 ABR 7/94, AP Nr. 87 zu § 112 BetrVG 1972 unter II.2.c). |11 Ähnlich GK-BetrVG/*Fabricius/Oetker*, §§ 112, 112a Rz. 310; *Schweibert* in Willemsen/Hohenstatt/Schweibert/Seibt, Rz. C 275. |12 Siehe insb. DKK/*Däubler*, §§ 112, 112a BetrVG Rz. 89 f.

der die zur Verfügung stehenden finanziellen Mittel überschreitet, ist in jedem Falle ermessensfehlerhaft. Dies gilt erst Recht, wenn das Unternehmen nachweisen kann, dass Fremdmittel für die Finanzierung des Sozialplans nicht zur Verfügung stehen. Soweit die **Aufzehrung des Eigenkapitals** bereits fortgeschritten ist, dürfte es angemessen sein, die **Begrenzungen des Sozialplanvolumens für Sozialpläne in der Insolvenz als Orientierungsmaßstab** heranzuziehen (vgl. §§ 123, 124 InsO). Bei Zweifeln über die wirtschaftliche Vertretbarkeit des Sozialplans muss die Einigungsstelle einen **betriebswirtschaftlichen Sachverständigen** hinzuziehen[1].

77 Bei Konzernunternehmen kann zweifelhaft sein, auf wessen Belastbarkeit abzustellen ist. Bei Betriebsänderungen, die ein wirtschaftlich wenig leistungsfähiges Unternehmen betreffen, kann es bei der Bemessung der Abfindungen uU gerechtfertigt sein, die möglicherweise wesentlich höhere Belastbarkeit der Muttergesellschaft zu berücksichtigen – und umgekehrt (sog. **Bemessungsdurchgriff**). Im Grundsatz herrschte bislang Einigkeit darüber, dass der **Bemessungsdurchgriff** mit dem **Haftungsdurchgriff** korrespondiert[2]. Ein Bemessungsdurchgriff kommt insb. in Betracht, wenn ein **Beherrschungs- oder Gewinnabführungsvertrag** iSv. § 302 Abs. 1 AktG besteht[3]. Darüber hinaus ist ein Bemessungsdurchgriff vorzunehmen, sofern die Konstellation eines **qualifiziert faktischen Konzerns** gegeben ist. Hiervon ist das BAG im Zusammenhang mit Rentenanpassungen gemäß § 16 BetrAVG in ständiger Rspr. ausgegangen[4]. Die Parallele zur Zurechnung bei § 16 BetrAVG wird in der Literatur nahezu durchgehend befürwortet[5]. Die der Figur des qualifiziert faktischen Konzerns zugrunde liegende **Rspr. des BGH** zum Haftungsdurchgriff hat sich allerdings gewandelt[6]. Mit der Entscheidung vom 24.6.2002 hat der BGH die Figur des qualifiziert faktischen Konzerns zur Begründung eines Haftungsdurchgriffs aufgegeben[7]. Ein Haftungsdurchgriff ist danach (nur) möglich, wenn die Gesellschafterstellung durch einen **„existenzvernichtenden Eingriff"**[8] missbraucht worden ist. Ein solcher Eingriff liegt nach Auffassung des BGH vor, wenn die Gesellschafter unter Außerachtlassung der gebotenen Rücksichtnahme auf die Zweckbindung des Gesellschaftsvermögens durch offene oder verdeckte Entnahmen Vermögenswerte entziehen und sie dadurch in einem ins Gewicht fallenden Ausmaß die Fähigkeit der Gesellschaft zur Erfüllung ihrer Verbindlichkeiten beeinträchtigen[9]. Hingegen liegen die Voraussetzungen eines qualifiziert faktischen Konzerns nach bisheriger Lesart dann vor, wenn das herrschende Unternehmen die **Leitungsmacht in einer Weise ausübt, die keine angemessene Rücksicht auf die Belange der abhängigen Gesellschaft** nimmt, ohne dass sich der zugefügte Nachteil durch Einzelmaßnahmen ausgleichen ließe[10]. Dies ist insb. dann der Fall, wenn **Liquidität zugunsten der Obergesellschaft oder eines ebenfalls beherrschten Dritten abgeschöpft** worden ist[11] und erst hierdurch (kausal) die Situation hervorgerufen wurde, dass das beherrschte Unternehmen nicht mehr in der Lage ist, die Nachteile der Mitarbeiter in angemessener Weise auszugleichen. Das BAG hat auch nach der Änderung der Rspr. des BGH an seinen Grundsätzen zum Bemessungsdurchgriff bei § 16 BetrAVG festgehalten[12], allerdings ohne sich mit der geänderten BGH-Rspr. auseinander zu setzen. In der Tat wäre es für die Zwecke des Bemessungsdurchgriffs im Hinblick auf die wirtschaftliche Leistungsfähigkeit nicht gerechtfertigt, ausschließlich an den Tatbestand des bereits erfolgten existenzvernichtenden Eingriffs anzuknüpfen. Es ist vielmehr davon auszugehen, dass die frühere Rspr. des BGH zum qualifiziert faktischen Konzern im Bereich des Arbeitsrechts „weiterleben" wird[13]. Soweit vereinzelt allerdings generell in Konzernen eine Berücksichtigung der Leistungsfähigkeit des Konzerns insgesamt verlangt wird[14], steht dies im Widerspruch zum eindeutigen Gesetzeswortlaut in Abs. 5 Satz 1, wonach es für die Vertretbarkeit des Sozialplans auf das Unternehmen ankommt. Auch in Nr. 3 ist der Bezug eindeutig[15].

78 **6. Rechtswirkungen des Sozialplans; Verhältnis zum TV.** Der Sozialplan hat gemäß § 112 Abs. 1 Satz 3 die **Wirkung einer BV.** Der Sozialplan wird daher entweder unmittelbar als BV[16] bzw. als BV besonderer Art[17] angesehen. Der ArbGeb ist kollektivrechtlich verpflichtet, die im Sozialplan vereinbarten Maßnah-

---

1 *Fitting*, §§ 112, 112a BetrVG Rz. 242; ErfK/*Kania*, §§ 112, 112a BetrVG Rz. 38; Richardi/*Annuß*, § 112 Rz. 167; DKK/*Däubler*, §§ 112, 112a BetrVG Rz. 91; *Rumpff/Böwer*, Wirtschaftliche Mitbestimmung, S. 395. |2 Richardi/*Annuß*, § 112 BetrVG Rz. 146; GK-BetrVG/*Fabricius/Oetker*, §§ 112, 112a Rz. 313; MünchArbR/*Matthes*, § 362 Rz. 32. |3 Richardi/*Annuß*, § 112 BetrVG Rz. 146; DKK/*Däubler*, §§ 112, 112a BetrVG Rz. 118; *Fitting*, §§ 112, 112a BetrVG Rz. 217; GK-BetrVG/*Fabricius/Oetker*, §§ 112, 112a Rz. 312. |4 BAG v. 28.4.1992 – 3 AZR 244/91, AP Nr. 25 zu § 16 BetrAVG; v. 14.12.1993 – 3 AZR 519/93, AP Nr. 29 zu § 16 BetrAVG; v. 4.10.1994 – 3 AZR 910/93, AP Nr. 32 zu § 16 BetrAVG; v. 17.4.1996 – 3 AZR 56/95, AP Nr. 35 zu § 16 BetrAVG. |5 Richardi/*Annuß*, § 112 BetrVG Rz. 146; GK-BetrVG/*Fabricius/Oetker*, §§ 112, 112a Rz. 313; DKK/*Däubler*, §§ 112, 112a BetrVG Rz. 117; ErfK/*Kania*, §§ 112, 112a BetrVG Rz. 38; *Schweibert* in Willemsen/Hohenstatt/Schweibert/Seibt, Rz. C 278; kritisch: *Junker*, ZiP 1993, 1599 (1605 f.); *v. Hoyningen-Huene*, RdA 1986, 102 (105); abl. *Lipinski/Meyer*, DB 2003, 1846; vgl. zum Ganzen auch *Kruip*, Betriebsrentenanpassung und Sozialplandotierung in Konzern und Umwandlung, 1997, 178 ff. |6 Vgl. dazu BGH v. 29.3.1993 – II ZR 265/91, NJW 1993, 1200 (sog. „TBB"-Urteil); v. 17.9.2001, II ZR 178/99, NJW 2001, 3622 (sog. „Bremer Vulkan"-Urteil); v. 24.6.2002 – II ZR 300/00, NJW 2002, 3024 (sog. „KBV"-Urteil). |7 *Wilhelm*, NJW 2003, 175 (178). |8 BGH v. 24.6.2002 – II ZR 300/00, NJW 2002, 3024 (3025). |9 BGH v. 24.6.2002 – II ZR 300/00, NJW 2002, 3024 (3025). |10 So BAG v. 8.3.1994 – 9 AZR 197/92, AP Nr. 6 zu § 303 AktG, Bl. 3 mit Nachw. der BGH-Rspr. |11 Richardi/*Annuß*, § 112 BetrVG Rz. 146. |12 BAG v. 18.2.2003 – 3 AZR 172/02, BB 2003, 2292. |13 So offenbar auch ErfK/*Kania*, §§ 112, 112a BetrVG Rz. 38. |14 Vgl. die Nachw. bei DKK/*Däubler*, §§ 112, 112a BetrVG Rz. 120. |15 GK-BetrVG/*Fabricius/Oetker*, §§ 112, 112a Rz. 313; *Schweibert* in Willemsen/Hohenstatt/Schweibert/Seibt, Rz. C 277; Richardi/*Annuß*, § 112 BetrVG Rz. 145; *Windbichler*, Arbeitsrecht im Konzern, 411 ff. |16 So insbesondere: Richardi/*Annuß*, § 112 Rz. 171 mwN. |17 Vgl. insbesondere GK-BetrVG/*Fabricius/Oetker*, §§ 112, 112a Rz. 110 ff. mwN.

men vorzunehmen und hat sozialplanwidrige Maßnahmen zu unterlassen[1], während es dem BR andererseits nicht obliegt, anstelle der einzelnen ArbN individualrechtliche Ansprüche durchzusetzen[2].

Der Sozialplan begründet Ansprüche der einzelnen ArbN. Abweichungen sind nur zugunsten der ArbN möglich. Ein **Verzicht** auf Ansprüche aus dem Sozialplan bedarf ebenso wie bei allen BV gemäß § 77 Abs. 4 Satz 2 der **Zustimmung des BR** (vgl. § 77 Rz. 3)[3]. 79

Die **Auslegung** von Sozialplänen erfolgt wie bei BV nach den Regeln für die Tarifauslegung[4]. Ein allgemeiner Grundsatz dahingehend, dass Sozialpläne im Zweifel zugunsten der ArbN auszulegen seien, besteht nicht[5]. Der **Tarifvorbehalt des § 77 Abs. 3** ist auf den Sozialplan nicht anzuwenden (Abs. 1 Satz 4), so dass in ihm auch **Arbeitsentgelte und sonstige Arbeitsbedingungen** geregelt werden können, die bereits Gegenstand einer bestehenden oder üblichen Tarifregelung sind. Insbesondere hindert ein **Rationalisierungstarifvertrag** nicht den Abschluss eines Sozialplans[6]. Besteht ein Rationalisierungstarifvertrag, ist im Verhältnis zum Sozialplan das **Günstigkeitsprinzip** anzuwenden[7]. Besteht ein TV, der den von einer Betriebsänderung betroffenen Mitarbeitern finanzielle Leistungen zuwendet, ist dies bei der Bemessung des Sozialplans und insb. bei der wirtschaftlichen Vertretbarkeit desselben zu berücksichtigen, da sich die Belastungen für das Unternehmen addieren. Im Regelfall wird im Sozialplan vorzusehen sein, dass finanzielle Ansprüche aus TV auf die im Sozialplan vorgesehenen Abfindungen **angerechnet** werden[8]. 80

Die Zuständigkeit der TV-Parteien für den Abschluss von Rationalisierungsschutztarifverträgen darf nicht dazu missbraucht werden, dass Sozialplanregelungen mit dem Mittel des **Arbeitskampfs** durchgesetzt werden. Hierdurch würde der Kernbereich der Unternehmensautonomie verletzt (str.). **Sozialplanähnliche TV** sind daher, insb. wenn Abfindungen für den Verlust des Arbeitsplatzes vorgesehen werden, **nicht erstreikbar**. Dies gilt in besonderem Maße für Arbeitskämpfe um einen firmenbezogenen Rationalisierungsschutztarifvertrag, wenn die Kampfmaßnahmen im Zusammenhang mit einer konkreten Betriebsänderung ergriffen werden[9]. 81

Sozialpläne können im Hinblick auf Sozialplanansprüche **Ausschlussfristen** vorsehen. TV, die allgemein für Ansprüche aus dem Arbeitsverhältnis Ausschlussfristen vorsehen, gelten auch für die Zahlung einer Sozialplanabfindung[10]. 82

7. Kündigung und Änderung von Sozialplänen. Eine **einvernehmliche Beendigung** eines Sozialplans kommt jederzeit in Betracht, ebenso seine **Änderung**[11]. Führt die vorzeitige Beendigung des Sozialplans jedoch dazu, dass nicht die wirtschaftlichen Nachteile aller betroffenen Mitarbeiter ausgeglichen oder gemildert werden, ist das Beteiligungsverfahren insofern wieder aufzunehmen[12]. Im Verhältnis der Sozialpläne zueinander gilt das **Ablösungsprinzip**[13]. Der nachfolgende Sozialplan kann ungünstiger für die ArbN sein, muss jedoch Recht und Billigkeit beachten[14]. In bereits entstandene Ansprüche aus dem Sozialplan kann der neue Sozialplan nicht mehr eingreifen[15]. Abweichendes kann gelten, wenn mit einer rückwirkenden Änderung zu rechnen war oder die Geschäftsgrundlage für den Sozialplan entfallen ist (vgl. hierzu Rz. 87). 83

Soweit nicht abweichend geregelt, soll der Sozialplan für die Abwicklung der gesamten Betriebsänderung gelten, so dass eine **ordentliche Kündigung** nicht in Betracht kommt[16]. Hingegen besteht bei vor- 84

---

1 Richardi/*Annuß* § 112 Rz. 173. | 2 BAG v. 17.10.1989 – 1 ABR 75/88, AP Nr. 53 zu § 112 BetrVG 1972; vgl. *Willemsen/Hohenstatt*, NZA 1997, 345, 346. | 3 Vgl. GK-BetrVG/*Fabricius/Oetker*, §§ 112, 112a Rz. 117; Richardi/*Annuß*, § 112 Rz. 176; ErfK/*Kania*, §§ 112, 112a BetrVG Rz. 13. | 4 BAG v. 8.11.1988 – 1 AZR 721/87, AP Nr. 48 zu § 112 BetrVG 1972; v. 5.2.1997 – 10 AZR 553/96, AP Nr. 112 zu § 112 BetrVG 1972; v. 15.12.1998 – 1 AZR 332/98, AP Nr. 126 zu § 112 BetrVG 1972.; *Fitting*, §§ 112, 112a BetrVG Rz. 175; Richardi/*Annuß*, § 112 Rz. 174. | 5 BAG v. 29.11.1978 – 5 AZR 553/77, AP Nr. 7 zu § 112 BetrVG 1972 unter 4.; Richardi/*Annuß*, § 112 Rz. 174. | 6 Vgl. hierzu *Fitting*, §§ 112, 112a BetrVG Rz. 173; Richardi/*Annuß*, § 112 Rz. 178; HSG/*Hess*, § 112 BetrVG Rz. 62; *Ohl*, Sozialplan S. 69 f. | 7 *Fitting*, §§ 112, 112a BetrVG Rz. 173; DKK/*Däubler*, §§ 112, 112a BetrVG Rz. 54; BAG v. 27.8.1975 – 4 AZR 454/74, AP Nr. 2 zu § 112 BetrVG 1972; *Fuchs*, Der Sozialplan nach dem BetrVG 1972, S. 35, 100. | 8 DKK/*Däubler*, §§ 112, 112a BetrVG Rz. 55, der allerdings fälschlicherweise bei sowohl im TV als auch im Sozialplan enthaltenen Anrechnungsklauseln davon ausgeht, dass sich diese wechselseitig aufheben. Hingegen ist klar, dass sich die Ansprüche aus beiden Rechtsgrundlagen nicht addieren sollen. | 9 LAG Hamm v. 31.5.2000, NZA-RR 2000, 535; *Buchner*, SAE 1991, 359; *Lieb*, DB 1999, 2058, 2066; wohl auch MünchArbR/*Otto*, § 278 Rz. 14; *Rolfs/Clemens*, DB 2003, 1678, 1680; teilw. abw. LAG Schl.-Holst. v. 27.3.2003, NZA-RR 2003, 592; aA *Zabel*, AiB 1998, 615; vgl. zur Thematik auch BAG v. 17.12.1976, AP Nr. 52 zu Art. 9 GG – Arbeitskampf. | 10 BAG v. 30.11.1994 – 10 AZR 79/94, AP Nr. 88 zu § 112 BetrVG 1972; v. 27.3.1996 – 10 AZR 668/95, AP Nr. 134 zu § 4 TVG – Ausschlussfristen. | 11 BAG v. 24.3.1981 – 1 AZR 805/78, AP Nr. 12 zu § 112 BetrVG 1972 unter II. 1.; v. 5.10.2000 – 1 AZR 48/00, AP Nr. 141 zu § 112 BetrVG 1972 unter II.; DKK/*Däubler*, §§ 112, 112a BetrVG Rz. 135; ErfK/*Kania*, §§ 112, 112a BetrVG Rz. 39. | 12 GK-BetrVG/*Fabricius/Oetker*, §§ 112, 112a Rz. 160. | 13 GK-BetrVG/*Fabricius/Oetker*, §§ 112, 112a Rz. 162; Richardi/*Annuß*, § 112 Rz. 183. | 14 BAG v. 24.3.1981 – 1 AZR 805/78, AP Nr. 12 zu § 112 BetrVG 1972 unter II. 3.; v. 5.10.2000 – 1 AZR 48/00, AP Nr. 141 zu § 112 BetrVG 1972 unter II. 2. a). | 15 BAG v. 10.8.1994 – 10 ABR 61/93, AP Nr. 86 zu § 112 BetrVG 1972; GK-BetrVG/*Fabricius/Oetker*, §§ 112, 112a Rz. 163; *Fitting*, §§ 112, 112a BetrVG Rz. 205; DKK/*Däubler*, §§ 112, 112a BetrVG Rz. 135. | 16 BAG v. 10.8.1994 – 10 ABR 61/86, AP Nr. 86 zu § 112 BetrVG 1972; *Fitting*, §§ 112, 112a BetrVG Rz. 206; ErfK/*Kania*, §§ 112, 112a BetrVG Rz. 40; Richardi/*Annuß*, § 112 Rz. 185; GK-BetrVG/*Fabricius/Oetker*, §§ 112, 112a Rz. 166; MünchArbR/*Matthes*, § 362 Rz. 49.

sorglichen Sozialplänen und Rahmensozialplänen, die von vornherein auf eine dauerhafte Regelung hin angelegt sind, stets ein Bedürfnis für ein ordentliches Kündigungsrecht[1].

85 Die Kündigung eines Sozialplans führt zur **Nachwirkung gemäß § 77 Abs. 6**, soweit nicht ein freiwilliger Sozialplan vorliegt, sondern der Spruch der Einigungsstelle die Einigung der Betriebspartner ersetzen kann[2]. Eine **Teilkündigung** eines Sozialplans kommt von vornherein nur unter den engen Grenzen in Betracht, die allgemein für die Teilkündigung von BV gelten[3] (vgl. § 77 Rz. 38). Bei Sozialplänen wird dies nur ganz ausnahmsweise der Fall sein, da der **funktionale Zusammenhang mit dem abgeschlossenen Interessenausgleich** und der **Kompromisscharakter des Sozialplans** in der Regel gegen die Möglichkeit einer Teilkündigung sprechen[4].

86 Eine **außerordentliche Kündigung** des Sozialplans ist insb. dann denkbar, wenn dieser **Dauerregelungen** enthält[5]. Das Fehlen der finanziellen Mittel zur Bedienung der Sozialplanverpflichtungen begründet für sich allein jedoch nicht das Recht zur außerordentlichen Kündigung des Sozialplans[6]. Sonst denkbare Gründe für eine außerordentliche Kündigung werden regelmäßig unter die Anwendungsfälle des Wegfalls der Geschäftsgrundlage fallen (s. Rz. 87), so dass der außerordentlichen Kündigung von Sozialplänen keine größere Praxisrelevanz zukommt. In jedem Fall würde bei erzwingbaren Sozialplänen wiederum eine **Nachwirkung gem. § 77 Abs. 6** eintreten[7]. Die außerordentliche Kündigung könnte lediglich dazu führen, dass die Verhandlungen in der Einigungsstelle wieder aufgenommen werden müssen, um ggfls. eine andere Regelung für die Zukunft durchzusetzen. Eine Auflösungswirkung kommt der außerordentlichen Kündigung nicht zu[8].

87 Größere Bedeutung hat der **Wegfall der Geschäftsgrundlage**, der dazu führen kann, dass einer Partei das Festhalten am Sozialplan nicht mehr zuzumuten ist. In diesem Fall besteht ein Anspruch der Partei, dass **Verhandlungen über die Anpassung des Sozialplans an die veränderten tatsächlichen Umstände** aufgenommen werden. Verweigert die andere Partei entsprechende Verhandlungen oder führen diese nicht zum Ergebnis, ist die **Einigungsstelle** zuständig[9]. Anwendungsfälle: **Fehlvorstellungen** der Parteien oder der Einigungsstelle über die zur Verfügung stehende **Finanzmasse**, zB wenn angenommen wurde, dass eine dritte Partei den Sozialplan finanzieren werde[10]. Dies gilt auch bei **Ausbleiben erwarteter Zuschüsse** gemäß SGB III[11]. Die Geschäftsgrundlage kommt auch in Wegfall, wenn die Betriebsänderung nicht wie von der Einigungsstelle angenommen durchgeführt wird, zB wenn es statt einer Betriebsstilllegung zu einer **Fortführung des Betriebs durch einen Dritten** kommt und der Sozialplan die Existenz zumutbarer Weiterbeschäftigungsangebote nicht berücksichtigt[12]. Ein **Betriebsübergang** allein lässt allerdings die Wirksamkeit eines Sozialplans unberührt; dieser gilt bei fortbestehender Betriebsidentität ebenso kollektivrechtlich fort wie eine BV[13]. Wenn das **Sanierungskonzept**, das dem Sozialplan zugrunde liegt, **fehlschlägt** und nunmehr eine Betriebsstilllegung durchgeführt werden muss, entfällt für den ersten Sanierungssozialplan, der geringere Abfindungen vorsieht, um finanzielle Mittel zur Weiterführung des Betriebs zu schonen, die Geschäftsgrundlage[14].

88 Die Anpassung wegen Wegfalls der Geschäftsgrundlage kann grundsätzlich auch Ansprüche von ArbN, die **bereits entstanden** sind, zu deren Ungunsten verändern. Nach Auffassung des BAG besteht insofern **kein Vertrauensschutz**, da Sozialplanansprüche unter dem Vorbehalt stehen, dass die von den Beteiligten zugrunde gelegte Geschäftsgrundlage nicht wegfällt[15]. Allerdings besteht mittlerweile Einigkeit, dass die Eingriffe nur im Rahmen der **Verhältnismäßigkeit** vorgenommen werden dürfen[16].

---

1 GK-BetrVG/*Fabricius*/*Oetker*, §§ 112, 112a Rz. 166; m. Einschränkungen auch *Däubler*, NZA 1985, 545, 549. |2 BAG v. 24.3.1981 – 1 AZR 805/78, AP Nr. 12 zu § 112 BetrVG 1972; DKK/*Däubler*, §§ 112, 112a BetrVG Rz. 136; GK-BetrVG/*Fabricius*/*Oetker*, §§ 112, 112a Rz. 167; Richardi/*Annuß*, § 112 Rz. 184 unter Hinweis auf BAG v. 10.8.1994 – 10 ABR 61/93, AP Nr. 86 zu § 112 BetrVG 1972. |3 GK-BetrVG/*Fabricius*/*Oetker*, §§ 112, 112a Rz. 168. |4 *Däubler*, NZA 1985, 545, 549; GK-BetrVG/*Fabricius*/*Oetker*, §§ 112, 112a Rz. 168. |5 GK-BetrVG/*Fabricius*/*Oetker*, §§ 112, 112a Rz. 170; *Fitting*, §§ 112, 112a BetrVG Rz. 206; HSG/*Hess*, § 112 BetrVG Rz. 119; *Stege*/*Weinspach*/Schiefer, §§ 111–113 BetrVG Rz. 98 c. |6 BAG v. 10.8.1994 – 10 ABR 61/93, AP Nr. 86 zu § 112 BetrVG 1972. |7 BAG v. 10.8.1994 – 10 ABR 61/93, AP Nr. 86 zu § 112 BetrVG 1972; GK-BetrVG/*Fabricius*/*Oetker*, §§ 112, 112a Rz. 172; Richardi/*Annuß*, § 112 Rz. 186; MünchArbR/*Matthes*, § 328 Rz. 58. |8 Richardi/*Annuß*, § 112 Rz. 186; *Fitting*, §§ 112, 112a BetrVG Rz. 206. |9 BAG v. 10.8.1994 – 10 ABR 61/93, AP Nr. 86 zu § 112 BetrVG 1972; Richardi/*Annuß*, § 112 Rz. 187; GK-BetrVG/*Fabricius*/*Oetker*, §§ 112, 112a Rz. 179; DKK/*Däubler*, §§ 112, 112a BetrVG Rz. 137; ErfK/*Kania*, §§ 112, 112a BetrVG Rz. 42; *Schweibert* in Willemsen/Hohenstatt/Schweibert/Seibt, Rz. C 284. |10 Vgl. BAG v. 17.2.1981 – 1 AZR 290/78, AP Nr. 11 zu § 112 BetrVG 1972; v. 10.8.1994 – 10 ABR 61/93, AP Nr. 86 zu § 112 BetrVG 1972; Richardi/*Annuß*, § 112 Rz. 188; *Schweibert* in Willemsen/Hohenstatt/Schweibert/Seibt, Rz. C 284. |11 DKK/*Däubler*, §§ 112, 112a BetrVG Rz. 175; *Matthes*, RdA 1999, 178, 182; GK-BetrVG/*Fabricius*/*Oetker*, §§ 112, 112a Rz. 175. |12 BAG v. 28.8.1996 – 10 AZR 886/95, AP Nr. 104 zu § 112 BetrVG 1972 [Meyer]; Richardi/*Annuß*, § 112 Rz. 188; GK-BetrVG/*Fabricius*/*Oetker*, §§ 112, 112a Rz. 175; *Schweibert* in Willemsen/Hohenstatt/Schweibert/Seibt, Rz. C 283; DKK/*Däubler*, §§ 112, 112a BetrVG Rz. 137. |13 BAG v. 15.1.2002 – 1 AZR 58/01, NZA 2002, 1034. |14 Das BAG stützt dies allerdings auf § 75 BetrVG, BAG v. 9.12.1981 – 5 AZR 549/79, AP Nr. 14 zu § 112 BetrVG 1972; GK-BetrVG/*Fabricius*/*Oetker*, §§ 112, 112a Rz. 175; Richardi/*Annuß*, § 112 Rz. 188. |15 BAG v. 10.8.1994 – 10 ABR 61/93, AP Nr. 86 zu § 112 BetrVG 1972 (abl. Anm. von *von Hoyningen-Huene*). |16 BAG v. 5.10.2000 – 1 AZR 48/00, AP Nr. 141 zu § 112 BetrVG 1972; *Fitting*, §§ 112, 112a BetrVG Rz. 210; GK-BetrVG/*Fabricius*/*Oetker*, §§ 112, 112a Rz. 181; eingehend *C. Meyer*, NZA 1995, 974, 983; DKK/*Däubler*, §§ 112, 112a BetrVG Rz. 137.

8. Der individualrechtliche Sozialplananspruch. Der **Sozialplananspruch** des ArbN **entsteht**, wenn die in dem Sozialplan festgelegten tatbestandlichen Voraussetzungen erfüllt sind[1]. Zumeist wird sich aus dem Sozialplan ergeben, dass der Anspruch erst entstehen soll, wenn das **Arbeitsverhältnis** aufgrund der Betriebsänderung **beendet** worden ist[2]. Das Entstehen des Sozialplananspruchs ist insb. deshalb wesentlich, weil eine **Vererblichkeit** des Anspruchs erst besteht, sobald er entstanden (wenn auch noch nicht notwendigerweise fällig) geworden ist[3]. Setzt der Sozialplan für Leistungen voraus, dass das Arbeitsverhältnis durch die Betriebsänderung beendet worden ist, tritt auch die Vererblichkeit der Abfindung erst mit dem rechtlichen Ende des Arbeitsverhältnisses ein[4], soweit nicht im Sozialplan etwa Abweichendes vereinbart ist. 89

Streitigkeiten des einzelnen ArbN mit dem ArbGeb aus dem Sozialplan werden im **Urteilsverfahren** entschieden (§ 2 Abs. 2 Nr. 3 ArbGG)[5]. Der BR kann nicht aus eigenem Recht Ansprüche des Mitarbeiters geltend machen[6]. Der ArbN kann nur seine eigenen Ansprüche geltend machen, während es dem BR vorbehalten bleibt, das **finanzielle Gesamtvolumen** einer gerichtlichen Überprüfung zu unterziehen[7]. Unproblematisch ist dagegen die Einsetzung einer **paritätisch besetzten Kommission** zur Beilegung von Auslegungsstreitigkeiten soweit dadurch der Rechtsweg nicht abgeschnitten wird. 90

Eine Vereinbarung dahingehend, dass Streitigkeiten zwischen ArbN und dem ArbGeb aus der Anwendung des Sozialplans durch die Einigungsstelle verbindlich entschieden werden, ist unzulässig, soweit sie den Rechtsweg ausschließt (vgl. § 101 Abs. 2 ArbGG)[8]. 91

Ist der **Spruch der Einigungsstelle** über einen Sozialplan im Rahmen eines Beschlussverfahrens **angefochten** worden (vgl. hierzu Rz. 94), wird die **Klage des einzelnen ArbN** im Hinblick auf Sozialplanansprüche in aller Regel bis zur Entscheidung über die Rechtswirksamkeit des Sozialplans **auszusetzen** sein[9]. 92

Sozialplanabfindungen fallen nicht unter die Beitragspflicht zur SozV iSv. § 14 Abs. 1 SGB IV[10]. Für die **Besteuerung** gelten die Freibeträge gemäß § 3 Nr. 9 EStG. Zusätzlich stellen Abfindungen Entschädigungen iSv. § 24 Nr. 1 lit. a) EStG für entgangene oder entgehende Einnahmen dar, die gemäß § 34 im Hinblick auf die Provisionswirkung bevorzugt behandelt werden; der frühere „halbe Steuersatz" gemäß §§ 24, 34 EStG ist jedoch entfallen[11]. 93

9. Anfechtung des Sozialplans. Ob die Einigungsstelle die Ermessensgrenzen des § 112 Abs. 5 eingehalten und eine vertretbare Interessenabwägung vorgenommen hat, wird in **Beschlussverfahren** (§ 2a ArbGG) entschieden. Die Anfechtung wegen **Ermessensfehlern** kann nur **binnen zwei Wochen seit der Zustellung des Spruchs der Einigungsstelle** erfolgen (§ 76 Abs. 5 Satz 4; s. dort Rz. 107 ff.). Sonstige **Rechtsfehler**, zB die Unzuständigkeit der Einigungsstelle, können auch außerhalb dieses Verfahrens geltend gemacht werden. Im Rahmen des (normalen) **Beschlussverfahrens** kann also insb. geklärt werden, ob überhaupt eine mitbestimmungspflichtige Betriebsänderung iSv. § 111 BetrVG vorlag und ob die zuständigen Parteien am Verfahren beteiligt wurden. 94

112a *Erzwingbarer Sozialplan bei Personalabbau, Neugründungen*

(1) Besteht eine geplante Betriebsänderung im Sinne des § 111 Satz 3 Nr. 1 allein in der Entlassung von Arbeitnehmern, so findet § 112 Abs. 4 und 5 nur Anwendung, wenn

1. in Betrieben mit in der Regel weniger als 60 Arbeitnehmern 20 vom Hundert der regelmäßig beschäftigten Arbeitnehmer, aber mindestens 6 Arbeitnehmer,

2. in Betrieben mit in der Regel mindestens 60 und weniger als 250 Arbeitnehmern 20 vom Hundert der regelmäßig beschäftigten Arbeitnehmer oder mindestens 37 Arbeitnehmer,

3. in Betrieben mit in der Regel mindestens 250 und weniger als 500 Arbeitnehmern 15 vom Hundert der regelmäßig beschäftigten Arbeitnehmer oder mindestens 60 Arbeitnehmer,

---

1 Richardi/*Annuß*, § 112 Rz. 189; GK-BetrVG/*Fabricius/Oetker*, § 112, 112a Rz. 127. | 2 Vgl. BAG v. 22.5.1996 – 10 AZR 907/95, AP Nr. 13 zu § 4 TVG – Rationalisierungsschutz. | 3 LAG Frankfurt v. 1.6.1984 – 14/4 Sa 1614/83, DB 1985, 876; Richardi/*Annuß*, § 112 Rz. 199; DKK/*Däubler*, §§ 112, 112a BetrVG Rz. 149. | 4 BAG v. 25.9.1996 – 10 AZR 311/96, AP Nr. 105 zu § 112 BetrVG 1972; ähnlich bei einzelvertraglich vereinbarten Abfindungen BAG v. 26.8.1997 – 9 AZR 227/96, AP Nr. 8 zu § 620 BGB – Aufhebungsvertrag; vgl. auch Richardi/*Annuß*, § 112 BetrVG Rz. 199; aA *Fitting*, §§ 112, 112a BetrVG Rz. 181, 182, die widersprüchlich auf die Erfüllung der festgelegten Tatbestandsvoraussetzungen, andereseits aber auf den Abschluss des Sozialplans abstellen. | 5 BAG v. 17.10.1989 – 1 ABR 75/88, AP Nr. 53 zu § 112 BetrVG 1972. | 6 BAG v. 17.10.1989 – 1 ABR 75/88, AP Nr. 53 zu § 112 BetrVG 1972; *Willemsen/Hohenstatt*, NZA 1997, 346, 346. | 7 BAG v. 17.2.1981 – 1-AZR 290/78, AP Nr. 11 zu § 112 BetrVG 1972 unter II. 2. c); v. 9.12.1981 – 5 AZR 549/79, AP Nr. 14 zu § 112 BetrVG 1972 unter II. 2 a). | 8 BAG v. 27.10.1987 – 1 AZR 80/86, AP Nr. 22 zu § 76 BetrVG 1972. | 9 LAG Hamm v. 22.6.1978 – 8 Ta 85/78, DB 1978, 1699; *Fitting*, §§ 112, 112a BetrVG Rz. 315. | 10 Für Abfindungen gemäß §§ 9, 10 KSchG: BAG v. 9.11.1988 – 4 AZR 433/88, AP Nr. 6 zu § 10 KSchG 1969; BSG 21.2.1990 – 12 RK 20/88, NZA 1990, 751 f.; für Sozialplanansprüche: *Ohl*; Sozialplan, S. 193; *Fitting*, §§ 112, 112a BetrVG Rz. 194; Richardi/*Annuß*, § 112 Rz. 197. | 11 Vgl. ausf. zur steuerlichen Behandlung von Sozialplanleistungen GK-BetrVG/*Fabricius/Oetker*, §§ 112, 112a Rz. 336 ff.; *Fitting*, §§ 112, 112a BetrVG Rz. 187 ff.; Richardi/*Annuß*, § 112 Rz. 195 f.

4. in Betrieben mit in der Regel mindestens 500 Arbeitnehmern 10 vom Hundert der regelmäßig beschäftigten Arbeitnehmer, aber mindestens 60 Arbeitnehmer

aus betriebsbedingten Gründen entlassen werden sollen. Als Entlassung gilt auch das vom Arbeitgeber aus Gründen der Betriebsänderung veranlasste Ausscheiden von Arbeitnehmern aufgrund von Aufhebungsverträgen.

(2) § 112 Abs. 4 und 5 findet keine Anwendung auf Betriebe eines Unternehmens in den ersten vier Jahren nach seiner Gründung. Dies gilt nicht für Neugründungen im Zusammenhang mit der rechtlichen Umstrukturierung von Unternehmen und Konzernen. Maßgebend für den Zeitpunkt der Gründung ist die Aufnahme einer Erwerbstätigkeit, die nach § 138 der Abgabenordnung dem Finanzamt mitzuteilen ist.

1   **I. Allgemeines.** § 112a wurde durch Art. 2 Nr. 2 des Beschäftigungsförderungsgesetzes 1985 (BGBl. I S. 710) in das BetrVG eingefügt, um **Anreize zur Schaffung neuer Arbeitsplätze** zu schaffen. Durch das BetrVerf-Reformgesetz 2001 (BGBl. I S. 1852) wurde Abs. 1 Nr. 1 dahingehend geändert, dass die Mindestschwelle von mehr als 20 ArbN entfiel.

2   § 112a **beseitigt** lediglich die **Möglichkeit der Einigungsstelle**, in den privilegierten Fällen über den **Sozialplan durch Spruch** zu entscheiden. Unberührt hingegen bleiben die sonstigen Beteiligungsrechte bei Betriebsänderungen im Übrigen[1]. Insbesondere muss der Unternehmer den **Versuch eines Interessenausgleichs** unternehmen, wenn er **Nachteilsausgleichsansprüche** gemäß § 113 Abs. 3 vermeiden will[2]. Nach bestrittener Auffassung soll sogar eine Verpflichtung des Unternehmers bestehen, sich auf **Verhandlungen in der Einigungsstelle über den Sozialplan** einzulassen[3]. Die Einigungsstelle ist jedoch ein von vornherein ungeeignetes Instrument, wenn allenfalls auf freiwilliger Grundlage ein Sozialplan zustande kommen kann. § 112 Abs. 2 und 3 sind in den Fällen des § 112a daher **teleologisch zu reduzieren** in dem Sinne, dass die Einigungsstelle nur im Hinblick auf den Interessenausgleich angerufen werden kann[4].

3   **II. Privilegierung bei reinem Personalabbau. 1. Schwellenwerte.** § 112a Abs. 1 beinhaltet eine Staffel von Schwellenwerten, bei deren Unterschreitung im Fall reiner Personalabbaumaßnahmen kein Sozialplan erzwungen werden kann:

Betriebsgröße	Entlassungen
1–59 Arbeitnehmer	20 %, **aber** mindestens 6 Arbeitnehmer
60–249 Arbeitnehmer	20 % **oder** mindestens 37 Arbeitnehmer
250–499 Arbeitnehmer	15 % **oder** mindestens 60 Arbeitnehmer
Ab 500 Arbeitnehmer	10 %, **aber** mindestens 60 Arbeitnehmer

Aus der Staffel wird deutlich, dass Betriebsänderungen nach § 111 Satz 3 Nr. 1 vorliegen können (hierfür sind die Schwellenwerte gemäß § 17 KSchG einschlägig; vgl. § 111 Rz. 28 f.), die die Beteiligungsrechte des BR gem. §§ 111 ff. auslösen, jedoch nicht sozialplanpflichtig sind[5].

4   Der Begriff der **Entlassung** ist identisch mit dem in § 113 Abs. 1 (siehe dazu § 113 Rz. 11)[6]. Gezählt werden nur Mitarbeiter, die infolge der geplanten Betriebsänderung **betriebsbedingt ausscheiden**, wie Abs. 1 Satz 1 am Ende klarstellt. Hierunter fallen vom ArbGeb ausgesprochene **betriebsbedingte Kündigungen** sowie **vom ArbGeb veranlasste Eigenkündigungen und Aufhebungsverträge**[7] (vgl. zur Veranlassung durch den ArbGeb § 111 Rz. 31), nicht hingegen Änderungskündigungen, es sei denn, dass sie zur Entlassung führen[8].

5   **2. Reiner Personalabbau.** § 112 Abs. 1 gilt nur für Betriebsänderungen, die **allein in der Entlassung von ArbN** bestehen. Es muss sich also um einen „besonders modifizierten **Unterfall des § 111 Satz 3 Nr. 1**" handeln[9]. Während § 111 Satz 3 Nr. 1 Maßnahmen der technischen Kapazitätseinschränkung und der personellen Leistungsfähigkeit umfasst, gilt § 112a Abs. 1 nur für reine Personalabbaumaßnahmen, die

---

[1] Begr. RegE BT-Drs. 10/2102, S. 27. | [2] BAG v. 8.11.1988 – 1 AZR 687/87, AP Nr. 18 zu § 113 BetrVG 1972; Richardi/*Richardi/Annuß*, § 112a BetrVG Rz. 2; GK-BetrVG/*Fabricius/Oetker*, §§ 112, 112a Rz. 228; Fitting, §§ 112, 112a BetrVG Rz. 81; *Schweibert* in Willemsen/Hohenstatt/Schweibert/Seibt, Rz. C 218. | [3] DKK/*Däubler*, §§ 112, 112a BetrVG Rz. 38; *Heinze*, NZA 1987, 41, 50; Richardi/*Richardi/Annuß*, § 112a BetrVG Rz. 2; GK-BetrVG/*Fabricius/Oetker*, §§ 112, 112a Rz. 229; *Löwisch/Kaiser*, § 112a BetrVG Rz. 4. | [4] Für teleologische Reduktion der Vorschrift: *Willemsen*, DB 1990, 1405, 1413; *Schweibert* in Willemsen/Hohenstatt/Schweibert/Seibt, Rz. C 219; ErfK/*Kania*, §§ 112, 112a BetrVG Rz. 16; nach LAG Nürnberg v. 9.5. und 21.8.2001, AuR 2002, 37 (zit. nach ErfK § 112 Rz. 16) soll Einigungsstelle für den Sozialplan insgesamt zuständig sein, wenn Anwendung des § 112a streitig ist. | [5] Vgl. ErfK/*Kania*, §§ 112, 112a BetrVG Rz. 16; Richardi/*Richardi/Annuß*, § 112a BetrVG Rz. 11. | [6] Richardi/*Richardi/Annuß*, § 112a BetrVG Rz. 7. | [7] ErfK/*Kania*, §§ 112, 112a BetrVG Rz. 16; Richardi/*Richardi/Annuß*, § 112a BetrVG Rz. 7; *Löwisch/Kaiser*, § 112a BetrVG Rz. 3. | [8] Siehe schon § 111 Rz. 31; aA Richardi/*Richardi/Annuß*, § 112a BetrVG Rz. 7. | [9] Richardi/*Richardi/Annuß*, § 112a BetrVG Rz. 3.

nicht mit einer **Reduzierung der sächlichen Betriebsmittel** einhergehen[1]. Die Stilllegung des Betriebs insgesamt oder die Stilllegung eines wesentlichen Betriebsteils fallen daher nicht unter § 112a Abs. 1[2]. Indessen werden kleinste Eingriffe in die betriebliche Substanz sicherlich nicht den Gesamtcharakter eines größeren Personalabbaus in Frage stellen können. Entscheidend ist immer, welche Maßnahmen der Betriebsänderung ihr **Gepräge** geben. Stets ist vorsorglich außerdem zu prüfen, ob unter Umständen ein anderer Tatbestand gemäß dem Katalog des § 111 Satz 3, Nr. 2 bis 4 (zB grundlegende Änderung der Betriebsorganisation, Nr. 4) vorliegt, bei dem die „normalen" Schwellenwerte gelten.

III. Privilegierung neu gegründeter Unternehmen. Zur Förderung von Unternehmensneugründungen bestimmt § 112a Abs. 2, dass sozialplanpflichtige Betriebsänderungen nicht vorliegen, wenn diese in Betrieben eines **Unternehmens** stattfinden, welches sich noch im Zeitraum von 4 Jahren nach seiner Gründung befindet. Dies gilt für alle Arten der Betriebsänderung[3]. 6

Maßgeblich ist allein das **Alter des Unternehmens**, nicht das Alter eines Betriebs. Das Sozialplanprivileg gilt demnach *nicht* für ältere Unternehmen, wenn diese Betriebsänderungen in einem neuen Betrieb durchführen[4]. Es ist zu Recht darauf hingewiesen worden, dass dies iSd. Schaffung neuer Arbeitsplätze, die mit der Gründung neuer Betriebe stets verbunden ist, eine unglückliche gesetzliche Regelung darstellt[5]. Hingegen findet das Sozialplanprivileg Anwendung, wenn das **neu gegründete Unternehmen** einen **älteren Betrieb übernimmt**, also auch wenn dieser länger als 4 Jahre besteht[6]. Im Falle des **Rechtsmissbrauchs**, wenn Betriebe also nur zum Zwecke der Vermeidung eines Sozialplans auf neu gegründete Unternehmen übertragen werden, soll § 112a Abs. 2 hingegen nicht anwendbar sein[7]. Der **Wegfall der Sozialplanpflicht** bei Übertragung eines Betriebs auf einen anderen ArbGeb stellt **keinen wirtschaftlichen Nachteil** dar, der im Rahmen eines beim bisherigen ArbGeb abzuschließenden **Sozialplans** ausgeglichen werden müsste. Im Sozialplan können nur die wirtschaftlichen Nachteile ausgeglichen werden, die direkt aus der Betriebsänderung resultieren. Hierzu gehören die Folgen des Rechtsträgerwechsels nicht[8]. 7

Das Sozialplanprivileg greift nach § 112a Abs. 2 Satz 2 dann nicht ein, wenn die Neugründung im Zusammenhang mit der **rechtlichen Umstrukturierung von Unternehmen und Konzernen** steht. Damit soll sichergestellt werden, dass es sich bei der Neugründung tatsächlich um eine **neue unternehmerische Betätigung** handelt[9]. Ein **Formwechsel** ist identitätswahrend und scheidet daher als Grundlage für das Sozialplanprivileg aus[10]. Gleiches gilt für alle Neugründungen, die aus einer **Umwandlung zur Neugründung** hervorgehen (Verschmelzung, Spaltung, Vermögensübertragung)[11]. Hingegen greift das Sozialplanprivileg ein, wenn im Wege einer Spaltung oder Verschmelzung Betriebe auf ein bereits bestehendes – aber noch nicht vier Jahre altes – Unternehmen, das nicht zum selben Konzern gehört, übergehen. Die **Übertragung eines Betriebs** durch Einzelrechtsnachfolge oder Umwandlung **innerhalb desselben Konzerns** führt nicht zum Sozialplanprivileg[12]. Ebenso fallen nicht unter § 112a Abs. 2: Übertragung der Geschäftstätigkeit einer KG auf eine vom Komplementär-Geschäftsführer gegründete GmbH[13]; Übertragung der Betriebe zweier Unternehmen auf gemeinsam errichtetes **Gemeinschaftsunternehmen**[14]. Entsteht zwar das neue Unternehmen infolge einer Konzernumstrukturierung (zB Umwandlung), wird auf dieses jedoch ein **konzernfremder Betrieb** übertragen, findet das Sozialplanprivileg Anwendung[15]. 8

Für den **Beginn des Vierjahreszeitraums** kommt es auf den **Zeitpunkt des meldepflichtigen Ereignisses** iSv. § 138 AO an[16]. Da es nach der Gesetzeskonzeption auf die Dauer der unternehmerischen Tätig- 9

---

1 *Bauer*, DB 1994, 217, 227; GK-BetrVG/*Fabricius*/*Oetker*, §§ 112, 112a Rz. 232; Richardi/*Richardi*/*Annuß*, § 112a BetrVG Rz. 3 ff.; *Fitting*, §§ 112, 112a BetrVG Rz. 82; *Löwisch/Kaiser*, § 112a BetrVG Rz. 5. |2 Richardi/*Richardi*/*Annuß*, § 112a BetrVG Rz. 4, 6; *Schweibert* in Willemsen/Hohenstatt/Schweibert/Seibt, Rz. C 215 f.; *Fitting*, §§ 112, 112a BetrVG Rz. 85; MünchArbR/*Matthes*, § 362 Rz. 54; *Löwisch/Kaiser*, § 112a BetrVG Rz. 5. |3 GK-BetrVG/*Fabricius*/*Oetker*, §§ 112, 112a BetrVG Rz. 236; DKK/*Däubler*: §§ 112, 112a BetrVG Rz. 33; MünchArbR/*Matthes*, § 362 Rz. 55. |4 Richardi/*Richardi*/*Annuß*, § 112a BetrVG Rz. 13; GK-BetrVG/*Fabricius*/*Oetker*, § 112, 112a Rz. 236 f.; ausf. zum Ganzen *Willemsen*, DB 1990, 1405. |5 *Willemsen*, DB 1990, 1405, 1406; GK-BetrVG/*Fabricius*/*Oetker*, § 112, 112a BetrVG Rz. 237. |6 BAG v. 13.6.1989 – 1 ABR 14/88, AP Nr. 3 zu § 112a BetrVG 1972 m. zust. Anm. *Willemsen*; v. 22.2.1995 – 10 ABR 21/94 und 10 ABR 23/94, AP Nrn. 7 und 8 zu § 112a BetrVG 1972; v. 10.12.1996 – 1 ABR 32/96, AP Nr. 110 zu § 112 BetrVG 1972; *Bauer*, Betriebsänderungen, S. 88 f.; MünchArbR-*Matthes*, § 363 Rz. 55; *Schweibert* in Willemsen/Hohenstatt/Schweibert/Seibt, Rz. C 223; GK-BetrVG/*Fabricius*/*Oetker*, §§ 112, 112a BetrVG Rz. 238; aA *Fitting*, §§ 112, 112a BetrVG Rz. 94; DKK/*Däubler*, §§ 112, 112a BetrVG Rz. 35. |7 BAG v. 13.6.1989 – 1 ABR 14/88, AP Nr. 3 zu § 112a BetrVG 1972 unter 3. f); v. 10.12.1996 – 1 ABR 32/96, AP Nr. 110 zu § 112 BetrVG 1972 unter II. 2. c) bb); GK-BetrVG/*Fabricius*/*Oetker*, §§ 112, 112a BetrVG Rz. 238; *Schweibert* in Willemsen/Hohenstatt/Schweibert/Seibt, Rz. C 223. |8 BAG v. 10.12.1996 – 1 ABR 32/96, AP Nr. 110 zu § 112 BetrVG 1972; vgl. hierzu bereits oben § 112 Rz. 36. |9 Begr. RegE BT-Drs. 10/2102, S. 28; vgl. auch *Willemsen*, DB 1990, 1405, 1407; Richardi/*Richardi*/*Annuß*, § 112a BetrVG Rz. 18; vgl. auch BAG v. 22.2.1995 – 10 ABR 23/94, AP Nr. 8 zu § 112a BetrVG 1972 unter B II 2. |10 *Löwisch/Kaiser*, § 112a BetrVG Rz. 9. |11 Vgl. schon BT-Drs. 10/2102, S. 28; Richardi/*Richardi*/*Annuß*, § 112a BetrVG Rz. 18; GK-BetrVG/*Fabricius*/*Oetker*, §§ 112, 112a BetrVG Rz. 243; *Fitting*, § 112, 112a BetrVG Rz. 93. |12 GK-BetrVG/*Fabricius*/*Oetker*, §§ 112, 112a Rz. 243. |13 BAG v. 22.2.1995 – 10 ABR 21/94, AP Nr. 7 zu § 112a BetrVG 1972. |14 BAG v. 22.2.1995 – 10 ABR 23/94, AP Nr. 8 zu § 112a BetrVG 1972. |15 *Willemsen*, DB 1990, 1405, 1408; *Loritz*, NZA 1993, 1105, 1111; Richardi/*Richardi*/*Annuß*, § 112a BetrVG Rz. 18; Stege/Weinspach/*Schiefer*, §§ 111–113 BetrVG Rz. 72 a. |16 GK-BetrVG/*Fabricius*/*Oetker*, §§ 112, 112a BetrVG Rz. 239; *Fitting*, §§ 112, 112a BetrVG Rz. 90; MünchArbR/*Matthes*, § 362 Rz. 55.

keit ankommt, greift das Sozialplanprivileg auch für bislang nicht unternehmerisch tätige „**Vorratsgesellschaften**"[1]. Umstritten ist, wie weit die **Betriebsänderung** fortgeschritten sein muss, um noch in den Vierjahreszeitraum zu fallen. Teilweise wird auf den **Ablauf der Kündigungsfristen** abgestellt (Entlassungstermin)[2]. Andere Stimmen stellen auf die **endgültige Unternehmerentscheidung** ab[3] bzw. auf den **Beginn der Durchführung**[4]. Schließlich wird teilweise darauf abgestellt, wann bei Sozialplanpflicht der Spruch der Einigungsstelle ergehen würde[5]. Nach Ablauf von vier Jahren könnte die Einigungsstelle also durch Spruch einen Sozialplan verabschieden. Dies würde jedoch zu ungewollten Anreizen für die Verzögerung der Verfahrens führen. Zutreffend ist deshalb allein, auf den **Zeitpunkt der unternehmerischen Entscheidung und deren Mitteilung an den BR** abzustellen. Der weitere zeitliche Verlauf hängt wesentlich von den Verhandlungen mit dem BR ab, so dass es nicht mehr allein in den Verantwortungsbereich des ArbGeb fällt, wie lange sich der weitere Prozess hinzieht. Von dessen Dauer kann daher nicht abhängen, ob § 112a Abs. 2 noch zur Anwendung kommt.

113 *Nachteilsausgleich*

(1) Weicht der Unternehmer von einem Interessenausgleich über die geplante Betriebsänderung ohne zwingenden Grund ab, so können Arbeitnehmer, die infolge dieser Abweichung entlassen werden, beim Arbeitsgericht Klage erheben mit dem Antrag, den Arbeitgeber zur Zahlung von Abfindungen zu verurteilen; § 10 des Kündigungsschutzgesetzes gilt entsprechend.

(2) Erleiden Arbeitnehmer infolge einer Abweichung nach Absatz 1 andere wirtschaftliche Nachteile, so hat der Unternehmer diese Nachteile bis zu einem Zeitraum von 12 Monaten auszugleichen.

(3) Die Absätze 1 und 2 gelten entsprechend, wenn der Unternehmer eine geplante Betriebsänderung nach § 111 durchführt, ohne über sie einen Interessenausgleich mit dem Betriebsrat versucht zu haben, und infolge der Maßnahme Arbeitnehmer entlassen werden oder andere wirtschaftliche Nachteile erleiden.

1 **I. Allgemeines.** Bereits § 74 BetrVG 1952 sah Sanktionen bei Kündigungen vor, die einer Einigung bzw. einem Vermittlungsvorschlag (§ 73 Abs. 2 BetrVG 1952) widersprachen. Schon seinerzeit entsprach es der hM, dass die Vorschrift auch für den Fall anzuwenden ist, dass der Unternehmer den BR gar nicht beteiligt hat. Diese Rechtsfolge ist jetzt ausdrücklich in § 113 Abs. 3 geregelt[6]. Die durch das Arbeitsrechtliche Beschäftigungsförderungsgesetz 1996 (BGBl. I S. 1476) in § 113 Abs. 3 vorübergehend eingeführte **Fristenregelung**, die den Versuch eines Interessenausgleichs auf zwei bzw. drei Monate begrenzte[7], wurde durch das Korrekturgesetz vom 19.12.1998 (BGBl. I S. 3843, 3850) wieder außer Kraft gesetzt. Damit wurde ein schon überwundener Wettbewerbsnachteil, nämlich die Unvorhersehbarkeit der Dauer einer Umstrukturierung, wieder reaktiviert.

2 § 113 verfolgt einen **doppelten Zweck**, nämlich die **Sanktionierung eines mitbestimmungswidrigen Verhaltens** und damit die Absicherung der Beteiligungsrechte des BR sowie die **Kompensation von individuellen Nachteilen**, die durch die Missachtung der Beteiligungsrechte entstehen[8].

3 § 113 Abs. 3 kann nicht analog für den Fall angewandt werden, dass der Unternehmer bei nicht sozialplanpflichtigen Betriebsänderungen (§ 112a) *Sozialplanverhandlungen* unterlässt[9]. Der Wortlaut des § 113 lässt dies nicht zu. Auch kann § 113 auf **Tendenzbetriebe keine Anwendung** finden, da auf diese die §§ 111 bis 113 nur insoweit anzuwenden sind, als sie den Ausgleich oder die Milderung wirtschaftlicher Nachteile für die ArbN infolge von Betriebsänderungen regeln (§ 118 Abs. 1 Satz 2; s. dort Rz. 30)[10]. Das **BAG** und Teile der Lit. beurteilen dies allerdings **abweichend**, obwohl der Unternehmer im Tendenzunternehmen gar nicht verpflichtet ist, einen Interessenausgleich zu versuchen[11]. Die Sanktion tritt nach dieser Auffassung schon dann ein, wenn der auch bei Tendenzunternehmen bestehende Unterrichtungsanspruch gemäß § 111 verletzt wurde.

---

1 Richardi/*Richardi/Annuß*, § 112a BetrVG Rz. 14. | 2 *Etzel*, Betriebsverfassungsrecht, Rz. 1069. | 3 *Rumpff/Böwer*, Wirtschaftliche Angelegenheiten, I Rz. 61. | 4 DKK/*Däubler*, §§ 112, 112a BetrVG Rz. 34. | 5 GK-BetrVG/*Fabricius/Oetker*, §§ 112, 112a Rz. 240. | 6 Vgl. m.N. Richardi/*Richardi/Annuß*, § 113 BetrVG Rz. 1; GK-BetrVG/*Fabricius/Oetker*, § 113 Rz. 1. | 7 Vgl. hierzu *Bauer/Göpfert*, DB 1997, 1464 ff.; *Eisemann*, FS Hanau, 1999, S. 387 ff.; *Hohenstatt*, NZA 1998, 846, 847; *Löwisch*, RdA 1997, 80, 82 ff.; *Roeder/Baeck*, BB 1996, Beil. Nr. 17 S. 23 ff. | 8 BAG v. 13.6.1989 – 1 AZR 819/87, AP Nr. 19 zu § 113 BetrVG 1972 unter III. 1.; GK-BetrVG/*Fabricius/Oetker*, § 113 Rz. 3; Richardi/*Richardi/Annuß*, § 113 BetrVG Rz. 2; DKK/*Däubler*, § 113 BetrVG Rz. 1; den Sanktionszweck stellen in den Vordergrund *Fitting*, § 113 BetrVG Rz. 2; ErfK/*Kania*, § 113 BetrVG Rz. 1; dieser Meinungsunterschied wirkt sich vor allem bei der Frage aus, ob Nachteilsausgleichsansprüche auf Sozialplanansprüche anzurechnen sind; vgl. hierzu Rz. 17. | 9 So aber DKK/*Däubler*, § 113 BetrVG Rz. 10; *Ohl*, Der Sozialplan, S. 51 bei Tendenzbetrieben; aA GK-BetrVG/*Fabricius/Oetker*, § 113 Rz. 5; ErfK/*Kania*, § 113 BetrVG Rz. 3; *Gajewski*, FS D. Gaul, S. 189, 193. | 10 Richardi/*Richardi/Annuß*, § 113 BetrVG Rz. 34; HSG/*Hess*, § 118 BetrVG Rz. 55; *Bauer/Lingemann*, NZA 95, 813, 816; MünchArbR/*Matthes*, § 365 Rz. 5 f.; GK-BetrVG/*Fabricius/Oetker*, §§ 112, 112a Rz. 10; *Gillen/Hörle*, NZA 2003, 1225, 1230 ff. | 11 So aber BAG v. 27.10.1998 – 1 AZR 766/97, AP Nr. 65 zu § 118 BetrVG 1972 unter III.; *Stege/Weinspach/Schiefer*, § 118 BetrVG Rz. 11; *Fitting*, § 113 BetrVG Rz. 4; DKK/*Däubler*, § 118 BetrVG Rz. 61 f.

II. § 113 Abs. 1; Abweichen vom Interessenausgleich. Der Abfindungsanspruch gemäß Abs. 1 setzt voraus, dass überhaupt eine **beteiligungspflichtige Betriebsänderung** vorliegt[1] (so dass die Abweichung von einem freiwilligen Interessenausgleich nicht durch Abs. 1 sanktioniert wird[2]) *und* dass ein **Interessenausgleich** über eine Betriebsänderung **abgeschlossen**[3] wurde. Der Interessenausgleich muss **wirksam**, insb. muss die **Schriftform** gewahrt sein[4] und muss der **zuständige BR** gehandelt haben[5]. 4

Führt der ArbGeb eine völlig **andere Betriebsänderung** durch, als im Interessenausgleich vereinbart, liegt keine „Abweichung" vor, sondern ein Fall des Abs. 3[6]. 5

Will der ArbGeb **rechtmäßig und ohne Verpflichtung zum Nachteilsausgleich** von einem Interessenausgleich abweichen, muss er das **Beteiligungsverfahren gemäß §§ 111, 112 erneut einleiten** und auf einen entsprechend geänderten Interessenausgleich hinwirken[7]. Hierzu ist der ArbGeb generell und nicht nur dann verpflichtet, wenn die Abweichung selbst eine eigenständige Betriebsänderung beinhaltet[8]. 6

§ 113 Abs. 1 normiert Nachteilsausgleichsansprüche, ohne zugleich eine kollektivrechtliche Rechtfertigung dafür zu schaffen, dass der ArbGeb von **Organisationsregelungen** (vgl. hierzu § 112 Rz. 5) abweicht. Seine Verpflichtung zur erneuten Durchführung des Beteiligungsverfahrens bleibt trotz eventueller Nachteilsausgleichspflicht bestehen. Hingegen sind Abweichungen von **Folgeregelungen** eines Interessenausgleichs (vgl. § 112 Rz. 5) – da diese nicht die Betriebsänderung selbst betreffen – auch ohne erneutes Beteiligungsverfahren (wenn auch ggf. nur gegen Zahlung von Nachteilsausgleich) möglich[9]. 7

Eine Abweichung vom Interessenausgleich bleibt **sanktionslos**, wenn sie auf einem **zwingenden Grund** beruht. Dieses Erfordernis geht über das Vorliegen eines wichtigen Grundes hinaus[10]. Der Unternehmer muss sich daher in einer Lage befunden haben, die ihm **praktisch keine andere Wahl** ließ, als vom Interessenausgleich abzuweichen, wobei hier ein strenger Maßstab anzulegen ist[11]. Hierfür kommen im Wesentlichen nur Gründe in Betracht, die **im Nachhinein** entstanden sind[12]. Es liegt also ein besonderer Fall des nachträglichen **Wegfalls der Geschäftsgrundlage** vor[13]. **Beispiele:** Plötzlich auftretender Rohstoffmangel, unerwartete drastische Preiserhöhungen, Kreditschwierigkeiten, gesetzgeberische Maßnahmen, technische Störungen, drastische Veränderungen der Marktlage[14]. Beurteilungsmaßstab für den zwingenden Grund ist der Zeitpunkt der Abweichung vom Interessenausgleich, so dass nicht entscheidend ist, ob sich die Maßnahme retrospektiv als sinnvoll oder erforderlich erwiesen hat[15]. 8

§ 113 Abs. 1 regelt einen **individualrechtlichen Abfindungsanspruch**, so dass eine Entscheidung über das Vorliegen eines zwingenden Grundes im Beschlussverfahren ausgeschlossen ist[16]. Das **Vorliegen eines zwingenden Grundes** ist demnach als **Vorfrage im Rechtsstreit** gegen den einzelnen ArbN zu klären, wobei den **Unternehmer** die Beweislast für das Vorliegen eines solchen Umstands trifft[17]. 9

III. § 113 Abs. 3; Unterlassener Versuch eines Interessenausgleichs. § 113 Abs. 3 bildet heute den **Hauptanwendungsfall des Nachteilsausgleichs**, während die Sanktion gemäß Abs. 1 in der Praxis in den Hintergrund tritt[18]. Der Tatbestand setzt wiederum das Vorliegen einer interessenausgleichspflichtigen Maßnahme voraus. Es muss demnach eine **Betriebsänderung** geplant und durchgeführt worden sein, die unter § 111 Satz 3 fällt (vgl. oben Rz. 4). Hierzu gehören auch die Betriebsänderungen, die unter das Sozialplanprivileg gemäß § 112a fallen. Auch bei diesen Betriebsänderungen ist der ArbGeb zum Versuch eines Interessenausgleichs verpflichtet[19]. Die Vorschrift gilt sowohl für den Fall, dass der Unternehmer den BR **überhaupt nicht beteiligt** als auch dann, wenn die Beteiligung **nicht im betriebsverfassungsrechtlich erforderlichen Maß** erfolgte[20] (zum Fall der Beteiligung des unzuständigen BR s. § 111 Rz. 77). „Zwingende Gründe" für die Nichtbeteiligung des BR (vgl. Abs. 1) entschuldigen den ArbGeb nicht, da Abs. 3 lediglich im Hinblick auf die **Rechtsfolgen** auf Abs. 1 verweise, hingegen nicht hinsichtlich der Anspruchsvorausset- 10

---

1 GK-BetrVG/*Fabricius/Oetker*, § 113 Rz. 7. | 2 GK-BetrVG/*Fabricius/Oetker*, § 113 Rz. 14. | 3 *Löwisch/Kaiser*, § 113 BetrVG Rz. 2; GK-BetrVG/*Fabricius/Oetker*, § 113 Rz. 12; HSG/*Hess*, § 113 BetrVG Rz. 5. | 4 BAG v. 9.7.1985 – 1 AZR 323/83, AP Nr. 13 zu § 113 BetrVG 1972; weitere Nachw. bei GK-BetrVG/*Fabricius/Oetker*, § 113 Rz. 16. | 5 GK-BetrVG/*Fabricius/Oetker*, § 113 Rz. 16. | 6 GK-BetrVG/*Fabricius/Oetker*, § 113 Rz. 21; Richardi/*Richardi/Annuß*, § 113 BetrVG Rz. 9. | 7 Richardi/*Richardi/Annuß*, § 113 BetrVG Rz. 10; im Grundsatz auch GK-BetrVG/*Fabricius/Oetker*, § 113 Rz. 21. | 8 So aber GK-BetrVG/*Fabricius/Oetker*, § 113 Rz. 21; MünchArbR/*Matthes*, § 361 Rz. 39. | 9 Richardi/*Richardi/Annuß*, § 113 BetrVG Rz. 10. | 10 *Fitting*, § 113 BetrVG Rz. 8; Richardi/*Richardi/Annuß*, § 113 BetrVG Rz. 13. | 11 BAG v. 17.9.1974 – 1 AZR 16/74, AP Nr. 1 zu § 113 BetrVG 1972; v. 10.6.1969 – 1 AZR 2/69, AP Nr. 6 zu § 72 BetrVG; *Fitting*, § 113 BetrVG Rz. 8; Richardi/*Richardi/Annuß*, § 113 BetrVG Rz. 13; ErfK/*Kania*, § 113 BetrVG Rz. 4; GK-BetrVG/*Fabricius/Oetker*, § 113 Rz. 26; DKK/*Däubler*, § 113 BetrVG Rz. 4; *Rumpff/Boewer*, Wirtschaftliche Angelegenheiten K Rz. 6; *Etzel*, Betriebsverfassungsrecht, Rz. 1017. | 12 ErfK/*Kania*, § 113 BetrVG Rz. 4; Richardi/*Richardi/Annuß*, § 113 BetrVG Rz. 15; *Fitting*, § 113 BetrVG Rz. 8; MünchArbR/*Matthes*, § 361 Rz. 38. | 13 So auch GK-BetrVG/*Fabricius/Oetker*, § 113 Rz. 25. | 14 Vgl. *Fitting*, § 113 BetrVG Rz. 10; Richardi/*Richardi/Annuß*, § 113 BetrVG Rz. 16; ErfK/*Kania*, § 113 BetrVG Rz. 4. | 15 *Fitting*, § 113 BetrVG Rz. 11; Richardi/*Richardi/Annuß*, § 113 BetrVG Rz. 17; GK-BetrVG/*Fabricius/Oetker*, § 113 Rz. 29. | 16 BAG v. 18.3.1975 – 1 ABR 102/73, AP Nr. 1 zu § 111 BetrVG 1972. | 17 GK-BetrVG/*Fabricius/Oetker*, § 113 Rz. 30; Richardi/*Richardi/Annuß*, § 113 BetrVG Rz. 9; Richardi/*Richardi/Annuß*, § 113 BetrVG Rz. 18. | 18 Vgl. Richardi/*Richardi/Annuß*, § 113 BetrVG Rz. 4. | 19 BAG v. 8.11.1988 – 1 AZR 687/87, AP Nr. 18 zu § 113 BetrVG 1972 unter II. 2.; *Etzel*, Betriebsverfassungsrecht, Rz. 1047; *Fitting*, § 113 BetrVG Rz. 3; GK-BetrVG/*Fabricius/Oetker*, § 113 Rz. 8. | 20 Richardi/*Richardi/Annuß*, § 113 BetrVG Rz. 24; *Fitting*, § 113 BetrVG Rz. 13.

zungen[1]. Jedoch soll die Sanktion des Abs. 3 nicht eintreten, wenn sich die sofortige Vornahme der Betriebsänderung als „**die einzig mögliche und auch im Interesse der ArbN dringend gebotene Reaktion**" **des Unternehmers** darstellte und sich der Versuch eines Interessenausgleichs als „offensichtlich sinnlos" erwiesen hätte[2]. Dies bedeutet allerdings, dass es von vornherein ausgeschlossen gewesen sein muss, dass die Interessen der ArbN im weiteren Einigungsverfahren berücksichtigt werden können[3]. Die Betriebsänderung muss also **unausweichlich** sein; zusätzlich muss hinzukommen, dass auch im Hinblick auf den **Zeitpunkt** und die **Art der Durchführung** keinerlei Spielraum mehr besteht[4]. Hiervon ist im Fall der Insolvenz nicht ohne weiteres auszugehen[5]. Trotz der Theorie von der Rechtsfolgenverweisung hält indessen auch das BAG den Abfindungsanspruch gemäß Abs. 3 in besonders eindeutig gelagerten Situationen, in denen dem Unternehmer kein Handlungsspielraum verblieben ist, für unangebracht[6]. Abs. 3 greift auch ein, wenn der BR zwar beteiligt wurde, jedoch kein **hinreichender Versuch eines Interessenausgleichs** (siehe hierzu auch § 112 Rz. 20) unternommen wurde. Diese Sanktion knüpft an die Verpflichtung des ArbGeb gemäß §§ 111, 112 Abs. 2, 3 an, bei einer geplanten Betriebsänderung den Versuch eines Interessenausgleichs zu unternehmen. Nach Auffassung des BAG ist dieser Versuch nur dann ausreichend unternommen, wenn der Unternehmer das in § 112 Abs. 2 vorgesehene **Verfahren voll ausschöpft** und insb. wegen des Interessenausgleichs die **Einigungsstelle angerufen** hat (vgl. schon § 112 Rz. 20)[7]. Dies ist problematisch, da § 112 Abs. 2 nur die *Möglichkeit* eröffnet, die Einigungsstelle anzurufen, nicht hingegen eine entsprechende ausdrückliche Verpflichtung vorsieht[8]. Durch die Sanktionsnorm in § 113 Abs. 3 soll der Umfang der unternehmerischen Verpflichtungen nicht erweitert werden. Die **Praxis** hat sich jedoch darauf einzustellen, dass Nachteilsausgleichsansprüche drohen, wenn die Betriebsänderung durchgeführt wird, bevor der **Versuch eines Interessenausgleichs bis in die Einigungsstelle** hinein unternommen worden ist[9]. Hingegen soll der Unternehmer nicht verpflichtet sein, die BAA um Vermittlung zu ersuchen[10].

11 **IV. Entlassung und andere wirtschaftliche Nachteile; Abfindungshöhe; Verrechnung mit Sozialplananspruch.** Die Abweichung von einem Interessenausgleich ist gemäß **Abs. 1** nur von Belang, soweit sie zur **Entlassung von ArbN** führt. Unter Entlassung werden alle Formen der Beendigung des Arbeitsverhältnisses auf Veranlassung des ArbGeb verstanden (einschließlich Aufhebungsverträge und Eigenkündigungen; vgl. hierzu genauer unter § 111 Rz. 31)[11]. Zwischen der **Abweichung** und der **Entlassung** muss eine **Kausalität** bestehen. Dabei ist eine individuelle Betrachtung erforderlich. Abfindungen erhalten nur ArbN, deren Entlassung deshalb erforderlich geworden ist, weil der Unternehmer gegen den Interessenausgleich verstoßen hat[12]. Hierfür ist der **ArbN beweispflichtig**[13]. Demnach erhalten ArbN, die auch bei ordnungsgemäßer Durchführung der Betriebsänderung entlassen worden wären, keine Abfindung[14].

12 Für den Anspruch gem. **Abs. 3** muss die mitbestimmungswidrig durchgeführte **Betriebsänderung kausal** für die Entlassung gewesen sein[15]. Ob die Nachteile auch bei gesetzesgemäßem Vorgehen eingetreten wären, spielt hier keine Rolle[16].

13 Die **Beendigung** des Arbeitsverhältnisses (Entlassung) muss **rechtswirksam** sein; insb. muss eine Kündigung **sozial gerechtfertigt** sein. Ist dies nicht der Fall, bedarf es keines Abfindungsanspruchs, da der ArbN gemäß dem KSchG gegen die Kündigung vorgehen kann[17]. Richtigerweise wird allerdings hervorgehoben, dass die Wirksamkeit der Kündigung nicht zuvor in einem gerichtlichen Verfahren geprüft und festgestellt zu werden braucht. Es genügt vielmehr, wenn der ArbN die Kündigung hinnimmt und diese gemäß **§ 7 KSchG** als von Anfang an rechtswirksam angesehen wird[18]. Darüber hinausgehend wird sogar geltend gemacht, die Wirksamkeit der Kündigung sei generell nicht Anspruchsvoraussetzung[19]. Solange

---

1 BAG v. 17.9.1974 – 1 AZR 16/74, AP Nr. 1 zu § 113 BetrVG 1972; v. 18.12.1984 – 1 AZR 176/82, AP Nr. 11 zu § 113 BetrVG 1972; *Fitting*, § 113 BetrVG Rz. 15; *Matthes*, DB 1972, 286, 289; kritisch: Richardi/*Richardi/Annuß*, § 113 BetrVG Rz. 26 f. mit allerdings der hM entsprechenden praktischen Ergebnissen. |2 BAG v. 23.1.1979 – 1 AZR 64/76, AP Nr. 4 zu § 113 BetrVG 1972. |3 BAG v. 18.12.1984 – 1 AZR 176/82, AP Nr. 11 zu § 113 BetrVG 1972. |4 BAG v. 31.10.1995 – 1 AZR 372/95, AP Nr. 29 zu § 72 ArbGG 1979. |5 BAG v. 22.7.2003 – 1 AZR 541/02; DB 2003, 2708. |6 Vgl. hierzu Richardi/*Richardi/Annuß*, § 113 BetrVG Rz. 25; vgl. auch GK-BetrVG/*Fabricius/Oetker*, § 113 Rz. 42, die in besonderen Situationen eine „teleologische Reduktion" befürworten. |7 BAG v. 18.12.1984 – 1 AZR 176/82, AP Nr. 11 zu § 113 BetrVG 1972; v. 9.7.1985 – 1 AZR 323/83, AP Nr. 13 zu § 113 BetrVG 1972; v. 20.4.1994 – 10 AZR 186/93, AP Nr. 27 zu § 113 BetrVG 1972; v. 20.11.2001 – 1 AZR 97/01, BB 2002, 1862. |8 Kritisch auch *Löwisch/Kaiser*, § 113 BetrVG Rz. 12. |9 So auch *Fitting*, § 113 BetrVG Rz. 17; MünchArbR/*Matthes*, § 361 Rz. 35; ErfK/*Kania*, § 113 BetrVG Rz. 8; GK-BetrVG/*Fabricius/Oetker*, § 113 Rz. 38 f.; aA *Galperin/Löwisch*, § 113 Rz. 46; *Hanau*, ZfA 1974, 89, 111; *Löwisch*, RdA 1989, 216, 218 f. |10 Richardi/*Richardi/Annuß*, § 113 BetrVG Rz. 29. |11 ErfK/*Kania*, § 113 BetrVG Rz. 5; DKK/*Däubler*, § 113 BetrVG Rz. 14; *Fitting*, § 113 BetrVG Rz. 22. |12 *Fitting*, § 113 BetrVG Rz. 24; GK-BetrVG/*Fabricius/Oetker*, §§ 113 Rz. 54; Richardi/*Richardi/Annuß*, § 113 BetrVG Rz. 11. |13 *Fitting*, § 113 BetrVG Rz. 26; HSG/*Hess*, § 113 BetrVG Rz. 10. |14 GK-BetrVG/*Fabricius/Oetker*, § 113 Rz. 54; ErfK/*Kania*, § 113 BetrVG Rz. 5; *Fitting*, § 113 Rz. 29. |15 *Löwisch/Kaiser*, § 113 BetrVG Rz. 14; ErfK/*Kania*, § 113 BetrVG Rz. 9. |16 ErfK/*Kania*, § 113 BetrVG Rz. 9. |17 BAG v. 31.10.1995 – 1 AZR 372/95, AP Nr. 29 zu § 72 ArbGG 1979; ErfK/*Kania*, § 113 BetrVG Rz. 5; HSG/*Hess*, § 113 BetrVG Rz. 9; MünchArbR/*Matthes*, § 361 Rz. 41. |18 MünchArbR/*Matthes*, § 361 Rz. 41; GK-BetrVG/*Fabricius/Oetker*, § 113 Rz. 46; *Fitting*, § 113 BetrVG Rz. 23. |19 Richardi/*Richardi/Annuß*, § 113 BetrVG Rz. 37; DKK/*Däubler*, § 113 BetrVG Rz. 14; *Fitting*, § 113 BetrVG Rz. 23; GK-BetrVG/*Fabricius/Oetker*, § 113 Rz. 46.

allerdings ein gerichtliches Verfahren über die Wirksamkeit einer Kündigung anhängig ist, kann nicht zugleich eine Abfindung für den Verlust des Arbeitsplatzes verlangt werden. Vielmehr kommt in diesem Fall ein Abfindungsanspruch nur in Betracht, wenn die **Wirksamkeit der Kündigung** zuvor **rechtskräftig festgestellt** worden ist [1]. Der ArbN wird daher in der Regel den Abfindungsantrag **hilfsweise** zum Feststellungsantrag im Hinblick auf die Unwirksamkeit der Kündigung stellen [2].

Die **Höhe der Abfindung** bemisst sich gemäß § 10 KSchG (Abs. 1 Halbs. 2). Im gerichtlichen Antrag braucht keine konkrete Abfindungssumme angegeben zu werden, da sie von Amts wegen festzusetzen ist [3]. Bei der Bemessung sind einerseits das Lebensalter, die Betriebszugehörigkeit und Arbeitsmarktaussichten des ArbN und andererseits der Grad der Zuwiderhandlung gegen betriebsverfassungsrechtliche Pflichten zu gewichten [4]. Hingegen spielt die wirtschaftliche Vertretbarkeit iSv. § 112 Abs. 5 Satz 1 (vgl. hierzu § 112 Rz. 74 ff.) für die Höhe der Abfindung gemäß § 113 Abs. 1 keine Rolle [5]. Auch § 112 Abs. 5 Satz 2 Nr. 2 ist nicht heranzuziehen [6]; das Gericht kann die Abfindung jedoch bei Bestehen einer vom ArbN ausgeschlagenen Weiterbeschäftigungsmöglichkeit mindern [7]. 14

Abs. 2 regelt den Ausgleich „**anderer wirtschaftlicher Nachteile**" (neben Entlassungen), der bis zu einem Zeitraum von 12 Monaten zu erfolgen hat. Gemeint sind insb. **Gehaltsnachteile** infolge einer Versetzung, die Übernahme von **Umschulungskosten** sowie die Erstattung von **Fahrtkosten** [8]. 15

Tarifliche Ausschlussfristen für Ansprüche aus dem Arbeitsverhältnis gelten auch für Ansprüche gem. § 113 [9]. Die Ausschlussfrist beginnt mit der Beendigung des Arbeitsverhältnisses [10]. Dies gilt auch dann, wenn ein Kündigungsschutzprozess anhängig ist [11]. Es finden die **Steuererleichterungen** für Abfindungen Anwendung (§§ 3 Nr. 9, 24, 34 EStG) [12]. **SozV-Abgaben** fallen nicht an (vgl. § 112 Rz. 93). 16

Abfindungsansprüche gem. § 113 Abs. 1 und 3 sind **mit Abfindungsansprüchen aus Sozialplänen zu verrechnen** [13], da sich der Zweck der Leistungen (s.o. Rz. 2) weitgehend deckt. Diejenigen Autoren, die den Sanktionscharakter des Nachteilsausgleichs hervorheben, halten dies für unrichtig [14]. Das BAG hat aber zu Recht hervorgehoben, dass die Sanktionswirkung des Nachteilsausgleichs auch bei einer gegenseitigen Verrechnung häufig bestehen bleibt, nämlich insofern, als der Anspruch gemäß § 113 erheblich über dem Sozialplananspruch liegen kann und auch Mitarbeitern zusteht, die gemäß dem Sozialplan von einem Abfindungsanspruch ausgenommen wären [15]. Im Übrigen haben die Betriebspartner die Möglichkeit, die Verrechnung im Sozialplan auszuschließen, wenn sie dies in Anbetracht der konkreten Umstände für angemessen halten [16]. Hingegen wäre es nicht zulässig, wenn ein Sozialplan bereits entstandene Nachteilsausgleichsansprüche beseitigte oder begrenzte [17]. 17

Fünfter Teil. Besondere Vorschriften für einzelne Betriebsarten

Erster Abschnitt. Seeschifffahrt

114 *Grundsätze*
(1) Auf Seeschifffahrtsunternehmen und ihre Betriebe ist dieses Gesetz anzuwenden, soweit sich aus den Vorschriften dieses Abschnitts nichts anderes ergibt.

(2) Seeschifffahrtsunternehmen im Sinne dieses Gesetzes ist ein Unternehmen, das Handelsschifffahrt betreibt und seinen Sitz im Geltungsbereich dieses Gesetzes hat. Ein Seeschifffahrtsunternehmen im Sinne dieses Abschnitts betreibt auch, wer als Korrespondenzreeder, Vertragsreeder, Ausrüs-

---

1 BAG v. 31.10.1995 – 1 AZR 372/95, AP Nr. 29 zu § 72 ArbGG 1979. | 2 Richardi/*Richardi/Annuß*, § 113 BetrVG Rz. 38; ErfK/*Kania*, § 113 BetrVG Rz. 5; DKK/*Däubler*, § 113 BetrVG Rz. 16. | 3 HSG/*Hess*, § 113 BetrVG Rz. 11; Richardi/*Richardi/Annuß*, § 113 BetrVG Rz. 9. | 4 BAG v. 29.2.1972 – 1 AZR 176/71, AP Nr. 9 zu § 72 BetrVG 1952; ErfK/*Kania*, § 113 BetrVG Rz. 6; *Fitting*, § 113 BetrVG Rz. 38; BAG v. 13.6.1989 – 1 AZR 819/87, AP Nr. 19 zu § 113 BetrVG 1972. | 5 *Fitting*, § 113 BetrVG Rz. 38; ErfK/*Kania*, § 113 BetrVG Rz. 6; *Berenz*, NZA 1993, 538, 543; DKK/*Däubler*, § 113 BetrVG Rz. 16; *Richardi*, § 113 BetrVG Rz. 49. | 6 BAG v. 10.12.1996 – 1 AZR 290/96, AP Nr. 32 zu § 113 BetrVG 1972; s. auch BAG v. 19.1.1999 – AZR 342/98, NZA 1999, 950; ähnlich Richardi/*Richardi/Annuß*, § 113 BetrVG Rz. 49. | 7 BAG v. 10.12.1996 – 1 AZR 290/96, AP Nr. 32 zu § 113 BetrVG 1972 Bl. 3 R. | 8 Vgl. Richardi/*Richardi/Annuß*, § 113 BetrVG Rz. 52; ErfK/*Kania*, § 113 BetrVG Rz. 7; *Fitting*, § 113 BetrVG Rz. 43. | 9 BAG v. 22.2.1983 – 1 AZR 260/81, AP Nr. 7 zu § 113 BetrVG 1972; *Löwisch/Kaiser*, § 113 BetrVG Rz. 17. | 10 BAG v. 18.12.1984 – 1 AZR 176/82, AP Nr. 11 zu § 113 BetrVG 1972. | 11 BAG v. 3.8.1982 – 1 AZR 77/81, AP Nr. 5 zu § 113 BetrVG 1972. | 12 Richardi/*Richardi/Annuß*, § 113 BetrVG Rz. 57; GK-BetrVG/*Fabricius/Oetker*, § 113 Rz. 65. | 13 St. Rspr. BAG; so zuletzt BAG v. 20.11.2001 –1 AZR 97/01, BB 2002, 1862; unter Berücksichtigung der Richtlinie EG 98/59/EG *Leuchten/Lipinski*, NZA 2003, 1361; MünchArbR/*Matthes*, § 361 Rz. 42; *Stege/Weinspach/Schiefer*, §§ 111–113 BetrVG Rz. 177; Richardi/*Annuß*, § 112 BetrVG Rz. 203 f.; *Wlotzke*, § 113 Rz. 3 b; *Fitting*, § 113 BetrVG Rz. 40 f.; *Rumpff/Boewer*, Wirtschaftliche Angelegenheiten K Rz. 38; ebenso im Grundsatz GK-BetrVG/*Fabricius/Oetker*, § 113 Rz. 68. | 14 ErfK/*Kania*, § 113 BetrVG Rz. 2; DKK/*Däubler*, §§ 112, 112a BetrVG Rz. 60. | 15 BAG v. 20.11.2001 – 1 AZR 97/01, BB 2002, 1862 unter II 1. c) d.Gr. | 16 BAG v. 20.11.2001 – 1 AZR 97/01, BB 2002, 1862 unter II 1. c) d.Gr. | 17 BAG v. 14.9.1976 – 1 AZR 784/75, AP Nr. 2 zu § 113 BetrVG.

ter oder aufgrund eines ähnlichen Rechtsverhältnisses Schiffe zum Erwerb durch die Seeschifffahrt verwendet, wenn er Arbeitgeber des Kapitäns und der Besatzungsmitglieder ist oder überwiegend die Befugnisse des Arbeitgebers ausübt.

(3) Als Seebetrieb im Sinne dieses Gesetzes gilt die Gesamtheit der Schiffe eines Seeschifffahrtsunternehmens einschließlich der in Absatz 2 Satz 2 genannten Schiffe.

(4) Schiffe im Sinne dieses Gesetzes sind Kauffahrteischiffe, die nach dem Flaggenrechtsgesetz die Bundesflagge führen. Schiffe, die in der Regel binnen 24 Stunden nach dem Auslaufen an den Sitz eines Landbetriebs zurückkehren, gelten als Teil dieses Landbetriebs des Seeschifffahrtsunternehmens.

(5) Jugend- und Auszubildendenvertretungen werden nur für die Landbetriebe von Seeschifffahrtsunternehmen gebildet.

(6) Besatzungsmitglieder sind die in § 3 des Seemannsgesetzes genannten Personen. Leitende Angestellte im Sinne des § 5 Abs. 3 dieses Gesetzes sind nur die Kapitäne.

115 *Bordvertretung*

(1) Auf Schiffen, die mit in der Regel mindestens fünf wahlberechtigten Besatzungsmitgliedern besetzt sind, von denen drei wählbar sind, wird eine Bordvertretung gewählt. Auf die Bordvertretung finden, soweit sich aus diesem Gesetz oder aus anderen gesetzlichen Vorschriften nicht etwas anderes ergibt, die Vorschriften über die Rechte und Pflichten des Betriebsrats und die Rechtsstellung seiner Mitglieder Anwendung.

(2) Die Vorschriften über die Wahl und Zusammensetzung des Betriebsrats finden mit folgender Maßgabe Anwendung:

1. Wahlberechtigt sind alle Besatzungsmitglieder des Schiffes.
2. Wählbar sind die Besatzungsmitglieder des Schiffes, die am Wahltag das 18. Lebensjahr vollendet haben und ein Jahr Besatzungsmitglied eines Schiffes waren, das nach dem Flaggenrechtsgesetz die Bundesflagge führt. § 8 Abs. 1 Satz 3 bleibt unberührt.
3. Die Bordvertretung besteht auf Schiffen mit in der Regel
   5 bis 20 wahlberechtigten Besatzungsmitgliedern aus einer Person,
   21 bis 75 wahlberechtigten Besatzungsmitgliedern aus drei Mitgliedern,
   über 75 wahlberechtigten Besatzungsmitgliedern aus fünf Mitgliedern.
4. (weggefallen)
5. § 13 Abs. 1 und 3 findet keine Anwendung. Die Bordvertretung ist vor Ablauf ihrer Amtszeit unter den in § 13 Abs. 2 Nr. 2 bis 5 genannten Voraussetzungen neu zu wählen.
6. Die wahlberechtigten Besatzungsmitglieder können mit der Mehrheit aller Stimmen beschließen, die Wahl der Bordvertretung binnen 24 Stunden durchzuführen.
7. Die in § 16 Abs. 1 Satz 1 genannte Frist wird auf zwei Wochen, die in § 16 Abs. 2 Satz 1 genannte Frist wird auf eine Woche verkürzt.
8. Bestellt die im Amt befindliche Bordvertretung nicht rechtzeitig einen Wahlvorstand oder besteht keine Bordvertretung, wird der Wahlvorstand in einer Bordversammlung von der Mehrheit der anwesenden Besatzungsmitglieder gewählt; § 17 Abs. 3 gilt entsprechend. Kann aus Gründen der Aufrechterhaltung des ordnungsgemäßen Schiffsbetriebs eine Bordversammlung nicht stattfinden, so kann der Kapitän auf Antrag von drei Wahlberechtigten den Wahlvorstand bestellen. Bestellt der Kapitän den Wahlvorstand nicht, so ist der Seebetriebsrat berechtigt, den Wahlvorstand zu bestellen. Die Vorschriften über die Bestellung des Wahlvorstands durch das Arbeitsgericht bleiben unberührt.
9. Die Frist für die Wahlanfechtung beginnt für Besatzungsmitglieder an Bord, wenn das Schiff nach Bekanntgabe des Wahlergebnisses erstmalig einen Hafen im Geltungsbereich dieses Gesetzes oder einen Hafen, in dem ein Seemannsamt seinen Sitz hat, anläuft. Die Wahlanfechtung kann auch zu Protokoll des Seemannsamtes erklärt werden. Wird die Wahl zur Bordvertretung angefochten, zieht das Seemannsamt die an Bord befindlichen Wahlunterlagen ein. Die Anfechtungserklärung und die eingezogenen Wahlunterlagen sind vom Seemannsamt unverzüglich an das für die Anfechtung zuständige Arbeitsgericht weiterzuleiten.

(3) Auf die Amtszeit der Bordvertretung finden die §§ 21, 22 bis 25 mit der Maßgabe Anwendung, dass

1. die Amtszeit ein Jahr beträgt,
2. die Mitgliedschaft in der Bordvertretung auch endet, wenn das Besatzungsmitglied den Dienst an Bord beendet, es sei denn, dass es den Dienst an Bord vor Ablauf der Amtszeit nach Nummer 1 wieder antritt.

(4) Für die Geschäftsführung der Bordvertretung gelten die §§ 26 bis 36, § 37 Abs. 1 bis 3 sowie die §§ 39 bis 41 entsprechend. § 40 Abs. 2 ist mit der Maßgabe anzuwenden, dass die Bordvertretung in

dem für ihre Tätigkeit erforderlichen Umfang auch die für die Verbindung des Schiffes zur Reederei eingerichteten Mittel zur beschleunigten Übermittlung von Nachrichten in Anspruch nehmen kann.

(5) Die §§ 42 bis 46 über die Betriebsversammlung finden für die Versammlung der Besatzungsmitglieder eines Schiffes (Bordversammlung) entsprechende Anwendung. Auf Verlangen der Bordvertretung hat der Kapitän der Bordversammlung einen Bericht über die Schiffsreise und die damit zusammenhängenden Angelegenheiten zu erstatten. Er hat Fragen, die den Schiffsbetrieb, die Schiffsreise und die Schiffssicherheit betreffen, zu beantworten.

(6) Die §§ 47 bis 59 über den Gesamtbetriebsrat und den Konzernbetriebsrat finden für die Bordvertretung keine Anwendung.

(7) Die §§ 74 bis 105 über die Mitwirkung und Mitbestimmung der Arbeitnehmer finden auf die Bordvertretung mit folgender Maßgabe Anwendung:

1. Die Bordvertretung ist zuständig für die Behandlung derjenigen nach diesem Gesetz der Mitwirkung und Mitbestimmung des Betriebsrats unterliegenden Angelegenheiten, die den Bordbetrieb oder die Besatzungsmitglieder des Schiffes betreffen und deren Regelung dem Kapitän auf Grund gesetzlicher Vorschriften oder der ihm von der Reederei übertragenen Befugnisse obliegt.
2. Kommt es zwischen Kapitän und Bordvertretung in einer der Mitwirkung oder Mitbestimmung der Bordvertretung unterliegenden Angelegenheit nicht zu einer Einigung, so kann die Angelegenheit von der Bordvertretung an den Seebetriebsrat abgegeben werden. Der Seebetriebsrat hat die Bordvertretung über die weitere Behandlung der Angelegenheit zu unterrichten. Bordvertretung und Kapitän dürfen die Einigungsstelle oder das Arbeitsgericht nur anrufen, wenn ein Seebetriebsrat nicht gewählt ist.
3. Bordvertretung und Kapitän können im Rahmen ihrer Zuständigkeiten Bordvereinbarungen abschließen. Die Vorschriften über Betriebsvereinbarungen gelten für Bordvereinbarungen entsprechend. Bordvereinbarungen sind unzulässig, soweit eine Angelegenheit durch eine Betriebsvereinbarung zwischen Seebetriebsrat und Arbeitgeber geregelt ist.
4. In Angelegenheiten, die der Mitbestimmung der Bordvertretung unterliegen, kann der Kapitän, auch wenn eine Einigung mit der Bordvertretung noch nicht erzielt ist, vorläufige Regelungen treffen, wenn dies zur Aufrechterhaltung des ordnungsgemäßen Schiffsbetriebs dringend erforderlich ist. Den von der Anordnung betroffenen Besatzungsmitgliedern ist die Vorläufigkeit der Regelung bekannt zu geben. Soweit die vorläufige Regelung der endgültigen Regelung nicht entspricht, hat das Schifffahrtsunternehmen Nachteile auszugleichen, die den Besatzungsmitgliedern durch die vorläufige Regelung entstanden sind.
5. Die Bordvertretung hat das Recht auf regelmäßige und umfassende Unterrichtung über den Schiffsbetrieb. Die erforderlichen Unterlagen sind der Bordvertretung vorzulegen. Zum Schiffsbetrieb gehören insbesondere die Schiffssicherheit, die Reiserouten, die voraussichtlichen Ankunfts- und Abfahrtszeiten sowie die zu befördernde Ladung.
6. Auf Verlangen der Bordvertretung hat der Kapitän ihr Einsicht in die an Bord befindlichen Schiffstagebücher zu gewähren. In den Fällen, in denen der Kapitän eine Eintragung über Angelegenheiten macht, die der Mitwirkung oder Mitbestimmung der Bordvertretung unterliegen, kann diese eine Abschrift der Eintragung verlangen und Erklärungen zum Schiffstagebuch abgeben. In den Fällen, in denen über eine der Mitwirkung oder Mitbestimmung der Bordvertretung unterliegenden Angelegenheit eine Einigung zwischen Kapitän und Bordvertretung nicht erzielt wird, kann die Bordvertretung dies zum Schiffstagebuch erklären und eine Abschrift dieser Eintragung verlangen.
7. Die Zuständigkeit der Bordvertretung im Rahmen des Arbeitsschutzes bezieht sich auch auf die Schiffssicherheit und die Zusammenarbeit mit den insoweit zuständigen Behörden und sonstigen in Betracht kommenden Stellen.

116 *Seebetriebsrat*

(1) In Seebetrieben werden Seebetriebsräte gewählt. Auf die Seebetriebsräte finden, soweit sich aus diesem Gesetz oder aus anderen gesetzlichen Vorschriften nicht etwas anderes ergibt, die Vorschriften über die Rechte und Pflichten des Betriebsrats und die Rechtsstellung seiner Mitglieder Anwendung.

(2) Die Vorschriften über die Wahl, Zusammensetzung und Amtszeit des Betriebsrats finden mit folgender Maßgabe Anwendung:

1. Wahlberechtigt zum Seebetriebsrat sind alle zum Seeschifffahrtsunternehmen gehörenden Besatzungsmitglieder.
2. Für die Wählbarkeit zum Seebetriebsrat gilt § 8 mit der Maßgabe, dass
   a) in Seeschifffahrtsunternehmen, zu denen mehr als acht Schiffe gehören oder in denen in der Regel mehr als 250 Besatzungsmitglieder beschäftigt sind, nur nach § 115 Abs. 2 Nr. 2 wählbare Besatzungsmitglieder wählbar sind;

b) in den Fällen, in denen die Voraussetzungen des Buchstabens a nicht vorliegen, nur Arbeitnehmer wählbar sind, die nach § 8 die Wählbarkeit im Landbetrieb des Seeschifffahrtsunternehmens besitzen, es sei denn, dass der Arbeitgeber mit der Wahl von Besatzungsmitgliedern einverstanden ist.

3. Der Seebetriebsrat besteht in Seebetrieben mit in der Regel
5 bis 400 wahlberechtigten Besatzungsmitgliedern aus einer Person,
401 bis 800 wahlberechtigten Besatzungsmitgliedern aus drei Mitgliedern,
über 800 wahlberechtigten Besatzungsmitgliedern aus fünf Mitgliedern.

4. Ein Wahlvorschlag ist gültig, wenn er im Fall des § 14 Abs. 4 Satz 1 erster Halbsatz und Satz 2 mindestens von drei wahlberechtigten Besatzungsmitgliedern unterschrieben ist.

5. § 14a findet keine Anwendung.

6. Die in § 16 Abs. 1 Satz 1 genannte Frist wird auf drei Monate, die in § 16 Abs. 2 Satz 1 genannte Frist auf zwei Monate verlängert.

7. Zu Mitgliedern des Wahlvorstands können auch im Landbetrieb des Seeschifffahrtsunternehmens beschäftigte Arbeitnehmer bestellt werden. § 17 Abs. 2 bis 4 findet keine Anwendung. Besteht kein Seebetriebsrat, so bestellt der Gesamtbetriebsrat oder, falls ein solcher nicht besteht, der Konzernbetriebsrat den Wahlvorstand. Besteht weder ein Gesamtbetriebsrat noch ein Konzernbetriebsrat, wird der Wahlvorstand gemeinsam vom Arbeitgeber und den im Seebetrieb vertretenen Gewerkschaften bestellt; gleiches gilt, wenn der Gesamtbetriebsrat oder der Konzernbetriebsrat die Bestellung des Wahlvorstands nach Satz 3 unterlässt. Einigen sich Arbeitgeber und Gewerkschaften nicht, so bestellt ihn das Arbeitsgericht auf Antrag des Arbeitgebers, einer im Seebetrieb vertretenen Gewerkschaft oder von mindestens drei wahlberechtigten Besatzungsmitgliedern. § 16 Abs. 2 Satz 2 und 3 gilt entsprechend.

8. Die Frist für die Wahlanfechtung nach § 19 Abs. 2 beginnt für Besatzungsmitglieder an Bord, wenn das Schiff nach Bekanntgabe des Wahlergebnisses erstmalig einen Hafen im Geltungsbereich dieses Gesetzes oder einen Hafen, in dem ein Seemannsamt seinen Sitz hat, anläuft. Nach Ablauf von drei Monaten seit Bekanntgabe des Wahlergebnisses ist eine Wahlanfechtung unzulässig. Die Wahlanfechtung kann auch zu Protokoll des Seemannsamtes erklärt werden. Die Anfechtungserklärung ist vom Seemannsamt unverzüglich an das für die Anfechtung zuständige Arbeitsgericht weiterzuleiten.

9. Die Mitgliedschaft im Seebetriebsrat endet, wenn der Seebetriebsrat aus Besatzungsmitgliedern besteht, auch, wenn das Mitglied des Seebetriebsrats nicht mehr Besatzungsmitglied ist. Die Eigenschaft als Besatzungsmitglied wird durch die Tätigkeit im Seebetriebsrat oder durch eine Beschäftigung gemäß Absatz 3 Nr. 2 nicht berührt.

(3) Die §§ 26 bis 41 über die Geschäftsführung des Betriebsrats finden auf den Seebetriebsrat mit folgender Maßgabe Anwendung:

1. In Angelegenheiten, in denen der Seebetriebsrat nach diesem Gesetz innerhalb einer bestimmten Frist Stellung zu nehmen hat, kann er, abweichend von § 33 Abs. 2, ohne Rücksicht auf die Zahl der zur Sitzung erschienenen Mitglieder einen Beschluss fassen, wenn die Mitglieder ordnungsgemäß geladen worden sind.

2. Soweit die Mitglieder des Seebetriebsrats nicht freizustellen sind, sind sie so zu beschäftigen, dass sie durch ihre Tätigkeit nicht gehindert sind, die Aufgaben des Seebetriebsrats wahrzunehmen. Der Arbeitsplatz soll den Fähigkeiten und Kenntnissen des Mitglieds des Seebetriebsrats und seiner bisherigen beruflichen Stellung entsprechen. Der Arbeitsplatz ist im Einvernehmen mit dem Seebetriebsrat zu bestimmen. Kommt eine Einigung über die Bestimmung des Arbeitsplatzes nicht zustande, so entscheidet die Einigungsstelle. Der Spruch der Einigungsstelle ersetzt die Einigung zwischen Arbeitgeber und Seebetriebsrat.

3. Den Mitgliedern des Seebetriebsrats, die Besatzungsmitglieder sind, ist die Heuer auch dann fortzuzahlen, wenn sie im Landbetrieb beschäftigt werden. Sachbezüge sind angemessen abzugelten. Ist der neue Arbeitsplatz höherwertig, so ist das diesem Arbeitsplatz entsprechende Arbeitsentgelt zu zahlen.

4. Unter Berücksichtigung der örtlichen Verhältnisse ist über die Unterkunft der in den Seebetriebsrat gewählten Besatzungsmitglieder eine Regelung zwischen dem Seebetriebsrat und dem Arbeitgeber zu treffen, wenn der Arbeitsplatz sich nicht am Wohnort befindet. Kommt eine Einigung nicht zustande, so entscheidet die Einigungsstelle. Der Spruch der Einigungsstelle ersetzt die Einigung zwischen Arbeitgeber und Seebetriebsrat.

5. Der Seebetriebsrat hat das Recht, jedes zum Seebetrieb gehörende Schiff zu betreten, dort im Rahmen seiner Aufgaben tätig zu werden sowie an den Sitzungen der Bordvertretung teilzunehmen. § 115 Abs. 7 Nr. 5 Satz 1 gilt entsprechend.

6. Liegt ein Schiff in einem Hafen innerhalb des Geltungsbereichs dieses Gesetzes, so kann der Seebetriebsrat nach Unterrichtung des Kapitäns Sprechstunden an Bord abhalten und Bordversammlungen der Besatzungsmitglieder durchführen.

7. Läuft ein Schiff innerhalb eines Kalenderjahres keinen Hafen im Geltungsbereich dieses Gesetzes an, so gelten die Nummern 5 und 6 für europäische Häfen. Die Schleusen des Nordostseekanals gelten nicht als Häfen.
8. Im Einvernehmen mit dem Arbeitgeber können Sprechstunden und Bordversammlungen, abweichend von den Nummern 6 und 7, auch in anderen Liegehäfen des Schiffes durchgeführt werden, wenn ein dringendes Bedürfnis hierfür besteht. Kommt eine Einigung nicht zustande, so entscheidet die Einigungsstelle. Der Spruch der Einigungsstelle ersetzt die Einigung zwischen Arbeitgeber und Seebetriebsrat.

(4) Die §§ 42 bis 46 über die Betriebsversammlung finden auf den Seebetrieb keine Anwendung.

(5) Für den Seebetrieb nimmt der Seebetriebsrat die in den §§ 47 bis 59 dem Betriebsrat übertragenen Aufgaben, Befugnisse und Pflichten wahr.

(6) Die §§ 74 bis 113 über die Mitwirkung und Mitbestimmung der Arbeitnehmer finden auf den Seebetriebsrat mit folgender Maßgabe Anwendung:
1. Der Seebetriebsrat ist zuständig für die Behandlung derjenigen nach diesem Gesetz der Mitwirkung oder Mitbestimmung des Betriebsrats unterliegenden Angelegenheiten,
    a) die alle oder mehrere Schiffe des Seebetriebs oder die Besatzungsmitglieder aller oder mehrerer Schiffe des Seebetriebs betreffen,
    b) die nach § 115 Abs. 7 Nr. 2 von der Bordvertretung abgegeben worden sind oder
    c) für die nicht die Zuständigkeit der Bordvertretung nach § 115 Abs. 7 Nr. 1 gegeben ist.
2. Der Seebetriebsrat ist regelmäßig und umfassend über den Schiffsbetrieb des Seeschifffahrtsunternehmens zu unterrichten. Die erforderlichen Unterlagen sind ihm vorzulegen.

Zweiter Abschnitt. Luftfahrt

117 *Geltung für die Luftfahrt*
(1) Auf Landbetriebe von Luftfahrtunternehmen ist dieses Gesetz anzuwenden.

(2) Für im Flugbetrieb beschäftigte Arbeitnehmer von Luftfahrtunternehmen kann durch Tarifvertrag eine Vertretung errichtet werden. Über die Zusammenarbeit dieser Vertretung mit der nach diesem Gesetz zu errichtenden Vertretungen der Arbeitnehmer der Landbetriebe des Luftfahrtunternehmens kann der Tarifvertrag von diesem Gesetz abweichende Regelungen vorsehen.

Von einer Kommentierung der §§ 114 bis 117 BetrVG wird abgesehen.

1

Dritter Abschnitt. Tendenzbetriebe und Religionsgemeinschaften

118 *Geltung für Tendenzbetriebe und Religionsgemeinschaften*
(1) Auf Unternehmen und Betriebe, die unmittelbar und überwiegend
1. politischen, koalitionspolitischen, konfessionellen, karitativen, erzieherischen, wissenschaftlichen oder künstlerischen Bestimmungen oder
2. Zwecken der Berichterstattung oder Meinungsäußerung, auf die Artikel 5 Abs. 1 Satz 2 des Grundgesetzes Anwendung findet,

dienen, finden die Vorschriften dieses Gesetzes keine Anwendung, soweit die Eigenart des Unternehmens oder des Betriebs dem entgegensteht. Die §§ 106 bis 110 sind nicht, die §§ 111 bis 113 nur insoweit anzuwenden, als sie den Ausgleich oder die Milderung wirtschaftlicher Nachteile für die Arbeitnehmer infolge von Betriebsänderungen regeln.

(2) Dieses Gesetz findet keine Anwendung auf Religionsgemeinschaften und ihre karitativen und erzieherischen Einrichtungen unbeschadet deren Rechtsform.

I. Allgemeines 1	b) Beteiligung insbesondere in personellen und sozialen Angelegenheiten 23
II. Tendenzunternehmen gemäß § 118 Abs. 1 . . 2	c) Beteiligung in wirtschaftlichen Angelegenheiten 25
1. Geistig-ideelle Bestimmungen (Abs. 1 Satz 1 Nr. 1) 3	d) Sonstige Einschränkungen 31
2. Berichterstattung und Meinungsäußerung (Abs. 1 Satz 1 Nr. 2) 10	III. Religionsgemeinschaften und ihre karitativen und erzieherischen Einrichtungen 32
3. Unmittelbar und überwiegend 11	IV. Streitigkeiten 39
4. Einschränkung der Beteiligungsrechte . . . 20	
a) Tendenzträger 21	

BetrVG § 118 Rz. 1   Geltung für Tendenzbetriebe und Religionsgemeinschaften

Lit.: *Bauer/Lingemann*, Stilllegung von Tendenzbetrieben am Beispiel von Pressebetrieben, NZA 1995, 813; *Bauer/Mengel*, Tendenzschutz für neue Medienunternehmen, NZA 2001, 307; *Kohte*, Die politischen Bestimmungen nach § 118 BetrVG – ein weites Feld?, BB 1999, 1110; *Mayer-Maly/Löwisch*, Bemerkungen zur neueren Rechtsprechung zum Tendenzschutz, BB 1983, 913; *Richardi*, Arbeitsrecht und Kirchenrecht, RdA 1999, 112; *Rüthers/Franke*, Die Tendenzträgerschaft der Arbeitnehmer bei § 118 BetrVG, DB 1992, 374; *Weth/Wern*, Vom weltlichen zum kirchlichen Betrieb – Probleme des Betriebsübergangs, NZA 1998, 118.

1 **I. Allgemeines.** § 118 schirmt Tendenzunternehmen und Religionsgemeinschaften vor einer Beeinträchtigung ihrer Rechte durch betriebliche Mitbest. ab[1]. Die Anwendung von betrieblichen MitbestR auf die in § 118 Abs. 1 genannten Tendenzunternehmen und -betriebe ist ausgeschlossen, soweit eine Beteiligung des BR die geistig-ideelle Zielsetzung eines solchen Unternehmens und deren Verwirklichung verhindern oder ernstlich beeinträchtigen kann[2]. Die Vorschriften über die Bildung eines Wirtschaftsausschusses und über die Unterrichtung in wirtschaftlichen Angelegenheiten sind nicht anzuwenden, die Anwendung der §§ 111 bis 113 wird eingeschränkt. Während **Abs. 1** die Anwendbarkeit des BetrVG somit lediglich **einschränkt bzw. teilweise ausschließt**, findet das BetrVG gemäß **Abs. 2** auf **Religionsgemeinschaften und ihre karitativen und erzieherischen Einrichtungen** insgesamt **keine Anwendung**. Dies beruht auf dem durch Art. 140 GG i.V. mit § 137 Abs. 3 WRV gewährleisteten Recht der Religionsgemeinschaften, ihre Angelegenheiten selbst zu ordnen und zu verwalten[3].

2 **II. Tendenzunternehmen gemäß § 118 Abs. 1.** Die Anwendung des Abs. 1 setzt voraus, dass ein Unternehmen eines der in Abs. 1 Satz 1 genannten Tendenzmerkmale erfüllt. Unterhält ein Tendenzunternehmen tendenzfreie bzw. nicht tendenzgeschützte Betriebe, kommt eine Einschränkung von Beteiligungsrechten in den tendenzfreien Betrieben nicht in Betracht[4]. Satz 1 enthält eine **abschließende Aufzählung der geschützten Tendenzen**[5]. Ähnliche geistig-ideelle Bestimmungen, etwa die Förderung des Breitensports, werden von Abs. 1 nicht erfasst, da es sich bei dieser Norm im Unterschied zu § 81 Abs. 1 BetrVG 1952 nicht um eine Generalklausel handelt, die für weitere Zwecke und Bestimmungen offen wäre[6]. Dies bedeutet allerdings nicht, dass Abs. 1 Satz 1 nicht analogiefähig ist, soweit die allgemeinen Voraussetzungen für eine analoge Anwendung vorliegen[7]. Ein **Verzicht auf den Tendenzschutz** ist nach Ansicht des BAG jedenfalls dann zulässig, wenn dieser sich aus einer karitativen oder erzieherischen Bestimmung ergibt[8].

3 **1. Geistig-ideelle Bestimmungen (Abs. 1 Satz 1 Nr. 1).** Von dem Tendenzschutz erfasst werden zunächst Unternehmen und Betriebe, die **politischen Bestimmungen** dienen. Das Vorliegen einer politischen Tendenz setzt nicht voraus, dass die Bestimmung parteipolitischer Natur ist, vielmehr ist der Begriff der „politischen Bestimmungen" in einem weiten Sinne zu verstehen. Eine politische Bestimmung liegt vor, wenn das Ziel verfolgt wird, zum Zweck der Gestaltung öffentlicher Aufgaben im Interesse der Allgemeinheit auf die Willensbildung des demokratisch verfassten Staates Einfluss zu nehmen (**Einflussnahme im politischen Meinungskampf**)[9]. Dies ist etwa bei den Betrieben der politischen Parteien (Parteibüros, Parteizeitung, Parteijugendorganisation)[10], den von den Parteien getragenen Stiftungen[11], wirtschafts- oder sozialpolitischen Vereinigungen, Umweltschutzverbänden und Menschenrechtsorganisationen der Fall[12]. Demgegenüber dienen Organisationen, deren Zweck sich auf die **Wahrnehmung von Mitgliederinteressen** gegenüber Dritten beschränkt, zB Mieter- oder Hauseigentümervereine, **keiner politischen Bestimmung**[13], es sei denn, dass sie neben der Wahrnehmung der Mitgliederinteressen auch auf den politischen Meinungskampf Einfluss nehmen. Die Erfüllung öffentlicher Aufgaben im Auftrag und nach Vorgabe staatlicher Stellen ist ebenfalls keine von Abs. 1 Satz 1 geschützte politische Bestimmung, da es sich dabei nicht um die Einflussnahme im politischen Meinungskampf, sondern um die Umsetzung getroffener Entscheidungen des Staates handelt[14].

4 **Koalitionspolitischen Bestimmungen** dienen die Gewerkschaften[15] und die Vereinigungen der ArbGeb[16]. Dies gilt ebenso für die von ihnen betriebenen Institute und Schulungseinrichtungen, deren Zweck auf das Gestalten von Arbeits- und Wirtschaftsbedingungen gerichtet ist; nach Ansicht des BAG dienen Schulungseinrichtungen, die darüber hinausgehende Ziele verfolgen, keiner koalitionspolitischen Bestimmung, auch wenn sie von einer Koalition getragen werden[17]. Keinen koalitionspolitischen Bestimmungen dienen die von Koalitionen abhängigen Wirtschaftsunternehmen[18].

---

1 Vgl. BVerfG v. 15.12.1999 – 1 BvR 729/92, AP Nr. 68 zu § 118 BetrVG 1972. | 2 BAG v. 30.1.1990 – 1 ABR 101/88, AP Nr. 44 zu § 118 BetrVG 1972. | 3 BAG v. 30.4.1997 – 7 ABR 60/95, AP Nr. 60 zu § 118 BetrVG 1972. | 4 HSG/*Hess*, § 118 BetrVG Rz. 6; *Fitting*, § 118 BetrVG Rz. 5. | 5 BAG v. 23.3.1999 – 1 ABR 28/98, AP Nr. 66 zu § 118 BetrVG 1972. | 6 MünchArbR/*Matthes*, § 364 Rz. 2; *Löwisch/Kaiser*, § 118 BetrVG Rz. 13. | 7 BAG v. 23.3.1999 – 1 ABR 28/98, AP Nr. 66 zu § 118 BetrVG 1972. | 8 BAG v. 5.10.2000 – 1 ABR 14/00, AP Nr. 69 zu § 118 BetrVG 1972. | 9 BAG v. 21.7.1998 – 1 ABR 2/98, AP Nr. 63 zu § 118 BetrVG 1972; v. 23.3.1999 – 1 ABR 28/98, AP Nr. 66 zu § 118 BetrVG 1972. | 10 Richardi/*Richardi/Thüsing*, § 118 BetrVG Rz. 49; *Fitting*, § 118 BetrVG Rz. 15. | 11 DKK/*Wedde*, § 118 BetrVG Rz. 21; *Löwisch/Kaiser*, § 118 BetrVG Rz. 4. | 12 Ausschussbericht BT-Drs. VI/2729, S. 17. | 13 Richardi/*Richardi/Thüsing*, § 118 BetrVG Rz. 51; GK-BetrVG/*Fabricius/Weber*, § 118 Rz. 78. | 14 BAG v. 21.7.1998 – 1 ABR 2/98, AP Nr. 63 zu § 118 BetrVG 1972. | 15 BAG v. 6.12.1979 – 2 AZR 1055/77, AP Nr. 2 zu § 1 KSchG 1969 – Verhaltensbedingte Kündigung. | 16 Ausschussbericht BT-Drs. VI/2729, S. 17. | 17 BAG v. 3.7.1990 – 1 ABR 36/89, AP Nr. 81 zu § 99 BetrVG 1972. | 18 Richardi/*Richardi/Thüsing*, § 118 BetrVG Rz. 53; *Fitting*, § 118 BetrVG Rz. 16.

Unternehmen mit **konfessionellen Bestimmungen** sind solche, deren Wertstreben auf das Einstehen für 5
einen Glauben gerichtet ist. Darunter fallen beispielsweise kirchlich orientierte Männer-, Frauen- und
Jugendverbände, Missionsvereine, kirchliche Pressedienste und Nachrichtenagenturen[1]. Unternehmen
mit konfessionellen Bestimmungen werden nur dann von Abs. 1 Nr. 1 erfasst, wenn sie nicht unter Abs. 2
fallen (s.u. Rz. 32 ff.), also nicht selbst Religionsgemeinschaft oder karitative oder erzieherische Einrichtung einer Religionsgemeinschaft sind. Ist ein Unternehmen dagegen konfessionellen Zwecken verpflichtet, ohne dass die Ausübung eines Bekenntnisses im Vordergrund steht, handelt es sich nicht um einen
Tendenzbetrieb. Dies kann etwa bei einem konfessionell orientierten Krankenhaus der Fall sein, soweit es
in erster Linie um die Heilung Kranker und nicht die Ausübung eines Bekenntnisses geht[2]. Auch die Herstellung von Gegenständen, die religiösen Zwecken dienen, fällt nicht unter den Tendenzschutz[3].

Karitativen Bestimmungen dienen solche Unternehmen, die sich den Dienst am körperlich oder see- 6
lisch leidenden Menschen zum Ziel gesetzt haben, wobei gleichgültig ist, ob diese Hilfe heilend, lindernd
oder vorbeugend geleistet wird[4] und ob sie auf innere oder äußere Nöte gerichtet ist[5]. In Betracht kommen beispielsweise Krankenhäuser oder Berufsförderungswerke zur Rehabilitation Behinderter[6], ferner
Heime für Drogengefährdete und Familienberatungsstellen[7], Betriebe des Roten Kreuzes, der Arbeiterwohlfahrt und privater Fürsorgevereine[8]. Karitative Tätigkeit setzt bereits begrifflich voraus, dass sie
ohne Absicht der Gewinnerzielung erfolgt[9]. Kostendeckende Tätigkeit oder die Bildung von Rücklagen
aus Gewinnen steht einer karitativen Bestimmung jedoch nicht entgegen[10]. Die karitative Tätigkeit
muss freiwillig und ohne gesetzliche Verpflichtung geleistet werden. Der **Freiwilligkeit** steht jedoch nicht
entgegen, wenn die Anteile an einem in privatrechtlicher Form betriebenen Krankenhaus von einer Gebietskörperschaft gehalten werden, die zur Sicherstellung der Versorgung der Bevölkerung mit Krankenhäusern verpflichtet ist; die Krankenhausgesellschaft selbst ist nämlich nicht von Gesetzes wegen zur
Krankenversorgung verpflichtet und erbringt ihre karitative Tätigkeit damit freiwillig[11]. Für andere Einrichtungen gilt dies entsprechend: Ist eine juristische Person des öffentlichen Rechts, die ihrerseits nach
Maßgabe gesetzlicher Vorschriften verpflichtet ist, Hilfeleistungen zu erbringen oder die Kosten dafür zu
tragen, an einer karitativen Einrichtung beteiligt, steht dies der Tendenzeigenschaft dieser Einrichtung
nicht entgegen[12]. Auch die Aufnahme eines durch private Rechtsträger betriebenen Krankenhauses in
den staatlichen Krankenhausplan führt nicht dazu, dass der Krankenhausträger nunmehr zum Betrieb
des Krankenhauses gesetzlich verpflichtet ist und die karitative Bestimmung entfällt[13].

Ein Unternehmen dient **erzieherischen Bestimmungen**, wenn durch planmäßige und methodische 7
Unterweisung in einer Mehrzahl allgemein bildender oder berufsbildender Fächer die **Persönlichkeit
des Menschen geformt** und seine Entwicklung zu einem Glied der menschlichen Gesellschaft gefördert werden soll[14]. Dagegen genügt es nicht, wenn die Tätigkeit eines Unternehmens lediglich auf die
Vermittlung bestimmter Kenntnisse und Fähigkeiten gerichtet ist, wie zum Beispiel bei einer Sprachschule[15] oder Fahrschule. Unerheblich ist, ob die erzieherische Tätigkeit gegenüber **Kindern und Jugendlichen** oder gegenüber **Erwachsenen** ausgeübt wird[16]. Erziehung erfordert eine gewisse Nachhaltigkeit, die einmalige Vermittlung von Eindrücken reicht insoweit nicht[17]. Erzieherische Bestimmungen sind daher stets bei allgemein bildenden privaten Ersatzschulen und Internaten gegeben[18].
Berufsförderungswerke zur beruflichen Rehabilitation Behinderter dienen ebenfalls erzieherischen
Bestimmungen, wenn sie über die Vermittlung einzelner beruflicher Fertigkeiten hinausgehend auch
der Formung der Persönlichkeit der Umschüler dienen; dies ist insb. der Fall, wenn die Umschüler bei
ihrer Ausbildung durch soziale Dienste betreut werden, denen etwa Sozialarbeiter, Ärzte oder Psychologen angehören[19]. Auch bei **Institutionen der Erwachsenenbildung** ist entscheidend, ob auch die Persönlichkeit des Menschen und seine Entwicklung zu einem Glied der menschlichen Gesellschaft gefördert werden soll, oder ob lediglich bestimmte Kenntnisse vermittelt werden[20]. Erzieherische Bestimmungen sind beispielsweise bei Einrichtungen denkbar, die Lehrgänge für Spätaussiedler anbieten,
welche sich nicht auf die Vermittlung sprachlicher Fähigkeiten beschränken, sondern die Teilnehmer

---

1 LAG Hamm v. 14.3.2000 – 13 TaBV 116/99, NZA-RR 2000, 532, 533. | 2 LAG Hamm v. 14.3.2000 – 13 TaBV 116/99, NZA-RR 2000, 532, 533. | 3 MünchArbR/*Matthes*, § 364 Rz. 13. | 4 BAG v. 22.11.1995 – 7 ABR 12/95, AP Nr. 58 zu § 118 BetrVG 1972; v. 8.11.1988 – 1 ABR 17/87, AP Nr. 38 zu § 118 BetrVG 1972; v. 7.4.1981 – 1 ABR 83/78, AP Nr. 16 zu § 118 BetrVG 1972. | 5 BAG v. 5.10.2000 – 1 ABR 14/00, AP Nr. 69 zu § 118 BetrVG 1972. | 6 BAG v. 24.5.1995 – 7 ABR 48/94, AP Nr. 57 zu § 118 BetrVG 1972; v. 29.6.1988 – 7 ABR 15/87, AP Nr. 37 zu § 118 BetrVG 1972. | 7 *Fitting*, § 118 BetrVG Rz. 18; HSG/*Hess*, § 118 BetrVG Rz. 17. | 8 Richardi/*Richardi/Thüsing*, § 118 BetrVG Rz. 61; *Fitting*, § 118 BetrVG Rz. 18. | 9 BAG v. 31.1.1995 – 1 ABR 35/94, AP Nr. 56 zu § 118 BetrVG 1972. | 10 BAG v. 22.11.1995 – 7 ABR 12/95, AP Nr. 58 zu § 118 BetrVG 1972. | 11 BAG v. 24.5.1995 – 7 ABR 48/94, AP Nr. 57 zu § 118 BetrVG 1972. | 12 BAG v. 29.6.1988 – 7 ABR 15/87, AP Nr. 37 zu § 118 BetrVG 1972; v. 31.1.1995 – 1 ABR 35/94, AP Nr. 56 zu § 118 BetrVG 1972. | 13 BAG v. 22.11.1995 – 7 ABR 12/95, AP Nr. 58 zu § 118 BetrVG 1972. | 14 BAG v. 23.3.1999 – 1 ABR 28/98, AP Nr. 66 zu § 118 BetrVG 1972; v. 31.1.1995 – 1 ABR 35/94, AP Nr. 56 zu § 118 BetrVG 1972. | 15 BAG v. 7.4.1981 – 1 ABR 62/78, AP Nr. 17 zu § 118 BetrVG 1972. | 16 BAG v. 3.7.1990 – 1 ABR 36/89, AP Nr. 81 zu § 99 BetrVG 1972; v. 3.12.1987 – 6 ABR 38/86, NZA 1988, 507, 508. | 17 BAG v. 21.6.1989 – 7 ABR 58/87, AP Nr. 43 zu § 118 BetrVG 1972. | 18 BAG v. 13.6.1989 – 1 ABR 15/88, AP Nr. 36 zu § 87 BetrVG 1972 – Arbeitszeit; v. 13.1.1987 – 1 ABR 49/85, AP Nr. 33 zu § 118 BetrVG 1972. | 19 BAG v. 31.1.1995 – 1 ABR 35/94, AP Nr. 56 zu § 118 BetrVG 1972. | 20 BAG v. 3.12.1987 – 6 ABR 38/86, NZA 1988, 507, 508.

auch zur Tragung von Mitverantwortung im öffentlichen Leben befähigen sollen[1]. Entsprechendes gilt für Institute, die Langzeitarbeitslosen nicht nur berufliche Kenntnisse vermitteln, sondern auch die Persönlichkeitsentwicklung fördern[2] sowie private Rehabilitationseinrichtungen, die in der Form der Ersatzschule nach den Landesschulgesetzen betrieben werden[3].

8 Geschützt sind des weiteren Unternehmen, die **wissenschaftlichen Bestimmungen** dienen. Dabei ist von einem weiten Wissenschaftsbegriff auszugehen. Danach ist Wissenschaft jede Tätigkeit, die nach Inhalt und Form als ernsthafter Versuch zur Ermittlung der Wahrheit anzusehen ist. Erforderlich ist, dass gerade darin der eigentliche Unternehmenszweck liegen muss, während die bloße Instrumentalisierung wissenschaftlicher Methoden zur Verfolgung anderer Unternehmensziele nicht ausreicht[4]. Erfasst werden sowohl **Grundlagen- als auch anwendungsorientierte Forschung**; nicht ausreichend ist hingegen die bloße Anwendung erreichter wissenschaftlicher Erkenntnisse ohne eigenes Streben nach neuen Erkenntnissen[5]. Auch Lehrtätigkeit, zB wissenschaftliche Kolloquien, Vortragsreihen, Betreuung von Doktoranden oder Vorlesungen, sind bei der Feststellung einer wissenschaftlichen Bestimmung zu berücksichtigen[6]. Wissenschaftlichen Bestimmungen dienen daher beispielsweise die Fraunhofer-Gesellschaft, die Max-Planck-Institute[7] und die Großforschungseinrichtungen des Bundes und der Länder[8], wissenschaftliche Buch- und Zeitschriftenverlage[9] sowie privatrechtlich organisierte Hochschulen[10]. Auch **Unternehmen der pharmazeutischen Industrie**, der biotechnischen oder chemischen Industrie können wissenschaftlichen Bestimmungen dienen[11]. Insoweit ist allerdings zu differenzieren: Ein Unternehmen, das pharmazeutische Produkte herstellt oder vertreibt, dient wissenschaftlichen Bestimmungen auch dann nicht, wenn es eine eigene Forschungsabteilung unterhält; nach Ansicht des BAG fehlt es insoweit an der **Unmittelbarkeit** der wissenschaftlichen Bestimmung, da die Forschungsabteilung diene allein dazu, einen anderen nicht tendenzgeschützten Unternehmenszweck zu fördern[12]. Gehört einem Konzern hingegen eine rechtlich selbständige Gesellschaft an, die sich mit Forschung und Entwicklung befasst, dient diese Gesellschaft wissenschaftlichen Bestimmungen, auch wenn die Forschungsergebnisse von anderen Konzernunternehmen wirtschaftlich genutzt werden. Maßgeblich ist allein, dass das Forschungsunternehmen selbst **unmittelbar und überwiegend** wissenschaftlichen Bestimmungen dient.

9 Ob ein Unternehmen **künstlerische Bestimmungen** verfolgt, ist unter Berücksichtigung des Grundrechts der Kunstfreiheit gemäß Art. 5 Abs. 3 Satz 1 GG zu beurteilen, da § 118 Abs. 1 Satz 1 Nr. 1 auch dem Schutz der verfassungsrechtlich garantierten Kunstfreiheit dient. Nach der Rspr. des BVerfG schützt die Kunstfreiheit den **Werkbereich** und den **Wirkbereich** künstlerischen Schaffens, also die künstlerische Betätigung sowie ihre Darbietung und Verbreitung[13]. Da ein Werk ohne Veröffentlichung durch einen Verleger keine Wirkung in der Öffentlichkeit entfalten kann, erstreckt sich die Freiheitsgarantie auch auf seine Tätigkeit[14]. Entsprechendes gilt für die **Veröffentlichung** von Musikwerken. Damit dient zwar nicht bereits der **bloße Handel** mit Kunstwerken, Büchern oder Tonträgern künstlerischen Bestimmungen, wohl aber die **Herstellung und Vervielfältigung** von Werken etwa der Wort-, Ton- und bildenden **Kunst**; deshalb dienen belletristische Buchverlage sowie Buchclubs, die sich nicht auf den Buchhandel beschränken, künstlerischen Bestimmungen[15]. Ebenfalls in den Anwendungsbereich des Abs. 1 Satz 1 fallen Theater[16], Musicaltheater[17], Symphonieorchester[18], Filmhersteller und -verleiher, Konzertagenturen, Tonträgerverlage und Museen[19]. Hingegen dienen Gesellschaften zur wirtschaftlichen Verwertung von Urheberrechten keinen künstlerischen Bestimmungen, da sie keine Mittlerfunktion zwischen Künstler und Publikum wahrnehmen[20]. Ebenfalls nicht vom Tendenzschutz erfasst werden Kinos sowie Tanz- und Unterhaltungsstätten[21].

10 **2. Berichterstattung und Meinungsäußerung (Abs. 1 Satz 1 Nr. 2).** Abs. 1 Satz 1 Nr. 2 erfasst Unternehmen und Betriebe, die Zwecken der **Berichterstattung und Meinungsäußerung** dienen, auf die Art. 5 Abs. 1 Satz 2 GG Anwendung findet. Erfasst werden Presseunternehmen (Zeitungen und Zeitschriften)[22], Buchverlage[23], private Rundfunk- und Fernsehsender[24], Neue Medienunternehmen (soweit sie beispielsweise im Internet der Berichterstattung und Meinungsäußerung nachgehen)[25] und Nachrich-

---

1 BAG v. 3.7.1990 – 1 ABR 36/89, AP Nr. 81 zu § 99 BetrVG 1972. |2 Anders *Mayer-Maly/Löwisch*, BB 1983, 913, 914. |3 BAG v. 3.12.1987 – 6 ABR 38/86, NZA 1988, 507, 508. |4 BAG v. 21.7.1998 – 1 ABR 2/98, AP Nr. 63 zu § 118 BetrVG 1972. |5 BAG v. 21.6.1989 – 7 ABR 58/87, AP Nr. 43 zu § 118 BetrVG 1972. |6 BAG v. 20.11.1990 – 1 ABR 87/89, AP Nr. 47 zu § 118 BetrVG 1972. |7 *Fitting*, § 118 BetrVG Rz. 21; DKK/*Wedde*, § 118 BetrVG Rz. 34. |8 *Löwisch/Kaiser*, § 118 BetrVG Rz. 9; Richardi/*Richardi/Thüsing*, § 118 BetrVG Rz. 67. |9 *Fitting*, § 118 BetrVG Rz. 21. |10 HSG/*Hess*, § 118 BetrVG Rz. 19; Richardi/*Richardi/Thüsing*, § 118 BetrVG Rz. 69. |11 AA DKK/*Wedde*, § 118 BetrVG Rz. 34. |12 BAG v. 21.6.1989 – 7 ABR 58/87, AP Nr. 43 zu § 118 BetrVG 1972; krit. dazu ErfK/*Kania*, § 118 BetrVG Rz. 6. |13 BVerfG v. 24.2.1971 – 1 BvR 435/68, BVerfGE 30, 173. |14 BVerfG v. 24.2.1971 – 1 BvR 435/68, BVerfGE 30, 191. |15 BAG v. 21.6.1989 – 7 ABR 12/87, AP Nr. 39 zu § 118 BetrVG 1972; v. 14.11.1975 – 1 ABR 107/74, AP Nr. 5 zu § 118 BetrVG 1972. |16 BAG v. 28.10.1986 – 1 ABR 16/85, AP Nr. 32 zu § 118 BetrVG 1972. |17 Diff. DKK/*Wedde*, § 118 BetrVG Rz. 35. |18 BAG v. 3.11.1982 – 7 AZR 5/81, AP Nr. 12 zu § 15 KSchG 1969. |19 *Mayer-Maly/Löwisch*, BB 1983, 913, 915; MünchArbR/*Matthes*, § 364 Rz. 25. |20 BAG v. 8.3.1983 – 1 ABR 44/81, AP Nr. 26 zu § 118 BetrVG 1972. |21 Richardi/*Richardi/Thüsing*, § 118 BetrVG Rz. 73; DKK/*Wedde*, § 118 BetrVG Rz. 37. |22 BAG v. 19.5.1981 – 1 ABR 39/79, AP Nr. 21 zu § 118 BetrVG 1972. |23 BAG v. 15.2.1989 – 7 ABR 12/87, AP Nr. 39 zu § 118 BetrVG 1972. |24 BAG v. 27.7.1993 – 1 ABR 8/93, AP Nr. 51 zu § 118 BetrVG 1972; v. 11.2.1992 – 1 ABR 49/91, AP Nr. 50 zu § 118 BetrVG 1972. |25 *Bauer/Mengel*, NZA 2001, 307, 308.

tenagenturen[1]. Nach zutreffender Ansicht des BAG dient ein privater Radiosender auch dann überwiegend Zwecken der Berichterstattung und Meinungsäußerung, wenn der Anteil der Wortbeiträge lediglich 10% beträgt und das übrige Programm aus moderierten oder reinen Musikbeiträgen besteht, da es für die Einordnung als Tendenzunternehmen nicht darauf ankommt, wie hoch der **Anteil der Berichterstattung** und Meinungsäußerung im Radioprogramm ist[2]. Dies gilt entsprechend auch für andere Medienunternehmen. So ist es unerheblich, ob eine Zeitschrift überwiegend aus Werbung, eine Internet-Veröffentlichung überwiegend aus interaktiven Elementen oder das Angebot eines privaten Fernsehsenders überwiegend aus Filmen oder Musikvideos besteht, solange auch Elemente der Berichterstattung und Meinungsäußerung enthalten sind. Demgegenüber werden reine Anzeigenblätter[3], Adress- und Telefonbuchverlage[4], Internetanbieter ohne eigene redaktionelle Beiträge[5] oder Radiosender, die ausschließlich „Musikkonserven" abspielen[6], nicht von Abs. 1 Satz 1 Nr. 2 erfasst.

3. Unmittelbar und überwiegend. Ein Tendenzunternehmen muss einer oder mehrerer der in Abs. 1 Satz 1 genannten Bestimmungen **unmittelbar** dienen. Dies ist der Fall, wenn es selbst dazu bestimmt ist, die dort genannten Zielsetzungen zu verwirklichen. Die tendenzgeschützten Ziele müssen Hauptzweck, nicht bloßer Nebeneffekt sein[7]. Unterstützen tendenzgeschützte Aufgaben hingegen lediglich einen anderen, nicht tendenzgeschützten Unternehmenszweck, liegt keine Unmittelbarkeit vor. Nach Ansicht des BAG soll das Merkmal der Unmittelbarkeit auch dann zu verneinen sein, wenn ein Unternehmen eine „nur wirtschaftliche Zielsetzung" verfolgt[8]. Dies ist missverständlich. Für die Unmittelbarkeit und für den Tendenzcharakter eines Unternehmens kommt es nicht auf die Motivation des Unternehmers an; nicht seine persönliche Einstellung, sondern die Art des Unternehmens sind für die Tendenzeigenschaft maßgeblich[9]. Ein privater Nachrichtensender dient auch dann unmittelbar der Berichterstattung, wenn seine Anteilseigner allein wirtschaftliche Ziele verfolgen. Ebenso dient die rechtlich verselbständigte Forschungsabteilung eines Biotechnologie-Konzerns unmittelbar wissenschaftlichen Bestimmungen, auch wenn die Obergesellschaft die Forschungsergebnisse wirtschaftlich nutzt. Inwieweit ein Unternehmen wirtschaftliche Ziele verfolgt, ist daher für die Frage der Unmittelbarkeit irrelevant.

Im Hinblick auf die Verfolgung wirtschaftlicher Ziele ist im Übrigen auch in der Rspr. des BAG anerkannt, dass eine **Gewinnerzielungsabsicht** für den Tendenzcharakter eines Unternehmens unerheblich ist[10]. Anders ist dies lediglich bei Unternehmen, die karitativen Bestimmungen dienen. Eine karitative Bestimmung wird allein dann verfolgt, wenn sich das Ziel des Unternehmens auf die Hilfe an bedürftigen Menschen beschränkt und die zu leistende Hilfe nicht Mittel zum Zweck der Gewinnerzielung ist[11].

Wann ein Unternehmen **überwiegend** tendenzgeschützten Bestimmungen dient, soll nach der Rspr. des BAG nach rein quantitativen Gesichtspunkten beurteilt werden[12]. Maßgeblich ist demnach, in welcher Größenordnung ein Unternehmen seine **personellen und sonstigen Mittel** zur Verwirklichung seiner tendenzgeschützten und nicht tendenzgeschützten Ziele regelmäßig einsetzt. Bei personalintensiven Tätigkeiten kommt es nach Ansicht des BAG in erster Linie auf den Personaleinsatz an. Maßgeblich ist jedoch nicht die Zahl der Mitarbeiter, sondern die **Arbeitszeitmenge**, die regelmäßig zur Erreichung der verschiedenen Unternehmensziele eingesetzt wird. Dabei kommt es nicht nur auf die sog. Tendenzträger an, also die ArbN, die selbst inhaltlich auf die Tendenzverwirklichung Einfluss nehmen, sondern auch auf die übrigen Mitarbeiter, die die Tendenzverwirklichung indirekt unterstützen[13], zB die Schreibkräfte einer Redaktion, wissenschaftliche Hilfskräfte, Maskenbildner, Techniker einer Online-Redaktion oder die Marketingabteilung eines Radiosenders. Werden einzelne Mitarbeiter sowohl für tendenzgeschützte als auch für nicht tendenzgeschützte Zwecke tätig, ist ihre Arbeitszeitmenge entsprechend aufzuteilen[14]. Demgegenüber sieht das BAG Umsatz- und Gewinnzahlen als ungeeignetes Kriterium an, um zu beurteilen, ob ein Unternehmen überwiegend tendenzgeschützten Bestimmungen dient[15]. Dem ist zuzustimmen, soweit es sich um gemeinnützige und nicht auf Gewinnerzielung ausgerichtete Unternehmen handelt.

Dem quantitativen Ansatz des BAG ist im Grundsatz zu folgen. Jedoch darf die Rspr. des BAG nicht darauf verkürzt werden, die für die verschiedenen Zwecke eingesetzten Arbeitszeitvolumina miteinander zu vergleichen um festzustellen, welcher Zweck überwiegt. Demgegenüber bedarf der **Ausgangspunkt**

---

1 Richardi/*Richardi/Thüsing*, § 118 BetrVG Rz. 88; DKK/*Wedde*, § 118 BetrVG Rz. 43. | 2 BAG v. 27.7.1993 – 1 ABR 8/93, AP Nr. 51 zu § 118 BetrVG 1972. | 3 DKK/*Wedde*, § 118 BetrVG Rz. 46. | 4 MünchArbR/*Matthes*, § 364 Rz. 28; ErfK/*Kania*, § 118 BetrVG Rz. 15. | 5 Vgl. *Bauer/Mengel*, NZA 2001, 307, 310. | 6 Offen gelassen von BAG v. 27.7.1993 – 1 ABR 8/93, AP Nr. 51 zu § 118 BetrVG 1972. | 7 BAG v. 7.4.1981 – 1 ABR 62/78, AP Nr. 17 zu § 118 BetrVG 1972. | 8 BAG v. 21.6.1989 – 7 ABR 58/87, AP Nr. 43 zu § 118 BetrVG 1972; ebenso DKK/*Wedde*, § 118 BetrVG Rz. 18; vgl. auch *Fitting*, § 118 BetrVG Rz. 11. | 9 BAG v. 14.11.1975 – 1 ABR 107/74, AP Nr. 5 zu § 118 BetrVG 1972. | 10 BAG v. 14.11.1975 – 1 ABR 107/74, AP Nr. 5 zu § 118 BetrVG 1972. | 11 BAG v. 22.11.1995 – 7 ABR 12/95, AP Nr. 58 zu § 118 BetrVG 1972; v. 24.5.1995 – 7 ABR 48/94, AP Nr. 57 zu § 118 BetrVG 1972. | 12 BAG v. 27.7.1993 – 1 ABR 8/93, AP Nr. 51 zu § 118 BetrVG 1972; vgl. demgegenüber zu der in der Lit. teilweise vertretenen „Geprägetheorie": Richardi/*Richardi/Thüsing*, § 118 BetrVG Rz. 29 ff. mwN; *Löwisch/Kaiser*, § 118 BetrVG Rz. 19. | 13 BAG v. 20.11.1990 – 1 ABR 87/89, AP Nr. 47 zu § 118 BetrVG 1972; BAG v. 3.7.1990 – 1 ABR 36/89, AP Nr. 81 zu § 99 BetrVG 1972; BAG v. 9.12.1975 – 1 ABR 37/74, AP Nr. 7 zu § 118 BetrVG 1972, wo allerdings noch – insoweit inzwischen überholt – auf die Arbeitnehmerzahl statt auf die Arbeitszeitmenge abgestellt wird. | 14 BAG v. 21.6.1989 – 7 ABR 58/87, AP Nr. 43 zu § 118 BetrVG 1972. | 15 BAG v. 20.11.1990 – 1 ABR 87/89, AP Nr. 47 zu § 118 BetrVG 1972; v. 21.6.1989 – 7 ABR 58/87, AP Nr. 43 zu § 118 BetrVG 1972.

des BAG, bei personalintensiven Tätigkeiten komme es in erster Linie auf den Personaleinsatz an, der **Korrektur**. Dieser Ansatz ist nämlich ungeeignet, wenn in einem Unternehmen nur die tendenzfreie Tätigkeit personalintensiv ist, die tendenzgeschützte Tätigkeit hingegen nicht. Betreibt ein wissenschaftliches Unternehmen Grundlagenforschung und Beratung von Anwendern, greift es zu kurz, die Arbeitszeitmengen der zahlenmäßig kleineren Wissenschaftsabteilung mit den Arbeitszeitmengen der zahlenmäßig größeren Consulting-Abteilung zu vergleichen. Denn Beratungstätigkeit ist in aller Regel personalintensiver als Grundlagenforschung. Die jeweilige Arbeitszeitmenge kann also nur dann ein aussagekräftiges Indiz sein, wenn sowohl die tendenzfreie als auch die tendenzgeschützte Tätigkeit personalintensiv sind. Ist dies nicht der Fall, kann diesem Kriterium keine entscheidende Bedeutung zukommen.

15 Unabhängig davon, welches Gewicht das Kriterium der Arbeitszeitmenge im jeweiligen Einzelfall hat, ist – auch nach der Rspr. des BAG – des Weiteren stets zu berücksichtigen, in welcher Größenordnung das Unternehmen oder der Betrieb seine **sonstigen Mittel** zur Verwirklichung seiner tendenzgeschützten und tendenzfreien Ziele einsetzt. Diesen Kriterien kommt nach hier vertretener Auffassung bei Unternehmen mit unterschiedlich personalintensiven oder mit wenig personalintensiven Bereichen ausschlaggebendes Gewicht zu, ist aber auch bei Unternehmen mit gleichermaßen personalintensiven Bereichen als wichtiges Indiz stets zu prüfen. Zu berücksichtigen ist in diesem Zusammenhang beispielsweise: Die Verteilung der zur Verfügung stehenden **finanziellen Mittel** für tendenzgeschützte bzw. tendenzfreie Bereiche, die Höhe der **Investitionen** in den jeweiligen Bereichen, die **Auslastung der Produktionsanlagen** oder der Einsatz der technischen Einrichtungen, die Nutzung der zur Verfügung stehenden **Räumlichkeiten**.

16 Betreibt ein Unternehmen entsprechend dem obigen Beispiel wissenschaftliche Grundlagenforschung und Anwenderberatung, spricht es für das Vorliegen eines Tendenzunternehmens, wenn der überwiegende Teil der Mittel und Investitionen in die Grundlagenforschung fließt; da tendenzgeschützte und tendenzfreie Tätigkeit unterschiedlich personalintensiv sind, ist in einem solchen Fall die Verteilung der Arbeitszeitvolumina nicht aussagekräftig. Aber auch bei gleichermaßen personalintensiven Tätigkeiten ist die bloße Betrachtung der Arbeitszeitvolumina zu eindimensional. Wenn die von einer Koalition getragene Bildungseinrichtung koalitionsbezogene Kurse für Mitglieder und allgemein bildende Kurse für Nichtmitglieder anbietet, spricht es für das Vorliegen eines Tendenzunternehmens, wenn die finanziellen Mittel des Trägers ganz überwiegend in die koalitionsbezogenen Kurse fließen. Die Verteilung der Arbeitszeitvolumina ist hier nicht allein ausschlaggebend.

17 Maßgeblich ist, in welchem Umfang die Personal- und Betriebsmittel **regelmäßig** eingesetzt werden[1]. Es kommt somit weder auf einen bestimmten Stichtag, noch auf Durchschnittswerte, noch auf einen bestimmten zurückliegenden Zeitraum[2] an. Grundsätzlich erfordert die Feststellung des regelmäßigen Einsatzes eine **Rückschau** und eine **Prognose**. So verliert ein Verlags- und Druckereibetrieb seinen Tendenzschutz nicht dadurch, dass der Druckbereich infolge einer vorübergehenden Krise auf dem Zeitungsmarkt verstärkt nicht-tendenzbezogene Druckaufträge annehmen muss. Von dem Grundsatz der Rückschau und Prognose sind jedoch Ausnahmen zu machen. So ist bei einem neu gegründeten Unternehmen mit Mischcharakter in der Anfangsphase auf die Verteilung der Personal- und Betriebsmittel gemäß dem **Business-Plan** abzustellen[3]. Eine Rückschau entfällt auch, wenn ein bisher tendenzfreien Zwecken dienendes Unternehmen nunmehr tendenzgeschützten Zwecken gewidmet wird, etwa im Falle der Übernahme einer bisher der Allgemeinheit zugänglichen Schulungseinrichtung durch eine Koalition.

18 Auf der Grundlage dieser Erwägungen sind auch die viel diskutierten Fälle zu lösen, in denen es um den Tendenzschutz von **Druckereibetrieben und Druckereiunternehmen** geht. Ein reines Druckereiunternehmen genießt grundsätzlich auch dann keinen Tendenzschutz, wenn es abhängiges Unternehmen in einem Tendenzkonzern ist, da der Druck von Zeitungen oder Zeitschriften nicht unmittelbar der Berichterstattung oder Meinungsäußerung dient[4]. Dies gilt auch dann, wenn einem reinen Druckereiunternehmen überwiegend der Druck einer einzigen Tageszeitung obliegt[5]. Gleiches gilt für einen reinen Druckereibetrieb. Bilden Verlag und Druckerei hingegen einen einheitlichen Betrieb, ist wie folgt zu differenzieren: Ist die Druckereiabteilung überwiegend mit dem Druck der Presseerzeugnisse des Verlags befasst, so ist es irrelevant, dass die Drucker nicht direkt der Tendenzverwirklichung dienen, es reicht aus, dass sie die Tendenzverwirklichung unterstützen; es handelt sich dann um einen Tendenzbetrieb. Ist die Druckereiabteilung überwiegend mit anderen Druckaufträgen ausgelastet, handelt es sich in folgenden Fällen gleichwohl um einen Tendenzbetrieb: Der Verlagsbereich überwiegt im Hinblick auf den Einsatz von Personal- oder Betriebsmitteln[6] oder die überwiegende Auslastung des Druckereibereichs mit anderen Druckaufträgen ist nur vorübergehend.

19 Presseunternehmen bieten sich jedoch **Gestaltungsmöglichkeiten**, um auch ihre rechtlich selbständigen reinen Druckereiunternehmen, die ganz oder überwiegend die Zeitungen oder Zeitschriften des Verlagsunternehmens drucken, an dem Tendenzschutz teilhaben zu lassen. Zu denken ist an die Bildung

---

1 BAG v. 21.6.1989 – 7 ABR 58/87, AP Nr. 43 zu § 118 BetrVG 1972. |2 Vgl. aber DKK/*Wedde*, § 118 BetrVG Rz. 11. |3 *Bauer/Mengel*, NZA 2001, 307, 310. |4 BAG v. 30.6.1981 – 1 ABR 30/79, AP Nr. 20 zu § 118 BetrVG 1972. |5 BAG v. 31.10.1975 – 1 ABR 64/74, AP Nr. 3 zu § 118 BetrVG 1972. |6 Vgl. BAG v. 9.12.1975 – 1 ABR 37/74, AP Nr. 7 zu § 118 BetrVG 1972.

eines Gemeinschaftsbetriebs (siehe § 1 Abs. 2 Rz. 16 ff.) zwischen dem Verlags- und dem Druckereiunternehmen, die – um Unsicherheiten zu vermeiden – mittels ausdrücklicher Führungsvereinbarung einer einheitlichen Leitung unterstellt werden. Die gezielte Herbeiführung eines **Gemeinschaftsbetriebs** zwischen dem Verlags- und dem Druckunternehmen kann aus ArbGebSicht insb. erwünscht sein, wenn dem Druckunternehmen ermöglicht werden soll, Betriebänderungen durchzuführen, ohne einen Interessenausgleich verhandeln zu müssen oder wenn die Bildung eines Wirtschaftsausschusses vermieden werden soll.

4. Einschränkung der Beteiligungsrechte. Dient ein Unternehmen oder Betrieb unmittelbar und überwiegend tendenzgeschützten Zwecken, finden die Vorschriften des BetrVG keine Anwendung, soweit die Eigenart des Unternehmens oder Betriebs dem entgegensteht. Die Vorschriften über die Bildung eines Wirtschaftsausschusses und die Unterrichtung in wirtschaftlichen Angelegenheiten finden keine Anwendung, die §§ 111 bis 113 sind nur eingeschränkt anzuwenden. **20**

a) Tendenzträger. Durch Abs. 1 Satz 1 werden vor allem die Beteiligungsrechte des BR in personellen und sozialen Angelegenheiten eingeschränkt. Nach der Rspr. des BAG setzt die Einschränkung der Beteiligungsrechte voraus, dass es sich um eine **tendenzbezogene Maßnahme** handelt[1] und die geistig-ideelle Zielsetzung des Unternehmens und deren Verwirklichung durch die Beteiligung des BR verhindert oder jedenfalls ernstlich beeinträchtigt werden kann[2]. Eine ernstliche Beeinträchtigung kommt nach Ansicht des BAG nur in Betracht, wenn die Maßnahme ArbN betrifft, für deren Tätigkeit die Tendenz des Unternehmens prägend ist (sog. **Tendenzträger**); zusammenfassend muss es sich demnach um eine tendenzbezogene Maßnahme handeln, die einen Tendenzträger betrifft[3]. **21**

Tendenzträger ist nach der Rspr. des BAG, wem Tätigkeiten übertragen sind, bei deren Ausführung er maßgebend **Einfluss** nimmt auf die **Verwirklichung der geistig-ideellen Zielsetzung**[4]. Die in Abs. 1 Satz 1 genannten Bestimmungen und Zwecke müssen für die Tätigkeit des ArbN prägend sein, was bei verantwortlichem und maßgeblichem Einfluss auf die Tendenzverwirklichung der Fall sein soll[5]. Andererseits macht die Wahrnehmung tendenzbezogener Aufgaben einen ArbN nicht erst dann zum Tendenzträger, wenn er mehr als die Hälfte seiner Gesamtarbeitszeit auf tendenzbezogene Tätigkeiten verwendet; ein nicht völlig unbedeutender Anteil, beispielsweise 30%, reichen aus[6]. Der ArbN muss **unmittelbar** an der Tendenzverwirklichung teilnehmen[7]. Nicht zu den Tendenzträgern zählen demnach ArbN in einem Tendenzunternehmen, die keine tendenzbezogenen Aufgaben wahrzunehmen haben oder deren Einfluss auf die Tendenzverwirklichung zu gering ist[8]. Das BAG hat als Tendenzträger beispielsweise anerkannt: Lehrkräfte in einem Berufsförderungswerk[9]; ArbN, die selbst wissenschaftliche Tätigkeiten ausüben, dh. selbst forschen oder lehren[10]; Redakteure eines Radiosenders[11] oder einer Tageszeitung[12], auch Sportredakteure[13] und Redaktionsvolontäre[14]; Lehrer und Erzieher einer privaten Ersatzschule[15]; Psychologen eines Berufsförderungswerks[16]; Rechtssekretäre eines Gewerkschaftsbundes[17], Solisten eines Symphonieorchesters[18]. Demgegenüber hat das BAG die Tendenzträgereigenschaft von Maskenbildnern verneint, da deren Einfluss und Gestaltungsmöglichkeiten nicht weit genug reichten[19]. Auch die auf Rettungswagen des Deutschen Roten Kreuzes eingesetzten Mitarbeiter sollen nach Ansicht des BAG keine Tendenzträger sein[20]. **22**

b) Beteiligung insb. in personellen und sozialen Angelegenheiten. Ausgehend von der Prämisse, dass die Einschränkung von Beteiligungsrechten des BR eine tendenzbezogene Maßnahme voraussetzt, die einen Tendenzträger betrifft, hat das BAG die Beteiligungsrechte des BR in personellen und sozialen Angelegenheiten sowie bei der Gestaltung von Arbeitsplatz, Arbeitsablauf und Arbeitsumgebung in Tendenzunternehmen und -betrieben wie folgt beurteilt. **23**

- **Arbeitszeit:** Eine Einschränkung des MitbestR gemäß § 87 Abs. 1 Nr. 2 hinsichtlich Beginn und Ende der täglichen Arbeitszeit von Tendenzträgern soll nur in Ausnahmefällen in Betracht kommen, da es sich normalerweise um eine wertneutrale Entscheidung im Hinblick auf die Organisation des Arbeits-

---

1 Eine mitbestimmungspflichtige Maßnahme, die nicht tendenzbezogen ist, reicht nach Ansicht des BAG nicht aus: BAG v. 1.9.1987 – 1 ABR 22/86, AP Nr. 10 zu § 101 BetrVG 1972. | 2 BAG v. 14.1.1992 – 1 ABR 35/91, AP Nr. 49 zu § 118 BetrVG 1972; v. 30.1.1990 – 1 ABR 101/88, AP Nr. 44 zu § 118 BetrVG 1972; v. 22.5.1979 – 1 ABR 45/77, AP Nr. 12 zu § 118 BetrVG 1972. | 3 BAG v. 30.1.1990 – 1 ABR 101/88, AP Nr. 44 zu § 118 BetrVG 1972; v. 3.11.1982 – 7 AZR 5/81, AP Nr. 12 zu § 15 KSchG 1969; v. 13.6.1989 – 1 ABR 15/88, AP Nr. 36 zu § 87 BetrVG 1972 – Arbeitszeit. | 4 BAG v. 27.7.1993 – 1 ABR 8/93, AP Nr. 51 zu § 118 BetrVG 1972. | 5 BAG v. 30.1.1990 – 1 ABR 101/88, AP Nr. 44 zu § 118 BetrVG 1972; v. 28.10.1986 – 1 ABR 16/85, AP Nr. 32 zu § 118 BetrVG 1972. | 6 BAG v. 20.11.1990 – 1 ABR 87/89, AP Nr. 47 zu § 118 BetrVG 1972. | 7 BAG v. 22.5.1979 – 1 ABR 100/77, AP Nr. 13 zu § 118 BetrVG 1972; v. 7.11.1975 – 1 ABR 78/74, AP Nr. 3 zu § 99 BetrVG 1972. | 8 BAG v. 28.10.1986 – 1 ABR 16/85, AP Nr. 32 zu § 118 BetrVG 1972; v. 31.1.1995 – 1 ABR 35/94, AP Nr. 56 zu § 118 BetrVG 1972. | 10 BAG v. 20.11.1990 – 1 ABR 87/89, AP Nr. 47 zu § 118 BetrVG 1972. | 11 BAG v. 27.7.1993 – 1 ABR 8/93, AP Nr. 51 zu § 118 BetrVG 1972. | 12 BAG v. 8.5.1990 – 1 ABR 33/89, AP Nr. 46 zu § 118 BetrVG 1972; v. 31.5.1983 – 1 ABR 57/80, AP Nr. 27 zu § 118 BetrVG 1972. | 13 BAG v. 9.12.1975 – 1 ABR 37/74, AP Nr. 7 zu § 118 BetrVG 1972. | 14 BAG v. 19.5.1981 – 1 ABR 39/79, AP Nr. 14 zu § 118 BetrVG 1972; v. 22.5.1979 – 1 ABR 45/77, AP Nr. 12 zu § 118 BetrVG 1972. | 16 BAG v. 8.11.1988 – 1 ABR 17/87, AP Nr. 38 zu § 118 BetrVG 1972. | 17 BAG v. 6.12.1979 – 2 AZR 1055/77, AP Nr. 2 zu § 1 KSchG 1969 – Verhaltensbedingte Kündigung. | 18 BAG v. 3.11.1982 – 7 AZR 5/81, AP Nr. 12 zu § 15 KSchG 1969. | 19 BAG v. 28.10.1986 – 1 ABR 16/85, AP Nr. 32 zu § 118 BetrVG 1972. | 20 BAG v. 12.11.2002 – 1 ABR 60/61, AP Nr. 43 zu § 99 BetrVG 1972 – Einstellung.

ablaufs handele[1]. Das MitbestR ist dagegen einzuschränken, wenn dessen Ausübung die Tendenzverwirklichung, etwa die Aktualität der Berichterstattung ernsthaft gefährdet oder unmöglich macht. Aus diesem Grund bleibt es beispielsweise dem Verleger vorbehalten, ohne Mitbest. des BR die Redaktionszeiten festzulegen, Zeitvorgaben für den Redaktionsschluss zu machen, Lage und Umfang von Redaktionskonferenzen zu bestimmen, Wochenendarbeit anzuordnen oder Arbeitszeitregelungen zu treffen, die die Gestaltung einzelner Themen gewährleisten[2]. Arbeitszeitentscheidungen, die mit Rücksicht auf die Qualität der Tendenzverwirklichung erfolgen, sind mitbestimmungsfrei[3]. Demgegenüber soll die Vorverlegung des Spätdienstes in einem Tageszeitungsverlag, der die Einführung des Nachthandels ermöglichen soll, mitbestimmungspflichtig sein, wenn davon Sekretärinnen und andere Nicht-Tendenzträger betroffen sind[4]; dem kann nicht gefolgt werden (siehe unten Rz. 24).

- **Ausschreibung von Arbeitsplätzen:** Eine Einschränkung des Rechts des BR gemäß § 93 lehnt das BAG ab. Der BR kann demnach die innerbetriebliche Ausschreibung zu besetzender Arbeitsplätze auch dann verlangen, wenn es sich um Positionen handelt, deren Inhaber Tendenzträger sind[5].

- **Auswahlrichtlinien:** Die Aufstellung von Auswahlrichtlinien gemäß § 95 ist mitbestimmungsfrei, jedenfalls soweit sich die Auswahlrichtlinien auf Tendenzträger beziehen, da Einstellungen von Tendenzträgern grundsätzlich tendenzbezogene Maßnahmen darstellen[6].

- **Berufsbildungsmaßnahmen:** Die Beratungsrechte gemäß § 97 werden nicht eingeschränkt, weil der ArbGeb im Anschluss an die Beratung allein über die Berufsbildungsmaßnahmen entscheidet. Die MitbestR bei der Durchführung betrieblicher Bildungsmaßnahmen gemäß § 98 entfallen, soweit Tendenzträger von der Bildungsmaßnahme betroffen sind[7].

- **Beurteilungsgrundsätze:** Die Aufstellung allgemeiner Beurteilungsgrundsätze gemäß § 94 Abs. 2 ist aufgrund ihres engen Bezugs zu der tendenzbezogenen Tätigkeit jedenfalls im Hinblick auf Tendenzträger mitbestimmungsfrei[8].

- **Bewerbungsunterlagen:** Die Pflicht zur Vorlage von Bewerbungsunterlagen gemäß § 99 Abs. 1 entfällt nach Ansicht des BAG auch dann nicht, wenn diese die Einstellung eines Tendenzträgers betreffen[9].

- **Eingruppierung:** Das MitbestR des BR bei der Eingruppierung gemäß § 99 Abs. 1 gilt auch bei der tariflichen Eingruppierung von Tendenzträgern. Durch die Eingruppierung wird die tendenzbezogene Handlungs- und Entscheidungsfreiheit des ArbGeb nicht beeinträchtigt, da es lediglich um Normenvollzug geht[10]. Dies gilt entsprechend für Umgruppierungen.

- **Einblicksrecht in Gehaltslisten:** Der Tendenzcharakter eines Unternehmens oder Betriebs steht dem Einblickrecht des BR gemäß § 80 Abs. 2 Satz 2 auch nicht entgegen, soweit es sich um die Gehaltslisten von Tendenzträgern handelt[11]. Im Hinblick auf Gehaltslisten von Nicht-Tendenzträgern im Tendenzunternehmen besteht das Einblicksrecht ohnehin[12].

- **Einstellung:** Vor der Einstellung von Tendenzträgern ist der BR abweichend von § 99 Abs. 1 nur zu unterrichten[13], so dass er binnen einer Woche Stellung nehmen kann. Der BR hat jedoch kein Zustimmungsverweigerungsrecht[14], da bereits die Einstellung eines Mitarbeiters, der an der Tendenzverwirklichung teilnehmen soll, zur tendenzgeschützten Freiheit des Tendenzunternehmens gehört.

- **Ethikregeln:** Der BR hat kein MitbestR, soweit eine Wirtschaftszeitung von ihren Wirtschaftsredakteuren zur Wahrung publizistischer Unabhängigkeit verlangt, keine Aktien von Unternehmen zu halten, deren Branche Gegenstand ihrer kontinuierlichen Berichterstattung ist. Solche Ethikregeln haben Tendenzbezug, so dass ein MitbestR des BR ausscheidet. Demgegenüber soll der BR, soweit der ArbGeb für die Mitteilung des Aktienbesitzes ein Formblatt einsetzt, im Hinblick auf die Verwendung des Formblattes mitbestimmen dürfen[15].

- **Leitende Angestellte:** Das Informationsrecht gemäß § 105 über die beabsichtigte Einstellung oder personelle Veränderung eines leitenden Angestellten besteht auch im Tendenzunternehmen[16].

- **Kündigung:** Die Pflicht zur Anhörung vor Kündigung eines Tendenzträgers gemäß § 102 Abs. 1 wird durch § 118 Abs. 1 auch dann nicht ausgeschlossen, wenn die Kündigung aus tendenzbezogenen Grün-

---

1 BAG v. 14.1.1992 – 1 ABR 35/91, AP Nr. 49 zu § 118 BetrVG 1972 mit abl. Anm. *Berger-Delhey*; v. 30.1.1990 – 1 ABR 101/88, AP Nr. 44 zu § 118 BetrVG 1972 mit abl. Anm. *Berger-Delhey*. |2 BAG v. 11.2.1992 – 1 ABR 49/91, AP Nr. 50 zu § 118 BetrVG 1972. |3 BVerfG v. 15.12.1999 – 1 BvR 729/92, AP Nr. 68 zu § 118 BetrVG 1972. |4 BVerfG v. 15.12.1999 – 1 BvR 505/95, AP Nr. 67 zu § 118 BetrVG 1972. |5 BAG v. 30.1.1979 – 1 ABR 78/76, AP Nr. 11 zu § 118 BetrVG 1972. |6 Richardi/*Richardi/Thüsing*, § 118 BetrVG Rz. 157; aA DKK/*Wedde*, § 118 BetrVG Rz. 86. |7 BAG v. 4.12.1990 – 1 ABR 10/90, AP Nr. 1 zu § 97 BetrVG 1972. |8 ErfK/*Kania*, § 118 BetrVG Rz. 24; Richardi/*Richardi/Thüsing*, § 118 BetrVG Rz. 156. |9 BAG v. 19.5.1981 – 1 ABR 109/78, AP Nr. 18 zu § 118 BetrVG 1972. |10 BAG v. 31.5.1983 – 1 ABR 57/80, AP Nr. 27 zu § 118 BetrVG 1972; vgl. auch BAG v. 3.12.1985 – 4 ABR 80/83, AP Nr. 31 zu § 99 BetrVG 1972. |11 BAG v. 22.5.1979 – 1 ABR 45/77, AP Nr. 12 zu *§ 118 BetrVG 1972*. |12 *BAG v. 30.4.1974* – 1 ABR 33/73, AP Nr. 1 zu § 118 BetrVG 1972. |13 BAG v. 18.4.1989 – 1 ABR 97/87, AP Nr. 65 zu § 99 BetrVG 1972. |14 BAG v. 19.5.1981 – 1 ABR 39/79, AP Nr. 21 zu § 118 BetrVG 1972. |15 BAG v. 28.5.2002 – 1 ABR 32/01, AP Nr. 39 zu § 87 BetrVG 1972 – Ordnung des Betriebes. |16 HSG/*Hess*, § 118 BetrVG Rz. 51; DKK/*Wedde*, § 118 BetrVG Rz. 102.

den erfolgt. Dem BR sind auch tendenzbezogene Kündigungsgründe mitzuteilen. Der BR hat seine Einwendungen gegen tendenzbezogene Gründe auf soziale Gesichtspunkte zu beschränken[1]. Ein Weiterbeschäftigungsanspruch des gekündigten ArbN gemäß § 102 Abs. 5 ist ausgeschlossen, wobei unerheblich ist, aus welchen Gründen die Kündigung erfolgte und aus welchen Gründen der BR widersprochen hat[2].

- **Kündigung eines BR-Mitgliedes:** Die außerordentliche Kündigung eines BR-Mitglieds, das Tendenzträger ist, bedarf nach umstrittener, aber zutreffender Ansicht nicht der Zustimmung des BR gemäß § 103, sondern lediglich der Anhörung nach § 102[3].

- **Lohngestaltung:** In einem Tendenzbetrieb sind Fragen der betrieblichen Lohngestaltung iSv. § 87 Abs. 1 Nr. 10 dem MitbestR des BR entzogen, wenn die Gestaltung der Arbeitsentgelte Tendenzbezug hat. Dies ist beispielsweise der Fall, wenn Entlohnungsgrundsätze oder Vergütungsmethoden den ArbN zu besonderen Leistungen für die Tendenzverwirklichung anspornen sollen[4]. Zu denken ist etwa an Zulagen für besondere wissenschaftliche Leistungen[5].

- **Personalfragebogen:** Das Zustimmungserfordernis im Hinblick auf Personalfragebögen gemäß § 94 Abs. 1 entfällt in einem Tendenzunternehmen, soweit Tendenzträgern tendenzbezogene Fragen gestellt werden[6].

- **Personalplanung:** Die Pflicht des ArbGeb gemäß § 92 Abs. 1, den BR über die Personalplanung zu unterrichten, besteht nach Ansicht des BAG auch soweit die Personalplanung hinsichtlich der Tendenzträger betroffen ist, da dem ArbGeb seine Entschließungsfreiheit über seine Planung erhalten bleibe[7]. Dem ist nicht zu folgen, da das Gesetz die Anwendbarkeit des § 106, der zur Darstellung der Auswirkung auf die Personalplanung verpflichtet, ausdrücklich ausschließt. Ein Unterrichtungs- und Beratungsrecht im Hinblick auf die Personalplanung kann daher nicht auf dem Umweg des § 92 wieder eingeführt werden[8].

- **Umgruppierung:** Hier gelten die oben genannten Grundsätze zur Eingruppierung entsprechend.

- **Versetzung:** Vor der Versetzung von Tendenzträgern ist der BR abweichend von § 99 Abs. 1 nur zu unterrichten[9], so dass er binnen einer Woche Stellung nehmen kann. Der BR hat jedoch ebenso wie bei der Einstellung kein Zustimmungsverweigerungsrecht[10]. Dies gilt unabhängig davon, ob von dem BR tendenzneutrale oder tendenzbezogene Zustimmungsverweigerungsgründe geltend gemacht werden[11].

Der vorstehend dargestellten **Rspr. des BAG ist nur teilweise zu folgen**. Entgegen der Ansicht des BAG ist es nicht Grundvoraussetzung für die Einschränkung der Beteiligungsrechte des BR, dass eine Maßnahme einen Tendenzträger betrifft[12]. Eine ernstliche Beeinträchtigung oder Vereitelung der geistig-ideellen Zielsetzung des Unternehmens und deren Verwirklichung kann entgegen der Ansicht des BAG auch in Betracht kommen, wenn eine Maßnahme ArbN betrifft, die **keine Tendenzträger** sind. In solchen Fällen müssen die Beteiligungsrechte des BR auch dann zurücktreten, wenn die betroffenen ArbN **keine tendenzbezogenen Aufgaben** wahrnehmen. Dies soll anhand folgender Beispiele verdeutlicht werden: Die Aktualität der Berichterstattung – die zum Kernbestand der Tendenzverwirklichung eines Presseunternehmens gehört – kann nicht nur durch die Arbeitszeitregelung der Redakteure ernstlich beeinträchtigt werden, sondern in gleichem Maße durch die Arbeitszeitregelung der Fahrer, die die Zeitungen ausliefern[13]. Entsprechendes gilt für die Arbeitszeitregelung der Sekretärinnen, Redaktionsassistenten und Korrektoren[14]. Es nutzt dem Verleger nichts, wenn ihm die Rspr. zugesteht, zur Sicherstellung aktueller Berichterstattung die zeitliche Lage der Redaktionskonferenz mitbestimmungsfrei festzulegen[15]; die aktuelle Berichterstattung wird ernsthaft beeinträchtigt, wenn am Ende der Redaktionskonferenz keine Sekretärinnen und Korrektoren mehr zur Verfügung stehen. In gleicher Weise wird die Tendenzverwirklichung einer karitativen Einrichtung nicht nur dann gefährdet, wenn der Krankenhausträger die Arbeitszeiten der Ärzte mit dem BR abstimmen müsste. Die gleiche Gefahr droht, wenn der BR bei den Arbeitszeiten der Pflegehelfer, die keine Tendenzträger sind, mitbestimmen darf[16]. Im Ergebnis ist damit festzuhalten, dass tendenzbezogene Maßnahmen, die einen Tendenzträger betreffen, in aller Regel zu einer Beschränkung der Beteiligungsrechte des BR führen. Die **Tendenzträgereigenschaft** der betroffe-

---

1 BAG v. 7.11.1975 – 1 AZR 282/74, AP Nr. 4 zu § 118 BetrVG 1972; Verfassungsmäßigkeit bejaht BVerfG v. 6.11.1979 – 1 BvR 81/76, AP Nr. 14 zu § 118 BetrVG 1972. | 2 MünchArbR/*Matthes*, § 365 Rz. 28; Richardi/*Richardi/Thüsing*, § 118 BetrVG Rz. 166; aA DKK/*Wedde*, § 118 BetrVG Rz. 96. | 3 LAG Berlin v. 20.7.1998 – 18 Sa 28/98, zitiert nach *Löwisch/Kaiser*, § 118 BetrVG Rz. 36; *Fitting*, § 118 BetrVG Rz. 40; offen gelassen von BAG v. 3.11.1982 – 7 AZR 5/81, AP Nr. 12 zu § 15 KSchG 1969; aA LAG Hamm v. 1.7.1992 – 3 TaBV 30/92, BB 1992, 2507; DKK/*Wedde*, § 118 BetrVG Rz. 100. | 4 BAG v. 31.1.1984 – 1 AZR 174/81, AP Nr. 17 zu § 118 BetrVG 1972. | 5 Vgl. BAG v. 13.2.1990 – 1 ABR 13/89, AP Nr. 45 zu § 118 BetrVG 1972. | 6 BAG v. 21.9.1993 – 1 ABR 28/93, AP Nr. 4 zu § 94 BetrVG 1972. | 7 BAG v. 6.11.1990 – 1 ABR 60/89, AP Nr. 3 zu § 92 BetrVG 1972. | 8 Richardi/*Richardi/Thüsing*, § 118 BetrVG Rz. 153; anders MünchArbR/*Matthes*, § 365 Rz. 16. | 9 BAG v. 20.11.1990 – 1 ABR 87/89, AP Nr. 47 zu § 118 BetrVG 1972; v. 18.4.1989 – 1 ABR 97/87, AP Nr. 65 zu § 99 BetrVG 1972. | 10 BAG v. 8.5.1990 – 1 ABR 33/89, AP Nr. 46 zu § 118 BetrVG 1972; v. 1.9.1987 – 1 ABR 22/86, AP Nr. 10 zu § 101 BetrVG 1972. | 11 BAG v. 27.7.1993 – 1 ABR 8/93, AP Nr. 51 zu § 118 BetrVG 1972. | 12 So bereits *Rüthers/Franke*, DB 1992, 374, 375 f. | 13 *Rüthers/Franke*, DB 1992, 374, 376. | 14 Aus diesem Grund ist die Entscheidung des LAG Berlin, die BVerfG v. 15.12.1999 – 1 BvR 505/95, AP Nr. 67 zu § 118 BetrVG 1972, zugrunde liegt, abzulehnen. | 15 BAG v. 14.1.1992 – 1 ABR 35/91, AP Nr. 49 zu § 118 BetrVG 1972. | 16 *Rüthers/Franke*, DB 1992, 374, 376.

nen ArbN ist jedoch **nicht Voraussetzung für eine Einschränkung der Beteiligungsrechte**. Auch eine Beteiligung bei Maßnahmen gegenüber Nicht-Tendenzträgern kann zu einer ernstlichen Beeinträchtigung oder Vereitelung der geistig-ideellen Zielsetzung des Unternehmens und deren Verwirklichung führen; auch in solchen Fällen sind die Beteiligungsrechte des BR zu beschränken.

25 **c) Beteiligung in wirtschaftlichen Angelegenheiten.** § 118 Abs. 1 Satz 2 schränkt die Mitbest. des BR in wirtschaftlichen Angelegenheiten ein. Die Regelungen über die Unterrichtung in wirtschaftlichen Angelegenheiten gemäß **§§ 106 bis 110 sind nicht anzuwenden**, ein Wirtschaftsausschuss nicht zu bilden (siehe § 106 Rz. 3). Hat ein Unternehmen tendenzgeschützte und tendenzfreie Betriebe, ist ein Wirtschaftsausschuss nicht zu bilden, wenn es sich überwiegend um ein Tendenzunternehmen handelt. Ob die tendenzgeschützten Betriebe überwiegen, kann entsprechend den oben unter Rz. 14 ff. dargestellten Grundsätzen beurteilt werden. Des Weiteren sind insoweit die Umsatzzahlen von Bedeutung. Beschäftigen die tendenzfreien Betriebe zwar mehr ArbN, während die tendenzgeschützten Betriebe in höherem Maße zum Umsatz beitragen, ist von der Bildung eines Wirtschaftsausschusses für das Unternehmen abzusehen[1]. Überwiegen hingegen die tendenzfreien Betriebe, ist ein zu bildender Wirtschaftsausschuss nicht auch für die Tendenzbetriebe zuständig[2]. In diesen Fällen gilt: Der Wirtschaftsausschuss braucht nicht über wirtschaftliche Angelegenheiten der tendenzgeschützten, sondern nur der tendenzfreien Betrieben informiert zu werden; befassen sich Unterlagen, die dem Wirtschaftsausschuss vorzulegen sind, mit Angelegenheiten der tendenzgeschützten und tendenzfreien Betrieben, brauchen diese nur auszugsweise vorgelegt werden, nämlich soweit sie Angelegenheiten der tendenzfreien Betrieben behandeln; ist eine auszugsweise Vorlage nicht möglich, weil die Darstellung von Angelegenheiten der tendenzgeschützten Betriebe von denen der tendenzfreien Betriebe nicht sinnvoll voneinander getrennt werden kann, hat der Wirtschaftsausschuss keinen Anspruch auf Vorlage der Unterlage.

26 Die **§§ 111 bis 113 werden eingeschränkt** und sind nur insoweit anzuwenden, als sie den Ausgleich oder die Milderung wirtschaftlicher Nachteile für die ArbN infolge der Betriebsänderung regeln. Die Unterrichtungs- und Beratungspflichten bleiben demnach – allerdings inhaltlich eingeschränkt – bestehen, ein Interessenausgleichsverfahren ist nicht durchzuführen. Die Regelungen über den Sozialplan einschließlich der Möglichkeit der Erzwingung eines Sozialplans bleiben ohne Einschränkung anwendbar und auch die Möglichkeit eines Nachteilsausgleichs soll nach Ansicht des BAG bestehen (siehe § 113 Rz. 3).

27 Die **Unterrichtungspflichten** gemäß § 111 gelten nach der Rspr. des BAG auch im Tendenzunternehmen insoweit, als der Unternehmer verpflichtet bleibt, den BR rechtzeitig über die geplante Betriebsänderung zu unterrichten und im Hinblick auf die sozialen Folgen mit ihm zu beraten[3]. Die Unterrichtung soll dann **rechtzeitig** sein, wenn der BR vor Durchführung der Betriebsänderung eigene Vorstellungen für den Sozialplan entwickeln und an den ArbGeb herantragen kann; in einem vom BAG entschiedenen Fall wurde ein Zeitraum von zwei Monaten vor Ausspruch von Kündigungen für ausreichend gehalten[4]. Dem zutreffenden Einwand, die Unterrichtungspflicht werde in Tendenzunternehmen auch noch nach Durchführung der Betriebsänderung rechtzeitig erfüllt, da die Unterrichtung nur im Hinblick auf den Abschluss eines Sozialplans erfolge und dieser auch noch nach der Betriebsänderung durchgesetzt werden kann[5], folgt das BAG nicht. Zur Risikominimierung empfiehlt es sich daher, auch in Tendenzunternehmen eine rechtzeitige Unterrichtung vorzunehmen (siehe § 113 Rz. 3).

28 **Umfang und Inhalt der Unterrichtungspflichten** sind jedoch in Tendenzunternehmen eingeschränkt, da die Information den BR nur in die Lage versetzen soll, erforderlichenfalls mit Hilfe seines Initiativrechts auch gegen den Willen des ArbGeb das Verfahren zur Aufstellung eines Sozialplans in Gang zu setzen[6]. Dem BR stehen deshalb in einem Tendenzbetrieb keine Informationen im Hinblick auf das „ob" der Maßnahme zu, da diese nur für die Beratung eines Interessenausgleichs relevant sind, die der BR jedoch gerade nicht verlangen kann[7]. Dem BR sind somit nur solche Informationen zu erteilen, die er gerade im Hinblick auf einen Sozialplan benötigt.

29 Demgegenüber ist in Tendenzunternehmen **kein Interessenausgleichsverfahren** durchzuführen[8]. Auch in Tendenzbetrieben hat der BR nach zutreffender Ansicht keinen Unterlassungsanspruch zur Verhinderung einer geplanten Betriebsänderung[9]. Der ArbGeb kann jedoch freiwillig einen Interessenausgleich abschließen. Die Verpflichtung mit dem BR einen Sozialplan zu verhandeln bleibt jedoch ebenso bestehen wie die Möglichkeit des BR, diesen gegen den Willen des ArbGeb zu erzwingen.

30 Nach Ansicht des BAG kommt auch in Tendenzbetrieben ein **Nachteilsausgleich** nach § 113 Abs. 3 in Betracht, wenn der ArbGeb eine Betriebsänderung durchführt, ohne den BR rechtzeitig unterrichtet und Verhandlungen über einen Sozialplan ermöglicht zu haben[10]. Der zutreffenden Auffassung, § 113 sei

---

1 *Fitting*, § 118 BetrVG Rz. 45. | 2 *Fitting*, § 118 BetrVG Rz. 45. | 3 BAG v. 27.10.1998 – 1 AZR 766/97, AP Nr. 65 zu § 118 BetrVG 1972. | 4 BAG v. 27.10.1998 – 1 AZR 766/97, AP Nr. 65 zu § 118 BetrVG 1972. | 5 So *Bauer/Lingemann*, NZA 1995, 813, 815. | 6 BAG v. 27.10.1998 – 1 AZR 766/97, AP Nr. 65 zu § 118 BetrVG 1972. | 7 ArbG Frankfurt/Oder v. 22.3.2001 – 2 BVGa 2/01, NZA-RR 2001, 646, 647. | 8 *Picot/Schnitker*, § 118 II B Rz. 34. | 9 LAG Nds. v. 29.11.2002 – 12 TaBV 111/02, BB 2003, 1337; aA ArbG Frankfurt a.M. v. 26.9.1995 – 8 BVGa 60/95, NZA–RR 295. | 10 BAG v. 27.10.1998 – 1 AZR 766/97, AP Nr. 65 zu § 118 BetrVG 1972.

in Tendenzbetrieben nicht anwendbar[1], hat sich das BAG nicht angeschlossen. § 113 Abs. 3 soll demnach mit der Modifikation gelten, dass ein Anspruch auf Nachteilsausgleich nur auf einen Verstoß gegen Unterrichtungs- und Beratungspflichten gestützt werden kann, nicht hingegen auf ein Unterlassen des Versuchs, eine Einigung über die Betriebsänderung herbeizuführen. Ob § 113 Abs. 1 und 2 anwendbar sind, falls der ArbGeb einen Interessenausgleich freiwillig abschließt, hat das BAG offen gelassen[2].

d) Sonstige Einschränkungen. Die **Berichtspflicht** des ArbGeb in **Betriebs- und Abteilungsversammlungen** ist im Tendenzunternehmen eingeschränkt. Da § 110 im Tendenzunternehmen keine Anwendung findet, besteht auch keine Verpflichtung, über die wirtschaftliche Lage und Entwicklung des Unternehmens anlässlich einer Betriebs- oder Abteilungsversammlung zu berichten[3]. Entsprechendes gilt hinsichtlich der Berichtspflicht gegenüber der **Betriebsräteversammlung**, die sich im Tendenzunternehmen nicht auf die in § 106 Abs. 3 genannten Gegenstände erstreckt (siehe § 53 Rz. 10). 31

III. Religionsgemeinschaften und ihre karitativen und erzieherischen Einrichtungen. Das BetrVG findet gemäß § 118 Abs. 2 **keine Anwendung** auf Religionsgemeinschaften und ihre karitativen und erzieherischen Einrichtungen. Grund dafür ist das durch Art. 140 GG i.V. mit § 137 Abs. 3 WRV gewährleistete Recht der Religionsgemeinschaften, ihre Angelegenheiten innerhalb der Schranken der für alle geltenden Gesetze selbst zu ordnen und zu verwalten[4]. Dieses verfassungsrechtlich verbürgte Selbstbestimmungsrecht erstreckt sich auch auf rechtlich verselbständigte Einrichtungen, soweit sie nach kirchlichem Selbstverständnis entsprechend ihrem Zweck oder ihrer Aufgabenstellung dazu berufen sind, den „weltbezogenen" Auftrag der Kirchen wahrzunehmen und zu erfüllen[5]. Ist eine Religionsgemeinschaft eine Körperschaft des öffentlichen Rechts, findet das BetrVG schon gemäß § 130 keine Anwendung[6]. Körperschaften des öffentlichen Rechts sind beispielsweise die römisch-katholischen Bistümer und der Verband der Diözesen Deutschlands, die evangelischen Landeskirchen, die Evangelische Kirche in Deutschland (EKD), die Evangelische Kirche der Union, die Vereinigung Evangelisch-lutherische Kirche Deutschlands (VELKD), die jüdischen Kultusgemeinden und der Zentralrat der Juden in Deutschland[7]. Ist ein Unternehmen keine Religionsgemeinschaft oder karitative oder erzieherische Einrichtung einer solchen, dient das Unternehmen aber einer konfessionellen Bestimmung, findet Abs. 1 Nr. 1 Anwendung (s.o. Rz. 5). 32

Der **Begriff der Religionsgemeinschaft** in § 118 Abs. 2 entspricht dem Begriff der Religionsgesellschaft in Art. 137 Abs. 3 WRV[8]. Auf **Weltanschauungsgemeinschaften**, die nach Art. 137 Abs. 7 WRV den Religionsgesellschaften gleichzustellen sind, ist § 118 Abs. 2 ebenfalls anzuwenden[9]. Sind religiöse oder weltanschauliche Lehren nur ein Vorwand für die Verfolgung wirtschaftlicher Ziele, handelt es sich dagegen nicht um eine Religionsgemeinschaft, so etwa bei der Scientology-Organisation[10]. 33

Da die als **Körperschaft des öffentlichen Rechts** organisierten Religionsgemeinschaften schon nach § 130 nicht in den Geltungsbereich des BetrVG fallen, ist § 118 Abs. 2 vor allem von Bedeutung für privatrechtlich organisierte Religionsgemeinschaften sowie die privatrechtlich selbständig organisierten karitativen und erzieherischen Einrichtungen (und zwar insb. auch die privatrechtlichen Einrichtungen der als Körperschaft des öffentlichen Rechts organisierten Religionsgemeinschaften)[11]. Hinzuweisen ist allerdings auf das kirchliche Mitarbeitervertretungsrecht auf kirchengesetzlicher Grundlage[12]. Ausweislich des Gesetzestextes ist die Rechtsform der karitativen oder erzieherischen Einrichtung unerheblich für die Anwendbarkeit des Abs. 2[13]. 34

Um eine **Einrichtung einer Religionsgemeinschaft** handelt es sich, wenn die Einrichtung der Religionsgemeinschaft so zugeordnet ist, dass sie an der Verwirklichung des Auftrags der Religionsgemeinschaft teilhat, und zwar im Einklang mit dem Bekenntnis der Religionsgemeinschaft und in Verbindung mit den Amtsträgern der Religionsgemeinschaft[14]. Um eine Einrichtung einer Religionsgemeinschaft handelt es sich also nicht schon dann, wenn die Einrichtung ihrem Zweck nach auf die Verwirklichung des Auftrags der Religionsgemeinschaft gerichtet ist, hinzukommen muss ein **Mindestmaß an Einflussmöglichkeit** der Religionsgemeinschaft, um auf Dauer eine Übereinstimmung der religiösen Betätigung der Einrichtung mit den Vorstellungen der Religionsgemeinschaft gewährleisten zu können[15]. Nach der Rspr. des BAG bedarf der Einfluss der Religionsgemeinschaft **keiner satzungsmäßigen Absicherung**, die Religionsgemeinschaft muss jedoch in der Lage sein, einen etwaigen Dissens zwischen ihr und der 35

---

1 So zutr. HSG/*Hess* § 118 BetrVG Rz. 55; Richardi/*Richardi/Thüsing*, § 118 BetrVG Rz. 172; MünchArbR/*Matthes*, § 365 Rz. 5. | 2 BAG v. 27.10.1998 – 1 AZR 766/97, AP Nr. 65 zu § 118 BetrVG 1972. | 3 Richardi/*Richardi/Thüsing*, § 118 BetrVG Rz. 136. | 4 BVerfG v. 11.10.1977 – 2 BvR 209/76, AP Nr. 1 zu Art. 140 GG; BAG v. 30.4.1997 – 7 ABR 60/95, AP Nr. 60 zu § 118 BetrVG 1972; BAG v. 31.7.2002 – 7 ABR 12/01, AP Nr. 70 zu § 118 BetrVG 1972 m. Anm. *Thüsing*. | 5 BVerfG v. 25.3.1980 – 2 BvR 208/76, AP Nr. 6 zu Art. 140 GG; BAG v. 24.7.1991 – 7 ABR 34/90, AP Nr. 48 zu § 118 BetrVG 1972. | 6 BAG v. 30.7.1987 – 6 ABR 78/85, AP Nr. 3 zu § 130 BetrVG 1972. | 7 Richardi/*Richardi/Thüsing*, § 118 BetrVG Rz. 193. | 8 BAG v. 24.7.1991 – 7 ABR 34/90, AP Nr. 48 zu § 118 BetrVG 1972. | 9 *Fitting*, § 118 BetrVG Rz. 54; aA LAG Hamm v. 17.5.2002 – 10 TaBV 140/01, NZA – RR 2002, 625; Richardi/*Richardi/Thüsing*, § 118 BetrVG Rz. 210. | 10 BAG v. 22.3.1995 – 5 AZB 21/94, AP Nr. 21 zu § 5 ArbGG 1979. | 11 Richardi/*Richardi/Thüsing*, § 118 BetrVG Rz. 196; missverst. ErfK/*Kania*, § 118 BetrVG Rz. 29. | 12 Richardi/*Richardi/Thüsing*, § 118 BetrVG Rz. 217 ff. | 13 BAG v. 31.7.2002 – 7 ABR 12/01. | 14 BVerfG v. 11.10.1977 – 2 BvR 209/76, AP Nr. 1 zu Art. 140 GG; BAG v. 31.7.2002 – 7 ABR 12/01. | 15 BAG v. 30.4.1997 – 7 ABR 60/95, AP Nr. 60 zu § 118 BetrVG 1972; Richardi/*Richardi/Thüsing*, § 118 BetrVG Rz. 200.

Einrichtung unterbinden zu können[1]. Entgegen älterer Rspr. ist insoweit zwar nicht zwingend erforderlich – bei Vorliegen dieser Kriterien aber jedenfalls ausreichend – wenn eine Religionsgemeinschaft einen entscheidenden Einfluss auf die Verwaltung einer Stiftung hat[2], die Mehrheit der Aufsichtsratsmitglieder einer GmbH nach deren Satzung von der Religionsgemeinschaft entsandt werden[3] oder der Vorsitzende eines Vereins und sein Stellvertreter nach der Vereinssatzung von der Religionsgemeinschaft bestätigt werden müssen[4]. Ist eine Einrichtung Mitglied des Diakonischen Werks, ist dadurch ein ausreichendes Maß an inhaltlicher und personeller Einflussnahme der Amtskirche ebenfalls gesichert[5]. Ist eine Religionsgemeinschaft auch ohne solche formalen Rechte in der Lage, Einfluss zu nehmen und sich in religiösen Angelegenheiten erforderlichenfalls durchzusetzen, handelt es sich gleichwohl um eine Einrichtung einer Religionsgemeinschaft.

36 Die Ausnahme vom Geltungsbereich des BetrVG beschränkt sich auf solche Einrichtungen von Religionsgemeinschaften, die **karitativen oder erzieherischen Zwecken** dienen. Der Begriff der „karitativen Einrichtung" ist nach dem Selbstverständnis der Kirche zu bestimmen; die ArbG prüfen lediglich, welchen Inhalt die Religionsgemeinschaft dem Begriff „karitativ" gibt und ob die Einrichtung diese Vorgaben bei ihrer Tätigkeit erfüllt[6]. Als karitative Einrichtungen kommen beispielsweise in Betracht: Krankenhäuser[7], Pflegeheime[8], Waisenhäuser[9] oder Einrichtungen zur Rehabilitation Behinderter. Erzieherische Einrichtungen von Religionsgemeinschaften können beispielsweise sein: Berufsbildungswerke[10], Jugenddörfer[11], Kinderheime[12] und Kindergärten[13], Schulen[14] und Internate.

37 Verfolgt eine Einrichtung einer Religionsgemeinschaft andere als karitative oder erzieherische Zwecke, ist Abs. 2 nicht anwendbar (bei Verfolgung konfessioneller Ziele kommt jedoch Abs. 1 in Betracht). Gleichwohl hält das BAG es für möglich, auch privatrechtliche Organisationen, die beispielsweise der kirchlichen Öffentlichkeitsarbeit dienen, in den Anwendungsbereich des § 118 Abs. 2 einzubeziehen[15]. Dies wird dadurch erreicht, dass solche Organisationen, die eine enge Bindung zu einer Religionsgemeinschaft aufweisen, als „**Teil der Religionsgemeinschaft**" angesehen werden und nicht als „Einrichtung einer Religionsgemeinschaft". Das dürfte allenfalls vertretbar sein, wenn eine solche Organisation eine ausgegliederte Einheit einer Religionsgemeinschaft ist[16] oder rechtlich und tatsächlich der vollständigen Kontrolle einer Religionsgemeinschaft untersteht, nicht jedoch schon bei Vorliegen einer „hinreichenden kirchlichen Zuordnung"[17]. Eine solche Lockerung der Zuordnung ist nämlich für eine „Einrichtung" einer Religionsgemeinschaft charakteristisch, Einrichtungen einer Religionsgemeinschaft müssen aber den gesetzlich vorgesehenen erzieherischen oder karitativen Zwecken dienen. Der Kunstgriff, Einrichtungen als „Teil der Religionsgemeinschaft" zu begreifen, darf die abschließende gesetzliche Aufzählung der in § 118 Abs. 2 genannten Bestimmungen nicht erweitern.

38 Abs. 2 kann dazu führen, dass bei der **Übertragung von Unternehmen oder Betrieben** die Anwendbarkeit des BetrVG entfällt. Übernimmt beispielsweise ein kirchlicher Träger ein bisher von einem nichtkirchlichen Träger betriebenes Krankenhaus, um dort – in Wahrnehmung des weltbezogenen Auftrags der Kirche – karitativ tätig zu werden, so führt diese Übertragung des Krankenhauses auf den kirchlichen Träger dazu, dass das BetrVG keine Anwendung mehr findet[18]. Die Amtszeit des BR endet. Kommt es aufgrund der Übertragung zu einem Betriebsübergang, erfolgt eine individualrechtliche Fortgeltung[19]. Erfolgt die Veräußerung des Unternehmens durch eine Übertragung von Anteilen *(share deal)*, treten BV außer Kraft. Auch in diesem Fall dürfte aber in entsprechender Anwendung von § 613a Abs. 1 BGB eine individualrechtliche Fortgeltung anzunehmen sein: Im Regelfall lässt der *share deal* die Geltung von BV unberührt, während bei einem Betriebsübergang eine Transformation oder Ablösung erfolgt (§ 613a Abs. 1 Satz 2 oder 3 BGB). Verglichen mit diesem Regelfall ist es nicht sachgerecht, bei einer Übertragung auf einen kirchlichen Träger im Wege des *share deal* ein vollständiger Wegfall der BV anzunehmen, während es im Falle des Betriebsübergangs bei einer individualrechtlichen Fortgeltung bleibt. Hier ist ausnahmsweise eine entsprechende Anwendung des § 613a Abs. 1 BGB gerechtfertigt.

39 **IV. Streitigkeiten.** Über Streitigkeiten hinsichtlich der Einschränkung der Beteiligungsrechte im Tendenzunternehmen entscheidet das ArbG im Beschlussverfahren (§§ 2a, 80 ff. ArbGG). Es ist zulässig, im Beschlussverfahren die Feststellung des Tendenzcharakters eines Unternehmens iSd. § 118 Abs. 1 zu be-

---

1 BAG v. 30.4.1997 – 7 ABR 60/95, AP Nr. 60 zu § 118 BetrVG 1972; v. 31.7.2002 – 7 ABR 12/01; aA *Fitting*, § 118 BetrVG Rz. 59; DKK/*Wedde*, § 118 BetrVG Rz. 107. | 2 BAG v. 21.11.1975 – 1 ABR 12/75, AP Nr. 6 zu § 118 BetrVG 1972. | 3 BAG v. 9.2.1982 – 1 ABR 36/80, AP Nr. 24 zu § 118 BetrVG 1972. | 4 BAG v. 24.7.1991 – 7 ABR 34/90, AP Nr. 48 zu § 118 BetrVG 1972. | 5 BAG v. 31.7.2002 – 7 ABR 12/01, AP Nr. 70 zu § 118 BetrVG 1972 m. Anm. *Thüsing*. | 6 BAG v. 23.10.2002 – 7 ABR 59/01, AP Nr. 72 zu § 118 BetrVG 1972. | 7 BVerfG v. 11.10.1977 – 2 BvR 209/76, AP Nr. 1 zu Art. 140 GG. | 8 BAG v. 6.12.1977 – 1 ABR 28/77, AP Nr. 10 zu § 118 BetrVG 1972. | 9 DKK/*Wedde*, § 118 BetrVG Rz. 107; *Fitting*, § 118 BetrVG Rz. 58. | 10 BAG v. 14.4.1988 – 6 ABR 36/86, AP Nr. 36 zu § 118 BetrVG 1972. | 11 BAG v. 30.4.1997 – 7 ABR 60/95, AP Nr. 60 zu § 118 BetrVG 1972. | 12 BAG v. 11.3.1986 – 1 ABR 26/84, AP Nr. 25 zu Art. 140 GG. | 13 BAG v. 25.4.1978 – 1 AZR 70/76, AP Nr. 2 zu Art. 140 GG. | 14 *Richardi/Richardi/Thüsing*, § 118 BetrVG Rz. 205; *Fitting*, § 118 BetrVG Rz. 58. | 15 BAG v. 24.7.1991 – 7 ABR 34/90, AP Nr. 48 zu § 118 BetrVG 1972. | 16 Beispielsweise Orden, vgl. DKK/*Wedde*, § 118 BetrVG Rz. 106. | 17 So aber BAG v. 24.7.1991 – 7 ABR 34/90, AP Nr. 48 zu § 118 BetrVG 1972. | 18 BAG v. 9.2.1982 – 1 ABR 36/80, AP Nr. 24 zu § 118 BetrVG 1972. | 19 *Hohenstatt* in Willemsen/Hohenstatt/Schweibert/Seibt, E 11.

antragen, da mit der Entscheidung, ob es sich bei dem ArbGeb um ein Tendenzunternehmen handelt, die Art des zwischen ihm und dem BR bestehenden betriebsverfassungsrechtlichen Rechtsverhältnisses iSd. § 256 Abs. 1 ZPO bestimmt wird[1]. Das erforderliche **Feststellungsinteresse** liegt vor, wenn über einen konkreten Anlass hinaus grundsätzlicher Streit über die Tendenzeigenschaft des Unternehmens besteht[2].

Sechster Teil. Straf- und Bußgeldvorschriften

119 *Straftaten gegen Betriebsverfassungsorgane und ihre Mitglieder*
(1) Mit Freiheitsstrafe bis zu einem Jahr oder mit Geldstrafe wird bestraft, wer

1. eine Wahl des Betriebsrats, des Jugend- und Auszubildendenvertretung, der Bordvertretung, des Seebetriebsrats oder der in § 3 Abs. 1 Nr. 1 bis 3 oder 5 bezeichneten Vertretungen der Arbeitnehmer behindert oder durch Zufügung oder Androhung von Nachteilen oder durch Gewährung oder Versprechen von Vorteilen beeinflusst,

2. die Tätigkeit des Betriebsrats, des Gesamtbetriebsrats, des Konzernbetriebsrats, der Jugend- und Auszubildendenvertretung, der Gesamt-Jugend- und Auszubildendenvertretung, der Konzern-Jugend- und Auszubildendenvertretung, der Bordvertretung, des Seebetriebsrats, der in § 3 Abs. 1 bezeichneten Vertretungen der Arbeitnehmer, der Einigungsstelle, der in § 76 Abs. 8 bezeichneten tariflichen Schlichtungsstelle, der in § 86 bezeichneten betrieblichen Beschwerdestelle oder des Wirtschaftsausschusses behindert oder stört, oder

3. ein Mitglied oder ein Ersatzmitglied des Betriebsrats, des Gesamtbetriebsrats, des Konzernbetriebsrats, der Jugend- und Auszubildendenvertretung, der Gesamt-Jugend- und Auszubildendenvertretung, der Konzern-Jugend- und Auszubildendenvertretung, der Bordvertretung, des Seebetriebsrats, der in § 3 Abs. 1 bezeichneten Vertretungen der Arbeitnehmer, der Einigungsstelle, der in § 76 Abs. 8 bezeichneten Schlichtungsstelle, der in § 86 bezeichneten betrieblichen Beschwerdestelle oder des Wirtschaftsausschusses um seiner Tätigkeit willen oder eine Auskunftsperson nach § 80 Abs. 2 Satz 3 um ihrer Tätigkeit willen benachteiligt oder begünstigt.

(2) Die Tat wird nur auf Antrag des Betriebsrats, des Gesamtbetriebsrats, des Konzernbetriebsrats, der Bordvertretung, des Seebetriebsrats, einer der in § 3 Abs. 1 bezeichneten Vertretungen der Arbeitnehmer, des Wahlvorstands, des Unternehmers oder einer im Betrieb vertretenen Gewerkschaft verfolgt.

§ 119 stellt bestimmte Formen der Wahlbehinderung oder -beeinflussung, der Störung oder Behinderung der Amtstätigkeit sowie der Benachteiligung oder Begünstigung von Amtsträgern der jeweils in Abs. 1 Nr. 1 bis 3 genannten ArbN-Vertretungen bzw. Einrichtung oder Personen unter Strafe. Die Strafvorschriften richten sich nicht nur gegen den ArbGeb oder seinen Vertreter, sondern gegen **jedermann**, also beispielsweise auch gegen ArbN oder außenstehende Dritte[3]. Strafbar ist nur die vorsätzliche Begehung. Der Versuch ist nicht strafbar. Es kommen alle Tatformen (Täterschaft, Anstiftung, Beihilfe) in Betracht.

Abs. 1 Nr. 1 schützt die unbeeinflusste und unbehinderte Wahl der dort genannten ArbN-Vertretungen[4]. Unter Wahl im Sinne dieser Vorschrift ist nicht nur der eigentliche Abstimmungsvorgang zu verstehen; auch vorbereitende Maßnahmen, die die BR-Wahl unmittelbar mitgestalten[5], werden erfasst, also beispielsweise die Durchführung einer Betriebsversammlung zur Wahl des Wahlvorstands. Geschützt wird des Weiteren die Auszählung der Stimmen[6]. Eine **Behinderung** liegt nur dann vor, wenn eine Wahl iSd. vorstehend dargelegten Wahlbegriffs durch zielgerichtetes Verhalten erschwert oder unmöglich gemacht wird[7]. Auf der subjektiven Seite muss sich der Vorsatz auf die Behinderung erstrecken[8]. In Betracht kommen beispielsweise die Erteilung von Hausverbot gegen die Mitglieder des Wahlvorstands oder das Auswechseln des Schlosses des Wahlraums unter Vorenthaltung des Schlüssels. Verboten ist des Weiteren die **Beeinflussung** der Wahl durch Zufügung oder Androhung von Nachteilen oder durch Gewährung oder Versprechung von Vorteilen. Eine Strafbarkeit kommt also nur dann in Betracht, wenn eine Beeinflussung unter Anwendung der im Tatbestand genannten verbotenen Mittel erfolgt. Dies kann beispielsweise der Fall sein, wenn die Wahl einer gewerkschaftsnahen Liste durch das Versprechen von Sonderzuwendungen für den Fall des Siegs der konkurrierenden Liste verhindert werden soll. Eine Strafbarkeit kommt demgegenüber nicht in Betracht, wenn eine Beeinflussung der Wahl ohne Zuhilfenahme der in Abs. 1 Nr. 1 genannten unzulässigen Mittel erfolgt. Versucht ein ArbGeb durch gezielte Wahlpropaganda zugunsten einer bestimmten Liste Einfluss auf den Ausgang der Wahl zu nehmen, mag dies pflichtwidrig sein, jedoch nicht strafbar; hier kommen die Rechtsschutz- und Sanktionsmöglichkeiten gemäß § 23 Abs. 3 in Betracht.

---

1 BAG v. 21.7.1998 – 1 ABR 2/98, AP Nr. 63 zu § 118 BetrVG 1972. | 2 BAG v. 23.3.1999 – 1 ABR 28/98, AP Nr. 66 zu § 118 BetrVG 1972. | 3 Richardi/*Richardi/Annuß*, § 119 BetrVG Rz. 4; *Fitting*, § 119 BetrVG Rz. 2. | 4 ErfK/*Kania*, § 119 BetrVG Rz. 2. | 5 BayObLG v. 29.7.1980 – RReg 4 St. 173/80, AP Nr. 1 zu § 119 BetrVG 1972. | 6 Richardi/*Richardi/Annuß*, § 119 BetrVG Rz. 12. | 7 BayObLG v. 29.7.1980 – RReg 4 St. 173/80, AP Nr. 1 zu § 119 BetrVG 1972. | 8 Richardi/*Richardi/Annuß*, § 119 BetrVG Rz. 16.

3   Gemäß Abs. 1 Nr. 2 ist die **Behinderung oder Störung der Tätigkeit des BR** sowie der in dieser Vorschrift genannten ArbN-Vertretungen und Einrichtungen strafbar. Strafbar sind somit Maßnahmen, die gezielt in Rechte der erfassten ArbN-Vertretungen und Einrichtungen eingreifen, um deren Tätigkeit erheblich zu erschweren oder vorübergehend oder endgültig zu verhindern. Eine Behinderung oder Störung liegt aber nicht bereits dann vor, wenn der ArbGeb Mitbestimmungs- oder Mitwirkungsrechte des BR missachtet. Für eine Strafbarkeit erforderlich ist vielmehr, dass der ArbGeb durch die Missachtung der Rechte des BR vorsätzlich eine Behinderung oder Störung herbeiführen will[1]. Dies kommt in Betracht bei einer Rücktrittsaufforderung an den BR welche mit der Drohung verbunden wird, andernfalls Zulagen zu streichen[2]; der beharrlichen Weigerung, die Kosten der BR-Arbeit gemäß § 40 zu tragen[3]; der Verhinderung bzw. Störung von Telefonaten des BR[4]. Entgegen der Ansicht des OLG Stuttgart verstößt die Empfehlung des ArbGeb, eine Betriebsversammlung nicht zu besuchen, nicht gegen Abs. 1 Nr. 2[5]. Nicht strafbar sind des Weiteren das Vorenthalten von Unterlagen gemäß § 80 Abs. 2[6], soweit dies nicht gezielt und beharrlich zum Zwecke der Behinderung oder Störung der BR-Tätigkeit erfolgt, sondern etwa wegen unterschiedlicher Rechtsauffassungen über die Erforderlichkeit der Vorlage der von dem BR erbetenen Unterlagen.

4   Schließlich ist es gemäß Abs. 1 Nr. 3 strafbar, Mitglieder der dort genannten ArbN-Vertretungen bzw. Einrichtungen oder eine Auskunftsperson nach § 80 Abs. 2 wegen ihrer Tätigkeit zu **benachteiligen oder zu begünstigen**. Zwischen der Benachteiligung oder Begünstigung und der Amtstätigkeit des Mitglieds der ArbN-Vertretung muss ein ursächlicher Zusammenhang bestehen[7]. Der Nachteil oder die Begünstigung muss sich auf die persönliche Rechtsstellung des Mitglieds beziehen[8]. In Betracht kommen etwa die Herabsetzung des Einkommens eines BR-Mitglieds wegen seiner BR-Tätigkeit oder der Ausschluss eines BR-Mitglieds von allen anderen ArbN gewährten Zuwendungen[9]. Wird das Mitglied einer der in Abs. 1 Nr. 3 genannten ArbN-Vertretungen begünstigt, steht es selbst wegen der Annahme der Begünstigung nicht unter Strafandrohung, jedoch kommt eine Amtsenthebung gemäß § 23 Abs. 1 in Betracht[10].

5   Gemäß Abs. 2 wird die Tat nur auf **Antrag** einer der in dieser Vorschrift als antragsberechtigt genannten verfolgt. Im Hinblick auf die antragsberechtigten betriebsverfassungsrechtlichen Organe kann der Antrag nur von dem Organ, nicht hingegen von einzelnen Mitgliedern gestellt werden[11]. Die Frist zur Antragstellung beträgt drei Monate ab Kenntnis des Antragstellers von der Tat sowie der Person des Täters, eine Rücknahme des Antrags ist jederzeit bis zur rechtskräftigen Verurteilung möglich.

6   Der Strafantrag eines betriebsverfassungsrechtlichen Organs stellt einen Grund zur **außerordentlichen Kündigung** der Mitglieder des Organs dar, wenn er rechtsmissbräuchlich oder bewusst unberechtigt erfolgt[12]. Unter den gleichen Voraussetzungen liegt auch eine grobe Verletzung gesetzlicher Pflichten iSd. § 23 Abs. 1 vor.

120 *Verletzung von Geheimnissen*

(1) Wer unbefugt ein fremdes Betriebs- oder Geschäftsgeheimnis offenbart, das ihm in seiner Eigenschaft als

1. Mitglied oder Ersatzmitglied des Betriebsrats oder einer der in § 79 Abs. 2 bezeichneten Stellen,

2. Vertreter einer Gewerkschaft oder Arbeitgebervereinigung,

3. Sachverständiger, der vom Betriebsrat nach § 80 Abs. 3 hinzugezogen oder von der Einigungsstelle nach § 109 Satz 3 angehört worden ist,

   a Berater, der vom Betriebsrat nach § 111 Satz 2 hinzugezogen worden ist,

   b Auskunftsperson, die dem Betriebsrat nach § 80 Abs. 2 Satz 3 zur Verfügung gestellt worden ist, oder

4. Arbeitnehmer, der vom Betriebsrat nach § 107 Abs. 3 Satz 3 oder vom Wirtschaftsausschuss nach § 108 Abs. 2 Satz 2 hinzugezogen worden ist,

bekannt geworden und das vom Arbeitgeber ausdrücklich als geheimhaltungsbedürftig bezeichnet worden ist, wird mit Freiheitsstrafe bis zu einem Jahr oder mit Geldstrafe bestraft.

(2) Ebenso wird bestraft, wer unbefugt ein fremdes Geheimnis eines Arbeitnehmers, namentlich ein zu dessen persönlichen Lebensbereich gehörendes Geheimnis, offenbart, das ihm in seiner Eigenschaft als Mitglied oder Ersatzmitglied des Betriebsrats oder einer der in § 79 Abs. 2 bezeichneten Stellen bekannt geworden ist und über das nach den Vorschriften dieses Gesetzes Stillschweigen zu bewahren ist.

---

1 DKK/*Trümner*, § 119 BetrVG Rz. 13; Richardi/*Richardi/Annuß*, § 119 BetrVG Rz. 21. | 2 Vgl. BayObLG v. 29.7.1980 – RReg 4 St. 173/80, AP Nr. 1 zu § 119 BetrVG 1972. | 3 *Fitting*, § 119 BetrVG Rz. 7. | 4 AG Passau 5.6.1985 – 9 Js 1262/85, AiB 1992, 42. | 5 OLG Stuttgart v. 9.9.1988 – 1 Ws 237/88, BB 1988, 2245; kritisch Richardi/*Richardi/Annuß*, § 119 BetrVG Rz. 23. | 6 So aber *Fitting*, § 119 BetrVG Rz. 7. | 7 DKK/*Trümner*, § 119 BetrVG Rz. 17. | 8 Richardi/*Richardi/Annuß*, § 119 BetrVG Rz. 25; *Fitting*, § 119 BetrVG Rz. 9. | 9 DKK/*Trümner*, § 119 BetrVG Rz. 16. | 10 ErfK/*Kania*, § 119 BetrVG Rz. 4; *Fitting*, § 119 BetrVG Rz. 9. | 11 DKK/*Trümner*, § 119 BetrVG Rz. 20. | 12 HSG/*Hess*, § 119 BetrVG Rz. 13; Richardi/*Richardi/Annuß*, § 119 BetrVG Rz. 35; DKK/*Trümner*, § 119 BetrVG Rz. 28.

Bußgeldvorschriften Rz. 1 § 121 BetrVG

(3) Handelt der Täter gegen Entgelt oder in der Absicht, sich oder einen anderen zu bereichern oder einen anderen zu schädigen, so ist die Strafe Freiheitsstrafe bis zu zwei Jahren oder Geldstrafe. Ebenso wird bestraft, wer unbefugt ein fremdes Geheimnis, namentlich ein Betriebs- oder Geschäftsgeheimnis, zu dessen Geheimhaltung er nach den Absätzen 1 oder 2 verpflichtet ist, verwertet.

(4) Die Absätze 1 bis 3 sind auch anzuwenden, wenn der Täter das fremde Geheimnis nach dem Tode des Betroffenen unbefugt offenbart oder verwertet.

(5) Die Tat wird nur auf Antrag des Verletzten verfolgt. Stirbt der Verletzte, so geht das Antragsrecht nach § 77 Abs. 2 des Strafgesetzbuches auf die Angehörigen über, wenn das Geheimnis zum persönlichen Lebensbereich des Verletzten gehört; in anderen Fällen geht es auf die Erben über. Offenbart der Täter das Geheimnis nach dem Tode des Betroffenen, so gilt Satz 2 sinngemäß.

§ 120 stellt bestimmte Formen des unbefugten Offenbarens eines Betriebs- oder Geschäftsgeheimnisses sowie eines persönlichen Geheimnisses eines ArbN unter Strafe. Strafbar ist nur die vorsätzliche Begehung. Der Versuch ist nicht strafbar. Es kommen alle Tatformen (Täterschaft, Anstiftung, Beihilfe) in Betracht. **1**

Abs. 1 schützt das Interesse an der **Geheimhaltung von Betriebs- oder Geschäftsgeheimnissen**, die den in Abs. 1 Nr. 1 bis 4 genannten Personen in ihrer Eigenschaft als Mitglied des BR, Vertreter einer Gewerkschaft usw. bekannt geworden sind. Der Begriff des Betriebs- oder Geschäftsgeheimnisses entspricht dem des § 79 (siehe dort Rz. 7). Ebenso wie für das Bestehen einer Geheimhaltungspflicht gemäß § 79 ist auch für eine Strafbarkeit gemäß § 120 Abs. 1 erforderlich, dass der ArbGeb das Betriebs- oder Geschäftsgeheimnis **ausdrücklich als geheimhaltungsbedürftig bezeichnet** hat (siehe § 79 Rz. 11). Tathandlung ist das unbefugte Offenbaren des Betriebs- oder Geschäftsgeheimnisses. Das Tatbestandsmerkmal des Offenbarens ist erfüllt, wenn das Betriebs- oder Geschäftsgeheimnis einem Dritten mitgeteilt wird, der nicht einem der in § 79 genannten Betriebsverfassungsorgane angehört[1]. **Unbefugt** ist das Offenbaren, wenn es ohne Erlaubnis des ArbGeb erfolgt und ein Recht zur Mitteilung nicht besteht[2]. Gemäß Abs. 3 Satz 2 wird des Weiteren die Verwertung eines Betriebs- oder Geschäftsgeheimnisses, also die wirtschaftliche Ausnutzung zum Zwecke der Gewinnerzielung[3], bestraft. **2**

Gemäß Abs. 2 wird das unbefugte Offenbaren **fremder Geheimnisse eines ArbN** – insb. eines zu seinem persönlichen Lebensbereich gehörendes Geheimnisses – bestraft. Zu den Geheimnissen im Sinne dieser Vorschrift gehören beispielsweise Familienverhältnisse, Krankheiten, Vorstrafen[4] sowie Leistungsbeurteilungen[5]. Voraussetzung ist, dass ein solches Geheimnis in der Eigenschaft als Mitglied oder Ersatzmitglied des BR oder einer der in § 79 bezeichneten Stellen bekannt geworden ist und dass darüber nach den Vorschriften des BetrVG Stillschweigen zu bewahren ist. Nach den Vorschriften des BetrVG besteht eine ausdrückliche Verschwiegenheitspflicht in § 82 Abs. 2 Satz 3 (Hinzuziehung eines Mitglieds des BR bei der Erörterung der Berechnung und Zusammensetzung des Arbeitsentgelts), § 83 Abs. 1 Satz 3 (Hinzuziehung eines Mitglieds des BR bei der Einsicht in die Personalakten), § 99 Abs. 1 Satz 3 (persönliche Verhältnisse und Angelegenheiten der ArbN im Zusammenhang mit personellen Einzelmaßnahmen iSd. § 99 Abs. 1 Satz 1) sowie § 102 Abs. 2 Satz 5 (persönliche Verhältnisse und Angelegenheiten der ArbN im Zusammenhang mit Kündigungen). Der strafrechtliche Schutz der Geheimnisse von ArbN ist damit nur punktuell und weist erhebliche Strafbarkeitslücken auf[6]. **3**

Eine **Strafverschärfung** tritt gemäß Abs. 3 Satz 1 ein, wenn der Täter gegen Entgelt oder in der Absicht handelt, sich oder einen anderen zu bereichern oder einen anderen zu schädigen. Gemäß Abs. 3 Satz 2 gilt entsprechendes für die unbefugte Verwertung von Betriebs- oder Geschäftsgeheimnissen. **4**

Die Tat wird gemäß Abs. 5 nur auf **Antrag** verfolgt. Die Frist zur Antragstellung beträgt drei Monate ab Kenntnis des Antragstellers von der Tat sowie der Person des Täters; eine Rücknahme des Antrags ist jederzeit bis zur rechtskräftigen Verurteilung möglich. **5**

121 *Bußgeldvorschriften*

(1) Ordnungswidrig handelt, wer eine der in § 90 Abs. 1, 2 Satz 1, § 92 Abs. 1 Satz 1 auch in Verbindung mit Abs. 3, § 99 Abs. 1, § 106 Abs. 2, § 108 Abs. 5, § 110 oder § 111 bezeichneten Aufklärungs- oder Auskunftspflichten nicht, wahrheitswidrig, unvollständig oder verspätet erfüllt.

(2) Die Ordnungswidrigkeit kann mit einer Geldbuße bis zu zehntausend Euro geahndet werden.

Nach § 121 ist die Verletzung bestimmter, **abschließend**[7] aufgezählter Informationspflichten ordnungswidrig. Nur vorsätzliches Verhalten ist ordnungswidrig. Bei fehlendem Unrechtsbewusstsein handelt der Täter nicht ordnungswidrig, wenn der Irrtum nicht vorwerfbar ist. **1**

---

1 *Fitting*, § 120 BetrVG Rz. 3; ErfK/*Kania*, § 120 BetrVG Rz. 3. | 2 Richardi/*Richardi*/*Annuß*, § 120 BetrVG Rz. 13. | 3 Richardi/*Richardi*/*Annuß*, § 120 BetrVG Rz. 12. | 4 *Fitting*, § 120 BetrVG Rz. 5. | 5 *Tag*, BB 2001, 1578, 1582; DKK/*Trümner*, § 120 BetrVG Rz. 14. | 6 Vgl. Richardi/*Richardi*/*Annuß*, § 120 BetrVG Rz. 6; *Fitting*, § 120 BetrVG Rz. 6. | 7 GK-BetrVG/*Oetker*, Rz. 10; DKK/*Trümner*, § 121 BetrVG Rz. 2.

2 Abs. 1 erfasst folgende **Informationspflichten**: die Unterrichtung gemäß § 90 Abs. 1 und Abs. 2 Satz 1 hinsichtlich der Planung von Neu-, Um- und Erweiterungsbauten von Fabrikations-, Verwaltungs- und sonstigen betrieblichen Räumen, von technischen Anlagen, Arbeitsverfahren und Arbeitsabläufen oder Arbeitsplätzen[1]; die Unterrichtung gemäß § 92 Abs. 1 Satz 1 über die Personalplanung[2]; die Unterrichtung gemäß § 92 Abs. 3 über Maßnahmen iSd. § 80 Abs. 1 Nr. 2a und 2b, insb. im Hinblick auf die Aufstellung und Durchführung von Maßnahmen zur Förderung der Gleichstellung von Frauen und Männern; die Unterrichtung gemäß § 99 Abs. 1 über Einstellung, Eingruppierung, Umgruppierung und Versetzung; die Unterrichtung des Wirtschaftsausschusses gemäß § 106 Abs. 2 über die wirtschaftlichen Angelegenheiten des Unternehmens[3]; die Erläuterung des Jahresabschlusses gegenüber dem Wirtschaftsausschuss gemäß § 108 Abs. 5; die Unterrichtung der ArbN gemäß § 110 über die wirtschaftliche Lage und Entwicklung des Unternehmens; die Unterrichtung des BR gemäß § 111 über eine geplante Betriebsänderung[4].

3 Tathandlung ist das Unterlassen der Information sowie die wahrheitswidrige, unvollständige oder verspätete Erfüllung von Unterrichtungspflichten. Eine Informationspflicht wird **unterlassen**, wenn sie gänzlich unterbleibt. Eine Information ist **wahrheitswidrig**, wenn sie den Tatsachen nicht entspricht; eine fehlerhafte Prognose fällt hingegen nicht unter dieses Tatbestandsmerkmal[5]. Soweit auch die **unvollständige** oder **verspätete** Information ordnungswidrig sein sollen, genügt die Vorschrift nicht dem verfassungsrechtlichen Bestimmtheitsgrundsatz (Art. 103 Abs. 2 GG)[6]. Der Gesetzgeber hat insoweit die Voraussetzungen des Ordnungswidrigkeitstatbestands nicht konkret genug umschrieben, da für den Normadressaten nicht klar vorhersehbar ist, in welchem Umfang bzw. in welchem Zeitpunkt er seine Informationspflicht erfüllen muss, um dem Vorwurf der Ordnungswidrigkeit zu entgehen.

4 Normadressat ist jeder, der die ihn treffende **Informationspflicht** verletzt[7], also der ArbGeb oder eine von ihm beauftragte Person[8]. Bei juristischen Personen sind die Mitglieder des vertretungsberechtigten Organs Träger der gesetzlichen Informationspflicht.

5 Rechtsmissbräuchliche oder bewusst unrichtige Anzeigen gegen den ArbGeb berechtigen zur **außerordentlichen Kündigung** des Arbeitsverhältnisses[9].

Siebenter Teil. Änderung von Gesetzen

122 *Änderung des Bürgerlichen Gesetzbuchs* (gegenstandslos)

123 *Änderung des Kündigungsschutzgesetzes* (gegenstandslos)

124 *Änderung des Arbeitsgerichtsgesetzes* (gegenstandslos)

Achter Teil. Übergangs- und Schlussvorschriften

125 *Erstmalige Wahlen nach diesem Gesetz*
(1) Die erstmaligen Betriebsratswahlen nach § 13 Abs. 1 finden im Jahre 1972 statt.

(2) Die erstmaligen Wahlen der Jugend- und Auszubildendenvertretung nach § 64 Abs. 1 Satz 1 finden im Jahre 1988 statt. Die Amtszeit der Jugendvertretung endet mit der Bekanntgabe des Wahlergebnisses der neu gewählten Jugend- und Auszubildendenvertretung, spätestens am 30. November 1988.

(3) Auf Wahlen des Betriebsrats, der Bordvertretung, des Seebetriebsrats und der Jugend- und Auszubildendenvertretung, die nach dem 28. Juli 2001 eingeleitet werden, finden die Erste Verordnung zur Durchführung des Betriebsverfassungsgesetzes vom 16. Januar 1972 (BGBl. I S. 49), zuletzt geändert durch die Verordnung vom 16. Januar 1995 (BGBl. I S. 43), die Zweite Verordnung zur Durchführung des Betriebsverfassungsgesetzes vom 24. Oktober 1972 (BGBl. I S. 2029), zuletzt geändert durch

---

1 OLG Düsseldorf v. 8.4.1982 – 5 Ss OWi 136/82, BB 1982, 1113. |2 OLG Hamm v. 7.12.1977 – 4 Ss OWi 1407/77, DB 1978, 748. |3 OLG Karlsruhe v. 7.6.1985 – 1 Ss 68/85, AP Nr. 1 zu § 121 BetrVG 1972; OLG Hamburg v. 4.6.1985 – 2 Ss OWi 5/85, DB 1985, 1846. |4 OLG Hamm v. 7.12.1977 – 4 Ss OWi 1407/77, DB 1978, 748. |5 GK-*BetrVG*/*Oetker*, § 121 Rz. 15. |6 Vgl. auch die Bedenken bei Richardi/*Richardi*/*Annuß*, § 121 BetrVG Rz. 7 f.; vgl. ferner GK-BetrVG/*Oetker*, § 121 Rz. 18, der für eine einschränkende Auslegung eintritt. |7 DKK/*Trümner*, § 121 BetrVG Rz. 5. |8 *Fitting*, § 121 BetrVG Rz. 5. |9 LAG Hess. v. 12.2.1987 – 12 Sa 1249/86, LAGE Nr. 28 zu § 626 BGB; siehe auch § 119 Rz. 6.

die Verordnung vom 28. September 1989 (BGBl. I S. 1795) und die Verordnung zur Durchführung der Betriebsratswahlen bei den Postunternehmen vom 26. Juni 1995 (BGBl. I S. 871) bis zu deren Änderung entsprechende Anwendung.

(4) Ergänzend findet für das vereinfachte Wahlverfahren nach § 14a die Erste Verordnung zur Durchführung des Betriebsverfassungsgesetzes bis zu deren Änderung mit folgenden Maßgaben entsprechende Anwendung:

1. Die Frist für die Einladung zur Wahlversammlung zur Wahl des Wahlvorstands nach § 14a Abs. 1 des Gesetzes beträgt mindestens sieben Tage. Die Einladung muss Ort, Tag und Zeit der Wahlversammlung sowie den Hinweis enthalten, dass bis zum Ende dieser Wahlversammlung Wahlvorschläge zur Wahl des Betriebsrats gemacht werden können (§ 14a Abs. 2 des Gesetzes).

2. § 3 findet wie folgt Anwendung:
   a) Im Fall des § 14a Abs. 1 des Gesetzes erlässt der Wahlvorstand auf der Wahlversammlung das Wahlausschreiben. Die Einspruchsfrist nach § 3 Abs. 2 Nr. 3 verkürzt sich auf drei Tage. Die Angabe nach § 3 Abs. 2 Nr. 4 muss die Zahl der Mindestsitze des Geschlechts in der Minderheit (§ 15 Abs. 2 des Gesetzes) enthalten. Die Wahlvorschläge sind abweichend von § 3 Abs. 2 Nr. 7 bis zum Abschluss der Wahlversammlung zur Wahl des Wahlvorstands bei diesem einzureichen. Ergänzend zu § 3 Abs. 2 Nr. 10 gibt der Wahlvorstand den Ort, Tag und Zeit der nachträglichen Stimmabgabe an (§ 14a Abs. 4 des Gesetzes).
   b) Im Fall des § 14a Abs. 3 des Gesetzes erlässt der Wahlvorstand unverzüglich das Wahlausschreiben mit den unter Buchstabe a genannten Maßgaben zu § 3 Abs. 2 Nr. 3, 4 und 10. Abweichend von § 3 Abs. 2 Nr. 7 sind die Wahlvorschläge spätestens eine Woche vor der Wahlversammlung zur Wahl des Betriebsrats (§ 14a Abs. 3 Satz 2 des Gesetzes) beim Wahlvorstand einzureichen.

3. Die Einspruchsfrist des § 4 Abs. 1 verkürzt sich auf drei Tage.

4. Die §§ 6 bis 8 und § 10 Abs. 2 finden entsprechende Anwendung mit der Maßgabe, dass die Wahl aufgrund von Wahlvorschlägen erfolgt. Im Fall des § 14a Abs. 1 des Gesetzes sind die Wahlvorschläge bis zum Abschluss der Wahlversammlung zur Wahl des Wahlvorstands bei diesem einzureichen; im Fall des § 14a Abs. 3 des Gesetzes sind die Wahlvorschläge spätestens eine Woche vor der Wahlversammlung zur Wahl des Betriebsrats (§ 14a Abs. 3 Satz 2 des Gesetzes) beim Wahlvorstand einzureichen.

5. § 9 findet keine Anwendung.

6. Auf das Wahlverfahren finden die §§ 21 ff. entsprechende Anwendung. Auf den Stimmzetteln sind die Bewerber in alphabetischer Reihenfolge unter Angabe von Familienname, Vorname und Art der Beschäftigung im Betrieb aufzuführen.

7. § 25 Abs. 5 bis 8 findet keine Anwendung.

8. § 26 Abs. 1 findet mit der Maßgabe Anwendung, dass der Wahlberechtigte sein Verlangen auf schriftliche Stimmabgabe spätestens drei Tage vor dem Tag der Wahlversammlung zur Wahl des Betriebsrats dem Wahlvorstand mitgeteilt haben muss.

9. § 31 findet entsprechende Anwendung mit der Maßgabe, dass die Wahl der Jugend- und Auszubildendenvertretung aufgrund von Wahlvorschlägen erfolgt.

§ 125 Abs. 1 ist bedeutsam für die Festlegung des Jahres, in dem die regelmäßigen BR-Wahlen stattfinden (vgl. § 13 zum Zeitpunkt der BR-Wahlen in dem jeweiligen Wahljahr). Die nächsten regelmäßigen BR-Wahlen finden in den Jahren 2006, 2010, 2014 usw. statt. § 125 Abs. 2 ist für die Festlegung des Jahres der regelmäßigen Wahlen zur JAV maßgeblich. Die nächsten regelmäßigen Wahlen zur JAV finden in den Jahren 2004, 2006, 2008 usw. statt. 1

126 *Ermächtigung zum Erlass von Wahlordnungen*

Das Bundesministerium für Wirtschaft und Arbeit wird ermächtigt, mit Zustimmung des Bundesrates Rechtsverordnungen zu erlassen zur Regelung der in den §§ 7 bis 20, 60 bis 63, 115 und 116 bezeichneten Wahlen über

1. die Vorbereitung der Wahl, insbesondere die Aufstellung der Wählerlisten und die Errechnung der Vertreterzahl;
2. die Frist für die Einsichtnahme in die Wählerlisten und die Erhebung von Einsprüchen gegen sie;
3. die Vorschlagslisten und die Frist für ihre Einreichung;
4. das Wahlausschreiben und die Fristen für seine Bekanntmachung;
5. die Stimmabgabe;
5a. die Verteilung der Sitze im Betriebsrat, in der Bordvertretung, im Seebetriebsrat sowie in der Jugend- und Auszubildendenvertretung auf die Geschlechter, auch soweit die Sitze nicht gemäß § 15 Abs. 2 und § 62 Abs. 3 besetzt werden können;

6. die Feststellung des Wahlergebnisses und die Fristen für seine Bekanntmachung;

7. die Aufbewahrung der Wahlakten.

1 Die Vorschrift ermächtigt das Bundesministerium für Wirtschaft und Arbeit Rechtsverordnungen zur Wahl des BR, der JAV, der Bordvertretung und des Seebetriebsrats zu erlassen. Zum Erlass dieser Rechtsverordnungen bedarf das BMWA der Zustimmung des Bundesrats. Die erste Verordnung zur Durchführung des BetrVG (Wahlordnung für die Wahl der BR und der JAV) ist nach der Reform des BetrVG neu gefasst worden[1]. Auch die zweite Verordnung zur Durchführung des BetrVG (Wahlordnung Seeschifffahrt) ist inzwischen neu gefasst worden[2].

127 Verweisungen
Soweit in anderen Vorschriften auf Vorschriften verwiesen wird oder Bezeichnungen verwendet werden, die durch dieses Gesetz aufgehoben oder geändert werden, treten an ihre Stelle die entsprechenden Vorschriften oder Bezeichnungen dieses Gesetzes.

1 § 127 stellt klar, dass in anderen Vorschriften (Gesetze und sonstige Vorschriften, zB Rechtsverordnungen), die auf die außer Kraft getretenen Bestimmungen des BetrVG 1952 verweisen, die entsprechenden Vorschriften des BetrVG 1972 an die Stelle der außer Kraft getretenen Vorschriften treten. § 127 gilt nicht für die weitergeltenden Vorschriften des BetrVG 1952, da insoweit § 129 Abs. 2 gilt.

128 Bestehende abweichende Tarifverträge
Die im Zeitpunkt des Inkrafttretens dieses Gesetzes nach § 20 Abs. 3 des Betriebsverfassungsgesetzes vom 11. Oktober 1952 geltenden Tarifverträge über die Errichtung einer anderen Vertretung der Arbeitnehmer für Betriebe, in denen wegen ihrer Eigenart der Errichtung von Betriebsräten besondere Schwierigkeiten entgegenstehen, werden durch dieses Gesetz nicht berührt.

1 § 20 Abs. 3 BetrVG 1952 sah vor, dass durch TV für Betriebe, in denen wegen ihrer Eigenart der Errichtung von BR besondere Schwierigkeiten entgegenstanden, andere Vertretungen der ArbN errichtet werden konnten. Solche am 19.1.1972 bestehenden TV blieben durch das BetrVG 1972 unberührt. Aus der Sicht der Praxis ist diese Vorschrift überholt[3].

129 Außerkrafttreten von Vorschriften
(1) Mit dem Inkrafttreten dieses Gesetzes tritt das Betriebsverfassungsgesetz vom 11. Oktober 1952 (BGBl. I S. 681), zuletzt geändert durch das Erste Arbeitsrechtsbereinigungsgesetz vom 14. August 1969 (BGBl. I S. 1106), mit Ausnahme der §§ 76 bis 77a, 81, 85 und 87 außer Kraft. In § 81 Abs. 1 Satz 1 werden die Worte „§§ 67 bis 77" durch die Worte „§§ 76 und 77" ersetzt; Satz 2 wird gestrichen. In § 87 werden die Worte „6 bis 20, 46 und 47," gestrichen. Das Betriebsverfassungsgesetz vom 11. Oktober 1952 erhält die Bezeichnung „Betriebsverfassungsgesetz 1952".

(2) Soweit in den nicht aufgehobenen Vorschriften des Betriebsverfassungsgesetzes 1952 auf Vorschriften verwiesen wird, die nach Abs. 1 aufgehoben sind, treten an ihre Stelle die entsprechenden Vorschriften dieses Gesetzes.

1 Gemäß § 129 wird das BetrVG vom 11.10.1952 außer Kraft gesetzt, jedoch mit Ausnahme derjenigen Regelungen, die die Beteiligung der ArbN im Aufsichtsrat regeln (§§ 76 bis 77a, 81, 85 und 87 BetrVG 1952) (siehe BetrVG 1952). Soweit in den fortgeltenden Bestimmungen des BetrVG 1952 auf aufgehobene Vorschriften des BetrVG 1952 verwiesen wird, treten an deren Stelle die entsprechenden Vorschriften des BetrVG 1972.

130 Öffentlicher Dienst
Dieses Gesetz findet keine Anwendung auf Verwaltungen und Betriebe des Bundes, der Länder, der Gemeinden und sonstiger Körperschaften, Anstalten und Stiftungen des öffentlichen Rechts.

1 **I. Abgrenzung Betriebsverfassungsrecht/Personalvertretungsrecht.** § 130 grenzt den Anwendungsbereich des BetrVG zum Personalvertretungsrecht ab. **Das BetrVG gilt nicht für den öffentlichen Dienst.** Das BetrVG gilt auch dann nicht, wenn im Einzelfall Personalvertretungsrecht auf eine Körperschaft des öffentlichen Rechts keine Anwendung findet; das BetrVG hat keinen Auffangcharakter, um in jedem Fall staatliche Mitbestimmungsregeln auf betrieblicher Ebene zur Anwendung zu bringen[4].

2 Maßgeblich für die Abgrenzung der Geltungsbereiche des BetrVG und der Personalvertretungsgesetze ist allein die **formale Rechtsform** des Rechtsträgers[5]. Während auf die öffentlichen Verwaltungen und *ihre Eigenbetriebe das Personalvertretungsrecht des Bundes und der Länder Anwendung findet*, ist der

---

[1] BGBl. I 2001, S. 3494. | [2] BGBl. I 2002, S. 594. | [3] DKK/*Trümner*, § 128. | [4] BAG v. 30.7.1987 – 6 ABR 78/85, AP Nr. 3 zu § 130 BetrVG 1972. | [5] BAG v. 7.11.1975 – 1 AZR 74/74, AP Nr. 1 zu § 130 BetrVG 1972.

Geltungsbereich des BetrVG eröffnet, wenn sich der Inhaber eines Betriebs einer Rechtsform des Privatrechts bedient. Dies gilt auch für Unternehmen der öffentlichen Hand, die privatrechtlich organisiert sind[1]. Irrelevant ist, ob auf einen Betrieb ein TV des öffentlichen Dienstes Anwendung findet[2].

Verwaltungen oder Betriebe internationaler oder zwischenstaatlicher Organisationen werden von § 130 nicht aus dem Anwendungsbereich des BetrVG ausgenommen[3]. Auf Betriebe und Verwaltungen der EU findet das BetrVG hingegen keine Anwendung. Die Verwaltungen und Betriebe der in Deutschland stationierten NATO-Streitkräfte fallen ebenfalls nicht unter den Anwendungsbereich des BetrVG[4].

II. Übergangsmandat bei Privatisierungen? Bei Privatisierungen – und dem damit verbundenen Wechsel vom Personalvertretungsrecht in das Betriebsverfassungsrecht – stellt sich unter anderem die Frage nach einem **Übergangsmandat des Personalrats**. Eine allgemeine Regelung eines Übergangsmandats des Personalrats besteht nicht. Insbesondere § 21a ist jedenfalls nicht direkt anwendbar, da diese Norm lediglich auf Umstrukturierungen innerhalb des Geltungsbereichs des BetrVG anwendbar ist, nicht aber den Übergang von dem Personalvertretungsrecht in das Betriebsverfassungsrecht regelt. Bei der Privatisierung von Post und Bahn hat der Bundesgesetzgeber dann auch ein Übergangsmandat der Personalräte ausdrücklich gesetzlich geregelt (§ 25 des Postpersonalrechtsgesetzes). Wegen des langwierigen Privatisierungsprozesses ist das Übergangsmandat in diesem Fall auf maximal 24 Monate festgesetzt worden. Bei der Bahnprivatisierung erfolgte eine gesetzliche Regelung durch § 15 des Deutsche Bahn Gründungsgesetzes; hier wurde ein Übergangsmandat für höchstens drei Monate nach dem Zeitpunkt des Übergangs festgelegt. Auch bei der Umwandlung der Deutschen Siedlungs- und Landesrentenbank und weiteren Privatisierungen des Bundes war dem Personalrat ein gesetzliches Übergangsmandat eingeräumt worden.

Nach der überwiegenden Ansicht in der Lit. ist ein generelles Übergangsmandat bei allen Privatisierungen im Wege eines Analogieschlusses anzuerkennen. Der Gesetzgeber habe bei den vorgenannten Privatisierungen nach einem einheitlichen Muster ein gesetzliches Übergangsmandat anerkannt. Für eine Schutzlücke (vertretungslose Zeit) gebe es keine sachliche Rechtfertigung. Aufgrund der Betriebsübergangsrichtlinie (RL 2001/23/EG), die in allen Fällen unternehmensrechtlicher Umstrukturierungen ein Übergangsmandat fordere, sei die Anerkennung eines Übergangsmandats auch europarechtlich geboten[5].

Demgegenüber hat das LAG Köln in einer Entscheidung aus dem Jahr 2000 ein **Übergangsmandat des früheren Personalrats bei einer privatisierenden Umwandlung verneint**[6]. Eine Analogie zu dem – damaligen – § 321 UmwG oder eine Gesamtanalogie zu den Vorschriften der Post- und Bahnprivatisierungen scheide aus. Die Problematik des Übergangsmandats bei Privatisierungen sei dem Gesetzgeber bei Schaffung des § 321 UmwG bekannt gewesen. Werde in Kenntnis der Problematik keine ausdrückliche gesetzliche Regelung geschaffen, könne von einer planwidrigen, unbewussten Regelungslücke keine Rede sein. Dafür spreche auch, dass der Gesetzgeber 1998 – also vier Jahre nach In-Kraft-Treten des Umwandlungsgesetzes – ein spezielles Übergangsmandat bei der Privatisierung der Deutschen Genossenschaftsbank geschaffen habe, wofür kein Bedürfnis bestanden hätte, wenn § 321 UmwG anwendbar gewesen wäre. Eine Gesamtanalogie zu den Regelungen eines Übergangsmandats anlässlich der Privatisierungen des Bundes scheide deshalb aus, weil von einem einheitlichen Muster der Regelung eines Übergangsmandats keine Rede sein könne. Bereits die Dauer des Übergangsmandats schwanke zwischen drei und 24 Monaten. Hier handle es sich offensichtlich um Regelungen spezieller Einzelfälle, so dass eine Gesamtanalogie zu diesen Einzelfallregelungen ebenfalls ausscheide.

Dieser Ansicht ist zu folgen: Ein generelles Übergangsmandat bei Privatisierungen besteht nicht. Nachdem der Gesetzgeber § 321 UmwG aufgehoben und § 21a geschaffen hat – wiederum ohne das Übergangsmandat des Personalrats zu regeln – ist heute noch viel weniger vom Vorliegen einer planwidrigen Lücke auszugehen. Es handelt sich nicht um eine Regelungslücke, sondern um eine Rechtslücke, deren Schließung dem Gesetzgeber vorbehalten ist[7].

III. Fortgeltung von Dienstvereinbarungen bei Privatisierungen. Während bei Umstrukturierungen innerhalb des Geltungsbereichs des BetrVG BV bei einem Erwerber kollektivrechtlich fortgelten, soweit der übertragene Betrieb seine Identität wahrt[8], kommt die kollektivrechtliche Fortgeltung einer Dienstvereinbarungen als BV bei einer Privatisierung nicht in Betracht[9]. Eine kollektivrechtliche Fortgeltung verbietet sich schon deshalb, weil die Strukturunterschiede zwischen Personalvertretungsrecht und Betriebsverfassungsrecht einer solcher Kontinuität entgegenstehen. Personalvertretungsrecht und Betriebsverfassungsrecht unterscheiden sich bereits in ihren Grundbegriffen und Grundlagen (Dienststel-

---

1 *Fitting*, § 130 BetrVG Rz. 4; ErfK/*Kania*, § 130 BetrVG Rz. 2. |2 BAG v. 3.12.1985 – 4 ABR 60/85, AP Nr. 2 zu § 74 BAT. |3 Richardi/*Richardi/Annuß*, § 130 BetrVG Rz. 6; DKK/*Trümner*, § 130 BetrVG Rz. 5. |4 Richardi/*Richardi/Annuß*, § 130 BetrVG Rz. 8 ff. |5 *Fitting*, § 130 BetrVG Rz. 15 ff.; DKK/*Trümner*, § 130 BetrVG Rz. 1a; *Blanke/Trümner*, Handbuch Privatisierung, Rz. 703 ff.; GK-BetrVG/*Fabricius/Weber*, § 130 Rz. 8 ff. |6 LAG Köln v. 10.3.2000 – 13 TaBV 9/00, NZA-RR 2001, 423. |7 *Hohenstatt* in Willemsen/Hohenstatt/Seibt D 96; *Willemsen*, FS BAG, S. 306 f.; *Besgen/Langner*, NZA 2003, 1239 ff; Richardi/*Richardi/Annuß*, § 130 BetrVG Rz. 13; *Balze/Rebel/Schuck*, Outsourcing und Arbeitsrecht, 2. Aufl. 2002, Rz. 889 ff.; *Schipp*, NZA 1994, 865, 869. |8 BAG v. 27.7.1994 – 7 ABR 37/93, AP Nr. 118 zu § 613a BGB; *Hohenstatt* in Willemsen/Hohenstatt/Schweibert/Seibt, E Rz. 4. |9 *Balze/Rebel/Schuck*, Outsourcing und Arbeitsrecht, 2. Aufl. 2002, Rz. 892 f.; aA *Blanke/Trümner*, Handbuch Privatisierung, Rz. 723.

le/Betrieb, Beschäftigter/ArbN, MitbestR, Mitbestimmungsverfahren) und erst Recht in ihren Einzelheiten so erheblich, dass die kollektivrechtliche Fortgeltung einer Vereinbarung, die im Geltungsbereich des Personalvertretungsrechts begründet worden ist, bei einem Übergang in das Betriebsverfassungsrecht ausgeschlossen ist. Rechte aus Dienstvereinbarungen gelten somit im Falle der Privatisierung lediglich individualvertraglich fort (§ 613a Abs. 1 Satz 2 BGB), sofern nicht eine Ablösung erfolgt (§ 613a Abs. 1 Satz 3 BGB). Eine gesetzliche Regelung zur Fortgeltung der Rechte aus Dienstvereinbarungen ist möglich[1].

131 Berlin-Klausel (gegenstandslos)

132 Inkrafttreten

1 Das BetrVG ist in seiner ursprünglichen Fassung am 19. Januar 1972 in Kraft getreten. Die in dem BetrVG-Reformgesetz vom 23. Juli 2001 enthaltenen Änderungen sind am 28. Juli 2001 in Kraft getreten[2].

---

[1] Vgl. § 13 des Gesetzes zur Neuregelung der Rechtsverhältnisse der öffentlich-rechtlichen Kreditinstitute in Nordrhein-Westfalen, GVBl NRW 2002, S. 286. | [2] Zu Übergangsproblemen vom alten zum neuen Betriebsverfassungsrecht: *Däubler*, DB 2001, 1669 ff.

Betriebsverfassungsgesetz 1952

vom 11.10.1952 (BGBl. I S. 681),
zuletzt geändert durch Gesetz vom 23.7.2001 (BGBl. I S. 1852)

–Auszug–

76 *Vertretungen der Arbeitnehmer im Aufsichtsrat*
(1) Der Aufsichtsrat einer Aktiengesellschaft oder einer Kommanditgesellschaft auf Aktien muss zu einem Drittel aus Vertretern der Arbeitnehmer bestehen.

(2) Die Vertreter der Arbeitnehmer werden in allgemeiner, geheimer, gleicher und unmittelbarer Wahl von allen nach § 7 des Betriebsverfassungsgesetzes wahlberechtigten Arbeitnehmern der Betriebe des Unternehmens für die Zeit gewählt, die im Gesetz oder in der Satzung für die von der Hauptversammlung zu wählenden Aufsichtsratsmitglieder bestimmt ist. Ist ein Vertreter der Arbeitnehmer zu wählen, so muss dieser in einem Betrieb des Unternehmens als Arbeitnehmer beschäftigt sein. Sind zwei oder mehr Vertreter der Arbeitnehmer zu wählen, so müssen sich unter diesen mindestens zwei Arbeitnehmer aus den Betrieben des Unternehmens befinden. Sind in den Betrieben des Unternehmens mehr als die Hälfte der Arbeitnehmer Frauen, so soll mindestens eine von ihnen Arbeitnehmervertreter im Aufsichtsrat sein. Für die Vertreter der Arbeitnehmer gilt § 78 des Betriebsverfassungsgesetzes entsprechend.

(3) Die Betriebsräte und die Arbeitnehmer können Wahlvorschläge machen. Die Wahlvorschläge der Arbeitnehmer müssen von mindestens einem Zehntel der wahlberechtigten Arbeitnehmer der Betriebe des Unternehmens oder von mindestens einhundert wahlberechtigten Arbeitnehmern unterzeichnet sein.

(4) An der Wahl der Vertreter der Arbeitnehmer für den Aufsichtsrat des herrschenden Unternehmens eines Konzerns (§ 18 Abs. 1 Satz 1 und 2 des Aktiengesetzes) nehmen auch die Arbeitnehmer der Betriebe der übrigen Konzernunternehmen teil. In diesen Fällen kann die Wahl durch Delegierte erfolgen.

(5) Die Bestellung eines Vertreters der Arbeitnehmer zum Aufsichtsratsmitglied kann vor Ablauf der Wahlzeit auf Antrag der Betriebsräte oder von mindestens einem Fünftel der wahlberechtigten Arbeitnehmer der Betriebe des Unternehmens durch Beschluss der wahlberechtigten Arbeitnehmer widerrufen werden. Der Beschluss bedarf einer Mehrheit, die mindestens drei Viertel der abgegebenen Stimmen umfasst. Auf die Beschlussfassung finden die Vorschriften der Absätze 2 und 4 Anwendung.

(6) Auf Aktiengesellschaften, die weniger als fünfhundert Arbeitnehmer beschäftigen, finden die Vorschriften über die Beteiligung der Arbeitnehmer im Aufsichtsrat keine Anwendung; für Aktiengesellschaften, die vor dem 10. August 1994 eingetragen worden sind, gilt dies nur, wenn sie Familiengesellschaften sind. Als Familiengesellschaften gelten solche Aktiengesellschaften, deren Aktionär eine einzelne natürliche Person ist oder deren Aktionäre untereinander im Sinne von § 15 Abs. 1 Nr. 2 bis 8, Abs. 2 der Abgabenordnung verwandt oder verschwägert sind. Dies gilt entsprechend für Kommanditgesellschaften auf Aktien.

I. Anwendungsbereich. 1. Allgemeines. Ein Aufsichtsrat mit Drittelbeteiligung der ArbN ist grundsätzlich in allen Unternehmen mit der Rechtsform einer AG oder KGaA (Rz. 3–8) zu bilden, die mindestens 500 ArbN beschäftigen (Rz. 10) und nicht als Tendenzbetriebe (dazu § 81) zu charakterisieren sind. Bei Altgesellschaften, dh. Gesellschaften die vor dem 10. August 1994 in das Handelsregister eingetragen worden sind, sind unabhängig von der ArbN-Zahl 1/3 des Aufsichtsrats mit ArbN-Vertreter zu besetzen, es sei denn, es handelt sich um eine Familiengesellschaft (Rz. 17–20). Sind die Voraussetzungen für eine Beteiligung von ArbN im Aufsichtsrat einer AG bzw. KGaA nicht erfüllt, so sind sämtliche Aufsichtsratsmitglieder nach § 101 Abs. 1 AktG (iVm. § 278 Abs. 3 AktG für die KGaA) von der Hauptversammlung zu wählen bzw. werden nach § 101 Abs. 2 AktG (iVm. § 278 Abs. 3 AktG für die KGaA) entsprechend. Voraussichtlich wird das BetrVG 1952 zum 1.7.2004 durch das Drittelbeteiligungsgesetz (DrittelbG) ersetzt werden[1]. 1

Synoptische Darstellung DrittelbG/BetrVG 1952

DrittelbG	Regelungsgegenstand	BetrVG 1952	Kodifikation (K)/Änderung (Ä)
§ 1 Abs. 1 Satz 1 Nr. 1	Anwendbarkeit auf AG; Familiengesellschaft	§ 76 Abs. 1 1. Fall § 76 Abs. 6 Sätze 1 und 2	K
§ 1 Abs. 1 Satz 1 Nr. 2	Anwendbarkeit auf KGaA; Familiengesellschaft	§ 76 Abs. 1 2. Fall, § 76 Abs. 6 Satz 3	K

---

[1] Art. 1 Entwurf eines Zweiten Gesetzes zur Vereinfachung der Wahl der Arbeitnehmervertreter in den Aufsichtsrat (DrittelbG-E), BR-Drs. 10/04 v. 2.1.2004 sowie BT-Ausschuss für Wirtschaft und Arbeit Ds 15 (9) 1057 v. 9.3.2004; hierzu *Seibt*, NZA 2004.

BetrVG 1952 § 76 Rz. 2   Vertretungen der Arbeitnehmer im Aufsichtsrat

DrittelbG	Regelungsgegenstand	BetrVG 1952	Kodifikation (K)/Änderung (Ä)
§ 1 Abs. 1 Satz 1 Nr. 3	Anwendbarkeit auf GmbH	§ 77 Abs. 1 [§ 77 Rz. 14 und 15: Anwendung von § 125 Abs. 4, § 170 AktG; str.]	[K] [Rechte]
§ 1 Abs. 1 Satz 1 Nr. 4	Anwendbarkeit auf VVaG	§ 77 Abs. 2	K
§ 1 Abs. 2 Satz 1 Nr. 5	Anwendbarkeit auf eG	§ 77 Abs. 3	Ä [Sitzungsfrequenz]
§ 1 Abs. 2 Satz 1 Nr. 1	Vorrangregelung MitbestG, MontanMitbestG, MitbestG	§ 85 Abs. 2	K
§ 1 Abs. 2 Satz 1 Nr. 2	Tendenzschutz bei politischer Ausrichtung etc.	§ 81 Abs. 1 [§ 81 Rz. 1: Erfordernisse der Unmittelbarkeit und Überwiegendheit]	K [Anpassung an Abs. 4 MitbestG]
§ 1 Abs. 2 Satz 2	Tendenzschutz bei Religionsgemeinschaften etc.	§ 81 Abs. 1 [§ 81 Rz. 1: Erfordernisse der Unmittelbarkeit und Überwiegendheit]	K
§ 1 Abs. 3	Vorrangregelung GenG	§ 85 Abs. 1	K
§ 2 Abs. 1	Wahlberechtigung im Konzern	§ 76 Abs. 4 Satz 1	Ä [Wegfall der Deligiertenwahl]
§ 2 Abs. 2	Zurechnung von Konzernunternehmen	§ 77a	K
§ 3 Abs. 1	Arbeitnehmerbegriff	./. [§ 76 Rz. 3]	K
§ 3 Abs. 2	Betriebsbegriff	./.	K [Anpassung an § 3 Abs. 2 MitbestG]
§ 3 Abs. 3	Schiffsflotte als Betrieb	./.	K [Anpassung an § 34 Abs. 1 und 2 MitbestG]
§ 4 Abs. 1	Drittelparitätische Zusammensetzung des Aufsichtsrats	§ 76 Abs. 1	K
§ 4 Abs. 2	Anteil von Betriebsbeschäftigten unter Arbeitnehmer-Vertretern	§ 76 Abs. 2 Sätze 2 und 3	K
§ 4 Abs. 3	Voraussetzungen der passiven Wahlberechtigung	§ 76 Abs. 2 Satz 5	K [Anpassung an § 7 Abs. 3 MitbestG]
§ 4 Abs. 4	Anteil von Frauen unter Arbeitnehmern	§ 76 Abs. 2 Satz 4	Ä
§ 5 Abs. 1	Wahlgrundsätze	§ 76 Abs. 2 Satz 1	K
§ 5 Abs. 2	Voraussetzungen der aktiven Walberechtigung	§ 76 Abs. 2 Satz 1	K [Anpassung an § 71 Abs. 3 MitbestG]
§ 6	Wahlvorschlagsrecht	§ 76 Abs. 3	K
§ 7	Ersatzmitglieder	./. [§ 76 Rz. 51]	K [Anpassung an § 17 MitbestG]
§ 8	Bekanntmachung der Aufsichtsratsmitglieder	./. [§ 106 AktG]	K
§ 9	Benachteiligungsverbot	§ 76 Abs. 2 Satz 5	K [Anpassung an § 18 MitbestG]
§ 10 Abs. 1 und 2	Verbot der Wahlbehinderung	./. [§ 76 Rz. 46]	K
§ 10 Abs. 3	Übernahmepflicht von Wahlkosten	./. [§ 76 Rz. 60]	K
§ 11 Abs. 1	Anfechtungsvoraussetzungen	./. [§ 76 Rz. 53, 56]	K [Anpassung an § 22 Abs. 1 MitbestG]
§ 11 Abs. 2 Satz 1	Anfechtungsberechtigung	./. [§ 76 Rz. 54]	K
§ 11 Abs. 2 Satz 2	Anfechtungsfrist	./. [§ 76 Rz. 55]	K [Anpassung an § 22 Abs. 2 Satz 2 MitbestG]
§ 12 Abs. 1	Abberufung	§ 76 Abs. 5	K
§ 12 Abs. 2	Abberufung von Ersatzmitgliedern	./.	K

2   Besteht bei der AG oder KGaA ein Aufsichtsrat, der entgegen der gesetzlichen Regelung in § 76 besetzt ist, ist ein **Statusverfahren** nach §§ 97 ff. AktG durchzuführen (hierzu § 6 MitbestG Rz. 2–19). Dies gilt – über eine entsprechende Anwendung von § 6 Abs. 2 MitbestG iVm. §§ 97 ff. AktG bzw. über die Vorschriften zur Bildung des ersten Aufsichtsrats gem. §§ 30, 31 AktG – auch für die (erstmalige) Bildung eines Aufsichtsrats[1].

3   **2. Rechtsform. a) AG/KGaA.** Bei einer AG oder KGaA ist zwingend ein Aufsichtsrat zu bilden (§§ 95 ff., §§ 278 Abs. 3, 287 AktG). Nach § 76 Abs. 1 muss der Aufsichtsrat einer AG oder KGaA zu ⅓ aus Vertretern der ArbN bestehen.

4   **b) Europäische Aktiengesellschaft.** Zur Unternehmensmitbestimmung bei der Europäischen Aktiengesellschaft (*Societas Europaea*; SE) siehe § 1 MitbestG Rz. 5–6.

5   **c) Ausländische Gesellschaften.** Das BetrVG 1952 findet wegen des **völkerrechtlichen Territorialitätsprinzips** nur auf inländische Unternehmen Anwendung, dh. nur auf Unternehmen mit tatsächlichem Ver-

---

[1] Vgl. *Willemsen/Seibt*, Unternehmensumstrukturierung, F144; *Göz*, ZIP 1998, 1523, 1524; Baumbach/Hueck/ *Zöllner*, § 52 GmbHG Rz. 8; aA *Hachenburg/Raiser*, § 52 GmbHG Rz. 161; Lutter/*Hommelhoff*, § 52 GmbHG Rz. 22; *Fitting*, § 77 BetrVG 52 Rz. 12.

waltungssitz im Inland[1]. Dies gilt auch, wenn das ausländische Unternehmen rechtlich unselbständige Betriebe in Deutschland hat.

Für im EU-Ausland wirksam gegründete Gesellschaften, die ihren tatsächlichen Verwaltungssitz nach Deutschland verlegt haben, gilt nach der **EuGH-Rspr.** die **Gründungstheorie**, wonach alle EU-Mitgliedstaaten diese als Gesellschaft des Gründungsstaates anzuerkennen haben[2]. Eine Anwendung der deutschen Bestimmungen der Unternehmensmitbestimmung auf solche EU-Kapitalgesellschaften im Wege der Sonderanknüpfung oder Spaltung des Gesellschaftsstatuts verstieße gegen die von Art. 43, 48 EGV gewährleistete Niederlassungsfreiheit[3]. Zu Einzelheiten siehe § 1 MitbestG Rz. 8–9. **6**

Ebenso wenig anwendbar sind die Regeln über die deutsche Unternehmensmitbestimmung auf **nach US-amerikanischem Recht gegründete Gesellschaften**. Dies folgt aus Art. XXV Abs. 5 Satz 2 des Freundschafts-, Handels- und Schifffahrtsvertrages zwischen der Bundesrepublik Deutschland und den USA vom 29.10.1954 (BGBl. II 1956, 488), demzufolge der Status einer Gesellschaft, die in dem Gebiet eines Vertragsteils nach dessen Gesetzen und Vorschriften rechtmäßig gegründet worden ist, in dem Gebiet des anderen Staates anzuerkennen ist[4]. Das Gleiche gilt für **in EWR-Ländern gegründete Gesellschaften**. **7**

3. Gründungsstadium. Der Aufsichtsrat einer AG oder KGaA im Gründungsstadium muss aufgrund ausdrücklicher gesetzlicher Regelung grundsätzlich nicht zu ⅓ aus Vertretern der ArbN bestehen (§ 30 Abs. 2 AktG). Diese Regelung rechtfertigt sich aus der Überlegung, dass die Amtszeit des ersten Aufsichtsrates zeitlich eng begrenzt ist und die noch in Gründung befindliche Gesellschaft archetypisch sehr wenige oder gar keine ArbN beschäftigt[5]. § 30 Abs. 2 AktG gilt aber auch dann, wenn die Gesellschaft im Einzelfall tatsächlich schon eine große Anzahl von ArbN eingestellt hat[6]. Bei einer **Sachgründung**, bei der die Sacheinlage oder Sachübernahme in der Einbringung eines Unternehmens oder eines Teils eines solchen besteht, ist demgegenüber bei der Bestellung des Ersten Aufsichtsrats durch die Gründer § 76 Abs. 1 zu berücksichtigen (§ 31 AktG). Die Gründer bestellen gem. § 31 Abs. 1 Satz 1 AktG die Zahl von Aufsichtsratsmitgliedern, die bei Anwendung der gesetzlichen Vorschriften, die nach ihrer Ansicht für die Zusammensetzung des Aufsichtsrats maßgeblich sind, von der Hauptversammlung ohne Bindung an Wahlvorschläge bestellt werden könnten, dh. im Fall von § 76 Abs. 1 ⅔ der Aufsichtsratsmitglieder. Zur Sicherung der Funktionsfähigkeit des Ersten Aufsichtsrats haben die Gründer indes alle Aufsichtsratsmitglieder zu bestellen, sofern der Aufsichtsrat nach Gesetz oder Satzung nur aus drei Mitgliedern besteht (§ 31 Abs. 1 Satz 2 AktG; § 95 Abs. 1 Satz 1 AktG iVm. § 76 Abs. 1)[7]. Die Vervollständigung des Ersten Aufsichtsrats mit ArbN-Vertretern wird durch Durchführung eines Statusverfahrens entsprechend §§ 97 bis 99 AktG mit anschießender Ergänzung (Ergänzungswahl nach § 76 Abs. 2 bis 4; ggf. gerichtliche Ersatzbestellung gem. § 104 AktG) oder durch Neuwahl des gesamten Aufsichtsrats erreicht (§ 31 Abs. 3 AktG)[8]. **8**

Bei der **formwechselnden Umwandlung in die AG oder KGaA** gilt Folgendes: Besitzt das Unternehmen in der Ausgangsrechtsform bereits einen Aufsichtsrat, bleiben die Mitglieder des Aufsichtsrats entweder gem. § 203 UmwG im Amt oder der Aufsichtsrat muss neu gewählt werden, wenn die Bildung und Zusammensetzung des Aufsichtsrates sich durch den Formwechsel ändert[9]. Besteht hingegen beim Unternehmen in der Ausgangsrechtsform kein Aufsichtsrat (zB Personengesellschaft) ist § 197 Satz 2 UmwG auf Formwechsel von Gesellschaft mit bereits bestehenden Aufsichtsräten zu beschränken und § 31 AktG anzuwenden[10]. Ferner ist § 31 AktG über § 197 Satz 1 UmwG auch beim Formwechsel einer gesetzeswidrig nicht mit einem mitbestimmten Aufsichtsrat versehenen Gesellschaft in eine AG oder KGaA entsprechend anzuwenden[11]. **9**

4. ArbN-Zahl. Durch das Gesetz für kleine Aktiengesellschaften und zur Deregulierung des Aktienrechts vom 2. August 1994 (BGBl. I S. 1961) ist geregelt worden, dass in AG und KGaA, die weniger als 500 ArbN beschäftigen, keine ArbN-Vertreter im Aufsichtsrat zu besetzen sind. Damit wollte der Gesetzgeber die zuvor bestehende Ungleichbehandlung zwischen den Rechtsformen der AG bzw. KGaA und **10**

---

1 ErfK/*Oetker*, Einl. BetrVG 1952 Rz. 5; *Fitting*, § 76 BetrVG 52 Rz. 33; MünchArbR/*Wißmann*, § 383 Rz. 1. |2 EuGH v. 5.11.2002 – Rs C-208/00, NJW 2002, 3614, 3615 – Überseering; v. 30.9.2003 – Rs C-167/01, ZIP 2003, 1885 ff. – Inspire Art. |3 *Binz/Mayer*, GmbHR 2003, 249, 254 f.; *Eidenmüller*, ZIP 2002, 2233, 2242; *Forsthoff*, DB 2002, 2471, 2477; *Kallmeyer*, DB 2002, 2521, 2522; *Müller-Bonanni*, GmbHR 2003, 1235, 1237; *Schulz/Sester*, EWS 2002, 545, 551; *Ulmer*, JZ 1999, 662, 663; *Veit/Wichert*, AG 2004, 14, 17 f.; ErfK/*Oetker*, Einl. BetrVG 52 Rz. 5; wohl auch *Ziemons*, ZIP 2003, 1913, 1918; aA *Kindler*, NJW 2003, 1073, 1078 f.; *von Halen*, WM 2003, 571, 577; *Grundmann/Möslein*, ZGR 2003, 313, 350 f.; zweifelnd *Bayer*, BB 2004, 1, 5. |4 Zu diesem Vertrag und zur Anerkennung nach US-amerikanischem Recht gegründeten Gesellschaften in Deutschland BGH v. 29.1.2003 – VIII ZR 155/02, IPrax 2003, 265 ff.; hierzu *Bungert*, DB 2003, 1043; *Thömmes*, DB 2003, 1200, 1203; *Ebke*, JZ 2003, 927, 929. |5 Der Verweis auf § 41 AktG mit der Behauptung, eine bis zu ihrer Eintragung in das Handelsregister nicht bestehende Gesellschaft könne keine Betriebe haben (so ErfK/*Oetker*, § 76 BetrVG 52 Rz. 28; *Dietz/Richardi*, § 76 BetrVG 52 Rz. 37; *Fitting*, § 76 BetrVG 52 Rz. 115) geht allerdings fehl, da auch eine Vorgesellschaft als eigenständige Organisationsform Betriebe führen kann. |6 GroßKommAktG/*Röhricht*, § 30 Rz. 7. |7 *Hüffer*, § 31 AktG Rz. 4. |8 Hierzu *Oetker*, ZGR 2000, 19, 40 ff.; *Hüffer*, § 31 AktG Rz. 7 ff.; MünchKommAktG/*Pentz*, § 31 Rz. 30. |9 *Willemsen/Seibt*, Unternehmensumstrukturierung, F66; *Joost*, FS Claussen, S. 187, 195 ff.; *Raiser*, § 1 MitbestG Rz. 24; iE auch *Henssler*, ZfA 2000, 241, 257 f. |10 *Willemsen/Seibt*, Unternehmensumstrukturierung, F66; *Joost*, FS Claussen, S. 187, 195 ff.; *Raiser*, § 1 MitbestG Rz. 24; iE auch *Henssler*, ZfA 2000, 241, 257 f. |11 *Willemsen/Seibt*, Unternehmensumstrukturierung, F66a.

der GmbH (vgl. § 77 Abs. 1) abschaffen[1]. Allerdings hat der Gesetzgeber nicht in bestehende Organisationsstrukturen von Unternehmen eingreifen wollen, sondern die Angleichung der Rechtsformen nur *pro futuro* vorgenommen.

11 a) **Neu-Gesellschaften.** AG und KGaA, die im Handelsregister nach dem 9. August 1994 eingetragen worden sind, unterliegen nur dann der Verpflichtung zur Besetzung des Aufsichtsrates mit ArbN-Vertretern, wenn das Unternehmen mindestens 500 ArbN beschäftigt (§ 76 Abs. 6 Satz 1)[2].

12 Für die Feststellung der ArbN-Zahl kommt es auf den **regelmäßigen Beschäftigungsstand im Unternehmen** an[3]. Mit diesem Erfordernis der Regelmäßigkeit wird dem dynamischen Charakter des Beschäftigungsstandes Rechnung getragen, und es wird damit ein wiederholter Wechsel von Mitbestimmungsstatuten verhindert. In zeitlicher Hinsicht ist das Merkmal der Regelmäßigkeit nicht nur durch eine Rückschau in die Vergangenheit zu konturieren, sondern vor allem ist eine Prognose zur zukünftigen ArbN-Entwicklung erforderlich[4]. Die Prognoseentscheidung der Geschäftsleitung muss nachvollziehbar sein (ggf. unterlegt durch konkrete Beschlüsse der zuständigen Gesellschaftsorgane) und für die Prognose ist ein Referenzzeitraum von 18 bis 24 Monaten angemessen[5].

13 Der **ArbN-Begriff** bestimmt sich nach § 5 Abs. 1 BetrVG[6] und umfasst – wie bei § 3 Abs. 1 MitbestG – nicht die in § 5 Abs. 3 BetrVG bezeichneten leitenden Angestellten[7]. Einzurechnen sind teilzeitbeschäftigte ArbN[8] sowie nicht zum BR wahlberechtigte ArbN wie leitende Angestellte[9]. LeihArbN sind nur mitzuzählen, wenn sie auf Arbeitsplätzen beschäftigt werden, die regelmäßig von ArbN des betreffenden Unternehmens besetzt sind[10]. Grundsätzlich muss mit dem ArbN eine arbeitsvertragliche Verbindung zum Unternehmen bestehen[11]. Bestehen daher Doppelarbeitsverhältnisse eines ArbN mit mehr als einem Unternehmen, was durchaus in Konzernen nicht selten vorkommt, ist der ArbN für die Frage nach dem Erfüllen der Mindestarbeitnehmerzahl bei allen Unternehmen mitzuzählen, zu dem eine arbeitsvertragliche Beziehung besteht[12]. Bei Gemeinschaftsbetrieben ist eine Zurechnung der ArbN zu allen Trägerunternehmen des Gemeinschaftsbetriebes allerdings unabhängig vom Vorliegen arbeitsvertraglicher Bindungen anzunehmen, jedenfalls insoweit, als das betreffende Trägerunternehmen die Leitung über den Gemeinschaftsbetrieb mit den anderen Unternehmen gemeinsam ausübt[13]. Dies ergibt sich aus dem *Telos* des BetrVG 1952, die Beteiligung der ArbN in Organen der Unternehmen zu ermöglichen, in denen die für die ArbN wesentlichen Entscheidungen gefällt werden.

14 Es sind nur die ArbN zu berücksichtigen, die **in inländischen Rechtsträgern beschäftigt** sind; keine Berücksichtigung finden darüber hinaus solche ArbN, die in unselbständigen Niederlassungen im Ausland tätig sind[14]. Zur Zurechnung von ArbN von Konzernunternehmen siehe § 77a.

15 b) **Alt-Gesellschaften.** Bei AG bzw. KGaA, die vor dem 10.8.1994 in das Handelsregister eingetragen worden sind, hängt die Besetzung des Aufsichtsrates mit ArbN-Vertretern nicht von einer bestimmten ArbN-Zahl ab, sofern mindestens 5 ArbN ständig beschäftigt oder zugerechnet werden[15] und es sich nicht um eine Familiengesellschaft (dazu Rz. 17–20) handelt.

---

1 Hierzu *Blanke*, BB 1994, 1505, 1510 f. | 2 Die Freistellung von Neu-Gesellschaften von der drittelparitätischen Unternehmensbestimmung gilt nach § 76 Abs. 6 Satz 3 auch für die KGaA; aA *Mengel*, Umwandlung im Arbeitsrecht, S. 429. | 3 *Willemsen/Seibt*, Unternehmensumstrukturierung, F16a; ErfK/*Oetker*, § 76 BetrVG 52 Rz. 7; *Fitting*, § 76 BetrVG 52 Rz. 10; MünchArbR/*Wißmann*, § 383 Rz. 3. | 4 Vgl. OLG Düsseldorf v. 9.12.1994 – 19 W 2/94, AG 1995, 328 f.; *Willemsen/Seibt*, Unternehmensumstrukturierung, F16a; *Oetker*, ZGR 2000, 19, 29; *Raiser*, § 1 MitbestG Rz. 18; *Ulmer*, FS Heinsius, S. 855, 859 ff., 862 ff. | 5 *Willemsen/Seibt*, Unternehmensumstrukturierung, F16a; vgl. auch OLG Düsseldorf v. 9.12.1994 – 19 W 2/94, AG 1995, 328, 329 – Milchwerke Köln/Wuppertal eG: 17–20 Monate; ErfK/*Oetker*, § 1 MitbestG Rz. 6: 17–20 Monate; *Rittner*, AG 1983, 99, 102 f.: 18 Monate; *Köstler/Kittner/Zachert/Müller*, Aufsichtsratspraxis, Rz. 145: 18 Monate; abweichend *Ulmer*, FS Heinsius, S. 855, 864: 6–12 Monate; *Theisen*, AG 1998, 153, 157: 3–5 Jahre. | 6 ErfK/*Oetker*, § 76 BetrVG 52 Rz. 8; GK-BetrVG/*Kraft*, § 76 BetrVG 52 Rz. 150. | 7 So ausdrücklich § 8 Abs. 1 DrittelbG-E (Rz. 1). | 8 ErfK/*Oetker*, § 76 BetrVG 52 Rz. 8; *Fitting*, § 76 BetrVG 52 Rz. 10; GK-BetrVG/*Kraft*, § 76 BetrVG 52 Rz. 151. | 9 ErfK/*Oetker*, § 76 BetrVG 52 Rz. 8; *Fitting*, § 76 BetrVG 52 Rz. 10; aA GK-BetrVG/*Kraft*, § 76 BetrVG 52 Rz. 150; MünchArbR/*Wißmann*, § 383 Rz. 2. | 10 ErfK/*Oetker*, § 76 BetrVG 52 Rz. 8; GK-BetrVG/*Kraft*, § 76 BetrVG 52 Rz. 151. | 11 *Willemsen/Seibt*, Unternehmensumstrukturierung, F16a; GK-MitbestG/*Rumpff*, § 1 Rz. 15; *Zöllner*, FS Semler, S. 995, 1012. | 12 *Willemsen/Seibt*, Unternehmensumstrukturierung, F16a. | 13 *Willemsen/Seibt*, Unternehmensumstrukturierung, F16a; GK-MitbestG/*Rumpff*, § 1 Rz. 15; ähnlich *Zöllner*, FS Semler, S. 995, 1012 ff.; aA [Vertragsbeziehung erforderlich] ErfK/*Oetker*, § 76 BetrVG 52 Rz. 8; *Bonanni*, Der gemeinsame Betrieb, S. 295; aA [Leitungsrecht nicht erforderlich], *Fitting/Wlotzke/Wißmann*, § 10 MitbestG Rz. 13; *Hanau/Ulmer*, § 10 MitbestG Rz. 5; *Hanau*, ZfA 1990, 115, 127; *Hjort*, NZA 2001, 696, 699; *Däubler*, FS Zeuner, S. 19, 31; aA [Aufteilung der Betriebsbelegschaft] BAG v. 1.12.1961 – AP BetrVG 1952 § 77 Nr. 1; *Säcker*, Wahlordnungen, Rz. 195; *Wiedemann*, SAE 1962, 212, 213. | 14 *Willemsen/Seibt*, Unternehmensumstrukturierung, F123; ErfK/*Oetker*, § 1 BetrVG 52 Rz. 3; *Raiser*, § 1 Rz. 13; *Birk*, RIW 1975, 594; kritisch Staudinger/*Großfeld*, Internationales Gesellschaftsrecht, Rz. 515 ff.; *Großfeld/Erlinghagen*, JZ 1993, 221 ff. | 15 So LG Frankfurt v. 4.11.55 – 3/1 T 2/50, NJW 1956, 598; *Willemsen/Seibt*, Unternehmensumstrukturierung, F3; *Dietz/Richardi*, § 76 BetrVG 52 Rz. 8 f.; *Richardi*, FS Zeuner, S. 147 ff.; GK-BetrVG/*Kraft*, § 76 BetrVG 52 Rz. 5 ff.; MünchGesR/*Hoffmann-Becking*, Bd. 4: AG, § 28 Rz. 5 und 9; *Rüthers*, BB 1977, 605, 606; *Röder/Gneiting*, DB 1993, 1618, 1619; aA MünchArbR/*Wißmann*, § 373 Rz. 2; *Fitting*, § 76 BetrVG 52 Rz. 55 f.; *Köstler/Kittner/Zachert/Müller*, Aufsichtsratspraxis, Rz. 158.

c) Formwechsel. Für die Qualifikation eines Unternehmens als Neu-Gesellschaft (Rz. 11) oder Alt-Gesellschaft (Rz. 15) ist im Falle eines Formwechsels eines Rechtsträgers in die Rechtsform der AG oder KGaA der **Zeitpunkt der Eintragung der neuen Rechtsform in das Handelsregister maßgeblich** (§ 202 Abs. 1 UmwG). Wird demnach ein zB 1990 nicht dem BetrVG 1952 unterfallendes Unternehmen (zB Personengesellschaft) 1996 in die Rechtsform einer AG formgewechselt, so qualifiziert das Unternehmen trotz des geltenden Identitätsprinzips (vgl. § 202 Abs. 1 Nr. 1 UmwG) als Neu-Gesellschaft und hat den ggf. neu zu bildenden Aufsichtsrat nur dann mit ArbN-Vertretern zu besetzen, wenn es mehr als 500 ArbN beschäftigt. Ein Mitbestimmungsbeibehaltungsregelung, wie sie bei § 325 UmwG für die Fälle der Abspaltung oder Ausgliederung gilt, hat der Gesetzgeber für den Formwechsel nicht verankert; eine entsprechende Anwendung des § 325 Abs. 1 UmwG auf Fälle des Mitbestimmungsverlusts durch Formwechsel kommt wegen des insoweit eindeutigen Wortlauts dieser Bestimmung und der Gesetzgebungsgeschichte der Norm nicht in Betracht[1]. Dieselben Grundsätze gelten auch beim sog. **Rück-Formwechsel**: Wird zB ein 1990 in der Rechtsform gegründetes Unternehmen der AG zunächst 1995 in die Rechtsform der GmbH formgewechselt, um hiernach 1997 wieder in die Rechtsform der AG rückformzuwechseln, so qualifiziert das Unternehmen auch als Neu-Gesellschaft, selbst wenn hierdurch die Unternehmensmitbestimmung weggefallen sein sollte. Nur in extremen Einzelfällen wird das Registergericht unter Verweis auf das Rechtsinstitut des Rechtsmissbrauchs die Eintragung des Rück-Formwechsels in das Handelsregister versagen dürfen[2]. 16

d) Familiengesellschaft (§ 76 Abs. 6). Als Familiengesellschaft zu qualifizierende Alt-Gesellschaften haben ihren Aufsichtsrat nicht mit ArbN-Vertretern zu besetzen, sofern sie weniger als 500 ArbN beschäftigen (oder ihnen zugerechnet werden). Ist die Familiengesellschaft Konzernobergesellschaft, so sind die ArbN abhängiger Unternehmen unter den Voraussetzungen des § 77a hinzuzurechnen. 17

Als Familiengesellschaften gelten zunächst diejenigen Unternehmen, deren alleiniger Aktionär eine einzelne natürliche Person ist (Einpersonengesellschaft; § 76 Abs. 6 Satz 2, Erste Var.). Eigene Aktien der Gesellschaft sind unschädlich und bleiben für § 76 Abs. 6 Satz 2 außer Betracht. Eine Familiengesellschaft liegt auch vor, wenn alle Aktionäre untereinander iSv. § 15 Abs. 1 Nr. 2 bis 8, Abs. 2 AO miteinander verwandt oder verschwägert sind (§ 76 Abs. 6 Satz 2, Zweite Var.). Alle Aktien müssen sich in der Hand dieser Personen befinden; eine Mehrheitsbeteiligung reicht nicht aus[3]. Es müssen indes nicht alle Aktionäre miteinander verwandt oder verschwägert sein, sondern es ist ausreichend, dass ein Aktionär jeweils mit mindestens einem anderen verwandt oder verschwägert ist, der wiederum in dieser Beziehung zu einem weiteren Aktionär steht, so dass letztlich alle Aktionäre durch familienrechtliche Verhältnisse miteinander verbunden sind (sog. Verwandtschaftskette)[4]. 18

Eine AG ist ferner Familiengesellschaft, wenn deren sämtliche Aktien einer Personengesellschaft oder Kapitalgesellschaft gehören, die ihrerseits Familiengesellschaft ist[5]. Ausreichend ist es auch, wenn in einer AG außer den miteinander verwandten oder verschwägerten Personen iSv. § 15 Abs. 1 Nr. 2–8, Abs. 2 AO eine Gesellschaft beteiligt ist, deren Aktionäre ausschließlich dem gleichen Verwandtenkreis wie diese Person angehören[6]; eine Mehrheitsbeteiligung reicht nicht aus[7]. 19

Bei der KGaA müssen neben den Kommanditaktionären auch die persönlich haftenden Komplementäre in die familienrechtlichen Verbindungen einbezogen sein, um als Familiengesellschaft zu qualifizieren[8]. 20

II. Zusammensetzung, Binnenorganisation und Aufgaben des Aufsichtsrats. 1. Zahl der Aufsichtsratsmitglieder. a) Allgemeines. Nach § 76 Abs. 1 besteht der Aufsichtsrat zu einem Drittel aus Vertretern der ArbN (sog. Drittelparität). Für die Gesamtzahl der Aufsichtsratsmitglieder ist das Aktiengesetz und die Satzung maßgeblich. Sie muss durch drei teilbar sein (§ 95 Abs. 1 Satz 3 AktG). Soweit die Satzung keine höhere Zahl festsetzt, besteht der Aufsichtsrat aus drei Mitgliedern. 21

Die durch Satzung festlegbare zulässige Höchstzahl von Aufsichtsratsmitgliedern richtet sich nach der Höhe des Grundkapitals der Gesellschaft (§ 95 AktG): 22

Höhe Grundkapital	Höchstzahl Aufsichtsratsmitglieder
= 1,5 Mio. Euro	9
> 1,5 Mio. Euro	15
10,0 Mio. Euro	21

---

1 Vgl. *Willemsen/Seibt*, Unternehmensumstrukturierung, F68a; Lutter/*Joost*, § 325 UmwG Rz. 13; *Henssler*, ZfA 2000, 241, 255; *Oetker*, ZGR 2000, 19, 38 f. | 2 Vgl. *Willemsen/Seibt*, Unternehmensumstrukturierung, F68a; *Henssler*, ZfA 2000, 241, 259. | 3 ErfK/*Oetker*, § 76 BetrVG 52 Rz. 10; *Dietz/Richardi*, § 76 BetrVG 52 Rz. 214; MünchArbR/*Wißmann*, § 383 Rz. 6. | 4 ErfK/*Oetker*, § 76 BetrVG 52 Rz. 11; GK-BetrVG/*Kraft*, § 76 BetrVG 52 Rz. 146; *Dietz/Richardi*, § 76 BetrVG 52 Rz. 221; *Fitting*, § 76 BetrVG 52 Rz. 30; MünchArbR/*Wißmann*, § 383 Rz. 6. | 5 BAG v. 6.4.1955 – 1 ABR 25/54, AP BetrVG 1955 § 76 Nr. 5; ErfK/*Oetker*, § 76 BetrVG 52 Rz. 14; GK-BetrVG/*Kraft*, § 76 BetrVG 52 Rz. 147; *Dietz/Richardi*, § 76 BetrVG 52 Rz. 223; *Fitting*, § 76 BetrVG 52 Rz. 30; MünchArbR/*Wißmann*, § 383 Rz. 6. | 6 ErfK/*Oetker*, § 76 BetrVG 52 Rz. 14; *Dietz/Richardi*, § 76 BetrVG 52 Rz. 223. | 7 *Köstler/Kittner/Zachert/Müller*, Aufsichtsratspraxis, Rz. 159; aA *Fiegle*, BB 1953, 594. | 8 ErfK/*Oetker*, § 76 BetrVG 52 Rz. 15; GK-BetrVG/*Kraft*, § 76 BetrVG 52 Rz. 148; *Dietz/Richardi*, § 76 BetrVG 52 Rz. 222; *Fitting*, § 76 BetrVG 52 Rz. 31; MünchArbR/*Wißmann*, § 383 Rz. 6.

23 In den durch § 95 AktG vorgegebenen Grenzen muss die Satzung eine genau bestimmte Zahl von Mitgliedern festsetzen; die Bestimmung einer Mindest- und/oder Höchstzahl reicht nicht aus[1]. Verstöße gegen § 95 Satz 1 oder Satz 3 AktG führen zur Nichtigkeit entsprechender Satzungsbestimmungen; bei Verstößen gegen § 95 Satz 2 oder Satz 4 AktG gilt die gesetzliche Regelung anstelle der Satzung[2]. Eine Satzungsbestimmung, derzufolge bei Ausscheiden eines Mitglieds der Aufsichtsrat für den Rest der Amtszeit nur aus den verbleibenden Mitgliedern besteht, widerspricht § 95 Sätze 1-3 AktG und ist unwirksam[3].

24 b) Mitbestimmungsvereinbarungen. Bei der AG sind wegen des dort geltenden Grundsatzes der Satzungsstrenge (§ 23 Abs. 5 AktG) sog. statusändernde Mitbestimmungsvereinbarungen regelmäßig unzulässig und nichtig[4]. Allerdings kann die Hauptversammlung faktisch Mitbestimmungsvereinbarungen zur Geltung verhelfen, indem sie im Rahmen der Wahl der Anteilseignervertreter der ArbN-Seite nahe stehende Personen wählen[5]; die in dieser Weise hinzugewählten „ArbN-Vertreter" bleiben allerdings formal Vertreter der Anteilseigner, so dass diese jederzeit mit der Satzungsmehrheit abgerufen werden können (§ 103 Abs. 1 AktG). Darüber hinaus sind nach zutreffender hM Satzungsregelungen zulässig, die für die Wahl der Anteilseignervertreter im Aufsichtsrat den ArbN-Status im Unternehmen als persönliche Voraussetzung (§ 100 Abs. 4 AktG) festsetzen[6]. Zur Zulässigkeit privatautonomer Mitbestimmungsvereinbarungen zur einvernehmlichen Klärung zweifelhafter Rechts- und Sachfragen, bei denen die Voraussetzungen eines Vergleichs iSv. § 779 BGB erfüllt sind, sowie zur Vereinfachung oder Anpassung gesetzlicher Mitbestimmungsregelungen (insb. zum Wahlverfahren) an Einzelfallumstände des betroffenen Unternehmens siehe § 1 MitbestG Rz. 20.

25 c) Änderung der Mitgliederzahl. Eine Erhöhung der Zahl der Aufsichtsratsmitglieder durch Satzungsänderung ist im Rahmen des § 95 AktG möglich. Dabei ist eine umfassende Neuwahl aller Aufsichtsratsmitglieder nicht erforderlich, sondern es reicht eine Ergänzung durch Nachwahl oder gerichtliche Bestellung[7]. Die Zuwahl der Anteilseignervertreter durch die Hauptversammlung kann gleichzeitig mit dem Änderungsbeschluss, die Zuwahl der ArbN-Vertreter aus Praktikabilitätsgründen sogar hiervor erfolgen, wenn mit hinreichender Wahrscheinlichkeit die Satzungsänderung beschlossen wird[8]. Bis zur Handelsregistereintragung können die zukünftigen Organmitglieder als Gäste an den Aufsichtsratssitzungen teilnehmen (Ausnahme zu § 109 Abs. 1 AktG)[9]. Die Amtszeit beginnt jedoch erst mit Eintragung der Satzungsänderung in das Handelsregister (vgl. § 181 Abs. 3 AktG)[10]. Wird die Regelung einer höheren Mitgliederzahl durch Kapitalerhöhung zulässig, so ändert sich hierdurch die Mitgliederzahl im Aufsichtsrat nicht, solange die Satzung nicht entsprechend geändert wird[11]. Eine Verkleinerung des Aufsichtsrates durch **Satzungsänderung** wirkt nach hM erst mit Ablauf der regulären Amtszeit des Aufsichtsrats[12]. Allerdings ist es zulässig, dass die Aufsichtsräte freiwillig aus dem Aufsichtsrat ausscheiden[13].

26 Die Durchführung eines **Statusverfahrens** nach §§ 97 ff. AktG ist weder bei einer Vergrößerung noch bei einer Verkleinerung des Aufsichtsrats durch Satzungsänderung erforderlich (hierzu § 6 MitbestG Rz. 4).

27 2. Beschlussfähigkeit des Aufsichtsrats und Mehrheitsquoren. Die Beschlussfähigkeit des Aufsichtsrats beurteilt sich nach der entsprechenden Satzungsregelung, sofern keine vorrangige gesetzliche Vorschrift eingreift (§ 108 Abs. 2 AktG). Zwingend ist die Untergrenze von drei Mitgliedern bei der Teilnahme an der Beschlussfassung (§ 108 Abs. 3 Satz 3 AktG); zwei Mitglieder eines dreiköpfigen Auf-

---

[1] *Hüffer*, § 95 AktG Rz. 3; ErfK/*Oetker*, § 76 BetrVG 52 Rz. 17; GK-BetrVG/*Kraft*, § 76 BetrVG 52 Rz. 11; *Dietz/Richardi*, § 76 BetrVG 52 Rz. 11; *Fitting*, § 76 BetrVG 52 Rz. 138; MünchArbR/*Wißmann*, § 383 Rz. 10. |2 *Hüffer*, § 95 AktG Rz. 7. |3 BAG v. 3.10.1989 – 1 ABR 12/88, AP BetrVG 1952 § 76 Nr. 28; ErfK/*Oetker*, § 76 BetrVG 52 Rz. 18; *Dietz/Richardi*, § 76 BetrVG 52 Rz. 11; *Fitting*, § 76 BetrVG 52 Rz. 139; GK-BetrVG/*Kraft*, § 76 BetrVG 52 Rz. 12; MünchArbR/*Wißmann*, § 383 Rz. 10. |4 Vgl. *Willemsen/Seibt*, Unternehmensumstrukturierung, F14; *Hüffer*, § 96 AktG Rz. 3; KölnKommAktG/*Mertens*, § 96 Rz. 14 ff.; *Ihrig/Schlitt*, NZG 1999, 333, 334; *Henssler*, ZfA 2000, 241, 262 ff. |5 Vgl. BGH v. 3.7.1975 – II ZR 35/73, NJW 1975, 1657; *Willemsen/Seibt*, Unternehmensumstrukturierung, F14; KölnKommAktG/*Mertens*, § 96 Rz. 15; *Hommelhoff*, ZHR 1984, 118, 133; *Ihrig/Schlitt*, NZG 1999, 333, 334; aA *Hüffer*, § 251 AktG Rz. 2. |6 So *Hanau/Ulmer*, § 1 MitbestG Rz. 21; *Hoffmann/Lehmann/Weinmann*, § 6 MitbestG Rz. 42; § 7 MitbestG Rz. 42; *Henssler*, ZfA 2000, 241, 263 f.; aA *Geßler/Hefermehl/Eckart/Kropff/Geßler*, § 96 AktG Rz. 43; offen gelassen bei BGH v. 3.7.1975 – II ZR 35/73, NJW 1975, 1657, 1658. |7 Vgl. *Willemsen/Seibt*, Unternehmensumstrukturierung, F150; KölnKommAktG/*Mertens*, § 95 Rz. 24; *Hüffer*, § 97 AktG Rz. 5; *Raiser*, § 7 MitbestG Rz. 5; *Hanau/Ulmer*, § 7 MitbestG Rz. 16; ErfK/*Oetker*, § 76 BetrVG 52 Rz. 21; *Dietz/Richardi*, § 76 BetrVG 52 Rz. 126; *Fitting*, § 76 BetrVG 52 Rz. 140. |8 Vgl. *Willemsen/Seibt*, Unternehmensumstrukturierung, F150. |9 *Jüngst*, BB 1984, 1583, 1584 f.; *Janberg/Oesterlink*, AG 1960, 240, 242; aA KölnKommAktG/*Mertens*, § 109 Rz. 15; *Lutter*, ZIP 1984, 645, 651 f. |10 Vgl. *Hüffer*, § 95 AktG Rz. 5; *Geßler/Hefermehl/Eckhardt/Kropff/Geßler*, § 95 AktG Rz. 33. |11 *Hüffer*, § 95 AktG Rz. 5. |12 OLG Dresden v. 18.2.1997 – 14 W 1396/96, ZIP 1997, 589, 591; OLG Hamburg v. 26.8.1988 – 11 W 53/88, AG 1989, 64, 65 f.; LAG Düsseldorf v. 18.12.1987 – 10 Ta BV 132/87, AG 1989, 66, 67 f. – Alexanderwerk (von BAG v. 3.10.1989 – 1 ABR 12/88, WM 1990, 633 ff. offen gelassen); KölnKommAktG/*Mertens*, § 95 Rz. 26; *Hüffer*, § 95 AktG Rz. 5, § 97 AktG Rz. 3; MünchGesR/*Hoffmann-Becking*, Bd 4: AG, § 28 Rz. 54; ErfK/*Oetker*, § 76 BetrVG 52 Rz. 19; GK-BetrVG/*Kraft*, § 76 BetrVG 52 Rz. 26; *Fitting*, § 76 BetrVG 52 Rz. 141; MünchArbR/*Wißmann*, § 383 Rz. 3; aA (automatisches Ausscheiden bei Satzungsänderung) *Dietz/Richardi*, § 76 BetrVG 52 Rz. 125. |13 Vgl. LAG Düsseldorf 18.12.1987 – 10 Ta BV 132/87, AG 1989, 66, 67 f. – Alexanderwerk; *Willemsen/Seibt*, Unternehmensumstrukturierung, F148; *Hanau/Ulmer*, § 7 MitbestG Rz. 14; *Hoffmann/Lehmann/Weinmann*, § 7 MitbestG Rz. 53; *Fuchs/Köstler*, Handbuch zur Aufsichtsratswahl, Rz. 64.

sichtsrates genügen also nicht[1]. Allerdings führt ein Stimmverbot in der Person eines Mitgliedes auch bei einem dreiköpfigen Organ nicht zu dessen Beschlussunfähigkeit[2].

Die Satzung kann insb. vorsehen, dass alle Aufsichtsratsmitglieder (oder jede Art der einfachen oder qualifizierten Mehrheit) an der Beschlussfassung teilnehmen müssen[3]. Bezugsgröße für die mindestens erforderliche Teilnehmerzahl an der Beschlussfassung ist im Zweifel die satzungsmäßige Gesamtmitgliederzahl, nicht die Zahl der sich tatsächlich im Amt befindenden Aufsichtsratsmitglieder[4]; allerdings kann statutarisch für die Beschlussfähigkeit auch auf die tatsächlich im Amt befindlichen Aufsichtratsmitglieder abgestellt werden[5]. Teilnahme ist auch die schriftliche Stimmenabgabe (einschließlich Stimmenthaltung), aber nicht bloße Anwesenheit[6]. Ferner kann die Satzung bestimmen, dass eine gleichgroße Zahl von Vertretern der Anteilseigner und der ArbN-Vertreter anwesend sein muss[7]. Demgegenüber ist nach hM eine Satzungsbestimmung wegen Verstoßes gegen den Gleichheitsgrundsatz nichtig, welche die Beschlussfähigkeit von der Anwesenheit eines bestimmten Aufsichtsratsmitglieds oder ausschließlich von einer bestimmten Zahl von Vertretern der Anteilseigner abhängig macht[8]. 28

Bei fehlender Satzungsregelung zur Beschlussfähigkeit ist der Aufsichtsrat beschlussfähig, wenn mindestens die Hälfte seiner Mitglieder an der Abstimmung teilnimmt (§ 108 Abs. 2 Satz 2 AktG). Die Unterbesetzung des Aufsichtsrates führt nicht zur Beschlussunfähigkeit, auch wenn die Gruppenparität nicht gewahrt ist (§ 108 Abs. 2 Satz 4 AktG); dies gilt selbst dann, wenn dem Aufsichtsrat überhaupt keine ArbN-Vertreter angehören oder einer Beschlussfassung nicht zustimmen[9]. Auch eine gesetzes- oder satzungswidrige Besetzung des Aufsichtsrats führt nicht zur Beschlussunfähigkeit. Allerdings ist die Untergrenze von drei Mitgliedern in jedem Fall zu beachten (§ 108 Abs. 2 Satz 3 AktG). 29

Für Beschlüsse des Aufsichtsrats genügt grundsätzlich die einfache Mehrheit der abgegebenen Stimmen[10]. Die Satzung kann vorsehen, dass bei Stimmengleichheit der Vorsitzende (Rz. 31) oder das Los entscheidet[11]. Ist eine solche Satzungsregelung nicht vorgesehen, so darf der Vorsitzende oder das Los nur dann den Ausschlag geben, wenn alle Aufsichtsratsmitglieder damit einverstanden sind. Unzulässig ist eine Satzungsbestimmung, derzufolge die positive Beschlussfassung von der Stimme eines einzelnen Aufsichtsratsmitgliedes abhängt oder einem einzelnen Mitglied ein Vetorecht einräumt. Ebenso wenig ist es zulässig, die Zustimmung zur Teilnahme des Vorsitzenden des Aufsichtsrates oder von der Mitwirkung eines Aufsichtsratsmitgliedes jeder Gruppe an der Beschlussfassung abhängig zu machen[12]. 30

3. Binnenorganisation. Die Binnenorganisation des Aufsichtsrates wird durch die §§ 107–110. AktG geregelt. Danach hat der Aufsichtsrat einen **Vorsitzenden** und mindestens einen Stellvertreter zu wählen (§ 107 Abs. 1 AktG). Dem Vorsitzenden können und – entsprechend den Empfehlungen und Anregungen des Deutsches Corporate Governance Kodex (DCGK) – sollen neben den vom Gesetz zugewiesenen Aufgaben weitere Kompetenzen (zB Beratung des Vorstandes im Hinblick auf die Strategie, die Geschäftsentwicklung und das Risikomanagement des Unternehmens) insb. durch Geschäftsordnung übertragen werden[13]. Die Satzung bzw. die Geschäftsordnung können dem Vorsitzenden insb. das Recht der Stichentscheidung bei Stimmengleichheit einräumen[14]. 31

Der Aufsichtsrat kann nach § 107 Abs. 3 AktG **Ausschüsse** bestellen und dies entspricht auch guter Unternehmensführung, um die Effizienz der Aufsichtsratstätigkeit zu erhöhen[15]. Über die Einrichtung und Besetzung von Ausschüssen entscheidet der Aufsichtsrat autonom, wobei in der Regel die Geschäftsordnung des Aufsichtsrates Besetzungsregelungen enthält. Nach zutreffender hM gibt es kein Paritätsgebot, demzufolge die drittelparitätische Besetzung mit ArbN-Vertretern im Aufsichtsratsplenum in den Ausschüssen in gleicher Weise abgebildet werden müsste. Vielmehr darf nach Aufgabe des Ausschusses und Befähigung der in Betracht kommenden Personen differenziert werden, solange nur sachwidrige Differenzierungen nach Gruppenzugehörigkeit der Aufsichtsratsmitglieder unterbleiben (Grundsatz des allgemeinen Diskriminierungsverbots)[16]. Auch der Deutsche Corporate Governance Kodex empfiehlt keine 32

---

[1] LG Karlsruhe v. 5.5.1993 – O 177/92 KFH III, AG 1994, 87; *Hüffer*, § 108 AktG Rz. 11. | [2] Vgl. *Stadler/Berner*, NZG 2003, 49, 51 f.; unzutr. BayObLG v. 28.3.2003 – 3 Z BR 199/02, AG 2003, 427 ff. | [3] *Hüffer*, § 108 AktG Rz. 10; *Fitting*, § 76 BetrVG 52 Rz. 141. | [4] BGH v. 15.12.1951 – II ZR 137/51, BGHZ 4, 224, 228; ErfK/*Oetker*, § 76 BetrVG 52 Rz. 23; GK-BetrVG/*Kraft*, § 76 BetrVG 52 Rz. 15; *Dietz/Richardi*, § 76 BetrVG 52 Rz. 16. | [5] Vgl. *Geßler/Hefermehl/Eckhardt/Kropff/Geßler*, § 108 AktG Rz. 34. | [6] *Hüffer*, § 108 AktG Rz. 10. – Zur Wertung von Stimmverboten siehe Rz. 27. | [7] ErfK/*Oetker*, § 76 BetrVG 52 Rz. 24; GK-BetrVG/*Kraft*, § 76 BetrVG 52 Rz. 16; *Fitting*, § 76 BetrVG 52 Rz. 141. | [8] BGH v. 25.2.1982 – II ZR 145/80, BGHZ 83, 151 ff. – Bilfinger & Berger (zu Mitbest*G*); ErfK/*Oetker*, § 76 BetrVG 52 Rz. 24; GK-BetrVG/*Kraft*, § 76 BetrVG 52 Rz. 16; *Dietz/Richardi*, § 76 BetrVG 52 Rz. 17; *Fitting*, § 76 BetrVG 52 Rz. 141; aA AG Detmold v. 11.11.1981 – 17 HRB 0013, AG 1983, 24 ff. | [9] ErfK/*Oetker*, § 76 BetrVG 52 Rz. 22; GK-BetrVG/*Kraft*, § 76 BetrVG 52 Rz. 14; *Dietz/Richardi*, § 76 BetrVG 52 Rz. 19. | [10] *Hüffer*, § 108 AktG Rz. 6. | [11] *Geßler/Hefermehl/Eckhardt/Kropff/Geßler*, § 108 AktG Rz. 20; aA (für die Zulässigkeit des Loses) *Godin/Wilhelmi*, § 108 AktG Anm. 4. | [12] *Geßler/Hefermehl/Eckhardt/Kropff/Geßler*, § 108 AktG Rz. 21; KölnKommAktG/*Mertens*, § 108 AktG Rz. 47. | [13] Hierzu Ziff. 5.2 DCGK; vgl. auch *Seibt/Wilde* in Hommelhoff/Hopt/v. Werder, Handbuch Corporate Governance, S. 377, 388 ff.; *Kremer* in Ringleb/Kremer/Lutter/v. Werder, DCGK, Rz. 664 ff.; *Semler*, Arbeitshandbuch für Aufsichtsratsmitglieder, F 1 ff. – Siehe auch § 27 MitbestG Rz. 8. | [14] ErfK/*Oetker*, § 76 BetrVG 52 Rz. 26; GK-BetrVG/*Kraft*, § 76 BetrVG 52 Rz. 35. | [15] Hierzu zB Ziff. 5.3 DCGK; *Lutter*, ZGR 2001, 224, 229; *Semler*, Arbeitshandbuch für Aufsichtsratsmitglieder, G 1 ff. | [16] BGH v. 17.5.1993 – II ZR 89/92, BGHZ 122, 342, 354 ff. – Hamburg-Mann-

Beachtung des Paritätsgebots[1]. Im Regelfall wird allerdings zur Gewährleistung eines ausreichenden Informationsflusses an die ArbN-Vertreter in jeden Aufsichtsratsausschuss mindestens ein ArbN-Vertreter zu wählen sein[2]. Für den mitbestimmungsrechtlich besonders wichtigen Personalausschuss des Aufsichtsrates hat der Bundesgerichtshof dies ausdrücklich entschieden[3]. Erfolgen die Wahlen zu Aufsichtsratsausschüssen entgegen den vorgenannten Grundsätzen, so sind diese nichtig[4].

33   Ziff. 3.6 Satz 1 DCGK regt als Maßnahme guter Unternehmensführung an, dass die Vertreter der Anteilseigner und der ArbN die Sitzung des Aufsichtsrats jeweils gesondert, ggf. mit den Vorstandsmitgliedern, vorbereiten (Ziff. 3.6 Satz 1 DCGK)[5]. Diese Anregung soll ebenso wie die Empfehlung der jährlichen Effizienzprüfung der Aufsichtsratstätigkeit (Ziff. 5.6 DCGK)[6], periodischer *in camera*-Sitzungen des Aufsichtsrats ohne Vorstand (Ziff. 3.6 Satz 2 DCGK) oder gruppenpsychologischer Maßnahmen wie Fortbildungskurse, gemeinsame Ausflüge etc. der Schaffung einer offenen und vertrauensvollen Diskussionskultur dienen.

34   **4. Rechte, Pflichten und Kompetenzen des Aufsichtsrates.** Die Rechte, Pflichten und Kompetenzen des Aufsichtsrates ergeben sich ausschließlich aus dem Aktienrecht. Dem **Aufsichtsrat der AG** kommt hiernach zwingend die **Personalkompetenz** über den Vorstand zu (dh. Bestellung und Abberufung der Vorstandsmitglieder sowie Abschluss, Änderung und Beendigung der Vorstands-Anstellungsverträge). Des Weiteren ist der Aufsichtsrat verpflichtet, den **Vorstand zu überwachen** (vgl. § 111 Abs. 1 AktG). Hierzu stehen dem Aufsichtsrat eine Vielzahl von Informations- und Untersuchungsrechten zu, die entsprechend den Grundsätzen guter Unternehmensführung in einer Informationsordnung zusammengefasst sein sollten[7]. Schließlich kommen dem Aufsichtsrat der AG eine Reihe von **Mitentscheidungsrechten** zu, namentlich (i) Zustimmungsvorbehalte bei bestimmten Geschäftsführungsmaßnahmen (vgl. § 111 Abs. 4 AktG), (ii) Feststellung des Jahresabschlusses und Billigung des Konzernabschlusses (vgl. § 171 Abs. 2 Sätze 3 bis 5, § 172 Abs. 1 AktG) sowie (iii) Gewinnverwendung durch Einstellung in die Rücklagen (vgl. § 58 Abs. 2 AktG).

35   Bei der KGaA sind die Kompetenzen des Aufsichtsrats kraft Gesetzes deutlich schwächer ausgestaltet als bei der AG. So kommt dem Aufsichtsrat bei der KGaA keine Personalkompetenz über den Komplementär zu[8]. Ferner gilt bei der KGaA die Verpflichtung nicht, dass in der Satzung Zustimmungsvorbehalte für bestimmte Geschäftsführungsmaßnahmen zugunsten des Aufsichtsrats vorgesehen sein müssen (vgl. § 278 Abs. 2 AktG). Vielmehr können die Komplementäre die gewöhnlichen Geschäfte allein ausführen, während zu den außergewöhnlichen Geschäften die Zustimmung der Hauptversammlung notwendig ist (§ 278 Abs. 2 AktG iVm. §§ 116, 164 HGB). Allerdings ist die Zuständigkeitsverteilung bei der KGaA dispositives Recht, so dass die Satzung (nicht allerdings der Aufsichtsrat autonom) dem Aufsichtsrat zB die Rechte nach § 111 Abs. 4 Satz 2 AktG oder sogar weiter gehende Geschäftsführungs- und Weisungsbefugnisse gegenüber den Komplementären einräumen kann[9]. Schließlich obliegt die Feststellung des Jahresabschlusses bei der KGaA der Hauptversammlung mit Zustimmung der Komplementäre (§ 286 Abs. 1 AktG).

36   **5. Rechtsstellung der Aufsichtsratsmitglieder.** Die Rechtsstellung der Aufsichtsratsmitglieder bestimmt sich nach den aktienrechtlichen Vorschriften. Danach haben die Mitglieder des Aufsichtsrats, gleich ob Anteilseigner- oder ArbN-Vertreter, die gleichen Rechte und Pflichten, insb. stehen ihnen die gleichen Mitwirkungs-, Informations- und Stimmrechte zu; sie sind aber andererseits auch in gleichem Maße zur Amtsausübung verpflichtet und gegenüber der Gesellschaft haftungsrechtlich verantwortlich[10]. Jedes Aufsichtsratsmitglied hat dafür zu sorgen, dass die dem Aufsichtsrat übertragenen Zuständigkeiten und Aufgaben mit der Sorgfalt eines ordentlichen Überwachers und Beraters wahrgenommen werden (Grundsatz der Gesamtverantwortung; § 116 AktG). Der Grundsatz der Gesamtverantwortung schließt jedoch nicht aus, dass bestimmte Aufsichtsratsaufgaben einzelnen Aufsichtsratsmitgliedern oder einem Ausschuss zugewiesen werden. Bei ernsthaften Zweifeln an der sachgemäßen Erledigung der Aufgaben hat indes jedes

---

heimer (zu MitbestG); OLG Hamburg v. 29.9.1995 – 11 U 20/95, AG 1996, 84 ff. – Volksfürsorge Deutsche Lebensversicherung (zu MitbestG); OLG München v. 27.1.1995 – 23 U 4282/94, AG 1995, 466, 467 – Voigt Elektronik (zu BetrVG 1952); LG Frankfurt/Main v. 19.12.1995 – 2/14 O 183/95, ZIP 1996, 1661 – Deutsche Börse (zu BetrVG 1952; Vergleich vor OLG Frankfurt); *Hüffer*, § 107 AktG Rz. 21; *Brandes*, WM 1994, 2177, 2182; *Mertens*, AG 1981, 113, 131; *Zöllner*, AG 1981, 13, 15; *Hanau/Ulmer*, § 25 MitbestG Rz. 107; aA (Paritätsgebot) GK-MitbestG/*Naendrup*, § 25 MitbestG Rz. 35; *Nagel*, DB 1979, 1799, 1801; *Henssler*, FS BGB II, S. 387, 395 ff. |1 Zutr. *Kremer* in Ringleb/Kremer/Lutter/v. Werder, DCGK, Rz. 684 und 696. |2 *Willemsen/Seibt*, Unternehmensumstrukturierung, F57; *Seibt*, DB 2002, 529, 531 (zum sog. Übernahmeausschuss; § 27 Abs. 1 WpÜG). |3 BGH v. 17.5.1993 – II ZR 89/92, BGHZ 122, 342, 358 ff. – Hamburg-Mannheimer; zust. *Brandes*, WM 1994, 2177, 2182. |4 BGH v. 17.5.1993 – II ZR 89/92, BGHZ 122, 342, 354 ff. – Hamburg-Mannheimer; *Willemsen/Seibt*, Unternehmensumstrukturierung, F57. |5 Hierzu *v. Werder* in Ringleb/Kremer/Lutter/v. Werder, DCGK, Rz. 288 ff. |6 Hierzu ausf. *Seibt*, DB 2003, 2107 ff. |7 Hierzu *Seibt/Wilde* in Hommelhoff/Hopt/v. Werder, Handbuch Corporate Governance, S. 377, 390 ff.; *Lutter*, ZGR 2001, 224, 232; vgl. auch Ziff. 3.4 DCGK. |8 *Hüffer*, § 278 AktG Rz. 15; *Kallmeyer*, ZGR 1983, 57, 66. |9 GroßKommAktG/*Assmann/Sethe*, § 287 Rz. 44 f.; *Kallmeyer*, ZGR 1983, 57, 69; *Raiser*, § 25 MitbestG Rz. 85. |10 Vgl. BGH v. 25.2.1982 – II ZR 123/81, BGHZ 83, 106, 112 f. – Siemens; v. 15.12.1986 – II ZR 18/86, BGHZ 99, 211, 216; v. 15.11.1993 – II ZR 235/92, BGHZ 124, 111, 127; *Lutter/Krieger*, Rz. 279; MünchGesR/*Hoffmann-Becking*, Bd. 4: AG, § 33 Rz. 1 f.

Aufsichtsratsmitglied die Pflicht, der Zuweisung zu widersprechen und den Aufgabenbereich oder die Einzelentscheidung in das Gesamtgremium zurückzuholen. Das einzelne Aufsichtsratmitglied haftet nicht für Fehler des betrauten Aufsichtsratsmitglieds oder der Ausschussmitglieder, wenn er sich auf eine zweckgerechte Erfüllung der Aufgaben verlassen konnte. Er haftet nur bei fehlerhafter Zuweisung, mangelhafter Überwachung, unterlassener Zurückholung in das Gesamtgremium sowie bei versäumter Information der Gesellschafter bzw. Einleitung von rechtlichen Schritten gegen Organmitglieder[1].

Auch bei den **Empfehlungen und Anregungen des Deutschen Corporate Governance Kodex** ist nicht zwischen Anteilseigner- und ArbN-Vertretern zu differenzieren. ArbN-Vertreter genießen insb. keine Sonderstellung im Hinblick auf die Kodex-Bestimmungen zur Vergütung (Ziff. 5.4.5 Sätze 4 und 5 DCGK), zum Selbstbehalt bei D&O-Versicherungen (Ziff. 3.8 Satz 3 DCGK), zur Offenlegung und Behandlung von Interessenkonflikten (Ziff. 5.5.2, 5.5.3 Satz 1 DCGK) sowie zur Effizienzprüfung der Aufsichtsratstätigkeit (Ziff. 5.6 DCGK; zB Zulässigkeit der Beurteilung der einzelnen Aufsichtsratsmitglieder[2])[3]. **37**

6. Schutz der Tätigkeit der ArbN-Vertreter. Nach § 76 Abs. 2 Satz 5 gilt für die ArbN-Vertreter im Aufsichtsrat das **Behinderungs-, Benachteiligungs- und Bevorzugungsverbot** des § 78 BetrVG entsprechend (siehe hierzu § 78 BetrVG)[4]. Der ArbN, der gleichzeitig Aufsichtsratsmitglied ist, darf in seiner beruflichen Entwicklung nicht anders als die übrigen ArbN behandelt werden. Allerdings steht den ArbN-Vertretern im Aufsichtsrat kein besonderer Kündigungsschutz zu; § 15 KSchG und § 103 BetrVG sind nicht entsprechend auf die ArbN-Vertreter im Aufsichtsrat anzuwenden[5]. Unberührt bleibt selbstverständlich der Kündigungsschutz des ArbN in seiner ggf. gleichzeitigen Eigenschaft als BR-Mitglied[6]. Ausnahmsweise kann allerdings eine Kündigung unwirksam sein, die mit dem Ziel erfolgt, die Tätigkeit des ArbN im Aufsichtsrat unmöglich zu machen oder diesem wegen seiner Aufsichtsratstätigkeit zu maßregeln. In diesen Fällen folgt aus § 78 BetrVG ein relativer Kündigungsschutz[7]. **38**

III. Wahl der ArbN-Vertreter (§ 76 Abs. 2, Abs. 3). 1. Wahlberechtigung. a) Aktives Wahlrecht. Materiell richtet sich die Berechtigung zur Wahl der ArbN-Vertreter nach den Regeln zur BR-Wahl (§ 76 Abs. 2 Satz 1 iVm. § 7 BetrVG). Aktiv wahlberechtigt sind demnach alle ArbN des Unternehmens, die das 18. Lebensjahr vollendet haben. LeihArbN besitzen das aktive Wahlrecht nach dreimonatiger Einsatzzeit[8]. Zur Beteiligung der ArbN von Konzernunternehmen siehe Rz. 61–71. Formell richtet sich die Wahlberechtigung nach der Eintragung in die Wählerliste (vgl. § 31 Abs. 5 WO 1953). **39**

b) Passives Wahlrecht. Für die Wählbarkeit gelten alleine die allgemeinen aktienrechtlichen Anforderungen, die auch bei der Wahl von Anteilseignervertretern zu wahren sind[9]; insb. § 8 BetrVG ist nicht anzuwenden[10]. Ein Prokurist (§ 48 HGB) oder ein zum gesamten Geschäftsbetrieb ermächtigter Handlungsbevollmächtigter der Gesellschaft (§ 54 Abs. 1 HGB) kann nicht zugleich Aufsichtsratsmitglied der Gesellschaft sein (§ 105 Abs. 1 AktG); die Ausnahmevorschrift des § 6 Abs. 2 Satz 1 MitbestG findet im Rahmen des BetrVG 1952 keine entsprechende Anwendung[11]. Leitende Angestellte iSv. § 5 Abs. 3 und Abs. 4 BetrVG können auch als Vertreter der ArbN Aufsichtsratsmitglied werden, es sei denn, sie fallen unter § 105 Abs. 1 AktG[12]. **40**

Für die **Zusammensetzung der ArbN-Vertreter im Aufsichtsrat** gilt zwingend Folgendes (besondere Wählbarkeitsvoraussetzung): Sind nur ein oder zwei ArbN-Vertreter in den Aufsichtsrat zu wählen, müssen diese ArbN eines Betriebs des Unternehmens sein (§ 76 Abs. 2 Sätze 2 und 3). Sind demgegenüber mehr als zwei ArbN-Vertreter zu wählen, so müssen von ihnen mindestens zwei ArbN eines Betriebs des Unternehmens sein (§ 76 Abs. 2 Satz 3). Solche zu einem Betrieb des Unternehmens angehörende ArbN müssen ArbN iSv. § 5 Abs. 1 BetrVG sein, so dass leitende Angestellte ausscheiden[13]. Ferner müssen die ArbN im Unternehmen beschäftigt sein, was zu verneinen ist, wenn sich die ArbN in ATZ befinden und feststeht, dass sie für das Unternehmen keine Arbeitsleistung mehr erbringen werden[14]. Eine Aufteilung der den unternehmensangehörigen ArbN vorbehaltenen Sitze auf Arbeiter und Angestellte ist nicht notwendig. Hinsichtlich der weiteren Aufsichtsratsmitglieder bestehen keine be- **41**

---

1 Vgl. KölnKommAktG/*Mertens*, § 107 Rz. 161; Scholz/*U.H. Schneider*, § 52 GmbHG Rz. 334a; *Hanau/Ulmer*, § 25 MitbestG Rz. 120. |2 Hierzu *Seibt*, DB 2003, 2107, 2109. |3 Hierzu *Seibt*, AG 2003, 465, 476. |4 So auch § 9 DrittelbG-E (Rz. 1). |5 ErfK/*Oetker*, § 76 BetrVG 52 Rz. 83; GK-BetrVG/*Kraft*, § 76 BetrVG 52 Rz. 134; *Fitting*, § 76 BetrVG 52 Rz. 170; *Dietz/Richardi*, § 76 BetrVG 52 Rz. 177; MünchArbR/*Wißmann*, § 384 Rz. 10, § 380 Rz. 85; aA *Naendrup*, AuR 1979, 204 ff. |6 BAG v. 4.4.1974 – 2 AZR 452/73, AP BGB § 626, Arbeitnehmervertreter im AR Nr. 1; ErfK/*Oetker*, § 76 BetrVG 52 Rz. 83; GK-BetrVG/*Kraft*, § 76 BetrVG 52 Rz. 134; *Fitting*, § 76 BetrVG 52 Rz. 170. |7 ErfK/*Oetker*, § 76 BetrVG 52 Rz. 83; GK-BetrVG/*Kraft*, § 76 BetrVG 52 Rz. 134; *Dietz/Richardi*, § 76 BetrVG 52 Rz. 177. – Siehe auch § 26 MitbestG Rz. 6. |8 Vgl. § 7 Satz 2 BetrVG; ErfK/*Oetker*, § 76 BetrVG 52 Rz. 30; GK-BetrVG/*Kraft*, § 76 BetrVG 52 Rz. 10. |9 ErfK/*Oetker*, § 76 BetrVG 52 Rz. 38; *Dietz/Richardi*, § 76 BetrVG 52 Rz. 69. |10 ErfK/*Oetker*, § 76 BetrVG 52 Rz. 31; GK-BetrVG/*Kraft*, § 76 BetrVG 52 Rz. 45; *Fitting*, § 76 BetrVG 52 Rz. 59. |11 ErfK/*Oetker*, § 76 BetrVG 52 Rz. 32; GK-BetrVG/*Kraft*, § 76 BetrVG 52 Rz. 48; *Dietz/Richardi*, § 76 BetrVG 52 Rz. 70; *Fitting*, § 76 BetrVG 52 Rz. 60; MünchArbR/*Wißmann*, § 383 Rz. 25. |12 *Fitting*, § 76 BetrVG 52 Rz. 60; GK-BetrVG/*Kraft*, § 76 BetrVG 52 Rz. 41; *Dietz/Richardi*, § 76 BetrVG 52 Rz. 78; MünchArbR/*Wißmann*, § 383 Rz. 25. |13 LAG Bremen v. 15.7.1959 – 1 Sa B1/59, AP BetrVG 1952 § 76 Nr. 9; ErfK/*Oetker*, § 76 BetrVG 52 Rz. 34; GK-BetrVG/*Kraft*, § 76 BetrVG 52 Rz. 45; *Dietz/Richardi*, § 76 BetrVG 52 Rz. 74; *Fitting*, § 76 BetrVG 52 Rz. 60. |14 BAG v. 25.1.2000 – 7 ABR 18/00, AP BetrVG 1952 § 76 Nr. 32; ErfK/*Oetker*, § 76 BetrVG 52 Rz. 34.

sonderen Voraussetzungen. Sie müssen weder Angehörige des Unternehmens, noch ArbN mit einer bestimmten Gruppenzugehörigkeit sein[1].

42 Nach § 76 Abs. 2 Satz 4 soll mindestens eine Frau als ArbN-Vertreterin gewählt werden, wenn in den Betrieben des Unternehmens mehr als die Hälfte der ArbN Frauen sind. Diese Bestimmung ist eine Sollvorschrift, deren Verletzung keine Auswirkungen zeitigt[2].

43 **c) Persönliche Eigenschaften.** Die gesetzlich geregelten persönlichen Voraussetzungen für die Aufsichtsratsmitgliedschaft (§ 100 Abs. 1, Abs. 2 AktG) gelten auch für ArbN-Vertreter. Hingegen kann die Satzung weitere persönliche Voraussetzungen für die ArbN-Vertreter nicht vorsehen (§ 100 Abs. 4 AktG)[3]. Allerdings gelten die Empfehlungen und Anregungen des Deutschen Corporate Governance Kodex zur Zusammensetzung des Aufsichtsrats (Ziff. 5.4.1 bis 5.4.3) auch für die ArbN-Vertreter[4].

44 **d) Wahlberechtigung bei Unternehmenskäufen.** Bei den Wahlen zum Aufsichtsrat sind grundsätzlich alle ArbN eines Unternehmens (oder eines Konzernverbundes) wahlberechtigt, die in diesem Unternehmen (oder einem Konzernunternehmen) zum Zeitpunkt der Wahl beschäftigt (wobei es bei mehrtägigen Wahlzeiten genügend ist, wenn die Wahlberechtigung am letzten Tag der Abstimmung oder Wahl gegeben ist[5]) und in der Wählerliste eingetragen sind. Die Wählerliste ist zu berichtigen oder zu ergänzen, wenn ein ArbN in den Betrieb eintritt oder aus ihm ausscheidet oder wenn sie in sonstiger Weise die Voraussetzungen ändern, auf denen eine Eintragung in der Wählerliste beruht. Hieraus folgt der verallgemeinerungsfähige Grundsatz, dass auch bei Unternehmenskäufen und -verkäufen Änderungen hinsichtlich des zur Wahl der ArbN-Vertreter für den Aufsichtsrat zuzulassenden Kreises von ArbN nach Einleitung des Wahlverfahrens soweit wie möglich zu berücksichtigen sind. Dabei bedarf es für eine Berücksichtigung des Unternehmenskaufs, dass der Erwerberunternehmen über der Kaufgesellschaft eine gesellschaftsrechtlich vermittelte Einflussmöglichkeit hat[6]. Etwaige bereits abgeschlossene Wahlabschnitte brauchen nicht wiederholt zu werden[7].

45 **2. Wahl der ArbN-Vertreter. a) Wahlgrundsätze.** Die ArbN-Vertreter werden durch die Gesamtheit der wahlberechtigten ArbN der Betriebe des Unternehmens gewählt. Ihre Wahl erfolgt einheitlich für das Unternehmen und nicht getrennt nach einzelnen Betrieben[8]. Das Wahlverfahren regelt die Erste Rechtsverordnung zur Durchführung des BetrVG vom 18.3.1953 (WO 1953), die zZt. nur noch auf die Wahl der ArbN-Vertreter in den Aufsichtsrat anwendbar ist, obwohl sie größtenteils vom Wortlaut her auf die BR-Wahl zugeschnitten ist; die WO 1953 ist unübersichtlich, nicht praxistauglich und daher reformbedürftig[9].

46 Die Wahl muss allgemein, gleich, geheim und unmittelbar sein (§ 76 Abs. 2 Satz 1). Alle wahlberechtigten ArbN haben das Recht, sich an der Wahl zu beteiligen und jede Stimme ist gleichgewichtig in die Auswertung der abgegebenen Stimmen einzubeziehen. Entsprechend § 20 Abs. 1 und 2 BetrVG (und § 20 Abs. 1 und 2 MitbestG) ist eine Wahlbehinderung verboten[10].

47 **b) Wahlverfahren.** Das Wahlverfahren wird eingeleitet durch eine Benachrichtigung des Vertretungsorgans gegenüber dem BR oder – falls ein solcher nicht besteht – den ArbN (zB durch E-Mail) Rundschreiben oder Anschlag am schwarzen Brett), wie viele ArbN-Vertreter in den Aufsichtsrat zu entsenden sind und wann deren Amtszeit beginnt[11]. In der Phase der Vorgesellschaft sind die Gründer zu dieser Benachrichtigung verpflichtet, soweit die ArbN bereits an der Bildung des ersten Aufsichtsrats zu beteiligen sind (§ 31 AktG; hierzu Rz. 8)[12]. Hieraufhin hat der BR oder – falls ein solcher nicht besteht – eine Betriebsversammlung in der Regel mindestens zehn Wochen vor Beginn der Amtszeit der Aufsichtsratsmitglieder einen Wahlvorstand einzusetzen, der in der Regel aus drei Mitgliedern besteht[13]. Der Wahlvorstand hat spätestens sechs Wochen vor dem ersten Tag der Stimmabgabe das Wahlausschreiben zu erlassen[14], wodurch die Wahl eingeleitet ist. Die Wahl erfolgt aufgrund von Wahlvorschlägen, die innerhalb von zwölf Arbeitstagen seit Erlass des Wahlausschreibens beim Wahlvorstand einzureichen sind[15]. Jeder BR eines Betriebs des Unternehmens kann Wahlvorschläge machen (§ 76 Abs. 3

---

[1] ErfK/*Oetker*, § 76 BetrVG 52 Rz. 35; *Dietz/Richardi*, § 76 BetrVG 52 Rz. 78. | [2] Zur Charakterisierung als Sollvorschrift ErfK/*Oetker*, § 76 BetrVG 52 Rz. 35; GK-BetrVG/*Kraft*, § 76 BetrVG 52 Rz. 45 u. 50; *Dietz/Richardi*, § 76 BetrVG 52 Rz. 79 – Eine inhaltlich erweiterte Sollvorschrift (Vertretung von Männern und Frauen entsprechend ihrem zahlenmäßigen Verhältnis im Unternehmen) enthält § 4 Abs. 4 DrittelbG-E (Rz. 1). | [3] BGH v. 21.2.1963 – II ZR 76/62, AP BetrVG 1952 § 76 Nr. 12; ErfK/*Oetker*, § 76 BetrVG 52 Rz. 32; *Fitting*, § 76 BetrVG 52 Rz. 59. | [4] Hierzu *Seibt*, AG 2003, 465, 476. | [5] Vgl. *Hanau/Ulmer*, Vor § 99 MitbestG Rz. 4; *Fitting/Wlotzke/Wißmann*, § 99 Rz. 241. | [6] *Willemsen/Seibt*, Unternehmensumstrukturierung, F71; *Raiser*, § 5 MitbestG Rz. 10. | [7] *Willemsen/Seibt*, Unternehmensumstrukturierung, F72; *Hoffmann/Lehmann/Weinmann*, § 9 MitbestG Rz. 87. | [8] ErfK/*Oetker*, § 76 BetrVG 52 Rz. 36; GK-BetrVG/*Kraft*, § 76 BetrVG 52 Rz. 57. | [9] Das BMWA hat einen Referentenentwurf einer „Rechtsverordnung zum Zweiten Gesetz zur Vereinfachung der Wahl der Arbeitnehmervertreter in den Aufsichtsrat" vorgelegt (Schreiben IIIA5-32555-3 vom 20.8.2003), der sich an den WOen zum MitbestG orientiert. | [10] ErfK/*Oetker*, § 76 BetrVG 52 Rz. 53; GK-BetrVG/*Kraft*, § 76 BetrVG 52 Rz. 74; *Fitting*, § 76 BetrVG 52 Rz. 66 – Eine ausdrückliche Regelung enthält § 10 Abs. 1 und 2 DrittelbG-E (Rz. 1). | [11] § 31 Abs. 1 Sätze 1 und 2 WO 1953. | [12] Vgl. *Fitting*, § 76 BetrVG 52 Rz. 68. | [13] § 31 Abs. 2 und Abs. 3 WO 1953. | [14] § 31 Abs. 1 Satz 1 WO 1953; zum Inhalt § 32 Abs. 2 WO 1953. | [15] § 33 Abs. 1 iVm. § 6 Abs. 1 Satz WO 1953.

Satz 1); das Gleiche gilt für den GesamtBR in Unternehmen mit mehreren Betrieben[1]. Die BR des Unternehmens müssen sich nicht auf ein gemeinsamen Wahlvorschlag einigen[2]. Kein Wahlvorschlagsrecht haben die Gesellschaft oder die Gewerkschaften[3]. Wahlvorschläge aus Kreisen der wahlberechtigten ArbN (§ 7 BetrVG) müssen mindestens von 1/10 der wahlberechtigten ArbN der Betriebe des Unternehmens oder mindestens von 100 wahlberechtigten ArbN unterzeichnet werden (§ 76 Abs. 3).

Besteht das **Unternehmen aus mehreren Betrieben**, so erfolgt die Wahl zwar in einem einheitlichen Verfahren (Rz. 45), es gelten allerdings aber einige Besonderheiten im Hinblick auf die Stellung und die Zuständigkeit des Wahlvorstands sowie der Fristen[4]. 48

c) **Wahlsystem.** Die Wahl erfolgt grundsätzlich als Mehrheits-, nicht als Verhältniswahl. Es findet in keinem Fall eine nach den Gruppen der Arbeiter oder Angestellten getrennte, sondern insofern immer eine **gemeinsame Wahl** statt[5]. Besonderes ergibt sich nur für das Merkmal der Unternehmenszugehörigkeit, das hinsichtlich des Einzigen bzw. von mindestens zwei Aufsichtsratmitgliedern der ArbN zu beachten ist (§ 34 Satz 2 WO 1953 iVm. § 76 Abs. 2 Sätze 2 und 3). 49

Das Wahlergebnis hat der Wahlvorstand in einer Niederschrift festzustellen[6], und die gewählten Aufsichtsratsmitglieder sind im Betrieb durch Aushang bekannt zu geben sowie dem Vertretungsorgan der Gesellschaft schriftlich mitzuteilen[7]. Eine Abschrift der Wahlniederschrift ist dem Unternehmen und den im Betrieb vertretenen Gewerkschaften zu übersenden (§ 18 Abs. 3 BetrVG analog). Die Wahlakten sind mindestens für die Amtzeit der Gewählten aufzubewahren[8]. 50

d) **Wahl von Ersatzmitgliedern.** Für Aufsichtsratsmitglieder kann ein Ersatzmitglied bestellt werden (§ 101 Abs. 3 Satz 2 AktG)[9]. Die Bestellung muss allerdings gleichzeitig mit der Aufsichtsratswahl erfolgen; sie kann nicht nachgeholt werden[10]. Bei Ausscheiden eines Mitglieds rückt nicht der Bewerber mit der nächsthöheren Stimmenzahl automatisch nach, sofern er nicht als Ersatzmitglied gewählt worden war[11]. 51

3. **Anfechtung und Nichtigkeit der Wahl.** a) **Wahlanfechtung.** Trotz § 87 lit. g enthält die Wahlverordnung keine besonderen Vorschriften über die Wahlanfechtung. Diese Lücke ist durch analoge Anwendung von § 17 BetrVG zu schließen[12]. 52

Gegenstand der Wahlanfechtung kann die Wahl einzelner ArbN-Vertreter oder die Gesamtheit der ArbN-Vertreter sein[13]. Dabei ist eine auf ein einzelnes Aufsichtsratsmitglied beschränkte Teilanfechtung jedoch nur ausnahmsweise dann zulässig, wenn sich der Anfechtungsgrund gerade auf dieses Mitglied beschränkt[14]. 53

Anfechtungsberechtigt sind analog § 19 BetrVG drei wahlberechtigte ArbN des Unternehmens, eine im Betrieb vertretene Gewerkschaft[15] sowie das gesetzliche Vertretungsorgan der Gesellschaft, dh. der Vorstand einer AG und die Komplementäre einer KGaA[16]. Nach der Rspr. sollen ferner und abweichend von § 19 BetrVG auch die (Gesamt-)BR antragsberechtigt sein, was sich aus der Zuweisung des Wahlvorschlagsrechts in § 76 Abs. 3 ergibt[17]. Im Anfechtungsverfahren sind nur die Personen zu beteiligen, denen das Gesetz ein Antragsrecht zuerkennt oder deren Rechtsposition durch die gerichtliche Entscheidung beeinträchtigt werden kann[18]. Im Betrieb vertretene Gewerkschaften[19] sowie die BR[20] sind nur zu beteiligen, wenn sie selbst den Anfechtungsantrag gestellt haben. 54

---

1 ErfK/*Oetker*, § 76 BetrVG 52 Rz. 41; GK-BetrVG/*Kraft*, § 76 BetrVG 52 Rz. 63; *Fitting*, § 76 BetrVG 52 Rz. 74; *Dietz/Richardi*, § 76 BetrVG 52 Rz. 88; MünchArbR/*Wißmann*, § 383 Rz. 27. |2 Hierzu ErfK/*Oetker*, § 76 BetrVG 52 Rz. 39; *Dietz/Richardi*, § 76 BetrVG 52 Rz. 88. |3 ErfK/*Oetker*, § 76 BetrVG 52 Rz. 39; GK-BetrVG/ *Kraft*, § 76 BetrVG 52 Rz. 57 und 61; *Fitting*, § 76 BetrVG 52 Rz. 74; *Dietz/Richardi*, § 76 BetrVG 52 Rz. 90. |4 Hierzu zB *Fitting*, § 76 BetrVG 52 Rz. 81 ff. |5 BAG v. 8.12.1970 – 1 ABR 23/70, AP BetrVG 1952 § 76 Nr. 21; ErfK/*Oetker*, § 76 BetrVG 52 Rz. 40; *Fitting*, § 76 BetrVG 52 Rz. 77; vgl. § 53 Abs. 1 WO 1953. |6 § 35 Abs. 1 WO 1953. |7 § 35 Abs. 2 iVm. § 19, § 36 WO 1953. |8 § 35 Abs. 2 WO 1953. |9 Eine ausdrückliche Regelung enthält § 7 DrittelbG-E (Rz. 1). |10 Vgl. *Hüffer*, § 101 AktG Rz. 12; Geßler/Hefermehl/Eckhardt/Kropff/*Geßler*, § 101 AktG Rz. 116; KölnKommAktG/*Mertens*, § 101 Rz. 74. |11 BAG v. 21.12.1965 – 1 ABR 12/65, AP BetrVG 1952 § 76 Nr. 14; ErfK/*Oetker*, § 76 BetrVG 52 Rz. 44. |12 BAG v. 21.12.1965 – 1 ABR 12/65, AP BetrVG 1952 § 76 Nr. 14; ErfK/*Oetker*, § 76 BetrVG 52 Rz. 46; GK-BetrVG/*Kraft*, § 76 BetrVG 52 Rz. 75; *Dietz/Richardi*, § 76 BetrVG 52 Rz. 111; *Fitting*, § 76 BetrVG 52 Rz. 85; MünchArbR/*Wißmann*, § 383 Rz. 37 – Eine ausdrückliche Regelung enthält § 11 DrittelbG-E (Rz. 1). |13 BAG v. 21.12.1965 – 1 ABR 12/65, AP BetrVG 1952 § 76 Nr. 14; v. 12.8.1970 – 1 ABR 23/70, AP BetrVG 1952 § 76 Nr. 21; ErfK/*Oetker*, § 76 BetrVG 52 Rz. 46; GK-BetrVG/*Kraft*, § 76 BetrVG 52 Rz. 75. |14 ErfK/*Oetker*, § 76 BetrVG 52 Rz. 46. |15 Dies folgt auch aus dem Rechtsgedanken des § 98 Abs. 2 Nr. 7 und 8 AktG (Statusverfahren); vgl. auch BAG v. 27.1.1993 – 7 ABR 37/92, AP BetrVG 1952 § 76 Nr. 29; ErfK/*Oetker*, § 76 BetrVG 52 Rz. 48; *Dietz/Richardi*, § 76 BetrVG 52 Rz. 113; *Fitting*, § 76 BetrVG 52 Rz. 87; MünchArbR/*Wißmann*, § 383 Rz. 37. |16 ErfK/*Oetker*, § 76 BetrVG 52 Rz. 47; GK-BetrVG/*Kraft*, § 76 BetrVG 52 Rz. 76; *Dietz/Richardi*, § 76 BetrVG 52 Rz. 112; *Fitting*, § 76 BetrVG 52 Rz. 86. |17 Vgl. BAG v. 27.1.1993 – 7 ABR 37/92, AP BetrVG 1952 § 76 Nr. 29; ErfK/*Oetker*, § 76 BetrVG 52 Rz. 47; GK-BetrVG/*Kraft*, § 76 BetrVG 52 Rz. 76; *Dietz/Richardi*, § 76 BetrVG 52 Rz. 88 – So auch § 11 Abs. 2 Satz 1 Nr. 2 DrittelbG-E (Rz. 1). |18 ErfK/*Oetker*, § 76 BetrVG 52 Rz. 49; GK-BetrVG/*Kraft*, § 76 BetrVG 52 Rz. 78. |19 BAG v. 27.1.1993 – 7 ABR 37/92, AP BetrVG 1952 § 76 Nr. 29; ErfK/*Oetker*, § 76 BetrVG 52 Rz. 49; aA BAG v. 20.7.1982 – 1 ABR 19/81, AP BetrVG 1952 § 76 Nr. 26; *Fitting*, § 76 BetrVG 52 Rz. 87. |20 BAG v. 12.2.1985 – 7 ABR 11/84, AP BetrVG 1952 § 76 Nr. 27; ErfK/*Oetker*, § 76 BetrVG 52 Rz. 49. – So auch § 11 Abs. 2 Satz 2 Nr. 2 DrittelbG-E (Rz. 1).

55 Die **Anfechtungsfrist** beträgt entsprechend § 35 Abs. 2 Satz 2 iVm. § 19 WO 1953 zwei Wochen und beginnt mit dem Tag der Bekanntgabe des Wahlergebnisses[1].

56 Die Anfechtung der Wahl setzt **materiell** voraus, dass bei ihrer Durchführung gegen wesentliche Vorschriften über das Wahlrecht, die Wählbarkeit, das Wahlverfahren oder gegen Wahlgrundsätze verstoßen wurde, keine Berichtigung erfolgt ist und der Verstoß für das ermittelte Wahlergebnis ursächlich war[2].

57 Mit einer der Anfechtung stattgebenden rechtskräftigen Entscheidung endet das Amt der von der Anfechtung betroffenen Aufsichtsratsmitglieder[3]. An die Stelle der ausscheidenden Aufsichtsratsmitglieder rücken primär die Bewerber mit der nächsthöchsten Stimmenzahl nach, sofern diese die persönlichen Voraussetzungen des ursprünglich Gewählten erfüllen, ansonsten die für die ausscheidenden gewählten Ersatzmitglieder; andernfalls wird eine Nachwahl erforderlich[4].

58 Bis zu einer rechtskräftigen Entscheidung, die der Wahlanfechtung stattgibt, stehen dem Aufsichtsratsmitglied alle Rechte und Pflichten zu. Im Falle einer stattgebenden rechtskräftigen Entscheidung über die Anfechtung bleiben die **Beschlüsse des Aufsichtsrates wirksam**.

59 **b) Nichtigkeit der Wahl.** Die Wahl der ArbN-Vertreter ist nichtig, wenn die Voraussetzungen einer Wahl nicht vorlagen oder derart gegen fundamentale Wahlgrundsätze verstoßen wurde, dass nicht einmal mehr der Anschein einer Wahl gegeben ist[5]. Die Nichtigkeit kann jederzeit, von jedermann und in jedem Verfahren geltend gemacht werden[6].

60 **4. Kosten der Wahl.** Eine ausdrückliche Regelung über die Kostentragungspflicht für die Durchführung der Wahl der ArbN-Vertreter in den Aufsichtsrat enthält das BetrVG 1952 nicht. Nach hM ist § 20 Abs. 3 BetrVG entsprechend anzuwenden, so dass die Kosten, die für die dem Gesetz entsprechende Durchführung der Wahl nach pflichtgemäßem Ermessen des Wahlvorstands in angemessener Höhe anfallen, das Unternehmen zu tragen hat, dessen Aufsichtsrat zu wählen ist[7]. Diese Kostentragungspflicht des Unternehmens erstreckt sich auch auf die Kosten einer Wahlanfechtung oder eines Verfahrens zur Feststellung der Nichtigkeit der Wahl, es sei denn, die Verfahrenseinleitung war offensichtlich unbegründet[8].

61 **IV. Wahl zum Aufsichtsrat eines herrschenden Konzernunternehmens (§ 76 Abs. 4). 1. Grundsatz der Konzernzurechnung.** Die Regelung der Unternehmensmitbestimmung in Konzernstrukturen ist gesetzesspezifisch ausgestaltet. Innerhalb des BetrVG 1952 regelt § 77 die Frage nach der Zurechenbarkeit von ArbN zur Bestimmung des Mitbestimmungsstatuts, während § 76 Abs. 4 (für AG und KGaA) bzw. § 76 Abs. 4 analog (für GmbH; siehe hierzu § 77 Rz. 19) die Frage der aktiven und passiven Wahlberechtigung (Satz 1) sowie des Wahlverfahrens (Satz 2) regelt. Dabei geht das BetrVG 1952 im Grundsatz davon aus, dass die ArbN aller Konzernunternehmen eine einheitliche Konzernbelegschaft bilden, die ihre Vertreter in den Aufsichtsrat des herrschenden Unternehmens wählen. § 76 Abs. 4 verwendet allerdings keinen eigenen Konzernbegriff, sondern verweist auf § 18 Abs. 1 Sätze 1 und 2 AktG. Hiernach muss es sich um ein oder mehrere abhängige Unternehmen handeln, die unter der einheitlichen Leitung eines herrschenden Unternehmens zusammengefasst sind (sog. Unterordnungskonzern). Da nicht auf § 18 Abs. 1 Satz 3 AktG verwiesen wird, demzufolge von abhängigen Unternehmen iSv. § 17 AktG vermutet wird, dass sie mit dem herrschenden Unternehmen einen Konzern bilden, findet diese Vermutung im Rahmen des § 76 Abs. 4 keine Anwendung[9].

62 **2. Konzerntatbestand. a) Abhängiges Unternehmen.** Abhängige Unternehmen sind rechtlich selbständige Unternehmen, auf die ein anderes Unternehmen (herrschendes Unternehmen) unmittelbar oder mittelbar einen beherrschenden Einfluss ausüben kann (§ 17 Abs. 1 AktG). § 76 Abs. 4 kann dabei auf jede rechtlich besonders organisierte Vermögenseinheit ohne Rücksicht auf Rechtsform oder Geschäftsbetrieb oder BR-Fähigkeit Anwendung finden[10]. Dies gilt selbst dann, wenn das abhängige Unternehmen ein Tendenzbetrieb iSv. § 81 ist, dh. die ArbN der Tendenzbetriebe können gleichwohl an der Wahl der ArbN-Vertreter zum Aufsichtsrat des herrschenden Unternehmens teilnehmen[11].

---

1 Vgl. BAG v. 3.12.1954 – 1 ABR 23/54, AP BetrVG 1952 § 76 Nr. 3; BAG v. 15.7.1960 – 1 ABR 3/59, AP BetrVG 1952 § 76 Nr. 10; ErfK/*Oetker*, § 76 BetrVG 52 Rz. 49; GK-BetrVG/*Kraft*, § 76 BetrVG 52 Rz. 80; Dietz/Richardi, § 76 BetrVG 52 Rz. 111; Fitting, § 76 BetrVG 52 Rz. 89. |2 BAG v. 20.7.1982 – 1 ABR 19/81, AP BetrVG 1952 § 76 Nr. 26; v. 27.1.1993 – 7 ABR 37/92, AP BetrVG 1952 § 76 Nr. 29; ErfK/*Oetker*, § 76 BetrVG 52 Rz. 50; GK-BetrVG/*Kraft*, § 76 BetrVG 52 Rz. 81. |3 ErfK/*Oetker*, § 76 BetrVG 52 Rz. 50; GK-BetrVG/*Kraft*, § 76 BetrVG 52 Rz. 83; Dietz/Richardi, § 76 BetrVG 52 Rz. 118; MünchArbR/*Wißmann*, § 383 Rz. 37. |4 BAG v. 21.12.1965 – 12/65, AP BetrVG 1952 § 76 Nr. 14; ErfK/*Oetker*, § 76 BetrVG 52 Rz. 50; GK-BetrVG/*Kraft*, § 76 BetrVG 52 Rz. 83. |5 ErfK/*Oetker*, § 76 BetrVG 52 Rz. 51; GK-BetrVG/*Kraft*, § 76 BetrVG 52 Rz. 84; Dietz/Richardi, § 76 BetrVG 52 Rz. 119; Fitting, § 76 BetrVG 52 Rz. 92. |6 ErfK/*Oetker*, § 76 BetrVG 52 Rz. 51; GK-BetrVG/*Kraft*, § 76 BetrVG 52 Rz. 84. |7 Vgl. ErfK/*Oetker*, § 76 BetrVG 52 Rz. 52; GK-BetrVG/*Kraft*, § 76 BetrVG 52 Rz. 85; Dietz/Richardi, § 76 BetrVG 52 Rz. 120; Fitting, § 76 BetrVG 52 Rz. 66 – Eine ausdrückliche Regelung enthält § 10 Abs. 3 DrittelbG-E (Rz. 1). |8 ErfK/*Oetker*, § 76 BetrVG 52 Rz. 52; GK-BetrVG/*Kraft*, § 76 BetrVG 52 Rz. 86; Dietz/Richardi, § 76 BetrVG 52 Rz. 120; Fitting, § 76 BetrVG 52 Rz. 66; Fuchs/Köstler, Handbuch zur Aufsichtsratswahl, Rz. 584 ff. |9 BAG v. 16.8.1995 – 7 ABR 57/94, AP BetrVG 1952 § 76 Nr. 30; ErfK/*Oetker*, § 76 BetrVG 52 Rz. 55; GK-BetrVG/*Kraft*, § 76 BetrVG 52 Rz. 155; Dietz/Richardi, § 76 BetrVG 52 Rz. 184; Fitting, § 76 BetrVG 52 Rz. 95; aA Klinkhammer, Mitbestimmung in Gemeinschaftsunternehmen, 1977, S. 88 ff. – Keine Änderung ist insoweit durch § 2 Abs. 1 DrittelbG-E (Rz. 1) vorgesehen. |10 ErfK/*Oetker*, § 76 BetrVG 52 Rz. 56; GK-BetrVG/*Kraft*, § 76 BetrVG 52 Rz. 157; Fitting, § 76 BetrVG 52 Rz. 102. |11 ErfK/*Oetker*, § 76 BetrVG 52 Rz. 56; GK-BetrVG/*Kraft*, § 76 BetrVG 52 Rz. 162; Fitting, § 76 BetrVG 52 Rz. 103; MünchArbR/*Wißmann*, § 383 Rz. 17.

b) Herrschendes Unternehmen. Im Rahmen des § 76 Abs. 4 ist für die Annahme eines herrschenden Unternehmens vorausgesetzt, dass dieses in der Rechtsform der AG oder KGaA geführt und bei ihm ein Aufsichtsrat nach dem BetrVG 1952 zu bilden ist (Rz. 1–20). Demzufolge entfällt eine Beteiligung der ArbN der (abhängigen) Konzernunternehmen an der Wahl von ArbN-Vertretern des Aufsichtsrats des herrschenden Unternehmens, wenn das herrschende Unternehmen weniger als fünf ArbN beschäftigt[1].

c) Konzernierung. aa) Konzernbegriff. Zwischen dem herrschenden und dem oder den abhängigen Unternehmen muss ein Konzern iSv. § 18 Abs. 1 Satz 1 AktG bestehen, dh. das oder die abhängigen Unternehmen müssen unter einer einheitlichen Leitung zusammengefasst sein (Leitungsmacht). Beim Vertragskonzern beruht die gesetzlich anerkannte Leitungsmacht (§ 308 AktG) des herrschenden Unternehmens auf dem Beherrschungsvertrag (§ 291 Abs. 1 Satz 1, 1. Fall AktG), beim Eingliederungskonzern steht die gesetzlich anerkannte Leitungsmacht der Hauptgesellschaft zu (§ 323 AktG) und beim faktischen Konzern basiert die Leitungsmacht auf einer Mehrheitsbeteiligung und/oder sonstigen Gründen[2]. Allerdings muss für § 76 Abs. 4 die einheitliche Leitung tatsächlich ausgeübt werden, die Potentialität der Ausübung einheitlicher Leitung reicht nicht aus[3].

bb) Sonderfall: Vermögensholding. Eine einheitliche Leitung ist zB nicht anzunehmen, wenn es sich bei der Konzernobergesellschaft um eine reine Vermögensholding handelt, die sich, ohne Führungsaufgaben in den Tochtergesellschaften wahrzunehmen, auf die bloße Verwaltung ihrer Beteiligung, einschließlich der damit verbundenen Finanzierungs- und Verwaltungsaufgaben beschränkt. Dabei wird die Annahme einer Vermögensholding nicht allein dadurch ausgeschlossen, dass sie die Überwachung der Geschäftsführung in den Tochterunternehmen über von ihr gewählte Aufsichtsratsmitglieder durchführt[4]. Ferner kann die Ausübung einheitlicher Leitung auch durch Abschluss eines sog. Entherrschungsvertrages zwischen dem herrschenden Unternehmen und dem bzw. den abhängigen Unternehmen ausgeschlossen werden[5].

cc) Sonderfall: Konzern im Konzern. In mehrstufigen Konzernen stellt sich die Frage, ob auch zwischen nachgeordneten Konzernstufen ein Konzern iSd. § 76 Abs. 4 iVm. § 18 Abs. 1 Sätze 1 und 2 AktG bestehen kann und ob insoweit eine Teilung der „einheitlichen" Leitung des Konzerns zwischen Konzernobergesellschaft und Teilkonzernspitze(n) möglich ist (Problem des Konzerns im Konzern). Die hM in der arbeits- und mitbestimmungsrechtlichen Lit. bejaht zu Recht die Möglichkeit eines Konzerns im Konzern, jedenfalls dann, wenn die Konzernobergesellschaft Leitungsbefugnis in vollem Umfang an eine Zwischenholdinggesellschaft abgegeben hat[6]. Allerdings sind in Übereinstimmung mit der Rspr. ordentlicher Gerichte[7] strenge Anforderungen an die Subsumtion zu stellen, ob die Zwischen-Holding tatsächlich **eigenverantwortlich einen Konzernteil führt** und es sich eben nicht nur um eine von der Konzernobergesellschaft delegierte, abgeleitete Leitung handelt. Eine eigenverantwortliche Leitung des Konzernteils durch eine Zwischenholding wird beispielsweise durch einen Beherrschungsvertrag zwischen der Konzernobergesellschaft der Zwischenholding mit zahlreichen Zustimmungsvorbehalten zugunsten der Konzernleitung ausgeschlossen[8]. Auch die Personalunion der Führungspersonen in Konzernobergesellschaft und nachgeordneten Gesellschaften oder die Konzernsteuerung mit Hilfe dafür eingesetzter zentraler Gremien ist ein starkes Indiz für eine fehlende eigenverantwortliche Führung durch die Zwischenholding[9]; das Gleiche gilt bei einem zentralisierten Berichtswesen und Controlling[10]. Diese zum Konzern im Konzern ausgeführten Grundsätze gelten entsprechend für den Fall, dass bei dem herrschenden Unternehmen wegen der Rechtsform oder des Sitzes im Ausland kein Aufsichtsrat mit ArbN-Vertretern nach dem BetrVG 1952 gebildet werden kann[11]; insofern gilt der Rechtsgedanke des § 5 Abs. 3 MitbestG entsprechend.

dd) Gemeinschaftsunternehmen. Wird die einheitliche Leitung durch zwei oder mehrere Gesellschaften gemeinsam ausgeübt (sog. Gemeinschaftsunternehmen), so liegt ein Konzernverhältnis iSd. § 18

---

1 Vgl. auch BAG v. 24.5.1957 – 1 ABR 4/56, AP BetrVG 1952 § 76 Nr. 7; ErfK/*Oetker*, § 76 BetrVG 52 Rz. 57; GK-BetrVG/*Kraft*, § 76 BetrVG 52 Rz. 153; aA *Fitting*, § 76 BetrVG 52 Rz. 107; MünchArbR/*Wißmann*, § 383 Rz. 4 f. |2 Vgl. *Hüffer*, § 18 AktG Rz. 3. |3 ErfK/*Oetker*, § 76 BetrVG 52 Rz. 58; *Frisinger/Lehmann*, DB 1972, 2337, 2338. |4 Vgl. *Willemsen/Seibt*, Unternehmensumstrukturierung, F35; BayObLG v. 24.3.1998, NZA 1998, 956, 957 – Walter Holding I. |5 *Willemsen/Seibt*, Unternehmensumstrukturierung, F35. |6 Vgl. OLG Düsseldorf v. 30.1.1979 – 19 W 17/78, AG 1979, 318, 319 – Hoechst/Herberts; OLG Zweibrücken v. 9.11.1983 – 3 W 25/83, AG 1984, 80, 81 – Hochtief/Streif; OLG Frankfurt/Main v. 10.11.1986 – 20 W 27/86, WM 1987, 237, 238 – VDM; LG München I v. 25.9.1995 – O 21794/93, AG 1996, 186, 187 – RWE/Lech-Elektrizitätswerke; LG Hamburg v. 26.6.1995 – 321 T 61/94, AG 1996, 89 f. – ANB/Volksfürsorge; *Willemsen/Seibt*, Unternehmensumstrukturierung, F46; ErfK/*Oetker*, § 76 BetrVG 52 Rz. 59; *Fitting*, § 76 BetrVG 52 Rz. 97; *Bayer*, ZGR 1977, 173, 182; GK-BetrVG/*Kraft*, § 76 BetrVG 52 Rz. 153; aA *Dietz/Richardi*, § 76 BetrVG 52 Rz. 186; GK-BetrVG/*Kraft*, § 76 BetrVG 52 Rz. 159 f. – Siehe auch § 5 MitbestG Rz. 8. |7 Zu einer Analyse der Rspr. zB *Richardi*, FS Zeuner, 1994, S. 147, 155; *Oetker*, ZGR 2000, 19, 32 ff. |8 Vgl. OLG Zweibrücken v. 9.11.1983 – 3 W 25/83, AG 1984, 80, 81 – Hochtief/Streif; OLG Frankfurt/Main v. 10.11.1986 – 20 W 27/86, WM 1987, 237, 238 – VDM; *Willemsen/Seibt*, Unternehmensumstrukturierung, F46. |9 Vgl. LG Hamburg v. 26.6.1995 – 321 T 61/94, AG 1996, 89, 90 – AMB/Volksfürsorge; *Willemsen/Seibt*, Unternehmensumstrukturierung, F46. |10 Vgl. OLG Düsseldorf v. 27.12.1996 – 19 W 4/96 AktE, AG 1997, 129, 130; LG München I v. 25.9.1995 – O 21794/93, AG 1996, 186, 187 – RWE/Lech-Elektrizitätswerke; *Willemsen/Seibt*, Unternehmensumstrukturierung, F46. |11 ErfK/*Oetker*, § 76 BetrVG 52 Rz. 59; *Fitting*, § 76 BetrVG 52 Rz. 97.

Abs. 1 Satz 1 AktG mit sämtlichen Untergesellschaften vor. In diesem Fall nehmen die ArbN des Gemeinschaftsunternehmens an der Wahl der ArbN-Vertreter in den Aufsichtsräten aller Obergesellschaften teil[1]. Dabei sind an das **Erfordernis einer dauerhaften einheitlichen Leitung** durch mehrere Konzernmütter strenge Anforderungen zu stellen, so dass das Bestehen einer 50:50-Beteiligung ohne weitere Absprachen hierfür jedenfalls nicht ausreicht[2]. Vielmehr bedarf es besonderer satzungsrechtlicher oder vertraglicher Gestaltungen, wie des Abschlusses eines Konsortial-, Stimmenpool- oder sonstigen Koalitionsvertrages, um eine einheitliche Leitung herzustellen und auf Dauer zu gewährleisten; die bloße Personenidentität der Geschäftsleitungsorgane der gemeinsam mehrheitsbeteiligten Unternehmen reicht nicht aus[3].

68 **3. Wahlrecht der ArbN der abhängigen Gesellschaften.** Nach § 76 Abs. 4 sind die ArbN des abhängigen Unternehmens ebenso wie die ArbN des herrschenden Unternehmens im Hinblick auf die Wahl der ArbN-Vertreter in den Aufsichtsrat des herrschenden Unternehmens aktiv und passiv wahlberechtigt. Dabei ist den ArbN des herrschenden Unternehmens keine bestimmte Anzahl von Sitzen vorbehalten[4].

69 **4. Wahl der ArbN-Vertreter. a) Wahlgrundsätze.** Es gelten die gleichen Grundsätze wie bei der Wahl bei einem konzernfreien Unternehmen (Rz. 45–46).

70 **b) Wahlverfahren und Wahlsystem.** Bei der Wahl der ArbN-Vertreter sind die gleichen Grundsätze wie bei der Wahl in einem Unternehmen mit mehreren Betrieben nach § 76 Abs. 2 anzuwenden. Allerdings kann die Wahl auch durch Delegierte erfolgen (§ 76 Abs. 4 Satz 2), was indes in der Praxis kaum vorkommt[5]. Die Wahl wird durch einen beim herrschenden Unternehmen zu bestellenden Wahlvorstand geleitet, dem ArbN aus allen Konzernunternehmen angehören können[6]. Eine Wahl durch Delegierte setzt einen entsprechenden Beschluss der wahlberechtigten ArbN aller Konzernunternehmen voraus[7]. Eine Beschlussfassung über die Wahl durch Delegierte muss entsprechend § 76 Abs. 3 herbeigeführt werden, wenn ein BR oder der zehnte Teil aller wahlberechtigten ArbN oder mindestens 100 der wahlberechtigten ArbN ungeachtet ihres Verhältnisses zur Gesamtbelegschaft einen entsprechenden Antrag stellen[8]. Der Beschluss zur Wahl durch Delegierte bedarf der einfachen Mehrheit der teilnehmenden (nicht aller!) wahlberechtigten ArbN[9].

71 Für den Fall der Delegiertenwahl hat der Hauptwahlvorstand eine Wahlordnung zu erlassen (die WO 1953 enthält insoweit keine Bestimmungen), die sich an allgemein rechtsstaatliche Grundsätze des Wahlverfahrens zu halten hat und hieraufhin gerichtlich überprüfbar ist[10]. Zwingender Inhalt der Wahlordnung ist zB, dass die Wahl durch Delegierte nur einheitlich für alle Konzernunternehmen erfolgen kann und jeder Delegierte die gleiche Anzahl von ArbN repräsentieren muss. Die Delegierten selbst sind von den wahlberechtigten ArbN des Konzernunternehmens durch Mehrheitswahl zu wählen[11].

72 **V. Amtszeit der ArbN-Vertreter (§ 76 Abs. 2 Satz 1, Abs. 5). 1. Amtszeit des einzelnen Aufsichtsratsmitglieds.** Die ArbN-Vertreter werden für die Zeit gewählt, die das Gesetz oder die Satzung des Unternehmens bestimmt (§ 76 Abs. 2 Satz 1). Die gesetzliche und maximale Amtszeit für Aufsichtsratmitglieder dauert bis zur Beendigung der Hauptversammlung, die über die Entlastung für vierte Geschäftsjahr nach dem Beginn der Amtszeit beschließt, wobei das Geschäftsjahr, in dem die Amtszeit beginnt, nicht mitgerechnet wird (§ 102 Abs. 1 AktG; Ausnahme: Amtszeit des ersten Aufsichtsrats, § 30 Abs. 3 Satz 1 AktG). Sind die ArbN-Vertreter in einem anderen Geschäftsjahr als die Vertreter der Anteilseigner gewählt worden, so ist der Zeitpunkt der Hauptversammlungswahl maßgeblich, weil die Amtszeit aller Aufsichtsratsmitglieder im Zweifel zeitgleich sein soll[12]. Die Satzung kann unterschiedliche Amtszeiten für die Aufsichtsratsmitglieder festlegen[13]. Allerdings kann eine gespaltene Amtszeitregelung, die für die Länge der Amtszeit danach differenziert, ob es sich um einen Anteilseigner- oder ArbN-Vertreter

---

1 BAG v. 18.6.1970 – 1 ABR 3/70, AP BetrVG 1952 § 76 Nr. 20; ErfK/*Oetker*, § 76 BetrVG 52 Rz. 62; *Fitting*, § 76 BetrVG 52 Rz. 98; aA GK-BetrVG/*Kraft*, § 76 BetrVG 52 Rz. 157 ff. | 2 *Willemsen/Seibt*, Unternehmensumstrukturierung, F51; aA ErfK/*Oetker*, § 5 MitbestG Rz. 11. | 3 Vgl. BAG v. 16.8.1995 – 7 ABR 57/94, AG 1996, 367, 368 f. = AP BetrVG 1952 § 76 Nr. 30 m. zust. Anm. *Hueck* = EWiR § 76 BetrVG 1/96, 151 (krit. *Oetker*); *Willemsen/Seibt*, Unternehmensumstrukturierung, F51. – Siehe auch § 5 MitbestG Rz. 10. | 4 BAG v. 24.11.1981 – 1 ABR 80/79, AP BetrVG 1952 § 76 Nr. 24; v. 8.12.1981 – 1 ABR 71/79, AP BetrVG 1952 § 76 Nr. 25; ErfK/*Oetker*, § 76 BetrVG 52 Rz. 62; GK-BetrVG/*Kraft*, § 76 BetrVG 52 Rz. 165; *Fitting*, § 76 BetrVG 52 Rz. 105; MünchArbR/*Wißmann*, § 383 Rz. 16. | 5 Daher sieht § 2 Abs. 1 DrittelbG-E (Rz. 1) auch keine Ermächtigung zur Delegiertenwahl mehr vor. | 6 ErfK/*Oetker*, § 76 BetrVG 52 Rz. 63; GK-BetrVG/*Kraft*, § 76 BetrVG 52 Rz. 168. | 7 ErfK/*Oetker*, § 76 BetrVG 52 Rz. 64; GK-BetrVG/*Kraft*, § 76 BetrVG 52 Rz. 169. – Zu den Anforderungen an den Beschluss BAG v. 6.2.1968 – 1 ABR 5/67, AP BetrVG 1952 § 76 Nr. 16. | 8 BAG v. 6.2.1968 – 1 ABR 5/67, AP BetrVG 1952 § 76 Nr. 16; ErfK/*Oetker*, § 76 BetrVG 52 Rz. 64; GK-BetrVG/*Kraft*, § 76 BetrVG 52 Rz. 170; *Dietz/Richardi*, § 76 BetrVG 52 Rz. 200; *Fitting*, § 76 BetrVG 52 Rz. 111. | 9 BAG v. 6.2.1968 – 1 ABR 5/67, AP BetrVG 1952 § 76 Nr. 16; ErfK/*Oetker*, § 76 BetrVG 52 Rz. 64; GK-BetrVG/*Kraft*, § 76 BetrVG 52 Rz. 171; *Fitting*, § 76 BetrVG 52 Rz. 111; MünchArbR/*Wißmann*, § 383 Rz. 31; aA *Dietz/Richardi*, § 76 BetrVG 52 Rz. 200. | 10 BAG v. 6.2.1968 – 1 ABR 5/67, AP BetrVG 1952 § 76 Nr. 16; ErfK/*Oetker*, § 76 BetrVG 52 Rz. 65; GK-BetrVG/*Kraft*, § 76 BetrVG 52 Rz. 171; *Dietz/Richardi*, § 76 BetrVG 52 Rz. 201; *Fitting*, § 76 BetrVG 52 Rz. 100. | 11 ErfK/*Oetker*, § 76 BetrVG 52 Rz. 65; GK-BetrVG/*Kraft*, § 76 BetrVG 52 Rz. 172; *Dietz/Richardi*, § 76 BetrVG 52 Rz. 201; *Fitting*, § 76 BetrVG 52 Rz. 112. | 12 ErfK/*Oetker*, § 76 BetrVG 52 Rz. 86; *Fuchs/Köstler*, Handbuch zur Aufsichtsratswahl, Rz. 233. | 13 BGH v. 15.12.1986 – II ZR 18/86, BGHZ 99, 211, 215; OLG Frankfurt v. 19.11.1985 – 5 U 30/85, AG 1987, 159, 160; *Hüffer*, § 102 AktG Rz. 4; Geßler/Hefermehl/Eckhardt/Kropff/*Geßler*, § 102 AktG Rz. 13.

handelt, durch Satzungsregelung nicht wirksam geregelt werden[1]. Demgegenüber ist eine Satzungsbestimmung zulässig, die gleich lange, jedoch gestaffelte Amtszeiten (sog. *staggered boards*) vorsieht[2].

Die Amtszeit des Aufsichtsratmitglieds beginnt frühestens und regelmäßig mit der Annahme der Wahl[3]. Dabei kann die Annahme auch zuvor aufschiebend bedingt durch die Wahlfeststellung erklärt werden[4]. Die als Aufsichtsratmitglied gewählte Person hat sich innerhalb angemessener Frist über die Annahme der Wahl zu erklären[5]. Werden ArbN-Vertreter wie im Regelfall zeitlich früher als die Anteilseignervertreter gewählt, so beginnt ihr Amt erst mit Ablauf der Hauptversammlung, die die Anteilseignervertreter wählt[6]. Mit der Satzung kann weiterhin zulässigerweise vorgeschrieben werden, dass die Aufsichtsratmitglieder turnusmäßig nach einer bestimmten Amtszeit aus dem Aufsichtsrat ausscheiden; auch hier ist eine Differenzierung zwischen Anteilseigner- und ArbN-Vertretern nicht zulässig[7]. Wird nach Bestellung zum Aufsichtsrat durch Satzungsänderung die Amtszeit aller Aufsichtsratmitglieder verkürzt, so gilt dies auch für die ArbN-Vertreter[8]. Demgegenüber soll nach hM die durch Satzungsänderung vorgenommene Verringerung der Zahl der Aufsichtsratmitglieder die Amtsstellung und Amtszeit der ArbN-Vertreter nicht berühren, so dass wegen der weiterhin geltenden Paritätsregeln eine Aufsichtsratsverkleinerung nur mit Zustimmung der betroffenen Aufsichtsratsmitglieder (Amtsniederlegung) oder zum Ende der laufenden Amtszeit der ArbN-Vertreter realisiert werden kann[9]. In beiden Fällen ist der **Satzungsautonomie der Hauptversammlung Vorrang vor der Amtsstellung der Aufsichtsratsmitglieder** einzuräumen, so lange keine Differenzierung zwischen Anteilseigner- und ArbN-Vertreter vorgenommen wird.

2. Vorzeitige Beendigung der Amtszeit. a) Wegfall des Aufsichtrats bzw. von Voraussetzungen der Unternehmensmitbestimmung. Fällt die Gesellschaft weg, bei der der Aufsichtsrat bestand (zB Vollbeendigung; Verschmelzung), so erlöschen auch die Ämter sämtlicher Aufsichtsratsmitglieder[10]. Demgegenüber führen weder Auflösung(sbeschluss)[11] noch Insolvenz[12] zum Amtszeitende. Änderungen der wirtschaftlichen oder rechtlichen Parameter (zB Rechtsform, Unternehmensgegenstand, inländischer Sitz des Unternehmens, ArbN-Zahl, Höhe des Gesellschaftskapitals), die für die Anwendbarkeit von Unternehmensmitbestimmungsgesetzen beachtlich sind, können zur Folge haben, dass das Unternehmen daraufhin einem anderen oder keine Mitbestimmungsstatut (mehr) unterliegt[13]. Vorbehaltlich der Sonderregelungen beim Formwechsel (§ 203 UmwG) sowie bei der Abspaltung oder Ausgliederung (§ 325 UmwG, § 1 MitbestBeiG), ist bei einem Statutwechsel das sog. **Statusverfahren** nach § 97 AktG einzuleiten[14]. Damit erlischt das Amt der Aufsichtsratsmitglieder spätestens mit Ablauf von sechs Monaten nach der Bekanntmachung des Vorstandes über die neue Aufsichtsratzusammensetzung bzw. spätestens sechs Monate nach Rechtskraft einer gerichtlichen Entscheidung.

b) Niederlegung. Das Amt eines Aufsichtsratsmitglieds endet durch dessen Niederlegung. Die Niederlegungserklärung ist eine zugangsbedürftige Gestaltungserklärung und als solche unanfechtbar und unwiderruflich[15]. Sie ist an die Gesellschaft, vertreten durch den Vorstand zu richten[16] und beendet vorbehaltlich abweichender Satzungsregelung (in der Praxis finden sich häufig Niederlegungsfristen) das Organverhältnis bei Zugang mit sofortiger Wirkung[17]. Nach zutreffender hM ist die Amtsniederlegung auch ohne wichtigem Grund wirksam, sofern sie nicht zur Unzeit erfolgt[18].

c) Wegfall der Wählbarkeit. Das Aufsichtsratsamt endet mit dem Wegfall einer Voraussetzung für seine Wählbarkeit[19]. Die Wählbarkeitsvoraussetzungen sind in § 100 Abs. 1 und Abs. 2 AktG, § 105 Abs. 1 AktG sowie § 76 Abs. 2 Sätze 2 und 3 geregelt. In der Satzung können für ArbN-Vertreter keine zusätzlichen persönlichen Voraussetzungen vorgesehen werden (§ 100 Abs. 4 AktG; hierzu Rz. 43).

---

1 Vgl. *Hüffer*, § 102 AktG Rz. 4. | 2 Vgl. MünchGesR/*Hoffmann-Becking*, Bd. 4: AG, § 30 Rz. 41; *Harrer/Grabowski*, DStR 1992, 1326, 1329; *Schaefer/Eichner*, NZG 2003, 150, 152; aus der Praxis: § 9 Abs. 1 Satz 4 der Satzung der Deutsche Bank AG. – Nach Ziff. 5.4.4 DCGK ist die Regelung von *staggered boards* sogar eine Anregung guter Unternehmenspraxis; hierzu zB *Kremer*, in: Ringleb/Kremer/Lutter/v. Werder, DCGK, Rz. 738 f. | 3 *Hüffer*, § 102 AktG Rz. 3; ErfK/*Oetker*, § 76 BetrVG Rz. 66; GK-BetrVG/*Kraft*, § 76 BetrVG 52 Rz. 88. | 4 Vgl. *Hüffer*, § 101 AktG Rz. 7 aE. | 5 Vgl. KölnKommAktG/*Mertens*, § 101 Rz. 29. | 6 ErfK/*Oetker*, § 76 BetrVG 52 Rz. 66; *Geßler*, DB 1957, 214; MünchGesR/*Hoffmann-Becking*, Bd. 4: AG, § 30 Rz. 42. | 7 Vgl. ErfK/*Oetker*, § 76 BetrVG 52 Rz 69; GK-BetrVG/*Kraft*, § 76 BetrVG 52 Rz. 92; *Fitting*, § 76 BetrVG 52 Rz. 114; *Fuchs/Köstler*, Handbuch zur Aufsichtsratswahl, Rz. 231. | 8 So auch ErfK/*Oetker*, § 76 BetrVG 52 Rz. 67; GK-BetrVG/*Kraft*, § 76 BetrVG 52 Rz. 90; *Dietz/Richardi*, § 76 BetrVG 52 Rz. 124; *Fitting*, § 76 BetrVG 52 Rz. 113; aA MünchArbR/*Wißmann*, § 383 Rz. 15. | 9 Hierzu OLG Hamburg v. 26.8.1988 – 11 W 53/88, AG 1989, 64, 66; *Willemsen/Seibt*, Unternehmensumstrukturierung, F148. | 10 ErfK/*Oetker*, § 76 BetrVG 52 Rz. 70; GK-BetrVG/*Kraft*, § 76 BetrVG 52 Rz. 93; *Dietz/Richardi*, § 76 BetrVG 52 Rz. 128; *Fitting*, § 76 BetrVG 52 Rz. 120. | 11 Vgl. BGH v. 10.3.1960 – II ZR 56/59, BGHZ 32, 114, 117; *Hüffer*, § 102 AktG Rz. 1, § 103 Rz. 16. | 12 Vgl. *Hüffer*, § 102 AktG Rz. 1 und § 103 AktG Rz. 16. | 13 Hierzu ausf. *Willemsen/Seibt*, Unternehmensumstrukturierung, F 16 und 16b. | 14 Hierzu ausf. § 6 MitbestG Rz. 2-19; *Willemsen/Seibt*, Unternehmensumstrukturierung, F140 ff. | 15 ErfK/*Oetker*, § 76 BetrVG 52 Rz. 71; GK-BetrVG/*Kraft*, § 76 BetrVG 52 Rz. 96; *Dietz/Richardi*, § 76 BetrVG 52 Rz. 132. | 16 *Hüffer*, § 103 AktG Rz. 17; Geßler/Hefermehl/Eckhardt/Kropff/*Geßler*, § 102 AktG Rz. 18. | 17 *Lutter/Krieger*, Rz. 30. | 18 *Hüffer*, § 103 AktG Rz. 17; Geßler/Hefermehl/Eckhardt/Kropff/*Geßler*, § 102 AktG Rz. 30; KölnKommAktG/*Mertens*, § 103 Rz. 56; *Singhof*, AG 1998, 318, 321 f.; *Wardenbach*, AG 1999, 74, 75 f.; aA Baumbach/Hueck/*Zöllner*, § 52 GmbHG Rz. 34: wichtiger Grund erforderlich. | 19 BAG v. 25.10.2000 – 7 ABR 18/00, AP BetrVG 1952 § 76 Nr. 32; ErfK/*Oetker*, § 76 BetrVG 52 Rz. 72; MünchGesR/*Hoffmann-Becking*, Bd. 4: AG, § 30 Rz. 46.

77 Endet das Arbeitsverhältnis eines ArbN-Vertreters, der nach § 76 Abs. 2 Satz 2 **notwendig in einem Betrieb des Unternehmens beschäftigt sein muss**, mit dem Unternehmen, so endet auch sein Aufsichtsratsamt[1]. Nach hM erlischt das Aufsichtsratsamt allerdings bei Kündigung des ArbN-Vertreters erst mit Unanfechtbarkeit der Kündigung[2]. Das Beschäftigungserfordernis liegt auch bei einem ruhenden Arbeitsverhältnis nicht mehr vor, wenn keine gesicherte Rückkehrmöglichkeit besteht (zB Freistellungsphase einer ATZ nach dem sog. Blockmodell)[3]. Demgegenüber führt die Freistellung des ArbN-Vertreters gemäß § 38 BetrVG nicht zur Beendigung des Aufsichtsratsamtes[4]. Das Aufsichtsratsamt endet für den ArbN-Vertreter, der dem Aufsichtsrat als ArbN notwendig angehört und leitender Angestellter (§ 5 Abs. 3 BetrVG) wird[5]. Das Aufsichtsratsamts eines ArbN-Vertreters endet weiterhin, wenn er in einem abhängigen Unternehmen beschäftigt ist, dass aus dem Konzern ausscheidet und dem Aufsichtsrat hierdurch nicht mehr die nach § 76 Abs. 2 Satz 3 erforderlichen zwei in Konzernunternehmen beschäftigten ArbN angehören[6].

78 Diese Grundsätze (Rz. 77) gelten allerdings nicht, wenn dem Aufsichtsrat auch nach Beschäftigungsende eines ArbN-Vertreters noch eine ausreichende Zahl von unternehmensangehörigen ArbN-Vertretern angehören[7]. Denn in diesem Fall ist ein betriebszugehöriges Arbeitsverhältnis nicht Voraussetzung für die Aufsichtsratsmitgliedschaft, sondern lediglich Motiv für dessen Wahl in den Aufsichtsrat[8].

79 d) **Widerruf der Bestellung.** Die ArbN-Vertreter können vor Ablauf ihrer Amtszeit durch Beschluss der wahlberechtigten ArbN des Unternehmens abberufen werden (§ 76 Abs. 5). Eine Abberufung durch die Hauptversammlung ist demgegenüber nicht möglich[9]. Der Beschluss über den Bestellungswiderruf kann nur auf Antrag der BR (wobei jeder BR einschließlich GesamtBR oder KonzernBR[10] einzeln antragsberechtigt ist[11]) oder von mindestens ⅕ der wahlberechtigten ArbN der Betriebe des Unternehmens gefasst werden. Die Einzelheiten sind in §§ 42 ff. WO 1953 geregelt. Die Abberufung kann sich auf einzelne ArbN-Vertreter beschränken[12]. Der Beschluss zur Abberufung erfordert eine Mehrheit von mindestens ¾ der abgegebenen Stimmen der wahlberechtigten ArbN (§ 76 Abs. 5 Satz 2). Für die Beschlussfassung gelten die gleichen Grundsätze für die Wahl der ArbN-Vertreter in den Aufsichtsrat (§ 76 Abs. 5 Satz 3). Das Amt des durch Beschluss abberufenen Aufsichtsratsmitglied endet mit der Mitteilung des Abstimmungsergebnisses durch den Wahlvorstand an das betreffende Mitglied[13].

80 Die Abstimmung über die Abberufung eines ArbN-Vertreters im Aufsichtsrat kann unter den gleichen Voraussetzungen wie dessen Wahl im Beschlussverfahren nach § 2a ArbGG angefochten werden[14].

81 e) **Anfechtung der Wahl und gerichtliche Abberufung.** Das Amt der ArbN-Vertreter endet, wenn deren Wahl rechtskräftig angefochten worden ist[15]. Dies gilt auch für das einzelne Aufsichtsratsmitglied, wenn nur dessen Wahl rechtskräftig angefochten worden ist[16].

82 ArbN-Vertreter im Aufsichtsrat können weiter durch Beschluss des für die Gesellschaft zuständigen Registergerichts (§ 145 Abs. 1 FGG, § 14 AktG) abberufen werden, wenn in ihrer Person ein **wichtiger Grund** vorliegt (§ 103 Abs. 3 und Abs. 4 AktG). Für das Vorliegen eines wichtigen Grundes ist jeder Umstand ausreichend, der es **für die Gesellschaft unzumutbar** macht, dass dieses Mitglied weiterhin im Aufsichtsrat verbleibt und damit die **Funktionserfüllung des Organs Aufsichtsrat erheblich gefährdet**[17]. Als wichtiger Grund anzusehen sind zB die Verletzung der Verschwiegenheitspflicht[18] oder die

---

1 BAG v. 25.10.2000 – 7 ABR 18/00, AP BetrVG 1952 § 76 Nr. 32; ErfK/*Oetker*, § 76 BetrVG 52 Rz. 72; GK-BetrVG/*Kraft*, § 76 BetrVG 52 Rz. 99; *Dietz/Richardi*, § 76 BetrVG 52 Rz. 137; *Fitting*, § 76 BetrVG 52 Rz. 123. |2 ErfK/*Oetker*, § 76 BetrVG 52 Rz. 72; GK-BetrVG/*Kraft*, § 76 BetrVG 52 Rz. 99; *Fitting*, § 76 BetrVG 52 Rz. 124; GK-BetrVG/*Kraft*, § 76 BetrVG 52 Rz. 99. |3 BAG v. 25.10.2000 – 7 ABR 18/00, AP BetrVG 1952 § 76 Nr. 32; *Haag/Gräter/Dangelmaier*, DB 2001, 702 ff.; *Windbichler*, SAE 2001, 208 ff.; *Fitting*, § 76 BetrVG 52 Rz 124; GK-BetrVG/*Kraft*, § 76 BetrVG 52 Rz. 99. |4 *Windbichler*, SAE 2001, 208, 209; ErfK/*Oetker*, § 76 BetrVG 52 Rz. 72. |5 ErfK/*Oetker*, § 76 BetrVG 52 Rz. 72; GK-BetrVG/*Kraft*, § 76 BetrVG 52 Rz. 99; *Dietz/Richardi*, § 76 BetrVG 52 Rz. 137; *Fitting*, § 76 BetrVG 52 Rz. 124. |6 ErfK/*Oetker*, § 76 BetrVG 52 Rz. 73; *Radke*, AuR 1958, 161, 169. |7 ErfK/*Oetker*, § 76 BetrVG 52 Rz. 74; GK-BetrVG/*Kraft*, § 76 BetrVG 52 Rz. 101; *Dietz/Richardi*, § 76 BetrVG 52 Rz. 137; *Fitting*, § 76 BetrVG 52 Rz. 125; MünchArbR/*Wißmann*, § 373 Rz. 15. |8 BGH v. 21.2.1963 – II ZR 76/62, BGHZ 39, 116, 120. |9 ErfK/*Oetker*, § 76 BetrVG 52 Rz. 75; *Dietz/Richardi*, § 76 BetrVG 52 Rz. 138; *Fitting*, § 76 BetrVG 52 Rz. 126. |10 ErfK/*Oetker*, § 76 BetrVG 52 Rz. 76; *Dietz/Richardi*, § 76 BetrVG 52 Rz. 141; MünchArbR/*Wißmann*, § 383 Rz. 41; aA *Fitting*, § 76 BetrVG 52 Rz. 128; GK-BetrVG/*Kraft*, § 76 BetrVG 52 Rz. 106. |11 ErfK/*Oetker*, § 76 BetrVG 52 Rz. 76; GK-BetrVG/*Kraft*, § 76 BetrVG 52 Rz. 106, *Dietz/Richardi*, § 76 BetrVG 52 Rz. 140; aA *Fitting*, § 76 BetrVG 52 Rz. 128. |12 ErfK/*Oetker*, § 76 BetrVG 52 Rz. 75; *Dietz/Richardi*, § 76 BetrVG 52 Rz. 144. |13 ErfK/*Oetker*, § 76 BetrVG 52 Rz. 79; GK-BetrVG/*Kraft*, § 76 BetrVG 52 Rz. 104; *Dietz/Richardi*, § 76 BetrVG 52 Rz. 148, *Fitting*, § 76 BetrVG 52 Rz. 133; *Fuchs/Köstler*, Handbuch zur Aufsichtsratswahl, Rz. 557. |14 ErfK/*Oetker*, § 76 BetrVG 52 Rz. 80; GK-BetrVG/*Kraft*, § 76 BetrVG 52 Rz. 107; *Dietz/Richardi*, § 76 BetrVG 52 Rz. 149, *Fitting*, § 76 BetrVG 52 Rz. 134; MünchArbR/*Wißmann*, § 383 Rz. 41. |15 ErfK/*Oetker*, § 76 BetrVG 52 Rz. 70; GK-BetrVG/*Kraft*, § 76 BetrVG 52 Rz. 95; *Richardi*, § 76 BetrVG 52 Rz. 131, *Fitting*, § 76 BetrVG 52 Rz. 119. |16 ErfK/*Oetker*, § 76 BetrVG 52 Rz. 71; GK-BetrVG/*Kraft*, § 76 BetrVG 52 Rz. 97; *Dietz/Richardi*, § 76 BetrVG 52 Rz. 133. |17 Vgl. LG Frankfurt v. 14.10.1986 – 3/11 T 29/85, NJW 1987, 505 f.; *Hüffer*, § 103 AktG Rz. 10; ErfK/*Oetker*, § 76 BetrVG 52 Rz. 81; GK-BetrVG/*Kraft*, § 76 BetrVG 52 Rz. 108; *Scholz/U.H. Schneider*, § 52 GmbHG Rz. 208; *Hofmann*, BB 1973, 1081 ff. – Siehe auch § 23 MitbestG Rz. 3 f. |18 Vgl. *Hüffer*, § 103 AktG Rz. 11; AG München v. 2.5.1985 – HRB 2212, WM 1986, 974 (einmalige Bekanntmachung geplanter Dividendenerhöhung und des Abstimmungsverhaltens anderer Aufsichtsratsmitglieder in Betriebsversammlung soll nicht genügen).

unzulässige Kontaktaufnahme mit Geschäftspartnern der Gesellschaft[1]. Wesentliche und nicht nur vorübergehende Interessenkonflikte in der Person eines Aufsichtsratsmitglieds (zB allgemeinpolitische Tätigkeit eines Gewerkschaftsfunktionärs gegen wesentliche Interessen des Unternehmens) können im Einzelfall einen solchen wichtigen Grund bilden[2]. In Ausnahmefällen kann ein wichtiger Grund auch in der mangelnden Qualifikation des Aufsichtsratsmitglieds liegen, wenn ihm nachweisbar die zur ordnungsgemäßen Wahrnehmung der Aufsichtsratstätigkeit erforderlichen Mindestkenntnisse (zB Financial Literacy[3]), Fähigkeiten und fachliche Erfahrungen fehlen[4]. Bloße Interessengegensätze, die im Aufsichtsrat aufeinander stoßen, sind grundsätzlich innerhalb des Organs auszutragen und berechtigen nicht zu einem Vorgehen nach § 103 Abs. 3 und Abs. 4 AktG[5]. Ein Grund, der die fristlose Kündigung eines im Unternehmen beschäftigten ArbN-Vertreters rechtfertigt, stellt nicht zwingend auch einen wichtigen Grund für eine gerichtliche Abberufung dar[6]; allerdings wird es häufig ein Indiz für die Unzumutbarkeit des Verbleibens im Aufsichtsrat sein.

Gegen die Entscheidung des Registergerichts ist die sofortige Beschwerde zum LG statthaft (§ 103 Abs. 3 Satz 4 AktG), gegen dessen Entscheidung die sofortige weitere Beschwerde zum OLG eröffnet ist (§§ 27, 28 Abs. 1, 29 Abs. 2 FGG). **83**

3. Ergänzungen des Aufsichtsrats. Fällt ein ArbN während der Amtszeit weg (Rz. 74–83), so wird die Vakanz primär durch Nachrücken des entsprechenden Ersatzmitglieds gefüllt; ansonsten hat eine Nachwahl zu erfolgen (arg. § 104 Abs. 5 AktG)[7]. Eine solche ist ausnahmsweise nicht notwendig (in der Praxis ist dies allerdings die Regel), wenn ihre Durchführung zB wegen der zeitlichen Nähe zur nächsten turnusmäßigen Aufsichtsratswahl oder wegen hoher Kosten unzumutbar wäre (Grundsatz der Verhältnismäßigkeit). In solchen Fällen kommt eine Ersatzbestellung durch Gericht gem. § 104 AktG (das nach freiem Ermessen und ohne Bindung an Anträge entscheidet) in Betracht[8]. **84**

77 Bildung von Aufsichtsräten bei der GmbH
(1) Bei Gesellschaften mit beschränkter Haftung und bergrechtlichen Gewerkschaften mit eigener Rechtspersönlichkeit mit mehr als fünfhundert Arbeitnehmern ist ein Aufsichtsrat zu bilden. Seine Zusammensetzung sowie seine Rechte und Pflichten bestimmen sich nach § 90 Abs. 3, 4, 5 Satz 1 und 2, §§ 95 bis 114, 116, 118 Abs. 2, § 125 Abs. 3, §§ 171, 268 Abs. 2 des Aktiengesetzes und § 76 dieses Gesetzes.

(2) Besteht bei Versicherungsvereinen auf Gegenseitigkeit mit mehr als fünfhundert Arbeitnehmern ein Aufsichtsrat, so findet § 76 dieses Gesetzes Anwendung.

(3) Auf Erwerbs- und Wirtschaftsgenossenschaften mit mehr als fünfhundert Arbeitnehmern findet § 76 Anwendung; § 96 Abs. 2 und die §§ 97 bis 99 des Aktiengesetzes sind entsprechend anzuwenden. Das Statut kann nur eine durch drei teilbare Zahl von Aufsichtsratsmitgliedern festsetzen. Der Aufsichtsrat muss mindestens einmal im Kalendervierteljahr einberufen werden.

I. Regelungsinhalt. In § 77 wird bestimmt, dass in allen Unternehmen mit der Rechtsform einer GmbH, eines VVaG oder einer eingetragenen Genossenschaft ein zu 1/3 mit ArbN-Vertretern zu besetzender Aufsichtsrat zu bilden sind, sofern sie mindestens 500 ArbN beschäftigen (Rz. 5) und nicht als Tendenzbetriebe (dazu § 81) zu qualifizieren sind. Nach Auflösung und Abwicklung der bergrechtlichen Gewerkschaften (§ 163 BBergG) ist § 77 Abs. 1 insoweit gegenstandslos[9]. **1**

Besteht bei der AG oder KGaA ein Aufsichtsrat, der entgegen der gesetzlichen Regelung in § 76 besetzt ist, ist ein Statusverfahren nach §§ 97 ff. AktG durchzuführen (hierzu § 6 MitbestG Rz. 2–19). Dies gilt – über eine entsprechende Anwendung von § 6 Abs. 2 MitbestG iVm. §§ 97 ff. AktG bzw. über die Vorschriften zur Bildung des ersten Aufsichtsrats gem. §§ 30, 31 AktG – auch für die (erstmalige) Bildung eines Aufsichtsrats[10]. **2**

---

1 OLG Zweibrücken v. 28.5.1990 – 3 W 92/90, WM 1990, 1388. | 2 Vgl. auch Ziff. 5.5.3 Satz 2 DCGK; hierzu *Seibt*, AG 2003, 465, 472 Fn. 71 und 475 f.; einschr. *Möllers*, NZG 2003, 697 ff. (zum Fall Lufthansa/Bsirske); zur Streikteilnahme von Arbeitnehmervertretern ausf. *Lutter/Krieger*, Rz. 305; *Fitting*, § 76 BetrVG 52 Rz. 173 ff.; *Köstler/Kittner/Zachert/Müller*, Aufsichtsratspraxis, Rz. 736 ff.; vgl. auch OLG Hamburg v. 23.1.1990, AG 1990 – 11 W 92/89, 218 ff. – HEW/Jansen; *Hüffer*, § 103 AktG Rz. 11. | 3 Hierzu Bericht Regierungskommission Corporate Governance, Rz. 310. | 4 Vgl. BGH v. 15.11.1982 – II ZR 27/82, BGHZ 85, 293, 295 f. – Hertie; KölnKommAktG/*Mertens*, § 116 Rz. 5 ff.; vgl. auch weiter gehend Ziff. 5.4.1 Satz 1 DCGK. | 5 Vgl. KölnKommAktG/*Mertens*, § 103 Rz. 32; Scholz/*U.H. Schneider*, § 52 Rz. 208. | 6 BGH v. 21.2.1963 – II ZR 76/62, AP BetrVG 1952 § 76 Nr. 12, ErfK/*Oetker*, § 76 BetrVG 52 Rz. 81; *Dietz/Richardi*, § 76 BetrVG 52 Rz. 150. | 7 Vgl. LAG Köln v. 30.6.2000 – 12 (4) Ta BV 11/00, NZA-RR 2001, 317 f. – Deutsche Telekom (zum MitbestG). | 8 Vgl. LAG Köln v. 30.6.2000 – 12(4) Ta BV 11/00, NZA-RR 2001, 317 f. – Deutsche Telekom; OLG Karlsruhe v. 10.12.1985 – 8 U 107/85, NJW-RR 1986, 710, 711; BayObLG v. 20.8.1997 – 3 Z BR 193/97, AG 1998, 36 f. (zum MitbestG); *Fitting/Wlotzke/Wißmann*, § 15 MitbestG Rz. 65; MünchArbR/*Wißmann*, § 368 Rz. 48; *Hanau/Ulmer*, § 22 MitbestG Rz. 22; *Fuchs/Köstler*, Handbuch zur Aufsichtsratswahl, Rz. 592; Scholz/*U.H. Schneider*, § 52 GmbHG Rz. 150. | 9 § 1 Abs. 1 DrittelbG (§ 76 Rz. 1) befindlich insoweit den Anwendungsbereich des Gesetzes. | 10 Vgl. *Willemsen/Seibt*, Unternehmensumstrukturierung, F144; *Göz*, ZIP 1998, 1523, 1524; Baumbach/Hueck/*Zöllner*, § 52 GmbHG Rz. 8; aA *Hachenburg/Raiser*, § 52 GmbHG Rz. 161; Lutter/*Hommelhoff*, § 52 GmbHG Rz. 22; *Fitting*, § 77 BetrVG 52 Rz. 12.

3   **II. Anwendungsbereich (GmbH). 1. Rechtsform.** Bei einer GmbH ist nur dann zwingend ein Aufsichtsrat zu bilden, wenn das Unternehmen mehr als 500 ArbN beschäftigt (§ 77 Abs. 1 Satz 1, § 52 GmbHG). Die Verpflichtung zur Aufsichtsratsbildung ergibt sich unmittelbar aus § 77 Abs. 1 Satz 1, ohne dass hierfür eine satzungsrechtliche Grundlage oder ein Gesellschafterbeschluss erforderlich wäre[1]. Zu mit der GmbH vergleichbaren Unternehmen ausländischer Rechtsform, die ihren tatsächlichen Verwaltungssitz im Inland haben siehe § 76 Rz. 5–7.

4   **2. Gründungsstadium.** Die errichtete, aber noch nicht in das Handelsregister eingetragene Vor-GmbH unterliegt nach hM nicht § 77 Abs. 1 Satz 1, so dass keine Pflicht zur Bildung eines mitbestimmten Aufsichtsrats besteht[2]. Dies gilt auch für den Fall, dass im Rahmen der Sachgründung ein Unternehmen oder Unternehmensteil in die Gesellschaft eingebracht wird. Daher kommt auch eine gerichtliche Bestellung von Aufsichtsratsmitgliedern entsprechend § 104 Abs. 2 AktG in solchen Fällen nicht in Betracht[3]. Bei der formwechselnden Umwandlung in die GmbH gelten die Grundsätze unter § 76 Rz. 9.

5   **3. ArbN-Zahl.** Die Verpflichtung zur Aufsichtsratsbildung greift nur ein, wenn die Zahl der regelmäßig im Unternehmen beschäftigten ArbN mehr als 500 beträgt[4]. Für die Bestimmung der ArbN-Zahl gelten die gleichen Grundsätze wie für die AG nach § 76 (dazu § 76 Rz. 12–14).

6   **III. Zusammensetzung, Binnenorganisation und Aufgaben des Aufsichtsrats (GmbH). 1. Zahl der Aufsichtsratsmitglieder. a) Allgemeines.** Nach § 77 Abs. 1 Satz 2 iVm. § 76 Abs. 1 besteht der Aufsichtsrat zu ⅓ aus Vertretern der ArbN. Für die zwingend durch drei teilbare Gesamtzahl der Aufsichtsratsmitglieder ist wegen § 77 Abs. 1 Satz 2 iVm. § 95 AktG das Aktiengesetz und die Satzung maßgeblich (dazu § 76 Rz. 21–22).

7   **b) Mitbestimmungsvereinbarungen.** Da die Gesellschafter einer GmbH – anders als bei der AG (§ 23 Abs. 5 AktG) – eine weitgehende Satzungsfreiheit genießen (§ 45 GmbHG), können hier in bestimmten Grenzen privatautonome Mitbestimmungsvereinbarungen zur Frage der Aufsichtsratszusammensetzung geschlossen werden. Allerdings kann wegen der zwingenden Natur von § 77 Abs. 1 von den dortigen Regelungen nicht zu Lasten der ArbN abgewichen werden[5]. So sind bei der GmbH sowohl Vereinbarungen über die Einrichtung eines mitbestimmten Aufsichtsrats zulässig, die an sich nicht § 77 Abs. 1 unterfallen[6], als auch über die Anhebung des mitbestimmungsrechtlichen Niveaus (zB Ersetzung der drittelparitätischen Mitbest. nach § 77 Abs. 1 durch paritätische Mitbest. nach MitbestG; Regelung von Mindestbefugnissen des Aufsichtsrats, insb. der Personalkompetenz; Besetzung von Aufsichtsratsausschüssen mit ArbN-Vertretern)[7]. Es sind indes solche Vereinbarungen nichtig, die gegen zwingende gesellschaftsrechtliche Vorschriften (zB Bestimmung ausschließlicher Zuständigkeit der Anteilseignerversammlung) verstoßen[8]. Eine „Überparität" zugunsten der ArbN-Vertreter im Aufsichtsrat kann wegen Verstoß gegen Art. 14 Abs. 1 GG vertraglich nicht zulässig geregelt werden[9]. Die Zuständigkeit zum Abschluss statusändernder Mitbestimmungsvereinbarungen für die Gesellschaft kommt alleine der Gesellschafterversammlung (Beschluss mit satzungsändernder Mehrheit) zu, ansonsten den Geschäftsführern; auf ArbN-Seite kommt den Gewerkschaften die Regelungskompetenz zu[10].

8   Zur Zulässigkeit privatautonomer Mitbestimmungsvereinbarungen zur einvernehmlichen Klärung zweifelhafter Rechts- und Sachfragen, bei denen die Voraussetzungen eines Vergleichs iSv. § 779 BGB erfüllt sind, sowie zur Vereinfachung oder Anpassung gesetzlicher Mitbestimmungsregelungen (insb. zum Wahlverfahren) an Einzelfallumständen des betroffenen Unternehmens siehe § 1 MitbestG Rz. 20.

9   **c) Änderung der Mitgliederzahl.** Hier gelten die unter § 76 Rz. 25–26 aufgeführten Grundsätze.

10   **2. Beschlussfähigkeit der Aufsichtsrat und Mehrheitsquoren.** Über § 77 Abs. 1 Satz 2 gilt § 108 AktG (dazu § 76 Rz. 27–29). Im Hinblick auf die Beschlussquoren gelten die unter § 76 Rz. 30 aufgeführten Grundsätze.

11   **3. Binnenorganisation.** Die Binnenorganisation des Aufsichtsrats wird über § 77 Abs. 1 Satz 2 nach den §§ 107 ff. AktG bestimmt (dazu § 76 Rz. 31–33).

---

1 Vgl. Scholz/*U.H. Schneider*, § 52 GmbHG Rz. 8 und 26; ErfK/*Oetker*, § 77 BetrVG 52 Rz. 2; *Dietz/Richardi*, § 77 BetrVG 52 Rz. 10. | 2 Vgl. BayObLG v. 9.6.2000 – 3 Z BR 92/00, BB 2000, 1538 ff.; *Baumbach/Hueck/Fastrich*, § 6 GmbHG Rz. 22; *Hachenburg/Ulmer*, § 11 GmbHG Rz. 32; *Scholz/K. Schmidt*, § 11 GmbHG Rz. 52; aA *Hachenburg/Raiser*, § 52 GmbHG Rz. 160; *Rowedder/Koppensteiner*, § 52 GmbHG Rz. 22; *Joost*, FS Claussen, S. 187, 196 (§ 31 AktG analog); *Lutter/Joost*, § 218 UmwG Rz. 15 (§ 31 AktG analog). | 3 So ausdrücklich BayObLG v. 9.6.2000 – 3 Z BR 92/00, BB 2000, 1538, 1539. | 4 LG Stuttgart v. 11.9.1984 – 2 AktE 1/84, BB 1984, 2082; ErfK/*Oetker*, § 77 BetrVG 52 Rz. 3; *Dietz/Richardi*, § 77 BetrVG 52 Rz. 7; GK-BetrVG/*Kraft*, § 77 BetrVG 52 Rz. 7; MünchArbR/*Wißmann*, § 383 Rz. 5. | 5 Vgl. *Ihrig/Schlitt*, NZG 1999, 333, 334. | 6 *Willemsen/Seibt*, Unternehmensumstrukturierung, F14. | 7 *Willemsen/Seibt*, Unternehmensumstrukturierung, F14; *Hommelhoff*, ZHR 1984, 118, 133; *Ihrig/Schlitt*, NZG 1999, 333, 336; *Henssler*, ZfA 2000, 241, 265; aA ErfK/*Oetker*, § 77 BetrVG 52 Rz. 8; GK-BetrVG/*Kraft*, § 77 BetrVG 52 Rz. 16. | 8 *Willemsen/Seibt*, Unternehmensumstrukturierung, F14. | 9 Vgl. *Willemsen/Seibt*, Unternehmensumstrukturierung, F13; *Lutter*, ZGR 1977, 194, 202 f.; diff. *Henssler*, ZfA 2000, 241, 261 f. | 10 Vgl. *Willemsen/Seibt*, Unternehmensumstrukturierung, F15; *Mertens*, § 96 AktG Rz. 18; *Konzen*, AG 1983, 289, 294; *Beuthin*, ZfA 1983, 152; *Henssler*, ZfA 2000, 241, 265; MünchArbR/*Wißmann*, § 365 Rz. 20.

4. Rechte, Pflichten und Kompetenzen des Aufsichtsrats. Im Gegensatz zur AG oder KGaA richten **12** sich die Rechte, Pflichten und Kompetenzen des drittelparitätisch mitbestimmten Aufsichtsrats einer GmbH nur nach bestimmten, in § 77 Abs. 1 Satz 2 in Bezug genommenen aktienrechtlichen Vorschriften. Weiterhin ist bei der Anwendung der aktienrechtlichen Vorschriften die gegenüber der AG bei der GmbH andere Kompetenzstruktur (mit der Gesellschafterversammlung als originärem Entscheidungszentrum für alle unternehmensleitenden Entscheidungen) zu berücksichtigen[1].

Nach dem Gesetzesstatut verbleibt die **Personalkompetenz** (Bestellung der Geschäftsführer) bei der **13** Gesellschafterversammlung (§ 46 Nr. 5 GmbHG), da § 77 Abs. 1 Satz 2 nicht auf § 84 AktG verweist[2]. Die Gesellschafterversammlung ist auch im Rahmen einer Annexkompetenz für den Abschluss, die Änderung und die Beendigung von Anstellungsverträgen mit den Geschäftsführern zuständig[3]. Allerdings kann die Zuständigkeit zur Bestellung und arbeitsrechtlichen Anstellung der Geschäftsführer statutarisch auch auf den Aufsichtsrat übertragen werden[4], der dann die Gesellschaft gegenüber den Geschäftsführern vertritt[5]. Auch über die Gewährung von Krediten an Geschäftsführer bestimmt – anders als bei der AG (vgl. § 89 AktG) – im Normalstatut die Gesellschafterversammlung, sofern sie im Zusammenhang mit der Anstellung steht[6]; bei unabhängig von der Anstellung gewährten Krediten kommt die Kompetenz hierüber den Geschäftsführern zu, es sei denn, das Kreditgeschäft ist eine ungewöhnliche Maßnahme und erfordert daher einen Gesellschafterbeschluss gem. §§ 37, 49 Abs. 2 GmbHG[7]. Allerdings kann die Satzung auch eine andere Kompetenzzuordnung, zB zum Aufsichtsrat festlegen[8].

Im Hinblick auf die **Überwachungskompetenz** des Aufsichtsrats gilt Folgendes: Nach dem Gesetzesstatut **14** ist die Geschäftsführung nur verpflichtet, auf Anforderung des mitbestimmten Aufsichtsrats oder einzelner Aufsichtsratsmitglieder Berichte über Angelegenheiten der Gesellschaft und die mit Ihnen verbundenen Unternehmen vorzulegen (§ 77 Abs. 1 Satz 2 iVm. § 90 Abs. 3, Abs. 4, Abs. 5 Sätze 1 und 2 AktG). Eine Verpflichtung der Geschäftsführer zu einer periodischen Berichterstattung besteht gesetzlich nicht (§ 77 Abs. 1 Satz 2 verweist nicht auf § 90 Abs. 1 und Abs. 2 AktG), kann allerdings durch Regelung in der Satzung oder in der Geschäftsführung für die Geschäftsführung verankert werden[9]. Darüber hinaus bestehen zugunsten des Aufsichtsrats und seiner Mitglieder weitere gesetzliche Informationsrechte, insb. das Recht auf Einsichtnahme in die Bücher und Schriften der Gesellschaft (§ 77 Abs. 1 Satz 2 iVm. § 111 Abs. 2 AktG), das Teilnahmerecht der Aufsichtsratsmitglieder an Gesellschafterversammlungen (§ 118 Abs. 2 AktG analog)[10], das Recht auf Mitteilung der Tagesordnung der Gesellschafterversammlung (§ 77 Abs. 1 Satz 2 iVm. § 125 Abs. 3 AktG) sowie auf Mitteilung der dort gefassten Beschlüsse (§ 125 Abs. 4 AktG analog)[11]. Obgleich § 77 Abs. 1 Satz 2 auch auf die aktienrechtliche Generalnorm der Geschäftsführungsüberwachung (§ 111 AktG) verweist, gelten die aktienrechtlichen Grundsätze wegen der bei der GmbH anderen Kompetenzstruktur nur mit Einschränkung: Der mitbestimmte Aufsichtsrat hat seine Überwachungspflicht nach § 111 Abs. 1 AktG gegenüber den Geschäftsführern nur dann auszuüben, soweit diesen überhaupt Maßnahmen der Geschäftsführung zustehen. Unterliegen solche Geschäftsführungsmaßnahmen der Gesellschafterversammlung (zB wegen eines in der Satzung geregelten Zustimmungskatalogs), gilt § 46 Nr. 6 GmbHG und dem Aufsichtsrat kommt keine Überwachungskompetenz zu[12]. Der nach § 111 Abs. 4 Satz 2 AktG zwingend vorzusehende Zustimmungskatalog für bestimmte Geschäftsführungsmaßnahmen zugunsten des Aufsichtsrats[13] kann nicht durch Satzung ausgeschlossen werden; § 77 Abs. 1 Satz 2 enthält anders als § 52 Abs. 1 GmbHG keinen entsprechenden Satzungsvorbehalt[14]. Aus der Kompetenzstruktur der GmbH folgt weiterhin, dass die Gesellschafterversammlung nach § 37 GmbHG einen Veto-Beschluss des Aufsichtsrats gegen eine Geschäftsführungsmaß-

---

1 Vgl. ErfK/*Oetker*, § 77 BetrVG 52 Rz. 9; Scholz/*U.H. Schneider*, § 52 GmbHG Rz. 45 f.; *Lutter/Hommelhoff*, § 52 GmbHG Rz. 2; Baumbach/Hueck/*Zöllner*, § 52 GmbHG Rz. 91. |2 Vgl. Scholz/*U.H. Schneider*, § 35 GmbHG Rz. 2; *Lutter/Hommelhoff*, § 52 GmbHG Rz. 47; ErfK/*Oetker*, § 77 BetrVG 52 Rz. 10. |3 Vgl. Scholz/*U.H. Schneider*, § 52 GmbHG Rz. 98; Baumbach/Hueck/*Zöllner*, § 52 GmbHG Rz. 62; *Lutter/Hommelhoff*, § 52 GmbHG Rz. 47; ErfK/*Oetker*, § 77 BetrVG 52 Rz. 10; Dietz/Richardi, § 77 BetrVG 52 Rz. 22; GK-BetrVG/*Kraft*, § 77 BetrVG 52 Rz. 34; vgl. auch BGH v. 3.7.2000 – II ZR 282/98, ZIP 2000, 1442, 1443. |4 Vgl. BGH v. 17.2.1997 – II ZR 278/95, WM 1997, 1015; OLG Rostock v. 28.2.2001 – 6 U 227/99, NZG 2001, 813 (Bestätigung der Bestellung durch Gesellschafterversammlung); Scholz/*U.H. Schneider*, § 52 GmbHG Rz. 99; *Lutter/Hommelhoff*, § 52 GmbHG Rz. 47; Baumbach/Hueck/*Zöllner*, § 52 GmbHG Rz. 152. |5 Vgl. BGH v. 17.2.1997 – II ZR 278/95, WM 1997, 1015; Scholz/*U.H. Schneider*, § 52 GmbHG Rz. 99a. |6 Vgl. Scholz/*U.H. Schneider*, § 43a GmbHG Rz. 20. |7 Scholz/*U.H. Schneider*, § 43a GmbHG Rz. 24 ff.; *Lutter/Hommelhoff*, § 43a GmbHG Rz. 2. |8 Vgl. Scholz/*U.H. Schneider*, § 37 GmbHG Rz. 20. |9 Vgl. Scholz/*U.H. Schneider*, § 52 GmbHG Rz. 67b aE. |10 Vgl. ErfK/*Oetker*, § 77 BetrVG 52 Rz. 14; GK-BetrVG/*Kraft*, § 77 BetrVG 52 Rz. 38; Rowedder/Schmidt-Leithoff/*Koppensteiner*, § 52 GmbHG Rz. 49; Hachenburg/*Raiser*, § 52 GmbHG Rz. 225; Baumbach/Hueck/*Zöllner*, § 52 GmbHG Rz. 161. |11 Vgl. ErfK/*Oetker*, § 77 BetrVG 52 Rz. 14; GK-BetrVG/*Kraft*, § 77 BetrVG 52 Rz. 38; Baumbach/Hueck/*Zöllner*, § 52 GmbHG Rz. 162; Hachenburg/*Raiser*, § 52 GmbHG Rz. 226 - Eine entsprechende Klarstellung enthält § 1 Abs. 1 Nr. 3 DrittelbG-E (§ 76 Rz. 1). |12 Scholz/*U.H. Schneider*, § 52 GmbHG Rz. 60; Hachenburg/*Raiser*, § 52 GmbHG Rz. 233; Baumbach/Hueck/*Zöllner*, § 52 GmbHG Rz. 145; ErfK/*Oetker*, § 77 BetrVG 52 Rz. 9; Dietz/Richardi, § 77 BetrVG 52 Rz. 24; GK-BetrVG/*Kraft*, § 77 BetrVG 52 Rz. 31; aA *Bergmann*, NJW 1953, 81, 82 f. |13 Die Verpflichtung zur Regelung von Zustimmungsvorbehalten (Änderung von § 111 Abs. 4 Satz 2 AktG) wurde eingefügt durch das TraPuG v. 19.7.2002 (BGBl. I, 2681); hierzu *Lange*, DStR 2003, 376 ff.; *Otto*, GmbHR 2003, 6 ff. |14 Vgl. Scholz/*U.H. Schneider*, § 52 GmbHG Rz. 78; Rowedder/Schmidt-Leithoff/*Koppensteiner*, § 52 GmbHG Rz. 47; Hachenburg/*Raiser*, § 52 GmbHG Rz. 231; Baumbach/Hueck/*Zöllner*, § 52 GmbHG Rz. 154;

nahme nicht nur auf Verlangen der Geschäftsführer überwinden kann (§ 111 Abs. 4 Sätze 3 und 4 AktG analog), sondern auch auf eigene Initiative durch einen mit einfacher Mehrheit gefassten entsprechenden Weisungsbeschluss[1]. Schließlich bestehen gesetzliche Zustimmungsvorbehalte bei Verträgen mit Aufsichtsratsmitgliedern (§ 77 Abs. 1 Satz 2 iVm. § 114 AktG), nicht jedoch bei Kreditgewährungen an Aufsichtsratsmitglieder (§ 77 Abs. 1 Satz 2 verweist nicht auf § 115 AktG)[2].

15 Im Hinblick auf die **Handlungs- und Mitentscheidungsrechte** des Aufsichtsrats gilt Folgendes: Der mitbestimmte Aufsichtsrat vertritt die GmbH gegenüber den Geschäftsführern (§ 77 Abs. 1 Satz 2 BetrVG 1952 iVm. § 112 AktG)[3]. Dies gilt insb. im Hinblick auf Prozesse der Gesellschaft gegen ihre (jetzigen und ehemaligen) Geschäftsführer (§ 46 Nr. 8 GmbHG gilt insofern nicht)[4]. Der Aufsichtsrat ist auch für die Prüfung des Jahresabschlusses zuständig (§ 77 Abs. 1 Satz 2 BetrVG 1952 iVm. § 171 AktG); der fehlende Verweis in § 77 Abs. 1 Satz 2 BetrVG 1952 auf § 170 AktG (Vorlagepflicht) ist ein Redaktionsversehen[5]. Demgegenüber bleibt es für die Feststellung des Jahresabschlusses bei der Zuständigkeit der Gesellschafterversammlung nach § 46 Nr. 1 GmbH (§ 77 Abs. 1 Satz 2 BetrVG 1952 verweist nicht auf § 172 AktG), soweit die Satzung keine abweichende, für den Aufsichtsrat rechtsbegründende Regelung enthält[6]. Gesetzlich besteht bei der GmbH auch keine Kompetenz von Geschäftsführung und mitbestimmtem Aufsichtsrat, ohne Beschluss der Gesellschafterversammlung die Hälfte des Jahresüberschusses in Rücklagen einzustellen (§ 77 Abs. 1 Satz 2 verweist nicht auf § 58 Abs. 2 AktG); allerdings kann auch dies durch die Satzung geregelt werden[7].

16 Die zwingenden Kompetenzen und Rechte des drittelparitätisch besetzten Aufsichtsrats in der GmbH lassen sich wie folgt zusammenfassen:

Zwingende Kompetenzen und Rechte des Aufsichtsrats	(§ 77 Abs. 1 Satz 2)	
	ja	nein
Personalkompetenz		
– Bestellung und Abberufung Geschäftsführer (§ 84 AktG)		+
– Abschluss, Änderung, Aufhebung Anstellungsvertrag (Annexkompetenz zu § 84 AktG)		+
– Kreditgewährungen an Vorstandmitglieder (§ 89 AktG)		+
Überwachungskompetenz		
– Vorstandspflicht zu Periodenberichten (§ 90 Abs. 1, Abs. 2 AktG)		+
– Vorstandspflicht zu Anforderungsberichten (§ 90 Abs. 3, Abs. 4 Abs. 5 Sätze 1 und 2 AktG)	+	
– Informationsrechte (§ 125 Abs. 3, Abs. 4, § 118 Abs. 2 AktG)	+	
– Überwachung der Geschäftsführung (§ 111 Abs. 1 AktG)	[+]	§ 46 Nr. 6 GmbHG
– Einsichts- und Prüfungsrechte (§ 111 Abs. 2 AktG)	+	
– Zustimmungsvorbehalte bei Geschäftsführungsmaßnahmen (§ 111 Abs. 4 AktG)	[+]	§ 37 GmbHG
– Zustimmungsvorbehalte bei Verträgen mit Aufsichtsratsmitgliedern (§ 114 AktG)	+	
– Zustimmungsvorbehalte bei Kreditgewährungen an Aufsichtsratsmitglieder (§ 115 AktG)		+

ErfK/Oetker, § 77 BetrVG 52 Rz. 11; GK-BetrVG/Kraft, § 77 BetrVG 52 Rz. 36; Hommelhoff, ZGR 1978, 119, 150 ff.; aA Säcker, DB 1977, 1845, 1848; Hölters, BB 1978, 640, 643; die Möglichkeit der Einschränkung bejaht Lutter/Hommelhoff, § 52 GmbHG Rz. 29. | 1 Scholz/U.H. Schneider, § 52 GmbHG Rz. 80 und 83; Baumbach/Hueck/Zöllner, § 52 GmbHG Rz. 155; Lutter/Hommelhoff, § 52 GmbHG Rz. 29; Michalski/Heyder, § 52 GmbHG Rz. 234; Roth/Altmeppen, § 52 GmbHG Rz. 20; Rowedder/Schmidt-Leithoff/Koppensteiner, § 52 GmbHG Rz. 13; ErfK/Oetker, § 77 BetrVG 52 Rz. 12; GK-BetrVG/Kraft, § 77 BetrVG 52 Rz. 37; Zöllner, ZGR 1977, 319, 327; abweichend (¾-Beschlussmehrheit): Hanau/Ulmer, § 25 Rz. 62; Hachenburg/Raiser, § 52 GmbHG Rz. 287 Raiser, § 25 Rz. 80; Hommelhoff, ZGR 1978, 119, 153; Säcker, DB 1977, 1845, 1848. | 2 Vgl. Rowedder/Schmidt-Leithoff/Koppensteiner, § 52 GmbHG Rz. 49 aE; Baumbach/Hueck/Zöllner, § 52 GmbHG Rz. 117; Fitting, § 77 BetrVG 52 Rz. 19. | 3 Scholz/U.H. Schneider, § 52 GmbHG Rz. 107; Rowedder/Schmidt-Leithoff/Koppensteiner, § 52 GmbHG Rz. 49, 14; Hachenburg/Raiser, § 52 GmbHG Rz. 223; ErfK/Oetker, § 77 BetrVG 52 Rz. 10. | 4 Scholz/U.H. Schneider, § 46 GmbHG Rz. 165; Baumbach/Hueck/Zöllner, § 52 GmbHG Rz. 151; ErfK/Oetker, § 77 BetrVG 52 Rz. 10; GK-BetrVG/Kraft, § 77 BetrVG 52 Rz. 34. | 5 Eine entsprechende Ergänzung enthält § 1 Abs. 1 Nr. 3 DrittelbG-E (§ 76 Rz. 1). | 6 Scholz/U.H. Schneider, § 52 GmbHG Rz. 91; Rowedder/Schmidt-Leithoff/Pentz, § 29 GmbHG Rz. 48; Baumbach/Hueck/Zöllner, § 52 GmbHG Rz. 149; ErfK/Oetker, § 77 BetrVG 52 Rz. 13; Dietz/Richardi, § 77 BetrVG 52 Rz. 23; GK-BetrVG/Kraft, § 77 BetrVG 52 Rz. 32. | 7 Scholz/U.H. Schneider, § 29 GmbHG Rz. 62.

Mitentscheidungsrechte		
– Vertretung der Gesellschaft gegenüber Geschäftsführern (§ 112 AktG)	+	
– Prüfung Jahresabschluss (§ 171 AktG)	+	
– Feststellung Jahresabschluss (§ 172 AktG)		+
– Verwendung Jahresüberschuss (§ 58 Abs. 2 AktG)		+

5. Rechtsstellung der Aufsichtsratsmitglieder. Siehe hierzu § 76 Rz. 36–37.

6. Schutz der Tätigkeit der ArbN-Vertreter. Auch für die ArbN-Vertreter im mitbestimmten Aufsichtsrat der GmbH gilt das Behinderungs-, Benachteiligungs- und Bevorzugungsverbot des § 78 BetrVG entsprechend (§ 77 Abs. 1 Satz 2 iVm. § 76 Abs. 2 Satz 5; siehe auch § 76 Rz. 38 und § 78 BetrVG).

IV. Wahl der ArbN-Vertreter und Amtszeit. Für die Wahl der ArbN-Vertreter einer mitbestimmten GmbH und ihre Amtszeit gilt über § 77 Abs. 1 Satz 2 die Regelungen der § 76 Abs. 2 bis Abs. 5 entsprechend (siehe § 76 Rz. 39–84). Die Mitgliedschaft in einem Beirat der GmbH schließt die Wählbarkeit für den Aufsichtsrat nicht aus[1].

V. Versicherungsverein auf Gegenseitigkeit (§ 77 Abs. 2); Erwerbs- und Wirtschaftsgenossenschaften (§ 77 Abs. 3). 1. VVaG. Die Frage nach der zwingenden Bildung eines Aufsichtsrates bei der VVaG ist davon abhängig, ob der Wirkungskreis der VVaG nach seiner Satzung in sachlicher, örtlicher oder personeller Hinsicht beschränkt ist (sog. kleine VVaG), oder ob dies nicht der Fall ist (sog. große VVaG). Große VVaG haben zwingend einen Aufsichtsrat zu bilden (§ 35 VAG), während bei kleinen VVaG die Bildung eines Aufsichtsrates fakultativ ist (§ 53 Abs. 3 VAG).

Beschäftigt ein kleiner VVaG regelmäßig mehr als 500 ArbN und ist ein Aufsichtsrat gebildet worden, so findet auf diesen § 76 Anwendung (§ 77 Abs. 2). Bildet ein kleiner VVaG keinen Aufsichtsrat, so folgt unabhängig von der Beschäftigtenzahl aus § 77 Abs. 2 (iVm. § 76) kein mitbestimmungsrechtlicher Zwang zur Einrichtung eines Aufsichtsrates.

Beschäftigt ein großer VVaG regelmäßig mehr als 500 ArbN, so muss der (zwingend zu bildende) Aufsichtsrat nach § 77 Abs. 2 den Anforderungen des § 76 genügen. Das Gleiche gilt, wenn im Unternehmen regelmäßig mehr als 2000 ArbN beschäftigt werden, da § 1 Abs. 1 Nr. 1 MitbestG die Rechtsform des VVaG nicht erfasst.

2. Erwerbs- und Wirtschaftsgenossenschaft. Bei eingetragenen Genossenschaften ist die Bildung eines Aufsichtsrates zwingend vorgeschrieben (§ 36 GenG). Beschäftigt eine eingetragene Genossenschaft regelmäßig mehr als 500 ArbN, so muss diese den Anforderungen des § 77 Abs. 3, § 76 genügen. Allerdings gelten für die Kompetenzen und Rechte des Aufsichtrates die §§ 36 bis 41 GenG, soweit nicht das BetrVG 1952 zwingend etwas anderes vorschreibt.

77a *Zurechnung von Konzernunternehmen*

Soweit nach §§ 76 oder 77 die Beteiligung von Arbeitnehmern im Aufsichtsrat eines herrschenden Unternehmens von dem Vorhandensein oder der Zahl von Arbeitnehmern abhängt, gelten die Arbeitnehmer der Betriebe eines Konzernunternehmens als Arbeitnehmer des herrschenden Unternehmens, wenn zwischen den Unternehmen ein Beherrschungsvertrag besteht oder das abhängige Unternehmen in das herrschende Unternehmen eingegliedert ist.

I. Regelungsinhalt. Unter der Geltung des BetrVG 1952 erfolgt eine Zurechnung (dh. Zählung) von ArbN von Konzernunternehmen zur herrschenden Konzernobergesellschaft *ausschließlich* dann, wenn (i) zwischen den Unternehmen ein Beherrschungsvertrag besteht oder (ii) das abhängige Unternehmen in das herrschende Unternehmen eingegliedert ist. ArbN sonstiger abhängiger Konzernunternehmen iSv. § 18 Abs. 1 Sätze 1 und 2 AktG bleiben für Zwecke der ArbN-Zurechnung außer Betracht. Für die hiervon strikt zu trennende Frage nach der Wahlberechtigung gilt, dass im Falle der Maßgeblichkeit des BetrVG 1952 für die Besetzung des Aufsichtsrats die ArbN aller Konzernunternehmen wahlberechtigt sind (§ 76 Abs. 4 iVm. § 18 Abs. 1 Sätze 1 und 2 AktG); allerdings gilt die Konzernvermutung des § 18 Abs. 1 Satz 3 AktG für die Wahlberechtigung nicht[2]. Von einer umfassenden Konzernbetrachtung und ArbN-Zurechnung im Konzern hat der Gesetzgeber des BetrVG 1952 bewusst abgesehen[3]. Insbesondere kann weder § 4 MitbestG noch

---

1 Baumbach/Hueck/*Zöllner*, § 52 GmbHG Rz. 94; Scholz/*U.H. Schneider*, § 52 GmbHG Rz. 161; ErfK/*Oetker*, § 77 BetrVG 52 Rz. 15; GK-BetrVG/*Kraft*, § 77 BetrVG 52 Rz. 19. | 2 BAG v. 16.8.1995 – 7 ABR 57/94, AG 1996, 367 ff.; ErfK/*Oetker*, § 76 BetrVG 52 Rz. 56; Dietz/*Richardi*, § 76 BetrVG 52 Rz. 184; *Fitting*, § 76 BetrVG 52 Rz. 95; *Willemsen/Seibt*, Unternehmensumstrukturierung, F32; *Oetker*, ZGR 2000, 19, 36f. | 3 BayObLG v. 10.12.1992 – 3 Z BR 130/92, NJW 1993, 1804, 1805 = AP Nr. 1 zu § 77a BetrVG 1952; *Willemsen/Seibt*, Unternehmensumstrukturierung, F32; KölnKommAktG/*Mertens*, Anh. § 117E BetrVG 1952 Rz. 16 – Insoweit sieht auch § 2 Abs. 2 DrittelbG-E (§ 76 Rz. 1) keine Änderungen vor.

§ 77a auf **Kapitalgesellschaften & Co. KG** entsprechend angewendet werden, die weniger als 2000 ArbN beschäftigten, unabhängig davon, ob die Komplementär-Kapitalgesellschaft die KG tatsächlich beherrscht[1].

II. Zurechnung der ArbN. 1. Beherrschungsvertrag. Nach zutreffender hM greift der Zurechnungstatbestand des Beherrschungsvertrages in § 77a über den aktienrechtlichen Begriff iSv. § 291 AktG hinaus und umfasst **alle gesellschaftsrechtlichen Organisationsverträge, durch die der Gesellschaftszweck eines Unternehmens dem Konzerninteresse eines anderen Unternehmens unterworfen wird**[2]. Solchermaßen qualifizierte gesellschaftsrechtliche Organisationsverträge können sowohl mit GmbH[3] als auch mit Personenhandelsgesellschaften[4] als herrschendem Unternehmen bestehen. Das Zurechnungsmerkmal des Beherrschungsvertrages ist jedoch nicht erfüllt, wenn eine Konzernobergesellschaft eine nachgeordnete GmbH lediglich kraft Mehrheit der Stimmen und Weisungsrecht des § 37 Abs. 1 GmbHG beherrscht. Dies gilt selbst dann, wenn darüber hinaus zwischen den Gesellschaften ein Ergebnisabführungsvertrag[5] oder eine (teilweise) Personenidentität von Geschäftsleitungsorganen beim herrschenden und beim abhängigen Unternehmen besteht[6].

2. Eingliederung. Das Zurechnungsmerkmal der Eingliederung des abhängigen in das herrschende Unternehmen verweist auf die rechtsformspezifischen Vorschriften der §§ 319 ff. AktG. Eine entsprechende Anwendung auf ähnliche Sachverhalte, in denen Gesellschaften in anderer Rechtsform als AG in eine Hauptgesellschaft „eingegliedert", dh. zwar als rechtlich selbstständige Gesellschaft, jedoch wirtschaftlich als bloße Betriebsabteilung geführt werden, kommt wegen des eindeutigen Wortlauts nicht in Betracht[7].

81 Ausnahmen für Tendenzbetriebe

(1) Auf Betriebe, die politischen, gewerkschaftlichen, konfessionellen, karitativen, erzieherischen, wissenschaftlichen, künstlerischen und ähnlichen Bestimmungen dienen, finden die §§ 76 und 77 keine Anwendung.

(2) Dieses Gesetz findet keine Anwendung auf Religionsgemeinschaften und ihre karitativen und erzieherischen Einrichtungen unbeschadet deren Rechtsform.

I. Regelungsinhalt. Vor dem Hintergrund der verfassungsrechtlichen Gewährleistungen (Art. 4, 140 GG, Art. 5 Abs. 1 Satz 2 GG, Art. 5 Abs. 3 GG, Art. 21 GG, Art. 9 Abs. 3 GG) entfällt eine Beteiligung der ArbN in Aufsichtsräten bei Tendenzunternehmen und Religionsgemeinschaften sowie deren karikativen und erzieherischen Einrichtungen, wenn die Unternehmen diesen Zwecken unmittelbar und überwiegend dienen[8]. Einen inhaltlich vergleichbaren Tendenzschutz enthält § 1 Abs. 4 MitbestG (dazu § 1 MitbestG Rz. 13) sowie § 118 BetrVG für die betriebliche Mitbest. (dazu § 118 BetrVG).

II. Tendenzschutz im Konzern. 1. Tendenzschutz abhängiger Tendenzunternehmen. Abhängige Tendenzunternehmen genießen Tendenzschutz nach § 81. Aus dem verfassungsrechtlich zwingend gebotenen Tendenzschutz folgt eine Beschränkung der Konzernleitungsmacht des ggf. mitbestimmten Aufsichtsrats der Konzernobergesellschaft[9]. Allerdings sind die ArbN des abhängigen Konzernunternehmens an der Wahl zum Aufsichtsrat des herrschenden Unternehmens zu beteiligen (§ 76 Abs. 4)[10].

2. Tendenzschutz des herrschenden Unternehmens. Auch eine Konzernobergesellschaft genießt dann Tendenzschutz des § 81, wenn sie selbst ein Tendenzunternehmen mit operativem Geschäftsbereich ist[11]. Aus dem Tendenzschutz für das herrschende Unternehmen folgt allerdings nicht automatisch auch die Mitbestimmungsfreiheit von Aufsichtsräten bei abhängigen Konzernunternehmen, sondern diese müssen selbst Tendenzunternehmen iSv. § 81 sein[12].

---

1 *Fitting*, § 77 BetrVG 52 Rz. 7. | 2 Vgl. BayObLG v. 10.12.1992 – 3 Z BR 130/92, NJW 1993, 1804, 1805 = AP Nr. 1 zu § 77a BetrVG 1952; *Willemsen/Seibt*, Unternehmensumstrukturierung, F33; *Rowedder/Rittner/Schmidt-Leithoff*, GmbHG, Einl. Rz. 233; *Fitting*, § 77 BetrVG 52 Rz. 6; *Dietz/Richardi*, § 77a BetrVG 52 Rz. 3; GK-BetrVG/*Kraft*, § 77a BetrVG 52 Rz. 7; MünchArbR/*Wißmann*, § 383 Rz. 7. | 3 Vgl. *Willemsen/Seibt*, Unternehmensumstrukturierung, F33; Baumbach/Hueck/*Zöllner*, § 52 GmbHG Rz. 83; *Rowedder/Rittner/Schmidt-Leithoff*, GmbHG, Einl. Rz. 233. | 4 Vgl. BayObLG v. 10.12.1992 – 3 Z BR 130/92, NJW 1993, 1804, 1805 = AP Nr. 1 zu § 77a BetrVG 1952. | 5 OLG Düsseldorf v. 27.12.1996 – 19 W 4/96 AktE, NZA-RR 1997, 213, 215; BayObLG v. 10.12.1992 – 3 Z BR 130/92, NJW 1993, 1804, 1805 = AP Nr. 1 zu § 77a BetrVG 1952; *Willemsen/Seibt*, Unternehmensumstrukturierung, F33; ErfK/*Oetker*, § 77a BetrVG 52 Rz. 3; *Dietz/Richardi*, § 77a BetrVG 52 Rz. 3; GK-BetrVG/*Kraft*, § 77a BetrVG 52 Rz. 5; *Fitting*, § 77 BetrVG 52 Rz. 5. | 6 Vgl. *Willemsen/Seibt*, Unternehmensumstrukturierung, F33. | 7 Vgl. BayObLG v. 10.12.1992 – 3 Z BR 130/92, NJW 1993, 1804, 1805 = AP Nr. 1 zu § 77a BetrVG 1952; OLG Düsseldorf v. 27.12.1996 – 19 W 4/96 AktE, NZA-RR 1997, 213, 215; *Willemsen/Seibt*, Unternehmensumstrukturierung, F34; ErfK/*Oetker*, § 77a BetrVG 52 Rz. 4; *Dietz/Richardi*, § 77a BetrVG 52 Rz. 3; GK-BetrVG/*Kraft*, § 77a BetrVG 52 Rz. 5; Baumbach/Hueck/*Zöllner*, § 52 GmbHG Rz. 84 aE; MünchArbR/*Wißmann*, § 383 Rz. 7; *Oetker*, ZGR 2000, 19, 37. | 8 Die Erfordernisse der Unmittelbarkeit und Überwiegenheit sollen klargestellt werden durch § 1 Abs. 2 Nr. 2 DrittelbG-E (§ 76 Rz. 1). | 9 Hierzu *Lorenz*, ZfA 1985, 495, 515, 519 ff.; *Willemsen/Seibt*, Unternehmensumstrukturierung, F29. | 10 ErfK/*Oetker*, § 81 BetrVG 52 Rz. 4; GK-BetrVG/*Kraft*, § 81 BetrVG 52 Rz. 15; *Fitting*, § 76 BetrVG 52 Rz. 103. – Siehe auch § 76 Rz. 61–71. | 11 BAG v. 30.6.1981 – 1 ABR 30/79, AP Nr. 20 zu § 118 BetrVG 1972; LG Hamburg v. 24.6.1999 – 321 T 86/98, NZA-RR 2000, 209, 210 – Stella; *Willemsen/Seibt*, Unternehmensumstrukturierung, F29; *Lorenz*, ZfA 1985, 497, 501 f.; aA GK-MitbestG/*Schneider*, § 5 MitbestG Rz. 18. | 12 Vgl. ErfK/*Oetker*, § 81 BetrVG 52 Rz. 3.

Übergangsregelung

3. **Mischkonzerne.** Bei Mischkonzernen, bei denen ein Teil der abhängigen Unternehmen Tendenzunternehmen sind, ein anderer Teil jedoch nicht, kommt es nach zutreffender hM auf eine Gesamtbeurteilung des Konzerns an (sog. Gesamtgepräge)[1]. Der Konzernobergesellschaft kommt dann Tendenzschutz zu, wenn das dem Gesamtgepräge des Konzerns im Hinblick auf seine Zielsetzung und seine Tätigkeit entspricht; dabei sind quantitative Gesichtspunkte, wie etwa der Umsatz oder die Beschäftigtenzahl der einzelnen Konzernunternehmen, nicht entscheidend[2].

85 Anwendung des Genossenschaftsgesetzes und anderer Gesetze

(1) Die Vorschriften des Genossenschaftsgesetzes über die Zusammensetzung des Aufsichtsrats sowie über die Wahl und die Abberufung von Aufsichtsratsmitgliedern gelten insoweit nicht, als sie den Vorschriften dieses Gesetzes widersprechen.

(2) Die Vorschriften dieses Gesetzes über Vertreter der Arbeitnehmer im Aufsichtsrat finden keine Anwendung auf die in § 1 Abs. 1 des Mitbestimmungsgesetzes, die in § 1 des Montan-Mitbestimmungsgesetzes und die in den §§ 1 und 3 Abs. 1 des Mitbestimmungsergänzungsgesetzes bezeichneten Unternehmen.

Diese Vorschrift ist eine Abgrenzungsregelung, die den Anwendungsbereich (i) des BetrVG 1952 zum GenG sowie (ii) des BetrVG 1952 zu den anderen Mitbestimmungsgesetzen abgrenzt. Für eine Übersicht der Anwendungsvoraussetzungen der einzelnen gesetzlichen Mitbestimmungsregime siehe § 1 MitbestG Rz. 18.

87 Erlass einer Wahlordnung

Die Bundesregierung erlässt mit Zustimmung des Bundesrates Rechtsverordnungen zur Regelung der in den §§ 76 und 77 bezeichneten Wahlen über

a) die Vorbereitung der Wahl, insbesondere die Aufstellung der Wählerlisten und die Errechnung der Vertreterzahl;

b) die Frist für die Einsichtnahme in die Wählerlisten und die Erhebung von Einsprüchen gegen sie;

c) die Vorschlagslisten und die Frist für ihre Einreichung;

d) das Wahlausschreiben und die Frist für seine Bekanntmachung;

e) die Stimmabgabe;

f) die Feststellung des Wahlergebnisses und die Fristen für seine Bekanntmachung;

g) die Anfechtung der Wahl;

h) die Aufbewahrung der Wahlakten;

i) den Widerruf der Bestellung der Arbeitnehmervertreter im Aufsichtsrat.

87a Übergangsregelung

Auf die in den §§ 76 und 77 bezeichneten Wahlen, die nach dem 28. Juli 2001 eingeleitet werden, findet die Erste Betriebsverordnung zur Durchführung des Betriebsverfassungsgesetzes in der im Bundesgesetzblatt Teil III, Gliederungsnummer 801-1-1, veröffentlichten bereinigten Fassung entsprechende Anwendung.

Aufgrund der Ermächtigung in § 87 ist die Erste Rechtsverordnung zur Durchführung des BetrVG vom 18.3.1953 (BGBl. I S. 58; sog. WO 1953) erlassen worden, deren Vorschriften gem. § 43 Abs. 2 WO 1953 für die Wahlen der ArbN-Vertreter zum Aufsichtsrat weiter gelten, allerdings größtenteils vom Wortlaut her auf die BR-Wahl zugeschnitten, nicht praxistauglich und daher reformbedürftig ist.

Da die WO 1953 zudem nicht mehr in allen Punkten mit der Neuregelung des § 76 Abs. 2 durch Art. 9 BetrVerf-Reformgesetz kompatibel ist (insb. Wegfall des Gruppenprinzips), trifft § 87a bis zum Erlass einer neuen Wahlordnung eine Übergangsregelung in der Weise, dass die WO 1953 „entsprechend" (dh. ohne Unterscheidung zwischen Arbeitern und Angestellten) anzuwenden ist. Eine neue Wahlordnung liegt als Referentenentwurf des BMWA vor[3].

---

1 OLG Hamburg v. 22.1.1980 – 11 W 38/79, NJW 1980, 1803 f. – Polygram; LG Hamburg v. 24.6.1999 – 321 T 86/98, NZA-RR 2000, 209, 210 f. – Stella; *Willemsen/Seibt*, Unternehmensumstrukturierung, F30; *Lorenz*, ZfA 1985, 497, 504 ff.; MünchArbR/*Wißmann*, § 367 Rz. 35; aA KölnKommAktG/*Mertens*, Anh. § 96 Rz. 12; *Sieling/Wendeling*, AuR 1977, 240, 241; *Wiedemann*, BB 1978, 5, 9 f. | 2 OLG Hamburg v. 22.1.1980 – 11 W 38/79, NJW 1980, 1803 f. – Polygram; *Willemsen/Seibt*, Unternehmensumstrukturierung, F30; aA MünchArbR/*Wißmann*, § 367 Rz. 31. | 3 BMWA, Schreiben IIIA5–32555–3 v. 20.8.2003.

Bürgerliches Gesetzbuch

in der Fassung der Bekanntmachung vom 2.1.2002 (BGBl. I S. 42, 2909),
zuletzt geändert durch Gesetz vom 27.12.2003 (BGBl I S. 3022)

– Auszug –

Zweites Buch. Recht der Schuldverhältnisse

Achter Abschnitt. Einzelne Schuldverhältnisse

Achter Titel. Dienstvertrag

119 *Anfechtbarkeit wegen Irrtums*
(1) Wer bei Abgabe einer Willenserklärung über deren Inhalt im Irrtume war oder eine Erklärung dieses Inhalts überhaupt nicht abgeben wollte, kann die Erklärung anfechten, wenn anzunehmen ist, dass er sie bei Kenntnis der Sachlage und bei verständiger Würdigung des Falles nicht abgegeben haben würde.

(2) Als Irrtum über den Inhalt der Erklärung gilt auch der Irrtum über solche Eigenschaften der Person oder der Sache, die im Verkehr als wesentlich angesehen werden.

Lit.: *Dörner*, Anfechtung im Arbeitsrecht, AR-Blattei, SD 60; *Gamillscheg*, Zivilrechtliche Denkformen und die Entwicklung des Individualarbeitsrechts, AcP 176 (1976), 197; *Heidsiek*, Anfechtung des Arbeitsvertrags wegen Verschweigen von Stasi-Tätigkeiten, BB 1994, 2495; *Hönn*, Zur Problematik fehlerhafter Vertragsverhältnisse – Kritik einer arbeitsrechtlichen Sonderentwicklung und Kritik der Kritik der neueren Rechtsprechung des Bundesarbeitsgerichts –, ZfA 1987, 61; *Kaiser*, Zur Frage ob und unter welchen Voraussetzungen sich der Arbeitnehmer von einem Aufhebungsvertrag lösen kann (f), Anmerkung aus EzA § 611 BGB – Aufhebungsvertrag Nr. 13; *Lehmann*, Faktische Vertragsverhältnisse, NJW 1958, 1; *Picker*, Die Anfechtung von Arbeitsverträgen – Theorie und Praxis einer höchstrichterlichen Judikatur. Zugleich Auseinandersetzung mit der sog. Kündigungstheorie, ZfA 1981, 1; *Walker*, Individualarbeitsrecht – rückwirkende Anfechtung eines außer Funktion gesetzten Arbeitsvertrages, JA 1985, 164; *Wolf/Gangel*, Anfechtung und Kündigungsschutz, ArbuR 1982, 271.

1　**I. Allgemeines.** Die zum Abschluss des Arbeitsvertrages abgegebene Willenserklärung jeder Partei kann unter den Voraussetzungen der §§ 119 ff. angefochten werden. Die Anfechtung wird insb. nicht durch die Kündigungsregeln verdrängt[1]. Kündigungsverbote sind für die Wirksamkeit einer Anfechtung nicht zu beachten, da Kündigung und Anfechtung verschiedene Gestaltungsrechte sind[2]. Nach der überwiegenden Auffassung muss der ArbGeb vor einer Anfechtung **nicht gem. § 102 BetrVG den BR anhören**[3]. Für die Anfechtung ist eben kein zukunftsbezogener Kündigungsgrund erforderlich. Bei einer Anfechtung ist auch keine Zustimmung des BR gem. § 103 BetrVG erforderlich, wenn ein Arbeitsverhältnis mit einem BR-Mitglied aufgelöst werden soll[4]. Hinsichtlich des Vorliegens der Anfechtungsgründe trägt der Anfechtende die Darlegungs- und Beweislast[5].

2　**II. Anfechtungsgründe. 1. Inhalts- und Erklärungsirrtum.** Die auf den Abschluss des Arbeitvertrags gerichteten Willenserklärungen können wie jede andere Willenserklärung gem. **§ 119 Abs. 1** angefochten werden, wenn bei ihrer Abgabe ein **Inhalts- oder Erklärungsirrtum** vorlag. Ein Erklärungsirrtum liegt dann vor, wenn der Erklärende eine Erklärung dieses Inhalts überhaupt nicht abgeben wollte. Bei einem Inhaltsirrtum irrt der Erklärende über die rechtliche Bedeutung seiner Willenserklärung[6]. Für eine Anfechtung gem. § 119 Abs. 1 gelten keine arbeitsrechtlichen Besonderheiten[7].

---

1 So die ganz hM: BAG v. 5.12.1957 – 1 AZR 594/56, BAGE 5, 159 (161); *Picker*, ZfA, 1981, 1 ff.; Staudinger/*Richardi*, § 611 BGB Rz. 152; aA erklärt die Vorschriften des BGB über die Anfechtung nach Aufnahme der Arbeit als unanwendbar. An ihre Stelle sollen die Vorschriften über die ordentliche und außerordentliche Kündigung treten. Siehe hierzu LAG BW v. 10.10.1956 – 5 Sa 52/56, DB 1956, 1326; vgl. auch *Gamillscheg*, AcP 176 (1976), 197 (216 ff.); *Hönn*, ZfA 1987, 61 ff.　|2 MünchArbR/*Buchner*, § 41 Rz. 183.　|3 BAG v. 11.11.1993 – 2 AZR 467/93, AP Nr. 38 zu § 123 BGB; Richardi/*Thüsing*, § 102 BetrVG Rz. 26; aA *Gamillscheg*, AcP 176 (1976), 197, 218; *Hönn*, ZfA 1987, 61 (89); *Wolf/Gangel*, ArbuR 1982, 271 (276): Hiernach muss § 102 BetrVG auch für die Anfechtung gelten, da die Anhörung des BR den Zweck habe, dass der ArbGeb nochmals über seine Entscheidung nachdenke.　|4 Siehe auch ErfK/*Preis*, § 611 BGB Rz. 424.　|5 LAG Berlin v. 19.11.1984 – 9 Sa 83/84, LAGE § 12 BGB Nr. 5.　|6 MünchArbR/*Richardi*, § 44 Rz. 30.　|7 ErfK/*Preis*, § 611 BGB Rz. 427; MünchArbR/*Richardi*, § 46 Rz. 29.

2. Eigenschaftsirrtum. Von größerer arbeitsrechtlicher Bedeutung ist hingegen die Anfechtung von Arbeitsverträgen wegen eines **Irrtums über eine verkehrswesentliche Eigenschaft des ArbN (§ 119 Abs. 2)** [1]. Verkehrswesentliche Eigenschaften einer Person bestehen neben ihren körperlichen Merkmalen auch in ihren tatsächlichen oder rechtlichen Verhältnissen und Beziehungen zur Umwelt, soweit sie nach der Verkehrsanschauung für die Wertschätzung und die zu leistende Arbeit von Bedeutung und nicht nur vorübergehender Natur sind [2]. Der Irrtum des ArbGeb muss sich auf solche Eigenschaften des ArbN beziehen, die im Verkehr als wesentlich angesehen werden. Eine weitere Voraussetzung für eine Anfechtung ist, dass der ArbGeb seine Willenserklärung „bei Kenntnis der Sachlage und bei verständiger Würdigung des Falles nicht abgegeben hätte" (§ 119 Abs. 1) [3]. Hinsichtlich der Frage, wann eine Eigenschaft verkehrswesentlich ist, kann grundsätzlich das **Fragerecht des ArbGeb** herangezogen werden. Besteht ein Fragerecht und stellt der ArbGeb die Frage, dann wird er bei falscher Beantwortung regelmäßig auch zu einer Anfechtung gem. § 119 Abs. 2 berechtigt sein. Durch seine Frage zeigt der ArbGeb, dass die Eigenschaft für ihn wesentlich ist.

Der ArbGeb muss sich über eine **konkrete verkehrswesentliche Eigenschaft** des ArbN irren. Die Voraussetzungen dieser Vorschrift sind nicht bereits dann erfüllt, wenn die **Leistung** des ArbN nicht den Erwartungen des ArbGeb entspricht. Eine Anfechtung ist mithin nicht bei einer reinen Fehlbeurteilung des ArbGeb hinsichtlich der allgemeinen Fähigkeiten des ArbN möglich. Geschützt ist das Nichtwissen von konkreten Eigenschaften als Voraussetzung für die Beurteilung, ob der ArbN für die vorgesehene Arbeitsleistung geeignet ist. Einen Anfechtungsgrund iSv. § 119 Abs. 2 können allerdings **Mängel an fachlicher Vorbildung** als notwendige Voraussetzung für die Erbringung einer Arbeitsleistung darstellen. Der ArbGeb wird auch bei **gesundheitlichen Mängeln** des ArbN zu einer Anfechtung berechtigt sein, wenn der ArbN durch sie an der Erbringung der Arbeitsleistung gehindert oder seine Eignung für die vertraglich vereinbarte Tätigkeit wesentlich eingeschränkt ist [4].

Keine verkehrswesentliche Eigenschaft ist die **Schwangerschaft** einer Bewerberin, da diese keinen Dauerzustand darstellt [5]. Es wird darüber hinaus aus dem Mutterschutzgesetz ein Verbot der Anfechtung gefordert [6]. Das BAG nahm ferner auch das Vorliegen eines Anfechtungsgrundes an, wenn bei befristeten Verträgen die ArbN-In auf Grund von Beschäftigungsverboten oder Beschäftigungsbeschränkungen für eine im Hinblick auf die Gesamtdauer des Arbeitsverhältnisses erhebliche Zeit ausfällt [7]. Diese Rspr. ist jedoch als europarechtswidrig abzulehnen (s. § 611a BGB Rz. 20 ff.).

Ist ein ArbN auf Grund seiner **Schwerbehinderteneigenschaft** nicht in der Lage, die vertraglich vereinbarte Leistung zu erbringen, die fehlende Behinderung also wesentliche und entscheidende berufliche Anforderung für die Tätigkeit ist (§ 81 Abs. 2 Satz 2 Nr. SGB IX), kann der ArbN auch hier gem. § 119 Abs. 2 anfechten. Auch hier kommt es für die Beurteilung über das Vorliegen eines Anfechtungsgrunds auf das Bestehen einer **Offenbarungspflicht** des ArbN an (s. § 123 BGB Rz. 33) [8].

Vorstrafen stellen keine verkehrswesentlichen Eigenschaften dar und berechtigen den ArbGeb somit grundsätzlich nicht zu einer Irrtumsanfechtung. Die Kenntnis von Vorstrafen kann jedoch im Einzelfall einen Rückschluss auf persönliche Eigenschaften (Zuverlässigkeit, Charakterfestigkeit) des ArbN gewähren, so dass die diesbezügliche Unkenntnis den ArbGeb zu einer Anfechtung berechtigt. Für ein Anfechtungsrecht ist der Zusammenhang von Vorstrafe und Art der angestrebten Tätigkeit wesentlich. So sind für die Besetzung einer Tätigkeit als Kraftfahrer nur verkehrsrechtliche Vorstrafen, nicht aber solche im Zusammenhang mit Vermögensdelikten von Bedeutung. Vorstrafen berechtigen auch dann nicht zu einer Anfechtung, wenn sich der Bewerber gem. § 53 BZRG als unbestraft bezeichnen kann (s. zur Problematik der Vorstrafen s. § 123 BGB Rz. 12) [9].

Der **MfS-Mitarbeiterstatus** soll zumindest den öffentlichen ArbGeb – allerdings nach Abwägung der Umstände des Einzelfalls – zu einer Anfechtung berechtigen, da eine MfS-Mitgliedschaft im Bereich des öffentlichen Rechts eine verkehrswesentliche Eigenschaft begründet [10].

3. Falsche Übermittlung als Anfechtungsgrund. Der Arbeitsvertrag kann auch wegen falscher Übermittlung gem. § 120 angefochten werden. Es gelten insoweit keine arbeitsrechtlichen Besonderheiten.

III. Beschränkung der Anfechtungsmöglichkeit durch den Grundsatz von Treu und Glauben. Da sich die Anfechtung auf in der Vergangenheit liegende Willenserklärungen bezieht, ist in Ausnahmefällen eine Beschränkung des Anfechtungsrechts geboten. Probleme entstehen etwa, wenn sich nach erklärter Anfechtung herausstellt, dass ein Anfechtungsgrund in Wirklichkeit von Anfang an nicht bestanden hat oder später weggefallen oder bedeutungslos geworden ist. Hierdurch kann ein Verstoß

---

1 Vgl. BAG v. 26.7.1989 – 5 AZR 491/88, AP Nr. 87 zu § 1 LohnFG. | 2 BAG v. 21.2.1991 – 2 AZR 449/90, AP Nr. 35 zu § 123 BGB; MünchArbR/*Richardi*, § 44 Rz. 41. | 3 Vgl. BAG v. 21.2.1991 – 2 AZR 449/90, AP Nr. 35 zu § 123 BGB, unter II 4 f. d.Gr. | 4 BAG v. 28.3.1974 – 2 AZR 92/73, AP Nr. 3 zu 119 BGB. | 5 BAG v. 22.9.1961 – 1 AZR 241/60, AP Nr. 15 zu § 123 BGB; v. 24.6.1960 – 1 AZR 96/58, AP Nr. 1 zu § 8 MuSchG 1968; krit. zur Begründung der Rspr. Staudinger/*Richardi*, § 611 BGB Rz. 159. | 6 MünchArbR/*Richardi*, § 46 Rz. 34. | 7 BAG v. 6.10.1962 – 2 AZR 360/61, AP Nr. 24 zu § 9 MuSchG; v. 24.6.1960 – 1 AZR 96/58, AP Nr. 1 zu § 8 MuSchG. | 8 BAG v. 25.3.1976 – 2 AZR 136/75, AP Nr. 19 zu § 123 BGB. | 9 So auch Staudinger/*Richardi*, § 611 BGB Rz. 158. | 10 *Heidsiek*, BB 1994, 2495 (2496).

gegen den **Grundsatz von Treu und Glauben** in Betracht kommen, weil der Anfechtungsgrund im Zeitpunkt der Anfechtung seine Bedeutung für das Arbeitsverhältnis verloren hat, da das Arbeitsverhältnis jahrelang beanstandungsfrei durchgeführt wurde[1].

11 **IV. Kausalität.** Der Irrtum muss für die Begründung des Arbeitsverhältnisses ursächlich gewesen sein. Das bedeutet, dass der Anfechtungsberechtigte ohne seinen seine Willenserklärung nicht oder nicht mit diesem Inhalt abgegeben hätte, wobei eine Mitursächlichkeit ausreicht[2].

12 **V. Erklärung der Anfechtung.** Die Anfechtungserklärung ist eine formlose Willenserklärung, die gegenüber dem anderen Teil erfolgt. Sie ist unwiderruflich und bedingungsfeindlich[3]. Eine Anfechtung kann auch neben einer außerordentlichen Kündigung ausgesprochen werden, wenn der Anfechtungsgrund nicht inzwischen seine Bedeutung verloren hat und im Zeitpunkt der Anfechtungserklärung so stark nachwirkt, dass eine weitere Fortsetzung des Arbeitsverhältnisses nicht zumutbar ist[4].

13 Wurde eine ordentliche Kündigung erklärt, kann diese allerdings nicht in eine Anfechtung **umgedeutet** werden. Eine Unzulässigkeit der Umdeutung ist aus dem Grund gegeben, dass das ersatzweise Rechtsgeschäft nicht weiter reichende Folgen haben darf, als das ursprüngliche Rechtsgeschäft. Die wirksame Anfechtung führt jedoch im Gegensatz zur ordentlichen Kündigung zu einer sofortigen Beendigung des Arbeitsverhältnisses[5]. Grundsätzlich zulässig ist dagegen eine Umdeutung einer außerordentlichen Kündigung in eine Anfechtung[6], wobei das BAG jedoch eine Umdeutung dann für unzulässig erachtet hat, wenn der Anfechtungsberechtigte seine Wahl ausdrücklich und klar bezeichnet hat[7].

14 **VI. Anfechtungsfrist.** Die Anfechtung einer Willenserklärung wegen eines Irrtums hat gem. § 121 Abs. 1 **unverzüglich**, dh. ohne schuldhaftes Zögern zu erfolgen. Nach der Rspr. des BAG wird der Begriff der Unverzüglichkeit durch die Ausschlussfrist des § 626 Abs. 2 BGB konkretisiert. Folglich muss die Anfechtung spätestens binnen zwei Wochen nach Kenntniserlangung des Anfechtungsgrunds erfolgt sein. Die Anpassung der Anfechtungsfrist an die Frist zur außerordentlichen Kündigung erfolgt aus dem Grund, dass dem Berechtigten wahlweise das Recht zur außerordentlichen Kündigung oder zur Anfechtung zugebilligt wird[8]. Zur Vermeidung einer Umgehung der strengeren Anforderungen des § 626 Abs. 2 muss bei einem Wahlrecht eine Anpassung der Frist erfolgen. Nach Ablauf der Frist können auch keine weiteren Anfechtungsgründe nachgeschoben werden, wenn eine selbständige Anfechtung mit diesen Gründen verspätet wäre[9].

15 **VII. Rechtsfolgen.** Grundsätzlich bewirkt die wirksame Anfechtung gem. § 142 die Nichtigkeit des Vertrags. Bereits erbrachte Leistungen werden nach den Regeln des Bereicherungsrechts rückabgewickelt. Im Gegensatz zur allgemeinen bürgerlich-rechtlichen Regelung hat sich beim Arbeitsvertrag hinsichtlich der Rechtsfolgen einer wirksamen Anfechtung eine Sonderentwicklung vollzogen. Diese beruht insb. auf der Tatsache, dass eine Rückabwicklung nach den Regeln des Bereicherungsrechts nicht den zwingend festgelegten Sozialschutz in Frage stellen darf[10]. Erbrachte Arbeitsleistungen können nur schwer zurückerstattet werden, so dass im Arbeitsrecht hinsichtlich der Rechtsfolgen einer Anfechtung unterschieden werden muss, ob das Arbeitsverhältnis **in Vollzug** gesetzt war, ob also bereits ein Leistungsaustausch stattgefunden hat. Ein Arbeitsverhältnis ist dann in Vollzug oder Funktion gesetzt, wenn der ArbN beim ArbGeb erschienen ist, seinen Arbeitsplatz zugewiesen bekommen und die Arbeit aufgenommen hat. Es soll sogar bereits der Erhalt von Informationen über seine künftige Tätigkeit ausreichen[11]. Ist das Arbeitsverhältnis im Zeitpunkt der Anfechtung **noch nicht in Vollzug gesetzt**, gilt die gesetzliche Regelung des § 142[12] ohne Modifikation. Nach Beschäftigungsbeginn wird das **fehlerhaft begründete Arbeitsverhältnis** so behandelt, als läge ein fehlerfrei begründetes vor. Das Vertragsverhältnis kann allerdings jederzeit beendet werden. Daher kann in diesem Fall bei einer Anfechtung durch den ArbGeb **die Nichtigkeit des Arbeitsvertrags** nicht mehr mit rückwirkender Kraft geltend gemacht werden. Die Anfechtung entfaltet **regelmäßig nur für die Zukunft**

---

1 BAG v. 12.2.1970 – 2 AZR 184/69, AP Nr. 17 zu § 123 BGB; v. 18.9.1987 – 7 AZR 507/86, AP Nr. 32 zu § 123 BGB; v. 11.11.1993 – 2 AZR 467/93, AP Nr. 38 zu § 123 BGB; BAG v. 28.5.1998 – 2 AZR 549/97, AP Nr. 46 zu § 123 BGB; ausf. zu dieser Problematik: Staudinger/*Richardi*, § 611 BGB Rz. 167 ff.; s. auch ErfK/*Preis*, § 611 BGB Rz. 425. |2 BAG v. 11.11.1993 – 2 AZR 467/93, AP Nr. 38 zu § 123 BGB; LAG Köln v. 13.11.1995 – 3 Sa 832/95, NZA-RR, 1996, 403. |3 Palandt/*Heinrichs*, § 143 BGB Rz. 2. |4 BAG v. 5.12.1957 – 1 AZR 594/56, AP Nr. 2 zu § 123 BGB; v. 22.9.1961 – 1 AZR 241/60, AP Nr. 15 zu § 123 BGB; v. 28.3.1974 – 2 AZR 92/93, AP Nr. 3 zu § 119 BGB; v. 21.2.1991 – 2 AZR 449/90, AP Nr. 35 zu § 123 BGB. |5 BAG v. 3.11.1982 – 7 AZR 5/81, AP Nr. 12 zu § 15 KSchG 1969. |6 *Dörner*, AR-Blattei, SD 60, Rz. 106. |7 BAG v. 14.12.1979 – 7 AZR, AP Nr. 4 zu § 119 BGB; aA *Herschel*, ArbuR, 1982, 255. |8 BAG v. 14.12.1979 – 7 AZR, AP Nr. 4 zu § 119 BGB; v. 19.5.1983 – 2 AZR 171/81, AP Nr. 25 zu § 123 BGB; v. 21.2.1991 – 2 AZR 449/90, AP Nr. 35 zu § 123 BGB; ErfK/*Preis*, § 611 BGB Rz. 441; *Hönn*, ZfA 1987, 61 (67 ff.); aA Staudinger/*Richardi*, § 611 BGB Rz. 171; *Picker*, ZfA 1981, 1; *Picker*, SAE, 1981, 82; MünchArbR/*Buchner*, § 46 Rz. 51 mit der Begründung, dass die Wesensverschiedenheit von Anfechtung und Kündigung eine Anpassung ausschließe. |9 BAG v. 21.1.1981 – 2 AZR 1093/78, AP Nr. 5 zu § 119 BGB; LAG Berlin v. 19.11.1984 – 9 Sa 83/84, LAGE § 123 BGB Nr. 5. |10 Umfassend Staudinger/*Richardi*, § 611 ff. BGB Rz. 176 ff. insb. Rz. 181. |11 BAG v. 18.4.1968 – 2 AZR 145/67, AP Nr. 32 zu § 63 HGB; MünchArbR/*Richardi*, § 44 Rz. 65. |12 KassHdb/*Leinemann*, 1.1 Rz. 603.

Wirkung (*ex nunc*)[1]. Die erbrachten Leistungen sind so abzuwickeln als sei das Arbeitsverhältnis in der Vergangenheit gültig gewesen. Jede Vertragspartei kann sich jedoch für die Zukunft jederzeit **einseitig vom Vertrag** lossagen[2]. Das Arbeitsverhältnis bei fehlerhaftem Arbeitsvertrag wird häufig als **faktisches Arbeitsverhältnis** bezeichnet[3].

Die allgemeinen Regeln greifen auch, wenn das Arbeitsverhältnis **zwischenzeitlich wieder außer Funktion gesetzt** wurde und der ArbN ab diesem Zeitpunkt keine Arbeitsleistung mehr erbringt. Die Anfechtung wirkt hier auf den Zeitpunkt der Außerfunktionssetzung zurück. Ein Arbeitsverhältnis wird beispielsweise dadurch außer Funktion gesetzt, dass der ArbGeb zunächst eine Kündigung ausspricht und hierdurch eine Suspendierung der vertraglichen Hauptleistungspflichten (Dienstleistung und Lohnzahlung) bewirkt wurde. Zum Zeitpunkt der Anfechtung bestehen dann keine bereicherungsrechtlichen Rückabwicklungsprobleme mehr. Ob Gesichtspunkte des Vertrauensschutzes bei einer Irrtumsanfechtung die Rückabwicklung des Arbeitsverhältnisses bis zum Zeitpunkt der Außerfunktionssetzung des Arbeitsverhältnisses erfordern, ist noch nicht entschieden. Eine Beschränkung auf die Fälle der Täuschungsanfechtung könnte nur mit der geringeren Schutzwürdigkeit des Anfechtungsgegners begründet werden[4].

Ist ein ArbN schon vor der Anfechtung krank geworden, wird das Arbeitsverhältnis nicht außer Funktion gesetzt. Die zeigen schon die gesetzlichen Regeln über die Lohnfortzahlung. Somit wirkt die Anfechtung auch hier *ex nunc*[5].

VIII. Klagefrist. Nach erklärter Anfechtung durch den ArbGeb kann der ArbN durch Feststellungsklage geltend machen, dass kein Anfechtungsgrund besteht. Hierbei muss er grundsätzlich keine Klagefrist beachten, da § 13 Abs. 1 Satz 2 iVm. §§ 3, 4 Satz 1, 7 KSchG auf Grund der fehlenden Gleichstellung von Anfechtung und außerordentlicher Kündigung keine entsprechende Anwendung finden[6]. Ob eine Klagefrist beachtlich ist, wenn die Anfechtung ein Arbeitsverhältnis betrifft, bei dem der ArbN nach der sechsmonatigen Wartefrist unter das KSchG fällt, wurde von der Rspr. bisher offen gelassen[7]. Jedoch ist auch in diesem Fall auf Grund der Verschiedenheit von Kündigung und Anfechtung eine entsprechende Anwendung der kündigungsrechtlichen Ausschlussfristen abzulehnen. Nach einem gewissen Zeitablauf kann allerdings das Berufen auf die Unwirksamkeit einer Anfechtung wegen Verwirkung unzulässig sein. Erforderlich ist somit eine Interessenabwägung[8].

§ 123 *Anfechtung wegen Täuschung oder Drohung*

(1) Wer zur Abgabe einer Willenserklärung durch arglistige Täuschung oder widerrechtlich durch Drohung bestimmt worden ist, kann die Erklärung anfechten.

(2) Hat ein Dritter die Täuschung verübt, so ist eine Erklärung, die einem Dritten gegenüber abzugeben war, nur dann anfechtbar, wenn dieser die Täuschung kannte oder kennen musste. Soweit ein anderer als derjenige, welchem gegenüber die Erklärung abzugeben war, aus der Erklärung unmittelbar ein Recht erworben hat, ist die Erklärung ihm gegenüber anfechtbar, wenn er die Täuschung kannte oder kennen musste.

I. Allgemeines 1	cc) Begrenzung des Fragerechts durch Datenschutzbestimmungen 30
II. Arglistige Täuschung als Anfechtungsgrund . . . 2	3. Offenbarungspflichten des Arbeitnehmers . . . 32
1. Grundsätzliches 2	III. Widerrechtliche Drohung als Anfechtungsgrund 35
2. Das Fragerecht des Arbeitgebers 3	
a) Personalfragebogen und Einstellungsgespräch 3	IV. Kausalität und Anfechtungserklärung 36
b) Grenzen und Umfang des Fragerechts 6	V. Anfechtungsfrist 37
aa) Grundsätzliches 6	VI. Rechtsfolgen 38
bb) Einzelne Fragen 9	VII. Klagefrist 39

1 Grundl. BAG v. 15.11.1995 – 1 AZR 189/57, AP Nr. 2 zu § 125 BGB; v. 19.6.1959 – 1 AZR 565/57, AP Nr. 1 zu § 611 BGB – Doppelarbeitsverhältnis; v. 5.12.1957 – 1 AZR 594/56, AP Nr. 2 zu § 123 BGB ; v. 16.9.1982 – 2 AZR 228/80, AP Nr. 24 zu § 123 BGB; v. 29.8.1984 – 7 AZR 34/83, AP Nr. 27 zu § 123 BGB; BAG v. 20.2.1986 – 2 AZR 244/85, AP Nr. 31 zu § 123 BGB; *Hueck/Nipperdey*, I 123 ff., 183 ff.; *Nikisch*, I 173 f., 215 ff.; aA *Beuthien*, RdA 1969, 161 ff. mit der Begründung, dass diese Auffassung nicht gesetzestreu sei. Vielmehr müsse im Grundsatz von der Vergangenheit von der Nichtigkeit des Vertrages ausgegangen und daher das fehlerhafte Arbeitsverhältnis als bürgerlich-rechtliches Abwicklungsproblem behandelt werden. S. auch *Ramm*, ArbuR 1963, 97 (106 f.); *Picker*, ZfA 1981, 1 (61), die diese Ausführungen zumindest für die Anfechtung wegen arglistiger Täuschung gelten lassen wollen; einschr. BAG v. 3.12.1998 – 2 AZR 754/97, AP Nr. 49 zu § 123 BGB. |2 BAG v. 7.12.1961 – 2 AZR 12/61, AP Nr. 1 zu § 611 BGB – Faktisches Arbeitsverhältnis. |3 *Schaub*, ArbRHdb, § 35 Rz. 34, *Lehmann*, NJW 1958, 1; Staudinger/*Lorenz*, § 812 BGB Rz. 90; aA Staudinger/*Richardi*, § 611 BGB Rz. 186. |4 *Walker*, JA 1985, 164 (165). |5 BAG v. 18.4.1968 – 2 AZR 145/67, AP Nr. 32 zu § 63 HGB; v. 20.2.1986 – 1 AZR 244/85, AP Nr. 31 zu § 123 BGB; krit. *Dörner*, AR-Blattei SD 60, Rz. 98. |6 Vgl. BAG v. 27.1.1955 – 2 AZR 418/54, = AP Nr. 5 zu § 11 KSchG; v. 15.9.1955 – 2 AZR 475/54, AP Nr. 7 zu § 11 KSchG; v. 17.8.1972 – 2 AZR 415/71, AP Nr. 65 zu § 626 BGB; Staudinger/*Richardi*, § 611 BGB Rz. 175; Wolf/*Gangel*, ArbuR 1982, 271 (277); *Dörner*, AR-Blattei SD 60, Rz. 100; *Picker*, ZfA 1981, 105 ff. (insb. 107); aA *Hönn*, ZfA 1987, 61 (90 f.). |7 Vgl. BAG v. 14.12.1979 – 7 AZR 38/78, BGB AP Nr. 4 zu § 119 BGB. |8 So auch ErfK/*Preis*, § 611 BGB Rz. 467.

Lit.: *Bauer/Baeck/Merten,* Scientology – Fragerecht des Arbeitgebers und Kündigungsmöglichkeiten, DB 1997, 2534; *Bellgardt,* Der Personalfragebogen gem. § 94 Abs. 1 BetrVG als Mitbestimmungsproblem, AiB 1984, 61; *Ehrich,* Fragerecht des Arbeitgebers bei Einstellungen und die Folgen der Falschbeantwortung, DB 2000, 421; *Eich,* Aids und Arbeitsrecht, NZA Beil. 2/1987, 10; *Falkenberg,* Fragen des Arbeitgebers an den einzustellenden Arbeitnehmer, BB 1970, 1013; *Feldhoff,* Die Frage nach der Schwangerschaft, ZTR 2004, 58; *Frey,* Können Arbeitsverhältnisse angefochten werden?, ArbuR 1953, 167; *Heilmann,* AIDS und (Arbeits-)Recht, BB 1989, 1413; *Klak,* AIDS und die Folgen für das Arbeitsrecht, BB 1987, 1382; *Knipp,* Einstellung des Arbeitnehmers, AR-Blattei SD 640, 1983, 1; *Lichtenberg/Schücking,* Stand der arbeitsrechtlichen Diskussion zur HIV-Infektion und AIDS-Erkrankung, NZA 1990, 41; *Linnekohl,* Arbeitsverhältnis und Vorstrafen-Fragen, ArbuR 1983, 129; *Löwisch,* Arbeitsrechtliche Fragen von AIDS-Erkrankung und AIDS-Infektion, DB 1987, 936; *Moritz,* Fragerecht des Arbeitgebers sowie Auskunfts- und/oder Offenbarungspflicht des Arbeitnehmers bei der Anbahnung von Arbeitsverhältnissen?, NZA 1987, 329; *Picker,* Die Anfechtung von Arbeitsverträgen, ZfA 1981, 1; *Raab,* Das Fragerecht des Arbeitgebers nach schwebenden Strafverfahren und die Unschuldsvermutung des Bewerbers, RdA 1995, 36; *Ramm,* Die Rechtswirkung der Anfechtung des Arbeitsvertrags, ArbuR 1963, 97; *Richardi,* Arbeitsrechtliche Probleme bei Einstellung und Entlassung, NZA 1988, 73; *Schmid,* Zur rechtlichen Zulässigkeit verschiedener Formen des Personalinterviews (I), DB 2442; *Thüsing/Lambrich,* Das Fragerecht des Arbeitgebers – aktuelle Probleme zu einem klassischen Thema, BB 2002, 1146; *Wohlgemuth,* Fragerecht und Erhebungsrecht, ArbuR 1992, 46; *Zeller,* Die Einstellungsuntersuchung, BB 1987, 2439; *Schmid,* Die arbeitsrechtlichen Aspekte des Personalfragebogens als Mittel der Personalauswahl, BB 1987, 1522; *Wolf/Gangel,* Anfechtung und Kündigungsschutz, ArbuR 1982, 271.

1 **I. Allgemeines.** Zu den allgemeinen Voraussetzungen der Anfechtung siehe § 119 BGB Rz. 1.

2 **II. Arglistige Täuschung als Anfechtungsgrund. 1. Grundsätzliches.** Unter einer Täuschung ist jedes Verhalten zu verstehen, durch das ein Irrtum bezüglich objektiv nachprüfbarer Umstände erregt, bestärkt oder aufrecht erhalten wird, durch die der Getäuschte zur Abgabe einer Willenserklärung veranlasst wird[1]. Die Täuschung kann ebenfalls durch **Vorspiegeln** oder **Entstellen von Tatsachen** erfolgen, etwa durch das Anfertigenlassen eines handgeschriebenen Lebenslaufs um bei einem graphologischen Gutachten bessere Werte zu erzielen[2]. Ist der ArbN zur Offenbarung von Tatsachen verpflichtet, kann eine Täuschung auch **durch Verschweigen von Tatsachen** erfolgen. Von Bedeutung ist in diesem Zusammenhang vor allem die **falsche Beantwortung einer zulässigen Frage des ArbGeb** (zum Fragerecht Rz. 6 ff.). Auch ohne vorangegange Frage des ArbGeb liegt eine Täuschung des Bewerbers durch Verschweigen vor, wenn ihm eine Offenbarungspflicht obliegt und er diese bewusst missachtet (umfassend hierzu Rz. 32 ff.). Für die Annahme einer **Arglist** ist ausreichend, dass der Täuschende in dem Bewusstsein handelt, der Getäuschte werde durch die Täuschung zur Abgabe einer Willenserklärung veranlasst, die er ohne seinen Irrtum nicht oder zumindest nicht zu diesen Konditionen abgegeben hätte[3]. Nicht jede Erregung eines Irrtums begründet das Recht zur Anfechtung wegen arglistiger Täuschung. Vielmehr muss eine **Rechtswidrigkeit** der Täuschung bestehen, da § 123 die freie Willensentschließung vor Eingriffen anderer schützen soll[4]. Somit stellt die Falschbeantwortung einer vom ArbGeb gestellten Frage nur eine Täuschung iSd. § 123 dar, wenn dem ArbGeb ein Fragerecht zustand. Soll durch das Einreichen eines nicht selbst geschriebenen Lebenslauf ein graphologisches Gutachten verfälscht werden, fällt diese Handlung ebenfalls nur unter den Tatbestand des § 123, wenn der ArbGeb zur Einholung des Gutachtens berechtigt war[5].

3 **2. Das Fragerecht des ArbGeb. a) Personalfragebogen und Einstellungsgespräch.** Um sich vor einer Einstellung Kenntnisse über die persönlichen Verhältnisse des Bewerbers zu verschaffen, kann der ArbGeb ihn im Rahmen des Einstellungsgesprächs mündlich befragen. Häufig muss der Bewerber auch bereits zur Vorbereitung eines Einstellungsgesprächs einen Personalfragebogen des ArbGeb ausfüllen. Der Personalfragebogen ist die formularmäßige Zusammenfassung von Fragen die Aufschluss über die persönlichen Verhältnisse, Kenntnisse und Fähigkeiten einer Person geben sollen[6]. Diese Voraussetzungen sind jedoch auch gegeben, wenn der ArbGeb im Vorstellungsgespräch dem Bewerber Fragen anhand einer „Checkliste" vorhält und die darauf erteilten Antworten in die Liste einträgt. Ein eigenhändiges Ausfüllen des Bewerbers ist mithin nicht erforderlich.

4 Gem. § 94 BetrVG unterliegt der Personalfragebogen der erzwingbaren **Mitbest.** des BR (Einzelheiten s. § 94 BetrVG Rz. 2 ff.); gem. § 75 Abs. 3 Nr. 8 BPersVG bedarf der Personalfragebogen der Zustimmung des Personalrats. Der BR kann somit Fragen ausschließen, an deren Beantwortung der ArbGeb kein berechtigtes Interesse hat oder die in keinem Zusammenhang mit der auszuübenden Tätigkeit stehen (s. hierzu auch Rz. 6 f.). Hierdurch besteht die Möglichkeit, Eingriffe in das Persönlichkeitsrecht des ArbN abzuwenden. Es ist für den Mitbestimmungstatbestand unerheblich, ob er nur für Personen bestimmt ist, die sich um einen Arbeitsplatz bewerben oder ob er unabhängig von einer konkreten Bewerbung von ArbN im Betrieb ausgefüllt werden soll. Ohne Belang ist ferner, ob das Arbeitverhältnis im Zeitpunkt der Fragestellung bereits besteht oder begründet wird oder der ArbGeb Daten von zukünftigen ArbN im Rahmen ihrer Bewerbung erhebt[7]. Die Zustimmung des BR ist nicht nur bei der **Einführung** des

---

[1] BAG v. 5.10.1995 – 2 AZR 923/94, AP Nr. 40 zu § 123 BGB. | [2] BAG v. 16.9.1982 – 2 AZR 288/80, AP Nr. 24 zu § 123 BGB. | [3] Staudinger/*Dilcher,* § 123 BGB Rz. 22–25. | [4] BAG v. 21.2.1991 – 2 AZR 449/90, AP Nr. 35 zu § 123 BGB. | [5] *Brox,* Anm. zu BAG v. 16.9.1982 – 2 AZR 288/80, AP Nr. 24 zu § 123 BGB. | [6] BAG v. 21.9.1993 – 1 ABR 28/93, AP Nr. 4 zu § 94 BetrVG 1972; ebenso Richardi/*Thüsing,* § 94 BetrVG Rz. 5. | [7] Richardi/*Thüsing,* § 94 BetrVG Rz. 5; MünchArbR/*Matthes,* § 347 Rz. 4.

Personalfragebogens, sondern auch hinsichtlich jeder **Änderung**[1] sowie **nachträglicher formularmäßiger Fragestellungen** zum Zwecke der **Datenerfassung**[2] einzuholen. Ausnahmen vom MitbestR können bei Tendenzbetrieben zulässig sein. Hierfür muss es sich allerdings um eine tendenzbezogene Frage handeln und ferner das MitbestR der geistig-ideellen Zielsetzung des Unternehmens entgegenstehen[3].

Missachtet der ArbGeb, dass der BR einer Frage nicht zugestimmt hat, berührt dies nicht sein Anfechtungsrecht gem. § 123 bei Falschbeantwortung der Frage durch den Bewerber. Dies gilt auch dann, wenn die Zulässigkeit der Frage zweifelhaft ist (vgl. zur Zulässigkeit des Fragerechts Rz. 6 ff). Der BR hat hier nur **betriebsverfassungsrechtliche Sanktionen**. Die betriebsverfassungsrechtliche Pflichtwidrigkeit – von der die Bewerber im Zweifel nichts weiß – gibt keinen Freibrief, durch arglistige Täuschung in ein Arbeitsverhältnis zu gelangen[4]. Die mit dem Personalfragebogen verbundene Datenerhebung des ArbGeb unterliegt den Begrenzungen den Bundesdatenschutzgesetzes (s. hierzu Rz. 30 f.). 5

b) **Grenzen und Umfang des Fragerechts. aa) Grundsätzliches.** Die allgemeine **Vertragsfreiheit** umfasst auch das Recht des ArbGeb, sich durch Fragen – für den Vertragsabschluss relevante – Informationen über den ArbN zu verschaffen[5]. Diese **Informationsfreiheit** gilt jedoch nicht uneingeschränkt[6]. Für den öffentlichen Dienst begrenzt Art. 33 GG das **Fragerecht des ArbGeb** dahingehend, dass bei der Einstellungsentscheidung nur Eignung, Befähigung und fachliche Leistung der Bewerber berücksichtigt werden dürfen. Durch das in Art. 9 Abs. 3 GG enthaltene Benachteiligungsverbot wegen einer Gewerkschaftszugehörigkeit ergibt sich, dass dem ArbGeb auch eine diesbezügliche Frage im Rahmen der Vertragsanbahnung nicht gestattet ist. Über diese gesetzlichen Grenzen hinaus, muss die Informationsfreiheit vor allem im Hinblick auf das verfassungsrechtlich geschützte **Persönlichkeitsrecht des ArbN** (Art. 2 Abs. 1 GG iVm. Art. 1 Abs. 1 GG) beschränkt werden[7]. 6

Nach der ständigen Rspr. des BAG ist daher ein Fragerecht des ArbGeb bei Einstellungsverhandlungen nur insoweit anzuerkennen, als der ArbGeb ein „**berechtigtes, billigenswertes und schutzwürdiges Interesse** an der Beantwortung seiner Fragen im Hinblick auf das Arbeitsverhältnis hat"[8]. Ein solches berechtigtes Interesse ist dann gegeben, wenn das Interesse des ArbGeb so gewichtig ist, dass dahinter das Interesse des ArbN, seine persönlichen Lebensumstände zum Schutz seines Persönlichkeitsrechts und zur Sicherung seiner Individualsphäre geheim zu halten, zurückzutreten hat[9]. Aus diesem die gegenseitigen Interessen abwägenden Ansatz haben sich zwei Begrenzungen des Fragerechts herausgebildet[10]: Zum einen muss die Antwort erheblich für die Beurteilung der Fähigkeit des ArbN sein, die Arbeit zu verrichten. Zum anderen darf auch arbeitsplatzrelevantes nicht gefragt werden, soweit dies mit einem unverhältnismäßigen Eingriff in die Privatsphäre verbunden ist. Daneben können Begrenzungen des Fragerechts daraus hergeleitet werden, dass die Antwort auf die Frage einzig dem Zweck dienen kann, Grundlage einer durch das Gesetz verbotenen ArbGebEntscheidung zu sein. So lässt sich insb. aus dem Diskriminierungsverbot des § 611a die Unzulässigkeit geschlechtsspezifischer Fragen begründen[11]. 7

Die Unzulässigkeit einer Frage führt dazu, dass der ArbN diese nicht beantworten muss. Darüber hinaus wird ihm von der Rspr. und der ganz überwiegenden Ansicht in der Lit. zugebilligt, die unzulässige Frage falsch zu beantworten, um durch ein bloßes Schweigen den Vertragsabschluss nicht zu gefährden. Wird eine unzulässige Frage mit der Unwahrheit beantwortet, kann der ArbGeb seine Willenserklärung nicht wegen arglistiger Täuschung gem. 123 anfechten, da eine Rechtswidrigkeit der Täuschung fehlt[12]. Der ArbN hat hierdurch faktisch ein „**Recht zur Lüge**"[13]. 8

bb) **Einzelne Fragen.** Fragen zum **beruflichen Werdegang**, zu **Ausbildungs- und Weiterbildungszeiten** und den entsprechenden **Zeugnissen** sind regelmäßig uneingeschränkt zulässig[14]. Das Gleiche gilt für 9

---

1 *Fitting*, § 94 BetrVG Rz. 6. | 2 Vgl. *Hümmerich*, RdA 1979, 143 (145); vgl. *Bellgardt*, AiB 1984, 61 (62). | 3 BAG v. 21.9.1993 – 1 ABR 28/93, AP Nr. 4 zu § 94 BetrVG 1972. | 4 BAG v. 2.12.1999 – 2 AZR 724/98, AP Nr. 16 zu § 79 BPersVG; *Richardi/Thüsing*, § 94 BetrVG Rz. 45; aA ErfK/*Preis*, § 611 BGB Rz. 316. | 5 ErfK/*Preis*, § 611 BGB Rz. 359 f.; Soergel/*Kraft*, § 611 BGB Rz. 28; Staudinger/*Richardi*, § 611 BGB Rz. 86. | 6 BAG v. 5.12.1957 – 1 AZR 594/56, AP Nr. 2 zu § 123 BGB; v. 5.10.1995 – 2 AZR 923/94, AP Nr. 40 zu § 123 BGB. | 7 Staudinger/*Richardi*, § 611 BGB Rz. 89; *Schaub*, ArbRHdb, § 26 Rz. 11; vgl. *Buchner*, NZA 1991, 577 (579). | 8 BAG v. 2.12.1986 – 2 AZR 244/85, AP Nr. 31 zu 123 BGB. | 9 BAG v. 5.10.1995 – 2 AZR 923/94, AP Nr. 40 zu § 123 BGB; v. 11.11.1993 – 2 AZR 467/93, AP Nr. 38 zu § 123 BGB, enger (und im Ergebnis verfehlt) *Däubler*, CR 1994, 101 (104), der ein billigenswertes und schutzwürdiges Arbeitgeberinteresse nur bei Beeinträchtigung der Funktionsfähigkeit des Unternehmens annimmt. | 10 Hierzu auch schon sehr anschaulich *Rieble*, Anm. zu BAG v. 11.11.1993 – 2 AZR 467/93, AP Nr. 38 zu § 123 BGB. | 11 *Thüsing/Lambrich*, BB 2002, 1146; ErfK/*Preis*, § 611 BGB Rz. 331; ausführlicher § 611a BGB Rz. 24. | 12 St. Rspr., BAG v. 5.12.1957 – 1 AZR 594/56, AP Nr. 2 zu § 123 BGB; v. 5.10.1995 – 2 AZR 923/94, AP Nr. 40 zu § 123 BGB; *Thüsing/Lambrich*, BB 2002, 1146; ErfK/*Preis*, § 611 BGB Rz. 334. | 13 Dieser Begriff tauchte in der Rspr. erstmals in BAG v. 22.9.1961 – 1 AZR 241/60, AP Nr. 15 zu § 123 BGB auf; so auch ErfK/*Preis*, § 611 BGB Rz. 334; *Wohlgemuth*, ArbuR 1992, 46 (49); krit. zur Terminologie MünchArbR/*Buchner*, § 41 Rz. 176, der zu Recht darauf hinweist, dass es nur darum geht, dass eine unrichtige Auskunft auf eine unzulässige Frage nicht eine arglistige Täuschung gem. § 123 BGB darstellt, dagegen *Moritz*, NZA 1987, 329 (336). | 14 BAG v. 7.9.1995 – 8 AZR 828/93, AP Nr. 24 zu § 242 – Auskunftspflicht; v. 12.2.1970 – 2 AZR 184/69, AP Nr. 17 zu § 123 BGB; LAG Köln v. 13.11.1995 – 3 Sa 832/95, LAGE – § 123 BGB Nr. 23; LAG Hamm v. 8.2.1995 – 18 Sa 2136/93, LAGE § 123 BGB Nr. 21; Richardi/*Thüsing*, § 94 BetrVG Rz. 12; ErfK/*Preis*, § 611 BGB Rz. 337; *Schaub*, ArbRHdb, § 26 Rz. 16.

berufliche und fachliche Fähigkeiten und Erfahrungen des ArbN, soweit sie für den zukünftigen Arbeitsplatz Bedeutung haben[1]. Der ArbGeb darf sich ebenfalls nach **Wettbewerbsverboten** erkundigen, die wirksam mit früheren ArbGeb vereinbart wurden. Allerdings muss sich das Wettbewerbsverbot auf die auszuübende Tätigkeit beziehen[2]. In diesem Fall besteht für den ArbGeb die Gefahr, dass der Bewerber nach einer Einstellung seine Tätigkeit nicht aufnimmt oder aber unterlässt, wenn sein alter ArbGeb auf Grund eines wirksam vereinbarten Wettbewerbsverbots gegen ihn vorgeht[3].

10 Fragen zu **Vermögensverhältnissen** des ArbN betreffen seine Privatsphäre und sind daher nur zulässig, sofern der konkret zu besetzende Arbeitsplatz sie erfordert. Eine solche Ausnahme besteht regelmäßig bei **leitenden Angestellten** und dann, wenn die angestrebte Tätigkeit ein **besonderes Vertrauensverhältnis** zum ArbN voraussetzt, der ArbN bei seiner Tätigkeit also etwa mit Geld umgehen muss oder die Gefahr der Bestechung oder des Geheimnisverrats besteht. Bei Angestellten und Arbeitern, denen keine besondere Vertrauensposition zukommt, ist die Nachfrage nach den Vermögensverhältnissen des Bewerbers hingegen unzulässig[4]. Ob Fragen, nach dem derzeitigen Vorliegen von **Lohnpfändungen oder Lohnabtretungen** gestellt werden dürfen, wird uneinheitlich beurteilt. Teilweise soll ein Fragerecht grundsätzlich unzulässig sein, eine Ausnahme gilt aber dann, wenn die Abtretungen oder Pfändungen im Einzelfall einen derart großen Arbeitsaufwand des ArbGeb verursachen, dass betriebliche Abläufe nachhaltig gestört werden[5]. Somit könne grundsätzlich ohne das Vorliegen von stichhaltigen Gründen ein berechtigtes Interesse des ArbGeb an der Kenntnis von Lohnpfändungen bzw. -abtretungen nicht angenommen werden[6]. Nach vorzugswürdiger Auffassung ist eine nach Lohnabtretungen oder Lohnpfändungen immer zulässig, da vor allem in kleineren Betrieben in der Regel ein beträchtlicher Verwaltungsaufwand und haftungsrechtliche Risiken für den ArbGeb entstehen[7].

11 Bei einer Angabe der Höhe des **bisherigen Entgelts** verschlechtert sich die Verhandlungsposition des Bewerbers gegenüber der Position des ArbGeb erheblich. Außerdem sind die bisherigen Einkommensverhältnisse grundsätzlich der geschützten Individualsphäre des ArbN zuzurechnen. Daher sind Fragen, die den **bisherigen Lohn bzw. das bisherige Gehalt** betreffen, unzulässig, soweit sie ohne Zusammenhang mit dem neuen Arbeitsplatz stehen[8]. Ein Fragerecht besteht hingegen, wenn der ArbN von sich aus sein bisheriges Gehalt als Mindestarbeitsvergütung fordert oder – ausnahmsweise – das Gehalt Rückschlüsse auf seine Eignung zulässt[9]. Aus dem bisherigen Einkommen ist die Eignung eines Bewerbers zB bei einer leistungsbezogenen Vergütung ersichtlich[10]. Rückschlüsse vom bisherigen Gehalt auf eine Eignung sind jedoch nur dann möglich, wenn die angestrebte Tätigkeit zumindest vergleichbare Kenntnisse und Fähigkeiten erfordert[11].

12 Die Frage nach **Vorstrafen** stellt einen erheblichen Eingriff in die Individualsphäre des ArbN dar. Unter Berücksichtigung des Resozialisierungsgedankens sind diesbezügliche Fragen nur unter der Voraussetzung zulässig, dass die Vorstrafe auf Eigenschaften schließen lässt, welche für die Vertragsdurchführung unerlässlich sind und damit im unmittelbaren Zusammenhang mit dem **konkret zu besetzenden Arbeitsplatz** stehen[12]. Bei der Beurteilung ist ein objektiver Maßstab anzuwenden[13]. So darf je nach konkretem Arbeitsplatz etwa entweder nach vermögensrechtlichen (zB Bankangestellten), nach politischen (bei der Besetzung einer Stelle des Verfassungsschutzamtes) oder nach verkehrsrechtlichen (zB Kraftfahrzeugführer) Vorstrafen gefragt werden[14]. Hiervon unabhängig ergibt sich eine weitere Beschränkung des Fragerechts aus den Wertungen des Bundeszentralregistergesetzes, wonach sich der Bewerber als nicht vorbestraft bezeichnen darf, wenn die Verurteilung nicht in das Führungszeugnis aufzunehmen oder zu

---

1 Richardi/*Thüsing*, § 94 BetrVG Rz. 12; Staudinger/*Richardi*, § 611 BGB Rz. 92. | 2 Richardi/*Thüsing*, § 94 BetrVG Rz. 12; ErfK/*Preis*, § 611 BGB Rz. 338; Staudinger/*Richardi*, § 611 BGB Rz. 93; MünchArbR/*Buchner*, § 41 Rz. 105; aA *Schaub*, ArbRHdb, § 26 Rz. 30, der von einer Unzulässigkeit der Fragen ausgeht. | 3 Vgl. auch MünchArbR/*Buchner*, § 41 Rz. 105. | 4 Vgl. Kittner/Zwanziger/*Becker*, ArbR, § 29 Rz. 38; *Schaub*, ArbRHdb, § 26 Rz. 28; ErfK/*Preis*, § 611 BGB Rz. 340. | 5 Vgl. BAG v. 4.11.1982 – 7 AZR 264/79, DB 1982, 498; Kittner/Zwanziger/*Becker*, ArbR, § 29 Rz. 38; beachte auch ErfK/*Preis*, § 611 BGB Rz. 340, der sich für eine generelle Unzulässigkeit der Frage ausspricht, da eine schematische Betrachtung der Frage nicht möglich sei und das Interesse des ArbN an einer Einstellung trotz Lohnpfändung als vorrangig zu bewerten sei. | 6 Vgl. auch Kittner/Zwanziger/*Becker*, ArbR, § 29 Rz. 38. | 7 S. auch Richardi/*Thüsing*, § 94 BetrVG Rz. 22; Staudinger/*Richardi*, § 611 BGB Rz. 96. | 8 BAG v. 19.5.1983 – 2 AZR 171/81, AP Nr. 25 zu § 123 BGB; LAG BW v. 23.12.1980 – 6 Sa 64/80, AR- Blattei ES 640 Nr. 11; Richardi/*Thüsing*, § 94 BetrVG Rz. 22; *Moritz*, NZA 1987, 329. | 9 BAG v. 19.5.1983 – 2 AZR 171/81, AP Nr. 25 zu § 123 BGB; Erman/*Edenfeld*, § 611 BGB Rz. 263; ErfK/*Preis*, § 611 BGB Rz. 368; Staudinger/*Richardi*, § 611 BGB Rz. 96; *Wohlgemuth*, ArbuR 1992, 46 (48); aA *Schaub*, ArbRHdb, § 26 Rz. 17, der eine Frage nach der Höhe des bisherigen Gehalts bzw. Lohns für uneingeschränkt zulässig erachtet. | 10 BAG v. 19.5.1983 – 2 AZR 171/81, AP Nr. 25 zu § 123 BGB. | 11 BAG v. 5.12.1957 – 1 AZR 594/56, AP Nr. 2 zu § 123 BGB. | 12 BAG v. 5.12.1957 – 1 AZR 594/56, AP Nr. 2 zu § 123 BGB; v. 28.8.1958 – 3 AZR 601/57, AP Nr. 1 zu § 1 KSchG – Verhaltensbedingte Kündigung; v. 15.1.1970 – 2 AZR 64/69, AP Nr. 7 zu § 1 KSchG – Verhaltensbedingte Kündigung; ArbG Münster v. 28.7.1988 – 2 Ca 142/88, DB 1988, 2209; Richardi/*Thüsing*, § 94 BetrVG Rz. 18; aA Erman/*Edenfeld*, § 611 BGB Rz. 264 der nicht auf das Kriterium der Arbeitsplatzbezogenheit abstellt, *sondern das BZRG als abschließende Grenze begreift, mit der Konsequenz, dass nach ungetilgten Vorstrafen uneingeschränkt gefragt werden darf*; so auch *Moritz*, NZA 1987, 329. | 13 Vgl. BAG v. 5.12.1957 – 1 AZR 594/56, AP Nr. 2 zu § 123 BGB; v. 15.1.1970 – 2 AZR 64/69, AP Nr. 7 zu § 1 KSchG – Verhaltensbedingte Kündigung; v. 20.5.1999 – 2 AZR 320/98, AP Nr. 50 zu § 123 BGB. | 14 *Schaub*, ArbRHdb, § 26 Rz. 29.

tilgen ist (vgl. §§ 51, 53 BZRG)[1]. Hinsichtlich dieser Wertungen bestehen keine Unterschiede zwischen dem Fragerecht des öffentlichen oder des privaten ArbGeb[2].

Fragen nach **laufenden Ermittlungs- bzw. anhängigen Strafverfahren** wurden früher unter Hinweis auf den in Art. 6 EMRK verankerte Grundsatz, wonach jeder Mensch bis zu seiner rechtskräftigen Verurteilung als unschuldig zu gelten hat, als unzulässig abgelehnt. Nur im Bereich der **Führungskräfte** sollte ausnahmsweise eine Offenbarungspflicht des Bewerbers bestehen, da in Vertrauenspositionen bereits der bloße Verdacht einer Straftat zu einem Verlust der für solche Tätigkeiten unabdingbaren Integrität innerhalb des Unternehmens bzw. der Öffentlichkeit führen könne und damit zu einer fehlenden Eignung des Bewerbers führt[3]. Das BAG geht in neuerer Rspr. jedoch zu Recht davon aus, **dass unter Umständen ein Fragerecht anzuerkennen ist, wenn durch das anhängige Ermittlungsverfahren Rückschlüsse auf eine mangelnde persönliche Eignung und Zuverlässigkeit des Bewerbers für den konkreten Arbeitsplatz gezogen werden können**[4] (so im Falle eines Erziehers, gegen den ein Ermittlungsverfahren wegen sexuellen Missbrauchs von Kindern in dem vorhergehenden Arbeitsverhältnis läuft). Nach Auffassung der Rspr. steht dieser Bewertung des Fragerechts die strafrechtliche Unschuldsvermutung nicht entgegen, weil sich hieraus nicht der Schluss ziehen lasse, dass dem Betroffenen aus dem laufenden Ermittlungsverfahren überhaupt kein Nachteil entstehen dürfe[5]. Der Ansicht des BAG ist zu folgen, da dem ArbGeb in Einzelfällen je nach Ausgestaltung des konkret zu besetzenden Arbeitsplatzes ein billigenswertes Interesse zugestanden werden muss, von einem laufenden Ermittlungsverfahren, welches Zweifel an seiner persönlichen Eignung für die zu verrichtende Tätigkeit begründet, Kenntnis zu erlangen[6]. Die Zulässigkeit eines Fragerechts muss vor allem dann bejaht werden, wenn durch die Ausgestaltung der angestrebten Tätigkeit für den ArbGeb, für Kollegen oder für Dritte eine erhöhte **Gefahr der Begehung weiterer Straftaten** besteht[7]. Zu weitgehend und daher abzulehnen ist die Annahme einer grundsätzlichen Zulässigkeit von Fragen nach laufenden Ermittlungs- oder Strafverfahren. Nach allgemeiner Auffassung sind Fragen zu **abgeschlossenen Ermittlungsverfahren**, die zu keiner Verurteilung geführt haben, nicht erlaubt[8]; Ausnahmen im Hinblick auf Verfahren, die nach § 153 und insb. § 153a StPO eingestellt wurden, sind denkbar, werden aber in der Rspr. bislang nicht erwogen. Fragen nach einer **erfolgten Verurteilung zu einer Freiheitsstrafe** sind nach den dargestellten Grundsätzen hingegen uneingeschränkt zulässig. Hier kann der Bewerber nach Haftantritt einen gewissen Zeitraum seine Arbeitsleistung nicht in der vertraglich vereinbarten Weise erbringen[9].

Die Frage des ArbGeb nach der **Gewerkschaftszugehörigkeit** des ArbN im Rahmen eines Bewerbungsgesprächs ist unzulässig, da hierin ein Verstoß gegen die in Art. 9 Abs. 3 Satz 2 GG verankerte Koalitionsfreiheit liegt. Nach der Einstellung des ArbN besteht hingegen ein berechtigtes Interesse des ArbGeb zu erfahren, ob ein geltender TV dadurch auf das Arbeitsverhältnis Anwendung findet, dass der ArbN der tarifschließenden Gewerkschaft angehört (vgl. §§ 1, 3 Abs. 1, 4 Abs. 1 TVG). Die Frage nach der Gewerkschaftszugehörigkeit ist somit nach Entscheidung über die Einstellung zulässig[10]. Soll der Bewerber für einen Arbeitsplatz in einer Gewerkschaft oder in einem ArbGebVerband eingestellt werden, kann ausnahmsweise bereits im Rahmen des Bewerbungsgesprächs nach der Mitgliedschaft in einer Gewerkschaft gefragt werden[11].

Allgemein anerkannt ist die grundsätzlich zulässige Frage des öffentlichen ArbGeb nach der Zugehörigkeit zu **Organisationen mit verfassungsfeindlichen Zielen**[12]. Das Fragerecht besteht unabhängig davon, ob die Verfassungswidrigkeit[13] der Organisation bereits festgestellt ist oder nicht, da zur Eignung eines Bewerbers für den öffentlichen Dienst iSd. Art. 33 Abs. 2 GG auch seine Verfassungstreue gehört[14].

Nach der **Partei- und Religionszugehörigkeit** des ArbN darf der ArbGeb auf Grund der gesetzlichen Wertung der verfassungsrechtlichen Grundsätze in Art. 4 GG, sowie Art. 21 GG vor der Einstellung nicht fragen. Eine Ausnahme gilt jedoch für Tendenzbetriebe (zB Parteien, konfessions- oder partei-

---

1 Vgl. BAG v. 5.12.1957 – 1 AZR 594/56, AP Nr. 2 zu § 123 BGB; *Schaub*, ArbRHdb, § 26 Rz. 29. | 2 Vgl. BAG v. 15.1.1970 – 2 AZR 64/69, AP Nr. 7 zu § 1 KSchG – Verhaltensbedingte Kündigung; v. 20.5.1999 – 2 AZR 320/98, NZA 1999, 975. | 3 Vgl. ArbG Münster v. 20.11.1992 – 3 Ca 1459/92, NZA 1993, 461; so auch *Moritz*, NZA 1987, 329 (334). | 4 BAG v. 20.5.1999 – 2 AZR 320/98, AP Nr. 50 zu § 123 BGB; ArbG Münster v. 20.11.1992 – 3 Ca 1459/92, NZA 1993, 421. | 5 BAG v. 20.5.1999 – 2 AZR 320/98, AP Nr. 50 zu § 123 BGB. | 6 So auch Richardi/*Thüsing*, § 94 BetrVG Rz. 18; Staudinger/*Richardi*, § 611 BGB Rz. 109; *Linnekohl*, ArbuR 1983, 129 (140); *Ehrich*, DB 2000, 421 (423). | 7 Weiter gehend *Raab*, RdA 1995, 36 (42 ff.), der die Frage unter dem Aspekt der fehlenden oder eingeschränkten Verfügbarkeit über die Arbeitskraft des ArbN auch dann zulassen will, wenn mit umfangreichen Ermittlungen, einer umfangreichen Hauptverhandlung, dem Bevorstehen einer Untersuchungshaft oder Verurteilung zu einer Freiheitsstrafe zu rechnen ist. | 8 Vgl. *Linnekohl*, ArbuR 1983, 129 (140) | 9 *Kittner/Zwanziger/Becker*, ArbR, § 29 Rz. 43. | 10 Staudinger/*Richardi*, § 611 BGB Rz. 99; weiter gehend *Falkenberg*, BB 1970, 1013 (1016), der die Frage nach der Gewerkschaftszugehörigkeit schon bei der Einstellungsverhandlung dann zulassen will, wenn ein Arbeitskampf zu erwarten oder im Gange ist; s. auch *Schaub*, ArbRHdb, § 26 Rz. 18. | 11 Staudinger/*Richardi*, § 611 BGB Rz. 99; vgl. Richardi/*Thüsing*, § 94 BetrVG Rz. 21; *Fitting*, § 94 BetrVG Rz. 17; ErfK/*Preis*, § 611 BGB Rz. 349. | 12 Vgl. st. Rspr. BAG v. 1.10.1986 – 7 AZR 383/85, AP Nr. 26 zu Art. 33 Abs. 2 GG; v. 12.3.1986 – 7 AZR 20/83, AP Nr. 23 zu Art. 33 Abs. 2 GG; v. 16.12.1982 – 2 AZR 144/81, AP Nr. 19 zu Art. 33 Abs. 2 GG. | 13 BVerfG v. 22.5.1975 – 2 BvL 13/73, AP Nr. 2 zu Art. 33 Abs. 5 GG (LS 8). | 14 Vgl. Richardi/*Thüsing*, § 94 BetrVG Rz. 12; Staudinger/*Richardi*, § 611 BGB Rz. 92.

politisch gebundene Verlage) und für Einrichtungen von Religionsgemeinschaften[1]. Hier muss die Frage zulässig sein, weil der ArbN in der Regel die Aufgabe hat, das Unternehmen nach außen zu vertreten. Diese Aufgabe kann er jedoch dauerhaft nur hinreichend erfüllen, wenn er die religiösen, weltanschaulichen oder politischen Anschauungen seines ArbGeb teilt[2]. Zu beachten ist allerdings, dass auch in den Tendenzbetrieben kein uneingeschränktes Fragerecht besteht, sondern nur Fragen mit dem jeweiligen Tendenzbezug zulässig sind[3].

17 Problematisch ist, ob ein berechtigtes, billigenswertes Interesse des ArbGeb an der Beantwortung einer Frage nach der Mitgliedschaft des Bewerbers in der **Scientology-Kirche** besteht. Hinsichtlich der Zulässigkeit eines Fragerechts vor einer Einstellung liegt bislang keine richterliche Entscheidung vor. Die Rspr. befasste sich lediglich mit der Möglichkeit einer Kündigung von ArbN, die am Arbeitsplatz Tätigkeiten für Scientology entfalteten[4]. Die Kernproblematik eines Fragerechts liegt darin, ob sich die Mitglieder der Scientology-Kirche auf das Grundrecht der **Religions- oder Weltanschauungsfreiheit** des Art. 4 Abs. 1 und 2 GG berufen können. Mit seinem Beschluss vom 22.3.1995 hat das BAG zutreffend entschieden, dass die „Scientology Kirche Hamburg e.V." keine Religions- oder Weltanschauungsgemeinschaft iSv. Art. 4, 140 GG, Art. 137 WRV sei, da die primäre Zielsetzung der Vereinigung nicht in der Verbreitung von religiösen Lehren, sondern in wirtschaftlichen Aktivitäten liege[5]. Vor diesem Hintergrund muss auch die Beurteilung eines Fragerechts gesehen werden. Fragen nach einer Mitgliedschaft in Scientology-Organisationen können demnach außerhalb von Tendenzbetrieben und dem öffentlichen Dienst zumindest dann gestellt werden, wenn **Vertrauensstellungen** zu besetzen sind[6]. Der ArbGeb hat ein berechtigtes Interesse daran zu wissen, ob die bei Vertrauenspositionen erforderliche Loyalität dem Unternehmen gegenüber von den Zielsetzungen der Scientology überlagert wird. Bei der Besetzung von Vertrauensstellungen kommen insb. Führungspositionen, wie die von Organmitgliedern und leitenden Angestellten in Betracht. Auch bei sonstigen ArbN, die leichten Zugang zu unternehmensinternen Daten haben (zB Chefsekretärin) soll ein berechtigtes Interesse des ArbGeb an der Beantwortung seiner Frage zu bejahen sein, da die erklärte Zielsetzung der Organisation die Besetzung von sog. „Schlüsselpositionen" ist, um ihre Lehren effektiv zu verbreiten[7]. Die Frage muss auch dann zulässig sein, wenn der Bewerber Aufgaben im Erziehungs- oder Bildungswesen anstrebt[8]. Weiterhin müssen strenge Maßstäbe für eine Einstellung von Scientologen in den öffentlichen Dienst gelten. Soweit Anhaltspunkte für verfassungsfeindliche Ziele der Scientologyvereinigungen vorliegen, darf der öffentliche ArbGeb danach fragen, da eine Eignung iSd. Art. 33 Abs. 2 GG auch die Verfassungstreue des Bewerbers voraussetzt[9] (s. hierzu auch Rz. 15). Diese Grundsätze zur Zulässigkeit des Fragerechts könnten jedoch dadurch zukünftig zweifelhaft werden[10], dass der deutsche Gesetzgeber durch die **Richtlinie 2000/78/EG** verpflichtet ist, bis zur Mitte des Jahres 2003 ein arbeitsrechtliches Diskriminierungsverbot wegen der Religion und Weltanschauung, des Alters und der sexuellen Ausrichtung zu schaffen. Die bisher allgemein für zulässig gehaltene Frage nach der Scientology-Mitgliedschaft im öffentlichen Dienst könnte somit durch einen Verstoß gegen die europarechtlichen Vorgaben unzulässig werden[11]. Die weitere Entwicklung bleibt vorerst abzuwarten.

18 Hinsichtlich **familiärer Verhältnisse** sind Fragen zulässig, sofern der ArbGeb ein betriebsbezogenes berechtigtes Interesse an der Auskunft hat; beispielsweise im Hinblick auf Verwandtschaftsbeziehungen mit anderen Betriebsangehörigen[12]. Fragen zum Bestehen einer **nichtehelichen Lebensgemeinschaft** oder einer **gleichgeschlechtlichen Lebenspartnerschaft, einer Scheidung** oder der **Absicht einer Eheschließung** sind regelmäßig nicht zulässig, da diese eine nicht vertretbare Ausforschung des Intimbereichs des Bewerbers darstellen. Auf Grund ihrer verfassungsrechtlich geschützten Autonomie sind hinsichtlich der Zulässigkeit eines Fragerechts bei einer Einstellung in kirchliche Einrichtungen Ausnahmen zu machen[13].

19 Auch Fragen zu **Krankheiten oder den Gesundheitszustand** des ArbN sind nicht uneingeschränkt zulässig. Ein Fragerecht besteht nur dann, wenn das Interesse des ArbGeb an ihrer Beantwortung objektiv so stark ist, „dass dahinter das Interesse des ArbN am Schutz seines Persönlichkeitsrechts und an der Unverletzlichkeit seiner Individualsphäre zurücktreten muss"[14]. Ein allgemein gültiger Fragenkatalog lässt sich allerdings nicht erstellen. Nach welchen Krankheiten gefragt werden darf, ist von den konkreten Anforderungen des künftigen Arbeitsplatzes abhängig[15]. Das Fragerecht beschränkt sich im Wesentlichen darauf, ob durch eine Krankheit oder Beeinträchtigung des Gesundheitszustandes die **Eignung** des ArbN für die angestrebte Tätigkeit auf Dauer oder in periodisch wiederkehrenden Abständen eingeschränkt ist. Der ArbGeb darf sich auch erkundigen, ob durch die Erbringung der Arbeitsleis-

---

1 Richardi/*Thüsing*, § 94 BetrVG Rz. 20; Staudinger/*Richardi*, § 611 BGB Rz. 100; Soergel/*Kraft*, § 611 BGB Rz. 29. | 2 Vgl. MünchArbR/*Buchner*, § 41 Rz. 124. | 3 Richardi/*Thüsing*, § 94 BetrVG Rz. 91; *Fitting*, § 94 BetrVG Rz. 17. | 4 Vgl. LAG Berlin v. 11.6.1997 – 13 Sa 19/97, DB 1997, 2542; ArbG Ludwigshafen v. 12.5.1993 – 3 Ca 3165/92, BB 1994, 861. | 5 BAG v. 23.3.1995 – 5 AZB 21/94, AP Nr. 21 zu § 5 ArbGG 1979; s. auch *Thüsing*, ZevKR 2000, 592 ff. | 6 *Schaub*, ArbRHdb, § 26 Rz. 25. | 7 Ausf. zur Problematik *Bauer/Baeck/Merten*, DB 1997, 2534 (2536). | 8 MünchArbR/*Buchner*, § 41 Rz. 116. | 9 MünchArbR/*Buchner*, § 41 Rz. 118. | 10 Siehe hierzu *Thüsing/Lambrich*, BB 2002, 1146. | 11 S. zuletzt *Bauer/Baeck/Merten*, DB 1997, 2534 ff. | 12 Ebenso *Moritz*, NZA 1987 329, 333. | 13 Richardi/*Thüsing*, § 94 BetrVG Rz. 18; Staudinger/*Richardi*, § 611 BGB Rz. 98; vgl. *Schaub*, ArbRHdb, § 26 Rz. 19. | 14 BAG v. 7.6.1984 – 2 AZR 270/83, AP Nr. 26 zu § 123 BGB. | 15 Richardi/*Thüsing*, § 94 BetrVG Rz. 14; *Falkenberg*, BB 1970, 1013 (1015).

tung eine **Ansteckungsgefahr** für Kollegen oder Personen, mit denen er bei der Erbringung der Arbeitsleistung in Berührung kommt, zu befürchten ist. Ferner besteht ein dahingehendes Fragerecht des ArbGeb, ob zum Zeitpunkt des Dienstantritts eine Arbeitsunfähigkeit, etwa auf Grund einer bestehenden längerfristigen, **akuten Erkrankung**, einer notwendigen **Operation** oder bewilligten **Kur** bevorsteht[1]. Ob darüber hinaus dem Bewerber eine Offenbarungspflicht hinsichtlich einer beantragten Kur obliegt, wurde noch nicht höchstrichterlich entschieden[2]. Zur Frage nach einer HIV-Infektion s. Rz. 23.

Die Frage nach einer bestehenden **Alkohol- oder Drogenabhängigkeit** ist nach den oben dargestellten Grundsätzen uneingeschränkt zulässig. Der hierdurch hervorgerufene pathologischen Zustand führt regelmäßig zu einer Beeinträchtigung der erforderlichen Eignung des Bewerbers. Es sind Auswirkungen auf seine körperliche und/oder geistige Leistungsfähigkeit zu erwarten[3]. Ferner kann es zu einer Gefährdung des Bewerbers selbst oder seiner Kollegen, bzw. Dritter kommen, wenn gefährliche Tätigkeiten auszuführen sind. In diesem Fall gebietet bereits die Fürsorgepflicht dem ArbGeb, ein Sicherheitsrisiko von Anfang an nicht aufkommen zu lassen[4]. Einen unzulässigen Eingriff in das Persönlichkeitsrecht des ArbN stellt hingegen die Frage nach bloßem **Alkoholgenuss** dar. Ein in der Freizeit stattfindender Alkoholgenuss unterfällt der Privatsphäre des ArbN[5]. Auch hinsichtlich der Möglichkeit eines **freizeitlichen Drogenkonsums** ist ein berechtigtes Informationsinteresse des ArbGeb mit der gleichen Begründung abzulehnen[6]. 20

Ebenfalls sachlich nicht gerechtfertigt ist die Frage nach der **Nichtrauchereigenschaft** des Bewerbers, welche unter den Schutzbereich der persönlichen Handlungsfreiheit fällt[7]. Grundsätzlich kann der ArbGeb durch Abschluss einer BV oder Ausübung seines Direktionsrechts steuern, inwieweit in seinem Betrieb geraucht wird. Die bloße Möglichkeit, dass ein Raucher gegen ein im Betrieb geltendes Rauchverbot verstoßen könnte, rechtfertigt jedoch nicht, dass generell die gesamte Gruppe der Raucher bereits bei der Einstellung durch eine Fragerecht gegenüber Nichtrauchern benachteiligt wird. Grundsätzlich ist davon auszugehen, dass sich jeder ArbN an die betriebliche Ordnung hält. Zudem ist zu beachten, dass Rauchen am Arbeitsplatz zunächst so lange zulässig ist, wie die Erbringung der Arbeitsleistung nicht gefährdet ist und Kollegen nicht gestört werden[8]. 21

Fragen hinsichtlich **genetischer Veranlagungen** oder entsprechende Tests stellen einen unzulässigen Eingriff in die Intimsphäre des Bewerbers und sind daher stets rechtswidrig[9]. 22

Die oben aufgeführten Grundsätze sind auch hinsichtlich eines Fragerechts nach einer **AIDS-Erkrankung** bzw. **HIV-Infizierung** zu beachten. Die Frage nach einer **AIDS-Erkrankung** ist aus dem Grund, dass sie nach dem bisherigen medizinischen Kenntnisstand unweigerlich ohne Heilungschancen zum Tod des ArbN führt und damit eine Arbeitsunfähigkeit absehbar macht, zulässig[10]. Unterschiedliche Auffassungen bestehen hinsichtlich der Frage nach einer **HIV-Infizierung**. Teilweise wird vertreten, auch diesbezüglich ein unbeschränktes Fragerecht des ArbGeb zuzulassen[11]. Dies geht jedoch zu weit, da ein ArbN nur Krankheiten offenbaren muss, die zu einer absehbaren Arbeitsunfähigkeit führen oder durch die bei der Ausführung der Tätigkeit eine **Ansteckungsgefahr** besteht. Andernfalls ist eine dahingehende Frage regelmäßig unzulässig[12]. Etwas anderes kann auch nicht für die HIV-Infizierung gelten. Anders als bei der AIDS-Erkrankung ist eine Arbeitsunfähigkeit des Bewerbers zum Zeitpunkt des Einstellungsgesprächs noch nicht absehbar. Der Ausbruch der Krankheit kann durchaus erst nach Beendigung des Arbeitsverhältnisses erfolgen. Soweit die Krankheit jedoch nicht ausbricht, besteht regelmäßig keine Beeinträchtigung der Leistungsfähigkeit des Infizierten. Ein Informationsrecht des ArbGeb muss daher auf die Fälle begrenzt werden, in denen durch die Infizierung die Eignung des ArbN zur Erbringung der Arbeitsleistung ausgeschlossen oder eingeschränkt ist; insb. wenn bei Erbringung der Arbeitsleistung Kollegen oder Dritte der Gefahr einer Ansteckung ausgesetzt sind[13]. Ein **erhöhtes** 23

---

1 Vgl. BAG v. 7.6.1984 – 2 AZR 270/83, AP Nr. 26 zu § 123 BGB; ArbG Stade v. 3.9.1971 – Ca 296/71, BB 1971, 1235; Richardi/*Thüsing*, § 94 BetrVG Rz. 13; MünchArbR/*Buchner*, § 41 Rz. 64. |2 Vgl. BAG v. 27.3.1991 – 5 AZR 58/90, AP Nr. 92 zu § 1 LohnFG; vgl. ErfK/*Preis*, § 611 BGB Rz. 372. |3 MünchArbR/*Buchner*, § 41 Rz. 70, 99; *Künzl*, BB 1993, 1581 (1582); vgl. ErfK/*Preis*, § 611 BGB Rz. 343. |4 Vgl. RGRK/*Schliemann*, § 611 BGB Rz. 1195. |5 Richardi/*Thüsing*, § 94 BetrVG Rz. 17; MünchArbR/*Buchner*, § 41 Rz. 98. |6 MünchArbR/*Buchner*, § 41 Rz. 98; zur strikteren US-Rspr. s. *Thüsing*, NZA 1999, 393 (HIV-Infektion als Behinderung). |7 Richardi/*Thüsing*, § 94 BetrVG Rz. 17. |8 MünchArbR/*Buchner*, § 41 Rz. 97. |9 *Wiese*, RdA 1988, 218 (219). |10 MünchArbR/*Buchner*, § 41 Rz. 68; *Knipp*, AR-Blattei (SD) 640 Einstellung, Rz. 75; *Richardi*, NZA 1988, 73 (74); *Heilmann*, BB 89, 1413 (1414) |11 *Eich*, NZA Beil. 2/1987, 10 (12), der zur Begründung anführt, das Interesse des bereits eingestellten Mitarbeiter an ihrer körperlichen Unversehrtheit sei trotz einer extrem unwahrscheinlichen Infektionsübertragung höher zu bewerten als das Interesse des Bewerbers an dem Schutz seines Persönlichkeitsrechts; mit gleicher Begründung: *Klak*, BB 1987, 1382 (1383 f.). |12 ErfK/*Preis*, § 611 BGB Rz. 344; Staudinger/*Richardi*, § 611 BGB Rz. 95; zum US-Recht s. *Thüsing*, ZfA 2001, 397. |13 Richardi/*Thüsing*, § 94 BetrVG Rz. 14; *Richardi*, NZA 1988, 73 (75); GK-BetrVG/*Kraft*, § 94 Rz. 20; MünchArbR/*Buchner*, § 41 Rz. 69; vgl. auch ErfK/*Preis*, § 611 BGB Rz. 375; anders *Lichtenberg/Schücking*, NZA 1990, 41 (44) die auch bei diesen Berufsfeldern ein zulässiges Fragerecht ablehnen, da nach heutiger Erkenntnis bei Einhaltung der üblichen und vorgeschriebenen Hygienevorschriften auch bei diesen Tätigkeiten kein besonderes Ansteckungsrisiko bestehe; vgl. auch *Heilmann*, BB 1989, 1413 (1415), der von einer Zulässigkeit in sog. kontaminierungsgefährdeten Arbeitsbereichen die Zulässigkeit der Arbeitgeberfrage mit der Begründung ablehnt, dass diese Frage aufgrund einer häufig bestehenden Nichtkenntnis der Betroffenen von ihrer HIV-Infizierung, idR nicht zutr. beantwortet werden könne.

Ansteckungsrisiko ist bei Tätigkeiten gegeben, bei denen die Gefahr besteht, dass ein Austausch von Blut oder anderen Körperflüssigkeiten zwischen dem ArbN und Kollegen sowie Dritten stattfindet. Diese Gefahr besteht typischerweise bei Berufen im Gesundheitswesen und begründet ein Fragerecht des ArbGeb bei einer geplanten Anstellung in diese Berufszweige[1]. Führt der Krankheitsausbruch beim ArbN zu erheblichen unzumutbaren Beeinträchtigungen des ArbGeb, etwa durch dauerhafte Arbeitsunfähigkeit und damit verbundenen erheblichen Betriebskosten, wird für den ArbGeb häufig die Möglichkeit bestehen, sich durch eine personenbedingte Kündigung vom Arbeitsverhältnis zu lösen[2].

24 Lange Zeit umstritten war die Frage nach der **Schwangerschaft**[3]. Aufgrund des in § 9 MuSchG geregelten Beschäftigungsverbots für Schwangere und Wöchnerinnen bleibt dem ArbGeb oftmals nur die Anfechtung des Arbeitsvertrags, um ein Beschäftigungsverhältnis gegen den Willen der ArbN-In aufzulösen. Somit erlangt die Zulässigkeit dieses Fragerechts erhebliche praktische Bedeutung[4]. Es ist davon auszugehen, dass die Frage nach der Schwangerschaft nach der neueren Rspr. des EuGH ohne Ausnahme verboten ist. Dies entspricht seit langem französischem Recht, s. article L 122-25 Code de travail. Eine Schranke für das in Einzelfällen sehr unbefriedigende Ergebnis könnte jedoch in dem Institut des Rechtsmissbrauchs oder dem Verbot des *venire contra factum proprium* gefunden werden, um eine Korrektur der unbilligen Härte herbeizuführen[5]. Einzelheiten s. § 611a BGB Rz. 23.

25 Ungeklärt sind die Grenzen bei der Frage nach der **Schwerbehinderung**. Hierbei muss zwischen der **Körperbehinderung** und der **Schwerbehinderteneigenschaft** unterschieden werden. Anders als die Frage nach der Schwangerschaft wurde in der Vergangenheit von Rspr. und Lit. die Frage nach der **Schwerbehinderteneigenschaft** als grundsätzlich zulässig beurteilt[6]. Zur Begründung wurde angeführt, dass sich an die Schwerbehinderteneigenschaft des ArbN für den ArbGeb während der gesamten Dauer des Arbeitsverhältnisses zahlreiche gesetzliche Pflichten knüpfen, welche ein berechtigtes Informationsinteresse begründen[7]. Das BAG bestätigte seine Rspr. in seiner letzten erheblichen Entscheidung nochmals ausdrücklich[8]. So betonte das Gericht, dass keine Vergleichbarkeit zwischen der Frage nach der Schwangerschaft und der Frage nach der Schwerbehinderteneigenschaft bestehe. Die Schwangerschaft belaste den ArbGeb finanziell nur über einen begrenzten Zeitraum. Ferner sei die geschlechtsbezogene Diskriminierung eines Bewerbers beim Zugang zum Arbeitsplatz durch den Gesetzgeber mit der Einführung des § 611a ausdrücklich verboten wurden. Der Schutz Schwerbehinderter vor einer Diskriminierung bei der Begründung eines Arbeitsverhältnisses würde hingegen schon durch die Quotenregelung des § 14 Abs. 1 SchwbG erreicht. Das Verbot eines Fragerechts würde dem Schwerbehinderten eine weitere Möglichkeit einräumen, durch falsche Angaben über seinen Schwerbehindertenstatus gegenüber dem ArbGeb eine Einstellung zu erhalten. Dies sei aber auf Grund der ausdrücklichen gesetzlichen Lösung weder erforderlich noch passend. Der neu eingeführte Art. 3 Abs. 3 Satz 2 GG, durch welchen ein Benachteiligungsverbot für Behinderte geschaffen wurde, ändere an dieser Tatsache ebenfalls nichts, da es nur dem Schutz vor Vorurteilen, Kontaktvermeidung und Stigmatisierungen dienen, nicht aber einen bereits durch das SchwbG geförderten Zugang zum Arbeitsmarkt sichern solle[9]. Hinsichtlich der Frage nach der **Körperbehinderung** wurden erhebliche Einschränkungen gemacht. Unter einer Körperbehinderung ist ein dauernder körperlicher Schaden zu verstehen, der angeboren oder auf Krankheit oder Unfall usw. zurückzuführen ist, und der zu einer Beeinträchtigung der Möglichkeiten sein Leben zu gestalten, insb. der Bewegungsmöglichkeiten, und zur Beeinträchtigung der Erwerbsmöglichkeit führt[10]. Hier war nach bisheriger Rspr. ein Fragerecht dann zulässig, wenn die auszuführende Tätigkeit durch die bestehende Behinderung beeinträchtigt wurde[11].

26 Ob die bisherige Rspr. aufrechterhalten werden kann, erscheint im Hinblick auf die **Aufnahme des Schwerbehindertengesetzes in das SGB IX** und der damit verbundenen Schaffung eines **Diskriminierungsverbotes von Behinderten** in § 81 Abs. 2 SGB IX zweifelhaft. Der ArbGeb darf hiernach schwerbehinderte Beschäftigte nicht benachteiligen, es sei denn, dass eine Vereinbarung oder eine Maßnahme die Art der von dem Schwerbehinderten auszuübenden Tätigkeit zum Gegenstand hat und eine bestimmte körperliche Funktion, geistige Fähigkeit oder seelische Gesundheit wesentliche und entscheidende berufliche Anforderung für diese Tätigkeit ist (§ 81 Abs. 2 Nr. 1 Satz 2). Der Gesetzgeber wollte die europäische Richtlinie 2000/78 EG umsetzen[12] und hat hierdurch ein der Ungleichbehandlung wegen des Geschlechts vergleichbares Diskriminierungsverbot geschaffen. Überträgt man die Grundsätze der Rspr. des EuGH zur Schwangerschaftsfrage, erscheint das Fragerecht künftig erheblich eingeschränkt[13]: Die Frage nach der **Behinderung** wird nur uneingeschränkt zulässig sein, sofern ihr Fehlen eine **unerlässliche Voraussetzung** für die Ausübung der Tätigkeit ist[14]. Die bisherige Rspr., welche

---

1 *Löwisch*, DB 1987, 936 (939 f.); ErfK/*Preis*, § 611 BGB Rz. 344; weiter gehend *Richardi*, NZA 1988, 73 (74), der sich für eine Zulässigkeit der Frage für Berufsgruppen in besonderen Vertrauenspositionen ausspricht. |2 ErfK/*Preis*, § 611 BGB Rz. 344. |3 Vgl. mit einer umfassenden Darstellung *Thüsing*/*Lambrich*, BB 2002, 1146 ff.; *Feldhoff*, ZTR 2004, 58. |4 S. auch ErfK/*Preis*, § 611 BGB Rz. 380. |5 Ausf. dazu s. *Thüsing*/*Lambrich*, BB 2002, 1146, (1147 f.). |6 BAG v. 5. 10.1995 – 2 AZR 923/94, AP Nr. 40 zu § 123 BGB. |7 BAG v. 1.8.1985 – 2 AZR 101/83, AP Nr. 30 zu § 123 BGB; v. 11.11.1993 – 2 AZR 467/93, AP Nr. 38 zu § 123 BGB. |8 BAG v. 3.12.1998 – 2 AZR 754/97, AP Nr. 49 zu § 123 BGB. |9 BAG v. 3.12.1998 – 2 AZR 754/97, AP Nr. 49 zu § 123 BGB. |10 BAG v. 7.6.1984 – 2 AZR 270/83, AP Nr. 26 zu § 123 BGB. |11 BAG v. 7.6.1984 – 2 AZR 270/83, AP Nr. 26 zu § 123 BGB. |12 Siehe BT-Drs. 14/5074, S. 113. |13 Vgl. ausf. *Thüsing*/*Lambrich*, BB 2002, 1146 (1148 f.). |14 Vgl. auch *Schaub*, NZA 2003, 299 (300).

für die Zulässigkeit des Fragerechts eine bloße Beeinträchtigung für die auszuübende Tätigkeit ausreichen ließ, wird somit erheblich eingeschränkt. Auch wenn die Einstellung eines Behinderten, wie auch bei der Einstellung einer Schwangeren, für den ArbGeb mit erheblichen Kosten verbunden sein mag, muss sie künftig unterbleiben, da nach der gesetzlichen Wertung eine Beeinträchtigung des ArbGeb keinen erheblichen Grund für die Benachteiligung Behinderter darstellt. Bei der Frage nach der **Eigenschaft als schwerbehinderter Mensch** hat der Bewerber nun stets ein Recht zur Lüge[1], denn die auch hier möglicherweise entstehenden erheblichen Kosten stellen nach § 81 Abs. 2 Satz 2 SGB IX keinen Grund für eine Ungleichbehandlung dar. Wenn der ArbGeb fragt, gerade um seiner Beschäftigungspflicht nach § 71 SGB IX nachzukommen, darf er das; der ArbN hat jedoch auch dann ein Recht, seine Eigenschaft als schwerbehinderter Mensch wahrheitswidrig zu verneinen. Darauf muss der ArbGeb hinweisen[2]. Nach Einstellung besteht für den ArbN eine **Offenbarungspflicht**.

In der Vergangenheit wurde die Frage nach einem **künftigen Wehr- oder Ersatzdienst** überwiegend für zulässig gehalten, da die nicht unerhebliche Abwesenheit des ArbN zu einer nachhaltigen Störung der Betriebsabläufe führen könne[3]. Im Hinblick auf die restriktive Rspr. des EuGH zur Schwangerschaftsfrage und auf das Benachteiligungsverbot des § 611a, sowie der hierzu ergangenen Rspr. des BAG ist es jedoch nicht mehr möglich, diese Bewertung aufrechtzuerhalten. Fragen nach einem bevorstehenden Wehr- bzw. Ersatzdienst, betreffen ausschließlich Männer und knüpfen damit unmittelbar an das Geschlecht an, so dass sie als eine geschlechtsspezifische Ungleichbehandlung darstellen, die als Diskriminierung unzulässig ist[4]. Das Fragerecht bezüglich eines bereits **abgeleisteten Wehr- oder Ersatzdiensts** ist nicht anders zu beurteilen. Zum einen kann diese Frage die Frage nach künftigem Wehr- oder Ersatzdienst umgehen, zum anderen kann auch sie nur Männern gestellt werden. Allerdings wird es zuweilen als zulässig bewertet, da dem ArbGeb grundsätzlich ein billigenswertes Interesse an einem vollständigen, lückenlosen Lebenslauf zugestanden wird[5]. Folgt man dem, dann darf er der ArbGeb allerdings dann auf Grund der Gewissensfreiheit des Bewerbers nur nach der Ableistung der Dienstverpflichtung an sich, nicht nach der Form (Wehrdienst oder Ersatzdienst) fragen[6]. 27

Die Zulässigkeit von Fragen zu einer **früheren Mitarbeit im ehemaligen Ministerium für Staatssicherheit** war vor allem hinsichtlich der Übernahme von Mitarbeitern in den **öffentlichen Dienst** der neuen Bundesländer relevant. Regelmäßig wurden hier bei bereits bestehenden Arbeitsverhältnissen nachträgliche Eignungsprüfungen durchgeführt und in diesem Rahmen nach einer Tätigkeit für das Ministerium für Staatssicherheit der DDR oder für die SED gefragt. Das **BVerfG** hat mit seinem Beschluss vom **8.7.1997** entschieden, dass Fragen nach Vorgängen, die **vor 1970** abgeschlossen waren, einen Eingriff in das Allgemeine Persönlichkeitsrecht der ArbN darstellen und folglich unzulässig seien[7]. Ein berechtigtes ArbN-Interesse sei hier auf Grund des langen Zeitraums abzulehnen. Bei Vorgängen jüngeren Datums hingegen sind Fragen hinsichtlich Funktionen und Tätigkeiten in SED und MfS zulässig, zumindest im Hinblick auf Führungs- und Vertrauenspositionen. Auch das Unterzeichnen von Verpflichtungserklärungen ist durch das berechtigte Interesse des ArbGeb gedeckt und führt bei falschen Angaben des ArbN zu einer arglistigen Täuschung. Falsche Auskünfte des ArbN zu einer MfS-Tätigkeit begründen sowohl das Recht zu einer Kündigung, als auch zu einer Anfechtung des Arbeitsverhältnisses. Hierbei sind allerdings die Grundrechte des ArbN zu beachten. Nach der Entscheidung des BVerfG soll vor allem bei nachträglichen Eignungsprüfungen allein eine rein formale Prüfung der Falschbeantwortung ohne eine Einzelfallprüfung diese verletzen und daher unzulässig sein. Gefordert wird vielmehr eine Orientierung an den Grundsätzen zum Kündigungsrecht[8]. Öffentliche Arbeitsverhältnisse, die erst nach dem **3.10.1990** begründet wurden, können ebenfalls durch eine **Anfechtung** des ArbGeb bei falscher Beantwortung einer Frage nach der MfS-Tätigkeit aufgelöst werden. Die kündigungsrechtlichen Besonderheiten des Einigungsvertrages gehen den Anfechtungsregeln nicht vor[9]. 28

Eine andere Beurteilung ist für das Fragerecht des **privaten ArbN** geboten. Richterliche Entscheidungen sind hierzu noch nicht vorhanden. Es bietet sich der Vergleich mit einem Fragerecht des ArbGeb hinsichtlich bestehender Vorstrafen an. Somit könnte eine Zulässigkeit der Frage nach einer ehemaligen MfS-Tätigkeit dann zulässig sein, wenn eine Relevanz für die künftig auszuübende Tätigkeit besteht. Hierbei ist allerdings zu beachten, dass ein billigenswertes Interesse des ArbGeb an der Beantwortung der Frage regelmäßig fehlen wird. Durch den Wegfall der DDR ist eine Wiederholung der MfS-Tätigkeit ausgeschlossen, so dass, anders als im Falle einer Vorstrafe, auch nicht mit dem Rückfall 29

---

[1] Siehe auch *Messingschlager*, NZA 2003, 301 (303 ff.); aA *Schaub*, NZA 2003, 299 (300). [2] Leicht abweichend noch *Thüsing/Lambrich*, BB 2002, 1146. [3] *Schaub*, ArbRHdb, § 26 Rz. 16; *Wohlgemuth*, ArbuR 1992, 46 (48); RGRK/*Schliemann*, § 611 BGB Rz. 18; MünchArbR/*Buchner*, § 41 Rz. 100. [4] *Richardi/Thüsing*, § 94 BetrVG Rz. 19; *Ehrich*, DB 2000, 421 (426); *Moritz*, NZA 1987, 329 (335); *Coester*, Anm. zu BAG v. 2.8.1986 – 2 AZR 244/85, AP Nr. 31 zu § 123 BGB; vgl. auch MünchArbR/*Buchner*, § 41 Rz. 100; *Schierbaum*, AiB 1995, 586 (591); vgl. auch: ErfK/*Preis*, § 611 Rz. 348, der sich für eine Zulässigkeit der Frage bei befristeten Arbeitsverhältnissen ausspricht. [5] So Erman/*Edenfeld*, § 611 BGB Rz. 263. [6] *Schierbaum*, AiB 1995, 586 (591); s. auch MünchArbR/*Buchner*, § 38 Rz. 14. [7] BVerfG v. 8.7.1997 – 1 BvR 2111/94, 1 BvR 195/95 und 1 BvR 2189/95, NJW 1997, 2307. [8] BVerfG v. 8.7.1997 – 1 BvR 2111/94, 1 BvR 195/95 und 1 BvR 2189/95, NJW 1997, 2307 (2309). [9] LAG Köln v. 26.8.1993 – 6 (4) Sa 82/93, NZA 1995, 79; vgl. BAG v. 13.6.1996 – 2 AZR 483/95, AP Nr. 33 zu § 1 KSchG 1969.

des ArbN zu rechnen ist. Eine andere Bewertung kann im Hinblick auf **sabotagegefährdete Unternehmen** und **Tätigkeiten im sicherheitsrelevanten Bereich** vorzunehmen sein. Auch für **Tendenzbetriebe** muss ein Fragerecht gelten. Das Bekanntwerden einer ehemaligen MfS-Mitgliedschaft kann zu einem Vertrauensverlust führen, wenn der ArbN für den Betrieb nach außen in Erscheinung tritt[1].

30 cc) Begrenzung des Fragerechts durch Datenschutzbestimmungen. Durch das Ausfüllen der von ArbGeb idR verwendeten Personalfragebögen werden **personenbezogene Daten** erhoben[2]. Datenschutzrechtliche Vorschriften musste der ArbGeb in der Vergangenheit bei Bewerbungsgesprächen nicht beachten, weil das **Bundesdatenschutzgesetz** in seiner Fassung vom 20.12.1990[3] die Erhebung personenbezogener Daten nicht reglementierte. Mit der Umsetzung der Datenschutzrichtlinie der EG vom 24.10.1995[4] durch die Neufassung des Bundesdatenschutzgesetzes vom 23.5.2001[5] hat sich die Rechtslage jedoch erheblich geändert[6]. Der Datenschutz umfasst nunmehr nicht nur die Verbreitung von Daten, sondern wurde auch auf die Datenerhebung ausgeweitet, welche nach der weiten Definition des § 3 Abs. 3 BDSG grundsätzlich auch das Erfragen von Informationen durch den ArbGeb im Anbahnungsstadium eines Arbeitsverhältnisses oder nach dessen Begründung erfasst. Nach § 4 Abs. 1 BDSG ist jetzt auch die Erhebung von personenbezogenen Daten, wie auch deren Verarbeitung und Nutzung nur zulässig soweit das BDSG oder eine andere Rechtsnorm dies erlaubt oder anordnet oder der Betroffene eingewilligt hat. Die Erhebung arbeitnehmerbezogener Daten ist nach dem **Erlaubnistatbestand** des § 28 Abs. 1 Nr. 1 BDSG dann zulässig, wenn es der Zweckbestimmung eines Vertragsverhältnisses oder vertragsähnlichen Vertrauensverhältnisses mit dem Betroffenen (= ArbN) dient; § 28 Abs. 1 Nr. 2 BDSG erlaubt die Erhebung personenbezogner Daten, soweit es zur Wahrung berechtigter Interessen der verantwortlichen Stelle (= ArbGeb) erforderlich ist und kein Grund zu der Annahme besteht, dass das schutzwürdige Interesse des Betroffenen an dem Ausschluss der Verarbeitung oder Nutzung überwiegt. Ob die Erhebung von personenbezogenen Daten von Bewerbern oder ArbN der Zweckbestimmung des Arbeitsverhältnisses dient, hängt von Inhalt und Art der im jeweiligen Einzelfall erfragten Informationen ab[7]. Insoweit bleibt es dabei, dass die Zulässigkeitsgrenzen auch weiterhin anhand der Rechtsprechungsgrundsätze zum Fragerecht zu ermitteln sind[8], so dass die Änderung des Bundesdatenschutzgesetzes demnach **für das Fragerecht zunächst keine Auswirkungen** hat. Das Gleiche gilt auch für § 28 Abs. 1 Nr. 2 BDSG.

31 Durch den **Personalfragebogen** kommt es zu einer Sammlung personenbezogener Daten, die gleichartig aufgebaut ist und die nach bestimmten Merkmalen geordnet, umgeordnet und ausgewertet werden kann (nicht automatisierte Sammlung iSd. § 3 Abs. 2 BDSG), so dass er auch dann dem Anwendungsbereich des BDSG unterfällt, wenn er nicht durch automatisierte Verfahren ausgewertet werden kann. Häufig geht mit der Datenerhebung auch eine Datenspeicherung einher; wobei jedoch die Erhebung und Speicherung begrifflich zu differenzieren sind (§ 3 Abs. 3 und Abs. 4 BDSG). Während die Speicherung unzulässig erhobener Daten grundsätzlich verboten ist, ist das Speichern zulässig erhobener Daten im Rahmen der Zweckbestimmung des Arbeitsverhältnisses erlaubt (§§ 4, 28 Abs. 1 Nr. 1. BDSG). Hierbei sind jedoch die durch das informationelle Selbstbestimmungsrecht des Bewerbers begründeten Einschränkungen zu beachten[9].

32 3. Offenbarungspflichten des ArbN. Unabhängig vom Fragerecht des ArbGeb (Rz. 37ff.) kann der Bewerber auch ohne vorheriges Fragen des ArbGeb zur Offenbarung bestimmter Tatsachen verpflichtet sein. Grundsätzlich muss eine Vertragspartei bei Vertragsverhandlungen – auch im Rahmen der Begründung eines Arbeitsverhältnisses – nicht von sich aus auf Umstände hinweisen, die die andere Vertragspartei vom Vertragsschluss abhalten können[10]. Ausnahmen von diesem Prinzip können sich allerdings dann ergeben, wenn der ArbGeb nach dem Grundsatz von Treu und Glauben eine Aufklärung durch den ArbN erwarten darf. Eine Aufklärungspflicht des ArbN ist vor allem dann anzunehmen, wenn er die Arbeitsleistung im vertraglich vereinbarten Umfang nicht oder nur eingeschränkt vornehmen kann. Dies gilt insb., wenn dem Bewerber aufgrund von Krankheiten oder anderen körperlichen oder persönlichen Umständen die Erfüllung seiner arbeitsvertraglichen Pflichten über einen nicht unerheblichen Zeitraum unmöglich ist. Ferner darf der ArbGeb freiwillige Auskünfte erwarten, wenn der Bewerber erkennt, dass er aufgrund fehlender Qualifikation für die Arbeit völlig ungeeignet ist[11]. Es ist allerdings zu beachten, dass eine Offenbarungspflicht dann nicht besteht, wenn bereits eine Frage des ArbGeb über denselben Umstand unzulässig wäre.

---

1 Vgl. BAG v. 21.9.1993 – 1 ABR 28/93, AP Nr. 4 zu § 94 BetrVG 1972; hierzu auch Kittner/Zwanziger/*Becker*, ArbR, § 29 Rz. 44; ErfK/*Preis*, § 611 BGB Rz. 350; *Fitting*, § 94 BetrVG Rz. 17. | 2 So auch BAG v. 22.10.1986 – 5 AZR 660/85, AP Nr. 2 zu § 23 BDSG. | 3 BGBl. I S. 2954, zuletzt geändert durch Gesetz vom 17.12.1997 (BGBl. I S. 3108). | 4 Richtlinie 95/46/EG des Europ. Parlaments und des Rates vom 24.10.1995 zum Schutz natürlicher Personen bei der Verarbeitung personenbezogener Daten und zum freien Datenverkehr, ABl. EG Nr. L 281, S. 31. | 5 BGBl. I S. 904. | 6 Vgl. Richardi/*Thüsing*, § 94 BetrVG Rz. 23; *Thüsing/Lambrich*, BB 2002, 1146 (1149). | 7 *Sutschet*, RDV 2000, 107, 110. | 8 Ebenso *Däubler*, NZA 2001, 874 (876); s. auch *Gola*, RDV 2000, 202 (207). | 9 BAG v. 22.10.1986 – 5 AZR 660/85, BAGE 53, 226 (230). | 10 Staudinger/*Richardi*, § 611 BGB Rz. 111; *Hoffmann*, ZfA 1975, 1 (48). | 11 BAG v. 21.2.1991 – 2 AZR 449/90, AP Nr. 35 zu § 123 BGB; *Moritz*, NZA 1987, 329 (331); Staudinger/*Richardi*, § 611 BGB Rz. 112; MünchArbR/*Buchner*, § 38 Rz. 157; ErfK/*Preis*, § 611 BGB Rz. 353; Soergel/*Kraft*, § 611 BGB Rz. 31; *Wiedemann*, FS Herschel, S. 463 (468).

Dem ArbN obliegt nach diesen Grundsätzen eine Offenbarungspflicht hinsichtlich seiner **Vorstrafen**, wenn er sich für Führungsposition oder besondere Vertrauensstellung beworben hat. Der **bevorstehende Antritt einer Strafhaft** muss aufgrund der durch die Nichtverfügbarkeit über den ArbN entstehenden Kosten und der produktions- und betriebstechnischen Belastungen des ArbGeb zumindest dann vom Bewerber offen gelegt werden, wenn hierdurch ein mehrmonatiger Arbeitsausfall bevorsteht[1]. Ist zu Beginn des Dienstantritts oder in absehbarer Zeit eine Arbeitsunfähigkeit durch eine zum Zeitpunkt der Verhandlungen bestehenden **Krankheit** zu rechnen, muss der Bewerber den ArbGeb freiwillig hierüber aufklären[2]. Eine Offenbarungspflicht besteht ebenfalls im Falle einer **Alkoholabhängigkeit** des Bewerbers, wenn sich dieser für eine **Stelle als Kraftfahrer** bewirbt. Die Eignung des Bewerbers für diese Stelle entfällt bereits durch die abstrakte Gefahr des Führens von Kraftfahrzeugen unter Alkoholgenuss und den damit verbundenen Risiken[3]. Bei **befristeten** Arbeitsverhältnissen hat der Bewerber auch ein unmittelbar **bevorstehendes Heilverfahren** dem ArbGeb zu offenbaren[4]. Eine Offenbarungspflicht muss auch dann bestehen, wenn der Bewerber dauerhaft an einer **ansteckenden Krankheit** leidet, durch die Dritte auf Grund der Art der Arbeitsleistung konkret gefährdet würden[5]. Der ArbN muss ohne eine vorangegangene Frage des ArbGeb seine **Behinderung** nur offenbaren, wenn sie ihn daran hindert, die vorgesehene Arbeit überhaupt zu übernehmen[6]. Eine lediglich beschränkte Leistungsfähigkeit ruft im Hinblick auf § 81 Abs. 2 SGB IX keine Offenbarungspflicht hervor[7]. Aufgrund der Unzulässigkeit diesbezüglicher Fragen durch den ArbGeb besteht eine generelle Offenbarungspflicht der Bewerberin hinsichtlich einer bestehenden **Schwangerschaft** nicht. Das BAG hatte eine Aufklärungspflicht für den Fall angenommen, dass der Bewerberin etwa durch Eingreifen eines Beschäftigungsverbots die Erfüllung der arbeitsvertraglich geschuldeten Leistungspflicht unmöglich ist[8]. Diese Bewertung ist jedoch vor dem Hintergrund der restriktiven Rspr. des EuGH zur Schwangerschaftsfrage (§ 611a BGB Rz. 26) nicht aufrechtzuerhalten und eine Offenbarungspflicht mithin abzulehnen[9]. Ein ArbN muss allerdings ungefragt offenbaren, wenn er einem **Wettbewerbsverbot** unterliegt, da die Möglichkeit besteht, dass er die Tätigkeit gar nicht erst annimmt oder wieder abbricht, wenn sein alter ArbGeb gegen ihn vorgeht[10]. Unter dem Gesichtspunkt der fehlenden Verfügbarkeit muss auch von der Offenbarungspflicht eines ausländischen Bewerbers ausgegangen werden, wenn dieser keine **Aufenthalts- oder Arbeitserlaubnis** besitzt[11].

Eine **Verletzung** der Offenbarungspflichten kann neben einer Anfechtung des Arbeitsvertrages gemäß § 123 auch zu einem Schadensersatzanspruch aus §§ 311 Abs. 2, 280 führen (§ 123 BGB Rz. 26). 34

III. Widerrechtliche Drohung als Anfechtungsgrund. Gem. § 123 ist auch derjenige zur Anfechtung berechtigt, der durch eine widerrechtliche Drohung zur Abgabe seiner Willenserklärung veranlasst wurde. Eine Drohung ist das Inaussichtstellen eines künftigen Übels[12], dessen Eintritt – zumindest nach der Vorstellung des Bedrohten – vom Willen des Drohenden abhängt[13]. Übel ist jeder Nachteil für den Bedrohten oder einen Dritten[14]. Eine Anfechtung der Willenserklärung ist nur dann zulässig, wenn die Drohung auch rechtswidrig ist. Dies ist auch dann der Fall, wenn sowohl der Zweck als auch die Mittel des Drohenden an sich erlaubt sind, beide jedoch in einem unangemessenen Verhältnis zueinander stehen[15]. Eine Drohung iS dieser Vorschrift kann in der **Ankündigung einer fristlosen Entlassung**[16] liegen, vor allem dann, wenn der ArbGeb hierdurch eine Eigenkündigung des ArbN veranlassen will[17]. Es fehlt jedoch an ihrer Widerrechtlichkeit, wenn ein verständiger ArbN in der gleichen Lage eine fristlose Kündigung ausgesprochen hätte[18] oder wenn der ArbGeb dem ArbN wegen seines Verhaltens eine fristlose Entlassung angekündigt hat, später aber aus sozialen Erwägungen das Angebot der Weiterbeschäftigung auf einem anderen Arbeitsplatz gegen verminderte Vergütung gemacht hat[19]. Hinsichtlich der Beurteilung der Widerrechtlichkeit einer Kündigung ist der objektiv mögliche und damit hypothetische Wissensstand des ArbGeb maßgeblich. Das bedeutet, dass nicht die dem ArbGeb zum Zeitpunkt der Drohung bekannten, sondern auch die im Prozess gewonnenen Ergebnisse weiterer Ermittlungen, die ein verständiger ArbGeb zur Aufklärung des 35

---

1 LAG Frankfurt v. 7.8.1986 – 12 Sa 361/86, NZA 1987, 352, wobei es für diese Bewertung nach dem LAG keine Rolle spielte, dass der Einstellungsbewerber eine Strafverbüßung im offenen Vollzug beantragt und die Chance hatte, diese bewilligt zu bekommen; zust. Anm. *von Conze* zu BAG v. 18.9.1987 – 7 AZR 507/86, AP Nr. 32 zu § 123 BGB, ebenso schon *Hoffmann*, ZfA 1975, 49 Fn. 217; *Knipp*, AR-Blattei, Einstellung Rz. 102; Staudinger/*Richardi*, § 611 BGB Rz. 109; abl. *Moritz*, NZA 1987, 335. |2 BAG v. 7.2.1964 – 1 AZR 251/63, AP Nr. 6 zu § 276 BGB – Verschulden bei Vertragsschluss; *Wiedemann*, FS Herschel, S. 463 (468). |3 ArbG Kiel v. 21.1.1982 – 2c Ca 2062/8, BB 1982, 804; *Gola*, BB 1987, 538 (539). |4 LAG Berlin v. 18.4.1978 – 3 Sa 115/77, BB 1979, 1145. |5 MünchArbR/*Buchner*, § 41 Rz. 168. |6 AA noch BAG v. 1.8.1985 – 2 AZR 101/83, AP Nr. 30 zu § 123 BGB; MünchArbR/*Buchner*, § 41 Rz. 5; ähnlich Staudinger/*Richardi*, § 611 BGB Rz. 105. |7 BAG v. 25.3.1976 – 2 AZR 136/75, AP Nr. 19 zu § 123 BGB; v. 8.8.1985 – 2 AZR 101/83, AP Nr. 30 zu § 123 BGB; LAG Düsseldorf v. 6.3.1991 – 4 Sa 1615/90, NZA 1991, 674. |8 BAG v. 6.6.1955 – 2 AZR 14/54, AP Nr. 2 zu § 9 MuSchG; v. 8.9.1988 – 2 AZR 102/88, BAGE 59/285. |9 Ähnl. ErfK/*Preis*, § 611 BGB Rz. 358. |10 ErfK/*Preis*, § 611 BGB Rz. 354. |11 Vgl. hierzu LAG Nürnberg v. 21.9.1994 – 3 Sa 1176/92, NZA 1995, 228. |12 BGH v. 7.6.1988 – IX AZR 245/86, NJW 1988, 2599 = BB 1988, 1549. |13 Vgl. BGH v. 23.9.1957 – VII ZR 403/56, BGHZ 25, 217; MünchKomm/*Kramer*, § 123 BGB Rz. 45. |14 Vgl. BGH v. 23.9.1957 – VII ZR 403/56, BGHZ 25, 217; Staudinger/*Dilcher*, § 123 BGB Rz. 50. |15 BAG v. 2.5.1957 – 2 AZR 469/55, AP Nr. 1 zu § 180 BGB. |16 BAG v. 8.12.1955 – 2 AZR 13/54, AP Nr. 4 zu § 9 MuSchG. |17 BAG v. 30.9.1993 – 2 AZR 268/93, EzA § 611 BGB – Aufhebungsvertrag Nr. 13. |18 BAG v. 30.3.1960 – 3 AZR 201/58, AP Nr. 8 zu § 123 BGB. |19 BAG v. 5.4.1978 – 4 AZR 621/76, AP Nr. 20 zu § 123 BGB.

Sachverhalts angestellt hätte, zu berücksichtigen sind[1]. Das BAG hat auch eine Anfechtung gem. § 123 für zulässig gehalten, wenn der ArbGeb einen Auszubildenden am Ende der Ausbildung zu einer für ihn nachteiligen vertraglichen Abrede über die Fortsetzung des Arbeitsverhältnisses veranlasst hat, indem er ihm gedroht hat, sonst gar keine vertragliche Regelung zu treffen und außerdem die Ausbildungskosten zurückzuverlangen[2]. Nicht widerrechtlich ist hingegen eine Drohung mit der Anrufung der ordentlichen Gerichte oder der Einleitung eines Verfahrens beim BR; dies ist legitimes Mittel der Rechtsdurchsetzung[3].

36 **IV. Kausalität und Anfechtungserklärung.** Im Hinblick auf das Erfordernis der Kausalität zwischen Täuschung bzw. Drohung der Abgabe der Willenserklärung vgl. § 119 BGB Rz. 11. Zu den Voraussetzungen der Anfechtungserklärung siehe § 119 BGB Rz. 12 f.

37 **V. Anfechtungsfrist.** Die Anfechtung muss gem. § 124 Abs. 1 binnen Jahresfrist erfolgen. Eine Konkretisierung entsprechend § 626 Abs. 2 ist hier nicht erforderlich (vgl. § 119 BGB Rz. 14).

38 **VI. Rechtsfolgen.** (eingehender hierzu § 119 BGB Rz. 15) Grundsätzlich entfaltet auch die Anfechtung gem. § 123 regelmäßig nur für die Zukunft Wirkung (ex nunc)[4], so dass die erbrachten Leistungen auch hier so abzuwickeln sind, als sei das Arbeitsverhältnis in der Vergangenheit gültig gewesen. Wurde das Arbeitsverhältnis zwischenzeitlich wieder außer Funktion gesetzt wurde und hat der ArbN ab diesem Zeitpunkt keine Arbeitsleistung mehr erbracht, wirkt die Anfechtung auch hier auf den Zeitpunkt der Außerfunktionssetzung zurück. Dem stehen bei einer Täuschungsanfechtung keine Gesichtspunkte des Vertrauensschutzes entgegen[5].

39 **VII. Klagefrist.** Zu den Voraussetzungen der Klagefrist vgl. § 119 BGB Rz. 18.

Abschnitt 2. Gestaltung rechtsgeschäftlicher Schuldverhältnisse durch Allgemeine Geschäftsbedingungen*

Vorbemerkungen vor §§ 305–310 BGB

Lit.: *Annuß*, AGB-Kontrolle im Arbeitsrecht: Wo geht die Reise hin?, BB 2002, 458; *Annuß*, Der Arbeitnehmer ist kein Verbraucher!, NJW 2002, 2844; *Bauer/Diller*, Nachvertragliche Wettbewerbsverbote: Änderungen durch die Schuldrechtsreform, NJW 2002, 1609; *Bauer/Kock*, Arbeitsrechtliche Auswirkungen des neuen Verbraucherschutzrechts, DB 2002, 42; *Boewer*, Teilzeit- und Befristungsgesetz, 1. Aufl. 2002; *Canaris*, Die Problematik der AGB-Kontrolle von Postenpreisen für Buchungsvorgängen auf Girokonten, WM 1996, 237; *Däubler*, Schuldrechtsmodernisierung und Arbeitsrecht, NZA 2001, 1329; *Dauner-Lieb/Heidel/Lepa/Ring* (Hrsg.), Anwaltkommentar, Schuldrecht, 2002; *Dieterich*, Grundgesetz und Privatautonomie im Arbeitsrecht, RdA 1995, 129; *Fastrich*, Inhaltskontrolle im Arbeitsrecht nach der Bürgschaftsentscheidung des Bundesverfassungsgerichts vom 19.10.1993, RdA 1997, 65; *Fenn*, Formulararbeitsverträge, gesamteinheitliche Arbeitsbedingungen und das AGBG, FS Söllner, 2000, 333; *Fiebig*, Der Arbeitnehmer als Verbraucher, DB 2002, 1608; *Gaul, B.*, Bezugnahmeklauseln – zwischen Inhaltskontrolle und Nachweisgesetz, ZfA 2003, 75; *Gotthardt*, Arbeitsrecht nach der Schuldrechtsreform, 2. Aufl. 2003; *Grobys*, Der gesetzliche Abfindungsanspruch in der betrieblichen Praxis, DB 2003, 2174; *Hanau*, Anmerkung zum Urteil des BAG (GS) vom 7.3.2001, AP Nr. 4 zu § 288 BGB; *Hanau*, Gebremster Schub im Arbeitsrecht, NJW 2002, 1240; *Hanau*, Kurzkommentar zum Urteil des BAG vom 23.5.2001, EWiR 2002, 419; *Henssler*, Arbeitsrecht und Schuldrechtsreform, RdA 2002, 129; *Henssler/von Westphalen* (Hrsg.), Praxis der Schuldrechtsreform, 2002; *Hönn*, Zu den „Besonderheiten" des Arbeitsrechts, ZfA 2003, 325; *Hromadka*, Inhaltskontrolle von Arbeitsverträgen, FS Dieterich 1999, 251; *Hromadka*, Schuldrechtsmodernisierung und Vertragskontrolle im Arbeitsrecht, NJW 2002, 2523; *Hümmerich*, Gestaltung von Arbeitsverträgen nach der Schuldrechtsreform, NZA 2003, 753; *Hümmerich/Holthausen*, Der Arbeitnehmer als Verbraucher, NZA 2002, 173; *Joussen*, Arbeitsrecht und Schuldrechtsreform, NZA 2001, 745; *Lakies*, Inhaltskontrolle von Vergütungsvereinbarungen im Arbeitsrecht, NZA-RR 2002, 337; *Leder/Morgenroth*, Die Vertragsstrafe im Formulararbeitsvertrag, NZA 2002, 952; *Lindemann*, Neuerungen im Arbeitsrecht durch die Schuldrechtsreform, ArbuR 2002, 81; *Lingemann*, Allgemeine Geschäftsbedingungen und Arbeitsvertrag, NZA 2002, 181; *Löwisch*, Auswirkungen der Schuldrechtsreform auf das Recht der Arbeitsverhältnisse, FS Wiedemann, 2002, 311; *Mauer*, Zugangsfiktion für Kündigungserklärungen in Arbeitsverträgen, DB 2002, 1442;

---

* Amtlicher Hinweis: Dieser Abschnitt dient auch der Umsetzung der Richtlinie 93/13/EWG des Rates vom 5. April 1993 über missbräuchliche Klauseln in Verbraucherverträgen (ABl. EG Nr. L 95 S. 29). | **1** KassHdb/*Leinemann*, 1.1 Rz. 598; krit. *Kaiser*, EzA § 611 BGB – Aufhebungsvertrag Nr. 13. | **2** BAG v. 28.1.1987 – 5 AZR 323/86, EzA § 4 TVG – Nachwirkung Nr. 8. | **3** *Schaub*, ArbRHdb, § 35 Rz. 29. | **4** Grundl. BAG v. 15.11.1995 – 1 AZR 189/57, AP Nr. 2 zu § 125 BGB; v. 19.6.1959 – 1 AZR 565/57, AP Nr. 1 zu § 611 BGB – Doppelarbeitsverhältnis; v. 5.12.1957 – 1 AZR 594/56, AP Nr. 2 zu § 123 BGB; v. 16.9.1982 – 2 AZR 228/80, AP Nr. 24 zu § 123 BGB; v. 29.8.1984 – 7 AZR 34/83, AP Nr. 27 zu § 123 BGB; v. 20.2.1986 – 2 AZR 244/85, AP Nr. 31 zu § 123 BGB; *Hueck/Nipperdey*, I 123 ff., 183 ff.; *Nikisch*, I 173 f., 215 ff.; aA *Beuthien*, RdA 1969, 161 ff. mit der Begründung, dass diese Auffassung nicht gesetzestreu sei. Vielmehr müsse im Grundsatz auch für die Vergangenheit von der Nichtigkeit des Vertrages ausgegangen und daher das fehlerhafte Arbeitsverhältnis als bürgerlich-rechtliches Abwicklungsproblem behandelt werden. S. auch *Ramm*, ArbuR 1963, 97 (106 f.); *Picker*, ZfA 1981, 1 (61), die diese Ausführungen zumindest für die Anfechtung wegen arglistiger Täuschung gelten lassen wollen; einschr. BAG v. 3.12.1998 – 2 AZR 754/97, AP Nr. 49 zu § 123 BGB. | **5** BAG v. 29.8.1984 – 7 AZR 34/83, AP Nr. 27 zu § 123 BGB.

Einbeziehung Allgemeiner Geschäftsbedingungen in den Vertrag Rz. 1 **Vor §§ 305–310 BGB**

Medicus, Über die Rückwirkung von Rechtsprechung, NJW 1995, 2577; *Meinel*, Agenda 2010 – Regierungsentwurf zu Reformen am Arbeitsmarkt, DB 2003, 1438; *Müller-Glöge*, Zur Umsetzung der Nachweisrichtlinie in nationales Recht, RdA 2001, Beil. Heft 5, 46; *Natzel*, Schutz des Arbeitnehmers als Verbraucher, NZA 2002, 595; *Oetker*, Arbeitsvertragliche Bezugnahme auf Tarifverträge und AGB-Kontrolle, FS Wiedemann, 2002, 383; *Preis*, Grundfragen der Vertragsgestaltung im Arbeitsrecht, 1992; *Preis*, Anmerkung zum Urteil des BAG vom 13.12.2000, RdA 2002, 42; *Preis*, Arbeitsrecht, Verbraucherschutz und Inhaltskontrolle, NZA 2003, Beil. Heft 16, 19; *Preis/Gotthardt*, Schriftformerfordernis für Kündigungen, Aufhebungsverträge und Befristungen nach § 623 BGB, NZA 2000, 348; *Preis/Lindemann*, Anmerkung zum Urteil des EuGH vom 8.2.2001, EAS RL 91/533/EWG, Art. 2 Nr. 2; *Reichold*, Anmerkungen zum Arbeitsrecht im neuen BGB, ZTR 2002, 202; *Reinecke*, Vertragskontrolle im Arbeitsrecht, NZA 2000, Beil. 3, 23; *Reinecke*, Kontrolle Allgemeiner Arbeitsbedingungen nach dem Schuldrechtsmodernisierungsgesetz, DB 2002, 583; *Reinecke*, Arbeitnehmerfreundlichste oder arbeitnehmerfeindlichste Auslegung allgemeiner Arbeitsbedingungen, ArbuR 2003, 414; *Richardi*, Leistungsstörungen und Haftung im Arbeitsverhältnis nach dem Schuldrechtsmodernisierungsgesetz, NZA 2002, 1004; *Richardi*, Gestaltung der Arbeitsverträge durch Allgemeine Geschäftsbedingungen nach dem Schuldrechtsmodernisierungsgesetz, NZA 2002, 1057; *Rolfs*, Arbeitsrechtliche Vertragsgestaltung nach der Reform, ZGS 2002, 409; *Schaub*, Gesetz zur Vereinfachung und Beschleunigung des arbeitsgerichtlichen Verfahrens, NZA 2000, 344; *Schnitker/Grau*, Klauselkontrolle im Arbeitsvertrag, BB 2002, 2120; *Sievers*, Individualrechtliche Möglichkeiten und Grenzen einer Entgeltreduzierung, NZA 2002, 1182; *Singer*, Arbeitsvertragsgestaltung nach der Reform des BGB, RdA 2003, 194; *Söllner*, Zur Anwendung der gesetzlichen Vorschriften über Allgemeine Geschäftsbedingungen im Arbeitsrecht, ZfA 2003, 145; *Stoffels*, Anmerkung zum Urteil des BAG vom 16.3.1994, SAE 1995, 176; *Stoffels*, Schranken der Inhaltskontrolle, JZ 2001, 843; *Stoffels*, AGB-Recht, 2003; *Thüsing*, Was sind die Besonderheiten des Arbeitsrechts?, NZA 2002, 591; *Thüsing*, Arbeitsverträge, in von Westphalen, Vertragsrecht und AGB-Klauselwerke, Stand November 2002; *Thüsing*, Gedanken zur Vertragsautonomie im Arbeitsrecht, FS Wiedemann, 2002, 559; *Thüsing/Lambrich*, Arbeitsrechtliche Bezugnahme auf Tarifverträge, RdA 2002, 192; *Thüsing/Lambrich*, AGB-Kontrolle arbeitsvertraglicher Bezugnahmeklauseln, NZA 2002, 1361; *Thüsing/Leder*, Neues zur Inhaltskontrolle von Formulararbeitsverträgen, BB 2004, 42; *Thüsing/Stelljes*, Fragen zum Entwurf eines Gesetzes zu Reformen am Arbeitsmarkt, BB 2003, 1673; *Ulmer/Brandner/Hensen*, AGB-Gesetz, 9. Aufl. 2001; *von Westphalen*, AGB-Recht ins BGB – Eine erste Bestandsaufnahme, NJW 2002, 12; *Wiesinger*, Schuldrechtsreform – Altverträge auf dem Prüfstand, AuA 2002, 354; *Willemsen/Grau*, Geltungserhaltende Reduktion und „Besonderheiten des Arbeitsrechts", RdA 2003, 321; *Wisskirchen/Stühm*, Anspruch des Arbeitgebers auf Änderung von unwirksamen Klauseln in alten Arbeitsverträgen?, DB 2003, 2225; *Wolf*, Inhaltskontrolle von Arbeitsverträgen, RdA 1988, 270; *Wolf/Horn/Lindacher*, AGB-Gesetz, 4. Aufl. 1999; *Ziemann*, Auswirkungen auf das Arbeitsrecht, in *Schimmel/Buhlmann*, Frankfurter Handbuch zum neuen Schuldrecht, 2002, 675.

Checkliste zur Überprüfung der Wirksamkeit Allgemeiner Geschäftsbedingungen im Arbeitsrecht

Die Inhaltskontrolle allgemeiner Arbeitsvertragsbedingungen, die in den Anwendungsbereich der §§ 305 ff. BGB fallen, kann in der Praxis anhand folgender Checkliste vorgenommen werden: **1**

1. Anwendungsbereich

a) Einzelarbeitsverträge

b) Keine Anwendung auf TV, BV und Dienstvereinbarungen (§ 310 Abs. 4 Satz 1) bei normativer Geltung

c) Anwendungsbereich jedoch eröffnet bei einzelvertraglicher Einbeziehung kollektivrechtlicher Regelungen

2. Vorliegen allgemeiner Arbeitsbedingungen

a) § 305 Abs. 1

b) Erweiterung in § 310 Abs. 3 Nr. 1, 2, Verbraucherverträge (str.)

3. Wirksame Einbeziehung in den Vertrag

a) keine Anwendung von § 305 Abs. 2 (§ 310 Abs. 4 Satz 2 Halbs. 2)

b) stattdessen allgemeine Grundsätze

c) keine überraschende Klausel (§ 305c Abs. 1)

4. Keine Verdrängung durch vorrangige Individualabrede (§ 305b)

5. Auslegung der einbezogenen Arbeitsbedingungen (§ 305c Abs. 2)

Rückwirkung auf die Inhaltskontrolle – Grundsatz der kundenfeindlichen Auslegung (§ 305 c Rz. 9)

6. Inhaltskontrolle (§§ 307 ff.)

a) Anwendungsbereich (§ 307 Abs. 3)

aa) ausgeschlossen bei gesetzeswiederholenden Klauseln
   Problem: Einbeziehung von TV

bb) keine Preiskontrolle (str.), ausgenommen Preisnebenabreden

cc) Transparenzgebot (§ 307 Abs. 1 Satz 2) auch bei gesetzeswiederholenden Klauseln und Preisabreden

BGB § 305 Rz. 1   Einbeziehung Allgemeiner Geschäftsbedingungen in den Vertrag

b) Klauselverbote ohne Wertungsmöglichkeit (§ 309)
c) Klauselverbote mit Wertungsmöglichkeit (§ 308)
d) Unangemessene Benachteiligung gemäß § 307 Abs. 1
aa) Verstoß gegen das Transparenzgebot (307 Abs. 1 Satz 2)
bb) Im Zweifel bei Abweichung von wesentlichen Grundgedanken der gesetzlichen Regelung (§ 307 Abs. 2 Nr. 1)
cc) Im Zweifel bei Einschränkung von Rechten und Pflichten, so dass der Vertragszweck gefährdet wird (§ 307 Abs. 2 Nr. 2)

7. Rechtsfolgen

a) Unwirksamkeit oder Nichteinbeziehung einer Vertragsklausel bei Aufrechterhaltung des Vertrages im Übrigen (§ 306 Abs. 1)
b) Ersetzung der unwirksamen Klausel durch gesetzliche Regelung (§ 306 Abs. 2); keine geltungserhaltende Reduktion (str.)

8. Kontrollüberlegung bei allen Prüfungsschritten: Abweichung von den allgemeinen Grundsätzen aufgrund der im Arbeitsrecht geltenden Besonderheiten gerechtfertigt?

305 *Einbeziehung Allgemeiner Geschäftsbedingungen in den Vertrag*
(1) Allgemeine Geschäftsbedingungen sind alle für eine Vielzahl von Verträgen vorformulierten Vertragsbedingungen, die eine Vertragspartei (Verwender) der anderen Vertragspartei bei Abschluss eines Vertrags stellt. Gleichgültig ist, ob die Bestimmungen einen äußerlich gesonderten Bestandteil des Vertrags bilden oder in die Vertragsurkunde selbst aufgenommen werden, welchen Umfang sie haben, in welcher Schriftart sie verfasst sind und welche Form der Vertrag hat. Allgemeine Geschäftsbedingungen liegen nicht vor, soweit die Vertragsbedingungen zwischen den Vertragsparteien im Einzelnen ausgehandelt sind.

(2) Allgemeine Geschäftsbedingungen werden nur dann Bestandteil eines Vertrags, wenn der Verwender bei Vertragsschluss

1. die andere Vertragspartei ausdrücklich oder, wenn ein ausdrücklicher Hinweis wegen der Art des Vertragsschlusses nur unter unverhältnismäßigen Schwierigkeiten möglich ist, durch deutlich sichtbaren Aushang am Orte des Vertragsschlusses auf sie hinweist und

2. der anderen Vertragspartei die Möglichkeit verschafft, in zumutbarer Weise, die auch eine für den Verwender erkennbare körperliche Behinderung der anderen Vertragspartei angemessen berücksichtigt, von ihrem Inhalt Kenntnis zu nehmen,

und wenn die andere Vertragspartei mit ihrer Geltung einverstanden ist.

(3) Die Vertragsparteien können für eine bestimmte Art von Rechtsgeschäften die Geltung bestimmter Allgemeiner Geschäftsbedingungen unter Beachtung der in Absatz 2 bezeichneten Erfordernisse im Voraus vereinbaren.

1   **I. Allgemeine Arbeitsvertragsbedingungen.** Die §§ 305 ff. finden nur Anwendung zur Kontrolle allgemeiner Arbeitsvertragsbedingungen iSv. § 305 Abs. 1, wobei in der Praxis die Verwendung von vorformulierten Arbeitsverträgen durch den ArbGeb der **Regelfall** ist[1]. Im Einzelnen setzt dies Folgendes voraus:

2   Es muss sich um **Vertragsbedingungen** handeln. Gemeint sind damit diejenigen Regelungen, die Vertragsinhalt sind. Auf der Ebene der Definition der grundsätzlich kontrollfähigen Vertragsbedingungen sind alle Vertragsbedingungen erfasst. Dies gilt zB auch für die Vereinbarungen über die Hauptleistungspflichten des Arbeitsvertrages[2]. In welchem Umfang sie einer Inhaltskontrolle unterliegen, ergibt sich erst aus den nachfolgenden Vorschriften, wie für die Hauptleistungspflichten zB aus § 307 Abs. 1, 3. Erfasst werden alle Vertragsbedingungen, zB auch **Regelungen über prozessuale Fragen**[3], womit auch der Verzicht auf die Erhebung der Kündigungsschutzklage kontrollfähig ist (dazu Anh. zu §§ 305–310 Rz. 27). Erfasst sind auch **einseitige Rechtsgeschäfte** des Vertragspartners des Verwenders, mithin regelmäßig einseitige Rechtsgeschäfte des ArbN, die auf einer vorformulierten Erklärung des Verwenders, dh. des ArbGeb beruhen. Dies ergibt sich bereits aus § 308 Nr. 1 und § 309 Nr. 12b. Dafür spricht auch der Schutzzweck, weil der ArbGeb in einem solchen Fall noch stärker als bei vertraglichen Regelungen in die Rechtsgestaltungsfreiheit des ArbN eingreift[4]. Kontrollfähig sind damit auch die Ausgleichsquittung, und zwar auch im Hinblick auf die Empfangsquittung. Die ebenfalls enthaltene Ausgleichsklausel stellt eine vertragliche Regelung dar[5].

---

1 Vgl. *Preis*, Vertragsgestaltung, S. 58. |2 Vgl. BGH v. 30.10.1991 – VIII ZR 51/91, BGHZ 115, 39 (395). |3 BGH v. 27.9.2001 – VII ZR 388/00, NJW 2002, 137 (138). |4 BGH v. 5.5.1986 – II ZR 150/85, BGHZ 98, 24 (28); dezidiert, Palandt/*Heinrichs*, § 305 BGB Rz. 6. |5 Küttner/*Eisemann*, Ausgleichsquittung, Rz. 3.

Wie sich aus § 310 Abs. 4 Satz 1 ergibt, finden die §§ 305 ff. auf **TV, Betriebs- und Dienstvereinbarungen** 3
keine Anwendung. Es muss jedoch nach dem Geltungsgrund der genannten Regelungen unterschieden
werden. Gilt ein TV bereits kraft beiderseitiger Tarifbindung, finden die §§ 305 ff. wegen § 310 Abs. 4 Satz 1
keine Anwendung[1]. Anders ist dies, wenn eine kollektive Regelung nur kraft einzelvertraglicher Bezugnahme gilt. Dann handelt es sich um eine Vertragsbedingung und die §§ 305 ff. sind anzuwenden, wobei
sich ein differenzierter Prüfungsmaßstab ergibt, je nach dem, ob es sich um eine Global-, Teil-, oder Einzelverweisung handelt (dazu § 307 Rz. 12 f.).

Die Vertragsbedingungen müssen für eine **Vielzahl von Fällen** vorformuliert sein. Für eine Vielzahl von 4
Fällen vorformuliert ist der Vertrag zunächst dann, wenn der Text für eine **unbestimmte Vielzahl** von
Fällen verwendung finden soll. Darauf, wie oft der Text verwendet worden ist, kommt es dann nicht an,
wenn zB eine Partei selbst eine mehrfache Verwendung nicht plant[2]. Es reicht deshalb, wenn der ArbGeb
einmalig ein Vertragsmuster, zB seines ArbGebVerbandes, verwendet. Eine Vorformulierung ist aber auch
dann anzunehmen, wenn ein ArbGeb für eine **bestimmte Anzahl** von Fällen selbst Vertragsbedingungen
vorformuliert. Es ist unerheblich, dass der in Betracht kommende Kreis von Vertragspartnern von vornherein feststeht. In der Regel wird man dabei die Verwendungsabsicht für drei bis fünf Fälle ausreichen
lassen, weil ab dieser Größenordnung davon auszugehen ist, dass der Verwender ein Interesse an einheitlicher Vertragsgestaltung hat[3]. Die Rspr. hat eine Vorformulierung für eine Vielzahl von Fällen auch angenommen, wenn es sich um einen Vertrag für den Einzelfall handelte, dieser aber aus Textbausteinen zusammengesetzt war, die für sich gesehen mehrfach verwendet wurden[4]. Da ArbN Verbraucher iSv. § 13
sind, findet eine Inhaltskontrolle von Arbeitsvertragsbedingungen aber auch dann statt, wenn diese nur
zur einmaligen Verwendung bestimmt sind und der ArbN aufgrund der Vorformulierung keinen Einfluss
auf ihren Inhalt nehmen konnte (§ 310 Abs. 3 Nr. 2, str. dazu § 310 Rz. 2 ff.).

Erforderlich ist darüber hinaus in jedem Fall die **Vorformulierung** der Vertragsbedingungen. Dies gilt 5
auch im Falle des § 310 Abs. 3 Nr. 2. Vorformuliert sind Vertragsbedingungen, wenn sie für eine mehrfache
Verwendung schriftlich aufgezeichnet sind oder in sonstiger Weise fixiert sind[5]. Wie sich aus § 305 Abs. 1
Satz 2 ergibt, ist eine schriftlich Fixierung nicht erforderlich, so dass es ausreicht, wenn der ArbGeb eine
Klausel im „Kopf gespeichert hat" und erst bei Vertragsabschluss schriftlich niederlegt[6]. Praktisch bedeutsam wird dies, wenn der ArbGeb in von ihm verwendeten Arbeitsvertragsmustern immer wieder
handschriftlich oder maschinenschriftlich bestimmte Textpassagen einfügt oder den Vertrag um diese
ergänzt[7].

Der Verwender, regelmäßig der ArbGeb, muss diese Vertragsbedingungen der anderen Vertragspartei, 6
regelmäßig dem ArbN, **stellen**. Erforderlich ist dazu, dass der ArbGeb die Einbeziehung konkret verlangt[8].
Eine Prüfung im Einzelfall, ob der ArbGeb auch wirtschaftlich oder intellektuell überlegen ist, ist nicht
erforderlich[9]. Das Merkmal des Stellens ist auch erfüllt, wenn der ArbGeb ein Vertragsmuster verwendet,
in dem der ArbN zwischen verschiedenen vorformulierten Regelungsmöglichkeiten wählen kann[10], zB
zwischen einer vorformulierten Gratifikationsregelung oder einer vorformulierten leistungsbezogenen
Prämie. Anders ist es dann, wenn der ArbN einen Leerraum, ohne dass ein Vorschlag des ArbGeb vorhanden ist, ausfüllen kann[11]. Verlangen beide Parteien die Einbeziehung bestimmter Vertragsklauseln, finden
die §§ 305 ff. keine Anwendung[12]. Es dürfte jedoch der praktische Ausnahmefall sein, dass der ArbN mit
einem Formulararbeitsvertrag zum ArbGeb kommt und um dessen Vereinbarung bittet und der ArbGeb
dies gleichzeitig verlangt. Anders kann dies aber bei qualifizierten, rechtlich beratenen Mitarbeitern sein,
die selbst einen Vertragsentwurf vorlegen. Dann wird aber oft bereits ein Aushandeln der Vertragsbedingungen anzunehmen sein (Rz. 8). Hinzu kommt, dass Arbeitsverträge auch Verbraucherverträge sind und
deshalb allgemeine Geschäftsbedingungen als vom ArbGeb gestellt gelten (dazu § 310 Rz. 7).

Folgende Umstände sind zur Beurteilung der Frage, ob allgemeine, kontrollfähige Arbeitsvertragsbe- 7
dingungen vorliegen, **unbeachtlich**: Die äußerliche Gestaltung ist nicht bedeutsam ebenso, ob die Vertragsbedingungen **Bestandteil der Vertragsurkunde** sind. So ist zB ein auf den Gehaltsmitteilungen aufgebrachter Freiwilligkeits- und Widerrufsvorbehalt, der sich nach drei Jahren gegen eine betriebliche
Übung durchsetzt[13], der Inhaltskontrolle zugänglich. Da die Schriftin nicht maßgeblich ist, kann auch
in einer handschriftlichen Einfügung eine allgemeine Geschäftsbedingung liegen. Weil es auf die **Form**
nicht ankommt, können auch mündliche Abreden, wenn sie die Voraussetzungen des § 305 Abs. 1 Satz 1
BGB erfüllen, kontrollfähige Allgemeine Geschäftsbedingungen sein. Vertragsbestandteile, die im Wege
der **betrieblichen Übung** Bestandteil des Arbeitsverhältnisses werden[14], sind deshalb kontrollfähig, auch
wenn sie nie schriftlich fixiert worden sind.

---

1 *Gotthardt*, Rz. 335. |2 BGH v. 16.11.1990 – V ZR 217/89, NJW 1991, 843. |3 *Ulmer/Brandner/Hensen*, § 1 AGBG Rz. 25 mwN. |4 OLG Frankfurt v. 22.11.1990 – 6 U 161/89, NJW 1991, 1489 (1490). |5 Palandt/*Heinrichs*, § 305 BGB Rz. 8. |6 BGH v. 10.3.1999 – VIII ZR 204/98, NJW 1999, 2180 (2181); *Ulmer/Brandner/Hensen*, § 1 AGBG Rz. 20. |7 Vgl. hierzu BGH v. 10.3.1999 – VIII ZR 204/98, NJW 1999, 2180 (2181). |8 Palandt/*Heinrichs*, § 305 BGB Rz. 10. |9 *Ulmer/Brandner/Hensen*, § 1 AGBG Rz. 26; Palandt/*Heinrichs*, § 305 BGB Rz. 10. |10 BGH v. 7.2.1996 – IV ZR 16/95, NJW 1996, 1676 (1677). |11 Vgl. BGH v. 13.11.1997 – X ZR 135/95, NJW 1998, 1066 (1067). |12 *Ulmer/Brandner/Hensen*, § 1 AGBG Rz. 29. |13 BAG v. 4.5.1999 – 10 AZR 290/98, AP Nr. 55 zu § 242 BGB – Betriebliche Übung. |14 Überblick über mögliche Vertragsbestandteile bei ErfK/*Preis*, § 611 BGB Rz. 269.

BGB § 305 Rz. 8   Einbeziehung Allgemeiner Geschäftsbedingungen in den Vertrag

8   Aus § 305 Abs. 1 Satz 3 folgt, dass Allgemeine Geschäftsbedingungen dann nicht vorliegen, wenn die Vertragsbedingungen zwischen den Parteien im Einzelnen ausgehandelt sind; sog. **Individualabreden**. Ein Aushandeln auf kollektiver Ebene führt nicht zur Anwendung des § 305 Abs. 1 Satz 3, ist aber bei der Angemessenheitsprüfung zu beachten[1]. Dies bedeutet, dass eine Kontrollfreiheit einzelvertraglich – ganz oder teilweise – einbezogener tarifvertraglicher Regelungen nicht aus § 305 Abs. 1 Satz 3 folgt. Aushandeln erfordert Folgendes: Der Verwender muss **verhandlungsbereit** sein[2], und es muss ein **wirkliches Aushandeln** vorliegen, dh. der ArbGeb muss den gesetzesfremden Kern der Klausel ernsthaft zur Disposition des ArbN gestellt haben, und diesem die Möglichkeit eingeräumt werden, den Inhalt der fraglichen Klauseln beeinflussen zu können[3]. In der Regel findet sich das Ergebnis echter Verhandlungen auch im Vertragstext wieder. Zwingend erforderlich ist dies nicht. § 305 Abs. 1 Satz 3 ist ausnahmsweise anwendbar, wenn der andere Teil nach gründlicher Erörterung von der Sachgerechtigkeit der Regelung überzeugt wird[4]. Das Aushandeln kann sich auf einzelne Vertragsklauseln, aber auch auf einzelne Teile einer Klausel beziehen. Davon unberührt bleibt der restliche Vertragsteil Allgemeine Geschäftbedingung[5]. Haben die Parteien eine Rückzahlungsklausel bzgl. einer vom ArbGeb finanzierten Weiterbildung im Einzelnen ausgehandelt, so kann doch der Rest der arbeitsvertraglichen Abreden Allgemeine Geschäftsbedingung bleiben.

9   Bereits diese Anforderungen zeigen, dass echte Individualabreden im Arbeitsrecht eher selten sind. Liegen sie aber vor, findet keine **Inhaltskontrolle** nach den Maßstäben der §§ 307 ff. statt[6]. Mit den Wertungen der §§ 305 ff. stimmt es nicht überein, wie bisher vertreten[7], eine allgemeine Inhaltskontrolle von Individualvereinbarungen vorzunehmen. Nimmt man § 305b ernst und ordnet den Arbeitsvertrag als Verbrauchervertrag ein, kommt man vielmehr dort zu Kontrollfreiheit, wo es tatsächlich um echte ausgehandelte Verträge geht, und ein Kontrollbedürfnis deshalb auch nicht besteht. Davon unberührt bleibt, dass auch Individualvereinbarungen durchaus zB am Maßstab der **Sittenwidrigkeit** (§ 138 Abs. 1) scheitern können; wie zB Abreden über ein sittenwidrig niedriges Entgelt[8].

10   **II. Einbeziehung der Arbeitsvertragsbedingungen. § 305 Abs. 2, 3 finden**, wie sich aus § 310 Abs. 4 Satz 2 eindeutig ergibt, im Arbeitsrecht **keine Anwendung**. Nach dieser klaren gesetzgeberischen Entscheidung scheidet eine Anwendung des § 305 Abs. 2, 3 für die Einbeziehungskontrolle im Arbeitsrecht aus. Auch eine entsprechende Anwendung kommt nicht in Betracht[9]. Dies gilt, obwohl der Gesetzgeber bei seinem Hinweis darauf, dass eine Einbeziehungskontrolle wegen der Regelungen des NachwG nicht erforderlich sei, verkannt hat, dass die Einhaltung des NachwG anders als § 305 Abs. 2, 3 keine Wirksamkeitsvoraussetzung bzgl. der nachzuweisenden Vertragsbedingung ist[10]. Auch durch diesen Hinweis in den Vorarbeiten zum Schuldrechtsmodernisierungsgesetz ist die Einhaltung des **NachwG** aber **keine Wirksamkeitsvoraussetzung** für die Einbeziehung arbeitsvertraglicher Bedingungen geworden[11].

11   Die Wirksamkeit der Einbeziehung allgemeiner Geschäftsbedingungen in den Arbeitsvertrag richtet sich deshalb **nach allgemeinen Grundsätzen**, so dass auch eine stillschweigende Einbeziehung möglich bleibt. Verlangt wird bei einer konkludenten Einbeziehung, dass der Verwender erkennbar auf seine allgemeinen Geschäftsbedingungen hinweist und der Vertragspartner ihrer Geltung nicht widerspricht[12]. Die konkludente Einbeziehung zB von TV in Einzelarbeitsverträge ist deshalb auch im Arbeitsrecht möglich[13], wobei aber das BAG, anders als bei § 2 AGBG davon ausgegangen ist, dass es dem ArbN obliegt, sich von dessen Inhalt Kenntnis zu verschaffen[14]. Zu Recht ist aus der fehlenden Anwendbarkeit der § 305 Abs. 2, 3 abgeleitet worden, dass **Jeweiligkeitsklauseln** im Arbeitsrecht zulässig bleiben[15].

12   Die Nichtanwendung des § 305 Abs. 2, 3 führt aber nicht dazu, dass bei einzelvertraglicher In-Bezug-nahme von kollektiven Regelungen diese nicht auf **überraschende Klauseln** hin (§ 305c Abs. 1) oder im Hinblick auf das **Transparenzgebot** (§ 307 Abs. 1 Satz 2) überprüft werden könnten. Diese Normen finden im Arbeitsrecht Anwendung.

13   Für **arbeitnehmerähnliche Personen** gilt der Ausschluss des § 305 Abs. 2, 3 nicht. Dies folgt daraus, dass sich § 310 Abs. 4 Satz 2 nur auf Arbeitsverträge bezieht und der Gesetzgeber zur Begründung auf das NachwG verwiesen hat, das aber für arbeitnehmerähnliche Personen nicht gilt[16]. Für sie gelten die § 305 Abs. 2, 3. Dies bedeutet: Es gelten grundsätzlich die Einbeziehungsvoraussetzungen des § 305 Abs. 2, dh. Hinweispflicht (§ 305 Abs. 2 Nr. 1), Kenntnisnahmemöglichkeit (§ 305 Abs. 2 Nr. 2) und Einverständnis mit der Geltung. Dabei ist aber zu beachten, dass der BGH auf Formularverträge, die bei arbeitnehmerähnlichen Personen die Regel sein dürften, die § 305 Abs. 2 Nr. 1, 2 nicht anwenden will[17].

---

1 BGH v. 9.10.1981 – I ZR 188/79, NJW 1982, 1820 (1821). |2 Dazu Palandt/*Heinrichs*, § 305 BGB Rz. 20. |3 BGH v. 3.11.1999 – VIII ZR 269/98, NJW 2000, 1110 (1111 f.); *Ulmer/Brander/Hensen*, § 1 AGBG Rz. 48. |4 BGH v. 3.11.1999 – VIII ZR 269/98, NJW 2000, 1110 (1112); Palandt/*Heinrichs*, § 305 BGB Rz. 22. |5 BGH v. 6.3.1986 – III ZR 195/84, BGHZ 97, 212 (215). |6 *Hanau*, NJW 2002, 1240 (1242); ErfK/*Preis*, §§ 305–310 BGB Rz. 27; *Thüsing*, FS Wiedemann, S. 578. |7 *Fastrich*, RdA 1997, 65 (75); *Dieterich*, RdA 1995, 129 (135). |8 Hierzu ErfK/*Preis*, § 612 BGB Rz. 3. |9 LAG Berlin v. 10.10.2002 – 14 Sa 2575/00. |10 BAG v. 21.8.1997 – 5 AZR 713/96, AP Nr. 1 zu § 4 BBiG; *Müller-Glöge*, RdA 2001, Beil. Heft 5, 46 (49) mwN; s. a. EuGH v. 8.2.2001 – C-350/99, EAS RL 91/533/EWG, Art. 2 Nr. 2 m. Anm. *Preis/Lindemann*. |11 *Gotthardt*, Rz. 248. |12 BGH v. 12.2.1992 – VIII ZR 84/91, BGHZ 117, 190 (194 f.). |13 ErfK/*Preis*, §§ 305–310 BGB Rz. 29; bisher BAG v. 19.1.1999 – 1 AZR 606/98, AP Nr. 9 zu § 1 TVG – Bezugnahme auf Tarifvertrag. |14 ZB BAG v. 6.7.1972 – 5 AZR 100/72, ArbuR 1972, 381. |15 *Oetker*, FS Wiedemann, S. 390 f., 396 ff.; *Preis*, II J 10 Rz. 3. |16 ErfK/*Preis*, § 1 NachwG Rz. 5. |17 BGH v. 27.10.1994 – IX ZR 168/93, NJW 1995, 190.

Die Möglichkeit der Kenntnisnahme folgt bei Formularverträgen bereits aus dem Abdruck der Allgemeinen Geschäftsbedingungen[1].

III. Darlegungs- und Beweislast. Die Beweislast dafür, dass der Vertrag oder Teile von diesem die Voraussetzungen der **Definition der Allgemeinen Geschäftsbedingungen** gemäß § 305 Abs. 1 Satz 1 erfüllen, liegt nach ganz hM beim demjenigen, der sich auf das Eingreifen der § 305 ff. beruft[2], dh. idR beim **ArbN**. Regelmäßig spricht aber der **Beweis des ersten Anscheins** für das Vorliegen von Allgemeinen Geschäftsbedingungen, wenn die äußere Form des Vertragsformulars auf deren vorformulierte und standarisierte Verwendung schließen lässt[3]. Allein die maschinenschriftliche Form führt jedoch noch nicht zu dieser Vermutung; in einem solchen Fall muss der ArbN weitere Umstände vortragen, aus denen sich der Massencharakter ergibt[4]. Dafür, dass die Vertragsbedingungen **im Einzelnen ausgehandelt** sind (§ 305 Abs. 1 Satz 3), trifft den **ArbGeb** die Darlegungs- und Beweislast[5]. Wegen des Schutzzweckes der §§ 305 ff. ist hierbei ein strenger Maßstab anzulegen und es ist nicht die schriftliche, vorformulierte Bestätigung des ArbN ausreichend, die Klauseln seien im Einzelnen ausgehandelt[6]. Nachträgliche Änderungen am Vertragstext können ein Indiz für ein Aushandeln sein[7].

305a *Einbeziehung in besonderen Fällen*

Vom Abdruck wurde abgesehen. Die Norm hat keine Bedeutung für das Arbeitsrecht.

305b *Vorrang der Individualabrede*

Individuelle Vertragsabreden haben Vorrang vor Allgemeinen Geschäftsbedingungen.

I. Begriff. Die Regelung entspricht § 4 AGBG. Der Begriff der individuellen Vertragsabreden entspricht im Grundsatz demjenigen der gemäß § 305 Abs. 1 Satz 3 **individuell ausgehandelten Vertragsbedingungen**[8]. Letztlich geht es auch hier um die Unterscheidung zwischen vertraglichen Regelungen aufgrund einseitiger Vorformulierung und solchen aufgrund individueller Vereinbarung[9]. Die vorrangige Individualabrede kann auch stillschweigend getroffen werden[10]. In einer betrieblichen Übung liegt nach dem BAG keine Individualabrede[11].

II. Vorrang vor den allgemeinen Geschäftsbedingungen. Erforderlich für den Vorrang der individuellen Vertragsabreden ist, dass diese von den Allgemeinen Geschäftsbedingungen abweichen. Dies ist zum einen dann der Fall, wenn sie zu den Allgemeinen Geschäftsbedingungen in **unmittelbarem oder direktem Widerspruch** stehen[12]. Ausreichend ist jedoch auch ein **mittelbarer Widerspruch**, dh. dass bei Anwendung der Allgemeinen Geschäftsbedingungen die individuelle Vertragsabrede entgegen der ihr von den Parteien beigelegten Geltung nicht voll zur Geltung käme[13]. Ob der Widerspruch bereits bei Vertragsschluss oder erst aufgrund **zeitlich nachfolgender Individualabrede** eintritt, ist für die Anwendung des § 305b unerheblich[14]. Im Arbeitsrecht wird der Vorrang der Individualabrede oftmals bereits durch das **Günstigkeitsprinzip** herbeigeführt. Bedeutung hat die Regel deshalb vor allem für das Verhältnis von Einzelarbeitsvertrag zu Allgemeinen Arbeitsbedingungen[15].

III. Schriftformabreden. In der arbeitsvertraglichen Praxis häufig verwandt sind die sog. Schriftformklauseln, wonach Änderungen oder Ergänzungen des Arbeitsvertrages der Schriftform bedürfen. Im auf dem Gebiet des Arbeitsrechts allein anwendbaren Individualprozess (vgl. § 15 UKlaG) hat eine mündliche Einzelabrede gemäß § 305b Vorrang. **Formularmäßige Klauseln können die höherrangige individuelle Abrede nicht außer Kraft setzen**[16]. Dies gilt auch für eine sog. qualifizierte Schriftformklausel, welche die Aufhebung der Schriftform selbst an die Schriftform bindet[17]. Besonderheiten des Arbeitsrechts rechtfertigen keine Abweichung von diesem Grundsatz, den das BAG zudem schon bisher als allgemeinen Rechtsgrundsatz angewandt hat[18]. Zu Schriftformklauseln in Verbraucherverträgen s. § 310 Rz. 10. Allerdings kann eine Schriftformklausel, wenn nicht der ArbGeb selbst, dessen Generalbevollmächtigter

---

1 BGH v. 15.6.1988 – VIII ZR 316/87, NJW 1988, 2465 (2466 f.); *Ulmer/Brandner/Hensen*, § 2 AGBG Rz. 48. |2 BGH v. 14.5.1992 – VII ZR 204/90, BGHZ 118, 229 (238); *Ulmer/Brandner/Hensen*, § 1 AGBG Rz. 60. |3 BGH v. 3.11.1999 – VIII ZR 269/98, NJW 2000, 1110 (1111); Palandt/*Heinrichs*, § 305 BGB Rz. 24. |4 *Ulmer/Brandner/Hensen*, § 1 AGBG Rz. 61. |5 BGH v. 3.4.1998 – V ZR 6/97, NJW 1998, 2600 (2601). |6 Palandt/*Heinrichs*, § 305 BGB Rz. 24; vgl. aber für die individuelle Bestätigung *Ulmer/Brandner/Hensen*, § 1 AGBG Rz. 65. |7 Dazu *Ulmer/Brandner/Hensen*, § 1 AGBG Rz. 63 f. |8 Palandt/*Heinrichs*, § 305b BGB Rz. 2; offen gelassen von BGH v. 10.10.1991 – VII ZR 289/90, NJW 1992, 1107 (1108). |9 *Ulmer/Brandner/Hensen*, § 4 AGBG Rz. 10. |10 BGH v. 6.2.1996 – XI ZR 121/95, NJW-RR 1996, 673 (674). |11 BAG v. 24.6.2003 – 9 AZR 302/02, NZA 2003, 1145 (1148). |12 Palandt/*Heinrichs*, § 305b BGB Rz. 3. |13 *Ulmer/Brandner/Hensen*, § 4 AGBG Rz. 12. |14 BGH v. 20.10.1994 – III ZR 76/94, NJW-RR 1995, 179 (180); *Stoffels*, Rz. 347. |15 *Gotthardt*, Rz. 252; *Preis*, Vertragsgestaltung, S. 265. |16 BGH v. 20.10.1994, NJW-RR 1995, 179 f.; Palandt/*Heinrichs*, § 305b BGB Rz. 5; *Fenn*, FS Söllner, S. 359; aA aber BGH v. 24.10.1979 – VIII ZR 235/78, NJW 1980, 234 f. |17 Palandt/*Heinrichs*, § 125 BGB Rz. 14; *Gotthardt*, Rz. 253; aA für den Geschäftsverkehr aber BGH v. 2.6.1976 – VIII ZR 97/74, BGHZ 66, 378 (382 f.). |18 BAG v. 30.11.1994 – 5 AZR 702/93, AP Nr. 16 zu § 4 TVG; ebenso jetzt *Hromadka*, NJW 2002, 2523 (2525); *Lingemann*, NZA 2002, 181 (185 f.); *Richardi*, NZA 2002, 1057 (1059).

oder aber dessen Prokurist, sondern zB ein nur im Einzelfall Bevollmächtigter den Vertrag abschließt, für die **Vertretungsmacht** Bedeutung haben[1]. Da eine betriebliche Übung keine Individualabrede begründet, steht nach der Rspr. des BAG § 305b einer qualifizierten Schriftformklausel nicht entgegen, soweit sie das Entstehen einer betriebliche Übung verhindert[2].

4   **IV. Rechtsfolgen; Darlegungs- und Beweislast.** Da § 305b eine Frage der Einbeziehung von Allgemeinen Geschäftsbedingungen regelt, werden diese nicht Bestandteil des Vertrages, soweit sie mit der individuellen Abrede kollidieren. Dies erlangt dann Bedeutung, wenn die **einzelvertragliche Abrede** aus anderen Gründen **unwirksam** ist, oder später wegfällt. Richtig dürfte dann sein, dass an die Stelle nicht die abweichende Klausel aus den Allgemeinen Geschäftsbedingungen tritt, sondern das dispositive Gesetzesrecht[3].

5   Die Darlegungs- und Beweislast für eine abweichende Individualvereinbarung trifft nach allgemeinen Grundsätzen denjenigen, der sich darauf beruft. Dies wird **regelmäßig der ArbN** sein[4]. Hinzu kommt, dass auch im Bereich der Allgemeinen Geschäftsbedingungen die **Vermutung der Vollständigkeit und Richtigkeit** einer Vertragsurkunde gilt, soweit die Parteien eine Vertragsurkunde, zB in Form eines Formularvertrages, errichtet haben[5]. Bei Abschluss eines Formulararbeitsvertrages greift diese Vermutung ein. Dies gilt aber nur dann, wenn der Arbeitsvertrag von beiden Seiten unterzeichnet worden ist[6].

305c *Überraschende und mehrdeutige Klauseln*

(1) Bestimmungen in Allgemeinen Geschäftsbedingungen, die nach den Umständen, insbesondere nach dem äußeren Erscheinungsbild des Vertrags, so ungewöhnlich sind, dass der Vertragspartner des Verwenders mit ihnen nicht zu rechnen braucht, werden nicht Vertragsbestandteil.

(2) Zweifel bei der Auslegung Allgemeiner Geschäftsbedingungen gehen zu Lasten des Verwenders.

1   **I. Überraschungsverbot. 1. Zweck der Vorschrift und Rechtsfolgen.** § 305c Abs. 1 enthält eine **negative Einbeziehungsvoraussetzung**. Vertragsklauseln, die gegen das Überraschungsverbot verstoßen, werden von der Einbeziehung nicht erfasst und deshalb nicht wirksamer Vertragsbestandteil[7]. Soweit dadurch eine Lücke im Vertrag entsteht, wird sie durch dispositives Gesetzesrecht, hilfsweise durch ergänzende Vertragsauslegung geschlossen[8]. Die Regelung entspricht § 3 AGBG. Es bestehen keine Besonderheiten des Arbeitsrechts, welche die Anwendung des § 305c Abs. 1 ausschließen[9]. Die arbeitsrechtliche Rspr. hat diesen Grundsatz bereits bislang angewandt[10].

2   **2. Voraussetzungen.** § 305c Abs. 1 normiert zwei Voraussetzungen. Die verwendete Klausel muss zum einen ungewöhnlich sein und zum anderen für den Vertragspartner des Verwenders überraschend.

3   **a) Ungewöhnlichkeit der Klausel.** Voraussetzung ist zunächst, dass die Klausel **objektiv ungewöhnlich** ist. Maßgeblich sind das Gesamtbild des konkreten Vertrages und die Erwartungen, welche der redliche Verkehr typischerweise oder aufgrund des Verhaltens des Verwenders bei Vertragsschluss an den typischen Inhalt des Vertrags knüpft[11]. Der Klausel muss ein Überrumpelungs- oder Übertölpelungseffekt innewohnen[12]. Gesamtumstände, welche die objektive Ungewöhnlichkeit begründen können, sind der Grad der Abweichung vom dispositiven Gesetzesrecht und die für den Geschäftskreis übliche Gestaltung einerseits, Gang und Inhalt der Vertragsverhandlungen sowie der äußere Zuschnitt des Vertrags andererseits[13]. Die objektive Ungewöhnlichkeit kann sich also auch aus **formalen Gesichtspunkten** ergeben, zB weil die Klausel an ungewöhnlicher Stelle erscheint, worauf § 305c Abs. 1 ausdrücklich hinweist[14]. Richtigerweise wird man zwischen Unangemessenheit und Ungewöhnlichkeit einer Klausel unterscheiden müssen und beide Merkmale nicht gleichsetzen können[15]. So ist eine einmonatige einzelvertragliche Ausschlussfrist nicht ungewöhnlich, aber im Einzelarbeitsvertrag unangemessen benachteiligend (Anh. zu §§ 305–310 Rz. 9).

4   **b) Überraschungsmoment.** Erforderlich ist weiterhin das Überraschungsmoment. Überraschenden Charakter hat eine Regelung dann, wenn sie von den Erwartungen des Vertragspartners deutlich abweicht und dieser mit ihr den Umständen nach vernünftigerweise nicht zu rechnen braucht. Die Erwartungen des Vertragspartners werden von allgemeinen und individuellen Begleitumständen des Vertragsschlusses bestimmt[16]. Das Überraschungsmoment ergibt sich aus einem im **Grundsatz generellen Maßstab**, der von

---

[1] Dazu *Ulmer/Brandner/Hensen*, § 4 AGBG Rz. 34 f.; *Wolf/Horn/Lindacher*, § 4 AGBG Rz. 34 ff.   [2] BAG v. 24.6.2003 – 9 AZR 302/02, NZA 2003, 1145 (1147 f.).   [3] Str. wie hier *Stoffels*, Rz. 346; aA *Ulmer/Brandner/Hensen*, § 4 AGBG Rz. 11, 46.   [4] Vgl. BGH v. 9.4.1987 – III ZR 84/86, NJW 1987, 2011; *Wolf/Horn/Lindacher*, § 4 AGBG Rz. 49.   [5] *Wolf/Horn/Lindacher*, § 4 AGBG Rz. 49; vgl. a. BAG v. 9.2.1995 – 9 AZR 660/94, NZA 1996, 249, (250).   [6] ErfK/*Preis*, Einf. NachwG Rz. 18.   [7] BAG v. 27.4.2000 – 8 AZR 286/99, NJW 2000, 3299; Palandt/*Heinrichs*, § 305c BGB Rz. 2.   [8] *Ulmer/Brandner/Hensen*, § 3 AGBG Rz. 32.   [9] *Gotthardt*, Rz. 255; *Reinecke*, DB 2002, 583 (584).   [10] S. nur BAG v. 29.11.1995 – 5 AZR 447/94, AP Nr. 1 zu § 3 AGBG, BAG v. 24.3.1988 – 2 AZR 630/87, NZA 1989, 101; BAG v. 13.12.2000 – 10 AZR 168/00, NZA 2001, 723 (724).   [11] *Ulmer/Brandner/Hensen*, § 3 AGBG Rz. 12.   [12] BAG v. 6.8.2003 – 7 AZR 9/03, AP Nr. 51 zu § 133 BGB.   [13] BAG v. 27.4.2000 – 8 AZR 286/99, NJW 2000, 3299.   [14] BGH v. 8.5.1987 – V ZR 89/86, BGHZ 101, 29 (33); BAG v. 29.11.1995 – 5 AZR 447/94, AP Nr. 1 zu § 3 AGBG; BAG v. 6.8.2003 – 7 AZR 9/03, AP Nr. 51 zu § 133 BGB.   [15] *Ulmer/Brandner/Hensen*, § 3 AGBG Rz. 12.   [16] BAG v. 27.4.2000 – 8 AZR 286/99, NJW 2000, 3299.

den konkreten Umständen überlagert wird[1]. Aus den **subjektiven Merkmalen** kann sich aber ergeben, dass eine objektiv ungewöhnliche Klauseln dann nicht überraschend ist, wenn der ArbN sie kennt oder mit ihr rechnen muss[2]. Andererseits kann eine objektiv nicht ungewöhnliche Klausel dann überraschend werden, wenn sie im Vertragstext falsch eingeordnet wird und dadurch geradezu versteckt wird[3].

3. Einzelfälle. a) Altersgrenze. Eine in einer Versorgungszusage enthaltene Altergrenzenregelung innerhalb des Regelungskomplexes Altersrente der Versorgungszusage ist nicht überraschend[4]. **b) Ausschlussfristen** sind nach der Rspr. des BAG in Arbeitsverträgen nicht generell objektiv ungewöhnlich und nicht generell überraschend[5]. Dies folgt daraus, dass Ausschlussfristen im Arbeitsrecht weit verbreitet sind und jeder ArbN damit rechnet, dass ein vom ArbGeb vorformuliertes Vertragswerk eine derartige Klausel enthält[6]. Soweit das BAG in einer Entscheidung generell Ausschlussfristen in Einzelarbeitsverträgen als ungewöhnlich bezeichnet hat, ist dem nicht beizupflichten. Zuzustimmen ist ihm aber darin, dass eine Ausschlussfrist dann überraschend ist, wenn diese ohne besonderen Hinweis und ohne drucktechnische Hervorhebung unter falscher oder missverständlicher Überschrift eingeordnet worden ist[7]. Eine solche formale Überraschung hat das BAG aufgrund der Unterstreichung des Wortes Ausschlussfrist im Arbeitsvertrag verneint und dies auch darauf bezogen, dass bei einer zweistufigen Ausschlussfrist die Fristen auf der ersten und zweiten Stufe nicht übereinstimmten[8]. **c) Ausgleichsquittungen.** Die in einer formularmäßigen Ausgleichsquittung ohne drucktechnische Hervorhebung enthaltene Bestimmung, es würden keine Einwendungen gegen die Kündigung erhoben werden, wird mit dem ArbN, der dieses Formular aus Anlass der Zahlung des Lohnes und der Übergabe seiner Arbeitspapiere unterzeichnet, wegen ihres überraschenden Charakters nicht wirksam vereinbart[9]. **d) Verweisungen.** § 305c Abs. 1 betrifft auch Verweisungsklauseln[10], insb. auf kollektive Regelungen, wie zB TV. Die einzelvertragliche Verweisung auf einen branchen- oder ortsfremden TV ist regelmäßig überraschend[11]. Anders ist dies, wenn der ArbN aufgrund konkreter Umstände mit der Einbeziehung rechnen musste. Wird auf einen bis auf die Tarifbindung anwendbaren TV verwiesen, ist der darin möglicherweise enthaltene Verweis auf eine Ausschlussfrist nicht überraschend[12]. **e) Wettbewerbsverbote** sind in Arbeitsverträgen mit Führungskräften nicht überraschend[13]; allerdings kann auch hier der Aspekt der formalen Überraschung greifen.

4. Darlegungs- und Beweislast. Die Darlegungs- und Beweislast für die **objektiven und subjektiven Anwendungsvoraussetzungen** des § 305c hat derjenige darzulegen und zu beweisen, der sich darauf beruft[14], mithin regelmäßig der ArbN. Macht der Verwender, dh. regelmäßig der ArbGeb jedoch geltend, trotz der objektiven Ungewöhnlichkeit habe der ArbN mit der Klausel rechnen müssen, zB weil er auf die Klausel hingewiesen hat, so ist der ArbGeb für diesen Umstand darlegungs- und beweisbelastet[15].

II. Unklarheitenregel. 1. Normzweck. 305c Abs. 2 entspricht § 5 AGBG. Zweck der Vorschrift ist es, bei objektiv mehrdeutigen Klauseln eine **Auslegungshilfe** zu geben, und in diesem Fall die Interessen des Verwenders hinter denjenigen der anderen Partei zurücktreten zu lassen. Die Norm beruht auf dem Gedanken, dass es Sache derjenigen Partei ist, welche die Vertragsgestaltungsfreiheit für sich in Anspruch nimmt, sich klar und unmissverständlich auszudrücken. Unklarheiten gehen zu ihren Lasten[16]. Da dieser Grundgedanke sich ohne weiteres auf das Arbeitsrecht übertragen lässt, findet § 305c Abs. 2 auch hier Anwendung[17].

2. Auslegung allgemeiner Geschäftsbedingungen. Allgemeine Geschäftsbedingungen sind nach der ständigen Rspr. des BGH gemäß ihrem objektiven Inhalt und typischen Sinn einheitlich so auszulegen, wie sie von verständigen und redlichen Vertragspartnern unter Abwägung der Interessen der normalerweise beteiligten Kreise verstanden werden[18]. Tragender Grund für die **objektive Auslegung** ist die Besonderheit vorformulierter Vertragstexte, deren Massencharakter und die fehlende Einflussmöglichkeit des Vertragspartners des Verwenders auf deren Inhalt[19]. Eine Grenze hat die objektive Auslegung aber dort, wo die Parteien einer Klausel übereinstimmen eine von ihrem objektiven Sinn abweichende Bedeutung beigemessen haben[20].

---

1 Ulmer/Brandner/Hensen, § 3 AGBG Rz. 13. | 2 Palandt/Heinrichs, § 305c BGB Rz. 4. | 3 KG v. 29.1.2001 – 10 U 9612/99, NJW-RR 2002, 490 (491); Palandt/Heinrichs, § 305c BGB Rz. 4. | 4 BAG v. 6.8.2003 – 7 AZR 9/03, AP Nr. 51 zu § 133 BGB. | 5 BAG v. 27.4.2000 – 8 AZR 301/99; BAG v. 13.12.2000 – 10 AZR 168/00, NZA 2001, 723 (724); ebenso LAG Köln v. 30.7.2002 – 9 Sa 1301/01, nv. | 6 ErfK/Preis, §§ 305–310 BGB Rz. 32. | 7 BGH v. 8.5.1987 – V ZR 89/86, BGHZ 101, 29 (33); Palandt/Heinrichs, § 305c BGB Rz. 4; BAG v. 29.11.1995 – 5 AZR 447/94, AP Nr. 1 zu § 3 AGBG; LAG Köln v. 18.11.1996 – 3 Sa 852/96, AR-Blattei, ES 350 Nr. 153. | 8 BAG v. 27.2.2002 – 9 AZR 543/00, DB 2002, 1720. | 9 LAG Berlin v. 18.1.1993 – 12 Sa 120/92, LAGE § 4 KSchG – Ausschlussfrist Nr. 3; vgl. a. Hümmerich/Holthausen, NZA 2002, 173 (179); ErfK/Preis, §§ 305–310 BGB Rz. 32. | 10 Vgl. ErfK/Preis, §§ 305–310 BGB Rz. 33. | 11 Gotthardt, Rz. 258; Thüsing, Rz. 84; zur Zulässigkeit der Verweisung auf einen fremden Tarifvertrag BAG v. 22.1.2002 – 9 AZR 601/00, AP Nr. 55 zu § 11 BUrlG. | 12 BAG v. 11.1.1995 – 5 AZR 5/94, ZTR 1995, 277 f.; BAG v. 22.1.2002 – 9 AZR 601/00, AP Nr. 55 zu § 11 BUrlG. | 13 Bauer/Diller, NJW 2002, 1609 (1614); Henssler, RdA 2002, 129 (139). | 14 Palandt/Heinrichs, § 305c BGB Rz. 14; Ulmer/Brandner/Hensen, § 3 AGBG Rz. 25. | 15 Vgl. BGH v. 10.11.1989 – V ZR 201/88, BHGZ 109, 197 (203). | 16 Gotthardt, Rz. 260; Ulmer/Brandner/Hensen, § 5 AGBG Rz. 1. | 17 Vgl. schon bisher BAG v. 18.9.1991 – 5 AZR 650/90, DB 1992, 383 (384); LAG Köln v. 2.2.2001 – 11 Sa 1262/00, AR-Blattei ES 400 Nr. 171; für eine Anwendung im Arbeitsrecht zB auch Palandt/Putzo, Einf. v. § 611 Rz. 75c; Gotthardt, Rz. 261. | 18 BGH v. 9.5.2001 – VIII ZR 208/00, NJW 2001, 2165. | 19 Vgl. Ulmer/Brandner/Hensen, § 5 AGBG Rz. 15. | 20 BGH v. 22.3.2002 – V ZR 405/00, ZIP 2002, 1534; Palandt/Heinrichs, § 305c BGB Rz. 15.

9 **3. Anwendungsvoraussetzungen und Folgen der Unklarheitenregel.** Erforderlich ist, dass mit den Mitteln der Auslegung nicht zu einem eindeutigen Ergebnis gelangt werden kann[1]. Die vorrangige objektive Auslegung muss also zu dem Ergebnis geführt haben, dass die Klausel nach ihrem Wortlaut und typischen Verständnis der beteiligten Kreise **mehrdeutig** ist[2]. Es darf auch kein übereinstimmender Vertragswille festzustellen sein[3]. Bleibt die Klausel mehrdeutig, gilt die für den ArbN günstigere Auslegung. Diese ist auf folgende Weise zu ermitteln. Da im AGB-Recht mittlerweile auch im Individualprozess der Grundsatz der kundenfeindlichen Auslegung Anwendung findet[4], ist bei mehreren Auslegungsalternativen zunächst die **arbeitnehmerfeindlichste Möglichkeit** zu Grunde zu legen, mit der Folge der Unwirksamkeit der Klausel. Bleibt die Klausel in dieser Variante wirksam, ist die Unklarheitenregel direkt anzuwenden, dh. es ist die arbeitnehmerfreundlichste Auslegung der Klausel zu wählen[5]. Auf einzelvertraglich einbezogene TV ist § 305c Abs. 2 grundsätzlich anzuwenden[6].

10 **4. Einzelfälle.** Die arbeitsgerichtliche Rspr. hat die Unklarheitenregel ua. in folgenden Fällen berücksichtigt[7]: **ArbGebDarlehen.**[8] Vorformulierte **Aufhebungsverträge.**[9] **Bezugnahmeklauseln.**[10] **Befristungsvereinbarung**: Die Angabe eines Sachgrundes im Formularvertrag kann unter Beachtung der Unklarheitenregel dazu führen, dass dem ArbGeb die Berufung auf eine sachgrundlose Befristung versagt ist[11]. Auslegung von **Versorgungszusagen.**[12] **Vertragsstrafenabreden.**[13] **Wettbewerbsverbote.**[14] **Zielvereinbarung.** Die unklare Formulierung des zu erreichenden Ziels geht zu Lasten des ArbGeb[15].

306 Rechtsfolgen bei Nichteinbeziehung und Unwirksamkeit

(1) Sind Allgemeine Geschäftsbedingungen ganz oder teilweise nicht Vertragsbestandteil geworden oder unwirksam, so bleibt der Vertrag im Übrigen wirksam.

(2) Soweit die Bestimmungen nicht Vertragsbestandteil geworden oder unwirksam sind, richtet sich der Inhalt des Vertrags nach den gesetzlichen Vorschriften.

(3) Der Vertrag ist unwirksam, wenn das Festhalten an ihm auch unter Berücksichtigung der nach Absatz 2 vorgesehenen Änderung eine unzumutbare Härte für eine Vertragspartei darstellen würde.

1 **I. Normzweck.** § 306 entspricht § 6 AGBG. Nach der Grundregel des § 139 ist bei Nichtigkeit eines Teils des Rechtsgeschäftes dieses im Zweifel insgesamt unwirksam. Diese Regel berücksichtigt im Recht der Allgemeinen Geschäftsbedingungen nicht das **Interesse** des Kunden **an der Aufrechterhaltung des Vertrages**, der ansonsten bei Unwirksamkeit nur einer Klausel die Rückgängigmachung des gesamten Vertrages befürchten müsste[16]. Dieser Grundsatz gilt auch für Arbeitsverträge, wobei schon bisher von der Grundregel des § 139 abgewichen wurde[17].

2 **II. Wirksamkeit des Arbeitsvertrages.** Die Allgemeinen Geschäftsbedingungen dürfen **nicht Vertragsbestandteil geworden sein**. Dies ist dann der Fall, wenn die Einbeziehung an dem Überraschungsverbot des § 305c Abs. 1 scheitert. An § 305 Abs. 2 kann die Einbeziehung nicht scheitern, weil diese Norm im Arbeitsrecht nicht anwendbar ist (§ 305 Rz. 10). § 306 Abs. 1 ist zudem dann anwendbar, wenn die Allgemeinen Geschäftsbedingungen **unwirksam** sind, was zunächst einen Verstoß gegen die §§ 307 ff. meint. Darauf ist § 306 Abs. 1 aber nicht beschränkt, sondern auch dann anwendbar, wenn die Nichtigkeit auf § 134, dem Verstoß gegen ein Formerfordernis oder gegen ein anderes Wirksamkeitserfordernis beruht[18]. Nichts anderes gilt jetzt allgemein für vorformulierte Arbeitsverträge.

3 **Arbeitsvertragsklauseln** können **teilbar** sein. In einem solchen Fall kann sich die Unwirksamkeit auf einen Teil der Klausel beziehen. Voraussetzung ist, dass die Formularklausel sich nach ihrem Wortlaut aus sich heraus verständlich und sinnvoll in einen inhaltlich zulässigen und in einen unzulässigen Regelungsteil trennen lässt. In diesem Fall ist die Aufrechterhaltung des zulässigen Teils rechtlich unbedenklich und verstößt nicht gegen das Verbot der geltungserhaltenden Reduktion aus § 306 Abs. 2[19]. Voraussetzung für die Zerlegung ist, dass die unwirksame Bestimmung sich einfach wegstreichen lässt, sog. „blue-pencil-test"[20]. Der verbleibende Teil muss zudem nach seinem Regelungsgehalt auch

---

1 BGH v. 22.3.2002 – V ZR 405/00, ZIP 2002, 1534; BAG v. 19.3.2003 – 4 AZR 331/02, DB 2003, 2126 (2127). | 2 BAG v. 26.9.2002 – 6 AZR 434/00, AP Nr. 10 zu § 10 BBiG. | 3 BGH v. 22.3.2002 – V ZR 405/00, ZIP 2002, 1534. | 4 OLG München v. 22.1.1997, NJW-RR 1998, 393 (394); Palandt/*Heinrichs*, § 305c BGB Rz. 20. | 5 *Gotthardt*, Rz. 261; *Hromadka*, NJW 2002, 2523 (2526); *Reinecke* ArbnR 2003, 414 (416); *Ziemann*, in: Schimmel/Buhlmann, Rz. 84. | 6 *Gotthardt*, Rz. 262. | 7 Vgl. a. ErfK/*Preis*, §§ 305–310 BGB Rz. 34. | 8 BAG v. 16.10.1991 – 5 AZR 35/91, AP Nr. 1 zu § 19 BErzGG = NZA 1992, 793. | 9 ArbG Hanau v. 26.9.1996 – 3 Ca 90/96, NZA-RR 1997, 333. | 10 BAG v. 17.11.1998 – 9 AZR 584/97, AP Nr. 10 zu § 1 TVG – Bezugnahme auf Tarifvertrag; BAG v. 19.3.2003 – 4 AZR 331/03. | 11 ArbG Düsseldorf v. 13.8.2003 – 10 Ca 5063/03, nv. im Anschluss an *Boewer*, § 14 Rz. 254. | 12 BAG v. 24.6.1986 – 3 AZR 630/84, AP Nr. 12 zu § 6 BetrAVG; BAG v. 27.1.1998 – 3 AZR 444/96, AP Nr. 38 zu § 1 BetrAVG. | 13 BAG v. 18.9.1991 – 5 AZR 650/90, AP Nr. 14 zu § 339 BGB. | 14 BAG v. 5.9.1995 – 9 AZR 718/93, AP Nr. 67 zu § 74 HGB, NZA 1996, 700. | 15 LAG Frankfurt v. 29.1.2002 – 7 Sa 836/01, AiB 2002, 575. | 16 Palandt/*Heinrichs*, § 306 BGB Rz. 1. | 17 BAG v. 9.9.1981 – 5 AZR 1182/79, AP Nr. 117 zu Art. 3 GG; ErfK/*Preis*, §§ 305–310 BGB Rz. 99. | 18 BGH v. 3.5.1995 – XII ZR 29/94, BGHZ 129, 297 (306); Palandt/Heinrichs, § 306 BGB Rz. 3; Ulmer/Brandner/Hensen, § 6 AGBG Rz. 5, 9. | 19 BGH v. 27.2.2000 – VIII ZR 155/99, NJW 2000, 292 (294). | 20 Palandt/*Heinrichs*, Vorb. v. § 307 BGB Rz. 11; vgl. für das Arbeitsrecht *Willemsen/Grau*, RdA 2003, 321 (323).

sinnvoll bleiben[1]. Die Frage, ob mehrere Teile einer Klausel einer gesonderten Wirksamkeitsprüfung unterzogen werden können hat **praktische Folgen**: Enthält eine Klausel sprachlich getrennt einen Freiwilligkeitsvorbehalt und einen Widerrufsvorbehalt, so kann der Widerrufsvorbehalt unwirksam sein, während der Freiwilligkeitsvorbehalt aufrecht erhalten bleibt. Eine aufeinander abgestimmte Fristenregel ist bei Unangemessenheit einer Frist aber insgesamt unwirksam[2]. Ist bei einer zweistufigen Ausschlussfrist, die Frist auf einer Stufe unwirksam, so wird die gesamte Ausschlussfristenregelung unwirksam. Eine Vielzahl von Ausschlussfristen wäre unwirksam, wenn man – entgegen der hier vertretenen Ansicht – davon ausginge, dass die zweite Stufe einer solchen Frist, nämlich die gerichtliche Geltendmachung gegen § 309 Nr. 13 verstößt (dazu § 309 Rz. 19). Teilbar und einer getrennten Betrachtung zugänglich dürften auch Vertragsstrafen für den Fall des Nichtantritts der Arbeit, sowie für den Fall, dass der ArbN Anlass zu einer berechtigten fristlosen Kündigung durch den ArbGeb gibt, sein[3].

III. Arbeitsvertragsinhalt bei Unwirksamkeit einzelner Vertragsbestimmungen. Ist eine Vertragsbestimmung unwirksam, richtet sich gemäß § 306 Abs. 2 der Inhalt des Vertrages insoweit nach gesetzlichen Vorschriften. Eine Rückführung des Vertrages auf das gerade noch zulässige Maß (**geltungserhaltenden Reduktion**) ist unzulässig[4]. Auch wenn das BAG diesen Grundsatz bisher nicht angewandt hat[5], gilt das Verbot der geltungserhaltenden Reduktion jetzt im Grundsatz auch im Arbeitsrecht. Besonderheiten des Arbeitsrechts (§ 310 Abs. 4 Satz 2) stehen dem nicht entgegen[6]. Der BGH hat den Grundsatz schon bisher auch im Arbeitsrecht angewandt[7]. Der Grundsatz ist auch deshalb anzuwenden, weil dem ArbGeb als Verwender des vorformulierten Vertragswerkes, der insoweit die Gestaltungsmacht hat, durch die richterliche Reduktion für die unangemessene Klausel weder die Verantwortung noch das Risiko abgenommen werden darf[8]. Dies gilt im Arbeitsrecht umso mehr, weil es wegen § 15 UKlaG die Verbandsklage nicht gibt, sondern der einzelne ArbN auf den Individualprozess verwiesen ist. Eine generelle Ausnahme von der Anwendbarkeit des Verbots der geltungserhaltenden Reduktion auf Dauerschuldverhältnisse ist nicht anzuerkennen[9]. Einen **gesetzlichen Spezialfall** der geltungserhaltenden Reduktion enthält aber § 74a Abs. 1 Satz 1, 2 HGB[10].

Allerdings fehlt es im Arbeitsrecht oft an einer dispositiven Norm, welche die unwirksame Klausel ersetzen kann. Dies lässt sich aber weitgehend systemimmanent lösen. Zu den gesetzlichen Vorschriften zählen nämlich auch ungeschriebene Rechtsgrundsätze, die durch Richterrecht entwickelt worden sind[11]. Existiert kein Richterrecht, kann auf die ergänzende Vertragsauslegung zurückgegriffen werden. Der Streit über die Frage der Geltung des Verbots der geltungserhaltenden Reduktion ist so entschärft, weil entweder die Lücke im Vertrag im Wege der ergänzenden Vertragsauslegung durch die „angemessene" Regelung ersetzt wird oder aber durch Rückführung der Klausel auf das Angemessene im Wege geltungserhaltender Reduktion[12]. Bei einer derart normativ vorgenommenen Vertragsergänzung handelt es sich dann aber nicht mehr um eine lückenfüllende Vertragsergänzung sondern um Anwendung allgemeiner Rechtsregeln, mithin dispositiven Rechts[13]. Dies ist ausreichend, um den Besonderheiten des Arbeitsrechts Rechnung zu tragen, ohne dass der Grundsatz des Verbots der geltungserhaltenden Reduktion aufgegeben werden müsste.

IV. Unzumutbarkeit. Ist das Festhalten an dem Arbeitsvertrag auch unter Berücksichtigung der aus § 306 Abs. 2 folgenden Änderung für eine Vertragspartei eine unzumutbare Härte, ist der Vertrags insgesamt unwirksam. Die Norm dürfte im Arbeitsrecht nur sehr selten Anwendung finden[14].

306a Umgehungsverbot
Die Vorschriften dieses Abschnitts finden auch Anwendung, wenn sie durch anderweitige Gestaltungen umgangen werden.

Eine Umgehung ist zu bejahen, wenn eine vom Gesetz verbotene Regelung bei gleicher Interessenlage durch eine andere rechtliche Gestaltung erreicht werden kann, die objektiv nur den Sinn haben kann, dem gesetzlichen Verbot zu entgehen[15]. Eine **Umgehungsabsicht** der beteiligten Arbeitsvertrags-

---

1 BGH v. 27.2.2000 – VIII ZR 155/99, NJW 2000, 292 (294). | 2 BayObLG v. 9.7.1987 – ReMiet 1/87, NJW-RR 1987, 1298, (1299); Palandt/*Heinrichs*, Vorb. v. § 307 BGB Rz. 12; aA ArbG Frankfurt v. 13.8.2003 – 2 Ca 5568/03, NZA-RR 2004, 238 (240 f.). | 3 Vgl. für Vertragsstrafe bei einem Werkvertrag bzgl. der Abnahme des ganzen Werkes und einzelner Leistungen BGH v. 18.1.2001 – VII ZR 238/00, NJW-RR 2001, 738. | 4 Grundl. BGH v. 17.5.1982 – VII ZR 316/81, BGHZ 84, 109 (115 ff.); *Wolf/Horn/Lindacher*, § 6 AGBG Rz. 28. | 5 BAG v. 15.2.1990 – 6 AZR 381/88, AP Nr. 15 zu § 611 BGB – Anwesenheitsprämie; aA aber bereits bisher *Fenn*, FS Söllner, S. 362 ff.; *Stoffels*, SAE 1995, 176 (180); *Wolf*, RdA 1988, 270 (276). | 6 ErfK/*Preis*, §§ 305-310 BGB Rz. 99; *Reinecke*, DB 2002, 583 (586); aA *Annuß*, BB 2002, 458 (461 f.); *Lingemann*, NZA 2002, 181 (187); *Söllner*, ZfA 2003, 145 (158 f.). | 7 BGH v. 30.9.1998 – IV ZR 62/97, BGHZ 139, 333 (339); ebenso LG Karlsruhe v. 9.3.2001 – 6 S 230/00, NJW 2001, 1655 (1657). | 8 *Preis*, Vertragsgestaltung, S. 367. | 9 Vgl. BGH v. 7.6.1989 – VIII ZR 91/88, BGHZ 108, 1 (10); BGH v. 10.9.1997 – VIII ARZ 1/97, BGHZ 136, 314 (322). | 10 LAG Hamm v. 14.4.2003 – 7 Sa 1881/02, NZA-RR 2003, 513 (515); *Preis*, II W II Rz. 99; s.a. *Thüsing/Leder* BB 2004, 42 (46 f.). | 11 BGH v. 14.5.1996 – XI ZR 257/94, NJW 1996, 2092 f.; Palandt/*Heinrichs*, § 306 BGB Rz. 6. | 12 *Wolf/Horn/Lindacher*, § 6 AGBG Rz. 29; s. a. *Hromadka*, FS Dieterich, S. 277 f. | 13 LAG Köln v. 1.2.2001 – 10 Sa 625/00, NZA-RR 2001, 461 (463 f.); *Gotthardt*, Rz. 330; aA *Henssler*, RdA 2002, 129 (137); *Thüsing*, NZA 2002, 591 (594); s.a. *Willemsen/Grau* RdA 2003, 321 (325). | 14 Vgl. a. *Gotthardt*, Rz. 332. | 15 Palandt/*Heinrichs*, § 306a BGB Rz. 2.

parteien ist nicht erforderlich[1]. Die Norm hat bisher kaum ins Gewicht fallende Bedeutung erlangt[2]. Für das Arbeitsrecht ist nichts anderes zu erwarten. Aufgrund der weiten Formulierung der §§ 305 ff. kann Umgehungsversuchen in der Regel mit dem vorrangigen Mittel der Auslegung begegnet werden[3].

307 Inhaltskontrolle

(1) Bestimmungen in Allgemeinen Geschäftsbedingungen sind unwirksam, wenn sie den Vertragspartner des Verwenders entgegen den Geboten von Treu und Glauben unangemessen benachteiligen. Eine unangemessene Benachteiligung kann sich auch daraus ergeben, dass die Bestimmung nicht klar und verständlich ist.

(2) Eine unangemessene Benachteiligung ist im Zweifel anzunehmen, wenn eine Bestimmung

1. mit wesentlichen Grundgedanken der gesetzlichen Regelung, von der abgewichen wird, nicht zu vereinbaren ist oder
2. wesentliche Rechte oder Pflichten, die sich aus der Natur des Vertrags ergeben, so einschränkt, dass die Erreichung des Vertragszwecks gefährdet ist.

(3) Die Absätze 1 und 2 sowie die §§ 308 und 309 gelten nur für Bestimmungen in Allgemeinen Geschäftsbedingungen, durch die von Rechtsvorschriften abweichende oder diese ergänzende Regelungen vereinbart werden. Andere Bestimmungen können nach Absatz 1 Satz 2 in Verbindung mit Absatz 1 Satz 1 unwirksam sein.

1 **I. Allgemeines.** § 307 enthält das **Kernstück der Inhaltskontrolle** allgemeiner Arbeitsvertragsbedingungen. Es handelt sich allerdings um eine Generalklausel mit Auffangcharakter. Allgemeine Arbeitsvertragsbedingungen sind zunächst an § 309, sodann an § 308, danach an § 307 Abs. 2 und erst zuletzt an der allgemeinen Generalklausel des § 307 Abs. 1 zu messen. Anwendungsvoraussetzung des § 307, aber auch der §§ 308, 309 ist, dass die allgemeinen Arbeitsvertragsbedingungen Vertragsbestandteil geworden sind. Allerdings kann der Richter diese Fragen offen lassen und die Klausel gemäß den §§ 307 ff. für unwirksam erklären[4].

2 **Beurteilungszeitpunkt** für die Umstände und Interessen, die zur Unwirksamkeit einer Klausel wegen Verstoßes gegen § 307 führen, ist der **Zeitpunkt des Vertragsschlusses**[5]. Ob eine grundlegende Änderung der höchstrichterlichen Rspr. zu Lasten des Verwenders geht, dh. eine Klausel, obwohl diese im Zeitpunkt des Vertragsschlusses für wirksam erachtet wurde, aufgrund nachträglich geänderter Rspr. unwirksam wird, ist noch nicht abschließend geklärt[6]. Diese Frage dürfte für das Arbeitsrecht jedenfalls vorerst eine nur geringe Rolle spielen. Durch die Übergangsregelung in Art. 229 § 5 EGBGB hat der Gesetzgeber festgelegt, dass ab dem 1.1.2003 auch für Altarbeitsverträge, dh. solche die vor dem 1.1.2002 abgeschlossen wurden, die §§ 305 ff. anzuwenden sind. Die sich im Arbeitsrecht entwickelnde Rspr. zum Recht der Allgemeinen Geschäftsbedingungen ist deshalb auf diese Verträge anwendbar. Da der Gesetzgeber aber übersehen hat, dass ein praktikables Element zur Vertragsanpassung für den ArbGeb fehlt, wird bzgl. der Altverträge – entgegen § 306 – eine geltungserhaltende Reduktion auf das noch zulässige Maß in Betracht kommen (§ 310 Rz. 17).

3 Die Inhaltskontrolle von Allgemeinen Geschäftsbedingungen vollzieht sich anhand eines **generellen Prüfungsmaßstabes**. Anzulegen ist eine überindividuelle, generalisierende Betrachtungsweise[7]. Abzustellen ist auf eine Interessenabwägung, bei der die typischen Belange der beteiligten Kreise zu würdigen sind und zu prüfen ist, ob die Regelung für diese im Allgemeinen eine billige und gerechte ist[8]. Weil Arbeitsverträge regelmäßig **Verbraucherverträge** iSv. § 310 Abs. 3 sind, werden auch die konkreten den Vertragsschluss begleitenden Umstände bei der Inhaltskontrolle mit berücksichtigt.

4 **II. Schranken der Inhaltskontrolle.** § 307 Abs. 3 knüpft an den bisherigen § 8 AGBG an und normiert die **Gegenstände von Allgemeinen Geschäftsbedingungen, welche der Inhaltskontrolle unterliegen**. Die §§ 307 Abs. 1, 2, 308, 309 gelten nur für Bestimmungen in Allgemeinen Geschäftsbedingungen, die von Rechtsvorschriften abweichende oder diese ergänzende Regelungen enthalten. Die Norm bleibt in ihrer Formulierung unklar. Den Versuch einer verständlicheren Formulierung hat der Gesetzgeber im Zuge der Schuldrechtsmodernisierung letztendlich doch nicht unternommen[9]. In Übereinstimmung mit der schon bisher hM ist weiterhin davon auszugehen, dass Klauseln, die nur den Gesetzeswortlaut wiederholen, und Leistungsbeschreibungen und Preisvereinbarungen nicht der Inhaltskontrolle unterliegen[10].

5 § 307 Abs. 3 hat damit einen **doppelten Zweck**. Zum einen geht es um die **Wahrung marktwirtschaftlicher Prinzipien**. Kern der Privatautonomie ist das Aushandeln und die Festlegung des Verhältnisses

---

[1] Ulmer/Brandner/Hensen, § 7 AGBG Rz. 5. | [2] Ulmer/Brandner/Hensen, § 7 AGBG Rz. 1. | [3] Palandt/Heinrichs, § 306a BGB Rz. 2. | [4] Palandt/Heinrichs, Vorb. v. § 307 BGB Rz. 1. | [5] Ulmer/Brandner/Hensen, § 9 AGBG Rz. 74a. | [6] Hierzu BGH v. 18.1.1996 – IX ZR 69/95, BGHZ 132, 6 (12); Palandt/Heinrichs, § 307 BGB Rz. 3; Medicus, NJW 1995, 2577 (2580); Ulmer/Brandner/Hensen, § 9 AGBG Rz. 74a. | [7] BGH v. 9.5.1996 – VII ZR 259/94, NJW 1996, 2155 f.; Palandt/Heinrichs, § 307 BGB Rz. 4. | [8] BGH v. 4.7.1997 – V ZR 405/96, NJW 1992, 2626. | [9] Krit. deshalb Stoffels, JZ 2001, 843 (849). | [10] BGH v. 12.3.1987 – VII ZR 37/86, BGHZ 100, 158 (173); BGH v. 24.9.1998 – III ZR 219/97, NJW 1999, 864; s. a. BT-Drs. 14/7052 S. 188.

von Leistung und Gegenleistung. Dieses Prinzip wäre gefährdet, wenn den Gerichten die Kompetenz zufiele, hier eine Angemessenheitskontrolle vorzunehmen. Darüber hinaus sichert § 307 Abs. 3 die Bindung des Richters an Recht und Gesetz. Da eine gesetzeswiederholende Klausel ohnehin mit dem objektiven Recht übereinstimmt, liefe eine Inhaltskontrolle darauf hinaus, dem Richter eine Angemessenheitskontrolle von Gesetzen zu ermöglichen[1]. Die genannten Schranken der Inhaltskontrolle gelten jedoch gemäß § 307 Abs. 3 Satz 2 nicht für die Transparenzkontrolle.

1. Leistungsbeschreibungen und Preisvereinbarungen. Leistungsbeschreibungen und Preisvereinbarungen unterliegen keiner Inhaltskontrolle. Allerdings unterliegen Allgemeine Geschäftsbedingungen, dann der Inhaltskontrolle, wenn eine gesetzliche Vergütungsregelung besteht, wie zB die GOÄ[2]. Keine gesetzliche Regelung in diesem Sinne ist jedoch § 1a KSchG. Diese Norm legt keine gesetzlich vorgeschriebene Abfindungshöhe für den Fall betriebsbedingter Kündigungen fest. Dies folgt schon daraus, dass ein gesetzlicher Zwang fehlt, und die Abfindungslösung das Einverständnis beider Parteien voraussetzt, was zugleich bedeutet, dass sie sich auch auf eine andere Abfindungshöhe einigen können[3]. 6

Es findet auch **keine Angemessenheitskontrolle** der Vergütung **am Maßstab des Tariflohns** statt. Die Ansicht, welche eine Unterschreitung des Tariflohns um 20 % als unangemessene Benachteiligung betrachtet[4], ist abzulehnen. Dies folgt daraus, dass TV nicht Maßstab der Angemessenheitskontrolle sind (unten Rz. 10). Auch § 612 Abs. 2 hat keine normative Richtlinienfunktion, selbst wenn idR die tarifliche Entlohnung das Übliche ist[5]. Dies folgt daraus, dass § 612 Abs. 2 das Fehlen einer Vergütungsvereinbarung voraussetzt und deshalb als Maßstab der Inhaltskontrolle nicht eingreifen kann, wenn eine Vereinbarung über das Arbeitsentgelt vorliegt[6]. 7

Der Inhaltskontrolle unterliegen aber die sog. **Preisnebenabreden.** Sie wirken sich nur mittelbar auf den Preis aus. An ihre Stelle kann aber bei Unwirksamkeit eine dispositive gesetzliche Regelung treten[7]. Einer Inhaltskontrolle zugänglich sind Arbeitsvertragsabreden über Verzugszinsen (§ 288 Abs. 1[8])[9]. Nichts anderes gilt für Fälligkeitsklauseln (§ 614). Kontrollfähig sind zudem einseitige Leistungsbestimmungsrechte im Bereich der Hauptleistungspflichten[10]. Dies folgt schon aus § 307 Abs. 2 Nr. 2[11]. 8

2. Gesetzeswiederholende Klauseln. Klauseln, die den Gesetzestext wiederholen (**deklaratorische Klauseln**) unterliegen keiner Inhaltskontrolle, weil an die Stelle der unwirksamen Klausel ohnehin die gesetzliche Regelung treten würde und der Richter nicht dazu berufen ist, die Angemessenheit einer gesetzlichen Regelung zu beurteilen (Rz. 5). Unter den Begriff der Rechtsvorschriften fasst die Rspr. nicht nur materielle Gesetze, sondern auch ungeschriebene Rechtsgrundsätze und Richterrecht[12]. Auch das BAG geht davon aus, dass damit nicht nur Rechtsvorschriften im materiellen Sinn, sondern auch allgemein anerkannte Rechtsgrundsätze sowie die Gesamtheit der wesentlichen Rechte und Pflichten, die sich aus der Natur des Vertrags ergeben, gemeint sind[13]. Die reine Wiederholung der Grundsätze des BAG zur ArbN-Haftung (dazu § 619a Rz. 11 ff.) in einem Formulararbeitsvertrag unterliegt deshalb keiner Inhaltskontrolle. 9

Tarifliche Regelungen enthalten keine Vorschriften, welche Maßstab der Inhaltskontrolle sind. Formularklauseln in Arbeitsverträgen sind keiner Inhaltskontrolle in Bezug auf die Abweichung vom Tarifniveau zu unterziehen. Dies gilt, obwohl TV gemäß § 310 Abs. 4 Satz 3 Rechtsvorschriften iSv. § 307 Abs. 3 gleichstehen[14]. Dies gilt im Hinblick auf alle tariflichen Arbeitsbedingungen einschließlich des Arbeitsentgelts. Dies ergibt sich aus dem Sinn und Zweck der Verweisung in § 310 Abs. 4 Satz 3. Der Gesetzgeber hat nur sicherstellen wollen, dass so TV bei einzelvertraglicher Bezugnahme keiner Inhaltskontrolle unterliegen[15], nicht aber umgekehrt, TV, und dann auch Betriebs- und Dienstvereinbarungen selbst zum Maßstab der Inhaltskontrolle zu machen. Dies belegt die Verweisung in § 310 Abs. 4 Satz 3 nur auf § 307 Abs. 3, nicht aber auf § 307 Abs. 1 Satz 1, Abs. 2, welche die Inhaltskontrolle regeln. Diese Begrenztheit der Verweisung stimmt mit der Intention des Gesetzgebers überein. Gesetzliche Regelung iSv. § 307 Abs. 2 Nr. 1 sind TV, Betriebs- und Dienstvereinbarungen nicht. Die Verweisung in § 310 Abs. 4 Satz 3 wäre sonst auch überflüssig[16]. 10

---

1 Ausf. und dezidiert *Stoffels*, Rz. 423 f. mwN. | 2 BGH v. 9.7.1981 – VII ZR 139/80, BGHZ 81, 229 (233); BGH v. 17.9.1998 – IX ZR 237/97, NJW 1998, 3567 (3659); MünchKomm/*Basedow*, § 8 AGBG Rz. 14. | 3 *Grobys*, DB 2003, 2174 (2176 f.); *Thüsing/Stelljes*, BB 2003, 1673 (1677); aA *Meinel*, DB 2003, 1438 (1439); iSe Zweifelsregelung ähnlich *Preis*, DB 2004, 70 (74). | 4 *Däubler*, NZA 2001, 1329 (1334 f.). | 5 BAG v. 26.5.1993 – 4 AZR 461/92, AP Nr. 2 zu § 612 BGB – Diskriminierung; BAG v. 28.9.1994 – 4 AZR 619/93, AP Nr. 38 zu § 2 BeschFG 1985. | 6 *Gotthardt*, Rz. 270; *Stoffels*, Rz. 458; vgl. a. BGH v. 19.11.1991 – X ZR 63/90, NJW 1992, 688 (689) für § 632 Abs. 2 BGB. | 7 ZB BGH v. 30.11.1993 – XI ZR 80/93, BGHZ 124, 254 (256); Palandt/*Heinrichs*, § 307 BGB Rz. 60; krit. die Lehre, zB *Canaris*, WM, 96, 237 (238 ff.); aus arbeitsrechtl. Sicht bereits *Preis*, Vertragsgestaltung, S. 294 ff. | 8 Zur Anwendbarkeit des § 288 Abs. 1 im Arbeitsrecht § 614 BGB Rz. 12. | 9 BGH v. 31.1.1985 – III ZR 105/83, NJW 1986, 376 f. | 10 *Preis*, Vertragsgestaltung, S. 297. | 11 BGH v. 24.3.1999 – IV ZR 90/98, NJW 1999, 2279 (2280 f.); Ulmer/Brandner/Hensen, § 8 AGBG Rz. 27. | 12 BGH v. 10.12.1992 – I ZR 186/90, BGHZ 121, 13 (18); Wolf/Lindacher/Horn, § 8 AGBG Rz. 5. | 13 BAG v. 24.10.2002 – 6 AZR 632/00, NZA 2003, 668 (669). | 14 *Hanau*, EWiR 2002, 419 (420); *Henssler*, RdA 2002, 23 (24); *Hromadka*, NJW 2002, 2523 (2527); *Oetker*, FS Wiedemann, S. 394; ErfK/*Preis*, §§ 305–310 BGB Rz. 38; *Rolfs*, ZGS 2002, 409; *Thüsing/Lambrich*, RdA 2002, 193 (196); aA *Däubler*, NZA 2001, 1329 (1335); *Lakies*, NZA-RR 2002, 337 (344). | 15 BT-Drs. 14/6857 S. 54. | 16 *Gotthardt*, Rz. 269.

BGB § 307 Rz. 11   Inhaltskontrolle

11 Anders ist dies nach der **Allgemeinverbindlicherklärung** eines TV. Dadurch wird der TV aus sich heraus zur gesetzlichen Vorschrift iSv. § 307 Abs. 3 Satz 1. Ohne Allgemeinverbindlicherklärung hat ein TV normative Richtlinienfunktion nur für Tarifgebundene. Für Außenseiter fehlt den Tarifparteien die Verbandskompetenz, insoweit bleibt es bei den Prinzipien des freien Marktes. Mit der Allgemeinverbindlicherklärung eines TV nimmt der Gesetzgeber die Tarifnormen in seinen Willen auf. Es handelt sich um einen Normsetzungsakt eigener Art[1]. Dies hat praktische Folgen. An die Stelle der unwirksamen Vertragsregel tritt die allgemeinverbindliche tarifliche Regelung. ZB verstößt die einzelvertragliche Vereinbarung einer Ausschlussfrist von einem Monat gegen § 307 Abs. 1 (Anh. §§ 305-310 Rz. 9). Dies führt, weil eine geltungserhaltende Reduktion ausscheidet (§ 306 Rz. 4), mangels gesetzlicher Normierung einer Ausschlussfrist im Arbeitsrecht zu deren völligem Wegfall. Enthält jedoch im persönlichen, fachlichen und sachlichen Anwendungsbereich eines für allgemeinverbindlich erklärten TV, dieser eine Ausschlussfrist von zwei Monaten, so tritt diese Regelung an die Stelle der unwirksamen einmonatigen Vertragsklausel, weil es sich insoweit um die angemessene gesetzliche Regelung handelt. Dies folgt allerdings bereits aus § 5 Abs. 4 TVG iVm. § 4 Abs. 1 Satz 1 TVG[2].

12 Zu differenzieren ist bei **Verweisungen auf TV** zwischen Global-, Einzel- und Teilverweisung.

13 Aus der Verweisung in § 310 Abs. 4 Satz 3 auf § 307 Abs. 3 folgt, dass bei einzelvertraglicher Einbeziehung einer kollektiven Regelung bei fehlender normativer Geltung[3] in den Einzelarbeitsvertrag die einbezogene kollektive Regelung keiner Inhaltskontrolle unterliegt[4]. Dies gilt zunächst jedenfalls, wenn ein bestimmter TV insgesamt in Bezug genommen wird (**Globalverweisung**). Gemeint ist damit aber nicht die Bezugnahme auf jede tarifliche Regelung. Weil der Verzicht auf die Inhaltskontrolle darin begründet ist, dass der Gesetzgeber davon ausgeht, dass der TV eine angemessene Regelung enthalte, ist die Bezugnahme auf jeden TV, der abgesehen von der Frage der Tarifbindung potentiell anwendbar wäre, erforderlich aber auch ausreichend[5]. Weil diese Vermutung der Angemessenheit nicht mehr gilt, wenn ein **branchenfremder TV** in Bezug genommen wird, entfällt in diesem Falle die Inhaltskontrolle nicht von vornherein[6]. Nichts anderes gilt für die Einbeziehung eines ortsfremden TV[7]. Bezieht der Arbeitsvertrag nur eine einzelne Regelung des TV ein (**Einzelverweisung**), gilt die Vermutung der Angemessenheit des TV nicht mehr, weil die einzelnen Teile desselben, ihre ausgleichende Wirkung nicht mehr entfalten; eine Angemessenheitskontrolle entfällt nicht[8]. Bezieht der Arbeitsvertrag einen Regelungskomplex des TV ein, liegt eine **Teilverweisung** vor. Wie aus der Gesetzesbegründung[9] folgt, gilt auch in diesem Falle die Vermutung der Angemessenheit nicht im Grundsatz[10]. Soweit der Gesetzgeber allerdings eine Teilverweisung zulässt (vgl. zB §§ 622 Abs. 4 Satz 2, 13 Abs. 1 Satz 2 BUrlG, 7 Abs. 3 ArbZG), gilt dies auch für Formulararbeitsverträge; eine unangemessene Benachteiligung liegt insoweit nicht vor[11].

14 **III. Durchführung der Inhaltskontrolle.** § 307 enthält in § 307 Abs. 2 Nr. 1, 2 und in § 307 Abs. 1 Satz 2 **drei Konkretisierungen** des Verbots der unangemessenen Benachteiligung.

15 **1. Abweichung von der gesetzlichen Regelung.** Eine unangemessene Benachteiligung liegt im Zweifel vor, wenn die Bestimmung im Formulararbeitsvertrag mit wesentlichen Grundgedanken der gesetzlichen Regelung, von der abgewichen wird, nicht zu vereinbaren ist. Hinter dieser Regelung steht die Idee der **Leitbildfunktion des dispositiven Rechts**. Gesetzliche Regelung iSd. § 307 Abs. 2 Nr. 1 sind deshalb die Vorschriften des dispositiven Rechts. Ob auch zwingende Regelungen in den Anwendungsbereich fallen, ist umstritten[12]. In diesen Fällen ergibt sich allerdings die Unwirksamkeit der entsprechenden Vereinbarung bereits aus § 134. Dies ist im Arbeitsrecht oft der Fall. Der verbleibende Anwendungsbereich dispositiver Normen ist gering. Die §§ 611 ff. fallen jedoch grundsätzlich darunter[13]. Gerade für das Arbeitsrecht ist wichtig, dass die Rspr. unter gesetzlichen Regelungen auch die von ihr entwickelten ungeschriebenen Rechtsgrundsätze versteht[14]. Davon geht auch das BAG aus[15].

16 Erforderlich ist die Abweichung von **wesentlichen Grundgedanken** der gesetzlichen Regelung. Die Rspr. grenzt zwischen frei abänderbaren Zweckmäßigkeitserwägungen und nicht abdingbaren Gerechtigkeitsgeboten ab[16]. Die Lit. stellt die Frage, ob die Norm des dispositiven Rechts einem wesentlichen Schutzbedürfnis des Vertragspartner dient[17]. Erforderlich ist weiter eine Abweichung vom dis-

---

1 BVerfG v. 24.5.1977 – 2 BvL 11/74, AP Nr. 15 zu § 5 TVG; MünchArbR/*Löwisch/Rieble*, § 268 Rz. 14. | 2 Vgl. a. ErfK/*Schaub* § 4 TVG Rz. 32. | 3 *Henssler*, RdA 2002, 129 (136); *Hromadka*, NJW 2002, 2523 (2527); *Lindemann*, ArbuR 2002, 81 (86); *Oetker*, FS Wiedemann, S. 399; aA *Löwisch*, FS Wiedemann, S. 320 f. | 4 LAG Berlin v. 10.10.2003 – 6 Sa 1058/03; BT-Drs. 14/6957 S. 54. | 5 *Gotthardt*, Rz. 266. | 6 *Gaul*, ZfA 2003, 74 (89); *Gotthardt*, Rz. 266; ErfK/*Preis*, §§ 305–310 BGB Rz. 17; *Richardi*, NZA 2002, 1057 (1062). | 7 *Gotthardt*, Rz. 266. | 8 *Däubler*, NZA 2001, 1329 (1335 f.); *Gotthardt*, Rz. 267; *Löwisch/Rieble*, § 3 Rz. 115; ErfK/*Preis*, §§ 305–310 BGB Rz. 19; *Reinecke*, NZA 2000, Beil. 3, 23 (29); anders aber wohl das BAG, vgl. zB BAG v. 11.1.1995 – 10 AZR 5/94, ZTR 1995, 277 f. | 9 BT-Drs. 14/6857 S. 54. | 10 *Däubler*, NZA 2001, 1329 (1335 f.); *Gotthardt*, Rz. 268; *Löwisch/Rieble*, § 3 Rz. 115; *Thüsing/Lambrich*, NZA 2002, 1361 (1363); *Reinecke*, NZA 2000, Beil. 3, 23 (29); aA *Gaul*, ZfA 2003, 74 (89); *Henssler*, RdA 2002, 129 (136); ErfK/*Preis*, §§ 305–310 BGB Rz. 20 ff. | 11 ErfK/*Preis*, §§ 305–310 BGB Rz. 21; *Richardi*, NZA 2002, 1057 (1062); aA *Thüsing/Lambrich*, NZA 2002, 1361 (1363 f.). | 12 Dafür BGH v. 26.1.1983 – VIII ZR 342/81, NJW 1983, 1321 (1322); dagegen Stoffels, Rz. 507. | 13 Gotthardt, Rz. 299. | 14 BGH v. 10.12.1992 – I ZR 186/90, BGHZ 121, 14 (18); Palandt/*Heinrichs*, § 307 BGB Rz. 26; *Ulmer/Brandner/Hensen*, § 9 AGBG Rz. 137. | 15 BAG v. 24.10.2002 – 6 AZR 632/00, NZA 2003, 668 (669). | 16 BGH v. 5.11.1998 – III ZR 95/97, NJW 1999, 635 (636). | 17 Palandt/*Heinrichs*, § 307 BGB Rz. 27.

positiven Recht, dh. der materielle Regelungsgehalt des gesetzlichen Leitbildes muss zu Lasten des ArbN verändert worden sein[1]. Weil es sich bei § 307 Abs. 2 Nr. 1 nur um eine Vermutungsregelung handelt, entfällt die Unwirksamkeit, wenn die Gesamtwürdigung aller Umstände ergibt, dass die Klausel den ArbN nicht unangemessen benachteiligt[2]. So kann zB berücksichtigt werden, ob für die Überwälzung des Betriebsrisikos (§ 615 Satz 3) ein angemessener Ausgleich gewährt wird[3].

2. Gefährdung des Vertragszwecks. Das Aushöhlungsverbot des § 307 Abs. 2 Nr. 2 ist vom Gesetzgeber hauptsächlich für Verträge vorgesehen worden, für die ein dispositives gesetzliches Leitbild fehlt. Die Allgemeinen Geschäftsbedingungen sollen dem Vertragspartner keine wesentlichen Rechtspositionen wegnehmen oder einschränken, die ihm der Vertrag nach seinem Inhalt und Zweck zu gewähren hat[4]. Allerdings erstreckt sich das Aushöhlungsverbot auch auf die im dispositiven Recht normierten Rechte und Pflichten eines Vertrages[5]. Mit den Rechten und Pflichten des Vertrages sind primär die Hauptleistungspflichten des Vertrages gemeint[6]. Darauf beschränkt sich der Anwendungsbereich allerdings nicht. Wesentlich kann auch die Aushöhlung eines Gestaltungsrechts sein, sowie von Neben- oder Schutzpflichten, weil die sinnvolle Vertragerfüllung auch gerade dann eingeschränkt sein kann, wenn der Verwender von Allgemeinen Geschäftsbedingungen seine Nebenpflichten einschränkt[7]. Für das **Arbeitsrecht** zeigt § 307 Abs. 2 Nr. 2, dass gerade einseitige Leistungsbestimmungsrechte, welche der ArbGeb sich im vorformulierten Arbeitsvertrag vorbehält, einer Inhaltskontrolle unterliegen und zu einer unangemessenen Benachteiligung des ArbN führen können (dazu Anh. §§ 305-310 Rz. 15 ff.)[8]. 17

3. Transparenzgebot. § 307 Abs. 1 Satz 2 stellt klar, dass eine unangemessene Benachteiligung auch dann vorliegt, wenn die Bestimmung nicht klar und verständlich ist (Transparenzgebot). Die Kodifikation dieses Prinzips beruht auf europäischen Vorgaben, nämlich der Umsetzung von Art. 5 Satz 1 der Richtlinie 93/13/EWG über missbräuchliche Klauseln in Verbraucherverträgen[9]. Sachlich knüpft der Gesetzgeber allerdings an das bisher von der Rspr. §§ 5, 9 AGBG entnommene Transparenzgebot an[10]. Es handelt sich dabei um ein tragendes Prinzip des AGB-Rechts[11]. Das Transparenzgebot gilt jetzt über § 307 Abs. 1 Satz 2 unmittelbar im Arbeitsrecht; Besonderheiten des Arbeitsrechts stehen dem nicht entgegen. Erfasst werden vom Transparenzgebot **auch preisbestimmende, leistungsbeschreibende Vertragsklauseln**[12]. Auch dies gilt ebenfalls im Arbeitsrecht[13]. Ob allein die Intransparenz zum Unwirksamkeitsverdikt führt[14], oder aber daneben die Intransparenz die Gefahr einer inhaltlichen Benachteiligung begründen muss[15], ist umstritten. Die praktischen Auswirkungen dieses Streits dürften jedoch gering sein, weil die zweite Ansicht, davon ausgeht, dass bei Intransparenz eine unwiderlegliche Vermutung für die unangemessene Benachteiligung besteht[16], bzw. davon ausgeht, dass in allen Fallgruppen mit der Intransparenz in der Regel die Unangemessenheit einhergeht und intransparente, aber wirksame Klauseln nur seltene Ausnahmen bleiben[17]. 18

Die **Anforderungen** an die Einhaltung des Transparenzgebots dürfen jedoch **nicht überspannt** werden. Auslegungsbedürftigkeit bedeutet nicht zugleich Intransparenz[18]. Der ArbGeb darf aus der Gesetzessprache grundsätzlich unbestimmte Rechtsbegriffe übernehmen. Dies gilt etwa für den Begriff des „wichtigen Grundes"[19]. Dies bedeutet, dass auch eine Vertragsstrafenvereinbarung, die daran anknüpft, dass der ArbN einen wichtigen Grund zur fristlosen ArbGebKündigung gegeben hat, nicht aufgrund der Formulierung wichtiger Grund, am Transparenzgebot scheitert. Weder im allgemeinen Schuldrecht, noch im Arbeitsrecht begründet das Transparenzgebot eine allgemeine Rechtsbelehrungspflicht des Verwenders[20]. 19

Die Rspr. hat das Transparenzgebot im Arbeitsrecht bisher ua. in folgenden **Fallgruppen** angewandt: Vereinbarung einer auflösenden Bedingung[21]; Rückzahlung von Gratifikationen[22]. 20

4. Unangemessene Benachteiligung. Abschließend ist, wenn weder besondere Klauselverbote eingreifen, oder aber die Tatbestände des § 307 Abs. 2, Abs. 1 Satz 2 verwirklicht sind, zu prüfen, ob gemäß § 307 Abs. 1 Satz 1 die Bestimmung in den allgemeinen Arbeitsvertragsbedingungen den Vertragspartner des Verwenders, dh. regelmäßig den ArbN entgegen den Geboten von Treu und Glauben unangemessen benachteiligt. Im Anschluss an die zivilrechtliche Rspr. geht das **BAG** davon aus, dass eine formularmäßige Vertragsbedingung unwirksam ist, wenn der Verwender missbräuchlich eigene Interessen auf Kosten des Vertragspartners durchzusetzen versucht, ohne dessen Interessen zu berücksichtigen und ihm einen angemessenen Ausgleich zu gewähren. Dies setzt eine **wechselseitige Berücksichtigung und Bewertung rechtlich anzuerkennender Interessen der Vertragspartner** voraus[23]. 21

---

1 Vgl. Stoffels, Rz. 516. | 2 Vgl. Palandt/Heinrichs, § 307 BGB Rz. 25. | 3 Vgl. Gotthardt, Rz. 321. | 4 Ulmer/Brandner/Hensen, § 9 AGBG Rz. 142. | 5 Palandt/Heinrichs, § 307 BGB Rz. 31. | 6 BGH v. 24.10.2001 – VIII ARZ 1/01, NJW 2002, 673 (675). | 7 Stoffels, Rz. 531; Ulmer/Brandner/Hensen, § 9 AGBG Rz. 144. | 8 Gotthardt, Rz. 271. | 9 EuGH v. 10.5.2001 – Rs. C-144/99, NJW 2001, 2244 f. | 10 BGH v. 24.11.1988 – III ZR 188/87, BGHZ 106, 42 (49); BGH v. 6.10.1999 – VIII ZR 125/98, NJW 2000, 515 (519); zum Transparenzgebot jetzt von Westphalen, NJW 2002, 12 (16 f.). | 11 Stoffels, Rz. 560. | 12 Stoffels, Rz. 561. | 13 Gotthardt, Rz. 303. | 14 So zB AnwK/Hennrichs, § 307 BGB Rz. 9. | 15 So zB Palandt/Heinrichs, § 307 BGB Rz. 20; Stoffels, Rz. 562. | 16 Stoffels, Rz. 562. | 17 Palandt/Heinrichs, § 307 BGB Rz. 20. | 18 BGH v. 17.12.1999 – VII ZR 243/97, NJW 1999, 942. | 19 Palandt/Heinrichs, § 307 BGB Rz. 18. | 20 BGH v. 5.11.1998 – III ZR 226/97, NJW 1999, 276; Gotthardt, Rz. 302. | 21 BAG v. 27.10.1988 – 2 AZR 109/88, NZA 1989, 643; ErfK/Preis, §§ 305-310 BGB Rz. 44. | 22 BAG v. 21.5.2003 – 10 AZR 390/03. | 23 BAG v. 24.10.2002 – 6 AZR 632/00, NZA 2003, 668 (669 f.).

22 Bei dieser Interessenabwägung sind **verschiedene Kriterien** zu berücksichtigen. Dies sind ua.[1]: (1) Die **Art des Arbeitsvertrages** sowie der **Status des ArbN** in der betrieblichen Hierarchie. (2) Der **gesamte Vertragsinhalt** einschließlich der Individualvereinbarungen ist bei der Angemessenheitskontrolle zu beachten[2]. Eine Kompensation von Vor- und Nachteilen ist zulässig, soweit es sich dabei um zusammengehörige Regelungen handelt, die zueinander in einem Wechselverhältnis stehen[3]. Dies kann zB bei Mankoabreden (Anh. §§ 305-310 Rz. 2) der Fall sein. Bei dem Abwägungsvorgang können auch grundrechtlich geschützte Rechtspositionen zu beachten sein[4]. (3) Der Aspekt einer **gerechten Risikoverteilung** ist zu berücksichtigen. So kommt jetzt zB in § 615 Satz 3 zum Ausdruck, dass der ArbGeb das Betriebsrisiko trägt[5]. (4) Zu beachten sind auch einseitige **Kündigungserschwerungen**. Diese können zu unzumutbaren Beschränkungen der Vertrags- und Kündigungsfreiheit des ArbN führen. Dies hat das BAG zB im Zusammenhang mit Rückzahlungsklauseln für Ausbildungskosten geprüft[6]. (5) Zu beachten ist auch die **Verkehrssitte**, wobei aber eine missbräuchliche Übung die unangemessene Benachteiligung nicht ausschließt[7]. (6) Bei der angemessenen Risikoverteilung ist auch zu beachten, welche der Vertragsparteien das Risiko **versichern** kann[8].

23 **IV. Rechtsfolgen; Darlegungs- und Beweislast.** Verstößt eine Klausel in allgemeinen Arbeitsvertragsbedingungen gegen § 307, so ist sie unwirksam (§ 306, vgl. dazu die Kommentierung zu § 306). Auf einen Verstoß gegen § 307, aber auch auf die Verletzung der §§ 308, 309 muss eine Partei sich nicht berufen. Es handelt sich um einen Unwirksamkeitsgrund, der **von Amts wegen** zu beachten ist[9]. Die Darlegungs- und Beweislast spielt regelmäßig nur eine geringe Rolle, weil die Tatsachen zur Beurteilung der Frage der unangemessenen Benachteiligung oder eines Klauselverbots regelmäßig unstreitig sind, sich aus dem vorformulierten Vertragstext ergeben. Kommt es darauf an, richten sich die nach allgemeinen Grundsätzen. Diejenige Partei, welche sich auf die Unwirksamkeit einer Klausel beruft, trägt für die dafür maßgeblichen Tatsachen die Darlegungs- und Beweislast[10]. § 307 Abs. 2 regelt allerdings die **Vermutung einer unangemessenen Benachteiligung**. Beruft sich der ArbN auf diese Vermutung, zB das Abweichen vom gesetzlichen Leitbild, muss er dessen Voraussetzungen beweisen. Sodann muss der ArbGeb diese Vermutung entkräften, dh. ausreichende Gründe darlegen, dass die Benachteiligung des ArbN unter Berücksichtigung von Treu und Glauben nicht unangemessen ist[11].

308 *Klauselverbote mit Wertungsmöglichkeit*
In Allgemeinen Geschäftsbedingungen ist insbesondere unwirksam

1. (Annahme- und Leistungsfrist)

    eine Bestimmung, durch die sich der Verwender unangemessen lange oder nicht hinreichend bestimmte Fristen für die Annahme oder Ablehnung eines Angebots oder die Erbringung einer Leistung vorbehält; ausgenommen hiervon ist der Vorbehalt, erst nach Ablauf der Widerrufs- oder Rückgabefrist nach § 355 Abs. 1 und 2 und § 356 zu leisten;

2. (Nachfrist)

    eine Bestimmung, durch die sich der Verwender für die von ihm zu bewirkende Leistung abweichend von Rechtsvorschriften eine unangemessen lange oder nicht hinreichend bestimmte Nachfrist vorbehält;

3. (Rücktrittsvorbehalt)

    die Vereinbarung eines Rechts des Verwenders, sich ohne sachlich gerechtfertigten und im Vertrag angegebenen Grund von seiner Leistungspflicht zu lösen; dies gilt nicht für Dauerschuldverhältnisse;

4. (Änderungsvorbehalt)

    die Vereinbarung eines Rechts des Verwenders, die versprochene Leistung zu ändern oder von ihr abzuweichen, wenn nicht die Vereinbarung der Änderung oder Abweichung unter Berücksichtigung der Interessen des Verwenders für den anderen Vertragsteil zumutbar ist;

5. (Fingierte Erklärungen)

    eine Bestimmung, wonach eine Erklärung des Vertragspartners des Verwenders bei Vornahme oder Unterlassung einer bestimmten Handlung als von ihm abgegeben oder nicht abgegeben gilt, es sei denn, dass

---

1 ErfK/*Preis*, §§ 305–310 BGB Rz. 45 ff.; *Gotthardt*, Rz. 300. | 2 BGH v. 5.11.1991 – XI ZR 246/90, NJW 1992, 180 f.; Palandt/*Heinrichs*, § 307 BGB Rz. 9. | 3 Palandt/*Heinrichs*, § 307 BGB Rz. 10; *Ulmer/Brandner/Hensen*, § 9 AGBG Rz. 85. | 4 ZB BAG v. 16.3.1994 – 5 AZR 339/92, AP Nr. 18 zu § 611 BGB – Ausbildungsbeihilfe; BAG v. 24.10.2002 – 6 AZR 632/00, NZA 2003, 668 (670). | 5 *Gotthardt*, Rz. 300. | 6 ZB BAG v. 24.10.2002 – 6 AZR 632/00, NZA 2003, 668 ff. | 7 BGH v. 17.1.1989 – XI ZR 54/88, BGHZ 106, 259 (267). | 8 Palandt/*Heinrichs*, § 307 BGB Rz. 15. | 9 EuGH v. 27.6.2000 – verb. Rs. C-240/98 bis C-244/98, NJW 2000, 2571 f.; Palandt/*Heinrichs*, Vorb. v. § 307 BGB Rz. 7. | 10 BGH v. 21.11.1995 – XI ZR 255/94, NJW 1996, 388 (389); *Ulmer/Brandner/Hensen*, § 9 AGBG Rz. 162. | 11 *Ulmer/Brandner/Hensen*, § 9 AGBG Rz. 162.

a) dem Vertragspartner eine angemessene Frist zur Abgabe einer ausdrücklichen Erklärung eingeräumt ist und

b) der Verwender sich verpflichtet, den Vertragspartner bei Beginn der Frist auf die vorgesehene Bedeutung seines Verhaltens besonders hinzuweisen;

dies gilt nicht für Verträge, in die Teil B der Verdingungsordnung für Bauleistungen insgesamt einbezogen ist;

6. (Fiktion des Zugangs)

eine Bestimmung, die vorsieht, dass eine Erklärung des Verwenders von besonderer Bedeutung dem anderen Vertragsteil als zugegangen gilt;

7. (Abwicklung von Verträgen)

eine Bestimmung, nach der der Verwender für den Fall, dass eine Vertragspartei vom Vertrag zurücktritt oder den Vertrag kündigt,

a) eine unangemessen hohe Vergütung für die Nutzung oder den Gebrauch einer Sache oder eines Rechts oder für erbrachte Leistungen oder

b) einen unangemessen hohen Ersatz von Aufwendungen verlangen kann;

8. (Nichtverfügbarkeit der Leistung)

die nach Nummer 3 zulässige Vereinbarung eines Vorbehalts des Verwenders, sich von der Verpflichtung zur Erfüllung des Vertrags bei Nichtverfügbarkeit der Leistung zu lösen, wenn sich der Verwender nicht verpflichtet,

a) den Vertragspartner unverzüglich über die Nichtverfügbarkeit zu informieren und

b) Gegenleistungen des Vertragspartners unverzüglich zu erstatten.

I. Bedeutung. Kennzeichnend für die speziellen Klauselverbote mit Wertungsmöglichkeit ist, dass sie durchgängig **unbestimmte Rechtsbegriffe** verwenden, welche dem Rechtsanwender einen Wertungsspielraum eröffnen. Es ist deshalb unter Abwägung der Umstände im Einzelfall abzuwägen, ob die betreffende Allgemeine Geschäftsbedingung unangemessen benachteiligend ist oder nicht[1]. Kommentiert werden hier nur die für das Arbeitsrecht praktisch relevanten Klauselverbote[2].

II. Annahme- und Leistungsfrist. Im Arbeitsrecht dürften nur die von § 308 Nr. 1 erfassten Leistungsfristen eine Rolle spielen. Die Leistungsfrist muss die dem Verwender obliegende Leistung betreffen, mithin im Arbeitsrecht regelmäßig die Pflicht des ArbGeb zur Zahlung der Vergütung. Diese Frist darf nicht **unangemessen lang** oder **nicht hinreichend bestimmt** sein. Aus den sozialrechtlichen Wertungen (zB § 7 Abs. 1a SGB IV) folgt, dass die Vereinbarung auch von Langzeitarbeitskonten im Arbeitsrecht nicht an § 308 Nr. 1 scheitert[3]. Es liegt auch keine unangemessene Benachteiligung wegen Abweichung von § 614 vor. Auch bei Langzeitarbeitskonten muss aber hinreichend bestimmt sein, wann der ArbGeb zur Vergütungszahlung verpflichtet ist, was neben § 308 Nr. 1 ohnehin aus § 307 Abs. 1 Satz 2 folgt.

III. Änderungsvorbehalte. Änderungsvorbehalte spielen im Arbeitsrecht in verschiedenen Variationen eine große Bedeutung, zB in Form von Versetzungsklauseln oder Widerrufs- und Anrechnungsvorbehalten. § 308 Nr. 4 begrenzt die Möglichkeit des Verwenders, dh. des ArbGeb, die von ihm versprochene Leistung einseitig zu ändern. Unmittelbar gilt § 308 Nr. 4 deshalb nur für Änderungsvorbehalte bzgl. insb. des Arbeitsentgelts. Ein Änderungsvorbehalt ist unwirksam, wenn die Vereinbarung der Änderung oder ihre Abweichung unter Berücksichtigung der Interessen des Verwenders für den anderen Vertragsteil nicht zumutbar ist. Die Norm ist grundsätzlich auch im Arbeitsrecht anzuwenden[4]. Sie zeigt insb., dass auch einseitige Leistungsbestimmungsrechte der Inhaltskontrolle unterliegen. Die Änderungsvorbehalte werden zu Anh. §§ 305-310 Rz. 15 dargestellt. In der Sache ergibt sich für Änderungsvorbehalte, welche die Leistung des ArbGeb und für solche, welche Leistungspflichten des ArbN betreffen, kein Unterschied[5].

IV. Erklärungsfiktion. § 308 Nr. 5 beruht auf dem Grundsatz, dass Schweigen keine Willenserklärung darstellt[6] und gestattet Abweichungen nur unter bestimmten Grenzen. Erfasst sind nur Bestimmungen, nach denen eine **Erklärung** des Vertragspartners des Verwenders, mithin regelmäßig des ArbN, **fingiert** wird. Typischer Fall einer erfassten Erklärung ist die Annahme von Vertragsänderungen[7]. Das Klauselverbot findet im Arbeitsrecht Anwendung[8].

Es bietet sich für Arbeitsverträge an, derartige **Klauseln zur Vertragsanpassung** vorzusehen. Es wird dann nicht mehr auf die Frage ankommen, ob durch Weiterarbeit die neuen Arbeitsbedingungen konkludent angenommen worden sind, was das BAG bejaht hat, wenn der ArbN von der Änderung sofort betroffen wird[9]. Eine Klausel zur Vertragsanpassung bietet mehr Rechtssicherheit, wenn die erforder-

---

1 Vgl. dazu *Stoffels*, Rz. 576. | 2 Vgl. insoweit a. *Gotthardt*, Rz. 290. | 3 Dazu *Gotthardt*, Rz. 291. | 4 *Hromadka*, FS Dieterich, S. 265. | 5 Vgl. *Gotthardt*, Rz. 293. | 6 Palandt/*Heinrichs*, § 308 BGB Rz. 25. | 7 Vgl. *Ulmer/Brandner/Hensen*, § 10 Nr. 5 AGBG Rz. 8 mwN. | 8 *Gotthardt*, Rz. 294. | 9 Dazu zB BAG v. 1.8.2001 – 4 AZR 129/00, DB 2001, 2557 (2558).

lichen Voraussetzungen eingehalten sind. Der ArbGeb wird, da es typischerweise um Massengeschäfte geht, auch ein berechtigtes Interesse an einer solchen Änderungsklausel haben[1].

6 Mindestvoraussetzungen sind: (1) Dem ArbN muss **eine angemessene Frist** zur Abgabe einer Erklärung eingeräumt werden (§ 308 Nr. 5 lit. a). Die Länge der Frist richtet sich nach einer generalisierenden Interessenabwägung unter Berücksichtigung der bei den entsprechenden Geschäften typischen Umständen. Maßgeblich ist ua. die Art des Geschäfts und wie lange dem ArbN zur Entscheidungsfindung zuzubilligen ist[2]. Da der ArbGeb ein Interesse am Wirksamwerden der Vertragsänderung hat, sollte diese großzügig gewählt werden. Die Frist muss bereits im Arbeitsvertrag enthalten sein[3]. (2) **Hinweispflicht**: Bereits im Vertrag muss der ArbGeb sich verpflichten, den ArbN bei Beginn der Frist auf die Bedeutung seines Verhaltens hinzuweisen. Darüber hinaus muss der ArbGeb den Hinweis dann auch tatsächlich erteilen, wobei er den Zugang beweisen muss[4].

7 **V. Zugangsfiktionen.** § 308 Nr. 6 verbietet die vorformulierte Vereinbarung von Zugangsfiktionen für bestimmte Erklärungen. Die Norm findet im Arbeitsrecht Anwendung[5]. Erfasst sind alle **Erklärungen von besonderer Bedeutung**. Gemeint sind damit alle Erklärungen, die für den Empfänger, dh. regelmäßig den ArbN, mit nachteiligen Rechtsfolgen verbunden sind, wie zB Kündigungen oder Mahnungen[6]. § 308 Nr. 6 gilt, auch wenn vereinbart ist, dass die Erklärung als zugegangen gilt, wenn sie an die letzte bekannte Adresse des Empfängers versandt wurde[7] bzw. wenn als Zugangszeitpunkt derjenige festgelegt wird, der bei nicht geänderter Adresse gegolten hätte[8]. Auf das Zugangerfordernis kann auch nicht ganz verzichtet werden, zB der Zugang durch Aushang am schwarzen Brett ersetzt werden[9]. Für die praktisch wichtigste Erklärung, die Kündigung, folgt dies jedoch bereits aus § 623[10].

309 Klauselverbote ohne Wertungsmöglichkeit

Auch soweit eine Abweichung von den gesetzlichen Vorschriften zulässig ist, ist in Allgemeinen Geschäftsbedingungen unwirksam

1. (Kurzfristige Preiserhöhungen)

    eine Bestimmung, welche die Erhöhung des Entgelts für Waren oder Leistungen vorsieht, die innerhalb von vier Monaten nach Vertragsschluss geliefert oder erbracht werden sollen; dies gilt nicht bei Waren oder Leistungen, die im Rahmen von Dauerschuldverhältnissen geliefert oder erbracht werden;

2. (Leistungsverweigerungsrechte)

    eine Bestimmung, durch die

    a) das Leistungsverweigerungsrecht, das dem Vertragspartner des Verwenders nach § 320 zusteht, ausgeschlossen oder eingeschränkt wird oder

    b) ein dem Vertragspartner des Verwenders zustehendes Zurückbehaltungsrecht, soweit es auf demselben Vertragsverhältnis beruht, ausgeschlossen oder eingeschränkt, insbesondere von der Anerkennung von Mängeln durch den Verwender abhängig gemacht wird;

3. (Aufrechnungsverbot)

    eine Bestimmung, durch die dem Vertragspartner des Verwenders die Befugnis genommen wird, mit einer unbestrittenen oder rechtskräftig festgestellten Forderung aufzurechnen;

4. (Mahnung, Fristsetzung)

    eine Bestimmung, durch die der Verwender von der gesetzlichen Obliegenheit freigestellt wird, den anderen Vertragsteil zu mahnen oder ihm eine Frist für die Leistung oder Nacherfüllung zu setzen;

5. (Pauschalierung von Schadensersatzansprüchen)

    die Vereinbarung eines pauschalierten Anspruchs des Verwenders auf Schadensersatz oder Ersatz einer Wertminderung, wenn

    a) die Pauschale den in den geregelten Fällen nach dem gewöhnlichen Lauf der Dinge zu erwartenden Schaden oder die gewöhnlich eintretende Wertminderung übersteigt oder

    b) dem anderen Vertragsteil nicht ausdrücklich der Nachweis gestattet wird, ein Schaden oder eine Wertminderung sei überhaupt nicht entstanden oder wesentlich niedriger als die Pauschale;

---

1 Vgl. Palandt/*Heinrichs*, § 308 BGB Rz. 27. | 2 *Ulmer/Brandner/Hensen*, § 10 Nr. 5 AGBG Rz. 13. | 3 Hierzu *Ulmer/Brandner/Hensen*, § 10 Nr. 5 AGBG Rz. 13. | 4 Palandt/*Heinrichs*, § 308 BGB Rz. 26. | 5 *Gotthardt*, Rz. 294; Fenn, FS Söllner, S. 360; *Reinecke*, NZA 2000, Beil. 3, 23 (27). | 6 Palandt/*Heinrichs*, § 308 BGB Rz. 33. | 7 OLG Stuttgart v. 29.9.1978 – 2 U 81/78, BB 1979, 908 (909); *Gotthardt*, Rz. 294. | 8 BayObLG v. 18.12.1979 – BReg. 2 Z 11/79, NJW 1980, 2818 (2819 f.); MünchKomm/*Basedow*, § 10 Nr. 6 AGBG Rz. 3; *Gotthardt*, Rz. 294. Zu Empfangsvollmachten *Mauer*, DB 2002, 1442 (1447). | 9 Dazu *Gotthardt*, Rz. 294. | 10 Bader/Bram/Dörner/ *Wenzel*, § 623 BGB Rz. 33; *Schaub*, NZA 2000, 344 (347).

6. (Vertragsstrafe)

   eine Bestimmung, durch die dem Verwender für den Fall der Nichtabnahme oder verspäteten Abnahme der Leistung, des Zahlungsverzugs oder für den Fall, dass der andere Vertragsteil sich vom Vertrag löst, Zahlung einer Vertragsstrafe versprochen wird;

7. (Haftungsausschluss bei Verletzung von Leben, Körper, Gesundheit und bei grobem Verschulden)

   a) (Verletzung von Leben, Körper, Gesundheit)

   ein Ausschluss oder eine Begrenzung der Haftung für Schäden aus der Verletzung des Lebens, des Körpers oder der Gesundheit, die auf einer fahrlässigen Pflichtverletzung des Verwenders oder einer vorsätzlichen oder fahrlässigen Pflichtverletzung eines gesetzlichen Vertreters oder Erfüllungsgehilfen des Verwenders beruhen;

   b) (Grobes Verschulden)

   ein Ausschluss oder eine Begrenzung der Haftung für sonstige Schäden, die auf einer grob fahrlässigen Pflichtverletzung des Verwenders oder auf einer vorsätzlichen oder grob fahrlässigen Pflichtverletzung eines gesetzlichen Vertreters oder Erfüllungsgehilfen des Verwenders beruhen;

   die Buchstaben a und b gelten nicht für Haftungsbeschränkungen in den nach Maßgabe des Personenbeförderungsgesetzes genehmigten Beförderungsbedingungen und Tarifvorschriften der Straßenbahnen, Obusse und Kraftfahrzeuge im Linienverkehr, soweit sie nicht zum Nachteil des Fahrgasts von der Verordnung über die Allgemeinen Beförderungsbedingungen für den Straßenbahn- und Obusverkehr sowie den Linienverkehr mit Kraftfahrzeugen vom 27. Februar 1970 abweichen; Buchstabe b gilt nicht für Haftungsbeschränkungen für staatlich genehmigte Lotterie- oder Ausspielverträge;

8. (Sonstige Haftungsausschlüsse bei Pflichtverletzung)

   a) (Ausschluss des Rechts, sich vom Vertrag zu lösen)

   eine Bestimmung, die bei einer vom Verwender zu vertretenden, nicht in einem Mangel der Kaufsache oder des Werkes bestehenden Pflichtverletzung das Recht des anderen Vertragsteils, sich vom Vertrag zu lösen, ausschließt oder einschränkt; dies gilt nicht für die in der Nummer 7 bezeichneten Beförderungsbedingungen und Tarifvorschriften unter den dort genannten Voraussetzungen;

   b) (Mängel)

   eine Bestimmung, durch die bei Verträgen über Lieferungen neu hergestellter Sachen und über Werkleistungen

   aa) (Ausschluss und Verweisung auf Dritte)

   die Ansprüche gegen den Verwender wegen eines Mangels insgesamt oder bezüglich einzelner Teile ausgeschlossen, auf die Einräumung von Ansprüchen gegen Dritte beschränkt oder von der vorherigen gerichtlichen Inanspruchnahme Dritter abhängig gemacht werden;

   bb) (Beschränkung auf Nacherfüllung)

   die Ansprüche gegen den Verwender insgesamt oder bezüglich einzelner Teile auf ein Recht auf Nacherfüllung beschränkt werden, sofern dem anderen Vertragsteil nicht ausdrücklich das Recht vorbehalten wird, bei Fehlschlagen der Nacherfüllung zu mindern oder, wenn nicht eine Bauleistung Gegenstand der Mängelhaftung ist, nach seiner Wahl vom Vertrag zurückzutreten;

   cc) (Aufwendungen bei Nacherfüllung)

   die Verpflichtung des Verwenders ausgeschlossen oder beschränkt wird, die zum Zwecke der Nacherfüllung erforderlichen Aufwendungen, insbesondere Transport-, Wege-, Arbeits- und Materialkosten, zu tragen;

   dd) (Vorenthalten der Nacherfüllung)

   der Verwender die Nacherfüllung von der vorherigen Zahlung des vollständigen Entgelts oder eines unter Berücksichtigung des Mangels unverhältnismäßig hohen Teils des Entgelts abhängig macht;

   ee) (Ausschlussfrist für Mängelanzeige)

   der Verwender dem anderen Vertragsteil für die Anzeige nicht offensichtlicher Mängel eine Ausschlussfrist setzt, die kürzer ist als die nach dem Doppelbuchstaben ff zulässige Frist;

   ff) (Erleichterung der Verjährung)

   die Verjährung von Ansprüchen gegen den Verwender wegen eines Mangels in den Fällen des § 438 Abs. 1 Nr. 2 und des § 634a Abs. 1 Nr. 2 erleichtert oder in den sonstigen Fällen eine weniger als ein Jahr betragende Verjährungsfrist ab dem gesetzlichen Verjährungsbeginn erreicht wird; dies gilt nicht für Verträge, in die Teil B der Verdingungsordnung für Bauleistungen insgesamt einbezogen ist;

9. (Laufzeit bei Dauerschuldverhältnissen)

bei einem Vertragsverhältnis, das die regelmäßige Lieferung von Waren oder die regelmäßige Erbringung von Dienst- oder Werkleistungen durch den Verwender zum Gegenstand hat,

a) eine den anderen Vertragsteil länger als zwei Jahre bindende Laufzeit des Vertrags,

b) eine den anderen Vertragsteil bindende stillschweigende Verlängerung des Vertragsverhältnisses um jeweils mehr als ein Jahr oder

c) zu Lasten des anderen Vertragsteils eine längere Kündigungsfrist als drei Monate vor Ablauf der zunächst vorgesehenen oder stillschweigend verlängerten Vertragsdauer;

dies gilt nicht für Verträge über die Lieferung als zusammengehörig verkaufter Sachen, für Versicherungsverträge sowie für Verträge zwischen den Inhabern urheberrechtlicher Rechte und Ansprüche und Verwertungsgesellschaften im Sinne des Gesetzes über die Wahrnehmung von Urheberrechten und verwandten Schutzrechten;

10. (Wechsel des Vertragspartners)

eine Bestimmung, wonach bei Kauf-, Dienst- oder Werkverträgen ein Dritter anstelle des Verwenders in die sich aus dem Vertrag ergebenden Rechte und Pflichten eintritt oder eintreten kann, es sei denn, in der Bestimmung wird

a) der Dritte namentlich bezeichnet oder

b) dem anderen Vertragsteil das Recht eingeräumt, sich vom Vertrag zu lösen;

11. (Haftung des Abschlussvertreters)

eine Bestimmung, durch die der Verwender einem Vertreter, der den Vertrag für den anderen Vertragsteil abschließt,

a) ohne hierauf gerichtete ausdrückliche und gesonderte Erklärung eine eigene Haftung oder Einstandspflicht oder

b) im Falle vollmachtsloser Vertretung eine über § 179 hinausgehende Haftung

auferlegt;

12. (Beweislast)

eine Bestimmung, durch die der Verwender die Beweislast zum Nachteil des anderen Vertragsteils ändert, insbesondere indem er,

a) diesem die Beweislast für Umstände auferlegt, die im Verantwortungsbereich des Verwenders liegen, oder

b) den anderen Vertragsteil bestimmte Tatsachen bestätigen lässt;

Buchstabe b gilt nicht für Empfangsbekenntnisse, die gesondert unterschrieben oder mit einer gesonderten qualifizierten elektronischen Signatur versehen sind.

13. (Form von Anzeigen und Erklärungen)

eine Bestimmung, durch die Anzeigen oder Erklärungen, die dem Verwender oder einem Dritten gegenüber abzugeben sind, an eine strengere Form als die Schriftform oder an besondere Zugangserfordernisse gebunden werden.

1 I. **Allgemeines.** Im Unterschied zu § 308 enthält § 309 Klauselverbote ohne Wertungsmöglichkeit. Diese Klauselverbote sind **strikter Natur**, weil hier die Unangemessenheit kraft gesetzgeberischer Wertung eintritt, so dass im Einzelfall eine weitere inhaltliche Prüfung nicht erforderlich ist, d.h. eine zusätzliche Wertungsinstanz ist nicht eröffnet[1]. Zu beachten ist aber, dass sich Abweichungen aufgrund der **Besonderheiten des Arbeitsrechts** ergeben können (dazu § 310 Rz. 24 f.). Kommentiert sind nur die Klauselverbote mit praktischer Relevanz für das Arbeitsrecht[2].

2 II. **Leistungsverweigerungsrechte.** Das Klauselverbot in § 309 Nr. 2 schützt den Vertragspartner des Verwenders davor, dass die Zurückbehaltungsrechte aus §§ 273, 320 ausgeschlossen oder eingeschränkt werden. Der Gesetzgeber sieht in § 320 ein grundlegendes **Gebot vertraglicher Abwicklungsgerechtigkeit** verwirklicht und auch § 273 beruht auf einem Gerechtigkeitsgebot[3]. Der Anwendungsbereich im Arbeitsrecht ist eingeschränkt, weil die Begründung einer **Vorleistungspflicht** bereits nicht unter das Klauselverbot fällt[4]. Die Vorleistungspflicht des ArbN mit seiner Arbeitsleistung ist das gesetzliche Leitbild (§ 614), so dass darin auch unter dem Maßstab des § 307 Abs. 1 keine unangemessene Benachteiligung liegt.

3 Das Klauselverbot findet jedoch auch im Arbeitsrecht Anwendung, weil arbeitsrechtliche Besonderheiten dem nicht entgegenstehen[5]. Der ArbGeb kann deshalb in einem Formulararbeitsvertrag das **Zurückbehaltungsrecht des ArbN** an der Arbeitsleistung **bei Lohnrückständen** nicht ausschließen[6]. Ver-

---

1 *Stoffels*, Rz. 577. | 2 Vgl. *Gotthardt*, Rz. 273. | 3 *Stoffels*, Rz. 829 f. | 4 BGH v. 12.3.1987 – VII ZR 37/86, BGHZ 100, 158 (161). | 5 *Gotthardt*, Rz. 274. | 6 *Gotthardt*, Rz. 274; *Preis*, II Z 20 Rz. 34; Palandt/*Putzo*, Einf. v. § 611 BGB Rz. 75c.

boten ist nicht nur der **Ausschluss**, sondern auch die **Einschränkung** der Zurückbehaltungsrechte, was zB dann der Fall ist, wenn die Ausübung des Zurückbehaltungsrechts an bestimmte, die gesetzlichen Regeln verschärfende Anforderungen geknüpft wird[1]. So darf der ArbGeb das Zurückbehaltungsrecht des ArbN wegen Lohnrückständen zB nicht davon abhängig machen, dass diese Lohnrückstände vom ArbGeb anerkannt oder bereits abgerechnet sind.

III. Aufrechnungsverbot. Das Klauselverbot des § 309 Nr. 3 gilt auch im Arbeitsrecht und kann zB bei zum Inkasso berechtigten Vertretern relevant werden[2]. Anders als das Zurückbehaltungsrecht ist die Abbedingung des Aufrechnungsrechtes des ArbN nicht generell untersagt. Das Aufrechnungsverbot gilt nur für **unbestrittene** und **rechtskräftig festgestellte Forderungen**. Unbestritten ist eine Forderung, wenn ihrer Schlüssigkeit kein erhebliches Gegenvorbringen entgegensteht, also auch, wenn sie ihrerseits mit einer unschlüssigen Gegenaufrechung bekämpft wird[3]. Überwiegend wird zudem angenommen, dass entscheidungsreife Forderungen unbestrittenen Forderungen gleichzustellen sind[4]. Wird die Aufrechnung mit verjährten Forderungen, die gemäß § 215 zulässig ist, ausgeschlossen, so liegt kein Verstoß gegen § 309 Nr. 3, wohl aber gegen § 307 vor[5]. **Rechtsfolge** des Verstoßes gegen § 309 Nr. 3 ist grundsätzlich die Gesamtnichtigkeit des Aufrechnungsverbotes[6]. Allerdings hat die Rspr. durch restriktive Auslegung des Klauselinhalts diese in mehreren Fällen vor der Gesamtnichtigkeit bewahrt[7].

IV. Mahnung und Fristsetzung. § 309 Nr. 4 führt dazu, dass der Grundsatz, dass Verzug erst nach Mahnung eintritt (§ 286 Abs. 1), sowie das Erfordernis einer Nachfrist durch allgemeine Geschäftsbedingungen nicht abbedungen werden können. Allerdings können die gesetzlichen Ausnahmen vom Erfordernis einer Mahnung (§ 286 Abs. 2, 3) wiederholt werden[8]. Das Klauselverbot erfasst auch Vertragsgestaltungen, mit denen der Verwender, dh. der ArbGeb eine **Rechtsfolge für sich in Anspruch nimmt, die nach dem Gesetz erst aufgrund einer Mahnung eintritt**[9]. Dies bedeut zB, dass der ArbGeb sich in den Arbeitsvertragsbedingungen nicht wirksam versprechen lassen kann, dass die Kosten auch der ersten Mahnung der ArbN trägt[10]. Dies kann zB bzgl. Rückzahlungsverpflichtungen in Folge einer Überzahlung des ArbN relevant werden.

V. Pauschalierung von Schadensersatzansprüchen. Aus § 309 Nr. 5 folgt, dass die Pauschalierung von Schadensersatzansprüchen in Allgemeinen Geschäftsbedingungen **grundsätzlich zulässig** ist, aber bestimmten Grenzen unterliegt. Die Schadenspauschalierung ist von der **Vertragsstrafe abzugrenzen**. Erstere dient lediglich dazu, den Schadensnachweis zu ersparen. Die Vertragsstrafe hingegen hat eine Doppelfunktion. Sie soll ebenfalls den Schadensnachweis entbehrlich machen, andererseits aber die Erfüllung der Hauptleistungspflicht sichern. Für die Abgrenzung ist entscheidend, ob es ausschließlich darum geht, den Schadensnachweis entbehrlich zu machen, oder aber, ob es auch und vor allem darum geht, den Schuldner zur Erfüllung seiner Verbindlichkeit anzuhalten[11]. Zwar werden Klauseln in Arbeitsverträgen, für den Fall des Vertragsbruchs des ArbN regelmäßig als Vertragsstrafen angesehen[12], doch kommen in Arbeitsverträgen durchaus auch schadenspauschalierende Klauseln vor. Auf diese ist § 309 Nr. 5 anwendbar[13].

§ 309 Nr. 5 stellt inhaltliche Anforderungen an eine zulässige Schadenspauschalierung. Die **Höhe der Pauschale** darf nach dem gewöhnlichen Lauf der Dinge zu erwartenden Schaden nicht überschreiten. Abzustellen ist dabei in generalisierender Betrachtungsweise auf den branchentypischen Durchschnittsschaden[14]. Der Verwender darf sich den Nachweis eines höheren Schadens vorbehalten, muss dies aber unzweideutig zum Ausdruck bringen[15]. Nach § 309 Nr. 5 lit. b ist zudem erforderlich, dass dem Vertragspartner der **Nachweis** gestattet wird, dass **kein Schaden** entstanden oder dieser wesentlich niedriger als die Pauschale ist. Die Darlegungs- und Beweislast für einen geringeren Schaden trifft – bei wirksamer Schadenspauschalierung – den Vertragspartner des Verwenders, dh. den ArbN[16].

VI. Vertragsstrafe. Eine der umstrittensten Fragen der §§ 305 ff. ist diejenige, welche Auswirkungen das Klauselverbot des § 309 Nr. 6 auf die **Zulässigkeit von Vertragsstrafen im Arbeitsrecht** hat. Das Klauselverbot normiert verschiedene Verbotstatbestände. Praktisch relevant dürfte nur derjenige Tatbestand werden, welcher Bestimmungen für unwirksam erklärt, mit denen der Verwender für den Fall, dass sich der andere Vertragsteil vom Vertrag löst, sich die Zahlung einer Vertragsstrafe versprechen lässt. Eine **Lösung vom Vertrag** liegt immer dann vor, wenn der Kunde zu erkennen gibt, dass er sich an den Vertrag nicht mehr gebunden fühlt[17]. Der Wortlaut erfasst deshalb Vertragsstrafenklauseln, welche der ArbGeb für den Fall des Vertragsbruchs des ArbN vorsieht.

---

1 *Stoffels*, Rz. 834. |2 Vgl. *Gotthardt*, Rz. 275; *Preis*, II A 110 Rz. 15; Palandt/*Putzo*, Einf. v. § 611 BGB Rz. 75c. |3 BGH v. 26.11.1984 – VIII ZR 217/833, NJW 1985, 1556 (1558); *Ulmer/Brandner/Hensen*, § 11 Nr. 3 AGBG Rz. 3. |4 *Stoffels*, Rz. 851. |5 OLG Hamm v. 17.5.1993 – 17 U 7/92, NJW-RR 1993, 1082; Palandt/*Heinrichs*, § 309 BGB Rz. 17. |6 BGH v. 16.10.1984 – X ZR 97/83, NJW 1985, 319 (320). |7 Beispiele bei *Stoffels*, Rz. 853. |8 Palandt/*Heinrichs*, § 309 BGB Rz. 22. |9 BGH v. 8.10.1987 – VII ZR 185/86, NJW 1988, 258; *Ulmer/Brandner/Hensen*, § 11 Nr. 4 AGBG Rz. 4. |10 Vgl. *Stoffels*, Rz. 881. |11 BGH v. 6.11.1967 – VIII ZR 81/65, BGHZ 49, 84 (89); *Stoffels*, Rz. 886; zur Druckfunktion auch BGH v. 12.3.2003 – XII ZR 18/00, NJW 2003, 2158 (2160 f.). |12 MünchKomm/*Gottwald*, vor § 339 BGB Rz. 31. |13 *Gotthardt*, Rz. 281; *Schaub/Linck*, § 51 Rz. 16 a. |14 BGH v. 16.1.1984 – II ZR 100/83, NJW 1984, 2093 f.; *Ulmer/Brandner/Hensen*, § 11 Nr. 5 AGBG Rz. 14. |15 Palandt/*Heinrichs*, § 309 BGB Rz. 25. |16 Palandt/*Heinrichs*, § 309 BGB Rz. 31. |17 *Stoffels*, Rz. 911.

9   Die bisherige Rspr. hat dieses Klauselverbot auf Arbeitsverträge nicht angewandt[1]. Die erste instanzrechtliche Rspr. geht jedoch nach der Erstreckung des Anwendungsbereichs der §§ 305 ff. auch auf Arbeitsverhältnisse überwiegend davon aus, dass § 309 Nr. 6 jetzt auch im Arbeitsrecht zu beachten ist[2]. Dem ist das BAG zu Recht nicht gefolgt[3]. **§ 309 Nr. 6 verbietet Vertragsstrafen für den Fall der Vertragsaufsage des ArbN nicht**. Dem stehen die Besonderheiten des Arbeitsrechts entgegen. Dies folgt zunächst daraus, dass das Klauselverbot von seiner Intention her nicht passt, denn es ist primär an Erscheinungsbild des zahlungspflichtigen Kunden orientiert ist[4]. Damit stimmt überein, dass teilweise sogar vertreten wird, dass Vertragsstrafen für alle Dienstleistungspflichten von § 309 Nr. 6 nicht erfasst seien[5]. Auch aus der Norm des § 888 Abs. 3 ZPO ergibt sich eine arbeitsrechtliche Besonderheit, weil Besonderheit des Arbeitsrechts auch eine im Dienstvertragsrecht wurzelnde und sich in den Arbeitsvertrag als unselbständigen Dienstvertrag hin fortsetzende Besonderheit sein kann[6]. Zudem zeigen die § 75c HGB und § 5 Abs. 2 Nr. 2 BBiG, dass Vertragsstrafen im Arbeitsrecht grundsätzlich für zulässig erachtet werden[7]. Die Nichtanwendung des § 309 Nr. 6 im Arbeitsrecht stimmt zudem damit überein, dass die Norm auf Situationen zugeschnitten ist, in denen dem Verwender der Nachweis eines Schadens regelmäßig nicht schwer fällt und ein Schadensersatzanspruch deshalb als Sanktion für die Vertragsverletzung zur Verfügung steht. Bei einem Vertragsbruch des ArbN ist dies jedoch nicht der Fall, vielmehr hat der ArbGeb zumeist erhebliche Beweisschwierigkeiten in Bezug auf einen Schaden[8]. Die hier vertretene Ansicht vermeidet auch **Wertungswidersprüche**. Das Klauselverbot erfasst nämlich nur einen Ausschnitt von Vertragsstrafenabreden. Keinesfalls kann aus dem eng begrenzten Tatbestand ein generelles Verbot von Vertragsstrafen im Arbeitsrecht abgeleitet werden[9]. Es ist jedoch nicht einzusehen, warum der praktisch wichtigste Fall, nämlich die Lösung des ArbN vom Vertrag nicht vertragsstrafenbewehrt sein darf, dies jedoch in anderen Konstellationen zulässig ist, zB wenn der ArbN einen wichtigen Grund zur Kündigung des Arbeitsverhältnisses durch den ArbGeb setzt[10]. Für eine Differenzierung fehlt ein sachlicher Grund, was ebenfalls dafür spricht § 309 Nr. 6 im Arbeitsrecht nicht anzuwenden. Darüber hinaus unterliegen Vertragsstrafenabreden jedoch der allgemeinen Inhaltskontrolle.

10   **VII. Haftungsausschluss bei Verletzung von Leben, Körper, Gesundheit und bei grobem Verschulden.** Das Klauselverbot des § 309 Nr. 7 erfasst in seinem **Anwendungsbereich** Schadensersatzansprüche auf vertraglicher Grundlage, aber auch auf deliktischer Grundlage[11].

11   § 309 Nr. 7 normiert in lit. a zunächst ein Klauselverbot für die Haftung des Verwenders, dh. des ArbGeb, für Schäden aus der **Verletzung des Lebens, des Körpers oder der Gesundheit** des ArbN. Die Haftung ist nunmehr bei keiner Art von Fahrlässigkeit mehr einschränkbar, nicht einmal bei leichtester Fahrlässigkeit[12]. Unzulässig ist der Ausschluss und die Begrenzung der Haftung. Unzulässig sind daher zB Beschränkungen der Höhe des Anspruchs oder aber der Ausschluss bestimmter Schäden[13], ebenso wie die Verkürzung der Verjährungsfristen[14]. Unwirksam ist auch ein mittelbarer Haftungsausschluss, wenn bereits die Sorgfaltspflicht des ArbGeb, welche Grundlage für die Haftung ist, abbedungen wird oder ein bestimmtes Risiko allein dem ArbN auferlegt wird[15]. Unzulässig ist es auch unter Umgehung des Klauselverbotes den ArbN auf ihm ansonsten zustehende Schadensersatzansprüche verzichten zu lassen[16]. Der praktische Anwendungsbereich dieses Verbotes ist jedoch wegen der Haftungsfreistellung des ArbGeb in § 104 SGB VII gering.

12   § 309 Nr. 7 lit. b verbietet den Ausschluss oder die Begrenzung der Haftung für sonstige Schäden, die auf einer **grob fahrlässigen Pflichtverletzung** des Verwenders, dh. des ArbGeb beruhen. Erfasst ist damit die **Haftung des ArbGeb für Sachschäden des ArbN**. Dieses Klauselverbot ist auch im Arbeitsrecht anzuwenden[17]. Letztlich wird damit nur die bisherige Rspr. des BAG kodifiziert, das bereits bisher eine Haftungsbegrenzung des ArbGeb bei grober Fahrlässigkeit verneint hatte[18]. Wie bereits ausgeführt gilt dies sowohl für die vertragliche als auch für die deliktische Haftung (Rz. 10). Maßstab für

---

1 BAG v. 23.5.1984 – 4 AZR 129/82, AP Nr. 9 zu § 339 BGB; BAG v. 27.5.1992 – 5 AZR 324/91, EzA § 339 BGB Nr. 8; BAG v. 27.4.2000 – 8 AZR 301/99. | 2 LAG Düsseldorf v. 8.1.2003 – 12 Sa 1301/02, NZA 2003, 382; LAG Hamm v. 24.1.2003 – 10 Sa 1158/02, NZA 2003, 499 (500); LAG BW v. 10.4.2003 – 11 Sa 17/03, DB 2003, 2551 f.; LAG Frankfurt v. 25.4.2003 – 17 Sa 1723/02; LAG Frankfurt v. 7.5.2003 – 2 Sa 53/03; aA ArbG Duisburg v. 14.8.2002 – 3 Ca 1676/02, NZA 2002, 1038; zum Streitstand in der Lit. *Gotthardt*, Rz. 277 f. | 3 BAG v. 4.3.2004 – 8 AZR 196/03. | 4 *Stoffels*, S. 210. | 5 *Wolf/Horn/Lindacher*, § 11 Nr. 6 AGBG Rz. 23; s. a. *Ulmer/Brandner/Hensen*, § 11 Nr. 6 AGBG Rz. 15 Sachleistungsschuldner nicht erfasst; aA *Palandt/Heinrichs*, § 309 BGB Rz. 37. | 6 *Gotthardt*, Rz. 277; aA LAG Hamm v. 24.1.2003 – 10 Sa 1158/02, NZA 2003, 499 (501); LAG BW v. 10.4.2003 – 11 Sa 17/03, DB 2003, 2551 f.; *Thüsing*, NZA 2002, 591 (592). | 7 *Schaub/Linck*, § 60 Rz. 4; ErfK/*Müller-Glöge*, §§ 339–345 BGB Rz. 11; zur Aufhebung des § 134 GewO aber *Löwisch*, FS Wiedemann, S. 318 f. | 8 BAG v. 23.5.1984 – 4 AZR 129/82, AP Nr. 9 zu § 339 BGB; *Gotthardt*, Rz. 278; *Preis/Stoffels*, II V 30 Rz. 21. | 9 LAG Hamm v. 14.4.2003 – 7 Sa 1881/02, NZA-RR 2003, 513 (515); i Grds LAG Frankfurt v. 25.4.2003 – 17 Sa 1723/02; aA *von Koppenfels*, NZA 2002, 598 (602). | 10 Für eine Anwendung des § 309 Nr. 6 BGB aber, wenn Erfüllungsverweigerung des ArbN Grund für die fristlose Kündigung ist, LAG Frankfurt v. 25.4.2003 – 17 Sa 1723/02. | 11 BGH v. 15.2.1995 – VIII ZR 93/94, NJW 1995, 1488 (1489); *Palandt/Heinrichs*, § 309 BGB Rz. 41. | 12 *Thüsing*, Rz. 128. | 13 *Palandt/ Heinrichs*, § 309 BGB Rz. 44. | 14 BGH v. 4.5.1995 – I ZR 90/93, NJW 1995, 2224 (2225). | 15 Vgl. BGH v. 12.12.2000 – XI ZR 138/00, NJW 2001, 751 ff.; *Palandt/Heinrichs*, § 309 BGB Rz. 44. | 16 *Thüsing*, Rz. 129. | 17 *Gotthardt*, Rz. 283; *Thüsing*, Rz. 131. | 18 BAG v. 5.3.1959 – 2 AZR 268/56, AP Nr. 26 zu § 611 BGB – Fürsorgepflicht.

den Ausschluss der Haftung für einfache Fahrlässigkeit ist § 307[1]. Bzgl. der **verschuldensunabhängigen Haftung des ArbGeb für arbeitsbedingte Eigenschäden** des ArbN gilt Folgendes. Die Rspr. leitet die Haftung aus einer analogen Anwendung des § 670 ab[2]. Ob diese Haftung dispositiv ist, ist bislang nicht abschließend geklärt[3]. Es spricht allerdings viel dafür, auch hier eine Inhaltskontrolle gemäß § 307 vorzunehmen[4]. So ergeben sich auch angemessene Ergebnisse. Es lässt sich begründen, warum Regelungen, welche dem ArbN eine Pauschalabgeltung einräumen, zulässig sind[5], eine völlige Haftungsfreizeichnung des ArbGeb jedoch nicht[6].

VIII. Wechsel des Vertragspartners. § 309 Nr. 10 stellt für Vertragsklauseln in Allgemeinen Geschäftsbedingungen, die zu einem Wechsel des Vertragspartners führen können, besondere Vorrausetzungen auf. Zulässig ist eine solche Bestimmung, wenn der Dritte namentlich besonders bezeichnet ist oder aber wenn dem anderen Teil das Recht eingeräumt ist, sich vom Vertrag zu lösen. Der Anwendung dieser Norm stehen **arbeitsrechtliche Besonderheiten** entgegen[7]. Insbesondere sind Konzernversetzungsklauseln nicht an § 309 Nr. 10 zu prüfen. Die in § 309 Nr. 10 aufgestellten Voraussetzungen vertragen sich nicht mit arbeitsrechtlichen Wertungen. Allein die namentliche Nennung des Vertragsübernehmers kann nicht das zwingende Kündigungsrecht bzgl. des ursprünglichen Vertrages abbedingen[8]. Die Einräumung eines Lösungsrechts vom Vertrag, passt nicht zum Bestandsschutzbedürfnis des ArbN, weil auch § 613a Abs. 6 ein Widerspruchsrecht normiert[9].

IX. Beweislast. § 309 Nr. 12, 12 lit. a verbietet **Beweislastveränderungen** in Allgemeinen Geschäftsbedingungen. Der Gesetzgeber geht davon aus, dass Beweislastregeln Ausdruck materieller Gerechtigkeitsgebote sind. Die Änderung dieser Grundsätze ist geeignet, dem ArbN die Rechtsverfolgung unzumutbar zu erschweren oder diese gar gänzlich zu verhindern[10]. Erfasst ist die Änderung gesetzlicher, aber auch richterrechtlicher Beweislastgrundsätze, wobei § 309 Nr. 12 lit. a keine eigenständige Bedeutung hat[11]. Die Bestimmung verbietet zudem jede Veränderung der Beweisposition. Unzulässig ist es auch, den ArbN mit bestimmten Beweismitteln auszuschließen oder aber die Anforderungen des Anscheinsbeweises zu ändern, zB zu formulieren, dass unter bestimmten Voraussetzungen der erste Anschein einer für den ArbN nachteiligen Tatsache gilt[12]. Abstrakte Schuldanerkenntnis werden von § 309 Nr. 12 nicht erfasst[13]. Das Klauselverbot ist im Arbeitsrecht anwendbar[14]. Im Bereich der ArbN-Haftung hat die Norm jedoch nur dann einen Anwendungsbereich, wenn man § 619a nicht als zwingendes Recht ansieht (Anh. §§ 305–310 Rz. 1).

§ 309 Nr. 12 lit. b untersagt Bestimmungen, mit denen der ArbGeb sich bestimmte **Tatsachen bestätigen** lässt. Die Beweislast darf deshalb nicht dadurch verändert werden, dass der Verwender sich bestimmte Tatsachen bestätigen lässt. Erfasst sind Erklärungen über die Bestätigung rechtlich relevanter Umstände, Wissenserklärungen und Erklärungen über rein tatsächliche Vorgänge[15]. Unwirksam ist deshalb zB die Klausel, die Allgemeinen Geschäftsbedingungen seien im Einzelnen ausgehandelt[16]. Unwirksam sind auch Klauseln, die sich über den Umfang oder die tatsächliche Vornahme einer Aufklärung oder Beratung verhalten[17]. Dies kann Bedeutung erlangen, wenn in einem Aufhebungsvertrag eine entsprechende Klausel bzgl. der Aufklärung des ArbN über die sozialversicherungsrechtlichen Folgen enthalten ist. Umstritten ist, wie sog. **Vollständigkeitsklauseln** zu behandeln sind, wie zB die Klausel „Mündliche Nebenabreden sind nicht getroffen", die auch in Arbeitsverträgen vorkommen. Eine strenge Betrachtungsweise sieht hierin nicht nur die Wiederholung der Vermutung der Vollständigkeit und Richtigkeit einer Vertragsurkunde, sondern sieht die Gefahr der Klausel darin, dass der ArbN davon abgehalten werden könne, sich überhaupt auf mündliche Nebenabreden zu berufen[18].

Empfangsbekenntnisse in Allgemeinen Geschäftsbedingungen sind grds. unwirksam. Dies gilt zB für die in einem Arbeitsvertrag enthaltene Formulierung, der ArbN habe das Arbeitsentgelt für einen bestimmten Zeitraum bereits erhalten[19]. Nicht anderes gilt für die Klausel, der ArbN habe eine Wettbewerbsabrede bereits erhalten[20]. **Wirksam** sind Empfangsbekenntnisse nur, wenn sie gesondert unterschrieben oder mit einer gesonderten qualifizierten elektronischen Signatur versehen sind. Nicht erforderlich ist dazu eine eigene Urkunde. Der Erklärungstext muss jedoch vom übrigen Vertragstext

---

1 Dazu Staudinger/*Coester*, § 9 AGBG Rz. 336 ff. | 2 BAG v. 25.5.2000 – 8 AZR 518/99, NJW 2000, 3369 (3371). | 3 Vgl. dazu ErfK/*Preis*, § 619a BGB Rz. 111. | 4 AA *Thüsing*, Rz. 132 für zwingendes Recht. | 5 ZB BAG v. 30.4.1992 – 8 AZR 409/91, AP Nr. 11 zu § 611 BGB – Gefährdungshaftung des Arbeitgebers. | 6 Ebenso ErfK/*Preis*, § 619a BGB Rz. 111; s. a. LAG Nds. v. 11.6.2002 – 13 Sa 53/02. | 7 *Gotthardt*, Rz. 285; aA *Hümmerich*, NZA 2003, 753 (758). | 8 Hierzu *Preis*, II D 30 Rz. 64 ff. | 9 *Gotthardt*, Rz. 285; aA *Löwisch*, FS Wiedemann, S. 319 für nicht gewerbliche Arbeitnehmerüberlassung. | 10 *Stoffels*, Rz. 1034. | 11 *Palandt/Heinrichs*, § 309 BGB Rz. 100. | 12 *Ulmer/Brandner/Hensen*, § 11 Nr. 15 AGBG Rz. 11 f. | 13 HM BGH v. 5.3.1991 – XI ZR 75/90, BGHZ 114, 9 (12); *Palandt/Heinrichs*, § 309 BGB Rz. 100; *Stoffels*, Rz. 1041; *Ulmer/Brandner/Hensen*, § 11 Nr. 15 AGBG Rz. 13. | 14 *Henssler*, RdA 2002, 129 (133); *Gotthardt*, Rz. 286; bisher BAG v. 16.3.1994 – 5 AZR 339/92, AP Nr. 18 zu § 611 BGB – Ausbildungsbeihilfe. | 15 *Ulmer/Brandner/Hensen*, § 11 Nr. 15 AGBG Rz. 18 ff. | 16 Vgl. BGH v. 28.1.1987 – IVa ZR 173/85, BGHZ 99, 374 (379. | 17 *Ulmer/Brandner/Hensen*, § 11 Nr. 15 AGBG Rz. 20. | 18 So zB *Stoffels*, Rz. 683; *Ulmer/Brandner/Hensen*, § 11 Nr. 15 AGBG Rz. 21 jeweils mwN. | 19 So ArbG Düsseldorf v. 14.5.2003 – 10 Ca 11163/02, nv. | 20 *Gotthardt*, Rz. 287.

BGB § 309 Rz. 17 Klauselverbote ohne Wertungsmöglichkeit

deutlich abgesetzt sein[1]. Die gesonderte Unterschrift muss sich zudem nur auf das Empfangskenntnis beziehen und keinerlei weitere Erklärung umfassen[2].

17 **X. Form von Anzeigen und Erklärungen.** § 309 Nr. 13 will – als Gegenstück zu § 308 Nr. 6 – verhindern, das dem ArbN durch die Vereinbarung besonderer Form- oder Zugangserfordernisse die **Wahrnehmung seiner Rechte erschwert** wird[3]. Erfasst sind jedoch nur Anzeigen und Erklärungen des ArbN, nicht solche des ArbGeb. Nicht erfasst sind auch vertragliche Abreden[4]. Arbeitsrechtliche Besonderheiten stehen dem Klauselverbot nicht entgegen[5].

18 Eine strengere Form als die **Schriftform** (§§ 126, 127) darf nicht vorgeschrieben werden. Der Umkehrschluss ergibt, dass die Einhaltung der Schriftform stets verlangt werden kann[6]. Jede darüber hinausgehende Erschwerung ist unzulässig, wie zB die Vereinbarung, dass Erklärungen des ArbN eigenhändig verfasst sein müssen[7]. Die Kündigung darf nicht an ein über § 623 hinausgehendes Formerfordernis gebunden werden[8].

19 Besondere **Zugangserfordernisse** können ebenfalls nicht wirksam vereinbart werden. Die Klausel darf nicht von der gesetzlichen Regelung des Zugangs iSv. § 130 abweichen. Unwirksam ist zB die Vereinbarung, wonach die Kündigung durch eingeschrieben Brief zu erfolgen hat[9]. Umstritten ist, ob die im Arbeitsrecht häufig vorkommenden **zweistufigen Ausschlussfristen** danach noch zulässig sind. Dies ist zu bejahen[10], weil bei einer Ausschlussfrist, die an die gerichtliche Geltendmachung anknüpft, nur für die gerichtliche Geltendmachung eine Frist, nicht aber eine besondere Form vorgeschrieben wird. Zudem will § 309 Nr. 13 verhindern, dass der ArbN, durch Form- und Zugangserfordernisse in den AGB überrascht wird. Im Arbeitsrecht sind jedoch auch zweistufige Ausschlussfristen nicht objektiv ungewöhnlich[11].

310 *Anwendungsbereich*
(1) § 305 Abs. 2 und 3 und die §§ 308 und 309 finden keine Anwendung auf Allgemeine Geschäftsbedingungen, die gegenüber einem Unternehmer, einer juristischen Person des öffentlichen Rechts oder einem öffentlich-rechtlichen Sondervermögen verwendet werden. § 307 Abs. 1 und 2 findet in den Fällen des Satzes 1 auch insoweit Anwendung, als dies zur Unwirksamkeit von in den §§ 308 und 309 genannten Vertragsbestimmungen führt; auf die im Handelsverkehr geltenden Gewohnheiten und Gebräuche ist angemessen Rücksicht zu nehmen.

(2) Die §§ 308 und 309 finden keine Anwendung auf Verträge der Elektrizitäts-, Gas-, Fernwärme- und Wasserversorgungsunternehmen über die Versorgung von Sonderabnehmern mit elektrischer Energie, Gas, Fernwärme und Wasser aus dem Versorgungsnetz, soweit die Versorgungsbedingungen nicht zum Nachteil der Abnehmer von Verordnungen über Allgemeine Bedingungen für die Versorgung von Tarifkunden mit elektrischer Energie, Gas, Fernwärme und Wasser abweichen. Satz 1 gilt entsprechend für Verträge über die Entsorgung von Abwasser.

(3) Bei Verträgen zwischen einem Unternehmer und einem Verbraucher (Verbraucherverträge) finden die Vorschriften dieses Abschnitts mit folgenden Maßgaben Anwendung:

1. Allgemeine Geschäftsbedingungen gelten als vom Unternehmer gestellt, es sei denn, dass sie durch den Verbraucher in den Vertrag eingeführt wurden;
2. § 305c Abs. 2 und die §§ 306 und 307 bis 309 dieses Gesetzes sowie Artikel 29a des Einführungsgesetzes zum Bürgerlichen Gesetzbuche finden auf vorformulierte Vertragsbedingungen auch dann Anwendung, wenn diese nur zur einmaligen Verwendung bestimmt sind und soweit der Verbraucher auf Grund der Vorformulierung auf ihren Inhalt keinen Einfluss nehmen konnte;
3. bei der Beurteilung der unangemessenen Benachteiligung nach § 307 Abs. 1 und 2 sind auch die den Vertragsschluss begleitenden Umstände zu berücksichtigen.

(4) Dieser Abschnitt findet keine Anwendung bei Verträgen auf dem Gebiet des Erb-, Familien- und Gesellschaftsrechts sowie auf Tarifverträge, Betriebs- und Dienstvereinbarungen. Bei der Anwendung auf Arbeitsverträge sind die im Arbeitsrecht geltenden Besonderheiten angemessen zu berücksichtigen; § 305 Abs. 2 und 3 ist nicht anzuwenden. Tarifverträge, Betriebs- und Dienstvereinbarungen stehen Rechtsvorschriften im Sinne von § 307 Abs. 3 gleich.

1 **I. Verbraucherverträge (§ 310 Abs. 3).** Für Verträge zwischen Verbrauchern und Unternehmern normiert § 310 Abs. 3 eine **modifizierte Anwendung der §§ 305 ff.**

---

1 Palandt/*Heinrichs*, § 309 BGB Rz. 102. | 2 BGH v. 30.9.1992 – VIII ZR 196/91, NJW 1993, 64 (67); *Ulmer/Brandner/Hensen*, § 11 Nr. 15 AGBG Rz. 22. | 3 Vgl. *Stoffels*, Rz. 672. | 4 *Stoffels*, Rz. 673. | 5 *Preis/Gotthardt*, NZA 2000, 348 f.; *Reinecke*, NZA 2000, Beil. 3, 23 (27). | 6 BGH v. 18.1.1989 – VIII ZR 142/88, NJW-RR 1989, 625 f. | 7 Staudinger/*Schloßer*, § 11 Nr. 16 AGBG Rz. 5. | 8 Zur Frage, ob dem nicht bereits § 623 entgegensteht *Preis/Gotthardt*, NZA 2000, 348 f. | 9 BGH v. 28.2.1985 – IX ZR 92/84, NJW 1985, 2585 (2587). | 10 *Gotthardt*, Rz. 289; ErfK/*Preis*, §§ 305–310 BGB Rz. 80; *Thüsing*, Rz. 72; aA ArbG Frankfurt v. 13.8.2003 – 2 Ca 5568/03, NZA-RR 2004, 238 (240); *Annuß*, BB 2002, 458 (463); *Hönn*, ZfA 2003, 325 (340); *Singer*, RdA 2003, 194 (201); *Hümmerich/Holthausen*, NZA 2002, 173 (180); offen gelassen v. LAG Berlin v. 10.10.2003 – 6 Sa 1058/03. | 11 *Gotthardt*, Rz. 289.

Anwendungsbereich   Rz. 7 § 310 BGB

1. Einordnung von Arbeitsverträgen. § 310 Abs. 3 berührt die grundlegende Fragestellung, ob ArbN   2
Verbraucher iSv. § 13 sind, weil der ArbGeb in der Regel Unternehmer iSv. § 14 ist. Diese Frage ist in der
Lit. äußert umstritten[1] und auch in der Rspr. noch nicht abschließend geklärt[2]. Die Verbrauchereigen-
schaft des ArbN ist zu bejahen. Arbeitsverträge sind Verbraucherverträge iSv. § 310 Abs. 3.

Für die Auslegung ist von § 13 auszugehen. Vom **Wortlaut** her erfasst § 13 auch den Arbeitsvertrag[3].   3
Die amtliche Überschrift mag etwas anderes nahe legen, doch diese ist als bloß rechtstechnischer Oberbegriff[4] nicht entscheidend und kann die vom gesetzlichen Wortlaut vorgegebene Definition nicht verdrängen. Ein konsumtiver Zweck ist deshalb nicht erforderlich[5]. **Systematisch** ließe sich die Begrifflichkeit darauf eingrenzen, dass nur Rechtsgeschäfte erfasst sind, auf die in den gesetzlichen Regelungen
über den Verbraucherbegriff Bezug genommen wird. Jedoch zeigt gerade § 310 Abs. 3, der Verbraucherverträge regelt, dass Arbeitsverträge damit nicht mehr auszuschließen sind, weil der Anwendungsbereich der §§ 305 ff. eben auch auf Arbeitsverträge erstreckt worden ist und § 310 Abs. 3 in § 310 Abs. 4
Satz 2 – anders als zB § 305 Abs. 2 – nicht in seiner Anwendung ausgeschlossen ist. Es ist auch nicht
davon auszugehen, dass in § 310 Abs. 3 Verbraucherverträge und in § 310 Abs. 4 Arbeitsverträge erfasst
sind[6], weil es sich zB auch bei Verträgen nach § 310 Abs. 2, um Verträge mit Verbrauchern nach § 13
handeln kann[7]. Die **Entstehungsgeschichte** spricht zudem dafür, ArbN als Verbraucher einzuordnen[8].

Die Annahme eines sog. **relativen Verbraucherbegriffs**[9], dh. Verbraucher sei bereits vom Wortsinn her   4
nur eine Person, die Waren oder Dienstleistungen verbraucht oder kauft, ist abzulehnen. Dies folgt
daraus, dass der Gesetzgeber einen relativen Verbraucherbegriff tatsächlich kennt, zB in Art. 29 EGBGB
oder in § 312b Abs. 1, ihn jedoch gerade in § 13 nicht verwendet. Die in den genannten Normen enthaltene
Eingrenzung wäre zudem überflüssig, wenn diese Relativität des Verbraucherbegriffs bereits in § 13 enthalten wäre[10].

Maßgeblich ist letztlich der **Zweck des § 13**, der eine Einordnung des ArbN als Verbraucher gebietet.   5
Der ArbN ist gerade der klassisch unselbständig Handelnde und genauso, wenn nicht noch schutzwürdiger als der Verbraucher von Dienstleistungen oder Waren, auf die dieser auch verzichten könnte. Der
Verbraucherbegriff ist deshalb nicht für bestimmte Vertragstypen reserviert[11]. Man gelangt so zu einer
in sich schlüssigen Lösung. Beim Verzugszinssatz des § 288 kann auf das Mittel der teleologischen Reduktion verzichtet werden[12]. Und teilweise wird trotz Verneinung der Verbrauchereigenschaft § 310
Abs. 3 für anwendbar gehalten[13].

Folge ist, dass **§ 310 Abs. 3 auf Arbeitsverträge Anwendung** findet[14]. **Arbeitnehmerähnliche Personen**   6
sind jedoch keine Verbraucher gemäß § 13, weil sie in Ausübung ihrer selbständigen Tätigkeit handeln[15].

2. Folgen der Anwendbarkeit des § 310 Abs. 3. a) Gestellte Arbeitsvertragsbedingungen. Bei Verbrau-   7
cherverträgen, dh. auch bei Arbeitsverträgen gelten Allgemeine Geschäftsbedingungen als vom ArbGeb
gestellt, es sei denn, sie sind durch den ArbN in den Vertrag eingeführt worden. Dies bedeutet, dass das in
§ 305 Abs. 1 Satz 1 enthaltene **Merkmal des „Stellens"** der Vertragsbedingungen durch den ArbGeb **fingiert** wird. Dem ArbGeb ist der Einwand abgeschnitten, die Arbeitsvertragsbedingungen seien ohne sein
Zutun in den Vertrag einbezogen worden[16]. Im Übrigen wird auf die Merkmale des § 305 Abs. 1 Satz 1
nicht verzichtet; es muss sich weiter um vorformulierte Bedingungen handeln[17]. Das Merkmal des „Stellens" ist nur dann zu verneinen, wenn der ArbN die Allgemeinen Geschäftsbedingungen in den Vertrag
eingeführt hat. Dies wird in der Praxis selten vorkommen, weil zB kaum ein ArbN vom ArbGeb die Verwendung eines bestimmten Arbeitsvertragsformulars verlangen wird. Aus der Formulierung „es sei denn"
folgt weiter, dass der ArbGeb für diese Ausnahme darlegungs- und beweisbelastet ist[18]. Unberührt hier-

---

1 Für die Verbrauchereigenschaft des Arbeitnehmers zB *Däubler*, NZA 2001, 1329 (1333 f.); ErfK/*Dörner*, § 616 BGB, Rz. 20; *Hanau*, Anm. AP Nr. 4 zu § 288 BGB; ErfK/*Müller-Glöge*, § 620 BGB Rz. 13; Staudinger/*Neumann*, Vorb. zu §§ 620 ff. BGB Rz. 14; *Preis*, NZA 2003, Beil. Heft 16, S. 19 (24); *Reinecke*, DB 2003, 583 (587). Dagegen zB *Bauer/Diller*, NJW 2002, 1609 (1610); Palandt/*Heinrichs*, § 13 BGB Rz. 3; § 288 BGB Rz. 9; *Henssler*, RdA 2002, 129 (133); *Löwisch*, FS Wiedemann, S. 315 f.; *Natzel*, NZA 2002, 595 (597); Palandt/*Putzo*, Einf. v. § 611 BGB Rz. 7a. weitere Nachweise bei *Gotthardt*, Rz. 9 ff. | 2 Offen gelassen von BAG v. 27.11.2003 – 2 AZR 177/03 (PM); für Verbrauchereigenschaft LArbG Rostock v. 29.1.2003 – 2 Sa 492/02, EzA-SD 2003, Nr. 9, 8; LAG Hamm v. 9.10.2003 – 11 Sa 515/03. Gegen Verbrauchereigenschaft: LAG Köln v. 12.12.2002 – 10 Sa 177/02 (zu § 312).
| 3 *Bauer/Kock*, DB 2002, 42 (43); *Henssler*, RdA 2002, 129 (133); *Hromadka*, NJW 2002, 2523 (2524); aA aber *Joussen*, NZA 2001, 745 (749). | 4 ErfK/*Preis*, § 611 BGB Rz. 208. | 5 *Gotthardt*, Rz. 11. | 6 So aber *Bauer/Kock*, DB 2002, 42 (43); *Fiebig*, DB 2002, 1608 (1609); *Lingemann*, NZA 2002, 181 (184); wie hier *Annuß*, NJW 2002, 2844 (2845); *Hümmerich/Holthausen*, NZA 2002, 173 (177). | 7 *Gotthardt*, Rz. 12. | 8 *Gotthardt*, Rz. 14; *Hümmerich/Holthausen*, NZA 2002, 173 (176 ff.). | 9 *Bauer/Kock*, DB 2002, 42 (43 f.); *Henssler*, RdA 2002, 129 (134); Palandt/*Putzo*, Einf. v. § 611 BGB Rz. 7a; *Richardi*, NZA 2002, 1004 (1009). | 10 *Gotthardt*, Rz. 16.
| 11 Überzeugend ErfK/*Preis*, § 611 BGB Rz. 208; ebenso *Gotthardt*, Rz. 18. | 12 Hierzu *Gotthardt*, Rz. 18.
| 13 Palandt/*Heinrichs*, § 310 BGB Rz. 51; *Henssler*, RdA 2002, 129 (135); *Hromadka*, NJW 2002, 2523 (2525).
| 14 ArbG Düsseldorf v. 14.5.2003 – 10 Ca 11163/02 nv.; ErfK/*Dörner*, § 616 BGB Rz. 20; *Gotthardt*, Rz. 18; Staudinger/*Neumann*, Vorb. zu §§ 620 ff. BGB Rz. 14; ErfK/*Preis*, §§ 305–310 BGB Rz. 26; *Thüsing*, Rz. 21; *Singer*, RdA 2003, 194 (197); aA *Annuß*, BB 2002, 458 (461); *Bauer/Kock*, DB 2002, 42 (45); *Lingemann*, NZA 2002, 181 (184). | 15 *Thüsing*, Rz. 25. | 16 *Stoffels*, Rz. 138; *Ulmer/Brandner/Hensen*, § 24a AGBG Rz. 34. | 17 Palandt/*Heinrichs*, § 310 BGB Rz. 12. | 18 *Stoffels*, Rz. 141.

BGB § 310 Rz. 8 — Anwendungsbereich

von bleibt der Vortrag des ArbGeb, die Klausel sei im Einzelnen ausgehandelt (dazu § 305 Rz. 8). **Rechtsfolge** ist, dass unter § 310 Abs. 3 Nr. 1 fallende Allgemeine Geschäftsbedingungen diesen in jeder Hinsicht gleichstehen[1].

8 b) **Arbeitsvertragsbedingungen bei einmaliger Verwendung.** § 310 Abs. 3 Nr. 2 bringt einige Regelungen der §§ 305 ff. zur Anwendung, auch wenn die Vertragsbedingungen nur zur einmaligen Verwendung bestimmt sind.

9 Erforderlich ist, dass es sich um **vorformulierte Vertragsbedingungen** (§ 305 Rz. 5) handelt. Unschädlich ist es, wenn diese nur zur einmaligen Verwendung bestimmt sind. Auf das Merkmal der Vorformulierung für eine Vielzahl von Fällen wird verzichtet. Weitere Voraussetzung ist, dass der ArbN aufgrund der Vorformulierung auf den Inhalt der Vertragsbedingungen **keinen Einfluss** nehmen konnte. Die überwiegende Meinung geht davon aus, dass dadurch kein Unterschied zur Ausnahme der ausgehandelten Individualvereinbarung bestehe[2]. Zutreffend ist allerdings, dass bereits der Wortlaut ein anderer ist und für ein geringeres Schutzniveau spricht[3]. Es ist jedoch nicht ersichtlich, warum für Verbraucherverträge ein geringeres als das allgemeine Schutzniveau gelten soll. Zudem dürfte es in der Praxis schwer sein, einen Unterschied zwischen „im Einzelnen ausgehandelt" und „Möglichkeit der Einflussnahme" zu machen[4]. Aus der Formulierung des § 310 Abs. 3 Nr. 2 ergibt sich jedoch, dass die **Beweislast** dafür, dass der ArbN nicht die Möglichkeit der Einflussnahme hatte, diesen trifft, wobei ihm der Beweis des ersten Anscheins zu Gute kommen kann[5]. Aus § 310 Abs. 3 Nr. 2 folgt, dass regelmäßig jeder vom ArbGeb, auch nur für den Einzelfall vorformulierte Vertrag der Inhaltskontrolle unterliegt[6].

10 **Rechtsfolge** des § 310 Abs. 3 Nr. 2 ist die Anwendung der §§ 305c Abs. 2, 306, 307 bis 309, dh. der zentralen Normen zur Inhaltskontrolle von allgemeinen Arbeitsvertragsbedingungen. Nicht genannt ist das **Verbot überraschender Klauseln** (§ 305c Abs. 1). Weil die fehlende Nennung dieser Norm im Verständnis des Gesetzgebers vom Anwendungsbereich der RL 93/13/EWG über missbräuchliche Klauseln in Verbraucherverträgen bestimmt ist und diese auf Arbeitsverträge nicht anzuwenden ist, kommt eine entsprechende Anwendung des § 305c Abs. 1 in Betracht[7]. Der Grundsatz des Vorrangs der Individualabrede ist ein allgemeiner Grundsatz der Rechtsgeschäftslehre, der trotz fehlender Nennung anzuwenden ist[8].

11 c) **Inhaltskontrolle.** Für die Inhaltskontrolle der § 307 Abs. 1, 2 legt § 310 Abs. 3 Nr. 3 fest, dass bei der Beurteilung der unangemessenen Benachteiligung auch die den Vertragsschluss begleitenden Umstände zu berücksichtigen sind. Aus der Formulierung „auch" folgt, dass vom Gesetzgeber eine **Kombinationslösung** gewollt ist. Der generalisierende Maßstab wird durch die Beachtung konkret individueller Umstände ergänzt[9]. Dies führt konsequent zu einer **zweistufigen Prüfung**[10]. Auf der ersten Stufe ist die Angemessenheit der vertraglichen Regelungen wie auch sonst anhand einer überindividuellen, generalisierenden Betrachtungsweise zu prüfen. Auf einer zweiten Stufe ist das gefundene Ergebnis daraufhin zu untersuchen, ob es bei konkret individueller Betrachtungsweise einer Korrektur bedarf.

12 Für die konkret-individuelle Bewertung können folgende **Umstände, welche den Vertragsschluss begleiten**, relevant sein. Es lassen sich dabei drei Kategorien unterscheiden. Dies sind persönliche Eigenschaften der Vertragspartner (zB Geschäftserfahrenheit); die konkrete Vertragsabschlusssituation (zB Überrumpelungsmoment) und untypische Sonderinteressen des Verbrauchers[11].

13 Die konkret-individuelle Betrachtung kann das **Ergebnis in beide Richtungen verändern**. Die unangemessene Benachteiligung kann sich erst aufgrund der konkreten Überrumpelungssituation ergeben. Andererseits kann die bei einem ArbN vorhandene Geschäftserfahrung dazu führen, dass eine unangemessene Benachteiligung zu verneinen ist[12]. Hiermit lassen sich im Arbeitsrecht typische Begleitumstände in konkreten Vertragsabschlusssituationen angemessen berücksichtigen.

14 II. **Anwendbarkeit der §§ 305 ff. im Arbeitsrecht (§ 310 Abs. 4). 1. Entstehungsgeschichte und Normzweck.** Durch das **Schuldrechtsmodernisierungsgesetz**[13] sind die §§ 305 ff. auf eine Prüfbitte des Bundesrates hin[14] in ihrem Anwendungsbereich auf Arbeitsverträge erstreckt worden, nicht jedoch auf TV, Betriebs- und Dienstvereinbarungen[15]. Dies bedeutet, dass für die §§ 305 ff. zwischen einzelvertraglichen und kollektiven Regelungen unterschieden werden muss[16]. Eine Inhaltskontrolle hatte die **bisherige arbeitsgerichtliche Rspr.** jedoch auch schon bislang, allerdings ohne feste dogmatische Grund-

---

1 Palandt/*Heinrichs*, § 310 BGB Rz. 14. | 2 Palandt/*Heinrichs*, § 310 BGB Rz. 17 mwN. | 3 So *Ulmer/Brandner/Hensen*, § 24a AGBG Rz. 47. | 4 *Wolf/Horn/Lindacher* § 24a AGBG Rz. 36. | 5 Palandt/*Heinrichs*, § 310 BGB Rz. 17; *Ulmer/Brandner/Hensen*, § 24a AGBG Rz. 51; *Wolf/Horn/Lindacher* § 24a AGBG Rz. 37. | 6 *Gotthardt*, Rz. 8, 259; ErfK/*Preis*, §§ 305–310 BGB Rz. 26. | 7 *Gotthardt*, Rz. 259. | 8 Palandt/*Heinrichs*, § 310 BGB Rz. 18; *Ulmer/Brandner/Hensen*, § 4 AGBG Rz. 23 f., 54; *Gotthardt*, Rz. 253 f. | 9 BT-Drs. 13/2713 S. 7 f.; MünchKomm/*Basedow*, § 24a AGBG Rz. 60; *Ulmer/Brandner/Hensen*, § 9 AGBG Rz. 178. | 10 Dezidert *Stoffels*, Rz. 479 ff. | 11 *Stoffels*, Rz. 478; *Ulmer/Brandner/Hensen*, § 9 AGBG Rz. 179, vgl. a. Preis, NZA 2003, Beil. Heft 16, 19 (26 f.). | 12 Vgl. Palandt/*Heinrichs*, § 310 BGB Rz. 21; *Stoffels*, Rz. 481. | 13 BGBl. I v. 29.11.2001, S. 3138; Bekanntmachung der Neufassung des BGB BGBl. I v. 8.1.2002, S. 42. | 14 BT-Drs. 14/6857 S. 17. | 15 BT-Drs. 14/6957 S. 53 f.; BT-Drs. 14/7052 S. 189. | 16 *Gotthardt*, Rz. 237.

lage vorgenommen[1]. Teilweise wandte zudem das BAG Grundgedanken des AGBG an[2]; lehnte teilweise die Übertragung der Rechtsinstitute des AGBG jedoch klar ab[3].

Zu Recht ging der Gesetzgeber davon aus, dass das **Schutzniveau** der Inhaltskontrolle im Arbeitsrecht nicht hinter demjenigen des Zivilrechts zurückbleiben soll[4]. Gerade angesichts des existentiellen Angewiesenseins des ArbN auf einen Arbeitsplatz ist das Bedürfnis nach gerichtlicher Kontrolle von besonderer Bedeutung. Oft ist zudem die Vertragsparität gestört[5]. Arbeitsrecht und allgemeines Zivilrecht werden so ein Stück näher aneinander herangeführt. Zwar führen die §§ 305 ff. einerseits zu einer Beschränkung der Vertragsfreiheit (§ 105 Satz 1 GewO), doch folgt in Fällen echter Individualabreden auch ein Mehr an Vertragsfreiheit, weil die §§ 305 ff. hier keine Anwendung finden und diese Wertung auch nicht durch die Annahme einer allgemeinen Billigkeits- oder Inhaltskontrolle unterlaufen werden darf[6]. 15

2. Zeitlicher Anwendungsbereich. Die §§ 305 ff. gelten seit dem **1.1.2002**. Uneingeschränkt gilt dies nur für Neuverträge, die ab dem 1.1.2002 abgeschlossen worden sind, wobei der Zeitpunkt des Vertragsschlusses, nicht derjenige der Arbeitsaufnahme maßgeblich war[7]. Für **Altverträge** enthält Art. 229 § 5 EGBGB eine Überleitungsvorschrift. Für Schuldverhältnisse, die vor dem 1.1.2002 entstanden sind, galt bis zum 31.12.2002 das bisherige Recht, dh. das AGBG[8], welches gemäß § 23 Abs. 1 AGBG auf dem Gebiet des Arbeitsrechts keine Anwendung fand. Zweck der Übergangsregelung war die Ermöglichung der Vertragsanpassung an das neue Recht[9]. Der Aufhebungsvertrag beendet zwar ein Dauerschuldverhältnis, ist jedoch selbst keines, so dass auf ihn bereits im Jahr 2002 neues Recht anzuwenden war[10]. Die instanzgerichtliche Rspr. ist zum Teil jedoch davon ausgegangen, dass das Dauerschuldverhältnis Arbeitsverhältnis als Ganzes im Jahre 2002 dem alten Recht unterlag; dh. auch bzgl. seiner Durchführung und Beendigung. Bei einem vor dem 1.1.2002 begründeten Arbeitsverhältnis bestimme sich der actus contrarius, der Aufhebungsvertrag, im Jahre 2002 ebenfalls nach altem Recht[11]. Dem steht der Sinn und Zweck der Übergangsregelung entgegen. Der Gesetzgeber wollte den Arbeitsvertragsparteien die Gelegenheit geben, ihre Verträge im Jahr 2002 an das neue Recht anzupassen. Schließen die Parteien jedoch im Jahre 2002 einen neuen Vertrag, und nichts anderes ist der Aufhebungsvertrag, auch wenn er einen anderen Vertrag beendet, besteht kein Anlass, das neue Recht nicht anzuwenden, denn bei Vertragsabschluss hatten die Parteien die Möglichkeit, sich nach den neuen Anforderungen zu richten. In der Sache sieht sie nicht anders als Parteien, die im Jahre 2002 einen neuen Arbeitsvertrag abschlossen. Seit dem 1.1.2003 gelten die §§ 305 ff. BGB für alle Arbeitsverträge. 16

Übersehen hatte der Gesetzgeber die Frage, wie im Jahre 2002 bei Arbeitsverträgen die **Vertragsanpassung** vorgenommen werden sollte. Ein Verweis auf die Änderungskündigung war unpraktikabel[12]. Man wird wegen dieses gesetzgeberischen Versehens bei **Altverträgen** durchaus noch mit dem Mittel der **geltungserhaltenden Reduktion** arbeiten können[13]. Dies gilt allerdings nur für **Altverträge**. Für neue Arbeitsverträge empfiehlt es sich, Vertragsanpassungsklauseln, welche den Anforderungen des § 308 Nr. 5 genügen, aufzunehmen (dazu § 308 Rz. 4 ff.). 17

3. Verfahrensrechtliches. Die Möglichkeit der Verbandsklage, zB für Gewerkschaften (§ 1 UKlaG), ist für das Arbeitsrecht ausgeschlossen (§ 15 UKlaG). 18

4. Die Regelungen des § 310 Abs. 4 im Einzelnen. a) Kollektive Regelungen. Die §§ 305 ff. finden nach wie vor auf TV, Betriebs- und Dienstvereinbarungen keine Anwendung. § 310 Abs. 4 Satz 1 erfasst nur den Fall, dass die genannten kollektiven Regelungen **unmittelbar und zwingend** gelten[14]. In diesen Fällen finden die §§ 305 ff. überhaupt keine Anwendung, weshalb auch keine Inhaltskontrolle vorzunehmen ist. 19

Für **TV** wird damit nicht Neues normiert. Sie waren schon bisher nur daraufhin zu prüfen, ob sie gegen die Verfassung, höherrangiges Recht oder gegen die guten Sitten verstoßen[15]. Da wie TV von gleichstarken Partnern ausgehandelt werden, fand eine Inhaltskontrolle nicht statt. Nichts anderes ergibt sich aus § 310 Abs. 4 Satz 1. 20

Verfehlt ist es allerdings, wenn der Gesetzgeber unter Bezugnahme auf die Tarifautonomie[16] **Betriebs- und Dienstvereinbarungen** mit TV in § 310 Abs. 4 Satz 1 gleichstellt. Trotz der verfehlten Begründung ist der eindeutige Gesetzestext maßgeblich. Auf Betriebs- und Dienstvereinbarungen finden die §§ 305 ff. 21

---

1 ZB BAG v. 21.11.2001 – 5 AZR 158/00, DB 2002, 744 unter Nennung von §§ 138, 242, 315 BGB. |2 ZB BAG v. 16.3.1994 – 5 AZR 339/92, AP Nr. 18 zu § 611 BGB – Ausbildungsbeihilfe; BAG v. 18.8.1998 – 1 AZR 589/97, NZA 1999, 659 (661). |3 BAG v. 13.12.2000 – 10 AZR 168/00, NZA 2001, 723; abl. *Preis*, RdA 2002, 42. |4 BT-Drs. 14/6857 S. 53 f.; BT-Drs. 14/7052 S. 189. |5 *Gotthardt*, Rz. 231, 234. |6 *Gotthardt*, Rz. 234; *Hanau*, NJW 2002, 1240 (1242); *Thüsing*, Rz. 12; aA *Hromadka*, NJW 2002, 2523 (2525 Fn. 25). |7 *Gotthardt*, Rz. 352; *Däubler*, NZA 2001, 1329 (1330). |8 Vgl. für den Arbeitsvertrag BAG v. 27.2.2002 – 9 AZR 543/00, DB 2002, 1720; für eine Versorgungszusage BAG v. 6.8.2003 – 7 AZR 9/03, AP Nr. 51 zu § 133 BGB. |9 BT-Drs. 14/6040 S. 273. |10 So zu Recht ArbG Frankfurt/Oder v. 29.5.2002 – 8 Ca 500/02; LAG Rostock v. 29.1.2003 – 2 Sa 492/02, EzA-SD 2003, Nr. 9, 8. |11 LAG Bdb. v. 30.10.2002 – 7 Sa 386/02, DB 2003, 1446; LAG Köln v. 15.12.2002 – 8 Sa 979/02, NZA-RR 2003, 406 f.; offen gelassen von LAG Hamm v. 1.4.2003 – 19 Sa 1901/02, DB 2003, 1443. |12 *Hromadka*, NJW 2002, 2523 (2530); anders aber *Wiesinger*, AuA 2002, 354 (358). |13 *Gotthardt*, Rz. 353; *Preis*, NZA 2003, Beil. Heft 16, 19 (28 f.); *Hromadka*, NJW 2002, 2523 (2530); zu den einzelnen Lösungsansätzen *Wisskirchen/Stühm*, DB 2003, 2225 ff. |14 *Gotthardt*, Rz. 335. |15 ZB BAG v. 6.9.1995 – 5 AZR 174/94, AP Nr. 22 zu § 611 BGB – Ausbildungsbeihilfe. |16 BT-Drs. 14/6857 S. 54.

keine Anwendung. Vor diesem Hintergrund wird man bei BV eine allgemeine Billigkeitskontrolle – wie bisher vom BAG angenommen[1] – nicht mehr befürworten können[2]. Allerdings ist die bisherige Rspr. in der Sache oft über eine Rechtskontrolle nicht hinausgegangen[3]. Diese Grundsätze sind auf Dienstvereinbarungen zu übertragen.

22 Zu betonen ist, dass der vollständige Ausschluss der Anwendung der §§ 305 ff. sich nur auf die unmittelbar und zwingend geltenden TV erstreckt. Dies belegt schon § 310 Abs. 4 Satz 3, der gerade für die **einzelvertragliche Bezugnahme** auf kollektive Regelungen eine Sondernorm vorsieht. Für die Frage der Inhaltskontrolle ist bei einzelvertraglicher Bezugnahme zwischen Global-, Teil- und Einzelverweisung zu unterscheiden (§ 307 Rz. 13).

23 **b) Arbeitsverträge und Besonderheiten des Arbeitsrechts.** Auf einzelvertragliche arbeitsvertragliche Abreden finden die §§ 305 ff. nunmehr **grds. uneingeschränkt Anwendung** (§ 310 Abs. 3 Satz 2). Davon sind jedoch **zwei Ausnahmen** zu machen. Zum einen finden gemäß § 310 Abs. 3 Satz 2 Halbs. 2 die § 305 Abs. 2 und 3 über die **Einbeziehung von Allgemeinen Geschäftsbedingungen** auf Arbeitsverträge keine Anwendung. Diese Ausnahme gilt ausdrücklich nur für Arbeitsverträge, nicht aber für arbeitnehmerähnliche Personen (zum Ganzen § 305 Rz. 10 ff.).

24 Darüber hinaus steht die Anwendung der §§ 305 ff. unter dem Vorbehalt der **im Arbeitsrecht geltenden Besonderheiten**, die angemessen zu berücksichtigen sind (§ 310 Abs. 3 Satz 2 Halbs. 1). Aus der Sicht der praktischen Rechtsanwendung ist diese Ausnahme nicht zu begrüßen, weil sie bis zur endgültigen Klärung ihrer Bedeutung zu **Rechtsunsicherheit** führt. Der Gesetzgeber hat, wie die Frage der Vertragsstrafe (§ 309 Rz. 8) zeigt, normative Entscheidungen der Rspr. überlassen. Aus der Gesetzesbegründung ergibt sich nur, dass insb. die besonderen Klauselverbote ohne Wertungsmöglichkeit im Arbeitsrecht nicht uneingeschränkt zur Geltung kommen sollen[4], und zum anderen die Besonderheiten des kirchlichen Arbeitsrechts zu berücksichtigen sind[5]. Dies ist immerhin ein sehr **begrenztes Verständnis der Besonderheiten des Arbeitsrechts**. Die arbeitsgerichtliche Praxis wird deshalb nicht durch Verweis auf die Besonderheiten des Arbeitsrechts die bislang von ihr vertreten Lösungen einfach fortschreiben und den Rechtsanwendungsbefehl der §§ 305 ff. leugnen können[6]. Anderseits wird das Arbeitsrecht als eigenständiges Rechtsgebiet charakterisiert, dessen Eigenheiten Abweichungen von den §§ 305 ff. zulassen, weshalb arbeitsrechtliche Besonderheiten auch nicht mit Missbräuchen gleichzusetzen sind[7].

25 Im Arbeitsrecht geltende Besonderheiten wird man mit der **Berücksichtigung der dem Arbeitsverhältnis als Rechtsverhältnis innewohnenden Besonderheiten** beschreiben können[8]. Damit ist keine Beschränkung auf rechtliche Besonderheiten gemeint[9], sondern zB auch die Rechtsnatur des Arbeitsverhältnisses als langfristiges Dauerschuldverhältnis[10]. Wie sich schon daraus ergibt, dass § 310 Abs. 4 Satz 2 anders als § 310 Abs. 1 Satz 2 für den Handelsverkehr Gewohnheiten und Gebräuche nicht nennt, vermögen die bisher im Arbeitsrecht gepflegten Usancen allein arbeitsrechtliche Besonderheiten nicht zu begründen[11]. Weder wollte der Gesetzgeber die §§ 305 ff. völlig entwerten, noch eine Umsetzung der Anwendung der §§ 305 ff. 1:1 wie im Zivilrecht[12]. Dies zeigt sich zB am Fall der Vertragsstrafe (§ 309 Rz. 8). Zu beachten ist zudem, dass der Gesetzgeber nur verlangt, dass die Besonderheiten des Arbeitsrechts angemessen zu berücksichtigen sind, was für eine **zweistufige Prüfung** spricht. Auf der ersten Stufe sind die Besonderheiten des Arbeitsrechts zu definieren, die sodann in einem zweiten Schritt angemessen zu berücksichtigen sind[13].

26 **c) Gleichstellung von TV, BV und Dienstvereinbarungen mit Rechtsvorschriften iSv. § 307 Abs. 3.** § 310 Abs. 4 Satz 3 stellt TV, BV und Dienstvereinbarungen Rechtsvorschriften iSv. § 307 Abs. 3 gleich. Diese Norm regelt die **Inhaltskontrolle** der genannten kollektivrechtlichen Vorschriften **bei einzelvertraglicher Bezugnahme**, weil bei normativer Geltung eine Inhaltskontrolle bereits aufgrund von § 310 Abs. 4 Satz 1 ausscheidet[14]. Der Gesetzgeber wollte vermeiden, dass kollektive Regelungen, nur weil ihr Geltungsgrund eine einzelvertragliche Einbeziehung ist, der Inhaltskontrolle unterliegen[15]. Rechtstechnisch ist dies durch die Gleichstellung mit Rechtsvorschriften iSv. § 307 Abs. 3 erfolgt, weil nur Bestimmungen in Allgemeinen Geschäftsbedingungen, die von Rechtsvorschriften abweichen, einer Inhaltskontrolle un-

---

1 Bisher zB BAG v. 1.12.1992 – 1 AZR 234/92, AP Nr. 3 zu § 77 BetrVG 1972 – Tarifvorbehalt. | 2 *Gotthardt*, Rz. 337; ErfK/*Preis*, §§ 305–310 BGB Rz. 12; aA *Däubler*, NZA 2001, 1329 (1334). Für Begrenzung auf eine einzelfallbezogene, konkrete Billigkeitskontrolle, ErfK/*Kania*, § 75 BetrVG, Rz. 5. | 3 *Fitting*, § 77 BetrVG Rz. 231 aE; *Richardi*, § 77 BetrVG Rz. 118, 123. | 4 BT-Drs. 14/6857 S. 54. | 5 BT-Drs. 14/7052 S. 189. | 6 *Lingemann*, NZA 2002, 181 (183). | 7 *von Westphalen* in Henssler/von Westphalen, § 310 Rz. 7. | 8 *Gotthardt*, Rz. 236; ErfK/*Preis*, §§ 305–310 BGB Rz. 14. | 9 So *Thüsing*, NZA 2002, 591 (592); *Hönn*, ZfA 2003, 325 (321); ArbG Bochum v. 8.7.2002 – 3 Ca 1287/02, NZA 2002, 978 (979 f.); 1 LAG Hamm v. 24.1.2003 – 10 Sa 1158/02, NZA 2003, 499 (501). | 10 *Gaul*, AktuellAR, 2/2001, S. 352. | 11 LAG Hamm v. 24.1.2003 – 10 Sa 1158/02, NZA 2003, 499 (501); ArbG Bochum v. 8.7.2002 – 3 Ca 1287/02, NZA 2002, 978 (979), *Gotthardt*, Rz. 236; *Thüsing*, NZA 2002, 591 (593); aA ArbG Duisburg v. 14.8.2002 – 3 Ca 1676/02, NZA 2002, 1038 (1039). | 12 *Gotthardt*, Rz. 236. | 13 *Preis*, NZA 2003, Beil. Heft 16, S. 19 (26). | 14 *Henssler*, RdA 2002, 129 (136); *Hromadka*, NJW 2002, 2523 (2527); *Lindemann*, ArbuR 2002, 81 (86); *Oetker*, FS Wiedemann, S. 399; *Thüsing*, Rz. 55; *Ziemann* in Schimmel/Buhlmann, Rz. 73; aA *Löwisch*, FS Wiedemann, S. 320 f. | 15 BT-Drs. 14/6957 S. 54.

terliegen. Zu unterscheiden ist hierbei allerdings zwischen Global-, Teil- und Einzelverweisung (s. zum Ganzen § 307 Rz. 12 f.). Die Gleichstellung bezieht sich ausdrücklich nur auf § 307 Abs. 3. Deshalb folgt aus ihr nicht, dass die genannten kollektivrechtlichen Regelungen zum Maßstab der Inhaltskontrolle werden (dazu § 307 Rz. 10).

Anhang zu §§ 305–310

Einzelne Klauseltypen

I. ArbN-Haftung. Die Rspr. betrachtet die Grundsätze der privilegierten ArbN-Haftung (hierzu § 619a BGB Rz. 11 ff.) als zwingendes Recht[1]. Zutreffend ist jedoch, dass es sich bei diesen Grundsätzen um die vom Gesetzgeber anerkannte **Fortbildung des dispositiven Haftungsrechts** handelt[2]. Letztlich handelt es sich bei den Grundsätzen der ArbN-Haftung aber um das – richterrechtliche – gesetzliche Leitbild, so dass jede Abweichung davon in Formularverträgen eine unangemessene Benachteiligung darstellt. Allerdings ergeben sich durchaus von der Rspr. abweichende Ergebnisse, weil über eine Gesamtbetrachtung des Vertrages eine Kompensation von Nachteilen möglich ist. Zulässig ist bei einer solchen Betrachtungsweise eine Klausel, die eine angemessene summenmäßige Haftungsbegrenzung unabhängig vom Verschulden des ArbN vorsieht[3]. 1

Dies kann auf die **Mankohaftung** (hierzu § 619a BGB Rz. 47 ff.) übertragen werden. Es kann hier bei Gewährung eines angemessenen Mankogeldes eine verschuldensunabhängige Haftung begründet werden, wobei es ausreicht, dass sich die Höhe des Mankogeldes an dem durchschnittlichen Fehlbetrag orientiert[4]. Es ist dann nicht erforderlich so strikt wie das BAG zu verlangen, dass die Haftung aufgrund der vertraglichen Abrede die Summe der gezahlten Mankogelder nicht übersteigen darf[5]. Betrachtet man § 619a als dispositives Recht[6], so sind vertragliche Abreden in Allgemeinen Geschäftsbedingungen, welche die Beweislast davon abweichend zu Ungunsten des ArbN verändern, und zwar auch in Mankoabreden gemäß § 309 Nr. 12, unzulässig[7]. 2

II. Aufhebungsverträge. Umstritten ist die Frage, in welchem Umfang Aufhebungsverträge einer Inhaltskontrolle gemäß §§ 305 ff. unterliegen. Man wird dies nicht generell damit verneinen können, dass § 310 Abs. 4 Satz 2 sich auf Arbeitsverträge bezieht. Es ist kein Grund ersichtlich, warum das vertragsbegründende Rechtsgeschäft, nicht aber das vertragsbeendende Rechtsgeschäft einer Inhaltskontrolle unterliegen kann. 3

Zutreffend geht die bisherige Rspr. aber davon aus, dass die **Hauptleistungen** des Aufhebungsvertrages nämlich die Vertragsbeendigung als solche und eine oder auch keine dafür versprochene Gegenleistung **keiner Inhaltskontrolle** unterliegen (§ 307 Abs. 3)[8]. Es ist für den Aufhebungsvertrag auch weiterhin kein sachlicher Grund erforderlich[9]. Dies stimmt damit überein, dass eine Inhaltskontrolle des Verhältnisses von Leistung und Gegenleistung ausscheidet (§ 307 Abs. 3 Satz 1). Dafür spricht bereits, dass es keinen Maßstab dafür gibt, was eine angemessene Gegenleistung für den Verzicht auf den Arbeitsplatz bzw. den Bestandsschutz sein soll[10]. Etwas anderes folgt auch nicht aus § 1a KSchG für die betriebsbedingte Kündigung, weil es sich dabei nur um ein unverbindliches Angebot an die Vertragsparteien handelt, nicht aber um ein gesetzliches Leitbild (vgl. § 307 Rz. 6). Parallelen zur Rspr. des BGH ergeben sich zudem dadurch, dass dieser bei einem selbständigen Schuldanerkenntnis in der Begründung der selbständigen Verpflichtung die kontrollfreie Hauptleistung gesehen hat[11]. Hinzu kommt, dass es sich bei dem Aufhebungsvertrag oftmals um eine **Individualvereinbarung** handeln wird, weil die Parteien jedenfalls die Aufhebung als solche im Einzelnen ausgehandelt haben. In diesen Fällen findet keine Inhaltskontrolle statt (§ 305b). Die Kontrollfreiheit gilt aber nur für die Hauptleistungspflichten, die **Nebenabreden** des Aufhebungsvertrages unterliegen voll der Inhaltskontrolle. 4

Allerdings wird vertreten, dass über § 310 Abs. 3 Nr. 3 und die Berücksichtigung der konkreten Vertragsabschlusssituation, zB des Aspekts **der Überrumpelung**, die Unwirksamkeit des Aufhebungsvertrages begründet werden kann[12]. Zu bedenken ist aber, dass sich die konkret-individuelle Betrachtungsweise nur 5

---

[1] ZB BAG v. 17.9.1998 – 8 AZR 175/97, NJW 1999, 1049 (1052). | [2] *Gotthardt*, Rz. 318 mwN. | [3] Vgl. LAG Düsseldorf v. 24.11.1965 – 1 Sa 346/65, BB 1966, 80 (250 DM); zust. *Preis*, Vertragsgestaltung, S. 466. | [4] ErfK/*Preis*, §§ 305–310 BGB Rz. 82, 86; vgl. bisher MünchArbR/*Blomeyer*, § 59 Rz. 77; Staudinger/*Richardi*, § 611 BGB Rz. 479. | [5] BAG v. 17.9.1998 – 8 AZR 175/97, 2.12.1999 – 8 AZR 386/98, AP Nr. 2, 3 zu § 611 BGB – Mankohaftung. | [6] *Gotthardt*, Rz. 200; Henssler, RdA 2002, 129 (133); aA *Däubler*, NZA 2001, 1329 (1332). | [7] ErfK/*Preis*, §§ 305–310 BGB Rz. 87; *Gotthardt*, Rz. 286, 320. | [8] LAG Hamm v. 1.4.2003 – 19 Sa 1901/02, NZA-RR 2003, 401, 402; LAG Hamm v. 9.10.2003 – 11 Sa 515/03, NZA-RR 2004, 242 (244); *Gotthardt*, Rz. 306, 308; *Preis*, NZA 2003, Beil. Heft 16, S. 19 (31). | [9] BAG v. 7.3.2002 – 2 AZR 93/01, BB 2002, 2070 (2071). | [10] Vgl. Münch-Komm/*Basedow*, § 24a KSchG, Rz. 62. | [11] BGH v. 15.1.1987 – III ZR 153/85, NJW 1987, 2014 (2015); abl. Ulmer/*Brandner*/Hensen, § 8 AGBG Rz. 13, weil die Konditionen des Grundgeschäfts ergänzt und geändert wurden. | [12] *Reinecke*, DB 2002, 583 (587); Staudinger/*Neumann*, Vorb. zu §§ 620 ff. BGB Rz. 14; Ziemann in Schimmel/Buhlmann, Rz. 108; dahingehend auch LAG Rostock v. 29.1.2003 – 2 Sa 492/02, EzA-SD 2003, Nr. 9, 8; aA *Henssler*, RdA 2002, 129 (139).

im Rahmen der Inhaltskontrolle, einschließlich des Transparenzgebots vollziehen kann, weil § 310 Abs. 3 Nr. 3 auf § 307 Abs. 1, 2 verweist. Man wird deshalb bei verständlicher und klarer Formulierung der Aufhebung als solcher über die Berücksichtigung der vertragsbegleitenden Umstände allein, die nur „auch" zu berücksichtigen sind, nicht zu einer Unwirksamkeit des Aufhebungsvertrages kommen können[1].

6 **III. Ausgleichsquittung.** Dazu Rz. 27 f.

7 **IV. Ausschlussfristen.** Ausschlussfristen werden im Arbeitsrecht **grds.** für **zulässig** erachtet[2]. Daran hat sich – auch soweit vorformulierte Arbeitsvertragsbedingungen betroffen sind – durch die §§ 305 ff. nichts geändert. Allerdings folgt aus § 310 Abs. 4 Satz 1, dass soweit eine Ausschlussfrist in einem normativ geltenden **TV** enthalten ist, keine Inhaltskontrolle stattfindet. Soweit es sich um eine einzelvertragliche Globalverweisung auf einen TV handelt, gilt wegen § 310 Abs. 4 Satz 4 nichts anderes.

8 Soweit die Ausschlussfrist jedoch in einem **Einzelarbeitsvertrag** enthalten ist, findet eine Inhaltskontrolle statt; ebenso wenn nur eine Einzelverweisung auf die Ausschlussfristen des TV vorliegt. Eine Ausschlussfrist kann unter dem Aspekt der **formalen Überraschung** unwirksam sein (§ 305c Rz. 5). Ausschlussfristen sind, was die von ihnen betroffenen Rechte betrifft schon bisher eng auszulegen gewesen[3], was durch die **Auslegungsregel** des § 305c Abs. 2 bestärkt wird[4]. **Zweistufige Ausschlussfristen** verstoßen nicht gegen § 309 Nr. 13 (§ 309 Rz. 19).

9 Eine unangemessene Benachteiligung des ArbN kann sich jedoch vor allem aus der **Länge der Ausschlussfrist** ergeben. Nach der Geltung der §§ 305 ff. kann die Rspr. des BAG[5], welche Ausschlussfristen von einem Monat in einem Einzelarbeitsvertrag für zulässig hielt, nicht aufrecht erhalten werden. Tarifvertragliche Regelungen sind insoweit kein Maßstab für die angemessene Länge von Ausschlussfristen (vgl. § 307 Rz. 10). Diese Suche nach einem angemessenen Leitbild muss sich an den gesetzlichen Regelungen orientieren. Orientierung bieten dabei die Verjährungsfristen[6], die nunmehr für Vergütungsansprüche eine dreijährige Regelverjährung vorsehen (§ 195). Zu bedenken ist allerdings, dass der Gesetzgeber für das Arbeitsrecht kurze Ausschlussfristen durchaus anerkennt. Dies kommt für den Spezialfall der geschlechtsbedingten Benachteiligung in § 611a Abs. 4 Satz 2, 3 zum Ausdruck, der für die dortigen Entschädigungsansprüche trotz kürzerer tarifvertraglicher Ausschlussfrist eine Mindestfrist von zwei Monaten normiert; bei Fehlen einer solchen eine Ausschlussfrist von sechs Monaten[7]. Beachtet man zudem die Rspr. des BGH, welcher die Verkürzung von Verjährungsfristen auf drei Monate bisher in verschiedenen Fällen als unangemessene Benachteiligung angesehen hat, sechsmonatige Verjährungsfristen dagegen zumeist nicht[8], wird man Ausschlussfristen von weniger als drei Monaten nicht mehr als angemessene Regelung betrachten können[9]. Maßgeblich muss auch hier die vom BAG verwendete Formel für die Frage der unangemessenen Benachteiligung sein, wonach eine Vertragsbedingung unwirksam ist, wenn der Verwender missbräuchlich eigene Interessen auf Kosten des Vertragspartners durchzusetzen versucht, ohne dessen Interessen zu berücksichtigen und ihm einen angemessenen Ausgleich zu gewähren (§ 307 Rz. 21). Zwar haben grundsätzlich beide Teile ein Interesse an Rechtssicherheit und Rechtsfrieden im Arbeitsverhältnis. Doch wird im Arbeitsverhältnis der ArbN als Gläubiger des Vergütungsanspruchs durch eine Ausschlussfrist stärker benachteiligt als der ArbGeb[10]. Vor diesem Hintergrund wird man aber zB eine Unterscheidung für Ausschlussfristen während und nach Beendigung des Arbeitsverhältnisses als angemessenen betrachten können, weil es den Parteien nach Abschluss des Arbeitsverhältnisses schneller zumutbar ist, ihre Ansprüche zu prüfen[11].

10 Das BAG hat in **TV einseitige Ausschlussfristen** für wirksam erachtet[12]. Es spricht jedoch viel dafür im Rahmen der Inhaltskontrolle einseitige Ausschlussfristen als unangemessen benachteiligend für den ArbN anzusehen[13].

11 **V. Bezugnahmeklauseln.** Hierzu § 611 BGB Rz. 439 ff.

12 **VI. Dienstwagenüberlassung.** Dienstwagenregelungen kommen in verschiedenen Fallgestaltungen vor. Das BAG hat auf der Grundlage einer Inhaltskontrolle vor Anwendung der §§ 305 ff. eine Klausel für unwirksam erachtet, die aus Anlass der Überlassung eines Dienstwagens – auch zur privaten Nutzung – vereinbart war und die den **ArbN verpflichtete, sich trotz der Beendigung des Arbeitsverhältnisses an den**

---

1 *Gotthardt*, Rz. 308; *Preis*, NZA 2003, Beil. Heft 16, 19 (31). | 2 S. nur BAG v. 17.6.1997 – 9 AZR 801/95, AP Nr. 2 zu § 74b HGB; BAG v. 13.12.2000 – 10 AZR 168/00, NZA 2001, 723 (726). | 3 BAG v. 3.4.1990 – 1 AZR 131/89, EzA § 4 TVG – Ausschlussfristen Nr. 94. | 4 *Thüsing*, Rz. 67. | 5 BAG v. 13.12.2000 – 10 AZR 168/00, NZA 2001, 723 ff.; aA zB LAG Hamm v. 10.12.1999 – 10 Sa 1045/99, LAGE § 611 BGB – Inhaltskontrolle Nr. 4. | 6 LAG Hamm v. 10.12.1999 – 10 Sa 1045/99, LAGE § 611 BGB – Inhaltskontrolle Nr. 4. | 7 Vgl. a. *Gotthardt*, Rz. 310. | 8 Siehe zB BGH v. 19.5.1988 – I ZR 147/86, BGHZ 104, 292 (294) einerseits und BGH v. 4.5.1995 – I ZR 90/93, BGHZ 129, 323 (326 f.) andererseits. | 9 *Henssler*, RdA 2002, 129 (138); ErfK/*Preis*, §§ 194–218 BGB Rz. 49; Palandt/*Putzo*, Einf. v. § 611 BGB Rz. 75c; aA *Hromadka*, NJW 2002, 2523 (2528); *Lingemann*, NZA 2002, 181 (189 f.); *Löwisch*, FS Wiedemann, S. 317; *Reichold*, ZTR 2002, 202 (207); sa. ArbG Frankfurt v. 13.8.2003 – 2 Ca 5568/03, NZA-RR 2004, 238 f. (2 Monate). | 10 *Thüsing*, Rz. 71. | 11 *Gotthardt*, Rz. 311. | 12 BAG v. 4.12.1997 – 2 AZR 809/96, AP Nr. 143 zu § 4 TVG – Ausschlussfristen; offen gelassen jetzt von BAG v. 18.3.2003 – 9 AZR 44/02, AP Nr. 28 zu § 157 BGB unter dem Aspekt der Sittenwidrigkeit. | 13 LAG BW v. 19.7.2001 – 21 Sa 40/01; *Däubler*, NZA 2001, 1329 (1336 f.); *Hümmerich/Holthausen*, NZA 2002, 173 (179); ErfK/*Preis*, §§ 198–214 Rz. 50; *Thüsing*, Rz. 70.

Kosten des beim ArbGeb verbleibenden Fahrzeug zu beteiligen. Eine solche Klausel sei nicht mit den Grundsätzen des Arbeitsrechts zu vereinbaren, weil der ArbN bei Beendigung des Arbeitsverhältnisses zu finanziellen Leistungen an den ArbGeb verpflichtet sei, ohne hierfür eine Gegenleistung zu erhalten oder erhalten zu haben[1]. An diesem Ergebnis wird sich bei Anwendung der §§ 305 ff. nichts ändern.

VII. Fälligkeitsklauseln und Entgeltsrisiko. In Arbeitsverträgen kommen Klauseln vor, welche die Fälligkeit der dem ArbN zustehenden Vergütung abweichend von § 614 regeln. § 614 ist eine Norm des dispositiven Rechts, deren Abbedingung jedoch durch § 307 eingeschränkt ist[2]. Auch hier ist jedoch zu beachten, ob schutzwürdige Interessen des ArbGeb eine Abweichung rechtfertigen. Dies ist zB dann der Fall, wenn im Monatslohn Vergütungsbestandteile enthält, die erst der Berechnung bedürfen, so dass eine Zahlung erst zum 15. des Folgemonats möglich ist. Hier wird man darüber nachdenken müssen, ob nicht ein Abschlag zum Zeitpunkt des § 614 zu zahlen ist. Eine vertragliche Bestimmung, welche die Fälligkeit eines festen Monatslohns entgegen § 614 Satz 2 nicht auf das Monatsende, sondern auf das Ende des Folgemonats verlegt, ist unwirksam.

Abweichungen vom dispositiven[3] § 615 stellen sich als unangemessene Benachteiligung des ArbN dar[4]. Im Rahmen der Gesamtbetrachtung des Vertrages kann aber beachtet werden, ob dem ArbN für die Belastung mit dem Betriebsrisiko ein angemessener Ausgleich gewährt wird[5]. Die vollständige Abbedingung des § 616, ohne einen dafür gegebenen sachlichen Rechtfertigungsgrund, ist unwirksam[6].

VIII. Leistungsbestimmung durch den ArbGeb. Vertragliche Abreden, mit welchen der ArbGeb sich die einseitige Bestimmung von Leistungspflichten vorbehält, kommen im Arbeitsrecht oft vor. Dies betrifft zunächst die **Leistungspflicht des ArbN**, zB in Form von Vorbehaltsklauseln bzgl. der Arbeitszeit und des Arbeitsortes. Hierbei ist bei der Angemessenheitskontrolle jedoch das gesetzliche Leitbild des § 106 Satz 1 GewO zu beachten, wonach der ArbGeb Inhalt, Ort und Zeit der Arbeitsleistung nach billigem Ermessen bestimmen kann[7]. Sie betreffen auch die **Pflichten des ArbGeb**, insb. dessen Vergütungspflicht in Form von Widerrufs- und Anrechnungsvorbehalten.

Die arbeitsrechtliche Rspr. hat Änderungsvorbehalte bisher einer Umgehungskontrolle anhand von § 2 KSchG unterzogen und sodann eine Ausübungskontrolle gemäß § 315 vorgenommen; wobei der Schwerpunkt auf dem letzteren Kontrollschritt lag[8]. Mit der Anwendung der §§ 305 ff. auf Arbeitsverträge ist ebenfalls von einer **zweistufigen Prüfungsfolge** auszugehen, die sich jedoch an der bisherigen Rspr. des BGH[9] zu orientieren hat[10]. Für der Frage der Angemessenheit der Klausel statuiert der BGH zwei wesentliche Anforderungen. Zum einen verlangt er, dass die Klausel hinreichend transparent ist. Zum anderen geht er davon aus, dass vorformulierte Leistungsbestimmungsrechte nur hingenommen werden können, soweit sie bei unsicherer Entwicklung der Schuldverhältnisse als Instrument der Anpassung notwendig sind und den Anlass, aus dem das Bestimmungsrecht entsteht, sowie die Richtlinien und Grenzen seiner Ausübung so konkret wie möglich angeben[11]. Besonderheiten des Arbeitsrechts stehen dem nicht entgegen; insb. gibt es keinen Grund, das Transparenzgebot als grundl. Prinzip nicht anzuwenden[12] (zur einseitigen Leistungsbestimmung ausf. § 611 BGB Rz. 502 ff.).

Folgen der Verankerung der Kontrolle in §§ 305 ff. Diese Kontrolle ist nicht auf den Anwendungsbereich des KSchG beschränkt, sondern erfasst alle Arbeitsverträge[13]. Bei Änderungsvorbehalten ist ein differenzierter Prüfungsmaßstab anzulegen. Bei Leistungen, die im Gegenseitigkeitsverhältnis stehen, ist ein konkreter Widerrufsgrund erforderlich, der vor dem Hintergrund der §§ 1, 2 KSchG bestehen können muss. Bei nicht synallagmatischen Leistungen dagegen sind geringere Anforderungen zu stellen[14]. Aus dem Transparenzgebot folgt, dass Klauseln, aus denen nicht einmal ersichtlich wird, welche Leistung überhaupt vorbehalten ist oder der Anrechnung unterliegt, unwirksam sind[15].

IX. Pauschalierung von Mehr- und Überarbeit. Vereint eine formularmäßige Abrede die Befugnis des ArbGeb, Überstunden anzuordnen, mit einer pauschalierten Vergütung, so handelt es sich um eine **kontrollfähige Preisnebenabrede**[16]. Diese muss zunächst transparent sein[17]. In Formulararbeitsverträgen unterliegen derartige Regelungen jetzt einer Inhaltskontrolle am Maßstab des § 307. Durch eine derartige Regelung kann, wenn es sich nicht lediglich um die Anordnung eines geringfügigen Über-

---

1 BAG v. 9.9.2003 – 9 AZR 574/02, NZA 2004, 484. | 2 Erman/*Belling*, § 614 BGB Rz. 3. | 3 § 615 Rz. 107, 122; *Schaub/Linck*, § 95 Rz. 5. | 4 ErfK/*Preis*, §§ 305–310 BGB Rz. 79; Palandt/*Putzo*, § 615 BGB Rz. 5 für § 615 Satz 3 BGB; aA *Löwisch*, FS Wiedemann, S. 331. | 5 Vgl. BAG v. 10.10.1990 – 5 AZR 404/89, AP Nr. 47 zu § 138 BGB. | 6 ErfK/*Dörner*, § 616 BGB Rz. 20; Staudinger/*Oetker*, § 616 BGB Rz. 144; offen gelassen in BAG v. 20.6.1979 – 5 AZR 479/77, AP Nr. 49 zu § 616 BGB. | 7 Vgl. ArbG Düsseldorf v. 26.3.2003 – 10 Ca 5399/02, DB 2003, 1688 zu einer Versetzungsklausel. | 8 ZB BAG v. 7.10.1982 – 2 AZR 455/80, AP Nr. 5 zu § 620 BGB – Teilkündigung; BAG v. 12.12.1984 – 7 AZR 509/83, AP Nr. 6 zu § 2 KSchG. | 9 BGH v. 26.11.1984 – VIII ZR 214/83, BGHZ 93, 29 (34). | 10 ArbG Düsseldorf v. 18.9.2003 – 2 Ca 2548/03, nv.; *Hromadka*, FS Dieterich, S. 265 ff.; ErfK/*Preis*, §§ 305–310 BGB Rz. 52; i Grds. *Sievers*, NZA 2002, 1182 (1184). | 11 BGH v. 19.10.1999 – XI ZR 8/99, NJW 2000, 651 (652); *Gotthardt*, Rz. 312. | 12 *Gotthardt*, Rz. 313; ebenso ArbG Düsseldorf v. 18.9.2003 – 2 Ca 2548/03. | 13 *Schnitker/Grau*, BB 2002, 2120 (2123). | 14 *Gotthardt*, Rz. 316; *Preis*, II V 70 Rz. 47 ff.; ErfK/*Preis*, §§ 305–310 BGB Rz. 51 ff. | 15 *Schnitker/Grau*, BB 2002, 2120 (2124); *Gotthardt*, Rz. 314. | 16 *Gotthardt*, Rz. 322; *Preis*, II M 20 Rz. 4. | 17 Vgl. bisher BAG v. 16.11.1961 – 5 AZR 483/60, AP Nr. 5 zu § 611 BGB – Mehrarbeitsvergütung.

stundendeputats handelt, in das Äquivalenzgefüge eingegriffen werden, so dass die Pauschalabgeltung und geleistete Überstunden nicht mehr in einem angemessenen Verhältnis zueinander stehen[1].

19 **X. Rückzahlung von überzahltem Arbeitsentgelt.** Vertragsklauseln, die das Risiko der falschen Entgeltberechnung und der Rückzahlung einer damit verbundenen Überzahlung allein auf den ArbN überwälzen, sind in Formularverträgen unwirksam. Sie stellen vor dem Hintergrund des dispositiven Leitbild des § 818 Abs. 3 eine unangemessene Benachteiligung dar[2].

20 **XI. Rückzahlung von Ausbildung- und Fortbildungskosten.** Vertragsabreden, welche in Arbeitsverträgen die Rückzahlung von Fort- und Ausbildungskosten durch den ArbN vorsahen, hat das BAG **schon bisher** einer **Inhaltskontrolle** anhand von § 242 unterzogen. Die Rückzahlungsabreden sind auch vor dem Hintergrund des § 307 Abs. 3 Satz 1 kontrollfähig; eine Inhaltskontrolle ist nicht ausgeschlossen[3]. Das BAG ging dabei von folgenden Grundsätzen aus: Eine Rückzahlungsverpflichtung muss bei verständiger Betrachtung einem billigenswerten Interesse des ArbGeb entsprechen. Der ArbN muss mit der Aus- oder Fortbildungsmaßnahme andererseits eine angemessene Gegenleistung für die Rückzahlungsverpflichtung erhalten haben. Insgesamt muss dem ArbN die Erstattungspflicht zuzumuten sein. Die für den ArbN tragbaren Bindungen sind auf Grund einer Güter- und Interessenabwägung nach Maßgabe des Verhältnismäßigkeitsgrundsatzes unter Heranziehung aller Umstände des Einzelfalles zu ermitteln[4]. Richtige dogmatische Grundlage ist jetzt § 307. Allerdings kann für die Frage der Angemessenheit der Abrede, insb. was die Frage der **Bindungsdauer** betrifft, auf die bisherige Rspr. zurückgegriffen werden[5]. Allerdings hat die bisherige Rspr. unwirksame Rückzahlungsabreden auf das noch wirksame Maß im Wege der geltungserhaltenden Reduktion zurückgeführt[6]. Vor dem Hintergrund der Geltung des § 306 ist dies jetzt bedenklich (dazu § 306 Rz. 4). Zu Rückzahlungsklauseln im Übrigen § 611 BGB Rz. 460 ff.

21 **XII. Vertragsstrafen.** Vertragsstrafenvereinbarungen sind auch in Einzelarbeitsverträgen **grundsätzlich zulässig**. Soweit der Tatbestand der Lösung vom Vertrag durch den ArbN betroffen ist, findet das Klauselverbot des § 309 Nr. 6 wegen der Besonderheiten des Arbeitsrechts keine Anwendung. Außerhalb dieses Anwendungsbereichs verbietet es Vertragsstrafabreden nicht (§ 309 Rz. 9).

22 Auf der Ebene der Einbeziehung in den Arbeitsvertrag ist zu beachten, dass eine Vertragsstrafe unter dem Aspekt **der formalen Überraschung** (§ 305c Abs. 1) unwirksam sein kann[7].

23 Vertragsstrafenabreden sind jedoch einer **Inhaltskontrolle gemäß § 307** zu unterziehen. Eine unangemessene Benachteiligung liegt dann vor, wenn der ArbGeb als Verwender kein **berechtigtes Interesse** an einer Vertragsstrafenregelung hat. Ein solches Interesse besteht für den ArbGeb jedoch deshalb, weil das Allgemeine Schuldrecht das Erfüllungsinteresse des ArbGeb nur unzureichend sichert. Dies gilt für den Vertragsbruch durch den ArbN, die Veranlassung der außerordentlichen Kündigung durch den ArbGeb, sowie für die Sicherung langer Kündigungsfristen. In allen Fällen kann durch das strafbewehrte Verhalten regelmäßig ein Schaden entstehen und dessen Nachweis ist typischerweise nicht oder nur schwer zu erbringen[8]. Auch Vertragsstrafen für **nachvertragliche Wettbewerbsverbote** bleiben zulässig, wobei der § 74a HGB einen gesetzlichen Fall der Inhaltskontrolle bildet[9].

24 Erforderlich ist aber, dass der **Tatbestand**, welcher die Vertragsstrafe auslösen soll, **klar gekennzeichnet** ist. Dies folgt aus dem Transparenzgebot (§ 307 Abs. 1 Satz 2), war aber auch schon bisherige Rspr. des BAG[10]. Nur dann ist der ArbN in der Lage, sein Verhalten entsprechend auszurichten. In der Zivilrechtsprechung sind Klauseln, die an den globalen Tatbestand des „Vertragsbruchs" anknüpften, für unwirksam erachtet worden[11]. Das BAG war bisher großzügiger und hat die Formulierung des Vertragsbruchs für hinreichend bestimmt und im Wege der Auslegung für konkretisierbar gehalten[12]. Jedenfalls darf der ArbGeb unbestimmte Begriffe der Gesetzessprache verwenden. Dies gilt zB für den Begriff des „wichtigen Grundes"[13]. Eine Vertragsstrafenvereinbarung darf also daran anknüpfen, dass der ArbN einen wichtigen Grund zur fristlosen ArbGebKündigung gegeben hat. Es ist nicht erforderlich, dass der ArbGeb einzelne wichtige Gründe, wie zB den Diebstahl aufzählt.

25 Zudem muss auch die **Höhe der Vertragsstrafe** angemessen sein. Die Rspr. geht bisher von einem Bruttomonatsverdienst als Obergrenze aus[14], wobei das BAG dies nur als „Faustregel" bezeichnet hat[15]. Hier können sich jedoch im Einzelfall Abweichungen nach oben oder unten ergeben[16]. Es kann

---

1 LAG Köln v. 20.12.2001 – 6 Sa 965/01, ArbuR 2002, 193; ErfK/Preis, §§ 305–310 BGB Rz. 89; Gotthardt, Rz. 322; bisher für § 138 als Maßstab BAG v. 26.1.1956 – 2 AZR 98/54, AP Nr. 1 zu § 15 AZO. |2 ErfK/Preis, §§ 305–310 BGB Rz. 90; Gotthardt, Rz. 323. |3 BAG v. 24.10.2002 – 6 AZR 632/00, AP Nr. 3 zu § 89 HGB. |4 BAG v. 16.1.2003 – 6 AZR 384/01, EzA § 611 BGB – Ausbildungsbeihilfe Nr. 4. |5 Gotthardt, Rz. 324. |6 BAG v. 6.3.1994 – 5 AZR 339/92, DB 1994 (1726). |7 Vgl. § 305c Rz. 3; Thüsing, Rz. 162 f. |8 Leder/Morgenroth, NZA 2002, 952 (956); Preis/Stoffels, Arbeitsvertrag, V I 30 Rz. 30; Thüsing, Rz. 162; aA im Hinblick auf die Typik des Schadens ArbG Bochum v. 8.7.2002 – 3 Ca 1287/02, NZA 2002, 978 (980). |9 LAG Hamm v. 14.4.2003 – 7 Sa 1881/02, NZA-RR 2003, 513 (515); Preis, II W 10 Rz. 98. |10 BAG v. 27.4.2000 – 8 AZR 301/99, nv. |11 ZB OLG Düsseldorf 18.10.1992 – 16 U 173/90, DB 1992, 86. |12 BAG v. 18.9.1991 – 5 AZR 650/90, NZA 1992, 215 f.; vgl. a. Thüsing Rz. 171. |13 Palandt/Heinrichs, § 307 BGB Rz. 18; s. a. § 307 Rz. 19. |14 ErfK/Preis, §§ 305–310 BGB Rz. 94; vgl. LAG Hamm v. 14.2.2001- 14 Sa 1829/00, NZA-RR 2001, 524 f.; Thüsing, Rz. 165. |15 BAG v. 6.10.1993 – 5 AZR 636/92; vgl. a. BAG v. 27.4.2000 – 8 AZR 301/99. |16 Vgl. zB ArbG Frankfurt v. 20.4.1999 – 4 Ca 8495/97, NZA-RR 2000, 82; Thüsing, Rz. 170.

Vorbemerkungen   **Vor § 611 BGB**

ein legitimes Sicherungsinteresse des ArbGeb bei längerfristiger Bindung mit langer Kündigungsfrist bestehen, das auch ein Überschreiten dieser Grenze rechtfertigt. Eine kürzere Kündigungsfrist kann eine geringere Höhe als angemessen bedingen[1].

Überschreitet die Höhe der Vertragsstrafe die Grenze des Angemessenen, ist sie unwirksam und kann wegen § 306 nicht auf das noch zulässige Maß im Wege der geltungserhaltenden Reduktion (§ 306 Rz. 4) zurückgeführt werden. Eine Herabsetzung gemäß § 343 kommt zudem nur dann in Betracht, wenn die Vertragsstrafe unter Beachtung der §§ 305 ff. wirksam vereinbart ist, weil die §§ 343 ff. ein wirksames Strafversprechen voraussetzen[2]. 26

XIII. Verzichtsvereinbarungen. Verzichtsvereinbarungen kommen oft in **Ausgleichsquittungen** vor. Diese können unter dem Aspekt der **formalen Überraschung** unwirksam sein (§ 305c Rz. 5). Auch das Transparenzgebot (§ 307 Abs. 1 Satz 2) findet Anwendung. Dies entspricht bisheriger Rspr., die von dem pauschalen Verzicht, dass aus Anlass des Arbeitsverhältnisses keine Ansprüche mehr bestehen, den Verzicht auf die Kündigungsschutzklage nicht erfasst sah[3]. Es muss aus der Formulierung deutlich werden, welche Ansprüche erfasst sind[4]. 27

Verzichtsabreden sind aber nicht bereits dann **unangemessen benachteiligend**, wenn der Verzichtende sich für seinen Verzicht keine Gegenleistung versprechen lässt[5]. Dies folgt bereits daraus, dass eine Inhaltskontrolle von Leistung und Gegenleistung ausscheidet und jeglicher Maßstab dafür fehlt, was ein Verzicht auf eine Kündigungsschutzklage wert ist[6]. Aus diesem Grunde ist auch eine unentgeltliche Verzichtserklärung des ArbN ohne kompensatorische Gegenleistung des ArbGeb in einer Ausgleichsquittung nicht wegen des Fehlens der Gegenleistung unangemessen benachteiligend gem. § 307 Abs. 1[7]. Teilweise wird jedoch eine Inhaltskontrolle von Verzichtsklauseln bejaht, wenn ein vorgedruckter Verzicht mit anderen Erklärungen untrennbar verbunden ist und dem anderen Teil eine Ablehnung nicht zugemutet werden kann, weil er sonst von anderen Rechten oder Vorteilen ausgeschlossen wäre[8]. Allein die Vertragsabschlusssituation, zB eine Überrumpelung führt nicht zu einer anderen Bewertung[9]. 28

Vorbemerkungen vor § 611

I. Das Arbeitsrecht als Arbeitnehmerschutzrecht . 1	c) Nebeneinander und Übergang von arbeitsrechtlicher und nicht-arbeitsrechtlicher Beziehung 27
1. Der Konflikt zwischen Vertragsfreiheit und Arbeitsrecht 1	d) Privatrechtlicher Vertrag 29
2. Die verfassungsrechtlichen Vorgaben 2	aa) Öffentlich-rechtliche Dienstverhältnisse 30
3. Folgerung 4	bb) Familiäre Mitarbeit 33
4. Fallgruppen 6	cc) Vereinsmitgliedschaft, Gesellschafter . 35
II. §§ 611 ff. BGB im Gesamtsystem des BGB 7	dd) Kleriker und Kirchenbeamte 38
1. Abgrenzung zu anderen Vertragstypen 7	e) Verpflichtung zur Arbeitsleistung 39
a) Werkvertrag (§ 631 ff. BGB) 8	f) Unselbständigkeit der Arbeitsleistung – Typologische Bestimmung 40
b) Auftrag (§§ 662 ff. BGB) 10	
c) Geschäftsbesorgung (§ 675 BGB) 11	4. Abgrenzung nach der persönlichen Weisungsgebundenheit 42
d) Dienstleistungen auf gesellschafts- oder vereinsrechtlicher Grundlage 12	a) Allgemeines 42
e) Dienstverschaffungsvertrag 15	b) Fachliche, zeitliche und örtliche Weisungsgebundenheit 44
f) Vertragshändlervertrag und Franchising . 16	
2. Freier Dienstvertrag und unselbständiger Arbeitsvertrag 18	c) Eingliederung in die Organisation des Arbeitgebers 48
III. Geltungsbereich des Arbeitsrechts: Der Arbeitnehmerbegriff 19	d) Fremdnützigkeit der Arbeitsleistung . . . 49
1. Arbeits-, sozial- und steuerrechtlicher Arbeitnehmerbegriff 19	e) Hilfskriterien 50
	f) Untaugliche Kriterien 51
2. Einheitlicher Arbeitnehmerbegriff im Arbeitsrecht 21	g) Feststellung und Geltendmachung der Arbeitnehmereigenschaft 53
3. Merkmale des Arbeitsvertrags 24	5. Abweichende Ansätze im Schrifttum 56
a) Fehlende Legaldefinition – Ausgangspunkt von Rspr. und Schrifttum 24	6. Stellungnahme 59
b) Arbeitnehmerbegriff als zwingende gesetzliche Vorgabe – Folgen der Falschzuordnung . 25	7. Problematische Fallgruppen 61
	a) Medienmitarbeiter 62

---

1 Hierzu LAG Hamm v. 24.1.2003 – 10 Sa 1158/02, NZA 2003, 499 (502); LAG BW v. 10.4.2003 – 11 Sa 17/03, DB 2003, 2551 f. | **2** BGH v. 18.11.1982 – VII ZR 305/81, BGHZ 85, 305 (314); 1 LAG Hamm v. 24.1.2003 – 10 Sa 1158/02, NZA 2003, 499 (503); LAG BW v. 10.4.2003 – 11 Sa 17/03, DB 2003, 2551 f.; *Gotthardt*, Rz. 327. | **3** BAG v. 3.5.1979 – 2 AZR 679/77, EzA § 4 KSchG nF Nr. 15; ausf. *Stahlhacke/Preis/Vossen*, Rz. 1254 ff. mwN. | **4** *Gotthardt*, Rz. 305; ErfK/*Preis*, § 611 BGB Rz. 516. | **5** ArbG Düsseldorf v. 9.4.2003 – 10 Ca 10853/02, nv.; aA *Reinecke*, DB 2002, 583 (586); *Preis*, NZA 2003, Beil. Heft 16, S. 19 (29); dahingehend a. LAG Rostock v. 29.1.2003 – 2 Sa 492/02, EzA-SD 2003, Nr. 9, 8. | **6** LAG Hamm v. 9.10.2003 – 11 Sa 515/03; vgl. insoweit zu Aufhebungsverträgen und § 1a KSchG Anh. Rz. 4. | **7** So aber LAG Schleswig-Holstein v. 24.9.2003 – 3 Sa 6/03; NZA-RR 2004, 74 (75). | **8** *Wolf/Horn/Lindacher*, § 9 AGBG Rz. V 61; BGH v. 25.10.1984 – VII ZR 95/83, NJW 1985, 970 f. für die Einbeziehung der Ansprüche gegen Dritte, nicht am Vertrag Beteiligter, in eine Verzichtsklausel. | **9** Vgl. Anhang Rz. 5.

b) Lehrer und Dozenten 69	2. Mittelbares Arbeitsverhältnis 116
c) Freie Berufe (Rechtsanwälte, Ärzte, Steuerberater, Architekten, Musiker) 71	3. Gruppenarbeitsverhältnis 121
d) Sportler 75	4. Arbeitsverhältnis mit einer Mehrzahl von Arbeitgebern 125
e) Versicherungsvermittler, Handelsvertreter . 76	5. Kirchliche Arbeitnehmer 127
aa) Allgemeines 76	a) Die Besonderheiten des kirchlichen Dienstes und das säkulare Arbeitsrecht 127
bb) Fachliche, örtliche und zeitliche Weisungsgebundenheit 77	b) Konsequenzen 128
cc) Ergänzende Erwägungen – Beurteilung einzelner Vertragsklauseln 80	aa) Kündigungsschutz 128
f) Subunternehmer, insb. Frachtführer und Kurierfahrer 88	bb) Dritter Weg 130
g) Telebeschäftigte 93	cc) Mitarbeitervertretungsrecht 131
h) Organmitglieder 94	VI. Rechtsquellen des Arbeitsrechts 132
aa) Bestellung und Anstellung 94	1. Arbeitsvölkerrecht 132
bb) Organmitglied als Arbeitnehmer . . . 95	2. Europäisches Gemeinschaftsrecht 135
cc) Analoge Anwendung des Arbeitsrechts 97	a) Allgemeines 135
dd) Übergang vom Arbeitsverhältnis zum Anstellungsverhältnis 100	b) Einzelregelungen 138
8. Weitere Einzelfälle 103	3. Verfassungsrecht 142
IV. Einzelne Gruppen von Arbeitnehmern 105	4. Arbeitsrechtliche Gesetze 143
1. Arbeiter und Angestellte 105	5. Rechtsverordnungen 144
2. Leitende Angestellte 108	6. Satzungsrecht 145
3. Arbeitnehmerähnliche Personen 111	7. Tarifverträge 146
V. Besondere Formen des Arbeitsverhältnisses . . 115	8. Betriebs- und Dienstvereinbarungen 147
1. Prekäre Arbeitsverhältnisse 115	9. Arbeitsverträge 148
	10. Weisungsrecht des Arbeitgebers 151
	11. Richterrecht 152
	12. Rangfolge arbeitsrechtlicher Rechtsquellen . 154

1 I. Das Arbeitsrecht als ArbN-Schutzrecht. 1. Der Konflikt zwischen Vertragsfreiheit und Arbeitsrecht. Die §§ 611 ff. bilden – nach der zeitlichen Entwicklung wie auch der inhaltlichen Regelung – die Grundnormen des Arbeitsrechts. Sie sind die Keimzelle und erste Saat eines Rechtsgebiets, das bis heute weitgehend außerhalb des BGB gewachsen ist. Nach den Worten *Otto v. Gierkes* blieb das BGB „von dem Versuch einer Kodifikation des modernen Arbeitsvertragsrecht weit entfernt"[1] und es ist seitdem diesem Ziel nur wenige Schritte näher gekommen. Die Väter des BGB sahen es als wesentlich an, in das Dienstvertragsrecht „nur Bestimmungen allgemeiner Art [aufzunehmen], die sich für die Dienstverhältnisse verschiedener Art eignen, während solche Dienstverhältnisse, die mit Rücksicht auf ihre soziale Bedeutung und andere Besonderheiten einer besonderen eingehenden Regelung bedürfen, der Spezialgesetzung zu überlassen seien"[2]. Das Arbeitsrecht und sein spezifisches Anliegen mussten also außerhalb des kodifikatorischen Rahmens entwickelt werden: der Schutz des ArbN vor der Fremdbestimmung durch den ArbGeb[3]. Die Möglichkeit, durch Vertrag den Inhalt des Arbeitsverhältnisses festzulegen, wird begrenzt, um den ArbN vor der einseitigen Fremdbestimmung des ArbGeb zu schützen. Auch im Arbeitsrecht gilt freilich grundsätzlich die Vertragsfreiheit. Dies hat jüngst ausdrückliche gesetzgeberische Anerkennung erfahren. In **§ 105 Satz 1 GewO** heißt es seit dem 1.1.2003: „ArbGeb und ArbN können Abschluss, Inhalt und Form des Arbeitsvertrages frei vereinbaren, soweit nicht zwingende gesetzliche Vorschriften, Bestimmungen eines anwendbaren TV oder einer BV entgegenstehen". Die Grenzen dieser Freiheit lässt der Gesetzgeber offen; sie zu bestimmen gehört zu den entscheidenden Weichenstellungen der weiteren Entwicklung des Arbeitsrechts.

2 2. Die verfassungsrechtlichen Vorgaben. Nach der ständigen Rspr. des BVerfG ist die **Privatautonomie** ein Teil der allgemeinen Handlungsfreiheit. Art. 2 Abs. 1 GG gewährleistet damit das Selbstbestimmungsrecht des Einzelnen im Rechtsleben[4]. Diese Selbstbestimmung versteht das Gericht jedoch nicht im Sinne einer bloß formalen Freiheit, die den Vertragsschluss unabhängig vom Inhalt des Vertrages und den Umständen seines Zustandekommens schützen will. Entscheidend ist die materielle, tatsächliche Freiheit, eine rechtsgeschäftliche Bindung eingehen zu können oder auch nicht[5]. Sie allein ist geschützt, und nur an ihrer Beschränkung oder Sicherung muss sich das Arbeitsrecht messen lassen. Grundlegend in der Entwicklung dieses Ansatzes war die Bürgschaftsentscheidung von 1993, vorbereitet durch die Handelsvertreterentscheidung drei Jahre zuvor[6]. Die Vertragsautonomie ist vom Gesetzgeber auszugestalten und insb. muss er die Freiheit der einen Seite mit der der anderen Seite versöhnen. Hat einer der

---

[1] *v. Gierke*, Deutsches Privatrecht III, 1917, S. 600. | [2] *Struckmann* als Kommissar des Bundesrats in Stenographische Berichte, S. 326. | [3] *Hueck/Nipperdey*, Arbeitsrecht, Bd. 1, 6. Aufl., S. 25. „Das Arbeitsrecht ist also zunächst einmal Arbeitnehmerschutzrecht, wobei dieser Begriff im weitesten Sinn zu verstehen ist". | [4] BVerfG v. 2.5.1996 – BvR 696/96, NJW 1996, 2021; v. 19.10.1993 – 1 BvR 567/89, BVerfGE 89, 214 (231); v. 23.4.1986 – 2 BvR 487/80, BVerfGE 73, 261 (270); v. 12.11.1958 – 2 BvL 4/56, BVerfGE 8, 274, (328); BAG v. 15.1.1955 – 1 AZR 305/54, BAGE 1, 258 (270); *Erichsen* in Isensee/Kirchhof, Handbuch des Staatsrechts, Bd. VI, S. 1210 Rz. 58; *Zöllner*, AcP 1996, 1 (25). *Kirchhof*, FS Ulmer, 2003, S. 1211. | [5] S. auch *Canaris*, AcP 200 (2000), 273 (300). | [6] BVerfG v. 7.2.1990 – 1 BvR 26/84, BVerfGE 81, 242; v. 19.10.1993 – 1 BvR 567/89, BVerfGE 89, 214 (229 ff.), JZ 1994, 408 mit Anm. *Wiedemann*; bestätigt durch BVerfG v. 5.8.1994 – 1 BvR 1402/89, NJW 1994, 2749. Aus der umfangreichen Diskussion s. *Wiedemann*, JZ 1994, 411 (412); *Honsell*, NJW 1994, 565 f.; *Preis/Rolfs*, DB 1994, 261 (264); *von Westphalen*, MDR 1994, 5 (8); abl. *Adomeit*, NJW 1994, 2467 ff.

Vertragsteile ein so starkes Übergewicht, dass er den Vertragsinhalt faktisch allein bestimmen kann, bewirkt dies für den anderen Teil Fremdbestimmung. Deren Folgen sind ggf. zu berichtigen: Handelt es sich um eine typisierbare Fallgestaltung, die eine **strukturelle Unterlegenheit** des einen Vertragsteils erkennen lässt, und sind die **Folgen** des Vertrags für den unterlegenen Vertragsteil **ungewöhnlich belastend**, dann muss die Zivilrechtsordnung hierauf reagieren und Korrekturen ermöglichen. Diese Korrekturen beschränken dann nicht die Vertragsfreiheit des schwächeren Partners, sondern sie entfalten sie, obwohl sie ja gerade einen Vertrag unwirksam machen.

Für das Arbeitsrecht war dies nicht der erste Schritt in diese Richtung und auch ist es hierbei nicht stehen geblieben. Moderne Habilitationsschriften legten bereits vorher dar, dass das Grundgesetz eine **Inhaltskontrolle der Arbeitsverträge** zulässt und sie in bestimmten Konstellationen gebietet[1]. Das BVerfG hat in jüngerer Zeit diesen Ansatz leicht modifiziert auf ein anderes Grundrecht übertragen: Das Berufsfreiheit des ArbN. An ihr misst es den Kündigungsschutz und die Kleinbetriebsklausel des Kündigungsschutzgesetzes[2]. Seine Entscheidung von 1998 war bedeutsam nicht nur, weil sie den Schwellenwert des § 24 KSchG korrigierend auf das Unternehmen, nicht den Betrieb bezog (s. § 24 KSchG Rz. 9). Sie ist vielmehr deshalb wichtig, weil auch hier wiederum die Freiheit sich zu binden eingeschränkt wurde, um ein Grundrecht zu entfalten. Denn das Gericht führte aus, auch in Unternehmen außerhalb des Kündigungsschutzgesetzes müsse es ein Mindestmaß an Kündigungsschutz geben – anderenfalls sei der Berufsfreiheit des ArbN nicht hinreichend Rechnung getragen, der ungeschützt vor der Disposition des ArbGeb damit rechnen müsste, seinen Arbeitsplatz jederzeit verlieren zu können. Dass die Berufsfreiheit auch darin liegen könnte, weniger sichere Arbeitsplätze zu besetzen, dafür aber zu einem höheren Lohn, erwog das Gericht nicht. Daher ging es auch hier davon aus, dass seine Entscheidung die Freiheit des ArbN entfalte, nicht dass sie sie beschränkt.

3. Folgerung. Der richtige Ansatzpunkt zur Legitimation arbeitsrechtlicher Schutzvorschriften ist in der Tat nicht die Begrenzung der Vertragsfreiheit des ArbN zu Gunsten eines anderen Rechtsguts, das es zu schützen gilt, sondern die Entfaltung seiner Vertragsfreiheit. Der Wille, den ArbN vor den Folgen eines – vielleicht nur in den Augen des Richters – unvernünftigen, aber frei gewollten Handelns zu schützen, kann daher grundsätzlich keine Rechtfertigung sein. Weil dem so ist, kann die bloße Unangemessenheit einer Vereinbarung allein noch kein Grund zur Korrektur sein; entscheidend ist, ob sie Ergebnis eines freien Willens war oder nicht, ob es das tatsächlich Gewollte ist. Voraussetzung auch für die Kontrolle von Arbeitsverträgen ist also stets die gestörte Vertragsparität, bei der die Einigung beider Vertragspartner nur für eine Seite Ausübung der Vertragsautonomie bedeutet.

Die arbeitsrechtliche Schutzgesetzgebung erhält hierdurch das Gesagte eine grundlegende Bewertung: Wo sie eine Regel aufstellt, die der einzelne ArbN anders vereinbaren will, und er hierüber entscheiden kann, darf der Gesetzgeber nicht zu dessen Schutz in die Vertragsautonomie des ArbN eingreifen, auch wenn dies im Einzelfall zu unangemessenen Ergebnissen führt. Eine Rechtfertigung zum Eingriff, sei er direkt durch Gesetz oder mittelbar durch eine entsprechende Befugnis der TV-Parteien oder Betriebspartner, mag der Schutz von Drittinteressen sein, grundsätzlich aber nicht der **Schutz des ArbN vor sich selbst**.

4. Fallgruppen. Das Gesagte muss die Leitlinie sein für die Beurteilung der gesetzgeberischen Schranken im Individual- und im Kollektivarbeitsrecht. Bricht man diese Perspektiven auf die einzelnen Fallgruppen des Arbeitsrechts herunter, dann können hieraus Impulse hergeleitet werden insb. **zur Vertrags- und Inhaltskontrolle** (s. § 305 Rz. 1 ff.). Ein umfassendes Mandat des Richters zur Vertragskorrektur etwa entsprechend dem Modell der Arbeitsgesetzbuchkommission von 1977, die in § 3a ihres Entwurfs eine richterliche Billigkeitskontrolle bei jeder arbeitsvertraglichen Vereinbarung vorsah, die die Belange des ArbN nicht in angemessener Weise wahrt[3], kann dem Gebot der Entfaltung der Vertragsautonomie nicht entnommen werden, denn eine gestörte Vertragsparität kann nicht bei allen ArbN und in jeder Situation angenommen werden. Die AGB-Kontrolle folgt vielmehr grundsätzlich den allgemeinen Bahnen der §§ 305 ff., modifiziert nur durch die angemessene Berücksichtigung der arbeitsrechtlichen Besonderheiten (s. § 310 Abs. 4 Satz 2). Für die eventuell verbleibenden Fälle der Vertragskontrolle unfreier Individualentscheidung bleibt streitig, wieweit die Grenze gehen wird. Hier dürfte die Entwicklung den Unterschiedlichkeiten der verschiedenen Arbeitsverhältnisse verstärkt Rechnung tragen und sich für eine stärkere Differenzierung öffnen[4]. Auch die Frage, inwieweit es einen **BR ohne oder gegen den Willen der Belegschaft** geben kann (§ 17 BetrVG Rz. 1), und wieweit der BR durch BV in den Vertrag des ArbN eingreifen kann (s. § 77 BetrVG Rz. 59 ff.), ist unter dem Gesichtspunkt der Grenzen der Vertragsfreiheit zu erörtern, ebenso wie das **Günstigkeitsprinzip im TV-Recht** (s. § 4 TVG Rz. 51) sowie die fehlende Möglichkeit des LeihArbN, sich für den ArbGeb dadurch interessant zu machen, dass er für weniger als **Equal pay** arbeitet (§ 9 AÜG Rz. 12). Für Einzelheiten, die der bisherigen Rspr. entnommen werden können s. § 105 GewO Rz. 1 ff.

---

[1] *Fastrich*, Richterliche Inhaltskontrolle im Privatrecht, 1992; *Preis*, Grundfragen der Vertragsgestaltung im Arbeitsrecht, 1993. | [2] BVerfG v. 27.1.1998 – 1 BvL 15/87, BVerfGE 97, 169; s. hierzu auch BAG v. 21.2.2001 – 2 AZR 15/00, NZA 2001, 833. | [3] Bundesminister für Arbeit und Sozialordnung (Hrsg.): Arbeitsgesetzbuchkommission, Entwurf eines Arbeitsgesetzbuches – Allgemeines Arbeitsvertragsrecht, 1977. | [4] S. auch *Thüsing*, FS Wiedemann, 2002, S. 592.

BGB Vor § 611 Rz. 7   Vorbemerkungen

7   **II. §§ 611 ff. BGB im Gesamtsystem des BGB. 1. Abgrenzung zu anderen Vertragstypen.** Das Privatrecht stellt eine Mehrzahl von Vertragsarten zur Verfügung, auf Grund derer sich eine Partei verpflichten kann, im Dienst oder im Interesse der anderen Partei tätig zu werden. Der Dienstvertrag gemäß §§ 611 ff. bildet den **Grund- und Auffangtatbestand** der auf eine Dienstleistung gerichteten Vertragstypen; nach § 611 Abs. 2 können Gegenstand des Dienstvertrags Dienste jeder Art sein. Daneben sind als gesetzlich geregelte Vertragstypen der Auftrag gemäß §§ 662 ff. (Rz. 10), der Geschäftsbesorgungsvertrag gemäß § 675 (Rz. 11) sowie die Erbringung von Dienstleistungen auf gesellschafts- oder vereinsrechtlicher Grundlage zu verzeichnen (Rz. 12). Dazu tritt der nicht gesetzlich normierte Dienstverschaffungsvertrag (Rz. 15) sowie gemischte Vertragstypen, die zumindest Dienstleistungselemente enthalten; in der Praxis am bedeutsamsten sind unter diesen der Vertragshändlervertrag und das Franchising (Rz. 16). Sie alle sind voneinander zu unterscheiden und abzugrenzen.

8   **a) Werkvertrag (§§ 631 ff. BGB).** Zu unterscheiden sind der Dienstvertrag und die mit ihm verwandten, auf die Erbringung von Dienstleistungen gerichteten Vertragstypen vom Werkvertrag gemäß §§ 631 ff.. In einem Werkvertrag verspricht der Schuldner, einen bestimmten Erfolg herbeizuführen; der Gläubiger ist berechtigt, auf Grund des Werkvertrags den Eintritt des versprochenen Erfolgs zu fordern. Das Risiko dafür, dass der Erfolg nicht eintritt, trägt der Schuldner. Entsprechend sehen die §§ 633 ff. Gewährleistungsansprüche des Gläubigers gegen den Schuldner im Falle von Rechts- und Sachmängeln vor. Das Dienstvertragsrecht kennt hingegen keine Gewährleistungsrechte. In einem Dienstvertrag wird lediglich die Leistung der Arbeit versprochen und folglich vom Dienstnehmer geschuldet[1]. In aller Regel bezweckt der Gläubiger eines Dienstvertrags mit dessen Abschluss allerdings auch den Eintritt eines bestimmten **Erfolgs**; dennoch schuldet der Schuldner nur die **Arbeitsleistung** und erfüllt seine Verpflichtung demnach allein durch die Verrichtung seiner Arbeit. Das Risiko, dass der erhoffte Erfolg nicht eintritt, liegt auf Seiten des Gläubigers.

9   In der Praxis ist die Abgrenzung von Dienst- und Werkvertrag trotz des theoretisch klaren Abgrenzungskriteriums nicht einfach, da alle Tätigkeiten, über die ein Werkvertrag abgeschlossen werden kann, auch Gegenstand eines Dienstvertrags sein können (zB Architektenvertrag, Arztvertrag)[2]. Umgekehrt gilt dies nicht, da es Tätigkeiten gibt, bei denen es aus tatsächlichen oder rechtlichen Gründen nicht möglich ist, einen Erfolg zu garantieren (zB Partnerschaftsvermittlung)[3]. In Zweifelsfällen ist der Wille der Vertragsparteien durch Auslegung (§§ 133, 157) zu ermitteln. Hierbei kommt es insb. darauf an, ob die Vergütung nur für den Fall des Erfolgseintritts vereinbart wird (= Werkvertrag) oder der Schuldner bereits allein durch Erbringung seiner Dienste einen Vergütungsanspruch erhalten soll (= Dienstvertrag)[4]. Zu beachten ist, dass die **Vergütung beim Dienstvertrag** entweder nach der Zeitdauer bemessen werden kann ohne Rücksicht darauf, welchen Erfolg das Tätigwerden des Dienstnehmers in dieser Zeit hat (Zeitlohn), oder nach dem quantitativen oder qualitativen Erfolg des Tätigwerdens (zB Akkordlohn, Stücklohn); s. auch § 611 Rz. 301. Auch eine solche erfolgsabhängige Vergütung macht den Dienstvertrag nicht zum Werkvertrag[5]. Die Unterscheidung zwischen beiden Vertragstypen ist anhand des Inhalts der Leistungspflicht des Schuldners vorzunehmen, nicht aber in Abhängigkeit von der Bemessung der ihm zu zahlenden Vergütung. Auch bei einer **erfolgsabhängigen Vergütungsregelung** ist der Schuldner des Dienstvertrags lediglich zur Erbringung der versprochenen Dienstleistungen verpflichtet, muss allerdings nicht für den Eintritt des mit diesen seitens seines Vertragspartners letztlich bezweckten Erfolgs einstehen.

10   **b) Auftrag (§§ 662 ff. BGB).** Der Auftrag ist nach § 662 dadurch gekennzeichnet, dass der Beauftragte das ihm vom Auftraggeber übertragene Geschäft **unentgeltlich** übernimmt. Der Dienstvertrag unterscheidet sich daher vom Auftrag durch die Entgeltlichkeit der zu erbringenden Dienstleistung[6]. Zwar legt die Formulierung des § 612 den Schluss nahe, dass der Gesetzgeber auch unentgeltliche Dienstverträge für möglich gehalten hat. Auf dieser Prämisse wäre eine Abgrenzung von Dienstvertrag und Auftrag jedoch nicht möglich; insb. scheidet dann eine Differenzierung nach der Art der erbrachten Dienstleistung aus, da sich der Dienstvertrag nach § 611 Abs. 2 auf Dienste jeder Art beziehen kann; s. auch § 612 Rz. 8.

11   **c) Geschäftsbesorgung (§ 675 BGB).** Gemäß § 675 finden auf einen Dienst- oder Werkvertrag, der eine Geschäftsbesorgung zum Gegenstand hat, grundsätzlich die dem Auftragsrecht entstammenden Vorschriften der §§ 663, 664 bis 670, und 672 bis 674 entsprechende Anwendung. Die hM sieht im Geschäftsbesorgungsvertrag einen eigenständigen Vertragstyp, unter den eine Vielzahl verschiedener, praktisch äußerst wichtiger Vertragsformen gefasst wird (zB Bankverträge und Finanzierungsverträge wie Factoring oder Leasing; Beratungs-, Betreuungs- und Verwaltungsverträge wie Verträge mit Rechtsanwälten, Steuerberatern oder Architekten; Vertriebs- und Zulieferverträge)[7]. Vom Auftrag soll sich

---

[1] HM: s. nur BGH v. 22.10.1981 – VII ZR 310/79, BGHZ 82, 100; Staudinger/*Richardi*, § 611 BGB Rz. 25 ff.; Soergel/*Kraft*, Vor § 611 BGB Rz. 37. | [2] Erman/*Edenfeld*, § 611 BGB Rz. 14. | [3] BGH v. 1.2.1989 – IVa ZR 354/87, BGHZ 106, 341; OLG Karlsruhe v. 21.2.1985 – 4 U 207/83, NJW 1985, 2035; aA OLG Bamberg v. 21.11.1983 – 4 U 91/83, NJW 1984, 1466. | [4] Ausf. mit einzelnen Beispielen Soergel/*Kraft*, Vor § 611 BGB Rz. 40 ff.; MünchKomm/*Müller-Glöge*, § 631 BGB Rz. 7 ff. | [5] Staudinger/*Richardi*, § 611 BGB Rz. 40; MünchKomm/*Müller-Glöge*, § 611 BGB Rz. 27. | [6] Staudinger/*Richardi*, § 611 BGB Rz. 65 f.; Soergel/*Kraft*, Vor § 611 BGB Rz. 47; Erman/*Edenfeld*, § 611 BGB Rz. 18; ErfK/*Preis*, § 611 BGB Rz. 28; aA MünchKomm/*Müller-Glöge*, § 611 BGB Rz. 34 und § 662 BGB Rz. 10. | [7] Einzelne Beispiele bei Staudinger/*Martinek*, § 675 BGB Rz. B 1 ff.

die Geschäftsbesorgung durch die Entgeltlichkeit der erbrachten Dienstleistung unterscheiden, vom Dienst- oder Werkvertrag durch das in § 675 genannte Tatbestandsmerkmal, dass der Vertrag eine **Geschäftsbesorgung zum Gegenstand** hat. Der Begriff der Geschäftsbesorgung in § 675 sei von demjenigen in § 662 verschieden (sog. Trennungstheorie)[1]. Geschäftsbesorgung iSd. § 675 sei jede selbstständige Tätigkeit wirtschaftlicher Art, die nicht in einer bloßen Leistung an einen anderen, sondern in der Wahrnehmung seiner Vermögensinteressen bestehe[2]. Die Position der hM ist allerdings nicht unbestritten. Nach der sog. Einheitstheorie[3], der auch die frühere Rspr. des BAG zuneigte[4], hat jeder Dienst- oder Werkvertrag eine Geschäftsbesorgung zum Gegenstand, so dass die Unterscheidung zwischen Dienst- oder Werkverträgen mit und ohne Geschäftsbesorgungsnatur obsolet ist. Der dogmatische Streit hat insofern praktische Auswirkungen, als die Einheitstheorie zu einer weiter reichenden Anwendbarkeit auftragsrechtlicher Vorschriften führt. Konkret im Bereich des Arbeitsrechts ist die Praxisrelevanz der Auseinandersetzung indessen gering, da die analoge Anwendbarkeit sämtlicher in § 675 genannten Vorschriften im Rahmen des Arbeitsverhältnisses in der Rspr. anerkannt ist[5].

d) **Dienstleistungen auf gesellschafts- oder vereinsrechtlicher Grundlage.** Wird ein Gesellschafter für die Gesellschaft oder ein Mitglied für den Verein tätig, kann dies entweder auf einem (gesonderten) Dienst- oder Arbeitsverhältnis oder aber auf dem Gesellschafts- bzw. Mitgliedschaftsverhältnis als solchem beruhen. Nach § 705 verpflichten sich die Gesellschafter durch Abschluss des Gesellschaftsvertrags gegenseitig, die Erreichung des gemeinsamen Zwecks in der durch den Vertrag bestimmten Weise zu fördern, insb. die vereinbarten Beiträge zu leisten. § 706 Abs. 3 sieht vor, dass der Beitrag eines Gesellschafters auch in der Leistung von Diensten bestehen kann[6]; die für die BGB-Gesellschaft geltende Vorschrift greift ebenso für die OHG (§ 105 Abs. 2 HGB), die KG (§§ 105 Abs. 2, 161 Abs. 2 HGB) sowie für die stille Gesellschaft[7]. Bei der GmbH besteht die Besonderheit, dass Dienstleistungen nach hM als gesellschaftsrechtliche Nebenleistungen, nicht aber als Einlagen vereinbart werden können[8]. Neben der Erbringung des Gesellschafterbeitrags in Form von Dienstleistungen kommt in Betracht, dass der Gesellschaftsvertrag den Rechtsgrund für die Leistung von Diensten bildet, die im Rahmen der den Gesellschafter nach § 705 treffenden allgemeinen Pflicht zur Förderung der Gesellschaft erbracht werden[9]. **12**

Ob Grundlage für die erbrachten Dienste der Gesellschaftsvertrag oder ein Dienst- oder Arbeitsvertrag ist, muss durch Auslegung der vertraglichen Abreden zwischen den Parteien ermittelt werden. Entscheidend für die Abgrenzung ist die **unterschiedliche Zwecksetzung** von Gesellschaftsvertrag und Dienstvertrag[10]: Wird die Erbringung von Diensten im Gesellschaftszweck zugesagt, erfolgt dies als Beitrag zur Förderung des gemeinsamen Gesellschaftszwecks, ohne dass für die Dienstleistung ein Entgelt vereinbart wird. Dem Gesellschafter, der die Dienste erbringt, wird stattdessen ebenfalls ein Beitrag zugesagt, der gleichermaßen in einer Leistung besteht, die allerdings nicht für ihn selbst bestimmt ist, sondern der Förderung des Gesellschaftszwecks dienen soll. Beide Leistungen sind also auf das gleiche Ziel gerichtet. Es ist typisch für die Gesellschaft, dass durch die gemeinsame Zweckverfolgung eine Vermögensgemeinschaft unter den Gesellschaftern entsteht (Gesamthand); eine Ausnahme bildet insoweit die stille Gesellschaft gemäß §§ 230 ff. HGB als reine Innengesellschaft. Demgegenüber stellt der Dienstvertrag einen gegenseitigen **Austauschvertrag** dar, auf Grund dessen sich eine Partei zur Erbringung der Dienste, die andere zur Zahlung eines Entgelts verpflichtet. Bei der Gesellschaft tritt an die Stelle dieses Entgeltverhältnisses ein durch die gegenseitige Verpflichtung der Gesellschafter, den Gesellschaftszweck zu erreichen, begründetes Abhängigkeitsverhältnis, welches dem Gesellschaftsvertrag zu einem schuldrechtlichen Vertrag mit personenrechtlichem Einschlag macht. **13**

Durch die Gesellschafterstellung wird allerdings nicht ausgeschlossen, dass ein Gesellschafter **zusätzlich in ein Dienst- oder Arbeitsverhältnis zur Gesellschaft tritt**; das gilt unabhängig davon, ob es sich um eine Kapital- oder Personengesellschaft handelt. In der Entscheidung, ob Dienste allein auf gesellschaftsrechtlicher Grundlage erbracht werden oder zusätzlich ein Dienst- oder Arbeitsverhältnis begründet wird, sind die Parteien weitgehend frei[11]. Liegt ein separates Arbeitsverhältnis vor, finden auf dieses die allgemeinen arbeitsrechtlichen Schutzvorschriften Anwendung; sie greifen hingegen nicht, wenn Dienstleistungen auf Grund des Gesellschaftsvertrags erbracht werden. Ob zwischen Gesellschafter und Gesell- **14**

---

1 Staudinger/*Martinek*, § 675 BGB Rz. A 15 ff. mwN. | 2 BGH v. 11.11.1958 – I ZR 152/57, DB 1959, 167 (168); v. 25.4.1966 – VII ZR 120/65, BGHZ 45, 223 (228); Staudinger/*Martinek*, § 675 BGB Rz. A 23; Staudinger/*Richardi*, Vor §§ 611 ff. BGB Rz. 68. | 3 Ausf. MünchKomm/*Seiler*, § 675 BGB Rz. 2 ff.; MünchKomm/*Müller-Glöge*, § 611 BGB Rz. 32; grundl. *Isele*, Geschäftsbesorgung, 1936, insb. S. 95; Staudinger/*Nipperdey*, 11. Aufl., § 675 BGB Rz. 2 ff. | 4 BAG v. 10.5.1957 – 2 AZR 55/56, BAGE 9, 105 (110); v. 10.11.1961 – GS 1/60, BAGE 12, 15 (27). | 5 MünchKomm/*Müller-Glöge*, § 611 BGB Rz. 33; Soergel/*Kraft*, Vor § 611 BGB Rz. 47; ErfK/*Preis*, § 611 BGB Rz. 30 f.; *Reichold*, NZA 1994, 488 ff. | 6 Ausf. *Diller*, Gesellschafter und Gesellschaftsorgane als Arbeitnehmer, 1994, S. 274 ff. | 7 Dazu *Loritz*, Die Mitarbeit Unternehmensbeteiligter, 1984, S. 62 mwN. | 8 Erman/*Edenfeld*, § 611 BGB Rz. 20 mwN; *Diller*, Gesellschafter und Gesellschaftsorgane als Arbeitnehmer, 1994, S. 277, s. auch v. *Hoyningen-Huene*, NJW 2000, 3233. | 9 MünchKomm/*Müller-Glöge*, § 611 BGB Rz. 28; ErfK/*Preis*, § 611 BGB Rz. 22. | 10 Dazu Staudinger/*Richardi*, Vor §§ 611 ff. BGB Rz. 72 ff.; Soergel/*Kraft*, Vor § 611 BGB Rz. 48. | 11 BAG v. 22.3.1995 – 5 AZB 21/94, BAGE 140 GG Nr. 26; v. 6.7.1995 – 5 AZB 9/93, EzA § 5 ArbGG 1979 Nr. 11; v. 11.5.1978 – 3 AZR 21/77, AP Nr. 2 zu § 161 HGB; v. 18.2.1956 – 2 AZR 294/54, AP Nr. 1 zu § 5 ArbGG 1953; v. 3.6.1975 – 1 ABR 98/74, AP Nr. 1 zu § 5 BetrVG 1972 – Rotes Kreuz; v. 10.5.1990 – 2 AZR 607/89, EzA § 611 BGB – Arbeitnehmerbegriff Nr. 36.

schaft ein separates Dienst- oder Arbeitsverhältnis geschlossen wurde, ist in jedem Einzelfall unter Beachtung seiner tatsächlichen Besonderheiten zu ermitteln[1], wobei die Abgrenzung zwischen Dienst- oder Arbeitsvertrag anhand der allgemeinen, die ArbN-Eigenschaft charakterisierenden Kriterien vorzunehmen ist (Rz. 19 ff.). Für die Annahme eines separaten Dienst- oder Arbeitsverhältnisses spricht, wenn der Gesellschafter auf Grund des Gesellschaftsvertrags nicht zur Erbringung von Dienstleistungen verpflichtet ist, wie dies bei einem Kommanditisten der Fall ist[2]. Wer an Gewinn und stillen Reserven beteiligt ist, gesellschaftsrechtlichen Bestandsschutz genießt und Mitsprache- sowie Informationsrechte hat, ist Gesellschafter und – vorbehaltlich einer gesonderten Vereinbarung – nicht ArbN[3]. Wird ein separater Dienst- oder Arbeitsvertrag geschlossen, führt dies nicht zum Erlöschen der gesellschaftsrechtlichen Dienstverpflichtung und Dienstberechtigung[4]. **Einzelheiten** in der Rspr. s. Rz. 95 f., 114.

15 **e) Dienstverschaffungsvertrag.** Der Dienstverschaffungsvertrag ist im BGB nicht gesondert geregelt; er unterfällt ebenso nicht § 611. In ihm verpflichtet sich der Schuldner nicht wie beim Dienstvertrag zur persönlichen (§ 613) Erbringung einer Dienstleistung, sondern dazu, seinem Vertragspartner Dienste eines anderen oder mehrerer anderer Personen zu beschaffen[5]. Die Dienste, die verschafft werden sollen, können sowohl im Rahmen eines freien Dienstvertrags oder auf Grund eines Arbeitsvertrags erbracht werden[6]. Zu unterscheiden ist der Dienstverschaffungsvertrag von der Arbeitsvermittlung oder dem Abschluss eines Dienstvertrages durch einen Vertreter des Dienstberechtigten[7]. Die Abgrenzung zwischen einem Dienstvertrag und einem Dienstverschaffungsvertrag erfolgt letztlich danach, von welcher Person das Weisungsrecht denjenigen Personen gegenüber ausgeübt wird, welche die Dienste erbringen[8]: Wenn der Unternehmer die zur Erbringung der Leistungen notwendigen Handlungen selbst organisiert und, sofern er sich dabei Erfüllungsgehilfen bedient, diesen gegenüber Weisungen erteilt, liegt ein Dienstvertrag vor. In diesem Fall ist der Unternehmer dem Vertragspartner gegenüber für die Erfüllung der vertraglich vereinbarten Dienstleistungen verantwortlich[9]. Werden dem Vertragspartner hingegen lediglich geeignete Arbeitskräfte gestellt, die dieser sodann nach seinen Bedürfnissen und betrieblichen Erfordernissen in seinem Betrieb einsetzen und denen gegenüber er Weisungen erteilen kann, handelt es sich um einen Dienstverschaffungsvertrag. Aufgrund eines solchen ist der Schuldner nicht dafür verantwortlich, dass die überlassenen Arbeitskräfte ordentliche Arbeit leisten; er hat vielmehr lediglich für die Eignung der Arbeitskräfte für die im Vertrag vorgesehenen Dienstleistungen einzustehen[10]. **Die in der Praxis häufigsten Fälle** von Dienstverschaffungsverträgen sind Verträge über die Überlassung von Maschinen mit dazugehörigem Bedienungs- oder Wartungspersonal[11], die Vermietung bemannter Fahrzeuge[12], Verträge mit einer Eigengruppe (zB Musikkapelle)[13], Schwesterngestellungsverträge[14] und allgemein alle Verträge zwischen Verleiher und Entleiher im Rahmen der gewerblichen AÜ nach dem AÜG („Zeitarbeit")[15]. Von der sog. „unechten" Leiharbeit nach dem AÜG zu unterscheiden ist die sog. „echte" Leiharbeit, dh. die bloß gelegentliche Überlassung eines ArbN an einen anderen ArbGeb. Die Unterscheidung hat anhand des Kriteriums der Gewerbsmäßigkeit zu erfolgen (§ 1 Abs. 1 Satz 1 AÜG); dieses setzt eine nicht nur gelegentliche, sondern auf eine gewisse Dauer angelegte und auf die Erzielung unmittelbarer oder mittelbarer wirtschaftlicher Vorteile gerichtete selbstständige Tätigkeit voraus (dazu näher § 1 AÜG Rz. 12)[16]. Für die „unechte" Leiharbeit gelten die Sonderregelungen des AÜG, für die „echte" Leiharbeit ausschließlich die allgemeinen Grundsätze über Dienstverschaffungsverträge.

16 **f) Vertragshändlervertrag und Franchising.** Durch einen Vertragshändlervertrag verpflichten sich Kaufleute, von dem Vertragspartner (meist ein Hersteller oder Importeur) bezogene Waren im eigenen Namen und für eigene Rechnung zu vertreiben. Die Rspr. kategorisiert den Vertragshändlervertrag als **Rahmenvertrag sui generis**[17]; er wird allerdings durch viele Elemente eines auf eine Geschäftsbesorgung gerichteten Dienstvertrages gekennzeichnet[18].

---

1 LAG Bremen v. 29.3.1957 – II Sa 5/57, AP Nr. 1 zu § 611 BGB – Arbeits- und Gesellschaftsverhältnis; Soergel/*Kraft*, Vor § 611 BGB Rz. 48; ErfK/*Preis*, § 611 BGB Rz. 23. | 2 LAG Berlin v. 26.3.2003 – 5 Ta 1306/01 LAG Report 2003, 191; Staudinger/*Richardi*, Vor §§ 611 ff. BGB Rz. 76; MünchKomm/*Müller-Glöge*, § 611 BGB Rz. 28; *G. Hueck*, DB 1962, 1363 ff. | 3 Erman/*Edenfeld*, § 611 BGB Rz. 20; ErfK/*Preis*, § 611 BGB Rz. 23; *Loritz*, Die Mitarbeit Unternehmensbeteiligter, 1984, S. 405. | 4 BAG v. 11.5.1978 – 3 AZR 21/77, AP Nr. 2 zu § 161 HGB; ErfK/*Preis*, § 611 BGB Rz. 24. | 5 BAG v. 1.2.1973 – 5 AZR 382/72, AP Nr. 29 zu § 615 BGB – Betriebsrisiko; MünchKomm/*Müller-Glöge*, § 611 BGB Rz. 35; *Schaub*, ArbRHdb, § 36 VI Rz. 33. | 6 ErfK/*Preis*, § 611 BGB Rz. 34. | 7 Soergel/*Kraft*, Vor § 611 BGB Rz. 49. | 8 MünchKomm/*Müller-Glöge*, § 611 BGB Rz. 35 | 9 BAG v. 8.11.1978 – 5 AZR 261/77, NJW 1979, 2636; v. 30.1.1991 – 7 AZR 497/89, AP Nr. 8 zu § 10 AÜG; v. 31.3.1993 – 7 AZR 338/92, AP Nr. 2 zu § 9 AÜG. | 10 BGH v. 9.3.1971 – VI ZR 138/69, NJW 1971, 1129; v. 13.5.1975 – VI ZR 247/73, NJW 1975, 1695; BAG v. 31.3.1993 – 7 AZR 338/92, AP Nr. 2 zu § 9 AÜG; dazu auch Soergel/*Kraft*, Vor § 611 BGB Rz. 50; ErfK/*Preis*, § 611 BGB Rz. 35; *Walker*, AcP 194 (195), 295 (298); *Becker*, NJW 1976, 1827. | 11 BAG v. 17.2.1993 – 7 AZR 167/92, AP Nr. 9 zu § 19 AÜG; OLG Düsseldorf v. 29.10.1993 – 22 U 83/93, NJW-RR 1995, 160. | 12 RG v. 1.7.1908 – Rep. I 463/07, RGZ 69, 127 (129). | 13 LAG Frankfurt v. 18.6.1952 – IV/II LA 324/50, BB 1952, 691. | 14 LAG Hamm v. 9.10.1972 – 8 Sa 448/71, DB 1972, 295; MünchKomm/*Müller-Glöge*, § 611 BGB Rz. 38; Soergel/*Kraft*, Vor § 611 BGB Rz. 49; *Schaub*, ArbRHdb, § 36 VI Rz. 33. | 15 MünchKomm/*Müller-Glöge*, § 611 BGB Rz. 38; Soergel/*Kraft*, Vor § 611 BGB Rz. 49; ErfK/*Preis*, § 611 BGB Rz. 34; aA *Schaub*, ArbRHdb, § 36 VI Rz. 33. | 16 ErfK/*Wank*, § 1 AÜG Rz. 47 f. | 17 Grundl. BGH v. 11.12.1958 – II ZR 73/57, BGHZ 29, 83; v. 9.10.2002 – VIII ZR 95/01, BB 2002, 2520. | 18 Erman/*Edenfeld*, § 611 BGB Rz. 41; *Ulmer*, Der Vertragshändler, 1969, S. 315 ff.; *v. Westphalen*, NJW 1982, 2465.

Das **Franchising** ist eine besondere Variante des Vertragshändlervertrags[1], bei der, jedenfalls in der Regel, dienstvertragliche Elemente mit dem Recht zur Führung bestimmter Marken kombiniert werden. Art. 1 Nr. 3 lit. a EG-VO 4087/88 vom 30.11.1988[2] definiert als Franchise eine Gesamtheit von Rechten an gewerblichem oder geistigem Eigentum wie Warenzeichen, Handelsnamen, Ladenschilder, Gebrauchsmuster, Geschmacksmuster, Urheberrechte, Know-how oder Patente, die zum Zwecke des Weiterverkaufs von Waren und Dienstleistungen oder der Erbringung von Dienstleistungen an Endverbraucher genutzt werden. Auf Grund des Franchisevertrags, durch den zwischen den Vertragsparteien ein Dauerschuldverhältnis begründet wird, erhält der Franchisenehmer die Erlaubnis, die eingeräumten Rechte zum Zweck der Vermarktung bestimmter Waren oder Dienstleistungen zu nutzen. Als Gegenleistung lässt sich der Franchisegeber in der Regel eine Festgebühr bei Vertragsschluss sowie eine laufende umsatzabhängige Franchisegebühr versprechen. Abhängig von der näheren Ausgestaltung des Vertragsverhältnisses im Hinblick auf die Kontrolle des Franchisegebers über den Franchisenehmer sind zwei verschiedenen Formen des Franchising zu unterscheiden[3]: Beim sog. **Subordinations-Franchising** verpflichtet sich der Franchisenehmer zur Absatzförderung nach Vorgaben und Anweisungen des Franchisegebers; dies ist die in der Praxis am häufigsten vorkommende Form des Franchising. Die Kontrollrechte des Franchisegebers dienen dazu, die Einheitlichkeit des Waren- oder Dienstleistungsvertriebs sicherzustellen. Das sog. **Partnerschafts-Franchising** stellt hingegen eine kooperative, nicht durch einseitige Kontrollrechte geprägte Form der Zusammenarbeit mit gemeinsamer Interessenverfolgung dar. Insb. beim Subordinations-Franchising stellt sich die Frage, ob der Franchisenehmer als ArbN einzuordnen ist. Dies ist im Einzelfall anhand der allgemeinen, die ArbN-Eigenschaft begründenden Kriterien zu beurteilen; allein die auf die Wahrung der Einheitlichkeit des Waren- oder Dienstleistungsvertriebs gerichteten, Franchising-typischen Kontrollrechte reichen zur Begründung der ArbN-Stellung nicht aus[4]. Zur Rspr. s. Rz. 114.

2. Freier Dienstvertrag und unselbständiger Arbeitsvertrag. Die Vorschriften in §§ 611 ff. gelten sowohl für den freien Dienstvertrag (in der Terminologie der Praxis zumeist „Freier Mitarbeiter Vertrag") als auch für den unselbständigen Arbeitsvertrag. Der Arbeitsvertrag hat im BGB keine besondere Regelung gefunden; es handelt sich um einen Unterfall des Dienstvertrags[5]. Auch fehlt bis heute – trotz einiger Entwürfe – ein einheitliches Arbeitsgesetzbuch. Die Besonderheiten des Arbeitsverhältnisses werden durch eine Vielzahl verschiedener arbeitsrechtlicher Kodifikationen geregelt. Neben diesen kann, soweit sie keine oder keine abweichenden Regelungen enthalten, stets auf die allgemeinen Normen der §§ 611 ff. zurückgegriffen werden. In den §§ 611 ff. finden sich auch einige Vorschriften, die explizit den Begriff des ArbN verwenden und deren Anwendbarkeit damit das Bestehen eines Arbeitsverhältnisses voraussetzt; für den freien Dienstvertrag mit einem Selbständigen greifen sie hingegen nicht ein. Hierbei handelt es sich um die §§ 611a, 612 Abs. 2, 612a, 613a. Der Geltungsbereich der genannten Normen des BGB sowie der weiteren arbeitsrechtlichen Spezialregelungen hängt davon ab, wie der Begriff des ArbN zu definieren ist. Eine gesetzliche Definition fehlt. Das BGB benutzt den Terminus, ohne ihn zu erläutern. In anderen Gesetzen wird der ArbN-Begriff teilweise mit der Formulierung „Arbeiter und Angestellte einschließlich der zu ihrer Berufsausbildung Beschäftigten" umschrieben (so § 5 Abs. 1 BetrVG, § 17 Abs. 1 Satz 1 BetrAVG; vgl. auch § 2 Satz 1 BUrlG, § 5 Abs. 1 Satz 1 ArbGG); eine Begriffsbestimmung wird hierdurch jedoch ebenfalls nicht ermöglicht. Sie ist Rspr. und Wissenschaft überlassen.

III. Geltungsbereich des Arbeitsrechts: Der ArbN-Begriff

Lit.: *Bauschke*, Auf dem Weg zu einem neuen Arbeitnehmerbegriff, RdA 1994, 209; *Bauschke*, Arbeitnehmer, AR-Blattei I (SD 110.1), 1999; *Beuthien/Wehler*, Stellung und Schutz der freien Mitarbeiter im Arbeitsrecht, RdA 1978, 2; *Bittner*, Zur Stellung der freien Mitarbeiter, RdA 1978, 24; *Boemeke*, Neue Selbständigkeit und Arbeitsverhältnisse; ZfA 1998, 285; *Buchner*, Das Recht der Arbeitnehmer, der Arbeitnehmerähnlichen, und der Selbständigen – jedem das Gleiche oder jedem das Seine?, NZA 1998, 1144; *Dersch*, Der Begriff „Arbeitnehmer", AR-Blattei: Arbeitnehmer I 1960; *Diller*, Gesellschafter und Gesellschaftsorgane als Arbeitnehmer, 1994; *Falkenberg*, Freie Mitarbeiter – Arbeitnehmer – Arbeitnehmerähnliche Personen, DB 1969, 1409; *Gittermann*, Arbeitnehmerstatus und Betriebsverfassung im Franchisesystem, 1995; *Griebeling*, Der Arbeitnehmerbegriff und das Problem der „Scheinselbständigkeit", RdA 1998, 208; *Hanau*, Die Abgrenzung an die Selbständigkeit des Versicherungsvertreters nach §§ 84, 92 HGB, 1997; *Hanau/Strick*, Die Abgrenzung von Selbständigen und Arbeitnehmern im Versicherungsaußendienst, DB 1998, Beil. 14; *Henssler*, Das Angestelltenverhältnis der Organmitglieder, RdA 1992, 289; *Herschel*, Freier Beruf und Arbeitsverhältnis, 1974; *Herschel*, Die arbeitnehmerähnliche Person, DB 1977, 1185; *Hilger*, Rundfunkfreiheit und „freie Mitarbeiter", RdA 1981, 265; *Hilger*, Zum Arbeitnehmerbegriff, RdA 1989, 1; *Horn/Henssler*, Der Vertriebsfranchisenehmer als selbständiger Unternehmer, ZIP 1998, 589; v. *Hoyningen-Huene*, Gesellschafter, Scheingesellschafter oder Arbeitnehmer, NZA 2000, 3233; *Hromadka*, Arbeitnehmerbegriff und Arbeitsrecht, NZA 1997, 569; *Hromadka*, Arbeitnehmerähnliche Personen, NZA 1997, 1249; *Hromadka*, Zur Begriffsbestimmung des Arbeitnehmers, DB 1998, 195; *Hueck*, Einige Gedanken zum Begriff des Arbeitnehmers, RdA 1969, 216; *Hueck*, Bemerkungen zum Anstellungsverhältnis von Organmitgliedern juristischer Personen; *Hümmerich*, Das Arbeitsverhältnis als Wettbewerbsgemeinschaft, NJW 1989, 2625; *Lieb*, Die Schutzbedürftigkeit

---

[1] Erman/*Edenfeld*, § 611 BGB Rz. 44; ErfK/*Preis*, § 611 BGB Rz. 38. | [2] ABl. EG L 359, S. 46. | [3] Dazu Staudinger/*Richardi*, Vor § 611 ff. BGB Rz. 93; *Ekkenga*, Die Inhaltskontrolle von Franchise-Verträgen, 1990, S. 28 ff. | [4] Staudinger/*Richardi*, Vor § 611 ff. BGB Rz. 94. | [5] MünchArbR/*Richardi*, § 6 Rz. 2 ff.; ErfK/*Preis*, § 611 BGB Rz. 1; *Preis*, Vertragsgestaltung im Arbeitsrecht, 1992, S. 11.

arbeitnehmerähnlicher Personen, RdA 1974, 254; *Loritz*, Mitarbeit im Rahmen von Gesellschaftsverträgen anstelle von Arbeitsverträgen, RdA 1992, 310; *Martens*, Arbeitsrechtlicher Reformzwang und gesellschaftsrechtliche Beschäftigungsverhältnisse, RdA 1979, 347; *Martens*, Vertretungsorgan und Arbeitnehmerstatus in konzernabhängigen Gesellschaften, Festschrift für Hilger/Stumpf, 1983, S. 734; *Maschmann*, Arbeitsverträge und Verträge mit Selbständigen, NZA 2001, 21; *Mayer-Maly*, Erwerbsabsicht und Arbeitnehmerbegriff, 1965; *Otto*, Rundfunkspezifischer Arbeitnehmerstatus, AuR 1983, 1; *Pfarr*, Die arbeitnehmerähnliche Person, FS Kehrmann, 1997, 75; *Reinecke*, Neudefinition des Arbeitnehmerbegriffs durch Gesetz und Rechtsprechung, ZIP 1998, 581; *Reinecke*, Der „Grad der persönlichen Abhängigkeit" als Abgrenzungskriterium für den Arbeitnehmerbegriff, Festschrift für Dieterich, 1999, S. 729; *Reuter*, Die Wandlung des Arbeitnehmerbegriffs – Befund und Konsequenzen, Festschrift für Dieterich, 1999, S. 473; *Richardi*, Arbeitnehmerbegriff und Arbeitsvertrag, Festschrift zum 125-jährige Bestehen der Juristischen Gesellschaft zu Berlin 1984, 607; *Richardi*, „Scheinselbständigkeit" und arbeitsrechtlicher Arbeitnehmerbegriff, DB 1999, 958; *Rieble*, Die relative Verselbständigung von Arbeitnehmern – Bewegungen in den Randzonen des Arbeitsrechts? ZfA 1998, 327; *Rosenfelder*, Der arbeitsrechtliche Status des freien Mitarbeiters; 1982; *Rüthers*, Rundfunkfreiheit und Arbeitsrechtsschutz, RdA 1985, 129; *Wank*, Arbeitnehmer und Selbständige, 1988; *Wank*, Die neue Selbständigkeit, DB 1992, 90; *Wehmeyer*, Die arbeitsrechtliche Einordnung der Organe juristischer Personen, 1988; *Wiedemann*, Das Arbeitsverhältnis als Austausch- und Gemeinschaftsverhältnis, 1966; *Worzalla*, Arbeitsverhältnis – Selbständigkeit, Scheinselbständigkeit, 1966; *Zeuner*, Überlegungen zum Begriff des Arbeitnehmers und zum Anwendungsbereich arbeitrechtlicher Regeln, RdA 1975, 84.

19 **1. Arbeits-, sozial- und steuerrechtlicher ArbN-Begriff.** Das Problem, den Begriff des ArbN zu definieren, stellt sich nicht nur im Arbeitsrecht, sondern in ähnlicher Form auch im SozV-Recht und Steuerrecht. Grundnorm des **SozV-Rechts** ist § 7 SGB IV. In dessen Abs. 1 ist als sozialversicherungspflichtige Beschäftigung die nichtselbständige Arbeit insb. in einem Arbeitsverhältnis umschrieben. Die Formulierung der Vorschrift („insbesondere") zeigt, dass die arbeitsrechtliche Bestimmung der ArbN-Eigenschaft nicht zwingend mit derjenigen eines sozialversicherungsrechtlichen Beschäftigungsverhältnisses übereinstimmt[1]. Dies gilt insb. in Ansehung der durch das Gesetz zu Korrekturen in der SozV und zur Sicherung der ArbN-Rechte vom 19.12.1998 (sog. „Scheinselbständigkeitsgesetz") eingefügte Vermutungsregel in § 7 Abs. 4 SGB IV, die inzwischen durch das Erste Gesetz für moderne Dienstleistungen am Arbeitsmarkt vom 23.12.2002 (BGBl. I S. 4607) wieder abgeschafft wurde. Dort war angeordnet, dass bei Vorliegen von mindestens drei der genannten fünf Merkmale eine sozialversicherungsrechtliche Beschäftigung vermutet wird; wie in § 7 Abs. 4 Satz 3 SGB IV klargestellt wurde, konnte die Vermutung widerlegt werden. Für die arbeitsrechtliche Bestimmung der ArbN-Eigenschaft war die Regelung jedoch argumentativ nicht heranzuziehen[2]. Die genannten Kriterien sind nicht mit dem in der arbeitsgerichtlichen Rspr. in Jahrzehnten herausgearbeiteten Prüfprogramm, mit Hilfe dessen der personelle Geltungsbereich des Arbeitsrechts zu bestimmen ist, identisch. In diese Abgrenzung wollte der Gesetzgeber, wie allein der sozialversicherungsrechtliche Standort der Vorschrift zeigt, auch gar nicht eingreifen; er hat sich zur Bewältigung des Problems der sog. „Scheinselbständigkeit" vielmehr auf eine kleine, d.h. bloß sozialversicherungsrechtliche Lösung beschränkt.

20 Im **Steuerrecht** wird zwischen Einkünften aus selbständiger und nichtselbständiger Arbeit (vgl. § 19 EStG) unterschieden; bei Letzterer ist der ArbGeb verpflichtet, die LSt des ArbN einzubehalten und an die zuständige Finanzbehörde abzuführen (sog. LStAbzugsverfahren). Der Begriff der unselbständigen Tätigkeit ist in § 1 Abs. 1 LStDV inhaltlich in Anlehnung an den arbeitsrechtlichen ArbN-Begriff definiert, wobei jedoch anerkannt ist, dass die Vorschrift eine eigenständige ArbN-Definition statuiert, die nicht mit dem arbeits- und sozialversicherungsrechtlichen ArbN-Begriff übereinstimmen muss[3]. Dies zeigt sich insb. darin, dass freie Mitarbeiter grundsätzlich als nichtselbständig iSd. Steuerrechts erachtet werden, es sei denn, dass sie nur für einzelne Produktionen tätig werden; eine von vornherein auf Dauer angelegte Tätigkeit sei in jedem Fall als nichtselbständig zu erachten[4]. Nach arbeitsrechtlicher Kategorisierung werden sie, sofern die Voraussetzungen des ArbN-Begriffs nicht vorliegen (Rz. 29 ff.), hingegen trotz des Dauercharakters des Vertragsverhältnisses als freie Dienstnehmer iSd. § 611 angesehen und unterfallen nicht dem arbeitsrechtlichen Schutz.

21 **2. Einheitlicher ArbN-Begriff im Arbeitsrecht.** Innerhalb des Arbeitsrechts geht die hM von einem einheitlichen ArbN-Begriff aus[5]. Bei seiner Bestimmung im Einzelfall wird also nicht in Abhängigkeit vom jeweiligen Gesetz, dessen Anwendbarkeit in Frage steht, differenziert, es sei denn, der persönliche Anwendungsbereich der jeweiligen Kodifikation ist vom Gesetzgeber durch eine gesonderte Regelung speziell zugeschnitten worden (zB § 5 Abs. 2 und 3 BetrVG). Selbstverständlich ist dies allerdings nicht. Den jeweiligen arbeitsrechtlichen Gesetzen liegen, wenngleich das Arbeitsrecht allgemein und generalisierend als Schutzrecht der abhängig Beschäftigten bezeichnet wird (s. Rz. 1 f.), der ArbN-Schutz also als allumspannender Zweck des Arbeitsrechts angesehen werden kann, im Detail durchaus unterschiedliche Schutzrichtungen zu Grunde. Die Zielsetzung vieler arbeitsrechtlicher Gesetzgebungs-

---

[1] *Brand*, Zur sozialversicherungsrechtlichen Begriffsbestimmung, NZS 1997, 552; *Kretschmer*, RdA 1997, 327. |[2] Staudinger/*Richardi*, Vor §§ 611 ff. BGB Rz. 131; *Buchner*, DB 1999, 146 (151). |[3] BFH v. 2.12.1998 – X R 83/96, BStBl II 99, 534; v. 7.2.1980 – X R 83/96, DStR 1999, 711; BFH v. 14.12.1978 – I R 121/76, BStBl II 79, 188; ErfK/*Preis*, § 611 BGB Rz. 124. |[4] Vgl. Erlass des Bundesministers der Finanzen über den Steuerabzug und Arbeitslohn bei unbeschränkt einkommensteuerpflichtigen Künstlern und verwandten Berufen, BStBl 1990, 638. |[5] BAG v. 25.3.1992 – ABR 52/91, AP Nr. 48 zu § 5 BetrVG 1972; ErfK/*Preis*, § 611 BGB Rz. 45. Anders das Ausland, s. für das US-amerikanische Recht *Thüsing*, NZA 1999, 636.

Geltungsbereich des Arbeitsrechts   Rz. 24 **Vor § 611 BGB**

werke und richterrechtlich ausgeformter Institute lässt sich zusammenfassend dahingehend umschreiben, dass sie dem Schutz der Persönlichkeit der ArbN dienen; das Arbeitsrecht kann also umgekehrt weitgehend als **Konkretisierung des Persönlichkeitsschutzes der ArbN** charakterisiert werden[1]. Bei anderen Gesetzen steht hingegen mehr die Erhaltung der wirtschaftlichen Existenz der ArbN im Vordergrund. Das gilt zB für das EFZG, nach überwiegender Meinung auch mit Blick auf das KSchG[2].

Im Hinblick auf das **kollektive Arbeitsrecht** wird der Gedanke des ArbN-Schutzes ebenso generalisierend als ein prägendes Grundprinzip bezeichnet[3], wenngleich auch insoweit im Detail hinsichtlich der Zwecksetzung von TV- und Betriebsverfassungsrecht differenziert werden muss. Die beiden Spielarten kollektiver Interessenvertretung der ArbN verdanken ihr Entstehen historisch betrachtet der mangelnden Eignung des Individualvertrags als Gestaltungsmittel des Arbeitslebens, die sich in einer doppelten Unterlegenheit des ArbN im Verhältnis zum ArbGeb manifestiert hat. Obwohl der Inhalt des Arbeitsvertrags Gegenstand freier Übereinkunft sein soll, war es dem ArbGeb auf Grund seiner wirtschaftlichen Machtposition faktisch möglich, die Lohn- und Arbeitsbedingungen einseitig zu diktieren. Um diese wirtschaftliche Abhängigkeit auf Seiten des ArbN zu kompensieren, mussten sich Gewerkschaften bilden, ihre Rechte in blutigen Streiks erkämpfen und ist am Ende der geschichtlichen Entwicklung die Tarifautonomie entstanden, durch welche die fehlende materielle Vertragsgerechtigkeit des Individualarbeitsvertrags zu Gunsten der ArbN auf kollektiver Ebene wiederhergestellt wurde[4]. Das TV-Recht dient daher mit anderen Worten einem wirtschaftlich geprägten Schutzauftrag[5]. Historisches Ziel der betrieblichen Mitbest. war hingegen, das im Hinblick auf formelle Arbeitsbedingungen, dh. solche Regelungsgegenstände, die aus organisatorischen Gründen innerhalb eines arbeitsteiligen Produktionsverbands einer einheitlichen Regelung bedürfen, dem ArbGeb von der Rechtsordnung zuerkannte Direktionsrecht zu beschränken. Durch die betriebliche Mitbest. werden einseitig vom ArbGeb erlassene Regelungen durch einvernehmlich-zweiseitige Vereinbarungen mit dem BR als Vertreter der ArbN-Interessen ersetzt[6]. Der Betriebsautonomie wird daher zu Recht neben oder an Stelle ihrer Schutzfunktion ein eigenständiger Teilhabe-[7] oder Integrationszweck[8] attestiert.

Die beispielhaft dargestellten Unterschiede in der Zielsetzung arbeitsrechtlicher Kodifikationen und Institute könnten in das Tat dafür sprechen, mit der namentlich von *Richardi* vertretenen Literaturmeinung von einem unterschiedlichen, der jeweiligen Teleologie angepassten ArbN-Begriff auszugehen[9]. Ob und inwieweit der gesetzliche Zweck eine **differenzierende Begriffsbestimmung** gebietet und wie diese auszusehen hat, müsste dann für jedes arbeitsrechtliche Gesetz oder Institut gesondert beurteilt werden. Unabhängig von den großen praktischen Schwierigkeiten einer solchen variierenden Festlegung des ArbN-Begriffs und der damit einhergehenden Rechtsunsicherheit spricht entscheidend gegen diese Vorgehensweise, dass der Arbeitsvertrag, auch wenn es an einer einheitlichen Kodifizierung fehlt, einen eigenständigen, einheitlichen Vertragstyp darstellt[10]. Diesen gilt es daher auch anhand einer einheitlichen Definition des ArbN-Begriffs zu charakterisieren, woran die Rechtsordnung sodann eine Vielzahl von unterschiedlichen, in zahlreichen Gesetzen verstreuten Rechtsregeln knüpft. Mit der hM ist davon auszugehen, dass der arbeitsrechtliche ArbN-Begriff durch alle gesetzlichen Anwendungsbereiche hindurch identisch zu bestimmen ist.

3. Merkmale des Arbeitsvertrags. a) Fehlende Legaldefinition – Ausgangspunkt von Rspr. und Schrifttum. Maßgebend für die Rspr. und das herrschende Schrifttum ist im Ausgangspunkt immer noch die erstmals von *Alfred Hueck* geprägte Begrifflichkeit, dass ArbN ist „wer auf Grund eines privatrechtlichen Vertrages zur Arbeit im Dienst eines anderen verpflichtet ist"[11]. Die Definition ist weitgehend anerkannt, jedoch unvollkommen, denn sie deckt nicht die Maßstäbe auf, nach denen der Arbeitsvertrag vom sonstigen Dienstvertrag zu sondern ist, in welchem Maße die Arbeitsleistung selbständig oder unselbständig

---

1 Dazu *Ehmann*, FS Wiese, 1998, S. 99 ff.; umfassend *Thees*, Das Arbeitnehmer-Persönlichkeitsrecht als Leitidee des Arbeitsrechts – Persönlichkeitsschutz und Persönlichkeitsentfaltung im Arbeitsverhältnis, 1995; dagegen *Wiese*, ZfA 1996, 439 (472). | 2 S. zum KSchG *Löwisch*, Vor § 1 KSchG Rz. 2; APS/*Preis*, Grundlagen B Rz. 14; zum EfzG: vgl. *Pallasch*, JA 1995, 897. | 3 Grundl. *Hueck/Nipperdey*, Arbeitsrecht, Bd. I, 7. Aufl., S. 26; *Nikisch*, Arbeitsrecht, Bd. 1, S. 30; MünchArbR/*Richardi*, Bd. 3, § 233 Rz. 32. | 4 BVerfG v. 26.6.1991 – 1 BVR 779/85, BVerfGE 84, 212 (229); MünchArbR/*Richardi*, Bd. 3, § 233 Rz. 32; *Konzen*, NZA 1995, 913 (914); *Fabricius*, FS Fechner, 1973, S. 171 (190); *Jahnke*, Tarifautonomie und Mitbestimmung, 1984, S. 126, *Lambrich*, Tarif- und Betriebsautonomie, 1999, S. 127. | 5 *Jahnke*, Tarifautonomie und Mitbestimmung, 1984, S. 127. | 6 *Kreutz*, Grenzen der Betriebsautonomie, 1979, S. 192 f.; *Hönn*, Kompensation gestörter Vertragsparität, 1982, S. 209; *Joost*, ZfA 1993, 257 (264). | 7 GK-BetrVG/*Wiese*, Einl. Rz. 50 und § 87 Rz. 51; *Wiese*, Das Initiativrecht nach dem Betriebsverfassungsgesetz, 1977, S. 11; *Rieble*, Arbeitsmarkt und Wettbewerb, 1996, Rz. 1412. | 8 *Richardi*, Kollektivgewalt und Individualwille bei der Gestaltung des Arbeitsverhältnisses, 1968, S. 292; *Adomeit*, Die Regelungsabrede als die neben der Betriebsvereinbarung zulässige Ausübungsform der Mitbestimmung in sozialen Angelegenheiten (§ 56 BetrVG, § 67 PersVG), 1961, S. 54 ff.; dagegen *Kreutz*, Grenzen der Betriebsautonomie, 1979, S. 239. | 9 Staudinger/*Richardi*, Vor § 611 BGB Rz. 158 ff., insb. Rz. 163; MünchArbR/*Richardi*, § 26 Rz. 51; *Heinze*, NZA 1997, 1 (3). S. auch Diskussion und Nachw. Rz. 25 ff.. | 10 So ErfK/*Preis*, § 611 BGB Rz. 45. | 11 *Hueck/Nipperdey*, Arbeitsrecht I, 1. Aufl. 1928, § 8 II, S. 33. Ebenso BAG v. 15.3.1978 – 5 AZR 819/76, AP Nr. 26 zu § 611 BGB – Arbeitsvertrag; v. 24.3.1992 – 9 AZR 76/91 DB 1992, 2352. Etwas anders damals *Kaskel*: Arbeitsrecht, S. 30: „Arbeitnehmer ist, wer auf Grund eines Vertrages unselbständig und für Rechnung eines anderen berufsmäßig Lohnarbeit verrichtet."

sein soll, damit davon gesprochen werden kann, der Arbeitsleistende stehe im Dienst eines anderen. Erforderlich sind ergänzende Überlegungen. Diese gehen in Rspr. und Schrifttum auseinander (s. Rz. 40 ff.).

25 b) **ArbN-Begriff als zwingende gesetzliche Vorgabe – Folgen der Falschzuordnung.** Wer ArbN ist, steht damit grundsätzlich **nicht zur Disposition der Arbeitsvertrags- oder TV-Parteien**[1]. Eine von den arbeitsrechtlichen Vorgaben abweichende Vereinbarung und Zuordnung des Rechtsverhältnisses ist unwirksam. Haben die Vertragsparteien allerdings das Dienstverhältnis eines freien Mitarbeiters ausdrücklich als Arbeitsverhältnis gewollt, so ist das Rechtsverhältnis als Arbeitsvertrag zu behandeln, auch wenn es sich um einen freien Dienstvertrag handelt[2]. Das Arbeitsrecht ist ArbN-Schutzrecht und darf dem ArbGeb nicht durch Vereinbarung genommen, wohl aber dem Nichtarbeitnehmer gegeben werden. Für den umgekehrten Fall, dass die Parteien ein Arbeitsverhältnis als freies Dienstverhältnis gewollt haben, führt jedoch die Fehlanordnung dazu, dass der bisher zu Unrecht nicht als ArbN Behandelte rückwirkend wie ein ArbN zu behandeln ist. In diesem Irrtum liegt für sich allein **kein Lösungsrecht** des ArbGeb begründet[3]. Eine **Anfechtung wegen Irrtums** scheidet als bloßer Rechtsfolgenirrtum aus[4]. Bei beidseitigem Irrtum mag im Einzelfall eine Kontrolle nach den Regeln des Wegfalls der Geschäftsgrundlage gemäß § 313 möglich sein[5]. Auch hier sind die Möglichkeiten jedoch begrenzt. Allerdings ist die Möglichkeit der fristlosen Kündigung nicht das vorrangige Rechtsinstitut[6], weil diese nur zur Beendigung, nicht zur Vertragsanpassung führt. Diese ist als milderes und flexibleres Mittel vorzuziehen. Nach der Rspr. des BAG kann ein **Wegfall der Geschäftsgrundlage** bei einem beiderseitigen Irrtum in der Beurteilung der Rechtslage bei Abschluss des Vertrags vorliegen, wenn ohne diesen beiderseitigen Irrtum der Vertrag nicht, wie geschehen, geschlossen worden wäre. Eine Vertragspartei, die nach Aufklärung des Irrtums den Vorteil behalten will, der ihr im Widerspruch zu der wirklichen Rechtslage zufließen würde, handelt danach regelmäßig gegen Treu und Glauben[7].

26 Kommt es nach diesen Regeln zu einer **Vertragsanpassung**, wird diese regelmäßig nur auf die Zukunft ausgerichtet sein; für die Vergangenheit sind Rückforderungsansprüche gegen den ArbN ausgeschlossen. Ein ArbN, der als vermeintlich freier Mitarbeiter ein höheres Gehalt bekam als seine als ArbN beschäftigten und nach TV entlohnten Kollegen, hat ebenfalls nur einen Anspruch auf Tariflohn[8]. Die Veränderung des rechtlichen Status eines Mitarbeiters vom Selbständigen zum ArbN führt jedoch nicht ohne weiteres zur Unwirksamkeit einer bestehenden Vergütungsvereinbarung. Dies gilt regelmäßig nur dann, wenn der ArbGeb – wie insb. im öffentlichen Dienst – Selbständige und freie Mitarbeiter in unterschiedlicher Form (Stundenpauschale bzw. Tarifgehalt) vergütet. Die für ein Dienstverhältnis getroffene Vergütungsabrede ist nicht allein deshalb unwirksam oder aus anderen Gründen unbeachtlich, weil das Rechtsverhältnis in Wahrheit ein Arbeitsverhältnis ist[9].

27 c) **Nebeneinander und Übergang von arbeitsrechtlicher und nicht-arbeitsrechtlicher Beziehung.** Die Rspr. hat verschiedentlich anerkannt, dass neben einem nicht-arbeitsrechtlichen Verhältnis, auf Grund dessen Arbeit erbracht wird, auch ein Arbeitsverhältnis bestehen kann. Im Verhältnis freier Dienstvertrag/Arbeitsvertrag ist man zurückhaltend[10], umfassende Rspr. liegt aber zu den **Nebentätigkeiten von Beamten** vor. Die Gleichzeitigkeit von Beamten- und Arbeitsverhältnis ist nicht ausgeschlossen. Die Begründung eines Arbeitsverhältnisses neben dem fortbestehenden Beamtenverhältnis darf jedoch nicht zu einer Pflichtenkollision führen. Dies ist insb. bei Beurlaubung des Beamten sichergestellt[11]. Wird ein Beamter von seinem öffentlichen Dienstherrn unter Fortzahlung des Gehalts „zur Dienstleistung" bei einer privaten Einrichtung beurlaubt, kann – je nach den Umständen des Einzelfalls – neben dem Beamtenverhältnis ein Arbeitsverhältnis mit der privaten Einrichtung zustande kommen[12]. Die Vorschrift des **§ 10 Abs. 3 BBG**, nach der ein privatrechtliches Arbeitsverhältnis zum Dienstherrn mit der Ernennung zum Beamten erlischt, hindert die Neubegründung eines Arbeitsverhältnisses zwischen Beamten und Dienstherrn dann nicht, wenn es sich um einen Beamten auf Widerruf handelt und dieser bei Vertragsabschluss aus dem Arbeitsverhältnis bis zur Beendigung des Beamtenverhältnisses auf Widerruf beurlaubt wird[13]. Das Arbeitsverhältnis fällt dann unter die allgemeinen arbeitsrechtlichen Regeln, auch unter das KSchG[14].

---

1 BAG v. 22.3.1995 – 5 AZB 21/94, BAGE 79, 319; s. auch für den Begriff des Arbeitnehmerähnlichen BAG v. 2.10.1990 – 4 AZR 106/90, AP Nr. 1 zu § 12a TVG; v. 15.3.1978 – 5 AZR 819/76, BAGE 30, 163. |2 BAG v. 13.3.1987 – 7 AZR 724/85, AP Nr. 37 zu § 1 KSchG 1969 – Betriebsbedingte Kündigung; LAG Thür. v. 6.2.1998 – 8 Ta 205/97, NZA-RR 1998, 296. |3 BAG v. 3.10.1975 – 5 AZR 445/74, AP Nr. 17 zu § 611 BGB – Abhängigkeit. |4 MünchArbR/*Richardi*, § 23 Rz. 58; ErfK/*Preis*, § 611 BGB Rz. 122. |5 BAG v. 9.7.1986 – 5 AZR 44/85, AP Nr. 7 zu § 242 BGB – Gleichbehandlung; v. 14.1.1988 – 8 AZR 238/85, NZA 1988, 803; abl. LAG Berlin v. 8.6.1993 – 15 Sa 31/92, NZA 1994, 512. |6 BAG v. 9.7.1986 – 5 AZR 44/85, AP Nr. 7 zu § 242 BGB – Gleichbehandlung. |7 BAG v. 9.7.1986 – 5 AZR 44/85, BAGE 52, 273. |8 LAG Köln v. 17.10.1996 – 5 Sa 58/96, ARSt. 1997, 94. |9 BAG v. 12.12.2001 – 5 AZR 257/00, AP Nr. 65 zu § 612 BGB in Abgrenzung zu BAG v. 21.11.2001 – 5 AZR 87/00, AP Nr. 63 zu § 612 BGB. |10 S. aber LAG Köln v. 7.10.1998 – 2 Sa 623/98, ARSt. 1999, 111: Ist ein Mitarbeiter einer Rundfunkanstalt als Sprecher und Übersetzer tätig und verfasst er daneben Beiträge für Rundfunksendungen, so kann er als Sprecher und Übersetzer in einem Arbeitsverhältnis stehen und die Autorenleistungen in freier Mitarbeit bringen. Beide Rechtsverhältnisse können gleichzeitig und nebeneinander bestehen. |11 *BAG v. 9.12.1992 – 5 AZR 143/92, nv. (juris), unter II 3 d.Gr.*; v. 4.12.1991 – 7 AZR 44/90, EzA § 620 BGB – Bedingung Nr. 10; *Lücke*, ZfPR 1999, 137 (139 f.); *Bolck*, ZTR 1994, 14 (15). |12 BAG v. 27.6.2001 – 5 AZR 424/99, AP Nr. 20 zu § 611 BGB – Faktisches Arbeitsverhältnis (*Blanke*). |13 BAG v. 27.7.1994 – 4 AZR 534/93, NZA 1995, 901. |14 BAG v. 13.3.1987 – 7 AZR 724/85, NZA 1987, 629.

Ist einmal ein Arbeitsverhältnis durch Arbeitsvertrag zustande gekommen, endet dies auch nicht dadurch, dass der ArbGeb von seinen Rechten keinen oder nur spärlichen Gebrauch macht[1]. Ein ArbN wird also nicht allein dadurch zum freien Mitarbeiter, dass der ArbGeb sein Weisungsrecht längere Zeit nicht ausübt. Soll ein **Arbeitsverhältnis in ein freies Mitarbeiterverhältnis umgewandelt** werden, so muss das unzweideutig vereinbart werden; eine bloße andere Bezeichnung des Rechtsverhältnisses reicht nicht aus. Die Bedingungen, unter denen die Dienste erbracht werden, müssen so gestaltet werden, dass eine Eingliederung in die fremde Arbeitsorganisation nicht mehr stattfindet, der Mitarbeiter also tatsächlich kein ArbN mehr ist[2]. 28

d) Privatrechtlicher Vertrag. Erste Voraussetzung der ArbN-Eigenschaft ist, dass die Verpflichtung zur Arbeitsleistung durch einen **privatrechtlichen Vertrag** begründet wird. Es ist für die Annahme der ArbN-Eigenschaft jedoch nicht entscheidend, ob der Arbeitsvertrag fehlerhaft zustande gekommen ist und daher nichtig ist oder angefochten wird (zum fehlerhaften bzw. faktischen Arbeitsvertrag s. § 119 BGB Rz. 15 ff.). Auf einen Vertragsschluss kann allein dann verzichtet werden, wenn Arbeitsverhältnisse durch Gesetz oder auf Grund eines Gesetzes begründet worden sind. Vorgesehen ist dies etwa in Art. 12a Abs. 3 Satz 1 GG iVm. § 10 Arbeitssicherstellungsgesetz vom 9.7.1968 (BGBl. I S. 787) oder in § 10 AÜG. Hier wird der Vertragsschluss unter engen, verfassungsrechtlich zulässigen und gerichtlich überprüfbaren Voraussetzungen (§ 27 Abs. 1 ASiG) durch Hoheitsakt oder vom Gesetz selbst ersetzt. Die dadurch entstehende Privatrechtsbeziehung wird gesetzlich ausdrücklich als Arbeitsverhältnis bezeichnet. 29

aa) Öffentlich-rechtliche Dienstverhältnisse. Nicht zu den ArbN gehören damit die **Beamten, Richter** und **Soldaten**, deren Grundlage ein öffentlich-rechtliches Sonderstatusverhältnis ist[3]. Mit der Ernennung zum Beamten erlischt ein privatrechtliches Arbeitsverhältnis zum Dienstherrn (s. zB § 10 Abs. 3 BBG), es lebt auch im Falle der Rücknahme der Ernennung nicht wieder auf[4]. Auf der gleichen Linie liegt es, dass das BAG es abgelehnt hat, ein nichtiges Beamtenverhältnis gem. § 140 in ein Arbeitsverhältnis umzudeuten[5]. Auch Pflichtarbeiter, die gemäß § 19 Abs. 2 BSHG Hilfe zum Lebensunterhalt erhalten, werden auf Grund eines öffentlich-rechtlichen Sonderverhältnisses tätig und sind daher keine ArbN, s. § 19 Abs. 3 BSHG[6]. Dies gilt auch für **Zivildienstleistende** (§ 25 WPflG iV mit dem Gesetz über den Zivildienst der Kriegsdienstverweigerer [Zivildienstgesetz - ZDG] iF vom 28.9.1994, BGBl. I S. 2811), auch wenn sie nicht-staatlichen Beschäftigungsstellen überlassen sind. Kein ArbN ist auch derjenige, der Dienst im Rahmen des **freiwilligen sozialen Jahres** leistet; für ihn gelten arbeitsrechtliche Bestimmungen nur insoweit, als das Gesetz zur Förderung eines freiwilligen sozialen Jahres vom 17.8.1964 (BGBl. I S. 640) ihre Anwendung anordnet[7]. Keine ArbN sind auch **Strafgefangene**[8], **Fürsorgezöglinge** und in Sicherungsverwahrung Genommene. Gehen Strafgefangene als Freigänger jedoch einen Beschäftigungsverhältnis außerhalb der Anstalt an, kann dies auch ein Arbeitsverhältnis sein[9]. **Asylbewerber**, die Tätigkeiten nach § 5 Asylbewerberleistungsgesetz ausüben, sind keine ArbN. Dies gilt auch für Personen, die verfolgungsbedingt Zwangsarbeit im Nationalsozialismus geleistet haben, denn eine auf Zwang und der Androhung von Gewalt beruhende Leistung fremdnütziger Arbeit begründet keinen ArbN-Status iSd. ArbGG und des materiellen Arbeitsrechts. Das BAG hat deshalb die ordentlichen Gerichte für deren Lohn- und Entschädigungsklage für zuständig erachtet[10]. Ob freilich hier die Vorteile des arbeitsgerichtlichen Verfahrens nicht recht einzuräumen sind, bleibt fraglich. 30

Nach st. Rspr. des BAG stehen **Lehrbeauftragte an Hochschulen**, die mit bestimmten Lehrverpflichtungen im Semester betraut werden, in einem öffentlich-rechtlichen Dienstverhältnis besonderer Art, wenn der Lehrauftrag durch eine einseitige Maßnahme der Hochschule erteilt wird[11]. Zu den Hochschulen in diesem Sinne gehören auch die Fachhochschulen (vgl. § 1 HRG). Sofern die zugrunde liegenden Vorschriften der Hochschulgesetze dies zulassen, können allerdings die Rechtsverhältnisse mit Lehrbeauftragten auch privatrechtlich ausgestaltet werden[12]. Auch **Privatdozenten** stehen in einem öffentlich-rechtlichen Dienstverhältnis zur Hochschule[13]. 31

---

1 BAG v. 12.9.1996 – 5 AZR 1066/94, AP Nr. 1 zu § 611 BGB – Freier Mitarbeiter; LAG Köln v. 7.7.1998 – 11 Ta 322/97, ARSt. 1999, 17 | 2 BAG v. 12.9.1996 – 5 AZR 1066/94, BAGE 84, 108; LAG Thür. v. 6.2.1998 – 8 Ta 205/97, NZA-RR 1998, 296. | 3 BAG v. 25.2.1998 – 7 ABR 11/97, AP Nr. 8 zu § 8 BetrVG 1972; v. 31.7.1965 – 5 AZR 85/65, AP Nr. 29 zu § 2 ArbGG 1953 – Zuständigkeitsprüfung. | 4 BAG v. 24.4.1997 – 2 AZR 241/96, AP Nr. 2 zu § 611 BGB – Ruhen des Arbeitsverhältnisses. | 5 BAG v. 8.12.1959 – 3 AZR 323/56, AP Nr. 18 zu § 2 ArbGG – Zuständigkeitsprüfung, zu 4 d.Gr. | 6 S. auch *Ehlers*, NZA 1989, 832. | 7 S. auch BAG v. 12.2.1992 – 7 ABR 42/91, AP Nr. 52 zu § 5 BetrVG 1972 zur Frage der Belegschaftszugehörigkeit. | 8 BAG v. 3.10.1978 – 6 ABR 46/76, AP Nr. 18 zu § 5 BetrVG 1972; zu deren Entgeltanspruch s. BVerfG v. 1.7.1998 – 2 BvR 441/90, BVerfGE 98, 169. s. auch *Pontath*, BlStSozArbR 1982, 117. | 9 LAG BW v. 15.9.1988 – 4b Sa 41/88, NZA 1989, 886. | 10 BAG v. 16.1.2000 – 5 AZB 71/99, NZA 200, 385; s. auch *Weber*, AuR 2001, 12; *Pawlita*, AuR 1999, 426. | 11 BAG v. 22.9.1995 – 5 AZB 19/95, nv. (juris); v. 15.4.1982 – 2 AZR 1111/79, BAGE 38, 259; v. 27.6.1984 – 5 AZR 567/82, AP Nr. 42 zu § 611 BGB – Lehrer, Dozenten, sowie BAG v. 5.2.1986 – 5 AZR 422/84, nv. (juris); v. 11.2.1987 – 5 AZR 18/86, nv. (juris) und BAG v. 23.6.1993 – 5 AZR 248/92, nv. (juris). Zum Verwalter der Professorenstelle ebenso BAG v. 30.11.1984 – 7 AZR 511/83, AP Nr. 43 zu § 611 BGB – Lehrer, Dozenten. | 12 BAG v. 27.7.1988 – 5 AZR 244/87, AP Nr. 83 zu § 242 BGB – Gleichbehandlung; v. 30.8.1993 – 2 AZB 6/93, AP Nr. 6 zu § 17a GVG; v. 1.11.1995 – 5 AZR 84/94, AP Nr. 45 zu § 2 BeschFG 1985. S. auch *Reinicke*, ZTR 1996, 337. | 13 BAG v. 27.6.1984 – 5 AZR 567/82, BAGE 46, 218 (223) (zum Berliner Hochschulgesetz).

32 Der Entwicklungsdienstvertrag nach § 4 EhfG ist kein Arbeitsvertrag, sondern begründet ein Rechtsverhältnis eigener Art. Das Rechtsverhältnis zwischen dem **Entwicklungshelfer** und dem ausländischen Projektträger kann allerdings ein Arbeitsverhältnis sein. Entscheidend ist die Auslegung im Einzelfall[1]. **ABM-Kräfte** stehen in keinem öffentlich-rechtlichen Dienstverhältnis und sind daher ArbN, s. § 260 Abs. 1 Einleitungssatz SGB III[2].

33 bb) **Familiäre Mitarbeit.** An einem privatrechtlichen Vertrag fehlt es auch, wenn die Arbeitsleistung auf Grund familiärer Verbundenheit erbracht wird oder der gesetzlichen Unterhaltspflicht genüge getan wird (§§ 1360, 1619). Die Pflege von Familienangehörigen führt daher regelmäßig nicht zu einem Arbeitsverhältnis, jedenfalls wenn sie sich in den Grenzen hält, die durch familienrechtliche Beziehungen geprägt sind. Geht es darüber hinaus, kann ein Arbeitsverhältnis vorliegen, auch wenn eine Einigung über die Vergütung nicht vorliegt. Zur Höhe des Entgeltanspruchs in diesem Fall s. § 612 Rz. 17 ff.. Die Grenze zwischen einem abhängigen Beschäftigungsverhältnis mit Entgeltzahlung und einer nichtversicherungspflichtigen Mitarbeit auf Grund einer familienhaften Zusammengehörigkeit ist unter Berücksichtigung der gesamten Umstände des Einzelfalls zu ziehen[3].

34 Ein Arbeitsverhältnis kann auch unter Ehegatten vereinbart werden. Hierfür ist nicht entscheidend, wie die Parteien nach außen hin auftreten. Es ist bei einem Ehegattenarbeitsvertrag geradezu üblich, dass nicht das ein Arbeitsverhältnis kennzeichnende Weisungsrecht im Vordergrund steht, sondern dieses durch die enge persönliche Lebensgemeinschaft überlagert wird[4]. Ein Arbeitsverhältnis besteht jedoch nicht, wenn dieser Vertrag zum Schein abgeschlossen worden wäre (§ 117 Abs. 1). Dies ist freilich nur dann gegeben, wenn überhaupt keine Dienstleistungen des Ehegattenarbeitnehmers erbracht wurden. Ein entgeltliches Beschäftigungsverhältnis, das Grundlage einer Versicherungspflicht sein kann, setzt neben der Eingliederung des Beschäftigten in den Betrieb und dem ggf. abgeschwächten Weisungsrecht des ArbGeb voraus, dass der Beschäftigte ein Entgelt erhält, das einen angemessenen Gegenwert für die geleistete Arbeit darstellt, mithin über einen freien Unterhalt, ein Taschengeld oder eine Anerkennung für Gefälligkeiten hinausgeht. Weitere Abgrenzungskriterien sind nach dieser Rspr., ob ein schriftlicher Arbeitsvertrag abgeschlossen worden ist, ob das gezahlte Entgelt der LSt.Pflicht unterliegt, als Betriebsausgabe verbucht und dem Angehörigen zur freien Verfügung ausgezahlt wird, und schließlich, ob der Angehörige eine fremde Arbeitskraft ersetzt[5]. Dies gilt entsprechend für Arbeitsverhältnisse mit anderen nahen Verwandten[6].

35 cc) **Vereinsmitgliedschaft, Gesellschafter.** Als Rechtsgrundlage für die Leistung von Diensten in persönlicher Abhängigkeit kommt auch die Mitgliedschaft in einem Verein in Betracht. Der Mitgliedsbeitrag (§ 58 Nr. 2) kann in der Leistung von Diensten bestehen[7]. Es gibt keinen Rechtssatz des Inhalts, dass Dienste in persönlicher Abhängigkeit ausschließlich auf Grund eines Arbeitsverhältnisses und nicht auf Grund vereinsrechtlicher Mitgliedschaft erbracht werden können[8]. Die mit ihrem Beitritt zu einer Schwesternschaft übernommene Pflicht der **Rote-Kreuz-Schwester**, in der karitativen Krankenpflege tätig zu werden, gründet sich deshalb allein auf ihre Zugehörigkeit zu der Schwesternschaft. Neben dieser alle maßgeblichen Rechte und Pflichten umfassenden Mitgliedschaft wird ein besonderes Arbeitsverhältnis regelmäßig nicht begründet. Das gilt jedenfalls dann, wenn die Rote-Kreuz-Schwester in einem von ihrer Schwesternschaft selbst betriebenen Krankenhaus tätig ist[9]. Wird sie dagegen in anderen Einrichtungen tätig, so mag sie mit dem Rechtsträger der Einrichtung einen Arbeitsvertrag abschließen. Auch hier aber bedarf die Annahme arbeitsrechtlicher Beziehungen zum Krankenhausträger besonderer Anhaltspunkte[10].

36 Die Begründung vereinsrechtlicher Arbeitspflichten darf nicht zur **Umgehung** zwingender arbeitsrechtlicher Schutzbestimmungen führen. Dies kann insb. der Fall sein, wenn den mitgliedschaftlichen Pflichten keine entsprechenden Rechte gegenüberstehen[11]. Bei Vereinen mit wirtschaftlicher Zwecksetzung kommt die Begründung einer vereinsrechtlichen Verpflichtung zur Leistung von Arbeit in per-

---

1 Abgelehnt in BAG v. 27.4.1977 – 5 AZR 129/76, AP Nr. 1 zu § 611 BGB – Entwicklungshelfer (*Herschel*). S. auch *Echterhölter*, BABl. 1969, 421 (424); *Echterhölter*, AR-Blattei: Entwicklungshelfer, SD 660, 1994, Rz. 51. | 2 BAG v. 12.6.1987 – 7 AZR 389/86, DB 1988, 1068. | 3 Vgl. ua. BSG v. 21.4.1993 – 11 RAr 67/92, SozR 3-4100 § 168 Nr. 11. | 4 LAG BW v. 24.6.1975 – 7 Sa 22/75, ARSt. 1976, 65–66. | 5 BSG v. 23.6.1994 – 12 RK 50/93, SozR Nr. 4 zu § 611 BGB – Ehegatten-Arbeitsverhältnis. | 6 BSG v. 5.4.1956 – 3 RK 65/55, BSGE 3, 30 (40); v. 18.5.1960 – 3 RK 21/56, BSGE 12, 153 (156), SozR Nr. 18 zu § 165 RVO; 17, 1 (3 ff.); SozR 2200 § 165 Nr. 90. | 7 *Soergel/Hadding*, § 58 BGB Rz. 3; RGRK/*Steffen*, § 58 BGB Rz. 2; *Sauter/Schweyer/Waldner*, Der eingetragene Verein, Rz. 120. | 8 BAG v. 18.2.1956 – 2 AZR 294/54, AP Nr. 1 zu § 5 ArbGG 1953; v. 3.6.1975 – 1-ABR 98/74, AP Nr. 1 zu § 5 BetrVG 1972 – Rotes Kreuz; v. 10.5.1990 – 2 AZR 607/89, AP Nr. 51 zu § 611 BGB – Abhängigkeit; v. 29.3.1995 – 5 AZB 21/94, zur Veröffentlichung bestimmt, zu B II 3 d.Gr.; v. 18.2.1956 – 2 AZR 294/54, BAGE 2, 289; v. 3.6.1975 – 1 ABR 98/74, BAGE 27, 163; v. 10.5.1990 – 2 AZR 607/89, AP Nr. 51 zu § 611 BGB – Abhängigkeit; v. 22.3.1995 – 5 AZB 21/94, BAGE 79, 319 (357); v. 6.7.1995 – 5 AZB 9/93, BAGE 80, 256. | 9 BAG v. 6.7.1995 – 5 AZB 9/93, DB 1995, 2612; v. 22.3.1995 – 5 AZB 21/94, BAGE 79, 319; v. 3.6.1975 – 1 ABR 98/74, AP Nr. 1 zu § 5 BetrVG 1972 – Rotes Kreuz, zu III 3 d.Gr. AA LAG Schl.-Holst. v. 5.4.1993, LAGE § 5 ArbGG 1979 Nr. 2. | 10 BAG v. 20.2.1986 – 6 ABR 5/85, AP Nr. 2 zu § 5 BetrVG 1972 – Rotes Kreuz. | 11 BAG v. 22.3.1995 – 5 AZB 21/94, NZA 1995, 823; v. 6.7.1995 – 5 AZB 9/93, DB 1995, 2612; LAG Frankfurt v. 11.11.1991 – Sa 745/91, BB 1992, 2291.

sönlicher Abhängigkeit in aller Regel nicht in Betracht[1]. In jüngster Rspr. zeigt sich das BAG hier jedoch unverständlich großzügig[2].

Gesellschafter, die auf Grund ihrer sich aus dem Gesellschaftsvertrag ergebenden Verpflichtung tätig werden, sind ebenfalls keine ArbN. Jedoch ist es nicht auszuschließen, dass zwischen der Gesellschaft und einem Gesellschafter ein Arbeitsverhältnis besteht. Vor allem ein Kommanditist kann zugleich ArbN der KG sein. Grundsätzlich kann ein Gesellschafter einer BGB-Gesellschaft oder einer GmbH, indem sie Dienstleistungen als Beitrag für die Gesellschaft erbringen, zugleich ein ArbN in einem persönlichen Abhängigkeitsverhältnis sein. Voraussetzung ist jedoch, dass der Geschäftsführer der GmbH ihnen gegenüber weisungsbefugt ist[3]. Der Gesellschafter einer GmbH, dem mehr als 50 % der Stimmen zustehen, kann auch dann kein ArbN dieser Gesellschaft sein, wenn er nicht Geschäftsführer ist. Ob der Gesellschafter seine Leitungsmacht tatsächlich ausübt, ist unerheblich[4]. Auch ein Rechtsanwalt, der auf Grund eines der Vorschrift des § 705 entsprechenden Gesellschaftsvertrages Partner einer Anwaltssozietät ist, die auch den berufsrechtlichen Anforderungen entspricht, ist kein ArbN[5]. Zu den Personen, die allein auf Grund gesellschaftsvertraglicher Verpflichtung tätig werden s. auch Rz. 12.

Die dargelegten Grundsätze gelten entsprechend für Arbeitsleistung auf Grund Mitgliedschaft in einer **Genossenschaft**. Für die Frage der Einordnung des Beschäftigungsverhältnisses kommt es darauf an, ob der Beschäftigte seine Arbeitsleistung auf Grund einer Verpflichtung aus dem Genossenschaftsmitgliedschaftsverhältnis erbringt oder nicht[6]. Ergibt sich die Pflicht zur Arbeitsleistung ausschließlich und unmittelbar aus der Mitgliedschaft, ist der Beschäftigte kein ArbN. Dies gilt selbst dann, wenn er bei Erfüllung seiner Arbeitsleistung, ähnlich einem ArbN, einem Weisungsrecht Folge zu leisten hat[7]. 37

dd) Kleriker und Kirchenbeamte. Auch Kleriker werden grundsätzlich nicht auf Grund eines Arbeitsvertrags, sondern auf Grund kirchenrechtlicher Beziehung zu ihrer Kirche tätig. Soweit dem katholischen Priester für seine Tätigkeit entgolten wird, geschieht dies auf Grund kirchlicher Regelung, can. 281 §§ 1 und 2 CIC 1983. Nach diesen Bestimmungen verdienen Kleriker, die sich dem kirchlichen Dienst widmen, eine Vergütung, die ihrer Stellung angemessen ist. Dabei ist Vorsorge zu treffen, dass jene soziale Hilfe erfahren, durch die für ihre Erfordernisse bei Krankheit, Arbeitsunfähigkeit oder im Alter angemessen gesorgt ist[8]. Die Kirchen haben als Körperschaften des öffentlichen Rechts die Möglichkeit, Beamte zu ernennen. Dementsprechend stellt es § 135 Satz 2 BRRG fest, dass es den Kirchen überlassen bleibt, die Rechtsverhältnisse ihrer Beamten und Seelsorger zu regeln. Ihre Dienstherrenfähigkeit ist auf Grund ihres Status nach Art. 137 Abs. 4 WRV unbeschränkt. Deshalb können die Kirchen, soweit sie Körperschaften des öffentlichen Rechts sind, auch zur Bewältigung von Aufgaben, die nicht eine Zugehörigkeit zum geistlichen Stand voraussetzen, Beamtenverhältnisse begründen und für sie kirchengesetzliche Regelungen geben[9]. Machen sie von diesem Recht Gebrauch, dann hat dies die gleichen Konsequenzen wie im staatlichen Bereich: Das Dienstverhältnis wird nicht durch Vertrag, sondern einseitig durch Hoheitsakt begründet (s. Rz. 29). 38

e) Verpflichtung zur Arbeitsleistung. ArbN ist nur, wer zur **Arbeit** verpflichtet ist, nicht dagegen, wer einen Arbeitserfolg schuldet; denn im letzteren Fall liegt ein Werkvertrag vor. Ein Werkunternehmer ist aber niemals ArbN[10], sondern kann lediglich zum Kreis der arbeitnehmerähnlichen Personen gehören (s. Rz. 111). Der Annahme der ArbN-Eigenschaft steht es nicht entgegen, wenn das Arbeitsentgelt sich nach dem Arbeitserfolg bemisst; denn in diesem Fall wird nicht der Arbeitserfolg geschuldet, sondern es wird für die Arbeitsleistung ein leistungsbezogenes Arbeitsentgelt erbracht. 39

f) Unselbständigkeit der Arbeitsleistung – Typologische Bestimmung. Da nicht jeder, der auf Grund eines Dienstvertrags Arbeitsleistungen zu erbringen hat, ArbN ist, sondern selbständig sein kann, ist für die Begriffsbestimmung des ArbN entsprechend obiger Definition (Rz. 24) wesentlich, dass die Arbeit **im Dienst eines anderen** geleistet werden muss. Dieses Merkmal bezeichnet den Unterschied zum freien Dienstvertrag. Es geht also um die **Abgrenzung von den Selbständigen**, auf die Arbeitsrecht keine Anwendung findet. Wie diese Unselbständigkeit zu bestimmen ist, ist streitig. Ansatzpunkte der st. Rspr. sind die persönliche Abhängigkeit und Weisungsgebundenheit (Rz. 40 ff.), ein Anhängern wachsender Teil des Schrifttums stellt auf das Maß eigenen unternehmerischen Auftretens am Markt ab (Rz. 56). In beiden Fällen ist eine typologische Bestimmung des Begriffs erforderlich und wird insb. 40

---

1 BAG v. 22.3.1995 – 5 AZB 21/94, NZA 1995, 823 (Scientology). | 2 BAG v. 26.9.2002 – 5 AZB 19/01, NJW 2003, 161 (wiederum Mitglied der Scientology Church) – kein Arbeitnehmer. | 3 BAG v. 1.9.1990 – 3 AZR 617/88, AP Nr. 6 zu § 35 GmbHG; v. 28.11.1990 – 4 AZR 198/90, AP Nr. 137 zu § 1 TVG – Tarifverträge: Bau. | 4 BAG v. 6.5.1998 – 5 AZR 612/97, NZA 1998, 839 nwN. | 5 BAG v. 15.4.1993 – 2 AZB 32/92, AP Nr. 12 zu § 5 ArbGG weitergehend noch die Arbeitnehmerähnlichkeit verneinend. | 6 BAG v. 16.2.1995 – 8 AZR 714/93, DB 1995, 1519; S. bereits *Hueck/Nipperdey*, Arbeitsrecht, Bd. I, 7. Aufl., S. 47. | 7 BAG v. 8.1.1970 – 3 AZR 436/67, AP Nr. 14 zu § 528 ZPO; BSG v. 27.5.1972 – 2 RU 122/70, AP Nr. 4 zu § 539 RVO; BAG v. 3.6.1975 – 1 ABR 98/74, AP Nr. 1 zu § 5 BetrVG 1972 – Rotes Kreuz. | 8 S. auch BAG v. 7.2.1990 – 5 AZR 84/89, BAGE 64, 131; LAG Hamm v. 9.9.1971 – 8 Sa 448/71, DB 1972, 295. | 9 AA ErfK/*Preis*, § 611 BGB Rz. 152 unter unzutreffender Bezugnahme auf *Richardi*, Das Arbeitsrecht in der Kirche, 3. Aufl. 2000, § 1 Rz. 19 – dieser wie hier. | 10 BAG v. 23.4.1980 – 5 AZR 426/79, AP Nr. 34 zu § 611 BGB – Abhängigkeit; RAG BenshSlg. 10, 419, (423); 12, 271 (273); 15, 130 (132).

auch vom BAG praktiziert. Für die Abgrenzung von ArbN und „freien Mitarbeitern" gibt es kein Einzelmerkmal, das aus der Vielzahl möglicher Merkmale unverzichtbar vorliegen muss, damit man von persönlicher Abhängigkeit sprechen kann. Damit ist dogmatischer Ausgangspunkt nicht der tatbestandlich scharf umrissene Begriff, der eine einfache Subsumtion ermöglicht, sondern die Rechtsfigur des Typus, der ArbN nicht im Detail definiert, sondern ausgehend vom Normalfall beschrieben wird. Den jeweiligen Typus und dessen Kenntnis setzt das Gesetz stillschweigend voraus; es übernimmt ihn so, wie ihn der Gesetzgeber in der sozialen Wirklichkeit idealtypisch, dh. im Normal- oder Durchschnittsfall vorfindet. Es ist nicht erforderlich, dass stets sämtliche den Typus kennzeichnenden Merkmale vorliegen. Diese können vielmehr in unterschiedlichem Maße und verschiedener Intensität gegeben sein; je für sich genommen haben sie nur die Bedeutung von Anzeichen oder Indizien. Entscheidend ist jeweils ihre Verbindung, die Intensität und die Häufigkeit ihres Auftretens im konkreten Einzelfall. Maßgeblich ist das Gesamtbild, das in wertender Betrachtung zu beurteilen ist[1].

41 Dieses Vorgehen stößt auf starken **Widerspruch im Schrifttum**. Im Rahmen der typologischen Methode würden selbst klar handhabbare normative Kriterien zu irrelevanten Topoi. Das Vorgehen des BAG habe nachvollziehbare Erkenntnisse nicht zutage gefördert[2]. Diesen Stimmen ist zumeist Recht zu geben, dass eine typologische Auslegung des Gesetzes oftmals zu einer größeren Rechtsunsicherheit führt. Der Vorteil liegt jedoch in der näheren Anlehnung an die Wirklichkeit – und damit einer größeren Gerechtigkeit im Einzelfall. Das Vorgehen des BAG hat Vorbilder und Parallelen in der Ausdeutung anderer Begriffe. Was eine Religion iSd. Staatskirchenrechts oder Kunst iSd. Art. 5 Abs. 3 GG ist, wird hM nach typologisch bestimmt. Dort wie hier werden die Schwierigkeiten der Abgrenzung im Einzelfall durch eine lange Reihe von Judikaten gemildert, die beispielhaft die Gewichtung der Indizien für die verschiedenen ArbN-Gruppen veranschaulichen. Gerade der Verwendung der Rechtsfigur des Typus ist es zu verdanken, dass die Vorschriften über die Versicherungspflicht und die Beitragspflicht trotz ihres Festhaltens an Begriffen wie Angestellte, Arbeiter, Arbeitsverhältnis oder Beschäftigungsverhältnis in Verbindung mit ihrer Konkretisierung durch Rspr. und Lit. über Jahrzehnte hinweg auch bei geänderten sozialen Strukturen ihren Regelungszweck erfüllen konnten. Nicht beantwortet ist damit die Frage, welches der Typus ist, der beschrieben werden muss, was also die entscheidende Perspektive ist, den ArbN zu charakterisieren, s. hierzu Rz. 56, 59.

42 **4. Abgrenzung nach der persönlichen Weisungsgebundenheit. a) Allgemeines.** Kriterium der ArbN-Eigenschaft ist nach ständiger Rspr. des BAG und hM die **persönliche Abhängigkeit** des zur Dienstleistung Verpflichteten vom Dienstberechtigten[3]. In leichter Akzentverschiebung definiert sie den ArbN auch als denjenigen Mitarbeiter, der seine Dienstleistung „im Rahmen einer von Dritten bestimmten Arbeitsorganisation erbringt"[4]. Insoweit enthalte § 84 Abs. 1 Satz 2 HGB ein typisches Abgrenzungsmerkmal. Nach dieser Bestimmung ist selbständig, wer im Wesentlichen frei seine Tätigkeit gestalten und seine Arbeitszeit bestimmen kann. Unselbständig und deshalb persönlich abhängig ist dagegen der Mitarbeiter, dem dies nicht möglich ist. Zwar gilt diese Regelung unmittelbar nur für die Abgrenzung des selbständigen Handelsvertreters vom abhängig beschäftigten kaufmännischen Angestellten[5]. Über ihren unmittelbaren Anwendungsbereich hinaus enthalte diese Bestimmung jedoch eine allgemeine gesetzgeberische Wertung, die bei der Abgrenzung des Dienstvertrages vom Arbeitsvertrag zu beachten ist, zumal da diese die einzige Norm darstellt, die Kriterien dafür enthält. Die Eingliederung in die fremde Arbeitsorganisation zeigt sich insb. darin, dass der Beschäftigte einem Weisungsrecht des ArbGeb unterliegt. Dieses Weisungsrecht kann Inhalt, Durchführung, Zeit, Dauer und Ort der Tätigkeit betreffen[6]. Für die Abgrenzung von Bedeutung sind in erster Linie die tatsächlichen Umstände, unter denen die Dienstleistung zu erbringen ist, nicht die Bezeichnung, die die Parteien ihrem Rechtsverhältnis gegeben haben[7]. Nach der Rspr. des BAG sind damit vor allem **drei Merkmale mögliche Indizien der persönlichen Abhängigkeit**: die Weisungsgebundenheit in zeitlicher, örtlicher und fachlicher Hinsicht, die organisatorische Abhängigkeit für die Erbringung der Arbeitsleistung und – wenn auch weniger deutlich – die Fremdnützigkeit der Arbeitsleistung. Die dadurch vermittelte Fremdbestimmung muss über die eines freien Dienstvertrags hinausgehen. Entscheidend ist der **Grad der persönlichen Abhän-**

---

[1] BVerfG v. 20.5.1996 – 1 BvR 21/96, AP Nr. 82 zu § 611 BGB – Abhängigkeit. | [2] ErfK/*Preis*, § 611 BGB Rz. 66; MünchArbR/*Richardi*, § 24 Rz. 49: „Muster ohne Wert". S. hierzu auch *Wank*, Arbeitnehmer und Selbständige, S. 23 ff. | [3] BAG v. 26.9.2002 – 5 AZB 19/01, NJW 2003, 161; v. 29.5.2002 – 5 AZR 161/01, NZA 2002, 1232; v. 16.2.2000 – 5 AZB 71/99, BAGE 93, 310; v. 16.10.1987 – 7 AZR 519/86, AP Nr. 69 zu § 613 a BGB; v. 27.3.1991 – 5 AZR 194/90, AP Nr. 53 zu § 611 BGB – Abhängigkeit; v. 30.10.1991 – 7 ABR 19/91, AP Nr. 59 zu § 611 BGB – Abhängigkeit; v. 20.7.1994 – 5 AZR 627/93, AP Nr. 73 zu § 611 BGB – Abhängigkeit; v. 12.9.1996 – 5 AZR 104/95, BAGE 84, 124 (133). | [4] BAG v. 9.7.2003 – 5 AZR 595/02, AP Nr. 158 zu § 611 BGB – Lehrer, Dozenten; v. 20.7.1994 – 5 AZR 627/93, BAGE 77, 226; v. 20.7.1994 – 5 AZR 627/93, AP Nr. 73 zu § 611 BGB – Abhängigkeit; v. 16.3.1994 – 5 AZR 447/92, AP Nr. 68 zu § 611 BGB – Abhängigkeit; v. 9.6.1993 – 5 AZR 123/92, AP Nr. 66 zu § 611 BGB – Abhängigkeit; v. 24.6.1992 – 5 AZR 384/91, AP Nr. 61 zu § 611 BGB – Abhängigkeit. | [5] Vgl. dazu jüngst BAG v. 20.8.2003 – 5 AZR 610/02 n.v. (juris). | [6] St. Rspr. BAG v. 20.9.2000 – 5 AZR 61/99, NZA 2001, 551; vgl. BAG v. 22.4.1998 – 5 AZR 342/97, BAGE 88, 263. | [7] BAG v. 22.8.2001 – 5 AZR 502/99, AP Nr. 109 zu § 611 BGB – Abhängigkeit; v. 19.1.2000 – 5 AZR 644/98, BAGE 93, 218, (222); st. Rspr., vgl. BAG v. 19.1.2000 – 5 AZR 644/98, AP Nr. 108 zu § 611 BGB – Abhängigkeit; v. 22.4.1998 – 5 AZR 342/97, BAGE 88, 263 mwN.

gigkeit, in der sich der zur Dienstleistung Verpflichtete jeweils befindet. Das Merkmal ist also ein relatives, vergleichendes Kriterium[1].

Bei der Frage, in welchem Maße der Mitarbeiter persönlich abhängig ist, sei vor allem die **Eigenart der jeweiligen Tätigkeit** zu berücksichtigen[2]. Denn abstrakte, für alle Arbeitsverhältnisse geltende Kriterien ließen sich nicht aufstellen. Eine Anzahl von Tätigkeiten kann sowohl im Rahmen eines Arbeitsverhältnisses als auch im Rahmen eines freien Dienstverhältnisses (freien Mitarbeiterverhältnisses) erbracht werden[3]. Umgekehrt gibt es Tätigkeiten, die für andere regelmäßig nur im Rahmen eines Arbeitsverhältnisses ausgeübt werden können. Das Bestehen eines Arbeitsverhältnisses kann also auch aus Art oder Organisation der zu verrichtenden Tätigkeiten folgen. Das BAG hat diesem Gedanken in mehreren Entscheidungen maßgebliche Bedeutung beigemessen, etwa für Orchestermusiker[4], für Lehrkräfte, die an allgemein bildenden Schulen und in schulischen Lehrgängen unterrichten[5], für (studentische) Hilfspfleger im Krankenhaus[6] und für die Tätigkeit von Mitarbeitern fremdsprachlicher Dienste von Rundfunkanstalten mit routinemäßig anfallender Tätigkeit als Sprecher, Aufnahmeleiter und Übersetzer[7]. Zeitliche Vorgaben und die Verpflichtung, bestimmte Termine für die Erledigung der übertragenen Aufgaben einzuhalten, sind kein ausreichendes Merkmal für ein Arbeitsverhältnis. Das Versprechen, eine Leistung zu einem bestimmten Zeitpunkt zu erbringen oder zu einem bestimmten Zeitpunkt fertig zu stellen, macht den Leistenden im arbeitsrechtlichen Sinne nicht weisungsabhängig[8]. Widersprechen sich schriftliche Vereinbarung und tatsächliche Durchführung des Vertrages, ist die Letztere maßgebend. Aus der **praktischen Handhabung** lassen sich Rückschlüsse darauf ziehen, von welchen Rechten und Pflichten die Parteien ausgegangen sind[9].

b) Fachliche, zeitliche und örtliche Weisungsgebundenheit. Das Merkmal der persönlichen Abhängigkeit wird vielfach durch die **fachliche Weisungsgebundenheit** bei Erbringung der Arbeitsleistung konkretisiert[10]. Dass der Dienstverpflichtete hinsichtlich seiner **Arbeitsleistung** dem Weisungsrecht des ArbGeb unterliegt, ist aber nur ein, wenn auch besonders wichtiges **Indiz** für die Feststellung eines Arbeitsverhältnisses. Für sich allein vermag es eine ArbN-Eigenschaft nicht belegen, denn auch ein durch freien Dienstvertrag Verpflichteter kann den Weisungen des Dienstgebers verpflichtet sein. Dies gilt selbst beim Werkvertrag, wie § 645 Abs. 1 belegt. Damit die fachliche Weisungsgebundenheit ein Indiz bilden kann, müssen daher regelmäßig die Weisungen umfassend oder doch von einer gewissen Erheblichkeit sein und nicht nur den groben Rahmen vorgeben oder untergeordnete Teile der Tätigkeit betreffen[11]. **Fehlt** anderseits die **fachliche Weisungsgebundenheit**, so spricht auch dies nicht notwendigerweise gegen die ArbN-Eigenschaft. Das gilt insb. bei Diensten höherer Art[12]. Die Art der Tätigkeit kann es mit sich bringen, dass dem Dienstverpflichteten ein hohes Maß an Gestaltungsfreiheit, Eigeninitiative und fachlicher Selbständigkeit verbleibt. Daher kann ein Chefarzt ArbN sein[13]. Das Gleiche gilt für Honorarlehrkräfte[14]. Die Besonderheit der zu leistenden Arbeit hat hier zur Folge, dass eine fachliche Weisungsgebundenheit nicht in Betracht kommt[15]. Ein Ausdruck fachlicher Weisungsgebundenheit sind Berichtspflichten. oder sonstige Anzeigepflichten. Einer umfassenden Kontrolle unterliegt nur der ArbN; der Selbständige braucht sich Kontrollen nicht in gleichem Maße gefallen zu lassen[16].

---

1 Vgl. BAG v. 15.2.1965 – 5 AZR 358/63, AP Nr. 7 zu § 611 BGB; v. 16.3.1972 – 5 AZR 460/71, AP Nr. 10 zu § 611 BGB – Lehrer, Dozenten; v. 8.6.1967 – 5 AZR 461/66, AP Nr. 6 zu § 611 BGB – Abhängigkeit; v. 14.2.1974 – 5 AZR 298/73, AP Nr. 12 zu § 611 BGB – Abhängigkeit; v. 29.5.1991 – 7 ABR 67/90, AP Nr. 2 zu § 9 BetrVG 1972. |2 BAG v. 15.3.1978 – 5 AZR 819/76, AP Nr. 26 zu § 611 BGB – Abhängigkeit, zu B II 2 d.Gr. |3 BAG v. 30.10.1991 – 7 ABR 19/91, AP Nr. 59 zu § 611 BGB. |4 BAG v. 14.2.1974 – 5 AZR 298/73, AP Nr. 12 zu § 611 BGB – Abhängigkeit und BAG v. 3.10.1975 – 5 AZR 427/74, AP Nr. 16 zu § 611 BGB – Abhängigkeit; ebenso BAG v. 29.7.1976 – 3 AZR 7/75, AP Nr. 41 zu § 620 BGB – Befristeter Arbeitsvertrag. |5 BAG v. 24.6.1992 – 5 AZR 384/91, AP Nr. 61 zu § 611 BGB – Abhängigkeit. |6 BAG v. 13.2.1985 – 7 AZR 345/82, nv. (juris). |7 BAG v. 3.10.1975 – 5 AZR 162/74, AP Nr. 15 zu § 611 BGB – Abhängigkeit, zu II 3 a d.Gr.; v. 16.2.1994 – 5 AZR 402/93, BAGE 76, 21; vgl. auch BAG v. 9.3.1977 – 5 AZR 110/76, AP Nr. 21 zu § 611 BGB – Abhängigkeit, zu 2 c d.Gr. |8 BAG v. 22.8.2001 – 5 AZR 502/99, ZTR 2002, 290; v. 19.1.2000 – 5 AZR 644/98, BAGE 93, 218; v. 29.5.1991 – 7 ABR 67/90, BAGE 68, 74. |9 BAG v. 15.3.1978 – 5 AZR 819/76, AP Nr. 26 zu § 611 BGB – Abhängigkeit, zu B I 4 d.Gr. |10 So BAG v. 13.12.1962 – 2 AZR 128/62, AP Nr. 3 zu § 611 BGB – Abhängigkeit; v. 16.3.1972 – 5 AZR 460/71, AP Nr. 10 zu § 611 BGB – Lehrer, Dozenten. |11 S. auch BAG v. 9.7.2003 – 5 AZR 595/02 AP Nr. 158 zu § 611 BGB – Lehrer, Dozenten, (Lehrkraft an einer privaten Berufsschule); v. 24.10.2001 – 5 AZR 33/00, NZA 2002, 527 (Programmierkraft an einem Fremdsprachengymnasium). |12 St. Rspr. seit BAG v. 13.1.1983 – 5 AZR 149/82, AP Nr. 42 zu § 611 BGB – Abhängigkeit, zu B II 1 d.Gr., zuletzt BAG v. 26.6.1991 – 5 AZR 453/90, nv. (juris) zu I d.Gr.; v. 20.7.1994 – 5 AZR 627/93, BAGE 77, 226; v. 30.10.1991 – 7 ABR 19/91, AP Nr. 59 zu § 611 BGB – Abhängigkeit. |13 Vgl. BAG v. 10.11.1955 – 2 AZR 59/54, AP Nr. 2 zu § 611 BGB – Beschäftigungspflicht; v. 8.12.1959 – 3 AZR 348/56, AP Nr. 1 zu Art. 38 GemeindeO Bayern; v. 27.7.1961 – 2 AZR 255/60, AP Nr. 24 zu § 611 BGB – Ärzte, Gehaltsansprüche; v. 3.8.1961 – 2 AZR 117/60, AP Nr. 19 zu § 620 BGB – Befristeter Arbeitsvertrag; v. 24.10.1963 – 2 AZR 396/62, AP Nr. 26 zu § 611 BGB – Ärzte, Gehaltsansprüche. |14 BAG v. 30.10.1991 – 7 ABR 19/91, NZA 1992, 407 mwN. |15 Vgl. auch BAG v. 16.3.1972 – 5 AZR 460/71, AP Nr. 10 zu § 611 BGB – Lehrer, Dozenten; v. 3.10.1975 – 5 AZR 427/74, AP Nr. 16 zu § 611 BGB – Orchestermusiker; v. 2.6.1976 – 5 AZR 131/75, AP Nr. 20 zu § 611 BGB – Abhängigkeit: Außenrequisiteur; v. 9.3.1977 – 5 AZR 110/76, AP Nr. 21 zu § 611 BGB – Abhängigkeit: Journalist; v. 30.10.1991 – 7 ABR 19/91, AP Nr. 59 zu § 611 BGB – Abhängigkeit: Honorarlehrkraft. |16 BAG v. 15.12.1999 – 5 AZR 770/98, NZA 2000, 481.

45 Neben der fachlichen Weisungsgebundenheit hat die Rspr. sehr früh auch auf eine **Weisungsgebundenheit nach Ort und Zeit der Arbeitsleistung** abgestellt[1]. Auch hierbei konnte sie unmittelbar an das Vorbild des § 84 Abs. 1 Satz 2 HGB anknüpfen. Das BAG verneint deshalb bei **freier Einteilung der Arbeitszeit** häufig eine ArbN-Eigenschaft[2]. Wie die fachliche ist aber auch die Weisungsgebundenheit nach Ort und Zeit der Arbeitsleistung nur ein Indiz, kein bindendes Kriterium für die Anerkennung der ArbN-Eigenschaft. Der Annahme einer persönlichen Abhängigkeit steht es daher nicht entgegen, dass sich die Tätigkeit eines Mitarbeiters nicht nach Zeit und Ort festlegen lässt; es genüge, dass sie „aus anderen Gründen fremdbestimmte Arbeit leisten"[3]. Eine zeitliche Weisungsgebundenheit kann auch aus der Festlegung eines in einer bestimmten Zeitspanne zu erledigenden **Mindestsolls** folgen. Dies ist jedoch dann nicht anzunehmen, wenn die Grenzen so gesetzt sind, dass den Mitarbeitern ein erheblicher Spielraum verbleibt[4], denn auch im Rahmen von Dienst- und Werkverträgen können davon dem Dienstberechtigten oder dem Besteller Termine für die Erledigung der Arbeit bestimmt werden, ohne dass daraus eine zeitliche Weisungsabhängigkeit folgt, wie sie für ein Arbeitsverhältnis regelmäßig kennzeichnend ist[5].

46 Die Aufnahme in **Dienstpläne** ist ein gewichtiges Indiz für eine zeitliche Weisungsgebundenheit, lässt jedoch nicht zwingend auf die ArbN-Eigenschaft schließen[6]. Die Weisungsgebundenheit braucht nicht rechtlich begründet zu sein, sondern kann auch **faktisch** sein. Wer eine Zuteilung oder eine zeitliche Anfrage des Dienstgebers nicht ablehnen kann, ohne den Bestand der Vertragsbeziehungen zu riskieren, der ist zeitlich weisungsbedungen[7]. **Missverständlich** ist daher die Formulierung des BAG, ein lediglich faktischer Zwang berühre die Möglichkeit der freien Bestimmung der Arbeitszeit gemäß § 84 Abs. 1 Satz 2 HGB nicht, denn mit freier Bestimmung der Arbeitszeit sei nur die (rechtliche) Freiheit gegenüber dem Unternehmer gemeint[8]. Entscheidend ist allein, ob der Dienstverpflichtete substantiellen Freiraum zur Gestaltung seiner Arbeitszeit hat. Ein Mitarbeiter ist jedoch nicht bereits deshalb ArbN, weil er auf technische Einrichtungen und Personal des Vertragspartners angewiesen ist und aus diesem Grunde etwa in Dispositions- und Raumbelegungspläne aufgenommen wird[9]. Das Gleiche gilt, wenn sich ein Vertreter in der Zeiteinteilung nach den Kundenwünschen richten muss[10].

47 Die **örtliche Weisungsgebundenheit** wird in der Rspr. des BAG stets im Zusammenhang mit der fachlichen und zeitlichen Weisungsgebundenheit benannt (s. Rz. 44 f.), ist aber soweit ersichtlich nie als entscheidendes Indiz herangezogen worden. Oftmals ergibt sich der Ort schon zwingend aus der Art der Tätigkeit. Das Kriterium der örtlichen Weisungsgebundenheit geht dann auf in dem Kriterium der Eingliederung in die betriebliche Organisation des ArbGeb, s. Rz. 48. Bei anderen Mitarbeitern (Außendienst, Telearbeitsplätze, Journalist, Bildberichterstatter) entfällt die örtliche Weisungsgebundenheit gänzlich, ohne dass dies gegen den ArbN-Status sprechen würde[11]. Oft wird eine zeitliche Weisungsgebundenheit mit einer örtlichen zusammenfallen und damit ein gemeinsames, regelmäßig gewichtiges Indiz für die ArbN-Eigenschaft bilden.

48 **c) Eingliederung in die Organisation des ArbGeb.** In einigen Entscheidungen verwendet die Rspr. das Merkmal nur als Zusammenfassung der Weisungsgebundenheit hinsichtlich Inhalt, Durchführung, Zeit, Dauer und Ort der Tätigkeit[12]. Ihm kommt insoweit **keine eigenständige Bedeutung** zu.

---

1 Vgl. BAG v. 27.10.1956 – 2 AZR 297/54, AP Nr. 3 zu § 554 ZPO; v. 7.2.1957 – 2 AZR 440/54, AP Nr. 18 zu § 611 BGB – Urlaubsrecht; v. 19.5.1960 – 2 AZR 197/58, AP Nr. 7 zu § 5 ArbGG 1953; v. 27.7.1961 – 2 AZR 255/60, AP Nr. 24 zu § 611 BGB – Ärzte, Gehaltsansprüche; v. 28.2.1962 – 4 AZR 141/61, AP Nr. 1 zu § 611 BGB – Abhängigkeit; v. 13.12.1962 – 2 AZR 128/62, AP Nr. 3 zu § 611 BGB – Abhängigkeit; v. 16.3.1972 – 5 AZR 460/71, AP Nr. 10 zu § 611 BGB – Lehrer, Dozenten; v. 21.9.1977 – 5 AZR 373/76, AP Nr. 24 zu § 611 BGB – Abhängigkeit und v. 15.3.1978 – 5 AZR 819/76, AP Nr. 26 zu § 611 BGB – Abhängigkeit. |2 Vgl. BAG v. 19.5.1960 – 2 AZR 197/58 AP Nr. 7 zu § 5 ArbGG 1953 (Kürschnermeister); v. 28.2.1962 – 4 AZR 141/61, AP Nr. 1 zu § 611 BGB – Abhängigkeit (Messtätigkeit für Wettervorhersage in einer vom Vertragspartner gemieteten Berghütte); v. 15.3.1978 – 5 AZR 818/76, AP Nr. 25 zu § 611 BGB – Abhängigkeit (Musikbearbeiter); v. 26.1.1977 – 5 AZR 796/75, AP Nr. 13 zu § 611 BGB – Lehrer, Dozenten (Volkshochschuldozent); v. 9.9.1981 – 5 AZR 477/79, AP Nr. 38 zu § 611 BGB – Abhängigkeit (Psychologe mit zeitlicher Rahmenvereinbarung); v. 27.4.1991 – 5 AZR 194/90, AP Nr. 53 zu § 611 BGB – Abhängigkeit (Lektor); v. 29.5.1991 – 7 ABR 67/90, AP Nr. 2 zu § 9 BetrVG 1972 – Aushilfs-Taxifahrer. |3 BAG v. 15.3.1978 – 5 AZR 819/76, AP Nr. 26 zu § 611 BGB – Abhängigkeit. |4 BAG v. 15.12.1999 – 5 AZR 770/98, NZA 2000, 481; v. 26.5.1999 – 5 AZR 469/98, AP Nr. 104 zu § 611 BGB – Abhängigkeit; s. auch *Hanau/Strick*, AuA 1998, 185 (187) in Bezug auf den Versicherungsvertreter. |5 BAG v. 27.3.1991 – 5 AZR 194/90, AP Nr. 53 zu § 611 BGB – Abhängigkeit, unter III 4 d.Gr.; v. 19.11.1997 – 5 AZR 653/96, BAGE 87, 129; ständige Dienstbereitschaft ist nach der Rspr. (vgl. BAG v. 30.11.1994 – 5 AZR 704/93, DB 1995, 78, 343 (353), AP Nr. 74 zu § 611 BGB – Abhängigkeit, unter B II 2 b (3) d.Gr.; v. 19.11.1997 – 5 AZR 653/96, BAGE 87, 129) ein starkes Indiz für die ArbN-Eigenschaft. |6 BAG v. 19.1.2000 – 5 AZR 644/98, BAGE 93, 218 (Rundfunk); v. 20.9.2000 – 5 AZR 61/99, NZA 2001, 551 (abl. in Bezug auf Rundfunkmitarbeiter); v. 16.6.1998 – 5 AZR 154/98, NZA 1998, 839 (Rundfunk); v. 22.4.1998 – 5 AZR 2/97, NZA 1998, 1277 (Kameraassistent); v. 16.3.1994 – 5 AZR 447/92, DB 1994, 2504 (Copilot); v. 30.11.1994 – 5 AZR 704/93, BAGE 78, 343. |7 BAG v. 19.1.2000 – 5 AZR 644/98, NZA 1998, 839; in Abgrenzung zu BAG v. 29.1.1992 – 7 ABR 25/91, AP Nr. 47 zu § 5 BetrVG 1972 (mit Anm. *Wank*). |8 BAG v. 15.12.1999 – 5 AZR 770/98, NZA 2000, 481 in Anknüpfung an BAG v. 26.5.1999 – 5 AZR 469/98, AP Nr. 104 zu § 611 BGB. |*9 BAG v. 19.1.2000 – 5 AZR 644/98, AP Nr. 108 zu § 611 BGB – Abhängigkeit*; *Rüthers*, RdA 2000, 360. |10 BAG v. 15.12.1999 – 5 AZR 770/98, NZA 2000, 481. |11 S. auch ErfK/*Preis*, § 611 BGB Rz. 83; ArbR-BGB/*Schliemann*, § 611 BGB Rz. 208. |12 BAG v. 29.5.2002 – 5 AZR 161/01, NZA 2002, 1232; v. 22.8.2001 – 5 AZR 502/99, ZTR 2002, 290; v. 27.6.2001 – 5 AZR 561/99, BB 2001, 2220.

Gewichtiges Indiz für die ArbN-Eigenschaft kann es aber sein, dass eine Tätigkeit regelmäßig nur im Rahmen eines Arbeitsverhältnisses ausgeübt wird. Das Bestehen eines Arbeitsverhältnisses kann dann aus der Art der zu verrichtenden Tätigkeiten folgen: Die Tätigkeit ist so in eine vom ArbGeb vorgegebene Organisation eingefügt, dass sie *per se* eine Fremdbestimmtheit mit sich bringt. Das BAG hat diesem Gedanken in mehreren Entscheidungen entscheidende Bedeutung beigemessen[1]. Maßgebend ist hier die personelle und organisatorische Abhängigkeit für die Erbringung der Arbeitsleistung[2]. Nach Ansicht des BAG sind deshalb **Lehrer an allgemein bildenden Schulen** regelmäßig ArbN, auch wenn sie ihren Unterricht nebenberuflich erteilen[3], während die geringere Einbindung in ein Schul- oder Ausbildungssystem bei **Volkshochschuldozenten** und **Lehrkräften an Musikschulen** für den Regelfall zur Folge hat, dass sie nicht auf Grund eines Arbeitsverhältnisses tätig werden[4] (s. ausführlicher Rz. 69). Die stärkere Einbindung von Schülern in ein Schul- und Ausbildungssystem bedeutet auch eine stärkere persönliche Abhängigkeit der Lehrkräfte vom Unterrichtsträger[5].

d) Fremdnützigkeit der Arbeitsleistung. Ein in seiner Bedeutung nur unscharfes Indiz ist die Fremdnützigkeit der Arbeitsleistung. Seinen Ursprung hat das Kriterium bei der Suche nach der ArbN-Eigenschaft von Mitarbeitern von Rundfunk und Fernsehen. Neben dem Merkmal, dass ein ArbN fremdbestimmte Arbeit zu leisten hat, stellt das BAG auch darauf ab, dass ArbN „ihre Arbeitskraft nicht – wie ein Unternehmer – nach selbstgesetzten Zielen unter eigener Verantwortung und mit eigenem Risiko am Markt verwerten können, sondern dass sie darauf angewiesen sind, ihre Arbeitsleistung fremdnützig der Anstalt zur Verwertung nach deren Programmplanung zu überlassen"[6]. Dies hat Berührungspunkte mit der insb. von *Wank* vertretenen Abgrenzung nach der Übernahme von unternehmerischem Risiko und Chancen (s. Rz. 56). Der Formulierung wird aber zu Recht entgegengehalten, dass hiermit **Ursache und Wirkung** miteinander **vertauscht** werden: Wer keinen durch Arbeit herbeizuführenden Erfolg verspricht, sondern eine Dienstleistung als solche, überlässt die Verwertung stets dem Empfänger der Dienstleistung[7]. Das BAG ist deshalb in jüngeren Entscheidungen wohl zu Recht soweit ersichtlich nicht mehr auf das Merkmal der Fremdnützigkeit zurückgekommen, die ArbN-Eigenschaft zu bestimmen[8]. Wohl aber orientiert sich die Rspr. weiterhin in einigen Entscheidungen am unternehmerischen Risiko und marktbezogenen Gestaltungsmöglichkeiten. Für die Selbständigkeit spreche etwa die Berechtigung, andere berufliche und gewerbliche Aktivitäten zu entfalten[9]. Dafür spreche es auch, wenn die Arbeitsleistung nicht in eigener Person erbracht werden muss, sondern ergänzend fremde Hilfe hinzugenommen werden kann. Das eigene Personal auszuwählen, einzuweisen und zu kontrollieren, seien wesentliche Merkmale selbständigen Tätigwerdens[10].

e) Hilfskriterien. Die dargelegten Maßstäbe zu konkretisieren und zu belegen, schlägt das Schrifttum zahlreiche Hilfskriterien vor. Sie alle haben die formale Ausgestaltung des Arbeitsverhältnisses zum Gegenstand, der – nach der ständigen Rspr. des BAG (s. Rz. 40) – aber gerade keine ausschlaggebende Bedeutung zukommt. Dennoch werden genannt: die Modalitäten in der Entgeltzahlung (Festvergütung), insb. das (über einen längeren Zeitraum) erfolgte Ausweisen von Mehrwertsteuer durch den Beschäftigten, das Abführen von LSt und SozV-Beiträgen, die Führung von Personalakten, die Weiterbezahlung des Entgelts im Krankheitsfall, antragsgemäße Gewährung von Urlaub und Weiterbezahlung des Entgelts im Urlaubsfall, die Anmeldung eines Gewerbes[11]. Das BAG hat auf diese Merkmale zwar in einer älteren Entscheidung abgestellt[12], später jedoch diese formellen Merkmale als nicht oder nur sehr eingeschränkt tragfähig angesehen[13]. Sie dürften daher eher geeignet sein, einen Arbeitsvertrag zu belegen als ihn zu verwerfen, da ein Arbeitsverhältnis auch mit einem Dienstnehmer vereinbart werden kann, der kein ArbN ist, s. Rz. 42. Aber auch dies kann nur mit Zurückhaltung zu bejahen sein, zumindest soweit

---

1 Etwa für Orchestermusiker (BAG v. 14.2.1974 – 5 AZR 298/73, AP Nr. 12 zu § 611 BGB – Abhängigkeit und v. 3.10.1975 – 5 AZR 427/74, AP Nr. 16 zu § 611 BGB – Abhängigkeit; ebenso BAG v. 29.7.1976 – 3 AZR 7/75, AP Nr. 41 zu § 620 BGB – Befristeter Arbeitsvertrag, für Lehrkräfte an allgemein bildenden Schulen (BAG v. 24.6.1992 – 5 AZR 384/91, AP Nr. 61 zu § 611 BGB – Abhängigkeit), für (studentische) Hilfspfleger (BAG v. 13.2.1985 – 7 AZR 345/82, nv. [juris]) und für die Tätigkeit eines Mitarbeiters des fremdsprachlichen Dienstes einer Rundfunkanstalt mit täglich routinemäßig anfallender Sprecher- und Übersetzertätigkeit (BAG v. 3.10.1975 – 5 AZR 162/74, AP Nr. 15 zu § 611 BGB – Abhängigkeit, zu II 3 a d.Gr.; vgl. auch BAG v. 9.3.1977 – 5 AZR 110/76, AP Nr. 21 zu § 611 BGB – Abhängigkeit, zu 2 c d.Gr.) sowie die Tätigkeit eines Copiloten (v. 16.3.1994 – 5 AZR 447/92, AP Nr. 68 zu § 611 BGB – Abhängigkeit) oder die der Tankwartaushilfe (v. 12.6.1996 – 5 AZR 960/94, AP Nr. 4 zu § 611 BGB – Werkstudent). | 2 BAG v. 23.4.1980 – 5 AZR 426/79, AP Nr. 34 zu § 611 BGB – Abhängigkeit. | 3 So für Lehrer an Abendgymnasien BAG v. 12.9.1996 – 5 AZR 104/95, AP Nr. 122 zu § 611 BGB – Lehrer, Dozenten; vgl. auch BAG v. 9.7.2003 – 5 AZR 595/02, AP Nr. 156 zu § 611 BGB – Lehrer, Dozenten. | 4 BAG v. 24.6.1992 – 5 AZR 384/91, AP Nr. 61 zu § 611 BGB – Abhängigkeit. | 5 BAG v. 9.7.2003 – 5 AZR 595/02, AP Nr. 158 zu § 611 BGB – Lehrer, Dozenten. | 6 BAG v. 15.3.1978 – 5 AZR 819/76, AP Nr. 26 zu § 611 BGB – Abhängigkeit. | 7 MünchArbR/*Richardi*, § 24 Rz. 36 ff. | 8 Vgl. BAG v. 20.7.1994 – 5 AZR 627/93, AP Nr. 73 zu § 611 BGB – Abhängigkeit und v. 30.11.1994 – 5 AZR 704/93, AP Nr. 74 zu § 611 BGB – Abhängigkeit. | 9 S. BAG v. 12.12.2001 – 5 AZR 253/00, BAGE 100, 287 | 10 S. BAG v. 12.12.2001 – 5 AZR 253/00, NZA 2002, 787; v. 16.7.1997 – 5 AZR 312/96, BAGE 86, 170; BGH v. 21.10.1998 – VIII ZB 54/97, NZA 1999, 11. | 11 ZB *Reiserer/ Freckmann*, NJW 2003, 180. | 12 BAG v. 8.6.1967 – 5 AZR 461/66, BAGE 19, 324 (330), AP Nr. 6 zu § 611 BGB – Abhängigkeit, zu 1 d.Gr. | 13 Vgl. BAG v. 28.6.1973 – 5 AZR 19/73, AP Nr. 10 zu § 611 BGB – Abhängigkeit; v. 3.10.1975 – 5 AZR 427/74, AP Nr. 16 zu § 611 BGB – Abhängigkeit, zu II 2 c d.Gr.; v. 9.3.1977 – 5 AZR 110/76, AP Nr. 21 zu § 611 BGB – Abhängigkeit, zu 3 a d.Gr.; s. auch BAG v. 30.10.1991 – 7 ABR 19/91, NZA 1992, 407.

diese Kriterien nicht die Pflichten des Dienstnehmers sondern ein Verhalten des Dienstgebers betreffen; Letztere können die Fremdbestimmung wenn überhaupt, dann nur mittelbar charakterisieren.

51 **f) Untaugliche Kriterien.** Daneben gibt es zahlreiche Kriterien, die von der Rspr. ausdrücklich als untauglich gewertet wurden. Ein im Anstellungsvertrag **vereinbartes Wettbewerbsverbot** stellt kein Indiz für oder gegen die Selbständigkeit eines Mitarbeiters dar[1]. Eine **wirtschaftliche Abhängigkeit** – die den ArbN-Ähnlichen kennzeichnet, s. Rz. 111 – ist weder erforderlich noch ausreichend[2]. Die **Art der Vergütung** spielt schon deshalb keine nennenswerte Rolle, weil sich die persönliche Abhängigkeit danach bestimmt, inwieweit die Ausführung der versprochenen Dienste weisungsgebunden und damit fremdbestimmt erfolgt. Entscheidend sind die Umstände der Dienstleistung, nicht aber die Modalitäten der Entgeltzahlung[3].

52 Selbst wenn eine hauptberufliche Vollzeitbeschäftigung auf eine für Arbeitsverhältnisse typische persönliche Abhängigkeit hindeuten sollte[4], bedeutet dies nicht, dass eine Nebenbeschäftigung mit geringer Arbeitszeit gegen ein Arbeitsverhältnis spricht[5]. Die rechtliche Einordnung eines Mitarbeiterverhältnisses hängt auch nicht davon ab, ob es **projektbezogen oder auf Dauer** angelegt ist. Die Annahme eines Dauerrechtsverhältnisses allein hat keinen arbeitsrechtlichen Aussagewert[6]. Sowohl bei einer dauerhaften als auch bei einer befristeten Vertragsbeziehung sind beide Rechtsformen (Arbeitsverhältnis oder freies Mitarbeiterverhältnis) denkbar.

g) Feststellung und Geltendmachung der ArbN-Eigenschaft

Lit.: *Boemke*, Neue Selbständigkeit und Arbeitsverhältnisse, ZfA 1998, 285; *Buchner*, Das Recht der Arbeitnehmer, der Arbeitnehmerähnlichen und der Selbständigen – jedem das Gleiche oder jedem das Seine?, NZA 1998, 1144; *Griebeling*, Der Arbeitnehmerbegriff und das Problem der „Scheinselbständigkeit", RdA 1998, 208; *Griebeling*, Die Merkmale des Arbeitsverhältnisses, NZA 1998, 1137; *Hochrathner*, Rechtsprobleme rückwirkender Statusfeststellungen, NZA 1999, 1016; *Hromadka*, Arbeitnehmerbegriff und Arbeitsrecht, NZA 1997, 569; *Lieb*, RdA 1977, 210; *Maschmann*, Arbeitsverträge und Verträge mit Selbständigen, 2001; *Reinecke*, Der Kampf um die Arbeitnehmereigenschaft – prozessuale, materielle und taktische Probleme, NZA 1999, 729; *Reinecke*, Neudefinition des Arbeitnehmerbegriffs durch Gesetz und Rechtsprechung?, ZIP 1998, 581; *Rieble*, Die relative Verselbständigung von Arbeitnehmern – Bewegung in den Randzonen des Arbeitsrechts?, ZfA 1998, 327; *Wank*, Arbeitnehmer und Selbständiger, 1987; *Wank*, Die neue Selbständigkeit, DB 1992, 90; *Wank*, Rechtswegbestimmung: Klage eines Franchisegebers gegen einen arbeitnehmerähnlichen Franchisenehmer, RdA 1999, 271; *Wiedemann*, Das Arbeitsverhältnis als Austausch- und Gemeinschaftsverhältnis, S. 15.

53 Klagt ein Dienstverpflichteter einen arbeitsrechtlichen Anspruch vor dem ArbG ein, hängt der Klageerfolg von Tatsachen ab, die zugleich für die Bestimmung des Rechtswegs entscheidend sind. Wegen dieser **Doppelrelevanz** sind die Gerichte für Arbeitssachen zur Entscheidung zuständig, ohne dass es dazu eines Rückgriffs auf § 2 Abs. 3 ArbGG bedürfte[7]. In diesem Fall reicht die bloße Rechtsansicht des Klägers aus, er sei ArbN, um die Zuständigkeit der ArbG zu begründen. Ist er kein ArbN, wird die Klage als unbegründet, nicht als unzulässig abgewiesen. Um einen solchen **sic-non-Fall** handelt es sich auch, wenn sich ein als freier Mitarbeiter eingestellter Beschäftigter gegen eine Kündigung wehrt mit dem Antrag festzustellen, dass durch diese sein „Arbeitsverhältnis" nicht aufgelöst worden sei[8]. Der Klageantrag kann zulässigerweise auf die Statusfrage beschränkt werden[9]. Für ein in der Vergangenheit bereits beendetes Rechtsverhältnis kann der Klage freilich das Feststellungsinteresse und Rechtsschutzinteresse fehlen[10]. Grundsätzlich gilt, dass die **Klage auf Feststellung eines beendeten Arbeitsverhältnisses** eines besonderen, vom Kläger darzulegenden Feststellungsinteresses bedarf, das nur gegeben ist, wenn sich gerade aus dieser Feststellung Folgen für Gegenwart oder Zukunft ergeben. Die Feststellung des Arbeitsverhältnisses muss zur Folge haben, dass noch Ansprüche zumindest dem Grunde nach bestehen[11].

54 Dass das Recht, sich auf den ArbN-Status zu berufen, verwirken oder eine **unzulässige Rechtsausübung** darstellen kann, ist anerkannt[12]. Nimmt etwa ein Mitarbeiter eine Statusklage zurück, so stellt

---

1 BAG v. 15.12.1999 – 5 AZR 770/98, AP Nr. 6 zu § 92 HGB. | 2 Vgl. BAG v. 8.6.1967 – 5 AZR 461/66, AP Nr. 6 zu § 611 BGB – Abhängigkeit, zu 1 d.Gr.; v. 14.2.1974 – 5 AZR 298/73, AP Nr. 12 zu § 611 BGB – Abhängigkeit, zu II 3 b d.Gr., und v. 14.12.1983 – 7 AZR 290/82, EzBAT Nr. 8 zu § 1 BAT – Arbeitnehmerbegriff, zu 6 d.Gr. | 3 Vgl. BAG v. 14.12.1983 – 7 AZR 290/82, EzBAT Nr. 8 zu § 1 BAT – Arbeitnehmerbegriff, zu 5 d.Gr. | 4 Vgl. BAG v. 17.5.1978 – 5 AZR 580/77, AP Nr. 28 zu § 611 BGB – Abhängigkeit, zu 2 b d.Gr. | 5 BAG v. 19.1.2000 – 5 AZR 644/98, NZA 2000, 1102 (freies Mitarbeiterverhältnis von 42 h die Woche); v. 28.6.1973 – 5 AZR 19/73, AP Nr. 10 zu § 611 BGB – Abhängigkeit; v. 8.10.1975 – 5 AZR 430/74, AP Nr. 18 zu § 611 BGB – Abhängigkeit, zu II 5 d.Gr.; v. 30.10.1991 – 7 ABR 19/91, AP Nr. 59 zu § 611 BGB – Abhängigkeit, zu B II 3 b d.Gr. | 6 BAG v. 19.1.2000 – 5 AZR 644/98, NZA 2000, 1102 (freies Mitarbeiterverhältnis von über 10 Jahren); v. 30.10.1991 – 7 ABR 19/91, NZA 1992, 407; v. 15.3.1978 – 5 AZR 819/76, AP Nr. 26 zu § 611 BGB – Abhängigkeit, zu B I 2 d.Gr.; v. 27.3.1991 – 5 AZR 194/90, AP Nr. 53 zu § 611 BGB – Abhängigkeit, zu III 7 d.Gr., unter Hinweis auf BAG v. 24.10.1984 – 5 AZR 346/83, nv. (juris), zu B II 1 d.Gr. und BAG v. 11.12.1985 – 5 AZR 435/84, nv. (juris), zu B II 5 d.Gr. | 7 BAG v. 19.12.2000 – 5 AZB 16/00, AP Nr. 9 zu § 2 ArbGG 1979. | 8 BAG v. 19.12.2001 – 5 AZB 16/00, NZA 2001, 285; v. 17.1.2001 – 5 AZB 18/00, NZA 2001, 341. | 9 BAG v. 20.7.1994 – 5 AZR 169/93, NZA 1995, 190. | 10 BAG v. 21.6.2000 – 5 AZR 782, NZA 2002, 164; v. 24.9.1997 – 4 AZR 429/95, AP Nr. 1 zu § 1 TVG – Tarifverträge: Reichsbund; v. 17.4.2002 – 5 AZR 458/00, nv. (juris); v. 23.4.1997 – 5 AZR 727/95, DB 1997, 936; s. auch *Hochrathner*, NZA 1999, 1016. | 11 BAG v. 15.12.1999 – 5 AUR 457/98, NZA 2000, 775. | 12 *Reinecke*, DB 1998, 1282 (1284); LAG Nds. v. 9.2.2001 – 10 Sa 1155/00, LAGE § 611 BGB – Arbeitnehmerbegriff Nr. 42.

es in der Regel eine unzulässige Rechtsausübung dar, wenn er sich später zur Begründung der Voraussetzungen tariflicher Unkündbarkeit darauf beruft, er sei durchgehend ArbN gewesen[1]. Ebenso geht die Rspr. davon aus, ein ArbN handele rechtsmissbräuchlich, wenn er zunächst ein rechtskräftiges Urteil mit der Feststellung seines ArbN-Status erstreite, dann aber ohne Änderung der Zusammenarbeit in tatsächlicher Hinsicht den ArbGeb zu einer Aufhebung des Arbeitsvertrags und zur Fortsetzung der Zusammenarbeit „auf der Basis freier Mitarbeit" veranlasse, hieraus über viele Jahre Vorteile zieht und erst später erneut die Feststellung verlangt, es habe ein Arbeitsverhältnis bestanden[2]. Ob eine Verwirkung aber bereits angenommen werden kann, wenn seit der Beendigung des als freie Mitarbeiterschaft behandelten Dauerschuldverhältnisses bis zur Erhebung der Statusklage über acht Monate vergangen sind, ist eine Frage des Einzelfalls[3].

Zur Frage, welcher **Entgeltanspruch** besteht, wenn der ArbN-Status eines bisher als freier Mitarbeiter Beschäftigten gerichtlich festgestellt wird, s. Rz. 26.

5. Abweichende Ansätze im Schrifttum. Der Ansatz der Rspr. zur Definition des ArbN wird nicht von allen geteilt. Der prominenteste Gegenentwurf entstammt der Feder *Wanks*[4]. In seiner Habilitationsschrift[5] beschrieb er als maßgebliches Kriterium zur Unterscheidung Selbständiger und ArbN, ob eine Erwerbsperson selbständig am Markt auftritt oder nicht. Er verzichtet auf das Merkmal der persönlichen Abhängigkeit und wertet es als typische ArbN-Eigenschaft, wenn eine auf Dauer angelegte Arbeit nur für einen Auftraggeber und in eigener Person zu erbringen ist und dies im Wesentlichen ohne eigenes Kapital und ohne eigene Organisation erfolgt. Wer hingegen zwar wirtschaftlich abhängig ist, aber auf Grund eigener Organisation mit eigenem Kapital und eigenen Mitarbeitern selbständig am Markt auftritt, sei demgegenüber Unternehmer. Er begründet diese neue Definition des ArbN im Wesentlichen mit einer von der Rspr. abweichenden methodischen Überlegung: Der ArbN-Begriff müsse nach dem Zweck der Gesetze ausgelegt werden, für deren Anwendung die ArbN-Eigenschaft Voraussetzung ist. Ein solcher teleologischer Bezug zwischen Auslegung fehle der bisherigen Definition. Er weist darauf hin, dass zwischen der persönliche Weisungsbindung auf der Tatbestandseite und beispielsweise der Frage der Lohnfortzahlung im Krankheitsfalle, der Urlaubsgewährung und dem Kündigungsschutz kein unmittelbarer Zusammenhang besteht. Kern der Frage der Schutzbedürftigkeit sei es, ob die jeweilige Erwerbsperson ihre Existenzgrundlage aus dem Vertragsverhältnis bezieht und – so *Wank* – nicht selbständig mit allen **Chancen und Risiken eines Unternehmers am Markt** auftritt.

Diese Überlegungen haben **Vorläufer**. So sah *Wiedemann* bereits 1966 den tragenden Gedanken des ArbN-Begriffs im Verlust einer freien wirtschaftlichen Dispositionsmöglichkeit, der „Unmöglichkeit eigener Teilnahme Marktgeschehen"[6]. *Lieb* entwickelte den Gedanken fort. Für ihn ist entscheidend, ob die Dienstverpflichteten „noch die Möglichkeit der eigenen unternehmerischen Disposition über ihre Arbeitskraft haben, oder ob diese Möglichkeit auf den Auftraggeber, der dadurch zum ArbGeb wird, übergeht"[7].

Ein neuerer, konzeptionell eigenständiger Abgrenzungsversuch zwischen ArbN und Selbständigem kommt von *Maschmann*[8]. Er sieht als scheidendes Merkmal die **Verfügbarkeit über die Arbeitskraft des Mitarbeiters**, das Recht, ihm jederzeit einseitig Arbeit zuweisen zu dürfen. Dieses Weisungsrecht sei aber nicht wie das Direktionsrecht im traditionellen Sinne als bloße „Konkretisierungskompetenz" zur näheren Bestimmung der im Arbeitsvertrag nur allgemein gebliebenen Einzelheiten der Leistungspflicht zu verstehen, sondern es sei Ausprägung der dem ArbGeb im Arbeitsvertrag – zumindest im gedanklichen Ausgangspunkt – umfassend eingeräumten Leitungsbefugnis. Der Ansatz ist ebenso wie der *Wanks* konsequent teleologisch und ist daher grundsätzlich zu begrüßen. Ob freilich damit sehr viel anderes gesagt ist als mit der persönlichen Abhängigkeit, erscheint – zumindest heruntergebrochen auf den einzelnen Fall – offen.

6. Stellungnahme. Im Versuch einer Stellungnahme erscheint der grundlegende Ansatz *Wanks* schlüssig: Wie jedes Gesetz teleologisch ausgelegt werden soll, muss auch der ArbN-Begriff teleologisch definiert werden, dh. es muss ein Sinnzusammenhang zwischen der Rechtsfolge „Anwendbarkeit des Arbeitsrechts" und der Voraussetzung „Wertung eines Erwerbstätigen als ArbN" geben. Zuzustimmen ist ihm auch, dass der ArbN-Begriff des BAG seine Entstehung einem anderen Denken verdankt. Abzustellen auf die persönliche Abhängigkeit hat seinen Ursprung nicht in einer teleologischen, sondern einer ontologischen Begriffsbildung: Ein Merkmal, das sich bei der Beschreibung der Wirklichkeit als regelmäßig geeignet herausgebildet hat, wird zum Tatbestandsmerkmal. Dies führt dazu, dass der Regelfall nach dem Ziel des Gesetzes zutreffend entschieden wird, Grenzfälle von der Definition jedoch nicht oder nicht klar erfasst werden. Diese Grenzfälle sind aber die zumeist streitigen. Indes kann nicht übersehen werden, dass die persönliche Abhängigkeit und ihre Konkretisierung der Weisungsgebundenheit

---

[1] BAG v. 12.8.1999 – 2 AZR 632/98, AP Nr. 41 zu § 242 BGB – Unzulässige Rechtsausübung. [2] BAG v. 11.12.1996 – 5 AZR 855/95, NZA 1997, 818. [3] LAG Köln v. 6.8.1999 – 11 Sa 336/99, DB 2000, 98. [4] Zu anderen, weniger durchsetzungsstarken Versuchen s. MünchArbR/*Richardi*, § 24 Rz. 35 ff. [5] *Wank*, Arbeitnehmer und Selbständiger, 1987; *Wank*, DB 1992, 90; *Wank*, RdA 1999, 271; ihm folgend LAG Köln v. 30.6.1995 – 4 Sa 63/95, LAGE § 611 BGB – Arbeitnehmerbegriff Nr. 29 (*Thüsing*); ergänzend zur Bestimmung der persönlichen Abhängigkeit zieht heran LG München v. 15.5.1997 – 17 HKO 759/97, NZA 1997, 943. [6] *Wiedemann*, Das Arbeitsverhältnis als Austausch- und Gemeinschaftsverhältnis, S. 15. [7] *Lieb*, RdA 1977, 210. [8] *Maschmann*, Arbeitsverträge und Verträge mit Selbständigen, 2001.

in Teilbereichen des Arbeitsrechts durchaus als telelogische Kriterien interpretierbar sind. Wenn den Grenzen des ArbZG der unterliegen soll, der seine Arbeitszeit nicht frei bestimmen kann, bedeutet dies eine im Interesse des Gesundheitsschutzes erfolgende Einschränkung der Fremdbestimmung. Soll auch der erfasst werden, der grundsätzlich in eigener Verantwortung über seine Arbeitszeit entscheiden kann, so bedeutet dies Fremdbestimmung. Ähnliches ließe sich zum Urlaubsrecht sagen. In diesen Fällen ist die Weisungsgebundenheit bzw. persönliche Abhängigkeit weder ein rein ontologisch gebildetes Kriterium, noch ein bloßes anhand äußerer Merkmale feststellbares Indiz eines teleologischen Tatbestandsmerkmals, sondern teleologisch begründetes Tatbestandsmerkmal selbst. Freilich zeigt schon die Frage *Wanks*, was die Entgeltfortzahlung mit der Anordnung zu tun hat, heute in Halle 8 zu arbeiten – also die fachliche Weisungsgebundenheit mit der Schutzbedürftigkeit des ArbN[1] –, dass allein die persönliche Abhängigkeit weder hinreichendes noch ausreichendes Merkmal der ArbN-Eigenschaft sein kann. Die sehr deutliche Ablehnung des herrschenden Schrifttums vermag daher nicht ohne weiteres zu überzeugen[2]. Mag auch eine Prüfung in Einzelfällen zeigen, dass auch die Kriterien *Wanks* nicht absolut zu setzen sind, als **Indizien eines Typos** können sie allemal Verwendung finden.

60 Ob die Ziele des Arbeitsrechts durch die alleinige Abgrenzung nach dem unternehmerischen Risiko besser realisiert werden können, ist mangels Rspr., deren Gesamtschau dies belegen könnte, derzeit noch offen. Die Antwort ist sicherlich nicht einfach. Der **Abschied vom Merkmal der persönlichen Abhängigkeit** wäre ein ganz und gar grundlegender Wandel der Rspr.; jede Neuerung brächte eine Rechtsunsicherheit, deren Nachteile den Gewinn präziserer Begrifflichkeit überwiegen könnten. Allerdings spricht dies nicht dagegen, dass sie sich weiter und verstärkt in diese Richtung öffnen könnte. Bereits das Reichsgericht und später dann das Reichsarbeitsgericht stellte zwar auf die persönliche Abhängigkeit ab[3], schon *Alfred Hueck*, auf den die heute allgemein anerkannte Definition des ArbN zurückgeht (s. Rz. 24), – bemerkte aber, es sei zuzugeben, „dass dieses Merkmal nicht ein ganz scharfes ist" und an ihm festzuhalten sei, lediglich weil „ein besseres Kriterium bisher nicht nachgewiesen ist"[4]. Die Diskussion kann daher noch nicht als beendet betrachtet werden. Die Forderung wird unterstützt in einem rechtsvergleichenden Seitenblick etwa ins britische Recht. In den zwanziger Jahren betonte die dortige Rspr. noch das dem Arbeitsverhältnis typischerweise innewohnende Element der Abhängigkeit und definierte den Arbeitsvertrag als einen Vertrag, in dem der ArbGeb nicht nur bestimmen könnte, was zu tun ist, sondern auch, wie es zu tun ist[5]. Spätere Entscheidungen stellten jedoch fest, dass je größer die Geschicklichkeit und das Fachwissen des ArbN ist, desto weniger aussagekräftig ist eine Definition, die sich an der Kontrolle des Arbeitsablaufs orientiert[6]. Es wurde von Anfang an daher teilweise auch danach unterschieden, ob der ArbN und seine Arbeit als integraler Bestandteil des Unternehmens anzusehen ist oder dem nur akzessorisch beigeordnet ist[7]. Beginnend in den späten sechziger Jahren pendelte sich die Rspr. auf den sog. „mixed" oder „multiple test" ein, in dem eine Reihe von Kriterien berücksichtigt werden, ohne dass der eine oder andere Faktor für sich allein genommen entscheidend ist. Dabei wird gefragt, ob eine hinreichende Fremdbestimmtheit des Erwerbstätigen vorliegt, um sagen zu können, es handelt sich um einen ArbN. In einem zweiten Schritt wird dann geprüft, ob die Vertragsbedingungen einem Arbeitsverhältnis entsprechen. Als deutlichstes Indiz gegen eine Wertung als Arbeitsverhältnis wird es angesehen, wenn der Vertrag einen „entrepreneurial character of self-employment" hat; entscheidend ist dafür die Beantwortung der Frage: „Is the person in business on his or her own behalf?" Als Kriterien werden dabei berücksichtigt das Ausmaß, in dem jemand die Chance auf Profit oder das Risiko auf Verlust trägt[8]. Dies nun entspricht genau der Abgrenzung, die *Wank* vorgenommen hat. Auch international stünde das BAG bei geänderter Rspr. also durchaus nicht allein da.

61 **7. Problematische Fallgruppen.** Bricht man das Gesagte auf einzelne Fallgruppen hinunter, so haben sich einige als besonders rechtsprechungsreich und umstritten herauskristallisiert. Den Zuordnungen kommt freilich keine eigenständige Indizbedeutung zu; maßgeblich sind die jeweiligen Umstände der Arbeitsleistung.

62 **a) Medienmitarbeiter.** Die Rundfunk- und Fernsehanstalten beschäftigen traditionell nicht nur fest angestellte ArbN, sondern in großem Umfang auch freie Mitarbeiter. Nach der ständigen Rspr. des BAG sind die dargelegten Grundsätze auch in diesem Bereich maßgebend[9]. In diesem Bereich ist jedoch im Hinblick auf Art. 5 Abs. 1 Satz 2 GG zu unterscheiden zwischen programmgestaltenden Tätig-

---

1 *Wank*, Arbeitnehmer und Selbständige, S. 149. | 2 S. etwa MünchArbR/*Richardi*, § 24 Rz. 44; *Hromadka*, NZA 1997, 569 ff.; *Boemke*, ZfA 1998, 285 (321 f.); *Buchner*, NZA 1998, 1144 (1147 ff.); *Griebeling*, RdA 1998, 208 (214 ff.); *Griebeling*, NZA 1998, 1137 ff.; *Reineke*, ZIP 1998, 581 ff.; *Rieble*, ZfA 1998, 327 (334 ff.); eingehend auch ErfK/*Preis*, § 611 BGB Rz. 71; aus der Rspr. LAG Nds. v. 23.1.1995 – 3 Ta 159/94, LAGE § 48 ArbGG Nr. 10. | 3 RG v. 7.1.1916 – Rep. III. 246/15, RGZ 87, 440 (442); RAG v. 14.3.1928, Bensh. Slg. 7, 452. | 4 *Hueck/Nipperdey*, Arbeitsrecht I, 1. Aufl. 1928, 37. | 5 Performing Rights Society Ltd. v. Mitchel and Baker Ltd. (1925) KB 762; s. auch Collins v. Hertfordshire County Council (1947) KB 598 at 615. | 6 Beloff v. Pressdram Ltd. (1973), 1 All ER 241 at 250. | 7 Vgl. Stevensen, Jordan and Harrison Ltd v. MacDonald and Evens (1925) 1 TLR 101. | 8 „The extent to which the person takes the chance of profit or risk of loss", Market Investigations Ltd. v. Minister of Social Security (1968) 3 All ER 732; Ready-Mixed Concrete (SE) Ltd. v. Minister of Pensions (1968) 2 QB 497; vgl. *Lewis*, Law of Employment, 1998, S. 76 ff. | 9 *Rüthers*, RdA 2000, 360 = NZA 2000, 1120; BAG v. 30.11.1994 – 5 AZR 704/93, BAGE 78, 343; v. 16.2.1994 – 5 AZR 402/92, BAGE 76, 21.

keiten und solchen, denen der Zusammenhang mit der Programmgestaltung fehlt. Zu den **programmgestaltenden Mitarbeitern** gehören diejenigen, die „typischerweise ihre eigene Auffassung zu politischen, wirtschaftlichen, künstlerischen oder anderen Sachfragen, ihre Fachkenntnisse und Informationen, ihre individuelle künstlerische Befähigung und Aussagekraft in die Sendung einbringen, wie dies bei Regisseuren, Moderatoren, Kommentatoren, Wissenschaftlern und Künstlern der Fall ist". Nicht zu den programmgestaltenden Mitarbeitern gehören das betriebstechnische und das Verwaltungspersonal sowie diejenigen, die zwar bei der Verwirklichung des Programms mitwirken, aber keinen inhaltlichen Einfluss darauf haben[1].

63 Ausgehend von der allgemeinen Regel, wonach sich ein Arbeitsverhältnis von dem Rechtsverhältnis eines freien Mitarbeiters durch den Grad der persönlichen Abhängigkeit unterscheidet, hat das BAG in einem Grundsatzurteil vom 15.3.1978 entschieden, dass Mitarbeiter von Rundfunk- und Fernsehanstalten, die unmittelbar an der Herstellung einzelner Beiträge beteiligt sind, einer fachlichen Weisungsgebundenheit zwar weitgehend entzogen seien, sie aber aus anderen Gründen Arbeit in persönlicher Abhängigkeit erbringen[2]. Dem ist das BVerfG[3] entgegengetreten und hat in einer Entscheidung von 1982 die heute maßgeblichen Maßstäbe gesetzt. Das Gericht war der Ansicht, dass das BAG durch eine Überbetonung der sozialen Belange der ArbN die Belange der Rundfunkanstalten nicht ausreichend berücksichtigt habe. Ausgehend von der Überlegung, dass die Rundfunkanstalten ihrer Aufgabe einer umfassenden Information und der Wiedergabe eines breiten Meinungsspektrums nur dann gerecht werden können, wenn sie über einen der angestrebten Programmvielfalt entsprechenden Mitarbeiterkreis verfügen, hat das BVerfG ausgeführt, dass sich der Schutz von Art. 5 Abs. 2 Satz 1 GG auch auf die Personalauswahl erstrecke. Hänge die den Rundfunkanstalten aufgegebene Vielfalt des Programms wesentlich von den personellen Voraussetzungen ab, so könnten sich die Anstalten gegenüber Maßnahmen, die diese personellen Voraussetzungen beeinträchtigen, auf die Rundfunkfreiheit in ihrer Bedeutung als Programmfreiheit berufen. Die **Flexibilität im Einsatz von Mitarbeitern** ist zumindest bei programmgestaltenden Mitarbeitern in Grenzen verfassungsrechtlich geboten[4].

64 Programmgestaltende Tätigkeit ist jedoch nicht nur im Rahmen freier Mitarbeit, sondern ebenso auf der Grundlage eines Arbeitsverhältnisses möglich. Wie das BVerfG entschieden hat, erstreckt sich der durch Art. 5 Abs. 1 Satz 2 GG in den Schranken der allgemeinen Gesetze (Art. 5 Abs. 2 GG) gewährleistete verfassungsrechtliche Schutz der Freiheit des Rundfunks auf das Recht der Rundfunkanstalten, dem Gebot der Vielfalt der zu vermittelnden Programminhalte auch bei der Auswahl, Einstellung und Beschäftigung derjenigen Mitarbeiter Rechnung zu tragen, die bei der Gestaltung der Programme mitwirken sollen. Dies haben die Fachgerichte bei der Entscheidung darüber zu beachten, ob die Rechtsbeziehungen zwischen den Rundfunkanstalten und ihren in der Programmgestaltung tätigen Mitarbeitern als unbefristete Arbeitsverhältnisse einzuordnen sind[5]. Wenn die für das Arbeitsrecht allgemein entwickelten Merkmale abhängiger Arbeit dafür sprechen, dass ein Arbeitsverhältnis vorliegt, so kann es ausreichen, dem Einfluss der Rundfunkfreiheit dadurch Rechnung zu tragen, dass Einzelne gegen eine Befristung sprechende Merkmale zurückzutreten haben. Die **Rundfunkfreiheit** verlangt nicht den Verzicht auf jeden Sozialschutz programmgestaltender Mitarbeiter. Sie steht nur arbeitsrechtlichen Regelungen und einer Rspr. entgegen, welche den Rundfunkanstalten die zur Erfüllung ihres Programmauftrags notwendige Freiheit und Flexibilität nehmen würden[6]. Rundfunk- und Fernsehanstalten können demnach ihr Programm durch freie Mitarbeiter, befristet beschäftigte ArbN oder ArbN in unbefristeten Arbeitsverhältnissen gestalten lassen[7].

65 Bei programmgestaltenden Mitarbeitern kann danach ein Arbeitsverhältnis vorliegen, wenn der Mitarbeiter zwar an dem Programm gestalterisch mitwirkt, dabei jedoch **weitgehenden inhaltlichen Weisungen** unterliegt, ihm also nur ein geringes Maß an Gestaltungsfreiheit, Eigeninitiative und Selbständigkeit verbleibt. Ein Arbeitsverhältnis kann auch dann zu bejahen sein, wenn der Sender innerhalb eines bestimmten zeitlichen Rahmens über die Arbeitsleistung verfügen kann. Das ist dann der Fall, wenn ständige **Dienstbereitschaft** erwartet wird oder wenn der Mitarbeiter in nicht unerheblichem Umfang auch ohne entsprechende Vereinbarung herangezogen wird, ihm also die Arbeiten letztlich „zugewiesen" werden. Die ständige Dienstbereitschaft kann sich sowohl aus den ausdrücklich getroffenen Vereinbarungen der Parteien als auch aus der praktischen Durchführung der Vertragsbeziehungen ergeben. Es ist ein starkes Indiz für die ArbN-Eigenschaft, wenn der Mitarbeiter in Dienstplänen aufgeführt wird, ohne dass die einzelnen Einsätze im Voraus abgesprochen werden[8]. Ein programmgestaltender Mitarbeiter ist jedoch nicht deshalb in den Betrieb eingegliedert und damit persönlich

---

1 BVerfG v. 28.6.1983 – 1 BvR 525/82, BVerfGE 64, 256 (260); v. 13.1.1982 – 1 BvR 848/77, BVerfGE 59, 231 (260 ff.).
|2 BAG v. 15.3.1978 – 5 AZR 819/76, AP Nr. 26 zu § 611 BGB – Abhängigkeit. |3 BVerfG v. 13.1.1982 – 1 BvR 848/77, BVerfGE 59, 321. |4 Zu der Diskussion im Anschluss s. *Rüthers*, DB 1982, 1869 mwN; *Küchenhoff*, Anm. AP Nr. 34 zu § 611 BGB – Abhängigkeit. gemeins. Anm. zu AP Nr. 35 zu § 611 BGB – Abhängigkeit *Otto*,
|5 BVerfG v. 28.6.1983 – 1 BvR 525/82, BVerfGE 64, 256 (260); v. 13.1.1982 – 1 BvR 848/77, BVerfGE 59, 231 (256 f.); BAG v. 22.4.1998 – 5 AZR 342/97, BAGE 88, 263. |6 BVerfG v. 13.1.1982 – 1 BvR 848/77, BVerfGE 59, 231 (267 f.).
|7 BAG v. 22.4.1998 – 5 AZR 342/97, BAGE 88, 263. |8 BAG v. 19.1.2000 – 5 AZR 644/98, RdA 2000, 360; v. 22.4.1998 – 5 AZR 191/97, AP Nr. 96 zu § 611 BGB – Abhängigkeit; v. 30.11.1994 – 5 AZR 704/93, BAGE 78, 343.

BGB Vor § 611 Rz. 66   Vorbemerkungen

abhängig, weil er zur Herstellung seiner Sendung auf technische Einrichtungen und andere Mitarbeiter angewiesen ist[1].

66   **Einzelfälle:** Bislang sind unter den programmgestaltenden Mitarbeitern arbeitsgerichtlich als ArbN oder freier Mitarbeiter anerkannt worden: **Regisseur** und **Realisator** (BAG v. 9.6.1993 – 5 AZR 123/92, AP Nr. 66 zu § 611 BGB – Abhängigkeit: *offen gelassen*; BAG v. 20.7.1994 – 5 AZR 628/93 nv. [juris]: *ArbN*); **Autor** (BAG v. 23.4.1980 – 5 AZR 426/79, AP Nr. 34 zu § 611 BGB – Abhängigkeit: *ArbN*); **Redakteur** und **Chef vom Dienst** (BAG v. 20.7.1994 – 5 AZR 627/93, AP Nr. 73 zu § 611 BGB – Abhängigkeit: *ArbN*); **Sportreporter im öffentlich-rechtlichen Rundfunk** (BAG v. 22.4.1998 – 5 AZR 191/97, NZA 1998, 1275: *freier Mitarbeiter*); **Reporter** und **Moderator im Hörfunk** (BAG v. 11.12.1996 – 5 AZR 592/95, nv. [juris]: *offen gelassen*); **Reporter** und **Produzent von Beiträgen im Fernsehen** (BAG v. 20.7.1994 – 5 AZR 170/93 nv. [juris]: *ArbN*); **Lokalreporter einer Landesrundfunkanstalt mit Redaktionsaufgaben im Bereich Fernseh-Landesprogramm** (BAG v. 22.4.1998 – 5 AZR 342/97, NZA 1998, 1336: *ArbN*); **Schauspieler** (LAG Saarbrücken v. 22.9.1965 – 2 Sa 45/64, AP Nr. 10 zu § 611 BGB – Film: *ArbN*); **Fernsehmitarbeiter im Bereich Politik**, der redaktionelle Vorarbeiten, Drehbücher und Vorschläge für Themen und Personen zu politischen Diskussionsrunden leistet (BAG v. 14.10.1992 – 5 AZR 114/92 nv. [juris]: *freier Mitarbeiter*). **Nachrichtenredakteure im Fernsehen** (BAG v. 5.7.1995 – 5 AZR 755/93; 756/93; 758/93; 234/94, nv. [juris]: *ArbN*); **Reporter mit überwiegenden Redaktionsaufgaben** (BAG v. 22.4.1998 – 5 AZR 342/97, NZA 1998, 1336: *ArbN*); **Filmkritiker mit eigener Sendung** (BAG v. 19.1.2000 – 5 AZR 644/98, AP Nr. 33 zu § 611 BGB – Rundfunk: *freier Mitarbeiter*); **Fotoreporter** (BAG v. 16.6.1998 – 5 AZN 154/98, AP Nr. 44 zu § 5 ArbGG 1979: *ArbN*; LAG Rh.-Pf. v. 16.5.2001 – 10 Sa 6/01: *ArbN*); **Redakteur/Reporter** (BAG v. 20.9.2000 – 5 AZR 61/99, AP Nr. 37 zu § 611 BGB – Rundfunk: freier Mitarbeiter); **nebenberuflicher Sportreporter** (BAG v. 22.4.1998 – 5 AZR 191/97, AP Nr. 96 zu § 611 BGB – Abhängigkeit; LAG Köln v. 30.1.1997 – 5 Sa 1233/96, NZA-RR 1997, 283: *freier Mitarbeiter*).

67   Nicht ausdrücklich erfolgte die Einordnung als **programmgestaltender oder nicht programmgestaltender Mitarbeiter** bei einem **Musikredakteur und Musikmoderator** (BAG v. 11.12.1985 – 5 AZR 435/84, nv. [juris]: *freier Mitarbeiter*; BAG v. 22.2.1995 – 5 AZR 416/94, nv. [juris]: *ArbN*); bei einem **Fernsehansager**, der zu einem anderen Sender in einem Vollzeitarbeitsverhältnis stand (BAG v. 14.6.1989 – 5 AZR 346/88 nv. [juris]: *freier Mitarbeiter*); bei einem **Rundfunksprecher** und **Übersetzer** (BAG v. 13.6.1990 – 5 AZR 419/89 nv. [juris]: *freier Mitarbeiter*); bei **pauschal bezahlten Bildberichterstattern** (BAG v. 29.1.1992 – 7 ABR 25/91, AP Nr. 47 zu § 5 BetrVG 1972: *freier ArbN*); **Fernsehreporter** (BAG v. 27.2.1991 – 5 AZR 107/90, EzA § 611 BGB – ArbN-Begriff Nr. 43; BAG v. 13.5.1992 – 5 AZR 434/91, nv.: *freier Mitarbeiter*); **Rundfunkreporter** und **Moderator** (BAG v. 13.5.1992 – 5 AZR 434/91, nv. [juris]: *freier Mitarbeiter*) und einem **Sportredakteur** (BAG v. 22.2.1995 – 5 AZR 757/93, AfP 1995, 693: *offen gelassen*).

68   Hinsichtlich der **nicht programmgestaltenden**, aber rundfunk- und fernsehtypischen **Mitarbeit** an Sendungen hat das BAG demgegenüber mehrfach festgehalten, dass diese sich in der Regel nur im Rahmen von Arbeitsverhältnissen durchführen lässt[2]. Nur in Ausnahmefällen kann auch hinsichtlich solcher Tätigkeiten ein freies Mitarbeiterverhältnis vereinbart werden[3]. Insb. betriebstechnisches Personal kann in der Regel als ArbN angesehen werden, da dieses Weisungen nicht nur von den betriebstechnischen Vorgesetzten, sondern auch von Redakteuren und Regisseuren erhält. Der Stab, bestehend aus Bühnentechnikern, Kostümschneidern, Regieassistenten und vielen anderen mehr, steht regelmäßig in einem Arbeitsverhältnis zu seinem Vertragspartner[4]. Ebenso besteht das Verwaltungspersonal regelmäßig aus ArbN[5]. Eine Tätigkeit, bei der vorgegebene Texte verlesen werden, ist für sich nicht programmgestaltend, so dass der Mitarbeiter regelmäßig ArbN ist[6]. Als nicht programmgestaltend wurden die Tätigkeiten erkannt der Nachrichtensprecher und -übersetzer[7], Kameraassistenten und Fotoreporter[8].

69   **b) Lehrer und Dozenten.** Die allgemeinen Grundsätze gelten auch für Unterrichtstätigkeiten[9]. Entscheidend ist, wie intensiv die Lehrkraft in den Unterrichtsbetrieb eingebunden ist und in welchem Umfang sie den Unterrichtsinhalt, die Art und Weise seiner Erteilung, ihre Arbeitszeit und die sonstigen Um-

---

1 BAG v. 19.1.2000 – 5 AZR 644/98, RdA 2000, 360. | 2 BAG v. 22.2.1995 – 5 AZR 416/94, nv. (juris); v. 30.11.1994 – 5 AZR 704/93, AP Nr. 74 zu § 611 BGB – Abhängigkeit; v. 20.7.1994 – 5 AZR 627/93, AP Nr. 73 zu § 611 BGB – Abhängigkeit; v. 16.2.1994 – 5 AZR 402/93, AP Nr. 15 zu § 611 BGB – Rundfunk. | 3 BAG v. 14.6.1989 – 5 AZR 346/88, nv. (juris); v. 20.7.1994 – 5 AZR 628/93, nv. (juris). | 4 *Wrede*, NZA 1999, 1019 (1025): So auch *Meiser/Theelen*, NZA 1998, 1041 (1045); BAG v. 3.10.1975 – 5 AZR 445/74, DB 1976, 392; LAG Berlin v. 16.8.1983 – 9 Sa 23/82, AP Nr. 44 zu § 611 BGB – Abhängigkeit. | 5 BAG v. 30.11.1994 – 5 AZR 704/93, AP Nr. 74 zu § 611 BGB – Abhängigkeit. | 6 BAG v. 22.2.1995 – 5 AZR 416/94 und 419/94, beide nv. (juris). | 7 BAG v. 11.3.1998 – 5 AZR 522/96, NZA 1998, 705; v. 22.2.1995 – 5 AZR 416/94, nv. (juris); v. 30.11.1994 – 5 AZR 704/93, AP Nr. 74 zu § 611 BGB – Abhängigkeit. | 8 BAG v. 22.4.1998 – 5 AZR 2/97, NZA 1998, 1277; v. 16.6.1998 – 5 AZN 154/98, NZA 1998, 1290; Weitere Einzelfälle: Bühnenbildner (BAG v. 3.10.1975 – 5 AZR 445/74, AP Nr. 17 zu § 611 BGB – Abhängigkeit); Musikbearbeiter mit freier Arbeitszeiteinteilung (BAG v. 21.9.1977 – 5 AZR 373/76, AP Nr. 24 zu § 611 BGB Abhängigkeit freier Mitarbeiter); Orchesteraushilfe (BAG v. 22.8.2001 – 5 AZR 502/99, AP Nr. 109 zu § 611 BGB – *Abhängigkeit*). | 9 BAG v. 9.7.2003 – 5 AZR 595/02, AP Nr. 158 zu § 611 BGB – Lehrer, Dozenten; v. 29.5.2002 – 5 AZR 161/01, NZA 2002, 1232; vgl. BAG v. 12.9.1996 – 5 AZR 104/95, BAGE 84, 124; v. 11.10.2000 – 5 AZR 289/99, nv. (juris); LAG Köln v. 13.1.1994 – 6/14 Sa 747/91, EzA § 611 BGB – Arbeitnehmerbegriff Nr. 27; LAG Rh.-Pf. v. 14.7.1997 – 9 Sa 353/97, nv. (juris).

stände der Dienstleistung mitgestalten kann. Diejenigen, die an **allgemein bildenden Schulen** unterrichten, sind danach in der Regel ArbN, auch wenn sie ihren Beruf nebenberuflich ausüben. Dagegen können **Volkshochschuldozenten und Musikschullehrer**, die außerhalb schulischer Lehrgänge unterrichten, auch als freie Mitarbeiter beschäftigt werden, und zwar selbst dann, wenn es sich bei ihrem Unterricht um aufeinander abgestimmte Kurse mit vorher festgelegtem Programm handelt[1]. Lehrkräfte, die an Volkshochschulen Kurse zur Erlangung des Haupt- oder Realschulabschlusses leiten, sind jedenfalls dann ArbN, wenn sie in dem Schulbetrieb eingegliedert werden und nicht nur stundenweise Unterricht erteilen[2]. Lehrer, die im Rahmen von schulischen Kursen des zweiten Bildungswegs unterrichten, stehen entsprechend dieser typisierenden Betrachtungsweise des BAG Lehrern an allgemeinverbildenden Schulen gleich[3].

Im Einzelfall festzustellende Umstände vorliegen, aus denen sich ergibt, dass der für das Bestehen eines Arbeitsverhältnisses erforderliche Grad der persönlichen Abhängigkeit eines Dozenten gegeben ist, können etwa das vom Schulträger beanspruchte Recht sein, die zeitliche Lage der Unterrichtsstunden einseitig zu bestimmen oder das Rechtsverhältnis umfassend durch (einseitig erlassene) „Dienstanweisung" zu regeln[4]. Wenn der Inhalt der Dienstleistung und die Unterrichtszeiten im Einzelnen vertraglich geregelt und damit einem Weisungsrecht der Volkshochschule entzogen wurden, ist dies ein wichtiger Hinweis auf ein freies Dienstverhältnis[5]. Die stärkere Einbindung von Schülern in ein Schul- oder Ausbildungssystem bedeutet auch eine stärkere persönliche Abhängigkeit der Lehrkräfte vom Unterrichtsträger[6]. **Lehrer an Abendgymnasien** sind regelmäßig ArbN des Schulträgers[7]. Die **an einer beruflichen Weiterbildungseinrichtung tätige Lehrkraft** ist in einen fremdbestimmten Unterrichtsbetrieb eingegliedert und daher ArbN, wenn sie wie ein fest angestellter Dozent nach vorgegebenen Stundenplänen regelmäßig 30 Stunden Unterricht pro Woche erteilt. Der Annahme eines Arbeitsverhältnisses steht nicht entgegen, dass der Dozent den Unterricht im Wesentlichen frei gestalten und bei der Aufstellung der Stundenpläne Wünsche hinsichtlich Lage und Umfang der Unterrichtsstunden äußern kann[8]. Eine auf Honorarbasis angestellte Lehrkraft die Fach- oder Förderunterricht in Schulabschlusslehrgängen für den Hauptschulabschluss erteilt, ist regelmäßig als ArbN anzusehen[9]. Ein Lehrbeauftragter an einer **Berufsakademie** ist ArbN, wenn er bei der Unterrichtsgestaltung und in zeitlicher Hinsicht weisungsgebunden ist[10]. Ein **Gastdozent an einer Hochschule**, der hinsichtlich Ort, Zeit und Einzelheiten der Unterrichtserteilung frei ist und dessen Tätigkeit lediglich ein zusätzliches Lehrangebot darstellt, ist kein ArbN, sondern freier Mitarbeiter. Eine langjährige Vertragsbeziehung der Parteien steht einer freien Mitarbeit nicht entgegen[11]. Dozenten in der beruflichen Bildung sind ArbN, wenn der Schulträger einseitig den Unterrichtsgegenstand sowie Zeit und Ort der Tätigkeit vorgibt[12]; ein Dozent in einem privaten Lehrinstitut kann ArbN-Ähnlicher sein[13]. **Sprachlehrer an einer privaten Sprachschule** sind regelmäßig keine ArbN[14].

c) **Freie Berufe (Rechtsanwälte, Ärzte, Steuerberater, Architekten. Musiker).** Besteht die Dienstverpflichtung in der Ausübung eines freien Berufs, tritt die fachliche Weisungsgebundenheit regelmäßig als Maßstab zur Bestimmung der persönlichen Abhängigkeit hinter andere Kriterien zurück. Größere Bedeutung gewinnt hier die organisatorische Eingliederung, die sich durch zeitliche und örtliche Vorgaben bedingen.

Ein **Rechtsanwalt**, der aufgrund eines § 705 BGB entsprechenden Gesellschaftsvertrages Partner einer Anwaltssozietät ist, die auch den berufsrechtlichen Anforderungen entspricht, ist keine arbeitnehmerähnliche Person iSd. § 5 Abs. 1 Satz 2 ArbGG, auch wenn er von der Sozietät wirtschaftlich abhängig ist[15]. Ein Assessor, der in einer Rechtsanwaltskanzlei innerhalb der Bürozeiten mit juristischer Sachbearbeitung betraut wird, ist jedoch nach verbreiteter Rspr. der LAG grundsätzlich ArbN[16]. Dies gilt erst recht für einen Rechtsanwalt auf der Grundlage eines Anstellungsvertrags tätig, der ausdrücklich als „Arbeitsvertrag" bezeichnet wird und der für die persönliche Abhängigkeit und Weisungsgebundenheit des Dienstleistenden typische Regelungen enthält[17]. Auch ein Rechtsanwalt, der sich vertraglich einem anderen Rechtsanwalt verpflichtet, diesem seine gesamte Arbeitskraft zur Verfügung zu stellen und andere Mandate nicht anzunehmen, dem weiter durch Vertrag ein bestimmtes Arbeitsgebiet zugewiesen

---

1 BAG v. 24.6.1992 – 5 AZR 384/91, AP Nr. 61 zu § 611 BGB – Abhängigkeit. | 2 BAG v. 26.7.1995 – 5 AZR 22/94, AP Nr. 79 zu § 611 BGB Abhängigkeit. | 3 BAG v. 29.5.2002 – 5 AZR 161/01, NZA 2002, 1232; v. 12.9.1996 – 5 AZR 104/95, AP Nr. 122 zu § 611 BGB – Lehrer, Dozenten, in Weiterführung von BAG v. 24.6.1992 – 5 AZR 384/91, AP Nr. 61 zu § 611 BGB – Abhängigkeit, und Abweichung von BAG v. 13.11.1991 – 7 AZR 31/91, AP Nr. 60 zu § 611 BGB – Abhängigkeit. | 4 BAG v. 24.6.1992 – 5 AZR 384/91, AP Nr. 61 zu § 611 BGB – Abhängigkeit. | 5 BAG v. 13.11.1991 – 7 AZR 31/91, BAGE 69, 62. | 6 BAG v. 9.7.2003 – 5 AZR 595/02, AP Nr. 158 zu § 611 BGB – Lehrer, Dozenten; v. 11.10.2000 – 5 AZR 289/99, nv. (juris). | 7 Weiterführung von BAG v. 24.6.1992 – 5 AZR 384/91, AP Nr. 61 zu § 611 BGB – Abhängigkeit; Abweichung von BAG v. 13.11.1991 – 7 AZR 31/91, BAGE 69, 62; v. 12.9.1996 – 5 AZR 104/95, BAGE 84, 124. | 8 LAG Hamm v. 18.7.2001 – 2 Sa 1836/00, nv. (juris). | 9 LAG Köln v. 3.8.2000 – 5 Sa 390/00, BB 2001, 49. | 10 LAG BW v. 4.7.1996 – 14 Sa 112/95, BB 1997, 684. | 11 LAG Berlin v. 11.7.2000 – 11 Sa 333/00, FuL 2002, 95: 14 Jahre. | 12 BAG v. 11.4.1997 – 5 AZB 33/96, AP Nr. 30 zu § 5 ArbGG; v. 19.11.1997 – 5 AZR 653/96, AP Nr. 133 zu § 611 BGB – Lehrer, Dozenten. | 13 LAG Frankfurt v. 11.7.1996 – 12 Ta 240/96, ZTR 1996, 518 | 14 BAG v. 26.6.1996 – 7 ABR 52/95, nv. (juris). | 15 BAG v. 15.4.1993 – 2 AZB 32/92, AP Nr. 12 zu § 5 ArbGG 1979. | 16 BSG v. 30.11.1978 – 12 RK 32/77, AP Nr. 31 zu § 611 BGB – Abhängigkeit; LAG BW v. 14.3.1985 – 7 Sa 107/84, NZA 1985, 739; LAG Berlin v. 16.12.1986 – 11 Sa 93/86, 1987, 488; LAG Hamm v. 20.7.1989 – 16 Sa 33/89, NZA1990, 228; LAG Frankfurt v. 16.3.1990 – 13 Sa 151/89, BB 1990, 2492. | 17 LAG Thür. v. 6.2.1998 – 8 Ta 205/97, NZA-RR1998, 296.

ist, dem aber der andere Rechtsanwalt unabhängig davon bestimmte Mandate zuweisen oder entziehen kann, von dem ferner vertraglich erwartet wird, dass er während der üblichen Bürostunden in der Kanzlei anwesend ist, ist ArbN[1]. Die Stellung eines Rechtsanwalts als unabhängiges Organ der Rechtspflege (§ 1 BRAO) hindert nicht die Eingehung eines weisungsgebundenen Abhängigkeitsverhältnis und den Abschluss eines Arbeitsvertrages mit einem anderen Rechtsanwalt[2]. Auch die Option einer Umsatzbeteiligung und darüber hinaus einer Sozietät mit Gewinnbeteiligung im Anstellungsvertrag eines Rechtsanwalts spricht nicht für eine freie Mitarbeit[3]. Für den **Gerichtsreferendar** findet sich ältere Rspr., die ihn in der Regel als ArbN einstuft[4]. Jedenfalls wer den Rechtsanwalt vertritt, Aufgaben des Bürovorstehers wahrnimmt, ein Dezernat übernimmt, bestimmte Stunden einhalten und in der Kanzlei verbringen muss, ist in tatsächlicher Hinsicht in den Geschäftsbetrieb des Rechtsanwalts eingegliedert und persönlich abhängig. Der zeitlich, örtlich nicht gebundene Referendar, der sich von Fall zu Fall die seiner Ausbildung förderliche Arbeit aussuchen kann, ist unabhängig[5]. Gegen eine Weisungsgebundenheit eines in einer Rechtsanwaltskanzlei zur Bearbeitung von Steuer- und Buchhaltungsangelegenheiten beschäftigten **Betriebswirts** spricht nicht eine Selbständigkeit bei fachbezogenen Entscheidungen im Rahmen der Fallbearbeitung und gegen eine Eingliederung in die Arbeitsorganisation, dass restliche Arbeiten abends und an Wochenenden zu Hause erledigt werden[6]. Der Mitarbeiter eines **Steuerberaters**, der Vorbereitungsarbeiten für Steuererklärungen und Jahresabschlüsse an selbstgewählten Tagen zu Hause und außerhalb der Kanzlei erledigt, ist regelmäßig freier Mitarbeiter[7]. Eine persönliche Tätigkeit folgt nicht allein daraus, dass der Mitarbeiter Tätigkeit nur in den Räumlichkeiten des Steuerberaters erbringen konnte[8]. Ebenso entschied die Rspr. für einen nur gelegentlich in einer Anwaltskanzlei tätigen **Dolmetscher**[9]. Auch das freie Mitarbeiterverhältnis eines **Ingenieurs** kann sich als Arbeitsverhältnis entpuppen[10].

73 Dass der **Chefarzt** eines Krankenhauses oder einer Abteilung eines Krankenhauses bei seiner rein ärztlichen Tätigkeit, dh. bei der Behandlung der Patienten, eigenverantwortlich und an Weisungen des Krankenhausträgers nicht gebunden ist, schließt nicht aus, dass sein Beschäftigungsverhältnis dennoch ein Arbeitsverhältnis sein kann. Ein Arbeitsverhältnis ist es dann, wenn der Chefarzt im Übrigen im Wesentlichen weisungsgebunden und damit vom Krankenhausträger persönlich abhängig ist[11]. Ein **Betriebsarzt** ist nicht allein deshalb ArbN, weil er im Betrieb in Räumen, die der ArbGeb zur Verfügung stellt, regelmäßig und im Voraus festgelegte Sprechstunden abhält und verpflichtet ist, für den ArbGeb bei Bedarf auch arbeitsmedizinische Fragen zu begutachten[12]. Die Anweisung des Landes an eine Zahnärztin, Gefangene in einer JVA unter Vorgabe des Arbeitsortes und der zu benutzenden Geräte zahnärztlich zu behandeln, reicht für sich allein nicht zur Begründung eines Arbeitsverhältnisses aus[13]. Obliegen einem Arzt Aufgaben, die außerhalb der eigentlichen Verwaltungseinrichtung des Gesundheitsamtes erledigt werden, und kann er diese Leistungen in ausreichendem Maße selbst bestimmen, so hat er den Status eines freien Mitarbeiters[14]. Eine **Hebamme**, die die Einrichtungen eines Krankenhauses zur Geburtshilfe auf Grund eines sog. „Beleghebammenvertrages" in eigener Verantwortung nutzen sowie ihre Arbeitszeit in Absprache mit ihren Kolleginnen ohne Einflussnahme des Krankenhausträgers frei regeln kann, ist mangels einer zeit- und weisungsgebundenen Tätigkeit nicht als ArbN-In sondern als freie Mitarbeiterin anzusehen[15]. Ein in der Behindertenfürsorge tätiger **Psychologe**, der innerhalb eines mit dem Träger der Sozialhilfe vereinbarten zeitlichen Rahmens Zeit und Ort seiner Tätigkeit frei bestimmen kann, ist freier Mitarbeiter und kein ArbN[16]. Bei maßgeblicher Einflussnahme des Mitarbeiters auf den Zeitpunkt der Therapiestunden und deren im Wesentlichen freie inhaltliche Ausgestaltung ist ein **Sprach- und Spieltherapeut** eher als freier Mitarbeiter einzuordnen[17].

74 Für den ArbN-Status eines zur Aushilfe engagierten **Orchestermusikers** ist entscheidend, ob der Mitarbeiter auch im Rahmen des übernommenen Engagements seine Arbeitszeit noch im Wesentlichen frei gestalten kann oder insoweit einem umfassenden Weisungsrecht der Orchesterleitung unterliegt[18]. Kein ArbN ist ein frei agierender **Theaterintendant**[19]. Verrichtet ein **Lektor** eines Verlages den wesentlichen Teil seiner Aufgaben in selbst bestimmter Arbeitszeit und an selbst gewähltem Arbeitsort, so fehlt die für ein Arbeitsverhältnis erforderliche Abhängigkeit. Daran ändert sich nichts, wenn der Mitarbei-

---

1 LAG BW v. 14.3.1985 – 7 Sa 107/84, NZA 1985, 739. | 2 LAG Düsseldorf v. 23.7.2002 – 16 Sa 162/02, NZA-RR 2002, 567; ErfK/*Preis*, § 611 BGB Rz. 103. | 3 BayLSG v. 14.12.2001 – L 4 KR 147/99, HVBG-INFO 2002, 3324. | 4 AG Berlin v. 16.9.1966 – 5 Ca 65/66, BB 1967, 538; zweifelnd ErfK/*Preis*, § 661 BGB Rz. 103. | 5 LSG Berlin v. 16.9.1955 – 9/7 LSG 91/54, NJW 1955,1894. | 6 OLG Köln v. 15.9.1993 – 2 W 149/93, NJW-RR 1993, 1526. | 7 LAG Berlin v. 29.5.1989 – 9 Sa 17/89, LAGE § 611 BGB – Arbeitnehmerbegriff Nr. 9; LAG Köln v. 23.3.1988 – 7 Sa 137/87, LAGE § 611 BGB – Arbeitnehmerbegriff Nr. 7. | 8 BAG v. 5.4.1989 – 5 AZR 289/88, nv. (juris); Vorinstanz: LAG Köln v. 23.3.1988 – 7 Sa 137/87, LAGE § 611 BGB – Arbeitnehmerbegriff Nr. 7. | 9 LAG Berlin v. 11.4.1988 – 9 Sa 2/88, LAGE § 611 BGB – Arbeitnehmerbegriff Nr. 6. | 10 LAG Köln v. 21.11.1997 – 11 Sa 342/97, NZA-RR 1998, 394. | 11 BAG v. 27.1.1961 – 2 AZR 255/60, AP Nr. 24 zu § 611 BGB – Ärzte, Gehaltsansprüche. | 12 BAG v. 15.12.1999 – 5 AZR 169/99, DB 1999, 2648; s. auch LAG München v. 2.8.1984 – 7 Sa 632/83, NJW 1985, 696. | 13 BAG v. 26.8.1998 – 4 AZR 471/97, NZA 1999, 154. | 14 BAG v. 2.2.1983 – 5 AZR 202/80, nv. (juris). | 15 BAG v. 26.6.1991 – 5 AZR 453/90, nv. (juris). | 16 BAG v. 9.9.1981 – 5 AZR 4777/79, *BAGE 36*, 77. | 17 LAG Frankfurt v. 26.9.1991 – 12 Sa 220/91, ZTR 1992, 123. | 18 BAG v. 22.8.2001 – 5 AZR 502/99, AP Nr. 109 zu § 611 BGB – Abhängigkeit; v. 7.5.1980 – 5 AZR 593/78, AP Nr. 36 zu § 611 BGB – Abhängigkeit; v. 3.10.1975 – 5 AZR 445/74, AP Nr. 16 zu § 611 BGB – Abhängigkeit. | 19 BAG v. 16.8.1977 – 5 AZR 290/76, AP Nr. 23 zu § 611 BGB – Abhängigkeit; s. aber BAG v. 17.12.1968 – 5 AZR 86/68, DB 1969, 1420.

Geltungsbereich des Arbeitsrechts   Rz. 76 **Vor § 611 BGB**

ter aufgrund gelegentlich notwendiger Zusammenarbeit auf die Arbeitszeit der Verlagsangestellten Rücksicht nehmen muss[1]. Ein punktuell im Unternehmen auftretender **Künstler**[2] oder **Sänger**[3], ein für mehrere Chöre arbeitende **Chorleiter**[4] ein für zwei Konzerte verpflichteter Gastmoderator für Kinderkonzerte[5] und ein Künstler, der auf der Jubiläumsveranstaltung eines Unternehmens einmalig eine von ihm selbst gestaltete Zaubershow darbietet[6], wurden als freie Mitarbeiter eingestuft; andere Entscheidungen gingen freilich in die andere Richtung[7]. Dass ein **Wissenschaftler** bei seiner ausschließlich erfinderischen Tätigkeit weisungsfrei ist, schließt deren Koordinierung durch den Dienstberechtigten mit dem sonstigen Geschehensablauf in seinem Betrieb nicht aus[8].

d) **Sportler.** Die Erbringung sportlicher Leistungen kann Arbeit im Rahmen eines Arbeitsverhältnisses sein. Es spricht für ein Arbeitsverhältnis, wenn der Sportler hinsichtlich Art und Umfang seiner sportlichen Leistung weitgehend weisungsgebunden ist, sich zB an regelmäßige Trainingszeiten halten muss. Weitere Indizien für ein solches Arbeitsverhältnis können sein, dass der Sportler für eine bestimmte, nicht unerhebliche Zeit an einen Verein gebunden ist und nur bei diesem einen Verein tätig werden darf. Dementsprechend kann auch ein Amateurspieler in einem Arbeitsverhältnis beschäftigt sein, wenn er an bestimmten Zeiten an Spielen oder am Training teilzunehmen hat. Eine **Bundesligahandballspielerin** kann daher ArbN-In sein[9]. **Vertragsamateure iSd. § 15 der Spielordnung DFB** sind dann ArbN, wenn sie auf Grund der jeweiligen Vertragsgestaltung und -abwicklung ihre Leistungen für den Verein in einer für ein Arbeitsverhältnis typischen persönlichen Abhängigkeit erbringen, die über die bereits durch die Vereinsmitgliedschaft begründete Weisungsgebundenheit hinausgeht. Macht ein Fußballverein bei der praktischen Handhabung des Sportbetriebes keinen Unterschied zwischen Amateuren und den Vertragsamateuren, so kann dies Grund für eine einheitliche Statusbeurteilung sein mit der Folge, dass allen Spielern die ArbN-Eigenschaft fehlt[10]. Wird ein nach der DFB-Spielordnung tätiger Vertragsamateur parallel hierzu im Rahmen eines Werbevertrages für eine Werbegesellschaft tätig, die für den Sportverein wirbt, so handelt es sich hierbei nicht um einen Arbeitsvertrag[11]. **Nebenberufliche Übungsleiter** von Amateurvereinen sind im Allgemeinen als freie Dienstnehmer anzusehen. Dass sie sich an die vom Verein zugeteilten Trainingsstätten und Trainingsstunden zu halten haben, begründet allein keine für ein Arbeitsverhältnis erforderliche persönliche Abhängigkeit[12]. Ein **Eishockeyspieler**, der sich vertraglich verpflichtet, für einen Verein zu spielen, und dafür lediglich eine Pauschale zur Abdeckung der anfallenden Fahrtkosten zwischen Wohnort und Vereinssitz erhält, ist regelmäßig weder ArbN des Vereins noch arbeitnehmerähnliche Person[13]. Ein **Tennisspieler**, der vertraglich verpflichtet ist, für den Verein Vorbereitungs- und Meisterschaftsspiele zu bestreiten und für diese Tätigkeit geldwerte Gegenleistungen erhält, kann ArbN sein[14]. Ein **Motorradrennfahrer** kann zumindest arbeitnehmerähnlicher Mitarbeiter sein[15].

e) **Versicherungsvermittler, Handelsvertreter**

Lit.: *Hanau/Strick*, Die Abgrenzung von Selbständigen und ArbN (Beschäftigten) im Versicherungsaußendienst, DB 1998, Beil. Nr. 14 (besonders umfang- und hilfreiche Darstellung); *Oberthür/Lohr*, Der Handelsvertreter im Arbeits- und SozV-Recht, NZA 2001, 126; *Waßner*, ArbN-Stellung des Versicherungsvertreters, AuR 2001, 168.

aa) **Allgemeines.** Die Entscheidungen zur ArbN-Eigenschaft des Handelsvertreters, insb. des Versicherungsvertreters sind Legion[16]. Ausgangspunkt der Rspr. ist hier unmittelbar § 84 Abs. 1 Satz 2 HGB. Die persönliche Weisungsabhängigkeit ist wie allgemein durch Einzelkriterien zu belegen, deren Gesamtwürdigung entscheidet. Wegen der notwendigen Einzelfallbetrachtung erscheint es problematisch, wenn gesagt wird, dass Mitarbeiter im Versicherungsaußendienst in der Regel ArbN seien[17]. Es ist ebenfalls nicht erheblich, dass Arbeitskollegen die gleichen Aufträge erhalten, jedoch auf der Grundlage von Arbeitsver-

---

1 BAG v. 27.3.1991 – 5 AZR 194/90, BB 1991, 1414. |2 BAG v. 6.12.1974 – 5 AZR 418/74, AP Nr. 14 zu § 611 BGB – Abhängigkeit. |3 BGH v. 13.3.1984 – VI ZR 204/82, NJW 1985, 2133. |4 ArbG Hanau v. 2.1.1997 – 2 Ca 570/96, ARSt. 1997, 141. |5 LAG Berlin v. 16.7.2001 – 6 Ta 1178/01, nv. (juris). |6 BAG v. 6.12.1974 – 5 AZR 418/74, DB 1975, 844. |7 LAG Berlin v. 29.12.1989 – 9 Sa 83/89, AP Nr. 50 zu § 611 BGB – Abhängigkeit; BAG v. 20.10.1966 – 5 AZR 28/66, DB 1967, 386; BGH v. 28.10.1982 – I ZR 134/80, AP Nr. 1 zu § 611 BGB – Künstlerbetreuer. |8 BAG v. 8.2.1962 – 2 AZR 252/60, DB 1962, 843. |9 LAG Sa.-Anh. v. 30.9.1997 – 4 Ta 167/97, AuR 1998, 489. |10 BAG v. 10.5.1990 – 2 AZR 607/89, AP Nr. 51 zu § 611 BGB – Abhängigkeit; s. auch BAG v. 28.6.1973 – 5 AZR 19/73, AP Nr. 10 zu § 611 BGB – Abhängigkeit v. 3.10.1975 – 5 AZR 427/74, AP Nr. 16 zu § 611 BGB – Abhängigkeit; s. auch ArbG Bocholt v. 7.12.1988 – 4 Ca 1058/88, DB 1989, 1423; LAG Hamm v. 30.8.1989 – 15 Sa 327/89, DB 1990, 739. |11 ArbG Oberhausen v. 15.5.1996 – 2 Ca 34/96, SpuRt 1996, 213. |12 LAG Düsseldorf v. 26.3.1992 – 7 Ta 20/92, LAGE § 611 BGB – Arbeitnehmerbegriff Nr. 25. |13 LAG Nürnberg v. 27.1.1995 – 7 Ta 187/94, NZA-RR 1996, 1. |14 ArbG Bielefeld v. 12.7.1989 – 2 Ca 2132/88, NZA 1989, 966. |15 BAG v. 17.6.1999 – 5 AZR 23/98, NZA 199, 1175. |16 Aus der neueren Rspr. BAG v. 20.9.2000 – 5 AZR 271/99, NZA 2001, 210; v. 20.9.2000 – 5 AZR 271/99, NZA 2001, 210; LAG Chemnitz v. 16.4.1999 – 1 Sa 180/98, nv. (juris); LAG Nürnberg v. 21.1.1999 – 7 Sa 658/98, BB 1999, 79; LAG Nürnberg v. 26.1.1999 – 7 Sa 657/98, AuA 1999, 380; LAG Hamburg v. 21.11.2001 – 8 Sa 15/01, nv. (juris); OLG Düsseldorf v. 5.12.1997 – 16 U 220/96, NZA-RR 1998, 145; LAG Nds. v. 7.9.1990 – 3 (2) Sa 1791/89, LAGE § 611 BGB – Arbeitnehmerbegriff Nr. 24; LAG Köln v. 23.10.1998 – 12 (2) Sa 779/98, nv. (juris). |17 So LAG Nds. v. 7.9.1990 – 3 (2) Sa 1791/89, LAGE § 611 BGB – Arbeitnehmerbegriff Nr. 24. Zweifelnd wie hier LAG Köln v. 23.10.1998 – 12 (2) Sa 779/98, nv. (juris).

trägen ihre Arbeit verrichten[1]. Nicht unumstritten – aber im Ergebnis zutreffend – ist demgegenüber die instanzgerichtliche Rspr., wonach auch dann, wenn die einzelnen Regelungen in dem Vertrag für sich genommen in einem Handelsvertretervertrag zulässig und mit der Rechtsstellung eines Handelsvertreters vereinbar sein mögen, dies nicht mehr gelten kann, wenn zu viele Einschränkungen der handelsvertretertypischen Selbständigkeit zusammenkommen und dem Vertragspartner gleichsam sämtliche Vorteile genommen sind, welche mit der Stellung eines selbständigen Handelsvertreters verbunden sind und ihm letztlich nur die Nachteile bleiben, nämlich die Übernahme des wirtschaftlichen Risikos[2]. Schließen sich mehrere selbständige Versicherungsvertreter zur gemeinsamen Berufsausübung in einer Agentur zusammen, begründet die in dem Gesellschaftsvertrag vereinbarte wechselseitige Verpflichtung der Partner zur Einbringung ihrer vollen Arbeitskraft regelmäßig keine entsprechende Verpflichtung im Verhältnis zu dem Versicherungsunternehmen, mit dem alle Partner individuelle Agenturverträge geschlossen haben[3].

77   bb) **Fachliche, örtliche und zeitliche Weisungsgebundenheit.** Eine Vertragsklausel, nach der ein Vertreter verpflichtet ist, sich an die ihm erteilten fachlichen Weisungen zu halten, führt noch nicht zwingend zu einer persönlichen Abhängigkeit, denn auch der Handelsvertreter unterliegt in gewissem Umfang den Weisungen des Prinzipals. Dies resultiert bereits aus § 86 Abs. 1 HGB. Es liegt in der Natur der Sache, dass ein kompliziertes Produkt wie die Lebensversicherung oder RV für den Versicherungsnehmer und die Versicherungsgesellschaft erhebliche finanzielle Risiken birgt und deshalb zur Absicherung ein erhebliches Maß an Direktiven für die fachliche Arbeit des selbständigen wie des unselbständigen Mitarbeiters möglich sein muss, um diese Risiken zu beherrschen. Für die Abgrenzung ist es daher nicht ausreichend, allein auf **fachliche Weisungsrechte** abzustellen, es muss vielmehr entsprechend der Rspr. des BAG[4] nach Umfang und Bezugspunkt der Weisungsrechte differenziert werden: Weisungen, die sich auf das Produkt beziehen, deuten nicht auf die Selbständigkeit des Vertreters hin, weil die Tätigkeit des Versicherungsvertreters gem. § 92 Abs. 1 Alt. 1 HGB bzw. des Bausparkassenvertreters gem. § 92 Abs. 5 HGB iVm. § 92 Abs. 1 Alt. 1 HGB lediglich darin besteht, Verträge zu vermitteln. Der Vertreter vertreibt also nicht ein eigenes Produkt, sondern vermittelt das Produkt eines anderen. Daher ist es mit dem Status als selbständiger Vertreter vereinbar, wenn dieser nur vorformulierte Versicherungsantragsvordrucke verwenden darf und bestimmte Zusicherungen und Aussagen bei der Kundenwerbung zu unterlassen hat[5]. Vertragliche Pflichten des Versicherungsvertreters, die lediglich Konkretisierungen der Vorgaben aus § 86 HGB oder aufsichts- und wettbewerbsrechtlichen Vorschriften sind, begründen keine Weisungsabhängigkeit als ArbN[6]. Bei der Beurteilung der Freiheiten iSd. § 84 Abs 1 Satz 2 HGB sind von vornherein auszuklammern diejenigen Beschränkungen, die dem **gesetzlichen Leitbild des Handelsvertreters** dem Grunde und dem Ausmaß nach entsprechen, zB notwendige besondere Mitwirkungshandlungen des Vertreters zum Zustandekommen besonderer Verträge, wie zB das Einholen von Zuwendungserklärungen im Verbandsgruppengeschäft, und auch nicht verhandelbare Beschränkungen, die für die Tätigkeitsausübung vorgegeben sind, zB von kooperierenden Partnern (zB im Gruppenversicherungsgeschäft), von Verbänden und berufsständischen Organisationen (zB Wettbewerbsrichtlinien der Deutschen Versicherungswirtschaft) und von Behörden (zB Weisung zur Erreichung einer von der Aufsichtsbehörde vorgegebenen Mindestproduktion). Diese Beschränkungen können nicht gegen die Selbständigkeit sprechen[7]. Auch der **Umfang der Vertretungsbefugnis** hat auf den Status eines fremde Leistungen nur vermittelnden Handels- und Versicherungsvertreters keinen Einfluss[8]. Davon zu unterscheiden sind Weisungen, die sich auf **Berichtspflichten** oder sonstige Anzeigepflichten beziehen. Der Grad zulässiger Kontrolle ist überschritten, wenn der Betroffene verpflichtet wird, umfangreich über seine Tätigkeit Bericht zu erstatten und das Versicherungsunternehmen damit die Möglichkeit hat, ihn umfassend zu überprüfen[9]; der Mitarbeiter ist dann ArbN.

78   Die **örtliche Weisungsgebundenheit** spielt demgegenüber eine nur untergeordnete Rolle. Die Berechtigung eines Versicherungsvertreters, Telefon- und EDV-Anlagen des Versicherungsunternehmens zu nutzen, ist kein Indiz für eine abhängige Beschäftigung[10]. Anders mag es liegen, wenn der Handelsvertreter verpflichtet ist, die Leistungen in den Räumlichkeiten des Unternehmens unter Nutzung der Betriebsmittel zu erbringen[11].

79   Bestimmt das Unternehmen die **Arbeitszeit** des Handelsvertreters, so ist dies eine nicht produktbezogene Weisung, die auf eine abhängige Beschäftigung hindeutet. Eine solche Weisung kann sich auch aus den Umständen des Einzelfalls ergeben. Ein Mitarbeiter, der verpflichtet ist, das von ihm im Rahmen der Handelsvertretung betriebene Ladenlokal „während der in der Branche üblichen **Geschäftszeiten** und während des gesamten Jahres offen und besetzt zu halten", hierfür aber andere Mitarbeiter

---

[1] LAG Hamburg v. 21.11.2001 – 8 Sa 15/01, nv. (juris).   [2] OLG Düsseldorf v. 5.12.1997 – 16 U 220/96, NZA-RR 1998, 145; aA *Oberthür/Löhr*, NZA 2001, 132.   [3] BAG v. 20.9.2000 – 5 AZR 271/99, NZA 2001, 210.   [4] BAG v. 20.9.2000 – 5 AZR 271/99, NZA 2001, 210; v. 15.12.1999 – 5 AZR 770/98, AP Nr. 6 zu § 92 HGB.   [5] So zutr. bereits die Vorinstanzen der BAG-Entscheidungen vom 15.12.1999 (s. Rz. 104): LAG Nürnberg v. 25.2.1998 – 4 Sa 670/97, LAGE § 611 BGB – Arbeitnehmerbegriff Nr. 34; LAG Köln v. 23.10.1998 – 12 (2) Sa 779/98, nv. (juris).   [6] BAG v. 15.12.1999 – 5 AZR 169/99, DB 2000, 1618.   [7] LAG Nürnberg v. 26.1.1999 – 7 Sa 657/98, AuA 1999, 380.   [8] So auch *Hanau/Strick*, DB 1998, Beil. Nr. 14, S. 9.   [9] *Hanau/Strick*, DB 1998, Beil. Nr. 14, S. 9 (10).   [10] LAG Nürnberg v. 25.2.1998 – 4 Sa 670/97, LAGE § 611 BGB – Arbeitnehmerbegriff Nr. 34.   [11] *Hanau/Strick*, DB 1998, Beil. Nr. 14, S. 15; *Oberthür/Lohr*, NZA 2001, 133.

nur „unter seiner Aufsicht" beschäftigten durfte, für den sind faktisch die Arbeitzeiten festgelegt ohne substantiellen eigenen Spielraum. Eine ähnliche Beschränkung kann sich aus **Tourenplänen** ergeben. Die Verpflichtung, wöchentlich vier Stunden in der Geschäftsstelle des Unternehmens anwesend zu sein, reicht demgegenüber nicht[1].

cc) Ergänzende Erwägungen – Beurteilung einzelner Vertragsklauseln. Im Übrigen hat das BAG seine Vorgaben **in Grundsatzentscheidungen vom 15.12.1999**[2] konkretisiert und verschiedene Einzelkriterien genannt, die für oder gegen eine Selbständigkeit sprechen, und die überwiegend auch außerhalb des Bereichs der Handelsvertreter zufinden sind: 80

Gegen die ArbN-Eigenschaft des Mitarbeiters spricht es, wenn er vertraglich nicht gehindert ist, **eigene ArbN** in die Leistungserbringung einzuschalten, und es ihm daher tatsächlich und rechtlich möglich ist, seine Provisionseinkünfte dadurch zu steigern, dass er neue Nebenvertreter anwirbt und damit das Vertriebsnetz ausbaut. Dies entspricht auch dem Leitbild des Gesetzes: Der Handelsvertreter kann sich Hilfspersonen (Untervertreter iSd. § 84 Abs. 3 HGB oder angestellter Vertriebsmitarbeiter) bedienen, um seine Vertragspflichten zu erfüllen. Wenn ein Vertrag den Einsatz von Hilfspersonen verbietet, so ist dies daher ein Indiz für eine abhängige Beschäftigung. Die Verpflichtung, den Einsatz von Hilfspersonen anzuzeigen, steht der Selbständigkeit nicht entgegen. Ein allgemeiner Zustimmungsvorbehalt ist hingegen mit der Selbständigkeit des Handelsvertreters unvereinbar. 81

Ein Versicherungsvertreter ist auch nicht deswegen als ArbN anzusehen, weil ihm eine **Konkurrenztätigkeit** für andere Versicherungsunternehmen **untersagt** ist. Wie sich aus § 92a HGB ergibt, ist es von Gesetzes wegen zulässig, Handelsvertreter vertraglich allein an ein Unternehmen zu binden. Wie weit dies für das Verbot jeder Nebentätigkeit gilt, mag allerdings zweifelhaft sein[3]. 82

Auch aus dem tatsächlichen Fehlen einer vom Mitarbeiter geschaffenen **Innen- und Außenorganisation seiner Generalvertretung** kann nicht auf seine ArbN-Eigenschaft geschlossen werden, solange diese aufzubauen ihm vertraglich nicht verboten ist. Wie sich aus § 84 Abs. 4 HGB ergibt, finden die Vorschriften des 7. Abschnitts des Handelsgesetzbuchs auch Anwendung, wenn das Unternehmen des Handelsvertreters nach Art oder Umfang einen in kaufmännischer Weise eingerichteten Geschäftsbetrieb nicht erfordert. Wenn der Mitarbeiter jedoch über eigene Geschäftsräume und eigene Buchführung verfügt[4], spricht das ebenso für seine Selbständigkeit wie das Auftreten unter eigener Firma[5]. 83

Die **Möglichkeit**, sich bei urlaubs- oder krankheitsbedingter Abwesenheit **vertreten zu lassen**, hindert weder vom Tatsächlichen noch aus Rechtsgründen die Feststellung, dass der Mitarbeiter die bei Fehlen von Hinderungsgründen von ihm selbst zu leistenden Dienste als (unselbständige) Arbeitsleistung zu erbringen hatte. Enthält der Handelsvertretervertrag die Klausel, dass das Unternehmen dem Handelsvertreter **bezahlten Urlaub** gewährt, ist dies allerdings nach der Rspr. wohl kein Indiz für eine persönliche Abhängigkeit, denn die Klausel deutet nicht notwendig auf eine allgemeine Anwesenheitspflicht hin, die mit der Autonomie eines Selbständigen unvereinbar ist[6]. Unschädlich ist daher erst recht eine Verpflichtung, Urlaubszeiten und Krankheit vorab mitzuteilen; hierfür streitet ein legitimes Interesse des Unternehmens[7]. 84

Auch die **Zuweisung eines bestimmten Bezirks** oder eines bestimmten Kundenkreises ist mit dem Status als selbständiger Handelsvertreter vereinbar. Dies ergibt sich schon aus § 87 Abs. 2 HGB, wo eine solche Abrede vorausgesetzt wird. § 46 VVG sieht die Möglichkeit der Bestellung eines Versicherungsagenten für einen bestimmten Bezirk ausdrücklich vor. Damit hat der Gesetzgeber des VVG die Beschränkung auf einen Bezirk erkennbar auch bei Selbständigen für zulässig gehalten. Die Zuweisung eines bestimmten Arbeitsgebiets ist deshalb schon von Gesetzes wegen mit dem Status eines selbständigen Versicherungsvertreters vereinbar[8]. Im Ergebnis gilt nichts anderes für den Umstand, dass dem Mitarbeiter bei Beginn seiner Tätigkeit ein bestimmter Kundenstamm zur Betreuung zugewiesen wird[9]. 85

Auch steht der Annahme einer freien Handelsvertretertätigkeit nicht entgegen, dass der Unternehmer **Informationen und Hilfestellungen** zur Verfügung stellt. Das entspricht schon dem selbstverständlichen Eigeninteresse des Unternehmers und ist bei Handelsvertretern üblich. Der Unternehmer ist sogar verpflichtet, Handelsvertreter bei ihrer Arbeit zu unterstützen[10]. Dazu kann auch die Weitergabe von Kundendaten gehören. Von den Umständen des Einzelfalls hängt es dann ab, ob der Handelsvertre- 86

---

1 LAG Hamburg v. 21.11.2001 – 8 Sa 15/01, nv. (juris). | 2 BAG v. 15.12.1999 – 5 AZR 566/98, ZIP 2000, 630; v. 15.12.1999 – 5 AZR 770/98, NZA 2000, 481; v. 15.12.1999 – 5 AZR 3/99, BAGE 93, 112; v. 15.12.1999 – 5 AZR 169/99, BAGE 93, 132. | 3 BAG v. 20.9.2000 – 5 AZR 271/99, NZA 2001, 210; v. 15.12.1999 – 5 AZR 3/99, BAGE 93, 112; v. 15.12.1999 – 5 AZR 770/98, NZA 2000, 481. | 4 OLG München v. 8.8.1957 – 6 U 997/57, NJW 1957, 1767. | 5 BAG v. 24.4.1980 – 5 AZR 911/77, AP Nr. 1 zu § 84 HGB. | 6 AA *Oberthür/Lohr*, NZA 2001, 133. | 7 LAG Köln v. 23.10.1998 – 12 (2) Sa 779/98, nv. (juris). | 8 BAG v. 20.9.2000 – 5 AZR 271/99, NZA 2001, 210; vgl. BAG v. 17.5.1978 – 5 AZR 580/77, AP Nr. 28 zu § 611 BGB – Abhängigkeit; v. 15.12.1999 – 5 AZR 3/99, AP Nr. 5 zu § 92 HGB; v. 15.12.1999 – 5 AZR 566/98, ZIP 2000, 630. | 9 BAG v. 20.9.2000 – 5 AZR 271/99, BAGE 95, 324. | 10 *Baumbach/Duden/Hopt*, 30. Aufl., § 86a HGB Anm. 1 A; *Heymann/Sonnenschein*, § 86a HGB Rz. 2 u. 3.

BGB Vor § 611 Rz. 87   Vorbemerkungen

ter – faktisch etwa durch eine Pflicht, nachgewiesene Kunden auch tatsächlich aufzusuchen – dennoch so eingebunden wird, dass von einer Selbständigkeit seiner Tätigkeit nicht auszugehen ist[1].

87 Bei **Sollvorgaben** kommt es darauf an, ob dem Mitarbeiter trotz der Vorgaben ein ausreichender Handlungsspielraum verbleibt. Ist dieser gegeben, dann ist es unerheblich, ob das Unternehmen die Einhaltung der Vorgaben durch massiven Druck auf den Handelsvertreter erzwingt – denn dies stellt dann nur die Sanktionierung der Verletzung eines freien Dienstvertrags dar[2]. Stellt das Unternehmen dem Handelsvertreter eine Erhöhung seines Provisionssatzes in Aussicht, wenn die Anzahl der vermittelten Verträge steigt, ist dies daher erst recht zulässig[3]. Andere sehen auch hierin eine unzulässige Sanktionsregel. Je geringer freilich der prozentuale Anstieg des Provisionssatzes sei, desto stärker trete der Sanktionscharakter zurück[4].

88 **f) Subunternehmer, insb. Frachtführer und Kurierfahrer.** Zur Vermeidung arbeitsrechtlicher Bindung wird oftmals versucht, Tätigkeiten, die früher stets durch ArbN erbracht wurden, durch freie Mitarbeiter verrichten zu lassen. Die Rspr. begegnet diesen „**Ein-Mann-Unternehmen**" zu Recht mit Zurückhaltung[5]. Es gelten hier grundsätzlich die allgemeinen Regeln zur Beurteilung der persönlichen Abhängigkeit.

89 Zahlreiche Judikate liegen insb. zum **Frachtführer** vor (s. Rz. 103), die als *pars pro toto* exemplarisch auch für andere Fallgestaltungen herangezogen werden dürften. Der Frachtführer iSd. § 425 HGB übt ein selbständiges Gewerbe aus. Das gilt auch dann, wenn er als Einzelperson ohne weitere Mitarbeiter nur für einen Spediteur tätig ist und beim Transport ein mit den Farben und dem Firmenzeichen des Spediteurs ausgestattetes, eigenes Fahrzeug einsetzt. Wird die Tätigkeit des Transporteurs stärker eingeschränkt, als es auf Grund gesetzlicher Regelungen oder wegen versicherungsrechtlicher Obliegenheiten geboten ist, so kann jedoch das Rechtsverhältnis als ein Arbeitsverhältnis anzusehen sein[6].

90 Eine solche weiter gehende Beschränkung kann in **zeitlichen Vorgaben** bestehen. Ein Frachtführer jedoch, der nur für einen Auftraggeber fährt, wurde von der Rspr. nicht als ArbN gewertet, wenn weder Dauer noch Beginn und Ende der täglichen Arbeitszeit vorgeschrieben sind und er die Möglichkeit hat, auch Transporte für eigene Kunden auf eigene Rechnung durchzuführen[7]. Unerheblich ist auch die Verpflichtung, bei der Auslieferung der Frachtsendungen bestimmte Terminvorgaben einzuhalten, denn auch im Rahmen von Dienst- und Werkverträgen können vom Dienstberechtigten oder dem Besteller Termine für die Erledigung der Arbeit bestimmt werden, ohne dass daraus eine zeitliche Weisungsabhängigkeit folgt[8].

91 Fachliche Weisungen, die einen freien Mitarbeiter zum ArbN werden lassen können, bedürfen in Übereinstimmung mit der Rspr. zum Handelsvertreter (s. Rz. 76 ff.) einer **gewissen Erheblichkeit**. Bezieht sich bei einem Frachtführer die Weisungsgebundenheit nur auf das Fahrzeug und den jeweiligen Fahrer, und ist es dem Frachtführer nach dem Vertrag gestattet und nach den tatsächlichen Umständen auch möglich, als Fahrer einen Dritten einzusetzen, dann steht dem Frachtführer ein eigener Gestaltungsspielraum zu, der mit dem Status eines ArbN nicht zu vereinbaren ist[9]. Auch ein **Subunternehmer eines Paketdienst-Systems**, der mit selbst ausgewählten ArbN und eigenen Fahrzeugen in einem ihm überlassenen Bezirk den Zustelldienst organisiert und durchführt, ist kein ArbN[10]. Wenn ein sog. „Subunternehmer" in Bezug auf Preisgestaltung, Fristen und Auftragsabwicklung vertraglich so eng verbunden ist, dass auf ihn ein wirtschaftlicher Zwang ausgeübt wird, hat die Rspr. eine ArbN-Eigenschaft – recht zweifelhaft – bejaht[11].

92 Entscheidendes Kriterium gegen eine ArbN-Stellung kann auch hier das Recht sein, die Arbeit durch **eigene Beschäftigte** zu erbringen[12]. Ebenso kann das Recht, über die jeweilige Leistungserbringung jeweils frei zu entscheiden, ein Hinweis auf die Selbständigkeit sein. Ein Kurierdienstfahrer, der allein entscheidet, ob, wann und in welchem Umfang er tätig werden will, und für ausgeführte Frachtaufträge das volle vom Auftraggeber zu leistende Entgelt erhält, ist kein ArbN des Unternehmens, das die Frachtaufträge annimmt und an die Kurierdienstfahrer weitergibt[13].

---

1 BAG v. 30.8.1994 – 1 ABR 3/94, NZA 1995, 649. | 2 AA *Küstner/v. Manteuffel*, Handbuch des gesamten Außendienstrechts, Bd. I, S. 213; *Oberthür/Lohr*, NZA 2001, 132. | 3 *Oberthür/Lohr*, NZA 2001, 132. | 4 *Hanau/Strick*, DB 1998, Beil. Nr. 16, S. 8. | 5 S. LAG Köln v. 30.6.1995 – 4 Sa 63/95, LAGE § 611 BGB – Arbeitnehmerbegriff Nr. 29: Sog. „Propagandistinnen" in Kaufhäusern sind ArbN; LSG Berlin v. 14.8.1995 – L 15 Kv 16/95, AP Nr. 83 zu § 611 BGB – Abhängigkeit: Propagandistin steht in einem versicherungs- und beitragspflichtigen Beschäftigungsverhältnis; LAG Frankfurt v. 16.1.1990 – 4 TaBV 76/89, AuR 1991, 187: Restaurantbedienungen in Kaufhäusern sind ArbN; v. 11.7.1989 – 4 TaBV 211/88, AiB1990,77: Regaleinrichter als ArbN. LAG Düsseldorf v. 9.9.1997 – 8 Sa 756/97, DB 1998, 207: Sargträger ist ArbN; ArbG Passau v. 13.3.1998 – 4e Ca 906/97 E, BB 1998, 1266: Fleischzerleger ist ArbN. | 6 BAG v. 19.11.1997 – 5 AZR 653/96, NZA 1998, 364. | 7 BAG v. 30.9.1998 – 5 AZR 563/97, BAGE 90, 36; v. 19.11.1997 – 5 AZR 653/96, AP Nr. 90 zu § 611 BGB – Abhängigkeit. | 8 ArbG Freiburg v. 28.10.1998 – 2 Ca 335/98, nv. (juris). | 9 BGH v. 24.2.1999 – 5 AZB 10/98, EzA § 5 ArbGG Nr. 30. | 10 LAG Köln v. 5.3.1997 – 4 Ta 253/96, MDR 1997, 752. | 11 ArbG Düsseldorf v. 20.5.1988 – 4 Ca 5858/87, AiB 1989, 128. | 12 BAG v. 30.9.1998 – 5 AZR 653/96, AP Nr. 103 zu § 611 BGB – Abhängigkeit; unter Vorinstanz LAG Düsseldorf v. 4.9.1996 – 12 (6) (5) Sa 909/96, LAGE § 611 BGB – Arbeitnehmerbegriff Nr. 33. | 13 BAG v. 27.6.2001 – 5 AZR 561/99, AP Nr. 6 zu § 611 BGB: Arbeitnehmerähnlichkeit stellt zusätzlich darauf ab, dass der Fahrer das volle vom Auftraggeber zu leistende Entgelt erhält.

g) Telebeschäftigte. Bei der Telearbeit hängt es von der konkreten Ausgestaltung der Tätigkeit ab, ob die Telebeschäftigten als ArbN, als selbständige Dienstnehmer oder als Heimarbeiter anzusehen sind. Beides ist möglich[1]. Es wird vorgeschlagen die ArbN-Eigenschaft dann zu bejahen, wenn der ausgelagerte Arbeitsplatz mit dem Zentralrechner im online-Betrieb verbunden ist, denn in diesen Fällen unterliegt der Telebeschäftigte einer ständigen Kontrolle durch Mitarbeiter des Beschäftigungsunternehmens[2]. Bei einem Offline-Betrieb (Speicherung der Texte auf besonderen Datenträgern) hänge dagegen die ArbN-Eigenschaft von den Umständen des Einzelfalles ab.

93

h) Organmitglieder

Lit.: *Diller*, Gesellschafter und Geschäftsorgane als Arbeitnehmer, 1994, S. 65 ff., 129 ff.; *Boemke*, Das Dienstverhältnis des GmbH-Geschäftsführers zwischen Gesellschafts- und Arbeitsrecht, ZfA 1998, 209; *Fleck*, Festschrift für Hilger/Stumpf, 1983, 197; *Henssler*, Das Anstellungsverhältnis der Organmitglieder, RdA 1992, 289; *Hueck*, Zur arbeitsrechtlichen Stellung des GmbH-Geschäftsführers, ZfA 1985, 25; *Hueck*, Festschrift für Hilger/Stumpf 1983, S. 365; *Kamanabrou*, Das Anstellungsverhältnis des GmbH-Geschäftsführers im Licht neuerer Rechtsprechung, DB 2002, 146.

aa) Bestellung und Anstellung. Von der Bestellung des Organmitglieds (insb. GmbH-Geschäftsführer, Vorstandsmitglied einer AG) ist die **Anstellung** zu unterscheiden. Sie bildet **keine Rechtseinheit mit der Bestellung**, auch wenn sie in vielerlei Hinsicht mit ihr verknüpft ist. Der Anstellungsvertrag regelt die schuldrechtlichen Beziehungen zwischen dem Organmitglied und der Gesellschaft. In der Regel ist es ein Dienstvertrag in der Gestalt eines Geschäftsbesorgungsvertrags gemäß §§ 611 ff., 675. Wird das Organmitglied unentgeltlich tätig, so ist das der Organstellung zugrunde liegende schuldrechtliche Rechtsverhältnis ein Auftrag gemäß §§ 662 ff. BGB[3]. Der Anstellungsvertrag regelt die dem Organmitglied nicht als Organ, sondern als Dienstverpflichteten der Gesellschaft obliegenden Pflichten, wie insb. die Vereinbarung über die Vergütung und Versorgung, Gewährung von Tantiemen und Nebenleistungen, des Urlaubs, nachvertraglicher Wettbewerbsverbote oder der Spezifizierung spezieller Leistungspflichten[4].

94

bb) Organmitglied als ArbN. Es existiert umfangreiche Rspr. zu der Frage, ob ein **GmbH-Geschäftsführer** ArbN der Gesellschaft sein kann, deren Organ er ist[5]. Dies wird im Grundsatz verneint. Zwar ist es nicht ausgeschlossen, dass der der Organstellung eines GmbH-Geschäftsführers zugrunde liegende Anstellungsvertrag ein Arbeitsvertrag ist. Das ist aber nur dann der Fall, wenn der Geschäftsführer einem arbeitsrechtlichen Weisungsrecht unterliegt. Dieses ist vom gesellschaftlichen Weisungsrecht iSd. § 37 Abs. 1 GmbHG zu unterscheiden. Der Umfang des Letzteren ist für den ArbN-Status nicht entscheidend. Die ArbN-Stellung wird vom BAG bejaht für den Fall, dass ein Fremdgeschäftsführer derart in den Betrieb eingegliedert wird, dass er regelmäßig einem Zeitdauer, Ort und Art der Ausführung umfassenden Direktionsrecht der Gesellschafter unterliegt[6]. Der BGH wertet demgegenüber strenger und vertritt die Auffassung, das Anstellungsverhältnis des GmbH-Geschäftsführers zur GmbH sei notwendig ein freies Dienstverhältnis, da mit der Organstellung die ArbN-Eigenschaft stets unvereinbar sei[7]. Bislang kam es noch nicht zu entscheidungserheblichen Abweichungen der Rspr.

95

Das **Vorstandsmitglied einer AG** ist demgegenüber nie ArbN. Die Rspr. zum GmbH-Geschäftsführer kann auf das Organmitglied der Aktiengesellschaft nicht übertragen werden, denn die dem Vorstand nach § 76 Abs. 1 AktG eingeräumte autonome Leitungsbefugnis schließt eine persönliche Weisungsabhängigkeit aus, die konstituierendes Merkmal des ArbN-Begriffs ist[8]. **Ausnahmen** hierzu werden einzig erwogen für den Fall der Organmitglieder **konzernabhängiger Aktiengesellschaften**, insb. wenn sie einen Anstellungsvertrag allein mit der Muttergesellschaft haben[9]. Auch hier wird man jedoch der hM folgen müssen, denn die Kriterien, die die Rspr. zur Weisungsgebundenheit des ArbN entwickelt haben, deuten auf eine sehr viel größere Drittbestimmtheit hin. Das aktienrechtlich austarierte Verhältnis zwischen Geschäftsführungsbefugnis des Vorstandes, Satzungskompetenzen und Entscheidungen des Aufsichtsrats bildet einen hinreichenden Garanten persönlicher, wenn auch nicht wirtschaftlicher Unabhängigkeit. Dass zudem in Tochtergesellschaften eine größere Abhängigkeit des Vorstands besteht als in Aktiengesellschaften, die von einem Mehrheitsgesellschafter bestimmt werden (und wo besonderer arbeitsrechtlicher Schutz nicht erwogen wird), ist nicht ersichtlich. Dort wie hier ist Arbeitsrecht grundsätzlich nicht anzuwenden.

96

---

1 Vgl. hierzu *Herb*, DB 1986, 1823; *Kappus*, NJW 1984, 2385; *Kappus*, Rechtsfragen der Telearbeit, 1986, S. 68 ff.; *Kappus*, NZA 1987, 408; *Kilian*, NZA 1987, 401; *Simon/Kuhne*, BB 1987, 201; *Ulber*, AiB 1985, 22; *Wedde*, AuR 1987, 325. |2 KR/*Etzel*, § 1 KSchG Rz. 76. |3 S. bereits *Schlegelberger/Quassowski*, § 75 AktG Rz. 6; MünchHandbAktG/*Wiesner*, § 21 Rz. 1; KK/*Mertens*, § 84 AktG Rz. 33; BGH v. 11.7.1953 – II ZR 126/52, BGHZ 10, 181 (187). |4 S. MünchHandbAktG/*Wiesner*, § 20 Rz. 12; *Lutter/Krieger*, Rechte und Pflichten des Aufsichtsrats, § 7 Rz. 383; KK/*Mertens*, § 84 AktG Rz. 33; *Hüffer*, § 84 AktG Rz. 11. |5 S. jüngst auch ausf. *Goette*, FS Wiedemann, S. 873 und *Wank*, FS Wiedemann, S. 587. |6 BAG v. 26.5.1999 – 5 AZR 664/98, NZA 1999, 987; v. 15.4.1982 – 2 AZR 1101/79, BAGE 39, 16: Der Geschäftsführer unterstand vertraglich dem Hauptgesellschafter als „disziplinarischem Vorgesetzten mit Einspruchsrecht in Sachfragen". |7 BGH v. 9.2.1978 – II ZR 189/76, NJW 1978, 1435; v. 29.1.1981 – II ZR 92/80, BGHZ 79, 291; ausf. s. auch Staudinger/*Richardi*, Vor § 611 BGB Rz. 265 mwN; *Henssler*, RdA 1992, 289 ff.; *Boemke*, ZfA 1998, 209 (213/214) mwN. |8 BGH v. 11.7.1953 – II ZR 126/52, BGHZ 10, 187; v. 16.12.1953 – II ZR 41/53, BGHZ 12, 1, 8; v. 7.12.1961 – II ZR 117/60, BGHZ 36, 142; aus Lit. KK/*Mertens*, § 84 AktG Rz. 34; MünchHandbAktG/*Wiesner*, § 81 Rz. 5; ausf. *Henssler*, RdA 1992, 289 (297). |9 S. *Säcker*, BB 1979, 1321 (1324); ähnl. *Martens*, FS Hilger und Stumpf, S. 437 (441 f.).

97 cc) **Analoge Anwendung des Arbeitsrechts.** Die fehlende ArbN-Eigenschaft des Organmitglieds schließt freilich nicht aus, **einzelne arbeitsrechtliche Normen auch auf sein Anstellungsverhältnis anzuwenden.** Die Bereitschaft, arbeitsrechtlichen Schutz auch hier zu gewähren, ist unterschiedlich; eine anerkannte Leitlinie hat sich bislang weder in Rspr. noch Lit. herausgebildet – zumeist wird eine Unterscheidung zwischen dem GmbH-Geschäftsführer und dem Organmitglied der Aktiengesellschaft nicht getroffen. Tendenziell wird man zurückhaltender sein, jedoch eine Analogie zu einzelnen Vorschriften nicht gänzlich ausschließen können. Ausdrücklich ausgenommen aus dem Schutz arbeitsrechtlicher Vorschriften sind die Organmitglieder in § 5 Abs. 1 ArbGG, § 5 Abs. 2 Nr. 1 BetrVG, § 14 Abs. 1 Nr. 1, § 17 Abs. 5 Nr. 1 KSchG, § 3 Abs. 1 Satz 2 MitbestG und § 1 Abs. 3 lit. a 5. VermBG. Darüber hinaus hat die Rspr. entschieden, dass der besondere Kündigungsschutz etwa des SchwbG, nun SGB IX, nicht auf das Organmitglied anwendbar ist[1]. Ebenso nicht anwendbar sind die Bestimmungen zum Wettbewerbsverbot mit Entschädigungsregelung in §§ 74 ff. HGB[2]. Wie die Rspr. die Haftungsbeschränkung bei gefahrgeneigter Arbeit schon für leitende Angestellte ausschließt[3], so muss sie erst recht für Organmitglieder ausscheiden[4]. Anwendbar ist demgegenüber der Pfändungsschutz der §§ 850 ff. ZPO[5] und auch hat das Organmitglied einen Anspruch auf Erteilung eines qualifizierten Zeugnisses nach § 630 analog[6]. Die gesetzliche Öffnung der Regelungen des BetrAVG auf Personen, die nicht ArbN sind, denen Leistungen der Alters-, Invaliditäts- oder Hinterbliebenenversorgung aus Anlass ihrer Tätigkeit für ein Unternehmen zugesagt worden sind (§ 13 Abs. 1 Satz 2 BetrAVG), versteht die Rspr. grundsätzlich auch unter Einschluss der Organmitglieder, jedoch nicht einem solchen, das sowohl vermögens- als auch einflussmäßig mit dem Unternehmen, für das es arbeitet, so sehr verbunden ist, dass es es als sein eigenes betrachten kann[7]. Das Anstellungsverhältnis geht nicht nach § 613a auf Erwerber eines Betriebs über, schon weil er dort, wo nicht das ganze Unternehmen übergeht, oftmals nicht einem bestimmten Betrieb zugeordnet werden kann. Einzig wenn der Betriebsübergang im Wege der Universalsukzession nach dem UmwG übergeht, geht auch das Anstellungsverhältnis gemäß den Regelungen des UmwG unabhängig vom Schicksal der Organstellung mit über[8].

98 Generell wird man sagen müssen, dass eine Übertragbarkeit arbeitsrechtlicher Schutzvorschriften umso eher in Betracht kommt, als sie nicht spezifisch auf die persönliche Abhängigkeit des Dienstverpflichteten abstellen, sondern **Ausdruck einer Minimalsicherung der wirtschaftlichen Existenz im Rahmen eines langfristigen entgeltlichen Beschäftigungsverhältnisses** sind[9]. Dies kann dazu führen, dass arbeitsrechtliche Vorschriften nur in einer modifizierten Form Anwendung finden können. So kann sich das Organmitglied nach hM nicht auf die Grundsätze der betrieblichen Übung berufen, jedoch ist sie bei der Auslegung seines Anstellungsvertrags durchaus zu berücksichtigen[10]. Auf Grund des arbeitsrechtlichen Gleichbehandlungsgrundsatzes kann es nicht Gleichbehandlung mit ArbN und insb. nicht mit leitenden Angestellten verlangen, jedoch ist als allgemeine Ausprägung des Grundsatzes von Treu und Glauben eine abgeschwächte Gleichbehandlungspflicht unter Organmitgliedern anzuerkennen, nach der es möglich sein kann, ein Ruhegehalt, das bislang sämtlichen Vorstandskollegen zugesprochen wurde, nun zwingend auf alle zu erstrecken[11]. Das ArbN-Erfindungsgesetz ist auf Organmitglieder nicht direkt anwendbar, jedoch können seine Regelungen ausdrücklich oder konkludent als Bestandteil des Anstellungsvertrages vereinbart worden sein[12]. Für eine ordentliche Kündigung des Anstellungsverhältnisses hat die Rspr. bislang nur beim GmbH-Geschäftsführer eine analoge Anwendbarkeit des § 622 Abs. 1 Satz 1 statt der allgemein für Dienstverträge geltenden Regelung des § 621 Nr. 3 angenommen[13]. Zum Teil wird erwogen, dies auch auf das Vorstandsmitglied der AG auszudehnen[14]. Dem dürfte nicht zu fol-

---

1 S. BGH v. 9.2.1978 – II ZR 189, 76, NJW 1978, 1435; OLG Hamm v. 2.6.1986 – 8 U 298/85, ZIP 1987, 121; s. bereits BGH v. 16.12.1953 – II ZR 41/53, BGHZ 12, 1 (Kündigung eines Organmitglieds nach dem Angestellten KSchG). | 2 S. BGH v. 26.3.1984 – II ZR 229/83, BGHZ 91, 1, 3; *Hüffer*, § 88 AktG 10; KK/*Mertens*, § 88 AktG Rz. 26; MünchHandbAktG/*Wiesner*, § 21 Rz. 9. | 3 S. BGH v. 14.2.1985 – IX ZR 145/83, BGHZ 94, 18. | 4 S. auch BGH v. 27.2.1975 – II ZR 112/72, VersR 1975, 612 (Organmitglied einer Genossenschaftsbank); *Fleck*, WM 1985, 677 (679); KK/*Mertens*, § 84 AktG Rz. 38 und ausf. § 93 Rz. 4. Zu Recht anders in einem besonders gelagerten Fall BGH v. 5.12.1983 – II ZR 252/82, BGHZ 89, 153 ff. (ehrenamtlich tätige Jugendleiter eines Pfadfindervereins). | 5 BGH v. 8.12.1977 – II ZR 219/75, NJW 1978, 756; v. 24.11.1980 – II ZR 183/80, NJW 1981, 2465 (2466); *Hüffer*, § 84 AktG Rz. 18; KK/*Mertens*, § 84 AktG Rz. 36; MünchHandbAktG/*Wiesner*, § 21 Rz. 7; *Fleck*, FS Hilger und Stumpf, 1983, S. 197 (209). | 6 *Hüffer*, § 84 AktG Rz. 17. Die Rspr. hat bislang nur für den GmbH-Geschäftsführer entschieden, der nicht Gesellschafter ist. Die dortige Argumentation scheint jedoch übertragbar, s. BGH v. 9.11.1967 – II ZR 64/67, BGHZ 49, 30. | 7 So BGH v. 28.4.1980 – II ZR 254/78, BGHZ 77, 94, 101; s. auch BGH v. 6.9.1980 – II ZR 255/78, BGHZ 77, 233 (236); KK/*Mertens*, § 84 AktG Rz. 36; *Hüffer*, § 84 AktG Rz. 18. | 8 Gegen eine Analogie s. auch OLG Hamm v. 18.6.1990 – 8 U 146/89, GmbHR 1991, 466; *Henssler*, RdA 1992, 296; MünchHandbAktG/*Wiesner*, § 21 Rz. 9; zweifelnd *Fleck*, WM 1981, 14. | 9 S. ähnlich auch *Fleck*, FS Hilger und Stumpf, S. 205; *Henssler*, RdA 1992, 297; KK/*Mertens*, § 84 AktG Rz. 35. | 10 S. BGH v. 19.12.1994 – II ZR 244/93, NJW-RR 1995, 796; s. auch *Nebendahl*, NZA 1992, 289. | 11 S. BGH v. 14.5.1990 – II ZR 122/89, NJW-RR 1990, 1313. S. auch BGH v. 19.12.1994 – II ZR 244/93, NJW-RR 1995, 796; s. ähnl. auch MünchHandbAktG/*Wiesner*, § 21 Rz. 10, 43. | 12 S. bereits BGH v. 24.2.1965 – IV ZR 81/64, GRUR 1965, 377; KK/*Mertens*, § 84 AktG Rz. 38; *Gaul*, GmbHR 1982, 101; *Fleck*, FS Hilger und Stumpf, S. 217. | 13 S. BGH v. 26.3.1984 – II ZR 120/83, BGHZ 91, 217 (auch bei Kapitalbeteiligung des Geschäftsführers); vorher bereits BGH v. 29.1.1981 – II ZR 92/80, BGHZ 79, 291; später für den Geschäftsführer einer Komplementär-GmbH, der einen Anstellungsvertrag unmittelbar mit der KG hatte: BGH v. 9.3.1987 – II ZR 132/86, NJW 1987, 2073; s. auch MünchHandbAktG/*Wiesner*, § 21 Rz. 11. | 14 S. *Henssler*, RdA 1992, 297; MünchHandbAktG/*Wiesner*, § 21 Rz. 11.

gen sein. Trotz der mehr oder weniger starken wirtschaftlichen Abhängigkeit des Vorstandsmitglieds und der Tatsache, dass das Organmitglied der Gesellschaft ebenso wie ein ArbN seine Arbeitskraft zumeist hauptberuflich zur Verfügung stellt, scheint doch hier die Gleichbehandlung mit den lediglich wirtschaftlich, nicht aber persönlich abhängigen freien Mitarbeitern nahe liegender als mit dem ArbN, und zwar auch dann, wenn er nicht maßgeblich am Kapital der Gesellschaft beteiligt ist. Dementsprechend hat der BGH in einem älteren Urteil die Fristen des Angestelltenkündigungsschutzgesetzes auf Vorstandsmitglieder in Aktiengesellschaften für unanwendbar erklärt[1].

Bei der Übertragung arbeitsrechtlicher Vorschriften auf das Anstellungsverhältnis des Organmitglieds wird also so lange Zurückhaltung zu üben sein, als allgemein das Arbeitsrecht von einem **einheitlichen ArbN-Begriff** ausgeht. Dies mag im Einzelfall zu unbefriedigenden Ergebnissen führen, denn die wirtschaftliche Stellung und soziale Schutzbedürftigkeit eines Profi-Fußballers ist eine andere als die einer Reinemachfrau. Solange bleibt aber zu beachten, dass der Gesetzgeber für das Organmitglied grundlegend andere Wertungen als das Arbeitsrecht vorgenommen hat: Während das Arbeitsverhältnis eines ArbN nicht auf mehr als zwei Jahre ohne sachlichen Grund befristet werden kann (§ 14 TzBfG), kann der Anstellungsvertrag eines AG-Vorstands auch mit sachlichem Grund nicht unbefristet über fünf Jahre hinaus abgeschlossen werden, s. § 84 Abs. 1 AktG. Die hierin zum Ausdruck kommende grundlegende Unterscheidung auf Grund bloßer im Einzelfall schwer zu bestimmender wirtschaftlicher Abhängigkeit zu überspringen, brächte eine erhebliche Rechtsunsicherheit, ohne dass der Gewinn an sachlicher Richtigkeit dies rechtfertigen würde. 99

dd) **Übergang vom Arbeitsverhältnis zum Anstellungsverhältnis.** Wird ein leitender ArbN zum Geschäftsführer bestellt oder in den Vorstand berufen, so ist mitunter fraglich, ob sein bisheriges Arbeitsverhältnis mit der Bestellung zum Organmitglied endet. Nach der älteren Rspr. des BAG sollte im Zweifel das bisherige Arbeitsverhältnis lediglich ruhen, wenn sich an den Vertragsbedingungen des Beförderten im Übrigen nichts ändere. Im Fall der Abberufung des Organmitglieds lebe das Arbeitsverhältnis wieder in seinem ursprünglichen Inhalt auf[2]. In späterer Rspr. ist das BAG hiervon abgerückt[3], und ging davon aus, dass jedenfalls ein Probearbeitsverhältnis im Zweifel mit Abschluss des Anstellungsvertrags als beendet anzusehen ist; auch im Übrigen müssten konkrete Anhaltspunkte für den Willen der Parteien bestehen, das ursprüngliche Arbeitsverhältnis ruhend fortbestehen zu lassen. Im Normalfall sei dagegen von einer **Vertragsumwandlung** auszugehen[4]. Diese für den GmbH-Geschäftsführer entwickelte Rspr. dürfte auf andere Organmitglieder übertragbar sein. Für die Praxis ist es im Hinblick auf diese Rspr. zu empfehlen, im Zusammenhang mit der Bestellung zum Organmitglied eine ausdrückliche Regelung darüber zu treffen, ob das ursprüngliche Arbeitsverhältnis beendet werden soll oder fortbesteht. Dies gilt insb. deshalb, weil seit dem 1.1.2000 § 623 zwingend die Schriftlichkeit einer Kündigung oder Auflösungsvereinbarung eines Arbeitsvertrags vorschreibt. Eine konkludente Aufhebung ist damit nicht möglich; in einem schriftlichen Anstellungsvertrag müssen entsprechend der Andeutungstheorie zumindest Anzeichen für einen solchen Willen der Vertragspartner enthalten sein[5]. Fehlen diese, dann können nur die allgemeinen Regeln der treuwidrigen Berufung auf die fehlende Schriftform als Korrektiv gelten[6]. Selbst wenn eine Aufhebungsklausel im Anstellungsvertrag des Vorstandsmitglieds/Geschäftsführers enthalten ist, mag man Zweifel haben, ob das zuständige Organ gehandelt hat. Für den Anstellungsvertrag sind der Aufsichtsrat/die Gesellschafter zuständig, für den Arbeitsvertrag der Vorstand/die Geschäftsführung. Man wird hier wohl eine Annexkompetenz annehmen müssen. 100

Wird die **Bestellung widerrufen**, ohne dass gleichzeitig der Anstellungsvertrag auf Grund auflösender Bedingung oder Kündigung endet, so wandelt sich das bisherige Anstellungsverhältnis in ein Arbeitsverhältnis, wenn eine Einigung besteht, dass der Vertrag unter den geänderten Bedingungen fortgesetzt werden soll, das ehemalige Organmitglied also zukünftig als (leitender) ArbN für die Gesellschaft tätig werden soll. Fehlt es an einer solchen Einigung, kann der Anstellungsvertrag eines Organmitglieds eine persönliche Weisungsgebundenheit grundsätzlich nicht begründen[7]. Hat das Organmitglied allerdings den Widerruf seiner Bestellung aus wichtigem Grund verschuldet, so kann es verpflichtet sein, in eine Änderung des Anstellungsverhältnisses in einen Arbeitsvertrag einzuwilligen. Lehnt es eine zumutbare Posi- 101

---

1 BGH v. 16.12.1953 – II ZR 41, 53, BGHZ 12, 1, 5; ebenso KK/*Mertens*, § 84 AktG Rz. 38; aA *Henssler*, RdA 1992, 297; *Fleck*, FS Hilger und Stumpf, S. 221. |2 So BAG v. 9.5.1985 – 2 AZR 330/84, AP Nr. 3 zu § 5 ArbGG 1979. |3 BAG v. 7.10.1993 – 2 AZR 260/93, AP Nr. 16 zu § 5 ArbGG 1979. |4 BAG v. 7.10.1993 – 2 AZR 260/93, AP Nr. 16 zu § 5 ArbGG 1979; v. 8.6.2000 – 2 AZR 207/99, AP Nr. 49 zu § 5 ArbGG. |5 *Bauer*, GmbHR 2000, 769; *Krause*, ZIP 2000, 2289. |6 S. hierzu KR/*Spilger*, § 623 BGB Rz. 200 f.; v. Hoyningen-Huene/Linck, § 14 KSchG Rz. 7d. S. auch *Baeck/Hopfner*, DB 2000, 1914. |7 BAG v. 25.6.1997 – 5 AZB 41/96, AP Nr. 36 zu § 5 ArbGG 1979: Ein Dienstnehmer, der zum Geschäftsführer einer GmbH bestellt werden soll, wird nicht dadurch zum Arbeitnehmer, dass die Bestellung zum Geschäftsführer unterbleibt; BGH v. 13.2.1984 – II ZR 2/83, WM 1984, 532 (533): Außerordentliche Kündigung des Anstellungsverhältnisses eines Organmitglieds einer Genossenschaft nach Amtsniederlegung; s. auch BAG v. 20.8.1999 – 2 AZR 12/98, nv. (juris); BGH v. 10.1.2000 – II ZR 251/98, NJW 2000, 1864: Das als freies Dienstverhältnis begründete Anstellungsverhältnis des Organmitglieds einer Sparkasse wandelt sich nicht ohne weiteres mit dem Verlust der Organstellung infolge einer Sparkassenfusion in ein Arbeitsverhältnis um. Aus dem Schrifttum: *Fleck*, FS Hilger und Stumpf, S. 197, 210; MünchHandbAktG/*Wiesner*, § 21 Rz. 4 mwN.

tion als ArbN ab, so kann dies ein wichtiger Grund sein, nun auch den Anstellungsvertrag fristlos zu kündigen. Wird nach Beendigung der Organstellung das Dienstverhältnis als Arbeitsverhältnis fortgeführt, greift das KSchG ein, und zwar auch dann, wenn die Kündigung auf Vorfälle während der Amtszeit als Organmitglied gestützt wird[1].

102 Beendigt seinerseits das Organmitglied durch **Rücktritt** die Organmitgliedschaft, so muss auch damit nicht unbedingt die Kündigung des Anstellungsverhältnisses verbunden sein. Das Organmitglied kann am Anstellungsvertrag festhalten und behält so den Anspruch auf seine Bezüge, bis die Gesellschaft ihrerseits den Anstellungsvertrag kündigt. Die Kündigung kann ordentlich ausgesprochen werden, soweit eine solche Kündigung im Anstellungsvertrag vorgesehen war, für eine außerordentliche Kündigung bedarf es eines wichtigen Grundes gemäß § 626. Der aber wird zumindest dann nicht vorliegen, wenn die Gründe für die Amtsniederlegung im pflichtwidrigen Verhalten der Gesellschaft liegen; hier kann das ehemalige Organmitglied am Anstellungsvertrag festhalten[2]. In diesem Fall kann die Gesellschaft nach Treu und Glauben verpflichtet sein, über einen Fortbestand des Anstellungsverhältnisses als Arbeitsverhältnis zu verhandeln. Weigert sie sich, so kann das ehemalige Organmitglied entsprechend dem Rechtsgedanken des § 628 Abs. 2 Schadensersatz gemäß § 280 verlangen. Legt ein Organmitglied sein Amt nieder, ohne eine Erklärung hinsichtlich des Anstellungsvertrags abzugeben, so ist im Zweifel davon auszugehen, dass beide Rechtsverhältnisse enden sollen[3].

103 **8. Weitere Einzelfälle.** Die ArbN-Eigenschaft wurde **bejaht** für: **Außenrequisiteur** (BAG v. 2.6.1976 – 5 AZR 131/75, AP Nr. 20 zu § 611 BGB – Abhängigkeit); **Büffetier** (LAG Hamm v. 20.10.1999 – 2 Sa 248/99, NZA-RR 2000, 318); **Co-Piloten** von Verkehrsflugzeugen (BAG v. 16.3.1994 – 5 AZR 447/92, AP Nr. 68 zu § 611 BGB – Abhängigkeit); **Croupier** (BAG v. 30.6.1966 – 5 AZR 256/65, AP Nr. 1 zu § 611 BGB – Croupier); **Detektiv** (BGH v. 22.5.1990 – IX ZR 208/89, WM 1990, 1552); **DRK-Geschäftsführer** eines Kreisverbandes, dessen Vertretungsbefugnis nicht auf Satzung beruht (BAG v. 5.5.1997 – 5 AZB 35/96, AP Nr. 31 zu § 5 ArbGG 1979); **Beigeordnete** (ehrenamtlich) in der Gemeindeverwaltung (BSG v. 22.2.1996 – 12 RK 6/95, NVwZ 1999, 453); **Fahrlehrer** (BAG v. 20.4.1961 – 5 AZR 167/60, AP Nr. 8 zu §§ 133 f. GewO); **Familienhelferin** (BAG v. 6.5.1998 – 5 AZR 347/97, AP Nr. 94 zu § 611 BGB – Abhängigkeit); **Fernsehreporter** (BAG v. 19.11.1998 – 5 AZR 653/96, AP Nr. 90 zu § 611 BGB – Abhängigkeit); **Fleischbeschau-Tierarzt** (BSG v. 24.11.1967 – 3 RK 3/65, AP Nr. 11 zu § 611 BGB – Fleischbeschau-Dienstverhältnis); **Fotomodell** (BSG v. 12.12.1990 – 11 Rar 73/90, NZA 1991, 907; OLG Düsseldorf v. 18.9.1987 – 5 Ss (OWi) 306/87 – 229/87 I, NZA 1988, 59 [es kommt auf die Umstände des Einzelfalls an]); **Frachtführer**, der **nur für einen Spediteur** tätig wird, wenn stark eingeschränkt (BAG v. 19.11.1997 – 5 AZR 653/96, AP Nr. 90 zu § 611 BGB – Abhängigkeit; v. 30.9.1998 – 5 AZR 563/97, AP Nr. 103 zu § 611 BGB – Abhängigkeit; LAG Düsseldorf v. 4.11.1996 – 12 (6) (5) Sa 909/96, BB 1997, 891; LAG Nds. v. 26.1.1999 – 7 Sa 1192/98, NZA 2000, 320 [Hinzuziehung Dritter bei Krankheit]; BGH v. 21.10.1998 – VIII ZB 54/97, NZA 1999, 110; ArbG Ludwigshafen v. 12.3.1996 – 1 Ca 1809/95, NZA-RR 1997, 122). **Dagegen selbständig**, wenn er die Möglichkeit hat, eigene Fahrten zu machen. Dabei ist unerheblich, ob er die Möglichkeit nutzt (BAG v. 30.9.1998 – 5 AZR 563/97, AP Nr. 103 zu § 611 BGB – Abhängigkeit; v. 27.6.2001 – 5 AZR 561/99, AP Nr. 6 zu § 611 BGB – ArbN-Ähnlichkeit). **Franchise-Nehmer** kann nach den Umständen des Einzelfalls ArbN sein (LAG Düsseldorf v. 20.10.1987 – 16 TaBV 83/87, DB 1988, 293; BAG v. 16.7.1997 – 5 AZB 29/96, AP Nr. 37 zu § 5 ArbGG 1979); **Gebührenbeauftragter** des Rundfunks, nach den Umständen des Einzelfalls zu beurteilen (BAG v. 26.5.1999 – 5 AZR 469/98, AP Nr. 104 zu § 611 BGB – Abhängigkeit; v. 30.8.2000 – 5 AZB 12/00, AP Nr. 75 zu § 2 ArbGG 1979); **Hilfsrestaurator** (BAG v. 9.12.1959 – 4 AZR 253/57, AP Nr. 16 zu § 1 TOA); **Justizaushelfer** (BAG v. 29.11.1961 – 4 AZR 359/60, AP Nr. 30 zu § 1 TOA); **Kommissionär**, der eingeschränkt arbeitet (BAG v. 8.9.1997 – 5AZB 3/97, AP Nr. 38 zu § 5 ArbGG 1979); **Küchenchef** (ArbG Bamberg v. 18.10.1974 – 3 Ca 373/74, ARSt 1976, 14); **Kundenberater** (BAG v. 6.5.1998 – 5 AZR 247/97, AP Nr. 102 zu § 611 BGB – Abhängigkeit); **Liquidator** von Treuhand bestellt (BAG v. 29.12.1997 – 5 AZB 38/97, AP Nr. 40 zu § 5 ArbGG 1979); **Makler** (LAG Köln v. 18.12.2000 – 7 Ta 184/00, AuR 2001, 154); **Pharmaberater** im Außendienst (LAG Hamm v. 5.10.1989 – 16 Sa 762/89, DB 1990, 2027; dagegen ArbG München v. 29.5.1990 – 10 Ca 11935/89, DB 1990, 2028); **Piloten** (BAG v. 16.3.1994 – 5 AZR 447/92, AP Nr. 68 zu § 611 BGB – Abhängigkeit); **Propagandisten** im Kaufhaus (BAG v. 23.4.1997 – 5 AZR 727/95, AP Nr. 40 zu § 256 ZPO 1977; BGH v. 11.3.1982 – I ZR 27/80, AP Nr. 3 zu § 84 HGB; LSG Berlin v. 14.8.1996 – L 15 Kr 16/95, AP Nr. 83 zu § 611 BGB – Abhängigkeit; LAG Köln v. 30.6.1995 – 4 Sa 63/95, AP Nr. 80 zu § 611 BGB – Abhängigkeit); **Reinigungskräfte** (LAG Düsseldorf v. 3.5.1957 – 3 Sa 27/57, BB 1957, 1072 [Hilfskraft Reinigung]); **Rentenauszahlhilfe** (BAG v. 21.10.1965 – 5 AZR 146/65, AP Nr. 1 zu § 1 BUrlG); **Repetitor** (LAG Hamm v. 22.8.1989 – 11 Sa 24/89, AP Nr. 7 zu § 5 ArbGG 1979); **Sargträger** in Dienstkleidung und täglicher Meldepflicht (LAG Düsseldorf v. 9.9.1997 – 8 Sa 756/97, NZA-RR 98, 193); **Schaufensterdekorateur** (LAG Düsseldorf v. 6.11.1959 – 4 Sa 448/59, AP Nr. 15 zu § 59 HGB); **Schornsteinfeger** (BAG v. 30.11.1961 – 5 AZR 497/60, AP Nr. 1 zu § 611 BGB – Schornsteinfeger; v. 3.4.1958 – 2 RU 44/54, AP Nr. 6 zu § 537 RVO); **Stromableser** mit festem Ablesebezirk und Anweisung bzgl. der Arbeitsmodalitäten (BFH v. 24.7.1992 – VI R 126/88, AP Nr. 63 zu § 611 BGB –

---

[1] BAG v. 22.2.1974 – 2 AZR 289/73, AP Nr. 19 zu § 5 ArbGG 1953; s. auch *Bauer*, DB 1992, 1413 (1415).
[2] S. etwa BGH v. 9.2.1978 – II ZR 189/76, NJW 1978, 1435 für die Amtsniederlegung eines GmbH-Geschäftsführers, von dem die Gesellschaft gesetzeswidrige Maßnahmen verlangte. [3] S. auch *Bauer*, DB 1992, 1422.

Abhängigkeit); **Subdirektor** einer Versicherung (BAG v. 19.6.1963 – 5 AZR 314/62, AP Nr. 1 zu § 92 HGB); **Telefonberater** eines Versandunternehmens (LAG Berlin v. 2.12.1998 – 13 Sa 106/98, NZA 2000, 431); **Telefonist** (BAG v. 7.11.1958 – 2 AZR 465/55, AP Nr. 1 zu § 616 BGB – Angestellter; v. 29.11.1958 – 2 AZR 245/58, AP Nr. 12 zu § 59 HGB; v. 20.5.1969 – 1 ABR 20/68, AP Nr. 1 zu § 5 BetrVG); **Vereinsgeschäftsführer** (LAG Nürnberg v. 5.3.2000 – 1 Ta 47/01, AuR 2001, 19: *offen gelassen*); **Werbesprecher** (ArbG Bochum v. 6.8.1969 – 1 Ca 404/69, DB 1970, 1087); **Werkleiter** (BGH v. 23.2.1989 – IX ZR 236/86, AP Nr. 9 zu § 611 BGB – Treuepflicht); **Zeitungsausträger** (BAG v. 29.3.1974 – 1 ABR 27/73, AP Nr. 2 zu § 19 BetrVG 1972; LAG München v. 26.6.1953 – I 6/53, RdA 1953, 438; LAG Hamm v. 8.9.1977 – 8 Sa 468/77, DB 1978, 798; BAG v. 29.3.1974 – 1 ABR 27/73, AP Nr. 2 zu § 19 BetrVG 1972; ArbG Hanau v. 16.8.1990 – 1 BV 2/90, NZA 1991, 178; LAG Düsseldorf v. 5.3.1996 – 16 Sa 1532/95, DB 1996, 1285; BSG v. 15.2.1989 – 12 RK 34/87, AP Nr. 1 zu § 611 BGB – Zeitungsträger; dagegen BAG v. 16.7.1997 – 5 AZR 312/96, AP Nr. 4 zu § 611 BGB – Zeitungsträger); bei Einstellung von Hilfskräften spricht dies gegen ArbN-Eigenschaft (BAG v. 16.7.1997 – 5 AZR 312/96, AP Nr. 4 zu § 611 BGB – Zeitungsträger; ArbG Oldenburg v. 7.6.1996 – 3 Ca 819/95, NZA-RR 1997, 162).

ArbN-Eigenschaft wurde **verneint** bei: **Barpianist** (LAG Berlin v. 6.8.1997 – 17 TA 6/97, FA Arbeitsrecht 1998, 91); **Geschäftsführer einer Kreishandwerkerschaft**, der diese kraft Satzung vertritt (BAG v. 11.4.1997 – 5 AZB 32/96, AP Nr. 47 zu § 2 ArbGG 1979); **Handicapper** im Pferderennsport (BAG v. 13.12.1962 – 2 AZR 128/62, AP Nr. 3 zu § 611 BGB – Abhängigkeit); **Hausmeister**, der anfallende Arbeiten auch von Dritten ausführen lassen kann und auf die Tätigkeit nicht zur Sicherung seiner Existenz angewiesen ist (OLG Köln v. 13.8.1993 – 11 W 38/93, AP Nr. 5 zu § 12a TVG); **IT-Freiberufler** für Unternehmensberatung (LG Wuppertal v. 15.6.1999 – 5 O 274/98, CR 2000, 358); **Jugendbetreuer** in Jugendfreizeitstätte (BAG v. 20.10.1993 – 7 AZR 234/93, nv. [juris]; v. 9.5.1984 – 5 AZR 195/82, AP Nr. 45 zu § 611 BGB – Abhängigkeit [nebenberuflich]); **Kioskbetreiber** im Nebenberuf (OLG Karlsruhe v. 22.7.1998 – 19 W 55/98, NZA-RR 1998, 463); **Lotsen** (BGH v. 28.9.1972 – II ZR 6/71, AP Nr. 1 zu § 611 BGB – Lotse); **Postagentur-Verwalter** (OLG Karlsruhe v. 22.7.1998 – 19 W 55/98, NZA-RR 1998, 463); **Rundfunkgebührenermittler** (Hess. VGH v. 17.3.1998 – 11 UE 957/96, ZTR 1998, 422; BAG v. 26.5.1999 – 5 AZR 469/98, AP Nr. 104 zu § 611 BGB – Abhängigkeit); **Schauspieler** bei Funk und Fernsehen (LAG Bremen v. 25.10.1989 – 2 Sa 32/89, AuR 1990, 295; dagegen LAG Saarbrücken v. 22.9.1965 – 2 Sa 45/64, AP Nr. 10 zu § 611 BGB – Film); **Subunternehmer** im Paketdienst mit 18 Angestellten (LAG Köln v. 5.3.1997 – 4 Ta 253/96, NZA-RR 1998, 373); **Synchronsprecher** des Rundfunks (SG Hamburg v. 6.12.1991 – 21 KR 306/90, BB 1992, 715; vgl. aber BAG v. 30.11.1994 – 5 AZR 704/93, AP Nr. 74 zu § 611 BGB – Abhängigkeit); **Tankstellenbetreiber/-verwalter** (BSG v. 11.8.1966 – 3 RK 57/63, AP Nr. 5 zu § 611 BGB – Abhängigkeit; BGH v. 6.8.1997 – VIII ZR 150/96, BB 1997, 2607; v. 25.10.2000 – VIII ZB 30/00); als **Geschäftsführer** einer GmbH (ArbG Mönchengladbach v. 19.1.2000 – 2 Ca 3647/99, NZA-RR 2000, 412); **Toilettenpächter** (LAG Düsseldorf v. 21.3.1957 – 2 Sa 22/57, AP Nr. 6 zu § 5 ArbGG 1953 [auf Rheindampfer]; BSG v. 4.7.1962 – 3 RK 23/58, AP Nr. 4 zu § 165 RVO); **Trainer** (LAG Düsseldorf v. 26.3.1992 – 7 Ta 20/92, LAGE § 611 BGB – ArbN-Begriff Nr. 25 [nebenberuflich im Amateurverein]; LAG Frankfurt v. 27.10.1964 – 5 Sa 136/64, AP Nr. 4 zu § 611 BGB – Abhängigkeit [nebenberuflicher Fußballtrainer in kleinerem Verein]; ArbG Kempen v. 5.11.1997 – 3 Ca 1317/97, BB 1998, 1007 [Tennistrainer]); **Versicherungsmitarbeiter** ohne Rechenschaftspflichten (BAG v. 15.12.1999 – 5 AZR 566/98, 5 AZR 770/98, 5 AZR 169/99, AuR 2000, 23; LAG Düsseldorf v. 6.3.1991 – 4 TaBV 119/90, AuR 1991, 379).

IV. Einzelne Gruppen von ArbN

Lit.: *Hromadka*, Gleichstellung von Arbeitern und Angestellten, 1989; *Molitor*, zur Problematik der Unterscheidung zwischen Arbeitern und Angestellten, RdA 1989, 240; *Wank*, Arbeiter und Angestellte, 1992; *Weyel*, Tarifrecht im Umbruch – Zur tariflichen Gleichstellung von Arbeitern und Angestellten, NZA 1987, 765.

1. Arbeiter und Angestellte. Die **Unterscheidung** zwischen Arbeitern und Angestellte hat eine lange Tradition, im deutschen Arbeitsrecht jedoch heute **nur noch geringe Bedeutung**. Arbeiter ist derjenige ArbN, der nicht Angestellter ist. Der Begriff des Angestellten im Rechtssinn tauchte erstmals im SozV-Recht auf; dort ist eine Unterscheidung wegen der unterschiedlichen Versicherungsträger von Angestellten (die BfA) und Arbeitern (LVA) weiterhin erforderlich. Mit dem AVG vom 20.12.1911 (RGBl. S. 989) wurde für Angestellte eine eigene RV geschaffen. Das Gesetz verzichtete auf eine Begriffsbestimmung und führte einige Angestelltengruppen als versichert auf (§ 1 Nr. 1 bis 6). Die Novelle vom 10.11.1922 (RGBl. I 849) enthielt ebenfalls keine Definition des Begriffs „Angestellter"; nach § 1 Abs. 1 AVG wurden Angestellte versichert, insb. die in Nr. 1 bis 7 genannten Angestelltengruppen. Heute gibt § 133 Abs. 2 SGB VI eine nicht abschließende Liste typischer Angestelltenberufe. Das maßgebliche **Abgrenzungskriterium** setzt nach überkommener Definition an der Tätigkeit des ArbN an: Ist sie **überwiegend geistig**, ist er Angestellter, ist sie **überwiegend körperlich**, ist er Arbeiter[1]. Der im Schrifttum verschiedentlich vertretene Auffassung, diese Unterscheidung sei heute nicht mehr möglich, ist das BVerfG nicht gefolgt[2]. Dennoch ist angesichts der gestiegenen intellektuellen Anforderungen auch an früher allein durch die

---

1 BAG v. 23.1.1980 – 5 AZR 780/78, BB 1980, 977; v. 1.9.1982 – 4 AZR 951/79, AP Nr. 65 zu §§ 22, 23 BAT 1975.
2 BVerfG v. 16.11.1982 – 1 BvL 16/75 ua., BVerfGE 62, 256 (275); v. 30.5.1990 – 1 BvL 2/83, AP Nr. 28 zu § 622 BGB.

körperliche Belastung geprägte Arbeiten die Unterscheidung mehr und mehr verwischt. Judikate, die eine Zuordnung umstrittener Grenzfälle vornehmen, sind dementsprechend zumeist älteren Datums[1].

106 Wo § 133 Abs. 2 SGB IV **keine ausdrückliche Regelung** trifft, entscheidet die Verkehrsauffassung. Ein wesentliches Indiz hierfür ist die Einordnung durch die TV-Praxis[2]. Wo sie fehlt und eine Verkehrsauffassung nicht festzustellen ist, ist Angestellter der, der überwiegend kaufmännische oder Büroarbeit leistet oder eine leitende Tätigkeit ausübt[3]. Bei der Verrichtung von gemischten Tätigkeiten entscheidet der Schwerpunkt der Tätigkeit[4].

107 Das BVerfG hat die ehemalige Unterscheidung der Länge der gesetzlichen Kündigungsfristen gemäß § 622 aF als verfassungswidrig erkannt[5]. Im **BetrVG** wurde die Unterscheidung zwischen Arbeitern und Angestellten mit dem BetrVerf-Reformgesetz vom 23.7.2001 (BGBl. I S. 1852) abgeschafft. Auch weiterhin findet sich diese Gruppenbildung im Personalvertretungsrecht des öffentlichen Dienstes, und auch in der **Tarifpraxis** gibt es oftmals unterschiedliche Verträge für Arbeiter und Angestellte. Anknüpfend an diese tarifvertragliche Differenzierung hat die Unterscheidung praktische Relevanz beim allgemeinen arbeitsrechtlichen **Gleichbehandlungsgrundsatz** (s. § 611 Rz. 181 ff.). Auch hier werden die Unterscheidungen aber wohl in Zukunft seltener werden. Die ehemals allein Angestellte repräsentierende DAG ist inzwischen in ver.di aufgegangen.

108 **2. Leitende Angestellte.** In verschiedenen arbeitsrechtlichen Gesetzen finden sich Vorschriften, die besondere Regelungen für leitende Angestellte vorsehen. Gemäß § 5 Abs. 3 BetrVG unterfällt der leitende Angestellte nicht dem Geltungsbereich des BetrVG, sondern ihn repräsentieren die SprAu nach dem SprAUG. Auch das ArbZG klammert ihn aus seinem Anwendungsbereich aus (s. § 18 Abs. 1 Nr. 1 ArbZG), vom KSchG wird er erfasst, jedoch kann der ArbGeb auch dann einen Auflösungsantrag stellen, wenn ihm die Fortsetzung des Arbeitsverhältnisses zuzumuten ist, § 14 Abs. 2, § 9 Abs. 1 Satz 2 KSchG. Seine Entlassung ist nicht anzeigepflichtig nach § 17 Abs. 5 Nr. 2 KSchG, als ehrenamtlicher Richter kann er die ArbGebSeite repräsentieren (§ 22 Abs. 2 ArbGG) und das MitbestG enthält Sonderregelungen zur Wahl des Aufsichtsrats, s. § 15 Abs. 2 MitbestG. Die Rspr. hat einige weitere Regelungen dazugenommen. So gelten die Haftungserleichterungen des innerbetrieblichen Schadensausgleichs zumindest für bestimmte leitende Angestellte nicht. Hierzu und zur aktuellen Rechtsprechung s. § 619a Rz. 20.

109 Einen einheitlichen **Begriff des leitenden Angestellten** gibt es nicht. Das BetrVG definiert ihn in § 5 Abs. 3, 4 BetrVG nur für seinen Anwendungsbereich und qua Verweis für den des MitbestG und den SprAuG. Die Rspr. macht zwar Anleihen auch in Judikaten zum jeweils anderen Gesetz, grundsätzlich ist jedoch nach dem abweichenden Wortlaut der jeweiligen Vorschriften zu differenzieren. Kennzeichnend für alle Regelungen ist die Vorstellung von einem ArbN, der für das Unternehmen oder einen Betrieb des Unternehmens unter eigener Verantwortung typische Unternehmensfunktionen mit einem eigenen erheblichen Entscheidungsspielraum wahrnimmt[6]. Diese Nähe zum ArbGeb rechtfertigt die teilweise Rücknahme arbeitsrechtlichen Schutzes. Hieraus ergeben sich auf der anderen Seite erhöhte Treuepflichten. Die Rspr. spiegelt dies in den Entscheidungen zur erleichterten, abmahnungsfreien Kündigung bei ArbN mit besonderer Vertrauensstellung (s. zur aktuellen Rechtsprechung § 1 KSchG Rz. 186 f.).

110 Vom leitenden Angestellten iSd. Gesetze zu unterscheiden ist der **außertarifliche Angestellte**, jene Gruppe von ArbN also, die nicht mehr vom personellen Anwendungsbereich eines TV erfasst werden, weil ihr Entgelt über der höchsten Tarifgruppe liegt[7]. Dieser Personenkreis ist regelmäßig größerer als der der leitenden Angestellten.

111 **3. ArbN-Ähnliche Personen.** ArbN-Ähnliche Personen sind keine ArbN, werden aber von einigen arbeitsrechtlichen Gesetzen als dem ArbN vergleichbar eingestuft und daher vom arbeitsrechtlichen Schutz erfasst. Für die Klage arbeitnehmerähnlicher Personen sind gemäß § 5 Abs. 1 Satz 2 ArbGG die ArbG zuständig, sie haben einen gesetzlichen Urlaubsanspruch nach § 2 Satz 2 BUrlG, für sie greift der Schutz des BeschSchG gemäß § 2 Abs. 2 Nr. 1 BeschSchG, die Unfallverhütung des ArbGeb kommt nach § 2 Abs. 2 Nr. 3 ArbSchG auch ihnen zugute, gemäß § 12a TVG können die TV-Parteien auch zu

---

1 So ist ArbN der Koch, auch wenn er die Speisen mitkalkuliert, LAG Köln v. 24.5.1989 – 2 Sa 321/89, DB 1989, 2283, und der Schulhausmeister, sofern der nicht überwiegend überwachende und beaufsichtigende Tätigkeit zu verrichten hat (BAG v. 1.9.1982 – 4 AZR 951/79, AP Nr. 65 zu §§ 22, 23 BAT 1975). Der Portier eines Tanzcafés gehört dazu (LAG Bremen v. 19.8.1960 – 2 Sa 74/60, DB 1960, 1506) der Striptease-Tänzerin (LAG Düsseldorf v. 19.4.1972 – 12 Sa 726/71, AuR 1972, 254), Hilfskräfte bei der chemischen Reinigung (LAG Düsseldorf v. 3.5.1957 – 3 Sa 43/57, BB 1957, 1072), die Verkäuferin in einem Kiosk und – heute wohl fraglich – der Werksfeuermann und Werksschutzangehörige (BSG v. 29.4.1971 – 3 RK 84/70, BB 1971, 1105; v. 21.1.1969 – 3 RK 40/66, AP Nr. 8 zu § 3 AVG nF) und der Zahntechniker im Zahnlabor (LAG Frankfurt v. 9.3.1984 – 13 Sa 104/83, DB 1984, 1530). Weitere Beispiele s. Küttner/Bauer, Personalhandbuch 2003, Arbeitnehmer Rz. 21 f.; Schaub, ArbRHdb, § 14 Rz. 12 ff. |2 BAG v. 29.11.1958 – 2 AZR 245/58, DB 1959, 290; v. 4.8.1993 – 4 AZR 515/92, NZA 1994, 39. |3 BAG v. 24.7.1957 – 4 AZR 445/54, DB 1957, 457. |4 BAG v. 29.11.1958 – 2 AZR 245/58, DB 1959, 290. |5 BVerfG v. 30.5.1990 – 1 BvL 2/83, BVerfGE 82, 126, (148). |6 BAG v. 11.1.1995 – 7 ABR 33/94, AP Nr. 55 zu § 5 BetrVG 1972 im Hinblick auf § 5 Abs. 3 BetrVG; s. zur gewandelten Ansicht von der Eigenverantwortlichkeit von Chefärzten im Hinblick auf die Einordnung als leitende Angestellte Diringer, NZA 2003, 890 ff. |7 S. BAG v. 18.9.1973 – 1 ABR 7/73, AP Nr. 3 zu § 80 BetrVG; v. 28.5.1974 – 1 ABR 22/73, AP Nr. 6 zu § 80 BetrVG 1972.

ihren Gunsten TV vereinbaren. § 611a ist wohl analog auch auf diesen Personenkreis anwendbar, s. § 611a Rz. 14. Auch gibt es ländergesetzliche Bestimmungen, wonach arbeitnehmerähnliche Personen einen Anspruch auf Bildungsurlaub haben, s. zB § 2 ArbN-Weiterbildungsgesetz NW, nicht aber § 2 Hamburgisches Bildungsurlaubsgesetz. Ansonsten sind arbeitsrechtliche Vorschriften grundsätzlich nicht anwendbar. § 613a etwa ist bei Betriebsübergang nicht analog heranzuziehen[1]. Auch die Haftungserleichterungen des betrieblichen Schadensausgleichs kommen nach hM nur dem ArbN zugute[2]. Besondere Regelungen gelten bei der Beendigung eines Dienstvertrags mit arbeitnehmerähnlichen Personen: Der allgemeine und besondere arbeitsrechtliche Kündigungsschutz sind nicht anwendbar, jedoch kann das arbeitnehmerähnliche Dauerrechtsverhältnis des freien Mitarbeiters mangels Vorliegens eines wichtigen Grundes von der Rundfunkanstalt nur mit einer Ankündigungsfrist von zwei Wochen rechtswirksam gelöst werden[3]. Das „arbeitnehmerähnliche Dauerrechtsverhältnis" schaffe ein schuldrechtliches Band zwischen den Vertragspartnern; daraus folgt für den Dienstherrn die Pflicht, auf die Belange eines von ihm wirtschaftlich völlig abhängigen freien Mitarbeiters gebührend Rücksicht zu nehmen, dh. insb., diesen nicht plötzlich seiner Existenzgrundlage zu berauben. Einige Stimmen im Schrifttum fordern mit überzeugenden Gründen im Hinblick auf die Rspr. des BVerfG zum Kündigungsschutz in Kleinbetrieben[4] weiter gehend noch einen Mindestkündigungsschutz auch hier[5]. Der besondere Diskriminierungsschutz des § 611a ist auf ArbN-Ähnliche im Zuge europarechtskonformer Auslegung wohl anwendbar (s. § 611a Rz. 14).

Kennzeichnend für die Gruppe der arbeitnehmerähnlichen Personen ist ihre **wirtschaftliche Abhängigkeit**[6]. Sie sind wegen ihrer fehlenden Eingliederung in die betriebliche Organisation und die Möglichkeit, über ihre Arbeitszeit im Wesentlichen frei zu bestimmen, in geringerem Maße persönlich abhängig als ArbN. ArbN-Ähnliche Personen sind daher Selbständige[7]. 112

Einen **einheitlichen Begriff** der arbeitnehmerähnlichen Person gibt es freilich nicht. § 5 Abs 1 Satz 2 ArbGG definiert sie als „Personen, die wegen ihrer wirtschaftlichen Unselbständigkeit als arbeitnehmerähnliche Personen anzusehen sind", sprachlich leicht abweichend nennt sie § 2 Satz 2 BUrlG „Personen, die wegen ihrer wirtschaftlichen Unselbständigkeit als arbeitnehmerähnliche Personen anzusehen sind", § 2 Abs. 2 Nr. 1 BeschSchG spricht schließlich schlicht vom „Beschäftigten am Arbeitsplatz" und meint damit ArbN und ArbN-Ähnliche. Eine verbreitet zur näheren Bestimmung des Begriffs der arbeitnehmerähnlichen Person herangezogene Legaldefinition findet sich in § 12a Abs. 1 TVG[8]. Eine arbeitnehmerähnliche Person ist danach eine Person, die wirtschaftlich abhängig und vergleichbar einem ArbN sozial schutzbedürftig ist. Diese Definition macht sich auch die Rspr. außerhalb des Tarifrechts zu Eigen[9]. Für das Kriterium der sozialen Schutzbedürftigkeit sind die gesamten Umstände des Einzelfalls unter Berücksichtigung der Verkehrsanschauung maßgeblich; entscheidend sind die gesamten Umstände des Einzelfalles[10]. Soziale Schutzbedürftigkeit ist anzunehmen, wenn das Maß der Abhängigkeit nach der Verkehrsanschauung einen solchen Grad erreicht, wie er im Allgemeinen nur in einem Arbeitsverhältnis vorkommt und die geleisteten Dienste nach ihrer sozialen Typik mit denen eines ArbN vergleichbar sind[11]. Die TV-Parteien können den Begriff der sozialen Schutzbedürftigkeit nicht über den gesetzlichen Begriff hinaus erweitern und damit weitere Personenkreise in den Geltungsbereich eines TV einbeziehen. Ein derartiger TV ist teilweise unwirksam[12]. Einzelheiten s. § 12a TVG Rz. 6 ff.; § 5 BetrVG Rz. 11. 113

Unter den **Einzelfällen**, die zur Entscheidung der Gerichte standen, wurden als arbeitnehmerähnliche Personen eingeordnet oder nicht eingeordnet: **Au-Pair** (ArbG Hanau v. 8.2.1996 – 2 Ca 772/95, DB 1996, 2446: *arbeitnehmerähnlich*, wenn in nicht unerheblichem zeitlichem Umfang tätig und als Gegenleistung Unterhalt und Taschengeld, sofern sie aufgrund ihrer wirtschaftlichen Lage auf diese zur Sicherung ihrer wirtschaftlichen Existenz angewiesen ist); **Betriebsprüfer** (LAG Bremen v. 26.10.1956 – Sa 113/55, AP Nr 3 zu § 5 ArbGG 1953: *arbeitnehmerähnlich*, wenn er sich dadurch in wirtschaftliche Abhängigkeit begibt, dass er ohne jede Möglichkeit zur Übernahme sonstiger Aufgaben für ein Unternehmen tätig wird); **Bühnenbildnerin** im Medienbereich (LAG Berlin v. 16.8.1983 – 9 Sa 23/82, EzA § 611 BGB – ArbN-Begriff Nr. 29); **Dozent am Weiterbildungsinstitut** (BAG v. 11.4.1997 – 5 AZB 33/96, AP Nr. 30 zu § 5 ArbGG 1979. S. auch NZA 1998, 499: *arbeitnehmerähnlich*); (LAG Hess. v. 11.7.1996 – 12 Ta 240/96, ZTR 1996, 518: *ar- 114

---

1 BAG v. 3.7.1980 – 3 AZR 1077/78, BB 1981, 1466 in Bezug auf Heimarbeitsverhältnisse. | 2 BGH v. 7.10.1969 – VI ZR 223/67, AP Nr. 51 zu § 611 BGB – Haftung des Arbeitnehmers; LAG Berlin v. 29.10.1990 – 9 Sa 67/90, LAGE § 611 BGB – Arbeitnehmerhaftung Nr. 15; MünchArbR/*Blomeyer*, § 59 Rz. 68 mwN. S. auch *Hromadka*, NZA 1997, 569 (579). | 3 BAG v. 7.1.1971 – 5 AZR 221/70, AP Nr. 8 zu § 611 BGB – Abhängigkeit; Bestätigung von BAG v. 8.7.1967 – 5 AZR 461/66, AP Nr. 6 zu § 611 BGB – Abhängigkeit. | 4 BVerfG v. 27.1.1998, BVerfGE 97, 169. | 5 *Pfarr*, FS Kehrmann, 1997, S. 75 (92); *Appel/Frantzioch*, AuR 1998, 93 (97); *Oetker*, FS LAG Rh.-Pf., 1999, S. 311 ff. | 6 BAG v. 17.6.1999 – 5 AZB 23/98, NZA 1999, 1175; *Schaub*, ArbRHdb, § 9 Rz. 1; ErfK/*Preis*, § 611 BGB Rz. 134. | 7 BAG v. 30.8.2000 – 5 AZB 12/00, NZA 2000, 1359. | 8 Vgl. auch *Schaub*, ArbRHdb, § 9 Rz. 2. | 9 BAG v. 16.7.1997 – 5 AZB 29/96, NZA 1997, 1126; s. auch BAG v. 30.8.2000 – 5 AZB 12/00, NZA 2000, 1359; v. 17.6.1999 – 5 AZB 23/98, NZA 1999, 1175. | 10 St. Rspr. des BAG; vgl. BAG v. 17.10.1990 – 5 AZR 639/89, BAGE 66, 113 (116); v. 28.6.1973 – 5 AZR 568/72, AP Nr. 2 zu § 2 BUrlG 1982; v. 23.12.1961 – 5 AZR 53/61, AP Nr. 2 zu § 717 ZPO; ebenso BGH v. 23.2.1977 – VIII ZR 222/75, AP Nr. 15 zu § 850h ZPO. | 11 BAG v. 17.12.1968 – 5 AZR 86/68, AP Nr. 17 zu § 5 ArbGG 1953; v. 17.10.1990 – 5 AZR 106/90, BAGE 66, 95; v. 23.12.1961 – 5 AZR 53/61, AP Nr. 2 zu § 717 ZPO; v. 13.10.1962 – 2 AZR 128/62, AP Nr. 3 zu § 611 BGB – Abhängigkeit; v. 17.12.1968 – 5 AZR 86/68, AP Nr. 17 zu § 5 ArbGG 1953. | 12 BAG v. 2.10.1990 – 4 AZR 106/90, BAGE 66, 95.

beitnehmerähnlich, wenn ihm entweder eine wirtschaftlich-rechtliche oder sozialrechtliche Kompensation gewährt wird oder der Vertrag wie bei ArbN-Tätigkeit typisch durchgeführt wird); **Erfinder** (BAG v. 13.9.1956 – 2 AZR 605/54, AP Nr. 2 zu § 5 ArbGG 1953: *arbeitnehmerähnlich*); **Frachtführer** (BGH v. 21.10.1998 – VIII ZB 54/97, NZA 1999, 110: *nicht arbeitnehmerähnlich*; LAG Düsseldorf v. 28.8.1995 – 14 Ta 330/94, BB 1995, 2275: *zumindest arbeitnehmerähnlich*); **Franchisenehmer** (BAG v. 16.7.1997 – 5 AZB 29/96, AP Nr. 37 zu § 5 ArbGG 1979: *arbeitnehmerähnlich*; BGH v. 4.11.1998 – VIII ZB 12/98, NZA 1999, 53: *arbeitnehmerähnlich*); **Freie Mitarbeiter von Rundfunk- und Fernsehanstalten** (BAG v. 17.10.1990 – 5 AZR 639/89, NZA 91, 402: *arbeitnehmerähnlich*; v. 23.9.1992 – 4 AZR 566/91, AP Nr. 21 zu § 1 TVG – TV Rundfunk: *arbeitnehmerähnlich*); **Geschäftsführer einer BKK** (BAG v. 25.7.1996 – 5 AZB 5/96, NZA 1997, 62: *arbeitnehmerähnlich*); **GmbH-Geschäftsführer** (BAG v. 10.7.1980 – 3 AZR 68/79, AP Nr. 1 zu § 5 ArbGG 1979: *arbeitnehmerähnlich*); **Heimdienstfahrer** (LAG BW v. 31.10.1969 – 4 Sa 96/68, DB 1969, 2282: *arbeitnehmerähnlich*); **Kameramann** (BAG v. 8.6.1967 – 5 AZR 461/66, AP Nr. 6 zu § 611 BGB – Abhängigkeit: *Im Einzelfall arbeitnehmerähnlich*, wenn er wirtschaftlich völlig von einem ArbGeb abhängig ist, der ihm jahrelang ständig Einzelaufträge erteilt hat, s. auch BAG v. 7.1.1971 – 5 AZR 221/70, AP Nr. 6 und 8 zu § 611 BGB – Abhängigkeit: *arbeitnehmerähnlich*); **Kommissionär** (BAG v. 8.9.1997 – 5 AZB 3/97, NZA 1997, 1302: *arbeitnehmerähnlich*); **Künstler für einmaliges Engagement** (BAG v. 6.12.1974 – 5 AZR 418/74, AP Nr. 14 zu § 611 BGB – Abhängigkeit: *nicht arbeitnehmerähnlich*); **Kürschnermeister** (BAG v. 19.5.1960 – 2 AZR 197/58, AP Nr. 7 zu § 5 ArbGG 1953: *arbeitnehmerähnlich*); **Lehrbeauftragter an Hochschule** (BAG v. 16.12.1957 – 3 AZR 92/55, AP Nr 3 zu § 611 BGB: *arbeitnehmerähnlich*, wenn ein Lehrauftrag nur für ein Semester erteilt wird); **Lehrer, Dozenten, Nachrichtensprecher** (BAG v. 28.6.73 – 5 AZR 568/72, AP Nr. 2 zu § 2 BUrlG o. Arbeitsrechtsblattes Nr. 5 zu arbeitnehmerähnliche Person); zum Dozenten für ein gewerbliches Weiterbildungsinstitut **Rechtsanwalt (Scheinsozius)** (LAG Hess. v. 1.6.1995 – 12 Ta 447/94, NZA-RR 1996, 64: *arbeitnehmerähnlich*, wenn seinem vollen Unternehmerrisiko nach außen kein angemessener Ausgleich gegenübersteht, wie ihn typischerweise ein selbständiger Anwalt erhält; OLG München v. 24.11.1998 – 29 W 3071/98, EzA Nr. 31 zu § 5 ArbGG: *arbeitnehmerähnlich*, sofern die Rechtsanwälte weitgehend abhängig sind und ihr sozialer Status nach dem Gesamtbild der vertraglichen Gestaltung und der praktischen Handhabung dem von ArbN vergleichbar war); **Redakteur** (BAG v. 23.9.1992 – 4 AZR 566/91, AP Nr. 21 zu § 1 TVG – TV: Rundfunk: *arbeitnehmerähnlich*); **Rechtsanwalt**, der Partner einer Anwaltssozietät ist (BAG v. 15.4.1993 – 2 AZB 32/92, AP Nr. 12 zu § 5 ArbGG 1979: *nicht arbeitnehmerähnlich*); **Reinigungsarbeiter** im Bürohaus (LAG Hamburg v. 25.4.1967 – 1 Sa 5/67, DB 1967, 1816: *arbeitnehmerähnlich*); **Repetitor** (LAG Hamm v. 22.8.1989 – 11 Sa 24/89, AP Nr. 7 zu § 5 ArbGG 1979: *arbeitnehmerähnlich*, wenn er mit dem wesentlichen Teil seiner Arbeitskraft [gegen ein monatliches Bruttogehalt von 1950 DM] tätig ist); **Reporter** (BAG v. 30.6.1975 – 5 AZR 342/74, AP Nr. 12 zu § 11 BUrlG: *arbeitnehmerähnlich*); **Rote-Kreuz-Schwestern** (BAG v. 6.7.1995 – 5 AZB 9/93, NZA 1996, 33: *nicht arbeitnehmerähnlich*); **Rundfunkgebührenbeauftragter** (BAG v. 30.8.2000 – 5 AZB 12/00, AP Nr. 75 zu § 2 ArbGG 1979: *arbeitnehmerähnlich*; v. 2.10.1990 – 4 AZR 106/90, AP Nr. 1 zu § 12a TVG: *nicht arbeitnehmerähnlich*); **Theaterintendant** (BAG v. 16.8.1977 – 5 AZR 290/76, AP Nr. 23 zu § 611 BGB – Abhängigkeit: *nicht arbeitnehmerähnlich*, wenn er mehrere Jahre hindurch nebenberuflich während jeweils vier Wochen eine Freilichtaufführung leitet und den weitaus überwiegenden Teil seiner Einkünfte aus seiner hauptberuflichen Tätigkeit als Theaterintendant bezieht); **Servicebeauftragter für Fotokopiergeräte** (BAG v. 28.9.1995 – 5 AZB 32/94, RzK I 10a Nr. 19: *arbeitnehmerähnlich*); **Strahlenphysiker**, der von der Bundespost mit Messungen beauftragt war (BAG v. 28.2.1962 – 4 AZR 141/61, AP Nr. 1 zu § 611 BGB – Abhängigkeit: *arbeitnehmerähnlich*); **Student**, der neben einer Teilzeitbeschäftigung als ArbN als „freiberuflicher" Mitarbeiter in einem Amt für Familien- und Heimpflege tätig war (BAG v. 13.2.1979 – 6 AZR 246/77, EzA Nr 4 zu § 2 BUrlG: *arbeitnehmerähnlich*); **Testfahrerin im Motorradwerk** (BAG v. 17.6.1999 – 5 AZB 23/98, NZA 1999, 1175: *arbeitnehmerähnlich*); **Theaterintendant** (BAG v. 17.12.1968 – 5 AZR 86/68, AP Nr. 17 zu § 5 ArbGG 1953: *ArbN-Ähnlich*); **Umschüler** (soweit das Rechtsverhältnis auf einem privatrechtlichen Vertrag beruht, BAG v. 21.5.1997 – 5 AZB 30/96, NZA 1997, 1013: *arbeitnehmerähnlich*)[1].

115 **V. Besondere Formen des Arbeitsverhältnisses. 1. Prekäre Arbeitsverhältnisse.** Das Arbeitsverhältnis, das Ausgangspunkt zur Entwicklung des Arbeitsrechts war, beinhaltet unbefristete Vollzeittätigkeit bei nur einem ArbGeb in räumlicher und zeitlicher Einbindung in einen Betrieb. Neben diesem heute wohl immer noch den Regelfall bildenden **Normalarbeitsverhältnis** haben andere Formen des Arbeitsverhältnisses mehr und mehr an Bedeutung gewonnen. Entstanden sind sog. prekäre Arbeitsverhältnisse, die der nationale und der europäische Gesetzgeber unter einen besonderen Schutz gestellt hat, nicht weil die zu leistende Arbeit zu einer besonderen Schutzbedürftigkeit führt, sondern die besondere, vom Regelfall abweichende arbeitsvertragliche Gestaltung. Zum Schutz von Teilzeit-ArbN wurde die Richtlinie 97/81/EG geschaffen, zum Schutz von befristet beschäftigten ArbN die Richtlinie 1999/70/EG; beide sind durch das TzBfG umgesetzt. Heimarbeiter werden seit 1951 durch das HAG geschützt, zum Schutz von Telearbeitnehmern liegt seit 2002 eine Rahmenvereinbarung der europäischen Sozialpartner vor[2]. LeihArbN werden insb. durch das AÜG geschützt; auch hier existie-

---

[1] Vgl. zu den Fallbeispielen: KR/*Rost*, Rz. 28 zu Arbeitnehmerähnliche Personen; *Küttner*, Personalhandbuch 2003, Stichwort Arbeitnehmer Rz. 50. | [2] Dazu *Prinz*, NZA 2002, 1268.

ren europäische Vorgaben, s. Entwurf einer Richtlinie zur Leiharbeit, KOM [2002] 149 endg.[1]. Zu den Einzelheiten s. jeweils die Kommentierungen der einschlägigen Gesetze.

2. Mittelbares Arbeitsverhältnis. Ein mittelbares Arbeitsverhältnis liegt vor, wenn ein ArbN von einem Mittelsmann beschäftigt wird, der seinerseits selbst ArbN eines Dritten ist und die Arbeit mit Wissen des Dritten unmittelbar für diesen geleistet wird[2]. Vom Leiharbeitsverhältnis unterscheidet es sich dadurch, dass die Zwischenperson in einem Arbeitsverhältnis zum Betriebsinhaber steht, also selbst dessen ArbN ist. Zwischenperson kann daher nur eine natürliche, nicht eine juristische Person sein. Mittelbare Arbeitsverhältnisse waren in der Zeit vor dem Zweiten Weltkrieg in der Land- und Forstwirtschaft verbreitet (zB Hofgängerverhältnis), praktische Bedeutung hat dieses Rechtsinstitut noch heute bei der Einstellung von Hilfspersonal durch einen Krankenhausarzt in leitender Stellung[3], wissenschaftlichen Mitarbeitern, die im Rahmen eines Forschungsprojekts vom Projektleiter selbst eingestellt werden[4], und bei Musikkapellen[5]. Die Vergabe von Drittmitteln an juristische Personen des Privatrechts führt, auch wenn sie mit der Privatisierung öffentlicher Dienstleistungen verbunden ist, demgegenüber nicht notwendig zu einem mittelbaren Arbeitsverhältnis des Drittmittelgebers[6]. 116

Das BAG hat angenommen, dem ArbN könnten Rechte gegen den Hauptarbeitgeber zustehen, wenn die **Einschaltung des Mittelsmannes rechtsmissbräuchlich** ist[7]. Bieten sich dem ArbGeb verschiedene arbeitsvertragliche Gestaltungsformen an, die für den ArbN zu einem unterschiedlichen arbeitsrechtlichen Schutz führen, dürfe er nicht willkürlich das ihm günstigere auswählen. Ein sachlicher Grund muss die Wahl der Vertragsform rechtfertigen, weil sonst Schutzvorschriften umgangen werden könnten[8]. Ob dies tatsächlich richtig ist, mag zweifelhaft erscheinen: Wählt der ArbGeb die ihm günstigere Vertragsgestaltung, dann ist dies nicht willkürlich sondern vom legitimen Ziel der Gewinnmaximierung getragen. Richtiger Ansatzpunkt ist vielmehr das Verbot der Gesetzesumgehung, das vom Rechtsmissbrauch zu unterscheiden ist. Maßgebend ist danach, ob der Zweck einer Rechtsnorm objektiv vereitelt wird, indem ausweichende Formen der Vertragsgestaltung gewählt werden. Eine solche Rechtsnorm kann der Kündigungsschutz sein[9], aber auch das Tarifrecht[10]. Eine gesonderte Umgehungsabsicht ist nicht erforderlich. 117

Eine **objektive Gesetzesumgehung** wurde etwa als möglich für den Fall angesehen, dass eine Stadt die bei ihr beschäftigten Schulhausmeister anweist, das für die Reinigung der Schule benötigte Personal im eigenen Namen und auf eigene Rechnung anzustellen, ohne dass die Hausmeister unternehmerische Entscheidungen treffen und Gewinn erzielen können[11]. Die Zwischenperson muss gegenüber dem von ihm eingestellten ArbN unternehmerische Verantwortung tragen und die damit verbundenen unternehmerischen Risiken tragen[12]. Fingiert wird anderenfalls ein unmittelbares Arbeitsverhältnis unter Ausklammerung der Mittelperson. Das Ergebnis ist also das Gleiche wie bei rechtswidriger gewerblicher AÜ. Liegt kein Rechtsmissbrauch vor, bleibt es jedoch bei den gestaffelten vertraglichen Beziehungen. Eine Kündigungsschutzklage ist dann gegen den Mittelsmann, nicht gegen den mittelbaren ArbGeb zu richten[13]. Nur im Fall des Rechtsmissbrauchs hat der ArbN ein Wahlrecht[14]. Auch kann der mittelbare ArbGeb nur den Arbeitsvertrag mit seinem eigenen ArbN, nicht mit dessen ArbN kündigen, sofern er nicht vom unmittelbaren ArbGeb hierzu in seinem Namen ermächtigt wird. 118

Auch wo eine Gesetzesumgehung nicht vorliegt, kann ein **direkter Anspruch gegen den mittelbaren ArbGeb** gegeben sein, wenn der ArbN gegen den unmittelbaren ArbGeb obsiegt hat und dieser zur Erfüllung seiner Verpflichtungen nicht in der Lage ist oder sich ihr entzieht[15]. Es handelt sich damit um eine lediglich subsidiäre Haftung ähnlich der des Bürgen gemäß § 765. Sie umfasst insb. Entgelt- und Urlaubsansprüche[16]. Wenn der unmittelbare ArbGeb sich seinen Verpflichtungen zur weiteren Beschäftigung oder Zahlung der festgesetzten Abfindung entzieht oder zu ihrer Erfüllung unfähig ist, umfasst es auch den Weiterbeschäftigungsanspruch[17]. Für diesen Haftungsdurchgriff gibt es Vorbilder auch im Arbeitsrecht, s. § 21 Abs. 2 HAG. Der Sache nach scheint er angemessen. 119

Die **Unterscheidung zwischen unmittelbaren und mittelbaren ArbN** wurde in älterer Rspr. als nicht willkürlich iSd. arbeitsrechtlichen Gleichbehandlungsgrundsatz gewertet, im Hinblick darauf, dass 120

---

1 Dazu *Thüsing*, DB 2002, 2218. | 2 BAG v. 9.4.1957 – 3 AZR 435/54, AP Nr. 2 zu § 611 BGB – Mittelbares Arbeitsverhältnis. Ausf. und kritisch zur Rechtsfigur des mittelbaren Arbeitsverhältnis *Waas*, RdA 1993, 153. Zu den Ursprüngen der Rechtsfigur *Herschel*, JW 1937, 1115; *Kaufmann*, RdA 1951, 176; s. auch *Hueck/Nipperdey*, Arbeitsrecht Bd. II, 6. Aufl. 1959, § 78, S. 723 ff. | 3 Vgl. BAG v. 18.4.1989 – 1 ABR 97/87, AP Nr. 65 zu § 99 BetrVG 1972. | 4 BAG v. 29.6.1988 – 7 AZR 552/86, AP Nr. 1 zu § 25 HRG. | 5 Vgl. BAG v. 9.4.1957 – 3 AZR 435/54, AP Nr. 2 zu § 611 BGB – Mittelbares Arbeitsverhältnis; v. 8.8.1958 – 4 AZR 173/55, AP Nr. 3 zu § 611 BGB – Mittelbares Arbeitsverhältnis; v. 26.11.1975 – 5 AZR 337/74, AP Nr. 19 zu § 611 BGB Abhängigkeit. | 6 BAG v. 11.4.2000 – 9 AZR 94/99, nv. (juris). | 7 BAG v. 21.2.1990 – 5 AZR 162/89, nv. (juris). | 8 BAG v. 21.2.1987 – 3 AZR 446/80, NJW 1983, 645 unter Anknüpfung an die Rspr. zur Befristung. | 9 BAG v. 22.7.1982 – 2 AZR 57/81, EzAÜG Nr. 116. | 10 BAG v. 20.7.1982 – 3 AZR 446/80, NJW 1983, 645. | 11 BAG v. 20.7.1982 – 3 AZR 446/80, AP Nr. 5 zu § 611 BGB – Mittelbares Arbeitsverhältnis. | 12 BAG v. 20.7.1982 – 3 AZR 446/80, NJW 83, 645. | 13 BAG v. 21.2.1990 – 5 AZR 182/89, EzA § 611 BGB – Arbeitnehmerbegriff Nr. 32; v. 9.2.1995 – 3 AZR 435/54, AP Nr. 2 zu § 611 BGB – Mittelbares Arbeitsverhältnis. | 14 BAG v. 8.12.1988 – 2 AZR 294/88, EzAÜG Nr. 309. | 15 BAG v. 22.7.1982 – 2 AZR 57/81, nv. (juris). | 16 BAG v. 8.8.1958 – 4 AZR 173/55, DB 1959, 234. | 17 BAG v. 9.4.1957 – 3 AZR 435/54, RdA 1958, 396; LAG Berlin v. 1.9.1989 – 6 Sa 48/89, EzAÜG Nr. 336; KR/*Friedrich*, § 4 KSchG Rz. 88.

die arbeitsvertraglichen Beziehungen hier lockerer sind[1]. Es ist fraglich, ob dies heute noch gelten kann. Seit den Änderungen des AÜG durch das Erste Gesetz für moderne Dienstleistungen am Arbeitsmarkt hat der LeihArbN einen Anspruch auf die im Betrieb des Entleihers für einen vergleichbaren ArbN geltenden wesentlichen Arbeitsbedingungen einschließlich des Arbeitsentgelts, s. § 9 Nr. 2 AÜG. Was für LeihArbN gilt, dürfte auch für mittelbare ArbN gelten, denn der bloße Umstand, dass es sich beim unmittelbaren ArbGeb einmal um einen ArbN oder einen Selbständigen handelt, rechtfertigt keine unterschiedliche Betrachtung. Der gesetzlichen Neuerung ist der weiter gehende Wille zu entnehmen, dass gleiche Arbeit im Betrieb gleich entlohnt werden soll[2]. Damit dürfte das Rechtsinstitut der mittelbaren Arbeitsverhältnisses in Zukunft weiter an Bedeutung verlieren.

121 3. **Gruppenarbeitsverhältnis**[3]. Der Begriff „Gruppenarbeitsverhältnis" wird recht verschieden gebraucht und kann sehr unterschiedliche Sachverhalte bezeichnen. Sie alle haben gemeinsam, dass eine Mehrzahl vom ArbN in enger Zusammenarbeit ihre Arbeit verrichten und vom Dienstberechtigten – wenn auch in unterschiedlichen Graden – als Einheit behandelt werden. Unter Gruppenarbeitsverhältnis im eigentlichen Sinne versteht man zum einen die Arbeitsverhältnisse mit einer sog. **Eigengruppe**. Kennzeichnendes Merkmal für die Eigengruppe ist, dass sie schon vor Abschluss eines Arbeitsvertrages selbständig gebildet wird und nun gebündelt ihre Dienste dem ArbGeb zur Verfügung stellt. Als solche Eigengruppen kommen etwa Musikkapellen, Artistengruppen oder auch Akkordlohnkolonnen in Betracht. Ein nach den Regeln des Gruppenarbeitsverhältnisses zu behandelndes Rechtsverhältnis bilden die durch **Ehegattenverträge** begründeten Arbeitsverhältnisse, bei denen sich Ehegatten gemeinsam zur Arbeitsleistung für einen gemeinsamen Zweck verpflichten, wie zB das Heimleiterehepaar oder das Hausmeisterehepaar.

122 Von der Eigengruppe zu unterscheiden ist die **Betriebsgruppe**, die durch den ArbGeb gebildet wird[4]. ArbN, deren Arbeitsverträge unabhängig voneinander abgeschlossen wurden, werden von ihm zu Gruppen mit bestimmten Arbeitsziel zusammengefasst (Akkordgruppen, Maurerkolonne uÄ). Gruppeninterne Rechtsbeziehungen zwischen den einzelnen Gruppenmitgliedern bestehen hier in der Regel nicht. Ihre arbeitsvertraglichen Pflichten und Haftungen im Fall der Pflichtverletzung sind jeweils auf das eigene Arbeitsverhältnis beschränkt. Die aus dem Arbeitsvertrag erwachsenen Pflichten gehen hier auf Mitarbeit in der Arbeitsgruppe. Entscheidend für einen Schadensersatzanspruch ist die eigene Pflichtverletzung; eine gesamtschuldnerische Haftung besteht regelmäßig nicht[5]. Zu den betriebsverfassungsrechtlichen Folgen der Gruppenarbeit s. Text und Kommentierung § 28a BetrVG, § 87 Abs. 1 Nr. 13 BetrVG.

123 Wer bei der Eigengruppe **Vertragspartner des ArbGeb** ist, ist nicht zwingend vorgegeben. Zum einen können es die einzelnen ArbN sein, mit denen der ArbGeb jeweils einen eigenen Arbeitsvertrag abschließt. Damit unterscheidet sich das Arbeitsverhältnis grundsätzlich nicht von sonstigen Arbeitsverhältnissen. Weil aber in Fällen der Eigengruppe die Leistung des Einzelnen für den ArbGeb nur dann wirtschaftlich verwertbar und sinnvoll ist, wenn zugleich die Leistung des anderen Gruppenmitglieds angeboten wird, hat dies Auswirkungen auf die **Bestandskraft der Arbeitsverhältnisse**. Kündigungsgründe bei einem Gruppenmitglied berechtigen daher zur Kündigung sämtlicher Gruppenmitglieder. Diese Berechtigung zur einheitlichen Kündigung dürfte im Regelfall auch eine Verpflichtung zur Einheitlichkeit sein, so dass der ArbGeb bei der Eigengruppe grundsätzlich nicht einem einzelnen ArbN, sondern nur der ganzen Gruppe kündigen kann, weil er sonst die Gruppe sprengen würde[6]. Ebenso kann grundsätzlich nicht ein einzelner ArbN sein Arbeitsverhältnis kündigen, sondern allein alle ArbN gemeinsam kündigen. Durch ausdrückliche Vereinbarung oder durch Auslegung unter Berücksichtigung der Interessenlage kann sich jedoch ergeben, dass einzelne Gruppenmitglieder kündigen können und ihnen gekündigt werden darf[7]. Bislang ungeklärt ist freilich, ob nicht auch besondere für den einen ArbN bestehende Kündigungsverbote oder Kündigungsbeschränkungen dem anderen ArbN zugute kommen; die Rspr. beim Ehegattenarbeitsverhältnis ist uneinheitlich[8].

124 Daneben kann die **Eigengruppe selbst Vertragspartner** sein. Inwieweit arbeitsrechtlicher (Kündigungs-)Schutz auch hier eingreift, ist unklar und durch die Rspr. trotz der bis in die Weimarer Zeit zurückreichenden Geschichte der Rechtsfigur nicht geklärt. Ist die Eigengruppe als juristische Person organisiert, deren ArbN die Mitglieder der Eigengruppe sind, und sollen diese ArbN dem Weisungsrecht des Vertragspartners unterstehen, dann handelt es sich hier um einen Dienstverschaffungsvertrag iSd. § 675 mit der Folge der AÜ, deren Zulässigkeit sich nach den Regeln des AÜG beurteilt. Bilden die Mit-

---

[1] BAG v. 20.7.1982 – 3 AZR 446/80, NJW 1983, 645. | [2] BT-Drs. 15/25, S. 38. S. hierzu auch *Thüsing*, DB 2003, 446. | [3] S. hierzu jüngst *Elert*, Gruppenarbeit – Individual- und kollektivarbeitsrechtliche Folgen moderner Arbeitsformen, 2001; s. auch *Rüthers*, ZfA 1977, 1. Grundl. und für alle jüngeren Kommentierungen prägend *Hueck/Nipperdey*, Arbeitsrecht Bd. II, 6. Aufl. 1959, § 78, S. 723 ff. | [4] Zur Abgrenzung s. BAG v. 23.2.1961 – 5 AZR 110/60, AP Nr. 2 zu § 611 BGB – Akkordkolonne. | [5] BAG v. 18.5.1983 – 4 AZR 456/80, AP Nr. 51 zu § 1 TVG – Tarifverträge: Bau; LAG Bremen v. 12.11.1969 – 1 Sa 61/69, DB 1970, 1696. | [6] BAG v. 21.10.1971 – 2 AZR 17/71, EzA § 1 KSchG Nr. 23; v. 9.2.1960 – 2 AZR 585/57, AP Nr. 39 zu § 626 BGB; *Rüthers*, ZfA 1977, 1 ff.; Soergel/*Kraft*, Vor § 611 BGB Rz. 61. | [7] KR/*Etzel*, § 1 KSchG Rz. 62. | [8] Hierzu BAG v. 17.5.1962 – 2 AZR 354/60, EzA § 9 MuSchG Nr. 2 aF einerseits und BAG v. 21.10.1971 – 2 AZR 17/71, EzA § 1 KSchG Nr. 23, LAG Düsseldorf v. 15.12.1964 – 8 Sa 462/64, BB 1965, 495 andererseits.

glieder der Eigengruppe jedoch einen rechtsfähigen Verein oder handeln sie als Gesellschafter der GmbH, dann handelt es sich regelmäßig nicht um ArbN der durch sie gebildeten juristischen Person (s. Rz. 36). Dies gilt auch für die durch die Eigengruppe gebildete BGB-Gesellschaft, was regelmäßig als Mindestband zwischen den einzelnen ArbN der Eigengruppe anzunehmen ist[1]. AÜ iSd. AÜG liegt dann nicht vor. Ob in diesem Fall zumindest ein mittelbares Arbeitsverhältnis zum Vertragspartner der Arbeitsgruppe entsteht, mag zweifelhaft erscheinen[2], weil es hier an zwei hintereinander geschalteten Arbeitsverträgen fehlt (s. Rz. 116). Eine Parallele scheint ebenso möglich zu den Rote-Kreuz-Schwestern, die auf Grund von Gestellungsverträgen unter den Weisungen eines Dritten tätig werden und dadurch dennoch nicht zu ArbN werden (s. Rz. 114). Weil aber hier sich sämtliche Gesellschafter/Vereinsmitglieder zusammen in den Dienst eines ArbGeb stellen, und das bloße Dazwischentreten einer juristischen Person nicht zu einer Verminderung des arbeitsrechtlichen Schutzes führen darf, scheint die Annahme eines mittelbaren Arbeitsverhältnisses ein angemessener Kompromiss zwischen unmittelbarem Arbeitsverhältnis[3] und dem Verzicht auf jede rechtliche Beziehung zu sein. Die Regeln des Rechtsmissbrauchs, die die Rspr. zum mittelbaren Arbeitsverhältnis entwickelt hat, gelten auch hier: Wegen der unterschiedlichen Risikoverteilung bei der Betriebsgruppe und der Eigengruppe kann es dem freien Belieben des ArbGeb überlassen werden, ob er ein Gruppenarbeitsverhältnis als Betriebsgruppe oder Eigengruppe organisiert. Da der ArbGeb grundsätzlich das Risiko der Personalauswahl und der Besetzung von Arbeitsplätzen trägt, kann eine Verlagerung dieser Risiken auf die Eigengruppe nur angenommen werden, wenn dafür ein sachlich berechtigter Grund besteht, weil zB die Art der Arbeitsleistung nur gemeinschaftlich erbracht werden kann, wie bei einer Musikergruppe wegen des Einübens des Zusammenspiels, oder wenn wie bei Ehegatten wegen der engen Lebensgemeinschaft zwischen den ArbN die Aufteilung einer gemeinschaftlich übernommenen Arbeit diesen überlassen werden kann[4].

4. Arbeitsverhältnis mit einer Mehrzahl von ArbGeb. Das Gegenstück zum Gruppenarbeitsverhältnis ist das Arbeitsverhältnis mit einer Mehrzahl von ArbGeb, also wenn ein einheitliches Arbeitsverhältnis zwischen einem ArbN und mehreren ArbGeb abgeschlossen wird. Das Arbeitsverhältnis kann dann nur von und gegenüber allen ArbGeb einheitlich gekündigt werden. Voraussetzung nach der Rspr. des BAG ist ein rechtlicher Zusammenhang zwischen den arbeitsvertraglichen Beziehungen des ArbN zu den Einzelnen ArbGeb, der es verbietet, diese Beziehungen rechtlich getrennt zu behandeln[5]. Praktisch sind solche Fälle etwa bei Arbeitsverhältnissen innerhalb eines gemeinsamen Betriebs oder bei einer Arbeitsgemeinschaft (ARGE). Auch kommen solche Fälle bei Auslandsentsendung von ArbN zu Tochterunternehmen vor[6]. Davon zu unterscheiden sind Doppelarbeitsverhältnisse, bei denen ein (jeweils teilzeitbeschäftigter) ArbN eigenständige, voneinander unabhängige Arbeitsverhältnisse mit verschiedenen ArbGeb eingeht. Verstöße gegen die gesetzliche Höchstarbeitszeit führen nach instanzgerichtlicher Rspr. grundsätzlich nicht zur Nichtigkeit beider, sondern allein des zweiten Arbeitsverhältnisses[7].

Eine besondere Form der Arbeit für mehrere ArbGeb liegt bei den ArbN eines **Gesamthafenbetriebs** vor. Aufgrund des Gesetzes über die Schaffung eines besonderen ArbGeb für Hafenarbeiter (Gesamthafenbetrieb) vom 3.8.1950 (BGBl. 352) kann durch Vereinbarung zwischen Arbeitgeber(verband) und Gewerkschaften ein besonderer ArbGeb, der Gesamthafenbetrieb, gebildet werden, durch den die Hafenarbeiter, die nicht Stammpersonal der Einzelhafenbetriebe sind, sondern wechselnd in den einzelnen Hafenbetrieben vor allem beim Laden und Löschen von Schiffen eingesetzt werden, ein fortdauerndes Arbeitsverhältnis[8].

5. Kirchliche ArbN

Lit.: *Hammer*, Kirchliches Arbeitsrecht, 2002; *Hanau/Thüsing*, Änderungen der Arbeitsbedingungen in Kirche und Diakonie, KuR 1999, 143; *Hanau/Thüsing*, Arbeitsrechtliche Konsequenzen beim Betriebsübergang kirchlicher Einrichtungen, KuR 2000, 165; *Hanau/Thüsing*, Europarecht und kirchliches Arbeitsrecht, 2001; *Richardi*, Arbeitsrecht in der Kirche, 3. Aufl. 2000; *Richardi*, Tarifvertrag mit Arbeitskampf oder „Dritter Weg" in der Kirche?, NZA 2002, 929; *Richardi/Thüsing*, Kein Arbeitskampf in der Diakonie, AuR 2002, 94; *Thüsing*, 20 Jahre Dritter Weg – Rechtsnatur und Besonderheiten der Regelung kirchlicher Arbeitsverhältnisse, RdA 1997, 163; *Thüsing*, Der Dritte Weg – seine Grundlagen und seine Zukunft, ZTR 1999, 298; *Thüsing*, Das Arbeitsrecht in der Kirche – Ein Nachtrag der aktuellen Entwicklungen, NZA 2002, 306; *Thüsing/Börschel*, Neuere Entwicklungen in der Rspr. zum kirchlichen Arbeitsrecht, NZA-RR 1999, 561.

a) Die Besonderheiten des kirchlichen Dienstes und das säkulare Arbeitsrecht. Die Kirchen sind nach dem Staat der größte ArbGeb in Deutschland. Schon diese Feststellung umreißt die Bedeutung des Arbeitsrechts auch für die Kirchen. Ihnen ist mit Art. 137 Abs. 3 WRV, Art. 140 GG ein Selbstbestimmungs-

---

[1] Ebenso Staudinger/*Richardi*, § 661 BGB Rz. 391; Küttner/*Kreitner*, Personalhandbuch 2003, Gruppenarbeitsverhältnis Rz. 21. |[2] Küttner/*Kreitner*, Personalhandbuch 2003, Gruppenarbeitsverhältnis Rz. 20; ErfK/*Preis*, § 611 BGB Rz. 196. |[3] Hierfür mit eingehender Begründung Hueck/Nipperdey, Arbeitsrecht Bd. II, 6. Aufl. 1959, § 78, S. 729 f. |[4] Ebenso KR/*Etzel*, § 1 KSchG Rz. 72. |[5] BAG v. 27.3.1981 – 7 AZR 523/78, DB 1982, 1569 |[6] S. BAG v. 21.1.1999 – 2 AZR 648/97, NZA Nr. 9 zu § 1 KSchG 1969 – Konzern, ausf. hierzu *Thüsing*, NZA 2003, 1303. |[7] LAG Nürnberg v. 19.9.1995 – 2 Sa 429/94, LAGE § 611 BGB – Doppelarbeitsverhältnis Nr. 1; ebenso ErK/*Preis*, § 611 BGB Rz. 175. |[8] S. auch BAG v. 19.7.1957 – 1 AZR 161/56, AP Nr. 1 zu § 1 GesamthafenbetriebsG; v. 25.11.1992 – 7 ABR 7/92, AP Nr. 8 zu § 1 GesamthafenbetriebsG.

recht zugewiesen, das auch auf die Beurteilung der arbeitsrechtlichen Beziehungen zu den durch sie Beschäftigten durchschlägt: Kirchliche Arbeitsverhältnisse sind „eigene Angelegenheiten" iSd. Art. 137 Abs. 3 Satz 1 WRV; damit das Kündigungsschutzrecht, das TV-Recht oder das Betriebsverfassungsrecht ein „für alle geltendes Gesetz" iSd. Vorschrift ist, muss bei der Wertung, ob ein wichtiger, zur Kündigung berechtigender Grund vorliegt, ob ein Streik erlaubt ist, oder in welcher Form betriebliche Mitbest. möglich ist, der Besonderheit eines Arbeitsverhältnisses zur Kirche Rechnung getragen werden. Denn was auch immer letztlich unter einem „für alle geltenden Gesetz" zu verstehen ist: Einigkeit besteht wohl darin, dass nicht nur ein Gesetz, das sich freiheitsverkürzend zielgerichtet gerade gegen die Kirchen wendet, kein solches Gesetz ist, sondern unzulässig auch Gesetze sind, die zwar nicht beabsichtigt gegen die Kirchen gerichtet sind, deren faktische Auswirkung aber die Kirchen bei und trotz Berücksichtigung ihrer Besonderheiten schlechter stellen bzw. härter treffen als die übrigen Gesetzesunterworfenen[1]. Das **Kündigungsrecht** würde die Kirchen ungleich hart treffen, könnten nicht sie selbst, sondern das weltliche Gericht bestimmen, welche Loyalitätspflichten ihre ArbN haben, so dass das Gesetz den Kirchen zubilligt, selbst festzulegen, welches Verhalten ihrer Mitarbeiter sie als so sehr im Widerspruch zu ihrer Lehre empfindet, dass eine sofortige Lösung des Arbeitsverhältnisses zur Wahrung der eigenen Glaubwürdigkeit erforderlich ist. Das **Streikrecht** und daran anknüpfend das **TV-Recht** würde sie ungleich hart treffen, weil das Ideal der Dienstgemeinschaft die gegenseitige Druckausübung zur Veränderung der Arbeitsbedingungen ausschließt, und die Kirchen daher nach eigenem Selbstverständnis nicht aussperren können; Folge ist die Unzulässigkeit eines Streiks kirchlicher ArbN und der Dritte Weg (s. Rz. 130). Auch das **BetrVG** trägt diesem kirchlichem Selbstverständnis und Selbstverwaltungsrecht Rechnung und spart sie daher in § 118 Abs. 2 BetrVG aus seinem Geltungsbereich aus; Folge sind die Mitarbeitervertretungsordnungen.

128 b) **Konsequenzen. aa) Kündigungsschutz.** Beim Kündigungsschutz wird dieser staatskirchenrechtliche Rahmen insb. durch eine Entscheidung des BVerfG konkretisiert, mit der es eine Rspr. des BAG beendete, die bei der Kündigung von ArbN im kirchlichen Dienst nur gestufte Loyalitätspflichten anerkennen wollte, je nach der Nähe der Tätigkeit des ArbN zum Verkündigungsauftrag der Kirche. Das BVerfG führte aus, dass es „grundsätzlich den verfassten Kirchen überlassen [ist], verbindlich zu bestimmen, was 'die Glaubwürdigkeit der Kirche und ihrer Verkündigung erfordert', was 'spezifisch kircheneigene Aufgaben' sind, was 'Nähe' zu ihnen bedeutet, welches die 'wesentlichen Grundsätze der Glaubens- und Sittenlehre' sind und was als – ggf. schwerer – Verstoß gegen diese anzusehen ist"[2]. Denn zu all dem bedarf es des *sentire cum ecclesia*; das kann von einem weltlichen Gericht nicht verlangt werden. Die Autonomie und die aus ihr resultierenden kirchlichen Vorgaben dürfen sich allerdings nicht in Widerspruch zu den Grundprinzipien der Rechtsordnung stellen, wie das allgemeine Willkürverbot, die Wahrung der guten Sitten und den *ordre public*[3]. Diese Begrenzung findet sich nicht ausdrücklich im Wortlaut der Verfassung, die als Schranke nur die allgemeinen Gesetze benennt, entspricht jedoch gewohntem Muster zur Abgrenzung und Akzeptanz anderer Rechtskreise: Auch das ausländische Recht ist nicht anzuerkennen soweit es dem *ordre public* widerspricht, was bei einem Verstoß gegen das Willkürverbot regelmäßig gegeben ist. Der *ordre public* umfasst eben alle „wesentlichen Grundsätze des deutschen Rechts" und diese sind dann zwingend auch für die Kirchen.

129 Bei **Einzelfällen**, die in der Folge zu entscheiden waren, hat die Rspr. dieser Freiheit der Kirchen zumeist bereitwillig Rechnung getragen: BVerfG v. 4.6.1985 – 2 BvR 1703/83 ua., BVerfGE 70, 138 (öffentliches Eintreten für die Abtreibung/Katholische Kirche); BAG v. 7.10.1993 – 2 AZR 226/93, BAGE 74, 325 (Homologe Insemination/Katholische Kirche); BAG v. 12.12.1984 – 7 AZR 418/83, DB 1985, 1647 (Kirchenaustritt/Katholische Kirche); BAG v. 4.3.1980 – 1 AZR 1151/78, DB 1980, 2529 (Kirchenaustritt/Katholische Kirche); LAG Mainz v. 9.1.1997 – 11 Sa 428/96, MDR 1997, 949 (Kirchenaustritt/Evangelische Kirche); BVerfG v. 5.6.1981 – 2 BvR 288/81, NJW 1983, 2570 (Wiederverheiratung nach Scheidung/Katholische Kirche); BAG v. 25.4.1978 – 1 AZR 70/76, DB 1978, 2175 (Heirat eines geschiedenen Mannes/Katholische Kirche); BAG v. 30.6.1983 – 2 AZR 524/81, NJW 1984, 1917 (Homosexuelle Praxis im außerdienstlichen Bereich/Evangelische Kirche); BAG v. 16.9.1999 – 2 AZR 712/98, AP Nr. 1 zu Art. 4 GrO kath. Kirche (Trennung und neue nichteheliche Lebensgemeinschaft/Katholische Kirche); BAG v. 17.4.1996 – 10 AZR 558/95, AP Nr. 24 zu § 611 BGB – Kirchendienst (Ehebruch/Mormonen); BVerfG v. 31.1.2001 – 1 BvR 619/92, NZA 2001, 717 (öffentlich bekannt gemachtes uneheliches Verhältnis zu Kleriker/Katholische Kirche).

130 bb) **Dritter Weg.** Überwiegend werden die Arbeitsverhältnisse im kirchlichen Dienst weder durch einseitige Regelungen der Kirchenleitung noch durch TV sondern durch einen „Dritten Weg" in Form eines spezifisch kircheneigenen Regelungsverfahrens bestimmt. Danach erfolgt auf Grundlage der Arbeitsrechtsregelungsgesetze der einzelnen evangelischen Landeskirchen bzw. der „Ordnungen zur Mitwirkung bei der Gestaltung des Arbeitsrechts durch eine Kommission" (KODA) der einzelnen katholischen (Erz-)Bistümer die Festlegung der Arbeitsbedingungen durch eine paritätisch besetzte Kommission; im Nichteinigungsfall wird ein Schlichtungs- bzw. Vermittlungsverfahren eingeleitet. Das Letztentscheidungsrecht liegt bei der Synode oder der ebenfalls paritätisch besetzten Schlichtungskommission (so

---

[1] Vgl. ausf. *Hesse* in Listl/Pirson, Handbuch des Staatskirchenrecht der Bundesrepublik Deutschland, Bd. I, 2. Aufl. 1994, S. 521 ff., insb. 544 ff. | [2] BVerfG v. 4.6.1985 – 2 BvR 1703/83, BVerfGE 70, 138 (168). | [3] BVerfG v. 4.6.1985 – 2 BvR 1703/83, BVerfGE 70, 138 (168).

für die evangelischen Kirchen) bzw. beim Bischof (so für die katholische Kirche). Daneben kommen TV vereinzelt vor, etwa bei der Nordelbischen Evangelisch-lutherischen Kirche, sie bilden jedoch die Ausnahme. Die katholische Kirche schließt in Deutschland keine TV ab; im Ausland ist dies anders[1]. Die Regelungen des Dritten Wegs wirken nach der bestätigten Rspr. des BAG nicht normativ[2]. Nach der Rspr. des BAG erstreckt sich eine vertragliche Verweisung auf den BAT-KF als kirchliche Arbeitsrechtsregelung auf die ihn ergänzenden Arbeitsrechtsregelungen[3]. Die Regelungen unterliegen keiner Billigkeitskontrolle, wenn sie tarifvertragliche Regelungen ganz oder im Wesentlichen übernehmen, und richtiger Ansicht auch sonst nicht; das hat die Rspr. bislang jedoch noch nicht anerkannt[4]. Beim Betriebsübergang richtet sich ihr Schicksal nach § 613a Abs. 1 Satz 1, nicht Satz 2[5].

cc) Mitarbeitervertretungsrecht. Die beiden großen christlichen Kirchen haben auf die Freistellung von Betriebsverfassungsrecht und Personalvertretungsrecht durch die Schaffung eigener Regelungen reagiert, um insoweit keinen rechtsfreien Raum für ihre ArbN entstehen zu lassen und eine Konkordanz mit der staatlichen arbeitsrechtlichen Ordnung herzustellen: Die Katholische Kirche bereits 1971 mit der Rahmenordnung für Mitarbeitervertretungen, mittlerweile (1985) abgelöst durch die Mitarbeitervertretungsordnung (MAVO); die evangelische Kirche erst seit 1992 mit dem Mitarbeitervertretungsgesetz (MVG), welches nach Anerkennung durch die einzelnen Gliedkirchen der EKD zahlreiche, teilweise schon seit den fünfziger Jahren regional geltende Mitbestimmungsordnungen vereinheitlicht. Es ist dabei allgemeine Auffassung, dass die Kirchen bei der Ausgestaltung ihrer Mitarbeitervertretungsregelungen sich nicht an dem durch den staatlichen Gesetzgeber geschaffenen Modell orientieren oder dieses gar in Details übernehmen müssen; vielmehr ist es den Kirchen überlassen, darüber zu entscheiden, „ob und in welcher Weise die ArbN und ihre Vertretungsorgane in Angelegenheiten des Betriebs, die ihre Interessen berühren, mitwirken und mitbestimmen"[6]. Entscheidungen staatlicher Gerichte hierzu gibt es nicht; als Kirchenrecht sind für seine Ausdeutung allein die kirchlichen Gerichte und Schlichtungsstellen zuständig.

VI. Rechtsquellen des Arbeitsrechts. 1. Arbeitsvölkerrecht. Obwohl das Arbeitsvölkerrecht in Bedeutung und Umfang in den letzten Jahrzehnten ständig gewachsen ist, tritt es erst nach und nach in das Blickfeld nationaler Rechtsanwendung. Anders als das Internationale Arbeitsrecht, das Kollisionsrecht zur Anwendung der verschiedenen nationalen Arbeitsrechte darstellt, bildet sich das Arbeitsvölkerrecht aus supranationalem materiellem Arbeitsrecht, das ohne einen internationalen oder auslandsrechtlichen Bezug Anwendung neben den einzelnen nationalen arbeitsrechtlichen Vorschriften finden kann.

Der Großteil des Arbeitsvölkerrechts ist Völkervertragsrecht und beruht auf **multinationalen Vereinbarungen**, insb. im Rahmen der UNO und ihrer Unterorganisationen. Der ganz überwiegende Teil seiner Regelungen richtet sich nur an die vertragschließenden Parteien, hat also keine unmittelbare Bindung für den Einzelnen ArbGeb und ArbN. Verbindlichkeit für diese erlangen sie erst durch einen Umsetzungsakt durch den nationalen Gesetzgeber. Dies gilt nur dann nicht, wenn es sich um *self-executing treaties* handelt, die von Anfang an oder nach Ablauf einer bestimmten Umsetzungszeit unmittelbare Geltung innerhalb des nationalen Rechtsraums beanspruchen. Um eine solche Regelung handelt es sich nach zum Teil geäußerter Ansicht bei Art. 6 Nr. 4 der Europäischen Sozialcharta vom 18.10.1961, der das Streikrecht garantiert[7]. Zumindest hat sich die Bundesrepublik Deutschland zur Durchführung der Sozialcharta verpflichtet, so dass sie bei der Auslegung von Gesetzen und zur Lückenfüllung durch Rechtsfortbildung Bedeutung gewinnt[8]. Daneben findet sich die Europäische Menschenrechtskonvention vom 1990 (in Deutschland am 3.9.1953, BGBl. II. 1954, S. 114) und der internationale Pakt über bürgerliche und politische Rechte vom 19.12.1966, dem die Bundesrepublik Deutschland 1973 zugestimmt hat (BGBl. 1973 II, S. 1534) und der am 3.1.1976 in Kraft getreten ist. Letzterer ist nach nicht unbestrittener aber wohl herrschender Meinung *self-executing*[9].

Größere Bedeutung im Arbeitsvölkerrecht haben die Regelungen, die auf Grundlage der Internationalen Arbeitsorganisation, der ältesten Unterorganisation der UNO entstanden sind (IAO oder **ILO** = International Labour Organisation). Internationale arbeitsrechtliche Normen kann sie zum einen in der Form von Übereinkommen, zum anderen in der Form von Empfehlungen schaffen (Art. 19 IAO-Verfassung). Erstere sind multilaterale Verträge, die für die Mitgliedstaaten nach Ratifikation völkerrechtlich verbindlich werden, Letztere sind nicht ratifizierbare arbeits- und sozialrechtliche Leitlinien ohne verbindlichen Charakter. Von den bis zum Jahr 2000 insgesamt 183 Übereinkommen der IAO hat die

---

1 Für die Rechtslage in den USA vgl. *Thüsing*, NZA 1999, 635 (642). Zu Neuerungen der KODA ab 1.1.1999 vgl. *Richardi*, NZA 1998, 1305 ff. | 2 BAG v. 20.3.2002 – 4 AZR 101/01, AP Nr. 53 zu Art. 140 GG. | 3 BAG v. 19.2.2003 – 4 AZR 11/02, AP Nr. 36 zu § 611 BGB – Kirchendienst. | 4 S. BAG v. 17.4.1996 – 10 AZR 558/95, AP Nr. 24 zu § 611 BGB – Kirchendienst; v. 6.11.1996 – 5 AZR 334/95, AP Nr. 1 zu § 10a AVR – Caritasverband; offen gelassen BAG v. 15.11.2001 – 6 AZR 88/01, nv. (juris). | 5 BAG v. 20.3.2002 – 4 AZR 101/01, AP Nr. 53 zu Art. 140 GG. | 6 BVerfG v. 11.10.1977 – 2 BvR 209/76, BVerfGE 46, 73 (94). | 7 Für eine unmittelbare Verpflichtung *Söllner*, Arbeitsrecht, § 6 III. 2; aA *Konzen*, JZ 1986, 157; *Birk*, MünchArbR, § 17 Rz. 83. | 8 S. *Thüsing*, Der Außenseiter im Arbeitskampf, S. 34 ff.; ErfK/*Preis*, § 611 BGB Rz. 235; offen lassend BVerfG v. 20.10.1981 – 1 BvR 404/78, BVerfGE 58, 233 (257). | 9 S. *Hanau/Steinmeyer/Wank*, § 34 Rz. 25 mwN.

BGB Vor § 611 Rz. 135   Vorbemerkungen

Bundesrepublik Deutschland bislang erst 76 ratifiziert[1]. Die **wichtigsten IAO-Abkommen** umfassen die Bereiche Mutterschutz (Übereinkommen Nr. 3), Gefangenenarbeit (Übereinkommen Nr. 29), Vereinigungsfreiheit (Übereinkommen Nr. 87), Urlaubsrecht (Übereinkommen Nr. 132) und Kinderarbeit (Übereinkommen Nr. 182). Rspr. existiert jedoch hier nur wenig[2]. Auch aus den Übereinkommen der IAO kann der einzelne ArbN und ArbGeb keine unmittelbaren Rechte herleiten[3].

135   **2. Europäisches Gemeinschaftsrecht. a) Allgemeines.** Das Europäische Arbeitsrecht umfasst die arbeitsrechtlichen Regeln, die die Europäische Gemeinschaft als Teil der EU erlassen hat. Es bildet kein geschlossenes Regelwerk, sondern beschränkt sich auf einzelne Teilbereiche, da es die Existenz des nationalen Arbeitsrechts in den einzelnen Mitgliedstaaten voraussetzen kann. Es gilt das **Prinzip der begrenzten Ermächtigung**: Der Zuständigkeit des Europäischen Gesetzgebers ist nur dort gegeben, wo ihn die konstituierenden Verträge ausdrücklich hierzu ermächtigen. Grundlage für die arbeitsrechtliche Gesetzgebung ist Art. 136 ff. EG. Ziel der Gesetzgebung ist „die Förderung der Beschäftigung, die Verbesserung der Lebens- und Arbeitsbedingungen, um dadurch auf dem Wege des Fortschritts ihre Angleichung zu ermöglichen, einen angemessenen sozialen Schutz, den sozialen Dialog, die Entwicklung des Arbeitskräftepotentials im Hinblick auf ein dauerhaftes hohes Beschäftigungsniveau und die Bekämpfung von Ausgrenzungen" (Art. 136 Abs. 1 EG). Die in Art. 137 formulierten arbeitsrechtlichen Zuständigkeiten sind sehr weit gefasst; keine Zuständigkeit besteht jedoch für das Arbeitsentgelt, die Koalitionsfreiheit, das Streikrecht sowie das Aussperrungsrecht (Art. 137 Abs. 6 EG).

136   Die EG-rechtlichen Normen unterteilen sich in **Primärrecht** und **Sekundärrecht**. Das Primärrecht umfasst den Vertrag selbst und die ungeschriebenen Grundsätze des Gemeinschaftsrechts, das Sekundärrecht umfasst alles aus dem Primärrecht abgeleitete Recht, insb. VO und Richtlinien. Beides hat arbeitsrechtliche Bedeutung. Art. 39 EG regelt die Freizügigkeit der ArbN, Art. 141 EG die Lohngleichheit für Mann und Frau. Diese Vorschriften sind unmittelbar und zwingend anzuwenden, ebenso wie EG-VO. Arbeitsrechtlich relevant ist hier vor allem die VO EWG Nr. 1612/68 zur Freizügigkeit der ArbN. **Richtlinien** sind demgegenüber unter Privaten nicht unmittelbar anzuwenden. Sie richten sich allein an den Mitgliedstaat und überlassen ihm hinsichtlich des zu erreichenden Ziels die Wahl der Form und der Mittel zur Umsetzung, Art. 249 Abs. 3 EG. Versäumt der nationale Gesetzgeber die in der jeweiligen Richtlinie bestimmte Umsetzungsfrist, so können sie gegenüber staatlichen Stellen eine unmittelbare Wirkung entfalten, sofern ihr Inhalt hinreichend präzise ist, um dem einzelnen ArbN Rechte zu begründen. Diese unmittelbare Wirkung entsteht auch gegenüber dem öffentlich-rechtlichen ArbGeb[4]. Ob sie auch gegenüber den Kirchen gilt, soweit sie als Körperschaft des öffentlichen Rechts nach Art. 140 GG, Art. 137 Abs. 4 WRV organisiert sind, ist strittig[5]. Eine unmittelbare Wirkung unter Privaten scheidet auch dann aus[6].

137   Auf Grund des Anwendungsvorrangs des EG-Rechts vor nationalem Recht sind nationale Rechtsvorschriften soweit wie möglich im Lichte der einschlägigen europäischen Rechtsnormen auszulegen[7]. Diese Gebot zur **europarechtskonformen Auslegung** gilt nach Auffassung des EuGH bereits vor Ablauf der Umsetzungsfrist[8]. Der erkennbare Wille des Gesetzgebers darf hierbei allerdings nicht verändert werden. Wo Wortlaut, Systematik und Telos der Norm prohibitiv sind, kann eine Europarechtskonformität nicht im Wege der Auslegung erreicht werden[9].

138   **b) Einzelregelungen.** Neben den arbeitsrechtlichen Regelungen des EG-Primärrechts (s. Rz. 136), sind es insb. die Richtlinien, die das europäische Arbeitsrecht prägen. Sie alle sind – ebenso wie das übrige Europäische Recht – abrufbar unter www.europa.eu.int. Zu nennen ist die Richtlinie 91/533/EWG über die Pflicht des ArbGeb zur Unterrichtung der ArbN über die für seinen Arbeitsvertrag oder sein Arbeitsverhältnis geltenden Arbeitsbedingungen (Nachweisrichtlinie v. 14.10.1991, ABl. EG Nr. 288/32), die durch das NachwG umgesetzt wurde; Richtlinie 1999/70/EG zu der EGB-UNICE-CEEP-Rahmenvereinbarung über befristete Arbeitsverträge (v. 28.6.1999, ABl. EG Nr. L 125/43) und die Richtlinie 97/81/EG des Rates zu der von UNICE-CEEP mit EGB geschlossenen Rahmenvereinbarung über Teilzeitarbeit (Teilzeitarbeitsrichtlinie v. 15.12.1997, ABl. EG 1998 Nr. L 14/9, geändert durch Richtlinie 98/23/EG vom 7.4.1998, ABl. EG Nr. L 131/10), beide umgesetzt durch das TzBfG; Richtlinie 96/71/EG des Europäischen Parlaments und des Rates über die Entsendung von ArbN im Rahmen der Erbringung von Dienstleistungen (Entsenderichtlinie v. 16.12.1996, ABl. EG 997 Nr. L 18/1) umgesetzt durch das AEntG; Richtlinie 2001/23/EG des Rates zur Angleichung der Rechtsvorschriften der Mitgliedstaaten über die Wahrung

---

1 S. www.ilo.org/public/german/region/eurpro/bonn/about/index.htm;   s. MünchArbR/*Birk*, § 17 Rz. 69.
|2 S. aber BAG v. 28.11.1990 – 8 AZR 570/89, AP Nr. 18 zu § 7 BUrlG (zu IAO-Übereinkommen Nr. 132); s. auch *Lörcher*, RdA 1994, 288; *Hanau/Steinmeyer/Wank*, § 34 Rz. 99 f. |3 S. BAG v. 25.3.1998 – 4 AZR 128/97, AP Nr. 42 zu § 23a BAT; MünchArbR/*Birk*, § 17 Rz. 52; ErfK/*Preis*, § 611 BGB Rz. 236. |4 S. EuGH v. 12.7.1990 – Rs. C-188/89, Slg. 1990, 3313 (3347). |5 Hierfür *Reichold*, ZTR 2000, 57 (61); dagegen *Hanau/Thüsing*, Europarecht und kirchliches Arbeitsrecht, S. 52. |6 S. auch jüngst BAG v. 18.2.2003 – 1 ABR 17/02, noch nv. (juris). |7 EuGH v. 14.7.1994 – Rs. C-91/92, Slg. 1994 I, 3347 (3356); BAG v. 5.3.1996 – 1 AZR 590/92, AP Nr. 226 zu Art. 3 GG. |8 EuGH v. 8.10.1987 – Rs. 80/86, Slg. 1987, 3969 (3987); dem folgend BAG v. 2.4.1996 – 1 ABR 47/95, AP Nr. 5 zu § 87 BetrVG – Gesundheitsschutz; abl. BGH v. 5.2.1998 – I ZR 211/95, NJW 1998, 2208 (2210). |9 BVerfG v. 24.5.1995 – 2 BvF 1/92, BverfGE 93, 37 (79).

von Ansprüchen der ArbN beim Übergang von Unternehmen, Betrieben oder Unternehmens- oder Betriebsteilen (Betriebsübergangsrichtlinie v. 12.3.2001, ABl. EG Nr. L 82/16 umgesetzt durch § 613a BGB); Richtlinie 98/59/EG des Rates zur Angleichung der Rechtsvorschriften der Mitgliedstaaten über Massenentlassungen (Massenentlassungsrichtlinie v. 20.7.1998, ABl. EG Nr. L 225/16 umgesetzt durch §§ 17 bis 22 KSchG); Richtlinie 96/34/EG des Rates zu der von UNICE-CEEP und EGB geschlossenen Rahmenvereinbarung über Elternurlaub (Elternurlaubsrichtlinie v. 3.6.1996, ABl. EG Nr. L 145/4), deren Vorgaben vom BErzGG erfüllt werden.

Daneben nimmt insb. der **Diskriminierungsschutz** einen breiten Raum innerhalb der europäischen Gesetzgebung ein. Ursprung war hier der Schutz vor Ungleichbehandlung der Geschlechter durch Richtlinie 76/207/EWG zur Verwirklichung des Grundsatzes der Gleichbehandlung von Männern und Frauen hinsichtlich des Zugangs zur Beschäftigung, zur Berufsbildung und zum beruflichen Aufstieg sowie in Bezug auf die Arbeitsbedingungen (Gleichbehandlungsrichtlinie v. 9.2.1976, ABl. EG Nr. L 39/40, zuletzt geändert durch die Richtlinie 2002/73/EG vom 5.10.2002, ABl. EG Nr. L 269, S. 15) sowie die Richtlinie 75/117/EWG zur Angleichung der Rechtsvorschriften der Mitgliedstaaten über die Anwendung des Grundsatzes des gleichen Entgelts für Männer und Frauen (Entgeltgleichheitsrichtlinie v. 10.2.1975, ABl. EG Nr. L 45/19, geändert durch das Abkommen über den EWR, ABl. EG Nr. L 1/489 v. 3.1.1994). Die Richtlinie 87/80/EG des Rates über die Beweislast bei Diskriminierung auf Grund des Geschlechts (Beweislastrichtlinie v. 15.12.1997, ABl. EG Nr. L 14/6 geändert durch Richtlinie 98/52/EG v. 13.7.1998, ABl. Nr. L 205/66) trat ergänzend hinzu; die Vorgaben sind umgesetzt durch § 611a und § 612 Abs. 3, s. Kommentierung dort. Zu diesem geschlechtsbezogenen Diskriminierungsschutz sind in jüngster Zeit **weitere Gleichbehandlungsgebote** hinzugetreten. Die Richtlinie 2000/43/EG des Rates zur Anwendung des Gleichbehandlungsgrundsatzes ohne Unterschied der Rasse oder der ethnischen Herkunft vom 29.6.2000 (ABl. EG Nr. L 180/22) gibt dem nationalen Gesetzgeber auf, die Ungleichbehandlung wegen der Rasse und der ethnischen Herkunft zu verbieten; Richtlinie 2000/78/EG zur Festigung eines allgemeinen Rahmens über die Verwirklichung der Gleichbehandlung in Beschäftigung und Beruf vom 27.11.2000 (ABl. EG Nr. L 303/16) gibt dem nationalen Gesetzgeber auf, die Diskriminierung wegen der Religion oder der Weltanschauung, einer Behinderung, des Alters oder der sexuellen Ausrichtung in Beschäftigung und Beruf zu verbieten[1].

Eine wichtige Rolle spielen auch die europäischen Rechtssetzungen zum **technischen und sozialen Arbeitsschutz**. Zu nennen ist hier die Richtlinie 80/1107/EWG zum Schutz der ArbN vor der Gefährdung durch chemische, physikalische und biologische Stoffe bei der Arbeit (Gefahrstoffrichtlinie v. 27.11.1987, ABl. EG Nr. L 327/08 zuletzt geändert durch Beitrittsvertrag v. 24.6.1994, BGBl. II S. 2024 in der Fassung des Beschlusses v. 1.1.1995, ABl. EG Nr. L 1/1); die Richtlinie des Rates 89/391/EWG über die Durchführung von Maßnahmen zur Verbesserung der Sicherheit und des Gesundheitsschutzes der ArbN bei der Arbeit (Arbeitsschutz-Rahmenrichtlinie v. 12.6.1989, ABl. EG Nr. L 183/1); die Richtlinie des Rates 91/393/EWG zur Ergänzung der Maßnahmen zur Verbesserung der Sicherheit und zum Gesundheitsschutz von ArbN bei befristeten Arbeitsverhältnissen oder Leiharbeitsverhältnissen (Arbeitsschutz-Leiharbeitnehmerrichtlinie v. 25.6.1991, ABl. EG Nr. L 206/19); die Richtlinie 92/85/EWG des Rates über die Durchführung von Maßnahmen zur Verbesserung der Sicherheit und des Gesundheitsschutzes von schwangeren ArbN-Innen, Wöchnerinnen und stillenden ArbN-Innen am Arbeitsplatz (Mutterschutzrichtlinie v. 19.10.1992, ABl. EG Nr. L 348/1); Richtlinie 94/33/EG des Rates über den Jugendarbeitsschutz (Jugendarbeitsschutzrichtlinie v. 22.6.1994, ABl. EG Nr. L 216/12), sowie die Richtlinie 93/104/EG des Rates über bestimmte Aspekte der Arbeitszeitgestaltung (Arbeitszeitrichtlinie v. 23.11.1993, ABl. Nr. EG L 307/18 geändert durch Richtlinie 2000/34/EG v. 22.6.2000, ABl. Nr. L 195/41). Die Vorgaben werden umgesetzt durch das ArbSchG, AÜG, MuSchG, JArbSchG und GefStoffV.

Zurückhaltender ist die Rechtssetzung im Bereich des **Kollektivarbeitsrechts**. Das Koalitionsrecht und das Arbeitskampfrecht sind gemäß Art. 137 Abs. 6 EG der Rechtssetzungsmacht der EG entzogen. Die Betriebsverfassung betrifft die Richtlinie 94/45/EG des Rates über die Einsetzung eines EBR oder die Schaffung eines Verfahrens zur Unterrichtung und Anhörung der ArbN in gemeinschaftsweit operierenden Unternehmen und Unternehmensgruppen (Europäische Betriebsräterichtlinie v. 22.9.1994, ABl. EG Nr. L 254/64 geändert durch Richtlinie 97/74/EG v. 15.12.1997, ABl. 1998 Nr. L 10/22). Die Richtlinie wurde umgesetzt durch das EBRG. Inwieweit die Richtlinie 2002/14/EG des Europäischen Parlaments und des Rates vom 11.3.2002 zur Festlegung eines allgemeinen Rahmens für die Unterrichtung und Anhörung der ArbN in der Europäischen Gemeinschaft (ABl. EG Nr. L 80/29) zur Änderung des deutschen Betriebsverfassungsrechts zwingt, ist derzeit noch unklar[2].

3. Verfassungsrecht. Das Grundgesetz gibt den Rahmen zur Geltung einfachgesetzlichen Arbeitsrechts vor. Insb. der **Einfluss der Grundrechte** des ArbN auf Kündigungsschutz, TV und Betriebsverfassung ist eine zentrale Fragestellung in der Dogmatik des Arbeitsrechts. Die Entwicklung war recht wechselhaft. Am Anfang stand die insb. von *Nipperdey* vertretene Auffassung, es könne im Arbeitsrecht auch

---

[1] S. hierzu *Thüsing*, ZfA 2001, 397; *Thüsing*, NZA 2001, 1061. | [2] S. hierzu *Weiss*, NZA 2003, 177, 182; *Deinert*, NZA 1999, 800; *Giesen*, RdA 2000, 298.

über die Koalitionsfreiheit nach Art. 9 Abs. 3 Satz 2 GG hinaus eine unmittelbare Wirkung der Grundrechte unter Privaten geben[1]. Davon hat man sich früh verabschiedet. Heute wird dies allein noch im Ausschnitt des TV und des Betriebsverfassungsrechts diskutiert. Das BAG bestätigte über viele Jahre hinweg, dass die TV-Parteien in ihrer Rechtssetzung an die Vorgaben der Grundrechte gebunden sind, und auch einige neuere *obiter dicta*, die dies anzweifeln, haben nicht eine grundlegende Wende einleiten können[2]. Für die BV lehnte das BVerfG die unmittelbare Grundrechtsbindung ab[3]. Im Übrigen wirken die Grundrechte wie allgemein im Privatrecht als **Auslegungshilfe zur Konkretisierung von Generalklauseln**. Einem Drucker, der sich weigerte, kriegsverherrlichendes Material zu drucken, musste der ArbGeb gemäß § 315 BGB iVm. Art. 4 GG eine andere Arbeit zuweisen; bei der außerordentlichen Kündigung eines ArbN, der den BR beleidigt hatte, wog das BAG im Rahmen des § 626 die Schwere der Meinungsfreiheit ebenso wie beim BR, der eine Werkzeitung verteilte und dabei allerlei Übles behauptete[4].

143 **4. Arbeitsrechtliche Gesetze.** Gemäß Art. 72, 74 Nr. 12 GG ist das Arbeitsrecht Gegenstand der konkurrierenden Gesetzgebung von Bund und Ländern. Der Bundesgesetzgeber hat von dieser Kompetenz umfassend Gebrauch gemacht; Arbeitsgesetze der Länder sind daher selten. Sie beschränken sich im Wesentlichen auf den Sonderurlaub für Mitarbeiter in der Jugendhilfe und zur Weiterbildung des ArbN. Daneben gibt es noch Landesgesetze über das Schlichtungswesen, die in der Praxis aber nur eine untergeordnete Bedeutung haben. Arbeitsrechtliche Gesetzesvorschriften sind ganz überwiegend zum Schutz des ArbN **einseitig zwingend** ausgestaltet. Zum Teil ist dies ausdrücklich angeordnet (vgl. § 619 BGB, § 62 Abs. 4 HGB, § 13 Abs. 1 Satz 3 BUrlG, § 12 EZFG, § 17 Abs. 3 BetrAVG). Bei den anderen ergibt es sich durch Auslegung vor allem im Hinblick auf den Normzweck. Verbesserungen zu Gunsten des ArbN sind also möglich, nicht jedoch Verschlechterungen. Daneben gibt es, wenn auch weitaus seltener, **zweiseitig zwingende** Gesetze, die auch nicht zu Gunsten des ArbN geändert werden können. Sie dienen Dritt- oder Allgemeininteressen wie zB § 8 Abs. 1 MuSchG. Daneben gibt es dispositive Normen, die sowohl zu Lasten als auch zu Gunsten des ArbN abgeändert werden können. Hierzu zählen die §§ 613, 614, 615. Teilweise gilt diese Dispositivität nicht für die arbeitsvertragliche, sondern nur für die tarifvertragliche Regelung. Zu diesen **tarifdispositiven Gesetzen** gehören die Kündigungsfristen (§ 622 Abs. 4), Regelungen der Lohnfortzahlung (§ 4 Abs. 4 EFZG), des Befristungsrechts (§ 14 Abs. 2 Satz 2 TzBfG), des Teilzeitarbeitsrechts (§ 12 Abs. 3, § 13 Abs. 4 TzBfG), der betrAV (§ 17 Abs. 3 BetrAVG), des Arbeitszeitschutzes (§ 7 ArbZG, § 21a JArbSchG), das Gleichbehandlungsgebot in der AÜ (§ 3 Nr. 3, § 9 Nr. 2 AÜG), das Urlaubsrecht (§ 13 BUrlG), einige Vorschriften im Arbeitsrecht der Seeleute (§§ 100a, 104, 140 SeemG) sowie Zuständigkeitsregelungen im ArbG-Prozess (§ 48 Abs. 2 und § 101 Abs. 1, 2 ArbGG). Grund hierfür ist die Angemessenheitsvermutung des TV. Weil mit den Gewerkschaften der ArbGebSeite ein gleichgewichtiger Verhandlungspartner gegenübertritt, besteht eine größere Gewähr als beim Arbeitsvertrag dafür, dass die Interessen des ArbN hinreichend berücksichtigt werden und die Bestimmungen keine einseitige Verschlechterung zu Lasten des ArbN, sondern eine einzelfallgerechte, ausgewogene Konkretisierung darstellen. Daher sieht das Gesetz in zahlreichen Bestimmungen vor, dass auch nicht tarifgebundene Parteien im Anwendungsbereich eines TV die tariflichen Regelungen vereinbaren können, s. § 17 Abs. 3 Satz 2 BetrAVG, § 622 Abs. 4 Satz 2 BGB, § 13 Abs. 1 Satz 2 BUrlG, § 12 Abs. 3 Satz 2, § 13 Abs. 4 Satz 2, § 14 Abs. 4 Satz 2 TzBfG. Inwieweit tarifdispositive Normen auch dispositiv hinsichtlich **kirchlicher Arbeitsvertragsregelungen** sein müssen, ist umstritten. Teilweise ordnet dies der Gesetzgeber ausdrücklich an (s. zB § 7 Abs. 4 ArbZG). Wo eine solche Regelung fehlt, ist sie iSd. Selbstbestimmungsrechts der Kirchen gemäß § 140 GG, § 137 Abs. 3 WRV und der im gleichen Maße für die kirchliche Arbeitsvertragsregelung bestehenden Richtigkeitsgewähr in lückenfüllender Rechtsfortbildung anzunehmen[5].

144 **5. Rechtsverordnungen.** Nur geringe Bedeutung im Arbeitsrecht haben die Rechtsverordnungen, die als Gesetz im formellen Sinn aufgrund Ermächtigung durch den parlamentarischen Gesetzgeber entsprechend den Vorgaben des Art. 80 GG erlassen werden können. Die Wahlordnungen zum BetrVG fallen hierunter sowie einige VO im Arbeitsschutz (s. hierzu Kommentierung zu §§ 18, 19 ArbSchG).

145 **6. Satzungsrecht** ist das autonome Eigenrecht einer Körperschaft des öffentlichen Rechts. Auch diese Rechtsquelle hat im Arbeitsrecht nur untergeordnete Bedeutung. Sie kommt vor bei den Berufsgenossenschaften als Träger der gesetzlichen Unfallversicherung. Deren Unfallverhütungsvorschriften enthalten bindende Regeln für ArbGeb und ArbN, s. § 15 SGB VII.

146 **7. TV.** Der normative Teil eines TV (§ 1 Abs. 1 Halbs. 2 TVG) gilt gesetzesgleich, dh. unmittelbar und zwingend (§ 4 Abs. 1 TVG) zwischen den tarifgebundenen ArbN und ArbGeb, § 3 TVG. Abweichende Vereinbarungen sind nur insoweit wirksam, als sie im TV gestattet wurden oder Änderungen zugunsten

---

1 *Nipperdey*, Grundrecht und Privatrecht, 1961; s. auch BAG v. 3.12.1954 – 1 AZR 150/54, BAGE 1, 185 (191 f.). | 2 S. BAG v. 30.8.2000 – 4 AZR 563/99, SAE 2001, 289 (*Löwisch*); v. 24.4.2001 – 3 AZR 329/00, AP Nr. 243 zu § 1 TVG – Tarifverträge: Bau; v. 29.8.2001 – 4 AZR 352/00, AuR 2002, 351; hierzu auch *Zachert*, AuR 2002, 330. |3 S. BVerfG v. 23.4.1986 – 2 BvR 487/80, BVerfGE 73, 261 (268 f.); s. auch BAG v. 7.11.1989 – GS 3/85, BAGE 63, 211. |4 BAG v. 20.12.1984 – 2 AZR 436/83, AP Nr. 27 zu § 611 BGB – Direktionsrecht; v. 13.10.1977 – 2 AZR 387/76, AP Nr. 1 zu § 1 KSchG 1969 – Verhaltensbedingte Kündigung; BVerfG v. 8.10.1996 – 1 BvR 1183/90, EWiR 1997, 169 mit Anm. *Wiedemann*. |5 S. *Thüsing*, RdA 1997, 163 mwN auch zur Gegenmeinung.

des ArbN enthalten, § 4 Abs. 3 TVG. Durch Allgemeinverbindlicherklärung gemäß § 5 TVG kann die normative Wirkung auf alle ArbN und ArbGeb innerhalb seines Geltungsbereichs erstreckt werden. Durch Bezugnahmeklausel können Nichtorganisierte die Geltung des TV vereinbaren, s. § 611 Rz. 439.

8. Betriebs- und Dienstvereinbarungen. Die BV zwischen ArbGeb und BR (§ 77 BetrVG) sind das Parallelinstrument zum TV auf Betriebsebene. Auch sie wirken gemäß § 77 Abs. 4 Satz 1 BetrVG unmittelbar und zwingend auf die Arbeitsverhältnisse des Betriebs ein. Ohne ausdrückliche Regelung gilt dies auch für die Dienstvereinbarung nach dem BPersVG oder den Landesvertretungsgesetzen. Auch die Dienstvereinbarungen im Mitarbeitervertretungsrecht der Kirchen (MAVO, MVG-EKD) haben nach herrschender Meinung normative Wirkung[1].

9. Arbeitsverträge. Durch den Arbeitsvertrag wird nicht nur das Arbeitsverhältnis begründet, sondern er bildet auch – insb. wo eine tarifvertragliche Bindung nicht besteht – das wesentliche Mittel zur Inhaltsgestaltung des Arbeitsverhältnisses. Er kann als individuell ausgehandelter Einzelarbeitsvertrag zustande kommen, zumeist beruht er jedoch auf vorformulierten, vom ArbGeb gestellten Vertragsbedingungen. Diese unterliegen der Inhaltskontrolle gemäß § 310 Abs. 4, §§ 305 ff. (s. Kommentierung dort). Die Grenze der Vertragsfreiheit zwischen ArbGeb und ArbN gehört zu den grundlegenden Fragen in der Fortentwicklung des Arbeitsrechts, s. Rz. 1.

Eine arbeitsvertragliche Regelung bildet auch die **Gesamtzusage**. Hiermit bezeichnet man die den ArbN begünstigende Zusage des ArbGeb, die dieser der gesamten Belegschaft oder doch zumindest einem Teil durch allgemeine Bekanntgabe gemacht hat[2]. Diese Zusage ist bindend, wenn auch die dogmatische Begründung hierzu strittig ist. Teilweise wird die Bindungswirkung auf gewohnheitsrechtliche Anerkennung gestützt[3], jedoch scheint der richtigere Weg zu sein, in der allgemeinen Bekanntgabe ein Angebot nach § 145 zu sehen, das der einzelne ArbN konkludent unter Verzicht des ArbGeb auf den Zugang der Annahmeerklärung (§ 151) annimmt[4]; dies entspricht auch der Wertung im US-amerikanischen Recht[5]. Der ArbGeb kann, soweit die Gesamtzusage nicht mit einem Freiwilligkeits- oder Widerrufsvorbehalt verbunden wurde (s. § 611 BGB Rz. 508), sich von der Zusage nur durch Änderungskündigung lösen[6] oder durch einvernehmliche Ablösung der Vereinbarung in einen Änderungsvertrag. Das bloße verschlechternde Änderungsangebot des ArbGeb wird jedoch nicht entsprechend den Regeln der Gesamtzusage zu einer bindenden Vereinbarung, denn hier kann nicht von der konkludenten Annahme des abändernden Angebots ausgegangen werden[7]. Ob und inwieweit auch auf Grund ihres kollektiven Gehalts eine verschlechternde Kollektivvereinbarung möglich ist (BV, TV), ist im Einzelnen streitig, s. Rz. 143. Zur Umdeutung einer unwirksamen BV in eine Gesamtzusage s. § 611 BGB Rz. 536. Ist eine BV wirksam geschlossen, entsteht regelmäßig kein selbständiger Anspruch aus einer Gesamtzusage daneben[8].

Auf der Ebene arbeitsvertraglicher Vereinbarung steht auch die **Betriebsübung**: Durch regelmäßiges Wiederholen bestimmter Verhaltensweisen, aus denen auf einen inhaltlich hinreichend konkreten Verpflichtungswillen geschlossen werden kann, entsteht eine rechtliche Bindung des ArbGeb[9]. Das Rechtsinstitut ist in gefestigter Rspr. seit den Tagen des Reichsarbeitsgerichts anerkannt, seine dogmatische Einordnung ist allerdings umstritten, hierzu und zu Einzelfällen s. § 611 Rz. 228 ff..

10. Weisungsrecht des ArbGeb. Die arbeitsvertraglichen Pflichten des ArbN werden durch das Weisungsrecht des ArbGeb konkretisiert. Seit dem 1.1.2003 hat dieses Recht in § 106 GewO eine eigene Grundlage. Die Norm ist nicht konstitutiv, sondern deklaratorisch, ergibt sich das Direktionsrecht doch bereits aus dem Arbeitsvertrag selbst, Einzelheiten s. Kommentierung dort.

11. Richterrecht. Wo das arbeitsrechtliche Normgefüge unvollständig ist, hat sich Richterrecht herausgebildet, das die gesetzgeberischen Lücken systemkonform schließt. Damit ist das Richterrecht **eigenständige Rechtsquelle**, es ist jedoch jederzeit durch Gesetzesrecht ablösbar. Inwieweit es seinerseits durch erneute richterrechtliche Rechtsfortbildung abgelöst werden kann und insb. wo die Grenzen des Vertrauensschutzes liegen, ist eine allgemeine rechtsdogmatische Frage, die im Einzelnen streitig geblieben ist.

Richterrecht ist im Arbeitsrecht sehr verbreitet. Insb. die **vertragliche Inhaltskontrolle** vor Einfügung in den Anwendungsbereich der allgemeinen AGB-Kontrolle, das **Arbeitskampfrecht**, die **Betriebsrisikolehre**, der **innerbetriebliche Schadensausgleich** und der **allgemeine Weiterbeschäftigungsanspruch** sind Richterrecht reinsten Wassers. Die Abdingbarkeit dieser Regelungen durch die Arbeitsvertragsparteien beurteilt sich nicht einheitlich, sondern jeweils in Ansehung des einzelnen richterrechtlich gebildeten Rechtsinstituts. Eine Besonderheit bildet das sog. tarifdispositive Richterrecht. Die Grund-

---

1 *Richardi*, Arbeitsrecht in der Kirche, S. 56. S. jetzt auch § 38 Abs. 3a MAVO. | 2 Sie kann auch durch Verwendung moderner Kommunikationsmittel wie das Internet erfolgen. Vgl. BAG v. 22.1.2003 – 10 AZR 395/02 AP Nr. 246 zu § 611 BGB – Gratifikation | 3 S. BAG v. 12.3.1963 – 3 AZR 266/62, DB 1963, 1191. | 4 BAG v. 17.5.1966 – 3 AZR 477/65, DB 1966, 1277; v. 13.3.1975 – 3 AZR 446/74, DB 1975, 1563; s. auch BAG v. 12.12.1995 – 1 ABR 23/95, AP Nr. 8 zu § 99 BetrVG 1972 – Versetzung. | 5 S. *Thüsing*, NZA 1999, 638. | 6 BAG v. 14.6.1995 – 5 AZR 126/94, AP Nr. 1 zu § 611 BGB – Personalrabatt. | 7 S. LAG Berlin v. 9.3.2001 – 19 Sa 2596/00, NZA-RR 2001, 491. | 8 LAG Köln v. 12.6.1998 – 11 Sa 110/97, NZA-RR 1999, 30. | 9 BAG v. 4.9.1985 – 7 AZR 262/83, DB 1986, 1627.

sätze für Rückzahlungsklauseln bei Gratifikationen[1] sowie von Ausbildungskosten[2] wurden vom BAG ausdrücklich als dispositiv allein für die TV-Parteien anerkannt[3].

154 **12. Rangfolge arbeitsrechtlicher Rechtsquellen.** Im Verhältnis der verschiedenen Rechtsquellen zueinander können verschiedene Prinzipien herangezogen werden. Nach dem Rangprinzip geht die ranghöhere Norm der rangniedrigeren vor. Daher sind verfassungswidrige Gesetze und gesetzeswidrige VO nicht anzuwenden, ebenso wie gesetzeswidrige TV unzulässig sind. Neben das Rangprinzip tritt in Durchbrechung des Rangprinzips als arbeitsrechtliche Besonderheit das Günstigkeitsprinzip. Weil Arbeitsrecht ArbN-Schutzrecht ist, geht der günstigere Arbeitsvertrag gegenüber dem TV vor (§ 4 Abs. 3 TVG) und grundsätzlich auch der BV, Einzelheiten s. § 611 Rz. 519 ff.. Das Spezialitätsprinzip und das Ordnungsprinzip betreffen demgegenüber das Verhältnis gleichrangiger Normquellen. *Lex specialis derogat legi generale* und auch der speziellere TV geht dem allgemeineren vor, unabhängig davon, welcher von beiden früher abgeschlossen wurde (zur Tarifkonkurrenz und Tarifpluralität s. ausführlich § 4 TVG Rz. 40 ff.). Ist eine speziellere Regelung nicht auszumachen, verdrängt nach dem Ordnungsprinzip die spätere Regelung die frühere: *lex posterior derogat legi priori*. Ein TV kann daher sowohl zu Gunsten als auch zu Lasten des ArbN durch einen nachfolgenden TV verdrängt werden[4]; das Gleiche gilt für die BV. Zu den Grenzen dort s. § 611 Rz. 53 f.

155 **Ausgangspunkt** für die Ermittlung der anzuwendenden Regelung ist zunächst der Arbeitsvertrag, denn aus ihm ergeben sich in der Regel die entscheidenden Weichenstellungen. Europarecht steht ihm nur entgegen, soweit es unmittelbare Wirkung unter den Bürgern entfaltet und nicht lediglich die Mitgliedstaaten bindet, s. Rz. 136. Abweichendes Gesetzesrecht kann zur Unwirksamkeit führen, je nachdem ob es eine Abweichung zu Gunsten oder zu Lasten des ArbN formuliert und ob es sich um zweiseitig oder einseitig zwingendes Gesetzesrecht handelt, s. § 611 Rz. 519 ff. Zum Verhältnis Tarifvertrag/BV s. § 77 BetrVG Rz. 48.

611 *Vertragstypische Pflichten beim Dienstvertrag*
(1) Durch den Dienstvertrag wird derjenige, welcher Dienste zusagt, zur Leistung der versprochenen Dienste, der andere Teil zur Gewährung der vereinbarten Vergütung verpflichtet.
(2) Gegenstand des Dienstvertrags können Dienste jeder Art sein.

I. Vertragsanbahnung 1	cc) Tarifvertragliche und betriebsverfassungsrechtliche Formvorschriften . . 40
1. Grundsatz 1	dd) Einzelvertragliche Formvorschriften . . 42
2. Anwerbung von Arbeitnehmern 2	ee) Anforderungen an die Schriftform . . . 43
a) Anwerbungsmöglichkeiten 2	ff) Ausschluss des Einwands der Formnichtigkeit 45
b) Ersatz der Vorstellungs- und Umzugskosten . 7	e) Stellvertretung 46
3. Bewerberauswahl 10	3. Abschlussfreiheit und Auswahlfreiheit . . . 47
a) Personalplanung 10	a) Grundsatz 47
b) Fragerecht des Arbeitgebers 11	b) Beschränkung der Abschlussfreiheit . . 48
c) Einstellungsuntersuchungen und Eignungstests 12	c) Beschränkung der Auswahlfreiheit . . . 49
aa) Einstellungsuntersuchungen 12	aa) Abschlussgebote 49
bb) Einstellungstests 17	bb) Abschluss- und Beschäftigungsverbote 54
cc) Beachtung des Bundesdatenschutzgesetzes 22	(1) Abschlussverbote 55
d) Informationserhebung bei Dritten . . . 23	(2) Beschäftigungsverbote 59
e) Mitteilungspflichten des Arbeitgebers . 25	(3) Sonstige Beschränkungen der Auswahlfreiheit 61
4. Das Anbahnungsverhältnis 26	4. Begründungsformen eines Arbeitsverhältnisses 63
II. Vertragsschluss 30	a) Begründung durch Arbeitsvertrag . . . 63
1. Grundsatz 30	b) Begründung durch einseitiges Rechtsgeschäft 64
2. Wirksamkeitsvoraussetzungen des Arbeitsvertrags 31	c) Begründung kraft Gesetzes 66
a) Vertragsparteien 32	5. Beteiligung des Betriebsrats bei Einstellungen 67
b) Inhaltliche Bestimmtheit 33	III. Fehlerhaftigkeit des Arbeitsvertrags 68
c) Geschäftsfähigkeit 34	1. Wirksame Anfechtung 69
aa) Erweiterte Geschäftsfähigkeit des Arbeitnehmers 35	2. Nichtigkeit 70
bb) Erweiterte Geschäftsfähigkeit des Arbeitgebers 36	a) Nichtigkeitsgründe 71
d) Formvorschriften 37	aa) Verstoß gegen ein gesetzliches Verbot 71
aa) Nachweisgesetz 38	bb) Verstoß gegen die guten Sitten . . . 73
bb) Gesetzliche Formvorschriften 39	

---

[1] BAG v. 31.3.1966 – 5 AZR 516/65, AP Nr. 54 zu § 611 BGB – Gratifikation; v. 23.2.1967 – 5 AZR 234/66, AP Nr. 57 zu § 611 BGB – Gratifikation. | [2] BAG v. 6.9.1995 – 5 AZR 174/94, AP Nr. 22 zu § 611 BGB – Ausbildungsbeihilfe. | [3] Ausf. *Lieb*, RdA 1972, 129 ff.; *Preis*, Vertragsgestaltung im Arbeitsrecht, S. 209 ff.; *Käppler*, Voraussetzung und Grenzen tarifdispositiven Richterrechts, 1977; *Vossen*, Tarifdispositives Richterrecht, 1974. | [4] BAG v. 16.5.1995 – 3 AZR 535/94, AP Nr. 15 zu § 4 TVG – Ordnungsprinzip.

cc) Wucher	78
dd) Sonstige Nichtigkeitsgründe	79
b) Rechtsfolgen	80

IV. Vergütungspflicht ... 85
1. Begriff und Rechtsnatur des Arbeitsentgelts .. 85
2. Geldschuld, Naturallohn, Sachbezüge 87
   a) Grundsatz ... 87
   b) Dienstwagen ... 88
   c) Werkswohnung ... 91
   d) Personalrabatt ... 92
3. Modalitäten der Vergütungszahlung ... 93
4. Nettolohnvereinbarungen ... 96
   a) Allgemeines ... 96
   b) Inhalt ... 97
   c) Auslegung ... 98
   d) Änderung der maßgeblichen Umstände ... 99
   e) Fehlbeträge ... 100
5. Besondere Arten der Vergütung ... 101
   a) Sondervergütungen, Gratifikationen ... 101
      aa) Kürzung wegen Fehlzeiten ... 102
         (1) Zweck der Sonderzahlung ... 102
         (2) Sonderzahlung als Entgelt im engeren Sinne ... 103
         (3) Sonderzahlung als Entgelt auch für Betriebstreue ... 106
         (4) Auslegung einer Kürzungsklausel ... 109
      bb) Kürzung oder Entfallen wegen vorzeitigen Ausscheidens des Arbeitnehmers .. 110
      cc) Rückzahlung bei späterem Ausscheiden 111
   b) Zulagen ... 115
   c) Tantiemen ... 117
      aa) Allgemeines ... 117
      bb) Formen der Tantieme ... 119
      cc) Berechnung ... 120
      dd) Auskunftsrechte ... 123
      ee) Ausscheiden und fehlende Arbeitsleistung des Arbeitnehmers ... 124
   d) Aktienoptionen ... 125
      aa) Allgemeines ... 125
      bb) Verschiedene Varianten ... 126
      cc) Aktienrechtliche Anforderungen ... 128
         (1) Wege zur Bereitstellung von Aktien zur Bedienung der Optionen ... 129
         (2) Ausgestaltung der Konditionen des Aktienoptionsplans ... 132
   e) Überstundenvergütung ... 134
   f) Trinkgeld, Bedienungsgeld ... 142
6. Zahlungen ohne Entgeltcharakter ... 149
   a) Auslösung ... 149
   b) Darlehen ... 153
      aa) Allgemeines ... 153
      bb) Grenzen der Vertragsgestaltung ... 154
      cc) Betriebsübergang/Ausscheiden des Arbeitnehmers ... 155
      dd) Arbeitnehmerdarlehen ... 156
7. Rückzahlung von Vergütung ... 158
   a) Grundlagen des Bereicherungsrechts ... 158
   b) Entreicherungseinwand ... 159
   c) Schadensersatzanspruch des Arbeitnehmers 164
   d) Schadensersatzanspruch des Arbeitgebers . 165
   e) Fälligkeit/Geltendmachung ... 166
   f) Brutto/Netto ... 167

V. Beschäftigungspflicht ... 168
1. Grundsatz ... 168
2. Befreiung des Arbeitgebers von der Beschäftigungspflicht ... 172
   a) Allgemeines ... 172
   b) Einseitige Suspendierung ohne vertragliche Vereinbarung ... 173
   c) Suspendierung durch vertragliche Vereinbarung ... 175
   d) Freistellung mit vertraglicher Vereinbarung . 178

VI. Gleichbehandlung ... 181
1. Allgemeines ... 181
   a) Herkunft und Geltung ... 181
   b) Abgrenzung ... 183
2. Geltungsbereich ... 185
   a) Maßnahmen mit kollektivem Bezug ... 186
   b) Bestehendes Rechtsverhältnis zwischen Arbeitgeber und Arbeitnehmer ... 192
   c) Tarifvertrag und Betriebsvereinbarung .. 194
3. Vergleichsgruppe ... 196
4. Rechtfertigungsgründe einer Ungleichbehandlung ... 202
5. Beweislast ... 209
6. Rechtsfolgen des Verstoßes ... 211
7. Einzelfragen ... 219
   a) Ungleichbehandlung verschiedener Arbeitnehmergruppen ... 219
   b) Arbeitsentgelt ... 223
      aa) Allgemeines ... 223
      bb) Lohnerhöhungen ... 224
      cc) Gratifikationen ... 225
      dd) Ruhegeldzusage ... 226
      ee) Sozialplan ... 227

VII. Betriebliche Übung ... 228
1. Begriff und Herleitung ... 228
2. Voraussetzungen und Verhinderung einer betrieblichen Übung ... 229
3. Beendigung einer betrieblichen Übung ... 233
4. Ablösung des durch betriebliche Übung begründeten Anspruchs ... 234
5. Fallgruppen ... 237
6. Einzelfälle ... 238

VIII. Sonstige Arbeitgeberpflichten ... 239
1. Grundlagen ... 239
2. Sanktionen ... 240
3. Einzelne Nebenpflichten ... 241
   a) Die Fürsorgepflicht des Arbeitgebers ... 241
   b) Auskunftspflichten ... 242
      aa) Grundsatz ... 242
      bb) Einzelne Auskunftspflichten ... 243
   c) Aufklärungs- bzw. Informationspflichten ... 244
      aa) Grundsätzliches ... 244
      bb) Einzelne Pflichten ... 246
   d) Schutzpflichten ... 252
      aa) Schutz des Lebens und der Gesundheit des Arbeitnehmers ... 252
      bb) Persönlichkeitsschutz des Arbeitnehmers ... 255
         (1) Allgemeines ... 255
         (2) Mobbing ... 256
         (3) Schutz vor sexueller Belästigung . 257
         (4) Datenschutz und Personalakten . 258
         (5) Weitere Ausprägungen des Persönlichkeitsschutzes ... 260
      cc) Schutz des Eigentums und des Vermögens des Arbeitnehmers ... 264
         (1) Obhuts- und Verwahrungspflichten ... 264
         (2) Sonstige Vermögensinteressen des Arbeitnehmers ... 266
   e) Aufwendungsersatz ... 270
      aa) Allgemeines ... 270
      bb) Ersatzfähige Aufwendungen im Einzelfall ... 273
         (1) Fahrt- und Reisekosten ... 273
         (2) Vorstellungskosten ... 274
         (3) Arbeitskleidung ... 275
         (4) Arbeitsmittel ... 276
         (5) Körper- und Sachschäden ... 277
         (6) Vorschuss ... 278
      cc) Nicht ersatzfähige Aufwendungen ... 279
   f) Sonstige Nebenpflichten ... 280

BGB § 611   Vertragstypische Pflichten beim Dienstvertrag

- IX. **Pflichten des Arbeitnehmers** 283
  1. Arbeitsleistung als Hauptpflicht 283
     - a) Allgemeine Grundlagen der Arbeitspflicht . 283
     - b) Inhalt der Arbeitspflicht 286
       - aa) Art und Beschaffenheit der Arbeit ... 287
         - (1) Ausdrückliche Inhaltsbestimmung durch die Parteien 289
         - (2) Inhaltsbestimmung auf Grund der Umstände 290
         - (3) Normative Inhaltsbestimmung ... 292
         - (4) Einseitige Inhaltsbestimmung ... 293
       - bb) Intensität der Arbeit 299
     - c) Arbeitszeit 303
       - aa) Dauer und Lage 304
         - (1) Bestimmung der Dauer 305
         - (2) Bestimmung der Lage 310
       - bb) Einzelfälle 314
         - (1) Überstunden 314
         - (2) Mehrarbeit 315
         - (3) Kurzarbeit 317
       - cc) Tätigkeiten als Arbeitszeit 318
         - (1) Bereitschaftsdienst 319
         - (2) Arbeitsbereitschaft 324
         - (3) Rufbereitschaft 326
         - (4) Einzelfälle 328
     - d) Arbeitsort 332
       - aa) Allgemeines 332
       - bb) Wechselnder Einsatzort 337
       - cc) Versetzung und Umsetzung des Arbeitnehmers 338
         - (1) Umsetzung 339
         - (2) Versetzung 341
       - dd) Betriebsverlegung 342
       - ee) Prozessuale Bedeutung 343
     - e) Prozessuale Durchsetzung der Arbeitspflicht 344
  2. Nebenpflichten 347
     - a) Grundsätze 347
     - b) Besondere Nebenpflichten 349
       - aa) Verschwiegenheit 350
       - bb) Verschwiegenheitspflicht nach Beendigung des Arbeitsverhältnisses 351
       - cc) Einhaltung der betrieblichen Ordnung . 353
       - dd) Wettbewerb 357
         - (1) Wettbewerbsverbot bei bestehendem Arbeitsverhältnis – Rechtsgrundlage . 358
         - (2) Grundsätze über das Wettbewerbsverbot nach Beendigung des Arbeitsverhältnisses 363
       - ee) Schmiergeldverbot 364
       - ff) Nebentätigkeit 368
         - (1) Allgemeines 368
         - (2) Begrenzender Rahmen für die Nebentätigkeit 369
         - (3) Wirksamkeitsvoraussetzung 370
         - (4) Öffentlicher Dienst 373
         - (5) Einzelfälle 374
         - (6) Folgen einer pflichtwidrigen Nebentätigkeit 375
       - gg) Außerdienstliches Verhalten 376
       - hh) Meinungsäußerung, gewerkschaftliche und politische Betätigung 378
       - ii) Kontrolle und Untersuchung 384
       - jj) Sonstige Nebenpflichten 386
- X. **Leistungsstörungen** 387
  1. Einführung 387
  2. Befreiung des Arbeitnehmers von der Primärleistungspflicht wegen Nichterfüllung 389
     - a) Gesetzlicher Ausschluss bei Unmöglichkeit der Leistung, § 275 Abs. 1 BGB 390
     - b) Leistungsverweigerungsrecht wegen sog. faktischer und praktischer Unmöglichkeit, § 275 Abs. 2 BGB 391
     - c) Leistungsverweigerungsrecht wegen persönlicher Unzumutbarkeit, § 275 Abs. 3 BGB 392
     - d) Abgrenzung zur Störung der Geschäftsgrundlage, § 313 BGB 398
  3. Rechtsfolge: Wegfall des Gegenleistungsanspruchs, § 326 Abs. 1 Satz 1 BGB 399
  4. Arbeitgeberhaftung 404
  5. Arbeitnehmerhaftung 407
     - a) Nichtleistung 408
     - b) Verzögerung der Leistung 410
     - c) Schlechtleistung 411
     - d) Haftungsbegrenzung und Beweislastumkehr 413
  6. Kündigungsrecht des Arbeitgebers 414
- XI. **Inhaltskontrolle – Vertragsgestaltung** 415
  1. Ansatzpunkte der Inhaltskontrolle 415
  2. Einbeziehung des Arbeitsvertrags in den Anwendungsbereich der §§ 305 ff. BGB 417
  3. Einzelne Klauseln 419
     - a) Ausgleichsquittung – Verzichtserklärung 420
       - aa) Auslegung 421
       - bb) Zulässigkeit im Formularvertrag 422
       - cc) Verzichtbarkeit des Anspruchs 423
       - dd) Weitere Unwirksamkeitsgründe – Anfechtung 424
     - b) Ausschlussfristen 425
       - aa) Reichweite der Ausschlussfrist 427
       - bb) Wirksamkeitsgrenzen 429
       - cc) Besonderheiten bei zweistufigen Ausschlussfristen 434
     - c) Beweislastmodifikationen 436
     - d) Bezugnahmeklauseln auf Tarifverträge ... 439
       - aa) Erstreckung der Inhaltskontrolle der §§ 308, 309 BGB auf tarifliche Arbeitsbedingungen 440
       - bb) Schutz vor überraschenden Verweisungen nach § 305c Abs. 1 BGB 442
       - cc) Unklarheitenregel bei Bezugnahmeklauseln 445
       - dd) Möglichkeit einer konkludenten Bezugnahme 446
       - ee) Rechtsfolgen beim Verbandsaustritt, Verbandswechsel und beim Betriebs(teil)übergang 447
         - (1) Verbandsaustritt 449
         - (2) Verbandswechsel 450
         - (3) Betriebs(teil)übergang 451
     - e) Bezugnahmeklauseln auf sonstige Arbeitsbedingungen – Öffnungsklauseln 452
     - f) Haftungsausschlüsse und -erweiterungen . 454
       - aa) Ausschluss der Haftung des Arbeitgebers 454
       - bb) Erweiterung der Haftung des Arbeitnehmers 459
     - g) Rückzahlung von Fort- und Ausbildungskosten 460
       - aa) Spezialgesetzliche Vereinbarungsgrenzen von Rückzahlungsklauseln 461
       - bb) Unangemessene Benachteiligung des Arbeitnehmers 463
         - (1) Grundsätzliche Zulässigkeit des Rückzahlungsvorbehalts („Ob") .. 464
         - (2) Inhaltliche Grenzen der Rückzahlungsvereinbarung („Wie") 467
       - cc) Zeitpunkt der Vereinbarung 472
       - dd) Rechtsfolgen unangemessen benachteiligender Klauseln 473
       - ee) Anderweitige Gestaltungsmöglichkeiten 474
     - h) Umzugskosten 475
       - aa) Allgemeines 475

bb) Anspruch auf Erstattung der Umzugskosten 476
cc) Rückzahlung der Umzugskostenerstattung 479
i) Schadenspauschalierung 484
j) Vertragsstrafen 486
   aa) Schranken der Vereinbarung in For-
      mulararbeitsverträgen 487
   bb) Verbot einer unverhältnismäßig hohen
      Vertragsstrafe 490
   cc) Bestimmtheitsgrundsatz 493
   dd) Wirksamkeitsgrenzen außerhalt des
      AGB-Rechts 494
XII. Anpassung von Arbeitsbedingungen 496
 1. Einvernehmliche Änderungen eines Arbeits-
    vertrags 497
    a) Allgemeines 497
    b) Grenzen des Verzichts 499
    c) Schriftformerfordernis 500
 2. Einseitige Änderung des Arbeitsvertrags –
    Anpassungsvorbehalte des Arbeitgebers ... 502
    a) Gemeinsame Grenze: Keine Umgehung
       des KSchG und des TzBfG – Grenzen der
       §§ 307 ff. BGB 503
    b) Freiwilligkeitsvorbehalt 508
    c) Widerrufsvorbehalt 511

aa) Wirksame Vereinbarung des Widerrufs-
    vorbehalts 512
bb) Ausübung des Widerrufsrechts 513
cc) Änderung des Prüfungsmaßstabs nach
    der Schuldrechtsreform 514
d) Teilbefristung 516
 3. Ablösung des Arbeitsvertrags durch Betriebs-
    vereinbarung und Tarifvertrag 519
    a) Grundsatz: Gültigkeitsprinzip 519
    b) Ausnahme: Ablösung nach dem kollektiven
       Günstigkeitsprinzip 522
       aa) Kollektiver Tatbestand 523
       bb) Modifizierter Günstigkeitsvergleich .. 526
    c) Betriebsverfassungswidrige Einheitsrege-
       lung und betriebsvereinbarungsoffener Ar-
       beitsvertrag – Ablöseprinzip 528
    d) Geltung des kollektiven Günstigkeitsprin-
       zips auch für Tarifverträge? 531
 4. Änderung einer Betriebsvereinbarung 532
    a) Änderung zulässiger Betriebsvereinbarungen 533
    b) Umdeutung unzulässiger Betriebsverein-
       barungen 536
 5. Änderung eines Tarifvertrags 538
    a) Anrechnung übertariflicher Entgelte ... 539
    b) Entgeltreduzierung 544
    c) Änderung der Vergütungsgruppen 547

I. Vertragsanbahnung

Lit.: *Bepler*, Persönlichkeitsverletzung durch graphologische Begutachtung im Arbeitsleben, NJW 1976 41; *Brill*, Der minderjährige Arbeitnehmer in der Rechtsprechung, BB 1975, 284; *Buchner*, Freiheit und Bindung des Arbeitgebers bei Einstellungsentscheidungen, NZA 1991, 577; *Deutsch*, Die Genomanalyse im Arbeits- und Sozialrecht, NZA 1989, 657; *Diller/Powietzka*, Drogenscreenings und Arbeitsrecht, NZA 2001, 1227; *Grunewald*, Der Einsatz von Personalauswahlverfahren und -methoden im Betrieb – ein faktisch rechtsfreier Raum?, NZA 1996, 15; *Henninge*, Rechtliche Folgewirkungen schlüssigen Verhaltens der Arbeitsvertragsparteien, NZA 1999, 281; *Hönn*, Zur Problematik fehlerhafter Vertragsverhältnisse, ZfA 1987, 61; *Hofmann*, Zur Offenbarungspflicht des Arbeitnehmers, ZfA 1975, 1; *Hümmerich*, Rechte des Betriebsrates bei der Erfassung von Bewerberdaten, RdA 1979, 143; *Hunold*, Die Mitbestimmung des Betriebsrates in allgemeinen personellen Angelegenheiten, DB 1976, 98; *Keller*, Die ärztliche Untersuchung des Arbeitnehmers im Rahmen des Arbeitsverhältnisses, NZA 1988, 561; *Künzl*, Alkohol im Betrieb, BB 1993, 1581; *Lehmann*, Faktische Vertragsverhältnisse, NJW 1958, 1; *Michel/Wiese*, Zur rechtlichen und psychologischen Problematik graphologischer Gutachten, NZA 1986, 505; *Nipperdey*, Das fehlerhafte Arbeitsverhältnis als bürgerlich-rechtliches Abwicklungsproblem, RdA 1969, 161; *Rothe*, Der Anspruch des Stellenbewerbers auf Auslagenersatz, DB 1968, 1906; *Sack*, Der rechtswidrige Arbeitsvertrag, RdA 1975, 171; *Scheffer*, Schweigen als Angebot auf stillschweigende Annahme, NJW 1995, 3166; *Schierbaum*, Erhebung von Bewerber- und Arbeitnehmer-Daten, AiB 1995, 586; *Schierbaum*, Umwelt und Recht – Zur Zulässigkeit graphologischer Gutachten im betrieblichen Bereich, NJW 1969, 1655; *Schierbaum*, Rechtsprobleme bei der Einholung von Auskünften über Bewerber, DB 1983, 769; *Schönfeld/Gennen*, Mitbestimmung des Betriebsrates bei Assessment-Centern – Beteiligungsrechte des Betriebsrates und des Sprecherausschusses, NZA 1989, 543; *Schreiber*, Das Arbeitsverhältnis beim Übergang des Betriebs, RdA 1982, 137; *Schulz*, Zur Auskunfterteilung unter Arbeitgebern über Arbeitnehmer NZA 1990, 717; *Simitis*, Datenschutz und Arbeitsrecht, AuR 1977, 97; *Walker*, Der Vollzug des Arbeitsverhältnisses ohne wirksamen Arbeitsvertrag, JA 1985, 138; *Wiedemann*, Zur culpa in contrahendo bei Abschluss des Arbeitsvertrages, Festschrift für Herschel, 1982, S. 463; *Wiese*, Zur gesetzlichen Regelung der Genomanalyse an Arbeitnehmer, RdA 1988, 217; *Zöllner*, Der arbeitsrechtliche Vorvertrag, Festschrift für Floretta, 1983, S. 455.

1. Grundsatz. Für die Anbahnung eines Arbeitsverhältnisses sind die Vorschriften des Allgemeinen Schuldrechts maßgebend. Es entsteht ein Vertragsanbahnungsverhältnis als Rechtsverhältnis iSd. § 241 Abs. 2, das zu Aufklärungs-, Verschwiegenheits-, Mitwirkungs- und Obhutspflichten führen kann. Ggf. sind Rechte des BR zu beachten; Fragerechte stehen dem ArbGeb nur beschränkt zu (s. § 123 Rz. 3 ff.). **1**

2. Anwerbung von ArbN. a) Anwerbungsmöglichkeiten. Der ArbGeb kann im Rahmen der Anwerbung eines ArbN die zu besetzende Stelle öffentlich oder betriebsintern ausschreiben, in Zeitungen inserieren, AA einschalten, usw. Unter einer **Stellenausschreibung** ist die allgemeine Aufforderung an alle oder an eine bestimmte Gruppe von ArbN zu verstehen, sich für einen bestimmten Arbeitsplatz im Betrieb zu bewerben[1]. Gem. § 93 BetrVG kann der **BR** vom ArbGeb **vor der Besetzung einer Stelle** eine betriebsinterne Ausschreibung der Arbeitsplätze (möglich in Form von Rundschreiben, Aushang oder Annonce in der Werkszeitung) verlangen. Stellt die vorgesehene Besetzung des Arbeitsplatzes eine **2**

---
[1] Vgl. BAG v. 23.2.1988 – 1 ABR 82/86, AP Nr. 2 zu § 93 BetrVG 1972; ErfK/*Preis*, § 611 BGB Rz. 293; Kittner/Zwanziger/*Becker*, ArbR Rz. 7.

BGB § 611 Rz. 3   Vertragstypische Pflichten beim Dienstvertrag

Einstellung iSv. § 99 BetrVG dar, hat der BR gem. § 99 Abs. 2 Nr. 5 BetrVG die Möglichkeit, seine Zustimmung zur Einstellung verweigern, wenn das Ausschreibungsverlangen vom ArbGeb missachtet wurde. Das Mitwirkungsrecht des BR gem. § 93 BetrVG besteht auch, wenn der Arbeitsplatz mit einem **LeihArbN** besetzt werden soll, da die Begründung eines arbeitsrechtlichen Weisungsverhältnisses ausreicht[1]. Ferner kann der BR nach der Rspr. des BAG ebenfalls die Ausschreibung der Arbeitsplätze verlangen, die der ArbGeb mit **freien Mitarbeitern** besetzen will[2]. Die Ausschreibungspflicht besteht selbst dann, wenn die zu besetzende Stelle für einen bestimmten ArbN geschaffen wurde[3], da der Zweck einer Stellenausschreibung in der Transparenz innerbetrieblicher personeller Vorgänge und damit verbunden der Vermeidung von Missstimmung im Betrieb liegt[4].

3   Der ArbGeb ist durch ein Ausschreibungsverlangen jedoch nicht daran gehindert, die Arbeitsplätze gleichzeitig auch **außerhalb des Betriebes** durch Stellenausschreibung oder Mitteilung an das AA auszuschreiben. Hierbei darf er jedoch keine geringeren Anforderungen an die Qualifikation des Bewerbers stellen als in der betrieblichen Ausschreibung[5]. Ferner muss nach der betriebsinternen Ausschreibung genügend Zeit für die Bewerbung von Betriebsangehörigen bleiben, bevor ein externer Bewerber eingestellt wird[6]. Der ArbGeb kann vom BR allerdings nicht dazu verpflichtet werden, den Arbeitsplatz nur mit ArbN, die sich auf die Ausschreibung hin gemeldet haben, zu besetzen oder ihnen Vorrang einzuräumen[7]. Durch eine freiwillige BV kann jedoch eine dahingehende Verpflichtung des ArbGeb begründet werden[8].

4   Ein bestimmter **Inhalt** der Ausschreibung ist gesetzlich nicht festgelegt, jedoch muss nach dem Sinn und Zweck der Ausschreibung aus ihr hervorgehen, um welchen Arbeitsplatz es sich handelt und welche Anforderungen der Bewerber zu erfüllen hat[9]. Hinsichtlich des Inhalts einer Ausschreibung steht dem BR kein MitbestR zu, es sei denn dieses wurde durch eine freiwillige BV festgelegt. Will der ArbGeb jedoch mit den in der Ausschreibung beschriebenen besonders hohen Anforderungen an eine Qualifikation des Bewerbers bewirken, dass an sich geeignete Bewerber auf eine Bewerbung verzichten, kann hierin ein Verstoß gegen etwaige mit dem BR aufgestellte Auswahlrichtlinien iSv. § 95 BetrVG vorliegen. In diesem Fall unterliegt der ArbGeb auch hier dem MitbestR des BR[10]. Ob und inwieweit sich dessen MitbestR auf die **Form** der Ausschreibung bezieht, ist streitig[11]. Der BR kann jedenfalls vom ArbGeb nur eine Ausschreibung innerhalb des Betriebes verlangen. Hierbei kann er einen Aushang am schwarzen Brett oder eine Veröffentlichung in der Werkszeitung verlangen[12].

5   Schreibt der ArbGeb eine Stelle öffentlich oder innerhalb seines Betriebs aus, muss er die Regelung des § 611b beachten, wonach die **Ausschreibung geschlechtsneutral** zu erfolgen hat, es sei denn, die Voraussetzungen des § 611a Abs. 1 Satz 2 liegen vor. Geschlechtsspezifische Stellenausschreibungen sind demnach zulässig, wenn das Geschlecht für die Stelle unverzichtbare Voraussetzung ist, s. im Einzelnen § 611a Rz. 25. Geschlechtsneutral sind solche Ausschreibungen, die sich in ihrer gesamten Ausdrucksweise sowohl an Frauen als auch an Männer wenden. Zweckmäßig ist die Verwendung einer neutralen Form, sofern es diese gibt (s. auch § 611b Rz. 4). Dem BR obliegt die Überwachung des ArbGeb hinsichtlich der Einhaltung der geschlechtsneutralen Formulierung des Stellenangebots (§ 80 Abs. 1 Nr. 1 BetrVG; § 68 Abs. 1 Nr. 2 BPersVG). Er ist jedoch nicht berechtigt, bei einem Verstoß die Zustimmung zur Einstellung zu verweigern[13]. § 611b enthält selbst ebenfalls keine Rechtsfolgenregelung im Falle der Missachtung der Ausschreibungsanforderungen. Erfolgt allerdings ein Prozess eines unberücksichtigten Bewerbers gegen den ArbGeb, kann ein Verstoß gegen die geschlechtsneutrale Ausschreibungspflicht im Rahmen der Beweiswürdigung dahingehend ausgelegt werden, dass eine Geschlechtsdiskriminierung beabsichtigt war (vgl. § 611a Abs. 1 Satz 3)[14], Einzelheiten § 611a Rz. 19.

6   **Inseriert der ArbGeb in einer Zeitung** um ArbN anzuwerben, so liegt hierin noch kein Angebot auf Abschluss eines Arbeitsvertrages. Vielmehr stellt das Inserat eine Aufforderung zur Abgabe eines Arbeitsangebots (*invitatio ad offerendum*) dar[15]. Macht der ArbGeb in dem Inserat unzutreffende Angaben und

---

1 Richardi/*Thüsing*, § 93 BetrVG Rz. 3; *Fitting*, § 93 BetrVG Rz. 3. | 2 Hierbei muss allerdings ebenfalls wieder eine Einstellung iSv. § 99 BetrVG vorliegen; BAG v. 27.7.1993 – 1 ABR 7/93, AP Nr. 3 zu § 93 BetrVG 1972; zust. Richardi/*Thüsing*, § 93 BetrVG Rz. 4; *Fitting*, § 93 BetrVG Rz. 3; GK/*Kraft*, § 93 BetrVG Rz. 4; abl. *Hromadka*, SAE 1994, 133 (135 f.). | 3 LAG Chemnitz v. 13.8.1993 – 3 Ta BV 2/93, AuA 1994, 26. | 4 BAG v. 27.7.1993 – 1 ABR 7/93, AP Nr. 3 zu § 93 BetrVG 1972. | 5 BAG v. 23.2.1988 – 1 ABR 82/86, AP Nr. 2 zu § 93 BetrVG 1972. | 6 LAG Reutlingen v. 9.9.1993 – 1 BV 20/93, AiB 1994, 122; Richardi/*Thüsing*, § 93 BetrVG Rz. 25. | 7 BAG v. 7.11.1977 – 1 ABR 55/75, AP Nr. 1 zu § 100 BetrVG 1972; v. 30.1.1979 – 1 ABR 78/76, AP Nr. 11 zu § 118 BetrVG 1972; v. 18.11.1980 – 1 ABR 63/68, AP Nr. 1 zu § 93 BetrVG 1972; Staudinger/*Richardi*, § 611 BGB Rz. 84; Richardi/*Thüsing*, § 93 BetrVG Rz. 25. | 8 Richardi/*Thüsing*, § 93 BetrVG Rz. 25; *Hanau*, BB 1972, 451 (453). | 9 BAG v. 23.2.1988 – 1 ABR 82/86, AP Nr. 2 zu § 93 BetrVG 1972; Richardi/*Thüsing*, § 93 BetrVG Rz. 9. | 10 *Fitting*, § 93 BetrVG Rz. 4; *Hunold*, DB 1976, 98 (100 f.); MünchKomm/*Müller-Glöge*, § 611 BGB Rz. 321. | 11 Generell bejahend *Fitting*, § 93 BetrVG Rz. 4; *Schaub*, ArbRHdb, § 238 Rz. 15; verneinend BAG v. 23.2.1988 – 1 ABR *82/86, AP Nr. 2 zu § 93 BetrVG 1972 II*; MünchArbR/*Matthes*, § 350 BGB Rz. 9; MünchKomm/*Müller-Glöge*, § 611 BGB Rz. 321. | 12 Richardi/*Thüsing*, § 93 BetrVG Rz. 12. | 13 MünchKomm/*Müller-Glöge* § 611b BGB Rz. 5, 6; Staudinger/*Richardi*, § 611b BGB Rz. 10; kritisch *Schaub*, ArbRHdb, § 24 Rz. 3. | 14 S. BT-Drs. 8/4259, S. 9. | 15 Soergel/*Kraft*, § 611 BGB Rz. 5; KassHdb/*Leinemann*, 1.1 Rz. 420.

weist den Bewerber nicht im Rahmen des Bewerbungsgesprächs ausdrücklich darauf hin, kann dieses Verhalten eine Haftung aus Verschulden bei Vertragsschluss gem. §§ 311 Abs. 2, 280 begründen[1].

b) Ersatz der Vorstellungs- und Umzugskosten. Fordert der ArbGeb den Bewerber auf, sich persönlich vorzustellen, ist er gem. §§ 662 ff. zum **Ersatz der Vorstellungskosten** verpflichtet. Der Ersatzanspruch besteht unabhängig von einem späteren Zustandekommen des Arbeitsvertrages[2]. Zum Entstehen eines Anspruchs auf Kostenerstattung soll neben der ausdrücklichen Aufforderung auch ausreichen, wenn der ArbGeb dem Bewerber eine persönliche Vorstellung anheim oder freistellt[3]. Grundsätzlich sind dem Bewerber alle Kosten zu ersetzen, die er den Umständen nach **für erforderlich halten** durfte[4]. Zu den ersatzfähigen Ausgaben des Bewerbers gehören demnach etwa Fahrt-, Übernachtungs- und Verpflegungskosten, nicht aber die Abgeltung für einen vom Bewerber genommenen Urlaubstag oder Verdienstausfall[5]. Durfte der ArbN davon ausgehen, dass der ArbGeb nicht nur die Kosten öffentlicher Verkehrsmittel sondern auch die Kraftfahrzeugskosten ersetzt, hat er auch einen diesbezüglichen Ersatzanspruch entsprechend § 670[6]. Die Berechnung der Kosten ist nach den steuerrechtlichen Vorschriften über die Abgeltung der Benutzung eines Dienstfahrzeugs zu berechnen[7]. Eine andere Beurteilung bezüglich der Erstattungsfähigkeit von Fahrkosten kann im Einzelfall geboten sein, wenn es sich um Bewerber für Führungspositionen handelt[8]. Hier kann der Bewerber grundsätzlich auch eine Benutzung der 1. Wagenklasse für erforderlich halten[9]. Dies dürfte insb. dann gelten, wenn der Bewerber als späterer ArbN dienstlich zur Nutzung der 1. Wagenklasse berechtigt wäre. Zum Ersatz von Flugkosten, die deutlich über den Bahnkosten liegen, bedarf es jedoch regelmäßig einer vorherigen Absprache mit dem ArbGeb[10]. Übernachtungskosten sind zu erstatten, wenn dem Bewerber die Hin- und Rückfahrt noch am selben Tag nicht zugemutet werden kann[11]. Grundsätzlich hat im Rahmen der Erstattung von Vorstellungskosten eine **Einzelabwägung** zu erfolgen; je höher dotiert die angestrebte Position ist, desto eher wird der Bewerber höhere Kosten für erstattungsfähig halten dürfen[12].

Um den **Erstattungsanspruch auszuschließen** muss der ArbGeb dies bei der Aufforderung zur Vorstellung ausdrücklich bekannt geben[13]. Stellt sich ein Bewerber hingegen unaufgefordert persönlich aufgrund eines Zeitungsinserats oder nach Vorschlag durch die AA vor, kann er keine Kostenerstattung verlangen[14]. Dies soll auch gelten, wenn der ArbGeb lediglich seine Zustimmung zum Erscheinen des Bewerbers gibt oder wenn der Bewerber zu einem Vorstellungsgespräch erscheint, auch wenn er für die Stelle offensichtlich nicht in Betracht kommt[15]. Der Erstattungsanspruch **verjährt** nach § 195 nF nunmehr in **drei Jahren**[16].

Umzugskosten nach erfolgreicher Bewerbung sind demgegenüber vom ArbGeb grundsätzlich nur nach gesonderter Vereinbarung oder bei Bestehen entsprechender tarifvertraglicher Regelungen bzw. BV auszugleichen[17].

3. Bewerberauswahl. a) Personalplanung. Grundlage der Bewerberauswahl ist die **Personalplanung.** Sie umfasst jede Methode zur möglichst weitgehenden Übereinstimmung zwischen den künftigen Arbeitsanforderungen und dem einsetzbaren Personal nach Qualifikation und Zahl. Dazu gehören insb. Planungen im Hinblick auf den gegenwärtigen oder künftigen quantitativen und qualitativen Personalbedarf sowie die sich daraus ergebenden personellen Maßnahmen (Einstellungen und Entlassungen) und Maßnahmen zur Bildung der ArbN[18]. Gem. § 92 BetrVG steht dem BR bei der Personalplanung des ArbGeb ein Informations- (Abs. 1) und Initiativrecht (Abs. 2) zu. Weitere personalplanerische Mit-

---

1 So das LAG Frankfurt v. 13.1.1993 - 2 Sa 522/92, NZA 1994, 884, wonach ein ArbGeb, der in einer Stellenanzeige unzutreffende Angaben über die Höhe eines zu erzielenden Mindesteinkommens macht und im Vorstellungsgespräch den ArbN nicht darauf hinweist, dass das angegebene, nur durch Provision erzielbare Mindesteinkommen lediglich von wenigen Mitarbeitern erreicht wird, aus cic haftet; s. *Schaub*, ArbRHdb, § 24 Rz. 2. |2 BAG v. 14.2.1977 – 5 AZR 171/76, AP Nr. 8 zu § 196 BGB, ArbG Berlin v. 25.6.1975 – 10 Ca 681/74, DB 1975, 1609; BAG v. 29.6.1988 – 5 AZR 433/87, EZA § 670 BGB Nr. 21; kritisch zur Anspruchsgrundlage MünchKomm/*Schwerdtner*, § 629 BGB Rz. 15. |3 *Becker/Schaffner*, BlStSozArbR 1985, 161; aA *Müller*, ZTR 1990, 237. |4 BAG v. 14.2.1977 – 5 AZR 171/76, AP Nr. 8 zu § 196 BGB; v. 29.6.1988 – 5 AZR 433/87, EzA § 670 BGB Nr. 21. |5 BAG v. 29.6.198 – 5 AZR 433/87, EZA § 670 BGB Nr. 21; LAG Düsseldorf v. 5.1.1956 – 3 Sa 213/55, BB 1956, 817 (einschr. zu Aufenthaltskosten); ArbG Marburg v. 5.2.1969 – Ca 600/68, DB 1969, 2041 (keine Erstattungspflicht bei Einreise aus Algerien); ArbG Wuppertal v. 28.4.1983 – 2 Ca 926/83, BB 1983, 1473; ArbG Hamburg v. 2.11.1994 – 13 Ca 24/94, NZA 1995, 428. |6 ArbG Berlin v. 25.6.1975 – 10 Ca 681/74, DB 1975, 1690; ErfK/*Preis*, § 611 BGB Rz. 302; aA LAG München v. 30.5.1985 – 9 Sa 986/84, LAGE § 670 BGB Nr. 4, das den ArbGeb grundsätzlich nur dazu verpflichtet hält, die Kosten zu ersetzen, die bei der Benutzung der Bundesbahn, 2. Wagenklasse, entstehen. |7 ArbG Berlin v. 25.6.1975 – 10 Ca 681/74, DB 1975, 1205; LAG Frankfurt v. 6.8.1980 – 10 Sa 849/79, DB 1981, 1000. |8 LAG Frankfurt v. 6.8.1980 – 10 Sa 849/79, DB 1981, 1000. |9 *Knipp*, AR-Blattei SD 1770, Rz. 8. |10 KassHdb/*Leinemann*, 1.1 Rz. 439; ArbG Hamburg v. 2.11.1994 – 13 Ca 24/94, NZA 1995, 428. |11 S. auch ErfK/*Preis*, § 611 BGB Rz. 302. |12 So auch ErfK/*Preis*, § 611 BGB Rz. 303. |13 ArbG Kempten v. 12.4.1994 – 4 Ca 720/94, BB 1994, 1504. |14 ArbG Wuppertal v. 28.4.1983 – 2 Ca 926/83, BB 1983, Rz. 6; *Rothe*, DB 1968, 1906 (1907). |15 MünchKomm/*Schwerdtner*, § 629 BGB Rz. 15; aA LAG Nürnberg v. 25.7.1995 – 2 Sa 73/94, LAGE § 670 BGB Nr. 12. |16 BAG v. 14.2.1977 – 5 AZR 171/76, AP Nr. 8 zu § 196 BGB. |17 So auch *Schaub*, ArbRHdb, § 26 Rz. 7. |18 *Schaub*, ArbRHdb, § 238 Rz. 2.

wirkungsrechte des BR sind in § 96 Abs. 1 (Förderung der Berufsbildung im Rahmen der betrieblichen Personalplanung) und § 106 Abs. 2 BetrVG (Unterrichtungspflicht des Unternehmers über Auswirkungen der wirtschaftlichen Angelegenheiten des Unternehmens auf die Personalplanung) enthalten. Im Rahmen des **Bundespersonalvertretungsgesetzes** ist die Personalplanung nicht als eigenständiges Mitwirkungsrecht konzipiert, sondern wird im Zusammenhang mit Personalanforderungen zum Haushaltsvorschlag aufgeführt (§ 78 Abs. 3 Satz 1 BPersVG). Der Personalrat soll jedoch auf Grundlage von § 78 Abs. 3 Satz 3 BPersVG für Personalplanungen insgesamt zu beteiligen sein[1].

11 b) **Fragerecht des ArbGeb.** § 123 Rz. 3 ff.

12 c) **Einstellungsuntersuchungen und Eignungstests. aa) Einstellungsuntersuchungen** werden zu dem Zweck durchgeführt, die physische Eignung des ArbGeb für die künftig zu erbringende Arbeitsleistung zu prüfen. Die Leistungsfähigkeit muss mit der Leistungsanforderung vereinbar sein[2]. Die ärztlichen Untersuchungen stellen eine Beeinträchtigung des Allgemeinen Persönlichkeitsrechts des Bewerbers dar. Da eine allgemeine gesetzliche Grundlage für die Anordnung von Einstellungsuntersuchungen fehlt, werden für die Prüfung ihrer Zulässigkeit die für das Fragerecht des ArbGeb nach einer Krankheit oder Behinderung entwickelten Maßstäbe angewandt. Die ärztliche Untersuchung ist somit nur zulässig, wenn der ArbGeb an ihrer Durchführung ein berechtigtes, billigenswertes Interesse hat. Daher darf sich die Einstellungsuntersuchung nur auf die Eignung für den konkret zu besetzenden Arbeitsplatz beziehen. Eine Untersuchung weist dann den erforderlichen Bezug zum Arbeitsplatz auf, wenn hierdurch festgestellt werden soll, ob die Eignung des Bewerbers für die angestrebte Tätigkeit auf Dauer oder in periodisch wiederkehrenden Abständen erheblich beeinträchtigt oder aufgehoben wird[3]. Ob der Bewerber die erforderliche Eignung aufweist, liegt im Beurteilungsspielraum des Arztes. Durch die fehlende gesetzliche Normierung besteht grundsätzlich keine rechtliche Verpflichtung des Bewerbers, sich einer ärztlichen Untersuchung zu unterziehen, so dass eine solche nur auf **freiwilliger Basis** erfolgen kann. Durch eine Verweigerung des Bewerbers setzt er sich jedoch der Gefahr aus, eine sofortige Ablehnung zu erhalten[4]. Gegen die ablehnende Entscheidung des ArbGeb wird der Bewerber nur schwer einen Schadensersatzanspruch durchsetzen können; auf Grund der Vertragsfreiheit müssen die Gründe für die Ablehnung von Stellenbewerbern nicht offen gelegt werden. Besteht ausnahmsweise eine **gesetzliche** (zB §§ 32 ff. JArbSchG, §§ 18, 47 BSeuchG) oder **tarifvertragliche** (vgl. § 7 BAT) Anordnung der Untersuchung, muss der Bewerber eine solche zulassen. Die Durchführung der Untersuchung obliegt regelmäßig einem nach § 2 ASiG berufenen **Werksarzt**. Ist kein Werksarzt vorhanden, kann auch ein Vertrauens-, Amts- oder frei praktizierender Arzt beauftragt werden. Der untersuchende Arzt unterliegt grundsätzlich der allgemeinen ärztlichen Schweigepflicht. Diese wird auch nicht durch die Tatsache beseitigt, dass der Arzt im Interesse des ArbGeb tätig ist. Die Weitergabe der Untersuchungsergebnisse an den ArbGeb darf somit nur mit Einwilligung des Bewerbers erfolgen. Liegt eine wirksame Einwilligung vor, ist der Arzt nur insoweit von seiner Schweigepflicht entbunden, als das Untersuchungsergebnis die Tauglichkeit des Bewerbers als solche betrifft. Die Weitergabe einzelner Befunde ist nicht zulässig; das legitime Interesse des ArbGeb erstreckt sich nur auf das Ergebnis[5]. In der Bereitschaft zur Durchführung der Untersuchung liegt eine stillschweigende Einwilligung zur Weitergabe der Ergebnisse. Sowohl bei der vorherigen als auch bei der nachträglichen Einstellungsuntersuchung hat der ArbGeb – soweit keine anderweitige vertragliche Vereinbarung vorliegt – für die Kosten der ärztlichen Untersuchung gem. § 670 aufzukommen[6].

13 Besondere Bedeutung kommt im Rahmen der Einstellungsuntersuchung dem **AIDS-Test** zu. Der ArbGeb hat die Pflicht, die von ihm beschäftigten ArbN vor Gesundheitsgefahren zu schützen, also auch vor einer Infizierung mit dem AIDS-Virus. Da – von Ausnahmefällen abgesehen – bei Verrichtung normaler Tätigkeiten nach medizinischen Kenntnissen keine Ansteckungsgefahr für Kollegen eines HIV-Infizierten besteht, muss die Zulässigkeit eines allgemeinen HIV-Tests innerhalb von Einstellungsuntersuchungen abgelehnt werden[7]. Wird die Einstellungsuntersuchung im Rahmen der Besetzung eines Arbeitsplatzes mit Infektionsgefahren verbundenen Tätigkeiten vorgenommen, muss man einen AIDS-Test im Hinblick auf die zum Fragerecht entwickelten Grundsätze für zulässig erachten[8].

14 Zur Beurteilung der Zulässigkeit von **Drogentests** müssen ebenfalls die für das Fragerecht entwickelten Grundsätze angewandt werden. An diese Voraussetzungen sind aufgrund des Eingriffs in das Persönlichkeitsrecht des Bewerbers (Art. 1 Abs. 1, 2 Abs. 1 GG) als auch in sein Recht auf körperliche Unversehrtheit (Art. 2 Abs. 2 GG) strenge Anforderungen zu stellen. Die Durchführung eines Drogentests ist mit der Frage nach einer Alkoholerkrankung zu vergleichen. Drogentests können somit nur zulässig sein, wenn durch eine Abhängigkeit die Eignung des Bewerbers für die angestrebte Tätigkeit beeinträchtigt

---

1 MünchArbR/*Buchner*, § 35 Rz. 55. |2 ErfK/*Preis*, § 611 BGB Rz. 363. |3 Vgl. BAG v. 7.6.1984 – 2 AZR 270/83, AP Nr. 26 zu § 123 BGB. |4 EuGH v. 5.10.1994 – Rs. C-404/92, NJW 1994, 3005; ArbG Stuttgart v. 21.1.1983 – 7 Ca 381/82, BB 1983, 1162; *Eich*, NZA Beil. 2/1987, 10; *Schaub*, ArbRHdb, § 24 Rz. 12; *Fitting*, § 94 BetrVG Rz. 25. |5 *Eich*, NZA Beil. 2/1987, 10; ErfK/*Preis*, § 611 BGB Rz. 407; *Fitting*, § 94 BetrVG Rz. 25; *Schaub*, ArbRHdb, § 24 Rz. 12; *Keller*, NZA 1988, 561 (563). |6 *Schaub*, ArbRHdb, § 24 Rz. 12. |7 Vgl. *Schaub*, ArbRHdb, § 24 Rz. 14. |8 *Löwisch*, DB 1987, 936 (940); *Eich*, NZA Beil. 2/1987, 10 (11); *Lichtenberg/Schücking*, NZA 1990, 41 (45).

wird. Die fehlende Eignung muss konkret für den jeweils zu besetzenden Arbeitsplatz nachgewiesen werden. Nicht ausreichend ist das bloße Risiko einer Schlechtleistung des ArbN. Vielmehr muss eine **besondere Gefahrenlage** für die Interessen des ArbGeb bestehen, so etwa bei der Einstellung von Kassenpersonal in Banken oder einer Bedienungsmannschaft von teuren Spezialmaschinen. Die Durchführung von Drogentests muss jedenfalls immer dann als zulässig erachtet werden, wenn durch die Tätigkeit eine besondere Risikolage für Leib und Leben Dritter geschaffen wird. Dies ist insb. bei Piloten, Chirurgen, Waffenträgern etc. der Fall[1]. Nach den Grundsätzen zur allgemeinen Einstellungsuntersuchung kann die Durchführung eines Drogentests ebenfalls nur mit Zustimmung des ArbN auf freiwilliger Basis erfolgen. Nach **erfolgter Einstellung** kann der ArbN auf Grund seiner Treuepflicht bei bestehendem Verdacht der Eignungseinschränkung etwa durch Drogenkonsum während der Arbeitszeit zur Einwilligung in einen Drogentest verpflichtet sein. Routinemäßige Kontrollen hingegen sind nur auf der Grundlage gesetzlicher Regelungen oder in engen Grenzen durch Vereinbarungen in TV oder BV möglich[2]. Die zukünftige Entwicklung bleibt abzuwarten. Betrachtet man die Strenge ausländischer Rechtsordnungen[3] dürfte die Tendenz eher zu einer Verschärfung als zu einer Abschwächung der Regeln gehen.

Bei der Durchführung **genetischer Analysen**, insb. der **Genomanalyse**[4], ist die Gefahr eines schwerwiegenden Eingriffs in das Persönlichkeitsrecht des ArbN besonders hoch, da sie Untersuchungsmethoden umfassen, die Rückschlüsse auf Funktionen und Strukturen der Gene zulassen. Die Untersuchungen dienen dem Ziel, die Erbanlagen für Krankheiten oder genetisch bedingte Empfindlichkeiten gegenüber Umwelteinflüssen aufzudecken. Durch diese Erkenntnisse besteht für den ArbGeb die Möglichkeit, Einstellungsentscheidungen zu vermeiden, die zukünftig zu erhöhten wirtschaftlichen Belastungen, etwa durch das Entstehen von Krankenkosten führen können. Für den ArbN hingegen könnten Arbeitsplatzchancen ausgeschlossen sein, auch wenn die Krankheit uU lange gar nicht oder erst viel später zum Ausbruch kommen kann. Eine gesetzliche Regelung zur Zulässigkeit von Genomanalysen gibt es bisher nicht. Ob die Genomanalyse auch ohne gesetzliche Regelung im Rahmen von Einstellungsuntersuchungen vorgenommen werden darf, ist derzeit höchst umstritten: Ohne gesetzliche Regelung lässt sich die Zulässigkeit in Einzelfällen nach hM allenfalls dann bejahen, wenn sie sich ausschließlich auf arbeitsvertraglich relevante Ermittlungen beschränkt, der ArbN über Grenzen und Umfang der Analyse aufgeklärt wird und ihr ausdrücklich zustimmt, und eine Geheimhaltung der Ergebnisse gewährleistet ist[5]. 15

Diese Bewertung dürfte jedoch **als zu weitgehend abzulehnen** sein. Die Genomanalyse betrifft nicht, wie bei übrigen Einstellungsuntersuchungen die gegenwärtige körperliche Eignung des ArbN, sondern den künftigen, potentiellen Gesundheitszustand. Derartige Untersuchungsmethoden müssen ohne gesetzliche Regelung als unzulässig bewertet werden[6]. Nach zuweilen vertretener Ansicht soll eine Zulässigkeit der Genomanalyse ausnahmsweise durch den Schutz des betroffenen ArbN selbst oder bei verantwortungsvollen Tätigkeiten durch das Schutzbedürfnis anderer Personen begründet sein. Jedoch wird auch hier auf das Erfordernis einer gesetzlichen Regelung verwiesen[7]. Somit ist die Genomanalyse nach der aktuell bestehenden Gesetzeslage **unzulässig**. 16

bb) **Einstellungstests.** Der ArbGeb kann die Bewerberauswahl auch durch Einstellungstests erleichtern. Zu den Testverfahren gehören **Assessment-Center, psychologische Tests** und **graphologische Gutachten.** Auch für Einstellungstests gelten die zum Fragerecht dargestellten Grundsätze, so dass ein berechtigtes Interesse des ArbGeb an ihrer Durchführung bestehen muss. 17

Unter einem **Assessment-Center** wird ein systematisches Verfahren zur Feststellung von Verhaltensleistungen und Verhaltensdefiziten verstanden, das von mehreren Beobachtern gleichzeitig für mehrere Teilnehmer angewandt wird[8]. Es kann sich zusammensetzen aus Prüfungen – auch in Form von psychologischen Tests, Intelligenztests, Potentialanalyse – und Arbeitsproben, wie zB Aktenprobe, *case study*, Gruppendiskussion, Dialogführung, Rollenspiel und Präsentation als miteinander verknüpfbare Aufgabentypen. Assessment-Center können nur mit Zustimmung der Bewerber durchgeführt werden und müssen einen Bezug zum konkret zu besetzenden Arbeitsplatz aufweisen. Ferner besteht ein MitbestR des BR gem. §§ 94, 95 BetrVG[9]. 18

Stress-Interviews dienen dazu, geistige Fähigkeiten von Bewerbern für Führungspositionen zu erforschen. Im Rahmen der Durchführung des Interviews soll geprüft werden, wie der Bewerber auf emotionale und intellektuelle Belastungen reagiert. Hierzu werden ihm unangenehme, unerwartete und belastende Fragen gestellt[10]. Ihre Zulässigkeit ist umstritten[11], dürfte jedoch bei Berufen, in denen es 19

---

1 S. auch umfassend: *Diller/Powietzka*, NZA 2001, 1227 (1228). | 2 Vgl. *Diller/Powietzka*, NZA, 2001, 1227 (1229 ff.). | 3 S. *Thüsing*, NZA 1999, 641. | 4 Ausf. zum Begriff der Genanalyse und Genomanalyse s. *Deutsch*, NZA 1989, 657. | 5 *Knipp*, AR-Blattei SD 640 Einstellung, Rz. 83; *Kittner/Zwanziger/Becker*, ArbR, § 28 Rz. 35; *Schaub*, ArbRHdb, § 24 Rz. 19. | 6 S. a. ErfK/*Preis*, § 611 BGB Rz. 344. | 7 *Wiese*, RdA 1988, 217 (220 f.); *Deutsch*, NZA, 1989, 657 (660); wohl auch MünchKomm/*Müller-Glöge*, § 611 BGB Rz. 323. | 8 *Schönfeld/Gennen*, NZA 1989, 543. | 9 *Richardi/Thüsing*, § 94 BetrVG Rz. 59, § 95 BetrVG Rz. 26; ErfK/*Preis*, § 611 BGB Rz. 381; ausf. zur Problematik der Mitbestimmung bei Assessement-Centern: *Schönfeld/Gennen*, NZA 1989, 543. | 10 *Schmid*, DB 1980, 2442 (2443). | 11 Abl. *Däubler*, CR 1994, 101 (105); ihm folgend ErfK/*Preis*, § 611 BGB Rz. 383.

eben auf emotionale und intellektuelle Belastbarkeit nicht *per se* ankommt, zu verneinen sein. Es gilt der allgemeine Maßstab des legitimen ArbGebInteresses.

20 Aus ähnlichen Gründen, aus denen ärztliche Untersuchungen nur von approbierten Ärzten durchgeführt werden dürfen, sind **psychologische Tests** grundsätzlich von diplomierten Psychologen oder im Fall standardisierter Tests nach deren Anweisungen und Vorgaben durchzuführen[1]. Ihre Zulässigkeit ist auch nach erfolgter Zustimmung durch den Bewerber bedenklich, da sich dieser häufig unter dem Druck der Gefahr einer Ablehnung seiner Bewerbung gezwungen sieht, in den Test einzuwilligen. Psychologische Tests können daher nur als zulässig angesehen werden, wenn sie dem Verhältnismäßigkeitsgrundsatz genügen; also etwa für die Besetzung einer besonderen Vertrauensstellung angefordert werden. Weiterhin muss der ArbN über die Funktionsweise des Tests aufgeklärt werden und dem ArbGeb andere Erkenntnisquellen verschlossen sein[2]. Auch der Psychologe unterliegt der Schweigepflicht iSv. § 203 StGB. Er darf dem ArbGeb wie bei der Einstellungsuntersuchung nur das Ergebnis hinsichtlich einer Eignung mitteilen, nicht jedoch einzelne Meinungen etc. des Bewerbers[3]. Reine **IQ-Tests**, die in der Regel keinen Arbeitsplatzbezug aufweisen, sind unzulässig[4].

21 Häufig werden bei Bewerbungen – insb. von Führungskräften – handgeschriebene (eigenhändige)[5] Lebensläufe verlangt, die oftmals Grundlage für **graphologische Gutachten** sind. Graphologische Gutachten dienen dazu, die aus der Einstellungsverhandlung gewonnenen Eindrücke noch einmal zu erweitern und zu vertiefen und somit eine bessere Beurteilung der Persönlichkeit für den ArbGeb zu ermöglichen. Die Anfertigung eines solchen Gutachtens stellt einen Eingriff in das Persönlichkeitsrecht des Bewerbers dar und ist nur mit dessen Einwilligung zulässig. Der Bewerber soll frei darüber entscheiden können, ob und inwieweit er ein Ausleuchten seiner Persönlichkeit mit Mitteln, die über jedermann zur Verfügung stehende Erkenntnismöglichkeiten hinausgehen, gestatten will[6]. Nach umstrittener Auffassung[7] soll jedoch eine konkludente Einwilligung in die Anfertigung eines graphologischen Gutachtens bereits dann vorliegen, wenn der ArbN auf Verlangen des ArbGeb einen handschriftlichen Lebenslauf abgibt. Dieser Ansicht ist jedenfalls dann zu zustimmen, wenn der Anforderung eines handschriftlichen Lebenslaufs der Hinweis auf die Anfertigung eines graphologischen Gutachtens beigefügt ist oder leitende Angestellte oder Führungspersonen einen Lebenslauf ihrer Bewerbung beifügen[8]. Grundsätzlich deckt die Einwilligung die Begutachtung nur, insoweit sie verhältnismäßig und erforderlich ist. Begründet wird diese Einschränkung mit der Drucksituation, in welcher sich der ArbN bei der Bewerbung befindet. Die Anfertigung eines Gutachtens ist dann unverhältnismäßig, wenn die künftige Tätigkeit in der Verrichtung einfacher Arbeiten besteht. Nach dem Grundsatz der Erforderlichkeit darf nur nach Eigenschaften gefragt werden, die mit dem Arbeitsplatz in Verbindung stehen; eine allgemeine Charakterstudie ist somit nicht zulässig[9].

22 **cc) Beachtung des Bundesdatenschutzgesetzes.** Im Rahmen von Einstellungsuntersuchungen und Einstellungstests werden ebenfalls personenbezogene Daten erhoben, so dass das **BDSG** auch hier vom ArbGeb zu beachten ist. Es gelten insofern die gleichen Grundsätze wie bei der Erstellung von Personalfragebögen durch den ArbGeb (s. hierzu ausführlich § 123 Rz. 3).

23 **d) Informationserhebung bei Dritten.** Häufig hat der ArbGeb insb. bei der Einstellung von Führungskräften ein Interesse daran, über die Bewerbungsunterlagen hinaus vom **früheren ArbGeb Informationen** über die Leistung und das Verhalten des Bewerbers einzuholen. Der Bewerber muss jedoch das Recht haben, dem zukünftigen ArbGeb zu untersagen bei seinem **derzeitigen ArbGeb** Auskünfte über seine Person einzuholen. Wird dieser Wunsch missachtet und entstehen hierdurch Nachteile für den Bewerber, kann der ArbGeb nach §§ 311 Abs. 2, 280 schadensersatzpflichtig sein[10]. Auf Wunsch des ArbN ist der frühere ArbGeb hingegen selbst dann zur Erteilung einer Auskunft verpflichtet, wenn er bereits ein Zeugnis erstellt hat; andernfalls könnte der potentielle neue ArbGeb aus einer Verweigerung für den Bewerber nachteilige Schlüsse ziehen[11]. Zur Auskunftserteilung **verpflichtet** werden kann der frühere ArbGeb allerdings nur durch ein diesbezügliches Verlangen des Bewerbers, nicht aber durch den potentiellen neuen ArbGeb[12]. Nach Ansicht des BAG ist der bisherige ArbGeb darüber hinaus **berechtigt**, auch gegen den Willen des ArbN Auskünfte an Personen zu erteilen, mit denen dieser in Ver-

---

1 Ähnl. Kittner/Zwanziger/*Becker*, ArbR, § 28 Rz. 37; ErfK/*Preis*, § 611 BGB Rz. 382. |2 *Grunewald*, NZA 1996, 15; KassHdb/*Leinemann*, 1.1 Rz. 455; *Schaub*, ArbRHdb, § 24 Rz. 10; weiter gehend: KassHdb/*Leinemann*, 1.1, Rz. 455; *Knipp*, AR-Blattei SD 640 Einstellung, Rz. 82. |3 ErfK/*Preis*, § 611 BGB Rz. 424. |4 AA *Schaub*, ArbRHdb, § 24 Rz. 10, der auch hier auf den Grundsatz der Verhältnismäßigkeit abstellt. |5 BAG v. 16.9.1982 – 2 AZR 228/80, AP Nr. 24 zu § 123 BGB. |6 BAG v. 16.9.1982 – 2 AZR 228/80, AP Nr. 24 zu § 123 BGB; LAG BW v. 26.1.1972 – 8 Sa 10/71, NJW 1976, 310. |7 ArbG München v. 14.4.1975 – 26 Ca 1674/75, BB 1975, 1657; *Schmid*, NJW 1969, 1655 (1656); aA *Wiese*, NZA 1986, 505; *Bepler*, NJW 1976, 1872 (1873); *Schaub*, ArbRHdb, § 24 Rz. 9; MünchKomm/*Müller-Glöge*, § 611 BGB Rz. 324; *Grunewald*, NZA 1996, 15. |8 Vgl. BAG v. 16.9.1982 – 2 AZR 228/80, DB 1983, 2780; LAG BW v. 26.1.1972 – 8 Sa 10/71, NJW 1976, 310; *Brox*, Anm. zu BAG v. 16.9.1982 – 2 AZR 228/80, AP Nr. 24 zu § 123 BGB; KassHdb/*Leinemann*, 1.1 Rz. 451; Kittner/Zwanziger/*Becker*, ArbR, § 28 Rz. 20, aA *Wiese*, NZA 1986, 505 (506). |9 *Brox*, Anm. zu BAG v. 16.9.1982 – 2 AZR 228/80, AP Nr. 24 zu § 123 BGB; *Schaub*, ArbRHdb, § 24 Rz. 9. |10 Vgl. auch MünchArbR/*Buchner*, § 24 Rz. 7; *Schmid*, DB 1983, 769. |11 BAG v. 25.10.1957 – 1 AZR 434/55, AP Nr. 1 zu § 630 BGB. |12 LAG Berlin v. 8.5.1989 – 9 Sa 21/89, NZA 1989, 965; Staudinger/*Richardi*, § 611 BGB Rz. 125.

handlungen zum Abschluss eines Arbeitsvertrags steht[1]. Der ArbN kann die Auskunftserteilung jedoch unterbinden, sofern ein entsprechendes Verbot zwischen ihm und seinem bisherigen ArbGeb vereinbart worden ist[2]. Der Bewerber muss bei einem Verbot der Auskunftseinholung allerdings damit rechnen, aus der Bewerberauswahl für die zu besetzende Stelle unmittelbar ausgeschlossen zu werden. Der frühere ArbGeb ist grundsätzlich **nicht** gegenüber Dritten zur **Auskunftserteilung verpflichtet**. Von diesem Grundsatz können allerdings nach der Rspr. des BAG **Ausnahmen** für ArbN im **öffentlichen Dienst** zulässig sein. Nach einer Entscheidung des BAG[3] soll der frühere ArbGeb hier vielmehr zur Auskunftserteilung gegenüber einem Dritten verpflichtet und in der Lage sein, wenn er sich gegenüber dem ArbN verpflichtet hat, über den Zeugnisinhalt hinaus keine weiteren Auskünfte zu erteilen.

Der frühere ArbGeb darf auch **nachteilige Auskünfte** an Dritte weitergeben, sofern diese wahr sind und der Dritte ein berechtigtes Interesse an ihrer Kenntnis hat, wobei dieses berichtige Interesse stets bei Personen zu bejahen ist, die beabsichtigen, den ArbN bei sich einzustellen[4]. Bei **fehlerhaften oder unvollständigen Auskünften** kann der ArbN ggf. gem. § 1004 eine Berichtigung der Auskunft verlangen[5]. Darüber hinaus haftet der frühere ArbGeb gegenüber seinem ArbN wegen Verletzung der nachträglichen Fürsorgepflicht auf Schadensersatz **aus § 280** und uU gem. **§§ 823, 826**[6]. Zur Sicherstellung dieser Ansprüche kann der ArbN bei einer schriftlichen Auskunftserteilung die Aushändigung einer entsprechenden Kopie verlangen[7]. Gegenüber dem **Dritten** haftet der frühere ArbGeb bei falscher bzw. unrichtiger Auskunftserteilung nur unter den Voraussetzungen des § 826[8]. Das Auskunftserteilungsrecht kann jedoch auf Grund des Persönlichkeitsschutzes des Bewerbers nicht uneingeschränkt gelten, sondern muss seine Grenze im Fragerecht des ArbGeb beim Einstellungsgespräch finden[9] (s. hierzu § 123 Rz. 3 ff.), da andernfalls die hierzu entwickelten Grundsätze durch ein Nachfragen beim alten ArbGeb unterlaufen werden könnten[10]. Die Auskunft muss sich vor allem auf Leistung und Verhalten des Bewerbers beschränken[11]. Ferner darf der ArbGeb den Zeugnisinhalt nicht unterlaufen[12] und muss Vorschriften zum Datenschutz beachten (vgl. Rz. 258 ff.; § 123 Rz. 30 ff.).

e) **Mitteilungspflichten des ArbGeb.** Dem anwerbenden ArbGeb obliegen gem. § 81 BetrVG bereits im Rahmen der Vorverhandlungen **Mitteilungspflichten** gegenüber dem Bewerber als Konkretisierung seiner Treue- und Fürsorgepflicht. Der ArbGeb muss „den ArbN über dessen Aufgabe und Verantwortung sowie die Art seiner Tätigkeit und ihrer Einordnung in den Arbeitsablauf des Betriebes" (§ 81 Abs. 1 Satz 1 BetrVG) unterrichten, wobei das Bestehen eines BR keine Voraussetzung für die Anwendung der Norm ist. Diese gesetzlich normierte Verpflichtung ist allerdings dadurch eingeschränkt, dass eine unmittelbare Anwendung der Bestimmung nur im Rahmen des Geltungsbereichs des BetrVG (§ 130 BetrVG) erfolgen kann. Der ArbGeb muss ferner die Mitteilungspflichten nicht beachten, sofern er die Stelle eines leitenden Angestellten besetzen will (§ 5 Abs. 3 Satz 1 BetrVG)[13].

4. Das Anbahnungsverhältnis. Einem Arbeitsvertrag vorausgehende tatsächliche **Vorverhandlungen** sind grundsätzlich für die Vertragsparteien nicht dahingehend bindend, dass hierdurch primäre Leistungspflichten erwachsen. Durch die Aufnahme der Verhandlungen entsteht jedoch ein **vorvertragliches Schuldverhältnis**, aus dem sog. Sekundärpflichten, also Sorgfaltspflichten resultieren. Eine Verletzung dieser Pflichten kann Schadensersatzansprüche aus § 311 Abs. 2, 280 begründen[14]. Hierbei ist zu beachten, dass die speziell arbeitsvertraglichen Schutzpflichten und die arbeitsrechtlichen Haftungsgrundsätze bereits anwendbar sind[15]. Zu diesen Haftungsgrundsätzen s. § 619a Rz. 25. Ferner können die Vorverhandlungen zur Auslegung des späteren Vertragsinhalts herangezogen werden[16].

Bei **Abbruch der Vertragsverhandlungen** wird in der Regel kein Schadensersatzanspruch gegenüber der abbrechenden Partei begründet. Das gilt selbst dann, wenn diese weiß, dass der Vertragspartner im Hinblick auf den künftigen Vertragsschluss Aufwendungen getätigt hat[17]. Es entsteht jedoch dann ein Anspruch auf **Ersatz des Vertrauensschadens (= negatives Interesse)**, wenn die Partei, welche die Vertragsverhandlungen abbricht, zuvor bei Ihrem Verhandlungspartner schuldhaft das Vertrauen auf

---

1 BAG v. 25.10.1957 – 1 AZR 434/55, AP Nr. 1 zu § 630 BGB; v. 5.8.1976 – 3 AZR 491/75, AP Nr. 10 zu § 630 BGB; v. 18.12.1984 – 3 AZR 389/83, AP Nr. 8 zu § 611 BGB Persönlichkeitsrecht; v. 5.8.1976, EzA zu § 73 HGB Nr. 5; krit. Staudinger/*Preis*, § 630 BGB Rz. 85; aA: MünchKomm/*Schwerdtner*, § 630 BGB Rz. 49; LAG Hamburg v. 16.9.1984 – 2 Sa 144/83, DB 1985, 284. |2 BAG v. 15.7.1960 – 1 AZR 496/58, AP Nr. 1 zu Art. 35 GG. |3 BAG v. 15.7.1960 – 1 AZR 496/58, AP Nr. 1 zu Art. 35 GG; aA *Schaub*, ArbRHdb, § 147 Rz. 2; MünchKomm/*Schwerdtner*, § 630 BGB Rz. 68 unter Hinweis auf § 90d Abs. 2, Satz 3 BBG, § 56d Abs. 2, Satz 3 BRRG. |4 BAG v. 5.8.1976 – 3 AZR 491/75, AP Nr. 10 zu § 630 BGB; krit. hierzu *Schulz*, NZA 1990, 717 (719). |5 BAG v. 5.8.1976 – 3 AZR 491/75, AP Nr. 10 zu § 630 BGB. |6 BAG v. 10.7.1959 – VI ZR 149/58, AP Nr. 2 zu § 630 BGB. |7 BGH v. 10.7.1959 – VI ZR 149/58, AP Nr. 2 zu § 630 BGB. |8 BGH v. 15.5.1979 – VI ZR 230/76, AP Nr. 13 zu § 630 BGB. |9 Staudinger/*Preis*, § 630 BGB Rz. 85. |10 So auch *Wiedemann*, FS Herschel, S. 463 (473 f.); ErfK/*Preis*, § 611 BGB Rz. 361. |11 BAG v. 18.12.1984 – 3 AZR 389/83, AP Nr. 8 zu § 611 Persönlichkeitsschutz; *Schulz*, NZA 1990, 717 (719). |12 LAG Berlin v. 8.5.1989 – 9 Sa 1899, 965. |13 Staudinger/*Richardi*, § 611 BGB Rz. 119. |14 *Schaub*, ArbRHdb, § 25 Rz. 1; ErfK/*Preis*, § 611 BGB Rz. 330. |15 BAG v. 24.1.1974 – 3 AZR 488/72, AP Nr. 74 zu § 611 BGB – Haftung des Arbeitnehmers; Erman/*Edenfeld*, § 611 BGB Rz. 261. |16 BAG v. 27.1.1988 – 7 AZR 53/87, AP Nr. 6 zu § 620 – Hochschule. |17 Vgl. BGH v. 14.7.1967 – V ZR 120/64, NJW 1967, 2199; v. 18.10.1974 – V ZR 17/73, NJW 1975, 43; v. 29.3.1996 – V ZR 332/94 (Köln), NJW 1996, 1884.

das Zustandekommen des Vertrages hervorgerufen hat[1]. Ein solches schuldhaftes Handeln ist etwa dann anzunehmen, wenn der ArbGeb den Bewerber veranlasst, seine sichere Arbeitsstelle zu kündigen oder wenn sich beide Parteien über den Inhalt des Vertrages einig sind, so dass der Abschluss nur noch eine reine Formsache ist[2]. Hinsichtlich des Schadensersatzanspruchumfangs ist der Bewerber so zu stellen, wie er gestanden hätte, wenn er nicht auf den sicheren Vertragsabschluss vertraut hätte. Ersetzt wird das negative Interesse, wobei keine Begrenzung durch das positive Erfüllungsinteresse stattfindet[3]. Es ist allerdings geboten eine zeitliche Begrenzung vorzunehmen; so ist für Schadensersatzansprüche des ArbGeb die normale Kündigungsfrist maßgeblich. Schäden, die nach Ablauf dieser Zeitspanne entstehen, sind nicht mehr zu ersetzen, da sie auch bei einer nach ordnungsgemäßem Vertragsabschluss erfolgten Kündigung durch den ArbN entstanden wären. Da für den ArbN hingegen häufig der Kündigungsschutz gem. § 1 KSchG einschlägig sein wird, muss für eine Begrenzung seiner Ansprüche eine längere Frist bemessen werden[4].

28 Ein **Vorvertrag** hingegen ist schuldrechtlich bindend und verpflichtet die Parteien einen Hauptvertrag mit dem festgelegten Inhalt abzuschließen. Die Wirksamkeit des Vorvertrags setzt voraus, dass die übereinstimmenden Willenserklärungen der Vertragsparteien noch ausstehen[5]. Die wesentlichen Vertragsbestandteile des späteren Arbeitsvertrags müssen allerdings bereits bestimmt oder bestimmbar sein[6]. Da regelmäßig eine rechtsgeschäftliche Bindung erst mit der wirksamen Einigung über die wesentlichen Vertragsbestandteile entsteht, müssen besondere Umstände vorliegen, die darauf hinweisen, dass die Parteien sich ausnahmsweise schon vor der endgültigen Einigung über alle Vertragspunkte binden wollten[7]. Eine solche vorzeitige Bindung kommt vor allem dann in Betracht, wenn dem Abschluss des Hauptvertrages rechtliche oder tatsächliche Hindernisse entgegenstehen, sich die Parteien aber schon frühzeitig binden wollen. Der Vorvertrag kann in diesem Fall nicht nur einen Anspruch auf Abschluss eines Hauptvertrags, sondern auch einen Anspruch auf Beseitigung der Hindernisse begründen[8]. Wirksam ist auch der Abschluss eines Vorvertrags zu Regelung **einzelner Vertragsbestandteile**, die später ergänzt oder verändert werden sollen. So kann ein ArbN verpflichtet werden, zu einem späteren Zeitpunkt ein Wettbewerbsverbot zu vereinbaren. Eine diesbezügliche vorvertragliche Regelung ist allerdings dann gem. 134 BGB nichtig, wenn sie dazu dient, die Verpflichtung des ArbGeb zur Zahlung einer Karenzentschädigung zu umgehen[9]. Der Vorvertrag ist selbst dann **formlos** wirksam, wenn der Hauptvertrag der Schriftform unterliegt. Voraussetzung hierfür ist allerdings, dass dem Schriftformerfordernis keine Warn- sondern lediglich eine Klarstellungs- oder Beweisfunktion zukommen soll[10].

29 Der Vorvertrag begründet einen Anspruch auf die **Abgabe bzw. die Annahme des Angebots zum Abschluss eines Arbeitsvertrags**. Dieser Anspruch ist grundsätzlich einklagbar und somit **Verurteilung** auf Abschluss eines Arbeitsvertrages möglich. Der Anspruch des ArbGeb gegen den ArbN auf Arbeitsleistung kann allerdings gem. § 888 Abs. 3 ZPO nicht vollstreckt werden[11]. Wird der Abschluss des Hauptvertrags schuldhaft verhindert, kann dies eine **Schadensersatzpflicht** wegen Verletzung vorvertraglicher Verpflichtungen auslösen[12]. Die Vertragsparteien können sich durch eine **Anfechtung** oder durch **Rücktritt** vom Vorvertrag lösen. Eine **Kündigung** kommt auf Grund eines fehlenden Dauerschuldverhältnisses nicht in Betracht. Bei der vertraglichen Verpflichtung der Parteien handelt es sich um eine einmalige Leistungspflicht, gerichtet auf den Abschluss des Arbeitsvertrags[13]. Durch die synallagmatische Verknüpfung der Hauptleistungspflichten, können auch die Rechte des § 326 geltend gemacht werden[14].

30 **II. Vertragsschluss. 1. Grundsatz.** Nach der im Arbeitsrecht vorherrschenden Ansicht wird das Arbeitsverhältnis regelmäßig bereits mit Abschluss des Arbeitsvertrages begründet (**Vertragstheorie**)[15]. Die sog. Eingliederungstheorie, wonach das Arbeitsverhältnis erst oder bereits mit der tatsächlichen Eingliederung in den Betrieb begründet wird, hat Bedeutung nur noch für das Verständnis der Einstellung iSd. § 99 BetrVG.[16]

---

1 LAG BW v. 21.12.1956 – VII Sa 59/56, AP Nr. 3 zu § 276 BGB – Verschulden bei Vertragsschluss; BAG v. 15.4.1974 – 5 AZR 393/73, AP Nr. 9 zu § 276 BGB – Verschulden bei Vertragsschluss; v. 14.9.1984 – 7 AZR 11/82, AP Nr. 10 zu § 276 BGB – Vertragsbruch; zusammenfassend BGH v. 10.7.1975 – II ZR 54/72, NJW 1975, 1774; v. 28.3.1977 – VIII ZR 242/75, DB 1977, 1548. | 2 BAG v. 7.6.1963 – 1 AZR 276/62, AP Nr. 4 zu § 276 BGB – Verschulden bei Vertragsschluss; v. 15.5.1974 – 5 AZR 393/73, AP Nr. 9 zu § 276 BGB – Verschulden bei Vertragsschluss. | 3 BAG v. 15.5.1974 – 5 AZR 393/73, AP Nr. 9 zu § 276 BGB – Verschulden bei Vertragsschluss; Staudinger/*Dilcher*, Vor § 145 BGB Rz. 39. | 4 *Schaub*, ArbRHdb, § 25 Rz. 13. | 5 *Zöllner*, FS Floretta, 1983, S. 455 (456); *Schaub*, ArbRHdb, § 32 Rz. 28. | 6 *Zöllner*, FS Floretta, 1983, S. 455 (460 f.). | 7 BGH v. 26.3.1980 – VIII ZR 150/79, NJW 1980, 1577 (1578); Vorverträge sind für Berufsgruppen, wie Künstler, Wissenschaftler, leitende Angestellte ua. typisch (vgl. *Zöllner*, FS Floretta, 1983, S. 455 (458); ErfK/*Preis*, § 611 BGB Rz. 310. | 8 BAG v. 6.9.1962 – 5 AZR 272/61, AP Nr. 3 zu § 611 BGB – Film. | 9 BAG v. 18.4.1969 – 13 AZR 154/68, AP Nr. 22 zu § 133 f. GewO; *Schaub*, ArbRHdb, § 58 Rz. 47 bzgl. eines Wettbewerbsverbots, welches auch noch nach der Kündigung des Arbeitsvertrags vereinbar sein sollte. | 10 BGH v. 7.6.1973 – III ZR 71/71, BGHZ 61, 48; *Zöllner*, FS Floretta, 1983, S. 455 (459). | 11 *Zöllner*, FS Floretta, 1983, S. 455 (465 f.). | 12 ErfK/*Preis*, § 611 BGB Rz. 311. | 13 LAG Hamm v. 29.10.1985 – 10 Sa 937/81, BB 1986, 667 (668). | 14 ErfK/*Preis*, § 611 BGB Rz. 315. | 15 Staudinger/*Richardi*, § 611 Rz. 136; Soergel/*Kraft*, § 611 BGB Rz. 1; MünchKomm/*Müller-Glöge*; § 611 BGB Rz. 125, 129; MünchArbR/*Richardi*, § 40 Rz. 1 f. | 16 Vertreten insb. von *Nikisch*, ArbR I, S. 168 (175); zu § 99 BetrVG s. Richardi/*Thüsing*, § 99 BetrVG Rz. 26 ff.

2. Wirksamkeitsvoraussetzungen des Arbeitsvertrags. Ein Arbeitsvertrag kommt durch die übereinstimmenden Willenserklärungen iSv. §§ 145 ff. von ArbGeb und ArbN zustande; wobei sich die Wirksamkeit der Willenserklärungen nach den allgemeinen Regeln des BGB richtet[1]. Hierbei ist zu beachten, dass etwa ein Zeitungsinserat[2] oder ein Anfordern beim AA[3] noch kein Angebot des ArbGeb auf Abschluss des Arbeitsvertrages darstellen. 31

a) Vertragsparteien. Auf der ArbN-Seite kann grundsätzlich nur eine **natürliche Person** oder im Falle eines Gruppenarbeitsverhältnisses (s. vor § 611 Rz. 121)[4] eine **Personenmehrheit** Vertragspartei sein (ausführlich zur Problematik des ArbN-Begriffs s. vor § 611 Rz. 19 ff.). Als Vertragspartner auf der ArbGeb-Seite kann jede natürliche oder juristische Person des privaten oder öffentlichen Rechts, sowie jede Personengesellschaft einen Arbeitsvertrag abschließen. 32

b) Inhaltliche Bestimmtheit. Wie bei anderen schuldrechtlichen Verträgen müssen sich die Vertragsparteien über die **essentialia negotii** geeinigt haben, so dass eine inhaltliche Bestimmtheit des Vertragsverhältnisses gegeben ist. Zu den wesentlichen Vertragsbestandteilen gehören die zu **leistende Arbeit** und die entsprechende **Vergütung**. Unschädlich hinsichtlich der inhaltlichen Bestimmbarkeit ist das Fehlen einer Vereinbarung über die **Höhe der Vergütung**. Diese gilt gem. § 612 Abs. 1 als stillschweigend vereinbart, wenn die Dienstleistung nach den Umständen nur gegen eine solche zu erwarten war, s. § 612 Rz. 26 ff.. Die nähere Ausgestaltung der Arbeitspflichten erfolgt in der Regel durch ArbGeb in Ausübung seines **Direktionsrechts, § 106 GewO**. 33

c) Geschäftsfähigkeit. Der Wirksamkeit des Arbeitsvertrags kann die Geschäftsunfähigkeit bzw. beschränkte Geschäftsfähigkeit des ArbGeb bzw. des ArbN entgegenstehen. Die Gültigkeit der Willenserklärungen der vertragschließenden Parteien richtet sich nach §§ 104 ff. Der Vertragsschluss mit einem geschäftsunfähigen ArbGeb ist nichtig. Es erfolgt auch keine Heilung, wenn das Arbeitsverhältnis durch Arbeitsaufnahme des ArbGeb in Vollzug gesetzt wurde[5]. Etwas anderes gilt bei einem Vertragsschluss mit einem geschäftsunfähigen ArbN; hier sind bei einer tatsächlichen Arbeitsaufnahme die Lohnansprüche nach den Grundsätzen des **fehlerhaften Arbeitsverhältnisses** abzuwickeln (s. § 119 Rz. 15). Für die Begründung von Arbeitsverhältnissen enthält das BGB in den §§ 112, 113 zwei **arbeitsrechtliche Besonderheiten** für die Geschäftsfähigkeit des ArbGeb einerseits und die des ArbN andererseits. 34

aa) Erweiterte Geschäftsfähigkeit des ArbN. Gem. § 113 besteht die Möglichkeit, dass ein Minderjähriger durch seinen gesetzlichen Vertreter zur Begründung eines Arbeitsverhältnisses ermächtigt wird. Hierdurch ist der beschränkt Geschäftsfähige für solche Rechtsgeschäfte unbeschränkt geschäftsfähig, die die Eingehung oder Aufhebung des Dienst- oder Arbeitsverhältnisses der gestatteten Art oder die Erfüllung der sich aus einem solchen Verhältnis ergebenden Pflichten betreffen (Teilrechtsfähigkeit). Der Minderjährige wird allerdings nur für solche Geschäfte uneingeschränkt geschäftsfähig, die als verkehrsüblich gelten[6]. Verkehrsübliche Geschäfte sind ua. Abreden über Vertragsstrafen, Vergleiche über Schadensersatzansprüche, Erteilung von Ausgleichsquittungen und die Anerkennung von Schadensersatzansprüchen[7]. Wettbewerbsverbote, die mit Minderjährigen vereinbart wurden, sind nichtig (§ 74a Abs. 2 HGB)[8]. Von § 113 mit umfasst ist auch der Gewerkschaftsbeitritt[9], nicht jedoch die Darlehensaufnahme bei der Gewerkschaft[10]. Die Ermächtigung gilt ebenfalls für den Abschluss von Beförderungsverträgen, um zur Arbeitsstelle zu gelangen, Verträge über die entgeltliche Gewährung von Kost und Logis, wenn der Minderjährige erst hierdurch in die Lage versetzt wird, die Arbeitsleistung zu erbringen, den Kauf erforderlicher Berufsbekleidung[11], die Eröffnung eines Gehaltskontos bei einem Kreditinstitut und wohl auch Barabhebungen, da diese Rechtsgeschäfte mit dem Arbeitsleben in Zusammenhang stehen[12]. Der Umfang der Ermächtigung kann durch den gesetzlichen Vertreter frei bestimmt werden. Er kann sie auf die Eingehung eines Arbeitsverhältnisses begrenzen. Im Zweifel ist aber anzunehmen, dass eine für einen Einzelfall erteilte Ermächtigung als Ermächtigung zur Eingehung von Verhältnissen derselben Art gilt (§ 113 Abs. 4). Die Bedeutung dieser gesetzlichen Erweiterung der allgemeinen Grundsätze zur Geschäftsfähigkeit hat jedoch kaum mehr praktische Bedeutung, da sie nicht auf Berufsausbildungsverträge anzuwenden ist[13]. § 113 ist aber auch auf Volljährige unter gesetzlicher Betreuung anwendbar, wenn das Vormundschaftsgericht einen Einwilligungsvorbehalt angeordnet hat, der sich auf die Eingehung eines Arbeitsverhältnisses bezieht (§ 1903 Abs. 1 Satz 2). 35

---

1 S. auch *Schaub*, ArbRHdb, § 32 Rz. 16; Soergel/*Kraft*, § 611 BGB Rz. 5. | 2 S. Soergel/*Kraft*, § 611 BGB Rz. 5. | 3 Vgl. BGH v. 10.7.1975 – II ZR 154/72, AP Nr. 1 zu § 611 – Vertragsschluss. | 4 Vgl. BAG v. 21.10.1971 – 2 AZR 17/71, AP Nr. 1 zu § 611 BGB – Gruppenarbeitsverhältnis. | 5 *Schaub*, ArbRHdb, § 32 Rz. 30. | 6 So die hM, LAG Berlin v. 28.3.1963 – 4 Sa 51/62, AP Nr. 1 zu § 113 BGB; *Brill*, BB 1975, 287; BGH v. 9.3.1990 – V ZR 244/88, NJW 1990, 1721; *Schaub*, ArbRHdb, § 32 Rz. 34. | 7 LAG Hannover v. 6.3.1964 – 2 Sa 26/64; DB 1964, 115 (S. 775 lt. juris); LAG Hamm v. 8.9.1970 – 3 Sa 481/70, DB 1971, 779; *Brill*, BB 1975, 284 ff. | 8 Vgl. BAG v. 20.4.1964 – 5 AZR 278/63; AP Nr. 1 zu § 90a HGB. | 9 HM: LG Essen v. 18.3.1965 – 11 T 633/64, AP Nr. 3 zu § 113 BGB; LG Düsseldorf v. 10.3.1966 – 15 T 24/66, DB 1966, 587; Staudinger/*Richardi*, § 611 BGB Rz. 20; aA LG Frankfurt v. 3.5.1963 – 2/12 S 332/62, AP Nr. 2 zu § 113 BGB. | 10 LG Münster v. 10.10.1967 – 5 T 500/67, MDR 1968, 146. | 11 ErfK/*Preis*, § 113 BGB Rz. 9; vgl. LG Mannheim v. 30.10.1968 – 6 S 66/68, NJW 1969, 239. | 12 ErfK/*Preis*, § 113 BGB Rz. 9. | 13 Staudinger/*Richardi*, § 611 BGB Rz. 20; MünchArbR/*Richardi*, § 41 Rz. 17.

36 **bb) Erweiterte Geschäftsfähigkeit des ArbGeb.** Ermächtigt der gesetzliche Vertreter mit Genehmigung des Vormundschaftsgerichts einen beschränkt Geschäftsfähigen zum selbständigen Betrieb eines Erwerbsgeschäfts, so ist der beschränkt Geschäftsfähige für alle Geschäfte, die der Geschäftsbetrieb mit sich bringt, unbeschränkt geschäftsfähig (§ 112 Abs. 1 Satz 1). Somit kann der Minderjährige insb. wirksam ein Arbeitsverhältnis begründen[1]. Ausgenommen von der Ermächtigung durch den gesetzlichen Vertreter sind solche Rechtsgeschäfte, zu denen der gesetzliche Vertreter der **Ermächtigung des Vormundschaftsgerichts** bedarf (§§ 112 Abs. 1 Satz 2, 1643, 1821). Die Genehmigung des Vormundschaftsgerichts ist für solche Verträge notwendig, durch die sich der Minderjährige zu Lohnzahlungen verpflichtet, wenn das Vertragsverhältnis länger als ein Jahr nach Eintritt der Volljährigkeit fortdauern soll (§ 1822 Nr. 5). Wird ein solcher Vertrag durch den ArbN ohne Genehmigung des Vormundschaftsgerichts geschlossen, wird man diesen jedoch für die kürzere Zeit als wirksam erhalten können[2]. Soweit der **Umfang der Ermächtigung** zum selbständigen Betrieb eines Erwerbsgeschäfts reicht, ist der gesetzliche Vertreter von der Vertretung ausgeschlossen. Er kann zB dann nicht in den Geschäftsbetrieb des Minderjährigen eingreifen, wenn er die Geschäftsvorgänge für unpraktisch hält[3]. Zur Rücknahme seiner Ermächtigung bedarf der gesetzliche Vertreter der Genehmigung des Vormundschaftsgerichts (§ 112 Abs. 2). § 112 ist ebenfalls bei der **Bestellung eines Betreuers** gem. § 1896 Abs. 1 Satz 1 und der Anordnung eines **Einwilligungsvorbehaltes** des Vormundschaftsgerichts (§ 1903) anwendbar.

37 **d) Formvorschriften.** Grundsätzlich bedarf der Abschluss eines wirksamen Arbeitsvertrags mangels gesetzlicher Regelung nicht der Einhaltung einer bestimmten Form (**Grundsatz der Formfreiheit**). Somit können die Vertragsparteien das Arbeitsverhältnis auch mündlich oder konkludent etwa durch die Aufnahme der Tätigkeit begründen[4]. Ausnahmsweise können sich **Formerfordernisse** aus gesetzlichen, tarifvertraglichen oder einzelvertraglichen Regelungen ergeben[5]. Hierbei ist zu beachten, dass nur **konstitutive**, nicht aber rein deklaratorische Formerfordernisse, die Wirksamkeit des Vertragsschlusses beeinflussen können. Die Nichtbeachtung eines konstitutiven gesetzlichen Formerfordernisses führt gem. § 125 zur Nichtigkeit des Vertrages, wohingegen der Verstoß gegen ein deklaratorisches Formerfordernis lediglich einen Anspruch auf schriftliche Fixierung des geschlossenen Vertrages begründet.

38 **aa) NachwG.** Im Zuge der Umsetzung der EG-Richtlinie 91/533/EWG vom 14.10.1991 über die Pflicht des ArbGeb zur Unterrichtung des ArbN über die für seinen Arbeitsvertrag oder sein Arbeitsverhältnis geltenden Bestimmungen (**Nachweisrichtlinie**)[6] hat der deutsche Gesetzgeber am 20.7.1995 das Gesetz über den Nachweis der für ein Arbeitsverhältnis geltenden wesentlichen Bedingungen (sog. **Nachweisgesetz**) erlassen. Die im NachwG enthaltene Formerfordernis ist allerdings nur deklaratorischer Natur, so dass die Wirksamkeit des Arbeitsvertrags von der Beachtung der gesetzlichen Verpflichtung durch den ArbGeb unabhängig ist. Zu den Einzelheiten s. Kommentierung NachwG.

39 **bb) Gesetzliche Formvorschriften.** Zivilrechtliche Formvorschriften für den Abschluss eines **Arbeitsvertrages** existieren zurzeit nicht[7]. Verpflichtungen der **Gemeinden und Kreise** bedürfen nach den **Gemeinde- und Kreisordnungen** (vgl. § 54 GO BW, Art. 38 Abs. 2 Satz 1 GO Bay, § 71 GO Hess, § 63 GO Ns, § 56 GO NW, § 49 GO RP, § 62 Kommunal-SelbstverwG Saarl., § 50 GO SH) der einzelnen Bundesländer grundsätzlich der Schriftform. Bei Nichtbeachtung dieser Vorschriften tritt die Nichtigkeitsfolge des § 125 BGB ein. Diese gesetzlich vorgeschriebene Schriftform für Verpflichtungserklärungen gilt mithin auch für den **Abschluss eines Dienst- oder Arbeitsvertrags**. Ausgenommen von den Formerfordernissen sind nach den meisten Ländergesetzen nur die Geschäfte der laufenden Verwaltung. Hierbei ist jedoch teilweise festgelegt, dass diese Ausnahme nicht für Arbeitsverträge mit Angestellten und Arbeitern und Angestellten gilt (vgl. zB § 54 Abs. 1, 3 GO, § 41 Abs. 4 KO NW). Bedenken gegen eine Nichtigkeit von Arbeitsverträgen aufgrund eines Formverstoßes bestehen allerdings aus dem Grund, dass die kommunalen Formvorschriften dem Zweck dienen, die Kreise und Gemeinden gegen eine missbräuchliche Vertretung durch nicht berechtigte Vertreter zu schützen[8]. Somit handelt es sich bei diesen Vorschriften nicht um „echte" Formvorschriften, sondern um Regelungen der Vertretungsmacht. Hinsichtlich des Erlasses von „echten" Formvorschriften fehlt den Ländern hingegen die Regelungskompetenz (vgl. Art. 2, 55 EGBGB)[9]. Ein Verstoß gegen die landesrechtlichen Vorschriften kann somit nicht unter dem Gesichtspunkt des fehlenden Formerfordernisses zur Nichtigkeit führen, sondern es geht ausschließlich darum, dass eine Regelung der Vertretungsmacht nicht beachtet wurde[10]. Eine Körperschaft kann sich nicht auf die fehlende Schriftform eines Einstellungsvertrages oder einer Arbeitsvertragsänderung berufen, wenn die Einstellung oder Vertragsänderung mit einem von der Vertretungskörperschaft gefassten Beschluss

---

1 So auch Staudinger/*Richardi*, § 611 BGB Rz. 16; ErfK/*Preis*, § 611 BGB Rz. 428. | 2 S. auch *Schaub*, ArbRHdb, § 32 Rz. 31. | 3 *Schaub*, ArbRHdb, § 32 Rz. 31. | 4 Staudinger/*Richardi*, § 611 BGB Rz. 26; *Hennige*, NZA 1999, 281; *Scheffer*, NJW 1995, 3166; KassHdb/*Leinemann*, 1.1 Rz. 486. | 5 Ausf. *Kliemt*, Formerfordernisse im Arbeitsverhältnis, 1995. | 6 Richtlinie vom 14.10.1991, ABl. EG Nr. L 288/32. | 7 Staudinger/*Richardi*, § 611 BGB Rz. 28; KassHdb/*Leinemann*, 1.1 Rz. 350; gem. § 4 BBiG und § 11 AÜG bestehen jedoch Formvorschriften für den Abschluss eines Ausbildungs- und Leiharbeitsvertrags. | 8 BGH v. 15.6.1960 – V ZR 151/58, *BGHZ*, 32, 375; v. 13.10.1983 – III ZR 158/82, NJW 1984, 606; v. 20.1.1994 – VII ZR 174/92, NJW 1994, 1528; BAG v. 6.8.1970 – 2 AZR 427/69, AP Nr. 7 zu § 125 BGB; v. 26.3.1986 – 7 AZR 585/84, AP Nr. 2 zu § 180 BGB = NJW 1987, 1038. | 9 So die hM vgl. BGH v. 15.6.1960 – VZR 191/58, BGHZ 32, 375 (379 ff.). | 10 Vgl. BGH v. 15.6.1960 – V ZR 191/58, BGHZ 32, 375 (380).

cc) **Tarifvertragliche und betriebsverfassungsrechtliche Formvorschriften.** Häufig werden Schriftform- **40** oder sonstige Formerfordernisse für den Abschluss und die Änderung eines Arbeitsvertrags auch in **TV** geregelt. Hier ist in jedem Einzelfall zu prüfen, ob die Tarifparteien **konstitutive** oder **deklaratorische** Schriftformerfordernisse vereinbaren wollten[2]. Eine deklaratorische Formvorschrift ist dann anzunehmen, wenn nach dem Willen der Tarifpartner auch ohne Einhaltung der Formvorschrift die arbeitsvertragliche Vereinbarung wirksam zustande kommen soll, den Parteien aber zum Zwecke der Beweiserleichterung ein Anspruch auf die schriftliche Niederlegung der Vertragsbedingungen eingeräumt worden ist. In der Regel wird von einer rein deklaratorischen Bedeutung der Formvorschrift auszugehen sein, da durch die Vereinbarungen kein Nachteil für die ArbN entstehen soll[3]. Hat die tarifliche Formvorschrift konstitutive Bedeutung, ist der Abschluss des Arbeitsvertrages gem. § 125 nichtig[4].

Formzwänge für alle oder auch nur einzelne Arbeitsbedingungen können auch durch **BV** eingeführt **41** werden. Wie bei tarifvertraglichen Formvorschriften muss zwischen der deklaratorischen und der konstitutiven Bedeutung einer solchen Vereinbarung unterschieden werden. Die Rechtsfolgen bei Nichtbeachtung der Formerfordernisse entsprechen dem tariflichen Formzwang. BV sehen in der Regel nur den Formzwang für bestimmte Vertragsgestaltungen vor, wie zB für den Abschluss von Aushilfsarbeitsverhältnissen oder befristeten Arbeitsverhältnissen. In diesen Fällen soll der ArbN geschützt werden, so dass der Formvorschrift regelmäßig eine konstitutive Bedeutung zukommen wird[5].

dd) **Einzelvertragliche Formvorschriften.** Die Vertragsparteien können durch den **Arbeitsvertrag** eben- **42** falls die Wahrung von Formvorschriften vereinbaren. Ob der Schriftformklausel eine konstitutive oder deklaratorische Bedeutung zukommt, ist im Wege der Vertragsauslegung zu ermitteln. Liegt eine konstitutive Regelung vor, ist die Vereinbarung nichtig (vgl. § 125 Satz 2), während eine deklaratorische Klausel auch hier die Wirksamkeit des Arbeitsvertrages unbeeinträchtigt lässt[6]. In der Regel kann dann von einem deklaratorischen Schriftformerfordernis ausgegangen werden, wenn das Arbeitsverhältnis bereits vor der Einhaltung der vereinbarten Form in Vollzug gesetzt wurde[7]. **Schriftlich abgeschlossene Arbeitsverträge** enthalten häufig Vereinbarungen darüber, dass auch Vertragsänderungen der Schriftform bedürfen (s. hierzu Rz. 497 ff.).

ee) **Anforderungen an die Schriftform.** Die mit dem Formerfordernis verbundenen Anforderungen an **43** einen wirksamen Vertragsschluss unterscheiden sich danach, ob ein gesetzlicher bzw. kollektiver Formzwang[8] oder eine gewillkürte Schriftform vorliegt. Besteht ein durch **Gesetz, TV oder BV** begründetes Formerfordernis, so sind die Arbeitsbedingungen, auf die sich der Formzwang bezieht, in **einer Urkunde** niederzulegen. Mehrere einzelne Blätter müssen räumlich zu einer Gesamturkunde, etwa durch Zusammenheften der Bestandteile, zusammengefasst werden, so dass ein Sinnzusammenhang besteht. Die Urkunde ist von den Vertragsparteien **eigenhändig** oder mittels **notariell beglaubigtem Handzeichen** so zu **unterschreiben**, dass der gesamte Vertragstext durch die Unterschrift gedeckt ist (§ 126 Abs. 1, Abs. 3). Das Schriftformerfordernis wird auch gewahrt, wenn über den Vertragsinhalt mehrere gleich lautende Urkunden erstellt werden und jede Partei die für die andere Partei bestimmte Urkunde unterzeichnet (§ 126 Abs. 2 Satz 2). Schreibfehler innerhalb der einzelnen Urkunden sind für deren Wirksamkeit unbeachtlich. Zur Wahrung des Formerfordernisses ist es allerdings nicht ausreichend, wenn zwischen den Vertragsparteien ein bloßer Briefwechsel oder Austausch von Bestätigungsschreiben stattgefunden hat. Ob ein durch **Telefax** übermittelter Arbeitsvertrag den Formvorschriften genügt, ist zweifelhaft[9]. Ist auch die Unterschrift eines **Bevollmächtigten** zulässig, so kann dieser mit dem Namen des Vollmachtgebers unterschreiben. Unterzeichnet er mit eigenem Namen, muss das Vertretungsverhältnis in der Urkunde zum Ausdruck kommen[10].

Für die **gewillkürte Schriftform** richtet sich der Inhalt nach der konkreten Vereinbarung des Schrift- **44** formerfordernisses, wobei zu unterscheiden ist, ob das Formerfordernis deklaratorische oder konstitutive Bedeutung haben soll. Bei einem vereinbarten konstitutiven Formerfordernis sind gem. § 127 Abs. 1 die für den gesetzlichen Formzwang aufgeführten Grundsätze entsprechend anwendbar. Nach § 127 Abs. 2 ist zur Wahrung des Formerfordernisses die telekommunikative Übermittlung und bei einem Vertrag der Briefwechsel auseichend, sofern kein anderer Wille der Vertragsparteien anzunehmen ist.

---

1 BGH v. 20.1.1954 – II ZR 167/54, NJW 1956, 1355; BAG v. 15.7.1992 – 7 AZR 337/91, nv. (juris). | 2 BAG v. 26.7.1972 – 4 AZR 365/71, AP Nr. 1 zu § 4 MTB II; v. 18.5.1977 – 4 AZR 47/76, AP Nr. 4 zu § 4 BAT. | 3 Vgl. BAG v. 10.6.1988 – 2 AZR 7/88, AP Nr. 5 zu § 1 BeschFG 1985. | 4 Vgl. BAG v. 15.11.1957 – 1 AZR 189/57, AP Nr. 2 zu § 125 BGB. | 5 S. auch *Schaub*, ArbRHdb, § 32 Rz. 55. | 6 BAG v. 4.6.1963 – 5 AZR 16/63, AP Nr. 1 zu § 127 BGB. | 7 *Schaub*, ArbRHdb, § 32 Rz. 57. | 8 Ein durch Tarifvertrag oder Betriebsvereinbarung vereinbarter Formzwang gilt auch als gesetzlicher Formzwang s. LAG Berlin v. 17.4.1978 – 9 Sa 130/77, AP Nr. 1 zu § 4 TVG; v. 9.2.1972 – 4 AZR 149/71, AP Nr. 1 zu § 4 BAT; BAG v. 6.9.1972 – 4 AZR 422/71, AP Nr. 2 zu § 4 TVG; BAG v. 24.6.1981 – 7 AZR 198/79, AP Nr. 2 zu § 4 TVG – Formvorschriften. | 9 Dafür *Schaub*, ArbRHdb, § 32 Rz. 43 mwN; abl. BGH v. 28.1.1993 – IX ZR 259/91, NJW 1993, 1126. | 10 *Schaub*, ArbRHdb, § 32 Rz. 44; *Dietrich*, DB 1974, 2141.

45 **ff) Ausschluss des Einwands der Formnichtigkeit.** Im Einzelfall kann das Berufen einer Partei auf die Nichtigkeit des Vertrages wegen Formmangels gegen den Grundsatz von Treu und Glauben verstoßen[1]. Bei tarifvertraglichen Schriftformklausel ist zu beachten, dass sie eine gesetzliche Ausnahme vom Grundsatz der Formfreiheit darstellt, die nur bei beiderseitiger Tarifgebundenheit Anwendung findet (§§ 3 Abs. 1 und 2, 4 Abs. 1 Satz 1 TVG). Um der herausgehobenen Schutzfunktion des TV für den ArbN gerecht zu werden, muss auch hier eine Berufung auf einen Formmangel als treuwidrig bewertet werden, wenn das Arbeitsverhältnis bereits für eine nicht unerheblich lange Zeit durchgeführt wurde[2]. Dies gilt entsprechend für Formerfordernisse auf Grund BV.

46 **e) Stellvertretung.** ArbGeb und ArbN können sich bei der Einstellung gem. §§ 164 ff. von einem Bevollmächtigten vertreten lassen. Es gelten die allgemeinen Regeln. Neben den Vorschriften des BGB sind für die Stellvertretung des ArbGeb auch die handelsrechtlichen Regeln über die Prokura (§§ 48 ff. HGB) von Bedeutung. Für die Wirksamkeit der Stellvertretung ist die genaue Bezeichnung des vertretenen ArbGeb unerheblich[3]. Ist nicht eindeutig erkennbar, ob der den Vertrag Unterzeichnende ArbGeb oder Vertreter ist, wird regelmäßig der wirkliche ArbGeb verpflichtet[4]. Die Zulässigkeit eines tarifvertraglichen Ausschlusses der Stellvertretung ist zweifelhaft[5]. Für den Abschluss eines Arbeitsvertrags mit kommunalen Gebietskörperschaften sehen die Gemeinde- und Kreisordnungen der Länder häufig besondere Formvorschriften für eine Stellvertretung der Körperschaften vor (s. Rz. 39).

47 **3. Abschlussfreiheit und Auswahlfreiheit. a) Grundsatz.** Auch im Arbeitsrecht gilt der Grundsatz der **Vertragsfreiheit**. Sowohl der ArbGeb als auch der ArbN können demnach frei entscheiden, ob und mit wem sie ein Vertragsverhältnis eingehen (**Abschlussfreiheit und Auswahlfreiheit**)[6]. Insb. die Abschluss- und Auswahlfreiheit des ArbGeb wird jedoch durch Abschlussgebote oder Abschlussverbote eingeschränkt, die häufig zum Schutz bestimmter ArbN-Gruppen kraft Gesetzes oder TV dem ArbGeb auferlegt werden.

48 **b) Beschränkung der Abschlussfreiheit.** Ein echter Kontrahierungszwang besteht für ArbN durch das Gesetz zur Sicherstellung von Arbeitsleistungen für Zwecke der Verteidigung einschließlich des Schutzes der Zivilbevölkerung (Arbeitsicherstellungsgesetz) vom 9.7.1968 (BGBl. I S. 787). Unter den in diesem Gesetz geregelten Voraussetzungen entsteht das Arbeitsverhältnis durch den Verpflichtungsbescheid. Auch der ArbGeb unterliegt grundsätzlich keinen Abschlusszwängen. Eine Ausnahme von diesem Grundsatz ist zB in § 78a BetrVG bzw. §§ 9, 107 BPersVG geregelt. Es gibt jedoch insb. kein Recht auf Arbeit, wonach sich privatrechtliche Ansprüche einzelner ArbN auf Begründung eines Arbeitsverhältnisses ableiten lassen[7].

49 **c) Beschränkung der Auswahlfreiheit. aa) Abschlussgebote.** Ein verfassungsrechtliches Abschlussgebot ist für den Bereich des **öffentlichen Dienstes** in Art. 33 Abs. 2 GG begründet. Hiernach hat jeder Deutsche nach seiner Eignung, Befähigung und fachlichen Leistung gleichen Zugang zu jedem öffentlichen Amt. Diese Verfassungsnorm ist unmittelbar geltendes Recht, das nicht nur die Einstellung in ein **Beamtenverhältnis**, sondern auch die Einstellung von **Arbeitern und Angestellten im öffentlichen Dienst** erfasst[8]. Der Bewerber kann hierdurch verlangen, dass seine Bewerbung allein nach Eignung, Befähigung und fachlicher Leistung geprüft wird. Liegt ein Verstoß der Einstellungsbehörde gegen diese verfassungsrechtlichen Grundsätze vor, kann der Bewerber regelmäßig jedoch nur die Aufhebung des auf verfassungswidrige Gesichtspunkte gestützten Ablehnungsbescheids verlangen[9]. Ein Einstellungsanspruch für den einzelnen Bewerber entsteht nur im Ausnahmefall. Unabdingbare Voraussetzung hierfür ist, dass im Einzelfall „jede andere Entscheidung als die Einstellung dieses Bewerbers als rechtswidrig oder ermessensfehlerhaft und mithin die einzige rechtmäßige Entscheidung der Behörde darstellt"[10]. Der Einstellungsanspruch des Bewerbers ergibt sich folglich aus einer Ermessensreduzierung „auf null" und damit mittelbar aus Art. 33 Abs. 2 GG[11]. Ein weiteres Abschlussgebot enthält **Art. 9 Abs. 3 GG**, wonach die Einstellung eines ArbN nicht auf Grund einer **Gewerkschaftszugehörigkeit** verweigert werden darf, eine Beschränkung der Auswahlfreiheit des ArbGeb[12]. Macht der ArbGeb den Abschluss des Arbeitsvertrags vom Gewerkschaftsaustritt des ArbN abhängig, liegt ein Eingriff in die grundgesetzlich geschützte Bestands- und Betätigungsfreiheit der Koalitionen vor[13]. Da Art. 9 Abs. 3 GG auch den Einzelnen schützt und ein Schutzgesetz iSv. § 823 Abs. 2 darstellt, kann eine Verletzung im Wege der Naturalrestitution – anders als bei § 611a – einen Anspruch auf Einstellung begründen[14].

---

1 Vgl. BAG v. 9.12.1981 – 4 AZR 312/79, AP Nr. 8 zu § 4 BAT; BAG v. 7.9.1982 – 3 AZR 5/80, AP Nr. 9 zu § 4 BAT. | 2 Staudinger/*Richardi*, § 611 BGB Rz. 47. | 3 BAG v. 21.12.1972 – 5 AZR 310/72, AP Nr. 1 zu § 24 SeemG. | 4 BGH v. 3.2.1975 – II ZR 128/73, NJW 1975, 1166; vgl. auch BGH v. 13.11.1998 – V ZR 216/97, ZIP 1999, 112. | 5 BAG v. 15.11.1957 – 1 AZR 189/57, AP Nr. 2 zu § 125 BGB. | 6 Vgl. hierzu BAG v. 5.4.1984 – 2 AZR 513/82, EzA § 17 BBiG Nr. 1; Staudinger/*Richardi*, § 611 BGB Rz. 48. | 7 Ausf. Staudinger/*Richardi*, § 611 BGB Rz. 55 f. | 8 St. Rspr. vgl. BAG v. 2.12.1970 – 4 AZR 59/70, AP Nr. 1 zu Art. 33 Abs. 2 GG; v. 31.3.1976 – 5 AZR 104/74, AP Nr. 2 zu Art. 33 Abs. 2 GG; v. 5.8.1982 – 2 AZR 1136/79, AP Nr. 18 zu Art. 33 Abs. 2 GG. | 9 BAG v. 31.3.1976 – 5 AZR 104/74, BAGE, 28, 62 (67). | 10 BAG v. 31.3.1976 – 5 AZR 104/74, BAGE, 28, 62 (67). | 11 Vgl. BAG v. 5.8.1982 – 2 AZR 1136/79, AP Nr. 18 zu Art. 33 Abs. 2 GG. | 12 BAG v. 28.3.2000 – 1 ABR 16/99, BAGE 94, 169. | 13 Vgl. BAG v. 2.6.1987 – 1 AZR 651/85, AP Nr. 49 zu Art 9 GG. | 14 Kittner/Zwanziger/*Becker*, ArbR, § 30 Abs. 3 Rz. 45.

Zum Schutz bestimmter Personengruppen hat der Gesetzgeber auch gesetzliche Abschlussgebote konzipiert. Diese begründen **jedoch keinen Einstellungsanspruch für den einzelnen Stellenbewerber**, sondern enthalten jeweils eigene Sanktionsregeln. Das wichtigste Abschlussgebot ist in § 71 SGB IX enthalten, wonach ArbGeb, die über mindestens 20 Arbeitsplätze verfügen, verpflichtet werden, auf wenigstens 5 % der Arbeitsplätze Schwerbehinderte iSv. § 72 SGB IX zu beschäftigen. Die Nichtbeachtung dieses Abschlussgebotes wird mit **Ausgleichszahlung und Bußgeldern** sanktioniert (s. §§ 77, 156 Abs. 1 Nr. 1 SGB IX). Die Beschäftigungspflicht ist allerdings eine rein **öffentlich-rechtliche Pflicht**, einen Einstellungsanspruch gewährt diese Regelung somit nicht. Lediglich im Falle einer außerordentlichen Kündigung auf Grund eines Streiks oder einer Aussperrung begründet § 91 Abs. 6 SGB IX einen **gesetzlichen Wiedereinstellungsanspruch**. Das Landesrecht in Nds., Nordrhein-Westfalen und im Saarl. sieht unter verschiedenen Voraussetzungen die Erteilung von **Bergmannversorgungsscheinen** vor. Zugunsten der Inhaber dieser Versorgungsscheine besteht ein **gesetzliches Abschlussgebot**. In Nds. erfolgt eine Gleichstellung des Inhabers eines Versorgungsscheins mit Schwerbehinderten (§ 1 des Gesetzes über einen Bergmannversorgungsschein im Lande Nds. vom 6.1.1949)[1], während in Nordrhein-Westfalen der ArbGeb unter den Voraussetzungen der §§ 4, 5 Bergmannversorgungsgesetz[2] auf einem Prozent der Arbeitsplätze Inhaber der Versorgungsscheine beschäftigen muss. Bei Nichtbeachtung der Verpflichtung muss der ArbGeb eine Ausgleichsabgabe leisten (§ 8). Im Saarl. ermächtigt das Gesetz über einen Bergmannsversorgungsschein[3] hingegen die Landesregierung durch Rechtsverordnung ArbGeb unter den Voraussetzungen der (§§ 5–8) zur Besetzung von 2 % ihrer Arbeitsplätze mit Inhabern der Versorgungsscheine zu verpflichten. Macht die Landesregierung von der Ermächtigung Gebrauch, so besteht die Möglichkeit, das Arbeitsverhältnis durch Verwaltungsakt zu begründen (§ 8 Abs. 3 Satz 3).

Häufig enthalten auch **TV Abschlussgebote** zugunsten bestimmter ArbN-Gruppen (zB ältere ArbN oder ArbN-Gruppen mit besonderen Qualifikationen). Die Abschlussgebote gehören wie die Abschlussverbote gem. § 1 TVG zum normativen Teil des TV. Sie begründen jedoch in der Regel keine Einstellungsansprüche des ArbN gegenüber dem ArbGeb[4]. Zahlreiche TV enthalten allerdings **Wiedereinstellungsklauseln** im Anschluss an Arbeitskämpfe. Hieraus kann ein unmittelbarer Anspruch des ArbN auf **Einstellung** erfolgen[5]. Die Bedeutung dieser Klauseln ist eher gering, da die Aussperrung die arbeitsvertraglichen Pflichten meistens nur suspendiert. Lösende Aussperrungen hingegen, die das Arbeitsverhältnis beenden, sind rechtlich umstritten und kommen in der Praxis nicht vor. Tarifvertragliche Wiedereinstellungsklauseln können auch im Hinblick auf die Beendigung eines Arbeitsverhältnisses bei längeren Betriebsstörungen vereinbart sein[6]. Ebenfalls denkbar sind Wiedereinstellungsklauseln für den Fall der festgestellten Wiederherstellung der Berufs- bzw. Erwerbsfähigkeit[7].

Bei den in **BV** festgelegten Abschlussgeboten handelt es sich regelmäßig nur um Auswahlrichtlinien iSv. § 95 BetrVG, über deren Aufstellung der BR mitzubestimmen hat und bei einem Verstoß des ArbGeb seine Zustimmung zur Einstellung verweigern kann (§ 99 Abs. 2 Nr. 2 BetrVG; für die Personalvertretung des Bundes § 77 Abs. 2 Nr. 1 BPersVG). Da die normative Wirkung der BV sich nur auf ArbN erstreckt, die dem Betrieb angehören, kann ein Einstellungsanspruch eines Nichtbetriebsangehörigen gegen den ArbGeb nur bestehen, wenn die entsprechende betriebliche Abschlussnorm einen **Vertrag zugunsten Dritter** darstellt. Dies ist dann möglich, wenn der Anspruchinhaber genau bezeichnet ist, zB wenn aus bestimmten Anlässen ein Wiedereinstellungsanspruch für gekündigte ArbN bestehen soll[8]. Nicht ausreichend ist die bloße Bezeichnung bestimmter ArbN-Gruppen durch die Einstellungsregelungen.

Einstellungsansprüche können sich auch aus einzelvertraglichen Vereinbarungen ergeben. So können ArbGeb und ArbN im Rahmen des Vorvertrages eine ggf. einklagbare Verpflichtung zum Abschluss eines Arbeitsvertrages vereinbaren, s. Rz. 28. Erforderlich ist jedoch, dass diese Verpflichtung hinreichend konkretisiert ist und sich der Inhalt des späteren Arbeitsverhältnisses bereits im Zeitpunkt des Abschlusses des Vorvertrags bestimmen lässt[9]. Ferner wird von der Rspr. auch ein Wiedereinstellungsanspruch bei betriebsbedingten Kündigungen anerkannt, wenn die Kündigung des ArbGeb auf der Prognose beruht, nach Ablauf der Kündigungsfrist könne er ihn nicht mehr beschäftigen und sich diese Einschätzung noch während des Lauf der Kündigungsfrist als falsch erweist[10]. Ebenfalls anerkannt ist auch ein Wiedereinstellungsanspruch im Falle einer Verdachtskündigung, wenn sich später die Unschuld des ArbN herausstellt[11]. Bei Vorliegen eines Betriebsübergangs gem. § 613a und vorausgegangener wirksamer betriebsbedingter Kündigung bejaht das BAG einen Einstellungsanspruch gegenüber dem Betriebsübernehmer, wenn der Kündigungsgrund innerhalb der Kündigungsfrist wegfällt[12]; ausführlich zu § 613a Rz. 229. Ferner können sich Einstellungsansprüche auch aus vertrauenserzeugenden Zusagen des Arb-

---

1 GVBl. Sb I 741. | 2 Bergmannversorgungsscheingesetz vom 20.12.1983, GV. NW. 635. | 3 Gesetz über einen Bergmannversorgungsschein idF v. 16.10.1981 (ABl. 825). | 4 Vgl. BAG v. 29.4.1998 – 7 AZR 540/97, nv. (juris); v. 29.4.1998 – 7 AZR 540/97, AP Nr. 155 zu § 1 TVG – Tarifverträge: Metallindustrie. | 5 Vgl. BAG v. 21.4.1971 – 6 S 1/68, AP Nr. 43 zu Art 9 GG – Arbeitskampf. | 6 Vgl. BAG v. 16.6.1987 – 1 AZR 258/85, AP Nr. 20 zu § 111 BetrVG 1972. | 7 BAG v. 24.1.1996 – 7 AZR 602/95, AP Nr. 7 zu § 59 BAT. | 8 *Schaub*, ArbRHdb, § 32 Rz. 79. | 9 BGH v. 26.3.1980 – VIII ZR 150/79, NJW 1980, 1577 (1578). | 10 BAG v. 27.2.1997 – 2 AZR 160/96, AP Nr. 1 zu § 1 KSchG 1969 – Wiedereinstellung. | 11 BAG v. 4.6.1964 – 2 AZR 310/63, AP Nr. 13 zu § 626 BGB – Verdacht strafbarer Handlung; v. 20.8.1997 – 2 AZR 620/96, AP Nr. 27 zu § 626 BGB – Verdacht strafbarer Handlung. | 12 BAG v. 13.11.1997 – 8 AZR 295/95, AP Nr. 69 zu § 613a BGB.

Geb ergeben. Solche Zusagen sind zB dann zu bejahen, wenn der ArbGeb einem befristet eingestellten ArbN bei Bewährung die unbefristete Fortsetzung des Arbeitsverhältnisses zusagt[1]. Ebenso besteht ein Einstellungsanspruch von Saisonarbeitern, wenn der ArbGeb Jahr für Jahr alle ArbN, die sich erneut bewerben, wiedereinstellt und den Beginn der Saison ohne Vorbehalt am Schwarzen Brett bekannt gibt[2]. Nicht ohne weiteres ergibt sich ein Einstellungsanspruch dann, wenn das Arbeitsverhältnis aufgrund der Teilnahme an einem Umschulungs- oder Fortbildungslehrgang beendet wurde. Ein Einstellungsanspruch kann sich jedoch ggf. aus dem Gleichbehandlungsgrundsatz ergeben, wenn der ArbGeb bisher alle ArbN nach der Absolvierung eines Lehrgangs wieder eingestellt hat[3].

54 **bb) Abschluss- und Beschäftigungsverbote.** Nicht nur Abschlussgebote sondern auch Abschluss- und Beschäftigungsverbote schränken die Abschlussfreiheit der Arbeitsvertragsparteien ein. Ein Abschlussverbot richtet sich bereits **gegen den bloßen Abschluss** eines Arbeitsvertrages und führt zu dessen Nichtigkeit gem. § 134. Beschäftigungsverbote hingegen lassen die Wirksamkeit des Arbeitsvertrages unberührt, untersagen dem ArbGeb jedoch die **tatsächliche Beschäftigung** des ArbN[4]. Diese differenzierende Terminologie wird auch vom Gesetzgeber nicht konsequent eingehalten. Ob nun ein Abschluss- oder ein Beschäftigungsverbot vorliegt, ist nach dem Sinn und Zweck der Norm zu ermitteln. Es ist jedoch davon auszugehen, dass sich die arbeitsrechtlichen Schutznormen in der Regel nur gegen eine Beschäftigung, nicht aber gegen den Bestand des Arbeitsverhältnisses als solchen richten werden[5].

55 **(1) Abschlussverbote.** Als gesetzliches Abschlussverbot ist das **Verbot der Beschäftigung von Kindern** (§ 5 Abs. 1 JArbSchG) anerkannt. Ferner ist gem. § 7 JArbSchG auch **die Beschäftigung für Jugendliche unter 15 Jahren verboten**. Für Jugendliche über 15 Jahre (bis zur Vollendung des 18. Lebensjahres) wird gem. §§ 22 ff. JArbSchG eine Beschäftigung bei bestimmten gefährlichen Tätigkeiten, bei Akkordarbeit, bei Arbeiten unter Tage verboten. Als Abschlussverbote galten bisher auch die §§ 4, 8 **MuSchG** (Verbot der Beschäftigung von Müttern mit gefährlichen Tätigkeiten und Nachtarbeitsverbot). Der Arbeitsvertrag sei nur dann nicht nichtig gem. § 134 BGB, wenn bei Vertragsschluss noch mit einer Ausnahmegenehmigung nach § 4 Abs. 3 Satz 2 iVm. § 8 Abs. 6 MuSchG zu rechnen war[6]. Vor dem Hintergrund der neuesten Rspr. des EuGH zur geschlechtsspezifischen Diskriminierung ist diese Bewertung jedoch nicht aufrechtzuerhalten (s. § 611a Rz. 22). Nach dem EuGH stellt das Abschlussverbot eine unmittelbare Diskriminierung dar, da die Verweigerung der Einstellung aufgrund einer bestehenden Schwangerschaft nur Frauen betrifft. Der Erlass von Schutzvorschriften für Frauen sei zwar durch europarechtliche Vorgaben nicht verhindert, doch müsse der Arbeitsvertrag wirksam bleiben. Die Schwangere dürfe (unter Beibehaltung ihres Lohnanspruchs § 11 MuSchG) bis zum Wegfall des Beschäftigungsverbots und etwaiger Mutterschutzfristen nur nicht beschäftigt werden[7].

56 **Ausländische ArbN**, die nicht unter die Regelungen der Freizügigkeitsverordnung (EWG Nr. 1612/68) fallen und keine zur Beschäftigung notwendige Erlaubnis der BA aufweisen können (s. §§ 284 ff. SGB III), dürfen nicht beschäftigt werden. Hierdurch ist jedoch nicht der Abschluss des Arbeitsvertrages unwirksam, so dass das **Erfordernis einer Arbeitserlaubnis kein Abschlussverbot** begründet[8]. Hinsichtlich der Begründung eines **Berufsausbildungsverhältnisses** gilt gem. §§ 20, 22 BBiG, §§ 21, 23 HandwO, dass nur derjenige Auszubildende einstellen darf, der über eine geeignete Ausbildungsstätte verfügt und persönlich geeignet ist. Wer fachlich nicht geeignet ist oder nicht selbst ausgebildet hat, muss einen Ausbilder bestellen, der seinerseits die notwendige Eignung aufweist.

57 **Abschlussverbote** können auch **kollektivrechtlich** vereinbart werden. **Tarifvertraglich** festgesetzte Abschlussverbote sind **Abschlussnormen**, so dass sie normativ nur gegenüber beiderseitig tarifvertraglich gebundenen ArbGeb und ArbN gelten (§ 4 Abs. 1 Satz 1 TVG). Liegen lediglich Betriebsnormen (§ 3 Abs. 2 TVG) vor, die auch bei einseitiger Tarifbindung durch den ArbGeb Rechtswirkungen entfalten, wird die Wirksamkeit des Arbeitsvertrages hierdurch nicht berührt[9]. Aufgrund fehlender Kompetenz des BR zur Mitgestaltung von Arbeitsverträgen können **BV kein Abschlussverbot** enthalten, das der Begründung des Arbeitsverhältnisses entgegensteht. Durch entsprechende Vereinbarungen kann dem BR lediglich die Möglichkeit eingeräumt werden, seine Zustimmung zur Eingliederung des ArbN in den Betrieb zu verweigern. Hierdurch wird die Wirksamkeit des Arbeitsvertrages nicht berührt; der ArbGeb darf den ArbN lediglich nicht beschäftigen[10].

---

1 BAG v. 16.3.1985 – 2 AZR 325/88, AP Nr. 8 zu § 1 BeschFG 1985. | 2 BAG v. 29.1.1987 – 2 AZR 109/86, AP Nr. 1 zu § 620 – Saisonarbeit. | 3 BAG v. 10.11.1977 – 3 AZR 329/76, AP Nr. 1 zu § 611 BGB – Einstellungsanspruch. | 4 Soergel/*Kraft*, § 611 BGB Rz. 16; MünchArbR/*Buchner*, § 37 Rz. 5 ff.; aA will bei einem Verstoß gegen in der Person des ArbGeb begründeten Abschlussverboten nicht ohne weiteres eine Nichtigkeit des Vertrages sehen, sondern sollen beide Parteien nur das Recht zur fristlosen Kündigung haben, vgl. LAG Stuttgart v. 28.2.1955 – II Sa 165/54, BB 1955, 383; LAG Mannheim v. 25.5.1955 – II Sa 59/55, BB 1955, 803; *Hueck*/Nipperdey, Arbeitsrecht Bd. I, 7. Aufl., S. 177. | 5 MünchArbR/*Buchner*, § 37 Rz. 8, 10. | 6 So noch BAG v. 8.9.1988 – 2 AZR 102/88, AP Nr. 1 zu § 8 MuSchG; Staudinger/*Richardi*, § 611 BGB Rz. 76. | 7 Vgl. EuGH v. 3.2.2000 – Rs. C-207/98, NZA 2000, 255. | 8 BAG v. 16.12.1976 – 3 AZR 716/75, AP Nr. 4 zu § 19 AFG. | 9 Staudinger/*Richardi*, § 611 BGB Rz. 79. | 10 Siehe auch Staudinger/*Richardi*, § 611 BGB Rz. 80; aA ErfK-*Preis*, § 611 BGB Rz. 405.

Einzelvertraglich vereinbarte Abschlussverbote sind unzulässig. Der ArbN kann nicht in seinem Recht beeinträchtigt werden, einen anderen Arbeitsvertrag abzuschließen[1]. Insb. die Vereinbarung eines Wettbewerbsverbots lässt die Wirksamkeit des verbotswidrig abgeschlossenen Vertrags unberührt. 58

(2) **Beschäftigungsverbote.** Beschäftigungsverbote richten sich nur gegen eine **tatsächliche Beschäftigung**, lassen aber die Wirksamkeit des Arbeitsvertrags unberührt. Ausnahmen hiervon hat die Rspr. bislang nur im Bereich des Mutterschutzes erwogen[2]. Diese sind wegen des Verbots der Geschlechtsdiskriminierung nicht mehr anzuerkennen, s. Rz. 55. Welche Rechtsfolgen die Nichterbringung der Arbeitsleistung nach sich führt, richtet sich nach den Grundsätzen des Allgemeinen Schuldrechts: Darf der ArbN von seinen persönlichen Umständen her die Arbeitsleistung erbringen, und fallen die Gründe des Beschäftigungsverbots somit in die Sphäre des ArbGeb, gerät Letzterer gem. § 615 in Annahmeverzug und muss weiterhin den Arbeitslohn bezahlen; insb. kann die Freistellung nicht als Urlaubsgewährung verstanden werden[3]. Ansonsten scheidet ein Annahmeverzugsanspruch aus[4]. Hat der ArbN hingegen die Nichterbringung seiner Leistung zu vertreten, entsteht ein Schadensersatzanspruch des ArbGeb gem. § 281. Bei einer Beschäftigung trotz bestehenden Beschäftigungsverbots kann der ArbGeb schadensersatzpflichtig nach § 280 sein. Die Zuwiderhandlung gegen einzelne Beschäftigungsverbote ahndet der Gesetzgeber mit **Ordnungsgeldern oder Kriminalstrafen**, s. zB § 21 MuSchG, §§ 22, 23 ArbZG. 59

Anerkannte Beschäftigungsverbote sind ua.: Das Verbot der Beschäftigung von Nicht-EU-Ausländern ohne Erlaubnis der BA, Verbot der Überschreitung der regelmäßigen werktäglichen Arbeitszeit von 8 Stunden (§ 3 ArbZG), Verbot der Beschäftigung von Personen, die bestimmte, in § 17 Abs. 1, 3, 4 BSeuchG bezeichnete Tätigkeiten erstmalig ausüben, ohne ein innerhalb der letzten sechs Wochen ausgestelltes Gesundheitszeugnis vorgelegt zu haben (§ 18 BSeuchG), Verbot der Einstellung von ArbN ohne Zustimmung des BR (§ 99 BetrVG), Verbot für Personen, die wegen einer der in § 25 Abs. 1 Satz 1 Nr. 1–5 JArbSchG genannten Straftaten rechtskräftig verurteilt worden sind (§ 25 JArbSchG), das Verbot der Beschäftigung von Frauen mit schweren Tätigkeiten im Bereich des Bergbaus (§ 64a BBergG), individuelle und allgemeine Beschäftigungsverbote nach dem MuSchG[5]. 60

(3) **Sonstige Beschränkungen der Auswahlfreiheit.** Eine Beschränkung der Auswahlfreiheit stellt § 611a dar, der dem ArbGeb verbietet bei der Begründung des Arbeitsverhältnisses Bewerber geschlechtsbezogen zu benachteiligen. Ein Verstoß gegen diese Vorschrift begründet allerdings keinen Einstellungsanspruch des diskriminierten Bewerbers, sondern lediglich einen **Schadensersatzanspruch** gem. § 611a Abs. 2. Das Gleiche gilt im Hinblick auf eine Benachteiligung wegen einer Behinderung gemäß § 81 Abs. 2 SGB IX. 61

Tarifvertraglich oder betriebsverfassungsrechtlich festgelegte **Auswahlrichtlinien** haben zwar keinen Einfluss auf die Wirksamkeit eines Arbeitsvertrags, aber sie können die Auswahlentscheidung des ArbGeb einschränken (s. hierzu Rz. 10). Wird bei Bestehen der Auswahlrichtlinien der BR nicht beteiligt oder verweigert dieser seine Zustimmung zur Einstellung und wird die Zustimmung auch nicht auf Antrag des ArbGeb durch Beschluss des ArbG ersetzt (§ 99 Abs. 4 BetrVG), so ist auch die Auswahlfreiheit des ArbN eingeschränkt, da dieser den Arbeitsplatz nicht erhalten kann. 62

4. **Begründungsformen eines Arbeitsverhältnisses. a) Begründung durch Arbeitsvertrag.** Das Arbeitsverhältnis kommt in der Regel durch den Abschluss des Arbeitsvertrages zustande (s. Rz. 30 ff.). Dies ist selbst dann der Fall, wenn für den ArbGeb ein Kontrahierungszwang[6] besteht (Rz. 48). Der Kontrahierungszwang begründet einen Anspruch des ArbN gegenüber dem ArbGeb auf Abgabe einer Willenserklärung zum Abschluss eines Arbeitsvertrages. Hierdurch entsteht zwar bereits ein Schuldverhältnis; dieses ist aber noch nicht auf den Austausch der letztlich angestrebten Leistungspflichten (Arbeitsleistung und Lohn) gerichtet, so dass das Arbeitsverhältnis durch den Abschluss des Arbeitsvertrages zustande kommt. 63

b) **Begründung durch einseitiges Rechtsgeschäft.** In Sonderfällen kann ein Arbeitsverhältnis unter bestimmten gesetzlich normierten Umständen auch auf Grund **einseitiger rechtsgeschäftlicher Erklärung** des ArbN zustande kommen. Der Begründungstatbestand des Arbeitsverhältnisses ist in diesem Fall das **Gestaltungsrecht des ArbN**. Gestaltungsrechte dieser Art sind zB in den **§§ 78a Abs. 2 Satz 1 BetrVG, und § 9 Abs. 2 BPersVG** geregelt, wonach ein Auszubildender, der Mitglied der Jugend- oder Auszubildendenvertretung, des BR, der Bordvertretung, des Seebetriebsrats oder der Personalvertretung ist und vom ArbGeb nach Beendigung der Ausbildung nicht in ein unbefristetes Arbeitsverhältnis übernommen werden soll, innerhalb der letzten drei Monate vor Beendigung des Ausbildungsverhältnisses schriftlich vom ArbGeb die Weiterbeschäftigung verlangen kann. Das Arbeitsverhältnis wird nach der gesetzlichen Normierung auf das Weiterbeschäftigungsverlangen hin auf **unbestimmte Zeit** geschlossen. 64

---

1 ErfK/*Preis*, § 611 BGB Rz. 406. | 2 BAG v. 27.11.1956 – 1 AZR 540/55, AP Nr. 2 zu § 4 MuSchG; offen gelassen BAG v. 8.9.1988 – 2 AZR 102/88, DB 1989, 585. | 3 BAG v. 25.1.1994, 9 AZR 31/92, AP Nr. 16 zu 7 BUrlG. | 4 BAG v. 6.3.1974 – 5 AZR 313/73, DB 1974, 1168; BAG v. 18.12.1986 – 2 AZR 34/86, DB 1987, 1359. | 5 Ausf. hierzu Küttner/*Reinecke*, Personalhandbuch, Mutterschutz Rz. 12 ff. | 6 Zum Kontrahierungszwang im Arbeitsrecht s. auch MünchArbR/*Buchner*, § 36 Rz. 40 ff.; MünchKomm/*Müller-Glöge*, § 611 BGB Rz. 315 ff.; MünchArbR/*Richardi*, § 8 Rz. 18; Staudinger/*Richardi*, § 611 BGB Rz. 49 ff.

BGB § 611 Rz. 65   Vertragstypische Pflichten beim Dienstvertrag

65 § 102 Abs. 5 BetrVG normiert ein weiteres Gestaltungsrecht. Widerspricht der BR einer ordentlichen Kündigung frist- und ordnungsgemäß (s. § 102 Abs. 2 und 3 BetrVG) und hat der ArbN gem. § 4 KSchG eine Kündigungsschutzklage erhoben, muss der ArbGeb den ArbN auf dessen Verlangen bis zum rechtskräftigen Abschluss des Kündigungsrechtsstreits zu unveränderten Arbeitsbedingungen **weiterbeschäftigen**. Durch die auf **Weiterbeschäftigung** gerichtete Erklärung wird die Wirkung der Kündigung suspendiert und das alte Arbeitsverhältnis auflösend bedingt durch die rechtskräftige Abweisung der Kündigungsschutzklage fortgesetzt[1].

66 **c) Begründung kraft Gesetzes.** In besonderen Fällen kann das Arbeitsverhältnis auch **durch Gesetz** begründet werden. Ein Arbeitsverhältnis wird gemäß § 10 Abs. 1 AÜG im Falle nicht erlaubter AÜ zwischen Beschäftigungsarbeitgeber (Entleiher) und (Leih-)ArbN begründet. Die tatbestandlichen Voraussetzungen sind die tatsächliche Beschäftigung des ArbN und die fehlende Erlaubnis des Verleihers gem. § 1 AÜG. Hierbei ist zu beachten, dass diese Rechtsfolge nicht nur bei einer gewerbsmäßigen Arbeitsvermittlung (ob mit oder ohne Erlaubnis), sondern ebenfalls bei nicht gewerbsmäßiger und damit echter AÜ eintritt[2]. Grundlage eines Arbeitsverhältnisses kann auch statutarisches Recht sein[3]. Im Rahmen eines **Betriebsübergangs** gem. § 613a tritt der Erwerber des Betriebs durch das Rechtsgeschäft in die Rechte und Pflichten aus den im Zeitpunkt der Übergabe mit dem bisherigen Inhaber bestehenden Arbeitsverhältnissen ein. Das Arbeitsverhältnis geht damit unabhängig vom Willen der Beteiligten im Wege der Sonderrechtsnachfolge auf den Betriebserwerber über[4]; der ArbN kann freilich nach § 613a Abs. 6 dem Übergang widersprechen. Damit wird kein neues Arbeitsverhältnis begründet, es erfolgt aber ein Austausch der Vertragspartei auf der ArbGebSeite[5]. Ein Wechsel der Vertragsparteien findet auch beim **Tod des ArbGeb** statt. Das Arbeitsverhältnis geht im Wege der **Universalsukzession** gem. § 1922 auf den Erben über.

67 **5. Beteiligung des BR bei Einstellungen.** Auch beim Abschluss des Arbeitsvertrages muss der ArbGeb die Rechte des BR beachten. Will der ArbGeb eine mitbestimmungspflichtige Einstellung gem. § 99 BetrVG vornehmen, muss er den BR gem. § 99 Abs. 1 BetrVG von seinen Plänen rechtzeitig unterrichten. Das Informationsrecht des BR erstreckt sich vor allem auf den in Aussicht genommenen Arbeitsplatz, den vorgesehenen Einstellungstermin und die vorgesehene Eingruppierung. Ferner muss der ArbGeb Auskunft über die Person des ArbN erteilen und die erforderlichen Bewerbungsunterlagen vorlegen. Der BR kann aus den in § 99 Abs. 2 BetrVG festgelegten Gründen einer Einstellung die Zustimmung verweigern und damit ein Beschäftigungsverbot auslösen (vgl. Rz. 59 f.).

68 **III. Fehlerhaftigkeit des Arbeitsvertrags.** Da für den Arbeitsvertrag die allgemeinen Regeln des BGB gelten, kann er wie jedes andere Rechtsgeschäft nichtig oder anfechtbar sein. Die aus einem fehlerhaften Rechtsverhältnis resultierenden **Rechtsfolgen** müssen jedoch aufgrund der Besonderheiten des Arbeitsverhältnisses modifiziert werden.

69 **1. Wirksame Anfechtung.** S. ausf. §§ 119, 123 und Kommentierung dort.

70 **2. Nichtigkeit.** Die Nichtigkeit von Arbeitsverträgen kann aus allgemeinen Nichtigkeitsgründen, wie etwa §§ 105 ff., 116 Abs. 2 Satz 1, 117 Abs. 1, 118, 125, 134, 138, 177 ff. resultieren.

71 **a) Nichtigkeitsgründe. aa) Verstoß gegen ein gesetzliches Verbot.** Der Arbeitvertrag kann **in seiner Gesamtheit oder in Teilen** gegen ein gesetzliches Verbot iSv. § 134 verstoßen und damit insgesamt oder teilweise nichtig sein. Der Anwendungsbereich des § 134 ist im Arbeitsrecht groß, da zahlreiche Arbeitsschutznormen Verbotsgesetze iSd. Vorschrift enthalten. Verbotsgesetze sind insb. ArbN-Schutzvorschriften wie der allgemeine Kündigungsschutz, Arbeitszeit-, Sonn- und Feiertagsschutz, sowie der Frauen-, Jugendarbeits- und BR-Schutz. Ob der Arbeitsvertrag bei Verstoß gegen ein Verbotsgesetz insgesamt nichtig ist, hängt von dem Zweck der entsprechenden Norm ab. Eine Abrede etwa, die Arbeitsvergütung „schwarz" auszuzahlen, führt regelmäßig nicht zur Nichtigkeit des Arbeitsvertrages[6]. Schließt die Verletzung einer arbeitnehmerschutzrechtlichen Norm jegliche erlaubte Beschäftigung aus, so unterliegt der gesamte Vertrag der Nichtigkeitsfolge. Nichtig ist der Arbeitsvertrag auch dann, wenn die vertraglich zugesagte Arbeitsleistung auf einen Verstoß gegen ein gesetzliches Verbot gerichtet ist, wie etwa die Herstellung verfassungsfeindlichen Schrifttums im Auftrag einer verbotenen Partei oder die Einstellung eines Bürovorstehers durch einen Rechtsanwalt, um die Veruntreuung von Mandantengeldern einzuleiten, vorzunehmen und zu verschleiern[7].

72 Auch die **Gesetzesumgehung** kann zur Nichtigkeit führen[8]. Diese liegt immer dann vor, wenn der Zweck einer zwingenden Rechtsnorm dadurch vereitelt wird, dass andere rechtliche Gestaltungsmög-

---

1 Vgl. BAG v. 12.9.1985 – 2 AZR 324/84, AP Nr. 7 zu § 102 BetrVG 1972 – Weiterbeschäftigung; v. 10.3.1987 – 8 AZR 146/84, AP Nr. 1 zu § 611 BGB – Weiterbeschäftigung. |2 Vgl. LAG Hamburg v. 18.1.1991 – 3 Sa 51/90, LAGE § 9 AÜG Nr. 3. |3 S. zB die Satzung für den Gesamthafenbetrieb Hamburg vom 30.4.1969, hierzu BAG v. 25. 11.1992 – 7 ABR 7/92, BB 1993, 1087. |4 Vgl. *Schreiber*, RdA 1982, 137 (139). |5 BAG v. 18.8.1976 – 5 AZR 95/75, AP Nr. 4 zu § 613a BGB; v. 22.2.1978 – 5 AZR 800/76, AP Nr. 11 zu § 613a BGB; v. 22.6. 1978 – 3 AZR 832/76, AP Nr. 12 zu § 613a BGB. |6 BAG v. 26.2.2003 – 5 AZR 690/01, AP Nr. 24 zu § 134 BGB. |7 BAG v. 25.4.1963 – 5 AZR 398/62, AP Nr. 2 zu § 611 BGB – Faktisches Arbeitsverhältnis. |8 Vgl. BAG v. 10.2.1999 – 2 AZR 422/98, AP Nr. 52 zu § 2 KSchG 1969; v. 10.12.1998 – 8 AZR 327/94, NZA 1999, 422.

lichkeiten missbräuchlich verwendet werden. Maßgeblich ist objektive Funktionswidrigkeit des Rechtsgeschäfts. Die Rspr. hat hierauf die Unwirksamkeit von Gratifikations- oder Prämienrückzahlungsklauseln[1] oder aber mit den Wertungen des KSchG unvereinbare auflösende Bedingungen[2] gestützt. Heute wird man oftmals durch eine Inhaltskontrolle nach § 307 zum gleichen Ergebnis kommen, s. Rz. 154.

bb) Verstoß gegen die guten Sitten. Der Abschluss eines Arbeitsvertrags kann ferner gegen die **guten Sitten verstoßen** und somit gem. **§ 138 Abs. 1** nichtig sein. Verträge sind unwirksam, wenn sie gegen die Grundprinzipien der Rechts- und Sittenordnung verstoßen; sittenwidrig ist, was dem Anstandsgefühl aller billig und gerecht Denkenden widerspricht[3]. Hierbei ist zu unterscheiden, ob der Vertragsinhalt insb. durch den Gegenstand der versprochenen Dienst gegen die guten Sitten verstößt (**Inhaltssittenwidrigkeit**) oder ob sich der Verstoß aus einer Zusammenfassung von Inhalt, Begründung und Zweck des Vertrages ergibt (**Umstandssittenwidrigkeit**). Eine Umstandssittenwidrigkeit kann sich zB aus der Art der Ausübung der Arbeit oder den Verhältnissen, unter denen die Arbeitsleistung erbracht werden soll, ergeben[4]. Zu beachten ist, dass die ArbG im Rahmen der Prüfung des § 138 gehalten sind, die Vertragsautonomie der strukturell schwächeren Partei zu beachten, s. vor § 611 Rz. 1 ff.[5]. Im allgemeinen Zivilrecht entwickelt sich die Dogmatik dahingehend, dass es für die Beurteilung, ob ein Sittenverstoß iSv. § 138 vorliegt, überwiegend darauf ankommt, ob das Rechtsgeschäft selbst einen objektiv sittenwidrigen Inhalt hat. Subjektive Merkmale können zwar hinzutreten, sind aber nicht mehr unabdingbare Voraussetzung für einen Sittenverstoß[6]. Unbeachtlich ist vor allem das Bewusstsein der Vertragsparteien von einer Sittenwidrigkeit. Die Bedeutung der subjektiven Komponente ist auch im klassischen Anwendungsbereich, dem Missverhältnis von Leistung und Gegenleistung, nur noch gering. Bei einem objektiven Missverhältnis von Leistung und Gegenleistung werden die subjektiven Voraussetzungen des § 138 vermutet[7]. Das BAG hingegen verlangte in seiner früheren Rspr. noch, dass das Verhalten der begünstigten Partei auf einer verwerflichen Gesinnung beruhen musste[8]. In neueren Entscheidungen wurde allerdings ebenfalls der Wandel zur Objektivierung des Sorgfaltsmaßstabs vollzogen[9].

Einzelfälle: Besteht die zugesagte Dienstleistung in der **Vorführung des Geschlechtsverkehrs** auf einer Bühne, liegt nach älterer Rspr. eine Sittenwidrigkeit iSv. § 138 vor[10]. Ebenfalls sittenwidrig ist die **Zusage geschlechtlicher Hingabe**[11]. Bei der Beschäftigung einer **Striptease-Tänzerin** ist zu unterscheiden: Geht es hauptsächlich um die Schaustellung, ist eine Sittenwidrigkeit abzulehnen[12]. Geht es jedoch ohne die Erhebung eines Anspruchs auf künstlerische Darbietung ausschließlich um sexuelle Stimulanz, ist der Arbeitsvertrag sittenwidrig[13]. Diese Rspr. dürfte seit dem – rechtspolitisch und dogmatisch verfehlten – In-Kraft-Treten des ProstG (v. 20.12.2001, BGBl. I S. 3983) nicht mehr gültig sein.

Ein sittenwidriger Vertragsschluss liegt auch dann vor, wenn der ArbN hierdurch in seiner **wirtschaftlichen Freiheit**, insb. in seinem Fortkommen unbillig oder unangemessen beschränkt wird. Hierbei ist allerdings zu beachten, dass § 138 als Generalklausel nur dann eingreift, wenn eine speziellere Norm vorrangig ist. So enthalten beispielsweise die GewO und das HGB Spezialnormen im Hinblick auf die Vereinbarung von **Wettbewerbsklauseln**. Für die dort aufgeführten Nichtigkeitsgründe ist ein Rückgriff auf die Generalklausel des § 138 nicht zulässig[14]. Soll durch arbeitsrechtliche Vergütungsregelungen der ArbN mit dem **Betriebs- oder Wirtschaftsrisiko des ArbGeb** belastet werden, liegt hierin ebenfalls ein Verstoß gegen die guten Sitten gem. § 138[15]. Der ArbN darf nicht dazu verpflichtet werden, die während seiner Tätigkeit eintretenden Verluste auszugleichen oder seine Weiterbeschäftigung selbst zu finanzieren. Entscheidend soll hier nach dem BAG sein, dass der ArbGeb aus der schwächeren Lage des ArbN übermäßige Vorteile zieht, wobei subjektiv nur die Kenntnis der Umstände, aus denen sich die Sittenwidrigkeit ergibt gefordert wird. Nicht sittenwidrig ist dagegen eine Vereinbarung, wonach ein Reisender weder festes Gehalt noch Reisespesen, sondern nur **Provision** erhalten soll, es sei denn die zugesagte Provision steht in auffälligen Missverhältnis zur Gegenleistung[16]. Eine **Provisionsvereinbarung** kann jedoch dann sittenwidrig sein, wenn durch die Vorschusszahlungen eine unzulässige Bindung des ArbN herbeigeführt wird und die Provisionsabrede so getroffen ist, dass der ArbN die

---

1 BAG v. 12.10.1972 – 5 AZR 227/72, DB 1973, 285 = BB 1973, 144; v. 27.7.1972 – 5 AZR 141/72, DB 1972, 2114 = BB 1973, 142; v. 6.12.1963 – 5 AZR 169/63, DB 1964, 226; v. 10.5.1962 – 5 AZR 452/61, NJW 1962, 1537. | 2 BAG v. 13.12.1984 – 2 AZR 294/83, NJW 1985, 1918; v. 9.12.1974 – 2 AZR 565/73, NJW 1975, 1531. | 3 Vgl. BAG v. 21.3.1963 – 5 AZR 100/62, AP Nr. 29 zu Art. 12 GG; ErfK/*Preis*, § 611 BGB Rz. 411. | 4 Staudinger/*Richardi*, § 611 BGB Rz. 143. | 5 BVerfG v. 10.10.1993 – 1-BvR 567/89, AP Nr. 35 zu Art. 2 GG. | 6 BGH v. 8.5. 1989 – IVa ZR 138/83, BGHZ 94, 268 (272); Palandt/*Heinrichs*, § 138 Rz. 7. | 7 BGH v. 24.3.1988 – III ZR 30/87, BGHZ 104, 102 ff.; v. 13.3.1990 – XI ZR 252/89, BGHZ 110, 336 ff. | 8 Vgl. BAG v. 10.9.1959 – 2 AZR 228/57, AP Nr. 1 zu § 138 BGB; v. 10.5.1957 – 3 AZR 249/56, AP Nr. 1 zu Art. 6 GG – Ehe und Familie; hierbei ist allerdings zu beachten, dass das BAG zum Zeitpunkt der letzten Entscheidung noch der Lehre von der unmittelbaren Drittwirkung der Grundrechte vertrat, also keine Subsumtion unter § 138 Abs. 1 BGB vornahm. | 9 BAG v. 10.10.1990 – 5 AZR 404/89, AP Nr. 47 zu § 138 BGB; v. 11.9.1984 – 3 AZR 184/82, AP Nr. 37 zu § 138 BGB. | 10 BAG v. 1.4.1976 – AZR 96/75, AP Nr. 34 zu § 138 BGB. | 11 BGH v. 31.3.1970 – III ZR 23/68, BGHZ 53, 369. | 12 Offen gelassen von BAG v. 7.6.1972 – 5 AZR 512/71, AP Nr. 18 zu § 611 BGB – Faktisches Arbeitsverhältnis. | 13 Staudinger/*Richardi*, § 611 BGB Rz. 144; MünchKomm/*Mayer-Maly*, § 138 BGB Rz. 52. | 14 Vgl. BAG v. 13.9.1969 – 3 AZR 138/68, BAGE 22, 125 = AP Nr. 24 zu § 611 BGB – Konkurrenzklausel. | 15 BAG v. 10.10.1990 – 5 AZR 404/89, AP Nr. 47 zu § 138 BGB. | 16 LAG Stuttgart v. 23.1.1952 – 2 Sa 186/51, DB 1952, 231.

geforderten Umsätze nicht erbringen kann[1]. Eine Sittenwidrigkeit kann auch bei der Vereinbarung einer **Mankohaftung** vorliegen. Ein Verstoß gegen die guten Sitten ist dann zu bejahen, wenn das erhöhte Risiko des ArbN nicht durch Vergütungsabsprachen etc. wirtschaftlich ausgeglichen wird[2], ausführlicher Rz. 85 ff.. Unangemessen hohe **Vertragsstrafen** – insb. wenn sie zu einer Beseitigung der Begrenzung der ArbN-Haftung führen – sind ebenfalls sittenwidrig, s. hierzu auch Rz. 486[3].

76 **Sittenwidrigkeit** wurde von der Rspr. ferner **bejaht** bei: Einer vertraglichen Pauschalierung einer **Mehrarbeitvergütung**, wenn der Vergleich mit der üblichen Vergütung ein erhebliches Missverhältnis darstellt[4]; einer mit Betrugsabsicht geschlossenen Vereinbarung zur **Täuschung des Finanzamts**[5]; einem **außergerichtlichen Vergleich**, wenn ein auffälliges Missverhältnis des beiderseitigen Nachgebens besteht, das auf eine verwerfliche Gesinnung des ArbGeb schließen lässt[6]; einer Einzelfall bei einer vertraglichen Regelung wonach eine **Hinterbliebenenversorgung** nicht an die ursprünglich begünstigte Ehefrau, sondern an eine Lebensgefährtin des ArbN ausgezahlt werden soll[7]; einer **Verlustbeteiligung** des ArbN ohne angemessenen Ausgleich[8]; bei einem im **Voraus erklärten Gehaltsverzicht**[9]; einer **Vergütungsvereinbarung auf reiner Provisionsbasis**[10]; einer Vereinbarung mit einer Servfererin, wonach **vereinbarte Umsatzprozente** erst nach Zahlung des Gastes fällig werden[11].

77 **Sittenwidrigkeit** wurde **abgelehnt** bei einem **Aufhebungsvertrag**, bei dem der ArbGeb dem ArbN weder eine Bedenkzeit noch ein Rücktritts- bzw. Widerrufsrecht eingeräumt und ihm auch das Thema des beabsichtigten Gesprächs vorher nicht mitgeteilt hat[12]; einer **Verschwiegenheitsverpflichtung** des ArbN während des Arbeitsverhältnisses, insoweit die Geheimhaltung durch betriebliche Interessen gerechtfertigt ist[13].

78 **cc) Wucher.** Wucher iSv. § 138 Abs. 2 ist dann gegeben, wenn Leistung und Gegenleistung in einem auffälligen Missverhältnis stehen und das Leistungsversprechen unter Ausbeutung der Zwangslage, der Unerfahrenheit, des Mangels an Urteilsvermögen oder der erheblichen Willensschwäche erfolgt ist[14]. Das BAG hat seine Rspr. auch in diesem Bereich der Rspr. des BGH angeschlossen. So nimmt es eine Ausnutzung der wirtschaftlichen oder intellektuellen Überlegenheit dann an, wenn der objektiv sittenwidrig Handelnde sich böswillig oder leichtfertig der Erkenntnis verschließt, dass sich der andere nur unter dem Zwang der Verhältnisse auf den ungünstigen Vertrag einlässt. Ein grobes Missverhältnis von Leistung und Gegenleistung lässt nach der Rspr. auf eine verwerfliche Gesinnung schließen und rechtfertigt die Anwendung von § 138 Abs. 1[15]. Eine Zwangslage iSd. Abs. 2 kann vorliegen, wenn bei Arbeitslosigkeit kein Alg oder Alhi gewährt wird. Ist in einem solchen Fall der Lohn so gering, dass er nicht zur Sicherung des notwendigen Lebensunterhalt reicht, sind die Vorraussetzungen des Wuchertatbestandes erfüllt[16]. Wucher kann allerdings auch vorliegen, wenn die vereinbarte Vergütung besonders schwankt oder dem ArbN ein hohes Risiko aufgebürdet wird, sein Lohn jedoch nur gering ist. Dies ist etwa bei einer unbilligen Verlustbeteiligung des ArbN anzunehmen[17].

79 **dd) Sonstige Nichtigkeitsgründe.** Ein Arbeitsvertrag kann auch aufgrund eines Verstoßes gegen ein konstitutives Schriftformerfordernis nichtig sein (s. Rz. 37). Zur Geschäftsunfähigkeit oder beschränkten Geschäftsfähigkeit vgl. Rz. 34 ff.

80 **b) Rechtsfolgen.** Auch bei der Nichtigkeit eines Arbeitsvertrags aus den oben aufgeführten Gründen können sich bereicherungsrechtliche Abwicklungsprobleme ergeben. Grundsätzlich greifen auch hier die Regeln zum fehlerhaften Arbeitsverhältnis, wenn bereits Arbeitsleistungen erbracht wurden (zum fehlerhaften Arbeitsverhältnis: § 119 Rz. 15 ff.). Ferner ist es auch möglich, dass nur einzelne Vertragsabreden nichtig sind, die dann durch gesetzliche oder tarifvertragliche Vorschriften ersetzt werden können. Eine Gesamtnichtigkeit des Vertrages ist grundsätzlich nur dann der Fall, wenn sich die Wirksamkeitsmängel auf den tatsächlichen Vollzug des Arbeitsverhältnisses beziehen[18]. Somit ist hinsichtlich der Nichtigkeitsrechtsfolgen nach den einzelnen Nichtigkeitsgründen zu differenzieren.

81 Ein Verstoß gegen ein gesetzliches Verbot erfolgt regelmäßig nicht durch den gesamten Arbeitsvertrag, sondern nur durch einzelne Vertragsabreden. Während nach § 139 im Zweifel eine Gesamtnichtigkeit anzunehmen ist, wurde diese Grundregel im Arbeitsrecht weitgehend umgekehrt. Hier gilt somit

---

1 BAG v. 20.6.1989 – 3 AZR 504/87, AP Nr. 8 zu § 87 HGB; LAG Berlin v. 3.11.1986 – 9 Sa 65/86, AP Nr. 14 zu § 65 HGB. | 2 BAG v. 27.2.1970 – 1 AZR 150/69, AP Nr. 54 zu § 611 BGB – Haftung des Arbeitnehmers; v. 12.8.1959 – 2 AZR 75/59, AP Nr. 1 zu § 305 BGB. | 3 RG v. 7.4.1908 – Rep. III 315/07, RGZ 68, 229; BAG v. 17.1.1980 – 3 AZR 716/77, nv. (juris); vgl. auch LAG Köln v. 9.4.1998 – 10 Sa 1483/97, NZA-RR 1999, 350 ff. zur sittenwidrigen Vertragsstrafenvereinbarung bei Vereinswechsel eines Berufssportlers. | 4 ArbG Berlin v. 31.10.1988 – 30 Ca 214/88, DB 1989, 1423. | 5 BGH v. 23.1.1992 – I ZR 265/90, AP Nr. 48 zu § 138 BGB. | 6 BAG v. 11.9.1984 – 3 AZR 184/82, AP Nr. 37 zu § 138 BGB. | 7 BAG v. 16.8.1983 – AZR 34/81, AP Nr. 2 zu § 1 BetrAVG – Hinterbliebenenversorgung. | 8 BAG v. 10.10.1990 – 5 AZR 404/89, AP Nr. 47 zu § 138 BGB. | 9 LAG Berlin v. 17.2.1997 – 9 Sa 124/96, NZA-RR 1997, 371 (372). | 10 LAG Hamm v. 16.10.1989 – 19 (13) Sa 1510/88, ZIP 1990, 880 (886 f.) mit zust. Anm. v. *Gaul*, ZIP 1990, 889 ff. | 11 LAG Hamm v. 3.10.1979 – 1 Sa 946/79, DB 1980, 597. | 12 BAG v. 30.9.1993 – 2 AZR 268/93, AP Nr. 37 zu § 123 BGB. | 13 LAG Hamm v. 5.10.1988 – 15 Sa 1403/88, DB 1989, 783. | 14 BAG v. 23.5.2001 – 5 AZR 527/99, AuR 2001, 509 (510); Staudinger/*Richardi*, § 611 BGB Rz. 149. | 15 BAG v. 11.9.1984 – 3 AZR 184/82, AP Nr. 37 zu § 138 BGB. | 16 Staudinger/*Richardi*, § 611 BGB Rz. 149. | 17 BAG v. 10.10.1990 – 5 AZR 404/89, AP Nr. 47 zu § 138 BGB. | 18 Kittner/Zwanziger/*Becker*, ArbR, § 31 Rz. 14.

der Grundsatz der Aufrechterhaltung des Vertrages. Nach ständiger Rspr. des BAG ist die Vorschrift des § 139 unanwendbar, wenn der Verstoß auf ArbN-Schutzvorschriften beruht[1]. Der Fortbestand des Arbeitsverhältnisses bei bloßer Teilnichtigkeit des Vertrages ist somit der arbeitsrechtliche Regelfall. In Ausnahmefällen zB bei Verstößen gegen zumeist öffentlich-rechtliche Schutznormen[2] oder bei extremen Verstößen gegen § 138[3] wird allerdings eine Totalnichtigkeit angenommen. Verstoßen Teile des Vertrages gegen § 138 (zB Mankoabreden) so greift die Nichtigkeitsfolge von Anfang an ein. An ihre Stelle tritt rückwirkend die gesetzliche Regelung. Schließt der ArbN-Schutz eines Verbotsgesetzes eine erlaubte Beschäftigung überhaupt aus, ist der Arbeitsvertrag insgesamt nichtig. Der Schutzzweck der Verbotsnorm kann allerdings eine Beschränkung der Nichtigkeitsfolge auf eine *ex nunc*-Wirkung erfordern[4]. Ferner können sich im Allgemeinen weder ArbN noch ArbGeb auf die Nichtigkeit des Arbeitsvertrags für die Zeit berufen, solange die Nichtigkeit dem anderen Vertragsteil unbekannt war[5]. Nach diesem Grundsatz findet keine Beschränkung der *ex tunc*-Wirkung statt, wenn die Nichtigkeit des Arbeitsvertrages auf einem vorsätzlichen Verstoß gegen allgemeine, für jedermann gültige Strafgesetze und damit auf einem Verbot des Bestehens eines derartigen Arbeitsverhältnisses überhaupt beruht[6].

Bei der Sittenwidrigkeit eines Arbeitsverhältnisses muss ebenfalls differenziert werden. Eine Nichtigkeit des gesamten Vertrags ist nur anzunehmen, wenn entweder die zugesagte Tätigkeit sittenwidrig ist oder wenn es sich um die sittenwidrige Bindung einer Vertragspartei handelt. Liegt der erstgenannte Fall vor, würde eine Beschränkung der Vergangenheitsfolgen der Nichtigkeit gegen die Grundauffassungen der Rechtsordnung verstoßen, so dass eine Wirkung *ex tunc* gelten muss[7]. Im letzteren Fall darf sich die Nichtigkeit nicht zu Lasten desjenigen auswirken, der durch § 138 geschützt werden soll. Insb. beim Lohnwucher ist somit der Vertrag nicht nichtig. An die Stelle der sittenwidrigen Entgeltvereinbarung tritt vielmehr die gesetzliche Regelung des § 612[8]. Ist der Arbeitsvertrag als von Anfang an nichtig zu bewerten, besteht zumindest eine deliktische Haftung gem. §§ 823 ff., wenn es im Rahmen des Vollzugs der unzulässigen Tätigkeit zu einer Verletzung von Rechtsgütern der anderen Vertragspartei kommt. Ferner besteht zwischen ArbGeb und ArbN eine gesetzliche Sonderbeziehung, so dass Ansprüche aus § 280 oder sonstige quasi-vertragliche Ansprüche entstehen[9]. **82**

Bei einem Verstoß gegen **Formvorschriften** hat die Geltendmachung der Nichtigkeit **regelmäßig keine Wirkung für die Vergangenheit**, wenn der ArbN die ihm vertragsmäßig obliegende Leistung bereits vollbracht hat oder sich auf die Forderung des ArbGeb hin zur Verfügung hielt[10]. Entscheidend hierfür ist allerdings, dass sich die Formvorschrift auf die Vertragsbindung, nicht aber auch auf die Zulässigkeit der zu erbringenden Arbeitsleistung bezieht[11]. **83**

Ist an der Begründung des Arbeitsverhältnisses ein **beschränkt Geschäftsfähiger** beteiligt, so ist für den Umfang der Nichtigkeitsfolge der Schutz des Personenkreises maßgebend (s. auch Rz. 34 ff.). Der Schutzzweck der §§ 104 ff. gebietet danach zu unterscheiden, ob ein Mangel der Geschäftsfähigkeit beim ArbGeb oder beim ArbN vorliegt. Ist der **ArbN** nicht oder nur beschränkt geschäftsfähig, und hat im letzteren Fall der gesetzliche Vertreter einem Vertragsschluss nicht zugestimmt, damit die Voraussetzungen des § 113 nicht vorliegen, ist eine rechtsgeschäftliche Verpflichtung durch den Minderjährigenschutz ausgeschlossen. Somit obliegen dem Minderjährigen keine arbeitsvertraglichen Pflichten. Ihm sind jedoch alle Rechte aus dem Arbeitsverhältnis (insb. ein Lohnanspruch) zuzubilligen[12]. Bei einer mangelhaften Geschäftsfähigkeit des **ArbGeb** obliegt diesem keine Lohnzahlungspflicht. Der ArbN, der seine Arbeitsleistung bereits erbracht hat, muss seinen Lohnanspruch im Wege von Bereicherungsansprüchen geltend machen. Er kann sich für die Zukunft allerdings einseitig vom Vertrag lossagen, so dass er auch keiner weiteren arbeitsvertraglichen Verpflichtung unterliegt[13]. Im Rahmen einer fehlerhaften Geschäftsfähigkeit des ArbGeb ist jedoch stets zu prüfen, ob der gesetzliche Vertreter nicht durch eine Duldung der Beschäftigung des ArbN dem Vertrag zugestimmt hat und hierdurch ein Arbeitsverhältnis wirksam begründet wurde[14]. Arbeitsverträge, die mit **Geschäftunfähigen** abgeschlossen wurden, sind nichtig, ohne dass die Grundsätze des fehlerhaften Arbeitsverhältnisses auf sie angewandt werden könnten (s. Rz. 34). **84**

IV. Vergütungspflicht

Lit.: Berger-Delhey, Arbeitsrechtliche Probleme des Arbeitgeberdarlehens, DB 1990, 837; *Boemke*, Höhe der Verzugszinsen für Entgeltforderungen des Arbeitnehmers, BB 2002, 96; *Gruss*, Nochmals: Rechtsfragen zum

---

1 S. BAG v. 4.10.1978 – 5 AZR 886/77, AP Nr. 11 zu § 611 BGB – Anwesenheitsprämie; v. 28.3.1963 – 5 AZR 472/62, AP Nr. 24 zu § 1 Hausarbeitsgesetz; BAG v. 9.9.1981 – 11 AZR 1182/79, AP Nr. 117 zu Art. 3 GG. | 2 Bei Einstellung einer Schwangeren für Arbeiten, die nach dem MuSchG verboten sind: vgl. BAG v. 27.11.1956 – 1 AZR 540/55, AP Nr. 2 zu § 4 MuSchG; Überschreitung der arbeitszeitlichen Grenzen: LAG Nürnberg v. 29.8.1995 – 2 Sa 429/94, AP Nr. 9 zu § 134 BGB. | 3 Vgl. BGH v. 18.7.1980 – 2 StR 348/80, AP Nr. 35 zu § 138 BGB. | 4 *Sack*, RdA 1975, 171 (176). | 5 Staudinger/*Richardi*, § 611 BGB Rz. 202. | 6 Vgl. BAG v. 25.4.1963 – 5 AZR 398/62, AP Nr. 2 zu § 611 BGB – Faktisches Arbeitsverhältnis. | 7 Vgl. BAG v. 1.4.1976 – 4 AZR 96/75, BAGE 28, 83 (92). | 8 BAG v. 10.3.1960 – 5 AZR 426/58, AP Nr. 2 zu § 138 BGB; LAG Bremen v. 27.9.1974 – 1 Sa 60–61/74, AP Nr. 33 zu § 138 BGB. | 9 *Kittner/Zwanziger/Becker*, ArbR, § 31 Rz. 18. | 10 BAG v. 15.11.1957 – 1 AZR 189/57, BAGE 5, 58 (65 ff.). | 11 Staudinger/*Richardi*, § 611 BGB Rz. 197. | 12 *Walker*, JA 1985, 138 (149); MünchArbR/*Richardi*, § 44 Rz. 70; *Franzen*, JuS 1995, 232 (233 f.). | 13 Staudinger/*Richardi*, § 611 BGB Rz. 200. | 14 Staudinger/*Richardi*, § 611 BGB Rz. 199 f.

Dienstfahrzeug, BB 1994, 71; *Groß*, Brutto oder Netto, ZIP 1987, 5; *Holly/Friedhofen*, Die Abwälzung von Geldstrafen und Geldbußen auf den Arbeitgeber, NZA 1992, 145; *Kania*, AR-Blattei SD Darlehen, Rz. 1 ff.; *Meier*, Möglichkeit zum Entzug der Privatnutzung des Dienstwagens, NZA 1997, 298; *Müller*, Lohnsteuernachforderungen des Finanzamtes beim Arbeitgeber und dessen Erstattungsanspruch gegen den Arbeitnehmer, DB 1981, 2172; *Nägele*, Probleme beim Einsatz von Dienstfahrzeugen, NZA 1997, 1196; *Nägele/Schmidt*, Das Dienstfahrzeug, BB 1993, 1797; *Pauly*, Schadensersatz für Entzug privat genutzten Dienstwagens, AuA 1995, 381.

85 **1. Begriff und Rechtsnatur des Arbeitsentgelts.** Der ArbGeb ist gem. § 611 Abs. 1 verpflichtet, dem ArbN die vereinbarte Vergütung zu gewähren. Unter dem **Begriff der Vergütung** versteht das BGB das **Arbeitsentgelt**. Die Arbeitsentgeltpflicht ist die Hauptpflicht des ArbGeb. Sie ist die Gegenleistung für die von ihm bereits empfangenen oder noch zu empfangende Leistung des ArbN und steht daher im **Gegenseitigkeitsverhältnis** zur Arbeitspflicht. Gebräuchliche Bezeichnungen für das Arbeitsentgelt sind die Begriffe Lohn, Arbeitslohn, Gehalt, Bezüge Preis, Gage, Honorar oder Salär[1]. Während die Vergütung von Arbeitern herkömmlich als Lohn bezeichnet wird, bezieht sich der Begriff Gehalt auf die Vergütung von Angestellten. Künstler erhalten eine Gage. Es ist auch gebräuchlich, den Begriff Lohn als Oberbegriff der verschiedenen Entgeltleistungen des ArbGeb zu verwenden. Die Verwendung solcher unterschiedlichen Begriffe ist jedoch rechtlich unerheblich, soweit das Arbeitsentgelt bezeichnet werden soll.

86 Die Vergütung gilt gem. § 612 Abs. 1 als stillschweigend vereinbart, wenn die Arbeitsleistung den Umständen nach nur gegen eine Vergütung zu erwarten war. Grundsätzlich unterliegt die Vereinbarung der **Vergütungshöhe** der Vertragsfreiheit der Parteien (ausf. zur Vergütungshöhe § 612 Rz. 36 ff.). Besteht jedoch eine beiderseitige tarifvertragliche Bindung, darf der tariflich festgelegte Mindestlohn nicht durch die Arbeitsentgeltvereinbarung unterschritten werden (vgl. § 4 Abs. 3 TVG). Das Arbeitsentgelt betreffende tarifliche Vereinbarungen sind auch bei einer fehlenden beiderseitigen Tarifgebundenheit im Falle von einzelvertraglichen Bezugnahmeklauseln und Allgemeinverbindlichkeitserklärungen (vgl. § 5 TVG) zu beachten.

87 **2. Geldschuld, Naturallohn, Sachbezüge. a) Grundsatz.** Die Vergütung ist grundsätzlich eine **Geldschuld**: Gem. § 107 Abs. 1 GewO nF ist das Arbeitsentgelt in Euro zu berechnen und auszuzahlen. Aus § 107 Abs. 2 GewO nF folgt das prinzipielle **Verbot des Trucksystems**, doch wird durch diese Vorschriften wird die Vereinbarung einer Naturalvergütung nicht gänzlich ausgeschlossen. Es ist jedoch unzulässig, eine als Geldschuld eingegangene Vergütungspflicht durch eine Naturalleistung zu tilgen[2]. Eine vereinbarte Barzahlung bedeutet jedoch nicht, dass eine **bargeldlose Zahlung** ausgeschlossen ist, sofern der ArbN auf Grund der Zahlungsart über den Lohnbetrag verfügen kann. Freiwillige zusätzliche Leistungen im Rahmen von Arbeitsverhältnissen werden von den Vorschriften nicht erfasst, s. zum ArbN-Darlehen Rz. 156.

88 **b) Dienstwagen.** Die Möglichkeit, einen Dienstwagen im Rahmen eines Arbeitsverhältnisses auch für Privatfahrten nutzen zu können, ist eine zusätzliche Gegenleistung für die geschuldete Arbeitsleistung[3]. Sie ist daher im Rahmen nachvertraglicher Wettbewerbsverbote bei der **Berechnung der Karenzentschädigung** zu berücksichtigen[4] ebenso wie es auf das Tarifentgelt anzurechnen ist. Bei der Bemessung des Ruhegehalts entscheidet die Auslegung der Versorgungsordnung[5]. Zur Frage ob ein **Teilzeitbeschäftigter** Anspruch auf einen Dienstwagen hat, der einem Vollzeitbeschäftigten zusteht.

89 Soweit keine andere Vereinbarung vorliegt, ist auch für die Zeit, in der der ArbN an der Erbringung der Arbeitsleistung wegen Krankheit oder aus anderen persönlichen Gründen verhindert ist, ihm der Firmenwagen zu überlassen – freilich nur bis Ende des Entgeltfortzahlungszeitraums[6]. Bei einem unwiderruflich überlassenen Dienstwagen gilt dies auch während der Mutterschutzfristen des § 3 Abs. 2, § 6 Abs. 1 MuSchG[7]. Am Ende des Dienstverhältnisses ist der Wagen an den ArbGeb herauszugeben (§ 985 BGB); ein Rückbehaltungsrecht gegenüber ausstehendem Entgelt kann durch Formularvertrag nicht ausgeschlossen werden, s. § 309 Nr. 2b. Wenn nach dem Willen der Parteien erkennbar die dienstliche Nutzung eines Firmenfahrzeugs im Vordergrund steht, kann nach vertraglicher Vereinbarung dem ArbN bereits vorher die private Nutzungsmöglichkeit entzogen werden, wenn die Voraussetzungen für die Nutzung des Firmenfahrzeugs für Dienstreisen entfallen sind[8]. Nach den Umständen des Einzelfalls kann sich die Verpflichtung des ArbN aus arbeitsvertraglicher Nebenverpflichtung ergeben, den Wagen während der Arbeitsverhinderung an den ArbGeb **zurückzugeben**, wenn er zur Dienstverrichtung einer Ersatzkraft gebraucht wird[9]. Ob dann bei rechtmäßigem Fernbleiben von der Arbeit ein Anspruch auf Wert-

---

1 Staudinger/*Richardi*, § 611 BGB Rz. 548. |2 Staudinger/*Richardi*, § 611 BGB Rz. 702; *Schaub*, ArbRHdb, § 68 Rz. 1a; MünchKomm/*Schaub*, § 612 BGB Rz. 20; BGH v. 12.5.1975 – III ZR 39/73, AP Nr. 3 zu § 115 GewO. |3 BAG v. 16.11.1995 – 8 AZR 240/95, AP Nr. 4 zu § 611 BGB – Sachbezüge; v. 23.6.1994 – 8 AZR 537/92, EzA § 249 BGB Nr. 20; v. 27.5.1999 – 8 AZR 415/98, AP Nr. 12 zu § 611 BGB – Sachbezüge. |4 BAG v. 8.11.1994 – 9 AZR 4/93, AP Nr. 17 zu § 74c HGB; *Schaub*, ArbRHdb, § 58 Rz. 76. |5 BAG v. 14.8.1990 – 3 AZR 321/89, AP Nr. 12 zu § 1 BetrAVG – Berechnung. |6 LAG Köln v. 29.11.1995 – 2 Sa 843/95, LAGE § 616 BGB Nr. 8; LAG Köln v. 22.6.2001 – 11 (6) Sa 391/01, NZA-RR 2001, 523. |7 BAG v. 11.10.2000 – 5 AZR 240/99, AP Nr. 13 zu § 611 BGB – Sachbezüge. |8 BAG v. 17.9.1998 – 8 AZR 791/96, AuR 1999, 11. |9 MünchKomm/*Schaub*, § 612 BGB Rz. 27; MünchArbR/*Hanau*, § 70 Rz. 12.

ersatz besteht, ist streitig[1]. Weil die private Nutzbarkeit Entgelt darstellt, ist der Wagen allerdings während eines Kündigungsschutzstreits zur Verfügung zu stellen, wenn und soweit der ArbN weiter arbeitet, sei es auf Grund § 102 BetrVG, sei es auf Grund des allgemeinen Weiterbeschäftigungsanspruchs[2]. Die bloße Kündigungsschutzklage verpflichtet den ArbGeb noch nicht zur Weitergewähr[3].

Wird einem ArbN, dem ein Firmenfahrzeug auch zur privaten Nutzung überlassen worden war, das Fahrzeug durch den ArbGeb unberechtigt entzogen, so ist für die Höhe des Schadensersatzanspruchs maßgebend, was der ArbN für Anschaffung und Nutzung eines vergleichbaren Kraftfahrzeugs am freien Markt aufwenden müsste. Ist der ArbN berechtigt, einen Pkw betrieblich und privat unbeschränkt nutzen zu können, und entzieht der ArbGeb dem ArbN mit der betrieblichen die vertragsgemäß eingeräumte Privatnutzung, kann der ArbN als Schadensersatz unter Beachtung seiner Schadensminderungspflicht mindestens den Geldbetrag verlangen, der aufzuwenden ist, um einen entsprechenden Pkw privat nutzen zu können[4]. Das BAG hat es jedoch abgelehnt, den Wert der privaten Nutzung darüber hinaus an den Mietwagenkosten auszurichten[5]. Andererseits soll nach Auffassung des BAG aus Gründen der Rechtseinheit dem ArbN wegen unberechtigten Entzugs eines auch zur privaten Nutzung überlassenen Dienst-Pkw nicht jede abstrakte Schadensberechnung abgeschnitten werden. Es entspreche ständiger Übung, die steuer- und sozialversicherungsrechtlich maßgeblichen Bewertungsfaktoren heranzuziehen, wenn eine Naturalvergütung wegen Zeitablaufs nicht mehr geleistet werden kann und deshalb dem ArbN Geldersatz zu leisten ist[6]. 90

c) **Werkswohnung.** Eine andere Form der Sachleistung kann die Überlassung einer Werkswohnung sein. Soweit Gegenleistung der Überlassung die Arbeitsleistung ist, liegt kein Mietvertrag vor[7]. Möglich – und in der Praxis verbreiteter – ist jedoch die Überlassung im Rahmen eines Mietvertrags, dessen Grundlage das Arbeitsverhältnis ist. Für die Kündigung dieses Mietraums gilt § 576b. 91

d) **Personalrabatt.** Eine weitere Form des Arbeitsentgelts ist das Einräumen von **Personalrabatten**[8]. Besondere Rechtsfragen sind hier nicht ersichtlich. Die bisherige Rspr., die Personalrabatte auch Rentnern zugestand[9], wurde mit der Aufhebung des RabattG[10] seit dem 25.7.2001 gegenstandslos. Die in Allgemeinen Geschäftsbedingungen über den Verkauf von Autos an **Werksangehörige** enthaltene Klausel, die den ArbN zur Zahlung des ihm eingeräumten Preisnachlasses verpflichtet, wenn er binnen eines Jahres nach Auslieferung fristlos entlassen wird, ist wegen Verstoßes gegen das Transparenzverbot (§ 307 Abs. 1 Satz 2) unwirksam, wenn die Höhe des Preisnachlasses im Vertrag nicht angegeben ist[11]. Ob und inwieweit darüber hinaus eine weitere Inhaltskontrolle solcher Vereinbarungen geboten ist, ist umstritten[12]. 92

3. **Modalitäten der Vergütungszahlung.** Üblicherweise ist der Erfüllungsort für die Lohnzahlungsverpflichtung des ArbGeb der Ort, an dem sich der Betrieb befindet, in dem der ArbN seine Dienste ständig verrichtet (Betriebssitz)[13]. Der Betriebssitz bleibt auch dann der Erfüllungsort, wenn der ArbN außerhalb der Betriebsstätte eingesetzt wird[14]. Der ArbN hat die Vergütung grundsätzlich im Betrieb abzuholen (**Holschuld**). Gem. der ehemaligen § 115a GewO galten bis zum 1.1.2003 allerdings Einschränkungen für gewerbliche ArbN, denen die Löhne nicht in Gaststätten oder Verkaufsstellen ohne Genehmigung der zuständigen Behörde ausgezahlt werden dürfen[15]. Der Anspruch der Seeleute auf Auszahlung ihrer Heuer richtet sich nach § 35 SeemG. 93

Gem. § 614 Satz 1 ist die Vergütung **nach der Leistung der Dienste** zu erbringen. Die Norm ist abdingbar, so dass TV, BV oder Arbeitsvertrag eine abweichende Regelung enthalten können. Für einzelne ArbN-Gruppen bestehen besondere Vorschriften über die Zahlungszeit, insb. für Handlungsgehilfen nach § 64 HGB, s. § 614 Rz. 8. 94

Ist es dem ArbN nicht möglich oder nicht zumutbar, den Lohn abzuholen oder abholen zu lassen, muss der ArbGeb gem. § 270 Abs. 1 die Vergütung auf seine Kosten an den Wohnsitz des ArbN übermitteln. Es handelt sich in diesem Fall um eine **Schickschuld**. Eine Schickschuld des ArbGeb ist auch dann gegeben, wenn nach heutzutage üblicher Weise eine **bargeldlose Lohnzahlung** per Überweisung 95

---

1 Dafür ErfK/*Preis*, § 611 BGB Rz. 659; aA MünchArbR/*Hanau*, § 70 Rz. 12. | 2 Ähnlich ErfK/*Preis*, § 611 BGB Rz. 659. | 3 ArbG Wetzlar v. 1.8.1986 – 2 Ga 1/86, NZA 1987, 163. | 4 S. ausführlicher ErfK/*Preis*, § 611 BGB Rz. 659. | 5 BAG v. 16.11.1995 – 8 AZR 240/95, AP Nr. 4 zu § 611 BGB – Sachbezüge; v. 27.5.1999 – 8 AZR 415/98, AP Nr. 12 zu § 611 BGB – Sachbezüge; noch offen gelassen in BAG v. 23.6.1994 – 8 AZR 537/92, AP Nr. 34 zu § 249 BGB; LAG Rh.-Pf. v. 23.3.1990 – 6 Sa 32/90, LAGE § 249 BGB Nr. 4; dafür LAG Hamm v. 13.7.1992 – 17 Sa 1824/91, LAGE § 249 BGB Nr. 5; MünchArbR/*Hanau*, § 70 Rz. 14; dagegen *Nägele/Schmidt*, DB 1993, 1797. | 6 Vgl. hierzu ErfK/*Preis*, § 615 BGB Rz 78; KassHdb/*Künzl*, Abschnitt 2.1 Rz. 521. | 7 Staudinger/*Richardi*, § 611 BGB Rz. 572. | 8 MünchArbR/*Hanau*, § 70 Rz. 6; MünchKomm/*Schaub*, § 612 BGB Rz. 27; *Schaub*, ArbRHdb, § 68 Rz. 8; aA LAG Bremen v. 28.7.1987 – 1 Sa 155/86, NZA 1987, 815. | 9 BAG v. 11.12.1996 – 5 AZR 336/95, AP Nr. 5 zu § 611 BGB – Sachbezüge. | 10 IdF v. 24.7.2001, BGBl. I S. 1663. | 11 S. bereits BAG v. 26.5.1993 – 5 AZR 219/92, AP Nr. 3 zu § 23 AGB-Gesetz. | 12 Dafür ErfK/*Preis*, § 611 BGB Rz. 656; *Schaub*, ArbRHdb, § 68 Rz. 8; LAG Bremen v. 28.7.1987 – 1 Sa 155/86, NZA 1987, 815; dagegen MünchArbR/*Hanau*, § 70 Rz. 8. | 13 LAG Berlin v. 19.5.1960 – 2 Sa 14/60, AP Nr. 3 zu § 269 BGB. | 14 Staudinger/*Richardi*, § 611 BGB Rz. 564. | 15 Eine ähnliche Vorschrift findet sich heute noch im kambodschanischen Arbeitsrecht, Art. 136 Arbeitsgesetzbuch: keine Auszahlung im Massagesalon; hierzu *Thüsing*, NZA 2003, 1303.

BGB § 611 Rz. 96   Vertragstypische Pflichten beim Dienstvertrag

erfolgt. Mit der Gutschrift der Überweisung auf dem Konto des ArbN tritt die Erfüllungswirkung ein, wobei der ArbGeb das Risiko des Fehlgehens der Überweisung trägt[1].

96 **4. Nettolohnvereinbarungen. a) Allgemeines.** Nettolohn wird vom ArbGeb nur kraft besonderer Vereinbarung geschuldet. Der ArbN trägt daher die Beweislast, dass die vom ArbGeb entrichtete Vergütung bereits den Nettolohn, also das um die Abzüge bereits verminderte Entgelt darstellen soll[2]. Eine solche sog. **Nettolohnvereinbarung** kann ausdrücklich oder konludent getroffen werden[3]. Nettolohnvereinbarungen sind zulässig, es sei denn, ArbGeb und ArbN arbeiten einvernehmlich zur Hinterziehung der LSt und der GesamtSV-Beiträge zusammen[4].

97 **b) Inhalt.** Wurde eine Nettolohnvereinbarung getroffen, dann kann der ArbN keinen Bruttolohn fordern, weil er damit etwas beansprucht, was ihm nicht zusteht. Eine Nettolohnvereinbarung beschränkt sich im Grundsatz von vornherein auf das um die gesetzlichen Lohnabzüge verminderte Arbeitsentgelt[5]. Der ArbGeb wird hierdurch verpflichtet, sämtliche Steuern und SozV-Beiträge zu übernehmen[6]. Wenn der ArbN der Meinung ist, er habe weniger Nettolohn erhalten als er vereinbart hat, dann muss er die **Nettolohndifferenz** einklagen und kann nicht einen entsprechend hochgerechneten Bruttoverdienst beanspruchen[7]. Ist ein Bruttoentgelt vereinbart, ist demgegenüber die Lohnzahlungsklage grundsätzlich auf den Bruttobetrag zu richten und das Urteil hat ebenfalls auf diesen Betrag zu lauten[8]. Der ArbN kann dann auch die Verzugszinsen nach § 288 Abs 1 Satz 1 aus der in Geld geschuldeten Bruttovergütung verlangen. Die arbeitsrechtliche Vergütungspflicht beinhaltet hier nicht nur die Nettoauszahlung, sondern umfasst auch die Leistungen, die nicht in einer unmittelbaren Auszahlung an den ArbN bestehen[9]. In dem Fall, in dem der ArbGeb bereits **Teilzahlungen** erbracht hat, kann der Klageantrag auf den Bruttobetrag abzüglich des bereits erhaltenen Nettobetrags lauten[10].

98 **c) Auslegung.** Schwierigkeiten kann es bereiten zu ermitteln, ob eine Nettolohnvereinbarung vorliegt. Sagt ein ArbGeb in einer Vorruhestandsvereinbarung die Erstattung der vom Vorruheständler zu leistenden Krankenversicherungsbeiträge zu, so liegt hierin noch keine Netto(lohn)vereinbarung[11]. Mit einer Lohnabrechnung des ArbGeb kann nicht bewiesen werden, dass eine Nettolohnvereinbarung getroffen wurde[12]. Wird eine Abfindung „brutto für netto" vereinbart, ergibt sich daraus kein Hinweis auf eine „echte" Nettolohnvereinbarung, bei der der ArbGeb die Steuerlast als zusätzliche Abfindung schulden würde[13]. Bei einer Nettolohnvereinbarung besteht nach instanzgerichtlicher Rspr. kein Anspruch auf **Erteilung einer Lohn-/Gehaltsabrechnung**[14].

99 **d) Änderung der maßgeblichen Umstände.** Haben die Parteien eines Arbeitsverhältnisses ohne nähere Erläuterung die Zahlung eines bestimmten Nettolohnes vereinbart, so ist nach der **Rspr. des BAG** im Zweifel davon auszugehen, dass die Vertragsparteien von den die Höhe der gesetzlichen. Abzüge beeinflussenden persönlichen Verhältnissen des ArbN (zB Steuerklasse, Freibeträge) ausgingen, wie sie bei Abschluss der Vereinbarung bestanden. Der ArbGeb muss auch bei Vereinbarung eines Nettolohnes, schon um die gesetzlichen Abzüge berechnen zu können, den dem Nettolohn entsprechenden Bruttolohn feststellen. In der Sphäre des ArbN liegende, die Abzüge an LSt und SozVBeiträgen beeinflussende Umstände sind daher auch bei Vereinbarung eines Nettolohnes nicht bedeutungslos, sondern maßgebende Rechnungsfaktoren. Ändern sich im Laufe des Arbeitsverhältnisses die bei Abschluss der Nettolohnvereinbarung bestehenden persönlichen Verhältnisse, so dass sich erhebliche Änderungen der Abzüge des ArbN ergeben, so muss die Lohnabrede neuen Verhältnissen angepasst werden. Nur wenn der ArbGeb beweisen könne, dass schon bei Abschluss der Nettolohnvereinbarung eine zukünftige Änderung der persönlichen Verhältnisse des ArbN einkalkuliert worden sei, kann etwas anderes gelten[15]. Das Gleiche muss auch gelten, wenn eine für die Vertragparteien zum Zeitpunkt des Vertragsschlusses nicht voraussehbare Gesetzesänderung erfolgt[16]. Nach **anderer Ansicht**[17] sind Änderungen der Grundlagen der LStBerechnung für die Höhe des dem ArbN zustehenden Nettolohns ohne Bedeutung, da dieser als konstante Größe geschuldet werde. Dem ArbGeb kommen hiernach Entlastungen zugute; er hat aber auch die Mehrbelastungen zu tragen. Von diesem Grundsatz soll nur dann Ausnahme gemacht werden, wenn der ArbN die Besteuerungsgrundlagen willkürlich ändert (zB durch Verzicht auf Wiedereintragung

---

1 *Schaub*, ArbRHdb, § 70 Rz. 8; ErfK/*Preis*, § 611 BGB Rz. 510. | 2 BAG v. 19.12.1963 – 5 AZR 174/63, AP Nr. 15 zu § 670 BGB; v. 18.1.1974 – 3 AZR 183/73, AP Nr. 19 zu § 670 BGB. | 3 LAG Köln v. 1.8.1997 – 11 (7) Sa 152/97, NZA-RR 1998, 393. | 4 BFH v. 21.2.1992 – VI R 41/88, BB 1992, 1911; v. 28.2.1992 – VI R 146/87, BB 1992, 1482. | 5 BAG v. 8.4.1987 – 5 AZR 60/86, nv. (juris); aA MünchArbR/*Hanau*, § 72 Rz. 9; ErfK/*Preis*, § 611 BGB Rz. 598. | 6 BAG v. 19.12.1963 – 5 AZR 174/63, AP Nr. 10 zu § 611 BGB – Nettolohn; v. 18.1.1974 – 3 AZR 183/73, AP Nr. 19 zu § 670 BGB, zu I d.Gr. | 7 BAG v. 6.7.1970 – 5 AZR 523/69, AP Nr. 1 zu § 611 BGB Nettolohn, zu 4 d.Gr. | 8 BGH v. 21.4.1966 – VII ZR 3/66, AP Nr. 13 zu § 611 BGB; BAG v. 29.8.1984 – 7 AZR 34/83, AP Nr. 27 zu § 123 BGB. | 9 BAG v. 7.3.2001 – GS 1/00, AP Nr. 4 zu § 288 BGB. | 10 *Schaub*, ArbRHdb, § 71 Rz. 4. | 11 LAG Hamm v. 1.3.2000 – 14 Sa 2144/99, NZA-RR 2001, 46. | 12 LAG Rh.-Pf. v. 18.9.1997 – 5 Sa 695/96, ZTR 1998, 94. | 13 LAG Köln v. 13.2.1997 – 10 Sa 918/96, FA 1998, 54. | 14 LAG Hamm v. 24.2.2000 – 4 Sa 1609/99, nv. (juris). | 15 BAG v. 6.7.1970 – 5 AZR 523/69, AP Nr. 1 zu § 611 BGB – Nettolohn. | 16 AA jedoch LAG Köln v. 6.9.1990 – 10 Sa 574/90, LAGE § 611 BGB – Nettolohn, Lohnsteuer Nr. 2: Tritt durch eine Gesetzesänderung – hier: Steuerreform 1988 – eine Entlastung des ArbGeb ein, dann ist dieser grundsätzlich weiterhin nur zur Zahlung des vereinbarten Nettolohnes verpflichtet; die Weitergabe der Entlastung an den ArbN bedarf einer Änderung der Lohnabrede. | 17 *Schaub*, ArbRHdb, § 71 Rz. 114; ErfK/*Preis*, § 611 BGB Rz. 597.

von Freibeträgen oder Wechsel in der Steuerklasse). In diesem Fall soll eine Anpassung der Vergütung gem. § 242 BGB erfolgen, da die Grundlage der Vereinbarung entfallen sei[1].

e) Fehlbeträge. Die durch den ArbGeb irrtümlich **zu viel gezahlten LStN** und Sozialabgaben stellen keine wirksame Erfüllung der Forderungen des ArbN dar, so dass dieser die zu viel einbehaltenen Vergütungsbestandteile vom ArbGeb ausbezahlt verlangen kann[2]. Führt ein ArbGeb bei der Lohnabrechnung **zu wenig LSt** an das FA ab, so bleibt der ArbGeb dem FA auf Zahlung verpflichtet. Er hat aber gegenüber dem betroffenen ArbN einen Anspruch auf Freistellung von drohenden Steuernachforderungen, wenn das ausgezahlte Nettoentgelt zu hoch war. Hat er die fehlende LSt nachentrichtet, so verwandelt sich dieser Freistellungsanspruch in einen Erstattungsanspruch[3]. Die Abwälzung einer – grundsätzlich vom ArbGeb zu zahlenden – pauschalen LSt auf den ArbN ist zulässig[4]. Unterbleibt der Abzug der **SozV-Beiträge**, hat aber der Beschäftige seine Auskunfts- und Vorlagepflichten nach § 280 SGB IV erfüllt, so darf der Betrag nur bei den nächsten drei Gehaltszahlungen einbehalten werden, danach nur dann, wenn der Abzug ohne Verschulden des ArbGeb unterblieben ist, § 280 Satz 3 SGB IV[5].

5. Besondere Arten der Vergütung. a) Sondervergütungen, Gratifikationen. Zu den Sondervergütungen gehören **Gratifikation, 13. Monatsgehalt, Jahresabschlussvergütung, Weihnachtsgeld, Urlaubsgeld, Jubiläumszuwendung**[6]. Sie alle haben gemeinsam, dass sie nicht regelmäßig mit dem Arbeitsentgelt ausgezahlt, sondern aus bestimmten Anlässen oder zu bestimmten Terminen gewährt werden. Die Sondervergütungen haben grundsätzlich Entgeltcharakter, so dass Schenkungen des ArbGeb nur im Einzelfall bei persönlichen unentgeltlichen Zuwendungen anzunehmen sind[7]. Da es eine gesetzliche Verpflichtung zur Gewährung von Jahressonderzahlungen nicht gibt, bedürfen sie einer besonderen Rechtsgrundlage. Sondervergütungen werden typischerweise durch TV, (freiwillige) BV, arbeitsvertragliche Einzelabreden oder Gesamtzusagen geregelt. Zum Anspruch aus Gleichbehandlung s. Rz. 181 ff.; zur betrieblichen Übung s. Rz. 228 ff.

aa) Kürzung wegen Fehlzeiten[8]**. (1) Zweck der Sonderzahlung.** Eine **grundlegende Weichenstellung** im Prüfungsraster bildet stets die Frage, ob die Sonderzahlung allein in der Vergangenheit geleistete Dienste entlohnen will (Entgelt im engeren Sinne), oder aber zusätzliche Zwecke verfolgt, wie die Entgeltung von Betriebstreue. Die Rspr. gibt hier keine sicheren Vorgaben. Eindeutig gegen einen Entgeltcharakter im engeren Sinne und damit gegen eine Kürzung ohne Kürzungsabrede sprechen Rückzahlungs- oder Ausschlussklauseln für den Fall der Beendigung des Arbeitsverhältnisses oder aber ausdrückliche Kürzungsregeln für nur einzelne Fehlzeiten, nicht aber auch für Streik oder Aussperrung. Ist eine Zahlung demgegenüber ausdrücklich zeitanteilig zu gewähren für den Fall, dass der ArbN während des Jahres ausscheidet, spricht dies für einen Entgeltcharakter im engeren Sinne. Ob die Bezeichnung allein als Weihnachtsgeld bereits auf einen zusätzlichen Entlohnungszweck schließen lässt, wird unterschiedlich beurteilt. Richtigerweise dürfte es sich hier – fehlen gegenteilige Hinweise – um Entgelt im engeren Sinne handeln, denn der bloße Name Weihnachtsgeld bezieht sich allein auf den besonderen Zeitpunkt der Auszahlung[9].

(2) Sonderzahlung als Entgelt im engeren Sinne. Bezweckt eine Jahressonderzahlung, allein in der Vergangenheit geleistete Arbeit zu vergüten, stellt sie Entgelt im engeren Sinne dar: Die Entgeltpflicht entfällt in Höhe des Anteils, der zeitanteilig auf die ausgefallene Arbeitsleistung bezogen ist. Einer besonderen **Kürzungsabrede** in der Vereinbarung, die der Jahressonderzahlung zugrunde liegt, **bedarf es dann nicht**. Die Kürzung erfolgt vielmehr aus der Natur der Zahlung: Sie stellt Entgelt dar, das der ausgefallenen Arbeit zugeordnet werden kann und entfällt unabhängig davon, ob es jeden Monat mit dem regulären Gehalt ausgezahlt wird oder am Ende des Jahres zusammengefasst für das ganze Jahr.

In der Rspr. wird diese Unterscheidung nicht in gleicher Deutlichkeit getroffen. Das Schrifttum erkennt sie insb. bei der Kürzung einer Sonderzahlung wegen *krankheits*bedingter Fehlzeiten. Wird eine Sondervergütung als arbeitsleistungsbezogene Sonderzahlung vereinbart, so entsteht für Zeiten, in denen **keine Arbeitsleistung** erbracht wird und auch **kein Entgeltfortzahlungsanspruch mehr besteht** (zB gem. § 3 Abs. 1 EFZG bei Krankheit), auch kein Anspruch auf die Sondervergütung[10]. Ein solcher Fall liegt vor, wenn eine ArbN-in im gesamten Kalenderjahr aufgrund ihrer Elternzeit keine Arbeitsleistung erbracht hat. Auch wenn davon ausgegangen werden kann, dass Elternzeit weit überwiegend von Frauen und nicht

---

1 MünchArbR/*Hanau*, § 64 Rz. 66; *Schaub*, ArbRHdb, § 71 Rz. 114. | 2 LAG Hamm v. 4.6.1980 – 12 Sa 217/80, DB 1980, 2196. | 3 BAG v. 14.6.1974 – 3 AZR 456/73, AP Nr. 20 zu § 670 BGB; v. 19.1.1979 – 3 AZR 330/77, AP Nr. 21 zu § 670 BGB; v. 20.3.1984 – 3 AZR 124/82, AP Nr. 22 zu § 670 BGB; s. auch ErfK/*Preis*, § 611 BGB Rz. 600; umfassend hierzu *Müller*, DB 1981, 2172. | 4 LAG Nds. v. 19.6.1992 – 3 Sa 141/91, LAGE § 611 BGB – Nettolohn, Lohnsteuer Nr. 5. | 5 S. auch ErfK/Preis, § 611 BGB Rz. 602. | 6 ErfK/*Preis*, § 611 BGB Rz. 230. | 7 So auch ErfK/*Preis*, § 611 BGB Rz. 663. | 8 Vgl *Gerauer*, ZTR 1995, 442 ff.; ausführl. auch *Hanau/Vossen*, BB 1992, 213 ff.; jedoch vor allem unter dem Gesichtspunkt der krankheitsbedingten Fehlzeiten: *Gaul*, Titel BB 1994, 565. | 9 Ebenso BAG v. 21.12.1994 – 10 AZR 832/93, EzA § 611 BGB – Gratifikation, Prämie Nr. 119; MünchArbR/*Hanau*, § 69 Rz. 8; tendenziell aA BAG v. 30.3.1994 – 10 AZR 134/3, AP Nr. 161 zu § 611 BGB Gratifikation. | 10 BAG v. 21.3.2001 – 10 AZR 28/00, AP Nr. 1 zu § 4b EFZG; v. 19.4.1995 – 10 AZR 49/94, AP Nr. 173 zu § 611 BGB – Gratifikation; v. 10.5.1995 – 10 AZR 648/94, AP Nr. 174 zu § 611 BGB – Gratifikation; v. 14.12.1995 – 6 AZR 297/95, NZA 1996, 996.

von Männern in Anspruch genommen wird, verneint das BAG zu Recht einen Verstoß gegen das geschlechtsspezifische Diskriminierungsverbot[1].

105 Für **streikbedingte Fehlzeiten** kann im Grundsatz nichts anderes gelten. Das sieht in der Sache wohl auch das BAG so: Ohne von „Entgelt im engeren Sinne" zu reden, erkannte das Gericht eine Kürzung einer „Monatspauschale" an, die einheitlich für alle Lohngruppen anstelle einer prozentualen Tariflohnerhöhung für die ersten vier Monate der Geltung des neuen TV gezahlt wurde. Obwohl eine ausdrückliche Kürzungsabrede fehlte, stellt es fest, eine Zahlung komme „nur für Zeiten in Betracht ..., für die ein Lohnanspruch besteht"[2]. Das gilt dann auch für jährliche Zahlungen. Kürzt der ArbGeb dementsprechend die Sonderzahlung für Zeiten der Streikteilnahme, dann liegt hierin keine unzulässige **Maßnahme nach Art. 9 Abs. 3 Satz 2 GG** und auch keine gesetzlich verbotene Maßregelung, die Unterscheidung ist durch die Rechtsordnung selbst vorgegeben. Der Verlust des Lohnanspruchs für die Zeit der Streikbeteiligung oder der Aussperrung ergibt sich daraus, dass der Arbeitskampf die Hauptpflichten aus dem Arbeitsverhältnis zum Ruhen bringt; einer gesonderten Abrede zur Kürzung bedarf es nicht, und daher fehlt es an einer Maßnahme oder Maßregelung durch den ArbGeb, die verboten sein könnte. Er vollzieht durch die Kürzung schlicht die gesetzlichen Vorgaben; das kann ihm nicht verwehrt werden.

106 **(3) Sonderzahlung als Entgelt auch für Betriebstreue.** Bezweckt die Sonderzahlung auch die Vergütung von Betriebstreue oder einen anderen Nebenzweck, so ist sie mehr als eine angesparte Vergütung *pro rata temporis* und kann daher nicht der ausgefallenen Zeit anteilig zugeordnet werden. Ohne ausdrückliche Kürzungsvereinbarung ist daher eine Minderung wegen ausgefallener Arbeitszeit nicht möglich.

107 **Proportionale und überproportionale Kürzung.** Mit Kürzungsklausel ist aber auch – anders als beim Entgelt im engeren Sinne – eine überproportionale Kündigung möglich: Mehrfach stellte das BAG fest, die TV-Parteien könnten allgemein bestimmen, in welchem Umfang eine tarifliche Sonderzahlung durch Zeiten ohne tatsächliche Arbeitsleistung ausgeschlossen oder gemindert werden soll[3] und hat eine zeitanteilige, **proportionale Kürzung** ausdrücklich gebilligt[4]. Es ist kein Grund ersichtlich, warum dies nicht auch für eine Kürzungsvereinbarung in einer BV oder einem Arbeitsvertrag gelten soll. Problematisch erscheint freilich die **überproportionale Kürzung**. Zu finden sind solche Regelungen vor allem als **Anwesenheitsprämien**, die einen Anspruch generell an die tatsächliche Arbeitsleistung knüpfen und eine überproportionale Kürzung für Fehlzeiten vorsehen. Die Zulässigkeit solcher Vereinbarungen ist insb. im Hinblick auf krankheitsbedingte Fehlzeiten intensiv diskutiert worden; der neu geschaffene § 4a EFZG hat die ehemals herrschende Meinung bestätigt und erklärt die Kürzung in Grenzen für zulässig, s. Kommentierung dort[5]. Für andere Gründe der Fehlzeit und insb. für das Arbeitskampfrecht fehlt weiterhin eine Regelung. Eine analoge Anwendung des § 4a EFZG dürfte ausscheiden. Eine Gesetzeslücke existiert zwar, aber die Sachverhalte sind nicht vergleichbar: Hier versucht der Gesetzgeber eine Balance zwischen dem Gesundheitsschutz des ArbN und dem Interesse des ArbGeb am Schutz vor unberechtigtem Krankfeiern[6]. Damit hat das Streikrecht des ArbN nichts gemein, denn ein „unberechtigtes" Streiken soll durch solche Regelungen nicht verhindert werden. Bedenken gegen die rechtliche Zulässigkeit solcher Regeln nähren das Maßregelungsverbot des § 612a und die Koalitionsbetätigungsfreiheit der Art. 9 Abs 3 GG. Auch die Folgen eines tarifvertraglichen Maßregelungsverbots werden unterschiedlich beurteilt: Teilweise gehen man davon aus, dass auch die überproportionale Kürzung möglich sein kann. Dass der Streikende nicht anwesend ist, sei nicht zu leugnen, und mit einer – rechtlich problematischen, s. § 612a Rz. 15 ff. – Streikbruchprämie habe dies nichts zu tun. Die Kürzung dürfe nur nicht unverhältnismäßig sein, was aber durchaus nicht bei jeder überproportionalen Kürzung der Fall sei[7]. Dem folgte das BAG, das es für zulässig hielt, eine monatliche Anwesenheitsprämie nicht zu zahlen, weil ein ArbN streikbedingt die in der Prämienregelung geforderte volle monatliche Betriebsanwesenheit nicht erfüllt hat[8].

108 Eine **strengere Sicht** und das Verbot jeglicher überportionaler Kürzung erscheint **vorzugswürdig**: Nicht erheblich kann es sein, dass die Kürzungsregelung der Anwesenheitsprämie sich nicht nur auf arbeitskampfbedingte Ausfallzeiten bezieht, sondern andere Abwesenheitsgründe mit einbezieht. Jeder Kürzungsgrund muss für sich betrachtet werden, wie dies auch die Rspr. stets so gehandhabt hat

---

1 BAG v. 28.9.1994 – 10 AZR 697/93, AP Nr. 165 zu § 611 BGB – Gratifikation. | 2 BAG 17.6.1997 – 1 AZR 674/96, AP Nr. 150 zu Art. 9 GG – Arbeitskampf. | 3 BAG v. 5.8.1992 – 10 AZR 88/90, AP Nr. 143 zu § 611 BGB – Gratifikation; v. 20.12.1995 – 10 AZR 742/94, AP Nr. 141 zu Art. 9 GG – Arbeitskampf; v. 3.8.1999 – 1 AZR 735/98, AP Nr. 156 zu Art. 9 GG – Arbeitskampf. | 4 BAG v. 3.8.1999 – 1 AZR 735/98, AP Nr. 156 zu Art. 9 GG – Arbeitskampf. | 5 Zur Rechtslage vor Gesetzesänderung vgl. BAG v. 26.10.1994 – 4 AZR 482/93, AP Nr. 18 zu § 611 BGB Anwesenheitsprämie mit Anm. *Thüsing*; *Thüsing*, NZA 1994, 728 f. | 6 Vgl. die Gesetzgebungsmaterialien BT-Drs. 13/4612, S. 16; s. auch *Thüsing*, NZA 1997, 728. | 7 *Gamillscheg*, Kollektives Arbeitsrecht Bd. I, S. 1027 (1192) unter Hinweis auf LAG Rh.-Pf. v. 10.4.1987 – 6 Sa 1098/86, NZA 1987, 599, wonach die Verweigerung einer allgemein gewährten Zulage von 5 % des Monatsgehalts wegen einer zweistündigen Demonstration gegen Art. 3 GG verstoße. Ähnlich wohl *Löwisch/Krauß*, Arbeitskampf- und Schlichtungsrecht, 170.3.1 Rz. 29 *im – nicht so recht verständlichen –* Hinweis auf BAG v. 21.4.1971 – GS 1/68, AP Nr. 43 zu Art. 9 GG – Arbeitskampf. | 8 BAG v. 20.12.1995 – 10 AZR 742/94, NZA 1996, 491; LAG Köln v. 18.12.1986 – 8 Sa 880/86, LAGE Art. 9 GG – Arbeitskampf Nr. 30; LAG Nürnberg 6.2.1995 – 7 (5) Sa 785/93 – LAGE Art. 9 GG – Arbeitskampf Nr. 56; zust. *Löwisch/Krauß*, Arbeitskampf- und Schlichtungsrecht, 170.3.1 Rz. 71.

und Kürzungen wegen Fehlzeiten beim Mutterschutz anders behandelt hat als bei Krankheit[1]. Betrachtet man nun die Kürzung bei Streikteilnahme für sich, scheint ein legitimes Interesse des ArbGeb für eine überporportionale Kürzung nicht ersichtlich: § 612a verbietet jede Maßregelung eines ArbN, weil er in zulässiger Weise seine Rechte ausübt. Die Streikteilnahme ist eine zulässige Rechtsausübung, und die überproportionale Kürzung ist mehr als bloß der automatisch eintretende Nachteil, der notwendige und gesetzlich vorgesehene Konsequenz der Rechtsausübung ist. Vielmehr macht der ArbGeb dadurch die Streikteilnahme „teurer", der ArbN verliert mehr als seinen zeitanteiligen Lohn. Auch ein Blick auf Art. 9 Abs 3 GG legt dies nahe: Eine überproportionale Kürzung wäre eine gegen die Koalitionsbetätigung des ArbN gerichtete Maßnahme. Diese kann zwar zulässig sein im Arbeitskampf, denn auch die Aussperrung richtet sich ja gegen die Koalitionsbetätigung des ArbN. Die Kürzung einer Jahressonderzahlung ist jedoch kein Arbeitskampfmittel. Mag man zusätzliche Zahlungen zur Beeinflussung der Streikbereitschaft für zulässig halten, so ist eine Minderung des ohnehin geschuldeten Entgelts nicht hinzunehmen.

(4) Auslegung einer Kürzungsklausel. Problematisch ist oftmals die **Auslegung der verschiedenen Kürzungsklauseln.** Sieht ein TV die anteilige Kürzung einer Jahressonderzahlung für alle Zeiten vor, in denen das Arbeitsverhältnis „kraft Gesetzes oder Vereinbarung oder aus sonstigen Gründen ruht", erfasst eine solche Regelung mangels anderer Hinweise auch das Ruhen während des Streiks. Das BAG ist zutreffend davon ausgegangen, dass das Ruhen des Arbeitsverhältnisses eine Kurzbezeichnung ist für das Ruhen der Hauptleistungspflichten aus dem Arbeitsverhältnis, wie es bei der Streikteilnahme erfolgt[2]. Dies gilt jedoch nicht bei krankheitsbedingten Fehlzeiten[3], da die Arbeitsunfähigkeit noch nicht zu einem Ruhen des Arbeitsverhältnisses führt[4]. Ein Ruhen des Arbeitsverhältnisses kraft Gesetzes liegt allerdings nach neuerer Rspr. auch bei Fehlzeiten durch die Beanspruchung von Erziehungsurlaub vor[5]. Der Anspruch eine Sonderzuwendung bleibt bestehen, wenn während des Erziehungsurlaubs bei demselben ArbGeb die bisherige Tätigkeit im Umfange einer geringfügigen Beschäftigung weiterhin ausgeübt wird[6]. Macht eine arbeitsvertragliche oder tarifliche Regelung den Anspruch auf eine Jahressonderzahlung allein vom **rechtlichen Bestand des Arbeitsverhältnisses** abhängig, dann ist die Sonderzahlung auch für Zeiten der Erkrankung zu gewähren oder in denen das Arbeitsverhältnis wegen eines Arbeitskampfs geruht hat. Das gilt auch, wenn bestimmte Sachverhalte, auf Grund derer das Arbeitsverhältnis ruht oder nicht gearbeitet wird (Elternschaft, Arbeitsunfähigkeit, usw.), ausdrücklich zu einer Kürzung berechtigen; eine Analogie ist hier nicht möglich[7]. Eine ältere Entscheidung[8], wonach der Anspruch auf eine Jahressonderzahlung entfällt, wenn die Zeit ihrer Auszahlung in einen Streik fällt, ist abzulehnen. Der **Auszahlungszeitpunkt** ist von den Anspruchsvoraussetzungen zu unterscheiden. Richtig allein ist, dass nicht während, sondern erst nach dem Arbeitskampf die Zahlung verlangt werden kann[9]. Knüpft eine tarifvertragliche Regelung über Urlaubsgeld ausschließlich an die ArbN-Eigenschaft an, kann bei krankheitsbedingter Arbeitsunfähigkeit oder bei Inanspruchnahme von Erziehungsurlaub keine anteilige Kürzung erfolgen[10]; schließt eine tarifliche Regelung den Anspruch auf eine Sonderzahlung aus, wenn im Kalenderjahr aus „sonstigen Gründen" nicht gearbeitet wurde, so gilt dies auch bei ganzjähriger Kurzarbeit mit „Null-Stunden"-Arbeitszeit[11].

bb) Kürzung oder Entfallen wegen vorzeitigen Ausscheidens des ArbN. Eine Sonderleistung des ArbGeb die ausschließlich die Entlohnung erbrachter Arbeitsleistung zum Gegenstand hat, entfällt bei einem **vorzeitigen Ausscheiden** des ArbN nicht insgesamt. Der ArbN hat die zu vergütende Leistung anteilig erbracht und somit beim Ausscheiden aus dem Arbeitsverhältnis vor dem vertraglich bestimmten Auszahlungstag einen Anspruch auf **anteilige Sonderzahlung** entsprechend dem Wert der von ihm erbrachten Teilleistung[12]. Für die Auslegung einer Arbeitsvertragsklausel dahin gehend, dass die Sonderzahlung als Gegenleistung für die Arbeitsleistung geschuldet ist, spricht zB, wenn sie sich systematisch unmittelbar im Anschluss an die Vergütungsregelung befindet[13]. Bei einer Zuwendung, mit der allein die **Betriebstreue** (Betriebszugehörigkeit) belohnt werden soll, scheidet ein Anspruch des ArbN bei vorzeitigem Ausscheiden hingegen aus, da die Sondervergütung nur denjenigen ArbN zustehen soll, die im Zeitpunkt des Versprechens oder der Auszahlung der Gratifikation in unge-

---

1 Vgl. jüngst EuGH v. 21.10.1999 – Rs. C-333/97, DB 2000, 223. Zur abweichenden französischen Rspr., die eben auf die Gleichbehandlung der streikbedingten Fehlzeit mit anderen Fehlzeiten abstellt, vgl. Cour de cassation, chambre soc. v. 13.2.1996, D. 1996, inf. rap., 80 sowie *Lyon-Caen/Pélissier/Supiot*, Droit du travail, Rz. 1146 und die Nachw. *Gamillscheg*, Kollektives Arbeitsrecht Bd. I, S. 1028 Fn. 305. | 2 BAG v. 3.8.1999 – 1 AZR 735/98, AP Nr. 156 zu Art. 9 GG – Arbeitskampf, unter III d.Gr. | 3 BAG v. 23.8.1990 – 6 AZR 124/89, AP Nr. 93 zu § 1 TVG – Tarifverträge: Metallindustrie; v. 11.10.1995 – 10 AZR 985/94, AP Nr. 133 zu § 1 TVG – Tarifverträge: Metallindustrie. | 4 *LAG Köln* v. 14.8.1998 – 11 Sa 1256/97, MDR 1999, 166. | 5 Noch dagegen: BAG v. 7.12.1989 – 6 AZR 322/88, AP Nr. 3 zu § 15 BErzGG; dafür: BAG v. 10.2.1993 – 10 AZR 450/91, AP Nr. 7 zu § 15 BErzGG. | 6 BAG v. 24.2.1999 – 10 AZR 5/98, AP Nr. 21 zu §§ 22, 23 BAT – Zuwendungs-TV. | 7 BAG v. 20.12.1995 – 10 AZR 742/94, AP Nr. 141 zu Art. 9 GG – Arbeitskampf. | 8 BAG v. 27.6.1958 – 1 AZR 589/57, AP Nr. 7 zu § 611 BGB – Gratifikation. | 9 Ebenso *Gamillscheg*, Kollektives Arbeitsrecht Bd. I, S. 1191. | 10 BAG v. 6.9.1994 – 9 AZR 92/93, AP Nr. 50 zu § 1 TVG – Tarifverträge: Einzelhandel; v. 19.1.1999 – 9 AZR 158/98, AP Nr. 67 zu § 1 TVG – Tarifverträge: Einzelhandel; v. 19.1.1999 – 9 AZR 204/98, AP Nr. 68 zu § 1 TVG – Tarifverträge: Einzelhandel. | 11 BAG v. 19.4.1995 – 10 AZR 259/94, AP Nr. 170 zu § 611 BGB – Gratifikation. | 12 BAG v. 13.6.1991 – 6 AZR 421/89, EzA § 611 BGB – Gratifikation Nr. 86, Prämie; v. 8.11.1978 – 5 AZR 358/77, AP Nr. 100 zu § 611 BGB – Gratifikation. | 13 BAG v. 21.5.2003 – 10 AZR 408/02, EzA § 611 BGB 2002 – Gratifaktion, Prämie Nr. 8.

kündigtem Arbeitsverhältnis stehen[1]. Das gilt – trotz § 161 – in der Regel auch im Falle einer sozial gerechtfertigten betriebsbedingten Kündigung[2]. Ein Aufhebungsvertrag steht einer Kündigung des Arbeitsverhältnisses jedoch nicht gleich, so dass hier eine ausdrückliche Regelung bestehen muss[3]. Auch hier ist es aber möglich, Abweichendes zu vereinbaren. Möglich ist es, dass dem ArbN trotz seines vorzeitigen Ausscheidens ein anteiliger Anspruch auf die Sondervergütung zustehen soll, insb. kann der ratierte Anspruch vereinbart werden bei **bestimmten Beendigungstatbeständen** zB einvernehmliche Aufhebung des Arbeitsverhältnisses[4] oder Ausscheiden wegen Erreichens der Altersgrenze[5]. Ob und inwieweit dem ArbN auch bei einem **Wechsel des ArbGeb** Sondervergütungen zustehen, ist von dem Umständen im Einzelfall abhängig; einschlägig sind hier insb. §§ 22, 23 BAT und der Wechsel vom einen öffentlichen ArbGeb zum anderen[6].

111 cc) **Rückzahlung bei späterem Ausscheiden.** Der ArbGeb kann eine Sondervergütung nicht nur an den Bestand des Arbeitsverhältnisses knüpfen zum Zeitpunkt der Auszahlung, sondern auch mit einer Rückzahlungsklausel versehen für den Fall, dass das Arbeitsverhältnis zu einem späteren Zeitpunkt endet. In der Praxis verbreitet ist die Vereinbarung der Rückzahlung der Weihnachtsgratifikation, wenn das Arbeitsverhältnis vor Ablauf des 31.3. des Folgejahres endet[7].

112 Eine **ausdrückliche und eindeutige** Vereinbarung über die Rückzahlungsklausel von Sondervergütungen ist wirksam, wenn sie die Voraussetzungen für die Rückzahlungspflicht und einen eindeutig bestimmten Zeitraum für die Bindung des ArbN **ausdrücklich festlegt**. Sind keine entsprechenden Anhaltspunkte gegeben, kommt die ergänzende Auslegung einer solchen allgemeinen Rückzahlungsklausel dahin, dass die Rückforderung im Rahmen der von der Rspr. entwickelten Grenzen erfolgen könne, nicht in Betracht[8]. Rückzahlungsklauseln müssen also **eindeutig und klar formuliert** sein[9]. Eine Rückzahlungsklausel, die besagt, dass Urlaubsgeld gezahlt wird, das unter dem gleichen Rückzahlungsvorbehalt steht „wie Weihnachtsgeldzahlungen nach der derzeitigen Rechtsprechung", entspricht nach instanzgerichtlicher Entscheidung diesem Bestimmtheitserfordernis[10]. Rückzahlungsklauseln sind als vorformulierte Vereinbarung **eng auszulegen**: Sieht demnach eine einzelvertragliche Rückzahlungsklausel die Rückzahlung einer Gratifikation bei vorzeitigem Ausscheiden auf Grund einer eigenen Kündigung des ArbN oder einer Kündigung des ArbGeb vor, die durch einen in der Person des Mitarbeiters liegenden Grund ausgesprochen wurde, entsteht eine Rückzahlungsverpflichtung nicht beim Abschluss eines Aufhebungsvertrages, auch wenn dieser auf Veranlassung des ArbN abgeschlossen worden ist[11].

113 Bei Sondervergütungen mit **reinem Entgeltcharakter** sind Rückzahlungsklauseln ausgeschlossen, weil der ArbN die von der Arbeitsleistung abhängige Sonderzuwendung bereits durch die erbrachte Arbeitsleistung verdient hat und somit nur der Fälligkeit aufgeschoben ist[12]. Liegt eine Rückzahlungsvereinbarung vor, dann handelt es sich jedoch nicht mehr um eine Leistung mit reinem Entgeltcharakter, sondern durch die Vereinbarung ist als zusätzlicher Zweck die Entlohnung von Betriebstreue hinzugetreten. Verpflichtet sich ein ArbN **einzelvertraglich** zur Rückzahlung der entgegengenommenen Sondervergütung für den Fall, dass er im darauf folgenden Jahr vor einem bestimmten Termin auf Grund eigener Kündigung ausscheidet, so ist eine solche Absprache nach der Rspr. des BAG nach den Grundsätzen der Vertragsfreiheit an sich statthaft[13]. Derartige Rückzahlungsklauseln dürfen jedoch nicht für eine unbestimmte oder unangemessen lange Zeit vereinbart werden. Die Einhaltung der Zeit, über die sich die Rückzahlungsklausel verhält, muss für den ArbN zumutbar, insb. überschaubar sein. Anderenfalls sind sie wegen Verstoßes gegen die Fürsorgepflicht des ArbGeb und aus dem Gesichtspunkt der Gesetzesumgehung nichtig[14]. Beide Maßstäbe gehen heute bei vorformulierten Vereinbarungen in einer Inhaltskontrolle gemäß § 307 auf. Im Einzelnen ist ihre Zulässigkeit nach der Dauer der Betriebsbindung und der Höhe der Zahlung gemessen an dem Monatsgehalt im Zeitpunkt der Auszahlung zu beurteilen[15]. Bei Gratifikationen, die über einem Betrag von 100,00 Euro (200,00 DM), aber unter einem **Bruttomonatsbezug** liegen, kann dem ArbN danach zugemutet werden, eine Rückzahlungsklausel einzuhalten, die bis

---

1 BAG v. 7.11.1991 – 6 AZR 489/89, EzA § 611 BGB – Gratifikation Nr. 8, Prämie; zur Frage, ob die unter Überschreitung der Mindestfristen ausgesprochene vorfristige Kündigung durch den ArbGrb führt s. BAG v. 4.5.1999 – 10 AZR 417/98; AP Nr. 214 zu § 611 BGB – Gratifikation. |2 BAG v. 19.11.1992 – 10 AZR 264/91, AP Nr. 147 zu § 611 BGB – Gratifikation in Abkehr von älterer Rspr.; s. auch BAG v. 14.11.2001 – 10 AZR 238/01, AP Nr. 235 zu § 611 BGB – Gratifikation. |3 BAG v. 7.10.1992 – 10 AZR 186/91, AP Nr. 146 zu § 611 BGB – Gratifikation. |4 BAG v. 24.11.1988 – 6 AZR 243/87, AP Nr. 127 zu § 611 BGB – Gratifikation. |5 BAG v. 20.4.1989 – 6 AZR 198/86, AP Nr. 128 zu § 611 BGB – Gratifikation. |6 S. hierzu BAG v. 20.12.1995 – 10 AZR 968/94, AP Nr. 13 zu §§ 22, 23 BAT – Zuwendungs-TV, BAG v. 7.2.1996 – 10 AZR 445/95, AP Nr. 23 zu § 611 BGB – Kirchendienst; BAG v. 6.11.1996 – 10 AZR 287/96, AP Nr. 17 zu §§ 22, 23 BAT – Zuwendungs-TV. |7 ErfK/Preis, § 611 BGB Rz. 685. |8 BAG v. 14.6.1995 – 10 AZR 25/94, AP Nr. 176 zu § 611 BGB – Gratifikation. |9 BAG v. 24.2.1999 – 10 AZR 245/98, nv. (juris); LAG Rh.-Pf. v. 19.4.1996 – 3 Sa 63/96, NZA-RR 1997, 46; LAG Hamm v. 25.2.2000 – 10 Sa 2061/99, NZA-RR 2000, 541. |10 ArbG Wetzlar v. 26.6.2001 – 1 Ca 18/01, NZA-RR 2002, 237. |11 BAG v. 12.2.1999 – 10 Sa 1621/98, NZA-RR 1999, 514. |12 BAG v. 13.9.1974 – 5 AZR 48/74, AP Nr. 84 zu § 611 BGB – Gratifikation. |13 BAG v. 10.5.1962 – 5 AZR 452/61, AP Nr. 22 zu § 611 BGB – Gratifikation; v. 8.12.1960 – 5 AZR 535/59, AP Nr. 20 zu § 611 BGB – Gratifikation. |14 BAG v. 10.5.1962 – 5 AZR 452/61, AP Nr. 22 zu § 611 BGB – Gratifikation. |15 Umfassend BAG v. 9.6.1993 – 10 AZR 529/92, AP Nr. 150 zu § 611 BGB – Gratifikation.

zum 31. März des darauf folgenden Jahres reicht[1]. Wenn der ArbN bis dahin **nur eine Kündigungsmöglichkeit** hat, so ist es ihm zuzumuten diese verstreichen zu lassen. Es ist allerdings umstritten, ob in diesem Fall eine Kündigung zum 31. März zulässig ist. Teilweise wird vertreten, dass der Bindungszeitraum bis 31. März nicht eingehalten werde, wenn der ArbN zum 31. März kündigt und mit Ablauf dieses Tages aus dem Arbeitsverhältnis ausscheidet, da der Zeitpunkt des Ablaufs eines Tages („24.00 Uhr") noch zu diesem Tag gehöre und damit zu der Frist, in die der Tag falle[2]. Nach richtiger Auffassung ist aus einem Bindungszeitraum bis zum 31. März aber gerade nicht abzuleiten, dass damit vereinbart sei, der ArbN müsse über diesen Termin hinaus betriebstreu bleiben[3]. Eine Kündigung zum 31. März löst mithin keine Rückzahlungspflicht des ArbN aus. **Übersteigt** die Sondervergütung **ein Monatsgehalt**, erreicht jedoch **nicht ein zweifaches Monatsgehalt**, so ist eine Rückzahlungsverpflichtung unzulässig, wenn der ArbN bis dahin mehrere Kündigungsmöglichkeiten hatte. Eine hierüber hinausgehende Bindung ist nur in Ausnahmefällen zulässig; so etwa für den Fall, dass die Sonderzuwendung ein Monatsgehalt **erheblich übersteigt** und eine eindrucksvolle und beachtliche Zuwendung darstellt[4]. Wird eine vereinbarte Sondervergütung in Teilbeträgen ausgezahlt (zB zur Hälfte jeweils am 30.6. und 30.11.), kommt es für die Zulässigkeit einer Rückzahlungsklausel nicht auf die Höhe der jährlichen Gesamtsumme, sondern auf die des jeweiligen Teilbetrags an[5]. Werden Sonderzuwendungen bis zu 100,00 Euro brutto gewährt, ist eine Rückzahlungsverpflichtung grundsätzlich unzulässig[6].

Diese in richterlicher Rechtsfortbildung entwickelten **Grenzwerte** gelten nach der bisherigen Rspr. auch für Rückzahlungsklauseln in **BV**[7]. Sie sind allerdings nicht ohne weiteres auf **tarifvertragliche** Regelungen anwendbar[8]. Es bleibt ferner abzuwarten, ob die durch das Kündigungsfristengesetz vom 7.10.1993 geänderten Kündigungsfristen des § 622 nF, eine Änderung der Rechtsprechungsgrundsätze über die Zulässigkeit von zeitlichen Bindungsgrenzen von Rückzahlungsklauseln erforderlich machen[9] und auch, ob die Freistellung der BV von der Inhaltskontrolle nach § 310 Abs. 4 hier zu großzügigeren Grenzen führt. **114**

b) **Zulagen.** Ansprüche des ArbN auf **Zulagen** ergeben sich häufig aus **TV** oder **dem Einzelarbeitsvertrag**, sie können aber Gegenstand aller Rechtsquellen des Arbeitsrechts sein. Der ArbN kann in Anerkennung einer besonderen Leistung oder Leistungsfähigkeit eine höhere Entlohnung durch Einstufung in eine höhere Vergütungsgruppe oder durch die Zahlung einer Zulage zum bisherigen Entgelt vom ArbGeb erhalten[10]. Neben solchen Leistungszulagen können **Erschwerniszulagen** für Arbeiten unter besonders schweren oder gesundheitsgefährdenden Umständen gezahlt werden (zB Schmutzzulage, Kälte- oder Hitzezulage, Lärmzulage, Zulagen für eine weite Entfernung vom Arbeitsplatz)[11]. Hiervon zu unterscheiden ist die **Aufwandsentschädigung**. Diese stellt keinen Vergütungsbestandteil dar, sondern einen Ersatz für Mehraufwand[12]. Eine besondere Form der Erschwerniszulage ist die **Nachtschicht- und Wechselschichtzulagen.** Nach § 2 Abs. 3, 6 ArbZG ist **Nachtarbeit** die Arbeit von mindestens zwei Stunden in der Zeit von 23 bis 6 Uhr, wobei in TV häufig die Zeit zwischen 20 bzw. 22 und 6 Uhr gemeint ist. Der ArbGeb ist gem. **§ 6 ArbZG** verpflichtet, dem ArbN für die Nachtarbeit eine angemessene Zahl bezahlter freier Tage oder einen angemessenen Zuschlag auf das ihm hierfür zustehende Bruttoeinkommen zu zahlen, wenn keine tarifvertraglichen Ausgleichsregelungen bestehen[13]. Die tarifvertragliche Regelung ist mithin vorrangig maßgebend. Zur Angemessenheit des Ausgleichs kann auf die Branchenüblichkeit verwiesen werden. Für Nachtarbeit werden in der Praxis Zuschläge von durchschnittlich 25 % gezahlt[14]. Der ArbN muss wie bei jeder Erschwerniszulage den Wegfall der Zulage hinnehmen, wenn die **Erschwernis wegfällt**, also auch wenn ihn der ArbGeb durch eine wirksame Ausübung seines Direktionsrechts von der Nacht- in die Tagschicht oder aus der Wechselschicht heraus versetzt[15]. Der Anspruch des ArbN auf eine Nachtschicht- oder Wechselschichtzulage entfällt allerdings nicht dann, wenn er auf Grund Urlaub oder Krankheit keine Arbeitsleistung erbringen kann[16]. Unter dem Begriff der **Sozialzulagen** sind Zulagen zu verstehen, die an die besondere **soziale Situation des ArbN** anknüpfen. Sie werden als Verhei- **115**

---

1 S. auch BAG v. 28.1.1981 – 5 AZR 846/78, AP Nr. 106 zu § 611 BGB – Gratifikation; v. 10.5.1962 – 5 AZR 452/61, AP Nr. 22 zu § 611 BGB – Gratifikation; v. 10.5.1962 – 5 AZR 353/61, AP Nr. 23 zu § 611 BGB – Gratifikation. | 2 LAG Düsseldorf v. 25.3.1997 – 16 Sa 1724/96, NZA-RR 1997, 457. | 3 So LAG Düsseldorf v. 28.1.1998 – 17 Sa 1715/97, LAGE § 611 BGB – Gratifikation Nr. 40; BAG v. 21.5.2003 – 10 AZR 390/02, NZA 2003, 1032 (1034). | 4 BAG v. 12.12.1962 – 5 AZR 324/62, AP Nr. 25 zu § 611 BGB – Gratifikation. S. zB LAG Frankfurt v. 24.10.2000 – 7 Sa 2130/99, nv. (juris): Eine Bindungsdauer von 17 Monaten ist bei einem Bonus, der das doppelte Jahresgehalt überschreitet und an eine Führungskraft gezahlt wird zulässig, insbesondere dann, wenn die Bindungsdauer aus einer vertraglichen Kündigungsfrist von einem halben Jahr zum Halbjahresende resultiert und der ArbGeb nur das Auslassen einer Kündigungsmöglichkeit verlangt. | 5 BAG v. 21.5.2003 – 10 AZR 390/02, NZA 2003, 1032 (1034) | 6 BAG v. 17.3.1982 – 5 AZR 1250/79, AP Nr. 110 zu § 611 BGB – Gratifikation. | 7 BAG v. 16.11.1967 – 5 AZR 157/67, AP Nr. 63 zu § 611 BGB – Gratifikation. | 8 BAG v. 31.3.1966 – 5 AZR 516/65, AP Nr. 54 zu § 611 – Gratifikation; v. 23.2.1967 – 5 AZR 234/66, AP Nr. 57 zu § 611 – Gratifikation. | 9 So auch ErfK/Preis, § 611 BGB Rz. 688; gegen eine Änderungspflicht LAG Hamm v. 14.8.1998 – 10 Sa 153/98, AP Nr. 208 zu § 611 BGB – Gratifikation. | 10 ErfK/Preis, § 611 BGB Rz. 606. | 11 ErfK/Preis, § 611 BGB Rz. 604. | 12 BAG v. 23.11.1960 – 4 AZR 257/59, AP Nr. 6 zu § 12 AZO; v. 19.9.1991 – 7 AZR 41/90, AP Nr. 82 zu § 37 BetrVG 1972. | 13 S. hierzu BAG v. 24.2.1999 – 4 AZR 62/98, AP Nr. 17 zu § 3 TVG – Verbandszugehörigkeit. | 14 ErfK/Preis, § 611 BGB Rz. 608. | 15 LAG Hamm v. 30.6.1994 – 4 Sa 2017/93, LAGE § 611 BGB – Direktionsrecht Nr. 17. | 16 Vgl. BAG v. 9.12.1998 – 10 AZR 207/98, AP Nr. 15 zu § 33a BAT – zur Wechselschichtzulage.

raten-, Kinder-, Alters- und Ortszulagen gezahlt[1]. Im Hinblick auf die Gewährung von Sozialzulagen kommt dem **Gleichbehandlungsgrundsatz** besondere Bedeutung zu (s. ausf. zur Gleichbehandlung Rz. 181 ff.).

116 Dazu, ob Zulagen zum **fortzuzahlenden Entgelt** gehören, s. Kommentierung § 37 BetrVG.

117 **c) Tantiemen. aa) Allgemeines** Unter dem Begriff Tantieme ist eine **Gewinnbeteiligung** zu verstehen, die als zusätzliche Vergütung prozentual nach dem Jahresgewinn des Unternehmens berechnet wird[2]. Die Tantieme ist keine widerrufbare Sonderleistung (Gratifikation), sondern Teil des Entgelts für die vertraglich geschuldete Arbeitsleistung[3]. Üblich ist sie insb. bei Vorstands- und Aufsichtsratsmitgliedern in Kapitalgesellschaften (vgl. §§ 86, 113 Abs. 3 AktG) und bei leitenden Angestellten zur Schaffung eines Anreizes gewährt[4].

118 Von der Tantieme ist die an die Gesamtheit oder große Teile der Belegschaft gezahlte **Jahresabschlussvergütung (Abschlussgratifikation)** zu unterscheiden. Die Jahresabschlussvergütung wird ohne Rücksicht auf Gewinne oder Verluste des Unternehmens in Anerkennung der geleisteten Dienste sowie für erwiesene und künftige Betriebstreue gezahlt[5]. Von der Tantieme zu unterscheiden ist ferner die **Ergebnisbeteiligung**, durch die eine stärkere Verbundenheit der ArbN mit dem Unternehmen erzielt werden soll. Für die Ergebnisbeteiligung gelten idR eigene Grundsätze[6]. Als Gewinnbeteiligung kann den ArbN auch eine Beteiligung am Unternehmen, etwa durch die Ausgabe von Belegschaftsaktien, zugestanden werden[7].

119 **bb) Formen der Tantieme.** Es lassen sich unterscheiden umsatzabhängige Tantiemen, die dem ArbN eine prozentuale Beteiligung am Umsatz insgesamt oder am Mehrumsatz im Verhältnis zu einem Vergleichszeitraum oder einer anderen Zielvorgabe gewähren. Sie unterscheiden sich von der Provision dadurch, dass sie nicht auf den persönlichen Umsatz, sondern den Umsatz des Unternehmens abstellen. Daneben gibt es dividendenabhängige Tantiemen, die auf die Dividendensumme oder den Dividendenertrag je Aktie abstellen, sowie weniger verbreitet die bilanzabhängige Tantieme, wie sie für den Aufsichtsrat nach § 113 Abs. 3 Satz 1 AktG vorgesehen ist. Die konzernerfolgsabhängige Tantieme stellt nicht auf den Erfolg des Einzelunternehmens, etwa der Konzernmutter, sondern des gesamten Konzernverbundes ab und wird typischerweise Vorstandsmitgliedern einer Konzernmuttergesellschaft gewährt. Tantiemen, die vom Rohgewinn oder vom Bruttogewinn oder allgemein vom „Ergebnis der gewöhnlichen Geschäftstätigkeit" iSd. § 275 Abs. 2 Nr. 14, Abs. 3 Nr. 13 HGB abhängig gemacht werden, haben den Vorteil, dass die Änderungen der Besteuerung hierauf keinen Einfluss haben. Die sog. **Stock Appreciation Rights (SAR)** oder **phantom stocks** sind eine Form der börsenwertorientierten Tantieme[8]. Die Ermessenstantieme benennt keine Berechnungsgrundlage, sondern stellt an deren Stelle das billige Ermessen des Aufsichtsrats, innerhalb dessen die Sondervergütung frei festgesetzt werden kann[9]. Eine garantierte Mindesttantieme ist demgegenüber keine Gewinnbeteiligung, sondern ein Teil der festen Vergütung und bemisst sich nach den hierfür geltenden Regeln[10].

120 **cc) Berechnung.** Für die **Berechnung der Tantieme** kann einzelvertraglich die entsprechende Anwendung des ehemals für Vorstandsmitglieder einer Aktiengesellschaft geltenden § 86 Abs. 2 AktG vereinbart werden[11]. Diese Norm gab zwingend vor, dass sich die Tantieme, die sich auf einen Anteil am Jahresgewinn bezieht, nach dem Anteil des Jahresüberschusses berechnet, vermindert um einen Verlustvortrag aus dem Vorjahr und um die Beträge, die nach Gesetz oder Satzung aus dem Jahresüberschuss in Gewinnrücklagen einzustellen sind. Werden diese Maßstäbe weiterhin als etabliertes Berechnungsmodell auch für den ArbN gewählt, ist maßgeblich der Jahresüberschuss (Bilanz: § 266 Abs. 3a V HGB, GuV: § 275 Abs. 2 Nr. 20 bzw. Abs. 3 Nr. 19 HGB) vermehrt um den Betrag, der sich aus der Kürzung durch die Tantieme ergibt[12]. Allgemein geht man davon aus, dass die Beträge, die vom Jahresüberschuss abzuziehen sind, in § 86 Abs. 2 AktG abschließend aufgezählt sind[13]. Daher werden freiwillige Rücklagen nach § 58 Abs. 2, 3 AktG nicht abgezogen[14]. Man mag allerdings darüber nachdenken, ob nicht Gewinne, die durch den Verkauf von Unternehmensteilen entstanden sind, aus der Berechnung der Gewinntantieme entgegen dem Wortlaut herausgenommen werden können, um eine Angemessenheit zu gewährleisten. Eine solche Forderung stünde im bisherigen Schrifttum freilich recht einsam da. Die hM geht davon aus,

---

[1] Schaub, ArbRHdb, § 69 Rz. 39; ErfK/Preis, § 611 BGB Rz. 607. | [2] ErfK/Preis, § 611 BGB Rz. 617. | [3] BAG v. 8.9.1998 – 9 AZR 223/97, AP Nr. 6 zu § 87a HGB. | [4] S. hierzu ausführlicher Thüsing, ZGR 2003, 457 (500 ff.) | [5] ErfK/Preis, § 611 BGB Rz. 618. | [6] MünchArbR/Kreßel, § 68 Rz. 86 ff.; Schaub, ArbRHdb, § 77 Rz. 1. | [7] BAG v. 28.11.1989 – 3 AZR 118/88, AP Nr. 6 zu § 88 BetrVG 1972; MünchKomm/Schaub, § 612 Rz. 108; MünchArbR/Kreßel, § 68 Rz. 97. | [8] S. Hoffmann-Becking, NZG 1999, 797. | [9] S. KK/Mertens, § 86 AktG Rz. 5; Semler, FS Budde, S. 606; Hoffmann-Becking, NZG 1999, 797 (801). | [10] Hefermehl in Gessler/Hefermehl, § 86 AktG Rz. 6; LAG Hannover v. 3.1.1983 – 24 O 181/82, ZIP 1983, 448 f. | [11] S. hierzu Thüsing, ZGR 2003, 457, 500 ff. | [12] Ganz hM s. Hefermehl in Gessler/Hefermehl, § 86 AktG Rz. 28; Hüffer, § 86 AktG Rz. 6; aA KK/Mertens, § 86 AktG Rz. 17, der dem Wortlaut größeres Gewicht zumisst. | [13] S. KK/Mertens, § 86 AktG Rz. 16; Hefermehl in Gessler/Hefermehl, § 86 AktG Rz. 25. | [14] KK/Mertens, § 86 AktG Rz. 16; Hüffer, § 86 AktG Rz. 6.

dass der Gewinn aus aufgelösten stillen Reserven tantiemenpflichtig ist[1] und dürfte hier nicht anders entscheiden. Eine abweichende Vertragsgestaltung scheint jedoch allemal sinnvoll.

Auf die **dividendenabhängige Tantieme** war die Berechnungsvorschrift des § 86 Abs. 2 AktG nicht anzuwenden, weil nicht unmittelbar an den Jahresgewinn angeknüpft wird[2]. Dividenden, die aus aufgelösten Gewinnrücklagen oder aus Gewinnvorträgen stammen, dürfen allerdings beim Vorstandsmitglied nicht berücksichtigt werden[3]; Gleiches gilt wohl für den ArbN. Schließt die Gesellschaft einen Gewinnabführungsvertrag, so ist der abgeführte Gewinn für die Tantieme zu berücksichtigen[4]. **121**

Soweit nichts anderes vereinbart ist, hat es keinen Einfluss auf den Tantiemenanspruch, wenn der **ArbN ohne Entgeltfortzahlung erkrankt oder freigestellt** ist. Erfasst das Arbeitsverhältnis jedoch nur einen Teil des Geschäftsjahres, so ist er regelmäßig nur im Verhältnis seiner Amtszeit beteiligt[5]. Auch hier ist für die Berechnung der Jahresüberschuss des gesamten Jahres maßgeblich, mag er auch erst später nach Ausscheiden des ArbN mit der Feststellung des Jahresabschlusses durch den Aufsichtsrat (§ 172 AktG) oder die Hauptversammlung (§ 173 AktG), bei der dividendenabhängigen Tantieme mit dem Gewinnverwendungsbeschluss der Hauptversammlung (§ 174 AktG)[6] bestimmt werden. **122**

dd) Auskunftsrechte. Dem ArbGeb, der einem ArbN eine prozentuale Gewinnbeteiligung am Jahresgewinn des Unternehmens zusagt, obliegt damit als **vertragliche Nebenverpflichtung**, dem ArbN auch die **Auskünfte** zu erteilen und ihm die Nachprüfungen zu gestatten, die dieser benötigt, um beurteilen zu können, ob und in welchem Umfang ihm ein Gewinnbeteiligungsanspruch zusteht. Der Umfang einer solchen Auskunftspflicht des ArbGeb und eines solchen Überprüfungsrechts des ArbN bestimmt sich nach den Umständen des einzelnen Falles unter Berücksichtigung der Auslegungsmaßstäbe der §§ 133, 157 und der Leistungsmaßstäbe des § 242[7]. Der ArbN hat jedoch grundsätzlich keinen Anspruch auf die Vorlage einzelner Belege zu den Bilanzposten. Ferner muss der ArbGeb über die Berechnung der Gewinne im Einzelnen keine Auskunft erteilen[8]. Ist dem ArbGeb die Vorlage der Bilanz nicht zumutbar, hat er sie einem unparteiischen Wirtschaftsprüfer oder Buchsachverständigen vorzulegen. Er trägt in diesem Fall allerdings die Kosten[9]. **123**

ee) Ausscheiden und fehlende Arbeitsleistung des ArbN. Nach dem BAG folgt aus dem Rechtscharakter der Tantieme als Erfolgsvergütung, dass ein Anspruch des ArbN erlischt, wenn er während des gesamten Geschäftsjahres **arbeitsunfähig** erkrankt ist und mithin keine Arbeitsleistung erbracht hat[10]. Da die Erfolgsbeteiligung verdienter Lohn ist, darf sie nicht davon abhängig gemacht werden, dass das Arbeitsverhältnis eine bestimmte Zeit bestanden haben muss. Ein **Ausschluss** von ArbN im Falle des **Ausscheidens** stellt – zumindest bei betriebsbedingter Kündigung[11] – eine unzulässige Kündigungserschwerung dar[12]. **124**

d) Aktienoptionen. aa) Allgemeines. Insbesondere seit der zweiten Hälfte der neunziger Jahre sind in Anlehnung an die US-amerikanischen Vergütungspraktiken auch Aktienoptionen zum üblichen Bestandteil der Vergütung von Vorstandsmitgliedern geworden. In der jüngsten Diskussion stoßen sie auf Kritik. Insbesondere weil mit ihnen bisher ungeahnte Höhen der Vorstandsgehälter erreicht werden können, fordert man ihre Begrenzung[13]. Rspr. zu Aktienoptionsplänen findet sich bislang allerdings nur vereinzelt; höchstrichterliche Judikate fehlen ganz. Dies gilt erst recht für Aktienoptionen, die leitenden Mitarbeitern gewährt werden. **125**

bb) Verschiedene Varianten. Der Aktienoptionsplan berechtigt den Begünstigten, gegen Zahlung eines vorab festgelegten Optionspreises (= Ausübungs- oder Basispreis) innerhalb einer bestimmten Frist (Mindestwartezeit: 2 Jahre, s. § 193 Abs. 2 Nr. 4 AktG) unter bestimmten ebenfalls vorab festgelegten Bedingungen Aktien der Gesellschaft zu erwerben. Bis 1998 wurden solche Optionspläne re- **126**

---

1 KK/*Mertens*, § 86 AktG Rz. 16; *Semmler*, FS Budde, 1995, S. 599 (601); aA jetzt *Peltzer*, FS Lutter, S. 571, 577.
| 2 Ganz hM s. *Hüffer*, § 86 AktG Rz. 2; aA *Tegtmeier*, Die Vergütung von Vorstandsmitgliedern, 1998, S. 294.
| 3 OLG Düsseldorf v. 18.12.1998 – 17 U 33/98, AG 1999, 468 (469); *Hoffmann/Becking*, NZG 1999, 787; *Semmler*, FS Budde, 1995, S. 599; *Hüffer*, § 86 AktG Rz. 2; MünchHandbAktG/*Wiesner*, § 21 Rz. 38; aA *Vonck*, NZG 1999, 1110; *Rottnauer*, NZG 2001, 1009. | 4 BGH v. 8.2.1960 – II ZR 102/58, NJW 1960, 721 (722); ebenso KK/*Mertens*, § 86 AktG Rz. 8; *Hefermehl* in Gessler/Hefermehl, § 86 AktG Rz. 30. | 5 So bereits RG Recht 1921, Nr. 865; dem folgend KK/*Mertens*, § 86 AktG Rz. 12; *Hefermehl* in Gessler/Hefermehl, § 86 AktG Rz. 12; ebenso MünchHandbAktG/*Wiesner*, § 21 Rz. 41; für den GmbH-Geschäftsführer BGH v. 9.5.1994 – II ZR 128/93, GmbHR 1994, 546 (547); OLG Hamm v. 8.10.1984 – 8 U 265/83, GmbHR 1985, 155 (157). | 6 Ebenso KK/*Mertens*, § 86 AktG Rz. 12.
| 7 BAG v. 30.1.1960 – 5 AZR 603/57, AP Nr. 1 zu § 242 BGB – Auskunftspflicht; v. 7.7.1960 – 5 AZR 61/59, AP Nr. 2 zu § 242 BGB – Auskunftspflicht; v. 28.10.1986 – AZR 323/85, nv. (juris). | 8 BAG v. 30.1.1960 – 5 AZR 603/57, AP Nr. 1 zu § 242 BGB – Auskunftspflicht; v. 7.7.1960 – 5 AZR 61/59, AP Nr. 2 zu § 242 BGB – Auskunftspflicht.
| 9 BAG v. 7.7.1960 – 5 AZR 61/59, AP Nr. 2 zu § 242 BGB – Auskunftspflicht; weiter gehend LAG Bremen 29.10.1971 – 1 Sa 64/71, DB 1971, 2265, wonach der ArbGeb stets ein Wahlrecht hat. | 10 BAG v. 8.9.1998 – 9 AZR 273/97, AP Nr. 2 zu § 611 BGB – Tantieme. | 11 BAG v. 13.9.1974 – 5 AZR 48/74, AP Nr. 84 zu § 611 BGB – Gratifikation; MünchKomm/*Schaub*, § 612 BGB Rz. 14 anders für tarifvertragliche Klauseln BAG v. 4.9.1985 – 5 AZR 655/84, AP Nr. 123 zu § 611 BGB Gratifikation. | 12 BAG v. 12.1.1973 – 3 AZR 211/72, AP Nr. 4 zu § 87a HGB; v. 27.4.1982 – 3 AZR 814/79, AP Nr. 16 zu § 620 BGB – Probearbeitsverhältnis; *Schaub*, ArbRHdb, § 77 Rz. 7. | 13 S. jüngst *Adams*, ZIP 2002, 1325; kritisch auch *Peltzer*, FS Lutter, 2000, S. 571; s. auch *Thüsing*, ZGR 2003, 457 (492 ff.).

gelmäßig über Wandelschuldverschreibungen oder Optionsschuldverschreibungen ausgestaltet, da bis zum In-Kraft-Treten des KonTraG die Ausgabe von nackten Optionen durch die Gesellschaft unzulässig war, s. heute aber § 192 Abs. 2 Nr. 3 AktG[1].

127 Von den Aktienoptionen sind **andere marktindexierte Anreizsysteme** zu unterscheiden. Gebräuchlich sind die sog. SARs (*Stock Appreciation Rights*). Sie verlangen keine Ausgabe von Aktien; dem Begünstigten wird stattdessen das Recht gewährt, zu einem gewissen Zeitpunkt in einem zuvor definierten Umfang an der Wertentwicklung der Aktie des Unternehmens teilzunehmen. Anders als der Aktienoptionsplan, dessen Kosten, soweit sie durch Ausgabe neuer Aktien bedient werden, direkt von den Anteilseignern durch eine verminderte Kursentwicklung getragen werden, führt ein SAR-Plan unter Umständen zu einem erheblichen Liquiditätsabfluss, muss doch der Wertzuwachs für die fiktive Anzahl von Aktien ausgezahlt werden. Nah verwandt dem SAR-Plan ist der *Phantom-Stock*-Plan oder *Phantom-Stock-Options*-Plan[2]. Auch diese sind zwar ohne Kapitalverwässerungseffekte, dafür jedoch mit dem Abgang an liquiden Mitteln verbunden. Der Unterschied zum SAR-Plan liegt im *Phantom-Stock*-Plan darin, dass je nach Ausgestaltung der Optionsinhaber auch an den in der maßgeblichen Referenzperiode eingetretenen Kursverlusten beteiligt werden kann, gegenüber dem *Phantom-Stock-Options*-Plan darin, dass die größere Hebelwirkung einer Option gegenüber einer Aktie genutzt wird. Der *Performance-Share*-Plan und ähnlich auch der *Performance-Contingent-Stock-Option*-Plan verbindet marktbezogene Anreize mit vorweg bestimmten operativen Zielgrößen: Während die vorgenannten Grundmodelle allein auf die Entwicklung des Aktienkurses abstellen, sind hier die Ausübungen der imaginären Optionen oder Zuteilungen imaginärer Aktien an die Erfüllung anderer Unternehmensziele gebunden. Die aus dem angloamerikanischen Bereich übernommene **Bezeichnung** dieser verschiedenen Gruppen von nicht mit der Austeilung realer Aktien verbundenen Anreizsysteme **schwankt**, eine präzisere Bezeichnung scheint, da ohne juristischen Aussagegehalt, jedoch entbehrlich[3].

128 cc) **Aktienrechtliche Anforderungen.** Die Auflage eines Aktienoptionsplanes ist keine Grundlagenentscheidung nach § 119 Abs. 1 AktG[4]. Es handelt sich vielmehr um eine Leitungsentscheidung, die der Vorstand zu treffen hat[5]. Die Hauptsammlung, die über die Modalitäten der Beschaffung der auszuteilenden Aktien zu beschließen hat, hat damit nicht bereits Einfluss auf die Entscheidung, ob überhaupt ein Aktienoptionsplan aufgelegt werden soll.

129 (1) **Wege zur Bereitstellung von Aktien zur Bedienung der Optionen.** Nachdem die Änderungen des KonTraG die Ausgabe von nackten Aktienoptionen für ArbN und Mitglieder der Geschäftsführung der Gesellschaft oder eines verbundenen Unternehmens erlaubt hat[6], hat es neben der Bereitstellung genehmigten Kapitals zwei neue Wege geschaffen, Aktien zur Bedienung der Aktienoptionen zu beschaffen: zum einen der Rückkauf eigener Aktien nach § 71 Nr. 8 AktG, zum anderen die bedingte Kapitalerhöhung nach § 192 Abs. 2 Nr. 3 AktG.

130 Als das bevorzugte Mittel der Praxis hat sich die **bedingte Kapitalerhöhung nach § 192 Abs. 2 Nr. 3 AktG** etabliert. Danach kann die Hauptversammlung eine bedingte Kapitalerhöhung beschließen zur Gewährung von Bezugsrechten an ArbN und Mitglieder der Geschäftsführung der Gesellschaft oder eines verbundenen Unternehmens im Wege des Zustimmungs- oder Ermächtigungsbeschlusses. Weil hiermit ein Verwässerungseffekt der bereits vergebenen Aktien verbunden ist, darf gemäß § 192 Abs. 3 AktG das so beschlossene Kapital 10 % des Grundkapitals zum Zeitpunkt der Beschlussfassung nicht übersteigen. Der Rückkauf eigener Aktien führt im Gegensatz zur Schaffung bedingten Kapitals nicht zu einer Verwässerung der Rechte der Altaktionäre. Dennoch sind die Voraussetzungen für den Rückkauf dieselben wie beim bedingten Kapital. Gemäß § 71 Abs. 1 Nr. 8 Satz 1 AktG darf der Anteil am Grundkapital 10 % nicht übersteigen. Diese Grenze berechnet sich auch bei Beschränkungen auf eine Gattung vom ganzen Grundkapital, nicht vom Grundkapital, das auf die Gattung entfällt[7]. Zudem kann die Ermächtigung durch die Hauptversammlung für höchstens 18 Monate beschlossen werden und muss den niedrigsten und den höchsten Gegenwert festlegen.

131 Zulässig erscheint es, beide **Möglichkeiten** des Aktienbeschaffung miteinander zu **kombinieren**, denn der primäre Schutzzweck der Normen ist verschieden: zum einen Verhinderung missbräuchlicher Kursbeeinflussung, zum anderen Beschränkung des Verwässerungseffekts. Dies kann insb. für junge Wachstumsunternehmen mit noch niedrigem Kapital interessant sein, die die 10 %-Grenze unter Umständen nur schwer einhalten können. Weil die Ermächtigung jeweils nur für die Dauer von

---

[1] Inwieweit die AG unabhängig von den Voraussetzungen dieser Norm Optionsrechte ausgeben kann, ohne sie mit einer Anleihe zu verbinden, bleibt fraglich, s. KK/*Lutter*, § 221 AktG Rz. 75; *Hüffer*, § 221 AktG Rz. 75 mwN. | [2] S. hierzu *Schüller*, Vorstandsvergütung, S. 64; *Spenner*, Aktienoptionen als Bestandteil der Vergütung von Vorstandsmitgliedern, S. 42; *Feddersen*, ZHR 161 (1997), 269 (285). | [3] S. auch *Weber* in Achleitner/Wollmert, Stock Options, 2. Aufl. 2002, S. 25 (28 f.); *Schüller*, Vorstandsvergütung, S. 63 f.; *Spenner*, Aktienoptionen als Bestandteil der Vergütung von Vorstandsmitgliedern, S. 32 f. | [4] S. BT-Drs. 13/9712, S. 24 li. Sp. aE; ebenso *Schüller*, Vorstandsvergütung, S. 177; missverständlich *Baums*, FS Claussen, S. 28 f., Fn. 130, der von Grundlagenentscheidungen, aber wohl nicht iSd. § 119 AktG spricht. | [5] *Hüffer*, ZHR 161 (1997), S. 224. | [6] Zur allgemeinen Zulässigkeit solcher Optionen s. *Hüffer*, § 221 AktG Rz. 75. *Steiner*, WM 1990, 1776; *Fuchs*, AG 1995, 433; abl. KK/*Lutter*, § 21 AktG Rz. 185; *Martens*, AG 1989, 69 (71). | [7] S. *Hüffer*, § 71 AktG Rz. 19e.

höchstens 18 Monaten ab dem Tag der Beschlussfassung gültig ist, gemäß § 193 Abs. 2 Nr. 4 AktG die Mindestausübungssperre jedoch zwei Jahre beträgt, ist eine zeitgleiche Ermächtigung zum Rückkauf von Aktien mit Beschluss des Aktienoptionsplans nicht möglich.

(2) **Ausgestaltung der Konditionen des Aktienoptionsplans.** Gemäß § 193 Abs. 2 Nr. 4 AktG müssen in Beschlüssen für das bedingte Kapital nach § 192 Abs. 2 Nr. 3 AktG neben dem Ausgabebetrag oder den Grundlagen, nach denen dieser Betrag errechnet wird, auch die Aufteilung der Bezugsrechte auf Mitglieder der Geschäftsführung und ArbN, Erfolgsziele, Erwerbs- und Ausübungszeiträume und Wartezeiten für die erstmalige Ausübung festgestellt werden. Die Regelung ist gemäß § 71 Abs. 1 Nr. 8 Satz 5 AktG entsprechend beim Erwerb eigener Aktien auf Grund Ermächtigung durch die Hauptversammlung anzuwenden. Der Hauptversammlungsbeschluss kann weitere Einzelheiten enthalten, muss es jedoch nicht. Vorstand und Aufsichtsrat müssen gemäß § 124 Abs. 3 Nr. 1 AktG einen detaillierten Beschlussvorschlag machen. Dieser muss nach hM jedoch nicht den Barwert der Optionen enthalten. Ob der Aktionär hierüber ein Auskunftsrecht nach § 131 Abs. 1 AktG hat, ist streitig[1]. Die Pflicht zur Maßgabe der gruppenmäßigen Aufteilungen beinhaltet nicht die Nennung einzelner Personen, sondern nur die Verteilung unter Vorstandsmitgliedern, Geschäftsführungen verbundener Unternehmen und ArbN. Der Begriff des Erfolgsziels[2] ist weit zu verstehen und umfasst den Ausübungs- bzw. Basispreis und andere Unternehmensziele, soweit die Ausübung an deren Erfüllung gebunden ist. Die zweijährige Mindestfrist zwischen Begründung des Bezugsrechts und erstmaliger Ausübungsmöglichkeit wurde vom Gesetzgeber bewusst knapp bemessen; verbreitet wird eine Dreijahresfrist als eher angemessen gewertet[3].

Ein **Erhöhungsbeschluss unter Verletzung des § 193 Abs. 2 Nr. 4 AktG** führt nicht zur Nichtigkeit, sondern ist bloß Anfechtungsgrund[4]. Die allgemeine Meinung argumentiert für Verstöße gegen § 193 Abs. 2 Nr. 1 bis 3 AktG anders, jedoch verfolgt Nr. 4 kein Schutzanliegen, das ähnliches Gewicht hat wie die bereits vor dem KonTraG bestehenden Vorgaben für bedingte Kapitalerhöhungen.

e) **Überstundenvergütung.** Die Vergütung von Über- oder Mehrarbeit ist durch das ArbZG (anders als ehemals in § 15 Abs. 2 AZO) nicht gesondert geregelt. Unter **Überarbeit** wird das Überschreiten der regelmäßigen betrieblichen Arbeitszeit[5], unter **Mehrarbeit** wird das Überschreiten der gesetzlichen Arbeitszeit verstanden[6]. Ob und in welchem Umfang Mehrarbeit zulässig ist, bestimmt sich nach den einschlägigen ArbN-Schutzvorschriften, insb. nach dem ArbZG.

Für den vertraglichen Anspruch des ArbN auf Überstundenvergütung reicht die bloße Kenntnis des ArbGeb von der Überstundenleistung nicht aus. Erforderlich ist vielmehr eine **rechtsgeschäftliche**, ggf konkludent getroffene **Vereinbarung** über die Leistung von Mehrarbeit, wobei unter den Voraussetzungen des § 612 Abs. 1 allein die Abrede über die Vergütung entbehrlich ist[7]. Eine solche Vergütungerwartung wird regelmäßig gegeben sein, kann jedoch bei leitenden oder sehr hoch bezahlten Mitarbeitern fehlen, s. ausf. § 612 Rz. 29[8].

Bestimmt der ArbGeb, dass die Arbeit im unmittelbaren Anschluss an die Beendigung der regelmäßigen Arbeitszeit fortzusetzen ist, so liegt darin die **Anordnung von Überstunden**[9] und auch, wenn der ArbGeb dem ArbN die vorgeschriebenen Ruhepausen nicht gewährt[10], werden Überstunden angeordnet. Eine solche Weisung kann sich auch aus den Umständen ergeben[11]; so etwa, wenn der ArbGeb die vom ArbN geleistete Überstundenarbeit kennt und sie duldet[12] oder wenn der ArbGeb dem ArbN eine Arbeit zuweist, die in der regelmäßigen Arbeitszeit nicht erbracht werden kann[13]. Verlangt ein TV eine schriftliche Anordnung von Überstunden, so besteht ein Anspruch des ArbN auf Überstundenvergütung selbst dann, wenn der ArbGeb die schriftliche Anordnung unterlassen hat[14]. Hierbei macht es keinen Unterschied, ob dem Schriftformerfordernis deklaratorische oder konstitutive Bedeutung zukommt[15].

Eine einzelvertragliche Vereinbarung, wonach etwaige Überstunden mit dem Gehalt abgegolten sind, ist grundsätzlich ebenso zulässig wie eine Überstundenvergütung in Form einer gleich bleibenden **Pau-

---

1 Hierfür *Adams*, ZIP 2002, 1325. | 2 Zurückgehend auf eine Beschlussempfehlung des Rechtsausschusses Ausschuss B BT-Drs. 13/138, S. 9, 26. | 3 S. bereits Regierungsbegründung BT-Drs. 13/9712, S. 24; *Hüffer*, § 194 AktG Rz. 9; *Klarhold*, Aktienoptionen als Vergütungselement, S. 245. | 4 *Hirte* in K. Schmidt/Rigger (Hrsg.), Gesellschaftsrecht 1999, 2000, S. 211 (226 ff.); *Vogel*, BB 2000, 937 (939); *Hüffer*, § 194 AktG Rz. 10 mwN. | 5 ErfK/*Preis*, § 611 BGB Rz. 609. | 6 ErfK/*Preis*, § 611 BGB Rz. 609. | 7 LAG Hamm v. 10.6.1999 – 8 Sa 94/99, LAGE § 612 BGB Nr. 6. | 8 S. etwa BAG v. 17.3.1982 – 5 AZR 1047/79, AP Nr. 33 zu § 612 BGB: Der leitende Arzt einer Fachabteilung kann vom Krankenhausträger neben der vereinbarten Vergütung nach § 612 Abs. 1 nicht ohne weiteres eine zusätzliche Vergütung beanspruchen, wenn er in erheblichem Umfang Rufbereitschaft leisten muss, weil ein Oberarzt fehlt. | 9 BAG v. 26.11.1992 – 6 AZR 455/91, AP Nr. 20 zu § 17 BAT. | 10 BAG v. 27.2.1992 – 6 AZR 478/90, AP Nr. 5 zu § 3 AZO Kr. | 11 BAG v. 28.11.1973 – 4 AZR 62/73, AP Nr. 2 zu § 17 BAT. | 12 BAG v. 20.7.1989 – 6 AZR 774/87, ZTR 1990, 155. | 13 BAG v. 4.5.1994 – 4 AZR 445/93, AP Nr. 1 zu § 1 TVG – Tarifverträge Arbeiterwohlfahrt. | 14 BAG v. 15.10.1992 – 6 AZR 349/91, AP Nr. 19 zu § 17 BAT; LAG Frankfurt v. 29.10.1992 – 13 Sa 1365/91, DB 1994, 382. | 15 BAG v. 15.10.1992 – 6 AZR 349/91, AP Nr. 19 zu § 17 BAT; gegen die Möglichkeit einer konstitutiven Wirkung derartiger Tarifregelungen BAG v. 17.4.1957 – 4 AZR 315/54, AP Nr. 1 zu § 2 TOA.

schale¹. Aus der vertraglichen Vereinbarung muss jedoch eindeutig hervor gehen, dass mit der vereinbarten Vergütung auch etwa anfallende Mehrarbeit abgegolten ist², so dass das **Bestimmtheitsgebot** gewahrt ist. Eine Vereinbarung über die Pauschalabgeltung von Überstunden findet zudem ihre Grenzen in der Vorschrift des § 138³. Eine einzelvertragliche Pauschalierung der Mehrarbeitsvergütung ist danach unzulässig, wenn sich im Vergleich mit der üblichen Vergütung ein erhebliches Missverhältnis ergibt⁴. Das wird bei leitenden Mitarbeitern regelmäßig nicht der Fall sein. Ohne ausdrückliche vertragliche Vereinbarung gilt die **Grundvergütung** für die Überstunden gem. § 612 als stillschweigend vereinbart, ein **Überstundenzuschlag** aber nicht (ausführlicher hierzu § 612 Rz. 23).

138 Der ArbN, der die Vergütung von Überstunden fordert, muss im Einzelnen darlegen, an welchen Tagen und zu welchen Tageszeiten er über die übliche Arbeitszeit hinaus gearbeitet hat. Dem ArbGeb obliegt es, dem Vortrag substantiiert entgegenzutreten. Erst anhand des konkreten Sachvortrags des ArbGeb kann das Gericht feststellen, welche Tatsachen streitig sind. Anschließend ist es Sache des ArbN, im Einzelnen Beweis für die geleisteten Stunden anzutreten⁵. Diese gestufte **Darlegungs- und Beweislast** besteht auch dann, wenn der ArbGeb seinen Unternehmenssitz nicht am Ort der Betriebsstätte hat⁶.

139 Zwischen einem ArbGeb und einem ArbN in Leitungsposition, dem keine festen Arbeitszeiten vorgegeben sind, kann statt einer Mehrarbeitsvergütung vereinbart werden, dass der ArbN durch entsprechende Gestaltung seines Arbeitsablaufes Überstunden abfeiert. Eine derartige Vereinbarung ist grundsätzlich zulässig. Es besteht kein allgemeiner Rechtsgrundsatz, dass Überstunden stets zu vergüten sind, wenn die Möglichkeit des Abfeierns besteht⁷. Sieht eine tarifliche Regelung einen Ausgleich von Überstunden grundsätzlich durch Arbeitsbefreiungen vor, so hat der ArbGeb die Möglichkeit zwischen Vergütung und Freizeitausgleich zu wählen. Dem ArbN steht dabei weder ein Rechtsanspruch auf Freizeitausgleich noch einer auf Vergütung zu. Es ist vielmehr ausschließlich Sache des ArbGeb, sein Wahlrecht in der einen oder anderen Richtung auszuüben. Hat der ArbGeb keine Arbeitsbefreiung gewährt, so ist Vergütung für die geleisteten Überstunden zu zahlen⁸. Abweichend von dem entsprechenden TV können die Arbeitsvertragsparteien jedoch vereinbaren, dass dem ArbN selbst der **Ausgleich von Überstunden durch Freizeit** obliegt. Eine solche Abmachung muss allerdings als unzulässig angesehen werden, wenn der ArbGeb einen finanziellen Ausgleich auch für die Fälle ausschließt, in denen der Freizeitausgleich aus Gründen, die in seiner Sphäre liegen, nicht möglich ist, oder wenn das zugewiesene Arbeitsvolumen in der vertraglich vorgesehenen Zeit nicht zu bewältigen ist und trotzdem eine Vergütung für Überstunden nicht ausgeschlossen ist. Kommt der ArbN seiner diesbezüglichen Verpflichtung nach, ist sein Anspruch auf Überstundenvergütung ausgeschlossen⁹. Ein bereits **entstandener Anspruch auf Überstundenvergütung** kann nicht durch einseitige Freistellung von der Arbeit erfüllt werden, wenn keine Ersetzungsbefugnis vereinbart ist¹⁰. Entschließt sich der ArbGeb, Mehrarbeit verstärkt durch Freizeitausgleich abzugelten, so kann dies je nach den Umständen eine **Änderungskündigung** mit dem Ziel sozial rechtfertigen, von der vereinbarten pauschalierten Mehrarbeitsvergütung zur „Spitzabrechnung" der tatsächlich geleisteten Mehrarbeit überzugehen¹¹.

140 Folgt aus einer an sich zulässigen **Bezugnahme auf beamtenrechtliche Bestimmungen**, dass ein ArbN des öffentlichen Dienstes bei Beendigung des Arbeitsverhältnisses einen Anspruch auf Mehrarbeitsvergütung verliert, so ist die entsprechende vom ArbGeb des öffentlichen Dienstes einseitig vorformulierte und daher der richterlichen Inhaltskontrolle unterliegende Vertragsklausel unbillig und damit unwirksam, weil sie zu einer unangemessenen und sachlich nicht gerechtfertigten Benachteiligung des ArbN führt¹².

141 Zur Frage der **Überstundenzuschläge für Teilzeitbeschäftigte** und ob Teilzeitbeschäftigte überhaupt zu Überstunden herangezogen werden dürfen, s. § 4 TzBfG Rz. 5 f.

142 f) **Trinkgeld, Bedienungsgeld.** Das **Trinkgeld** ist ein Geldbetrag, den ein Dritter ohne rechtliche Verpflichtung dem ArbN zusätzlich zu einer dem ArbGeb geschuldeten Leistung zahlt (Legaldefinition § 107 Abs. 3 GewO). Das **Bedienungsgeld** ist demgegenüber ein vom ArbGeb gegenüber Dritten erhobener prozentualer Aufschlag, der als solcher bezeichnet ist oder sonst als den ArbN zukommend gekennzeichnet ist¹³. Die Höhe des Aufschlags kann frei festgesetzt werden. Mangels näherer Vereinbarung kommt es auf die Verkehrssitte bei der Beantwortung der Frage an, ob zum „Umsatz", von dem das Bedienungsgeld zu berechnen ist, auch die Mehrwertsteuer gehört¹⁴.

---

1 Vgl. BAG v. 29.5.2002 – 5 AZR 370/01, EzA § 611 BGB – Mehrarbeit Nr. 10; LAG Köln v. 5.3.1999 – 4 Sa 1395/98, nv. (juris); LAG Frankfurt v. 11.11.1963 – 1 Sa 432/63, nv. (juris); LAG München v. 30.5.1956 – N 108/56 V, nv. (juris); ArbG Berlin v. 31.10.1988 – 30 Ca 214/88, EzA § 15 AZO Nr. 12. | 2 Vgl. BAG v. 16.11.1961 – 5 AZR 483/60, nv. (juris). | 3 LAG München v. 30.5.1956 – N 108/56 V, nv. (juris). | 4 ArbG Berlin v. 31.10.1988 – 30 Ca 214/88, EzA § 15 AZO Nr. 12. | 5 BAG v. 25.11.1993 – 2 AZR 517/93, BAGE 75, 153 (164). | 6 BAG v. 17.4.2002 – 5 AZR 644/00, DB 2002, 1455. | 7 BAG v. 4.5.1994 – 4 AZR 445/93, NZA 1994, 1035. | 8 BAG v. 16.2.1989 – 6 AZR 325/87, ZTR 1989, 320; v. 20.7.1989 – 6 AZR 774/87, ZTR 1990, 155 (156); v. 4.5.1994 – 4 AZR 445/93, AP Nr. 1 zu § 1 TVG – Tarifverträge Arbeiterwohlfahrt. | 9 BAG v. 4.5.1994 – 4 AZR 445/93, AP Nr. 1 zu § 1 TVG – Tarifverträge Arbeiterwohlfahrt. | 10 BAG v. 18.9.2001 – 9 AZR 307/00, AP Nr. 37 zu § 611 BGB – Mehrarbeitsvergütung. | 11 BAG v. 23.11.2000 – 2 AZR 547/99, NZA 2001, 492. | 12 BAG v. 24.11.1993 – 5 AZR 153/93, NZA 1994, 759. | 13 ErfK/*Preis*, § 611 BGB Rz. 629. | 14 BAG v. 7.10.1971 – 5 AZR 195/71, AP Nr. 6 zu § 611 BGB – Kellner.

Die **Ausgestaltung des Bedienungsgelds** unterliegt der arbeitsgerichtlichen Inhaltskontrolle und den Grenzen des § 138. Eine Vereinbarung zwischen einem Gastwirt und einer angestellten Servierin mit dem Inhalt, dass der Anspruch auf wesentliche Lohnteile (Umsatzprozente) von der Zahlungswilligkeit bzw. Zahlungsfähigkeit der Gäste abhängig ist, widerspricht dem auf Austausch von Dienstleistung und Vergütung gerichteten Arbeitsverhältnis und ist deshalb wegen Verstoßes gegen die guten Sitten gem. § 138 Abs. 1 nichtig[1]. Gem. § 107 Abs. 3 Satz 1 GewO kann die Zahlung eines regelmäßigen Arbeitsentgelts nicht wegen des **Trinkgelds** ausgeschlossen werden, s. Kommentierung dort. Eine Beschäftigung nur gegen Trinkgeld ist daher regelmäßig ebenso unwirksam[2]. Garantiert der ArbGeb keine Mindestsumme, dann wird die Grenze des § 138 leicht überschritten sein, garantiert er sie, so ist dies in der Sache nichts anderes als die nach § 107 Abs. 3 GewO verbotene Anrechnung von Trinkgeldern auf ein Festgehalt. 143

Der ArbN erhebt das Bedienungsgeld für den ArbGeb, der durch die Übergabe an den ArbN gem. §§ 929, 868 **Eigentümer** wird. Der ArbN hat allerdings seinerseits gegen den Wirt einen Lohnanspruch, der in der Höhe des Bedienungsgelds besteht. Der ArbN ist berechtigt, dass von ihm entgegengenommene Bedienungsgeld unmittelbar mit diesem Lohnanspruch zu verrechnen. Es liegt dann Erfüllung durch Aufrechnung vor[3]. Demgegenüber wird der ArbN unmittelbar Eigentümer des Trinkgelds, das er erhält. 144

Bei der Beschäftigung von mehreren ArbN gibt es insb. zwei **Verteilungssysteme** beim Bedienungsgeld und auch beim Trinkgeld, soweit es nicht unmittelbar einem bestimmten ArbN zugewendet wurde, sondern der Belegschaft insgesamt. Während beim **Serviersystem** jedem ArbN das bei ihm aufkommende Bedienungsgeld zusteht, wird beim **Troncsystem** das gesamte eingenommene Bedienungsgeld in eine gemeinsame Kasse gegeben und dann nach einem im Voraus festgelegten Schlüssel auf die einzelnen ArbN verteilt[4]. Letzteres gilt insb. für **ArbN der Spielbanken**, die individuelle Trinkgelder nicht annehmen dürfen (s. zB § 7 SpielbankG NW, § 9 SpielbankG BaWü). Der Spielbankunternehmer ist berechtigt, dem Tronc vorab die ArbGebAnteile zur SozV einschließlich der ArbGebAnteile zur Pflegeversicherung und die Beiträge zur gesetzlichen Unfallversicherung zu entnehmen[5], nicht aber Mittel aus dem bei ihm gebildeten Tronc zur Anschaffung von Gegenständen zu verwenden, die er dem BR gem. § 40 Abs 2 BetrVG zur Verfügung zu stellen hat; dies verstößt gegen das Umlageverbot des § 41 BetrVG[6]. Ebenso darf er nicht das vorzuzahlende Entgelt während des Urlaubs oder im Krankheitsfall dem Tronc entnehmen, da es in einem solchen Fall zu Lasten der übrigen Arbeitskollegen und nicht des ArbGeb ginge[7]. 145

Besteht ein Anspruch auf tarifliche Vergütung, so bleibt das Trinkgeld als freiwillige Zuwendung unberücksichtigt[8]. Trinkgelder, die dem Bedienungspersonal in Gaststätten von den Gästen freiwillig gegeben werden, gehören jedenfalls bei Fehlen einer besonderen arbeitsvertraglichen Vereinbarung für Zeiten des Urlaubs, der Arbeitsunfähigkeit und der BR-Tätigkeit nicht zum vom ArbGeb **fortzuzahlenden Arbeitsentgelt**[9]. Dementsprechend sind sie auch bei der Höhe einer Abfindung nach § 10 KSchG zum Monatsverdienst eines Kellners nicht hinzuzurechnen[10]. 146

Die Möglichkeit, von den Gästen Trinkgelder zu erhalten, ist grundsätzlich nicht als **Naturalvergütung** anzusehen. Allerdings kann Naturalbezug eines ArbN auch die Verschaffung einer Verdienstmöglichkeit sein. Wird Trinkgeld ausnahmsweise vom ArbGeb als Naturalbezug geschuldet, wird die Lohnzahlungspflicht des ArbGeb (teilweise) durch die Pflicht ersetzt, Einnahmen aus Trinkgeldern zu ermöglichen Dies setzt indessen zumindest eine entsprechende Vereinbarung der Arbeitsvertragsparteien voraus. Das Vorliegen einer derartigen – auch konkludent abgeschlossenen – Vereinbarung kann anzunehmen sein, wenn sich der ArbGeb bei Abschluss des Arbeitsvertrages erkennbar dazu verpflichtet, dem ArbN als Teil seiner Vergütung die Erwerbschance zu geben, eingeräumte Trinkgelder in Empfang zu nehmen. Hiervon kann insb. auszugehen sein, wenn ein so geringes Festgehalt vereinbart wird, dass der ArbN ein für derartige Arbeitsleistung übliches Arbeitsentgelt erst unter Einrechnung der von den Arbeitsvertragsparteien erwarteten Trinkgelder erreichen kann[11]. Da das Trinkgeld dann vertraglicher Vergütungsbestandteil ist, besteht eine **Auskunftpflicht** des ArbGeb gegenüber dem ArbN über die Höhe der eingenommenen Trinkgelder[12]. 147

Da der Wirt zunächst Eigentum an den Bedienungsgeldern erwirbt (siehe Rz. 144), können seine Gläubiger seinen Herausgabeanspruch gegen den ArbN **pfänden** und sich überweisen lassen[13]. Bei 148

---

1 LAG Hamm v. 3.10.1979 – 1 Sa 946/79, BB 1980, 105. | 2 Noch auf die Preußische Durchführungsverordnung zum Gaststättengesetz vom 18.6.1930 abstellend BAG v. 24.6.1968 – 5 AZR 446/67, DB 1968, 1587 | 3 BAG v. 22.5.1965 – 3 AZR 306/64, AP Nr. 4 zu § 611 BGB – Kellner. | 4 BAG v. 22.5.1965 – 3 AZR 306/64, AP Nr. 4 zu § 611 BGB – Kellner; *Salje*, DB 1989, 321 | 5 BAG v. 11.3.1998 – 5 AZR 567/96, AP Nr. 20 zu § 611 BGB – Croupier. | 6 BAG v. 14.8.2002 – 7 ABR 29/01, AuR 2002, 349; ebenso Vorinstanz LAG Kiel v. 17.5.2001 – 4 TaBV 45/00, ARSt. 2001, 211. | 7 LAG Berlin v. 13.10.1964 – 5 Sa 68/64, AuR 1965, 283; aA Küttner/*Griese*, Personalbuch Trinkgeld Rz. 4. | 8 *Schaub*, ArbRHdb, § 68 Rz. 9; Küttner/*Griese*, Personalbuch Trinkgeld Rz. 2; nach Staudinger/*Richardi*, § 611 BGB ist die Anrechnung auf das Arbeitsentgelt nur im Zweifel zu verneinen. | 9 BAG v. 28.6.1995 – 7 AZR 1001/94, AP Nr. 112 zu § 37 BetrVG 1972. | 10 AA noch vor der oben genannten Entscheidung des BAG: LAG Düsseldorf v. 18.2.1981 – 12 Sa 1534/80, nv. (juris); dem folgend ErfK/*Preis*, § 611 BGB Rz. 633. | 11 BAG v. 28.6.1995 – 7 AZR 1001/94, AP Nr. 112 zu § 37 BetrVG 1972. | 12 Küttner/*Griese*, Trinkgeld Rz. 5; ErfK/*Preis*, § 611 BGB Rz. 634. | 13 Zu Aufrechnungsmöglichkeiten des ArbN s. BAG v. 22.5.1965 – 3 AZR 306/64, AP Nr. 4 zu § 611 BGB – Kellner.

149 **6. Zahlungen ohne Entgeltcharakter. a) Auslösung.** Unter der Auslösung ist ein **pauschalierter Aufwendungsersatz** zu verstehen, der Fahrt-, Übernachtungs- und Verpflegungskosten insb. im Montanbereich abdecken soll[3]. Die Aufwendungspauschale wird nicht von § 670 erfasst, da dieser nur einen Anspruch auf konkret angefallene und im Einzelnen nachgewiesene Einzelaufwendungen gewährt. Eine **Rechtsgrundlage** für die Pauschalierung von Aufwendungen in Form von Auslösungssätzen findet sich vor allem im BundesmontageTV der Eisen-, Metall- und Elektroindustrie (BMTV) v. 30.3.1980[4] und im BundesrahmenTV für das Baugewerbe; Letzterer ist für allgemeinverbindlich erklärt. Ist der Aufwendungsersatz durch eine tarifvertragliche Klausel abschließend geregelt, findet § 670 keine Anwendung[5].

150 Die **Fernauslösung** ist der Ersatz der Mehraufwendungen für Übernachtung, Verpflegung und sonstige Bedürfnisse, die dem ArbN durch eine auswärtige Beschäftigung entstehen, bei der er auswärts übernachten muss, weil ihm die tägliche Rückkehr von seiner Arbeitsstelle zu seinem Wohnsitz nicht zumutbar ist[6]. Sie ist höher als die **Nahauslösung**, die die Mehraufwendungen auswärtiger Beschäftigung bei täglicher Heimfahrt abgelten will. Für die Unzumutbarkeit der Heimfahrt wird entweder auf die Entfernung zwischen Arbeitsstelle und Betriebssitz oder auf den Zeitaufwand für die Hin- und Rückfahrt von der Wohnung bei Benutzung öffentlicher Verkehrsmittel abgestellt[7]. Diese Unzumutbarkeit wird teilweise durch tarifvertragliche Regelungen präzisiert. Unzumutbarkeit liegt ua. vor, wenn bei Benutzung öffentlicher Verkehrsmittel der Zeitaufwand für Hin- und Rückweg $3^{1}/_{2}$ Stunden übersteigt. Bei der Berechnung dieses Zeitaufwandes sind notwendige Wartezeiten an der Montagestelle bis zum Schichtbeginn und nach Schichtende bis zum Antritt des Rückweges nur mitzuberücksichtigen, wenn sie jeweils 30 Minuten übersteigen[8]. Weil die Auslösung einer Pauschalierung zugrunde liegt, berührt es den Anspruch des ArbN nicht, wenn dieser trotz Unzumutbarkeit dennoch täglich nach Hause fährt[9] oder er auswärts oder daheim kostenlos bei Verwandten übernachten kann, ihm also keine doppelten Übernachtungskosten entstehen[10].

151 Die **Fernauslösung** gehört als pauschalierte Aufwandsentschädigung weder zum fortzuzahlenden Entgelt iSd. § 37 Abs. 2 BetrVG[11], noch iSd. EFZG[12]. Die **Nahauslösung** hat in ihrem steuerpflichtigen Teil jedoch Entgeltcharakter, so dass sie insoweit auch im Krankheitsfall[13], an Feiertagen[14] und im Urlaub[15] zu zahlen ist.

152 Gemäß § 850a Nr. 3 ZPO sind Auslösungen, die den Rahmen des Üblichen nicht übersteigen, nicht **pfändbar**.

153 **b) Darlehen. aa) Allgemeines.** Im Unterschied zu der Entgeltzahlung im engeren Sinne liegt ein **ArbGebDarlehen** dann vor, wenn der ArbGeb mit Rücksicht auf das Arbeitsverhältnis einem ArbN Kapital zur vorübergehenden Nutzung, typischerweise zu günstigeren Bedingungen als auf dem Kapitalmarkt überlässt[16]. Kein ArbGebDarlehen sind Vorschuss und die Abschlagszahlung. Während Vorschüsse Geldleistungen auf noch nicht verdientes Arbeitsentgelt darstellen[17], werden bei Abschlagszahlungen Geldzahlungen auf verdientes aber noch nicht abgerechnetes Entgelt geleistet[18].

154 **bb) Grenzen der Vertragsgestaltung.** Schließt der ArbGeb mit seinem ArbN Kreditverträge ab, die unter den marktüblichen Zinsen liegen, finden die Vorschriften über den Verbraucherdarlehensvertrag (§§ 491 ff.) gemäß **§ 491 Abs. 2 Satz 1 Nr. 2** keine Anwendung. Verwendet der ArbGeb jedoch vorformulierte Klauseln, so unterliegen diese einer Inhaltskontrolle gem. §§ 305 ff.[19]. **Fälligkeitsklauseln** und **Zinsanpassungsklauseln**, die das Schicksal des Darlehensvertrags an den Bestand des Arbeitsverhältnisses koppeln, unterliegen ebenfalls einer Inhaltskontrolle[20]. Räumt der ArbGeb dem ArbN für ein Darlehen

---

1 LG Hamburg v. 30.7.2001 – 330 T 36/01, JAmt 2002, 44; aA LG Osnabrück v. 6.12.1998 – 7 T 72/98, NZA-RR 1999, 430. | 2 OLG Stuttgart v. 3.7.2001 – 8 W 569/00, MDR 2002, 294. | 3 ErfK/*Preis*, § 611 BGB Rz. 640. | 4 Zu dessen Geltungsbereich BAG v. 11.11.1997 – 3 AZR 187/96, AP Nr. 156 zu § 1 TVG – Tarifverträge: Metallindustrie; v. 11.11.1997 – 3 AZR 162/96, AP Nr. 157 zu § 1 TVG – Tarifverträge: Metallindustrie. | 5 BAG v. 4.12.1974 – 4 AZR 138/74, AP Nr. 20 zu § 1 TVG – Tarifverträge: Bau; v. 29.7.1992 – 4 AZR 512/91, AP Nr. 155 zu § 1 TVG Tarifverträge: Bau; v. 14.2.1996 – 5 AZR 978/94, AP Nr. 5 zu § 611 BGB – Aufwandsentschädigung. | 6 ErfK/*Preis*, § 611 BGB Rz. 641. | 7 BAG v. 27.2.1996 – 3 AZR 163/95, AP Nr. 28 zu § 1 TVG – Auslösung. | 8 BAG v. 13.12.1994 – 3 AZR 188/94, DB 1995, 1180 unter teilweiser Aufgabe von BAG v. 25.8.1982 – 4 AZR 1072/79, BAGE 40, 86. | 9 BAG v. 23.10.1991 – 4 AZR 139/91, NZA 1992, 420; v. 28.6.1989 – 4 AZR 226/89, AP Nr. 22 zu § 1 TVG – Auslösung. | 10 BAG v. 13.5.1974 – 5 AZR 374/73, AP Nr. 3 zu § 1 TVG – Auslösung. | 11 BAG v. 18.9.1991 – 7 AZR 41/90, BAGE 68, 292. | 12 BAG v. 28.1.1982 – 6 AZR 911/78, DB 1982, 1331; zum tarifvertraglichen Entgeltfortzahlungsanspruch BAG v. 15.6.1983 – 5 AZR 598/80, BAGE 43, 87. | 13 BAG v. 14.8.1985 – 5 AZR 76/85, AP Nr. 14 zu § 2 LohnFG; v. 2.10.1974 – 5 AZR 555/73, AP Nr. 3 zu § 2 LohnFG. | 14 BAG v. 24.9.1986 – 4 AZR 543/85, NZA 1987, 315. | 15 BAG v. 10.3.1987 – 8 AZR 494/84, DB 1987, 1741. | 16 ErfK/*Preis*, § 611 BGB Rz. 544. | 17 *Schaub*, ArbRHdb, § 70 Rz. 13. | 18 *Schaub*, ArbRHdb, § 70 Rz. 12. | 19 Unter Geltung des AGB-Gesetz wegen dessen Bereichsausnahme für den Arbeitsvertrag noch vorsichtig: BAG v. 23.9.1992 – 5 AZR 569/91, AP Nr. 1 zu § 611 BGB Arbeitnehmerdarlehen; s. auch BAG v. 26.5.1993 – 5 AZR 219/92, AP Nr. 3 zu § 23 AGBG; s. auch ErfK/*Preis*, § 611 BGB Rz. 544. | 20 *Kania*, AR-Blattei SD 570 Rz. 62 ff.; ErfK/*Preis*, § 611 BGB Rz. 544.

einen Sonderzinssatz ein, so stellt die vertragliche Bedingung, dass nach Beendigung des Arbeitsverhältnisses ein höherer Zinssatz zur Anwendung kommt, im Rahmen einer Inhaltskontrolle keine unangemessene Benachteiligung dar[1]. Eine **tarifliche Ausschlussklausel**, nach der vertragliche Ansprüche aus dem Arbeitsverhältnis innerhalb bestimmter Fristen schriftlich geltend zu machen sind, erfasst nicht Zinsforderungen aus ArbGebDarlehen[2]. Ansprüche auf Rückzahlung von Darlehen, die mit Rücksicht auf das Arbeitsverhältnis niedriger als marktüblich zu verzinsen und an den Bestand des Arbeitsverhältnisses geknüpft sind, werden jedoch von einer Ausschlussklausel erfasst, die auch „solche Ansprüche, die mit dem Arbeitsverhältnis in Verbindung stehen", einbezieht[3].

cc) Betriebsübergang/Ausscheiden des ArbN. Ein ArbGebDarlehen kann gemäß § 613a auf den Betriebserwerber übergehen, wenn das Darlehen zu den Rechten und Pflichten aus dem Arbeitsverhältnis gehört. Dies ist nach der missverständlichen Formulierung des BAG dann der Fall, wenn der ArbGeb dem ArbN ein Darlehen als Lohn- oder Gehaltsvorschuss gegeben hat[4] – dann ist es aber kein Darlehen, s. Rz. 153 ff.. Entscheidend ist, ob die Arbeitsvertragsparteien neben dem Arbeitsvertrag einen vom Arbeitsverhältnis unabhängigen eigenständigen Darlehensvertrag geschlossen haben. Der wird dieser durch den Betriebsübergang nicht berührt[5]. 155

dd) ArbN-Darlehen sind seltener. Sie liegen vor, wenn der ArbN seinem ArbGeb mit Rücksicht auf das Arbeitsverhältnis Kapital zur vorübergehenden Nutzung überlässt, etwa bei wirtschaftlichen Schwierigkeiten des ArbGeb[6]. Sie sind grundsätzlich zulässig, jedoch unterliegen auch deren vorformulierte Bedingungen einer **Inhaltskontrolle** gem. §§ 305 ff.[7]. Das BAG hatte erhebliche Bedenken gegen die Wirksamkeit der Bestimmungen des Darlehensvertrages, wonach sich das Darlehen jeweils um fünf Jahre verlängert, wenn es nicht rechtzeitig gekündigt worden ist, dass die Zinsen, wenn im Zeitpunkt ihrer Fälligkeit keine Lohn- und Gehaltszahlung anfällt, nur auf Antrag des Mitarbeiters überwiesen werden, und dass 50 % der Darlehenssumme erst ein Jahr später ausbezahlt und in dieser Zeit auch nicht verzinst werden. Eine Klausel, die für ein mit 4 % p.a. verzinstes Darlehen eine Laufzeit von 15 Jahren unabhängig von der Laufzeit des Arbeitsverhältnisses vorsieht, ist nach der Rspr. nicht als unangemessene Benachteiligung iSv. § 9 Abs. 1 AGBG (jetzt § 307 Abs. 1 Satz 1) zu beanstanden[8]. Ggf. kann ein ArbN-Darlehen sittenwidrig sein[9]. 156

Verzichtet der ArbN allerdings auf die Auszahlung bestimmter, bereits vereinbarter Vergütungsbestandteile und stellt dem ArbGeb die entsprechenden Beträge als Darlehen zur Verfügung, handelt es sich hierbei um eine sog. **Lohnverwendungsabrede**, die im Hinblick auf § 117 Abs. 2 GewO unzulässig ist[10]. Gewährt der ArbGeb dem ArbN hingegen freiwillige Zuwendungen unter der Bedingung, dass dieser Betrag dem ArbGeb als Darlehen zur Verfügung gestellt wird, liegt kein Verstoß gegen das Prinzip der Lohnsicherung vor. Freiwillige zusätzliche Leistungen im Rahmen von Arbeitsverhältnissen haben zwar Entgeltcharakter. Sie werden aber von den Verboten der §§ 115 ff. GewO nicht erfasst. Diese Vorschriften verbieten dem ArbGeb nicht, dem ArbN freiwillige Leistungen in anderer Form als in der der Barauszahlung oder -überweisung zukommen zu lassen[11]. 157

7. Rückzahlung von Vergütung. a) Grundlagen des Bereicherungsrechts. Erhält der ArbN durch ein Versehen des ArbGeb eine zu hohe Vergütung, hat der ArbGeb einen Rückzahlungsanspruch gem. § 812 Abs. 1 Satz 1 Alt. 1. Weiß der ArbGeb um das Fehlen einer Rechtspflicht, greift § 814. Der Rückzahlungsanspruch ist allerdings nach § 818 Abs. 3 ebenso ausgeschlossen, soweit der Empfänger nicht mehr bereichert ist. Eine Entreicherung ist anzunehmen, wenn das Erlangte ersatzlos weggefallen ist und kein Überschuss zwischen dem vorhandenen Vermögen und dem Vermögen mehr besteht, das ohne den bereichernden Vorgang vorhanden wäre. Von dem Fortbestehen einer Bereicherung ist auch dann auszugehen, wenn der Bereicherungsschuldner mit der Ausgabe des Erlangten anderweitige Aufwendungen erspart hat. Ein Wegfall der Bereicherung ist dagegen anzunehmen, wenn der Empfänger die rechtsgrundlose Leistung ersatzlos für (Luxus-)Ausgaben verwendet hat, die er sonst nicht gemacht hätte. Dies allgemeinen Regeln gelten auch bei überzahltem Lohn oder Gehalt[12]. 158

b) Entreicherungseinwand. Ein ArbN, der gegen den Anspruch des ArbGeb auf Rückzahlung zu viel gezahlter Arbeitsvergütung (§ 812 Abs. 1) den Wegfall der Bereicherung geltend macht (§ 818 Abs. 3), hat im Einzelnen Tatsachen darzulegen, aus denen sich ergibt, dass die Bereicherung weggefallen ist. Ihm können allerdings die Erleichterungen des **Anscheinsbeweises** zugute kommen[13]. 159

---

1 BAG v. 23.2.1999 – 9 AZR 737/97, AP Nr. 4 zu § 611 BGB – Arbeitnehmerdarlehen. | 2 BAG v. 23.2.1999 – 9 AZR 737/97, AP Nr. 4 zu § 611 BGB – Arbeitnehmerdarlehen. | 3 BAG v. 20.2.2001 – 9 AZR 11/00, BAGE 97, 65. | 4 BAG v. 21.1.1999 – 8 AZR 373/97, nv. (juris). | 5 S. auch *Willemsen*, FS Wiedemann, 2002, S. 645. | 6 ErfK/*Preis*, § 611 BGB Rz. 545. | 7 Vgl. BAG v. 23.9.1992 – 5 AZR 569/91, AP Nr. 1 zu § 611 BGB – Arbeitnehmerdarlehen zur alten Rechtslage. | 8 BAG v. 23.9.1992 – 5 AZR 569/91, AP Nr. 1 § 611 BGB – Arbeitnehmerdarlehen. | 9 BGH v. 14.10.2003 – XI ZR 134/02, FA 2004, 45. | 10 ErfK/*Preis*, § 611 BGB Rz. 545. | 11 BAG v. 23.9.1992 – 5 AZR 569/91, AP Nr. 1 zu § 611 BGB – Arbeitnehmerdarlehen. | 12 BAG v. 18.1.1995 – 5 AZR 817/93, AP Nr. 13 zu § 812 BGB; v. 18.9.1986 – 6 AZR 517/83, AP Nr. 5 zu § 812 BGB; LAG Hamm v. 3.12.1999 – 5 Sa 97/99, NZA-RR 2000, 181. | 13 BAG v. 25.4.2001 – 5 AZR 497/99, DB 2001, 1833; v. 23.5.2001 – 5 AZR 374/99, AP Nr. 25 zu § 812 BGB; v. 12.1.1994 – 5 AZR 597/92, AP Nr. 3 zu § 818 BGB; v. 30.4.1997 – 7 AZR 122/96, NZA 1998, 199 (201), unter III d.Gr. mwN; LAG Hamm v. 3.12.1999 – 5 Sa 97/99, AP Nr. 3 zu § 818 BGB.

160 Bei kleineren und mittleren Arbeitseinkommen und einer gleich bleibend geringen Überzahlung des laufenden Arbeitsentgelts besteht die Möglichkeit des Beweises des ersten Anscheins für den Wegfall der Bereicherung[1]. Ein konkreter Nachweis, um solche Überzahlungen nicht mehr bereichert zu sein, ist danach entbehrlich. Diese **Erleichterung der Darlegungs- und Beweislast** kommt für den ArbN aber nur dann in Betracht, wenn erfahrungsgemäß und typischerweise anzunehmen ist, dass die Zuvielzahlung für den laufenden Lebensunterhalt, insb. für konsumtive Ausgaben verbraucht wurde. Eine solche Annahme setzt voraus, dass es sich um Überzahlungen in relativ geringer Höhe handelt. Je höher die Überzahlung im Verhältnis zum Realeinkommen ist, umso weniger lässt sich annehmen, die zusätzlichen Mittel seien für den Lebensunterhalt verbraucht worden. Außerdem muss die Lebenssituation des ArbN, insb. seine wirtschaftliche Lage so sein, dass die Verwendung der Überzahlung für die laufende Lebensführung nahe liegt. Das ist regelmäßig dann der Fall, wenn ArbN mit geringem oder mittlerem Einkommen über keine weiteren Einkünfte verfügen, so dass sie die Nettobezüge aus ihrem Arbeitsverhältnis verwenden, um den laufenden Lebensunterhalt für sich und evtl. ihre Familie zu bestreiten. Sind dagegen nennenswerte andere Einkünfte vorhanden, so kann auf eine typische Lebenssituation, die zum Verbrauch der zusätzlichen Mittel führt, nicht geschlossen werden[2].

161 Zur Beantwortung der Frage, wann eine **Übzahlung geringfügig** ist, werden die zum Beamtenrecht geltenden Richtlinien von der Rspr. auf die Arbeitsverhältnisse übertragen Hiernach sind Überzahlungen, die nicht mehr als 10 % der dem Beamten an sich zustehenden Bezüge betragen, als geringfügig anzusehen. Ein offenbarer Wegfall der Bereicherung wird hier unterstellt[3].

162 Für ArbN, die zum Kreis der **besser Verdienenden** gehören, gilt die Beweiserleichterung idR nicht, da bei ihnen regelmäßig nicht davon ausgegangen werden kann, dass höhere Einkünfte auch ausgegeben werden; das BAG hat freilich offen gelassen, wer lediglich gut verdient und wer ein besser Verdienender ist[4]. Der Beweis des ersten Anscheins für den Wegfall einer durch Gehaltsüberzahlungen eingetretenen Bereicherung ist im Falle einer mehrere Monate betreffenden einmaligen Überzahlung, die das richtige Gehalt um ein Vielfaches übersteigt, regelmäßig nicht anzunehmen[5]. Gelingt dem ArbGeb der Nachweis, dass beim ArbN **noch weitere nennenswerte Einkünfte** vorhanden sind, so kann sich der ArbN nicht mehr auf eine Beweiserleichterung berufen, sondern muss nun seinerseits der ihn treffenden Darlegungs- und Beweislast vollen Umfangs nachkommen und darstellen, welche anderen Einkünfte vorhanden sind und inwieweit noch der Schluss auf einen typischen Ablauf, den Verbrauch zum Lebensunterhalt, möglich ist. Seiner Darlegungs- und Beweislast genügt der ArbN nicht, wenn er zu den nach Art und Grund nach plausibel behaupteten anderweitigen Einkünften nicht substantiiert Stellung nimmt[6].

163 Wird in einem **Arbeits- oder einem Kollektivvertrag** ausdrücklich die **Verpflichtung** des ArbN festgelegt, **Lohnüberzahlungen zurückzuerstatten**, so kann sich der ArbN nicht auf den Wegfall der Bereicherung berufen[7]. Das Verlangen des ArbGeb auf Rückzahlung irrtümlich überzahlter Lohnbeträge kann jedoch auch dann ausgeschlossen sein wegen Verstoßes gegen Treu und Glauben durch unzulässige Rechtsausübung, wenn er dem ArbN die Richtigkeit der Lohnberechnung ausdrücklich zugesagt oder es ihm unmöglich gemacht hat, die Richtigkeit der Abrechnung selbst zu überprüfen[8]. Auch kann der Anspruch verwirkt sein, jedoch setzt die Verwirkung voraus, dass neben dem Zeitmoment das Umstandsmoment tritt[9]. In der einseitigen Erklärung des ArbN auf einem vom ArbGeb vorgelegten vorgedruckten Formular, ihm sei bekannt, dass er alle Bezüge zurückzahlen müsse, die er infolge unterlassener, verspäteter oder fehlerhafter Meldung zu viel erhalten habe, liegt allerdings keine Vereinbarung der Parteien über den Ausschluss des Entreicherungseinwands nach § 818 Abs. 3[10].

164 **c) Schadensersatzanspruch des ArbN.** Erfolgt eine **schuldhaft falsche Lohnberechnung** des ArbGeb, liegt hierin eine Verletzung seiner Fürsorgepflicht, die einen **Schadensersatzanspruch** des ArbN nach § 280 zur Folge haben kann, mit dem er gegen den Erstattungsanspruch des ArbGeb aufrechnen kann, so dass eine Rückzahlung in diesem Fall ausgeschlossen ist, auch wenn der ArbN nicht entreichert ist[11]. Ein Schaden freilich muss vorliegen. Der kann aber nicht schon darin bestehen, dass der ArbN die LSt später bezahlen muss als er sie eigentlich hätte bezahlen müssen. Nur soweit aus dieser verspäteten Zahlung der LSt dem ArbN ein besonderer Nachteil entsteht, ist der ArbGeb zum Ersatz des Schadens verpflichtet. Hinsichtlich des besonderen Nachteils ist der ArbN beweispflichtig[12]. Liegt le-

---

1 BAG v. 18.1.1995 – 5 AZR 817/93, BAGE 79, 115 (119). | 2 BAG v. 23.5.2001 – 5 AZR 374/99, AP Nr. 25 zu § 812 BGB; v. 18.1.1995 – 5 AZR 817/93, BAGE 79, 115. | 3 BAG v. 18.9.1986 – 6 AZR 517/83, AP Nr. 5 zu § 812 BGB; LAG Hamm v. 27.3.1974 – 3 Sa 51/74, BB 1975, 230. | 4 BAG v. 12.1.1994 – 5 AZR 597/92, AP Nr. 3 zu § 818 BGB; LAG Hamm v. 3.12.1999 – 5 Sa 97/99, AP Nr. 3 zu § 818 BGB; gegen die Differenzierung nach Einkommensgruppen *Grunsky*, AuR 1987, 312 (316). | 5 BAG v. 23.5.2001 – 5 AZR 374/99, AP Nr. 25 zu § 812 BGB. | 6 BAG v. 18.1.1995 – 5 AZR 817/93, AP Nr. 13 zu § 812 BGB. | 7 BAG v. 8.2.1964 – 5 AZR 371/63, AP Nr. 2 zu § 611 BGB – Lohnrückzahlung; v. 20.6.1989 – 3 AZR 554/87, AP Nr. 8 zu § 87 HGB. | 8 BAG v. 8.2.1964 – 5 AZR 371/63, AP Nr. 2 zu § 611 BGB – Lohnrückzahlung. | 9 BAG v. 25.4.2001 – 5 AZR 497/99, BAGE 97, 326. | 10 BAG v. 18.9.1986 – 6 AZR 517/83, AP Nr. 5 zu § 812 BGB. | 11 BAG v. 8.2.1964 – 5 AZR 371/63, AP Nr. 2 zu § 611 BGB – Lohnrückzahlung; v. 27.3.1958 – 2 AZR 188/56, AP Nr. 1 zu § 670 BGB mit zust. Anm. v. Dersch; v. 27.3.1958 – 2 AZR 291/57, AP Nr. 2 zu § 670 BGB. | 12 BAG v. 27.3.1958 – 2 AZR 188/56, AP Nr. 1 zu § 670 BGB; v. 27.3.1958 – 2 AZR 291/57, AP Nr. 2 zu § 670 BGB; v. 27.3.1958 – 2 AZR 367/57, AP Nr. 4 zu § 670 BGB; v. 27.3.1958 – 2 AZR 221/56, AP Nr. 5 zu § 670 BGB.

diglich eine fahrlässige Falschberechnung des ArbGeb vor, sind Schadensersatzansprüche des ArbN dann ausgeschlossen, wenn durch den Arbeitsvertrag ausdrücklich die Rückzahlung zu viel gezahlten Lohnes vereinbart wird[1].

d) Schadensersatzanspruch des ArbGeb. Auch der ArbGeb kann einen Anspruch auf **Schadensersatz** 165
gemäß §§ 280 Abs. 1, 241 Abs. 2 haben. Ein solcher Anspruch ist anzunehmen, wenn die Überzahlung auf einer Verletzung der Informations- oder Auskunftspflicht des ArbN beruht. Eine solche Pflichtverletzung des ArbN liegt etwa dann vor, wenn er im Falle eines Annahmeverzugs des ArbGeb die Mitteilung eines anderweitigen Verdienstes unterlässt. Ferner macht er sich ebenfalls dann schadensersatzpflichtig, wenn er den ArbGeb nicht über Änderungen informiert. Kommt ein Ruhegeldberechtigter schuldhaft seiner Auskunftsverpflichtung über den Bezug anderweitiger öffentlicher Renten nicht nach, die der Versorgungsträger anrechnen darf, so ist er ebenfalls zum Schadensersatz verpflichtet, der der Ruhegeldüberzahlung entspricht. Der Entreicherungseinwand ist – weil es sich um einen vertraglichen Schadensersatzanspruch handelt – ausgeschlossen[2].

e) Fälligkeit/Geltendmachung. Der Anspruch des ArbGeb auf Rückzahlung überzahlter Vergütung wird 166
gem. § 271 Abs. 1 im Zeitpunkt der Überzahlung **fällig**, wenn die Vergütung fehlerhaft berechnet worden ist, obwohl die maßgebenden Umstände bekannt waren oder hätten bekannt sein müssen. Auf die Kenntnis des ArbGeb von seinem Rückzahlungsanspruch kommt es regelmäßig nicht an[3]. Konnte der ArbGeb die Überzahlung nicht erkennen, etwa weil der ArbN für die Berechnung maßgebliche Mitteilungen treuwidrig unterlassen hatte, so kann die durch **tarifliche Ausschlussfristen** bestimmte Fälligkeit des Rückzahlungsanspruchs ausnahmsweise später eintreten. Der ArbGeb kann in diesem Fall dem Fristablauf mit dem **Einwand unzulässiger Rechtsausübung** gem. § 242 begegnen[4]. Die Berufung auf die **tarifliche Ausschlussfrist** kann treuwidrig sein, wenn eine Vertragspartei den Vertragspartner durch aktives Handeln von der Einhaltung der Ausschlussfrist abhält oder wenn sie es pflichtwidrig unterlässt, dem Vertragspartner Umstände mitzuteilen, die diesen zur Einhaltung der Ausschlussfrist veranlassen können[5]. Ein treuwidriges Verhalten des ArbN ist dementsprechend auch anzunehmen, wenn er erkennt, dass seinem ArbGeb bei der Überweisung der Vergütung ein Irrtum unterlaufen ist, der zu einer erheblichen Überzahlung geführt hat, und er die Überzahlung dennoch nicht anzeigt[6]. Auch wenn eine allgemeine Verpflichtung des ArbN, die durch den ArbGeb erstellte Vergütungsabrechnung zu überprüfen, im Arbeitsrecht nicht besteht[7], soll ein pflichtwidriges Unterlassen des ArbN bereits dann vorliegen, wenn er bemerkt, dass er eine gegenüber sonst ungewöhnlich hohe Zahlung erhalten hat, deren Grund er nicht klären kann[8]. Die einseitige Erklärung des ArbGeb der „Zahlung unter Vorbehalt" schließt die Anwendung tariflicher Ausschlussfristen nicht aus[9].

f) Brutto/Netto. Ob der ArbN den zu viel erhaltenen **Nettobetrag** oder den **Bruttobetrag** zurückzahlen 167
muss, ist noch nicht höchstrichterlich entschieden und in der Lit. umstritten. Nach der sog. „Nettolösung" ist eine Bereicherung des ArbN iSv. §§ 812 ff. iHd. ausbezahlten Nettobetrags gegeben. Wegen der Erstattung der auf die Überzahlung entrichteten Steuer- bzw. SozV-Abzüge habe sich der ArbGeb direkt an das FA bzw. die Einzugsstelle zu halten[10]. Nach der sog. „Bruttolösung" hat der ArbN unter Hinweis auf die Praxis der Finanzverwaltung[11] den Bruttobetrag, also einschließlich Steuern und Sozialabgaben, zurückzuzahlen[12]. Damit obliegt die Rückabwicklung der zu viel entrichteten Steuer- und SozV-Abzüge mit dem FA dem ArbN[13].

V. Beschäftigungspflicht. 1. Grundsatz. Ein Beschäftigungsanspruch des ArbN und damit korrespon- 168
dierend die Beschäftigungspflicht des ArbGeb ist im Dienstvertragsrecht nicht ausdrücklich geregelt. Allgemeine Anerkennung wurde dem Anspruch auf Beschäftigung erst seit In-Kraft-Treten des Grundgesetzes durch die grundlegende Entscheidung des BAG v. 10.11.1955 zuteil[14]. Seither bejaht das BAG in ständiger Rspr. mit Zustimmung der Lit. einen Anspruch des ArbN auf tatsächliche Beschäftigung während des Arbeitsverhältnisses. Rechtsdogmatisch wird dieser Anspruch mit dem Allgemeinen Persönlichkeitsrecht des ArbN gem. Art. 2 Abs. 1 iVm. Art. 1 GG begründet. Der Anerkennung der Beschäftigungspflicht liegt die Erkenntnis zugrunde, dass die Achtung und Wertschätzung des ArbN wesentlich von der von ihm geleisteten Arbeit abhängt und die Tätigkeit im Arbeitsverhältnis eine wesentliche

---

1 BAG v. 8.2.1964 – 5 AZR 371/63, AP Nr. 2 zu § 611 BGB – Lohnrückzahlung. | 2 BAG v. 27.3.1990 – 3 AZR 187/88, NZA 1990, 776. | 3 St. Rspr. BAG v. 1.6.1995 – 6 AZR 912/94, AP Nr. 16 zu § 812 BGB; v. 16.11.1989 – 3 AZR 114/88, AP Nr. 8 zu § 29 BAT; v. 14.9.1994 – 5 AZR 407/93, AP Nr. 127 zu § 4 TVG – Ausschlussfristen. | 4 BAG v. 14.9.1994 – 5 AZR 407/93, AP Nr. 127 zu § 4 TVG – Ausschlussfristen; v. 19.3.1986 – 5 AZR 86/85, AP Nr. 67 zu § 1 *LohnFG*. | 5 *BAG v. 11.6.1980 – 4 AZR 443/78*, AP Nr. 7 zu § 70 BAT. | 6 BAG v. 29.4. 1982 – 5 AZR 1229/79, nv. (juris); v. 19.6.1985 – 5 AZR 569/82, nv. (juris). | 7 BAG v. 29.4. 1982 – 5 AZR 1229/79, nv. (juris); v. 19.6.1985 – 5 AZR 569/82, nv. (juris). | 8 BAG v. 1.6.1995 – 6 AZR 912/94, AP Nr. 16 zu § 812 BGB; ebenso ErfK/ *Preis*, § 611 BGB Rz. 529; aA LAG Düsseldorf v. 11.6.1997 – 12 (13) Sa 421/97, LAGE § 4 TVG – Ausschlussfristen Nr. 44. | 9 BAG v. 27.3.1996 – 5 AZR 336/94, NZA 1997, 45. | 10 Mit ausf. Begründung *Groß*, ZIP 1987, 5 ff. (insb. 18). | 11 Vgl. zur Finanzverwaltungspraxis den Erlass des Finanzministers von Niedersachsen vom 12.3.1986, DB 1986, 725. | 12 Palandt/*Putzo*, § 611 BGB Rz. 89; MünchKomm/*Müller-Glöge*, § 611 BGB Rz. 360; vgl. MünchArbR/*Hanau*, § 76 Rz. 5. | 13 Erlass des Finanzministers von Niedersachsen vom 12.3.1986, DB 1986, 725. | 14 BAG v. BAG v. 10.11.1955 – 2 AZR 591/54, AP Nr. 2 zu § 611 BGB – Beschäftigungspflicht. Zur Rechtsentwicklung siehe ausf. MünchArbR/*Blomeyer*, § 95 Rz. 6 ff. mwNachw.

Möglichkeit zur Entfaltung seiner geistigen und körperlichen Fähigkeiten und damit zur Entfaltung seiner Persönlichkeit darstellt[1].

169 Vom allgemeinen Beschäftigungsanspruch des ArbN im ungekündigten Arbeitsverhältnis ist der sog. **Weiterbeschäftigungsanspruch während des Kündigungsschutzprozesses** zu unterscheiden, der aus §§ 611, 613 iVm. § 242 abgeleitet wird. Nach Auffassung des BAG beruht der Anspruch des gekündigten ArbN unmittelbar auf der sich aus § 242 unter Berücksichtigung der verfassungsrechtlichen Wertentscheidung der Art. 1 und 2 GG über den Persönlichkeitsschutz für den ArbGeb ergebenden arbeitsvertraglichen Förderungspflicht der Beschäftigungsinteressen des ArbN. Stehen dem Beschäftigungsanspruch **schutzwerte Interessen des ArbGeb** (bspw. Wegfall der Vertrauensgrundlage, fehlende Einsatzmöglichkeit, Gefahr des Geheimnisverrats, unzumutbare wirtschaftliche Belastung, sowie alle Gründe, die eine außerordentliche Kündigung rechtfertigen würden) entgegen, muss dieser allerdings zurücktreten[2]. Zum **betriebsverfassungsrechtlichen Weiterbeschäftigungsanspruch** siehe die entsprechende Kommentierung zu § 102 Abs. 5 BetrVG.

170 Die Beschäftigungspflicht ist nach umstrittener Auffassung zu der **arbeitsvertraglichen Hauptpflicht** des ArbGeb zuzurechnen[3]. So kann der ArbN im ungekündigten Arbeitsverhältnis gegen eine unwirksame Versetzung auf einen geringer bewerteten Arbeitsplatz eine Verletzung des Beschäftigungsanspruchs durch den ArbGeb geltend machen. Bei einer offensichtlich unwirksamen Versetzung kann der ArbN seinen Anspruch auf Beschäftigung zu den bisherigen Bedingungen auch im Wege einer **einstweiligen Verfügung** einbringen. Hierbei können die zum Weiterbeschäftigungsanspruch nach erfolgter Kündigung entwickelten Grundsätze herangezogen werden[4]. Aus dem Beschäftigungsausspruch des ArbN lässt sich allerdings ein Unterlassungsanspruch, durch den eine drohende Änderung des Aufgabenbereichs untersagt werden könnte, nicht herleiten[5].

171 Da der Beschäftigungsanspruch keinem ArbN aufgezwungen werden kann, hängt er grundsätzlich von seiner Geltendmachung ab[6]. Durch eine **Klage** auf tatsächliche Beschäftigung kann der ArbN seinen Anspruch gerichtlich geltend machen. Die Zwangsvollstreckung des Beschäftigungsanspruchs richtet sich nach § 888 Abs 1. ZPO, so dass eine Durchsetzung des Anspruchs durch die Androhung von Zwangsgeld oder Zwangshaft erfolgt[7]. Möglich ist auch eine vorzeitige Geltendmachung des Anspruchs im Wege einer **einstweiligen Verfügung**[8] (siehe bereits Rz. 170). Aus der Zweckrichtung des einstweiligen Verfügungsverfahrens folgt allerdings, dass in der Regel nur Sicherungsverfügungen gem. § 935 ZPO und Regelungsverfügungen gem. § 940 ZPO zulässig sind. Da die einmal erfolgte Beschäftigung naturgemäß nicht mehr rückabwickelbar ist, eine einstweilige Verfügung zu einer umfassenden Befriedigung des vermeintlichen Anspruchs des ArbN führt, sind an den Verfügungsgrund hohe Anforderungen zu stellen[9].

172 **2. Befreiung des ArbGeb von der Beschäftigungspflicht. a) Allgemeines.** Die Beschäftigungsanspruch des ArbN entfällt, wenn der ArbGeb von seiner Beschäftigungspflicht befreit ist (sog. **Suspendierung**). Im Unterschied zu einer Kündigung besteht das Arbeitsverhältnis im Falle eine Suspendierung grundsätzlich fort. Die Rechte und Pflichten aus dem Arbeitsverhältnis ruhen bei einer Suspendierung nur ganz oder teilweise[10] **Sonstige Nebenpflichten** aus dem Arbeitsverhältnis, wie Wettbewerbsverbote oder Geheimhaltungspflichten werden von der Suspendierung nicht betroffen[11]. Relevante Probleme bestehen vor allem im Hinblick darauf, ob und in welchem Umfang eine Suspendierung wirksam einseitig durch den ArbGeb erklärt werden bzw. inwieweit die Beschäftigungspflicht durch eine vertragliche Vereinbarung zwischen ArbGeb und ArbN aufgehoben werden kann. Mit der Frage nach der Zulässigkeit einer Suspendierung verbunden ist auch das Schicksal der Vergütungspflicht von Bedeutung.

173 **b) Einseitige Suspendierung ohne vertragliche Vereinbarung.** Bei fehlender vertraglicher Vereinbarung ist die einseitige Suspendierung des ArbN regelmäßig nur zulässig, wenn dem ArbGeb eine Weiterbeschäftigung des ArbN unzumutbar ist[12]. Die besonderen Umstände, die eine sofortige Suspendierung des ArbN rechtfertigen müssen von dem ArbGeb bewiesen werden[13]. Eine einseitige Suspendierung ist regelmäßig nur dann zulässig, wenn eine erhebliche Gefährdung für die Ordnung des Betriebes oder die Gefahr einer schwerwiegenden Vertragsverletzung (bspw. Verrat von Geheimnissen, Wettbewerbsverstoß) besteht[14]. Kündigt etwa ein wegen Nichtbestehens eines nachvertraglichen Wettbewerbsverbots an künf-

---

1 BAG v. 10.11.1955 – 2 AZR 591/54, AP Nr. 2 zu § 611 BGB – Beschäftigungspflicht, im Hinblick auf die Weiterbeschäftigung im gekündigten Arbeitsverhältnis bestätigt durch BAG v. 27.2.1985 – GS 1/84, AP Nr. 14 zu § 611 BGB – Beschäftigungspflicht; Küttner/*Kania*, Personalbuch, Beschäftigungsanspruch Rz. 2. | 2 Umfassend BAG v. 27.2.1985 – GS 1/84, AP Nr. 14 zu § 611 BGB – Beschäftigungspflicht. | 3 So auch ErfK/*Preis*, § 611 BGB Rz. 703; für Nebenpflicht im Regelfall MünchArbR/*Blomeyer*, § 95 Rz. 12. | 4 LAG Chemnitz v. 8.3.1996 – 3 Sa 77/96, NZA-RR 1997, 4. | 5 LAG Düsseldorf v. 28.2.1995 – 6 Sa 1986/94, LAGE § 1004 BGB Nr. 3. | 6 BAG v. 27.2.1985 – GS 1/84, AP Nr. 14 zu § 611 BGB – Beschäftigungspflicht. | 7 LAG Berlin v. 19.1.1978 – 9 Ta 1/78, AP nr. 9 zu § 888 ZPO. | 8 S. auch MünchArbR/*Blomeyer*, § 95 Ru. 20. | 9 ArbG Köln v. 9.5 1996 – 8 Ga 80/96, NZA-RR 1997, 186. | 10 Küttner/*Kania*, Personalbuch, Beschäftigungsanspruch Rz. 4. | 11 BAG v. 30.5.1978 – 2 AZR 598/76, AP Nr. 9 zu § 60 HGB. | 12 BAG v. 15.6.1972 – 2 AZR 345/71, AP Nr. 7 zu § 628 BGB; LAG Köln v. 20.3.2001 – 6 Ta 46/01, AuR 2001, 237; zur Suspendierung im gekündigten Arbeitsverhältnis: LAG Hamm v. 3.11.1993 – 15 Sa 1592/93, LAGE § 611 BGB – Beschäftigungspflicht Nr. 36. | 13 LAG München v. 19.8.1992 – 5 Ta 185/92, NZA 1993, 1130. | 14 Küttner/*Kania*, Personalbuch, Beschäftigungsanspruch Rz. 7.

tiger Konkurrenztätigkeit nicht gehinderter ArbN in exponierter Stellung, um nach Beendigung des Arbeitsverhältnisses in die Dienste eines Konkurrenzunternehmens zu treten, so ist der ArbGeb, zu einer Suspendierung berechtigt, selbst wenn längere Kündigungsfrist besteht[1]. Ferner wird eine außerordentliche Kündigung wegen Loyalitätsverstoßes gegenüber einem Angestellten in einer Führungsposition wird nicht deshalb unwirksam, weil für den ArbGeb die Möglichkeit besteht, den ArbN unter Fortzahlung der Bezüge bis zum Ablauf einer ordentlichen Kündigungsfrist freizustellen[2].

Wird der ArbN suspendiert, so behält er dennoch in der Regel seinen **Vergütungsanspruch**. Nach dem BAG kann die einseitig durch den ArbGeb angeordnete Suspendierung des ArbN selbst in dem Fall, dass der ArbN einer strafbaren Handlung oder einer sonstigen Verfehlung verdächtig ist, den Anspruch des ArbN auf die vereinbarte Vergütung für die Zeit der Suspendierung weder beseitigen noch mindern[3]. Nur in eng begrenzten Ausnahmefällen, in denen das vertragswidrige Verhalten des ArbN so schwerwiegend ist, dass dem ArbGeb die Annahme der Arbeitsleistung nicht zumutbar ist, kann die Vergütungspflicht entfallen[4]. Solche Ausnahmefälle kommen insb. dann in Betracht, wenn eine sofortige Beendigung des Arbeitsverhältnisses durch eine fristlose Kündigung nicht möglich ist[5] Eine unberechtigte Suspendierung löst hingegen die Rechtsfolgen des Annahmeverzugs gem. § 615 aus[6]. **174**

c) **Suspendierung durch vertragliche Vereinbarung.** Grundsätzlich steht es den Arbeitsvertragsparteien frei, eine Suspendierung der Beschäftigungspflicht und damit regelmäßig verbunden der Vergütungspflicht zu vereinbaren. Bei diesem sog. Freistellungsvertrag handelt es sich um eine Sondervereinbarung, die im Rahmen der auch im Arbeitsrecht geltenden Vertragsfreiheit (§ 305) solange unbedenklich ist, wie der für das zugrunde liegende Arbeitsverhältnis bestehende Kündigungsschutz nicht tangiert wird[7]. Eine ausdrückliche Suspendierungsvereinbarung ist nicht erforderlich[8], jedoch kann auch allein aus dem zeitweisen Nichtgeltendmachen des Beschäftigungsanspruchs nicht auf einen dauerhaften Verzicht auf den Beschäftigungsanspruch geschlossen werden. Vielmehr ist bei einer fehlenden eindeutigen Vereinbarung davon auszugehen, dass der ArbN im Zweifel gerade nicht auf seinen Vergütungsanspruch verzichten will[9]. **175**

Eine für den konkreten Einzelfall ausgehandelte Vereinbarung ist grundsätzlich unbedenklich. Problematisch ist aber die Zulässigkeit von arbeitsvertraglichen Klauseln, nach denen der ArbGeb grundsätzlich zur einseitigen Suspendierung der Arbeitsvertraglichen berechtigt ist. Eine solche Klausel kann nur bei Vorliegen eines sachlichen Grundes Bestand haben und unterliegt daher einer richterlichen Inhaltskontrolle[10]. Problematisch sind insb. in einem **vorformulierten Arbeitsvertrag** enthaltene Klauseln, durch die der ArbN im Voraus zum Verzicht auf seinen Beschäftigungsanspruch verpflichtet wird. Diese vorformulierten Vertragsklauseln können nur im eng begrenzten Umfang als zulässig erachtet werden[11]. **176**

Eine grundsätzlich andere Interessenlage besteht im **gekündigten Arbeitsverhältnis**. Nach der Rspr. des BAG hat der ArbN nur unter der Voraussetzung der offensichtlichen Unwirksamkeit der Kündigung bzw. nach Obsiegen in 1. Instanz einen Anspruch auf Weiterbeschäftigung[12]. Nach überwiegender Auffassung besteht bei einem gekündigten Arbeitsverhältnis ein berechtigtes Interesse des ArbGeb zur sofortigen Freistellung des ArbN bis zum Ablauf der Kündigungsfrist[13]. Somit ist auch eine arbeitsvertragliche Klausel, die für den Fall einer Kündigung die Suspendierung der Arbeitspflicht durch den ArbGeb vorsieht zulässig[14]. Ist die Freistellung wirksam, so müssen die Bezüge fortgezahlt werden. Bei entsprechender vertraglicher Vereinbarung kann die Freistellung allerdings auf den Resturlaub angerechnet werden. Beim Fehlen einer entsprechenden Klausel kann nach Beendigung des Arbeitsverhältnisses ein Anspruch auf Urlaubsabgeltung gem. § 7 Abs. 4 BUrlG bestehen. Ist durch die Arbeitsvertragsparteien die Freistellung des ArbN von der Arbeitsleistung und Fortzahlung der Vergütung vereinbart, muss sich der ArbN einen anderen Verdienst nicht während des Freistellungszeitraums anrechnen lassen gemäß § 615 Satz 2[15]. Bei unberechtigter Suspendierung wird ein An- **177**

---

1 LAG Hamm v. 3.11.1993 – 15 Sa 1592/93, LAGE § 611 BGB – Beschäftigungspflicht Nr. 36, zur zukünftigen Konkurrenztätigkeit eines ArbN bei einer Kündigungsfrist von rd. 9 Monaten. |2 BAG v. 11.3.1999 – 2 AZR 507/98, AP Nr. 149 zu § 626 BGB; aA LAG Düsseldorf v. 5.6.1998 – 11 Sa 2062/97, LAGE § 626 BGB Nr. 120. |3 BAG v. 4.6.1964 – 2 AZR 310/63, AP Nr. 13 zu § 626 BGB – Verdacht strafbarer Handlung; v. 10.11.1955 – 2 AZR 591/54, AP Nr. 2 zu § 611 BGB. |4 BAG v. 26.4.1956 – GS 1/56, AP Nr. 5 zu § 9 MuSchG; v. 29.10.1987 – 2 AZR 144/87, AP Nr. 42 zu § 615 BGB; LAG Bremen v. 24.8.2000 – 4 Sa 68/00, NZA-RR 2000, 632. |5 LAG Hess. v. 26.4.2000 – 13 SaGa 3/00, NZA-RR 2000, 633. |6 MünchArbR/*Blomeyer*, § 611 BGB Rz. 22. |7 LAG Köln v. 20.8.1998 – 6 Sa 241/98, RzK I 2a Nr 20. |8 MünchArbR/*Blomeyer*, § 49 Rz. 4. |9 Erman/*Edenfeld*, § 611 BGB Rz. 19. |10 Küttner/*Kania*, Personalbuch, Beschäftigungsanspruch Rz. 5; vgl. *Schaub*, ArbRHdb, § 110 Rz. 27; generell bejahend: ArbG Düsseldorf v. 3.6.1993 – 9 Ga 28/93, NZA 1994, 559 allerdings für den Fall einer Freistellung nach *erfolgter Kündigung des ArbN*. |11 Ausf. hierzu ErfK/*Preis*, § 611 BGB Rz. 707; s.a. *Schaub*, ArbRHdb, § 110 Rz. 28. |12 BAG v. 27.2.1985 – GS 1/84, AP Nr. 14 zu § 611 BGB. |13 ArbG Düsseldorf v. 3.6.1993 – 9 Ga 28/93, NZA 1994, 55; *Schaub*, ArbRHdb, § 59 Rz. 20; *Leßmann*, RdA 1988, 149 (151); aA LAG München v. 19.8.1992 – 5 Ta 185/92, NZA 1993, 1130; ArbG Leipzig v. 8.8.1996 – 18 Ga 37/96, BB 1997, 366; ErfK/*Preis*, § 611 BGB Rz. 709 mit der Begründung, dass während des Laufs der Kündigungsfrist noch das reguläre Arbeitsverhältnis und damit der Beschäftigungsanspruch des ArbN bestehe; diff. Küttner/*Kreitner*, Freistellung von der Arbeit, Rz. 18 f. |14 ArbG Köln v. 9.5.1996 – 8 Ga 80/96, NZA-RR 1997, 186; *Schaub*,ArbRHdB, § 110 Rz. 28. |15 LAG Hamm v. 11.10.1996 – 10 Sa 104/96, NZA-RR 1997, 287; v. 27. 2.1991 – 2 Sa 1289/90 LAGE § 615 BGB Nr. 26; LAG Köln v. 21.8.1991 – 7/5 Sa 385/91, NZA 1992, 123; BAG v. 30.9.1982 – 6 AZR 802/79, nv. (juris); aA BAG v. 6.2.1964 – 5 AZR 93/63, AP Nr. 24 zu § 615 BGB; LAG Schl.-Holst. v. 20.2.1997 – 4 Sa 567/96, NZA-RR 1997, 286.

BGB § 611 Rz. 178 　　　　　　　　　　　　　Vertragstypische Pflichten beim Dienstvertrag

nahmeverzug des ArbGeb begründet, so dass § 615 Satz 2 unmittelbare Anwendung findet. Hingegen wird eine Klausel, die eine jederzeitige Feststellungsmöglichkeit beinhaltet nur bei leitenden Angestellten in Vertrauenspositionen als zulässig erachtet werden können[1].

178　**d) Freistellung mit vertraglicher Vereinbarung.** Bei einem sog Freistellungsvertrag handelt es sich um eine Sondervereinbarung, die im Rahmen der auch im Arbeitsrecht geltenden Vertragsfreiheit (§ 305) solange unbedenklich ist, wie der für das zugrunde liegende Arbeitsverhältnis bestehende Kündigungsschutz nicht tangiert wird[2]. Ob diese Abweichung vom Beschäftigungsanspruch **im ungekündigten Arbeitsverhältnis** auch in einem **vorformulierten Arbeitsvertrag** werden kann ist umstritten[3].

179　Im **gekündigten Arbeitsverhältnis** stellt sich eine andere Rechtslage dar, da sich auch die Interessenslage ändert. Nach der Rspr. des BAG hat der ArbN nur unter der Voraussetzung der offensichtlichen Unwirksamkeit der Kündigung bzw. nach Obsiegen in 1. Instanz einen Anspruch auf Weiterbeschäftigung[4]. Der Weiterbeschäftigungsanspruch ist ein Teil des Kündigungsschutzes, so dass seine zwingenden Voraussetzungen nicht durch die Vertragsgestaltung von ArbGeb und ArbN umgangen werden kann. Eine allgemeine Freistellungsklausel in einem vorformulierten Arbeitsvertrag muss daher den strengen Grundsätzen der Rspr. zum Weiterbeschäftigungsanspruch weichen[5].

180　Nach überwiegender Auffassung besteht bei einem gekündigten Arbeitsverhältnis ein berechtigtes Interesse des ArbGeb zur sofortigen Freistellung des ArbN bis zum Ablauf der Kündigungsfrist[6]. Ist die Freistellung wirksam, so müssen die Bezüge fortgezahlt werden. Bei entsprechender vertraglicher Vereinbarung kann die Freistellung allerdings auf den Resturlaub angerechnet werden. Beim Fehlen einer entsprechenden Klausel kann nach Beendigung des Arbeitsverhältnisses ein Anspruch auf Urlaubsabgeltung gem. § 7 Abs. 4 BUrlG bestehen. Ist durch die Arbeitsvertragsparteien die Freistellung des ArbN von der Arbeitsleistung und Fortzahlung der Vergütung vereinbart, muss sich der ArbN einen anderen Verdienst nicht während des Freistellungszeitraums anrechnen lassen gemäß § 615 Satz 2[7]. Bei unberechtigter Suspendierung wird ein Annahmeverzug des ArbGeb begründet, so dass § 615 Satz 2 unmittelbare Anwendung findet.

VI. Gleichbehandlung

Lit.: *Bauschke*, Zur Problematik des arbeitsrechtlichen Gleichbehandlungsgrundsatzes, RdA 1985, 72; *Bittner*, Arbeitsrechtlicher Gleichbehandlungsgrundsatz und ausländisches Arbeitsvertragsstatut, NZA 1993, 161; *Fastrich*, Gleichbehandlung und Gleichstellung, RdA 2000, 65; *Grabner/Bode*, Neue BAG-Rechtsprechung zur vorgezogenen betrieblichen Altersrente im Widerspruch zur arbeitsrechtlichen Gleichbehandlung, BB 2001, 2425; *Konzen*, Gleichbehandlungsgrundsatz und personelle Grenzen der Kollektivautonomie, Arbeitsleben und Rechtspflege, 1981, 245; *Schmidt*, Fristlose Kündigung und Gleichbehandlungsgrundsatz beim illegitimen Streik, BB 1973, 432; *Schrader*, Der arbeitsrechtliche Gleichbehandlungsgrundsatz im Sozialplan – eine Analyse der Rspr., DB 1997, 1714; *Tschöpe*, Der räumliche Geltungsbereich des arbeitsrechtlichen Gleichbehandlungsgrundsatzes, DB 1994, 40; *Weber/Ehrich*, Der Gleichbehandlungsgrundsatz bei freiwilligen Leistungen des Arbeitgebers ZIP 1997, 1681; *Widmaier*, Der Gleichbehandlungsgrundsatz in der jüngeren Rechtsprechung des BAG, ZTR 1990, 359; *Wolf*, Gleichbehandlungsgrundsatz und privatrechtliches Teilhaberrecht, Funktionswandel der Privatrechtsinstitutionen (Festschrift für Raiser) 1974, 597; *Zumbansen/Kim*, Zur Gleichbehandlung von Arbeitsentgelt und Trinkgeldern aus steuer- und arbeitsrechtlicher Sicht, BB 1999, 2454.

181　**1. Allgemeines. a) Herkunft und Geltung.** Der allgemeine arbeitsrechtliche Gleichbehandlungsanspruch ist weitgehend unbestritten in Lit. und Rspr., seine dogmatische Herleitung ist jedoch unsicher. Seinen Ursprung hat dieses Rechtsmittel in der Rspr. der ausgehenden dreißiger Jahre – angefangen mit einem Urteil vom 19.1.1938, als das Reichsarbeitsgericht zum ersten Mal eine aus der Fürsorgepflicht des ArbGeb abgeleitete Verpflichtung annahm, zwischen einzelnen Arbeitnehmer(gruppe)n nicht willkürlich zu differenzieren[8]. Da diese Annahme nicht spezifisch nationalsozialistisches Gedankengut enthält, blieb der Gleichbehandlungsanspruch auch nach Gründung der Bundesrepublik anerkannt und wurde vom ursprünglichen Anwendungsbereich der Gratifikationen und Sonderleistungen langsam auf weitere Arbeits-

---

1 *Küttner/Kania*, Personalbuch, Beschäftigungsanspruch Rz. 6. | 2 LAG Köln v. 20.8.1998 – 6 Sa 241/98, RzK I 2a Nr 20. | 3 Generell bejahend LAG Hamburg v. 10.6.1996 – H 7 Sa 40/94, nv. (juris); dagegen ErfK/*Preis*, § 611 BGB Rz. 707, da das Recht des ArbN in der konkreten Situation seinen Beschäftigungsanspruch geltend zu machen durch einen vorformulierten Vertrag iSd. § 307 Abs. 1 BGB unangemessen beeinträchtigt würde. Vielmehr müssen nach dieser Auffassung die Grundsätze des EAG GS zum ausnahmsweisen Fortfall der Beschäftigungspflicht angewendet werden. | 4 BAG v. 27.2.1985 – GS 1/84, AP Nr. 14 zu § 611 BGB. | 5 ErfK/*Preis*, § 611 BGB Rz. 708; vgl. *Ruhl/Kassebohm*, NZA 1995, 497 (498 f.). | 6 ArbG Düsseldorf v. 3.6.1993 – 9 Ga 28/93, NZA 1994, 55; *Schaub*, ArbRHdb, § 59 Rz. 20; *Leßmann*, RdA 1988, 149 (151); aA LAG München v. 19.8.1992 – 5 Ta 185/92, NZA 1993, 1130; ArbG Leipzig v. 8.8.1996 – 18 Ga 37/96, BB 1997, 366; ErfK/*Preis*, § 611 BGB Rz. 709 mit der Begründung, dass während des Laufs der Kündigungsfrist noch das reguläre Arbeitsverhältnis und damit der Beschäftigungsanspruch des ArbN bestehe; diff. *Küttner/Kreitner*, Freistellung von der Arbeit, Rz. 18 f. | 7 LAG Hamm v. 11.10.1996 – 10 Sa 104/96, NZA-RR 1997, 287; v. 27. 2.1991 – 2 Sa 1289/90 *LAGE* § 615 BGB Nr. 26; LAG Köln v. 21.8.1991 – 7/5 Sa 385/91, NZA 1992, 123; BAG v. 30.9.1982 – 6 AZR 802/79, nv. (juris); aA BAG v. 6.2.1964 – 5 AZR 93/63, AP Nr. 24 zu § 615 BGB; LAG Schl.-Holst. v. 20.2.1997 – 4 Sa 567/96, NZA-RR 1997, 286. | 8 RAG v. 19.1.1938, RAS 33, 172; hierzu *Wiedemann*, Die Gleichbehandlungsgebote im Arbeitsrecht, S. 9; *G. Hueck*, Der Grundsatz der gleichmäßigen Behandlung im Privatrecht, S. 60 f.

bedingungen ausgedehnt[1]. Seitdem variiert die Herleitung dieser Pflicht. Verbreitet wird auf **Art. 3 Abs. 1 GG** Bezug genommen[2]. Andere Begründungsansätze sehen im allgemeinen arbeitsrechtlichen Gleichbehandlungsgrundsatz eine **Ausprägung der Verteilungsgerechtigkeit**, die überall da gesichert werden müsse, wo ein Gemeinschaftsverhältnis besteht, das nach einheitlichen Grundsätzen behandelt wird[3]. Auch gibt es gedankliche Anlehnung an **§ 315 Abs. 1**, wonach die arbeitsrechtliche Gleichbehandlungspflicht als ein Unterfall der allgemeinen Billigkeits- und Inhaltskontrolle von arbeitsrechtlichen Einheitsregelungen gewertet wird[4]. Ein weiterer Ansatz, der sich insb. im Schrifttum durchgesetzt hat, sieht den Grund der Gleichbehandlungspflicht des ArbGeb im **Vollzug einer selbst gesetzten Norm**; maßgeblich ist die Freiwilligkeit der Leistung und des darin liegenden Normenvollzugs, der einheitlich zu erfolgen habe[5]. In den Instanzgerichten wird der Gleichbehandlungsgrundsatz vor allem als **Ausdruck der Fürsorgepflicht des ArbGeb**, des **Grundsatzes von Treu und Glauben** bzw. allgemeiner sozialer Gerechtigkeitserwägungen angesehen[6]. Die verschiedenen Begründungen ergänzen sich gegenseitig und münden im allgemeinen Rechtsbewusstsein, wonach Diskriminierung durch den ArbGeb verhindert werden soll. Einige gehen daher bereits von einer **gewohnheitsrechtlichen Anerkennung** des Gleichbehandlungsgrundsatzes aus[7].

Worin auch der Ursprung des Gleichbehandlungsgrundsatzes gesehen werden mag, Einigkeit besteht über seinen **Inhalt** und seine **Voraussetzungen**. Nach ständiger Rspr. gebietet es dieser Grundsatz dem ArbGeb, seine ArbN oder Gruppen von ArbN gleich zu behandeln, soweit sie sich in gleicher oder vergleichbarer Lage befinden. Verboten ist nicht nur die willkürliche Schlechterstellung einzelner ArbN innerhalb einer Gruppe, sondern auch eine sachfremde Gruppenbildung[8]. Unterschiedliche Ergebnisse zwischen den verschiedenen Herleitungen im jeweils zu entscheidenden Einzelfall beruhen darauf, dass im Einzelnen unterschiedliche Auffassungen dazu vertreten werden, was eine willkürliche Schlechterstellung ist bzw. was als sachfremder Grund im Sinne dieser Formel zu werten ist. 182

b) Abgrenzung. Der allgemeine arbeitsrechtliche Gleichbehandlungsgrundsatz ist abzugrenzen vom besonderen Diskriminierungsschutz, durch den – wie etwa bei § 611a BGB, § 81 Abs. 2 SGB IX, in der Grundkonzeption auch § 4 Abs. 1 TzBfG und § 4 Abs. 2 TzBfG und § 9 Nr. 2 AÜG – die Unterscheidung nur nach bestimmten Merkmalen verboten wird. Es handelt sich dabei um Differenzierungsverbote, die einen **eigenständigen Maßstab der Rechtfertigung** haben: Bei den LeihArbN ist eine Ungleichbehandlung wohl gänzlich ausgeschlossen, beim Geschlecht kommt es auf die Unverzichtbarkeit der Unterscheidung an, bei der Behinderung darauf, ob sie eine wesentliche und entscheidende berufliche Anforderung betrifft, einzig bei der Teilzeit- und bei der befristeten Beschäftigung genügt der sachliche Grund. 183

Allgemeiner Gleichbehandlungsgrundsatz und besondere Diskriminierungsverbote haben jeweils ihre **eigene Geschichte, Aufgabe und Rechtsfolge**. Der allgemeine Gleichheitssatz spricht die Verteilungsgerechtigkeit bei der Zuweisung von Gütern und Lasten an. Die besonderen Diskriminierungsverbote haben ihre Wurzel in der Anerkennung der Menschenwürde; sie verbieten es, bestimmte Merkmale zum Unterscheidungskriterium und einer Regelung oder einseitigen Maßnahme zu nutzen, wenn dadurch Personen herabgesetzt, ausgegrenzt oder sonst benachteiligt werden. 184

2. Geltungsbereich. Voraussetzung der Anwendbarkeit des Gleichbehandlungsgrundsatzes ist es mithin, dass der ArbGeb innerhalb eines bestehenden Arbeitsverhältnisses eine allgemein gültige (= kollektive) Regelung trifft. 185

a) Maßnahmen mit kollektivem Bezug. Dem Gleichbehandlungsgrundsatz unterfallen alle Maßnahmen und Entscheidungen des ArbGeb, die einen **kollektiven Bezug** haben, die sich also nicht allein in der einzelfall- und einzelpersonbezogenen Regelung erschöpfen. Erfasst werden vertragliche Vereinbarungen, insb. arbeitsvertragliche Einheitsregelungen und Gesamtzusagen, aber auch die Ausübung des Direktionsrechts[9]. Der Gleichbehandlungsgrundsatz ist damit nicht nur Anspruchsgrundlage, sondern auch Schranke zur Ausübung arbeitsvertraglicher Rechte durch den ArbGeb. 186

Ob die Maßnahme kollektiven Bezug hat, kann nicht allein durch die Verhältniszahlen der jeweils begünstigten und benachteiligten ArbN ermittelt werden[10], sondern entscheidet sich danach, ob der ArbGeb nach einem bestimmten erkennbaren und **generalisierenden Prinzip** auf Grund einer abstrak- 187

---

1 Zu dieser Entwicklung *Hueck/Nipperdey*, Arbeitsrecht I, 6. Aufl., S. 425. | 2 BAG v. 17.11.1998 – 1 AZR 147/98, AP Nr. 162 zu § 242 BGB – Gleichbehandlung (*Richardi*) mwN. | 3 Vgl. bereits *G. Hueck*, Der Grundsatz der gleichmäßigen Behandlung im Privatrecht, S. 127 ff., 169 ff. | 4 *Söllner*, Arbeitsrecht, § 31 III, S. 267 f. | 5 Grundl. *Bötticher*, RdA 1953, 161; heute MünchArbR/*Richardi*, § 14 Rz. 7 f.; *Löwisch*, FS Müller, S. 301 (303). | 6 Beispielhaft LAG Düsseldorf v. 11.11.1981 – 22 Sa 421/81, DB 1982, 2715; s. auch MünchKomm/*Müller-Glöge*, § 611 Rz. 449. | 7 MünchKomm/*Müller-Glöge*, § 611 BGB Rz. 449; *Boemke*, NZA 1993, 532 (535); aA MünchArbR/*Richardi*, § 14 Rz. 8. | 8 So die ständige Formulierung der Rspr.: BAG v. 3.4.1957 – 4 AZR 644/54, AP Nr. 4 zu § 242 BGB – Gleichbehandlung; v. 6.12.1995 – 10 AZR 198/95, AP Nr. 187 zu § 611 BGB – Gratifikation; v. 17.11.1998 – 1 AZR 147/98, AP Nr. 162 zu § 242 BGB – Gleichbehandlung; v. 21.6.2000 – 5 AZR 806/98, AP Nr. 60 zu § 612 BGB = EzA § 242 BGB – Gleichbehandlung Nr. 83; v. 25.10.2001 – 6 AZR 560/00, NZA 2002, 872. | 9 S. LAG Köln v. 22.6.1994 – 2 Sa 1087/93, LAGE § 611 BGB – Direktionsrecht Nr. 19. | 10 In diese Richtung aber BAG v. 19.8.1992 – 5 AZR 513/91, AP Nr. 102 zu § 242 BGB – Gleichbehandlung; s. auch ErfK/*Preis*, § 611 BGB Rz. 715.

ten Regelung handelt und dazu bestimmte Voraussetzungen oder Zwecke festlegt[1]. Einer Maßnahme fehlt der kollektive Bezug, wenn sie **individuell mit dem ArbN ausgehandelt** wurde. Der Gleichbehandlungsgrundsatz tritt dann hinter die Vertragsfreiheit zurück[2]. Eine Individualvereinbarung liegt freilich nicht vor, wenn einseitig gestellte Vertragsbedingungen des ArbGeb akzeptiert werden. Es gilt hier nichts anderes als bei § 305b (s. § 305 Rz. 9). Die Tatsache allein, dass der ArbGeb eine Ungleichbehandlung durchsetzen kann, führt nicht dazu, dass er zu ihr berechtigt ist. Eine individuelle Vereinbarung, die die Anwendung des Gleichbehandlungsgrundsatzes ausschließt, liegt nicht schon dann vor, wenn der Arbeitsvertrag eine übertarifliche Vergütung vorsieht[3].

188 Weil die Individualvereinbarung nicht an das allgemeine Gleichbehandlungsgebot gebunden ist, ist die **individuelle Besserstellung**, wenn sie Ausdruck einer einzelfallbezogenen Entscheidung ist, möglich[4], und auch ist der **Verzicht** des einzelnen ArbN auf seine Rechte aus dem Gleichbehandlungsgrundsatz zulässig, etwa indem er eine Vertragsänderung ablehnt, die vergleichbare ArbN, da für sie günstig, angenommen haben[5].

189 Beim **Direktionsrecht** (Einzelheiten s. § 106 GewO) hat die Rspr. entschieden in Bezug auf die Versetzung auf einen anderen Arbeitsplatz[6], Torkontrollen[7], Zeiterfassung[8], ein betriebliches Rauchverbot[9], Kürzung der regelmäßigen Arbeitszeit[10] und die Verteilung von Überstunden, Nacht- und Feiertagsarbeit[11].

190 Eine an den Gleichbehandlungsgrundsatz gebundene Maßnahme kann auch die **Kündigung** des Arbeitsverhältnisses durch den ArbGeb sein. Soweit der allgemeine Kündigungsschutz eingreift, hat dieser jedoch weitgehend den Gleichbehandlungsgrundsatz in sich aufgenommen. Dies gilt vor allem für die betriebsbedingte Kündigung, in der nach § 1 Abs. 3 KSchG eine soziale Auswahl getroffen werden muss (ausführlich s. § 1 KSchG Rz. 327 ff.). Anders kann es bei der personen- oder verhaltensbedingten Kündigung sein. Voraussetzung der Anwendbarkeit ist allerdings auch hier, dass die Maßnahme kollektiven Bezug hat. Dies ist zB denkbar bei der Weiterbeschäftigung nach einem rechtswidrigen Streik oder bei kollektiv begangenen strafbaren Handlungen. Einzelne dürften hier nicht sachwidrig ausgewählt werden[12]. Sinnvoll erscheint es auch, den heute anerkannten **Wiedereinstellungsanspruch**, für den Fall, dass zunächst berechtigte Kündigungsgründe vor Ablauf der Kündigungsfrist wegfallen, am allgemeinen Gleichbehandlungsgrundsatz zu messen für den Fall, dass mehrere ArbN die Fortsetzung des Arbeitsverhältnisses geltend machen, der ArbGeb unter ihnen aber auswählen muss[13].

191 Keine Maßnahme liegt vor, wenn der ArbGeb in einer Unterscheidung keine Regelung treffen will, sondern sich irrtümlich zu unterschiedlicher Behandlung verpflichtet glaubt. Ein **Anspruch auf Gleichbehandlung im Rechtsirrtum** besteht daher nicht[14].

192 b) **Bestehendes Rechtsverhältnis zwischen ArbGeb und ArbN**. Das Rechtsverhältnis zwischen ArbGeb und ArbN, innerhalb dessen der Gleichbehandlungsgrundsatz Anwendung findet, ist regelmäßig das **Arbeitsverhältnis**. Darüber hinaus besteht ein Anspruch auf Gleichbehandlung im **Ruhestandsverhältnis**, etwa bei der betrAV[15]. Keine Gleichbehandlungspflicht besteht daher nach st. Rspr. bei **Einstellungen**, da diese erst das Rechtsverhältnis zwischen ArbGeb und ArbN begründen[16]. Die besonderen Diskriminierungsverbote zeigen jedoch, dass auch hier Gleichbehandlungsgebote bestehen können: § 611a BGB, § 81 Abs. 2 SGB IX beziehen sich ausdrücklich auch auf die Einstellung. Je nachdem, ob man darin Sondervorschriften oder aber auf alle Gleichbehandlungspflichten auszudehnende Einschränkungen der Abschlussfreiheiten sieht, kann dies in zukünftiger Rechtsentwicklung auf die Einstellungen durchschlagen. Bezugsgruppe ist dann nicht die Betriebsgemeinschaft, sondern die aktuelle oder potenzielle Bewerbergruppe[17]. Einen Anspruch auf **Begründung eines Dauerarbeitsverhältnisses** aus Gleichbehandlung hat die Rspr. abgelehnt[18].

---

1 BAG v. 21.3.2002 – 6 AZR 144/01, nv. (juris); v. 25.10.2001 – 6 AZR 560/00, NZA 2002, 872; v. 27.7.1988 – 5 AZR 244/87, AP Nr. 83 zu § 242 BGB – Gleichbehandlung; v. 19.8.1992 – 5 AZR 513/91, AP Nr. 102 zu § 242 BGB – Gleichbehandlung; v. 23.8.1995 – 5 AZR 293/94, AP Nr. 134 zu § 242 BGB – Gleichbehandlung; v. 12.6.1996 – 5 AZR 960/94, AP Nr. 4 zu § 611 BGB – Werkstudent. | 2 BAG v. 13.2.2002 – 5 AZR 713/00, AP Nr. 184 zu § 242 BGB – Gleichbehandlung; v. 17.2.1998 – 3 AZR 783/96, BAGE 88, 23 (27); v. 27.7.1988 – 5 AZR 244/87, AP Nr. 83 zu § 242 BGB – Gleichbehandlung; v. 24.10.1989 – 8 AZR 5/89, AP Nr. 29 zu § 11 BUrlG. | 3 BAG v. 21.3.2002 – 6 AZR 144/01, nv. (juris). | 4 Ebenso ErfK/*Preis*, § 611 BGB Rz. 715; *Schaub*, ArbRHdb, § 112 Rz. 5; Münch-Komm/*Müller-Glöge*, § 611 Rz. 451. | 5 BAG v. 4.5.1962 – 1 AZR 250/61, AP Nr. 32 zu § 242 BGB – Gleichbehandlung; MünchArbR/*Richardi*, § 14 Rz. 32 ff.; ErfK/*Preis*, § 611 BGB Rz. 840. | 6 BAG v. 12.7.1957 – 1 AZR 129/56, AP Nr. 5 zu § 242 BGB – Gleichbehandlung. | 7 LAG Köln v. 3.11.1983 – 10 TaBV 19/83, nv. (juris). | 8 LAG Berlin v. 9.1.1984 – 12 Sa 127/83, DB 1984, 2098. | 9 LAG Frankfurt v. 6.7.1989 – 2 Sa 1098/88, LAGE § 611 BGB – Direktionsrecht Nr. 5. | 10 BAG v. 15.12.1993 – 5 AZR 319/93, nv. (juris). | 11 LAG Köln v. 22.6.1994 – 2 Sa 1087/93, LAGE § 611 BGB – Direktionsrecht Nr. 19. | 12 Ebenso *Wiedemann*, Die Gleichbehandlungsgebote im Arbeitsrecht, S. 27. | 13 Im Ergebnis ebenso BAG v. 4.12.1997 – 2 AZR 140/97, AP Nr. 4 zu § 1 KSchG 1969 – Wiedereinstellung, jedoch in Anlehnung an § 1 Abs. 3 KSchG und §§ 242, 315 BGB. | 14 BAG v. 21.8.1980 – 5 AZR 325/78, AP Nr. 2 zu § 77 BetrVG 1972; v. 26.11.1998 – 6 AZR 335/97, AP Nr. 11 zu § 1 BAT-O. | 15 *Schaub*, ArbRHdb, § 112 Rz. 20; ErfK/*Preis*, § 611 BGB Rz. 718. | 16 BAG v. 28.1.1955 – GS 1/54, AP Nr. 1 zu Art. 9 GG – Arbeitskampf; v. 26.8.1987 – 4 AZR 137/87, AP Nr. 137 zu §§ 22, 23 BAT 1975. | 17 Ausf. *Wiedemann*, Die Gleichbehandlungsgebote im Arbeitsrecht, S. 23 f. | 18 BAG v. 19.2.2003 – 7 AZR 67/02, bislang nv. (juris).

Ein hinreichendes Rechtsverhältnis bilden auch die **nachwirkenden Pflichten und Bindungen** eines gekündigten oder aus anderem Grund beendeten Arbeitsverhältnisses. Auch Wiedereinstellungsansprüche können daher an den allgemeinen Gleichbehandlungsgrundsatz gebunden sein (s. auch Rz. 190)[1]. Das BAG hat es allerdings abgelehnt, dass bei vorübergehender Stilllegung eines Saison- und Kampagnebetriebes der ArbGeb bei der nur teilweisen Wiedereinstellung der Belegschaft die Grundsätze der sozialen Auswahl anwenden muss[2].

c) TV und BV. Inwieweit TV und BV an den allgemeinen arbeitsrechtlichen Gleichbehandlungsgrundsatz gebunden sind, ist bislang nicht befriedigend geklärt, in der Praxis jedoch ohne Bedeutung. TV-Normen sind entsprechend ständiger, auch durch neuere *obiter dicta* in der Sache nicht in Frage gestellter Rspr. unmittelbar an **Art. 3 Abs. 1 GG** gebunden[3]. Es gelten daher grundsätzlich die gleichen Maßstäbe. Nach herrschender Meinung ist der ArbGeb jedoch nicht verpflichtet, nicht tarifgebundenen ArbN tarifliche Leistungen zu gewähren[4]. Dies wird zumeist damit begründet, dass der ArbGeb berechtigt ist, gesetzliche Differenzierungen durchzuführen. § 3 TVG legt jedoch nur die Grenzen normativer Geltung fest, trifft aber keine Aussage zu dem auf anderer Grundlage beruhenden arbeitsrechtlichen Gleichbehandlungsgrundsatz. Eine Gleichbehandlung zumindest der ArbN, die einen TV mit erstreikt haben, ist daher denkbar[5]. Ebenso haben die Tarifparteien eine weitgehende Gestaltungsfreiheit hinsichtlich der ArbN-Gruppen, die sie in den personellen Geltungsbereich des TV einbeziehen[6]. Ein nicht tarifgebundener ArbGeb kann sich ohne Verstoß gegen den Gleichbehandlungsgrundsatz darauf beschränken, nur mit ArbN in Leitungsfunktionen eine Vergütung nach Tarif zu vereinbaren[7]. Vereinbart der ArbGeb nach Kündigung eines TV mit allen neu eingestellten ArbN eine geringere als die tarifliche Vergütung, ist dies als Stichtagsregelung (s. Rz. 208) zulässig[8].

Für BV gilt **§ 75 Abs. 1 BetrVG.** Zum dort normierten Gebot an ArbGeb und BR, die Belegschaft nach Recht und Billigkeit zu behandeln, gehört allgemein anerkannt die Pflicht zur Gleichbehandlung, wo sachliche Gründe fehlen, die eine Differenzierung rechtfertigen[9].

3. Vergleichsgruppe. Gleichbehandlung kann verlangt werden zu **vergleichbaren ArbN**. Vergleichbar ist ein ArbN mit derselben Art des Arbeitsverhältnisses und der gleichen oder einer ähnlichen Tätigkeit, s. auch § 2 Abs. 1 Satz 3, § 3 Abs. 2 Satz 2 TzBfG. Ob Arbeitsverhältnisse derselben Art sind ist ohne Rücksicht auf die Vorgaben und die Wortwahl des Vertrages nach der konkreten Tätigkeit zu entscheiden. Die Tätigkeiten zweier ArbN sind **gleich**, wenn identische Arbeitsvorgänge verrichtet werden, sie sind **ähnlich**, wenn sie trotz unterschiedlicher Arbeitsvorgänge im Hinblick auf Qualifikation, erworbene Fertigkeiten, Verantwortung und körperliche Belastbarkeit des ArbN gleiche Anforderungen stellen und die mit ihnen befassten ArbN deshalb jederzeit wechselseitig ausgetauscht werden können. Die bloße **Gleichwertigkeit** einer Tätigkeit führt nicht zur Anwendung des Gleichbehandlungsgrundsatzes. Sie ist von Bedeutung allein im Rahmen des § 612 Abs. 3 (s. § 612 Rz. 59 ff.).

Mangels vergleichbarer Lage gilt der Gleichbehandlungsgrundsatz grundsätzlich nicht zwischen ArbN und **Organmitgliedern** juristischer Personen[10] und bei der Behandlung von **Beamten** und Angestellten, selbst wenn diese auf gleichen Dienstposten beschäftigt werden[11]. Fehlende Voraussetzungen für die Übernahme in das Beamtenverhältnis sind für sich genommen jedoch kein sachlicher Grund zur Unterscheidung etwa beim Bewährungsaufstieg[12]. Einen Gleichbehandlungsgrundsatz zwischen **Handelsvertretern**[13] hat die Rspr. abgelehnt. **Heimarbeiter**[14] können jedenfalls im Entgelt anders als ihre Kollegen behandelt werden. Der BGH erkennt eine abgeschwächte Gleichbehandlungspflicht unter Organmitgliedern an, nach der es möglich sein kann, ein Ruhegehalt, das bislang sämtlichen Organmitgliedern zugesprochen wurde, nun zwingend auf alle zu erstrecken[15].

---

1 Str., s. *Schaub*, ArbRHdb, § 112 Rz. 20; aA wohl ErfK/*Preis*, § 611 BGB Rz. 718. | 2 BAG v. 15.3.1984 – 2 AZR 24/83, AP Nr. 2 zu § 1 KSchG 1969 – Soziale Auswahl. | 3 S. BAG v. 28.5.1996 – 3 AZR 752/95, NZA 1997, 101 (102); offen gelassen ua. BAG v. 30.8.2000 – 4 AZR 563/99, DB 2001, 985 = SAE 2001, 295 (*Löwisch*) = AuR 2001, 226 (*Gamillscheg*). | 4 S. *Oetker* in Wiedemann, § 3 TVG Rz. 283 ff.; *Schaub*, ArbRHdb, § 206 Rz. 41; *Hueck/Nipperdey*, Arbeitsrecht, II/1 § 23 I. 2., S. 479 f.; aA lediglich *Wiedemann*, RdA 1969, 321 (323 ff.). | 5 So *Thüsing*, ZTR 1997, 433; *Thüsing*, Der Außenseiter im Arbeitskampf, 1996, S. 119. | 6 Str.: BAG v. 30.8.2000 – 4 AZR 563/99, NZA 2001, 613; *Wißmann*, FS Dieterich, S. 683. | 7 BAG v. 19.8.1992 – 5 AZR 513/91, AP Nr. 102 zu § 242 BGB – Gleichbehandlung; v. 20.11.1996 – 5 AZR 401/95, NZA 1997, 724. | 8 BAG v. 11.6.2002 – 1 AZR 390/01, DB 2002, 2725 = EWiR 2003, 95 (*Thüsing*). | 9 BAG v. 19.4.1983 – 1 AZR 498/81, AP Nr. 124 zu Art. 3 GG; v. 28.4.1993 – 10 AZR 222/92, v. 31.7.1996 – 10 AZR 45/96 und v. 11.2.1998 – 10 AZR 22/97, AP Nr. 67, Nr. 103 und Nr. 121 zu § 112 BetrVG 1972; v. 20.7.1993 – 2 AZR 52/93, AP Nr. 11 zu § 1 BetrAVG – Gleichbehandlung; v. 11.11.1986 – 3 ABR 74/85, NZA 1987, 449. | 10 BGH v. 14.5.1990 – II ZR 122/89, GmbHR 1990, 389 = WM 1990, 1461. | 11 *Schaub*, ArbRHdb, § 112 Rz. 17; *Küttner/Kania*, Personalhandbuch 2003, S. 14. | 12 BAG v. 24.4.1991 – 4 AZR 570/90, AP Nr. 140 zu § 242 BGB – Gleichbehandlung. | 13 BGH v. 28.1.1971 – VII ZR 95/69, AP Nr. 35 zu § 242 BGB – Gleichbehandlung. | 14 BAG v. 19.6.1957 – 2 AZR 84/55, AP Nr. 12 zu § 242 BGB – Gleichbehandlung. | 15 S. anwendbar BGH v. 14.5.1990 – II ZR 122/89, GmbHR 1990, 389, v. 19.12.1994 – II ZR 244/93, WM 1995, 627. Anders bei tarifvertraglich vorgegebener Gleichbehandlung: BAG v. 13.12.2001 – 8 AZR 94/01, ZTR 2002, 328.

198 Für die Anwendung des arbeitsrechtlichen Gleichbehandlungsgrundsatzes ist es grundsätzlich unerheblich, dass die **Gruppe der Begünstigten kleiner** ist als die Gruppe der von der übertariflichen Leistung ausgeschlossenen ArbN[1]; dies kann jedoch Auswirkungen auf die Rechtsfolgen haben (s. Rz. 211 ff.).

199 Einzubeziehen in den Vergleich sind alle ArbN des **Unternehmens, nicht allein des Betriebs**[2]. Der Gleichbehandlungsgrundsatz ist entsprechend Art. 3 GG kompetenzbezogen und bezieht sich damit auf den Bereich, auf den sich die Regelungskompetenz erstreckt. Als Normadressat ist der ArbGeb für das Unternehmen in seiner Gesamtheit verantwortlich. Die ehemals maßgebliche Ableitung aus der betrieblichen Gemeinschaft tritt damit zurück. Die unterschiedliche Betriebszugehörigkeit kann jedoch ein Grund zur Ungleichbehandlung sein, insb. wenn kein enger lebensmäßiger Zusammenhang zwischen den Angehörigen der verschiedenen Betriebe besteht und die Betriebe selber erhebliche Unterschiede aufweisen. Durch bloße **Betriebsaufspaltung** ohne materielle Änderungen des Betriebsablaufs kann der allgemeine Gleichbehandlungsgrundsatz freilich nicht umgangen werden[3]. Werden bisher **getrennte betriebliche Gemeinschaften zusammengeführt**, so verstößt die Beibehaltung unterschiedlicher Entgeltstrukturen nicht gegen den Gleichbehandlungsgrundsatz, eine Differenzierung nach dem übernommenen Besitzstand ist nicht sachwidrig[4]. Überdies kann hier § 613a eine Schranke gegenüber der Vereinheitlichung der Arbeitsbedingungen bilden[5].

200 Eine unternehmensübergreifende, insb. eine **konzernweite Geltung** des Gleichbehandlungsgrundsatzes besteht grundsätzlich nicht[6]. Der Grundsatz kennt freilich Ausnahmen. Wenn die Konzernspitze eine Verteilungskompetenz in Anspruch nimmt und Weisungen und Regelungen trifft, die konzernweit gelten oder umgesetzt werden, ist auch hier eine Gleichbehandlungspflicht anzuerkennen[7]. Wer wie das BAG die Grundlage der Gleichbehandlungspflicht nicht mehr historischem Herkommen entsprechend in der betrieblichen Gemeinschaft sieht, die nach einheitlichen Grundsätzen behandelt werden muss, sondern dem Erkenntnisfortschritt der Verfassungsrechts auch für das Arbeitsrecht Rechnung trägt und die Gleichbehandlungspflicht kompetenzbezogen formuliert, der wird das Unternehmen nicht als die magische Grenze ansehen können, jenseits derer jegliche Pflicht zur Gleichbehandlung aufhört[8]. Es bleibt aber der Umstand beachtlich, dass die in einem Konzern zusammengeschlossenen Unternehmen ihre rechtliche Selbständigkeit behalten und auch wirtschaftlich mehr oder weniger selbständig bleiben, und damit in einem Konzern mehrere unterschiedliche ArbGeb vorhanden sind. Wann also dennoch die Gleichbehandlungspflicht durchschlägt, bedarf der Konturierung. Die Gleichartigkeit der betroffenen Unternehmen und ein enger arbeitsorganisatorischer Zusammenhang zwischen ihnen ist für die Anwendung des Gleichbehandlungsgrundsatzes nicht erforderlich[9]. Sie kennzeichnen nur das Fehlen eines sachlichen Grundes, zwischen den einzelnen Unternehmen zu unterscheiden.

201 Aus den gleichen Gründen, aus denen für den Regelfall eine konzernweite Geltung des Gleichbehandlungsgrundsatzes abzulehnen ist, ist er auch nicht in einem **gemeinsamen Betrieb** verschiedener Unternehmen im Hinblick auf die verschiedenen ArbGeb anzuwenden[10].

202 **4. Rechtfertigungsgründe einer Ungleichbehandlung.** Was ein sachlicher Grund zur Rechtfertigung einer Ungleichbehandlung ist, entscheidet sich im Einzelfall. **Ein abschließender Kanon existiert nicht**. Die Unterscheidung muss einem legitimen Ziel dienen und zur Erreichung dieses Ziels erforderlich und angemessen sein. Davon geht auch die Rspr. aus, wenn sie fordert, dass eine Unterscheidung nach dem „Zweck der Leistung gerechtfertigt" sein muss[11], oder sie formuliert, eine Differenzierung sei sachfremd, wenn es für die unterschiedliche Behandlung keine billigenswerten Gründe gibt, wenn also nach einer am Gleichheitsgedanken orientierten Betrachtungsweise die Regelung als willkürlich anzusehen ist[12]. Billigenswert sind Gründe, die auf vernünftigen, einleuchtenden Erwägungen beruhen und gegen keine verfassungsrechtlichen oder sonstigen übergeordneten Wertentscheidungen verstoßen[13].

---

1 BAG v. 30.3.1994 – 10 AZR 681/92, AP Nr. 113 zu § 242 BGB – Gleichbehandlung; v. 25.1.1984 – 5 AZR 89/82, BAGE 45, 76. | 2 So jetzt BAG v. 17.11.1998 – 1 AZR 147/98, AP Nr. 162 zu § 242 BGB – Gleichbehandlung (*Richardi*); vorher bereits das herrschende Schrifttum *Schaub*, ArbRHdb, § 112 Rz. 15; MünchArbR/*Richardi*, § 14 Rz. 9 jeweils mwN. | 3 Ebenso MünchArbR/*Richardi*, § 14 Rz. 9; ErfK/*Preis*, § 611 BGB Rz. 727. | 4 BAG v. 25.8.1976 – 5 AZR 788/75, AP Nr. 41 zu § 242 BGB – Gleichbehandlung; ebenso BAG v. 21.6.2000 – 5 AZR 806/98, AP Nr. 60 zu § 612 BGB; v. 29.8.2001 – 4 AZR 352/00, AP Nr. 291 zu Art. 3 GG – für den Tarifvertrag. | 5 Detailliert hierzu *Rieble*, SAE 2003, S. 11 ff. | 6 BAG v. 20.8.1986 – 4 AZR 272/85, AP Nr. 6 zu § 1 TVG – Tarifverträge: Seniorität; *Schaub*, ArbRHdb, § 112 Rz. 15; *Windbichler*, Arbeitsrecht im Konzern, 1989, S. 420. | 7 LAG Köln v. 24.6.1999 – 6 Sa 241/99, EWiR 2000, 9 (*Thüsing*); s. auch BAG v. 5.10.1999 – 3 AZR 230/98, AP Nr. 51 zu § 1 BetrAVG – Zusatzversorgungskassen; s. auch zur Sozialauswahl BAG v. 17.2.2000 – 2 AZR 142/99, AP Nr. 46 zu § 1 KSchG 1969 – Soziale Auswahl. | 8 S. insb. *Henssler*, Der Arbeitsvertrag im Konzern, 1983, S. 112 ff.; *Martens*, FS BAG, S. 367 (386 f.); MünchArbR/*Richardi*, § 31 Rz. 28. | 9 S. aber BAG v. 26.4.1966 – 1 AZR 242/65, DB 1966, 1278 und BAG v. 20.8.1986 – 4 AZR 272/85, AP Nr. 6 zu § 1 TVG – Tarifverträge: Seniorität. | 10 BAG v. 19.11.1992 – 10 AZR 290/91, AP Nr. 148 zu § 611 BGB – Gratifikation. S. auch für einen Sonderfall BAG v. 30.9.1998 – 4 AZR 547/97, AP Nr. 159 zu § 242 BGB – Gleichbehandlung. | 11 BAG v. 20.7.1993 – 3 AZR 52/93, AP Nr. 11 zu § 1 BetrAVG – Gleichbehandlung; v. 19.4.1995 – 10 AZR 344/94, AP Nr. 124 zu § 242 BGB – Gleichbehandlung; v. 28.5.1996 – 3 AZR 752/95, AP Nr. 143 zu § 1 TVG – Tarifverträge: Metallindustrie. | 12 BAG v. 21.3.2002 – 6 AZR 144/01, nv. (juris); BVerfG v. 15.10.1985 – 2 BvL 4/83, BVerfGE 71, 39 (58). | 13 BAG v. 18.9.2001 – 3 AZR 656/00, DB 2002, 225.

203 Als **generell ungeeignete Differenzierungsgründe** werden die in Art. 3 Abs. 2, Abs. 3 GG, § 75 BetrVG und § 67 BPersVG normierten Merkmale genannt (Geschlecht, Abstammung, Rasse, Sprache, Heimat und Herkunft, Glaube oder religiöse und politische Anschauung, sexuelle Identität sowie gewerkschaftliche Betätigung)[1]. Das ist in dieser Verkürzung nicht zutreffend. Schwangere nicht einzustellen hat einen sachlichen Grund – nämlich Kostenminimierung – und ist unzulässig, nicht im Hinblick auf den allgemeinen Gleichbehandlungsanspruch, sondern wegen des Verstoßes gegen das besondere Diskriminierungsverbot nach § 611a. Richtig aber ist, dass ein legitimer Zweck, dem die Unterscheidung dienen könnte, in der Tat hier oftmals nicht erkennbar ist. Diese Differenzierungen werden jedoch bereits jetzt (§ 611a BGB, Art. 9 Abs. 3 GG) oder doch in Umsetzung der Richtlinien 2000/34/EG, 2000/78/EG von den besonderen Diskriminierungsverboten erfasst, deren Rechtfertigungsmaßstab zumeist strenger ist. Dies gilt auch für Ungleichbehandlungen wegen des Alters[2].

204 Auf der anderen Seite kann der ArbGeb **gesetzliche Differenzierungen** nachvollziehen. Leitende Angestellte haben daher auch auf Grund des Gleichbehandlungsgrundsatzes keinen Anspruch auf Einbeziehung in den Sozialplan[3]. Zur Gleichbehandlung organisierter und nichtorganisierter ArbN s. Rz. 222. Auf die im SozV- und Steuerrecht getroffenen Differenzierungen (§§ 7, 8 Abs. 1 Nr. 2 und 3 SGB V, § 5 Abs. 2 SGB VI, § 4 AVG, § 101 Abs. 1 Satz 1, § 102 Abs. 2 Nr. 1, § 40a EStG) kommt es bei der Ruhegeldzusage nicht an. Diese Vorschriften sind an ihren spezifisch öffentlich-rechtlichen Zwecken zu messen. Bei einer Zusatzversorgung ist demgegenüber auf die arbeitsrechtliche Bedeutung und Zielsetzung abzustellen. Es handelt sich um unterschiedliche, miteinander nicht zu vergleichende Rechtsgebiete[4].

205 Ein rechtfertigender Grund zur Ungleichbehandlung liegt – zumindest bei der Entgelt- und Ruhegeldzusage – auch in der unterschiedlichen **Profitabilität** eines Arbeitsverhältnisses für den ArbGeb oder auch in den unterschiedlichen **Möglichkeiten der Refinanzierung**[5].

206 Eine Ungleichbehandlung ist zulässig, wenn ein **Hilfskriterium zu einer Gruppenbildung** verwandt wird, die ihrerseits auf eine Unterscheidung abzielt, die durch sachliche Gründe gerechtfertigt ist. Dies entspricht allgemeinen Regeln auch zur Einordnung gesetzlicher Differenzierungen. Erforderlich ist allein, dass sich durch die Unterscheidung nach den Hilfskriterien hinreichend sicher das eigentliche Ziel fördern lässt und der Aufwand, eine feingliedrigere Abgrenzung vorzunehmen, unverhältnismäßig wäre. Ebenso wie also die Geschäftsfähigkeit anders als die Deliktsfähigkeit nicht in Ansehung des Einzelfalls bestimmt wird, sondern vergröbernd zwei Gruppen gebildet werden, bei denen eine hinreichende Verstandesreife vermutet oder nicht vermutet wird, kann es richtig sein, dass der ArbGeb nicht nach der Krankheitswahrscheinlichkeit im Einzelfall, sondern nach der Gruppenzugehörigkeit Arbeiter und Angestellter differenziert (s. Rz. 21).

207 Stimmt der vom ArbGeb zu bestimmende Zweck einer Ungleichbehandlung jedoch mit dem Differenzierungsmerkmal nicht überein, ist er also nur **vorgeschoben**, kann er eine Differenzierung nicht rechtfertigen[6]. Die Annahme eines ArbGeb, er sei auf Mitarbeiter angewiesen, die ihre berufliche Qualifikation in einem rechtsstaatlichen und marktwirtschaftlichen System erlangt haben, konnte daher jedenfalls im Jahr 1996 nicht mehr sachlich rechtfertigen, ArbN, die am 2.10.1990 ihren Wohnsitz in der DDR hatten, generell ein niedrigeres Gehalt zu zahlen als ArbN, die in diesem Zeitpunkt in den alten Bundesländern ansässig waren.

208 **Stichtagsregelungen** sind für die Schaffung von Ansprüchen vielfach üblich und wurden bislang durchgehend von der Rspr. des BAG anerkannt. Schon angesichts des ständigen Wandels der wirtschaftlichen Rahmenbedingungen ist der ArbGeb nicht aus Gleichbehandlungsgründen verpflichtet, einmal vereinbarte Vertragsinhalte auch künftigen Einstellungen immer wieder zugrunde zu legen[7]. Stichtagsregelungen sind nicht deshalb unzulässig, weil sie im Einzelfall zu Härten führen[8]. Bei der Wahl des Stichtags besteht ein weiter Ermessensspielraum. Der Zeitpunkt muss sich jedoch am gegebenen Sachverhalt orientieren, aber sachlich vertretbar sein[9]. Das Bestreben des ArbGeb, seine Kostenbelastung zu begrenzen, rechtfertigt freilich nicht jede beliebige zeitliche Differenzierung. Sie muss auf die jeweilige Leistung und deren Besonderheiten abgestimmt sein, wenn auch die Reichweite dieser Anpassungspflicht bislang nicht durch die Rspr. konkretisiert ist[10].

---

1 ErfK/*Preis*, § 611 BGB Rz. 732; Staudinger/*Richardi*, § 611 BGB Rz. 293; *Schaub*, ArbRHdb, § 112 Rz. 23. |2 *Wiedemann/Thüsing*, NZA 2002, 1234. |3 BAG v. 16.7.1985 – 1 AZR 206/81, DB 1985, 2207; s. hierzu *Löwisch*, FS G. Müller, 1981, S. 301; *Konzen*, FS G. Müller, S. 245. |4 BAG v. 7.3.1995 – 3 AZR 282/94, AP Nr. 26 zu § 1 *BetrAVG – Gleichbehandlung*. |5 BAG v. 19.6.2001 – 3 AZR 557/00, NZA 2002, 557; v. 21.5.2003 – 10 AZR 524/02, BB 2003, 2014; siehe hierzu Rz. 225. |6 BAG v. 15.5.2001 – 1 AZR 672/00, AP Nr. 176 zu § 242 BGB – Gleichbehandlung. |7 BAG v. 11.6.2002 – 1 AZR 390/01, DB 2002, 2725 = EWiR 2003, 95 (*Thüsing*). |8 BAG v. 24.1.1996 – 10 AZR 155/95, AP Nr. 98 zu § 112 BetrVG 1972; v. 5.10.2000 – 1 AZR 48/0, AP Nr. 141 zu § 112 BetrVG 1972. |9 BAG v. 25.10.2001 – 6 AZR 560/00, NZA 2002, 872; v. 19.4.1983 – 1 AZR 498/81, BAGE 42, 217 (222); v. 11.9.1980 – 3 AZR 606/79, AP Nr. 187 zu § 242 BGB – Ruhegehalt; v. 10.8.1988 – 5 AZR 676/87, nv. (juris); v. 18.10.2000 – 10 AZR 643/99, AP Nr. 24 zu § 11 BAT-O; vgl. ua. BAG v. 30.11.1994 – 10 AZR 578/93, AP Nr. 89 zu § 112 BetrVG 1972; v. 24.1.1996 – 10 AZR 155/95, AP Nr. 98 zu § 112 BetrVG 1972; s. auch BAG v. 25.6.2003 – 4 AZR 405/02, EzA Nr. 99 zu Art. 3 GG. |10 BAG v. 18.9.2001 – 3 AZR 656/00, DB 2002, 225; v. 11.9.1980 – 3 AZR 606/79, AP Nr. 187 zu § 242 BGB – Ruhegehalt und BAG v. 10.4.1984 – 3 AZR 57/82, AP Nr. 64 zu § 242 BGB – Gleichbehandlung.

209 **5. Beweislast.** Der **ArbN** hat entsprechend den allgemeinen Regeln der Normbegünstigung die Voraussetzungen des Anspruchs auf Gleichbehandlung darzulegen. Er hat daher vergleichbare ArbN zu nennen, die ihm gegenüber vorteilhaft behandelt werden. Dies gilt auch für das Fehlen eines sachlichen Grundes. Da es sich insoweit aber um den Beweis einer negativen Tatsache handelt, gelten hierfür allgemein die einschlägigen Beweiserleichterungen. Der ArbGeb hat das Vorbringen des ArbN qualifiziert zu bestreiten und mögliche Rechtfertigungsgründe vorzubringen. Erst wenn diese benannt sind, muss sie der ArbN durch Beweisantritt widerlegen. Nach ständiger Rspr. hat der **ArbGeb** daher, falls er ArbN mit ähnlicher Tätigkeit nach unterschiedlichen Vergütungssystemen entlohnt, darzulegen, wie groß der begünstigte Personenkreis ist, wie er sich zusammensetzt, wie er abgegrenzt ist und warum der klagende ArbN nicht dazugehört[1]. Dies ist auch deshalb sachgerecht, weil der benachteiligte ArbN ohne eine solche Offenbarung der Differenzierungsgründe durch den ArbGeb häufig nicht in der Lage sein wird, sich darüber ein Bild zu machen, ob er gerecht behandelt wurde. Der ArbGeb kann seinerseits die Gründe für die Gruppenbildung leicht darlegen, da er die maßgeblichen Kriterien selbst aufgestellt hat[2]. Die **europarechtlich vorgegebenen Beweislastregeln** des § 611a Abs. 1 Satz 3 gelten jedoch nicht (s. § 611a Rz. 52). Auch hier gilt aber, dass nachgeschobener Vortrag zur sachlichen Rechtfertigung nur insoweit berücksichtigt werden darf, als dass es nicht eine mögliche Rechtfertigung vorbringt, sondern tatsächlich den Beweggrund des ArbGeb[3].

210 Gleiches gilt nach der Rspr. des BAG, wenn der ArbGeb **ohne nach einem erkennbaren und generalisierenden Prinzip** vorzugehen, im Betrieb mehrere Vergütungssysteme anwendet und dabei nicht nur einzelne ArbN besser stellt. Anderenfalls wäre der ArbGeb im Vorteil, der von vornherein keine allgemeinen Grundsätze aufstellt, sondern nach Gutdünken verfährt[4]. Maßgeblich ist jedoch auch hier, ob es sich um individuelle Vereinbarungen handelt.

211 **6. Rechtsfolgen des Verstoßes.** Einseitige Maßnahmen des ArbGeb, die den ArbN unter Verletzung des Gleichbehandlungsgrundsatzes benachteiligen (Kündigung, Ausübung von Leistungsbestimmungsrechten und Widerrufsvorbehalten), sind **unwirksam gemäß § 134**. Auch eine benachteiligende Vereinbarung ist unwirksam, soweit der ArbN von einer begünstigenden Regelung ausgenommen wird. Rechtsgeschäfte, die andere ArbN gleichheitswidrig begünstigen, sind demgegenüber grundsätzlich wirksam. Die nach § 134 im Hinblick auf die benachteiligten ArbN entstandene Regelungslücke wird **grundsätzlich nach oben** hin angepasst. Die benachteiligten ArbN werden damit den begünstigten gleichgestellt[5]. Dies entspricht auch der ständigen Rspr. des EuGH zur Wirkung des Diskriminierungsverbots aus Art. 141 EG[6] und der Rspr. in Bezug auf § 2 BeschFG/§ 4 TzBfG[7]. Diese Voraussetzung rechtfertigt sich mit dem Gebot der effektiven Durchsetzung des Rechtsschutzes. Wollte man anders entscheiden, käme die Klage aus dem Gleichbehandlungsgrundsatz in die Nähe eines Prozesses aus Eifersucht oder Neid[8].

212 Der Grundsatz der Anpassung nach oben gilt nicht ohne **Ausnahme**. Nach jüngerer Rspr. des BAG verpflichtet der Gleichbehandlungsgrundsatz einen ArbGeb, der durch ein sachlich nicht gerechtfertigtes Merkmal eine **außerordentlich kleine Gruppe** der Belegschaft besser gestellt hat, nicht, diesen Vorteil allen Beschäftigten einzuräumen. Das der Pflicht zur Gleichbehandlung zugrunde liegende Gebot der Verteilungsgerechtigkeit trage diese Ausweitung nicht, weil in Fällen dieser Art die Freiheit des ArbGeb in der Bestimmung des Dotierungsrahmens freiwilliger Leistungen besonders nachhaltig verletzt werden würde und zu unverhältnismäßig hohen weiteren finanziellen Belastungen des ArbGeb führte[9]. Dies findet Vorläufer in der Rspr. zur Ausgestaltung von Sozialplänen. Werden in Sozialplänen ArbN unter Verletzung des Gleichbehandlungsgrundsatzes benachteiligt, darf dies in Individualprozessen der schlechter gestellten ArbN nicht dazu führen, dass die finanzielle Gesamtausstattung des Sozialplans wesentlich erhöht wird. Nur solange einzelne ArbN benachteiligt worden sind und die hierdurch verursachten Mehrbelastungen des ArbGeb nicht ins Gewicht fallen, kann einem benachteiligten ArbN wegen Verletzung des Gleichbehandlungsgrundsatzes der korrigierte volle Abfindungsbetrag zugesprochen werden[10]. Die aus der Verletzung des allgemeinen Gleichbehandlungsgrundsatzes folgenden finanziellen Belastungen des ArbGeb sind in den Fällen, in denen die Gruppe der Bessergestellten außerordentlich klein ist, danach nur gerechtfertigt, wenn zugleich besondere verfassungsrechtliche oder gemeinschaftsrechtliche Differenzierungsverbote, wie beispielsweise das Verbot der Benachteiligung wegen des Geschlechts, verletzt worden sind. Das BAG hat freilich offen gelassen, was noch als „außer-

---

1 BAG v. 19.8.1992 – 5 AZR 513/91, NZA 1993, 171; v. 12.11.1991 – 3 AZR 489/90, NZA 1992, 837. | 2 S. auch BAG v. 30.11.1982 – 3 AZR 214/80, AP Nr. 54 zu § 242 BGB – Gleichbehandlung; LAG München v. 13.8.1987 – 6 (7) Sa 863/86, BB 1988, 1824. | 3 S. BAG v. 27.10.1988 – 9 AZR 299/97, AP Nr. 211 zu § 611 BGB – Gratifikation unter Hinweis auf BVerfG v. 16.11.1993 – 1 BvR 258/86, AP Nr. 9 zu § 611a BGB. | 4 BAG v. 19.8.1992 – 5 AZR 513/91, NZA 1993, 171. | 5 S. BAG v. 20.7.1993 – 3 AZR 52/93, AP Nr. 11 zu § 1 BetrAVG – Gleichbehandlung; v. 11.9.1985 – 7 AZR 371/83, AP Nr. 76 zu § 242 BGB – Gleichbehandlung; v. 24.4.1991 – 4 AZR 570/90, AP Nr. 140 zu § 242 BGB – Gleichbehandlung; v. 30.11.1982 – 3 AZR 214/80, AP Nr. 54 zu § 242 BGB – Gleichbehandlung. | 6 EuGH v. 27.6.1990 – Rs. C-33/89, AP Nr. 21 zu Art. 119 EWG-Vertrag; s. auch BAG v. 20.11.1990 – 3 AZR 613/89, BB 1991, 1570. | 7 BAG v. 9.10.1996 – 5 AZR 338/95, BB 1997, 1157; v. 25.9.1997 – 6 AZR 65/96, BB 1998, 590; s. auch *Thüsing* in Annuß/Thüsing, § 4 TzBfG Rz. 77. | 8 Ausf. *Wiedemann*, Die Gleichbehandlungsgebote im Arbeitsrecht, S. 82. | 9 BAG v. 13.2.2002 – 5 AZR 713/00, AP Nr. 184 zu § 242 BGB – Gleichbehandlung (4 % der Belegschaft). | 10 BAG v. 26.6.1990 – 1 AZR 263/88, BAGE 65, 199 (207).

ordentlich kleine Gruppe" anzusehen ist und wie in anderen Fällen eine **effektive Sanktion** aussieht. Die Rspr. ist solange abzulehnen, wie sie hier nicht Wege nennt. Hier darf es – entgegen der bisherigen Rspr. (s. Rz. 211) – nicht generell ausgeschlossen sein, dem ArbGeb Änderungskündigungsrechte und -pflichten zuzubilligen, um für die Zukunft die bisher nur einzelnen ArbN gewährten Leistungen dem Gleichbehandlungsgrundsatz entsprechend auf eine größere Gruppe von ArbN zu verteilen.

Wo eine Gleichbehandlung nicht mehr möglich ist (zB bei vorenthaltener Nutzung einer betrieblichen Sozialeinrichtung), kann der ArbGeb zum **Schadensersatz** aus § 280 verpflichtet sein. Das hierfür erforderliche Verschulden wird zuweilen fehlen, denn zum Vorsatz gehört das Bewusstsein der Rechtswidrigkeit, nicht allein das Wissen und Wollen der Differenzierung. Die Rspr. verzichtet daher auch in diesen Fällen auf das Verschulden und leitet einen Anspruch auf kompensatorische Maßnahmen zur Gleichbehandlung unmittelbar aus dem Gleichbehandlungsgrundsatz selbst ab. Dem ArbGeb steht allerdings ein Ermessensspielraum zu, wie er den Anspruch auf Gleichbehandlung in diesen Fällen verwirklicht. Wenn etwa eine Nachversicherung nicht mehr möglich ist, kann er einen gleichwertigen Versorgungsanspruch auf andere Art begründen[1]. 213

Die Gleichstellung bisher benachteiligter ArbN kann für den ArbGeb mit erheblichen zusätzlichen Kosten verbunden sein. Diese können ihn berechtigen, im Wege der **Änderungskündigung** eine Anpassung der Verträge oder der betrieblichen Übung zu erreichen. Nur in Ausnahmefällen kommt eine Kündigung aus wichtigem Grund in Betracht. Die Kündigung kann sowohl die bisher allein begünstigten ArbN als auch die gleichzustellenden ArbN erfassen. Es gelten jedoch die allgemeinen – strengen – Regeln zur Entgeltreduzierung durch Änderungskündigung (s. hierzu § 2 KSchG Rz. 56 ff.). Die Wahrung des Gleichbehandlungsgrundsatzes stellt für sich genommen noch keinen betriebsbedingten Grund zur Rechtfertigung einer Änderungskündigung dar[2]. Auch dass sich der ArbGeb auf eine angestrebte Neuregelung vorgebende (Gesamt-)BV berufen kann, erleichtert die Änderungskündigung nicht[3]. Werden die Leistungen unter einem **Widerrufsvorbehalt** gewährt, kann eine Vereinheitlichung durch deren Widerruf möglich sein. Auch hier wiederum sind dann die Grenzen des Gleichbehandlungsgebots zu beachten. Für die Zukunft kann der ArbGeb auch darlegen, dass die bisherige Ungleichbehandlung zwar rechtswidrig, andere, weniger weitgehende Unterscheidungen jedoch durch sachliche Gründe gerechtfertigt sind; für die Vergangenheit ist ihm ein solcher Hinweis allerdings verwehrt. 214

Die **Grenzen einer rückwirkenden Gleichstellung** durch den ArbGeb sind bisher durch die Rspr. noch nicht im Einzelnen ausgelotet[4]. Im Grundsatz ist von einer unbegrenzten Verpflichtung für die Vergangenheit auszugehen, begrenzt nur durch die gesetzlichen Verjährungsvorschriften. Unterliegt der Anspruch, in den einbezogen zu werden der klagende ArbN verlangt, einer Ausschlussfrist, dann ist sie zumindest als individualvertraglich vereinbarte Ausschlussfrist auch für den Anspruch auf Gleichbehandlung anzuwenden[5]. Strittiger ist die Anwendung von tarifvertraglichen Ausschlussfristen. Diese sind bei Gleichbehandlungsbegehren von Teilzeitbeschäftigten im öffentlichen Dienst durch die Rspr. nicht angewandt worden[6]. Dagegen spricht wohl, dass der Zweck des Gleichbehandlungsgebots eben die Verhinderung von Benachteiligungen, nicht aber die Bevorzugung sein kann. Freilich kann der bislang begünstigte ArbN sich eher über das Bestehen des Anspruchs Klarheit verschaffen als der rechtswidrig ausgeschlossene, so dass ihm die Einhaltung der Ausschlussfrist eher zugemutet werden kann. 215

Inwieweit darüber hinaus der ArbGeb durch Gesichtspunkte des **Vertrauensschutzes** geschützt ist, wird unterschiedlich beurteilt. Die Rspr. hat hier Ausnahmefälle nur im eng begrenzten Raum anerkannt. Für die rückwirkende Gleichstellung von TeilzeitArbN wurde ein schutzwürdiger Vertrauenstatbestand generell verneint, jedoch die Anpassung durch Übergangsregelungen gemildert[7]. Bei Verstößen gegen den allgemeinen Gleichbehandlungsgrundsatz sollte man großzügiger sein als bei unmittelbarem oder mittelbarem Verstoß gegen die Geschlechtsdiskriminierung, weil sich die Anschauung in der Arbeits- und Berufswelt im Hinblick auf die Sachlichkeit einer Unterscheidung ändern. Maßstab dürfte die **Offensichtlichkeit des Verstoßes**, das Ausmaß der zusätzlichen Belastung für den ArbGeb, dessen wirtschaftliche Leistungsfähigkeit sowie die Größe der ehemals allein begünstigten ArbN-Gruppe sein. Ob sich orientiert an diesen Parametern hinreichend konkrete Rechtsprechungslinien abzeichnen werden, bleibt abzuwarten. 216

Besondere Regeln gelten für gegen Art. 3 Abs. 1 GG verstoßende **TV**. Dem Gericht ist nur erlaubt TV auszulegen, nicht aber durch eigenständige Regelungen in die Tarifautonomie einzugreifen. Eine gleich- 217

---

1 S. BAG v. 28.7.1992 – 3 AZR 173/92, NZA 1993, 215; v. 12.3.1996 – 3 AZR 963/94, NZA 1996, 939; v. 7.3.1995 – 3 AZR 282/94, NZA 1996, 48; *v. 9.10.1996* – 5 AZR 338/95, NZA 1997, 728; v. 21.1.1997 – 3 AZR 90/96, ZTR 1997, 317; v. 13.5.1997 – 3 AZR 66/96, NZA 1997, 1294; zum Ausgleich von Steuernachteilen BAG v. 14.12.1999 – 3 AZR 713/98, NZA 2000, 1348; zum Ausgleich von Zinsverlusten LAG Hamm v. 13.7.1999 – 6 Sa 2249/98, NZA-RR 1999, 541. |2 BAG v. 28.4.1982 – 7 AZR 1139/79, AP Nr. 3 zu § 2 KSchG 1969; v. 1.7.1999 – 2 AZR 826/98, AP Nr. 53 zu § 2 KSchG 1969. |3 BAG v. 20.1.2000 – 2 ABR 40/98, AP Nr. 40 zu § 103 BetrVG 1972. |4 Ausf. *Wiedemann*, Die Gleichbehandlungsgebote im Arbeitsrecht, S. 87 f. |5 S. BAG v. 9.10.1996 – 5 AZR 338/95, BB 1997, 1157; v. 26.9.1990 – 5 AZR 112/90, NZA 1991, 247. |6 BAG v. 26.9.1990 – 5 AZR 112/90, NZA 1991, 247; v. 12.1.1994 – 5 AZR 6/93, AP Nr. 112 zu § 242 BGB – Gleichbehandlung; ausführl. *Thüsing* in Annuß/Thüsing, § 4 TzBfG Rz. 82. |7 BAG v. 20.11.1990 – 3 AZR 613/89, AP Nr. 8 zu § 1 BetrAVG – Gleichberechtigung; s. auch BAG v. 23.1.1990 – 3 AZR 58/88, DB 1990, 1620; v. 5.10.1993 – 3 AZR 695/92, DB 1994, 739.

heitswidrig benachteiligende Regelung kann daher insgesamt nichtig und ein Anspruch für die Zukunft auch für die begünstigte ArbN-Gruppe ausgeschlossen sein[1]. Sie ist nur dann nicht insgesamt nichtig, wenn auf Grund des Regelungsgegenstands unter Berücksichtigung der Belastung aus einer „Anpassung nach oben" davon auszugehen ist, dass die TV-Parteien die Regelung ebenfalls getroffen hätten – wenn auch mit erweitertem Anwendungsbereich – wenn sie die Gleichheitswidrigkeit der von ihnen vorgenommenen Gruppenbildung erkannt hätten[2]. Die Lücke im TV ist dann von den Gerichten durch ergänzende Vertragsauslegung in diesem Sinne zu schließen[3]. Entscheidend ist also der hypothetische Wille der TV-Parteien. Das BAG ist in diesem Sinne recht großzügig[4]. Hinsichtlich der Rechtsfolgen ist also zu differenzieren: Aus dem Gleichheitssatz des Art. 3 Abs. 1 GG ergibt sich die Pflicht der Gerichte nicht nur für die Zukunft, sondern auch für **vergangene Zeiträume** eine dem Gleichheitssatz entsprechende Ordnung sicherzustellen. Deshalb haben die gleichheitswidrig aus dem Kreis der Begünstigten ausgeschlossenen Personen dann einen Anspruch, wenn nur auf diesem Weg dem Gleichheitssatz Rechnung getragen werden kann – auch wenn die tarifvertragliche Regelung insgesamt nichtig ist[5]. Dies soll jedenfalls dann gelten, wenn der ArbGeb in Kenntnis der Gefahr einer Überzahlung nicht sicherstellt, dass er etwaige Rückforderungsansprüche auch durchsetzen kann[6]. Für die **zukünftige Gleichstellung** bei insgesamt nichtiger Tarifregelung gilt dies jedoch grundsätzlich nicht, da hier der Gestaltungsspielraum der TV-Parteien nicht durch die rechtlich oder faktisch begrenzte Möglichkeit der Rückforderung gleichheitswidrig gewährter Vergünstigung berührt wird. Dies ist – neben den Fällen ergänzender Vertragsauslegung – allein anders bei Verstößen gegen das Verbot der Geschlechtsdiskriminierung. Der EuGH stellt die Gleichbehandlung über die Tarifautonomie und verlangt unabhängig von den verschiedenen Gestaltungsmöglichkeiten der TV-Parteien bei Verstößen gegen Art. 141 EG und die ausführenden Richtlinien die Anpassung nach oben[7].

218 Inwieweit die dargelegten Regeln zur Beurteilung von TV auch für **BV** gelten, ist bislang nicht geklärt. Da für die Betriebspartner Art. 9 Abs. 3 GG nicht streitet, dürften sich die Rechtsfolgen eher an denen arbeitsvertraglicher Regelungen orientieren. Ist eine BV bereits aus anderen Gründen wirksam, so kann der ArbN einen Anspruch unter Berufung auf den Gleichbehandlungsgrundsatz nicht herleiten. Es gibt keinen Anspruch auf Gleichbehandlung im Unrecht, solange der ArbGeb nicht in Kenntnis der Unwirksamkeit der BV die Leistung dennoch erbracht hat[8].

219 **7. Einzelfragen. a) Ungleichbehandlung verschiedener ArbN-Gruppen.** Eine Differenzierung zwischen **Arbeitern und Angestellten** ist grundsätzlich unzulässig. Weil aber eine Ungleichbehandlung zulässig ist, wenn ein Hilfskriterium zur Gruppenbildung verwandt wird, die ihrerseits auf eine gerechtfertigte Unterscheidung abzielt (s. Rz. 206), kann es zulässig sein, wenn an die gewerblichen ArbN wegen erheblich höherer krankheitsbedingter Fehlzeiten ein gekürzter 13. Monatslohn gezahlt wird, die Angestellten dagegen einzelvertraglich ein ungekürztes 13. Monatsgehalt erhalten[9]. Dies gilt nach Auffassung des BAG auch dann, wenn das Risiko der Erkrankung arbeitsbedingt unterschiedlich ist[10]. Dem ist das BVerfG freilich entgegengetreten und hat eine Unterscheidung als Verstoß gegen Art. 3 Abs. 1 GG gewertet, solange nicht ausgeschlossen ist, dass der hohe Krankheitsstand auf von der ArbGebSeite zu verantwortenden gesundheitsschädlichen Arbeitsbedingungen beruht[11]. Im Schrifttum wird weiter gehend festgestellt, sachgerecht sei es allein, eine Kürzung der Gratifikation an den tatsächlichen Fehlzeiten der ArbN festzumachen[12]. Dies berücksichtigt jedoch nicht ausreichend, dass hiermit ein unter Umständen erheblicher Verwaltungsaufwand verbunden sein kann. Aus den gleichen Gründen ist es bedenklich, dass nach der Rspr. des BAG der unterschiedliche Fluktuationsgrad von

---

1 S. BAG v. 13.11.1985 – 4 AZR 234/84, DB 1986, 542: Verheiratetenzuschlag. | 2 BAG v. 7.3.1995 – 3 AZR 282/94, NZA 1996, 48; v. 7.11.1995 – 3 AZR 1064/94, NZA 1996, 653; v. 28.5.1996 – 3 AZR 752/95, AP Nr. 143 zu § 1 TVG – Tarifverträge Metallindustrie. | 3 BAG v. 21.3.1991 – 2 AZR 323/84 (A), NZA 1991, 797. | 4 Die Anpassung nach oben wurde vorgenommen beim Ausschluss unterhälftig Teilzeitbeschäftigter aus der Zusatzversorgung im öffentlichen Dienst (BAG v. 7.3.1995 – 3 AZR 282/94, AP Nr. 26 zu § 1 BetrAVG – Gleichbehandlung; v. 16.1.1996 – 3 AZR 767/94, AP Nr. 222 zu Art. 3 GG; v. 27.2.1996 – 3 AZR 886/94, NZA 1996, 992; v. 12.3.1996 – 3 AZR 993/94, NZA 1996, 939), bei einen tarifvertraglich nicht vorgesehenen Anspruch auf Zuschuss zum Kug für solche ArbN, die demnächst aufgrund eines Aufhebungsvertrages aus dem Arbeitsverhältnis ausscheiden (BAG v. 7.11.1995 – 3 AZR 870/94, AP Nr. 138 zu § 1 TVG – Tarifverträge: Metallindustrie) sowie bei einen Ausschluss männlicher ArbN vom Bezug von Übergangsgeld, die bereits nach Vollendung des 63. Lebensjahres in den gesetzlichen Ruhestand wechselten, während weibliche ArbN einen solchen Anspruch behielten, wenn sie bereits mit Vollendung des 60. Lebensjahres die gesetzliche Rente in Anspruch nahmen (BAG v. 7.11.1995 – 3 AZR 1064/94, AP Nr. 71 zu Art. 119 – EWG-Vertrag). | 5 BAG v. 28.5.1996 – 3 AZR 752/95, AP Nr. 143 zu § 1 TVG – Tarifverträge: Metallindustrie. BVerfG v. 28.1.1992 – 1 BvR 1025/92, AP Nr. 2 zu § 19 AZO, zu C III 1 d.Gr.; BAG v. 13.11.1985 – 4 AZR 234/84, AP Nr. 136 zu Art. 33 GG; v. 21.3.1991 – 2 AZR 296/87 (B), AP Nr. 30 zu § 622 BGB, zu B II 3 b bb und cc d.Gr.; v. 7.3.1995 – 3 AZR 282/94, AP Nr. 26 zu § 1 BetrAVG – Gleichbehandlung, zu B III 2 d.Gr. | 6 BAG v. 28.5.1996 – 3 AZR 752/95, NZA 1997, 101. | 7 S. EuGH v. 27.6.1990 – Rs. C-33/89, NZA 1990, 771; s. auch BAG v. 28.5.1996 – 3 AZR 752/95, BB 1996, 2628; v. 13.5.1997 – 3 AZR 66/96, BB 1997, 2008; v. 15.12.1998 – 3 AZR 297/97, BB 1999, 1435 – alle in Bezug auf Diskriminierung von Teilzeitbeschäftigten. | 8 S. BAG v. 13.8.1980 – 5 AZR 325/78, DB 1981, 274. | 9 BAG v. 19.4.1995 – 10 AZR 136/94, NZA 1996, 133. | 10 BAG v. 6.12.1995 – 10 AZR 123/95, AP Nr. 186 zu § 611 BGB – Gratifikation im Hinblick auf das Braugewerbe. | 11 BVerfG v. 1.9.1997 – 1 BvR 1929/95, AP Nr. 203 zu § 611 BGB – Gratifikation = DB 1998, 204 (*Schulte*). | 12 ErfK/*Preis*, § 611 BGB Rz. 745.

Arbeitern und Angestellten für sich allein kein sachlich gerechtfertigtes Unterscheidungsmerkmal für eine Gratifikation ist[1].

Ein sachlicher Grund ist auch gegeben, wenn mit der Ungleichbehandlung der Zweck verfolgt wird, eine Benachteiligung der Angestellten bei der Zahlung übertariflicher Zahlungen auszugleichen[2]. Eine Sicherheitszulage rechtfertigt demgegenüber keine Differenzierung[3], und auch wenn es nur darum geht, den erhöhten finanziellen Bedarf zur Weihnachtszeit auszugleichen, ist eine Differenzierung unzulässig[4]. Gelten für Arbeiter und Angestellte unterschiedliche TV, so sind darauf begründete Unterschiede als Ausdruck der **Tarifautonomie** nach Art. 9 Abs. 3 GG zulässig, erst recht wenn die TV durch unterschiedliche Tarifpartner ausgehandelt wurden[5]. Die verschiedenen Regelwerke bilden ein Gesamtergebnis der Verhandlungen, deren einzelne Teile nicht vergleichend gegenübergestellt werden können. Das Bedürfnis nach **flexibler Personalplanung** im produktiven Bereich rechtfertigt wegen produkt-, mode- oder saisonbedingter Auftragsschwankungen erheblich kürzere Grundkündigungsfristen und darauf aufbauende verlängerte Fristen bei längerer Betriebszugehörigkeit für Arbeiter, wenn diese im Gegensatz zu Angestellten ganz überwiegend nur in der Produktion tätig sind – eine Unterscheidung unmittelbar nach der Mitarbeit in der Produktion ist nicht erforderlich[6].

220

Grundsätzlich aber gilt, dass unterschiedliche tarifliche **Kündigungsfristen** aufgrund pauschaler Unterscheidung zwischen Angestellten und Arbeitern unzulässig sind, soweit nicht zusätzliche rechtfertigende Gründe angeführt werden können. Sachlich gerechtfertigt sind hinreichend gruppenspezifisch ausgestaltete unterschiedliche Regelungen, die zB entweder nur eine verhältnismäßig kleine Gruppe nicht intensiv benachteiligen, oder funktions-, branchen- oder betriebsspezifischen Interessen im Geltungsbereich des TV mit Hilfe verkürzter Kündigungsfristen für Arbeiter entsprechen (zB überwiegende Beschäftigung von Arbeitern in der Produktion), oder gruppenspezifische Schwierigkeiten bestimmter ArbN bei der Stellensuche mildern (Beispiel: Die höher- und hoch qualifizierten ArbN gehören überwiegend zur Gruppe der Angestellten)[7]. Ein sachgerechter Grund für eine Differenzierung kann jedoch darin liegen, ArbN durch eine höhere Gratifikation an den Betrieb zu binden, weil ihr Weggang zu besonderen Belastungen führt. Eine an einen solchen Zweck anknüpfende Gruppenbildung ist nicht deshalb sachwidrig, weil von ihr ArbN erfasst werden, bei denen der Grund für die beabsichtigte Bindung nicht bestehen kann. Das gilt jedenfalls solange, wie der verfolgte Zweck sich typischerweise in der begünstigten Gruppe verwirklichen kann, währenddessen er in der benachteiligten Gruppe fehlt[8].

221

Zulässig ist eine Differenzierung zwischen **Pensionären und Aktiven**, etwa bei der Bemessung von Jubiläumsgeldern[9] und auch zwischen **Innen- und Außendienstmitarbeitern**, wenn den Außendienstmitarbeitern erhebliche Trinkgelder zufließen[10]. Unzulässig ist es, erkrankte ArbN bei einer Lohnerhöhung allein auf Grund ihrer Erkrankung nicht zu berücksichtigen[11]. Ausgeschiedene oder ausscheidende ArbN dürfen nach einer nicht unproblematischen Rspr. des BAG nicht von einer rückwirkenden Lohnerhöhung ausgeschlossen werden; die TV-Parteien haben hier jedoch einen größeren Gestaltungsspielraum[12]. Entschließt sich der ArbGeb allgemein zu einer Gehaltserhöhung, bedarf es der Rechtfertigung, Höherverdienende hiervon auszunehmen[13]. Zwischen **Beamten und ArbN des öffentlichen Dienstes** darf grundsätzlich differenziert werden (s. Rz. 197). **Ärzte im Praktikum** müssen **Assistenzärzten** nicht gleichgestellt werden[14]. Es verstößt gegen den arbeitsrechtlichen Gleichbehandlungsgrundsatz an den Hochschulen, wenn beschäftigten **wissenschaftlichen Mitarbeitern** mit abgeschlossener Hochschulbildung eine jährliche Sonderzuwendung nach dem Gesetz über die Gewährung einer jährlichen Sonderzuwendung gewährt wird, den **studentischen Hilfskräften** jedoch nicht[15]. Eine Ungleichbehandlung von Mitarbeitern im Außendienst gegenüber Mitarbeitern im Innendienst ist bei der Ruhegeldzulage unzulässig[16]. Dies gilt jedenfalls, solange der ArbGeb nicht ein berechtigtes Interesse hat, gerade eine bestimmte ArbN-Gruppe an sich zu binden[17]. Die Unterscheidung zwischen **Streikenden und Nichtstreikenden** ist bei der Streikbruchprämie zulässig soweit tatsächlich Mehrbelastungen ausgeglichen werden sollen oder aber

222

---

1 BAG v. 25.1.1984 – 5 AZR 251/82, DB 1984, 2355. | 2 BAG v. 30.3.1994 – 10 AZR 681/92, NZA 1994, 786; v. 25.1.1984 – 5 AZR 251/82, NZA 1984, 323. | 3 BAG v. 17.12.1992 – 10 AZR 306/91, AP Nr. 105 zu § 242 BGB – Gleichbehandlung. | 4 BAG v. 27.10.1998 – 9 AZR 299/97, AP Nr. 211 zu § 611 BGB – Gratifikation. | 5 BAG v. 4.12.1997 – 2 AZR 809/96, NZA 1998, 431 (tarifvertragliche Ausschlussfristen); BVerfG v. 12.12.1990 – 1 BvR 633/89, ZTR 1991, 159; s. aber BAG v. 23.1.1992 – 2 AZR 389/91, AP Nr. 35 zu § 622 BGB; v. 17.12.1992 – 6 AZR 91/92, AP Nr. 1 zu § 2 BAT SR 2e II. | 6 BAG v. 23.1.1992 – 2 AZR 460/91, NZA 1992, 787; v. 28.5.1986 – 3 AZR 752/95, AP Nr. 143 zu § 1 TVG – Tarifverträge: Metallindustrie. | 7 BAG v. 29.10.1998 – 2 AZR 683/97, AuA 1999, 85; v. 21.3.1991 – 2 AZR 616/90, AP Nr. 31 zu § 622 BGB; v. 29.8.1991 – 2 AZR 220/91 (A), AP Nr. 32 zu § 622 BGB. S. auch BAG v. 29.10.1998 – 2 AZR 683/97, AuA 1999, 85. | 8 BAG v. 25.1.1984 – 5 AZR 89/82, NZA 1984, 326; ähnlich bereits BAG v. 5.3.1980 – 5 AZR 46/78, AP Nr. 43 zu § 242 BGB – Gleichbehandlung (Fehlen von Bewerbern mit langjähriger Erfahrung auf dem Gebiet der produzierten Verpackungsmaschinen). | 9 LAG Düsseldorf v. 12.3.1987 – 5 Sa 4/87, NZA 1987, 706. | 10 BAG v. 19.4.1995 – 10 AZR 344/94, NZA 1995, 2221; Zumbansen/Kim, BB 1999, 2454. | 11 BAG v. 10.3.1982 – 4 AZR 540/79, DB 1982, 1223; BAG v. 9.6.1982 – 5 AZR 501/80, DB 1982, 2192. | 12 BAG v. 10.3.1982 – 4 AZR 540/79, DB 1982, 1223. | 13 BAG v. 17.5.1978 – 5 AZR 132/77, DB 1979, 1887. | 14 BAG v. 24.3.1993 – 4 AZR 265/92, AP Nr. 106 zu § 242 BGB – Gleichbehandlung. | 15 BAG v. 6.10.1993 – 10 AZR 450/92, NZA 1994, 257. | 16 BAG v. 20.7.1993 – 3 AZR 52/93, NZA 1994, 125. | 17 BAG v. 17.2.1998 – 3 AZR 783/96, NZA 1998, 762: Bevorzugung leitender Mitarbeiter im Innendienst.

durch die Ankündigung oder Auszahlung der Streikwille beeinflusst werden sollte[1]. Die Ungleichbehandlung **befristet Beschäftigter gegenüber unbefristet Beschäftigten** und **Teilzeitbeschäftigter gegenüber Vollzeitbeschäftigten** richtet sich nach § 4 TzBfG. Unzulässig ist es, ArbN, die sich in ATZ befinden, bei einer Stundenermäßigung schlechter zu stellen als andere ArbN gleichen Alters[2].

223 **b) Arbeitsentgelt. aa) Allgemeines.** Der allgemeine Gleichbehandlungsgrundsatz ist im Bereich der Arbeitsvergütung nur eingeschränkt anwendbar. Eine Verpflichtung, von der individuellen Festlegung der Vergütung zur arbeitsvertraglichen Einheitsregelung überzugehen, besteht nicht[3]. Auch ein allgemeines Prinzip „gleicher Lohn für gleiche Arbeit" gibt es im deutschen Recht nicht[4]. Beruht die Entgeltstruktur und -entwicklung des Betriebes jedoch auf arbeitsvertraglichen Einheitsregelungen, so ist der ArbGeb an das arbeitsrechtliche Gleichbehandlungsgebot gebunden. Erforderlich ist daher eine Transparenz seiner Lohnfindung. Die Kontrolle am allgemeinen Gleichheitsgebot sichert hier ein Mindestmaß an Sachgesetzlichkeit.

224 **bb) Lohnerhöhungen.** Erhöht der ArbGeb die Gehälter ohne allein die tarifvertraglichen Lohnerhöhungen nachzuvollziehen, dann muss er den Gleichbehandlungsgrundsatz auch dann beachten, wenn er dies bei unterschiedlichen Berufsgruppen zu unterschiedlichen Zeitpunkten und in unterschiedlicher Höhe realisiert. Entscheidend ist, ob die Erhöhungen auf einer allgemeinen, **einzelfallübergreifenden Zweckverfolgung** beruhen. In einer linearen und über mehrere Jahre regelmäßig gewährten Lohnerhöhung einer ganz überwiegenden Anzahl der ArbN (über 80 %) sah das BAG einen Inflationsausgleich, von dem ArbN auch bei individuell unterschiedlich bemessenen Lohnerhöhungen nur bei Vorliegen sachlicher Gründe ausgeschlossen werden dürfen[5]. Eine Lohnerhöhung darf jedoch differenzieren, soweit dies Ausdruck einer spezifischen Zweckverfolgung ist. Zulässig ist es daher, eine Leistung aus Anlass einer Umstrukturierungsmaßnahme als Motivationsanreiz anzusetzen und ArbN mit höherer Vergütung in einem unwirtschaftlichen oder stillzulegenden Betriebsteil hiervon auszuschließen[6]. Kommt es zu tariflichen Gehaltserhöhungen, kann der ArbGeb bisherige übertarifliche Zahlungen regelmäßig anrechnen (s. Rz. 539). Er darf jedoch hierbei ohne sachlichen Grund nicht zwischen den einzelnen ArbN-Gruppen differenzieren[7].

225 **cc) Gratifikationen.** Der Zweck der Zulagen, Gratifikationen und Sonderzuwendungen gibt vor, wie weit zwischen den verschiedenen ArbN-Gruppen differenziert werden kann. Grundsätzlich zulässige Kriterien sind (je nach Ziel der Zuwendung) Arbeitsleistung und -belastung[8], Qualifikation (auch wenn die aktuell ausgeübten Tätigkeiten die Gleichen sind)[9], Berufserfahrung, soziale Lage und unterschiedliche Arbeitsplatzanforderungen[10]. Daneben können je nach Leistung die Betriebszugehörigkeit, der Familienstand, aber auch die Kinderzahl legitimer Differenzierungsgrund sein[11]. Zur Unterscheidung nach dem Alter s. Rz. 203. Eine Unterscheidung zwischen Dauer- und Aushilfsarbeitnehmer[12] misst sich am Verbot der Benachteiligung befristet Beschäftigter gemäß § 4 Abs. 2 TzBfG. Eine Gleichstellung **eingetragener Lebenspartnerschaften** mit der Ehe ist bei der Gewährung von Zulagen nicht geboten[13]. **ABM-Kräfte** können von TV ausgenommen werden[14]. Sachlicher Grund zur Differenzierung ist der arbeitsförderungsrechtliche Zweck der Arbeitsbeschaffungsmaßnahmen. Der ArbGeb darf bei Auszahlung von durch Drittmittel finanzierten Gratifikationen zwischen solchen ArbN, die eine zuwendungsfinanzierte Stelle und solchen, die eine sog. leistungsfinanzierte Stelle haben, unterscheiden und die Gratifikationen nur an erstgenannte ArbN weiterleiten[15]. Die Refinanzierungsmöglichkeit ist mithin zulässiges Differenzierungskriterium.

226 **dd) Ruhegeldzusage.** Inwieweit Ruhegeldzusagen auch an Teilzeitbeschäftigten oder befristet Beschäftigten zu gewähren sind, beurteilt sich nach § 4 TzBfG. Die Zwecke, die die unterschiedlichen Behandlungen bei Leistungen der betrAV rechtfertigen sollen, müssen aus der Versorgungsordnung erkennbar sein. Ist der Grund der Ungleichbehandlung nicht ohne weiteres erkennbar, muss der ArbGeb ihn spätestens dann offen legen, wenn ein von der Vergünstigung ausgeschlossener ArbN Gleichbehandlung verlangt[16]. Setzt sich die betriebliche Altersrente aus einem dienstzeitunabhängigen So-

---

[1] S. § 612a BGB Rz. 15 ff.; s. auch BAG v. 13.7.1993 – 1 AZR 676/92, AP Nr. 127 zu Art. 9 GG – Arbeitskampf. | [2] BAG v. 21.1.2003 – 9 AZR 4/02, bislang nv. (juris). | [3] BAG v. 15.11.1994 – 5 AZR 682/93, BB 1995, 409. | [4] BAG v. 21.6.2000 – 5 AZR 806/98, DB 2000, 1920 = EWiR 2000, 953 (*Thüsing*); s. dazu auch *Wiedemann*, Die Gleichbehandlungsgebote im Arbeitsrecht, S. 50. | [5] S. BAG v. 11.9.1985 – 7 AZR 371/83, DB 1986, 2602; v. 15.11.1994 – 5 AZR 682/93, BB 1995, 409. | [6] BAG v. 10.3.1998 – 1 AZR 509/97, AP Nr. 207 zu § 611 BGB – Gratifikation. | [7] BAG v. 22.8.1979 – 5 AZR 769/77, DB 1980, 406; v. 6.2.1985 – 4 AZR 370/83, DB 1985, 1239; v. 3.6.1987 – 4 AZR 44/87, NZA 1987, 84. | [8] BAG v. 5.3.1980 – 5 AZR 46/78, AP Nr. 43 zu § 242 BGB – Gleichbehandlung; v. 25.1.1984 – 5 AZR 89/82, AP Nr. 67 zu § 242 BGB – Gleichbehandlung. | [9] BAG v. 23.2.1994 – 4 AZR 219/93, AP Nr. 51 zu Art. 119 EWG-Vertrag; v. 30.9.1998 – 4 AZR 547/97, AP Nr. 159 zu § 242 BGB – Gleichbehandlung im Hinblick auf Lehrkräfte mit und ohne Lehrbefähigung. | [10] BR-Drs. 393/84, S. 25 (26) in Erläuterung von § 2 TzBfG. Einschr. zur sozialen Lage BAG v. 1.11.1995 – 5 AZR 84/94, NZA 1996, 813; s. aber auch BAG v. 30.8.2000 – 4 AZR 563/99, NZA 2001, 613 = RdA 2001, 110 (*Dieterich*). | [11] S. ErfK/*Preis*, § 611 BGB Rz. 739; Küttner/*Kania*, Personalhandbuch, Gleichbehandlung, Rz. 49. | [12] S. ErfK/*Preis*, § 611 BGB Rz. 739; HzA/*Lipke*, Gruppe 2.3 Rz. 151. | [13] *Thüsing*, NZA 2001, 1062; *Powietzka*, BB 2002, 146; s. auch *Schulte*, DB 2001, 1832. | [14] BAG v. 18.6.1997 – 5 AZR 259/96, AP Nr. 2 zu § 3d BAT. | [15] BAG v. 21.5.2003 – 10 AZR 524/02, BB 2003, 2014 (2015) | [16] BAG v. 20.7.1993 – 3 AZR 52/93, DB 1994, 102; Bestätigung von BAG v. 5.3.1980 – 5 AZR 881/78, AP Nr 44 zu § 242 – Gleichbehandlung.

ckelbetrag und aus dienstzeitabhängigen Steigerungsbeträgen zusammen, dürfen Versorgungsleistungen aus vorausgegangenen Arbeitsverhältnissen auf den Sockelbetrag angerechnet werden[1]. Eine betriebliche Versorgungsordnung kann vorsehen, dass eine Invalidenrente nur geschuldet wird, wenn die Invalidität nach Vollendung eines bestimmten Mindestalters (zB 50. Lebensjahr) eintritt[2]. Die erheblichen Unterschiede der tariflichen Vergütungshöhe zwischen verschiedenen ArbN-Gruppen ist als Sachgrund bei der Bemessung der betrAV anerkannt[3]. Der arbeitsrechtliche Gleichbehandlungsgrundsatz verpflichtet einen ArbGeb nicht, eine besonders günstige Anspruchsberechnung für ArbN, die vorgezogen Betriebsrente in Anspruch nehmen, nachdem sie bis zu diesem Zeitpunkt betriebstreu geblieben sind, auch anteilig an ArbN weiterzugeben, die vorzeitig aus dem Betrieb ausgeschieden sind[4]. Ein TV kann ohne Verstoß gegen das Gleichbehandlungsgebot für die Berechnung einer vorgezogen in Anspruch genommenen Betriebsrente des vorzeitig ausgeschiedenen ArbN die fehlende Betriebstreue zwischen dem vorgezogenen Ruhestand und der festen Altersgrenze grundsätzlich auch zweifach mindernd berücksichtigen[5].

ee) Sozialplan. Will der ArbGeb auch die älteren ArbN, die sich mit den Leistungen aus dem bestehenden Sozialplan nicht begnügen wollen, zu einem einvernehmlichen Ausscheiden aus dem Arbeitsverhältnis bewegen, so verstößt er nicht gegen den Gleichbehandlungsgrundsatz, wenn er zusätzliche Leistungen nur den ArbN verspricht, die sich nicht schon zuvor mit einem Ausscheiden auf der Basis des bestehenden Sozialplans einverstanden erklärt haben[6]. Die Grenzen des weiten Spielraums, den die Betriebspartner bei der Beurteilung der wirtschaftlichen Nachteile einer Betriebsänderung und der Ausgestaltung der darauf gerichteten Ausgleichsmaßnahmen haben, sind nicht überschritten, wenn bei der Bemessung einer Sozialplanabfindung Zeiten der Teilzeit- und der Vollzeitbeschäftigung anteilig berücksichtigt werden[7]. Eine sachgerechte Differenzierung kann allerdings dann vorliegen, wenn ArbN von Sozialplanleistungen ausgeschlossen werden, die wirtschaftlich abgesichert sind, weil sie die Voraussetzungen für die Inanspruchnahme eines vorgezogenen Altersruhegeldes erfüllen[8]. Das Gleiche gilt, wenn ArbN, die unmittelbar auf Vermittlung des ArbGeb weiterbeschäftigt werden[9]. Vereinbart der Konkursverwalter mit ArbN, denen bereits vor Konkurseröffnung gekündigt worden war, dass sie gegen Zahlung einer Abfindung ihre Einwendungen gegen die Wirksamkeit der Kündigung fallen lassen und sich mit der Beendigung des Arbeitsverhältnisses einverstanden erklären, umso den Übergang des Restbetriebs auf einen Erwerber sicherzustellen, so verstößt es nicht gegen den arbeitsrechtlichen Gleichbehandlungsgrundsatz, wenn hierbei diejenigen ArbN ausgenommen werden, die sich bereits in Kenntnis des Antrags auf Eröffnung des Konkursverfahrens mit der Beendigung des Arbeitsverhältnisses ausdrücklich einverstanden erklärt hatten[10]. Ebenso ist es gerechtfertigt, wenn die Betriebspartner bei der Zuerkennung von Ansprüchen auf eine Abfindung in einem Sozialplan zwischen ArbN, denen infolge der Betriebsänderung gekündigt worden ist, und solchen, die ihr Arbeitsverhältnis durch eine Eigenkündigung (oder einen Aufhebungsvertrag) beendet haben, unterscheiden[11]. Dies gilt freilich nicht, wenn die Eigenkündigung vom ArbGeb veranlasst wurde[12]. Die Betriebspartner sind aus Gründen der praktikablen Durchführung einer Sozialplanregelung befugt, die Zahlung eines Abfindungszuschlags für unterhaltsberechtigte Kinder davon abhängig zu machen, dass diese auf der LStKarte eingetragen sind. Eine solche Regelung verstößt nicht gegen den Gleichbehandlungsgrundsatz[13].

VII. Betriebliche Übung

Lit.: *Becker*, Änderung einer betrieblichen Übung, BB 2000, 2095; *Dütz*, Zur Betriebsübung im zivilen, öffentlichen und kirchlichen Arbeitsrecht, Festschrift zum 70. Geburtstag von Günther Wiese. 1998, S. 85; *Freitag*, Über die Freiwilligkeit freiwilliger Leistungen, NZA 2002, 294; *Goertz*, Die gegenläufige Betriebsübung, AuR 1999, 463; *Kettler*, Das BAG und die „umgekehrte" betriebliche Übung, NJW 1998, 435; *Merten/Schwartz*, Die Ablösung einer betrieblichen Übung durch Betriebsvereinbarung, DB 2001, 646; *Pauly*, Aktuelle Probleme der Betriebsübung, MDR 1997, 213; *Reiserer*, Freiwilligkeits- und Widerrufsvorbehalt bei Gratifikation, DB 1997, 426; *Singer*, Neue Entwicklungen im Recht der Betriebsübung, ZfA 1993, 487; *Tappe/Koplin*, Die „negative betriebliche Übung", DB 1998, 2114.

1. Begriff und Herleitung. Eine betriebliche Übung bildet nach der ständigen Rspr. des BAG die regelmäßige Wiederholung bestimmter Verhaltensweisen des ArbGeb, aus denen der ArbN schließen kann,

---

1 BAG v. 20.11.1990 – 3 AZR 31/90, ZIP 1991, 951 = EWiR 1991, 639 (*Griebeling*). | 2 BAG v. 20.10.1987 – 3 AZR 208/86, BB 1988, 836. | 3 BAG v. 27.2.2002 – 9 AZR 38/01, nv. (juris); v. 25.2.1999 – 3 AZR 213/97, nv. (juris); BAG v. 25.2.1999 – 3 AZR 332/97, nv. (juris). | 4 BAG v. 23.1.2001 – 3 AZR 562/99, AP Nr. 26 zu § 6 BetrAVG = EWiR 2002, 53 (*Thüsing/Lambrich*). | 5 BAG v. 24.7.2001 – 3 AZR 681/00, AP Nr. 17 zu § 1 BetrAVG – Berechnung. | 6 BAG v. 18.9.2001 – 3 AZR 656/00, DB 2002, 225. | 7 BAG v. 14.8.2001 – 1 AZR 760/00, DB 2002, 94. | 8 BAG v. 3.8.1999 – 1 AZR 677/98, nv. (juris); v. 26.7.1988 – 1 AZR 156/87, AP Nr. 45 zu § 112 BetrVG 1972; v. 31.7.1996 – 10 AZR 45/96, AP Nr. 103 zu § 112 BetrVG 1972; v. 17.9.1997 – 10 AZR 38/97, nv. (juris). S. auch BAG v. 31.7.1996 – 10 AZR 45/96, DB 1997, 281. | 9 BAG v. 15.11.1995 – 10 AZR 267/95, nv. (juris); v. 28.10.1992 – 10 AZR 129/92, AP Nr. 66 zu § 112 BetrVG 1972; v. 27.7.1994 – 10 AZR 710/93, nv. (juris); v. 12.7.1995 – 10 AZR 127/95, nv. (juris). | 10 BAG v. 27.10.1998 – 1 AZR 94/98, AP Nr. 29 zu § 61 KO. | 11 BAG v. 11.3.1998 –10 AZR 505/97, nv. (juris); v. 19.7.1995 – 10 AZR 885/94, AP Nr. 96 zu § 112 BetrVG 1972 (*von Hoyningen-Huene*). | 12 BAG v. 20.4.1994 – 10 AZR 323/93, AP Nr. 77 zu § 112 BetrVG 1972. | 13 BAG v. 12.3.1997 – 10 AZR 648/96, DB 1997, 1522.

ihm solle eine Leistung auf Dauer gewährt werden, und er daher diesen Anspruch auch erhält[1]. Umstritten ist die **dogmatische Herleitung** dieses Rechtsinstituts. Die ständige Rspr. folgt der sog. **Vertragstheorie**: Auf Grund einer Willenserklärung, die vom ArbN stillschweigend angenommen wird (§ 151), erwachsen vertragliche Ansprüche auf die üblich gewordenen Vergünstigungen. Dabei kommt es für die Begründung eines solchen Anspruchs nicht darauf an, ob der ArbGeb mit Verpflichtungswillen gehandelt hat oder ob ihm ein solcher Wille fehlte. Die Wirkung einer Willenserklärung oder eines bestimmten Verhaltens tritt im Rechtsverkehr schon ein, wenn der Erklärende aus der Sicht des Erklärungsempfängers einen auf eine bestimmte Rechtswirkung gerichteten Willen geäußert hat. Ob eine für den ArbGeb bindende betriebliche Übung auf Grund der Gewährung von Leistungen an seine ArbN entstanden ist, muss deshalb danach beurteilt werden, inwieweit die ArbN aus dem Verhalten des ArbGeb unter Berücksichtigung von Treu und Glauben sowie der Verkehrssitte (§ 242) und der Begleitumstände auf einen Bindungswillen des ArbGeb schließen durften[2]. Daneben findet sich im Schrifttum eine Herleitung aus dem Gesichtspunkt der **Vertrauenshaftung**. Die Rspr. überfrachte den Tatbestand der Willenserklärung und führe zu einer Fiktion; maßgeblich sei vielmehr eine nicht rechtsgeschäftliche, sondern rechtsgeschäftsähnliche Anspruchsbegründung durch Erwirkung[3]. Die Entscheidung für den einen oder anderen Ansatz strukturiert die Argumente, führt jedoch nicht notwendig zu einem abweichenden Ergebnis. Das BAG konnte daher die Herleitung in einigen Entscheidung dahingestellt bleiben lassen und betont, dass beide Ansätze das gleiche Ziel verfolgen: Der Schutz des Eindrucks des ArbN, die üblich gewordenen Leistungen seien auch künftig zu erwarten[4]. Teilweise geht man daher trotz dieser Unterschiede in der Begründung von einer **gewohnheitsrechtlichen Anerkennung** aus[5].

229 **2. Voraussetzungen und Verhinderung einer betrieblichen Übung.** Ob aus einem wiederholten tatsächlichen Verhalten des ArbGeb eine betriebliche Übung mit Anspruch auf eine zukünftige Gewährung entsteht oder ob aus dem Verhalten des ArbGeb nur eine Vergünstigung für das jeweilige Jahr abzuleiten ist, ist in den Tatsacheninstanzen unter Berücksichtigung aller Umstände zu ermitteln[6]. Ein Gratifikationsanspruch des ArbN ist auf Grund betrieblicher Übung dann gegeben, wenn der ArbGeb eine Gratifikation wiederholt vorbehaltlos zahlt und hierdurch für die ArbN ein Vertrauenstatbestand entsteht, der ArbGeb wolle sich diesbezüglich auch für die Zukunft binden. Ein derartiger Vertrauenstatbestand ist nach der Rspr. der Gerichte für Arbeitssachen im Allgemeinen nach **dreimaliger Zahlung** anzunehmen, falls nicht besondere Umstände hiergegen sprechen[7].

230 Will der ArbGeb verhindern, dass aus der Stetigkeit eines Verhaltens eine in die Zukunft wirkende Bindung entsteht, muss er einen entsprechenden **Vorbehalt** erklären. In welcher Form dies geschieht, ist nicht entscheidend; erforderlich ist jedoch, dass der Vorbehalt klar und unmissverständlich kundgetan wird[8]. Dabei steht die Form des Vorbehalts dem ArbGeb frei. Er kann den Vorbehalt sowohl durch Aushang oder Rundschreiben als auch durch Erklärung gegenüber dem einzelnen ArbN bekannt geben[9]. Eine für den ArbN **erkennbar auf das jeweilige Kalenderjahr bezogene Zusage** einer Leistung begründet keine Ansprüche der Leistungsempfänger aus einer betrieblichen Übung für zukünftige Jahre. Ein Widerrufsvorbehalt bzw. die Mitteilung, dass die Leistung freiwillig erfolgt, ist in diesem Fall nicht erforderlich, um Ansprüche für die Zukunft zu beseitigen bzw. überhaupt nicht entstehen zu lassen[10]. Dementsprechend entsteht keine betriebliche Übung auf zukünftige Gewährung von Weihnachtsgeld, wenn – für den ArbN erkennbar – die Zuwendung nach Gutdünken des ArbGeb dreimalig in unterschiedlicher Höhe gezahlt wird. Der ArbN muss in einem solchen Fall davon ausgehen, dass der ArbGeb die Zuwendung nur für das jeweilige Jahr gewähren will[11]. Demgegenüber scheint die Rspr., wonach eine als **materiell nicht ins Gewicht fallende Leistung** zu wertende Vergünstigung durch den ArbGeb schon auf Grund ihrer Geringwertigkeit regelmäßig als bloße Annehmlichkeit einen fortgesetzten Anspruch nicht begründen kann[12], bedenklich. Das Ausmaß des ArbN-Vertrauens wird durch die Wertigkeit der Leistung nicht berührt; zudem dürfte es nicht möglich sein, hier

---

1 BAG v. 26.3.1997 – 10 AZR 612/96, AP Nr. 50 zu § 242 BGB – Betriebliche Übung; v. 4.5.1999 – 10 AZR 290/98, AP Nr. 55 zu § 242 BGB – Betriebliche Übung jeweils mwN.; v. 20.1.2004 – 9 AZR 43/03, noch nv. |2 Vgl. BAG v. 26.3.1997 – 10 AZR 612/96, AP Nr. 50 zu § 242 BGB – Betriebliche Übung; v. 16.9.1998 – 9 AZR 598/97, AP Nr. 54 zu § 242 BGB – Betriebliche Übung. |3 S. insb. *Hromadka*, NZA 1984, 241 (243). |4 Offen gelassen noch BAG v. 30.10.1984 – 3 AZR 236/82, AP Nr. 1 zu § 1 BetrAVG – Betriebliche Übung; v. 5.2.1971 – 3 AZR 28/70, AP Nr. 10 zu § 242 BGB – Betriebliche Übung. Mögliche Unterschiede legt jedoch anschaulich dar *Singer*, ZfA 1993, 487. |5 So bereits *Gamillscheg* in FS Hilger und Stumpf, S. 227; ErfK/*Preis*, § 611 BGB Rz. 261; *Kittner*/Zwanziger, ArbR, § 13 Rz. 36 mwN. Für das französische Recht Cass. soc. v. 5.10.199, Bulletin 1999 V N° 364 p. 267. |6 Vgl. BAG v. 17.9.1970 – 5 AZR 539/69, AP Nr. 9 zu § 242 BGB – Betriebliche Übung; v. 12.1.1994 – 5 AZR 41/93, AP Nr. 43 zu § 242 BGB – Betriebliche Übung; v. 20.1.2004 – 9 AZR 43/03, noch nv. |7 Vgl. BAG v. 4.10.1956 und 17.4.1957 – 2 AZR 213/54 und 2 AZR 411/54, AP Nr. 4 und 5 zu § 611 BGB Gratifikation; v. 23.4.1963 – 5 AZR 173/62, AP Nr. 26 zu § 611 BGB – Gratifikation; v. 30.10.1984 – 3 AZR 236/82, AP Nr. 1 zu § 1 BetrAVG – Betriebliche Übung; v. 28.2.1996 – 10 AZR 516/95, AP Nr. 192 zu § 611 BGB – Gratifikation. |8 BAG v. 16.4.1997 – 10 AZR 705/96, NZA 1998, 423; v. 12.1.1994 – 5 AZR 41/93, AP Nr. 43 zu § 242 BGB – Betriebliche Übung. |9 BAG v. 6.9.1994 – 9 AZR 672/92, AP Nr. 45 zu § 242 BGB – Betriebliche Übung; v. 12.1.1994 – 5 AZR 41/93, AP Nr. 43 zu § 242 BGB – Betriebliche Übung. |10 BAG v. 16.4.1997 – 10 AZR 705/96, NZA 1998, 423. |11 BAG v. 28.2.1996 – 10 AZR 516/95, NZA 1996, 758. |12 BAG v. 12.1.1994 – 5 AZR 41/93, AP Nr. 43 zu § 242 BGB – Betriebliche Übung; v. 17.9.1970 – 5 AZR 539/69, AP Nr. 9 zu § 242 BGB – Betriebliche Übung, zu 2 b d.Gr.

rational eine Wertgrenze zu bestimmen. Die Rspr. trägt zur Rechtsunsicherheit bei, ohne dass ein substantieller Gewinn an materieller Gerechtigkeit dies rechtfertigen könnte.

Der für das Entstehen einer betrieblichen Übung **erforderliche Bindungswille** ist in der Wechselbeziehung von Leistung und Gegenleistung nach der Rspr. des BAG eher anzunehmen, als für den Fall, dass ein Gegenstand betroffen ist, der seinem Schwerpunkt nach der Organisation des Betriebs zuzurechnen ist und daher üblicherweise auf kollektiver Ebene oder durch Ausübung des Direktionsrechts geregelt wird. Je mehr eine Regelung auf das Funktionieren des Betriebs in seiner Gesamtheit bezogen ist, desto weniger können die ArbN annehmen, der ArbGeb wolle sich mit einem bestimmten Verhalten ihnen gegenüber individualrechtlich binden[1].

Die Annahme eines entsprechenden Bindungswillens des **ArbGeb** setzt nach der Rspr. des BAG voraus, dass er zu dem von ihm praktizierten Verhalten **nicht verpflichtet** war. Daher hat der ArbN zur Begründung eines Anspruchs aus betrieblicher Übung auch das Fehlen einer rechtlichen Verpflichtung des ArbGeb für die Gewährung der Vergünstigung darzulegen[2]. Weil es aber auf die subjektiven Vorstellungen des ArbGeb nicht ankommt, verhindert eine **irrtümliche** Zahlung des ArbGeb nur dann die Entstehung einer Betriebsübung, wenn der ArbN oder die ArbN-in aus den Umständen den Irrtum erkennen kann. Im Bereich der **Privatwirtschaft** besteht ein Anspruch aus betrieblicher Übung grundsätzlich auch dann, wenn der ArbGeb sich über die Voraussetzungen der Zahlung geirrt hat[3]. Unzutreffend ist daher die apodiktische Feststellung, eine betriebliche Übung sei ausgeschlossen, soweit der ArbGeb mit seinem Verhalten lediglich einer ohnehin bestehenden Verpflichtung nachkommt[4]; entscheidend ist die Erkennbarkeit für den ArbN. Für den Bereich des **öffentlichen Dienstes**, wo der ArbGeb durch Festlegungen des Haushaltsplans gehalten ist, die Bedingungen des Tarifrechts und die Haushaltsvorgaben bei der Gestaltung von Arbeitsverhältnissen zu beachten, gilt der Grundsatz, dass ein ArbN dort regelmäßig davon ausgehen muss, sein ArbGeb wolle nur die Leistungen gewähren, zu denen er rechtlich verpflichtet ist[5]. Deshalb darf ein solcher ArbN auch bei langjähriger Gewährung von Vergünstigungen, die den Rahmen rechtliche Verpflichtungen überschreiten, in der Regel nicht darauf vertrauen, dass eine Übung Vertragsinhalt geworden ist und deshalb auf unbestimmte Zeit weitergilt[6]. Eine betriebliche Übung kann im öffentlichen Dienst aber dann entstehen, wenn der **Normgeber selbst** gehandelt hat[7]. Für einen privaten ArbGeb, der das öffentliche Dienstrecht kraft arbeitsvertraglicher Bezugnahme anwendet, gelten diese Grundsätze jedoch nicht[8]. Der bloße Wechsel in eine privatrechtliche Rechtsform führt freilich nicht dazu, dass die Grundsätze der betrieblichen Übung wie in der Privatwirtschaft Anwendung finden, soweit weiterhin eine Bindung an Haushaltsvorgaben gegeben ist[9]. Demgegenüber geht das BAG zu Unrecht davon aus, bei ArbN des Diakonischen Werkes sei nicht ohne weiteres davon auszugehen, dass sie nur auf eine Behandlung nach den Arbeitsvertragsrichtlinien vertrauen können, und behandelt insoweit den **kirchlichen Dienst** anders als den öffentlichen[10]. Dies kann auf Grund der kirchenrechtlichen Vorgaben nicht überzeugen; die fehlenden haushaltsrechtlichen Überwachungsbestimmungen sind insoweit ohne Relevanz[11].

Eine einfache **Schriftformabrede** im Arbeitsvertrag verhindert regelmäßig das Entstehen einer betrieblichen Übung nicht, denn ein rechtsgeschäftlich vereinbarter Formzwang kann jederzeit wieder formlos und stillschweigend aufgehoben werden. Anders verhält es sich nach der Rspr. des BAG bei einer doppelten Schriftformklausel, die nicht nur Vertragsänderungen von der Schriftform abhängig macht, sondern auch die Änderung der Schriftformklausel selbst[12]. Sie kann dann nicht durch eine die Schriftform nicht wahrende Abrede abbedungen werden und kann deshalb die Übernahme einer Verpflichtung durch betriebliche Übung ausschließen[13]. Dies gilt auch für tarifvertragliche Schriftformklauseln, etwa § 4 Abs. 2 BAT. Denn tarifvertragliche Formvorschriften sind gesetzliche Formvorschriften iSv. Art. 2 EGBGB und können daher von den Arbeitsvertragsparteien nicht aufgehoben werden. Auch hier kann es jedoch rechtsmissbräuchlich sein, sich auf die Formnichtigkeit zu berufen[14].

---

1 BAG v. 21.1.1997 – 1 AZR 572/96, AP Nr. 64 zu § 77 BetrVG 1972. | 2 BAG v. 19.6.2001 – 1 AZR 598/00, NZA 2002, 408. | 3 BAG v. 26.5.1993 – 4 AZR 130/93, AP Nr. 3 zu § 12 AVR – Diakonisches Werk, zu II 2 c d.Gr.; v. 11.11.1997 – 3 AZR 163/96, nv. (juris); LAG BW v. 5.9.2001 – 2 Sa 2/01, nv. (juris). | 4 So BAG v. 22.1.2002 – 3 AZR 554/00, NZA 2002, 1224. | 5 BAG v. 14.9.1994 – 5 AZR 679/93, AP Nr. 46 zu § 242 BGB – Betriebliche Übung, zu II 1 b d.Gr. | 6 BAG v. 24.3.1993 – 5 AZR 16/92, AP Nr. 38 zu § 242 BGB – Betriebliche Übung, zu I 1 d.Gr.; v. 14.9.1994 – 5 AZR 679/93, AP Nr. 46 zu § 242 BGB – Betriebliche Übung, zu II 1b d.Gr., jeweils mwN. | 7 LAG *Frankfurt* v. 18.6.2001 – 13 Sa 1105/00, PersR 2002, 132: Kabinettsbeschluss der Landesregierung über die Gewährung einer Ministerialzulage. | 8 LAG Chemnitz v. 6.3.2002 – 2 Sa 248/01, ZTR 2002, 598. | 9 LAG Kiel v. 3.4.2001 – 1 Sa 646 b/00, NZA-RR 2001, 488. | 10 BAG v. 26.5.1993 – 4 AZR 130/93, NZA 1994, 88; v. 28.10.1987 – 5 AZR 518/85, AP Nr. 1 zu § 7 AVR – Caritasverband. | 11 Ausf. *Dütz*, Anm. zu EzA § 125 BGB Nr. 10; *Dütz*, FS *Wiese*, 1998, S. 85. | 12 BAG v. 28.10.1987 – 5 AZR 518/85, EzA BGB § 125 Nr. 10. | 13 BAG v. 24.6.2003 – 9 AZR 302/02, NJW 2003, 37 | 14 Die Rspr. zusammenfassend BAG v. 26.5.1993 – 4 AZR 130/93, NZA 1994, 88; s. auch BAG v. 16.7.1996 – 3 AZR 352/95, AP Nr. 7 zu § 1 BetrAVG – Betriebliche Übung; v. 7.9.1982 – 3 AZR Nr. 1 zu § 3 TV – Arbeiter Bundespost; v. 28.10.1987 – 5 AZR 518/85, NZA 1988, 425; aA BAG v. 27.3.1987 – 7 AZR 527/85, AP Nr. 29 zu § 242 BGB – Betriebliche Übung; v. 18.5.1977 – 4 AZR 47/76, AP Nr. 4 zu § 4 BAT; v. 7.9.1982 – 3 AZR 5/80, AP Nr. 1 zu § 3 TV – Arbeiter Bundespost.

233 **3. Beendigung einer betrieblichen Übung.** Eine bestehende betriebliche Übung kommt den ArbN zugute, mit denen unter der Geltung der Übung ein Arbeitsverhältnis begründet wird. Das BAG geht davon aus, für neu in einen Betrieb eintretende ArbN gelte der allgemeine Erfahrungssatz, dass betriebsübliche begünstigende Leistungen auch ihnen bekannt werden; auch ein solches Vertragsangebot könne dann gemäß § 151 konkludent angenommen werden[1]. Allerdings kann der ArbGeb mit neueingestellten ArbN die bisher noch bestehende betriebliche Übung durch jede eindeutige einseitige Erklärung bei Vertragsschluss ausschließen[2]. Ebenso muss es ausreichen, betrieblich bekannt zu machen, dass die bisherige betriebliche Übung für neu eingestellte ArbN nicht mehr fortgeführt werde. Auch diese Erklärung muss vom allgemeinen Erfahrungssatz, den das BAG unterstellt, erfasst sein[3]. Erst recht kann sie in einem neu gegründeten Betrieb für solche ArbN modifiziert werden, die bisher keinen Anspruch auf Grund betrieblicher Übung erworben hatten[4]. Als Stichtagsregelung ist die Ungleichbehandlung der bisherigen und der neuen ArbN sachlich gerechtfertigt (s. Rz. 208). Zur Mitbestimmungspflichtigkeit s. § 87 BetrVG Rz. 17. Stellt ein ArbGeb eine grundlose, **irrtümlich geleistete Zahlung** alsbald nach Kenntniserlangung von seinem Irrtum ein und ergreift er alle rechtlich möglichen Maßnahmen zur nachträglichen Korrektur seines Irrtums, ist für die Anwendung des arbeitsrechtlichen Gleichbehandlungsgrundsatzes kein Raum[5].

234 **4. Ablösung des durch betriebliche Übung begründeten Anspruchs.** Ist ein Anspruch auf Grund betrieblicher Übung Inhalt des Arbeitsvertrages geworden, kann er vom ArbGeb nur mittels einer **Änderungskündigung** oder auf Grund einer **Vereinbarung** mit dem ArbN beseitigt oder geändert werden[6]. Daneben kann ein Anspruch aus betrieblicher Übung durch eine geänderte, **gegenläufige betriebliche Übung** beendet werden, wenn der ArbGeb erklärt, dass auf die Leistung (zukünftig) kein Rechtsanspruch bestehe und der neuen Handhabung über einen Zeitraum von drei Jahren hinweg nicht widersprechen. Dadurch kommt eine konkludente Vereinbarung zustande, aufgrund deren der ArbGeb zur Zahlung der Gratifikation in Zukunft nicht mehr verpflichtet ist. Durch die dreimalige widerspruchslose Annahme der ausdrücklich unter Vorbehalt ausbezahlten Gratifikation schafft der ArbN beim ArbGeb einen schutzwürdigen Vertrauenstatbestand, weil er auf Grund des Verhaltens des ArbN keine Veranlassung hat, eine ausdrückliche Änderung der arbeitsvertraglichen Vereinbarungen herbeizuführen[7]. Offen gelassen hat das BAG, **wie viele ArbN dieser Handhabung widersprechen müssen**, insb. ob ein ArbN für alle das Entstehen einer betrieblichen Übung verhindern kann. Hier wird man wohl richtigerweise auf jeden ArbN einzeln abstellen müssen[8].

235 Diese dem Symmetriegedanken folgende Argumentation ist vom Schrifttum überwiegend **kritisiert worden**[9]. Dennoch ist ihr zuzustimmen, denn auf den *actus contrarius* treffen die gleichen Wertungen zu, wie auf die Begründung des Anspruchs. Zumindest seit Beginn dieser höchstrichterlichen Rspr. hat der ArbN eine Erklärungsobliegenheit; ansonsten bedeutet sein wiederholtes Schweigen Zustimmung[10]. Dies muss erst recht gelten, wenn der ArbGeb nicht nur erklärt, die weiterhin gewährte Leistung erfolge nun freiwillig, sondern sie zudem tatsächlich einstellt oder nur noch vermindert auszahlt[11]. **Einmalige Nichtleistung** reicht demgegenüber nicht. Teilt der ArbGeb den ArbN durch Aushang mit, er könne aufgrund der wirtschaftlichen Lage des Betriebes in diesem Jahr kein Weihnachtsgeld zahlen, so liegt darin kein Angebot an die ArbN, die bestehende betriebliche Übung zu ändern. In der – zunächst – widerspruchslosen Weiterarbeit der ArbN kann daher auch keine Annahme eines Änderungsangebotes gesehen werden[12]. Fehlt ihr zudem der Hinweis, dass der ArbGeb davon ausgeht, der Anspruch bestehe nicht, kann daraus noch nicht einmal auf die Aufgabe der betrieblichen Übung geschlossen werden[13]. Für die Ablösung eines Anspruchs auf Grund betrieblicher Übung durch eine **umstrukturierende BV** gelten die gleichen Regeln wie bei dem durch allgemeine Arbeitsbedingungen und Gesamtzusage begründeten Anspruch (s. Rz. 530)[14].

236 Geht die betriebliche Übung erkennbar für den ArbN nur zur Einräumung eines Anspruchs unter **bestimmten Voraussetzungen**, so entfällt der Anspruch automatisch für die Zukunft, sobald die Voraus-

---

1 BAG v. 14.11.2001 – 10 AZR 152/01, NZA 2002, 527; BAG v. 27.6.2001 – 10 AZR 488/00, nv. (juris). | 2 BAG v. 13.10.1960 – 5 AZR 284/59, AP Nr. 30 zu § 242 BGB – Gleichbehandlung; v. 10.8.1988 – 5 AZR 571/87, NZA 1989, 57; vgl. BAG v. 10.8.1988 – 5 AZR 571/87, AP Nr. 32 zu § 242 BGB – Betriebliche Übung. | 3 AA wohl ErfK/*Preis*, § 611 BGB Rz. 268. Wie hier *Schaub*, ArbRHdb, § 111 Rz. 29. | 4 BAG v. 14.11.2001 – 10 AZR 152/01, NZA 2002, 527. | 5 BAG v. 4.5.1999 – 10 AZR 569/98, nv. (juris). | 6 BAG v. 14.8.1996 – 10 AZR 69/96, AP Nr. 47 zu § 242 BGB – Betriebliche Übung. | 7 BAG v. 26.3.1997 – 10 AZR 612/96, AP Nr. 50 zu § 242 BGB – Betriebliche Übung; v. 4.5.1999 – 10 AZR 290/98, AP Nr. 55 zu § 242 BGB – Betriebliche Übung; vgl. auch LAG Köln v. 21.4.1998 – 13 (9) Sa 1558/97, NZA-RR 1998, 506. | 8 *Goertz*, AuR 1999, 463 ff. | 9 *Franzen*, SAE 1997, 344 ff. (im Ergebnis aber zustimmend); *Goertz*, AuR 1999, 463 ff.; *Speiger*, NZA 1998, 510; *Kettler*, NJW 1998,435; ErfK/*Preis*, § 611 BGB Rz. 266; allgemein zum Aussagegehalt des Symmetriearguments *Thüsing*, Wertende Schadensberechnung, S. 441 ff. im Ergebnis zust. *Tappe/Koplin*, DB 1998,2114. | 10 Ebenso LAG Schl.-Holst. v. 24.2.1998 – 3 Sa 498 a/97, NZA-RR 1998, 391. | 11 LAG Köln v. 18.7.2002 – 6 Sa 482/02, nv. (juris). | 12 BAG v. 14.8.1996 – 10 AZR 69/96, NZA 1996, 1323. | 13 BAG v. 10.8.1988 – 5 AZR 571/87, NZA 1989, 57. | 14 S. auch LAG Düsseldorf v. 19.6.2001 – 16 Sa 418/01, LAGE § 242 BGB – Betriebliche Übung Nr. 27; LAG Köln v. 8.6.2001 – 11 Sa 317/01, nv. (juris). S. hierzu auch *Merten/Schwarz*, DB 2001, 646.

setzungen wegegefallen sind[1]. Dies gilt entsprechend für die Gewährung einer Leistung zur **Gleichstellung** mit anderen ArbN-Gruppen, soweit deren Anspruch wegfällt[2].

5. Fallgruppen. Aus diesen Grundsätzen heraus haben sich verschiedene Fallgruppen entwickelt, die einen großen Teil der Anwendung abdecken: **237**

- **Wiederholte Gehaltserhöhung:** Erhöht der ArbGeb die Gehälter seiner außertariflichen Angestellten während mehrerer Jahre jeweils zu einem bestimmten Termin in Anlehnung an die Tarifentwicklung des Vorjahres, so entstehen hieraus weder kraft einzelvertraglicher Zusage noch kraft betrieblicher Übung Ansprüche auf entsprechende Gehaltserhöhungen auch in den Folgejahren. Der ArbGeb wird hierdurch auch nicht verpflichtet, zukünftig über die Frage der Gehaltserhöhung nach billigem Ermessen iSd. § 315 zu entscheiden. Ist der ArbGeb auf Grund BV zu jährlichen Gehaltsüberprüfungen verpflichtet, so lassen auch mehrfache Gehaltserhöhungen nach denselben Kriterien regelmäßig keine betriebliche Übung entstehen, die den ArbGeb zu weiteren Gehaltserhöhungen verpflichten[3].

- **Übernahme tarifvertraglicher Regelungen:** Hat ein nicht tarifgebundener ArbGeb in der Vergangenheit die Löhne und Gehälter entsprechend der Tarifentwicklung erhöht, begründet dies allein keine betriebliche Übung der Erhöhung der Arbeitsentgelte entsprechend der Tarifentwicklung[4]. Das österreichische Recht denkt hier anders[5]. Mit den in Anlehnung an eine Tariflohnerhöhung erfolgenden freiwilligen **Lohnsteigerungen** entsteht lediglich ein Anspruch der ArbN auf Fortzahlung dieses erhöhten Lohns, nicht aber zugleich eine Verpflichtung des ArbGeb, auch künftige Tariferhöhungen weiterzugeben. Der nicht tarifgebundene ArbGeb will seine Entscheidungsfreiheit über die künftige Lohn- und Gehaltsentwicklung behalten[6]. Ist der ArbGeb tarifgebunden, so ist die Gewährung tariflicher Leistungen im Zweifel so zu verstehen, dass **alle einschlägigen Tarifbestimmungen** gelten sollen, also auch tarifliche Ausschlussfristen[7]. Findet in einem Betrieb kraft betrieblicher Übung ein TV Anwendung, hat der ArbGeb den ArbN in einer Niederschrift gemäß § 2 Abs. 1 Nr. 10 NachwG hierauf hinzuweisen. Eines gesonderten Hinweises auf die in dem TV geregelte Ausschlussfrist bedarf es nicht[8]

- **Einmalzahlungen:** Eine Bindung des ArbGeb durch betriebliche Übung kann auch bezüglich Einmalleistungen entstehen. Dies gilt insb. für Gratifikationen im Rahmen der Beendigung des Arbeitsverhältnisses oder Versorgungszusagen[9].

- **Direktionsrecht:** Das Direktionsrecht kann grundsätzlich **nicht** durch betriebliche Übung eingeschränkt werden[10]. Das Recht des ArbGeb, die arbeitsvertraglichen Pflichten des ArbN zu konkretisieren, kann allerdings durch Vertrauensgesichtspunkte beschränkt werden, bestimmte anfänglich gegebene Konkretisierungsmöglichkeiten können also später wegfallen. Hier gelten jedoch die **allgemeinen Regeln der Verwirkung**, nicht der Erwirkung von Ansprüchen: Nicht die Ansprüche des ArbN werden erweitert, sondern die Rechte des ArbGeb beschränkt. Darüber hinaus kann es – wenn auch seltener – zu einer konkludenten Vertragsänderung kommen. Hier wird jedoch nicht das Direktionsrecht beschränkt, sondern der arbeitsvertragliche Pflichtenkreis, der Grundlage des Direktionsrechts ist. Problematisch wird hier oftmals die Regelmäßigkeit und Gleichartigkeit der Rechtsgewährung, die ein hinreichendes Vertrauen in zukünftig gleichartige Leistungen führt. Die **Rspr.** folgt dieser einschränkenden Sicht im Ergebnis, führt von der argumentativen Abgrenzung jedoch nicht in gleicher Deutlichkeit.[11]

- **Vollzug einer KonzernBV:** Da KonzernBV auf Vereinheitlichungsinteressen beruhen, sind abweichende Regelungen in einzelnen Unternehmen die Ausnahme. Wird die KonzernBV in einem Tochterunternehmen objektiv unrichtig angewandt, können die ArbN des Tochterunternehmens nur unter besonderen Umständen annehmen, dass rechtsgeschäftlich die Regelungen der KonzernBV modifiziert werden sollten[12].

- **Ruhegehalt:** Wendet der ArbGeb eine bestimmte Leistungsordnung regelmäßig ohne Freiwilligkeitsvorbehalt an, entsteht nach instanzgerichtlicher Rspr. eine betriebliche Übung auf künftige Anwendung dieser Leistungsordnung. Die betriebliche Übung enthalte im Zweifel eine Jeweiligkeitsklausel mit dem Inhalt, dass die Betriebsrentner bei einer Änderung der stillschweigend durch Betriebsübung in Bezug genommenen Leistungsordnung an die geänderte Leistungsordnung gebunden sind[13]. Gewährt der ArbGeb viele Jahre vorbehaltlos Betriebsrente unter Einbeziehung des zusätzlichen tarifli-

---

1 BAG v. 28.3.2000 – 1 ATR 366/99, NZA 2001, 49. | 2 BAG v. 14.9.1994 – 5 AZR 679/93, AP Nr. 46 zu § 242 BGB – Betriebliche Übung (Gleichbehandlung mit Beamten); s. auch BAG v. 28.7.1988 – 6 AZR 349/87, NZA 1998, 363. | 3 BAG v. 16.9.1998 – 5 AZR 598/97, DB 1999, 589. | 4 BAG v. 16.1.2002 – 5 AZR 715/00, NZA 2002, 632; AA LAG Berlin v. 9.11.2001 – 6 Sa 1551/01, nv. (juris). | 5 OGH v. 13.7.1994 – 9 Ob A 1006/94, ARD 4608/33/94. | 6 BAG v. 20.6.2001 – 4 AZR 290/00, nv. (juris); ebenso LAG Hamm v. 14.3.2001 – 3 Sa 1585/00, nv. (juris). | 7 BAG v. 19.1.1999 – 1 AZR 606/98, NZA 1999, 879. | 8 BAG v. 17.4.2002 – 5 AZR 89/01, AP Nr. 6 zu § 2 NachwG. | 9 BAG v. 27.6.2001 – 10 AZR 488/00, NZA 2002, 54. | 10 AA ErfK/*Preis*, § 611 BGB Rz. 270; MünchKomm/*Müller-Glöge*, § 61 Rz. 243; wie hier Kittner/*Zwanziger*, ArbR, § 13 Rz. 34; Hennige, NZA 1999, 281 (287). | 11 S. auch die Argumentation BAG v. 21.1.1997 – 1 AZR 572/96, AP Nr. 64 zu § 77 BetrVG (Festlegung von Schichten). | 12 BAG v. 22.1.2002 – 3 AZR 554/00, NZA 2002, 1224; v. 23.6.1992 – 1 AZR 57/92, NZA 1993, 89 (Arbeitszeit im Öffentlichen Dienst); v. 11.10.1995 – 5 AZR 802/94, NZA 1996, 718 (Arbeitsort im Öffentlichen Dienst). | 13 LAG Düsseldorf v. 2.10.1998 – 10 Sa 891/98, BB 1999, 110.

BGB § 611 Rz. 238   Vertragstypische Pflichten beim Dienstvertrag

chen Urlaubsgeldes, welches in der Versorgungsordnung nicht vorgesehen war, begründet dies auch eine betriebliche Übung zugunsten der Versorgungsberechtigten[1]. Generell kann ein Anspruch aus betrieblicher Übung auch bei Sonderzahlungen des ArbGeb an Betriebsrentner entstehen; diese nehmen das Angebot nicht durch Weiterarbeit sondern durch wiederholte Entgegennahme konkludent an[2].

238   **6. Einzelfälle.** Die Vielzahl der Judikate betraf recht unterschiedliche Bereiche: Gratifikationen (BAG v. 23.4.1963 – 3 AZR 173/62, BB 1963, 938) und **Sondervergütungen, 13. Gehalt** (BAG v. 2.9.1992 – 10 AZR 536/90, EzA Nr. 95 zu § 611 BGB – Gratifikation, Prämie); **betrAV** (BAG v. 29.10.1985 – 3 AZR 462/83, DB 1986, 2189; v. 16.7.1996 – 3 AZR 352/95, DB 1997, 1576; BGH v. 19.12.1994 – II ZR 244/93, DB 1995, 635); **Essenszuschuss** und **verbilligtes Kantinenessen** (LAG Nds. v. 10.7.1968 – 4 Sa 91/68, DB 1968, 1861; LAG - Frankfurt v. 24.2.1984 – 6 Sa 294/83, NZA 1984, 259); **Transport zur Arbeitsstelle** (BAG v. 9.7.1985 – 1 AZR 631/80, DB 1986, 230); **Zahlung einer Heimzulage** trotz Fehlen der tariflichen Voraussetzungen (BAG v. 26.5.1993 – 4 AZR 130/93, NZA 1994, 88); Vergütung von **Betriebspausen als Arbeitszeit** (LAG Hamm v. 25.7.1986 – 16 Sa 2184/85, LAGE § 242 BGB – Betriebliche Übung Nr. 2); **Fahrtkostenzuschüsse** (LAG Düsseldorf v. 24.1.1989 – 16 Sa 1323/88, LAGE Nr. 2 zu § 611 BGB – Kirchliche ArbN); **Wechselschichtzuschlag** (BAG v. 3.8.1982 – 3 AZR 503/79, AP Nr. 12 zu § 242 BGB – Betriebliche Übung); **Fortbildungskosten** (LAG Köln v. 5.2.1991 – 4 Sa 1001/90, LAGE § 670 BGB Nr. 8); **Trennungsentschädigung** (BAG v. 7.9.1982 – 3 AZR 5/80, AP Nr. 1 zu § 3 TV – Arbeiter Bundespost; v. 27.6.2001 – 10 AZR 488/00, EzA Nr. 44 zu § 242 BGB – Betriebliche Übung); **bezahlte Freizeit** an Rosenmontag, Brauchtumstagen und sonstigen **Feiertagen** (BAG v. 12.1.1994 – 5 AZR 41/93, AP Nr. 43 zu § 242 BGB – Betriebliche Übung; v. 14.9.1994 – 5 AZR 679/93, AP Nr. 46 zu § 242 BGB – Betriebliche Übung; v. 6.9.1994 – 9 AZR 672/92, AP Nr. 45 zu § 242 BGB – Betriebliche Übung; v. 17.11.1972 – 3 AZR 112/72, DB 1973, 578; LAG Düsseldorf v. 3.9.1993 – 17 Sa 584/93, NZA 1994, 696; LAG Köln v. 2.10.1991 – 2 Sa 528/91, v. 8.11.1991 – 13 (6) Sa 532/91 und v. 5.12.1991 –10 Sa 609/91, LAGE Nr. 9, 10 und 12 zu § 242 BGB – Betriebliche Übung; LAG Frankfurt v. 1.9.1992 – 5 TaBV 19/92, LAGE Nr. 15 zu § 242 BGB – Betriebliche Übung; ArbG Frankfurt v. 11.2.1991 – 13 BVGa 3/91, NZA 1991, 398); **Einräumung von Parkplätzen** (im konkreten Fall verneinend LAG Schl.-Holst. v. 3.4.2001 – 1 Sa 646 b/00, NZA-RR 2001, 488); **Vergütung von Bereitschaftsdienst** (BAG v. 13.11.1986 – 6 AZR 567/83, AP Nr. 27 zu § 242 BGB – Betriebliche Übung); Anordnung von **Überstunden** (LAG Nds. v. 14.11.2000 – 7 Sa 55/00, LAGE Nr. 24 zu § 242 BGB – Betriebliche Übung); **Sonderkonditionen von Bankmitarbeitern** (LAG Köln v. 16.3.1995 – 10 Sa 584/94, ARSt. 1995, 254).

VIII. Sonstige ArbGebPflichten

Lit.: *Becker-Schaffner*, Ist der Arbeitgeber verpflichtet, die vom Arbeitnehmer in den Betrieb miteingebrachten Sachen zu versichern?, VersR 1972, 322; *Blanke*, Die Fürsorgepflicht des Arbeitgebers und die Grenzen der Rechtskraft, AuR 1990, 185; *Blomeyer*, Der Eigenschaden des Arbeitnehmers, in Festschrift für Kissel, 1994, S. 77; *Canaris*, Risikohaftung bei schadensgeneigter Tätigkeit im fremden Interesse, RdA 1966, 41; *Dersch*, Entwicklungslinien der Fürsorgepflicht des Arbeitgebers im Arbeitsverhältnis, RdA 1949, 325; *Gumpert*, Wann hat der Arbeitgeber Strafverfahrenskosten des Arbeitnehmers zu übernehmen?, BB 1957, 114; *Herschel*, Haupt- und Nebenpflichten im Arbeitsverhältnis, BB 1978, 569; *Herschel*, Zur Dogmatik des Arbeitsschutzrechts, RdA 1978, 69; *Hueck*, Der Treuegedanke im modernen Privatrecht, 1947; *Kort*, Inhalt und Grenzen der arbeitsrechtlichen personenfürsorgepflicht, NZA 1996, 854; *Monjau*, Die Sorgepflicht des Arbeitgebers für das Eigentum des Arbeitnehmers, DB 1972, 1435; *Schwerdtner*, Fürsorge- und Treuepflichten im Gefüge des Arbeitsverhältnisses oder: vom Sinn und Unsinn einer Kodifikation des Allgemeinen Arbeitsvertragsrechts, ZfA 1979, 1; *Weber*, Die Nebenpflichten des Arbeitgebers, RdA 1980, 290; *Wiedemann*, Das Arbeitsverhältnis als Austausch- und Gemeinschaftsverhältnis, 1996; *Wiese*, Der personale Gehalt des Arbeitsverhältnisses, ZfA 1996, 439; *Wlotzke*, Zur Aufgabe einer Neuordnung des Arbeitsschutzrechts, in Festschrift für Herschel, 1982, S. 503; *Wlotzke*, Öffentlich-rechtliche Arbeitsschutznormen und privatrechtliche Rechte und Pflichten des einzelnen Arbeitnehmers, in Festschrift für Hilger/Stumpf 1983, S. 723; *Wolf*, „Treu und Glauben", „Treue" und „Fürsorge" im Arbeitsverhältnis, DB 1971, 1863.

239   **1. Grundlagen.** Entsprechend den **allgemeinen Grundsätzen über Schuldverhältnisse** bestehen auch im Arbeitsverhältnis zahlreiche Nebenpflichten für den ArbGeb. Sie finden ihre Rechtfertigung darin, dass der ArbN seine Arbeitsleistung in einem vom ArbGeb eigennützig organisierten und damit auch von ihm zu verantwortenden Gefahrenbereich erbringt. Als Rechtsgrundlage für die Nebenpflichten des ArbGeb kommen **Gesetz** (zB BUrlG, EFZG, BErzGG, ArbSchG, ArbZG, usw.), **Kollektivverträge** und eine **ausdrückliche vertragliche Vereinbarung** in Betracht. Ferner können sie auch durch den allgemeinen **Grundsatz von Treu und Glauben** (§ 242) begründet werden. Die Nebenpflichten erschöpfen sich nicht im bestehenden Arbeitsverhältnis, sondern sind auch als **vor- und nachvertragliche** Nebenpflichten ausgeprägt. Mit der Einführung des § 241 Abs. 2 durch das Schuldrechtsmodernisierungsgesetz wurde für die Nebenpflichten eine allgemeine Grundlage geschaffen.

240   **2. Sanktionen.** Die Rechtsfolgen der Verletzung der arbeitgeberseitigen Nebenpflichten richten sich nach den allgemeinen Grundsätzen. Bei Verstößen gegen Nebenleistungspflichten (Auskunfts-, Re-

---

[1] *LAG Stuttgart* v. 6.3.2001 – 14 Sa 47/00, nv. (juris).   [2] So bereits BAG v. 23.4.1963 – 3 AZR 173/62, AP Nr. 26 zu § 611 BGB – Gratifikation; offen gelassen BAG v. 16.4.1997 – 10 AZR 705/96, AP Nr. 53 zu § 242 BGB – Betriebliche Übung = EzA § 242 BGB – Betriebliche Übung Nr. 39. Wie hier LAG Düsseldorf v. 18.1.2002 – 14 Sa 1339/01, nv. (juris).

chenschafts- und Aufklärungspflichten), sowie gegen Schutzpflichten kommen als Sanktionen **Erfüllungs-, Beseitigungs- bzw. Unterlassungsansprüche** des ArbN in Betracht. Bei einer schweren Pflichtverletzung des ArbGeb, kann der ArbN auch seine Arbeitsleistung zurückbehalten. Ferner kann er nach den Gesichtspunkten der Pflichtverletzung (§ 280 Abs. 1) und der Deliktshaftung (§ 823 ff.) Schadensersatz nach den allgemeinen Vorschriften verlangen. Ein Recht zur außerordentlichen Kündigung gem. § 626 Abs. 1 soll dem ArbN allerdings nur bei einer besonders schwerwiegenden Nebenpflichtverletzung des ArbGeb zustehen[1].

3. Einzelne Nebenpflichten. a) Die Fürsorgepflicht des ArbGeb. Die sog. **Fürsorgepflicht** des ArbGeb geht auf die Lehre vom „personenrechtlichen Gemeinschaftsverhältnis"[2] zurück. Unter dem Oberbegriff der Fürsorgepflicht werden sämtliche Nebenleistungspflichten und Schutzpflichten, einschließlich der die Vertragspflicht fördernden Aufklärungs-, Auskunfts- und Unterrichtungspflichten zusammengefasst[3]. Sie ist demnach keine besondere Nebenpflicht, die über die Struktur allgemeiner Nebenpflichten im Austauschverhältnis hinausgeht[4]. Insb. steht sie nicht in einem synallagmatischen Verhältnis zur Arbeitspflicht oder sogar der Treuepflicht des ArbN[5]. Rechtssystematisch ist die Fürsorgepflicht, zumindest in bestimmten Ausprägungen, dem Grundsatz vom **Treu und Glauben** zuzuordnen[6]. Soweit besondere gesetzliche Vorschriften die Nebenpflichten des ArbGeb konkretisieren, ist ein Rückgriff auf den allgemeinen Rechtsgedanken der Fürsorgepflicht nicht zulässig[7]. Verursacht die Erfüllung der Fürsorgepflicht Kosten, so sollen diese durch eine Zumutbarkeit für den ArbGeb beschränkt sein[8]. Ferner wird eine Begrenzung der Fürsorgepflicht über den Grundsatz der Verhältnismäßigkeit[9] und über eine Interessenabwägung[10] vertreten.

b) Auskunftspflichten. aa) Grundsatz. Unter der **Auskunftspflicht** des ArbGeb ist die Pflicht zu verstehen, den ArbN oder einen Dritten über bestimmte, mit dem Arbeitsverhältnis im Zusammenhang stehende Vorgänge oder Tatsachen zu informieren[11]. Solche Pflichten sind zum Teil gesetzlich verankert (zB §§ 7, 12, 14 ArbSchG). Im Arbeitsverhältnis besteht ferner nach § 242 BGB ein Auskunftsanspruch, soweit der ArbN in entschuldbarer Weise über Bestehen und Umfang seines Rechts im Ungewissen ist, während der ArbGeb unschwer Auskunft erteilen kann[12]. Ein Auskunftsanspruch kann sich uU auch aus dem Arbeitsvertrag selbst ergeben[13].

bb) Einzelne Auskunftspflichten. Von Bedeutung ist insb. die Verpflichtung des früheren oder bisherigen ArbGeb zur Auskunftserteilung gegenüber einem (potentiellen) neuen ArbGeb des ArbN (s. hierzu ausf. Rz. 23 f.). Eine arbeitgeberseitige Auskunfts- und Beratungspflicht besteht außerdem im Hinblick auf die Möglichkeit des Beitritts zu einer **Zusatzversicherung**[14]. Lassen sich im Einzelfall bestimmte Ansprüche des ArbN nur durch ein Handeln des ArbGeb realisieren (so zB die Erlangung von Kug, Winter- oder Winterausfallgeld), so ist der ArbGeb zur Geltendmachung dieser Ansprüche verpflichtet[15]. Darüber hinaus nimmt die Rspr. nur in engem Umfang Aufklärungs- und Hinweispflichten an. So ist der ArbGeb insb. nicht zur allgemeinen Rechtsberatung des ArbN verpflichtet[16].

c) Aufklärungs- bzw. Informationspflichten. aa) Grundsätzliches. Unter **Aufklärungs- bzw. Informationspflichten** sind solche Nebenpflichten zu verstehen, die den ArbGeb verpflichten, den ArbN ungefragt von sich aus über Umstände zu informieren, die die Erfüllung der arbeitsvertraglichen Leistungspflicht unmöglich machen oder jedenfalls sonst für den in Betracht kommenden Arbeitsplatz von ausschlaggebender Bedeutung sind[17]. Bestimmte Informationspflichten sind vereinzelt ausdrücklich gesetzlich geregelt. Diese Vorschriften haben jedoch kaum praktische Bedeutung. § 8 TVG verpflichtet beispielsweise den ArbGeb, die für seinen Betrieb geltenden TV an geeigneter Stelle auszulegen. Verstößt der ArbGeb gegen diese Verpflichtung, so stellt dies allerdings nur eine Obliegenheitsverletzung dar[18]. Weitere verschiedene Spezialgesetze enthalten Verpflichtungen des ArbGeb, den jeweiligen Vertrags- bzw. Gesetzestext den ArbN zugänglich zu machen (zB § 16 Abs. 1 ArbZG, § 18 MuSchG). Nach überwiegender Auffassung begründen diese Normen keinen Informationsanspruch des ArbN, sondern sind lediglich als Ordnungswidrigkeiten einzuordnen[19].

Im Gegensatz zu vertraglich ausdrücklich vereinbarten sog. Informationsbeschaffungspflichten, bestehen Informations- und Aufklärungspflichten auch ohne besondere vertragliche Vereinbarung[20]. Es

---

1 ErfK/*Preis*, § 611 BGB Rz. 763. | 2 *v. Gierke*, FS Brunner, 1914, S. 37 (57). | 3 MünchArbR/*Blomeyer*, § 94 Rz. 1; Staudinger/*Richardi*, § 611 BGB Rz. 807. | 4 ErfK/*Preis*, § 611 BGB Rz. 760. | 5 Erman/*Edenfeld*, § 611 BGB Rz. 485; MünchKomm/*Müller-Glöge*, § 611 BGB Rz. 405. | 6 Ausf. hierzu MünchKomm/*Müller-Glöge*, § 611 BGB Rz. 404; s. auch MünchArbR/*Blomeyer*, § 94 Rz. 9 ff. | 7 BAG v. 27.7.1995 – 6 AZR 129/95, AP Nr. 11 zu § 40 BAT. | 8 BAG v. v. 27.11.1974 – 5 AZR 20/74, AP Nr. 82 zu § 611 BGB – Fürsorgepflicht; mwN *Blomeyer*, FS 25 Jahre BAG, S. 17 (18). | 9 *Kort*, NZA 1996, 854 (857). | 10 ErfK/*Preis*, § 611 BGB Rz. 761. | 11 Vgl. MünchKomm/*Müller-Glöge*, § 611 BGB Rz. 407 | 12 BAG v. 18.1.1996 – 6 AZR 314/95, AP Nr. 25 zu § 242 BGB – Auskunftspflicht; v. 11.4.1984 – 5 AZR 316/82, AP Nr. 7 zu § 10 AÜG. | 13 Vgl. BAG v. 21.11.2000 – 9 AZR 665/99, AP Nr. 35 zu § 242 BGB – Auskunftspflicht für den Fall der Umsatzbeteiligung. | 14 LAG Rh.-Pf. v. 12.10.1990 – Sa 663/90, LAGE § 611 BGB – Fürsorgepflicht Nr. 22. | 15 BAG v. 19.3.1992 – 8 AZR 301/91, AP Nr. 110 zu § 611 BGB – Fürsorgepflicht. | 16 BAG v. 26.8.1993 – 2 AZR 376/93, AP Nr. 8 zu § 72 LPVG NW. | 17 BAG v. 21.2.1991 – 2 AZR 449/90, AP Nr. 35 zu § 123 BGB. | 18 S. Wiedemann/*Oetker*, § 8 TVG Rz. 14 ff.; vgl. *Kursave*, NZA 1997, 245 (247). | 19 Vgl. *Neumann/Biebl*, § 16 ArbZG Rz. 4; ErfK/*Wank*, § 16 ArbZG Rz. 11; ErfK/*Schlachter*, § 18 MuSchG Rz. 5. | 20 Kittner/Zwanziger/*Becker*, ArbR, § 73 Rz. 10.

besteht jedoch **keine allgemeine Aufklärungspflicht** des ArbGeb über sämtliche für den Zweck des Schuldverhältnisses bedeutsamen Umstände. Schafft der ArbGeb allerdings ein außergewöhnliches Risikopotential, so ist er verpflichtet, den ArbN über solche Umstände aufzuklären, die für die Entstehung oder Wahrung seiner Rechte von Bedeutung sind.

246 **bb) Einzelne Pflichten.** Besonders bedeutsam und umstritten ist die Frage, ob und inwieweit dem ArbGeb beim **Abschluss eines Aufhebungsvertrages Aufklärungs- und Belehrungspflichten** obliegen. Der ArbN ist grundsätzlich verpflichtet, sich vor Abschluss des Aufhebungsvertrags selbst Kenntnis über die rechtlichen Folgen dieses Schrittes zu verschaffen[1]. Dies gilt auch dann, wenn zwischen dem ArbGeb und dem ArbN nach dem Ausspruch einer arbeitnehmerseitigen Kündigung ein Aufhebungsvertrag zustande kommt[2]. Ausnahmsweise können aber für den ArbGeb nach Treu und Glauben (§ 242) Aufklärungs- und Informationspflichten über die arbeits- und sozialversicherungsrechtlichen Folgen eines Aufhebungsvertrages bestehen. Bei der Beendigung eines Arbeitsverhältnisses können von einem ArbGeb besondere Hinweise auf die arbeits- und sozialrechtlichen Folgen der Beendigung erwartet werden, wenn der Aufhebungsvertrag auf die Initiative des ArbGeb hin und in seinem Interesse zustande kommt und er erkennen muss, dass der ArbN weiterer Informationen bedarf und er selbst die Auskünfte unschwer erteilen oder beschaffen kann[3]. Eine Aufklärungspflicht besteht insb. dann, wenn die Abwägung der beiderseitigen Interessen unter Billigkeitsgesichtspunkten und unter Berücksichtigung aller Umstände des Einzelfalls ergibt, dass der ArbN durch eine sachgerechte und vom ArbGeb redlicherweise zu erwartende Aufklärung vor der Aufhebung des Arbeitsverhältnisses bewahrt werden muss, weil er sich durch sie aus Unkenntnis selbst schädigen würde[4]. Eine solche Verpflichtung kommt insb. Bei einem möglichen Verlust einer Versorgungsanwartschaft in Betracht, wenn der ArbGeb durch das Angebot auf Abschluss eines Aufhebungsvertrages auch den Eindruck erweckt hat, er werde bei der vorzeitigen Beendigung des Arbeitsverhältnisses die Interessen des ArbN wahren und ihn redlicherweise nicht unbedachten nachteiligen Folgen des vorzeitigen Ausscheidens, insb. bei der Versorgung aussetzen[5]. Eine Belehrungspflicht besteht bei der Beendigung des Arbeitsverhältnisses auf Veranlassung des ArbGeb auch dann, wenn der ArbN wegen besonderer Umstände darauf vertrauen durfte, der ArbGeb werde sich bei der vorzeitigen Beendigung des Arbeitsverhältnisses um eine optimale Versorgung des ArbN kümmern[6]. Bietet ein ArbGeb einem ArbN bei einem Wechsel in ein anderes Versorgungssystem eine vergleichende Modellrechnung voraussichtlicher Versorgungsansprüche an, haftet er auch für eine etwaige Unrichtigkeit dieser Modellrechnung[7]. Letztlich besteht auch eine Auskunftspflicht des ArbGeb im Hinblick auf arbeitsförderungsrechtliche Folgen, wie beispielsweise Sperrzeit für das Alg[8].

247 Nach der Rspr. des BAG besteht auch eine Aufklärungspflicht des ArbGeb vor Ausspruch einer **Verdachtskündigung**. Der ArbGeb hat in der Regel bestehende Verdachtsmomente durch Befragen des ArbN aufzuklären[9].

248 Ferner muss der ArbGeb, den ArbN über **wirtschaftliche Schwierigkeiten** aufklären, wenn hierdurch die Auszahlung von in absehbarer Zeit fälliger Löhne und Gehälter gefährdet ist. Eine solche Pflicht besteht allerdings dann nicht, wenn er seine Zahlungsschwierigkeiten als bekannt voraussetzen kann[10].

249 Die Rspr. **verneint** Auskunfts- und Beratungspflichten des ArbGeb im Hinblick auf **Krankenversicherungsschutz** bei Auslandseinsätzen des ArbN[11], über die Höhe anderer **Sozialleistungen**[12] und über geplante **Betriebseinschränkungen**[13].

250 Der ArbGeb ist ferner nicht generell verpflichtet, den ArbN auf die Möglichkeit hinzuweisen, Ansprüche gegen ihn geltend machen zu können; insb. ist der ArbGeb nicht verpflichtet, jeden einzelnen ArbN darauf hinzuweisen, er könne unter gewissen Voraussetzungen Anträge auf außertarifliche Leistungen stellen[14].

251 Im Grundsatz gilt also: Je komplexer also die Zusammenhänge sind und je leichter der ArbGeb die Sachlage aufklären kann, desto eher ist eine Aufklärungspflicht des ArbGeb anzunehmen[15].

252 **d) Schutzpflichten. aa) Schutz des Lebens und der Gesundheit des ArbN.** Der Schutz der Gesundheit des ArbN gehört zu den wichtigsten arbeitgeberseitigen Nebenpflichten. Schutzpflichten, die dem Schutz von Leben und Gesundheit des ArbN dienen haben überwiegend eine Konkretisierung

---

1 BAG v. 13.12.1984 – 2 AZR 294/83, NZA 1985, 324. | 2 LAG Frankfurt v. 21.3.1985 – 3 Sa 979/84, LAGE § 119 BGB Nr. 4. | 3 BAG v. 13.12.1988 – 3 AZR 322/87, AP Nr. 23 zu § 1 BetrAVG – Zusatzversorgungskassen; v. 13.11.1996 – 10 AZR 340/96, AP Nr. 4 zu § 620 BGB – Aufhebungsvertrag; v. 12.12.2002 – 8 AZR 497/01, nv. | 4 BAG v. 13.11.1996 – 10 AZR 340/96, AP Nr. 4 zu § 620 BGB – Aufhebungsvertrag. | 5 BAG v. 3.7.1990 – 3 AZR 382/89, AP Nr. 24 zu § 1 BetrAVG; v. 17.10.2000 – 3 AZR 605/99, AP Nr. 116 zu § 611 BGB – Fürsorgepflicht. | 6 BAG v. 12.12.2002 – 8 AZR 497/01, zur unterlassenen Aufklärung über eine höhere Übergangsversorgung. | 7 BAG v. 21.11.2000 – 3 AZR 13/00, AP Nr. 1 zu § 1 BetrAVG – Auskunft. | 8 BAG v. 10.3.1988 – 8 AZR 420/85, AP Nr. 99 zu § 611 BGB – Fürsorgepflicht. | 9 BAG v. 21.3.1996 – 2 AZR 543/95, AP Nr. 42 zu § 123 BGB. | 10 BAG v. 24.9.1974 – 3 AZR 589/73, AP Nr. 1 zu § 13 GmbHG. | 11 LAG Frankfurt v. 4.9.1995 – 16 Sa 215/95, NZA 1996, 482. | 12 LAG MV v. 22.11.1993 – 5 Sa 439/93, LAGE § 242 BGB – Auskunftspflicht Nr. 6. | 13 BAG v. 13.11.1996 – 10 AZR 340/96, AP Nr. 4 zu § 620 BGB – Aufhebungsvertrag. | 14 BAG v. 26.7.1972 – 4 AZR 365/71, AP Nr. 1 zu § 4 MTB II. | 15 ErfK/*Preis*, § 611 BGB Rz. 784.

durch den Gesetzgeber erfahren. Besonders bedeutsam sind hierbei die Vorschriften des ArbSchG, des ASiG, § 618 Abs. 1 BGB, § 62 HGB § 12 HAG, § 80 SeemG und § 28 JArbSchG.

Der ArbN hat gegenüber dem ArbGeb im Hinblick auf einen arbeitsschutzkonformen Zustand seines Arbeitsplatzes grundsätzlich einen **einklagbaren Erfüllungsanspruch**[1]. Verstößt der ArbGeb gegen Arbeitsschutzvorschriften, steht dem ArbN ferner ein **Unterlassungsanspruch** als quasinegatorischer Beseitigungsanspruch analog §§ 12, 862, 1004 zu[2]. Besteht durch das arbeitsschutzrechtswidrige Verhalten des ArbGeb eine **Gesundheitsgefährdung für den ArbN**, so kann dieser entsprechend § 273 seine Arbeitsleistung zurückbehalten[3]. Ein spezialgesetzliches Zurückbehaltungsrecht ist darüber hinaus in § 21 Abs. 6 Satz 2 GefStoffV enthalten. Nach § 9 Abs. 3 ArbSchG ist der ArbN daneben offensichtlich dazu berechtigt, sich in besonders gefährlichen Arbeitsbereichen bei unmittelbarer erheblicher Gefahr durch Verlassen des Arbeitsplatzes in Sicherheit zu bringen. 253

Erfolgte eine Schädigung an Körper oder Leben des ArbN, die durch eine vom ArbGeb zu vertretende Schutzverletzung hervorgerufen wurde, so bestehen grundsätzlich vertragliche Schadensersatzansprüche. Ferner kann ein Verstoß gegen öffentlich-rechtliche Arbeitsschutzgesetze auch eine deliktsrechtliche Haftung des ArbGeb begründen. Ob die Arbeitsschutzgesetze Verbotsgesetze iSv. § 823 Abs. 2 darstellen, wird nicht einheitlich beurteilt[4]. Der Verbotsgesetzcharakter von § 618 wird jedenfalls nach überwiegender Auffassung abgelehnt[5]. Hierfür spricht § 618 Abs. 3, wonach die Vorschriften der §§ 842 bis 846 entsprechend anzuwenden sind. Hierdurch wird deutlich, dass der Gesetzgeber nicht davon ausgegangen sein kann, dass eine Verletzung der Fürsorgevorschriften gleichzeitig eine unerlaubte Handlung iSd. Deliktsrechts darstellt, da es ansonsten einer ausdrücklichen Verweisung nicht bedurft hätte[6]. 254

bb) Persönlichkeitsschutz des ArbN

Lit.: *Grunewald*, Mobbing – arbeitsrechtliche Aspekte eines neuen Phänomens, NZA 1993, 1071; *Rieble/Klumpp*, Mobbing und die Folgen, ZIP 2002, 369; *Ruhberg*, Mobbing: Überlegungen zu Interventionsmitteln der Arbeitgeber, wenn statt der Sache die Person „erledigt" werden soll, AuR 2002, 201; *Wickler*, Wertorientierungen in Unternehmen und gerichtlicher Mobbingschutz, DB 2002, 477; *Wiese*, Der Persönlichkeitsschutz des Arbeitnehmers gegenüber dem Arbeitgeber, ZfA 1971, 273.

(1) **Allgemeines.** Eine große Bedeutung kommt auch der Pflicht des ArbGeb zum Schutz der Persönlichkeit des ArbN zu. Hier entfaltet die Schutzfunktion der Grundrechte eine große Wirkung auf das Arbeitsrecht. Ob eine Persönlichkeitsverletzung des ArbN vorliegt, ist durch eine **Güter- und Interessenabwägung im Einzelfall** zu bestimmen[7]. 255

(2) **Mobbing.** Von großer Bedeutung ist auch das aus dem Persönlichkeitsrecht folgende allgemeine **Schikaneverbot (Mobbing)** als Nebenpflicht des ArbGeb[8]. Mit dem Begriff des Mobbings werden in diesem Zusammenhang „fortgesetzte aufeinander aufbauende und ineinander übergreifende, der Anfeindung, Schikane oder Diskriminierung dienende Verhaltensweisen erfasst, die nach ihrer Art und ihrem Ablauf im Regelfall einer übergeordneten, von der Rechtsordnung nicht gedeckten Zielsetzung förderlich sind und in ihrer Gesamtheit das allgemeine Persönlichkeitsrecht, die Ehre oder die Gesundheit des Betroffenen verletzen"[9]. Hierbei handelt es sich nicht um einen eigenständigen juristischen Tatbestand. Die rechtliche Einordnung der unter diesen Begriff zusammenzufassenden Verhaltensweisen beurteilt sich ausschließlich danach, ob diese die tatbestandlichen Voraussetzungen einer Rechtsvorschrift erfüllen, aus welcher sich die gewünschte Rechtsfolge herleiten lässt. Die juristische Bedeutung der durch den Begriff „Mobbing" gekennzeichneten Sachverhalte besteht darin, der Rechtsanwendung Verhaltensweisen zugänglich zu machen, die bei isolierter Betrachtung der einzelnen Handlungen die tatbestandlichen Voraussetzungen von Anspruchs-, Gestaltungs- und Abwehrrechten nicht oder nicht in einem der Tragweite des Falles angemessenen Umfang erfüllen können. Der ArbGeb ist hiernach verpflichtet, das allgemeine Persönlichkeitsrecht der bei ihm beschäftigten ArbN nicht selbst durch Eingriffe in deren Persönlichkeits- oder Freiheitssphäre zu verletzen, diese vor Belästigungen durch Mitarbeiter oder Dritte, auf die er einen Einfluss hat, zu schützen, einen menschengerechten Arbeitsplatz zur Verfügung zu stellen und die ArbN-Persönlichkeit zu fördern. Zur Einhaltung dieser Pflichten kann der ArbGeb als Störer nicht nur dann in Anspruch genommen werden, wenn er selbst den Eingriff begeht oder steuert, sondern auch dann, wenn er es unterlässt, Maßnahmen zu ergreifen oder seinen Betrieb so zu organisie- 256

---

1 S. BAG v. 10.3.1976 – 5 AZR 34/75, AP Nr. 17 zu § 618 BGB; *Kort*, NZA 1996, 854 (855); MünchArbR/*Blomeyer*, § 96 Rz. 27 f. | 2 MünchArbR/*Blomeyer*, § 96 Rz. 27. | 3 Vgl. MünchArbR/*Blomeyer*, § 96 Rz. 29; vgl. auch Staudinger/*Richardi*, § 611 BGB Rz. 834; zur Frage des Entfallens der Arbeitspflicht *Herschel*, RdA 1978, 69 (73); *Söllner*, AuR 1985, 323. | 4 Dafür: *Herschel*, RdA 1978, 69, 71 MünchArbR/*Blomeyer*, § 96 Rz. 31; Kittner/Zwanziger/*Becker*, ArbR, § 73 Rz, 52; eher abl. ErfK/*Preis*, § 611 BGB Rz. 764. | 5 Vgl. MünchKomm/*Lorenz*, § 618 BGB Rz. 76. | 6 ErfK/*Preis*, § 611 BGB Rz. 764. | 7 BAG v. 27.5.1986 – 1 ABR 48/84, AP Nr. 15 zu § 87 BetrVG 1972 – Überwachung. | 8 LAG Rh.-Pf. v. 16.8.2001 – 6 Sa 415/01, NZA-RR 2002, 12; LAG Thür. v. 10.4.2001 – 5 Sa 403/2000, NZA-RR 2001, 347; LAG Schl.-Holst. v. 9.3.2002 – 3 Sa 1/02, NZA-RR 2002, 457; MünchArbR/*Blomeyer*, § 53 Rz. 28 ff.; umfassend: *Grunewald*, NZA 1993, 1071; *Wickler*, DB 2002, 477; *Ruheberg*, AuR 2002, 201; *Rieble/Klumpp*, ZIP 2002, 369. | 9 LAG Hamm v. 25.6.2002 – 18 (11) Sa 1295/01, NZA-RR 2003, 8 (9); LAG Berlin v. 6.3.2003 – 18 Sa 1299/02, MDR 2003, 881.

ren, dass eine Verletzung des Persönlichkeitsrechts ausgeschlossen wird[1]. So kann der ArbN berechtigt sein, vom ArbGeb Schadensersatz zu verlangen, falls ihm Schäden auf Grund von Mobbing durch namentlich benannte Kollegen entstanden sind; hierzu reicht als konkreter Lebenssachverhalt die Angabe „Mobbing-Aktionen" verbunden mit der Angabe eines ungefähren Zeitraums („1998/1999/2000 bis zum 30.6.2000") jedoch nicht aus[2]. In einem solchen Fall kommen die Arbeitskollegen als Verrichtungsgehilfen in Betracht, deren Handeln dem ArbGeb über § 831 zugerechnet werden kann. Hierfür genügt aber nicht schon ein nur örtlicher oder zeitlicher Zusammenhang zwischen Schädigung und Verrichtung; vielmehr ist über den äußeren Zusammenhang hinaus erforderlich, dass das Handeln angeblich mobbender Kollegen mit dem ihnen übertragenen Aufgabenkreis nach Zweck und Art objektiv in einem engen oder unmittelbaren inneren (sachlichen) Zusammenhang steht[3]. Vgl. zum Mobbing durch Kollegen des ArbN die Kommentierung in Rz. 354 f.

257 (3) **Schutz vor sexueller Belästigung.** Der Schutz vor sexueller Belästigung stellt eine besondere Ausprägung des Persönlichkeitsschutzes des ArbN dar. S. hierzu die Kommentierung zum BeschSchG.

258 (4) **Datenschutz und Personalakten.** Zum Datenschutz im Zusammenhang mit Bewerbungsgesprächen siehe Rz. 22, darüber hinaus vgl. die Kommentierung zum BDSG. Bundesdatenschutzrechtliche Belange sind insb. bei der **Führung** von **Personalakten** zu beachten. Nach §§ 34, 35 BDSG hat der ArbN einen Anspruch auf Auskunft über die in Dateien zu seiner Person gespeicherten Daten. Weitere spezielle Regelungen sind in den §§ 82, 83 BetrVG, sowie in § 26 SprAuG enthalten.

259 Personalakten dürfen **nicht allgemein zugänglich** sein, sondern müssen sorgfältig verwahrt werden. Der ArbGeb muss bestimmte Informationen vertraulich behandeln oder für die vertrauliche Behandlung durch Sachbearbeiter Sorge tragen. Außerdem muss der Kreis der mit Personalakten befassten Beschäftigten möglichst eng gehalten werden. Soweit Dritte in die Personalakte des ArbN Einsicht nehmen wollen, bedarf es grundsätzlich seines Einverständnisses[4]. Nach Beendigung des Arbeitsverhältnisses sind besondere Aufbewahrungsvorschriften für einzelne Vorgänge zu beachten (vgl. § 257 HGB zu Kaufmännischen Aufbewahrungsfristen, § 14 Abs. 1 Satz 9 EStG zu Lohnkosten). Der ArbGeb ist ferner verpflichtet, unberechtigt zu den Personalakten hinzugefügte Schriftstücke zu entfernen. Diese Nebenpflicht hat vor allem im Hinblick auf rechtswidrige Abmahnungen große Bedeutung.

260 (5) **Weitere Ausprägungen des Persönlichkeitsschutzes.** Weiterhin obliegt dem ArbGeb der Schutz des **Allgemeinen Persönlichkeitsrechts** des ArbN, welches als sonstiges Recht iSv. § 823 Abs. 1 anerkannt ist[5] und auch Gegenstand vertraglicher Schutzpflichten des ArbGeb ist[6].

261 Ausprägungen des Persönlichkeitsschutzes im Arbeitsverhältnis sind die **Wahrung der Privatsphäre**, der **Beschäftigungsanspruch** (vgl. Rz. 168 ff.) des ArbN, das **Verbot der Geschlechterdiskriminierung**, der **Datenschutz** (Rz. 22, 26) und die **Begrenzung des Fragrechts** des ArbGeb und die **Offenbarungspflicht** des ArbN.

262 Eine **Persönlichkeitsrechtsverletzung** wurde von der Rspr. **anerkannt** bei: **Geschlechtsbedingter Diskriminierung** im Einstellungsverfahren[7] (vgl. § 611a BGB Rz. 62), Einholung eines **graphologischen Gutachtens** ohne Einwilligung des ArbN[8] (vgl. auch Rz. 21), **verbalen Ehrkränkungen**[9], Diskriminierung wegen **Übergewichts**[10], Zugänglichmachung der **Personalakte** an Dritte ohne Wissen des Betroffenen[11], ständige lückenlose **Überwachung** durch verdeckte Kameras[12], Verstößen gegen das **BDSG** (vgl. Rz. 22) und heimlichem **Mithören** von **Telefongesprächen**[13].

263 **Abgelehnt** wurde eine **Persönlichkeitsrechtsverletzung** bei: Einsichtnahme in die Personalakten eines ArbN einer Sparkasse durch Mitarbeiter der Sparkassenrevision zur Überprüfung der Personalausgaben eines ArbGeb[14], psychologischer Eignungsuntersuchung bei begründetem Anlass[15], Weiterleitung eines ausgefüllten Fragebogens an das Bundesamt für Verfas-sungsschutz zur Sicherheitsüberprüfung[16], Duzen durch Kollegen[17]. Ferner ist eine heimliche Videoüberwachung des ArbN zumindest dann zulässig, wenn der konkrete Verdacht auf ein strafbares Verhalten des ArbN besteht[18].

---

1 LAG Thür. v. 10.4.2001 – 5 Sa 403/2000, NZA-RR 2001, 347; s. auch zur Definition LAG Schl.-Holst. v. 9.3.2002 – 3 Sa 1/02, NZA-RR 2002, 457. | 2 LAG Rh.-Pf. v. 28.8.2001 – 5 Sa 521/01 (juris). | 3 LAG Rh.-Pf. v. 28.8.2001 – 5 Sa 521/01 (juris). | 4 BAG v. 4.4.1990 – 5 AZR 299/89, AP Nr. 21 zu § 611 BGB – Persönlichkeitsrecht. | 5 St. Rspr., vgl. BGH v. 25.5.1954 – I ZR 211/53, BGHZ 13, 334; Palandt/*Thomas*, § 823 BGB Rz. 175 ff. | 6 BAG v. 15.7.1987 – 5 AZR 215/86, AP Nr. 14 zu § 611 BGB – Persönlichkeitsrecht; *Wiese*, ZfA 1971, 283. | 7 BAG v. 14.3.1989 – 8 AZR 447/87, AP Nr. 5 zu § 611a BGB, allerdings zu § 611a BGB aF. | 8 LAG Tübingen v. 26.1.1972 – 8 Sa 109/71, NJW 1976, 310. | 9 BAG v. 18.2.1999 – 8 AZR 735/97, AP Nr. 31 zu § 611 BGB – Persönlichkeitsrecht; *Wiese*, ZfA 1971, 297 ff. | 10 ArbG Marburg v. 13.2.1998 – 2 Ca 482/97, NZA-RR 1999, 124. | 11 BAG v. 18.12.1984 – 3 AZR 389/83, AP Nr. 8 zu § 611 BGB – Persönlichkeitsrecht; v. 15.7.1987 – 5 AZR 215/86, AP Nr. 14 zu § 611 BGB – Persönlichkeitsrecht. | 12 BAG v. 7.10.1987 – 5 AZR 116/86, AP Nr. 15 zu § 611 BGB – Persönlichkeitsrecht. | 13 BAG v. 29.10.1997 – 5 AZR 508/96, AP Nr. 27 zu § 611 BGB – Persönlichkeitsrecht. | 14 *BAG v. 4.4.1990 – 5 AZR 299/89, AP Nr. 21 zu § 611 BGB.* | 15 BAG v. 13.2.1964 – 2 AZR 286/63, AP Nr. 1 zu Art 1 GG. | 16 BAG v. 17.5.1983 – 1 AZR 1249/79, AP Nr. 11 zu § 75 BPersVG. | 17 LAG Hamm v. 29.7.1998 – 14 Sa 1145/98, NZA-RR 1998, 481. | 18 LAG Schl.-Holst. v. 4.12.2001 – 1 Sa 392 b/01, nv. (juris); BAG v. 27.3.2003 – 5 AZR 51/02, Bundesarbeitsgericht-Pressemitteilungen, Nr. 27/03 zum Verdacht der Unterschlagung.

cc) **Schutz des Eigentums und des Vermögens des ArbN. (1) Obhuts- und Verwahrungspflichten.** Die bereits bisher allgemein anerkannte Obhuts- und Verwahrungspflicht des ArbGeb für berechtigterweise in den Betrieb eingebrachtes ArbN-Eigentum[1] hat nun ihre Grundlagen in § 241 Abs. 2. Der ArbN kann vom ArbGeb jedoch nur die Fürsorgemaßnahmen verlangen, die dem ArbGeb nach den konkreten beruflichen und betrieblichen Verhältnissen zumutbar sind und ihn bei eigenem Zutun in die Lage versetzen, sein eingebrachtes Eigentum entsprechend der betrieblichen Situation vor Verlust oder Beschädigungen zu schützen[2]. **264**

Der ArbGeb hat demnach einen seinen ArbN zur Verfügung gestellten **Parkplatz** verkehrssicher zu gestalten und somit die durch die Benutzung des Parkplatzes drohenden Gefahren für die abgestellten Fahrzeuge auf ein zumutbares Mindestmaß zurückzuführen[3]. Der ArbGeb kann die Haftung für Verkehrssicherungspflichten, gegenüber seinen ArbN grundsätzlich nicht durch vertragliche Einheitsregelung ausschließen[4]. Ferner ist auch ein Haftungsausschluss für Vorsatz des ArbGeb nach § 276 Abs. 3 und für grobe Fahrlässigkeit nach § 309 Nr. 7 ausgeschlossen. Die Haftung für einfache Fahrlässigkeit kann regelmäßig in Allgemeinen Vertragsbedingungen ausgeschlossen werden[5]. Hat der ArbGeb die Schädigung des ArbN-Eigentums zu vertreten, so haftet er sowohl nach vertraglicher als auch nach deliktischer Grundlage. **265**

(2) Sonstige Vermögensinteressen des ArbN. Ob der ArbGeb bei einer Verletzung sonstiger Vermögensinteressen des ArbN haften muss, ist vom Einzelfall abhängig. Hierbei ist der Schutzzweck der vertraglichen Nebenpflichten anhand des Maßstabs des § 242 und des § 241 Abs. 2 zu konkretisieren. So kann der ArbGeb verpflichtet sein, den ArbN durch Hinweispflichten auf mögliche Schäden aufmerksam zu machen[6]. **266**

Kommt der ArbGeb seiner Pflicht zur **ordnungsgemäßen Zahlung von SozV-Beiträgen** schuldhaft nicht nach, so muss der ArbGeb für den Schaden, der dem ArbN hierdurch entstanden ist (zB Nichterfüllung der Wartezeit oder Schmälerung der Rente), haften, da nach heute vorherrschender Ansicht[7] die sozialversicherungsrechtlichen Anmelde- und Beitragsvorschriften, sowie § 266a StGB[8] als Schutzvorschriften iSv. § 823 Abs. 2 anzusehen sind. Sie verfolgen neben ihren verwaltungsmäßigen Zielen auch den Schutz des einzelnen Versicherten und lösen gleichzeitig eine Nebenpflicht des ArbGeb gegenüber dem ArbN aus, deren Verletzung damit stets auch einen Schadensersatzanspruch begründet[9]. **267**

Eine Anmelde- und Betratungspflicht ist vor allem auch im Hinblick auf den **Beitritt** zu Zusatzversorgungskassen zu bejahen[10]. Weiterhin trifft den ArbGeb die Pflicht zu richtiger **Lohnberechnung** (s. hierzu Rz. 164) und zur Herausgabe der ausgefüllten LStKarte[11]. Bewirkt eine fehlerhafte LStBescheinigung durch den ArbGeb, dass der ArbN zu einer überhöhten Einkommensteuer veranlagt wird, so kann dem ArbN gegen den ArbGeb ebenfalls ein Schadensersatzanspruch zustehen[12]. Die Pflichten des ArbGeb **als Drittschuldner im Fall der Lohnpfändung** richten sich nach § 840 ZPO. Den ArbGeb trifft im Allgemeinen keine Fürsorgepflicht, den ArbN über die Möglichkeit eines Vollstreckungsschutzantrages nach § 850i ZPO zu belehren. Insoweit ist allein das Rechtsverhältnis des ArbN zu dessen Gläubigern betroffen, für das der ArbGeb keine Schutzpflichten hat[13]. Es besteht keine arbeitsvertragliche Fürsorgepflicht dergestalt, dass der vom Gläubiger als Drittschuldner in Anspruch genommene ArbGeb gehalten wäre, gepfändete Lohn- bzw. Gehaltsbeträge nicht nur einzubehalten, sondern auch an den Gläubiger abzuführen[14]. **268**

Für den ArbGeb besteht allerdings **keine allgemeine Rechtspflicht**, den ArbN vor Vermögensnachteilen zu bewahren. Nur in Ausnahmefällen kann der ArbGeb aus Gründen der Fürsorgepflicht zur Vornahme bestimmter Handlungen verpflichtet sein, wenn der ArbN hierauf angewiesen ist, um Sozialleistungsansprüche durchzusetzen[15]. **269**

e) **Aufwendungsersatz. aa) Allgemeines.** Unter dem Begriff der Aufwendungen sind grundsätzlich freiwillige Vermögensopfer zu verstehen[16]. Macht ein ArbN im Zusammenhang mit seinen Dienstpflichten für den ArbGeb **Aufwendungen**, für deren Abgeltung die ihm gewährte Arbeitsvergütung nicht bestimmt **270**

---

1 *Schaub*, ArbRHdb, § 108 Rz. 28; als Ausprägung der Fürsorgepflicht BAG v. 5.3.1959 – 2 AZR 268/56, AP Nr. 26 zu § 611 BGB – Fürsorgepflicht m. Anm. *Hueck*; v. 1.7.1965 – 5 AZR 264/64, AP Nr. 75 zu § 611 BGB – Fürsorgepflicht m. Anm. *Bulla*. |2 BAG v. 1.7.1965 – 5 AZR 264/64, AP Nr. 75 zu § 611 BGB – Fürsorgepflicht m. Anm. *Bulla*. |3 BAG v. 10.11.1960 – 2 AZR 226/59, AP Nr. 58 zu § 611 BGB – Fürsorgepflicht; v. 25.5.2000 – 8 AZR 518/99, AP Nr. 8 zu § 611 BGB – Parkplatz; zum Ersatzanspruch des ArbeitN bei Kraftfahrzeugschäden durch Industrieimmissionen, *Neuhausen*, NZA 1991, 372. |4 BAG v. 28.9.1989 – 8 AZR 120/88, AP Nr. 5 zu § 611 BGB – Parkplatz. |5 ErfK/*Preis*, § 611 BGB Rz. 772. |6 LAG Frankfurt v. 15.1.1998 – 14 Sa 156/97, LAGE § 249 BGB Nr. 12. |7 BAG v. 14.7.1960 – 2 AZR 485/59, AP Nr. 1 zu § 823 BGB – Schutzgesetz; v. 12.7.1963 – 1 AZR 514/61, *AP Nr. 4 zu § 823 BGB – Schutzgesetz*; Staudinger/*Richardi*, § 611 BGB Rz. 846 f. |8 *Kania/Peters-Lange*, ZTR 1996, 534. |9 Umfassend BGH v. 15.10.1996 – VI ZR 319/95, AP Nr. 21 zu § 823 BGB – Schutzgesetz; v. 16.5.2000 – VI ZR 90/99, AP Nr. 24 zu § 823 BGB – Schutzgesetz. |10 LAG Rh.-Pf. v. 12.10.1990 – 6 Sa 663/90, LAGE § 611 BGB – Fürsorgepflicht Nr. 21; v. 16.11.1990 – 6 Sa 696/90, LAGE § 611 BGB – Fürsorgepflicht Nr. 22; LAG Hamm v. 2.12.1986 – 6 Sa 376/86, LAGE § 611 BGB – Fürsorgepflicht Nr. 13; v. 13.7.1999 – 6 Sa 2407/98, NZA-RR 1999, 658. |11 BAG v. 20.2.1979 – 6 AZR 121/95, AP Nr. 1 zu § 611 BGB – Haftung des Arbeitgebers. |12 BFH v. 20.9.1996 – VI R 57/95, NZA-RR 1997, 121. |13 BAG v. 13.11.1991 – 4 AZR 20/91, AP Nr. 13 zu § 850 ZPO. |14 LAG Hamm v. 15.6.1988 – 2 Sa 541/88, DB 1988, 1703. |15 BAG v. 19.3.1992 – 8 AZR 301/91, AP Nr. 110 zu § 611 BGB – Fürsorgepflicht. |16 Staudinger/*Richardi*, § 611 BGB Rz. 837.

und die er auch nach dem sonstigen Inhalt seines Arbeitsvertrages in ihren belastenden Auswirkungen nicht endgültig zu tragen verpflichtet ist, kann er vom ArbGeb in – zumindest entsprechender – Anwendung von § 670 Ersatz der Aufwendungen fordern, soweit diese von ihm gefordert wurden oder erforderlich waren oder der ArbN sie den Umständen nach für erforderlich halten durfte[1]. Unter den Begriff der Aufwendungen fallen auch die unfreiwilligen arbeitsbedingten Vermögensopfer des ArbN, die dieser im Zusammenhang mit der Erbringung der Arbeitsleistung erleidet[2]. Bei einem **Mitverschulden** des ArbN kann sein Anspruch gem. § 254 BGB analog gemindert werden.

271 Der Aufwendungsersatz stellt kein Entgelt für die erbrachte Arbeitsleistung dar[3] und steht daher auch nicht im Gegenseitigkeitsverhältnis zur Arbeitspflicht. Er fällt nach § 4a EFZG nicht zum fortzuzahlenden Arbeitsentgelt, gehört aber nach § 850a Nr. 3 ZPO idR zu den unpfändbaren Bezügen. Haben ArbGeb und ArbN **vertragliche Vereinbarungen** über den Ersatz von Aufwendungen getroffen, sind diese **vorrangig**, es sei denn, zwingende gesetzliche Vorschriften (zB §§ 618, 619, Unfallverhütungsvorschriften) verpflichten den ArbGeb zum vollen Aufwandsersatz[4]. Üblich sind auch tarifvertragliche Regelungen, die beachtet werden müssen (zB §§ 42, 44 BAT). Es ist auch möglich, den Aufwendungsersatz zu pauschalieren[5]. Hierbei ist allerdings eine gesonderte Ausweisung in der Lohnabrechnung erforderlich, da der Aufwendungsersatz nicht steuer- und sozialabgabenpflichtig ist.

272 Grundsätzlich muss durch eine **Vertragsauslegung** ermittelt werden, welche Aufwendungen im Einzelfall von der Pauschale erfasst sind. Benutzt ein ArbN zur Erledigung arbeitsvertraglicher Verrichtungen seinen privaten Pkw und zahlt der ArbGeb ihm die nach Steuerrecht anerkannte Kilometerpauschale, so hat der ArbGeb für die Kosten der Rückstufung in der Haftpflichtversicherung, die durch einen bei der Arbeitsverrichtung eingetretenen Unfall verursacht worden sind, nur einzutreten, wenn dies zwischen den Arbeitsvertragsparteien vereinbart ist. Haben die Parteien eine Kilometerpauschale vereinbart und war der ArbN in der Auswahl seines Pkw und der Versicherungsgesellschaft frei, so ist im Zweifel anzunehmen, dass mit Zahlung der Kilometerpauschale auch Rückstufungserhöhungen in der Haftpflichtversicherung abgegolten sind[6].

273 **bb) Ersatzfähige Aufwendungen im Einzelfall. (1) Fahrt- und Reisekosten.** Die **Anfahrt zum Arbeitsplatz** stellt keine über § 670 zu ersetzenden Aufwendungen dar, da sie dem **persönlichen Lebensbereich** des ArbN zuzuordnen sind[7]. Kann der ArbN die ihm vom ArbGeb übertragene Arbeit nicht ohne auswärtige Übernachtung ausführen, hat der ArbGeb allerdings nach § 670 die Reise- und Übernachtungskosten zu ersetzen[8]. Besteht ein Anspruch auf Erstattung von Bahnfahrtkosten, bleiben Vergünstigungen und Sondertarife unberücksichtigt. Auch auf die mit der Benutzung einer Bahncard verbundenen Vergünstigungen kommt es für die Berechnung des Anspruchs nicht an[9]. Etwas anderes wird allerdings dann gelten müssen, wenn der ArbN tatsächlich die Bahncard benutzt hat. Hinsichtlich der Erstattung des Mehraufwands wegen auswärtiger Beschäftigung bestehen auch häufig besondere vertragliche oder tarifliche Regelungen. Besteht der ArbGeb darauf, dass der ArbN im Rahmen einer Urlaubsreise aus Sicherheits- und Geheinhaltungsinteressen ein Flugzeug benutzt, so hat er dem ArbN die hierdurch entstandenen Mehrkosten zu erstatten[10]. Zur Erstattung von Umzugskosten s. Rz. 7, 476 ff.

274 **(2) Vorstellungskosten.** Zum Ersatz von Vorstellungskosten siehe Rz. 7.

275 **(3) Arbeitskleidung.** Grundsätzlich besteht kein Anspruch des ArbN auf Aufwendungsersatz für Arbeitskleidung. Ist der ArbGeb jedoch nach §§ 618, 619 verpflichtet, den ArbN aus Gründen des Gesundheitsschutzes die bei der Arbeit zu tragende Kleidung zur Verfügung zu stellen, so hat er entsprechend § 670 dem ArbN die Aufwendungen zu erstatten, die sie für die Selbstbeschaffung der Kleidung für erforderlich halten durften[11]. Die Kosten der Reinigung von Arbeitskleidung, deren Tragen aus hygienischen Gründen vorgeschrieben ist, hat der ArbGeb zu tragen. Entgegenstehende Vereinbarungen sind gemäß § 619 unwirksam. Die unabdingbaren Pflichten zu Schutzmaßnahmen gegen Gefahren für Leben und Gesundheit des ArbN erstrecken sich auch auf Arbeitsschutzmaßnahmen, die aus hygienischen Gründen erforderlich sind. Der ArbN hat daher auch dann einen Anspruch auf Aufwendungsersatz für die Reinigungskosten, wenn die Arbeitskleidung ihm übereignet worden ist[12].

---

1 BAG v. 1.2.1963 – 5 AZR 74/62, AP Nr. 10 zu § 670 BGB; v. 14.2.1996 – 5 AZR 978/94, AP Nr. 5 zu § 611 BGB – Aufwandsentschädigung; MünchArbR/*Blomeyer*, § 96 Rz. 77 ff.; *Reichold*, NZA 1994, 488; Staudinger/*Richardi*, § 611 BGB Rz. 836. |2 Vgl. Palandt/*Sprau*, § 670 BGB Rz. 2; *Schaub*; ArbRHdb, § 85 Rz. 6. |3 BAG v. 15.7.1992 – 7 AZR 491/91, AP Nr. 19 zu § 46 BPersVG; v. 27.7.1994 – 7 AZR 81/94, AP Nr. 14 zu § 46 BPersVG. |4 BAG v. 14.2.1996 – 5 AZR 978/94, AP Nr. 5 zu § 611 BGB – Aufwandsentschädigung. |5 BAG v. 15.7.1992 – 7 AZR 491/91, AP Nr. 19 zu § 46 BPersVG; v. 27.7.1994 – 7 AZR 81/94, AP Nr. 14 zu § 46 BPersVG; v. 14.2.1996 – 5 AZR 978/94, AP Nr. 5 zu § 611 BGB. |6 BAG v. 30.4.1992 – 8 AZR 409/91, AP Nr. 11 zu § 611 BGB – Gefährdungshaftung des Arbeitgebers. |7 MünchArbR/*Blomeyer*, § 96 Rz. 82. |8 BAG v. 14.2.1996 – 5 AZR 578/97, AP Nr. 197 zu § 1 TVG – Tarifverträge; LAG Düsseldorf v. 22.5.1987 – 4 Sa 178/87, NZA 1987, 679. |9 BAG v. 7.2.1995 – 3 AZR 776/94, AP Nr: 190 zu § 1 TVG – Tarifverträge Bau. |10 BAG v. 1.2.1963 – 5 AZR 64/72, AP Nr. 10 zu § 670 BGB. |11 BAG v. 21.8.1985 – 7 AZR 199/83; AP Nr. 19 zu § 618 BGB; v. 19.5.1998 – 9 AZR 307/96, AP Nr. 31 zu § 670 BGB; vgl. LAG Hamm v. 9.12.1999 – 17 Sa 1455/99, ZTR 2000, 182. |12 LAG Düsseldorf v. 26.4.2001 – 13 Sa 1804/00, NZA-RR 2001, 409.

(4) Arbeitsmittel. Grundsätzlich stellt der ArbGeb die Arbeitsmittel zur Verfügung, so dass es für einen diesbezüglichen Anspruch auf Aufwendungsersatz des ArbN einer **besonderen vertraglichen Regelung** bedarf[1]. Problematisch ist in diesem Zusammenhang auch die Frage, inwieweit der ArbN arbeitsvertraglich zur Beschaffung von Betriebsmitteln auf eigene Kosten verpflichtet werden kann. Ein solche Vereinbarung ist zumindest dann unzulässig, wenn der ArbN das entsprechende Betriebsmittel beim ArbGeb erwerben soll und es nur im Rahmen des Arbeitsverhältnisses nutzen kann[2]. 276

(5) Körper- und Sachschäden. Erstattungsfähige Aufwendungen können uU auch mit der Erledigung der Arbeitsleistung notwendige oder zumindest mit hoher Wahrscheinlichkeit verbundene **Körper- und Sachschäden** darstellen. Weiterhin können auch etwa gem. § 229 oder § 904 entstehende Schadensersatzverpflichtungen als erstattungsfähige Aufwendungen betrachtet werden[3]. 277

(6) Vorschuss. Besteht ein Anspruch des ArbN auf Aufwendungsersatz, so kann er unter den Voraussetzungen der §§ 675, 669 hierfür auch einen Vorschuss verlangen. 278

cc) Nicht ersatzfähige Aufwendungen. Kosten der **persönlichen Lebensführung** sind nicht durch den Aufwendungsersatz erstattungsfähig. Hierunter sind Aufwendungen zu verstehen, die durch das Arbeitsentgelt abgegolten sind und auch sonst nicht durch den ArbGeb veranlasst bzw. durch die Arbeitsleistung gefordert sind. Zu den Kosten der persönlichen Lebensführung zählen etwa die Aufwendungen für die An- und Abfahrt zum Betrieb, für persönliche – nicht dienstlich vorgeschriebene – Kleidung, sowie für Verpflegung und Parkplatzbenutzung[4]. Ferner sind **Geldstrafen** und **Bußgelder** idR nicht ersatzfähig[5]. Etwas anderes kann nur gelten, wenn der ArbGeb vertraglich verpflichtet ist, den ArbN vor einem Gesetzesverstoß zu bewahren. Dies ist regelmäßig nicht der Fall. So muss sich ein Kraftfahrer vor Fahrtantritt von Sicherheit und Zulassung des ihm vom ArbGeb überlassenen Fahrzeugs selbst überzeugen[6]. Ausnahmsweise kann der ArbN einen Erstattungsanspruch entsprechend § 670 geltend machen, wenn er verpflichtet ist, ein Kraftfahrzeug des ArbGeb durch Gebiete außerhalb des Geltungsbereichs der StVO zu führen, und hier durch einen Unfall eine unzumutbare hohe Geldstrafe zahlen muss oder eine Kaution verfallen lässt, um einer unzumutbaren Freiheitsstrafe zu entgehen. Der ArbGeb hat allerdings nur insoweit Ersatz zu leisten, als die Strafverfolgungsmaßnahme für den ArbN unzumutbar ist, die Gefahr also seinem unternehmerischen Betätigungsbereich zuzuordnen ist[7]. Zusagen des ArbGeb, dem ArbN bei der Arbeitsausübung auferlegte Geldstrafen oder Geldbußen zu übernehmen, sind regelmäßig als Verstoß gegen die guten Sitten nach § 138 nichtig, weil sie jedenfalls dem Zweck von Straf- und Bußgeldvorschriften zuwiderlaufen und geeignet sind, die Hemmschwelle des ArbN, Straftaten oder Ordnungswidrigkeiten zu begehen, herabzusetzen[8]. Verletzt ein ArbN seine Berufspflichten und wird er daraufhin gerichtlich in Anspruch genommen, so hat er gegen seinen Auftraggeber keinen Anspruch auf **Freistellung von den Gerichtskosten**[9]. Verursacht ein Berufskraftfahrer jedoch in Ausübung einer betrieblichen Tätigkeit unverschuldet einen Verkehrsunfall und wird wegen dieses Unfalls gegen ihn ein staatsanwaltschaftliches Ermittlungsverfahren eingeleitet, hat ihm der ArbGeb die erforderlichen Kosten der Verteidigung zu ersetzen. Erforderliche Kosten der Verteidigung sind grundsätzlich die gesetzlichen Gebühren[10]. Bei einem fahrlässig oder grob fahrlässig verschuldeten Unfall muss sich der Erstattungsanspruch nach den Grundsätzen des innerbetrieblichen Schadensausgleichs richten. 279

f) Sonstige Nebenpflichten. Unter dem Gesichtspunkt der Fürsorgepflicht des ArbGeb sind in eng umgrenzten Rahmen weitere Nebenpflichten des ArbGeb anzuerkennen. 280

Der ArbGeb darf dem ArbN **nicht grundlos Nachteile zufügen**. So kann der ArbGeb auf Grund seiner Fürsorgepflicht gehalten sein, bei der Erlangung des **Freigängerstatus** mitzuwirken, um Störungen des Arbeitsverhältnisses zu vermeiden. Dies setzt allerdings voraus, dass der ArbN den ArbGeb über die Umstände der Straftat, des Strafverfahrens und der Haft nicht täuscht bzw. im Unklaren lässt. Die Fürsorgepflicht gebietet eine solche Mitwirkung des ArbGeb in der Regel ferner dann nicht, wenn trotz Bewilligung des Freigangs weitere Störungen des Arbeitsverhältnisses zu befürchten sind[11]. Aufgrund der Nebenpflicht zur Rücksichtnahme auf die berechtigten Interessen des Vertragspartners ist 281

---

1 So auch ErfK/*Preis*, § 611 BGB Rz. 698; aA ArbG Frankfurt v. 18.6.1998 – 2 Ca 6205/96, ARSt. 1998, 194. | 2 Vgl. ArbG Hamburg v. 26.11.1992 – 2 Sa 42/92, LAGE § 138 Nr. 7 zum Abschluss eines Arbeitsvertrages im Zusammenhang mit Kauf- und Darlehensvertrag hinsichtlich eines Laptops. | 3 Staudinger/*Richardi*, § 611 BGB Rz. 838. | 4 MünchArbR/*Blomeyer*, § 96 Rz. 88; Es ist allerdings zu beachten, dass eine entsprechende Kostentragung des ArbGeb häufig auf betrieblicher Ebene Gegenstand einer vertraglichen Einheitsregelung oder Betriebsvereinbarung ist. | 5 BAG v. 28.5.1960 – 2 AZR 548/59, AP Nr. 19 zu § 611 BGB – Haftung des Arbeitnehmers; LAG Hamm v. 20.12.1991 – 18 Sa 506/91, LAGE § 670 BGB Nr. 9; aA LAG Köln v. 11.3.1993 – 5 Sa 1068/92, LAGE § 670 BGB Nr. 11. | 6 MünchArbR/*Blomeyer*, § 96 Rz. 88. | 7 BAG v. 11.8.1988 – 8 AZR 721/85, AP Nr. 7 zu § 611 BGB – Gefährdungshaftung des Arbeitgebers. | 8 BAG v. 25.1.2001 – 8 AZR 465/00, AP Nr. 14 zu § 611 BGB – Haftung des Arbeitgebers; LAG Hamm 30.7.1990 – 19 (14 Sa) 1824/89 – NJW 1991, 861; MünchArbR/*Blomeyer*, § 96 Rz. 88; vgl. Holly/Friedhofen, NZA 1992, 145 (148 ff.). | 9 BAG v. 14.11.1991 – 8 AZR 628/90, AP Nr. 10 zu § 611 BGB – Gefährdungshaftung des Arbeitgebers, zu unwahren negativen Behauptungen eines Journalisten. | 10 BAG v. 16.3.1995 – 8 AZR 260/94, AP Nr. 12 zu § 611 BGB – Gefährdungshaftung des Arbeitgebers. | 11 BAG v. 9.3.1995 – 2 AZR 497/94, AP Nr. 123 zu § 626 BGB.

282 Die Fürsorgepflicht wird aber nicht als so weitreichend zu bewerten sein, dass man eine Verpflichtung des ArbGeb dahingehend sieht, dass er einen kranken ArbN notfalls durch **Kündigung vor einer Selbstschädigung** bewahrt[2]. Ist allerdings ein ArbN auf Dauer krankheitsbedingt nicht mehr in der Lage, die geschuldete Arbeit auf seinem bisherigen Arbeitsplatz zu leisten, so ist er zur Vermeidung einer Kündigung von dem ArbGeb auf einem leidensgerechten Arbeitsplatz im Betrieb oder Unternehmen weiterzubeschäftigen, falls ein solch gleichwertiger oder jedenfalls zumutbarer Arbeitsplatz frei und der ArbN für die dort zu leistende Arbeit geeignet ist. Ggf. hat der ArbGeb einen solchen Arbeitsplatz durch Ausübung seines Direktionsrechts frei zu machen[3]. Zu einer Durchführung von behördlichen oder gerichtlichen Verfahren zu Gunsten des ArbN kann der ArbGeb durch seine Fürsorgepflicht jedoch nicht verpflichtet werden[4].

283 **IX. Pflichten des ArbN. 1. Arbeitsleistung als Hauptpflicht. a) Allgemeine Grundlagen der Arbeitspflicht.** Grundlage der Verpflichtung des ArbN zur Erbringung der Arbeitsleistung ist der Arbeitsvertrag, der vertragstypische Verpflichtungen iSv. § 611 Abs. 1 begründet. Die Arbeitspflicht ist die dem ArbN obliegende Hauptpflicht. Wie aus § 611 Abs. 1 hervorgeht, steht sie im Gegenseitigkeitsverhältnis zu der Pflicht des ArbGeb zur Zahlung der Vergütung. Wegen dieses synallagmatischen Charakters der Arbeitspflicht finden im Grundsatz auch die §§ 320 ff. auf sie Anwendung[5]. Eine Besonderheit des Dienst- wie des Arbeitsvertrags besteht darin, dass es sich dabei um einen **unvollständigen Vertrag** handelt[6], dh. die im Rahmen des Vertrags zu erbringenden Leistungen stehen bei Vertragsschluss noch nicht fest, sondern der Vertrag bedarf erst noch während seiner Dauer der Ausfüllung mit Einzelnen, im Vorhinein nicht erschöpfend benennbaren Leistungen. Dies bedingt, dass andere, außerhalb des Arbeitsvertrags bestehende Regeln auf ihn einwirken. Demgemäß werden die im Rahmen des Arbeitsvertrags getroffenen Abmachungen durch Bestimmungen nach Maßgabe anderer Rechtsquellen (hierzu allgemein vor § 611 Rz. 132 ff.) wie Gesetz, VO, TV, BV, aber auch betriebliche Übung, allgemeine Arbeitsbedingungen, Gesamtzusage, das Direktionsrecht und Ähnliches verdrängt, überlagert, modifiziert, ergänzt oder ausgefüllt.

284 Unter den gesetzlichen Bestimmungen können etwa §§ 138, 242 auf den Inhalt der Arbeitspflicht einwirken; speziell im Dienstrecht sieht § 613 Satz 1 vor, dass die Arbeitsleistung im Zweifel in Person zu erbringen ist. Dies trägt der individuellen Auswahl bei der Einstellung des ArbN Rechnung, auf dessen besondere Eigenschaften es dem ArbGeb gerade ankommt. Nach der Schuldrechtsreform spielt diese Norm im Zusammenhang mit § 275 Abs. 3 eine besondere Rolle. Fällt das Arbeitsverhältnis in den Geltungsbereich eines TV, so sind für den Inhalt der Arbeitspflicht dessen Regelungen sowie insb. § 4 Abs. 3 TVG (Günstigkeitsprinzip) zu beachten.

285 Zur **Abgrenzung zu verwandten Schuldverhältnissen** s. vor § 611 Rz. 7 ff. Die Arbeitspflicht ist im Gegensatz zum Werkvertrag nicht erfolgs-, sondern tätigkeitsgebunden; der ArbN schuldet dem ArbGeb nur eine zeitabhängige, nicht erfolgsabhängige **Tätigkeit**[7]. Im Gegensatz zum Dienstvertrag wird die Tätigkeit in Abhängigkeit vom ArbGeb erbracht. Zu Einzelheiten vor § 611 Rz. 42. Nicht ausreichend zur Erfüllung der Arbeitspflicht ist nach hM, dass der ArbN seine Dienste bereithält oder lediglich zur Verfügung stellt, sondern er muss sie erbringen[8]. Wäre das Bereithalten bereits Erfüllung, reduzierte sich der Anwendungsbereich des Annahmeverzugs (§ 615) auf einen unwesentlichen Bereich, falls überhaupt noch relevante Fälle für § 615 verblieben[9].

286 **b) Inhalt der Arbeitspflicht.** Abs. 2 besagt, dass Gegenstand des Dienstvertrags „Dienste jeder Art" sein können. Dies gilt gleichermaßen für den Arbeitsvertrag, wenn auch dahingehend eingeschränkt, dass es sich um Dienste in Abhängigkeit von einem anderen, dem ArbGeb, handeln muss.

287 **aa) Art und Beschaffenheit der Arbeit.** Hinsichtlich der Art der in einem Arbeitsvertrag zu vereinbarenden Leistung besagt § 611 Abs. 2 lediglich, dass es im Grundsatz keine Einschränkungen gibt. **Grenzen** können sich allerdings aus allgemeinen Regelungen ergeben, so zB zunächst aus den gesetzlichen Regelungen wie den zumindest einseitig zwingenden öffentlich-rechtlichen Arbeitsschutzvorschriften, ferner aus §§ 134, 138 und 242. Wegen Verstoßes eines Arbeitsvertrags s. Rz. 68 ff.

---

1 LAG Köln v. 29.1.2003 – 7 Sa 1076/02, MDR 2003, 941. | 2 Noch zweifelnd BAG v. 12.7.1995 – 2 AZR 762/94, AP Nr. 7 zu § 626 BGB – Krankheit; abl. 21.12.1995 – 10 Sa 741/95, LAGE § 1 KSchG – Krankheit Nr. 24. | 3 BAG v. 29.1.1997 – 2 AZR 9/96, AP Nr. 32 zu § 1 KSchG – Krankheit; v. 17.2.1998 – 9 AZR 130/97, AP Nr. 27 zu § 618 BGB. | 4 S. BAG v. 29.1.1997 – 2 AZR 9/96, AP Nr. 32 zu § 1 KSchG 1969 – Krankheit zum Zustimmungsersetzungsverfahren bei Verweigerung der Zustimmung durch den Betriebsrat; bejahend *Gottwald*, BB 1997, 2427, für eine Verpflichtung des ArbGeb bei rechtswidriger Zustimmungsverweigerung; BAG v. 19.3.1992 – 8 AZR 301/91, AP Nr. 110 zu § 611 BGB – Fürsorgepflicht zu Widerspruch und Klage gegen Kurzabeitergeldfestsetzung. | 5 Vgl. *ErfK/Preis*, § 611 BGB Rz. 789. | 6 Vgl. auch ArbR-BGB/*Schliemann*, § 611 BGB Rz. 556, 568: Arbeit wird im Arbeitsvertrag nur „rahmenmäßig umschrieben". | 7 *Staudinger/Richardi*, § 611 BGB Rz. 313. | 8 MünchArbR/*Blomeyer*, § 48 Rz. 4 mwN und näher zum Streitstand; *Staudinger/Richardi*, § 611 BGB Rz. 314; *ErfK/Preis*, § 611 BGB Rz. 793 mwN; aA *v. Stebut*, RdA 1985, 66 (70). | 9 Vgl. auch ErfK/*Preis*, § 611 BGB Rz. 793.

Für das Ausbildungsverhältnis scheidet § 6 Abs. 2 BBiG eine bestimmte Art von Tätigkeiten als geschuldete Leistungen aus. § 4 MuSchG nennt gewisse Arbeiten, die von werdenden und stillenden Müttern nicht verlangt werden können. Doch muss die Mutter einer Umsetzung durch den ArbGeb nachkommen, sofern die andere Arbeit nach den Umständen des Einzelfalls zumutbar ist; dies gilt sogar dann, wenn sie nach dem im Arbeitsvertrag festgelegten Tätigkeitsbereich zur Leistung der angebotenen und zumutbaren neuen Arbeit nicht verpflichtet wäre[1]. Nach § 81 Abs. 4 Nr. 1 SGB IX haben schwerbehinderte Beschäftigte einen Anspruch auf eine Beschäftigung, bei der sie ihre Fähigkeiten und Kenntnisse möglichst voll verwerten und weiterentwickeln können; diesem Anspruch korrespondiert eine entsprechende Einschränkung der vom schwerbehinderten Beschäftigten zu verlangenden Leistung. Weitere Einschränkungen können aus den Grundrechten folgen, so zB aus Art. 4 GG, sofern der ArbN eine Leistung aus Gewissensgründen verweigert. Da derartige Leistungen jedoch nicht bereits bei Vertragsschluss vereinbart, sondern erst durch Ausübung des Direktionsrechts angeordnet werden, stellt sich diese Frage in Zusammenhang mit der Reichweite des Direktionsrechts (s. § 106 GewO).

(1) **Ausdrückliche Inhaltsbestimmung durch die Parteien.** Im Allgemeinen folgt die Art der zu verrichtenden Arbeit aus dem Inhalt des Arbeitsvertrags. Dieser hat nach § 2 Abs. 1 Satz 2 Nr. 5 NachwG zumindest „eine kurze Charakterisierung oder Beschreibung der vom ArbN zu leistenden Tätigkeit" zu enthalten. Wegen seines notwendig unvollständigen Charakters bedarf es jedoch zur Bestimmung der konkret von dem ArbN zu verrichtenden Arbeit zumeist weiterer Rechtsquellen. Zunächst ist jedoch der Arbeitsvertrag auszulegen, und zwar erläuternd, denn eine ergänzende Auslegung kommt – wegen des Erfordernisses einer Lücke – erst in Betracht, nachdem festgestellt ist, dass andere, die Arbeitsleistung beeinflussende Normen wie TV, BV und Ähnliches die Lücke nicht zu schließen vermögen. Die Auslegung erfolgt gem. §§ 133, 157 nach Treu und Glauben unter Berücksichtigung der Verkehrssitte. Statt bzw. neben der Verkehrssitte sind im Arbeitsverhältnis eine bestehende betriebliche oder branchenspezifische Übung zu berücksichtigen[2]. Zu den Kriterien, die für die Auslegung von Bedeutung sind, gehört zB eine arbeitsvertraglich in Bezug genommene **Stellen- oder Tätigkeitsbeschreibung**[3]. Ist der Tätigkeitsbereich des ArbN durch den Arbeitsvertrag sowohl seiner Art wie auch der Arbeitsstelle nach genau bestimmt, so bedeutet jede Zuweisung einer anderen Tätigkeit und eines anderen Arbeitsplatzes eine Änderung des Arbeitsvertrages, die grundsätzlich nicht einseitig von dem ArbGeb herbeigeführt werden kann; dies gilt in jeder Hinsicht auch bezüglich des im öffentlichen Dienst stehenden ArbN[4]. Bedeutsam ist ferner die verwendete **Berufsbezeichnung**, so dass sich die geschuldete Arbeitsleistung nach dem damit umschriebenen herkömmlichen Berufsbild richtet und Besonderheiten der Branche, des Ortes und ggf. des Betriebs einschließt[5]. So gehört etwa zum Berufsbild des Lehrers über den Unterricht hinaus, dass er Exkursionen, Schulausflüge und Klassenreisen vorbereitet und daran teilnimmt[6]. Allerdings muss die Beurteilung dem Umstand Rechnung tragen, dass Berufsbezeichnungen nicht statisch sind und es zu einer allgemeinen Weiterentwicklung auch innerhalb der unterschiedlichen Berufe wie innerhalb des Betriebs kommen kann[7]. Ein arbeitsvertraglich festgelegter Einsatz in einer bestimmten Abteilung grenzt den Tätigkeitsbereich fachlich nach anderen Abteilungen ab. Ist im Arbeitsvertrag eine **Tätigkeit** konkret bezeichnet, so schuldet der ArbN diese einschließlich der nach der Verkehrsanschauung vom Berufsbild mitumfassten Arbeiten[8]; so hat zB ein als Kraftfahrer eingestellte ArbN auch die Fahrzeugwartung zu übernehmen[9]. Auch die tatsächliche Position des ArbN in der betrieblichen Hierarchie kann Aufschluss über die gewöhnlich damit zusammenhängenden Tätigkeiten geben, soweit diese üblicherweise bestimmten Führungsebenen zugeordnet werden[10]. Im Allgemeinen gehört zu der Verpflichtung zur Arbeitsleistung das Zusammenarbeiten mit den übrigen ArbN des Betriebs zur Verwirklichung des arbeitstechnischen Zwecks des Betriebs[11].

(2) **Inhaltsbestimmung aufgrund der Umstände.** Die Festlegung der Art der zu verrichtenden Tätigkeit kann auch **konkludent** erfolgten, so wenn der ArbGeb dem ArbN faktisch einen Arbeitsplatz mit bestimmten Tätigkeitsmerkmalen zuweist und der ArbN dies befolgt[12]. Die konkludente Festlegung der Arbeitsleistung muss **abgegrenzt** werden von der Festlegung durch Ausübung des Direktionsrechts, weil für Letztere durch § 106 GewO eine besondere Schranke errichtet wird. Maßgeblich ist, ob den Umständen zu entnehmen ist, dass der ArbN sein Einverständnis (auch konkludent) erklärt hat oder ob er ohne (nicht notwendig gegen) dieses die Festlegung der Arbeitsleistung für verbindlich hält. Das Arbeitsverhältnis kann sich ferner dahingehend konkretisieren, dass eine bestimmte Tätigkeit künftig den alleinigen Vertragsinhalt bildet[13]. Eine solche **Konkretisierung** tritt jedoch allein durch Zuweisung eines konkreten Arbeitsplatzes innerhalb des vertraglich vereinbarten Tätigkeitsfeldes selbst

---

1 BAG v. 31.3.1969 – 3 AZR 300/68, AP Nr. 2 zu § 11 MuSchG 1968 m. zust. Anm. *Meisel*. | 2 Schaub/*Linck*, ArbRHdb, § 45 Rz. 23; KassHdb/*Künzl*, 2.1 Rz. 6. | 3 ErfK/*Preis*, § 611 BGB Rz. 8000, ArbR-BGB/*Schliemann*, § 611 BGB Rz. 570. | 4 BAG v. 10.11.1955 – 2 AZR 591/54, AP Nr. 2 zu § 611 BGB – Beschäftigungspflicht. | 5 ArbR-BGB/*Schliemann*, § 611 BGB Rz. 570. | 6 BAG v. 20.11.1996 – 5 AZR 414/95, AP Nr. 127 zu § 611 BGB – Lehrer, Dozenten. | 7 ArbR-BGB/*Schliemann*, § 611 BGB Rz. 570; LAG Hamm v. 8.6.1994 – 14 Sa 2054/93, LAGE § 611 BGB – Direktionsrecht Nr. 20. | 8 KassHdb/*Künzl*, 2.1 Rz. 7. | 9 Vgl. BAG v. 10.11.1955 – 2 AZR 591/54, AP Nr. 2 zu § 611 BGB – Beschäftigungspflicht. | 10 ArbR-BGB/*Schliemann*, § 611 BGB Rz. 571. | 11 MünchArbR/*Blomeyer*, § 48 Rz. 76. | 12 MünchArbR/*Blomeyer*, § 48 Rz. 25. | 13 Näher MünchArbR/*Blomeyer*, § 48 Rz. 26 ff.

dann nicht ein, wenn ein ArbN über lange Zeit hinweg (selbst bei fast 20 Jahren[1]) die gleiche Arbeit verrichtet; hinzu kommen müssen besondere Umstände, etwa dass die neue Tätigkeit erkennbar höher qualifiziert ist als die bisherige, oder dass andere Umstände ein besonderes schutzwertes Interesse des ArbN an der Fortsetzung gerade dieser Tätigkeit erkennen lassen[2] bzw. dass ihn der ArbGeb künftig nur noch zu bestimmten Arbeitsbedingungen beschäftigen werde[3]. Wird zB eine ArbN-in nach dem Arbeitsvertrag als Erzieherin eingestellt, aber von Anfang an als Lehrkraft eingesetzt, so wird diese Beschäftigung zum Inhalt des Arbeitsvertrages. Die Zahlung einer Vergütung als Erzieherin steht dem nicht entgegen. Die Zuweisung von Aufgaben einer Erzieherin ist dann nicht mehr durch das Direktionsrecht des ArbGeb gedeckt, so dass es hierzu einer Änderungskündigung bedürfte[4]. Auf Grund der besonderen Umstände kann ein schutzwürdiger Vertrauenstatbestand erwachsen[5].

291 Ferner kann sich die Arbeitspflicht in einer durch eine Dienstanweisung festgelegten Art und Weise konkretisieren, so dass diese **Dienstanweisung** Vertragsinhalt wird und auch zukünftig die Arbeitsleistung konkretisiert, was das BAG angenommen hat, nachdem sich das Vertrauen des ArbN nach mehr als 16 Jahren darauf verfestigt hatte, seine Stellung werde sich nicht mehr zu seinem Nachteil ändern[6]. Zu den besonderen, zur Konkretisierung führenden Umständen gehörte, dass der ArbGeb vorbehaltlos die Büroorganisation ganz auf die Zusammenarbeit des ArbN mit einem anderen ArbN zugeschnitten hatte. Bei der Frage, ob sich durch langjährige Zuweisung einer bestimmten Tätigkeit die Leistungspflicht des ArbN auf diese ihm bisher übertragenen Aufgaben konkretisiert, ist auch zu berücksichtigen, ob es sich um eine Tätigkeit handelt, die nur in enger Zusammenarbeit mit der Unternehmensleitung und auf der Grundlage gesteigerten Vertrauens des ArbGeb vollzogen werden kann, wie dies zB in der Führungsebene des ArbGeb der Fall sein kann. Setzt nämlich der bisherige Aufgabenbereich ein fortwährend bestehendes, aktuelles, für die Kriterien einer Änderungskündigung ungeeignetes Vertrauensverhältnis zwischen den Parteien voraus (so zB für den Pressesprecher eines großen, international tätigen Unternehmens), so steht dieser Umstand einer dahingehenden Konkretisierung der Leistungspflicht durch langjährige Ausübung dieser Tätigkeit jedenfalls dann entgegen, wenn der ArbGeb sich arbeitsvertraglich die Zuweisung einer anderen Aufgabe vorbehalten hat[7].

292 **(3) Normative Inhaltsbestimmung.** Des Weiteren sind Bestimmungen in **TV** oder **BV**, soweit diese die Art der vom ArbN zu erbringenden Tätigkeit betreffen, zu beachten. TV können innerhalb festgelegter Vergütungsgruppen bestimmte Tätigkeitsmerkmale vorsehen; bei Einstufung in eine gewisse Vergütungsgruppe hat der ArbN mangels gegenteiliger Vereinbarungen idR die darin genannten Tätigkeiten zu übernehmen; sofern sie seinen Kräften und Fähigkeiten entspricht und ihm die Tätigkeit auch im Übrigen billigerweise zugemutet werden kann[8], zumal der ArbN umgekehrt einen Anspruch darauf hat, dass ihm nur solche Arbeiten zugewiesen werden, die den Merkmalen der Vergütungsgruppe entsprechen[9].

293 **(4) Einseitige Inhaltsbestimmung.** Im Übrigen wird innerhalb der verbleibenden Grenzen die in der jeweiligen Situation zu erbringende Leistung durch Ausübung des **Direktionsrechts** durch den ArbGeb konkretisiert. Zu beachten ist, dass der Umfang der Arbeitspflicht selbst dem Direktionsrecht nicht unterliegt, sondern nur durch Gesetz oder Vertrag gestaltbar ist[10]; dem Direktionsrecht kommt innerhalb des so festgelegten Umfangs allein eine Konkretisierungsfunktion zu[11]. Dabei ist er insb. an die Grenze des § 106 Satz 1 GewO gebunden. Mangels konkreter Festlegung können dem ArbN sämtliche Tätigkeiten, die seinem Berufsbild entsprechen, zugewiesen werden[12]. Ist ein ArbN zB als kaufmännischer Angestellter eingestellt worden, kann ihm der ArbGeb jederzeit eine andere kaufmännische Tätigkeit zuweisen[13]. Das Direktionsrecht wird durch eine erfolgte Konkretisierung eingeschränkt, was jedoch nicht zur Folge hat, dass eine Änderung nur noch nach § 2 KSchG herbeigeführt werden kann[14].

294 In der **Erweiterung des Direktionsrechts durch eine tarifvertragliche Regelung** sieht das BAG nach bisheriger Rspr. keine Gesetzesumgehung im Hinblick auf die Erfordernisse an eine Änderungskündigung iSv. § 2 KSchG[15]. Auch wenn den dazu ergangenen Entscheidungen Bedenken entgegengebracht werden, weil sie einen Eingriff in das vertragliche Synallagma bedeuten können[16], so deuten in diese Richtung auch Äußerungen in der Lit., wonach tarifliche Regelungen dem ArbGeb in zulässiger Weise Änderungsvorbehalte hinsichtlich einzelner Arbeitsbedingungen einräumen können, weil sie die „Vermutung eines angemessenen Ausgleichs" der Interessen von ArbGeb und ArbN für sich hätten und

---

1 LAG Düsseldorf v. 23.6.1994 – 12 Sa 489/94, ZTR 1994, 436. | 2 LAG Rh.-Pf. v. 13.10.1987 – 3 Sa 457/87, NZA 1988, 471 f.; ErfK/*Preis*, § 611 BGB Rz. 801. | 3 LAG Düsseldorf v. 23.6.1994 – 12 Sa 489/94, ZTR 1994, 436. | 4 LAG Frankfurt v. 4.12.1986 – 9 Sa 1013/85, AuR 1988, 57. | 5 *Hennige*, NZA 1999, 281 (286) mwN. | 6 BAG v. 29.6.1988 – 5 AZR 425/87, nv. (juris). | 7 LAG Köln v. 23.2.1987 – 6 Sa 957/86, LAGE § 611 BGB – Direktionsrecht Nr. 1. | 8 BAG v. 30.8.1995 – 1 AZR 47/95, AP Nr. 44 zu § 611 BGB – Direktionsrecht; v. 12.4.1973 – 2 AZR 291/72, AP Nr. 24 zu § 611 BGB – Direktionsrecht; ArbR-BGB/*Schliemann*, § 611 BGB Rz. 569. | 9 BAG v. 23.6.1993 – 5 AZR 337/92, AP Nr. 42 zu § 611 BGB – Direktionsrecht. | 10 Staudinger/*Richardi*, § 611 BGB Rz. 335. | 11 BAG v. 12.12.1984 – 7 AZR 509/83, AP Nr. 6 zu § 2 KSchG 1969. | 12 ErfK/*Preis*, § 611 BGB Rz. 799. | 13 LAG Hamm v. 13.12.1990 – 16 Sa 1297/90, LAGE § 611 BGB – Direktionsrecht Nr. 7. | 14 BAG v. 29.6.1988 – 5 AZR 425/87, nv. (juris). | 15 BAG v. 22.5.1985 – 4 AZR 427/83, AP Nr. 7 zu § 1 TVG – Tarifverträge: Bundesbahn; v. 22.5.1985 – 4 AZR 88/84, AP Nr. 6 zu § 1 TVG – Tarifverträge: Bundesbahn, beide m. krit. Anm. *Weiss/Weyand*: Zuweisung einer geringer vergüteten Tätigkeit. | 16 MünchArbR/*Blomeyer*, § 48 Rz. 56.

insoweit keiner Prüfung ihrer sachlichen Berechtigung unterlägen[1]. Voraussetzung ist dabei aber immer, dass der Arbeitsvertrag insoweit tarifvertragsoffen ist und eine Änderung auf Grund des TV jedenfalls nicht ausschließt[2]. Außerdem dürfen die tariflichen Änderungsvorbehalte keine beliebig weite Änderung zulassen[3]. Unwirksam wegen Umgehung des gesetzlichen Kündigungsschutzes sind daher solche tariflichen Änderungsvorbehalte, die dem ArbGeb ohne eine nähere Festlegung das Recht einräumen, die Arbeitsbedingungen beliebig weit zu ändern, weil sie dem durch die Wertung des Art. 12 GG bestehenden „Mindeststandard des Kündigungsschutzes" nicht gerecht werden[4].

Das Direktionsrecht des ArbGeb umfasst die Möglichkeit, dem ArbN einen Wechsel in der Art der Beschäftigung aufzuerlegen oder den Arbeitsbereich zu **verkleinern**[5]. Allerdings berechtigt es den ArbGeb grundsätzlich nicht, dem ArbN Tätigkeiten einer niedrigeren Vergütungsgruppe zu übertragen; zwar können dem ArbN, soweit dies der Arbeitsvertrag zulässt, unterschiedliche Tätigkeiten kraft Weisung durch den ArbGeb übertragen werden, doch ist dafür Voraussetzung, dass diese als **gleichwertig** anzusehen sind[6]. Dabei soll sich die Gleichwertigkeit „mangels anderer Anhaltspunkte grundsätzlich aus der auf den Betrieb abgestellten Verkehrsauffassung und dem sich daraus ergebenden Sozialbild" bestimmen[7]. Eine niedriger zu bewertende Tätigkeit kann der ArbGeb dem ArbN auch dann nicht zuweisen, wenn er dennoch die höhere Vergütung zahlt, die der bisherigen Tätigkeit entspricht[8], es sei denn, dass dem ArbGeb dieses Recht durch TV, BV oder Einzelarbeitsvertrag eingeräumt worden ist[9]. Nach der Rspr. des BAG ist eine tarifvertragliche Bestimmung wirksam, nach der dem ArbN „sowohl eine höher als auch eine niedriger gelöhnte Beschäftigung" übertragen werden kann[10]. Nach Ansicht des BAG beschränkt sich eine solche Regelung auch nicht auf den Fall, dass die Anforderungen des § 1 Abs. 2 KSchG einer betriebsbedingte Kündigung erfüllt sind[11]. In eine andere Richtung geht neuere instanzgerichtliche Rspr., derzufolge für die Übertragung einer niedriger vergüteten Arbeit nicht bereits eine tarifvertragliche Bestimmung ausreichend ist, wonach jeder ArbN verpflichtet ist, „andere ihm zumutbare Arbeiten zu übernehmen"[12]. Im Einzelfall kann die Übertragung anderer Arbeit bei einem BR-Mitglied gegen § 78 BetrVG verstoßen[13].

Der ArbGeb kann sich bei der Ausübung des Direktionsrechts durch Erklärungen gegenüber dem ArbN selbst binden, insb. die Ausübung auf bestimmte Fälle beschränken; überträgt der ArbGeb dem ArbN vorläufig eine **höherwertige Aufgabe** und macht er die Übertragung auf Dauer nur davon abhängig, dass sich der ArbN fachlich bewährt, so darf er dem ArbN die höherwertige Aufgabe nicht aus anderen Gründen wieder entziehen[14]. Der höherwertige Einsatz eines ArbN kann eine Überschreitung des vertraglich zustehenden Direktionsrechtes des ArbGeb darstellen, bedeutet aber keine stillschweigende Vertragsänderung[15].

Auch **Nebenarbeiten** gehören zu der vom ArbN geschuldeten Leistung, jedoch unter der Voraussetzung, dass deren Übernahme dem Arbeitsvertrag entspricht[16] und typischerweise in dem vereinbarten Tätigkeitsbereich anfallen bzw. nur eine untergeordnete Bedeutung haben[17]. Das übliche Berufsbild ist unter Berücksichtigung seiner Entwicklung maßgeblich dafür, in welchem Umfang Nebenarbeiten geschuldet sind[18]. In Verbindung mit der Tätigkeitsbeschreibung durch die TV-Parteien und der Abgrenzung zu nicht dazugehörenden Tätigkeiten definiert das BAG als **Zusammenhangstätigkeiten** solche, die auf Grund ihres engen Zusammenhangs mit bestimmten, insb. höherwertigen Arbeiten nicht abgetrennt werden dürfen, sondern diesen zuzurechnen sind[19]. Die Rspr. hatte zahlreiche **Einzelfälle** zu entscheiden: Eine Bäckereifachverkäuferin ist auf Anordnung des ArbGeb verpflichtet, zeitweise die im Verkaufsraum installierte automatische Brötchenbackanlage zu bedienen, wobei es sich um eine Tätigkeit handelt, die im Einklang mit dem Berufsbild dieses Ausbildungsberufes steht[20]. Bei der Anordnung, dass der ArbN

---

1 *Rost*, FS Dieterich, S. 505 (518); *Plüm*, DB 1992, 735 (739); MünchArbR/*Blomeyer*, § 48 Rz. 56: materielle Richtigkeitsgewähr des TV. |2 MünchArbR/*Blomeyer*, § 48 Rz. 56. |3 *Rost*, FS Dieterich, S. 505 (518); LAG Düsseldorf v. 17.3.1995 – 17 Sa 1981/94, DB 1995, 2224 und LAG Düsseldorf v. 22.9.1996 – 15 Sa 715/95, nv. (juris); Erman/*Edenfeld*, § 611 BGB Rz. 293; *Plüm*, DB 1992, 735 (739); s. auch *Leßmann*, DB 1992, 1137. |4 *Rost*, Die „Erweiterung des Direktionsrechts" durch Tarifvertrag, FS Dieterich, S. 505 (518). |5 BAG v. 27.3.1980 – 2 AZR 506/78, AP Nr. 26 zu § 611 BGB – Direktionsrecht m. Anm. *Löwisch*. |6 BAG v. 31.8.1995 – 1 AZR 475/94, AP Nr. 44 zu § 611 BGB – Direktionsrecht. |7 BAG v. 30.8.1995 – 1 AZR 47/95, AP Nr. 44 zu § 611 BGB – Direktionsrecht. |8 BAG v. 14.7.1965 – 4 AZR 347/63, AP Nr. 19 zu § 611 BGB; v. 12.12.1984 – 7 AZR 509/83, AP Nr. 6 zu § 2 KSchG 1969; v. 30.8.1995 – 1 AZR 47/95, AP Nr. 44 zu § 611 BGB – Direktionsrecht; ErfK/*Preis*, § 611 BGB Rz. 803. |9 BAG v. 11.6.1958 – 4 AZR 514/55, AP Nr. 2 zu § 611 BGB – Direktionsrecht m. zust. Anm. *A. Hueck*; BAG v. 16.10.1965 – 5 AZR 55/65, AP Nr. 20 zu § 611 BGB – Direktionsrecht m. zust. Anm. *A. Hueck*. |10 BAG v. 22.5.1985 – 4 AZR 427/83, AP Nr. 7 zu § 1 TVG – Tarifverträge: Bundesbahn m. Anm. *Weiss/Weyand*; noch anders – nur Gesetz und Arbeitsvertrag erwähnend – BAG v. 10.11.1955 – 2 AZR 591/54, AP Nr. 2 zu § 611 BGB – Beschäftigungspflicht. |11 BAG v. 22.5.1985 – 4 AZR 88/84, AP Nr. 6 zu § 1 TVG – Tarifverträge: Bundesbahn. |12 LAG Düsseldorf v. 17.3.1995 – 17 Sa 1981/94, DB 1995, 2224; vgl. auch ErfK/*Preis*, § 611 BGB Rz. 803. |13 Schaub/*Linck*, ArbRHdb, § 45 Rz. 44. |14 BAG v. 17.12.1997 – 5 AZR 332/96, AP Nr. 52 zu § 611 BGB – Direktionsrecht. |15 LAG Hamm v. 27.3.1992 – 18 Sa 1165/91, BB 1992, 1856. |16 Schaub/*Linck*, ArbRHdb, § 45 Rz. 31. |17 ErfK/*Preis*, § 611 BGB Rz. 804; ArbR-BGB/*Schliemann*, § 611 BGB Rz. 572. |18 ArbR-BGB/*Schliemann*, § 611 BGB Rz. 572. |19 BAG v. 29.8.1991 – 6 AZR 593/88, AP Nr. 38 zu § 611 BGB – Direktionsrecht; v. 21.2.1990 – 4 AZR 603/89, AP Nr. 7 zu §§ 22, 23 BAT – Krankenkassen. |20 LAG Hamm v. 8.6.1994 – 14 Sa 2054/93, LAGE § 611 BGB – Direktionsrecht Nr. 20.

BGB § 611 Rz. 298 Vertragstypische Pflichten beim Dienstvertrag

einen Außentermin mit einem Dienstwagen aufsucht, den er selbst führt und Kollegen mitnimmt, handelt es sich nach dem BAG nicht um die Übertragung einer niedriger zu bewertenden Tätigkeit, sondern um eine Zusammenhangstätigkeit, die auf die tarifliche Bewertung der Tätigkeit der jeweiligen Vergütungsgruppe des ArbN keinen Einfluss hat[1]. Der ArbGeb ist – vorbehaltlich eines Konflikts zu zwingendem Gesetzesrecht – kraft seines Direktionsrechts auch befugt, dem im Verkauf tätigen ArbN bestimmte Kleidung zu untersagen, und von seinen ArbN zu erwarten, dass sie bei Gesprächen mit Kunden gepflegt und in einer Art und Weise gekleidet auftreten, wie sie dem von dem ArbGeb festgelegten Charakter der Produkte entspricht[2]; dies dürfte zwar weniger eine bestimmte Arbeit iS einer Tätigkeit festlegen, wohl aber zum Inhalt der versprochenen Leistung gehören. Ferner können zu den Nebenarbeiten uU die Pflege der Arbeitsmittel und die Säuberung des Arbeitsplatzes gezählt werden[3]. Einem Kartenkontrolleur können jedenfalls für kurze Zeit (im entschiedenen Fall an lediglich vier Tagen zu je 2,2 Stunden) Reinigungsarbeiten, die sich auf Staubsaugen, Fegen und Leeren von Papierkörben beschränken und ihm auch sonst zumutbar sind, übertragen werden[4]. Der Fahrer eines Lkw ist nur dann nicht zu Ladetätigkeit verpflichtet, wenn zwischen den Arbeitsvertragsparteien ausschließliche Lenktätigkeit vereinbart ist; eine entgegenstehende Verkehrsanschauung hat das Gericht nicht angenommen[5]. Nach der Üblichkeit im Arbeitsleben und dessen Berufsbild gehören zu den arbeitsvertraglichen Pflichten eines Kraftfahrers neben der Führung der Kraftfahrzeuge auch deren Wartung und Pflege sowie die Durchführung kleiner Reparaturen[6].

298 Der ArbN kann im Einzelfall nach **Treu und Glauben** auch verpflichtet sein, eine außerhalb des vertraglich vereinbarten Bereichs liegende Tätigkeit zu übernehmen, so etwa in **Notfällen**[7]. In Notfällen kann der ArbN auch zur Übernahme einer geringerwertigen Tätigkeit verpflichtet sein[8], wenn sie nicht vorhersehbar waren, kurzfristig auftreten und bei denen für den Betrieb oder das Unternehmen ein Schaden droht[9]. Die Rspr. hat es gebilligt, dass der ArbGeb den ArbN auch ohne dessen Einverständnis in „gewissen Ausnahmefällen, etwa zur vorübergehenden Vertretung erkrankter oder beurlaubter Arbeitskameraden, in Notstandsfällen und unter Umständen auch aus disziplinarischen Gründen, zu einer geringerwertigen Tätigkeit einsetzen" kann[10]. Ein solcher Notfall besteht dann nicht, wenn der ArbGeb andere Möglichkeiten gehabt hätte, einen Arbeitskräftemangel zu beheben, etwa indem er ArbN befristet einstellt oder zuvor versucht, die Arbeitsverträge mit anderen ArbN einvernehmlich abzuändern[11]. Nach LAG Hamm steht dem Träger eines Kulturorchesters das Recht zu, einseitig fest angestellte Musiker ua. zur vorübergehenden Vertretung eines arbeitsunfähig erkrankten Musikers einzusetzen[12]. In dem Bedarf nach Streikarbeit ist kein Notfall zu sehen, hier kollidiert das Direktionsrecht mit der Koalitionsfreiheit des ArbN und tritt dahinter zurück, s. auch § 11 Abs. 5 AÜG[13].

299 **bb) Intensität der Arbeit.** Der Arbeitsvertrag enthält im Allgemeinen allenfalls die Umschreibung bestimmter Aufgabenbereiche, die die Art der Arbeit betreffen, liefert aber seinerseits zumeist keinen Maßstab für die **Intensität der Leistung**. Die Bedeutung des Leistungsmaßstabs besteht darin, eine Leistungsstörung bestimmen zu können, die zu einer Schadensersatzpflicht des ArbN, seiner Abmahnung oder der Kündigung führen kann. Im Einzelnen lassen sich mehrere Umstände benennen, die mit der Intensität der Leistung in Zusammenhang gebracht werden können, auf Art und Inhalt der Leistung einwirken und sich nicht stets randscharf voneinander trennen lassen, so etwa Arbeitsintensität, -genauigkeit (Qualität), -menge, -volumen (Quantität), -geschwindigkeit (Quantität je Zeiteinheit). Über den Leistungsmaßstab besagt § 611 nichts. § 243 Abs. 1 (Leistung nach mittlerer Art und Güte) gilt nur für Sachen, also körperliche Gegenstände, und kann bereits deswegen nicht für die Bestimmung des Leistungsmaßstabes herangezogen werden[14]. Auch im Übrigen wird der objektive Maßstab des § 243 Abs. 1 abgelehnt; vielmehr sollen Qualität und Quantität der innerhalb der Arbeitszeit geschuldeten Arbeitsleistung nach der **individuellen Leistungsfähigkeit des jeweiligen ArbN** bestimmt werden[15]. Doch auch wenn grundsätzlich von einem individuellen Leistungsmaßstab eines ArbN auszugehen ist, so ist er arbeitsvertraglich verpflichtet, die ihm übertragenen Arbeiten **unter Anpassung der ihm möglichen Fähigkeiten** ordnungsgemäß zu verrichten[16], dh. sorgfältig und konzentriert zu arbeiten[17]. Daher darf zB nicht eine im Zeitlohn beschäftigte werdende Mutter bewusst und in erheblichem Umfang mehr als aus Gründen der Schwan-

---

1 BAG v. 29.8.1991 – 6 AZR 593/88, AP Nr. 38 zu § 611 BGB – Direktionsrecht. | 2 LAG Hamm v. 22.10.1991 – 13 TaBV 36/91, BB 1992, 430, s. jedoch zum Verbot eines islamischen Kopftuches BAG v. 10.10.2002 – 2 AZR 472/01 und dazu *Thüsing*, NJW 2003, 405. | 3 MünchArbR/*Blomeyer*, § 48 Rz. 34. | 4 BAG v. 30.4.1992 – 6 AZR 6/91, AuR 1992, 181. | 5 LAG Frankfurt v. 13.6.1995 – 9 Sa 2054/94, LAGE § 1 KSchG – Verhaltensbedingte Kündigung Nr. 49. | 6 BAG v. 30.5.1984 – 4 AZR 146/82, AP Nr. 2 zu § 21 MTL II. | 7 Soergel/*Kraft*, § 611 BGB Rz. 55. | 8 ErfK/*Preis*, § 611 BGB Rz. 803. | 9 Soergel/*Kraft*, § 611 BGB Rz. 55. | 10 BAG v. 8.10.1962 – 2 AZR 550/61, AP Nr. 18 zu § 611 BGB – Direktionsrecht. | 11 BAG v. 8.10.1962 – 2 AZR 550/61, AP Nr. 18 zu § 611 BGB – Direktionsrecht. | 12 LAG Hamm v. 10.9.1992 – 17 Sa 437/92, ZTR 1993, 32. | 13 MünchArbR/*Blomeyer*, § 48 Rz. 35. | 14 *Picker*, JZ 1985, 693 (699): Speziesschuld; gegen die Einordnung als Gattungsschuld wird auch eingewandt, dass die Garantiehaftung für Gattungsschulden nach § 279 aF nicht passe, Staudinger/*Richardi*, § 611 BGB Rz. 331. | 15 BAG v. 17.3.1988 – 2 AZR 576/87, AP Nr. 99 zu § 626 BGB; LAG Hamm v. 23.8.2000 – 18 Sa 463/00, NZA-RR 2001, 138; MünchArbR/*Blomeyer*, § 48 Rz. 70; vgl. auch BAG v. 20.3.1969 – 2 AZR 283/68, AP Nr. 27 zu § 123 GewO. Von einem „subjektiven" Leistungsmaßstab spricht dagegen ErfK/*Preis*, § 611 BGB Rz. 794, was jedoch abzulehnen ist, weil sich die Arbeitsleistung grundsätzlich nicht nach den Vorstellungen des ArbN richtet. | 16 LAG Hamm v. 23.8.2000 – 18 Sa 463/00, NZA-RR 2001, 138. | 17 BAG v. 14.1.1986 – 1 ABR 75/83, AP Nr. 10 zu § 87 BetrVG 1972 – Ordnung des Betriebs; MünchArbR/*Blomeyer*, § 48 Rz. 70.

gerschaft notwendig mit ihrer Arbeitsleistung zurückhalten[1]. Dieser individuelle Maßstab ist Folge der Persönlichkeit der Erbringung der Arbeitsleistung (§ 613 Satz 1) sowie des Umstandes, dass die Individualität des ArbN bei seiner Auswahl entscheidend ist. Teilweise wird der Rspr. zum Kündigungsrecht entnommen, dass es wegen des dort an das gebotene Maß an Leistung angelegten objektiven Maßstabs auch in Hinblick auf die Arbeitspflicht für kündigungsrechtliche und ähnliche Konsequenzen auf einen **objektiv gebotenen Leistungsstandard** ankomme[2]. In Übereinstimmung damit ist die Intensität der vom jeweiligen ArbN zu erbringenden Leistung nach dessen ihm individuell möglichen Fähigkeiten vom Standpunkt eines objektiv verständigen Dritten zu bestimmen. Zu beachten ist, dass der quantitative Leistungsumfang im Rahmen einer gewissen Bandbreite schwanken kann[3]. Für eine Beurteilung des objektiven Leistungsstandards muss im Vergleich mit anderen ArbN allerdings stets auf einen repräsentativen Teil der nach ihrer Tätigkeit vergleichbaren ArbN abgestellt werden. Die aus dem Arbeitsvertrag folgende Pflicht zum konzentrierten und sorgfältigen Arbeiten wird nicht *per se* bereits dadurch verletzt, dass der ArbN neben der Arbeit Radio hört – es kommt hier freilich auf die Arbeit an[4].

Im Grundsatz gilt Vorstehendes auch für die **Akkordarbeit**, bei der von der Mindestleistung nur die zu zahlende Vergütung betroffen ist[5]. Arbeitet der ArbN im Prämienlohnverfahren, so verletzt er durch eine mindere Leistung seine individuelle Arbeitspflicht, wenn er seine Arbeitskraft bewusst zurückhält und nicht unter angemessener Anspannung seiner Kräfte und Fähigkeiten arbeitet[6]. Ist eine „Normalleistung" als Eingangsstufe für eine Prämienberechnung bestimmt, so ist dies eine abstrakte Berechnungsgröße, die dazu dient, die im Einzelfall verdiente Prämie zu berechnen; sie ist demgemäß nicht gleich bedeutend mit der sich aus § 611 ergebenden Leistungspflicht des ArbN[7]. 300

Der individuell-objektive Leistungsstandard gilt auch für die **Qualität der Arbeit**; er kann sich dabei auch nach der in der Branche oder dem Betrieb geltenden Üblichkeit richten oder von der Höhe der für die Tätigkeit gezahlten Vergütung beeinflusst werden[8]. Abzulehnen ist allerdings die Auffassung, wonach auch die Art der Arbeit für die zu erwartende Qualität der Arbeit von Bedeutung sein kann, etwa wenn an die Arbeitsqualität des Hilfsarbeiters tendenziell geringere Anforderungen zu stellen sein sollen als an diejenige von ArbN mit besonderer Fachkunde[9]; denn die zu fordernde Qualität der Arbeit ist stets nach der Art der versprochenen Arbeit zu beurteilen, weshalb nicht an die Arbeit des Hilfsarbeiters ebenso hohe Qualitätserwartungen zu knüpfen sind wie an die der Fachkraft. Die Arbeitsmindestqualität kann im Fall der Akkord- und Prämienlohnung in zulässiger Weise durch Einzelarbeits- oder TV[10] festgelegt werden[11]. Eine proportionale Kürzung und sogar ein Wegfall des Lohnanspruchs im Fall verfehlter Qualitätsanforderungen ist beim Akkordlohn zulässig[12]. Dabei ist der ArbGeb, der daraufhin einen niedrigeren Lohn zahlt, nicht gehalten, etwa einen ihm zustehenden Gegenanspruch wegen der Schlechtleistung geltend zu machen, so dass eine tarifliche Verfallfrist für ArbGebAnsprüche nicht zum Zuge kommt[13]. 301

Das **Arbeitstempo** des ArbN wird häufig durch seine Einbindung in den Produktionsprozess wie zB im Fall der Fließbandarbeit beeinflusst. Auch hier muss die individuelle Leistungsfähigkeit des ArbN berücksichtigt werden, so dass der ArbN, falls ihm ein höherer als seiner individuellen Leistungsfähigkeit entsprechender Leistungsgrad zugemutet wird und er jenen nicht erreicht, seine Verpflichtung nicht schlecht erfüllt[14]. 302

c) Arbeitszeit. Für das Arbeitsverhältnis kennzeichnend ist die zeitliche Fixierung der Arbeitszeit[15] hinsichtlich ihrer Dauer und Lage. Sie ist wegen der Verpflichtung zur Erbringung einer Tätigkeit statt eines Erfolges von besonderer Bedeutung[16], weil die Tätigkeit in Zeitabschnitten zu bemessen ist und davon grundsätzlich die Gegenleistung des ArbGeb abhängt. Von deren Bestimmung oder Bestimmbarkeit zu unterscheiden ist die Frage, welche Tätigkeiten auf die Arbeitszeit angerechnet werden können oder müssen (hierzu Rz. 318 ff.). Der **Begriff** der Arbeitszeit wird durch das Gesetz nicht inhaltlich definiert; § 2 Abs. 1 Satz 1 ArbZG enthält lediglich eine terminologische Ein- und Abgrenzung, die durch die Gegenüberstellung zu den Ruhepausen eine erste Eigenschaft der Arbeitszeit benennt, aber nicht erschöpfend bestimmt charakterisiert wird; im Übrigen gilt diese Begriffsbestimmung allein für das ArbZG. Daher kann wegen des besonderen Zwecks dieses Gesetzes – Erhaltung der Gesundheit und Arbeitsfähigkeit des ArbN (§ 1 Nr. 1 ArbZG) – der Arbeitszeit-Begriff des ArbZG durch- 303

---

1 BAG v. 17.7.1970 – 3 AZR 423/69, AP Nr. 3 zu § 11 MuSchG 1968. | 2 ErfK/*Preis*, § 611 BGB Rz. 797. | 3 MünchArbR/*Blomeyer*, § 48 Rz. 66. | 4 BAG v. 14.1.1986 – 1 ABR 75/83, AP Nr. 10 zu § 87 BetrVG 1972 – Ordnung des Betriebs: ArbN, die in einer kartographischen Abteilung Karten zeichneten und Schriften eintrugen, durften Musik- und Sprechsendungen hören, übten aber eine „freiwillige Selbstkontrolle" aus und schalteten *das Radio ab, wenn ein Mitarbeiter Arbeiten mit hohen Konzentrationsanforderungen zu verrichten hatte.* | 5 MünchArbR/*Blomeyer*, § 48 Rz. 67. | 6 BAG v. 20.3.1969 – 2 AZR 283/68, AP Nr. 27 zu § 123 GewO m. Anm. *Canaris*. | 7 BAG v. 20.3.1969 – 2 AZR 283/68, AP Nr. 27 zu § 123 GewO m. Anm. *Canaris*. | 8 MünchArbR/*Blomeyer*, § 48 Rz. 70. | 9 MünchArbR/*Blomeyer*, § 48 Rz. 70. | 10 BAG v. 15.3.1960 – 1 AZR 301/57, AP Nr. 13 zu § 611 BGB – Akkordlohn. | 11 *Schaub*, ArbRHdb, § 67 Rz. 42. | 12 BAG v. 15.3.1960 – 1 AZR 301/57, AP Nr. 13 zu § 611 BGB – Akkordlohn; MünchArbR/*Blomeyer*, § 48 Rz. 72. | 13 BAG v. 15.3.1960 – 1 AZR 301/57, AP Nr. 13 zu § 611 BGB – Akkordlohn; MünchArbR/*Blomeyer*, § 48 Rz. 72; *Schaub*, ArbRHdb, § 67 Rz. 42. | 14 MünchArbR/*Blomeyer*, § 48 Rz. 74. | 15 BAG v. 17.3.1988 – 2 AZR 576/87, AP Nr. 99 zu § 626 BGB mwN. Zum Wandel der Bedeutung der Arbeitszeit für das Arbeitsverhältnis s. *Heinze*, NZA 2001, 1 (2); *Trittin*, NZA 2001, 1003 ff. | 16 MünchArbR/*Blomeyer*, § 48 Rz. 101.

aus abweichen von dem Begriff der Arbeitszeit, der für die Gegenleistung (Vergütung) maßgeblich ist[1]. Ganz allgemein kann der Begriff der Arbeitszeit je nach Regelungszusammenhang einen jeweils eigenen Inhalt haben, der unter Berücksichtigung des jeweiligen Regelungszwecks zu ermitteln ist[2].

304 **aa) Dauer und Lage.** Die Festlegung von Dauer und Lage der Arbeitszeit erfolgt in erster Linie durch den **Arbeitsvertrag**, der jedenfalls hinsichtlich der Dauer (regelmäßige wöchentliche oder monatliche Arbeitszeit) idR ergiebig ist.

305 **(1) Bestimmung der Dauer.** Die Dauer der Arbeitszeit ist grundsätzlich Gegenstand freier **Vereinbarung** bei Vertragsschluss[3], der jedoch vor allem durch die Bestimmungen des ArbZG, außerdem sehr häufig durch tarifvertragliche Normen, Grenzen gezogen werden. Nach § 2 Abs. 1 Nr. 7 NachwG gehört die „vereinbarte Arbeitszeit" zu den schriftlich niederzulegenden Arbeitsbedingungen. Bei einer Vereinbarung zwischen ArbGeb und ArbN, derzufolge der ArbN seine Arbeitsleistung entsprechend dem Arbeitsanfall erbringt, ist § 12 TzBfG zu beachten, wonach, falls nicht eine bestimmte Dauer der wöchentlichen und täglichen Arbeitszeit festgelegt ist, eine wöchentliche Arbeitszeit von zehn Stunden in Teilen von mindestens drei Stunden täglich als vereinbart gilt. Diese für einzelvertragliche Vereinbarungen geltende Bestimmung findet aber keine Anwendung, wenn es ein TV – auch ohne zugleich eine bestimmte Dauer der Arbeitszeit festzulegen – ist, der bestimmt, dass sich die Arbeitszeit teilzeitbeschäftigter ArbN nach dem Arbeitsanfall richtet[4]. Gesetzliche oder tarifvertragliche Bestimmungen über die (Höchst-)Dauer der Arbeitszeit begründen weder eine Verpflichtung des ArbN zur Arbeitsleistung noch einen Anspruch des ArbN auf Beschäftigung[5].

306 Eine **Tarifnorm**, die bestimmt, dass sich die Arbeitszeit teilzeitbeschäftigter ArbN nach dem Arbeitsanfall richtet, ohne zugleich eine bestimmte Dauer der Arbeitszeit festzulegen, ist – auch soweit sie von der Festlegung einer bestimmten Dauer der Arbeitszeit absieht – nicht wegen Verstoßes gegen zwingende Vorschriften des Kündigungs- und Kündigungsschutzrechts unwirksam[6].

307 Es besteht kein Recht des ArbGeb, kraft **Direktionsrecht** den Umfang der Arbeitszeit einseitig zu ändern[7]. Dies gilt auch dann, wenn dem ArbGeb ein solches Recht im Einzelarbeitsvertrag eingeräumt wird. Nach BAG stellt eine arbeitsvertragliche Vereinbarung, die den ArbGeb berechtigen soll, die zunächst festgelegte Arbeitszeit später einseitig nach Bedarf zu reduzieren, eine objektive Umgehung von zwingenden Vorschriften des Kündigungs- und Kündigungsschutzrechts (etwa § 2 KSchG iVm. § 1 Abs. 2 und Abs. 3 KSchG) dar und ist daher nach § 134 nichtig[8].

308 Strittig ist aber, ob der ArbGeb zur einseitigen Änderung kraft Direktionsrechts berechtigt ist, wenn ihn ein **TV hierzu ermächtigt**. Gibt eine tarifvertragliche Bestimmung dem ArbGeb das Recht, einseitig die Arbeitszeit über die tariflich festgelegte regelmäßige wöchentliche Arbeitszeit hinaus in einem tariflich vorgegebenen Rahmen zu verlängern und wieder entsprechend zu verkürzen, so bestehen für das BAG keine allgemeinen rechtlichen Bedenken, insb. sieht es sie als mit dem zwingenden staatlichen Gesetzesrecht vereinbar an[9]. Speziell § 15 Abs. 2 BAT ermächtigt nach Ansicht des BAG den ArbGeb, die Arbeitszeit seiner Angestellten unter den in der Vorschrift genannten Voraussetzungen einseitig zu verändern[10]. Eine auf § 15 Abs. 2 BAT gestützte Erweiterung der regelmäßigen Arbeitszeit ist nach der Rspr. auch dann nicht ohne weiteres unwirksam, wenn sie mittelbar das Arbeitsentgelt der betroffenen Angestellten mindert, es sei denn, sie beseitigt eine bestandsschutzgesicherte Position der Angestellten; im Übrigen ist die Maßnahme auf die Einhaltung billigen Ermessens zu überprüfen[11]. Dem ist nicht zu folgen, denn auch die TV-Parteien sind an das zwingende Gesetzesrecht gebunden[12]. Das Direktionsrecht kann nur die Unvollständigkeit des Arbeitsvertrags innerhalb seiner Grenzen – nicht darüber hinaus – ausfüllen. Es können auch bei tarifvertraglicher Ermächtigung nicht die Erfordernisse des § 2 KSchG außer Kraft gesetzt werden, so dass dem Direktionsrecht insoweit eine weitere Grenze entgegensteht. Die Rspr. argumentiert inkonsequent, wenn sie die Verlängerung der Arbeitszeit kraft Direktionsrechts im Fall der einzelvertraglichen Vereinbarung ablehnt, im Fall der tarifvertraglichen jedoch gestattet[13]. Zwar waren nach § 6 BeschFG dessen Vorschriften auch zu Ungunsten des ArbN tarifdispositiv und auch ist dem BAG darin zuzugeben, dass dessen Vorschriften an die Stelle von solchen des Kündigungsschutzrechts treten sollten[14]. Allerdings kann dies nur gelten, so-

---

1 ArbR-BGB/*Schliemann*, § 611 BGB Rz. 590; *Ebener/Schmalz*, DB 2001, 813 (818). | 2 MünchArbR/*Blomeyer*, § 48 Rz. 102. | 3 Zu den Grenzen der Gestaltung betrieblicher Arbeitszeitmodelle s. *Lohbeck*, ZTR 2001, 342 ff. | 4 BAG v. 12.3.1992 – 6 AZR 311/90, AP Nr. 1 zu § 4 BeschFG 1985, Einzelheiten Annuß/Thüsing/*Jacobs*, TzBfG, § 12 Rz. 59; der allerdings die bisherige Rspr. mit In-Kraft-Treten des TzBfG als bedeutungslos geworden ansieht. | 5 Schaub/*Linck*, ArbRHdb, § 45 Rz. 67, str. | 6 BAG v. 12.3.1992 – 6 AZR 311/90, AP Nr. 1 zu § 4 BeschFG 1985. | 7 Vgl. Staudinger/*Richardi*, § 611 BGB Rz. 335; ErfK/*Preis*, § 611 BGB Rz. 817. | 8 BAG v. 12.12.1984 – 7 AZR 509/83, AP Nr. 6 zu § 2 KSchG 1969; zust. Staudinger/*Richardi*, § 611 BGB Rz. 335. | 9 BAG v. 26.6.1985 – 4 AZR 585/83, DB 1986, 132. Für die Zulässigkeit auch ArbR-BGB/*Schliemann*, § 611 BGB Rz. 634. | 10 BAG v. 17.3.1988 – 6 AZR 268/85, AP Nr. 11 zu § 15 BAT; v. 12.2.1986 – 7 AZR 482/84, AP Nr. 7 zu § 15 BAT; v. 25.6.1985 – 3 AZR 347/83, BAGE 49, 125. | 11 BAG v. 17.3.1988 – 6 AZR 268/85, AP Nr. 11 zu § 15 BAT. | 12 ErfK/*Preis*, § 611 BGB Rz. 818; vgl. auch MünchArbR/*Blomeyer*, § 48 Rz. 136. | 13 ErfK/*Preis*, § 611 BGB Rz. 818; eine entsprechende Differenzierung wird in BAG v. 12.3.1992 – 6 AZR 311/90, AP Nr. 1 zu § 4 BeschFG 1985 unter Auseinandersetzung mit BAG v. 12.12.1984 – 7 AZR 509/83, AP Nr. 6 zu § 2 KSchG 1969 vorgenommen. | 14 Hierauf weist BAG v. 12.3.1992 – 6 AZR 311/90, AP Nr. 1 zu § 4 BeschFG 1985 hin.

weit die jeweilige Sachfrage in den Anwendungsbereich des BeschFG fiel, also nicht die Veränderung der Arbeitszeit, über die auch das BeschFG keine Bestimmungen enthielt, denn darin war nach § 3 nur ein Unterrichtungsanspruch und nach § 4 nur der Fall geregelt, dass der Einzelvertrag keine konkrete Dauer vorschrieb. Die Veränderung der Arbeitszeit ist mithin stets an § 2 KSchG gebunden.

Umstritten ist ferner, ob **im Einzelvertrag** wirksam eine **längere Arbeitszeit** vereinbart werden kann, als ein anwendbarer **TV** vorsieht[1]. Die Beantwortung der Frage hängt nicht zuletzt von dem Verständnis des Günstigkeitsprinzips (§ 4 Abs. 3 TVG) ab[2]. Gegen eine Begrenzung durch TV und für den Vorrang der individuellen Vereinbarung wird mit zutreffender Argumentation vorgebracht, dass nur aus Sicht des einzelnen ArbN beurteilt werden kann, ob eine längere Arbeitszeit und damit eine kürzere Freizeit für den ArbN günstiger ist[3]. Seine Grenze findet dies in gesundheitsschädlicher Länge der Arbeitszeit; hier schützt jedoch bereits das ArbZG. Weiter ist umstritten, ob ein dem ArbN einzelvertraglich eingeräumtes **Wahlrecht** gegenüber einer starren tarifvertraglichen Norm günstiger sei[4]. Dabei kann aber eine Abwägung zwischen der Koalitionsfreiheit der Verbände und der Berufsfreiheit des ArbN dazu führen, dass der Günstigkeitsvergleich nicht eingreift, weil die TV-Parteien den Spielraum der Privatautonomie insoweit begrenzen können, so dass es bei der tariflichen Regelung verbleibt[5]. 309

(2) Bestimmung der Lage. Anders als die Dauer der Arbeitszeit entzieht sich jedoch die Regelung ihrer Lage bei einem betrieblichen Arbeitsverhältnis weitgehend der individualvertraglichen Festlegung, denn der einzelne ArbN ist eingebunden in die Arbeitsorganisation, etwa in einen arbeitstechnisch festgelegten Produktionsprozess. Die weitgehende Unfähigkeit der Einflussnahme des einzelnen ArbN auf die Lage der Arbeitszeit wird durch das **MitbestR des BR** nach § 87 Abs. 1 Nr. 2 BetrVG kompensiert, das den ArbGeb zur Rücksichtnahme auf die Bedürfnisse der Belegschaft veranlasst. Der Tarifvorrang des § 87 Abs. 1 Einleitungssatz BetrVG greift zumeist nicht ein, weil die Lage der Arbeitszeit – wegen ihrer Abhängigkeit von den spezifischen betrieblichen Verhältnissen – im Allgemeinen nicht durch **TV** geregelt ist[6]. Eine tarifvertragliche Bestimmung über die Lage der Arbeitszeit wäre, weil davon alle ArbN eines Betriebs unabhängig von ihrer Mitgliedschaft in der Gewerkschaft betroffen wären, nicht als Inhaltsnorm, sondern als Betriebsnorm iSv. § 3 Abs. 2 TVG zu qualifizieren[7]. Im Übrigen kann der ArbGeb iRd. betriebsüblichen Arbeitszeit auf Grund seines Direktionsrechts/Weisungsrechts die wöchentliche Arbeitszeit auf die einzelnen Wochentage verteilen und Beginn und Ende der täglichen Arbeitszeit sowie die Pausen festlegen[8]. Enthält ein Arbeitsvertrag eine Klausel des Inhalts, dass sich die Verwendung des ArbN im Rahmen des Zumutbaren nach den betrieblichen Bedürfnissen des ArbGeb richtet, dann eröffnet der Begriff „Verwendung" dem ArbGeb auch die Möglichkeit, die Lage der Arbeitszeit des ArbN den betrieblichen Bedürfnissen anzupassen und einen Schichtwechsel anzuordnen[9]. In einem Betrieb kann allerdings eine bestimmte **betriebsübliche** Arbeitszeit bestehen, die dann auch für die neu eingestellten ArbN gilt, wenn keine abweichende einzelvertragliche Vereinbarung vorgenommen wird[10]. Hat die betriebsübliche Arbeitszeit über einen Zeitraum von sieben Jahren bestanden, so ist sie aber nicht derart verfestigt, dass sie individualrechtlich nur noch durch Änderungskündigung abgeändert werden könnte; Änderungen der betriebsüblichen Arbeitszeit – zB auch Einführung eines Zweischichtbetriebes – können durch BV erfolgen[11]. Zur Auslegung des in einem TV gebrauchten Begriffs „betriebsübliche Arbeitszeit" kann nicht ohne weiteres auf die Bedeutung abgestellt werden, die dieser Begriff in § 87 Abs. 1 Nr. 3 BetrVG hat[12]. 310

Vereinbaren ArbGeb und ArbN bei Abschluss des Arbeitsvertrages die zu diesem Zeitpunkt im Betrieb geltende Regelung über Beginn und Ende der täglichen Arbeitszeit und die Verteilung der Arbeitszeit auf die einzelnen Wochentage, liegt darin allerdings keine **individuelle Arbeitszeitvereinbarung**, die gegenüber einer späteren Veränderung der betrieblichen Arbeitszeit durch BV Bestand hat; der ArbN, der aus persönlichen Gründen an einer bestimmten, von der betriebsüblichen Arbeitszeit unabhängigen Lage der Arbeitszeit Interesse hat, muss diese Unabhängigkeit mit dem ArbGeb auch dann vereinbaren, wenn die zurzeit des Abschlusses des Arbeitsvertrages geltende betriebliche Arbeitszeit seinen Interessen entspricht[13]. 311

Enthalten weder Tarif- noch Einzelarbeitsvertrag eine Regelung über die Lage der Arbeitszeit, ist der ArbGeb, sofern nicht MitbestR der ArbN-Vertretung eingreifen, kraft seines **Weisungsrechts** befugt, die Lage der Arbeitszeit durch einseitige Erklärung festzulegen[14]. Dazu gehört nicht nur die Bestimmung von Beginn und Ende der täglichen Arbeitszeit sowie die Einteilung der Pausen, sondern auch die Einführung von Schichtarbeit sowie die Aufstellung von Dienstplänen[15] oder die Anzahl der in Folge zu 312

---

1 Wiedemann/*Wank*, § 4 TVG Rz. 479 ff.; eingehend *Buchner*, RdA 1990, 1 (8 ff.). | 2 Ausf. *Joost*, ZfA 1985, 173 ff. | 3 MünchArbR/*Berkowsky*, § 48 Rz. 118 f. | 4 Wiedemann/*Wank*, § 4 TVG Rz. 492 ff. | 5 Wiedemann/*Wank*, § 4 TVG Rz. 498. | 6 Vgl. Staudinger/*Richardi*, § 611 BGB Rz. 337. | 7 Staudinger/*Richardi*, § 611 BGB Rz. 337. | 8 LAG Kiel v. 30.4.1998 – 4 Sa 490/97, nv. (juris). | 9 LAG Hamm v. 30.6.1994 – 4 Sa 2017/93, LAGE § 611 BGB – Direktionsrecht Nr. 17. | 10 LAG Stuttgart v. 28.10.1991 – 4b Sa 27/91, LAGE § 77 BetrVG 1952 Nr. 16. | 11 LAG Stuttgart v. 28.10.1991 – 4b Sa 27/91, LAGE § 77 BetrVG 1952 Nr. 16. | 12 BAG v. 12.1.1994 – 4 AZR 107/93, AP Nr. 2 zu § 1 TVG – Tarifverträge – Verkehrsgewerbe. | 13 BAG v. 23.6.1992 – 1 AZR 57/92, AP Nr. 1 zu § 611 BGB – Arbeitszeit. | 14 BAG v. 19.6.1985 – 5 AZR 57/84, DB 1986, 132; *Preis*, Der Arbeitsvertrag, II A 90 Rz. 158. | 15 BAG v. 19.6.1985 – 5 AZR 57/84, DB 1986, 132.

leistenden Nachtschichten[1]. Das gilt auch dann, wenn in der Vergangenheit über einen mehrjährigen Zeitraum anderweitig verfahren worden ist, es sei denn, es liegen besondere Umstände vor[2]. Der ArbGeb ist allerdings auf Grund einer arbeitsvertraglichen Abrede, auf Grund derer ein ArbN entsprechend der jeweiligen Anordnung der Betriebsleitung verpflichtet ist, im Ein- bis Dreischichtbetrieb zu arbeiten, kraft Direktionsrechtes berechtigt, den ArbN auch dann aus der Nachtschicht in die Tagesschicht zu versetzen, wenn er seit Bestehen des Arbeitsverhältnisses über zehn Jahre lang ausschließlich in der Nachtschicht gearbeitet hat[3]. Bei der Ausübung des Bestimmungsrechts muss der ArbGeb die Grundsätze billigen Ermessens wahren[4]. Infolgedessen hat der ArbGeb bei der Ausübung eines arbeitsvertraglich vereinbarten Rechts zur einseitigen Anordnung von Überstunden eine angemessene **Ankündigungsfrist** zu wahren, um dem ArbN auf zumutbare Weise zu ermöglichen, sich auf eine vorher zeitlich nicht festgelegte Inanspruchnahme seiner Arbeitskraft einzustellen; die Zuweisung von Überstunden für den laufenden Arbeitstag kann nur bei deutlich überwiegenden betrieblichen Interessen billigem Ermessen entsprechen[5]. Dieses ist nach billigem Ermessen auszuüben. Auch entspricht es nicht billigem Ermessen, einer aus dem Erziehungsurlaub zurückkehrenden Mutter mitzuteilen, dass sie ab sofort früher mit der Arbeit anfangen muss, wenn sie wegen der Änderung der Arbeitszeit ihr Kind nicht in den Kindergarten bringen kann[6]. Instanzgerichtliche Rspr. geht so weit, dass der ArbGeb bei der Bestimmung der Arbeitszeit im Rahmen des Direktionsrechts keine betrieblich nicht zwingenden Anordnungen treffen darf, die die Vereinbarkeit von Familie und Beruf behindern[7].

313 Außer – in engen Grenzen, s. Rz. 238 – durch betriebliche Übung kann die Festlegung der Lage der Arbeitszeit grundsätzlich auch durch eine stillschweigende Vertragsergänzung (**Konkretisierung**[8]) eintreten[9]. Allerdings hat der Umstand, dass ein ArbN rund zehn Jahre die Arbeitszeit vormittags ausgeübt hat, nicht zu einer das Weisungsrecht des ArbGeb (Anordnung von Arbeit am Nachmittag) verbrauchenden Konkretisierung geführt; um annehmen zu können, dass ein ArbGeb eine vertragliche Position aufgibt und auf ein weiter gehendes vertragliches Weisungsrecht verzichtet, müssen klare Äußerungen oder so deutbare Handlungen vorliegen, denn die bloße Zuweisung einer bestimmten Tätigkeit innerhalb einer bestimmten Arbeitszeit ist nichts anderes als die in § 106 GewO vorgenommene Leistungskonkretisierung[10]. Weitere Rspr. s. Rz. 314.

314 bb) **Einzelfälle**. (1) **Überstunden.** Als Überstunden wird im Allgemeinen die Überschreitung der durch Einzelarbeitsvertrag, TV oder BV festgelegten regelmäßigen Arbeitszeit bezeichnet[11]. Unter Überstunden iSd. § 17 Abs. 1 BAT sind nach Definition des BAG Arbeitsstunden zu verstehen, die über die im Rahmen der regelmäßigen Arbeitszeit vollzeitbeschäftigter Angestellter (§ 15 Abs. 1 bis 4 BAT und die entsprechenden Sonderregelungen hierzu) für die Woche dienstplanmäßig bzw. betriebsüblich festgesetzten Arbeitsstunden hinausgehen[12]. Überstunden sind danach auch für Nichtvollbeschäftigte, auf deren Arbeitsverhältnis der BAT anzuwenden ist, nur solche Arbeitsstunden, die über die im Rahmen der regelmäßigen Arbeitszeit (§ 15 Abs. 1 bis 4 BAT und die entsprechenden Sonderregelungen hierzu) für die Woche festgesetzten Arbeitsstunden hinausgehen; auch Nichtvollbeschäftigte erhalten nur unter diesen Voraussetzungen nach den tariflichen Bestimmungen Zeitzuschläge für Überstunden[13]. Eine Konkretisierung des Arbeitsverhältnisses auf ein bestimmtes Mindestmaß an Überstunden kommt regelmäßig nicht in Betracht[14].

315 (2) **Mehrarbeit.** Mit dem Begriff der Überstunden verwandt, jedoch seit der AZO zu unterscheiden, ist derjenige der Mehrarbeit. Nach § 15 AZO hatte die Unterscheidung unter dem Gesichtspunkt der Vergütung die Folge, dass nur Letztere einen Anspruch auf einen Zuschlag gewährte. Als Mehrarbeit wird heute die über die gesetzlich zulässige Arbeitszeit hinausgehende Arbeit verstanden[15], mithin diejenige Zeit, die die regelmäßige werktägliche Arbeitszeit von acht Stunden (§ 3 Satz 1 ArbZG) unter Berücksichtigung der zulässigen Abweichungen nach § 7 ArbZG überschreitet. Nach § 8 Abs. 2 Satz 1 MuSchG hat dieser Begriff eine spezielle Definition für werdende und stillende Mütter erhalten. Nach § 124 SGB IX (früher § 46 SchwbG) werden schwerbehinderte Menschen auf ihr Verlangen von Mehrarbeit freigestellt. Hierbei ist unter Mehrarbeit nicht die über die individuelle Arbeitszeit des schwerbehinderten Menschen hinausgehende tägliche Arbeitszeit zu verstehen, sondern die die werktägliche Dauer von

---

1 BAG v. 11.2.1998 – 5 AZR 472/97, AP Nr. 54 zu § 611 BGB – Direktionsrecht. | 2 LAG Berlin v.29.4.1991 – 9 Sa 9/91, LAGE § 611 BGB – Direktionsrecht Nr. 9; ErfK/*Preis*, § 611 BGB Rz. 816. | 3 LAG Düsseldorf v. 23.10.1991 – 4 Sa 789/91, LAGE § 611 BGB – Direktionsrecht Nr. 1. | 4 BAG v. 28.11.1984 – 5 AZR 123/83, AP Nr. 1 zu § 4 TVG – Bestimmungsrecht; Schaub/*Linck*, ArbRHdb, § 45 Rz. 69. | 5 ArbG Frankfurt v. 26.11.1998 – 2 Ca 4267/98, LAGE § 626 BGB Nr. 12 unter Berufung auf den Rechtsgedanken des § 4 Abs. 2 BeschFG (heute § 12 Abs. 2 TzBfG). | 6 LAG Nürnberg v. 8.3.1999 – 6 Sa 259/97, NZA 2000, 263. | 7 ArbG Hamburg v. 4.12.1995 – 21 Ca 290/95, AuR 1998, 297 f. | 8 Hierzu näher *Hennige*, NZA 1999, 281 (286) mwN. | 9 BAG v. 19.6.1985 – 5 AZR 57/84, DB 1986, 132. | 10 LAG Kiel v. 30.4.1998 – 4 Sa 490/97, nv. (juris). | 11 MünchArbR/*Blomeyer*, § 48 Rz. 128; ErfK/*Preis*, § 611 BGB Rz. 825; BAG v. 10.6.1959 – 4 AZR 567/56, BB 1959, 920. | 12 BAG v. 25.7.1996 – 6 AZR 138/94, AP Nr 6 zu § 35 BAT. | 13 BAG v. 25.7.1996 – 6 AZR 138/94, AP Nr. 6 zu § 35 BAT mwN aus dem Schrifttum; v. 21.11.1991 – 6 AZR 551/89, AP Nr. 2 zu § 34 BAT; *Kallenborn-Schmidtke*, ZTR 1993, 195 f. | 14 LAG Köln v. 21.1.1999 – 6 Sa 1252/98, NZA-RR 1999, 517 f.; ErfK/*Preis*, § 611 BGB Rz. 825. | 15 Erman/*Edenfeld*, § 611 BGB Rz. 288; MünchArbR/*Blomeyer*, § 48 Rz. 128; *Preis*, Der Arbeitsvertrag, II A 90 Rz. 89.

8 Stunden (§ 3 ArbZG) überschreitende Arbeitszeit[1]. Eine Arbeitszeitregelung in einer von einer Gewerkschaft mit dem GesamtBR geschlossenen BV, nach der die regelmäßige wöchentliche Arbeitszeit 38,5 Stunden im Jahresdurchschnitt beträgt, betrifft die vom ArbN geschuldete Arbeitszeit; soweit keine anderweitige Bestimmung getroffen wird, leistet der ArbN zuschlagspflichtige Überstunden regelmäßig erst dann, wenn die auf das Jahr bezogene regelmäßige Arbeitszeit überschritten wird und nicht bereits bei einer Mehrleistung in der einzelnen Woche, die durch Arbeitszeitverkürzung in der Folgezeit ausgeglichen wird[2]. Zu den Konsequenzen für die Vergütung von Mehrarbeit/Überstunden s. § 612 Rz. 24.

Einigkeit besteht darin, dass der ArbGeb kraft seines Direktionsrechts in **Notfällen** über die vertragliche Vereinbarung hinausgehende vorübergehende Überstunden anordnen kann, wobei jedoch die durch Gesetz und TV bestehenden Grenzen zu berücksichtigen bleiben[3]. Dieses Recht besteht bei drohenden Gefahren für den Betrieb auf Grund unvorhersehbarer äußerer Ereignisse (zB Naturkatastrophen) und wird auf die durch Treu und Glauben (§§ 157, 242, „Treuepflicht") beeinflusste Arbeitspflicht zurückgeführt[4]. Stets sind dabei die Voraussetzungen und Grenzen des § 14 ArbZG zu beachten. Die Norm selber gibt dem ArbGeb keinen Anspruch auf die Leistung von Überstunden[5]. Im Einzelfall kann der ArbN einen Anspruch auf Mehrarbeit auf Grund des Gleichbehandlungsgrundsatzes geltend machen, der es verbietet, ohne sachlichen Grund ArbN, die Mehrarbeit leisten wollen, davon auszuschließen, wenn Mehrarbeit für vergleichbare ArbN angeordnet oder angenommen wird[6]. 316

(3) **Kurzarbeit.** Kurzarbeit bedeutet das auf einem vorübergehend gesunkenen Arbeitsbedarf zurückgehende Unterschreiten der vereinbarten individuellen Arbeitszeit, die meist mit einer Absenkung der betrieblichen Arbeitszeit einhergeht[7]. Kurzarbeit löst idR das **MitbestR** des BR nach § 87 Abs. 1 Nr. 3 BetrVG aus. Wenn allerdings kein BR gewählt ist, kann Kurzarbeit auch ohne Rücksicht auf die MitbestR eingeführt werden[8]. Eine formlose Regelungsabrede zwischen BR und ArbGeb über die Einführung von Kurzarbeit wahrt das MitbestR, führt aber nicht zu einer entsprechenden Änderung der Arbeitsverträge der hiervon betroffenen ArbN; hierzu bedarf es einer vertraglichen Vereinbarung oder einer Änderungskündigung[9]. Kann infolge der veränderten Auftragslage die mit dem BR vereinbarte (oder durch den Spruch der Einigungsstelle bestimmte) vorübergehende Kurzarbeitszeit früher als vorgesehen aufgehoben werden, so unterliegt der Abbau der Kurzarbeit in Rückführung auf die betriebsübliche Arbeitszeit als solcher nicht dem MitbestR des BR nach § 87 Abs. 1 Nr. 3 BetrVG. Durch den Abbau der Kurzarbeit wird nicht die „betriebsübliche Arbeitszeit", sondern nur die vorübergehend festgelegte „Ausnahme-Arbeitszeit" verändert[10]. Als tarifliche Bestimmungsklausel bezeichnet das BAG eine **tarifvertragliche Klausel**, durch die dem ArbGeb die Befugnis eingeräumt wird, für ArbN mit erschwerten Arbeitsbedingungen die tariflich festgelegte Arbeitszeit zu verkürzen[11]. Eine tarifvertragliche Bestimmung, wonach der ArbGeb einseitig Kurzarbeit einführen kann, ohne Regelungen über Voraussetzungen, Umfang und Höchstdauer dieser Maßnahme zu treffen, verstößt gegen tariflich unabdingbares Kündigungsschutzrecht und ist deshalb unwirksam[12]. Kann auf Grund einer tarifvertraglichen Bestimmung Kurzarbeit mit einer Ankündigungsfrist von zwei Wochen für Arbeiter eingeführt werden, lässt dies die MitbestR unberührt[13]. Bei rechtswirksamer Einführung von Kurzarbeit ist der ArbGeb zur Lohnzahlung für die ausfallende Arbeitszeit nach § 615 nicht verpflichtet[14]. 317

cc) **Tätigkeiten als Arbeitszeit.** Für die Frage, welche Tätigkeiten auf die Arbeitszeit anzurechnen sind, ist entscheidend, welches Verhalten den Begriff der „Arbeit" erfüllt. 318

(1) **Bereitschaftsdienst.** Er liegt – sofern Gesetz, TV oder BV nichts anderes bestimmen – nach Definition des BAG vor, wenn der ArbN sich für Zwecke des Betriebes lediglich an einer vom ArbGeb bestimmten Stelle innerhalb oder außerhalb des Betriebes aufzuhalten hat, um erforderlichenfalls seine volle Arbeitstätigkeit unverzüglich aufnehmen zu können[15]. Die aus Anlass eines solchen Bereitschaftsdienstes im betrieblichen Interesse aufgewandte Zeit ist jedenfalls hinsichtlich der Entlohnung der Arbeitszeit zuzurechnen. Der Bereitschaftsdienst stellt mithin **keine volle Arbeitsleistung** dar. Er ist seinem Wesen nach eine Aufenthaltsbeschränkung, verbunden mit der Verpflichtung, bei Bedarf sofort tätig zu werden[16]. Nach § 5 Abs. 3 ArbZG aF handelte es sich bei dem **Bereitschaftsdienst nicht um Arbeitszeit**, weil die Norm sonst überflüssig wäre, da Arbeitszeit bereits nach § 5 Abs. 1 ArbZG aF 319

---

1 BAG v. 8.11.1989 – 5 AZR 642/88, AP Nr. 1 zu § 46 SchwbG; MünchArbR/*Blomeyer*, § 48 Rz. 129. | 2 BAG v. 11.11.1997 – 6 AZR 566/97, AP Nr. 25 zu § 611 BGB – Mehrarbeitsvergütung. | 3 Soergel/*Kraft*, § 611 BGB Rz. 73. | 4 MünchArbR/*Blomeyer*, § 48 Rz. 130 und 35. | 5 ErfK/*Preis*, § 611 BGB Rz. 825. | 6 LAG Frankfurt v. 12.9.2001 – 8 Sa 1122/00, NZA-RR 2002, 348 f.; ErfK/*Preis*, § 611 BGB Rz. 825. | 7 ArbR-BGB/*Schliemann*, *§ 611 BGB Rz. 642*; vgl. ErfK/*Preis*, § 611 BGB Rz. 819. | 8 BAG v. 25.11.1981 – 4 AZR 274/79, BAGE 37, 120. | 9 BAG v. 14.2.1991 – 2 AZR 415/90, AP Nr. 4 zu § 615 BGB – Kurzarbeit. | 10 BAG v. 11.7.1990 – 5 AZR 557/89, AP Nr. 32 zu § 615 BGB – Betriebsrisiko; v. 21.11.1978 – 1 ABR 67/76, AP Nr. 2 zu § 87 BetrVG 1972 – Arbeitszeit. | 11 BAG v. 28.11.1984 – 5 AZR 123/83, AP Nr. 1 zu § 4 TVG – Bestimmungsrecht. | 12 BAG v. 18.10.1994 – 1 AZR 503/93, AP Nr. 11 zu § 615 BGB – Kurzarbeit; v. 27.1.1994 – 6 AZR 541/93, AP Nr. 1 zu § 15 BAT-O. Anders BAG v. 15.12.1961 – 1 AZR 310/60, BAGE 12,135: Der ArbGeb kann Kurzarbeit einseitig einführen, sofern ihm eine entsprechende Ermächtigung kollektivrechtlicher oder einzelvertraglicher Art erteilt ist. | 13 BAG v. 25.11.1981 – 4 AZR 274/79, BAGE 37, 120. | 14 BAG v. 15.12.1961 – 1 AZR 310/60, BAGE 12, 135; ErfK/*Preis*, § 611 BGB Rz. 823. | 15 BAG v. 10.6.1959 – 4 AZR 567/56, BB 1959, 920; ErfK/*Preis*, § 611 BGB Rz. 832. | 16 BAG v. 4.8.1988 – 6 AZR 46/86, ZTR 1989, 147 ff.

nicht Ruhezeit ist (s. aber nun zum geänderten Recht Rz. 321). Auf Grund seines **Direktionsrechts** kann der ArbGeb einseitig auch eine vertraglich nur rahmenmäßig umschriebene zusätzliche Pflicht des ArbN zur Ableistung von Bereitschaftsdiensten zeitlich näher bestimmen; seine Grenzen findet das Direktionsrecht dabei in den Vorschriften der Gesetze des Kollektiv- und des Einzelarbeitsvertragsrechts; es darf nach § 315 nur nach billigem Ermessen ausgeübt werden[1].

320 In seiner SIMAP-Entscheidung hatte der EuGH[2] auf Grundlage der Richtlinie 93/104/EG des Rates vom 23.11.1993 über bestimmte Aspekte der Arbeitszeitgestaltung[3] (Arbeitszeit-Richtlinie), die in ihrem Art. 2 Begriffsbestimmungen ua. hinsichtlich „Arbeitszeit" und „Ruhezeit" enthält, über den Begriff des Bereitschaftsdienstes zu entscheiden. Als **Arbeitszeit** wird in der Richtlinie „jede Zeitspanne" definiert, „während der ein ArbN gemäß den einzelstaatlichen Rechtsvorschriften und/oder Gepflogenheiten arbeitet, dem ArbGeb zur Verfügung steht und seine Tätigkeit ausübt oder Aufgaben wahrnimmt"; als **Ruhezeit** wird danach nur negativ „jede Zeitspanne außerhalb der Arbeitszeit" verstanden. Der EuGH entschied unter Hinweis auf den Zweck der Richtlinie – Schutz der Sicherheit und der Gesundheit der ArbN durch Einhaltung von Mindestruhezeiten –, dass nach der genannten Definition auch der **Bereitschaftsdienst** in Form persönlicher Anwesenheit in der Gesundheitseinrichtung die Merkmale des Begriffs der Arbeitszeit aufweise, denn die Verpflichtung der Ärzte, sich am Arbeitsplatz aufzuhalten und dort verfügbar zu sein, sei als Teil ihrer Aufgaben anzusehen; anderes gelte jedoch für Bereitschaftszeit, die in der Weise geleistet wird, dass die Ärzte ständig erreichbar sind, ohne zur Anwesenheit in der Einrichtung verpflichtet zu sein, was das Gericht als „Rufbereitschaft" bezeichnete. In dieser Situation könnten die Ärzte freier über ihre Zeit verfügen und eigenen Interessen nachgehen.

321 Diese Rspr. des EuGH setzte sich fort in der *Jaeger*-Entscheidung[4]. Sie hat den deutschen Gesetzgeber zu einer **Änderung des Arbeitszeitrechts** geführt. Seit dem 1.1.2004 ist Bereitschaftsdienst Arbeitszeit iSd. ArbZG. Diese Änderung war erforderlich um einen Europarechtskonformität des deutschen Rechts herzustellen, denn eine richtlinienkonforme Auslegung war aufgrund des eindeutig abweichenden Wortlauts des ArbZG unzulässig[5].

322 Diese geänderte Rechtslage hat jedoch **keine unmittelbare Auswirkung auf die Vergütung** des Bereitschaftsdiensts. Der Bereitschaftsdienst stellt eine Leistung des ArbN dar, die wegen der insgesamt geringeren Inanspruchnahme des ArbN niedriger als sog. Vollarbeit vergütet werden darf. Daran ändert die Rspr. des EuGH nichts, nach der Bereitschaftsdienst Arbeitszeit ist. Eine pauschale Vergütungsvereinbarung die sich an einer während der Bereitschaftsdienste maximal zu erwartenden Vollarbeit ausrichtet ist daher weiterhin zulässig. Der ArbN opfert hier nicht Freizeit ohne Vergütung, sondern erhält für die geleisteten Bereitschaftsdienste insgesamt eine Vergütung. Auf die Frage, ob die Bereitschaftsdienste nach dem ArbZG zulässig waren, kommt es nicht an[6].

323 Aus eben diesem Grund kann auch eine bestehende arbeitsvertragliche oder tarifvertragliche Regelung, die Entgelt für geleistete „Arbeitszeit" vorsieht, auch nach der Änderung des ArbZG regelmäßig nicht auf den Bereitschaftsdienst erstreckt werden. Es entscheidet die **Auslegung** im Einzelfall. Sind gesonderte Entgeltregeln für den Bereitschaftsdienst getroffen, so bleiben diese gültig.

324 **(2) Arbeitsbereitschaft.** Unter Arbeitsbereitschaft sind Zeiten wacher Achtsamkeit im Zustande der Entspannung zu verstehen[7]. Arbeitsbereitschaft ist unter dem Gesichtspunkt des Arbeitszeitschutzes ebenso einzuordnen wie die regelmäßig geleistete Arbeitszeit selbst[8]. Arbeitsbereitschaft ist von der vertraglich geschuldeten Leistung her, die dem Wesensgehalt des Arbeitsverhältnisses ausmacht und ihm das Gepräge gibt, zu bestimmen. Sie stellt der Arbeit gegenüber eine mindere Leistung des ArbN dar, da sie sich auf die Bereitschaft zur Verrichtung der Arbeit beschränkt[9], und ist demgemäß nach dem Grad der Beanspruchung von Vollarbeit mit schwankender Intensität abzugrenzen[10]. Unter dem Gesichtspunkt des Arbeitszeitschutzes wird die **Arbeitsbereitschaft als Arbeitszeit eingestuft**, wie sich aus dem Rückschluss aus § 7 Abs. 1 Satz 1 Nr. 1 lit. a ArbZG ergibt. Muss der ArbN während der Arbeitsbereitschaft im Bedarfsfall die Arbeit aufnehmen, leistet er Vollarbeit[11]. Der Arbeitsbereitschaft können nur solche in einer Schicht liegende Zeiten einer Untätigkeit zugerechnet werden, die nach ihrer zeitlichen Ausdehnung grundsätzlich geeignet sind, einen Zustand der Entspannung herbeizuführen; die Zeiten der Bereitschaft müssen nach ihrem Beginn und Ende im maßgeblichen Schichtplan ebenso wie die Zeiten der Arbeitsverrichtungen erkennbar werden, weil eine Entspannung nur dann eintreten kann, wenn der ArbN spätestens bei Beginn der Bereitschaft weiß, dass er aus der dienstlichen Inanspruchnahme für eine bestimmte Zeit entlassen ist[12]. Eine Verlagerung der Bereitschaftszeit infolge zeitlicher Verschiebung der Dienstabwicklung nimmt der Wartezeit nicht den Charakter als Bereitschaft; desgleichen, wenn der ArbN aus seiner eigenen Betriebserfahrung erken-

---

1 BAG v. 25.10.1989 – 2 AZR 633/88, AP Nr. 36 zu § 611 BGB - Direktionsrecht. | 2 EuGH v. 3.10.2000 – Rs. C-303/98, NZA 2000, 1227. | 3 ABl. L 307, S. 18. | 4 EuGH v. 9.9.2003 – C-151/02, NZA 2003, 1019. | 5 BAG v. 18.2.2003 – 1 ABR 2/02, NZA 2003, 742. | 6 BAG v. 28.1.2004 – 5 AZR 530/02, Pressemitteilung 5/04. | 7 BAG v. 30.1.1996 – 3 AZR 1030/94, AP Nr. 1 zu § 5 TVG; ArbR-BGB/*Schliemann*, § 611 BGB Rz. 613; Schaub/Linck, ArbRHdb, § 45 Rz. 56 mwN. | 8 ErfK/*Preis*, § 611 BGB Rz. 831. | 9 BAG v. 30.1.1985 – 7 AZR 446/82, AP Nr. 2 zu § 35 BAT. | 10 ArbR-BGB/*Schliemann*, § 611 BGB Rz. 613. | 11 BAG v. 10.1.1991 – 6 AZR 352/89, AP Nr. 4 zu MTB II. | 12 BAG v. 14.4.1966 – 2 AZR 216/64, AP Nr. 3 zu § 13 AZO.

nen kann, dass von ihm in bestimmten Tagesabschnitten, die nach ihrer zeitlichen Ausdehnung grundsätzlich geeignet sind, einen Zustand der Entspannung herbeizuführen, im Allgemeinen keine Arbeitsverrichtungen zu leisten sind[1].

Wartezeiten von Rettungssanitätern zwischen den einzelnen Einsätzen sind Arbeitsbereitschaft, soweit sie eine Mindestdauer von 10 Minuten aufweisen; betragen diese Arbeitsbereitschaftszeiten im Tagesdurchschnitt zusammengerechnet mindestens 2 Stunden, so kann der ArbGeb gemäß § 15 Abs. 2 BAT die regelmäßige Arbeitszeit durch einseitige Anordnung auf 50 Wochenstunden verlängern[2]. Diese Verlängerung unterliegt als Bestimmung der Dauer der Arbeitszeit nicht der Mitbest. des Personalrats[3]. Wartezeiten von Rettungssanitätern zwischen ihren Einsätzen sind auch dann als Arbeitsbereitschaft zu werten, wenn dabei keine völlige Entspannung eintritt, weil mit einer jederzeitigen Arbeitsaufnahme gerechnet werden muss[4]. Lediglich „Splitterzeiten" von wenigen Minuten unterbrechen die Vollarbeit nicht[5]. 325

(3) **Rufbereitschaft.** Das ArbZG verwendet diesen Begriff in § 5 Abs. 3, ohne ihn jedoch zu definieren. § 15 Abs. 6b Satz 1 BAT bestimmt die Rufbereitschaft als die Verpflichtung, sich auf Anordnung des ArbGeb außerhalb der regelmäßigen Arbeitszeit an einer dem ArbGeb anzugebenden Stelle aufzuhalten, um auf Abruf die Arbeit aufzunehmen. Rufbereitschaft unterscheidet sich vom Bereitschaftsdienst dadurch, dass die Stelle, an der sich der Angestellte zur Verfügung zu halten hat, nicht vom ArbGeb bestimmt wird, der Angestellte sich vielmehr **an einer Stelle seiner Wahl aufhalten** kann, die er dem ArbGeb lediglich anzuzeigen hat; maßgeblich für die Abgrenzung ist ferner weder das Ausmaß der während des Dienstes anfallenden Arbeitsleistung noch die vom ArbN selbst gewählte Beschränkung seines Aufenthalts, sondern entscheidend ist, welche Aufenthaltsbeschränkungen sich aus der Anordnung des ArbGeb ergeben[6]. Allerdings ist der ArbN auch bei Rufbereitschaft in der Wahl seines Aufenthaltsortes nicht völlig frei, sondern muss ihn so wählen, dass zwischen dem Abruf und der möglichen Arbeitsaufnahme nur eine solche Zeitspanne liegt, dass der Einsatz nicht gefährdet wird und die Arbeitsaufnahme noch im Bedarfsfall gewährleistet ist[7]. Rufbereitschaft liegt aber dann nicht mehr vor, wenn der ArbGeb den ArbN, ohne dessen Aufenthaltsstelle konkret zu bestimmen, dadurch in der freien Wahl des Aufenthaltsortes beschränkt, dass er die Zeit zwischen Abruf und Aufnahme der Arbeit genau vorgibt[8]. Ein ArbN, der verpflichtet ist, auf Anordnung seines ArbGeb außerhalb der regelmäßigen Arbeitszeit ein auf Empfang geschaltetes Funktelefon mitzuführen, um auf telefonischen Abruf Arbeit zu leisten, die darin besteht, dass er über dieses Funktelefon Anordnungen trifft oder weiterleitet, leistet während der Dauer dieser Verpflichtung Rufbereitschaft[9]. Sowohl bei Bereitschaftsdienst wie bei Rufbereitschaft ist der *tatsächliche* Arbeitsleistungsanteil für sich gesehen rechtlich unerheblich; er kann allenfalls indirekt als Indiz für den zu erwartenden Arbeitsleistungsanteil bedeutsam werden; aber auch der *zu erwartende* Arbeitsleistungsanteil grenzt nicht Rufbereitschaft, Bereitschaftsdienst und Vollarbeit voneinander ab, sondern betrifft nur die Frage, was angeordnet werden darf. Rufbereitschaft oder Bereitschaftsdienst, die der ArbGeb nicht hätte anordnen dürfen, bleiben gleichwohl Rufbereitschaft oder Bereitschaftsdienst und werden nicht etwa von selbst zu Bereitschaftsdienst oder voller Arbeitsleistung[10]. 326

Bei Zeiten einer Rufbereitschaft handelt es sich **nicht um Arbeitszeit iSd. ArbZG**[11]. Rufbereitschaft ist jedoch Arbeitszeit iSv. § 87 Abs. 1 Nr. 2 BetrVG, weswegen der BR bei der Aufstellung eines Rufbereitschaftsplanes ein **MitbestR** hat. Dieses MitbestR entfällt nicht deswegen, weil einem Regelungsbedürfnis mit kollektivem Bezug durch einzelvertragliche Vereinbarung mit einem oder mehreren ArbN bereits Rechnung getragen worden ist[12]. Dies ist auch weiterhin europarechtskonform. 327

(4) **Einzelfälle.** Ob Zeiten, die der ArbN für bestimmte Tätigkeiten aufwenden muss, als Arbeitszeit einzustufen ist, wird in Rspr. und Lit. häufig allein im Zusammenhang mit der Frage nach der Vergütungspflicht für entsprechende Zeiten problematisiert, nicht dagegen unter dem Gesichtspunkt der Zulässigkeit nach den Vorschriften des Arbeitszeitschutzes. Indes besteht zumeist kein Anlass, von einem Abweichen des arbeitszeitrechtlichen und des vergütungsrechtlichen Begriffs der Arbeitszeit auszugehen, jedenfalls in der Richtung, dass eine vergütete Tätigkeit auch als Arbeitszeit gemäß § 2 Abs. 1 ArbZG als Arbeitszeit eingestuft werden kann. 328

In der Streitfrage, ob **Waschen und Umkleiden** zur Arbeitszeit gehören, geht es zumeist darum, ob eine Vergütungspflicht ausgelöst wird, nicht um die Zulässigkeit unter dem Gesichtspunkt des Arbeitszeitschutzes (vgl. daher insb. Rz. 85; § 612 Rz. 24). Es kommt allgemein zunächst auf eine genaue Bestimmung des geschuldeten Arbeitsinhalts an[13]. Das BAG hat zunächst entschieden, dass für die Frage, ob die Zeit des Umkleidens zur vergütungspflichtigen Arbeitszeit zählt, die Verhältnisse im Ein- 329

---

1 BAG v. 14.4.1966 – 2 AZR 216/64, AP Nr. 3 zu § 13 AZO. | 2 BAG v. 12.2.1986 – 7 AZR 358/84, AP Nr. 7 zu § 15 BAT. | 3 BAG v. 12.2.1986 – 7 AZR 358/84, AP Nr. 7 zu § 15 BAT. | 4 BAG v. 30.1.1996 – 3 AZR 1030/94, AP Nr. 1 zu § 5 TVG. | 5 BAG v. 30.1.1996 – 3 AZR 1030/94, AP Nr. 1 zu § 5 TVG; v. 14.4.1966 – 2 AZR 216/64, AP Nr. 3 zu § 13 AZO. | 6 BAG v. 31.5.2001 – 6 AZR 171/00, EzA Nr. 8 zu § 242 BGB – Gleichbehandlung. | 7 ArbR-BGB/*Schliemann*, § 611 BGB Rz. 615. | 8 BAG v. 19.12.1991 – 6 AZR 592/89, NZA 1992, 560 f. | 9 BAG v. 29.6.2000 – 6 AZR 900/98, NZA 2001, 165 ff.; *Schaub/Linck*, ArbRHdb, § 45 Rz. 59. | 10 BAG v. 4.8.1988 – 6 AZR 48/86, ZTR 1989, 147 ff.; v. 27.2.1985 – 7 AZR 552/82, AP Nr. 12 zu § 17 BAT. | 11 *Schaub/Linck*, ArbRHdb, § 45 Rz. 59. | 12 BAG v. 21.12.1982 – 1 ABR 14/81, AP Nr. 9 zu § 87 BetrVG 1972 – Arbeitszeit. | 13 Vgl. ArbR-BGB/*Schliemann*, § 611 BGB Rz. 615.

zelfall entscheidend seien; gehöre das Umkleiden nicht zum Inhalt der geschuldeten Arbeitsleistung, sondern diene es nur der persönlichen Vorbereitung – im Einzelfall: Auf die Arbeit eines Kochs –, so seien in erster Linie die organisatorischen Gegebenheiten des jeweiligen Betriebs und die konkreten Anforderungen an den ArbN maßgebend, wie sie sich aus den betrieblichen Regelungen und Handhabungen tatsächlich ergeben[1]. Auch in jüngeren Judikaten hat das BAG wieder in der Weise Stellung genommen, dass diese Tätigkeiten idR mangels anderer Vereinbarung keine Hauptleistungspflichten des ArbN sind, für die der ArbGeb nach § 611 eine Vergütung zu gewähren hätte; selbst wenn diese Tätigkeiten vom ArbN verlangt würden, könne es sich zwar um Dienstleistungen nach § 612 Abs. 1 handeln, die aber regelmäßig nicht nur gegen eine Vergütung zu erwarten seien[2]. In der Regel werden Waschen und Umkleiden nicht zur Arbeitszeit gezählt[3]; anders jedoch bei einer Beschäftigung als Model für Bekleidung oder bei Schauspielern[4]. Für die Tätigkeit als „Fahrer/Müllwerker" entschied das BAG, dass nur diese Tätigkeiten dem Gegenseitigkeitsverhältnis des § 611 unterfielen; zu ihnen gehöre das vorherige und anschließende Umkleiden und Waschen nicht, was sich daraus ergebe, dass zwischen den Tätigkeiten eines Fahrers und Müllwerkers selbst und den dafür notwendigen Vor- und Nachbereitungshandlungen unterschieden werden könne[5]. Das Ankleiden mit vorgeschriebener Dienstkleidung etwa, die zu Hause angelegt und – ohne besonders auffällig zu sein – auch auf dem Weg zur Arbeitsstätte getragen werden kann, ist nicht lediglich fremdnützig, so dass die dafür aufgewendete Zeit regelmäßig nicht als zu vergütende Arbeitszeit einzuordnen ist; anders verhält es sich, wenn die Dienstkleidung notwendig im Betrieb angelegt werden muss, dort nach Beendigung der Tätigkeit zu verbleiben hat und der ArbN arbeitsschutzrechtlich ohne sie die Arbeit gar nicht aufnehmen darf. Hier dient das Umkleiden und das Anlegen der vorgeschriebenen Schutzkleidung nicht gleichermaßen einem eigenen Bedürfnis des ArbN, sondern vorwiegend dem fremden Bedürfnis des ArbGeb, der den ArbN ohne die entsprechende Ausrüstung nicht einsetzen dürfte[6].

330 Die **Wegezeit** des ArbN von der Wohnung zur Betriebsstätte ist idR nicht als Arbeitszeit zu vergüten und gehört auch nicht zur Arbeitszeit iSv. § 2 Abs. 1 ArbZG[7]; die Wegezeit von der Betriebsstätte zu einem außerhalb der Betriebsstätte gelegenen Arbeitsplatz ist demgegenüber idR als Arbeitszeit zu vergüten[8]. Bei einer unmittelbaren Anreise des ArbN von seiner Wohnung zu einem außerhalb der Betriebsstätte gelegenen Arbeitsplatz ist regelmäßig die Zeit nicht zu vergüten, die der ArbN dabei dadurch erspart, dass er sich nicht von seiner Wohnung zum Betrieb zu begeben braucht[9]. Abweichende Regelungen können sich im Tarif- oder Einzelarbeitsvertrag finden[10]. Diese Grundsätze gelten auch für die Einordnung der Wegezeiten als Arbeitszeiten iSd. ArbZG[11]. Für einen Zeitaufwand für Wege innerhalb des Betriebs ist entscheidend, an welchem Punkt innerhalb des Betriebs die Arbeitszeit beginnt, so dass die Arbeitszeit erst ab diesem Punkt zu laufen anfängt[12].

331 Mit Zeiten für **Dienstreisen**[13] sind in Abgrenzung zu den Wegezeiten diejenigen Zeiten gemeint, die zur Überbrückung der räumlichen Entfernung zwischen dem Betriebs- oder Wohnort einerseits und dem vom ArbGeb bestimmten Ort der Arbeitsverrichtung, sofern dieser außerhalb der Gemeindegrenzen des Betriebs- bzw. Wohnortes liegt, andererseits aufgewendet werden müssen[14]. Eine Vergütungspflicht besteht immer dann, wenn die Dienstreise während der gewöhnlichen Arbeitszeit zurückgelegt wird[15]. Benutzt ein Angestellter des öffentlichen Dienstes für Dienstreisen einen Kraftwagen, den ihm sein ArbGeb zur Verfügung gestellt hat, so ist die Reisezeit am Steuer des Wagens keine Arbeitszeit und zur Begründung eines Anspruchs auf Überstundenvergütung nicht geeignet[16]. Von dem Grundsatz, dass Wegezeiten von der Betriebsstätte zu einem außerhalb davon gelegenen Arbeitsplatz zur Arbeitszeit gehören und entsprechend zu vergüten sind, können abweichende kollektivrechtliche oder einzelvertragliche Regelungen getroffen werden[17]. Demgegenüber sind Dienstreisen Fahrten an einen anderen Ort, wo Dienstgeschäfte zu erledigen sind; diese sind grundsätzlich nicht als Arbeitszeit anzusehen, sofern nicht während der Dienstreise ausnahmsweise Arbeit geleistet wird[18]; auch insoweit kann jedoch tarifrechtlich oder einzelarbeitsvertraglich eine besondere Regelung getroffen werden; insb. kann bestimmt werden, inwieweit die auf einer Dienstreise verbrachte Zeit als Arbeitszeit

---

1 BAG v. 22.3.1995 – 5 AZR 934/93, AP Nr. 8 zu § 611 BGB – Arbeitszeit. | 2 BAG v. 11.10.2000 – 5 AZR 122/99, AP Nr. 20 zu § 611 BGB – Arbeitszeit. | 3 Vgl. *Preis*, Der Arbeitsvertrag, II A 90 Rz. 43. | 4 ArbR-BGB/*Schliemann*, § 611 BGB Rz. 615. Für eine generelle Einordnung als zu vergütende Arbeitszeit dagegen *Adam*, AuR 2001, 481 ff. m.w.N. zum Streitstand. | 5 BAG v. 11.10.2000 – 5 AZR 122/99, AP Nr. 20 zu § 611 BGB – Arbeitszeit. | 6 BAG v. 11.10.1995 – 5 AZR 802/94, AP Nr. 9 zu § 611 BGB – Arbeitszeit m. Anm. *B. Degen*; ähnl. LAG BW v. 12.2.1987 – 6 Sa 195/85HD, AiB 1987, 246 f. | 7 Schaub/*Linck*, ArbRHdb, § 45 Rz. 60; RGRK/*Schliemann*, § 611 BGB Rz. 1407. | 8 So jedenfalls BAG v. 8.12.1960 – 5 AZR 304/58, AP Nr. 1 zu § 611 BGB – Wegezeit m. Anm. *Schnorr v. Carolsfeld*; v. 26.8.1960 – 1 AZR 421/58, AP Nr. 2 zu § 611 BGB – Wegezeit. | 9 BAG v. 8.12.1960 – 5 AZR 304/58, AP Nr. 1 zu § 611 BGB – Wegezeit m. Anm. *Schnorr v. Carolsfeld*. | 10 RGRK/*Schliemann*, § 611 BGB Rz. 1407. | 11 ArbR-BGB/*Schliemann*, § 611 BGB Rz. 617. | 12 RGRK/*Schliemann*, § 611 BGB Rz. 1407. | 13 S. *Hromadka*, AuA 1994, 389; *Loritz*, NZA 1997, 1188. | 14 Schaub/*Linck*, ArbRHdb, § 45 Rz. 61. | 15 Schaub/*Linck*, ArbRHdb, § 45 Rz. 61; *Preis*, Der Arbeitsvertrag, II D 15 Rz. 6. / 16 BAG v. 6.10.1965 – 2 AZR 375/64, AP Nr. 1 zu 17 BAT. | 17 BAG v. 8.12.1960 – 5 AZR 304/58, AP Nr. 1 zu § 611 BGB – Wegezeit; v. 28.3.1963 – 5 AZR 209/62, AP Nr. 3 zu § 611 BGB – Wegezeit; v. 12.4.1965 – 3 AZR 186/63, AP Nr. 7 zu § 611 BGB – Wegezeit. | 18 BAG v. 22.2.1978 – 4 AZR 579/76, AP Nr. 3 zu § 17 BAT; v. 6.10.1965 – 2 AZR 375/64, AP Nr. 1 zu § 17 BAT.

anzusehen ist und wie diese Zeit zu vergüten ist[1]. Zu der **vergütungsrechtlichen Seite** vgl. ferner die Kommentierung bei § 612 Rz. 24.

d) Arbeitsort. aa) Allgemeines. Der Arbeitsort gehört zu den nach § 2 Abs. 1 Satz 2 Nr. 4 **NachwG** vorgesehenen Pflichtangaben, die schriftlich niederzulegen sind; bei der Beschäftigung an mehreren Orten ist hierauf hinzuweisen. Zu einer Anwendung des § 269 Abs. 1, der im Zweifelsfall den Wohnort des Schuldners als Erfüllungsort vorsieht, wird es im Zusammenhang mit einem Arbeitsverhältnis nicht kommen. Vielmehr besteht im Arbeitsverhältnis gerade die – **entgegengesetzte** – **Vermutung**, dass der Wohnort des Schuldners (ArbN) nicht der Erfüllungsort ist, denn für das Vorliegen eines Arbeitsverhältnisses ist typisch, dass der ArbN in die Arbeitsorganisation des ArbGeb eingegliedert ist, während dem Dienstverpflichteten eingeräumte Möglichkeit, an seinem eigenen Wohnort zu arbeiten, eher für die Eigenschaft als arbeitnehmerähnliche Person (vgl. § 2 Abs. 1 Satz 1 HAG) oder sogar als aus einem reinen Dienstvertrag Verpflichteter spricht. Im Arbeitsverhältnis ist also gerade der Betriebsort des ArbGeb Erfüllungsort; bei der Verpflichtung zur Arbeitsleistung handelt es sich um eine Bringschuld[2]. 332

Zwar kann der Erfüllungsort für das Arbeitsverhältnis durch **TV** und **Einzelarbeitsvertrag** bestimmt werden[3]; geschieht das nicht, so befindet sich in aller Regel der Erfüllungsort am Betriebssitz, sofern der ArbN dort ständig beschäftigt wird, und damit am Arbeitsort des ArbN. Dann fällt er mit dem Schwerpunkt des Arbeitsverhältnisses zusammen[4]. Allerdings ist nach § 269 Abs. 1 BGB Erfüllungsort für die Arbeitsleistung eines für die Bearbeitung eines größeren Bezirks angestellten Reisenden dessen Wohnsitz, wenn er von dort aus seine Reisetätigkeit ausübt; dies gilt unabhängig davon, ob er täglich nach Hause zurückkehrt und in welchem Umfang er vom Betrieb Anweisungen für die Gestaltung seiner Reisetätigkeit erhält[5]. Als unbestimmter Rechtsbegriff ist das „billige Ermessen" offen für die Einstrahlung grundrechtlicher Wertungen, durch die das Direktionsrecht eingeschränkt sein kann. Vor dem Hintergrund der Terroranschläge des 11.9.2001 und ihrer Konsequenzen für das Direktionsrecht des eine Fluggesellschaft betreibenden ArbGeb haben allerdings die (auch grundrechtlich geschützten) Interessen des ArbN wegen des ebenfalls durch Art. 12 und 14 GG geschützten Interesses des ArbGeb an einem reibungslosen Betriebsablauf etwa dann hinter dem nach Art. 2 Abs. 2 GG garantierten Schutz vor Gesundheitsschäden und vor (Flug-)Angstzuständen des ArbN zurückzustehen, wenn auf Grund konkreter Warnungen der zuständigen Behörden hinreichende Anhaltspunkte für eine tatsächliche Gefahr der Flugzeugnutzung gegeben sind[6]. 333

Der Ort der Arbeitsleistung wird sich im Allgemeinen zumeist dem **Arbeitsvertrag** iVm. den **Umständen der Arbeitsleistung** (zB Standort der ortsfesten Produktionsmittel) entnehmen lassen. Für ArbN im öffentlichen Dienst wird angenommen, dass ihr Dienstort die politische Gemeinde ist, in der ArbN tatsächlich regelmäßig Dienst leistet; befinden sich Teile einer Behörde oder Nebenstellen in einer anderen Gemeinde, so ist als Dienstort der Ort anzusehen, in dem der Bedienstete längere Zeit ständig oder überwiegend Dienst leisten muss; der Bedienstete hat in diesem Fall reisekostenrechtlich nur einen Dienstort[7]. Der ArbGeb kann den Arbeitsort in dem zulässigen Rahmen nach billigem Ermessen (§ 106 Satz 1 GewO) durch sein **Direktionsrecht** festlegen, was dann eine besondere Bedeutung erlangt, wenn dem ArbN typischerweise nach der Art der Arbeit kein einziger Ort zur Arbeitsleistung zugewiesen ist. Durch das Direktionsrecht wird bei einem im Arbeitsvertrag nur rahmenmäßig bestimmten Arbeitsort (Stadt, Betriebsgelände) ferner eine genaue Stelle innerhalb des Betriebs festgelegt, an der der ArbN zu arbeiten hat (zB Abteilung, Gebäudeteil)[8], die als Arbeitsplatz bezeichnet wird. Allerdings kann der ArbGeb selbst bei solchen Tätigkeiten, die wegen ihrer Art einen ständig wechselnden Einsatzort erfordern, sein Direktionsrecht nicht uneingeschränkt ausüben[9]. So entspricht die Zuweisung einer Ersatztätigkeit an einem auswärtigen Arbeitsort jedenfalls nach Beginn des sechsten Schwangerschaftsmonats im Regelfall nicht billigem Ermessen, wenn dieser Arbeitsort nur nach mehrstündiger Bahn- oder Flugreise erreicht werden kann[10], obwohl grundsätzlich bis zum Beginn des sechsten Schwangerschaftsmonats auch eine auswärtige Beschäftigung in Betracht kommt[11]. Die Befugnis, kraft Direktionsrechts Ort und Zeit der Arbeitsleistung festzulegen, ist nicht dadurch eingeschränkt, dass der ArbGeb bei Abschluss des Arbeitsvertrags auf die für den Arbeitsbereich des ArbN geltende betriebliche Regelung über Zeit und Ort des Beginns und Endes der täglichen Arbeit hingewiesen hat. Dies gilt auch dann, wenn der ArbGeb danach über längere Zeit von seinem dahingehenden Direktionsrecht keinen Gebrauch macht[12]. 334

Eine **langjährige Übung**, wonach ein Teil der Arbeitszeit außerhalb des Dienstgebäudes abgeleistet werden darf, hindert den ArbGeb des öffentlichen Dienstes nicht daran, die ArbN anzuweisen, in Zukunft die gesamte Arbeitszeit im Dienstgebäude abzuleisten[13]. Auch kann allein daraus, dass ein ArbN 335

---

1 BAG v. 6.10.1965 – 2 AZR 375/64, AP Nr. 1 zu § 17 BAT; v. 21.9.1977 – 4 AZR 292/76, AP Nr. 3 zu § 19 MTB II; *Hunold*, DB 1977, 1506. | 2 MünchArbR/*Blomeyer*, § 48 Rz. 79. | 3 ErfK/*Preis*, § 611 BGB Rz. 806. | 4 BAG v. 3.12.1985 – 4 AZR 325/84, AP Nr. 5 zu § 1 TVG – Tarifverträge Großhandel. | 5 BAG v. 12.6.1986 – 2 AZR 398/85, NJW-RR 1988, 482 ff. | 6 *Kast/Freihube*, BB 2001, 2422. | 7 BAG v. 1.12.1994 – 6 AZR 354/94, ZTR 1995, 414 f.; MünchArbR/*Blomeyer*, § 48 Rz. 81. | 8 Vgl. MünchArbR/*Blomeyer*, § 48 Rz. 79. | 9 ArbR-BGB/*Schliemann*, § 611 BGB Rz. 583. | 10 BAG v. 21.4.1999 – 5 AZR 174/98, AP Nr. 5 zu § 4 MuSchG 1968. | 11 BAG v. 22.4.1998 – 5 AZR 478/97, AP Nr. 4 zu § 4 MuSchG 1968. | 12 BAG v. 7.12.2000 – 6 AZR 444/99, NZA 2001, 780. | 13 BAG v. 11.10.1995 – 5 AZR 802/94, AP Nr. 9 zu § 611 BGB – Arbeitszeit.

über einen längeren Zeitraum hin auf einer bestimmten Stelle mit bestimmten Aufgaben beschäftigt worden ist, noch nicht auf eine entsprechende **Konkretisierung** des Arbeitsvertrages geschlossen werden[1]. Allein aus der Beibehaltung einer betrieblichen Regelung hinsichtlich Ort und Zeit der Arbeitsleistung über einen längeren, auch langjährigen[2] Zeitraum hinweg kann ein ArbN nach Treu und Glauben nicht auf den Willen des ArbGeb schließen, diese Regelung auch künftig unverändert beizubehalten[3]. Dies wird angenommen, wenn der ArbN nach einer Änderung der betrieblichen Organisation in der Weise einen festen Arbeitsplatz erhält, dass der Kundendienst nicht mehr bei dem Kunden, sondern im Betrieb erbracht wird[4].

336 **Einzelfälle.** Mangels einer eindeutigen anderweitigen Vereinbarung ist der ArbGeb kraft seines Direktionsrechts befugt, eine in einem **Gebäudereinigungsunternehmen** tätige Raumpflegerin an verschiedene Arbeitsstätten zu entsenden[5]. Ein Schulhausmeister kann verpflichtet werden, während der Schulferien in **Vertretung** beurlaubter Schulhausmeister benachbarte Schulen desselben Schulbezirks vorübergehend mitzubetreuen. Die dies anordnende Entscheidung des ArbGeb entspricht billigem Ermessen iSv. § 106 Satz 1 GewO, soweit durch beide Tätigkeiten die regelmäßige wöchentliche Arbeitszeit des Schulhausmeisters nicht überschritten wird[6]. Allgemein wird die Berufung auf das Direktionsrecht umso problematischer, je größer die Entfernung des Einsatzortes vom Betriebsort ist, so dass etwa eine nicht nur ganz kurzfristige **Entsendung in das Ausland** nicht mehr vom Direktionsrecht des ArbGeb umfasst sein wird[7], es sei denn, der ArbN hat sich vertraglich zu Auslandseinsätzen verpflichtet[8].

337 **bb) Wechselnder Einsatzort.** Bei ArbN mit wechselnden Arbeitsorten, wie etwa bei Außendienstmitarbeitern oder im Fall des Montage- oder Bauarbeiters[9] oder bei einer Raumpflegerin eines Gebäudereinigungsunternehmens[10], ist die Bestimmung des Erfüllungsortes typischerweise problematisch, weil sowohl der Betriebsort als auch der Wohnort des ArbN als Erfüllungsort iSv. § 269 Abs. 1 für die Arbeitsleistung in Betracht zu ziehen sind. Für einen für die Bearbeitung eines größeren Bezirks angestellten Reisenden ist der Erfüllungsort dessen Wohnsitz, wenn er von dort aus seine Reisetätigkeit ausübt, was unabhängig davon gilt, ob er täglich nach Hause zurückkehrt und in welchem Umfang er vom Betrieb Anweisungen für die Gestaltung seiner Reisetätigkeit erhält[11]. Zumeist sind allerdings die sich aus den Vertragspflichten des ArbN ergebenden Leistungspflichten nicht an dessen Wohnsitz zu erfüllen, denn die allein am Wohnsitz vorzunehmenden Verpflichtungen sind nur Nebenpflichten, die schon zeitlich nicht wesentlich ins Gewicht fallen. Wenn also der Wohnsitz des Außendienstmitarbeiters nicht der wirtschaftlich-technische Mittelpunkt für sein Arbeitsverhältnis ist, ist § 269 Abs. 1 nicht anwendbar[12]. Letztlich ist auf Grund des **Schwerpunktes des Vertragsverhältnisses** in einer Gesamtschau aller bedeutsamen Umstände zu ermitteln, welches der Erfüllungsort ist[13]. Allgemein gilt, dass der Ort des Betriebs als Erfüllungsort umso mehr in Zweifel zu ziehen ist, je größer die Entfernung des tatsächlichen Einsatzortes zum Betriebsort ist[14] und je länger der dortige Einsatz des ArbN dauert. Ob die Entsendung noch vom Direktionsrecht umfasst ist, ist auf Grund einer Abwägung zu ermitteln, in die außer Entfernung und Dauer auch Verkehrsbedingungen, Wegezeit, Reisekosten und ähnliche Umstände sowie Interessen des ArbGeb einfließen[15].

338 **cc) Versetzung und Umsetzung des ArbN.** Die Begriffe Umsetzung und Versetzung werden häufig[16] voneinander unterschieden, wobei die Umsetzung im Allgemeinen die vorübergehende oder dauerhafte einseitige oder einvernehmliche Zuweisung eines neuen individuellen Einsatzortes innerhalb des Betriebs meint, während die Versetzung zumeist auf einen entsprechenden Einsatzort außerhalb des Betriebs bezogen wird[17]; teilweise werden aber auch beide Erscheinungen unter den Begriff der Versetzung gefasst, unter dem die **Änderung der Tätigkeit nach Art, Ort oder Umfang** verstanden wird[18]. Dieser individualrechtliche Begriff der Versetzung ist nicht mit dem legaldefinierten des § 95 Abs. 3 BetrVG identisch; auf eine bestimmte Dauer der Zuweisung kommt es für den erstgenannten daher nicht an. Um- bzw. Versetzung sind **zu unterscheiden von** einer (nur unter den Voraussetzungen des § 2 KSchG zulässigen) **Änderung des Arbeitsvertrags**: Ist der Tätigkeitsbereich des ArbN durch den Arbeitsvertrag sowohl seiner Art wie auch der Arbeitsstelle nach genau bestimmt, so bedeutet jede Zuweisung einer anderen Tätigkeit und eines anderen Arbeitsplatzes eine Änderung des Arbeitsvertrages, die grundsätzlich nicht einseitig vom ArbGeb herbeigeführt werden kann[19]. **MitbestR** des BR nach § 99 Abs. 1 BetrVG, des Personalrats nach § 75 Abs. 1 Nr. 3 BPersVG können einschlägig sein[20].

---

1 BAG v. 22.5.1985 – 4 AZR 84/88, AP Nr. 6 zu § 1 TVG – Tarifverträge – Bundesbahn. | 2 LAG Rh.-Pf. v. 5.7.1996 – 10 Sa 165/96, NZA 1997, 1113: 13 Jahre. | 3 BAG v. 7.12.2000 – 6 AZR 444/99, NZA 2001, 780 ff. | 4 MünchArbR/*Blomeyer*, § 48 Rz. 91. | 5 LAG Berlin v. 25.4.1988 – 9 Sa 15/88, LAGE § 611 BGB – Direktionsrecht Nr. 2. | 6 BAG v. 11.6.1992 – 6 AZR 218/91, AP Nr. 2 zu § 12 BAT. | 7 MünchArbR/*Blomeyer*, § 48 Rz. 84. | 8 RGRK/*Schliemann*, § 611 BGB Rz. 1374. | 9 Schaub/*Linck*, ArbRHdb, § 45 Rz. 14. | 10 LAG Berlin v. 25.4.1988 – 9 Sa 15/88, LAGE § 611 BGB – Direktionsrecht Nr. 2. | 11 BAG v. 12.6.1986 – 2 AZR 398/85, NJW-RR 1988, 482 f. | 12 ArbG Augsburg v. 18.9.1995 – 8 Ca 2490/95, NZA-RR 1996, 185 f. | 13 ErfK/*Preis*, § 611 BGB Rz. 806. | 14 MünchArbR/*Blomeyer*, § 48 Rz. 84. | 15 MünchArbR/*Blomeyer*, § 48 Rz. 84. | *16 Anders für Landespersonalvertretungsrecht zB BAG v. 15.5.1984 – 1 AZR 289/83, nv. (juris).* | 17 MünchArbR/*Blomeyer*, § 48 Rz. 86. | 18 So zB Schaub/*Linck*, ArbRHdb, § 45 Rz. 15, 17; vgl. auch MünchArbR/*Blomeyer*, § 48 Rz. 49. | 19 BAG v. 10.11.1955 – 2 AZR 591/54, AP Nr. 2 zu § 611 BGB – Beschäftigungspflicht. | 20 Vgl. hierzu die dortige Kommentierung.

(1) Umsetzung. Die von einem ArbGeb angeordnete Umsetzung eines ArbN auf einen anderen Arbeitsplatz ist eine einseitige, nach zivilrechtlichen und tarifrechtlichen Grundsätzen zu bewertende Handlung mit rechtsgeschäftlichem Charakter[1]. Innerhalb des Betriebs, für den der ArbN nach seinem Arbeitsvertrag eingestellt worden ist, kann er kraft Direktionsrechts[2] umgesetzt werden[3]. Innerhalb der geschuldeten Arbeitsleistung ist eine Umsetzung vom Direktionsrecht des ArbGeb umfasst, auf Grund deren der ArbN innerhalb eines Filialunternehmens von einem Betrieb in einen anderen versetzt wird, sofern dies nicht mit erheblichen Erschwernissen für den ArbN verbunden ist[4]. 339

Durch Umsetzung eines der ArbN kann der ArbGeb auch Spannungen zwischen mehreren ArbN begegnen; er ist nicht gehalten, anstelle der Umsetzung eine Abmahnung auszusprechen[5]. Die Umsetzung vom Restaurations-Büffet an einen organisatorisch ebenfalls zur Restaurationsabteilung gehörenden Kuchenverkaufsstand stellt keine Vertragsänderung durch schlüssiges Verhalten dar. Eine Vertragsänderung setzt eine darauf gerichtete Willensübereinstimmung der Vertragsparteien voraus, wobei ein solcher Vertragsänderungswille zwar nicht ausdrücklich erklärt zu werden braucht, es müssen aber besondere Umstände ersichtlich sein, aus denen auf einen entsprechenden Erklärungswillen geschlossen werden könnte[6]. 340

(2) Versetzung. Bei der Ausübung eines vereinbarten Rechts zur Versetzung des ArbN durch den ArbGeb handelt es sich um eine grundsätzlich freie unternehmerische Entscheidung, bei der der ArbGeb lediglich die Grenzen des billigen Ermessens iSd. § 106 GewO einhalten muss. Dabei setzt die Wahrung billigen Ermessens voraus, dass die wesentlichen Umstände des Falles **abgewogen** und die beiderseitigen Interessen angemessen berücksichtigt werden[7]. Hat ein ArbGeb unter mehreren ArbN, mit denen er einzelvertraglich keinen besonderen Einsatzort vereinbart hat, die Wahl, welche der ArbN er zu einem anderen Einsatzort versetzen soll, so kann er seine Wahl in zulässiger Weise nach dem Kriterium der Betriebszugehörigkeit treffen[8]. Abgewogen werden kann auch nach den Auswirkungen auf die private Lebensführung des ArbN sowie nach zeitlichem und finanziellem Mehraufwand für den ArbN[9]. Eine Versetzung des ArbN in einen anderen Betrieb überschreitet idR die Grenzen des Direktionsrechts; naturgemäß gilt dies nicht, wenn bereits eine **Auslegung des Arbeitsvertrags** ergibt, dass der ArbGeb sich den Einsatz des ArbN auch in anderen Betrieben des Unternehmens vorbehalten hat[10]. Eine bindende Vereinbarung des Arbeitsortes liegt nicht schon in der in Arbeitsverträgen von Lehrern enthaltenen Angabe einer bestimmten Schule[11]; dies schließt das Recht des Landes, den Lehrer an eine andere Schule umzusetzen, jedenfalls dann nicht aus, wenn auf den Arbeitsvertrag § 12 BAT Anwendung findet. **§ 12 BAT** ermächtigt den ArbGeb, aus dienstlichen oder betrieblichen Gründen den Angestellten an einen anderen Dienstort oder zu einer anderen Dienststelle abzuordnen. Dadurch wird das Direktionsrecht des ArbGeb einerseits erweitert, sofern es nicht durch den Einzelarbeitsvertrag ausdrücklich eingeschränkt wird, andererseits schränkt die Bestimmung zum Schutz des Angestellten das Abordnungsrecht des ArbGeb ein, indem sie die Abordnungsbefugnis von bestimmten Voraussetzungen abhängig macht[12]. Eine Verpflichtung des ArbGeb, dem ArbN eine Übernahme in einen anderen Standort des Unternehmens im Wege der Vertragsänderung anzubieten, besteht grundsätzlich nicht und kann jedoch regelmäßig nur in Betracht gezogen werden, wenn ein erhebliches Interesse an der begehrten Vertragsänderung anzuerkennen ist und dem Vertragspartner eine Berücksichtigung des Änderungswunsches unschwer möglich und zumutbar ist[13]. 341

dd) Betriebsverlegung. Eine Verlegung des Betriebs, dh. die nicht nur geringfügige Veränderung der örtlichen Lage eines ortsfesten Betriebs oder Betriebsteils[14], bedeutet für den in dem Betrieb beschäftigten ArbN, dass er den damit verbundenen Wechsel seines Einsatzortes im Rahmen des ihm Zumutbaren hinzunehmen hat, da er nach dem Arbeitsvertrag idR zur Arbeitsleistung in einem bestimmten Betrieb unabhängig von dessen Ort verpflichtet ist. Er soll einen solchen Wechsel nicht hinzunehmen haben, wenn der Betrieb an einen entfernteren Ort – nicht lediglich in den Nachbarort – verlegt wird[15]. Die Abgrenzung kann im Einzelfall freilich problematisch sein; zur Bestimmung der Reichweite der Verpflichtung des ArbN sind wiederum die unter Rz. 341 genannten Regeln anwendbar. Im Rahmen der dabei durchzuführenden Abwägung sind etwa die Verkehrsverbindungen zu berücksichtigen[16]. Werden etwa Abteilungen in ein Gebäude verlegt, das 4,3 Straßen-km vom bisherigen Betriebsort entfernt liegt, so kann von einer geringfügigen Verlegung des Standortes auch unter Berücksichtigung des Umstandes nicht mehr gesprochen werden, dass in einer Großstadt im Allgemeinen günstige Verkehrs- 342

---

1 BAG v. 28.5.1980 – 4 AZR 387/78, nv. (juris). | 2 MünchArbR/*Blomeyer*, § 48 Rz. 88. | 3 Schaub/*Linck*, ArbRHdb, § 45 Rz. 17. | 4 Schaub/*Linck*, ArbRHdb, § 45 Rz. 17. | 5 BAG v. 24.4.1996 – 5 AZR 1031/94, AP Nr. 48 zu § 611 BGB – Direktionsrecht. | 6 BAG v. 20.12.1983 – 1 AZR 380/82, nv. (juris). | 7 LAG Köln v. 22.4.1997 – 1 Sa 1485/96, MDR 1997, 853 f. | 8 LAG Hamm v. 4.7.1996 – 17 Sa 2221/95, NZA-RR 1996, 435. | 9 MünchArbR/*Blomeyer*, § 48 Rz. 91; vgl. auch Schaub/*Linck*, ArbRHdb, § 45 Rz. 17. | 10 MünchArbR/*Blomeyer*, § 48 Rz. 89. | 11 BAG v. 29.10.1997 – 5 AZR 573/96, AP Nr. 51 zu § 611 BGB – Direktionsrecht. | 12 BAG v. 11.6.1992 – 6 AZR 218/91, AP Nr. 2 zu § 12 BAT; vgl. auch v. 10.11.1955 – 2 AZR 591/54, AP Nr. 2 zu § 611 BGB – Beschäftigungspflicht. | 13 LAG München v. 8.11.1988 – 2 Sa 691/88, LAGE § 611 BGB – Fürsorgepflicht Nr. 17. | 14 MünchArbR/*Blomeyer*, § 48 Rz. 97; ArbR-BGB/*Schliemann*, § 611 BGB Rz. 587; im Zusammenhang mit § 111 BetrVG ebenso BAG v. 17.8.1982 – 1 ABR 40/80, AP Nr. 11 zu § 111 BetrVG 1972. | 15 Schaub/*Linck*, ArbRHdb, § 45 Rz. 20. | 16 MünchArbR/*Blomeyer*, § 48 Rz. 98.

343 ee) **Prozessuale Bedeutung.** Durch den Ort der Arbeit als Erfüllungsort wird nach § 29 Abs. 1 ZPO ein besonderer Gerichtsstand begründet. Wird die Arbeitsleistung an unterschiedlichen Orten erbracht, gilt als gemeinsamer Erfüllungsort für die beiderseitigen Leistungsverpflichtungen der **Schwerpunkt des Vertragsverhältnisses**, der durch die Arbeitsleistung innerhalb des Betriebes bestimmt wird[3]. Nach dem Gegenschluss aus § 29 Abs. 2 ZPO kann hiervon durch eine Vereinbarung mit dem ArbN nicht abgewichen werden[4]. Der Ort, an dem der Betrieb sich befindet, kann ferner unter dem Gesichtspunkt des besonderen Gerichtsstandes der Niederlassung (§ 21 Abs. 1 ZPO) die örtliche Zuständigkeit begründen. Unter mehreren in Betracht kommenden Gerichtsständen kann der Kläger wählen (§ 35 ZPO).

344 e) **Prozessuale Durchsetzung der Arbeitspflicht.** Der ArbN kann, wie sich aus dem Rückschluss zu § 888 Abs. 3 ZPO ergibt, zwar zur Arbeitsleistung verurteilt werden; ein Rechtsschutzbedürfnis fehlt nicht von vornherein[5]. Allerdings schließt § 888 Abs. 3 ZPO die Vollstreckung gegen den zur Arbeitsleistung („Leistung von Diensten aus einem Dienstvertrag") Verpflichteten generell aus. Gemäß dem Wortlaut der Norm kann offen bleiben, ob es sich bei einer solchen Leistung im Einzelfall tatsächlich um eine **unvertretbare Handlung** handelt[6]; nach der gesetzlichen Regelung und gerade im Fall der Arbeitsleistung, zu deren Erbringung der ArbGeb einen ganz bestimmten ArbN ausgewählt und eingestellt hat – was die Zweifelsannahme des § 613 Satz 1 auslöst –, ist stets davon auszugehen, dass auf Leistung von derartigen Diensten eine Vollstreckung ausgeschlossen ist, ohne dass es darüber hinaus noch der Prüfung der Vertretbarkeit bedarf. Dagegen spricht auch nicht § 61 Abs. 2 ArbGG, denn die dort gemeinte Handlung, bei der auch die Zwangsvollstreckung nach § 887 ZPO, also auch bei nicht vertretbaren Handlungen, ausgeschlossen ist, meint nicht ausschließlich die Arbeitspflicht[7]. Für eine Klage auf Erfüllung der Arbeitspflicht ist ein **Rechtsschutzbedürfnis** dennoch nicht von vornherein ausgeschlossen. Dies lässt sich bereits aus dem Bestehen des § 888 ZPO schließen, hätte der Gesetzgeber doch auch schon die Klagbarkeit ausschließen können (vgl. zB § 1297 Abs. 1 einerseits und § 888 Abs. 3 ZPO andererseits). Eine Klage kann zur Klärung der Rechtslage beitragen und den ArbN auf seine Arbeitsverpflichtung hinweisen[8].

345 Im Übrigen halten außer einem Anspruch nach § 61 Abs. 2 ArbGG auch **Sekundäransprüche** und die Möglichkeit einer Abmahnung und einer Kündigung bei unberechtigter Nichterbringung der Arbeitsleistung den ArbN zur Einhaltung seiner Verpflichtung an[9]. Für den Entschädigungsanspruch aus § 61 Abs. 2 ArbGG sowie die darin enthaltene Beschränkung der Zwangsvollstreckung ist aber zu beachten, dass es nicht genügt, wenn der ArbN zur Arbeitsleistung lediglich verpflichtet ist; vielmehr muss er dazu durch Leistungsurteil[10] verurteilt worden sein[11], weshalb ein Fall des § 61 Abs. 2 ArbGG nicht vorliegt, wenn das Arbeitsverhältnis, etwa auf Grund einer Befristung, während des Prozesses endet. In diesem Fall kann aber die Klage nach § 264 Nr. 3 ZPO in ein Schadensersatzbegehren geändert werden[12].

346 Im Wege der **einstweiligen Verfügung** kann nach umstrittener Ansicht zwar der Anspruch auf Arbeitsleistung, nicht aber der Anspruch nach § 61 Abs. 2 ArbGG verfolgt werden[13].

347 2. **Nebenpflichten. a) Grundsätze.** Unter den Nebenpflichten werden allgemein diejenigen Pflichten verstanden, die nicht Hauptpflicht sind und den ArbN zur Rücksichtnahme auf die Interessen des Vertragspartners und zum Schutz und zur Förderung der Durchführung des Vertragszwecks verpflichten[14]. Die Herleitung der Grundlage der Nebenpflichten erfolgte zunächst unter Berufung auf den Charakter des Arbeitsverhältnisses als **personenrechtliches Gemeinschaftsverhältnis** und die daraus resultierende allgemeine Treupflicht des ArbN, die neben die Pflicht zur Arbeitsleistung treten sollte und der Fürsor-

---

[1] BAG v. 17.8.1982 – 1 ABR 40/80, AP Nr. 11 zu § 111 BetrVG 1972. | [2] BAG v. 20.4.1989 – 2 AZR 431/88, AP Nr. 81 zu § 613a BGB. | [3] BAG v. 19.3.1996 – 9 AZR 656/94, AP Nr. 2 zu § 328 ZPO; LAG Berlin v. 19.5.1960 – 2 Sa 14/60, AP Nr. 3 zu § 269 BGB; *Baumbach/Lauterbach/Albers/Hartmann*, § 29 ZPO Rz. 19; *Zöller/Vollkommer*, § 29 ZPO Rz. 25 „Arbeitsvertrag". | [4] AA MünchArbR/*Blomeyer*, § 48 Rz. 80, vgl. auch Thomas/Putzo, § 29 ZPO Rz. 5. | [5] ErfK/*Preis*, § 611 BGB Rz. 857. | [6] Anders Schaub/*Linck*, ArbRHdb, § 45 Rz. 71, der annimmt, die Arbeitsleistung sei nur „nahezu" immer unvertretbar. | [7] Vgl. Germelmann/Matthes/Prütting/Müller-Glöge, § 61 ArbGG Rz. 28 ff. | [8] Schaub/*Linck*, ArbRHdb, § 45 Rz. 71; ErfK/*Preis*, § 611 BGB Rz. 857; dies folgt unausgesprochen auch aus BAG v. 2.12.1965 – 2 AZR 91/65, AP Nr. 27 zu § 620 BGB – Befristeter Arbeitsvertrag, wonach die Klage auf Fortsetzung des Arbeitsverhältnisses durch den Arbeitnehmer schon an einem fehlenden Rechtsschutzbedürfnis scheiterte. | [9] Zu weiteren „mittelbaren Sanktionen" MünchArbR/*Blomeyer*, § 50 Rz. 13. | [10] Germelmann/Matthes/Prütting/Müller-Glöge, § 61 ArbGG Rz. 27. | [11] BAG v. 2.12.1965 – 2 AZR 91/65, AP Nr. 27 zu § 620 BGB – Befristeter Arbeitsvertrag m. Anm. A. Hueck. | [12] BAG v. 2.12.1965 – 2 AZR 91/65, AP Nr. 27 zu § 620 BGB – Befristeter Arbeitsvertrag m. Anm. A. Hueck. | [13] AA hinsichtlich der Arbeitsleistung zB MünchKomm/*Müller-Glöge*, § 611 BGB Rz. 421; Einzelheiten und Nachweise zum Streitstand bei MünchArbR/*Blomeyer*, § 50 Rz. 3 und 12; Schaub/*Linck*, ArbRHdb, § 45 Rz. 72. | [14] Vgl. ErfK/*Preis*, § 611 BGB Rz. 869; ArbR-BGB/*Schliemann*, § 611 BGB Rz. 674.

gepflicht des ArbGeb korrespondierte[1]. Das BAG konkretisierte die **Treuepflicht** des ArbN dahin, dass sich dieser „auf Grund seines Arbeitsvertrags für die Interessen des ArbGeb und das Gedeihen des Betriebs einsetzen und alles unterlassen müsse, was dem ArbGeb oder dem Betrieb abträglich ist"[2]; bei der Nebenpflicht, alle vermeidbaren Schäden vom ArbGeb fern zu halten, handele es sich „um einen aus dem gemäß § 242 auszulegenden Arbeitsvertrag resultierenden Erfüllungsanspruch"[3]. Dem BAG zufolge wird der Inhalt dieser Nebenpflicht im Arbeitsverhältnis „durch eine besondere persönliche Bindung der Vertragspartner geprägt"; das Arbeitsverhältnis beinhalte „spezifische Pflichten zur Rücksichtnahme auf die Interessen des jeweiligen Vertragspartners"[4]. Auch heute noch formuliert das BAG, die Treuepflicht des ArbN gebiete alles zu unterlassen, was dem ArbGeb oder dem Betrieb abträglich ist[5]. Gegen den Erkenntniswert derart allgemeiner Formeln werden freilich zu Recht Bedenken erhoben[6], doch kommt es im Einzelfall weniger auf die abstrakte Begriffsbestimmung an als vielmehr auf die aus der genannten Grundlage entwickelten besonderen Fallgruppen der Nebenpflichten, die eine zT sehr detaillierte Ausgestaltung erfahren haben, zumal die genaue inhaltliche Festlegung der Nebenpflicht nach den **besonderen Umständen** des jeweiligen Arbeitsverhältnisses sowie nach der **Verkehrssitte** zu erfolgen hat[7].

Der Charakter des Arbeitsverhältnisses als ein personenrechtliches Gemeinschaftsverhältnis ist nach und nach zugunsten einer heute eher an der Vorstellung des **Austauschverhältnisses** orientierten Sichtweise zurückgetreten. Nach der Schuldrechtsreform sind schuldrechtliche Nebenpflichten nunmehr auch positivrechtlich in § 241 Abs. 2 verortet worden. Die Norm enthält eine allgemeine Bestimmung der Nebenpflichten im Schuldverhältnis und sieht ähnlich der in der Rspr. bereits zuvor herausgearbeiteten Begriffsbestimmung vor, dass das Schuldverhältnis nach seinem Inhalt jeden Teil „zur Rücksichtnahme auf die Rechte, Rechtsgüter und Interessen des anderen Teils verpflichten" kann. 348

b) **Besondere Nebenpflichten.** Die Systematisierung der arbeitsvertraglichen Nebenpflichten wird in unterschiedlichster Weise vorgenommen. Die Vielgestaltigkeit der einzelnen denkbaren Nebenpflichten erlaubt es nur, die Bereiche einiger praktisch relevanter Nebenpflichten hervorzuheben: 349

aa) **Verschwiegenheit**

Lit.: *Dannecker*, Der Schutz von Geschäfts- und Betriebsgeheimnissen, BB 1987, 1614; *F. Depenheuer*, Zulässigkeit und Grenzen der Verwertung von Unternehmensgeheimnissen durch den Arbeitnehmer, Diss. Köln, 1995; *Gach/Rützel*, Verschwiegenheitspflicht und Behördenanzeigen von Arbeitnehmern, BB 1997, 1959; *D. Gaul*, Die nachvertragliche Geheimhaltungspflicht eines ausgeschiedenen Arbeitnehmers, NZA 1988, 225; *D. Gaul*, Die Durchsetzung des Schutzes eines betriebsgeheimen Know-how, WRP 1988, 215; *Kunz*, Betriebs- und Geschäftsgeheimnisse und Wettbewerbsverbot während und nach dem Ausscheiden von Mitarbeitern, WiB 1995, 414; *Molkenbur*, Pflicht zur Geheimniswahrung nach Ende des Arbeitsverhältnisses, BB 1990, 1196; *Preis/Reinfeld*, Schweigepflicht und Anzeigerecht im Arbeitsverhältnis, AuR 1989, 361; *Taeger*, Verschwiegenheitspflicht im Arbeitsrecht, AuA 1992, 201.

Aus dem Arbeitsvertrag ergibt sich – auch ohne explizite vertragliche Festschreibung[8] – eine Pflicht für den ArbN, über ihm bekannt gewordene Geschäfts- und Betriebsgeheimnisse Verschwiegenheit zu bewahren. Dabei liegt ein **Betriebsgeheimnis** nach auch in der Lit.[9] anerkannter Definition des BAG vor, wenn Tatsachen im Zusammenhang mit einem Geschäftsbetrieb, die nur einem eng begrenzten Personenkreis bekannt und nicht offenkundig sind, nach dem Willen des ArbGeb auf Grund eines berechtigten wirtschaftlichen Interesses geheim gehalten werden[10]. Aus der Rspr. des BAG kann ebenfalls abgeleitet werden, dass technische Tatsachen bereits dann nicht **offenkundig** sind, wenn ihre Analyse für ausgebildete Fachkräfte einen mittleren Schwierigkeitsgrad bietet und ihre sinnvolle Verwendung nicht ohne Detailkenntnisse und erst nach entsprechenden Überlegungen und Untersuchungen möglich ist[11]. Der **Wille des ArbGeb zur Geheimhaltung** muss sich für den ArbN erkennbar – auch konkludent – geäußert haben[12]. Problematisch ist das **schutzwürdige Interesse** an der Geheimhaltung rechtswidriger Geheimnisse[13]. Als Fall eines fehlenden schutzwürdigen Interesses des ArbGeb an der Geheimhaltung kann es zu Recht angesehen werden, dass der ArbGeb gegen geltendes Recht (zB das SozV-, Steuer- oder Umweltrecht) verstößt (Problem des sog. *whistle-blowing*)[14]. Gleichwohl kommen hierfür allenfalls solche Gesetzesverstöße in Betracht, die entweder die Rechtsposition des ArbN konkret und – gemessen an der Bedeutung des Geheimnisses – mit einiger Erheblichkeit beeinträchtigen oder solche, die strafrechtlich sanktionierbar sind, denn dem ArbN obliegt nicht die Aufrechterhaltung objektiven Rechts im Betrieb. Nach Ansicht des BGH ist ein ArbN dann nicht gehindert, nach seinem Ausscheiden Betriebs- 350

---

1 Zur Begriffsgeschichte ausführl. Staudinger/*Richardi*, § 611 BGB Rz. 374 ff.; auch MünchArbR/*Blomeyer*, § 51 Rz. 4 ff.; s. auch *Wiedemann*, Das Arbeitsverhältnis als Austausch- und Gemeinschaftsverhältnis, 1966. |2 BAG v. 17.10.1969 – 3 AZR 442/68, AP Nr. 7 zu § 611 BGB – Treuepflicht m. Anm. *Canaris*. |3 BAG v. 5.3.1968 – 1 AZR 229/67, AP Nr. 6 zu § 611 BGB – Treuepflicht m. Anm. *Brackmann*. |4 BAG v. 7.9.1995 – 8 AZR 828/93, AP Nr. 24 zu § 242 BGB – Auskunftspflicht. |5 BAG v. 16.8.1990 – 2 AZR 113/90, AP Nr. 10 zu § 611 BGB – Treuepflicht. |6 Vgl. zB ErfK/*Preis*, § 611 BGB Rz. 871. |7 *Hueck*/Nipperdey, ArbR Bd. I, 17. Aufl., S. 242. |8 *Preis*, Der Arbeitsvertrag, II V 20 Rz. 8. |9 MünchArbR/*Blomeyer*, § 53 Rz. 56; *Preis*, Der Arbeitsvertrag, II V 20 Rz. 17 ff. |10 BAG v. 16.3.1982 – AZR 83/79, AP Nr. 1 zu § 611 BGB – Betriebsgeheimnis. |11 BAG v. 16.3.1982 – 3 AZR 83/79, AP Nr. 1 zu § 611 BGB – Betriebsgeheimnis; vgl. auch ArbR-BGB/*Schliemann*, § 611 BGB Rz. 702. |12 ArbR-BGB/*Schliemann*, § 611 BGB Rz. 702. |13 *Preis*, Der Arbeitsvertrag, II V 20 Rz. 21 ff. |14 ErfK/*Preis*, § 611 BGB Rz. 878, auch zu Strafanzeigen des ArbN gegen den ArbGeb.

interna zu offenbaren, wenn er damit gewichtige innerbetriebliche Missstände aufdeckt, durch die die Öffentlichkeit betroffen ist und denen durch betriebsinternes Vorstelligwerden nicht erfolgreich begegnet werden kann[1]. Unabhängig vom Vorliegen dieser Begriffsmerkmale gilt die Verschwiegenheitspflicht auch für solche Tatsachen, die der ArbGeb ausdrücklich als vertraulich bezeichnet[2].

351 **bb) Verschwiegenheitspflicht nach Beendigung des Arbeitsverhältnisses.** Nach der Rspr. des BAG ist ein ArbN auch nach Beendigung des Arbeitsverhältnisses verpflichtet, Verschwiegenheit über Geschäfts- und Betriebsgeheimnisse seines ArbGeb zu bewahren[3]. Teilweise wird in der Weise differenziert, dass die der Pflicht unterfallenden Tatsachen zwar nicht durch Weitergabe an Dritte, wohl aber durch eigene berufliche Verwertung, soweit ein Wettbewerbsverbot nicht (wirksam) vereinbart ist, gestattet ist[4]. Sieht man die Grundlage der Verschwiegenheitspflicht in einer Nebenpflicht aus dem Arbeitsvertrag, so kann eine Verschwiegenheitspflicht nach Ende des Vertrags nicht ohne weiteres angenommen werden, denn mit der Beendigung des Arbeitsverhältnisses finden die hierdurch begründeten beiderseitigen Rechte und Pflichten für die Zukunft grundsätzlich ihr Ende, und eine Nachwirkung kann nur in einem sehr begrenzten Umfang in Betracht kommen[5]. Jedenfalls besteht sie als Ausnahme zum Grundsatz der Beschränkung der Pflichten auf die Dauer des Vertrags nicht ohne weiteres, sondern bedarf regelmäßig einer besonderen Grundlage, die den ArbN auch über das Ende des Arbeitsvertrags hinaus verpflichtet. Zu diesem Zweck können die Parteien eines Arbeitsvertrages wirksam **vereinbaren**, dass der ArbN bestimmte Betriebsgeheimnisse, die er auf Grund seiner Tätigkeit erfährt, nach Beendigung des Arbeitsverhältnisses nicht nutzen oder weitergeben darf (**Geheimhaltungsklausel**)[6]. Die Verbindlichkeit einer solchen Vereinbarung hängt **nicht** von der Zusage einer **Entschädigung** ab[7]. Dies gilt allerdings dann nicht, wenn die Verschwiegenheitspflicht wie ein nachvertragliches Wettbewerbsverbot iSv. §§ 74 ff. HGB wirkt[8]; andererseits ist aus einer Verschwiegenheitsklausel für sich allein noch kein Wettbewerbsverbot herzuleiten[9]. Ferner kann der ArbGeb unter dem rechtlichen Gesichtspunkt der nachwirkenden Fürsorgepflicht gehalten sein, den ArbN nach dem Erlöschen des Arbeitsverhältnisses von einem fortbestehenden Schweigegebot freizustellen, so wenn er das Ziel verfolgt, seinen Rechtsanwalt für einen gegen den ArbGeb zu führenden Schadensersatzprozess informieren zu können, was aber zur Voraussetzung hat, dass alle sonstigen materiellrechtlichen Erfordernisse des Schadensersatzanspruchs feststehen[10]. Eine **gesetzliche nachvertragliche Verschwiegenheitspflicht** besteht für BR-Mitglieder nach § 79 Abs. 1 Satz 2 BetrVG (vgl. auch § 80 Abs. 4 BetrVG); für die Mitglieder des Aufsichtsrats aus den Kreisen der ArbN gilt § 116 iVm. § 93 Abs. 1 Satz 2 AktG. Weitere gesetzliche Verschwiegenheitspflichten finden sich für die Personalvertretung in § 10 BPersVG, für Vertrauensleute schwerbehinderter Menschen in § 96 Abs. 7 SGB IX, für Auszubildende in § 9 Satz 2 Nr. 6 BBiG, für bei der Datenverarbeitung beschäftigte Personen in § 5 Satz 2 BDSG. Wird eine auf Grund eines solchen besonderen Amtes bestehende Verschwiegenheitspflicht verletzt, ist stets zu fragen, ob dies gleichzeitig ein Verstoß (auch) gegen eine arbeitsvertragliche Pflicht zu bewerten ist[11]. Die **tarifvertragliche** Bestimmung des § 9 Abs. 4 BAT sieht vor, dass der Angestellte auch nach Beendigung des Arbeitsverhältnisses über Angelegenheiten, die der in den Abs. 1 bis 3 des § 9 BAT geregelten Schweigepflicht unterliegen, Verschwiegenheit zu bewahren hat. Aus der Verpflichtung, Verschwiegenheit über Kundenlisten zu bewahren, folgt allerdings noch nicht die Verpflichtung, die Kunden des ArbGeb nicht zu umwerben; will der ArbGeb das verhindern, muss er ein Wettbewerbsverbot vereinbaren[12].

352 Bei Verletzung der Verschwiegenheitspflicht während der Dauer des Arbeitsverhältnisses kommen sowohl **Abmahnung** als auch **Kündigung** in Betracht. Allein die objektive Verletzung der Schweigepflicht, die dem ArbN-Vertreter im Aufsichtsrat entweder kraft Gesetzes obliegt (§ 116 iVm. § 93 Abs. 1 Satz 2 AktG) oder die ihm durch die Unternehmensleitung besonders auferlegt wird, rechtfertigt in der Regel weder die außerordentliche noch die ordentliche Kündigung. Es muss hinzukommen, dass der Verstoß auf Verschulden des ArbN beruht, woran es fehlt, solange ungeklärt ist, welchen Umfang die Schweigepflicht der ArbN-Vertreter im Aufsichtsrat hat[13]. Aber auch nach Beendigung des Arbeitsverhältnisses können Sanktionen eintreten: In schwerwiegenden Fällen kann sich der Verpflichtete nach **§ 826** schadensersatzpflichtig machen. Möglich ist auch, dass die Arbeitsvertragsparteien die nachvertragliche Verschwiegenheitspflicht mit einer **Vertragsstrafe** bewehrt haben[14]. Es gelten die allgemeinen Re-

---

1 BGH v. 20.1.1981 – VI ZR 162/79, AP Nr. 4 zu § 611 BGB – Schweigepflicht, mit näheren Ausführungen zu den Voraussetzungen, unter denen in öffentlicher Kritik an einem Unternehmen Betriebsinterna offenbart werden dürfen, wenn sich der Kritiker deren Kenntnis durch Anstellung in dem Unternehmen unter Verschweigen seiner Absicht und unter einem Decknamen verschafft hat. |2 MünchArbR/*Blomeyer*, § 53 Rz. 57. |3 BAG v. 24.11.1956 – 2 AZR 345/56, AP Nr. 4 zu § 611 BGB – Fürsorgepflicht; v. 15.12.1987 – 3 AZR 474/86, AP Nr. 5 zu § 611 BGB – Betriebsgeheimnis; v. 16.3.1982 – 3 AZR 83/79, AP Nr. 1 zu § 611 BGB – Betriebsgeheimnis. |4 MünchArbR/*Blomeyer*, § 53 Rz. 72. |5 BAG v. 24.11.1956 – 2 AZR 345/56, AP Nr. 4 zu § 611 BGB – Fürsorgepflicht; vgl. auch Schaub/*Linck*, ArbRHdb, § 54 Rz. 10. |6 BAG v. 16.3.1982 – 3 AZR 83/79, AP Nr. 1 zu § 611 BGB – Betriebsgeheimnis. |7 BAG v. 16.3.1982 – 3 AZR 83/79, AP Nr. 1 zu § 611 BGB – Betriebsgeheimnis. |8 ArbR-BGB/*Schliemann*, § 611 BGB Rz. 703; MünchArbR/*Blomeyer*, § 53 Rz. 75. |9 BAG v. 19.5.1998 – 9 AZR 349/97, AP Nr. 11 zu § 611 BGB – Treuepflicht; Schaub/*Linck*, ArbRHdb, § 54 Rz. 13. |10 BAG v. 13.2.1969 – 5 AZR 199/68, AP Nr. 3 zu § 611 BGB – Schweigepflicht. |11 BAG v. 4.4.1974 – 2 AZR 452/73, AP Nr. 1 zu § 626 BGB – Arbeitnehmervertreter im Aufsichtsrat. |12 BAG v. 15.12.1987 – 3 AZR 474/86, AP Nr. 5 zu § 611 BGB – Betriebsgeheimnis. |13 BAG v. 4.4.1974 – 2 AZR 452/73, AP Nr. 1 zu § 626 BGB – Arbeitnehmervertreter im Aufsichtsrat. |14 MünchArbR/*Blomeyer*, § 53 Rz. 78.

geln zur Kontrolle von Vertragsstrafen in Formulararbeitsverträgen (s. Rz. 415 ff.). Die Mitteilung von Informationen aus dem Geschäftsbereich des ArbGeb an Konkurrenten ist in der Regel eine Verletzung der dem ArbN obliegenden Verschwiegenheitspflicht, und schon ein diesbezüglicher dringender Verdacht ist an sich geeignet, eine Verdachtskündigung zu rechtfertigen[1]. Als besonderer **Straftatbestand**, dem auch ArbN unterfallen, ist § 17 UWG zu beachten.

cc) Einhaltung der betrieblichen Ordnung. Unter den Sammelbegriff der Einhaltung der betrieblichen Ordnung wird eine Vielzahl unterschiedlicher Nebenpflichten gefasst, die die allgemeine Pflicht des ArbN, sich innerhalb des Betriebs „ordnungsgemäß" zu verhalten, ausfüllen. Damit ist nicht allein das Verhalten des ArbN gegenüber seinem ArbGeb, sondern insb. auch gegenüber anderen ArbN gemeint. Im erstgenannten Fall folgt die Pflicht bereits aus der Rücksichtnahme- und Schutzpflicht, die ihrerseits als Nebenpflichten aus dem Arbeitsvertrag folgen (vgl. auch § 241 Abs. 2). Eine Verpflichtung zu bestimmten Verhaltensweisen besteht gegenüber den anderen ArbN nicht, ergibt sich jedoch als Reflex[2] aus der gegenüber dem ArbGeb bestehenden Pflicht zur Rücksichtnahme auf sein Interesse (vgl. ebenfalls § 241 Abs. 2) an einem reibungslosen Ablauf des arbeitsteiligen Prozesses im Betrieb. In dieser Hinsicht handelt es sich typischerweise um einen kollektiven Tatbestand, der der erzwingbaren Mitbest. des BR nach § 87 Abs. 1 Nr. 1 BetrVG unterliegt[3]. Besondere, verbindliche Verhaltenspflichten können durch eine BV nach § 87 Abs. 1 Nr. 1 BetrVG begründet werden. Vgl. insoweit und wegen hier nicht aufgeführter Fallgruppen die dortige Kommentierung. Doch unterfällt nicht jedes Verhalten des ArbN im Rahmen seines Arbeitsverhältnisses dem Regelungsbereich des § 87 Abs. 1 Nr. 1 BetrVG. Das BAG geht dabei von der Möglichkeit einer scharfen **Trennung** zwischen dem mitbestimmungspflichtigen Ordnungsverhalten und dem davon zu unterscheidenden **reinen Arbeitsverhalten** aus[4]. Das letztgenannte betreffen alle Regeln und Weisungen, die bei der unmittelbaren Erbringung der Arbeitsleistung selbst zu beachten sind; das Arbeitsverhalten wird berührt, wenn der ArbGeb kraft seiner Organisations- und Leitungsmacht näher bestimmt, welche Arbeiten in welcher Weise auszuführen sind. Nicht mitbestimmungspflichtig sind danach Anordnungen, mit denen die Arbeitspflicht unmittelbar konkretisiert wird[5]. Wären Gegenstand des MitbestR überhaupt alle Maßnahmen des ArbGeb, die ein irgendwie geartetes Verhalten des ArbN zum Ziel haben oder dieses Verhalten betreffen, hätte es der anderen Mitbestimmungstatbestände in § 87 Abs. 1 BetrVG nicht bedurft[6]. So hat etwa eine vom ArbGeb eingeführte **Dienstreiseordnung** nicht die Gestaltung des Zusammenlebens und Zusammenwirkens der ArbN im Rahmen der betrieblichen Ordnung zum Inhalt, denn sie bezieht sich nicht auf das Ordnungsverhalten des ArbN, sondern auf sein Arbeits- oder Leistungsverhalten[7]. Allerdings kann der ArbGeb auch Vereinbarungen mit denjenigen ArbN schließen, die einen **Parkplatz benutzen** wollen, so dass es sich um **vertragliche Einheitsregelungen** handelt, deren Inhalt nicht zwischen den Beteiligten abgesprochen, sondern vom ArbGeb einseitig festgesetzt wird. Dabei darf der ArbGeb, weil in einem solchen Fall die Vertragsparität einen Interessenausgleich nicht gewährleisten kann, nicht nur seine Interessen verfolgen; vielmehr muss er seinerseits auch den Interessen der ArbN angemessen Rechnung tragen und seine Leistungsbestimmung billig und gerecht ausüben[8]. Der Verpflichtung des ArbN zur Einhaltung der betrieblichen Ordnung ist durch das grundrechtliche geschützte **Persönlichkeitsrecht** des ArbN eine **Grenze** gesetzt[9].

Der Betriebsfrieden kann durch **Mobbing** gestört werden, das der ArbN zu unterlassen hat. Dies beruht auf der arbeitsvertraglichen Nebenpflicht, in Bezug auf die Arbeitskollegen Rücksichtnahme zu üben und Störungen des Betriebsfriedens zu unterlassen[10]. Zum Begriff des Mobbing siehe Rz. 256. Soweit das Mobbing sexuellen Bezug aufweist, ist es (auch) nach dem BeschSchG zu beurteilen (s. die dortige Kommentierung).

Als **Folge** davon kann der ArbN berechtigt sein, vom ArbGeb Schadensersatz zu verlangen, falls ihm Schäden auf Grund von Mobbing durch namentlich benannte Kollegen entstanden sind (hierzu ausführl. Rz. 256) Vor einer Kündigung kann der mobbende ArbN **abgemahnt** werden, wenn dadurch die Wiederherstellung des Vertrauens erwartet werden kann[11]. Für den mobbenden ArbN kann das Mobbing **auch ohne Abmahnung** und unabhängig davon, ob es dadurch zu einer nachgewiesenen Störung des Betriebsfriedens gekommen ist, die **außerordentliche Kündigung** rechtfertigen, wenn dadurch das allgemeine Persönlichkeitsrecht, die Ehre oder die Gesundheit des Mobbingopfers in schwerwiegender Weise verletzt wurde[12]. Je intensiver das Mobbing erfolgt, umso schwerwiegender und nachhaltiger wird die Vertrauensgrundlage für die Fortführung des Arbeitsverhältnisses gestört; muss der Mobbingtäter erkennen, dass das Mobbing zu einer Erkrankung des Opfers geführt hat, und setzt dieser das Mobbing gleichwohl fort, dann kann sogar die auch nur vorübergehende **Weiterbeschäftigung** des mob-

---

1 BAG v. 26.9.1990 – 2 AZR 602/89, RzK I 8c Nr. 20. | 2 MünchArbR/*Blomeyer*, § 53 Rz. 1. | 3 Ausf. zu Einzelfällen *Richardi*, § 87 BetrVG Rz. 184 ff. | 4 BAG v. 8.12.1981 – 1 ABR 91/79, AP Nr. 6 zu § 87 BetrVG 1972 – Lohngestaltung. | 5 BAG v. 8.11.1994 – 1 ABR 22/94, AP Nr. 24 zu § 87 BetrVG 1972 – Ordnung des Betriebes (*Raab*). | 6 BAG v. 8.12.1981 – 1 ABR 91/79, AP Nr. 6 zu § 87 BetrVG 1972 – Lohngestaltung. | 7 BAG v. 8.12.1981 – 1 ABR 91/79, AP Nr. 6 zu § 87 BetrVG 1972 – Lohngestaltung. | 8 BAG v. 28.9.1989 – 8 AZR 120/88, AP Nr. 5 zu § 611 BGB – Parkplatz. | 9 ArbR-BGB/*Schliemann*, § 611 BGB Rz. 711. | 10 MünchArbR/*Blomeyer*, § 53 Rz. 29; ArbR-BGB/*Schliemann*, § 611 BGB Rz. 714; *Grunewald*, NZA 1993, 1071 (1072). | 11 LAG Sa.-Anh. v. 27.1.2000 – 9 Sa 473/99, nv. (juris). | 12 LAG Thür. v. 15.2.2001 – 5 Sa 102/2000, DB 2001, 1783 ff.

benden ArbN ausgeschlossen sein[1]. Falls von einem ArbN Mobbing gegen einen anderen ArbN ausgeht, kommen **betriebliche Rechte nach den §§ 82 ff. BetrVG**, insb. das Beschwerderecht nach §§ 84, 85 BetrVG in Betracht. Daher steht der Schaffung einer **betrieblichen Regelung**, in welcher Weise und durch welche Personen dem Mobbing von Mitarbeitern entgegenzutreten und wie dieses zu sanktionieren ist, der Gesetzesvorbehalt des § 87 Abs. 1 BetrVG entgegen, denn entsprechende Maßnahmen gehören zu den gemäß § 75 BetrVG unveräußerlichen Aufgaben des BR, und in den §§ 82 ff. BetrVG hat die Vorgehensweise eine besondere Regelung gefunden[2].

356 Zu den gegenüber dem ArbGeb bestehenden Nebenpflichten gehört etwa, dass ein Kraftfahrer verpflichtet ist, jeden die Fahrtüchtigkeit beeinträchtigenden **Alkoholgenuss** während des Dienstes und kurz vor Dienstantritt zu unterlassen[3]. ArbN haben nach § 618 Abs. 1 einen arbeitsvertraglichen Anspruch auf einen **tabakrauchfreien Arbeitsplatz**, wenn das für sie aus gesundheitlichen Gründen geboten ist[4], doch haben Flugbegleiter, solange das Rauchen an Bord von Verkehrsflugzeugen noch nicht gesetzlich verboten ist, keinen Anspruch darauf, dass die Fluggesellschaft den Passagieren das Rauchen verbietet[5]. Zu den Folgen, die Fehlverhalten in Gestalt einer **sexuellen Belästigung** haben kann, vgl. die Kommentierung zum BeschSchG. Zur Einhaltung des Betriebsfriedens durch Unterlassung bestimmter **Meinungsäußerungen** vgl. Rz. 378.

357 **dd) Wettbewerb.** Für Zulässigkeit, Voraussetzungen, Inhalt und Folgen eines Wettbewerbsverbots ist danach zu unterscheiden, ob das Arbeitsverhältnis besteht oder beendet ist. Ausführlicher s. Kommentierung § 110 GewO.

358 **(1) Wettbewerbsverbot bei bestehendem Arbeitsverhältnis – Rechtsgrundlage.** Das BAG hat ein an den ArbN gerichtetes Verbot, mit dem ArbGeb während Bestehens des Arbeitsverhältnisses in Wettbewerb zu treten, aus einer aus dem Arbeitsvertrag Folgenden Neben- bzw. Treuepflicht[6] hergeleitet[7]. Es besteht mithin auch dann, wenn der Einzelarbeitsvertrag keine ausdrückliche Regelungen enthält[8]. Eine eigene gesetzliche schadensersatzbewehrte Regelung eines Verbotes zum Betrieb eines Handelsgewerbes findet sich für Handlungsgehilfen in den **§§ 60, 61 HGB**. Nach ständiger Rspr. konkretisiert diese Vorschrift einen **allgemeinen Rechtsgedanken**, der seine Grundlage bereits in der **Treuepflicht des ArbN** hat[9]; danach soll der ArbGeb vor Wettbewerbshandlungen seines ArbN geschützt sein, weshalb der Arbeitsvertrag für die Dauer seines Bestehens über den persönlichen und sachlichen Anwendungsbereich des § 60 HGB hinaus ein Wettbewerbsverbot einschließt[10]. Das Verbot des § 60 HGB ist dispositiv und kann sowohl erweitert als auch abbedungen werden[11].

359 Der **Sinn und Zweck** des Verbotes kann in unterschiedlicher Weise definiert werden: Zum einen kann er – in **enger Betrachtung** – in der Verhinderung der (auch nur abstrakten) Gefahr liegen, dass der ArbN, der im Rahmen der Erbringung seiner Arbeitsleistung notwendigerweise mit solchen spezifischen Kenntnisse des ArbGeb (etwa über das Produkt und seine Vermarktung) in Berührung kommt, die der ArbGeb unter Einsatz seiner Investitionen gewonnen hat, erwirbt und die daraus resultierenden Vorteile seinerseits abschöpfen könnte, wodurch die Investitionen des ArbGeb nutzlos würden. Dieser Schutzzweck basiert auf dem Gedanken, dass nur demjenigen die Rendite aus einer Investition zusteht, der auch das Risiko ihrer Rentabilität bzw. Nutzlosigkeit trägt. Insoweit besteht eine Ähnlichkeit zum Schutzzweck der Verschwiegenheitspflicht mit dem Unterschied, dass bei dieser ein konkretes Geheimnis geschützt wird, während das Wettbewerbsverbot der abstrakten Gefahr der unlauteren Nutzbarmachung des ArbGebWissens begegnen will. Zum anderen kann der Zweck – in **weiter Betrachtung** – darin gesehen werden, dass dem ArbN (darüber hinaus) untersagt ist, bereits seine eigenen, unabhängig von seiner Tätigkeit bei dem ArbGeb vorhandenen Fähigkeiten und Kenntnisse, zu verwerten, wenn er damit zu seinem ArbGeb in Wettbewerb tritt. Diese zweite Definition läuft allerdings auf ein Konkurrenzverbot allein um der Vermeidung von Konkurrenz willen hinaus; die Ausschaltung von Konkurrenz als Selbstzweck mag aber kein Umstand sein, der einen solchen Eingriff in die Berufsfreiheit des ArbN rechtfertigen kann[12]. Für die erstgenannte Definition sprechen daher gute Gründe. Die hM scheint dennoch von diesem weiten Verständnis auszugehen, denn sie stellt für den Beginn des Verbots auf den rechtlichen, nicht den tatsächlichen Beginn des Arbeitsverhältnisses ab.

---

1 LAG Thür. v. 15.2.2001 – 5 Sa 102/2000, DB 2001, 1783 ff. | 2 LAG Hamburg v. 15.7.1998 – 5 TaBV 4/98, NZA 1998, 1245. | 3 BAG v. 23.9.1986 – 1 AZR 83/85, AP Nr. 20 zu § 75 BPersVG. | 4 BAG v. 17.2.1998 – 9 AZR 84/97, AP Nr. 26 zu § 618 BGB. | 5 BAG v. 8.5.1996 – 5 AZR 971/94, NZA 1996, 927 ff. | 6 BAG v. 6.8.1987 – 2 AZR 226/87, AP Nr. 97 zu § 626 BGB. | 7 BAG v. 17.10.1969 – 3 AZR 442/68, AP Nr. 7 zu § 611 BGB – Treuepflicht. | 8 BAG v. 16.8.1990 – 2 AZR 113/90, AP Nr. 10 zu § 611 BGB – Treuepflicht. | 9 BAG v. 25.4.1991 – 2 AZR 624/90, AP Nr. 104 zu § 626 BGB. | 10 BAG v. 16.8.1990 – 2 AZR 113/90, AP Nr. 10 zu § 611 BGB – Treuepflicht; v. 17.10.1969 – 3 AZR 442/68, AP Nr. 7 zu § 611 BGB – Treuepflicht; v. 6.8.1987 – 2 AZR 226/87, AP Nr. 97 zu § 626 BGB; *Preis*, Der Arbeitsvertrag, II W 10 Rz. 7; *MünchArbR/Blomeyer*, § 52 Rz. 49. | 11 *Preis*, Der Arbeitsvertrag, II W 10 Rz. 7. | 12 Vgl. BVerfG v. 11.6.1958 – 1 BvR 596/56, BVerfGE 7, 377 (405 ff.) – Apothekenurteil; sowie die Rspr. des BAG, wonach das bloße Interesse, Konkurrenz einzuschränken, für als Interesse für ein nachvertragliches Wettbewerbsverbot nicht genügt: BAG v. 1.8.1995 – 9 AZR 884/93, AP Nr. 5 zu § 74a HGB.

Nach beiden Definitionen aber ist das Wettbewerbsverbot – auch wegen der Bedeutung der Berufsfreiheit nach Art. 12 Abs. 1 GG[1], vor allem aber auf Grund seines Zwecks – darauf zu reduzieren, dass der ArbN überhaupt **im Handelszweig des ArbGeb tätig** wird, der ArbN also abstrakt in Wettbewerb zu dem ArbGeb treten kann[2]. Dies kommt in der (gegenüber der 1. Variante insoweit eingeschränkten) 2. Variante des „Geschäftemachens" im Handelszweig des Prinzipals iSv. § 60 Abs. 1 HGB zum Ausdruck. Dies richtet sich danach, welche Geschäfte der ArbN tatsächlich betrieben hat; es kommt nicht auf das abstrakt mögliche, sondern auf das tatsächliche Geschäftsgebaren an[3]. Verboten ist daher nur eine solche Wettbewerbstätigkeit, die **geeignet ist, den ArbGeb** in seiner Absatztätigkeit am Markt **zu schädigen**[4].

Dem **Inhalt** nach gebietet die Treuepflicht dem ArbN alles zu unterlassen, was dem ArbGeb oder dem Betrieb abträglich ist. Der ArbN darf deshalb insb. im „Marktbereich" seines ArbGeb Dienste oder Leistungen nicht Dritten erbringen oder anbieten. Dem ArbGeb soll sein Geschäftsbereich voll und ohne Gefahr der nachteiligen Beeinflussung durch den ArbN offen stehen. Für die Dauer des Arbeitsverhältnisses ist dem ArbN jede Tätigkeit verboten, die für seinen ArbGeb Konkurrenz bedeutet[5]. Eine entsprechende Anwendung der §§ 60, 61 HGB auf freie Mitarbeiter, Vertreter von Personenhandels- oder Kapitalgesellschaften und Handelsvertreter wird abgelehnt[6]; ein Bedürfnis zur Ausweitung auf das Verhältnis von ArbGeb und ArbN besteht nicht, weil hier das Wettbewerbsverbot mit gleichem Inhalt aus der arbeitsvertraglichen Nebenpflicht bzw. aus Treu und Glauben[7] gefolgert wird[8]. Der zweite Tatbestand des § 60 Abs. 1 HGB, wonach der ArbN nicht für eigene oder fremde Rechnung Geschäfte machen darf, umfasst auch **das bloße Vorbereiten** der Vermittlung und des Abschlusses von solcherlei Geschäften, deren Vermittlung und Abschluss dem Angestellten nach seinem Arbeitsvertrag obliegt. Unter den Tatbestand „Betreiben eines Handelsgewerbes" fallen hingegen solche Vorbereitungshandlungen nicht, die in die Interessen des ArbGeb nicht unmittelbar eingreifen[9]. Auch **während des** rechtlich fortbestehenden, tatsächlich aber **nicht mehr ausgeübten Arbeitsverhältnisses** hat der ArbN – auch ohne besondere Vereinbarung – die Pflicht, sich des Wettbewerbs zu Lasten seines ArbGeb zu enthalten; der ArbGeb kann in einem solchen Falle auf Unterlassung der Wettbewerbstätigkeit klagen[10]. Ein ArbN ist nach der Rspr. des BAG an das Wettbewerbsverbot auch dann noch gebunden, wenn der ArbGeb eine außerordentliche Kündigung ausspricht, deren Wirksamkeit der ArbN bestreitet[11].

Als **Rechtsfolge** kann sich zunächst ein **Auskunftsanspruch** ergeben. Derjenige, der einem anderen gegenüber vertraglich verpflichtet ist, Wettbewerb zu unterlassen, schuldet diesem Auskunft, sobald er ihm erheblichen Anlass gegeben hat zu vermuten, er habe seine Vertragspflicht verletzt; dabei erstreckt sich die Auskunftspflicht auf alle Angaben, die Voraussetzung einer etwaigen Schadensersatzforderung sein können[12]. Bei einer Verletzung des Wettbewerbsverbotes kommt zunächst ein Anspruch des ArbGeb auf **Unterlassung**[13] sowie auf **Schadensersatz** in Betracht (vgl. auch § 61 Abs. 1 HGB); außerdem kann der ArbN verpflichtet sein, das aus der Konkurrenztätigkeit **Erlangte** an den ArbGeb **herauszugeben**[14]. Auch die (ordentliche und außerordentliche) Kündigung können eine angemessene Sanktion eines Verstoßes gegen das Wettbewerbsverbot darstellen.

(2) Grundsätze über das Wettbewerbsverbot nach Beendigung des Arbeitsverhältnisses. Wird ein während des Arbeitsverhältnisses bestehendes Wettbewerbsverbot als vertragliche Nebenpflicht aus dem Arbeitsvertrag hergeleitet, so entfällt mit dessen Beendigung auch die Nebenpflicht. Zur Begründung eines über die Beendigung hinaus wirkenden Wettbewerbsverbotes bedarf es daher stets eines besonderen Geltungsgrundes, nämlich der **Vereinbarung** zwischen ArbGeb und ArbN. Auch eine nachvertragliche Verschwiegenheits- sowie eine nachvertragliche Treuepflicht des ArbN begründen für den ArbGeb regelmäßig gegen den ausgeschiedenen ArbN keine Ansprüche auf Unterlassung von Wettbewerbshandlungen[15]. Besteht nach Beendigung des Arbeitsverhältnisses kein gesondertes Wettbewerbsverbot, ist daher der ArbN in der Verwertung seiner beruflichen Kenntnisse und seines redlich erworbenen Erfahrungswissens grundsätzlich frei[16]. Die Vereinbarung eines nachvertraglichen Wettbewerbsverbots beruht auf der Vertragsfreiheit, die allerdings im Interesse der Berufsfreiheit des ArbN aus Art. 12 Abs. 1 GG gewisse Einschränkungen erfährt. So sieht § 74a Abs. 1 Satz 1 HGB als **Voraussetzung** ein **berechtigtes geschäftli-**

---

1 Staudinger/*Richardi*, § 611 BGB Rz. 391. |2 BAG v. 25.5.1970 – 3 AZR 384/69, AP Nr. 4 zu § 60 HGB; v. 7.9.1972 – 2 AZR 486/71, AP Nr. 7 zu § 60 HGB; v. 3.5.1983 – 3 AZR 62/81, AP Nr. 10 zu § 60 HGB; MünchArbR/*Blomeyer*, § 52 Rz. 20. |3 BAG v. 3.5.1983 – 3 AZR 62/81, AP Nr. 10 zu § 60 HGB. |4 Staudinger/*Richardi*, § 611 BGB Rz. 391. |5 BAG v. 16.8.1990 – 2 AZR 113/90, AP Nr. 10 zu § 611 BGB – Treuepflicht; v. 16.6.1976 – AP Nr. 8 zu § 611 BGB – Treuepflicht; v. 23.5.1985 – 2 AZR 268/84, nv. (juris); v. 6.10.1988 – 2 AZR 150/88, nv. (juris). |6 BGH v. 23.1.1964 – VII ZR 133/62, NJW 1964, 817; ErfK/*Schaub*, § 60 HGB Rz. 3. |7 Staudinger/*Richardi*, *§ 611 BGB Rz. 392*. |8 Freilich findet die Norm ihrem Rechtsgedanken nach auf alle Arten von Arbeitsverhältnissen Anwendung; ErfK/*Preis*, § 611 BGB Rz. 882. |9 BAG v. 12.5.1972 – 3 AZR 401/71, AP Nr. 6 zu § 60 HGB m. Anm. *Fenn*. |10 BAG v. 17.10.1969 – 3 AZR 442/68, AP Nr. 7 zu § 611 BGB – Treuepflicht. |11 BAG v. 25.4.1991 – 2 AZR 624/90, AP Nr. 104 zu § 626 BGB. |12 BAG v. 12.5.1972 – 3 AZR 401/71, AP Nr. 6 zu § 60 HGB m. Anm. *Fenn*; v. 16.6.1976 – 3 AZR 73/75, AP Nr. 8 zu § 611 BGB – Treuepflicht. |13 BAG v. 21.10.1970 – 3 AZR 479/69, AP Nr. 13 zu § 242 BGB – Auskunftspflicht. |14 BAG v. 16.6.1976 – 3 AZR 73/75, AP Nr. 8 zu § 611 BGB – Treuepflicht; v. 21.10.1970 – 3 AZR 479/69, AP Nr. 13 zu § 242 BGB – Auskunftspflicht; krit. hierzu MünchArbR/*Blomeyer*, § 52 Rz. 53. |15 BAG v. 19.5.1998 – 9 AZR 394/97, AP Nr. 11 zu § 611 BGB – Treuepflicht; v. 15.6.1993 – 9 AZR 558/91, AP Nr. 40 zu § 611 BGB – Konkurrenzklausel. |16 BAG v. 15.6.1993 – 9 AZR 558/91, AP Nr. 40 zu § 611 BGB – Konkurrenzklausel.

ches **Interesse** des Dienstberechtigten vor. Die Bestimmungen der §§ **74 ff.** HGB haben Rspr. und hL schon vor der ausdrücklichen Geltungserstreckung auf alle Arbeitsverhältnisse (§ **110 Satz 2 GewO**) nicht nur auf den Handlungsgehilfen iSd. HGB beschränkt[1]. Nach der Rspr. des BAG ist ein solches berechtigtes geschäftliches Interesse des ArbGeb dann anzuerkennen, wenn das Wettbewerbsverbot entweder dem Schutz von Betriebsgeheimnissen dient oder den Einbruch in den Kunden- oder Lieferantenkreis verhindern soll; das bloße Interesse, Konkurrenz einzuschränken, genügt nicht[2]. Aus der im Gesetzestext enthaltenen Gegenüberstellung des berechtigten geschäftlichen Interesses des ArbGeb mit der unbilligen Erschwerung des Fortkommens des ArbN hat das BAG abgeleitet, dass § 74a Abs. 1 HGB mehr als ein Willkürverbot umfasse und das nachvertragliche Wettbewerbsverbot deshalb nur dann verbindlich sei, wenn ein **höherrangiges Interesse des ArbGeb** bestehe[3]. Der Inhalt des Wettbewerbsverbotes gleicht – vorbehaltlich besonderer vertraglicher Vereinbarungen – dem des Wettbewerbsverbotes während der Beschäftigung. Mit seiner Zustimmung zur vorzeitigen Beendigung des Arbeitsverhältnisses unter erheblicher Aufstockung seiner Versorgungsbezüge wird ein ArbN nicht zugleich schon verpflichtet, sich jeder Konkurrenztätigkeit zu enthalten[4]. Vereinbaren Arbeitsvertragsparteien ein tätigkeitsbezogenes Wettbewerbsverbot, so ist im Zweifel davon auszugehen, dass es nur dann Gültigkeit erlangen soll, wenn der ArbN seine Tätigkeit aufgenommen hat; wird das Arbeitsverhältnis vor der Arbeitsaufnahme gekündigt und der ArbN für die Dauer der Kündigungsfrist von der Arbeit freigestellt, besteht regelmäßig kein Anspruch auf Karenzentschädigung[5]. Für Einzelheiten vgl. die Kommentierung zu § 110 GewO.

ee) Schmiergeldverbot

Lit.: *Isele*, Schmiergeldannahme als Eingriffserwerb, RdA 1972, 52; *Menkens*, Zum Anspruch des Arbeitgebers auf Herausgabe von Schmiergeldern, DB 1970, 686; *Hoppe*, Fristlose Kündigung und Annahme von Schmiergeldern, BlStSozArbR 1979, 181; *Schulz*, Zur Herausgabepflicht von Schmiergeldern, RdA 1971, 278.

364 Den ArbN trifft aufgrund seines Arbeitsverhältnisses die Pflicht, die Annahme geldwerter Vorteile, durch die die Tätigkeit des ArbN von Dritten beeinflusst oder eine solche Tätigkeit nachträglich belohnt werden soll[6], zu unterlassen[7]. Ob sich diese Pflicht auf die Beeinflussung zu oder Belohnung von pflichtwidrigen Tätigkeiten beschränkt, ist strittig. Teilweise wird gefordert, dass der Geber die Vorstellung bzw. Erwartung haben müsse, der Empfänger habe pflichtwidrig gehandelt oder werde dies tun[8]. Zutreffender Ansicht nach ist eine **Pflichtwidrigkeit** der honorierten Handlung **nicht zu fordern**, denn auch ein nicht pflichtwidriges Verhalten des ArbN, für das ein Schmiergeld zumindest mitursächlich ist, ist geeignet, das Vertrauensverhältnis zwischen ArbGeb und ArbN zu beeinträchtigen; ein solches Verhalten gibt dem ArbGeb berechtigterweise Anlass zu der Befürchtung, die Art und Weise der Ausübung der Dienstpflichten folge anderen Interessen als denen des ArbGeb. Freilich können im Einzelfall Abgrenzungsprobleme zu üblichen Trinkgeldern und Gelegenheitsgeschenken auftreten[9], die aber unter Würdigung der Umstände in den Griff bekommen werden können. Auch der BGH lässt ausreichen, dass die Sonderzuwendungen eine **Willensbeeinflussung** zum Nachteil des Auftraggebers **lediglich befürchten lassen**[10].

365 Wer als Angestellter oder freier Mitarbeiter die Aufgabe hat, einen Betrieb technisch zu betreuen und selbständig das für den Betrieb benötigte Arbeitsmaterial zu bestellen, ist nicht berechtigt, für solche Aufträge von den Lieferfirmen sich eine Sondervergütung versprechen und zahlen zu lassen[11]. Gleiches gilt für einen Angestellten, der befugt und durch seinen Arbeitsvertrag verpflichtet ist, für den ArbGeb mit Dritten Abschlüsse zu tätigen und dabei selbständig ua. auch die Preise zu vereinbaren, und als solcher Schmiergelder annimmt[12]. Die Annahme von Trinkgeldern oder sonstigen Geschenken im nach der **branchenspezifischen Verkehrssitte** üblichen Rahmen (genannt werden Kalender, Feuerzeug) ist zulässig[13], was auf Grund einer Würdigung der Begleitumstände (zB Wert und Anlass der Gabe, zeitlicher Zusammenhang mit den Geber begünstigenden Handlungen) zu beurteilen ist. Ein ausdrückliches oder den Umständen zu entnehmendes konkludentes **Einverständnis** des ArbGeb führt naturgemäß dazu, dass eine an sich pflichtwidrige Annahme von Sonderprovisionen zulässig ist[14]. § 10 Abs. 1 BAT stellt für den Angestellten im öffentlichen Dienst allerdings alle „Belohnungen und Geschenke in Bezug auf seine dienstliche Tätigkeit" unter den Vorbehalt der Zustimmung (dh. der [vorherigen] Einwilligung oder der [nachträglichen] Genehmigung, §§ 183 Satz 1 bzw. 184 Abs. 1) des ArbGeb.

---

[1] Vgl. zB BAG v. 9.1.1990 – 3 AZR 110/88, AP Nr. 59 zu § 74 HGB; MünchArb/*Wank*, § 130 Rz. 5. [2] BAG v. 1.8.1995 – 9 AZR 884/93, AP Nr. 5 zu § 74a HGB; v. 24.6.1966 – 3 AZR 501/65, AP Nr. 2 zu § 74a HGB; v. 16.12.1968 – 3 AZR 434/67, AP Nr. 21 zu § 133 f. GewO. [3] BAG v. 1.8.1995 – 9 AZR 884/93, AP Nr. 5 zu § 74a HGB. [4] BAG v. 15.6.1993 – 9 AZR 558/91, AP Nr. 40 zu § 611 BGB – Konkurrenzklausel. [5] BAG v. 26.5.1992 – 9 AZR 27/91, AP Nr. 63 zu § 74 HGB. [6] So die Definition des „Schmiergeldes" nach MünchArb/*Blomeyer*, § 53 Rz. 98. [7] KassHdb/*Künzl*, 2.1 Rz. 139. [8] *Zöllner/Loritz*, Arbeitsrecht, § 13 I 3 (S. 173); KassHdb/*Künzl*, 2.1 Rz. 139, so auch MünchArb/*Blomeyer*, § 53 Rz. 98. [9] Schaub/*Linck*, ArbRHdb, § 53 Rz. 28. [10] BGH v. 18.12.1990 – XI ZR 176/89, NJW 1991, 1224 f.; v. 2.4.2001 – II ZR 217/99, NJW 2001, 2476 f. [11] BAG v. 15.4.1970 – 3 AZR 259/69, AP Nr. 4 zu § 687 BGB. [12] BAG v. 14.7.1961 – 1 AZR 288/60, AP Nr. 1 zu § 687 BGB. [13] Schaub/*Linck*, ArbRHdb, § 53 Rz. 28; MünchArb/*Blomeyer*, § 53 Rz. 103. [14] BAG v. 26.2.1971 – 3 AZR 97/70, AP Nr. 5 zu § 687 BGB.

Die **Rechtsfolgen** sind unterschiedlich. Eine unzulässige Schmiergeldannahme ist **sittenwidrig** (§ 138 Abs. 1). Zuwendungen an einen Vertreter mit dem Ziel, von ihm bei der Vergabe von Aufträgen bevorzugt zu werden, verstoßen auch dann gegen die guten Sitten, wenn jener den Auftrag zwar nicht für den Vertretenen zu erteilen, für diesen aber bei der Vergabe durch einen Dritten mitzubestimmen hat und der Vertretene an einer möglichst guten Erledigung des Auftrags ein eigenes wirtschaftliches Interesse hat[1]. Der Rückforderung durch den Geber steht zumeist § 817 Satz 2 entgegen. Ein ArbN, der in unzulässiger Weise Schmiergelder annimmt, behandelt nach Ansicht der Rspr. des BAG insoweit unbefugt ein Geschäft des ArbGeb als sein eigenes und ist deshalb nach § 687 zur **Herausgabe** der Schmiergelder an den ArbGeb verpflichtet[2]. Das – wenigstens auch – fremde Geschäft des ArbGeb ist dabei nicht in der Annahme des Schmiergeldes zu sehen; der BGH erblickt es in der Vornahme der beeinflussten Handlung des ArbN, die ihn, so der BGH in seiner Rspr. zu den sog. Schmiergeldern, dem **Umfang** nach verpflichtet, alles herauszugeben, was er aus der Geschäftsführung erlangt hat, wozu der BGH „Provisionen", Geschenke und andere Sondervorteile, die dem Beauftragten von dritter Seite zugewandt worden sind und die eine Willensbeeinflussung zum Nachteil des Auftraggebers befürchten lassen, rechnet; dass sie nach dem Willen des Dritten gerade nicht für den Auftraggeber bestimmt waren, bleibt dabei unbeachtlich[3]. Eine Herausgabepflicht wird auch dann angenommen, wenn die Zuwendung nicht unmittelbar an den Dienstverpflichteten selbst, sondern an einen nahen Angehörigen als Strohmann erfolgte[4]. Auf Schmiergelder gezahlte **Steuern** mindern die Herausgabeverpflichtung nicht[5]. Im Ergebnis jedenfalls muss ein Anspruch des ArbGeb auf Herausgabe bestehen, denn der Schmiergeldbetrag darf weder dem ArbN verbleiben noch an den Geber zurückfließen, um nicht Versuche der Schmiergeldzahlung für die Beteiligten risikolos zu stellen. Erhält ein Angestellter, dessen Aufgabenbereich die Vergabe von Aufträgen im Namen einer Gebietskörperschaft ist, von einem Auftragnehmer für Dienstleistungen im privaten Bereich günstigere Konditionen (im entschiedenen Fall: Montagestunde 36,90 DM an Stelle von dem sonst üblichen Satz von 44,00 DM), so kann das eine außerordentliche **Kündigung** rechtfertigen[6]. Besondere **strafrechtliche Sanktionen** nach §§ 331 f. StGB bestehen nur für Amtsträger iSv. § 11 Abs. 1 Nr. 2 StGB und für den öffentlichen Dienst besonders Verpflichtete. Eine Straftat kann dann an ihrerseits Kündigungsgrund sein. Von größerer Relevanz für ArbN ist § 299 StGB (Bestechlichkeit und Bestechung im geschäftlichen Verkehr) einschließlich der besonders schweren Fälle nach § 300 StGB.

366

Eine explizite **Pflicht zur** unaufgeforderten und unverzüglichen **Mitteilung** über ein Angebot von Belohnungen oder Geschenken mit Bezug auf die dienstliche Tätigkeit sieht § 10 Abs. 2 BAT vor. Im Übrigen wird teilweise eine Pflicht des ArbN zur Benachrichtigung seines ArbGeb wegen angebotener, aber zurückgewiesener Schmiergelder angenommen[7]. Richtigerweise aber dürfte der ArbN jedenfalls nicht ohne weiteres zur Benachrichtigung verpflichtet sein[8], denn nicht jedes gegen die Interessen des ArbGeb gerichtete Ansinnen muss der ArbN anzeigen; etwas anderes muss aber gelten, wenn er zu erwarten hat, dass mit weiteren Bestechungsversuchen zu rechnen ist[9], etwa weil die mit dem Schmiergeld bezweckte Handlung auch von anderen Kollegen vorgenommen werden kann.

367

ff) Nebentätigkeit

Lit.: *Battis*, Das Zweite Nebentätigkeitsbegrenzungsgesetz, AuR 1998, 61; *Becker-Schaffner*, Die Nebenbeschäftigung in der Rspr., BlStsozArbR 1980, 321; *Boecken*, Entgeltfortzahlung bei nebentätigkeitsbedingtem Arbeitsunfall bzw. Unfall, NZA 2001, 233; *Eckner*, Nebentätigkeitsverbote in Individualarbeitsrecht, Köln 1993; *Grunewald*, Inhalt und Grenzen des arbeitsvertraglichen Nebentätigkeitsverbotes, NZA 1994, 971; *Hunold*, Nebentätigkeit und Arbeitszeitgesetz, ZA 1995, 558; *Kempen/Kreuder*, Nebentätigkeit und arbeitsrechtliches Wettbewerbsverbot bei verkürzter Arbeitszeit, AuR 1994, 214; *Keymer*, Das Nebentätigkeitsrecht der Arbeitnehmer im öffentlichen Dienst, ZTR 1988, 193; *v. Olenhusen/Stechl*, Die tarifvertragliche Regelung der Nebentätigkeit von Redakteuren in Tageszeitungen und Zeitschriften, UFITA 1982, 61; *Pauly*, Kündigung wegen Nebenbeschäftigung während der Arbeitsunfähigkeit, DB 1981, 1282; *Peters-Lange*, Geringfügige Beschäftigung im Arbeits- und Sozialrecht, ZTR 1996, 293; *Sieg*, Nebenbeschäftigung, AuA 1996, 350; *v. Stebut*, Rechtsfolgen von Arbeitszeitüberschreitungen, NZA 1987, 257; *Wank*, Nebentätigkeit, Heidelberg 1995, *Warschkow*, Nebentätigkeit – Anzeigepflicht, AiB 1997, 299; *Weber/Kaplik*, Nebentätigkeit – Freie Fahrt dem Tüchtigen?, AuA 2000, 536; *Wertheimer/Krug*, Rechtsfragen zur Nebentätigkeit von Arbeitnehmern, BB 2000, 1462; *Vetter*, Besonderheiten des Nebentätigkeitsrechts nach dem Bundes-Angestelltentarifvertrag, DMW 1998, 11.

(1) Allgemeines. Unter bestimmten Voraussetzungen ist der ArbN verpflichtet, eine Nebentätigkeit zu unterlassen. Die Pflichten des ArbN aus dem Arbeitsvertrag sind zeitlich und inhaltlich grundsätzlich auf das Arbeitsverhältnis beschränkt. Daraus folgt, dass der ArbN grundsätzlich, also bereits ohne besondere Erlaubnis, zur Aufnahme von Nebentätigkeiten berechtigt ist, denn eine Nebentätigkeit ist de-

368

---

1 BGH v. 14.12.1972 – II ZR 141/71, AP Nr. 31 zu § 138 BGB; Schaub/Linck, ArbRHdb, § 53 Rz. 29; MünchArbR/Blomeyer, § 53 Rz. 109. | 2 BAG v. 14.7.1961 – 1 AZR 288/60, AP Nr. 1 zu § 687 BGB; v. 15.4.1970 – 3 AZR 259/69, AP Nr. 4 zu § 687 BGB. | 3 BGH v. 2.4.2001 – II ZR 217/99, NJW 2001, 2476 f. | 4 BGH v. 18.12.1990 – XI ZR 176/89, NJW 1991, 1224 f. | 5 LAG Köln v. 1.9.1998 – 13 (11) Sa 754/97, LAGE § 687 BGB Nr. 2. | 6 LAG Hamburg v. 26.9.1990 – 4 Sa 77/88, LAGE § 626 BGB Nr. 58. | 7 So Schaub/Linck, ArbRHdb, § 53 Rz. 28, allerdings ohne Begründung. | 8 Ebenso MünchArbR/Blomeyer, § 53 Rz. 104; Soergel/Kraft, § 611 BGB Rz. 151. | 9 So MünchArbR/Blomeyer, § 53 Rz. 104 unter Berufung auf die allgemeine Rücksichtspflicht.

finitionsgemäß diejenige Tätigkeit, in der ein ArbN seine Arbeitskraft außerhalb seines (Haupt-)Arbeitsverhältnisses zur Verfügung stellt[1]. Die **grundsätzliche Zulässigkeit** der Nebentätigkeit beruht – sofern sie beruflicher Natur ist – ebenfalls auf dem Grundrecht des ArbN aus Art. 12 Abs. 1 GG, wonach der ArbN auch befugt ist, seine Arbeitskraft außerhalb der Arbeitszeit zu verwerten[2]; bei nicht-beruflichen Tätigkeiten gewährt Art. 2 Abs. 1 GG Schutz. Auch ohne eine besondere Vereinbarung oder Regelung ausgeschlossen ist jedoch eine solche Nebentätigkeit, wenn diese negativ auf die Erbringung der Arbeitsleistung im Hauptarbeitsverhältnis zurückwirkt und so eine **Verletzung dieser Arbeitspflicht** führt[3].

369 **(2) Begrenzender Rahmen für die Nebentätigkeit.** Eine gesetzliche Grenze für die Aufnahme einer Nebentätigkeit folgt aus den zeitlichen Höchstgrenzen für die Arbeitsleistung nach den zwingenden Vorschriften des **ArbZG**[4]. Nach § 8 BUrlG darf der ArbN keine dem Urlaubszweck widersprechende Erwerbstätigkeit leisten (vgl. die dortige Kommentierung). Auf Grund der Vertragsfreiheit sind die Parteien des Arbeitsvertrags berechtigt, das Recht des ArbN zur Aufnahme einer Nebentätigkeit einzelvertraglich zu begrenzen oder auszuschließen. Allerdings setzt wiederum die nach **Art. 12 Abs. 1 GG** geschützte Berufsfreiheit des ArbN der freien Vereinbarkeit Grenzen. Gleiches gilt für tarifliche Regelungen über Nebentätigkeiten, die Arbeitsbedingungen iSv. Art. 9 Abs. 3 GG betreffen. Sie können grundsätzlich Gegenstand von **Tarifnormen** sein[5], doch können auch die TV-Parteien den ihnen in Art. 9 Abs. 3 GG eröffneten Gestaltungsspielraum überschreiten, wenn die tarifliche Regelung in unzulässiger Weise in den Schutzbereich des Art. 12 GG eingreift[6]. Ob ein Nebentätigkeitsverbot auf Grund einer **BV** bestehen kann, ist umstritten[7], im Ergebnis jedoch zuzulassen[8].

370 **(3) Wirksamkeitsvoraussetzung.** Voraussetzung für die Wirksamkeit eines Nebentätigkeitsverbots ist stets, dass der mit einer Begrenzung der Nebentätigkeit verbundene grundrechtliche Eingriff durch das mit der Beschränkung bezweckte Ziel gerechtfertigt wird; insb. muss die Erreichung des Zwecks verhältnismäßig sein[9]. Zumeist wird formuliert, ein vertragliches Nebentätigkeitsverbot sei wirksam, wenn der ArbGeb ein **berechtigtes Interesse** daran hat[10]. Dieser Begriff ist allerdings, um der Bedeutung des Grundrechts aus Art. 12 Abs. 1 GG hinreichend Rechnung zu tragen, in Anbetracht der hohen Erfordernisse an die Rechtfertigung entsprechender Eingriffe zu interpretieren, weshalb für ein Nebentätigkeitsverbot nicht bereits ausreichend ist, dass beliebige betriebliche Belange berührt sein können[11]. Dem ArbGeb ist **kein Ermessensspielraum** bei Erteilung oder Versagung der Nebentätigkeitsgenehmigung eingeräumt, vielmehr besteht ein Rechtsanspruch auf Genehmigung, wenn nicht ein Versagungsgrund wegen einer zu befürchtenden Beeinträchtigung betrieblicher oder dienstlicher Interessen vorliegt[12]. Der ArbN ist verpflichtet, dem ArbGeb eine **Nebentätigkeit anzuzeigen**, soweit dadurch dessen Interessen bedroht sind[13].

371 Regelungen über eine Nebentätigkeit können einen unterschiedlichen **Umfang** haben. Zu differenzieren ist zwischen einem **Nebentätigkeitsverbot** und einem **Genehmigungsvorbehalt**. Bedarf eine Nebenbeschäftigung der Zustimmung des ArbGeb, ist dem Kläger nicht jede Nebentätigkeit verboten, sondern er hat lediglich zuvor die Zustimmung der Beklagten einzuholen. Ein solcher Erlaubnisvorbehalt berechtigt den ArbGeb nicht, die Aufnahme einer Nebentätigkeit willkürlich zu verwehren; sofern keine Beeinträchtigung der betrieblichen Interessen des ArbGeb zu erwarten ist, hat der ArbN Anspruch auf Erteilung der Zustimmung[14]. Der Sinn eines solchen Erlaubnisvorbehalts besteht darin, dem ArbGeb bereits vor Aufnahme der Nebentätigkeit die Überprüfung zu ermöglichen, ob seine Interessen beeinträchtigt werden. Er verstößt deshalb nicht gegen Art. 12 Abs. 1 GG, der auch die Freiheit schützt, eine nebenberuf-liche Tätigkeit zu ergreifen[15]. Die mögliche Beschränkung des Grundrechts aus Art. 12 Abs. 1 GG ist deshalb hinnehmbar, weil dadurch im Ergebnis allein die Verpflichtung des ArbN begründet, dass er vor Aufnahme einer Nebenbeschäftigung den ArbGeb hiervon in Kenntnis setzt. Eine arbeitsvertragliche Klausel, derzufolge eine Nebenbeschäftigung der Zustimmung des ArbGeb bedarf, ist in der Weise zu verstehen, dass damit die Aufnahme einer beruflichen Tätigkeit unter Erlaubnisvorbehalt gestellt wird; der ArbN hat dann Anspruch auf Zustimmung des ArbGeb, wenn die Aufnahme der Nebentätigkeit betriebliche Interessen nicht beeinträchtigt[16]. Entsprechend ist auch eine tarifliche oder einzelvertragliche Regelung, die eine Genehmigungspflicht für jedwede Nebentätigkeit gegen Entgelt vorsieht, im Hinblick auf Art. 12 GG dahin auszulegen, dass dem ArbGeb für

---

1 ArbR-BGB/*Schliemann*, § 611 BGB Rz. 715. |2 So zB BVerfG v. 25.11.1980 – 2 BvL 7/76, 2 BvL 8/76, 2 BvL 9/76, NJW 1981, 971; BAG v. 25.7.1996 – 6 AZR 683/95, AP Nr. 6 zu § 11 BAT; MünchArbR/*Blomeyer*, § 55 Rz. 3. |3 MünchArbR/*Blomeyer*, § 55 Rz. 4, auch schon bei konkreter Gefahr: MünchArbR/*Blomeyer*, § 55 Rz. 5. |4 Zu der umstr. Frage, gegen welchen ArbGeb sich das Beschäftigungsverbot bei Überschreitung der zulässigen Höchstarbeitszeit richtet: MünchArbR/*Blomeyer*, § 53 Rz. 19. |5 BAG v. 18.1.1996 – 6 AZR 31/95, AP Nr. 25 zu § 242 BGB – Auskunftspflicht. |6 BAG v. 24.6.1999 – 6 AZR 605/97, AP Nr. 5 zu § 611 BGB – Nebentätigkeit. |7 Bejahend Preis/*Rolfs*, Der Arbeitsvertrag, II N 10 Rz. 6; vgl. MünchArbR/*Blomeyer*, § 55 Rz. 33 zu weiteren Einzelheiten und den unterschiedlichen Ansichten. |8 Im Ergebnis ebenso ErfK/*Preis*, § 611 BGB Rz. 890, aA MünchArbR/*Blomeyer*, § 55 Rz. 33. |9 MünchArbR/*Blomeyer*, § 55 Rz. 35. |10 BAG v. 26.8.1976 – 2 AZR 377/75, AP Nr. 68 zu § 626 BGB m. Anm. *Löwisch*; Schaub, ArbRHdb, § 43 Rz. 7. |11 BAG v. 3.12.1970 – 2 AZR 110/70, AP Nr. 60 zu § 626 BGB m. Anm. A. *Hueck*; MünchArbR/*Blomeyer*, § 55 Rz. 35. |12 BAG v. 28.2.2002 – 6 AZR 33/01, ZTR 2002, 429. |13 BAG v. 18.1.1996 – 6 AZR 314/95, AP Nr. 25 zu § 242 BGB – Auskunftspflicht. |14 BAG v. 11.12.2001 – 9 AZR 464/00, AP Nr. 8 zu § 611 BGB – Nebentätigkeit; vgl. auch schon BAG v. 3.12.1970 – 2 AZR 110/70, AP Nr. 60 zu § 626 BGB m. Anm. A. *Hueck* |15 BAG v. 24.6.1999 – 6 AZR 605/97, AP Nr. 5 zu § 611 BGB – Nebentätigkeit. |16 BAG v. 11.12.2001 – 9 AZR 464/00, AP Nr. 8 zu § 611 BGB – Nebentätigkeit.

solche Nebentätigkeiten, bei deren Ausübung eine Beeinträchtigung der Interessen des ArbGeb nicht zu erwarten ist, gegenüber seinem ArbGeb ein Anspruch auf Erteilung der Zustimmung zusteht[1].

Berechtigte Interessen des ArbGeb sind bedroht, wenn die Nebentätigkeit mit der vertraglich geschuldeten Arbeitsleistung nicht vereinbar ist und die Ausübung der Nebentätigkeit somit eine Verletzung der Arbeitspflicht darstellt[2]. Dies ist etwa dann der Fall, wenn ein ArbN trotz Aufforderung des ArbGeb über Jahre hinweg Angaben über einen Teil seiner erheblichen Nebentätigkeiten völlig verweigert und er über einen anderen Teil zum Umfang seiner arbeitsmäßigen Beanspruchung keine Auskunft gibt[3]. Für die Beurteilung eines entgegenstehenden berechtigten ArbGebInteresses ist auch von Bedeutung, ob sich Haupt- und Nebentätigkeit zeitlich und gegenständlich klar voneinander abgrenzen lassen, so dass ein Rechtsschutzsekretär der DGB-Rechtsschutz-GmbH keinen Anspruch auf Zustimmung zur Aufnahme einer Nebentätigkeit als Rechtsanwalt hat, sofern eine gegenständliche Kollision und eine zeitliche Überschneidung beider Tätigkeiten zu besorgen ist[4]. Die Besorgnis der Interessenbeeinträchtigung besteht im Fall eines bei einem Rundfunksender beschäftigten ArbN auch dann, wenn dieser bei einem anderen, im publizistischen und finanziellen Wettbewerb mit dem ArbGeb stehenden Anbieter von Fernsehprogrammen Nachrichtentexte aus dem „Off" sprechen soll[5]. Der ArbGeb kann ferner ein berechtigtes Interesse an der Unterlassung von Wettbewerb in einer Nebentätigkeit des ArbN haben. Freilich reicht in diesem Fall das Nebentätigkeitsverbot nur so weit wie das (berechtigte) Wettbewerbsverbot (vgl. Rz. 357 ff.).

(4) **Öffentlicher Dienst.** Für die Nebentätigkeit der Angestellten im öffentlichen Dienst finden die für die Beamten des ArbGeb jeweils geltenden Bestimmungen sinngemäß Anwendung (§ 11 BAT). Für Bundesbeamte finden sich nähere Regelungen in den Beamtengesetzen der Länder (Vorgaben finden sich in § 42 BRRG), des Bundes (vgl. §§ 64 ff., 72a BBG) sowie in der Bundesnebentätigkeitsverordnung[6]. Eine tarifvertragliche Bestimmung, wonach der ArbN verpflichtet ist, Vergütungen für Nebentätigkeiten, die er für andere ArbGeb im öffentlichen Dienst ausübt, abzuliefern, soweit bestimmte Beträge überschritten werden, verstößt weder gegen Art. 12 Abs. 1 GG noch gegen Art. 3 Abs. 1 GG. Eine solche Bestimmung kann aus dem Zweck gerechtfertigt sein, dass dadurch dem Anreiz entgegengewirkt wird, Nebentätigkeiten in einem Umfang auszuüben, durch den die ordnungsgemäße Erfüllung der arbeitsvertraglichen Pflichten in der Haupttätigkeit beeinträchtigt werden könnte[7]. Im Fall eines teilzeitbeschäftigten ArbN ist zu beachten, dass dieser nach § 11 BAT (iVm. § 68 Abs. 1 Nr. 3 BG NW) auch dann einer Genehmigung für eine Nebentätigkeit bedarf, wenn die zeitliche Beanspruchung der Teilzeittätigkeit zusammen mit der zeitlichen Beanspruchung durch die Nebentätigkeit die regelmäßige tarifliche wöchentliche Arbeitszeit eines vollzeitbeschäftigten Angestellten nicht überschreitet[8].

(5) **Einzelfälle.** Das in einem TV für vollzeitig beschäftigte Busfahrer vereinbarte Verbot von Nebentätigkeiten, die mit dem Lenken von Kraftfahrzeugen verbunden sind, verstößt nicht gegen Art. 12 Abs. 1 GG, weil dadurch letztlich auch die Sicherheit des Straßenverkehrs gewährleistet werden soll[9]. Berechtigte Interessen des Dienstgebers sind beeinträchtigt, wenn sich Nebentätigkeiten seiner Mitarbeiter negativ auf die Wahrnehmung des Dienstgebers in der Öffentlichkeit auswirken[10]. Eine Nebentätigkeit als Leichenbestatter ist daher mit einer vom ArbN arbeitsvertraglich geschuldeten Tätigkeit als bei der Caritas beschäftigter Krankenpfleger nicht vereinbar[11]. Die Erstellung von Gutachten für eine private Krankenversicherung durch einen Arzt, der für eine gesetzliche Krankenkasse tätig ist, beeinträchtigt die Interessen des ArbGeb[12].

(6) **Folgen einer pflichtwidrigen Nebentätigkeit.** Verstößt der ArbN gegen seine Verpflichtung zur vorherigen Einholung der Nebentätigkeitsgenehmigung, so ist eine Abmahnung auch dann berechtigt, wenn er Anspruch auf deren Erteilung hat[13]. Die Ausübung einer Nebentätigkeit kann eine Kündigung nur dann rechtfertigen, wenn die vertraglich geschuldeten Leistungen durch die Nebentätigkeit beeinträchtigt werden[14]. Auch darf der ArbN für die Dauer einer ärztlich attestierten Arbeitsunfähigkeit einer Nebenbeschäftigung bei einem anderen ArbGeb nicht nachgehen; anderenfalls kann je nach den Umständen auch eine fristlose Kündigung ohne vorherige Abmahnung gerechtfertigt sein. Ist in derartigen Fällen der Beweiswert des ärztlichen Attestes erschüttert bzw. entkräftet, so hat der ArbN konkret darzulegen, weshalb er krankheitsbedingt gefehlt hat und trotzdem der Nebenbeschäftigung nachgehen konnte[15]. Ein tarifliches Nebentätigkeitsverbot soll bewirken, dass ein abgeschlossener Ne-

---

1 BAG v. 26.8.1976 – 2 AZR 377/75, AP Nr. 68 zu § 626 BGB; LAG Hamm v. 18.6.1998 – 17 Sa 2414/97, ZTR 1998, 564–565. | 2 BAG v. 18.1.1996 – 6 AZR 314/95, AP Nr. 25 zu § 242 BGB – Auskunftspflicht. | 3 BAG v. 18.1.1996 – 6 AZR 314/95, AP Nr. 25 zu § 242 BGB – Auskunftspflicht. | 4 BAG v. 21.9.1999 – 9 AZR 759/98, AP Nr. 6 zu § 611 BGB – Nebentätigkeit. | 5 BAG v. 24.6.1999 – 6 AZR 605/97, AP Nr. 5 zu § 611 BGB – Nebentätigkeit. | 6 Verordnung über die Nebentätigkeit der Bundesbeamten, Berufssoldaten und Soldaten auf Zeit (BNV) v. 12.11.1987 (BGBl. I S. 2376), abgedr. in der Sammlung Sartorius I, Ordnungszahl 177. | 7 BAG v. 25.6.1996 – 6 AZR 683/95, AP Nr. 6 zu § 11 BAT. | 8 BAG v. 30.5.1996 – 6 AZR 537/95, AP Nr. 2 zu § 611 BGB – Nebentätigkeit. | 9 BAG v. 26.6.2001 – 9 AZR 343/00, AP Nr. 8 zu § 1 TVG – Tarifverträge: Verkehrsgewerbe. | 10 BAG v. 28.2.2002 – 6 AZR 357/01, BB 2002, 1920. | 11 BAG v. 28.2.2002 – 6 AZR 357/01, BB 2002, 1920. | 12 BAG v. 28.2.2002 – 6 AZR 33/01, ZTR 2002, 429. | 13 BAG v. 30.5.1996 – 6 AZR 537/95, AP Nr. 2 zu § 611 BGB – Nebentätigkeit. | 14 BAG v. 26.8.1976 – 2 AZR 377/75, AP Nr. 68 zu § 626 BGB. | 15 BAG v. 26.8.1993 – 2 AZR 154/93, AP Nr. 112 zu § 626 BGB.

bentätigkeitsvertrag unwirksam ist[1]. Dies kann aber wegen der Geltung der tariflichen Regelung, die auf die Tarifunterworfenen beschränkt ist, nur im Verhältnis zwischen den (tarifunterworfenen) Parteien des Hauptarbeitsverhältnisses gelten, im Fall des Fehlens beiderseitiger Tarifbindung aber nicht auch für die Parteien des Nebentätigkeitsverhältnisses; auch wenn man § 134 auf TV entsprechend anwendet, kann ein Verstoß nicht vorliegen, wenn eine Partei schon nicht an das Verbot gebunden ist.

376 gg) **Außerdienstliches Verhalten.** Im Grundsatz ist der ArbN in der Gestaltung seines außerdienstlichen Handelns frei[2], da er sich nur für die Dauer der Arbeitszeit den Verpflichtungen aus dem Arbeitsvertrag unterwirft. Eine Pflicht des ArbN zur Unterlassung einer bestimmten Verhaltensweise außerhalb des Dienstes setzt – zumindest – voraus, dass sich das außerdienstliche Verhalten auf den betrieblichen Bereich auswirkt und dort zu Störungen führt[3]. Ausnahmsweise kann dann eine Nebenpflicht zum Unterlassen der störenden Handlung bestehen. Zumeist wird solches außerdienstliche Verhalten im Zusammenhang mit einer daraufhin ausgesprochenen Kündigung relevant. Jedoch ist das außerdienstliche Verhalten eines ArbN (zB die Forderung und Kassierung einer „Vermittlungsprovision" für die Einstellung eines ArbN), das weder zur **konkreten Beeinträchtigung des Arbeitsverhältnisses** noch zur konkreten Gefährdung im Vertrauensbereich führt, ist nicht geeignet, einen Grund im Verhalten des ArbN iSd. § 1 Abs. 2 KSchG zu bilden[4]. Auch das Vorliegen mehrerer Lohnpfändungen oder -abtretungen rechtfertigt für sich allein noch keine ordentliche Kündigung[5]. Das Sexualverhalten des ArbN darf der ArbGeb nach dem BAG selbst in der Probezeit nicht zum Anlass einer Kündigung nehmen[6]. Die Entscheidung des ArbN, nach einer erfolgreichen Entziehungskur die zunächst aufgenommenen Besuche in einer Selbsthilfegruppe von anonymen Alkoholikern abzubrechen, weil er sich hierdurch überfordert fühlt, gehört zum privaten Lebensbereich, und er verletzt insoweit keine Nebenpflichten aus dem Arbeitsverhältnis[7]. Im Arbeitsverhältnis mit einem **Tendenzbetrieb** kann sich allerdings auch im außerdienstlichen Bereich aus der Leistungstreuepflicht die Pflicht des ArbN zu tendenzgemäßem Verhalten ergeben. Arbeitsverhältnisse mit **kirchlichen Einrichtungen**, die keine Tendenzbetriebe iSd. § 118 Abs. 1 BetrVG sind, begründen entsprechende, über das Arbeitsverhältnis hinausgehende Loyalitätspflichten der ArbN, die ebenfalls in den Bereich privater Lebensführung hineinreichen können[8]. In Grenzen kann das außerdienstliche Verhalten der **Vereinbarung im Arbeitsvertrag** zugänglich sein; von Bedeutung ist hierbei, wie groß das mit einem Verhalten verbundene Schadensrisiko für den ArbGeb oder Dritte ist und wie viel Entbehrung das Unterlassen eines Verhaltens von dem ArbN erfordert[9].

377 Insb. **strafbare Verfehlungen** im außerdienstlichen Bereich, die sich gegen Interessen des ArbGeb richten, können eine Kündigung sozial rechtfertigen. So können Straftaten, die ein öffentlicher Bediensteter – wenn auch im Privatbereich – begeht, wegen §§ 6, 8 BAT aus verhaltensbedingten Gründen jedenfalls eine ordentliche Kündigung nach § 1 Abs. 2 KSchG sozial rechtfertigen[10]. Ein Angestellter des öffentlichen Dienstes muss sein außerdienstliches Verhalten so einrichten, dass das Ansehen des öffentlichen ArbGeb nicht beeinträchtigt wird; begeht er ein vorsätzliches Tötungsdelikt, so ist es dem öffentlichen ArbGeb unzumutbar, ihn weiterzubeschäftigen, ohne dass eine konkret messbare Ansehensschädigung nachgewiesen werden müsste[11]. Zu den kündigungsrechtlichen Konsequenzen außerdienstlichen Verhaltens vgl. im Übrigen die Kommentierung zu § 1 KSchG, insb. Rz. 180 ff.; zu den Konsequenzen bei einem außerdienstlichen Verstoß gegen ein Wettbewerbsverbot s. Rz. 358.

378 hh) **Meinungsäußerung, gewerkschaftliche und politische Betätigung.** Bei der Frage, welche Äußerungen ein ArbN zu unterlassen hat, ist wegen der mittelbaren Drittwirkung, die die Grundrechte auch im Verhältnis zwischen Privaten entfalten können[12], die besondere Bedeutung des Art. 5 Abs. 1 GG zu beachten. „Wes Brot ich ess, des Lied ich sing" gilt nicht im Arbeitsrecht. Geschützt werden durch Art. 5 Abs. 1 GG jedoch nur die Meinungsäußerung als Äußerung eines Werturteils als wertende Betrachtung von Tatsachen, Verhaltensweisen und Verhältnissen[13]. Nach der Rspr. des BAG sowie nach der im verfassungsrechtlichen Schrifttum hM gehören nicht bewusst oder erwiesen unwahre Tatsachenbehauptungen nicht zum Schutzbereich des Art. 5 Abs. 1 GG[14]. Daher kann sich ein Rundfunkredakteur auf das Recht der freien Meinungsäußerung nicht berufen, wenn er im Zusammenhang mit der Absetzung eines Beitrags in der Öffentlichkeit unwahre und ehrenrührige Behauptungen über den für das Programm verantwortlichen Abteilungsleiter des Senders und damit über seinen ArbGeb verbreitet[15].

---

1 So ohne weitere Einschränkungen *Schaub*, ArbRHdb, § 43 Rz. 7. | 2 MünchArbR/*Blomeyer*, § 53 Rz. 120; ArbR-BGB/*Schliemann*, § 611 BGB Rz. 722; *Preis*, Der Arbeitsvertrag, II a 160 Rz. 2. | 3 ErfK/*Preis*, § 611 BGB Rz. 892; MünchArbR/*Blomeyer*, § 53 Rz. 120 mwN. | 4 BAG v. 24.9.187 – 2 AZR 26/87, AP Nr. 19 zu § 1 KSchG 1969 – Verhaltensbedingte Kündigung. | 5 BAG v. 4.11.1981 – 7 AZR 264/79, AP Nr. 4 zu § 1 KSchG 1969 – Verhaltensbedingte Kündigung. | 6 BAG v. 23.6.1994 – 2 AZR 617/93, AP Nr. 9 zu § 242 BGB – Kündigung. | 7 LAG Düsseldorf v. 25.2.1997 – 8 Sa 1673/96, LAGE § 1 KSchG – Verhaltensbedingte Kündigung Nr. 57. | 8 BVerfG v. 4.6.1985 – 2 BvR 1703/83, AP Nr. 24 zu Art 140 GG; vgl. auch *Preis*, Der Arbeitsvertrag, II a 160 Rz. 10. | 9 *Preis*, Der Arbeitsvertrag, II A 160 Rz. 12 ff., 19. | 10 BAG v. 20.11.1997 – 2 AZR 643/96, AP Nr. 43 zu § 1 KSchG 1969; für den Fall der Volksverhetzung vgl. BAG v. 14.2.1996 – 2 AZR 274/94, AP Nr. 26 zu § 626 BGB – Verdacht strafbarer Handlung. | 11 BAG v. 8.6.2000 – 2 AZR 638/99, AP Nr. 163 zu § 626 BGB. | 12 BAG v. 23.2.1959 – 3 AZR 583/57, AP Nr. 1 zu Art. 5 Abs. 1 GG – Meinungsfreiheit; MünchArbR/*Blomeyer*, § 53 Rz. 83. | 13 *Schaub*/*Linck*, ArbRHdb, § 53 Rz. 18. | 14 Vgl. – auch zur Gegenauffassung – von Münch/*R. Wendt*, Art. 5 GG Rz. 10 mwN. | 15 BAG v. 11.8.1982 – 5 AZR 1089/79, AP Nr. 9 zu Art. 5 Abs. 1 GG – Meinungsfreiheit.

Zu den allgemeinen Gesetzen, die der Meinungsfreiheit eine **Grenze** ziehen und sie einschränken können (Art. 5 Abs. 2 GG), gehören auch die Pflichten aus dem Arbeitsverhältnis; sie müssen als „allgemeines Gesetz" nach der sog. Wechselwirkungslehre im Lichte der Bedeutung des Grundrechts gesehen und so interpretiert werden, dass der besondere Wertgehalt des Rechts auf freie Meinungsäußerung gewahrt bleibt[1]. Nach der ständigen Rspr. des BAG findet dieses Grundrecht im Bereich des Arbeitsrechts seine Schranken in den **Grundregeln über das Arbeitsverhältnis**[2]. Aus diesen Grundregeln leitet das BAG das allgemeine Pflichtengebot ab, sich so zu verhalten, dass der Betriebsfrieden nicht ernstlich und schwer gefährdet wird, und dass die Zusammenarbeit im Betrieb mit den übrigen ArbN, aber auch mit dem ArbGeb zumutbar bleibt[3]. Der ArbN darf bei Ausübung des Grundrechts nicht den Interessen des ArbGeb zuwiderhandeln oder diese beeinträchtigen. Eine solche Zuwiderhandlung ist gegeben, wenn durch die Meinungsäußerung das Arbeitsverhältnis konkret berührt wird[4]. Grundsätzlich wird man aber wegen der Wechselwirkung mit Art. 5 Abs. 1 GG hohe Anforderungen an die Einschränkung auf Grund der Interessen des ArbGeb zu stellen haben. Der ArbGeb hat im Rahmen der ihm zustehenden Meinungsfreiheit zunächst selbst darüber zu entscheiden, ob er ein Fehlverhalten des ArbN abmahnen will oder nicht, muss allerdings den **Grundsatz der Verhältnismäßigkeit** beachten[5]. In einer **Abwägung** ist dem unternehmerischen ArbGebInteresse das Meinungsäußerungsinteresse des ArbN gegenüberzustellen[6]. 379

Das BAG leitet aus den „Grundregeln über das Arbeitsverhältnis", in denen das Grundrecht aus Art. 5 Abs. 1 GG seine Schranken findet, ebenfalls ab, dass der ArbN öffentlich, zB in **Flugblättern** an alle Mitarbeiter des Betriebs, keine bewusst wahrheitswidrigen Behauptungen über den ArbGeb aufstellen und durch seine Aktionen nicht den Betriebsfrieden stören darf[7]. Die Verletzung dieses Gebots kann den ArbGeb zur außerordentlichen Kündigung berechtigen. Die Pflicht zur Verschwiegenheit kann insofern unwirksam sein, als sie durch den übergeordneten Gesichtspunkt des Grundrechts auf Freiheit der Meinungsäußerung gerechtfertigt ist[8]. 380

Handelt es sich um eine Meinungsäußerung oder sonstige Betätigung, die eine **gewerkschaftliche Betätigung** darstellt, so ist auch die Bedeutung des Art. 9 Abs. 3 GG zu beachten[9], die gegenüber Art. 5 Abs. 1 GG als die speziellere Vorschrift herangezogen werden soll[10]. Erlaubt ist ihnen, zumal die durch Art. 9 Abs. 3 GG geschätzte Betätigungsfreiheit nicht mehr auf einen Kernbereich der für die Erhaltung des Bestandes beschränkt ist, sondern alle koalitionsspezifischen Verhaltensweisen erfasst, auch die Mitgliederwerbung im Betrieb während der Arbeitszeit[11]. Dem Betätigungsrecht der Koalitionen dürfen nur solche Schranken gezogen werden, die im konkreten Fall zum Schutz anderer Rechtsgüter – namentlich des Betriebsfriedens oder ungestörten Arbeitsganges – von der Sache her geboten sind[12]. 381

Das Grundrecht der freien Meinungsäußerung umfasst auch das Recht zu aktiver politischer Betätigung im Rahmen der demokratischen Grundordnung. Insb. für Angestellte des **öffentlichen Dienstes** ist dieses Recht eingeschränkt durch die im Arbeitsverhältnis begründete Pflicht, bei politischen Äußerungen maßvoll und zurückhaltend zu sein[13]. Im Bereich des öffentlichen Diensts sehen tarifliche Bestimmungen – so etwa § 8 Abs. 1 BAT – vor, dass sie sich mit ihrem Verhalten zur freiheitlich demokratischen Grundordnung zu bekennen haben. Nicht allen ArbN des öffentlichen Dienstes ist das gleiche Maß an politischer Treue abzuverlangen wie den Beamten; bei ArbN müssen sich die in politischer Hinsicht zu stellenden Anforderungen aus dem jeweiligen Amt ergeben[14]. 382

Zu den allgemeinen Gesetzen, die die Meinungsfreiheit einschränken, gehört auch das Verbot für den **BR**, sich im Betrieb **parteipolitisch zu betätigen**[15]. Dieses Verbot lässt sich bereits § 74 Abs. 2 Satz 2 BetrVG entnehmen. Dem **einzelnen ArbN** wird in der politischen Betätigung eine Grenze durch den Schutz der betrieblichen Ordnung und des Betriebsfriedens gezogen[16]. Nach anderer Auffassung soll ihm lediglich eine konkrete Störung, nicht aber eine abstrakte, untersagt sein[17]. Ob diese Differenzierung aber der bezweckten deutlicheren Abgrenzung dienen kann und überhaupt zu anderen Ergebnissen als die hM gelangt, ist zu bezweifeln. 383

ii) Kontrolle und Untersuchung. Soweit der ArbGeb durch von ihm eingesetzte Hilfspersonen auf Grund einer BV stichprobenartige Taschenkontrollen anordnet, um ArbN oder Gruppen von ihnen 384

---

1 BVerfG v. 15.1.1958 – 1 BvR 400/51, BVerfGE 7, 198 (298); BAG v. 11.8.1982 – 5 AZR 1089/79, AP Nr. 9 zu Art. 5 Abs. 1 GG – Meinungsfreiheit; Schaub/*Linck*, ArbRHdb, § 53 Rz. 19; ArbR-BGB/*Schliemann*, § 611 BGB Rz. 712. |2 BAG v. 3.12.1954 – 1 AZR 150/54, AP Nr. 2 zu § 13 KSchG; v. 28.9.1972 – 2 AZR 469/71, AP Nr. 2 zu § 134 BGB; v. 26.5.1977 – 2 AZR 632/76, AP Nr. 5 zu § 611 BGB – Beschäftigungspflicht; v. 23.2.1959 – 3 AZR 583/57, AP Nr. 1 zu Art. 5 Abs. 1 GG – Meinungsfreiheit. |3 BAG v. 3.12.1954 – 1 AZR 150/54, AP Nr. 2 zu § 13 KSchG. |4 *BAG v. 28.9.1972 – 2 AZR 469/71, AP Nr. 2 zu § 134 BGB.* |5 BAG v. 13.11.1991 – 5 AZR 74/91, AP Nr. 7 zu § 611 BGB – Abmahnung. |6 MünchArbR/*Blomeyer*, § 53 Rz. 85; Schaub/*Linck*, ArbRHdb, § 53 Rz. 19. |7 BAG v. 26.5.1977 – 2 AZR 632/76, AP Nr. 2 zu § 13 KSchG. |8 MünchArbR/*Blomeyer*, § 53 Rz. 66; ErfK/*Preis*, § 611 BGB Rz. 877. |9 ArbR-BGB/*Schliemann*, § 611 BGB Rz. 712. |10 MünchArbR/*Blomeyer*, § 53 Rz. 93. |11 BVerfG v. 14.11.1995 – 1 BvR 601/94, EzA Art. 9 GG Nr. 60 m. Anm. *Thüsing*. |12 BVerfG v. 14.11.1995 – 1 BvR 601/94, EzA Art. 9 GG Nr. 60 m. Anm. *Thüsing*. |13 BAG v. 23.2.1959 – 3 AZR 583/57, AP Nr. 1 zu Art. 5 Abs. 1 GG – Meinungsfreiheit. |14 BAG v. 31.3.1976 – 5 AZR 104/74, AP Nr. 2 zu Art. 33 Abs. 2 GG. |15 BAG v. 3.12.1954 – 1 AZR 150/54 AP Nr. 2 zu § 13 KSchG. |16 *Nikisch*, ArbR, Bd. I, S. 450; vgl. auch BAG v. 11.12.1975 – 2 AZR 426/76, AP Nr. 1 zu § 15 KSchG 1969. |17 MünchArbR/*Blomeyer*, § 53 Rz. 68.

Untersuchungen zu unterziehen, die Eigentumsdelikte zu seinem Nachteil aufdecken sollen, werden die ArbN geregelt, als verpflichtet, die **Taschenkontrollen zu dulden**, da der Zweck der Überprüfung darin besteht festzustellen, ob die ArbN sich im Zusammenhang mit ihrer Arbeitsleistung so verhalten, wie es ihnen ihre arbeitsvertragliche Nebenpflicht, das Eigentum des ArbGeb zu wahren, gebietet[1]. Die Vereinbarung von Kontrollbefugnissen kann außer durch BV (§ 87 Abs. 1 Nr. 1 BetrVG) auch durch TV und Einzelarbeitsvertrag – auch konkludent, etwa bei Branchen- oder Betriebsüblichkeit – begründet werden, nicht aber im Wege des Direktionsrechts[2].

385 Der ArbGeb kann verlangen, dass sich der ArbN zu einer **ärztlichen Untersuchung** bereiterklärt, jedoch nur, falls dafür ein ausreichend begründeter Anlass besteht[3]. Ein Anspruch des ArbGeb gegen die Krankenkasse des ArbN besteht unter den Voraussetzungen des § 275 Abs. 1a Satz 3 SGB V. Offen gelassen hat das BAG, ob sich eine Maßnahme, die das Krankheitsverhalten der ArbN beeinflussen soll (im entschiedenen Fall: **Krankengespräche**), schon allein wegen dieses Ziels generell dem Ordnungsverhalten oder dem mitbestimmungsfreien Arbeitsverhalten zurechnen lasse; die Mitbestimmungspflichtigkeit der Krankengespräche ergebe sich nämlich unabhängig von Fernzielen jedenfalls aus der Art ihrer Durchführung: Sei der umstrittene Regelungsgegenstand nicht das „Krankheitsverhalten", sondern das Verhalten der ArbN bei der Führung der Gespräche selbst, gehöre dieses nicht unmittelbar zur Erbringung der Arbeitsleistung[4]. Weigert sich der ArbN beharrlich, an einer von der Berufsgenossenschaft durch Unfallverhütungsvorschriften vorgeschriebenen Vorsorgeuntersuchung teilzunehmen, so kann der ArbGeb darauf – jedenfalls nach vorheriger Abmahnung – in zulässiger Weise mit einer Kündigung reagieren[5]. § 5 EFZG enthält die gesetzliche Nebenpflicht zur rechtzeitigen **Anzeige** von krankheitsbedingter **Arbeitsunfähigkeit** sowie zur Vorlage einer Arbeitsunfähigkeitsbescheinigung. Auch wenn der ArbN auf Grund anderer Umstände an der Arbeitsleistung gehindert ist, kann ihn eine Anzeigeobliegenheit treffen. So ist etwa ein nicht freigestelltes BR-Mitglied (auch) auf Grund seines Arbeitsvertrags verpflichtet, sich vor Beginn seiner unter § 37 Abs. 2 BetrVG fallenden BR-Tätigkeit beim ArbGeb abzumelden; die Verletzung dieser Pflicht kann eine wirksame Abmahnung durch den ArbGeb nach sich ziehen[6].

386 jj) **Sonstige Nebenpflichten.** Der ArbN ist ohne entsprechendes Einverständnis des ArbGeb nicht berechtigt, die von diesem ermöglichte **E-Mail-Kommunikation** zu außerdienstlichen Zwecken zu verwenden[7]. Der im Verkauf tätigen ArbN kann kraft des Direktionsrechts verpflichtet sein, in einer bestimmten Art von **Kleidung** (keine Freizeitkleidung [Jeans, Hemd mit offenem Kragen], sondern Sakko und Krawatte) aufzutreten; so kann etwa der ArbGeb, in dessen Betrieb Möbel gehobenen Genres hergestellt werden, von seinen im Verkauf tätigen ArbN erwarten, dass sie bei Gesprächen mit Kunden in einer Art und Weise gekleidet auftreten, wie sie dem von dem ArbGeb festgelegten Charakter der Produkte entspricht[8]. Wird in einer Kleiderordnung das Tragen einer einheitlichen Dienstkleidung vorgeschrieben und stellt der ArbGeb die Erstausstattung eines (betriebseinheitlich als Dienstkleidung zu tragenden) Smokings zur Verfügung, so ist der ArbN nicht zum Ersatz der durch den natürlichen Verschleiß entstehenden Aufwendungen verpflichtet[9]. Der ArbN hat eine **Abwerbung** anderer ArbN zu unterlassen. Wirkt ein ArbN während des bestehenden Arbeitsverhältnisses ernsthaft auf seine Arbeitskollegen mit dem Ziel ein, dass sie unter Beendigung des Arbeitsverhältnisses die Arbeit bei einem anderen ArbGeb aufnehmen, verletzt er die arbeitsvertragliche Treuepflicht, was regelmäßig eine außerordentliche Kündigung rechtfertigt, ohne dass eine solche Abwerbung gegen die guten Sitten verstoßen müsste oder dass die abzuwerbenden ArbN von besonderer Qualität sind[10]. Dem ArbN obliegen unter gewissen Voraussetzungen **Anzeige- und Aufklärungspflichten** hinsichtlich erkennbarer oder voraussehbarer drohender Schäden im Zusammenhang mit der Arbeitsleistung[11]. Eine Anzeigepflicht gegenüber dem ArbGeb kann den ArbN auch treffen, wenn er strafbares Verhalten von anderen ArbN zum Nachteil des ArbGeb beobachtet[12]. In **Notfällen**, die auf Grund unvorhersehbarer äußerer Ereignisse (zB Naturkatastrophen) entstehen und mit drohenden Gefahren für den Betrieb verbunden sind, ist der ArbN zur Arbeitsleistung verpflichtet, wenn dies zur Abwendung von Schäden am Betrieb erforderlich ist. Die hM stützt sich zur Begründung auf die durch Treu und Glauben (§§ 157, 242 „Treuepflicht") beeinflusste Arbeitspflicht (s. auch Rz. 316, 347)[13]. Besteht zwischen den Arbeitsvertragsparteien Streit über die Beendigung des Arbeitsverhältnisses, so ist das Verlangen des ArbGeb auf **Herausgabe** des auch zur privaten Nutzung überlassenen Dienstwagens entsprechend den allgemeinen Regeln über den Weiterbeschäftigungsanspruch zu behandeln, sofern keine gesonderte Vereinbarung besteht[14]. Erhält ein angestellter Arzt für die arbeitsvertraglich geschuldete Tätigkeit (Substitutionsambulanz in der Drogenhilfe) von der Kas-

---

1 BAG v. 12.8.1999 – 2 AZR 923/98, AP Nr. 28 zu § 626 BGB – Verdacht strafbarer Handlung. | 2 Schaub/*Linck*, ArbRHdb, § 55 Rz. 11. | 3 MünchKomm/*Müller-Glöge*, § 611 BGB Rz. 441. | 4 BAG v. 8.11.1994 – 1 ABR 22/94, AP Nr. 24 zu § 87 BetrVG 1972 – Ordnung des Betriebes m. Anm. *Raab*. | 5 LAG Düsseldorf v. 31.5.1996 – 15 Sa 180/95, BB 1996, 2099. | 6 BAG v. 15.7.1992 – 7 AZR 466/91, AP Nr. 9 zu § 611 BGB – Abmahnung; s. auch Richardi/*Thüsing*, § 37 BetrVG Rz. 27. | 7 Schaub/*Linck*, ArbRHdb, § 55 Rz. 21; Lindemann/Simon, BB 2001, 1950 (1953), auch näher zum Problem. | 8 LAG Hamm v. 22.10.1991 – 13 TaBV 36/91, DB 1992, 280. | 9 BAG v. 19.5.1998 – 9 AZR 307/96, AP Nr. 31 zu § 670 BGB. | 10 LAG Kiel v. 6.7.1989 – 4 Sa 601/88, LAGE § 626 BGB Nr. 42. | 11 MünchArbR/*Blomeyer*, § 54 Rz. 6. | 12 BAG v. 18.6.1970 – 1 AZR 520/69, AP Nr. 57 zu § 611 BGB – Haftung des ArbN m. Anm. *Steindorff*. | 13 MünchArbR/*Blomeyer*, § 48 Rz. 130 und 35. | 14 LAG München v. 11.9.2002 – 9 Sa 315/02, NZA-RR 2002, 636 f.

senärztlichen Vereinigung auf Grund einer persönlichen Ermächtigung Leistungen, so hat er diese mangels einer anderweitigen Vereinbarung dem ArbGeb vollständig herauszugeben[1]. Stellt ein Geselle in Absprache mit seinem ArbGeb für die Gesellenprüfung einen Gegenstand aus Stoffen des ArbGeb her, so braucht er diesem das Gesellenstück unter den Voraussetzungen des § 950 weder herauszugeben noch für die Stoffe Wertersatz zu leisten[2]. In einem Ehegatten-Arbeitsverhältnis ist nach Beendigung der ArbN arbeitsrechtlich nicht zur Herausgabe des „Dienstfahrzeugs" verpflichtet, wenn die Überlassung in Wirklichkeit eine Unterhaltsleistung an ihn war, keine arbeitsvertragliche Leistung[3].

X. Leistungsstörungen

Lit.: *Canaris*, Die Reform des Rechts der Leistungsstörungen, JZ 2001, 499; *Dauner-Lieb/Heidel/Lepa/Ring*, Anwaltkommentar, Schuldrecht, 2002; *Gotthardt*, Arbeitsrecht nach der Schuldrechtsreform, 2. Aufl. 2003; *Haas/Medicus/Rolland/Schäfer*, Das neue Schuldrecht, 2002; *Henssler*, Arbeitsrecht und Schuldrechtsreform, RdA 2002, 129; *Henssler/v.Westphalen* (Hrsg.), Praxis der Schuldrechtsreform, 2003; *Henssler/Muthers*, Arbeitsrecht und Schuldrechtsmodernisierung, ZGS 2002, 219; *Huber/Faust*, Schuldrechtsmodernisierung, 2002; *Kraft/Raab*, Anm. AP Nr. 1 zu § 611 BGB – Gewissensfreiheit; *Lieb*, Arbeitsrecht, 8. Aufl. 2003; *Lorenz/Riehm*, Lehrbuch zum neuen Schuldrecht, 2002; *Löwisch*, Zweifelhafte Folgen des geplanten Leistungsstörungsrechts für das Arbeitsvertragsrecht, NZA 2001, 465; *Otto*, Die Grundstrukturen des neuen Leistungsstörungsrechts, Jura 2002, 1; *Richardi*, Leistungsstörungen und Haftung im Arbeitsverhältnis nach dem Schuldrechtsmodernisierungsgesetz, NZA 2002, 1004; *Teichmann*, Strukturveränderungen im Recht der Leistungsstörungen nach dem Regierungsentwurf eines Schuldrechtsmodernisierungsgesetzes, BB 2001, 1485; *v. Stebut*, Leistungsstörungen im Arbeitsverhältnis, RdA 1985, 66; *Zimmer*, Das neue Recht der Leistungsstörungen, NJW 2002, 1.

1. Einführung. Das Gesetz zur Modernisierung des Schuldrechts[4] – in Kraft seit 1.1.2002 – hat eine grundlegende Reform des allgemeinen Schuldrechts des BGB herbeigeführt, die grundsätzlich auch für Leistungsstörungsrecht im Arbeitsverhältnis gilt[5]. Der Gesetzgeber hat die Leistungsstörungen im Arbeitsrecht in die Erwägungen des Gesetzgebungsprozesses einbezogen[6], und mit dem Leistungsverweigerungsrecht wegen Unzumutbarkeit gem. § 275 Abs. 3 eine eigenständige Sonderregelung getroffen, die vor allem Arbeitsverhältnisse umfassen soll[7]. Darüber hinaus gelten für die Behandlung von Leistungsstörungen im Arbeitsverhältnis Besonderheiten zum allgemeinen Schuldrecht.

Nach der Schuldrechtsreform unterscheidet das Leistungsstörungsrecht zwischen dem **Ausschluss der Primärleistungspflicht nach § 275** und dem **zentralen Haftungstatbestand der Pflichtverletzung gemäß § 280**[8]. Der Begriff der Unmöglichkeit bildet danach zwar nicht mehr den Mittelpunkt des Leistungsstörungsrechts, wurde aber auch nicht gänzlich abgeschafft, sondern stellt immer noch den Anknüpfungspunkt für die Befreiung von der Leistungspflicht nach § 275 dar. Das allgemeine Leistungsstörungsrecht umfasst folgende Störungsgründe: Die Unmöglichkeit der Leistung (§ 275), Pflichtverletzungen (§§ 280 ff.), wie den Verzug mit der Leistung (§§ 280 Abs. 2, 286 ff.), die Schlechtleistung sowie die Verletzung von nichtleistungsbezogenen Nebenpflichten.

2. Befreiung des ArbN von der Primärleistungspflicht wegen Nichterfüllung. Die Befreiung von der Primärleistungspflicht kann nach drei verschiedenen Tatbeständen erfolgen, die sich in den Tatbestandsvoraussetzungen und teilweise in ihren Rechtsfolgen unterscheiden. Eine klare Abgrenzung ist daher in der Praxis von besonderer Bedeutung.

a) Gesetzlicher Ausschluss bei Unmöglichkeit der Leistung, § 275 Abs. 1 BGB. Der Anspruch des ArbGeb auf die Arbeitsleistung des ArbN ist gem. § 275 Abs. 1 ausgeschlossen, wenn diese für den Schuldner oder für jedermann unmöglich ist. Die Leistungsbefreiung wegen Unmöglichkeit der Arbeitsleistung stellt eine kraft Gesetzes zu beachtende **Einwendung** dar[9]. § 275 Abs. 1 regelt nur den Ausschluss der Primärleistungspflicht. Auf ein Vertretenmüssen kommt es nun auch nach dem Wortlaut des Gesetzes nach insofern nicht mehr an[10]. Der Schuldner wird daher auch von seiner Leistungspflicht frei, wenn er den Ausschluss der Leistung zu vertreten hat. Erfasst werden von § 275 Abs. 1 nunmehr sowohl die anfängliche objektive[11] und subjektive Unmöglichkeit als auch die **nachträgliche** Unmöglichkeit und das nachträgliche Unvermögen[12]. Unter die Norm fällt wie bisher schon auch die **Teilunmöglichkeit**[13]. Die Arbeit ist gem. § 613 Satz 1 im Zweifel persönlich zu leisten, weshalb das Unvermögen des ArbN regelmäßig die objektive Unmöglichkeit zur

---

1 LAG Köln v. 21.6.2002 – 4 Sa 262/02, ZTR 2003, 38 f. | 2 LAG Köln v. 20.12.2001 – 10 Sa 430/01, nv. (juris). |3 LAG Köln v.27.1.1999 – 7 Sa 1044/98, NZA-RR 1999, 572 f. |4 BGBl. I v. 29.11.2001, S. 3138; Bekanntmachung der Neufassung des BGB BGBl. v. 8.1.2002, S. 42. |5 *Gotthardt*, Schuldrechtsreform, Rz. 7. |6 BT-Drs. 14/6040, S. 129 (136, 176). |7 BT-Drs. 14/6040, S. 130. |8 § 280 Abs. 1 nunmehr neben § 311a Abs. 2 die einzige Anspruchsgrundlage auf Schadensersatz wegen der Verletzung von Pflichten aus dem Schuldverhältnis. Die Pflichtverletzung, die lediglich den objektiven Pflichtverstoß meint, ist streng von der Frage des Vertretenmüssens zu trennen. *Dedek* in Henssler/v. Westphalen, Praxis der Schuldrechtsreform, § 280 Rz. 5. |9 *Henssler/Muthers*, ZGS 2002, 219 (221); ErfK/*Preis*, § 611 BGB Rz. 835. |10 *Gotthardt*, Schuldrechtsreform, Rz. 37; ErfK/*Preis*, § 611 BGB Rz. 836, 840. |11 Ein auf eine objektiv unmögliche Leistung gerichteter Vertrag ist nunmehr wirksam (§ 311a Abs. 1 BGB im Gegensatz zu § 306 BGB aF), und bildet einen Vertrag ohne primäre Leistungspflicht. BT-Drs. 14/6040, S. 164 f.; Palandt/*Heinrichs*, § 311a BGB Rz. 5. |12 *Gotthardt*, Schuldrechtsreform, Rz. 37; ErfK/*Preis*, § 611 BGB Rz. 836. |13 *Gotthardt*, Schuldrechtsreform, Rz. 37; ErfK/*Preis*, § 611 BGB Rz. 836.

Folge hat, da grundsätzlich nicht darauf abgestellt werden kann, ob ein anderer ArbN die Leistung erbringen könnte[1]. Problematisch ist die Behandlung des Grundsatzes des allgemeinen Schuldrechts, dass Unmöglichkeit und Verzug sich gegenseitig ausschließen. Kriterium der Abgrenzung ist die Nachholbarkeit der Leistung[2]. Die Arbeitsleistung ist regelmäßig auf Grund der Bindung an arbeitsvertraglich bestimmte Zeiten ihrer Erbringung nicht nachholbar. Nach herrschender Meinung hat die Arbeitsleistung daher einen **absoluten Fixschuldcharakter**[3]. Bei jeder Nichtleistung im Arbeitsverhältnis liegt im Zweifel sogleich Unmöglichkeit vor. Mangels Nachholbarkeit der Leistung ist ein Verzug und damit auch die Anwendung von § 615 grundsätzlich ausgeschlossen. Im Rahmen des Dauerschuldverhältnisses schuldet der ArbN am folgenden Tag meist bereits die nächste Teilleistung. Eine Nachleistung liegt schlechterdings nicht im Interesse des ArbN. Die Arbeitsleistung des ArbN ist besonders von der Zeit bestimmt, so dass die Nachleistung einen Eingriff in die übrige Arbeitskraft des ArbN darstellen würde. Dies gilt insb. bei Teilzeitarbeitskräften, die ihre Arbeitszeit selbst bestimmen wollen und im Einzelfall mehrere Teilzeitarbeitsverhältnisse eingegangen sind[4]. Darüber hinaus können Arbeitszeitbestimmungen die Nachleistung durch Überstunden zumindest bei längerer Dauer der Nichtleistung rechtlich unmöglich machen. Schließlich kann auch das Interesse des ArbGeb an der Nachleistung der Arbeit fehlen, wenn dieser auf die Laufzeit seiner Maschinen und eine bestimmte Betriebsorganisation angewiesen ist[5]. Die herrschende Lehre lässt angesichts moderner Formen des Arbeitsverhältnisses **Ausnahmen** von der Regel der Einordnung der Arbeitsleistung als absolute Fixschuld zu[6]. Bei **Gleitzeitarbeitsverhältnissen und Arbeitszeitkonten** wird man eine Nachleistungspflicht weiter annehmen können. Unmöglichkeit tritt erst mit der Nichterbringung der Arbeitsleistung in dem zugestandenen Erfüllungszeitraum ein[7]. Die Rspr.[8] geht, ebenso wie ein Teil der Lit.[9], von einer relativen Fixschuld iSv. § 323 Abs. 2 Nr. 2 aus. Diese Ansicht muss gegen sich gelten lassen, dass es an der Nachholbarkeit der Leistung meist fehlt, außerdem ist die Rechtsfolge eines Kündigungsrechts letztlich unbefriedigend[10]. Entscheidend ist für die genaue Einordnung auf die im Einzelfall getroffene Vereinbarung und die Umstände des Arbeitsverhältnisses abzustellen[11]. Teilzeitarbeitskräfte können abhängig von der jeweiligen vertraglichen Vereinbarung ein berechtigtes Interesse an der Nachholung der Arbeitsleistung haben, wenn sonst der Lohnanspruch entfiele[12]. **Objektive Unmöglichkeit** liegt vor, wenn die vom ArbN geschuldete Leistung nicht mehr wie geschuldet erbracht werden kann, weil die Betriebsstätte des ArbGeb durch einen Brand zerstört wurde[13], innerbetriebliche Störungen vorliegen oder Störungen von außen auf den Betrieb einwirken (Stromausfall, Naturkatastrophen etc.)[14]. Nichts anderes gilt, wenn der ArbGeb den Betrieb endgültig stilllegt und der ArbN nach dem Arbeitsvertrag keine anderweitige Beschäftigung schuldet[15], oder der ArbN die Betriebsstätte wegen schlechter Witterung nicht erreichen kann[16]. Dagegen greift § 275 Abs. 1 nicht, wenn die Arbeitsstätte, etwa auf Grund des Ausfalls öffentlicher Verkehrsmittel, nur noch mit erhöhten Aufwendungen erreichbar ist[17]. Ein Beschäftigungsverbot oder das Auslaufen der Arbeitserlaubnis eines ausländischen ArbN führt zu einer Befreiung von der Arbeitspflicht, da deren Erfüllung aus rechtlichen Gründen unmöglich ist[18]. Die Abgrenzung der Fälle, die unter die gesetzliche Befreiung von der Leistungspflicht wegen Unmöglichkeit gem. § 275 Abs. 1 fallen, von denen, die lediglich zu einem allgemeinen Leistungsverweigerungsrecht wegen Unzumutbarkeit gem. § 275 Abs. 3 führen, ist – insb. bei Arbeitsunfähigkeit wegen Krankheit – umstritten[19].

391 b) **Leistungsverweigerungsrecht wegen sog. faktischer und praktischer Unmöglichkeit, § 275 Abs. 2 BGB.** Die sog. faktische und praktische Unmöglichkeit der Arbeitsleistung unterfällt nicht § 275 Abs. 1, sondern § 275 Abs. 2[20], wonach der ArbN die Leistung verweigern kann, wenn diese einen Aufwand erfordert, der nach Inhalt des Arbeitsverhältnisses und Treu und Glauben in einem groben Missverhältnis zum Leistungsinteresse des Gläubigers steht (Satz 1). Entscheidend für die Beurteilung des erforderliche Aufwandes ist allein das Gläubigerinteresse an der Arbeitsleistung[21]. Die Behebung des Leistungshindernisses wäre in diesen Fällen zwar theoretisch möglich, aber kein vernünftiger Gläubiger würde

---

1 *Gotthardt*, Schuldrechtsreform, Rz. 89. | 2 Palandt/*Heinrichs*, § 286 BGB Rz. 5 mwN. | 3 BGH v. 11.7.1953 – II ZR 126/52, BGHZ 10, 187; *Zöllner/Loritz*, Arbeitsrecht, § 18 I 1. So für den Regelfall auch BT-Drs. 14/6040, S. 129. | 4 ErfK/*Preis*, § 611 BGB Rz. 838. | 5 ErfK/*Preis*, § 611 BGB Rz. 838. | 6 ErfK/*Preis*, § 611 BGB Rz. 838; Erman/*Edenfeld*, § 611 BGB Rz. 333; MünchKomm/*Müller-Glöge*, § 611 BGB Rz. 15; Staudinger/*Richardi*, § 611 BGB Rz. 358. | 7 Staudinger/*Richardi*, § 611 BGB Rz. 358; *Gotthardt*, Schuldrechtsreform, Rz. 90. AA v. *Stebut*, RdA 1985, 66 ff. | 8 BAG v. 17.3.1988 – 2 AZR 576/87, AP Nr. 99 zu § 626 BGB, zu § 361 BGB aF. | 9 MünchArbR/*Blomeyer*, § 57 Rz. 11, zu § 361 BGB aF; *Schaub*, ArbRHdb, § 49. | 10 Zutr. *Gotthardt*, Schuldrechtsreform, Rz. 91. | 11 ErfK/*Preis*, § 611 BGB Rz. 839. | 12 ErfK/*Preis*, § 611 BGB Rz. 839. | 13 BAG v. 13.6.1990 – 5 AZR 350/89, EzA § 611 BGB – Beschäftigungspflicht Nr. 44; v. 17.12.1968 – 5 AZR 149/68, AP Nr. 2 zu § 324 BGB. | 14 BAG v. 9.3.1983 – 4 AZR 301/80, AP Nr. 31 zu § 615 BGB – Betriebsrisiko. | 15 BAG v. 4.9.1985 – 5 AZR 90/84, nv. (juris). | 16 BAG v. 8.12.1982 – 4 AZR 134/80, AP Nr. 58 zu § 616 BGB – Betriebsrisiko. | 17 BAG v. 8.12.1982 – 4 AZR 134/80, AP Nr. 58 zu § 616 BGB – Betriebsrisiko. Es liegt allerdings auch kein Fall des § 275 Abs. 3 vor, da der ArbN grundsätzlich selbst dafür Sorge zu tragen hat, dass er die Arbeitsstätte erreicht. Für einer verhaltensbedingte Kündigung wegen Arbeitsverweigerung wird es meist an einem Verschulden fehlen. *Gotthardt*, Schuldrechtsreform, Rz. 94 (Fn. 152). | 18 BT-Drs. 14/6040, S. 129; *Gotthardt*, Schuldrechtsreform, Rz. 95; *Henssler/Muthers*, ZGS 2002, 219 (221); Palandt/*Heinrichs*, § 275 BGB Rz. 16. AA offenbar *Richardi*, RdA 2002, 1004 (1007), der auf die tatsächliche Nichterbringbarkeit der Leistung abstellt. | 19 Dazu unter 3. | 20 BT-Drs. 14/6040, S. 129; *Dedek* in Henssler/v. Westphalen, § 275 Rz. 9, 14; Palandt/*Heinrichs*, § 275 BGB Rz. 21 f. | 21 *Gotthardt*, Schuldrechtsreform, Rz. 38.

sie ernsthaft erwarten[1]. Zur Bestimmung des erforderlichen Aufwandes ist auch der Umstand heranzuziehen, ob der Schuldner das Leistungshindernis zu vertreten hat (§ 275 Abs. 2 Satz 2). Nicht erfasst sind aber die Fälle sog. wirtschaftlicher oder sittlicher Unmöglichkeit und der bloßen Leistungserschwerung[2]. Diese Fälle sind nach den Grundsätzen des Wegfalls der Geschäftsgrundlage zu behandeln[3]. Auf das Leistungsverweigerungsrecht aus § 275 Abs. 2 muss sich der ArbN als **Einrede** berufen[4].

c) **Leistungsverweigerungsrecht wegen persönlicher Unzumutbarkeit, § 275 Abs. 3 BGB.** Der ArbN kann nach § 275 Abs. 3 die Arbeitsleistung bei persönlicher Unzumutbarkeit verweigern. Voraussetzung ist, dass der Schuldner die Leistung persönlich zu erbringen hat, was beim Arbeitsverhältnis wegen dessen grundsätzlicher Unübertragbarkeit gem. § 613 im Zweifel der Fall ist[5]. Die Erbringung der Leistung muss dem Schuldner – anders als bei § 275 Abs. 2 – nach einer Abwägung des Leistungsinteresses des Schuldners und des Leistungsinteresses des Gläubigers unzumutbar sein. Auf ein Verschulden des Schuldners kommt es im Gegensatz zu § 275 Abs. 2 Satz 2 nicht an[6]. Dem ArbN kann die Leistung auch **teilweise** unzumutbar sein[7]. Das Verweigerungsrecht wegen persönlicher Unzumutbarkeit ist wie das Leistungsverweigerungsrecht nach § 275 Abs. 2 als **Einrede** ausgestaltet, auf die sich der ArbN berufen muss[8]. Auch eine **rückwirkende Geltendmachung** der Einrede ist möglich[9]. Der ArbN kann wählen, ob er die Arbeitsleistung erbringt oder sich auf Unzumutbarkeit beruft[10]. Der Tatbestand des § 275 Abs. 3 erfordert ein der Leistung entgegenstehendes Hindernis, das – anders als bei § 616 – nicht auf der Person des ArbN liegende Gründe beschränkt ist[11]. Im Gegensatz zu § 616 werden von § 275 Abs. 3 nicht auch Umstände umfasst, die bereits eine subjektive (oder gar objektive) Unmöglichkeit iSv. § 275 Abs. 1 bilden[12]. § 275 Abs. 3 ist zu Abs. 1 subsidiär[13]. Mit der Einfügung als allgemeines Leistungsverweigerungsrecht in § 275 Abs. 3 und durch die Gleichbehandlung der Abs. 1-3 des § 275, insb. in §§ 283 Satz 1, 326 Abs. 1, stellt der Gesetzgeber klar, dass die Unzumutbarkeit in ihrer Intensität dem Unvermögen, dh. der subjektiven Unmöglichkeit, entsprechen muss[14]. In Betracht kommen daher insb. folgende fünf **Gründe der Unzumutbarkeit**: Arbeitsunfähigkeit wegen Krankheit, gesetzliche Verbote, Gefahr für Leib und Leben, familiäre und sonstige persönliche Gründe und Gewissensgründe. In der Praxis stellt sich insofern die **schwierige Frage der Einordnung unter** § 275 Abs. 1 oder Abs. 3, dh. der Unmöglichkeit oder Unzumutbarkeit der Leistung.

Wie die **Arbeitsunfähigkeit wegen Krankheit** des ArbN einzuordnen ist, ist umstritten. Der Gesetzgeber ist wohl, wie Teile des Schrifttums, der Annahme der Unzumutbarkeit zugeneigt[15]. Andere nehmen dagegen an, dass der wegen Krankheit Arbeitsunfähige gem. § 275 Abs. 1 kraft Gesetzes von seiner Leistungspflicht frei wird[16]. Es ist vorzugswürdig, danach zu unterscheiden, ob dem ArbN die Arbeitsleistung auf Grund seines Gesundheitszustandes objektiv nicht möglich ist, dann wird er kraft Gesetzes gem. § 275 Abs. 1 von seiner Leistungspflicht frei, oder ob er potentiell zur Arbeitsleistung im Stande wäre, was lediglich einen Fall der Unzumutbarkeit begründen kann[17]. Ist der ArbN objektiv nicht zur Leistung fähig, muss der ArbGeb keinerlei Arbeitsleistung akzeptieren, was dagegen Ergebnis der Einordnung als Leistungsverweigerungsrecht (§ 275 Abs. 3) wäre[18]. Nach der Rspr. des BAG liegt Arbeitsunfähigkeit bereits vor, wenn der ArbN die Arbeit nur unter der Gefahr aufnehmen oder fortsetzen könnte, in absehbarer Zeit seinen Gesundheitszustand zu verschlimmern[19]. Bleibt der ArbN jedoch weiterhin zur Arbeitsleistung im Stande, liegt ein Fall des § 275 Abs. 3 vor[20].

Die bisherige Rspr. nahm bei **gesetzlichen Verboten** ein Leistungsverweigerungsrecht des ArbN an[21]. Bei einem **Beschäftigungsverbot** liegt nunmehr ein Fall der Unmöglichkeit gem. § 275 Abs. 1 vor. Ver-

---

1 ErfK/*Preis*, § 611 BGB Rz. 836; *Gotthardt*, Schuldrechtsreform, Rz. 38. | 2 BT-Drs. 14/6040, S. 130; ErfK/*Preis*, § 611 BGB Rz. 836; *Gotthardt*, Schuldrechtsreform, Rz. 38. | 3 BT-Drs. 14/6040, S. 130. | 4 Palandt/*Heinrichs*, § 275 BGB Rz. 32; *Gotthardt*, Schuldrechtsreform, Rz. 36; *Zimmer*, NJW 2002, 1 (4); *Dedek* in Henssler/v. Westphalen, § 275 Rz. 9. AA *Teichmann*, BB 2001, 1485 (1487), geht bzgl. des RegE von einer rechtshemmenden Einwendung aus. | 5 *Gotthardt*, Schuldrechtsreform, Rz. 39. | 6 BT-Drs. 14/6857, S. 47; *Gotthardt*, Schuldrechtsreform, Rz. 39; *Huber/Faust*, Schuldrechtsmodernisierung, Rz. 2/89. Auf das Verschulden kommt es ua. erst für die Frage der Vergütungspflicht an. | 7 § 275 Abs. 2 Satz 2 RegE brachte dies noch durch die Bezugnahme auf die Wendung „soweit" in § 275 Abs. 2 Satz 1 RegE zum Ausdruck. Eine inhaltliche Änderung ist durch den eigenständigen Absatz in § 275 Abs. 3 BGB nicht gewollt. BT-Drs. 14/7052, S. 183. | 8 ErfK/*Preis*, § 611 BGB Rz. 847; *Gotthardt*, Schuldrechtsreform, Rz. 36; Henssler/v. Westphalen, § 275 Rz. 9; Palandt/*Heinrichs*, § 275 BGB Rz. 32. | 9 *Gotthardt*, Schuldrechtsreform, Rz. 101; Huber/*Faust*, Schuldrechtsmodernisierung, Rz. 3/184. Nach Palandt/*Heinrichs*, § 286 BGB Rz. 5, ist der Schuldnerverzug ausgeschlossen, wenn der Schuldner die Leistung gem. § 275 Abs. 2 oder 3 BGB dauerhaft verweigern kann. | 10 ErfK/*Preis* § 611 BGB Rz. 847. | 11 *Gotthardt*, Schuldrechtsreform, Rz. 99. | 12 *Gotthardt*, Schuldrechtsreform, Rz. 99; Palandt/*Heinrichs*, § 275 BGB Rz. 30. | 13 Palandt/*Heinrichs*, § 275 BGB Rz. 30. | 14 Ausdrücklich der Regierungsentwurf des Schuldrechtsmodernisierungsgesetzes, der den § 275 Abs. 3 BGB noch als unselbständigen Satz 2 in § 275 Abs. 2 vorsah in BT-Drs. 14/6040, S. 130. Zust. *Gotthardt*, Schuldrechtsreform, Rz. 99; ErfK/*Preis*, § 611 BGB Rz. 847. | 15 BT-Drs. 14/6857, S. 47. *Dedek* in Henssler/v. Westphalen, § 275 Rz. 32; *Huber/Faust*, Schuldrechtsmodernisierung, Rz. 2/13 (Fn. 11); *Löwisch*, NZA 2001, 465 f. | 16 Bisher bereits BAG v. 8.9.1998 – 9 AZR 273/97, NZA 1999, 824. Nunmehr *Canaris*, JZ 2001, 499 (501); *Däubler*, NZA 2001, 1329 (1332); Palandt/*Heinrichs*, § 275 BGB Rz. 30. | 17 *Gotthardt*, Schuldrechtsreform, Rz. 100; ErfK/*Preis*, § 611 BGB Rz. 847; Henssler/*Muthers*, ZGS 2002, 219 (223). | 18 *Gotthardt*, Schuldrechtsreform, Rz. 100. | 19 BAG v. 1.6.1983 – 5 AZR 468/80, AP Nr. 54 zu § 1 LohnFG (Unzumutbarkeit, krankheitsbedingte Behinderungen auf sich zu nehmen). | 20 *Gotthardt*, Schuldrechtsreform, Rz. 100; ErfK/*Preis*, § 611 BGB Rz. 847. | 21 BAG v. 2.2.1994 – 5 AZR 273/93, AP Nr. 4 zu § 273 BGB; BT-Drs. 14/6040, S. 129.

stößt eine **arbeitsvertragliche Weisung** gegen eine zusätzliche Verbotsnorm und ist daher nach § 134 unwirksam, so besteht schon keine Leistungspflicht des ArbN. Der ArbN kann die Leistung aber auch gem. § 275 Abs. 3 verweigern. Eine gesetzeswidrige Weisung muss der ArbN nicht befolgen[1].

395 Unzumutbarkeit ist darüber hinaus gegeben, wenn die Erbringung der Arbeitsleistung nur unter Umständen möglich ist, die für den ArbN eine **erhebliche (objektive) Gefahr für Leben oder Gesundheit** begründen[2]. Die Interessen des ArbN überwiegen grundsätzlich das Leistungsinteresse des ArbGeb, da er sein Leben und seine Gesundheit, wenn er dazu nicht vertraglich (etwa als Sprengstoffexperte) verpflichtet ist, zur Erfüllung seiner Pflichten nicht riskieren muss[3]. Erforderlich aber auch ausreichend ist ein ernsthafter, objektiv begründeter Verdacht der Gefährdung, auch als Bestandteil des allgemeinen Lebensrisikos – die subjektive Annahme einer Gefahr durch den ArbN reicht dagegen nicht aus[4].

396 Nach dem Willen des Gesetzgebers soll § 275 Abs. 3 vor allem auch Fälle der **Pflichtenkollision**[5] erfassen, die sich aus **familiären und sonstigen persönlichen Gründen** ergeben können[6]. Der Gesetzgeber nennt die Beispiele der Sängerin, die wegen einer lebensbedrohlichen Erkrankung ihres Sohnes ihren Auftritt verweigert (Erforderlichkeit der **Betreuung des eigenen Kindes**)[7], des ArbN, der seine Arbeit nicht verrichten möchte, weil er in der Türkei zum **Wehrdienst** einberufen ist und bei Nichtbefolgung des Einberufungsbefehls mit der Todesstrafe oder dem Passenzug rechnen muss[8], während der Arbeitszeit notwendige Arztbesuche, die notwendige Versorgung schwerwiegend erkrankter Angehöriger sowie die Ladung zu Behörden und Gerichtsterminen[9]. Auch bei bloßer Verschlimmerungsgefahr geht die Interessenabwägung des § 275 Abs. 3 grundsätzlich zu Gunsten des ArbN aus, da die Gesundheit des ArbN von größerem Stellenwert ist als die ArbGebInteressen an der Arbeitsleistung an sich[10]. Hat der ArbN von seinem Leistungsverweigerungsrecht Gebrauch gemacht, findet auch das Entgeltfortzahlungsgesetz, das grundsätzlich von einer Leistungsbefreiung *ipso iure* ausgeht, erst ab diesem Zeitpunkt Anwendung, vorausgesetzt den ArbN trifft kein Verschulden[11]. Von § 273 Abs. 3 unberührt bleibt der **spezialgesetzliche Freistellungsanspruch des ArbN aus § 45 Abs. 3 SGB V** für die Zeit, in der er wegen der Betreuung eines kranken Kindes Anspruch auf Krankengeld hat. Der Anspruch besteht für jedes Kind grundsätzlich nur an 10 Tagen im Kalenderjahr und ist auf Kinder bis zur Vollendung des 12. Lebensjahres mit Ausnahme behinderter Kinder begrenzt[12].

397 § 275 Abs. 3 umfasst nunmehr auch die Arbeitsverweigerung aus **Gewissensgründen**[13]. Damit werden in § 275 Abs. 3 auch leistungsbezogene persönliche Umstände des Schuldners berücksichtigt. Dies ist erforderlich, da die Arbeitsleistung selbst auf die Person des Schuldners abstellt[14]. Schon bisher hat die Rspr. dem ArbN ein Leistungsverweigerungsrecht zugebilligt, wenn dieser Arbeitsleistungen zu erbringen hat, die er nicht mit seinem Gewissen vereinbaren kann[15]. Die Vorhersehbarkeit des Gewissenskonflikts für den ArbN bereits bei Vertragsabschluss führt nicht den Ausschluss des Einredegrundes des § 275 Abs. 3 herbei[16], denn ein Verschulden wird von § 273 Abs. 3 nicht vorausgesetzt. Die Vorhersehbarkeit des Gewissenskonflikts bei Vertragsschluss hat daher nur indizielle Wirkung für das Vorliegen eines solchen Konfliktes[17]. Der ArbN haftet aber nach § 311a Abs. 2 auf Schadensersatz, wenn er das Leistungshindernis bei Vertragsschluss kannte oder seine Unkenntnis zu vertreten hat.

---

1 *Gotthardt*, Schuldrechtsreform, Rz. 109. | 2 *Gotthardt*, Schuldrechtsreform, Rz. 88; *Henssler/Muthers*, ZGS 2002, 219 (222). | 3 *Gotthardt*, Schuldrechtsreform, Rz. 88; ErfK/*Preis*, § 611 BGB Rz. 848. | 4 *Gotthardt*, Schuldrechtsreform, Rz. 88; ErfK/*Preis*, § 611 BGB Rz. 848. | 5 Das BAG v. 21.5.1992 –2 AZR 10/92, AP Nr. 29 zu § 1 KSchG 1969 – Verhaltensbedingte Kündigung, hat bisher ein Leistungsverweigerungsrecht nur bei unverschuldeter Pflichtenkollision angenommen. Bei § 275 Abs. 3 kommt es dagegen nicht auf ein Verschulden an. | 6 BT-Drs. 14/6040, S. 130. So auch *Gotthardt*, Schuldrechtsreform, Rz. 110; ErfK/*Preis*, § 611 BGB Rz. 847. | 7 BAG v. 21.5.1992 – 2 AZR 10/92, AP Nr. 29 zu § 1 KSchG 1969 – Verhaltensbedingte Kündigung; ErfK/*Preis*, § 611 BGB Rz. 848. Objektiv darf keinerlei Möglichkeit, auch nicht durch Dritte bestehen, das Kind zu betreuen. Die Betreuung des eigenen Kindes muss unabweisbar sein. Diese ergänzenden Anforderungen sind jedoch, wie die Wertung der § 15 Abs. 1, 2 BErzGG, § 8 TzBfG ergibt, auf vorübergehende Schwierigkeiten zu begrenzen. *Gotthardt*, Schuldrechtsreform, Rz. 112. | 8 § 275 Abs. 3 ist keine zeitliche Begrenzung des Wehrdienstes zu entnehmen. Bei abgekürztem zweimonatigen Wehrdienst in der Türkei: BAG v. 22.12.1982 – 2 AZR 282/82, AP Nr. 23 zu § 123 BGB; BAG v. 7.9.1983 – 7 AZR 433/82, AP Nr. 7 zu § 1 KSchG 1969 – Verhaltensbedingte Kündigung. Bei zwölfmonatigem ausländischem Wehrdienst: *Gotthardt*, Schuldrechtsreform, Rz. 114. AA insoweit bisher BAG v. 20.5.1988 – 2 AZR 682/87, AP Nr. 9 zu § 1 KSchG – Personenbedingte Kündigung, das für den personenbedingten Kündigungsgrund einen Fall der Unzumutbarkeit annimmt. | 9 BAG v. 13.12.2001 – 6 AZR 30/01, NZA 2002, 1105. | 10 *Gotthardt*, Schuldrechtsreform, Rz. 102. | 11 *Henssler/Muthers*, ZGS 2002, 219 (223). | 12 Diese Grenzen sind nicht auf § 275 Abs. 3 übertragbar: *Gotthardt*, Schuldrechtsreform, Rz. 113. | 13 BT-Drs. 14/6040, S. 130: Gewissensbedenken des Schuldners blieben danach „nicht immer völlig unberücksichtigt". Missverständlich ist der Hinweis auf § 313 BGB. ErfK/*Preis*, § 611 BGB Rz. 849; *Gotthardt*, Schuldrechtsreform, Rz. 115; *Henssler/Muthers*, ZGS 2002, 219 (223). AA *Dauner-Lieb*/Heidel/Lepa/Ring, Anwaltkommentar, § 275 Rz. 19. | 14 *Henssler/Muthers*, ZGS 2002, 219 (223). | 15 BAG v. 20.12.1984 – 2 AZR 436/83, AP Nr. 16 zu § 611 BGB – Direktionsrecht mit Anm. *Brox*, zur Herstellung kriegsverherrlichender Schriften; BAG v. 24.5.1989 – 2 AZR 285/88, AP Nr. 3 zu § 611 BGB – Gewissensfreiheit mit Anm. *Wiedemann*, zur Medikamentenentwicklung, die die Führbarkeit eines Atomkriegs beeinflussen können; LAG Düsseldorf v. 7.8.1992 – 9 Sa 794/92, LAGE zu § 611 BGB – Direktionsrecht Nr. 13, zu einem Orchestermusiker, der die Mitwirkung bei einer blasphemischen Inszenierung verweigert. | 16 ErfK/*Preis*, § 611 BGB Rz. 849. | 17 ErfK/*Preis*, § 611 BGB Rz. 849; *Gotthardt*, Schuldrechtsreform, Rz. 116.

d) Abgrenzung zur Störung der Geschäftsgrundlage, § 313 BGB. Der Tatbestand der Störung der Geschäftsgrundlage gem. § 313 einerseits und des Leistungsverweigerungsrechts wegen Unzumutbarkeit gem. § 275 Abs. 3 und wegen groben Missverhältnisse gem. § 275 Abs. 2 andererseits ist nur schwer zu treffen. Unumstritten ist lediglich, dass § 275 BGB in seinem Anwendungsbereich § 313 grundsätzlich vorgeht[1]. Die Maßstäbe der Tatbestandsvoraussetzungen des § 275 und des § 313 ähneln sich indes weitgehend. Jeweils liegt ein Leistungshindernis vor, das im zugrunde liegenden Vertrag nicht berücksichtigt wurde und die Leistung des Schuldners unzumutbar macht[2]. Das Kriterium der Unzumutbarkeit findet sich sowohl in § 275 Abs. 3 als auch in § 313 Abs. 1, und das „grobe Missverhältnis" aus § 275 Abs. 2 ist dem der Unzumutbarkeit jedenfalls verwandt[3]. Dagegen liegen die Unterschiede in den Rechtsfolgen klar zutage: Bei § 275 Abs. 2 und 3 kann der ArbN zwischen der Erbringung der Leistung oder der Einrede wählen, wodurch er von seiner Leistungsfrist befreit wird und seinen Gegenanspruch verliert, während § 313 vorrangig die Vertragsanpassung zum Gegenstand hat, die sowohl durch Veränderungen auf der Leistungs- als auch auf der Gegenleistungsseite erfolgen kann. Lediglich bei Unmöglichkeit oder Unzumutbarkeit der Vertragsanpassung eröffnet § 313 Abs. 3 ein Rücktrittsrecht bzw. bei Dauerschuldverhältnissen ein Kündigungsrecht.

3. Rechtsfolge: Wegfall des Gegenleistungsanspruchs, § 326 Abs. 1 Satz 1 BGB. Rechtsfolge der Befreiung von der Arbeitsleistungspflicht nach § 275 Abs. 1 bis 3 ist grundsätzlich der Wegfall des Vergütungsanspruchs gem. § 326 Abs. 1 Satz 1 **kraft Gesetzes**. Der Gesetzgeber hat auch für das **Arbeitsrecht** als Grundentscheidung die **Regel „ohne Arbeit kein Lohn"** im BGB manifestiert[4]. Die **Rückerstattung bereits gezahlter Vergütung** richtet sich nach Rücktrittsrecht, §§ 346–348 (§ 326 Abs. 4)[5]. Der Vergütungsanspruch entfällt grundsätzlich auch, wenn der ArbN wegen eines Freistellungsanspruchs gem. § 45 Abs. 3 SGB V der Arbeit fern bleibt. Steht dem ArbN ein Leistungsverweigerungsrecht gem. § 275 Abs. 2 und 3 zu, entfällt der Vergütungsanspruch jedoch erst, wenn sich der ArbN hierauf beruft[6]. Der Wegfall der Vergütungspflicht ist nicht – wie vormals § 323 Abs. 1 aF – auf die von keinem Teil zu vertretende Unmöglichkeit beschränkt[7]. Bei **teilweiser** Unmöglichkeit bzw. Unzumutbarkeit entfällt auch der Gegenleistungsanspruch nur teilweise. Der Wert der Befreiung wird entsprechend der Minderung gem. § 441 Abs. 3 bestimmt (§ 326 Abs. 2 Satz 1 Halbs. 2).

Nach § 326 Abs. 1 Satz 2 **entfällt der Gegenleistungsanspruch nicht**, wenn der Schuldner wegen Schlechtleistung von der Pflicht zur Nacherfüllung nach § 275 Abs. 1–3 frei geworden ist[8]. Die Leistungspflicht entfällt gem. § 326 Abs. 2 Satz 1 auch dann nicht, wenn der **Gläubiger den leistungsausschließenden Umstand allein oder weit überwiegend zu vertreten** hat (Alt. 1)[9], oder dieser zu einem Zeitpunkt eintritt, zu welchem sich der Gläubiger in Annahmeverzug befindet (Alt. 2). Die Verantwortlichkeit des ArbGeb für den leistungsbefreienden Umstand ergibt sich nicht unmittelbar aus §§ 276 ff., sondern in deren entsprechender Anwendung, da die §§ 276 ff. die Verantwortlichkeit des Schuldners betreffen[10]. Der ArbGeb hat den leistungsausschließenden Umstand zu vertreten, wenn er etwa die Arbeitsunfähigkeit des ArbN zu verantworten hat. Ein Mitverschulden des ArbN schadet nicht, sofern der ArbGeb das Leistungshindernis weit überwiegend zu verantworten hat. § 254 findet insoweit Anwendung[11]. Umstritten ist auch nach der Schuldrechtsmodernisierung, ob der ArbGeb in allen anderen Fällen ein Mitverschulden des ArbN zum Abzug bringen kann[12].

Das Arbeitsrecht enthält darüber hinaus weitere gesetzliche **Ausnahmen im BGB** von der Befreiung von der Vergütungspflicht. So stellt § 615 eine vorrangige Spezialregelung zu § 326 Abs. 2 Satz 1 Alt. 2 dar. Dagegen ist § 326 Abs. 2 Satz 1 Alt. 1 neben § 615 anwendbar[13]. Nach § 615 Satz 1 behält der ArbN bei einem

---

1 BT-Drs. 14/6040, S. 176; Haas/*Medicus*/Rolland/Schäfer/Wendtland, Das neue Schuldrecht, 3. Kapitel Rz. 184; *Gotthardt*, Schuldrechtsreform, Rz. 84. |2 Haas/*Medicus*/Rolland/Schäfer/Wendtland, Das neue Schuldrecht, 3. Kapitel Rz. 51. |3 Haas/*Medicus*/Rolland/Schäfer/Wendtland, Das neue Schuldrecht, 3. Kapitel Rz. 51. |4 BT-Drs. 14/6857, S. 74 f. Der Grundsatz „ohne Arbeit kein Lohn" findet danach seine Grundlage in §§ 275, 326 Abs. 1 BGB. |5 Eine teleologische Reduktion des § 326 Abs. 4, damit der ArbN einen Wegfall der Bereicherung auch bei Unmöglichkeit der Erfüllung der Arbeitspflicht geltend machen kann, ist nicht vorzunehmen. Der ArbN, der die ihm obliegende Leistung nicht erbringt, ist in seinem Vertrauen auf den Behalt der synallagmatisch gebundenen Vergütung nicht schutzwürdig. Zutr. *Gotthardt*, Schuldrechtsreform, Rz. 146; *Henssler*, RdA 2002, 129 (132); *Lorenz/Riehm*, Lehrbuch zum neuen Schuldrecht, Rz. 325; *Richardi*, NZA 2002, 1004 (1008). AA *Canaris*, JZ 2001, 499 (509). |6 *Gotthardt*, Schuldrechtsreform, Rz. 126. |7 ErfK/*Preis*, § 611 BGB Rz. 836; *Gotthardt*, Schuldrechtsreform, Rz. 40. |8 Die teilweise Unmöglichkeit meint im Anwendungsbereich des § 326 Abs. 1 BGB nicht den Fall der Schlechtleistung. *Gotthardt*, Schuldrechtsreform, Rz. 40. |9 Es erübrigt sich dann ein Rückgriff auf das EFZG. *Gotthardt*, Schuldrechtsreform, Rz. 128 f. |10 *Gotthardt*, Schuldrechtsreform, Rz. 128. |11 Eine weit überwiegende Verantwortlichkeit soll nur gegeben sein, wenn der Grad der Mitverantwortlichkeit erreicht ist, der nach § 254 einen Schadensersatzanspruch ausschließt. BT-Drs. 14/6040, S. 187; *Teichmann*, BB 2001, 1485 (1488); Palandt/*Heinrichs*, § 326 BGB Rz. 9, geht davon aus, dass hierfür idR eine Verantwortungsquote von 90 %, mindestens aber 80 % erforderlich ist. Grundsätzlich liegt eine weit überwiegende Verantwortlichkeit des ArbGeb vor, wenn ihm selbst Verschulden und dem ArbN Fahrlässigkeit zur Last fällt. Selbst bei beiderseitiger Fahrlässigkeit kann eine weit überwiegende Verantwortung des ArbGeb gegeben sein, wenn das Verschulden des ArbGeb die weit überwiegende Schadensursache ist. Palandt/*Heinrichs*, § 254 BGB Rz. 53 f. |12 Dazu ErfK/*Dörner*, § 3 EFZG Rz. 48; Staudinger/*Oetker*, § 616 BGB Rz. 249. |13 MünchArbR/*Blomeyer*, § 57 Rz. 20; *Gotthardt*, Schuldrechtsreform, Rz. 127.

Annahmeverzug des ArbGeb seinen Vergütungsanspruch für Leistungen, mit deren Annahme der ArbGeb sich in Verzug befindet. Trotz des Fixschuldcharakters der Arbeitsleistung liegt ein Annahmeverzug – und nicht bereits Unmöglichkeit – vor, wenn die Arbeitsleistung unterbleibt, weil der ArbGeb sich weigert, den ArbN zu beschäftigen[1]. Die Voraussetzungen des Annahmeverzugs ergeben sich aus den §§ 293 ff.. Grundsätzlich gilt bereits bisher schon, dass der ArbGeb nur in Verzug mit der Annahme von Leistungen sein kann, wenn der ArbN objektiv zur Leistung bereit und im Stande ist (§ 297)[2]. Die subjektive Einschätzung des ArbN ist jedoch entgegen bisheriger Rspr. entscheidend, wenn eine krankheitsbedingte Unzumutbarkeit vorliegt[3]. Auch das sog. **Betriebsrisiko**, dh. das Risiko des Arbeitsausfalls (ohne oder mit Verschulden des ArbGeb) aus betriebstechnischen Gründen, wird nach § 615 Satz 3 dem ArbGeb zugewiesen. Damit wird klargestellt, dass § 615 auch dann Anwendung findet, wenn der ArbGeb zur Annahme der Leistung bereit, ihm dies aber unmöglich ist[4]. Fälle der zufallsbedingten Unmöglichkeit sind im Bereich des Arbeitsrechts selten[5]. Bedeutsam ist das **Wegerisiko**, welches der ArbN nach wie vor tragen muss, ihm aber letztlich nicht zugerechnet wird[6]. Weniger praxisrelevant sind die Fälle des Betriebsrisikos bei **Existenzgefährdungen**, das die Rspr. dem ArbGeb bisher – allerdings in sehr restriktiver Weise – nicht auferlegt hat[7]. Tragfähige Zurechnungsgründe zu dem ArbN nach § 615 Satz 3 fehlen jedoch, da er nicht am wirtschaftlichen Erfolg des Unternehmens beteiligt ist[8]. Der ArbGeb trägt auch das **Wirtschaftsrisiko**, dh. das Risiko, dass die Tätigkeit auf Grund der wirtschaftlichen Lage des Unternehmens sinnlos wird[9]. Nimmt er die angebotene Leistung nicht an, gerät er bereits nach § 615 Satz 1 in Annahmeverzug[10]. Die Verteilung des **Arbeitskampfrisikos**, das von dem in der Tarifautonomie verankertem Prinzip der Kampfparität geprägt ist, ist nicht Sache des § 615 Satz 3, sondern des Arbeitskampfrechts. Es bleibt daher bei dem Grundsatz „ohne Arbeit kein Lohn"[11]. **Einzelheiten s. Kommentierung § 615**.

402 Zum Schutz der Existenzgrundlage des ArbN bestehen zahlreiche weitere **spezialgesetzliche Durchbrechungen** der synallagmatischen Folge des Wegfalls der Vergütungspflicht, wie zB in § 616 BGB, § 3 Abs. 1 EFZG, § 11 BUrlG, § 11 MuSchG. Diese Regeln gehen der allgemeinen Vorschrift des § 326 Abs. 1 BGB vor. Sie haben allesamt zur Voraussetzung, dass das entsprechende Leistungshindernis kausal für den Arbeitsausfall sein muss. Der ArbN verliert seinen Vergütungsanspruch, wenn zwei Leistungshindernisse gegeben sind, und nur eines die Entgeltfortzahlung begründet[12].

403 Macht der ArbN ein Leistungsverweigerungsrecht wegen Unzumutbarkeit gem. § 275 Abs. 3 geltend, so kommt grundsätzlich eine Entgeltfortzahlung nach § 616 in Frage[13], da als Verhinderungstatbestand schon bisher außer der Unmöglichkeit auch die Unzumutbarkeit der Arbeitsleistung anerkannt ist[14]. Eine eingetretene Arbeitsunfähigkeit bleibt nach der bisherigen Rspr. trotz eines zwischenzeitlichen Arbeitsversuchs fortbestehen, und lässt den Ablauf der sechswöchigen Entgeltfortzahlung unberührt[15], was auch für die Fälle krankheitsbedingter Unzumutbarkeit gelten muss[16]. Bei einer **Verweigerung aus Gewissensgründen** ist der Fortzahlungsanspruch aber letztlich abzulehnen[17]. Der Verlust des Lohnanspruchs ist angemessen, da die verfassungsrechtlich garantierte Gewissensfreiheit nicht bedeutet, dass auch wirtschaftliche Nachteile einem Vertragspartner aufgebürdet werden dürfen. Der ArbN behält seinen Vergütungsanspruch jedoch, wenn der ArbGeb ihm im Rahmen des vertraglich Geschuldeten kraft Direktionsrecht eine andere Tätigkeit zuweisen kann[18]. Beruht die Leistungsverweigerung des ArbN nach § 275 Abs. 3 auf einer **gesetzeswidrigen Weisung des ArbGeb**, behält der ArbN seinen Vergütungsanspruch, wenn der ArbGeb dem arbeitsbereiten ArbN keine zumutbare andere Weisung erteilt (§ 615 Satz 1)[19].

404 **4. ArbGebHaftung.** Der ArbGeb ist dem ArbN zu vertragsgerechter Beschäftigung verpflichtet. Bei Betriebsstörungen (zB Zerstörung der Betriebsstätte) ist daher Unmöglichkeit gegeben. Die Beschäftigungspflicht entfällt – unter Berücksichtigung der unternehmerischen Freiheit (Art. 12, 14 GG) – bereits nach einer an den ArbN- und ArbGebInteressen orientierten Interessenabwägung, wenn schutz-

---

[1] BAG v. 24.11.1960 – 5 AZR 545/59, AP Nr. 18 zu § 615 BGB. | [2] BAG v. 29.10.1998 – 2 AZR 666/97, AP Nr. 77 zu § 615 BGB, für den Fall der Erkrankung des ArbN; v. 6.3.1974 – 3 AZR 716/75, AP Nr. 4 zu § 19 AFG, für den Fall des Beschäftigungsverbotes; v. 24.5.1989 – 2 AZR 285/88, AP Nr. 1 zu § 611 BGB – Gewissensfreiheit, für den Fall der Unzumutbarkeit der Leistungserbringung auf Grund einer Gewissensentscheidung. | [3] *Gotthardt*, Schuldrechtsreform, Rz. 106. | [4] *Gotthardt*, Schuldrechtsreform, Rz. 130. | [5] ErfK/*Preis*, § 611 BGB Rz. 842. | [6] BAG v. 8.9.1982 – 5 AZR 283/80, AP Nr. 59 zu § 616 BGB; ErfK/*Preis*, § 611 BGB Rz. 842. | [7] BAG v. 28.9.1972 – 2 AZR 506/71, AP Nr. 28 zu § 615 BGB – Betriebsrisiko. | [8] *Gotthardt*, Schuldrechtsreform, Rz. 136. | [9] BAG v. 23.6.1994 – 6 AZR 853/93, AP Nr. 56 zu § 615 BGB; v. 11.7.1990 – 5 AZR 557/89, AP Nr. 32 zu § 615 BGB – Betriebsrisiko; v. 22.12.1980 – 1 ABR 2/79, AP Nr. 70 zu Art. 9 GG – Arbeitskampf. | [10] ErfK/*Preis*, § 611 BGB Rz. 127; *Gotthardt*, Schuldrechtsreform, Rz. 137. | [11] MünchArbR/*Boewer*, § 79 Rz. 46. | [12] BAG v. 5.7.1995 – 5 AZR 135/94, AP Nr. 7 zu § 3 MuSchG 1968. | [13] § 616 berechtigt selbst nicht zur Leistungsverweigerung, sondern trifft nur eine Aussage über die Entgeldfortzahlung. | [14] BAG v. 8.9.1982 – 5 AZR 283/80, AP Nr. 59 zu § 616 BGB. | [15] BAG v. 1.6.1983 – 5 AZR 468/80, AP Nr. 54 zu § 1 LohnFG. | [16] *Gotthardt*, Schuldrechtsreform, Rz. 105. | [17] ErfK/*Preis*, § 611 BGB Rz. 850; *Gotthardt*, Schuldrechtsreform, Rz. 117; *Henssler*, RdA 2002, 129 (131 f.). Zu §§ 275 Abs. 2, 323 Abs. 1 BGB aF *Kraft/Raab*, Anm. AP Nr. 1 zu § 611 BGB – Gewissensfreiheit. | [18] *Gotthardt*, Schuldrechtsreform, Rz. 117; *Schaub/Linck*, ArbRHdb, § 45 Rz. 30. AA *Kraft/Raab*, Anm. AP Nr. 1 zu § 611 BGB – Gewissensfreiheit, die einen Schadensersatzanspruch des ArbN gegen den ArbGeb aus positiver Vertragsverletzung, regelmäßig in Höhe des Entgelts für den anderen Arbeitsplatz, annahmen. | [19] BAG v. 18.12.1986 – 2 AZR 34/86, AP Nr. 2 zu § 297 BGB; v. 24.5.1989 – 2 AZR 285/88, AP Nr. 1 zu § 611 BGB – Gewissensfreiheit; *Gotthardt*, Schuldrechtsreform, Rz. 117; MünchArbR/*Blomeyer*, § 48 Rz. 45.

würdige, das Interesse des ArbN überwiegende ArbGebInteressen vorliegen[1]. Einzelheiten s. Rz. 172 ff. Erfüllt der ArbGeb die Beschäftigungspflicht nicht, so haftet er bei einem verschuldetem Leistungsausschluss auf Schadensersatz statt der Leistung nach §§ 280 Abs. 1, 283.

Der ArbN hat gegen den ArbN einen auf das Kalenderjahr oder auf einen Übertragungszeitraum befristeten **Urlaubsanspruch**, der nach diesem Zeitraum erlischt[2]. Es liegt dann ein Fall der Unmöglichkeit iSv. § 275 Abs. 1 vor, die den ArbGeb grundsätzlich von der Leistungspflicht befreit[3]. Die Leistungspflicht nach § 9 BUrlG erlischt nicht, wenn der ArbN nach Urlaubsgewährung erkrankt. Erkrankt er vor Festsetzung des Urlaubs, besteht der Urlaub nach § 7 Abs. 3 Satz 2 BUrlG auch im Übertragungszeitraum. Versäumt der ArbGeb, den rechtzeitig geltend gemachten Urlaubsanspruch des ArbN zu erteilen, besteht bis zum Ablauf des Kalenderjahres oder des Übertragungszeitraumes ein Schadensersatzanspruch auf **Ersatzurlaub** aus §§ 286 Abs. 1, 280 Abs. 1, 283, 287 Satz 2[4]. 405

Verzögert sich die Zahlung des Arbeitsentgelts durch den ArbGeb, steht dem ArbN ein Anspruch auf Ersatz des Verzögerungsschadens nach §§ 280 Abs. 1, 2, 286 oder ein Schadensersatz statt der Leistung nach §§ 280 Abs. 1, 281, oder nach seiner Wahl Aufwendungsersatz gemäß § 284 zu. Einer Mahnung bedarf es zur Begründung des Verzugs regelmäßig nicht, da der jeweilige Leistungszeitpunkt in Zeitabschnitten vorgesehen und daher iSd. § 286 Abs. 2 Nr. 1 kalendermäßig bestimmt ist. Jedenfalls kann der ArbGeb nach § 286 Abs. 3 bei einer Entgeltforderung 30 Tage nach Fälligkeit und Zugang einer Rechnung oder Zahlungsaufstellung in Verzug kommen. 406

5. ArbN-Haftung. Ist das Leistungshindernis nach § 275 Abs. 1–3 vom ArbN verschuldet, sind Schadensersatzansprüche des ArbGeb gegen den ArbN nach §§ 280 Abs. 1 Satz 1, 283, 311a Abs. 2 zu erwägen. Im Übrigen kommt ein Rücktrittsrecht des ArbGeb gem. § 326 Abs. 5 in Betracht (§ 275 Abs. 4). 407

a) **Nichtleistung.** Hat der ArbN in den Fällen der Leistungsbefreiung nach §§ 275 die Nichtleistung zu vertreten, weil er vertragswidrig seine Pflichten aus dem Arbeitsvertrag verletzt, können gegen ihn Schadensersatzansprüche gem. §§ 280 Abs. 1 Satz 1, 283, 311a Abs. 2 bestehen[5]. Die allgemeine Anspruchsgrundlage des § 280 Abs. 1 Satz 1 gilt für alle nach Vertragsschluss eingetretenen nachträglichen Leistungshindernisse, die der ArbN zu vertreten hat. **Schadensersatz statt der Leistung** kann der ArbGeb nach der ergänzenden Maßgabe des § 283 verlangen, der von dem Erfordernis einer Fristsetzung absieht. Die Nichterbringung der Leistung bildet trotz des Leistungsausschlusses nach § 275 eine Pflichtverletzung[6]. Ein Fall nachträglicher Unmöglichkeit liegt vor, wenn der ArbN **mit zwei ArbGeb Arbeitsverträge abschließt**, da bei den Vertragsabschlüssen noch nicht feststeht, welchen Vertrag der ArbN erfüllen wird. Der ArbN haftet dem anderen ArbGeb daher verschuldensabhängig nach § 280 Abs. 1 Satz 1 auf Schadensersatz[7]. Der Schadensersatz statt der Leistung umfasst nur die nichterbrachte **Teilleistung**, wenn die Leistung nur teilweise ausgeschlossen ist. Bei einer Teilleistung kann der Gläubiger Schadensersatz statt der ganzen Leistung nur verlangen, wenn er an der Teilleistung kein Interesse hat (§§ 283 Satz 2, 281 Abs. 1 Satz 2). Verlangt er **Schadensersatz statt der ganzen Leistung**, dann muss er dem Schuldner die bereits erbrachte Teilleistung nach Rücktrittsrecht zurückgewähren (§§ 283 Satz 2, 281 Abs. 5). 408

§ 311a Abs. 2 ist dagegen die Anspruchsgrundlage für Schadensersatz für alle anfänglichen Leistungshindernisse, die bereits bei Vertragsschluss vorlagen. Der Gläubiger kann zwischen Schadensersatz statt der Leistung (positives Interesse) oder Aufwendungsersatz nach § 284 wählen, wenn der Schuldner das Leistungshindernis bei Vertragsschluss kannte oder seine Unkenntnis zu vertreten hat (§ 311a Abs. 2 Satz 2). 409

b) **Verzögerung der Leistung.** Kann der ArbN ausnahmsweise nachleisten und tritt dabei eine Verzögerung der fälligen Leistung (Verzug) ein, die er zu vertreten hat, haftet er für den **Verzugsschaden** nach Maßgabe von §§ 280 Abs. 2, 286. Der ArbGeb kann im Falle der Leistungsverzögerung unter den Voraussetzungen der §§ 280 Abs. 1, 281 Abs. 1 Satz 1 Alt. 1 nach erfolgloser Leistungsaufforderung unter Setzung einer angemessenen Frist auch **Schadensersatz statt der Leistung** verlangen[8]. Die Nichterbringung der noch möglichen Leistung trotz Fälligkeit erfüllt bei Vertretenmüssen des ArbN den Grundtatbestand des § 280 Abs. 1[9]. In der Fristsetzung ist stets eine den Verzug begründende Mahnung zu erblicken[10]. Anspruchsgrundlage für den Verzögerungsschaden bleibt §§ 280 Abs. 2, 286. Der Gläubiger kann den Verzögerungsschaden aber in den Nacherfüllungsschaden einbeziehen[11]. 410

---

1 BAG v. 19.8.1976 – 3 AZR 173/75, AP Nr. 4 zu § 611 BGB – Beschäftigungspflicht; MünchKomm/*Müller-Glöge*, § 611 BGB Rz. 398. Unter Heranziehung von § 275 Abs. 3: *Gotthardt*, Schuldrechtsreform, Rz. 121. |2 BAG v. 19.4.1994 – 9 AZR 478/92, AP Nr. 3 zu § 1 BUrlG – Treueurlaub. |3 BAG v. 7.11.1985 – 6 AZR 169/84, AP Nr. 16 zu § 3 BUrlG – Rechtsmissbrauch. Der ArbGeb wird auch von seiner Leistungspflicht frei, wenn eine Arbeitsunfähigkeit des ArbN bis zum Ende der Übertragungsfrist fortdauert: BAG v. 7.12.1993 – 9 AZR 683/92, AP Nr. 15 zu § 7 BUrlG; v. 13.5.1982 – 6 AZR 360/80, AP Nr. 4 zu § 7 BUrlG – Übertragung. |4 BAG v. 24.9.1996 – 9 AZR 364/95, AP Nr. 22 zu § 7 BUrlG; v. 18.3.1997 – 9 AZR 794/95, nv. (juris) entnahmen den Ersatzurlaubsanspruch aus §§ 284 Abs. 1, 280 Abs. 1, 287 Satz 2 aF. So auch MünchArbR/*Leinemann*, § 91 Rz. 20. |5 ErfK/*Preis*, § 611 BGB Rz. 841; *Gotthardt*, Schuldrechtsreform, Rz. 51 ff. |6 BT-Drs. 14/6040, S. 135 f.; *Lorenz*/*Riehm*, Lehrbuch zum neuen Schuldrecht, Rz. 172; Palandt/*Heinrichs*, § 280 BGB Rz. 13. |7 *Gotthardt*, Schuldrechtsreform, Rz. 96. |8 *Gotthardt*, Schuldrechtsreform, Rz. 69. |9 *Gotthardt*, Schuldrechtsreform, Rz. 69. |10 BT-Drs. 14/6040, S. 138; *Gotthardt*, Schuldrechtsreform, Rz. 71; Palandt/*Heinrichs*, § 281 BGB Rz. 7. |11 Palandt/*Heinrichs*, § 281 BGB Rz. 17.

BGB § 611 Rz. 411 — Vertragstypische Pflichten beim Dienstvertrag

411 **c) Schlechtleistung.** Der ArbN haftet auch für Schlechtleistungen, dh. für alle Verletzungen arbeitsvertraglicher Pflichten, die weder Verzug noch Unmöglichkeit der Arbeitsleistung darstellen oder zu einer darüber hinaus gehenden Schädigung des ArbGeb führen. Wird die Arbeitsleistung durch den ArbN nicht wie geschuldet erbracht, begeht er eine Pflichtverletzung iSv. § 280 Abs. 1. Eine Nebenpflichtverletzung, insb. die Verletzung der Integritätsinteressen des ArbGeb (§ 241 Abs. 2), bildet eine Schlechtleistung im weiteren Sinne[1]. Das Arbeitsrecht beinhaltet als Dienstleistungsrecht keine verschuldensunabhängige Gewährleistung, da ein Erfolg nicht geschuldet ist. Dem ArbGeb ist aber möglich, im Wege seines Direktionsrechts Mangelbeseitigung zu verlangen, allerdings im Rahmen der auch sonst üblichen Tätigkeit und daher auf eigene Kosten[2]. Ein Schadensersatzanspruch wegen einer Schlechtleistung aus § 280 Abs. 1 erfordert ein Verschulden des ArbN. **Schadensersatz statt der Leistung** kann der Gläubiger gem. § 281 Abs. 1 Satz 1 Alt. 2 entsprechend der Rechtslage bei der Verzögerung der Leistung (dh. nach erfolgloser Setzung einer angemessenen Frist) auch verlangen, wenn der Schuldner die fällige Vertragsleistung nicht wie geschuldet erbracht hat. Verletzt der Schuldner eine nicht leistungsbezogene Nebenleistungspflicht (etwa Rücksichtnahmepflichten aus § 241 Abs. 2), ergibt sich ein Schadensersatzanspruch aus §§ 280 Abs. 1 Satz 1, 282. Schadensersatz statt der Leistung kann der Gläubiger jedoch nur verlangen, wenn ihm die Leistung durch den Schuldner nach Abwägung der beiderseitigen Interessen nicht mehr zumutbar ist (§ 282)[3]. Bei einer Schlechtleistung kann der Gläubiger auch **Schadensersatz statt der ganzen Leistung** fordern, was allerdings ausgeschlossen ist, wenn die Pflichtverletzung unerheblich ist (§§ 283 Satz 2, 281 Abs. 1 Satz 2).

412 Bei einer Schlechtleistung des ArbN bleibt grundsätzlich sein Lohnanspruch bestehen, wenn nicht ein aufrechenbarer Schadensersatzanspruch gem. § 280 Abs. 1 besteht. Auf Grund einer Schlechtleistung kann das Arbeitsentgelt nicht gemindert werden[4]. Nach § 326 Abs. 1 Satz 2 findet § 326 Abs. 1 Satz 1 keine Anwendung im Falle des Leistungsausschlusses bei nicht vertragsgemäßer Leistung[5]. Ist dagegen ein Fall der Nichtleistung gegeben, geht der Lohnanspruch unter. Schlecht- und Nichtleistung sind in der Praxis nur schwer zu unterscheiden[6]. Auf Grund von § 326 Abs. 1 Satz 2 kann nicht mehr jede Schlechtleistung als Nichterfüllung, dh. ein Fall der Unmöglichkeit, behandelt werden, mit der Konsequenz der Minderung des Lohnanspruchs[7]. Der ArbN hätte mit der Annahme einer Nichterfüllung ein Risiko zu tragen, das ihm mit dem Verzicht auf Gewährleistungsregeln erspart werden sollte[8].

413 **d) Haftungsbegrenzung und Beweislastumkehr.** Bei **betrieblich veranlasster Tätigkeit** gelten die allgemeinen Grundsätze der Privilegierung des ArbN[9], wenn er die Leistung nicht wie geschuldet erbringt[10]. Ob die Haftungsprivilegierung nunmehr einschlägig ist, ist umstritten[11]. Bei einer Leistungsverweigerung des ArbN oder bei **eigenmächtigem** Nichtantritt der Arbeit greifen die allgemeinen Grundsätze der Begrenzung der Haftung des ArbN bei betrieblich veranlasster Tätigkeit dagegen nicht, da der ArbN unter Berufung auf **eigene Interessen** handelt[12]. Einzelheiten und zur Beweislastumkehr nach § 619a s. Kommentierung dort.

414 **6. Kündigungsrecht des ArbGeb.** Der Fortbestand des Arbeitsverhältnisses im Falle von Leistungsstörungen beurteilt sich nach dem Kündigungsrecht. Verletzt der ArbN seine Pflicht aus dem Arbeitsverhältnis durch Nichterbringung oder nicht fristgerechte Erbringung der Arbeitsleistung (§ 323 Abs. 1), hat der ArbGeb grundsätzlich nach erfolgloser Fristsetzung ein Rücktrittsrecht gemäß § 326 Abs. 5. Das Rücktrittsrecht ist bei dem Arbeitsverhältnis als Dauerschuldverhältnis durch ein Kündigungsrecht ersetzt[13]. Die allgemeine Regelung des § 314 zur außerordentlichen Kündigung bei Dauerschuldverhältnissen wird von § 626 als Spezialregelung verdrängt[14]. Ist der ArbN nach § 275 von der Pflicht zur Arbeitsleistung befreit, verletzt er aus Sicht des Kündigungsrechts, im Gegensatz zum Schadensersatzrecht, keine Vertragspflicht[15]. Eine **verhaltensbedingte Kündigung** wegen Arbeitsverweigerung ist wegen der Rückwirkung der Einrede dann nicht möglich[16]. Allein das vom Vertretenmüssen unabhängige Recht der Leistungsverweigerung nach § 275 Abs. 3 erlaubt nicht die verhaltensbedingte Kündigung. Beruft sich der ArbN allerdings zu Unrecht auf eine persönliche Unzumutbarkeit der Leistung gem. § 275 Abs. 3, trägt er das Risiko einer verhaltensbedingten Kündigung[17]. Bei einer verspäteten Einrede aus § 275 Abs. 3 kommt

---

1 ErfK/*Preis*, § 611 BGB Rz. 844. | 2 ErfK/*Preis*, § 611 BGB Rz. 845. | 3 Dies setzt grundsätzlich eine Abmahnung voraus. BT-Drs. 14/6040, S. 142. | 4 BAG v. 6.6.1972 – 1 AZR 438/71, AP Nr. 71 zu § 611 BGB – Haftung des Arbeitnehmers; v. 17.7.1970 – 3 AZR 423/69, AP Nr. 3 zu § 11 MuSchG. | 5 Die teilweise Unmöglichkeit erfasst die Schlechtleistung daher nicht. *Gotthardt*, Schuldrechtsreform, Rz. 201. | 6 Bloße Bummelei und Langsamarbeit sind kaum von eigenmächtigen Pausen zu trennen, die als teilweise Nichtarbeit bereits eine Nichtleistung darstellen können. *Lieb*, Rz. 198. | 7 ErfK/*Preis*, § 611 BGB Rz. 846; *Gotthardt*, Schuldrechtsreform, Rz. 190. | 8 ErfK/*Preis*, § 611 BGB Rz. 846; *Lieb*, Rz. 186 ff. | 9 Eingehend ErfK/*Preis*, § 619a BGB Rz. 9 ff.; Staudinger/*Richardi*, § 611 BGB Rz. 483 ff. | 10 *Gotthardt*, Schuldrechtsreform, Rz. 194. | 11 Dafür: *Gotthardt*, Schuldrechtsreform, Rz. 195; ErfK/*Preis*, § 619a BGB Rz. 11. Dagegen: *Otto*, Jura 2002, 1 (8); *Schaub/Linck*, ArbRHdb, § 52 Rz. 80. | 12 *Gotthardt*, Schuldrechtsreform, Rz. 174; *Richardi*, NZA 2002, 1004 (1010). | 13 ErfK/*Preis*, § 611 BGB Rz. 841; *Gotthardt*, Schuldrechtsreform, Rz. 43, 50. | 14 BT-Drs. 14/6040, S. 177; *Gotthardt*, Schuldrechtsreform, Rz. 221. | 15 Die kündigungsschutzrechtlich relevante Verletzung der Vertragspflichten liegt außerhalb des Leistungsverweigerungsrechts. Insoweit muss eine Verpflichtung zu einem entsprechenden Verhalten vorliegen. *Gotthardt*, Schuldrechtsreform, Rz. 118. | 16 *Gotthardt*, Schuldrechtsreform, Rz. 87. | 17 BAG v. 29.11.1983 – 1 AZR 469/82, AP Nr. 78 zu § 626 BGB; *Gotthardt*, Schuldrechtsreform, Rz. 118.

allein eine verhaltensbedingte Kündigung wegen der Verletzung der Anzeigepflicht in Betracht, sofern eine solche Verpflichtung besteht[1]. Liegt ein unverschuldeter Gewissenskonflikt vor, kommt eine **personenbedingte Kündigung** in Betracht[2]. Bei einer berechtigten krankheitsbedingten Leistungsverweigerung und krankheitsbedingten Unmöglichkeit ist eine **krankheitsbedingte Kündigung** nur in den vier Fallgruppen und engen Voraussetzungen des BAG möglich[3].

XI. Inhaltskontrolle – Vertragsgestaltung. 1. Ansatzpunkte der Inhaltskontrolle. Die Arbeitsrechtsprechung beschränkt den **Schutz gegenüber unangemessenen Vertragsklauseln** nicht auf arbeitsvertragliche Einheitsregelungen, sondern unterzieht auch individuell formulierte und ausgehandelte Arbeitsverträge einer Inhaltskontrolle. Auch solche Verträge sind wegen der Verhandlungsschwäche des ArbN, die aus seiner Abhängigkeit vom Arbeitsplatz resultiert, oftmals nicht das Ergebnis paritätischer Vertragsverhandlungen, so dass sich das Problem einer Korrektur einseitiger Vertragsregelungen auch dort stellt. 415

Die von der Rspr. bemühten **Kontrollinstrumente** sind recht unterschiedlich[4]. Ein Fall der – nicht ausdrücklich als eine solche bezeichneten – Inhaltskontrolle ist die vom BAG praktizierte sog. **Billigkeitskontrolle**[5], wie sie insb. im Fall von freiwillig gewährten und zu einem späteren Zeitpunkt widerrufenen Leistungszulagen angewandt wird[6]. Sie soll allgemein immer dann eingreifen, wenn kein Gleichgewicht der Vertragspartner einen angemessenen Vertragsinhalt gewährleistet, weil entweder die Vertragsparität gestört ist oder eine Vertragspartei aus anderen Gründen allein den Inhalt des Vertragsverhältnisses gestalten kann[7]. Ein derartiges Vertragswerk „muss sich eine Korrektur nach Billigkeitsgründen gefallen lassen"[8]. Einer Inhaltskontrolle in der Sache sehr nahe steht des Weiteren der Rückgriff auf **allgemeine Auslegungsgrundsätze** um erkannte Störungen der Privatautonomie zu beseitigen[9] oder aber § 138 für eine – mitunter verdeckte – Inhaltskontrolle zu nutzen[10]. Unter die vom BAG entwickelten Kontrollmechanismen fällt auch die Rechtsfigur der **objektiven Umgehung zwingenden Rechts**. Hiermit wurden wiederholt Gratifikations- oder Prämienrückzahlungsklauseln[11] oder aber mit den Wertung des KSchG unvereinbare auflösende Bedingungen[12] zu Fall gebracht. 416

2. Einbeziehung des Arbeitsvertrags in den Anwendungsbereich der §§ 305 ff. BGB. Die Inhaltskontrolle vorformulierter Vertragsbedingungen – der praktische Regelfall – wird seit dem 1.1.2002 durch die Neuregelungen der §§ 305 ff. erfasst, für einen unmittelbaren Rückgriff auf die durch die arbeitsrechtliche Rspr. herausgebildeten Grundsätze der Inhaltskontrolle von Arbeitsverträgen bleibt insoweit kein Raum mehr. Eine Verstärkung der Inhaltskontrolle dergestalt, dass vorformulierte Vertragsbedingungen in Arbeitsverträgen nach der Schuldrechtsreform sowohl am Maßstab der AGB-rechtlichen Vorschriften als auch anhand der richterrechtlichen Kontrollinstrumentarien zu messen wären, ist abzulehnen. 417

Unzutreffend wäre es indes, hieraus den Schluss zu ziehen, dass diesem Richterrecht nach der Abschaffung der Bereichsausnahme keinerlei Bedeutung für vorformulierte Vertragsbedingungen mehr zukommt[13]. Es ist vielmehr als eine „**Besonderheit des Arbeitsrechts**" iSv. § 310 Abs. 4 weiterhin auch unter Zugrundelegung des neuen Rechts zwar nicht eins zu eins zu übertragen, jedoch angemessen zu berücksichtigen. Insb. für die Auslegung des § 307 folgt hieraus ein **Kontinuitätsgebot** der bisherigen Rspr.[14], so dass man vielfach mit einem Fortbestand der bisherigen Rspr. rechnen kann. Diesem Befund wird bei der Untersuchung der einzelnen Vertragsklauseln (s. dazu unten unter Rz. 420 ff.) Rechnung getragen. 418

3. Einzelne Klauseln. Unter den verschiedenen zu kontrollierenden Klauseln haben sich die im Folgenden dargestellten in der Praxis der Gerichte einige als besonders streitintensiv erwiesen. Zu den übrigen Klauseln s. insb. die Kommentierung zu §§ 307 ff. 419

a) Ausgleichsquittung – Verzichtserklärung. Oftmals quittiert der ArbN dem ArbGeb nicht nur den Erhalt seiner Arbeitspapiere, sondern erklärt darüber hinaus, keine Ansprüche mehr aus dem Arbeitsverhältnis gegen den ArbGeb zu haben. Häufig anzutreffen sind auch Formulierungen, wonach beide Arbeitsvertragsparteien entsprechende Ansprüche für erledigt erklären, seltener werden solche Abspra- 420

---

1 BAG v. 16.8.1991 – 2 AZR 604/90, AP Nr. 27 zu § 1 KSchG 1969 – Verhaltensbedingte Kündigung. | 2 Henssler/Muthers, ZGS 2002, 219 (222). | 3 Fallgruppen sind häufige Kurzerkrankungen (BAG v. 20.1.2000 – 2 AZR 378/99, AP Nr. 38 zu § 1 KSchG 1969 – Krankheit), langandauernde Erkrankungen, dauerhafte Leistungsunfähigkeit (BAG v. 21.2.2001 – 2 AZR 558/99, NZA 2001, 1071) und erhebliche krankheitsbedingte Leistungsminderungen (BAG v. 26.9.1991 – 2 AZR 132/91, AP Nr. 28 zu § 1 KSchG 1969 – Krankheit). | 4 Vgl. dazu grundl. Fastrich, Richterliche Inhaltskontrolle im Privatrecht, S. 164 ff.; Preis, Grundfragen der Vertragsgestaltung im Arbeitsrecht, S. 149 ff. | 5 Fastrich, RdA 1997, 66 (74); Staudinger/Richardi, § 611 BGB Rz. 301; Zöllner, RdA 1989, 152 (158). | 6 BAG v. 13.5.1987 – 5 AZR 125/86, NZA 1988, 95; vgl. aber auch BAG v. 31.10.1969 – 3 AZR 119/69, NJW 1970, 1145. | 7 BAG v. 21.12.1970 – 3 AZR 510/69, DB 1971, 727. | 8 BAG v. 31.10.1969 – 3 AZR 119/69, NJW 1970, 1145. | 9 BAG v. 18.11.1988 – 8 AZR 12/86, NJW 1989, 1692; v. 6.9.1990 – 2 AZR 165/90, NJW 1991, 1002. | 10 BAG v. 24.3.1988 – 2 AZR 630/87, NZA 1989, 101; v. 22.11.1973 – 2 AZR 580/72, DB 1974, 878; v. 12.8.1959 – 2 AZR 75/59, DB 1959, 1257. | 11 BAG v. 12.10.1972 – 2 AZR 227/72, DB 1973, 285; v. 27.7.1972 – 5 AZR 141/72, DB 1972, 2114; v. 6.12.1963 – 5 AZR 169/63, AP Nr. 28 zu § 611 BGB – Gratifikation; v. 10.5.1962 – 5 AZR 452/61, AP Nr. 22 zu § 611 BGB – Gratifikation. | 12 BAG v. 13.12.1984 – 2 AZR 294/83, NJW 1985, 1918; v. 9.12.1974 – 2 AZR 565/73, NJW 1975, 1531. | 13 So aber Preis, Der Arbeitsvertrag, I C Rz. 54: Es bestehe „weder eine dogmatische Rechtfertigung noch ein praktisches Bedürfnis". | 14 Vgl. hierzu Thüsing, NZA 2002, 591 (593).

chen in gewissen Zeitabständen während des laufenden Arbeitsverhältnisses getroffen[1]. Für derartige „Verzichtserklärungen" hat sich der Begriff der Ausgleichsquittung durchgesetzt. Ihre **Rechtsnatur** hängt von ihrem Inhalt ab, der durch Auslegung zu ermitteln ist[2]. Haben die Arbeitsvertragsparteien über das Bestehen von Ansprüchen gestritten und diesen Streit im Wege gegenseitigen Nachgebens beseitigt, liegt ein **Vergleich** vor (§ 779 Abs. 1). Gehen beide Seiten dagegen vom Bestehen der Ansprüche aus, wollen sie aber erlassen, handelt es sich um einen **Erlassvertrag** (§ 397 Abs. 1). Bestehen nach Ansicht von ArbN und ArbGeb keine Ansprüche mehr, ist die Ausgleichsquittung ein **deklaratorisches negatives Schuldanerkenntnis**; ein **konstitutives negatives Schuldanerkenntnis** (§ 397 Abs. 2) liegt vor, wenn die Parteien alle bekannten und unbekannten Ansprüche zum Erlöschen bringen wollen.

421 **aa) Auslegung.** Besondere Bedeutung kommt bei Ausgleichsquittungen dem **Transparenzgebot** nach § 307 Abs. 1 Satz 2 sowie der **Unklarheitenregel** gemäß § 305c Abs. 2 zu. Insb. bei Klauseln, die einen Verzicht des ArbN auf seinen Kündigungsschutz bewerkstelligen oder den Zeugnisanspruch zum Erlöschen bringen sollen, ist zu verlangen, dass dies unzweideutig in der Vereinbarung zum Ausdruck kommt. Allgemeine Formulierungen, wie die Erklärung, „dass mir aus Anlass der Beendigung des Arbeitsverhältnisses keine Ansprüche mehr zustehen" genügen nicht; generell ist der Verzicht **im Zweifel eng auszulegen**[3]. Die Rspr. ist hier sehr zurückhaltend, insb. im Hinblick auf Ruhegehaltsansprüche[4], Zeugnisanspruch (so er denn verzichtbar ist, s. Rz. 423)[5], Rechte aus einem Wettbewerbsverbot[6], sachenrechtliche Herausgabeansprüche oder auch Abfindungsansprüche, die erst noch entstehen können[7]. Der Vereinbarung muss der Wille deutlich entnehmbar sein, auch auf unbekannte Ansprüche verzichten zu wollen. Beim gerichtlichen Vergleich, auf den die §§ 305 ff. nicht anwendbar sind, gilt ein großzügigerer Maßstab[8]. Auch der Verzicht des ArbGeb ist im Zweifel nicht unbegrenzt; eine Auslegung kann sachenrechtliche Ansprüche (zB Rückgabe des Dienstwagens) aus dem Verzicht auch ohne ausdrücklichen Hinweis ausnehmen[9].

422 **bb) Zulässigkeit im Formularvertrag.** Ausgleichsquittungen sind grundsätzlich zulässig[10]. Hieran ist auch nach der Einbeziehung des Arbeitsvertrags in den Anwendungsbereich der §§ 305 ff. festzuhalten[11]. Eine **unangemessene Benachteiligung** des ArbN iSv. § 307 Abs. 1 Satz 1 kann nicht schon pauschal mit der Erwägung angenommen werden, dass der ArbN für seinen Anspruchsverzicht keine Gegenleistung erhalte[12]. Eine solche Argumentation verkennt, dass der ArbN zumindest im Falle des beiderseitigen Anspruchsverzichts ebenso von der Ausgleichsquittung profitiert. Bei den ArbN einseitig belastenden Ausgleichsquittungen ist nach ihrer Rechtsnatur zu differenzieren. Ist die Ausgleichsquittung als Erlassvertrag zu klassifizieren, muss der ArbGeb Gründe anführen können, welche die Vereinbarung der Klausel aus ArbN-Sicht nicht als unbillig erscheinen lassen[13]. Zu denken ist dabei insb. an kompensierende Effekte wie die Zahlung einer Abfindung. Ist die Rechtsnatur der Ausgleichsquittung eine andere, besteht regelmäßig ein hinreichendes ArbN-Interesse an ihrer Vereinbarung, das die Annahme einer unangemessenen Benachteiligung verbietet. Für den Fall des Vergleichs etwa folgt dies aus dem Umstand, dass auch der ArbGeb dem ArbN irgendwelche Zugeständnisse macht; dies verlangt die Voraussetzung des „gegenseitigen Nachgebens"[14].

423 **cc) Verzichtbarkeit des Anspruchs.** Gegenstand einer Ausgleichsquittung können nur verzichtbare Ansprüche sein. Daran fehlt es bei **unabdingbaren gesetzlichen Rechten** wie beispielsweise Entgeltfortzahlungs-[15] (§ 3 Abs. 1 EFZG) oder Urlaubsabgeltungsansprüchen[16] (§ 7 Abs. 4 BUrlG) sowie dem Anspruch auf den gesetzlichen **Mindesturlaub**[17] (§§ 1, 3 Abs. 1 BUrlG). Gleiches gilt grundsätzlich für Ansprüche, die durch **TV**[18] (§ 4 Abs. 4 Satz 1 TVG) oder **BV** (§ 77 Abs. 4 Satz 2 BetrVG) gewährt werden bzw. durch bindende Festsetzungen des Heimarbeitsausschusses entstanden sind (§ 19 Abs. 3 Satz 3 HAG). Ein Verzicht auf den – allgemeinen und besonderen – **gesetzlichen Kündigungsschutz** ist wäh-

---

1 Gängige Formulierungen nennen zB *Bauer*, Aufhebungsverträge, Rz. 788 sowie *Althof*, AuR 1968, 289 (293). | 2 ErfK/*Preis*, § 611 BGB Rz. 604; *Küster*, BB 1968, 1204; *Schaub*, ArbRHdb, § 72 Rz. 7; *Schulte*, DB 1981, 937; *Vogler*, DB 1966, 1689. | 3 Vgl. BAG v. 3.5.1979 – 2 AZR 679/77, AP Nr. 6 zu § 4 KSchG 1969. | 4 BAG v. 9.11.1973 – 3 AZR 66/73, AP Nr. 163 zu § 242 BGB – Ruhegehalt; LAG Hamm v. 24.11.1998 – 6 Sa 416/98, LAGE § 1 BetrAVG Nr. 19. | 5 LAG Köln v. 17.6.1994 – 4 Sa 185/94, LAGE § 630 BGB Nr. 22; LAG Düsseldorf v. 23.5.1995 – 3 Sa 253/95, NZA-RR 1996, 42. | 6 BAG v. 20.10.1981 – 3 AZR 1013/78, AP Nr. 39 zu § 74 HGB. | 7 LAG Bdb. v. 16.12.1992 – 5 (3) Sa 397/92, AuA 1994, 54. | 8 BAG v. 10.5.1978 – 5 AZR 97/77, AP Nr. 25 zu § 794 ZPO; für einen Sonderfall LAG Hamm v. 28.4.1995 – 10 Sa 1386/94, NZA-RR 1996, 286. | 9 LAG Hamm v. 15.1.1980 – 6 Sa 1166/79, DB 1980, 643; LAG Berlin v. 5.6.1996 – 13 Sa 41/96, NZA-RR 1997, 124. | 10 BAG v. 9.11.1973 – 3 AZR 66/73, AP Nr. 163 zu § 242 BGB – Ruhegehalt; v. 27.2.1990 – 3 AZR 213/88, AP Nr. 13 zu § 1 BetrAVG – Vordienstzeiten; v. 16.9.1974 – 5 AZR 255/74, AP Nr. 9 zu § 630 BGB; LAG München v. 24.4.1997 – 2 Sa 1004/96, BB 1998, 269. | 11 Ebenso Preis/*Rolfs*, Der Arbeitsvertrag, II A 130. | 12 So aber *Reinecke*, DB 2002, 583 (586). | 13 *Preis*, Der Arbeitsvertrag, II V 50 Rz. 34 erblickt in dem unentgeltlichen Verzicht ohne Gegenleistung des ArbGeb regelmäßig eine unangemessene Benachteiligung des ArbN. | 14 MünchKomm/*Pecher*, § 779 BGB Rz. 26. | 15 ErfK/*Dörner* § 12 EFZG Rz. 12 mwN.; Preis/*Rolfs*, Der Arbeitsvertrag, II A 130 Rz. 27; aA *Bauer*, Aufhebungsverträge, Rz. 800. | 16 BAG v. 21.7.1978 – 6 AZR 1/77, NJW 1979, 566; aA *Schulte*, DB 1981, 937 (940). | 17 BAG v. 20.1.1998 – 9 AZR 812/96, AP Nr. 45 zu § 13 BUrlG; v. 31.5.1990 – 8 AZR 132/89, NZA 1990, 935. | 18 Ein Erlass bleibt nach *Schaub*, ArbRHdb, § 204 Rz. 4 dagegen unberührt. Anders *Küster*, BB 1968, 1204, die einen Verzicht auf tarifliche Rechte nur durch Erlassvertrag und Vergleich für ausgeschlossen hält. Vgl. auch *Schulte*, DB 1981, 937 (939).

rend des bestehenden Arbeitsverhältnisses nicht möglich[1]. Zulässig ist eine entsprechende Vereinbarung mittels einer Ausgleichsquittung jedoch nach Ausspruch der Kündigung[2]. Bei **tarifvertraglich** gewährtem **Kündigungsschutz** ist ein Verzicht nach Ausspruch der Kündigung dagegen nicht ohne Zustimmung der TV-Parteien möglich, vgl. § 4 Abs. 4 Satz 1 TVG. Ein Verzicht des ArbN auf seinen **Zeugnisanspruch** nach § 630 Satz 1[3] ist zumindest vor Beendigung des Arbeitsverhältnisses ausgeschlossen[4]. Bislang offen gelassen hat das BAG die Frage, ob ein entsprechender Verzicht nach Vertragsbeendigung wirksam vereinbart werden kann[5].

dd) Weitere Unwirksamkeitsgründe – Anfechtung. Weitere Unwirksamkeitsgründe können sich aus allgemein zivilrechtlichen Erwägungen ergeben. Hierbei ist der Rechtscharakter der Ausgleichsquittung von Bedeutung: Ein **Vergleich** ist dann unwirksam, wenn der nach dem Inhalt des Vergleichs als feststehend zugrunde gelegte Sachverhalt der Wirklichkeit nicht entspricht und der Streit oder die Ungewissheit bei Kenntnis der Sachlage nicht entstanden wäre[6]. Für die Ausgleichsquittung gelten insofern keine Besonderheiten. Die **Anfechtung der Ausgleichsquittung** richtet sich nach den allgemeinen Regeln der § 119 und § 123. Wer jedoch etwas ungelesen unterschreibt, der kann sich nicht irren, wenn er keine Vorstellung hatte von dem, was er unterschreibt[7]; spiegelt der ArbGeb einen anderen Inhalt vor, als die Klausel tatsächlich hat, kann der ArbN freilich wegen arglistiger Täuschung anfechten. Weiß der ArbGeb, dass der ArbN den Inhalt der Erklärung nicht versteht oder erhebliche Schwierigkeiten mit dem Verständnis hat (zB ArbN mit unzureichenden Deutschkenntnissen), dann billigt die Rspr. dem ArbN – systemwidrig und mit der Dogmatik des § 119 kaum zu vereinbaren – das Recht zur Irrtumsanfechtung zu[8]. Besserer Ansatzpunkt scheint hier eine Verletzung der Fürsorgepflicht, die zum Schadensersatz und damit zur Restitution des Anspruchs berechtigt. **424**

b) Ausschlussfristen. Ausschlussfristen sind Fristen, innerhalb derer ein Anspruch oder ein sonstiges Recht geltend gemacht werden muss, damit es nicht erlischt[9]. Anzutreffen sind sie vor allem in TV, weniger in BV und Arbeitsverträgen[10]. Die Bezeichnungen variieren: Verfall-, Präklusiv- oder Verwirkungsfristen sind weitere gebräuchliche Begrifflichkeiten. Ausschlussfristen dienen ebenso wie die Verjährung der Rechtssicherheit und dem Rechtsfrieden: Der Schuldner soll sich auf die aus Sicht des Anspruchstellers noch offenen Forderungen rechtzeitig einstellen, Beweise sichern und vorsorglich Rücklagen bilden können[11] und sich nach Fristablauf darauf verlassen können, dass keine Ansprüche mehr gegen ihn erhoben werden. Der öffentliche ArbGeb soll zudem in der Lage sein, notwendige Haushaltsmittel zu veranschlagen[12]. Der Nichtschuldner wird vor dem Beweisnotstand bewahrt. Von der Verjährung unterscheiden sie sich durch ihre **Rechtswirkung**. Während jene als Einrede ausgestaltet ist und sich der Schuldner daher im Prozess auf sie berufen muss, ist das Erlöschen eines Anspruchs nach Ablauf einer Ausschlussfrist von Amts wegen zu berücksichtigen. **425**

Zu unterscheiden sind einmal **einseitige** Ausschlussfristen zulasten des ArbN von **zweiseitigen Ausschlussfristen**, die für Ansprüche von ArbN und ArbGeb gleichermaßen gelten. Darüber hinaus ist zwischen **einstufigen** und zweistufigen Ausschlussfristen zu differenzieren. Erstere führen zum Erlöschen eines Rechts, wenn es nicht innerhalb der vereinbarten Frist geltend gemacht wird. Von einer **zweistufigen** Ausschlussfrist wird gesprochen, wenn es nach der erfolglosen Geltendmachung des Anspruchs noch der Klageerhebung bedarf, um den Anspruch vor dem Erlöschen zu bewahren[13]. **426**

Nach der Rspr. des BAG zu den in § 70 BAT bzw. § 63 BMT-GII geregelten Ausschlussfristen erfordert eine ordnungsgemäße Geltendmachung eines Anspruchs jedenfalls, dass dieser bereits entstanden war. Ob darüber hinaus auch die Fälligkeit des jeweiligen Anspruchs bestehen muss, wurde offen gelassen[14].

aa) Reichweite der Ausschlussfrist. Wegen der nachteiligen Auswirkungen dieser Vereinbarungen für den ArbN bestand schon bislang weitgehender Konsens, solche Klauseln **eng** bzw. eventuell vereinbarte Ausnahmeregelungen weit **auszulegen**[15]. Diese Tendenz ist vor dem Hintergrund der Geltung der Unklarheitenregel nach § 305c Abs. 2 beizubehalten. Von allgemein gehaltenen Formulierungen nicht erfasst werden deshalb beispielsweise Ansprüche aus der Altersversorgung[16], schöpferische Son- **427**

---

1 BAG v. 19.12.1974 – 2 AZR 565/73, AP Nr. 3 zu § 620 BGB – Bedingung; *Althof*, AuR 1968, 289 (291); *Bauer*, Aufhebungsverträge, Rz. 799. |2 ErfK/*Ascheid*, § 1 KSchG Rz. 17; *Schaub*, ArbRHdb, § 72 Rz. 8. |3 Entsprechendes gilt für die inhaltlich mit § 630 übereinstimmenden Vorschriften des § 73 HGB und § 113 GewO sowie für den Zeugnisanspruch im Berufsausbildungsverhältnis nach § 8 BBiG. |4 BAG v. 16.9.1974 – 5 AZR 255/74, NJW 1975, 407; ErfK/*Müller-Glöge*, § 630 Rz. 104; Staudinger/*Preis*, § 630 Rz. 7; MünchArbR/*Wank*, § 128 Rz. 39. |5 Bejahend *Bauer*, Aufhebungsverträge, Rz. 802; ErfK/*Müller-Glöge*, § 630 Rz. 104; Preis/*Rolfs*, Der Arbeitsvertrag, II A 130 Rz. 21; *Schulte*, DB 1981, 937 (940). |6 LAG Frankfurt v. 6.10.1969 – 1 Sa 362/69, NJW 1970, 1703; *Schaub*, ArbRHdb, § 72 Rz. 12. |7 BAG v. 27.8.1970 – 5 AZR 519/69, AP Nr. 33 zu § 133 BGB. |8 LAG Düsseldorf v. 2.11.1971 – 8 Sa 346/71, LAGE § 4 KSchG Nr. 1; LAG Hamm v. 21.6.1976 – 3 Sa 1121/75, BB 1976, 553; LAG Thüringen v. 16.3.1967, 4 Sa 16/67, BB 1967, 1082; s. auch ErfK/*Preis*, § 611 BGB Rz. 609. |9 *Bauer*, NZA 1987, 440; Wiedemann/*Wank*, § 4 TVG Rz. 713. |10 Ausf. dazu *Weber*, Die Ausschlussfrist im Arbeitsrecht, 1983; *Weyand*, Die tariflichen Ausschlussfristen in Arbeitsrechtsstreitigkeiten, 1995. |11 BAG v. 10.7.2003 – 6 AZR 283/02, ZTR 2003, 625. |12 BAG v. 10.7.2003 – 6 AZR 283/02, ZTR 2003, 625. |13 *Ganz/Schrader*, NZA 1999, 570 (571); *Preis*, Der Arbeitsvertrag, II A 150 Rz. 41 ff. |14 BAG v. 10.7.2003 – 6 AZR 283/02, ZTR 2003, 625 |15 BAG v. 3.4.1990 – 1 AZR 131/89, EzA § 4 TVG – Ausschlussfristen Nr. 94; Wiedemann/*Wank*, § 4 TVG Rz. 799. |16 BAG v. 27.2.1990 – 3 AZR 216/88, NZA 1990, 627.

derleistungen des ArbN[1], Zinsforderungen aus ArbGebDarlehen[2], Ansprüche auf vertragsgemäße Beschäftigung[3] oder Abfindungsansprüche aus einem gerichtlichen Vergleich[4].

428 Eine gegen **Treu und Glauben** verstoßende und damit gemäß §§ 242, 134 unzulässige Rechtsausübung stellt die Berufung auf eine Ausschlussfrist dann dar, wenn die zum Verfall des Anspruchs führende Untätigkeit des Gläubigers hinsichtlich der erforderlichen Geltendmachung des Anspruchs durch ein Verhalten des Schuldners veranlasst worden ist. Der Schuldner muss also den Gläubiger von der Geltendmachung des Anspruchs bzw. der Einhaltung der Verfallfrist abgehalten haben. Das wird zB angenommen, wenn der Schuldner durch positives Tun oder durch pflichtwidriges Unterlassen dem Gläubiger die Geltendmachung des Anspruchs oder die Einhaltung der Frist erschwert oder unmöglich gemacht hat bzw. an objektiven Maßstäben gemessen den Eindruck erweckt hat, der Gläubiger könne darauf vertrauen, dass der Anspruch auch ohne Wahrung einer tariflichen Ausschlussfrist erfüllt werde. Dies wird insb. bei besonderen Zusagen angenommen[5]. Es verstößt in der Regel gegen Treu und Glauben, wenn sich ein ArbN darauf beruft, der Gläubiger habe bei der Geltendmachung einer Schadensersatzforderung die gültige ein- oder zweistufige Ausschlussfrist nicht gewahrt, falls der ArbN die Forderung zuvor deklaratorisch anerkannt hat. Dies gilt auch dann, wenn der Schuldner das deklaratorische Schuldanerkenntnis später anficht[6].

429 **bb) Wirksamkeitsgrenzen.** Ausschlussfristen im Arbeitsvertrag können neben vertraglichen auch gesetzliche Ansprüche erfassen. Während dies für abdingbare gesetzliche Rechte allgemein anerkannt ist, ist die Rechtslage bei **unabdingbaren gesetzlichen Ansprüchen** strittig; die Rspr. bejaht sie weitgehend[7]. Entsprechende Ausschlussfristen bezögen sich nicht auf das Recht als solches, sondern lediglich auf seine Geltendmachung. Eine Abweichung von **kollektivrechtlichen Ansprüchen** ist dagegen durch eine einzelvertragliche Ausschlussfrist nicht möglich; für tarifvertragliche Ansprüche folgt dies aus § 4 Abs. 3 TVG, für Ansprüche aus einer BV aus § 77 Abs. 4 Satz 4 BetrVG.

430 Dem Verbot überraschender Klauseln nach § 305c Abs. 1 ist bei der Vereinbarung von Ausschlussfristen in besonderem Maße Rechnung zu tragen. Das BAG bejahte dies bereits vor der Schuldrechtsreform in einem Fall, in dem der Verwender die Ausschlussklausel ohne besonderen Hinweis und ohne **drucktechnische Hervorhebung** unter falscher oder missverständlicher Überschrift in den Vertrag eingeordnet hatte. Die formale Überraschung kann hier zur Unwirksamkeit führen[8].

431 Bereits vor der Schuldrechtsreform unterzog die Rspr. Ausschlussfristen in Arbeitsverträgen einer Inhaltskontrolle am **Maßstab des § 138**[9]. Dies hat weiterhin Gültigkeit für nicht formularmäßig vereinbarte Fristen. Als sittenwidrig verworfen werden danach Klauseln, die inhaltlich nicht ausgewogen waren und die Rechte des Klägers einseitig beschnitten. Der dogmatisch richtige Anknüpfungspunkt für eine derartige Klauselkontrolle findet sich für Formularverträge nunmehr in § 307 Abs. 1, 2. Im Mittelpunkt dieser allgemeinen Angemessenheitskontrolle steht die Frage nach der zulässigen **Länge der Ausschlussfrist**. Das BAG hat in der Vergangenheit eine Frist von zwei Monaten[10] und sogar eine nur einmonatige Ausschlussfrist[11] für rechtswirksam erachtet. Ausschlussfristen in Arbeitsverträgen hat es keinen anderen Prüfungsmaßstab unterstellt als solche in TV. Diese Rechtssprechung ist vor dem Hintergrund der Einbeziehung des Arbeitsvertrages in den Anwendungsbereich der §§ 305 ff. **nicht unbedenklich**. Fortan wird der – schon bislang zweifelhafte – Verweis auf die Rechtslage bei tariflichen Ausschlussfristen zur Rechtfertigung kurzer Fristen in Formulararbeitsvertrag nicht mehr möglich sein. Die Anerkennung solch kurzer Ausschlussfristen steht im Widerspruch zur Rspr. des BGH. Dieser hat wiederholt AGB-Klauseln mit einer dreimonatigen Ausschlussfrist für mit § 9 AGBG (jetzt § 307 BGB) unvereinbar erklärt[12].

432 Neben der Länge der Ausschlussfrist und dem damit in unmittelbaren Zusammenhang stehenden gesetzlichen Leitbild der Verjährungsvorschriften sind als **weitere** im Rahmen der Interessenabwägung nach § 307 Abs. 1, 2 zu berücksichtigende **Faktoren** vor allem das Interesse beider Vertragsparteien an der Vereinbarkeit einer Ausschlussfrist sowie der mit diesen Klauseln bezweckte Rechtsfrieden bzw. Rechtssicherheit zu nennen. Dabei darf nicht verkannt werden, dass selbst beiderseitige Ausschlussklauseln vorwiegend im Interesse des ArbGeb liegen und der ArbN damit durch sie stärker betroffen ist[13]. Was symmetrisch aussieht, ist es nicht[14].

---

1 BAG v. 21.6.1979 – 3 AZR 855/78, DB 1979, 2187. | 2 BAG v. 23.2.1999 – 9 AZR 737/97, DB 1999, 2011. | 3 BAG v. 15.5.1991 – 5 AZR 271/90, NZA 1991, 979. | 4 BAG v. 13.1.1982 – 5 AZR 546/79, NJW 1982, 2207. | 5 BAG v. 5.8.1999 – 6 AZR 752/97, ZTR 2000, 36; v. 8.8.2000 – 9 AZR 418/99, AP TVG § 4 – Ausschlussfristen Nr. 151; v. 6.9.1972 – 4 AZR 422/71, AP BAT § 4 Nr. 2 mwN; v. 27.3. 1963 – 4 AZR 72/62, AP BetrVG § 59 Nr. 9; v. 24. 5.1973 – 5 AZR 21/73, AP Nr. 52 zu § 4 TVG – Ausschlussfristen. | 6 BAG v. 10.10.2002 – 8 AZR 8/02, DB 2003, 508. | 7 BAG v. 24.3.1988 – 2 AZR 630/87, NZA 1989, 101; vgl. aber auch BAG v. 5.4.1984 – 6 AZR 443/81, NZA 1984, 257, wonach eine einzelvertraglich vereinbarte Ausschlussklausel nicht für gesetzliche Urlaubsansprüche gelten soll; kritisch *Preis*, Der Arbeitsvertrag, II A 150 Rz. 22 f. | 8 BAG v. 29.11.1995 – 5 AZR 447/94, NJW 1996, 2117. | 9 BAG v. 18.3.2003 – 9 AZR 44/02, AP Nr. 28 zu § 157 BGB; v. 24.3.1988 – 2 AZR 630/87, NZA 1989, 101; v. 25.7.1984 – 5 AZR 219/82, nv. (juris). | 10 BAG v. 17.6.1997 – 9 AZR 801/95, NZA 1998, 258; für tarifliche Ausschlussfristen vgl. BAG v. 11.7.1990 – 5 AZR 609/89, NZA 1991, 70; v. 22.9.1999 – 10 AZR 839/98, NZA 2000, 551. | 11 BAG v. 13.12.2000 – 10 AZR 168/00, NZA 2001, 723. *Dieses Urteil nahm die Bundesregierung mit zum Anlass der Ausdehnung des AGB-Rechts auf den Arbeitsvertrag*, vgl. BT-Drs. 14/6857, S. 54 zu Nr. 50. | 12 Vgl. BGH v. 19.5.1988 – I ZR 147/86, NJW 1988, 2888 mwN aus der Rspr. | 13 Hierauf weist schon *Preis*, ZIP 1989, 885 (890) hin. | 14 Allgemein zur begrenzten Aussagekraft des Symmetrie-Arguments in der Rechtswissenschaft *Thüsing*, Wertende Schadensberechnung, S. 441 ff.

Problematisch ist, ob **einseitige Ausschlussfristen** den ArbN per se unangemessen benachteiligen oder 433
ob auch sie grundsätzlich wirksam vereinbart werden können. Für tarifliche Ausschlussfristen wird Letzteres ganz überwiegend bejaht[1]. Folgt man der – allerdings problematischen – Tendenz der Rspr., die Grundsätze für eine Kontrolle tarifvertraglicher Ausschlussfristen auf entsprechende arbeitsvertragliche Klauseln zu übertragen, wird man die Vereinbarung einseitiger Ausschlussfristen für zulässig halten können[2]. Ebenso wie bei tariflichen Ausschlussfristen ist dann aber zumindest ein vertretbarer sachlicher Grund für die Schonung des ArbGeb zu verlangen. Nach der Ausdehnung des AGB-Rechts auf den Formulararbeitsvertrag spricht indes viel für die **generelle Unzulässigkeit** einseitiger Ausschlussfristen zulasten des ArbN, sofern die damit einhergehende Schlechterstellung nicht durch kompensierende Maßnahmen ausgeglichen wird.

cc) **Besonderheiten bei zweistufigen Ausschlussfristen.** Zweistufige Ausschlussfristen, die neben der 434
zumeist schriftlichen Geltendmachung des Anspruchs noch die Klageerhebung innerhalb einer bestimmten Frist verlangen, könnten **nach § 309 Nr. 13 unwirksam** sein (Anh. § 305-310 BGB Rz. 7).

Nach Beendigung des Arbeitsverhältnisses sind bei einer zweistufigen Ausschlussklausel einige **prozes-** 435
suale Besonderheiten zu beachten. Verlangt die Ausschlussklausel in einer **ersten Stufe** die schriftliche Geltendmachung des Anspruchs, so genügt im Falle der Kündigung hierfür die Erhebung und Durchführung der Kündigungsschutzklage, sofern Ansprüche betroffen sind, die während des Kündigungsstreits fällig werden und von dessen Ausgang abhängen[3]. Für die gerichtliche Geltendmachung des Anspruchs (**zweite Stufe**) reicht dies aber nicht aus[4]. Erforderlich ist nach ständiger Rspr. vielmehr zusätzlich die Erhebung einer fristgerechten Zahlungsklage[5]. Mit dem Einreichen der Kündigungsschutzklage erfüllt der ArbN damit die erste Stufe der Voraussetzungen einer zweistufigen Ausschlussfrist, nicht aber ihre Zweite. Diese beginnt regelmäßig mit der Ablehnung der Ansprüche durch den Vertragspartner zu laufen. Im Kündigungsschutzprozess genügt dafür das Bestreiten der Ansprüche durch den ArbGeb[6].

c) **Beweislastmodifikationen.** Beweislastmodifikationen in Formulararbeitsverträgen sind am Maß- 436
stab des § 309 Nr. 12 zu messen. Ohne Wertungsmöglichkeit unwirksam sind danach Bestimmungen, durch die der Verwender die Beweislast zum Nachteil des anderen Vertragsteils ändert, insb. indem er diesem die Beweislast für Umstände auferlegt, die im Verantwortungsbereich des Verwenders liegen. Gleiches gilt für Bestimmungen durch die der Verwender den anderen Vertragsteil bestimmte Tatsachen bestätigen lässt. Arbeitsrechtliche Besonderheiten stehen der Anwendbarkeit dieser Vorschrift auf den Arbeitsvertrag nicht entgegen. Das BAG hielt schon bisher eine Modifikation der gesetzlichen oder richterrechtlichen Beweislastregeln im Arbeitsvertrag für unzulässig[7]. Dabei unterschied es nicht nach Formulararbeitsvertrag und Individualvereinbarung. Dies dürfte weiterhin gültig sein.

Neben dem generellen Verbot der Beweislaständerung nennt § 309 Nr. 12 in lit. a) und b) zwei Beispiels- 437
fälle unwirksamer Beweislastmodifikationen. § 309 Nr. 12 **lit. a)** verbietet eine Abweichung von dem von der Rspr.[8] entwickelten allgemeinen Grundsatz der Beweislastverteilung nach Verantwortungsbereichen, einer Ausnahme von der allgemeinen Regel, dass immer der Geschädigte das anspruchsbegründende Verhalten des Schädigers beweisen muss. Die Vorschrift erlangt namentlich bei der Geltendmachung von Schadensersatzansprüchen Bedeutung. Unwirksam sind danach beispielsweise Klauseln, die den Nachweis eines Verschuldens des ArbGeb zur Voraussetzung eines Schadensersatzanspruchs des ArbN machen. Von ungleich größerer Bedeutung sind die in § 309 Nr. 12 **lit. b)** hervorgehobenen **Tatsachenbestätigungen.** Verhindert werden soll mit dieser Vorschrift vor allem die Umgehung des Verbots einer Beweislastmodifikation, indem der Verwender sich die für die Durchsetzbarkeit eines Anspruchs notwendigen Tatsachen vom anderen Vertragsteil bestätigen lässt und mit dieser Bestätigung im Streitfall den ihm obliegenden Beweis für das Vorliegen der Tatsache erbringt. Änderungen im Vergleich zur bisherigen Rechtslage könnten die Vorgabe für **Empfangsbekenntnisse** mit sich bringen. Diese sind in Abweichung zu § 309 Nr. 12 lit. b) wirksam, wenn sie gesondert unterschrieben oder mit einer gesonderten qualifizierten elektronischen Signatur versehen sind; die Verwendung eines separaten Schriftstücks ist nicht unbedingt notwendig, aber empfehlenswert. Ausreichend ist, dass sich das Empfangsbekenntnis deutlich vom übrigen Vertragstext absetzt[9]. Relevanz erlangt dies beispielsweise bei der Vereinbarung eines **Wettbewerbsverbots** zwischen ArbGeb und ArbN nach § 110 GewO. Die Wettbewerbsabrede bedarf nach dieser Vorschrift neben der Schriftform noch der Aushändigung an den ArbN. Die Aushändigung ist damit Wirksamkeitsvoraussetzung. Möchte sich der ArbGeb die Aushändigung im Formulararbeitsvertrag bestätigen lassen, hat er auf eine deutliche drucktechnische oder räumliche Abhebung vom restlichen Vertragstext zu achten.

---

1 BAG v. 27.9.1967 – 4 AZR 438/66, DB 1967, 2033; *Bauer*, NZA 1987, 440 (441); *Löwisch/Rieble*, § 1 TVG Rz. 470. | 2 So *Bauer*, NZA 1987, 440 (441); im Ergebnis ebenso *Lingemann*, NZA 2002, 181 (190), der davon ausgeht, dass die Gesetzesnovelle zu keiner Änderung der Wirksamkeit von Ausschlussfristen führt; abl. dagegen *Preis*, Der Arbeitsvertrag, II A 150, Rz. 25. | 3 *Wiedemann/Wank*, § 4 TVG Rz. 848; *Preis*, Der Arbeitsvertrag, II A 150 Rz. 44 mwN. | 4 BAG v. 22.2.1978 – 5 AZR 805/76, NJW 1978, 1942. | 5 BAG v. 7.11.1991 – 2 AZR 34/91, NZA 1992, 521. | 6 BAG v. 16.3.1995 – 8 AZR 58/92, NZA 1995, 1213; *Wiedemann/Wank*, § 4 TVG Rz. 836. | 7 BAG v. 16.3.1994 – 5 AZR 339/92, NZA 1994, 937. | 8 Vgl. zB BGH v. 17.2.1964 – II ZR 98/62, BGHZ 41, 151. | 9 *Wolf* in Wolf/Horn/Lindacher, § 11 AGBG Nr. 15 Rz. 27; *Lingemann*, NZA 2002, 181 (192).

438 Für den Bereich der **Haftung des ArbN** enthält § 619a eine eigenständige Beweislastregelung. Sofern man § 619a nicht ohnehin als zwingend ansieht[1], scheitert eine Beweislastverlagerung bei der ArbN-Haftung an § 309 Nr. 12.

439 **d) Bezugnahmeklauseln auf TV.** Bezugnahmeklauseln auf TV sind in unterschiedlichen **Erscheinungsformen** anzutreffen. Im Einzelnen hat sich – je nach Reichweite der Bezugnahme – die folgende Terminologie eingebürgert[2]: Sofern im Arbeitsvertrag auf einen bestimmten, an einem näher definierten Stichtag gültigen TV verwiesen wird, ist von einer statischen Verweisung auszugehen; spätere tarifliche Änderungen sind in diesem Fall ohne Auswirkungen (sog. **statische Bezugnahmeklausel**, zB: „Es gilt der TV X in seiner Fassung vom [...]"). Alternativ können die Arbeitsvertragsparteien die Bezugnahme in zeitlicher Hinsicht dynamisch gestalten, indem sie auf den für das Unternehmen einschlägigen oder auch einen branchenfremden TV in seiner jeweils gültigen Fassung verweisen (sog. **kleine dynamische Bezugnahmeklausel**, zB: „Es gilt der TV der Y-Branche in seiner jeweils gültigen Fassung."). Soll die Bezugnahme zudem fachlich dynamisch gestaltet sein, ist es möglich, den jeweils für den Betrieb einschlägigen TV in seiner jeweiligen Fassung in Bezug zu nehmen (sog. **große dynamische Bezugnahmeklausel**, zB: „Es gilt der jeweils einschlägige TV in seiner jeweils gültigen Fassung.").

440 **aa) Erstreckung der Inhaltskontrolle der §§ 308, 309 BGB auf tarifliche Arbeitsbedingungen.** TV selbst unterliegen nach § 310 Abs. 4 Satz 1 keiner Kontrolle am Maßstab der §§ 305 ff.. Gleiches gilt, wie sich aus dem Verweis des § 310 Abs. 4 Satz 3 auf § 307 Abs. 3 ergibt, für einzelvertragliche Bezugnahmeklauseln, sofern diese nicht eine von dem TV abweichende oder ihn ergänzende Regelung schaffen[3]. Nur eine **Abweichung** oder **Ergänzung** der tarifvertraglichen Regelung eröffnet damit die Inhaltskontrolle (vgl. § 307 Abs. 3 Satz 1). Unklar ist bislang jedoch, welche Qualität der TV haben muss, der in Bezug genommen ist, und welches Ausmaß an Ergänzung oder Abänderung nicht nur die Modifikationen selbst, sondern auch die Bezugnahme in die Inhaltskontrolle fallen lässt. Einigkeit besteht noch insoweit, als bei Verweis auf einen **fachlich oder räumlich nicht einschlägigen TV** keine Ausnahme von der Billigkeitskontrolle der vertraglichen Regelung zu machen sei[4]; die Annahme eines insoweit bestehenden Kontrollbedürfnisses entsprach auch bereits vor Erlass des Schuldrechtsmodernisierungsgesetzes der herrschenden Meinung[5]. Die Frage, **inwieweit ein einschlägiger TV** übernommen werden muss, damit er nicht der gerichtlichen Billigkeitskontrolle allgemeiner Arbeitsbedingungen unterfällt, beschäftigte Rspr. und Lit. schon vor In-Kraft-Treten des Schuldrechtsmodernisierungsgesetzes. Das BAG ging in mehreren Entscheidungen davon aus, dass es einer Billigkeitskontrolle dann nicht bedürfe, soweit es sich um eine **Globalverweisung** auf den ganzen TV oder aber auch auf Einzelne, inhaltlich und sachlich zusammenhängende Regelungskomplexe handele; in diesen Fällen sei von der grundsätzlichen Richtigkeit der einbezogenen TV-Normen auszugehen[6]. Im Schrifttum wird vertreten, dass auch im Fall einer Teilverweisung die gerichtliche Billigkeitskontrolle eingreifen müsse[7]. Die Bezugnahme nur von einzelnen Teilen zerstöre den von den TV-Parteien hergestellten ausgewogenen Sachzusammenhang. Sobald die Arbeitsvertragsparteien etwas am Inhalt des TV änderten, entfalle der Richtigkeitsgewähr. Der Wortlaut der §§ 307 Abs. 3, 310 Abs. 4 Satz 3 spricht dafür, dass sich der Gesetzgeber dieser engeren Auffassung angeschlossen hat: Abgewichen wird von einem TV bereits dann, wenn er nicht in seiner Gesamtheit in Bezug genommen wird.

441 Derzeit offen ist, welche **Bedeutung** es hat, wenn ein Arbeitsvertrag in einer Weise auf einen TV verweist, dass die **Herausnahme von der Billigkeitskontrolle gemäß § 310 Abs. 4 Satz 3 nicht** greift. Auch hier kann die Angemessenheitsvermutung des TV nicht unbeachtet bleiben. Es gilt zwar nicht das starre Verbot jeglicher Inhaltskontrolle, jedoch wird es, je sachnäher der in Bezug genommene TV ist, umso schwerer, darzulegen, dass das Vereinbarte unangemessen sei. Will der ArbN dies geltend machen, muss er genau darlegen, wo denn die Unterschiede zwischen seinem Arbeitsverhältnis sind und einem solchen, das der TV normativ erfasst. Kann er dies nicht, dann ist von der Angemessenheit der Vereinbarung qua tarifvertraglicher Grundlage auszugehen. Viel von dem Streit, der sich momentan um die Reichweite des § 310 Abs. 4 Satz 3 BGB abzeichnet, verliert dadurch an Brisanz.

442 **bb) Schutz vor überraschenden Verweisungen nach § 305c Abs. 1 BGB.** Ein ArbN, der ein Vertragsangebot mit einem Verweis auf Tarifnormen erhält kann im Regelfall davon ausgehen, dass auf einen für den Betrieb einschlägigen TV Bezug genommen wird. Als überraschend iSv. § 305c Abs. 1 sind da-

---

[1] So wohl zu Recht *Däubler*, NZA 2001, 1329 (1332) für die Haftungsprivilegierung des ArbN; aA *Gotthardt*, Schuldrechtsreform, Rz. 257. |2 Grundl. *Hromdka/Maschmann/Wallner*, Der Tarifwechsel, 1996, Rz. 75 ff.; vgl. ferner etwa *Heinze*, NZA 2001, Sonderheft, 73 (74); *Seitz/Werner*, NZA 2000, 1257 (1259); *Annuß*, BB 1999, 2558 f. |3 Unzutr. *Oetker*, FS Wiedemann, 2002, S. 400, der dies mit recht nebliger Begründung aus § 310 Abs. 4 Satz 1 herleitet. |4 *Gotthardt*, Schuldrechtsreform, Rz. 240; *Annuß*, BB 2002, 458 (460); *Däubler*, NZA 2001, 1329 (1335). |5 *Löwisch/Rieble*, § 3 TVG Rz. 115; *Rieble*, Arbeitsmarkt und Wettbewerb, 1996, Rz. 1729; *Preis*, Grundfragen der Vertragsgestaltung im Arbeitsrecht, 1993, S. 318. |6 BAG v. 6.11.1996 – 5 AZR 334/95, AP Nr. 1 zu 10a AVR – Caritasverband; v. 6.9.1995 – 5 AZR 174/94, AP Nr. 22 zu § 611 BGB – Ausbildungsbeihilfe (*v. Hoyningen-Huene*); v. 28.10.1987 – 5 AZR 518/85, AP Nr. 1 zu 7 AVR – Caritasverband. |7 *Löwisch/Rieble*, § 3 TVG Rz. 115; *Rieble*, Arbeitsmarkt und Wettbewerb, Rz. 1729; *Gamillscheg*, Kollektives Arbeitsrecht, S. 739; *Hanau/Kania*, FS Schaub, 1998, S. 239 (245); *Preis*, ZIP 1989, 885 (887); *Fenski*, AuR 1989, 168 (172); wohl auch *Schliemann*, ZTR 2000, 198 (203 f.).

her grundsätzlich Klauseln anzusehen, die auf einen **branchen- oder ortsfremden TV** verweisen[1]; hier ist eine ausdrückliche Individualabrede zu verlangen. Etwas anderes kann nur dann gelten, wenn auch dieser fremde TV einen besonderen Bezug zum Arbeitsverhältnis hat, wenn er etwa der einschlägige TV für den überwiegenden Teil der ArbN des Unternehmens oder Konzerns ist, wenn es der ehemals einschlägige TV war, der in den Verweisungen beibehalten wurde, oder wenn es zumindest zwar nicht einschlägiger, jedoch sachnaher TV ist.

Bei **dynamischen Bezugnahmeklauseln** gewährt § 305c Abs. 1 Schutz vor **unvorhersehbaren Tarifänderungen**. Das entspricht im Ergebnis der schon bislang überwiegenden Ansicht, wonach spätere Änderungen des TV, welche beim Abschluss des Arbeitsvertrages schlechterdings nicht vorhersehbar waren, keine Wirkung für die Arbeitsvertragsparteien entfalten[2]. Die dogmatische Begründung hierzu fiel bislang allerdings unterschiedlich aus, nunmehr ist eine Lösung in § 305c Abs. 1 zu suchen[3]. Zur **Feststellung** einer unvorhersehbaren Tarifänderung ist zu fragen, ob der neue Inhalt – hätte er bei Abschluss des Arbeitsvertrags bereits Gültigkeit gehabt – das Arbeitsverhältnis in einer Weise gestaltet, mit welcher der ArbN gemeinhin nicht rechnen musste, oder ob eine Modifizierung der Arbeitsbedingungen eintritt, die eine im Vergleich zum vorherigen Zustand hinnehmbare Verschlechterung bedeutet. Die praktische Schwierigkeit besteht darin, im Einzelfall die **Grenze** dessen zu bestimmen, was der ArbN an Änderungen des Tarifinhalts **hinnehmen** muss. Werden von den Tarifparteien **Entgeltbestandteile** gestrichen oder verringert, ist die Rspr. des BAG[4] zum Widerruf freiwilliger Leistungen zu beachten, s. Rz. 511 ff. 443

In Ausnahmefällen kann eine Begrenzung dynamischer Bezugnahmeklauseln auch **zu Gunsten des ArbGeb** erforderlich werden[5]. Dogmatischer Anknüpfungspunkt ist dann aber nicht § 305c Abs. 1, sondern das allgemeine Rechtsprinzip, dass Unzumutbares von niemanden verlangt werden kann. Entsprechend strenger sind die Anforderungen an eine Korrektur des Tarifinhalts: Nur bei einer Existenzgefährdung des Unternehmens oder wohl auch bei einem anderenfalls drohenden Arbeitsplatzabbau in erheblichen Maße und keiner anderweitigen Verhinderungsmöglichkeit dieser Auswirkungen eines unangemessenen Tarifinhalts ist eine Anpassung möglich[6]. 444

cc) Unklarheitenregel bei Bezugnahmeklauseln. Nach § 305c Abs. 2 sind **unklare Bezugnahmeklauseln im arbeitnehmergünstigsten Sinne auszulegen**. Für die Vertragsgestaltung bedeutet dies, dass das Bezugsobjekt, also der einbezogene TV, **möglichst genau** bestimmt wird. Ebenso ist klar festzulegen, wie weit die Verweisung auf diesen inhaltlich reichen soll (Globalverweisung, Teilverweisung, Einzelverweisung). Überdies muss sich unmissverständlich ergeben, ob die Bezugnahme in zeitlicher Hinsicht statisch oder dynamisch erfolgen soll, der ArbN also einen Anspruch auf Teilhabe an zukünftigen Tarifentwicklungen haben sollen. Insoweit ist das BAG in der Vergangenheit davon ausgegangen, dass auch ohne ausdrückliche Klarstellung im Wortlaut der Bezugnahmeklausel der TV nach dem Willen der Arbeitsvertragsparteien **im Zweifel** in seiner jeweiligen Fassung gelte, mithin eine **dynamische Bezugnahme** anzunehmen sei[7]. Hieran wird im Regelfall festzuhalten sein, sofern nicht eine entsprechende Interpretation der Bezugnahmeklausel im Einzelfall zu einer materiellen Verschlechterung der Arbeitsbedingungen für den ArbN führt. Dann gebietet § 305c Abs. 2, die Verweisung **statisch** zu verstehen. 445

dd) Möglichkeit einer konkludenten Bezugnahme. Der Verweis auf tarifliche Bestimmungen nicht an eine bestimmte Form gebunden; auf tarifvertragliche Regelungen kann daher auch **konkludent**, ebenso durch eine **betriebliche Übung** Bezug genommen werden[8]. Weder § 2 Abs. 1 Satz 2 Nr. 10 NachwG noch die auf den Arbeitsvertrag nicht anwendbaren Bestimmungen des § 305 Abs. 2, 3 stehen dem entgegen. Als problematisch kann sich in diesen Fällen jedoch der **Umfang** der Inbezugnahme erweisen. Insb. bei tarifvertraglichen **Ausschlussfristen** (zum Begriff vgl. Rz. 427) stellt sich die Frage, ob auch sie vom Umfang der Inbezugnahme erfasst sind, wenn ein nicht-tarifgebundener ArbN gestützt auf eine konkludente Bezugnahme einen Anspruch auf Tariflohn geltend macht. Das ist wegen 446

---

1 *Thüsing/Lambrich*, NZA 2002, 1361; *Gotthardt*, Schuldrechtsreform, Rz. 232: „regelmäßig"; schon zur alten Rechtslage *Seibert*, NZA 1985, 730 (732). |2 BAG v. 14.3.1961 – 3 AZR 83/60, AP Nr. 78 zu § 242 BGB – Ruhegehalt; *Löwisch/Rieble*, § 3 TVG Rz. 127; MünchArbR/*dies.*, § 269 Rz. 22; *Löwisch*, NZA 1985, 317; *Rieble*, Arbeitsmarkt und Wettbewerb, 1996, Rz. 1732; *Preis*, Grundfragen der Vertragsgestaltung im Arbeitsrecht, S. 401 ff.; *Wiedemann/Oetker*, § 3 TVG Rz. 247; *Hanau/Kania*, FS Schaub, 1998, S. 239 (243); *D. Gaul*, ZTR 1993, 355 (357); aA etwa LAG Hamburg v. 29.11.1995 – 8 Sa 1/95, CR 1996, 299 (301); *Gamillscheg*, Kollektives Arbeitsrecht, S. 736 f.; *Etzel*, NZA 1987, Beil. Heft 1, S. 19 (27). |3 *Wiedemann/Stumpf*, 5. Aufl. 1977, § 3 TVG Rz. 247 (Wegfall der Geschäftsgrundlage); *Löwisch*, NZA 1985, 317 (Auslegung); so auch jetzt noch *Preis*, Der Arbeitsvertrag, II V 40 Rz. 55. |4 BAG v. 13.5.1987 – 5 AZR 125/86, AP Nr. 4 zu § 305 BGB – Billigkeitskontrolle. |5 Vgl. auch *Thüsing/Lambrich*, NZA 2002, 1361. |6 So *Preis*, Prinzipien des Kündigungsrechts bei Arbeitsverhältnissen, S. 150 ff. zur Unzumutbarkeit bei unmittelbar kraft Verbandsmitgliedschaft gebundenen Unternehmen; diese Grenze sollte erst recht bei nur einzelvertraglicher Geltung des Tarifinhalts heranziehbar sein. Vgl. auch *Belling/Hartmann*, ZfA 1997, 87 (135 f.). |7 BAG v. 20.3.1991 – 4 AZR 455/90, AP Nr. 20 zu § 4 TVG – Tarifkonkurrenz; v. 29.1.1991 – 3 AZR 44/90, DB 1991, 1806; v. 16.8.1988 – 3 AZR 61/87, AP Nr. 8 zu § 1 BetrAVG – Beamtenversorgung; v. 25.9.-2002 – 4 AZR 544/00, NZA 2002, 634 (635); *Etzel*, NZA 1987, Beil. 1, S. 19 (27). |8 BAG v. 19.1.1999 – 1 AZR 606/98, NZA 1999, 879 (881); v. 11.8.1988 – 2 AZR 53/88, NZA 1989, 595; *Wiedemann/Oetker*, § 3 TVG Rz. 233; *Gamillscheg*, Kollektives Arbeitsrecht, S. 733; *Preis*, Der Arbeitsvertrag, S. 1301 f.; *Däubler*, Tarifvertragsrecht, Rz. 335; *Hanau/Kania*, FS Schaub, 1998, S. 239 (258 ff.); *Thüsing/Lambrich*, NZA 2002, 1361.

des unmittelbaren Sachzusammenhangs zwischen einer tariflichen Regelung und der für sie bestehenden Ausschlussfrist zu bejahen[1]; die Ausschlussklausel wird *ipso iure* Teil der in Bezug genommenen tarifvertraglichen Lohnabrede[2].

447 ee) **Rechtsfolgen beim Verbandsaustritt, Verbandwechsel und beim Betriebs(teil)übergang.** Welche Rechtsfolgen eine Änderung oder Beendigung der Tarifgeltung im Einzelnen zur Folge hat, hängt maßgeblich von der **Klassifizierung vertraglicher Bezugnahmeklauseln** ab. Das BAG hat in einer Reihe grundlegender jüngerer Urteile[3] das bereits zuvor[4] entwickelte Verständnis vertraglicher Bezugnahmeklauseln als sog. „**Gleichstellungsabreden**" zu einem allgemeinen Rechtssatz verfestigt: Ihr Zweck liege bei Tarifgebundenheit des ArbGeb in der Regel darin, die fehlende Tarifbindung auf ArbN-Seite mit dem Ziel zu ersetzen, die Arbeitsbedingungen für Gewerkschaftsmitglieder und Tarifaußenseiter im Unternehmen in gleicher Weise zu gestalten. Der Praxis ermöglicht diese Deutung – auf einen verkürzten Nenner gebracht – in Fällen der Änderung oder Beendigung tariflicher Bindungen den einfachen Schluss: Was für die tarifgebundenen ArbN gilt, gilt qua individualrechtlicher Regelung grundsätzlich auch für nicht-tarifgebundene ArbN, deren Arbeitsvertrag eine Bezugnahmeklausel enthält.

448 Zu überzeugen vermag diese Konzeption nicht[5]. Das Verständnis arbeitsvertraglicher Bezugnahmeklauseln als Gleichstellungsabreden zwischen Gewerkschaftsmitgliedern und Tarifaußenseitern steht im Widerspruch zu den allgemeinen Grundsätzen der Vertragsauslegung: Aus Sicht des ArbN stellt sich ein Vertragsangebot, das eine Verweisung auf Tarifnormen enthält, vielmehr als Zusage dar, dass die tariflichen Bedingungen unabhängig von der beiderseitigen Tarifbindung der Vertragsparteien zum Inhalt des Arbeitsvertrags werden. Will der ArbGeb die Geltung der Tarifbestimmungen hingegen von seiner Tarifbindung abhängig machen, muss er dies ausdrücklich erklären; ein entsprechender geheimer Vorbehalt ist gemäß § 116 unbeachtlich. Bezugnahmeklauseln kommt deshalb unabhängig davon, ob der ArbN tarifgebunden ist oder nicht, im Regelfall **konstitutive** Bedeutung zu. Hierfür spricht auch, dass die Absicht des ArbN, gewerkschaftsangehörige und nicht-organisierte ArbN gleich zu behandeln, nicht als Zweck einer arbeitsvertraglichen Bezugnahmeklausel, sondern vielmehr als ein bloßes Motiv des ArbGeb zu erachten ist. Motive des Erklärenden sind jedoch für die Auslegung einer Willenserklärung unbeachtlich. Dies gilt insb. bei Formulararbeitsverträgen, die nach allgemein anerkannten Grundsätzen objektiv aus der Sicht eines Durchschnittsarbeitnehmers, also stärker am Wortlaut orientiert, auszulegen sind. Hier folgt aus dem Transparenzgebot des § 307 Abs. 1 Satz 2 sowie der Unklarheitsregel gemäß § 305c Abs. 2, dass nur bei einer entsprechenden ausdrücklichen Regelung eine Bezugnahmeklausel auf den TV als von der Tarifbindung des ArbGeb abhängige Gleichstellungsabrede verstanden werden kann.

449 (1) **Verbandsaustritt.** Von **tarifrechtlicher Warte** aus ändert der Verbandsaustritt allein nichts an der Tarifbindung. Grund hierfür ist die Vorschrift des § 3 Abs. 3 TVG, derzufolge die Tarifbindung bestehen bleibt, bis der TV endet (**Fortwirkung**). Und auch nach dem Ende des TV bleibt ein aus dem Verband ausgetretener ArbGeb zunächst verpflichtet, die gewerkschaftsangehörigen ArbN zu unveränderten tariflichen Arbeitsbedingungen weiterzubeschäftigen. Nach ständiger Rspr. des BAG schließt sich an die Fortwirkung der Tarifbindung gemäß § 3 Abs. 3 TVG die **Nachwirkung** des TV iSd. § 4 Abs. 5 TVG an[6]. Nachwirkende Tarifbestimmungen behalten ihre unmittelbare Wirkung, können aber durch eine andere Abmachung auch zu Ungunsten der einzelnen ArbN verändert werden. Gleiches gilt nach Auffassung des BAG auf individualrechtlicher Ebene, sofern der Arbeitsvertrag eine Bezugnahmeklausel enthält. Sieht man diese als **Gleichstellungsabrede** zwischen tarifgebundenen und tarifungebundenen ArbN an, erscheint es in der Tat konsequent, den nicht-organisierten ArbN zukünftige Tariferhöhungen ebenso wenig zuzusprechen wie Gewerkschaftsmitgliedern kraft Tarifrechts[7].

450 (2) **Verbandswechsel.** Im Fall eines Verbandswechsels kündigt ein Unternehmen nicht nur seine Mitgliedschaft im ArbGebVerband, sondern tritt nach dem Verbandsaustritt einem anderen ArbGebVer-

---

1 Vgl. dazu BAG v. 19.1.1999 – 1 AZR 608/98, NZA 1999, 879. | 2 *Hanau/Kania*, FS Schaub, 1998, S. 239 (259); *Thüsing/Lambrich*, RdA 2002, 193. | 3 BAG v. 18.3.2003 – 9 AZR 44/02, NZA 2003, 1359; v. 26.9.2001 – 4 AZR 544/00, AP Nr. 21 zu § 1 TVG – Bezugnahme auf Tarifvertrag; v. 29.8.2001 – 4 AZR 332/00, DB 2002, 431; v. 21.2.2001 – 4 AZR 18/00, EzA Nr. 195 zu § 613a BGB (*Thüsing/Stelljes*); v. 25.10.2000 – 4 AZR 506/99, DB 2001, 1891; v. 30.8.2000 – 4 AZR 581/99, NZA 2001, 510; v. 25.9.2002 – 4 AZR 544/00, NZA 2002, 634; im Ergebnis auch BAG v. 25.10.2000 – 4 AZR 506/99, AP Nr. 13 zu § 1 TVG – Bezugnahme auf Tarifvertrag. | 4 S. etwa BAG v. 4.8.1999 – 5 AZR 642/98, NZA 2000, 154; v. 19.1.1999 – 1 AZR 606/98, NZA 1999, 879; v. 4.9.1996 – 4 AZR 135/95, NZA 1997, 271. | 5 Ausf. hierzu *Thüsing/Lambrich*, RdA 2002, 193 mwN.; s. auch *Thüsing*, Anm. zu BAG v. 26.9.2001, AP Nr. 21 zu § 1 TVG – Bezugnahme auf Tarifvertrag. | 6 BAG v. 17.5.2000 – 4 AZR 363/99, DB 2001, 654; v. 13.12.1995 – 4 AZR 1062/94, DB 1996, 1284 f.; v. 14.2.1991 – 8 AZR 166/90, AP Nr. 10 zu § 3 TVG; v. 18.3.1992 – 4 AZR 339/91, AP Nr. 13 zu § 3 TVG; zust. *Gamillscheg*, Kollektives Arbeitsrecht, S. 728 f.; *Hromadka/Maschmann/Wallner*, Der Tarifwechsel, Rz. 254 f.; *Reichel*, Die Bezugnahme auf den Tarifvertrag, S. 73 f.; ohne eigene Stellungnahme *Wiedemann/Oetker*, § 3 TVG Rz. 78 ff. m. zahlr. w. Nachw. aus der Lit. | 7 So zuvor bereits LAG Berlin v. 21.12.1998 – 9 Sa 77/98, NZA-RR 1999, 424; *Rieble*, Arbeitsmarkt und Wettbewerb, Rz. 1738; *Frieges*, DB 1996, 1281 (1282); *Schwab*, BB 1994, 781 (783); im Ergebnis zust. nunmehr auch *Reichel*, Die Bezugnahme auf den Tarifvertrag, S. 74 ff., insb. S. 84 f.; anders LAG Hamm v. 5.6.1998 – 10 Sa 1564/97, NZA-RR 1999, 315 (316), auf der Prämisse, dass eine Bezugnahmeklausel selbst als Gleichstellungsabrede nicht von der Tarifbindung des ArbGeb abhängig sei.

band bei, etwa weil dieser mit derselben oder einer anderen Gewerkschaft einen TV abgeschlossen hat, der aus Sicht des Unternehmens günstiger erscheint. Die **tarifrechtliche Situation** stellt sich im Grundsatz wie folgt dar: Tritt ein Unternehmen einem zweiten ArbGebVerband bei, ohne zuvor aus seinem angestammten Verband auszutreten, kommt es, sofern der zweite Verband mit derselben oder einer anderen Gewerkschaft einen TV abgeschlossen hat, im erstgenannten Fall zur Tarifkonkurrenz und in der zweiten Konstellation zur Tarifpluralität. Das BAG beurteilt beide Konstellationen – jedenfalls derzeit noch – nach Maßgabe des Prinzips der Tarifeinheit, mit der Folge, dass im Betrieb ausschließlich der speziellere TV Anwendung findet. Die Auswirkungen auf arbeitsvertragliche Bezugnahmeklauseln hängen wiederum davon ab, ob man diese als **Gleichstellungsabrede** ansieht oder in ihnen eine konstitutive Vertragsregelung erblickt. Das BAG, das den ersten Weg wählt (s. oben Rz. 449), korrigiert Verweisungsklauseln im Wege ergänzender Vertragsauslegung dahingehend, dass die Bezugnahme auf den jeweils für den Betrieb geltenden TV erfolge[1]. Das Gericht wandelte in dieser Entscheidung eine kleine also kurzerhand in eine große dynamische Bezugnahmeklausel. Nur so könne dem Sinn der vertraglichen Regelung als Gleichstellungsabrede Rechnung getragen werden. Hätten die Arbeitsvertragsparteien einen Verbandswechsel des ArbGeb bei Vertragsschluss vorhergesehen, so hätten sie die Klausel aufgenommen, dass die jeweils für die ArbGeb-in einschlägigen tariflichen Bestimmungen gälten.

(3) **Betriebs(teil)übergang.** Die Übertragung eines Betriebs oder Betriebsteils nach § 613a auf eine rechtlich selbständige Gesellschaft, die nicht Mitglied eines ArbGebVerbands ist, dürfte der in der Praxis am häufigsten verbreitete Weg sein, auf dem tarifgebundene Unternehmen versuchen, sich von ihrer Tarifbindung zu befreien[2]. **Tarifrechtlich** führt eine Betriebs(teil)übertragung bei einem Verbandstarifvertrag dazu, dass für den neuen Betriebsinhaber eine kollektivrechtliche Bindung an dessen Tarifnormen nur besteht, wenn er selbst ebenfalls Mitglied desselben ArbGebVerbands ist. Hinsichtlich der Weitergeltung von FirmenTV stellte das BAG nunmehr klar, dass der Erwerber eines Betriebs, sofern sich die Übertragung nicht in den Bahnen des Umwandlungsgesetzes vollzieht, nicht im Wege der Gesamtrechtsnachfolge Partei eines FirmenTV wird[3]. Kommt eine kollektivrechtliche Weitergeltung von Tarifnormen danach nicht in Betracht, richtet sich ihr Schicksal bei einer Betriebs(teil)übertragung nach § 613a Abs. 1 Satz 2 und 3. Nach Ansicht des BAG gilt für arbeitsvertragliche Bezugnahmeklauseln auch in diesen Fällen, dass sie nur widerspiegeln, was tarifrechtlich gilt (**Gleichstellungsabrede**)[4]. Hier treten die Unstimmigkeiten der Rspr. mit besonderer Deutlichkeit hervor. Bezugnahmeklauseln gehen – wie jede andere individualvertragliche Abrede auch – gemäß § 613a Abs. 1 Satz 1 auf den Erwerber über und gelten dort in ihrem Inhalt unverändert fort[5]. Handelt es sich um eine kleine dynamische Verweisung müssten die Tarifbedingungen konsequenterweise wegen der Jeweiligkeitsklausel auch in ihrer jeweils gültigen Fassung weitergelten.

e) **Bezugnahmeklauseln auf sonstige Arbeitsbedingungen – Öffnungsklauseln.** Bezugnahmen auf sonstige Arbeitsbedingungen berühren regelmäßig zwei Problemkreise: Zum einen stellt sich die Frage, ob die entsprechenden Abreden Inhalt des Arbeitsvertrages geworden sind, zum anderen, ob und ggf. wie sich eine spätere Änderung dieser Arbeitsbedingungen ohne Beteiligung des ArbN auf sein Arbeitsverhältnis auswirkt. Der häufig im Arbeitsvertrag anzutreffende Hinweis auf die Anwendbarkeit der „im Betrieb geltenden **BV**" ist grundsätzlich rein deklaratorischer Natur. Er bestätigt nur, was nach § 77 Abs. 4 Satz 1 BetrVG ohnehin gilt. Bedeutung erlangen derartige Verweise allerdings, wenn sie im Wege der Auslegung als **Öffnungsklausel** verstanden werden können. Der Arbeitsvertrag und evtl. bestehende Gesamtzusagen sind dann „betriebsvereinbarungsoffen" ausgestaltet, sie stehen mit anderen Worten unter dem Vorbehalt verschlechternder Änderungen durch BV[6]. Das ansonsten im Verhältnis von BV zum Arbeitsvertrag bzw. Gesamtzusagen geltende Günstigkeitsprinzip wird durch eine derartige Vertragsgestaltung ausgeschaltet, der vertragliche Gestaltungsspielraum des ArbGeb mithin erweitert. Vor dem Hintergrund des § 305c Abs. 2 und der Tatsache, dass derartige Klauseln zum Wegfall von einzelarbeitsvertraglich zugesicherten Positionen führen können, sind sie **hinreichend klar** zu formulieren. Das BAG ist bislang hinsichtlich der Annahme der Öffnungsklausel großzügig und hat selbst in allgemein gehaltenen Klauseln eine Öffnung des Arbeitsvertrages erkannt[7]: „Die allgemeinen Arbeitsbedingungen und -vergütungen unterliegen den gesetzlichen Bestimmungen sowie Betriebsvereinbarungen". Im Hinblick auf das neue Recht empfiehlt sich jedoch eine eindeutige Regelung: „Die in diesen Arbeitsvertrag getroffenen Vereinbarungen können durch eine spätere BV abgelöst werden. Das gilt auch dann, wenn die vertraglichen Regelungen für den ArbN günstiger sind". Das Problem **nachfolgender Änderungen** zulasten des ArbN stellt sich bei BV nicht. Es gilt die *lex posterior derogat legi priori*-Regel, dh. die spätere BV löst grundsätzlich die vorangegangene ab (s. Rz. 533).

---

1 BAG v. 4.9.1996 – 4 AZR 135/95, EzA § 3 TVG – Bezugnahme auf Tarifvertrag Nr. 7 m. zust. Anm. von *Buchner*; dem Urteil zust. auch *Seitz/Werner*, NZA 2000, 1257 (1262 ff.); *Kania*, NZA 2000, Beil. Heft 3, 45 (48); *B. Gaul*, NZA 1998, 9 (13); zuvor bereits *Säcker/Oetker*, ZfA 1993, 1 (16) und *Reuter*, JuS 1992, 105 (109), auf die sich das BAG ausdrücklich stützt. |2 Zu den sich hierbei stellenden rechtlichen und tatsächlichen Hindernissen *Lambrich/Trappehl*, Tarifflucht, S. 127 ff. |3 BAG v. 29.8.2001 – 4 AZR 332/00, NZA 2002, 513. |4 BAG v. 29.8.2001 – 4 AZR 332/00, NZA 2002, 513. |5 *Henssler*, FS Schaub, 1998, S. 311 (322); *Annuß*, RdA 2000, 179 (181); *Seitz/Werner*, NZA 2000, 1957 (1964). |6 BAG v. 2.8.1982 – 6 AZR 1117/79, NJW 1983, 68; *Blomeyer*, DB 1987, 634; *Schaub*, ArbRHdb, § 231 Rz. 36 f.; *Richardi*, NZA 1987, 185. |7 BAG v. 20.11.1987 – 2 AZR 284/86, NZA 1988, 617.

453 **Allgemeine Arbeitsbedingungen** können unter Beachtung der allgemeinen AGB-rechtlichen Bestimmungen Vertragsbestandteil werden. Ihre spätere Änderung bleibt im Regelfall ohne Auswirkung auf das schon abgeschlossene Arbeitsverhältnis. Insofern greifen die allgemeinen Regeln Platz: Eine Änderung des Arbeitsvertragsinhalts kann nur durch Änderungsvertrag oder eine Änderungskündigung herbeigeführt werden. Etwas anderes kann bei der Aufnahme einer sog. **Jeweiligkeitsklausel** gelten, wonach die allgemeinen Arbeitsbedingungen in ihrer jeweils gültigen Fassung Inhalt des Arbeitsvertrags werden. Zulässig sind derartige Vereinbarungen jedoch nur im Rahmen der Billigkeit und Angemessenheit[1].

454 **f) Haftungsausschlüsse und -erweiterungen. aa) Ausschluss der Haftung des ArbGeb.** Klauseln im Formulararbeitsvertrag, die eine Haftung des ArbGeb für die Verletzung von **Leben, Körper und Gesundheit** des ArbN ausschließen oder begrenzen, sind bereits nach § 309 Nr. 7 lit. a) unwirksam, sofern der ArbGeb – wie regelmäßig – Verwender oder zumindest gesetzlicher Vertreter bzw. Erfüllungsgehilfe des Verwenders ist. Unzulässig ist nach dieser Vorschrift nicht nur ein Ausschluss oder eine Begrenzung der Haftung für grob fahrlässige Pflichtverletzungen, die zu einer Verletzung der genannten Rechtsgüter führen. Vielmehr ist auch bei **leichter Fahrlässigkeit** die Haftung nicht einschränkbar. Damit geht die Neuregelung ihrem Wortlaut nach über die Vorgängervorschrift des § 11 Nr. 7 AGBG hinaus, die ein Verbot der Haftungsbeschränkung nur bei grobem Verschulden kannte.

455 Unwirksam ist der **Ausschluss** der Haftung, unabhängig davon, ob er sich auf einzelne Pflichten des ArbGeb beschränkt oder das gesamte Arbeitsverhältnis umfasst. Verboten ist nicht nur der unmittelbare, sondern auch ein nur mittelbarer Haftungsausschluss, etwa indem bereits die objektive Pflicht, die Grundlage der Haftung ist, ausgeschlossen wird[2]. Gleichermaßen unzulässig sind Klauseln, die das Verbot des Haftungsausschlusses der ArbGebHaftung beispielsweise dadurch zu umgehen versuchen, dass sie eine alleinige Haftung des ArbN statuieren oder ihn auf ansonsten ihm zustehende Schadensersatzansprüche verzichten lassen. Eine unzulässige **Begrenzung** der Haftung liegt insb. bei ihrer Beschränkung auf eine Höchstsumme vor[3]. Erfasst wird ebenso eine Verkürzung der Verjährungsfristen[4], die Zuerkennung nur einer bestimmten Art der Schadensersatzleistung (zB nur Geldersatz) oder Schadensberechnung (zB nur konkret, nicht aber auch abstrakt)[5].

456 Der praktische Anwendungsbereich des § 309 Nr. 7 lit. a) ist wegen der **Haftungsfreistellung** des ArbGeb **nach § 104 SGB VII** gering. Nach dieser Vorschrift sind Schadensersatzansprüche des ArbN, seiner Angehörigen und Hinterbliebenen gegen den ArbGeb wegen eines Personenschadens des ArbN ausgeschlossen, sofern der Schaden durch einen Versicherungsfall verursacht wurde und der ArbN im Unfallzeitpunkt in der gesetzlichen Unfallversicherung versichert war; unter Versicherungsfälle fallen gemäß § 7 Abs. 1 SGB VII Arbeitsunfälle und Berufskrankheiten. Das Haftungsprivileg des ArbGeb entfällt, wenn dieser den Versicherungsfall vorsätzlich herbeigeführt hat oder er auf einem nach § 8 Abs. 2 Nr. 1 bis 4 SGB VII versicherten Weg eingetreten ist.

457 Das Bedürfnis einer Haftungsfreistellung des ArbGeb ist bei **Sachschäden des ArbN** ungleich größer, da das Haftungsprivileg nach § 104 SGB VII hier nicht eingreift. In diesem Bereich gilt Folgendes: Die Haftung wegen **Vorsatzes** kann dem ArbGeb bereits nach allgemeinen Regeln nicht im Voraus erlassen werden, vgl. § 276 Abs. 3. Einem Ausschluss oder einer Begrenzung der Haftung für **grobe Fahrlässigkeit** steht im Formulararbeitsvertrag § 309 Nr. 7 lit. b) entgegen, der Haftungsausschluss für **einfache Fahrlässigkeit** ist an § 307 zu messen. Eine unangemessene Benachteiligung des ArbN kann insb. dann vorliegen, wenn der ArbGeb die zumutbare Möglichkeit nicht ergreift, eine ihn eventuell treffende Schadensersatzhaftung durch den Abschluss einer Versicherung für die eingebrachten Sachen des ArbN abzudecken[6].

458 Für arbeitstypische, unabgegoltene Sachschäden haftet der ArbGeb nach § 670 analog **verschuldensunabhängig**[7]. Ob diese Haftungsgrundsätze der Disposition der Arbeitsvertragsparteien unterliegen, ist bislang noch nicht geklärt[8]. In Übereinstimmung mit der herrschenden Meinung zur Dispositivität der richterrechtlichen Grundsätze zur ArbN-Haftung (s. hierzu Rz. 407) wird man diese Frage wohl verneinen müssen; die Haftung für arbeitstypische, unabgegoltene Sachschäden lässt sich demnach nicht im Arbeitsvertrag auf den ArbN abwälzen.

459 **bb) Erweiterung der Haftung des ArbN.** Die Haftung des ArbN bei betrieblich veranlassten Tätigkeit bestimmt sich nach den vom BAG entwickelten **Grundsätzen zur Haftungserleichterung** im Arbeitsrecht[9] (s. hierzu § 619a Rz. 11 ff.). Nach der Rspr. sind diese Regeln „einseitig zwingendes ArbN-Schutzrecht", das weder individual- noch kollektivvertraglich zu Ungunsten des ArbN abbedungen werden darf[10]. Klauseln,

---

1 BAG v. 14.3.1961 – 3 AZR 83/60, BB 1961, 719. | 2 *Wolf* in Wolf/Horn/Lindacher, § 11 AGBG Nr. 7 Rz. 22. | 3 BGH v. 28.4.1983 – VII ZR 267/82, WM 1983, 916; OLG München v. 2.3.1994 – 7 U 5918/93, NJW-RR 1994, 742 (Transportvertrag). | 4 BGH v. 4.5.1995 – I ZR 90/93, NJW 1995, 2224. | 5 *Wolf* in Wolf/Horn/Lindacher, § 11 AGBG Nr. 7 Rz. 23. | 6 *Wolf* in Wolf/Horn/Lindacher, § 11 AGBG Nr. 7 Rz. 33; *Becker-Schaffner*, VersR 1972, 322; *Schaub*, ArbRHdb, § 108 Rz. 29; Preis/*Stoffels*, Der Arbeitsvertrag, II H 10 Rz. 6. | 7 BAG v. 25.5.2000 – 8 AZR 518/99, NJW 2000, 3369; grundl.: BAG v. 10.11.1961 – GS 1/60, NJW 1962, 411. | 8 Hierzu *Mayer-Maly*, NZA 1991, Beil. 3, 16; ErfK/*Preis*, § 611 BGB Rz. 1140. | 9 BAG v. 15.11.2001 – 8 AZR 95/01, NZA 2002, 612; grundl.: BAG v. 27.9.1994 – GS 1/89, NJW 1995, 210. Vgl. auch *Schaub*, ArbRHdb, § 52 Rz. 42 ff. mwN. | 10 BAG v. 2.12.1999 – 8 AZR 386/98, NZA 2000, 715; v. 7.9.1998 – 8 AZR 175/97, NJW 1999, 1049.

die beispielsweise eine Haftung des ArbN für jede Fahrlässigkeit oder sogar ohne Rücksicht auf sein Verschulden vorsehen, sind somit unzulässig. Eine Abbedingung soll jedoch dann zulässig sein, wenn dem ArbN für seine haftungsrechtliche Schlechterstellung ein besonderer Risikoausgleich gezahlt wird[1]. Dieser ist nicht allein in der Zahlung eines höheren Lohns zu sehen[2]. Das Gesagte ist nicht unumstritten: Vereinzelt wird die richterrechtliche Rechtsfortbildung als rein dispositives Recht verstanden[3]. Haftungsverschärfungen zulasten des ArbN wären dann am Maßstab des § 307 zu kontrollieren.

g) Rückzahlung von Fort- und Ausbildungskosten. Vertragliche Rückzahlungsklauseln in Bezug auf Aus- und Fortbildungskosten kommen in unterschiedlichen **Erscheinungsformen** vor. Am weitesten verbreitet sind Klauseln, die den ArbN zur Rückzahlung der für die Fortbildung vom ArbGeb aufgewandten Kosten verpflichten, wenn er vor Ablauf bestimmter Fristen aus dem Arbeitsverhältnis ausscheidet. Denkbar ist auch, die Rückzahlungspflicht an die vorzeitige oder erfolglose Beendigung der Fortbildungsmaßnahme zu knüpfen[4]. Mit einer derartigen Klausel soll insb. der unüberlegten Inanspruchnahme der Fortbildungsmaßnahme oder ihrer nachlässigen Durchführung vorgebeugt werden. **Rechtstechnisch** handelt es sich bei Rückzahlungsklauseln um aufschiebend bedingte Zahlungsverpflichtungen iSv. § 158 Abs. 1[5].

aa) Spezialgesetzliche Vereinbarungsgrenzen von Rückzahlungsklauseln. Ein gesetzliches Verbot von Rückzahlungsklauseln besteht lediglich im **Berufsausbildungsverhältnis** (§ 5 Abs. 1 Satz 1, Abs. 2 Nr. 1 BBiG). Abzugrenzen ist die Berufsausbildung von der beruflichen Fortbildung und der beruflichen Umschulung, vgl. § 1 BBiG. Für diese Maßnahmen gilt das gesetzliche Verbot des § 5 BBiG nicht, und auch eine analoge Anwendung kommt nicht in Betracht[6]. Die Abgrenzung der verschiedenen Maßnahmen voneinander kann in Randbereichen Schwierigkeiten bereiten[7]. Eine Berufsausbildung ist bei der erstmaligen Vermittlung von Grundkenntnissen und Grundfertigkeiten anzunehmen, sie kann aber auch im Anschluss an eine Erstausbildung stattfinden[8]. Unter „Fortbildung" wird dagegen gemäß § 1 Abs. 3 BBiG eine Ausbildung verstanden, deren Ziel es ist, berufliche Kenntnisse zu erhalten, zu erweitern, technischen Entwicklungen anzupassen oder beruflich aufzusteigen. Die berufliche Umschulung soll zu einer anderen beruflichen Tätigkeit befähigen (§ 1 Abs. 4 BBiG). Sie ist im Gegensatz zu einer Erstausbildung auf die schnelle Wiedereingliederung des Umschülers in den Arbeitsprozess auszurichten[9].

Zu den **erstattungsfähigen Kosten**, auf die sich die Rückzahlungsvereinbarung erstrecken darf, zählen neben der fortgezahlten Vergütung und den Kosten für die Fortbildungsmaßnahme an sich auch sonstige Kosten, die der ArbGeb vereinbarungsgemäß übernommen hat, wie zB Reise-, Verpflegungs- und Unterbringungskosten[10]. Bildungskosten, die der ArbGeb von Gesetzes wegen **zwingend zu tragen hat**, können hingegen nicht mit Hilfe einer Rückzahlungsabrede dem ArbN aufgebürdet werden. Dies gilt beispielsweise für die Kosten einer BR-Schulung oder Ausgaben, welche dem ArbGeb für die Einweisung des ArbN in seinen Arbeitsplatz nach § 81 BetrVG entstehen[11]. Gleiches wird man für Kosten von Umschulungs- oder Fortbildungsmaßnahmen iSv. § 1 Abs. 2 Satz 3 KSchG bzw. § 97 Abs. 2 BetrVG annehmen müssen[12]. Nichtig sind Klauseln, die die Rückzahlungsverpflichtung des ArbN nicht nur auf das Arbeitsentgelt, sondern darüber hinaus auf die **ArbGebAnteile zur SozV** erstrecken[13].

bb) Unangemessene Benachteiligung des ArbN. Das BAG nahm bislang in ständiger Rspr. unter Berufung auf § 242 eine Inhaltskontrolle von Rückzahlungsklauseln vor[14]. Die Rückzahlungspflicht des ArbN müsse aus der Sicht eines verständigen Betrachters einem begründeten und billigenswerten Interesse des ArbGeb entsprechen und dem ArbN nach Treu und Glauben zumutbar sein. Dies wiederum sei unter Berücksichtigung der Umstände des Einzelfalles aufgrund einer Güter- und Interessenabwägung nach Maßgabe des Verhältnismäßigkeitsgrundsatzes zu ermitteln. Für formularmäßig vereinbarte Rückzahlungsklauseln ergibt sich der **Prüfungsmaßstab** nunmehr aus § 307. Für die dort anzustellende Interessenabwägung, bietet sich an, zwischen der grundsätzlichen Zulässigkeit und der inhaltlichen Ausgestaltung der Rückzahlungsklausel zu differenzieren[15]. Die Prüfungsmaßstäbe für beide Vereinbarungsformen dürften nicht zu abweichenden Ergebnissen führen.

(1) Grundsätzliche Zulässigkeit des Rückzahlungsvorbehalts („Ob"). Ein berechtigtes ArbGebInteresse an der Vereinbarung einer Rückzahlungsklausel ist grundsätzlich gegeben. Es besteht in der Ab-

---

1 LAG Düsseldorf v. 24.11.1965 – 3 Sa 346/65, BB 1966, 80; Preis/*Stoffels*, Der Arbeitsvertrag, II H 20 Rz. 20. |2 *Schaub*, ArbRHdb, § 52 Rz. 80. |3 *Gotthardt*, Schuldrechtsreform, Rz. 250; so meint Preis, Grundfragen der Vertragsgestaltung im Arbeitsrecht, S. 464 f. |4 Ausf. zu diesem Formen der Rückzahlungsklausel *Meier/Schulz*, NZA 1996, 742. |5 Formulierungsbeispiele und Vorschläge s. *Thüsing* in Graf v. Westphalen, Vertragsrecht und AGB-Klauselwerke, Stichwort Arbeitsverträge, Rz. 139 ff. |6 BAG v. 20.2.1975 – 5 AZR 240/74, AP Nr. 2 zu § 611 BGB – Ausbildungsbeihilfe; *Hoß*, MDR 2000, 1115 (1116); Preis/*Stoffels*, Der Arbeitsvertrag, II A 120 Rz. 14. |7 Vgl. dazu *Hennige*, NZA-RR 2000, 617 (620) mwN. |8 BAG v. 3.6.1987 – 5 AZR 285/86, AP Nr. 85 zu § 1 TVG – Tarifverträge – Bau; ErfK/*Schlachter*, § 1 BBiG Rz. 3. |9 ErfK/*Schlachter*, § 47 BBiG Rz. 1. |10 BAG v. 12.8.1979 – 5 AZR 1056/77, AP Nr. 4 zu § 611 BGB – Ausbildungsbeihilfe; *Hoß*, MDR 2000, 1115 (1118). |11 S. hierzu Richardi/*Thüsing*, § 37 BetrVG Rz. 179. |12 ErfK/*Küttner*/*Reinecke*, Rückzahlungsklausel Rz. 5; *Hennige*, NZA-RR 2000, 617 (619); offen ErfK/*Preis*, § 611 BGB Rz. 650. |13 Preis/*Stoffels*, Der Arbeitsvertrag, II A 120 Rz. 15. |14 BAG v. 6.5.1998 – 5 AZR 535/97, NJW 1999, 443; BAG v. 16.3.1994 – 5 AZR 339/92, NZA 1994, 937; v. 21.11.2002 – 6 AZR 77/01, AP Nr. 5 zu § 611 BGB – Ausbildungsbeihilfe. |15 So schon bisher *Hanau/Stoffels*, Beteiligung von Arbeitnehmern an den Kosten der beruflichen Fortbildung, 1992, S. 21; *Meier/Schulz*, NZA 1996, 742 (746).

sicherung gegen den Verlust seiner Investitionen in die Weiterbildung des ArbN. Fehlen wird es an dieser Voraussetzung allerdings, wenn der ArbGeb dem ArbN lediglich aus rein sozialen Erwägungen die Teilnahme an der Fortbildungsveranstaltung ermöglicht, ohne vorzuhaben, die erworbenen Fähigkeiten und Kenntnisse später zu nutzen[1].

465 Die Erstattung der Kosten einer Fortbildungsmaßnahme ist dem ArbN umso eher zuzumuten, je größer der für ihn mit der Weiterbildung verbundene Vorteil ist: Ihm muss eine **angemessene Gegenleistung** in Form seiner Weiterqualifizierung zufließen[2]. Dieser Gesichtspunkt stand bereits bisher bei der von der Rspr. vorgenommenen Interessenabwägung im Vordergrund[3] und wird auch im Rahmen des § 307 das maßgebliche Abwägungskriterium bilden. Ein **geldwerter Vorteil** kann insb. in einer Verbesserung der Chancen des ArbN auf dem Arbeitsmarkt[4] oder der Schaffung von realistischen beruflichen Aufstiegsmöglichkeiten[5] liegen. Ersteres trifft zB auf den Erwerb von Personenbeförderungsscheinen für Taxen oder Omnibusse bzw. sog. Musterberechtigungen zum Führen von Flugzeugen zu[6]. Gerade bei derartigen Musterberechtigungen ist die Rspr. wegen ihrer oftmals begrenzten gegenständlichen und zeitlichen Nutzbarkeit mitunter allerdings zurückhaltend und verlangt vom ArbGeb dazulegen, dass auch außerhalb des eigenen Betriebs Bedarf an derart ausgebildeten Arbeitskräften besteht und inwiefern gerade durch die Fortbildung die Berufs- und Verdienstchancen des ArbN gesteigert worden sind[7]. Entscheidend für die Erlangung eines geldwerten Vorteils ist damit, ob der ArbN durch die Fortbildungsmaßnahme Kenntnisse oder Fähigkeiten erwirbt, die er auch bei einem anderen ArbGeb einsetzen oder zum beruflichen Aufstieg nutzen kann. Hohe Kosten des ArbGeb allein reichen nicht[8].

466 Bei reinen **Auffrischungs- oder Vertiefungslehrgängen** fehlt es regelmäßig an einem Vorteil des ArbN, welcher eine Rückzahlungsvereinbarung rechtfertigen könnte[9]. Gleiches gilt für solche Fortbildungsmaßnahmen, die lediglich bereits vorhandene Kenntnisse an neue betriebliche Gegebenheiten anpassen[10].

467 (2) **Inhaltliche Grenzen der Rückzahlungsvereinbarung („Wie")**. Die inhaltliche Zulässigkeit der Rückzahlungsvereinbarung wird maßgeblich durch den Grad der mit dieser Vereinbarung verbundenen **Bindungsintensität** bestimmt. Mit der zunehmenden Bindung des ArbN an seinen ArbGeb durch die drohende Rückzahlung von Arbeitslohn und Fortbildungskosten geht eine faktische Einschränkung seiner Kündigungsfreiheit einher, welche vor dem Hintergrund des über die Generalklausel des § 307 Abs. 1 Satz 1 mittelbar wirkenden Art. 12 Abs. 1 GG zu steigenden Anforderungen an die Rechtfertigung der Rückzahlungsklausel führt. Die Bindungsintensität ist wiederum abhängig von der Dauer der Bindung an den ArbGeb und der Höhe der den ArbN bei einem vorzeitigen Ausscheiden treffenden Rückzahlungslast.

468 Die zulässige **Bindungsdauer** steht in Abhängigkeit zur Länge der Fortbildungszeit. Sind auch letztlich die Einzelfallumstände entscheidend, so hat die Rspr. gewisse **Richtlinien** zur Beurteilung eines angemessenen Verhältnisses zwischen Fortbildungsmaßnahme und Bindungsdauer herausgearbeitet. Im Einzelnen gilt Folgendes: Eine bis zu zwei Monaten dauernde Fortbildungsmaßnahme lässt eine Bindung von einem Jahr zu[11], bei drei bis vier Monaten sind es schon zwei Jahre[12] und einer Fortbildungsdauer von sechs bis zwölf Monaten vermag eine Bindungsdauer von 3 Jahren zu rechtfertigen[13]. Eine fünfjährige Bindungsdauer setzt eine mehr als zwei Jahre andauernde Fortbildungsmaßnahme voraus[14]. Eine starres Schema ist das nicht, vielmehr gelten diese Grundsätze nur für den Regelfall. Im Einzelfall kann auch bei kürzerer Dauer der Fortbildung eine verhältnismäßig lange Bindung gerechtfertigt sein, wenn etwa der ArbGeb erhebliche Mittel aufwendet und die Teilnahme an der Fortbildung dem ArbN besondere Vorteile bringt. Umgekehrt kann auch bei längerer Dauer der Fortbildung nur eine verhältnismäßig kurze Bindung gerechtfertigt sein. Das kann etwa dann der Fall sein, wenn der ArbGeb nur verhältnismäßig wenig Mittel aufwendet und die Teilnahme an der Fortbildung dem ArbN nur geringe Vorteile bringt[15]. Hier zeigt sich, dass der Rspr. zur Bindungsdauer die Erwägung zugrunde liegt, dass die Dauer der Fortbildung zwar ein starkes Indiz für die Qualität der erworbenen Qualifikation ist und daher in besonderem Maße bei der Interessenabwägung berücksichtigt werden muss, der Qualifikationsgrad des ArbN aber letztlich auch durch andere Umstände geprägt werden kann.

469 Die **Höhe der Rückzahlungslast** ist in doppelter Hinsicht begrenzt[16]. Der ArbGeb kann höchstens den Betrag zurückverlangen, den er tatsächlich aufgewandt hat – eine Verzinsung kann nicht verein-

---

1 *Huber/Blömeke*, BB 1998, 2157 (2158). | 2 BAG v. 16.3.1994 – 5 AZR 339/92, NZA 1994, 937; *Becker-Schaffner*, DB 1991, 1016; *Hennige*, NZA-RR 2000, 617 (622); *Huber/Blömeke*, BB 1998, 2157; *Hoffmann*, AuR 1996, 194 (195). | 3 Grundl. BAG v. 18.8.1976 – 5 AZR 399/75, NJW 1977, 973; vgl. auch BAG v. 6.9.1995 – 5 AZR 241/94, NZA 1996, 314. | 4 BAG v. 11.4.1990 – 5 AZR 308/89, BB 1990, 2052. | 5 BAG v. 18.8.1976 – 5 AZR 399/75, NJW 1977, 973. | 6 BAG v. 24.7.1991 – 5 AZR 430/90, AP Nr. 15 zu § 611 BGB – Ausbildungsbeihilfe; *Huber/Blömeke*, BB 1998, 2157 (2158). | 7 BAG v. 24.7.1991 – 5 AZR 420/90, nv. (juris); vgl. ferner *Hennige*, NZA-RR 2000, 617 (622) mwN. | 8 Vgl. BAG v. 11.4.1984 – 5 AZR 430/82, NZA 1984, 288. | 9 LAG Frankfurt v. 7.11.1988 – 2 Sa 359/88, NZA 1989, 392; LAG Rh.-Pf. v. 23.10.1981 – 6 Sa 353/81, EzA zu Art 12 GG Nr. 18; *Becker-Schaffner*, DB 1991, 1016 (1018). | 10 *Huber/Blömeke*, BB 1998, 2157 für Computerschulungen als Anlass neuer Hard- und Software. | 11 BAG v. 15.12.1993 – 5 AZR 279/93, NZA 1994, 835. | 12 BAG v. 6.9.1995 – 5 AZR 241/94, NZA 1996, 314. | 13 BAG v. 11.4.1984 – 5 AZR 430/82, NZA 1984, 288; 23.4.1986 – 5 AZR 159/85, NZA 1986, 741. | 14 BAG v. 12.12.1979 – 5 AZR 1056/77, DB 1980, 1704; v. 8.5.1974 – 5 AZR 359/73, NJW 1974, 2151. | 15 BAG v. 6.9.1995 – 5 AZR 241/94, NZA 1996, 314. | 16 BAG v. 16.3.1994 – 5 AZR 339/92, NZA 1994, 937; ErfK/*Preis*, § 611 BGB Rz. 657.

bart werden. Andernfalls handelt es sich nicht mehr nur um die Rückzahlung von Ausbildungskosten, sondern auch um eine Vertragsstrafe. Weiter hat der ArbN höchstens den vereinbarten Betrag zurückzuzahlen. Das gilt auch dann, wenn die Kosten der Aus- oder Weiterbildung höher liegen[1]. Im Übrigen ist die **Staffelung** des Rückzahlungsbetrages zeitanteilig zur Bindungsdauer für die Interessenabwägung ein mitentscheidender Gesichtspunkt[2]. Für die Annahme einer nicht unsachgerechten Kündigungsbeschränkung reicht es aus, wenn sich die Rückzahlungspflicht jährlich verringert; eine monatliche Staffelung ist nicht erforderlich.

Im Rahmen der nach § 307 anzustellenden Interessenabwägung ist der die Rückzahlungspflicht auslösende **Tatbestand** zu berücksichtigen. Für den in der Praxis häufigsten Fall einer Rückzahlungsklausel, dass der ArbN nach erfolgreicher Qualifikation innerhalb einer vorgesehenen Bleibefrist das Arbeitsverhältnis beendet, ist es nicht ausreichend, die Rückzahlungspflicht an jedes **vorzeitige Ausscheiden** des ArbN anzuknüpfen. Ausschlaggebend muss vielmehr sein, ob es zur Beendigung des Arbeitsverhältnisses auf Grund eines aus der Sphäre des ArbN stammenden Umstandes kommt, den dieser beeinflussen kann. Hieran fehlt es bei einer **arbeitnehmerseitigen Kündigung**, sofern diese durch ein Fehlverhalten des ArbGeb veranlasst ist, das auch einen besonnenen ArbN zur Kündigung bewegt hätte[3]. Jedes beliebige Fehlverhalten reicht damit nicht aus, eine gewisse Erheblichkeitsschwelle muss überschritten sein; entscheidend sind die Umstände des Einzelfalls. Nicht erforderlich ist, dass den ArbGeb selbst der Vorwurf vertragswidrigen Verhaltens trifft. Es reicht aus, wenn der die Kündigung veranlassende Umstand seiner Sphäre entstammt[4]. **470**

Bei einer **arbeitgeberseitigen Kündigung** ist nach dem Kündigungsgrund zu differenzieren. Unzulässig sind solche Rückzahlungsklauseln, die auch den Fall der betriebsbedingten Kündigung erfassen[5]. Der ArbGeb gibt bei einer solchen Kündigung zu erkennen, dass er trotz der aufgewendeten Kosten nicht bereit, zumindest nicht in der Lage ist, dem Betrieb die Qualifikation des ArbN zu erhalten. Die sachliche Grundlage für eine Kostenbeteiligung des ArbN, die diese als angemessenen Interessenausgleich erscheinen lässt, ist damit entfallen. Entsprechend wird man zumeist bei einer personenbedingten Kündigung entscheiden müssen[6]. Auch dort liegt zumindest im Regelfall der die Kündigung herbeiführende Umstand nicht in der Sphäre des ArbN. Handelt es sich dagegen um eine sachlich gerechtfertigte verhaltensbedingte Kündigung, spricht nichts gegen eine Beteiligung des ArbN an den Kosten der Fortbildungsmaßnahme[7]. Besondere Wirksamkeitsanforderungen sind an die Verpflichtung zur Rückzahlung von Fortbildungskosten **bei vorzeitiger Beendigung** der Fortbildungsmaßnahme zu stellen. Verlangt wird, dass dem ArbN in diesen Fällen eine angemessene Überlegungsfrist eingeräumt wird, innerhalb derer er sich über seine Eignung schlüssig werden und ohne Kostenrisiko entscheiden kann, ob er die Fortbildung fortsetzen oder aufgeben will[8]. Nach der Ansicht des BAG kann sich eine derartige Abrede auch im Wege der Auslegung gewinnen lassen[9]. Nach der Einbeziehung des Arbeitsvertrages in den Anwendungsbereich der §§ 305 ff. kann dem nicht mehr gefolgt werden[10]. Eine entsprechende Klausel ist nach §§ 305c Abs. 2, 307 nunmehr unwirksam. Nicht uneingeschränkt zulässig sind Rückzahlungsklauseln für den Fall des **Nichtbestehens der Prüfung**[11]. Bedenken begegnen sie deshalb, weil sich der ArbGeb über die Fähigkeiten des ArbN vergewissern kann, bevor dieser die Fortbildungsmaßnahme antritt. Unwirksam ist deshalb die Vereinbarung einer Rückzahlungsverpflichtung auch für den Fall, dass der ArbN trotz seines Bemühens die Abschlussprüfung nicht besteht. Etwas anderes gilt jedoch, wenn er schuldhaft weniger für den Erfolg der Maßnahme tut als ihm möglich und zumutbar wäre. **471**

cc) **Zeitpunkt der Vereinbarung.** Nach bislang vorherrschender Meinung muss eine Rückzahlungsvereinbarung **vor Beginn der Fortbildungsmaßnahme** vereinbart werden[12]. Eine spätere Einigung sei unzulässig und führe zur Unwirksamkeit der Rückzahlungsabrede; eine stichhaltige Begründung für dieses Ergebnis liefert die Rspr. nicht, sondern führt lediglich aus, dass die Rückzahlung von Fortbildungskosten während der Dauer der Fortbildung nicht „unter Druck [...] erzwungen" werden darf und der ArbN zu Beginn der vereinbarten Fortbildung „klar und unmissverständlich" auf alle Folgen der Rückzahlungsvereinbarung hingewiesen werden müsse[13]. Beides versteht sich von selbst, rechtfertigt aber keine Abweichung von allgemeinen vertragsrechtlichen Grundprinzipien. Die Vereinbarung einer **472**

---

1 *Hanau/Stoffels*, Beteiligung von Arbeitnehmern an den Kosten der beruflichen Fortbildung, S. 38; s. auch *Schmidt*, BB 1971, 44 (47). |2 BAG v. 23.4.1986 – 5 AZR 159/85, NZA 1986, 741. |3 LAG Bremen v. 25.2.1994 – 4 Sa 13/93, BB 1994, 1150; *Zeranski*, NJW 2000, 336 (337); *Meier/Schulz*, NZA 1996, 742 (748). |4 *Zeranski*, NJW 2000, 336 (337) nennt als Beispiel den Fall, dass dem ArbN die Fortsetzung des Arbeitsverhältnisses wegen Mobbings durch seine Arbeitskollegen nicht zuzumuten ist. |5 BAG v. 6.5.1998 – 5 AZR 535/97, NJW 1999, 443. |6 *Hoß*, MDR 2000, 1115 (1119). |7 *Hoß*, MDR 2000, 1115 (1119); *Meier/Schulz*, NZA 1996, 742 (748). |8 BAG v. 20.2.1975 – 5 AZR 240/74, AP Nr. 2 zu § 611 BGB – Ausbildungsbeihilfe; *Schaub*, ArbRHdb, § 176 Rz. 18; zu Recht kritisch *Hennige*, NZA-RR 2000, 617 (621); *Meier/Schulz*, NZA 1996, 742 (748). |9 BAG v. 12.12.1979 – 5 AZR 1056/77, AP Nr. 4 zu § 611 BGB – Ausbildungsbeihilfe. |10 Anders anscheinend Preis/Stoffels, Der Arbeitsvertrag, II A 120 Rz. 51 ohne Begründung. |11 *Hoß*, MDR 2000, 1115 (1120). |12 BAG v. 9.12.1992 – 5 AZR 158/92, EzB § 611 BGB – Aus- und Weiterbildungskosten Nr. 43; v. 19.3.1980 – 5 AZR 362/78, DB 1980, 1703; v. 21.11.2002 – 6 AZR 77/01, AP Nr. 5 zu § 611 BGB – Ausbildungsbeihilfe mit zust. Anm, *Schneider*; *Hennige*, NZA-RR 2000, 617 (620); *Huber/Blömeke*, BB 1998, 2157; wohl auch *Meier/Schulz*, NZA 1996, 742 (745). |13 BAG v. 19.3.1980 – 5 AZR 362/78, DB 1980, 1703. In der Entscheidung vom 9.12.1992 begnügte sich das BAG dann mit einem Verweis auf die ältere Entscheidung.

Rückzahlungsabrede ist damit zu einem **späteren Zeitpunkt** nach richtiger Ansicht möglich[1], jedoch darf dies nicht zu einer Verlängerung der oben dargelegten Bindungsfristen führen. Entscheidendes Anfangsdatum ist die Vollendung der Fortbildungsmaßnahme. Der vom BAG betonten **Hinweispflicht** ist im Rahmen des § 305c Abs. 1 und 2 Rechnung zu tragen. Eine weiter gehende Bedeutung im Sinne einer positiven Einbeziehungsvoraussetzung der Rückzahlungsklausel ist der Hinweispflicht nicht beizumessen. Dies widerspräche der gesetzgeberischen Entscheidung zur Unanwendbarkeit des § 305 Abs. 2 und 3 auf den Arbeitsvertrag. Vor dem Hintergrund der Rspr. ist eine vorherige Vereinbarung allerdings anzuraten, zumal die Verhandlungsposition des ArbGeb zu diesem Zeitpunkt noch stärker ist, als sie es nach Beendigung der Fortbildungsmaßnahe wäre.

473 dd) **Rechtsfolgen unangemessen benachteiligender Klauseln.** Den ArbN unangemessen benachteiligende Rückzahlungsklauseln sind unwirksam. Von diesem Grundsatz machte die Rspr. bislang Ausnahmen bei einer übermäßigen Bindungsdauer des ArbN oder einer unverhältnismäßig hohen Rückzahlungslast. Anstatt die Nichtigkeit derartiger Vereinbarungen festzustellen, führte die Rspr. sie auf das noch vertretbare Maß zurück[2]. Eine **geltungserhaltende Reduktion** ist nach dem nunmehr auch auf den Arbeitsvertrag Anwendung findenden AGB-Recht allerdings unzulässig, so dass diese Judikate nur dann Bestand haben werden, wenn man in dem bisherigen Richterrecht eine Besonderheit des Arbeitsrechts (§ 310 Abs. 4) erblickt[3].

474 ee) **Anderweitige Gestaltungsmöglichkeiten.** Die Grundsätze zur Zulässigkeit von Rückzahlungsklauseln finden auch dann Anwendung, wenn vereinbart wird, dass der Rückzahlungsvertrag als **Darlehen** geschuldet wird[4]. Anderweitigen Umgehungsversuchen – etwa durch die Kombination von Fortbildung, Darlehen und Treueprämie – ist die Rspr. ebenso konsequent entgegengetreten[5]. Als alternative vertragliche Gestaltungsmöglichkeit kann die Vereinbarung einer **Vertragsstrafe** in Frage kommen[6]. Inwieweit sich dann die Anforderungen an die Wirksamkeit der Vertragsstrafeabrede erhöhen, hat das BAG noch nicht entschieden. Dafür, dass eine solche Konstruktion aber grundsätzlich möglich sein muss, spricht ein Hinweis des Gerichts in einer Entscheidung zur Zulässigkeit einer Rückzahlungsklausel[7], wonach der ArbGeb zur Vermeidung der vorzeitigen Abwanderung des ArbN die Ausbildung davon abhängig machen könnte, dass ein Langzeitvertrag abgeschlossen oder lange Kündigungsfristen vereinbart werden; dann sollte auch die Absicherung dieser Fristen durch eine Vertragsstrafe möglich sein.

475 h) **Umzugskosten. aa) Allgemeines.** Unter einem Umzug ist grundsätzlich die Verlagerung des Lebensmittelpunktes zu verstehen[8]. Praktische Bedeutung kommt in diesem Zusammenhang insb. der Frage zu, ob und inwieweit der ArbN gegenüber dem Arbeitgeber einen Anspruch auf Erstattung der Umzugskosten geltend machen kann. Problematisch ist weiterhin die Zulässigkeit von Vereinbarungen über die Rückzahlung von bereits erstatteten Umzugskosten.

476 bb) **Anspruch auf Erstattung der Umzugskosten.** Zieht der ArbN zur Arbeitsaufnahme oder während des laufenden Arbeitsverhältnisses in die Nähe des Betriebs um, kann er grundsätzlich gegenüber dem ArbGeb keinen gesetzlichen Anspruch auf **Kostenerstattung** geltend machen, da ein Umzug dem privaten Lebensbereich des ArbN zuzurechen ist[9]. Etwas anderes kann sich jedoch aus **einzelvertraglichen Vereinbarungen** ergeben; so etwa, wenn der ArbGeb dem ArbN eine Kostenübernahme zusagt, um den ArbN zu einem Stellenwechsel zu veranlassen[10]. Ein Vertrag, der die jederzeit widerrufliche Versetzung eines ArbN ins Ausland und die Erstattung der Umzugskosten vorsieht, enthält im Zweifel auch die Zusage, die Kosten des Rückumzugs zu erstatten. Das gilt auch dann, wenn der ArbN das Arbeitsverhältnis mit Rücksicht auf die bevorstehende Schließung der ausländischen Niederlassung zum Schließungstermin gekündigt hat[11]. Ansprüche auf Umzugskostenerstattung können ferner durch entsprechende Regelungen in **TV oder BV** begründet werden[12].

477 Ein gesetzlicher Anspruch auf Kostenerstattung kann sich im laufenden Arbeitsverhältnis allerdings dann ergeben, wenn ein ArbN aus **dienstlichen Gründen** an einen weit entfernten Ort **versetzt** wird. In entsprechender Anwendung des § 670 hat der ArbN in diesem Fall einen Anspruch auf Erstattung der dadurch entstandenen Umzugskosten, wenn er die Aufwendungen für erforderlich halten durfte[13]. Ein

---

1 So auch Preis/*Stoffels*, Der Arbeitsvertrag, II A 120 Rz. 9. | 2 BAG v. 6.3.1994 – 5 AZR 339/92, NZA 1994, 937; BAG v. 15.5.1985 – 5 AZR 161/84, AP Nr. 9 zu § 611 BGB – Ausbildungsbeihilfe; ebenso die hL vor der Schuldrechtsreform vgl. *Hoß*, MDR 2000, 1115 (1119); *Meier/Schulz*, NZA 1996, 742 (749). | 3 S. *Thüsing*, BB 2002, 2666. | 4 BAG v. 26.10.1994 – 5 AZR 390/92, NZA 1995, 305; v. 11.4.1984 – 5 AZR 430/82, NZA 1984, 288; *Schaub*, ArbRHdb, § 176 Rz. 26. | 5 Vgl. *Hennige*, NZA-RR 2000, 617 (619) mwN. | 6 Preis/*Stoffels*, Der Arbeitsvertrag, II A 120 Rz. 70; *Hennige*, NZA-RR 2000, 617 (625). | 7 BAG v. 24.7.1991 – 5 AZR 443/90, NZA 1992, 405. | 8 Vgl. Küttner/*Griese*, Personalbuch, Umzugskosten Rz. 1. | 9 Vgl. etwa BAG v. 7.9.1982 – 3 AZR 1252/79, AP Nr. 7 zu § 44 BAT, wonach der ArbGeb des Öffentlichen Dienstes einem Bewerber auch dann keine Umzugskostenvergütung zuzusagen braucht, wenn er ein dringendes dienstliches Interesse an der Anstellung hat. Der Bewerber hat nur Anspruch darauf, dass sich der ArbGeb bei der Entscheidung nicht von sachfremden Überlegungen leiten lässt und die allgemeinen Grundsätze wie bei Beamten beachtet. | 10 Küttner/*Griese*, Personalbuch, Umzugskosten, Rz. 2. | 11 BAG v. 26.7.1995 – 5 AZR 216/94, AP Nr. 7 zu § 157 BGB. | 12 Vgl. BAG v. 18.3.1992 – 4 AZR 374/91, AP Nr. 154 zu § 1 TVG – Tarifverträge Bau; v. 7.9.1982 – 3 AZR 1252/79, AP Nr. 7 zu § 44 BAT. | 13 BAG v. 21.3.1973 – 4 AZR 187/72, AP Nr. 4 zu § 44 BAT Küttner/*Griese*, Personalbuch, Umzugskosten Rz. 4.

betriebliche Notwendigkeit des Umzugs ist insb. dann anzunehmen, wenn dem ArbN ein tägliches Pendeln nicht mehr zu zumuten ist. Es besteht hingegen kein Anspruch des ArbN auf Erstattung seiner Umzugskosten, wenn der neue Arbeitsplatz nur unerheblich weiter entfernt ist als der Alte[1]. Ferner kann der ArbN keinen Ersatzanspruch geltend machen, wenn er auf seinen Wunsch hin, etwa im Zuge einer Beförderung, versetzt wird, da in diesem Fall keine betriebliche Notwendigkeit besteht[2]. Die betriebliche Notwendigkeit ist hingegen dann zu bejahen, wenn der ArbN auf Grund einer Betriebsverlagerung umziehen muss[3].

Die **Höhe** des Erstattungsanspruchs richtet sich – bei fehlender vertraglicher Vereinbarung – danach, was der ArbN den Umständen nach für erforderlich halten durfte. In der Praxis ist es üblich, zur Berechnung der Höhe des Anspruchs das für den öffentlichen Dienst geltende BUKG[4] zugrunde zu legen. **478**

cc) **Rückzahlung der Umzugskostenerstattung.** Grundsätzlich kann der ArbN durch **ausdrückliche vertragliche Vereinbarung** dazu verpflichtet werden, die ihm vom ArbGeb erstatteten Umzugskosten zurückzuzahlen, wenn er das Arbeitsverhältnis vorzeitig beendet. Solchen Vereinbarungen sind allerdings im Hinblick auf Art. 12 GG enge Grenzen zu setzen. So ist nach der Rspr. des BAG idR eine mit der Rückzahlungsklausel verbundene maximale Bindungsfrist des ArbN von drei Jahren zulässig[5]. Als zulässiger Umfang der Rückzahlungsklausel wird idR ein Monatsgehalt angesehen[6]. Weiterhin muss der Umzug zumindest **auch im Interesse** des ArbN liegen[7]. Eine vertragliche, tarifliche oder betriebliche Klausel, die vorsieht, dass die aus Anlass einer Versetzung aus dienstlichen Gründen zu erstattenden Umzugskosten vom ArbN zurückzuzahlen sind, wenn dieser vor Ablauf einer bestimmten Frist von seinem Kündigungsrecht Gebrauch macht, verstößt gegen Art. 12 GG und ist daher unwirksam[8]. **479**

Verpflichtet sich der ArbGeb, über die effektiven Umzugskosten hinaus weitere Mehraufwendungen, die sich durch den Ortswechsel ergeben (zB Maklerkosten, Kautionen oder Mietzinszahlungen für das alte Mietverhältnis) zu übernehmen, so müssen auch diese ausdrücklich in der Rückzahlungsklausel aufgeführt werden. Besonders zu beachten ist, dass die **Höhe des Rückzahlungsbetrags** auf keinen Fall über den tatsächlich zu erstattenden Kosten liegen darf. Anderenfalls würde die Rückzahlungsvereinbarung einer gem. § 622 Abs. 6 unzulässigen Vertragsstrafe gleichen[9]. **480**

Die Wirksamkeit der Rückzahlungsverpflichtung für Umzugskosten richtet sich nach den Grundsätzen, die von der Rspr. zur Rückzahlung von Aus- und Fortbildungskosten entwickelt worden ist. Ob eine **Staffelung** des Rückforderungsbetrags bei der Rückzahlung von Umzugskosten eine Wirksamkeitsvoraussetzung darstellt, wird nicht einheitlich beurteilt[10]. Eine Staffelung wird in jedem Fall unverzichtbar sein, wenn der Rückzahlungsbetrag deutlich über einem Monateinkommen liegt oder aus anderen Gründen ein größeres Rückzahlungsinteresse des ArbGeb feststellbar ist[11]. **481**

Als **Auslöser** für die Rückzahlungspflicht kommen insb. eine Kündigung des ArbN, ein auf dessen Wunsch geschlossener Aufhebungsvertrag oder eine arbeitgeberseitige verhaltens- oder personenbedingte Kündigung in Betracht. Rückzahlungsvereinbarungen, nach denen der ArbN die Umzugskosten bei einem „Ausscheiden" innerhalb eines Jahres voll zurückzuzahlen hat, sind jedoch im Zweifel dahin auszulegen, dass sie den Fall einer betriebsbedingten Kündigung innerhalb der Bindungsfrist nicht mit einschließen[12]. Die Vereinbarung einer Rückzahlungspflicht bei einer arbeitnehmerseitigen Kündigung aus einem wichtigen, vom ArbGeb zu vertretenden Grund ist unzulässig. Unzulässig sind ferner Klauseln, die eine Rückzahlung auch bei einer **betriebs- oder personenbedingten Kündigung** des ArbGeb vorsehen[13]. **482**

Erfüllt eine Klausel im Einzelfall diese Bedingungen nicht, wird sie durch die Gerichte bislang noch auf das **zulässige Maß** zurückgeführt[14]. Verwendet der ArbGeb hingegen vorformulierte Klauseln, die einer Kontrolle gem. §§ 305 ff. nicht genügen, so sieht § 306 Abs. 2 eine Gesamtnichtigkeit der entsprechenden Klausel vor. **483**

---

1 ErfK/*Preis*, § 611 BGB Rz. 547. | 2 BAG v. 18.3.1992 – 4 AZR 374/91, AP Nr. 154 zu § 1 TVG – Tarifverträge Bau. | 3 *Schaub*, ArbRHdb, § 45 Rz. 21. | 4 IdF v. 11.12.1990 BGBl. I S. 2682. | 5 BAG v. 22.8.1990 – 5 AZR 556/89, nv. (juris); BAG v. 24.2.1975 – 5 AZR 235/74, AP Nr. 50 zu Art 12 GG; LAG Frankfurt v. 29.3.1993 – 11 Sa 1110/92, Mitbestimmung 1994, Nr. 2, 59. Eine fünfjährige Bindungsfrist wurde als unangemessen hoch angesehen (LAG Düsseldorf v. 23.12.1971 – 9 Sa 785/71, DB 1972, 1587). Unter Umständen beträgt die als zulässig angesehene Höchstgrenze sogar nur zwei Jahre, wenn der ArbGeb ein überwiegendes Interesse daran hat, größere Teile der Belegschaft durch Zahlung einer Pauschale dazu zu veranlassen, in ein anderes, entfernteres Werk, dass an einem für den ArbN ungünstigeren Standort liegt, überzuwechseln (LAG Düsseldorf v. 3.12.1971 – 8 Sa 418/71, DB 1972, 97). | 6 BAG v. 24.2.1975 – 5 AZR 235/74, AP Nr. 50 zu Art. 12 GG. | 7 BAG v. 24.2.1975 – 5 AZR 235/74, AP Nr. 50 zu Art. 12 GG. | 8 BAG v. 21.3.1973 – 4 AZR 187/72, AP Nr. 4 zu § 44 BAT. | 9 ErfK/*Preis*, § 611 BGB Rz. 549. | 10 Für eine Wirksamkeitsvoraussetzung Küttner/*Griese*, Personalbuch, Umzugskosten Rz. 9; dagegen LAG Kiel v. 5.12.1972 – 4 Sa 329/72, AP Nr. 1 zu § 611 BGB – Umzugskosten; wohl auch BAG v. 24.2.1975 – 5 AZR 235/74, AP Nr. 50 zu Art. 12 GG. | 11 S. auch ErfK/*Preis*, § 611 BGB Rz. 550. | 12 So zutr. LAG Düsseldorf v. 1.4.1975 – 8 Sa 62/75, EzA § 157 BGB Nr. 1. | 13 Vgl. BAG v. 6.5.1998 – 5 AZR 535/97, AP Nr. 28 zu § 611 BGB – Ausbildungsbeihilfe; LAG Düsseldorf v. 1.4.1975 – 8 Sa 62/75, EzA § 157 BGB; aA ErfK/*Preis*, § 611 BGB Rz. 551, der eine ausdrücklich vereinbarte Rückzahlungsverpflichtung den Fall einer krankheitsbedingten Kündigung als zulässig bewertet. | 14 LAG Kiel v. 5.12.1972 – 4 Sa 329/72, AP Nr. 1 zu § 611 BGB – Umzugskosten; LAG Düsseldorf v. 3.12.1971 – 8 Sa 418/71, DB 1972, 97.

484 i) Schadenspauschalierung. Schadenspauschalen dienen der vereinfachten Durchsetzung von Schadensersatzansprüchen, in dem sie den Gläubiger von den mit der Darlegung der Schadenshöhe verbundenen Schwierigkeiten entheben. Sie legen die Ersatzhöhe bereits vor Schadenseintritt nach **generellen Maßstäben** unter Verzicht auf die konkreten Berechnungsfaktoren im jeweilgen Einzelfall fest[1]. Als generelle Maßstäbe kommen sowohl absolute Beträge (zB ein Monatsgehalt oder x Euro) als auch bestimmte Prozentangaben (zB 20 % des Bruttomonatsgehalts) in Betracht. Die **Abgrenzung** zur Vertragsstrafe gestaltet sich in Einzelfällen schwierig. Der Grund hierfür liegt darin, dass sich Schadensersatzpauschalen und Vertragsstrafen in ihren wirtschaftlichen Zwecken überlagern[2]: Beide stellen die Sanktion auf ein pflichtwidriges Schuldnerverhalten dar und verlangen von diesem die Zahlung einer im Voraus bestimmten Geldsumme. Letztlich entscheidend ist der mit der jeweiligen Abrede verfolgte Zweck. Steht die Erfüllungssicherung im Vordergrund, soll der ArbN also primär zur Erfüllung einer Verbindlichkeit angehalten werden (sog. Druckfunktion), liegt eine Vertragsstrafe vor. Dient die Abrede dagegen nur der vereinfachten Durchsetzung eines als bestehend vorausgesetzten Schadensersatzanspruchs, spricht dies für die Annahme einer Schadenspauschale. Bei der Vertragsstrafe ist die Zahlungsverpflichtung des ArbN zudem unabhängig vom Bestehen eines Schadens.

485 § 309 Nr. 5 lit. a) entspricht wörtlich dem bisherigen § 11 Nr. 5 lit. a) Unwirksam sind danach solche Pauschalen, die in den geregelten Fällen nach dem gewöhnlichen Lauf der Dinge zu erwartenden Schaden oder die gewöhnlich eintretende Wertminderung übersteigen. Die im Arbeitsvertrag vereinbarte Pauschale muss dem **realen Schaden** damit möglichst nahe kommen. Hierin liegt der Grund für Unzulänglichkeit von Schadenpauschalen im Arbeitsrecht: Auf Grund der Vielfältigkeit der möglichen ArbGebSchäden beim Vertragsbruch des ArbN lässt sich eine abstrakte Schadenssumme im Vornherein kaum bestimmen: Mögliche Schäden des ArbGeb umfassen ua. den sog. Ausfallschaden, der durch die Nichtleistung entsteht, entgangenen Gewinn, Konventionalstrafen des ArbGeb wegen verspäteter Lieferung, das erhöhte Arbeitsentgelt einer Ersatzkraft, Überstundenzuschläge, eigene Mitarbeit des ArbGeb[3]. Der „gewöhnliche Lauf der Dinge", den das Gesetz dem Rechtsanwender als Maßstab für die Überprüfung einer generellen Überhöhung an die Hand gibt, bietet im Arbeitsrecht damit keine sichere Beurteilungsgrundlage für die Vertragsgestaltung. Der **Nutzen** von Schadenspauschalen für den ArbGeb wird daher zu Recht als **gering** angesehen[4]. Seit der **Schuldrechtsreform** setzt die Wirksamkeit einer Schadenspauschale nach § 309 Nr. 5 lit. b ausdrücklich voraus, dass dem anderen Vertragsteil – idR also dem ArbN – der Nachweis eines wesentlich geringeren Schadens gestattet ist.

486 j) Vertragsstrafen. Abzugrenzen ist die Vertragsstrafe zu den verwandten Erscheinungsformen der **Schadenspauschalierung** (vgl. Rz. 484 f.), der **Verfallklausel**, des **Garantievertrages** sowie der **Betriebsbuße**. Letztere dient nicht der Sicherung schuldrechtlicher Ansprüche des ArbGeb aus dem Arbeitsverhältnis, sondern bezweckt die Aufrechterhaltung der Ordnung und Sicherheit im Betrieb. Sie sind die Sanktion für einen Verstoß des ArbN gegen die normativ geregelte Ordnung des Betriebes und können nur verhängt werden, wenn eine von den Betriebspartnern vereinbarte Bußordnung besteht und diese Betriebsbußen für bestimmte Verstöße vorsieht[5]. Betriebsbußen sanktionieren damit gemeinschaftswidriges Verhalten, während einer Vertragsstrafe dieser kollektive Bezug fehlt; sie knüpft lediglich an eine individuelle Pflichtverletzung des ArbN an[6].

487 aa) Schranken der Vereinbarung in Formulararbeitsverträgen. Überraschende Klauseln eines Formulararbeitsvertrags werden nicht Vertragsbestandteil. Vor der Einbeziehung des Arbeitsvertrags in den Anwendungsbereich der §§ 305 ff. sahen die ArbG Vertragsstrafeklauseln etwa deshalb als überraschend an, weil sie unter einer **missverständlichen Überschrift** im Vertragstext angeordnet[7] oder inhaltlich nicht ohne weiteres für den ArbN **verständlich** waren[8]. Das BAG formulierte seinen Prüfungsmaßstab dahingehend, dass zwischen den durch die Umstände bei Vertragsschluss begründeten Erwartungen und dem tatsächlichen Vertragsinhalt ein deutlicher Widerspruch bestehen muss[9]. Dies entspricht der überwiegenden Ansicht bei § 305c Abs. 1[10], so dass mit einem Fortbestand der bisherigen Rspr. gerechnet werden kann.

488 Das Schuldrechtsmodernisierungsgesetz hat die **Frage der prinzipiellen Zulässigkeit von Vertragsstrafen** neu aufgeworfen. Während das BAG[11] und ihm folgend die überwiegende Lit.[12] Vertragsstrafen in Formulararbeitsverträgen bislang für zulässig erachteten, stellt der nunmehr auch für den Arbeitsvertrag geltende § 309 Nr. 6 diesen Befund wieder in Frage. Dies ist im Schrifttum umstritten[13], die Rechtssprechung ist geteilt (Anh. § 305-310 BGB Rz. 21 ff.).

489 Daneben kann das Verbot **der unangemessenen Benachteiligung** des ArbN nach § 307 Abs. 1 Satz 1 zur Unwirksamkeit führen. Sie ist insb. dann anzunehmen, wenn es an einem berechtigten Interesse des

---

1 *Wolf* in Wolf/Horn/Lindacher, § 11 AGBG Nr. 5 Rz. 3. | 2 *Beuthien*, FS Larenz, 1973, S. 495 (498). | 3 Vgl. dazu auch *Bengelsdorf*, BB 1989, 2390 (2391) mwN. | 4 *Beuthien*, BB 1973, 92 (93); *Bengelsdorf*, BB 1989, 2390 (2392). | 5 BAG v. 17.10.1989 – 1 ABR 100/88, NZA 1990, 193. | 6 BAG v. 5.2.1986 – 5 AZR 564/84, NZA 1986, 782. | 7 ArbG Berlin v. 1.9.1980 – 16 Ca 99/80, NJW 1981, 479. | 8 LAG BW v. 5.12.1995 – 7 Sa 105/95, AiB 1997, 65. | 9 BAG v. 27.4.2000 – 8 AZR 301/99, nv. (juris). | 10 Vgl. *Lindacher* in Wolf/Horn/Lindacher, § 3 AGBG Rz. 18; *Reichenbach*, NZA 2003, 309 (310). | 11 BAG v. 27.5.1992 – 5 AZR 324/91, EzA § 339 BGB Nr. 8; v. 23.5.1984 – 4 AZR 129/82, NZA 1984, 255. | 12 Vgl. zB *Heinze*, NZA 1994, 244 (250); *Kraft*, NZA 1989, 777 (780); Staudinger/*Rieble*, § 339 BGB Rz. 55; *Söllner*, AuR 1981, 97 (102). | 13 Vgl. *Reichenbach*, NZA 2003, 309 (310).

ArbGeb an einer Vertragsstrafenvereinbarung im Arbeitsvertrag fehlt[1]. Dies ist der Fall, wenn das sanktionierte Verhalten typischerweise – also losgelöst vom Einzelfall – nicht zu einem Schaden oder nur zu einem **völlig unerheblichen Schaden** des ArbGeb führt oder aber dieser im Falle des Schadenseintritts den Schaden und seine **Höhe ohne größere Schwierigkeiten nachweisen** kann. Damit wäre die Vertragsstrafeklausel – weit entfernt vom Interesse des Verwenders an der Erfüllung des Arbeitsvertrags – vorrangig zur Bereicherung des ArbGeb eingesetzt[2]. Die praktischen Hauptfälle der Vereinbarung einer Vertragsstrafe, also beispielsweise der Vertragsbruch, die vertragswidrige Auflösung oder der Nichtantritt der Arbeitsstelle, sind aber gerade durch das allgemeine Schuldrecht für den ArbGeb nur unzureichend gelöst. Daher liegt jedenfalls in diesen, für die Praxis besonders relevanten Fällen, regelmäßig ein berechtigtes Interesse des ArbGeb an der formularmäßigen Vereinbarung einer Vertragsstrafe zur Erfüllungssicherung[3] vor. Das gilt insb. für den Bruch des Arbeitsvertrags, die Veranlassung der außerordentlichen Kündigung sowie die Sicherung vertraglich verlängerter Kündigungsfristen[4].

bb) Verbot einer unverhältnismäßig hohen Vertragsstrafe. Eine unverhältnismäßig hohe Vertragsstrafe konnte nach bisheriger Rspr. auf Antrag des ArbN durch Urteil nach § 343 Abs. 1 herabgesetzt werden[5]. Diese Herabsetzungsmöglichkeit besteht bei Formulararbeitsverträgen nicht mehr; eine unverhältnismäßig hohe Vertragsstrafe ist nunmehr nach § 307 Abs. 1 Satz 1 **ohne weiteres unwirksam**[6]. **490**

Geändert hat sich durch das Schuldrechtsmodernisierungsgesetz weiterhin der Beurteilungsmaßstab für die **Angemessenheit der Höhe** einer formularmäßig vereinbarten Vertragsstrafe. Der § 343 Abs. 1 knüpft an die bereits verwirkte Strafe an, weshalb für die Frage nach der angemessenen Höhe der Vertragsstrafe an die Schwere und das Ausmaß der konkreten Vertragspflichtverletzung oder die wirtschaftliche Lage des betreffenden ArbN angeknüpft werden konnte. Zu berücksichtigen waren alle Umstände des jeweiligen Einzelfalls[7]. Diese Einzelfallbetrachtung hat bei Formularverträgen nun der **typisierenden Betrachtungsweise** des § 307 zu weichen. Im Mittelpunkt der Betrachtung steht nicht länger der konkrete ArbN, der die Vertragsstrafe verwirkt hat, sondern die Interessen eines beliebigen ArbN, der Adressat der jeweiligen Vertragsstrafenregelung sein könnte. Eine besonders hohe Vertragsstrafe kann fortan nicht mehr mit den besonderen, individuellen Umständen des Einzelfalls begründet werden. Heranzuziehen sind einer generalisierenden Betrachtungsweise zugängliche Maßstäbe; hierzu bietet sich insb. der Bruttoverdienst des ArbN an. Als weitere mögliche Anknüpfungspunkte kommen unter anderem die Länge der Kündigungsfrist, die Stellung des ArbN im Unternehmen des ArbGeb sowie das wirtschaftliche Risiko des ArbGeb aus der Eingehung des Arbeitsverhältnisses in Betracht. **491**

Als generell überhöht, und damit zu einer „unangemessenen Benachteiligung" des ArbN führend, gelten Vertragsstrafen, die zum möglichen Schaden außer Verhältnis stehen[8]. Ein Betrag von einem **Monatsgehalt** ist im Anschluss an die Rspr.[9] und im Hinblick auf die entstandene Praxis als generelle Höchstgrenze anzuerkennen[10]. In besonderen Einzelfällen können sich Abweichungen von der Grenze des Monatsgehalts nach oben oder unten als erforderlich erweisen. Zu beachten sind insoweit auch Faktoren, die einer generalisierenden Betrachtungsweise nicht oder nur eingeschränkt zugänglich sind, wie etwa langfristige Vertragsbindungen oder tarifvertraglich stark abgekürzte Kündigungsfristen, oder aber auch der Einwand rechtmäßigen Alternativverhaltens[11]. **492**

cc) Bestimmtheitsgrundsatz. Der in § 307 verankerte Bestimmtheitsgrundsatz verlangt, die Art und Höhe sowie die Voraussetzungen des Verfalls der Vertragsstrafe im Formulararbeitsvertrag **klar und deutlich** zum Ausdruck zu bringen[12]. Einige Klauseln haben wegen ihrer sprachlich weiten Fassung Zweifel hinsichtlich ihrer Bestimmtheit aufgeworfen: Die bloße Angabe „Nichteinhaltung des Vertrags" bzw. „Vertragsbruch" ist als Voraussetzung der Vertragsstrafe von den Zivilgerichten teilweise für nicht ausreichend erachtet worden[13]. Das BAG war hier bislang großzügiger und hat Formulierun- **493**

---

1 Ulmer/*Brandner*/Hensen, § 9 AGBG Rz. 74; Preis/*Stoffels*, Der Arbeitsvertrag, II V 30 Rz. 29 f. | 2 Preis/*Stoffels*, Der Arbeitsvertrag, II V 30 Rz. 29. | 3 Zum Zweck der Vertragsstrafe als Instrument der Erfüllungssicherung *Hess*, Die Vertragsstrafe, S. 30. | 4 BAG v. 27.5.1992 – 5 AZR 324/91, EzA § 339 BGB Nr. 8; ArbG Frankfurt v. 20.4.1999 – 4 Ca 8495/97, NZA-RR 2000, 82. | 5 BAG v. 30.11.1994 – 5 AZR 702/93, NZA 1995, 695; v. 27.5.1992 – 5 AZR 324/91, EzA § 339 BGB Nr. 8; v. 23.5.1984 – 4 AZR 129/82, NZA 1984, 255; offen aber BAG v. 27.4.2000 – 8 AZR 301/99, nv. (juris). | 6 *Wolf* in Wolf/Horn/Lindacher, § 11 AGBG Nr. 6 Rz. 27; *Reichenbach*, NZA 2003, 309 (313). Dahingehend auch *Lingemann*, NZA 2002, 181 (192). | 7 BAG v. 30.11.1994 – 5 AZR 702/93, NZA 1995, 695; v. 25.10.1994 – 9 AZR 265/93, nv. (juris). | 8 BGH v. 3.4.1998 – V ZR 6/97, NJW 1998, 2600 (2602); OLG Hamm v. 1.12.1983 – 18 U 99/83, MDR 1984, 404; Preis/*Stoffels*, Der Arbeitsvertrag, II V 30 Rz. 31; *Wolf* in Wolf/Horn/Lindacher, § 11 AGBG Nr. 6 Rz. 28. | 9 LAG BW v. 30.7.1985 – 13 Sa 39/85, LAGE § 339 BGB Nr. 1; LAG Berlin v. 19.5.1980 – 8 Sa 19/80, DB 1980, 2342. | 10 Preis/*Stoffels*, Der Arbeitsvertrag, II V 30 Rz. 31. | 11 So auch Preis/*Stoffels*, Der Arbeitsvertrag, II V 30 Rz. 31. | 12 BAG v. 27.4.2000 – 8 AZR 301/99, nv. (juris); v. 14.12.1988 – 5 AZR 10/88, nv. (juris); ErfK/*Müller-Glöge*, §§ 339–345 Rz. 15; ErfK/*Preis*, § 611 BGB Rz. 13, 15; *Lingemann*, NZA 2002, 181 (192); Preis/*Stoffels*, Der Arbeitsvertrag, II V 30 Rz. 17; *Gotthardt*, Schuldrechtsreform, Rz. 250; *Wolf* in Wolf/Horn/Lindacher, § 11 AGBG Nr. 6 Rz. 25. | 13 Vgl. zB OLG Düsseldorf v. 18.10.1992 – 16 U 173/90, DB 1992, 86, wonach der Begriff des „Vertragsbruchs" mangels jeglicher Konkretisierung nicht erkennen lasse, welche Vertragsverletzungen mit welchem Gewicht hierunter fallen sollen. Ebenfalls *Wolf* in Wolf/Horn/Lindacher, § 11 AGBG Nr. 6 Rz. 25. Diesem Schluss steht auch *Lingemann*, NZA 2002, 181 (192) nahe.

gen wie „Vertragsbruch" oder „Nichterfüllung" für im Wege der Auslegung konkretisierbar gehalten und so vom Vorwurf der Unbestimmtheit und der damit einhergehenden Unwirksamkeit bewahrt[1].

494 **dd) Wirksamkeitsgrenzen außerhalb des AGB-Rechts.** Durch die Vereinbarung einer Vertragsstrafe darf die Freiheit des ArbN, innerhalb der vereinbarten oder gesetzlichen Fristen das Arbeitsverhältnis zu beenden, nicht beschränkt werden[2]. Die Vereinbarung einer Vertragsstrafe für den Fall der fristgerechten Kündigung ist deshalb unwirksam[3]. Das Ziel der Vertragsstrafe muss vielmehr auf die **Einhaltung der** – im Rahmen von § 622 Abs. 5 Satz 3 ggf. verlängerten – **Kündigungsfristen** gerichtet sein; eine Bindung des ArbN durch einen faktischen Ausschluss der Kündigungsmöglichkeit insgesamt vermag die Vertragsstrafe nicht herbeizuführen. Keine unzulässige Kündigungserschwerung liegt dagegen bei einer Vertragsstrafe für den **Nichtantritt der Arbeit** vor[4]. Eine ungleiche Kündigungslage, welche zu einer Unwirksamkeit der Vertragsstrafenabrede führen würde, liegt nicht vor: Nach überwiegender Ansicht begeben sich sowohl ArbN als auch ArbGeb durch die Vereinbarung einer entsprechenden Vertragsstrafe ihres an sich bestehenden Kündigungsrechts vor Arbeitsantritt[5].

495 Bei Vertragsstrafeklauseln, die eine **Schlechtleistung des ArbN** sanktionieren, ist zu beachten, dass sich entsprechende Vereinbarungen nicht in einen Widerspruch zu den Grundsätzen der Rspr. zur Haftungserleichterung im Arbeitsrecht setzen (s. hierzu § 619a Rz. 11 ff.).

XII. Anpassung von Arbeitsbedingungen

Lit.: Hilger, Vertragsauslegung und Wegfall der Geschäftsgrundlage im betrieblich-kollektiven Bereich, in Festschrift für Larenz 80. Geb., 1983, S. 241; *Hromadka,* Änderung von Arbeitsbedingungen, RdA 1992, 234; *Otto,* Die Änderung von Entlohnungssystemen, in Festschrift für Stahlhacke, 1995, S. 395; *Reichold,* Grundlagen und Grenzen der Flexibilisierung im Arbeitsvertrag RdA 2002, 321; *Reuter,* Das Verhältnis von Individualautonomie, Betriebsautonomie und Tarifautonomie, RdA 1991, 193; *Swoboda/Kinner,* Mitarbeitermotivation durch arbeitsvertragliche Sonderzahlungen, BB 2002, 418; *Schnitker/Grau,* Klauselkontrolle im Arbeitsvertrag – Zur Vereinbarkeit von Änderungs-, Anpassungs- und Widerrufsvorbehalten mit dem Recht der Allgemeinen Geschäftsbedingungen, BB 2002, 2120; *Zöllner,* Vorsorgende Flexibilisierung von Vertragsklauseln, NZA 1997, 121.

496 Eine Anpassung der im Arbeitsvertrag festgelegten Arbeitsbedingungen kann sich durch eine Änderung des Arbeitsvertrags selbst – sei sie einvernehmlich oder einseitig durch den ArbGeb –, in Grenzen aber auch durch BV und durch TV ergeben. Die Schranken sind hier unterschiedlich weit.

497 **1. Einvernehmliche Änderungen eines Arbeitsvertrags. a) Allgemeines.** In der einvernehmlichen Änderung des Arbeitsvertrags sind ArbGeb und ArbN weitgehend frei, beschränkt nur durch die allgemein für Arbeitsverträge geltenden Normen. Die Änderung kann auch **konkludent** geschehen. Nach der Rspr. des BAG kann die widerspruchslose Fortsetzung der Tätigkeit durch den ArbN nach einem Änderungsangebot des ArbGeb gemäß §§ 133, 157 dann als Annahme der Vertragsänderung angesehen werden, wenn diese sich unmittelbar im Arbeitsverhältnis auswirkt, nicht hingegen, solange deren Folgen nicht hervortreten[6]. Denn nur bei einer unmittelbar eintretenden Änderung im Arbeitsverhältnis hat der ArbN Veranlassung, dieser sofort zu widersprechen. Er kann und muss in einem solchen Fall erkennen, dass seine widerspruchslose Weiterarbeit als Einverständnis mit der angebotenen Vertragsänderung verstanden wird. Setzt er seine Tätigkeit widerspruchslos fort, darf der ArbGeb daher dem das Einverständnis des ArbN mit der Vertragsänderung entnehmen. Dies gilt – nicht unbestritten – auch, wenn sich das Änderungangebot des ArbGeb nicht in allen Punkten unmittelbar im Arbeitsverhältnis auswirkt[7].

498 **Verbote,** die nicht allgemein die Zulässigkeit einer arbeitsvertraglichen Regelung betreffen, sondern sich spezifisch gegen die Änderung eines bestehenden Arbeitsvertrags richten, betreffen vor allem den Verzicht von ArbN-Rechten. Daneben kann der abzuändernde Arbeitsvertrag selbst Grenzen setzen. Bei kollektiven Arbeitsvertragsänderungen sind der Gleichbehandlungsgrundsatz (s. Rz. 181 ff.) und die Rechte des BR aus § 87 Abs. 1 BetrVG (insb. zur Frage der Anrechnung einer Tariflohnerhöhung s. Rz. 539 ff.; zur Anrechnung oder zum Widerruf freiwilliger Zulagen s. Rz. 511 ff.) und ggf. aus § 99 BetrVG zu beachten (s. § 99 BetrVG Rz. 50 ff.).

499 **b) Grenzen des Verzichts.** Gesetzliche ArbN-Schutzvorschriften stehen grundsätzlich nicht zur **Disposition der Vertragsparteien.** Dementsprechend kann ein ArbN weder auf seinen gesetzlichen Urlaubsanspruch verzichten, noch auf die Lohnfortzahlung im Krankheitsfall, §§ 13 Abs. 1 BUrlG, 12 EFZG. Auch auf Ansprüche aus einer BV kann ein ArbN ohne Zustimmung des BR nicht verzichten, § 77 Abs. 4 Satz 2 BetrVG. Die Zustimmung kann formlos erfolgen, muss aber unmissverständlich sein[8]. Eine Zustimmung der TV-Parteien ist erforderlich für einen Verzicht auf tarifvertragliche Rech-

---

1 BAG v. 18.9.1991 – 5 AZR 650/90, NZA 1992, 215. | 2 BAG v. 8. 9.1998 – 9 AZR 223/97, NZA 1999, 420. | 3 BAG v. 9.3.1972 – 5 AZR 246/71, AP Nr. 12 zu § 622 BGB; v. 11.3.1971 – 5 AZR 349/70, AP Nr. 9 zu § 622 BGB. | 4 BAG v. 13.6.1990 – 5 AZR 304/89, nv. (juris); v. 14.12.1988 – 5 AZR 10/88, nv. (juris). | 5 *Stahlhacke/Preis/Vossen,* Kündigung und Kündigungsschutz, Rz. 116; *Schaub,* ArbRHdb, § 123 Rz. 23. | 6 S. BAG v. 22.12.1970 – 3 AZR 52/70, AP Nr. 2 zu § 305 – Billigkeitskontrolle; v. 13.5.1987 – 5 AZR 125/86, AP Nr. 4 zu § 305 BGB – Billigkeitskontrolle; v. 17.7.1965 – 3 AZR 302/64, AP Nr. 101 zu § 242 BGB – Ruhegehalt. | 7 BAG v. 1.8.2001 – 4 AZR 129/00, RdA 2002, 235 (*Franzen*). | 8 BAG v. 3.6.1997 – 3 AZR 25/96, AP Nr. 69 zu § 77 BetrVG.

te, § 4 Abs. 1 Satz 1 TVG, jedoch nur, wenn das Arbeitsverhältnis des ArbN normativ vom Anwendungsbereich des TVG erfasst ist, und der TV damit selber Anspruchsgrundlage ist. Verweist der Arbeitsvertrag auf einen TV, so kann auf die dadurch begründeten Rechte verzichtet werden, denn hier ist der TV nur Textgrundlage, nicht Rechtsquelle[1]. Kein Verzicht ist der **Vergleich iSd. § 779**, der einen Streit über die tatsächlich Voraussetzungen eines unverzichtbaren Anspruchs durch gegenseitiges Nachgeben beseitigen will. Dabei reicht schon geringfügiges Nachgeben des ArbGeb; der völlige Verzicht des ArbN ist jedoch kein Vergleich mehr. Es fehlt am gegenseitigen Nachgeben[2].

c) **Schriftformerfordernis.** Ist in einem Arbeitsvertrag vereinbart worden, dass nur eine schriftliche Änderung möglich ist, bestimmt sich die zu wahrende Schriftlichkeit grundsätzlich – wenn nichts anderes vereinbart ist – entsprechend dem gesetzlichen Schriftformerfordernis gemäß § 126. Obwohl eine Abrede, der die **gewillkürte Form** fehlt, gemäß § 125 Satz 2 BGB grundsätzlich nichtig ist, kann auch eine mündliche Abänderung wirksam sein, denn die Parteien können den vereinbarten Formzwang jederzeit formlos wieder aufheben. Eine konkludente Aufhebung ist anzunehmen – auch wenn ArbGeb und ArbN nicht an das Formerfordernis gedacht haben[3] –, wenn ArbN und ArbGeb übereinstimmend gewollt haben, dass die mündliche Abrede maßgeblich ist[4]. Indiz hierfür ist, dass sie sich nach den veränderten Vertragsbedingungen richten. Ob dies auch dann gilt, wenn die Parteien ausdrücklich festlegen, dass insb. die Änderung des Schriftformerfordernisses schriftlich erfolgen muss, ist umstritten. Das BGH hat dies bei einem Mietvertrag[5] verneint, das BAG hat hierzu noch nicht Stellung genommen. Es hat allerdings das Entstehen einer betrieblichen Übung an einer doppelten Schriftformklausel scheitern lassen[6]. Auch hier kann es nur darauf ankommen, ob die Änderung wirklich gewollt ist, denn die Vertragsparteien können sich nicht im Voraus binden, ihr künftiger Wille sei unbeachtlich. Die Vertragsfreiheit steht hier nicht zur Disposition der Vertragsparteien, weil beide Willensbekundungen gleichwertig sind: Sowohl den Vertrag zu schließen, als auch ihn zu ändern. Eine solche Klausel kann also den Nachweis der Änderung erschweren, eine nachgewiesene Änderung jedoch nicht unwirksam machen. **500**

Bei **tarifvertraglichen Schriftformerfordernissen** ist zu differenzieren: Sie stehen nicht zur Disposition der Arbeitsvertragsparteien, wenn sie normativ auf das Arbeitsverhältnis einwirken. Da es sich dann um eine gesetzliche Formvorschrift handelt, bestimmt sich der Inhalt der Formvorschrift – fehlt eine abweichende Regelung – nach § 126[7]. Wirken sie nur durch arbeitsvertragliche Bezugnahme, gelten die gleichen Regeln wie bei arbeitsvertragliche Schriftformklauseln. Ob jedoch eine mündliche Vertragsänderung wirksam ist, richtet sich nach dem Zweck der tarifvertraglichen Regelung: Ist nicht ausdrücklich die Nichtigkeit als Folge des Formverstoßes bestimmt (etwa § 4 Abs 2 BAT für Nebenabreden zum Arbeitsvertrag), ist davon auszugehen, dass es lediglich dem Beweiszweck dient. Der formlose Abschluss ist dann grundsätzlich wirksam[8]. Ausführlicher Rz. 40. **501**

2. **Einseitige Änderung des Arbeitsvertrags – Anpassungsvorbehalte des ArbGeb.** Die einseitige Änderung des Entgelts kann innerhalb des bestehenden Arbeitsverhältnisses erfolgen, wenn sich der ArbGeb wirksam die Anpassung einzelner Entgeltbestandteile vorbehalten hat. Hat er das nicht, dann kann nur eine Änderungskündigung zum Ziel führen. Unter den Möglichkeiten des ArbGeb, sich einseitig die Anpassung einzelner Vertragsbestandteile vorzubehalten, sind der **Freiwilligkeitsvorbehalt**, der **Widerrufsvorbehalt** und der **Umgestaltungsvorbehalt** zu unterscheiden. **502**

a) **Gemeinsame Grenze: Keine Umgehung des KSchG und des TzBfG – Grenzen der §§ 307 ff. BGB.** Bei der Beurteilung von Widerrufs- und Gestaltungsvorbehalten war bislang die Umgehung des gesetzlichen Kündigungsschutzes eine entscheidende Messlatte der Rspr. Hieran dürfte sich nach der Schuldrechtsreform auch nach der Einbeziehung des Arbeitsvertrags in den Anwendungsbereich der §§ 305 ff. im Grundsatz nichts ändern. Lediglich der **dogmatische Anknüpfungspunkt** ist nunmehr für formularmäßig vereinbarte Klauseln ein anderer: Eines unmittelbaren Rückgriffs auf das Umgehungsargument bedarf es bei formulierten Arbeitsverträgen in Zukunft nicht mehr; die Lösung ist vielmehr im Rahmen der nach § 308 Nr. 4 anzustellenden Zumutbarkeitsprüfung bzw. bei der gemäß **§ 307 Abs. 1 Satz 1** durchzuführenden Interessenabwägung zu suchen[9]. Die dabei erzielten Ergebnisse dürften nicht grundlegend variieren. Die bisherige Judikatur zur Umgehung des KSchG und des TzBfG bleibt damit auch zukünftig von Bedeutung. Zusätzliche Schranken in Bezug auf Freiwilligkeits- und **503**

---

1 BAG v. 20.1.1998 – 9 AZR 812/96, AP Nr. 45 zu § 13 BUrlG; s auch BAG v. 31.5.1990 – 8 AZR 161/89, AP Nr. 54 zu § 7 BUrlG – Abgeltung. |2 Aus der Rspr.: BAG v. 21.12.1972 – 5 AZR 319/72, AP Nr. 1 zu § 9 LohnFG; v. 23.8.1994 – 3 AZR 825/93, AP Nr. 3 zu § 3 BetrAVG; v. 31.7.1996 – 10 AZR 138/96, AP Nr. 63 zu § 77 BetrVG 1972. |3 BAG v. 16.8.1983 – 3 AZR 34/81, AP Nr. 2 zu § 1 BetrAVG – Hinterbliebenenversorgung; s. auch BGH v. 2.3.1978 – III ZR 99/76, BB 1978, 927; s. auch Hromadka, RdA 1992, 234 (247); aA MünchKomm/Fröschler, § 125 BGB Rz. 77. |4 BAG v. 10.1.1989 – 3 AZR 460/87, AP Nr. 57 zu § 74 HGB; vorher bereits BAG v. 4.6.1963 – 5 AZR 16/63, AP Nr. 1 zu § 127 BGB. |5 BGH v. 2.6.1976 – VIII ZR 97/74, Z 66, 378 (381); v. 17.4.1991 – XII ZR 15/90, NJW-RR 1991, 1290; aA Soergel/Hefermehl, § 125 BGB Rz. 33; Palandt/Heinrichs, § 125 BGB Rz. 14. |6 BAG v. 24.6.2003, NZA 2003, 1149. |7 S. Löwisch/Rieble, § 1 TVG Rz. 543; Wiedemann, § 1 TVG Rz. 458, jeweils mwN. |8 BAG v. 24.6.1981 – 7 AZR 198/79, AP Nr. 2 zu § 4 TVG – Formvorschriften; ausführlicher Löwisch/Rieble, § 1 TVG Rz. 544; Wiedemann, § 1 TVG Rz. 458. |9 Ebenso Annuß, BB 2002, 458 (462).

BGB § 611 Rz. 504   Vertragstypische Pflichten beim Dienstvertrag

Widerrufsvorbehalte und Teilbefristungen sind jedoch zu beachten. Zu den Auswirkungen des Transparenzgebots s. § 307 Rz. 18.

504 Nach der Rspr. des BAG ist von einer Umgehung des Kündigungsschutzes auszugehen, wenn wesentliche Elemente des Arbeitsvertrags einer einseitigen Änderung unterliegen sollen, durch die das Gleichgewicht zwischen Leistung und Gegenleistung grundlegend gestört würde. Hier führt der Widerrufsvorbehalt zu einer einseitigen Gestaltbarkeit im **Kernbereich des Arbeitsverhältnisses**; dies sei unzulässig gemäß § 134 wegen Gesetzesumgehung[1]. Beim Schutz vor Befristungen formuliert das BAG etwas großzügiger. Entscheidend sei, dass solche Vertragsbedingungen betroffen seien, die dem Änderungskündigungsschutz nach § 2 KSchG unterliegen, weil sie die Arbeitspflicht nach Inhalt und Umfang in einer Weise ändern, die sich unmittelbar auf die Vergütung auswirkt und damit das Verhältnis von Leistung und Gegenleistung maß-geblich beeinflusst[2]. Die Rspr. ist zum Teil heftig kritisiert worden[3]. Offen bleibt, wie ein solcher Kernbereich vom Außenbereich des Arbeitsverhältnisses abzugrenzen ist und wo die innere Rechtfertigung für ein solches Merkmal liegt; das Kündigungsschutzrecht kennt es nicht. Neuere Rspr. lässt daher zu Recht eine gewisse Distanz zu älteren Judikaten erkennen (s. Rz. 5, 7).

505 In **Betrieben außerhalb des Anwendungsbereichs des KSchG** ist die Befristung einzelner Arbeitsbedingungen und Vergütungsbestandteile eher zulässig, denn eine Umgehung des Kündigungsschutzes kann darin nicht liegen. Allerdings hat die Rspr. auch für Arbeitsverhältnisse, die nicht vom KSchG erfasst werden, aus Treu und Glauben gewisse Kündigungsbeschränkungen herausgearbeitet[4], so dass die Befristung einzelner Vergütungsbestandteile auch unter dem Blickwinkel einer möglichen Umgehung des KSchG nicht schrankenlos zulässig ist, sondern sich an § 242 zu messen hat.

506 Eine wichtigere Grenze der Entgeltflexibilisierung als die einer möglichen Umgehung des KSchG liegt bei Betrieben außerhalb des Anwendungsbereichs des KSchG indes in einer möglichen **Umgehung des TzBfG**. Seit In-Kraft-Treten des TzBfG ist die Befristung von Arbeitsverhältnissen, die nicht in den Geltungsbereich des KSchG fallen, nicht mehr ohne weiteres möglich, sondern an den Voraussetzungen des § 14 TzBfG zu messen; soweit nach dieser Bestimmung ein sachlicher Grund für die Befristung des Arbeitsvertrags vonnöten ist, ist ein solcher idR auch für eine Befristung einzelner Arbeitsbedingungen oder Vergütungsbestandteile zu fordern, sofern diese Befristung den Inhalt des Arbeitsverhältnisses wesentlich prägt, ein Wegfall der befristet gewährten Leistung der Beendigung des Arbeitsverhältnisses also nahe kommt. In der Sache stellen sich hier dieselben Abgrenzungsschwierigkeiten zwischen Kern- und Außenbereich des Arbeitsverhältnisses wie in der Rspr. des BAG zur Umgehung des KSchG.

507 Soweit die Entgeltreduzierung mit einer **Verringerung der Arbeitszeit** einhergeht, ist der – zwingende – § 4 Abs. 1 TzBfG zu beachten; dieser statuiert ein Diskriminierungsverbot, das dem ArbGeb untersagt, einen ArbN, dessen regelmäßige Wochenarbeitszeit kürzer als die eines vergleichbaren vollzeitbeschäftigten ArbN ist, ohne sachlichen Grund schlechter zu behandeln, insb. geringer zu entlohnen. Es gilt der *Pro-rata-temporis*-Grundsatz: Das Arbeitsentgelt ist dem teilzeitbeschäftigten ArbN in dem Umfang zu gewähren, der dem Anteil seiner Arbeitszeit an der eines vergleichbaren Vollzeitbeschäftigten entspricht[5].

508 **b) Freiwilligkeitsvorbehalt.** Die größte Freiheit, die Zahlung einer Leistung einzustellen, hat der ArbGeb, wenn er vergangene gleichartige Leistungen unter einem Freiwilligkeitsvorbehalt gezahlt hat. Das Ergebnis ist offensichtlich: Wo **ohne Rechtspflicht** gezahlt wurde, kann der ArbN nicht auf Einhaltung einer Rechtspflicht klagen. Das setzt voraus, dass der ArbN nach §§ 133, 157 den mangelnden Verpflichtungswillen des ArbGeb erkennen muss. Das verlangt – insb. bei Formulararbeitsverträgen, § 307 Abs. 1 Satz 2 – eine **klare Formulierung**. Verwendet ein ArbGeb im Arbeitsvertrag für eine Gruppe von zugesagten Leistungen die Überschrift „Freiwillige soziale Leistungen", so muss ein ArbN nicht davon ausgehen, dass damit ein Rechtsanspruch ausgeschlossen sein soll[6]. Widersprüchlich ist die in der Praxis zuweilen verwandte Formulierung „freiwillig und unter dem Vorbehalt jederzeitigen Widerrufs", weil sie den Unterschied zwischen freiwilliger Leistung und Leistung unter Vorbehalt des Widerspruchs nicht beachtet[7]. Hinreichend deutlich ist die Formulierung „freiwillig und ohne Anerkennung einer Rechtspflicht"[8], noch deutlicher: „Die Zahlung erfolgt freiwillig und ohne Einräumung eines

---

1 BAG v. 12.12.1984 – 7 AZR 509/83, DB 1985, 1240 (einseitige Festlegung des Arbeitsumfangs in einer Musikschule); v. 13.5.1987 – 5 AZR 125/86, NZA 1988, 95; v. 15.11.1995 – 2 AZR 521/95, AP Nr. 20 zu § 1 TVG - Tarifverträge: Lufthansa; v. 28.5.1997 – 5 AZR 125/96, DB 1997, 2620; KR/*Rost*, § 2 KSchG Rz. 48; MünchArbR/*Hanau*, § 62 Rz. 110. | 2 BAG v. 24.1.2001 – 7 AZR 208/99, ZTR 2001, 375; v. 9.8.2000 – 7 AZR 823/98, nv. (juris). | 3 Insb. *Zöllner*, NZA 1997, 121 ff.; krit. auch *Leuchten*, NZA 1994, 721; *Preis*, Grundfragen der Vertragsgestaltung, 1993, S. 417. | 4 BAG v. 21.2.2001 – 2 AZR 15/00, DB 2001, 1677; s. auch *Preis*, NZA 1997, 1256. | 5 Im Einzelnen Annuß/Thüsing/*Thüsing*, § 4 TzBfG Rz. 32 ff. | 6 BAG v. 11.4.2000 – 9 AZR 255/99, NZA 2001, 24; s. auch BAG v. 4.5.1999 – 10 AZR 290/98, AP Nr. 55 zu § 242 BGB - Betriebliche Übung; LAG Köln v. 7.8.1998 – 11 Sa 620/98, NZA-RR 1998, 529. Ausreichend ist jedoch die Formulierung, dass „ein Anspruch nicht hergeleitet werden kann" BAG v. 5.6.1996 – 10 AZR 883/95, AP Nr. 193 zu § 611 BGB - Gratifikation, oder die Leistung „ohne *Anerkennung einer Rechtspflicht*" gezahlt wird BAG v. 6.12.1995 – 10 AZR 198/95, AP Nr. 187 zu § 611 BGB - Gratifikation; BAG v. 12.1.2000 – 10 AZR 840/98, AP Nr. 223 zu § 611 BGB - Gratifikation. | 7 S. nur *Preis*, Grundfragen der Vertragsgestaltung, 1993, S. 427 f. | 8 BAG v. 6.12.1995 – 10 AZR 198/95, NZA 1996, 1027; s. auch BAG v. 28.2.1996 – 10 AZR 516/95, NZA 1996, 758: „ohne Rechtsanspruch".

Rechtsanspruchs. Ein Anspruch für die Zukunft wird hierdurch nicht begründet, sondern es bleibt im freien, unbeschränkten Ermessen des ArbGeb, eine ähnliche Leistung zukünftig zu erbringen"[1].

Ein Freiwilligkeitsvorbehalt hat nicht die Wirkung, dass der ArbGeb die freiwillig gezahlte Leistung ohne Rechtsgrund erbracht hat und sie daher zurückfordern könnte. Vielmehr soll durch ihn eine betriebliche Übung verhindert werden, die in Zukunft zu gleichartigen Leistungen verpflichten würde. Der ArbGeb ist also für die Zukunft gänzlich frei, ob er die Leistung ein weiteres Mal gewähren will oder nicht. Eine Bindung an § 315 Abs. 1 und die Grenzen billigen Ermessens besteht – anders als beim Widerrufsvorbehalt – nicht. Dies ist im Schrifttum teilweise als **Wertungswiderspruch** bezeichnet worden und daher vorgeschlagen worden, auch die Einstellung einer unter Freiwilligkeitsvorbehalt gewährten Leistung nur bei Vorliegen eines sachlichen Grundes anzuerkennen[2], oder aber – als Anpassung in die andere Richtung – die Anforderung für die Rechtmäßigkeit eines Widerrufs abzusenken[3]. Die Unterscheidung zum Widerrufsvorbehalt liegt jedoch in der Natur der Freiwilligkeit. Allerdings mag es sein, dass dem Laien ein solcher Unterschied regelmäßig nicht bewusst sein wird[4], jedoch gilt dies auch für andere arbeitsvertragliche Vereinbarungen, ohne dass dies deren Gültigkeit in Frage stellen würde. Dem ArbGeb muss es unbenommen bleiben, eine einmalige Leistung zu erbringen, ohne eine Bindung für die Zukunft befürchten zu müssen. Beschränkt er sich aber nicht auf die einmalige Leistung, sondern schafft er einen Dauertatbestand, dessen Abänderbarkeit er sich lediglich vorbehält, so rechtfertigt dies einen engeren Kontrollmaßstab.

Die **Rspr. hält den Freiwilligkeitsvorbehalt für zulässig** bei Jahressonderleistungen, im Bereich der Altersvorsorge hat es den Vorbehalt der Freiwilligkeit zumindest in älteren Judikaten in einen Widerrufsvorbehalt umgedeutet[5]. Soweit das BAG in einem älteren Urteil ganz allgemein ausführte, dass die Formulierung, eine Leistung werde freiwillig und ohne Rechtspflicht erbracht, in der Regel als Widerrufsvorbehalt zu verstehen sei, ist es hiervon in späteren Entscheidungen abgerückt. Dort hat es wiederholt die Zulässigkeit von Freiwilligkeitsvorbehalten anerkannt[6]. Gewicht hat jedoch die Forderung, die Vereinbarung von Freiwilligkeitsvorbehalten sollte allein auf Gratifikationen und Ähnliches beschränkt bleiben[7]. Dem entspricht es, dass die Rspr. bislang nur über solche Zahlungen zu entscheiden hatte. Angesichts der restriktiveren Prüfung von Widerrufsvorbehalten ist für die Praxis wohl davon auszugehen, dass Freiwilligkeitsvorbehalte nicht für Leistungen anerkannt werden, die im unmittelbaren Gegenseitigkeitsverhältnis zur Arbeitsleistung stehen[8].

c) Widerrufsvorbehalt. Anders als der Freiwilligkeitsvorbehalt, führt der Widerrufsvorbehalt zu einer rechtlichen Bindung für die Zukunft. Er verhindert nicht die Entstehung eines Anspruchs, sondern gibt dem ArbGeb nur die Möglichkeit an die Hand, sich in der Zukunft unter erleichterten Voraussetzungen von der zugesagten Leistung zu lösen. Das BAG unterzieht Widerrufsvorbehalte einer **zweistufigen Prüfung**: In einem ersten Schritt prüft es die wirksame Vereinbarung der Widerrufsklausel, in einem zweiten die konkrete Ausübung des Widerspruchs. Der Schwerpunkt der Kontrolle liegt jeweils auf einer einzelfallbezogenen Billigkeitskontrolle am Maßstab von § 315 Abs. 1.

aa) Wirksame Vereinbarung des Widerrufsvorbehalts. In einem ersten Schritt prüft die Rspr., ob die Widerrufsklausel wirksam vereinbart wurde. Hieran fehlt es bei einem Verstoß gegen die §§ 134, 138 (s. dazu oben Rz. 70 ff.). Die **Zulässigkeit eines Widerrufsvorbehalts** nach *billigem Ermessen* hat das BAG bislang nur in einer Entscheidung verneint: Für den Fall, dass sich eine kommunale Musikschule einseitig das Recht vorbehalten hatte, die Zahl der zu leistenden Musikstunden herabzusetzen, bejaht es eine Umgehung des Kündigungsschutzes bei Änderungskündigungen, der die entsprechende Regelung nichtig gemäß § 134 machte[9]; heute folgt das Ergebnis bereits aus einem Gegenschluss zu § 12 TzBfG. Beim Widerruf von Vergütungsbestandteilen zeigte sich die Rspr. bislang jedoch recht großzügig. In einer älteren Entscheidung stellte das BAG ausdrücklich fest, dass Widerrufsvorbehalte in Bezug auf übertarifliche Leistungen grundsätzlich zulässig seien[10], und auch danach wertete es sehr weitgehende Flexibilisierungen im Entgeltbereich nicht als Eingriff in den Kernbereich des Arbeitsverhältnisses: Zulässig war ein Widerrufsvorbehalt hinsichtlich einer Leistungszulage zum tariflichen Stundenlohn, die zwischen 25 und 30 % des tariflichen Stundenlohns ausmachte[11], und eine Zulage in Höhe von 15 % der Gesamtbezüge für eine Zusatzaufgabe, die bei Versetzung weggefallen war[12], sowie eine „Entwicklungsklausel", die eine Veränderung der Zuständigkeit eines Chefarztes ermöglichte, die zu 40 % geringerem Entgelt führte[13]. Wo hier die Grenze liegt, ist noch nicht geklärt. Der Spielraum dürfte bei besser verdienenden ArbN größer sein als bei

---

[1] Vgl. auch Küttner/*Kania*, Personalbuch, Widerruf außertariflicher Leistungen Rz. 11; s. aber *Schaub*, Formularhandbuch, S. 28: Vorschlag einer Klausel: „Freiwillig und unter dem Vorbehalt jederzeitigen Widerrufs". [2] *Preis*, Grundfragen der Vertragsgestaltung, 1993, S. 421. [3] MünchArbR/*Hanau*, § 62 Rz. 109; s. auch *Kania*, DB 1998, 2418 ff. sowie Küttner/*Kania*, Personalbuch, Widerruf außertariflicher Leistungen Rz. 10. [4] *Kania*, DB 1998, 2419. [5] BAG v. 4.8.1955 – 2 AZR 588/54, DB 1955, 876; v. 4.8.1955 – 2 AZR 212/54, NJW 1955, 1574; v. 30.11.1955 – 1 AZR 230/54, DB 1956, 186. [6] BAG v. 2.9.1992 – 10 AZR 536/90, EzA § 611 BGB – Gratifikation Nr. 95, Prämie; v. 26.10.1994 – 10 AZR 109/93, NJW 1995, 2181. [7] *Kania*, DB 1998, 2418 (2419), ebenso *Lindemann/Simon*, BB 2002, 1807. [8] Ebenso ErfK/*Preis*, §§ 305–310 BGB Rz. 71. [9] BAG v. 12.12.1984 – 7 AZR 509/83, DB 1985, 1240. [10] BAG v. 7.1.1971 – 5 AZR 92/70, BB 1971, 392: „Jederzeit widerrufliche Leistungszulage" iHv 20 % des tariflichen Bruttogehalts. [11] BAG v. 13.5.1987 – 5 AZR 125/86, NZA 1988, 95. [12] BAG v. 15.11.1995 – 2 AZR 521/95, NZA 1996, 603. [13] BAG v. 28.5.1997 – 5 AZR 125/96, NZA 1997, 1160.

BGB § 611 Rz. 513   Vertragstypische Pflichten beim Dienstvertrag

gering verdienenden[1]. Ein wirksamer Widerspruchsvorbehalt lässt sich der Formulierung „es können für die Zukunft keine Rechtsansprüche hergeleitet werden" nicht entnehmen[2].

513   **bb) Ausübung des Widerrufsrechts.** Ist der Widerrufsvorbehalt wirksam vereinbart, ist in einem zweiten Prüfungsschritt die **Billigkeit des Widerrufs** entsprechend § 315 Abs. 1 zu prüfen – und zwar auch, wenn der Widerruf nach freiem Ermessen vorbehalten wurde[3]. Maßgeblich sind dafür alle Umstände des Einzelfalls; einen abschließenden Kriterienkatalog gibt es nicht[4]. Die Billigkeit verlangt jedoch weniger als das Kündigungsschutzgesetz: Zum einen handelt es sich lediglich um eine Änderung innerhalb des fortbestehenden Arbeitsverhältnisses, nicht um die Auflösung des Arbeitsverhältnisses; zum anderen ist mit der Feststellung, dass der Widerrufsvorbehalt zulässig ist, bereits anerkannt, dass eine Umgehung des Kündigungsschutzes nicht vorliegt, ungeachtet der Einzelumstände des Widerrufs. Daher ist nach der Billigkeit des Widerrufs auch in Betrieben zu fragen, in denen das KSchG nicht anwendbar ist. Dem entspricht es, dass sich die bisher durch die Rspr. aufgezeigten Grenzen nicht am Kündigungsschutzrecht orientieren: In erster Linie ist abzustellen auf den Zweck der Leistung. Billigem Ermessen entspricht es daher nicht, eine Zulage für Arbeitsleistung von überdurchschnittlicher Qualität zu kürzen, weil der ArbN mehrfach über längere Zeit erkrankt war, sofern die Qualität der erbrachten Arbeitsleistung unverändert geblieben ist[5]. Auch besteht eine Bindung an den **Gleichbehandlungsgrundsatz**. Dementsprechend kann sich der ArbGeb bei unrentabler Produktion nicht einzelne ArbN herausgreifen und ihnen gleichheitswidrig ein Sonderopfer abverlangen. Vielmehr ist er hier an die gleichen Schranken gebunden, die es auch bei einer Änderungskündigung zur Entgeltreduzierung zu beachten gilt[6]. Auf der anderen Seite kann ein Widerruf billigem Ermessen entsprechen, wenn er gerade der Gleichbehandlung dient, wenn etwa eine ArbN-Gruppe bislang eine Zulage erhielt, um eine im Vergleich zu anderen Tarifgruppen niedrigere Entlohnung auszugleichen, nach einer Tariferhöhung für ihre Gruppe eine Beibehaltung der Zulage aber zu einer Besserstellung führen würde[7]. Allgemein gilt kein allzu großzügiges Maß bei der Suche nach der Rechtfertigung: „Vernünftige Erwägungen reichen nicht aus, vielmehr erforderlich ist ein „sachlicher Grund"[8].

514   **cc) Änderung des Prüfungsmaßstabs nach der Schuldrechtsreform.** Nach der Einbeziehung des Arbeitsvertrags in den Anwendungsbereich der §§ 305 ff. unterliegt der Widerrufsvorbehalt als einseitiges Leistungsbestimmungsrecht (s. dazu Rz. 511) einer AGB-rechtlichen Inhaltskontrolle. Nach § 308 Nr. 4 unwirksam ist die Vereinbarung eines Rechts des Verwenders, die versprochene Leistung zu ändern oder von ihr abzuweichen, wenn nicht die Vereinbarung der Änderung oder Abweichung unter Berücksichtigung der Interessen des Verwenders für den anderen Vertragsteil zumutbar ist. Ein Teil des Schrifttums verlangt deshalb anstatt „sachlicher" Gründe nunmehr „triftige" Gründe für den Widerruf; eine Transparenzkontrolle wäre dann kumulativ durchzuführen[9]. Nach anderer Ansicht soll die Inhaltskontrolle des Widerrufsrechts ausschließlich anhand von § 307 erfolgen[10]. In jedem Fall wird die Rspr. zu einer Verfeinerung ihres Prüfungsmaßstabs gezwungen werden. Der Prüfungsschwerpunkt wird sich statt wie bisher von der Ausübungskontrolle hin zur Inhaltskontrolle verlagern. Ob an die Zulässigkeit der Vereinbarung eines Widerrufvorbehalts in Zukunft strengere Maßstäbe angelegt werden, erscheint zweifelhaft, ist aber noch nicht mit Sicherheit abzusehen[11]; die weitere Entwicklung bleibt hier abzuwarten.

515   Bei der **Vertragsgestaltung** sollte einer möglichen Rspr.änderung dadurch Rechnung getragen werden, dass man sich bei der Formulierung von Widerrufsvorbehalten um ein erhöhtes Maß an Transparenz und Klarheit bemüht. Bereits nach bisheriger Rspr. musste der Widerrufsvorbehalt klar formu-

---

1 Weitere Beispiele: BAG v. 7.10.1982 – 2 AZR 455/80, DB 1983, 1368 (Entziehung des Verkaufsbezirks eines Außendienstmitarbeiters, dessen vom Verkaufsbezirk abhängige Provision 20 % seines Gesamteinkommens ausmachte); v. 13.5.1987 – 5 AZR 125/86, DB 1988, 183 (Widerruf von 19 % einer außertariflichen Leistungszulage); v. 15.11.1995 – 2 AZR 521/95, AP Nr. 20 zu 1 TVG – Tarifverträge: Lufthansa (Widerruf einer außertariflichen Zulage in Höhe von 15 % der Gesamtbezüge). |2 S. BAG v. 21.1.2003 – 9 AZR 546/01, NZA 2003, 879; vgl. zu den Formulierungen „ohne Anerkennung einer Rechtspflicht" und „jederzeit widerruflich" v. 23.10.2002 – 10 AZR 48/02, BB 2003, 369. |3 BAG v. 13.5.1987 – 5 AZR 125/86, DB 1988, 183; v. 15.11.1995 – 2 AZR 521/95, AP Nr. 20 zu § 1 TVG-Tarifverträge: Lufthansa; KR/*Rost*, § 2 KSchG Rz. 49; aA MünchArbR/*Hanau*, § 62 Rz. 108 f. |4 BAG v. 13.5.1987 – 5 AZR 125/86, NZA 1988, 95; v. 26.5.1992 – 9 AZR 174/91, NZA 1993, 67; v. 7.10.1982 – 2 AZR 455/80, NJW 1983, 2284. |5 BAG v. 7.1.1971 – 5 AZR 92/70, DB 1971, 392. |6 KR/*Rost*, § 2 KSchG Rz. 107a ff., insb. Rz. 107 d; v. Hoyningen-Huene/*Linck*, § 2 KSchG Rz. 72 ff. |7 BAG v. 30.8.1972 – 5 AZR 140/72, DB 1973, 480; strenger bei der Änderungskündigung BAG v. 20.1.2000 – 2 ABR 40/99, NZA 2000, 592: „Die Gleichbehandlung mit anderen Arbeitnehmern stellt kein dringendes betriebliches Erfordernis iSv. § 1 Abs 2 Satz 1 KSchG dar, das die Verschlechterung im Wege der Änderungskündigung bedingen kann." |8 BAG v. 13.5.1987 – 5 AZR 125/86, NZA 1988, 95. |9 *Däubler*, NZA 2001, 1329 (1336). |10 *Gotthardt*, Schuldrechtsreform, Rz. 263, der allerdings zugleich darauf hinweist, dass die Fragen der Zumutbarkeit und unangemessenen Benachteiligung nah beieinander liegen; wohl auch *Preis*, Der Arbeitsvertrag, 2002, II V 70, Rz. 43. |11 In diesem Sinne *Preis*, Der Arbeitsvertrag, II V 70, Rz. 43; aA *Lingemann*, NZA 2002, 181 (190) (keine „weiter gehende materielle Kontrolle"); *Annuß*, BB 2002, 458 (462) hält eine Änderung der bisherigen Praxis für „zweifelhaft", sieht aber dennoch ein Bedürfnis für eine Kontrolle von Änderungsvorbehalten am Maßstab des § 308 Nr. 4.

liert sein[1]. Von Interesse ist in diesem Zusammenhang vor allem die Frage, ob eine Angabe der Widerrufgründe nunmehr zu verlangen ist[2]. Im Rahmen von § 308 Nr. 4 ist nach der Rspr. der allgemeinen Zivilgerichte der bloße Vorbehalt zumutbarer Änderungen ebenso unzulässig[3] wie eine lediglich auf „zwingenden betrieblichen Anlass" abstellende Klausel[4]. Der Änderungsvorbehalt muss möglichst genau konkretisiert werden. **Arbeitsrechtliche Besonderheiten**, die einer grundsätzlichen Übertragung dieser Rspr. auf den Arbeitsvertrag entgegenstehen könnten, sind nicht ersichtlich. Eine unbesehene Übertragung der in der Vergangenheit zur Vorgängernorm des § 308 Nr. 4 ergangenen Judikate lässt sich damit allerdings nicht rechtfertigen. Letztlich entscheidend ist stets eine **Interessenabwägung**. Diese ist neben dem Interesse des ArbN daran zu erkennen, welche Leistung in welchem Fall von dem Widerruf betroffen ist, auch das arbeitgeberseitige Interesse an einer Flexibilisierung der Entlohnungsstrukturen einzustellen. Klar in der Klausel zum Ausdruck zu bringen ist deshalb die Leistung, auf die sich der Widerruf beziehen soll; das ArbN-Interesse überwiegt insofern. An die Konkretisierung des Widerrufsgrundes sind dagegen keine übermäßig strengen Anforderungen zu stellen. Ausschlaggebend wird die Bedeutung der fraglichen Leistung für den ArbN sein müssen[5]: Bei nicht im Gegenseitigkeitsverhältnis stehenden Zusatzleistungen reichen sachliche Gründe. Es besteht lediglich ein Willkürverbot. Strengere Anforderungen sind dagegen an einen Widerrufsvorbehalt zu stellen, der einen Teil der Vergütungspflicht betrifft. Als ausreichend sind zumindest solche Gründe anzusehen, die auch eine betriebsbedingte Kündigung rechtfertigen würden. Die Angabe von „zwingenden" oder „dringenden" betrieblichen Gründen ist damit im Arbeitsrecht ausreichend.

d) Teilbefristung. Ein weiteres Instrument zur Flexibilisierung der Arbeitsbedingungen ist die Teilbefristung. Bei ihr entfällt der entsprechende Vertragsbestandteil mit Zeitablauf **automatisch**. Die Teilbefristung ist zur Flexibilisierung insofern weniger als ein Freiwilligkeits- oder Widerrufvorbehalt geeignet, als bereits bei Vertragsschluss die Geltungsdauer der befristeten Arbeitsbedingung oder Gehaltszulage festgelegt werden muss. Anderseits ist eine Teilbefristung nach Ansicht des BAG im Gegensatz zum Widerrufsvorbehalt auch dann zulässig, wenn in den Kernbereich des Arbeitsverhältnisses eingegriffen wird. Erforderlich sei in diesem Fall allerdings ein **sachlicher Grund** für die Befristung, sofern bei unbefristeter Änderung der neuen Arbeitsbedingungen dem gesetzlichen Änderungskündigungsschutz unterliegen würden[6]. Einen Eingriff in den Kernbereich hat das BAG anders als bei einer Befristung, die den Umfang der Arbeitszeit regelt, bei einer befristeten übertariflichen Zulage in Höhe von 15 % der Gesamtvergütung verneint. Hier liege ein Eingriff, der das Gleichgewicht zwischen Leistung und Gegenleistung grundlegend stört, nicht vor, denn dem ArbGeb verbleibe ja sein Tarifanspruch, den die TV-Parteien als angemessene Gegenleistung für die Tätigkeit des ArbN ausgehandelt haben[7]. 516

Neuere Entscheidungen scheinen einen sachlichen Grund auch für Befristungen zu verlangen, die nicht in den Kernbereich eingreifen. Die wiederholt zu findende Formulierung deutet zumindest für die zukünftige Rspr. in diese Richtung: „[D]ie Befristung einzelner Vertragsbedingungen ... bedarf ... eines die Befristung rechtfertigenden Sachgrundes ... Das gilt jedenfalls für solche Vertragsbedingungen, die im Fall der unbefristeten Vereinbarung dem Änderungskündigungsschutz nach § 2 KSchG unterlägen, weil sie die Arbeitspflicht nach Inhalt und Umfang in einer Weise ändern, die sich unmittelbar auf die Vergütung auswirkt und damit das Verhältnis von Leistung und Gegenleistung maßgeblich beeinflussen"[8]. Dementsprechend wurde eine befristeten Erhöhung der Wochenstundenzahl von 19 auf 25 Stunden, bzw. die Aufstockung des Teilzeitarbeitsverhältnisses auf ein Vollzeitarbeitsverhältnis als unwirksam gewertet[9]. Klargestellt hat das BAG demgegenüber, dass die Befristung einzelner Arbeitsvertragsbedingungen nicht auf die Möglichkeit der sachgrundlosen Befristung nach dem BeschFG gestützt werden kann[10]. 517

Für die **Prüfung des sachlichen Grundes** ist die individuelle soziale Schutzbedürftigkeit des ArbN ohne Bedeutung. Die Anforderungen der arbeitsgerichtlichen Befristungskontrolle bestimmen sich nicht nach einem unterschiedlichen Schutzbedürfnis der betroffenen ArbN. Das gilt auch für die Prüfung der sachlichen Rechtfertigung befristeter Vertragsänderungen, die der arbeitsgerichtlichen Befristungskontrolle unterliegen. Auch deren sachliche Rechtfertigung ist nach dem konkreten Inhalt der vorübergehenden Vertragsänderung und den Wertungsmaßstäben des zu ihrer Rechtfertigung angeführten Sachgrundes zu beurteilen[11]. 518

---

1 S. BAG v. 23.10.2002 – 10 AZR 48/02, DB 2003, 286: Die Bezeichnung von Zuwendungen als „freiwillige Sozialleistung" lässt idR nicht den Schluss zu, die entsprechende Zusage des ArbGeb stehe unter einem Widerrufsvorbehalt. |2 S. bereits *Preis*, Grundfragen der Vertragsgestaltung im Arbeitsrecht, 1993, S. 426; dagegen *Lingemann*, NZA 2002, 181 (191). |3 BGH v. 20.1.1983 – VII ZR 105/81, NJW 1983, 1322. |4 KG v. 28.5.1997, Kart U 5068/96, NJW 1998, 829. |5 Dazu auch *Preis*, Der Arbeitsvertrag, II V 70 Rz. 49 ff. |6 BAG v. 4.6.2003 – 7 AZR 406/02, AP Nr. 1 zu § 17 TzBfG; v. 4.6.2003 – 7 AZR 159/02, EzA Nr. 7 zu § 620 BGB 2002. |7 BAG v. 21.4.1993 – 7 AZR 297/92, NZA 1994, 476. |8 BAG v. 23.1.2002 – 7 AZR 563/00, NZA 2003, 104; v. 15.4.1999 – 7 AZR 734/97, AP Nr. 18 zu § 2 BAT SR 2y; v. 29.9.1999 – 7 AZR 205/98, nv. (juris), zu I d.Gr.; v. 9.8.2000 – 7 AZR 823/98, nv. (juris), zu I d.Gr.. Aus ErfK/*Preis*, §§ 305–310 BGB Rz. 73; ArbR-BGB/*Schliemann*, § 611 BGB Rz. 543. |9 BAG v. 24.1.2001 – 7 AZR 208/99, ZTR 2001, 375; s. auch BAG v. 9.8.2000 – 7 AZR 823/98, nv. (juris). |10 BAG v. 23.1.2002 – 7 AZR 563/00, NZA 2003, 104; s. vorher bereits BAG v. 24.1.2001 – 7 AZR 208/99, EzA § 620 BGB Nr. 173. |11 BAG v. 15.4.1999 – 7 AZR 734/97, DB 1999, 1963; v. 10.8.1994 – 7 AZR 695/93, AP Nr. 162 zu § 620 BGB – Befristeter Arbeitsvertrag.

519 3. **Ablösung des Arbeitsvertrags durch BV und TV. a) Grundsatz: Günstigkeitsprinzip.** Gemäß § 4 Abs. 3 TVG sind Abmachungen, die von einem TV abweichen, nur zulässig, soweit sie durch den TV gestattet sind oder eine Änderung der Regelungen zugunsten des ArbN enthalten. Das heißt im Gegenschluss, dass auch ein TV abweichende arbeitsvertragliche Vereinbarungen, die für den ArbN günstiger sind, nicht ersetzen kann. Dies folgt schon aus dem Zweck der Tarifmacht, die Unterlegenheit der ArbN in den Vertragsverhandlungen auszugleichen. Dies schließt es aus, das Institut des TV zur Verschlechterung der individualvertraglichen Vereinbarungen zu nutzen[1]. Damit sind TV, die individualvertragliche Ansprüche des ArbN verschlechtern, grundsätzlich unzulässig. Eine **Ausnahme** dürfte dann gelten, wenn der Arbeitsvertrag ausdrücklich auch eine Verdrängung durch ungünstigere TV gestattet. Praktische Beispiele hierfür sind bislang selten, finden sich aber in bestimmten Grenzen für wieder in den Arbeitsprozess eingegliederte Langzeitarbeitslose.

520 Der Gesetzgeber hat das Verhältnis von **Arbeitsvertrag und BV** nur einseitig ausdrücklich geregelt: Gemäß § 77 Abs 4 BetrVG gelten BV unmittelbar und zwingend; werden ArbN durch die BV Rechte eingeräumt, so ist der Verzicht auf sie nur mit Zustimmung des BR zulässig. Ungeregelt blieb die Frage, inwieweit ein Arbeitsvertrag zugunsten des ArbN von der BV abweichen darf. Die allgemeine Meinung schon seit Zeiten des BetrVG 1952 ergänzt die gesetzliche Regelung durch das Günstigkeitsprinzip und argumentiert *ex contrario*: „Bestimmungen einer BV sind nur einseitig zwingend und haben zugunsten der ArbN stets dispositiven Charakter"[2].

521 Das **Günstigkeitsprinzip** sichert nicht nur den Bestand der BV gegenüber individualvertraglichen Eingriffen, sondern umgekehrt auch den Individualvertrag von Eingriffen durch BV. Damit sind Arbeitsvertragsregelungen grundsätzlich vor einer Ablösung oder Verschlechterung durch BV geschützt[3]. Hierzu gibt es zwei Ausnahmen: Bei der einen gilt das sog. kollektive Günstigkeitsprinzip, bei der anderen das Ablöseprinzip; hierzu im Folgenden (Rz. 52 ff.).

522 b) **Ausnahme: Ablösung nach dem kollektiven Günstigkeitsprinzip.** Das Günstigkeitsprinzip wird bei der BV nur dort eingeschränkt, wo der arbeitsvertraglich eingeräumte Anspruch selber kollektiven Charakter hat, weil er nach allgemeinen Regeln für mehrere ArbN(-Gruppen) begründet wurde. Auch hier gilt entgegen älterer Rspr. des BAG nicht das Ablöseprinzip, jedoch wird bei solchen kollektiven Tatbeständen das Günstigkeitsprinzip zum kollektiven Günstigkeitsprinzip modifiziert. Grundlage hierfür ist die Entscheidung des Großen Senats des BAG vom 16.9.1986, die in der Folgezeit bestätigt und weiter ausformuliert wurde[4].

523 aa) **Kollektiver Tatbestand.** Ein kollektiver Tatbestand, der eine Abweichung vom auf den einzelnen Arbeitsvertrag bezogenen Günstigkeitsprinzip rechtfertigt, liegt den arbeitsvertraglichen Einheitsregelungen, der Gesamtzusage und der betrieblichen Übung zugrunde. Die Besonderheiten der Begründung dieser Ansprüche haben keinen Einfluss auf deren Rechtsnatur; sie bleiben vertragliche Ansprüche[5]. Anders als bei anderen arbeitsvertraglichen Regelungen stehen hier jedoch die den einzelnen ArbN zukommenden Leistungen untereinander in einem Bezugssystem, das auf zwei Grundentscheidungen des ArbGeb beruht: der Entscheidung über die Höhe der einzusetzenden finanziellen Mittel und der Bestimmung der Verteilungsgrundsätze. Daher dürfen bei der Anwendung des Günstigkeitsprinzips nicht die jeweils einzelnen Ansprüche verglichen werden, die den von der vertraglichen Regelung begünstigten und von der nachfolgenden BV benachteiligten ArbN zustehen, sondern der Blick auf die Gesamtheit der Leistungen des ArbGeb, die aus einem bestimmten Anlass oder Zweck gewährt werden. Diese Gesamtsumme ist nach Abschluss einer BV vergleichsweise gegenüberzustellen. Nur dies entspricht dem Schutzzweck des Günstigkeitsprinzips.

524 Die **Kritik des Schrifttums** an dieser Einschränkung des Günstigkeitsprinzips hat die Rspr. bislang nicht beeinflussen können[6]. Dies wird vor allem auch darin seinen Grund haben, dass anderenfalls das Rechtsinstitut der arbeitsvertraglichen Einheitsregelung weitgehend leer laufen würde, wäre doch zumindest dort, wo ein Widerrufsvorbehalt fehlt, eine Anpassung in Zukunft nur nach oben möglich[7]. Dementsprechend führen andere Auffassungen im Schrifttum oftmals zum selben Ergebnis: So wird teilweise die Zulässigkeit einer Umstrukturierung nicht mit dem kollektiven Günstigkeitsvergleich begründet, sondern damit, dass sich diese Ablösbarkeit unmittelbar aus dem Mitwirkungsbereich des BR herleitet[8], oder etwa bei auf lange Dauer angelegten Sozialleistungen regelmäßig ein konkludenter Vorbehalt hinsichtlich einer Ablösung durch BV enthalten sei[9]. Die Begründungsunterschiede führen nicht zu unterschiedlichen Ergebnissen; die Praxis kann bis auf weiteres von der Zulässigkeit umstrukturierender BV ausgehen.

---

1 Vgl. auch *Löwisch/Rieble*, § 4 TVG Rz. 158. | 2 Vgl. BAG v. 16.9.1986 – GS 1/82, AP Nr. 17 zu § 77 BetrVG 1972; v. 7.11.1989 – GS 3/85, AP Nr. 46 zu § 77 BetrVG 1972; *Richardi*, § 77 BetrVG Rz. 134. | 3 BAG v. 16.9.1986 – GS 1/82, AP Nr. 17 zu § 77 BetrVG 1972; v. 7.11.1989 – GS 3/85, AP Nr. 46 zu § 77 BetrVG 1972 mwN. | 4 BAG v. 16.9.1986 – GS 1/82, AP Nr. 17 zu § 77 BetrVG 1972; v. 7.11.1989 – GS 3/85, AP Nr. 46 zu § 77 BetrVG 1972. | 5 Zu den Besonderheiten bei der dogmatischen Einordnung der betrieblichen Übung vgl. Rz. 228. | 6 Vgl. Nachw. bei GK-BetrVG/*Wiese*, § 77 Rz. 221; *Zöllner/Loritz*, Arbeitsrecht, § 6a II 2b, S. 86. | 7 So bereits BAG v. 16.9.1986 – GS 1/82, AP Nr. 17 zu § 77 BetrVG 1972. | 8 *Richardi*, NZA 1987, 185 (190); s. aber *Richardi*, § 77 BetrVG Rz. 140 f. | 9 *Löwisch*, SAE 1987, 185 (186).

Die **Grenzen**, innerhalb derer das kollektive Günstigkeitsprinzip Anwendung findet, bleiben allerdings unklar. Die grundlegende Entscheidung des Großen Senats von 1986 bezog sich auf eine BV, die eine Jubiläumssonderzuwendung regelte. In den Entscheidungsgründen und Leitsätzen wurde verallgemeinert von Sozialleistungen gesprochen[1]. In seiner Entscheidung von 1989 stellte der Große Senat fest, dass bei Abreden über das Ende des Arbeitsverhältnisses mit Erreichen einer bestimmten Altersgrenze kein kollektiver Günstigkeitsvergleich vorgenommen werden dürfe[2]. Daraus hat das Schrifttum geschlossen, dass generell der kollektive Günstigkeitsvergleich auf Sozialleistungen beschränkt bleibt und nicht für Ansprüche auf das eigentliche Arbeitsentgelt gilt sowie für ähnlich gewichtige Regelungen, die den Inhalt des Arbeitsverhältnisses bestimmen[3]. Die besseren Gründe scheinen für eine vorsichtigere Eingrenzung zu sprechen: Tragendes Argument der Rspr. ist, dass die kollektiven Voraussetzungen und ein Verteilungsplan das Bild einer vertraglichen Einheitsregelung bestimmen[4]. Die Gründe, dann eine solche Leistung abzuändern, entstammen nicht dem einzelnen Arbeitsverhältnis, sondern beruhen auf generellen Maßstäben. Dementsprechend wird man auch übertarifliche Zulagen dem kollektiven Günstigkeitsvergleich unterstellen können, denn auch wird oftmals ein ähnlicher Bezug der Einzelleistungen zur Gesamtleistung vorhanden sein. 525

bb) Modifizierter Günstigkeitsvergleich. Ist das kollektive Günstigkeitsprinzip anwendbar, so können die Inhaltsnormen einer nachfolgenden BV die vertraglich begründeten Ansprüche des ArbN einschränken, wenn die Neuregelung insgesamt bei **kollektiver Betrachtung** keine Nachteile für die Belegschaft zur Folge hat. Unzulässig bleibt also die BV, die eine Leistung abbauen will; zulässig ist allein die BV, die das Leistungsvolumen insgesamt unangetastet lässt und einzig eine neue Verteilung unter den ArbN anstrebt. Wenn die geplanten Aufwendungen des ArbGeb konstant bleiben oder erweitert werden sollen, steht also das Günstigkeitsprinzip einer Neuregelung nicht entgegen, selbst wenn einzelne ArbN dadurch schlechter gestellt werden. 526

Der Eingriff in die Rechtsposition des einzelnen ArbN ist jedoch nicht unbegrenzt. Innerhalb der **Grenzen**, die den Parteien einer BV durch das kollektive Günstigkeitsprinzip gezogen sind, können sie nicht schrankenlos in Besitzstände der ArbN eingreifen. Alle Eingriffe müssen den Grundsatz der Verhältnismäßigkeit wahren; sie müssen am Zweck der Maßnahme gemessen geeignet, erforderlich und proportional sein. Insoweit gelten für die umstrukturierenden BV dieselben Grundsätze wie für die Ablösung einer BV durch eine zeitlich nachfolgende BV (s. Rz. 533). Auch wenn eine BV durch eine andere BV mit dem gleichen Regelungsgegenstand abgelöst wird, wenn also nicht das Günstigkeitsprinzip eingreift, sondern die spätere Regelung grundsätzlich die frühere Regelung verdrängt, bleiben die Besitzstände der betroffenen ArbN nicht schutzlos. Das gilt auch hier, wenn auch Rspr. des BAG fehlt, die für die Ablösung arbeitsvertraglicher Einheitsregelungen und Gesamtzusagen eine Konkretisierung der Billigkeit vorgibt. 527

c) Betriebsverfassungswidrige Einheitsregelung und betriebsvereinbarungsoffener Arbeitsvertrag – Ablöseprinzip. Es verbleiben zwei Ausnahmen, in denen zwischen arbeitsvertraglicher Regelung und BV das Ablöseprinzip greift, ein Günstigkeitsvergleich zwischen der vorangegangen und der künftigen Leistung also nicht geboten ist: 528

Durch BV kann in einzelvertragliche Rechte zu Lasten des ArbN eingegriffen werden, wenn die Einzelarbeitsverträge unter dem **Vorbehalt einer ablösenden BV** stehen, sie also „betriebsvereinbarungsoffen" sind[5]. Die Arbeitsvertragsparteien haben hier selbst die Abänderung durch die Betriebspartner gestattet. Der Umfang der Änderungsbefugnis richtet sich dann nicht nach dem Günstigkeitsvergleich, sondern nach der Auslegung der die Änderungen gestattenden Vereinbarungen. 529

Der Ablösungsgrundsatz gilt auch, wenn der BR einer Gesamtzusage oder arbeitsvertraglichen Einheitsregelung nicht zugestimmt hat, etwa in Form einer Regelungsabrede. Die Arbeitsverträge wurden dann unter **Verletzung des MitbestR** des BR gemäß § 87 Abs. 1 Nr. 10 BetrVG abgeschlossen. Weil eine mitbestimmungswidrige Gesamtzusage nach der ständigen Rspr. des BAG unwirksam ist und auch unter dem Gesichtspunkt des Vertrauensschutzes keine Ansprüche für kommende Bezugszeiträume begründen kann (s. § 87 BetrVG Rz. 38), kann sich der ArbGeb ohne weiteres für die Zukunft hiervon lösen. Die Tatsache, dass eine Gesamtzusage als freiwillige ArbGebLeistung nur teilweise mitbestimmungspflichtig ist, ändert daran nichts. Denn wenn die mitbestimmungspflichtige Ausgestaltung unwirksam ist, weil sie mitbestimmungswidrig erfolgte, schlägt diese Unwirksamkeit auf die Leistungsgewährung insgesamt durch, da keine Leistungsgewährung ohne Ausgestaltung denkbar ist, jegliche Gewährung ohne Zustimmung des BR insgesamt also mitbestimmungswidrig erfolgen würde. Daher hat auch das BAG im Ergebnis zu Recht festgestellt, dass der vom ArbGeb vorgesehene Dotierungsrahmen einer freiwilligen Sozialleistung überschritten werden kann, wenn sich bei einer erstmali- 530

---

1 BAG v. 16.9.1986 – GS 1/82, AP Nr. 17 zu § 77 BetrVG 1972 insb. Leitsatz 1. | 2 BAG v. 7.11.1989 – GS 3/85, AP Nr. 46 zu § 77 BetrVG 1972. | 3 *Fitting*, § 77 BetrVG Rz. 166 ff.; GK-BetrVG/*Kreutz*, § 77 Rz. 221; *Richardi*, § 77 BetrVG Rz. 144. | 4 BAG v. 7.11.1989 – GS 3/85, AP Nr. 46 zu § 77 BetrVG 1972. | 5 So bereits BAG v. 12.8.1982 – 6 AZR 1117/79, AP Nr. 4 zu § 77 BetrVG.

gen Vereinbarung mit dem BR der finanzielle Dotierungsaufwand dadurch erhöht, dass der ArbGeb zuvor bei der Verteilung von Sonderleistungen das MitbestR des BR rechtswidrig missachtet hat[1].

531 **d) Geltung des kollektiven Günstigkeitsprinzip auch für TV?** Ob das **kollektive Günstigkeitsprinzip**, das BV die Ablösung kollektiver Arbeitsvertragsvereinbarungen auch zu Lasten des einzelnen ArbN gestattet, auch auf TV Anwendung findet, ist umstritten. Neuere instanzgerichtliche Rspr. lehnt dies klar ab[2]. Das BAG hielt es aber für zulässig, dass Versorgungszusagen, die auf einer betrieblichen Einheitsregelung beruhen, durch einen FirmenTV geändert werden, wenn in dem TV die vertraglich bereits erworbenen Rechte aufrechterhalten und die Leistungen insgesamt verbessert werden[3]. Weiter gehende Stellungnahmen zur Wirksamkeit eines „ablösenden TV" fehlen bislang. Teilweise geht das Schrifttum noch über die Geltung des kollektiven Günstigkeitsprinzips hin zum reinen Ablöseprinzip hinaus, eingeschränkt nur durch den Schutz unverfallbarer Rechte und Anwartschaften des ArbN: Zwischen vorangegangenem und nachfolgendem TV gelte die *lex posterior*-Regel; die allgemeinen Arbeitsbedingungen kollektiven Charakters könnten aber keinen stärkeren Schutz beanspruchen nur weil sie vom ArbGeb einseitig gewährt wurden[4]. In der Rspr. sind bislang keine Anzeichen ersichtlich, diesem Weg zu folgen, und zwar zu Recht: Das Günstigkeitsprinzip des § 4 Abs 3 TVG schaut auf den einzelnen ArbN, eine kollektive Betrachtungsweise wie im Betriebsverfassungsrecht scheidet schon dadurch aus, dass hier das Kollektiv nicht gesetzlich vorgegeben ist (Betriebsgemeinschaft), sondern durch die Parteien eines TV jeweils neu festgelegt wird (fachlicher/betrieblicher/personeller Anwendungsbereich). Vergleichbarkeiten zur BV bestehen hier insoweit allenfalls beim FirmenTV. Auch hier erfassen die tarifvertraglichen Inhaltsnormen aber nur die organisierten ArbN, nicht die ganze betriebliche Gemeinschaft. Die betroffenen ArbN-Gruppen sind damit weder tatsächlich noch rechtlich ein Kollektiv, das ein kollektives Günstigkeitsprinzip rechtfertigen würde. Dem einzelnen ArbN daher zugunsten anderer ein Opfer abzuverlangen, hat keine rechtliche und keine tatsächliche Grundlage.

532 **4. Änderung einer BV.** Die Möglichkeiten, eine BV abzuändern, unterscheiden sich nach deren Rechtmäßigkeit. Gemäß § 77 Abs 3 BetrVG können Arbeitsentgelte und sonstige Arbeitsbedingungen, die durch TV geregelt sind oder üblicherweise geregelt werden, nicht Gegenstand einer BV sein, wenn nicht ein TV den Abschluss ergänzender BV ausdrücklich zulässt. Der Wortlaut des § 77 Abs 3 BetrVG ist umfassend, denn „Arbeitsbedingung" ist alles, was Bedingung für ein Arbeitsverhältnis ist, was also in irgendeiner Weise Einfluss darauf ausübt; das gilt für jede BV zumindest mittelbar. Es werden jedoch verschiedene Einschränkungen des Wortlauts im Schrifttum vorgeschlagen, die unterschiedliche Resonanz in der Rspr. gefunden haben, insb. im Hinblick auf zwingend mitbestimmte Bereiche (s. Vorrangtheorie).

533 **a) Änderung zulässiger BV.** Die Ablösung einer BV durch eine nachfolgende BV ist grundsätzlich unbeschränkt zulässig; nur für bestimmte BV setzt der Vertrauensschutz Grenzen. Grundsätzlich gilt zwischen zwei BV die Zeitkollisionsregel. Die Nachfolgende löst die vorangegangene ab: *lex posterior derogat legi priori*[5]. Dabei kann die ablösende BV für die ArbN günstiger, grundsätzlich aber auch ungünstiger sein[6].

534 In seiner grundlegenden Entscheidung für Ablösungen arbeitsvertraglicher Einheitsregelungen durch eine nachfolgende BV hat der Große Senat des BAG auch zur Ablösung einer BV durch eine nachfolgende BV Stellung genommen: Sie muss den Grundsatz der Verhältnismäßigkeit und des Vertrauensschutzes beachten[7]. Danach ist nur ein abgestufter Eingriff in erworbene Besitzstände zulässig. Dies hat zu umfangreicher Judikatur im Bereich der **betrAV** geführt[8]. Dort gilt das **sog. Drei-Stufen-Modell**: Für den Schutz vor Änderung laufender Leistungen und von Versorgungsanwartschaften, welche die Höhe oder Dynamisierung der Betriebsrente neu regeln[9].

535 Auch **rückwirkend verschlechternde BV** sind nicht per se unzulässig[10]. Da der ArbN grundsätzlich jedoch keine rückwirkende Verschlechterung erwartet, setzt hier der Grundsatz des Vertrauensschutzes noch engere Grenzen. Es ist erforderlich, dass der ArbN mit einer verschlechternden Änderung der BV rechnen musste. Dies ist insb. der Fall, wenn eine bisher bestehende BV gekündigt wurde und die

---

1 BAG v. 14.6.1994 – 1 ABR 63/93, AP Nr. 69 zu § 87 BetrVG 1972 – Lohngestaltung mit allerdings wenig dogmatischer Begründung, vgl. unter I. d.Gr. | 2 LAG Hamburg v. 20.12.1994 – 3 Sa 55/94, LAGE § 4 TVG – Günstigkeitsprinzip Nr. 4; zust. ErfK/*Preis*, § 611 BGB Rz. 290. | 3 BAG v. 16.2.1993 – 3 ABR 29/92, AP Nr. 19 zu § 87 BetrVG 1972 – Altersversorgung. | 4 So *Gamillscheg*, Kollektives Arbeitsrecht Bd. 1, S. 860 f. | 5 So auch zum Ablösungs- bzw Ordnungsprinzip, BAG v. 17.3.1987 – 3 AZR 64/84, AP Nr. 9 zu § 1 BetrAVG – Ablösung, unter I 3 c d.Gr.; v. 22.5.1990 – 3 AZR 128/89, AP Nr. 3 zu § 1 BetrAVG – Betriebsvereinbarung, unter 1 b d.Gr. S. auch *Richardi*, § 77 BetrVG Rz. 159; *Fitting*, § 77 BetrVG Rz. 163. | 6 Vgl. BAG v. 16.9.1986 – GS 1/82, AP Nr. 17 zu § 77 BetrVG 1972; v. 21.9.1989 – 1 AZR 454/88, AP Nr. 43 zu § 77 BetrVG 1972; v. 29.10.2002 – 1 AZR 573/01, DB 2003, 455. | 7 BAG v. 16.9.1986 – GS 1/82, AP Nr. 17 zu § 77 BetrVG 1972. | 8 BAG v. 22.5.1990 – 3 AZR 128/89, AP Nr. 3 zu § 1 BetrAVG – Betriebsvereinbarung; v. 23.10.1990 – 3 AZR 260/89, AP Nr. 13 zu § 1 BetrAVG – Ablösung; v. 9.4.1991 – 3 AZR 194/90, AP Nr. 15 zu § 1 BetrAVG – Ablösung; v. 24.8.1993 – 3 AZR 313/93, AP Nr. 19 zu § 1 BetrAVG – Ablösung; v. 16.7.1996 – 3 AZR 398/95, AP Nr. 21 zu § 1 BetrAVG – Ablösung. |9 Vgl. BAG v. 16.7.1996 – 3 AZR 398/95, AP Nr. 21 zu § 1 BetrAVG – Ablösung. | 10 Vgl. BAG v. 8.3.1977 – 1 ABR 33/75, AP Nr. 1 zu § 87 BetrVG 1972 – Auszahlung; v. 19.9.1995 – 1 AZR 208/95, AP Nr. 61 zu § 77 BetrVG 1972; s auch *Richardi*, § 77 BetrVG Rz. 119 f.; *Fitting*, § 77 BetrVG Rz. 38; im Erg. ebenso GK-BetrVG/*Kreutz*, § 77 Rz. 166 f.

nachfolgende Vereinbarung rückwirkend auf den Zeitpunkt dieser Kündigung in Kraft gesetzt wird[1]. Daneben wird man die Kriterien des BVerfG zur Rechtmäßigkeit rückwirkender staatlicher Gesetze heranziehen können. Allerdings ist die privatautonome Rechtsetzung der Betriebsparteien nicht wesensgleich mit der staatlichen, jedoch hat sich das BAG beim rückwirkenden TV dem BVerfG angenähert[2]. Das Gleiche dürfte damit auch für die rückwirkende BV gelten. Eine rückwirkende Verschlechterung ist generell ausgeschlossen für ArbN, die zwischenzeitlich den **Betrieb verlassen** haben[3], denn auf diese ArbN erstreckt sich die Regelungsmacht der Betriebspartner nicht mehr.

b) Umdeutung unzulässiger BV. Rechtswidrige BV, dh. insb. solche, die gegen die Regelungssperren des § 77 Abs 3 BetrVG verstoßen, sind nichtig und damit unwirksam[4]. Jedes nichtige Rechtsgeschäft kann jedoch gemäß § 140 umgedeutet werden in ein anderes Rechtsgeschäft, wenn anzunehmen ist, dass dessen Geltung bei Kenntnis der Nichtigkeit gewollt ist. Inwieweit eine nichtige BV in inhaltsgleiche individualvertragliche Vereinbarungen umgedeutet werden kann, ist strittig. Die Rspr. verlangt hierfür besondere tatsächliche Umstände, die einen entsprechenden Verpflichtungswillen des ArbGeb erkennen lassen. Ansonsten könne nicht davon ausgegangen werden, dass der ArbGeb sich unabhängig von der Regelungsform binden will[5]. 536

Ist die BV nicht umzudeuten, dann bleibt es bei der **Nichtigkeit**. Der ArbGeb kann sich mit sofortiger Wirkung von ihr lösen[6]. Rückforderungen für die Vergangenheit werden weitgehend ausgeschlossen sein, da hier (jedenfalls soweit die BV nicht durch Spruch der Einigungsstelle zustande gekommen ist) die Regeln des faktischen Arbeitsverhältnisses Anwendung finden. Rspr. hierzu fehlt freilich[7]. 537

5. Änderung eines TV. Grundsätzlich gilt für das Verhältnis zweier aufeinander folgender TV die Zeitkollisionsregel. Der nachfolgende Vertrag löst den vorangegangenen ab, ohne dass es auf einen Günstigkeitsvergleich oder eine Angemessenheit der Änderung ankäme[8]. Probleme bereitet hier jedoch insb. die **Anrechnung übertariflicher Entgelte** sowie **rückwirkende Änderungen des TV**. 538

a) Anrechnung übertariflicher Entgelte. Sollen übertarifliche Zulagen unabhängig von einer Tariflohnerhöhung gekürzt oder gänzlich gestrichen werden, bedarf es hierzu eines Widerrufsvorbehalts (s. dazu Rz. 511 ff.). Geht es jedoch nur um eine Anrechnung auf eine Tariflohnerhöhung und damit insgesamt nicht um eine Entgeltminderung, sondern nur um eine Minderung der Entgelterhöhung, ist der Gestaltungsspielraum des ArbGeb größer. Individualvertraglich ist hier eine Anrechnung **grundsätzlich zulässig**, denn im Zweifel ist davon auszugehen, dass die Arbeitsvertragsparteien die Anrechnung von übertariflichen Zulagen zulassen wollten[9]. Daneben kann der Arbeitsvertrag ausdrücklich die Anrechnung vorsehen, etwa wenn sie lediglich als Zulage zum „augenblicklichen Tariflohn" gewährt wird[10]. Die Grundsätze zur Anrechenbarkeit von Tarifgehaltserhöhungen auf übertarifliche Entgelte sind nach der Rspr. auch dann anzuwenden, wenn eine Erhöhung für bei Tarifabschluss zurückliegende Monate nicht prozentual, sondern durch als **Einmalzahlungen** bezeichnete, für alle ArbN gleich hohe monatliche Pauschalbeträge erfolgt[11]. Ob an diesen Grundsätzen freilich auch noch nach der Schuldrechtsreform in Anbetracht des Transparenzgebots nach § 307 Abs. 1 Satz 2 festgehalten werden kann, wird bezweifelt[12]. 539

Auf der anderen Seite kann sich die Nichtanrechnung aus der **Formulierung der Zulage**, ihrem Zweck oder der bisherigen betrieblichen Übung ergeben. Heißt es in der Vereinbarung der Zulage ausdrücklich, dass sie auch zusätzlich zu zukünftigen Tariflohnerhöhungen gewährt werde, so scheidet eine Anrechnung grundsätzlich aus. Dies gilt lediglich dann nicht, wenn der TV seinerseits die Anrechnung ausdrücklich erlaubt. Insofern fehlt es an einer Tariflohnerhöhung für den bisher über Tarif bezahlten ArbN. Das Günstigkeitsprinzip greift hier nicht, die Rspr. hat dies jedoch in älteren Entscheidungen 540

---

1 BAG v. 8.3.1977 – 1 ABR 33/75, AP Nr. 1 zu § 87 BetrVG 1972 – Auszahlung. | 2 Vgl. BAG v. 23.11.1994 – 4 AZR 879/93, AP Nr. 12 zu § 1 TVG – Rückwirkung. | 3 So bereits BAG v. 16.3.1956 – GS 1/55, AP Nr. 1 zu § 57 BetrVG; v. 30.1.1970 – 3 AZR 44/68, AP Nr. 142 zu § 242 BGB – Ruhegehalt; zum TV: v. 13.9.1994 – 3 AZR 148/94, AP Nr. 11 zu § 1 TVG – Rückwirkung; zust. *Fitting*, § 77 BetrVG Rz. 38; *Richardi*, § 77 BetrVG Rz. 119 ff. | 4 BAG v. 13.8.1980 – 4 AZR 325/78, AP Nr. 2 zu § 77 BetrVG 1972; v. 23.8.1989 – 5 AZR 391/88, AP Nr. 42 zu § 77 BetrVG 1972. Für das Schrifttum *Fitting*, § 77 BetrVG Rz. 86; GK-BetrVG/*Kreutz*, § 77 BetrVG Rz. 104, 46, dort auch zu anderen Nichtigkeitsgründen. | 5 Vgl. BAG v. 24.1.1996 – 1 AZR 597/95, AP Nr. 8 zu § 77 BetrVG 1972 – Tarifvorbehalt; v. 5.3.1997 – 4 AZR 532/95, AP Nr. 10 zu § 77 BetrVG 1972 – Tarifvorbehalt. | 6 GK-BetrVG/*Kreutz*, § 77 BetrVG Rz. 107; aA *Birk*, ZfA 1986, 73 (106): Auslauffrist von 3 Monaten analog § 77 Abs. 5 BetrVG. | 7 Vgl. *Fitting*, § 77 BetrVG Rz. 94; GK-BetrVG/*Kreutz*, § 77 Rz. 107; aA v. *Hoyningen-Huene*, DB 1994, Beilage Nr. 1, 11, der eine Rückabwicklung nach §§ 812 ff. befürwortet. | 8 BAG v. 16.12.1954 – 2 AZR 58/54, AP Nr. 2 zu § 52; v. 1.6.1970 – 3 AZR 166/69, AP Nr. 143 zu § 242 BGB – Ruhegehalt; Wiedemann/*Wank*, § 4 TVG Rz. 261; sowie bereits *Nipperdey*, FS Lehmann, 1937, S. 257 (264). | 9 BAG v. 9.12.1997 – 1 AZR 330/97, NZA 1998, 609; v. 3.6.1998 – 5 AZR 616/97, NZA 1999, 208; BAG v. 7.2.1996 – 1 AZR 657/95, NZA 1996, 832; Wiedemann/*Wank*, 6. Aufl. 1999, § 4 TVG Rz. 508; einschr. *Gamillscheg*, Kollektives Arbeitsrecht, Bd. 1 S. 865 f., der von einer Zweifelsregelung gegen die Anrechnung ausgeht. | 10 BAG v. 28.10.1964 – 4 AZR 266/63, DB 1965, 399; v. 9.12.1997 – 1 AZR 319/97, AP Nr. 11 zu § 77 BetrVG 1972 – Tarifvorbehalt. S. auch BAG v. 8.12.1982 – 4 AZR 481/80, EzA § 4 TVG – Tariflohnerhöhung Nr. 6. | 11 BAG v. 25.6.2002 – 3 AZR 167/01, NZA 2002, 1216 im Anschluss an BAG v. 14.8.2001 – 1 AZR 744/00, AP BetrVG 1972 § 77 – Regelungsabreden. | 12 ErfK/*Preis*, §§ 305–310 BGB Rz. 65.

abgelehnt, weil ein TV nur Mindestlöhne und keine Höchstlöhne festsetzen könne[1]. Das Schrifttum steht solchen Aufsaugungsklauseln demgegenüber zu Recht wohlwollender gegenüber[2]. Ausdrücklich die Aufrechnung ausschließen kann der TV jedenfalls nicht; die lange Zeit umstrittenen **Effektivklauseln** sind nach heute ganz hM unzulässig, sowohl als Effektivgarantieklausel (das bisher geleistete Entgelt soll im vollen Umfang Tariflohn werden), als auch als begrenzte Effektivklausel (die bisherigen übertariflichen Entgelte sollen als Bestandteil des Individualvertrags erhalten bleiben und der Tariflohnerhöhung, unabhängig von den Vorgaben des Arbeitsvertrages nicht mit ihnen verrechnet werden)[3]. Soweit im Schrifttum davon ausgegangen wird, dass die TV-Parteien jedoch eine Auslegungsregel hinsichtlich der arbeitsvertraglichen Regelung formulieren können, ist dies unzulässig: Die Auslegung des Arbeitsvertrags richtet sich nach dem Willen der vertragsschließenden Parteien. Wo die Klausel des TV dem entspricht, ist sie überflüssig, wo sie von ihr abweicht, ist sie keine Auslegungsregel mehr, sondern wäre eine Effektivklausel und daher unzulässig[4].

541 Leistungen, deren Zweck nicht auf eine bereits im TV entgoltene Tätigkeit gerichtet sind, sind nur anrechenbar, solange der ArbGeb sich eine Anrechnung oder einen Widerruf tatsächlich vorbehält[5]. Dementsprechend sind **Leistungserschwernis- oder Sozialzulagen** ebenso wie Zulagen, die die Abwanderung eines ArbN verhindern sollten, Treueurlaub oder Überstundenpauschalen tariffest[6]. Eine solche Zweckbestimmung ist als konkludentes Anrechnungsverbot zu deuten[7]. Gleiches hat die Rspr. für die Anrechnung eines Lohnausgleichs bei **Arbeitszeitverkürzung** entschieden[8]. Beim monatlich bemessenen Gehalt kann jedoch unter Tariflohnerhöhung nur die Erhöhung des monatlichen Entgeltbetrages zu verstehen sein, nicht die Folge einer durch Arbeitszeitverkürzung mit Lohnausgleich eingetretenen Erhöhung[9]. Generell dürfte danach zu unterscheiden sein, ob der Zweck der Zulage und der Zweck des erhöhten tarifvertraglichen Entgeltsbestandteils identisch sind (**Einheitsprinzip im Gegensatz zum Trennungsprinzip**)[10].

542 Inwieweit der Umstand, dass der ArbGeb in der **Vergangenheit** eine Zulage auf Tariflohnerhöhungen nicht angerechnet hat, ihn auch für die Zukunft bindet, ist umstritten. Vertreter des Schrifttums gehen davon aus, dass es hier zu einer **betrieblichen Übung** kommen kann und versuchen, die für dieses Rechtsinstitut herausgeformten Grundsätze auf die Frage der Anrechnung übertariflicher Entgelte zu übertragen[11]. Bei der betrieblichen Übung handelt es sich jedoch nur um die Weitergewährung in der Vergangenheit gewährter Leistungen, hier geht es um die Frage der Aufstockung, also um die Erhöhung des Leistungsumfangs. Die Gründe, auf denen die betriebliche Übung ruht (der Verwirkungsgedanke und der Vertrauensschutz), sind hierauf nicht übertragbar, denn ein Vertrauen auf eine Lohnsteigerung ist weniger schutzwürdig als das Vertrauen auf den Lohnbestand. Zu Recht geht die Rspr. daher davon aus, dass auch der ArbGeb, der bei Tariflohnerhöhungen mehrfach die Zulage nicht angerechnet hat, sich hierdurch nicht verpflichtet hat, dies auch in Zukunft so zu handhaben., s. auch Rz. 237 mit Nachweis der einschlägigen Rspr.

543 Kommt es entsprechend diesen Regeln zu einer Anrechnung, unterliegt diese nach richtiger Auffassung **keiner Billigkeitskontrolle** nach § 315 Abs. 1. Anders als beim Widerruf einer übertariflichen Zulage bedarf es hier nicht einer Erklärung des ArbGeb, die auf Billigkeit überprüft werden müsste, sondern die Anpassung tritt automatisch auf Grund des Arbeitsvertrags ein. Allerdings ist der ArbGeb hierbei an den Gleichbehandlungsgrundsatz gebunden und darf sich nicht bei gleichheitswidrig bestimmten ArbN oder ArbN-Gruppen auf die Anrechnung berufen (s. Nachweise Rz. 224)[12]. Zudem hat der BR gemäß § 87 Abs. 1 Nr. 10 BetrVG mitzubestimmen, wenn eine generelle Maßnahme vorliegt und sich dadurch die bisher bestehenden Verteilungsrelationen ändern und innerhalb des vom ArbGeb vorgegebenen Dotierungsrahmens ein Gestaltungsspielraum besteht[13].

---

1 BAG v. 18.8.1971 – 4 AZR 342/70, DB 1971, 2117; ebenso BAG v. 16.9.1987 – 4 AZR 265/87, NZA 1988, 29; ErfK/Preis, §§ 305–310 BGB Rz. 67. | 2 Wie hier *Gamillscheg*, Kollektives Arbeitsrecht Bd. 1, S. 863; *Löwisch/Rieble*, § 1 TVG Rz. 540. S. auch BAG v. 3.3.1993 – 10 AZR 42/92, NZA 1993, 805: Das Günstigkeitsprinzip (§ 4 Abs. 3 TVG) steht der Anrechnung nicht entgegen, wenn ein TV bestimmt, dass auf die Jahressonderahlung alle betrieblichen Leistungen angerechnet werden können. S. jetzt auch BAG v. 25.6.2002 – 3 AZR 273/01, nv. (juris) | 3 BAG v. 14.2.1968 – 4 AZR 275/67, AP Nr. 7 zu § 4 TVG – Effektivklausel; v. 16.9.1987 – 4 AZR 265/87, AP Nr. 15 zu § 4 TVG – Effektivklausel; s. auch BAG v. 21.7.1993 – 4 AZR 468/92, AP Nr. 144 zu § 1 TVG – Auslegung. | 4 Gegen eine vertragsergänzende begrenzte Effektivklausel als Auslegungsregel auch BAG v. 18.8.1971 – 4 AZR 342/70, AP Nr. 8 zu § 4 TVG – Effektivklausel; *Richardi*, NZA 1992, 961 (964); Wiedemann/*Wank*, § 4 TVG Rz. 539; aA auch hier *Gamillscheg*, Kollektives Arbeitsrecht Bd. 1, S. 869; offen gelassen für die Bestimmung von Fristen im TV, in denen eine Anrechnung auf zukünftige Tariflohnerhöhung erklärt werden kann; s. BAG v. 17.9.2003 – 4 AZR 533/02, Pressemitteilung 59/03. | 5 BAG v. 3.12.1991 – GS 2/90, NZA 1992, 749 (961). | 6 BAG v. 10.12.1965 – 4 AZR 411/64, DB 1966, 544; v. 4.6.1980 – 4 AZR 530/78, DB 1980, 2243; v. 28.10.1987 – 5 AZR 518/85, NZA 1988, 425; v. 11.8.1992 – 1 AZR 279/90, NZA 1993, 418; v. 22.9.1992 – 1 AZR 235/90, NZA 1993, 232. | 7 BAG v. 23.3.1993 – 1 AZR 520/92, NJW 1993, 3159. | 8 BAG v. 7.2.1996 – 1 AZR 657/95, NZA 1996, 832; v. 3.6.1998 – 5 AZR 616/97, NZA 1999, 208. | 9 BAG v. 15.3.2000 – 5 AZR 557/98, AP Nr. 35 zu § 4 TVG – *Übertariflicher Lohn und Tariflohnerhöhung* | 10 Ausf. Wiedemann/*Wank*, § 4 TVG Rz. 510 ff.; s. auch *Joost*, JuS 1989, 274 ff.; *Oetker*, RdA 1991, 16 ff. | 11 *Gamillscheg*, Kollektives Arbeitsrecht Bd.1, S. 863. | 12 BAG v. 22.8.1979 – 5 AZR 769/77, DB 1980, 406; v. 9.6.1982 – 5 AZR 501/80, NJW 1982, 2838; s. auch *Joost*, JuS 1989, 279. | 13 BAG v. 3.6.2003 – 1 AZR 314/02 nv. (juris).

b) Entgeltreduzierung. Da zwischen dem vorangegangenen und dem nachfolgenden TV die Zeitkollisionsregel gilt, kann auch ein schlechterer einen günstigeren Vertrag ablösen. Anders als die BV unterzieht die Rspr. den TV keiner Billigkeitskontrolle entsprechend § 315 BGB. Gewerkschaft und ArbGeb(verband) sind hier also noch ein wenig freier als die Betriebsparteien. Inwieweit Beschränkungen beim **betrieblichen Ruhegeld**, das auf tarifvertraglicher Grundlage gewährt wird, bestehen, ist in der Rspr. noch weitgehend ungeklärt, da sich die einschließende Judikatur zumeist auf arbeitsvertragliche Gesamtzusagen und BV bezieht. Es dürften hier jedoch im Wesentlichen die gleichen Maßstäbe gelten, denn das Vertrauen eines ArbN auf Fortbestand seines betrieblichen Ruhegeldes richtet sich nicht nach der Rechtsgrundlage. Die Rspr. hat dementsprechend die Neuregelung eines tariflichen Ruhegeldes mit Nachteilen für nur „einzelne" ArbN anerkannt[1], und auch ein Eingriff in künftige Anpassungen des Vorruhestandsgelds wurde gebilligt, weil der ArbN mit einer Änderung habe rechnen müssen[2]. Auch wenn ein tarifvertraglicher Anspruch auf ein Jubiläumsgeld gekürzt oder gestrichen wird, begnügt sich die Rspr. nicht mit dem bloßen Hinweis auf die Zeitkollisionsregel, sondern weist zusätzlich auf die fehlende Schutzwürdigkeit des ArbN hin, der die erforderlichen Dienstjahre noch nicht erbracht hat[3].

544

Die **Rückwirkung der Entgeltreduzierung** durch TV birgt ähnliche Probleme wie die belastende Rückwirkung einer BV (vgl. Rz. 535). Die Rspr. nimmt hier zuweilen wechselseitig auf das jeweils andere Rechtsinstitut Bezug. Wo Präjudizien für die BV fehlen, mag daher eine Entscheidung zur Rückwirkung des TV hilfreich sein und *vice versa*. Das dogmatische Koordinatensystem zur Beurteilung beider Regelungsformen hat sich in der neueren Rspr. verschoben:

545

Das BAG geht nun in Abkehr von älterer Judikatur davon aus, dass die Grenzen der Rückwirkung für den TV denen entsprechen, die den Gesetzgeber binden[4]. Sie greife bereits ab dem Zeitpunkt der Anspruchsentstehung ein[5]. Maßgeblich ist also auch hier der **Vertrauensschutz** selbst. Dies schließt eine rückwirkende Lohnherabsetzung für bereits enstandene und fällig gewordene, noch nicht abgewickelte Ansprüche nicht notwendig aus. Ebenso wie bei der BV gilt das insb. für die rückwirkende Ablösung eines bloß nachwirkenden TV. Die Rspr. billigte eine rückwirkende Lohnherabsetzung für zweieinhalb Monate um ca. 20 %[6]. Soweit im Schrifttum die Auffassung vertreten wird, ein rückwirkender Eingriff in den ausgezahlten Lohn sei stets[7] oder grundsätzlich[8] ausgeschlossen, liegt dies der Sache nach nicht weit davon entfernt. Einer Rückforderung jedenfalls erheblicher Entgeltsummen wird regelmäßig der Entreicherungseinwand gemäß § 818 Abs. 3 entgegenstehen, und auch kann der ArbN darauf vertrauen, dass selbst dort, wo er mit einer rückwirkenden Herabsetzung rechnen muss, diese jedenfalls nicht erheblich ist.

546

c) Änderung der Vergütungsgruppen. Auch bei der Festlegung der Vergütungsgruppen und der Eingruppierungsmerkmale sind die TV-Parteien nicht an den vorangegangen TV gebunden, und zwar auch dann nicht, wenn damit ein bisher vorgesehener Bewährungsaufstieg erschwert wird[9]. Inwieweit die TV-Parteien hierbei durch den Gleichbehandlungsgrundsatz oder besondere Diskriminierungsverbote eingeschränkt sind, ist zurzeit noch offen. Die Rspr. hat bislang solche Grenzen nicht gezogen, doch finden sich Stimmen in der Lit., die etwa einen Verstoß gegen das Gebot der gleichen Entlohnung gleichwertiger Arbeit für möglich halten, wenn eine überwiegend von Frauen ausgeübte Tätigkeit in einem nachfolgenden TV niedriger bewertet wird als eine ehemals gleich bewertete, überwiegend von Männern ausgeübte Tätigkeit[10].

547

611a *Geschlechtsbezogene Benachteiligung*

(1) Der Arbeitgeber darf einen Arbeitnehmer bei einer Vereinbarung oder einer Maßnahme, insbesondere bei der Begründung des Arbeitsverhältnisses, beim beruflichen Aufstieg, bei einer Weisung oder einer Kündigung, nicht wegen seines Geschlechts benachteiligen. Eine unterschiedliche Behandlung wegen des Geschlechts ist jedoch zulässig, soweit eine Vereinbarung oder eine Maßnahme die Art der vom Arbeitnehmer auszuübenden Tätigkeit zum Gegenstand hat und ein bestimmtes Geschlecht unverzichtbare Voraussetzung für diese Tätigkeit ist. Wenn im Streitfall der Arbeitnehmer Tatsachen glaubhaft macht, die eine Benachteiligung wegen des Geschlechts vermuten lassen, trägt der Arbeitgeber die Beweislast dafür, dass nicht auf das Geschlecht bezogene, sachliche Gründe eine unterschiedliche Behandlung rechtfertigen oder das Geschlecht unverzichtbare Voraussetzung für die auszuübende Tätigkeit ist.

---

1 BAG v. 1.6.1970 – 3 AZR 166/69, AP Nr. 143 zu § 242 BGB – Ruhegehalt; v. 14.12.1982 – 3 AZR 251/80, AP Nr. 1 zu § 1 BetrAVG – Besitzstand. | 2 BAG v. 10.10.1989 – 3 AZR 200/88, AP Nr. 3 zu § 1 TVG – Vorruhestand mit zust. Anm. *Wiedemann/Arnold*; zust. auch *Gamillscheg*, Kollektives Arbeitsrecht Bd. 1, S. 768. | 3 BAG v. 30.3.1995 – 6 AZR 694/94, AP Nr. 33 zu Art. 20 – Einigungsvertrag. | 4 BAG v. 22.10.2003 – 10 AZR 152/03 nv. (juris); v. 23.11.1994 – 4 AZR 879/93, AP Nr. 12 zu § 1 TVG – Rückwirkung. | 5 BAG v. 22.10.2003 – 10 AZR 152/03, nv. (juris). | 6 BAG v. 23.11.1994 – 4 AZR 879/93, AP Nr. 12 zu § 1 TVG. | 7 *Gamillscheg*, Kollektives Arbeitsrecht Bd. 1, S. 766. | 8 *Wiedemann/Wank*, § 4 TVG Rz. 248; ähnlich auch *Neuner*, ZfA 1998, 83 (97). | 9 Zur Zulässigkeit einer rückwirkenden Änderung der Eingruppierungsmerkmale BAG v. 14.6.1995 – 4 AZR 225/94, AP Nr. 13 zu § 1 TVG – Rückwirkung. | 10 Vgl. *Appelt*, Mittelbare Diskriminierung durch Lohngruppenbildung in kirchenarbeitsrechtlichen Entgeltsystemen, 2000, S. 45; *Hanau/Thüsing*, Europarecht und kirchliches Arbeitsrecht, 2001, S. 59 ff.

BGB § 611a

(2) Verstößt der Arbeitgeber gegen das in Absatz 1 geregelte Benachteiligungsverbot bei der Begründung eines Arbeitsverhältnisses, so kann der hierdurch benachteiligte Bewerber eine angemessene Entschädigung in Geld verlangen; ein Anspruch auf Begründung eines Arbeitsverhältnisses besteht nicht.

(3) Wäre der Bewerber auch bei benachteiligungsfreier Auswahl nicht eingestellt worden, so hat der Arbeitgeber eine angemessene Entschädigung in Höhe von höchstens drei Monatsverdiensten zu leisten. Als Monatsverdienst gilt, was dem Bewerber bei regelmäßiger Arbeitszeit in dem Monat, in dem das Arbeitsverhältnis hätte begründet werden sollen, an Geld- und Sachbezügen zugestanden hätte.

(4) Ein Anspruch nach den Absätzen 2 und 3 muss innerhalb einer Frist, die mit Zugang der Ablehnung der Bewerbung beginnt, schriftlich geltend gemacht werden. Die Länge der Frist bemisst sich nach einer für die Geltendmachung von Schadensersatzansprüchen im angestrebten Arbeitsverhältnis vorgesehenen Ausschlussfrist; sie beträgt mindestens zwei Monate. Ist eine solche Frist für das angestrebte Arbeitsverhältnis nicht bestimmt, so beträgt die Frist sechs Monate.

(5) Die Absätze 2 bis 4 gelten beim beruflichen Aufstieg entsprechend, wenn auf den Aufstieg kein Anspruch besteht.

I. Normgeschichte und Normzweck 1	4. Einzelfälle 33
II. Sonstige Diskriminierungsverbote – Verwandte Vorschriften 3	VI. Mittelbare Diskriminierung 36
1. Regelungen zur Geschlechtsdiskriminierung . 4	1. Struktur 36
a) Einfachgesetzliche Spezialregelungen . . . 5	2. Einzelfälle 42
b) Verfassungsrecht 6	VII. Sexuelle Belästigung 43
c) Europarecht 7	VIII. Förderung eines Geschlechts – Umgekehrte Diskriminierung 45
2. Sonstige Diskriminierungsverbote 9	1. Europarechtlicher Rahmen 46
3. Allgemeiner arbeitsrechtlicher Gleichbehandlungsgrundsatz 10	a) Einzelfälle 47
	b) Dogmatische Leitlinien 48
III. Arten der Diskriminierung 11	2. Berücksichtigung im Rahmen des § 611a BGB 51
IV. Adressaten und Inhalt des Diskriminierungsverbots 12	IX. Beweislast 52
1. Adressaten 12	1. Allgemeines 52
2. Geschützter Personenkreis 14	2. Anwendungsbereich 53
3. Maßnahmen oder Vereinbarungen 16	3. Beweislast des Arbeitnehmers 54
4. Benachteiligung 17	4. Beweislast des Arbeitgebers 58
V. Unmittelbare Diskriminierung 18	X. Rechtsfolgen eines Verstoßes 60
1. Struktur 18	1. Allgemeines 60
2. Schwangerschaft 20	2. Rechtsfolgen eines Verstoßes bei der Begründung von Arbeitsverhältnissen 62
a) Unterscheidung nach der Schwangerschaft als unmittelbare Diskriminierung . . 21	a) Entwicklungen und Inhalt 62
b) Entwicklung der Rspr. 22	b) Voraussetzungen der Entschädigung . . 64
c) Verbleibende Fälle zulässiger Differenzierung 23	3. Höhe der Entschädigung 67
d) Konsequenzen 24	4. Ausschlussfrist 71
3. Rechtfertigung 25	XI. Aushang im Betrieb 72
a) Unverzichtbarkeit im engeren Sinne . . . 26	XII. Besonderheiten des arbeitsgerichtlichen Verfahrens 73
b) Unverzichtbarkeit im weiteren Sinne . . . 28	

Lit.: *Abele*, Schadensersatz wegen geschlechtsbezogener Diskriminierung eines Stellenbewerbers, NZA 1997, 641; *Annuß*, Grundfragen der Entschädigung bei unzulässiger Geschlechtsdiskriminierung, NZA 1999, 739; *Bergwitz*, Die neue EG-Richtlinie zur Beweislast bei geschlechtsbedingter Diskriminierung, DB 1999, 94; *Brors*, Trial and Error im Diskriminierungsschutz – Die Rechtsprechung zum amerikanischen Arbeitsrecht im Jahr 2001 bis 2002, RdA 2003, 223; *Buchner*, Gleichbehandlungsgebot und Mutterschutz, Arbeitsgesetzgebung und Arbeitsrechtsprechung, in Festschrift für Stahlhacke, 1995, S. 83; *Colneric*, Frauenförderung nach der Kalanke-Entscheidung des EuGH, ArbRGgwart 34, 69; *Colneric*, Voller Schadensersatz bei geschlechtsbedingter Diskriminierung, ZEuP 1995, 646; *Ehrich*, Die Entschädigung nach § 611a Abs. 2 BGB – ein neuer „Nebenverdienst"?, BB 1996, 1007; *Fastrich*, Gleichbehandlung und Gleichstellung, RdA 2000, 65; *Freis*, Das Gesetz zur Änderung des Bürgerlichen Gesetzbuchs und des Arbeitsgerichtsgesetzes, NJW 1998, 2779; *Gotthardt*, Die Vereinbarkeit der Ausschlussfristen für Entschädigungsansprüche wegen geschlechtsbedingter Benachteiligung (§ 611a IV BGB, § 61b I ArbGG) mit dem europäischen Gemeinschaftsrecht, ZTR 2000, 448; *Herrmann*, Die Abschlussfreiheit – ein gefährdetes Prinzip, ZfA 1996, 19; *Hadeler*, Die Revision der Gleichbehandlungsrichtlinie 76/207/EWG – Umsetzungsbedarf für das deutsche Arbeitsrecht, NZA 2003, 77; *Hohmeister*, EuGH-konforme Gesetzesänderungen zu Geschlechtsdiskriminierung und Nachweisrichtlinie, BB 1998, 1790; *Huep*, Die zeitliche Reichweite des geschlechtsbezogenen Entgeltgleichheitsgrundsatzes im deutschen und europäischen Arbeitsrecht, RdA 2001, 325; *Koberski*, Gleichbehandlung und Diskriminierung unter besonderer Berücksichtigung der Gleichstellung von Mann und Frau, Arbeitsrecht und Arbeitsgerichtsbarkeit, in Festschrift 50-jähriges Bestehen der Arbeitsgerichtsbarkeit Rheinland-Pfalz, 1999, S. 503; *Kocher*, Verfassungsrechtliche Anforderungen an die Umsetzung des Gleichbehandlungsgebots, AuR 1998, 221; *Kocher*, Vom Diskriminierungsverbot zum „Mainstreaming", RdA 2002, 167; *Körner*, Der Dialog des EuGH mit den deutschen Arbeitsgerichten, NZA 2001, 1046; *Kort*, Zur Gleichbehandlung im deutschen und europäischen Arbeitsrecht, insbesondere bei der Behandlung teilzeitbeschäftigter Betriebsratsmitglieder, RdA 1997, 277; *Müller*, Der steinige Weg des § 611a BGB zur Europarechtskonformität – Ein Plädoyer für Wertungsoffenheit in Entscheidungsbegründungen (Übungsblätter), JA 2000, 119; *Pape*, Von

Kalanke zu Marschall – Ein Erfolg für die Gleichberechtigung, AuR 1998, 14; *Paul*, Einstellung Schwangerer bei Beschäftigungsverboten nach dem Mutterschutzgesetz, DB 2000, 974; *Pfarr*, Gleichbehandlung von Männern und Frauen im Arbeitsverhältnis, AR-Blattei SD 800.2; *Pfarr/Kocher*, Kollektivverfahren im Arbeitsrecht, NZA 1999, 358; *Röthel*, Beweislast und Geschlechterdiskriminierung, NJW 1999, 611; *Rust*, Änderungsrichtline 2002 zur Gleichbehandlungsrichtlinie von 1976, NZA 2003, 72; *Sachs*, Frauenquoten wieder vor dem EuGH, RdA 1998, 129; *Schiek*, Draehmpaehl und die Folgen, BB 1998, 586; *Schiek*, „Kalanke" und die Folgen – Überlegungen zu EG-rechtlichen Anforderungen an betriebliche Gleichstellungspolitik, AuR 1996, 128; *Schiek/Horstkötter*, Kündigungsschutz via Diskriminierungsverbot, NZA 1998, 863; *Schlachter*, Richtlinie über die Beweislast bei Diskriminierung, RdA 1998, 321; *Schliemann*, Gleichberechtigung bei der Begründung von Arbeitsverhältnissen – eine (fast) unendliche Geschichte von Europa und Michel, Richterliches Arbeitsrecht 1999, S. 569, Festschrift für Dieterich; *Stürmer*, Bewerbung und Schwangerschaft, NZA 2001, 526; *Thüsing*, Zulässige Ungleichbehandlung weiblicher und männlicher Arbeitnehmer – Zur Unverzichtbarkeit iS des § 611a Abs. 1 Satz 2 BGB, RdA 2001, 319; *Thüsing*, Gedanken zur Effizienz arbeitsrechtlicher Diskriminierungsverbote, RdA 2003, 257; *Tödtmann*, Der Einfluss des EuGH auf die Gleichstellung von Mann und Frau, DB 1998, 2322; *Volmer*, „Punitive Damages" im deutschen Arbeitsrecht?, BB 1997, 1582; *Wendeling-Schröder*, Aktuelle Fragen der Neuregelung des § 611a BGB, Brennpunkte des Arbeitsrechts 2000, 2001, 245; *Wendeling-Schröder*, Der Wert des entgangenen Arbeitsplatzes, DB 1999, 1012; *Wiedemann*, Probleme der Gleichberechtigung im europäischen und deutschen Arbeitsrecht, Staat Wirtschaft Steuern, Festschrift für Friauf, 1996, S. 135; *Worzalla*, Die Haftung des Arbeitgebers wegen geschlechtsspezifischer Diskriminierung bei Einstellung nach der neuen Rechtsprechung des EuGH, NJW 1997, 1809; *Zwanziger*, Die Neuregelung des Verbots der Geschlechterdiskriminierung im Arbeitsrecht, DB 1998, 1330.

I. Normgeschichte und Normzweck. Die Norm wurde durch Art. 1 Nr. 1 des Gesetzes über die Gleichbehandlung von Männern und Frauen am Arbeitsplatz und über die Erhaltung von Ansprüchen bei Betriebsübergang (Arbeitsrechtliches EG-Anpassungsgesetz) vom 30.8.1980[1] zusammen mit einer Ergänzung des § 613a sowie den §§ 611b, 612 Abs. 3 und § 612a in das BGB eingefügt und ist zum 21.8.1980 in Kraft getreten. Hiermit wollte der deutsche Gesetzgeber die **Vorgaben der Richtlinie 76/207/EWG**[2] **und der Richtlinie 77/187/EWG**[3] **umsetzen**. Eine weiter gehende Regelung als das europarechtlich Erforderliche war nicht beabsichtigt[4]. Dieser bewusst eng gefasste Ansatz führte dazu, dass im weiteren Verlauf der Gesetzgeber zweimal nachbessern musste, um den Forderungen des EuGH nach einer europarechtskonformen Umsetzung Rechnung zu tragen. Die ursprünglich in § 611a Abs. 2 enthaltene Beschränkung der Sanktionen auf den Ersatz des Vertrauensschadens wurde durch den EuGH mehrfach beanstandet[5]. Die Norm wurde durch das zweite Gleichberechtigungsgesetz vom 24.6.1994[6] ergänzt, jedoch wurde auch diese Sanktionierung angesichts der Begrenzung des Schadensersatzes durch Höchstsummen und dem Erfordernis eines Verschuldens vom EuGH als ungenügend gewertet[7]. Hierauf wurde durch das Gesetz zur Änderung des Bürgerlichen Gesetzbuchs und das ArbGG vom 29.6.1998[8] die heute gültige Gesetzesfassung geschaffen. Weitere Anpassungen der Norm können in naher Zukunft folgen. Durch die Richtlinie 2002/73/EG[9] wurde die Richtlinie 76/207/EWG neu gefasst und unter anderem die **sexuelle Belästigung** als Diskriminierungsform etabliert, s. jetzt Art. 2 Abs. 2 Richtlinie 76/207/EWG. Sexuelle Belästigungen sind bereits jetzt unter anderem durch das BeschäftigtenschutzG untersagt, jedoch dürfte das Gesetz, weil nicht mit Sanktionen verbunden, als Umsetzung der europäischen Vorgabe nicht genügen (s. auch vor § 1 BeschSchG Rz. 2).

Ziel der Norm ist eine effektive Gleichstellung der Geschlechter im Arbeitsleben, wobei in Anbetracht der tatsächlichen Rahmenbedingung die Gleichstellung der Frauen im Vordergrund steht[10]. Gab es zwar bereits vorher und gibt es auch weiterhin daneben Regelungen, die die Geschlechtsdiskriminierung im Arbeitsrecht verbieten (s. Rz. 4 ff.), so sah es der Gesetzgeber als wichtig an, eine eindeutige Rechtsgrundlage zu schaffen, die die Rechtslage für die einzelnen ArbN durchschaubar werden lässt[11]. Dadurch verwirklicht die Regelung die Ziele des Art. 3 Abs. 2 Satz 2 GG, wonach der Staat die tatsächliche Durchsetzung der Gleichberechtigung von Frauen und Männern fördert und auf die Beseitigung bestehender Nachteile hinwirkt.

II. Sonstige Diskriminierungsverbote – Verwandte Vorschriften. Neben § 611a gibt es einige andere Regelungen zum Verbot der Geschlechtsdiskriminierung im Arbeitsrecht und zahlreiche weitere arbeitsrechtliche Diskriminierungsverbote auf europäischer oder nationaler Grundlage.

1. Regelungen zur Geschlechtsdiskriminierung. Der vorrangige Prüfungsmaßstab für die Beurteilung geschlechtsbedingter Benachteiligung ist das einfache nationale Recht, daneben kann Verfassungs- und Gemeinschaftsrecht die Unzulässigkeit einer Unterscheidung nach dem Geschlecht begründen.

---

1 BGBl. I S. 1308. | 2 ABl. EG Nr. L 39, S. 40. | 3 ABl. EG Nr. L 61, S. 26. | 4 S. BAG v. 14.3.1989 – 8 AZR 447/87, AP Nr. 5 zu § 611a BGB; Staudinger/*Richardi*/*Annuß*, § 611a BGB Rz. 2; ErfK/*Schlachter*, § 611a BGB Rz. 1; *Schlachter*, Wege zur Gleichberechtigung, S. 146; *Abele*, EuR 1990, 371. | 5 EuGH v. 10.4.1984 – Rs. 14/83, Slg. 1984, 1891 (1908) Rz. 24; v. 10.4.1984 – Rs. 79/83, Slg. 1984, 1921 (1941) Rz. 24; v. 2.8.1993 – Rs. C-271/91, Slg. 1993 I, 4367 (4408) Rz. 27 f. | 6 BGBl. I S. 1406. | 7 EuGH v. 22.4.1997 – Rs. C-180/95, Slg. 1997 I, 2195 (2219) Rz. 16 f.; hierzu *Abele*, NZA 1997, 641 f.; *Oetker*, ZIP 1997, 802 f. | 8 BGBl. I S. 1694 ff. | 9 ABl. EG Nr. L 269, S. 15. | 10 S. BT-Drs. 12/5468, S. 16. | 11 S. BT-Drs. 8/3317, S. 6; s. auch *Schlachter*, Wege zur Gleichberechtigung, S. 145 f. (148).

BGB § 611a Rz. 5   Geschlechtsbezogene Benachteiligung

5 **a) Einfachgesetzliche Spezialregelungen.** Die Pflicht des ArbGeb, für gleiche oder für gleichwertige Arbeit nicht wegen des Geschlechts des ArbN eine geringere Vergütung zu vereinbaren als bei einem ArbN des anderen Geschlechts, ist in § 612 Abs. 3 festgelegt und ist insoweit *lex specialis* (s. § 612 Rz. 53). Gemäß § 75 Abs. 1 BetrVG haben ArbGeb und BR darüber zu wachen, dass alle im Betrieb tätigen Personen nach den Grundsätzen von Recht und Billigkeit behandelt werden und damit sicherzustellen, dass eine unterschiedliche Behandlung von Personen unter anderem wegen ihres Geschlechts unterbleibt. Ergänzend greift § 80 Abs. 1 Nr. 2a BetrVG ein, der dem BR als allgemeine Aufgabe zuweist, die Durchsetzung der tatsächlichen Gleichstellung von Männern und Frauen, insb. bei der Einstellung, Beschäftigung, Aus-, Fort- und Weiterbildung und dem beruflichen Aufstieg zu fördern.

6 **b) Verfassungsrecht.** § 611a konkretisiert das Gleichberechtigungsgebot des **Art. 3 Abs. 2 GG**[1]. Dem Grundrechtsschutz kommt insoweit keine eigenständige Bedeutung zu, und zwar auch nicht gegenüber dem staatlichen ArbGeb. Dieser ist entgegen dem Wortlaut des Art. 1 Abs. 3 GG als Fiskus nicht unmittelbar an die Grundrechte gebunden[2]. Art. 3 Abs. 2 GG ist daher nur als Auslegungs- und Anwendungsmaßstab des einfachgesetzlichen Benachteiligungsverbots zu beachten und hat hier insb. Bedeutung bei der Frage, wie weit eine umgekehrte Diskriminierung zur Förderung von Frauen möglich ist (s. dazu Rz. 45 ff.). Für den öffentlichen Dienstgeber greift darüber hinaus **Art. 33 Abs. 2 GG**. Bei Bund, Ländern, Gemeinden und sonstigen Körperschaften und Anstalten des öffentlichen Rechts, nicht aber bei privatrechtlich organisierten Rechtspersonen, mögen sie auch durch die öffentliche Hand finanziert sein[3], hat jeder Deutsche nach seiner Eignung, Befähigung und fachlichen Leistung gleichen Zugang zu jedem öffentlichen Amt. Hiermit ist eine Unterscheidung nach dem Geschlecht im gleichen Maßstab ausgeschlossen wie sie nach § 611a verboten ist[4].

7 **c) Europarecht.** Neben den Gleichbehandlungsrichtlinien verbietet auch **Art. 141 EG** die ungerechtfertigte Ungleichbehandlung zwischen weiblichen und männlichen ArbN. Danach stellt jeder Mitgliedstaat die Anwendung des Grundsatzes des gleichen Entgelts für Männer und Frauen bei gleicher und gleichwertiger Arbeit sicher. Die Norm wirkt unmittelbar unter den Bürgern der Mitgliedstaaten[5], ihr Regelungsgehalt ist jedoch umfassend durch § 612 Abs. 3 umgesetzt.

8 Die **Gleichbehandlungsrichtlinien**, die § 611a umsetzt (s. Rz. 1), wirken für den Fall fehlerhafter oder unvollkommener Umsetzung nach Ablauf der Umsetzungsfrist unmittelbar gegenüber dem öffentlichen ArbGeb[6]. Gegenüber einem privaten ArbGeb kann sich der ArbN auch nach Ablauf der Umsetzungsfrist nicht unmittelbar auf die Richtlinie berufen. Eine horizontale Drittwirkung ist ausgeschlossen angesichts des klaren Wortlauts des Art. 249 Abs. 3 EG, wonach Richtlinien allein die Mitgliedstaaten binden[7]. Dies schließt nicht aus, dass § 611a auch gegenüber solchen ArbGeb **europarechtskonform auszulegen** ist, um einen Widerspruch zwischen nationalem und europäischem Recht zu vermeiden. Stehen Wortlaut und Zweck des nationalen Rechts einer richtlinienkonformen Auslegung jedoch klar entgegen, kann nicht der Richter, sondern allein der Gesetzgeber die Europarechtskonformität des nationalen Rechts herstellen[8].

9 **2. Sonstige Diskriminierungsverbote.** Das Diskriminierungsverbot des § 611a ist eines unter zahlreichen europarechtlich vorgegebenen: Durch Richtlinie 2000/43/EG soll der ArbGeb dazu verpflichtet werden, seine ArbN nicht nach der Rasse und der ethnischen Zugehörigkeit zu unterscheiden; Richtlinie 2000/78/EG verbietet ihm Unterscheidung nach der Religion oder der Weltanschauung, der Behinderung (umgesetzt durch **§ 81 Abs. 2 SGB IX**), des Alters oder der sexuellen Ausrichtung. Gemäß § 4 der in Richtlinie 97/81/EG enthaltenen Rahmenvereinbarung Teilzeit muss es ein Verbot wegen der Diskriminierung der Teilzeitarbeit geben, das durch **§ 4 Abs. 1 TzBfG** umgesetzt wurde. Die Grundlage des Diskriminierungsverbots befristet beschäftigter ArbN gemäß **§ 4 Abs. 2 TzBfG** ist § 4 der Rahmenvereinbarung Befristung, die Bestandteil der Richtlinie 1999/70/EG ist. Das Gebot zur gleichen Entlohnung gemäß **§ 3 Abs. 1 Nr. AÜG, § 9 Nr. 2 AÜG** stellt der Sache nach ein Diskriminierungsverbot von LeihArbN dar, wie es ähnlich auch der europäische Gesetzgeber anstrebt[9]. Hiermit sind nicht nur Merkmale oder Eigenschaften eines ArbN angesprochen, sondern bestimmte arbeitsvertragliche Gestaltungen werden einem Diskriminierungsverbot unterworfen. Die Regelungen knüpfen also nicht allein am ArbN, sondern auch am Arbeitsvertrag an. Dies bedeutet eine wesentliche Fortentwicklung des Diskriminierungsschutzes. Ob weitere Diskriminierungsverbote geschaffen werden, bleibt abzuwarten; im ausländischen Recht finden sich auch andere verbotene Diskriminierungsmerkmale[10].

---

1 BVerfG v. 16.11.1993 – 1 BvR 258/86, AP Nr. 9 zu § 611a BGB. | 2 In den einzelnen Grenzen strittig, s. *Sachs-Höfling*, Art. 1 GG Rz. 95 mwN. | 3 S. LAG Köln v. 23.4.2001 – 4 Ta 104/01, NZA-RR 2001, 612. | 4 S. im Einzelnen *Jachmann* in v. Mangoldt/Klein/Starck, Art. 33 GG Rz. 18; s. auch VG Frankfurt v. 22.11.2001 – 9 G 3450/01 (2), NVwZ 2002, 505. | 5 S. EuGH v. 8.4.1976 – Rs. 43/75, Slg. 1976, 455; v. 7.2.1991 – Rs. C-184/89, AP Nr. 25 zu § 23a BAT; hierzu auch *Wißmann*, ZTR 1994, 223 (225); ErfK/*Schlachter*, Art. 141 EG Rz. 2. | 6 EuGH v. 26.2.1986 – Rs. 262/84, Slg. 1986, 773 f. Rz. 49; ebenso für den kirchlichen ArbGeb *Abele*, NZA 1997, 641 (643); Staudinger/*Richardi/Annuß*, § 611a BGB Rz. 9; *Reichold*, ZTR 2000, 57 (61); dagegen *Hanau/Thüsing*, Europarecht und kirchliches Arbeitsrecht, 2001, S. 36. | 7 EuGH v. 14.7.1994 – Rs. C-91/92, Slg. 1994 I, 3325 ff. Rz. 24; s. bereits vorher EuGH v. 26.2.1986 – Rs. 262/84, NJW 1986, 2181. | 8 S. BAG v. 14.3.1989 – 8 AZR 447/87, AP Nr. 5 zu § 611a BGB; ErfK/*Schlachter*, § 611a BGB Rz. 3; Staudinger/*Richardi/Annuß*, § 611a BGB Rz. 9. | 9 S. Richtlinienvorschlag Leiharbeit v. 20.3.2002, KOM (2002) 149 endg. | 10 *Thüsing*, ZfA 2002, 397 (414).

3. Allgemeiner arbeitsrechtlicher Gleichbehandlungsgrundsatz. Abzugrenzen von den besonderen 10
Diskriminierungsverboten wie § 611a ist der allgemeine arbeitsrechtliche Gleichbehandlungsgrundsatz.
Entdeckt in den Tagen des Reichsarbeitsgerichts[1], verbietet er dem ArbGeb eine Schlechterstellung
einzelner ArbN aus sachfremden Gründen gegenüber anderen ArbN in vergleichbarer Lage (s. § 611
Rz. 181 ff.). Charakteristikum ist, dass jede sachwidrige Ungleichbehandlung verboten ist, gleichzeitig
aber auch jeder sachliche Grund zur Rechtfertigung ausreicht. § 611a und die übrigen besonderen Diskriminierungsverbote haben eine **andere Struktur**: Eine Unterscheidung ist nur nach bestimmten Merkmalen verboten, gleichzeitig wird aber ein eigenständiger Maßstab für die Rechtfertigung vorgegeben,
der über das Erfordernis eines sachlichen Grundes hinausgehen kann. Beide Rechtsinstitute haben also
ihre eigenen Geschichten, Aufgaben und Rechtsfolgen. Der allgemeine Gleichheitssatz spricht die Verteilungsgerechtigkeit bei der Zuweisung von Lasten und Gütern an. Die besonderen Diskriminierungsverbote haben ihre Wurzeln in der Anerkennung der Menschenwürde; sie verbieten es, bestimmte Merkmale zum Unterscheidungskriterium einer Regelung oder einseitigen Maßnahme zu benutzen, wenn dadurch Personen herabgesetzt, ausgegrenzt oder sonst benachteiligt werden[2].

III. Arten der Diskriminierung. Die verbotenen Benachteiligungen wegen des Geschlechts können 11
verschieden ausfallen. Unmittelbar vom Wortlaut des § 611a vorgegeben ist das Verbot der **unmittelbaren Benachteiligung** wegen des Geschlechts. Sofern nicht die Voraussetzungen des Abs. 1 Satz 2
vorliegen, darf der ArbGeb seine ArbN nicht wegen eines bestimmten Geschlechts ungleich behandeln
und dabei eine Gruppe benachteiligen. Darüber hinaus wird auch **mittelbare Diskriminierung** vom
Verbot erfasst. Eine mittelbare Diskriminierung liegt vor, wenn dem Anschein nach neutrale Vorschriften, Kriterien und Verfahren Personen mit einem bestimmten Merkmal gegenüber anderen Personen
ohne dieses Merkmal in besonderer Weise benachteiligen können, es sei denn, die betreffenden Vorschriften, Kriterien oder Verfahren sind durch ein rechtmäßiges Ziel sachlich gerechtfertigt, und die
Mittel sind der Richtung des Ziels angemessen und erforderlich[3]. Dieses Rechtsinstitut ist im europäischen Diskriminierungsschutz inzwischen fest etabliert, wurde aus der US-amerikanischen Rspr. erstmals in der Sache *Jenkins* durch den EuGH bei der Diskriminierung von Frauen angewandt, noch bevor es Niederschlag im Gesetzestext gefunden hatte[4]. Daneben hat die Rspr. von EuGH und BAG auch
die materielle Diskriminierung in bestimmten Grenzen unter das Verbot der Benachteiligung wegen
des Geschlechts subsumiert. Hier behandelt eine Regelung zwar alle betroffenen Personen formal
gleich, ihre Wirkungen sind aber für einzelne Personen oder Personengruppen unterschiedlich[5]. Hierunter fällt insb. die Benachteiligung wegen der Schwangerschaft (s. Rz. 20 ff.).

IV. Adressaten und Inhalt des Diskriminierungsverbots. 1. Adressaten. Das Diskriminierungsverbot 12
richtet sich getreu dem Wortlaut an den **privaten und den öffentlichen**[6] ArbGeb. Beamte sind vom
Wortlaut nicht erfasst und auch ist die Norm nicht auf Grund einer europarechtskonformen Auslegung
im Lichte der Gleichbehandlungsrichtlinien analog anzuwenden[7], denn eine Umsetzungslücke besteht
auf Grund Art. 33 Abs. 2 GG nicht, solange dort der Rahmen zulässiger Unterscheidung wegen des Geschlechts nach den gleichen Maßstäben bestimmt wird wie bei § 611a[8]. Wird hiergegen verstoßen, sind
die Sanktionen mit den Möglichkeiten der Konkurrentenklage und eines Kontrahierungszwangs noch
weiter gehend als die des § 611a und tragen damit hinreichend dem Gebot effektiver Sanktionierung
Rechnung[9].

Auch **TV und BV** werden von § 611a erfasst[10]. Die Umsetzung und Befolgung des TV und der BV durch 13
den ArbGeb ist jeweils die Maßnahme iSd. Abs. 1 Satz 1. Eine analoge Anwendung ist daher nicht erforderlich, führt sie auch zum selben Ergebnis[11]. Zum Schadensersatz verpflichtet nach Abs. 2 bis 5 ist daher
auch in diesem Fall der ArbGeb, nicht aber Gewerkschaft, ArbGebVerband oder BR. Die Tarifautonomie stellt keinen rechtfertigenden Grund zur Ungleichbehandlung dar, und auch kommt ihr keine Einschätzungsprärogative zugute, was unverzichtbare Voraussetzung iSd. Abs. 1 Satz 2 ist. Für den sachlichen Grund, der eine mittelbare Diskriminierung rechtfertigt, gilt anderes[12].

---

1 RAG v. 19.1.1938, ARS 33, S. 172. | 2 S. *Wiedemann*, Die Gleichbehandlungsgebote im Arbeitsrecht, S. 59; *Thüsing*, ZfA 2002, 249 (253). | 3 Definition nach Art. 2 Abs. 2 Richtlinie 76/207/EWG, Art. 2 Richtlinie 2000/43/EG, Art. 2 Richtlinie 2000/78/EG. | 4 EuGH v. 31.3.1981 – Rs. 96/80, Slg. 1981, 911 = AP Nr. 1 zu § 1 BetrAVG – Gleichbehandlung (*Pfarr*). | 5 Auch sog. *substantive equality*, s. hierzu *Wiedemann*, Die Gleichbehandlungsgebote im Arbeitsrecht, 2001, S. 29. | 6 AA und ohne Begründung *Körner*, NZA 2001, 1046 (1051); wie hier die ganz hM ErfK/*Schlachter*, § 611a BGB Rz. 6; Staudinger/*Richardi/Annuß*, § 611a BGB Rz. 22; BAG v. 12.11.1998 – 8 AZR 365/97, AP Nr. 16 zu § 611a BGB. | 7 So aber ErfK/*Schlachter*, § 611a BGB Rz. 6; wie hier Staudinger/*Richardi/Annuß*, § 611a BGB Rz. 26. | 8 Hierfür *Jachmann* in v. Mangoldt/Klein/Starck, Art. 33 GG Rz. 18. | 9 Zu diesem Sanktionierungsgebot s. EuGH v. 22.4.1997 – Rs. C 180/95, Slg. 1997, 2195 (2219) Rz. 16 ff. = AP Nr. 13 zu § 611a BGB. | 10 Vorgegeben durch Art. 3 Abs. 2 lit. b, Art. 4 lit. b, Art. 5 Abs. 2 lit. b Richtlinie 76/207/EWG; unzutr. daher Staudinger/*Richardi/Annuß*, § 611a BGB Rz. 23; wie hier Soergel/*Raab*, § 611a BGB Rz. 11; MünchArbR/*Buchner*, § 37 Rz. 154; ErfK/*Schlachter*, § 611a BGB Rz. 6. | 11 Für eine zumindest analoge Anwendung KR/*Pfeiffer*, § 611a BGB Rz. 9. | 12 S. EuGH v. 31.5.1995 – Rs. C 400/93, AP Nr. 68 zu Art. 119 EWG-Vertrag; LAG Köln v. 11.1.1996 – 6 Sa 901/95, LAGE Art. 119 – EWG-Vertrag Nr. 15 (*Peters/Thüsing*); *Thüsing* in Annuß/Thüsing, § 4 TzBfG Rz. 58 mwN.

BGB § 611a Rz. 14 Geschlechtsbezogene Benachteiligung

14 **2. Geschützter Personenkreis.** Auch geringfügig beschäftigte ArbN[1], befristet beschäftigte ArbN[2] und ArbN in privaten Haushalten[3] werden erfasst. Das britische Recht kannte eine Ausnahme vom Verbot der Geschlechtsdiskriminierung für private Haushalte und wurde hierfür vom EuGH gerügt[4]. Europarechtskonform kennt daher auch § 611a **keine Kleinbetriebsklausel**[5]. Europarechtskonforme Auslegung gebietet auch die Einbeziehung arbeitnehmerähnlicher Personen[6] und von Geschäftsführern und Verträgen mit freien Mitarbeitern[7]. Die Richtlinie 76/207/EWG will seit ihrer Ergänzung durch die Richtlinie 2002/73/EG gemäß Art. 3 Abs. 1 lit. a) ausdrücklich den Zugang zu „**unselbständiger und selbständiger Erwerbstätigkeit**" erfassen; eine Beschränkung auf den persönlich abhängigen ArbN verbietet sich daher.

15 Gemäß § 611a Abs. 2 sind auch **Arbeitsplatzbewerber** in den Schutzbereich des Diskriminierungsverbots einbezogen, und auch Benachteiligungen, die dem ArbN erst nach dem Ende des Arbeitsverhältnisses entstehen, werden vom Diskriminierungsverbot erfasst[8].

16 **3. Maßnahmen oder Vereinbarungen.** Mit Vereinbarungen und Maßnahmen iSd. Abs. 1 Satz 1 sollen weitestgehend alle Benachteiligungen tatsächlicher oder rechtlicher Art im Zusammenhang mit einem Arbeitsverhältnis untersagt werden[9]. Erfasst werden damit alle arbeitgeberseitig gesetzten Arbeitsbedingungen[10]. Der Begriff deckt sich mit dem des § 612a, s. § 612a Rz. 6. Nicht erfasst wird die betriebsverfassungsrechtliche Stellung und die Unterscheidung etwa nach § 15 Abs. 2 BetrVG, denn dies ist eine Unterscheidung des Gesetzgebers, nicht des ArbGeb; inwieweit diese Norm ein Verstoß gegen die Vorgaben der Richtlinie 76/207/EWG sein könnte, ist derzeit offen; einiges spricht dafür.

17 **4. Benachteiligung.** Eine Benachteiligung liegt nicht bereits in der unterschiedlichen Behandlung männlicher und weiblicher ArbN[11]. Unterschiedliche Dienstkleidungen für männliche und weibliche ArbN, Jubiläumspräsente oder Dienstbezeichnungen werden daher nicht von § 611a erfasst, solange die Unterscheidung zwischen den Geschlechtern nicht Ausdruck einer unterschiedlichen Wertigkeit ist. Die Nachteiligkeit der Vereinbarung oder Maßnahme ergibt sich im **Vergleich zu Beschäftigten des anderen Geschlechts**. Eine Benachteiligung liegt nicht nur vor, wenn tatsächlich ArbN eines anderen Geschlechts bessere Arbeitsbedingungen eingeräumt werden, sondern auch, wenn der betroffenen Person günstigere Arbeitsbedingungen gewährt würden, wenn sie dem anderen Geschlecht zugehörig wäre, s. Art. 2 Abs. 2 Richtlinie 76/207/EWG. Die **Vergleichsgruppe** umfasst grundsätzlich alle ArbN eines ArbGeb. Darüber hinaus kann es Fälle eines den Einzelnen ArbGeb übergreifenden Vergleichs geben, etwa wenn TV mehrere Unternehmen erfassen oder eine Konzernmutter einheitlich die Arbeitsbedingungen in allen Betrieben ihrer Töchter vorgibt[12]. Die Vergleichsgruppe hat Bedeutung insb. zur Bestimmung einer mittelbaren Diskriminierung (s. Rz. 38 f.).

18 **V. Unmittelbare Diskriminierung. 1. Struktur.** Verboten ist die Benachteiligung wegen des Geschlechts. Eine unmittelbare Diskriminierung liegt vor, wenn ein ArbN wegen des Geschlechts in einer vergleichbaren Situation eine weniger günstige Behandlung erfährt als ein anderer ArbN erfährt, erfahren hat oder erfahren würde, s. Art. 2 Abs. 2 Richtlinie 76/207/EWG. Nicht erforderlich ist, dass die Benachteiligung alle ArbN eines Geschlechts trifft. Es reicht aus, wenn ein Merkmal ausschließlich bei einem Geschlecht vorhanden sein kann. Die Nichtberücksichtigung schwangerer ArbN-innen oder bärtiger ArbN ist daher eine unmittelbare Geschlechtsdiskriminierung (zur Schwangerschaft s. Rz. 20 ff.). Im US-amerikanischen Recht wird dieser Sachverhalt als „**sex plus**" **Diskriminierung** bezeichnet, da die Benachteiligung kumulativ von der Geschlechtszugehörigkeit und einem weiteren Merkmal abhängig ist[13]. Auch die Benachteiligung **Transsexueller** ist nach der – nicht gänzlich überzeugenden – Rspr. des EuGH eine Benachteiligung wegen des Geschlechts[14]. Erst recht erfasst ist die sog. **verdeckte Diskriminierung**, die zwar nicht ausdrücklich auf das Geschlecht abstellt, jedoch auf Merkmale, die allgemein bei Frauen oder allgemein bei Männern vorhanden sind[15].

19 Eine über die Anknüpfung an das Geschlecht als solches hinausgehende **Benachteiligungsabsicht** ist für die unmittelbare Diskriminierung **nicht erforderlich**[16]. Daher können auch Ungleichbehandlungen

---

1 EuGH v. 14.12.1995 – Rs. C 317/93, NZA 1996, 129. | 2 ErfK/*Schlachter*, § 611a BGB Rz. 6; Staudinger/*Richardi/Annuß*, § 611a BGB Rz. 24. | 3 EuGH v. 8.11.1983 – Rs. 165/82, Slg. 1983, 3431 (3447) Rz. 12 ff. = NJW 1985, 539 (540). | 4 S. EuGH v. 8.11.1983 – Rs. 165/82, Slg. 1983, S. 3431 (3447). | 5 Hierfür jedoch de lege ferenda *Kutsch*, BB 1991, 2149 (2152). Zu entsprechenden amerikanischen Kleinbetriebsklauseln s. *Wiedemann/Thüsing*, NZA 2002, 1234. | 6 ErfK/*Schlachter*, § 611a BGB Rz. 6; Erman/*Edenfeld*, § 611a BGB Rz. 3; MünchKomm/*Müller-Glöge*, § 611a BGB Rz. 4; aA Staudinger/*Richardi/Annuß*, § 611a BGB Rz. 24; *Richardi*, MünchArbR, § 11 Rz. 12. | 7 S. hierzu auch EuGH v. 2.10.1997 – Rs. C-100/95, NZA 1997, 1221 (Steuerberaterprüfung). EuGH v. 22.9.1998 – Rs. C-185/97, NZA 1998, 1223: Verweigerung eines Zeugnisses. | 8 Staudinger/*Richardi/Annuß*, § 611a BGB Rz. 27; Soergel/*Raab*, § 611a BGB Rz. 11; MünchKomm/*Müller-Glöge*, § 611a BGB Rz. 6. | 10 EuGH v. 13.7.1995 – Rs. C-116/94, AP Nr. 69 zu Art. 119 EWG-Vertrag. | 11 AA ErfK/*Schlachter*, § 611a BGB Rz. 7. | 12 S. Schlussanträge *Gelhoed* im Verfahren *Lawrence*; hierzu auch *Thüsing*, DB 2002, 2601. | 13 *Schlachter*, Wege zur Gleichberechtigung, S. 149. | 14 EuGH v. 30.4.1996 – Rs. 3/94, Slg. 1996 I, 2143. | 15 *Wiedemann*, Die Gleichbehandlungsgebote im Arbeitsrecht, 2002, S. 29. Ein Beispiel zitiert *Schlachter*, Wege zur Gleichberechtigung, S. 150: „Arbeitnehmer, die nach den gesetzlichen Regelungen ab dem 60. Lebensjahr Leistungen aus der gesetzlichen Rentenversicherung in Anspruch nehmen können". | 16 Allg. Meinung: Staudinger/*Richardi/Annuß*, § 611a BGB Rz. 30; Soergel/*Raab*, § 611a BGB Rz. 19; *Schlachter*, Wege zur Gleichberechtigung, S. 150, 156; LAG Hamburg v. 28.3.2001 – 8 Sa 115/00, nv. (juris).

zwischen männlichen und weiblichen ArbN, die zum Wohle des Betroffenen ergriffen werden, unzulässige Diskriminierungen sein[1]. Liegt der benachteiligenden ArbGebEntscheidung ein Motivbündel zugrunde, so ist allein maßgebend, ob in diesem auch das Geschlecht des Stellenbewerbers als Kriterium enthalten ist[2]. Liegt andererseits eine Diskriminierungsabsicht vor, so kommt es nicht darauf an, ob die Entscheidung auch durch legitime, nicht geschlechtsbezogene Gründe hätte gerechtfertigt werden können.

2. Schwangerschaft. Die weitaus häufigsten Entscheidungen zur unmittelbaren Diskriminierung betreffen die Ungleichbehandlung wegen der Schwangerschaft. 20

a) Unterscheidung nach der Schwangerschaft als unmittelbare Diskriminierung. Es entspricht inzwischen bestätigter Rspr., dass die Unterscheidung nach der Schwangerschaft eine unmittelbare Diskriminierung wegen des Geschlechts darstellt[3]. Weil nicht Frauen an sich, sondern nur schwangere Frauen benachteiligt werden, gehen andere davon aus, die Unterscheidung nach der Schwangerschaft sei eine mittelbare Diskriminierung[4] oder aber sie könne überhaupt nicht unter das Verbot der Geschlechtsdiskriminierung summiert werden[5]. Wenn die Schwangerschaft so behandelt wird wie jede andere krankheitsbedingte Abwesenheit von der Arbeit, dann liegt darin keine Ungleichbehandlung, sondern eine Frauen lediglich faktisch, aber nicht rechtlich benachteiligende Gleichbehandlung[6]. Nahe liegend ist daher eine nur materielle Diskriminierung (s. Rz. 11). Eben daher wurde *Title VII Civil Rights Act* ausdrücklich dahingehend ergänzt, dass auch eine Unterscheidung nach der Schwangerschaft eine Diskriminierung wegen des Geschlechts sei[7]. Nun stellt dies auch Art. 2 Abs. 7 Richtlinie 76/207/EWG ausdrücklich klar: „Die ungünstigere Behandlung einer Frau im Zusammenhang mit Schwangerschaft oder Mutterschaftsurlaub iSd. Richtlinie 92/85/EWG gilt als Diskriminierung im Sinne dieser Richtlinie". 21

b) Entwicklung der Rspr. Angesichts dieser **dogmatischen Schwierigkeiten** hat die Rspr. zur Ungleichbehandlung wegen Schwangerschaft stark geschwankt. Ältere Judikate des BAG differenzierten danach, ob sich auch Männer auf den Arbeitsplatz beworben hatten, bei dem Schwangere zurückgewiesen wurden[8]. Angestoßen durch die europäische Rspr. gab das BAG seine gespaltene Lösung jedoch auf[9] und ließ die Frage nach der Schwangerschaft allein zu, wenn der Beschäftigung ein Verbot insb. nach § 4 MuSchG entgegenstand[10]. Der EuGH hat auch dieser Rspr. ein Ende gesetzt und entschieden, dass sowohl in unbefristeten[11] als auch in befristeten Arbeitsverhältnissen[12] eine Unterscheidung nach der Schwangerschaft nicht zulässig ist, auch wenn im letzteren Fall die ArbN-in einen erheblichen Teil ihrer Beschäftigungszeit nicht wird arbeiten können[13]. 22

c) Verbleibende Fälle zulässiger Differenzierung. Leitlinie des EuGH ist der Gedanke, dass die Anwendung der Vorschriften zum Schutz der werdenden Mutter dieser **keine Nachteile beim Zugang zur Beschäftigung** bringen darf[14]. So einschränkungslos formuliert ergibt sich dies allerdings nicht aus der Systematik des Diskriminierungsschutzes und den umsetzenden Richtlinien. In der Praxis dürfte damit die Frage nach der Schwangerschaft aber endgültig verboten sein[15]. Dies führt in Einzelfällen zu unbefriedigenden Ergebnissen: Eine Mitarbeiterin soll als Schwangerschaftsvertretung eingestellt werden, aber auch sie ist schwanger. Möglicherweise kann hier mit dem Rechtsinstitut des Rechtsmissbrauchs oder des **venire contra factum proprium** eine Schranke gefunden werden, die unbillige Härte korrigieren kann. Europarechtlich abgesichert ist das nicht, aber auch mit dem Kriterium der ernsthaften Bewerbung als Voraussetzung für den Schadensersatzanspruch nach Abs. 2 bis 5 hat das BAG ein Korrektiv gefunden, das nicht unmittelbar im Text der Norm angelegt, von der Sache aber sicherlich geboten ist (s. Rz. 64). Dies lasst sich auch durch Abs. 1 Satz 2 rechtfertigen: Unverzichtbar ist die fehlende Schwangerschaft für die Tätigkeit sicherlich, wenn die Schwangerschaft eben dazu führt, dass die Tätigkeit in Gänze oder ganz überwiegend nicht ausgeführt wird und auch nicht ausgeführt werden darf. Das Arbeitsverhältnis ist ein Austauschverhältnis Arbeit gegen Entgelt; wenn eines davon wegfällt, verfehlt es seinen Zweck. Das ist bei Daueranstellungen nicht der Fall, wenn aber eine ArbN-in gerade als Schwangerschaftsvertretung eingestellt wird, dann vereitelt ihre Schwangerschaft die Arbeitsleistung. Das macht von der Perspektive des ArbGeb keinen Unterschied gegenüber anderen Fällen der Nichtleistung. Die **Größe des ArbGebUnternehmens** hat entsprechend dem uneingeschränkten 23

---

1 ErfK/*Schlachter*, § 611a BGB Rz. 9. Zur Frage, ob hierin eine Rechtfertigung liegen kann, s. Rz. 28 ff. | 2 BVerfG v. 16.11.1993 – 1 BvR 258/86, BVerfGE 89, 276. | 3 EuGH v. 11.7.1990 – Rs. 304/86, Slg. 1990, 2941; v. 5.2.1998 – Rs. C-394/96, Slg. 1998, 4187; v. 3.2.2000 – Rs. C-207/98, NZA 2000, 255; v. 4.10.2001 – Rs. C-109/00, NZA 2001, 1241. | 4 *Hanau/Preis*, ZfA 1988, 177 (200). | 5 Staudinger/*Richardi/Annuß*, § 611a BGB Rz. 42; *Soergel/Raab*, § 611a BGB Rz. 27; eingehend *Wiedemann*, Die Gleichbehandlungsgebote im Arbeitsrecht, S. 42 f. | 6 S. LAG Köln v. 24.11.1993 – 7 Sa 832/92, LAGE § 611 BGB – Gratifikation Nr. 20. | 7 42 US Code 2002 (k); vor der Gesetzesänderung 1978 aA General Electric Company v. Gilbert 429 US 125, 97. | 8 BAG v. 20.6.1986 – 2 AZR 244/85, NJW 1987, 397; zust. *Moritz*, NZA 1997, 329; abl. *Walker*, DB 1987, 273. | 9 BAG v. 15.10.1992 – 2 AZR 227/92, AP Nr. 8 zu § 611a BGB (*Coester*); v. 1.7.1993 – 2 AZR 25/93, AP Nr. 36 zu § 123 BGB (*Wank*). | 10 BAG v. 15.10.1992 – 2 AZR 227/92, AP Nr. 8 zu § 611a BGB; v. 1.7.1993 – 2 AZR 25/93, AP Nr. 36 zu § 123 BGB. | 11 EuGH v. 3.2.2000 – Rs. C-207/98, Slg. 2000 I, 549. | 12 EuGH v. 4.10.2001 – Rs. C-109/00, NZA 2001, 1241 = DB 2001, 2451 (*Thüsing*). | 13 S. dazu auch BAG v. 6.2.2003 – 2 AZR 621/01, AP Nr. 21 zu § 611a BGB. | 14 EuGH v. 3.2.2000 – Rs. C-207/98, Slg. 2000 I, 549 Abschn. 27. | 15 S. auch BAG v. 6.2.2003 – 2 AZR 621/01, AP Nr. 21 zu § 611a BGB; v. 6.2.2003 – 2 AZR 621/01 – bislang nv.

BGB § 611a Rz. 24   Geschlechtsbezogene Benachteiligung

Wortlaut der zugrunde liegenden Richtlinie jedoch keinen Einfluss auf die Zulässigkeit der Frage, auch wenn damit insb. in Kleinbetrieben erhebliche finanzielle Belastungen verbunden sind[1].

24   d) **Konsequenzen.** Eine Pflicht zur **Offenbarung der Schwangerschaft** im Einstellungsverfahren besteht nicht[2]. Dies gilt selbst bei einer Vereinbarung über die Abkürzung eines Erziehungsurlaubs, wenn die Schwangerschaft dazu führt, dass die ArbN-in auf Grund des vom ersten Tag an eingreifenden gesetzlichen Beschäftigungsverbots nicht ihre Tätigkeit ausüben kann[3]. Dementsprechend ist auch ein Anfechtungsrecht wegen Irrtum des ArbGeb über die Schwangerschaft einer Bewerberin ausgeschlossen. Schon die Frage nach der Schwangerschaft selbst stellt bereits einen Verstoß gegen § 611a dar, soweit nach der Schwangerschaft nicht unterschieden werden darf[4]. Wird die Frage nach der Schwangerschaft unzulässigerweise gestellt, hat die ArbN-in ein **Recht zur Lüge**[5]. Weil noch Fälle denkbar sind, in denen die Frage nach der Schwangerschaft erlaubt ist (zu möglichen Fällen s. Rz. 23), kann Gegenstand einer **Auflage iSv. § 2 Abs. 2 AÜG** sein, dem Verleiher die Frage nach der Schwangerschaft zu verbieten, obwohl Auflagen, die auf bestehende gesetzliche Verpflichtungen hinweisen oder sie lediglich wiederholen, nicht zulässig sind[6]. Auch die **Vereinbarung einer Befristung** des Arbeitsverhältnisses kann als Benachteiligung wegen des Geschlechts unwirksam sein, wenn nachweisbar damit die Unzulässigkeit der Frage nach der Schwangerschaft kompensiert wird[7]. Ob die ältere Rspr. des EuGH, wonach eine **Entlassung von ArbN-innen auf Grund von Fehlzeiten**, die zum Teil schwangerschaftsbedingt sind, keine geschlechtsbedingte Benachteiligung darstellt[8], angesichts der neueren Rechtsprechungslinie noch gültig ist, ist zweifelhaft. Entscheidend dürfte sein, ob sich die Zulässigkeit der Fehlzeiten aus allgemeinen Regeln des Schuldrechts und der Lohnfortzahlung oder aber aus spezifischen mutterschützenden Regelungen ergibt. Daher braucht ein ArbGeb, wenn er eine freiwillige Weihnachtsgratifikation wegen krankheitsbedingter Fehlzeiten kürzt, nicht nach den Ursachen der Erkrankung zu forschen und zu differenzieren; die Außerachtlassung der Tatsache, dass eine Erkrankung durch eine Schwangerschaft verursacht war, ist keine unterschiedliche Behandlung wegen des Geschlechts[9]. Wird ein Arbeitsverhältnis zur **Befristung** erprobt und kann eine ArbN-in einen wesentlichen Teil dieser Befristung aufgrund schwangerschaftsbedingter Fehlzeiten ihre Eignung nicht erweisen, dann ist eine deswegen erfolgende nochmalige Befristung anstelle eines ursprünglich geplanten unbefristeten Arbeitsverhältnisses zulässig, wenn der ArbGeb auch bei krankheitsbedingten Fehlzeiten so verfahren würde[10].

25   3. **Rechtfertigung.** Eine Unterscheidung unmittelbar nach dem Geschlecht ist gemäß Abs. 1 Satz 2 zulässig, soweit eine Vereinbarung oder eine Maßnahme die Art der vom ArbN auszuübenden Tätigkeit zum Gegenstand hat, ein bestimmtes Geschlecht unverzichtbare Voraussetzung für die Tätigkeit ist. Der Begriff der **Unverzichtbarkeit** ist missglückt[11], denn zwingend erforderlich muss nach der übereinstimmenden Wertung der Gerichte ein Geschlecht nicht notwendig sein, dass nach ihm differenziert werden kann. Der Kreis ist weiter gesteckt. In grober Ordnung kann zwischen Unverzichtbarkeit im engeren Sinne und Unverzichtbarkeit im weiteren Sinne unterschieden werden[12]. Eine unverzichtbare Voraussetzung stellt – unabhängig von den Schwierigkeiten der Konkretisierung dieses Begriffs im Einzelfall – jedenfalls erheblich **höhere Anforderungen** an das Gewicht des rechtfertigenden Umstands **als ein sachlicher Grund**, denn – so das BAG in wohl zu strenger Formulierung – das Geschlecht ist nur dann unverzichtbar, wenn ein Angehöriger des jeweils anderen Geschlechts die vertragsgemäße Leistung nicht erbringen kann und dieses Unvermögen auf Gründen beruht, die ihrerseits der gesetzlichen Wertentscheidung der Gleichberechtigung beider Geschlechter genügen[13].

26   a) **Unverzichtbarkeit im engeren Sinne.** Die Differenzierung nach dem Geschlecht ist zulässig, wenn nur Männer oder Frauen die betreffende Tätigkeit ausführen können. Hier kann es eine tatsächliche oder eine rechtliche Unverzichtbarkeit geben. Die tatsächliche Unverzichtbarkeit bilden die Fälle **biologischer Notwendigkeit**, für die beispielhaft die Amme steht[14]. Testfrage ist: Hätte der ArbGeb den Arbeitsplatz dauerhaft unbesetzt gelassen, wenn nur Bewerber des unerwünschten Geschlechts zur Verfügung gestanden hätten? Nur, wo das männliche oder weibliche Geschlecht nicht bloß erwünschte Nebeneigenschaft ist, sondern der ArbN gerade dafür bezahlt wird, es Bestandteil seiner entgoltenen

---

1 EuGH v. 4.10.2001 – Rs. C-109/00, NZA 2001, 1241; v. 3.2.2000 – Rs. C-207/98, Slg. 2000 I, 549; überholt damit ArbG Leipzig v. 31.8.2000 – 1 Ca 5749/00, NZA-RR 2000, 628. |2 LAG Hamm v. 1.3.1999 – 19 Sa 2596/98, DB 1999, 2114; ErfK/*Schlachter*, § 611a BGB Rz. 13. |3 Vorlage AG Lübeck 6.8.2001 – 1 Ca 1222/01, nv. (juris). |4 BAG v. 20.2.1986 – 2 AZR 244/85, AP Nr. 31 zu § 123 BGB; v. 1.7.1993 – 2 AZR 25/93, AP Nr. 36 zu § 123 BGB; großzügiger der EuGH v. 8.11.1990 – C-177/88, AP Nr. 23 zu Art. 119 EWG-Vertrag, der erst auf die hieraus folgende Entscheidung abstellt, im Ergebnis aufgrund der Indizwirkung aber zu keinem unterschiedlichen Ergebnis kommen wird. |5 Erstmals BAG v. 22.9.1961 – 1 AZR 241/60, AP Nr. 15 zu § 123 BGB; krit. zur Terminologie MünchArbR/*Buchner*, § 41 Rz. 176; zu den mit der Anfechtung verbundenen Rechtsproblemen s. *Strick*, NZA 2000, 695. |6 S. LSG Celle v. 22.12.1998 – L 8 AL 47/98, nv. (juris); BSG v. 6.4.2000 – B 11/7 AZ 10/9912, nv. (juris). |7 LAG Köln v. 26.5.1994 – 10 Sa 244/94, NZA 1995, 1105 = LAGE § 620 BGB Nr. 37; zust. ErfK/*Schlachter*, § 611a BGB Rz. 13. |8 EuGH v. 8.11.1990 – Rs. C-177/88, AP Nr. 23 zu Art. 119 EWG-Vertrag; v. 30.6.1998 – C-394/96, NZA 1998, 871. |9 LAG Köln v. 24.11.1993 – 7 Sa 832/92, LAGE § 611 BGB – Gratifikation Nr. 20. |10 S. ArbG Kaiserslautern v. 6.5.1992 – 4 Ca 677/91, ARST 1993, 67. |11 Staudinger/Richardi/*Annuß*, § 611a BGB Rz. 152; ErfK/*Schlachter*, § 611a BGB Rz. 22. |12 Ausf. *Thüsing*, RdA 2001, 319 f.; s. auch *Schlachter*, Wege zur Gleichberechtigung, S. 167 ff. |13 So BAG v. 27.4.2000 – 8 AZR 295/99, AuA 2000, 281. |14 S. *Preis*, Arbeitsrecht, 1999, S. 343; *Hanau*, FS Lüderitz, 2000, S. 247.

Leistung ist, ist das Geschlecht unverzichtbar. Zur tatsächlichen Unverzichtbarkeit gehört auch die Fallgruppe der Authentizitätswahrung (s. Rz. 33): Damenmode kann authentisch nur von Damen vorgeführt werden und eine Sopranrolle nur von einer Frau gesungen werden.

Zur **rechtlichen Unverzichtbarkeit** gehören alle die Fälle, in denen ein Gesetz die Beschäftigung des jeweils anderen Geschlechts verbietet. Hier kann kein Verstoß gegen § 611a vorliegen, wohl aber kann das Verbotsgesetz selber gegen europarechtliche Vorgaben verstoßen, weil es der vollständigen Umsetzung der dem Diskriminierungsverbot zugrunde liegenden Richtlinien entgegensteht. Solange der deutsche Gesetzgeber aber nicht tätig wird, um ein eventuelles Umsetzungsdefizit zu beheben, kann sich der ArbN – wo er nicht staatlich Bediensteter ist – nicht unmittelbar auf das Europäische Recht berufen, da dies eine horizontale verpflichtende Wirkung von Privaten bedeuten würde, die nach gefestigter Rspr. des EuGH ausgeschlossen ist (s. Rz. 8). 27

b) Unverzichtbarkeit im weiteren Sinne. Daneben kann eine Unverzichtbarkeit im weiteren Sinne gegeben sein. Diese Fälle sind sehr viel schwerer einzukreisen, denn das sind die eigentlich problematischen Sachverhalte. 28

Erste Voraussetzung ist hier, dass ein ArbN eines bestimmten Geschlechts die berufliche Tätigkeit zwar verrichten kann, jedoch tatsächlich schlechter ausübt als Angehörige des anderen Geschlechts. In einem zweiten Schritt ist dann zu fragen, ob die Minderleistung biologisch bedingt ist, wenn auch uU nicht unmittelbar, sondern reflektiert durch Dritte, mit denen der ArbN zu tun hat. Das ist in allen Fällen gegeben, wo die Scham gegenüber dem anderen Geschlecht relevant wird. Denn bei solchen Sachverhalten (Masseur, ärztliches und medizinisches Personal) sind keine Vorurteile gegenüber Frauen oder Männern entscheidend, sondern ein Gefühl, das zwar gesellschaftlich geformt sein mag, aber dennoch biologisch begründet ist. Daher ist immer dann, wenn glaubhaft nachgewiesen werden kann, dass Kunden zur **Wahrung der Intimsphäre** das andere Geschlecht zurückweisen, eine Differenzierung zwischen den Geschlechtern zulässig. Eine Abwägung von Interessen ist nicht erforderlich, denn es wird nur die biologische Verschiedenheit von Mann und Frau anerkannt, nicht aber eine diskriminierende Unterscheidung getroffen. Wie vernünftig oder wie verbreitet das Schamgefühl ist, ist nicht relevant, entscheidend ist allein, ob dies tatsächlicher Grund zur Differenzierung ist. 29

In den übrigen Fällen ist danach zu fragen, ob der Unterschied in der Fähigkeit, den Aufgaben gerecht zu werden, zwar nicht biologisch begründet ist, jedoch ein **legitimes öffentliches Interesse** an der bestmöglichen Erfüllung der Aufgabe besteht. Hier ist dann abzuwägen. Deshalb mag man die Vorurteile von Häftlingen gegenüber weiblichen Bewachern verurteilen, jedoch liegt die Sicherheit des Gefängnisses sicherlich im öffentlichen Interesse und kann daher eine unterschiedliche Behandlung rechtfertigen. 30

Es bleiben damit die Fälle, in denen eine ArbN-in oder ein ArbN bei einer Tätigkeit weniger erfolgreich ist als ein Kollege des anderen Geschlechts, einzig auf Grund der Vorurteile der Kundschaft, und kein besonderes öffentliches Interesse an einer optimalen Ausführung der Tätigkeit besteht (Problem der sog. **customer preferences**). Hier ist eine Unterscheidung zwischen den Geschlechtern grundsätzlich nicht erlaubt (mögliche Sachverhalte, s. Rz. 33 f.)[1]. Offen erscheint einzig, ob man mit gleicher Strenge in Fällen der Auslandsberührung urteilen sollte, wenn etwa eine Frau als Verhandlungspartner in arabischen Ländern nicht akzeptiert werden sollte (s. Rz. 33). Allerdings kann dies zu Umsatzeinbußen bei ArbGeb führen, die selbst gar keine Vorurteile gegen das eine oder andere Geschlecht haben, jedoch ist dies in Übereinstimmung mit US-amerikanischer und auch britischer Rspr.[2] hinzunehmen. Den ArbGeb trifft hier das gleiche Risiko wie seine Konkurrenten, die ebenfalls dem Gleichbehandlungsgebot unterliegen. Es wäre eine unvollkommene Umsetzung der Gleichbehandlungspflicht, wollte man Ausnahmen zulassen, einzig weil Dritte diskriminierende Vorurteile hegen, denn die Grenzziehung zwischen noch tolerierbaren Vorurteilen und nicht mehr hinzunehmenden wirtschaftlichen Einbußen wäre willkürlich und ein Maßstab dafür, sie zu sondern, nicht in Sicht. 31

Keine Unverzichtbarkeit des Geschlechts ist auch dann gegeben, wenn dieses in der Auswahl des ArbGeb nur **Hilfskriterium** ist, um nach einem anderen, schwieriger nachprüfbaren eigentlich angestrebten und unter Umständen sachlich gerechtfertigten Kriterium zu unterscheiden. Wer ArbN für schwere körperliche Arbeit sucht, darf daher nicht per se Frauen ausschließen, denn ob Bewerber die Anforderungen eines Arbeitsplatzes erfüllen können, ist individuell festzustellen und darf nicht wegen der *Geschlechtszugehörigkeit* vermutet werden[3]. Dass das Verbot gerade solcher *statistical discrimination* freilich ineffizient sein kann, ist vielfach nachgewiesen worden[4]. Für den allgemeinen arbeitsrechtlichen Gleichbehandlungsgrundsatz gilt daher anderes, s. § 611 Rz. 205. 32

---

1 Ausf. *Thüsing*, RdA 2003, 257 (263); *Thüsing*, RdA 2001, 319 (323); aA MünchKomm/*Müller-Glöge* § 611a BGB Rz. 29; Staudinger/*Richardi/Annuß*, § 611a BGB Rz. 53; LAG Hamm v. 10.4.1997 – 17 Sa 1870/96, NZA-RR 1997, 315; s. auch *Gamillscheg*, FS Floretta, S. 171 (177). | 2 Vgl. sec. 7 Abs. 2 des Sex Discrimination Act und dazu *Bourn/Whitmore*, Anti-Discrimination Law in Britain, 3. Aufl. 1996, Abschn. 5–90; zum US-amerikanischen Recht *Thüsing*, RdA 2001, 319. | 3 LAG Köln v. 8.11.2000 – 3 Sa 974/00, NZA-RR 2001, 232; zust. ErfK/*Schlachter*, § 611a BGB Rz. 22. | 4 Ausf. *Thüsing*, RdA 2003, 257 (259).

33 **4. Einzelfälle.** Die Bundesregierung hat als Antwort auf eine Aufforderung des EuGH[1] in einer Stellungnahme an die Europäische Kommission **Beispiele** gegeben, die sie – rechtlich unverbindlich – als auf Grund Unverzichtbarkeit gerechtfertigte Ungleichbehandlung der Geschlechter betrachtet[2]: Berufliche Tätigkeiten, bei denen die authentische Erfüllung einer Rolle oder einer Aufgabe von einem bestimmten Geschlecht abhängig ist, wie zB Schauspieler[3] oder Mannequin; Tätigkeiten im kirchlichen Bereich, soweit der Verkündungsauftrag der Kirche berührt ist, zB Priester der katholischen Kirche; Tätigkeiten in Ländern außerhalb der EG, in denen aufgrund gesetzlicher Vorschriften und religiöser Überzeugung oder kultureller Besonderheiten nur ein Geschlecht akzeptiert wird; Tätigkeiten in einem Frauenhaus, soweit das Betreuungskonzept des Frauenhausträgers ihre Ausübung ausschließlich durch Frauen erfordert[4]; Tätigkeiten im Bereich der inneren und äußeren Sicherheit, wie zB bei der Bundeswehr, bei der Polizei, Tätigkeiten im Justizvollzugsdienst.

34 Dass diese Liste **europarechtlich** letztlich **nicht maßgeblich** sein kann, zeigt sich schon an der generellen Ausnahme vom Dienst an der Waffe, die in der jüngsten Rspr. des EuGH nicht mehr anerkannt wurde[5]. Andererseits hat der EuGH festgestellt, dass das Geschlecht eine unabdingbare Voraussetzung für die Beschäftigungsverhältnisse eines **Aufsehers in Haftanstalten** oder für Tätigkeiten sein kann, wie die der Polizei bei schweren inneren Unruhen und auch für den **Dienst in speziellen Kampfeinheiten**, bei denen die Soldaten jederzeit in verschiedenen Funktionen einsatzbereit sein sollen[6]. Darüber hinaus hat die Rspr. als zulässige Ungleichbehandlung anerkannt, nur weibliche **Pflegekräfte** in einer kleinen Belegarztklinik mit überwiegend weiblichen Patienten und ganz überwiegend gynäkologischen Operationen sowie Patienten mit mohammedanischem Glauben einzustellen[7]. Unzulässig ist eine Differenzierung nach dem Geschlecht aber, wenn eine Pflegekraft zwar zur Intimpflege eingesetzt ist, jedoch ein Einsatz bei Patientinnen möglich ist, die die Pflege durch männliche Krankenpfleger nicht abgelehnt haben[8]. Unzutreffend als gerechtfertigt wertete die Rspr. auch die Unterscheidung nach dem Geschlecht bei der Stelle einer **Geschäftsführerin in einem Frauenverband**[9] und – ebenso unzutreffend – der Stelle eines **wissenschaftlichen Mitarbeiters bei der Bundestagsfraktion**[10] sowie die Einstellung als **Frauenreferentin** für eine politische Partei[11]. Sowohl die besondere Tendenzrichtung des ArbGeb als auch mögliche Vorurteile derjenigen, mit denen der ArbN in Kontakt tritt, können hier richtigem Verständnis nach die Unterscheidung nicht rechtfertigen. § 611a kennt keine Tendenzklausel, und wer mit den Grundrechten argumentiert[12], kommt nicht umhin, die Schwelle zu definieren, hinsichtlich derer das Freiheitsrecht des ArbGeb vor dem Gleichheitsrecht des Bewerbers Vorrang haben soll. Die bisher entschiedenen Fälle konnten eine solche Schwelle nicht überzeugend formulieren. Unzulässig ist dementsprechend auch die Bevorzugung von Frauen in der Bewerbung um die Stelle als **Gleichstellungsbeauftragte** gemäß § 5 GO NRW[13].

35 Für den **Verkauf von Damenoberbekleidung** einschließlich Badebekleidung in einem Einzelhandelsgeschäft mit Anprobemöglichkeiten ist das weibliche Geschlecht unverzichtbare Voraussetzung[14]. Die Entscheidung des BAG, wonach die Nichteinstellung einer **Arzthelferin** ausnahmsweise dann sachlich gerechtfertigt ist, wenn sie objektiv dem gesundheitlichen Schutz der Bewerberin und ihres ungeborenen Kindes dient[15], erscheint in Anbetracht des strengen Maßstabs des EuGH überholt. Das Unbehagen, das in solchen Fällen entsteht, ist eine Aufgabe, die der Gesetzgeber zu bewältigen hat. Allein er, nicht aber der Richter hat hier andere Rechtsgüter und öffentliche Aufgaben gegen das Gebot der Gleichbehandlung abzuwägen. Da eine Schwangere diese Tätigkeit objektiv ebenso gut ausführen kann wie ein männlicher ArbN, dürfte das Geschlecht schwerlich unverzichtbare Voraussetzung sein, solange der Gesetzgeber die Tätigkeit nicht verbietet. Liegt tatsächlich ein **gesetzliches Verbot der Beschäftigung** vor, das es ausschließt, dauerhaft Frauen auf einem bestimmten Arbeitsplatz zu beschäftigen, ist die Ungleichbehandlung zulässig[16].

36 VI. Mittelbare Diskriminierung. 1. Struktur. Die mittelbare Diskriminierung ist dogmatisch schwer zu fassen. Ihre **Definition** ist wohl noch nicht abschließend geglückt. Nach Art. 2 Abs. 2 der Richtlinie 76/207/EWG liegt eine mittelbare Diskriminierung vor, „wenn dem Anschein nach neutrale Vorschrif-

---

1 EuGH v. 21.5.1985 – Rs. 248/83, Slg. 1985, 1459 (1484). | 2 BArbBL 1987/11, S. 40 f.; ähnlich auch Begr. RegE BT-Drs. 8/3317, S. 9. | 3 LAG München v. 10.4.1992 – 3 Sa 800/91, NZA 1992, 982. | 4 Hierzu auch BAG v. 14.3.1989 – 8 AZR 351/86, AP Nr. 6 zu § 611a BGB; LAG Düsseldorf v. 1.2.2002 – 9 Sa 1451/01, NZA-RR 2002, 345 f.: nur sachlicher Grund, nicht aber unverzichtbare Voraussetzung. | 5 EuGH v. 11.1.2000 – Rs. C-285/98, NZA 2000, 137; s. auch EuGH v. 26.10.1999 – Rs. C-273/97, Slg. 1999 I, 7403; dem trägt die Neufassung von Art. 12a Abs. 4 Satz 2 GG Rechnung. | 6 EuGH v. 30.6.1988 – Rs. 318/86, Slg. 1988, 3559; v. 15.5.1986 – Rs. 222/84, Slg. 1986, 1651; v. 26.10.1999 – Rs. C-273/97, Slg. 1999 I, 7403. | 7 ArbG Hamburg v. 10.4.2001 – 20 Ca 188/00, PflR 2001, 322. | 8 ArbG Bonn v. 31.3.2001 – 5 Ca 2781/00, PflR 2001, 318. | 9 ArbG München v. 14.2.2001 – 38 Ca 8663/00, NZA-RR 2001, 365. | 10 ArbG Bonn v. 16.9.1987 – 4 Ca 1398/87, NJW 1988, 510 = NZA 1988, 133. | 11 LAG Berlin v. 14.1.1998 – 8 Sa 118/97, NZA 1998, 312 = NJW 1998, 1429. | 12 Staudinger/*Richardi/Annuß*, § 611a BGB Rz. 55. | 13 BAG v. 12.11.1998 – 8 AZR 365/97, NZA 1999, 371 in recht gekünstelter Auslegung des Wortlauts „Gleichstellungsbeauftragte"; aA LAG Hamm v. 23.7.1998 – 14 Sa 111/83, LAGE § 611a BGB Nr. 1 nF *sowie LAG Hamm v. 10.4.1997 – 17 Sa 1870/96*, NZA-RR 1997, 315. | 14 LAG Köln v. 19.7.1996 – 7 Sa 499/96, NZA-RR 1997, 84. | 15 BAG v. 1.7.1993 – 2 AZR 25/93, NZA 1993, 933 im Anschluss an BAG v. 15.10.1992 – 2 AZR 227/92, AP Nr. 8 zu § 611a BGB. S. auch ArbG Düsseldorf v. 15.11.2000 – 6 Ca 6041/00, PflR 2001, 437. | 16 S. LAG Hamm v. 18.12.1987 – 17 Sa 1225/87, LAGE § 612a BGB Nr. 1 im Hinblick auf den ehemaligen § 19 Abs. 2 AZO 1938; ebenso LAG München v. 10.4.1992 – 3 Sa 800/91, BB 1992, 1285 = NZA 1992, 982.

ten, Kriterien oder Verfahren Personen, die einem Geschlecht angehören, in besonderer Weise gegenüber Personen des anderen Geschlechts benachteiligen können, es sei denn, die betreffenden Vorschriften, Kriterien oder Verfahren sind durch ein rechtmäßiges Ziel sachlich gerechtfertigt und die Mittel sind zur Erreichung dieses Ziels angemessen und erforderlich". Sprachlich abweichend bestimmt Art. 2 Abs. 2 Richtlinie 97/80/EG eine mittelbare Diskriminierung sei anzunehmen, „wenn dem Anschein nach neutrale Vorschriften, Kriterien oder Verfahren einen wesentlich höheren Anteil der Angehörigen eines Geschlechts benachteiligen, es sei denn, die betreffenden Vorschriften, Kriterien oder Verfahren sind angemessen und notwendig und sind durch nicht auf das Geschlecht bezogene sachliche Gründe gerechtfertigt". Der Sache nach meinen beide Definitionen dasselbe: Kennzeichnend ist, dass die Arbeitsbedingungen zunächst korrekt erscheinen, sie aber in ihrem Vollzug weibliche oder männliche ArbN benachteiligen, weil diese im Kreis der benachteiligten Personen überproportional vertreten sind. Im Einzelfall können sich jedoch Schwierigkeiten in der Subsumtion ergeben.

Trotz der neuen Formulierung der mittelbaren Diskriminierung dürfte sich nichts daran geändert haben, dass als Voraussetzung eine **wesentlich stärkere Belastung eines Geschlechts** erforderlich ist. Zufälligkeiten und konjunkturelle Schwankungen sollen das Ergebnis nicht beeinflussen[1]. Wann die Wesentlichkeitsschwelle überschritten ist, ist weder der Rspr. des BAG noch der des EuGH sicher zu entnehmen, da bislang nur eindeutige Fälle zu entscheiden waren. Das Gros der Entscheidungen bezog sich auf Diskriminierung wegen der Teilzeit, bei denen Frauen durchschnittlich mehr als 90 % ausmachen[2]. Im Schrifttum findet sich die **Grenze von 75 %**, sofern die absolute Abweichung so aussagekräftig ist, dass Zufälligkeiten ausgeschlossen sind[3]. Gesichert ist, dass allein eine gewisse Zahl der betroffenen Personen kein hinreichend aussagekräftiges Indiz ist, sondern es in erster Linie auf das prozentuale Verhältnis der Geschlechterverteilung in den zu vergleichenden Gruppen ankommt[4]. Leitlinie ist, dass der statistische Vergleich sicher belegen soll, dass die ungleiche Betroffenheit tatsächlich auf dem Geschlecht beruht. Erst dann ist dem ArbGeb aufgegeben, Rechtfertigungsgründe für diese Ungleichbehandlung zu nennen. Im US-amerikanischen Recht haben sich hierzu recht unterschiedliche Berechnungsmethoden entwickelt. Die *Equal Employment Opportunity Commission* hat eine 80 % *rule* entwickelt, ohne auf die Größe der betroffenen Gruppe zu achten. Andere Gerichte haben sich an einer treffsicheren aber komplizierten *Standard Deviation Analysis*, die an die Gauß'sche Normalverteilung anknüpft, oder einer *Multiple Regression Analysis* orientiert. Insgesamt ist die dogmatische Durchdringung hier sehr viel weiter fortgeschritten als im Europäischen Recht[5].

Voraussetzung dafür, eine wesentlich stärkere Betroffenheit eines Geschlechts auszumachen, ist die **Festlegung von Vergleichsgruppen**. Der prozentuale Anteil jedes Geschlechts sowohl an der begünstigten als auch an der benachteiligten Gruppe ist zu ermitteln und zueinander ins Verhältnis zu setzen[6]. Die Vergleichsgruppen müssen dem Geltungsbereich der differenzierenden Entscheidung angepasst werden. Bei **Einstellungen** ist die Vergleichsgruppe an der in Betracht kommenden Bewerbergruppe zu orientieren, die den relevanten Arbeitsmarkt unter Berücksichtigung von Beschäftigten und Arbl. bildet. Auf die mehr oder minder zufällige Zusammensetzung der tatsächlichen Bewerber abzustellen, kann nicht genügen[7]. Für **Arbeitsbedingungen, Beförderungen und Kündigung** ist der relevante Adressatenkreis grundsätzlich die Belegschaft des ArbGeb. Wird die maßgebliche Entscheidung nicht auf Unternehmensebene, sondern durch die Konzernleitung getroffen, kann auf den Konzern abzustellen sein.

Beim **TV** ist grundsätzlich auf den gesamten räumlichen und personellen Anwendungsbereich abzustellen[8]. Da insb. im letzten Fall die absolute und prozentuale Verteilung der Geschlechter in der begünstigten und benachteiligten Vergleichsgruppe regelmäßig schwer zu ermitteln sein wird, dürfte hier die Verteilung innerhalb der Belegschaft des den TV umsetzenden ArbGeb hinreichendes Indiz sein. Kann der benachteiligte ArbN eine auf die Belegschaft bezogene ungleiche Betroffenheit darlegen, steht es dem ArbGeb jedoch frei, abweichende Geschlechtsverteilung im Anwendungsbereich des TV insgesamt oder in einer anderen Belegschaft einzuführen. Ob dies auch dann gilt, wenn Klagegrund nicht die normative Geltung, sondern die individualvertragliche Bezugnahme auf den TV ist, ist fraglich. Der Rspr. des BAG sind bislang keine verlässlichen Hinweise für die Bestimmung der jeweils maßgeblichen Vergleichsgruppe zu entnehmen[9].

---

1 EuGH v. 27.10.1993 – Rs. C-127/92, AP Nr. 50 zu Art. 119 EWG-Vertrag. | 2 Für Statistiken vgl. Angabe in BAG v. 20.11.1990 – 3 AZR 613/89, BB 1991, 1570 und BT-Drs. 14/4374, S. 11. | 3 *Wißmann*, FS Wlotzke, S. 809 (815); zust. *ErfK/Schlachter*, § 611a BGB Rz. 16. | 4 BAG v. 2.12.1992 – 4 AZR 152/92, AP Nr. 28 zu § 23a BAT; s. auch LAG Hamm v. 19.12.1989 – 6 Sa 115/89, DB 1990, 590 (592); *ErfK/Schlachter*, § 611a BGB Rz. 15; *Schlachter*, Wege zur Gleichberechtigung, S. 152 f. | 5 Für eine eingehende Darstellung s. *Norman/Lewis*, Employment Discrimination Law in Practice, 2001, S. 181 f., 184; monographisch *Baldus/Cole*, Statistical Proof of Discrimination, 1989; s. auch *Schlachter*, Wege zur Gleichberechtigung, S. 325 f. | 6 S. EuGH v. 13.5.1986 – Rs. 170/84, NZA 1986, 599; BAG v. 14.10.1986 – 3 AZR 66/83, NZA 1987, 445; v. 2.12.1992 – 4 AZR 152/92, AP Nr. 28 zu § 23a BAT; s. auch EuGH v. 13.7.1989 – Rs. 171/88, NZA 1990, 437. | 7 *Wiedemann*, Die Gleichbehandlungsgebote im Arbeitsrecht, 2002, S. 33; *ErfK/Schlachter*, § 611a BGB Rz. 15. | 8 S. Schlussanträge des Generalanwalts im Verfahren *Lawrence*. S. hierzu *Thüsing*, DB 2002, 2600. | 9 *Staudinger/Richardi/Annuß*, § 611a BGB Rz. 40; ähnlich KR/*Pfeiffer*, § 611a BGB Rz. 44; s. auch *Blomeyer*, SAE 1994, 174 (179).

40 Durch die Neufassung der Definition mittelbarer Diskriminierung in Art. 2 der Richtlinie 76/207/EWG ist klargestellt, dass ein Nachweis, dass die faktische Benachteiligung eines Geschlechts auf „**geschlechtsspezifischen Gründen**" beruht, nicht mehr erforderlich ist. Auch das BAG ist bereits vor einigen Jahren von einer dementsprechenden älteren Rspr. abgerückt[1].

41 Die **sachliche Rechtfertigung** durch ein rechtmäßiges Ziel bei Angemessenheit und Erforderlichkeit des Mittels ist ein Maßstab, der deutlich hinter dem Unverzichtbarkeitskriterium des Abs. 1 Satz 2 zurückbleibt. Es soll allein sichergestellt werden, dass die Anknüpfung an andere Merkmale als dem des Geschlechts nicht erfolgt, um eine verbotene Geschlechtsdiskriminierung auf Umwegen zu realisieren. Zumindest die **ältere Rspr. des BAG** sah hierin eine strengere Begrenzung als den sachlichen Grund, der nach dem allgemeinen Gleichbehandlungsgrundsatz oder auch nach § 2 BeschFG/§ 4 TzBfG eine Ungleichbehandlung rechtfertigen kann[2]. Dies vermag nicht zu überzeugen. Die Differenz zwischen den Begriffen zu beschreiben, ist sprachlich kaum möglich und sachlich entbehrlich. Eine überzeugende Trennlinie erscheint ohnehin rational nicht begründbar[3]. Was ein sachlicher Grund iSd. allgemeinen arbeitsrechtlichen Gleichbehandlungsgrundsatzes ist (s. § 611 Rz. 202 ff.), ist daher auch Rechtfertigung einer mittelbaren Diskriminierung.

42 **2. Einzelfälle.** Die weitaus meisten Entscheidungen zur mittelbaren Geschlechtsdiskriminierung betreffen die Ungleichbehandlung von Teilzeit- und Vollzeitarbeitskräften[4]. Dieser Bereich ist heute von § 4 Abs. 1 TzBfG abgedeckt. Damit entfällt für die Praxis die Notwendigkeit der indirekten Kontrolle[5], denn alle Teilzeitbeschäftigten dürfen unabhängig vom Geschlecht „wegen der Teilzeitarbeit nicht schlechter behandelt werden als vergleichbare vollzeitbeschäftigte ArbN". Während bei der Teilzeit oftmals ein Verstoß gegen das Diskriminierungsverbot angenommen wurde, billigte das BAG die Kürzung einer Jahressonderprämie auf Grund schwangerschaftsbedingter Fehlzeiten, wenn andere krankheitsbedingte Fehlzeiten ebenso berücksichtigt werden[6], und auch, dass die aus dem Erziehungsurlaub zurückkehrende Angestellte nach § 47 Abs. 3 BAT keinen Anspruch auf Berechnung ihrer Urlaubsvergütung wie eine neu eingestufte Mitarbeiterin hat[7]. Die bevorzugte Einstellung von Wehr- und Ersatzdienstleistenden im juristischen Vorbereitungsdienst ist zum Ausgleich der durch den Dienst verursachten Verzögerung zulässig[8]. Der größere Gewinn an Erfahrung, der sich aus dem größeren Arbeitsvolumen vollzeitbeschäftigter ArbN ergibt, kann grundsätzlich eine Ungleichbehandlung rechtfertigen. Sie erfordert aber eine Prüfung der Umstände des Einzelfalls insb. der Frage, welche Beziehung zwischen der Art der ausgeübten Tätigkeit und der Erfahrung besteht, die die Ausübung dieser Tätigkeit nach einer bestimmten Anzahl geleisteter Arbeitsstunden verschafft[9]. Generell gilt, dass der rechtfertigende Grund möglichst präzise genannt werden sollte; allzu pauschale Hinweise genügen nicht[10]. Die **Tarifautonomie** stellt keinen sachlichen Grund zur Ungleichbehandlung dar, jedoch kann den Vertragsparteien eine begrenzte Einschätzungsprärogative zugute kommen bei der Beurteilung dessen, was ein sachlicher Grund ist, der eine mittelbare Ungleichbehandlung wegen des Geschlechts rechtfertigen kann. Es kann zwar trotz des besonderen Sachgrundes den TV-Parteien nicht unterstellt werden, dass die Regelung stets den Anforderungen des Diskriminierungsschutz genüge, jedoch entspricht die Anerkennung einer Einschätzungsprärogative der TV-Parteien gefestigter Rspr. auch in anderen Fragen des Diskriminierungsschutzes[11].

43 **VII. Sexuelle Belästigung.** Gemäß Art. 2 Abs. 3 der Richtlinie 76/207/EWG gelten Belästigung und sexuelle Belästigung als Diskriminierung auf Grund des Geschlechts und sind daher verboten. **Belästigung** ist jede unerwünschte geschlechtsbezogene Verhaltensweise gegenüber einer Person, die bezweckt oder bewirkt, dass die Würde der betreffenden Person verletzt und ein von Einschüchterungen, Anfeindungen, Erniedrigungen, Entwürdigungen oder Beleidigungen gekennzeichnetes Umfeld ge-

---

1 S. BAG v. 2.12.1992 – 4 AZR 152/92, AP Nr. 28 zu § 23a BAT; ebenso BAG v. 9.3.1994 – 4 AZR 301/93, AP Nr. 31 zu § 23a BAT; v. 26.5.1993 – 5 AZR 184/92, AP Nr. 42 zu Art. 119 EWG-Vertrag. |2 S. BAG v. 14.3.1989 – 3 AZR 490/87, NZA 1990, 25; v. 26.5.1993 – 5 AZR 184/92, NZA 1994, 413; v. 5.10.1993 – 3 AZR 695/92, NZA 1994, 315; v. 23.10.1990 – 3 AZR 58/88, NZA 1990, 778; v. 20.11.1990 – 3 AZR 613/89, NZA 1991, 635. |3 S. auch zum Vergleich von § 2 BeschFG/§ 4 TzBfG und dem Verbot der mittelbaren Diskriminierung MünchArbR/*Schüren*, § 161 Rz. 115; *Winter*, ZTR 2001, 7; unnötig vorsichtig TZA/*Buschmann*, § 4 TzBfG Rz. 8: „Die objektiven Faktoren des Art. 119 EGV, 141 EG und die sachlichen Gründe des Satzes 1 werden sich im Einzelfall weitgehend decken". |4 Aus der Rspr. des BAG: BAG v. 2.12.1992 – 4 AZR 152/92, NZA 1993, 367; v. 20.11.1990 – 3 AZR 613/89, NZA 1991, 635; v. 26.5.1993 – 5 AZR 184/92, NZA 1994, 413; v. 5.6.1984 – 3 AZR 66/83, NZA 1984, 84; v. 6.10.1991 – 5 AZR 598/90, NZA 1992, 259; v. 23.1.1990 – 3 AZR 58/88, NZA 1990, 778; v. 5.10.1993 – 3 AZR 695/92, NZA 1994, 315; v. 20.6.1995, NZA 1996, 597; v. 14.3.1989 – 3 AZR 490/87, NZA 1990, 25; v. 24.2.1996 – 3 AZR 886/94, NZA 1996, 992; v. 25.10.1994 – 3 AZR 149/94, NZA 1995, 730; v. 20.10.1993 – 7 AZR 581/92, NZA 1994, 77. |5 Annuß/Thüsing/*Thüsing*, § 4 TzBfG Rz. 8; *Wiedemann*, Die Gleichbehandlungsgebote im Arbeitsrecht, S. 33 f.; MünchArbR/*Schüren*, § 161 Rz. 115. |6 BAG v. 27.7.1994 – 10 AZR 314/93, NZA 1995, 233. |7 BAG v. 19.3.1996 – 9 AZR 1150/94, NZA 1996, 1218. |8 EuGH v. 7.12.2000 – Rs. C-79/99, NZA 2001, 141. |9 EuGH v. 7.5.1991 – Rs. C-229/89, Slg. 1991 I, 2205 (2228); v. 13.7.1989 – Rs. 171/88, NZA 1990, 437; v. 13.5.1986 – Rs. 170/84, *NZA 1986, 599*. |10 S. in Bezug auf die Benachteiligung von Teilzeitkräften EuGH v. 2.10.1997 – Rs. C-1/95, EuGRZ 1997, 494; v. 2.10.1997 – Rs. C-100/95, NZA 1997, 1221. |11 S. EuGH v. 31.5.1995 – Rs. C-400/93, AP Nr. 68 zu Art. 119 EWG-Vertrag; kritisch *Colneric*, FS Dieterich, S. 37; zurückhaltend auch ErfK/*Schlachter*, § 611a BGB Rz. 17.

schaffen wird; **sexuelle Belästigung** ist jede Form unerwünschten Verhaltens sexueller Natur, das sich in unerwünschter verbaler, nichtverbaler oder physischer Form äußert und das bezweckt oder bewirkt, dass die Würde der betreffenden Personen verletzt wird, insb. wenn ein von Einschüchterungen, Anfeindungen, Erniedrigungen, Entwürdigungen oder Beleidigungen gekennzeichnetes Umfeld geschaffen wird (Art. 2 Abs. 2 Richtlinie 76/207/EWG). Ob der nationale Gesetzgeber und der europarechtskonform auslegende Richter bis zum Ablauf der Umsetzungsfrist am 5.10.2005 (Art. 2 Abs. 1 Richtlinie 2002/73/EG) an dieses Verständnis gebunden ist, ist fraglich (s. vor § 611 BGB Rz. 137). Die Weite der Begrifflichkeit und auch die wenig trennscharfe Abgrenzung zwischen Belästigung und sexueller Belästigung erschwert die europarechtskonforme Umsetzung dieser Vorgaben. Aber auch wenn man daran zweifelt, dass der Belästigungsschutz sinnvoll durch den Diskriminierungsschutz realisiert wird[1], kann bereits jetzt die sexuelle Belästigung unter das Diskriminierungsverbot subsumiert werden: Wer jemanden belästigt auf Grund seines Geschlechts, der benachteiligt ihn auf Grund des Geschlechts. Der einzige Unterschied zu den sonstigen Fällen liegt darin, dass der Schaden der ArbN-in oder des ArbN hier zumeist immaterieller Natur sein wird; auch der ist aber von der Verpflichtung zur Zahlung einer angemessenen Entschädigung nach Abs. 2 erfasst (s. Rz. 67).

Schwieriger sind die Fälle zu erfassen, in denen **nicht der ArbGeb selbst**, sondern andere (leitende) ArbN für die Belästigungen verantwortlich sind. Inwieweit dem ArbGeb das Fehlverhalten entsprechend § 278 zuzurechnen ist oder aber sein Unterlassen, solche Belästigungen zu verhindern, als Maßnahme iSv. Abs. 1 Satz 1 gelten kann, ist unklar[2]. Das Europarecht gibt hier keinen Maßstab vor, ebenso wenig wie der Wortlaut des § 611a. Das US-amerikanische Recht, dem das Erfordernis feindlicher Umweltprägung entnommen ist, hat hier eine umfangreiche Kasuistik entwickelt[3]. Generell wird man zurückhaltend sein müssen. Es gilt der – bislang durch die Rechtswissenschaft nicht hinreichend ausformulierte – **Maßstab des § 2 Abs. 1 BeschSchG** (s. § 2 BeschSchG Rz. 1). Auch wenn der ArbGeb bestimmte Maßnahmen von sexuellen Gefälligkeiten abhängig machen will (sog. *quid pro quo harassment* in US-amerikanischer Diktion)[4], kann dies als unmittelbare Benachteiligung aufgefasst werden. Die Benachteiligung liegt hier nicht in der Vorenthaltung oder Gewährung bestimmter Vorteile, sondern liegt bereits im beleidigenden und herabwürdigenden Ansinnen selbst. Der Schaden ist auch hier immateriell. 44

VIII. Förderung eines Geschlechts – Umgekehrte Diskriminierung. Gemäß Art. 3 Abs. 2 Satz 2 GG fördert der Staat die tatsächliche Durchsetzung der Gleichberechtigung von Frauen und Männern und wirkt auf die Beseitigung bestehender Nachteile hin. Dies kann unter Hintanstellung der tatsächlichen Gleichbehandlung durch gleichheitswidrige Bevorzugung eines bestimmten Geschlechts erfolgen. Diese Förderung kann als unmittelbare Diskriminierung vorgenommen werden (der ArbN eines bestimmten Geschlechts ist bei gleicher Eignung vorzugsweise einzustellen oder zu befördern) oder aber als mittelbare Diskriminierung (zB allein erziehende ArbN sind von Wochenendarbeit ausgenommen). Die Rechtmäßigkeit solcher Maßnahmen ist im Hinblick auf § 611a umstritten. Es ist zu unterscheiden zwischen dem, was § 611a tatsächlich regelt und dem, was europarechtlich zulässig wäre. 45

1. Europarechtlicher Rahmen. Art. 141 Abs. 4 EG schafft einen Gestaltungsspielraum für den nationalen Gesetzgeber bei der Umsetzung des Gleichbehandlungsgebots: „Im Hinblick auf die effektive Gewährleistung der vollen Gleichstellung von Männern und Frauen im Arbeitsleben hindert der Grundsatz der Gleichbehandlung die Mitgliedstaaten nicht daran, zur Erleichterung der Berufstätigkeit des unterrepräsentierten Geschlechts oder zur Verhinderung bzw. zum Ausgleich von Benachteiligungen der beruflichen Laufbahn spezifische Vergünstigungen beizubehalten oder zu beschließen". Diese Vorgabe übernimmt Art. 2 Abs. 8 Richtlinie 76/207/EWG. 46

a) Einzelfälle. Fördermaßnahmen sind europarechtlich daher grundsätzlich erlaubt, sie müssen jedoch dem bestimmten und begrenzten Zweck des § 141 Abs. 4 EG dienen. Geschlechtsquoten sind danach in Ausdeutung des EuGH nur als weiche Quoten zulässig: Das Geschlecht darf nicht bei gleicher Qualifikation den „absoluten und unbedingten" Vorrang haben. Zulässig ist allein eine Quotenregelung, die gleich qualifizierten männlichen Bewerbern in jedem Einzelfall garantiert, dass die Bewerbungen Gegenstand einer objektiven Beurteilung sind, bei der alle die Person des Bewerbers betreffenden Kriterien berücksichtigt werden[5]. Nur wenn die Verdienste der Bewerber gleichwertig oder „fast gleichwertig" sind (was immer das heißt), ist eine Bevorzugung des unterrepräsentierten Geschlechts zulässig[6]. Großzügiger urteilte der EuGH bei der Vergabe von **Kinderbetreuungsplätzen** in erster Linie für die Kinder weiblicher Bediensteter. Sie ist zulässig, zumindest wenn für männliche ArbN eine Notfallregelung besteht[7]. 47

b) Dogmatische Leitlinien. Erforderlich ist stets die Verhältnismäßigkeit zwischen Förderung und Gleichbehandlung. Kriterien zur Ausfüllung dieser Verhältnismäßigkeit gibt der EuGH nur spärlich 48

---

1 Zu diesen Zweifeln *Thüsing*, ZfA 2001, 397 (410). | 2 Hierzu auch *Schlachter*, Wege zur Gleichberechtigung, S. 163 f. | 3 *Thüsing*, ZfA 2001, 397 (412); s. auch *Schlachter*, Wege zur Gleichberechtigung, S. 162 f. | 4 Vgl. ausf. zur Behandlung der Diskriminierung durch sexuelle Belästigung nach amerikanischem Arbeitsrecht, *Brors*, RdA 2003, 223 (226). | 5 EuGH v. 17.10.1995 – Rs. C-450/93, Slg. 1995 I, 3051; v. 11.11.1997 – Rs. C-409/95, Slg. 1997 I, 6363; v. 28.3.2000 – Rs. C-158/97, Slg. 2000, 1875. | 6 EuGH v. 6.7.2000 – Rs. C-407/98, NJW 2000, 2653 in Bezug auf ein schwedisches Frauenförderungsgesetz – Abrahamsson. | 7 EuGH v. 19.3.2002 – Rs. C-476/99, NZA 2002, 501 = DB 2002, 1450 (*Thüsing*).

an die Hand. Eine Rolle wird es spielen, welches Ausmaß die bisherige faktische Benachteiligung des zu fördernden Geschlechts hat. Man unterscheidet nach **Geeignetheit, Erforderlichkeit und Angemessenheit im eigentlichen Sinne**. Die Geeignetheit fehlt, wenn die Ungleichbehandlung zur Verfestigung einer herkömmlichen Rollenverteilung zwischen Mann und Frau beiträgt, also die fehlende Chancengleichheit nicht korrigiert, sondern perpetuiert. An der Erforderlichkeit fehlt es, wenn die Förderung der Frauen durch Maßnahmen möglich ist, die in ebenso effektiver Weise das eine Geschlecht fördert ohne das andere auszuschließen[1].

49 Zu unterscheiden ist auch bei der **Art der Bevorzugung**. Möglich ist eine Dreiteilung der Maßnahmen: Die erste Gruppe insb. von staatlichen Maßnahmen versucht die Ursachen für die geringeren Chancen von Frauen auszuräumen, indem Einfluss auf die Berufswahl und die Berufsbildung genommen wird. Diese Förderungen im Vorfeld werden von § 611a regelmäßig noch nicht erfasst. Die zweite Gruppe versucht das Gleichgewicht zwischen Familie und beruflichen Aufgaben durch eine bessere Verteilung dieser Aufgaben auf die beiden Geschlechter zu fördern, eine Dritte versucht, fortdauernde nachteilige Auswirkungen vergangener Diskriminierungen durch kompensatorische Entscheidungsbindung wie insb. Quotensysteme zu korrigieren[2].

50 Weil bei den vom ArbGeb festgelegten Arbeitsbedingungen der Grundsatz der Gleichbehandlung zwangsläufig nur zwischen den bei ihm beschäftigten ArbN Anwendung findet, müssen auch bei der Förderung der eigenen ArbN-innen eventuelle **Nachteile für die ArbN-innen anderer ArbGeb** nicht berücksichtigt werden[3].

51 **2. Berücksichtigung im Rahmen des § 611a BGB.** Unklar ist, inwieweit die europarechtliche Zulässigkeit solcher Maßnahmen unmittelbar in § 611a hineingelesen werden kann. Teils geht man davon aus, die Verwirklichung der Zwecke höherrangiger Normen wie Art. 3 Abs. 2 Satz 2 GG könne solange als nicht durch Abs. 1 ausgeschlossen gelten, wie diese Normzwecke mit dem Gemeinschaftsrecht vereinbar sind[4]. Ohne ausdrückliche Ermächtigung könnte daher der ArbGeb Fördermaßnahmen zugunsten von Frauen in dem Maße vornehmen, in dem sie der nationale Gesetzgeber ausdrücklich normieren könnte. Andere gehen davon aus, der private ArbGeb könne zumindest insoweit Frauen fördern, als sie dem staatlichen ArbGeb durch die Frauenförderungsgesetze der Länder ermöglicht wird[5]. Schließlich geht man davon aus, eine Quotenregelung sei keine Ergebniskorrektur, sondern eine nach dem Wortlaut des § 611a zulässige Maßnahme zur Erreichung der Chancengleichheit[6], was dem privaten ArbGeb eine größere Freiheit als dem staatlichen geben würde. Die besseren Argumente sprechen jedoch gegen diese Erwägungen: § 611a bildet eine Begrenzung der Entscheidungsfreiheit des ArbGeb, die anders als im öffentlichen Dienst eben nicht durch Spezialgesetze zur Frauenförderung verdrängt wird. Die Norm setzt Art. 2 Abs. 1 der Richtlinie 76/207/EWG um; die Möglichkeit zur Förderung eines bestimmten Geschlechts ist in Art. 2 Abs. 8 der Richtlinie formuliert. Solange nicht der Gesetzgeber, an den die Richtlinie gerichtet ist, solche Maßnahmen in Durchbrechung des Art. 2 Abs. 1 erlaubt, gilt das Gleichbehandlungsgebot einschränkungslos. § 611a stellt ein zwingendes Gebot zur Gleichbehandlung auf, keine Erlaubnis, die der ArbGeb beachten kann oder nicht. Ein Blick auf die Argumentationsmuster im deutschen Staatsrecht bestätigt das Ergebnis. Hier stellt sich das parallele Problem, inwieweit Gesetze zur Frauenförderung mit Art. 3 Abs. 2 Satz 1 GG vereinbar sind. Man betrachtet Art. 3 Abs. 2 Satz 2 GG als Rechtfertigung zur Durchbrechung des Grundsatzes. Auf den in Art. 3 Abs. 2 Satz 1 GG formulierten Grundsatz selbst wird eine Regelung gerade zur Ungleichbehandlung der Geschlechter aber nicht gestützt[7]. Daher kann auch nichts anderes aus dem Verbot verfassungskonformer Auslegung folgen. Art. 3 Abs. 2 Satz 2 GG gebietet die tatsächliche Gleichbehandlung zwischen Männern und Frauen, und eine Norm, die dieses Ziel realisiert, ist nicht weniger verfassungskonform als eine solche, die in Durchbrechung dieses Gebots die Chancen eines faktisch benachteiligten Geschlechts erhöht. Sowohl die rechtliche Gleichbehandlung als auch die Forderung der Chancengleichheit sind Verfassungsziele, die im Einzelfall in einen verhältnismäßigen Ausgleich gebracht werden müssen, von dem jedoch nicht *per se* gesagt werden kann, die eine müsse hinter der anderen zurücktreten. Anderes ist auch nicht der Rspr. des BVerfG zu entnehmen[8]. Eine Quotierung von Ausbildungsplätzen für ein bestimmtes Geschlecht ist daher unzulässig[9].

52 **IX. Beweislast. 1. Allgemeines.** Abs. 1 Satz 3 enthält eine eigene Beweislastregel. Abweichend von den allgemeinen Regeln der Normbegünstigung braucht der ArbN nicht zu beweisen, sondern allein Tatsachen glaubhaft zu machen, die eine Benachteiligung wegen des Geschlechts vermuten lassen. Hiermit

---

1 S. EuGH v. 19.3.2002 – Rs. C-476/99, NZA 2002, 501 und Anträge des Generalanwalt *Alber* im Anschluss an die Schlussanträge des Generalanwalts *Thesauro* im Verfahren Kalanke. | 2 Alternative Eingrenzungen bietet *Pfarr*, Quoten und Grundgesetz, 1988, S. 207 f.; *Maidowski*, Umgekehrte Diskriminierung, 1989, S. 38 f. | 3 EuGH v. 19.3.2002 – Rs. C-476/99, NZA 2002, 501. | 4 ErfK/*Schlachter*, § 611a BGB Rz. 18. | 5 *Hanau*, GS Lüderitz, 2000, S. 241 (249 f.). | 6 Soergel/*Raab*, § 611a BGB Rz. 32. | 7 Vgl. Text und Nachweise bei *Rüfner*, Bonner Kommentar, Art. 3 Abs. 2 und 3 Rz. 684 ff., 612, 615, der selber kritisch ist. | 8 Zur systemkonformen Auslegung des § 611a s. BVerfG v. 16.11.1993 – 1 BvR 258/86, BVerfGE 89, 276. | 9 Ebenso MünchArbR/*Buchner*, § 40 Rz. 186; s. aber BVerwG v. 20.3.1996 – 6 P 7/94, NVwZ 1997, 288 zur Beachtlichkeit der Zustimmungsverweigerung des Personalrats wegen Nichteinhaltung der Frauenquote und Nichtbeteiligung der Frauenbeauftragten bei Einstellung von Ärzten im Praktikum; EuGH v. 28.3.2000 – Rs. C-158/97, NZA 2000, 473: zur Europarechtskonformität des Hessischen Gleichbehandlungsgesetzes.

ist keine vollständige Umkehr der Beweislast verbunden, sondern eine **eigenständige** mangels Vorbild dogmatisch nur schwierig einzuordnende **Regel** gefunden worden[1]. Der ArbGeb trägt dann die Beweislast dafür, dass nicht auf das Geschlecht bezogene sachliche Gründe eine unterschiedliche Behandlung rechtfertigen (so bei der mittelbaren Diskriminierung) oder das Geschlecht unverzichtbare Voraussetzung für die Ausübung der Tätigkeit ist (so bei der unmittelbaren Diskriminierung). Art. 4 Abs. 1 der **Beweislastrichtlinie 97/80/EG** hat den deutschen Gesetzgeber verpflichtet, bis zum 1.1.2001 die erforderlichen Maßnahmen zu schaffen, nach denen dann, wenn Personen, die sich über die Verletzung des Gleichbehandlungsgrundsatzes beschwert haben und bei einem Gericht bzw. bei einer anderen zuständigen Stelle Tatsachen glaubhaft machen, die das Vorliegen einer unmittelbaren oder mittelbaren Diskriminierung vermuten lassen, dem Beklagten obliegt, zu beweisen, dass keine Verletzung des Gleichbehandlungsgrundsatzes vorgelegen hat. Dies schafft keine weiter gehende Verpflichtung als die Regelung, die Abs. 1 Satz 3 bereits enthielt[2].

2. Anwendungsbereich. Die Beweislastregelung greift über den unmittelbaren Regelungsgehalt des Abs. 1 hinaus. Sie gilt zwar nicht für Streitigkeiten bei Anspruch auf Einstellung oder Beförderung[3], ist aber entsprechend anzuwenden auf § 612 Abs. 3 Satz 3 soweit der ArbN geltend macht, eine gleiche oder gleichwertige Arbeit sei nur wegen seines Geschlechts geringer vergütet worden als die anderer ArbN (s. auch § 612 Rz. 85). Ob diese Beweislastregel auch auf deliktische Ansprüche anwendbar ist, soweit sie auf eine unzulässige Diskriminierung gestützt werden, hat die Rspr. bislang offen gelassen[4]. Hierfür spricht wohl das Gebot der europarechtskonformen Auslegung; der Wortlaut von Art. 4 Richtlinie 97/80/EG differenziert nicht nach der Anspruchsgrundlage. 53

3. Beweislast des ArbN. Die Begünstigung des Abs. 1 Satz 3 greift nicht hinsichtlich des **Vorliegens einer Benachteiligung**[5]. Der ArbN muss die von ihm angegriffene Maßnahme und ebenso das Betroffensein von dieser Maßnahme nachweisen. Bei der mittelbaren Diskriminierung hat er die Gruppen zu benennen, innerhalb derer sich eine Maßnahme des ArbGeb ungleich auf die Geschlechter auswirkt. Entsprechend der Rspr. zum allgemeinen Gleichbehandlungsgrundsatz wird er jedoch nicht die genauen Zahlen darlegen müssen, zu welchen Anteilen Frauen und Männer von einer Maßnahme des ArbGeb erfasst werden[6]. Wenn dem ArbN die genaueren Personalstrukturen verborgen sind, muss der Vortrag eines statistischen Überwiegens genügen, zumindest dann, wenn die vom ArbGeb vorgenommenen Differenzierungen intransparent sind[7]. Ob und in welchen Grenzen darüber hinaus ein Auskunftsanspruch des ArbN besteht, der dem ArbN die Auswahlvorgänge transparent macht, ist streitig[8]. 54

Hinsichtlich der **Geschlechtsbezogenheit der Benachteiligung** greift die Beweislastregelung des Abs. 1 Satz 3. Bei der unmittelbaren Diskriminierung bezieht sie sich auf die Kausalität des Geschlechts für die Benachteiligung[9]. Die vom ArbN darzulegenden Tatsachen, die eine Diskriminierung vermuten lassen, müssen lediglich glaubhaft gemacht, nicht aber voll bewiesen werden. Die Tatsache braucht nicht zu einem zwingenden Schluss der geschlechtsbedingten Benachteiligung zu führen, sondern es reicht, dass sie nach allgemeiner Lebenserfahrung eine überwiegende Wahrscheinlichkeit für eine Diskriminierung bedeutet[10]. Mögliche Vermutungstatsachen, die der Darlegungslast des Abs. 1 Satz 3 genügen können, sind zB die geschlechtsspezifische Stellenausschreibung (§ 611a, s. Rz. 64), aber auch Äußerungen des ArbGeb oder eines entscheidungsbefugten Vertreters[11]. Ebenso kommen in Betracht vorangegangene Benachteiligungen eines Geschlechts[12]. Bei der Diskriminierung wegen der Schwangerschaft kann ein enger zeitlicher Zusammenhang mit der benachteiligenden Maßnahme zur Schwangerschaftsanzeige ausreichen[13]. 55

Unklar ist die Reichweite der **Vermutungswirkung bei mittelbarer Diskriminierung**. Richtigerweise muss man davon ausgehen, dass in Fällen der mittelbaren Diskriminierung seitens des ArbN der Vortrag der statistisch überwiegenden nachteiligen Betroffenheit eines Geschlechts ausreicht aber auch erforderlich ist: Solange aber der ArbN nicht eine ungleiche Betroffenheit des Geschlechts in dieser 56

---

1 Kritisch daher *Prütting*, Gegenwartsprobleme der Beweislast, S. 334; s. auch *Schlachter*, RdA 1998, 321; Staudinger/*Richardi*/*Annuß*, § 611a BGB Rz. 97. |2 Ebenso *Schlachter*, RdA 1998, 321; ErfK/*Schlachter*, § 611a BGB Rz. 26; Soergel/*Raab*, § 611a BGB Rz. 76 f.; Staudinger/*Richardi*/*Annuß*, § 611a BGB Rz. 105; KR/*Pfeiffer*, § 611a BGB Rz. 136; aA *Zwanziger*, DB 1998, 1330; *Röthel*, NJW 1999, 611. |3 Staudinger/*Richardi*/*Annuß*, § 611a BGB Rz. 98. |4 LAG Köln v. 10.5.1990 – 8 Sa 462/89, LAGE § 611a BGB Nr. 5; hierfür *Hanau*, FS Gnade, S. 351 (353); Staudinger/*Richardi*/*Annuß*, § 611a BGB Rz. 98. |5 Staudinger/*Richardi*/*Annuß*, § 611a BGB Rz. 99; Soergel/*Raab*, § 611a BGB Rz. 77; MünchKomm/*Müller-Glöge*, § 611a BGB Rz. 34; ErfK/*Schlachter*, § 611a BGB Rz. 27; KR/*Pfeiffer*, § 611a BGB Rz. 137. |6 S. BAG v. 19.8.1992 – 5 AZR 513/91, EzA § 242 BGB – Gleichbehandlung Nr. 52. |7 S. EuGH v. 17.10.1989 – Rs. 97 bis 99/87, Slg. 1989, 3199; ähnlich EuGH v. 30.6.1988 – Rs. 318/86, Slg. 1988, 3559; i. Erg. ebenso EuGH v. 27.10.1993 – Rs. C-127/92, Slg. 1993 I, 5535. |8 Hierfür *Hanau*, FS Gnade, S. 361; Soergel/*Raab*, § 611a BGB Rz. 79; ErfK/*Schlachter*, § 611a BGB Rz. 27; aA Staudinger/*Richardi*/*Annuß*, § 611a BGB Rz. 103; MünchKomm/*Müller-Glöge*, § 611a BGB Rz. 138. |9 KR/*Pfeiffer*, § 611a BGB Rz. 138; ErfK/*Schlachter*, § 611a BGB Rz. 27; LAG Hamburg v. 11.2.1987 – 7 Sa 55/86, LAGE § 611a BGB Nr. 3. |10 KR/*Pfeiffer*, § 611a BGB Rz. 138; *Eich*, NJW 1980, 2329 (2330); Staudinger/*Richardi*/*Annuß*, § 611a BGB Rz. 100. |11 *Schiek*/*Horstkötter*, NZA 1998, 863 (866); Staudinger/*Richardi*/*Annuß*, § 611a BGB Rz. 112; s. auch LAG Hamburg v. 11.2.1987 – 7 Sa 55/86, LAGE § 611a BGB Nr. 3; BVerfG v. 16.11.1993 – 1 BvR 258/86, BVerfGE 89, 276 (287). |12 Soergel/*Raab*, § 611a BGB Rz. 39; Staudinger/*Richardi*/*Annuß*, § 611a BGB Rz. 102. |13 *Mauer*, BB 1991, 1867; KR/*Pfeiffer*, § 611a BGB Rz. 139.

BGB § 611a Rz. 57   Geschlechtsbezogene Benachteiligung

Weise darlegt, liegen Tatsachen, die eine Benachteiligung wegen des Geschlechts vermuten lassen, nicht vor. Die Beweislasterleichterung der Glaubhaftmachung greift hier ins Leere.

57 Die **Glaubhaftmachung des Abs. 1 Satz 3** ist keine iSd. § 294 ZPO. Der Kläger ist daher nicht auf präsente Beweismittel gemäß § 294 Abs. 2 ZPO beschränkt. Der Gesetzgeber beabsichtigte eine Erleichterung des Nachweises, nicht eine Erschwerung[1]. Strittig ist dennoch, ob die in § 294 Abs. 1 ZPO vorgesehene Zulassung der Partei zur eidesstattlichen Versicherung auch hier greift[2]. Dem europarechtlichen Auftrag einer effizienten Durchsetzung entspräche es, sie zuzulassen, die praktische Bedeutung der Streitfrage dürfte allerdings gering sein, da der Beweiswert der eidesstattlichen Versicherung regelmäßig nur wenig über die substantiierte Darlegung hinausgehen wird.

58 **4. Beweislast des ArbGeb.** Der ArbGeb kann auf das Vorbringen des ArbN dadurch reagieren, dass er den Gegenbeweis der Benachteiligung antritt. Ebenso kann er den Gegenbeweis hinsichtlich der Geschlechtsbedingtheit der Benachteiligung führen. Auf Grund der Beweislastregelung des Abs. 1 Satz 3 trägt er die volle Beweislast und auch das Risiko des *non liquet*, wenn dem ArbN die Glaubhaftmachung der Vermutungstatsachen gelungen ist[3]. Soweit darüber hinaus dem ArbGeb das Recht einer **Gegenglaubhaftmachung** zugesprochen wird[4], ist dies mit dem durch die Richtlinie vorgegebenen Schutzzweck der erleichterten Geltendmachung geschlechtsbedingter Diskriminierung nicht zu vereinbaren; dem Wortlaut der Norm des Abs. 1 Satz 3 ist es nicht zu entnehmen. Der ArbGeb kann die Unrichtigkeit der vom ArbN vorgebrachten Vermutungstatsachen beweisen oder aber andere Umstände darlegen und ggf. beweisen, die die Vermutungswirkung der vom ArbN benannten Tatsachen entkräften. Die **Geschlechtsbedingtheit** einer unmittelbar benachteiligenden Entscheidung kann der ArbGeb auch bei der unmittelbaren Diskriminierung nicht dadurch widerlegen, dass er nachweist, die Maßnahme hätte ebenso getroffen werden können, falls der ArbN dem anderen Geschlecht angehört hätte[5]. Denn entscheidend ist nicht, welche Beweggründe der ArbGeb gehabt haben könnte, sondern welche er tatsächlich hatte (s. Rz. 19). Dies schließt nicht aus, dass der ArbGeb seine Auswahlentscheidung mit Gründen rechtfertigt, die nicht Inhalt des Ablehnungsschreibens geworden sind, wenn er darlegen kann, dass sie tatsächlich für ihn maßgeblich waren[6]. Schließlich kann der ArbGeb bei der unmittelbaren Diskriminierung beweisen, dass das Geschlecht unverzichtbare Voraussetzung gemäß Abs. 1 Satz 2 ist, bei der mittelbaren Diskriminierung kann er beweisen, dass seine Unterscheidung für ein rechtmäßiges Ziel sachlich gerechtfertigt und die Mittel zur Erreichung des Ziels angemessen und erforderlich sind.

59 Hinsichtlich des **Nachweises der Kausalität** zwischen Benachteiligung und Schaden und hinsichtlich des Schadensumfangs gelten die allgemeinen Regeln. Die Rspr. zur entsprechenden Anwendung des § 282 auf Fälle, in denen die Schadensursache im Gefahrenbereich des ArbGeb liegt, dürfte auch hier Anwendung finden[7].

60 **X. Rechtsfolgen eines Verstoßes. 1. Allgemeines.** Eine Vereinbarung oder Maßnahme, die gegen das Benachteiligungsverbot verstößt, ist nichtig gemäß § 134[8]. Nichtig ist jedoch nur die verbotene Maßnahme selbst, nicht der gesamte Arbeitsvertrag; aus dem Normzweck ergibt sich, dass § 139 keine Anwendung findet. Folge ist daher regelmäßig eine „Anpassung nach oben". Der ArbN hat einen Anspruch darauf, genauso günstig behandelt zu werden wie der ArbN des anderen Geschlechts, mit dem er Gleichbehandlung anstrebt. Weisungen des ArbGeb, die gegen § 611a verstoßen, verstoßen auch gegen § 106 GewO. Der ArbN braucht ihnen nicht Folge zu leisten, er hat vielmehr ein Leistungsverweigerungsrecht. Die Nichtigkeit diskriminierender Maßnahmen erfasst auch Kündigungen. Deren Geltendmachung ist nicht an die Dreiwochenfrist des § 4 KSchG gebunden und auch ist es nicht erforderlich, dass der ArbN in den Anwendungsbereich des KSchG fällt[9]. Ein **Anspruch auf Einstellungen und Beförderungen ist ausgeschlossen**. Stattdessen gewähren Abs. 2 und 3 einen Schadensersatzanspruch. Bei der Norm handelt es sich aber nicht um eine abschließende Regelung der vertragsrechtlichen Folgen einer Diskriminierung, weshalb hier daneben Ansprüche aus *culpa in contrahendo* gemäß § 314 oder aus positiver Vertragsverletzung gemäß § 280 BGB in Frage kommen[10]. Dort allerdings ist Verschulden Voraussetzung. Bei mehrmaliger Beeinträchtigung oder wenn zukünftige Beeinträchtigungen zu erwarten sind, besteht ein Anspruch auf Unterlassung entsprechend § 1004[11].

---

1 Allg. Meinung Staudinger/*Richardi*/*Annuß*, § 611a BGB Rz. 101; ErfK/*Schlachter*, § 611a BGB Rz. 28; KR/*Pfeiffer*, § 611a BGB Rz. 140. | 2 S. KR/*Pfeiffer*, § 611a BGB Rz. 140; aA *Tege*, BB 1980, 1272 (1273); MünchKomm/*Müller-Glöge*, § 611a Rz. 35. | 3 S. *Molitor*, RdA 1984, 13 (16); ErfK/*Schlachter*, § 611a BGB Rz. 38; aA Staudinger/*Richardi*/*Annuß*, § 611a BGB Rz. 101. | 4 *Eich*, NJW 1980, 2329 (2332); KR/*Pfeiffer*, § 611a BGB Rz. 142. | 5 BVerfG v. 16.11.1993 – 1 BvR 258/86, AP Nr. 9 zu § 611a BGB; aA ErfK/*Schlachter*, § 611a BGB Rz. 28. | 6 ArbG Hannover v. 15.11.1990 – 5 Ca 388/90, EzA § 611a BGB Nr. 6. | 7 S. hierzu BAG v. 28.7.1972 – 3 AZR 468/71, AP Nr. 7 zu § 282 BGB; ebenso ErfK/*Schlachter*, § 611a BGB Rz. 30. | 8 Allg. Meinung Staudinger/*Richardi*/*Annuß*, § 611a BGB Rz. 64; Soergel/*Raab*, § 611a BGB Rz. 40; MünchKomm/Müller-Glöge, § 611a BGB Rz. 40. | 9 Staudinger/*Richardi*/*Annuß*, § 611a BGB Rz. 66; Soergel/*Raab*, § 611a BGB Rz. 42. | 10 Ebenso MünchKomm/*Müller-Glöge*, § 611a BGB Rz. 47; Soergel/*Raab*, § 611a BGB Rz. 74; aA Staudinger/*Richardi*/*Annuß*, § 611a BGB Rz. 68. | 11 Soergel/*Raab*, § 611a BGB Rz. 42; Staudinger/*Richardi*/*Annuß*, § 611a BGB Rz. 67.

Möglich ist auch ein Schadensersatzanspruch aus § 823 Abs. 1 wegen Verletzung des allgemeinen Persönlichkeitsrechts, insb. bei sexueller Belästigung. Für eine Beeinträchtigung des Persönlichkeitsrechts ist regelmäßig nicht mehr erforderlich als die bloße Missachtung des Gleichbehandlungsgebots. Ein Schmerzensgeldanspruch nach § 253 Abs. 2 kommt zudem nur bei schwerwiegenden Verletzungen des allgemeinen Persönlichkeitsrechts in Betracht[1]. Die wohl herrschende Meinung wertet das Verbot der Geschlechtsdiskriminierung darüber hinaus als Schutzgesetz iSd. § 823 Abs. 2[2]. Dies entspricht auch der herrschenden Meinung zu anderen Diskriminierungsverboten[3]. Die besseren Argumente sprechen jedoch dagegen. Schutzgesetze iSd. § 823 Abs. 2 sind typischerweise Vorschriften, die Verhaltenspflichten normieren für einen Schädiger, der in keiner vertraglichen Beziehung zum Geschädigten steht. Hier ist ein Anspruch auf deliktischen Schadensersatz zum effektiven Rechtsschutz erforderlich. In das arbeitsrechtliche Gesamtsystem des Zivil- und Arbeitsrechts passt der generelle Schutzgesetzcharakter des § 611a jedoch nicht. Nicht jede zwingende arbeitsrechtliche Vorschrift ist gleichzeitig auch Schutzgesetz.

2. Rechtsfolgen eines Verstoßes bei der Begründung von Arbeitsverhältnissen. a) Entwicklungen und Inhalt. Die ursprüngliche Fassung der Norm, die lediglich einen verschuldensabhängigen Anspruch auf Ersatz des negativen Interesses gewährte, wurde angestoßen durch die Rspr. des EuGH zunächst dahingehend ergänzt, dass bei Ungleichbehandlung wegen des Geschlechts eine billige Entschädigung in Geld zu gewähren ist, die auf drei Monatsgehälter beschränkt wurde[4]. Das Gesetz zur Änderung des Bürgerlichen Gesetzbuches und des ArbGG vom 29.6.1998[5] brachte die heutige Fassung, die auf das Verschulden des ArbGeb verzichtet und eine Summenbegrenzung nach Abs. 3 nur für solche ArbN kennt, die bei benachteiligungsfreier Auswahl nicht eingestellt oder befördert worden wären. Die jetzige Fassung der Entschädigungsregeln genügt den europarechtlichen Vorgaben einer effektiven Sanktionierung[6].

Es besteht allein ein Anspruch auf **angemessene Entschädigung in Geld**. Weil Einstellungen und Beförderungen nicht einklagbar sind, ist auch Naturalrestitution ausgeschlossen, § 249 Abs. 1 BGB gilt insoweit nicht. Ein materieller Schaden als solcher ist nicht erforderlich für einen Anspruch aus Abs. 2, Abs. 3[7].

b) Voraussetzungen der Entschädigung. Einzige Voraussetzung für den Entschädigungsanspruch aus Abs. 2 ist die Benachteiligung wegen des Geschlechts bei Einstellung oder Beförderung. Obwohl soweit ersichtlich die Rspr. bislang ausschließlich Fälle unmittelbarer Diskriminierung zu entscheiden hatte, kann anspruchsbegründend auch eine mittelbare Diskriminierung sein (zB ein ArbGeb sucht für einen Wachdienst ausschließlich nach „ehemaligen Soldaten der Bundeswehr"). Abs. 2 Satz 1 stellt jedoch nicht auf die formale Position eines allein durch die Einreichung eines Bewerbungsschreibens begründeten Status als Bewerber ab. Deshalb kann im Stellenbesetzungsverfahren nur benachteiligt werden, wer sich **subjektiv ernsthaft beworben hat**. Daneben findet sich die Formulierung, der ArbN müsse objektiv für die zu besetzende Stelle überhaupt in Betracht kommen[8]. Diese Rspr. hat zumindest im Ergebnis Zustimmung in der Lit. gefunden[9] und dürfte europarechtlich zulässig sein. Entscheidend ist nicht so sehr der Wortlaut von Art. 2 Richtlinie 76/207/EWG und des § 611a, sondern das Telos des Diskriminierungsschutzes: Es dient nicht der Verwirklichung des Grundsatzes der Gleichbehandlung von Männern und Frauen, wenn Bewerbungen berücksichtigt werden, die allein mit dem Ziel der Entschädigung eingereicht werden, dem Rechtsmissbrauch braucht der Gesetzgeber nicht die Hand zu reichen. Die fehlende objektive Eignung ist jedoch nur ein Indiz für eine nicht ernsthaft gemeinte Bewerbung, kein eigenes Tatbestandsmerkmal zum Ausschluss vom Ersatzanspruch[10]. Andere Indizien für rechtsmissbräuchliche Bewerbungen können die offensichtliche Minder- oder Überqualifikation für die ausgeschriebene Stelle sein oder Bewerbungen ausschließlich auf geschlechtsdiskriminierend ausgeschriebene Stellen[11], ein bestehendes Arbeitsverhältnis mit höherer Vergütung[12] und die

---

[1] S. Palandt/*Heinrichs*, § 253 BGB Rz. 10; aus der Rspr. zum Diskriminierungsverbot s. BAG v. 17.10.1991 – 8 AZR 321/90, nv. (juris); Staudinger/*Richardi/Annuß*, § 611a BGB Rz. 68; ErfK/*Schlachter*, § 611a BGB Rz. 31. |2 S. insbesondere Kommentarliteratur: Soergel/*Raab*, § 611a BGB Rz. 74; Staudinger/*Richardi/Annuß*, § 611a BGB Rz. 69; MünchArbR/*Buchner*, § 37 Rz. 194; aus der Rspr. LAG Hamm v. 21.11.1996 – 17 Sa 987/96, BB 1997, 844; aA MünchKomm/*Müller-Glöge*, § 611a BGB Rz. 41; Erman/*Edenfeld*, § 611a BGB Rz. 16; ErfK/*Schlachter*, § 611a BGB Rz. 32; KR/*Pfeiffer*, § 611a BGB Rz. 127. |3 S. hierzu § 2 BeschFG BAG v. 12.6.1996 – 5 AZR 960/94, NZA 1997, 191; BAG v. 25.4.2001 – 5 AZR 368/99, NZA 2002, 1211. |4 Zweites Gleichberechtigungsgesetz v. 24.6.1994, BGBl. I S. 1406. |5 BGBl. I S. 1694 ff. |6 EuGH v. 22.4.1997 – Rs. C-180/95, Slg. 1997 I, 2195; v. 2.8.1993 – Rs. C-271/91, Slg. 1993 I, 4367; v. 8.11.1990 – Rs. C-177/88, Slg. 1990 I, 3941; s. auch *Krieber*, DZWir 1998, 177; *Annuß*, NZA 1999, 738. |7 Für angemessene Entschädigung in Geld im Hinblick auf materielle und immaterielle Schäden ErfK/*Schlachter*, § 611a BGB Rz. 35; Staudinger/*Richardi/Annuß*, § 611a BGB Rz. 84; *Krieber*, DZWir 1998, 177 (183); *Zwanziger*, DB 1998, 1330; KR/*Pfeiffer*, § 611a BGB Rz. 101 ff. |8 BAG v. 12.11.1998 – 8 AZR 365/97, AP Nr. 60 zu § 611a BGB; s. auch ArbG Hannover v. 25.6.1999 – 11 Ca 518/98, FA 1999, 325; LAG Hamm v. 22.11.1996 – 10 Sa 1069/96, LAGE § 611a BGB Nr. 9; ArbG Köln v. 13.6.1996 – 14 Ca 7934/95, ZIP 1997, 804; LAG Rh.-Pf. v. 16.8.1996 – 4 Ta 162/96, NZA 1997, 115; ArbG Düsseldorf v. 7.10.1999 – 9 Ca 4209/99, DB 2000, 381. |9 Staudinger/*Richardi/Annuß*, § 611a BGB Rz. 79; Soergel/*Raab*, § 611a BGB Rz. 38; *Ehmann/Emmert*, SAE 1997, 253. |10 AA KR/*Pfeiffer*, § 611a BGB Rz. 108a; ähnlich *Pfarr*, RdA 1995, 204 (207). |11 ArbG Köln v. 13.6.1996 – 14 Ca 7934/95, ZIP 1997, 804. |12 ErfK/*Schlachter*, § 611a BGB Rz. 39.

äußere Aufmachung der Bewerbung (Vollständigkeit der Bewerbungsunterlagen, seriöses Anschreiben). Den Beweis des Rechtsmissbrauchs muss der ArbGeb führen[1].

65 Nicht erforderlich ist, dass es ohne die Benachteiligung zur Einstellung des Bewerbers gekommen wäre, wie der Wortlaut der Norm, der hierbei allein im der Höhe des Schadensersatzes differenziert, nach ehemaligen Zweifeln heute klar zeigt[2]. Ebenfalls nicht Voraussetzung ist ein Verschulden des ArbGeb und eine sonst bestimmte Vorwerfbarkeit der Rechtsverletzung. Dies folgt zwingend aus europarechtlichen Vorgaben[3]; ältere Rspr. ist insoweit überholt[4]. Allerdings trifft es zu, dass eine – europarechtlich gebotene (s. Rz. 62) – Abschreckung und Sanktion nur auf solches Handeln bezogen sein kann, für das der ArbGeb Alternativen hätte, bei dem er also anders hätte handeln können[5]. Ein individueller Schuldvorwurf ist damit aber nicht Voraussetzung für einen Entschädigungsanspruch, denn auch derjenige, der pflichtgemäße Sorgfalt angewandt hat, hätte noch sorgfältiger handeln können. Mit seiner verschuldensunabhängigen, jedoch in seiner Sanktionswirkung begründeten Haftung bildet Abs. 2 einen Fremdkörper im deutschen Schadensrecht, geht doch die ganz hM (national wie international) davon aus, dass sich eine strikte Haftung nur durch die Ausgleichsfunktion, nicht aber durch ihre Sanktionswirkung rechtfertigen lässt[6].

66 Nicht erforderlich ist es weiter, dass die **ausgeschriebene Stelle tatsächlich besetzt** wird, dass also überhaupt ein Bewerber eingestellt wird[7]. Das gilt nicht nur dann, wenn die Besetzung des Arbeitsplatzes allein deshalb unterbleibt, weil der ArbGeb auf Grund seiner diskriminierenden Auswahl keinen geeigneten Bewerber gefunden hat[8], denn der Anspruch des Bewerbers auf einen diskriminierungsfreien Bewerbungsprozess besteht unabhängig vom Ausgang dieses Prozesses. Die Geschlechtsdiskriminierung, die § 611a und die zugrunde liegenden europarechtlichen Vorgaben verhindern wollen, wird durch die Nichtbesetzung des Arbeitsplatzes nicht berührt. Möglich scheint es jedoch, diesen Umstand bei der Höhe der Entschädigung zu berücksichtigen, ebenso wie die Tatsache, dass der ArbGeb sich freiwillig und ohne gerichtlichen Druck dazu entschieden hat, seine diskriminierende Maßnahme wieder rückgängig zu machen[9].

67 **3. Höhe der Entschädigung.** Die angemessene Entschädigung umfasst materielle und immaterielle Schäden. Bei Bewerbern, die auch bei benachteiligungsfreier Auswahl nicht eingestellt worden wären und daher keinen materiellen Schaden haben, hat der ArbGeb eine angemessene Entschädigung in Höhe von höchstens drei Monatsverdiensten zu leisten, Abs. 3 Satz 1. Auf Grund der Funktion der Entschädigung, eine „wirklich abschreckende Wirkung" zu erzielen, ist ein Nachweis des exakten Schadensumfangs entbehrlich[10]. Er kann in einem unbezifferten Klageantrag geltend gemacht werden. Weist der Benachteiligte einen materiellen Schaden nach, bildet dieser die Mindestsumme des Entschädigungsanspruchs. Wäre der Bewerber ohne Benachteiligung eingestellt worden, hat er Anspruch auf das Arbeitsentgelt bis zum ersten hypothetischen Kündigungstermin[11]. Die übrigen Bewerber können sich regelmäßig allein auf den immateriellen Schaden beziehen, da ihre Bewerbungskosten nicht kausal auf der geschlechtsbedingten Ablehnung beruhen und als „frustrierter Aufwand" nach den allgemeinen Regeln des Schadensrechts gerade nicht zu ersetzen sind[12]. Allerdings ist die fehlende Ersetzbarkeit auch dieser Schadensposition ein Rückschritt gegenüber der Normfassung bis 1998, jedoch führt dies nicht dazu, dass nicht insgesamt die jetzt geltende Regelung vorteilhafter für den benachteiligten ArbN ist. Der Entschädigungsanspruch derjenigen Bewerber, die auch bei benachteiligungsfreier Auswahl nicht eingestellt worden wären, gleicht damit allein die immateriellen Schäden aus, die in der Verletzung ihres Rechts auf benachteiligungsfreie Auswahl entstanden sind, führt also zum Ersatz der im Eingriff in ihr Persönlichkeitsrecht liegenden Schäden.

68 Die **Kriterien, die Höhe** der Entschädigung zu bestimmen, ähneln denen, die bei § 253 Abs. 2 genannt werden: Der Grad des Verschuldens, die Schwere und Art der Beeinträchtigung, Nachhaltigkeit und Fortdauer der Interessen des Bewerbers sowie Anlass und Beweggründe für das Handeln des ArbGeb[13]. Dem

---

1 ArbG Köln v. 13.6.1996 – 14 Ca 7934/95, ZIP 1997, 804; ErfK/*Schlachter*, § 611a BGB Rz. 39; aA *Walter*, SAE 2000, 64 (66). |2 LAG Hamm v. 22.11.1996 – 10 Sa 1069/96, LAGE § 611a BGB Nr. 9; s. auch BT-Drs. 12/5468, S. 44; ebenso bereits zur alten Fassung der Norm BVerfG v. 16.11.1993 – 1 BvR 258/86, EzA Art. 3 GG Nr. 42 unter C I. 2. c) d.Gr. |3 EuGH v. 8.11.1990 – Rs. C-177/88, EzA § 611a BGB Nr. 7. |4 S. zB LAG Frankfurt v. 11.3.1988 – 15/10 Sa 817/87, LAGE § 611a BGB Nr. 4. |5 S. Staudinger/*Richardi*/*Annuß*, § 611a BGB Rz. 32; *Annuß*, NZA 1999, 738. |6 S. jüngst noch BT-Drs 14/7752, S. 30 in Begründung des Zweiten Gesetzes zur Änderung schadensrechtlicher Vorschriften; *Viney*/*Jourdain*, Les conditions de la responsabilité, 2. Aufl. 1998, Nr. 254; zu § 611a BGB s. Staudinger/*Richardi*/*Annuß*, § 611a BGB Rz. 81; Soergel/*Raab*, § 611a BGB Rz. 49; *Gamillscheg*, Anm. EzA § 611a BGB Nr. 15. |7 AA LAG Düsseldorf v. 1.2.2002 – 9 Sa 1451/01, NZA-RR 2002, 345; *Hanau*, FS Gnade, S. 351 (353). |8 So KR/*Pfeiffer*, § 611a BGB Rz. 98. |9 LAG Düsseldorf v. 29.6.1992 – 10 Sa 595/92, LAGE § 611a BGB Nr. 8: Binnen weniger als einem Monat nach Ablauf eines befristeten Arbeitsvertrags, der aufgrund Schwangerschaft der ArbNin nicht erneuert wurde, bot der ArbGeb die Fortsetzung eines Arbeitsverhältnisses an. |10 ErfK/*Schlachter*, § 611a BGB Rz. 37. |11 Soergel/*Raab*, § 611a BGB Rz. 54; Staudinger/*Richardi*/*Annuß*, § 611a BGB Rz. 87; *Wisskirchen*, Mittelbare Diskriminierung, S. 157; *Oetker*, ZIP 1997, 802 (803). |12 AA Staudinger/*Richardi*/*Annuß*, § 611a BGB Rz. 87; *Annuß*, NZA 1999, 938; *Treber*, NZA 1998, 856 (858); ErfK/*Schlachter*, § 611a BGB Rz. 38; aA *Raab*, DStR 1999, 854 (858). |13 ArbG Düsseldorf v. 7.10.1999 – 9 Ca 4209/99, DB 2000, 381; ähnlich Staudinger/*Richardi*/*Annuß*, § 611a BGB Rz. 88; Soergel/*Raab*, § 611a BGB Rz. 54; *Treber*, NZA 1998, 854 (858); s. auch ArbG Hannover v. 25.6.1999 – 11 Ca 518/98, FA 1999, 325.

entspricht es auch, dass wie allgemein beim Schmerzensgeld für Persönlichkeitsverletzung die wirtschaftliche Lage des Schädigers und des Geschädigten zu berücksichtigen ist[1]. Bei unmittelbarer Diskriminierung dürfte der Anspruch höher sein als bei mittelbarer Diskriminierung, bei vorsätzlicher höher als bei fahrlässiger. Keine Berücksichtigung findet es, ob der ArbGeb selbst gehandelt hat oder aber ein Dritter, dessen Verhalten er sich zurechnen lassen muss, etwa eine Personalfindungsagentur. Entsprechend dem Sanktionszweck kann im Wiederholungsfall die Entschädigung deutlich höher angesetzt werden[2].

Wäre der Bewerber auch bei benachteiligungsfreier Auswahl nicht eingestellt worden, so ist sein Entschädigungsanspruch auf die Höhe von höchstens drei Monatsverdiensten beschränkt. Was als **Monatsverdienst** gilt, definiert Abs. 3 Satz 2. Entsprechend seinem Zweck, immaterielle Schäden auszugleichen und durch Abschreckungswirkung von Geschlechtsdiskriminierungen abzuhalten, gilt diese Regelung auch für die Benachteiligung beim beruflichen Aufstieg[3]. Der ehemalige § 61b Abs. 5 Satz 2 ArbGG aF, der auf den unterschiedlichen Betrag zwischen bisheriger und angestrebter Position abstellt, ist damit überholt. 69

Für den **beruflichen Aufstieg** gelten gemäß Abs. 5 die Sätze 2 bis 4 entsprechend. Einen Anspruch auf Beförderung kann auch hier das Diskriminierungsverbot nicht begründen, jedoch bleiben Beförderungsansprüche unberührt, die sich aus anderen Rechtsgründen ergeben. Der Entschädigungsanspruch des Bestqualifizierten ist summenmäßig nicht beschränkt und umfasst regelmäßig das Dreifache des Unterschiedsbetrags zwischen aktuellem monatlichen Verdienst und des auf der dem Bewerber vorenthaltenen Position zu erlangenden Monatsverdiensts[4]. 70

4. Ausschlussfrist. Die Geltendmachung des Entschädigungsanspruchs unterliegt gemäß Abs. 4 einer Ausschlussfrist zur **schriftlichen Geltendmachung**, der gemäß § 61b Abs. 1 ArbGG eine zweite Stufe einer Ausschlussfrist zur **gerichtlichen Geltendmachung** nachfolgt. Nach Ablauf der Frist erlischt der Anspruch[5]. Fristbeginn ist der Zugang der Ablehnung der Bewerbung. Entsprechendes gilt für die Ablehnung der Beförderung. Die schriftliche Geltendmachung kann durch die elektronische Form ersetzt werden, s. § 126 Abs. 3. Maßgeblich für die Länge der Frist ist in erster Linie die allgemein für Schadensersatzansprüche im angestrebten Arbeitsverhältnis vorgesehene Ausschlussfrist, die jedoch auf zwei Monate Mindestfrist verlängert wird. Ist die Ausschlussfrist arbeitsvertraglich bestimmt, greift ggf. die Inhaltskontrolle nach § 307 (s. § 611 Rz. 431). Die Frist beginnt zu laufen, ohne dass es auf die Kenntnis des ArbN von der Geschlechtsdiskriminierung oder auch nur ihrer Erkennbarkeit ankommt[6]. Stellt die für die Geltendmachung von Schadensersatzansprüchen im angestrebten Arbeitsverhältnis vorgesehene Abschlussfrist auf **Kenntnis oder Erkennbarkeit** für den Fristbeginn ab, so ist dies für Abs. 4 unerheblich; entscheidend ist nur die Länge, nicht aber der Fristbeginn. Zur Ausschlussfrist nach § 71b ArbGG s. Kommentierung dort. 71

XI. Aushang im Betrieb. Nach Art. 2 des arbeitsrechtlichen EG-Anpassungsgesetzes v. 13.8.1980 (BGBl. I S. 1308.) in der Fassung des Zweiten Gleichberechtigungsgesetzes v. 24.6.1994 (BGBl. I S. 1406, 1412) ist in Betrieben mit mehr als fünf ArbN ein Abdruck der §§ 611a, 611b, 612 Abs. 3, 612a BGB, § 61b ArbGG auszulegen oder auszuhängen. 72

XII. Besonderheiten des arbeitsgerichtlichen Verfahrens. Zu den Besonderheiten des arbeitsgerichtlichen Verfahrens bei Klage wegen geschlechtsbedingter Benachteiligung gemäß § 611a Abs. 2, s. Kommentierung § 61b ArbGG. 73

611b *Arbeitsplatzausschreibung*

Der Arbeitgeber darf einen Arbeitsplatz weder öffentlich noch innerhalb des Betriebs nur für Männer oder nur für Frauen ausschreiben, es sei denn, dass ein Fall des § 611a Abs. 1 Satz 2 vorliegt.

I. Normgeschichte und Normzweck. Die Vorschrift wurde zusammen mit § 611a durch Art. 1 Nr. 2 des Gesetzes über die Gleichbehandlung von Männern und Frauen am Arbeitsplatz und über die Erhaltung von Ansprüchen bei Betriebsübergang (Arbeitsrechtliches EG-Anpassungsgesetz v. 13.8.1980, BGBl. I S. 1308) in das BGB eingeführt. Ihr Ziel ist es, das Verbot einer Benachteiligung wegen des Geschlechts bereits bei der Ausschreibung von Stellen wirksam werden zu lassen. Der Gesetzgeber hatte sich dafür entschieden, die ehemalige Sollvorschrift zum zwingenden Recht durch das Zweite Gleichberechtigungsgesetz vom 14.6.1994 (BGBl. I S. 1406) umzugestalten, weil die zuvor nur sehr unvollkommen beachtet wurde[7]. 1

---

1 AA im Hinblick auf die wirtschaftliche Situation des Arbeitgebers *Zwanziger*, DB 1998, 1330 (1331); wie hier Staudinger/*Richardi*/*Annuß*, § 611a BGB Rz. 88; Soergel/*Raab*, § 611a BGB Rz. 54. | **2** Ebenso MünchKomm/*Müller-Glöge*, § 611a BGB Rz. 52; Staudinger/*Richardi*/*Annuß*, § 611a BGB Rz. 90. | **3** Ebenso Staudinger/*Richardi*/*Annuß*, § 611a BGB Rz. 92; ErfK/*Schlachter*, § 611a BGB Rz. 41; aA Soergel/*Raab*, § 611a BGB Rz. 55; *Raab*, DStR 1999, 854 (859). | **4** Staudinger/*Richardi*/*Annuß*, § 611a BGB Rz. 92. | **5** Ebenso für die Frist des § 61b LAG Rh.-Pf. v. 5.12.1995 – 8 Sa 904/95, nv. (juris); s. auch BAG v. 19.2.1998 – 8 AZR 112/96, nv. (juris). | **6** ErfK/*Schlachter*, § 611a BGB Rz. 40; Staudinger/*Richardi*/*Annuß*, § 611a BGB Rz. 95; aA Soergel/*Raab*, § 611a BGB Rz. 67. | **7** S. BT-Drs. 12/5468, S. 44.

2 **II. Inhalt.** Wo eine geschlechtsbedingte Differenzierung eine unzulässige Diskriminierung nach § 611a Abs. 1 ist, darf auch keine Ausschreibung differenzierend nach dem Geschlecht erfolgen. Ob der ArbGeb die Ausschreibung selber vornimmt (etwa durch Stellenanzeige) oder aber Dritte hierfür einsetzt (AA, Personalberatungsfirma) ist unerheblich. Bedient sich der ArbGeb zur Ausschreibung dritter Stellen oder Institutionen, sind ihm deren geschlechtsspezifische Ausschreibungen zuzusenden. Das gilt auch, wenn der ArbGeb eine Stellenanzeige durch die BA veranlasst und er im Nachhinein vorträgt, diese habe von sich aus die geschlechtsspezifische Form der Stellenausschreibung gewählt[1]. Eine Stellenausschreibung umfasst jede Bekanntgabe, die darauf ausgerichtet ist, Interessenten für ein zu begründendes Arbeitsverhältnis zu gewinnen. **Öffentlich** ist jede Ausschreibung, die sich an einen unbestimmten Kreis von Personen wendet. Eine geschlechtsdiskriminierende **Ausschreibung innerhalb des Betriebs** ist nicht öffentlich, aber nach dem Wortlaut des Gesetzes ebenso verboten. Gleiches muss für eine Ausschreibung innerhalb des Unternehmens oder Konzerns gelten; diese umfasst auch den Betrieb.

3 Zulässig ist es, die Ausschreibung auf Medien zu beschränken, die sich typischerweise an ein Geschlecht richten. Auch kann der ArbGeb sich entscheiden, eine Stelle allein gezielt weiblichen oder männlichen Interessenten anzubieten. Bewirbt sich dennoch ein Interessent des anderen Geschlechts, greift freilich § 611a.

4 Geschlechtsneutral formuliert ist eine Ausschreibung, wenn sie „sich in ihrer gesamten Ausdrucksweise sowohl an Frauen als auch an Männer richtet"[2]. Dem ist zumindest dann Rechnung getragen, wenn die Berufsbezeichnung in männlicher und weiblicher Form verwendet wird (Bauleiter/Bauleiterin) oder aber ein geschlechtsunabhängiger Oberbegriff verwendet wird (Bauleitung). Aber auch wenn allein die *prima facie* männliche Bezeichnung verwandt wird, kann der Gesamtkontext der Ausschreibung ergeben, dass eine Geschlechtsdiskriminierung nicht beabsichtigt wird. Es entspricht dem allgemeinen Sprachgebrauch, dass eine männliche Bezeichnung verwandt werden kann, ohne allein auf männliche ArbN hinzuweisen, ebenso wie das Gesetz nur vom ArbN, nicht aber von der ArbN-in spricht[3].

5 **III. Rechtsfolgen.** Die Regelung ist eine **lex imperfecta** ohne eigene Rechtsfolge. Ein Verstoß begründet aber eine Vermutung eines Verstoßes gegen § 611a Abs. 1 Satz 1[4].

6 Betriebsverfassungsrechtliche Sanktionen bestehen nicht. Allerdings hat der **BR** gemäß § 80 Abs. 1 Nr. 1, 2a BetrVG auf eine geschlechtsneutrale Stellenausschreibung zu achten. Ein Verstoß gegen § 611a ist jedoch kein Zustimmungsverweigerungsgrund bei Einstellung, denn hier kann auch der ArbN, der unmittelbar betroffen ist, die rechtswidrige Praxis nicht verhindern, sondern ist gemäß § 611a Abs. 2 auf Schadensersatz beschränkt. Das Gesetz gibt damit einen deutlichen Hinweis dafür, dass nach dem Zweck der verletzten Norm die geplante Einstellung nicht unterbleiben muss[5]. Erst recht gilt dies für Verstöße gegen § 611b, die die Einstellung als solche nicht berühren[6]. Dies gilt auch dann, wenn der BR eine Ausschreibung innerhalb des Betriebs verlangt hat[7]. Die Rspr., wonach die nach § 93 BetrVG erforderliche Ausschreibung im Betrieb auch dann als unterblieben anzusehen ist, wenn der ArbGeb eine bestimmte Stelle im Betrieb zwar ausschreibt, in einer Anzeige aber andere Anforderungen für eine Bewerbung um diesen Arbeitsplatz nennt[8], steht dem nicht entgegen. Für den öffentlichen Dienst und die Mitbest. des Personalrats nach § 75 Abs. 1 Nr. 1 iVm. § 77 Abs. 2 Nr. 1 BPersVG gilt Entsprechendes. Eine Schadensersatzpflicht kann auf eine Verletzung des § 611b regelmäßig nicht geschützt werden, da kein Schaden erkennbar ist, der allein auf der geschlechtsdiskriminierenden Ausschreibung, nicht aber auf der geschlechtsdiskriminierenden Besetzung des Arbeitsplatzes beruht.

7 Der ArbGeb ist verpflichtet die Norm im Betrieb bekannt zu machen. Hierzu vgl. § 611a Rz. 72.

612 *Vergütung*

(1) Eine Vergütung gilt als stillschweigend vereinbart, wenn die Dienstleistung den Umständen nach nur gegen eine Vergütung zu erwarten ist.

(2) Ist die Höhe der Vergütung nicht bestimmt, so ist bei dem Bestehen einer Taxe die taxmäßige Vergütung, in Ermangelung einer Taxe die übliche Vergütung als vereinbart anzusehen.

(3) Bei einem Arbeitsverhältnis darf für gleiche oder für gleichwertige Arbeit nicht wegen des Geschlechts des Arbeitnehmers eine geringere Vergütung vereinbart werden als bei einem Arbeitnehmer des anderen Geschlechts. Die Vereinbarung einer geringeren Vergütung wird nicht dadurch ge-

---

1 So zu weitgeh. BAG v. 5.2.2004 – 8 AZR 112/03 Pressemitteilung 8/04. | 2 S. BT-Drs. 8/4259, S. 9. | 3 S. Thüsing, NJW 1996, 2334; ähnlich Staudinger/*Richardi/Annuß*, § 611 BGB Rz. 6; MünchKomm/*Müller-Glöge*, § 611b BGB Rz. 4; s. auch LAG Berlin v. 16.5.2001 – 13 Sa 393/01, MedR 2002, 27: Zeitungsanzeige Altenpfleger/innen oder Krankenschwestern ist geschlechtsdiskriminierend. | 4 S. bereits BAG v. 14.3.1989 – 8 AZR 447/87, AP Nr. 5 zu § 611a BGB und BAG v. 14.3.1989 – 8 AZR 351/86, AP Nr. 6 zu § 611a BGB; BVerfG v. 16.11.1993 – 1 BvR 258/86, NJW 1994, 647; LAG Rh.-Pf. v. 16.8.1996 – 4 Ta 162/96, NZA 1997, 115. | 5 S. *Richardi/Thüsing*, § 99 BetrVG Rz. 191; GK-BetrVG/*Kraft*, § 99 Rz. 129. | 6 Ebenso MünchKomm/*Müller-Glöge*, § 611b BGB Rz. 6; Soergel/*Raab*, § 611b BGB Rz. 10; aA ErfK/*Schlachter*, § 611b BGB Rz. 4. | 7 AA LAG Hess. v. 13.7.1999 – 4 TaBV 192/97, NZA-RR 1999, 641; Soergel/*Raab*, § 611b BGB Rz. 10; Staudinger/*Richardi/Annuß*, § 611b BGB Rz. 8; wie hier, GKBetrVG/*Kraft*, § 99 Rz. 148. | 8 BAG v. 23.2.1988 – 1 ABR 82/86, AP Nr. 2 zu § 93 BetrVG 1972.

§ 612 BGB

rechtfertigt, dass wegen des Geschlechts des Arbeitnehmers besondere Schutzvorschriften gelten. § 611a Abs. 1 Satz 3 ist entsprechend anzuwenden.

I. Allgemeines ... 1
II. Stillschweigend vereinbarte Vergütung ... 3
  1. Zum Rechtscharakter des Abs. 1 ... 3
    a) Allgemeines ... 3
    b) § 612 Abs. 1 BGB als Fiktion ... 4
    c) Normzweck ... 5
    d) Verhältnis zur Anfechtung und zur Auslegung ... 7
  2. Voraussetzungen ... 8
    a) Wirksamer Vertrag über Dienste ... 8
      aa) Unwirksame Vereinbarung über Dienste ... 9
      bb) Unwirksame Vergütungsvereinbarung ... 10
      cc) Fehlgeschlagene Vergütungserwartungen ... 11
      dd) Weiterbeschäftigung während eines Bestandsschutzprozesses ... 15
      ee) Ausbleiben einer nachträglichen Vergütungsvereinbarung ... 16
    b) Fehlen einer Vergütungsvereinbarung ... 17
      aa) Abgrenzung zur Vereinbarung der Unentgeltlichkeit ... 18
      bb) Mehrarbeit und Erbringung höherwertiger Dienstleistungen ... 19
        (1) Erbringung höherwertiger Dienste ... 20
        (2) Mehrarbeit ... 23
    c) Vergütungserwartung nach den Umständen ... 26
      aa) Auslegung ... 27
      bb) Kriterien ... 28
  3. Rechtsfolge ... 30
  4. Beweislast ... 31
III. Üblichkeit der Vergütung ... 32
  1. Anwendungsbereich und Rechtscharakter des Abs. 2 ... 32
  2. Fehlen einer Parteivereinbarung ... 35
  3. Höhe der Vergütung ... 36
    a) Taxmäßige Vergütung ... 37
    b) Übliche Vergütung ... 38
      aa) Begriff ... 38
      bb) Tariflohn als Maßstab der Üblichkeit ... 40
      cc) Bestimmung der Üblichkeit ... 44
    c) Bestimmung durch den Dienstverpflichteten ... 44
  4. Beweislast ... 47
IV. Gleiches Entgelt für gleiche und gleichwertige Arbeit ... 48
  1. Verhältnis zu verwandten Vorschriften ... 48
    a) Verfassungsrecht ... 48
    b) Europarecht ... 49
    c) Internationales Recht ... 52
    d) Sonstige Rechtsquellen ... 53
  2. Anwendungsbereich ... 54
    a) Persönlicher Anwendungsbereich ... 54
    b) Institutioneller Anwendungsbereich ... 55
    c) Sachlicher Anwendungsbereich – Anwendbarkeit auf kirchliche Arbeitsverhältnisse und richterlicher Prüfungsmaßstab ... 57
  3. Tatbestandsmerkmale ... 59
    a) Gleiche und gleichwertige Arbeit ... 59
      aa) Gleiche Arbeit ... 59
      bb) Gleichwertige Arbeit ... 60
    b) Vereinbarung ... 62
    c) Vergütung ... 65
      aa) Leistungen der sozialen Sicherheit ... 67
      bb) Leistungen der betrieblichen Altersversorgung ... 68
      cc) Zulagen ... 69
      dd) Entgeltfortzahlung im Krankheitsfall ... 70
    d) Benachteiligung wegen des Geschlechts ... 71
      aa) Unmittelbare Geschlechtsbedingtheit ... 72
      bb) Mittelbare Geschlechtsbedingtheit, mittelbare Diskriminierung ... 74
        (1) Grundlage ... 74
        (2) Entlohnung nach Marktlage ... 76
      cc) Rechtfertigung ... 77
      dd) Positive Diskriminierung ... 80
  4. Rechtsfolge ... 81
  5. Darlegungs- und Beweislast ... 85
  6. Bekanntmachung ... 87

Lit. zu Abs. 1 und 2: *Beuthien*, Das fehlerhafte Arbeitsverhältnis als bürgerlich-rechtliches Abwicklungsproblem, RdA 1969, 161; *Bydlinski*, Lohn- und Konditionsansprüche aus zweckverfehlten Arbeitsleistungen, in Festschrift für Wilburg, 1965, S. 45; *Diekhoff*, Ist der Tariflohn „übliche Vergütung" gemäß § 612 Abs. 2?, MuA 1961, 77; *Fenn*, Die Mitarbeit in den Diensten Familienangehöriger, 1970; *Fenn*, Die juristische Qualifikation der Mitarbeit bei Angehörigen und ihre Bedeutung für die Vergütung, FamRZ 1968, 291; *Lieb*, Die Ehegattenmitarbeit im Spannungsfeld zwischen Rechtsgeschäft, Bereicherungsausgleich und gesetzlichem Güterstand, 1970; *Rick*, Ist der Tariflohn die übliche Vergütung iS des § 612?, AuR 1960, 369. Lit. zu Abs. 3: *Adams*, Das bürgerlich-rechtliche Benachteiligungsverbot gemäß § 612 III BGB, JZ 1991, 534; *Appel*, Mittelbare Diskriminierung durch Lohngruppenbildung in kirchenarbeitsrechtlichen Entgeltsystemen, 1999; *Däubler*, Lohngleichheit von Mann und Frau als Rechtsproblem, AuR 1981, 193; *Eich*, Das Gesetz über die Gleichbehandlung von Männern und Frauen am Arbeitsplatz, NJW 1980, 2329; *Engelbrecht*, „Barber" und die Folgen, EuZW 1996, 395; *Erasmy*, Einfluss der EuGH-Rechtsprechung zur mittelbaren Diskriminierung auf deutsches Arbeitsrecht, MDR 1995, 109; *Griebeling*, Gleichbehandlung in der betrieblichen Altersversorgung; *Hanau/Preis*, Beschränkung der Rückwirkung neuer Rechtsprechung zur Gleichberechtigung im Recht der betrieblichen Altersversorgung, DB 1991, 1276; *Heither*, Art. 119 EWG-Vertrag und das deutsche Arbeitsrecht, in Festschrift für Gnade, 1992, S. 611; *Höfer*, Betriebliche Altersversorgung und deutsches Gleichberechtigungs- sowie europäisches Lohngleichheitsgebot, BB 1994, Beil. 15; *Höfer*, Der EuGH zum Lohngleichheitsgebot bei den Betriebsrenten (Art. 119 EG), NJW 1996, 297; *Höfer*, Die Umsetzung der EuGH-Rechtsprechung zum Lohngleichheitsgebot in der betrieblichen Altersversorgung, BetrAV 1995, 119; *Huep*, Die zeitliche Reichweite des geschlechtsbezogenen Entgeltgleichheitsgrundsatzes im deutschen und europäischen Arbeitsrecht, RdA 2001, 325; *Kollatz*, Der Fall „Barber" und die Folgen, DZWir 1995, 284; *Lieb*, Personelle Differenzierungen und Gleichbehandlung, ZfA 1996, 319; *Lorenz*, Der schwierige Weg zur Lohngleichheit von Männern und Frauen, in Festschrift für Wlotzke, 1996, S. 45; *Lorenz*, Zur Lohngleichheit von Männern und Frauen, DB 1996, 1234; *Mauer*, Mittelbare Diskriminierung von Frauen bei der Höhergruppierung gem. § 23a BAT, NZA 1991, 501; *Mockenhaupt*, Gleicher Lohn für „gleiche" Arbeit oder für „vergleichbare" Arbeit, ZfA 1984, 31; *Nicolai*, Rechtsfolgen der Unvereinbarkeit arbeitsrechtlicher Regelungen mit Art. 119 EG-Vertrag, ZfA 1996, 481; *Otte*, Eingruppierung nach beruflicher Vorbildung und Diskriminierungsverbot, ZTR 1992, 460; *Pfarr*, Mittelbare Diskriminierung von Frauen, NZA 1986, 585; *Pfarr/Bertelsmann*, Lohngleichheit, 1981; *Reich/Dieball*, Mittelbare Diskriminierung teilzeitbeschäftigter weiblicher Betriebsratsmitglieder, AuR 1991, 225; *Richardi*, Das Gleichbehandlungsgebot für Teilzeitarbeit und seine Auswirkungen auf Entgeltregelungen, NZA 1992, 625; *Schlachter*, Wege zur Gleichberechtigung, 1993; *Schaub*, Gleichbehandlung, Gleichberechtigung und Lohngleichheit, NZA 1984, 73; *Thüsing*, Gleicher Lohn für gleichwertige Arbeit, NZA 2000, 570; *Waas*, Zur mittelbaren Diskriminierung von Frauen in der Rechtsprechung von EuGH und deutschen Gerichten, EuR 1994, 97; *Regine Winter*, Mittelbare Diskriminierung bei gleichwertiger Arbeit, ZTR 2001, 7; *Wißmann*, Mittelbare Geschlechtsdiskriminierung: iudex calculat, in Festschrift für Wlotzke, 1996, S. 807; *Wißmann*, Die tarifliche Bewertung unterschiedlicher Tätigkeiten und das gemeinschaftsrechtliche Verbot der mittelbaren Geschlechtsdiskriminierung, in Festschrift für Schaub, 1998, S. 793; *H. Wolter*, Probleme der Lohngleichheit zwischen Männern und Frauen, AuR 1981, 129.

1 **I. Allgemeines.** Die Abs. 1 und 2 der Norm sind seit dem In-Kraft-Treten des BGB nicht verändert worden[1]. Abs. 3 wurde, gleichzeitig mit §§ 611a, 611b, 612a und einer Änderung des § 613a, in das BGB eingefügt auf der Grundlage der **Entgelt-Gleichbehandlungsrichtlinie 75/117/EWG** vom 10.2.1975 (ABl. EG Nr. L 45), die in ihrem Art. 6 die Mitgliedstaaten verpflichtete, „nach Maßgabe ihrer innerstaatlichen Verhältnisse und ihrer Rechtssysteme die Maßnahmen (zu treffen), die erforderlich sind, um die Anwendung des Grundsatzes des gleichen Entgelts zu gewährleisten". Der deutsche Gesetzgeber erließ in Erfüllung seiner Umsetzungspflicht am 13.8.1980 das Gesetz zur Gleichbehandlung von Männern und Frauen am Arbeitsplatz (Arbeitsrechtliches EG-Anpassungsgesetz, BGBl. I S. 1308), das am 21.8.1980 in Kraft trat. In den Materialien dazu kommt zum Ausdruck, dass sich der Gesetzgeber bewusst war, dass das Gebot der Gleichbehandlung von Mann und Frau hinsichtlich des Lohns bereits aus dem allgemeineren Benachteiligungsverbot des § 611a Abs. 1 Satz 1 gefolgert werden konnte; gleichwohl sollte das Lohngleichheitsgebot eine besondere Hervorhebung erfahren, indem es zum Gegenstand einer eigenen Regelung gemacht wurde[2].

2 Während Abs. 1 bei fehlender Vereinbarung einer Vergütung das „Ob" der Vergütung betrifft, geht es in Abs. 2 um deren (absolute) Höhe. Die Höhe der Vergütung regelt Abs. 3 allenfalls mittelbar, nämlich nur insoweit, als der Unterschied relativ zur Höhe der Vergütung eines ArbN des anderen Geschlechts betroffen ist. Die Wirkung der Abs. 1 und 2 beschränkt sich auf das Verhältnis ArbN–ArbGeb, während die Wirkung des Abs. 3 erst bei Beteiligung eines weiteren ArbN eintreten kann. Im Gegensatz zu Abs. 1 und 2, die jeden **Dienstvertrag** erfassen, gilt Abs. 3 allein für den **Arbeitsvertrag**. Dem § 612 Abs. 1 und 2 entsprechende Regelungen finden sich auch in den Vorschriften der §§ 632, 653, ähnlich sind auch die §§ 59, 87b HGB und § 10 BBiG. Es fällt auf, dass die Regelung im Zusammenhang mit tätigkeitsgebundenen Schuldverhältnissen steht, was für die Bestimmung des Normzwecks nicht unbedeutend ist, s. Rz. 5.

3 **II. Stillschweigende Vereinbarung einer Vergütung. 1. Zum Rechtscharakter des Abs. 1. a) Allgemeines.** § 612 Abs. 1 als lex specialis zu § 154 Abs. 1 Satz 1. Nach Abs. 1 „gilt" eine Vergütung unter bestimmten Voraussetzungen „als stillschweigend vereinbart". Die Formulierung deutet darauf hin, dass es sich bei der Norm um eine gesetzliche Fiktion handelt[3]. Andere deuten sie als Auslegungsregel, durch die die unentgeltliche Geschäftsbesorgung von dem entgeltlichen Dienstverhältnis abgegrenzt werden soll[4]. Diese Sichtweise beruht auf der unzutreffenden Annahme, zwischen Entgeltlichkeit und Unentgeltlichkeit gebe es kein Drittes. Tatsächlich aber kann die Norm weder den Fall meinen, dass die Parteien die Entgeltlichkeit der Dienste vereinbart haben, noch den Fall, dass sie deren Unentgeltlichkeit vereinbart haben, denn in beiden Fällen gälte das übereinstimmend Gewollte. § 612 Abs. 1 kann nur den Fall betreffen, dass weder das eine noch das andere zutrifft, weil die Parteien entweder unbemerkt unterschiedlicher Auffassung über die Frage der Entgeltlichkeit der Dienste geblieben sind, oder dass sie sich, ebenfalls von beiden unreflektiert, über diese Frage keine Gedanken gemacht haben. Allein in diesen beiden Konstellationen, mithin erst nach der Feststellung, dass keine Vereinbarung der Unentgeltlichkeit noch der Entgeltlichkeit vorliegt, kann § 612 Abs. 1 zur Anwendung gelangen. Da es sich bei der Frage der Entgeltlichkeit um ein *essentialium negotii* handelt, wäre das Rechtsgeschäft nach § 154 Abs. 1 Satz 1 nichtig, wenn nicht § 612 Abs. 1 existierte und die Entgeltlichkeit anordnete. Damit ist diese Norm **lex specialis zu § 154 Abs. 1 Satz 1**, dessen Nichtigkeitsanordnung sie, soweit sie reicht, außer Kraft setzt. Deshalb braucht in ihr jedoch insoweit noch keine Fiktion gesehen zu werden.

4 **b) § 612 Abs. 1 BGB als Fiktion.** Die in § 612 Abs. 1 gleichwohl enthaltene Fiktion („gilt") bezieht sich auf einen anderen Umstand: Da die Parteien die Entgeltlichkeit der Dienste nicht vereinbart haben (dann wäre § 612 Abs. 1 nicht einschlägig), beruhte die durch § 612 Abs. 1 getroffene Anordnung der Entgeltlichkeit auf Gesetz, wenn nicht formuliert wäre „gilt als stillschweigend vereinbart". Die Fiktion bezieht sich auf die **Rechtsgeschäftlichkeit** der in Wirklichkeit nicht rechtsgeschäftlich begründeten, sondern qua Gesetz eintretenden Anordnung der Entgeltlichkeit. Die Konsequenz ist, dass die fingierte Entgeltlichkeits-„Abrede" den Regeln über die Rechtsgeschäfte unterliegt, obwohl sie originär auf dem Gesetz als Rechtsgrund beruht. Dies hat zur Folge, dass sie das Schicksal des mit ihr verbundenen

---

1 Vgl. Staudinger/*Richardi*, § 612 BGB Rz. 1 und Soergel/*Raab*, § 612 BGB Rz. 1 und 43, je mwN zu Einzelheiten der Entstehungsgeschichte. |2 Vgl. BT-Drs. 8/3317, S. 10; Staudinger/*Richardi*, § 612 BGB Rz. 49; MünchKomm/*Schaub*, § 612 BGB Rz. 2. |3 So Soergel/*Raab*, § 612 BGB Rz. 15. |4 *Canaris*, BB 1967, 165 ff.; dazu *Lieb*, Ehegattenmitarbeit, S. 71 ff. (81 ff.); *Fenn*, FamRZ 1968, 291 ff.; als Auslegungsregel bezeichnet von Staudinger/*Richardi*, § 612 BGB Rz. 5; undeutlich Soergel/*Raab*, § 612 BGB Rz. 2, 14; vgl. auch MünchKomm/*Schaub*, § 612 BGB Rz. 1.

Vergütung   Rz. 9 § 612 BGB

Rechtsgeschäfts der Vereinbarung der Erbringung von Diensten teilt und damit in derselben Weise unter dem Vorbehalt von Geschäftsfähigkeit, Wirksamkeit einer Stellvertretung und dergleichen steht.

c) **Normzweck.** Ansatzpunkt für die Erschließung des Normzwecks ist die Beobachtung, dass eine dem § 612 Abs. 1 entsprechende Regelung bei vielen tätigkeitsbezogenen Schuldverhältnissen besteht, s. Rz. 2. Ihnen liegt die Vorstellung zugrunde, dass die Möglichkeit der Rückabwicklung eines nichtigen tätigkeitsbezogenen Austauschverhältnisses schwieriger ist als im Fall eines gegenseitigen Austauschs von Gegenständen, weil die Bewertung der nicht verkörperten Hauptleistung, deren Wert nach ihrer Erbringung nicht durch Weiterveräußerung realisiert werden kann, problematischer ist als bei Gegenständen. Dies beeinträchtigt einseitig die Position des Diensterbringenden in Hinblick auf seinen Wertersatzanspruch nach § 812 Abs. 2. 5

Die *ratio* des § 612 Abs. 1 besteht daher, weil er die Anordnung des § 154 Abs. 1 Satz 1 in seinem Bereich ausschaltet, in der **Verdrängung des Bereicherungsrechts**, das im Fall der Nichtexistenz des § 612 Abs. 1 zur Anwendung gelangte. Die Anwendung des Bereicherungsrechts ist – außer wegen der Beschränkung auf den Wertersatz der geleisteten Dienste – auch wegen der Möglichkeit des Entreicherungseinwandes für den Dienstleistenden ungünstiger als ein vertraglicher Anspruch. Insofern dient § 612 Abs. 1 seinem Schutz. Eine Schutzwirkung zugunsten des ArbN kommt der Norm allerdings weniger zu, kämen doch im Fall einer Nichtigkeit ohnehin die Grundsätze über das faktische Arbeitsverhältnis zum Tragen. 6

d) **Verhältnis zur Anfechtung und zur Auslegung.** Die einseitige Vorstellung von der Unentgeltlichkeit der Dienste kommt nicht als Grund für eine Anfechtung wegen Irrtums in Betracht[1]. Dies folgt bereits aus dem Anwendungsbereich des § 612 Abs. 1, der voraussetzt, dass hinsichtlich der Vergütungsfrage schon keine Abrede vorliegt (s. Rz. 17), weshalb eine Erklärung nicht angefochten zu werden braucht. Auch kommt ein Irrtum in Bezug auf die durch § 612 Abs. 1 BGB angeordneten Rechtsfolge nicht in Betracht, denn es liegt im Fall des § 612 Abs. 1 BGB kein Verhalten – auch kein Schweigen – mit Erklärungswert vor, das angefochten werden könnte. Zum **Verhältnis zur Auslegung** s. Rz. 27. 7

2. **Voraussetzungen. a) Wirksamer Vertrag über Dienste.** Voraussetzung für die Rechtsfolge des § 612 Abs. 1 ist grundsätzlich **ein rechtswirksamer Vertrag über Dienste**, dessen Zustandekommen sich nach den allgemeinen Vorschriften beurteilt und damit auch konkludent erfolgen kann[2]. Gleichgültig ist dabei, ob es sich um Dienste im Rahmen eines Arbeitsvertrags, eines reinen Dienstvertrags oder auch eines Geschäftsbesorgungsvertrags (§ 675)[3] handelt[4]. Die Norm betrifft mithin den Fall, dass eine wirksame Vereinbarung allein hinsichtlich der Vergütung fehlt, während eine rechtsgeschäftliche Vereinbarung über die Erbringung von Diensten grundsätzlich[5] bestehen muss[6]. Genaugenommen ist bei Fehlen einer Vereinbarung über die Entgeltlichkeit der Dienste offen, ob es sich um einen – die Entgeltlichkeit wesensgemäß erfordernden – Dienstvertrag handelt. Wollte man allerdings als Anwendbarkeitsvoraussetzung des § 612 Abs. 1 das Vorliegen eines (entgeltlichen) Dienstvertrags verlangen, dann enthielte die Norm einen Zirkelschluss und wäre perplex, weil die Norm gerade den Fall betrifft, dass eine Vereinbarung über die Entgeltlichkeit nicht besteht. Die Voraussetzung kann daher nur so verstanden werden, dass rechtsverbindlich lediglich die Erbringung von Diensten zugesagt worden ist, nicht dagegen in der Weise, dass ein wirksamer „Dienstvertrag" im rechtstechnischen Sinn abgeschlossen wurde. Der Wortlaut des § 612 Abs. 1 lässt vermuten, dass die Bestimmung nur eingreift, wenn die Parteien von vornherein keine Vergütungspflicht vereinbart haben. Allerdings wird § 612 Abs. 1 sowohl im Fall einer **unwirksamen Vereinbarung über Dienste** als auch bei einer **unwirksamen Vergütungsvereinbarung** angewendet[7]: 8

aa) **Unwirksame Vereinbarung über Dienste.** Teilweise wird die Auffassung vertreten, dass die Vorschrift über ihre Vergütungsfiktion auch eine Vertragsfiktion enthalte, denn wenn zweifelhaft ist, ob ein entgeltlicher Dienstvertrag oder ein unentgeltlicher Auftrag vorliegt, solle § 612 Abs. 1 sicherstellen, dass der Abschluss eines Dienstvertrags nicht am Fehlen einer Vergütungsabrede fehle[8]. Nach zu Recht herrschender Ansicht fingiert § 612 Abs. 1 jedoch nicht das Vorliegen eines Dienstvertrags, sondern die Norm setzt dessen Abschluss gerade voraus; die Funktion des § 612 Abs. 1 bestehe darin, die ohne sie eintretende Nichtigkeit des Rechtsgeschäfts wegen Dissenses auszuschließen[9]. Die Norm bezweckt in der Tat nur den Ausschluss einer Nichtigkeit wegen Dissenses über die Entgeltlichkeit, nicht 9

---

[1] Vgl. MünchKomm/*Schaub*, § 612 BGB Rz. 6; ArbR-BGB/*Schliemann*, § 612 BGB Rz. 28; ErfK/*Preis*, § 612 BGB Rz. 11; Staudinger/*Richardi*, § 612 BGB Rz. 19. | [2] Soergel/*Raab*, § 612 BGB Rz. 17. | [3] Palandt/*Putzo*, *§ 612 BGB Rz. 2.* | [4] Soergel/*Raab*, § 612 BGB Rz. 2; Palandt/*Putzo*, § 612 BGB Rz. 2. | [5] Zu Abweichungen s. u. Rz. 10. | [6] Staudinger/*Richardi*, § 612 BGB Rz. 13; MünchKomm/*Schaub*, § 612 BGB Rz. 4; ArbR-BGB/*Schliemann*, § 612 BGB Rz. 5; Soergel/*Raab*, § 612 BGB Rz. 17; hierbei ist anzumerken, dass der Abschluss eines *Dienstverhältnisses* nicht vorausgesetzt werden kann, weil dies die Vereinbarung der Entgeltlichkeit erfordert; richtigerweise muss gesagt werden, dass allenfalls eine *Verpflichtung über die Erbringung von Diensten* begründet worden sein muss, welche nach § 612 Abs. 1 im Rahmen eines *Dienstverhältnisses*, grundsätzlich aber auch in *anderen Rechtsverhältnissen* (Auftrag, Geschäftsbesorgung) bestehen kann (vgl. auch Rz. 14). | [7] ErfK/*Preis*, § 612 BGB Rz. 2. | [8] Erman/*Edenfeld*, § 612 BGB Rz. 1; *Hanau*, AcP 165 (1965), 265. | [9] Staudinger/*Richardi*, § 612 BGB Rz. 7; Soergel/*Raab*, § 612 BGB Rz. 5; *Lieb*, Ehegattenmitarbeit, S. 85; *Reuter/Martinek*, Ungerechtfertigte Bereicherung, S. 138; so wohl letztlich auch RGRK/*Hilger*, § 612 BGB Rz. 11.

aber die universelle Heilung sämtlicher rechtsgeschäftlicher Mängel. Für eine „Vertragsfiktion" besteht kein Bedürfnis, denn bei Nichtigkeit oder Unwirksamkeit gelangen die Grundsätze über das fehlerhafte Dienst- bzw. Arbeitsverhältnis zur Anwendung; im Übrigen kommt eine Rückabwicklung über die §§ 812 ff. in Betracht. Der Diensterbringende ist daher nicht ohne Schutz. Relevant wird dieser Streit etwa dann, wenn von den Parteien der Abschluss eines **Arbeitsverhältnisses** beabsichtigt worden ist, das jedoch **nicht rechtswirksam entstanden** ist, **oder** wenn das durchgeführte Arbeitsverhältnis **angefochten** worden ist. In diesen Fällen kann das Arbeitsverhältnis nach den Grundsätzen über das faktische Arbeitsverhältnis als wirksam behandelt werden[1]. Hinsichtlich des „Ob" einer Vergütung kann dann § 612 Abs. 1 zur Anwendung gelangen.

10 **bb) Unwirksame Vergütungsvereinbarung.** § 612 Abs. 1 findet auch dann Anwendung, wenn das Dienstverhältnis wegen **Lohnwuchers nach § 138 Abs. 2** nichtig ist[2]. Allerdings kann auch bei Nichtanwendung des § 612 Abs. 1 im Fall des Lohnwuchers ein unbilliges Ergebnis vermieden werden, wenn man Bereicherungsrecht anwendet und den Dienstberechtigten zum Wertersatz für die erhaltenen Dienste verpflichtet. Etwas anderes mag gelten, wenn es sich bei dem nichtigen Dienstverhältnis um ein Arbeitsverhältnis handelt, auf das die Grundsätze über das faktische Arbeitsverhältnis hinsichtlich der Höhe der Vergütung zu einem vom Wertersatz abweichenden Ergebnis kommen könnten, s. Rz. 14. Weiterhin erforderlich ist jedoch eine rechtsgeschäftliche Vereinbarung über Grund und Umfang der geleisteten Arbeit[3].

11 **cc) Fehlgeschlagene Vergütungserwartungen.** Diese sind nicht nur dadurch gekennzeichnet, dass es hinsichtlich der Entgeltlichkeit der Dienste an einer Abrede mangelt, sondern dass bereits eine **Verpflichtung zur Erbringung von Diensten fehlt**; wobei der Dienstleistende in der Erwartung, dass später eine Vergütung oder eine höhere Vergütung entrichtet werde, seine Dienste ohne oder nur gegen eine geringe Vergütung erbringt, weil seine Erwartung fehlgeschlagen ist. Modellfall ist die später gescheiterte Erwartung, von einem anderen als Erbe eingesetzt zu werden, nachdem diesem Dienste erbracht wurden. Die **Rspr.** wendet, obwohl ein Vertrag über die Erbringung von Diensten nicht bestand, unter folgenden Voraussetzungen § 612 an[4]: Ein Anspruch auf Vergütung besteht, (1) wenn überhaupt arbeits- oder dienstvertragliche Beziehungen bestanden haben, (2) wenn „eine Erwartung besteht, dass durch eine in der Zukunft erfolgende Übergabe eines Vermögens oder Vermögensbestandteils in der Vergangenheit geleistete Dienste abgegolten werden sollen, (3) wenn weiter für diese Dienste keine oder doch nur eine deutlich unterwertige Bezahlung erfolgt ist und (4) wenn schließlich ein unmittelbarer Zusammenhang zwischen dieser unterwertigen oder fehlenden Zahlung und der oben erwähnten Erwartung besteht"[5].

12 Das Fehlen des Vertrags kann zwei Ursachen haben: Es kann einmal darauf beruhen, dass das Gesetz seine Nichtigkeit anordnet, so etwa dann, wenn entgegen § 2302 eine Erbeinsetzung zugesagt wird[6]. Es kann aber auch darauf beruhen, dass es sich, wie etwa bei der Mitarbeit in Hinblick auf eine spätere Eheschließung, bei der enttäuschten Gegenleistung nicht um eine Vergütung handelt, so etwa dann, wenn die Verlobte im Betrieb des Vaters ihres Verlobten unentgeltliche Dienste in der Hoffnung leistet, den Betrieb mit ihrem Gatten später übernehmen zu können[7]; dies ist ferner angenommen worden, wenn eine Hofübergabe in Aussicht gestellt worden ist[8] und wenn eine Frau über ein eheähnliches Verhältnis hinaus die Haushaltsführung übernimmt und nach dem Tode des Mannes Zuwendung erhalten soll[9]. Für die Frage, wann eine unterwertige Vergütung iSd. genannten Kriterien vorliegt, stellt das BAG auf alle Umstände des Einzelfalls ab[10], worunter insb. die Leistungsfähigkeit des Dienstempfängers gerechnet wird[11].

13 **Gegen diesen Standpunkt** hat sich ein Teil des Schrifttums gewandt[12]. Abgestellt wird darauf, dass § 612 Abs. 1 nicht über das Erfordernis einer rechtsgeschäftlichen Zusage der Erbringung von Diensten hinweghelfen könne[13]. In Fällen der Erwartung einer rechtsunwirksam zugesagten oder von vornherein unverbindlich in Aussicht gestellten Gegenleistung stehe die Entgeltlichkeit fest; es gehe ausschließlich darum, dass die Gegenleistung ausfalle und ein Ausgleich verlangt werde. Für ein solches Ausgleichspro-

---

1 Staudinger/*Richardi*, § 612 BGB Rz. 14, Soergel/*Raab*, § 612 BGB Rz. 17. |2 ErfK/*Preis*, § 612 BGB Rz. 2; BAG v. 10.3.1960 – 5 AZR 426/58, AP Nr. 2 zu § 138 BGB; LAG Bremen v. 3.12.1992 – 3 Sa 304/90, AiB 1993, 834; ArbR-BGB/*Schliemann*, § 612 BGB Rz. 23. |3 LAG Hamm v. 10.6.1999 – 8 Sa 94/99, LAGE § 612 BGB Nr. 6; LAG Köln v. 26.3.1997 – 7 Sa 999/96, MDR 1997, 1133 beide zur Vergütung von Mehrarbeit. Eine solche Vereinbarung könne angenommen werden, wenn die Überstunden angeordnet oder zur Erledigung der übertragenen Arbeit notwendig waren oder vom ArbGeb gebilligt oder geduldet worden waren. |4 BAG v. 5.8.1963 – 5 AZR 79/63, BAGE 14, 291; v. 15.3.1960 – 5 AZR 409/58, AP Nr. 13 zu § 612 BGB; v. 24.9.1960 – 5 AZR 3/60, AP Nr. 15 zu § 612 BGB; v. 18.4.1964 – 5 AZR 261/63, AP Nr. 22 zu § 612 BGB; v. 24.6.1965 – 5 AZR 443/64, AP Nr. 23 zu § 612 BGB; v. 14.9.1966 – 5 AZR 2/66, AP Nr. 24 zu § 612 BGB; v. 30.9.1971 – 5 AZR 177/71, AP Nr. 27 zu § 612 BGB; BGH v. 23.2.1965 – VI ZR 281/63, AP Nr. 3 zu § 196 BGB. |5 BAG v. 14.7.1966 – 5 AZR 2/66, AP Nr. 24 zu § 612 BGB. Zust. MünchKomm/*Schaub*, § 612 BGB Rz. 10; ErfK/*Preis*, § 612 BGB Rz. 23; im Grds. wohl auch Soergel/*Raab*, § 612 BGB Rz. 25, vgl. aber andererseits § 612 BGB Rz. 27 f. |6 BAG v. 5.8.1963 – 5 AZR 79/63, BAGE 14, 291; v. 30.9.1971 – 5 AZR 177/71, AP Nr. 27 zu § 612 BGB. |7 BAG v. 15.3.1960 – 5 AZR 409/58, AP Nr. 13 zu § 612 BGB. |8 BAG v. 18.1.1964 – 5 AZR 261/63, AP Nr. 22 zu § 612 BGB. |9 BAG v. 24.9.1960 – 5 AZR 3/60, AP Nr. 15 zu § 612 BGB. |10 BAG v. 14.9.1960 – 5 AZR 2/66, AP Nr. 24 zu § 612 BGB; BGH v. 10.5.1984 – IZR 85/82, AP Nr. 35 zu § 612 BGB. |11 MünchKomm/*Schaub*, § 612 BGB Rz. 9. |12 Staudinger/*Richardi*, § 612 BGB Rz. 11; Canaris, BB 1967, 165; mit Einschränkung auch ArbR-BGB/*Schliemann*, § 612 BGB Rz. 5. |13 Staudinger/*Richardi*, § 612 BGB Rz. 11; ArbR-BGB/*Schliemann*, § 612 BGB Rz. 5.

blem sei nicht § 612 Abs. 1, sondern das Bereicherungsrecht maßgebend[1]. Teilweise wird ein Fehlschlagen der Vergütungserwartung als Äquivalenzstörung eingestuft, das bei wirksamer Dienstverpflichtung nach Leistungsstörungsrecht, bei unwirksamem Dienstverhältnis nach Bereicherungsrecht abgewickelt werden soll[2].

Dieser **Kritik ist** der Sache nach **zuzustimmen**. Die Fälle der fehlgeschlagenen Vergütungserwartung betreffen zumeist die im Vergleich zu § 612 Abs. 1 umgekehrte Konstellation, weil sie sich dadurch auszeichnen, dass sich die Beteiligten zwar über das „Ob" der Vergütung – zumindest stillschweigend – einig sind, dass hingegen kein Dienstvertrag iS einer rechtlichen Verpflichtung zur Erbringung der Dienste besteht. Auf diese Konstellation sollte § 612 Abs. 1 jedoch nicht angewendet werden. Nach ihrer *ratio* verhindert die Norm die Unwirksamkeit des Dienstverhältnisses lediglich, soweit sie auf einem Dissens über die Entgeltlichkeit der Dienste beruht (s. Rz. 8), nicht jedoch in Fällen, in denen die Wirksamkeit des Dienstvertrags an anderen Umständen scheitert. Solche Fälle sind nach Bereicherungsrecht rückabzuwickeln. Anderes muss allerdings gelten, falls die Dienste im Rahmen eines rechtsunwirksamen Arbeitsvertrags erbracht worden sind; dann werden die Grundsätze über das faktische Arbeitsverhältnis zur Anwendung kommen, soweit die Unwirksamkeit nicht auf einem Sittenverstoß beruht[3]. § 612 Abs. 1 kann sodann hinsichtlich der Frage der Entgeltlichkeit eingreifen. 14

dd) Weiterbeschäftigung während eines Bestandsschutzprozesses. Bei der Weiterbeschäftigung des ArbN während eines Rechtsstreits über die Beendigung des Arbeitsverhältnisses kann § 612 Abs. 1 zur Anwendung kommen. Dies setzt allerdings wegen des Erfordernisses eines wirksamen Vertrags voraus, dass entweder der **Weiterbeschäftigungsanspruch** auf § 102 Abs. 5 BetrVG beruht und das Arbeitsverhältnis insoweit fortdauert[4], oder dass sich die Parteien über eine vorläufige Weiterbeschäftigung des ArbN während der Dauer eines Streits über den Bestand des Arbeitsverhältnisses einvernehmlich **geeinigt** haben[5]. § 612 Abs. 1 kann dagegen mangels Willensübereinstimmung nicht angewendet werden, wenn die Weiterbeschäftigung auf der Grundlage des **allgemeinen Weiterbeschäftigungsanspruchs** nach der Rspr. des BAG[6] erfolgt, der ohne bzw. gegen den Willen des ArbGeb besteht; hier besteht ein Anspruch auf Vergütung nur nach Maßgabe des Bereicherungsrechts[7]. Nach Bereicherungsrecht ist ferner dann zu verfahren, wenn der ArbN nach Wegfall des rechtlichen Bestandes des Arbeitsverhältnisses weiterbeschäftigt wird[8]. 15

ee) Ausbleiben einer nachträglichen Vergütungsvereinbarung. Das BAG wendet § 612 Abs. 1 schließlich auch dann an, wenn die Vergütung oder Teile von ihr durch eine **spätere Vereinbarung** festgelegt werden sollten und es hierzu nicht mehr kam[9]. Der Dienstleistende hat nach § 612 Abs. 1 auch dann einen Vergütungsanspruch, wenn eine versprochene letztwillige Zuwendung wegen eines Testierverbotes misslingt; in diesem Fall ist der Vergütungsanspruch bis zum Tode des Erblassers bzw. bis zur Feststellung der Unwirksamkeit seines Testaments als gestundet anzusehen[10]. Wird für eine Arbeitsleistung eine baldige Zuwendung versprochen und misslingt dies wegen eines Gesetzes- und Formverstoßes, so hat der ArbN nach § 612 Abs. 1 einen Vergütungsanspruch[11]. Allerdings bestimmt sich nach der Auffassung des BAG die Leistung nach § 316, falls ein TV vorsieht, dass eine einzelvertragliche Regelung zu treffen ist, zu der es nicht kam[12]. 16

b) Fehlen einer Vergütungsvereinbarung. Voraussetzung ist weiter, dass zwischen den Parteien eine wirksame Vergütungsvereinbarung nicht besteht. § 612 Abs. 1 ist daher nicht anwendbar, wenn eine Vergütung lediglich unangemessen ist. 17

aa) Abgrenzung zur Vereinbarung der Unentgeltlichkeit. Das Fehlen einer – insb. konkludenten – Vergütungsvereinbarung ist abzugrenzen von der Vereinbarung der Unentgeltlichkeit der Dienste, also etwa vom Vorliegen eines Gefälligkeitsverhältnisses. Die Problematik der Abgrenzung besteht vor allem darin, dass prinzipiell auch die Vereinbarung der Unentgeltlichkeit konkludent möglich ist[13]. Was gewollt ist, muss nach den allgemeinen Regeln der Auslegung von Rechtsgeschäften (§§ 133, 157) ermittelt werden. Da § 612 Abs. 1 weder den Fall der vereinbarten noch den der ausgeschlossenen Entgeltlichkeit betreffen kann, kann die Norm nur für den Fall relevant sein, in dem die Auslegung ergibt, dass sich die Parteien über die Entgeltlichkeit keine Gedanken gemacht haben oder unbemerkt unterschiedliche Vorstellungen über die Frage der Entgeltlichkeit hatten. Erst wenn die Auslegung ergibt, dass die Unentgeltlichkeit nicht vereinbart wurde, ist der Weg zur Anwendung des § 612 Abs. 1 frei. 18

---

1 Staudinger/*Richardi*, § 612 BGB Rz. 27; für einen Anspruch nach Bereicherungsrecht auch schon das RAG v. 10.5.1939 – RAG 201/38, ARS 36, 287. | 2 Soergel/*Raab*, § 612 BGB Rz. 28. | 3 ArbR-BGB/*Schliemann*, § 612 BGB Rz. 5. | 4 Vgl. Staudinger/*Richardi*, § 612 BGB Rz. 5; BAG v. 4.9.1986 – 8 AZR 636/84, AP Nr. 22 zu § 611 BGB – Beschäftigungspflicht. | 5 ArbR-BGB/*Schliemann*, § 612 BGB Rz. 6; MünchKomm/*Schaub*, § 612 BGB Rz. 5; BAG v. 4.9.1986 – 8 AZR 636/84, AP Nr. 22 zu § 611 BGB – Beschäftigungspflicht. | 6 BAG v. 27.2.1985 – GS 1/84, BAGE 48, 122 (142 ff.); vgl. dazu *Richardi/Thüsing*, § 102 BetrVG Rz. 261 ff. | 7 Staudinger/*Richardi*, § 612 BGB Rz. 16; Soergel/*Raab*, § 612 BGB Rz. 17; ArbR-BGB/*Schliemann*, § 612 BGB Rz. 6; BAG v. 10.3.1987 – 8 AZR 146/84, AP Nr. 1 zu § 611 BGB – Weiterbeschäftigung. | 8 ArbR-BGB/*Schliemann*, § 612 BGB Rz. 6; BAG v. 30.4.1997 – 7 AZR 122/96, AP Nr. 20 zu § 812 BGB. | 9 ArbR-BGB/*Schliemann*, § 612 BGB Rz. 12. | 10 BAG v. 30.9.1971 – 5 AZR 177/71, AP Nr. 27 zu § 612 BGB. | 11 BAG v. 24.9.1960 – 5 AZR 3/60, AP Nr. 15 zu § 612 BGB. | 12 BAG v. 20.9.1989 – 4 AZR 282/89, AP Nr. 121 zu § 1 TVG – Tarifverträge Bau. | 13 Soergel/*Raab*, § 612 BGB Rz. 10.

Hieraus folgt, dass die Norm ihrerseits nicht Auslegungsregel zur Abgrenzung von (unentgeltlicher) Gefälligkeit und (entgeltlicher) Dienstleistung sein kann[1]. Allerdings sind Konstellationen möglich, in denen die Gefälligkeit das Motiv einer nicht notwendig unentgeltlichen Dienstleistung ist; als Beispiel wird der ehemalige ArbN genannt, der Aushilfsarbeiten übernimmt[2]. Hier kann – wenn nicht nach Auslegung des Verhältnisses, dann nach § 612 Abs. 1 – eine Vergütungspflicht bestehen[3]. Die Anwendung des § 612 Abs. 1 scheidet hingegen von vornherein aus, wenn es sich schon nicht um ein Gefälligkeitsschuldverhältnis handelt, sondern um ein reines Gefälligkeitsverhältnis, bei dem die Parteien keinen Rechtsbindungswillen haben und sie sich in Bezug auf die Dienste überhaupt nicht der Rechtsordnung unterstellen wollen, wie etwa die „Mithilfe beim Geschirrabwaschen"[4].

19 bb) **Mehrarbeit und Erbringung höherwertiger Dienstleistungen.** Im Einzelnen umstritten ist, ob § 612 Abs. 1 in dem Fall gelten kann, in dem der Dienstleistende auf der Grundlage seiner vertraglichen Vereinbarung, aber entweder quantitativ (Mehrarbeit) oder qualitativ (höherwertige Dienstleistungen) darüber hinausgehende Dienste erbringt.

20 (1) **Erbringung höherwertiger Dienste.** Bei Erbringung qualitativ höherwertiger Dienste vertritt die Rspr. eine entsprechende Anwendung des § 612 Abs. 1. Werden, wie bei einer Stellenvakanz, über den Rahmen des Arbeitsvertrags hinaus von dem ArbN auf Veranlassung des ArbGeb oder mit seiner Billigung faktisch höherwertige Dienste verrichtet und fehlt es dafür an einer Vergütungsregelung, so bestehe zugunsten der ArbN ein Anspruch aus § 612 in entsprechender Anwendung[5]. Das BAG erkennt hierin bisweilen einen Fall des fehlerhaften Arbeitsverhältnisses[6]; andererseits soll eine Ähnlichkeit zu den Fällen der fehlgeschlagenen Vergütungserwartung bestehen[7]. Richtiger aber erscheint eine direkte Anwendung des § 612 Abs. 1[8], denn gerade in Bezug auf die „Wertigkeit" der verrichteten Arbeit lässt sich dass Arbeitsverhältnis nicht in einen Teil gewöhnlicher Arbeit und einen Teil, der eine höherwertige Leistung erfordert und ohne wirksamen Rechtsgrund erbracht worden ist, scheiden, so dass einer Parallele zum („insoweit") faktischen Arbeitsverhältnis der Weg versperrt ist. **§ 612 Abs. 1** kommt also direkt zum Tragen, weil zwar das Arbeitsverhältnis unverändert fortbesteht, sich die Umstände in Hinblick auf die Frage der Entgeltlichkeit bei höherwertiger Arbeit jedoch geändert haben, ohne dass sich die Parteien darüber im Klaren sind. Dies kann, wie betont wird[9], allerdings nur dann gelten, wenn die Art der Dienste nicht schon vom Dienst- oder Arbeitsvertrag umfasst ist und sie dem Verpflichteten, evtl. kraft Direktionsrechts, ohne zusätzliches Entgelt zugewiesen werden kann.

21 Doch kann – davon abweichend – auch bei Erbringung nicht vom Vertrag umfasster Leistungen eine höhere Vergütung abzulehnen sein. Dies wird etwa dann angenommen, wenn der ArbN auf einer höheren Position **erprobt** wird[10]; die zulässige Dauer der nicht gesondert vergüteten Erprobung ist dabei nach dem Einzelfall zu beurteilen[11], soll sich aber auf einen Zeitraum bis zu sechs Monaten erstrecken können, ohne dass eine höhere Vergütung geschuldet wird[12], weil erst danach ein abschließendes Urteil über die erforderliche Eignung möglich sei[13]. Andere erachten grundsätzlich nur einen Monat für zumutbar[14]. Bei zeitlich begrenzter, **vorübergehender Vertretung**, zB als Urlaubs-, Krankheits- oder Vakanzvertretung wird angenommen, dass der ArbN idR nach Treu und Glauben verpflichtet ist, höherwertige Tätigkeiten auch ohne Erhöhung der Vergütung zu übernehmen[15], wie auch der ArbGeb für begrenzte Zeit zur Entgeltfortzahlung bei Krankheit ohne Arbeitsleistung verpflichtet ist, wodurch die Gegenseitigkeit des Austauschverhältnisses ebenfalls aufgehoben werde[16]. Einen vorübergehenden Charakter soll die Vertretung auf einer Vakanzstelle dabei dann nicht mehr haben, wenn sie zwei Monate überschreitet[17].

22 Nach geänderter Rspr. des BAG tangiert nunmehr die **Verletzung eines betriebsverfassungsrechtlichen MitbestR** des BR (vgl. § 99 BetrVG) oder des Personalrats (vgl. § 75 Abs. 1 Nr. 2 BPersVG) im Zusammenhang mit der Übertragung höherwertiger Tätigkeiten nicht die Wirksamkeit der individualrechtlichen arbeitsvertraglichen Regelung[18]. Dies hat zur Folge, dass für § 612 Abs. 1 bei einer Verletzung des MitbestR im Fall der Höhergruppierung mangels Fehlens einer Vereinbarung kein Raum

---

1 Gleichwohl für eine solche Auslegungsregel: *Canaris*, BB 1967, 165 ff.; *Fenn*, FamRZ 1968, 291 ff.; als Auslegungsregel bezeichnet von Staudinger/*Richardi*, § 612 BGB Rz. 5; undeutlich Soergel/*Raab*, Rz. 2, 14; vgl. auch MünchKomm/*Schaub*, § 612 BGB Rz. 1 und *Lieb*, Ehegattenmitarbeit, S. 73 ff. |2 ErfK/*Preis*, § 612 BGB Rz. 14. |3 Vgl. Staudinger/*Richardi*, § 612 BGB Rz. 23; MünchKomm/*Schaub*, § 612 BGB Rz. 14. |4 MünchKomm/*Schaub*, § 612 BGB Rz. 14; Staudinger/*Richardi*, § 612 BGB Rz. 23. |5 BAG v. 4.10.1972 – 4 AZR 475/71, BAGE 24, 452 (auch 458); auch BAG v. 16.2.1978 – 3 AZR 723/76, AP Nr. 31 zu § 612 BGB. |6 BAG v. 14.6.1972 – 4 AZR 315/71, BAGE 24, 307 (314). |7 BAG v. 14.7.1966 – 5 AZR 2/66, AP Nr. 24 zu § 612 BGB; v. 14.5.1969 – 5 AZR 457/63, AP Nr. 25 zu § 612 BGB. |8 Staudinger/*Richardi*, § 612 BGB Rz. 30 f.; Soergel/*Raab*, § 612 BGB Rz. 30; vgl. auch Erman/*Edenfeld*, § 612 BGB Rz. 2. |9 Soergel/*Raab*, § 612 BGB Rz. 31. |10 Soergel/*Raab*, § 612 BGB Rz. 31. |11 BAG v. 16.2.1978 – 3 AZR 723/76, AP Nr. 31 zu § 612 BGB. |12 ArbR-BGB/*Schliemann*, § 612 BGB Rz. 17. |13 Erman/*Edenfeld*, § 612 BGB Rz. 2. |14 *Roth/Olbrisch*, DB 1999, 2110 (2111) mit Differenzierung nach verschiedenen Fallgruppen. |15 ErfK/*Preis*, § 612 BGB Rz. 16; ArbR-BGB/*Schliemann*, § 612 BGB Rz. 17; Erman/*Edenfeld*, § 612 BGB Rz. 2. |16 Erman/*Edenfeld*, § 612 BGB Rz. 2. |17 BAG v. 4.10.1972 – 4 AZR 475/71, AP Nr. 2 zu § 24 BAT, ArbR-BGB/*Schliemann*, § 612 BGB Rz. 17; ErfK/*Preis*, § 612 BGB Rz. 16; RGRK/*Hilger*, § 612 BGB Rz. 19. |18 BAG v. 16.1.1991 – 4 AZR 301/90, BAGE 67, 59; dazu *Richardi/Thüsing*, § 99 BetrVG Rz. 299 mwN; Erman/*Edenfeld*, § 612 BGB Rz. 4.

Vergütung Rz. 25 § 612 BGB

mehr ist[1]. Zuvor hatte das BAG § 612 Abs. 1 in dem Fall „entsprechend" angewandt, in dem der ArbGeb unter Verletzung des MitbestR des Betriebs- bzw. Personalrats einem ArbN nicht nur vorübergehend eine tarifvertraglich höher bewertete Tätigkeit übertragen hatte[2].

(2) **Mehrarbeit.** Zu den Fällen der (quantitativen) Mehrarbeit zählt zunächst die **Leistung von Überstunden**. Auch in diesem Fall soll § 612 Abs. 1 hinsichtlich der Überstunden zur Anwendung kommen[3]. Gleichwohl wird ein allgemeiner Rechtssatz, wonach jede zeitliche Mehrarbeit oder jede dienstliche oder dienstlich veranlasste Anwesenheit, die über die vereinbarte oder betriebsübliche Arbeitszeit hinausgeht, zu vergüten sei, nicht angenommen[4]. Möglich wäre demgegenüber auch, dass man durch Auslegung zu dem Ergebnis gelangt, dass die vom ArbN typischerweise erbrachte Leistung immer dann, wenn er sie erbringt, vergütungspflichtig sein soll, so dass wegen der so verstandenen, sich auf jede erbrachte Arbeit erstreckenden Vereinbarung kein Bedürfnis besteht, auf § 612 Abs. 1 zurückzugreifen, der das Fehlen einer Vereinbarung über die Vergütungspflicht erfordert. Auf § 612 Abs. 1 kann der ArbN sich bei Mehrarbeit nicht berufen, wenn er gehalten war, die Mehrarbeit durch **Freizeitausgleich** abzugelten[5]. 23

Einzelfälle: Wird ein Redaktionsvolontär nicht ausgebildet, sondern tatsächlich als Redakteur eingesetzt, hat er in entsprechender Anwendung des § 612 Anspruch auf eine Vergütung, die der eines Redakteurs entspricht[6]. Durfte ein erbrachter **Bereitschaftsdienst** nicht angeordnet werden, weil der erfahrungsgemäß zu erwartende Arbeitsleistungsanteil über dem nach dem TV vorgesehenen Maß liegt, so wird – in Übereinstimmung mit der Position bei mitbestimmungswidriger Übertragung höherwertiger Arbeit (s. Rz. 22) – ein Vergütungsanspruch auf Grund des § 612 Abs. 1 dadurch ausgeschlossen[7]. Gleiches wird anzunehmen sein, wenn der Dienst unter Verstoß gegen **Höchstgrenzen nach dem Arbeitszeitrecht** erbracht worden ist; dessen Zweck besteht darin, ein Forderungsrecht des ArbGeb auszuschließen; erbringt der ArbN gleichwohl freiwillig den Dienst, so bezweckt das Arbeitszeitrecht nicht, ihm einen Vergütungsanspruch zu nehmen. Eine Sondersituation besteht auch hinsichtlich **leitender Angestellter**: Bei ihnen wie bei **Chefärzten** wird eine Vergütung häufig unabhängig von der üblichen Arbeitszeit vereinbart, so dass Mehrarbeit, die sich etwa aus der einem leitenden Arzt verantwortlich übertragenen Aufgabe ergibt, grundsätzlich mit der vereinbarten Vergütung abgegolten ist[8]. ZB kann der leitende Arzt vom Krankenhausträger neben der vereinbarten Vergütung nach § 612 Abs. 1 nicht ohne weiteres eine zusätzliche Vergütung beanspruchen, wenn er in erheblichem Umfang deshalb Rufbereitschaft leisten muss, weil ein Oberarzt fehlt[9]. Damit müssen auch bei Mehrarbeit besondere Umstände für eine erhöhte Vergütung bestehen, etwa wenn die vertraglichen Bezüge lediglich eine bestimmte zeitliche Normalleistung abgelten sollen oder wenn ihm zusätzliche Arbeiten außerhalb seines eigentlichen Aufgabenkreises übertragen werden[10]. Ein allgemeiner Rechtssatz, dass dienstlich veranlasste **Reisezeiten**, die der ArbN außerhalb der regelmäßigen Arbeitszeit aufwendet, gesondert zu vergüten seien, existiert ebenso nicht[11]. Gleichwohl kann nach den Umständen des Einzelfalls eine Entgeltlichkeit nach § 612 Abs. 1 zu bejahen sein, wobei auch auf die Branchenüblichkeit Rücksicht zu nehmen ist[12]. Reisezeiten sollen voll vergütungspflichtig sein, soweit in sie Arbeit fällt, einschließlich der Steuerung eines Pkw[13]. Eine Entgeltlichkeit besteht dagegen nicht für den Weg zum Erreichen des gewöhnlichen Arbeitsplatzes[14]. Umstritten ist, ob Zeiten für **Waschen und Umkleiden** zu den vergütungspflichtigen Tätigkeiten des ArbN gehören. Hierzu s. § 611 Rz. 329. 24

Schafft der ArbN im Rahmen seines Arbeitsverhältnisses **nach Urheberrecht schutzfähige Werke**, so ist zunächst der Ausgleich für die Übertragung von Nutzungsrechten von der Vergütung der für das Werk aufgewendeten Arbeitszeit zu trennen; sodann hängt die Frage der Vergütungspflicht nach § 612 Abs. 1 davon ab, ob die dazu erforderliche Arbeit während oder außerhalb der vertraglichen Arbeitszeit aufgewandt worden ist; nur im letztgenannten Fall kommt § 612 Abs. 1 in Betracht[15]. Entgelte für Nutzungsrechte an solchen Werken kommen grundsätzlich nicht als „Vergütung" iSd. § 612 Abs. 1 in 25

---

1 Vgl. Staudinger/*Richardi*, § 612 BGB Rz. 32; ErfK/*Preis*, § 612 BGB Rz. 6. | 2 BAG v. 14.6.1972 – 4 AZR 315/71, BAGE 24, 307 (314 f.); v. 10.3.1982 – 4 AZR 541/76, BAGE 38, 130 (139); vgl. RGRK/*Hilger*, § 612 BGB Rz. 17. | 3 BAG v. 17.3.1982 – 5 AZR 1047/79, AP Nr. 33 zu § 612 BGB; v. 17.11.1966 – 5 AZR 225/66, AP Nr. 1 zu § 611 BGB – Leitende Angestellte; Soergel/*Raab*, § 612 BGB Rz. 32; ErfK/*Preis*, § 612 BGB Rz. 16. | 4 ErfK/*Preis*, § 612 BGB Rz. 18; ArbR-BGB/*Schliemann*, § 612 BGB Rz. 14. | 5 ErfK/*Preis*, § 612 BGB Rz. 18; BAG v. 4.5.1994 – 4 AZR 445/93, AP Nr. 1 zu § 1 TVG – Tarifverträge: Arbeiterwohlfahrt; LAG Köln v. 7.9.1989 – 10 Sa 488/89, NZA 1990, 349 f.; LAG Köln v. 20.5.1992 – 7 Sa 847/91, NZA 1993, 24. | 6 LAG Erfurt v. 6.6.1996 – 4 Sa 1083/94, NZA 1997, 943. | 7 Erman/*Edenfeld*, § 612 BGB Rz. 4. | 8 BAG v. 17.3.1982 – 5 AZR 1074/79, AP Nr. 33 zu § 612 BGB; ErfK/*Preis*, § 612 BGB Rz. 18; v. 17.11.1966 – 5 AZR 225/66, AP Nr. 1 zu § 611 BGB – Leitende Angestellte. | 9 BAG v. 17.3.1982 – 5 AZR 1074/79, AP Nr. 33 zu § 612 BGB; besondere Vergütung für vertraglich nicht vereinbarten Bereitschaftsdienst, für Mehrarbeit und für Rufbereitschaft im Einzelfall verneint von LAG München v. 28.2.2001 – 7 Sa 451/00, nv. (juris). | 10 BAG v. 17.11.1966 – 5 AZR 225/66, BAGE 19, 126; v. 17.3.1982 – 5 AZR 1074/79, AP Nr. 33 zu § 612 BGB; zust. Soergel/*Raab*, § 612 BGB Rz. 32. | 11 BAG v. 3.9.1997 – 5 AZR 428/96, AP Nr. 1 zu § 611 BGB – Dienstreise; ArbR-BGB/*Schliemann*, § 612 BGB Rz. 15; anders die Vorinstanz: LAG Hamm v. 12.1.1996 – 5 Sa 1665/94, LAGE § 612 BGB Nr. 5, wonach ohne anders lautende Absprachen auch außerhalb der regulären Arbeitszeit liegende Reisezeiten von auswärts eingesetzten Mitarbeitern grundsätzlich vergütungspflichtig seien. | 12 BAG v. 3.9.1997 – 5 AZR 428/96, AP Nr. 1 zu § 611 – Dienstreise. | 13 Erman/*Edenfeld*, § 612 BGB Rz. 6 mwN. | 14 Erman/*Edenfeld*, § 612 BGB Rz. 6. | 15 ArbR-BGB/*Schliemann*, § 612 BGB Rz. 20.

BGB § 612 Rz. 26   Vergütung

Betracht, weil sie keine Gegenleistung für die Dienste, sondern für die Übertragung des Nutzungsrechts darstellen[1]. Entwickelt der ArbN etwa ein Computerprogramm, so kann er dafür eine besondere Vergütung nur verlangen, wenn dies vereinbart ist; ist der ArbN arbeitsvertraglich nicht zur Schaffung urheberrechtlich geschützter Werke verpflichtet, so kann eine Vergütungsvereinbarung gleichwohl den Umständen zu entnehmen sein[2].

26 **c) Vergütungserwartung nach den Umständen.** Nach § 612 Abs. 1 gilt die Vergütung als vereinbart, wenn die Dienstleistung „den Umständen nach" nur gegen eine Vergütung „zu erwarten ist". Es darf damit weder ausdrücklich noch konkludent die Unentgeltlichkeit vereinbart sein[3].

27 **aa) Auslegung.** Nach den allgemeinen Grundsätzen der Auslegung von Rechtsgeschäften sind die „Umstände", unter denen ein Rechtsgeschäft zustande kommt, bereits zu dessen Auslegung heranzuziehen[4]. Die Bestimmung des § 612 Abs. 1 kann dagegen erst eingreifen, wenn eine Auslegung ergeben hat, dass die Parteien sich keine Gedanken über die Entgeltlichkeit gemacht haben oder unerkannt unterschiedliche Vorstellungen haben, s. Rz. 7. Dann aber können dieselben „Umstände" nicht ein zweites Mal, nunmehr bei § 612 Abs. 1, zum Tragen kommen; sprechen nämlich die Umstände bereits für die Entgeltlichkeit, so dürfte dies bereits im Wege der Auslegung zu einer stillschweigenden Abrede der Entgeltlichkeit führen. Teilweise wird vor diesem Hintergrund die eigenständige Bedeutung des § 612 Abs. 1 darin erkannt, dass die Norm eingreift, wenn offen ist, ob man das Verhalten der Parteien als einen rechtsgeschäftlichen Erklärungsakt deuten kann, während demgegenüber die Auslegung gerade die Rechtsgeschäftsqualität der Erklärung voraussetzt[5]. In der Tat besteht im Fall des § 612 Abs. 1 *hinsichtlich der Vergütungsfrage* wesensgemäß keine – also erst recht keine rechtsgeschäftliche – Erklärung, die einer Auslegung nach §§ 133, 157 zugänglich wäre. Der Bestimmung des § 612 Abs. 1 kommt lediglich eine Fiktionswirkung zu, die sich darauf beschränkt, dass auf Grund der „Umstände" die Annahme einer rechtsgeschäftlichen Abrede der Entgeltlichkeit gerechtfertigt sein kann. Richtigerweise hat daher § 612 Abs. 1 als Auslegungsregel keinerlei eigenständigen Anwendungsbereich[6].

28 **bb) Kriterien.** Die **Vergütungserwartung** nach § 612 Abs. 1 ist anhand eines **objektiven Maßstabs** unter Berücksichtigung der Verkehrssitte, der Art, des Umfangs und der Dauer der Dienstleistung und der Stellung der Beteiligten zueinander festzustellen, ohne dass es auf deren persönliche Meinung ankäme[7]. Auch die Berufs- und Erwerbsverhältnisse werden als Kriterien genannt[8]. Unerheblich ist dagegen, ob der Dienstberechtigte oder der Diensterbringende die Vorstellung hatte, dass die Dienstleistung nach den Umständen nur gegen Vergütung zu erwarten war[9] (zum Fehlschlagen einer Vergütungserwartung s. Rz. 11; zur Anfechtbarkeit wegen Irrtums über die Entgeltlichkeit Rz. 7). Es kommt nicht allein auf diejenigen Umstände an, die in unmittelbarem zeitlichen Zusammenhang mit der Erbringung der Arbeitsleistung erkennbar werden; es kann vielmehr auch als Indiz für eine mangelnde Vergütungserwartung und damit für die Unentgeltlichkeit der geleisteten Dienste angesehen werden, wenn die Vergütung erst später, insb. nach einem Zerwürfnis, verlangt wird; gem. dem Grundgedanken, dass derjenige, der trotz nahe liegender Umstände für zusätzlich erbrachte Dienste erheblichen Umfangs über längere Dauer keine Gegenleistung fordert, einen entsprechenden Willen auch nicht zum Ausdruck bringen will, braucht selbst ein überobligationsmäßiger Arbeitseinsatz nicht als auf entgeltliche Mehrarbeit gerichtetes Vertragsangebot betrachtet zu werden[10].

29 **Einzelfälle:** Beispielsweise sprachen im Fall eines **leitenden Angestellten** gegen eine besondere **Überstundenvergütung** die Umstände, dass der Diensterbringende weitere Vergünstigungen durch Stellung eines Pkw, Beschaffung eines Baukostenzuschusses sowie die Zahlung von Weihnachtsgeld und Urlaubszuschuss erhielt[11]. Gegen die Entgeltlichkeit von Zeiten für **Umkleiden und Waschen** kann etwa das Fehlen einer tariflichen Regelung sprechen, so wenn ein TV diesbezüglich keine, wohl aber sonst zu Umfang und Lage der Arbeitszeit Bestimmungen enthält[12]. Zur Beurteilung, ob eine Verkehrssitte besteht, zieht das BAG auch tarifvertragliche **Regelungen vergleichbarer Branchen** heran[13]. Gehören erbrachte Dienste zu einem Gewerbe oder den Tätigkeiten im Rahmen eines freien Berufs oder allgemein des vom Dienstleistenden ausgeübten Hauptberufs, so soll nach Auffassung mancher eine Vergütungserwartung iSd. § 612 Abs. 1 bestehen[14]; doch genau genommen handelt es sich dann nicht um einen Fall des § 612 Abs. 1, denn – sofern der Dienstberechtigte den **Zusammenhang mit Gewerbe oder freiberuflicher Tätigkeit** erkennen konnte – wird man bereits im Wege der Auslegung zu einer

---

1 ArbR-BGB/*Schliemann*, § 612 BGB Rz. 20. | 2 BAG v. 13.9.1983 – 3 AZR 371/81, BAGE 44, 113 f.; RGRK/*Hilger*, § 612 BGB Rz. 23; ArbR-BGB/*Schliemann*, § 612 BGB Rz. 20. | 3 Soergel/*Raab*, § 612 BGB Rz. 18; s. auch Rz. 35. | 4 Vgl. Palandt/*Heinrichs*, § 133 BGB Rz. 15 ff. | 5 Staudinger/*Richardi*, § 612 BGB Rz. 17; zust. Soergel/*Raab*, § 612 BGB Rz. 14. | 6 Soergel/*Raab*, § 612 BGB Rz. 14 aE. | 7 BAG v. 15.3.1060 – 5 AZR 409/58, AP Nr. 13 zu § 612 BGB; v. 17.11.1966 – 5 AZR 225/66, BAGE 19, 126; v. 11.10.2000 – 5 AZR 122/99, AP Nr. 20 zu § 611 BGB – Arbeitszeit; ArbR-BGB/*Schliemann*, § 612 BGB Rz. 28; Palandt/*Putzo*, § 612 BGB Rz. 4. | 8 Erman/*Edenfeld*, § 612 BGB Rz. 6. | 9 Staudinger/*Richardi*, § 612 BGB Rz. 21; ArbR-BGB/*Schliemann*, § 612 BGB Rz. 28; Soergel/*Raab*, § 612 BGB Rz. 21. | 10 LAG Hamm v. 10.6.1999 – 8 Sa 94/99, LAGE § 612 BGB Nr. 6; vgl. auch Palandt/*Putzo*, § 612 BGB Rz. 4. | 11 BAG v. 17.11.1966 – 5 AZR 225/66, BAGE 19, 126 (129). | 12 BAG v. 11.10.2000 – 5 AZR 122/99, AP Nr. 20 zu § 611 BGB – Arbeitszeit; s. auch § 611 BGB Rz. 329. | 13 BAG v. 11.10.2000 – 5 AZR 122/99, AP Nr. 20 zu § 611 BGB – Arbeitszeit. | 14 Staudinger/*Richardi*, § 612 BGB Rz. 22; MünchKomm/*Schaub*, § 612 BGB Rz. 14.

(konkludenten) Entgeltlichkeitsabrede gelangen. Bei der Erarbeitung von **urheberrechtlich schutzfähigen Werken** können die Umstände für eine Vergütungspflicht sprechen, jedoch nur dann, wenn der ArbN nicht bereits arbeitsvertraglich zur Schaffung solcher Werke verpflichtet ist (vgl. Rz. 25 mwN). Weil das Entgelt für die Übertragung der Nutzungsrechte von dem Entgelt für die geleisteten Dienste zu unterscheiden ist, ist die Zahlung eines Nutzungsentgelts nicht bereits ein Umstand, der gegen eine Vergütungspflicht spricht (vgl. auch Rz. 25). Die Frage, ob aus dem Charakter einer Leistung als **Haupt- oder Nebenpflicht** ein Argument für oder gegen die Entgeltlichkeit hergeleitet werden könne, wurde vom BAG letztlich offen gelassen. Gegen die Beachtlichkeit derartiger rechtlicher Bewertungen spricht wohl der Wortlaut des § 612 Abs. 1, der sich mit den „Umständen" eher auf solche tatsächlicher, nicht rechtlicher Art beziehen dürfte.

3. Rechtsfolge. Als Rechtsfolge sieht die Norm vor, dass eine Vergütung als „stillschweigend" vereinbart gilt. Die Fiktion bezieht sich darauf, dass die Entgeltlichkeit nicht von Gesetzes wegen eintritt, sondern dass sie (fiktiv) Bestandteil der bestehenden vertraglichen Vereinbarung ist (vgl. dazu Rz. 34). Hinsichtlich der Höhe der Vergütung enthält Abs. 2 eine nähere Konkretisierung. Die Rechtsfolge des § 612 Abs. 1 ist als **widerlegbare Vermutung** der Entgeltlichkeit anzusehen, weil im Gegensatz zu Vorschriften mit ansonsten ähnlichem Regelungsgehalt nicht von einer Vergütungspflicht die Rede ist[1] (vgl. zB § 10 Abs. 1 BBiG: „... hat ... eine angemessene Vergütung zu gewähren").

4. Beweislast. Die Darlegungs- und Beweislast für die Höhe der Vergütung trägt nach den allgemeinen Grundsätzen der Normbegünstigung der Dienstverpflichtete[2]. Dies schließt auch die Üblichkeit der geforderten Vergütung ein[3].

III. Üblichkeit der Vergütung. 1. Anwendungsbereich und Rechtscharakter des Abs. 2. Bei § 612 Abs. 2 handelt es sich zum einen um eine Konkretisierung der Rechtsfolge des Abs. 1. Über die Fälle des § 612 Abs. 1 hinaus findet Abs. 2 auch dann Anwendung, wenn sich die Parteien ausdrücklich oder stillschweigend über die Entgeltlichkeit der Dienste einig waren und allein in Bezug auf die Höhe der Vergütung eine **Vereinbarung fehlt**[4]. Darüber hinaus soll § 612 Abs. 2 – ähnlich wie nach Ansicht mancher im Fall des § 612 Abs. 1 – auch dann zur Anwendung kommen, wenn die Vereinbarung über die Höhe der Vergütung **nichtig**[5] oder **rechtsunwirksam**[6] ist, wobei sich die Unwirksamkeit aus denselben Umständen, Bestimmungen und Gründen ergeben könne wie bei der Vereinbarung über die Vergütung dem Grunde nach[7]. So greife die Regelung dann ein, wenn das Arbeitsverhältnis wegen einer unangemessen niedrigen Vergütung gem. § 138 sittenwidrig und damit nichtig sei[8]. Die Rspr. bringt § 612 Abs. 2 auch dann zum Einsatz, wenn der Ausschluss einer Vergütung für Überstunden unwirksam ist[9], ferner dann, wenn Teilzeitbeschäftigte unter Verstoß gegen das Verbot der Diskriminierung wegen Teilzeitbeschäftigung (vgl. jetzt § 4 Abs. 1 Satz 2 TzBfG) verhältnismäßig geringer entlohnt werden als vergleichbare Vollzeitbeschäftigte und die Vergütungsvereinbarung deshalb unwirksam ist[10]; in einem solchen Fall ist die Höhe der dem Teilzeitbeschäftigten nach § 612 Abs. 2 zustehenden üblichen Vergütung anhand der Vergütung zu ermitteln, die der ArbGeb vergleichbaren Vollzeitbeschäftigten zahlt[11]. In diesen Fällen wird demgegenüber teilweise der arbeitsrechtliche Gleichbehandlungsgrundsatz für einschlägig gehalten[12].

§ 612 Abs. 2 betrifft das **Dienst- und das Arbeitsverhältnis** gleichermaßen. Mit „Vergütung" sind **alle Arten der Vergütung** gemeint, dh. im Fall des Arbeitsverhältnisses sowohl das Arbeitsentgelt im eigentlichen Sinne, als auch Bestandteile des Arbeitsentgelts im weiteren Sinne wie zB Gratifikationen, Provisionen, Tantiemen, Gewinnanteile, Leistungen aus der betrAV[13], soweit die Höhe solcher Leistungen nicht vereinbart ist[14].

Bei der Norm handelt es sich um eine **Auslegungsregel**[15]. Zu weit geht es daher, der Bestimmung eine die Nichtigkeit wegen Dissenses ausschließende Funktion beizumessen[16], denn zu einem Dissens, der die Nichtigkeit des Dienstverhältnisses zu Folge hat, kann es allenfalls kommen, wenn er sich auf das

---

1 RGRK/*Hilger*, § 612 BGB Rz. 7. | 2 Vgl. ArbR-BGB/*Schliemann*, § 612 BGB Rz. 39. | 3 Staudinger/*Richardi*, § 612 BGB Rz. 48; ErfK/*Preis*, § 612 BGB Rz. 44. | 4 Vgl. ArbR-BGB/*Schliemann*, § 612 BGB Rz. 31; Staudinger/*Richardi*, § 612 BGB Rz. 35. | 5 Für den Fall einer auf § 134 beruhenden Nichtigkeit BAG v. 29.1.1992 – 5 AZR 518/90, NZA 1992, 1037 (1041); v. 16.6.1993 – 4 AZR 317/92, DB 1993, 2288. | 6 BAG v. 26.9.1990 – 5 AZR 112/90, BAGE 66, 76. | 7 ArbR-BGB/*Schliemann*, § 612 BGB Rz. 31. | 8 Soergel/*Raab*, § 612 BGB Rz. 35; Erman/*Edenfeld*, § 612 BGB Rz. 21. | 9 BAG v. 24.11.1993 – 5 AZR 153/93, AP Nr. 11 zu § 611 BGB – Mehrarbeitsvergütung. | 10 St. Rspr., vgl. BAG v. 25.1.1989 – 5 AZR 161/88, BAGE 61, 43 (50); v. 25.9.1991 – 4 AZR 631/90, AP Nr. 13 zu § 2 BeschFG 1985; v. 25.9.1991 – 4 AZR 33/91, AP Nr. 14 zu § 2 BeschFG 1985; v. 29.1.1992 – 5 AZR 518/90, AP Nr. 18 zu § 2 BeschFG; v. 16.6.1993 – 4 AZR 317/92, AP Nr. 26 zu § 2 BeschFG 1985; jüngst BAG v. 25.4.2001 – AZR 368/99, NZA 2002, 1211: gleicher Stundenlohn für teilzeitbeschäftigte Studentin wie für Vollzeitkräfte. Hiergegen *Thüsing* in Annuß/Thüsing, § 4 TzBfG Rz. 77. | 11 BAG v. 26.5.1993 – 4 AZR 461/92, AP Nr. 2 zu § 612 BGB – Diskriminierung. | 12 Soergel/*Raab*, § 612 BGB Rz. 35; RGRK/*Hilger*, § 612 BGB Rz. 16; für die Anwendung des § 2 Abs. 1 BeschFG 1985 als Konkretisierung des allgemeinen Gleichbehandlungsgrundsatzes aber BAG v. 29.8.1989 – 3 AZR 370/88, BAGE 62, 334 (337); BAG v. 6.12.1990 – 6 AZR 159/89, BAGE 66, 314. | 13 ErfK/*Preis*, § 612 BGB Rz. 35; ArbR-BGB/*Schliemann*, § 612 BGB Rz. 32. | 14 Zu der Systematik und den Erscheinungsformen der Vergütung im Einzelnen vgl. ausf. o. § 611 BGB Rz. 85 ff.; MünchKomm/*Schaub*, § 612 BGB Rz. 17 ff. | 15 Staudinger/*Richardi*, § 612 BGB Rz. 34. | 16 So aber Soergel/*Raab*, § 612 BGB Rz. 34.

Ob der Vergütung bezieht, was Gegenstand des Abs. 1 ist, nicht dagegen, wenn ein Dissens lediglich hinsichtlich der Höhe der Vergütung besteht; nur die Entgeltlichkeit, nicht die *Höhe* der Vergütung ist wesentlich für die Wirksamkeit des Dienstvertrags.

35 **2. Fehlen einer Parteivereinbarung.** Die Anwendbarkeit des § 612 Abs. 2 setzt voraus, dass eine (auch stillschweigende) **Vereinbarung über die Höhe der Vergütung nicht existiert.** Nicht im Zusammenhang mit, sondern vorrangig zu der Anwendung des § 612 Abs. 2 ist das Vertragsverhältnis dahin auszulegen, ob es unentgeltlich sein soll (vgl. o. Rz. 27 f.). Vorrangig ist ferner die Auslegung des Rechtsgeschäfts danach, ob nach dem objektiv – auch stillschweigend – zum Ausdruck gebrachten Parteiwillen eine besondere Höhe beabsichtigt ist. Obwohl Auslegungsregel, kommt dem § 612 Abs. 2 daher nur eine subsidiäre Bedeutung zu, denn durch die Vorschrift soll kein gesetzlicher Mindestlohn festgelegt werden[1]. Trotz Bestehens einer Vergütungsvereinbarung kann § 612 Abs. 2 zur Anwendung gelangen, wenn die Auslegung ergibt, dass sich die Vergütungsvereinbarung nicht auf andere, zusätzlich erbrachte Dienste bezieht und die Vergütung nicht den vollen Gegenwert für die verlangte Leistung darstellt[2]. Dieser Fall ist allerdings zu unterscheiden von demjenigen, dass sich eine bestehende Vergütungsabrede auf die gesamten zu erbringende Dienste bezieht und lediglich unangemessen niedrig ist. Hier gilt Abs. 2 nicht, da die Norm nicht den Ausgleich gestörter Vertragsparität, die Garantie ausgewogener Vertragsinhalte oder die Gewährung eines gesetzlichen Mindestlohns bezweckt.

36 **3. Höhe der Vergütung.** Die Maßstäbe zur Bemessung der Höhe der Vergütung sind vorgegeben in der Reihenfolge der vorrangig anzuwendenden Taxe, soweit eine solche vorhanden ist. Erst wenn dies nicht der Fall ist, kommt es auf die Üblichkeit einer Vergütungshöhe an.

37 **a) Taxmäßige Vergütung.** Eine Taxe ist ein bestimmter Vergütungssatz, der durch Bundes- oder Landesrecht festgelegt ist[3]. Taxmäßig festgelegte Vergütungssätze sind heute nur noch für bestimmte Rechtsverhältnisse von Relevanz, die keine Arbeitsverhältnisse sind, so etwa für Ärzte, Architekten, Rechtsanwälte und Steuerberater[4]. Im Arbeitsrecht hat die taxmäßige Vergütung daher keine Bedeutung[5]. Keine Taxen sind Gebührenordnungen, die von Privatpersonen oder Verbänden erstellt worden sind[6].

38 **b) Übliche Vergütung. aa) Begriff.** Unter der üblichen Vergütung wird verbreiteter Definition nach eine solche Vergütung verstanden, die im gleichen Gewerbe oder Beruf an dem betreffenden Ort für entsprechende Arbeit gezahlt zu werden pflegt, wobei die persönlichen Verhältnisse des Dienstverpflichteten wie dessen Alter, Berufserfahrung, Familienstand und Kinderzahl zu berücksichtigen sind[7]. Im Übrigen ist auf die **Umstände des konkreten Einzelfalls** abzustellen[8]. Darüber hinaus sind die Dauer der Tätigkeit für den ArbGeb und damit die gewonnene Erfahrung berücksichtigungsfähig[9]. Freilich spielt das Geschlecht wegen § 612 Abs. 3 keine Rolle. Teilweise wird vertreten, dass der Ortsgebrauch unbeachtlich sein kann, wenn er unangemessen sei, was dann der Fall sein soll, wenn die Vergütung auf der Ausnutzung von Machtstellungen beruht[10]. Doch sieht § 612 Abs. 2 gerade nicht – insofern anders als in § 10 Abs. 1 Satz 1 BBiG oder § 32 UrhG – eine „angemessene", sondern lediglich eine übliche Vergütung vor, die mit der angemessenen nicht notwendig identisch ist. Zu bedenken ist, dass § 612 Abs. 2 auch insoweit nicht eine Garantie „gerechter", ausgewogener Vertragsverhältnisse bezweckt, sondern nur eine Vertragslücke schließen will; für die Gewährung ausgewogener Leistungen ist nicht der Gesetzgeber, sondern sind in erster Linie die Parteien bzw. Verbände zuständig. Zu Recht wird darauf hingewiesen, dass auch die Ermittlung einer angemessenen Vergütung zumeist von der Üblichkeit einer Vergütung abhängen dürfte[11]. Der von dem Gericht exakt zuzusprechende Betrag kann auf **richterlicher Würdigung** aller Umstände nach freier Überzeugung (§ 287 Abs. 2 ZPO) beruhen[12]. Einer Ansicht nach soll eine Mehrwertsteuer, sofern ihr die Vergütung unterliegt, bei Fehlen einer anderen Vereinbarung zusätzlich zu zahlen sein[13]. Dagegen stellte das BAG fest, dass etwa ein mehrwertsteuerpflichtiger Rechtsanwalt die Erstattung der auf ein Honorar als Einigungsstellenmitglied entfallenden Mehrwertsteuer nur dann verlangen kann, wenn es vereinbart worden ist[14]. Diese Auffassung verdient Zuspruch, wird doch von der hM auch im Allgemeinen überzeugend vertreten, dass die Mehrwertsteuer ein rechtlich unselbständiger Teil des zu zahlenden Preises sei, die, sofern sich aus den Umständen Gegenteiliges nicht ergibt, in einem angebotenen Preis enthalten ist[15].

---

1 Soergel/*Raab*, § 612 BGB Rz. 33. | 2 ErfK/*Preis*, § 612 BGB Rz. 35; zu den Voraussetzungen BAG v. 17.3.1982 – 5 AZR 1047/79, AP Nr. 33 zu § 612 BGB m. Anm. *Weitnauer*; v. 17.11.1966 – 5 AZR 225/66, AP Nr. 1 zu § 611 BGB – Leitende Angestellte m. Anm. *Grüll*. | 3 ErfK/*Preis*, § 612 BGB Rz. 35; Soergel/*Raab*, § 612 BGB Rz. 36; zum historischen Hintergrund RGRK/*Hilger*, § 612 BGB Rz. 56. | 4 Vgl. hierzu ausf. MünchKomm/*Schaub*, § 612 BGB Rz. 194 ff. | 5 ArbR-BGB/*Schliemann*, § 612 BGB Rz. 33. | 6 BGH v. 29.9.1969 – VII ZR 108/67, NJW 1970, 699; Erman/*Edenfeld*, § 612 BGB Rz. 9; zu der Bedeutung derartiger Gebührenordnungen vgl. Rz. 38 ff. | 7 Staudinger/*Richardi*, § 612 BGB Rz. 44; Soergel/*Raab*, § 612 BGB Rz. 37. | 8 BGH v. 24.10.1989 – X ZR 58/88, NJW-RR 1990, 349. | 9 LAG Düsseldorf v. 8.11.1977 – 8 Sa 1003/76, LAGE § 612 BGB Nr. 1; ErfK/*Preis*, § 612 BGB Rz. 37. | 10 Staudinger/*Richardi*, § 612 BGB Rz. 44. | 11 RGRK/*Hilger*, § 612 BGB Rz. 60. Hierzu unter dem Gesichtspunkt des § 32 UrhG *Thüsing*, GRUR 2002, 203; unter dem Gesichtspunkt des § 87 Abs. 1 AktG *Thüsing*, ZGR 2003, 457. | 12 BAG v. 5.3.1960 – 5 AZR 409/58, AP Nr. 13 zu § 612 BGB; RGRK/*Hilger*, § 612 BGB Rz. 59. | 13 MünchKomm/*Schaub*, § 612 BGB Rz. 204; Staudinger/*Richardi*, § 612 BGB Rz. 45. | 14 BAG v. 31.7.1986 – 6 ABR 79/83, AP Nr. 19 zu § 76 BetrVG 1972; zust. Erman/*Edenfeld*, Rz. 22; ebenso jetzt Palandt/*Putzo*, § 612 BGB Rz. 3. | 15 Palandt/*Heinrichs*, § 157 BGB Rz. 13 mwN.

Die allgemeine Definition der üblichen Vergütung wird zu Recht für unzureichend gehalten, weil sie **39**
außer Acht lässt, dass die Vergütung nicht stets in der Zahlung des Arbeitsentgelts im engeren Sinne
beschränkt ist, sondern aus **weiteren Zuwendungen** wie vermögenswirksamen Leistungen, Personalrabatten, Deputaten und Sonderzahlungen wie Weihnachts- oder Urlaubsgeld bestehen kann[1]. Nach
der Rspr. kann etwa das anteilige **Urlaubsgeld** eines vollzeitbeschäftigten Lehrers jedenfalls dann als
übliche Vergütung beansprucht werden, wenn der Umfang der vereinbarten Arbeitszeit es regelmäßig
ausschließt, dass der teilzeitbeschäftigte Lehrer in einem weiteren Arbeitsverhältnis eine vergleichbare vollzeitbeschäftigten ArbN zustehende Leistung ungekürzt verdienen kann[2]. Zu der ortsüblichen
Vergütung iSd. § 612 Abs. 2 gehören auch **Sonderzuwendungen (Weihnachtsgeld)** sowie **vermögenswirksame Leistungen**[3]. Die Definition der üblichen Vergütung verlangt daher eine Erweiterung dahin,
dass außer der Zahlung des Arbeitsentgelts im eigentlichen Sinne alles dasjenige in die Beurteilung
der Üblichkeit einzugehen hat, was einem gleichermaßen oder vergleichbar eingesetzten ArbN an **Vorteilen auf Grund seiner Tätigkeit** von dem ArbGeb zufließt[4].

bb) **Tariflohn als Maßstab der Üblichkeit.** Im Einzelnen nicht ausgelotet ist es, ob und inwieweit das **40**
nach TV zu entrichtende Arbeitsentgelt als übliche Vergütung iSv. § 612 Abs. 2 angesehen werden kann.
Eine prinzipielle Gleichsetzung von Tariflohn und üblicher Vergütung wird überwiegend abgelehnt[5].
Nach anderer Ansicht soll „im Regelfall" für ArbN die tarifliche Vergütung die übliche sein[6]. Doch kann
aus der Rspr. kein allgemeiner Satz des Inhalts hergeleitet werden, dass grundsätzlich Tariflohn und übliche Vergütung gleichzusetzen seien[7], wenngleich bisweilen formuliert wurde, dass im Regelfall die tarifliche Vergütung als übliche Vergütung anzusehen sei[8]. In der Tat spricht gegen die prinzipielle Gleichsetzung, dass für die Üblichkeit grundsätzlich auf die Gesamtheit aller ArbN einer Vergleichsgruppe abzustellen ist und dass idR nicht alle ArbN organisiert sind und Tariflöhne erhalten. Auch spricht gegen die
grundsätzliche Gleichsetzung der üblichen Vergütung mit dem Tariflohn, dass hierdurch Grenzen der
Tarifgeltung beseitigt werden[9], denn der Tariflohn stellt zumeist das Ergebnis eines komplizierten Prozesses des Aushandelns dar, der aus gegenseitigem Nachgeben auf den verschiedensten Gebieten hervorgegangen ist[10]; eine Gleichstellung nur hinsichtlich des Tariflohns wird dem Umstand nicht gerecht, dass
sich die organisierten ArbN diesen Lohn mit einem Nachgeben auf anderem Gebiet „erkauft" haben, was
bei dem sich auf § 612 Abs. 2 stützenden ArbN nicht der Fall ist.

Demgemäß bedarf es zur Gleichsetzung der üblichen Vergütung mit der tariflichen stets **besonderer** **41**
rechtfertigender Anhaltspunkte[11]. Bezogen auf **Branchen** und **Tarifgebiete** wird eine Gleichsetzung
dort zu rechtfertigen sein, wo beinahe ausschließlich nach dem TV vergütet wird und mit einer Abweichung nicht gerechnet zu werden braucht, weil diese ungewöhnlich und überraschend ist[12]. Außerdem
ist eine Gleichsetzung dann zu befürworten, wenn ein ArbGeb in Hinblick auf die Entlohnung seiner
ArbN üblicherweise nicht zwischen organisierten und nicht organisierten unterscheidet[13]. Angesichts
einer verbreiteten Verwendung von **Bezugnahmeklauseln**[14] werden dem § 612 Abs. 2 entsprechende Situationen nicht mehr allzu häufig vorkommen; wenn allerdings doch, so dürfte die Verwendung von Bezugnahmeklauseln, insb. soweit ihnen eine Gleichstellungsfunktion zukommt, die Gleichsetzung der üblichen mit der tariflichen Vergütung rechtfertigen. Ein sehr hoher **Organisationsgrad** in einer Branche
und damit die verbreitete Geltung des Tariflohns dürfte die übliche Vergütung dem Tariflohn annähern.
Die **Allgemeinverbindlicherklärung** eines Entgelttarifvertrags hat mit der Üblichkeit iSv. § 612 Abs. 2
nichts zu tun, weil die Geltung des Tariflohns dann einen Rückgriff auf diese Bestimmung erübrigt. Bestehen tarifvertragliche Entgeltregelungen bei einem ArbGeb sowohl für ArbN als auch – auf der Grundlage des § 12a TVG – für freie Mitarbeiter, wie zB bei einer öffentlich-rechtlichen Rundfunkanstalt, so
kommt es für die Höhe der üblichen Vergütung auch bei gleicher oder vergleichbarer Tätigkeit darauf
an, ob die Tätigkeit des Dienstverpflichteten in freier Mitarbeit oder im Arbeitsverhältnis geleistet
wird[15]. Die übliche Vergütung kann sowohl über als auch unter der tariflichen Vergütung liegen[16]. Ist die
Vergütungsvereinbarung wegen Verstoßes gegen das Verbot der Diskriminierung von TeilzeitArbN unwirksam, so stellt die Rspr. für die übliche Vergütung des TeilzeitArbN auf eine den Vollzeitarbeitnehmern gewährte übertarifliche Vergütung ab[17].

---

1 So ArbR-BGB/*Schliemann*, § 612 BGB Rz. 35. | 2 BAG v. 15.11.1990 – 8 AZR 283/89, NZA 1991, 346.
| 3 BAG v. 4.9.1991 – 5 AZR 129/91, nv. (juris). | 4 ErfK/*Preis*, § 612 BGB Rz. 38; ArbR-BGB/*Schliemann*, § 612
BGB Rz. 35. | 5 ArbR-BGB/*Schliemann*, § 612 BGB Rz. 36; Staudinger/*Richardi*, § 612 BGB Rz. 46; *Rick*,
AuR 1960, 369 (371). | 6 MünchKomm/*Schaub*, § 612 BGB Rz. 206; ErfK/*Preis*, § 612 BGB Rz. 38; LAG Bre-
men v. 3.12.1992 – 3 Sa 304/90, AiB 1993, 834. | 7 ArbR-BGB/*Schliemann*, § 612 BGB Rz. 36. | 8 BAG
v. 26.5.1993 – 4 AZR 461/92, AP Nr. 2 zu § 612 BGB – Diskriminierung mit Hinweis auf BAG v. 29.1.1992 – 5 AZR
518/90, NZA 1992, 1037 und BAG v. 26.9.1990 – 5 AZR 112/90, BAGE 66, 76. | 9 Staudinger/*Richardi*, § 612 BGB
Rz. 46. | 10 *Rick*, AuR 1960, 369 (370). | 11 Staudinger/*Richardi*, § 612 BGB Rz. 46. | 12 Soergel/*Raab*,
§ 612 BGB Rz. 38. | 13 Staudinger/*Richardi*, § 612 BGB Rz. 46. | 14 S. hierzu *Thüsing/Lambrich*, RdA 2002,
193 ff. | 15 BAG v. 21.1.1998 – 5 AZR 50/97, AP Nr. 55 zu § 612 BGB. | 16 BAG v. 21.1.1998 – 5 AZR 50/97, AP
Nr. 55 zu § 612 BGB; ArbR-BGB/*Schliemann*, § 612 BGB Rz. 36. | 17 BAG v. 26.5.1993 – 4 AZR 461/92, AP Nr. 2
zu § 612 BGB – Diskriminierung.

42 Öffentlicher Dienst. Im öffentlichen Dienst dagegen wird als die übliche Vergütung die tarifliche Vergütung angesehen, denn es entspricht der Übung im öffentlichen Dienst, tarifvertragliche Regelungen ohne Rücksicht auf Verbandszugehörigkeit der ArbN anzuwenden[1].

43 Zur Höhe der auf Grund von § 612 Abs. 2 gefundenen Vergütung gehören jedoch nach ständiger Rspr. nicht **tarifliche Ausschlussklauseln**. Gelten diese nicht kraft Tarifgebundenheit der Vertragspartner, müssen sie nach bestätigter Rspr. ausdrücklich vereinbart werden[2]. Die tariflichen Ausschlussklauseln gehören nicht zum Anwendungsbereich der Norm; § 612 Abs. 2 betreffe ausdrücklich nur „die **Höhe** der Vergütung". Die rein rechnerische Größe einer bestimmten Vergütung umfasst aber nicht auch gleichzeitig noch andere – rein rechtliche – Merkmale, die zum Wesen einer bestimmten tariflichen Vergütung gehören können. Vor allem ist es der rechnerischen Höhe einer Vergütung nicht wesenseigen, an eine bestimmte tarifliche Ausschlussklausel gebunden zu sein[3].

44 **cc) Bestimmung der Üblichkeit.** Soweit sich nicht nach den genannten Grundsätzen (vgl. Rz. 41) die Höhe der üblichen Vergütung nach dem Tariflohn richtet, kann sie **empirisch** festgestellt werden, etwa durch Umfragen oder Auskünfte der Kammern oder der Organisationen der beteiligten Wirtschaftskreise[4]. Zur Darlegungs- und Beweislast s. Rz. 47.

45 **c) Bestimmung durch den Dienstverpflichteten.** Fehlt auch eine übliche Vergütung, so sind die §§ 315, 316 anzuwenden, so dass der Dienstverpflichtete innerhalb der Grenzen billigen Ermessens die Höhe der zu zahlenden Vergütung einseitig bestimmen kann[5]. Das Fehlen auch einer üblichen Vergütung mag etwa darauf beruhen, dass die Art der zu erbringenden Dienste so spezieller, nicht „vertypter" Natur ist, dass sich dafür allgemein gebräuchliche Maßstäbe nicht herausgebildet haben.

46 Für den Fall, dass eine Auslegung der Vergütungsvereinbarung zu dem Ergebnis führen sollte, dass entgegen der Vermutung des § 316 ein einseitiges Bestimmungsrecht von den Parteien nicht gewollt ist, wird angenommen, dass die dadurch entstehende Vertragslücke notfalls durch ergänzende Vertragsauslegung nach § 157 geschlossen werden soll[6]. Allerdings fragt sich, welcher Maßstab für diese Auslegung noch herangezogen werden kann, wenn bereits weder Parteierklärungen noch allgemeinere Umstände wie Taxmäßigkeit oder Üblichkeit zu einem Ergebnis geführt haben. Letztlich würden keine neuen Kriterien mehr hinzutreten können. Nach dem BAG gilt § 316 zwar auch für gegenseitige Verträge, ist aber dann nicht anzuwenden, wenn die Höhe der Vergütung nach § 612 Abs. 2 auf Grund eines objektiven Maßstabes zu ermitteln ist[7].

47 **4. Beweislast.** Der Dienstverpflichtete ist als derjenige, der ein Recht aus § 612 Abs. 2 herleitet, nach allgemeinen Grundsätzen darlegungs- und beweisbelastet hinsichtlich der Voraussetzungen des § 612 Abs. 2 BGB, dh. für das Bestehen und die Höhe einer Taxe sowie für die Üblichkeit einer Vergütungshöhe[8].

48 **IV. Gleiches Entgelt für gleiche und gleichwertige Arbeit. 1. Verhältnis zu verwandten Vorschriften. a) Verfassungsrecht.** Die ständige Rspr. hat aus dem Gleichberechtigungsgrundsatz des Art. 3 Abs. 2 GG und dem Benachteiligungsverbot des Art. 3 Abs. 3 GG den Grundsatz der Lohngleichheit von Mann und Frau bei gleicher Arbeit abgeleitet[9]. Ob angesichts der Normierung durch § 612 Abs. 3 noch für einen Rückgriff auf Art. 3 GG Raum verbleibt, wird zu Recht überwiegend abgelehnt[10]. Die Gegenauffassung, derzufolge der Rückgriff auf Art. 3 Abs. 2 GG als „Primärnorm" durch eine „Ausführungsnorm" nicht ausgeschlossen werden könne, ist abzulehnen[11], weil Art. 3 GG grundsätzlich nicht den ArbGeb als Privatrechtssubjekt bindet. Irreführend ist es ebenso, in § 612 Abs. 3 eine Konkretisierung des Art. 3 Abs. 3 GG zu erblicken[12], sofern man nicht die Lehre von der unmittelbaren Drittwirkung wieder erwecken will. Die Bestimmung des Art. 3 GG gilt nicht bzw. nicht ohne weiteres im Verhältnis zwischen Privatrechtssubjekten, sondern zwischen Staat und Bürger. Vielmehr **transformiert** § 612 Abs. 3 die normative Grundaussage des Art. 3 Abs. 3 GG in das Verhältnis zwischen ArbGeb und ArbN als Privatrechtssubjekte. Gleichwohl ist zu beachten, dass § 612 Abs. 3 (auch) **im Lichte des Art. 3**

---

1 St. Rspr., BAG v. 29.1.1992 – 5 AZR 518/90, NZA 1992, 1037 (1041); v. 25.1.1989 – 5 AZR 161/88, BAGE 61, 43 (50); v. 30.5.1984 – 4 AZR 146/82, AP Nr. 2 zu § 21 MTL II; v. 27.10.1960 – 5 AZR 427/59, AP Nr. 21 zu § 611 BGB – Ärzte, Gehaltsansprüche; und hL, Staudinger/*Richardi*, § 612 BGB Rz. 47; Soergel/*Raab*, § 612 BGB Rz. 38. |2 BAG v. 4.9.1991 – 5 AZR 129/91, nv. (juris); v. 26.9.1990 – 5 AZR 112/90, BAGE 66, 76; anders Erman/*Edenfeld*, § 612 BGB Rz. 22, wonach Annexregelungen wie zB Ausschlussfristen jeweils als mit vereinbart anzusehen sein sollen, soweit erkennbar einzelne tarifliche Leistungen gewährt werden. Hiergegen auch Annuß/Thüsing/*Thüsing*, § 4 TzBfG Rz. 54. |3 BAG v. 26.9.1990 – 5 AZR 112/90, BAGE 66, 76. |4 ArbR-BGB/*Schliemann*, § 612 BGB Rz. 37; *Rick*, AuR 1960, 369 (370). |5 MünchKomm/*Schaub*, § 612 BGB Rz. 191; Soergel/*Raab*, § 612 BGB Rz. 40; vgl. BGH v. 21.3.1961 – I ZR 133/59, AP Nr. 19 zu § 612 BGB. |6 ErfK/*Preis*, § 612 BGB Rz. 43; ArbR-BGB/*Schliemann*, § 612 BGB Rz. 38. |7 BAG v. 8.3.1989 – 5 AZR 92/88, ZTR 1989, 312 f. |8 Staudinger/*Richardi*, § 612 BGB Rz. 48; ErfK/*Preis*, § 612 BGB Rz. 44; RGRK/*Hilger*, § 612 BGB Rz. 62; vgl. auch BAG v. 29.1.1986 – 4 AZR 465/84, AP Nr. 115 zu §§ 22, 23 BAT 1975; BAG v. 13.3.1985 – IVa ZR 211/82, NJW 1985, 1895. |9 BAG v. 26.5.1993 – 5 AZR 184/92, AP Nr. 42 zu Art. 119 – EWG-Vertrag; v. 15.1.1955 – 1 AZR 305/54, BAGE 1, 258; v. 18.10.1961 – 1 AZR 75/61, BAGE 11, 338; v. 15.1.1964 – 4 AZR 75/63, BAGE 15, 228; v. 9.9.1981 – 5 AZR 1182/79, BAGE 36, 187; schon für die mittelbare Diskriminierung als Verstoß gegen Art. 3 Abs. 2 und 3 GG: v. 6.4.1982 – 3 AZR 134/79, BAGE 38, 232; v. 20.11.1990 – 3 AZR 613/89, BAGE 66, 264. |10 BAG v. 23.8.1995 – 5 AZR 942/93, AP Nr. 48 zu § 612 BGB; RGRK/*Michels-Holl*, § 612 BGB Rz. 68; Erman/*Edenfeld*, § 612 BGB Rz. 26. |11 MünchKomm/*Schaub*, § 612 BGB Rz. 242. |12 So aber Soergel/*Raab*, § 612 BGB Rz. 44.

Abs. 2, 3 GG auszulegen ist[1]. Zutreffend wird darauf hingewiesen, dass hieraus auch die Auslegung des § 612 Abs. 3 als ein auch gegen mittelbare Diskriminierungen gerichtetes Verbot abzuleiten ist[2].

b) Europarecht. Art. 141 Abs. 1 und 2 EG (Gleiches Entgelt für Männer und Frauen) hat den folgenden Wortlaut: **49**

„(1) Jeder Mitgliedstaat stellt die Anwendung des Grundsatzes des gleichen Entgelts für Männer und Frauen bei gleicher oder gleichwertiger Arbeit sicher.

(2) Unter „Entgelt" im Sinne dieses Artikels sind die üblichen Grund- oder Mindestlöhne und -gehälter sowie alle sonstigen Vergütungen zu verstehen, die der Arbeitgeber auf Grund des Dienstverhältnisses dem Arbeitnehmer unmittelbar oder mittelbar in bar oder in Sachleistungen zahlt. Gleichheit des Arbeitsentgelts ohne Diskriminierung auf Grund des Geschlechts bedeutet, a) dass das Entgelt für eine gleiche nach Akkord bezahlte Arbeit auf Grund der gleichen Maßeinheit festgesetzt wird, b) dass für eine nach Zeit bezahlte Arbeit das Entgelt bei gleichem Arbeitsplatz gleich ist."

Die Bestimmung bildet **unmittelbar geltendes Recht**[3]. Damit stellt sich die Frage nach dem Verhältnis zu dem gleichermaßen wirkenden § 612 Abs. 3. Bisweilen wird gesagt, § 612 Abs. 3 und Art. 141 EG seien nebeneinander anwendbar[4]. Andererseits wird vertreten, § 612 Abs. 3 verdränge alle anderen Vorschriften außer Art. 141 EG, der vorrangig anzuwenden sei[5], soweit es um einen Verstoß gegen Gemeinschaftsrecht gehe[6]. Allerdings ist Art. 141 EG nicht auf einen Verstoß gegen Gemeinschaftsrecht beschränkt, sondern verbietet jede Entgeltdiskriminierung aufgrund des Geschlechts, weshalb die vertretene Begrenzung ebenso wie ein genereller Anwendungsvorrang des Art. 141 EG abzulehnen ist. Die Vorschriften gelten also in der Tat **nebeneinander**. Sie dürften einen weitgehend identischen Anwendungsbereich haben[7]. Dem Gebot gemeinschaftsrechtskonformer Auslegung des § 612 Abs. 3[8] als Bestandteil nationalen Rechts kommt demgemäß nur geringe Bedeutung zu, denn wegen der unmittelbaren Geltung des Art. 141 EG können ArbN jedenfalls direkt hieraus Rechte herleiten. Daher ist es auch sinnvoll, dass die Rspr. zumeist Art. 141 EG unmittelbar als Rechtsgrundlage heranzieht, ohne weiter auf § 612 Abs. 3 einzugehen[9]. Selbst wenn also der Anwendungsbereich des § 612 Abs. 3 im Vergleich zu dem des Art. 141 EG kleiner wäre, so wäre dies wegen der unmittelbaren Geltung des Art. 141 EG unbeachtlich; lediglich soweit § 612 Abs. 3 sekundäres Gemeinschaftsrecht (wie auf Grund einer Richtlinie) in nationales umsetzt, ist dagegen auf eine europarechts(richtlinien-)konforme Auslegung zu achten. § 612 Abs. 3 hat die Qualität einer **selbständigen Anspruchsgrundlage**[10]. Der Grundsatz des gleichen Arbeitsentgelts gehört zu den Grundlagen der Gemeinschaft[11]. **50**

Die **Richtlinie 75/117/EWG** zur Angleichung der Rechtsvorschriften der Mitgliedstaaten über die Anwendung des Grundsatzes des gleichen Entgelts für Männer und Frauen ist durch § 612 Abs. 3 in nationales Recht umgesetzt worden[12]. Ihr Art. 1 Abs. 1 hat den Wortlaut: **51**

„Der in (Art. 141 EG) genannte Grundsatz des gleichen Entgelts für Männer und Frauen (...) bedeutet bei gleicher Arbeit oder bei einer Arbeit, die als gleichwertig anerkannt wird, die Beseitigung jeder Diskriminierung auf Grund des Geschlechts in Bezug auf sämtliche Entgeltbestandteile und -bedingungen."

Der Anwendungsbereich dieser Richtlinie geht nicht über den des Art. 141 EG hinaus[13]. Sie ist – auch nach Ablauf der Umsetzungsfrist – entsprechend Art. 249 Abs. 3 EG nicht unmittelbar zwischen Privaten anwendbar, jedoch ist § 612 Abs. 3 in ihrem Sinne gemeinschaftsrechtskonform auszulegen[14].

c) Internationales Recht. Ein Verbot der Diskriminierung auf Grund des Geschlechts im Bereich der Entlohnung kommt auch in einigen Normen des internationalen Rechts zum Ausdruck. So bestimmt etwa das von der Bundesrepublik Deutschland ratifizierte[15] **ILO-Übereinkommen** Nr. 100 vom 29.6.1951 in seinem Art. 2, dass jedes Mitglied der ILO den Grundsatz der Gleichheit des Entgeltes männlicher und weiblicher Arbeitskräfte sicherzustellen habe. In dem **Internationalen Pakt über wirtschaftliche, soziale und kulturelle Rechte** vom 19.12.1966 ist in Art. 7 niedergelegt, dass Frauen für gleiche Arbeit das gleiche Entgelt zu erhalten haben wie Männer[16]. In ähnlicher Weise verpflichtete sich die Bundes- **52**

---

1 BAG v. 23.8.1995, AP Nr. 48 zu § 612 BGB; ErfK/*Preis*, § 612 BGB Rz. 47. |2 Soergel/*Raab*, § 612 BGB Rz. 44. |3 Vgl. EuGH v. 31.3.1981 – Rs. 96/80 (Jenkins), AP Nr. 2 zu Art. 119 – EWG-Vertrag; v. 8.4.1976 – Rs. 43/75 (Defrenne II), NJW 1976, 2068; v. 17.5.1990 – Rs. 262/88, AP Nr. 20 zu Art. 119 – EWG-Vertrag (Ls. 5); st. Rspr., vgl. BAG v. 23.1.1990 – 3 AZR 58/88 und BAG v. 20.11.1990 – 3 AZR 613/89, AP Nr. 7 und 8 zu § 1 BetrAVG – Gleichberechtigung). |4 Staudinger/*Richardi*, § 612 BGB Rz. 54; Soergel/*Raab*, § 612 BGB Rz. 45; RGRK/*Michels-Holl*, § 612 BGB Rz. 66; MünchKomm/*Schaub*, § 612 BGB Rz. 242. |5 ErfK/*Preis*, § 612 BGB Rz. 46. |6 ArbR-BGB/*Schliemann*, § 612 BGB Rz. 46. |7 Soergel/*Raab*, § 612 BGB Rz. 45. |8 Vgl. dazu beispielsweise BAG v. 23.9.1992 – 4 AZR 30/92, AP Nr. 1 zu § 612 BGB – Diskriminierung mwN; zum Gebot europarechtskonformer Auslegung vgl. auch Soergel/*Raab*, § 612 BGB Rz. 45 mwN. |9 BAG v. 23.1.1990 – 3 AZR 58/88 und BAG v. 20.11.1990 – 3 AZR 613/89, AP Nr. 7 und 8 zu § 1 BetrAVG – Gleichberechtigung; v. 2.12.1992 – 4 AZR 152/92, AP Nr. 28 zu § 23a BAT; vgl. auch Soergel/*Raab*, § 612 BGB Rz. 45. |10 BAG v. 10.12.1997 – 4 AZR 264/96, AP Nr. 3 zu § 612 BGB – Diskriminierung m. insoweit zust. Anm. *Walker*. |11 EuGH v. 8.4.1976 – Rs. 43/75 (Defrenne II), NJW 1976, 2068. |12 RGRK/*Michels-Holl*, § 612 BGB Rz. 67. |13 BAG v. 26.5.1993 – 5 AZR 184/92, AP Nr. 42 zu Art. 119 – EWG-Vertrag. |14 BAG v. 23.8.1995 – 5 AZR 942/93, AP Nr. 48 zu § 612 BGB. |15 Vgl. Gesetz v. 6.2.1956, BGBl. II S. 23. |16 Vgl. Gesetz v. 23.11.1973, BGBl. II S. 1569.

republik als Vertragspartei der **Europäischen Sozialcharta** vom 18.10.1961[1] in deren Art. 4 Satz 1 Nr. 3, „das Recht männlicher und weiblicher ArbN auf gleiches Entgelt anzuerkennen" ist.

53 **d) Sonstige Rechtsquellen.** Im Verhältnis zu § 611a, aus dem sich das in § 612 Abs. 3 enthaltene Verbot ebenfalls herleiten ließe, ist Letztere die speziellere Norm[2]. § 612 Abs. 3 verdrängt als speziellere und spätere Norm im Bezug auf die gleiche Entlohnung gleicher Arbeit den **allgemeinen arbeitsrechtlichen Gleichbehandlungsgrundsatz** für das Entgelt von Männern und Frauen wie auch die unmittelbare Herleitung dieses Grundsatzes aus Art. 3 Abs. 2 GG[3]. Allerdings sind die Anwendungsbereiche des Gleichbehandlungsgrundsatzes und des § 612 Abs. 3 nicht streng kongruent: Während individuell vereinbarte Regelungen nur dann am arbeitsrechtlichen Gleichbehandlungsgrundsatz zu messen sind, wenn sie auf einem abstrakten, kollektiven Prinzip beruhen[4], erfasst § 612 Abs. 3 gleichermaßen Individualvereinbarungen[5]. Da also die Reichweite des § 612 Abs. 3 größer ist, kommt ein Rückgriff auf den Gleichbehandlungsgrundsatz im Fall einer geschlechtsdiskriminierenden unterschiedlichen Entlohnung nicht mehr in Betracht[6]. Der Grundsatz „**Gleicher Lohn für gleiche Arbeit**" ist selbst keine allgemein gültige Anspruchsgrundlage, sondern bedarf der gesetzlichen Umsetzung in eine Anspruchsgrundlage, wie dies mit § 612 Abs. 3 geschehen ist[7]. **§ 4 Abs. 1 TzBfG** (früher § 2 Abs. 2 BeschFG) enthält nicht das unmittelbare Verbot der Diskriminierung wegen des Geschlechts; gleichwohl kann, sofern von der Teilzeitarbeit überwiegend Angehörige des einen Geschlechts betroffen sind, eine auch gegen § 612 Abs. 3 verstoßende mittelbare Diskriminierung auf Grund des Geschlechts eintreten[8], etwa wenn Teilzeitbeschäftigte wegen des Teilzeitarbeitsverhältnisses (verhältnismäßig) geringer entlohnt werden als Vollzeitbeschäftigte. In diesem Fall bleiben beide Vorschriften nebeneinander anwendbar[9]; als „sachlicher Grund" iSv. § 4 Abs. 1 TzBfG kommt allerdings nur ein solcher in Betracht, der mit § 612 Abs. 3 verträglich ist[10]. Entsprechendes gilt für das Verbot der Diskriminierung wegen einer Befristung nach **§ 4 Abs. 2 TzBfG**. Das Lohngleichheitsgebot beansprucht nach ständiger Rspr., auch des EuGH, Vorrang auch gegenüber **TV**[11]. Es ist **nicht abdingbar**[12].

54 **2. Anwendungsbereich. a) Persönlicher Anwendungsbereich.** Die Anwendung des § 612 Abs. 3 erfordert – bereits nach dem Wortlaut der Bestimmung – das Bestehen eines **Arbeitsverhältnisses**. Über den Wortlaut hinaus wird die Norm zu Recht auch auf Berufsausbildungsverhältnisse (arg. e § 3 Abs. 2 BBiG) sowie sonstige **Ausbildungsverhältnisse** (arg. e § 19 iVm. § 3 Abs. 2 BBiG) angewandt[13]. Gleiches gilt für **Ruhestandsverhältnisse** als Nachwirkung aus Arbeitsverhältnissen, denn die vom ArbGeb zugesagten Leistungen werden mit Rücksicht auf das Arbeitsverhältnis erbracht[14]. Unterschiedlich beurteilt wird dagegen, ob § 612 Abs. 3 auch für die Beschäftigungsverhältnisse von in Heimarbeit beschäftigten Personen bzw. **arbeitnehmerähnliche Personen** allgemein gelten soll. Während von einer Seite die Anwendbarkeit auf Arbeitsverhältnisse beschränkt wird[15], befürworten andere eine direkte[16], wieder andere – mit Hinweis auf die wirtschaftliche Abhängigkeit dieses Personenkreises – eine analoge Anwendung[17]. Bisweilen wird sogar unter Berufung auf eine vor Art. 3 Abs. 3 GG verfassungskonforme „Auslegung" für eine „entsprechende Anwendung" auf **Dienstverträge** eingetreten[18]. Allerdings ist die Anwendung auf jegliche Dienstverhältnisse **abzulehnen**. § 612 Abs. 3 erging vielmehr zur Umsetzung der Richtlinie 75/117/EWG, die allein von „Arbeit" spricht (vgl. o. Rz. 51), während Art. 141 EG der „Ausführung" gar nicht bedarf, weil es sich dabei bereits um unmittelbar geltendes Recht handelt. Zu berücksichtigen ist ferner, dass die (ebenfalls grundrechtlich verbürgte) Privatautonomie, auch im Bereich der Beschäftigungsverhältnisse, grundsätzlich kein allgemeines Gleichbehandlungsgebot, damit auch keine Obliegenheit zur Angabe eines Grundes für eine unterschiedliche Behandlung, kennt. § 612 Abs. 3 bezweckt nicht die Gewährleistung universaler Verteilungsgerechtigkeit bei Verträgen über Erbringung fremdnütziger Dienste. Weil die Geltung des Verbots des § 612 Abs. 3 demgemäß auf ein arbeitsrechtliches Spezifikum rekurriert, enthält es eine negative Konkretisierung des Inhalts, dass ein Verbot der geschlechtsdiskriminierenden Vergütung von (reinen) Dienstver-

---

1 Vgl. Gesetz v. 19.9.1964, BGBl. II S. 1261. | 2 Soergel/*Raab*, § 612 BGB Rz. 47. | 3 BAG v. 23.8.1995 – 5 AZR 942/93, AP Nr. 48 zu § 612 BGB mwN; Soergel/*Raab*, § 612 BGB Rz. 47; aA MünchKomm/*Schaub*, § 612 BGB Rz. 242. S. auch § 611 BGB Rz. 183 f.. | 4 ErfK/*Preis*, § 611 BGB Rz. 838; BAG v. 28.7.1992 – 3 AZR 173/92, AP Nr. 18 zu § 1 BetrAVG – Gleichbehandlung. | 5 BAG v. 23.8.1995 – 5 AZR 942/93, AP Nr. 48 zu § 612 BGB; ähnlich zum Grundsatz „Gleicher Lohn für gleiche Arbeit" LAG Hamm v. 10.4.2002 – 18 Sa 1870/01, nv. (juris). | 6 Zu Unterschieden in den Anforderungen an die Möglichkeit der Rechtfertigung eines Verstoßes Soergel/ *Raab*, § 612 BGB Rz. 81. | 7 BAG v. 21.6.2000 – 5 AZR 806/98, AP Nr. 60 zu § 612 BGB = EWiR 2000, 953 f. m. Anm. *Thüsing*; LAG Hamm v. 10.4.2002 – 18 Sa 1870/01, nv. (juris). | 8 ArbR-BGB/*Schliemann*, § 612 BGB Rz. 47. | 9 Vgl. ErfK/*Preis*, § 612 BGB Rz. 48; Erman/*Edenfeld*, § 612 BGB Rz. 26. | 10 I. Erg. ebenso ArbR-BGB/*Schliemann*, § 612 BGB Rz. 47, Soergel/*Raab*, § 612 BGB Rz. 81; vgl. zur Rechtfertigung auch Rz. 77 f. | 11 BAG v. 26.5.1993 – 5 AZR 184/92, AP Nr. 42 zu Art. 119 – EWG-Vertrag; EuGH v. 27.6.1990 – Rs. C-33/89, AP Nr. 21 zu Art. 119 – EWG-Vertrag; v. 7.2.1991 – Rs. C-184/89, AP Nr. 25 zu § 23a BAT; BAG v. 26.5.1993 – 5 AZR 184/92, AP Nr. 42 zu Art. 119 – EWG-Vertrag; s. aber auch BAG v. 10.12.1997 – 4 AZR 264/96, AP Nr. 3 zu § 612 BGB – Diskriminierung m. Anm. *Walker*. | 12 ArbR-BGB/*Schliemann*, § 612 BGB Rz. 40. | 13 ArbR-BGB/ *Schliemann*, § 612 BGB Rz. 49; Soergel/*Raab*, § 612 BGB Rz. 48. | 14 MünchKomm/*Schaub*, § 612 BGB Rz. 2a. | 15 ArbR-BGB/*Schliemann*, § 612 BGB Rz. 49; vgl. auch Staudinger/*Richardi*, § 612 BGB Rz. 55. | 16 Erman/ *Edenfeld*, § 612 BGB Rz. 27; ErfK/*Preis*, § 612 BGB Rz. 49, leider beide ohne Begründung. | 17 Soergel/*Raab*, § 612 BGB Rz. 48: „zumindest" analog; RGRK/*Hilger*, § 612 BGB Rz. 69. | 18 MünchKomm/*Schaub*, § 612 BGB Rz. 2b und Rz. 244, wo auch für eine Anwendung auf Organmitglieder juristischer Personen eingetreten wird.

pflichteten auch nicht aus Art. 3 Abs. 2 GG hergeleitet werden kann[1]. Zutreffend wird darauf hingewiesen, dass auch das Europarecht eine Anwendung über das Arbeitsrecht hinaus nicht verlangt[2].

b) Institutioneller Anwendungsbereich. Es wird darauf hingewiesen, dass der ArbGeb **keinen Betrieb zu haben braucht**[3]. Bislang nicht durch Rspr. geklärt ist, ob die unterschiedlich behandelten Personen **innerhalb desselben Unternehmens** bzw. **bei demselben ArbGeb** beschäftigt sein müssen[4]. Allerdings kann die Norm nur so weit reichen, wie auch die vertragliche Gestaltungsmacht ihres Adressaten, also des ArbGeb, reicht, dh. sie muss auf das Unternehmen beschränkt sein und kann keinesfalls etwa konzernweit (bezogen auf den Vergleich zwischen zwei ArbN in verschiedenen Unternehmen desselben Konzerns) gelten. Für eine Beschränkung auf den Betrieb ergeben sich Anhaltspunkte weder aus dem Wortlaut noch aus der *ratio* der Norm. Dies entspricht der Reichweite des allgemeinen arbeitsrechtlichen Gleichbehandlungsgrundsatzes, die ebenfalls auf eine unternehmens- bzw. arbeitgeberbezogene Betrachtung beschränkt und nach hM nicht konzernbezogen ist, s. § 611 Rz. 200.

Nach Ansicht des EuGH gibt der Wortlaut des Art. 141 EG nichts für eine Beschränkung auf Fälle her, in denen Männer und Frauen ihre Arbeit für ein und denselben ArbGeb verrichten; lassen sich aber bei den Entgeltbedingungen festgestellte **Unterschiede nicht auf ein und denselben Ursprung** zurückführen, so fehle eine Stelle, die für die Ungleichbehandlung verantwortlich ist und die die Gleichbehandlung wiederherstellen könnte[5]. Allerdings ist es nach neuester Rspr. möglich, dass sich das Verbot nicht (nur) direkt gegen den ArbGeb, sondern gegen eine von ihm eingeschaltete Pensionskasse richtet[6]. Dieses Ergebnis lässt sich mit dem Gedanken des § 278 BGB rechtfertigen.

c) Sachlicher Anwendungsbereich – Anwendbarkeit auf kirchliche Arbeitsverhältnisse und richterlicher Prüfungsmaßstab. Es bestehen keine Gründe, kirchliche Arbeitsverhältnisse generell von dem Anwendungsbereich des § 612 Abs. 3 auszunehmen. Insbesondere das kirchliche Selbstbestimmungsrecht gem. Art. 137 Abs. 3 WRV, Art. 140 GG kann hier nicht zur Rechtfertigung herangezogen werden, denn die Verpflichtung zur gleichen Entlohnung bei gleicher oder gleichwertiger Arbeit unabhängig vom Geschlecht des ArbN berührt nicht das Wesen der kirchlichen Dienstgemeinschaft und die Besonderheiten des kirchlichen Dienstes. Vielmehr wissen die Kirchen sich der Pflicht zur Gleichbehandlung der Geschlechter durchaus verpflichtet, wie sie im Gemeinsamen Sozialwort betont haben[7].

Auch führt das kirchliche Selbstbestimmungsrecht nicht zu einer geringeren **Überprüfungsdichte** der kirchlichen Arbeitsvertragsordnung gegenüber der Lohnfestsetzung durch TV. Allerdings wird eine Inhalts- und Billigkeitskontrolle der Regelungen des Dritten Weges von der Rspr. zu Recht immer mehr zurückgedrängt (s. § 611 Rz. 130). Hier geht es jedoch nicht um eine Billigkeitskontrolle, sondern um eine **Rechtskontrolle**, die ebenso wie bei TV bei kirchlichen Arbeitsvertragsordnungen grundsätzlich möglich ist. Die Regelungen des Dritten Weges sind also nicht weniger weit überprüfbar als tarifvertragliche Vereinbarungen. Eine andere Frage ist es, inwieweit TV selbst einer eingeschränkten Kontrolle unterstehen, etwa bei der Feststellung gleichwertiger Arbeit, und inwieweit die dort für eine eingeschränkte Überprüfbarkeit sprechenden Argumente auf die Regelungen des Dritten Weges übertragbar sind[8].

3. Tatbestandsmerkmale. a) Gleiche und gleichwertige Arbeit. aa) Gleiche Arbeit. Gleiche Arbeit wird zumeist als im Wesentlichen gleichartige Arbeit verstanden[9]. Entscheidend ist, dass die üblichen Tätigkeiten der verglichenen Personen identisch oder unter Berücksichtigung von Belastungen, Verantwortung, Arbeitsbedingung und Qualifikation jeweils gleichartig sind, so dass die ArbN einander bei Bedarf ersetzen könnten[10]. Um gleiche Arbeit handelt es sich nach der Formulierung des BAG, wenn ArbN an verschiedenen oder nacheinander an denselben Arbeitsplätzen **identische oder gleichartige Tätigkeiten** ausüben; ob die Arbeit gleich ist, müsse durch einen **Gesamtvergleich** der Tätigkeiten ermittelt werden, wobei bei einzelnen Abweichungen die jeweils überwiegende Tätigkeit maßgebend sein soll; einzelne gleiche Arbeitsvorgänge für sich allein genügen nicht für die Annahme, die insgesamt jeweils geschuldete Arbeit sei gleich[11]. Eine Arbeit ist **gleichartig**, wenn die verrichteten Arbeiten zwar nicht identisch sind, aber unter Berücksichtigung der Vorkenntnisse, Ausbildung, Anstrengung, Verantwortlichkeit und Arbeitsbedingungen keine ins Gewicht fallenden Unterschiede äußerlich erkennbar sind[12]. Als Anhaltspunkt gelten solche **Tätigkeitsumschreibungen**, die auch für die Eingruppierung maßgeblich sind[13], aber

---

1 AA aber ArbR-BGB/*Schliemann*, § 612 BGB Rz. 49. | 2 ArbR-BGB/*Schliemann*, § 612 BGB Rz. 49; aA MünchKomm/*Schaub*, § 612 BGB Rz. 2b, wonach Art. 119 EG (aF) und die Richtlinie v. 10.2.1975 „jede" Diskriminierung auf Grund des Geschlechts beseitigen wollten. | 3 Staudinger/*Richardi*, § 612 BGB Rz. 55. | 4 Vgl. ErfK/*Preis*, § 612 BGB Rz. 49. – Die dort zitierte Entscheidung des BAG v. 17.10.1995 – 3 AZR 882/94, AP Nr: 132 zu § 242 BGB – Gleichbehandlung m. Anm. *Wiedemann* scheint insoweit wenig aussagekräftig zu betrachten. | 5 EuGH v. 17.9.2002 – Rs. C-320/00, NZA 2002, 1144 f.; hierzu *Thüsing*, DB 2002, 2600 f. | 6 BAG v. 19.11.2002 – 3 AZR 631/97 nach Vorabentscheidungsersuchen an den EuGH, vgl. EuGH v. 9.10.2001 – Rs. C-379/99, NZA 2001, 1301 ff. | 7 Rat der EKD/Deutsche Bischofskonferenz, Für eine Zukunft in Solidarität und Gerechtigkeit, 1997, Abschn. 111, 153, 172 f., 203. | 8 Vgl. *Hanau/Thüsing*, Europarecht und kirchliches Arbeitsrecht, 2001, S. 65 ff. | 9 *Thüsing*, NZA 2000, 570 (571). | 10 ErfK/*Preis*, § 612 BGB Rz. 62. | 11 BAG v. 23.8.1995 – 5 AZR 942/93, AP Nr. 48 zu § 612 BGB; ähnlich ArbR-BGB/*Schliemann*, § 612 BGB Rz. 53; Staudinger/*Richardi*, § 612 BGB Rz. 61; MünchKomm/*Schaub*, § 612 BGB Rz. 256; Soergel/*Raab*, § 612 BGB Rz. 55; RGRK/*Michels-Holl*, § 612 BGB Rz. 81. | 12 MünchKomm/*Schaub*, § 612 BGB Rz. 256. | 13 Staudinger/*Richardi*, § 612 BGB Rz. 61; RGRK/*Michels-Holl*, § 612 BGB Rz. 81.

BGB § 612 Rz. 60 Vergütung

auch die **Praxis der TV-Parteien** sowie die **allgemeine Verkehrsanschauung** können Anhaltspunkte liefern[1]. Nicht ausreichend ist, dass eine Identität allein in Bezug auf einzelne Arbeitsvorgänge besteht oder gleiche Arbeiten nur für einen vorübergehenden, dem Einzelfall gerecht werdenden **repräsentativen Zeitraum** ausgeübt werden[2]. Entscheidendes Kriterium ist, dass die ArbN nach Maßgabe ihrer arbeitsvertraglich geschuldeten Tätigkeit insgesamt miteinander **austauschbar** sein müssen[3]. Gleiche Arbeit liegt dagegen nicht vor, wenn die gleiche Tätigkeit über einen erheblichen Zeitraum von ArbN mit unterschiedlicher **Berufsberechtigung** ausgeübt wird[4].

60 bb) **Gleichwertige Arbeit.** Weder in Art. 141 EG noch in der Richtlinie 75/117/EWG sind Anhaltspunkte für die Bestimmung gleichwertiger Arbeit erkennbar[5]. Nach der Begründung des Regierungsentwurfs zu § 612 Abs. 3 sind Arbeiten gleichwertig, wenn sie nach **objektiven Maßstäben der Arbeitsbewertung** denselben Arbeitswert haben[6]. Kriterien hierfür hat der EuGH bisher nur vereinzelt gegeben. Im Fall *Enderby*[7], in dem die Gleichwertigkeit der Arbeit von Sprachtherapeuten und Pharmazeuten fraglich war, konnte der EuGH gemäß der gerichtlichen Vorlage von der Gleichwertigkeit der Tätigkeiten ausgehen, ebenso wie im Fall *Royal Copenhagen*, in dem es um die Gleichwertigkeit der Tätigkeit von verschiedenen Porzellanmalern ging[8], wie auch in der Entscheidung, in der die Gleichbehandlung von Hebammen und Krankenhausingenieuren problematisch war[9]. Nach der Rspr. des BAG ist bei der Frage nach der Gleichwertigkeit auf den **Gegenstand der Arbeitsleistung** abzustellen; für die qualitative Wertigkeit der Arbeit sei unter anderem das Maß der erforderlichen Vorkenntnisse und Fähigkeiten nach Art, Vielfalt und Qualität bedeutsam. Je größer diese Anforderungen sind, desto höher ist der Wert der Arbeit einzuschätzen[10]. Dementsprechend nahm es an, es spreche vieles dafür, die Tätigkeiten, die den Berufen mit Fachhochschulabschluss entsprechen, in einem tariflichen Entgeltsystem im Allgemeinen gleich zu bewerten[11].

61 Im Schrifttum werden als **Kriterien** genannt: die Anforderungen des Arbeitsplatzes, das Angebot des ArbN, der Beitrag des ArbN zum Leistungserfolg, der Bedarf des ArbN für seinen Lebensunterhalt, die Bedingungen des Arbeitsmarkts[12]. Diese Kriterien entsprechen auch in etwa den Merkmalen, die in ausländischen Gesetzen, welche die europäische Richtlinie umsetzen, zu finden sind[13]. So stellt beispielsweise § 1 Abs. 5 des *Equal Pay Act* auf die vergleichbare Ausbildung und vergleichbare Ausbildungsabschlüsse, gleiche berufliche Erfahrung, gleiche Verantwortung und gleiche physische und psychische Belastung[14] ab. Recht ähnlich ist die Definition des Art. L 140.2 des französischen *Code du travail*, auf die vereinzelt hingewiesen wird[15] und wonach als gleichwertig Arbeiten solche verstanden werden, die von den ArbN eine „vergleichbare Gesamtheit von durch einen Titel, eine Prüfung oder eine berufliche Praxis bestätigten beruflichen Kenntnissen oder von Fähigkeiten aus erworbenen Erfahrungen, aus Verantwortlichkeit und aus physischer oder psychischer Belastung" verlangen[16]. Teilweise wird der Objektivität der Ergebnisse der Arbeitsbewertung Misstrauen entgegengebracht, weil sie von dem jeweiligen Bewertungssystem abhänge; als entscheidendes Kriterium wird demgemäß die **Praxis der TV-Parteien** aufgefasst[17]. Das Argument hat Gewicht, sind doch die durch die Koalitionen repräsentierten Bewertenden prinzipiell gleichsam als Sachverständige in eigener Angelegenheit zur Bewertung berufen[18]; auch deuten die Gesetzesmaterialien auf eine Einschätzungsprärogative der TV-Parteien hin[19]. Als Maßstäbe für die Gleichwertigkeit kommen außerdem – unter Beachtung des § 77 Abs. 3 BetrVG – **betriebsverfassungsrechtliche Bewertungssysteme** in Betracht[20]. Bedenken ergeben sich daraus jedoch insoweit, als auch tarifvertragliche Gruppenbildungen[21] und die anderen genannten **Bewertungssysteme** ihrerseits gegen § 612 Abs. 3 verstoßen können und deshalb nur Berücksichtigung finden dürfen, wenn sie **ihrer-**

---

1 BAG v. 23.8.1995 – 5 AZR 942/93, AP Nr. 48 zu § 612 BGB. |2 BAG v. 23.8.1995 – 5 AZR 942/93, AP Nr. 48 zu § 612 BGB; Soergel/*Raab*, § 612 BGB Rz. 54. |3 ArbR-BGB/*Schliemann*, § 612 BGB Rz. 53; ErfK/*Preis*, § 612 BGB Rz. 62. |4 EuGH v. 11.5.1999 – Rs. C 309/97, AP Nr. 1 zu Art. 141 – EG-Vertrag: Psychologen und Ärzte. |5 Zu Argumenten für und gegen das Kriterium gleichwertiger Arbeit *Thüsing*, NZA 2000, 570 (572 ff.). |6 BT-Drs. 8/3317, S. 10. |7 EuGH v. 13.12.1994 – Rs. C-297/93, Slg. 1994 I, 5535. |8 EuGH v. 27.10.1993 – Rs. C-127/92, NZA 1994, 797. |9 EuGH v. 30.3.2000 – Rs. C-236/98, EWiR 2000, 485 f. m. Anm. *Thüsing*. |10 BAG v. 23.8.1995 – 5 AZR 942/93, NZA 1996, 579. |11 BAG v. 23.8.1995 – 5 AZR 942/93, AP Nr. 32 § 611 BGB – Gleichbehandlung; BAG v. 10.12.1997 – 4 AZR 264/96, NZA 1998, 599. |12 Alle *Wiedemann/Peters*, RdA 1997, 100 (106); s. auch MünchKomm/*Schaub*, § 612 BGB Rz. 265. |13 Näher dazu *Thüsing*, NZA 2000, 570. |14 § 1 Abs. 5 Equal Pay Act: „A woman is to be regarded as employed on work rated as equivalent with that of any man if, but only if, her job and their job have been given an equal value, in terms of the demand made on a worker under various headings (for instance effort, skill, decision), on a study undertaken with a view to evaluating in those terms that jobs to be done by all or any of the employees in an undertaking or group of undertakings, or would have been given an equal value but for the evaluation being made on as system setting different values for men and woman in the same demand under any heading". |15 Erman/*Edenfeld*, § 612 BGB Rz. 30. |16 Art. L. 140-2 Abs. 3 CT: „... Sont considérés comme ayant une valeur égale les travaux qui exigent des salariés un ensemble comparable de connaissances professionnelles, consacrées par un titre, un diplôme ou pratique professionnelle, de capacités découlant de l'expérience acquise, de responsabilités et de charge physique ou nerveuse"; hierzu G. *Lyon-Caen/Pélissier/Supiot*, Droit du travail, 19. Aufl. 1998, Nr. 1020. |17 ErfK/*Preis*, § 612 BGB Rz. 63. Zu derartigen Bewertungssystemen vgl. MünchKomm/*Schaub*, § 612 BGB Rz. 264. |18 Vgl. näher *Hanau/Thüsing*, Europarecht und kirchliches Arbeitsrecht, S. 65 ff. |19 Peters/Thüsing, Anm. zu LAG Köln v. 11.1.1996 – 6 Sa 901/95, LAGE Art. 119 – EWG-Vertrag Nr. 15; aA *Walker*, Anm. zu BAG v. 10.12.1997 – 4 AZR 264/96, AP Nr. 3 zu § 612 BGB – Diskriminierung. |20 ArbR-BGB/*Schliemann*, § 612 BGB Rz. 57 f.; ausf. MünchKomm/*Schaub*, § 612 BGB Rz. 264. |21 ErfK/*Preis*, § 612 BGB Rz. 63.

seits dem **Lohngleichheitsgebot genügen**[1]. Richtet sich die Vergütung des ArbN nach einer Vergütungsordnung, muss diese für die Prüfung, ob sie gegen das Lohngleichheitsgebot verstößt, **in ihrer Gesamtheit betrachtet** werden[2]; so kann etwa eine Diskriminierung von Sozialarbeitern nicht bereits aus dem Vergleich der für ihre Eingruppierung geltenden speziellen Tätigkeitsmerkmale mit denjenigen für technische Angestellte abgeleitet werden, sondern es sind in die Vergleichsbetrachtung auch alle übrigen Tätigkeitsmerkmale für Angestellte anderer Berufe mit Fachhochschulabschluss und entsprechender Tätigkeit einzubeziehen[3]. Unter den **analytischen Arbeitsbewertungssystemen** werden Rangreihen-, Stufenwert-, Rangfolge- und Lohngruppenverfahren unterschieden[4].

b) **Vereinbarung.** Zum Begriff der Vereinbarung zählen nicht nur echte **vertragliche Individualvereinbarungen** zwischen ArbGeb und ArbN, sondern nach allgemeiner Ansicht ebenfalls **arbeitsvertragliche Einheitsregelungen, Gesamtzusagen** und Leistungen auf Grund **betrieblicher Übung**[5]. Auch gebündelte Vertragszusagen, gleich lautende Vereinbarungen mit allen ArbN[6] sowie vertraglich übernommene kollektive Entgeltordnungen[7] werden hinzugezählt. Es ist nicht danach zu differenzieren, ob es sich um eine freiwillige oder verpflichtende Leistung handelt[8]. 62

Einbezogen in das Gleichbehandlungsgebot sind auch **TV** sowie **Betriebs- und Dienstvereinbarungen**[9]. Selbstverständlich ist dies angesichts des normativen Charakters freilich nicht[10]. Hierfür sprechen vor allem **europarechtliche Gründe**[11], denn nach **Art. 4 der Richtlinie 75/117/EWG** ist umfassend sicherzustellen, „dass mit dem Grundsatz des gleichen Entgelts unvereinbare Bestimmungen in TV, Lohn- und Gehaltstabellen oder -vereinbarungen oder Einzelarbeitsverträgen nichtig sind oder für nichtig erklärt werden können", weshalb die europarechtskonforme Auslegung der zur Umsetzung dieser Richtlinie ergangenen Norm in der Tat die Erstreckung auf TV und BV verlangt. Nach den Ausführungen des EuGH kommt es für die Anwendung von **Art. 141 EG** auf die Rechtsnatur der Vergünstigungen nicht an, vorausgesetzt, dass sie im Zusammenhang mit dem Dienstverhältnis gewährt werden[12]; demgemäß wird in diesem Kontext darauf hingewiesen[13], dass der EuGH tarifvertragliche Regelungen an Art. 141 EG misst[14]. Wegen der unmittelbaren Geltung bereits dieser Norm besteht zwar für eine Erstreckung (auch) des § 612 Abs. 3 auf TV und BV kein essentielles Bedürfnis; dennoch sollte ein entsprechendes Verständnis des ansonsten in gleichem Umfang anwendbaren (s. insoweit Rz. 50) § 612 Abs. 3 auch dieser Norm zugrundegelegt werden. Das BAG lässt die Frage offen, ob angesichts der Vorgaben des Gemeinschaftsrechts dem Tatbestandsmerkmal der Vereinbarung eine eigenständige Bedeutung zukommen kann[15]. 63

Wann eine Diskriminierung **auf einer Vereinbarung beruht**, wird von der Rspr. weit ausgelegt. Das BAG formuliert, dass nach dem Grundsatz der gemeinschaftsrechtskonformen Auslegung eine Entgeltdiskriminierung jedenfalls dann auf einer Vereinbarung beruht, „wenn der unterschiedlichen Behandlung zumindest eine Vereinbarung mit dem begünstigten ArbN zugrunde liegt; eine Vereinbarung mit dem benachteiligten ArbN muss nicht hinzukommen"[16]. 64

c) **Vergütung.** Zu der Vergütung gehören grundsätzlich **alle Leistungen**, die der ArbGeb **in Bezug auf die Arbeitsleistung** unmittelbar oder mittelbar gewährt, und zwar nicht nur diejenigen, die im Gegenseitigkeitsverhältnis zur Dienstleistung stehen[17]. Gleichgültig ist, ob der ArbN sie in bar oder als Sachleistung erhält[18] und auch ob sie einmal oder regelmäßig entrichtet wird. Der Vergütungsbegriff ist weit auszulegen[19]. Soweit gesagt wird, dass der Begriff der Vergütung ebenso zu verstehen sei wie der Begriff des „Entgelts" iSv. Art. 141 EG zu verstehen ist[20], so ist dies im Ergebnis zutreffend, aber nicht ganz präzise: Vielmehr kann der Begriff der Vergütung nach § 612 Abs. 3 zwanglos mit dem der **Vergütung** nach **Art. 141 EG** gleichgesetzt werden, handelt es sich bei dem „Entgelt" iSv. Art. 141 EG doch gem. dessen Abs. 2 um „Mindestlöhne und -gehälter sowie alle sonstigen Vergütungen". Der EuGH fasst unter den Begriff des „Entgelts" iSv. Art. 141 EG „die üblichen Grund- oder Mindestlöhne und -gehälter sowie alle sonstigen Vergütungen (...), die der ArbGeb auf Grund des Dienstverhältnisses dem ArbN 65

---

1 ArbR-BGB/*Schliemann*, § 612 BGB Rz. 57. | 2 BAG v. 10.12.1997 – 4 AZR 264/96, AP Nr. 3 zu § 612 BGB – Diskriminierung m. Anm. *Walker*. | 3 Sachverhalt BAG v. 10.12.1997 – 4 AZR 264/96, SAE 1999, 28 (*Thüsing*). | 4 Näher ArbR-BGB/*Schliemann*, § 612 BGB Rz. 58; vgl. auch *Colneric*, FS Dieterich, 1999, S. 51. | 5 ArbR-BGB/*Schliemann*, § 612 BGB Rz. 50; Soergel/*Raab*, § 612 BGB Rz. 49. | 6 MünchKomm/*Schaub*, § 612 BGB Rz. 245. | 7 ErfK/*Preis*, § 612 BGB Rz. 50; Soergel/*Raab*, § 612 BGB Rz. 49. | 8 Soergel/*Raab*, § 612 BGB Rz. 49 unter Verweis auf die Entscheidung des EuGH v. 4.6.1992 – Rs. 360/90, AP Nr. 39 zu Art. 119 EWG-Vertrag, der dies allerdings nicht ohne weiteres zu entnehmen ist. | 9 EuGH v. 31.5.1995 – Rs. C 400/93 (Royal Copenhagen), AP Nr. 68 zu Art. 119 EWG-Vertrag; v. 7.2.1991 – Rs. 184/89 (Nimz), AP Nr. 25 zu § 23a BAT; ArbR-BGB/*Schliemann*, § 612 BGB Rz. 51; Staudinger/*Richardi*, § 612 BGB Rz. 58. | 10 Unter Hinweis auf das objektivrechtliche Wesen des Tarifvertrags und der Betriebsvereinbarung RGRK/*Michels-Holl*, § 612 BGB Rz. 73. | 11 Vgl. zB ArbR-BGB/*Schliemann*, § 612 BGB Rz. 51. | 12 EuGH v. 9.2.1982 – Rs. 12/81, Slg. 1982, 359. | 13 Staudinger/*Richardi*, § 612 BGB Rz. 57; ArbR-BGB/*Schliemann*, § 612 BGB Rz. 51. | 14 EuGH v. 27.6.1990 – Rs. C 33/89, AP Nr. 21 zu Art. 119 – EWG-Vertrag; vom BAG offen gelassen in der Entscheidung v. 10.12.1997 – 4 AZR 264/96, AP Nr. 3 zu § 612 BGB – Diskriminierung. | 15 BAG v. 23.9.1992 – 3 AZR 3092, AP Nr. 1 zu § 612 BGB – Diskriminierung. | 16 BAG v. 23.9.1992 – 4 AZR 30/92, AP Nr. 1 zu § 612 BGB – Diskriminierung. | 17 ErfK/*Preis*, § 612 BGB Rz. 51; Staudinger/*Richardi*, § 612 BGB Rz. 59; ähnl. MünchKomm/*Schaub*, § 612 BGB Rz. 247. | 18 Staudinger/*Richardi*, § 612 BGB Rz. 59; RGRK/*Michels-Holl*, § 612 BGB Rz. 74; vgl. auch Art. 141 Abs. 2 EG. | 19 Soergel/*Raab*, § 612 BGB Rz. 50. | 20 Staudinger/*Richardi*, § 612 BGB Rz. 59; RGRK/*Michels-Holl*, § 612 BGB Rz. 74; ErfK/*Preis*, § 612 BGB Rz. 51.

BGB § 612 Rz. 66   Vergütung

mittelbar oder unmittelbar oder in Sachleistungen zahlt". Unerheblich ist danach, ob das Entgelt aufgrund eines Arbeitsvertrags, einer Rechtsvorschrift oder freiwillig geleistet wird[1]. Hierzu gehören nach ständiger Rspr. des EuGH alle gegenwärtigen oder künftigen Vergütungen, vorausgesetzt, dass sie der ArbGeb dem ArbN wenigstens mittelbar auf Grund des Dienstverhältnisses gewährt, sei es auf Grund eines Arbeitsvertrages, auf Grund von Rechtsvorschriften oder freiwillig[2].

66   **Einzelfälle.** Der EuGH zählt zu dem Anwendungsbereich des Art. 141 EG etwa „Entlassungsentschädigungen nach betriebsbedingter Kündigung", also etwa **Abfindungen** bzw. ein nach dem Ausscheiden des ArbN gewährtes **Übergangsgeld**[3]. Ferner werden zur Vergütung allgemein die Leistungen für solche Zeiten gerechnet, in denen der ArbN ohne Verschulden an der Arbeitsleistung verhindert ist und seinen Anspruch auf Fortzahlung behält[4], wie etwa die Entgeltfortzahlung bei Erholungsurlaub, bei Krankheit, die bezahlte Arbeitsfreistellung eines teilzeitbeschäftigten BR-Mitglieds sowie die **Bezahlung von Überstunden** bei Teilnahme an Schulungsveranstaltungen[5], außerdem Leistungen, die der ArbGeb einer ArbN-in auf Grund gesetzlicher Vorschriften oder aufgrund eines TV während ihres Mutterschaftsurlaubs zahlt, weswegen auch während der Schutzfrist eintretende Entgelterhöhungen bei der Berechnung des **Zuschusses zum Mutterschaftsgeld** zu berücksichtigen sind[6]. Ebenso gehört dazu eine freiwillig und als Leistungsanreiz sowie Belohnung für Betriebstreue gedachte **Weihnachtsgratifikation**; diese darf einer Frau im Mutterschutzurlaub nicht mit der Begründung versagt werden, die Zuwendung hänge davon ab, dass sie sich im aktiven Beschäftigungsverhältnis befinde[7].

67   **aa) Leistungen der sozialen Sicherheit.** Leistungen der sozialen Sicherheit sind nach der Rspr. des EuGH in den Entgeltbegriff grundsätzlich einzubeziehen, anders jedoch dann, wenn sie unmittelbar durch Gesetz geregelt sind, keinerlei vertragliche Vereinbarungen innerhalb des Unternehmens oder des betroffenen Gewerbezweigs zulassen und zwingend für allgemein umschriebene Gruppen von ArbN gelten[8]. Demgemäß schließt der Umstand, dass eine Leistung erst nach Beendigung des Arbeitsverhältnisses erbracht wird, nicht aus, sie als Vergütung iSv. Art. 141 EG/§ 612 Abs. 3 BGB einzuordnen[9].

68   **bb) Leistungen der betrAV.** In seiner *Barber*-Entscheidung hat der EuGH nochmals festgestellt, dass (nur solche) Renten, die auf Grund eines an die Stelle des gesetzlichen Systems getretenen betrieblichen Systems gezahlt werden, unter den Begriff des Entgelts und damit in den Anwendungsbereich des Art. 141 EG fallen[10]. Gleiches nimmt das BAG[11] in ständiger Rspr. an.

69   **cc) Zulagen.** Auch **Zulagen** sind grundsätzlich Bestandteil der Vergütung. Das BAG hat es als Verstoß gegen Art. 3 Abs. 2 GG betrachtet, wenn die Gewährung einer **Zulage** für Frauen **von einer besonderen Voraussetzung**, nämlich von einem Antrag **abhängig** gemacht wird, während dies für Männer nicht der Fall ist[12]. Ob hierin ein Anwendungsfall des § 612 Abs. 3 gesehen werden kann[13], erscheint angesichts der Formulierung der Norm („geringere" Vergütung) fraglich; sie sollte auf Fälle der **quantitativ**, nicht der qualitativ **verringerten Entlohnung** beschränkt bleiben, um nicht zu einer Generalklausel bei Ungleichbehandlung der Geschlechter zu geraten, sobald irgendein finanzieller Bezug erkannt werden kann. Bei der Berechnung der Vergütung darf aber eine **Zulage für ungünstige Arbeitszeit** nicht berücksichtigt werden, ebenso wenig wie die **Verkürzung der Arbeitszeit**, wenn im Drei-Schichten-Betrieb gearbeitet wird[14].

70   **dd) Entgeltfortzahlung im Krankheitsfall.** Entgeltfortzahlung im Krankheitsfall gehört zu der Vergütung nach § 612 Abs. 3, weshalb es unzulässig ist, von der Fortzahlung diejenigen TeilzeitArbN auszunehmen, wenn davon wesentlich mehr Frauen als Männer betroffen sind und nicht dargelegt wird, dass dies auf Grund objektiver, nicht geschlechtsbezogener Faktoren gerechtfertigt ist[15].

71   **d) Benachteiligung wegen des Geschlechts.** Ob die Benachteiligung durch das Geschlecht bedingt ist, richtet sich nach dem Merkmal, das zu dem Unterschied in der Höhe der Vergütungen führt. § 612 Abs. 3 ist nur dann betroffen, wenn dieses Merkmal das Geschlecht ist. Zum Ausschluss der Berücksichtigung bestimmter Umstände wegen Verstoßes gegen das Lohndiskriminierungsverbot s. Rz. 69 (Zulage, Verkürzung).

---

1 EuGH v. 17.5.1990 – Rs. 262/88, AP Nr. 20 zu Art. 119 – EWG-Vertrag (Barber) (Ls. 1). |2 EuGH v. 17.5.1990 – Rs. C-262/88, AP Nr. 20 zu Art. 119 – EWG-Vertrag (Barber); v. 4.6.1992 – Rs. C-360/4/90, AP Nr. 39 zu Art. 119 – EWG-Vertrag; vgl. auch BAG v. 26.5.1993 – 5 AZR 184/92, AP Nr. 42 zu Art. 119 – EWG-Vertrag. |3 EuGH v. 17.5.1990 – Rs. 262/88, AP Nr. 20 zu Art. 119 – EWG-Vertrag (Ls. 1); vgl. Soergel/*Raab*, § 612 BGB Rz. 50. |4 So Soergel/*Raab*, § 612 BGB Rz. 50. |5 EuGH v. 4.6.1992 – Rs. 360/90, AP Nr. 39 zu Art. 119 – EWG-Vertrag. |6 BAG v. 31.7.1996 – 5 AZR 9/95, NZA 1996, 1205 f.; als Entgelt iSv. Art. 119 – EWG-Vertrag: EuGH v. 13.2.1996 – Rs. C 342/93, AP Nr. 74 zu Art. 119 – EWG-Vertrag (Gillespie). |7 EuGH v. 21.10.1999 – Rs. C 333/97, AP Nr. 14 zu Art. 119 – EG-Vertrag. |8 EuGH v. 17.5.1990 – Rs. 262/88, AP Nr. 20 zu Art. 119 – EWG-Vertrag. |9 Soergel/*Raab*, § 612 BGB Rz. 50. |10 EuGH v. 17.5.1990 – Rs. 262/88, AP Nr. 20 zu Art. 119 – EWG-Vertrag; zuvor schon EuGH v. 13.5.1986 – Rs. 170/84, AP Nr. 10 zu Art. 119 – EWG-Vertrag; st. Rspr., zuletzt EuGH v. 12.9.2002 – Rs. C-351/00, NZA 2002, 1141 (1142 mwN). |11 BAG v. 5.10.1993 – AP Nr. 20 zu § 1 BetrAVG – Lebensversicherung; v. 23.1.1990 – 3 AZR 58/88, AP Nr. 7 zu § 1 BetrAVG Gleichberechtigung. |12 BAG v. 20.4.1977 – 4 AZR 732/75, AP Nr. 111 zu Art. 3 GG m. Anm. *Wiedemann/Willemsen*; vgl. zum Antragserfordernis auch schon BAG v. 15.1.1964 – 4 AZR 75/63, BAGE 15, 228. |13 So MünchKomm/*Schaub*, § 612 BGB Rz. 247. |14 EuGH v. 30.3.2000 – Rs. C 336/98, AP Nr. 15 zu EWG-Richtlinie Nr. 75/117 (Jämställdhetsombudsman). |15 EuGH v. 13.7.1989 – Rs. 171/88, AP Nr. 16 zu Art. 119 – EWG-Vertrag; ArbR-BGB/*Schliemann*, § 612 BGB Rz. 71.

Vergütung   Rz. 76 § 612 BGB

aa) Unmittelbare Geschlechtsbedingtheit. Das Lohngleichheitsgebot verbietet Entgeltregelungen, bei 72
denen das Entgelt unmittelbar vom Geschlecht der ArbN abhängt (unmittelbare Diskriminierung)[1].
Eine Ausnahme von dem Verbot der unmittelbar geschlechtsbedingten Ungleichbehandlung enthält
Art. 141 Abs. 4 EG. Auch soweit die Art der Tätigkeit ein **bestimmtes Geschlecht als unverzichtbare Voraussetzung** erfordert, liegt darin **kein zulässiger Grund** für eine Vergütungsdifferenzierung, denn die
Erlaubnis erstreckt sich nur auf die Differenzierung in der Tätigkeit verschiedener ArbN, nicht aber auf
die Entlohnung.

Bei der Gewährung einer **betrAV** liegt eine unzulässige unmittelbare Diskriminierung auf Grund des 73
Geschlechts vor, wenn für die Bezugsberechtigung je nach Geschlecht ein **unterschiedliches Renteneintrittsalter** gilt[2]. Dies wurde vom EuGH auch dann für unzulässig erachtet, wenn ein solcher Unterschied der für das gesetzliche Rentensystem geltenden Regelung entspricht[3]. Ein unzulässiger Fall der
unmittelbaren Diskriminierung wegen des Geschlechts ist etwa dann gegeben, wenn eine Pensionskasse, die der ArbGeb zur Zahlung von Versorgungsleistungen eingeschaltet hat, eine **Witwenpension**
nur unter der Voraussetzung gewährt, dass die verstorbene ArbN-in den Familienunterhalt überwiegend bestritten hat[4]. Bei Gewährung einer Witwenversorgung muss der ArbGeb auch eine gleich hohe
Witwerversorgung zusagen; ein Ausschluss der Witwerversorgung verstieße gegen das Lohngleichheitsgebot[5]. Zur Rechtsfolge im Zusammenhang mit lohngleichheitswidrigen Altersversorgungssystemen s. Rz. 82. Ein unmittelbarer Verstoß liegt ferner dann vor, wenn bei gleicher Arbeit deutlich mehr
Männer (fast die Hälfte) **übertariflich entlohnt** werden, während von den Frauen nur 1/10 die übertarifliche Vergütung erhalten[6]. Unzulässig ist die Gewährung einer **Ehefrauenzulage**, die an die verheirateten männlichen ArbN gezahlt wird, während verheiratete ArbN-innen keine entsprechende Zulage erhalten[7]. Schon früh wurden tarifliche Klauseln, nach denen Frauen generell und schematisch nur einen geringeren Lohn erhielten, für unzulässig erklärt[8].

bb) Mittelbare Geschlechtsbedingtheit, mittelbare Diskriminierung.[9] **(1) Grundlage.** Das Verbot 74
mittelbarer Diskriminierung hat die Rspr. des BAG und des BVerfG bereits aus Art. 3 Abs. 2, 3 GG
sowie aus Art. 119 EWG-Vertrag (aF) hergeleitet[10]. Das BAG sieht das Verbot mittelbarer Diskriminierung dagegen weder als einen Fall der Rechtsfortbildung noch als Schaffung von Richterrecht an[11].

Nach der nun auch für die Geschlechtsdiskriminierung in Art. 2 Abs. 2 der Richtlinie 76/207/EWG normierten **Definition** liegt eine mittelbare Diskriminierung vor, wenn dem Anschein nach neutrale Vorschriften, Kriterien oder Verfahren Personen, die einer Rasse oder ethnischen Gruppe angehören, in besonderer 75
Weise benachteiligen können, es sei denn, die betreffenden Vorschriften, Kriterien oder Verfahren sind
durch ein rechtmäßiges Ziel sachlich gerechtfertigt, und die Mittel sind zur Erreichung dieses Ziels angemessen und erforderlich. Eine mittelbare Diskriminierung wegen des Geschlechts setzt ferner voraus,
dass das **zahlenmäßige Verhältnis der Geschlechter** unter den von einer Rechtsnorm Benachteiligten **wesentlich anders** ist als dasjenige unter den von ihr Begünstigten; dagegen folgt allein daraus, dass sich
unter den von einer Rechtsnorm nachteilig Betroffenen überwiegend Angehörige eines Geschlechts befinden, nicht der diskriminierende Charakter der Rechtsnorm[12]. Ausführlich s. § 611a Rz. 36 ff. Das Verbot
mittelbarer Diskriminierung geht jedoch nicht so weit, dass der ArbGeb gehalten wäre, die für seine Beschäftigten geltende Versorgungsordnung so auszugestalten, dass die für ArbN mit familiären Verpflichtungen (insb. Frauen) bestehenden besonderen Schwierigkeiten, die Voraussetzungen für die Gewährung einer Betriebsrente zu erfüllen, berücksichtigt werden[13].

(2) Entlohnung nach Marktlage.[14] In der Frage, inwieweit die Marktentwicklung und die unterschiedliche Nachfrage bei unterschiedlichen Tätigkeiten eine differenzierte Bezahlung rechtfertigen können, 76
auch wenn dies zur schlechteren Entlohnung von Frauen führt, wird im Schrifttum im Hinblick auf die
gleiche Entlohnung gleichwertiger Arbeit zumeist die Möglichkeit eines am Arbeitsmarkt orientierten

---

1 BAG v. 14.3.1989 – 3 AZR 490/87, AP Nr. 25 zu Art. 119 – EWG-Vertrag. | 2 EuGH v. 17.5.1990 – Rs. 262/88, AP Nr. 20 zu Art. 119 – EWG-Vertrag; v. 14.12.1993 – Rs. C 110/91, AP Nr. 16 zu § 1 BetrAVG – Gleichbehandlung; vgl. auch jüngst EuGH v. 12.9.2002 – Rs. C-351/00, NZA 2002, 1141; s. ferner BAG v. 31.8.1978 – 3 AZR 313/77, AP Nr. 1 zu § 1 BetrAVG – Gleichberechtigung; v. 7.11.1995 – 3 AZR 1064/94, AP Nr. 71 zu Art. 119 – EWG-Vertrag. |3 EuGH v. 17.5.1990 – Rs. 262/88 (Barber), AP Nr. 20 zu Art. 119 – EWG-Vertrag. |4 BAG v. 19.11.2002 – 3 AZR 631/97 nach Vorabentscheidungsersuchen an den EuGH, vgl. EuGH v. 9.10.2001 – Rs. C-379/99, AP Nr. 5 zu § 1 BetrAVG – Pensionskasse. |5 BAG v. 5.9.1989 – 3 AZR 575/88, AP Nr. 8 zu § 1 BetrAVG – Hinterbliebenenversorgung. |6 BAG v. 23.9.1992 – 4 AZR 30/92, AP Nr. 1 zu § 612 BGB – Diskriminierung. |7 BAG v. 13.11.1985 – 4 AZR 234/84, AP Nr. 136 zu Art. 3 GG m. Anm. *Zuleeg*. |8 BAG v. 15.1.1955 – 1 AZR 305/54, AP Nr. 4 zu Art. 3 GG; vgl. auch – für den Fall der Individualvereinbarung – BAG v. 11.1.1973 – 5 AZR 321/72, AP Nr. 110 zu Art. 3 GG. |9 BAG v. 14.10.1986 – 3 AZR 66/83, AP Nr. 11 zu Art. 119 – EWG-Vertrag m. Anm. *Pfarr*; vgl. auch schon („verdeckte Diskriminierung") BAG v. 6.4.1982 – 3 AZR 134/79, BAGE 38, 232. |10 BAG v. 26.5.1993 – 5 AZR 184/92, AP Nr. 42 zu Art. 119 – EWG-Vertrag; v. 20.11.1990 – 3 AZR 613/89, BAGE 66, 264 (279); v. 23.1.1990 – 3 AZR 58/88, AP Nr. 7 zu § 1 BetrAVG – Gleichberechtigung; v. 28.7.1992 – 3 AZR 173/92, AP Nr. 18 zu § 1 BetrAVG – Gleichbehandlung, unter IV d.Gr.; BVerfG v. 28.9.1992 – 1 BvR 496/87, NZA 1993, 213. |11 BAG v. 20.11.1990 – 3 AZR 613/89, AP Nr. 8 zu § 1 BetrAVG – Gleichberechtigung. |12 BAG v. 9.3.1994 – 4 AZR 301/93, AP Nr. 31 zu § 23a BAT. |13 EuGH v. 13.5.1986 – Rs. 170/84 (Bilka), AP Nr. 10 zu Art. 119 – EWG-Vertrag m. Anm. *Pfarr*. |14 Näher zur mittelbaren Diskriminierung durch Marktlöhne *Thüsing*, NZA 2000, 570 (574 ff.).

BGB § 612 Rz. 77   Vergütung

Rechtfertigungsgrunds bejaht[1]. Auch die Rspr. des EuGH in der *Enderby*-Entscheidung[2] sowie die des BAG[3] weisen vorsichtig in diese Richtung. In den Vereinigten Staaten wird die generelle Unanwendbarkeit dieser Diskriminierungsform für die unterschiedliche Entlohnung gleichwertiger Arbeit vertreten[4]; das Verbot der Geschlechtsdiskriminierung zwinge den ArbGeb nicht dazu, den Markt bei der Entscheidung über die Entgeltung verschiedener Tätigkeiten zu ignorieren. In der Tat kann eine mittelbare Diskriminierung bei der **Entlohnung nach Marktlage** bei gleichwertiger Arbeit nicht vorliegen: Zwar kann auch eine Entlohnung nach Marktlöhnen zu einer Schlechterstellung von typischen Frauenberufen gegenüber typischen Männerberufen führen, sie erfolgt jedoch **nicht wegen des Geschlechts**[5]. Wer trotzdem eine Gleichbehandlung der weniger mit stärker nachgefragten Berufen verlangt, verlässt den Bereich des Gleichbehandlungsgebots und fordert eine Ungleichbehandlung, um eine Ergebnisgleichheit zu erreichen: Den einen wird der Marktlohn gezahlt, den anderen aber mehr als der Marktlohn, damit beide das Gleiche erhalten. Das ist eine positive Diskriminierung zugunsten der Frauen[6]; sie hat mit der mittelbaren oder unmittelbaren Diskriminierung aber nichts mehr zu tun und ist vielmehr eine in engen Grenzen erlaubte, aber nicht durch die Verfassung gebotene Ungleichbehandlung wegen des Geschlechts. Bei der mittelbaren Diskriminierung **bei gleicher Arbeit** dagegen kann sicher getrennt werden, denn gleiche Arbeit ist – im Gegensatz zu gleichwertiger – die Arbeit, die unterschiedslos von verschiedenen ArbN ausgeführt werden kann. Wenn bei gleicher Arbeit ein niedrigeres Gehaltsniveau für Frauen entsteht, dann kann dies *prima facie* nur seinen Grund in dem Umstand haben, dass hier die Arbeit von Frauen niedriger eingeschätzt wird als die der Männer, denn beide sind ja austauschbar, was bei gleich*wertigen* Arbeiten definitionsgemäß nicht der Fall ist. Hier ist mit der unterschiedlichen Nachfrage am Markt ein Faktor mitbestimmend, der gerade nicht geschlechtsbezogen ist. Dies rechtfertigt es, beide Fälle unterschiedlich zu behandeln. Am Markt unterschiedlich bewertete Tätigkeiten sind daher grundsätzlich nicht gleichwertig.

77   cc) **Rechtfertigung.** Ist der objektive Tatbestand einer **mittelbaren Diskriminierung** gegeben, so muss der ArbGeb zur Rechtfertigung seiner Regelung darlegen und beweisen, dass die Differenzierung einem **wirklichen Bedürfnis des Unternehmens** dient und für die Erreichung dieses Ziels **geeignet** und unter Berücksichtigung der Bedeutung des Grundsatzes der Lohngleichheit **erforderlich** ist[7]. Nicht jeder noch so geringfügige finanzielle Vor- oder Nachteil stellt ein wirkliches Bedürfnis dar; vielmehr müssen erhebliche Kostenvor- oder -nachteile die differenzierende Regelung erfordern[8]. Als nicht ausreichend erachtet wurde in der älteren Rspr. des BAG ein bloßer **sachlicher Grund**[9]. Das erscheint unnötig vorsichtig. Der Rechtfertigungsmaßstab ist derselbe. Die verschwommene Terminologie, die zwischen „sachlichem Grund" und einer „Behandlung, die einem wirklichen Bedürfnis des Unternehmens dient und für die Erreichung dieses Ziels geeignet und nach den Grundsätzen des Verhältnismäßigkeitsgrundsatzes erforderlich und angemessen ist"[10] unterschied, kann hierüber nicht hinwegtäuschen. Die Differenz zwischen diesen Begriffen zu beschreiben, ist sprachlich kaum möglich und sachlich entbehrlich; eine überzeugende Trennlinie scheint ohnehin rational nicht begründbar. Wird den genannten Anforderungen genügt, so kann damit auch der Ausschluss von (mehrheitlich weiblichen) Teilzeitbeschäftigten von der betrAV durch ein Kaufhausunternehmen gerechtfertigt werden, das möglichst wenige Teilzeitkräfte beschäftigen will[11]. Zur Beantwortung der Frage, ob ein rechtfertigender Grund vorliegt, ist allgemein auf Grund der **Umstände des Einzelfalls** eine **Interessenabwägung** durchzuführen, bei der die für die Regelung vorgebrachten Gründe umso gewichtiger sein müssen, je schwerer die damit einhergehenden Nachteile für die Angehörigen des jeweils betroffenen Geschlechts sind[12]. Subjektive Wünsche und „Vorlieben" des ArbGeb sind unmaßgeblich; insb. kommt es nicht darauf an, ob eine Diskriminierungsabsicht bestand[13].

78   Als Kriterium für die Gewährung einer Zulage kann die **Anpassungsfähigkeit** der ArbN an unterschiedliche Arbeitszeiten und -orte auch Frauen benachteiligen, wenn sie auf Grund der ihnen häufig obliegenden Aufgaben in Haushalt und Familie ihre Arbeitszeit weniger leicht als Männer flexibel gestalten können. Das Kriterium ist jedoch gerechtfertigt, sofern es für die Ausführung der dem ArbN übertragenen spezifischen Aufgaben von Bedeutung ist, nicht aber, wenn dieses Kriterium so verstan-

---

1 Vgl. *Peters/Thüsing*, Anm zu LAG Köln v. 11.1.1996 – 6 Sa 901/95, LAGE Art. 119 – EWG-Vertrag Nr. 15; *Wiedemann*, FS Friauf, 1996, S. 135 (145); *Wiedemann/Peters*, RdA 1997, 100 (106). |2 EuGH v. 13.12.1994 – Rs. C-297/93, Slg. 1994 I, 5535. |3 BAG v. 23.8.1995 – 5 AZR 293/94, NZA 1996, 829. |4 Vgl. die Entscheidung Griggs v. Duke Power Company 401 U.S. 424 (1973). |5 I. Erg. ebenso ArbR-BGB/*Schliemann*, § 612 BGB Rz. 74. |6 Vgl. zur *affirmative action* umfassend und i. Erg. sehr zurückhaltend *Rüfner* in Bonner Kommentar zum GG, Art. 3 Abs. 2 und Abs. 3 Rz. 684–826; für das amerikanische Recht *Nowak/Rotunda/Young*, Constitutional Law, 3. Auflage (1986), S. 603–625. |7 BAG v. 14.10.1986 – 3 AZR 66/83, AP Nr. 11 zu Art. 119 – EWG-Vertrag m. Anm. *Pfarr*; v. 14.3.1989 – 3 AZR 490/87, AP Nr. 25 zu Art. 119 – EWG-Vertrag; Soergel/*Raab*, § 612 BGB Rz. 76. |8 BAG v. 23.1.1990 – 3 AZR 58/88 und BAG v. 20.11.1990 – 3 AZR 613/89, AP Nr. 7 und 8 zu § 1 BetrAVG – Gleichberechtigung. |9 S. zB BAG v. 14.3.1989 – 3 AZR 490/87, NZA 1990, 25; v. 26.5.1993 – 5 AZR 184/92, NZA 1994, 413; v. 5.10.1993 – 3 AZR 695/92, NZA 1994, 315; v. 23.1.1990 – 3 AZR 58/88, NZA 1990, 778; v. 20.11.1990 – 3 AZR 613/89, NZA 1991, 635; *Lipke*, AuR 1991, 76; mwN ErfK/*Preis*, § 612 BGB Rz. 65. |10 BAG v. 14.3.1989 – 3 AZR 490/87, NZA 1990, 25 m. zahlr. weit. Nachw.; s. auch die Rechtfertigung der mittelbaren Diskriminierung in den Art. 2 Abs. 2 lit b Richtlinie 2000/78/EG und Art.2 Abs. 2 lit b Richtlinie 2000/43/EG; Kriterien, „die durch ein rechtmäßiges Ziel sachlich gerechtfertigt sind, und zur Erreichung des Ziel angemessen und erforderlich sind". |11 EuGH v. 13.5.1986 – Rs. 170/84 (Bilka), AP Nr. 10 zu Art. 119 – EWG-Vertrag. |12 Soergel/*Raab*, § 612 BGB Rz. 75. |13 BAG v. 14.10.1986 – 3 AZR 66/83, AP Nr. 11 zu Art. 119 – EWG-Vertrag m. Anm. *Pfarr*.

den wird, dass es die Qualität der vom ArbN verrichteten Arbeit umfasst[1]. Auch die **Berufsausbildung** als Zulagekriterium kann weibliche ArbN benachteiligen, „soweit diese weniger die Möglichkeit hatten, eine so gründliche Berufsausbildung zu erwerben als die männlichen ArbN, oder diese Möglichkeit in geringerem Maße genutzt haben". Der ArbGeb kann jedoch die Vergütung einer besonderen Berufsausbildung rechtfertigen, indem er darlegt, dass diese Ausbildung für die Ausführung der dem ArbN übertragenen spezifischen Aufgaben von Bedeutung ist[2]. Zwar hält der EuGH auch eine Diskriminierung auf Grund der **Anciennität** als Zulagekriterium nicht für ausgeschlossen, stellt es dem ArbGeb jedoch frei, die Anciennität bei der Entlohnung zu berücksichtigen, ohne dass er ihre Bedeutung für die Ausführung der dem ArbN übertragenen spezifischen Aufgaben darlegen muss[3]. Im Fall des Bewährungsaufstiegs kann eine Bestimmung, die für Teilzeitbeschäftigte eine längere Bewährungszeit vorsieht als für Vollzeitbeschäftigte, insoweit gerechtfertigt werden, als mit dem Bewährungsaufstieg das **wachsende Erfahrungswissen** des ArbN honoriert werden soll und dieses Erfahrungswissen in der im konkreten Fall ausgeübten Tätigkeit nach Ablauf der Bewährungszeit bei einem Vollzeitbeschäftigten regelmäßig nicht nur unwesentlich größer ist als bei einem Teilzeitbeschäftigten nach derselben Zahl von Jahren[4]. Eine Lohndifferenzierung nach dem Grad der erforderlichen **muskelmäßigen Beanspruchung** ist nicht allein deshalb diskriminierend, weil sie auf Eigenschaften abstellt, die Männer eher besitzen. Ein solches Lohnsystem muss jedoch so ausgestaltet sein, dass es solche als gleichwertig anerkannt Arbeitsplätze umfasst, bei denen die weiblichen ArbN besonders geeignet sein können[5]. Bei der Bestimmung körperlich leichter oder schwerer Arbeit ist auf die Verkehrsanschauung abzustellen, wobei nicht mehr nur das Ausmaß der Muskelbeanspruchung, sondern nunmehr alle Umstände zu berücksichtigen sind, die auf den Menschen belastend einwirken und zu körperlichen Reaktionen führen können, so zB auch die Arbeitspulsfrequenz[6]. Der Unterschied im Entgelt zweier gleichwertiger Tätigkeiten, von denen die eine fast ausschließlich von Frauen und die andere hauptsächlich von Männern ausgeübt wird, ist nicht allein damit sachlich zu rechtfertigen, dass die jeweiligen Entgelte für diese beiden Tätigkeiten in **Tarifverhandlungen** festgelegt wurden, die zwar von denselben Parteien, aber unabhängig voneinander geführt wurden, und die, je für sich betrachtet, keine diskriminierende Wirkung haben[7].

Bei einer **unmittelbaren Diskriminierung** ist dagegen eine Rechtfertigung unter Berufung auf ein Geschlecht als unverzichtbare Voraussetzung für die Tätigkeit nicht möglich. Dies folgt aus § 612 Abs. 3 Satz 3, der nicht auf die Erlaubnis des Satz 2 in § 611a Abs. 1 verweist[8]. Daher ist die dem Wortlaut nach volle Inbezugnahme des § 611a Abs. 1 Satz 3, dh. auch auf dessen 2 Alt. („oder das Geschlecht unverzichtbare Voraussetzung ... ist"), insoweit teleologisch zu reduzieren. 79

dd) Positive Diskriminierung. Art. 141 EG enthält nunmehr in seinem Abs. 4 die Regelung, wonach im Hinblick auf die „effektive Gewährleistung der vollen Gleichstellung" der Entgeltgleichbehandlungsgrundsatz die Mitgliedstaaten nicht hindert, „für Angehörige des unterrepräsentierten Geschlechts [...] spezifische Vergünstigungen beizubehalten oder zu beschließen"; ebenso damit erfasst die Möglichkeit der *affirmative action* auch ein Abweichen vom Grundsatz „Gleiches Entgelt für gleiche oder gleichwertige Arbeit". Zu den Grenzen solche Förderung s. § 611a Rz. 45 ff. 80

4. Rechtsfolge. § 612 Abs. 3 ist ein Verbotsgesetz iSv. § 134; ein Verstoß hat mithin **Nichtigkeit** der jeweiligen Bestimmung zur Folge[9]. Davon erfasst werden nicht nur individualvertragliche, sondern, wie **Art. 4 der Richtlinie 117/75/EWG** bestimmt, auch tarifliche und BV[10]. Im Falle eines Verstoßes gegen § 612 Abs. 3 haben die wegen ihres Geschlechts benachteiligten ArbN Anspruch auf die Leistungen, die der bevorzugten Gruppe gewährt werden[11], auch wenn dies Folge nicht bereits aus dem Wortlaut des § 612 Abs. 3 ergibt[12]. Die Angleichung an höheren Lohn beinhaltet aber eine Sanktion, die wirksam zu lohngleichheitsgebotskonformem Verhalten anreizt, indem jede diskriminierende Ungleichbehandlung mit einem finanziellen Risiko belegt wird. Aus diesem Grund muss der Anspruch grundsätzlich[13] auch **rückwirkend** gegeben sein, weil sonst risikolos der Versuch eingegangen werden könnte, wenigstens zeitweise auf eine unzulässige Lohngestaltung zu spekulieren. Dass auch die mittelbare Diskriminierung mit diesem Risiko belegt wird, hält dazu an, auch jede „fahrlässige" Diskriminierung zu vermeiden. Gleichwohl ist es dem ArbGeb nicht bereits auf Grund des § 612 Abs. 3 verwehrt, die Vorteile der begünstigten Gruppe mit Wirkung für die Zukunft zu beseitigen[14]. Die Ausnahmen in der „**Anpassung nach oben**" beim Allgemeinen Gleichbehandlungsgrundsatz gelten hier nicht, s. § 611 Rz. 212. 81

---

1 EuGH v. 17.10.1989 – Rs. 109/88 (Danfoss), AP Nr. 19 zu Art. 119 – EWG-Vertrag; *Walker*, Anm. zu BAG v. 10.12.1997 – 4 AZR 264/96, AP Nr. 3 zu § 612 BGB – Diskriminierung. | 2 EuGH v. 17.10.1989 – Rs. 109/88 (Danfoss), AP Nr. 19 zu Art. 119 – EWG-Vertrag. | 3 EuGH v. 17.10.1989 – Rs. 109/88 (Danfoss), AP Nr. 19 zu Art. 119 – EWG-Vertrag. | 4 BAG v. 2.12.1992 – 4 AZR 152/92, AP Nr. 28 zu § 23a BAT. | 5 EuGH v. 1.7.1986 – Rs. 237/85, AP Nr. 13 zu Art. 119 – EWG-Vertrag. | 6 BAG v. 27.4.1988 – 4 AZR 707/87, AP Nr. 63 zu § 1 TVG – Tarifverträge: Metallindustrie. | 7 EuGH v. 27.10.1993 – Rs. C 127/92 (Enderby), AP Nr. 50 zu Art. 119 – EWG-Vertrag. | 8 ArbR-BGB/*Schliemann*, § 612 BGB Rz. 76; anders, doch i. Erg. ebenso MünchKomm/*Schaub*, § 612 BGB Rz. 271. | 9 ErfK/*Preis*, § 612 BGB Rz. 68. | 10 Vgl. schon EuGH v. 27.6.1990 – Rs. C 33/89, AP Nr. 21 zu Art. 119 – EWG-Vertrag (Kowalska); v. 7.2.1991 – Rs. 184/89 (Nimz), AP Nr. 25 zu § 23a BAT. | 11 BAG v. 23.9.1992 – 4 AZR 30/92, AP Nr. 1 zu § 612 BGB – Diskriminierung; krit. zu der dadurch bewirkten „Spirale nach oben" Soergel/*Raab*, § 612 BGB Rz. 83. | 12 ErfK/*Preis*, § 612 BGB Rz. 68. | 13 Zu Ausnahmen vgl. Rz. 87 ff. | 14 Soergel/*Raab*, § 612 BGB Rz. 82 und 84.

82 Im Fall der Unwirksamkeit einer *betrieblichen Versorgungsordnung* wegen mittelbarer Diskriminierung Teilzeitbeschäftigter ist nicht die gesamte Versorgungsordnung nichtig; vielmehr entfällt lediglich der gleichbehandlungswidrige Ausschlusstatbestand[1]. Das BAG schließt eine **Anpassungsfrist** für den ArbGeb aus, weswegen die ArbN den Verstoß auch nicht zeitweilig hinzunehmen brauchen[2]. Kann die – nicht als Schadensersatz–, sondern als Erfüllungsanspruch – geschuldete Altersversorgung nicht auf dem vorgesehenen Durchführungsweg erbracht werden, so hat der ArbGeb auf Grund seiner Einstandspflicht erforderlichenfalls selbst die Versorgungsleistungen zu erbringen[3]. Verstößt eine Versorgungsordnung gegen das Lohngleichheitsgebot, weil sie Teilzeitbeschäftigte diskriminiert, kann der ArbGeb die Kostensteigerung, die durch die dann gebotene Einbeziehung der Teilzeitbeschäftigten entsteht, nur für die Zukunft durch eine anpassende BV korrigieren; in der **Vergangenheit** erdiente Versorgungsansprüche und Anwartschaften müssen hingegen nach der alten Versorgungsordnung berechnet werden[4]. Allerdings hat der EuGH es im Interesse der Rechtssicherheit **ausgeschlossen**, entsprechende Ansprüche gegen den ArbGeb auch rückwirkend – **vor dem 17.5.1990**, dem Tag der Verkündung seiner Barber-Entscheidung – geltend zu machen, sofern nicht bereits zu diesem Zeitpunkt eine entsprechende Klage gegen den ArbGeb anhängig war[5]. Diese Rspr. wurde bei der Schaffung des Maastrichter Vertrags in das Protokoll Nr. 17 zu Art. 141 des EG 1992 aufgenommen[6]. Im Zusammenhang mit dieser Begrenzung trifft § 30a BetrAVG eine ausdrückliche Regelung, s. Kommentierung dort.

83 Nach BAG-Rspr. gilt für eine **Übergangszeit**, dass Regelungen in Versorgungsverträgen, die ein unterschiedliches Rentenzugangsalter vorsehen, nicht gegen Art. 3 Abs. 3 GG verstoßen, sofern dadurch bisher noch für Frauen bestehende Nachteile im Berufsleben ausgeglichen werden[7]; zwar liegt darin ein Verstoß gegen Art. 141 EG, doch bleibt eine Verpflichtung des ArbGeb nach den Grundsätzen der Barber-Entscheidung sowie des zitierten Protokolls (Rz. 87) ausgeschlossen, so dass jedenfalls für Zeiten nach dem 17.5.1990 ein einheitliches Rentenzugangsalter bestehen muss. Diese Rspr. wird zu Recht in Frage gestellt mit dem Hinweis auf Art. 141 Abs. 4 EG, wonach eine „effektive Gewährleistung der vollen Gleichstellung" des benachteiligten Geschlechts durch ungleich gewährte Vergünstigungen erlaubt ist[8].

84 Ein **Ausschluss der Rückwirkung** gilt ansonsten für Fälle der mittelbaren Diskriminierung, auch im Zusammenhang mit betrieblicher Altersversorgung, **im Allgemeinen nicht**[9]. Daher haben ArbN einen Verstoß gegen das Lohngleichheitsgebot grundsätzlich auch nicht zeitweilig hinzunehmen. Das BAG begründet dies damit, dass mit dem Verbot der mittelbaren Diskriminierung kein Richterrecht geschaffen, sondern lediglich dem bereits durch Art. 3 Abs. 2 GG gewährleisteten Lohngleichheitsgebot Geltung verschafft wird[10].

85 **5. Darlegungs- und Beweislast.** Nach Abs. 3 Satz 3 gelten die Regeln des § 611a Abs. 1 Satz 3 entsprechend. Für Einzelheiten s. § 611a Rz. 52 ff.. Es verbleiben jedoch **Besonderheiten** im Zusammenhang mit **§ 612 Abs. 3**: Die Beweislast für die **Gleichwertigkeit** – Gleiches gilt für die **Gleichartigkeit** – der Tätigkeit trägt der ArbN, da es sich dabei um eine anspruchsbegründende Voraussetzung handelt, die feststehen muss, damit es überhaupt zur Umkehr der Beweislast hinsichtlich der Diskriminierung kommen kann[11]. Hierfür wird jedoch genügen, dass Indizien vorgetragen werden, die den Betroffenen aus eigener Anschauung zugänglich sein können. Der volle Nachweis muss aber nicht erbracht werden, weil dem ArbN dieser regelmäßig kaum möglich sein wird[12]. Wird der ArbN dem gerecht, liegt die Beweislast für das Nichtvorliegen einer Benachteiligung bzw. für ihre Geschlechtsunabhängigkeit bei dem ArbGeb[13]. Beschränkt sich der ArbN auf einen Vortrag, der nicht substantiiert begründet ist, so reduziert sich die gerichtliche Prüfung auf die Frage, ob „greifbare Anhaltspunkte" für den gerügten Verstoß sprechen[14]. Nach den Materialien spielt für die Verteilung der Darlegungs- und Beweislast der Gedanke der Sachnähe eine Rolle[15].

---

1 BAG v. 14.10.1986 – 3 AZR 66/83, AP Nr. 11 zu Art. 119 – EWG-Vertrag; v. 14.3.1989 – 3 AZR 490/87, AP Nr. 25 zu Art. 119 – EWG-Vertrag; v. 20.11.1990 – 3 AZR 613/89, AP Nr. 8 zu § 1 BetrAVG – Gleichberechtigung. | 2 BAG v. 20.11.1990 – 3 AZR 613/89, AP Nr. 8 zu § 1 BetrAVG – Gleichberechtigung; ebenso BAG v. 5.9.1989 – 3 AZR 575/88, AP Nr. 8 zu § 1 BetrAVG – Hinterbliebenenversorgung. | 3 BAG v. 7.3.1995 – 3 AZR 282/94, AP Nr. 26 zu § 1 BetrAVG – Gleichbehandlung. | 4 BAG v. 14.10.1986 – 3 AZR 66/83, AP Nr. 11 zu Art. 119 – EWG-Vertrag. | 5 EuGH v. 14.12.193 – Rs. C 110/91, AP Nr. 1 zu § 16 zu § 1 BetrAVG – Gleichbehandlung; zur Rückwirkung richterlicher Entscheidungen zum Lohngleichheitsgrundsatz in der betrieblichen Altersversorgung s. auch *Huep*, RdA 2001, 325 ff. (328 ff.). | 6 Vgl. aber BAG v. 7.3.1995 – 3 AZR 282/94, AP Nr. 26 zu § 1 BetrAVG – Gleichbehandlung sowie BAG v. 16.1.1996 – 3 AZR 767/94, AP Nr. 73 zu Art. 119 – EWG-Vertrag, wonach diese Protokollerklärung nicht die Geltung von neben Art. 119 – EWG-Vertrag anwendbarer nationaler Schutzvorschriften wie Art. 3 Abs. 1 GG einschränkt. | 7 BAG v. 3.6.1997 – 3 AZR 910/95, AP Nr. 35 zu § 1 BetrAVG – Gleichbehandlung m. Anm. *Schlachter*; v. 18.3.1997 – 3 AZR 759/95, AP Nr. 32 zu § 1 BetrAVG – Gleichbehandlung. | 8 ArbR-BGB/*Schliemann*, § 612 BGB Rz. 67. | 9 Ausf. zur Problematik der Rückwirkung, insb. im Zusammenhang mit betrieblicher Altersversorgung, BVerfG v. 28.9.1992 – 1 BvR 496/87, AP Nr. 15 zu Art. 20 GG sowie BVerfG v. 19.5.1999 – 1 BvR 263/98, NZA 1999, 815 f. | 10 BAG v. 20.11.1990 – 3 AZR 613/89, AP Nr. 8 zu § 1 BetrAVG – Gleichberechtigung. | 11 *Walker*, Anm. zu BAG v. 10.12.1997 – 4 AZR 264/96, AP Nr. 3 zu § 612 BGB – Diskriminierung; LAG Köln v. 11.1.1996 – 6 Sa 901/95, LAGE Art. 119 – EWG-Vertrag Nr. 15 m. zust. Anm. *Peters/Thüsing*. | 12 ErfK/*Preis*, § 612 BGB Rz. 66; ohne diese Einschränkung allerdings ArbR-BGB/*Schliemann*, § 612 BGB Rz. 78. | 13 ErfK/*Preis*, § 612 BGB Rz. 66. | 14 BAG v. 10.12.1997 – 4 AZR 264/96, AP Nr. 3 zu § 612 BGB – Diskriminierung m. Anm. *Walker*. | 15 MünchArbR/*Schaub*, § 612 BGB Rz. 281; vgl. auch BT-Drs. 8/3317, S. 9 = BR-Drs. 353/79, S. 13.

Im Falle einer **mittelbaren Diskriminierung** (vgl. Rz. 74 ff.) trägt der ArbGeb die Darlegungs- und Beweislast für die **rechtfertigenden Umstände**[1]. Für den dabei erforderlichen Zusammenhang zwischen der Benachteiligung und ihrer Geschlechtsbedingtheit ist ausreichend, dass der ArbN darlegt und ggf. beweist, dass von der jeweiligen Vereinbarung ArbN eines Geschlechts prozentual erheblich stärker nachteilig betroffen werden[2]. Die Ansicht, der ArbN müsse das Differenzierungskriterium benennen, das zu dem Unterschied in der Vergütung führt[3], ist nicht weiterführend, weil der ArbN naturgemäß stets das Geschlecht als Differenzierungskriterium behaupten wird. Die Darlegungslast des ArbGeb ist schon dann ausgelöst, wenn der **erste Anschein** für eine Diskriminierung spricht und dem ArbN ansonsten keine Mittel zur Verfügung stünden, um das Lohngleichheitsgebot durchzusetzen[4]. Ist der objektive Tatbestand einer mittelbaren Diskriminierung gegeben, muss der ArbGeb darlegen und beweisen, dass die Differenzierung einen sachlichen Grund hat bzw. einem wirklichen **Bedürfnis des Unternehmens** dient und für die Erreichung dieses Ziels **geeignet und erforderlich** ist[5]. Die für die Beweislastverlagerung nach § 612 Abs. 3 Satz 3 iVm. § 611a Abs. 1 Satz 3 erforderlichen Tatsachen, die eine Benachteiligung wegen des Geschlechts vermuten lassen, sind dann durch die zahlenmäßig wesentlich größere nachteilige Betroffenheit der Angehörigen eines Geschlechts **glaubhaft gemacht**, wenn die Kriterien für die Entlohnungspraxis des ArbGeb für die ArbN nicht durchschaubar sind[6]. Wird in einem Unternehmen ein Entlohnungssystem angewandt, dem jede **Durchschaubarkeit** fehlt, obliegt dem ArbGeb der Nachweis, dass seine Lohnpolitik nicht diskriminierend ist, sofern der weibliche ArbN auf der Grundlage einer relativ großen Zahl von ArbN belegt, dass das durchschnittliche Entgelt der weiblichen ArbN niedriger ist als das der männlichen ArbN[7]. Bei der Frage, ob ein Entgeltunterschied auf objektive, nicht diskriminierende Umstände zurückgeht, kann das Gericht auch den Umstand würdigen, dass die Entgeltregelung in Kollektivverhandlungen auf lokaler Ebene festgesetzt worden ist[8]; hierbei muss das Gericht ermitteln, welche Ziele die TV-Parteien – sowie im Fall einer gesetzlichen Regelung der Gesetzgeber – mit der Regelung verfolgt haben[9].

6. Bekanntmachung. Art. 2 des Arbeitsrechtlichen EG-AnpassungsG v. 13.8.1980 (BGBl. I S. 1308) idF des Art. 9 des Zweiten Gleichberechtigungsgesetzes v. 24.6.1994 (BGBl. I S. 1406) bestimmt: „In Betrieben, in denen in der Regel mehr als fünf ArbN beschäftigt sind, ist ein Abdruck der §§ 611a, 611b, 612 Abs. 3 und des § 612a des Bürgerlichen Gesetzbuches sowie des § 61b des ArbGG an geeigneter Stelle zur Einsicht auszulegen oder auszuhängen."

612a *Maßregelungsverbot*

Der Arbeitgeber darf einen Arbeitnehmer bei einer Vereinbarung oder einer Maßnahme nicht benachteiligen, weil der Arbeitnehmer in zulässiger Weise seine Rechte ausübt.

Lit.: *Belling*, Die Zulässigkeit freiwilliger Sonderzahlungen als Mittel der Streikabwehr, NZA 1990, 214; *Belling*, Sonderzuwendungen des Arbeitgebers im Arbeitskampf, DZWiR 1994, 133; *Belling/v. Steinau-Steinrück*, Freiwillige Leistungen des Arbeitgebers als Maßregelung streikender Arbeitnehmer, DB 1993, 534; *B. Gaul*, Die „Streikbruchprämie" als zulässiges Arbeitskampfmittel, NJW 1994, 1025; *Hanau/Vossen*, Die Kürzung von Jahresonderzahlungen auf Grund fehlender Arbeitsleistung, DB 1992, 213; *v. Hoyningen-Huene*, Streikbedingte Sonderzuwendungen als Arbeitskampfmittel, DB 1989, 1466; *Kania/Wackerbarth*, Die Anwesenheitsprämie, AR-Blattei SD 90; *Rolfs*, Zur Zulässigkeit von Streikbruchprämien im Arbeitskampf, DB 1994, 1237; *Schwarze*, Die Auslegung des gesetzlichen Maßregelungsverbots (§ 612a BGB) am Beispiel streikbedingter Sonderzuwendungen, NZA 1993, 967; *Schwarze*, Zur arbeitskampfrechtlichen Zulässigkeit der Streikbruchprämie, RdA 1993, 264; *Thüsing*, Anwendungsbereich und Regelungsgehalt des Maßregelungsverbots gem. § 612a BGB, NZA 1994, 728; *Wilken*, Regelungsgehalt des Maßregelungsverbots gem. § 612a BGB, 2001.

I. Entstehungsgeschichte. Die Norm des § 612a geht zurück auf zwei europarechtliche Vorgaben: Nach Art. 5 der **Richtlinie 75/117/EWG** vom 10.2.1975 (ABl. EG Nr. L 45), die zur Anwendung des Grundsatzes des gleichen Entgelts für Männer und Frauen erging, treffen die Mitgliedstaaten die notwendigen Maßnahmen, um ArbN vor jeder Entlassung zu schützen, die eine Reaktion des ArbGeb auf eine Beschwerde im Betrieb oder gerichtliche Klage auf Einhaltung des Grundsatzes des gleichen Entgelts darstellt. Einen entsprechenden Entlassungsschutz zur Einhaltung des Grundsatzes der Gleichbehandlung von Männern und Frauen enthält die **Richtlinie 76/207/EWG** vom 9.2.1976 (ABl. EG Nr. L 39/40) in ihrem Art 7. Der nationale Gesetzgeber kam seiner Umsetzungspflicht mit dem Arbeitsrechtlichen EG-AnpassungsG vom 13.8.1980 (BGBl. I S. 1308) nach. Der Regelungsbereich des § 612a übersteigt die durch die

---

[1] BAG v. 14.3.1989 – 3 AZR 490/87, AP Nr. 25 zu Art. 119 EWG-Vertrag; v. 23.1.1990 – 3 AZR 58/88 und BAG v. 20.11.1990 – 3 AZR 613/89, AP Nr. 7 und 8 zu § 1 BetrAVG – Gleichberechtigung; vgl. auch EuGH v. 27.10.1993 – Rs. C 127/92 (Enderby), AP Nr. 50 zu Art. 119 – EWG-Vertrag. [2] Soergel/*Raab*, § 612 BGB Rz. 93. [3] ErfK/*Preis*, § 612 BGB Rz. 67. [4] EuGH v. 27.10.1993 – Rs. C 127/92 (Enderby), AP Nr. 50 zu Art. 119 – EWG-Vertrag; Soergel/*Raab*, § 612 BGB Rz. 93. [5] BAG v. 14.10.1986 – 3 AZR 66/83, AP Nr. 11 zu Art. 119 – EWG-Vertrag m. Anm. *Pfarr*; v. 14.3.1989 – 3 AZR 490/87, AP Nr. 25 zu Art. 119 – EWG-Vertrag; Soergel/*Raab*, § 612 BGB Rz. 76. [6] BAG v. 23.9.1992 – 4 AZR 30/92, AP Nr. 1 zu § 612 BGB – Diskriminierung. [7] EuGH v. 17.10.1989 – Rs. 109/88, AP Nr. 19 zu Art. 119 – EWG-Vertrag. [8] EuGH v. 31.5.1995 – Rs. C 400/93 (Royal Copenhagen), AP Nr. 68 zu Art. 119 – EWG-Vertrag. [9] Soergel/*Raab*, § 612 BGB Rz. 93.

BGB § 612a Rz. 2   Maßregelungsverbot

Richtlinien begründete Umsetzungsverpflichtung[1] in zweifacher Hinsicht: Zum einen schützt die Norm nicht nur gegen „Entlassungen", sondern gegen alle benachteiligende „Maßnahmen". Zum Zweiten ist der Schutz nicht auf die Benachteiligung wegen des Geschlechts beschränkt, sondern erfasst jedes Recht, das der ArbN in zulässiger Weise ausübt. Demgemäß betrifft die europarechtliche Bindung unmittelbar nur den hiervon abgedeckten Normbereich[2], also nicht die Bereiche etwa der Streikbruchprämie und der Kürzung von Anwesenheitsprämien (hierzu Rz. 17 ff. und 27 ff.). Eine Vorlage nach Art. 177 Abs. 3 EG ist nur in dem Bereich zwingend, der sich auf die Umsetzungsverpflichtung bezieht; darüber hinaus bleibt die Vorlage jedoch zulässig[3].

2 **II. Normzweck und Systematik. 1. § 612a BGB als allgemeines Benachteiligungsverbot.** Die Norm des § 612a drückt als allgemeines Benachteiligungsverbot[4] einen allgemeinen Rechtsgedanken aus. Sie sichert abstrakt die faktische Ausübbarkeit des Rechts, indem sie die Furcht des ArbN vor einer disziplinierenden Maßnahme des ArbGeb bei Ausübung des Rechts beseitigt und auf diese Weise **das Recht selbst flankierend schützt**. Als ein solcher Flankenschutz ist das Maßregelungsverbot **nicht dispositiv**[5], weil kein Fall vorstellbar ist, in dem einem ArbN zugemutet werden könnte, eine – begriffsimmanent abzulehnende – Benachteiligung hinzunehmen, auch dann nicht, wenn das auszuübende Recht zwar dispositiv ist, aber nicht abbedungen wurde[6]. Aus der Geltungsbeschränkung auf den ArbN bei Ausgrenzung des Dienstverpflichteten und der arbeitnehmerähnlichen Person kann rückgeschlossen werden, dass die Gefahr der Disziplinierung wegen der zulässigen Rechtsausübung eine Eigenheit des Arbeitsverhältnisses ist und die ihm zugrunde liegende strukturelle Ungleichgewichtslage Ursprung der Disziplinierungsgefahr ist.

3 **2. Verhältnis zu anderen Vorschriften.** § 612a regelt einen Sonderfall der Sittenwidrigkeit[7]. Nach dem BAG nimmt § 612a Fälle auf, die vor seiner Einführung unter dem Gesichtspunkt der Sittenwidrigkeit (§ 138) oder von Treu und Glauben (§ 242) geprüft wurden[8]. In Abgrenzung zum Gleichbehandlungsgrundsatz erfordert die „Benachteiligung" in § 612a nicht notwendig einen konkreten Bezug zu anderen ArbN[9], während der Gleichbehandlungsgrundsatz wesensgemäß einen Vergleich mit mindestens einem weiteren ArbN erfordert. Eine spezielle Ausprägung findet das Maßregelungsverbot in § 84 Abs. 3 BetrVG, Art. 10 § 4 Abs. 3 des Zweiten Gleichberechtigungsgesetzes („Der ArbGeb oder Dienstvorgesetzte darf die belästigten Beschäftigten nicht benachteiligen, weil diese sich gegen eine sexuelle Belästigung gewehrt und in zulässiger Weise ihre Rechte ausgeübt haben.") sowie § 21 Abs. 6 Satz 3 GefStoffV; auch § 5 TzBfG kann als Spezialfall angesehen werden[10]. Eine dem Maßregelungsverbot vergleichbare Wirkung kommt § 20 Abs. 1 BetrVG zu[11].

4 **III. Voraussetzungen. 1. ArbN.** Das Maßregelungsverbot begünstigt alle ArbN, wobei Inhalt und Umfang des Arbeitsverhältnisses keine Rolle spielen; einbezogen sind Arbeiter und Angestellte, Auszubildende, Volontäre, Umschüler und Praktikanten[12], nicht dagegen jeder auf Grund eines Dienstvertrages Verpflichtete. Erfasst sind auch die **leitenden Angestellten**[13]. Fraglich ist die Anwendbarkeit des Maßregelungsverbots auf arbeitnehmerähnliche Personen. Die wohl **hM im Schrifttum** nimmt die Geltung des § 612a über seinen Wortlaut hinaus **auch für arbeitnehmerähnliche Personen** an – mit dem recht schlüssigen Hinweis, dass diese in gleicher Weise schutzbedürftig sind[14] – oder will die Norm sogar darüber hinaus auch auf das Verhältnis zu **jedem Dienstnehmer** anwenden mit der Begründung, dass das Maßregelungsverbot aus dem allgemeinen Benachteiligungsverbot resultiere[15].

5 **2. ArbGeb.** Das Maßregelungsverbot richtet sich gegen den ArbGeb, doch ist der Geltungsbereich nicht auf den ArbGeb als Vertragspartner des Arbeitsvertrags zu beschränken; in Betracht kommen

---

[1] ArbR-BGB/*Schliemann*, § 612a BGB Rz. 1. | [2] Vgl. KR/*Pfeiffer*, § 612a BGB Rz. 1, der die Bedeutung dieser Unterscheidung auf den verfahrensrechtlichen Aspekt beschränkt, weil die Norm innerhalb und außerhalb des von den Richtlinien betroffenen Bereichs einheitlich auszulegen sei; ferner *Däubler*/Kittner/Zwanziger, KSchR, § 612a BGB Rz. 3. | [3] ErfK/*Preis*, § 612a BGB Rz. 1; KR/*Pfeiffer*, § 612a BGB Rz. 1; EuGH v. 8.11.1990 – Rs. C-177/88, Slg. 1990, 4003. | [4] Staudinger/*Richardi*, § 612a BGB Rz. 4; *Preis*, Vertragsgestaltung, S. 170. | [5] Vgl. Soergel/*Raab*, § 612a BGB Rz. 2; Erman/*Edenfeld*, § 612a BGB Rz. 2; MünchKomm/*Schaub*, § 612a BGB Rz. 3. | [6] Enger Soergel/*Raab*, § 612a BGB Rz. 10, der eine Abbedingung des Rechts nicht für erforderlich hält, um § 612a BGB seinerseits abbedingen zu können. | [7] BAG v. 2.4.1987 – 2 AZR 227/86, AP Nr. 1 zu § 612a BGB; *Preis*, Vertragsgestaltung, S. 171; anders Soergel/*Raab*, § 612a BGB Rz. 3, die schließe die Lücke zwischen der berechtigenden Norm und § 134. | [8] BAG v. 2.4.1987 – 2 AZR 227/86, AP Nr. 1 zu § 612a BGB, unter II 1 a d.Gr. | [9] BAG v. 2.4.1987 – 2 AZR 227/86, AP Nr. 1 zu § 612a BGB, unter II 1 d d.Gr. | [10] Annuß/*Thüsing*, § 5 TzBfG Rz. 1 ff.; krit. ArbR-BGB/*Schliemann*, § 612a BGB Rz. 3. | [11] KR/*Pfeiffer*, § 612a BGB Rz. 2. | [12] KR/*Pfeiffer*, § 612a BGB Rz. 3; ErfK/*Preis*, § 612a BGB Rz. 4; Soergel/*Raab*, § 612a BGB Rz. 5. | [13] Staudinger/*Richardi*, § 612a BGB Rz. 8; APS/*Linck*, § 612a BGB Rz. 4. | [14] Soergel/*Raab*, § 612a BGB Rz. 5; ErfK/*Preis*, § 612a BGB Rz. 4: „entsprechend dem Gedanken des allgemeinen Benachteiligungsverbots; unter Berufung auf „Sinn und Zweck" Staudinger/*Richardi*, § 612a BGB Rz. 9; *Däubler*/Kittner/Zwanziger, KSchR, § 612a BGB Rz. 8: „als Ausdruck eines allgemeinen Rechtsprinzips"; ohne Begründung Erman/*Edenfeld*, § 612a BGB Rz. 2; KR/*Pfeiffer*, § 612a BGB Rz. 3 sowie ArbG Berlin v. 7.3.2000 – 86 Ca 34037/99, PersR. 2001, 45; abl. ArbR-BGB/*Schliemann*, § 612a BGB Rz. 6 und 8. | [15] MünchKomm/*Schaub*, § 612a BGB Rz. 4; gegen die Anwendung auf Personen, welche auf Grund eines freien Dienstvertrags tätig seien, jedoch KR/*Pfeiffer*, § 612a BGB Rz. 3, „da dies dem Wortlaut widerspricht und angesichts der sich aus anderen Vorschriften ergebenden Rechtsausübungsschranken (...) hierfür auch kein Bedarf besteht".

ferner diejenigen **Dritten, die** als Inhaber der betrieblichen Organisationsgewalt[1] dem ArbN gegenüber **ArbGebFunktionen ausüben**[2], die, wie zB der **Entleiher** im Rahmen einer AÜ, gegenüber dem ArbN die ArbGebFunktion ausüben und damit in die ArbGebStellung einbezogen werden[3]. So ist zB die Kündigung einer zu derartigen personellen Maßnahmen berechtigten Person dem ArbGeb zuzurechnen. Dieses Resultat befindet sich in Übereinstimmung mit dem Regelungsgrund des Maßregelungsverbots, wonach es allein darauf ankommen kann, wer die maßregelnde Maßnahme wirksam vornehmen kann, nicht dagegen schlicht darauf, wer Partei des Arbeitsvertrags ist.

3. Vereinbarung, Maßnahme. Das Maßregelungsverbot des § 612a bezieht sich (nur) auf Benachteiligungen „bei einer Vereinbarung oder einer Maßnahme". Ist der Begriff der **Vereinbarung** aus dem Wortsinn her als übereinstimmende Willensbekundung zweier Parteien im Sinne eines zweiseitigen Rechtsgeschäfts definiert – dh. ArbGeb und ArbN –, so ist der Begriff der **Maßnahme** vom Wortsinn her unbestimmter. Dem Willen des Gesetzgebers folgend ist dieser jedoch umfassend zu verstehen und erfasst sämtliches tatsächliches und rechtsgeschäftliches Verhalten im Beziehung zum ArbN, das dessen Benachteiligung bewirkt[4]. Der auch sonst gesetzessystematisch jeweils weit zu verstehende Begriff der Maßnahme[5] soll damit alles ArbGebVerhalten erfassen, soweit es nicht eine Vereinbarung darstellt. Eine Einschränkung des Benachteiligungsverbots auf bestimmte Mittel und Vorgehensweisen ist damit nicht intendiert[6]; eingeschlossen sind Willenserklärungen ebenso wie rechtsgeschäftsähnliche und bloß tatsächliche Handlungen. Eine Maßnahme liegt zB auch dann vor, wenn der ArbGeb den ArbN ohne erkennbaren Grund nach dem in 1. Instanz gewonnenen Kündigungsrechtsstreit an einem neuen Arbeitsplatz getrennt von den übrigen Mitarbeitern mit sinnlosen Aufgaben beschäftigt und ihm außerdem aufgegeben wird, sich trotz des Betreibens einer Stempeluhr bei jedem Verlassen des Arbeitsplatzes mündlich an- und abzumelden[7]. Eine Maßnahme kann ebenfalls in einem **Unterlassen** bestehen, so zB dann, wenn der öffentliche ArbGeb eine Höhergruppierung einzelner ArbN vornimmt und bei anderen unterlässt, weil sie eine Höhergruppierungsklage angestrengt oder nicht zurückgenommen haben[8], sowie bei der Gewährung einer Prämie für die Nichtteilnahme am Streik (vgl. dazu Rz. 15 ff.). Eine Maßnahme scheidet jedoch dann aus, wenn sich die beanstandete Benachteiligung nach einem vorangegangenen zulässigen Verhalten allein aus dem Gesetz ergibt; so stellt etwa die Beendigungskündigung, die nach Nichtannahme eines in einer Änderungskündigung enthaltenen Angebotes gegeben ist, keine untersagte Maßregelung dar, weil die bisherige Änderungskündigung auf Grund der Regelung des § 2 KSchG als Beendigungskündigung, nicht als eine Maßregel zu werten ist[9].

4. Benachteiligung. Grundsätzlich ist für Maßnahmen iSd. § 612a anerkannt, dass sie, um eine maßregelnde Wirkung haben zu können und eine Benachteiligung iS dieser Norm zu sein, Reaktionen auf das zu maßregelnde Verhalten sein müssen, diesem also zeitlich nachfolgen müssen. **Umstritten** ist jedoch die Frage, inwieweit § 612a auch benachteiligende **Vereinbarungen** erfasst, die **vor der Rechtsausübung** erfolgen, aber **später wirksam** werden. So wird teilweise vertreten, § 612a erfasse auch solche vorangegangenen Vereinbarungen[10] etwa mit dem Hinweis, für den ArbN mache es im Ergebnis keinen Unterschied, ob diese seiner Rechtsausübung vorangeht oder nachfolgt, so dass nach Sinn und Zweck der Norm beides erfasst sein müsse[11]. Auch wird darauf verwiesen, dass § 612a in Bezug auf Vereinbarungen sonst weitgehend leerlaufe, da ein ArbN sich auf eine spätere Vereinbarung kaum einlassen dürfte[12]. Bei diesem weiten Verständnis ist jedoch unklar, inwieweit jegliche Benachteiligungen[13] oder gemäß teleologischer Reduktion nur die unverhältnismäßige, inadäquate Benachteiligung erfasst wäre und wonach diese Inadäquanz und Unverhältnismäßigkeit zu bestimmen wäre[14].

Eine der Rechtsausübung vorangegangene Vereinbarung kann jedoch **keine Benachteiligung** iSd. § 612a darstellen. Eine antizipierte Maßregelung im Sinne dieser Norm gibt es nicht. Dies folgt zwar nicht unmittelbar aus dem Wortlaut, jedoch aus der Entstehungsgeschichte und vor allem aus Sinn und Zweck der Norm: So soll diese Bestimmung nach der amtlichen Begründung Benachteiligungen verhindern, die erfolgen, weil ein ArbN seine Rechte in zulässiger Weise „ausgeübt hat"[15]. Schon daraus zeigt sich, dass der Gesetzgeber nur Reaktionen des ArbGeb auf ein ihm unerwünschtes, jedoch erlaub-

---

1 Staudinger/*Richardi*, § 612a BGB Rz. 7. | 2 ErfK/*Preis*, § 612a BGB Rz. 4. | 3 APS/*Linck*, § 612a BGB Rz. 5; KR/*Pfeiffer*, § 612a BGB Rz. 3; Staudinger/*Richardi*, § 612a BGB Rz. 7. | 4 Vgl. BT-Drs. 8/3317, S. 8 in Bezug auf § 611a BGB. | 5 Vgl. auch § 35 VwVfG oder § 39 Abs. 1 lit. B OBG-NW und der Kommentierung. | 6 LAG Hamm v. 18.2.1987 – 17 Sa 1295/87, DB 1988, 917. | 7 LAG Kiel v. 25.7.1989 – 1 (3) Sa 557/88, LAGE § 612a BGB Nr. 4; ErfK/*Linck*, § 612a BGB Rz. 17; APS/*Preis*, § 612a BGB Rz. 8. | 8 BAG v. 23.2.2000 – 10 AZR 1/99, NZA 2001, 680. | 9 LAG Mainz v. 18.12.1997 – 7 Sa 374/97, LAGE § 4 KSchG Nr. 40. | 10 Vgl. *Preis*, Vertragsgestaltung, S. 172; *Gaul*, NJW 1994, 1024 (1027, 1028) im Zusammenhang mit der Streikbruchprämie, jedoch ohne auf die Besonderheit des Zeitpunkts einzugehen: LAG Hamm v. 30.4.1993 – 10 Sa 21/93, LAGE § 611 BGB – Anwesenheitsprämie Nr. 2; Soergel/*Raab*, § 612a BGB Rz. 11; s. auch *Hanau/Vossen*, DB 1992, 213 (221); *Dörner*, RdA 1993, 24 (29 r.Sp.); *Lipke*, HzA, Gruppe 3, Rz. 119. *Schwarze*, NZA 1993, 967 (970); ausdrücklich aA LAG Köln v. 18.12.1986 – 8 Sa 880/86, LAGE Art. 9 GG – Arbeitskampf Nr 30. | 11 Vgl. BAG v. 16.2.1989 – 2 AZR 299/88, AP Nr. 20 zu § 1 KSchG 1969 Krankheit; v. 16.2.1989 – 2 AZR 347/88, NZA 1989, 962 (964). | 12 *Preis*, Vertragsgestaltung, S. 172. | 13 So wohl *Preis*, Vertragsgestaltung, S. 172. | 14 Vgl. *Hanau/Vossen*, DB 1992, 213 (221); *Gaul*, NJW 1994, 1024 (1027). | 15 S. BT-Drs. 8/3317, S. 10.

tes Verhalten des ArbN erfassen wollte[1]. Vor allem ergibt auch der Zweck des § 612a dessen Begrenzung auf der Rechtsauübung nachfolgende Vereinbarungen. § 612a schützt – worüber Einigkeit besteht – die Willensfreiheit des ArbN bei der Entscheidung darüber, ob er ein Recht ausübt oder nicht[2]. Er soll also vor den unvorhersehbaren Folgen geschützt werden, die dadurch eintreten können, dass der ArbGeb ein ihm grundsätzlich zustehendes rechtliches Mittel zweckwidrig einsetzt, gerade um eine zulässige Rechtsausübung zu ahnden. Anders als Nachfolgende sind vorangegangene Vereinbarungen nicht mit unkalkulierbaren Nachteilen verbunden, deren befürchteter Eintritt den Willensbildungsprozess des ArbN beeinflussen könnte. Vielmehr vollzieht sich bei ihnen in der Ausübung des Rechts lediglich die bestehende vertragliche Ordnung, dh. das vom ArbN ausgeübte Recht besteht von vornherein nur im Rahmen der mit ihm verbundenen Nachteile[3].

9 Eine **Benachteiligung** iSv. § 612a ist **nicht** bereits **jeder beliebige Nachteil**, der mit der Ausübung eines Rechts verbunden ist[4]. So kann zB bei der Nichtarbeit aufgrund eines Leistungsverweigerungsrechts als unmittelbare und allein in eben dieser Rechtsausübung begründete Folge der vertragliche Lohnanspruch entfallen (zB unbezahlter Urlaub, Streik). Trotzdem wird in dieser Vertragsgestaltung zu Recht kein Verstoß gegen das Maßregelungsverbot gesehen. Vielmehr ergeben sich diese Folgen unmittelbar aus dem Gesetz. Hier trifft der ArbGeb keine eigenständige Maßnahme. Bei Nachteilen, die auf der einseitigen Entscheidung des ArbGeb oder aber auf Vereinbarung beruhen, gilt § 612a jedoch, ohne dass es auf eine Verhältnismäßigkeits- oder Angemessenheitsprüfung ankäme; § 612a spricht nur von „Benachteiligungen" und nicht von „ungerechtfertigten Benachteiligungen"[5]. Auch dies spricht dafür, Vereinbarungen, die der Rechtausübung vorangehen, nicht unter § 612a zu subsumieren. Wohl kann ein Verhalten, das nachträglich eine zulässige Rechtsausübung ahnden will, als in jedem Fall sittenwidrig gewertet werden, kann aber jegliche Vereinbarung, durch die ein auszuübendes Recht mit gewissen Nachteilen verbunden und uU erst konstituiert wird. Ein Verstoß gegen § 612a liegt aber nicht nur dann vor, wenn der ArbN eine Einbuße erleidet, indem sich seine Situation gegenüber dem bisherigen Zustand verschlechtert, sondern auch dann, wenn ihm **Vorteile vorenthalten** werden, welche der ArbGeb anderen ArbN gewährt, wenn diese entsprechende Rechte nicht ausgeübt haben[6]. Dies gilt auch dann, wenn es sich um eine freiwillig gewährte Leistung handelt[7].

10 **5. Kausalität zwischen Rechtsausübung und Benachteiligung.** Eine Benachteiligung, „weil der ArbN in zulässiger Weise seine Rechte ausübt", erfordert zumindest, dass die Rechtsausübung eine *conditio sine qua non* für die Benachteiligung ist. Darüber hinaus hält die Rspr. als **subjektives Moment** eine **Maßregelungsabsicht** des ArbGeb in dem Sinne für erforderlich, dass die **Rechtsausübung des ArbN** für die Maßnahme oder Vereinbarung seitens des ArbGeb nicht nur in irgendeiner Weise auch ursächlich und nicht nur äußerer Anlass sein darf, sondern für das Verhalten des ArbGeb **tragende Beweggrund**, dh. das **wesentliche Motiv** sein muss[8]. Dieses Erfordernis einer Maßregelungsabsicht bestätigt eine Wertung der Maßregelung iSd. § 612a als Sonderfall der Sittenwidrigkeit bzw. des Rechtsmissbrauchs: Auch für die Einordnung eines Verhaltens als sittenwidrig bzw. rechtsmissbräuchlich ist die subjektive Einstellung des Handelnden ein konstituierendes Element[9].

11 Dagegen wird zum Teil diese subjektive, am Motiv des ArbGeb anzusetzende Betrachtung durch eine **rein objektive Kausalität** ergänzt, wonach unabhängig von den Beweggründen des ArbGeb eine Maßregelung vorliegen soll, wenn eine Rechtsausübung einzige Ursache für eine Benachteiligung wie zB die Vorenthaltung einer Zuwendung ist, oder aber wenn neben dem Rechtsverzicht weitere Voraussetzungen für den Erhalt eines Vorteils vorliegen müssen, die damit verfolgten Ziele aber die Beeinträchtigung der Rechtsausübungsfreiheit im Rahmen einer Abwägung der beiderseitigen Interessen nicht rechtfertigen können[10]. Eine solche objektive Ergänzung des Zusammenhangs Rechtsausübung/Maßregelung losgelöst vom Willen des ArbGeb entspricht indes nicht dem Charakter des § 612a als eines Maßregelungsverbots und ist überdies nicht erforderlich: Wo für eine Benachteiligung objektiv kein anderer Grund als die zulässige Rechtsausübung besteht, oder wo andere Gründe sie nicht rechtfertigen können, weil im Rahmen einer Interessenabwägung eine solche Differenzierung unverhältnismäßig wäre, ist das einzig verbleibende Motiv eben der Wille des ArbGeb, an die zulässige Rechtsausübung eine Sanktion zu knüpfen, dh. seine Maßregelungsabsicht. Dementsprechend hat das BAG rich-

---

1 Was zwar nicht *Preis*, wohl aber *Hanau* im Widerspruch zu seinem Ergebnis anerkennt: *Hanau/Vossen*, DB 1992, 213 (221 r. Sp.); *Preis*, Vertragsgestaltung, S. 172. | 2 S. etwa *Preis*, Vertragsgestaltung, S. 172; *Preis*, ZfA 1992, 61 (95); beide in Bezugnahme auf BAG v. 16.2.1989 – 2 AZR 347/88, NJW 1990, 141 (142). | 3 S. LAG Köln v. 18.12.1986 – 8 Sa 880/86, NZA 1987, 746 (747); ähnlich BAG v. 15.5.1964 – 1 AZR 432/63, AP Nr. 35 zu § 611 BGB – Gratifikation, in Erörterung eines tariflichen Maßregelungsverbots. | 4 Vgl. Staudinger/*Richardi*, § 612 BGB Rz. 10. | 5 So aber Staudinger/*Richardi*, § 612a BGB Rz. 10. | 6 BAG v. 12.6.2002 – 10 AZR 340/01, NZA 2002, 1389; für den Fall der Höhergruppierung: BAG v. 23.2.2000 – 10 AZR 1/99, AP Nr. 80 zu §§ 23, 23 BAT – Lehrer. | 7 BAG v. 12.6.2002 – 10 AZR 340/01, NZA 2002, 1389; für den Fall der Streikprämie: BAG v. 28.7.1992 – 1 AZR 87/92, AP Nr. 123 zu Art. 9 GG Arbeitskampf. | 8 BAG v. 2.4.1987 – 2 AZR 227/86, NZA 1988, 18; LAG Hamm v. 18.12.1987 – 17 Sa 1295/87, DB 1988, 917; ArbR-BGB/*Schliemann*, § 612a BGB Rz. 12. | 9 Vgl. nur Münch-Komm/*Mayer-Maly*, § 138 BGB Rz. 111 ff. mwN; MünchKomm/*Roth*, § 242 BGB Rz. 280 ff.; im Gegensatz dazu das Schikaneverbot, das eine rein objektive Wertung enthält (vgl. Palandt/*Heinrichs*, § 226 BGB Rz. 3). | 10 *Schwarze*, NZA 1993, 967 (973).

tigerweise betont, dass es auch bei objektivem Vorliegen von Gründen, die eine benachteiligende Differenzierung gegenüber anderen ArbN rechtfertigen, trotzdem eine Maßregelung vorliegt, wenn diese Gründe nicht das Motiv des ArbGeb für die Benachteiligung waren[1].

6. Zulässige Rechtsausübung. Voraussetzung für ein Verbot der Maßregelung ist, dass „**der ArbN in zulässiger Weise seine Rechte ausübt**". Arbeitsvertraglich unzulässiges Verhalten kann demgegenüber vom ArbGeb sanktioniert werden. Allerdings bezieht sich die Rechtsausübung und das daran anknüpfende Verbot nicht nur auf im Arbeitsvertrag selbst begründete Rechte, sondern darüber hinaus auf **jede Form der Rechtsausübung**, etwa auch der Grundrechtsausübung. Dies folgt zunächst aus dem weiten Wortlaut der Norm, der nicht nach dem Grund des ausgeübten Rechts differenziert; auch den Gesetzesmaterialien, die ebenfalls durchgehend nur von Ausübung von Rechten sprechen[2], ist kein engeres Verständnis zu entnehmen. Schließlich entspricht dies auch dem im Gesetz objektivierten Zweck eines Maßregelungsverbots: Nimmt ein ArbN in zulässiger Weise arbeitsvertragliche Rechte wahr, darf der ArbGeb dies nicht sanktionieren; dies muss erst recht für Rechte gelten, die dem ArbN unabhängig von der vertraglichen Beziehung zum ArbGeb zustehen und mit deren Existenz und Bestand in keinerlei Zusammenhang stehen. Indes ist zu beachten, dass § 612a selbst nichts über die arbeitsvertragliche Zulässigkeit einer Rechtsausübung sagt, diese vielmehr voraussetzt. Inwieweit zB Zölibatsklauseln oder die Meinungsäußerung einschränkende Bestimmungen vereinbart werden können, darüber sagt § 612a nichts. Lediglich darf im Fall der Unzulässigkeit einer solchen Beschränkung der ArbGeb an einen Verstoß keine Sanktion knüpfen. Aufgrund dieses begrenzten Aussagegehalts des § 612a als reine Sanktionsnorm ist ihm auch keine Wertentscheidung für die Zulässigkeit der Rechtsausübung zu entnehmen, ebenso wie dem Verbot sittenwidrigen Verhaltens gemäß § 138 nicht zu entnehmen ist, welches Verhalten sittenwidrig ist. Vielmehr richtet sich die **Zulässigkeit der Rechtsausübung** bei arbeitsvertraglichen Rechten nach den im Vertrag normierten Voraussetzungen, bei sonstigen Rechten **nach der** übrigen **Rechtsordnung**[3]. Es handelt sich schon nicht um eine Rechtsausübung, wenn ein ArbN den Wünschen des ArbGeb nach Vertragsänderung nicht nachkommt; eine daraufhin ergriffene Maßnahme des ArbGeb, die in rechtlich zulässiger Weise die einseitige Durchsetzung dieser Wünsche durch Änderungskündigung vorbereiten soll, kann danach auch nicht gegen das Maßregelungsverbot verstoßen[4].

IV. Fallgruppen. 1. Kündigung. Eine (außerordentliche) Kündigung des ArbN, der **Strafanzeige gegen den ArbGeb** stellt, ist eine verbotene Maßregelung[5]; dies soll sogar dann gelten, wenn zwar objektiv kein Gesetzesverstoß vorliegt, der ArbN aber berechtigterweise hiervon ausgehen durfte[6]. Nach **anderer – und regelmäßig zutreffender – Ansicht** verstößt die Kündigung nicht gegen § 612a BGB; das strafprozessuale Recht zur Anzeigeerstattung reiche nicht aus, weil den ArbN Treue- und Rücksichtnahmepflichten träfen, aufgrund deren es ihm verwehrt ist, auf jedes strafrechtlich relevante Verhalten des ArbGeb ohne weiteres mit einer Strafanzeige zu reagieren[7]. Die Grenzen der Rspr. hierzu sind in Bewegung, s. § 1 KSchG Rz. 219. Eine Kündigung verstößt nicht deswegen gegen § 612a, wenn der Grund darin liegt, dass der ArbN mit seinem Unternehmen dem ArbGeb einen Geldbetrag (im entschiedenen Fall 40.000 DM) schuldet und sich abzeichnet, dass dieses Geld uneinbringlich ist[8]. Eine **Kündigung während der Probezeit** (§ 1 Abs. 1 KSchG) stellt dann keine verbotene Maßregelung dar, wenn sie durch die **Krankheit** selbst einschließlich ihrer betrieblichen Auswirkungen veranlasst ist; anders liegt es etwa, wenn der ArbGeb in Ansehung der Erkrankung eines ArbN diesen zur Arbeitsleistung auffordert und ihm kündigt, weil der ArbN sich weigert[9]. Die Kündigung eines Arbeitsverhältnisses mit einer ArbN-in wegen zu erwartender Fehlzeiten als Folge von Versuchen **künstlicher Befruchtung** verstößt nicht gegen § 612a[10]. Übt der ArbN sein Recht nach **§ 45 Abs. 3 Satz 1 SGB V** aus, indem er der Arbeit eigenmächtig fern bleibt, ist eine Kündigung, die deswegen erfolgt, wegen § 612a nichtig, weil § 45 Abs. 3 Satz 1 SGB V nicht nur einen Anspruch auf Freistellung von der Arbeit gewährt, sondern bei rechtswidriger Verweigerung auch das Recht zum eigenmächtigen Fernbleiben[11]. Ergeht auf ein Anwaltsschreiben, mit dem Weihnachtsgeld eingefordert wird, eine **Änderungskündigung**, so ist diese gegen § 612a wenigstens dann unwirksam, wenn der ArbGeb die Forderung zum Teil anerkennt[12]. Eine Änderungskündigung, die ein Angebot enthält, das hinter den maßgeblichen TV-Bedingungen zurückbleibt, stellt sich bei Nichtannahme des Angebotes nicht als Maßregelung dar, weil vor deren Ausspruch noch kein Verhalten des ArbN vorliegt, das der ArbGeb maßregeln könnte; die nach Nichtannahme des Angebotes gegebene Beendigungskündigung stellt auch keine untersagte Maßregelung dar, weil die bisherige Änderungskündigung auf Grund

---

1 BAG v. 2.4.1987 – 2 AZR 227/86, DB 1987, 2525 (2526) in Bezug auf die Maßregelungskündigung. | 2 S. Begr. RegE BT-Drs. 8/3317, S. 10 = BR-Drs. 353/79, S. 17. | 3 Tendenziell fehlgehend daher die Argumentation von *Schwarze*, NZA 1993, 967 (970). | 4 LAG Köln v. 16.5.1997 – 11 Sa 828/96, nv. (juris). | 5 Staudinger/*Richardi*, § 612a BGB Rz. 15; Soergel/*Raab*, § 612a BGB Rz. 17. | 6 So Soergel/*Raab*, § 612a BGB Rz. 17. | 7 KR/*Pfeiffer*, § 612a BGB Rz. 9. | 8 LAG Nürnberg v. 24.4.2001 – 6 Sa 406/00, LAGE § 242 BGB Nr. 5. | 9 LAG Halle v. 27.7.1999 – 8 Sa 1066/98, LAGE § 613a BGB Nr. 6. Zur Bedeutung des § 612a für die Kündigung außerhalb des allgemeinen Kündigungsschutzes vgl. auch *Stelljes*, Zu Grundlage und Reichweite des allgemeinen Kündigungsschutzes, S. 269 ff. | 10 LAG Kiel v. 17.11.1997 – 5 Sa 184/97, LAGE § 242 BGB Nr. 3, ebenso in der Vorinstanz ArbG Elmshorn v. 29.1.1997 – 1e Ca 1902/96, EzA § 242 BGB Nr. 40. | 11 LAG Köln v. 10.11.1993 – 7 Sa 690/93, LAGE § 612a BGB Nr. 5; APS/*Linck*, § 612a BGB Rz. 14; ErfK/*Preis*, § 612a BGB Rz. 13. | 12 ArbG Kiel v. 30.7.1997 – 5 Ca 56 b/97, NZA-RR 1998, 303.

BGB § 612a Rz. 14   Maßregelungsverbot

der Regelung des § 2 KSchG als Beendigungskündigung, nicht als eine Maßregel zu werten ist[1]. Wird dem ArbN, der sich gegen eine Abmahnung zur Wehr gesetzt hat, ordentlich gekündigt, kann die Kündigung gegen das Maßregelungsverbot nach § 612a verstoßen[2]. Der ArbGeb darf auch nicht die seiner Ansicht nach **„fehlende Einsicht"** des ArbN zum Anlass einer Kündigung nehmen, wenn dieser abgemahnt worden ist, im Laufe der Abmahnung jedoch auf seinem Standpunkt beharrt, sich korrekt verhalten zu haben; hierbei handele der ArbN in Wahrnehmung berechtigter Interessen[3]. Auch die Kündigung eines ArbN, der **Antrag auf Gewährung von Vorruhestandsgeld** gestellt hat, ist wegen § 612a unwirksam[4], ebenso wie eine arbeitgeberseitige Kündigung nach **vorausgegangener Kündigung durch den ArbN**[5].

14   **2. Arbeitskampf.** Im Zusammenhang mit dem Arbeitskampf sind zum einen die Vereinbarkeit der sog. Streikbruchprämien mit dem Maßregelungsverbot problematisch, zum anderen die Frage nach selektiver Aussperrung bei einem Streik:

15   **a) Streikbruchprämien.** Dies sind Zulagen, die an diejenigen ArbN gezahlt werden, die sich nicht an einem Streik beteiligen oder beteiligt haben[6]. Fraglich ist deren Vereinbarkeit mit dem Maßregelungsverbot unter dem Gesichtspunkt, dass darin eine Benachteiligung der an dem Streik beteiligten ArbN gegenüber den nichtstreikenden ArbN liegen könnte. Um jedoch eine ungerechtfertigte Ungleichbehandlung wegen der Unterscheidung nach der Streikbeteiligung ablehnen zu können, ist ein **sachlicher Grund** für die Zahlung der Prämie erforderlich. Als rechtfertigender sachlicher Grund kommen **besondere Belastungen** der arbeitenden ArbN während des Arbeitskampfes in Betracht[7]. Die Rspr. lässt jedoch nicht jede zusätzliche Erschwerung der Arbeit während des Arbeitskampfes ausreichen, denn jede Arbeit sei während des Arbeitskampfes mit Belastungen verbunden, die normalerweise nicht aufträten. Ein sachlicher Grund liegt danach nur vor, wenn die **während des Streiks** arbeitenden ArbN **Belastungen** ausgesetzt sind, die **erheblich über das normale Maß hinausgehen**, das mit jeder Streikarbeit verbunden ist[8]. Als ungenügend werden zB psychische Belastungen, die durch die Kritik der streikenden Kollegen, durch Streikposten oder Streikgassen hervorgerufen werden, angesehen. Gleiches gilt für Erschwerungen der Arbeit durch die Zusammenarbeit in einer nicht eingespielten Arbeitsgruppe oder die zusätzliche Übernahme von Tätigkeiten, die bei normalem Arbeitsablauf von anderen ArbN verrichtet werden[9]. Demgemäß ist erheblich, ob die Prämie während des Streiks oder nach seiner Beendigung gewährt wird[10].

16   Nach anderer Ansicht[11] ist die Einschränkung, die die Rspr. mit dem **Erfordernis der erheblich über das normale Maß hinausgehenden Belastungen** vornimmt, nicht gerechtfertigt. Die Gewährung einer Prämie für Streikarbeit stelle nur dann einen Verstoß gegen § 612a dar, wenn damit lediglich die Nichtteilnahme am Streik honoriert wird, der Ausschluss der streikenden ArbN also allein wegen der Ausübung des Streikrechts und der damit verbundenen Arbeitsverweigerung erfolgt. Dies setze aber voraus, dass die nichtstreikenden ArbN lediglich die Arbeitsleistung erbringen, die ohne den Streik ebenfalls zu erbringen wäre, weil nur diese Arbeitsleistung von den Streikenden verweigert werde; schon eine Zusatzleistung, die die typischerweise mit der Streikarbeit verbundenen Belastungen honorieren solle, sei keine Gegenleistung für die bloße Nichtbeteiligung am Streik und daher kein Verstoß gegen § 612a. Gegen das Kriterium der Rspr. wird ferner eingewandt, es sei zu unbestimmt[12]. Das Maßregelungsverbot erschöpfe sich darin, dass die Ausübung des Streikrechts „nicht nur in irgendeiner Weise auch ursächlich und nicht nur äußerer Anlass", sondern für die Ungleichbehandlung „der tragende Beweggrund, dh. das wesentliche Motiv gewesen" ist[13]. Indes betreffen diese Kriterien die subjektive Ebene der Maßregelung und sagen nichts über die problematische Bestimmung des Gegenstandes der Prämierung aus. Zu deren Konkretisierung sollten allein objektive Kriterien herangezogen werden. **Abzustellen** ist allein **darauf, ob der ArbGeb mit der Prämie irgendeinen streikbedingten Nachteil kompensiert**. Denn seine zum Nachgeben zwingende Wirkung erreicht der Streik als Mittel des Arbeitskampfes bereits dadurch, dass die Produktivität in dem bestreikten Betrieb herabgesetzt wird. Die Zwangswirkung tritt jedoch auch dann ein, wenn der ArbGeb finanzielle Mittel aufwenden und entsprechende finanzielle Einbußen hinnehmen muss, um Produktivitätseinbußen aufzufangen und abzumildern, was wiederum das Mittel des Streiks

---

1 LAG Mainz v. 18.12.1997 – 7 Sa 374/97, LAGE § 4 KSchG Nr. 40. |2 ArbG Augsburg v. 7.10.1997 – 2 Ca 1431/96 N, NZA-RR 1998, 542. |3 LAG Frankfurt v. 24.4.2000 – 14 Sa 957/99, nv. (juris). |4 BAG v. 2.4.1987 – 2 AZR 227/86, BAGE 55, 190; ErfK/*Preis*, § 612a BGB Rz. 13. |5 LAG Nürnberg v. 7.10.1988 – 6 Sa 44/87, LAGE § 612a BGB Nr. 2; KR/*Pfeiffer*, § 612a BGB Rz. 9. |6 Vgl. BAG v. 17.9.1991 – 1 SZR 26/91, AP Nr. 120 zu Art. 9 GG – Arbeitskampf = SAE 1993, 45 m. Anm. *Belling*; v. 13.7.1993 – 1 AZR 676/92, AP Nr. 127 zu Art. 9 GG – Arbeitskampf m. Anm. v. *Hoyningen-Huene*, der moderater von „Weiterarbeitsprämie" spricht. |7 *Gaul*, NJW 1994, 1025 (1026). |8 BAG v. 28.7.1992 – 1 AZR 87/92, AP Nr. 123 zu Art. 9 GG Arbeitskampf; v. 11.8.1992 – 1 AZR 103/92, SAE 1993, 57 (61) m. Anm. *Belling/von Steinau-Steinrück*, SAE 1993, 51; so auch Soergel/*Raab*, § 612a BGB Rz. 20; *Gaul*, NJW 1994, 1025 (1026); *Schwarze*, NZA 1993, 967 (971); ohne Unterscheidung *Rolfs*, DB 1994, 1237 (1242). |9 So Soergel/*Raab*, § 612a BGB Rz. 20; *Gaul*, NJW 1994, 1025 (1026 f.); *Schwarze*, NZA 1993, 967 (971). |10 Anders jedoch *Rüthers/Heilmann*, Anm. zu LAG Köln v. 4.10.1990 – 10 Sa 629/90, LAGE Art. 9 GG – Arbeitskampf Nr. 39, die der Abgrenzung Schwierigkeiten der Feststellung des Arbeitskampfendes entgegenhalten. |11 Soergel/*Raab*, § 612a BGB Rz. 21. |12 *Belling/von Steinau-Steinrück*, DB 1993, 534 (535); *Belling/von Steinau-Steinrück*, Anm. zu BAG v. 17.9.1991 und 28.7.1992, SAE 1993, 51 (54). |13 *Belling/von Steinau-Steinrück*, Anm. zu BAG v. 17.9.1991 und 28.7.1992, SAE 1993, 51 (54) unter Berufung auf BAG v. 28.7.1992 – 1 AZR 87/92, AP Nr. 123 zu Art. 9 GG – Arbeitskampf und LAG Köln v. 4.10.1990 – 10 Sa 629/90, LAGE Art. 9 GG – Arbeitskampf Nr. 39, unter II 1c d.Gr.; *Belling/von Steinau-Steinrück*, DB 1993, 534 (535).

entschärft und daher mit diesem als Mittel des Arbeitskampfes korrespondiert. Eine Prämie ist damit bereits dann zulässig, wenn sie gezahlt wird, um ein Maß an Produktivität der arbeitenden ArbN zu erreichen, das über das Maß der gewöhnlichen durchschnittlichen oder bei üblichem Arbeitsausfall erreichbaren Arbeitsproduktivität einer solchen Gruppe hinausgeht. Diese Qualifikation der Prämiengewährung als Mittel des Arbeitskampfes[1] hindert es, den Prämienempfang des arbeitenden ArbN als Verstoß gegen das Maßregelungsverbot anzusehen.

Daneben kann eine zweite Rechtfertigung der Streikbruchprämie darin liegen, dass sie **während des Streiks** versprochen wird, gerade um den Arbeitskampf und die Arbeitskampfwilligkeit zu beeinflussen. Sie muss sich dann wie jedes Arbeitskampfmittel am Ultima Ratio-Grundsatz messen lassen. Werden die Prämien erst **nach Beendigung des Arbeitskampfes** zugesagt, scheidet die Rechtfertigung der Prämie, die allein nach der Streikteilnahme unterscheidet, unter arbeitskampfrechtlichen Gesichtspunkten jedoch aus[2]. Im Schrifttum ist dies nicht unumstritten[3]. Man weist darauf hin, die nachträgliche Zusage sei bloß „mittelbare Auswirkung der während des Streiks getroffenen Kampfmaßnahme". Dagegen spricht schon, dass die nachfolgende Zahlung als Arbeitskampfmaßnahme nach dem Ultima Ratio-Grundsatz nicht erforderlich ist. 17

Den Grund für eine unterschiedliche Behandlung seiner ArbN muss der **ArbGeb offen legen**, wenn er bei Sonderzuwendungen nicht alle ArbN gleichmäßig bedenkt[4]. Dabei kann der Umstand, dass die Prämie nicht an all diejenigen während des Streiks arbeitenden ArbN gezahlt worden ist, die der besonderen Belastung ausgesetzt waren, für einen Verstoß gegen das Maßregelungsverbot sprechen. Ist dagegen allen arbeitenden ArbN eine Prämie gezahlt worden, obwohl ein Teil von ihnen nicht den besonderen Belastungen ausgesetzt war, kann dementsprechend ebenfalls eine Diskriminierung auf Grund der Streikteilnahme nahe liegen[5]. 18

Im Fall der Unzulässigkeit der Streikbruchprämie besteht ein **Anspruch** der am Streik beteiligten ArbN **auf Zahlung** der Prämie in gleicher Höhe, der aus dem arbeitsrechtlichen Gleichbehandlungsgrundsatz iVm. dem (ggf. tarifvertraglichen) Maßregelungsverbot hergeleitet wird[6]. Damit hat aber ein Verstoß gegen § 612a, ggf. iVm. § 134, nicht lediglich kassierende, sondern anordnende Wirkung. Zur Rechtsfolge eines Verstoßes gegen das Maßregelungsverbot vgl. auch Rz. 31 ff.. 19

Nach der Rspr. des BAG ist für die Zulässigkeit der Streikbruchprämie weiterhin erheblich, ob zusätzlich zu § 612a ein **tarifliches Maßregelungsverbot** besteht. Danach kann die durch die Zahlung von Streikbruchprämien vorgenommene Differenzierung zwischen nichtstreikenden und streikenden ArbN in einem von den TV-Parteien vereinbarten Maßregelungsverbot nach Beendigung des Arbeitskampfes wieder aufgehoben werden, etwa wenn das tarifliche Maßregelungsverbot in der Weise auszulegen ist, dass es der Wiederherstellung des Arbeitsfriedens nach Beendigung des Arbeitskampfes dient[7]. 20

b) Selektive Aussperrung. Problematisch ist ferner die Zulässigkeit der selektiven Aussperrung[8], die einmal **alle Gewerkschaftsmitglieder**, zum andern nur die Streikteilnehmer erfassen kann und außer an Art. 9 Abs. 3 GG auch am Maßregelungsverbot des § 612a zu messen ist. Zu beachten ist dabei, dass auch der Gewerkschaftsbeitritt als Ausübung des Koalitionsrechts nach Art. 9 Abs. 3 GG eine Rechtsausübung iSv. § 612a ist. Eine rechtswidrige Benachteiligung der Organisierten auf Grund des Gewerkschaftsbeitritts ist in der selektiven Aussperrung und auch in einer Ausgleichszahlung an Außenseiter nicht zu sehen. Die selektive Aussperrung stellt zwar eine Schlechterstellung des Gewerkschaftsmitglieds gegenüber dem Nichtorganisierten dar; indes will § 612a nicht jeglichen Nachteil verbieten, der mit der Rechtsausübung verbunden ist (vgl. Rz. 11), sondern nur eine solche Schlechterstellung des ArbN verhindern, die eine gezielte Maßregelung eines arbeitsvertraglich zulässigen Verhaltens darstellt, die sich also auch nach der Intention des ArbGeb als eine Ahndung zulässiger Rechtsausübung darstellt (vgl. Rz. 12). Eine Benachteiligung besteht daher erst dann, wenn die Differenzierung gegenüber dem Außenseiter nicht durch anerkennenswerte Gründe außerhalb der zulässigen Rechtsausübung gerechtfertigt ist[9]. Zumindest bei teilweiser Aufrechterhaltung der Produktion durch Außenseiter oder in dem Fall, da der ArbGeb durch die Aussperrung lediglich den finanziellen Druck auf die streikführende Gewerkschaft erhöhen will, sind aber legitime arbeitskampfbedingte Differenzierungsgründe gegeben. Wegen dieser Gründe erfolgt die Schlechterstellung des Mitglieds der kampfführenden Gewerkschaft, nicht aber wegen der Rechtsausübung Gewerkschaftsbeitritt. 21

---

[1] Zur Charakterisierung als Arbeitskampfmittel auch *Belling*, DZWir 1994, 133 (135). | [2] BAG v. 28.7.1992 – 1 AZR 87/92, AP Nr. 123 zu Art. 9 GG Arbeitskampf; so auch Soergel/*Raab*, § 612a BGB Rz. 20. | [3] *Rüthers/Heilmann*, Anm. zu LAG Köln v. 4.10.1990 – 10 Sa 629/90, LAGE Art. 9 GG – Arbeitskampf Nr. 39. | [4] BAG v. 28.7.1992 – 1 AZR 87/92, AP Nr. 123 zu Art. 9 GG – Arbeitskampf. | [5] Vgl. BAG v. 28.7.1992 – 1 AZR 87/92, AP Nr. 123 zu Art. 9 GG – Arbeitskampf. | [6] BAG v. 28.7.1992 – 1 AZR 87/92, AP Nr. 123 zu Art. 9 GG – Arbeitskampf; v. 17.9.1991 – 1 AZR 26/91, AP Nr. 120 zu Art. 9 GG – Arbeitskampf; ebenso APS/*Linck*, § 612a BGB Rz. 25. | [7] BAG v. 13.7.1993 – 1 AZR 676/92, AP Nr. 127 zu Art. 9 GG – Arbeitskampf. Zum tarifvertraglichen Maßregelungsverbot vgl. *Belling*, DZWir 1994, 133 (135 f.); *Gaul*, NJW 1994, 1025 (1028 ff.) | [8] Hierzu *Thüsing*, ZTR 1999, 151 ff. | [9] BAG v. 26.10.1994 – 10 AZR 428/93, AP Nr. 18 zu § 611 BGB – Anwesenheitsprämie m. Anm. *Thüsing*; *Thüsing*, NZA 1994, 728 (730).

BGB § 612a Rz. 22   Maßregelungsverbot

22 Hinsichtlich der **Aussperrung nur der Streikenden** ergibt sich folgende Differenzierung: Eine Aussperrung nur der Streikenden **für die Dauer des Streiks** stellt keine Ungleichbehandlung gegenüber den Nichtstreikenden dar, denn die Aussperrung Streikender dient ganz anderen Zwecken als die Aussperrung Nichtstreikender; eine Suspendierung der Arbeitsverhältnisse bewirkt sie nicht, denn diese ist ja bereits mit der Befolgung des Streikaufrufs eingetreten. Wie also die Aussperrung Streikender und Nichtstreikender keine Gleichbehandlung darstellt, ist die Aussperrung nur der Streikenden keine Ungleichbehandlung.

23 Werden Streikende **über die Dauer des Streiks hinaus** ausgesperrt, so liegt darin zwar zumindest für die Zeit nach der Streikbeendigung eine Ungleichbehandlung gegenüber dem nicht ausgesperrten Kollegen, der sich nicht am Streik beteiligt hat, doch besteht hierfür oft die **arbeitskampfbedingte Rechtfertigung**, dass es eine Funktion der Aussperrung ist, den Schaden des ArbGeb zu mindern, der durch enge Führung eines Streiks entsteht[1]. Eine solche enge Führung braucht nicht eine personelle zu sein, sondern kann auch als zeitliche verstanden werden. Gewerkschaften und ArbN können mit einiger Berechtigung darauf vertrauen, der Streik werde sich nicht lohnmindernd auswirken. Dies zu verhindern, hat der ArbGeb ein legitimes Interesse daran, die Suspendierungsdauer auszudehnen und damit den Buchhaltungsaufwand in ein angemessenes Verhältnis zur Lohnminderung zu bringen, so dass ihn der Abzug nicht mehr kostet, als er ihm bringt. Auch kann eine solche Aussperrungsdifferenzierung uU mit dem Willen gerechtfertigt werden, durch die Aussperrung der Streikenden über die Beendigung der Streikteilnahme hinaus den Beginn der Wiederaufnahme der Produktion bestimmen zu können und nicht dabei das vielleicht unsichere Kampfende abwarten zu müssen. Vollzieht der ArbGeb aber lediglich einen Verbandsbeschluss, ohne dass er eine produktionstechnische Rechtfertigung für die Differenzierung geben kann, dann muss diese Unterscheidung zwischen Streikenden und Nichtstreikenden als regelmäßig unzulässig gewertet werden.

24 Unzulässig dürfte auch die dritte Möglichkeit sein, die Aussperrung nur der streikenden ArbN **nach Beendigung des Streiks**, etwa im Verlauf eines gegen mehrere ArbGeb rundum gehenden Streiks. Hier rechtfertigt die Funktion der Aussperrung die Beschränkung des Adressatenkreises zumeist nicht. Sie stellt im Regelfall eine Maßregelung der Streikenden einzig in Hinblick auf ihre vorangegangene Streikteilnahme dar, da sich die Differenzierung nicht aus der Funktion der Aussperrung ergibt. Auch hier drängt sich die Parallele zur Streikbruchprämie auf: Ebenso wie Streikbruchprämien nach Beendigung des Arbeitskampfs gegen § 612a verstoßen, wenn sie einzig auf Grund der Nichtbeteiligung am Streik gezahlt werden (s. Rz. 17), ist eine Aussperrung als Maßregelung zu werten, wenn sie nach Beendigung des Streiks einzig auf Grund vorangegangener Streikteilnahme erfolgt. Insoweit ist auch Stimmen des Schrifttums zu widersprechen, die eine Differenzierung der Aussperrung nach der Streikteilnahme in keinem Fall als Verstoß gegen § 612a werten[2]. Zur Kürzung von **Anwesenheitsprämien bei Streikteilnahme** vgl. Rz. 27.

25 **3. Anwesenheitsprämien und ihre Kürzung.** Anwesenheitsprämien sind freiwillige, in bestimmtem Rhythmus wiederkehrende Sonderzahlungen des ArbGeb, die dadurch gekennzeichnet sind, dass sich der ArbGeb ihre Kürzung für Zeiten ohne Arbeitsleistung vorbehält[3]. Dabei kann nach dem Grund für die Kürzung unterschieden werden, wobei die Kürzung auf krankheitsbedingten Fehlzeiten sowie auf einer Streikteilnahme beruhen kann:

26 **a) Krankheitsbedingte Fehlzeiten.** Die grundsätzliche **Zulässigkeit** einer **Kürzung wegen krankheitsbedingter Fehlzeiten** steht nunmehr nach der gesetzlichen Regelung in § 4a Satz 1 EFZG[4] außer Zweifel, wonach eine Sondervergütung, legal definiert als Vereinbarung über die Kürzung von Leistungen, die der ArbGeb zusätzlich zum laufenden Arbeitsentgelt erbringt, „auch für Zeiten der Arbeitsunfähigkeit infolge Krankheit zulässig" ist. Dies war auch schon vor der Geltung der Norm von der hM anerkannt; das BAG[5] stufte die Kürzung von Jahressonderzahlungen für krankheitsbedingte Fehlzeiten nicht als unzulässige Maßregelung ein; Inhalt der Arbeitsrechtsordnung sei, dass Arbeitsentgelt grds. nur für geleistete Arbeit gezahlt werde, soweit nicht gesetzliche Vorschriften eine Verpflichtung zur Fortzahlung des Arbeitsentgelts auch für Zeiten ohne Arbeitsleistung vorsähen. **Problematisch** war dabei der **Umfang zulässiger Kürzung**. Eine **Grenze der Kürzbarkeit** regelt nun § 4a Satz 2 EFZG, wonach sich die Kürzung pro Tag der Arbeitsunfähigkeit höchstens auf ein Viertel des jahresdurchschnittlichen Tages-Arbeitsentgelts belaufen darf. Diese Grenze ist, da an einen bestimmten Geldbetrag gebunden, eine **absolute**. Einzelheiten s. Kommentierung dort.

27 Die Berechtigung zur Kürzung kann auch auf einer **BV** beruhen; die Rspr.[6] sah eine auf einer BV beruhende Regelung, nach der sich die Sonderleistung **für jeden Fehltag um 1/30** mindert, bereits vor In-Kraft-Treten als vom Beurteilungsermessen der Betriebspartner gedeckt an. Zulässig soll ebenfalls die Regelung in einer BV sein, die krankheitsbedingte Fehlzeiten, für die Entgeltfortzahlung zu leisten

---

[1] Vgl. für alle *Seiter*, JZ 1979, 657 (659). | [2] *Löwisch/Rieble*, Arbeitskampf- und Schlichtungsrecht, Abschn. 170.2 Rz. 92 f. | [3] Vgl. BAG v. 26.10.1994 – 10 AZR 482/93, AP Nr. 18 zu § 611 BGB – Anwesenheitsprämie m. Anm. *Thüsing*; ErfK/*Preis*, § 612a BGB Rz. 18. | [4] Die Bestimmung, geschaffen durch Gesetz v. 25.9.1996 (BGBl. I S. 1476), fand sich ursprünglich in § 4b EFZG und rückte nach dessen Aufhebung durch Gesetz v. 19.12.1998 (BGBl. I S. 3843) mit Wirkung vom 1.1.1999 zu § 4a EFZG auf. | [5] BAG v. 26.10.1994 – 10 AZR 482/93, AP Nr. 18 zu § 611 – Anwesenheitsprämie m. zust. Anm. *Thüsing*. | [6] BAG v. 26.10.1994 – 10 AZR 482/93, AP Nr. 18 zu § 611 – Anwesenheitsprämie.

ist, auch dann gratifikationsschädlich berücksichtigt, wenn die Arbeitsunfähigkeit auf einem **Arbeitsunfall** beruht[1]. Auch hier gilt nun die Grenze des § 4a Satz 2 EFZG.

b) Streikteilnahme. Zu einer Kürzung von Jahressonderzahlungen kann es auch bei Teilnahme an einem Streik kommen. Bestimmt eine betriebliche Regelung, dass eine Anwesenheitsprämie nur für Monate gezahlt wird, in denen der ArbN keinerlei Arbeitsunfähigkeits- und unbezahlte Ausfallzeiten aufweist, so führt dies auch bei der Teilnahme an einem Streik zum Prämienverlust[2]. Das BAG sieht in einer solchen Regelung nicht den Zweck, die Streikbereitschaft zu beeinflussen; die Abhängigkeit der so gestalteten Prämie von der tatsächlichen Arbeitsleistung zielt danach vielmehr auch und in erster Linie auf andere Formen der Leistungsstörung oder -unterbrechung wie Unpünktlichkeit, Krankheit und unbezahlten Urlaub ab[3]. Die **sachliche Rechtfertigung** der Ungleichbehandlung liegt dann in dem **Fehlen der Pflicht zur Erbringung der Arbeitsleistung**; die Streikteilnahme ist damit nicht der „tragende Beweggrund"[4], sondern nur ein Reflex[5]. In diesem Fall vollzieht die Kürzung der Prämie lediglich eine „in der Rechtsordnung bereits angelegte Folge", denn sie beruht auf dem in § 323 aF zum Ausdruck gelangten Grundsatz „Ohne Arbeit kein Lohn"[6].

Wird die Prämie monatlich gewährt und sind ihre Voraussetzungen so geregelt, dass jede – auch nur geringfügige – Ausfallzeit, wie zB eine Verspätung beim Arbeitsbeginn, seine Entstehung für den laufenden Monat vollständig verhindert, so liegt darin kein Verstoß gegen § 612a[7]. Das BAG unterscheidet auch hier zwischen **jährlich fälligen Prämien**, mit denen neben der tatsächlichen Arbeitsleistung auch die Betriebstreue honoriert werden kann, und **monatlich gezahlten Prämien**, bei denen dies nicht anzunehmen ist, schon weil die Kündigungsfristen meist länger als einen Monat dauern[8].

4. Sonstige Fälle. Das **Unterlassen einer Höhergruppierung** kann gegen § 612a verstoßen, wenn zB ein ArbGeb gewisse ArbN höher gruppiert, andere jedoch von der Höhergruppierung ausnimmt, weil sie gegen den ArbGeb eine Höhergruppierungsklage angestrengt bzw. nicht zurückgenommen haben[9]. In der **Zahlung einer Sondervergütung** an ArbN, die für die Vergangenheit auf Überstundenvergütung verzichten und einer Anhebung der vertraglichen Arbeitszeit zustimmen, ist kein Verstoß gegen § 612a zu sehen worden[10]. Das Unterlassen einer **sozialen Auswahl** eines ArbN in einem Kleinbetrieb (§ 23 Abs. 1 Satz.2 KSchG), dessen Arbeitsverhältnis noch nicht länger als sechs Monate besteht (§ 1 Abs. 1 KSchG), verstößt ebenfalls nicht gegen § 612a[11]. Die **Anrechnung einer Tariferhöhung auf eine übertarifliche Zulage** verstößt (auch) gegen § 612a, wenn der ArbGeb die Tariferhöhung deshalb ausdrücklich vollständig anrechnet, weil der BR einer hälftigen Anrechnung nicht zustimmte[12]. Setzt ein ArbN seine tariflichen Rechte aus allgemeinverbindlichen TV durch, so ist der deshalb erfolgte **Ausschluss von der Gratifikationszahlung** durch den ArbGeb gem. § 612a unwirksam[13]. ArbN, die sich der vertraglichen **Verlängerung der Wochenarbeitszeit ohne Lohnausgleich** widersetzen, üben in zulässiger Weise ihre Rechte; werden sie deshalb aus dem Adressatenkreis einer bereits bestehenden freiwilligen Regelung über Erfolgs- und Umsatzbeteiligungen ausgenommen, die allen anderen ArbN zugute kommt, stellt dies eine verbotene Maßregelung dar[14]. Eine solche liegt auch vor, wenn der ArbGeb einem ArbN allein deshalb von der Zuweisung von Überstunden ausnimmt, weil dieser nicht bereit ist, auf Vergütungsansprüche zu verzichten[15].

V. Rechtsfolge. § 612a ist ein gesetzliches Verbot iSv. § 134. Zu beachten ist, dass der ArbN nicht (stets) so zu stellen ist, wie er stünde, wenn er die Ausübung des Rechts unterlassen hätte, denn beispielsweise verliert der ArbN, der in zulässiger Weise an einem Streik teilnimmt, seinen Vergütungsanspruch, weil der durch die Streikteilnahme entstehende Nachteil der Rechtsausübung immanent ist[16]. Ist § 134 auf die Maßnahme nicht anwendbar, weil sie nicht die Voraussetzungen eines **Rechtsgeschäfts** erfüllt, so ist sie, etwa als **tatsächliche Maßnahme**, bei einem Verstoß gegen § 612a rechtswidrig. Der ArbN kann dann Beseitigung, bei Wiederholungsgefahr Unterlassung fordern[17]. Weitere Rechtsfolgen ergeben sich aus § 280 sowie aus § 823 Abs. 2 iVm. § 612a als Schutzgesetz[18]. Für die einzelnen Fallgruppen sind einige Besonderheiten zu beachten:

Besteht der Verstoß gegen § 612a in einer **Kündigung** wegen zulässiger Rechtsausübung, so ist die Nichtigkeit dieser Kündigung gem. §§ 134, 612a ein Mangel, der unabhängig von der Klagefrist des § 4 KSchG

---

1 LAG Düsseldorf v. 18.3.1998 – 17 Sa 1797/97, LAGE § 611 BGB – Anwesenheitsprämie Nr. 4 – zweifelhaft. | 2 BAG v. 31.10.1995 – 1 AZR 217/95, AP Nr. 140 zu Art. 9 GG – Arbeitskampf; v. 3.8.1999 – 1 AZR 735/98, ZIP 2000, 510. | 3 BAG v. 31.10.1995 – 1 AZR 217/95, AP Nr. 140 zu Art. 9 GG – Arbeitskampf. | 4 *Gaul*, NJW 1994, 1025 (1027); *Plander/Witt*, EWiR 2000, 576; *Gaul*, NJW 1994, 1025 (1027). | 5 ErfK/*Preis*, § 612a BGB Rz. 20. | 6 ErfK/*Preis*, § 612a BGB Rz. 20; *Gaul*, NJW 1994, 1025 (1027); *Plander/Witt*, EWiR 2000, 576. | 7 BAG v. 31.10.1995 – 1 AZR 217/95, AP Nr. 140 zu Art. 9 GG – Arbeitskampf. | 8 BAG v. 31.10.1995 – 1 AZR 217/95, AP Nr. 140 zu Art. 9 GG – Arbeitskampf; Ausdruck des „dem § 611 immanenten Grundsatz[es]": Soergel/*Raab*, § 612a BGB Rz. 22; vgl. auch *Gaul*, NJW 1994, 1025 (1027). | 9 BAG v. 23.2.2000 – 10 AZR 1/99, NZA 2001, 680. | 10 LAG Frankfurt v. 24.4.2001 – 7 Sa 1672/00, nv. (juris). | 11 LAG Nürnberg v. 24.4.2001 – 6 Sa 406/00, LAGE § 242 BGB Nr. 5. | 12 LAG Frankfurt v. 28.1.1998 – 8 Sa 2219/96, nv. (juris). | 13 LAG Hannover v. 21.1.1998 – 15 Sa 1649/97, LAGE § 611 BGB – Gratifikation Nr. 51. | 14 BAG v. 12.6.2002 – 10 AZR 340/01, NZA 2002, 1389. | 15 BAG v. 17.11.2002 – 2 AZR 742/00, Ap Nr. 100 zu § 615 BGB; im Fall des BAG ging es um tarifliche Vergütungsansprüche, auf die ArbN überdies gemäß § 4 Abs. 3 TVG überhaupt nicht verzichten können. | 16 Soergel/*Raab*, § 612a BGB Rz. 9. | 17 Staudinger/*Richardi*, § 612a BGB Rz. 21. | 18 MünchKomm/*Schaub*, § 612a BGB Rz. 10; KR/*Pfeiffer*, § 612a BGB Rz. 11.

geltend gemacht werden kann[1]. Der ArbGeb kann auch keinen Auflösungsantrag nach § 9 Abs. 1 Satz 2 KSchG stellen[2]. Bei § 612a handelt es sich um ein sonstiges Kündigungsverbot iSv. § 13 Abs. 3 KSchG[3]. Zu beachten ist, dass im Fall des § 612a das **Nachschieben von Kündigungsgründen nicht zulässig ist**. Während der allgemeine Kündigungsschutz der §§ 1 ff. KSchG auf die objektive Sachlage zum Zeitpunkt der Kündigung und nicht auf den Beweggrund der Kündigung durch den ArbGeb abstellt und deswegen ein Nachschieben materieller Kündigungsgründe grundsätzlich zulässig ist, schneidet § 612a den Regress auf andere Gründe ab, die den Kündigungsentschluss des ArbGeb nicht bestimmt haben. Damit können Umstände, die der ArbGeb ohne die zulässige Rechtsausübung des ArbN nicht zum Anlass für eine Kündigung genommen hätte, nicht zur Begründung der Kündigung vorgetragen werden[4]. Bei der Bemessung einer Abfindung kann sich ein Verstoß gegen § 612a erhöhend auswirken[5].

33 Im Fall einer maßregelnden **Unterlassung der Höhergruppierung** kann nach Ansicht des BAG eine Beseitigung der rechtswidrigen Benachteiligung nur dadurch erfolgen, dass die Höhergruppierung in gleicher Weise gewährt wird wie den höher gruppierten ArbN[6]. Problematisch ist hierbei, dass zwar im Unterlassen der Höhergruppierung eine Maßregelung liegen kann; indes kann dies nicht schematisch zur Höhergruppierung des gemaßregelten ArbN führen, wenn seiner Höhergruppierung zB die Nichterfüllung sachlicher Anforderungen entgegensteht. Daher ist für die Beseitigung der Maßregelung im Wege der Höhergruppierung zusätzlich zu verlangen, dass diese „sachlich spruchreif" ist.

34 Im Fall der Unzulässigkeit einer **Streikbruchprämie** entsteht dem am Streik beteiligten ArbN ein Anspruch aus dem arbeitsrechtlichen Gleichbehandlungsgrundsatz iVm. § 612a, dessen Inhalt auf **Gewährung der Prämie in gleicher Höhe** gerichtet ist[7]. Diese Rechtsfolge geht über den Inhalt des § 134 hinaus. Bei dessen konsequenter Umsetzung wäre nämlich allein die Prämiengewährung als Rechtsgeschäft unwirksam; die Folge wäre eine Rückerstattungspflicht nach Bereicherungsrecht. Dem wird der ArbN jedoch zumeist den Entreicherungseinwand entgegenhalten können, weswegen die konsequente Anwendung des § 134 BGB faktisch auf ein Behaltendürfen hinausliefe und der missbilligte Erfolg bestehen bliebe. Hieraus rechtfertigt sich die vom BAG befürwortete[8] Rechtsfolge der Gewährung der Prämie an die Streikteilnehmer[9].

35 **VI. Beweisfragen.** Die Beweislast dafür, dass der ArbN wegen seiner Rechtsausübung durch den ArbGeb benachteiligt worden ist, trägt der ArbN[10]. Die Beweiserleichterung des § 611a Abs. 1 Satz 3 (Umkehr der Beweislast) kommt im Fall des § 612a nicht zur Anwendung[11]. Dem ArbN kann aber ein **Anscheinsbeweis** zugute kommen, der dann geführt ist, wenn der ArbN Tatsachen nachweist, die einen Schluss auf die Benachteiligung wegen der Rechtsausübung wahrscheinlich machen, zB wenn der zeitliche Zusammenhang evident ist[12]. Der Beweis des ersten Anscheins ist **bei engem zeitlichem Zusammenhang** zwischen der zulässigen Rechtsausübung und der beanstandeten Benachteiligung gegeben[13], so zB dann, wenn eine Kündigung erfolgt, unmittelbar nachdem der ArbN sich gegen eine Abmahnung zur Wehr gesetzt hat[14]. Der Anschein wird auch dadurch gesetzt, dass der ArbGeb mit einer Änderungskündigung dem ArbN, der über lange Zeit die verschiedensten Arbeiten erledigt hat, die einzige Arbeit anbietet, von der der ArbGeb weiß, dass der ArbN sie nicht ausführen kann, weil ihm etwa die erforderliche Fahrerlaubnis fehlt[15]. Auf Grund seiner sekundären Substantiierungslast nach § 138 Abs. 2 ZPO kann dem ArbGeb auch die Darlegung der Gründe für die Prämiengewährung obliegen[16]. So muss der ArbGeb etwa den Grund für eine unterschiedliche Behandlung seiner ArbN **offen legen**, wenn er bei Sonderzuwendungen nicht alle ArbN gleichmäßig bedenkt[17].

36 **VII. Auslage/Aushang.** Art. 2 des Arbeitsrechtlichen EG-AnpassungsG v. 13.8.1980 (BGBl. I S. 1308) idF des Art. 9 des Zweiten Gleichberechtigungsgesetzes v. 24.6.1994 (BGBl. I S. 1406) bestimmt: „In Betrieben, in denen in der Regel mehr als fünf ArbN beschäftigt sind, ist ein Abdruck der §§ 611a, 611b,

---

1 LAG Kiel v. 25.7.1989 – 1 (3) Sa 557/88, LAGE § 612a BGB Nr. 4; auch KR/*Pfeiffer*, § 612a BGB Rz. 11, der Verwirkung für denkbar hält. | 2 Erman/*Edenfeld*, § 612a BGB Rz. 5; LAG Düsseldorf v. 13.12.1988 – 8 Sa 663/88, DB 1989, 685. | 3 KR/*Pfeiffer*, § 612a BGB Rz. 11. | 4 BAG v. 2.4.1987 – 2 AZR 227/86, DB 1987, 2525 (2526). | 5 KR/*Pfeiffer*, § 612a BGB Rz. 11. | 6 BAG v. 23.2.2000 – 10 AZR 1/99, NZA 2001, 680. | 7 Vgl. – auch zur Kritik – Rz. 22. | 8 BAG v. 27.8.1992 – 1 AZR 87/92, AP Nr. 123 zu Art. 9 GG – Arbeitskampf; BAG v. 17.9.1991 – 1 AZR 26/91, AP Nr. 120 zu Art. 9 GG – Arbeitskampf; ebenso APS/*Linck*, § 612a BGB Rz. 25. | 9 Vgl. BAG v. 11.8.1992 – 1 AZR 103/92, SAE 1993, 61 mwN: Die Rückzahlung von den arbeitenden ArbN komme weitgehend rechtlich, zumindest aber tatsächlich nicht in Betracht. | 10 BAG v. 2.4.1987 – 2 AZR 227/86, AP Nr. 1 zu § 612a BGB; LAG Kiel v. 25.7.1989 – 1 (3) Sa 557/88, LAGE § 612a BGB Nr. 4; Soergel/*Raab*, § 612a BGB Rz. 23; ErfK/*Preis*, § 612a BGB Rz. 24; Staudinger/*Richardi*, § 612a BGB Rz. 24; MünchKomm/*Schaub*, § 612a BGB Rz. 11; zu Fragen der Darlegungs- und Beweislast ausf. *Belling/von Steinau-Steinrück*, DB 1993, 534 (536 f.); *Belling/von Steinau-Steinrück*, SAE 1993, 51 (55 f.); *Schwarze*, NZA 1993, 967 (972); *Gaul*, NJW 1994, 1025 (1030). | 11 BAG v. 2.4.1987 – 2 AZR 227/86, DB 1987, 2525 (2526); APS/*Linck*, § 612a BGB Rz. 23; KR/*Pfeiffer*, § 612a BGB Rz. 12; Däubler/Kittner/Zwanziger, KSchR, § 612a BGB Rz. 22. | 12 LAG Kiel v. 25.7.1989 – 1 (3) Sa 557/88, LAGE § 612a BGB Nr. 4; ArbR-BGB/*Schliemann*, § 612a BGB Rz. 23; vgl. auch Rz. 11. | 13 KR/*Pfeiffer*, § 612a BGB Rz. 12, MünchKomm/*Schaub*, Rz. 11; ErfK/*Preis*, § 612a BGB Rz. 23. | 14 ArbG Augsburg v. 7.10.1997 – 2 Ca 1431/96 N, NZA-RR 1998, 542. | 15 ArbG Kiel v. 30.4.1997 – 5 Ca 56 b/97, NZA-RR 1998, 303. | 16 KR/*Pfeiffer*, § 612a BGB Rz. 12. | 17 BAG v. 28.7.1992 – 1 AZR 87/92, AP Nr. 123 zu Art. 9 GG – Arbeitskampf; vgl. Rz. 21.

612 Abs. 3 und des § 612a des Bürgerlichen Gesetzbuches sowie des § 61b des ArbGG an geeigneter Stelle zur Einsicht auszulegen oder auszuhängen."

613 Unübertragbarkeit
Der zur Dienstleistung Verpflichtete hat die Dienste im Zweifel in Person zu leisten. Der Anspruch auf die Dienste ist im Zweifel nicht übertragbar.

Lit.: *Depping*, Der Unterarbeitsvertrag zwischen Ehegatten, BB 1991, 1981; *Eich*, Das Job-Sharing-Arbeitsverhältnis, DB 1982 Beil. 9; *Konzen*, Arbeitsrechtliche Drittbeziehungen, ZfA 1982, 25; *Waas*, Das so genannte „mittelbare Arbeitsverhältnis", RdA 1993, 153 ff.

I. Zweck und Inhalt der Norm. § 613 formuliert eine Grundregel des Arbeitsrechts. Danach ist die Arbeitsleistung eine **höchstpersönliche Pflicht** des ArbN. Aus der Formulierung „im Zweifel" ergibt sich, dass der Gesetzgeber diesen Grundsatz jedoch als bloße **Auslegungsregel** für die Arbeitsleistungspflicht des ArbN (Satz 1) und den Arbeitsleistungsanspruch des ArbGeb (Satz 2) vorgesehen hat. Daher enthält § 613 auch kein gesetzliches Verbot iSv. § 134[1]. Die Parteien des Arbeitsvertrages können grundsätzlich ausdrücklich oder konkludent abweichende Vereinbarungen treffen. 1

II. Persönliche Arbeitsleistungspflicht. 1. Grundregel. Die Arbeitsleistung hat der dienstpflichtige ArbN *im Zweifel* in Person zu leisten. Daher ist ihm im Grundsatz nicht gestattet, die Arbeitsleistung durch andere Personen (Ersatzleute bzw. betriebsfremde Personen) zu erbringen[2]. Das gilt auch, wenn er sich zur Leistungserbringung lediglich einer Hilfsperson bedient[3]. Mit der Grundregel persönlicher Leistungserbringung korrespondiert § 275 Abs. 3, der dem ArbN ein besonderes Leistungsverweigerungsrecht für den Fall persönlicher Unzumutbarkeit einräumt[4]. Erfüllt der ArbN eine erbringbare höchstpersönliche Leistungspflicht nicht, gerät er automatisch in Verzug (§§ 280 Abs. 2, 286 Abs. 1, 2 Nr. 2)[5]. Da die Arbeitsleistung regelmäßig zeitgebunden ist, liegt allerdings in der Praxis meist ein Fall teilweiser Unmöglichkeit vor. Entsteht dem ArbGeb auf Grund der unterbliebenen persönlichen Arbeitsleistung ein Schaden, so kann er diesen bei Verschulden des ArbN ersetzt verlangen (§§ 280 Abs. 1, 3, 283)[6]. Gegebenenfalls kommt auch eine verhaltensbedingte ordentliche oder außerordentliche Kündigung des ArbN in Betracht[7]. 2

Der ArbN hat die Arbeitsleistung gemäß Satz 1 jedoch nicht zwingend in eigener Person zu leisten. Wo dem nicht der Fall ist, und der ArbN selbst aus berechtigten, in seiner Person liegenden Gründen zur Leistung verhindert ist, kann er weitgehend gehalten sein, die Arbeitsleistung durch einen Dritten vornehmen zu lassen. Dies bestimmt sich nach der **Auslegung seines Arbeitsvertrags**. Ohne besondere Anhaltspunkte wird man ihn allerdings nur als berechtigt, nicht als verpflichtet ansehen können in diesen Fällen „für Ersatz zu sorgen"[8]. 3

2. Dispositivität. Durch Vereinbarung zwischen den Parteien des Arbeitsvertrages kann die höchstpersönliche Leistungspflicht ausdrücklich oder stillschweigend abbedungen werden[9]. Aus der Natur des Arbeitsverhältnisses ergibt sich jedoch meist, dass die geschuldete Leistungspflicht nicht von der Person des ArbN getrennt werden kann[10]. Der Inhalt der Leistungspflicht aus dem Arbeitsvertrag und der Abschluss des Arbeitsvertrags hängen gerade von der Person des ArbN, dh. dessen persönlicher Eignung und fachlicher Qualifikation, ab[11]. Entsprechende Vereinbarungen sind daher in Arbeitsverhältnissen selten[12]. Eine Abbedingung der persönlichen Leistungspflicht kommt in Frage, wenn die Mithilfe von Ehepartnern oder sonstigen Familienangehörigen des ArbN üblich ist, etwa bei einem Hausmeisterehepaar[13]. Hier kann regelmäßig von einer konkludenten vertraglichen Einschränkung der Regel aus § 613 Satz 1 ausgegangen werden, nach der sich die Familienangehörigen gegenseitig vertreten können. Aus einer entsprechenden Vereinbarung kann jedoch nicht ohne weiteres darauf geschlossen werden, dass ein Arbeitsverhältnis überhaupt nicht vereinbart wurde[14]. Eine solche Vereinbarung misst sich zudem als Formularvertrag an den Schranken der §§ 305 ff.. Hierin kann sowohl eine unangemessene Benachteiligung als auch eine überraschende Klausel liegen. 4

3. Erbringung der Arbeitsleistung durch einen Dritten. Die Erbringung der Arbeitsleistung durch Dritte gemäß § 267 Abs. 1 Satz 1 ist **grundsätzlich ausgeschlossen**[15]. Von der Übertragung der höchst- 5

---

1 *Depping*, BB 1991, 1981; ErfK/*Preis*, § 613 BGB Rz. 1; aA FG Münster v. 7.8.1990 – VI 7384/88 E, EFG 1991, 246. | 2 Wird dem ArbN, zu dessen Arbeitspflichten die Führung eines Kraftfahrzeuges gehört, die Fahrerlaubnis entzogen, so kann er die geschuldeten Fahrten nicht von einem Ersatzfahrer erbringen lassen. BAG v. 14.2.1991 – 2 AZR 525/90, RzK I 6 a Nr. 70; LAG Schl.-Holst. v. 16.6.1986 – 4 (5) Sa 684/85, NZA 1987, 669; LAG Düsseldorf v. 16.5.1967 – 8 Sa 90/67, NJW 1967, 2177. |3 Staudinger/*Richardi*, § 613 BGB Rz. 4. |4 *Gotthardt*, Schuldrechtsreform, Rz. 8. |5 Vgl. Soergel/*Raab*, § 613 BGB Rz. 2. |6 LAG Bremen v. 16.4.1971 – 1 Sa 5/71, DB 1971, 1429 bzgl. eines Schadensersatzanspruchs aus positiver Vertragsverletzung. Zur Rechtslage vor der Schuldrechtsreform MünchKomm/*Schaub*, § 613 BGB Rz. 6. |7 MünchKomm/*Schaub*, § 613 BGB Rz. 6. |8 ErfK/*Preis*, § 613 BGB Rz. 2; Erman/*Edenfeld*, § 613 BGB Rz. 1. |9 ArbG Ulm v. 23.7.1957 – II Ca 537/57, DB 1957, 1023. | 10 Vgl. Soergel/*Raab*, § 613 BGB Rz. 6; Staudinger/*Richardi*, § 613 BGB Rz. 7. |11 Vgl. Soergel/*Raab*, § 613 BGB Rz. 6. |12 Vgl. ErfK/*Preis*, § 613 BGB Rz. 3; Erman/*Edenfeld*, § 613 BGB Rz. 3. |13 ErfK/*Preis*, § 613 Rz. 3; MünchKomm/*Schaub*, § 613 BGB Rz. 5. |14 ErfK/*Preis*, § 613 BGB Rz. 3. |15 LAG Düsseldorf v. 16.5.1967 – 8 Sa 90/67, NJW 1967, 2177; Soergel/*Raab*, § 613 BGB Rz. 1.

persönlichen Arbeitsleistungspflicht sind die sog. **mittelbaren Arbeitsverhältnisse und das sog. Gruppenarbeitsverhältnis** zu unterscheiden.

6 **a) Mittelbare Arbeitsverhältnisse.** Bei einem mittelbaren Arbeitsverhältnis schließt der ArbGeb mit einer Mittelsperson einen Arbeitsvertrag, die wiederum mit einem oder mehreren anderen ArbN Arbeitsverhältnisse eingeht, um ihre Arbeitspflichten zu erfüllen (mehrstufiges Arbeitsverhältnis[1]). Das Direktionsrecht ist in mittelbaren Arbeitsverhältnissen zwischen der Mittelsperson, die im Verhältnis zum mittelbaren ArbN selbst ArbGeb ist, und dem Hauptarbeitgeber geteilt[2]. Das Weisungsrecht des Hauptarbeitgebers greift faktisch auf den mittelbaren ArbGeb durch, auch wenn Übertragung des Weisungsrechts der Mittelsperson an den Hauptarbeitgeber nicht vereinbart wurde[3]. Durch seine Arbeitsleistung erfüllt der Dritte nicht nur seine eigene Schuld gegenüber der Mittelsperson, sondern auch die Verpflichtung der Zwischenperson zum Hauptarbeitgeber. Der mittelbare ArbN ist also Erfüllungsgehilfe der Zwischenperson. Für ein Verschulden des Dritten bei der Leistungserbringung haftet die Zwischenperson daher nach Maßgabe des § 278[4]. Die praktische Relevanz mittelbarer Arbeitsverhältnisse ist heute gleichwohl gering[5]. Ausführlicher vor § 611 Rz. 119 ff..

7 **b) Gruppenarbeitsverhältnisse.** Gruppenarbeitsverhältnisse liegen vor, wenn mehrere ArbN zu Arbeitsgruppen zusammengefasst sind. Sie entstehen als **sog. Betriebsgruppe**, wenn der ArbGeb mehrere ArbN – mit denen er jeweils eigenständige Arbeitsverträge abgeschlossen hat – zum Zweck eines besonderen Arbeitserfolges vereinigt, oder als **Eigengruppe**, bei der die Gruppenbildung auf die ArbN zurückgeht und die Gruppe selbst als Vertragspartner auftreten kann[6]. Ausführlicher vor § 611 Rz. 121 ff..

8 **4. Ausnahme auf Grund gesetzlicher Gestattung.** § 13 TzBfG (§ 5 BeschFG aF) regelt eine Ausnahme vom Grundsatz der höchstpersönlichen Arbeitsleistungspflicht. Die Vorschrift enthält Voraussetzungen und Umfang der Arbeitsplatzteilung. ArbN und ArbGeb können gemäß § 13 Abs. 1 Satz 1 TzBfG grundsätzlich vereinbaren, dass mehrere ArbN sich die Arbeitszeit an einem Arbeitsplatz teilen. Durch das **sog. Job-Sharing**[7] kann ein ArbN in gewissen Grenzen in die Arbeitsleistungspflicht eines anderen ArbN eintreten. Insoweit ist der höchstpersönliche Charakter der Arbeitsleistung auf Grund gesetzlicher Gestattung einschränkbar. Allerdings sind die anderen ArbN nur zur Vertretung verpflichtet, wenn sie ihr im Einzelfall durch besondere Vereinbarung zugestimmt haben (Satz 2). Sonst ist eine Pflicht zur Vertretung nur gegeben, wenn der Arbeitsvertrag bei Vorliegen dringender betrieblicher Gründe eine Vertretung vorsieht und diese im Einzelfall auch zumutbar ist (Satz 3).

9 **5. Unvererblichkeit.** Beim **Tod des ArbN** erlischt seine Leistungspflicht auf Grund ihres höchstpersönlichen Charakters[8]. Dh., die Arbeitsleistungspflicht des ArbN geht nicht im Wege der Universalsukzession gemäß § 1922 auf die Erben über[9]. Sie werden nicht zur Eintretung in die Verpflichtung des ArbN berechtigt oder verpflichtet. Die Erben können, da nicht nur die Arbeitspflicht, sondern auch die Ansprüche auf Befreiung von der Arbeitspflicht erlöschen, keine entsprechenden Ansprüche geltend machen, und der ArbGeb kann beim Tod seines ArbN nicht die Leistung der Arbeit durch die Erben verlangen.

10 Der **Urlaubsanspruch** des ArbN geht, da er wegen seines Erholungszwecks höchstpersönlichen Charakter hat[10], mit dem Tod des ArbN unter, und ist daher nicht vererbbar[11]. Da die Erben gemäß § 1967 für die Nachlassverbindlichkeiten des ArbN haften, sind sie verpflichtet, solche Ansprüche des ArbGeb zu erfüllen, die nicht unmittelbar die Arbeitsleistung betreffen, sondern rein vermögensrechtlicher Art sind. Die Erben müssen etwa **Schadensersatzforderungen des ArbGeb** erfüllen und dem verstorbenen ArbN überlassene Gegenstände wie Dienstwagen, Arbeitsgeräte, Unterlagen etc. an den ArbGeb herausgeben[12].

11 **Abfindungsansprüche des ArbN** aus Aufhebungsverträgen oder gerichtlichen Vergleichen sind grundsätzlich vererblich[13]. Auch sonstige **Geldansprüche des ArbN** gegen den ArbGeb aus dem Arbeitsverhältnis, etwa Gratifikationsansprüche[14], gehen grundsätzlich gemäß § 1922 auf die Erben über. Das gilt jedenfalls insofern, als sie nicht höchstpersönlicher Art sind, oder besondere Vorschriften oder Vereinbarungen

---

1 Zöllner/Loritz, Arbeitsrecht, § 27 II, S. 333. | **2** MünchKomm/Schaub, § 613 BGB Rz. 20. | **3** Vgl. Soergel/Raab, § 613 BGB Rz. 12; Waas, RdA 1993, 153 (161). | **4** Soergel/Raab, § 613 BGB Rz. 11; Waas, RdA 1993, 153 (155); Zöllner/Loritz, Arbeitsrecht, § 27 II., S. 334. AA MünchKomm/Schaub, § 613 BGB Rz. 20, nach dem die Mittelsperson für eine Schlechtleistung des mittelbaren ArbN nur hafte, wenn sie bei der Auswahl oder der Beaufsichtigung des Gehilfen schuldhaft gehandelt hat. | **5** ErfK/Preis, § 611 BGB Rz. 202. Fallgruppen fanden sich bisher in der Land- und Forstwirtschaft, bei Musikkapellen, wenn der Orchesterleiter ArbN des Auftraggebers ist und die Orchestermusiker selbst als seine ArbN beschäftigt (BAG v. 9.4.1957 – 3 AZR 435/54, AP Nr. 2 zu § 611 BGB Mittelbares Arbeitsverhältnis), und möglicherweise bei der Einstellung von Putzfrauen durch den Hauswart. Für die Aufgabe der Rechtsfigur des „mittelbaren Arbeitsverhältnisses" Waas, RdA 1993, 153 ff. (162). | **6** ErfK/Preis, § 611 BGB Rz. 200. | **7** Eich, DB 1982, Beil. Nr. 9. | **8** ErfK/Preis, § 613 BGB Rz. 4; Erman/Edenfeld, § 613 BGB Rz. 2. | **9** Soergel/Raab, § 613 BGB Rz. 14; Staudinger/Richardi, § 613 BGB Rz. 12. | **10** BAG v. 20.4.1956 – 1 AZR 448/54, AP Nr. 7 zu § 611 BGB – Urlaubsrecht; Soergel/Raab, § 613 BGB Rz. 15; Staudinger/Richardi, § 613 BGB Rz. 14. | **11** BAG v. 18.7.1989 – 8 AZR 44/88, AP Nr. 49 zu § 7 BUrlG – Abgeltung; MünchKomm/Schaub, § 613 BGB Rz. 13; Soergel/Raab, § 613 BGB Rz. 15. | **12** Vgl. Erman/Edenfeld, § 613 BGB Rz. 2; MünchKomm/Schaub, § 613 BGB Rz. 12; Soergel/Raab, § 613 BGB Rz. 14. | **13** MünchKomm/Schaub, § 613 BGB Rz. 13; Staudinger/Richardi, § 613 BGB Rz. 14. | **14** LAG Hamm v. 16.12.1982 – 10 Sa 1051/82, ARSt. 1984, 45; MünchKomm/Schaub, § 613 BGB Rz. 13.

etwas anderes vorsehen (etwa Hinterbliebenenbezüge). Ob Forderungen des ArbN, insb. **Ansprüche auf Abgeltung von Erholungsurlaub**, die im Zusammenhang mit seiner höchstpersönlichen Arbeitsleistungspflicht stehen, vererblich sind, ist umstritten. Grundsätzlich entsteht kein Urlaubsabgeltungsanspruch, der vererbt werden könnte, da der gesetzliche Urlaubsanspruch mit dem Tod des ArbN erlischt[1]. § 7 Abs. 4 BUrlG setzt voraus, dass der ArbN bei der Beendigung des Arbeitsverhältnisses lebt[2]. Nach einer Ansicht soll auch der Urlaubsabgeltungsanspruch als Surrogat des Urlaubsanspruchs ebenfalls höchstpersönlicher Natur sein und mit dem Tod des ArbN erlöschen, selbst wenn sich der Urlaubsanspruch noch zu Lebzeiten des ArbN in einen Urlaubsabgeltungsanspruch verwandelt haben sollte[3]. Das BAG[4] behilft sich mit einen vererblichen Schadensersatzanspruch, da die Urlaubsabgeltung mit dem Tod des ArbN unmöglich geworden sei. Das soll auch dann gelten, wenn der Anspruch auf Urlaub oder Urlaubsabgeltung vom ArbN während des Urlaubszeitraums geltend gemacht wurde. Nach anderer Ansicht[5] könne der Abgeltungsanspruch dagegen auch eine von der höchstpersönlichen Leistungserbringung gesonderte vermögensrechtliche Position darstellen. Dies gelte insb., wenn der Abgeltungsanspruch dem Grunde nach entstanden ist, aber vor dem Tode des ArbN nicht befriedigt wurde. Außerdem greife § 7 Abs. 4 BUrlG tatbestandlich nur, wenn der Urlaub wegen Beendigung des Arbeitsverhältnisses nicht mehr gewährt werden konnte. § 7 Abs. 4 BUrlG gelte nach Sinn und Zweck ohnehin nicht, wenn das Arbeitsverhältnis wegen Todes des ArbN vorzeitig endet. Ende das Arbeitsverhältnis aber aus anderen Gründen und kann der Urlaub deshalb nicht gewährt werden, entstehe ein von der persönlichen Leistungspflicht unabhängiger Leistungsanspruch, der vererblich sei. Der Konstruktion des BAG bedarf es nach dieser Ansicht nicht.

Uneingeschränkt vererbbar sind durch rechtskräftiges Urteil dem ArbN zugesprochene **Abfindungsansprüche**[6]. Grundsätzlich vererblich sind auch Abfindungsansprüche aus Aufhebungsverträgen oder gerichtlichen Vergleichen[7]. Höchstpersönlicher Art hingegen das Recht des ArbN, im Rahmen eines Kündigungsschutzverfahrens die **Auflösung des Arbeitsverhältnisses gegen Zahlung einer Abfindung zu beantragen** (§§ 9, 10 KSchG)[8]. Die Frage, ob ein vererblicher Anspruch auf Abfindung entsteht[9], wenn der ArbN bereits vor dem vereinbarten Vertragsende, aber nach dem Abschluss des Vertrags, der die Abfindung enthält, verstirbt, wird in Rspr. und Lehre unterschiedlich beantwortet. Teilweise[10] wird gefordert, dass das Arbeitsverhältnis über den Zeitpunkt des Todes des ArbN fortbestehen muss. Eine andere Ansicht[11] lässt es ausreichen, wenn der ArbN erst vor der Auszahlung der Abfindung verstirbt. Nach dem BAG[12] entsteht der Abfindungsanspruch aus einem Aufhebungsvertrag nur, wenn das Arbeitsverhältnis zum vorgesehenen Beendigungstermin noch besteht. Endet das Arbeitsverhältnis – etwa durch den Tod des ArbN – vorzeitig, so entsteht der Anspruch nicht. Dies kann das Ergebnis der Auslegung des Aufhebungsvertrags sein; in ähnlichen Fällen verweist die Rspr. – eher zutreffend auf den Wegfall der Geschäftsgrundlage, jetzt § 313[13]. Hier bedarf es der genauen Prüfung, wer das Risiko vorzeitigen Ausscheidens tragen soll; das kann auch der ArbGeb sein[14]. Beantragt der ArbN vor dem Erbfall selbst **im Kündigungsschutzverfahren die Auflösung des Arbeitsverhältnisses gegen Zahlung einer Abfindung**, so ist, wenn der Antrag begründet ist, ein Anspruch auf Abfindung entstanden und mit dem Erbfall als reine vermögensrechtliche Forderung auf die Erben übergegangen und der Prozess kann von den Erben weiter verfolgt werden[15]. Das Erleben des Auflösungszeitpunktes des Arbeitsverhältnisses ist in diesem Fall nicht Grundlage des Auflösungsvertrages. Zur Klärung der Frage der Entstehung und Vererblichkeit des Abfindungsanspruchs, ist der jeweilige Auflösungsvertrages auszulegen; ob der Tod des ArbN vor Beendigung des Arbeitsverhältnisses eintritt, ist letztlich unerheblich[16].

Der **Anspruch des ArbN auf Abfindung aus einem Sozialplan** sowie der **Anspruch auf Nachteilsausgleich gemäß § 113 BetrVG** entstehen dagegen nur, wenn der ArbN bei der Auflösung des Arbeitsverhältnisses noch lebt; nur dann sind die Ansprüche auch vererblich[17].

III. Persönlicher Arbeitsleistungsanspruch. Wie die persönliche Leistungspflicht kann auch der Arbeitsleistungsanspruch gemäß § 613 Satz 2 **im Zweifel** nicht übertragen werden. Die Vorschrift ist daher, wie

---

1 Vgl. Erman/*Edenfeld*, § 613 BGB Rz. 2. | 2 BAG v. 23.6.1992 – 9 AZR 111/91, AP Nr. 59 zu § 7 BUrlG – Abgeltung; v. 18.7.1989 – 8 AZR 44/88, AP Nr. 49 zu § 7 BUrlG – Abgeltung. | 3 RGRK/*Ascheid*, § 613 BGB Rz. 7; Soergel/*Raab*, § 613 BGB Rz. 15. | 4 BAG v. 19.11.1996 – 9 AZR 376/95, AP Nr. 71 zu § 7 BUrlG – Abgeltung; v. 22.10.1991 – 9 AZR 433/90, AP Nr. 57 zu § 7 BUrlG – Abgeltung. | 5 ErfK/*Preis*, § 613 BGB Rz. 6. | 6 BAG v. 25.6.1987 – 2 AZR 504/86, NZA 1988, 466. | 7 BAG v. 16.10.1969 – 2 AZR 373/68, AP Nr. 20 zu § 794 ZPO; ErfK/*Preis*, § 613 BGB Rz. 7; RGRK/*Ascheid*, § 613 BGB Rz. 7. | 8 ErfK/*Preis*, § 613 BGB Rz. 7; MünchKomm/*Schaub*, § 613 BGB Rz. 13. | 9 Ist der Abfindungsanspruch entstanden, so ist er als vermögensrechtlicher Anspruch grundsätzlich vererblich. LAG München v. 25.8.1980 – 7 Sa 166/80, ARSt. 1981, 86. | 10 LAG BW v. 27.6.1996 – 8 Sa 107/95, nv. (juris); LAG Köln v. 11.12.1990 – 4 Sa 829/90, LAGE § 611 BGB – Aufhebungsvertrag Nr. 2; ArbG Düsseldorf v. 23.2.1968 – 2 Ca 2657/67, DB 1968, 805. | 11 LAG BW v. 27.2.1996 – 15 Sa 149/95, nv. (juris); Soergel/*Raab*, § 613 BGB Rz. 17. | 12 BAG v. 16.5.2000 – 9 AZR 277/99, NZA 2000, 1236; v. 26.8.1997 – 9 AZR 227/96, AP Nr. 8 zu § 620 BGB – Aufhebungsvertrag; dazu *Meyer*, BB 1998, 1479. | 13 BAG v. 29.1.1997 – 2 AZR 292/96, EWiR 1997, 689 (*Thüsing*): Zwischenzeitliches Ausscheiden des ArbN auf Grund außerordentlicher Kündigung. | 14 *Thüsing*, EWiR 2001, 105. | 15 BAG v. 16.10.1969 – 2 AZR 373/68, AP Nr. 20 zu § 794 ZPO; v. 25.6.1987 – 2 AZR 504/86, NJW 1988, 2638; LAG Hamm v. 19.9.1986 – 16 Sa 833/86, NZA 1987, 669; AG Düsseldorf v. 23.2.1968 – 2 Ca 2657/67, DB 1968, 805; MünchKomm/*Schaub*, § 613 BGB Rz. 13; Soergel/*Raab*, § 613 BGB Rz. 17. | 16 Vgl. ErfK/*Preis*, § 613 BGB Rz. 7. | 17 BSG v. 11.3.1987 – 10 RAr 1/86, NZA 1987, 537; Soergel/*Raab*, § 613 BGB Rz. 17.

Satz 1 nur eine **Auslegungsregel**. Der ArbN hat seine Leistung grundsätzlich in dem Betrieb zu erbringen, in dem er angestellt ist, und der Arbeitsleistungsberechtigte soll dem ArbN regelmäßig keinen anderen ArbGeb aufdrängen können. Dieser Grundsatz kann vertraglich abbedungen werden. Eine in der Praxis wichtige gesetzliche Ausnahme von der Regel enthält § 613a für den Fall des Betriebsübergangs.

15 **1. Vererblichkeit.** Allerdings erklärt Satz 2 – im Gegensatz zur Auslegungsregel des Satz 1, nach der die Arbeitsleistungsverpflichtung nicht auf die Erben übergeht – im Zweifel den Arbeitsleistungsanspruch nur für nicht übertragbar, jedoch nicht auch für unvererblich[1]. Die Frage der Vererblichkeit des Anspruchs hängt vom Inhalt des Leistungsversprechens ab. Regelmäßig bleibt das Arbeitsverhältnis beim Tod des ArbGeb – ebenso wie der Anspruch auf die persönliche Arbeitsleistung – bestehen und geht im Wege der Universalsukzession gemäß § 1922 auf die Erben über. Nur unter besonderen Umständen, wenn die Arbeitsleistung zwingend an die Person des ArbGeb gebunden ist (zB bei einem Privatlehrer, -sekretär, -chauffeur, Krankenpfleger), kann Abweichendes gelten. Nicht immer führt eine solche Konstellation im Arbeitsvertrag allerdings zu einer Unvererblichkeit des Arbeitsleistungsanspruchs. Das Arbeitsverhältnis kann konkludent oder ausdrücklich auflösend bedingt gestaltet sein[2]. Im Rahmen der Vereinbarung einer auflösenden Bedingung sind die geltenden Mindestkündigungsfristen und der allgemeine Kündigungsschutz zu berücksichtigen. Dem ArbN ist der Eintritt der Bedingung – der Tod seines ArbGeb – mit einer an den Mindestkündigungsfristen ausgerichteten Ankündigung der Beendigung des Arbeitsverhältnisses mitzuteilen. Hinsichtlich der Kündigungsfrist sind die Erben – unbenommen eines möglicherweise bestehenden außerordentlichen Kündigungsrechts der Erben gemäß § 626 Abs. 1 – noch an das Arbeitsverhältnis gebunden[3].

16 **2. Übertragbarkeit des Arbeitsleistungsanspruchs.** Nach § 613 Satz 2 ist die Abtretung **einzelner** Ansprüche auf die Arbeitsleistung auf andere ArbGeb grundsätzlich – über das Abtretungsverbot des § 399 wegen des Inhalts der Leistung hinaus – **nicht** zulässig.

17 **a) Abdingbarkeit.** Abweichendes gilt, wenn der ArbN der Abtretung zugestimmt hat oder sich aus dem Arbeitsverhältnis, insb. dem Arbeitsvertrag, ausdrücklich oder konkludent ergibt, dass der ArbN einem Dritten zur Beschäftigung nach dessen Vorstellungen und unter dessen Weisungsbefugnis, überlassen werden kann[4]. Durch die Abtretung des Arbeitsleistungsanspruchs entsteht ein **sog. Leiharbeitsverhältnis**[5]. Der Dritte tritt dann nicht in die Position des ArbGeb ein, die der Vertragspartner des ArbN behält[6].

18 Für die gewerbliche Überlassung seiner ArbN an andere ArbGeb, denen die ArbN nach dem Arbeitsvertrag regelmäßig von vornherein allein die Arbeitsleistung schuldet (**sog. unechtes Leiharbeitsverhältnis**), benötigt der ArbGeb eine Erlaubnis nach dem ArbN-Überlassungsgesetz. Eine nichtgewerbliche Überlassung ist dagegen auch ohne Erlaubnis möglich. Der ArbGeb muss jedoch in beiden Fällen mit dem zu überlassenden ArbN auf individualrechtlicher Ebene eine entsprechende Vereinbarung treffen[7]. Nichtgewerbliche AÜ erfolgen in der Praxis häufig in Form der **sog. Konzernleihe**, bei der miteinander verbundene Unternehmen einander Arbeitskräfte ausleihen. Allerdings kann allein aus dem Umstand, dass der ArbGeb in die Absatzorganisation eines größeren Unternehmens eingegliedert ist, nicht entnommen werden, dass § 613 Satz 2 stillschweigend abbedungen wurde[8].

19 **b) Gesetzliche Ausnahme.** Mit § 613a besteht im Bereich des Arbeitsrechts eine Sonderregelung hinsichtlich der Übertragbarkeit der Leistungspflicht, für den Fall, dass der ArbGeb den Betrieb oder Betriebsteil, in dem der ArbN beschäftigt ist, auf einen anderen ArbGeb überträgt. Insoweit findet § 613 Satz 2 keine Anwendung, da der ArbN in der Regel für einen bestimmten Betriebsteil eingestellt wird und die Arbeitsleistung nur selten von der Person des ArbGeb abhängt. Der Erwerber tritt daher bei einem rechtsgeschäftlichen Betriebsübergang gem. § 613a Abs. 1 Satz 1 vollumfänglich in die Rechte und Pflichten des zum Zeitpunkt des Übergangs bestehenden Arbeitsverhältnisses ein. Nach § 613a Abs. 6 hat der ArbN die Möglichkeit, innerhalb eines Monats nach Zugang der Unterrichtung über den Übergang gemäß Abs. 5, dem Übergang zu widersprechen[9]. Der frist- und formgerecht erklärte Widerspruch des ArbN führt zum Fortbestand des Arbeitsverhältnisses mit dem bisherigen ArbGeb. **Einzelne Ansprüche** aus einem Arbeitsverhältnis dürfen auch nach § 613a nicht ohne Zustimmung des ArbN auf andere ArbGeb übertragen werden[10].

20 **3. Keine Abtretbarkeit und Pfändbarkeit.** Der Arbeitsleistungsanspruch ist entsprechend seiner im Zweifel vorliegenden Unübertragbarkeit gemäß § 613 Satz 2 auch nicht abtretbar und pfändbar (§ 851 Abs. 1 ZPO)[11].

---

1 ErfK/*Preis*, § 613 BGB Rz. 11; MünchKomm/*Schaub*, § 613 BGB Rz. 23. | 2 LAG Hamburg v. 17.6.1952 – 20 Sa 217/52, PraktArbR Nr. 54 zu § 613 BGB; Erman/*Edenfeld*, § 613 BGB Rz. 4; Soergel/*Raab*, § 613 BGB Rz. 22. | 3 Vgl. ErfK/*Preis*, § 613 BGB Rz. 11. | 4 Soergel/*Raab*, § 613 BGB Rz. 18. | 5 Soergel/*Raab*, § 613 BGB Rz. 21; Staudinger/*Richardi*, § 613 BGB Rz. 20. | 6 Vgl. Soergel/*Raab*, § 613 BGB Rz. 21. | 7 Vgl. Erman/*Edenfeld*, § 613 BGB Rz. 5. | 8 BGH v. 12.11.1962 – VII ZR 223/61, NJW 1963, 100. | 9 Änderung des § 613a BGB zur Umsetzung der EU-Richtlinie 2001/23/EG vom 12.3.2001 eingefügt mWz. 1.4.2002 durch das Gesetz zur Änderung des Seemansgesetzes und anderer Gesetze. | 10 Etwa Rechte des ArbGeb aus einem vertraglichen Wettbewerbsverbot: BAG v. 28.1.1966 – 3 AZR 374/65, AP Nr. 18 zu § 74 HGB; ErfK/*Preis*, § 613 BGB Rz. 12. | 11 MünchKomm/*Schaub*, § 613 BGB Rz. 21; Soergel/*Raab*, § 613 BGB Rz. 18.

4. Arbeitsleistung für Dritte. Satz 2 trifft keine Zweifelsregelung hinsichtlich des Ausschlusses der Verpflichtung des ArbN zur **Leistung für Dritte**. Die Vorschrift enthält also keine Regelung der Frage, ob die Arbeitsleistung bei dem ArbGeb oder einem Dritten vorgenommen werden muss. Näheres dazu kann sich nur aus dem konkreten Arbeitsverhältnis, insb. der Regelung im Arbeitsvertrag, ergeben. Nach dem Inhalt des Arbeitsverhältnisses kann sich ergeben, dass die Arbeitsleistung für den ArbGeb im Betrieb eines Dritten erfolgen soll (**sog. Montagearbeitsverhältnis**). 21

Der Arbeitsleistungsanspruch wird in dem Fall der Arbeitsleistung für Dritte nicht an den Dritten abgetreten. Daher bleibt der ArbGeb gegenüber dem ArbN der Anspruchsberechtigte und hinsichtlich des Vergütungsanspruchs des ArbN der Verpflichtete. Die Arbeitsleistung hat nur an den Dritten zu erfolgen. Dieser kann jedoch den ArbN nicht nach seinen eigenen Bedürfnissen einsetzen. 22

Liegt dagegen ein **Vertrag zugunsten Dritter gemäß § 328** vor, so steht dem Dritten ein eigener Leistungsanspruch gegen den ArbN zu[1]. Außerdem hat der Dritte regelmäßig das Weisungsrecht im Hinblick auf die Arbeitsleistung. Hinsichtlich des Vergütungsanspruchs bleibt aber die Vertragspartei, dh. der ArbGeb, verpflichtet[2]. 23

§ 613a Rechte und Pflichten bei Betriebsübergang

(1) Geht ein Betrieb oder Betriebsteil durch Rechtsgeschäft auf einen anderen Inhaber über, so tritt dieser in die Rechte und Pflichten aus den im Zeitpunkt des Übergangs bestehenden Arbeitsverhältnissen ein. Sind diese Rechte und Pflichten durch Rechtsnormen eines Tarifvertrags oder durch eine Betriebsvereinbarung geregelt, so werden sie Inhalt des Arbeitsverhältnisses zwischen dem neuen Inhaber und dem Arbeitnehmer und dürfen nicht vor Ablauf eines Jahres nach dem Zeitpunkt des Übergangs zum Nachteil des Arbeitnehmers geändert werden. Satz 2 gilt nicht, wenn die Rechte und Pflichten bei dem neuen Inhaber durch Rechtsnormen eines anderen Tarifvertrages oder durch eine andere Betriebsvereinbarung geregelt werden. Vor Ablauf der Frist nach Satz 2 können die Rechte und Pflichten geändert werden, wenn der Tarifvertrag oder die Betriebsvereinbarung nicht mehr gilt oder bei fehlender beiderseitiger Tarifgebundenheit im Geltungsbereich eines anderen Tarifvertrags dessen Anwendung zwischen dem neuen Inhaber und dem Arbeitnehmer vereinbart wird.

(2) Der bisherige Arbeitgeber haftet neben dem neuen Inhaber für Verpflichtungen nach Abs. 1, soweit sie vor dem Zeitpunkt des Übergangs entstanden sind und vor Ablauf von einem Jahr nach diesem Zeitpunkt fällig werden, als Gesamtschuldner. Werden solche Verpflichtungen nach dem Zeitpunkt des Übergangs fällig, so haftet der bisherige Arbeitgeber für sie jedoch nur in dem Umfang, der dem im Zeitpunkt des Übergangs abgelaufenen Teil ihres Bemessungszeitraums entspricht.

(3) Abs. 2 gilt nicht, wenn eine juristische Person oder eine Personenhandelsgesellschaft durch Umwandlung erlischt.

(4) Die Kündigung des Arbeitsverhältnisses eines Arbeitnehmers durch den bisherigen Arbeitgeber oder durch den neuen Inhaber wegen des Übergangs eines Betriebs oder eines Betriebsteils ist unwirksam. Das Recht zur Kündigung des Arbeitsverhältnisses aus anderen Gründen bleibt unberührt.

(5) Der bisherige Arbeitgeber oder der neue Inhaber hat die von einem Übergang betroffenen Arbeitnehmer vor dem Übergang in Textform zu unterrichten über:

1. den Zeitpunkt oder den geplanten Zeitpunkt des Übergangs,

2. den Grund für den Übergang,

3. die rechtlichen, wirtschaftlichen und sozialen Folgen des Übergangs für die Arbeitnehmer und

4. die hinsichtlich der Arbeitnehmer in Aussicht genommenen Maßnahmen.

(6) Der Arbeitnehmer kann dem Übergang des Arbeitsverhältnisses innerhalb eines Monats nach Zugang der Unterrichtung nach Abs. 5 schriftlich widersprechen. Der Widerspruch kann gegenüber dem bisherigen Arbeitgeber oder dem neuen Inhaber erklärt werden.

A. Entstehung und Entwicklung	1	a) Definition	31
B. Normzweck	5	b) Beispiele aus der Rechtsprechung	38
C. Tatbestandsvoraussetzungen des Übergangs eines Betriebs/Betriebsteils	11	II. Begriff des Betriebsinhabers	45
I. Betriebsbegriff	11	1. Rechtliche, nicht wirtschaftliche Anknüpfung	45
1. Wirtschaftliche Einheit	11	2. Ausübung betrieblicher Leitungs- und Organisationskompetenz im eigenen Namen	46
2. Betrieb	13	3. Umfang und Abgrenzung der betrieblichen Leitungs- und Organisationskompetenz	50
a) Einheit	13	III. Übergang des Betriebs/Betriebsteils auf einen anderen Inhaber	54
b) Auf Dauer angelegt	19		
c) Wirtschaftliche Einheit	21	1. Gesetzeskonzept: Transaktionsansatz	54
3. Betriebsteil	31		

---

[1] Vgl. Soergel/*Raab*, § 613 BGB Rz. 20. | [2] LAG Düsseldorf v. 6.12.1957 – 5 Sa 527/57, BB 1958, 665; Münch-Komm/*Schaub*, § 613 BGB Rz. 25; Staudinger/*Richardi*, § 613 BGB Rz. 19.

2. Inhaberwechsel 57
   a) Erlöschen der Inhaberschaft des bisherigen Rechtsträgers 58
   b) Übernahme (Fortsetzung) der Inhaberschaft durch den künftigen Rechtsträger .. 63
      aa) Tatsächliche Fortführung als konstitutives Element des Betriebsübergangs .. 64
      bb) Bloße Fortführungsmöglichkeit nicht ausreichend 68
   c) Erfordernis klarer vertraglicher Regelungen . 70
   d) Unerheblichkeit der Dauer der tatsächlichen Fortführung 72
   e) Fortführung nach zeitweiligem Betriebsstillstand 74
   f) Verhältnis von Fortführungswille und tatsächlicher Fortführung 81
      aa) Maßgeblicher Zeitpunkt 82
      bb) Bedeutung der Erwerberabsichten im Verhältnis zur tatsächlichen Entwicklung ... 83
3. Identitätswahrung 88
   a) Grundsatz 88
   b) Teleologische Gesamtbewertung anhand eines Sieben-Punkte-Katalogs 93
   c) Unterscheidung zwischen „betriebsmittelintensiven" und „betriebsmittelarmen" Tätigkeiten 97
   d) Die Kriterien des Sieben-Punkte-Katalogs im Einzelnen 99
      aa) Art des betreffenden Unternehmens oder Betriebs (Merkmal ①) 100
         (1) Orts- und Kundenbindung 101
         (2) Betriebsform und -methoden 103
         (3) Zentrale Bedeutung der Betriebsorganisation und des Betriebszwecks 106
      bb) Etwaiger Übergang der materiellen Betriebsmittel wie Gebäude und bewegliche Güter (Merkmal ②) 110
         (1) Übergang materieller Aktiva als unverzichtbares Element (insbesondere) bei Produktionsbetrieben (negative Indizfunktion) 111
         (2) Übergang materieller Aktiva als zugunsten eines Betriebsübergangs sprechendes Kriterium (positive Indizfunktion) 116
         (3) Möglichkeit eines Betriebs(teil)übergangs ohne jegliche Übernahme materieller (sächlicher) Betriebsmittel bei sog. betriebsmittelarmen Tätigkeiten 122
         (4) Entfallen jeglicher Indizwirkungen der Übernahme materieller Aktiva bei deren (sofortiger) Eingliederung in eine neue Betriebsorganisation . 127
      cc) Wert der immateriellen Aktiva im Zeitpunkt des Übergangs (Merkmal ③) ... 129
         (1) Positive Indizfunktion 130
         (2) Negative Indizfunktion 134
         (3) Bewertungsmaßstab 135
      dd) Etwaige Übernahme der Hauptbelegschaft durch den neuen Inhaber (Merkmal ④) 137
         (1) Positive Indizfunktion 139
            (a) bei „betriebsmittelarmen" Tätigkeiten 140
            (b) bei (auch) durch materielle und immaterielle Betriebsmittel geprägten Tätigkeiten 150
            (c) Entfallen jeglicher positiver Indizfunktionen bei Nichtfortführung der Betriebsorganisation . 152
         (2) Negative Indizfunktion 153
      ee) Etwaiger Übergang der Kundschaft (Merkmal ⑤) 156
         (1) Positive Indizfunktion 158
         (2) Negative Indizfunktion 165
      ff) Grad der Ähnlichkeit zwischen den vor und nach dem Übergang verrichteten Tätigkeiten (Merkmal ⑥) 166
         (1) Fortführung des bisherigen bzw. eines gleichartigen Betriebszwecks .. 167
         (2) Notwendigkeit der Abgrenzung von der reinen Funktionsnachfolge (insbesondere im Falle des „Outsourcing") 172
      gg) Dauer einer eventuellen Unterbrechung der Tätigkeit (Merkmal ⑦) 175
IV. Übergang durch Rechtsgeschäft 183
   1. Negative Abgrenzungsfunktion; Anwendung in Umwandlungs- und Privatisierungsfällen ... 186
      a) Gesetzliche Erbfolge 186
      b) Anwendung bei Umwandlung nach UmwG und bei Anwachsung nach § 738 BGB .. 187
      c) Anwendung bei Privatisierung/Umstrukturierung öffentlicher Rechtsträger .. 192
   2. Positive Abgrenzungsfunktion; inhaltliche und formale Anforderungen an das zugrunde liegende Rechtsgeschäft 196
      a) Inhalt 196
      b) Verzicht auf das Vorliegen unmittelbarer Rechtsbeziehungen 198
      c) Bedeutung des Willens des bisherigen Inhabers (insbesondere bei Konkurrenzsituationen) . 201
      d) Rechtslage bei unwirksamem Rechtsgeschäft 207
   3. Einzel- und Sonderfälle 208
      a) Zwangsversteigerung/Zwangsverwaltung . 208
      b) Insolvenz 210
      c) Sicherungsübertragung 211
      d) Miet- und Pachtverträge 212
      e) Auftragsvergabe und -nachfolge (insbesondere in den Fällen des „Outsourcing") 214
V. Abschließende Bewertung 217
D. Rechtsfolgen des Betriebsübergangs 221
I. Übergang der Arbeitsverhältnisse 221
   1. Arbeitgeberwechsel 221
   2. Zuordnung der Arbeitsverhältnisse 225
   3. Eintritt in die Rechte und Pflichten aus dem Arbeitsverhältnis 229
      a) Ansprüche des Arbeitnehmers 229
      b) Sonstige Rechte des Arbeitnehmers 235
      c) Betriebliche Altersversorgung 237
      d) Ansprüche des neuen Betriebsinhabers .. 242
   4. Gleichbehandlungsfragen 247
   5. Unabdingbarkeit 248
II. Fortgeltung von Betriebsvereinbarungen und Tarifverträgen 249
   1. Überblick 249
   2. Kollektivrechtliche Fortgeltung von Betriebsvereinbarungen 255
      a) Einzelbetriebsvereinbarungen 255
      b) Gesamt- und Konzernbetriebsvereinbarungen . 258
      c) Einzelfragen 260
   3. Kollektivrechtliche Fortgeltung von Tarifverträgen 262
   4. Fortgeltung gem. Abs. 1 Satz 2 263
      a) Umfang der Fortgeltung 263
      b) Statische Wirkung der Fortgeltung 265
      c) Bedeutung der Veränderungssperre 266
   5. Verhältnis zu Kollektivverträgen des Erwerbers (Abs. 1 Satz 3) 267
   6. Bezugnahmeklauseln 275
   7. Ausnahmen von der Veränderungssperre des Abs. 1 Satz 2 281

III. **Betriebsverfassungsrechtliche Fragen** 285
 1. Kontinuität der Arbeitnehmervertretungen .. 285
 2. Betriebsänderung 290
 3. Unterrichtungspflichten 292
IV. **Haftungssystem** 295
 1. Haftung des neuen Betriebsinhabers 295
 2. Haftung des bisherigen Betriebsinhabers ... 297
 3. Innenverhältnis zwischen bisherigem und neuem Betriebsinhaber 299
 4. Verhältnis zu anderen Haftungsgrundlagen .. 300
 5. Verhältnis zum Umwandlungsrecht (Abs. 3) . 301
V. **Verbot der Kündigung wegen des Betriebsübergangs** 304
 1. Zweck der Regelung 304
 2. Kündigung „wegen" des Betriebsübergangs . 305
 3. Reichweite des Kündigungsverbots 309
 4. Rationalisierungs- und Sanierungskündigungen 313
VI. **Information der Arbeitnehmer** 315
 1. Entstehungsgeschichte 315
 2. Geltungsbereich 318
 3. Parteien des Unterrichtungsanspruchs ... 321
 4. Form und Zeitpunkt der Unterrichtung 324
 5. Gegenstand der Unterrichtung 326
  a) Zeitpunkt des Übergangs 326
  b) Grund für den Übergang 327
  c) Rechtliche, wirtschaftliche und soziale Folgen des Übergangs 328
  d) In Aussicht genommene Maßnahmen .. 336
 6. Folgen unrichtiger, unvollständiger oder verspäteter Unterrichtung 340
 7. Nachträgliche Veränderungen 344
VII. **Widerspruchsrecht** 345
 1. Entwicklung 345
 2. Rechtsnatur des Widerspruchsrechts 347
 3. Anwendungsbereich des Widerspruchsrechts 348
 4. Ausübung des Widerspruchsrechts 350
 5. Massenhafte Ausübung des Widerspruchsrechts 354
 6. Rechtsfolgen des Widerspruchs 356
  a) Verhinderung des Übergangs; Fortbestand des Arbeitsverhältnisses mit dem bisherigen Betriebsinhaber 356
  b) Annahmeverzug des bisherigen Betriebsinhabers 358
  c) Kündigungsschutzrechtliche Folgen ... 359
  d) Sonstige Folgen 363
 7. Verzicht auf das Widerspruchsrecht 365
VIII. **Betriebsübergang in der Insolvenz** ... 366
 1. Eingeschränkte Geltung 366
 2. Übergang und Inhalt der Arbeitsverhältnisse 367
 3. Haftung des Betriebserwerbers 368
IX. **Prozessuales** 371
 1. Passivlegitimation 371
 2. Beweislastfragen 374
 3. Sonstige prozessuale Fragen 376
X. **Internationales Privatrecht** 378

Lit.: *Annuß*, Der Betriebsübergang nach „Ayse Süzen", NZA 1998, 70; *Annuß*, Der Betriebsübergang in der neuesten Rechtsprechung des Bundesarbeitsgerichts, BB 1998, 1582; *Bauer/v. Steinau-Steinrück*, Neuregelung des Betriebsübergangs: Erhebliche Risiken und viel mehr Bürokratie!, ZIP 2002, 457; *Franzen*, Informationspflichten und Widerspruchsrecht beim Betriebsübergang nach § 613a, RdA 2002, 258; *B. Gaul*, Das Arbeitsrecht der Betriebs- und Unternehmensspaltung, 2002; *B. Gaul/Otto*, Unterrichtungsanspruch und Widerspruchsrecht bei Betriebsübergang und Umwandlung, Betrieb 2002, 634; *Henssler*, Aufspaltung, Ausgliederung und Fremdvergabe, NZA 1994, 294; *Henssler*, Aktuelle Probleme des Betriebsübergangs, NZA 1994, 913; *Hergenröder*, Betriebsinhaberwechsel I und II, AR-Blattei SD 500. 1-3; *Hohenstatt/Müller-Bonanni*, Auswirkungen eines Betriebsinhaberwechsels auf Gesamtbetriebsrat und Gesamtbetriebsvereinbarungen, NZA 2003, 766; *Moll*, Bedeutung und Voraussetzungen des Betriebsübergangs im Wandel, RdA 1999, 234; *Moll*, Betriebsübergang und Betriebsänderung, RdA 2003, 129; *Müller-Glöge*, Bestandsschutz beim Betriebsübergang nach § 613a BGB, NZA 1999, 449; *Picot/Schnitker*, Arbeitsrecht bei Unternehmenskauf und Restrukturierung, 2001; *Pietzko*, Der Tatbestand des § 613a BGB, 1988; *Schnitker/Grau*, Übergang und Anpassung von Rechten aus Aktienoptionsplänen bei Betriebsübergang nach § 613a BGB, BB 2002, 2497; *Seiter*, Betriebsinhaberwechsel, 1980; *Willemsen*, Die Kündigung wegen Betriebsübergangs – Zur Auslegung des § 613a Abs. 4 BGB, ZIP 1983, 411; *Willemsen*, Der Grundtatbestand des Betriebsübergangs nach § 613a BGB, RdA 1991, 204; *Willemsen/Annuß*, Neue Betriebsübergangsrichtlinie – Anpassungsbedarf im deutschen Recht?, NJW 1999, 2073; *Willemsen/Lembke*, Die Neuregelung von Unterrichtung und Widerspruchsrecht der Arbeitnehmer beim Betriebsübergang, NJW 2002, 1159; *Willemsen/Hohenstatt/Schweibert/Seibt*, Umstrukturierung und Übertragung von Unternehmen, 2. Aufl. 2003; *Willemsen/Müller-Bonanni*, Aktienoptionen bei Betriebsübergang, ZIP 2003, 1177.

A. Entstehung und Entwicklung[1]. § 613a wurde 1972 im Zuge der BetrVG-Reform[2], seinerzeit mit dem heutigen Abs. 1 Satz 1, Abs. 2 und 3 in das BGB eingefügt und seitdem in Umsetzung der EG-Betriebsübergangsrichtlinie 77/187 vom 14.2.1977[3] mehrfach bis zur heutigen Fassung erweitert. Abs. 1, Sätze 2 bis 4 und Abs. 4 wurden durch das arbeitsrechtliche EG-Anpassungsgesetz vom 13.8.1980[4], Absätze 5 und 6 durch das Gesetz zur Änderung des Seemannsgesetzes und anderer Gesetze vom 23.3.2002[5] eingefügt. Abs. 3 wurde im Zuge des Umwandlungsgesetzes vom 28.10.1994 terminologisch angepasst[6]. Angesichts der umfangreichen Änderungen wurde die Richtlinie ohne inhaltliche Änderung durch die Richtlinie 2001/23/EG vom 12.3.2001 neu kodifiziert[7]. 1

Die „**Urfassung**" des § 613a und die ihr zugrunde liegende Idee, dass das Arbeitsverhältnis den Wechsel *des Betriebsinhabers* überdauern sollte, sind also *älter* als die insoweit für alle EG-Mitgliedsstaaten verbindliche EG-Richtlinie, die denselben Rechtsgedanken in Art. 3 enthält und nach Art. 1 auf den „Übergang von Unternehmen, Betrieben oder Unternehmens- bzw. Betriebsteilen auf einen anderen 2

---

1 Ausf. *Willemsen* in Willemsen/Hohenstatt/Schweibert/Seibt, Rz. G 1 ff. | 2 BT-Drs. VI, S. 1786. Zur Gesetzesgeschichte in den Neuen Bundesländern vgl. *Hergenröder*, AR-Blattei Betriebsinhaber-Wechsel I, 500. 1 Rz. 910 f. | 3 ABl. EG L 61 v. 5.3.1977; geändert durch Richtlinie 98/50/EG v. 29.6.1998, ABl. EG L 201/88, abgedr. bei Willemsen/Hohenstatt/Schweibert/Seibt, Anh. II. | 4 BGBl. I S. 1308. | 5 BGBl. I S. 1163. | 6 Vgl. Umwandlungsrechtsbereinigungsgesetz v. 28.10.1994, BGBl. I S. 3210. | 7 ABl. EG L 82 v. 22.3.2001.

Inhaber durch vertragliche Übertragung oder Verschmelzung" anwendbar ist[1]. Der zunächst rein nationale Ursprung des § 613a mag jedenfalls zum Teil erklären, dass die Auslegung und Anwendung der Norm, insb. bezüglich ihres Geltungsbereichs, in der Rspr. lange Zeit von deutschen arbeitsrechtlichen Begrifflichkeiten und Kategorien geprägt war[2]. Dieser Ansatz ist zwar insofern zutreffend, als § 613a als nationale Umsetzung der Richtlinie seinerseits widerspruchsfrei in die deutsche Arbeitsrechtsordnung eingefügt werden muss[3]; nach allgemein anerkannten methodischen Grundsätzen hat sich die Interpretation des § 613a jedoch an der seit 1977 zugrunde liegenden Richtlinie und deren Auslegung durch den hierfür zuständigen EuGH zu orientieren[4]. Die zuständigen BAG-Senate haben die parallel und letztlich zum Teil konträr verlaufende Rspr. des EuGH[5] über lange Zeit nicht zur Kenntnis genommen und trotz zunehmender Kritik in der Lit.[6] an einem – inzwischen überholten – rein betriebsmittelorientierten Begriff des Betriebsübergangs (s. dazu Rz. 12) festgehalten.

3 Zu einer **grundlegenden Wende** führte erst die Ayse Süzen-Entscheidung des EuGH vom 11.3.1997[7], die der – für die Auslegung des § 613a nunmehr allein zuständige – 8. Senat des BAG zum Anlass für einen vollständigen Perspektivenwechsel nahm[8]. Seither lehnt sich die Rspr. des BAG in allen für die Auslegung und Anwendung des § 613a BGB maßgeblichen Fragen eng an die Judikatur des EuGH an (wegen der Einzelheiten unten Rz. 13 ff., 99 ff.). Das ist auch deshalb zu begrüßen, weil nur so der Zweck der Richtlinie, für alle Mitgliedsstaaten möglichst einheitliche arbeitsrechtliche Rahmenbedingungen zu schaffen, erreicht werden kann. Dies ist insofern von besonderer Bedeutung, als die Frage der Anwendung bzw. Nichtanwendung des § 613a auf bestimmte wirtschaftliche Konstellationen im Einzelfall von großer wirtschafts- und wettbewerbspolitischer Bedeutung sein und sich demzufolge je nach Tendenz der Rspr. als wichtiger „Standortfaktor" erweisen kann. Entsprechendes gilt, wenngleich nicht mit derselben „Dramatik", für die richtige Bestimmung der Rechtsfolgen.

4 Anzumerken ist, dass auch die **Rspr. des EuGH** zum Anwendungsbereich der Richtlinie nicht stets gradlinig verlaufen ist und inzwischen ebenfalls eine **Kurskorrektur** erfahren hat[9]. Der europäische Richtliniengeber hat die Ursprungsfassung der Richtlinie 77/187/EWG geändert[10], worin zum Teil auch eine Reaktion auf die jüngere Entwicklung der EuGH-Rspr. zu sehen ist[11]. Die heutige Fassung der Richtlinie[12], ihre zuletzt durch Gesetz vom 23.3.2002[13] erfolgte Umsetzung durch den nationalen Gesetzgeber im Rahmen des § 613a, die Rspr. des EuGH sowie die – mittlerweile vollständig hieran orientierte – Rspr. des BAG bilden somit das Fundament für die Auslegung und Kommentierung dieser **Zentralnorm des deutschen Arbeitsrechts**.

5 **B. Normzweck.** Für § 613a gilt mehr denn für jede andere Rechtsnorm, dass sich ihr Verständnis nicht bereits auf Grund des reinen Gesetzeswortlauts, sondern nur aus ihrem systematischen Kontext und – vor allem – Sinn und Zweck erschließt.

6 In der Gesetzesbegründung zu § 613a aus dem Jahre 1971 werden **drei legislatorische Ziele** genannt[14], nämlich (I) Schutz der bestehenden Arbeitsverhältnisse, (II) Gewährleistung der Kontinuität des amtierenden BR sowie (III) Regelung der Haftung des alten und neuen ArbGeb. Durch das EG-Anpassungsgesetz von 1980[15] ist als weiterer Schutzzweck (IV) die Aufrechterhaltung der kollektivrechtlich geregelten Arbeitsbedingungen hinzugekommen.

7 Den Kernbestand der Norm bildet nach wie vor Abs. 1 Satz 1, während den übrigen Regelungen Komplementärfunktion zukommt. Dies gilt insb. auch für das „Kündigungsverbot" nach Abs. 4, welches richtigem Verständnis zufolge lediglich den Rechtsgrundsatz des Abs. 1 Satz 1 „absichern" soll (dazu eingehend Rz. 304 ff.).

8 Abs. 1 Satz 1 stellt eine **flankierende Regelung zum allgemeinen Kündigungsschutz** dar. Die Vorschrift soll den „Gleichlauf" zwischen Arbeitsplatz – als Teil einer vom bisherigen ArbGeb eingerichteten Betriebsorganisation – und Arbeitsverhältnis sicherstellen[16]. Ohne die gesetzlich angeordnete Sonderrechtsnachfolge des künftigen Betriebsinhabers in die bestehenden Arbeitsverhältnisse stünde es diesem nach allgemeinen Vertragsgrundsätzen frei, sich „seine" Belegschaft nach eigenem Gutdünken zusammenzustellen. Der „alte" ArbGeb wäre gezwungen (und berechtigt), den nicht vom Erwerber übernomme-

---

1 So die deutschsprachige Fassung in der geänderten Fassung gemäß Richtlinie 98/50/EG v. 29.6.1998. | 2 S. dazu die Darstellung und Nachw. bei *Willemsen* in Willemsen/Hohenstatt/Schweibert/Seibt, Rz. G 5 ff. | 3 Vgl. zu diesem Ansatz auch *Willemsen*, RdA 1991, 204 ff. | 4 Vgl. *Willemsen* in Willemsen/Hohenstatt/Schweibert/Seibt, Rz. G 31 f. | 5 Insbesondere EuGH v. 18.3.1986 – Rs. 24/85, EAS RL 77/187/EWG Nr. 2 – Spijkers und v. 19.5.1992 – Rs. C-29/91, NZA 1996, 207 – Redmond Stichting. | 6 Vgl. zB *Loritz*, RdA 1987, 65 (69 f.); *Schmalenberg*, NZA 1989, Beilage 3, 14 (15 ff.); *Willemsen*, RdA 1991, 204 ff. | 7 EuGH v. 11.3.1997 – Rs. C-13/95, AP Nr. 14 zu RL Nr. 77/187/EWG. | 8 Grundl. insoweit BAG v. 24.4.1997 – 8 AZR 848/94, NZA 1998, 253 (EDV-Dienstleistung) und BAG v. 22.5.1997 – 8 AZR 101/96, AP Nr. 154 zu § 613a BGB. | 9 S. dazu die spektakuläre und vielfach kritisierte Entscheidung EuGH v. 14.4.1994 – Rs. C-392/92, AP Nr. 106 zu § 613a BGB – Christel Schmidt einerseits bzw. v. 11.3.1997 – Rs. C-13/95, AP Nr. 14 zu RL Nr. 77/187/EWG Ayse Süzen andererseits. | 10 Vgl. oben Rz. 1 Fn. 3. | 11 S. zu dieser Entwicklung im Einzelnen Willemsen in Willemsen/Hohenstatt/Schweibert/Seibt, Rz. G 8 ff. | 12 RL 2001/23/EG v. 12.3.2001, ABl. EG § 82 v. 22.3.2001, S. 16. | 13 BGBl. I S. 1163. | 14 BT-Drs. VI/1786, S. 59. | 15 BGBl. I S. 1308. | 16 Vgl. *Pietzko*, Der Tatbestand des § 613a BGB, 1988, S. 109; *Willemsen*, RdA 1993, 133 (134).

nen ArbN betriebsbedingt zu kündigen[1]. Gerade dies will Abs. 1 Satz 1 verhindern. Liegen seine Voraussetzungen vor, hat der Erwerber kein Wahlrecht, sondern muss die zugehörigen Arbeitsverhältnisse, und zwar inhaltlich unverändert und unter voller Anerkennung der bisherigen Betriebszugehörigkeit, übernehmen und in der Regel zeitlich unbefristet fortführen. Bei Übernahme eines Betriebs gilt dies umfassend, bei Übernahme eines Betriebs*teils* lediglich für die dort befindlichen Arbeitsverhältnisse (Einzelheiten dazu Rz. 31 ff). Die Regelung ist im Außenverhältnis, dh. gegenüber den betroffenen ArbN, zwingend (dazu Rz. 248) und kann lediglich durch Ausgleichsregelungen zwischen den beteiligten ArbGeb im Innenverhältnis korrigiert bzw. abgemildert werden.

Der Zwangseintritt des Betriebs(teil)erwerbers in alle im Zeitpunkt des Übergangs bestehenden Arbeitsverhältnisse bedarf, auch aus verfassungsrechtlichen Gründen[2], der **sachlichen Legitimation**. Diese ist darin zu sehen, dass der **Betriebsnachfolger** die von seinem Vorgänger geschaffene Betriebs(teil)organisation für eigene geschäftliche Zwecke weiternutzt, **sich also die von dem bisherigen Inhaber geschaffene spezifische Verknüpfung (Kombination) von materiellen, immateriellen und personellen Ressourcen gezielt zu Eigen macht und ihre „Widmung" für den bisherigen Betriebszweck aufrechterhält**[3]. Der nach Abs. 1 Satz 1 in die Pflicht genommene (neue) ArbGeb schafft keinen neuen Betrieb und keine neuen Arbeitsplätze, sondern tritt lediglich der Rechtsnachfolge hinsichtlich der Verfügungs- und Leitungsbefugnis in Bezug auf eine bereits existierende und auch in Zukunft bestehende „wirtschaftliche Einheit" an, welche sich nach der Diktion der EG-Richtlinie[4] als „organisierte Zusammenfassung von Ressourcen zur Verfolgung einer wirtschaftlichen Haupt- oder Nebentätigkeit" darstellt. Die intakte und eingespielte Betriebsorganisation[5] als Wertschöpfungsquelle[6] macht damit das eigentliche Substrat, deren Überleitung auf und Weiternutzung durch den neuen Inhaber für eigene Zwecke das konstituierende und zugleich legitimierende Element des Betriebsübergangs aus. Diesem Gedanken entspricht es, wenn der EuGH in nunmehr st. Rspr. die Bewahrung der Identität der wirtschaftlichen Einheit vor und nach dem Betriebsübergang verlangt[7] und hierfür maßgeblich auf deren tatsächliche Fortführung oder Wiederaufnahme durch den Erwerber abstellt[8]. Das BAG ist dieser Judikatur in Abkehr von seiner früheren Rspr.[9] gefolgt und hat die Bedeutung der im Wesentlichen unveränderten Übernahme und Fortführung der Betriebsorganisation durch den Erwerber inzwischen in mehreren Urteilen als maßgebliches Kernelement herausgestellt[10]. Auch wenn damit noch nicht die Einzelheiten und Detailfragen hinsichtlich der Abgrenzung des Tatbestands geklärt sind, bildet der vom EuGH und BAG richtig erkannte Normzweck die Richtschnur für die Auslegung und Anwendung im konkreten Einzelfall.

Schließlich sei noch angemerkt, dass der so beschriebene Normzweck des § 613a sowohl aus ArbGeb- als auch aus ArbN-Sicht durchaus **zweischneidiger Natur** ist: Aus ArbGeb-Sicht, weil der gesetzliche Übergang der Arbeitsverhältnisse einerseits umständliche Verhandlungen über die Fortführung der Arbeitsverhältnisse und deren Bedingungen erspart und zudem das Regelungsgefüge des Abs. 1 Sätze 2 bis 4 die Fortführung bzw. Anpassung bislang kollektivrechtlich geregelter Arbeitsbedingungen ebenfalls ohne notwendige Zustimmung der ArbN-Seite ermöglicht, andererseits aber die zwangsweise Überleitung *aller* Arbeitsverhältnisse Betriebsübernahmen verhindern und sich damit als „Sanierungsbremse" erweisen kann[11]; aus ArbN-Sicht, weil die Vorschrift einerseits die Sicherheit des Arbeitsplatzes bei Unternehmenskauf (*Asset Deal*), Umwandlung[12] und konzerninterner Umstrukturierung erhöht, anderer-

---

[1] Vgl. zu dieser Überlegung bereits BAG v. 2.10.1974 – 5 AZR 504/73, AP Nr. 1 zu § 613a BGB, unter III. 3. b) d.Gr. Zu früheren dogmatischen Versuchen, den Eintritt des Erwerbs in die bestehenden Arbeitsverhältnisse zu begründen, vgl. *Willemsen* in Willemsen/Hohenstatt/Schweibert/Seibt, Rz. G 1 f. | [2] Vgl. zu der „belastungsähnlichen" Wirkungsweise des § 613a BGB sowie zu den daraus resultierenden verfassungsrechtlichen Implikationen *Willemsen* in Willemsen/Hohenstatt/Schweibert/Seibt, Rz. G 22 ff. Zu der verfassungsrechtlichen Beurteilung Staudinger/*Richardi*/*Annuß*, § 613a BGB Rz. 19; speziell für Rundfunkanstalten BVerfG v. 19.7.2000 – 1 BvR 6/97, NZA 2000, 1049. | [3] Vgl. *Willemsen*, RdA 1991, 204 (211); *Willemsen*/*Annuß*, DB 1997, 1875 (1877); *Krause*, ZfA 2001, 67 (85 ff.). | [4] So der inzwischen ergänzte Text von Art. 1 Abs. 1b). | [5] Vgl. *Willemsen* in Willemsen/Hohenstatt/Schweibert/Seibt, Rz. G 30 aE. | [6] Vgl. *Willemsen*, ZIP 1986, 477 (481). | [7] Grundl. EuGH v. 18.3.1986 – Rs. 24/85, EAS RL 77/187/EWG Nr. 2 – Spijkers; v. 11.3.1997 – Rs. C-13/95, AP Nr. 14 zu RL Nr. 77/187/EWG – Ayse Süzen; vgl. aus jüngerer Zeit ua. EuGH v. 2.12.1999 – Rs. C-234/98, ZIP 1999, 2107 – Allen ua.; v. 25.1.2001 – Rs. C-172/99, AP Nr. 31 zu RL Nr. 77/187/EWG – Oy Liikenne AB; v. 24.1.2002 – Rs. C-51/00, AP Nr. 31 zu RL 77/187/EWG – Temco. | [8] Danach wird die Identität der wirtschaftlichen Einheit „namentlich" dann gewahrt, „wenn der Betrieb tatsächlich weitergeführt oder wieder aufgenommen wird"; vgl. EuGH v. 18.3.1986 – Rs. 24/85, EAS RL 77/187/EWG Nr. 2 – Spijkers; v. 11.3.1997 – Rs. C-13/95, AP Nr. 14 zu RL Nr. 77/187/EWG – Ayse Süzen. | [9] S. zur früheren Rspr.-Entwicklung unten Rz. 68. Danach sollte es *nicht* auf die tatsächliche Fortführung des Betriebs bzw. Betriebsteils ankommen, sondern darauf, ob der Erwerber von materiellen und/oder immateriellen Betriebsmitteln damit den Betrieb bzw. Betriebsteil unverändert fortführen *konnte* (sog. Lehre von der Fortführungsmöglichkeit); vgl. BAG v. 22.5.1998 – 5 AZR 30/84, AP Nr. 42 zu § 613a BGB sowie die weiteren Nachw. in Rz. 68; so bereits Urteil v. 29.10.1975 – 5 AZR 444/74, AP Nr. 2 zu § 613a BGB; seitdem st. Rspr. bis zu der „Wende" mit BAG v. 24.4.1997 – 8 AZR 848/94, NZA 1998, 253 (EDV-Dienstleistung). | [10] So etwa BAG v. 22.5.1997 – 8 AZR 101/96, AP Nr. 154 zu § 613a BGB (*Franzen*) (Modegeschäft); v. 11.12.1997 – 8 AZR 729/96, AP Nr. 172 zu § 613a BGB (Reinigung II); v. 12.11.1998 – 8 AZR 282/97, AP Nr. 186 zu § 613a BGB (Benetton/Einzelhandel); v. 10.12.1998 – 8 AZR 676/97, AP Nr. 187 zu § 613a BGB (Hol- und Bringdienst); sowie besonders deutlich v. 18.3.1999 – 8 AZR 159/98, AP Nr. 189 zu § 613a BGB (*Willemsen*/*Annuß*). | [11] S. dazu insbesondere *Hanau*, ZIP 1998, 1817. | [12] Zur Geltung des § 613a BGB bei Umwandlungen nach dem Umwandlungsgesetz s. Rz. § 187 ff.

BGB § 613a Rz. 11   Rechte und Pflichten bei Betriebsübergang

seits aber den übertragenden ArbGeb (Rechtsträger) in die Lage versetzt, sich mit der Veräußerung des Betriebs einseitig der bisherigen Belegschaft zu „entledigen". Dieser Effekt wird zwar durch das dem ArbN inzwischen gesetzlich eingeräumte **Widerspruchsrecht** (Abs. 6) gemildert, aber nicht aufgehoben, da widersprechenden ArbN oftmals vom früheren ArbGeb betriebsbedingt gekündigt werden kann (s. dazu Rz. 359 ff.). Angesichts dieser Ambivalenz des Schutzzwecks und Regelungsgehalts von § 613a BGB sowie seiner grundlegenden ordnungspolitischen Bedeutung sollte seine Anwendung nicht von Kategorien sozialer Nützlichkeit, sondern von dem Ziel seiner systematisch und teleologisch richtigen Einpassung in das geltende Arbeitsrechtssystem geleitet sein.

11 **C. Tatbestandsvoraussetzungen des Übergangs eines Betriebs/Betriebsteils. I. Betriebsbegriff. 1. Wirtschaftliche Einheit.** Gegenstand des Inhaberwechsels (**Transaktionsobjekt**) kann nach dem Wortlaut des § 613a sowohl ein Betrieb als auch ein Betriebsteil sein; die EG-Richtlinie 2001/23/EG (zuvor 77/187/EWG) spricht in Art. 1 Abs. 1a) von Unternehmen und Betrieben einerseits sowie von Unternehmens- bzw. Betriebsteilen andererseits, fasst diese aber sodann in Abs. 1b) unter dem Begriff der wirtschaftlichen Einheit zusammen.

12 Das BAG hat sich bei der Anwendung und Auslegung des § 613a zunächst ausschließlich an dem traditionellen deutschen **arbeitsrechtlichen Betriebsbegriff** orientiert. Danach ist der Betrieb eine organisatorische Einheit, innerhalb derer der ArbGeb allein oder mit seinen ArbN mit Hilfe von sächlichen oder immateriellen Mitteln bestimmte arbeitstechnische Zwecke verfolgt, die sich nicht in der Befriedigung von Eigenbedarf erschöpfen[1]. Diesen „betriebsmittelzentrierten" Betriebsbegriff hat das BAG in einer Vielzahl von Entscheidungen seit 1974 bei der Beurteilung eines Betriebsübergangs bzw. Betriebsteilübergangs herangezogen, allerdings mit einer wesentlichen Modifikation: Die personellen „Betriebsmittel", also die ArbN, sollten außer Betracht bleiben, da der Übergang der Arbeitsverhältnisse Rechtsfolge, nicht Tatbestandsvoraussetzung des § 613a sei. Ob der Betriebserwerber das für den Betrieb notwendige Personal weiterbeschäftige oder eigenes, neues Personal einstelle, sei daher nach dem Zweck der Norm unerheblich[2]. Diese Rspr., die die Anwendungspraxis bis Anfang 1997 dominierte, ist auf Grund der oben Rz. 3 beschriebenen Entwicklung heute überholt. Alle BAG-Entscheidungen, die vor dem *Ayse Süzen*-Urteil vom 11.3.1997[3] ergangen sind, können somit für die Abgrenzung des Tatbestands des § 613a BGB grundsätzlich nicht mehr herangezogen werden, bleiben allerdings hinsichtlich einzelner Teilaspekte gleichwohl von Interesse[4]. Sie „kranken" daran, dass das BAG bis dahin die Rspr. des EuGH nicht zur Kenntnis genommen hatte[5]. Das Erfordernis der **richtlinienkonformen Auslegung** gebietet, dass § 613a in Übereinstimmung mit dem Anwendungsbereich der Richtlinie ausgelegt wird[6]. Diese definiert in Art. 1 Abs. 1b) den maßgeblichen Tatbestand als Übergang einer ihre Identität bewahrenden wirtschaftlichen Einheit iSd. organisierten Zusammenfassung von Ressourcen zur Verfolgung einer wirtschaftlichen Haupt- oder Nebentätigkeit. Dabei kennzeichnet der erste Teil dieser Definition (Übergang unter Identitätswahrung) den Kern des Betriebs*übergangs*, während der zweite Teil (zweckgerichtete organisierte Zusammenfassung von Ressourcen) den Kern des *Betriebs*begriffs im Rahmen des § 613a ausmacht. § 613a muss also so „gelesen" werden, dass sowohl der Betriebs- als auch der Betriebsteilbegriff mit der Richtliniendefinition einer wirtschaftlichen Einheit übereinstimmen.

13 **2. Betrieb. a) Einheit.** Der Begriff der Einheit bezieht sich nach der Rspr. des EuGH auf eine organisierte (strukturierte) Gesamtheit von Personen und Sachen zur Ausübung einer wirtschaftlichen Tätigkeit mit eigener Zielsetzung[7]. Dieser Begriff gelte unabhängig von der Rechtsform dieser Einheit und der Art ihrer Finanzierung[8]. Diese Rspr. hat der Richtliniengeber inzwischen nachgezeichnet, indem er die wirtschaftliche Einheit als **„organisierte Zusammenfassung von Ressourcen** zur Verfolgung einer **wirtschaftlichen Haupt- oder Nebentätigkeit"** bezeichnet (Art. 1 Abs. 1b) der Richtlinie).

14 Welcher Art die Verknüpfung von Ressourcen zu einem bestimmten (Betriebs-)Zweck sein muss, hat der EuGH bislang nur punktuell ausgeführt. Er hat im Sinne einer negativen Abgrenzung entschieden, dass die wirtschaftliche Einheit **nicht mit einer bloßen Tätigkeit** gleichgesetzt werden dürfe[9]. Die Über-

---

1 Diese Definition geht zurück auf *Jacobi* in FS Ehrenberg, 1926, S. 1 (9); *Jacobi*, Grundlehren des Arbeitsrechts, 1927, S. 286; vgl. auch *Richardi*, § 1 BetrVG Rz. 16 f. |2 Grundl. BAG v. 25.2.1981 – 5 AZR 91/78, AP Nr. 24 zu § 613a BGB; zuvor bereits v. 22.5.1979 – 1 ABR 17/77, AP Nr. 4 zu § 111 BetrVG; seither über viele Jahre st. Rspr. |3 EuGH v. 11.3.1997 – Rs. C-13/95, AP Nr. 14 zu RL Nr. 77/187/EWG – Ayse Süzen. Die zeitliche Grenze markieren insoweit BAG v. 24.4.1997 – 8 AZR 848/94, NZA 1998, 253 (EDV-Dienstleistung); v. 22.5.1997 – 8 AZR 101/96, AP Nr. 154 zu § 613a BGB (*Franzen*). |4 Der 8. Senat hat mit Urteil BAG v. 2.12.1999 – 8 AZR 796/98, AP Nr. 188 zu § 613a BGB (Elektrohandel) insoweit eine Ausnahme gemacht, als die in der früheren Rspr. zum Betriebsübergang bei einem Einzelhandelsgeschäft herausgestellten Gesichtspunkte auch nach der neuen Begriffsbestimmung des Betriebsübergangs auf der Grundlage der geänderten Rspr. des BAG Gültigkeit behalten sollen; s. dazu Rz. 120. |5 Vgl. *Moll*, RdA 1999, 233 (235). |6 Hierauf hat der EuGH mehrfach hingewiesen, vgl. EuGH v. 14.7.1994 – Rs. C-91/92, NJW 1994, 2473 – Faccini Dori; v. 14.9.2000 – Rs. C-343/98, NZA 2000, 1279 – Collino ua. |7 EuGH v. 19.9.1995 – Rs. C-48/94, AP Nr. 133 zu § 613a BGB – Rygaard; v. 11.3.1997 – Rs. C-13/95, AP Nr. 14 zu RL Nr. 77/187/EWG – Ayse Süzen; v. 2.12.1999 – Rs. C-234/98, ZIP 1999, 2107 – Allen ua. |8 EuGH v. 26.9.2000 – Rs. C-175/99, AP Nr. 30 zu RL Nr. 77/187/EWG – Mayeur. |9 EuGH v. 11.3.1997 – Rs. C-13/95, AP Nr. 14 zu RL Nr. 77/187/EWG – Ayse Süzen, seitdem st. Rspr. auch des BAG, vgl. unter anderem BAG v. 11.12.1997 – 8 AZR 729/96, AP Nr. 172 zu § 613a BGB (Reinigung II); v. 22.5.1997 – 8 AZR 101/96, AP Nr. 154 zu § 613a BGB (Modegeschäft).

tragung einer rein abstrakten Arbeitsaufgabe, auch wenn sie, wie zB im Falle des **Outsourcing**, mit der erstmaligen Entstehung einer dauerhaften Kundenbeziehung, oder, wie im Falle der **Auftragsnachfolge**, mit deren Überleitung auf ein anderes (Sub-)Unternehmen verbunden ist, stellt somit keinen geeigneten Anknüpfungspunkt für einen Betriebs(teil)übergang dar. Damit sind die vorübergehend durch das *Christel Schmidt*-Urteil vom 14.4.1995[1] für die Praxis geweckten Befürchtungen „vom Tisch". Allein eine bestimmte Arbeitsaufgabe (= Funktion) macht noch keinen Betrieb oder Betriebsteil iSd. Richtlinie und des § 613a aus.

Konstitutiv sowohl für einen Betrieb als auch für einen Betriebsteil ist vielmehr die (dauerhafte, s. unten Rz. 19 f.) organisierte Zusammenfassung von Ressourcen zu einem bestimmten wirtschaftlichen Zweck (s. dazu unten Rz. 21 ff.). Damit geraten die – auch nach der früheren Rspr. des BAG zentralen – **Betriebsmittel** in den Blickpunkt, ohne deren Übertragung (nicht iSd. dinglichen Verfügungsberechtigung, sondern lediglich der – ggf. auch zeitweiligen – Nutzungsbefugnis) es somit keinen Betriebs(teil)übergang geben kann. Die für den Betrieb bzw. Betriebsteil konstitutiven Betriebsmittel können sächlicher (Betriebsgrundstück, Produktionsanlagen, technische Einrichtung etc.), immaterieller (Know-how, Kundenbeziehungen, gewerblicher Schutzrechte) oder auch personeller Natur sein. 15

Dass auch die **Belegschaft des Veräußerers** insb. – aber nicht nur – bei sog. betriebsmittelarmen Tätigkeiten ein wesentliches Substrat des Betriebsbegriffs ausmacht, ist st. Rspr. des EuGH[2], der sich das BAG mittlerweile vorbehaltlos angeschlossen hat[3], nachdem es dies zunächst mit dem sog. „Konfusionsargument" wegen der (angeblichen) Vermengung von Tatbestand und Rechtsfolge des § 613a abgelehnt hatte (s. oben Rz. 12). Inzwischen ist anerkannt, dass bei Tätigkeiten, die ganz oder nahezu ausschließlich auf menschlicher Arbeitskraft beruhen und bei denen sächliche Betriebsmittel keine oder nur eine völlig untergeordnete Rolle spielen („betriebsmittelarme Tätigkeiten"), die wesentlichen Betriebsmittel ausschließlich in der sog. „organisierten Hauptbelegschaft" des bisherigen Inhabers zu sehen sind[4]. In terminologischer Hinsicht ist dabei zu beachten, dass der EuGH in seinen einschlägigen Entscheidungen den Begriff der „Betriebsmittel" nur für die nicht-personellen Ressourcen (sächlicher und immaterieller Art) verwendet und die ArbN (das „Personal") gedanklich daneben stellt; dies ändert aber in der Sache nichts daran, dass das Personal in der EuGH-Judikatur ein (unter Umständen zentrales) identitätsstiftendes Element ist und damit zu den „Ressourcen" (= Betriebsmitteln) iSd. Betriebsdefinition der Richtlinie gehört (ausführlich unten Rz. 137 ff.). 16

Somit besteht ein Betrieb iSd. § 613a aus sächlichen, immateriellen und personellen Betriebsmitteln (Ressourcen), wobei den verschiedenen **Arten** von Betriebsmitteln je nach der Art der ausgeübten Tätigkeit (= des Betriebszwecks) eine unterschiedliche Bedeutung und ein **unterschiedliches Gewicht** zukommt (s. zu dieser „Relativitätstheorie" auch unten Rz. 100)[5]. 17

Die Betriebsmittel als solche stellen indes weder einen Betrieb noch einen Betriebsteil dar. Zu einem solchen werden sie erst durch ihre organisatorische (= strukturierte) Zusammenfassung „zur Verfolgung einer wirtschaftlichen Haupt- oder Nebentätigkeit". Unter letzterer ist nach deutscher Terminologie der „**Betriebszweck**" zu verstehen. Die Betriebsorganisation ist somit das denknotwendige Bindeglied zwischen den einzelnen Betriebsmitteln einerseits sowie der mit diesen verfolgten wirtschaftlichen Tätigkeit (= Betriebszweck) andererseits. Diese **Verknüpfung** individueller Betriebsmittel zu einem individuellen Betriebszweck macht das „Wesen" (und zugleich die Identität) des Betriebs bzw. Betriebsteils aus. Die dem zugrunde liegende Kombinationsleistung hat der bisherige Inhaber erbracht, und der Betriebsnachfolger iSd. § 613a knüpft hieran an (s.o. Rz. 9). Der sowohl vom EuGH als auch vom BAG maßgeblich genutzte Begriff der Einheit (vom EuGH auch als „organisierte Gesamtheit" bezeichnet) kennzeichnet mithin die Kernfunktion des Betriebs(teils), nämlich im Wege der „logischen Verknüpfung" konkrete Betriebsmittel (Menschen, Maschinen, Know-how etc.) zu einem – über die bloße „Verfügungsmacht" über die Betriebsmittel als solche hinausgehenden – wirtschaftlichen Ziel (= wirtschaftliche Tätigkeit iSd. Richtlinie und EuGH-Rspr.; Betriebszweck iSd. deutschen Terminologie) zusammenzufassen. Diese Art der Zusammenfassung wird in der Betriebswirtschaftslehre – und auch in der Rspr. – als Organisation bezeichnet. Jedem Betrieb bzw. Betriebsteil liegt demnach eine derartige **Organisation** zugrunde; ohne eine solche handelt es sich nur um eine „lose", mehr oder weniger zufällige Ansammlung von Betriebsmitteln[6]. 18

---

1 EuGH v. 14.4.1994 – Rs. C-392/92, AP Nr. 106 zu § 613a BGB (*Loritz*) – Christel Schmidt; vgl. zu diesem Urteil und seinen zunächst vielfach überschätzten Folgen *Willemsen*, DB 1995, 924. | 2 Vgl. EuGH v. 11.3.1997 – Rs. C-13/95, AP Nr. 14 zu RL Nr. 77/187/EWG – Ayse Süzen. | 3 Erstmals mit BAG v. 22.5.1997 – 8 AZR 101/96, AP Nr. *154 zu § 613a BGB (Modegeschäft)* unter ausdrücklicher Aufgabe der früheren Rspr. | 4 Vgl. aus neuerer Zeit EuGH v. 2.12.1999 – Rs. C-234/98, ZIP 1999, 2107 – Allen ua.; v. 10.12.1998 – Rs. C-127/96, EWiR 1999, 551 (*Thüsing*) – Hernandez Vidal ua. sowie v. 10.12.1998 – Rs. C-173/96 und C-247/96, EWiR 1999, 875 (*Thüsing*) – Hidalgo ua. | 5 EuGH v. 11.3.1997 – Rs. C-13/95, AP Nr. 14 zu RL Nr. 77/187/EWG – Ayse Süzen; aus der BAG-Rspr. BAG v. 11.12.1997 – 8 AZR 729/96, AP Nr. 172 zu § 613a BGB (Reinigung II). | 6 Vgl. zum betriebswirtschaftlichen Betriebsbegriff *Wöhe*, Einführung in die Allgemeine Betriebswirtschaftslehre, 20. Aufl. 2000: Kombination der Faktoren Arbeit, Betriebsmittel und Werkstoffe nach dem (rein formalen) Wirtschaftlichkeitsprinzip; ähnlich *Vahlens* Großes Wirtschaftslexikon, 2. Aufl. 1993, Stichwort „Betrieb": „Nach *E. Kosiol* ist die Organisation eines Betriebs gerichtet auf ,... die Regelung des Zusammenwirkens von Menschen und Menschen, Menschen und Sachen sowie von Sachen und Sachen im Hinblick auf gesetzte Ziele'.

19 **b) Auf Dauer angelegt.** Nicht im Richtlinientext, wohl aber in der Rspr. des EuGH wird als weiteres Tatbestandsmerkmal verlangt, dass die zu übertragende Einheit auf Dauer angelegt sein muss. Ihre Tätigkeit dürfe nicht auf die Ausführung eines bestimmten Vorhabens beschränkt sein. Dieses Postulat stammt aus dem EuGH-Urteil vom 19.9.1995 in Sachen *Rygaard*[1]. Dort hat der Gerichtshof entschieden, dass ein Sachverhalt, in dem ein Unternehmen eine seiner Baustelle einem anderen Unternehmen zwecks Fertigstellung überträgt und sich dabei darauf beschränkt, dem letztgenannten Unternehmen ArbN und Material zur Durchführung der laufenden Arbeiten zur Verfügung zu stellen, nicht in den Anwendungsbereich der Richtlinie falle. Bereits in diesem Urteil hatte der EuGH jedoch hinzugefügt, dass die Übertragung einer Baustelle zwecks Fertigstellung unter die Richtlinie fallen könne, nämlich dann, wenn sie mit der „Übertragung einer organisierten Gesamtheit von Faktoren" einhergehe, die eine „dauerhafte Fortsetzung der Tätigkeiten oder bestimmter Tätigkeiten des übertragenden Unternehmens erlauben würde"[2]. Diesen Gedanken hat der EuGH in einer Entscheidung vom 2.12.1999 aufgegriffen und die Richtlinie für anwendbar erklärt auf einen Fall, dass eine konzernzugehörige Gesellschaft beschließt, Aufträge über Stollenvortriebsarbeiten an eine andere Gesellschaft desselben Konzerns als Subunternehmer zu vergeben, „sofern dieser Vorgang mit dem Übergang einer wirtschaftlichen Einheit zwischen den beiden Gesellschaften einhergeht"[3]. Nach Auffassung des EuGH schließt der Umstand allein, dass nur die Durchführung *bestimmter* Vortriebsarbeiten von dem bisherigen Unternehmer auf einen Subunternehmer übertragen wurde, die Anwendung der Richtlinie nicht von vornherein aus. Entscheidend komme es darauf an, ob nachgewiesen werden könne, dass der Subunternehmer anlässlich dieses Vorgangs von dem Hauptunternehmer die „organisierten Mittel" erworben habe, die es ihm ermöglichten, die Vortriebsarbeiten (im konkreten Fall: Im Kohlebergwerk *Prince of Wales*) dauerhaft vorzunehmen[4].

20 Das Merkmal der „auf der Dauer angelegten" Einheit erfüllt also lediglich eine **eingeschränkte Funktion** dergestalt, dass es eine gewisse **Nachhaltigkeit** der Verknüpfung von Betriebsmitteln zu einem bestimmten wirtschaftlichen Zweck voraussetzt[5]. Damit sollen offenbar *ad hoc*-Konstellationen, in denen Unternehmen sich spontan und von vornherein zeitlich begrenzt durch Zurverfügungstellung sächlicher oder personeller Ressourcen Hilfe leisten (zB auch im Notfall), aus dem Anwendungsbereich der Richtlinie ausgeschlossen werden. Allein maßgeblich bleibt jedoch letztlich das Element der „organisierten Gesamtheit von Betriebsmitteln", welches angesichts der geforderten Nachhaltigkeit auf eine längere Zeit angelegt sein muss. Dies darf indes nicht in dem Sinne missverstanden werden, dass der Betriebszweck von unbestimmter und/oder unbefristeter Dauer sein müsse[6]; ebenso wenig steht es der Anwendung des § 613a von vornherein entgegen, wenn die „organisierten Betriebsmittel" sich lediglich auf einzelne von mehreren Aufträgen des bisherigen Betriebsinhabers beziehen, wie das EuGH-Urteil in Sachen *Allen ua* lehrt[7]. In solchen Fällen ist allerdings jeweils zu prüfen, ob die übertragenen Betriebsmittel und deren organisatorische Verknüpfung einen *Betriebsteil* iSd. § 613a verkörpern (s. dazu Rz. 31 ff.).

21 **c) Wirtschaftliche Einheit.** Der durch die Richtlinie 98/50/EG geänderte Richtlinientext verlangt den Übergang einer wirtschaftlichen Einheit und definiert diese als **organisatorische Zusammenfassung von Ressourcen zur Verfolgung einer wirtschaftlichen Haupt- oder Nebentätigkeit**. Damit stellt sich die Frage der Einbeziehung nicht gewerblicher sowie staatlicher Organisationseinheiten.

22 In Art. 1 Abs. 1c) der geänderten Richtlinie hat der Richtliniengeber klargestellt, dass eine „wirtschaftliche Einheit" auch eine solche sein kann, die **keine Erwerbszwecke** verfolgt. Er zeichnet damit lediglich die Rspr. des EuGH nach, der schon seit 1992 judiziert hatte, die Übertragung einer wirtschaftlichen Einheit könne nicht allein deswegen vom Anwendungsbereich der Richtlinie ausgenommen werden, weil die Tätigkeit ohne Erwerbszweck oder im öffentlichen Interesse ausgeübt werde. Dementsprechend hat der Gerichtshof in Sachen *Redmond Stichting* entschieden, dass die Richtlinie auf die von einer **gemeinnützigen Stiftung** durchgeführten **Drogenhilfe** anwendbar sei[8]; ebenso wurden die häusliche Hilfe für hilfsbedürftige Personen[9] sowie die im öffentlichen Interesse erfolgende **Herausgabe eines Magazins**[10] als wirtschaftliche Tätigkeit iSd. Richtlinie qualifiziert. Entscidend ist nach Auffassung des EuGH, dass die jeweilige Tätigkeit wirtschaftlichen Charakter hat[11], was letztlich bei jedem organisierten Einsatz von wirtschaftlichen Ressourcen zur Verfolgung bestimmter betrieblicher Zwecke der Fall sein dürfte. Das BAG hat dies inzwischen bestätigt und selbst den Betrieb eines **Truppenübungsplatzes** als wirtschaftliche Tätigkeit aufgefasst. Für die Anwendung des § 613a sei unerheblich, wer Betriebsinhaber sei und welche wirtschaftlichen Zwecke er verfolge. Die Bezeichnung der Betriebstätigkeit als „wirtschaftliche Tätigkeit" und des Betriebs als „wirtschaftliche" Einheit setze weder ein Tätigwerden im Bereich der „Wirtschaft" noch eine Gewinnerzielungsabsicht oder materielle Wertschöpfung voraus. Vielmehr werde

---

[1] EuGH v. 19.9.1995 – Rs. C-48/94, Slg. 1995, I-2745 = AP Nr. 133 zu § 613a BGB – Rygaard, Tz. 20; s. dazu auch EuGH v. 2.12.1999 – Rs. C-234/98, ZIP 1999, 2107 – Allen ua. | [2] EuGH v. 19.9.1995 – Rs. C-48/94, AP Nr. 133 zu § 613a BGB – Rygaard, Tz. 20. | [3] EuGH v. 2.12.1999 – Rs. C-234/98, ZIP 1999, 2107 – Allen ua. | [4] EuGH v. 2.12.1999 – Rs. C-234/98, ZIP 1999, 2107 – Allen ua. | [5] Vgl. zur Bedeutung des Merkmals auch *Annuß*, BB 1998, 1582 (1583) und *Moll*, RdA 1999, 233 (239 f.). | [6] EuGH v. 2.12.1999 – Rs. C-234/98, ZIP 1999, 2107 – Allen ua. | [7] EuGH v. 2.12.1999 – Rs. C-234/98, ZIP 1999, 2107 – Allen ua. | [8] EuGH v. 19.5.1992 – Rs. C-29/91, AP Nr. 107 zu § 613a BGB – Redmond Stichting. | [9] EuGH v. 10.12.1998 – Rs. C-173/96 und C-247/96, EWiR 1999, 875 (*Thüsing*) – Hidalgo ua. | [10] EuGH v. 26.9.2000 – Rs. C-175/99, AP Nr. 30 zu RL Nr. 77/187/EWG – Mayeur. | [11] So ausdrücklich EuGH v. 26.9.2000 – Rs. C-175/99, AP Nr. 30 zu RL Nr. 77/187/EWG – Mayeur, Tz. 39.

damit nur ausgedrückt, dass dem Betrieb materielle und/oder immaterielle Wirtschaftsgüter einschließlich der menschlichen Arbeit zugeordnet seien, die der Betriebsinhaber für seine Tätigkeit nutze. Insofern liege keine Einschränkung gegenüber der früher gebräuchlichen Begriffsbestimmung des Betriebs[1].

Dieser weite Begriff der wirtschaftlichen Einheit bzw. wirtschaftlichen Tätigkeit lässt es zu, auch **öffentlich-rechtlich organisierte Einheiten** unter den Begriff des Betriebs bzw. Betriebsteils zu subsumieren. Die Qualifizierung des Betriebsinhabers als öffentlich-rechtlicher Rechtsträger schließt somit die Anwendung des § 613a nicht aus. Dies entspricht der st. Rspr. des EuGH[2] wie auch des BAG. So hat der EuGH in Sachen *Collino ua.*[3] die Übertragung zuvor von staatlicher Seite erbrachter **Telekommunikations-Dienstleistungen** auf die von der staatlichen Holding *IRI* gegründete *IRITEL* als Übertragung einer wirtschaftlichen Einheit qualifiziert[4]. Dass die übertragene Dienstleistung durch eine Einrichtung des öffentlichen Rechts vergeben worden sei, könne die Anwendung der Richtlinie nicht ausschließen, wenn die betreffende Tätigkeit keine hoheitliche Tätigkeit darstelle (s. dazu näher Rz. 24 ff.). In Übereinstimmung damit hat das BAG bei der Übertragung ehemaligen DDR-**Rundfunkvermögens** auf den Mitteldeutschen Rundfunk (MDR)[5], dem durch Verwaltungsvereinbarung geregelten **Übergang einer Schule** von einem öffentlich-rechtlichen Träger auf einen anderen[6] sowie bei einem **Jugendwohnheim** als Einrichtung der Erziehungshilfe[7] das Vorliegen einer wirtschaftlichen Einheit ebenso bejaht wie in dem bereits erwähnten Fall eines Truppenübungsplatzes[8], der allerdings im Hinblick auf das negative Abgrenzungskriterium der „hoheitlichen Tätigkeit" problematisch ist. 23

Es entspricht nämlich ebenso gefestigter Rspr. des EuGH, dass **hoheitliche Tätigkeiten** keine wirtschaftlichen Tätigkeiten iSd. Richtlinie sind und daher die Übertragung solcher hoheitlicher Aufgaben von einer staatlichen Stelle auf eine andere, auch wenn damit zugleich die Übertragung betrieblicher Ressourcen verbunden ist, keinen Betriebsübergang iSd. Richtlinie auszulösen vermag[9]. Diese Auffassung des EuGH hat nunmehr ihren Niederschlag gefunden in den ausdrücklichen Wortlaut der Richtlinie (Art. 1 Abs. 1c) Satz 2); danach handelt es sich bei der Übertragung von Aufgaben im Zuge einer **Umstrukturierung von Verwaltungsbehörden** oder bei der Übertragung von Verwaltungsaufgaben von einer Behörde auf eine andere *nicht* um einen Betriebsübergang iS dieser Richtlinie. Da insoweit ausweislich der Begründung die Rspr. des EuGH übernommen werden sollte, ist davon auszugehen, dass dieser Ausschlusstatbestand mit der Terminologie des EuGH („Übertragung hoheitlicher Aufgaben") identisch ist. 24

Das BAG ist dieser EG-Richtlinie bislang nur insoweit gefolgt, als es die bloße **Funktionsnachfolge im öffentlichen Dienst** nicht als Übergang eines Betriebs bzw. Betriebsteils auffasst[10]. Dies entspricht allerdings bereits dem allgemeinen Grundsatz, dass eine wirtschaftliche Einheit nicht mit einer bloßen Tätigkeit gleichgesetzt werden darf (s. oben Rz. 14 sowie unten Rz. 172 ff.). In dem Urteil vom 26.6.1997 hat der 8. BAG-Senat daher noch offen lassen können, ob § 613a über die Richtlinie 77/187/EWG (jetzt 2001/23/EG) hinausgeht und auch die Verwaltungstätigkeit durch öffentliche Dienste als „Betrieb" erfasst, denn die Voraussetzungen eines Betriebsübergangs lagen ohnehin nicht vor[11]. In der „**Notariats-Entscheidung**" vom 26.8.1999 ging es der Sache nach ebenfalls um eine hoheitliche Tätigkeit; in erster Linie wurde das Vorliegen eines Betriebsübergangs wegen der höchstpersönlichen Natur des Notariats verneint, jedoch bezieht sich der 8. Senat zugleich auf das Urteil des EuGH vom 15.10.1996 in Sachen *Henke*[12], wonach die Richtlinie auf Hoheitsakte keine Anwendung finde[13]. Zwei weitere Urteile vom 25.1.2001[14] und 8.5.2001[15] betrafen zwar Umstrukturierungen im öffentlich-rechtlichen Bereich, jedoch handelte es sich um Einrichtungen der **öffentlichen Daseinsvorsorge**, die auch der EuGH als vom Be- 25

---

1 BAG v. 27.4.2000 – 8 AZR 260/99, nv. (Truppenübungsplatz); zur früheren Definition des Betriebs vgl. BAG v. 4.3.1993 – 2 AZR 507/92, AP Nr. 101 zu § 613a BGB; v. 2.12.1998 – 7 AZR 597/97, AP Nr. 207 zu § 620 BGB – Befristeter Arbeitsvertrag. |2 Vgl. aus jüngerer Zeit EuGH v. 14.9.2000 – Rs. C-343/98, NZA 2000, 1279 – Collino ua.; vgl. bereits zuvor EuGH v. 15.10.1996 – Rs. C-298/94, AP Nr. 13 zu RL Nr. 77/187/EWG – Henke. |3 EuGH v. 14.9.2000 – Rs. C-343/98, NZA 2000, 1279 – Collino ua., Tz. 31 ff. |4 Ähnlich zum Unternehmenscharakter von öffentlichen Telekommunikationseinrichtungen iSd. *Wettbewerbsrechts* EuGH v. 17.11.1992 – Rs. C-271, 281, 289/90, Slg. 1992, I-5833 – Spanien ua./Kommission. |5 BAG v. 20.3.1995 – 8 AZR 856/95, AP Nr. 24 zu Art. 13 Einigungsvertrag. |6 BAG v. 7.9.1995 – 8 AZR 928/93, AP Nr. 191 zu § 613a BGB. Zu Unrecht stellt demgegenüber LAG Köln v. 2.10.1997 – 10 Sa 643/97, NZA 1998, 290 das Vorliegen einer „wirtschaftlichen Einheit" für eine Kindertagesstätte in Frage. |7 BAG v. 23.9.1999 – 8 AZR 750/98, nv. |8 BAG v. 27.4.2000 – 8 AZR 260/99, nv. (Truppenübungsplatz). Ähnlich bereits BAG v. 4.3.1993 – 2 AZR 507/92, AP Nr. 101 zu § 613a BGB, wo eine Einrichtung der französischen Streitkräfte am Flughafen Tegel als übergangsfähige Einheit angesehen wurde. |9 Grundl. EuGH v. 15.10.1996 – Rs. C-298/94, AP Nr. 13 zu RL Nr. 77/187/EWG – Henke; s. dazu auch Erman/*Edenfeld*, § 613a BGB Rz. 24 f.; vgl. ferner EuGH v. 14.9.2000 – Rs. C-343/98, NZA 2000, 1279 – Collino ua., Tz. 32; kritisch zu dem Abgrenzungsmerkmal des hoheitlichen Handelns *Heerma*, DZWiR 2000, 104 (105). Abweichend ohne überzeugende Begründung LAG Nds. – 10 Sa 2899/98, NZA-RR 2002, 630 (Fleischbeschau). |10 BAG v. 26.6.1997 – 8 AZR 426/95, AP Nr. 165 zu § 613a BGB (Verwaltung-Funktionsnachfolge); s. dazu auch *Willemsen* in Willemsen/Hohenstatt/Schweibert/Seibt, Rz. G 51 f. |11 BAG v. 26.6.1997 – 8 AZR 426/95, AP Nr. 165 zu § 613a BGB (Verwaltung-Funktionsnachfolge), unter I. 3. d.Gr. |12 EuGH v. 15.10.1996 – Rs. C-298/94, AP Nr. 13 zu RL Nr. 77/187/EWG – Henke. |13 BAG v. 26.8.1999 – 8 AZR 827/98, AP Nr. 197 zu § 613a BGB (Notariat). |14 BAG v. 25.1.2001 – 8 AZR 336/00, AP Nr. 215 zu § 613a BGB (Berliner Bäder-Betriebe); s. dazu *Willemsen* in Willemsen/Hohenstatt/Schweibert/Seibt, Rz. G 92 f. |15 BAG v. 8.5.2001 – 9 AZR 95/00, AP Nr. 219 zu § 613a BGB (Landesbetrieb Krankenhäuser Hamburg); s. dazu *Willemsen* in Willemsen/Hohenstatt/Schweibert/Seibt, Rz. G 94 ff.

griff der wirtschaftlichen Einheit erfasst ansieht, so dass auch hier keine Auseinandersetzung mit den Urteilen in Sachen *Henke*[1] und *Collino*[2] geboten war.

26 Umso erstaunlicher ist es demgemäß, dass der 8. Senat in seinem nicht amtlich veröffentlichten (!) Truppenübungsplatz-Urteil vom 27.4.2000 ohne jegliche Auseinandersetzung mit dem Text der Richtlinie und der damit übereinstimmenden Rspr. des EuGH nunmehr judiziert, die **Wahrnehmung hoheitlicher Aufgaben** stehe dem Begriff des Betriebsübergangs iSv. § 613a „nicht von vornherein entgegen". Welche Aufgaben in privatrechtlicher, öffentlich-rechtlicher und hoheitlicher Form erfüllt würden, ergebe sich „vielfach nicht aus der Aufgabenstellung selbst, sondern obliegt der Organisationsgewalt des Staates". Für den Zweck des § 613a komme es auf diese Unterscheidung nicht an. Ob etwa der Wechsel des Rechtsträgers mit einem rechtsgeschäftlichen Betriebsübergang verbunden sei, dürfe nicht schon wegen der Qualifizierung der (bisherigen) Tätigkeit ausgeschlossen sein, sondern sei „nach den hierfür maßgeblichen Kriterien zu beurteilen"[3]. Den Besonderheiten öffentlicher Verwaltung und Dienststellen werde „insb. dadurch ausreichend Rechnung getragen, dass § 613a nur den auf Rechtsgeschäft beruhenden Übergang von Organisationseinheiten erfasst, nicht jedoch eine gesetzliche Funktionsnachfolge, und zudem die Wahrung der Organisation voraussetzt"[4].

27 Mit dieser Rspr. will der 8. Senat offensichtlich den Schutz privatrechtlicher Arbeitsverhältnisse[5] iSd. „Lückenschließung" auf solche Konstellationen anwenden, in denen hoheitliche (Verwaltungs-) Aufgaben unter Überleitung des maßgeblichen „betrieblichen Substrats" im Vereinbarungswege von einem öffentlich-rechtlichen Rechtsträger auf einen anderen öffentlich-rechtlichen Rechtsträger übertragen werden. Die Anwendung des § 613a soll trotz Vorliegens sämtlicher Voraussetzungen im Übrigen also nicht allein daran scheitern, dass es sich bei den wahrgenommenen Tätigkeiten um solche hoheitlicher Natur handelt. Dabei mag eine zentrale Rolle spielen, dass auch solche ArbN, die im öffentlichen Dienst tätig sind und mit der Erledigung hoheitlicher Aufgaben befasst werden, dem Schutzzweck des Kündigungsschutzgesetzes unterliegen, dessen Absicherung die Norm des § 613a dient (s. oben Rz. 8). Das Urteil ist für die **Privatisierungspraxis** von geringerer Tragweite, da hoheitliche Aufgaben in der Regel nicht auf einen privaten Rechtsträger übertragen werden[6], wohl aber für die **Umstrukturierung öffentlicher Behörden** im Wege der Verwaltungsvereinbarung, während bei Umstrukturierung öffentlicher Rechtsträger kraft Gesetzes nach der Rspr. des BAG § 613a mangels Übergangs „durch Rechtsgeschäft" keine Anwendung findet[7].

28 Der ansonsten sehr auf Konsistenz seiner Rspr. mit derjenigen des EuGH bedachte 8. Senat des BAG hat sich mit seiner Auffassung, dass auch hoheitliche Tätigkeiten den Betriebsbegriff iSd. § 613a erfüllen können, in klaren Widerspruch sowohl zu der Richtlinie als auch zu dem EuGH-Urteil vom 15.10.1996 (*Henke*) und vom 14.9.2000 (*Collino ua.*) begeben, ohne dies in den Gründen seines Urteils vom 27.4.2000 in Sachen Truppenübungsplatz auch nur ansatzweise zu thematisieren. Damit hat das Gericht seinen eigenen Ansatz, § 613a durchgängig richtlinienkonform auszulegen, auf fragwürdige Weise verlassen. Sollte das BAG seine Rspr. insofern fortsetzen, müsste für die Praxis davon ausgegangen werden, dass der Begriff des Betriebs bzw. Betriebsteils grundsätzlich auch Organisationseinheiten im Bereich der öffentlichen Verwaltung erfassen kann, also solche, deren Tätigkeit auf die Erfüllung hoheitlicher Aufgaben gerichtet ist.

29 Keine Diskrepanz zwischen EuGH- und BAG-Rspr. besteht demgegenüber insoweit, als Organisationseinheiten, die öffentlich-rechtlich strukturiert sind und sich nicht mit hoheitlichen Aufgaben, sondern solchen der öffentlichen **Daseinsvorsorge** befassen, ohne weiteres als „wirtschaftliche Einheit" iSd. Richtlinie und des § 613a in Betracht kommen[8]. Als „Faustformel" lässt sich somit festhalten, dass bei sämtlichen Tätigkeiten, die anstelle des Staates oder einer Gemeinde ebensogut von einem privatrechtlich organisierten Rechtsträger wahrgenommen werden können, unter den übrigen Voraussetzungen von dem Vorliegen einer wirtschaftlichen Einheit ausgegangen werden kann, ohne dass die Inhaberschaft eines öffentlich-rechtlichen Rechtsträgers dem entgegenstünde. Insoweit – und nur insoweit – kann der These gefolgt werden, dass der Staat sich nicht durch die Wahl der Rechtsform den Wirkungen der Richtlinie soll entziehen können[9]. Dies trifft (ua., aber nicht ausschließlich) auf Tätigkeiten im Bereich des **Rundfunks**, der **Telekommunikation**, der **Energieversorgungseinrichtungen**, **Schulen** und anderen **Erziehungseinrichtungen** (zB Universitäten), **Krankenhäuser**, **Transportbetriebe** sowie öffentlichen **Erholungseinrichtungen** (zB Bäder) zu. Generell ist damit der Anwendungsbereich des § 613a, und zwar sowohl nach nationaler wie auch nach EuGH-Rspr., auf alle Fälle von **Privatisierungen** eröff-

---

[1] EuGH v. 15.10.1996 – Rs. C-298/94, AP Nr. 13 zu RL Nr. 77/187/EWG – Henke. [2] EuGH v. 14.9.2000 – Rs. C-343/98, NZA 2000, 1279 – Collino ua. [3] BAG v. 27.4.2000 – 8 AZR 260/99, nv. (Truppenübungsplatz), unter II. 1. b) d.Gr., unter Berufung auf *Resch*, AuR 2000, 87 (88 ff.). [4] BAG v. 27.4.2000 – 8 AZR 260/99, nv. (Truppenübungsplatz), unter II. 1. c) d.Gr. [5] Dazu, dass beim Betriebsübergang im öffentlichen Dienst nur Arbeits-, nicht aber Beamtenverhältnisse nach § 613a BGB übergehen, s. unten Rz. 224. [6] Bei Übertragung von einem öffentlichen auf einen privaten Rechtsträger spricht daher eine *Vermutung* dafür, dass es sich bereits zuvor nicht um eine hoheitliche Aufgabe gehandelt hat, so auch *Heerma*, DZWiR 2001, 104 (105). [7] S. dazu BAG v. 8.5.2001 – 9 AZR 95/00, AP Nr. 219 zu § 613a BGB (Landesbetrieb Krankenhäuser Hamburg). [8] Vgl. insbesondere EuGH v. 14.9.2000 – Rs. C-343/98, NZA 2000, 1279 – Collino ua.; v. 10.12.1998 – Rs. C-173/96 und C-247/96, EWiR 1999, 875 (*Thüsing*) – Hidalgo ua. [9] So *Resch*, AuR 2000, 87 (89 f.); ihm folgend *Heerma*, DZWiR 2001, 104 (105).

net. Es muss aber jeweils gesondert geprüft werden, ob die sonstigen Tatbestandsvoraussetzungen des § 613a vorliegen, also insb., ob es sich um den Übergang einer ihre Identität wahrenden wirtschaftlichen Einheit (im Gegensatz zur sog. Funktionsnachfolge) handelt (s. Rz. 172) und ob dieser Übergang kraft Rechtsgeschäfts erfolgt (s. Rz. 183 ff.).

Die Formulierung in der Richtliniendefinition (Art. 1 Abs. 1b)), wonach die wirtschaftliche Einheit eine **Haupt- oder Nebentätigkeit** verfolgen muss, ist lediglich klarstellender Natur und wirft in der Praxis angesichts der Gleichwertigkeit beider Merkmale keine Abgrenzungsfragen auf. Auf die Bedeutung, die der jeweiligen Einheit für den Gesamtzweck des Unternehmens oder Konzerns zufällt, kommt es somit nicht an, so dass auch lediglich **untergeordnete Hilfsfunktionen**[1] (zB der eigenständig organisierte Reparaturbetrieb eines öffentlichen oder privaten Nahverkehrsunternehmens oder die mit Servicefunktion betreute Dienstleistungsgesellschaft eines Konzerns) ohne weiteres einen Betrieb bzw. – in der Praxis noch häufiger – einen Betriebsteil iSv. § 613a darstellen können. 30

3. Betriebsteil. a) Definition. Nach dem – insoweit seit seinem In-Kraft-Treten unveränderten – Gesetzeswortlaut löst neben dem Übergang des (ganzen) Betriebs auch der Übergang nur eines Betriebsteils die Rechtsfolgen des § 613a aus, im letzteren Falle allerdings beschränkt auf die dem jeweiligen Betriebsteil **unmittelbar zugeordneten Arbeitsverhältnisse**[2], so dass die übrigen Arbeitsverhältnisse beim bisherigen Inhaber verbleiben, und zwar selbst dann, wenn der nach der Herauslösung des Betriebsteils verbleibende „Restbetrieb" **nicht mehr lebensfähig ist**[3] und deshalb möglicherweise stillgelegt werden muss. Diese gesetzliche Regelung erweist sich in der Praxis als **ambivalent**: Sie eröffnet zum einen erhebliche **Gestaltungsspielräume**, da bei richtigem „Zuschneiden" der jeweils zu übernehmenden (Teil-)Aktivitäten die Rechtsfolge des § 613a auf diese **begrenzt** werden kann[4]; auf der anderen Seite läuft bereits derjenige, der lediglich einen „Ausschnitt" aus dem Gesamtspektrum einer umfassenden „wirtschaftlichen Einheit" übernimmt und fortführt, auch ohne entsprechendes Bewusstsein Gefahr, dass dieser als „Betriebsteil" iSd. § 613a qualifiziert wird und seine Übernahme die – jedenfalls für den Erwerber – nicht abdingbare Verpflichtung zur unveränderten Weiterbeschäftigung des dort tätigen Personals nach sich zieht. 31

Auch die Richtlinie 77/187/EWG (jetzt: 2001/23/EG) setzt den Betriebs*teil*übergang (vom BAG in neuerer Rspr. auch als „Teilbetriebsübergang" bezeichnet) dem Betriebsübergang gleich (vgl. Art. 1 Abs. 1a): „Übergang von Unternehmen, Betrieben oder Unternehmens- bzw. Betriebs*teilen*"). In Bezug auf die nachfolgende Definition des *Übergangs* in Art. 1 Abs. 1b) wird zwischen Betrieben und Betriebsteilen überhaupt kein terminologischer Unterschied gemacht, vielmehr werden *beide* als „wirtschaftliche Einheit im Sinne einer organisierten Zusammenfassung von Ressourcen zur Verfolgung einer wirtschaftlichen Haupt- oder Nebentätigkeit" erfasst. Auch ein bloßer Betriebsteil erfüllt somit die Voraussetzungen des Begriffs der auf Dauer angelegten wirtschaftlichen Einheit[5]. Dies deutet einerseits darauf hin, dass zwischen Betrieb und Betriebsteil offensichtlich kein substantieller Unterschied besteht, macht aber andererseits die Klärung, „ab wann" bereits von einem Betriebsteil (im Gegensatz zu der Übertragung lediglich von Einzelgegenständen des Betriebsvermögens) gesprochen werden kann, angesichts der weitreichenden Folgen des § 613a umso vordringlicher. 32

Die Interpretation des Betriebsteilbegriffs hat sich an dem Erfordernis der „Einheit" zu orientieren, deren konstituierendes und zugleich identifizierendes Merkmal die organisatorische Verknüpfung von Betriebsmitteln zu einem bestimmten wirtschaftlichen Zweck ist (s. oben Rz. 18). Die Besonderheit des Betriebsteils und seiner Einbeziehung in den Tatbestand des § 613a liegt somit allein (!) darin, dass dieser Zweck auch lediglich ein – **abgrenzbares** – **Unterelement eines übergreifenden Zwecks** des „Gesamtbetriebs" sein kann. Dementsprechend definiert der 8. Senat des BAG Betriebsteile als „Teileinheiten" (**Teilorganisationen**) des Betriebs. Bei übertragenen sächlichen und/oder immateriellen Betriebsmitteln müsse es sich um eine „**organisatorische Untergliederung des Gesamtbetriebs handeln, mit der innerhalb des betrieblichen Gesamtzwecks ein Teilzweck verfolgt wird, auch wenn es sich dabei um eine untergeordnete Hilfsfunktion handelt**"[6]. Nach einheitlicher Auffassung ist es wegen des spezifischen Schutzzwecks von § 613a nicht erforderlich, dass der Betriebsteil die Voraussetzungen des § 4 BetrVG erfüllt[7], und auch die Begriffe des „wesentlichen Betriebsteils" in § 111 Satz 2 Nr. 1 und 33

---

[1] Vgl. dazu BAG v. 24.4.1997 – 8 AZR 848/94, NZA 1998, 253 (EDV-Dienstleistung); anders noch BAG v. 22.5.1998 – 5 AZR 30/84, AP Nr. 42 zu § 613a BGB. [2] Ausdrücklich BAG v. 13.11.1997 – 8 AZR 375/96, AP Nr. 170 zu § 613a BGB; v. 13.2.2003 – 8 AZR 102/02; zu den damit verbundenen Zuordnungsfragen s. Rz. 225 ff. sowie *Willemsen* in Willemsen/Hohenstatt/Schweibert/Seibt Rz. G 157 ff. [3] Grundl. BAG v. 13.11.1997 – 8 AZR 375/96, AP Nr. 170 zu § 613a BGB (Stabsfunktion bei Betriebsteilübergang); bestätigt durch BAG v. 8.8.2002 – 8 AZR 583/01, NZA 2003, 315; dazu *Willemsen* in Willemsen/Hohenstatt/Schweibert/Seibt, Rz. G 58 ff.; *Müller-Glöge*, NZA 1999, 449, 453. [4] Vgl. dazu *Willemsen* in Willemsen/Hohenstatt/Schweibert/Seibt, Rz. G 141 f. mwN. [5] Ebenso BAG v. 23.9.1999 – 8 AZR 650/98, nv.; BAG v. 19.3.1998 – 8 AZR 737/96, nv. [6] BAG v. 24.4.1997 – 8 AZR 848/94, NZA 1998, 253 (EDV-Dienstleistung); dazu *Willemsen* in Willemsen/Hohenstatt/Schweibert/Seibt, Rz. G 48 ff.; ebenso zuvor BAG v. 9.2.1994 – 2 AZR 666/93, AP Nr. 104 zu § 613a BGB; v. 16.10.1987 – 7 AZR 519/86, AP Nr. 69 zu § 613a BGB; konträr dazu allerdings BAG v. 22.5.1985 – 5 AZR 30/84 –, unter II. 1. d.Gr. (s. dazu auch Rz. 38). [7] Ebenso BAG v. 2.10.1974 – 5 AZR 504/73, AP Nr. 1 zu § 613a BGB; v. 16.10.1987 – 7 AZR 519/86, AP Nr. 69 zu § 613a BGB.

Abs. 2 BetrVG oder der in § 15 Abs. 5 Satz 1 KSchG verwendete Begriff einer „Betriebsabteilung" sind vorliegend *nicht* einschlägig[1]. Wenig ergiebig und im Lichte der Trendwende der Rspr. nach *Ayse Süzen* auch nicht mehr relevant ist die in der früheren Rspr. geäußerte Auffassung, Betriebsteil iSv. § 613a sei alles, was „Gegenstand einer eigenen rechtsgeschäftlichen Veräußerung sein" kann[2], weil dieses Merkmal auch auf die von § 613a gerade nicht erfasste Übertragung von „losen" Wirtschaftsgütern zutrifft[3]. Von zentraler Bedeutung ist demgegenüber, ob die in Rede stehende Einheit sowohl hinsichtlich ihrer Organisation als auch hinsichtlich des mit ihr verfolgten Zwecks („wirtschaftliche Tätigkeit" iSd. Terminologie der Richtlinie) von dem restlichen Betrieb **abgrenzbar** (abtrennbar) ist, was eine eigene, über die allgemeinen betrieblichen Strukturen hinausgehende Arbeitsorganisation voraussetzt. Diese ist von demjenigen darzulegen und zu **beweisen**, der sich auf einen Betriebsübergang beruft[4]. Die Wahrnehmung eines dauerhaften Teilzwecks führt nur dann zu einer selbständig übergangsfähigen Einheit, wenn eine organisierte Gesamtheit von Personen und Sachen vorliegt. Es reicht nicht aus, dass ein oder mehrere Betriebsmittel ständig dem betreffenden Teilzweck zugeordnet sind, auch nicht, dass ein oder mehrere ArbN ständig bestimmte Arbeiten mit bestimmten Betriebsmitteln erfüllen. Wird also zB ein Lkw-Fahrer ständig auf ein und demselben Lkw zur Erledigung von Transportaufträgen stets desselben Kunden eines Transportunternehmens eingesetzt, handelt es sich gleichwohl bei dem Lkw noch *nicht* um einen Betriebsteil iSv. § 613a[5].

34 Solange die in Rede stehenden Betriebsmittel keinen eigenständigen und vom übrigen Betrieb abgrenzbaren Funktions- und Organisationszusammenhang aufweisen, sondern in dem betrieblichen Gesamtzusammenhang „aufgehen", handelt es sich also nicht um einen Betriebsteil. Daran ändert auch die ständige Allokation einzelner Betriebsmittel zu einem bestimmten betrieblichen Teilzweck nichts, solange es sich dabei nur um eine unternehmerische Maßnahme im Rahmen der zweckmäßigen Unternehmensführung handelt[6]. Erst durch die gewollte, dauerhafte Verknüpfung bestimmter Betriebsmittel zur Erfüllung eines betrieblichen **Teilzwecks** im Rahmen einer von der übrigen Betriebsorganisation abgrenzbaren **Teilorganisation** kann ein Betriebsteil als selbständig übertragbare Einheit iSd. § 613a entstehen. Erforderlich hierfür ist also eine eigene, von den allgemeinen betrieblichen Strukturen unterscheidbare Arbeitsorganisation[7]. Für eine solche selbständige Teileinheit kann es nach Auffassung des BAG sprechen, wenn Aufträge fest an bestimmte Betriebsmittel gebunden sind und die ArbN bestimmte Arbeiten als Spezialisten arbeitsteilig ausführen. Seien die Betriebsmittel und die an ihnen beschäftigten ArbN dagegen innerhalb des Gesamtbetriebes mehr oder weniger beliebig austauschbar, spreche dies gegen eine teilbetriebliche Organisation[8]. Immerhin hat der 8. Senat es für denkbar erachtet, dass ein und derselbe Betriebszweck (hier: Gütertransport mit Lkw) von verschiedenen Betriebsteilen ein und desselben Unternehmens/Betriebs iSv. § 613a ausgeführt wird.

35 Daraus ist zu folgern, dass der Betriebszweck des Betriebsteils von demjenigen des „Gesamtbetriebs" nicht zwingend verschieden sein muss, sondern auch die Erfüllung einer **gleichartigen Tätigkeit** in Betracht kommt. Im Teilbetrieb müssen somit nicht andersartige Zwecke als im übrigen Betrieb verfolgt werden[9].

36 Allerdings muss in einem solchen Fall die gleichartige Tätigkeit „teilbetrieblich organisiert" sein, d.h. eigenständige, von dem „Gesamtbetrieb" abgrenzbare Organisationsstrukturen aufweisen. Dies ist nur dann der Fall, wenn die jeweilige Untereinheit sich als „zielgerichtete", dauerhafte und spezifisch organisierte Zusammenfassung (Verknüpfung) von Ressourcen für den jeweiligen Teilzweck und nicht als (jederzeit ohne weiteres wieder aufhebbare) Ressourcenallokation im Zuge der allgemeinen Betriebstätigkeit darstellt. Anders gewendet: Wer einen „Betriebsteil" iSv. § 613a erwirbt, muss sich damit ohne weitere Organisationsakte (strukturbegründende Maßnahmen) den sich darin verkörpernden Funktionszusammenhang zunutze machen können, um den damit bisher verfolgten wirtschaftlichen Zweck weiter zu verfolgen, da es sich andernfalls lediglich um „willkürlich" aus dem bisherigen organisatorischen Kontext herausgenommene einzelne Betriebsmittel handelt, die erst noch zu einem funktionsfähigen Zusammenhang in Form einer betrieblichen (Teil-)Organisation zusammengefügt werden müssen. Der bisherige Betrieb ist dann lediglich um eine bestimmte Anzahl von Betriebsmitteln verringert worden[10].

37 Dieser sich nun abzeichnenden Linie entspricht es, wenn das BAG für das Vorliegen eines Betriebsteils verlangt, dass die übernommenen Betriebsmittel **bereits beim früheren Betriebsinhaber die Qualität eines Betriebsteils** haben; es reicht also nicht aus, wenn der Erwerber mit einzelnen, bislang nicht

---

1 BAG v. 16.10.1987 – 7 AZR 519/86, AP Nr. 69 zu § 613a BGB, unter II. 2. b) d.Gr. | 2 So noch BAG v. 2.10.1974 – 5 AZR 504/73, AP Nr. 1 zu § 613a BGB; v. 16.10.1987 – 7 AZR 519/86, AP Nr. 69 zu § 613a BGB. | 3 Abl. zu Recht auch Staudinger/*Richardi/Annuß*, § 613a BGB Rz. 50. | 4 Grundl. BAG v. 26.8.1999 – 8 AZR 718/98, AP Nr. 196 zu § 613a BGB (Lastkraftwagen); dazu *Willemsen* in Willemsen/Hohenstatt/Schweibert/Seibt, Rz. G 77 ff.; bestätigt durch BAG v. 14.12.2000 – 8 AZR 220/00, nv. (Getränkehandel). | 5 BAG v. 26.8.1999 – 8 AZR 718/98, AP Nr. 196 zu § 613a BGB (Lastkraftwagen). | 6 BAG v. 26.8.1999 – 8 AZR 718/98, AP Nr. 196 zu § 613a BGB (Lastkraftwagen), unter II. 3. b) d.Gr. | 7 BAG v. 26.8.1999 – 8 AZR 718/98, AP Nr. 196 zu § 613a BGB (Lastkraftwagen), unter II. 3. c) d.Gr. | *8 BAG v. 26.8.1999 – 8 AZR 718/98, AP Nr. 196 zu § 613a BGB (Lastkraftwagen).* | 9 Dies hat der 8. Senat in der bislang unveröffentlichten Entscheidung BAG v. 14.12.2000 – 8 AZR 220/00, nv. (Getränkehandel), unter II. 1. d.Gr. ausdrücklich bestätigt. | 10 Vgl. *Willemsen* in Willemsen/Hohenstatt/Schweibert/Seibt, Rz. G 104.

teilbetrieblich organisierten Betriebsmitteln erst einen Betrieb oder Betriebsteil gründet[1]. Im letzteren Fall liegt lediglich eine Funktionsnachfolge vor, die sich vom Betriebs- bzw. Betriebsteilübergang gerade dadurch unterscheidet, dass der „Nachfolger" zwar eine bestimmte (Teil-)Aufgabe, nicht jedoch die hierfür eigens gebildete (Teil-)Organisation fortführt (s. dazu unten Rz. 172 ff.).

b) Beispiele aus der Rspr. In einem Urteil vom 22.5.1985[2] hatte sich der 5. BAG-Senat ua. mit der Frage zu befassen, inwieweit bei einem **Produktionsbetrieb** bereits der **Übergang einzelner Maschinen oder Anlagen** den Begriff des Betriebsteilübergangs erfüllen könne. Seine Auffassung, dass bereits eine einzige Maschine oder Anlage oder die Ausstattung eines einzigen Büros das „wesentliche" Substrat des Betriebs oder Betriebsteils ausmachen könne, stellt sich im Lichte der neueren EuGH- und BAG-Rspr. als ebenso obsolet dar[3] wie die Auffassung, dass die Wahrnehmung bloßer Hilfsfunktionen im Rahmen des (Gesamt-)Betriebszwecks der Annahme eines Betriebsteils von vornherein entgegenstehe (siehe oben Rz. 33). Bereits im Anschluss an die Trendwende nach *Ayse Süzen* ergangen sind demgegenüber das Urteil vom 11.12.1997[4] sowie eine weitere, nicht amtlich veröffentliche Entscheidung des 8. Senats vom 19.3.1998[5], die sich zu der praktisch relevanten Frage verhalten, unter welchen Voraussetzungen beim **Wechsel eines Reinigungsauftrags** das damit verbundene Teilgeschäft des bisherigen Inhabers einen Betriebsteil verkörpert, der auf den Konkurrenten übergehen kann, dem in der Folgezeit der Auftrag erteilt wird. Diese Fragestellung ist deshalb relevant, weil nach neuerer Rspr. bei betriebsmittelarmen Tätigkeiten bereits die Weiterbeschäftigung der „organisierten Hauptbelegschaft" einen Betriebsübergang bzw. Betriebsteilübergang begründen kann (dazu Rz. 16 und 137 ff.) und hierfür ein unmittelbares Rechtsgeschäfts zwischen erstem und zweitem Auftragnehmer nicht erforderlich ist (unten Rz. 198 ff.). In den Urteilen vom 11.12.1997 und 19.3.1998[6] sieht der 8. Senat unter bestimmten Voraussetzungen die Merkmale eines Betriebsteils des bisherigen Auftragnehmers hinsichtlich des für einen bestimmten Kunden erbrachten „Reinigungsvolumens" als erfüllt an: Die Auftragswahrnehmung durch ein Fremdunternehmen könne „teilbetrieblich oder als Betrieb organisiert" sein. Bestimmte Dienstleistungen wie die der **Gebäudereinigungs- und Bewachungsunternehmen** könnten nur objektbezogen erbracht werden. Werde dazu eine organisierte Gesamtheit von Personen und Sachen eingesetzt, die getrennt von weiteren organisierten Einheiten des Auftragnehmers gesehen werden könne, und sei die Arbeitsaufgabe, die der Dienstleistung zugrunde liege, ihrer Natur nach auf eine dauerhafte Erfüllung angelegt, seien die Voraussetzungen des Betriebsübergangs erfüllt. In den beiden konkret entschiedenen Fällen (Reinigungsauftrag bezüglich einer Gesamthochschule bzw. Klinik) wurde das Vorliegen eines Betriebsteils bejaht, weil die für den Reinigungsauftrag jeweils eingesetzten ArbN „eine von anderen unterscheidbare objektbezogene Arbeitsorganisation" bildeten. Diese „organisierte Einheit" sei im Wesentlichen durch die Belegschaft und die einzelnen ArbN zugewiesenen Teilaufgaben charakterisiert worden; die Arbeitsaufgabe sei ihrer Natur nach auf Dauer angelegt gewesen. **Verneint** wurde die Eigenschaft eines Betriebsteils hingegen für den Bereich „Wareneingang" eines Lagers[7], während ein reines Ausgliederungslager eines Produktionsbetriebes ein selbständig überlebensfähiger Betriebsteil iSv. § 613a Abs. 1 S. 1 sein kann[8].

In der Praxis stellt sich immer wieder die Frage, inwieweit die **Verwaltung eines Unternehmens** bzw. einzelne ihrer Untergliederungen selbständig „übergangsfähige" Betriebsteile darstellen. Dies hat das BAG in einem nicht veröffentlichten Urteil vom 21.1.1999[9] für die **Buchhaltung** eines Unternehmens *dahingestellt* bleiben lassen. Bezüglich der **Verwaltung insgesamt** hat der 8. Senat in einem weiteren nicht amtlich veröffentlichten Urteil vom 23.9.1999 judiziert, dieser komme gegenüber anderen Bereichen „nicht in jedem Falle" die erforderliche Eigenständigkeit zu, um einen selbständig übergangsfähigen Betriebsteil annehmen zu können[10]. Ob dies im Streitfalle etwa deshalb anders war, weil eine Zuständigkeit für die gesamte Unternehmensgruppe bestand, konnte der Senat letztlich dahingestellt bleiben lassen. Deutlich „offensiver" iSd. Möglichkeit einer teilbetrieblichen Organisation einer Verwaltung ist demgegenüber die Entscheidung vom 8.8.2002, die die Verwaltung einer Bohrgesellschaft betraf, allerdings die Sache zur weiteren Aufklärung an die Vorinstanz verwies[11]. Die Praxis wird daher insoweit noch auf nähere Hinweise warten müssen.

Das Urteil vom 14.12.2000[12] betrifft die Frage des Betriebsteilübergangs hinsichtlich eines Getränkehandels. Da nicht der gesamte **Verwaltungsbereich** übernommen wurde, hätte der Kläger nach Auffassung des 8. Senats darlegen müssen, „dass der übrig gebliebene Teil der Verwaltung bei der Firma D bereits ein selbständig abgrenzbarer Betriebsteil gewesen ist, der auf die Beklagte übertragen werden konnte".

In seinem Urteil vom 3.9.1998[13] zieht der 8. Senat in Zweifel, ob der aus mehreren LKW bestehende **Fuhrpark** eines Möbelherstellers eine das Merkmal „Betriebsteil" rechtfertigende organisatorische

---

[1] BAG v. 24.4.1997 – 8 AZR 848/94, NZA 1998, 253 (EDV-Dienstleistung); ebenso bereits v. 9.2.1994 – 2 AZR 666/93, AP Nr. 105 zu § 613a BGB; bestätigt ua. durch BAG v. 8.8.2002 – 8 AZR 583/01, NZA 2003, 315 mwN. (Verwaltung einer Bohrgesellschaft) und v. 17.4.2003 – 8 AZR 253/02, nv. | [2] BAG v. 22.5.1985 – 5 AZR 30/84, AP Nr. 42 zu § 613a BGB. | [3] Abl. auch ErfK/*Preis*, § 613a BGB Rz. 10; *Kania*, NZA 1994, 873 f. | [4] BAG v. 11.12.1997 – 8 AZR 729/96, AP Nr. 172 zu § 613a BGB (Reinigung II). | [5] BAG v. 19.3.1998 – 8 AZR 737/96, nv. | [6] BAG v. 11.12.1997 – 8 AZR 729/96, AP Nr. 172 zu § 613a BGB (Reinigung II); v. 19.3.1998 – 8 AZR 737/96, nv. | [7] BAG v. 17.4.2003 – 8 AZR 253/02, nv. | [8] BAG v. 18.12.2003 – 8 AZR 621/02, EzA § 613a BGB 2002, Nr. 20. | [9] BAG v. 21.1.1999 – 8 AZR 298/98, nv. | [10] BAG v. 23.9.1999 – 8 AZR 650/98, nv. | [11] BAG v. 8.8.2002 – 8 AZR 583/01, NZA 2003, 315. | [12] BAG v. 14.12.2000 – 8 AZR 220/00, nv. | [13] BAG v. 3.9.1998 – 8 AZR 306/97, NZA 1999, 147.

Selbständigkeit aufweist. Dagegen hat er bei Veräußerung eines im Dienst befindlichen **Seeschiffs** das Vorliegen eines Betriebsteilübergangs bejaht [1].

42 Aus der **Instanzrechtsprechung** sei in diesem Zusammenhang erwähnt das vom BAG inzwischen aufgehobene Urteil des LAG Hamm vom 17.8.2001 [2], wonach Tätigkeiten im Bereich „kaufmännische Verwaltung", die notwendige Voraussetzung für die Fortführung des vom Erwerber übernommenen operativen Teils des Betriebs seien, *nicht* als selbständiger Betriebsteil gewertet werden könnten, der „losgelöst" vom Schicksal des sog. operativen Teils des Betriebs eigenständig übertragen bzw. stillgelegt werden könnte. Mit Urteil vom 14.12.2000 [3] hat das LAG Düsseldorf das Vorliegen eines Betriebsteils für die **Verwaltung eines Autohauses** bejaht, welche für verschiedene Betriebsstätten zuständig war. Die Verwaltung habe daher als eigenständiger Betriebsteil von der Veräußerung anderer Betriebsteile (Autohäuser) ausgenommen werden können.

43 Beide vorgenannten Entscheidungen belegen die eminente **Relevanz der Betriebsteildefinition**, weil von ihr letztlich abhängt, welche Gestaltungsspielräume die Parteien eines Übernahmevertrages hinsichtlich der Abgrenzung des zu übernehmenden Betriebs bzw. hinsichtlich der zu übernehmenden Betriebsteile haben. Ist beispielsweise der Erwerber an dem Kauf des Gesamtunternehmens mit Ausnahme der Verwaltung oder eines einzelnen Lagers interessiert, hängt von deren Herausnahme im Hinblick auf § 613a davon ab, ob es sich um selbständige (= abgrenzbare) Betriebsteile iSv. § 613a handelt. Nach einem Urteil des LAG Hamm vom 15.4.1999 [4] kann diese organisatorische Verselbständigung allerdings auch erst im unmittelbaren zeitlichen Vorfeld der Betriebsteilübertragung im Wege einer entsprechenden Umstrukturierung (zB Aufteilung eines bislang einheitlichen Betriebs in zwei eigenständige Bereiche) herbeigeführt werden.

44 Trainer von Hochleistungssportlern bilden mit diesen nach einer Entscheidung des LAG Berlin keinen Betriebsteil [5]. Von besonderem praktischem Interesse ist schließlich ein Urteil des LAG Hamm vom 30.3.1998 [6]. Danach kann die Übernahme eines **quantitativ völlig untergeordneten Teils der Betriebsmittel** auch bei Fortführung von Aufträgen des Vorgängers und personeller Identität in der Betriebsleitung nicht ohne weiteres in die Übernahme eines Betriebsteils „umgedeutet" werden, wenn es wegen der völlig unterschiedlichen Größenordnung an der identitätswahrenden Übernahme des Gesamtbetriebs mangelt. Ein Betriebsteilübergang liege solchenfalls nur vor, wenn es sich hinsichtlich der weiterbeschäftigten ArbN und der weitergenutzten Betriebsmittel um eine bereits beim Vorgänger vorhandene, abgrenzbare Teilorganisation handelte, die der neue ArbGeb übernommen habe. Dies sei nicht der Fall, wenn der Nachfolger seine „betrieblichen Strukturen neu aufgebaut" habe.

45 **II. Begriff des Betriebsinhabers. 1. Rechtliche, nicht wirtschaftliche Anknüpfung.** § 613a befasst sich mit dem **Wechsel** des Inhabers eines Betriebs oder Betriebsteils. Ohne Veränderung hinsichtlich der natürlichen oder juristischen Person, der die Inhaberstellung zukommt, liegt somit kein Betriebsinhaberwechsel vor. Diese Feststellung ist praktisch relevant insb. im Hinblick auf solche Fälle, in denen der Träger (= Inhaber) des Betriebs nur wirtschaftlich, nicht aber im juristischen Sinne wechselt. Insoweit kommen vor allem zwei Fallgruppen in Betracht: (1) Bei der bloßen **Anteilsveräußerung** (*share deal*) bleibt die Person des ArbGeb (Inhabers) unverändert, es liegt lediglich ein „mittelbarer", für § 613a nicht relevanter, Inhaberwechsel vor; sämtliche in § 613a geregelten Rechtsfolgen sind nicht – und zwar grundsätzlich auch nicht analog – anwendbar. (2) Der bisherige Inhaber verpflichtet sich gegenüber einem Dritten, den Betrieb künftig nicht mehr für eigene, sondern **für Rechnung des Dritten** zu führen. Der bisherige ArbGeb bleibt Betriebsinhaber; darauf, dass er im Innenverhältnis den Betriebszweck zum wirtschaftlichen Vorteil (und ggf. auf wirtschaftliches Risiko) eines Dritten realisiert, kommt es für § 613a, der lediglich auf die rechtliche Inhaberschaft hinsichtlich des Betriebs/Betriebsteils abstellt, nicht an [7].

46 **2. Ausübung betrieblicher Leitungs- und Organisationskompetenz im eigenen Namen.** Stellt die Betriebsinhaberschaft iSd. § 613a somit eine rechtliche, nicht eine wirtschaftliche Kategorie dar, muss sich deren Definition ihrerseits an dem Normzweck des § 613a ausrichten. Wie bereits an anderer Stelle ausgeführt wurde (s. oben Rz. 15), kann es dafür auf die **dingliche Berechtigung** hinsichtlich der einzelnen Betriebsmittel nicht ankommen; der Eigentümer der Betriebsanlagen muss aber nicht zwingend Betriebsinhaber iSv. § 613a sein, wie insb. das Beispiel der **Betriebsverpachtung** lehrt [8]. Maßgeblich ist somit nicht, wem der Betrieb iSd. Vollrechtsinhaberschaft hinsichtlich der einzelnen Betriebsmittel (Anlage- und Umlaufvermögen, gewerbliche Schutzrechte etc.) „gehört", sondern wer den

---

1 BAG v. 18.9.1997 – 3 AZR 729/95, AP Nr. 16 zu § 1 BetrVG Betriebsveräußerung. Dass die Richtlinie 77/187/EWG Seeschiffe ausdrücklich aus ihrem Anwendungsbereich ausschließt, steht nach Auffassung des BAG einem Betriebsübergang iSv. § 613a nicht entgegen, weil die Richtlinie nach ihrem Art. 7 nur Mindestbedingungen aufstelle. | 2 LAG Hamm v. 17.8.2001 – 15 Sa 481/01, aufgehoben durch BAG v. 8.8.2002 – 8 AZR 583/01, NZA 2003, 315. | 3 LAG Düsseldorf v. 14.12.2000 – 2 Sa 1333/00, EWiR 2001, 396 (*Joost*). | 4 LAG Hamm v. 15.4.1999 – 8 Sa 2302/98, EWiR 2000, 369 (*Diller*), unter Hinweis auf *Lieb*, ZfA 1994, 229 (Getränkehandel); *Gentges*, RdA 1996, 265 (267). | 5 LAG Berlin v. 26.8.2002 – 7 Sa 252/02, NZA-RR 2003, 183. | 6 LAG Hamm v. 30.3.1998 – 16 Sa 942/97, LAGE § 613a BGB Nr. 72. | 7 Vgl. BAG v. 20.11.1984 – 3 AZR 584/83, AP Nr. 38 zu § 613a BGB m. Anm. *Willemsen*; ebenso BAG v. 20.3.2003 – 8 AZR 312/02, BB 2003, 1793 = ZIP 2003, 1557; vgl. auch Staudinger/*Richardi*/*Annuß*, § 613a BGB Rz. 53. | 8 Dass in diesem Falle der Pächter und nicht der Verpächter Inhaber iSv. § 613a BGB ist, ist völlig unstreitig; vgl. nur ErfK/*Preis*, § 613a BGB Rz. 46.

Betrieb „betreibt", dh. im eigenen Namen den Einsatz der organisatorischen Zusammenfassung sämtlicher materieller und immaterieller Betriebsmittel einschließlich der ArbN (= Ressourcen) zur Verfolgung einer wirtschaftlichen Haupt- oder Nebentätigkeit leitet. Die Leitung des Betriebs, dh. die Koordination sämtlicher für die Erreichung des Betriebszwecks wesentlicher Faktoren, im eigenen Namen macht somit den Kern der Betriebsinhaberstellung aus; das BAG spricht in diesem Zusammenhang regelmäßig von der Ausübung betrieblicher Leitungsmacht[1].

Entscheidend ist also allein, dass der Betriebsinhaber über die für die Ausübung der Leitungsmacht **im eigenen Namen** erforderlichen rechtlichen Voraussetzungen verfügt; auf welche Art von Rechtsbeziehung er diese Befugnis stützt (Eigentum; Gebrauchsüberlassung durch den Vollrechtsinhaber auf Dauer oder auf Zeit; gegen Entgelt oder unentgeltlich), kommt es also nicht an (s. auch Rz. 196 f.)[2]. Erst recht ist für die Betriebsinhaberschaft iSv. § 613a eine Befugnis zur Veräußerung der Betriebsmittel im eigenen Namen nicht erforderlich[3]; für den Normzweck der Vorschrift allein relevant ist vielmehr die **Verfügungsbefugnis über den betrieblichen Funktionszusammenhang**. Der Betrieb bzw. Betriebsteil wird mit anderen Worten im Rahmen von § 613a demjenigen zugerechnet, der die Stellung des autonomen, im eigenen Namen handelnden Betreibers im Außenverhältnis für sich in Anspruch nimmt; darauf, auf welcher internen Rechtsbeziehung diese Stellung beruht, kommt es ebenso wenig an wie darauf, wem das wirtschaftliche Ergebnis der Betriebstätigkeit letztlich zugute kommt[4]. Unverzichtbares Element der Betriebsinhaberschaft ist es vor dem Hintergrund des oben (Rz. 9) beschriebenen Normzwecks jedoch, dass der Betriebsinhaber sich die organisatorische Verknüpfung der Betriebsmittel zu einem bestimmten arbeitstechnischen Zweck zu Eigen macht, dh. insb. im Verhältnis zu den ArbN die originäre Leitungs- und Organisationskompetenz in Anspruch nimmt[5]. Auch dies entspricht einer an Normzweck einer arbeitsrechtlichen Vorschrift orientierten Betrachtungsweise; darauf, wer gegenüber außerhalb des Arbeitsverhältnisses stehenden Dritten (zB Kunden) als Betriebsinhaber in Erscheinung tritt, kann es somit *allenfalls* iS einer (subsidiären) Indizwirkung ankommen. Für den arbeitsrechtlichen Sinnzusammenhang ist demgegenüber ausschlaggebend, wer gegenüber den ArbN das **arbeitgeberseitige Direktionsrecht**[6] im eigenen Namen ausübt[7]. 47

Diesem Kriterium kommt insb. im Zusammenhang mit **Betriebsführungsverträgen** und **Treuhandverhältnissen** ausschlaggebende Bedeutung zu (s. dazu Rz. 197). Bei der **Sicherungsübereignung** von Betriebsmitteln (zB eines kompletten Maschinenparks) bleibt der Treugeber Betriebsinhaber, wenn er – wie idR – im Außenverhältnis weiterhin zur Betriebsführung befugt ist[8]. Handeln natürliche Personen als (Organ-)Vertreter von Gesellschaften, kommt es darauf an, für wen sie jeweils bei der Ausübung von ArbGeb-Befugnissen im Verhältnis zur Belegschaft aufgetreten sind[9]. In Zweifelsfällen kann auf formale Aspekte zurückzugreifen sein, etwa in wessen Namen Arbeitsverträge mit neueingestellten ArbN abgeschlossen und Lohnabrechnungen erstellt wurden. 48

Soweit Dritte (insb. **Insolvenzverwalter, Zwangsverwalter, Testamentsvollstrecker**) als sog. Parteien kraft Amtes handeln, werden sie nicht selbst Betriebsinhaber, weil sie den Betrieb (nur) im Namen des jeweiligen Inhabers (Gemeinschuldners, Erben etc.) führen (vgl. auch Rz. 210)[10]. 49

3. Umfang und Abgrenzung der betrieblichen Leitungs- und Organisationskompetenz. Steht die Betriebsinhaberschaft einer bestimmten natürlichen oder juristischen Person iSv. § 613a „dem Grunde nach" fest, kann es gleichwohl im Einzelfall zweifelhaft sein, welchen Umfang diese hat, dh. auf welche materiellen und/oder immateriellen Betriebsmittel bzw. welchen Teil des Betriebs sie sich im Einzelnen erstreckt. Diese Frage wird vor allem dann praktisch relevant, wenn in ein und demselben räumlich-funktionellen Zusammenhang mehrere Unternehmen gleichzeitig tätig werden. Das ist insb. der Fall beim **Gemeinschaftsbetrieb** mehrerer rechtlich selbständiger Unternehmen im betriebsverfassungsrechtlichen und ggf. kündigungsschutzrechtlichen Sinne (s. dazu § 1 BetrVG Rz. 15ff.). Auch wenn sich die einzelnen Trägerunternehmen zur gemeinsamen Betriebsführung zusammengeschlossen haben, bleiben in Ermangelung gegenteiliger Absprachen (dergestalt, dass die Betriebsinhaberstellung insgesamt auf eine zwischen ihnen bestehende BGB-Gesellschaft übergehen soll) jedes für sich Inhaber der ihnen jeweils rechtlich zugeordneten Betriebsteile. Auch die einzelnen Arbeitsverhältnisse bleiben – wiederum mangels gegenteiliger Abreden – ausschließlich derjenigen ArbGeb-Gesellschaft zugeord- 50

---

1 Vgl. nur BAG v. 18.3.1999 – 8 AZR 159/98, AP Nr. 189 zu § 613a BGB (*Willemsen/Annuß*) (Kfz-Handel). | 2 Ebenso *Pietzko*, Der Tatbestand des § 613a BGB, 1988, S. 47; Staudinger/*Richardi/Annuß*, § 613a BGB Rz. 53. | 3 Staudinger/*Richardi/Annuß*, § 613a BGB Rz. 53. | 4 S. bereits oben Rz. 45. Zumindest missverständlich ist es daher, wenn das BAG verlangt, dass der Betriebsinhaber die organisatorischen und personell *zusammengefassten Betriebsmittel* „im eigenen Namen und auf eigene Rechnung führt", so zB BAG v. 18.3.1999 – 8 AZR 196/98, AP Nr. 190 zu § 613a BGB (Grundstücksverwaltung), unter II. 2. e) d.Gr. | 5 Vgl. BAG v. 18.3.1999 – 8 AZR 196/98, AP Nr. 190 zu § 613a BGB (Grundstücksverwaltung); v. 12.11.1998 – 8 AZR 301/97, AP Nr. 4 zu § 613 BGB, unter I. 2. d.Gr.; v. 25.5.2000 – 8 AZR 416/99, AP Nr. 209 zu § 613a BGB (*Knickenberg*) (Kreiskrankenhaus), unter II. 1. bb) d.Gr. | 6 Zum Begriff s. § 611 BGB Rz. 290. | 7 Vgl. BAG v. 12.11.1998 – 8 AZR 301/97, AP Nr. 4 zu § 613a BGB, unter I. 2. d.Gr.; aA – ohne nähere Begründung offenbar BAG v. 20.3.2003 – 8 AZR 312/02, BB 2003, 1793. | 8 ErfK/*Preis*, § 613a BGB Rz. 47; RGRK/*Ascheid*, § 613a BGB Rz. 73; s. dazu auch unten Rz. 211. | 9 Vgl. BAG v. 12.11.1998 – 8 AZR 301/97, AP Nr. 4 zu § 613 BGB, unter B. I. 2. d.Gr. | 10 ErfK/*Preis*, § 613a BGB Rz. 48. Zur Problematik der Betriebsführung durch den sog. Scheinerben vgl. Erman/*Edenfeld*, § 613a BGB Rz. 8.

net, der der jeweilige Betriebsteil „gehört"[1]. Im Regelfall hat der Gemeinschaftsbetrieb somit nicht *einen*, sondern *mehrere* Betriebsinhaber iSv. § 613a. Auch wenn man mit dem BAG im Falle des Gemeinschaftsbetriebs von der Bildung einer BGB-Gesellschaft zwischen den einzelnen Trägerunternehmen ausgeht, wird dieses allein dadurch nicht Betriebsinhaberin iSv. § 613a. Dementsprechend stellt die erste Bildung eines Gemeinschaftsbetriebs auch keinen Betriebsübergang iSv. § 613a dar[2].

51 Die Abgrenzung von Betriebsinhabersphären kann ferner relevant werden, wenn ein oder mehrere Unternehmen in den **Betriebsräumen eines Dritten** mit eigenem Personal tätig werden. Gemeint sind hier nicht die Fälle der ArbN-Überlassung, sondern solche Konstellationen, in denen Drittunternehmen im Rahmen vertraglicher Beziehungen eigene Aufgaben mit eigenem Personal wahrnehmen. Zu denken ist hier etwa an die Erbringung werkvertraglicher Leistungen, Reinigung oder Bewachung fremder Betriebsanlagen oder den Betrieb einer Kantine in den Räumlichkeiten des Auftraggebers. Werden zur Erfüllung solcher Aufgaben dem Auftragnehmer besondere Räumlichkeiten oder spezielle Arbeitsmittel seitens des Auftraggebers zur Verfügung gestellt, kann sich die im Einzelfall schwierige Frage ergeben, ob diese dadurch von der Betriebsinhaberschaft des Auftragnehmers mitumfasst werden, wozu bekanntlich eine bloße Nutzungsüberlassung auf Zeit ausreicht (s. Rz. 15 und 46) oder ob es sich nach wie vor um Betriebsmittel des Auftraggebers handelt, die demzufolge (ausschließlich) in dessen betrieblicher **Sphäre** verbleiben.

52 Das BAG entscheidet diese Frage danach, ob die Betriebsmittel dem Auftragnehmer zur „**eigenwirtschaftlichen Nutzung**" aufgrund eigener Kalkulation zur Verfügung gestellt werden oder ob sie lediglich das „Substrat" der fremden Betriebstätigkeit bilden[3], wobei eine „typisierende Betrachtung" zulässig sei[4]. Zu unterscheiden sei demnach, ob die Leistung lediglich *an* den jeweiligen Einrichtungen des Auftraggebers zu erbringen sei oder *mit* diesen. Nur im letzteren Fall gehörten die beigestellten Ressourcen zu den Betriebsmitteln des Auftragnehmers, seien also diese ihm bei wertender Betrachtung[5] im Rahmen des § 613a zuzurechnen. Handelte es sich bei den Einrichtungen des Auftraggebers hingegen um solche, die lediglich zum Gegenstand fremder Betriebstätigkeit würden, ohne dem Autragnehmer zur eigenwirtschaftlichen Nutzung überlassen zu werden, seien sie *seinem* Betrieb nicht zuzurechnen mit der Folge, dass er nicht Inhaber dieser Betriebsmittel wird und diese Betriebsmittel somit mangels Inhaberschaft des (ersten) Auftragnehmers im Falle eines Auftragwechsels für die Beurteilung eines Betriebsübergangs auf den zweiten Auftragnehmer keine Rolle spielen könnten[6]. Dies ist nach Ansicht des BAG beispielsweise der Fall, wenn eine Betriebskantine nicht insgesamt an einen Dritten verpachtet wird (womit dieser unzweifelhaft selbst Inhaber dieses Betriebs(teils) einschließlich sämtlicher Betriebseinrichtungen würde)[7], sondern der Dritte (ein Catering-Unternehmen) lediglich den Auftrag erhält, eine weiterhin im Namen und auf Rechnung der Auftraggeberin betriebene Kantine zu bewirtschaften. Erschöpft sich der Betriebszweck des Auftragnehmers in dem Betreiben einer *fremden* Betriebskantine, können ihm nach Auffassung des BAG die entsprechenden Einrichtungen selbst nicht als relevante, zur eigenwirtschaftlichen Nutzung überlassenen Betriebsmittel zugerechnet werden[8]. Er sei mithin nicht Inhaber der Betriebskantine selbst, sondern eines auf die Bewirtschaftung dieser fremden Kantine gerichteten, davon zu unterscheidenden Dienstleistungsbetriebs[9]. Ob an einer solchen funktionalen Aufspaltung im Falle einer Kantine festgehalten werden kann, ist durch die „**Abler**"-**Entscheidung** des EuGH fraglich geworden[10].

53 In gleicher Weise wird eine sorgfältige Abgrenzung der Betriebssphären erforderlich bei der Vergabe von **Reinigungs- und Bewachungsaufgaben**, die ebenso typischerweise „an" fremden Betriebsmitteln erbracht werden. Auch hier kommt es bei der Beurteilung der Frage, was im Einzelnen von der Betriebsinhaberschaft des Auftragnehmers erfasst wird, auf die vertragliche Ausgestaltung im konkreten Einzelfall sowie wiederum auf eine wertende Betrachtung an. Dabei kann sich ergeben, dass selbst die im Betrieb des Auftraggebers speziell für die Erledigung des Auftrags vorgehaltenen und dort installierten Einrichtungen, auch soweit sie primär vom Personal des Auftragnehmers genutzt werden, dadurch nicht zu dessen Betriebsmitteln werden, sondern in der Betriebsinhaberschaft des Auftraggebers (im funktionalen Sinne) verbleiben. Das BAG hat dies beispielsweise bejaht bei den im Betrieb des Auftraggebers eingebauten Sicherungseinrichtungen, die vom Personal des Auftragnehmers zu benutzen sind[11]. Entscheidend soll auch hier sein, ob die entsprechenden Einrichtungen „innerhalb

---

[1] Vgl. BAG v. 26.8.1999 – 8 AZR 588/98, nv. (Druckweiterverarbeitung), unter B. 1. a) d.Gr.; v. 24.2.2000 – 8 AZR 162/99, nv., unter II. 1. d.Gr. | [2] Ebenso BAG v. 26.8.1999 – 8 AZR 588/98, nv. (Druckweiterverarbeitung), unter B. 1. a) d.Gr.; v. 24.2.2000 – 8 AZR 162/99, nv., unter II. 1. d.Gr. | [3] BAG v. 11.12.1997 – 8 AZR 426/94, AP Nr. 171 zu § 613a BGB (Catering); v. 22.1.1998 – 8 AZR 775/96, AP Nr. 174 zu § 613a BGB und v. 14.5.1998 – 8 AZR 418/98, NZA 1999, 483 (Neuvergabe eines Bewachungsauftrags I und II). | [4] BAG v. 22.1.1998 – 8 AZR 775/96, AP Nr. 174 zu § 613a BGB und v. 14.5.1998 – 8 AZR 418/98, NZA 1999, 483 (Neuvergabe eines Bewachungsauftrags I und II). | [5] Zur Notwendigkeit einer „wertenden Zuordnung" BAG v. 11.12.1997 – 8 AZR 426/94, AP Nr. 171 zu § 613a BGB (Catering), unter B. I. d.Gr. | [6] Vgl. BAG v. 22.1.1998 – 8 AZR 775/96, AP Nr. 174 zu § 613a BGB und v. 14.5.1998 – 8 AZR 418/98, NZA 1999, 483 (Neuvergabe eines Bewachungsauftrags I und II). | [7] Vgl. zu einer solchen Konstellation BAG v. 25.5.2000 – 8 AZR 337/99, nv. | [8] BAG v. 11.12.1997 – 8 AZR 426/94, AP Nr. 171 zu *§ 613a BGB (Catering)*. | [9] *Das BAG* v. 11.12.1997 – 8 AZR 426/94, AP Nr. 171 zu § 613a BGB (Catering) spricht demzufolge vom Vorliegen eines Dienstleistungsauftrages. | [10] EuGH v. 20.11.2003 – Rs. C-340/01, DB 2003, 2654, dazu *Willemsen/Annuß*, DB 2004, 134 f. | [11] BAG v. 22.1.1998 – 8 AZR 775/96, AP Nr. 174 zu § 613a BGB und v. 14.5.1998 – 8 AZR 418/98, NZA 1999, 483 (Neuvergabe eines Bewachungsauftrags I und II).

eigener Verfügungsmacht und aufgrund eigener Kalkulation" eingesetzt werden. Gemeint ist damit wohl, dass die jeweils zur Rede stehenden Betriebsmittel zur eigenen Wertschöpfung des Auftragnehmers beitragen müssen, anderenfalls sie für *seinen* Betrieb irrelevant sind.

III. Übergang des Betriebs/Betriebsteils auf einen anderen Inhaber. 1. Gesetzeskonzept: Transaktionsansatz. § 613a setzt voraus, dass der Betrieb oder Betriebsteil auf einen anderen Inhaber übergeht. Nur ein solcher Betriebsübergang bzw. Betriebsteilübergang ist geeignet, die gravierenden Rechtsfolgen der Norm auszulösen. Neben der richtigen Definition des Betriebs/Betriebsteils selbst kommt dem Merkmal des Übergangs somit für die richtige Anwendung der Norm zentrale Bedeutung zu. 54

Der Bestimmung liegt – ebenso wie der Betriebsübergangsrichtlinie 2001/23/EG – ein Transaktionsansatz[1] zugrunde: Sie betrifft den Wechsel des Rechtssubjekts, dem das betreffende Wirtschaftsgut (= Betrieb/Betriebsteil) zuzuordnen ist, während das Wirtschaftsgut selbst von der Transaktion unberührt bleibt; sein unveränderter Bestand vor und nach dem Wechsel macht das Wesen einer solchen Transaktion aus. Diese erforderliche **Statik hinsichtlich des zu übertragenden Gegenstands** lässt sich bereits aus dem Wortlaut des § 613a ableiten, da von dem Übergang eines Betriebs oder Betriebsteils bereits sprachlogisch nur die Rede sein kann, wenn dieser nach dem Übergang noch der „Nämliche" ist wie vor der Übertragung. Insoweit befand sich die Rspr. des EuGH, die schon früh gefordert hatte, dass die „auf Dauer angelegte wirtschaftliche Einheit" (= Betrieb oder Betriebsteil, vgl. oben Rz. 11 ff.) im Zuge der Übertragung auf einen anderen Inhaber ihre **Identität bewahrt**[2], voll auf der Linie (auch) der deutschen Gesetzeskonzeption. Die Rspr. des BAG hat dieses Identitätserfordernis erst im Zuge der Entscheidung des EuGH in Sachen *Ayse Süzen* vom 11.3.1997 in seiner vollen Tragweite erkannt und legt es seitdem jeder Entscheidungen zum Tatbestand des § 613a zugrunde[3]. 55

Das Gesetzeskonzept des § 613a lässt sich somit dahin gehend beschreiben, dass es gekennzeichnet ist durch Statik („Identität") hinsichtlich des Transaktionsobjekts (= Betrieb/Betriebsteil) und Dynamik hinsichtlich des Rechtsträgers dieses Transaktionsobjekts. Fehlt es an einem der vorgenannten Merkmale, scheidet ein Fall des § 613a aus; auf die dritte Voraussetzung, dass sich die Transaktion auf rechtsgeschäftlicher Grundlage vollziehen muss (dazu Rz. 183 ff.), kommt es dann nicht mehr an. 56

2. Inhaberwechsel. § 613a verlangt, dass die Person desjenigen wechselt, der Inhaber des Betriebs ist. Auch insoweit lassen sich entscheidende Auslegungshinweise bereits dem Wortlaut der Norm entnehmen: Die Formulierung „auf einen anderen Inhaber" lässt erkennen, dass bisheriger und künftiger Rechtsträger bezüglich des Transaktionsobjekts (= Betrieb/Betriebsteil) jeweils qualitativ identische Rechtspositionen, nämlich diejenige des Betriebsinhabers, einnehmen müssen. Das Gesetz unterscheidet hinsichtlich der Anforderungen an die Betriebsinhaberschaft also nicht zwischen „altem" und „neuem" ArbGeb, sondern geht von einer „Statik" hinsichtlich der zu übertragenden Rechtsposition aus[4]. Insoweit ist also dieselbe Definition maßgeblich, wie sie oben (Rz. 45 ff.) allgemein für den Begriff des Betriebsinhabers entwickelt wurde. Es reicht also mit anderen Worten nicht aus, dass bestimmte Betriebsmittel (*Assets*) auf einen Dritten übertragen werden; Ergebnis einer solchen Transaktion muss vielmehr sein, dass dieser Dritte nunmehr anstelle des bisherigen Rechtsträgers zum Inhaber des Betriebs oder – zumindest – eines Betriebsteils geworden ist. Daraus folgt: Die Inhaberschaft des bisherigen Rechtsträgers muss in Ansehung des Betriebs(-teils) erlöschen, und an ihrer Stelle muss eine qualitativ gleichartige Rechtsstellung des übernehmenden Rechtsträgers (natürliche Person, Gesamthand oder juristische Person) begründet werden. Ein solcher Inhaberwechsel kann sich durchaus auch innerhalb von **Konzernen** vollziehen[5]. 57

a) Erlöschen der Inhaberschaft des bisherigen Rechtsträgers. Entsprechend den oben Rz. 47 zum Betriebsinhaberbegriff ausgeführten Grundsätzen erlischt die Inhaberschaft des bisherigen Rechtsträgers, wenn er in rechtlich relevanter Form die Leitung des Betriebs, dh. die Koordination sämtlicher für das Erreichen des Betriebszwecks wesentlicher Faktoren im eigenen Namen, endgültig aufgibt[6]. Die Arbeitsrechtsordnung stellt für die Beendigung der eigenen Betriebsinhaberschaft zwei verschiedene und sich wechselseitig ausschließende Rechtsinstitute zur Verfügung: Das erste ist die Betriebsstillegung, bei der nicht nur die Inhaberstellung als solche, sondern der Betrieb selbst beendet wird; 58

---

1 Vgl. *Willemsen* in Willemsen/Hohenstatt/Schweibert/Seibt, Rz. G 33 ff. | 2 Grundl. EuGH v. 18.3.1986 – Rs. 24/85, EAS RL 77/187/EWG Nr. 2 – Spijkers; vgl. ferner EuGH v. 7.3.1996 – Rs. C-171/94 und Rs. C-172/94, EAS RL 77/187/EWG Nr. 11 m. Anm. *Willemsen* – Merckx, Neuhuys; bestätigt durch EuGH v. 11.3.1997 – Rs. C-13/95, AP Nr. 14 zu RL Nr. 77/187/EWG – Ayse Süzen, seitdem st. Rspr. | 3 Erstmals in BAG v. 24.4.1997 – 8 AZR 848/94, NZA 1998, 253 (EDV-Dienstleistung); seitdem st. Rspr.; Übersicht über die Rspr. des BAG zu § 613a BGB seit EuGH v. 11.3.1997 – Rs. C-13/95, AP Nr. 14 zu RL Nr. 77/187/EWG – Ayse Süzen befindet sich bei *Willemsen* in Willemsen/Hohenstatt/Schweibert/Seibt, Rz. G 48 ff. | 4 Vgl. *Willemsen* in Willemsen/Hohenstatt/Schweibert/Seibt, Rz. G 40. | 5 Vgl. ausdrücklich EuGH v. 2.12.1999 – Rs. C-234/98 – *G.C. Allen* u.a., ZIP 1999, 2107; ferner BAG v. 12.11.1990 – 8 AZR 282/97, AP Nr. 186 zu § 613a BGB (Benetton/Einzelhandel); dazu *Willemsen* in Willemsen/Hohenstatt/Schweibert/Seibt Rz. G 68 f. | 6 Vgl. BAG v. 12.11.1998 – 8 AZR 282/97, AP Nr. 186 zu § 613a BGB (Benetton/Einzelhandel): „Der bisherige Betriebsinhaber muss seine wirtschaftliche Betätigung in dem Betrieb oder Betriebsteil einstellen"; *Müller-Glöge*, NZA 1999, 449 (454).

sie ist also gewissermaßen die „radikalste" Form der Aufgabe der bisherigen Inhaberstellung. Die zweite, wesentlich „schonendere" Methode ist der Betriebsübergang, bei dem der Betrieb/Betriebsteil erhalten bleibt und lediglich einem anderen Rechtsträger zugeordnet wird. Beiden Rechtsinstituten ist indes gemeinsam, dass die **Inhaberstellung** des bisherigen Rechtsträgers (= ArbGeb) **endet**[1].

59 **Hieran fehlt es** indes, wenn ein Dritter zwar einzelne oder gar eine Vielzahl wirtschaftlicher Ressourcen (= Betriebsmittel) erlangt, der bisherige Betriebsinhaber jedoch weiterhin – und zwar bezogen auf den gesamten bisherigen Betrieb – den Betriebszweck fortsetzt oder jedenfalls fortzusetzen versucht. Dies ist beispielsweise der Fall, wenn der bisherige Inhaber die gesamten (veralteten) Produktionsanlagen veräußert, um denselben Betrieb in modernisierter Form alsbald weiterzuführen[2]. Ebenso fehlt es an der erforderlichen Aufgabe der Betriebsinhaberschaft durch den bisherigen Rechtsträger, wenn dieser in einer Konkurrenzsituation erhebliche Teile seines Personals an einen Wettbewerber verliert, auch wenn die ArbN, insb. bei sog. betriebsmittelarmen Tätigkeiten, zu den für die Beurteilung eines Betriebsübergangs wesentlichen „Betriebsmitteln" zählen (s. dazu im Einzelnen Rz. 16 und 137 ff.); dies gilt jedenfalls so lange, wie nicht der ganze überwiegende Teil des Personals abwandert und somit der bisherige Betriebsinhaber noch die Chance hat, den bisherigen (Teil-)Zweck durch Rekrutierung neuer ArbN weiter zu erfüllen[3]. Erst recht führt der Verlust einzelner, auch wesentlicher Aufträge an einen Konkurrenten noch nicht zum Erlöschen der Inhaberschaft des bisherigen ArbGeb, auch wenn es dem Wettbewerber gelingt, zahlreiche ArbN des bisherigen Auftragsinhabers zu sich herüberzuziehen. Es liegt gerade im Wesen einer freien Marktwirtschaft, dass solche Wechsel von Kundenbeziehungen möglich sind, ohne dass derartige Vorgänge sogleich zu einem Übergang des Betriebs und der ArbGeb-Stellung führen. Das zuvor beauftragte Unternehmen **verliert** zwar einen Kunden, besteht aber weiter, ohne dass einer seiner Betriebe oder Betriebsteile auf einen neuen Betriebsinhaber übertragen würde[4].

60 Eine **Ausnahme** von diesem Grundsatz macht die neuere Rspr. – lediglich – bei **betriebsmittelarmen Tätigkeiten**, wenn die „Hauptbelegschaft" vom Auftragsnachfolger übernommen und „unverändert" weiterbeschäftigt wird (s. dazu Rz. 137 ff.). Sie lässt sich wohl mit der Überlegung rechtfertigen, dass bei betriebsmittelarmen, personalintensiven Dienstleistungstätigkeiten, die **objektbezogen** erbracht werden (zB Reinigung, Bewachung, Catering), der Verlust des jeweiligen Auftrags für den bisherigen Auftragsinhaber de facto die Aufgabe eines Betriebsteils bedeutet, was allerdings nur dann der Fall sein kann, wenn auch der konkrete Personaleinsatz objektbezogen organisiert wurde, so dass eine „Umverteilung" auf andere Objekte/Aufträge nicht möglich ist[5]. In einem derartigen Fall mag der der faktischen Betriebs(teil)aufgabe entgegenstehende Wille des bisherigen Inhabers vor dem Schutzzweck des § 613a unbeachtlich sein, da dieser an den Realitäten nichts zu ändern vermag. Eine andere Frage ist jedoch, ob das Erlöschen der Betriebsinhaberschaft beim bisherigen und deren Neubegründung beim künftigen „Inhaber" (= Übergang) solchenfalls auf Rechtsgeschäft beruht (s. dazu im Einzelnen Rz. 201 ff.).

61 Von diesen – möglichen – Ausnahmekonstellationen abgesehen verbleibt es jedoch bei dem Grundsatz, dass ein Betriebsübergang immer (schon) dann ausscheidet, wenn der bisherige Inhaber den Betrieb – auch in Ansehung einzelner Betriebsteile – unverändert fortführt. In solchen Fällen kommt folglich nur die Übernahme einzelner Betriebsmittel in Betracht, die für einen Betriebsübergang iSd. § 613a gerade nicht ausreicht (zur Abgrenzung Rz. 88 ff.).

62 Andererseits steht es der Aufgabe der Inhaberschaft durch den bisherigen Rechtsträger nicht entgegen, wenn dieser bestimmte Betriebsmittel zurückbehält, die für die Fortsetzung des Betriebs verzichtbar sind oder, da **veraltet**, ohnehin auch im Falle der Fortführung durch den bisherigen Inhaber alsbald hätten **ersetzt** werden müssen[6]. Im Übrigen ist es für die Beendigung der Betriebsinhaberschaft des bisherigen ArbGeb nicht erforderlich, dass dieser auch die **dingliche** Verfügungsberechtigung an den materiellen und immateriellen Betriebsmitteln aufgibt; dies folgt bereits daraus, dass der Begriff des Betriebsinhabers iSv. § 613a nicht hieran, sondern an die Nutzungsberechtigung hinsichtlich der „wirtschaftlichen Einheit" anknüpft (s. oben Rz. 46). Für die Beendigung der Betriebsinhaberstellung des bisherigen ArbGeb ist es daher erforderlich, aber auch ausreichend, dass dieser die betriebliche Leitungs- und Nutzungsbefugnis, und sei es auch nur für einen längeren Zeitraum wie im Falle der Betriebsverpachtung, zugunsten des neuen ArbGeb (= Betriebsnachfolgers) aufgibt.

63 **b) Übernahme (Fortsetzung) der Inhaberschaft durch den künftigen Rechtsträger.** Vor dem konzeptionellen Hintergrund des Gesetzes (oben Rz. 54 ff.) mutet es als eine pure Selbstverständlichkeit an,

---

1 Zum Begriff der Betriebsstilllegung allgemein Staudinger/*Richardi*/*Annuß*, § 613a BGB Rz. 68 ff.; zur Abgrenzung zwischen Betriebsstilllegung und Betriebsübergang s. unten Rz. 74 ff. und 175 ff. | 2 Ob es sich solchenfalls noch um die Fortführung desselben Betriebs oder die Eröffnung eines neuen handelt, kann von der Dauer der Betriebsunterbrechung abhängen, vgl. dazu Rz. 175 ff. | 3 Ähnlich Staudinger/*Richardi*/*Annuß*, § 613a BGB Rz. 63. | 4 Vgl. BAG v. 22.1.1998 – 8 AZR 775/96, AP Nr. 174 zu § 613a BGB und v. 14.5.1998 – 8 AZR 418/98, NZA 1999, 483 (Neuvergabe eines Bewachungsauftrags I und II); *Müller-Glöge*, NZA 1999, 449 (450). | 5 Vgl. zu diesem Erfordernis BAG v. 11.12.1997 – 8 AZR 729/96, AP Nr. 172 zu § 613a BGB (Reinigung II) und v. 19.3.1998 – 8 AZR 737, nv.; s. dazu auch oben Rz. 38 sowie unten Rz. 145. | 6 S. zu einer ähnlichen Konstellation BAG v. 3.7.1986 – 2 AZR 68/85, AP Nr. 53 zu § 613a BGB m. Anm. *Loritz* (Austausch einer veralteten Bowlinganlage); s. dazu auch Staudinger/*Richardi*/*Annuß*, § 613a BGB Rz. 63.

dass ein Betriebsübergang nur vorliegen kann, wenn der neue „Inhaber" den Betrieb bzw. Betriebsteil auch tatsächlich „führt". Die Rspr. des BAG hat indes erst in den Urteilen der letzten Jahre dieses Prinzip folgerichtig umgesetzt.

aa) Tatsächliche Fortführung als konstitutives Element des Betriebsübergangs. Es entspricht heute ganz herrschender Auffassung in Rspr.[1] und Lit.[2], dass neuer Betriebsinhaber iSv. § 613a nur sein kann, wer den Betrieb oder Betriebsteil anstelle des bisherigen ArbGeb auch tatsächlich fortführt. Die Führung des Betriebs bedeutet hierbei entsprechend der Definition des Betriebsinhabers (oben Rz. 46 f.) die Übernahme der betrieblichen Organisations- und Leitungsmacht **im eigenen Namen** iSd. Koordinierung sämtlicher für die Erreichung der wirtschaftlichen Zielsetzung (= Betriebszweck) relevanten Ressourcen (= Betriebsmittel)[3]. Der „förmlichen" Übertragung von betrieblicher Leitungsmacht bedarf es hierzu nicht[4]; es reicht vielmehr aus, dass der bisherige Betriebsinhaber seine wirtschaftliche Betätigung in dem Betrieb bzw. Betriebsteil einstellt, und der neue Inhaber das so entstandene „Vakuum" künftig ausfüllt. Der Übergang auf einen neuen Inhaber ist damit vollzogen, wobei jeweils separat die davon unabhängige Frage zu beantworten ist, ob diese Übertragung auf Rechtsgeschäft beruht (dazu Rz. 183 ff.). 64

Wesentliches Kriterium für den Übergang ist somit nach heute insoweit übereinstimmender Rspr. sowohl des EuGH als auch des BAG „die tatsächliche Weiterführung oder Wiederaufnahme der Geschäftstätigkeit **beim Wechsel der natürlichen oder der juristischen Person, die für den Betrieb verantwortlich ist**"[5]. Die bloße Verfügungsgewalt über sämtliche Betriebsmittel reicht somit für den Eintritt in die Betriebsinhaberstellung nicht aus; hinzu kommen muss vielmehr der (nach außen hin dokumentierte) Wille, von der daraus resultierenden Rechtsmacht zur Leitung eines Betriebes auch tatsächlich Gebrauch zu machen. Bloße **Vorbereitungshandlungen** genügen hierfür nicht[6]. 65

Die Relevanz dieses an die **Willensrichtung des „Übernehmers"** anknüpfenden Tatbestandsmerkmals offenbart sich mit besonderer Deutlichkeit in den Fällen der **Beendigung eines Betriebspachtvertrages**. Mit Ablauf seiner Nutzungsberechtigung auf Zeit verliert der bisherige Pächter seine interne Berechtigung zur Wahrnehmung der Betriebsinhaberstellung, so dass es für den Verpächter als Inhaber aller materiellen und immateriellen Betriebsmittel an sich ein Leichtes wäre, nach Beendigung des Überlassungsvertrages selbst „nahtlos" in die Position des *Betriebs*inhabers einzurücken. Dazu reicht der Wiedereintritt in die uneingeschränkte zivilrechtliche Nutzungsbefugnis indes gerade nicht aus, woran sich abermals zeigt, dass Inhaberschaft an den Betriebsmitteln (*Assets*) einerseits und *Betriebs*inhaberschaft iSv. § 613a andererseits etwas grundlegend Verschiedenes sind. Die Betriebsinhaberschaft erfordert als „dynamisches Element" über das bloße Haben der erforderlichen Betriebsmittel hinaus die (tatsächliche) Realisierung des den Betriebsmitteln innewohnenden Betriebszwecks durch den „Inhaber". Führt der Verpächter den an ihn zurückgefallenen Betrieb auch nicht vorübergehend (!), können zwar materielle oder immaterielle Betriebsmittel auf ihn übergehen; er „... übt die wirtschaftliche Tätigkeit mit eigener Zielsetzung aber nicht aus. Er nutzt nicht die vorhandene Organisation, übernimmt weder die Hauptbelegschaft noch die Kundschaft. Ohne jegliche Ausübung einer betrieblichen Tätigkeit geht der Betrieb regelmäßig nicht auf ihn über"[7]. 66

Daraus folgt für die **Praxis**, dass selbst bei völlig zweifelsfreier Identität[8] des in Rede stehenden Betriebs bzw. Betriebsteils ein Betriebsübergang an dem fehlenden Willen des „Übernehmers" (sc. der Betriebsmittel) zur tatsächlichen Fortführung des Betriebs im eigenen Namen scheitern kann. Es ist solchenfalls dann Sache des bisherigen (!) Betriebsinhabers, den Betrieb in Ermangelung eines Betriebsnachfolgers ordnungsgemäß stillzulegen. Wird der Betrieb nicht auf Dauer stillgelegt, bleibt der Pächter 67

---

1 Besonders deutlich der Leitsatz des BAG-Urteils v. 12.11.1998 – 8 AZR 282/97, AP Nr. 186 zu § 613a BGB (Benetton/Einzelhandel): „Allerdings tritt kein Wechsel der Inhaberschaft ein, wenn der neue Inhaber den Betrieb gar nicht führt"; vgl. ferner BAG v. 18.3.1999 – 8 AZR 159/98, AP Nr. 189 zu § 613a BGB (*Willemsen/Annuß*) (Kfz-Handel) und v. 18.3.1999 – 8 AZR 196/98, AP Nr. 190 zu § 613a BGB (Grundstücksverwaltung); v. 23.9.1999 – 8 AZR 166/99, nv. (Metropol-Theater). |2 *Willemsen*, RdA 1991, 204 (208 ff.); *Henssler*, NZA 1994, 913 (915); *Annuß*, NZA 1998, 70 (73 ff.); Staudinger/*Richardi*/*Annuß*, § 613a BGB Rz. 60; ebenso nach der „Trendwende" infolge von EuGH v. 11.3.1997 – Rs. C-13/95, AP Nr. 14 zu RL Nr. 77/187/EWG – Ayse Süzen: *Krause*, ZfA 2001, 67 ff.; *B. Gaul*, Das Arbeitsrecht der Betriebs- und Unternehmensspaltung, § 6 Rz. 194 ff.; *Hergenröder*, AR-Blattei Betriebsinhaberwechsel I, 500.1 Rz. 102; *Müller-Glöge*, NZA 1999, 449 (453). |3 Ähnlich Staudinger/*Richardi*/*Annuß*, § 613a BGB Rz. 54 ff. |4 So ausdrücklich BAG v. 12.11.1998 – 8 AZR 282/97, AP Nr. 186 zu § 613a BGB (Benetton/Einzelhandel). Erman/*Edenfeld*, § 613a BGB Rz. 7, spricht daher von einem „Realakt". |5 BAG v. 18.3.1999 – 8 AZR 159/98, AP Nr. 189 zu § 613a BGB m. Anm. *B. Gaul* (Kfz-Handel), unter II. 4. d.Gr., unter Bezugnahme auf die Rspr. des EuGH: EuGH v. 10.2.1988 – Rs. 324/86, EuGHE 1988, 739 – Daddy's Dancehall; v. 15.6.1988 – Rs. 101/87, EuGHE 1988, 3057 – Bork; v. 12.11.1992 – Rs. C-209/91, AP Nr. 5 zu RL Nr. 77/187/EWG (Rask ./. ISS Kantineservice); v. 11.3.1997 – Rs. C-13/95, AP Nr. 14 zu RL Nr. 77/187/EWG – Ayse Süzen; v. 12.3.1998 – Rs. C-319/94, AP Nr. 19 zu RL Nr. 77/187/EWG – Dethier; v. 10.12.1998 – verb. Rs. C-173/96 und C-247/96, NZA 1999, 189 ff. sowie v. 10.12.1998 – verb. Rs. C-127/96, C-229/96 und C-74/97, NZA 1999, 253 ff. |6 BAG v. 26.3.1996 – 3 AZR 965/94, AP Nr. 148 zu § 613a BGB (*Moll*), zu B. II. 3. b) d.Gr.; v. 25.9.1997 – 8 AZR 493/96, NZA 1998, 640, zu B. I. 2. c) cc) d.Gr.; vgl. dazu *Müller-Glöge*, NZA 1999, 449 (453). |7 So wörtlich BAG v. 18.3.1999 – 8 AZR 159/98, AP Nr. 189 zu § 613a BGB (Kfz-Handel), unter II. 4. d.Gr.; ebenso BAG v. 23.9.1999 – 8 AZR 750/98, nv. (Jugendwohnheim). |8 Zu diesem Erfordernis s. unten Rz. 88 ff.

Inhaber des Betriebs, auch wenn er die betriebliche Tätigkeit einstellt[1]. Andererseits ist aber auch zu beachten, dass § 613a keine zeitlich unbegrenzte Fortführungsbereitschaft des Erwerbers der Betriebsmittel und -organisation verlangt. Die einstweilige Fortführung kann daher genügen, selbst wenn sie mit dem Ziel einer späteren Stilllegung oder Versilberung des Betriebsvermögens erfolgt (vgl. auch Rz. 72)[2].

68 **bb) Bloße Fortführungsmöglichkeit nicht ausreichend.** Mit seiner „Kfz-Handel-Entscheidung" vom 18.3.1999[3] sowie einer weiteren Entscheidung vom selben Tage[4] hat der 8. Senat des BAG endgültig und ausdrücklich den Abschied von der „Theorie der Fortführungsmöglichkeit" vollzogen. Er hat diese Kehrtwende als „Anpassung der Senatsrechtsprechung an die Rspr. des EuGH" bezeichnet; in Wirklichkeit handelt es sich jedoch um eine längst überfällige Korrektur, die auch unabhängig von der neueren EuGH-Rspr., die diesen Wechsel tatsächlich gefördert hat[5], zwingend geboten gewesen wäre. Trotz erheblicher Kritik in der Lit.[6] und ohne jedwede Auseinandersetzung hiermit hat das BAG zuvor über lange Zeit an der Aussage festgehalten, dass Betriebserwerber iSv. § 613a derjenige sei, der mit den übernommenen materiellen und immateriellen Betriebsmitteln „den Betrieb oder einen Betriebsteil im Wesentlichen unverändert fortführen *kann*"; darauf, ob von dieser Möglichkeit auch tatsächlich Gebrauch gemacht wurde, sollte es ausdrücklich nicht ankommen[7].

69 Ebensowenig wie die gegen diese Auffassung streitenden Argumente hatte das BAG zur Kenntnis genommen, dass die Theorie der Fortführungsmöglichkeit bereits seit Mitte der 80er Jahre mit der st. Rspr. des EuGH im Konflikt lag, der die Frage der tatsächlichen Fortführung als ein zentrales Abgrenzungskriterium betrachtete[8]. Gleichwohl vollzog der 8. Senat die notwendige Kurskorrektur sehr spät und sodann in mehreren, nicht immer geradlinigen Schritten[9] erst infolge der richtungsweisenden *Ayse Süzen*-Entscheidung des EuGH vom 11.3.1997[10], wobei es sich auf dessen gesamte (!) vorherige Rspr. bezog[11]. **Wesentliches Kriterium** für den Übergang sei danach die **tatsächliche Weiterführung** oder **Wiederaufnahme** der Geschäftstätigkeit beim Wechsel der natürlichen oder juristischen Person, die für den Betrieb verantwortlich sei. Der 8. Senat geht dabei zum Teil noch über einige jüngere EuGH-Urteile hinaus, in denen die tatsächliche Fortführung mitunter nur als „Regelbeispiel" und nicht als unverzichtbares Tatbestandsmerkmal aufgeführt wird[12]. Dies erscheint angesichts des oben (Rz. 9) beschriebenen Schutzzwecks der Norm folgerichtig. Wer – wie der selbst nicht fortführungswillige Betriebsverpächter – lediglich die für die Betriebsfortführung erforderlichen Betriebsmittel über- oder zurücknimmt, ohne damit die Absicht zu verbinden, sich den ihnen innewohnenden Funktionszusammenhang (= Organisation) zur Verfolgung eigener wirtschaftlicher Zwecke zunutze zu machen, kann, dies ist die Quintessenz der neueren BAG-Rspr., nicht Betriebs(teil)übernehmer iSv. § 613a sein. Die bloße Fortführungsmöglichkeit reicht also nicht aus.

70 **c) Erfordernis klarer vertraglicher Regelungen.** Die Anwendung des § 613a kann somit auch bei Erwerb sämtlicher Betriebsmittel als identitätsbildender Faktoren eines Betriebs oder Betriebsteils im konkreten Einzelfall daran scheitern, dass der Erwerber damit keine eigenen betrieblichen Zwecke verfolgt. Dies sollte in den zugrunde liegenden Vereinbarungen tunlichst konkretisiert werden, und zwar nicht nur im Interesse des Erwerbers, sondern auch des Veräußerers, der schließlich wissen muss, ob die Arbeitsverhältnisse gemäß § 613a unverändert übergehen oder er mangels Übernahme- und Fortführungswillen des „Erwerbers" den Betrieb zuvor stilllegen muss einschließlich der damit verbundenen Verpflichtung zum Versuch eines **Interessenausgleichs** sowie zur Aufstellung eines **Sozialplans**[13].

71 Besonders relevant wird dieser Gesichtspunkt in den bereits erwähnten Betriebspachtfällen sowie beim **Outsourcing** bestimmter betrieblicher Funktionen auf einen außenstehenden Dritten. Hier sollte von vornherein vertraglich klar geregelt sein, ob bei Beendigung des Outsourcing-Vertrages, sofern

---

1 BAG v. 18.3.1999 – 8 AZR 159/98, AP Nr. 189 zu § 613a BGB (Kfz-Handel). | 2 Vgl. *Willemsen/Annuß*, Anm. zu BAG v. 18.3.1999 – 8 AZR 159/98, AP Nr. 189 zu § 613a BGB, Bl. 7/7R. | 3 BAG v. 18.3.1999 – 8 AZR 159/98, AP Nr. 189 zu § 613a BGB (Kfz-Handel). | 4 BAG v. 18.3.1999 – 8 AZR 196/98, AP Nr. 190 zu § 613a BGB (Grundstücksverwaltung). | 5 Insbesondere EuGH v. 11.3.1997 – Rs. C-13/95, AP Nr. 14 zu RL Nr. 77/187/EWG – Ayse Süzen. | 6 Vgl. bereits *D. Gaul*, BB 1979, 1666 (1669); *Willemsen*, RdA 1991, 204 (208 ff.); *Henssler*, NZA 1994, 913 (915); s. dazu auch *Annuß*, NZA 1998, 70 (73 f.); *Preis/Steffan*, DB 1998, 309 (315). | 7 Vgl. ua. BAG v. 23.7.1991 – 3 AZR 366/90, AP Nr. 11 zu § 1 BetrAVG – Betriebsveräußerung; v. 12.11.1991 – 3 AZR 559/90, AP Nr. 12 zu § 1 BetrAVG – Betriebsveräußerung; v. 27.4.1995 – 8 AZR 197/94, AP Nr. 128 zu § 613a BGB; v. 19.11.1996 – 3 AZR 394/95, AP Nr. 152 zu § 613a BGB. | 8 Vgl. insbesondere EuGH v. 18.3.1986 – Rs. 24/85, EAS RL 77/187/EWG Nr. 2 – Spijkers, Rz. 12. | 9 Marksteine im positiven Sinne waren die Urteile BAG v. 22.5.1997 – 8 AZR 101/96, AP Nr. 154 zu § 613a BGB (*Franzen*); v. 11.9.1997 – 8 AZR 555/95, AP Nr. 16 zu RL Nr. 77/187/EWG (Tausendundeine Nacht); v. 12.11.1998 – 8 AZR 282/97, AP Nr. 186 zu § 613a BGB (Benetton/Einzelhandel) sowie vor allem die beiden bereits erwähnten Urteile v. 18.3.1999 – 8 AZR 159/98, AP Nr. 189 zu § 613a BGB (*Willemsen/Annuß*) (Kfz-Handel) und v. 18.3.1999 – 8 AZR 196/98, AP Nr. 190 zu § 613a BGB (Grundstücksverwaltung); seitdem st. Rspr., vgl. zB BAG v. 23.9.1999 – 8 AZR 166/99, nv. (Metropol-Theater); v. 2.12.1999 – 8 AZR 796/98, AP Nr. 188 zu § 613a BGB (Elektrohandel). Sehr missverständlich und irreführend demgegenüber noch das Urteil BAG v. 16.7.1998 – 8 AZR 81/97, NZA 1998, 1233 (1234); dazu *Willemsen/Annuß*, Anm. zu BAG v. 18.3.1999 – 8 AZR 159/98, AP Nr. 189 zu § 613a BGB (Kfz-Handel). | 10 EuGH v. 11.3.1997 – Rs. C-13/95, AP Nr. 14 *zu RL Nr. 77/187/EWG – Ayse Süzen*. | 11 EuGH v. 11.3.1997 – Rs. C-13/95, AP Nr. 14 zu RL Nr. 77/187/EWG – Ayse Süzen; vgl. die Nachw. unter II. 4. d.Gr. | 12 Vgl. dazu *Willemsen/Annuß*, Anm. zu BAG v. 18.3.1999 – 8 AZR 159/98, AP Nr. 189 zu § 613a BGB (Kfz-Handel), Bl. 5 R. | 13 Zum Verhältnis von Betriebsübergang und Betriebsstilllegung allgemein Rz. 75 ff.

dieser, was nicht zwingend der Fall sein muss (s.u. Rz. 172 ff.), sich als Betriebsteilübergang darstellt, dieser Betriebsteil einschließlich der ArbN nach § 613a an den Auftraggeber zurückfällt, dieser also die betreffende Tätigkeit sodann selbst weiterführen muss. An die Stelle der tatsächlichen Weiterführung durch den Verpächter bzw. (im Falle des Outsourcings) durch den Auftraggeber kann auch eine solche durch einen Dritten (= neuer Pächter/Auftragnehmer) treten; der Betriebsübergang vollzieht sich auf ihn, wenn er die Betriebstätigkeit fortsetzt oder wieder aufnimmt[1].

d) Unerheblichkeit der Dauer der tatsächlichen Fortführung. Zur Vermeidung von Missverständnissen sei noch einmal darauf hingewiesen, dass die tatsächliche Fortführung der Betriebstätigkeit nicht auf Dauer angelegt sein muss. Auch eine nur kurzfristige Fortführung mit dem Ziel einer alsbaldigen Stilllegung oder einer grundlegenden Änderung des Betriebszwecks, der Produktionsmethoden oder der Produktionsanlagen oder einer erheblichen Ortsverlagerung vermag also die Anwendung der Norm zu begründen[2]; es reicht aus, wenn sich der Übernehmer den Vorteil der konkret existierenden Betriebsorganisation jedenfalls für ein notwendiges Durchgangsstadium nutzbar machen will. Eine tatsächliche Betriebsfortführung durch den Erwerber von nur wenigen Monaten oder gar Tagen kann also unter Umständen, ungeachtet der weiter gehenden Pläne des Erwerbers, bereits den (unbefristeten (!)) Eintritt in alle bestehenden Arbeitsverhältnisse auslösen, was in der Praxis Anlass zu besonderer Vorsicht geben sollte[3]. Selbst die bloße **Abwicklung** eines Betriebs im Wege der Fertigstellung bereits angearbeiteter Aufträge kann im Einzelfall einen Betriebs(teil)übergang darstellen[4]. 72

Anders ist die Sachlage dann zu beurteilen, wenn der Erwerber **von Anfang an** mit den übernommenen Betriebsmitteln einen gänzlich **anderen Betriebszweck** verfolgt, weil sich dann der Betriebsführungswille nicht auf den bisherigen, sondern einen anderen Betrieb bezieht, es mithin an der erforderlichen Betriebsidentität (dazu unten Rz. 88 ff.) mangelt. Entsprechendes gilt, wenn der Erwerber der Betriebsmittel damit **von Anfang an** eine gänzlich **neue Betriebsorganisation** aufbaut. 73

e) Fortführung nach zeitweiligem Betriebsstillstand. Ein die Praxis immer wieder beschäftigendes Problem stellt die Frage dar, inwieweit von einer tatsächlichen Fortführung des Betriebs durch den Erwerber der Betriebsmittel (Immobilie, Betriebseinlagen, ggf. Personal) noch gesprochen werden kann, wenn der Betrieb über längere Zeit stillgestanden hat und/oder infolge äußerer Umstände unterbrochen war. 74

Aus der Sicht des deutschen Arbeitsrechts besteht zunächst Einigkeit darüber, dass ein Betrieb oder Betriebsteil, der zuvor stillgelegt wurde, nicht mehr nach § 613a übernommen werden kann; Betriebsstilllegung einerseits und Betriebsübergang andererseits sind somit komplementäre, einander **wechselseitig ausschließende Tatbestände**[5]. 75

Den sichersten „Schutz" vor einer Anwendung des § 613a bietet so betrachtet eine vorherige ordnungsgemäße **Betriebsstilllegung** durch den bisherigen Betriebsinhaber unter Auflösung der Betriebsorganisation und rechtsbeständiger Beendigung aller Arbeitsverhältnisse[6]; sie kommt in einer **Kündigung** der Arbeitsverhältnisse zum Ausdruck, die bereits vor dem eigentlichen Stilllegungszeitpunkt erfolgen kann[7], und wird idR besonders „gerichtsfest" durch den Abschluss eines Interessenausgleichs und Sozialplans iSd. §§ 111 ff. BetrVG dokumentiert. 76

Nach einer *vollständigen* Betriebsstilllegung kann es somit grundsätzlich bezüglich ein und desselben Betriebs keinen Betriebsübergang mehr geben; soweit das BAG in bestimmten Konstellationen (dazu unten Rz. 308) gekündigten ArbN einen sog. **Fortsetzungsanspruch** einräumt, betrifft dies nach zutreffendem Verständnis ausschließlich Fälle, in denen es wider Erwarten doch noch zu einem Betriebsübergang auf einen Dritten und eben nicht zu einer Betriebsstilllegung gekommen ist. Wurde der Betrieb jedoch – wenn auch erst vor kurzer Zeit – endgültig und auf unbestimmte Zeit stillgelegt, führt selbst eine in Folge unvorhergesehener Umstände möglich gewordene alsbaldige Wiedereröffnung nicht zur Anwendung des § 613a, was insb. bei Insolvenz des Betriebsinhabers und Stilllegung des Betriebs durch den Insolvenzverwalter relevant werden kann[8]. 77

---

1 So auch BAG v. 18.3.1999 – 8 AZR 159/98, AP Nr. 189 zu § 613a BGB (Kfz-Handel). | 2 Vgl BAG v. 22.9.1994 – 2 AZR 54/94, AP Nr. 117 zu § 613a BGB; v. 29.11.1988 – 3 AZR 250/87, AP Nr. 7 zu § 1 BetrVG Betriebsveräußerung; ErfK/*Preis*, § 613a BGB Rz. 52. | 3 *Willemsen/Annuß*, Anm. zu BAG v. 18.3.1999 – 8 AZR 159/98, AP Nr. 189 zu § 613a BGB (Kfz-Handel), Bl. 7 R. | 4 Insoweit aA offenbar *Müller-Glöge*, NZA 1999, 449 (451 f.). | 5 Vgl. BAG v. 28.4.1988 – 2 AZR 623/87, AP Nr. 74 zu § 613a BGB m. Anm. *Hefermehl* (Warenzeichen); v. 27.7.1994 – 7 ABR 37/93, AP Nr. 118 zu § 613a BGB (*Gussen*); BAG v. 16.5.2002 – 8 AZR 319/01, NZA 2003, 93 (Schuhproduktion); vgl. auch BAG v. 16.7.1998 – 8 AZR 81/97, NZA 1998, 1233 (FDGB – Ferienzentrum); LAG Hamm v. 20.7.2000 – 4 Sa 2148/99, NZA-RR 2001, 535; Staudinger/*Richardi*/*Annuß*, § 613a BGB Rz. 66; *Kreitner*, Kündigungsrechtliche Probleme, S. 197 mwN; *Moll*, RdA 2003, 129 (131); aA offenbar ErfK/*Preis*, § 613a BGB Rz. 56 aE für den Fall einer auf die Stilllegung folgenden Übernahme unter Berufung auf BAG v. 13.11.1997 – 8 AZR 295/95, AP Nr. 169 zu § 613a BGB (Reinigung I/Wiedereinstellung). | 6 Zu den Voraussetzungen der Betriebsstilllegung vgl. BAG v. 19.6.1991 – 2 AZR 127/91, AP Nr. 53 zu § 1 KSchG – Betriebsbedingte Kündigung; v. 27.7.1994 – 7 ABR 37/93, AP Nr. 118 zu § 613a BGB; v. 22.5.1997 – 8 AZR 101/96, AP Nr. 154 zu § 613a BGB (*Franzen*). | 7 BAG v. 22.5.1997 – 8 AZR 101/96, AP Nr. 154 zu § 613a BGB, unter B. I. 2. a) d.Gr. | 8 Ebenso Staudinger/*Richardi*/*Annuß*, § 613a BGB Rz. 71.

78 Selbst wenn es nicht zu einer „ordnungsgemäßen" Betriebsstilllegung durch den bisherigen Inhaber iSd. deutschen Arbeitsrechts gekommen ist, kann gleichwohl eine **längere tatsächliche Unterbrechung** des Betriebs der Annahme einer Fortführung durch den Erwerber entgegenstehen. Die Bejahung einer tatsächlichen Fortführung scheitert dann allerdings nicht an dem Kriterium eines entsprechenden Willens auf Seiten des Erwerbers der Betriebsmittel, sondern (unter Umständen) an dem davon zu trennenden Gesichtspunkt, ob es sich bei dem Gegenstand der Betriebsführungsabsicht nicht um denselben Betrieb oder Betriebsteil wie bei dem bisherigen Inhaber handelt oder ob – mit anderen Worten – der bisherige Betrieb beziehungsweise Betriebsteil infolge der Dauer der Unterbrechung seine **Identität verloren** hat. Nach Auffassung des EuGH, der sich das BAG inzwischen vorbehaltlos angeschlossen hat, kann daher im Rahmen der erforderlichen Gesamtbewertung (dazu unten Rz. 175 ff.) eine eventuelle Unterbrechung der Tätigkeit in Abhängigkeit von ihrer Dauer und der Art des jeweils in Rede stehenden Betriebs gegen die Wahrung der Identität beim Erwerber sprechen[1]. Es sind also, auch nach Auffassung des BAG, Fälle denkbar, in denen es der bisherige Inhaber versäumt hat, den Betrieb ordnungsgemäß stillzulegen, gleichwohl aber der Betrieb *de facto* solange geruht hat, dass von einer Fortführung desselben Betriebs durch den Nachfolger keine Rede mehr sein kann[2]. Allerdings geht der 8. Senat von einer negativen Wechselwirkung beider Merkmale in dem Sinne aus, dass bei alsbaldiger Wiedereröffnung des Betriebs oder alsbaldiger Wiederaufnahme der Produktion durch einen Erwerber eine tatsächliche **Vermutung** gegen die ernsthafte Absicht (sc. des Vorgängers) sprechen soll, den Betrieb stillzulegen (vgl. Rz. 175 ff.).

79 Diese **Vermutung** lässt sich aus den oben genannten Gründen jedoch **nicht umkehren**, dh. auch dann, wenn der bisherige Inhaber zu keinem Zeitpunkt die Absicht hatte, den Betrieb stillzulegen, oder die rechtswirksame Entlassung der ArbN gescheitert ist[3], steht dies der Annahme einer rechtlich erheblichen Unterbrechung der Betriebstätigkeit im Hinblick auf § 613a nicht von vornherein entgegen. Der 8. Senat des BAG **verneint** folgerichtig in seiner neuen Rspr. bei Fehlen einer tatsächlichen Fortführung durch den „Erwerber" einen Betriebsübergang auch dann, wenn der bisherige Betriebsinhaber den Betrieb nicht zuvor stillgelegt hatte[4].

80 In der **praktischen Handhabung** ist es allerdings in jedem Fall sicherer, sowohl die Stilllegung durch den bisherigen Inhaber als auch die erhebliche Unterbrechung der Betriebstätigkeit darzutun, wenn die Rechtsfolgen des § 613a infolge Übernahme (nur) der Betriebsmittel vermieden werden sollen.

81 f) **Verhältnis von Fortführungswille und tatsächlicher Fortführung.** Die Verabschiedung des Kriteriums der schlichten *Fortführungsmöglichkeit* und die Hinwendung zur tatsächlichen Betriebsfortführung durch den Erwerber der Betriebsmittel als konstitutives Erfordernis des Betriebsübergangs[5] wirft nunmehr „in voller Schärfe"[6] die auf der Grundlage der „alten" Rspr. bislang unerhebliche Frage auf, ob es allein auf die tatsächliche Betriebsfortführung oder auf die Absicht des Erwerbers der Betriebsmittel ankommt, ferner, auf welchen Zeitpunkt hierbei abzustellen ist.

82 aa) **Maßgeblicher Zeitpunkt.** Hinsichtlich des maßgeblichen Zeitpunkts besteht weithin Einigkeit, dass es insoweit entscheidend auf den Zeitpunkt der Erlangung der **tatsächlichen Herrschaftsmacht** durch den Erwerber ankommt[7]. Fehlt es zu diesem Zeitpunkt an der tatsächlichen Fortführung durch den Erwerber der Betriebsmittel, scheidet somit ein Betriebsübergang oder Betriebsteilübergang aus. Entschließt sich der Erwerber (nur) der Betriebsmittel erst zu einem späteren Zeitpunkt zur tatsächlichen Wiederaufnahme des Betriebs, kann es allerdings, sofern die zwischenzeitliche Unterbrechung nicht erheblich ist (dazu bereits Rz. 78), in der Folge noch zu einem Betriebsübergang iSv. § 613a kommen, sofern der Betrieb nicht zuvor vom „Vorgänger" stillgelegt worden ist (Rz. 76). Keine Abkehr von dem Grundsatz der tatsächlichen Betriebsfortführung stellt es schließlich dar, wenn man § 613a auch für den Fall bejaht, dass der Erwerber der Betriebsräume und -anlagen diese erst nach einer längeren **Umbau- oder Renovierungsphase** zur Fortsetzung des bisherigen (!) Betriebszwecks[8] nutzen will: Hier manifestiert sich nämlich die tatsächliche Betriebsfortführung bereits in der hierauf gerichteten Gestaltungsmaßnahme des Erwerbers, vorausgesetzt allerdings, dass es sich nach dem Umbau noch um denselben Betrieb wie den „übernommenen" handelt (s. Einzelheiten unten Rz. 178 f.).

---

1 S. zu diesem Merkmal im Rahmen des „Sieben-Punkte-Katalogs" unten Rz. 175 ff.; st. Rspr. des BAG seit BAG v. 24.4.1997 – 8 AZR 848/94, NZA 1998, 253 (EDV-Dienstleistung). |2 In diesem Sinne sind jedenfalls die Ausführungen des 8. Senats (ua.) in den Entscheidungen BAG v. 22.5.1997 – 8 AZR 101/96, AP Nr. 154 zu § 613a BGB, II. 2. a) und b) d.Gr. sowie – insbesondere – v. 11.9.1997 – 8 AZR 555/95, EzA § 613a BGB Nr. 153 m. Anm. *Willemsen/Annuß* (Tausendundeine Nacht) zu verstehen. |3 So lag es offenbar in BAG v. 11.9.1997 – 8 AZR 555/95, EzA § 613a BGB Nr. 153 m. Anm. *Willemsen/Annuß* (Tausendundeine Nacht). Hier hat das BAG trotz Fehlens einer „ordnungsgemäßen" Stilllegung in einer mehr als sechsmonatigen Betriebsruhe eine rechtlich erhebliche Unterbrechung der Tätigkeit gesehen. |4 BAG v. 18.3.1999 – 8 AZR 159/98, AP Nr. 189 zu § 613a BGB (Kfz-Handel). |5 So der Titel der Abhandlung von *R. Krause*, ZfA 2001, 67 ff. |6 *R. Krause*, ZfA 2001, 88. |7 Vgl. BAG v. 26.3.1996 – 3 AZR 965/94 (*Moll*), AP Nr. 148 zu § 613a BGB; *Willemsen/Annuß*, Anm. zu BAG v. 18.3.1999 – 8 AZR 159/98, AP Nr. 189 zu § 613a BGB (Kfz-Handel), Bl. 6; Staudinger/*Richardi/Annuß*, § 613a BGB Rz. 60. |8 Anders dagegen bei grundlegender, von Anfang an realisierter Änderung des Betriebszwecks; s. dazu Rz. 167 ff., 170.

bb) Bedeutung der Erwerberabsichten im Verhältnis zur tatsächlichen Entwicklung. Das zuletzt genannte Beispiel zeigt allerdings auch, dass neben der tatsächlichen Betriebsfortführung auch die diesbezüglichen Absichten des Erwerbers für die richtige Anwendung des § 613a eine zentrale Rolle spielen können[1]. Sie können jedenfalls eine **Vorwirkung** dahin gehend entfalten, dass diese im Zeitpunkt der Erlangung der tatsächlichen Herrschaftsmacht vorhandene Fortführungsabsicht des Erwerbers ausreicht, auch wenn sie sich aus selbst verursachten (zB Umbauten) oder extern bedingten Umständen (zB noch fehlende öffentlich-rechtliche Erlaubnis) erst zu einem späteren Zeitpunkt realisieren lässt.

Schwieriger gestaltet sich demgegenüber die Entscheidung der Frage, was zu gelten hat, wenn der Erwerber im Zeitpunkt der Erlangung der Herrschaftsmacht über die Betriebsmittel keinen Fortführungswillen hat, er sich aber zu einem späteren Zeitpunkt zur Wiederaufnahme des bisherigen Betriebs entschließt (Beispiel: Der Käufer einer Hotelimmobilie will zunächst nur den Grundstückswert realisieren, entscheidet sich dann aber geraume Zeit nach dem Besitzübergang doch zur Fortführung des Hotelbetriebs), oder wenn umgekehrt der Erwerber bei Übertragung der *Assets* auf ihn zwar den erforderlichen Fortsetzungswillen hat, es zu einer tatsächlichen Fortführung in der Folgezeit aber gleichwohl nicht kommt (zB weil die zuständige Behörde dem Erwerber den Betrieb mangels gewerberechtlicher Zuverlässigkeit untersagt oder der Erwerber aus gesundheitlichen Gründen an der tatsächlichen Wiederaufnahme des Betriebs gehindert wird).

Den ersteren Fall wird man (vgl. bereits oben Rz. 82 sowie unten Rz. 175 ff.) dahin gehend lösen müssen, dass, solange keine erhebliche Unterbrechung der Betriebstätigkeit vorliegt, auch die **nachträgliche Betriebsfortführung** noch die Rechtsfolgen des § 613a auszulösen vermag. Übernimmt der Erwerber also zunächst nur die „toten" Betriebsmittel ohne Absicht der Betriebsfortführung und tritt er erst danach in die betriebliche Leitungs- und Organisationsmacht iSd. obigen Erläuterungen (Rz. 46 ff.) ein, gehen zu diesem – späteren – Zeitpunkt die Arbeitsverhältnisse gemäß § 613a auf ihn über. Da er zu diesem Zeitpunkt unzweifelhaft den erforderlichen Fortsetzungswillen hat, klaffen somit subjektive und objektive Lage gar nicht auseinander, so dass an der Maßgeblichkeit der Absichten des Erwerbers festgehalten werden kann[2] und lediglich der ausschlaggebende Zeitpunkt nach hinten verschoben werden muss: Liegen Erlangung der tatsächlichen Herrschaftsmacht über die Betriebsmittel und tatsächlicher Eintritt in die Leitung und Organisation auseinander, muss der letztere Zeitpunkt entscheidend sein. Insoweit bedarf also der Grundsatz, dass es auf den Zeitpunkt der Erlangung der Verfügungsgewalt über die Betriebsmittel ankommt, der entsprechenden Relativierung[3].

In der **umgekehrten Situation**, dass der Erwerber der Betriebsmittel zunächst die Betriebsfortführung plant, tatsächlich jedoch zu keinem Zeitpunkt mehr eine diesbezügliche Tätigkeit entfaltet, besteht ebenfalls kein Anlass, von dem Grundsatz der Maßgeblichkeit des Erwerberwillens abzuweichen. Hier kommt allerdings noch ein weiterer Gesichtspunkt ins Spiel, nämlich dass der nach außen **verlautbarte Wille** des Erwerbers zur Übernahme der tatsächlichen Leitungs- und Organisationsgewalt bereits als solcher **rechtliche Erheblichkeit** im Hinblick auf § 613a erlangen kann. Fallen hier Absicht und (spätere) Realität auseinander, kommt es also entweder überhaupt nicht zur Fortsetzung des Betriebs oder realisiert der Erwerber der Betriebsmittel damit von Anfang einen völlig andersartigen Betriebszweck, liegt zwar materiell an sich kein Betriebs(teil)übergang vor[4]; er muss sich aber gleichwohl an seiner Erklärung (im Übertragungsvertrag und/oder gegenüber den ArbN) festhalten lassen, zu dem vereinbarten Stichtag in die Betriebsinhaberrolle eintreten zu wollen[5].

Voraussetzung für die dann eingreifende (vertragliche) **Fiktion eines Betriebsübergangs** ist allerdings, dass der bisherige Betriebsinhaber seine Leitungsmacht tatsächlich aufgibt. Ist der Erwerber dann (abredewidrig) nicht bereit, den Betrieb fortzuführen, muss er die zuvor abgegebene Erklärung – insb. im Rahmen der Auskunftspflicht nach § 613a Abs. 5[6] – gegen sich gelten lassen. **Der Vorrang des rechtsgeschäftlich Erklärten** gegenüber dem tatsächlichen Geschehensablauf ergibt sich in dieser Konstellation bereits daraus, dass im Wege eines dreiseitigen Vertrags (zwischen altem und neuem ArbGeb sowie dem jeweiligen ArbN) die Rechtsfolgen des § 613a auch dort „simuliert" werden können, wo es erkennbar an seinen tatbestandlichen Voraussetzungen fehlt[7]. Wer also im Zuge des Erwerbs der (wesentlichen) Betriebsmittel gegenüber der Belegschaft als künftiger ArbGeb auftritt, **bindet sich** insoweit selbst und kann sich aus der Stellung des neuen Betriebsinhabers dann nur noch um den Preis einer ordnungsgemäßen Betriebsstillegung (in der Regel verbunden mit der Aufstellung eines Sozialplans) wieder lösen.

3. Identitätswahrung. a) Grundsatz. Das Erfordernis der tatsächlichen Betriebs(teil)fortführung ist logisch eng mit dem weiteren, **ungeschriebenen Tatbestandsmerkmal** der Identität des Betriebs bzw.

---

1 IdS bereits *Willemsen*, RdA 1991, 204 (211); vgl. ferner Staudinger/*Richardi*/Annuß, § 613a BGB Rz. 60. | 2 Anders insoweit *Willemsen*/Annuß, BAG v. 18.3.1999 – 8 AZR 159/98, AP Nr. 189 zu § 613a BGB (Kfz-Handel), Bl. 6; *insoweit* zu Recht kritisch *R. Krause*, ZfA 2001, 88. | 3 Dies übersieht mE *R. Krause*, ZfA 2001, 67 (89), in seiner Kritik an der „Subjektivierung" des Merkmals der Fortführung; vgl. dazu ferner *Annuß*, BB 1989, 1582; *Willemsen*/Annuß, Anm. zu BAG v. 18.3.1999 – 8 AZR 159/98, AP Nr. 189 zu § 613a BGB (Kfz-Handel); *Ekkenga*, ZIP 1995, 1225 (1232). | 4 Zum Erfordernis der Beibehaltung des Betriebszwecks sogleich unten Rz. 89. | 5 Ähnlich ErfK/*Preis*, § 613a BGB Rz. 51. | 6 Dazu ausf. Rz. 315 ff. | 7 Im Ergebnis ebenso *R. Krause*, ZfA 2001, 67 (89 f.); ErfK/*Preis*, § 613a BGB Rz. 51.

Betriebsteils vor und nach dem Betriebsübergang verknüpft: Nur dann, wenn dieser seine „Nämlichkeit" unbeschadet der Transaktion bewahrt, kann von einem Übergang „des" Betriebs/Betriebsteils auf einen neuen Inhaber die Rede sein (s. bereits oben Rz. 55). Der aus der st. Rspr. sowohl des EuGH als auch des BAG abzuleitende Obersatz[1] lautet demzufolge: Ein Betriebsübergang iSv. § 613a setzt die **Wahrung der Identität der betreffenden Einheit** (Betrieb oder Betriebsteil) voraus[2]. Der Begriff der Einheit bezieht sich dabei auf eine organisierte Gesamtheit von Personen und Sachen zur Ausübung einer wirtschaftlichen Tätigkeit mit eigener Zielsetzung[3], bei der es sich, wie Artikel 1 Abs. 1b) der Betriebsübergangsrichtlinie[4] klarstellt, um eine „Haupt- oder Nebentätigkeit" handeln kann. Die Statik hinsichtlich des Transaktionsobjekts (Betriebs/Betriebsteils) macht somit den eigentlichen **Kern** des Betriebsübergangs aus (s. bereits oben Rz. 55).

89 Die Identität der Einheit in diesem Sinne bleibt nur gewahrt, wenn die den jeweiligen Betrieb bzw. Betriebsteil **individualisierende Verknüpfung** konkreter **Betriebsmittel** zu einem konkreten **Betriebszweck** (s. oben Rz. 18), die auf der Kombinationsleistung des Vorgängers beruht, auch nach dem Betriebsübergang fortbesteht. Es reicht also jeweils für sich betrachtet weder aus, dass der „Nachfolger" sich im Besitz derselben Betriebsmittel befindet[5], noch, dass er eine im Vergleich zum „Vorgänger" gleiche oder gleichartige Tätigkeit ausübt. Entscheidend ist vielmehr die finale Verbindung beider Elemente in dem Sinne, das dieselben Betriebsmittel (Betriebsanlagen, Produktionsmittel, Personal) auch künftig **demselben Betriebszweck** gewidmet sind. Der Betrieb/Betriebsteil kann den Wechsel des Inhabers (nur) deshalb überdauern, weil die für die Fortführung notwendigen **Strukturen** in den Betriebsmitteln und in der Art und Weise ihrer dauerhaften Zuordnung zueinander (= Organisation) im Hinblick auf den damit verfolgten Betriebszweck **verkörpert** und damit vom bisherigen Betriebsinhaber „abstrahiert" sind. Nicht die Betriebsmittel als solche sind somit im Hinblick auf die Wahrung der Identität des Betriebs oder Betriebsteils entscheidend, sondern ihre Organisation und deren Weiterführung durch den neuen Inhaber.

90 **Ohne** Beibehaltung der den bisherigen Betrieb/Betriebsteil **prägenden Organisationsstrukturen** durch den neuen „Inhaber" vermag die wirtschaftliche Einheit ihre **Identität nicht zu wahren**[6]. Es liegt dann lediglich der Fall entweder einer bloßen Betriebsmittelveräußerung (dh. Übertragung „toter" Assets ohne Nutzung des ihnen innewohnenden bisherigen Funktionszusammenhangs) oder einer sog. Funktionsnachfolge (dh. Wahrnehmung derselben oder einer ähnlichen Tätigkeit, jedoch im Rahmen einer neu geschaffenen oder beim Nachfolger bereits vorhandenen Betriebsorganisation, siehe Rz. 172) vor; beide erfüllen nicht die Voraussetzung eines Betriebs(teil)übergangs iSv. § 613a.

91 Für die **Funktionsnachfolge** hat der EuGH und ihm folgend das BAG dies wiederholt festgestellt. Beide Gerichte verwenden in ihrer Judikatur geradezu formelhaft den Grundsatz, dass die wirtschaftliche Einheit nicht mit einer bloßen Tätigkeit gleichgesetzt werden dürfe. Ihre Identität ergebe sich vielmehr auch aus anderen Merkmalen wie ihrem Personal, ihren Führungskräften, ihrer Arbeitsorganisation, ihren Betriebsmethoden und ggf. den ihr zur Verfügung stehenden Betriebsmitteln. Den für das Vorliegen eines Überganges maßgeblichen Kriterien komme notwendigerweise je nach der ausgeübten Tätigkeit und selbst nach den Produktions- oder Betriebsmethoden, die in dem betreffenden Unternehmen, Betrieb oder Betriebsteil angewendet würden, unterschiedliches Gewicht zu[7].

92 Ebenso entspricht st. Rspr. des EuGH und nunmehr auch des BAG, dass die bloße **Betriebsmittelveräußerung**, dh. die Übertragung (nur) der materiellen und immateriellen Aktiva, ebenfalls noch keine identitätswahrende Betriebsübertragung darstellt[8]. Ob eine wirtschaftliche Einheit veräußert worden ist, ergibt sich vielmehr daraus, ob der Betrieb mit derselben oder einer gleichartigen Geschäftstätigkeit tatsächlich weitergeführt oder wieder aufgenommen wird (vgl. Rz. 167 ff.). Das Postulat der Betriebsidentität erfordert also eine „**Vorher-Nachher-Betrachtung**" in zweierlei Hinsicht: Es muss zum einen festgestellt werden, ob die bisherigen betrieblichen Organisationsstrukturen als „Quelle der Wertschöpfung"[9] im Wesentlichen erhalten geblieben sind („Nämlichkeit"), und zum anderen, ob damit künftig derselbe oder zumindest ein gleichartiger Betriebszweck („Wertschöpfungsprogramm") verfolgt wird. Fehlt es auch nur an einem dieser

---

1 Vgl. *Müller-Glöge*, NZA 1999, 449. | 2 Zur Rspr. des EuGH s. die Nachw. in Rz. 55 Fn 1. Zentrale Bedeutung für die Judikatur des BAG hat erst EuGH v. 11.3.1997 – Rs. C-13/95, AP Nr. 14 zu RL Nr. 77/187/EWG – Ayse Süzen erlangt. Seitdem entspricht das Identitätspostulat auch der st. Rspr. des 8. BAG Senats (s. dazu Rz. 55 a.E.). | 3 S. dazu die Nachw. in Rz. 13. | 4 Abgedr. bei Willemsen/Hohenstatt/Schweibert/Seibt, Anh. II. | 5 IdS bereits EuGH v. 18.3.1986 – Rs. 24/85, EAS RL 77/187/EWG Nr. 2 – Spijkers, Rz. 12: Die Überleitung materieller und immaterieller Aktiva eines Unternehmens genügt nicht. | 6 Deutlich für den Fall der Übertragung einer öffentlichen Verwaltung BAG v. 26.6.1997 – 8 AZR 426/95, AP Nr. 165 zu § 613a BGB (Verwaltungs-Funktionsnachfolge), unter I. 3. b) d.Gr. | 7 Vgl. dazu insbesondere EuGH v. 11.3.1997 – Rs. C-13/95, AP Nr. 14 zu RL Nr. 77/187/EWG – Ayse Süzen; ihm folgend BAG v. 22.5.1997 – 8 AZR 101/96, AP Nr. 154 zu § 613a BGB; BAG v. 26.6.1997 – 8 AZR 426/95, AP Nr. 165 zu § 613a BGB (Verwaltungs-Funktionsnachfolge); v. 11.9.1997 – 8 AZR 555/95, EzA § 613a BGB Nr. 153 m. Anm. *Willemsen/Annuß* (Tausendundeine Nacht); v. 13.11.1997 – 8 AZR 295/95, AP Nr. 169 zu § 613a BGB (Reinigung I/Wiedereinstellung); v. 13.11.1997 – 8 AZR 375/96, AP Nr. 170 zu *§ 613a BGB (Stabsfunktion bei Betriebsteilübergang)*; seitdem st. Rspr. |8 Vgl. bereits EuGH v. 18.3.1986 – Rs. 24/85, EAS RL 77/187/EWG Nr. 2 – Spijkers, Rz. 12; aus der BAG-Rspr. BAG v. 26.6.1997 – 8 AZR 426/95, AP Nr. 165 zu § 613a BGB (Verwaltungs-Funktionsnachfolge); v. 21.1.1999 – 8 AZR 680/97, nv. (Privatschule I). | 9 Vgl. *Willemsen*, ZIP 1986, 477 (481).

beiden Merkmale, scheidet ein Fall des § 613a aus. Dies entspricht dem Normzweck der Bestimmung, denjenigen zur Übernahme der Arbeitsverhältnisse zu verpflichten, der sich die vom Vorgänger geschaffene Betriebsorganisation für eigene, gleiche wirtschaftliche Zwecke zunutze macht (s. Rz. 9).

b) Teleologische Gesamtbewertung anhand eines Sieben-Punkte-Katalogs. Ob die betreffende wirtschaftliche Einheit (Betriebs/Betriebsteil) unbeschadet der Transaktion ihre Identität bewahrt hat, kann nur anhand sämtlicher Umstände des konkreten Einzelfalls entschieden werden. Die Beurteilung dieser Frage obliegt vorrangig den Tatsacheninstanzen, die die relevanten Merkmale ermitteln und bewerten müssen. Dem Revisionsgericht obliegt dann lediglich die Prüfung, ob es hierbei zu Rechtsfehlern gekommen ist[1]. Als rechtsfehlerhaft stellt sich dabei insb. eine Subsumtion dar, die aus dem Vorhandensein bzw. Fehlen bestimmter einzelner Merkmale, wie zB Übertragung sächlicher immaterieller Betriebsmittel, Übergang von Kundenbeziehungen etc. auf das Vorliegen bzw. Nichtvorliegen eines Betriebsübergangs schließen will[2]. Seit der Entscheidung des EuGH in Sachen *Ayse Süzen* vom 11.3.1997[3] verlangt der für Fragen des Betriebsübergangs zuständige 8. Senat des BAG im Einklang mit der europarechtlichen Judikatur[4] von den Instanzgerichten eine Sieben-Punkte-Prüfung mit anschließender (!) Gesamtbewertung. In nahezu allen einschlägigen Entscheidungen findet sich dazu in Anlehnung an den EuGH die folgende **Standardformulierung**:

„Bei der Prüfung, ob eine Einheit übergegangen ist, müssen sämtliche den betreffenden Vorgang kennzeichnenden Tatsachen berücksichtigt werden. Dazu gehören namentlich

① die Art des betreffenden Unternehmens oder Betriebs,

② der etwaige Übergang der materiellen Betriebsmittel wie Gebäude und bewegliche Güter,

③ der Wert der immateriellen Aktiva im Zeitpunkt des Übergangs,

④ die etwaige Übernahme der Hauptbelegschaft durch den neuen Inhaber,

⑤ der etwaige Übergang der Kundschaft sowie

⑥ der Grad der Ähnlichkeit zwischen den vor und nach dem Übergang verrichteten Tätigkeiten und

⑦ die Dauer einer eventuellen Unterbrechung dieser Tätigkeiten.

Diese Umstände sind jedoch nur Teilaspekte der vorzunehmenden **Gesamtbewertung** und dürfen deshalb **nicht isoliert betrachtet** werden[5]."

Dabei muss klar sein, dass es für das Vorliegen eines Betriebsübergangs nicht darauf ankommt, ob alle Merkmale gleichzeitig gegeben sind[6]. Ebenso verfehlt wäre es, bei der notwendigen Gesamtabwägung alle vorgenannten Merkmale gleichermaßen in die Waagschale zu legen. Den verschiedenen Kriterien kommt vielmehr je nach Sachlage, dh. in Abhängigkeit – insb. – von der Art des in Rede stehenden Unternehmens und dessen Produktions- und Betriebsmethoden (Merkmal ①) ein **unterschiedliches Gewicht** zu[7]. Es ist somit maßgeblich auf diejenigen Kriterien abzustellen, die den spezifischen Charakter des jeweiligen Geschäfts ausmachen[8], diesem also das **Gepräge** und unverwechselbare Erscheinungsbild verleihen.

Zu dem obigen Sieben-Punkte-Katalog ist **kritisch anzumerken**, dass er das eigentliche Kernelement des Betriebsübergangs, nämlich die **Aufrechterhaltung der Betriebs- und Arbeitsorganisation** iSd. zweckgerichteten Verknüpfung von Ressourcen (s. oben Rz. 9), nicht enthält[9]. Die einzelnen Punkte des Katalogs sind lediglich – dazu noch ausschnitthafte und ihrerseits auslegungsbedürftige – „Paraphrasen" dessen, was den Betriebsübergang eigentlich „ausmacht". Ihre formelhafte Wiederholung in Gerichtsentscheidungen trägt zur Rechtssicherheit auf diesem eminent wichtigen Gebiet nichts bei, solange der der geforderten „Gesamtbewertung" zugrunde liegende **Entscheidungsmethode** nicht erkennbar wird und der Praktiker damit den Eindruck gewinnt, der Fall hätte bei wenig geänderten Nuancen auch anders entschieden werden können[10]. Die Rspr. des BAG hat indes den Bezug des Sieben-Punkte-

---

1 *Müller-Glöge*, NZA 1999, 449 (450). | 2 Vgl. *Ascheid* in Preis/Willemsen (Hrsg.), Umstrukturierung von Betrieb und Unternehmen im Arbeitsrecht, 1999 Rz. D 34; *Müller-Glöge*, NZA 1999, 449 (450). | 3 S. EuGH v. 11.3.1997 - Rs. C-13/95, AP Nr. 14 zu RL Nr. 77/187/EWG – Ayse Süzen. | 4 Vgl. außer EuGH v. 11.3.1997 - Rs. C-13/95, AP Nr. 14 zu RL Nr. 77/187/EWG – Ayse Süzen bereits EuGH v. 18.3.1986 - Rs. 24/85, EAS RL 77/187/EWG Nr. 2 – Spijkers; v. 19.5.1992 - Rs. C-29/91, NZA 1996, 207 – Redmond Stichting; aus neuerer Zeit EuGH v. 24.1.2002 – Rs. C-51/00, AP Nr. 31 zu RL 77/187/EWG – Temco. | 5 So die inzwischen „klassische" Formulierung in EuGH v. 18.3.1986 – Rs. 24/85, EAS RL 77/187/EWG Nr. 2 – Spijkers, Tz. 13 und EuGH v. 11.3.1997 – Rs. C-13/95, AP Nr. 14 zu RL Nr. 77/187/EWG – Ayse Süzen, Tz. 14, die vom BAG in der Folgezeit wörtlich übernommen wurde. | 6 *Müller-Glöge*, NZA 1999, 449 (450). | 7 BAG v. 13.11.1997 – 8 AZR 375/96, AP Nr. 170 zu § 613a BGB (Stabsfunktion bei Betriebsteilübergang); v. 11.12.1997 – 8 AZR 426/94, AP Nr. 171 zu § 613a BGB (Catering); v. 2.12.1999 – 8 AZR 796/88, AP Nr. 188 zu § 613a BGB (Elektrohandel). | 8 So die Formulierung in BAG v. 2.12.1999 – 8 AZR 796/88, AP Nr. 188 zu § 613a BGB (Elektrohandel), unter II. 2. b) d.Gr. | 9 S. zu dieser Kritik auch *Willemsen* in Willemsen/Hohenstatt/Schweibert/Seibt, Rz. G 98. | 10 Trotz dieses grundlegenden Vorbehalts erweist sich ein nach Betriebsarten gegliedertes „ABC des Betriebsübergangs" als durchaus nützlich; vgl. dazu *Kreitner*, in: Küttner (Hrsg.), Personalbuch 2003, 122 Rz. 17.

Katalogs zu dem teleologischen Grundkonzept richtig erkannt und einen Fall des § 613a wiederholt gerade im Hinblick darauf verneint, dass es an der notwendigen Beibehaltung und Weiternutzung einer vom Vorgänger geschaffenen Arbeitsorganisation fehle[1]. Die Handhabung des als solchen noch nicht hinreichend aussagekräftigen Sieben-Punkte-Katalogs wird um einiges praktikabler und verlässlicher, wenn man sich bei seiner Anwendung im konkreten Einzelfall – der typischerweise eine „Gemengelage" bezüglich der einzelnen Kriterien aufweisen wird – an dieser gedanklichen Grundlinie orientiert. Auch *Müller-Glöge*, selbst Vorsitzender Richter am BAG und langjähriges Mitglied des 8. Senats, betont ausdrücklich, dass der organisatorischen Zusammenfassung der Ressourcen im Hinblick auf den Wortlaut der Betriebsübergangsrichtlinie[2] ein besonderer Rang für die Gesamtwürdigung zukomme. Diese Vorgabe sei bei der Auslegung des Betriebsbegriffs iSv. § 613a zu beachten und bedürfe keiner besonderen Umsetzung durch den Bundesgesetzgeber[3].

97 **c) Unterscheidung zwischen „betriebsmittelintensiven" und „betriebsmittelarmen" Tätigkeiten.** Wenn man für die Identität des Betriebs bzw. des Betriebsteils maßgeblich auf die Wahrung der Betriebsorganisation abstellt, die vom jeweiligen Inhaber gelöst werden und auf einen Dritten übergehen kann, stellt sich die weitere Frage, wodurch diese betriebliche Organisation „verkörpert" wird[4]. Versteht man diese iSd. Richtlinientextes als Zusammenfassung (Verknüpfung) von Ressourcen zur Verfolgung einer wirtschaftlichen Haupt- oder Nebentätigkeit, wird sogleich klar, dass zwischen den Ressourcen (Betriebsmitteln) einerseits und der Haupt- oder Nebentätigkeit (Betriebszweck) andererseits eine Wechselwirkung in dem Sinne besteht, dass die Relevanz der Übertragung oder Nichtübertragung dieser Ressourcen im konkreten Einzelfall von dem jeweils maßgeblichen Gegenstand der Tätigkeit (Merkmal ①) abhängt und dass es nur auf solche Ressourcen ankommen kann, die für den jeweiligen Betriebs- oder Geschäftszweck **spezifisch** sind[5].

98 Hiernach beantwortet sich auch die weitere Frage, ob und inwieweit im Betriebs(teil)übergang die Übertragung sächlicher oder immaterieller Betriebsmittel (Merkmale ② und ③) voraussetzt. Dies kann sinnvollerweise nur verlangt werden für solche Betriebsarten, bei denen materielle und/oder immaterielle Betriebsmittel für die individuelle **Wertschöpfung** gemäß dem jeweiligen Betriebszweck eine besondere Rolle spielen[6]. Steht für den jeweiligen Wertschöpfungsprozess dagegen die menschliche Arbeitskraft ausschließlich oder gar überwiegend im Vordergrund und handelt es sich demgemäß bei den (nicht personellen) Betriebsmitteln hauptsächlich um Hilfsmaterial von wirtschaftlich eher untergeordneter Bedeutung, kann ihrer Übernahme bzw. Nichtübernahme durch den „Nachfolger" keine ausschlaggebende Bedeutung zukommen. Stellt also das Personal die wesentliche Wertschöpfungsquelle dar, ist die Übernahme bzw. Nichtübernahme der sog. Hauptbelegschaft (Merkmal ④) somit ein zentrales Kriterium hinsichtlich der Identitätswahrung.

99 **d) Die Kriterien des Sieben-Punkte-Katalogs im Einzelnen.** Ordnet man die einzelnen Merkmale des Sieben-Punkte-Katalogs (Rz. 94) dem zentralen Gedanken der Weiterführung und Ausnutzung der mit der bisherigen und identisch gebliebenen Arbeitsorganisation verbundenen Wertschöpfung unter, lassen sich diese sowohl in ihrer absoluten als auch in ihrer relativen Bedeutung besser interpretieren. Dabei zeigt sich, dass **keinem** der sieben Einzelmerkmale **absolute Bedeutung** in dem Sinne zukommt, dass bereits allein daraus auf das Vorliegen eines Betriebs(teil)übergangs geschlossen werden kann. Ob umgekehrt wegen Fehlens einzelner Merkmale ein Betriebsübergang zwingend ausscheidet, hängt ebenso wie die Beurteilung der „positiven Elemente" ganz entscheidend von dem ersten Punkt, der „Art des betreffenden Unternehmens oder Betriebs", ab.

100 **aa) Art des betreffenden Unternehmens oder Betriebs (Merkmal ①).** Hierbei handelt es sich somit nicht um ein eigenständiges Beurteilungskriterium, sondern um ein solches, an dem die Bedeutung und das Gewicht des Vorhandenseins oder Fehlens der übrigen Merkmale (② bis ⑦) zu messen sind[7]. Es ist also jeweils zu prüfen, welchen *assets* im Rahmen der konkret vorgefundenen Arbeitsorganisation für die arbeitstechnische **Wertschöpfung** zentrale Bedeutung zukommt. In der Regel sind dies zugleich diejenigen (materiellen oder immateriellen) Hilfsmittel, die dem Betrieb sein „unverwechselbares Gesicht" geben, weil sie – jedenfalls in ihrer konkreten „Komposition" – einzigartig und damit nicht oder nur um den Preis einer wesentlichen Veränderung der mit der betrieblichen Wertschöpfung verbundenen Chancen und Risiken austauschbar sind. Diese **„Relativitätstheorie"**, dh. die maßgeb-

---

1 BAG v. 10.12.1998 – 8 AZR 676/97, AP Nr. 187 zu § 613a BGB (Hol- und Bringdienst); v. 21.1.1999 – 8 AZR 680/97, nv. (Privatschule I); v. 18.3.1999 – 8 AZR 159/98, AP Nr. 189 zu § 613a BGB (Kfz-Handel) und v. 18.3.1999 – 8 AZR 196/98, AP Nr. 190 zu § 613a BGB (Grundstücksverwaltung); v. 23.9.1999 – 8 AZR 166/99, nv. (Metropol-Theater). In der Rspr. des EuGH findet sich der Bezug zur Betriebsorganisation in dem „Standardsatz", dass keine Einheit nicht als bloße Tätigkeit verstanden werden dürfe und ihre Identität ergebe sich „auch aus anderen Merkmalen wie ihrem Personal, ihren Führungskräften, ihrer Arbeitsorganisation, ihren Betriebsmethoden und ggf. aus den ihr zur Verfügung stehenden Betriebsmitteln, vgl. EuGH v. 11.3.1997 – Rs. C-13/95, AP Nr. 14 zu RL Nr. 77/187/EWG – Ayse Süzen, Tz. 15; st. Rspr. |2 Art. 1 Abs. 1 b). |3 *Müller-Glöge*, NZA 1999, 449 (450). |4 S. zu diesem *Gesichtspunkt* bereits oben Rz. 89. |5 Vgl. BAG v. 2.12.1999 – 8 AZR 796/88, AP Nr. 188 zu § 613a BGB (Elektrohandel). |6 Vgl. zu dem Gesichtspunkt der Bedeutung der *Ressourcen* für die jeweilige betriebliche Wertschöpfung bereits *Willemsen*, ZIP 1986, 477 (481). |7 Ähnlich ErfK/*Preis*, § 613a BGB Rz. 12.

liche Bewertung der einzelnen Elemente nach der Art des jeweiligen Unternehmens oder Betriebs, hat zur Folge, dass ein und dieselbe Gattung von Betriebsmitteln in einem Fall für die Identitätsbeurteilung irrelevant, im anderen dagegen von zentraler Bedeutung ist.

(1) **Orts- und Kundenbindung.** So spielen die konkreten Räumlichkeiten bei **Dienstleistungen**, die über Telefon oder sonstige Kommunikationseinrichtungen abgewickelt werden (zB Call Center), so gut wie keine Rolle, während sie etwa bei einem Hotel oder einem Flughafenrestaurant zweifelsohne identitätsbildend sind. Sind, wie in den beiden letztgenannten Fällen, der Betriebszweck und die Betriebsorganisation auf unmittelbaren Kundenkontakt angelegt, erfordert die betriebliche Wertschöpfung mit anderen Worten die physische Verfügbarkeit eines an dem jeweiligen Betriebszweck interessierten Publikums (= Kundenkreises), sind zwar möglicherweise nicht die konkreten Räumlichkeiten als solche, wohl aber das unmittelbare geographische Umfeld („**Einzugsbereich**") nach der Art des Geschäfts von so zentraler Bedeutung, dass eine (gemessen an der weiteren Erreichbarkeit des bisherigen Kundenkreises) erhebliche räumliche Verlagerung, selbst bei Fortführung eines gleichartigen Betriebszwecks, zum Verlust der Betriebsidentität führen kann. Daher ist es folgerichtig, wenn das BAG bei Einzelhandelsgeschäften eine Weiterführung derselben organisatorischen Einheit „an ganz anderer Stelle" in seiner Entscheidung vom 2.12.1999[1] als „häufig fern liegend" bezeichnet hat, weil der Kunde an die Lage des Geschäfts gewöhnt sei. Ausnahmen hält das Gericht allerdings bei **Spezialgeschäften** und „am Ort konkurrenzlosen Betrieben" für denkbar. Nach der Art des Geschäfts richtet sich auch, ob es sich bei den Kundenbeziehungen um solche auf Dauer handelt oder nicht („Laufkundschaft"). Der räumlich-konkrete Zugang zu einer (potentiellen) Laufkundschaft kann durchaus ein identitätsbildendes Merkmal der betrieblichen Organisation und Wertschöpfung sein, weil nicht die einzelne Kundenbeziehung als solche, sondern die diese ermöglichenden materiellen (Grundstück, Räumlichkeiten, Geschäftsumfeld) und immateriellen (Goodwill, „Sogkraft der eingeführten Marke" etc.) Grundlagen die für die jeweilige wirtschaftliche Einheit identitätsstiftenden Faktoren sind. Je nach dem Gewicht der zuletzt genannten *soft factors* für die Bewertung der dem Geschäft innewohnenden Chancen und Risiken sowie seinem Erscheinungsbild nach außen kann daher ein Betriebsübergang trotz Übergangs aller wesentlichen *hard factors* (Geschäftsräume, feste Einrichtungen etc.) zu verneinen sein. Wird also zB ein mittelständisches Textileinzelhandelsgeschäft, das Waren verschiedener Markenhersteller anbietet, von einer international operierenden Designermarke aufgekauft, die künftig dort nur noch ihr eigenes Sortiment – wenn auch an den potentiell identischen Kundenkreis – verkauft, liegt *kein* Betriebsübergang vor, da sich die **unternehmerischen Grundlagen** und damit die **Chancen** und **Risiken** am Markt entscheidend **verändert** haben. Daher ist dem BAG darin zuzustimmen, dass nicht die konkret zu verkaufenden Waren (= aktueller Warenbestand), wohl aber die im Wesentlichen unveränderte Beibehaltung des Warensortiments und der Betriebsform in aller Regel unverzichtbare Voraussetzung für die Erhaltung der wirtschaftlichen Einheit sind[2].

Im Gegensatz zu Einzelhandelsunternehmen und Dienstleistungsfirmen mit direktem (persönlichen) Kundenkontakt spielt die räumliche Bindung bei reinen **Produktionsunternehmen** oftmals nur eine untergeordnete Rolle. Ihre **Verlagerung** selbst über eine größere Distanz steht daher einem Betriebsübergang nicht von vornherein entgegen[3]. Sind die ArbN allerdings nicht bereit, an den neuen Standort zu folgen, muss jeweils sorgfältig geprüft werden, ob nicht der bisherige Betrieb stillgelegt und am künftigen Standort ein neuer Betrieb eröffnet wurde[4]. Diese Schlussfolgerung liegt besonders nahe, wenn der Betrieb ins **Ausland** verlagert wird, da durch einen grenzüberschreitenden Betriebsübergang mit gleichzeitiger Verlagerung ins Ausland sehr oft ein Verlust der identitätsbildenden Merkmale einhergeht[5] (vgl. zum grenzüberschreitenden Betriebsübergang auch Rz. 378 f.).

(2) **Betriebsform und -methoden.** Ein die Identität der wirtschaftlichen Einheit beeinträchtigender Wechsel der Betriebsform liegt in aller Regel jedenfalls dann vor, wenn ein bislang individuell und autonom geführtes Handelsgeschäft von einem **Filialisten** „übernommen" wird. Der Filialist macht sich dann nicht die vorgefundene Organisation zu Eigen, sondern dehnt seine bereits vorhandene Struktur auf einen neuen Standort aus[6]. Generell kommt es somit zum Verlust der Betriebsidentität, wenn der Betrieb nicht mehr nach dem Organisationskonzept und den Betriebsmethoden des Veräußerers geführt wird, sondern in der beim Erwerber bereits vorhandenen, übergeordneten Organisationsstrukturen gleichermaßen aufgeht.

---

1 *BAG* v. 2.12.1999 – 8 AZR 796/98, AP Nr. 188 zu § 613a BGB (Elektrohandel); ebenso bereits bei v. 30.10.1986 – 2 AZR 696/85, AP Nr. 58 zu § 613a BGB; ErfK/*Preis*, § 613a BGB Rz. 13; vgl. auch Staudinger/*Richardi/Annuß*, § 613a BGB Rz. 64. |2 BAG v. 2.12.1999 – 8 AZR 796/98, AP Nr. 188 zu § 613a BGB (Elektrohandel). |3 Ebenso BAG v. 16.5.2002 – 8 AZR 319/01, NZA 2003, 93; Staudinger/*Richardi/Annuß*, § 613a BGB Rz. 64; ErfK/*Preis*, § 613a BGB Rz. 34; aA LAG Nürnberg, LAGE § 613a BGB Nr. 51. |4 S. dazu BAG v. 12.2.1987 – 2 AZR 247/86, AP Nr. 67 zu § 613a BGB. |5 Vgl. den Fall BAG v. 20.4.1989 – 2 AZR 431/88, AP Nr. 81 zu § 613a BGB (Verlagerung von Produktionsaktivitäten nach Lyon); i.E. einen Betriebsübergang verneinend auch BAG v. 16.5.2002 – 8 AZR 319/01, NZA 2003, 93 (Verlagerung einer Schuhproduktion von Deutschland nach Österreich). |6 In diese Richtung auch BAG v. 22.5.1997 – 8 AZR 101/96, AP Nr. 154 zu § 613a BGB (*Franzen*) (Modegeschäft); vgl. bereits *Willemsen*, RdA 1991, 204 (211).

104 Eine grundlegende Änderung der Betriebsform iSd. die (konkrete) Art der betrieblichen Organisation und Wertschöpfung prägenden Merkmale schließt demzufolge einen Betriebs(teil)übergang aus. In der Praxis besteht die Schwierigkeit darin, eine (wenn auch modifizierte) Fortsetzung des bisherigen Betriebs von einer solchen grundlegenden Umgestaltung der die betrieblichen Wertschöpfung prägenden Merkmale durch den neuen Inhaber zu unterscheiden, wovon im Einzelfall die Feststellung eines Betriebsübergangs abhängen kann. Instruktives Anschauungsmaterial hierzu liefert die **Tausendundeine Nacht-Entscheidung** des BAG vom 11.9.1997[1], die in der Umstellung eines Gaststättenbetriebes von gutbürgerlicher Küche auf ein arabisches Spezialitätenrestaurant durch den Mieter der Immobilie eine die Identität der vormaligen wirtschaftlichen Einheit aufhebende Veränderung sah. Bei **Aufgabe der Etablissementbezeichnung**, Wechsel von deutscher zu „exotischer" Küche und grundlegender Änderung der Atmosphäre (arabische Musik, arabisches Personal, Bauchtanz) liege, so das BAG, ein Wechsel der Betriebsmethoden und damit der Arbeitsorganisation iSd. Rspr. des EuGH vor, der eine Identität der wirtschaftlichen Einheit ausschließe[2].

105 Das Urteil macht zugleich die **Gratwanderung** deutlich, mit der die Unterscheidung zwischen „unschädlichen" und „schädlichen" Veränderungen der Betriebsform und -methoden durch den Erwerber verbunden ist. Soll die vom EuGH geforderte „wertende Gesamtbetrachtung" nicht zur Leerformel und Legitimationsgrundlage für nicht vorhersehbare Einzelfallentscheidungen werden, ist auch hier eine Orientierung an der *ratio legis* zwingend geboten. Entscheidend ist, ob der „Nachfolger" an die von seinem Vorgänger geschaffene Organisation anknüpft und diese lediglich fortentwickelt oder ob er iSd. Diskontinuität die betriebliche Wertschöpfung von vornherein auf ein eigenes, mit den vom Vorgänger geschaffenen Strukturen nicht mehr vergleichbares unternehmerisches Konzept stützt. Eine Testfrage mag insoweit sein, ob der Übernehmer mit seinem Konzept **ein neues, eigenständiges unternehmerisches Risiko** eingeht. Hätte der Nachfolger in dem vom BAG[3] entschiedenen Fall die Etablissementbezeichnung beibehalten und die Gaststätteneinrichtung sowie die Speisekarte lediglich „modernisiert", wäre ein Betriebsübergang uU zu bejahen gewesen. Dagegen bedeutete die abrupte Umstellung auf ein arabisches Spezialitätenlokal nach zutreffender höchstrichterlicher Gastronomiekunde einen wirklichen unternehmerischen Neubeginn und damit keinen Betriebsübergang. Entsprechendes gilt, wenn eine **Privatschule** zwar Räumlichkeiten eines anderen Lehrinstituts übernimmt, nicht aber dessen Lehrkonzepte, sondern mit eigenem Personal ein eigenes Lehrkonzept aufbaut[4].

106 (3) **Zentrale Bedeutung der Betriebsorganisation und des Betriebszwecks.** Es entspricht ebenso der *ratio legis*, wenn für die Frage, ob der bisherige Betrieb seiner Art nach identisch geblieben ist, der konkret vorgefundenen Betriebsorganisation ein zentrales Gewicht beigemessen wird (zur Bedeutung der Organisation für die Identitätsfeststellung s. bereits oben Rz. 89 f.). Selbst wenn die Art des Betriebs dieselbe geblieben ist, kommt es für die Identitätsfrage doch entscheidend darauf an, auf welche Weise der neue Inhaber den Betriebszweck künftig verwirklicht. Übernimmt dieser zwar bestimmte Betriebsmittel, stellt er diese aber zu einer eigenen, neuen und andersartigen Betriebsorganisation zusammen, handelt es sich nicht mehr um einen artgleichen Betrieb, selbst wenn die damit wahrzunehmende Aufgabe (= Funktion) dieselbe geblieben ist[5].

107 Auch die Übernahme zahlreicher Betriebsmittel spielt dann keine ausschlaggebende Rolle mehr[6]. Entscheidend ist allerdings, dass die grundlegende Organisationsänderung vom Erwerber und nicht bereits vom bisherigen Betriebsinhaber vorgenommen wurde[7].

108 Erst recht ändert sich die Art des Betriebs, wenn mit den übernommenen Betriebsmitteln künftig **ein anderer Betriebszweck** verfolgt wird. Dies ist nicht erst der Fall, wenn der Betriebszweck gattungsmäßig wechselt (zB von Produktion auf reinen Handel oder reine Dienstleistung), sondern entsprechend dem oben (Rz. 105) ausgeführten Grundgedanken bereits dann, wenn die intendierte **Wertschöpfung** – wiederum unter dem Aspekt der unternehmerischen Chancen und Risiken – ein völlig neues Gepräge erhält. So hat das BAG in einem Fall den § 613a verneint, wenn der Erwerber einer Immobilie, in der zuvor ein FDGB-Freizeitzentrum betrieben wurde, dort nunmehr einen Hotel- und Restaurationsbetrieb eröffnet[8]. Erwähnenswert ist in diesem Zusammenhang auch eine Entscheidung des

---

1 BAG v. 11.9.1997 – 8 AZR 555/95, EzA § 613a BGB Nr. 153 m. Anm. *Willemsen/Annuß* (Tausendundeine Nacht). | 2 BAG v. 11.9.1997 – 8 AZR 555/95, EzA § 613a BGB Nr. 153 m. Anm. *Willemsen/Annuß* (Tausendundeine Nacht), unter B. 2. b) d.Gr. | 3 BAG v. 11.9.1997 – 8 AZR 555/95, EzA § 613a BGB Nr. 153 m. Anm. *Willemsen/Annuß* (Tausendundeine Nacht). | 4 Vgl. BAG v. 21.1.1999 – 8 AZR 680/97, nv. (Privatschule I) und v. 18.2.1999 – 8 AZR 485/97, AP Nr. 5 zu § 325 ZPO (Privatschule II). Aufschlussreich auch LAG Hamm v. 20.7.2000 – 4 Sa 2148/99, NZA-RR 2001, 535 (Wechsel von Motoreinheitsmenge zu Motoraustausch und Ersatzteilgeschäft). | 5 Vgl. BAG v. 26.6.1997 – 8 AZR 426/95, AP Nr. 165 zu § 613a BGB (Verwaltungs-Funktionsnachfolge); v. 10.12.1998 – 8 AZR 676/97, AP Nr. 187 zu § 613a BGB (Hol- und Bringdienst); v. 18.3.1999 – 8 AZR 159/98, AP Nr. 189 zu § 613a BGB (Kfz-Handel); v. 11.9.1997 – 8 AZR 555/95, EzA § 613a BGB Nr. 153 m. Anm. *Willemsen/Annuß* (Tausendundeine Nacht); v. 21.1.1999 – 8 AZR 680/97, nv. (Privatschule I) und v. 18.2.1999 – 8 AZR 485/97, AP Nr. 5 zu § 325 ZPO (Privatschule II); BAG v. 16.5.2002 – 8 AZR 319/01, NZA 2003 (Schuhproduktion); *Willemsen* in Willemsen/Hohenstatt/Schweibert/Seibt, Rz. G 101 und 127 f. | 6 Ebenso ErfK/*Preis*, § 613a BGB Rz. 19. | 7 Vgl. BAG v. 23.9.1999 – 8 AZR 614/98, nv.; s. dazu *Willemsen* in Willemsen/Hohenstatt/Schweibert/Seibt, Rz. G 101. | 8 BAG v. 16.7.1998 – 8 AZR 81/87, NZA 1998, 1233.

LAG Berlin vom 4.3.1998, wonach die Änderung des Betriebszwecks eines bordellartigen Betriebs einen Betriebsübergang iSv. § 613a ausschließt[1].

Auch hierin zeigt sich, dass die konkrete Art und Weise der Wertschöpfung für die Beurteilung der Betriebsidentität ausschlaggebend ist. Die bloße Ähnlichkeit der vor und nach dem Übergang verrichteten Tätigkeiten reicht hierfür nicht aus (s. dazu auch unten Rz. 172 ff.). 109

bb) Etwaiger Übergang der materiellen Betriebsmittel wie Gebäude und bewegliche Güter (Merkmal ②). Während der Übertragung von Vermögenswerten in der frühen Rspr. des BAG für die Abgrenzung des Betriebs(teil)übergangs zentrale und ausschlaggebende Bedeutung zukam[2], handelt es sich heute im Lichte der EuGH-Rspr. dabei nur um *ein*, je nach der Art des Betriebs (Kriterium ①) allerdings unter Umständen nach wie vor sehr bedeutsames Merkmal für die Beurteilung der Betriebsidentität[3]. Infolge der nunmehrigen Einbindung des Merkmals in den Gesamtkontext verschiedener Kriterien, von denen nicht sämtliche erfüllt sein müssen, sowie infolge der nunmehrigen Anerkennung des Personals als identitätsverkörperndes Element (s. Rz. 16 sowie unten Rz. 137 ff.) schließt die fehlende Übernahme materieller Aktiva einen Betriebsübergang oder Betriebs(teil)übergang heute nicht mehr stets und zwingend aus[4]; dies ist vielmehr nur dann der Fall, wenn im Rahmen der gebotenen Gesamtbewertung (vgl. Rz. 93 ff.) die materiellen Betriebsmittel für den Betrieb so prägend sind, dass ohne ihre Übernahme und Weiternutzung durch den Nachfolger nicht mehr von der Wahrung der Identität des bisherigen Betriebs(teil)übergangs gesprochen werden kann. 110

(1) Übergang materieller Aktiva als unverzichtbares Element (insbesondere) bei Produktionsbetrieben (negative Indizfunktion). Eine solche negative Indizfunktion kommt dem Kriterium der Übernahme (wesentlicher) materieller Betriebsmittel in aller Regel bei Unternehmen des produzierenden Gewerbes zu. Eine Zusammenschau der Kriterien ① und ② ergibt hier, dass für Produktionstätigkeiten die dafür eingesetzten Betriebsmittel (Gebäude, Maschinenpark, sonstige Einrichtungsgegenstände) nach der Art des Unternehmens (Merkmal ①) so prägend sind, dass ohne ihre Übernahme ein Betriebsübergang oder ein Betriebsteilübergang bereits aus diesem Grunde ausscheidet[5]. Der 3. und 8. Senat des BAG haben diese Sichtweise in mehreren Urteilen bestätigt[6]: Bei Produktionsbetrieben müssten „so viele Produktionsmittel übergehen, dass eine sinnvolle Fortführung der Produktion möglich ist"[7]. Diese Formulierung zeigt, dass die Theorie der Fortführungsmöglichkeit (dazu oben Rz. 68) infolge der Neuausrichtung der BAG-Rspr. nicht gänzlich überholt ist, sondern im Lichte der zutreffenden teleologischen Interpretation (oben Rz. 96) wieder die Bedeutung erlangt, die der EuGH[8] ihr von Anfang an beigelegt hatte: Wenn der Betriebsübergang voraussetzt, dass der Nachfolger den bisherigen Betrieb bzw. Betriebsteil tatsächlich fortführt, so ist dies nur möglich, wenn er über die – je nach Art des Betriebs unterschiedlichen – sächlichen, immateriellen oder personellen Voraussetzungen (Ressourcen) verfügt. Die Übernahme der für die Betriebsfortführung erforderlichen Mittel ist mit anderen Worten im Lichte der neuen Rspr. eine notwendige, aber nicht hinreichende Bedingung für die Bejahung des Betriebsübergangs. Daher kann der obigen Formulierung des BAG zugestimmt werden, ohne dass dies einen Rückfall in die „Möglichkeitstheorie" alter Prägung bedeutete. Deren Fehlerhaftigkeit bestand gerade darin, dass sie den Satz, wonach ein Betriebsübergang nur bei Übernahme der für die Fortführung wesentlichen Betriebsmittel in Betracht komme, unzulässigerweise umkehrte und allein aus der Möglichkeit der Betriebsfortführung (infolge Übernahme von Betriebsmitteln) auf das Vorliegen eines Betriebsübergangs oder Betriebsteilübergangs schließen wollte[9]. 111

Bei Unternehmen, deren Betriebszweck (Wertschöpfung) wesentlich von dem Vorhandensein „physischer" Betriebsanlagen abhängt, reicht es mithin zur Vermeidung der Rechtsfolgen des § 613a bereits aus, wenn keinerlei solcher sächlicher Betriebsmittel übernommen werden[10]. Eine derartige Vorgehensweise stellt keine **unzulässige Umgehung** dar, da bei Nichtübernahme der identitätsstiftenden Faktoren eines Betriebs bereits der Zweck der Norm nicht tangiert ist[11]. Von demselben Betrieb oder Betriebsteil kann nicht mehr gesprochen werden, wenn der „Nachfolger" den Betriebszweck mit eigenen, von ihm selbst zusammengestellten (organisierten) Produktionsanlagen verfolgt[12]. In einer solchen Konstellation fällt selbst die tatsächliche **Weiterbeschäftigung von Personal** (dazu unten Rz. 137 ff.) bei der gebotenen Gesamtwürdigung nicht mehr entscheidend ins Gewicht, zumal diese bei Produktionsunternehmen ohnehin von geringerer indizieller Bedeutung ist als zB bei reinen Dienstleistungsunternehmen[13]. 112

---

1 LAG Berlin v. 4.3.1998 – 13 Sa 159/97, EWiR 1999, 733 m. Anm. *Schlachter*. | 2 S. oben Rz. 12 sowie den Überblick bei *Willemsen*, RdA 1991, 204 (206 f.). | 3 Ebenso ErfK/*Preis*, § 613a BGB Rz. 17; *Schiefer*, NZA 1998, 1095 (1097). | 4 Vgl. ausdrücklich EuGH v. 14.4.1994 – Rs. C-392/92, AP Nr. 106 zu § 613a BGB m. Anm. *Loritz – Christel Schmidt*, Tz. 16*;* vgl. ferner EuGH v. 11.3.1997 – Rs. C-13/95, AP Nr. 14 zu RL Nr. 77/187/EWG – Ayse Süzen, Tz. 14. | 5 Vgl. *Willemsen* in Willemsen/Hohenstatt/Schweibert/Seibt, Rz. G 122. | 6 BAG v. 3.11.1998 – 3 AZR 484/97, nv. (Zementhersteller); v. 10.12.1998 – 8 AZR 763/97, nv. (Druckerei eines Zeitungsverlags); v. 25.5.2000 – 8 AZR 335/99, nv. (Armaturenhersteller). | 7 BAG v. 25.5.2000 – 8 AZR 335/99, nv. (Armaturenhersteller), unter B. II. 2. a) d.Gr. | 8 Insbesondere mit dem Urteil EuGH v. 18.3.1986 – Rs. 24/85, EAS RL 77/187/EWG Nr. 2 – Spijkers. | 9 Kritisch dazu *Willemsen*, RdA 1993, 204 (209 f.). | 10 *Willemsen* in Willemsen/Hohenstatt/Schweibert/Seibt, Rz. G 122. | 11 *Willemsen* in Willemsen/Hohenstatt/Schweibert/Seibt, Rz. G 123. | 12 Ausgenommen sind hier nur die Fälle, in denen der Erwerber unter Beibehaltung der vorgefundenen Organisation lediglich einzelne Maschinen austauscht, s. dazu oben Rz. 62. | 13 So ausdrücklich BAG v. 3.11.1998 – 3 AZR 484/97, nv. (Zementhersteller), unter B. I. 2. a) d.Gr.

113 Fraglich ist, ob neben der – unverzichtbaren – Übernahme von Betriebsanlagen bei einem Produktionsunternehmen auch die Übernahme (= Weiternutzung) der bisherigen **Betriebsgebäude** durch den Erwerber für die Annahme eines Betriebsübergangs erforderlich ist (zur Bedeutung der Ortsbindung s. bereits oben Rz. 101 f.). Unzweifelhaft kommt der bzw. den Immobilie(n), in denen der Betriebszweck realisiert wird, im Rahmen des Sieben-Punkte-Katalogs eine erhebliche Bedeutung zu, wie bereits ihre besondere Hervorhebung im Rahmen des Merkmals ② belegt. Daraus folgt aber noch nicht zwingend, dass ohne die Übernahme von Gebäuden (nicht iSd. Eigentumserwerbs, sondern der Einräumung eines entsprechenden Nutzungsrechts, ggf. auch nur auf Zeit, vgl. Rz. 46) ein Betriebsübergang bei Produktionsunternehmen selbst dann ausscheidet, wenn im Übrigen alle materiellen Grundlagen übernommen und tatsächlich weiter genutzt werden. Auch außerhalb des „Einzugsbereichs" von § 613a kann ein Betrieb unter Beibehaltung seiner Identität an einen anderen Ort verlegt werden (s. dazu § 111 BetrVG Rz. 34 ff.). Bei räumlicher Verlagerung der Betriebsmittel durch den Erwerber der Produktionsanlagen – ggf. auch ins Ausland – dürfte somit entscheidend sein, ob sie am neuen Ort und in dem neuen Betriebsgebäude wieder so „arrangiert" werden, dass ihr ursprünglicher Funktionszusammenhang (zur Bedeutung s. Rz. 18 und 88 ff.) erhalten bleibt und demzufolge auch am neuen Standort die den bisherigen Betrieb prägende Organisationsstruktur fortgeführt wird[1]. Auch das BAG stellt nunmehr bei Produktionsunternehmen auf die unveränderte Gesamtorganisation ab[2]. Dies spricht dafür, unter einer solchen Prämisse § 613a auch dann anzuwenden, wenn der Übernehmer aller betriebsnotwendigen Einrichtungen sogleich eine **Ortsverlagerung** vornimmt, um den Betrieb mehr oder weniger nahtlos[3] am neuen Standort fortzuführen[4]; eine Ausnahme folgt bereits aus der Natur der Sache heraus dann, wenn der Produktionsbetrieb zwingend ortsgebunden ist, was beispielsweise bei einem Steinbruch, einem Wasser- bzw. Elektrizitätswerk oder auch bei einem Truppenübungsplatz[5] der Fall ist bzw. sein kann.

114 Die fehlende Übernahme von Betriebsanlagen und -einrichtungen kann nicht nur bei Unternehmen des produzierenden Gewerbes, sondern ganz allgemein bei allen Arten von Betrieben als **absolutes Ausschlusskriterium** Bedeutung erlangen, deren Wertschöpfung maßgeblich von dem Einsatz solcher sächlichen Betriebsmittel abhängt. Dies ist zB (auch) bei Unternehmen des **Transportgewerbes** regelmäßig der Fall. Ein insoweit als Leitentscheidung zu betrachtendes Urteil des EuGH vom 25.1.2001 betraf den Betrieb von regionalen Buslinien im Auftrag eines finnischen Zweckverbandes, wobei anlässlich des Wechsels des Auftragnehmers keines der insgesamt 26 Fahrzeuge oder andere wesentliche sächlichen Aktiva im Zusammenhang mit dem Betrieb der Buslinie auf den Auftragsnachfolger übertragen wurden. Der EuGH stellt entscheidend darauf ab, dass der Busverkehr nicht zu den betriebsmittelarmen Tätigkeiten zähle (zur Notwendigkeit dieser Unterscheidung s. oben Rz. 97 f.) und der fehlende Übergang des unerlässlichen sächlichen Substrats für den ordnungsgemäßen Betrieb der Einheit – hier insb. der Omnibusse – es ausschließe, dass die Einheit ihre Identität bewahre[6]. Selbst die Weiterbeschäftigung eines erheblichen Teils des Personals des Vorgängers[7] sowie der Übergang des Kundenstamms vermögen, so der EuGH, daran nichts zu ändern[8]. Diese Ausführungen des EuGH lassen darauf schließen, dass generell bei allen kapitalintensiven Tätigkeiten mit einem entsprechend hohen **Investitionsaufwand** die Nichtübernahme der für die Betriebsfortführung charakteristischen Aktiva das Vorliegen eines Betriebs(teil)übergangs von vornherein verhindert; der (Auftrags-)Nachfolger ist dann grundsätzlich frei, so viel Personal seines Vorgängers zu übernehmen, wie er will, ohne damit – in deutlichem Gegensatz zu den sog. betriebsmittelarmen Tätigkeiten, dazu Rz. 140 ff. – Gefahr zu laufen, allein wegen dieser freiwilligen Personalübernahme die Rechtsfolgen des § 613a auszulösen[9]. Mit dem auf freiwilliger Basis, außerhalb von § 613a, übernommenen Personal können dann ohne Bindung an das vorausgegangene Arbeitsverhältnis neue Arbeitsbedingungen ausgehandelt werden; auch § 613a Abs. 1 Sätze 2 bis 4 findet weder direkt noch analog Anwendung (s. dazu allg. Rz. 249 ff.).

115 Praktische Relevanz erlangt dieses **Konzept einer substratfreien Funktionsnachfolge** (s. dazu auch Rz. 14 und 172 ff.) außer in den bereits erwähnten Produktions- und Transportbranchen zB auch in **hoch technisierten Dienstleistungsbranchen** wie etwa einem **IT-Rechenzentrum**[10], einem **Lager oder Logistikzentrum**, medizinischen, naturwissenschaftlichen oder technischen Forschungseinrichtungen mit entsprechend hohem Investitionsaufwand. Geht der „identitätsstiftende Kern" der Betriebsanlagen nicht auf den Nachfolger über, fehlt es somit an einem Betriebsübergang iSd. der Rspr. sowohl des EuGH als auch des BAG.

---

[1] S. dazu das Beispiel bei *Willemsen* in Willemsen/Hohenstatt/Schweibert/Seibt, Rz. G 110. [2] BAG v. 3.11.1998 – 3 AZR 484/97, nv. (Zementhersteller); v. 16.5.2002 – 8 AZR 319/01, NZA 2003, 93 (Schuhproduktion); vgl. auch LAG Düsseldorf v. 16.2.1995 – 12 Sa 1925/94 –, NZA-RR 1996, 241. [3] Zu der Bedeutung längerer Unterbrechungszeiten unten Rz. 175 ff. [4] Im Ergebnis ebenso *B. Gaul*, Betriebs- und Unternehmensspaltung, § 6 Rz. 216. [5] Vgl. dazu BAG v. 27.4.2000 – 8 AZR 260/99, nv. [6] EuGH v. 25.1.2001 – Rs. C-172/99, AP Nr. 31 zu RL Nr. 77/187/EWG – Oy Liikenne AB. [7] Im konkreten Fall immerhin 33 von insgesamt 45 Fahrern. [8] EuGH v. 25.1.2001 – Rs. C-172/99, AP Nr. 31 zu RL Nr. 77/187/EWG – Oy Liikenne AB, Tz. 41. Unrichtig in der Begründung insoweit die „Busurteil" des LAG Köln vom 14.3.2000 – 13 Sa 1356/99, NZA-RR 2000, 634. [9] In *der Tendenz ebenso BAG v. 3.11.1998 – 3 AZR 484/97*, nv. (Zementherstellung); v. 10.12.1998 – 8 AZR 763/97, nv. (Druckerei eines Zeitungsverlages); v. 25.5.2000 – 8 AZR 335/99, nv. (Armaturenhersteller); *Willemsen* in Willemsen/Hohenstatt/Schweibert/Seibt, Rz. G 100. [10] Einen solchen Fall betraf das Urteil des BAG v. 24.4.1997 – 8 AZR 848/94, NZA 1998, 253 (EDV-Dienstleistung).

(2) Übergang materieller Aktiva als zugunsten eines Betriebsübergangs sprechendes Kriterium (positive Indizfunktion). Gehen andererseits materielle Aktiva in erheblichem Umfang und von erheblichem Wert auf den Nachfolger über, kann dies – wiederum vorbehaltlich einer Gesamtbewertung aller sieben Punkte – erheblich und uU sogar entscheidend für das Vorliegen eines Betriebsübergangs oder wenigstens Betriebsteilübergangs sprechen. Gerade in **Produktionsbereichen** zeigt sich die besondere Bedeutung dieses Merkmals auch im positiven Sinne: Wird die Betriebsimmobilie nebst allen erheblichen Bestandteilen des Anlage- und Umlaufvermögens[1] unverändert übernommen und damit ein im Wesentlichen identischer Betriebszweck verfolgt, führt an der Bejahung des Betriebsübergangs oder Betriebsteilübergangs selbst bei Fehlen anderer Kriterien im Rahmen des Sieben-Punkte-Katalogs oftmals kein Weg mehr vorbei. Zu diesem Ergebnis ist das BAG jedenfalls in zwei Entscheidungen gelangt, die einen Betrieb der **Druckweiterverarbeitung**[2] bzw. einen **Zementhersteller**[3] betrafen. Es wird entscheidend darauf abgestellt, dass nicht nur die wesentlichen Betriebsmittel übernommen wurden, sondern auch die Gesamtorganisation des Betriebs erhalten geblieben sei. Bei einer solchen unveränderten Gesamtorganisation stehe selbst der **Austausch der Hauptbelegschaft** einem Betriebsübergang **nicht entgegen**. **116**

Hieran ist sicher richtig, dass in Branchen, deren Wertschöpfung maßgeblich durch sächliche Betriebsmittel geprägt wird, deren konkrete räumlich-funktionale Anordnung die – im Rahmen der Ratio des § 613a maßgebliche – Betriebsorganisation verkörpern kann. Bei Betrieben dieser Art kann die Betriebsorganisation den Inhaberwechsel somit uU schon allein dadurch überdauern, dass ihre materiellen Grundlagen „wie sie stehen und liegen" auf einen Dritten übertragen werden (zu dem Aspekt der Abstrahierung der Betriebsorganisation von der Person des bisherigen Inhabers s. oben Rz. 89). Auf den Eintritt in bestehende Kundenbeziehungen (Merkmal ⑤) kommt es dann bei tatsächlicher Fortführung einer gleichartigen Produktion ebenso wenig an wie auf den Wert immaterieller Aktiva (Goodwill etc.), jedenfalls soweit die Produktionsaktivitäten betroffen sind[4]. Einzig fraglich bleibt sodann, ob unter der vorgenannten Prämisse ein Betriebsübergang ohne (freiwillige) Übernahme auch nur eines einzigen ArbN denkbar ist, wenn also der Übernehmer der wesentlichen Betriebsanlagen diese künftig mit einer **komplett neu eingestellten** bzw. von einem oder mehreren anderen eigenen Betrieb(en) übernommenen **Belegschaft** führt. **117**

Grundsätzlich ausgeschlossen erscheint dies vor dem Hintergrund der **Abler-Entscheidung** des EuGH vom 20.11.2003 (vgl. Rz. 52 aE) sowie der beiden (Rz. 116) zitierten BAG-Entscheidungen vom 26.8.1999 und 3.11.1998 nicht. Allerdings wird es sich hierbei in der Praxis eher um seltene Ausnahmekonstellationen handeln. Die Erfahrung lehrt nämlich, dass der Betrieb von Anlagen mit einer gewissen Komplexität das Know-how einer eingespielten Belegschaft oder zumindest einer bestimmten Anzahl von Schlüsselkräften erfordert. Eine (nahtlose) Betriebsfortführung ist dann ohne deren Weiterbeschäftigung ohnehin nicht möglich[5]. Kommt es dagegen bei einem Produktionsbetrieb zur Weiterbeschäftigung einer „Gesamtheit von ArbN", hat dies wiederum erhebliche Indizwirkung zugunsten eines Betriebsübergangs[6]. **118**

Auch bei **Handels- und Dienstleistungstätigkeiten** kann die Übernahme materieller Betriebsmittel im Rahmen der erforderlichen Gesamtbewertung indizielle Wirkung entfalten, vorausgesetzt, dass sie zur Betriebssphäre des (Auftrags-)Nachfolgers und nicht des Kunden gehören (s. Rz. 50 ff.). Wirklich ausschlaggebende Bedeutung kommt ihr aber nur dann zu, wenn und soweit die individuelle Wertschöpfung wesentlich durch den Einsatz kapitalintensiver und/oder für den geschäftlichen Erfolg unverzichtbarer Betriebseinrichtungen geprägt ist, wie dies beispielsweise bei der Immobilie für ein Warenhaus oder der technischen Ausstattung einer Röntgenarztpraxis der Fall sein mag[7]. Anders als bei reinen Produktionsunternehmen kann im Dienstleistungsbereich die Übernahme und unveränderte Weiternutzung von materiellen Aktiva als solche, selbst wenn es sich dabei um alle wesentlichen Bestandteile des Betriebsvermögens handeln sollte, noch nicht einmal ansatzweise ohne Hinzutreten weiterer Merkmale des Sieben-Punkte-Katalogs die Annahme eines Betriebsübergangs begründen. Typischerweise hat der „Faktor Mensch" bei Handels- und Dienstleistungsunternehmen für seine äußere Darstellung und den Erfolg beim Kunden ein so erhebliches Gewicht, dass ohne Weiterbeschäftigung der für diesen Erfolg wesentlichen ArbN ein Betriebsübergang nicht vorstellbar erscheint[8]. Hier **119**

---

1 Nach BAG v. 22.9.1994 – 2 AZR 54/94, AP Nr. 117 zu § 613a BGB soll bei Übernahme der sonstigen sächlichen und materiellen Betriebsmittel eines Produktionsbetriebs der Betriebsübergang nicht daran scheitern, dass jederzeit ersetzbare Bestände des Materiallagers – selbst bei notwendigen Investitionen in Millionenhöhe – ergänzt werden müssen. | 2 BAG v. 26.8.1999 – 8 AZR 588/98, nv. (Druckweiterverarbeitung). | 3 BAG v. 3.11.1998 – 3 AZR 484/97, nv. (Zementhersteller). | 4 Der Eintritt in Kundenbeziehungen kann allerdings für die Frage eine Rolle spielen, ob auch der Vertriebsbereich eines Unternehmens der produzierenden Industrie übergegangen ist; zur Notwendigkeit einer Unterscheidung nach einzelnen Betriebsteilen s. oben Rz. 43. | 5 Zutr. LAG Düsseldorf v. 16.2.1995 – 12 Sa 1925/94, NZA-RR 1996, 241. | 6 Ebenso BAG v. 25.5.2000, 8 AZR 335/99, nv. (Armaturenhersteller), unter II. 2. b) d.Gr.; v. 10.12.1998 – 8 AZR 763/97, nv. (Druckgewerbe), unter II. 2. c) d.Gr. | 7 So für die Räumlichkeiten eines Einzelhandelsgeschäfts jedenfalls BAG v. 2.12.1999 – 8 AZR 796/98, AP Nr. 188 zu § 613a BGB (Elektrohandel); dazu *Willemsen* in Willemsen/Hohenstatt/Schweibert/Seibt, Rz. G 84 ff. | 8 So – zum Teil wörtlich wiedergegeben – BAG v. 22.5.1997 – 8 AZR 101/96, AP Nr. 154 zu § 613a BGB (*Franzen*) (Modegeschäft), unter B. II. c) cc) d.Gr.

kann also – wie ohnehin im Regelfall – nur eine Kombination verschiedener Faktoren des Sieben-Punkte-Katalogs zur abschließenden Feststellung eines Betriebsübergangs führen.

120 Sächliche Betriebsmittel, die entweder nur einen **verhältnismäßig geringen materiellen Wert** haben oder aber zumindest **jederzeit leicht austauschbar** sind, spielen demgegenüber für die Beurteilung der Identitätswahrung bei Handels- und Dienstleistungsbetrieben in der Regel keine oder nur eine deutlich untergeordnete Rolle. Das gilt bei Einzelhandelsgeschäften zB für die **Ladeneinrichtung** sowie für vorhandene **Warenbestände**, von deren Erwerb die Betriebsfortführung in aller Regel nicht abhängt[1]. Insoweit – und nur insoweit – kann für die Beurteilung eines Betriebsübergangs ergänzend auf die frühere, dh. vor *Ayse Süzen* ergangene Rspr. des BAG zurückgegriffen werden[2]. Für (betriebsmittelarme) Dienstleistungsbetriebe wie zB Vertriebsbüros, Werbeagenturen, Beratungsunternehmen, Lehrinstitute und freiberufliche Tätigkeiten (Steuerberater, Wirtschaftsprüfer, Rechtsanwälte etc.) spielt die **Büroeinrichtung** zwar je nach ihrem Wert uU eine gewisse Rolle, kann aber bei der Gesamtbewertung jedenfalls in aller Regel nicht entscheidend ins Gewicht fallen[3]. Hier kommt es vielmehr vor allem auf die Weiterbeschäftigung der sog. Hauptbelegschaft, die Fortführung der bisher prägenden Betriebsmethoden und -konzepte sowie die Beibehaltung des bisherigen Kundenkreises an[4].

121 Sächliche Betriebsmittel, und zwar auch solche von geringerem materiellen Wert, können allerdings für die Beurteilung der Identitätswahrung bei Handels- und Dienstleistungsunternehmen dann eine zentrale Bedeutung erlangen, wenn sich in ihnen das für die unveränderte Betriebsfortführung maßgebliche **Know-how** verkörpert. Diese Überlegung greift vor allem in Bezug auf die die immateriellen Betriebsmittel (Merkmal ③; dazu Rz. 129 ff.) sowie die existierenden **Kundenbeziehungen** (Merkmal ⑤; dazu Rz. 156 ff.) verkörpernden **Geschäftsunterlagen** und **Datenbestände** jeglicher Art. Entsprechendes gilt auch, wenn die individuellen **Betriebsmethoden** (dazu Rz. 160 und 168) in umfangreichem (zB Lehr-)Material dokumentiert sind, weil dann ohne ihre Übergabe an den Nachfolger eine identitätswahrende Betriebsfortführung oftmals nicht möglich ist[5]. Bei Handelstätigkeiten spielen Kundenlisten dann eine wesentliche Rolle, wenn das Unternehmen durch langfristige Kundenbeziehungen wesentlich geprägt wird und der „Kundenstamm" sich auch nicht auf anderem Wege zuverlässig identifizieren lässt. Oftmals wird es sich sowohl dabei sowie (vor allem) bei der Frage, welche *Unterlagen* dem Nachfolger übergeben wurden, um ein **Beweisproblem** handeln (zur Beweislastverteilung s. Rz. 374 f.).

122 **(3) Möglichkeit eines Betriebs(teil)übergangs ohne jegliche Übernahme materieller (sächlicher) Betriebsmittel bei sog. betriebsmittelarmen Tätigkeiten.** Es stellt eine wesentliche, durch die Judikatur des EuGH bedingte **Neuerung** in der BAG-Rspr. dar, dass – wiederum in Abhängigkeit von der Art des Betriebs/Unternehmens – ein Betriebs(teil)übergang selbst dann in Betracht kommen kann, wenn seitens des Nachfolgers keinerlei sächliche Betriebsmittel übernommen wurden[6]. Dies trifft aus den oben (Rz. 111 f.) dargelegten Überlegungen allerdings nur auf solche Betriebe oder Betriebsteile zu, die ganz wesentlich nicht durch den Einsatz sächlicher Betriebsmittel, sondern der **menschlichen Arbeitskraft** geprägt werden[7]. Bei einer solchen (vollständigen) Prädominanz der personenbezogenen Wertschöpfung können die sächlichen Betriebsmittel dergestalt in den Hintergrund treten, dass ihre Übernahme oder Nichtübernahme nahezu jegliche Aussagekraft im Hinblick auf § 613a verliert.

123 So kann es beispielsweise im **Reinigungsgewerbe**, dem für die Fortentwicklung der Rspr. auf diesem Gebiet eine Schrittmacherrolle zufällt, für die Feststellung eines Betriebsübergangs schwerlich darauf ankommen, ob außer der bzw. den betreffenden Raumpflegerinnen auch deren Arbeitsgeräte wie Putzeimer und Schrubber mit „übertragen" werden[8]. Auch **Bewachungsleistungen** werden üblicherweise nur unter Einsatz einfacher Arbeitsmittel wie Handys, Stechuhren, Taschenlampen, Uniformen (evtl. aber auch Waffen und Hunden) angeboten. Diese setzt der Anbieter zwar aufgrund eigener Kalkulation ein[9]; indizielle Bedeutung für einen Betriebsübergang kommt ihnen aber nicht zu. Soweit das Bewachungsunternehmen komplizierte und teure Sicherungssysteme in den Bewachungsobjekten benutzt, können diese für die Beurteilung eines Betriebsübergangs nur dann herangezogen werden, wenn sie dem Auf-

---

1 BAG v. 2.12.1999 – 8 AZR 796/98, AP Nr. 188 zu § 613a BGB (Elektrohandel), vgl. aus der früheren Rspr. BAG v. 30.10.1986 – 2 AZR 696/85, AP Nr. 58 zu § 613a BGB; v. 26.2.1987 – 2 AZR 321/86, AP Nr. 63 zu § 613a BGB; v. 10.6.1988 – 2 AZR 801/87, AP Nr. 82 zu § 613a BGB; v. 18.5.1995 – 8 AZR 741/94, EzA § 613a BGB Nr. 139; LAG Hamm v. 7.1.1999 – 4 Sa 2350/97, ZInsO 1999, 363 Ls. 1. |2 So ausdrücklich BAG v. 2.12.1999 – 8 AZR 796/98, AP Nr. 188 zu § 613a BGB (Elektrohandel). |3 Vgl. BAG v. 21.1.1999 – 8 AZR 680/97, nv. (Privatschule I); dazu *Willemsen* in Willemsen/Hohenstatt/Schweibert/Seibt, Rz. G 72 ff. |4 BAG v. 21.1.1999 – 8 AZR 680/97, nv. (Privatschule I); v. 18.2.1999 – 8 AZR 485/97, AP Nr. 5 zu § 325 ZPO (Privatschule II). |5 Zur Bedeutung von Lehrkonzepten einer Privatschule vgl. BAG v. 21.1.1999 – 8 AZR 680/97, nv. (Privatschule I). |6 EuGH v. 14.4.1994 – Rs. C-392/92, AP Nr. 106 zu § 613a BGB – Christel Schmidt; v. 11.3.1997 – Rs. C-13/95, AP Nr. 14 zu RL Nr. 77/187/EWG – Ayse Süzen; v. 2.12.1999 – Rs. C-234/98, AP Nr. 28 zu RL 77/187/EWG; v. 24.1.2002 – Rs. C-51/00, AP Nr. 31 zu RL 77/187/EWG – Temco; ErfK/*Preis*, § 613a BGB Rz. 17; *Thüsing*, Anm. EuGH v. 11.3.1997 – Rs. C-13/95, SAE 1997, 276 (278). |7 EuGH v. 11.3.1997 – Rs. C-13/95, AP Nr. 14 zu RL Nr. 77/187/EWG – Ayse *Süzen, Tz. 21, seitdem st. Rspr. auch des BAG.* |8 Vgl. – in kritischer Auseinandersetzung mit dem vielgescholtenen Urteil des EuGH v. 14.4.1994 – Rs. C-392/92, AP Nr. 106 zu § 613a BGB – Christel Schmidt – *Willemsen*, DB 1995, 924 (925). |9 Vgl. BAG v. 22.1.1998 – 8 AZR 775/96, AP Nr. 174 zu § 613a BGB (Neuvergabe eines Bewachungsauftrags I), unter B. I. 2. d.Gr.

tragnehmer seitens des Auftraggebers zur eigenwirtschaftlichen Nutzung überlassen wurde; ansonsten bleiben sie für die Beurteilung der wahrenden Identität der wirtschaftlichen Einheit im Falle eines Auftragwechsels von vornherein außer Betracht[1]. Maßgeblich ist hier nach Auffassung des BAG eine „typisierende Betrachtungsweise" (zu Einzelheiten oben Rz. 51 ff.). Ist eine eigenwirtschaftliche Nutzung durch den Auftragnehmer zu bejahen, bedarf immer noch gesonderter Betrachtung, ob die jeweiligen Betriebsmittel für die Identität des Betriebs wesentlich sind[2].

Werden bei einem Dienstleistungsbetrieb gleichwohl Hilfsmittel von einigem wirtschaftlichen Wert mitübertragen, mag dies ein zusätzliches Indiz für einen Betriebsübergang sein[3]. Bei wirklich betriebsmittelarmen Tätigkeiten handelt es sich dabei jedoch weder um eine notwendige noch um eine hinreichende Bedingung, so dass sich ein Betriebsübergang oder ein Betriebsteilübergang nur aus anderen Kriterien des Sieben-Punkte-Katalogs, insb. den Merkmalen ③ (Übergang immaterieller Aktiva), ④ (Übernahme der Hauptbelegschaft) und ⑤ (Übergang der Kundschaft) ergeben kann, wobei dem Merkmal ④ in der Praxis die größte Bedeutung zufällt (s. Rz. 137 ff.). **124**

Diese Erkenntnis macht es erforderlich, den Kreis der sog. betriebsmittelarmen Tätigkeiten richtig zu definieren, weil ansonsten falsche Ergebnisse drohen. Das BAG hat hierzu bislang gerechnet: **Reinigungsunternehmen**[4]; ein **Catering-Unternehmen**, das ein Betriebsrestaurant zu bewirtschaften hatte[5]; **Bewachungsunternehmen**[6]; den **Hol- und Bringdienst** in einem Krankenhaus[7] sowie **Privatschulen**[8], nicht jedoch einen Betrieb des **Druckereigewerbes**[9]. Der EuGH hat bislang vor allem Reinigungsunternehmen in diese Kategorie eingeordnet[10], während er bei einem **Busverkehr** das Vorliegen einer betriebsmittelarmen Tätigkeit ebenso verneint hat[11] wie bei einem **Verpflegungsbetrieb** in einem Krankenhaus[12]. **125**

Diese sog. betriebsmittelarmen Tätigkeiten sind teilweise, aber keineswegs zwangsläufig, dadurch gekennzeichnet, dass sie von einer relativ großen Anzahl von ArbN mit **relativ geringem Qualifikationsgrad** verrichtet werden, wie dies namentlich bei den bereits mehrfach erwähnten Reinigungsaufgaben typischerweise der Fall ist. Zwingend ist dies jedoch keinesfalls, wie das (Gegen-)Beispiel der Lehr- und Unterrichtstätigkeit belegt[13]. Das BAG macht bei solchen betriebsmittelarmen Tätigkeiten das Vorliegen eines Betriebsübergangs (unter anderem) davon abhängig, ein wie hoher Prozentsatz des Personals vom „Nachfolger" weiterbeschäftigt wird[14]. **126**

(4) Entfallen jeglicher Indizwirkung der Übernahme materieller Aktiva bei deren (sofortiger) Eingliederung in eine neue Betriebsorganisation. Wie bereits oben (Rz. 88 ff.) dargestellt, besteht eine weitere „Errungenschaft" der neueren Rspr. des BAG zu § 613a darin, dass der Übergang materieller Betriebsmittel, soweit es hierauf nach der Art des Geschäfts ankommt, nicht mehr isoliert, sondern im sachlichen Kontext mit der Betriebsorganisation festgestellt und bewertet wird. Die materiellen Betriebsmittel sind also nur dann identitätsbildend, wenn ihre funktionale Verknüpfung auch beim neuen Inhaber erhalten bleibt. Das ist indes nicht der Fall, wenn er damit entweder gar keinen oder einen **grundlegend anderen Zweck verfolgt**[15]. Auch bei Beibehaltung desselben oder eines ähnlichen Zwecks ist der Übergang materieller Aktiva irrelevant, wenn sie in eine gänzlich neue oder beim Erwerber schon anderweitig vorhandene Betriebsorganisation eingegliedert werden und darin unter Aufgabe ihrer bisherigen organisatorischen Eigenständigkeit aufgehen. Dieser hat dann keinen Betrieb übernommen, sondern einen **neuen Betrieb aufgebaut** bzw. seinen **eigenen** bereits existierenden **Betrieb erweitert**. **127**

Einen solchen **Identitätsverlust durch Neuorganisation** hat das BAG nach *Ayse Süzen* erstmals in einem Urteil vom 24.4.1997[16] angenommen; hier wurden einzelne Betriebsmittel eines **EDV-Dienstleistungsunternehmens** zu einem neuen bzw. mehreren neuen Betrieben zusammengefasst. Ein weiteres Urteil vom 26.6.1997 betrifft die Voraussetzungen eines Betriebsübergangs im Bereich der öffentlichen **Verwaltung**; die Übernahme von Einrichtungsgegenständen, Bürogeräten und Akten (sowie eines Teils **128**

---

1 BAG v. 22.1.1998 – 8 AZR 775/96, AP Nr. 174 zu § 613a BGB (Neuvergabe eines Bewachungsauftrags I), unter B. I. 2. d.Gr.; ebenso bereits v. 11.12.1997 – 8 AZR 426/94, AP Nr. 171 zu § 613a BGB (Catering). |2 BAG v. 22.1.1998 – 8 AZR 775/96, AP Nr. 174 zu § 613a BGB (Neuvergabe eines Bewachungsauftrags I), unter B. I. 1. d.Gr. |3 ErfK/*Preis*, § 613a BGB Rz. 19. |4 BAG v. 13.11.1997 – 8 AZR 295/95, AP Nr. 169 zu § 613a BGB (Reinigung I/Wiedereinstellung); v. 11.12.1997 – 8 AZR 729/96, AP Nr. 172 zu § 613a BGB (Reinigung II). |5 BAG v. 11.12.1997 – 8 AZR 426/94, AP Nr. 171 zu § 613a BGB (Catering). |6 BAG v. 22.1.1998 – 8 AZR 775/96, AP Nr. 174 zu § 613a BGB und v. 14.5.1998 – 8 AZR 418/98, NZA 1999, 483 (Neuvergabe eines Bewachungsauftrags I und II). |7 BAG v. 10.12.1998 – 8 AZR 676/97, AP Nr. 187 zu § 613a BGB (Hol- und Bringdienst). |8 BAG v. 21.1.1999 – 8 AZR 680/97, nv. (Privatschule I) und v. 18.2.1999 – 8 AZR 485/97, AP Nr. 5 zu § 325 ZPO (Privatschule II), freilich mit gewissen Einschränkungen. |9 BAG v. 10.12.1998 – 8 AZR 763/97, nv. (Druckgewerbe), unter II. 2. b) d.Gr. |10 Insbesondere EuGH v. 14.4.1994 – Rs. C-392/92, AP Nr. 106 zu § 613a BGB – Christel Schmidt und v. 11.3.1997 – Rs. C-13/95, AP Nr. 14 zu RL Nr. 77/187/EWG – Ayse Süzen; des Weiteren v. 24.1.2002 – Rs. C-51/00, AP Nr. 31 zu RL 77/187/EWG – Temco m. Anm. *Thüsing* in BB 2002, 467. |11 EuGH v. 25.1.2001 – Rs. C-172/99, AP Nr. 31 zu RL Nr. 77/187/EWG – Oy Liikenne AB; s. dazu auch Rz. 114. |12 EuGH v. 20.11.2003 – Rs. C-340/01, DB 2003, 2654 – Abler; dazu *Willemsen/Annuß*, DB 2004, 134 ff. |13 Vgl. BAG v. 18.2.1999 – 8 AZR 485/97, AP Nr. 5 zu § 325 ZPO (Privatschule II). |14 Im Einzelnen unten Rz. 139 ff. |15 Dazu sowie zur Abgrenzung des „anderen Zwecks" vgl. oben Rz. 108. |16 BAG v. 24.4.1997 – 8 AZR 848/94, NZA 1998, 253 (EDV-Dienstleistung); dazu *Willemsen* in Willemsen/Hohenstatt/Schweibert/Seibt, Rz. G 48.

des Personals) wurde für unerheblich erklärt, weil die Verwaltungsaufgabe nunmehr im Rahmen einer eigenen, neu gebildeten oder andersartigen Arbeitsorganisation erbracht wurden[1]. In dem bereits erwähnten **Restaurantfall** vom 11.9.1997 (*Tausendundeine Nacht*)[2] hatten die Anmietung der bisherigen Räumlichkeiten sowie die Weiternutzung eines Teils der Einrichtungen zurückzustehen hinter dem Gesichtspunkt, dass es zu einem Wechsel der Arbeitsmethoden und der Arbeitsorganisation iSd. Rspr. des EuGH gekommen war[3]. Auch bei einem **Truppenübungsplatz** können trotz Übernahme von Betriebsgebäuden und technischen Anlagen in erheblichem Umfang nach Auffassung des 8. Senats eine andersartige, auch eingeschränkte betriebliche Tätigkeit oder geänderte betriebliche Organisation dem Betriebsübergang entgegenstehen[4]. Gleiches gilt bei Verlagerung einer **Schuhproduktion** ins Ausland und deren Eingliederung in einen dort bereits vorhandenen Betrieb[5]. Dies alles bestätigt, dass bei der Anwendung des Sieben-Punkte-Katalogs das ungeschriebene Tatbestandsmerkmal der Weiternutzung einer vom Vorgänger geschaffenen Betriebsorganisation stets mit zu berücksichtigen ist[6].

129 cc) **Wert der immateriellen Aktiva im Zeitpunkt des Übergangs (Merkmal ③).** Die Bedeutung dieses Merkmals ist in der bisherigen Rspr. zu § 613a eher unklar geblieben. Dazu trägt auch die recht vage Formulierung in dem Sieben-Punkte-Katalog bei, die lediglich auf den „Wert" der immateriellen Aktiva abstellt, ohne diese selbst wenigstens beispielhaft zu benennen. In der (früheren) Rspr. des BAG haben **Warenzeichen, Lizenzen** und sonstige **gewerbliche Schutzrechte** wiederholt eine Rolle gespielt[7], allerdings ohne klar erkennbare Richtung: Ihre Übertragung wurde teils als Indiz zugunsten eines Betriebsübergangs gewertet[8], teilweise wurde ihrer Übernahme bzw. Nichtübernahme jegliche Bedeutung abgesprochen[9].

130 (1) **Positive Indizfunktion.** Bei **Produktionsunternehmen** ist die Übertragung gewerblicher Schutzrechte (Patent- und Gebrauchsmusterechte, Lizenzen), die die notwendige rechtliche Grundlage für die Fortsetzung des Betriebszwecks bilden, zweifelsohne Bestandteil für die Beurteilung eines Betriebsübergangs von erheblicher Bedeutung[10]. Bilden diese den Bestandteil eines vertraglichen „Veräußerungspakets", ist dies zugleich ein starkes Indiz für die Absicht des Erwerbers, den Betrieb identitätswahrend fortzuführen (zu deren Bedeutung s. oben Rz. 63 ff.) Auf welchem rechtstechnischen Wege die Übertragung erfolgt, dh. ob das jeweilige Schutzrecht unmittelbar veräußert oder – etwa bei einem Warenzeichen (heute: einer Marke) – einvernehmlich gelöscht und sodann zugunsten des übernehmenden Rechtsträgers neu angemeldet wird, kann es hierbei nicht ankommen[11].

131 Ebenso wie bei allen anderen Kriterien des Sieben-Punkte-Katalogs gilt auch hier, dass allein die Übertragung immaterieller Aktiva für sich genommen niemals die Bejahung eines Betriebs(teil)übergangs zu rechtfertigen vermag. Dies trifft insb. auch für die Übertragung von **Marken** (Warenzeichen) zu. Nach § 8 Abs. 1 Satz 2 WZG aF konnte das Warenzeichen nur mit dem Geschäftsbetrieb oder dem Teil des Geschäftsstriebs, zu dem es gehörte, übertragen werden. Hieraus wurde auf eine hohe Aussagekraft einer tatsächlich erfolgten Warenzeichenübertragung geschlossen[12]. Nach dem heutigen Gesetzeskonzept des § 27 Abs. 2 MarkenG wird die Marke *im Zweifel* von der Übertragung oder dem Übergang des Geschäftsbetriebs oder eines Teils desselben erfasst; die zwingende Koppelung wurde also aufgegeben. Es ist somit, vor allem bei Produktionsbetrieben, ein Übergang der wirtschaftlichen Einheit ohne Übertragung der Marke grundsätzlich möglich; umgekehrt kann aber durchaus die Marke als immaterieller Wert ohne die zugrundeliegenden betrieblichen Aktivitäten veräußert werden. Ist der Erwerber also nur an der Marke als solcher interessiert, will er die entsprechenden Produkte (zB Textilien) dagegen künftig mittels eigener Produktionsanlagen oder im Wege der Auftragsfertigung durch ein Drittunternehmen herstellen lassen, liegt insoweit kein Betriebsübergang vor, da die Marke als solche noch keine „wirtschaftliche Einheit" iSd. Rspr. des EuGH und des BAG bildet.

132 Die obigen Überlegungen gelten sinngemäß auch für **Handels- und Dienstleistungsbetriebe.** Allerdings stellen hier die immateriellen Aktiva oftmals nicht die rechtlichen, sondern die wirtschaftlichen Grundlagen für die Fortsetzung eines identitätswahrenden Betriebs dar, etwa wenn es um den **Goodwill** eines Unternehmens am Markt oder das **Know-how** einer eingespielten Belegschaft geht. Diese ebenfalls zu

---

1 BAG v. 26.6.1997 – 8 AZR 426/95, AP Nr. 165 zu § 613a BGB (Verwaltung-Funktionsnachfolge). | 2 BAG v. 11.9.1997 – 8 AZR 555/95, EzA § 613a BGB Nr. 153 m. Anm. *Willemsen/Annuß* (Tausendundeine Nacht). | 3 S. dazu auch *Willemsen* in Willemsen/Hohenstatt/Schweibert/Seibt, Rz. G 53 ff. | 4 BAG v. 27.4.2000 – 8 AZR 260/99, nv. (Truppenübungsplatz); dazu *Willemsen* in Willemsen/Hohenstatt/Schweibert/Seibt Rz. 87 ff.; vgl. aus der Instanzrechtsprechung auch LAG Hamm v. 30.3.1998 – 16 Sa 942/97, LAGE § 613a BGB Nr. 72. | 5 BAG v. 16.5.2002 – 8 AZR 319/01 –, NZA 2003, 93. Ähnlich BAG v. 17.4.2003 – 8 AZR 253/02, nv. (Wareneingang eines Lagers). | 6 Im Ergebnis ebenso ErfK/*Preis*, § 613a BGB Rz. 19 aE. | 7 ZB BAG v. 28.4.1988 – 2 AZR 623/87, AP Nr. 74 zu § 613a BGB m. Anm. *Hefermehl* (Warenzeichen); v. 22.2.1978 – 5 AZR 800/76, AP Nr. 1 zu § 613a BGB (Schutzrechte). | 8 So im Falle BAG v. 28.4.1988 – 2 AZR 623/87, AP Nr. 74 zu § 613a BGB m. Anm. *Hefermehl* (Warenzeichen). | 9 So für den Fall eines Produktionsunternehmens BAG v. 22.5.1985, AP Nr. 42 zu § 613a BGB, unter B. III. 1. b) aE d.Gr. („ohne Belang"); ebenso v. 27.4.1988 – 5 AZR 358/87, AP Nr. 71 zu § 613a BGB, unter 2. c) d.Gr.; dazu kritisch ErfK/*Preis*, § 613a BGB Rz. 23. | 10 Ebenso B. *Gaul*, Betriebs- und Unternehmensspaltung, § 6 Rz. 109 mwN in Fn. 3. | 11 Vgl. *Hefermehl*, Anm. zu BAG v. 28.4.1988 – 2 AZR 623/87, AP Nr. 74 zu § 613a BGB (Warenzeichen); B. *Gaul*, Betriebs- und Unternehmensspaltung, § 6 Rz. 109. | 12 Vgl. BAG v. 28.4.1988 – 2 AZR 623/87, AP Nr. 74 zu § 613a BGB m. krit. Anm. *Hefermehl* (Warenzeichen).

den immateriellen Aktiva gehörenden Werte[1] werden in der Regel mittelbar übertragen, indem der Erwerber zB die Firmen- oder Etablissementbezeichnung und/oder die das betriebliche Know-how beherrschende Belegschaft (ganz oder teilweise) übernimmt. Eine derartige Kontinuität nach außen bzw. innen kann im Einzelfall erheblich für das Vorliegen eines Betriebs(teil)übergangs sprechen. Dabei genügt hinsichtlich der Übertragung des betriebspezifischen Know-how unter Umständen die Weiterbeschäftigung einer relativ kleinen Anzahl von sog. **Schlüsselkräften**[2]. Es ist also für die Übertragung dieses Know-how nicht zwingend erforderlich, dass der Erwerber den ganz überwiegenden Teil des Personals übernimmt, wie die Rspr. des BAG dies bei sog. betriebsmittelarmen (Dienstleistungs-)Tätigkeiten für die Übernahme der sog. organisierten Hauptbelegschaft fordert (dazu unten Rz. 137 ff.). Hier kann es aber für die Frage des Übergangs (wesentlicher) immaterieller Aktiva (insb. des Know-hows) entscheidend darauf ankommen, welche und wie viele ArbN der Erwerber im konkreten Einzelfall benötigt, um den Betrieb mit seinem bisherigen Zweck und seinem bisherigen Gepräge fortführen zu können. Genügen die tatsächlich übernommenen ArbN für den erforderlichen Wissens- und Know-how-Transfer sowie für die Aufrechterhaltung der bisherigen Betriebsorganisation, kann in Verbindung mit anderen Merkmalen des Sieben-Punkte-Katalogs (zB Übernahme der Aktiva, Beibehaltung der Betriebsform und des (potentiellen) Kundenkreises) von einem Betriebsübergang auszugehen sein.

Die vorhandene Belegschaft (oder Teile derselben) kann insb. auch bei einem **Einzelhandelsgeschäft** zu den identitätsbildenden Kriterien gehören, da die Fachkenntnisse des eingearbeiteten Personals auch hier einen wesentlichen Teil des betrieblichen Know-how verkörpern[3]. 133

(2) Negative Indizfunktion. Verzichtet der Erwerber von sächlichen Betriebsmitteln dagegen auf die Übernahme und Weiternutzung betriebspezifischer immaterieller Werte, kann dies im Einzelfall entscheidend gegen einen Betriebsübergang oder Betriebsteilübergang sprechen. Dies gilt nicht nur, wenn diese immateriellen Betriebsmittel unverzichtbare Voraussetzung für die Fortsetzung des Betriebszwecks überhaupt sind (wie zB Patente oder sonstige Schutzrechte bei Produktionsunternehmen[4]), sondern kann auch dann in Betracht kommen, wenn der geschäftliche Erfolg (bezogen auf den konkreten Betriebszweck) maßgeblich von einer im jeweiligen (lokal oder überregionalen) Markt „eingeführten Marke" abhängt und diese nicht mitübernommen wird. Auch dies ergibt sich ua. aus dem bereits mehrfach erwähnten *Tausendundeine Nacht*-Urteil des BAG vom 11.9.1997[5], wo der Umstand, dass bei einem **Restaurantbetrieb** der neue Inhaber die Etablissementbezeichnung nicht fortführte, als – wenn auch nicht allein ausschlaggebendes – Indiz gegen das Vorliegen eines Betriebsübergangs gewertet wurde. Bei **Franchise- und ähnlichen Systembetrieben**, deren Erscheinungsbild und Marktchancen wesentlich durch die eingeführte Marke, eine stets gleiche oder ähnliche Einrichtung und Geschäftsausstattung und/oder ein überregional beworbenes Warensortiment stets gleicher Art und Güte geprägt sind, scheidet ein Betriebsübergang demzufolge schon dann aus, wenn die Zugehörigkeit zu der jeweiligen „Kette" endet (zB Umgestaltung eines bisherigen McDonald-Restaurants zu einem „gewöhnlichen" Imbiss-Betrieb)[6]. Auf die Übernahme der Ladeneinrichtung oder des Personals kommt es dann nicht mehr an. 134

(3) Bewertungsmaßstab. Aus alledem folgt: Der Übernahme und tatsächlichen Weiternutzung immaterieller Aktiva von erheblichem Wert (Patente, sonstige Schutzrechte, eingeführte Marke, Goodwill, Know-how) kann im Rahmen der Gesamtbewertung im Rahmen des Sieben-Punkte-Katalogs eine erhebliche (positive) Indizwirkung zufallen, die umso höher ist, je stärker die Fortsetzung des Geschäftsbetriebs hiervon rechtlich oder wirtschaftlich abhängt. Die Überleitung kann bezüglich des Know-how und des Goodwill unter Umständen auch indirekt durch Weiterbeschäftigung eines insoweit erheblichen Teils des Personals erfolgen. Umgekehrt schließt die fehlende Übertragung immaterieller Betriebsmittel den Betriebsübergang zwingend aus, wenn diese den bisherigen Betriebszweck und die bisherigen Betriebsmethoden maßgeblich geprägt haben oder – wie bei Produktionsunternehmen – zwingende rechtliche Voraussetzung für eine Fortführung des Betriebszwecks sind. 135

Wenn der EuGH in diesem Zusammenhang von dem „Wert der immateriellen Aktiva **im Zeitpunkt des Übergangs**" spricht, bedeutet dies für die Praxis, dass es nicht entscheidend darauf ankommen kann, inwieweit der Erwerber die darin liegenden Geschäftschancen nach dem Betriebsübergang tatsächlich realisiert, sondern nur darauf, dass die für die Realisierung dieser Geschäftschancen notwendigen Grundlagen auf ihn übergegangen sind. Gelingt es dem Nachfolger also nicht, das mit der Übertragung des Know-how und Goodwill verbundene Potential zu nutzen, sondern wird der **Geschäftswert** schon 136

---

1 Vgl. *Willemsen*, ZIP 1986, 482; ebenso *Picot/Schnitker*, Teil I Rz. 27. | 2 Vgl. BAG v. 9.2.1994 – 2 AZR 781/93, AP Nr. 104 zu § 613a BGB (noch auf dem Boden der alten Möglichkeitstheorie); aus jüngerer Zeit (nach EuGH v. 11.3.1997 – Rs. C-13/95, AP Nr. 14 zu RL Nr. 77/187/EWG – Ayse Süzen) vgl. BAG v. 22.1.1998 – 8 AZR 775/96, AP Nr. 174 zu § 613a BGB und v. 14.5.1998 – 8 AZR 418/98, NZA 1999, 483 (Neuvergabe eines Bewachungsauftrags I und II); v. 21.1.1999 – 8 AZR 680/97, nv. (Privatschule I) und v. 18.2.1999 – 8 AZR 485/97, AP Nr. 5 zu § 325 ZPO (Privatschule II); v. 26.8.1999 – 8 AZR 588/98, nv. (Druckweiterverarbeitung). | 3 Vgl. BAG v. 2.12.1999 – 8 AZR 796/98, AP Nr. 188 zu § 613a BGB (Elektrohandel); vgl. dazu auch *Willemsen* in Willemsen/Hohenstatt/Schweibert/Seibt, Rz. G 84 ff. | 4 Vgl. BAG v. 13.11.1997 – 8 AZR 375/96, AP Nr. 170 zu § 613a BGB (Stabsfunktion bei Betriebsteilübergang), unter II. 2. b) d.Gr. | 5 BAG v. 11.9.1997 – 8 AZR 555/95, EzA § 613a BGB Nr. 153 m. Anm. *Willemsen/Annuß* (Tausendundeine Nacht); vgl. dazu auch *Willemsen* in Willemsen/Hohenstatt/Schweibert/Seibt, Rz. G 53 ff. | 6 Vgl. bereits *Willemsen*, RdA 1991, 204 (211 u. 213).

alsbald nach dem Übergang durch schlechtes Management oder schlichtes Fortbleiben der Kundschaft „**verwässert**", kann dies nicht gegen einen Betriebsübergang angeführt werden. Anders kann der Fall allerdings liegen, wenn die Übertragung immaterieller Aktiva zwar an sich gewünscht ist, aber an unüberwindlichen faktischen Hindernissen scheitert, etwa wenn (beispielsweise in einer freiberuflichen Praxis) das Geschäft und der Kundenkreis derart auf den bisherigen Inhaber, dessen persönliche Fähigkeiten und Reputation zugeschnitten sind, dass selbst ein entsprechendes Empfehlungsschreiben einen Übergang des Goodwill und des Kundenkreises nicht zu bewirken vermag; in einem solchen Fall kann trotz entsprechender Bemühungen von einem Übergang immaterieller Werte insoweit nicht ausgegangen werden. Erforderlich ist jeweils eine **Ex-ante-Betrachtung**.

137   dd) Etwaige Übernahme der Hauptbelegschaft durch den neuen Inhaber (Merkmal ④). Mit der – die Bedeutung der Humanressourcen für den Betriebsbegriff leugnenden – These, dass die Weiterbeschäftigung von Personal des bisherigen Inhabers Rechtsfolge und nicht Tatbestandsmerkmal des Betriebsübergangs sei[1], hat sich die Rspr. des BAG über lange Jahre gegen die Rspr. des EuGH gestellt[2] und dadurch den Zugang zur richtigen Begriffsbestimmung, insb. im Bereich der Dienstleistungsbetriebe, erschwert. Dieses sog. **Konfusionsargument** ist heute überholt; auch der 8. Senat des BAG erkennt nunmehr an, dass der fortgesetzten Beschäftigung der Belegschaft ein gleichwertiger Rang neben anderen möglichen Kriterien für einen Betriebsübergang zukommt[3]. Das Merkmal „Übernahme der Belegschaft" spielt somit seitdem sowohl auf der Tatbestands- als auch auf der Rechtsfolgenseite der Norm eine zentrale Rolle: Während es auf der **Tatbestandsseite** um die freiwillige[4] Weiterbeschäftigung des bisherigen Personals oder eines erheblichen Teils desselben geht, ordnet der 2. Halbsatz des § 613a die zwangsweise Überleitung sämtlicher (!) Arbeitsverhältnisse, die in dem jeweiligen Betrieb bzw. Betriebsteil bestehen, auf der **Rechtsfolgenseite** an. Dies kann zur praktischen Konsequenz haben, dass die **freiwillige Unterbreitung von Weiterbeschäftigungsangeboten** an die Belegschaft des bisherigen Inhabers zu einer **Weiterbeschäftigungspflicht** unter voller Anerkennung der Betriebszugehörigkeit auch zugunsten solcher ArbN führt, die kein solches Weiterbeschäftigungsangebot erhalten haben und ein solches auch nicht bekommen sollten[5]. Aber auch hinsichtlich der tatsächlich übernommenen ArbN wirkt sich die Unterscheidung zwischen Tatbestands- und Rechtsfolgenseite dahingehend aus, dass die freiwillige Übernahme der sog. organisierten Hauptbelegschaft die – unfreiwillige – Konsequenz einer Bindung an die vom Vorgänger abgeschlossenen Arbeitsverträge nach sich ziehen kann, also eine einseitige Gestaltungsfreiheit hinsichtlich der Arbeitsbedingungen nicht besteht (zur Zulässigkeit der einvernehmlichen Änderung von Arbeitsbedingungen anlässlich eines Betriebsübergangs s. Rz. 248). Diese Gefahr ist umso größer, je prägender der Einfluss des Personals (der sog. Stammbelegschaft) für die Beurteilung der Betriebsidentität ist (s. dazu bereits oben Rz. 97 f.). Insoweit verwundert es nicht, wenn die Praxis im Lichte der neueren Rspr. unter **Risikogesichtspunkten** oftmals von der freiwilligen Weiterbeschäftigung auch nur eines Teils des Personals Abstand nimmt, was sozialpolitisch bedauerlich erscheinen mag[6].

138   Zu einer solchen Strategie ist zu bemerken, dass sie einerseits nicht „hilft", wenn der Betrieb nach seiner Art (Merkmal ①) maßgeblich durch andere als personelle Ressourcen geprägt wird (s. dazu auch Rz. 116 ff.), und dass andererseits ein solcher Verzicht auch betriebswirtschaftlich **kontraproduktiv** sein kann, wenn trotz Übernahme eines – auch wesentlichen – Teils des Personals gleichwohl (zB im Fall einer reinen Funktionsnachfolge, s. oben Rz. 91 sowie unten Rz. 172 ff.) kein Fall eines Betriebsübergangs oder Betriebsteilübergangs vorliegt.

139   (1) Positive Indizfunktion. Die positive Aussagekraft des Merkmals der Personalübernahme hängt nach der neueren Rspr. des BAG von **drei Gesichtspunkten** ab, nämlich (1) der Art des betreffenden Betriebs, (2) der erforderlichen Qualifikation des für den Betriebszweck benötigten Personals und (3) dem Prozentsatz der freiwillig (!) übernommenen ArbN in Relation zur Gesamtbelegschaft des Betriebs bzw. Betriebs*teils*.

140   (a) bei „**betriebsmittelarmen**" **Tätigkeiten**. Ist der Betrieb, genauer sein Wertschöpfungsprozess, maßgeblich durch den Einsatz menschlicher Arbeitskraft geprägt (sog. betriebsmittelarme Tätigkeiten, s. bereits oben Rz. 97 f.), handelt es sich bei der Übernahme der „organisierten Hauptbelegschaft" um *das* zentrale Tatbestandsmerkmal im Rahmen des Sieben-Punkte-Katalogs schlechthin. Entschei-

---

1 BAG v. 22.5.1998 – 5 AZR 30/84, AP Nr. 42 zu § 613a BGB; v. 16.10.1987 – 7 AZR 519/86, AP Nr. 69 zu § 613a BGB; v. 9.2.1994 – 2 AZR 781/93, EzA § 613a BGB Nr. 115. |2 S. zur Entwicklung auch oben Rz. 12. |3 Grundl. BAG v. 13.11.1997 – 8 AZR 295/95, AP Nr. 169 zu § 613a BGB (Reinigung I/Wiedereinstellung) sowie v. 11.12.1997 – 8 AZR 729/96, AP Nr. 172 zu § 613a BGB (Reinigung II); seitdem st. Rspr., vgl. zB v. 22.1.1998 – 8 AZR 775/96, AP Nr. 174 zu § 613a BGB und v. 14.5.1998 – 8 AZR 418/98, NZA 1999, 483 (Neuvergabe eines Bewachungsauftrags I und II); v. 18.2.1999 – 8 AZR 485/97, AP Nr. 5 zu § 325 ZPO = NZA 1999, 648 (Privatschule II); v. 26.8.1999 – 8 AZR 588/98, nv. (Druckweiterverarbeitung). |4 BAG v. 13.11.1997 – 8 AZR 295/95, AP Nr. 169 zu § 613a BGB (Reinigung I/Wiedereinstellung): Übernahme der durch ihre gemeinsame Tätigkeit verbundenen ArbN durch den neuen Auftragnehmer „aufgrund eigenen Willensentschlusses". Nach einer Entscheidung des EuGH v. 24.1.2002 – Rs. C-51/00, AP Nr. 31 zu RL 77/187/EWG – Temco soll allerdings auch die aufgrund einer tarifvertraglichen Verpflichtung erfolgende Personalübernahme zum Übergang einer wirtschaftlichen Einheit führen können. |5 Ebenso *B. Gaul*, Betriebs- und Unternehmensspaltung, § 6 Rz. 152. |6 Vgl. *Willemsen* in Willemsen/Hohenstatt/Schweibert/Seibt, Rz. G 134.

dend ist allerdings solchenfalls nicht die Weiterbeschäftigung von ArbN des früheren Betriebsinhabers als solche, sondern der Umstand, dass das „eingearbeitete und eingespielte Personal" die Betriebsorganisation und damit die eigentliche Wertschöpfungsquelle für bestimmte Betriebsarten verkörpert (s. dazu auch Rz. 89 f.).

De facto ist allerdings der Kreis derjenigen Tätigkeiten, bei denen die betriebliche Wertschöpfung nahezu ausschließlich vom Einsatz menschlicher Arbeitskraft abhängt, eher begrenzt. In Betracht kommen vor allem **Reinigungs-, Bewachungs-, Unterrichts- und Beratungstätigkeiten** (s. dazu die Rspr.-Beispiele in Rz. 125). Hier kann angesichts der Irrelevanz und fehlenden Aussagekraft der materiellen Betriebsmittel die Abgrenzung zwischen Betriebsübergang einerseits und der nicht von § 613a erfassten (s. Rz. 91 und 172 ff.) bloßen Funktionsnachfolge ganz entscheidend von der **Anzahl** (quantitatives Element) und **Sachkunde** (qualitatives Element) der tatsächlich weiterbeschäftigten ArbN abhängen. **141**

Auf das **quantitative Element** stellt das BAG vor allem und nahezu ausschließlich dann ab, wenn die jeweilige Tätigkeit nur einen geringen Qualifikationsgrad und keine oder nur eine **geringe Sachkunde** des eingesetzten Personals erfordert. Hier muss ein **sehr hoher Prozentsatz** der bisherigen Belegschaft tatsächlich weiterbeschäftigt werden, wenn diesem Merkmal die „durchschlagende" Argumentationskraft im Rahmen des Sieben-Punkte-Katalogs zukommen soll. Die Übernahme nur etwa der **Hälfte** der ArbN reicht bei solchen einfachen Tätigkeiten nicht aus[1]; auch ein Prozentsatz von **ca. 61 % genügt bei einfachen Tätigkeiten nicht**, um die Wahrung der wirtschaftlichen Einheit annehmen zu können[2]. **142**

Bejaht wurde die positive Indizfunktion im Bereich einfacher Tätigkeiten bisher nur bei tatsächlicher Weiterbeschäftigung von **ca. 85 %**[3] der maßgeblichen Belegschaft, wobei es sich jeweils um Reinigungsaufgaben handelte. Für nicht ausreichend erklärt wurde demgegenüber die Weiterbeschäftigung von (immerhin) 75 % der ArbN eines Hol- und Bringdienstes in einem Krankenhaus[4], allerdings mit dem „Zusatz", dass dies „umso mehr" gelte, weil mit der Übernahme von Personal keine Bewahrung der früheren Betriebsorganisation einhergegangen sei[5]. Richtiger Auffassung zufolge liegt bei fehlender Übernahme der Betriebsorganisation selbst bei Weiterbeschäftigung eines sehr hohen Prozentsatzes der bisher eingesetzten ArbN ohnehin kein Fall des § 613a vor (s. unten Rz. 152). Angesichts derartiger Kumulativbegründungen, zu denen sowohl das BAG als auch der EuGH neigen, ist gegenüber der reinen Prozentarithmetik eine gewisse Vorsicht am Platze. Gleichwohl spricht die neuere BAG-Judikatur dafür, den maßgeblichen Prozentsatz bei einfachen Tätigkeiten sehr hoch anzusetzen; selbst 75 % dürften laut dem BAG-Urteil vom 10.12.1998[6] in der Regel noch nicht ausreichend sein. Ob die Rspr. sich idS (etwa in Richtung einer 80 %-Grenze) verfestigt, bleibt zunächst abzuwarten. **143**

Begründet wird diese sehr hohe prozentuale Hürde mit dem **geringen Qualifikationsgrad** der für einfache Tätigkeiten benötigten ArbN[7]. Dieser Zusammenhang („je geringer die benötigte Qualifikation, desto höher der für die Bejahung des § 613a erforderliche Prozentsatz des benötigten Personals"[8]) lässt sich wiederum nur im Kontext der Betriebsorganisation als identitätsstiftendes Merkmal (s. auch Rz. 89, 106) zutreffend einordnen. Spielt das Know-how („Sachkunde") der ArbN für die betriebliche Wertschöpfung keine entscheidende Rolle, sind diese vielmehr leicht austauschbar[9], kommt – anders als bei qualifizierten Tätigkeiten – der Weiterbeschäftigung *bestimmter* ArbN keine identitätsbildende Bedeutung zu. Die Betriebsorganisation prägende Funktion hat dann – lediglich – die tatsächliche arbeitsteilige Aufgabenerledigung, wie sie sich unter dem bisherigen Inhaber als „gelebte und bewährte Arbeitsorganisation" herausgebildet hat[10]. Bei einem Austausch der „Haupt- **144**

---

1 Vgl. BAG v. 18.3.1998 – 8 AZR 737/96, nv.; v. 14.5.1998 – 8 AZR 418/98, NZA 1999, 483 (Neuvergabe eines Bewachungsauftrags II): 22 von 36 ArbN nicht ausreichend; dazu *Willemsen* in Willemsen/Hohenstatt/Schweibert/Seibt, Rz. G 66 f.; BAG v. 10.12.1998 – 8 AZR 676/97, AP Nr. 187 zu § 613a BGB (Hol- und Bringdienst); vgl. dazu *Willemsen* in Willemsen/Hohenstatt/Schweibert/Seibt, Rz. G 70 f. | 2 BAG v. 22.1.1998 – 8 AZR 775/96, AP Nr. 174 zu § 613a BGB und v. 14.5.1998 – 8 AZR 418/98, NZA 1999, 483 (Neuvergabe eines Bewachungsauftrags I und II). Eine Übersicht über die in der Instanzrechtsprechung bisher behandelten Tätigkeiten und Prozentsätze findet sich bei *B. Gaul*, Betriebs- und Unternehmensspaltung, § 6 Rz. 176 f; sowie bei *Kreitner* in: Küttner (Hrsg.), Personalbuch 2003, 122 Rz. 13. | 3 So in den Fällen BAG v. 13.11.1997 – 8 AZR 295/95, AP Nr. 169 zu § 613a BGB (Reinigung I/Wiedereinstellung) und v. 11.12.1997 – 8 AZR 729/96, AP Nr. 172 zu § 613a BGB (Reinigung II). | 4 BAG v. 10.12.1998 – 8 AZR 676/97, AP Nr. 187 zu § 613a BGB (Hol- und Bringdienst). | 5 BAG v. 10.12.1998 – 8 AZR 676/97, AP Nr. 187 zu § 613a BGB (Hol- und Bringdienst), unter 1. b) cc) d.Gr. Vgl. dazu auch *Willemsen* in Willemsen/Hohenstatt/Schweibert/Seibt, Rz. G 71 und G 133. | 6 BAG v. 10.12.1998 – 8 AZR 676/97, AP Nr. 187 zu § 613a BGB (Hol- und Bringdienst). | 7 Vgl. BAG v. 11.12.1997 – 8 AZR 729/96, AP Nr. 172 zu § 613a BGB (Reinigung II), unter B. I. 2. b) d.Gr. | 8 IdS vor allem BAG v. 11.12.1997 – 8 AZR 729/96, AP Nr. 172 zu § 613a BGB (Reinigung II), unter B. I. 2. b) d.Gr.; seitdem st. Rspr. des 8. Senats, vgl. zB v. 18.3.1999 – 8 AZR 306/98, NZA 1999, 706 (Druckerei), unter B. I. d.Gr.; v. 10.12.1998 – 8 AZR 676/97, AP Nr. 187 zu § 613a BGB (Hol- und Bringdienst), unter II. 1. a) d.Gr.; vgl. dazu auch *B. Gaul*, Betriebs- und Unternehmensspaltung, § 6 Rz. 165. | 9 S. zu diesem Aspekt BAG v. 11.12.1997 – 8 AZR 729/96, AP Nr. 172 zu §613a BGB (Reinigung II), unter B. I. 2. b) d.Gr. | 10 Ähnlich BAG v. 11.12.1997 – 8 AZR 729/96, AP Nr. 172 zu § 613a BGB (Reinigung II): „Solche Tätigkeitsbereiche sind vielmehr geprägt von ihrer Arbeitsorganisation, der sich daraus ergebenden Aufgabenzuweisung an die einzelnen ArbN und dem in der Organisationsstruktur verkörperten Erfahrungswissen. Die Identität einer solchen wirtschaftlichen Einheit wird gewahrt, wenn der neue Auftragnehmer die ArbN an ihren alten Arbeitsplätzen mit unveränderten Aufgaben weiter beschäftigt."

belegschaft" würde dieser allein durch seine tatsächliche Existenz definierte Funktionszusammenhang unweigerlich zerstört; an die Stelle der Weiterführung eines existierenden Betriebs träte der Aufbau eines neuen[1]. Dies gilt bei Prägung des Betriebszwecks durch einfache Tätigkeiten und Fehlen maßgeblicher materieller Betriebsmittel selbst dann, wenn das **Führungspersonal** (zB Vorarbeiter) im Wesentlichen übernommen wird[2]. Es genügt nämlich nicht, dass der Auftragsnachfolger (Konkurrent) dasjenige Personal übernimmt (ggf. abwirbt), welches weiß, wie man einen neuen Betrieb erfolgversprechend aufbaut; er muss vielmehr so viel Personal (qualitativ und quantitativ) weiterbeschäftigen, dass er damit den Betrieb in seiner bisherigen strukturell-organisatorischen Zusammensetzung weiterführen kann[3].

145 Bezüglich der vom BAG geforderten hohen Prozentsätze des tatsächlich weiterbeschäftigten Personals sind allerdings zwei wichtige **Einschränkungen** zu beachten: Zum einen ist dieser (hohe) Prozentsatz nicht nur in Bezug auf den in Rede stehenden „Gesamtbetrieb" zu prüfen, sondern auch im Hinblick darauf, ob er möglicherweise (nur) im Hinblick auf einen (abgrenzbaren) **Betriebsteil** erfüllt ist[4]. Bei **objektbezogenen** Reinigungs- und Bewachungstätigkeiten kann schon ein einziger Auftrag als solcher die definitorischen Voraussetzungen eines Betriebsteils mit Bezug auf das dafür eingesetzte Personal erfüllen[5]. Noch wichtiger ist die zweite Einschränkung, dass nämlich die hohen „Mindestsätze" **nur bei einfachen Tätigkeiten** gelten, deren Kreis vom BAG recht eng gezogen wird. Als Beispiele sind in der bisherigen Rspr. des BAG nur Reinigungs-[6] und Botentätigkeiten[7] anerkannt worden. Dagegen komme bei Bewachungsunternehmen bereits eine „verhältnismäßig qualifizierte und spezialisierte Tätigkeit in Betracht"[8]. Bei solchen, besondere Sachkunde des Personals erfordernden **höherwertigen Tätigkeiten**, zu denen beispielsweise auch Lehr- und Unterrichtstätigkeiten gehören[9], gelten die oben genannten hohen Schwellenwerte jedoch nicht, wie das BAG ausdrücklich festgestellt hat. Sei ein Betrieb stärker durch das Spezialwissen und die Qualifikation der ArbN geprägt, könne neben anderen Kriterien (!) ausreichen, dass **wegen ihrer Sachkunde wesentliche Teile** der Belegschaft übernommen würden[10]. Für die Praxis bedeutet dies, dass bei sog. betriebsmittelarmen Tätigkeiten unterschieden werden muss zwischen einfachen und qualifizierten Tätigkeiten; zu letzteren gehören solche, die eine besondere Erfahrung (Know-how) und Sachkunde des eingesetzten Personals erfordern. Positive Indizwirkung im Sinne eines Betriebsübergangs/Betriebsteilübergangs hat bei ersteren nur die Weiterbeschäftigung einer „hohen Anzahl" von ArbN (zu den Schwellenwerten oben Rz. 143), während bei einer Prägung des Betriebszwecks (= der ausgeübten Tätigkeit) durch Spezialwissen und Qualifikation der ArbN es auf die Übernahme (nur) „wesentlicher Teile" der Belegschaft ankommen soll.

146 Das BAG hat damit **zwei Klassen von Schwellenwerten** eingeführt[11], wobei bisher – lediglich – klar zu sein scheint, dass an den „wesentlichen Teil" deutlich geringere quantitative Anforderungen gestellt werden als an eine „hohe Anzahl" tatsächlich weiterbeschäftigter ArbN[12].

147 Im Gegensatz zu der letztgenannten Kategorie entzieht sich der **„wesentliche Teil"** der Belegschaft einer klaren Quantifizierung, so dass für die Praxis ein erhebliches Prognosepotential und -risiko verbleibt. Die diesbezügliche Aussagekraft der bisherigen Entscheidungen ist eher gering und zudem von nicht unerheblichen Unklarheiten und Widersprüchen beeinträchtigt. So hat der 8. Senat zwar einerseits wiederholt judiziert, dass bei qualifizierten Tätigkeiten der Schwellenwert der „hohen Anzahl" nicht gelte[13], andererseits aber im Hinblick auf die Unterrichtstätigkeit an einer Privatschule ausgeführt, ein Anteil von 30 % der tatsächlich übernommenen Lehrer reiche „bei weitem nicht aus, um von der Übernahme der

---

1 IdS ausdrücklich BAG v. 11.12.1997 – 8 AZR 729/96, AP Nr. 172 zu § 613a BGB (Reinigung II), unter B. I. 2. c) aE d.Gr. | 2 Vgl. dazu die Konstellation in BAG v. 21.1.1999 – 8 AZR 680/97, nv. (Weiterbeschäftigung des Geschäftsführers einer Privatschule), dazu *Willemsen* in Willemsen/Hohenstatt/Schweibert/Seibt Rz. G 73. | 3 Das BAG formuliert dies im Einklang mit EuGH v. 11.3.1997 – Rs. C-13/95, AP Nr. 14 zu RL Nr. 77/187/EWG – Ayse Süzen dahin gehend, die Wahrung der Identität ergebe sich daraus, dass der neue Auftragnehmer „... einen nach Zahl und Sachkunde wesentlichen Teil des Personals übernimmt, weil die ArbN in der Lage sind, den Neuauftrag wie bisher auszuführen"; vgl. BAG v. 13.11.1997 – 8 AZR 295/95, AP Nr. 169 zu § 613a BGB (Reinigung I/Wiedereinstellung) und v. 10.12.1998 – 8 AZR 676/97, AP Nr. 187 zu § 613a BGB (Hol- und Bringdienst). | 4 IdS verfährt zB BAG v. 10.12.1998 – 8 AZR 676/97, AP Nr. 187 zu § 613a BGB (Hol- und Bringdienst), unter II. 1. b) cc) d.Gr. | 5 S. dazu oben Rz. 37. | 6 Vgl. BAG v. 11.12.1997 – 8 AZR 729/96, AP Nr. 172 zu § 613a BGB (Reinigung II). | 7 BAG v. 10.12.1998 – 8 AZR 676/97, AP Nr. 187 zu § 613a BGB (Hol- und Bringdienst). | 8 BAG v. 14.5.1998 – 8 AZR 418/98, NZA 1999, 483 (Neuvergabe eines Bewachungsauftrags II), unter II. 3. b) d.Gr. | 9 Vgl. BAG v. 21.1.1999 – 8 AZR 680/97, nv. (Privatschule I), dazu *Willemsen* in Willemsen/Hohenstatt/Schweibert/Seibt, Rz. G 72 ff. | 10 BAG v. 11.12.1997 – 8 AZR 729/96, AP Nr. 172 zu § 613a BGB (Reinigung II), unter B. I. 2. b) d.Gr., v. 10.12.1998 – 8 AZR 676/97, AP Nr. 187 zu § 613a BGB (Hol- und Bringdienst), unter II. 1. a) d.Gr.; v. 18.3.1999 – 8 AZR /306/98, NZA 1999, 706 (Druckerei), unter B I. d.Gr. | 11 Ebenso *B. Gaul*, Betriebs- und Unternehmensspaltung, § 6 Rz. 165. | 12 Ebenso *B. Gaul*, Betriebs- und Unternehmensspaltung, § 6 Rz. 165. | 13 BAG v. 11.12.1997 – 8 AZR 729/96, AP Nr. 172 zu § 613a BGB (Reinigung II), unter B. I. 2. b) d.Gr., v. 10.12.1998 – 8 AZR 676/97, AP Nr. 187 zu § 613a BGB (Hol- und Bringdienst), unter II. 1. a) d.Gr.; v. 18.3.1999 – 8 AZR 306/98, NZA 1999, 706 (Druckerei), unter B I. d.Gr.

Hauptbelegschaft zu sprechen"[1]. Andererseits hat derselbe Senat in dem „Bewachungsurteil" vom 14.5.1998 deutlich gemacht, dass bei einer „verhältnismäßig qualifizierten und spezialisierten Tätigkeit" 22 der früher beschäftigten 36 ArbN (also weniger als zwei Drittel) durchaus genügen könnten, um von einer Übernahme der Hauptbelegschaft auszugehen. Es erscheine „nicht ausgeschlossen, dass die 22 eingestellten ArbN in diesem Sinne das „Gerüst" der Belegschaft der Firma S in der Forschungsanlage darstellten und das wesentliche Know-how repräsentierten". In diesem Zusammenhang könne es insb. auf die Bedeutung der vier Schichtführer und etwaiger (weiterer) Führungskräfte ankommen[2]. Bei einem Druckereibetrieb hat der 8. Senat es als nicht rechtsfehlerhaft angesehen, in der Weiterbeschäftigung von 12 qualifizierten Fachkräften den Übergang der organisierten Hauptbelegschaft zu sehen[3].

148 Die **Gefahr von Zufallsentscheidungen** lässt sich nur **vermeiden**, wenn man das Merkmal „Übernahme der Hauptbelegschaft" auch bei den hier in Rede stehenden sog. qualifizierten Tätigkeiten in den Gesamtkontext der Bewahrung und weiteren Nutzung der vom Vorgänger geschaffenen **Betriebsorganisation** stellt[4]. Von der Übernahme des „wesentlichen Teils" des vorhandenen Personals lässt sich in diesem Zusammenhang nur sprechen, wenn die tatsächlich weiterbeschäftigten ArbN – also insb., aber keineswegs nur die sog. Führungskräfte – den auf den Nachfolger übertragenen Kern der Betriebsorganisation des Vorgängers ausmachen, also gewissermaßen die gesamten strukturellen und inhaltlichen Informationen für die Fortführung desselben Betriebs in den Köpfen des tatsächlich übernommenen Personals enthalten sind. Der Übertragung dieser „wirtschaftlichen Einheit" iSd. Rspr. des EuGH steht es dann nicht entgegen, wenn lediglich ein weniger bedeutsamer, leicht austauschbarer Teil des Personals nicht weiterbeschäftigt wird. Zu denken ist beispielsweise an den Fall, dass von einer Werbeagentur alle „Kreativen" unter Wahrung der strukturellen Zusammensetzung der Arbeitsgruppen weiterbeschäftigt werden, die ihnen zuarbeitenden Hilfskräfte jedoch kein entsprechendes Angebot erhalten, oder dass die komplette Vertriebsabteilung eines (zB insolvent gewordenen) Konkurrenten, jedoch ohne einfache Sachbearbeiterfunktionen, übernommen wird. Die „**Testfrage**" lautet jeweils, ob bei wertender Betrachtung[5] unter Berücksichtigung der jeweils maßgeblichen Wertschöpfungsfaktoren (dazu Rz. 98, 100) das tatsächlich übernommene Personal hinreichend die bisherige Betriebsorganisation zu verkörpern vermag[6], in dem Sinne, dass hinsichtlich der nicht übernommenen ArbN ein Austausch erfolgen könnte, ohne dass dadurch ein anderer Betrieb und/oder eine andere Betriebsorganisation entstünde. Diese Frage wird sich (allenfalls) dann positiv beantworten lassen, wenn zumindest alle oder nahezu alle **Schlüsselkräfte** des Betriebs (Führungskräfte und Know-how-/Goodwill-Träger) freiwillig weiterbeschäftigt werden[7], und zwar idR als ArbN und nicht etwa als freie Mitarbeiter oder Werkunternehmer[8].

149 Vor dem Hintergrund des Identitätspostulats wird man des Weiteren verlangen müssen, dass die in Rede stehenden Kräfte nicht nur über eine hohe Allgemeinqualifikation verfügen, sondern kraft ihres **betriebsspezifischen Know-hows** die unveränderte Fortführung des bisherigen Betriebs ermöglichen[9]. Das ist dann der Fall, wenn sie sich durch ihre Zusammenarbeit und organisatorische Verbundenheit gemeinsam eine „intime" Kenntnis von Betriebsmethoden und/oder Kundenbeziehungen und Marktverhältnissen erarbeitet haben, die es *so* und in *dieser* Zusammensetzung auf dem freien Markt nicht zu kaufen gibt. Fehlt es hingegen an diesem Element eines betriebsspezifischen „Zusammenarbeits-Know-hows", handelt es sich also „nur" um besonders erfahrene oder qualifizierte Kräfte, wird bei betriebsmittelarmen Tätigkeiten eine „hohe Anzahl" von ihnen freiwillig weiterbeschäftigt werden müssen, um von einer Übernahme der „organisierten Hauptbelegschaft" ausgehen zu können[10].

150 (b) **bei (auch) durch materielle und immaterielle Betriebsmittel geprägten Tätigkeiten.** Wird die betriebliche Tätigkeit neben dem Einsatz von Personal zumindest auch durch den Gebrauch kapitalintensiver Investitionsgüter (zB Maschinen, aufwendige, nicht lediglich auf Hilfsfunktionen ausgelegte IT-Technik) und deren Zuordnung zu individuellen Personen geprägt, hängen mit anderen Worten die betrieblichen Arbeitsplätze maßgeblich von der Existenz derartiger materieller Betriebsmittel ab, verliert das Merkmal der Weiterbeschäftigung der organisierten Hauptbelegschaft seine un-

---

1 BAG v. 21.1.1999 – 8 AZR 680/97, nv. (Privatschule I). Ähnlich in einer weiteren Entscheidung zu Schulungstätigkeiten (Sprachkurse für Ausländer und Asylanten) BAG v. 23.9.1999 – 8 AZR 614/98, nv. bei Weiterbeschäftigung von 10 von ursprünglich 33 Lehrern; dazu kritisch *Willemsen* in Willemsen/Hohenstatt/Schweibert/Seibt, Rz. G 74. Bejaht wurde die Übernahme der Hauptbelegschaft in einem Parallelfall dagegen – wenig überraschend – bei Übernahme aller Dozenten mit lediglich einer Ausnahme im Fall BAG v. 18.2.1999 – 8 AZR 485/97, AP Nr. 5 zu § 325 ZPO (Privatschule II). |2 BAG v. 14.5.1998 – 8 AZR 418/98, NZA 1999, 483 (Neuvergabe eines Bewachungsauftrags II), unter II. 3. b) d.Gr. |3 BAG v. 18.3.1998 – 8 AZR 306/98, NZA 1999, 706 (Druckerei). |4 S. dazu oben Rz. 9, 18, 88 ff. |5 IdS auch *B. Gaul*, Betriebs- und Unternehmensspaltung, § 6 Rz. 165. |6 Dies meint offenbar der 8. Senat des BAG, wenn er im Urteil BAG v. 14.5.1998 – 8 AZR 418/98, NZA 1999, 483 (Neuvergabe eines Bewachungsauftrags II) von einem „Gerüst" der Belegschaft spricht. |7 Ähnlich *B. Gaul*, Betriebs- und Unternehmensspaltung, § 6 Rz. 167 f. |8 AA insoweit BAG v. 18.2.1999 – 8 AZR 485/97, AP Nr. 5 zu § 325 ZPO (Privatschule II); LAG BW v. 21.10.1996 – 19 Sa 30/96, LAGE § 613a BGB Nr. 52; ErfK/*Preis*, § 613a BGB Rz. 24. |9 IdS BAG v. 11.9.1997 – 8 AZR 555/95, EzA § 613a BGB Nr. 153 m. Anm. *Willemsen/Annuß* (Tausendundeine Nacht). |10 IdS offenbar auch BAG v. 21.1.1999 – 8 AZR 680/97, nv. Jedenfalls ließe sich so der in Rz. 147 geschilderte Widerspruch auflösen.

BGB § 613a Rz. 151   Rechte und Pflichten bei Betriebsübergang

ter Umständen allein entscheidende Dominanz[1]. Der Nichtübergang von sächlichen Betriebsmitteln kann sich dann im Rahmen der erforderlichen Gesamtabwägung als „K.-o.-Kriterium" erweisen (s.o. Rz. 111 ff.). § 613a liegt dann weder auf der Tatbestands- noch auf der Rechtsfolgenseite vor, so dass eine **freie Personalauswahl** möglich ist. Entsprechende Überlegungen haben zu gelten, wenn die Identität des Betriebs maßgeblich durch den Goodwill einer eingeführten Marke oder Geschäftsbeziehung oder durch einen festen Kundenkreis geprägt wird. Auch hier kommt allein der Übernahme von Personal in der Regel keine allein ausschlaggebende Bedeutung zu.

151 Stets kann aber die tatsächliche Weiterbeschäftigung eines erheblichen Teils des Personals **neben** anderen Merkmalen **unterstützend** im Rahmen der Gesamtbewertung nach dem Sieben-Punkte-Katalog herangezogen werden[2]. Auch wenn für die Erreichung des Betriebszwecks erhebliche materielle und/oder immaterielle Betriebsmittel erforderlich sind, bildet das vorhandene Personal und dessen konkrete Zuordnung zu diesen Betriebsmitteln doch die „organisatorische Klammer" für die zielgerichtete Kombination aller personellen, sachlichen und immateriellen Ressourcen[3]. Bildet der tatsächlich übernommene Teil des Personals in diesem Sinne die Organisationsstruktur des Betriebs („sein Gerüst"[4]) hinreichend ab, spricht gerade die **Kombination** aus Übernahme materieller und personeller Ressourcen entscheidend für das Vorliegen eines Betriebsübergangs oder eines Betriebsteilübergangs. Ist dies dagegen nicht der Fall, wird vielmehr Personal vereinzelt und/oder quer durch alle Abteilungen ausschließlich unter dem Gesichtspunkt der persönlichen Qualifikation und nicht der bisherigen organisatorischen Verbundenheit übernommen, verliert dieser Gesichtspunkt seine indizierte Bedeutung im Rahmen der erforderlichen teleologischen Gesamtbewertung (s. dazu oben Rz. 93 ff.). **Anders** aber als bei betriebsmittelarmen Tätigkeiten muss bei Dominanz materieller Betriebsmittel die Feststellung eines Betriebsübergangs nicht zwingend an der fehlenden Personalübernahme scheitern[5].

152 **(c) Entfallen jeglicher positiven Indizfunktion bei Nichtfortführung der Betriebsorganisation.** Ähnlich wie bei den materiellen Betriebsmitteln (s. dazu Rz. 127) entfällt hinsichtlich der tatsächlichen Übernahme von Personal – gleich, ob bei betriebsmittelarmen oder betriebsmittelintensiven Tätigkeiten – jegliche Indizfunktion im Rahmen des Sieben-Punkte-Katalogs, wenn der „Erwerber" mit dem weiterbeschäftigten Personal von Anfang an einen grundlegend andersartigen Betriebszweck verfolgt, eine grundlegend neue Betriebsorganisation aufbaut oder das Personal unter Aufhebung seiner bisherigen organisatorischen Verbundenheit in eine **andere**, bei ihm bereits bestehende **Betriebsorganisation einfügt**[6]. Da die Übernahme von Personal kein eigenständiges Tatbestandsmerkmal des § 613a, sondern nur ein Indiz für die Nutzung der vom Vorgänger geschaffenen Betriebsorganisation ist[7], vermag die Unterbreitung von Beschäftigungsangeboten selbst an den überwiegenden Teil des Personals eine solche Wirkung nicht mehr zu entfalten, wenn der neue ArbGeb gar nicht an der Struktur des bisherigen Betriebs, sondern lediglich daran interessiert ist, aus dem „Pool" der dortigen ArbN möglichst viele geeignete Kräfte für seinen (neuen oder bereits bestehenden) Betrieb zu gewinnen[8]. Ein solcher neuer Betrieb kann nach Auffassung des BAG bereits dann vorliegen, wenn der (Auftrags-)Nachfolger eine neue Ablauf- und Arbeitsorganisation einführt[9] oder die Einteilung und Lage der Arbeitsschichten in einem Reinigungsbetrieb grundlegend umstellt[10]. Somit kann auch eine wesentliche Änderung der Vertragsinhalte bei dem weiterbeschäftigten Personal, soweit sich in ihr zugleich eine grundlegende Änderung der Arbeitsorganisation widerspiegelt, zur Verneinung eines Betriebsübergangs führen (str.). Ebensowenig führt es zu einem Betriebsübergang, wenn der Auftragsnachfolger den Auftrag über längere Zeit mit eigenem Personal fortführt und erst danach Personal des früheren Auftragnehmers in erheblichem Umfang einstellt[11].

153 **(2) Negative Indizfunktion.** Die fehlende Übernahme jeglichen Personals kann – wiederum in Abhängigkeit von der Art des Betriebs/Unternehmens (Merkmal ①) – erheblich oder sogar zwingend gegen das Vorliegen eines Betriebsübergangs oder Betriebsteilübergangs sprechen. Ein zwingendes Ausschlusskriterium stellt sie dann dar, wenn es sich um eine betriebsmittelarme Tätigkeit handelt, der (Dienstleistungs-)Betrieb also seine Wertschöpfung ausschließlich oder nahezu ausschließlich mittels Einsatzes der menschlichen Arbeitskraft erzielt (s. oben Rz. 97 f., 122 ff.)[12]. Eine Fortführung und Nut-

---

1 Vgl. BAG v. 3.11.1998 – 3 AZR 484/97, nv. (Zementhersteller): Geringere indizielle Deutung der Personalübernahme bei einem Produktionsunternehmen im Vergleich zu einem solchen, bei dem es „gar nicht oder nur am Rande auf sächliche Betriebsmittel ankommt". | 2 So geschehen zB im Fall BAG v. 18.3.1999 – 8 AZR 306/98, NZA 1999, 706, im Falle eines Druckereibetriebs: Weiterbeschäftigung von 10 Facharbeitern als „organisierte Hauptbelegschaft". | 3 S. zu diesem Kombinationsaspekt bereits oben Rz. 18. | 4 Vgl. BAG v. 14.5.1998 – 8 AZR 418/98, NZA 1999, 483 (Neuvergabe eines Bewachungsauftrags II). | 5 Ebenso *B. Gaul*, Betriebs- und Unternehmensspaltung, § 6 Rz. 157; vgl. auch *Junker*, ZIP 1993, 1599, 1602. | 6 Zutr. BAG v. 10.12.1998 – 8 AZR 676/97, AP Nr. 187 zu § 613a BGB (Hol- und Bringdienst); v. 3.11.1998 – 3 AZR 484/97, nv. (Zementhersteller); LAG Hamm v. 30.3.1998 – 16 Sa 942/97, LAGE §613a Nr. 72; s. dazu auch *B. Gaul*, Betriebs- und Unternehmensspaltung, § 6 Rz. 179; *Müller-Glöge*, NZA 1999, 449 (451); *Willemsen* in Willemsen/Hohenstatt/Schweibert/Seibt, Rz. G 129. | 7 S. oben Rz. 89 f und 140. | 8 S. dazu den Beispielsfall bei *Willemsen* in Willemsen/Hohenstatt/Schweibert/Seibt, Rz. G 129. | 9 BAG v. 10.12.1998 – 8 AZR 676/97, AP Nr. 187 zu § 613a BGB (Hol- und Bringdienst), unter I. 2. bb) d.Gr. | 10 Vgl. BAG v. 11.12.1997 – 8 AZR 729/96, AP Nr. 172 zu § 613a BGB (Reinigung II); *Müller-Glöge*, NZA 1999, 449 (452); insoweit ablehnend ErfK/*Preis*, § 613a BGB Rz. 28. | 11 Ebenso *Moll*, RdA 2003, 129 (133). | 12 BAG v. 11.9.1997 – 8 AZR 555/95, EzA § 613a BGB Nr. 153 m. Anm. *Willemsen/Annuß* (Tausendundeine Nacht), unter B. 2. c) d.Gr.; wie hier *B. Gaul*, Betriebs- und Unternehmensspaltung, § 6 Rz. 158.

zung der vorhandenen Organisation setzt in solchen Fällen die tatsächliche Weiterbeschäftigung der sog. organisierten Hauptbelegschaft voraus; es genügt also nicht, wenn der (Auftrags-)Nachfolger dem Personal des Vorgängers lediglich entsprechende **Angebote** unterbreitet, wenn und solange diese von der ganz überwiegenden Mehrzahl der ArbN (zu den maßgeblichen Schwellenwerten s. Rz. 142 ff.) nicht angenommen werden[1]. Anders als bei betriebsmittelintensiven Tätigkeiten (zB Produktionsunternehmen) spielt die mangelnde Bereitschaft der ArbN, ihr Arbeitsverhältnis mit dem Nachfolger fortzusetzen, bei entscheidend durch den Einsatz menschlicher Arbeitskraft geprägten Betrieben somit **nicht erst im Rahmen des Widerspruchsrechts** (s. dazu Rz. 345 ff.), sondern bereits auf der **Tatbestandsseite** der Norm eine zentrale Rolle.

Erheblich, uU sogar entscheidend fällt das tatsächliche Nichtzustandekommen der Weiterbeschäftigung ferner dann ins Gewicht, wenn der bisherige Betrieb ganz wesentlich durch das **Know-how von Fachkräften** geprägt wurde, die nicht ohne weiteres ausgetauscht werden können. Für die konkrete betriebliche Wertschöpfung unverzichtbare Personen können beispielsweise sein der den Ruf eines Spezialitätenrestaurants begründende „Starkoch"[2], das fest angestellte Ensemble eines Theaters oder ein hochspezialisiertes Team von Softwareprogrammierern. Bei Handels- und Verkaufstätigkeiten hängt es von der Betriebsform ab, ob die fehlende Weiterbeschäftigung von Personal negative Indizfunktion im Hinblick auf das Vorliegen eines Betriebsübergangs hat[3]: Während in Selbstbedienungsgeschäften mit geringerem oder völlig fehlendem Beratungsanteil die tatsächliche Weiterbeschäftigung von Personal eher geringe indizielle Bedeutung hat, kommt ihr bei einem hochwertigen, beratungsintensiven Warensortiment im Hinblick auf die Fachkenntnisse einer eingearbeiteten Belegschaft zentrale Bedeutung zu, so dass ein Betriebsübergang iSv. § 613a ohne jegliche Übernahme von Personal nicht möglich ist[4].

154

Keine zwingend negative **Indizwirkung** hat der „Verzicht" auf jedwede Weiterbeschäftigung von Personal des bisherigen Betriebsinhabers dagegen bei solchen Betrieben, deren Organisation und Wertschöpfung entscheidend durch materielle Betriebsmittel bestimmt wird, wie dies jedenfalls bei bestimmten Arten von **Produktionsbetrieben** der Fall sein mag (s. dazu bereits Rz. 116 ff.). Hier vertritt das BAG gleichsam spiegelbildlich zu den betriebsmittelarmen Tätigkeiten den Standpunkt, dass selbst der komplette Austausch der sog. Hauptbelegschaft einem Betriebsübergang nicht entgegenstehen müsse[5]. Denkbar erscheint auch dies nur, wenn die konkrete Betriebsorganisation durch die vorhandenen und weiter genutzten materiellen Betriebsmittel bestimmt wird und das zu ihrer Bedienung eingesetzte Personal leicht austauschbar ist. Diese Voraussetzung kann nicht nur bei Produktionstätigkeiten, sondern auch zB auch bei Auslieferungslagern oder Verkaufsstellen erfüllt sein, in denen die Ablauforganisation durch die konkrete Anordnung der Betriebsmittel determiniert wird und dem Verkaufspersonal nur relativ einfache Hilfsfunktionen obliegen.

155

ee) Etwaiger Übergang der Kundschaft (Merkmal ⑤). Die Bedeutung dieses Merkmals ist in der bisherigen Rspr. des EuGH und des BAG eher unklar geblieben und hat dementsprechend zu verschiedenen Missdeutungen in der Lit. Anlass gegeben. Die Erhaltung des bisherigen Kundenstammes und dessen künftige Erweiterung ist Ziel und nicht Voraussetzung jeder marktwirtschaftlichen Tätigkeit, weswegen es problematisch erscheinen mag, die Kundenbeziehungen selbst zu den (immateriellen) Betriebsmitteln zu zählen. Der Charakter eines Betriebsmittels kommt allerdings den sächlich-gegenständlichen **Voraussetzungen** zu, die erforderlich sind, um überhaupt **Zugang zu dem bisherigen Kundenkreis** des früheren Betriebsinhabers zu erlangen; dazu gehören zB eine umfangreiche, nicht jedermann zugängliche **Kundenkartei**[6], die ggf. auch nur in den Köpfen einiger Mitarbeiter gespeichert sein kann[7], aber auch die konkrete räumliche **Lage** eines Einzelhandelsgeschäfts, die den Zugang zu einem bestimmten Geschäftsumfeld und Kundenkreis eröffnet (s. dazu bereits oben Rz. 101). Auch das Recht, ein bestimmtes Produkt eines Herstellers in einem bestimmten Gebiet zu vertreiben, kann zu den unverzichtbaren Zugangsvoraussetzungen zu dem bisherigen Kundenkreis gehören[8].

156

Von den für den Zugang zu einem bestimmten Kundenkreis erforderlichen Hilfsmitteln in dem soeben beschriebenen Sinne ist die **Beibehaltung des bisherigen Kundenkreises** als solche zu unterscheiden. Dieser kann – wiederum in Abhängigkeit von der Art des Unternehmens oder Betriebs (Merkmal ①, s.o. Rz. 100 ff.) – den Betrieb bzw. den Betriebsteil als solchen identifizieren und somit für die

157

---

1 Ebenso B. *Gaul*, Betriebs- und Unternehmensspaltung, § 6 Rz. 158. | 2 Vgl. BAG v. 11.9.1997 – 8 AZR 555/95, EzA § 613a BGB Nr. 153 m. Anm. *Willemsen/Annuß* (Tausendundeine Nacht). Anders dagegen für das Personal einer Betriebskantine BAG v. 25.5.2000 – 8 AZR 337/99, nv. | 3 Vgl. BAG v. 2.12.1999 – 8 AZR 796/98, AP Nr. 188 zu § 613a BGB (Elektrohandel). | 4 BAG v. 2.12.1999 – 8 AZR 796/98, AP Nr. 188 zu § 613a BGB (Elektrohandel); ebenso bereits BAG v. 22.5.1997 – 8 AZR 101/96, AP Nr. 154 zu § 613a BGB (*Franzen*) (Modegeschäft). | 5 So insbesondere BAG v. 26.8.1999 – 8 AZR 588/98, nv. (Druckweiterverarbeitung); dazu *Willemsen* in Willemsen/Hohenstatt/Schweibert/Seibt, Rz. G 79 ff. | 6 Zur Übernahme einer Arztpraxis mit Patientenkartei LAG Düsseldorf v. 29.2.2000 – 3 Sa 1896/99, NZA-RR 2000, 353; zur Übernahme eines Zeitarbeitsunternehmens LAG Köln v. 15.1.1997 – 7 Sa 835/96, NZA 1998, 484, das zu dem Recht auf die Bedeutung der Unterlagen über die Beziehungen zu Leiharbeitnehmern und Kunden hinweist. | 7 Vgl. zu diesem Gesichtspunkt BAG v. 18.3.1999 – 8 AZR 306/98, NZA 1999, 706, unter B. II. d.Gr. | 8 Vgl. dazu EuGH v. 7.3.1996 – Rs. C-171/94 und Rs. C-172/94, EAS RL 77/187/EWG Nr. 11 m. zT abl. Anm. *Willemsen* = ZIP 1996, 882 = DB 1996, 683 = NZA 1996, 413 – Merckx, Neuhuys.

"Wahrung der wirtschaftlichen Einheit" von zentraler Bedeutung sein. Die „Adressierung" eines ganz bestimmten Kundenkreises kann nämlich den Betriebszweck insb. bei Handels- und Dienstleistungsbetrieben entscheidend prägen, so dass bei Ansprache eines gänzlich anderen Personenkreises ein Betriebsübergang fern liegt[1].

158 **(1) Positive Indizfunktion.** Eine Indizfunktion kann der Beibehaltung des bisherigen Kundenkreises allerdings nur zukommen, soweit der in Rede stehende Betrieb bzw. Betriebsteil überhaupt über eine „eigene" Kundschaft verfügt. Daran fehlt es insb. dann, wenn eine Tätigkeit (zB durch einen Subunternehmer) lediglich für Rechnung eines Dritten ausgeführt wird, der seinerseits über eine eigene Kundschaft verfügen mag. Der Übernahme oder Nichtübernahme dieser Kundschaft kommt dann im Hinblick auf § 613a keine Bedeutung zu. Dies gilt zB bei der Bewirtschaftung einer Kantine durch einen **Caterer**, der hierdurch keine eigenen Geschäftsbeziehungen zu Beschäftigten der Auftraggeberin aufnimmt[2]. Hier kann es für die Beurteilung eines Betriebsübergangs folglich nicht darauf ankommen, ob der Auftragnehmer in die Geschäftsbeziehungen seines Auftraggebers zu Dritten eintritt.

159 Demgegenüber kann der Beibehaltung des Kundenkreises ausschlaggebende Bedeutung zukommen, wenn das in Rede stehende Unternehmen über solche eigenen Kundenbeziehungen verfügt *und* der Betriebszweck entscheidend durch die Tätigkeit gerade für diesen bzw. diese Kunden geprägt wird. Dies ist insb. bei Dienstleistungstätigkeiten oftmals der Fall. Diese können einen klaren **Objektbezug** aufweisen dergestalt, dass die Wahrung der wirtschaftlichen Einheit nur bei Weiterführung dieser Tätigkeit für einen konkreten Auftraggeber denkbar erscheint. Ein solcher, die Betriebsidentität bestimmender Objekt- und damit auch Kundenbezug ist oftmals festzustellen bei **Reinigungs- und Bewachungsfunktionen**, wo die Zuordnung zu einem bestimmten Kundenobjekt sogar zur Abgrenzung des Betriebsteilbegriffs herangezogen wird (s. dazu Rz. 38). Hier erscheint die Wahrung der wirtschaftlichen Einheit dann – aber auch nur dann – vorstellbar, wenn der Bezug zum jeweiligen Kunden/Objekt auch beim „Nachfolger" gewahrt bleibt. Ist dies der Fall, kommt es für den Übergang der Kundenbeziehung nach der Rspr. sowohl des EuGH als auch des BAG nicht darauf an, dass diese einvernehmlich auf den Auftragsnachfolger übergeleitet wird; es ist also **keine vertragliche Überleitung** der Vertragsbeziehungen zwischen bisherigem und neuem Betriebsinhaber **erforderlich**. Vielmehr können die Voraussetzungen des § 613a in derartigen Konstellationen auch bei einem Auftragswechsel in einer Konkurrenzsituation erfüllt sein[3]. Entscheidend ist also in diesem Zusammenhang allein, dass der Auftrag tatsächlich am selben Objekt und für denselben Kunden ausgeführt wird. Hinzu kommen muss dann – jedenfalls bei sog. betriebsmittelarmen Tätigkeiten – allerdings noch die tatsächliche Übernahme der sog. organisierten Hauptbelegschaft, welche nach neuerer Rspr. ebenfalls keiner vertraglichen Einigung mit dem bisherigen Auftragnehmer bedarf[4].

160 Eine besonders hohe Bedeutung für die Wahrung der Betriebsidentität kommt der Beibehaltung des Kundenkreises auch bei **Handelsunternehmen** zu. Nach Auffassung des BAG machen die Lieferanten- und Kundenbeziehungen das Substrat und den spezifischen Charakter des Einzelhandelsbetriebs aus[5]. Allerdings reicht es noch nicht aus, wenn der neue Inhaber auf denselben Kundenkreis zielt, selbst wenn dies am selben Ort und in denselben Räumlichkeiten wie unter dem Vorgänger geschieht[6]; er muss vielmehr auch die betriebsorganisatorischen Voraussetzungen für die Erreichung dieses Kundenkreises übernehmen und fortführen. Daran fehlt es jedenfalls dann, wenn die **Betriebsform** wesentlich geändert wird (zB bei Umstellung von persönlich-individueller Fachberatung auf Selbstbedienung)[7] oder bei einem (Mode-)Fachgeschäft, welches durch umfassende persönliche Beratung von Kunden geprägt ist, auf die Weiterbeschäftigung des bisherigen Personals (einschließlich Führungskräften oder Know-how-Trägern) vollständig verzichtet wird[8]. Hieran zeigt sich, dass dem tatsächlichen Übergang der Kundschaft nicht allein, sondern nur in Verbindung mit anderen Kriterien des Sieben-Punkte-Katalogs eine positive Indizfunktion zufallen kann; bei einem alleinigen Abstellen auf dieses Merkmal wären nämlich die Grenzen zur – von § 613a nicht erfassten, vgl. Rz. 14, 91 und 172 – bloßen Funktionsnachfolge nicht mehr erkennbar. Entscheidend ist also, ob mittels der bisherigen Arbeitsorganisation[9] derselbe Kundenkreis erschlossen wird. Insoweit ist eine Gesamtwürdigung unter Einbeziehung aller Umstände

---

1 Vgl. hierzu (bei erheblicher Veränderung der räumlichen Lage eines Einzelhandelsgeschäfts) BAG v. 2.12.1999 – 8 AZR 796/98, AP Nr. 188 zu § 613a BGB (Elektrohandel); zur prägenden Bedeutung des Kundenkreises vgl. auch *KR/Pfeiffer*, § 613a BGB Rz. 45. | 2 Vgl. zu einer solchen Konstellation BAG v. 11.12.1997 – 8 AZR 426/94, AP Nr. 171 zu § 613a BGB (Catering). | 3 So wörtlich BAG v. 11.12.1997 – 8 AZR 729/96, AP Nr. 172 zu § 613a BGB (Reinigung II); s. dazu, dass nach der Rspr. ein „Rechtsgeschäft" zwischen erstem und zweitem Auftragnehmer nicht erforderlich ist, auch unten Rz. 198 ff. | 4 S. dazu Rz. 198 ff. | 5 BAG v. 2.12.1999 – 8 AZR 796/98, AP Nr. 188 zu § 613a BGB (Elektrohandel), unter II. 2. b) d.Gr. | 6 So BAG v. 22.5.1997 – 8 AZR 101/96, AP Nr. 154 zu § 613a BGB (Modegeschäft), unter B. 2. II. c) ee) d.Gr. | 7 Vgl. BAG v. 2.12.1999 – 8 AZR 796/98, AP Nr. 188 zu § 613a BGB (Elektrohandel): Die im Wesentlichen unveränderte Beibehaltung von Warensortiment und Betriebsform ist „regelmäßig Voraussetzung, um einen Erhalt der wirtschaftlichen Einheit aus annehmen zu können". | 8 BAG v. 22.5.1997 – 8 AZR 101/96, AP Nr. 154 zu § 613a BGB (Modegeschäft), unter B. II. c) cc) dd) d.Gr. | 9 Auf die Bedeutung der Arbeitsorganisation in diesem Zusammenhang weisen BAG v. 22.5.1997 – 8 AZR 101/96, AP Nr. 154 zu § 613a BGB (Modegeschäft), unter B. II. c) ee) d.Gr. und v. 2.12.1999 – 8 AZR 796/98, AP Nr. 188 zu § 613a BGB (Elektrohandel), unter II. 2. b) d.Gr. besonders hin.

erforderlich. An der Wahrung der bisherigen Betriebsorganisation kann es insb. fehlen, wenn der Übernehmer eines Geschäftslokals bereits an anderen Orten über eine Reihe von gleichartigen (Filial-)Geschäften verfügt und mit der neuen Filiale lediglich die bisherige Betriebstätigkeit erweitert wird[1].

Umgekehrt schließt bei einem Handelsgeschäft ein grundlegender Wechsel des angesprochenen Kundenkreises – zB aufgrund eines vollständig geänderten Warensortiments oder einer erheblichen räumlichen Verlagerung – einen Betriebsübergang selbst dann aus, wenn das bisherige Personal im Wesentlichen unverändert weiterbeschäftigt wird[2]. 161

Daran zeigt sich, dass der konkret angesprochenen **Klientel** für den Betriebszweck eines Handelsgeschäfts individualisierende Bedeutung zukommt und die Wahrung der Betriebsidentität daher die beabsichtigte Beibehaltung dieses Kundenkreises voraussetzt; Entsprechendes gilt für andere Publikumsbetriebe, etwa im Bereich der Gastronomie[3]. Allerdings handelt es sich dabei nur um eine notwendige, nicht um eine hinreichende Bedingung (s.o. Rz. 160). Grob unrichtig ist es deshalb, allein aus der Übertragung einer **Vertriebsberechtigung** für ein bestimmtes Gebiet auf den Übergang eines Betriebs bzw. Betriebsteils schließen zu wollen[4]. 162

Soweit das BAG neben dem Eintritt in Kundenbeziehungen auch der Fortsetzung des Warenbezuges durch **dieselben Lieferanten** Bedeutung beimisst, hat es diesen Gesichtspunkt zugleich wieder relativiert: Sofern weitgehend die gleiche Ware wie bisher verkauft werde, komme es auf den mangelnden Eintritt in Lieferantenbeziehungen nicht an. Dies gelte jedenfalls dann, „wenn diese allgemein offen stehen und nicht ganz spezifische Markenware verkauft wird". Auch könne das im Wesentlichen gleiche Warensortiment oftmals von mehreren Lieferanten bezogen werden[5]. Eine betriebsindividualisierende Wirkung kommt den Lieferantenbeziehungen daher nur dann zu, wenn sie schwer zugänglich oder gar durch Exklusivitätsrechte geschützt sind. 163

Bei **Produktionsbetrieben** können Lieferantenbeziehungen unter denselben Voraussetzungen Bedeutung für die Wahrung der Betriebsidentität erlangen[6]. Auch hier kommt der Beibehaltung des Kundenstammes eine gewisse (positive) Bedeutung für die Beurteilung des Betriebsübergangs zu[7]. Allerdings erfordert hier die Art des Betriebs (Merkmal ①) wiederum gewisse Modifikationen: Handelt es sich um ein „klassisches" Produktionsunternehmen, steht nach dem Betriebszweck der zweckgerichtete Einsatz der Maschinen im Rahmen der (betrieblichen) Gesamtorganisation im Vordergrund. Der **Eintritt in laufende Aufträge** ist daher **nicht erforderlich**[8]. Der Fortsetzung von Kundenbeziehungen kommt für *diese* Aktivitäten daher in der Regel keine ausschlaggebende Bedeutung zu. Dies gilt auch im umgekehrten Sinne: Bei fehlender Übernahme von Produktionseinrichtungen (s.o. Rz. 111) vermag der Eintritt in laufende Aufträge die Anwendung des § 613a nicht zu begründen[9]. Es liegt dann lediglich ein Fall der Funktionsnachfolge vor mit der Konsequenz, dass der Auftragsnachfolger „sein" Personal für die Produktion frei auswählen kann. Für den Vertriebsbereich eines Produktionsunternehmens, sofern er als eigenständiger Betriebsteil geführt wird (s. dazu oben Rz. 31 ff.), kann der Eintritt in bestehende Kundenbeziehungen und laufende Verträge allerdings sehr wohl von erheblicher Bedeutung sein. 164

(2) **Negative Indizfunktion.** Aus dem vorstehend Ausgeführten folgt, dass der Nichteintritt in bestehende Kundenbeziehungen bei Betrieben, deren arbeitstechnischer Zweck maßgeblich durch einen derartigen fortlaufenden Kundenkontakt geprägt wird, ein ganz ausschlaggebendes Indiz („K.-o.-Kriterium") gegen das Vorliegen eines Betriebsübergangs sein kann. Dies trifft insb. auf Handelsbetriebe, des Weiteren auf Betriebe des Gaststättengewerbes und jedenfalls idR auch auf Dienstleistungsunternehmen zu (s. bereits oben Rz. 159)[10]. So erscheint es nicht vorstellbar, dass zB eine Werbeagentur, eine Steuerberater- oder sonstige **freiberufliche Praxis** auf einen Dritten iSv. § 613a übergeht, ohne dass dieser zugleich den wesentlichen Kunden-/Mandanten- bzw. Patientenstamm „übernimmt". Insoweit kommt es nicht auf die (standes)rechtliche Zulässigkeit einer solchen „Übernahme", sondern dar- 165

---

1 Vgl. zu diesem Gesichtspunkt *Willemsen*, RdA 1991, 204 (211); ebenso BAG v. 22.5.1997 – 8 AZR 101/96, AP Nr. 154 zu § 613a BGB (Modegeschäft). | 2 So zutr. BAG v. 2.12.1999 – 8 AZR 796/98, AP Nr. 188 zu § 613a BGB (Elektrohandel), unter II. c) d.Gr. | 3 IdS vor allem BAG v. 11.9.1997 – 8 AZR 555/95, EzA § 613a BGB Nr. 153 m. Anm. *Willemsen/Annuß* (Tausendundeine Nacht), unter B. 2. c) d.Gr.: Zieht ein Restaurant nach dem Pächterwechsel „Gäste mit anderem Geschmack und anderen Interessen an", fehlt es am Übergang des Kundenstamms. | 4 So aber der EuGH in der *nach* EuGH v. 14.4.1994 – Rs. C-392/92, AP Nr. 106 zu § 613a BGB – Christel Schmidt und *vor* EuGH v. 11.3.1997 – Rs. C-13/95, AP Nr. 14 zu RL Nr. 77/187/EWG – Ayse Süzen ergangenen *Entscheidung EuGH* v. 7.3.1996 – Rs. C-171/94 und Rs. C-172/94, EAS RL 77/187/EWG Nr. 11 m. zT abl. Anm. *Willemsen* – Merckx, Neuhuys. | 5 BAG v. 2.12.1999 – 8 AZR 796/98, AP Nr. 188 zu § 613a BGB (Elektrohandel), unter II. 2. b) und c) d.Gr. | 6 Vgl. dazu BAG v. 26.8.1999 – 8 AZR 588/98, nv. (Druckweiterverarbeitung); v. 10.12.1998 – 8 AZR 763/87, nv. (Zeitungsdruckerei); v. 25.5.2000 – 8 AZR 335/99, nv. (Armaturenhersteller). | 7 IdS zB BAG v. 18.3.1999 – 8 AZR 306/98, NZA 1999, 706 (Druckerei); v. 10.12.1998 – 8 AZR 763/97, nv. (Zeitungsdruckerei). | 8 BAG v. 26.8.1999 – 8 AZR 588/98, nv. (Druckweiterverarbeitung), dazu *Willemsen* in Willemsen/Hohenstatt/Schweibert/Seibt, Rz. G 79 ff. | 9 Vgl. *Willemsen* in Willemsen/Hohenstatt/Schweibert/Seibt, Rz. G 81; in diesem Sinne wohl auch BAG v. 10.12.1998 – 8 AZR 763/97, nv. (Zeitungsdruckerei); v. 25.5.2000 – 8 AZR 335/99, nv. (Armaturenhersteller). | 10 So zB ausdrücklich für einen Privatschulbetrieb BAG v. 18.2.1999 – 8 AZR 485/97, AP Nr. 5 zu § 325 ZPO (Privatschule II).

auf an, ob die notwendigen tatsächlichen Voraussetzungen für eine „nahtlose" Fortführung der bestehenden Geschäftsbeziehungen gegeben sind. Ist dies zu verneinen, werden also beispielsweise – im Falle einer Anwalts- oder Steuerberaterkanzlei – keine Mandatsakten oder – im Falle einer Arztpraxis – keine Patientenunterlagen übernommen, kann von einer „Nämlichkeit" der Praxis unter dem „Nachfolger" keine Rede sein[1]. Anders liegt es auch hier aus den (oben Rz. 164) genannten Gründen demgegenüber bei („echten") Produktionsbetrieben. Hier kommt dem Nichteintritt in bestehende Kundenbeziehungen und Lieferantenaufträge keine Ausschlusswirkung im Hinblick auf § 613a zu, wenn alle spezifischen Produktionseinrichtungen übernommen und zur Herstellung gleicher oder gleichartiger Produkte weitergenutzt werden (s. bereits oben Rz. 117)[2].

166 **ff) Grad der Ähnlichkeit zwischen den vor und nach dem Übergang verrichteten Tätigkeiten (Merkmal ⑥).** Dieses Merkmal hebt auf den (arbeitstechnischen) Zweck des jeweiligen Betriebs/Betriebsteils ab. Gemeinsam mit der konkreten Betriebsorganisation stellt es die wesentliche Grundlage für die Beurteilung der Betriebsidentität dar (s. dazu bereits oben Rz. 18).

167 **(1) Fortführung des bisherigen bzw. eines gleichartigen Betriebszwecks.** Seit der durch die Judikatur des EuGH erzwungenen Aufgabe der Theorie der Fortführungsmöglichkeit durch das BAG (oben Rz. 68 f.) ist die „tatsächliche Weiterführung oder Wiederaufnahme der Geschäftstätigkeit" durch den neuen Inhaber konstitutives und unverzichtbares Merkmal des Betriebsübergangs (s. oben Rz. 63 ff.). Es reicht nicht aus, dass der Nachfolger mit den übernommenen Betriebsmitteln irgendeine Geschäftstätigkeit ausübt, sondern es muss sich um dieselbe oder zumindest gleichartige Tätigkeit handeln[3]. Je ähnlicher der oder die Betriebszwecke vor und nach dem Inhaberwechsel sind, desto mehr spricht für das Vorliegen eines Betriebs(teil)übergangs. Dabei kommen grundsätzlich alle Betriebszwecke – gleich ob auf Gewinnerzielung gerichtet oder nicht – in Betracht (s. bereits Rz. 21 ff.). Werden in ein und demselben Betrieb verschiedene Zwecke ausgeübt, kann eine **gesonderte Prüfung** im Hinblick auf die einzelnen **Betriebsteile** erforderlich werden[4].

168 Fest steht zunächst, dass eine Weiterführung der Geschäftstätigkeit iSd. nunmehr st. EuGH- und BAG-Rspr. nicht vorliegt, wenn der neue Inhaber keine gleiche oder zumindest ähnliche, sondern eine „im Wesentlichen andere Tätigkeit als der bisherige Inhaber ausübt"[5]. Eine solche wesentlich andersartige Tätigkeit kann zB in dem **Übergang von industrieller Massenfertigung auf handwerkliche Einzelfertigung** – und umgekehrt – liegen[6], bei einem Dienstleistungsbetrieb aber auch in der völligen Umgestaltung des Dienstleistungskonzepts sowie des angesprochenen (potentiellen) Kundenkreises[7]. **Weitere Beispiele aus der Rspr.:** Umbau eines Ferienzentrums des FDGB in einen Hotel- und Restaurationsbetrieb[8]; Umstellung eines gutbürgerlichen Lokals auf arabische Spezialitäten[9], „Umwandlung" eines bordellartigen Betriebs in einen „üblichen" Hotel- und Beherbergungsbetrieb[10].

169 Die neuere Rspr. wirft die für die Praxis ebenso relevante wie schwierige Frage auf, wann eine **Änderung** des Betriebszwecks so **„wesentlich"** ist, dass von einer Fortführung des bisherigen Betriebs bzw. Betriebsteils nicht mehr die Rede sein kann. § 111 Satz 2 Nr. 3 BetrVG und die hierzu ergangene Rspr. (s. die Kommentierung zu § 111 BetrVG) sind wegen der unterschiedlichen Schutzzwecke nicht ohne weiteres entsprechend anwendbar[11]. Zu richtigen Antworten verhilft auch hier nur eine Rückbesinnung auf den Normzweck des § 613a BGB (s. dazu oben Rz. 9). Änderungen des Geschäftszwecks oder der Geschäftstätigkeit sind jedenfalls dann in dem vorstehenden Sinne erheblich, wenn sie (sofortige, s. dazu Rz. 170) grundlegende Änderung der Betriebsorganisation, also der Verknüpfung (Kombination) materieller, immaterieller und personeller Ressourcen zu dem intendierten Betriebszweck,

---

1 Vgl. dazu LAG Hamm v. 21.9.2000 – 16 Sa 353/00, nv. (Kassenarztpraxis), das in diesem Zusammenhang auch zur ärztlichen Schweigepflicht Stellung nimmt. Besonderheiten gelten für das **Notariat**, weil hier bereits der höchstpersönliche Charakter der öffentlich-rechtlichen Befugnis dem Betriebsübergang entgegensteht; vgl. BAG v. 26.8.1999 – 8 AZR 827/98, AP Nr. 197 zu § 613a BGB. |2 So ausdrücklich BAG v. 26.8.1999 – 8 AZR 588/98, nv. (Druckweiterverarbeitung). Unklar allerdings BAG v. 10.12.1998 – 8 AZR 763/97, nv. (Zeitungsdruckerei), wo es allerdings ohne jede weitere Vertiefung heißt, die Übernahme von Druckaufträgen spiele beim Übergang einer Druckerei „eine erhebliche Rolle". |3 So bereits EuGH v. 18.3.1986 – Rs. 24/85, EAS RL 77/187/EWG Nr. 2 – Spijkers, Rz. 12: Es sei zu prüfen, ob eine noch bestehende wirtschaftliche Einheit veräußert worden sei, was sich unter anderem daraus ergebe, „dass der Betrieb von dem neuen Inhaber mit derselben oder einer gleichartigen Geschäftstätigkeit tatsächlich weitergeführt oder wieder aufgenommen wird"; seitdem st. Rspr. |4 Zutr. *B. Gaul*, Betriebs- und Unternehmensspaltung, § 6 Rz. 111. |5 So wörtlich BAG v. 16.5.2002 – 8 AZR 320/01, DB 2002, 2552 (Schuhproduktion), unter B. III. 4. d.Gr.; ebenso bereits BAG v. 18.3.1999 – 8 AZR 159/98, AP Nr. 189 zu § 613a BGB (Kfz-Handel) und BAG v. 11.9.1997 – 8 AZR 555/95, EzA § 613a BGB Nr. 153 m. Anm. *Willemsen/Annuß* (Tausendundeine Nacht); ebenso *Willemsen*, RdA 1991, 204 (211). |6 BAG v. 16.5.2002 – 8 AZR 320/01, DB 2002, 2552 (Schuhproduktion). |7 Vgl. BAG v. 11.9.1997 – 8 AZR 555/95, EzA § 613a BGB Nr. 153 m. Anm. *Willemsen/Annuß* (Tausendundeine Nacht). |8 BAG v. 16.7.1998 – 8 AZR 81/97, NZA 1998, 1233; dazu auch oben Rz. 105. |9 BAG v. 11.9.1997 – 8 AZR 555/95, EzA § 613a BGB Nr. 153 m. Anm. *Willemsen/Annuß* (Tausendundeine Nacht). |10 LAG Berlin v. 4.3.1998 – 13 Sa 159/97, EWiR 1999, 733 m. Anm. *Schlachter*; dazu auch oben Rz. 105. |11 Ebenso *B. Gaul*, Betriebs- und Unternehmensspaltung, § 6 Rz. 117.

erforderlich machen[1]. Ist es andererseits möglich, den Betriebszweck zu ändern, ohne dass dafür eine solche grundlegende Änderung der Organisationsstrukturen erfolgen muss, kann es sich nach dem Normzweck noch um eine „gleichartige" Tätigkeit handeln. Entscheidend ist insoweit nicht (wie im Wettbewerbsrecht) die Auffassung externer Marktkreise, sondern die Weiternutzung der bisherigen „Wertschöpfungsquelle" zu dem – wenn auch modifizierten – Wertschöpfungsprogramm. Kann also zB bei einem Produktionsbetrieb ein verändertes Produkt mit dem im Wesentlichen unveränderten Maschinenpark und derselben „eingespielten Belegschaft" hergestellt werden, bedarf es also keiner erheblichen eigenen Investition des neuen Inhabers in Bezug auf Material und Know-how, handelt es sich unter Umständen noch um eine gleichartige Tätigkeit, auch wenn die Absatzmärkte und -chancen für das neue Produkt durchaus anders zu beurteilen sind als für das Vorgängerprodukt. Bei Handels- und Dienstleistungstätigkeiten wird dagegen die Ansprache und Erschließung deutlich unterschiedlicher Kundenkreise in aller Regel gegen eine „Gleichartigkeit" der Tätigkeit sprechen (s. dazu bereits Rz. 157). Entscheidend ist jeweils, ob sich der „Nachfolger" noch auf die vom Vorgänger geschaffenen betrieblichen Strukturen stützt oder damit ein nicht mehr vergleichbares, eigenes unternehmerisches Konzept verwirklicht wird (s. oben Rz. 105).

Eine grundlegende Änderung des Betriebszwecks in dem vorstehend beschriebenen Sinne schließt einen Betriebsübergang bzw. Betriebsteilübergang allerdings nur dann aus, wenn sie von dem Nachfolger **sogleich realisiert** wird. Gehört es von Anfang an zu dem Geschäftskonzept des Erwerbers, die Betriebsmittel zu einem anderen Betriebszweck neu zu „arrangieren", entfällt die Anwendung des § 613a BGB. Anders liegt es jedoch, wenn die temporäre Weiterführung des Betriebszwecks ein **notwendiges Durchgangsstadium** für die – letztendlich bezweckte – spätere Umstellung des Betriebs- oder Geschäftszwecks ist: Hier reicht die Gleichartigkeit der Tätigkeit unmittelbar nach dem Übergang aus, um dieses Merkmal im Rahmen des Sieben-Punkte-Katalogs zu bejahen; denn § 613a setzt nicht voraus, dass der Erwerber sich die vom Vorgänger geschaffene Organisation auf unbestimmte Dauer zunutze macht[2]. **170**

Ob trotz **nicht unerheblicher Ortsverlagerung** noch von einer gleichen oder gleichartigen Tätigkeit ausgegangen werden kann, hängt wiederum von der Art des Betriebs/Betriebsteils sowie der oben beschriebenen *ratio legis* ab (s. dazu bereits oben Rz. 101). Grundsätzlich ausgeschlossen ist dies nicht[3]. Die wirtschaftliche Einheit kann trotz Ortsverlagerung gewahrt bleiben, wenn der Erwerber eines Produktionsbetriebs Betriebsmittel verlagert und an einem anderen Ort mit gleicher Arbeitsorganisation und gleichen Betriebsmethoden diese Produktion weiterführt. Entscheidend für die Wahrung der wirtschaftlichen Einheit ist also nicht die Wahrung des Produktionsorts, sondern die unveränderte Fortführung der Organisation der übernommenen Produktion[4]. Daran kann es trotz Fortführung eines gleichen oder gleichartigen Betriebszwecks namentlich bei betriebsmittelarmen Tätigkeiten (zum Begriff Rz. 97 f.) fehlen, wenn die ArbN und dort vor allem die unverzichtbaren Know-how-Träger den Umzug nicht „mitmachen" (s. dazu bereits oben Rz. 154). Bei Einzelhandelsunternehmen schließt eine erhebliche räumliche Verlagerung die Bejahung der Gleichartigkeit des Betriebszwecks in der Regel aus, weil dieser maßgeblich durch die Kundschaft mitgeprägt wird und eine Weiterführung derselben organisatorischen Einheit an ganz anderer Stelle, von Spezialgeschäften und am Ort konkurrenzlosen Betrieben abgesehen, häufig fern liegt, weil der Kunde an die Lage des Geschäfts gewohnt ist[5]. Hier fehlt es an der Gleichartigkeit der Tätigkeit, wenn durch die Ortsverlagerung der Kontakt zur bisherigen Kundschaft abreißt. Das sechste Merkmal des Sieben-Punkte-Katalogs ist dann zu verneinen, selbst wenn es dem neuen Inhaber gelingen sollte, Teile der Kundschaft seines „Vorgängers" durch besondere Akquisitionsbemühungen zurückzugewinnen. **171**

(2) Notwendigkeit der Abgrenzung von der reinen Funktionsnachfolge (insb. im Falle des Outsourcing). Wie bereits an anderer Stelle (Rz. 14 und 91) ausgeführt, kann das sechste Merkmal niemals für sich allein betrachtet zur Bejahung eines Betriebsübergangs bzw. Betriebsteilübergangs führen, weil ansonsten die Grenzen zur – von § 613a BGB nicht erfassten – reinen Funktionsnachfolge ignoriert würden. Selbst wenn die bisherige und künftige Tätigkeit einander noch so ähnlich sind, rechtfertigt dies allein, wie der EuGH mit der *Ayse Süzen*-Entscheidung vom 11.3.1997[6] mit aller Deutlichkeit herausgestellt hat, noch nicht die Schlussfolgerung, dass der Übergang einer wirtschaftlichen Einheit vorliege. Eine Einheit dürfe nämlich nicht als bloße Tätigkeit verstanden werden. Ihre Identität ergebe sich vielmehr „auch aus anderen Merkmalen wie ihrem Personal, ihren Führungskräften, ihrer Arbeitsorganisation, ihren Betriebsmethoden und ggf. den ihr zur Verfügung stehenden Betriebsmitteln". Die **172**

---

1 Zur Bedeutung der Betriebsorganisation in diesem Zusammenhang vgl. die unter Rz. 9 aufgeführten BAG-Urteile. *Auch das BAG hat für die Relevanz einer Änderung des Betriebszwecks maßgeblich auf die damit einhergehende Änderung der Betriebsmethoden und damit der Arbeitsorganisation abgestellt; vgl. insbesondere BAG v. 11.9.1997 – 8 AZR 555/95, EzA § 613a BGB Nr. 153 m. Anm. Willemsen/Annuß (Tausendundeine Nacht).* |2 Vgl. *Willemsen/Annuß*, Anm. BAG v. 18.3.1999 – 8 AZR 159/98, AP Nr. 189 zu § 613a BGB (Kfz-Handel), Bl. 7/7R sowie oben Rz. 65 und 70. |3 Vgl. BAG v. 2.12.1999 – 8 AZR 796/98, AP Nr. 188 zu § 613a BGB (Elektrohandel); s. dazu auch *Willemsen* in Willemsen/Hohenstatt/Schweibert/Seibt, Rz. G 120 mit Nachw. auch zur früheren Rspr. |4 BAG v. 16.5.2002 – 8 AZR 320/01, DB 2002, 2552 (Schuhproduktion). Zweifelnd bei Verlagerung um mehrere hundert Kilometer allerdings BAG v. 25.5.2000 – 8 AZR 335/99, nv. (Armaturenfertigung). |5 BAG v. 2.12.1999 – 8 AZR 796/98, AP Nr. 188 zu § 613a BGB (Elektrohandel), unter II. 2. b) d.Gr. |6 EuGH v. 11.3.1997 – Rs. C-13/95, AP Nr. 14 zu RL Nr. 77/187/EWG – Ayse Süzen, Rz. 15.

Funktionsnachfolge zeichnet sich also im Vergleich zur Betriebsnachfolge dadurch aus, dass zwar dieselbe oder eine ähnliche Tätigkeit, jedoch im Rahmen einer neu geschaffenen oder beim Nachfolger bereits vorhandenen Betriebsorganisation wahrgenommen wird. Diese Differenzierung spielt in der Praxis eine zentrale Rolle. So kann zB eine **öffentliche Verwaltung** in einer Art und Weise **umstrukturiert** werden, dass trotz Übertragung bestimmter *Assets* und Wahrnehmung gleicher oder zumindest ähnlicher Aufgaben durch den künftigen Verwaltungsträger lediglich eine von § 613a nicht erfasste Funktionsnachfolge vorliegt[1]. Diese Überlegung gilt entsprechend auch bei **konzerninternen Umstrukturierungen**[2]. Bei der „Übernahme" eines **Notariats** handelt es sich nach Auffassung des BAG stets nur um eine Funktionsnachfolge, weil die Notarbefugnis als wesentliches Substrat infolge ihres höchstpersönlichen Charakters nicht übertragbar ist[3].

173 Nicht minder relevant wird die Unterscheidung in den Fällen des sog. **Outsourcing**. Auch hier darf die wirtschaftliche Einheit nicht mit einer bloßen Tätigkeit gleichgesetzt werden. Es müssen vielmehr – wieder in Abhängigkeit von der Art des Betriebs/Unternehmens (Merkmal ①) – zusätzlich wesentliche Ressourcen materieller, immaterieller und/oder personeller Art sowie – vor allem – die Betriebsorganisation vom Erwerber übernommen und weitergeführt werden, wenn die Norm zur Anwendung gelangen soll. Insoweit ist auf die Kommentierung zu den übrigen Punkten des Katalogs zu verweisen. Keinesfalls ausreichend ist somit, dass ein (Dienstleistungs-)Unternehmen einen Auftrag verliert und ein anderes diesen in Zukunft fortführt[4].

174 Diese Grundsätze gelten entsprechend im Falle der **erstmaligen Fremdvergabe** bislang durch das Personal des Auftraggebers ausgeübter Tätigkeiten[5]. So können zB bislang betriebsintern verrichtete Reinigungs- oder Wartungsarbeiten ohne Auslösung der Rechtsfolgen des § 613a auf einen externen Auftragnehmer übertragen werden, wenn dieser weder sächliche Betriebsmittel noch Personal des Auftraggebers übernimmt; bei dieser Betrachtung haben grundsätzlich diejenigen Betriebsmittel des Auftraggebers außer Betracht zu bleiben, *an* denen die jeweilige Dienst- oder Werkleistung zu erbringen ist (s. oben Rz. 51 ff.). In gleicher Weise liegt eine Betriebs(teil)stillegung und kein Betriebs(teil)übergang vor, wenn eine Kaufhauskette in ihren Verkaufsstätten ihre technischen Kundendienstabteilungen schließt und die Kundendienste künftig zentral von einem Fremdunternehmen ausführen lässt, das weder Arbeitsmittel noch Personal übernimmt[6]. Damit ergeben sich in der Praxis erhebliche **Gestaltungsspielräume**[7], gegen die nicht der Einwand der Umgehung des § 613a oder gar des Rechts- bzw. Gestaltungsmissbrauchs erhoben werden kann[8]. Ob bei Beendigung eines Dienstleistungsauftrags ein „Rückfall" des Betriebs bzw. Betriebsteils des Auftragnehmers an den Auftraggeber iSv. § 613a stattfindet, ist ebenfalls unter dem Aspekt der Aufrechterhaltung der Betriebs- und Arbeitsorganisation zu entscheiden. Hieran fehlt es, wenn eine EDV-Dienstleistungsgesellschaft, die Aufträge für verschiedene Auftraggeber betreut, nach Einstellung ihres Geschäftsbetriebs einen Großteil der Programme und Disketten an die einzelnen Auftraggeber zurückgibt, die nunmehr jeweils für sich unmittelbar oder über Drittfirmen die entsprechenden Tätigkeiten fortführen[9].

175 gg) **Dauer einer eventuellen Unterbrechung der Tätigkeit (Merkmal ⑦).** Während es für die Anwendung des § 613a grundsätzlich nicht darauf ankommt, für wie lange Zeit der Nachfolger die Betriebstätigkeit seines Vorgängers fortzusetzen gedenkt (s. bereits oben Rz. 72), entspricht es der inzwischen ganz herrschenden Meinung in Rspr. und Lit., dass eine längere tatsächliche Unterbrechung der Betriebstätigkeit vor dem Eintritt des Erwerbers der Annahme eines Betriebs(teil)übergangs entgegenstehen kann (s. dazu auch oben Rz. 78 f.)[10]. Demgegenüber spreche bei „alsbaldiger" Wiedereröffnung des Betriebs oder bei „alsbaldiger" Wiederaufnahme der Produktion durch den Erwerber eine tatsächliche Ver-

---

1 Vgl. BAG v. 26.6.1997 – 8 AZR 426/95, AP Nr. 165 zu § 613a BGB (Verwaltungs-Funktionsnachfolge), unter I. 3. b) d.Gr. |2 Dazu, dass § 613a BGB grundsätzlich auch für Übertragungsvorgänge im Konzern gilt, vgl. BAG v. 12.11.1998 – 8 AZR 282/97, AP Nr. 186 zu § 613a BGB (Benetton/Einzelhandel). |3 Vgl. BAG v. 26.8.1999 – 8 AZR 827/98, AP Nr. 197 zu §613a BGB. |4 Dass die Neuvergabe eines Dienstleistungsauftrags an einen Konkurrenten als solche noch keine Betriebsveräußerung darstellt, hat das BAG mit dieser Deutlichkeit erstmals im Urteil BAG v. 11.12.1997 – 8 AZR 729/96, AP Nr. 172 zu § 613a BGB (Reinigung II) im Anschluss an EuGH v. 11.3.1997 – Rs. C-13/95, AP Nr. 14 zu RL Nr. 77/187/EWG – Ayse Süzen festgestellt. |5 Ebenso ErfK/*Preis*, § 613a BGB Rz. 37. |6 BAG v. 22.1.1998 – 8 AZR 243/95, AP Nr. 173 zu § 613a BGB (Technische Kundendienste). |7 S. dazu im Einzelnen *Willemsen* in Willemsen/Hohenstatt/Schweibert/Seibt, Rz. G 134 ff.; kritisch ErfK/*Preis* § 613a BGB Rz. 39 unter Hinweis auf den Normzweck des § 613a BGB und der zugrunde liegenden Richtlinie, der allerdings nur zum Zuge kommt, wenn die tatbestandlichen Voraussetzungen erfüllt sind. |8 Zutr. *Müller-Glöge*, NZA 1999, 449 (454), der auf die Notwendigkeit einer Unterscheidung zwischen der „Vermeidung" der Rechtsfolgen des § 613a BGB und einem mit dem Normzweck unvereinbaren Gestaltungsmissbrauch hinweist. |9 BAG v. 24.4.1997 – 8 AZR 848/94, NZA 1998, 253 (EDV-Dienstleistung); s. dazu auch oben Rz. 36. |10 St. Rspr. – auch – des BAG seit EuGH v. 11.3.1997 – Rs. C-13/95, AP Nr. 14 zu RL Nr. 77/187/EWG – Ayse Süzen, wo (zum wiederholten Male!) seitens des EuGH festgestellt wurde, dass bei der Prüfung der Frage, ob eine *wirtschaftliche Einheit* übergegangen sei, die Dauer einer eventuellen Unterbrechung der betrieblichen Tätigkeit zu berücksichtigen sei; vgl. zB BAG v. 22.5.1997 – 8 AZR 101/96, AP Nr. 154 zu § 613a BGB (Modegeschäft); v. 11.9.1997 – 8 AZR 555/95, EzA § 613a BGB Nr. 153 m. Anm. *Willemsen/Annuß* (Tausendundeine Nacht); s. zum Ganzen auch *Moll*, RdA 2003, 129 (131) sowie die weiteren Nachweise in Rz. 75 Fn. 1.

mutung gegen die ernsthafte Absicht, den Betrieb stillzulegen (dazu sowie zum Verhältnis zwischen Betriebsübergang einerseits und Betriebsstilllegung andererseits s. oben Rz. 75 ff.).

Damit sind in Wirklichkeit zwei verschiedene Gesichtspunkte angesprochen: Zum einen ist klar, dass ein bereits endgültig stillgelegter Betrieb oder Betriebsteil (zu den Voraussetzungen im Einzelnen vgl. die Kommentierung zu § 1 KSchG sowie zu § 111 BetrVG) nicht mehr nach § 613a übernommen werden kann (ebenfalls st. Rspr.). Betriebsübergang und Betriebsstilllegung schließen sich also wechselseitig aus; das ergibt sich bereits daraus, dass im ersteren Fall die bestehende Betriebsorganisation vom Nachfolger weitergeführt, im letzteren dagegen dieselbe unwiderruflich aufgelöst wird[1]. Übernimmt der (Auftrags-)Nachfolger also lediglich die Aufgabe (= Funktion), nicht jedoch die ihrer Realisierung dienenden Strukturen und Organisation seines Vorgängers, bleibt diesem, soweit er die personellen und (ggf.) sächlichen Ressourcen nicht für andere Aufträge einsetzen kann, idR nur noch die (idR sozialplanpflichtige!) Betriebsstilllegung.

Von einer solchen ordnungsgemäßen Stilllegung durch den Vorgänger kann indes die „Haftung" des Nachfolgers aus § 613a nicht abhängig gemacht werden. Entscheidend ist insoweit vielmehr allein, ob aus *seiner* Sicht trotz längeren Ruhens der Betriebstätigkeit bei tatsächlicher (!) späterer Wiederaufnahme eines gleichen oder gleichartigen Betriebs (Merkmal ⑥, s. oben Rz. 166 ff.) noch von einer (Weiter-)Nutzung der vom Vorgänger geschaffenen Betriebsorganisation für eigene betriebliche Zwecke gesprochen werden kann. Obwohl gerade hier seitens der Praxis im Interesse der **Rechtssicherheit** feste (Höchst- bzw. Mindest-) Fristen sicherlich wünschenswert wären, lehnt die Rspr. – zu Recht – eine Schematisierung ab und spricht stattdessen nur von einer „**wirtschaftlich erheblichen**" **Zeitspanne** der Unterbrechung der Betriebstätigkeit[2]. Was „wirtschaftlich erheblich" ist, muss wiederum im Kontext des soeben erwähnten Normzwecks entschieden werden. Insoweit kommt es – insb. – auf die Art des Betriebs bzw. Unternehmens (Merkmal ①) und – jedenfalls bei Handels- und Dienstleistungsunternehmen – maßgeblich darauf an, ob trotz der Unterbrechung der Betriebstätigkeit der bisherige Kundenkreis (Merkmal ⑤) gehalten werden kann.

Praktische Relevanz erlangt die Thematik vor allem, wenn in den bisherigen oder hierzu nahe gelegenen Geschäftsräumen eine gleiche oder zumindest gleichartige Betriebstätigkeit ausgeübt wird, dann noch ganz oder teilweise mit Personal des bisherigen Betriebsinhabers (Beispiele aus der Rspr.: Textileinzelhandelsunternehmen[3], Gastronomie- oder Hotelbetriebe[4], Filmtheater[5], Kindertagesstätte[6]). Es stellt sich dann die – uU schwierig zu beantwortende – Frage, ob der Nachfolger, der *de facto* über wesentliche Ressourcen seines Vorgängers verfügt, noch an die von diesem geschaffene Betriebsorganisation anknüpft oder damit eine neue, allein ihm zuzurechnende neue Betriebsorganisation aufgebaut hat. Da sowohl der EuGH als auch das BAG auf die „wirtschaftliche Erheblichkeit" einer eventuellen Betriebsunterbrechung abstellen, kommt es entscheidend darauf an, ob der neue Betriebsinhaber trotz dieser Unterbrechung den der Kombination aller relevanten betrieblichen Ressourcen innewohnenden wirtschaftlichen Wert noch nutzen (realisieren) kann, ob er also noch über die bisherige „Wertschöpfungsquelle" verfügt oder sich eine neue erschlossen hat. Bei Produktionsunternehmen ist Ersteres grundsätzlich möglich, solange die Betriebsanlagen unverändert zur Verfügung stehen und die Betriebsorganisation – vor allem durch rechtsbeständige Entlassung der Belegschaft – noch nicht endgültig aufgelöst wurde[7]. Bei Betrieben, deren Identität maßgeblich durch die sowohl konkret bestehenden Kundenbeziehungen (genauer: die betrieblichen Grundlagen derselben, s.o. Rz. 156) geprägt wird, liegt demgegenüber eine wirtschaftlich erhebliche Unterbrechung der Betriebstätigkeit dann vor, wenn der Zusammenhang zwischen den betrieblichen Grundlagen einerseits und den Kundenbeziehungen andererseits dauerhaft aufgelöst wurde. Je „flüchtiger" dann der Kundenkreis ist, desto schneller verlieren die betrieblichen Ressourcen (Geschäftsräume, -einrichtungen, Personal) ihre konkrete Widmung zu dem Zweck, gerade diesen Kundenkreis zu bedienen. Die Aufnahme einer gleichartigen Geschäftstätigkeit in denselben oder benachbarten Räumlichkeiten stellt sich dann bei wirtschaftlicher Betrachtung als Neueröffnung dar („Neues Spiel, neues Glück") und eben nicht als Ausnutzung einer noch bestehenden Organisation.

Vor diesem erneut als Richtschnur heranzuziehenden Gesichtspunkt hat die Rspr. als „**wirtschaftlich erhebliche Unterbrechung**" gewertet: Bei einem **Textileinzelhandelsunternehmen** eine umbaubedingte Unterbrechung von ca. neun Monaten (bei zumindest teilweisem Verlust von zwei umsatzstarken Verkaufsmonaten)[8]; bei einer **Gaststätte** eine mehr als fünfmonatige Schließung des Restaurants

---

1 Vgl. zu diesem Gedanken „wechselseitiger Exklusivität" *Willemsen*, RdA 1991, 204 (210). | 2 S. dazu bereits oben Rz. 78 sowie die Nachweise in Rz. 178 ff. | 3 BAG v. 22.5.1997 – 8 AZR 101/96, AP Nr. 154 zu § 613a BGB (Modegeschäft). | 4 BAG v. 11.9.1997 – 8 AZR 555/95, EzA § 613a BGB Nr. 153 m. Anm. *Willemsen/Annuß* (Tausendundeine Nacht). | 5 LAG Berlin v. 17.11.1986, 9 Sa 77/86, LAGE § 1 KSchG – Betriebsbedingte Kündigung Nr. 9. | 6 LAG Köln v. 2.10.1997 – 10 Sa 643/97, NZA-RR 1998, 290. | 7 ErfK/*Preis*, § 613a Rz. 57. | 8 BAG v. 22.5.1997 – 8 AZR 101/96, AP Nr. 154 zu § 613a BGB (Modegeschäft).

BGB § 613a Rz. 180   Rechte und Pflichten bei Betriebsübergang

und Eröffnung mehr als sechs Monate nach Beginn der Betriebsruhe[1], erst recht bei noch längerer tatsächlicher Unterbrechung[2]; bei einem **Filmtheater** eine 10-monatige Einstellung[3].

180   Generell soll es nach Auffassung des 8. BAG-Senats für die Erheblichkeit einer Unterbrechungsphase sprechen, wenn diese **länger dauert als die** längste im konkreten Fall durch den bisherigen Betriebsinhaber einzuhaltende **gesetzliche Kündigungsfrist** (§ 622 Abs. 2)[4]. Ausnahmen erscheinen allerdings in der Praxis denkbar, so insb. bei vor Ort „konkurrenzlosen" Betrieben (zB Dorfkneipe[5], einziges Bahnhofsrestaurant etc.), allerdings immer unter der Voraussetzung, dass das Vorliegen eines Betriebsübergangs oder Betriebsteilübergangs anhand der übrigen Kriterien des Sieben-Punkte-Katalogs nachgewiesen werden kann.

181   Als **nicht relevante Unterbrechungszeiträume** wurden demgegenüber angesehen: Bei einem **Großhandel** eine 10-tägige Einstellung der Tätigkeit[6], bei einem **Hersteller von Möbelprofilen** eine (nur) 14-tägige Unterbrechung der Produktion[7]; bei einer **Bowlingbahn** die vorübergehende Stilllegung für vier Monate[8]. Betriebsunterbrechungen von relativ kurzer Dauer können insb. dann unerheblich sein, wenn sie auch der bisherige Inhaber – etwa wegen technischer **Überholungs- oder Austauschbedürftigkeit** von Betriebsanlagen – hätte vornehmen müssen[9].

182   Ohne einer unzulässigen Verallgemeinerung (s. oben Rz. 177) das Wort zu reden, lässt sich in der Rspr. eine gewisse Tendenz erkennen, eine wirtschaftlich relevante Unterbrechung der Betriebstätigkeit jedenfalls ab einer Dauer von **sechs Monaten** anzuerkennen. Dagegen sind Unterbrechungszeiträume unter drei Monaten nur in besonders gelagerten Fällen geeignet, einen Verlust der Betriebsidentität zu begründen[10]. Bei **Saisonbetrieben** können wiederum andere Maßstäbe gelten[11]. Dies zeigt, dass auch das letzte Merkmal des Sieben-Punkte-Katalogs nur im sachlichen Kontext mit den übrigen Kriterien gesehen und bewertet werden kann.

183   **IV. Übergang durch Rechtsgeschäft.** Bereits die „Urfassung" des § 613a aus dem Jahre 1972 setzte den Übergang eines Betriebs bzw. Betriebsteils auf einen anderen Inhaber „durch Rechtsgeschäft" voraus. Die erst später verabschiedete Betriebsübergangsrichtlinie 77/187/EWG (jetzt 2001/23/EG) spricht in Art. 1 Abs. 1 von einem Übergang „durch vertragliche Übertragung oder durch Verschmelzung". Jedenfalls in der deutschen Übersetzung stimmen der Wortlaut der Richtlinie und der nationalen „Umsetzungsnorm" somit sachlich überein (zur Anwendbarkeit des § 613a BGB bei Verschmelzung und in den sonstigen Umwandlungsfällen s. Rz. 187 ff.)[12]. **Transaktionsgrundlage** für den Übergang des Betriebs/Betriebsteils (zum Transaktionsansatz s. Rz. 55) muss also ein Rechtsgeschäft im Sinne einer vertraglichen Einigung sein.

184   Der Gesetzeswortlaut sagt nichts darüber aus, welchen **Inhalt** das zugrunde liegende Rechtsgeschäft haben (dazu unten Rz. 196 ff.) noch dazu, **zwischen wem** es abgeschlossen werden muss. Zwar spricht vieles dafür, dass der Gesetzgeber von einem Rechtsgeschäft zwischen „altem" und „neuem" Inhaber ausgegangen ist; zwingend erscheint dies, worauf bereits *Seiter*[13] zutreffend aufmerksam gemacht hat, nicht. Schon früh wurde diese „Lücke" im Wortlaut sowohl des § 613a als auch der Betriebsübergangsrichtlinie von den für die Auslegung zuständigen Gerichten genutzt, im Hinblick auf den Schutzzweck der Norm und zur Vermeidung von Umgehungsgeschäften sollen auch **mittelbare Vertragsbeziehungen** („Dreiecksgeschäfte") ausreichen, an denen Veräußerer und Erwerber eines Betriebs/Betriebsteils nicht gleichzeitig als Vertragsparteien beteiligt sind (s. Rz. 198 ff.). Auch die Anforderungen an den Inhalt des Rechtsgeschäfts wurden inzwischen weitgehend minimalisiert[14] (s. Rz. 196 f.).

185   Während die positiven Voraussetzungen des Merkmals „durch Rechtsgeschäft" bis heute teilweise umstritten und von der Rspr. noch nicht abschließend und überzeugend geklärt sind, besteht über seine negative Abgrenzungsfunktion jedenfalls im Grundsatz weitgehende Einigkeit dahin gehend, dass ein Übergang „durch Rechtsgeschäft" jedenfalls nicht vorliegt, wenn sich die Überleitung der Arbeitsverhältnisse **unmittelbar kraft Gesetzes** vollzieht.

---

1 BAG v. 11.9.1997 – 8 AZR 555/95, EzA § 613a BGB Nr. 153 m. Anm. *Willemsen/Annuß* (Tausendundeine Nacht). |2 ¾ Jahr: BAG v. 27.4.1995 – 8 AZR 200/84, EzA § 1 KSchG – Betriebsbedingte Kündigung Nr. 83; 16 Monate: LAG Köln v. 10.4.1997 – 5 Sa 454/96, LAGE § 613a BGB Nr. 63. |3 LAG Berlin v. 17.11.1986 – 9 Sa 77/86, LAGE § 1 KSchG – Betriebsbedingte Kündigung Nr. 9. |4 BAG v. 22.5.1997 – 8 AZR 101/96, AP Nr. 154 zu § 613a BGB (Modegeschäft), unter B. II. 2. b) d.Gr. |5 So ErfK/*Preis*, § 613a BGB Rz. 36. |6 LAG Thür. v. 14.11.2000 – 5 Sa 35/99, NZA-RR 2001, 121. |7 BAG v. 22.5.1985 – 5 AZR 173/84, AP Nr. 43 zu § 613a BGB, dazu *Willemsen*, ZIP 1986, 477 (480 ff.). |8 BAG v. 3.7.1986 – 2 AZR 68/85, AP Nr. 53 zu § 613a BGB m. Anm. *Loritz* (Austausch einer veralteten Bowlinganlage). |9 So lag es im Falle BAG v. 3.7.1986 – 2 AZR 68/85, AP Nr. 53 zu § 613a BGB m. Anm. *Loritz* (Austausch einer veralteten Bowlinganlage). |10 So zB LAG Köln v. 2.10.1997 – 10 Sa 643/97, NZA-RR 1998, 290 (Kindertagesstätte). |11 Vgl. EuGH v. 17.12.1987 – Rs. 287/86, EAS RL 77/187/EWG Art. 1 Nr. 3 Rz. 20 – Ny Mølle kro, für den Fall eines nur in der Sommersaison betriebenen Restaurants. |12 Zur Abweichung in der Übersetzung im englischen Recht vgl. *Willemsen* in Willemsen/Hohenstatt/Schweibert/Seibt, Rz. G 41. |13 *Seiter*, Betriebsinhaberwechsel, 1980, S. 46. |14 Vgl. *Willemsen* in Willemsen/Hohenstatt/Schweibert/Seibt, Rz. G 44; zust. ErfK/*Preis*, Rz. 59.

1. Negative Abgrenzungsfunktion; Anwendung in Umwandlungs- und Privatisierungsfällen. a) Gesetzliche Erbfolge. Die unmittelbare Anwendung[1] der Norm scheidet demnach dann – und nur dann – aus, wenn der Übergang von Arbeitsverhältnissen direkt auf gesetzlicher Grundlage (also außerhalb des § 613a) und ohne „Zwischenschaltung" eines (für den Betriebsübergang selbst konstitutiven) Rechtsgeschäfts erfolgt. Dies trifft jedenfalls bei der „ungeteilten" **Gesamtrechtsnachfolge** zu (Universalsukzession), die stets einer besonderen gesetzlichen Grundlage bedarf. Daher geht im Erbfall ein Betrieb des Erblassers einschließlich der dazugehörigen Arbeitsverhältnisse (soweit diese nicht höchstpersönlichen Charakter haben[2]) auf den oder die gesetzlichen oder testamentarischen Erben über. Selbst bei Vorliegen eines Testaments oder Erbvertrags (= Rechtsgeschäft) ist nicht dieses, sondern die gesetzliche Anordnung des § 1922 die eigentliche Grundlage für den Übergang der Arbeitsverhältnisse, so dass § 613a ausscheidet[3]. Anders liegt es dagegen bei einem **Vermächtnis**, zu dessen Erfüllung ein Betrieb oder ein Betriebsteil seitens der Erben auf einen Dritten (Vermächtnisnehmer) im Wege der Singularsukzession übertragen wird[4]. 186

b) Anwendung bei Umwandlung nach UmwG und bei Anwachsung nach § 738 BGB. Um einen der gesetzlichen Erbfolge durchaus ähnlichen Fall einer Universalsukzession handelt es sich auch bei der Verschmelzung (§ 2 ff. UmwG) und den sonstigen nunmehr im Umwandlungsgesetz geregelten Fällen der sog. übertragenden Umwandlung[5] (Spaltung, §§ 123 ff.; Vermögensübertragung, §§ 174 ff. UmwG; nicht dazu gehört der Formwechsel gem. §§ 190 ff. UmwG, weil hier der Rechtsträger des Betriebs/Betriebsteils identisch bleibt). Ob § 613a auch auf diese, zT erstmals durch das Umwandlungsgesetz mit Wirkung zum 1.1.1995 geregelten Fälle der **gesellschaftsrechtlichen Gesamtrechtsnachfolge** Anwendung findet, war bis zur Verabschiedung des Gesetzes Gegenstand einer höchst kontroversen Diskussion in der arbeitsrechtlichen Lit.[6] Eine Nichterstreckung des § 613a auf die Verschmelzung und die sonstigen Fälle einer „gewillkürten" Gesamtrechtsnachfolge nach dem UmwG hätte ein klares Vollzugsdefizit gegenüber der Betriebsübergangsrichtlinie bedeutet, die die Verschmelzung ausdrücklich neben der vertraglichen Übertragung erwähnt, und zudem schwerwiegende Wertungswidersprüche im Verhältnis zu den Fällen der Singularsukzession aus arbeitsrechtlicher Sicht heraufbeschworen[7]. Daher war es konsequent, dass der deutsche Gesetzgeber mit **§ 324 UmwG** (der erst in einem späten Stadium des Verfahrens in das Gesetz eingefügt wurde) Spekulationen über die Geltung dieser Vorschrift – nicht nur im Hinblick auf ihren ersten Absatz, sondern die gesamte Norm des § 613a – ein Ende bereitet hat[8]. Auch das BAG hat sich mittlerweile eindeutig dahin gehend erklärt, dass § 613a auf Grund von § 324 UmwG in allen Fällen der übertragenden Umwandlung Anwendung findet[9]. Selbst wenn man also in den im Umwandlungsgesetz geregelten Fällen der gesellschaftsrechtlichen Gesamtrechtsnachfolge einen Übergang kraft Gesetzes und nicht durch Rechtsgeschäft annimmt, wird die negative Abgrenzungsfunktion des entsprechenden Tatbestandsmerkmals durch die eindeutige[10] gesetzliche Anordnung des § 324 UmwG wieder aufgehoben und damit die Anwendung des § 613a – auch im Hinblick auf seine Absätze 1, Sätze 2 bis 4, Absätze 2 bis 6 – ausdrücklich eröffnet[11]. 187

Hierin erschöpft sich allerdings die „konstitutive" Wirkung des § 324 UmwG. Er soll lediglich die Möglichkeit der Anwendung des § 613a eröffnen, nicht jedoch seine tatbestandlichen Voraussetzungen im Übrigen fingieren. Es handelt sich also, rechtstechnisch gesprochen, um eine Rechtsgrund-, nicht um eine Rechtsfolgenverweisung[12]. Ob ein Betriebs(teil)übergang im Zusammenhang mit einer Umwandlung nach dem Umwandlungsgesetz vorliegt, muss daher jeweils eigenständig anhand der oben (Rz. 93 ff.) dargestellten Kriterien geprüft werden, die sich somit nicht von denjenigen im Falle der Einzelrechtsnachfolge, dem „klassischen" Anwendungsbereich der Norm, unterscheiden. 188

In der Praxis sind die **Spaltung** und **Ausgliederung** (§ 123 Abs. 1 bis 3 UmwG) sehr häufig, aber nicht zwangsläufig mit einem Betriebs(teil)übergang verbunden; insoweit hängt alles vom Inhalt des Spaltungs- bzw. Ausgliederungsvertrages ab (§ 125 UmwG iVm. § 4 UmwG; vgl. auch den Wortlaut des § 126 Abs. 1 Nr. 9 UmwG: genaue Bezeichnung ... der übergehenden Betriebe und Betriebsteile unter Zuordnung zu den übernehmenden Rechtsträgern). Hinsichtlich der Voraussetzungen des § 613a, dh. in Be- 189

---

1 Zur analogen Anwendung des § 613a BGB bei unmittelbarer Überleitung von Arbeitsverhältnissen kraft Gesetzes s. Rz. 194 f. |2 Vgl. zu derartigen Sonderfällen wie Privatsekretär, Krankenpfleger etc. *Seiter*, Betriebsinhaberwechsel, 1980, S. 142. |3 Ebenso *Hergenröder*, AR-Blattei Betriebsinhaberwechsel II, 500.2 Rz. 8 u. 22; Staudinger/*Richardi*/*Annuß*, § 613a BGB Rz. 86; wohl auch ErfK/*Preis*, § 613a BGB Rz. 58. Auch das BAG geht davon aus, dass Fälle der Gesamtrechtsnachfolge von 613a BGB nicht erfasst werden; vgl. BAG v. 25.2.1981 – 5 AZR 91/78, AP Nr. 24 zu § 613a BGB; v. 14.10.1982 – 2 AZR 811/79, AP Nr. 36 zu § 613a BGB. |4 Staudinger/*Richardi*/*Annuß*, § 613a BGB Rz. 86. |5 Zur Terminologie vgl. *Willemsen* in Willemsen/Hohenstatt/Schweibert/Seibt, Rz. B 69. |6 Vgl. dazu nur Hanau, ZGR 1990, 515; K. Schmidt, AcP 191 (1991), 495 (516); *Willemsen*, RdA 1993, 133; Kallmeyer/*Willemsen*, § 324 UmwG Rz. 1 f.; vgl. dazu auch *Picot*/*Schnitker*, Teil I Rz. 8 ff. |7 Dazu ausf. *Willemsen*, RdA 1993, 133 (135). |8 Vgl. *Neye* in Lutter, Umwandlungsrechtstage, S. 17. |9 BAG v. 24.6.1998 – 4 AZR 208/97, AP Nr. 1 zu § 20 UmwG SAE 2000, 162 m. Anm. *Boecken*. |10 Allerdings hat auch die in der Tat missglückte Formulierung des § 324 UmwG ihrerseits wiederum zur Diskussion Anlass gegeben; die Gesetzesmaterialien – vgl. nur BT-Drs. 12/7850 v. 13.6.1994, S. 143 (145) sowie *Wlotzke*, DB 1995, 40 (42 f.) – sind insoweit eindeutig. |11 Im Ergebnis nunmehr ganz herrschende Meinung; vgl. die Nachw. bei Kallmeyer/*Willemsen*, § 324 UmwG Rz. 2. |12 Ebenso BAG v. 25.5.2000 – 8 AZR 416/99, AP Nr. 209 zu § 613a BGB = RdA 2001, 236 m.Anm. *Boecken* (Kreiskrankenhaus); Kallmeyer/*Willemsen*, § 324 UmwG Rz. 2; KR/*Friedrich*, §§ 322, 323, 324 UmwG Rz. 28; aA *Salje*, RdA 2000, 126: Rechtsfolgenverweisung.

zug auf die Frage, ob die Spaltung oder Ausgliederung überhaupt einen Betriebs(teil)übergang zum Inhalt hat, gilt also ebenso wie bei der Übertragung durch Singularsukzession der Grundsatz der Privatautonomie, so dass in der Praxis weitreichende **Gestaltungsmöglichkeiten** bestehen. Bei der Verschmelzung gilt dies indes nicht: Verfügt der übertragende Rechtsträger über einen oder mehrere Betriebe, ist es wegen des Prinzips der ungeteilten Rechtsnachfolge gemäß § 20 Abs. 1 Nr. 1 UmwG nicht möglich, lediglich einzelne Betriebsmittel unter „Zurücklassung" des Betriebs beim bisherigen Rechtsträger zu übertragen[1]. Der Eintritt des aufnehmenden Rechtsträgers in die bestehenden Arbeitsverhältnisse nach § 613a iVm. § 324 UmwG lässt sich solchenfalls nur durch eine vorherige Betriebsstilllegung und Beendigung der Arbeitsverhältnisse beim übertragenden Rechtsträger vermeiden (zum Verhältnis von Betriebsübergang und Betriebsstilllegung vgl. Rz. 75 ff.).

190 Auch die **Prüfung des „Rechtsgeschäfts"** wird im Falle der übertragenden Umwandlung durch die Rechtsgrundverweisung des § 324 UmwG keinesfalls entbehrlich. Zwar mag man den Verschmelzungs-, Spaltungs- bzw. Ausgliederungsvertrag ebenso wie die Vermögensübertragung durchaus als Rechtsgeschäft iSd. Norm auffassen. Dies schließt es jedoch nicht aus, dass (bereits) unabhängig hiervon, sogar **vor** dem endgültigen **Zustandekommen** eines Umwandlungsvertrages bzw. vor dessen **Wirksamwerden**, ein rechtsgeschäftlicher Betriebs(teil)übergang zustande kommt, etwa indem sich die beteiligten Rechtsträger für eine Zwischenphase über die Einräumung einer – für § 613a grundsätzlich ausreichenden, vgl. Rz. 196 f. – Nutzungsbefugnis verständigen[2]. Maßgeblich für die Auslösung der Rechtsfolgen des § 613a ist dann das jeweils frühere Rechtsgeschäft[3].

191 Wegen der weiteren Einzelheiten der Anwendung des § 613 bei übertragenden Umwandlungen ist auf die Kommentierung des § 324 UmwG zu verweisen[4]. Nicht von § 324 UmwG erfasst ist die gesellschaftsrechtliche Gesamtrechtsnachfolge im Wege der **Anwachsung** nach § 738. Geht ein Betrieb auf diese Weise auf den einzigen verbleibenden Gesellschafter über, erfordert eine richtlinienkonforme Auslegung zumindest die analoge Anwendung von § 613a[5].

192 **c) Anwendung bei Privatisierung/Umstrukturierung öffentlicher Rechtsträger.** Infolge der oben (Rz. 187) dargestellten „Korrektur" seitens des Gesetzgebers des Umwandlungsgesetzes übt das Merkmal „durch Rechtsgeschäft" seine negative Abgrenzungsfunktion außer bei der bereits behandelten gesetzlichen Erbfolge heute nur noch in den – eher seltenen – Fällen aus, in denen sich die Überleitung der Arbeitsverhältnisse ausschließlich und unmittelbar **kraft Bundes- oder Landesgesetzes** vollzieht. Praktisch bedeutsam wird dies insb. bei der Umstrukturierung und/oder Privatisierung öffentlicher Rechtsträger. Sowohl nach Auffassung des EuGH als auch dem BAG kann es sich bei öffentlich-rechtlich organisierten Einheiten unter bestimmten Voraussetzungen (s. dazu Rz. 22 ff.) zwar um Betriebe oder Betriebsteile iSv. § 613a handeln, wobei die Auffassung beider Gerichte hinsichtlich der Einzelheiten teilweise differieren (s. oben Rz. 25 f.). Einigkeit besteht sowohl auf europäischer als auch auf nationaler Ebene jedoch darüber, dass die Richtlinie und § 613a auf **Hoheitsakte keine Anwendung** finden[6]. Dementsprechend hat das BAG festgestellt, dass bei Umstrukturierung öffentlicher Rechtsträger kraft Gesetzes § 613a mangels Übergangs „durch Rechtsgeschäft" selbst dann keine Anwendung findet, wenn seine Voraussetzungen im Übrigen erfüllt wären[7]. Entsprechendes soll auch für staats(kirchen)rechtliche Verträge gelten[8]. Sieht das entsprechende (Landes-)Gesetz allerdings ausdrücklich für die Umsetzung der Umstrukturierung den Abschluss eines Rechtsgeschäfts zwischen den beteiligten Rechtsträgern vor, soll § 613a direkt anwendbar sein[9]. Entsprechendes gilt, wenn die Umstrukturierung nicht kraft Gesetzes, sondern im Wege der **Verwaltungsvereinbarung** erfolgt, da auch diese ein „Rechtsgeschäft" iSd. Norm darstellt[10].

193 Die Anwendung des § 613a lässt sich somit – auch im Hinblick auf seinen Abs. 1 Sätze 2 bis 4, Abs. 2 bis 6 – nur dann ausschließen, wenn das entsprechende Bundes- oder Landesgesetz, welches die Umstrukturierung oder Privatisierung des öffentlichen Rechtsträgers regelt, selbst den Übergang der entsprechenden Arbeitsverhältnisse im Sinne einer *cessio legis* anordnet[11]. Für eine Anwendung des § 613a ist dann nur insoweit Raum, als das entsprechende Gesetz dieses – etwa im Wege der ergänzenden Verweisung – vorsieht. Probleme der konkurrierenden Gesetzgebung (Art. 74 Abs. 1 Nr. 12 GG) bestehen insoweit nicht,

---

1 Vgl. Kallmeyer/*Willemsen*, § 324 UmwG Rz. 10. | 2 S. zu einer solchen, äußerst praxisrelevanten Konstellation BAG v. 25.5.2000 – 8 AZR 416/99, AP Nr. 209 zu § 613a BGB = RdA 2001, 236 m.Anm. *Boecken* (Kreiskrankenhaus). | 3 So im Ergebnis auch BAG v. 25.5.2000 – 8 AZR 416/99, AP Nr. 209 zu § 613a BGB = RdA 2001, 236 m. Anm. *Boecken* (Kreiskrankenhaus). | 4 S. dazu auch Kallmeyer/*Willemsen*, Kommentierung zu § 324 UmwG. | 5 Ebenso *Trittin*, AiB 2001, 6 (8). | 6 Grundl. EuGH v. 15.10.1996 – Rs. C-298/94, NZA 1996, 1279 – Henke. | 7 BAG v. 8.5.2001 – 9 AZR 95/00, AP Nr. 219 zu § 613a BGB (Landesbetrieb Krankenhäuser Hamburg); dazu *Willemsen* in Willemsen/Hohenstatt/Schweibert/Seibt, Rz. G 94 ff; v. 22.10.2003 – 3 AZR 629/01, nv. (Universitätskrankenhaus Eppendorf); aA LAG Nds. v. 31.8.2001 – 10 Sa 2899/98, NZA-RR 2002, 630. | 8 BAG v. 3.11.2002 – 4 AZR 703/01, EzA § 613a BGB 2002 Nr 4 (*Thüsing*) | 9 BAG v. 25.1.2001 – 8 AZR 336/00, AP Nr. 215 zu § 613a BGB (Berliner Bäder-Betriebe), dazu *Willemsen* in Willemsen/Hohenstatt/Schweibert/Seibt, Rz. G 92 ff. | 10 So ausdrücklich BAG v. 7.9.1995 – 8 AZR 928/93, AP Nr. 131 zu § 613a BGB; v. 27.4.2000 – 8 AZR 260/99, nv. (*Truppenübungsplatz*); ebenso ErfK/*Preis*, § 613a BGB Rz. 62; *Picot/Schnitker*, Teil I Rz. 161; dazu *Willemsen* in Willemsen/Hohenstatt/Schweibert/Seibt, Rz. B 85e und G 87 ff. sowie zum Ganzen *Willemsen* in: FS 50 Jahre BAG, 2004. | 11 So geschehen zB im Falle der Umstrukturierung und Privatisierung der Westdeutschen Landesbank, vgl. Gesetz v. 2.7.2002, GVBl. NW 2002, S. 284.

weil § 613a für gesetzlich angeordnete Betriebsübergänge gerade nicht gilt und zudem § 168 UmwG einen „Primat" des Bundes- oder Landesrechts auch im Hinblick auf die Ausgestaltung der Ausgliederung öffentlich-rechtlicher Einheiten vorsieht[1]. In einem solchen Gesetz können daher die Rechtsfolgen im Hinblick auf die betroffenen Arbeitsverhältnisse eigenständig und damit auch abweichend von § 613a geregelt werden, ohne dass dies gegen das Gesetz oder die ihm zugrunde liegende Richtlinie verstieße.

Abzulehnen ist angesichts der dem jeweiligen (Bundes- oder Landes-)Gesetzgeber eingeräumten Autonomie die These, dass § 613a in den Fällen der Betriebsnachfolge kraft eines derartigen eigenständigen Gesetzes **analog anwendbar** sein soll[2]. Der 9. BAG-Senat hat derartigen Bestrebungen – anders als der 8. Senat[3] – mit Urteil vom 8.5.2001 (Landesbetrieb Krankenhäuser Hamburg) zu Recht eine klare Absage erteilt[4]. **194**

Enthält also das entsprechende Gesetz beispielsweise keine Regelung zum Widerspruchsrecht der ArbN (dazu Rz. 345 ff.), kann dies grundsätzlich auch nicht mittels Rekurses auf § 613a Abs. 6 in das jeweilige Gesetz „implantiert" werden[5]. Lediglich soweit das entsprechende Gesetz erkennbar lückenhaft ist, es sich also nicht um ein „beredtes Schweigen" des jeweiligen Gesetzgebers handelt, mag eine Lückenschließung durch – vorsichtige – Heranziehung einzelner Regelungen in § 613a (zB des Abs. 1 Sätze 2 bis 4 im Hinblick auf kollektivrechtlich geregelte Arbeitsbedingungen) in Betracht kommen, soweit sich die entsprechenden Fragen nicht ohnehin nach den Grundsätzen der Gesamtrechtsnachfolge lösen lassen. Auch die **Haftungsgrundsätze** des § 613a (dazu unten Rz. 295 ff.) finden auf den kraft Gesetzes angeordneten Betriebsübergang keine Anwendung[6]. **195**

2. Positive Abgrenzungsfunktion; inhaltliche und formale Anforderungen an das zugrunde liegende Rechtsgeschäft. a) Inhalt. Bereits in der „Frühzeit" des § 613a bestand in Rspr. und Lit. Einmütigkeit darüber, dass entsprechend dem arbeitsrechtlichen Schutzzweck der Bestimmung (oben Rz. 5 ff.) das den Inhaberwechsel herbeiführende Rechtsgeschäft nicht auf die Übertragung der dinglichen Berechtigung hinsichtlich der einzelnen Betriebsmittel gerichtet zu sein braucht; die Betriebsveräußerung ist also nur *ein* möglicher Anwendungsfall der Norm[7]. Entscheidend ist nicht die zivilrechtliche Rechtsnatur des Vertrages, sondern ob er seinem Inhalt oder zumindest seinem Ergebnis nach darauf gerichtet ist, die Stellung des Betriebsinhabers iSd. obigen Erläuterungen (Rz. 45 ff.) auf einen Dritten zu übertragen. Es kommt also (nur) darauf an, ob das jeweilige Rechtsgeschäft dem neuen „Inhaber" die Verfügungsbefugnis über den betrieblichen Funktionszusammenhang vermittelt, ihm mithin als Resultat der rechtsgeschäftlichen Regelungen die Leitungs- und Organisationskompetenz für den jeweiligen Betrieb oder Betriebsteil zufällt; das BAG spricht in diesem Zusammenhang nunmehr regelmäßig von der **Ausübung betrieblicher Leitungsmacht** (s. oben Rz. 46). Allerdings bedarf es nach der Rspr. keiner ausdrücklichen oder gar gesonderten vertraglichen Übertragung dieser Leitungskompetenz[8]; es genügt vielmehr, wenn das bzw. die abgeschlossene(n) Rechtsgeschäft(e) die notwendigen Voraussetzungen hierfür schaffen und der neue Inhaber hiervon auch tatsächlich Gebrauch macht (zum Erfordernis der tatsächlichen Betriebs(teil)fortführung s. oben Rz. 64 ff.). Dies ist namentlich der Fall bei allen Verträgen, die darauf gerichtet sind, einem Dritten, und sei es auch nur auf Zeit, die **Nutzung** des betrieblichen Funktionszusammenhangs **im eigenen Namen** (dazu oben Rz. 47) zu ermöglichen, also insb. bei **Betriebsverpachtung**, Einräumung eines **Nießbrauchsrechts** und – erst recht – bei **Kauf**, Schenkung oder Vermächtnis[9]. **196**

Es braucht sich vor dem geschilderten Schutzzweck der Norm letztlich um überhaupt kein „klassisches" Rechtsgeschäft zu handeln; im Grunde reicht es aus, „... wenn der Erwerber rechtstatsächlich im Einvernehmen mit dem Veräußerer in die Arbeitsorganisation des Betriebs oder Betriebsteils eintritt und damit deren Leitung nach außen übernimmt"[10]. Dies kann zB der Fall sein bei einem **Leasing**-[11], **Management Buy-out**-[12] oder **Betriebsführungsvertrag**[13] (dazu bereits oben Rz. 48). Die Praxis sei auch hier nochmals „gewarnt" durch den Hinweis darauf, dass nach der Rspr. die Übertragung der Betriebs- **197**

---

1 Dazu näher *Willemsen* in Willemsen/Hohenstatt/Schweibert/Seibt, Rz. B 85 ff. | 2 Zumindest mit diesem Gedanken sympathisierend BAG v. 25.1.2001 – 8 AZR 336/00, AP Nr. 215 zu § 613a BGB (Berliner Bäder-Betriebe); generell eine Analogiefähigkeit der Bestimmung *verneinend* dagegen Staudinger/*Richardi/Annuß*, § 613a BGB Rz. 85; KR/*Pfeiffer*, § 613a BGB Rz. 78; *Picot/Schnitker*, Teil I Rz. 161 u. 163; *bejahend* demgegenüber ErfK/*Preis*, § 613a BGB Rz. 62. | 3 BAG v. 25.1.2001 – 8 AZR 336/00, AP Nr. 215 zu § 613a BGB (Berliner Bäder-Betriebe). | 4 BAG v. 8.5.2001 – 9 AZR 95/00, AP Nr. 219 zu § 613a BGB (Landesbetrieb Krankenhäuser Hamburg). | 5 BAG v. 8.5.2001 – 9 AZR 95/00, AP Nr. 219 zu § 613a BGB (Landesbetrieb Krankenhäuser Hamburg), *auch zur verfassungsrechtlichen Zulässigkeit einer solchen landesgesetzlichen Regelung*. Allerdings wies der zu entscheidende Fall einige Besonderheiten auf. | 6 BAG v. 22.10.2002 – 3 AZR 629/01, nv. | 7 Vgl. die Nachw. aus der früheren Rspr. bei *Seiter*, Betriebsinhaberwechsel, 1980, S. 44. | 8 So ausdrücklich BAG v. 12.11.1998 – 8 AZR 282/97, AP Nr. 186 zu § 613a BGB (Benetton/Einzelhandel); v. 18.3.1999 – 8 AZR 159/98, AP Nr. 189 zu § 613a BGB (Kfz-Handel). | 9 Ebenso *Seiter*, Betriebsinhaberwechsel, 1980, S. 44 f.; ErfK/*Preis*, § 613a BGB Rz. 62; Palandt/*Putzer*, § 613a BGB Rz. 17; *B. Gaul*, Betriebs- und Unternehmensspaltung, § 7 Rz. 11 ff.; *Picot/Schnitker*, Teil I Rz. 156. | 10 So zutr. Staudinger/*Richardi/Annuß*, § 613a BGB Rz. 89. | 11 BAG v. 12.2.1987 – 2 AZR 247/86, AP Nr. 167 zu § 613a BGB, unter II. 2. c) d.Gr. | 12 Vgl. *Schaub*, ZIP 1984, 272 (275). | 13 Eingehend zu Betriebsführungsverträgen *Willemsen* in Willemsen/Hohenstatt/Schweibert/Seibt, Rz. G 109 ff.

inhaberschaft nicht eigentlicher oder gar ausdrücklicher Inhalt des „Rechtsgeschäft" zu sein braucht, sondern maßgeblich auf das tatsächliche **Ergebnis** einer solchen Transaktion abgestellt wird. Der EuGH hat dies mittlerweile auf den Punkt gebracht mit der nunmehr auch vom BAG übernommenen Formulierung, dass die Richtlinie (und damit auch § 613a) „.... in allen Fällen anwendbar (ist), in denen die für den Betrieb des Unternehmens verantwortliche natürliche oder juristische Person, die die ArbGeb-Verpflichtung gegenüber den Beschäftigten des Unternehmens eingeht, **im Rahmen vertraglicher Beziehungen wechselt**[1]." Besondere **Vorsicht** ist auch bei der Übernahme lediglich einzelner **Betriebsteile** geboten: Hier muss der nur auf Betriebsteile beschränkte Erwerbswille gegenüber dem Veräußerer deutlich zum Ausdruck kommen, da andernfalls der Übergang sämtlicher Arbeitsverhältnisse droht[2].

198 b) **Verzicht auf das Vorliegen unmittelbarer Rechtsbeziehungen.** Mit seiner denkbar weiten Formulierung will der EuGH und ihm folgend auch das BAG insb. auch diejenigen Fälle erfassen, in denen der Übergang der betrieblichen Leitungskompetenz das Resultat eines **Bündels verschiedener**, für den Außenstehenden unter Umständen schwer zu erfassende **Einzelrechtsgeschäfte** und/oder – praktisch besonders bedeutsam – von **Verträgen mit Dritten** ist, auf deren Inhalt der bisherige Betriebsinhaber jedenfalls keinen erkennbaren Einfluss genommen hat. Zur Vermeidung von ansonsten drohenden „Umgehungsgeschäften" hat es die Rspr. des BAG bereits unabhängig vom EuGH für erforderlich gehalten, von dem Erfordernis unmittelbarer Rechtsbeziehung zwischen früherem und neuem Inhaber abzusehen, und es als ausreichend erachtet, wenn der Übergang durch ein oder mehrere Rechtsgeschäfte (auch) mit Dritten vermittelt wird[3].

199 Gemeint waren damit zunächst und in erster Linie Sachverhaltsgestaltungen, in denen der neue Betriebsinhaber sich die erforderlichen Betriebsmittel (Produktionsanlagen, Räumlichkeiten und gewerbliche Schutzrechte) durch ein „gezieltes" Bündel von Rechtsgeschäften mit verschiedenen Dritten (zB (Sicherungs-)Eigentümer[4], Vermieter, Lizenzrechtsinhaber etc.) verschafft hatte und nunmehr im Prozess geltend machte, dass es an einem „Rechtsgeschäft" iSv. § 613a fehle. Ebenso erfasst werden mit der Formulierung „im Rahmen vertraglicher Beziehungen" die bereits in anderem Zusammenhang (Rz. 66) behandelten Fälle des **Pächterwechsels** sowie des Rückfalls der Pachtsache an den Verpächter, allerdings stets mit der Maßgabe, dass die Rspr. zwar auf das Vorliegen unmittelbarer Rechtsbeziehung zwischen bisherigem und neuem Inhaber verzichtet, nicht jedoch darauf, dass letzterer auch tatsächlich den Betrieb fortführt (s. oben Rz. 64).

200 Besonders praxisrelevante **Beispiele aus der neuen Rspr.** des EuGH und des BAG für den Verzicht auf das Vorliegen unmittelbarer vertraglicher Beziehung zwischen bisherigem und neuem Inhaber sind: die Kündigung eines Restaurant-Pachtvertrags und der anschließende Abschluss eines neuen Pachtvertrags seitens des Verpächters mit einem anderen Betreiber[5]; die Kündigung eines Mietverhältnisses über Geschäftsräume und deren anschließender Verkauf durch den Eigentümer[6]; die vollständige und endgültige Beendigung der Tätigkeit einer juristischen Person infolge des Entzugs öffentlicher Subventionen und die anschließende Gewährung dieser Subventionen an eine andere Person mit gleichartiger Zielsetzung[7]; die Übertragung der Vertriebsrechte für Kraftfahrzeuge in einem bestimmten Gebiet seitens des Herstellers unmittelbar auf ein anderes Unternehmen ohne rechtsgeschäftliche Beteiligung des dort bisher tätigen Vertriebsunternehmens[8]; der Abschluss bzw. die Neubegründung eines Franchise-Vertrages[9]; die Neuvergabe einer Konzession für den Betrieb einer regionalen Buslinie[10] sowie die Neuvergabe eines Reinigungs-[11], Catering-[12] oder Bewachungsauftrags[13].

---

1 Vgl. EuGH v. 5.5.1998 – Rs. 144/87, 145/87, EAS RL 77/187, EWG-Artikel 3, Nr. 5, Tz. 19 – Berg und Busschers; v. 15.6.1988 – Rs. 101/87, EuGHE 1988, 3057 – Bork; v. 19.5.1992 – Rs. C-29/91, EAS RL 77/187/EWG Nr. 7 – Redmond Stichting, Tz. 11; vom BAG „adaptiert" zB mit Urteil BAG v. 22.5.1985 – 5 AZR 173/84, AP Nr. 43 zu § 613a BGB; v. 3.7.1986 – 2 AZR 68/85, AP Nr. 53 zu § 613a BGB m. Anm. *Loritz* (Austausch einer veralteten Bowlinganlage); v. 27.4.1988 – 5 AZR 358/87, AP Nr. 71 zu § 613a BGB. |2 Vgl. BAG v. 10.12.1998 – 8 AZR 763/98, nv., unter II 1a) d.Gr.; LAG Köln v. 2.3.2001, NZA-RR 2002, 513. |3 Grundl. BAG v. 22.5.1985 – 5 AZR 173/84, AP Nr. 43 zu § 613a BGB; dazu *Willemsen*, ZIP 1986, 477 (485); *Wank/Börgmann*, DB 1997, 1229 (1234); *Picot/Schnitker*, Teil I Rz. 157; vgl. ferner BAG v. 22.5.1998 – 5 AZR 30/84, AP Nr. 42 zu § 613a BGB; v. 3.7.1986 – 2 AZR 68/85, AP Nr. 53 zu § 613a BGB m. Anm. *Loritz* (Austausch einer veralteten Bowlinganlage); v. 27.4.1988 – 5 AZR 358/87, AP Nr. 71 zu § 613a BGB. |4 BAG v. 22.5.1998 – 5 AZR 30/84, AP Nr. 42 zu § 613a BGB. |5 EuGH v. 10.2.1988 – Rs. 324/86, EuGHE 1988, 739 – Daddy's Dancehall; vgl. auch BAG v. 11.9.1997 – 8 AZR 555/95, EzA § 613a BGB Nr. 153 m. Anm. *Willemsen/Annuß* (Tausendundeine Nacht). |6 EuGH v. 15.6.1988 – Rs. 101/87, EuGHE 1988, 3057 – Bork. |7 EuGH v. 19.5.1992 – Rs. C-29/91, NZA 1996, 207 – Redmond Stichting. |8 EuGH v. 7.3.1996 – Rs. C-171/94 und Rs. C-172/94, EAS RL 77/187/EWG Nr. 11 m. zT abl. Anm. *Willemsen* – Merckx, Neuhuys; vgl. auch BAG v. 18.5.1995 – 8 AZR 741/94, EzA § 613a BGB Nr. 139. |9 BAG v. 18.5.1995 – 8 AZR 741/94, EzA § 613a BGB Nr. 139. |10 EuGH v. 25.1.2001 – Rs. C-172/99, AP Nr. 31 zu RL Nr. 77/187/EWG – Oy Liikenne AB. |11 Grundl. für das europäische Recht insofern EuGH v. 11.3.1997, Rs. C-13/95, AP Nr. 14 zu RL 77/187/EWG – Ayse Süzen, Tz. 11 f.; für das deutsche Recht BAG v. 11.12.1997 – 8 AZR 729/96, AP Nr. 172 zu § 613a BGB (Reinigung II); vgl. BAG v. 13.11.1997 – 8 AZR 295/95, AP Nr. 169 zu § 613a BGB = NZA 1998, 251 (Reinigung I/Wiedereinstellung). |12 BAG v. 25.5.2000 – 8 AZR 337/99, nv. |13 BAG v. 22.1.1998 – 8 AZR 775/96, AP Nr. 174 zu § 613a BGB und v. 14.5.1998 – 8 AZR 418/98, NZA 1999, 483 (Neuvergabe eines Bewachungsauftrags I und II).

c) Bedeutung des Willens des bisherigen Inhabers (insb. bei Konkurrenzsituationen). Der Verzicht auf 201
das Vorliegen unmittelbarer Rechtsbeziehungen zwischen bisherigem und neuem Inhaber führt unter
Umständen dazu, dass es zum Betriebs(teil)übergang auf einen Dritten kommt, ohne dass der frühere
ArbGeb dem zugestimmt hätte. Dieses „Risiko" ist besonders ausgeprägt bei den sog. betriebsmittelarmen Tätigkeiten (oben Rz. 140 ff.), wo bereits die tatsächliche Weiterbeschäftigung der „organisierten
Hauptbelegschaft" des Vorgängers zur Bejahung des § 613a führen kann. Es hängt bei einer Auftragsneuvergabe ausschließlich von der Einigung zwischen dem bisherigen Personal des Auftragnehmers I einerseits und Auftragnehmer II andererseits ab, ob es zum Übergang einer „wirtschaftlichen Einheit" kommt,
nicht jedoch von einer Zustimmung seitens des ersten Auftragnehmers. Das BAG hat dies inzwischen
unmissverständlich klargestellt, indem es mit Urteil vom 11.12.1997 ausgeführt hat, für einen rechtsgeschäftlichen Übergang bedürfe es keines Vertrages zwischen den beiden (im konkreten Fall: Rei-
nigungs-)Unternehmen. Es genüge vielmehr die Ausführung der Reinigungsarbeiten auf vertraglicher
Grundlage in Verbindung mit der einvernehmlichen Weiterbeschäftigung der ArbN[1].

Diese Judikatur, mit der wiederum die Rspr. des EuGH nachvollzogen wird, wirft die Frage auf, inwie- 202
weit für einen Betriebs(teil)übergang überhaupt das **Einverständnis** des bisherigen Betriebsinhabers
erforderlich ist[2]. Nach der für die Praxis maßgeblichen Rspr. ist jedenfalls klar, dass es einer vertraglichen Übertragung einer „irgendwie gearteten Leitungsmacht"[3] nicht bedarf. Gelingt es dem künftigen
Inhaber (zB Konkurrenzunternehmen) also, sich die erforderlichen Ressourcen (Personal, Räumlichkeiten etc.) ohne Mitwirkung des bisherigen Inhabers zu verschaffen, steht dies nach Auffassung des
Rspr. einem Betriebsübergang nicht entgegen. Das BAG hat denn auch bereits mehrfach festgestellt,
§ 613a könne auch bei einem Auftragswechsel in einer **Konkurrenzsituation** erfüllt sein[4]. Andererseits
hat es aber in Übereinstimmung mit dem EuGH[5] auch darauf hingewiesen, dass der Verlust eines Auftrags an einen Mitbewerber für sich genommen keinen Betriebsübergang darstelle und dass in einem
solchen Falle das zuvor beauftragte Unternehmen zwar einen Kunden verliere, aber weiterbestehe,
ohne dass einer seiner Betriebe oder Betriebsteile auf einen neuen Betriebsinhaber übertragen werde[6]. Dieser tatsächliche oder vermeintliche Widerspruch lässt sich nur auflösen, wenn man zwar kein
Einverständnis des bisherigen Betriebsinhabers mit dem Betriebs(teil)übergang als solchem verlangt,
wohl aber eine faktisch-konsensuale Mitwirkung dergestalt, dass er seine eigene Tätigkeit in dem betreffenden Betrieb/Betriebsteil bewusst einstellt[7]. Ob dies freiwillig oder unter dem Druck der wirtschaftlichen Verhältnisse (zB nach Auftragsverlust) geschieht, ist ohne Belang. Bei **objektbezogenen**
Aufträgen (zB Reinigung, Bewachung, s. dazu auch oben Rz. 38) kann es somit eine Einstellung der
wirtschaftlichen Tätigkeit in dem betreffenden Betriebsteil bedeuten, wenn der Auftrag an einen Dritten (= Konkurrenten) verloren geht und der bisherige Auftragnehmer das dort eingesetzte Personal
nicht anderweitig beschäftigen kann (siehe dazu bereits oben Rz. 58).

Eine besondere **Freigabe** der ArbN durch den bisherigen Betriebsinhaber ist dann nicht erforderlich; 203
durch sie kann aber die Aufgabe des Betriebs/Betriebsteils durch ihn besonders manifestiert werden.
Die Aufgabe der eigenen wirtschaftlichen Tätigkeit durch den früheren Inhaber kann auch darin zum
Ausdruck kommen, dass er allen in dem jeweiligen Betrieb/Betriebsteil beschäftigten ArbN kündigt[8]
oder an seine bisherigen Kunden Schreiben richtet, in denen er sie über die eigene Geschäftsaufgabe
unterrichtet und einen Wechsel zum nunmehrigen Inhaber der Vertriebsberechtigung bzw. des jeweiligen Dienstleistungsauftrags empfiehlt[9].

Dem Satz, dass ein Betriebs(teil)übergang „durch Rechtsgeschäft" auch bei einem Auftragswechsel 204
in einer Konkurrenzsituation vorliegen könne, ist somit nur mit der vorgenannten Einschränkung beizupflichten; fehlt es an einem ausdrücklichen Konsens des bisherigen Betriebsinhabers, ist jeweils zu
prüfen, ob er in zurechenbarer Weise seinen Willen zur Beendigung der eigenen Inhaberstellung kundgetan hat. Diese Erklärung kann auch bereits im Vorhinein abgegeben werden, etwa durch Abschluss

---

1 BAG v. 11.12.1997 – 8 AZR 729/96, AP Nr. 172 zu § 613a BGB (Reinigung II), Ls. 2. |2 S. dazu insb.esondere
Staudinger/*Richardi*/*Annuß*, § 613a BGB Rz. 88 ff. (bejahend); *Willemsen* in Willemsen/Hohenstatt/Schwei-
bert/Seibt, Rz. G 44 ff. (Erfordernis der Einstellung der Betriebstätigkeit durch den bisherigen Inhaber).
|3 So die wörtliche Formulierung in BAG v. 12.11.1998 – 8 AZR 282/97, AP Nr. 186 zu § 613a BGB (Benetton/Ein-
zelhandel) und v. 18.3.1999 – 8 AZR 159/98, AP Nr. 189 zu § 613a BGB (Kfz-Handel). |4 Grundl. BAG
v. 11.12.1997 – 8 AZR 729/96, AP Nr. 172 zu § 613a BGB (Reinigung II). |5 EuGH v. 11.3.1997 – Rs. C-13/95, AP
Nr. 14 zu RL Nr. 77/187/EWG – Ayse Süzen, Tz. 16. |6 BAG v. 11.12.1997 – 8 AZR 729/96, AP Nr. 172 zu § 613a
BGB (Reinigung II); v. 22.1.1998 – 8 AZR 775/96, AP Nr. 174 zu § 613a BGB (Neuvergabe eines Bewachungsauf-
trags I); v. 14.5.1998 – 8 AZR 418/96, NZA 1999, 483 (Neuvergabe eines Bewachungsauftrags II). |7 S. zu dem
Erfordernis des Erlöschens der Inhaberschaft des bisherigen Rechtsträgers bereits oben Rz. 58 ff.; *Willemsen*
in Willemsen/Hohenstatt/Schweibert/Seibt, Rz. G 44. Wie hier bereits BAG v. 12.11.1998 – 8 AZR 282/97, AP
Nr. 186 zu § 613a BGB (Benetton/Einzelhandel) und v. 18.3.1999 – 8 AZR 159/98, AP Nr. 189 zu § 613a BGB (Kfz-
Handel): „Der bisherige Inhaber muss seine wirtschaftliche Betätigung in dem Betrieb oder Betriebsteil ein-
stellen." |8 So lag es bei EuGH v. 11.3.1997 – Rs. C-13/95, AP Nr. 14 zu RL Nr. 77/187/EWG – Ayse Süzen, wo die
bisherige Betriebsinhaberin nach Verlust des Reinigungsauftrags allen in dem betreffenden Objekt tätigen
ArbN gekündigt hatte; ähnlich zB im Fall BAG v. 13.11.1997 – 8 AZR 295/95, AP Nr. 169 zu § 613a BGB (Rei-
nigung I/Wiedereinstellung). |9 Vgl. dazu EuGH v. 7.3.1996 – Rs. C-171/94 und Rs. C-172/94 – Merckx, Neu-
huys sowie *Willemsen* in Willemsen/Hohenstatt/Schweibert/Seibt, Rz. G 44 Fn. 184 und G 45.

eines von vornherein **befristeten** oder jedenfalls **kündbaren Pachtvertrags**, womit sich das Vorhandensein einer rechtsgeschäftlichen Mitwirkung des Erstpächters im Falle des Pächterwechsels hinreichend darstellen lässt[1].

205 **Fehlt** es dagegen an einer zurechenbaren Mitwirkung des Betriebs(teil)inhabers, ist ein Entzug seiner Inhaberstellung und deren Überleitung auf einen Dritten selbst bei großzügiger Auslegung des Tatbestandmerkmals „durch Rechtsgeschäft" nicht möglich. Wollte man anders entscheiden, hätte es beispielsweise der Vermieter der Betriebsräume und Sicherungseigentümer der Betriebsanlagen in der Hand, bei längerer (zB krankheitsbedingter) Abwesenheit des Betriebsinhabers einen Betriebsübergang auf einen Dritten (zB Konkurrenten) zu bewirken, indem er diesem Zugang zu den Betriebsräumen verschafft und die ArbN auffordert, neue Arbeitsverträge mit dem Dritten einzugehen. Ebenso wenig vermag selbst bei sog. betriebsmittelarmen Tätigkeiten das **gezielte Abwerben** der gesamten organisierten Hauptbelegschaft (dazu Rz. 137) einen rechtsgeschäftlichen Betriebsübergang zu bewirken, zumal dadurch ein wettbewerbswidriges Verhalten[2] und der Vertragsbruch der ArbN gegenüber dem Betriebsinhaber sogar noch gesetzlich legitimiert würde. Ebenso wenig kann durch dauerhafte Betriebsbesetzung ein rechtsgeschäftlicher Betriebsübergang herbeigeführt werden.

206 Dies alles zeigt, dass § 613a einen **derivativen Erwerb**[3] der Betriebsinhaberstellung in dem Sinne verlangt, dass zwar kein direktes Rechtsgeschäft mit dem bisherigen Betriebsinhaber vorliegen, dieser aber jedenfalls konkludent durch Aufgabe der eigenen Betriebstätigkeit die notwendige Voraussetzung für den Betriebsinhaberwechsel (s. dazu auch oben Rz. 57 ff.) in zurechenbarer Weise geschaffen haben muss[4].

207 **d) Rechtslage bei unwirksamem Rechtsgeschäft.** Nach diesem Lösungsansatz ist auch zu entscheiden, wie es sich auswirkt, wenn zwar ein „echtes" Rechtsgeschäft (zB Betriebspachtvertrag) vorliegt, dieses sich aber (zB wegen Geschäftsunfähigkeit des Verpächters) als **nichtig** erweist. Da nicht die Betriebsführungsbefugnis selbst Gegenstand des Rechtsgeschäfts ist[5], es vielmehr genügt, dass die Inhaberschaft des bisherigen ArbGeb erlischt und ein Dritter auf rechtsgeschäftlicher Grundlage in diese Position eintritt, kann auch ein von Anfang an – etwa wegen Geschäftsunfähigkeit (§ 104 Abs. 2) – oder nachträglich – insb. wegen Anfechtung (§ 142) – unwirksames Rechtsgeschäft zur Übertragung der Inhaberstellung führen[6]. Entsprechendes gilt auch bei Nichtigkeit infolge **Formmangels** nach § 125[7]. Die Rückabwicklung des unwirksamen Vertrags führt dann ihrerseits wiederum zu einem Betriebsübergang auf den bisherigen Inhaber[8], und zwar einschließlich zwischenzeitlich neu begründeter Arbeitsverhältnisse[9]. Beruht die Unwirksamkeit auf einem **Mangel der Geschäftsfähigkeit**, können die Grundsätze des Schutzes Geschäftsunfähiger allerdings Einschränkungen gebieten[10].

208 **3. Einzel- und Sonderfälle. a) Zwangsversteigerung/Zwangsverwaltung.** Ein Betrieb oder Betriebsteil als solcher kann nicht Gegenstand der Zwangsversteigerung oder Zwangsverwaltung sein; vielmehr können sich die Vollstreckungsakte lediglich auf einzelne Teile des Betriebsvermögens (Grundstücke, bewegliches Anlagevermögen etc.) beziehen. Der Zuschlag in der Zwangsversteigerung ist im Übrigen ein staatlicher Hoheitsakt, mithin kein Rechtsgeschäft iSv. § 613a[11]. Zu einem rechtsgeschäftlichen Betriebs(teil)übergang kann es aber kommen, wenn der Ersteigerer durch **ergänzende Rechtsgeschäfte** mit dem Schuldner als bisherigem Betriebsinhaber oder – im Falle der Zwangsverwaltung nach dem ZVG – mit dem Zwangsverwalter weitere Gegenstände des Betriebsvermögens erwirbt, um mit diesen den Betrieb unverändert fortzuführen[12]. Geschieht dies nicht, scheidet ein Betriebsübergang aus, und zwar nicht nur wegen Fehlens eines Rechtsgeschäfts, sondern auch weil die Zwangsversteigerung nicht zum Übergang eines Betriebs/Betriebsteils iS einer wirtschaftlichen Organisationseinheit führt[13]. Auch eine analoge Anwendung des § 613a scheidet insoweit aus[14]. Es handelt sich dann um eine Neueröffnung durch den Ersteher bei gleichzeitiger Stilllegung des bisherigen Betriebs[15].

---

1 In diesem Sinne EuGH v. 5.5.1988 – Rs. C-144, 145/87, NZA 1990, 885; s. dazu *Willemsen* in Willemsen/Hohenstatt/Schweibert/Seibt, Rz. G 45; ErfK/*Preis*, § 613a BGB Rz. 60. | 2 S. dazu *Willemsen* in Willemsen/Hohenstatt/Schweibert/Seibt, Rz. G 44; ErfK/*Preis*, § 613a BGB Rz. 59. | 3 Vgl. *Willemsen*, ZIP 1986, 477 (486); zust. ErfK/*Preis*, § 613a BGB Rz. 59. | 4 Vgl. *Willemsen* in Willemsen/Hohenstatt/Schweibert/Seibt, Rz. G 44, 46. | 5 S. bereits oben Rz. 196 sowie Staudinger/*Richardi/Annuß*, § 613a Rz. 93. | 6 BAG v. 6.2.1985 – 5 AZR 411/83, AP Nr. 44 zu § 613a BGB; LAG Brandenburg v. 22.7.1999 – 8 Sa 102/99, LAGE § 613a BGB Nr. 77; Erman/*Edenfeld*, § 613a BGB Rz. 31. Anders allerdings, wenn der Betrieb infolge Nichtigkeit des Veräußerungsgeschäfts an den Betriebsveräußerer „zurückfällt", bevor die Einnahme der tatsächlichen Leitungsmacht durch den Erwerber abgeschlossen war; LAG Köln v. 7.12.2001 – 11 Sa 867/01, NZA-RR 2002, 514. | 7 ErfK/*Preis*, § 613a BGB Rz. 61. | 8 Staudinger/*Richardi/Annuß*, § 613a BGB Rz. 94; *Seiter*, Betriebsinhaberwechsel, 1980, S. 48. | 9 Ebenso *Seiter*, Betriebsinhaberwechsel, 1980, S. 48. | 10 S. dazu MünchArbR/*Wank*, § 124 Rz. 95 mwN; KR/*Pfeiffer*, § 613a BGB Rz. 80; Staudinger/*Richardi/Annuß*, § 613a BGB Rz. 94. | 11 Ebenso *Seiter*, Betriebsinhaberwechsel, 1980, S. 140; ErfK/*Preis*, § 613a BGB Rz. 64. | 12 BAG v. 14.10.1982 – 2 AZR 811/79, AP Nr. 36 zu § 613a BGB; Erman/*Edenfeld*, § 613a BGB Rz. 35; Staudinger/*Richardi/Annuß*, § 613a BGB Rz. 96. | 13 Zutr. Staudinger/*Richardi/Annuß*, § 613a BGB Rz. 96. | 14 Ebenso ErfK/*Preis*, § 613a BGB Rz. 64; *Seiter*, Betriebsinhaberwechsel, 1980, S. 140; Staudinger/*Richardi/Annuß*, § 613a BGB Rz. 96. | 15 Ebenso *Seiter*, Betriebsinhaberwechsel, 1980, S. 140 und ErfK/*Preis*, § 613a BGB Rz. 64.

Führt der Zwangsverwalter den Betrieb während der Zwangsverwaltung fort, liegt dem notwendigerweise eine Vereinbarung mit dem Schuldner zugrunde, weil die Anordnung der Zwangsverwaltung nicht zur Beschlagnahme des Betriebs als solchen führt[1]. Dieses Rechtsgeschäft führt zu einem **Betriebsübergang auf den Zwangsverwalter** gemäß § 613a[2]. Entsprechendes gilt, wenn der Zwangsverwalter den Betrieb an einen Dritten verpachtet[3]. 209

b) Insolvenz. Durch die Eröffnung des Insolvenzverfahrens nach der InsO ändert sich an der Betriebsinhaberschaft des Gemeinschuldners nichts. Der Insolvenzverwalter kann zwar im Rahmen seiner Verwaltungspflicht nach §§ 80, 148, 159 InsO den Betrieb fortführen; er handelt dabei aber als gesetzlicher Vertreter des Gemeinschuldners, dessen ArbGeb-Funktion er ausübt, ohne selbst in die Stellung des ArbGeb und Betriebsinhabers einzurücken[4]. Veräußert der Insolvenzverwalter den Betrieb oder einzelne abgrenzbare (s. oben Rz. 33 ff.) Betriebsteile im Rahmen der Masseverwertung an einen Dritten, liegt dem unzweifelhaft ein Rechtsgeschäft iSv. § 613a zugrunde. Den Besonderheiten des Insolvenzverfahrens ist solchenfalls nicht auf der Tatbestands-, sondern auf der Rechtsfolgenseite Rechnung zu tragen (s. dazu unten Rz. 366 ff.)[5]. 210

c) Sicherungsübertragung. Die Sicherungsübertragung einzelner oder auch sämtlicher Gegenstände des Betriebsvermögens führt regelmäßig **nicht** zu einem **Betriebsübergang**, weil und solange die Befugnis zur Führung des Betriebs im eigenen Namen beim bisherigen Inhaber verbleibt, der Sicherungsnehmer also nicht in diese Position eintritt. Daran ändert sich auch dadurch nichts, dass sich der Betriebsinhaber im Innenverhältnis weitreichenden Mitspracherechten seiner Gläubiger (zB eines Bankenpools) unterwirft[6]. 211

d) Miet- und Pachtverträge. Die Verpachtung eines Betriebs stellt unzweifelhaft einen „Standardfall" der Betriebsübernahme durch Rechtsgeschäft dar, wofür bereits die Nutzungsüberlassung an den Gegenständen des Betriebsvermögens auf Zeit ausreicht (s. oben Rz. 46). Bei Mietverträgen bedarf es dagegen im Einzelfall sorgfältiger Prüfung, ob sie sich lediglich auf isolierte Einzelgegenstände (zB die „nackten" Geschäftsräume) beziehen (dann *kein* Fall des § 613a) oder ob ggf. im Verbund mit anderen Rechtsgeschäften eine komplette betriebliche Organisationsstruktur übergeht; auch der tatsächlichen Übernahme bzw. Weiterbeschäftigung von Personal kommt in diesem Zusammenhang erhebliche Bedeutung zu (s. oben Rz. 139 ff.)[7]. Anders als beim klassischen Pachtvertrag muss das „Rechtsgeschäft" im Falle einer Anmietung (nur) von Räumlichkeiten keineswegs zwingend zu einem Betriebsübergang nach § 613a führen[8]. 212

Der (unmittelbare) Pächterwechsel stellt einen rechtsgeschäftlichen Betriebsübergang dar, da es hierzu keiner unmittelbaren Rechtsbeziehung zwischen Pächter 1 und Pächter 2 bedarf und der Erstpächter durch die Befristung bzw. sein Einverständnis zur Kündbarkeit des Pachtvertrages bereits ein antizipiertes Einverständnis zu der späteren Aufgabe der Inhaberschaft erteilt hat (s. oben Rz. 204). Auch der **Rückfall der Pachtsache** an den Verpächter kann sich als rechtsgeschäftlicher Betriebsübergang darstellen; allerdings nur, wenn der Verpächter den Betrieb auch tatsächlich fortführt (s. dazu oben Rz. 66). 213

e) Auftragsvergabe und -nachfolge (insb. in den Fällen des „Outsourcing"). Die **erstmalige Vergabe** bislang innerbetrieblich ausgeführter Tätigkeiten (zB Reinigung, Bewachung, Wartung etc.) stellt unzweifelhaft ein Rechtsgeschäft dar; ob sie aber zu einem Betriebs(teil)übergang nach § 613a führt, hängt ausschließlich davon ab, ob mit der Auftragsvergabe der Übergang einer wirtschaftlichen Einheit verbunden ist, was gerade in den Fällen des Outsourcing einer sorgfältigen Prüfung anhand des Sieben-Punkte-Katalogs (oben Rz. 99 ff.) erfordert. Eindeutig ist nach der Rspr. sowohl des EuGH als auch des BAG, dass die Tätigkeit als solche noch keine wirtschaftliche Einheit ist (s. oben Rz. 14). Die Auftragsvergabe ohne Übertragung der für die Identität der betrieblichen Organisation maßgeblichen Ressourcen an den Auftragnehmer stellt somit lediglich einen Fall der – von § 613a nicht erfassten – Funktionsnachfolge dar (s. auch oben Rz. 172 ff.). Es ist also grundsätzlich weiterhin möglich, bestimmte Arbeiten, die bisher von eigenem Personal verrichtet wurden, auf ein Drittunternehmen zu übertragen („outzusourcen"), ohne dass dies die Rechtsfolgen des § 613a auslösen muss. Einen solchen Fall betraf zB das BAG-Urteil vom 22.1.1998[9], in dem eine Kaufhauskette ihre Abteilung „Technische Kundendienste" in 214

---

[1] Vgl. §§ 146, 148, 151 ZVG; BAG v. 9.1.1980 – 5 AZR 21/78, AP Nr. 19 zu § 613a BGB m. Anm. *Vollkommer*; *Richardi*, RdA 1976, 56 (60). | [2] BAG v. 9.1.1980 – 5 AZR 21/78, AP Nr. 19 zu § 613a BGB; v. 14.10.1982 – 2 AZR 811/79, AP Nr. 36 zu § 613a BGB. | [3] Staudinger/*Richardi*/*Annuß*, § 613a BGB Rz. 97. | [4] Vgl. BAG v. 30.1.1991 – 5 AZR 32/90, AP Nr. 18 zu § 630 BGB; ErfK/*Preis*, § 613a BGB Rz. 63; zum Ganzen (noch unter der Geltung der Konkursordnung) *Willemsen*, ArbN-Schutz bei Betriebsänderung im Konkurs, 1980, S. 50 ff.; aA im Hinblick auf § 80 InsO offenbar Staudinger/*Richardi*/*Annuß*, § 613a BGB Rz. 80. | [5] Grundl. BAG v. 17.1.1980 – 3 AZR 160/79, AP Nr. 18 zu § 613a BGB; *Wiedemann*/*Willemsen*, RdA 1980, 419 ff.; *Willemsen*, ZIP 1983, 411, 417 f. | [6] Vgl. BAG v. 20.3.2003 – 8 AZR 312/02, 1793; *Willemsen*, Anm. zu BAG v. 20.11.1984 – 3 AZR 584/83, AP Nr. 38 zu § 613a BGB; zust. Staudinger/*Richardi*/*Annuß*, § 613a BGB Rz. 98. | [7] Vgl. dazu insbesondere BAG v. 22.5.1997 – 8 AZR 101/96, AP Nr. 154 zu § 613a BGB (*Franzen*) (Modegeschäft). | [8] S. dazu auch *Willemsen* in Willemsen/Hohenstatt/Schweibert/Seibt, Rz. G 143; Staudinger/*Richardi*/*Annuß*, § 613a BGB Rz. 100. | [9] BAG v. 22.1.1998 – 8 AZR 243/95, AP Nr. 173 zu § 613a BGB (Technische Kundendienste).

BGB § 613a Rz. 215   Rechte und Pflichten bei Betriebsübergang

sämtlichen Filialen aufgelöst und die dort bisher ausgeführten Reparatur- und Servicearbeiten einem Fremdunternehmen übertragen hatte, das weder Arbeitsmittel noch Personal übernahm.

215 Ob im Falle der **Auftragsneuvergabe** ein Betriebs(teil)übergang von dem ersten auf den zweiten Auftragnehmer stattfindet, ist ebenfalls keine Frage des „Rechtsgeschäfts", sondern hängt ausschließlich davon ab, ob der Auftragsnachfolger die die betriebliche Organisationsstruktur verkörpernden materiellen, immateriellen und – vor allem bei sog. betriebsmittelarmen Tätigkeiten – personellen Ressourcen seines „Vorgängers" übernimmt und für eigene betriebliche Zwecke weiternutzt. Auch hier lässt sich somit die Anwendung des § 613a durch bewusste Beschränkung auf eine „reine" Funktionsnachfolge vermeiden.

216 In den Fällen des Outsourcing – wie auch in den meisten sonstigen praktischen Fallgestaltungen – liegt somit der Schwerpunkt der Prüfung nicht bei der Frage des Vorliegens eines „Rechtsgeschäfts", sondern darin, ob überhaupt ein Betriebsübergang festzustellen ist[1].

217 **V. Abschließende Bewertung.** Durch die Entscheidung des EuGH in Sachen *Ayse Süzen* vom 11.3.1997 (s. Rz. 3) und die hierdurch direkt ausgelöste Neuorientierung der Rspr. des BAG (s. Rz. 12 und 68 f.) ist die Abgrenzung des Tatbestandes von § 613a zwar um einiges rationaler geworden, zumal damit eine kontinuierliche Rückbesinnung auf den eigentlichen „Normkern" verbunden ist, zu der die Rspr. des BAG inzwischen erhebliche Beiträge geleistet hat. Der seither immer wieder herangezogene Sieben-Punkte-Katalog lässt jedoch eine hierarchische Strukturierung vermissen und überlässt den Gerichten wegen des nicht näher konkretisierten Erfordernisses einer „Gesamtbewertung" in der Praxis einen **erheblichen Beurteilungsspielraum**. Allerdings erlaubt es das mittlerweile recht umfangreiche Rspr.-Material, sich mittels klarer Positiv- und Negativfälle an die Lösung des konkreten Einzelfalls heranzutasten[2]. Durch die – in die Hand des **Experten** gehörende – Gestaltung auf der Tatbestandsebene lassen sich bei richtiger Anwendung und Bewertung der von der Rspr. entwickelten Kriterien die Rechtsfolgen des § 613a durchaus gezielt vermeiden, was **nichts** mit einer unzulässigen Gesetzesumgehung zu tun hat[3].

218 Wie bei allen zwingenden Normen, zu der auch § 613a gehört, erstreckt sich der Ausschluss der Parteidisposition auf die Rechtsfolgenseite (dazu nachfolgend Rz. 248), nicht jedoch auf die Auslösung der tatbestandlichen Voraussetzungen. Wo die *ratio legis* nicht betroffen ist (wie zB bei Verzicht auf jedwede Weiterbeschäftigung des Personals im Falle betriebsmittelarmer Tätigkeiten), kann im Hinblick auf § 613a auch nichts umgangen werden; für eine analoge Anwendung der Bestimmung ist solchenfalls kein Raum.

219 Soweit es um Fälle sog. **Gestaltungsmissbrauchs** geht, richten diese sich typischerweise gegen die Rechtsfolgen der Norm, etwa, wenn allen ArbN unmittelbar vor einem Betriebsübergang (uU sogar mit deren Einverständnis) gekündigt wird, damit sie anschließend vom Erwerber neu eingestellt werden[4].

220 Wenn die Rechtsfolgen des § 613a vermieden werden sollen, muss somit auf der Tatbestandsseite angesetzt werden; auf die damit verbundenen **Gestaltungsfragen** ist hier nicht im Einzelnen einzugehen[5]. Der Schwerpunkt liegt auch hier – ebenso wie bei der richterlichen Beurteilung bereits abgeschlossener Sachverhalte – bei dem Übergang des Betriebs/Betriebsteils als solchem, während das Merkmal „durch Rechtsgeschäft" infolge seiner sehr weiten Auslegung durch die Rspr. nur selten als Korrektiv in Betracht kommt.

221 **D. Rechtsfolgen des Betriebsübergangs. I. Übergang der Arbeitsverhältnisse. 1. ArbGebWechsel.** Liegen die Voraussetzungen des § 613a Abs. 1 Satz 1 vor, so tritt der neue Betriebsinhaber kraft Gesetzes „in die Rechte und Pflichten aus den im Zeitpunkt des Übergangs bestehenden Arbeitsverhältnissen ein". Es findet ein Vertragspartnerwechsel auf ArbGeb-Seite statt[6]. Der Einwilligung (Zustimmung oder Genehmigung) des ArbN bedarf es insoweit nicht[7]. Zum Widerspruchsrecht unten Rz. 345 ff.

222 **Erfasst** werden sämtliche dem übertragenen Betrieb oder Betriebsteil zuzuordnenden[8] Arbeitsverhältnisse aktiver[9] ArbN unabhängig davon, ob es sich um Arbeiter, Angestellte oder leitende Angestellte iSd. § 5 Abs. 3 BetrVG[10] handelt. Auch Teilzeitarbeitsverhältnisse und befristete Arbeitsverhältnisse werden erfasst. Ebenso gekündigte Arbeitsverhältnisse, sofern die Kündigungsfrist im Zeitpunkt des Betriebsübergangs noch nicht abgelaufen ist[11]. Darauf, ob der Arbeitsvertrag wirksam ist, kommt es nicht an; entscheidend ist das Bestehen eines Arbeitsverhältnisses. Auch faktische Arbeitsverhältnisse gehen deshalb nach Abs. 1 Satz 1 auf den neuen Inhaber über[12]. Eine vorübergehende Suspendierung der wechselseitigen Hauptpflichten aus dem Arbeitsverhältnis[13] steht dessen Übergang nicht entgegen.

---

1 Ebenso Staudinger/*Richardi*/*Annuß*, § 613a BGB Rz. 101; ausf. zur Anwendung des § 613a BGB in den Fällen der Fremdvergabe *Waas*, ZfA 2001, 377 ff. | 2 S. dazu die umfangreiche Darstellung bei *Willemsen* in Willemsen/Hohenstatt/Schweibert/Seibt, Rz. G 117 ff. | 3 Hierauf hat *Müller-Glöge*, selbst vormals Richter in dem für Fragen des § 613a BGB zuständigen 8. Senats, zutr. hingewiesen (NZA 1999, 449, 454). Kritischer demgegenüber ErfK/*Preis*, § 613a BGB Rz. 39 sowie *Preis*/*Steffan*, DB 1998, 309 ff. | 4 Vgl. dazu BAG v. 20.7.1982 – 3 AZR 261/80, AP Nr. 31 zu § 613a BGB; v. 11.7.1995 – 3 AZR 154/95, AP Nr. 56 zu § 1 TVG Tarifverträge: Einzelhandel sowie unten Rz. 310. | 5 Vgl. stattdessen *Willemsen* in Willemsen/Hohenstatt/Schweibert/Seibt, Rz. G 134 ff. | 6 BAG v. 22.2.1978 – 5 AZR 800/76, AP Nr. 11 zu § 613a BGB. | 7 BAG v. 30.10.1986 – 2 AZR 101/85, AP Nr. 55 zu § 613a BGB. | 8 Hierzu Rz. 225. | 9 Zu Ruhestandsverhältnissen Rz. 237. | 10 BAG v. 22.2.1978 – 5 AZR 800/76, AP Nr. 11 zu § 613a BGB. | 11 BAG v. 22.2.1978 – 5 AZR 800/76, AP Nr. 11 zu § 613a BGB. | 12 Erman/*Edenfeld*, § 613a BGB Rz. 43; ErfK/*Preis*, § 613a BGB Rz. 68. | 13 ZB während des Wehrdienstes oder einer Elternzeit.

Die Arbeitsverhältnisse von **LeihArbN** iSd. § 1 Abs. 1 AÜG gehen gemäß Abs. 1 Satz 1 über, wenn der Verleiher seinen Betrieb auf einen neuen Inhaber überträgt[1], nicht jedoch im Falle einer Betriebsübertragung durch den Entleiher. Zu diesem stehen die überlassenen ArbN nicht in einem Arbeitsverhältnis. Etwas anderes gilt, wenn zwischen dem Leih-ArbN und dem Entleiher gemäß § 10 Abs. 1 AÜG kraft gesetzlicher Fiktion ein Arbeitsverhältnis zustande gekommen ist[2]. Auf **Berufsausbildungsverhältnisse** findet § 613a gemäß § 3 Abs. 2 BBiG entsprechende Anwendung. Sind die Auszubildenden in einer zentralen Ausbildungseinheit zusammengefasst, so gehen ihre Berufsausbildungsverhältnisse gemäß Abs. 1 Satz 1 auf den neuen Inhaber über, wenn diese Einheit übertragen wird, nicht jedoch im Falle einer Übertragung des Betriebs(teils), in dem sie zum Zwecke ihrer Ausbildung eingesetzt werden[3]. 223

Nicht erfasst werden freie Dienstverhältnisse. Insbesondere Dienstverträge mit freien Mitarbeitern, Beratern und Organmitgliedern[4] gehen nicht nach Abs. 1 Satz 1 auf den neuen Betriebsinhaber über. ArbN-Ähnliche Personen (§ 12a Abs. 1 TVG) sind den ArbN zwar in vielfacher Hinsicht gleichgestellt, nicht jedoch im Hinblick auf § 613a. Der neue Betriebsinhaber tritt deshalb nicht in die Dienstverhältnisse arbeitnehmerähnlicher Personen ein, die der bisherige Inhaber beschäftigt[5]. Auf Heimarbeitsverhältnisse findet § 613a keine, auch keine entsprechende Anwendung[6]. Schließlich fallen Beamtenverhältnisse nicht in den Anwendungsbereich der Vorschrift[7]. 224

2. Zuordnung der Arbeitsverhältnisse. Die Zuordnung der Arbeitsverhältnisse bereitet keine Schwierigkeiten, wenn sämtliche Betriebe des Unternehmens übertragen werden. In diesem Falle gehen alle im Zeitpunkt des Übergangs mit dem bisherigen Inhaber bestehenden Arbeitsverhältnisse auf den neuen Inhaber über. Wird demgegenüber lediglich einer von mehreren Betrieben oder ein Betriebsteil übertragen, so ist zu entscheiden, welche Arbeitsverhältnisse auf den neuen Inhaber übergehen und welche zurückbleiben. Nach zutreffendem Verständnis muss der ArbN dem übertragenen Betrieb(steil) angehören, damit sein Arbeitsverhältnis gemäß Abs. 1 Satz 1 übergeht. Dies ist nur dann der Fall, wenn der ArbN in dem übertragenen Betrieb(steil) beschäftigt ist. Nicht ausreichend ist es demgegenüber, dass er als Beschäftigter einer nicht übertragenen Einheit Tätigkeiten für den übertragenen Betrieb(steil) verrichtet. 225

Die Arbeitsverhältnisse von ArbN aus nicht mitübertragenen **Querschnittsbereichen**[8] gehen deshalb nicht auf den neuen Inhaber über[9]. Dies gilt ohne weiteres, wenn der ArbN innerhalb des zurückbleibenden Querschnittsbereichs lediglich auch für den übertragenen Betrieb(steil) tätig war, denn in diesem Fall fehlt es bereits an einem hinreichend klaren Bezug des Arbeitsverhältnisses zu der übertragenen Einheit[10]. Darauf, ob der zurückbleibende Bereich infolge des Betriebs(teil)übergangs möglicherweise nicht mehr sinnvoll fortgeführt werden kann und den in diesem beschäftigten ArbN deshalb eine betriebsbedingte Kündigung droht, kommt es insoweit nicht an[11]. Nach zutreffendem Verständnis bleibt das Arbeitsverhältnis selbst dann beim bisherigen Betriebsinhaber zurück, wenn der ArbN innerhalb des nicht übertragenen Querschnittsbereichs ausschließlich für die übertragene Einheit tätig war[12]. Auch in diesen Fällen fehlt es hinsichtlich des zu betrachtenden Arbeitsverhältnisses an der Übernahme einer eingerichteten Arbeitsorganisation. Es liegt nicht anders als in den Fällen eines Auftragsverlusts[13]. Widerspricht der ArbN im Falle eines Betriebsteilübergangs dem Übergang seines Arbeitsverhältnisses, bedarf es einer ausdrücklichen oder konkludenten Zuordnungsentscheidung des ArbGeb, wenn das Arbeitsverhältnis von einem weiteren Betriebsteilübergang erfasst werden soll[14]. 226

Schwierigkeiten bereitet die Zuordnung der Arbeitsverhältnisse von ArbN, die **teils in übertragenen Einheiten, teils in nicht übertragenen Einheiten tätig** werden (zB Springer). Hier soll der Schwerpunkt der Tätigkeit darüber entscheiden, ob das Arbeitsverhältnis übergeht oder zurückbleibt[15], wobei jedoch sowohl der Zeitraum der Betrachtung als auch das erforderliche Maß an Eindeutigkeit in der Schwerpunktbetrachtung unklar bleiben. Darüber hinaus ist unklar, was gilt, wenn ein eindeutiger 227

---

1 Vgl. Art. 2 Ziff. 2c der Betriebsübergangsrichtlinie 2001/23/EG. | 2 ErfK/*Preis*, § 613a BGB Rz. 67. | 3 *Mehlich*, NZA 2002, 823 ff. | 4 BAG v. 13.2.2003 – 8 AZR 59/02, AP Nr. 249 zu § 613a BGB; für GmbH-Geschäftsführer BAG v. 13.2.2003 – 8 AZR 654/01, DB 2003, 942. | 5 ErfK/*Preis*, § 613a BGB Rz. 67. | 6 BAG v. 3.7.1980 – 3 AZR 1077/78, AP Nr. 23 zu § 613a BGB; v. 24.3.1998 – 9 AZR 218/97, AP Nr. 178 zu § 613a BGB; Staudinger/*Richardi/Annuß*, § 613a BGB Rz. 30; aA KR/*Pfeiffer*, § 613a BGB Rz. 13, 103. | 7 ErfK/*Preis*, § 613a BGB Rz. 67. | 8 Zentrale Buchhaltung oder Personalabteilung; Werkskantine etc. | 9 EuGH v. 7.2.1985 – Rs. C-186/83, Slg. 1985, 519 – Botzen; BAG v. 11.9.1997 – 8 AZR 555/95, EzA § 613a BGB Nr. 153 m. Anm. *Willemsen/Annuß* (Tausendundeine Nacht); v. 13.11.1997 – 8 AZR 375/96, AP Nr. 170 zu § 613a BGB (Stabsfunktion bei Betriebsteilübergang); v. 21.1.1999 – 8 AZR 298/98, ZInsO 1999, 361; v. 8.8.2002 – 8 AZR 583/01, NZA 2003, 315; v. 25.9.2003 – 8 AZR 446/02, ArbRB 2003, 321; v. 13.2.2003 – 8 AZR 102/02, AP Nr. 245 zu § 613a BGB. | 10 Vgl. BAG v. 13.11.1997 – *8 AZR 375/96, AP Nr. 170 zu § 613a BGB* (Stabsfunktion bei Betriebsteilübergang); *Müller/Thüsing*, ZIP 1997, 1869 (1875). | 11 BAG v. 13.11.1997 – 8 AZR 375/96, AP Nr. 170 zu § 613a BGB (Stabsfunktion bei Betriebsteilübergang); *Annuß*, BB 1998, 1582 (1586); *Müller-Glöge*, NZA 1999, 449 (453). | 12 EuGH v. 7.2.1985 – Rs. C-186/83, Slg. 1985, 519 – Botzen; BAG v. 8.8.2002 – 8 AZR 583/01, nv.; Staudinger/*Richardi/Annuß*, § 613a BGB Rz. 113; *Willemsen* in Willemsen/Hohenstatt/Schweibert/Seibt, Rz. G 140; *Müller/Thüsing*, ZIP 1997, 1869 (1875); aA ErfK/*Preis*, § 613a BGB Rz. 72; KR/*Pfeiffer*, § 613a BGB Rz. 13. | 13 Zu dieoben Rz. 214 f. | 14 BAG v. 13.2.2003 – 8 AZR 102/02, AP Nr. 245 zu § 613a BGB; vgl. v. 25.9.2003 – 8 AZR 446/02, ArbRB 2003, 321. | 15 BAG v. 20.7.1982 – 3 AZR 261/80, AP Nr. 31 zu § 613a BGB; v. 25.6.1985 – 3 AZR 254/83, AP Nr. 23 zu § 7 BetrAVG; *Annuß*, BB 1998, 1582; *Kreitner*, NZA 1990, 429 (431); *Willemsen* in Willemsen/Hohenstatt/Schweibert/Seibt, Rz. G 140.

Schwerpunkt des Arbeitsverhältnisses nicht feststellbar ist. Die vorgeschlagenen Lösungen reichen von einem Zurückbleiben des Arbeitsverhältnisses beim bisherigen Betriebsinhaber[1] über ein Wahlrecht des ArbGeb[2] bis hin zu einem Wahlrecht des ArbN[3]. Für die Praxis empfiehlt es sich, mit betriebs(teil)übergreifend tätigen ArbN eine Vereinbarung über den Übergang bzw. das Zurückbleiben ihres Arbeitsverhältnisses zu schließen. Derartige Vereinbarungen sind zulässig[4].

228 Für Betriebs(teil)übertragungen durch Umwandlung enthält § 323 Abs. 2 UmwG eine **Sonderregelung** über die Zuordnung von Arbeitsverhältnissen[5].

229 **3. Eintritt in die Rechte und Pflichten aus dem Arbeitsverhältnis. a) Ansprüche des ArbN.** Infolge des durch Abs. 1 Satz 1 angeordneten Parteiwechsels auf ArbGeb-Seite[6] wird der neue Betriebsinhaber Schuldner sämtlicher **arbeitsvertraglicher Ansprüche** der übergehenden ArbN. Er hat deshalb insb. die zwischen diesen und dem bisherigen Betriebsinhaber vereinbarten Löhne, Gehälter und Nebenleistungen (Gratifikationen etc.) zu zahlen. Der Schuldnerwechsel betrifft auch **rückständige Lohn- und Gehaltsansprüche**[7], was insb. in Fällen untertariflicher oder gegen Diskriminierungsverbote verstoßender Bezahlung eine bedeutsame Rolle spielen kann. Zur betrAV unten Rz. 237 ff.

230 Zu den übergehenden Ansprüchen gehören auch solche aus **betrieblicher Übung**[8]. Ist im Zeitpunkt des Betriebsübergangs noch keine Bindungswirkung eingetreten, so kann der neue Betriebsinhaber die Übung abbrechen und hierdurch das Entstehen individualvertraglicher Ansprüche verhindern. Setzt der neue Betriebsinhaber die im Entstehen begriffene Übung demgegenüber fort, so muss er die von dem bisherigen Betriebsinhaber gesetzten Vertrauenstatbestände gegen sich gelten lassen[9]. Werden ArbN übernommen, die Ansprüche aus einer in ihrem früheren Betrieb bestehenden betrieblichen Übung haben, erstreckt sich diese nicht ohne weiteres auf die Stammbelegschaft des Übernehmers[10].

231 Der neue Betriebsinhaber tritt nur in **Ansprüche aus dem Arbeitsverhältnis** ein. Abgrenzungsschwierigkeiten bestehen insoweit in Bezug auf Vertragsverhältnisse, die der bisherige Betriebsinhaber und der ArbN außerhalb des Arbeitsverhältnisses eingehen (ArbGeb-Darlehen, Wohnraummietverträge etc.) sowie in Bezug auf **Vertragsverhältnisse des ArbN mit Dritten** (Aktienoptionen oder Versorgungszusagen der Konzernobergesellschaft etc.). Derartige Vertragsverhältnisse gehen grundsätzlich nicht zusammen mit dem Arbeitsverhältnis auf den neuen Betriebsinhaber über[11]. Der neue Betriebsinhaber wird deshalb nicht Gläubiger eines zwischen dem bisherigen Betriebsinhaber und dem ArbN neben dem Arbeitsverhältnis geschlossenen Darlehensvertrages[12] oder Schuldner eines zwischen dem ArbN und der Konzernobergesellschaft des bisherigen Betriebsinhabers geschlossenen Aktienoptionsvertrages[13]. Allerdings muss in diesen Fällen jeweils sorgfältig geprüft werden, ob hinsichtlich der nichtarbeitsvertraglichen Rechtsbeziehung mit dem bisherigen Betriebsinhaber oder der Konzernobergesellschaft auch Ansprüche im Arbeitsverhältnis bestehen, in die der neue Betriebsinhaber nach Abs. 1 Satz 1 eintritt. Insbesondere kann dem ArbN ein arbeitsvertraglicher Anspruch auf das in diesen Rechtsbeziehungen enthaltene **Zuwendungselement** (zB auf die Verschaffung eines zinsvergünstigten Darlehens oder von Aktienoptionen) zustehen. Von dem Bestehen eines solchen Anspruchs ist im Hinblick auf nichtarbeitsvertragliche Rechtsbeziehungen des ArbN mit seinem ArbGeb auszugehen, wenn der ArbGeb die Vergünstigung nicht nur gelegentlich, sondern gerade wegen des Bestehens des Arbeitsverhältnisses gewährt hat. So liegt es beispielsweise, wenn eine Bank allgemein zinsvergünstigte Darlehen an ihre ArbN vergibt, nicht jedoch, wenn die Bank einem ArbN im Hinblick auf dessen besondere Bonität eine Zinsvergünstigung einräumt. Bei Rechtsverhältnissen mit Dritten kommt es darauf an, ob die Gewährung der Vergünstigung auf einer entsprechenden Anweisung (ähnlich der zivilrechtlichen Anweisung iSd. §§ 783 ff.) des Vertrags-ArbGeb beruht[14]. Weitaus einfacher ist die Lösung derjenigen Fälle, in denen der bisherige Betriebsinhaber und der ArbN zwar von der unmittelbaren Austauschbeziehung gesonderte Rechtsbeziehungen eingehen, dies jedoch im Arbeitsverhältnis selbst. Hier geht die atypische Rechtsbeziehung als Bestandteil des Arbeitsverhältnisses nach Abs. 1 Satz 1 auf den neuen Betriebsinhaber über. Dies betrifft beispielsweise die Gewährung eines ArbGeb-Darlehens als Gehaltsvorschuss[15] oder die Überlassung ei-

---

1 *Kreitner*, NZA 1990, 429 (432); *Willemsen* in Willemsen/Hohenstatt/Schweibert/Seibt, Rz. G 141. | **2** *Annuß*, NZA 1998, 70 (77); *Bauer*, Unternehmensveräußerung und Arbeitsrecht, 1983, S. 47. | **3** ErfK/*Preis*, § 613a BGB Rz. 72; *Müller/Thüsing*, ZIP 1997, 1869 (1873 f.). | **4** BAG v. 20.7.1982 – 3 AZR 261/80, AP Nr. 31 zu § 613a BGB; BAG v. 25.6.1985 – 3 AZR 254/83, AP Nr. 23 zu § 7 BetrAVG; *Kreitner*, NZA 1990, 429 (432). | **5** Hierzu die Kommentierung zu § 323 UmwG. | **6** Rz. 221. | **7** BAG v. 18.8.1976 – 5 AZR 95/75, AP Nr. 4 zu § 613a BGB. | **8** MünchArbR/*Richardi*, § 13 Rz. 1 ff.; *Schaub*, § 111 Rz. 1 ff. | **9** *Erman/Edenfeld*, § 613a BGB Rz. 61; ErfK/*Preis*, § 613a BGB Rz. 74. | **10** BAG v. 14.11.2001 – 10 AZR 152/01, NZA 2002, 527. | **11** Ausf. *Willemsen*, FS Wiedemann (2002), S. 646 ff.; vgl. auch *Moll*, FS BAG (2003), S. 59 ff. | **12** BAG v. 21.1.1999 – 8 AZR 373/97, nv. | **13** BAG v. 12.2.2003 – 10 AZR 299/02, ZIP 2003, 682; *Nehls/Sudmeyer*, ZIP 2002, 201 (204); iE auch *Bauer/Göpfert/v. Steinau-Steinrück*, ZIP 2001, 1129 (1130); *Willemsen/Müller-Bonanni*, ZIP 2003, 1177 (1180); *Annuß/Lembke*, BB 2003, 2230 (2231); ErfK/*Preis*, § 613a BGB Rz. 73; aA *Tappert*, NZA 2002, 1188 (1192); *Lipinski/Melms*, BB 2003, 150 (154); diff. *Schnitker/Grau*, BB 2002, 2497 (2498 f.). | **14** Ausf. *Willemsen*, FS Wiedemann (2002), S. 654 ff. | **15** BAG v. 21.1.1999 – 8 AZR 373/97, nv.

ner Werkmietwohnung gem. § 576b¹, nicht jedoch die Überlassung einer Werkmietwohnung gem. §§ 576 ff., die nach den vorangehend dargestellten Grundsätzen zu behandeln ist[2].

Speziell für **Aktienoptionen** gilt Folgendes[3]: Es muss zwischen dem Anspruch auf Aktienoptionen und den Ansprüchen der ArbN aus Aktienoptionen sowie zwischen im Zeitpunkt des Betriebsübergangs bereits ausübaren und noch nicht ausübbaren Optionen unterschieden werden. Der Anspruch auf Aktienoptionen betrifft die Frage, ob der neue Betriebsinhaber verpflichtet ist, ein von dem bisherigen Inhaber aufgelegtes Programm, das die regelmäßige Gewährung von Aktienoptionen (zB in Abhängigkeit von der Erreichung bestimmter Leistungsziele) vorsieht, fortzuführen. Diese Frage stellt sich überhaupt nur, wenn der Anspruch des ArbN auf Gewährung bzw. Verschaffung von Aktienoptionen Bestandteil des Arbeitsverhältnisses mit dem bisherigen Betriebsinhaber war, woran es nach den vorstehend unter Rz. 231 dargestellten Grundsätzen zumindest in den Fällen des in Aussichtstellens von Aktienoptionen durch einen Dritten (typischerweise die Konzernobergesellschaft) regelmäßig fehlt[4]. Bestand bereits in dem Arbeitsverhältnis mit dem bisherigen Betriebsinhaber keine Verpflichtung zur Gewährung bzw. Verschaffung von Aktienoptionen, so kann auch den neuen Betriebsinhaber keine dahin gehende Verpflichtung treffen. Stand dem ArbN demgegenüber ein solcher Anspruch zu, so wird der neue Betriebsinhaber nach Abs. 1 Satz 1 Schuldner des Anspruchs. Ob der neue Inhaber den Anspruch mit Wirkung für die Zukunft beseitigen kann, hängt in erster Linie vom Inhalt der dem ArbN erteilten Zusage ab, über den der Aktienoptionsplan Auskunft gibt. Enthält der Aktienoptionsplan einen Widerrufsvorbehalt, so kann der neue Betriebsinhaber diesen in aller Regel ohne Verstoß gegen § 315 ausüben[5]. Das Aktienoptionsprogramm des bisherigen Betriebsinhabers bzw. von dessen Konzernobergesellschaft fortzuführen, ist für den neuen Betriebsinhaber nicht sinnvoll, weil dieses sich auf die Verhältnisse in einem fremden Unternehmen bezieht. Im Ergebnis entspricht die Einstellung des Aktienoptionsprogramms mit Wirkung für die Zukunft daher typischerweise billigem Ermessen iSd. § 315. Auch Abs. 1 Satz 1 steht der Ausübung des Widerrufsvorbehalts nicht entgegen. Denn § 613a schützt nicht vor Entwicklungen, die sich jederzeit unabhängig von dem Betriebsinhaberwechsel (vorliegend zB durch eine formwechselnde Umwandlung der ausgebenden Gesellschaft in eine GmbH) einstellen könnten[6]. Enthält der Aktienoptionsplan keinen Widerrufsvorbehalt, so muss eine Lösung im Wege der ergänzenden Vertragsauslegung und, wenn auch diese nicht weiterführt, im Rahmen der Regeln über den Wegfall der Geschäftsgrundlage gesucht werden[7]. Die danach vorzunehmende Vertragsanpassung wird in der Regel zum ersatzlosen Fortfall der Leistung führen, sofern diese bloßen Zusatzcharakter hatte. Wurden die Aktienoptionen demgegenüber als Ersatz für eine höhere Barvergütung in Aussicht gestellt, so muss der neue Betriebsinhaber einen finanziellen Ausgleich leisten[8].

Der Anspruch aus Aktienoption betrifft zunächst die Frage, gegen wen sich die Ansprüche der übernommenen ArbN aus den im Zeitpunkt des Betriebsübergangs bereits gewährten Aktienoptionen richten. Das ist nach den vorstehend unter Rz. 231 dargestellten Grundsätzen stets der ursprüngliche Partner des Optionsvertrages, also entweder der bisherige Betriebsinhaber oder, sofern es sich um Aktienoptionen der Konzernobergesellschaft handelt, diese Gesellschaft[9]. Der Aktienoptionsvertrag ist nicht Bestandteil des Arbeitsverhältnisses, sondern steht als gesondertes Rechtsverhältnis neben diesem und geht deshalb nicht nach Abs. 1 Satz 1 auf den neuen Betriebsinhaber über. Abs. 1 Satz 1 ordnet einen Übergang der Rechte und Pflichten aus dem Arbeitsverhältnis, nicht jedoch sämtlicher mit dem Arbeitsverhältnis im Zusammenhang stehender Vertragsverhältnisse an[10]. Der Inhalt des Anspruchs aus Aktienoption richtet sich nach dem Inhalt des Optionsvertrages und dem der Gewährung zugrunde liegenden Aktienoptionsplan. Typischerweise sieht der Aktienoptionsplan vor, dass sämtliche im Zeitpunkt des Betriebsübergangs noch nicht ausübbaren Aktienoptionen mit dem Betriebsübergang ersatzlos verfallen. Derartige Verfallklauseln sind nach richtiger Ansicht zulässig[11]. Sie ähneln strukturell den Stichtagsklauseln, die die Leistung an das Bestehen eines (in der Regel ungekündigten) Arbeitsverhältnisses im Auszahlungszeitpunkt knüpfen. Abs. 1 Satz 1 steht der Zulässigkeit

---

1 Staudinger/*Richardi*/*Annuß*, § 613a BGB Rz. 154; MünchKomm/*Schaub*, § 613a BGB Rz. 94. | 2 Staudinger/*Richardi*/*Annuß*, § 613a BGB Rz. 154. | 3 Ausf. *Annuß*/*Lembke*, BB 2003, 2230; *Willemsen*/*Müller-Bonanni*, ZIP 2003, 1177. | 4 BAG v. 12.2.2003 – 10 AZR 299/02, ZIP 2003, 682, LAG Hess. v. 3.3.1998 – 15 Sa 944/97, NZA 1999, 981; LAG Hess. v. 19.11.2001 – 16 Sa 971/01, ZIP 2002, 1049; LAG München v. 20.11.2002 – 8 Sa 202/01 nv. sowie obiter der BFH v. 24.1.2001 – IR 119/98, DB 2001, 1176; *Annuß*/*Lembke*, BB 2003, 2230 (2231); *Nehls*/*Sudmeyer*, ZIP 2002, 201 (204); *Willemsen*/*Müller-Bonanni*, ZIP 2003, 1177 (1180); zB auch *Bauer*/*Göpfert*/*v. Steinau-Steinrück*, ZIP 2001, 1129 (1130); aA *Tappert*, NZA 2002, 201 (204); *Lipinski*/*Melms*, BB 2003, 150 (154); diff. *Schnitker*/*Grau*, BB 2002, 2497 (2498 f.). | 5 *Willemsen* in Willemsen/Hohenstatt/Schweibert/Seibt, Rz. G 196; *Willemsen*/*Müller-Bonanni*, ZIP 2003, 1177 (1184). | 6 Vgl. EuGH v. 14.9.2000 – Rs. C-343/98, NZA 2000, 1279 – Collino & Chiappero. | 7 *Willemsen* in Willemsen/Hohenstatt/Schweibert/Seibt, Rz. G 195 f.; vgl. dazu auch *Grimm*/*Walk*, BB 2003, 577 (582). | 8 *Willemsen* in Willemsen/Hohenstatt/Schweibert/Seibt, Rz. G 196; aA *Nehls*/*Sudmeyer*, ZIP 2002, 2001 (2002 ff.). | 9 *Moll*, FS BAG, S. 59, 62. | 10 BAG v. 12.2.2003 – 10 AZR 299/02, ZIP 2003, 682; *Bauer*/*Göpfert*/*v. Steinau-Steinrück*, ZIP 2001, 1129 (1130 f.); *Nehls*/*Sudmeyer*, ZIP 2002, 201 (204 f.); aA *Tappert*, NZA 2002, 1188 (1192); *Lipinski*/*Melms*, BB 2003, 150 (154); diff. *Schnitker*/*Grau*, BB 2002, 2497 (2498 f.). | 11 *Bauer*/*Göpfert*/*v. Steinau-Steinrück*, ZIP 2001, 1129 (1131 f.); *Mechlem*/*Melms*, DB 2000, 1614 (1616); *Willemsen*/*Müller-Bonanni*, ZIP 2003, 1177 (1180 f.); aA *Nehls*/*Sudmeyer*, ZIP 2002, 201 (205 f.); *Tappert*, NZA 2002, 1180 (1192 ff.) ErfK/*Preis*, § 613a BGB Rz. 73.

von Verfallklauseln aus den bereits vorstehend zum Widerrufsvorbehalt dargelegten Gründen nicht entgegen. Enthält der Aktienoptionsplan keine Verfallklausel, so muss die Lösung wiederum im Rahmen einer ergänzenden Vertragsauslegung, hilfsweise anhand der Regeln über den Wegfall der Geschäftsgrundlage gesucht werden. Hinsichtlich der im Zeitpunkt des Betriebsübergangs bereits ausübbaren Aktienoptionen sieht der Aktienoptionsplan in der Regel lediglich eine Verkürzung der Ausübungsfrist (zB auf die nächsten drei „Ausübungsfenster") vor. Eine ersatzlose Verfallanordnung wäre auch problematisch, weil durch sie ein bereits erdienter Anspruch nachträglich entzogen würde[1]. Bei Umwandlungen ist zusätzlich § 23 UmwG zu beachten[2].

233 Der Schuldnerwechsel betrifft nur Ansprüche des ArbN gegen den bisherigen Betriebsinhaber, nicht jedoch **Ansprüche Dritter** gegen den bisherigen Betriebsinhaber oder den ArbN. Der neue ArbGeb ist deshalb nicht zur Erfüllung rückständiger SozVBeiträge verpflichtet. Bei diesen handelt es sich nicht um Ansprüche des ArbN, sondern um Ansprüche der SozV-Träger[3]. Ein durch den ArbN geschädigter Dritter kann ebenfalls aus Abs. 1 Satz 1 keine Ansprüche gegen den neuen Betriebsinhaber herleiten. Er kann jedoch auf den Ausgleichsanspruch des ArbN, der diesem nach den Grundsätzen über den innerbetrieblichen Schadensausgleich[4] zusteht, zugreifen. Dieser Anspruch richtet sich ab dem Zeitpunkt des Betriebsübergangs gegen den neuen Inhaber.

234 Ansprüche aus im Zeitpunkt des Betriebsübergangs bereits **beendeten Arbeitsverhältnissen** muss der neue Betriebsinhaber auch dann nicht erfüllen, wenn diese erst nach dem Betriebsübergang fällig werden[5].

235 **b) Sonstige Rechte des ArbN.** Der Eintritt in die Rechte und Pflichten aus dem Arbeitsverhältnis umfasst auch die beim bisherigen Betriebsinhaber erworbene **Betriebszugehörigkeit**. Der neue Betriebsinhaber muss diese deshalb beispielsweise im Rahmen der Wartefristen des § 1 Abs. 1 KSchG, des § 4 BUrlG sowie bei der Berechnung von Kündigungsfristen berücksichtigen. Bei der Bestimmung ob die Voraussetzungen dienstzeitabhängiger Ansprüche (zB auf eine Jubiläumszahlung) erfüllt sind, muss der neue Inhaber die bei dem bisherigen Betriebsinhaber verbrachten Vordienstzeiten einbeziehen, sofern es sich um Ansprüche handelt, die dem ArbN bereits gegen den bisherigen Inhaber zustanden. Demgegenüber ist der neue Betriebsinhaber nicht verpflichtet, die bei dem bisherigen Inhaber zurückgelegten Betriebszugehörigkeitszeiten anzurechnen, soweit es sich um Leistungen handelt, die erst dem ArbN gewährt[6]. Für den wichtigen Bereich der betrAV bedeutet dies, dass der neue Betriebsinhaber ohne Verstoß gegen § 613a oder den arbeitsrechtlichen Gleichbehandlungsgrundsatz die bisherige Betriebszugehörigkeit des ArbN im Rahmen eines nur bei ihm bestehenden Versorgungssystems außer Betracht lassen darf[7]. Auch die Frist des § 1b Abs. 1 BetrAVG für die gesetzliche Unverfallbarkeit von Versorgungsanwartschaften beginnt für eine von dem neuen Betriebsinhaber erteilte Versorgungszusage erst mit der Zusage zu laufen. Soweit es nach § 1 Abs. 1 Satz 1 BetrAVG aF[8] zusätzlich zu der Zusagedauer auch auf die Betriebszugehörigkeit des ArbN ankommt, sind demgegenüber auch die Vordienstzeiten des ArbN bei dem bisherigen Betriebsinhaber zu berücksichtigen[9].

236 Untrennbar mit dem bisherigen Betriebsinhaber (dem Rechtsträger) verbunden sind die von diesem erteilten **Vollmachten** (Prokura, Handlungsvollmacht etc.). Sie erlöschen deshalb mit dem Betriebsübergang und gehen nicht auf den neuen Betriebsinhaber über[10]. Dem ArbN kann aber gegen den neuen Betriebinhaber ein arbeitsvertraglicher Anspruch auf Beschäftigung in einer mit Vollmacht verbundenen Position (zB als Prokurist) zustehen.

237 **c) Betriebliche Altersversorgung.** Zu den Rechtsfolgen des ArbGeb-Wechsels gehört, dass der neue Betriebsinhaber Schuldner der **Versorgungsanwartschaften** derjenigen ArbN wird, deren Arbeitsverhältnisse auf ihn übergehen, und zwar auch hinsichtlich der beim bisherigen Betriebsinhaber zurückgelegten Dienstzeiten[11]. Dies gilt unabhängig von dem gewählten Durchführungsweg, also unabhängig davon, ob es sich um Direktzusagen oder um Versorgungszusagen handelt, die über einen zwischengeschalteten Versorgungsträger (Versicherungsunternehmen, Unterstützungskasse, Pensionskasse, Pensionsfonds) zu erfüllen sind. Auch in jenen Fällen besteht die Grundverpflichtung im Arbeitsverhältnis, wie § 1 Abs. 1 Satz 3 BetrAVG nunmehr ausdrücklich klarstellt. In diese tritt der neue Betriebs-

---

[1] *Mechlem/Melms*, DB 2000, 1614 (1616); *Willemsen/Müller-Bonanni*, ZIP 2003, 1177 (1181); weiter gehend *Bauer/Göpfert/v. Steinau-Steinrück*, ZIP 2001, 1129 (1132). | [2] *Nehls/Sudmeyer*, ZIP 2002, 201 (204); *Willemsen/Müller-Bonanni*, ZIP 2003, 1177 (1180). | [3] BayObLG v. 31.10.1974 – IU 2225/74, BB 1974, 1582; iE ebenso ErfK/*Preis*, § 613a BGB Rz. 81; RGRK/*Ascheid*, § 613a BGB Rz. 135. | [4] Hierzu MünchArbR/*Blomeyer*, § 59 Rz. 23 ff.; *Schaub*, § 52 Rz. 42 ff. | [5] BAG v. 11.11.1986 – 3 AZR 179/85, AP Nr. 60 zu § 613a BGB (Provisionsanspruch für vom Erwerber ausgeführtes Geschäft). | [6] Für den Anspruch auf einen Urlaubsgeldzuschlag aus einem nur bei dem neuen Inhaber geltenden TV LAG Düsseldorf v. 9.11.2000 – 13 Sa 1272/00, LAGE Nr. 80a zu § 613a BGB. | [7] BAG v. 24.7.2001 – 3 AZR 660/00, AP Nr. 18 zu § 1 BetrAVG – Betriebsveräußerung; v. 19.12.2000 – 3 AZR 45/99, AP Nr. 10 zu § 1 BetrAVG – Unverfallbarkeit; v. 8.12.1983 – 3 AZR 229/81, AP Nr. 35 zu § 613a BGB; v. 30.8.1979 – 3 AZR 58/78, AP Nr. 16 zu § 613a BGB. | [8] Der gemäß § 30 f. BetrAVG noch übergangsweise fortgilt. | [9] BAG v. 24.7.2001 – 3 AZR 660/00, AP Nr. 18 zu § 1 BetrAVG – Betriebsveräußerung; v. 19.12.2000 – 3 AZR 45/99, AP Nr. 10 zu § 1 BetrAVG – Unverfallbarkeit; v. 8.12.1983 – 3 AZR 229/81, AP Nr. 35 zu § 613a BGB. | [10] Staudinger/*Richardi/Annuß*, § 613a BGB Rz. 145; ErfK/*Preis*, § 613a BGB Rz. 78. | [11] BAG v. 24.3.1977 – 3 AZR 649/76, AP Nr. 6 zu § 613a BGB; v. 12.5.1992 – 3 AZR 247/91, EzA § 613a BGB Nr. 104, st. Rspr.

inhaber ein. Ebenfalls unerheblich ist, ob es sich um unverfallbare oder verfallbare Anwartschaften handelt[1]. Der neue Betriebsinhaber tritt jedoch nicht in die Versorgungsanwartschaften und -ansprüche der im Zeitpunkt des Betriebs(teil)übergangs bereits ausgeschiedenen ArbN ein. Abs. 1 Satz 1 erfasst nur bestehende Arbeitsverhältnisse[2].

In dem Umfang, in dem der neue Betriebsinhaber in die Versorgungsanwartschaften der ArbN eintritt, wird der bisherige Betriebsinhaber – vorbehaltlich des Abs. 2[3] – von seiner Versorgungsverpflichtung frei[4]. **238**

Eine in die Erfüllung der Versorgungsanwartschaften eingeschaltete **Unterstützungskasse** wird hinsichtlich der übergehenden Arbeitsverhältnisse ebenso nach den Regeln des Abs. 2 frei wie der bisherige Betriebsinhaber. Der neue Betriebsinhaber kann die auf ihn übergegangenen ArbN deshalb nicht an die Unterstützungskasse verweisen, es sei denn, er erwirbt diese oder wird ebenfalls Trägerunternehmen derselben[5]. **239**

Wird die Versorgung über eine **gemeinsame Einrichtung** der TV-Parteien[6] durchgeführt und scheidet der übertragene Betrieb(-steil) infolge des Übergangs aus dem Geltungsbereich des betreffenden TV aus, so dass die ArbN nicht mehr bei der gemeinsamen Einrichtung versichert werden können, muss der neue Betriebsinhaber im Versorgungsfall gleichwohl die auf ihn übergegangenen Versorgungsverpflichtungen erfüllen[7]. **240**

Eine **Vereinbarung zwischen bisherigem und neuem Betriebsinhaber**, wonach der bisherige Betriebsinhaber alleiniger Schuldner aller Versorgungsverpflichtungen bleibt, verstößt gegen Abs. 1 Satz 1, bei unverfallbaren Anwartschaften auch gegen § 4 BetrAVG, und ist selbst dann nichtig, wenn die betroffenen ArbN zustimmen[8]. Änderungs- und Erlassverträge zwischen dem neuen Betriebsinhaber und den übergegangenen ArbN sollen nur bei Vorliegen ausreichender sachlicher Gründe wirksam sein[9]. **241**

d) **Ansprüche des neuen Betriebsinhabers.** Mit dem Betriebsübergang wird der neue Inhaber Gläubiger des Anspruchs auf **Arbeitsleistung** sowie **sämtlicher Nebenansprüche** aus dem Arbeitsverhältnis. Zu diesen gehören insb. Bereicherungsansprüche wegen überzahlter Vergütung und Schadenersatzansprüche, sofern diese auf einer Verletzung arbeitsvertraglicher Pflichten beruhen[10]. Auch auf das Arbeitsverhältnis bezogene Gestaltungsrechte gehen auf den neuen Inhaber über. War der bisherige Betriebsinhaber zur Kündigung oder Anfechtung des Arbeitsverhältnisses berechtigt, so geht diese Befugnis auf den neuen Inhaber über, sofern die Kündigungs- bzw. Anfechtungslage im Zeitpunkt des Betriebsübergangs noch fortbesteht. Die Kenntnis des bisherigen Betriebsinhabers von dem zur Kündigung berechtigenden Sachverhalt muss sich der neue Inhaber im Rahmen der Zwei-Wochen-Frist des § 626 Abs. 2 zurechnen lassen[11]. Entsprechendes gilt für die Kenntnis des bisherigen Inhabers von einer Schwangerschaft der ArbN, was für den Sonderkündigungsschutz nach § 9 MuSchG bedeutsam ist[12]. **242**

Das jedem Arbeitsvertrag immanente **Wettbewerbsverbot während der Vertragslaufzeit** analog § 60 HGB passt sich in seinem Umfang an die jeweiligen Verhältnisse im Unternehmen an[13]. Hierdurch kann eine vor dem Betriebs(teil)übergang erlaubte Nebentätigkeit mit dem Übergang zur unerlaubten Konkurrenztätigkeit werden[14]. Der ArbN ist in diesem Falle verpflichtet, die Nebentätigkeit innerhalb einer angemessenen Übergangsfrist einzustellen[15]. **243**

Ein **nachvertragliches Wettbewerbsverbot**[16] geht als Bestandteil des Arbeitsverhältnisses auf den neuen Betriebsinhaber über. Der neue Betriebsinhaber wird hierdurch aus der Wettbewerbsabrede berechtigt und zur Zahlung der vereinbarten Karenzentschädigung verpflichtet[17]. Der Umfang des Wettbewerbsverbots ist im Wege der (ggf. ergänzenden) Auslegung an die Verhältnisse im Unternehmen des neuen Betriebsinhabers anzupassen[18]. Der bisherige Betriebsinhaber kann infolge des Übergangs aus der Wettbewerbsabrede keine Ansprüche mehr gegen den ArbN herleiten, was problematisch sein kann, wenn er weiterhin in seinem bisherigen Geschäftszweig tätig bleibt. Andererseits wird der bisherige Betriebsinhaber von der Pflicht zur Zahlung der Karenzentschädigung frei[19]. **244**

---

1 BAG v. 12.5.1992 – 3 AZR 247/91, AP Nr. 14 zu § 1 BetrAVG – Betriebsveräußerung. | 2 BAG v. 24.3.1977 – 3 AZR 649/76, AP Nr. 6 zu § 613a BGB, st. Rspr. | 3 Hierzu Rz. 297. | 4 BAG v. 24.3.1977 – 3 AZR 649/76, AP Nr. 6 zu § 613a BGB; v. 12.5.1992 – 3 AZR 247/91, EzA § 613a BGB Nr. 104, st. Rspr. | 5 BAG v. 15.3.1979 – 3 AZR 859/77, AP 15 zu § 613a BGB; *Höfer*, ART, Rz. 917 ff.; kritisch KR/*Pfeiffer*, § 613a BGB Rz. 139. | 6 § 4 Abs. 2 TVG. | 7 BAG v. 5.10.1993 – 3 AZR 586/92, AP Nr. 42 zu § 1 BetrAVG – Zusatzversorgungskassen (*Wiedemann/Müller*); BAG v. 18.9.2001 – 3 AZR 689/00, NZA 2002, 1391. | 8 BAG v. 14.7.1981 – 3 AZR 517/80, AP Nr. 27 zu § 613a BGB. | 9 BAG v. 17.1.1980 – 3 AZR 160/79, AP Nr. 18 zu § 613a BGB (*Heinze*), hierzu ausf. unter Rz. 248. | 10 Erman/*Edenfeld*, § 613a BGB Rz. 59; ErfK/*Preis*, § 613a BGB Rz. 79. | 11 Erman/*Edenfeld*, § 613a BGB Rz. 63. | 12 KR/*Etzel*, § 9 MuSchG Rz. 39b. | 13 *D. Gaul*, NZA 1989, 697 (698); *Borngräber*, Betriebsübergang, S. 71. | 14 *Willemsen* in Willemsen/Hohenstatt/Schweibert/Seibt, Rz. G 201; Staudinger/*Richardi*/*Annuß*, § 613a BGB Rz. 157. | 15 *Willemsen* in Willemsen/Hohenstatt/Schweibert/Seibt, Rz. G 201; aA Soergel/*Raab*, § 613a BGB Rz. 86; Staudinger/*Richardi*/*Annuß*, § 613a BGB Rz. 158, denen zufolge die Nebentätigkeit erlaubt bleiben soll, wenn der ArbN auf den Fortbestand der tatsächlichen Verhältnisse beim bisherigen Inhaber vertraut habe. | 16 §§ 74 ff. HGB. | 17 BAG v. 27.11.1991 – 4 AZR 211/91, AP Nr. 22 zu § 4 TVG – Nachwirkung. | 18 *Willemsen* in Willemsen/Hohenstatt/Schweibert/Seibt, Rz. G 202. | 19 *Seiter*, Betriebsinhaberwechsel, 1980, S. 80; *Willemsen* in Willemsen/Hohenstatt/Schweibert/Seibt, Rz. G 202.

245 Ist das Arbeitsverhältnis im Zeitpunkt des Betriebs(teil)übergangs bereits beendet, findet Abs. 1 Satz 1 keine, auch keine analoge Anwendung[1]. Der neue Betriebsinhaber kann deshalb von dem ArbN keine Wettbewerbsenthaltung aus dem nachvertraglichen Wettbewerbsverbot verlangen. Der bisherige Betriebsinhaber kann sich gegenüber dem ArbN auf das Wettbewerbsverbot berufen, sofern er in seinem bisherigen Geschäftszweig tätig bleibt. Ob er auch dann noch Ansprüche aus der Wettbewerbsabrede herleiten kann (insb. im Interesse der Erwerbers), wenn er infolge des Betriebs(teil)übergangs selbst nicht mehr in der gesperrten Branche tätig ist, erscheint wegen § 74 Abs. 1 Satz 1 HGB (Erfordernis eines berechtigten Interesses an dem Wettbewerbsverbot) zweifelhaft. Jedoch wird der bisherige Betriebsinhaber auch in diesem Falle nicht von der Pflicht zur Zahlung der Karenzentschädigung frei[2].

246 Macht der ArbN von seinem Widerspruchsrecht gem. Abs. 6 Gebrauch, so verbleibt das Arbeitsverhältnis beim bisherigen Betriebsinhaber[3]. Ein mit dem ArbN vereinbartes nachvertragliches Wettbewerbsverbot geht in diesem Falle nicht auf den neuen Betriebsinhaber über[4]. Ist der bisherige Betriebsinhaber infolge des Betriebs(teil)übergangs nicht mehr in der bisherigen Branche tätig, so stellen sich die vorstehend unter Rz. 245 beschriebenen Schwierigkeiten.

247 **4. Gleichbehandlungsfragen.** Genießen die übernommenen ArbN günstigere individualvertragliche Arbeitsbedingungen als die Stammbelegschaft des Übernehmers, so kann der Übernehmer die Begünstigung nicht einseitig unter Berufung auf den arbeitsrechtlichen Gleichbehandlungsgrundsatz beseitigen. Er kann jedoch versuchen, mit den übernommenen ArbN Änderungsvereinbarungen abzuschließen[5]. Der Ausspruch von Änderungskündigungen mit dem Ziel, die Begünstigung der übernommenen ArbN zu beenden, wird durch § 613a zwar nicht ausgeschlossen[6], ist jedoch an die (strengen) allgemeinen kündigungsschutzrechtlichen Voraussetzungen gebunden. Der arbeitsrechtliche Gleichbehandlungsgrundsatz vermag derartige Kündigungen für sich genommen nicht sozial zu rechtfertigen. Andererseits können die Stamm-ArbN des Übernehmers aus dem arbeitsrechtlichen Gleichbehandlungsgrundsatz keinen Anspruch auf Anhebung des ihnen gewährten Leistungsniveaus auf dasjenige der übernommenen ArbN verlangen. Auch umgekehrt ergibt sich für die übernommenen ArbN aus dem arbeitsrechtlichen Gleichbehandlungsgrundsatz kein Anspruch auf Verbesserung der ihnen gewährten Leistungen, wenn die Stammbelegschaft des Übernehmers günstigere Arbeitsbedingungen genießt[7]. Die TV-Parteien verstoßen nicht gegen den allgemeinen Gleichheitssatz, wenn sie die übernommenen ArbN im Sinne einer Besitzstandswahrung entsprechend ihrer bisherigen Vergütung eingruppieren und nicht der Stammbelegschaft gleichstellen[8]. Darauf, ob der neue Inhaber den übernommenen Betrieb(steil) als selbständige Einheit fortführt oder in einen bei ihm bereits bestehenden Betrieb integriert, kommt es in diesem Zusammenhang nicht an[9]. Die Ungleichbehandlung wird sachlich dadurch gerechtfertigt, dass das Gesamtvergütungsgefüge der übernommenen ArbN ein anderes ist als dasjenige der Stammbelegschaft. Allerdings kann dieser Gesichtspunkt im Laufe der Zeit verblassen[10].

248 **5. Unabdingbarkeit.** § 613a enthält zwingendes Recht[11]. Der Übergang der Arbeitsverhältnisse kann deshalb weder durch Vereinbarung zwischen dem bisherigen und dem neuen Betriebsinhaber[12] noch durch BV oder TV[13] ausgeschlossen werden. Allerdings bleibt die Dispositionsfreiheit der ArbN über das Arbeitsverhältnis als Ganzes erhalten. Sie können deshalb sowohl mit dem bisherigen Betriebsinhaber als auch mit dem Erwerber einen Aufhebungsvertrag schließen (vgl. Rz. 311). Unter welchen Voraussetzungen mit den ArbN für diese nachteilige Änderungen ihrer individualvertraglichen Arbeitsbedingungen vereinbart werden dürfen, ist umstritten. Die Rspr. lässt derartige Vereinbarungen im zeitlich sachlichen Zusammenhang mit einem Betriebsübergang nur bei Vorliegen eines sachlichen Grundes zu[14], wobei im Bereich der betrAV besonders strenge Maßstäbe angelegt werden[15]. In der Lit.

---

1 LAG Hess. v. 3.5.1993 – 10 Sa Ga 345/93, NZA 1994, 1033 (1034); Staudinger/*Richardi*/*Annuß*, § 613a BGB Rz. 161; *D. Gaul*, NZA 1989, 697 (699); *Borngräber*, Betriebsübergang, S. 73; *Willemsen* in Willemsen/Hohenstatt/Schweibert/Seibt, Rz. G 202; aA ErfK/*Preis*, § 613a BGB Rz. 80; MünchKomm/*Schaub* Rz. 11; *Seiter*, Betriebsinhaberwechsel, 1980, S. 81: Gesamtgläubiger und -schuldnerschaft des bisherigen und des neuen Betriebsinhabers. |2 Arg. e. § 75a HGB, *Willemsen* in Willemsen/Hohenstatt/Schweibert/Seibt, Rz. G 202. |3 Vgl. Rz. 356. |4 Vgl. LAG Hess. v. 3.5.1993 – 10 Sa Ga 345/93, NZA 1994, 1033; *Willemsen* in Willemsen/Hohenstatt/Schweibert/Seibt, Rz. G 202; aA *Seiter*, Betriebsinhaberwechsel, 1980, S. 80 f. |5 Zur Frage der Erforderlichkeit eines sachlichen Grundes für den Abschluss derartiger Vereinbarungen Rz. 248. |6 Vgl. zur Betriebsübergangsrichtlinie 2001/23/EG EuGH v. 14.9.2000 – C 343/98, EAS-Rl. 77/187/EWG Art. 1 Nr. 20 (Collino & Chiappero). |7 BAG v. 25.8.1976 – 5 AZR 788/75, AP Nr. 41 zu § 242 BGB – Gleichbehandlung. |8 BAG v. 29.8.2001 – 4 AZR 352/00, AP Nr. 291 zu Art. 3 GG. |9 *Hergenröder*, ArbR-Blattei, SD 500.1 Rz. 716; aA ErfK/*Preis*, § 613a BGB Rz. 75; MünchKomm/*Schaub*, § 613a BGB Rz. 100. |10 Erman/*Edenfeld*, § 613a BGB Rz. 61; ErfK/*Preis*, § 613a BGB Rz. 75; *Seiter*, Betriebsinhaberwechsel, 1980, S. 83 f. |11 BAG v. 29.10.1975 – 5 AZR 444/74, AP Nr. 2 zu § 613a BGB; ErfK/*Preis*, § 613a BGB Rz. 82; Staudinger/*Richardi*/*Annuß*, § 613a BGB Rz. 31; *Willemsen* in Willemsen/Hohenstatt/Schweibert/Seibt, Rz. G 206. |12 BAG v. 29.10.1975 – 5 AZR 444/74, AP Nr. 2 zu § 613a BGB. |13 BAG v. 2.10.1974 – 5 AZR 504/73, AP Nr. 1 zu § 613a BGB. |14 BAG v. 18.8.1976 – 5 AZR 95/75, AP Nr. 4 zu § 613a BGB; v. 26.1.1977 – 5 AZR 302/75, AP Nr. 5 zu § 613a BGB. |15 BAG v. 17.1.1980 – 3 AZR 160/79, AP Nr. 18 zu § 613a BGB; v. 14.7.1981 – 3 AZR 517/80, AP Nr. 27 zu § 613a BGB; v. 17.3.1987 – 3 AZR 605/85, AP Nr. 4 zu § 4 BetrAVG.

stößt diese Rspr. zu Recht überwiegend auf Kritik[1]. Die Praxis muss sich freilich auf sie einstellen und sollte Änderungsvereinbarungen zum Nachteil der ArbN zurückhaltend angehen.

II. Fortgeltung von BV und TV. 1. Überblick. Die Fortgeltung von BV und TV richtet sich nach den Vorschriften des Abs. 1 Sätze 2 bis 4.

Abs. 1 Satz 2 bestimmt, dass die durch Rechtsnormen[2] einer BV oder eines TV geregelten Rechte und Pflichten zum Inhalt der Arbeitsverhältnisse werden und vor Ablauf eines Jahres nach dem Betriebsübergang nicht zum Nachteil der ArbN geändert werden dürfen. Die Formulierung des Gesetzes („werden ... Inhalt des Arbeitsverhältnisses") ist dabei ebenso missverständlich wie die Aussage, Abs. 1 Satz 2 ordne eine „Transformation der Rechtsnormen aus BV und TV in Individualrecht" an[3]. Die Fortgeltung von Rechtsnormen aus BV und TV nach Abs. 1 Satz 2 ist von Rechtsbeziehungen, die durch einen privatautonom ausgehandelten Arbeitsvertrag geschaffen werden, grundlegend wesensverschieden. Dies zeigt sich bereits in dem Verbot des Abs. 1 Satz 2, den aufrechterhaltenen Norminhalt während des ersten Jahres nach dem Betriebsübergang auf individualrechtlichem Wege zum Nachteil des ArbN zu ändern. Wenn Abs. 1 Satz 2 „echtes" Individualrecht schaffen würde, müsste eine solche Veränderung den Parteien des Arbeitsverhältnisses kraft Privatautonomie gestattet sein. Wie sich aus Abs. 1 Satz 3 ergibt, gilt ferner das Günstigkeitsprinzip im Verhältnis zwischen den nach Abs. 1 Satz 2 aufrechterhaltenen Regelungen und den beim neuen Betriebsinhaber geltenden BV und TV nicht[4]. Auch aus diesem Grunde kann im Zusammenhang mit Abs. 1 Satz 2 nicht davon gesprochen werden, die Rechtsnormen aus BV und TV würden in Individualrecht umgewandelt. Nach richtigem Verständnis enthält Abs. 1 Satz 2 eine Fortgeltungsanordnung *sui generis*, ähnlich der in § 77 Abs. 6 BetrVG, § 4 Abs. 5 TVG geregelten Nachwirkung[5]. Nur auf der Grundlage dieses Verständnisses lässt sich der Regelungsgehalt des Abs. 1 Sätze 2 bis 4 zutreffend erfassen.

Abs. 1 Sätze 3 und 4 knüpfen an die Regelung des Abs. 1 Satz 2 an. Nach **Abs. 1 Satz 3** findet die Fortgeltungsanordnung des Abs. 1 Satz 2 keine Anwendung, soweit die übergegangenen Arbeitsverhältnisse bei dem neuen Betriebsinhaber durch BV oder TV zu denselben Regelungsgegenständen erfasst werden. Insoweit bestimmt sich der Inhalt der Arbeitsverhältnisse nach den beim neuen Betriebsinhaber geltenden Regelungen, und zwar auch dann, wenn diese aus der Sicht des ArbN im Vergleich zu den beim bisherigen Betriebsinhaber geltenden BV und TV ungünstiger sind (vgl. Rz. 267 ff.). Hierdurch wird dem Interesse des neuen Betriebsinhabers an einer Vereinheitlichung der Arbeitsbedingungen Rechnung getragen.

Abs. 1 Satz 4 enthält zwei Ausnahmen von dem Verbot des Abs. 1 Satz 2, die nach dieser Vorschrift aufrechterhaltenen Regelungen vor Ablauf der Jahresfrist auf individualrechtlichem Wege zum Nachteil der ArbN zu ändern. Die erste Ausnahme betrifft den Fall, dass die zugrunde liegende BV bzw. der zugrunde liegende TV entweder bereits im Zeitpunkt des Betriebsübergangs nur noch kraft Nachwirkung gilt oder während der Jahresfrist des Abs. 1 Satz 2 beendet wird und hierdurch in das Nachwirkungsstadium überführt wird. Mit dem Eintritt in das Nachwirkungsstadium verlieren BV und TV ihre zwingende Wirkung[6], so dass auch individualrechtliche Abweichungen zum Nachteil des ArbN zulässig werden. Abs. 1 Satz 4 trägt dem Rechnung und gestattet bereits während der Jahresfrist des Abs. 1 Satz 2 individualrechtliche Abweichungen von den nach dieser Vorschrift aufrechterhaltenen Rechtsnormen, sobald der zugrunde liegende Kollektivvertrag seine zwingende Wirkung verliert. Die Vorschrift verdeutlicht, dass Abs. 1 Sätze 2 bis 4 die arbeitsrechtliche Stellung der von einem Betriebsübergang betroffenen ArbN nicht verbessern, sondern lediglich aufrechterhalten will (vgl. Rz. 250 aE).

Die zweite in Abs. 1 Satz 4 geregelte Ausnahme von der Sperrfrist des Abs. 1 Satz 2 betrifft den Fall, dass der neue Betriebsinhaber und der ArbN arbeitsvertraglich die Anwendung eines anderen als des beim bisherigen Betriebsinhaber geltenden TV vereinbaren. Abs. 1 Satz 4 verlangt für den Abschluss einer derartigen Vereinbarung, dass der in Bezug genommene TV nicht bereits kraft beiderseitiger Tarifgebundenheit (§ 3 Abs. 1 TVG) für die Parteien des Arbeitsverhältnisses gilt, jedoch liegt hierin keine einschränkende Tatbestandsvoraussetzung, sondern lediglich eine Klarstellung. Wo der TV bereits kollektivrechtlich gilt, bedarf es keiner individualvertraglichen Bezugnahme auf denselben. Die nicht leicht verständliche Vorschrift will in erster Linie dem neuen Betriebsinhaber eine Möglichkeit eröffnen, mit übernommenen ArbN, die nicht Mitglied der zuständigen Gewerkschaft sind, die Anwendung des in seinem Unternehmen geltenden TV zu vereinbaren, um auf diese Weise die Arbeitsbedingungen zu vereinheitlichen.

---

[1] *Bauer/v. Steinau-Steinrück* in Hölters, Unternehmenskauf Rz. V 215 ff.; Erman/*Edenfeld*, § 613a BGB Rz. 65; *Kraft* in FS 25 Jahre BAG, 299 (312 ff.); *Seiter*, Anm. zu BAG v. 26.1.1977 – 5 AZR 302/75, AP Nr. 5 zu § 613a BGB; *Willemsen*, RdA 1987, 327 ff.; aA Birk/*Deffner*, Anm. zu EzA § 613a BGB Nr. 11; *Konzen*, ZfA 1978, 451. | [2] Vgl. § 77 Abs. 4 Satz 1 BetrVG, § 4 Abs. 1 Satz 1 TVG. | [3] *Hohenstatt* in Willemsen/Hohenstatt/Schweibert/Seibt, Rz. E 2. | [4] BAG v. 14.8.2001 – 1 AZR 619/00, AP Nr. 85 zu § 77 BetrVG 1972; ausf. Rz. 267 ff. | [5] Staudinger/*Richardi*/Annuß, § 613a BGB Rz. 173 f.; *Zöllner*, DB 1995, 1401 (1402); offen gelassen in BAG v. 21.2.2001 – 4 AZR 18/00, AP Nr. 20 zu § 4 TVG; die Nähe zu § 4 Abs. 5 TVG betont BAG v. 29.8.2001 – 4 AZR 332/00, AP Nr. 17 zu § 1 TVG – Bezugnahme auf TV. | [6] Vgl. § 77 Abs. 6 BetrVG, § 4 Abs. 5 TVG.

254 Abs. 1 Satz 2 und die an ihn anknüpfenden Sätze 3 und 4 enthalten nach der st. Rspr. des BAG und ganz herrschender Auffassung in der Lit. lediglich eine **Auffangregelung** für den Fall, dass die beim bisherigen Betriebsinhaber geltenden BV und TV nicht bereits nach den allgemeinen Regeln des Betriebsverfassungs- und TV-Rechts bei dem neuen Inhaber als Kollektivrecht fortgelten[1]. Vor einer Anwendung des Abs. 1 Sätze 2 bis 4 muss deshalb jeweils geprüft werden, ob die vor dem Inhaberwechsel geltenden BV und TV nicht auch nach dem Inhaberwechsel unverändert fortgelten.

255 **2. Kollektivrechtliche Fortgeltung von BV. a) EinzelBV.** EinzelBV werden in ihrer Geltung durch eine Übertragung des Betriebes (als Ganzes) auf einen neuen Inhaber grundsätzlich nicht berührt. Sie gelten im Anschluss an den Inhaberwechsel unverändert als Kollektivrecht fort[2]. Etwas anderes gilt, wenn infolge organisatorischer Maßnahmen im Zusammenhang mit dem Inhaberwechsel die **betriebsverfassungsrechtliche Identität** des Betriebes verloren geht. In diesem Falle wird der Inhalt der BV nach Abs. 1 Sätze 2 bis 4 aufrechterhalten[3]. Nach welchen Kriterien sich beurteilt, ob die Betriebsidentität erhalten bleibt oder verloren geht, ist noch wenig geklärt[4]. Die jüngere Rspr. des BAG zum Betriebsbegriff im Allgemeinen legt es nahe, entscheidend auf den Gesichtspunkt der einheitlichen Leitung abzustellen[5]. Einigkeit besteht jedoch, dass die betriebsverfassungsrechtliche Identität des Betriebes jedenfalls dann verloren geht, wenn dieser derart in einen bereits vorhandenen Betrieb des neuen Inhabers organisatorisch eingegliedert wird, dass er in diesem aufgeht oder mit einem bereits vorhandenen Betrieb des neuen Inhabers organisatorisch zu einem neuen Betrieb zusammengeschlossen wird[6].

256 Nach der Ansicht des 1. Senats des BAG und einer im Vordringen befindlichen Auffassung in der Lit. gelten EinzelBV auch im Falle einer Übertragung von **Betriebsteilen** bei dem neuen Inhaber als Kollektivrecht fort, wenn dieser den übertragenen Betriebsteil als betriebsverfassungsrechtlich selbständigen Betrieb fortführt[7]. Mit dem Identitätspostulat (oben Rz. 255) ist diese Ansicht kaum zu vereinbaren, weil gerade eine neue betriebsverfassungsrechtliche Einheit entsteht. Auch aus der Regelung des § 21a lässt sich für die Fortgeltung von BV in verselbständigten Betriebsteilen nichts herleiten[8]. Das Übergangsmandat dient der Vermeidung vertretungsloser Zeiten; die Fortgeltung von BV lag bei der Einführung der Vorschrift außerhalb des Blickfeldes des Gesetzgebers[9]. Angesichts der jüngsten Rspr. wird sich die Praxis allerdings darauf einstellen müssen, dass EinzelBV auch im Falle einer Übertragung von Betriebsteilen kollektivrechtlich fortgelten können, wenn der neue Betriebsinhaber diese als selbständigen Betrieb fortführt[10]. Gliedert der neue Betriebsinhaber den übernommenen Betriebsteil demgegenüber in einen bei ihm bereits bestehenden Betrieb derart organisatorisch ein, dass der Betriebsteil in diesem aufgeht oder schließt er den übernommenen Betriebsteil mit einem bei ihm bereits vorhandenen Betrieb zu einem neuen Betrieb zusammen, so werden die bislang in dem Betriebsteil geltenden EinzelBV nur nach Abs. 1 Sätze 2 bis 4 aufrechterhalten[11].

257 Für die Frage nach den Auswirkungen einer Übertragung von Betriebsteilen auf die EinzelBV im zurückbleibenden „Rumpfbetrieb" sollte es nach bislang einhelliger Auffassung ebenfalls auf den Erhalt bzw. Verlust der Betriebsidentität ankommen[12]. Umstritten war lediglich, ob im Falle eines Verlusts der Betriebsidentität § 77 Abs. 6 BetrVG[13] oder Abs. 1 Satz 2 analog[14] anzuwenden sei. Nach der Entscheidung des BAG vom 18.9.2002[15] dürfte demgegenüber stets von einer unveränderten Fortgeltung der EinzelBV im zurückbleibenden Rumpfbetrieb auszugehen sein, sofern nur der Betrieb betriebsratsfähig bleibt. Wenn es für die Fortgeltung von EinzelBV im übertragenen Betriebsteil nicht auf den Erhalt der betriebsverfassungsrechtlichen Identität ankommt[16], kann für die Fortgeltung der BV im zurückbleibenden „Rumpfbetrieb" nichts anderes gelten.

258 **b) Gesamt- und KonzernBV. GesamtBV** bewahren im Falle einer organisatorisch unveränderten Übertragung mehrerer Betriebe nach der Auffassung der Rspr. bei dem neuen Betriebsinhaber ihren Rechtscharakter als solche. Entsprechendes soll im Falle einer Übernahme mehrerer Betriebsteile gelten, wenn der neue Betriebsinhaber diese als betriebsverfassungsrechtlich selbständige Betriebsteile fortführt. Nicht erforderlich sei, dass der neue Betriebsinhaber sämtliche Betriebe des bisherigen Betriebs-

---

1 RGRK/*Ascheid*, § 613a BGB Rz. 182; MünchKomm/*Schaub*, § 613a BGB Rz. 128; *Moll*, RdA 1996, 275 jeweils mwN. | 2 BAG v. 5.2.1991 – 1 ABR 32/90, AP Nr. 89 zu § 613a BGB; v. 27.7.1994 – 7 ABR 37/93, AP Nr. 118 zu § 613a BGB; GK-BetrVG/*Kreutz*, § 77 Rz. 391. | 3 BAG v. 5.2.1991 – 1 ABR 32/90, AP Nr. 89 zu § 613a BGB; v. 27.7.1994 – 7 ABR 37/93, AP Nr. 118 zu § 613a BGB; MünchKomm/*Schaub*, § 613a BGB Rz. 145; *Moll*, RdA 1996, 275. | 4 Ausf. *Hohenstatt* in Willemsen/Hohenstatt/Schweibert/Seibt, Rz. D 68 ff. | 5 Vgl. BAG v. 28.6.1995 – 7 ABR 59/94, AP Nr. 8 zu § 4 BetrVG 1972; v. 13.6.2002 – 2 AZR 327/01, AP Nr. 29 zu § 23 KSchG 1969. | 6 *Hohenstatt* in Willemsen/Hohenstatt/Schweibert/Seibt, Rz. E 10; *Fitting*, § 77 BetrVG Rz. 170; MünchKomm/*Schaub*, § 613a BGB Rz. 146; *Moll*, RdA 1996, 275. | 7 BAG v. 18.9.2002 – 1 ABR 54/01, NZA 2003, 670; *Fitting*, § 77 BetrVG Rz. 174; *Richardi*, § 77 BetrVG Rz. 217; GK-BetrVG/*Kreutz*, § 77 Rz. 394. | 8 AA *Fitting*, § 77 BetrVG Rz. 174; vgl. dazu auch GK-BetrVG/*Kreutz*, § 77 Rz. 394. | 9 Vgl. Begr., BT-Drs. 14/5741, S. 38 f. | 10 BAG v. 18.9.2002 – 1 ABR 54/01, NZA 2003, 670; ausf. unten Rz. 258. | 11 *Fitting*, § 77 BetrVG Rz. 173; GK-BetrVG/*Kreutz*, § 77 Rz. 394 aE. | 12 *Fitting*, § 77 BetrVG Rz. 172. | 13 So wohl *Riebke/Gutzeit*, NZA 2003, 233 (235). | 14 So *Hanau*, RdA 1989, 207 (211). | 15 BAG v. 18.9.2002 – 1 ABR 54/01, noch nv. | 16 So BAG v. 18.9.2002 – 1 ABR 54/01, NZA 2003, 670.

inhabers übernimmt. Dies hat das BAG jüngst für den Fall einer Übertragung von Betrieben und Betriebsteilen auf einen bis dahin arbeitnehmerlosen neuen Inhaber entschieden[1]. Verfügt der neue Inhaber im Zeitpunkt der Übernahme bereits über eigene Betriebe, so kann in der Konsequenz dieser Entscheidung jedoch nichts anderes gelten. Auch in diesem Falle müssen die von dem bisherigen Betriebsinhaber stammenden GesamtBV bei dem neuen Inhaber unverändert als solche fortgelten, jedoch nur in den übernommenen Betrieben und Betriebsteilen[2]. Zuständig für die Änderung und Kündigung der fortgeltenden GesamtBV muss der beim neuen Betriebsinhaber bestehende Gesamt-BR, mangels eines solchen der infolge der Übernahme mehrerer Betriebe oder betriebsverfassungsrechtlich selbständige Betriebsteile gemäß § 47 Abs. 1 BetrVG bei diesem zwingend zu bildende Gesamt-BR sein[3]. Wird nur ein Betrieb übernommen, so bleiben die bis dahin in diesem geltenden GesamtBV nach der Auffassung des BAG als EinzelBV bestehen[4]. Für den Fall einer Übertragung nur eines Betriebsteils soll dies entsprechend gelten, wenn der neue Inhaber den Betriebsteil als betriebsverfassungsrechtlich selbständigen Betrieb fortführt[5].

Die Geltungsweise von **KonzernBV** ist umstritten. Insbesondere ist nach wie vor ungeklärt, ob der Konzern-BR gemeinsam mit der Konzernobergesellschaft ungeachtet der rechtlichen Selbständigkeit der abhängigen Gesellschaften die Arbeitsbedingungen der in diesen beschäftigten ArbN durch BV regeln kann oder hierfür eine Beteiligung der abhängigen Gesellschaft an dem Abschluss der Vereinbarung erforderlich ist[6]. Nimmt man an, dass KonzernBV die Arbeitsbedingungen der in den Konzerngesellschaften beschäftigten ArbN auch ohne Beteiligung der jeweiligen ArbGeb-Gesellschaft am Abschluss der Vereinbarung regeln können, so dürften im Hinblick auf die Fortgeltung von KonzernBV im Falle eines Betriebsinhaberwechsels die vorstehend für GesamtBV dargestellten Grundsätze entsprechend gelten[7]. 259

c) **Einzelfragen.** Eine kollektivrechtliche Fortgeltung von Einzel-, Gesamt- und KonzernBV scheidet aus, soweit diese infolge des Betriebsinhaberwechsels **undurchführbar** werden[8]. Eine andere Frage ist, ob der neue Betriebsinhaber zur Kompensation der nach Abs. 1 Satz 2 aufrechterhaltenen Ansprüche aus derartigen Regelungen verpflichtet ist. Insoweit gelten die Ausführungen zu Rz. 231 entsprechend. 260

Eine kollektivrechtliche Fortgeltung von Einzel-, Gesamt- und KonzernBV scheidet wegen § 118 Abs. 2 BetrVG ferner im Falle einer Übertragung von Betrieben oder Betriebsteilen auf **Religionsgemeinschaften** sowie deren karitative und erzieherische Einrichtungen aus[9]. Gleiches gilt wegen § 130 BetrVG im Falle einer Übernahme von Betrieben oder Betriebsteilen durch den **Bund**, ein **Land**, eine **Gemeinde** oder eine **Körperschaft**, **Anstalt** oder **Stiftung des öffentlichen Rechts**[10]. 261

3. **Kollektivrechtliche Fortgeltung von TV. Verbandstarifverträge** gelten im Anschluss an einen Betriebsinhaberwechsel unverändert kollektivrechtlich fort, wenn der neue Betriebsinhaber kraft Mitgliedschaft im tarifschließenden ArbGeb-Verband oder kraft Allgemeinverbindlichkeit ebenso tarifgebunden ist wie der bisherige Betriebsinhaber und der übertragene Betrieb (steil) auch nach dem Inhaberwechsel dem (insb. fachlichen) Geltungsbereich des TV unterfällt[11]. Fehlt es an einer dieser Voraussetzungen, so wird der Inhalt des TV nach Maßgabe des Abs. 1 Sätze 2 bis 4 aufrechterhalten[12]. **FirmenTV** gelten im Anschluss an einen Betriebsinhaberwechsel unverändert kollektivrechtlich fort, wenn der neue Betriebsinhaber mit der zuständigen Gewerkschaft eine Vertragsübernahme vereinbart oder einen inhaltsgleichen neuen Firmen-TV abschließt[13]. Die zum Teil in der Lit. vertretene Auffassung, wonach die hinsichtlich der Fortgeltung von BV geltenden Grundsätze entsprechend heranzuziehen sein sollen[14], findet im Gesetz keine Stütze. § 613a Abs. 1 Satz 1 ordnet zwar eine Rechtsnachfolge des neuen Betriebsinhabers in die vom bisherigen Betriebsinhaber begründeten Arbeitsverhältnisse, jedoch keine Rechtsnachfolge in die Stellung des bisherigen Betriebsinhabers als Partei eines Firmen-TV an[15]. Etwas anderes gilt in den Fällen eines Betriebsinhaberwechsels durch **Gesamtrechtsnachfolge**. Für den Fall der Verschmelzung einer an einen Firmen-TV gebundenen Gesellschaft mit einer bis dahin arbeitnehmerlosen Gesellschaft auf eine hierdurch neu gegründete Gesellschaft hat das BAG angenommen, die übernehmende 262

---

1 BAG v. 18.9.2002 – 1 ABR 54/01, NZA 2003, 670; zust. *Bachner*, NJW 2003, 2861 (2862); kritisch *Hohenstatt/Müller-Bonanni*, NZA 2003, 766 (769 f.). | 2 Ebenso *Bachner*, NJW 2003, 2861; kritisch *Hohenstatt/Müller-Bonanni*, NZA 2003, 766 (769 ff.). | 3 BAG v. 18.9.2002 – 1 ABR 54/01, NZA 2003, 670. | 4 BAG v. 18.9.2002 – 1 ABR 54/01, NZA 2003, 670. | 5 BAG v. 18.9.2002 – 1 ABR 54/01, NZA 2003, 670. | 6 Zum Streitstand *Fitting*, § 58 BetrVG Rz. 34 ff. | 7 Ebenso DKK/*Berg*, § 77 BetrVG Rz. 51; ErfK/*Preis*, § 613a BGB Rz. 111; *Picot/Schnitker*, Teil I Rz. 260; vgl. dazu auch *Hohenstatt* in Willemsen/Hohenstatt/Schweibert/Seibt, Rz. 54 E ff. | 8 ZB Regelungen über die Teilnahme an einem Aktienoptionsprogramm oder Ferienwerk des bisherigen Betriebsinhabers; kritisch *Bachner*, NJW 2003, 2861 (2863). | 9 Erman/*Edenfeld*, § 613a BGB Rz. 75; RGRK/*Ascheid*, § 613a BGB Rz. 189; MünchKomm/*Schaub*, § 613a BGB Rz. 145; *Hohenstatt* in Willemsen/Hohenstatt/Schweibert/Seibt, Rz. E 11. | 10 Erman/*Edenfeld*, § 613a BGB Rz. 75; *Hohenstatt* in Willemsen/Hohenstatt/Schweibert/Seibt, Rz. E 11. | 11 BAG v. 5.2.1991 – 1 ABR 32/90, AP Nr. 89 zu § 613a BGB. | 12 Vgl. BAG v. 1.4.1987 – 4 AZR 77/86, AP Nr. 64 zu § 613a BGB; ErfK/*Preis*, § 613a BGB Rz. 109. | 13 Erman/*Edenfeld*, § 613a BGB Rz. 74; RGRK/*Ascheid*, § 613a BGB Rz. 185; Wiedemann/*Oetker*, § 3 TVG Rz. 158 mwN. | 14 *Wiedemann*, FS Fleck, 1988, S. 447, 453; *Moll*, RdA 1996, 275; *Moll*, NJW 1993, 2016 (2020); vgl. zum Ganzen auch Wiedemann/*Oetker*, § 3 TVG Rz. 158. | 15 BAG v. 20.6.2001 – 4 AZR 295/00, AP Nr. 18 zu § 1 TVG – Bezugnahme auf TV; v. 29.8.2001 – 4 AZR 332/00, AP Nr. 17 zu § 1 TVG – Bezugnahme auf TV; MünchArbR/*Wank*, § 124 Rz. 182; ErfK/*Preis*, § 613a BGB Rz. 109; Wiedemann/*Oetker*, § 3 TVG Rz. 158.

263 Gesellschaft trete gemäß § 20 Abs. 1 Nr. 1 UmwG in die Stellung der tarifgebundenen Gesellschaft als Partei des Firmen-TV ein und werde hierdurch ebenfalls tarifgebunden[1].

263 **4. Fortgeltung gem. Abs. 1 Satz 2. a) Umfang der Fortgeltung.** Die Fortgeltungsanordnung (oben Rz. 250) des Abs. 1 Satz 2 erfasst Rechtsnormen aus TV und BV unabhängig davon, ob es sich um einen Verbands- oder Firmen-TV, um Einzel-, Gesamt- oder KonzernBV handelt[2]. Allerdings muss die Rechtsnorm im Zeitpunkt des Betriebsübergangs für das Arbeitsverhältnis als Kollektivrecht gegolten haben. Diesen Anforderungen genügen auch **nachwirkende TV und BV**[3]. Die Nachwirkung beseitigt lediglich die zwingende, nicht jedoch die unmittelbare Wirkung (Normwirkung) der Regelung. Eine bloß individualvertragliche Bezugnahme auf den TV unterfällt demgegenüber nicht Abs. 1 Satz 2, sondern Abs. 1 Satz 1[4]. Ebenfalls nicht unter Abs. 1 Satz 2 fallen sog. **Regelungsabreden** zwischen ArbGeb und BR[5]. Ihnen kommt keine Normwirkung zu. Allerdings muss jeweils sorgfältig geprüft werden, ob nicht die Durchführung der Regelungsabrede zu Ansprüchen der ArbN aus einer Gesamtzusage oder betrieblichen Übung geführt hat, in die der neue Betriebsinhaber gem. Abs. 1 Satz 1 eintritt. Für **Sprecherausschussvereinbarungen** iSd. § 28 Abs. 2 Satz 1 SprAuG gilt Abs. 1 Satz 2 entsprechend[6].

264 Es muss sich um Rechtsnormen handeln, die „Rechte und Pflichten aus dem Arbeitsverhältnis" regeln. Abs. 1 Satz 2 erfasst demnach in erster Linie **Inhaltsnormen**, also diejenigen Bestimmungen, die unmittelbar die wechselseitigen Rechte und Pflichten der Arbeitsvertragsparteien regeln[7]. **Abschlussnormen** regeln demgegenüber die Begründung von Arbeitsverhältnissen und werden deshalb von der Fortgeltungsanordnung grundsätzlich nicht erfasst. Abs. 1 Satz 2 setzt nämlich ein im Zeitpunkt des Betriebsübergangs bestehendes Arbeitsverhältnis voraus (oben Rz. 237). Allerdings enthalten Abschlussnormen zT auch Vorschriften für Vertragsänderungen und die Eingehung von Nebenabreden. Insoweit regeln sie Rechte und Pflichten aus dem Arbeitsverhältnis und werden deshalb nach Abs. 1 Satz 2 aufrechterhalten[8]. Ähnliches gilt für **Betriebsnormen**. Sie regeln vornehmlich das Miteinander im Betrieb, nicht den Inhalt des Arbeitsverhältnisses. Allerdings können auch Betriebsnormen Rechte und Pflichten im Arbeitsverhältnis begründen (zB Regelungen über Torkontrollen). Soweit sie dies tun, werden sie nach Abs. 1 Satz 2 aufrechterhalten[9]. **Tarifnormen zu gemeinsamen Einrichtungen** (§ 4 Abs. 2 TVG) regeln vornehmlich die sog. Beitragsbeziehung zwischen dem ArbGeb und der gemeinsamen Einrichtung und die sog. Leistungsbeziehung zwischen der gemeinsamen Einrichtung und dem ArbN[10]. Sie können jedoch auch Rechte und Pflichten im Arbeitsverhältnis begründen und unterliegen insoweit der Regelung des Abs. 1 Satz 2[11]. **Betriebsverfassungsrechtliche Normen** iSd. § 1 Abs. 1 TVG und Regelungen nach § 3 BetrVG haben keine Rechte und Pflichten aus dem Arbeitsverhältnis zum Gegenstand und werden deshalb nicht nach Abs. 1 Satz 2 aufrechterhalten[12]. Entsprechendes gilt für die Regelungen aus dem **schuldrechtlichen Teil** des TV. Sie betreffen lediglich die Rechtsbeziehungen zwischen den TV-Parteien[13]. Ob die vorstehend aufgezeigten Beschränkungen der Fortgeltung von TV und BV mit den Vorgaben des Art. 3 Abs. 3 der Betriebsübergangsrichtlinie 2001/23/EG vereinbar sind, ist nicht zweifelsfrei[14], jedoch hat dies in der Praxis der Gerichte bislang keine Rolle gespielt.

265 **b) Statische Wirkung der Fortgeltung.** Die Transformation nach Abs. 1 Satz 2 wirkt statisch, dh. die von der Vorschrift erfassten Regelungen werden in dem Zustand aufrechterhalten, der im Zeitpunkt des Betriebsinhaberwechsels besteht[15]. An nachträglichen Änderungen der zugrunde liegenden BV und TV nehmen die übergegangenen Arbeitsverhältnisse nicht mehr teil. Dies gilt unabhängig davon, ob die Änderungen aus der Sicht der ArbN günstig oder ungünstig sind. Auch ein nach dem Betriebsübergang mit Rückwirkung auf einen Zeitpunkt vor dem Betriebsübergang geschlossener TV beeinflusst die bereits vollzogene „Transformation" nach Abs. 1 Satz 2 nicht mehr[16]. Nimmt ein (Firmen-)TV auf einen anderen TV dynamisch Bezug, so gehen auch die Regelungen des in Bezug genommenen TV in dem Zustand in die Arbeitsverhältnisse ein, der im Zeitpunkt des Betriebsübergangs bestand. Der verweisende und der in Bezug genommene TV sind insoweit als Einheit zu betrachten[17]. Ebenso ist richtiger Ansicht nach zu entscheiden, wenn der TV selbst dynamisch angelegt ist (zB eine Arbeitszeitverkürzung oder eine Entgeltanhebung in mehreren Schritten vorsieht). An die Tarifentwicklung nach dem

---

1 BAG v. 24.6.1998 – 4 AZR 208/97, AP Nr. 1 zu § 20 UmwG; obiter auch v. 29.8.2001 – 4 AZR 332/00, AP Nr. 17 zu § 1 TVG – Bezugnahme auf TV; ausf. hierzu *Däubler*, RdA 2002, 303 ff. |2 ErfK/*Preis*, § 613a BGB Rz. 99; RGRK/*Ascheid*, § 613a BGB Rz. 200. |3 BAG v. 27.11.1991 – 4 AZR 211/91, AP Nr. 22 zu § 4 TVG – Nachwirkung. |4 Ausf. zu Bezugnahmeklauseln unten Rz. 275 ff. |5 ErfK/*Preis*, § 613a BGB Rz. 114. |6 Staudinger/*Richardi*/*Annuß*, § 613a BGB Rz. 177. |7 MünchKomm/*Schaub*, § 613a BGB Rz. 153; RGRK/*Ascheid*, § 613a BGB Rz. 192; Erman/*Edenfeld*, § 613a BGB Rz. 81. |8 MünchKomm/*Schaub*, § 613a BGB Rz. 154; Soergel/*Raab*, § 613a BGB Rz. 110; RGRK/*Ascheid*, § 613a BGB Rz. 193. |9 MünchKomm/*Schaub*, § 613a BGB Rz. 156; Erman/*Edenfeld*, § 613a BGB Rz. 81; RGRK/*Ascheid*, § 613a BGB Rz. 195. |10 MünchHdb/*Löwisch*/*Rieble*, § 263 Rz. 21 ff. |11 BAG v. 5.10.1993 – 3 AZR 586/92, AP Nr. 42 zu § 1 BetrAVG – Zusatzversorgungskasten. |12 MünchKomm/*Schaub*, § 613a BGB Rz. 155; Erman/*Edenfeld*, § 613a BGB Rz. 81; ErfK/*Preis*, § 613a BGB Rz. 114. |13 ErfK/*Preis*, § 613a BGB Rz. 114 – allg. A. |14 *Zöllner*, DB 1995, 1401; *Hohenstatt* in Willemsen/Hohenstatt/Schweibert/Seibt, Rz. E 113. |15 BAG v. 29.8.2001 – 4 AZR 332/00, NZA 2002, 513; v. 20.6.2001 – 4 AZR 295/00, NZA 2002, 517; v. 13.11.1985 – 4 AZR 309/84, AP Nr. 46 zu § 613a BGB; v. 13.9.1994 – 3 AZR 148/94, AP Nr. 11 zu § 1 TVG – Rückwirkung. |16 BAG v. 13.9.1994 – 3 AZR 148/94, AP Nr. 11 zu § 1 TVG – Rückwirkung. |17 BAG v. 29.8.2001 – 4 AZR 332/00, NZA 2002, 513; v. 20.6.2001 – 4 AZR 295/00, NZA 2002, 517.

Zeitpunkt des Inhaberwechsels ist der Erwerber nicht gebunden[1]. Die durch Abs. 1 Satz 2 bewirkte Abkopplung von der Tarifentwicklung kann erheblichen Druck auf die ArbN erzeugen, sich – in den Grenzen des Abs. 1 Sätze 2 bis 4 – auf nachteilige Änderungen ihrer Arbeitsbedingungen einzulassen. In der Praxis wird deshalb von Gewerkschaftsseite häufig versucht, den Abschluss eines Firmen-TV oder den Beitritt des neuen Betriebsinhabers zum tarifschließenden ArbGeb-Verband durchzusetzen.

c) **Bedeutung der Veränderungssperre.** Die einjährige Veränderungssperre des Abs. 1 Satz 2 ist in der Praxis Gegenstand zahlreicher Missverständnisse. Es kann deshalb nicht eindringlich genug betont werden, dass diese sich nur auf nach Abs. 1 Satz 2 aufrechterhaltene **Regelungen aus BV und TV** bezieht[2]. Nach Abs. 1 Satz 1 auf den Erwerber übergehende Rechte und Pflichten dürfen auch während des ersten Jahres nach dem Inhaberwechsel zum Nachteil der ArbN geändert werden. Allerdings ist insoweit zu berücksichtigen, dass Änderungsvereinbarungen zum Nachteil der ArbN nach der Auffassung der Rspr. der Rechtfertigung durch sachliche Gründe bedürfen[3]; Änderungskündigungen zur Anpassung von nach Abs. 1 Satz 1 übergehenden Arbeitsbedingungen scheitern in der Regel an den hohen Anforderungen des § 2 KSchG[4]. Die Jahressperre des Abs. 1 Satz 2 bezieht sich darüber hinaus nur auf Änderungen der nach dieser Vorschrift aufrechterhaltenen Regelungen mit **individualrechtlichen Mitteln**, also nur auf Änderungsvereinbarungen und Änderungskündigungen[5]. Durch verschlechternde BV und TV können die gemäß Abs. 1 Satz 2 aufrechterhaltenen Regelungen demgegenüber – nach näherer Maßgabe des Abs. 1 Satz 3 – auch während der Jahresfrist zum Nachteil der ArbN abgeändert werden[6]. Weitere Ausnahmen von der Veränderungssperre des Abs. 1 Satz 2 enthält Abs. 1 Satz 4 (hierzu unten Rz. 281 ff.). Nach dem Ablauf der Jahresfrist dürfen die nach Abs. 1 Satz 2 aufrechterhaltenen Regelungen auch mit individualrechtlichen Mitteln zum Nachteil der ArbN geändert werden. Ob das zu Abs. 1 Satz 1 entwickelte Erfordernis eines sachlichen Grundes für den Abschluss von Änderungsvereinbarungen auch insoweit gilt, hatte die Rspr. noch nicht zu entscheiden. Hiergegen spricht jedoch die Wertung des Abs. 1 Satz 2, der die „transformierten" Regelungen mit dem Ablauf der Jahresfrist ausdrücklich für nachteilige Veränderungen freigibt. Auch von ihrer Zwecksetzung her, den ArbN in der häufig mit Unsicherheiten verbundenen Situation des Betriebsinhaberwechsels vor nachteiligen Änderungen seiner Arbeitsbedingungen zu schützen, ist die Rspr. des BAG auf die Situation nach dem Ablauf der Jahresfrist nicht übertragbar. Für die Berechnung der Frist des Abs. 1 Satz 2 gelten die §§ 186 ff[7].

5. Verhältnis zu Kollektivverträgen des Erwerbers (Abs. 1 Satz 3). Gemäß Abs. 1 Satz 3 findet Abs. 1 Satz 2 keine Anwendung („gilt nicht"), dh. die bei dem bisherigen Betriebsinhaber kollektivvertraglich geregelten Rechte und Pflichten werden nicht gem. Abs. 1 Satz 2 aufrechterhalten, soweit diese bei dem neuen Betriebsinhaber durch die Rechtsnormen eines anderen TV oder einer anderen BV geregelt werden. Die Vorschrift setzt die aktuelle Geltung der bei dem neuen Betriebsinhaber bestehenden Regelungen voraus („geregelt werden"). Für TV bedeutet dies, dass der neue Betriebsinhaber und der ArbN **kongruent tarifgebunden** (§ 3 Abs. 1 TVG) sein müssen. Die bloße Tarifgebundenheit des neuen Betriebsinhabers genügt demgegenüber nicht[8], und zwar auch dann nicht, wenn sowohl der bislang geltende TV als auch der TV des neuen Betriebsinhabers mit einer DGB-Gewerkschaft geschlossen wurden[9]. Das hat das BAG mit Urteil vom 21.2.2001 noch einmal ausdrücklich bekräftigt[10]. In dieser Entscheidung setzt sich das BAG ausführlich mit den entgegenstehenden Auffassungen im Schrifttum auseinander, so dass die Streitfrage zumindest für die Praxis entschieden sein dürfte. Auch die Grundsätze zur Tarifpluralität können bei lediglich einseitiger Tarifgebundenheit des neuen Betriebsinhabers nicht herangezogen werden, um die Fortgeltung nach Abs. 1 Satz 2 auszuschließen[11]. Zu einer Ersetzung der bei dem bisherigen Betriebsinhaber geltenden tarifvertraglichen Regelungen durch bei dem neuen Betriebsinhaber geltende andere Tarifregelungen kommt es also nur dann, wenn der ArbN der für den neuen Betriebinhaber zuständigen Gewerkschaft beitritt. Hierzu kann ihn der neue Betriebsinhaber nicht zwingen. Auch auf den alternativ in Betracht kommenden Abschluss einer Bezugnahmevereinbarung auf die bei dem neuen Betriebsinhaber geltenden TV gemäß Abs. 1 Satz 4 Alt. 2 muss sich der ArbN nicht einlassen. Der neue Betriebsinhaber wird zwar durch Abs. 1 Satz 4 nicht daran gehindert, den Abschluss einer solchen Vereinbarung durch den Ausspruch einer Änderungskündigung durchzusetzen zu versuchen[12]. Jedoch wird der Ausspruch derartiger Kündigungen kaum jemals sozial gerechtfertigt iSd. §§ 1 Abs. 2, 2 KSchG

---

1 *Hohenstatt* in Willemsen/Hohenstatt/Schweibert/Seibt, Rz. E 120. | 2 *Hohenstatt* in Willemsen/Hohenstatt/Schweibert/Seibt, Rz. E 95; *Picot/Schnitker*, Teil I Rz. 329. | 3 BAG v. 29.10.1985 – 5 AZR 444/74, AP Nr. 2 zu § 613a BGB; hiergegen mit Recht *Hohenstatt* in Willemsen/Hohenstatt/Schweibert/Seibt, Rz. E 208; Soergel/*Raab*, § 613a BGB Rz. 91 f.; Erman/*Edenfeld*, § 613a BGB Rz. 65; *Moll*, NJW 1993, 2016 (2022). | 4 Ausf. hierzu unter Rz. 284. | 5 Erman/*Edenfeld*, § 613a BGB Rz. 83, 87; *Hohenstatt* in Willemsen/Hohenstatt/Schweibert/Seibt, Rz. E 121. | 6 ErfK/*Preis*, § 613a BGB Rz. 121; Erman/*Edenfeld*, § 613a BGB Rz. 87. | 7 Vgl. zu der Frage nach dem Zeitpunkt des Inhaberwechsels oben Rz. 82. | 8 AA *Moll*, RdA 1996, 275 (280 ff.); *Bauer*, FS Schaub, 1998, S. 19 ff.; *Heinze*, FS Schaub, 1998, S. 275 ff.; *Henssler*, FS Schaub, 1998, S. 311 (319 ff.); *Hromadka*, DB 1996, 1872 (1876); *Zöllner*, DB 1995, 1401 (1403 ff.). | 9 So *Hanau*, RdA 1998, 65 (70); *Kania*, DB 1996, 1921. | 10 BAG v. 21.2.2001 – 4 AZR 18/00, AP Nr. 20 zu § 4 TVG; zuvor bereits BAG v. 30.8.2000 – 4 AZR 581/99, AP Nr. 12 zu § 1 TVG – Bezugnahme auf TV; RGRK/*Ascheid*, § 613a BGB Rz. 220; ErfK/*Preis*, § 613a BGB Rz. 119; KR/*Pfeiffer*, § 613a BGB Rz. 99; MünchKomm/*Schaub*, § 613a BGB Rz. 182; MünchArbR/*Wank*, § 124 Rz. 193; Staudinger/*Richardi/Annuß*, § 613a BGB Rz. 193. | 11 BAG v. 21.2.2001 – 4 AZR 18/00, AP Nr. 20 zu § 4 TVG; ErfK/*Preis*, § 613a BGB Rz. 106. | 12 Vgl. Staudinger/*Richardi/Annuß*, § 613a BGB Rz. 180.

sein. Das bloße Interesse des neuen Betriebsinhabers an der Vereinheitlichung der Arbeitsbedingungen vermag eine Änderungskündigung zur Durchsetzung einer Bezugnahme nach Abs. 1 Satz 4 Alt. 2 jedenfalls nicht sozial zu rechtfertigen[1]. Im Ergebnis liegt es damit weitgehend in der Hand des ArbN, ob er an den bislang für ihn geltenden tarifvertraglichen Arbeitsbedingungen festhält oder die bei dem neuen Betriebsinhaber geltenden TV für sein Arbeitsverhältnis beruft. Weil die Fortgeltung nach Abs. 1 Satz 2 lediglich statisch wirkt, wächst freilich mit zunehmendem Zeitablauf der Druck, sich der Tarifentwicklung beim neuen Betriebsinhaber anzuschließen[2]. Der neue Betriebsinhaber ist insoweit nicht bereits aus dem arbeitsrechtlichen Gleichbehandlungsgrundsatz verpflichtet, den übernommenen ArbN dieselben tarifvertraglichen Arbeitsbedingungen zu gewähren wie seiner ursprünglichen Belegschaft.

268 **Betriebsvereinbarungen** (Einzel-, Gesamt- und KonzernBV) gelten, sofern in ihnen nichts Abweichendes bestimmt ist, für sämtliche betriebsangehörigen ArbN, und damit auch für ArbN, die im Zuge eines Betriebsinhaberwechsels nachträglich zum Betrieb hinzutreten[3]. Wird der übernommene Betrieb oder Betriebsteil nicht organisatorisch in einen bei dem neuen Betriebsinhaber bereits vorhandenen Betrieb eingegliedert, sondern als betriebsverfassungsrechtlich selbständige Einheit fortgeführt, so muss im Hinblick auf Gesamt- und KonzernBV jeweils geprüft werden, ob diese nachträglich zum Unternehmen bzw. Konzern hinzutretende Einheiten erfassen wollen. Dies ist eine Frage der Auslegung des Geltungsbereichs. Im Zweifel wird man davon ausgehen müssen, dass Gesamt- und KonzernBV auf den Unternehmens- bzw. Konzernbestand im Zeitpunkt ihres Abschlusses beschränkt sind[4]. **FirmenTV** wollen demgegenüber typischerweise auch nachträglich zum Unternehmen hinzutretende Teile erfassen[5].

269 Die ablösenden Regelungen müssen nicht notwendig bereits im Zeitpunkt des Betriebsinhaberwechsels bestehen. Auch **nachträglich abgeschlossene TV und BV** unterfallen Abs. 1 Satz 3[6]. Mit ihrer Hilfe lassen sich die zunächst nach Abs. 1 Satz 2 aufrechterhaltenen Regelungen aus Kollektivverträgen des bisherigen Betriebsinhabers ablösen, auch zum Nachteil der ArbN. Insoweit gilt nicht das Günstigkeitsprinzip, sondern das Ordnungsprinzip[7]. Hierin zeigt sich erneut, dass Abs. 1 Satz 2 kein „echtes" Individualrecht schafft[8]. Auch im Rahmen des Abs. 1 Satz 3 sind allerdings die allgemein für nachträgliche Eingriffe in erworbene Besitzstände geltenden Regeln zu beachten[9]. Für die Ablösung von Versorgungsordnungen durch BV bedeutet dies idR, dass zumindest der bis zum Betriebsübergang erdiente Versorgungsbesitzstand aufrechterhalten werden muss[10].

270 Die Ablösungswirkung nach Abs. 1 Satz 3 tritt nur ein, soweit die beim neuen Betriebsinhaber geltenden Kollektivverträge **denselben Regelungsgegenstand** betreffen wie die Kollektivverträge des bisherigen Betriebsinhabers. Im Übrigen werden die vom bisherigen Betriebsinhaber stammenden Regelungen nach Abs. 1 Satz 2 aufrechterhalten[11]. Das Erfordernis der Identität des Regelungsgegenstandes bedeutet nicht, dass punktuelle Deckungsgleichheit bestehen müsste. Es genügt, wenn dieselbe Sachgruppe beim neuen Betriebsinhaber anders geregelt ist als bei dem bisherigen Inhaber[12]. Von einer anderweitigen Regelung kann demgegenüber nicht gesprochen werden, wenn sich der Kollektivvertrag des neuen Betriebsinhabers zu dem betreffenden Regelungsgegenstand schlicht ausschweigt[13]. Ob eine bloße Negativregelung die Ablösungswirkung herbeizuführen vermag, ist umstritten[14]. Entscheidend hierfür spricht, dass die Kollektivvertragsparteien von ihnen eingeführte Leistungen grundsätzlich – in den Grenzen des Vertrauensschutzes – auch wieder beseitigen können. Da Abs. 1 Satz 2 keine Besserstellung der ArbN im Vergleich zu der Situation ohne einen Betriebsübergang bezweckt, muss diese Möglichkeit auch im Rahmen des Abs. 1 Satz 3 bestehen. Allerdings muss die ablösende Regelung hinreichend klar erkennen lassen, dass die vom bisherigen Inhaber stammende entgegenstehende Regelung ersatzlos beseitigt werden soll.

271 Bei dem neuen Betriebsinhaber lediglich **kraft Nachwirkung geltende TV oder BV** können die in Abs. 1 Satz 3 beschriebenen Wirkungen nicht entfalten, weil sie die übergehenden Arbeitsverhältnisse nicht erfassen[15]. Nach der st. Rspr. des BAG gelten nachwirkende Regelungen für neu eintretende

---

1 Vgl. Erman/*Edenfeld*, § 613a BGB Rz. 86 aE; ausf. *Schiefer*, DB 2003, 390 (392 ff.). | 2 *Hohenstatt* in Willemsen/Hohenstatt/Schweibert/Seibt, Rz. E 118. | 3 *Hohenstatt* in Willemsen/Hohenstatt/Schweibert/Seibt, Rz. E 9 mwN. | 4 *Hohenstatt* in Willemsen/Hohenstatt/Schweibert/Seibt, Rz. E 48 f.; *Sowka/Weiss*, DB 1991, 1518 ff. | 5 Unklar MünchKomm/*Schaub*, § 613a BGB Rz. 183; krit. Erman/*Edenfeld*, § 613a BGB Rz. 91. | 6 BAG v. 16.5.1995 – 3 AZR 535/94, AP Nr. 15 zu § 4 TVG – Ordnungsprinzip; v. 20.4.1994, AP Nr. 108 zu § 613a BGB, ErfK/*Preis*, § 613a BGB Rz. 121. | 7 BAG v. 16.5.1995 – 3 AZR 535/94, AP Nr. 15 zu § 4 TVG – Ordnungsprinzip; ErfK/*Preis*, § 613a BGB Rz. 121; BAG v. 14.8.2001 – 1 AZR 619/00, AP Nr. 85 zu § 77 BetrVG 1972. | 8 Hierzu bereits oben Rz. 250. | 9 Staudinger/*Richardi/Annuß*, § 613a BGB Rz. 195; Erman/*Edenfeld*, § 613a BGB Rz. 90; ErfK/*Preis*, § 613a BGB Rz. 121. | 10 BAG v. 24.7.2001 – 3 AZR 660/00, NZA 2002, 520; ErfK/*Preis*, § 613a BGB Rz. 121; iE ebenso Erman/*Edenfeld*, § 613a BGB Rz. 90. | 11 BAG v. 20.4.1994 – 4 AZR 342/93, AP Nr. 108 zu § 613a BGB; v. 19.11.1996 – 9 AZR 640/95, nv.; v. 22.1.2003 – 10 AZR 227/02, noch nv.; Erman/*Edenfeld*, § 613a BGB Rz. 90; Staudinger/*Richardi/Annuß*, § 613a BGB Rz. 186; *Hohenstatt* in Willemsen/Hohenstatt/Schweibert/Seibt, Rz. E 132. | 12 BAG v. 20.4.1994 – 4 AZR 342/93, AP Nr. 108 zu § 613a BGB; RGRK/Ascheid, § 613a BGB Rz. 224; Erman/*Edenfeld*, § 613a BGB Rz. 90; *Moll*, RdA 1996, 275 (284). | 13 Vgl. vorangehende Nachw. in Fn. 8 und 9. | 14 Hierfür wohl BAG v. 22.1.2003 – 10 AZR 227/02, AP Nr. 242 zu § 613a BGB; aA Staudinger/*Richardi/Annuß*, § 613a BGB Rz. 188. | 15 AA ErfK/*Preis*, § 613a BGB Rz. 122.

ArbN nicht[1]. Dass Abs. 1 Satz 3 einen weiter gehenden Geltungsbefehl enthielte, ist dem Gesetz nicht zu entnehmen. Insoweit lässt sich auch nicht damit argumentieren, dass Abs. 1 Satz 3 dem neuen Betriebsinhaber die Vereinheitlichung der Arbeitsbedingungen erleichtern will. Wie eine Gesamtschau der Vorschriften des Abs. 1 Sätze 2 bis 4 zeigt, billigt das Gesetz dieses Anliegen nur im Rahmen der allgemein für die Kollision von Kollektivvereinbarungen geltenden Regeln.

Es ist auch nicht zu erkennen, dass mit Abs. 1 Satz 3 eine spezialgesetzliche Ausnahme von dem in § 77 Abs. 3 BetrVG angeordneten Tarifvorrang geschaffen werden sollte[2]. Eine „Überkreuzablösung" von TV durch BV kommt daher nur insoweit in Betracht, wie auch außerhalb des § 613a gestützt auf den Eingangssatz des § 87 Abs. 1 BetrVG im Geltungsbereich eines TV BV geschlossen werden können[3]. Als Instrument zur umfassenden Ausdehnung der bei dem neuen Betriebsinhaber geltenden TV auf die übergehenden ArbN eignen sich BV deshalb nicht. **272**

FirmenTV können im Rahmen des Abs. 1 Satz 3 auch **durch Verbandstarifverträge** abgelöst werden. Hierin liegt keine Abweichung von dem ansonsten für das Verhältnis von Firmen- zu Verbands-TV maßgeblichen Spezialitätsprinzip. Das Spezialitätsprinzip gilt für kollektivrechtlich miteinander konkurrierende Firmen- und Verbands-TV. Im Rahmen des Abs. 1 Satz 3 geht es demgegenüber um das Verhältnis kraft gesetzlicher Anordnung fortgeltender und originär kollektivrechtlich geltender Regelungen[4]. **273**

Ob bei einem **mehrfachen Betriebsübergang** die zunächst nach Abs. 1 Satz 2 aufrechterhaltenen Regelungen beim zweiten Inhaberwechsel nach Abs. 1 Satz 1 übergehen und sodann nur noch durch Änderungskündigung oder den Abschluss von Änderungsvereinbarungen abgelöst werden können oder auch insoweit Abs. 1 Satz 3 gilt, hat die Rspr. bislang offen gelassen[5]. Nach zutreffendem Verständnis unterliegen die von dem ersten Betriebsinhaber stammenden kollektivvertraglichen Regelungen auch bei dem dritten Betriebsinhaber den kollektivrechtlichen Änderungsregeln des Abs. 1 Satz 3; Abs. 1 Satz 2 schafft kein „echtes" Individualrecht; es werden lediglich bestimmte kollektivvertragliche Regelungen kraft gesetzlicher Anordnung – ähnlich der Nachwirkung – aufrechterhalten[6]. **274**

6. Bezugnahmeklauseln. Die Bedeutung arbeitsvertraglicher Bezugnahmeklauseln ist heftig umstritten. Im Mittelpunkt der Kontroverse stehen sog. kleine dynamische Bezugnahmeklauseln. Sie beinhalten die Anwendung eines bestimmten TV in seiner jeweils gültigen Fassung auf das Arbeitsverhältnis. Hiervon zu unterscheiden sind sog. große dynamische Bezugnahmeklauseln einerseits und statische Bezugnahmeklauseln andererseits. Große dynamische Bezugnahmeklauseln haben die Anwendung der jeweils im Unternehmen geltenden TV in ihrer jeweils gültigen Fassung zum Gegenstand[7]. Mit ihrer Hilfe soll Vorsorge für den Fall getroffen werden, dass das Unternehmen oder zumindest der Unternehmensbereich, in dem der ArbN tätig ist, durch Änderungen des Tätigkeitsschwerpunkts des Unternehmens oder durch Umstrukturierungsmaßnahmen in den Geltungsbereich anderer als der derzeit einschlägigen TV hineinwächst. Statische Bezugnahmeklauseln lauten auf die Anwendung eines bestimmten TV in einer bestimmten Fassung. Derartige Vereinbarungen sind selten. Weil sie den Inhalt des Arbeitsverhältnisses dauerhaft auf einen bestimmten Tarifstand festlegen, laufen sie Gefahr, den wechselseitigen Bedürfnissen und Anforderungen der Arbeitsvertragsparteien mit zunehmendem Zeitablauf nicht mehr gerecht zu werden. **275**

Mit dieser Inhaltsbeschreibung ist zugleich auch der Gegenstand des Streits um die **kleinen dynamischen Bezugnahmeklauseln** umrissen. Er betrifft zum einen die Frage, ob ArbN, deren Arbeitsvertrag eine derartige Klausel enthält, im Falle eines Betriebsinhaberwechsels im Vergleich zu (nur) tarifgebundenen ArbN insoweit günstiger stehen, als für Letztere der Inhalt der bei dem bisherigen Betriebsinhaber geltenden TV gemäß Abs. 1 Satz 2 nur statisch aufrechterhalten wird[8], während die Dynamik der Bezugnahmeklausel bei wortlautgetreuer Interpretation auch die nach dem Inhaberwechsel in Kraft tretenden Änderungen dieser TV umfasst. Darüber hinaus ist umstritten, ob ArbN, deren Arbeitsverhältnis eine kleine dynamische Bezugnahmeklausel enthält, im Falle eines Betriebsinhaberwechsels mit gleichzeitigem Tarifwechsel insoweit günstiger stehen als (nur) tarifgebundene ArbN, als Letztere sich unter den Voraussetzungen des Abs. 1 Satz 3 eine Ablösung des bislang für sie einschlägigen TV durch die beim neuen Betriebsinhaber geltenden ungünstigeren TV gefallen lassen müssen, während aus der Bezugnahmeklausel ein Anspruch auf weitere Anwendung der beim bisherigen Betriebsinhaber geltenden TV gemäß Abs. 1 Satz 1 erwächst. **276**

Nach der Auffassung der Rspr. kommt es für die Beantwortung dieser Fragen entscheidend darauf an, welchen Zweck die Arbeitsvertragsparteien mit der Vereinbarung einer kleinen dynamischen Bezugnah- **277**

---

1 BAG v. 14.2.1991 – 8 AZR 166/90, AP Nr. 10 zu § 3 TVG; v. 13.7.1994 – 4 AZR 555/93, AP Nr. 14 zu § 3 TVG – Verbandszugehörigkeit; aA das überwiegende Schrifttum, vgl. die Nachw. bei Wiedemann/*Wank*, § 4 TVG Rz. 332. | 2 AA ErfK/*Preis*, § 613a BGB Rz. 122. | 3 *Henssler*, FS Schaub, 1998, S. 311 (321); *Henssler*, NZA 1994, 294 (300); *Kania*, DB 1995, 625 (626); *Moll*, RdA 1996, 275 (283); generell gegen eine Überkreuzablösung Staudinger/*Richardi*/*Annuß*, § 613a BGB Rz. 185; offen gelassen von BAG v. 1.8.2001 – 4 AZR 82/00, NZA 2002, 41. | 4 IE ebenso *Hohenstatt* in Willemsen/Hohenstatt/Schweibert/Seibt, Rz. E 128. | 5 Vgl. BAG v. 20.4.1994 – 4 AZR 342/93, AP Nr. 108 zu § 613a BGB. | 6 Im Ergebnis ebenso Soergel/*Raab*, § 613a BGB Rz. 125a. | 7 Beispiel bei BAG v. 16.10.2002 – 4 AZR, NZA 2003, 390. | 8 Vgl. Rz. 265.

meklausel verfolgen. Eine sog. **Gleichstellungsabrede** soll lediglich widerspiegeln, was tarifrechtlich gilt bzw. bei Gewerkschaftszugehörigkeit des ArbN gelten würde. Überträgt ein tarifgebundener ArbGeb einen Betrieb oder Betriebsteil auf einen nicht tarifgebundenen ArbGeb, so nehmen deshalb ArbN, deren Arbeitsvertrag eine Gleichstellungsabrede enthält, ab dem Inhaberwechsel nicht mehr an der künftigen Tarifentwicklung teil. Denn auch für Gewerkschaftsmitglieder, deren Arbeitsvertrag keine Bezugnahmeklausel enthält, werden die bisherigen tarifvertraglichen Arbeitsbedingungen durch Abs. 1 Satz 2 nur statisch aufrechterhalten[1]. Überträgt ein tarifgebundener ArbGeb einen Betrieb oder Betriebsteil auf einen ArbGeb, der an einen mit einer anderen Gewerkschaft geschlossenen TV gebunden ist, so finden auf die Arbeitsverhältnisse von ArbN, deren Arbeitsvertrag eine Gleichstellungsabrede enthält, weiterhin die bislang einschlägigen TV Anwendung, und zwar in der im Zeitpunkt des Inhaberwechsels geltenden Fassung. Denn auch für Gewerkschaftsmitglieder, deren Arbeitsvertrag eine Bezugnahmeklausel enthält, finden die bei dem neuen Betriebsinhaber geltenden TV nach Abs. 1 Satz 3 nur dann Anwendung, wenn diese der nunmehr zuständigen Gewerkschaft beitreten[2]. Anders soll zu entscheiden sein, wenn der neue Betriebsinhaber zwar an einen anderen TV als der bisherige Betriebsinhaber gebunden ist, der TV jedoch mit derselben Gewerkschaft geschlossen wurde wie der TV des bisherigen Betriebsinhabers. In dieser Situation komme es auch für Gewerkschaftsmitglieder, deren Arbeitsvertrag keine Bezugnahmeklausel enthält, gemäß Abs. 1 Satz 3 zu einem Tarifwechsel, weshalb die Gleichstellungsabrede auch für nicht tarifgebundene ArbN zu einer Auswechslung der auf ihr Arbeitsverhältnis anwendbaren TV führe[3]. Verfolgt die Bezugnahmeklausel nicht den Zweck einer Gleichstellung der nicht tarifgebundenen mit den tarifgebundenen ArbN, sondern handelt es sich um eine **konstitutive Zusage** der Anwendung eines bestimmten TV, so ist der in Bezug genommene TV auch dann weiterhin auf das Arbeitsverhältnis anzuwenden, wenn der Betrieb oder Betriebsteil, in dem der ArbN beschäftigt ist, gemäß § 613a auf einen Inhaber übertragen wird, der an einen anderen TV gebunden ist. Hierfür kommt es nicht darauf an, ob der bei dem neuen Betriebsinhaber geltende TV mit einer anderen oder derselben Gewerkschaft geschlossen wurde wie der TV des bisherigen Betriebsinhabers[4]. Selbst dann, wenn der ArbN Mitglied der für den neuen Betriebsinhaber zuständigen Gewerkschaft wird, dürften sich die kraft arbeitsvertraglicher Bezugnahme vereinbarten Arbeitsbedingungen gemäß § 4 Abs. 3 TVG gegenüber den tarifvertragsrechtlich geltenden Arbeitsbedingungen durchsetzen, soweit sie im Vergleich zu diesen günstiger sind.

278 Ob es sich um eine Gleichstellungsabrede oder eine konstitutive Zusage der Anwendung eines bestimmten TV handelt, macht die Rspr. bei **formularmäßig vorformulierten Arbeitsverträgen** davon abhängig, ob der ArbGeb im Zeitpunkt des Abschlusses des Arbeitsvertrages tarifgebunden ist. In diesem Falle müsse ein verständiger ArbN davon ausgehen, dass der ArbGeb lediglich deklaratorisch wiedergeben wolle, was für die tarifgebundenen ArbN in seinem Unternehmen gelte[5]. Um eine konstitutive Zusage der Anwendung eines bestimmten TV handle es sich demgegenüber, wenn im Arbeitsvertrag auf einen branchenfremden TV Bezug genommen werde[6]. Insoweit genüge es jedoch nicht, wenn ein Unternehmen, das ArbN in mehreren Tarifbezirken beschäftige, in allen Arbeitsverträgen einheitlich auf die (für das Unternehmen einschlägigen) TV eines bestimmten Tarifbezirks verweise. Auch eine derartige Bezugnahme sei als bloße Gleichstellungsabrede aufzufassen[7]. Eine Bezugnahmeklausel kann schließlich durch **betriebliche Übung** in das Arbeitsverhältnis gelangen. In diesen Fällen muss jedoch jeweils sorgfältig geprüft werden, ob die betriebliche Übung auf die Anwendung des gesamten Tarifwerks oder lediglich auf die Anwendung einzelner tariflicher Bestimmungen gerichtet ist[8]. Eine durch betriebliche Übung geschaffene Bezugnahme wird man nach den vorstehend dargestellten Rspr.-Grundsätzen regelmäßig als Gleichstellungsabrede auffassen müssen.

279 Die Rspr. des **BAG** vermag dogmatisch nicht zu überzeugen. Sie ist mit den §§ 133, 157 sowie den allgemein für die Auslegung von Willenserklärungen geltenden Regeln unvereinbar. Nach diesen kommt es entscheidend darauf an, wie ein objektiver Empfänger die Willenserklärung nach Treu und Glauben und unter Berücksichtigung der Verkehrssitte verstehen musste[9]. Kleine dynamische Bezugnahmeklauseln können in diesem Sinne nur wortlautgetreu verstanden werden, nämlich dahin, dass mit ihnen die Anwendung bestimmter TV einschließlich sämtlicher Änderungen derselben auf das Arbeitsverhältnis zugesagt wird. Weshalb dieser Erklärungsinhalt im Sinne einer Gleichstellungsabrede zu modifizieren sein soll, wenn der ArbGeb bei Begründung des Arbeitsverhältnisses tarifgebunden ist, bleibt unerfindlich. Darüber, ob der ArbGeb tarifgebunden ist, macht sich der ArbN bei Abschluss des Arbeitsvertrages je-

---

[1] BAG v. 21.8.2002 – 4 AZR 263/01, NZA 2003, 442; v. 20.2.2002 – 4 AZR 123/01 NZA 2003, 933; v. 26.9.2001 – 4 AZR 544/00, AP Nr. 21 zu § 1 TVG – Bezugnahme auf TV; v. 29.8.2001 – 4 AZR 332/00, AP Nr. 17 zu § 1 TVG – Bezugnahme auf Tarifvertrag; v. 4.8.1999 – 5 AZR 642/98, AP Nr. 14 zu § 1 TVG – Tarifverträge: Papierindustrie. |2 BAG v. 30.8.2000 – 4 AZR 581/99, AP Nr. 12 zu § 1 TVG – Bezugnahme auf TV. |3 BAG v. 4.9.1996 – 4 AZR 135/95, AP Nr. 5 zu § 1 TVG – Bezugnahme auf TV. |4 BAG v. 25.9.2002 – 4 AZR 294/01, NZA 2003, 393. |5 BAG v. 4.9.1996 – 4 AZR 135/99, AP Nr. 5 zu § 1 TVG – Bezugnahme auf TV; v. 4.8.1999 – 5 AZR 642/98, AP Nr. 14 zu § 1 TVG – Tarifverträge: Papierindustrie; v. 30.8.2000 – 4 AZR 581/99, AP Nr. 12 zu § 1 TVG – Bezugnahme auf TV; v. 26.9.2001 – 4 AZR 544/00, AP Nr. 21 zu § 1 TVG Bezugnahme auf TV; v. 21.8.2002 – 4 AZR 263/01, RdA 2003, 303. |6 BAG v. 25.10.2000 – 4 AZR 506/99, AP Nr. 13 zu § 1 TVG – Bezugnahme auf TV; v. 28.5.1997, AP Nr. 6 zu § 1 TVG – Bezugnahme auf TV. |7 BAG v. 21.8.2002 – 4 AZR 263/01, DB 2003, 1227. |8 BAG v. 19.1.1999 – 1 AZR 606/98, AP Nr. 9 zu § 1 TVG – Bezugnahme auf TV. |9 Vgl. BGH v. 24.2.1988 – VIII ZR 145/87, BGHZ 103, 280 mwN.

denfalls dann keine Gedanken, wenn der Arbeitsvertrag eine kleine dynamische Bezugnahmeklausel enthält[1]. Die Rspr. des BAG steht seit dem 1.1.2002 zudem in einem kaum auflösbaren Spannungsverhältnis zur Unklarheitenregel des § 305c Abs. 2 und zum Transparenzgebot des § 307 Abs. 1 Satz 2[2].

Aus praktischer Sicht zwingt die Rspr. des BAG den ArbN dazu, sich durch eine klarstellende Vereinbarung im Arbeitsvertrag zusichern zu lassen, dass mit der vorformulierten kleinen dynamischen Bezugnahmeklausel tatsächlich bezweckt ist, was sich aus ihrem Wortlaut ergibt. Aus ArbGeb-Sicht ist die Rspr. des BAG demgegenüber günstig, weil sie den Erwerber eines Betriebs(teils) vor dem Risiko einer über Abs. 1 Satz 2 hinausgehenden dynamischen Bindung an die beim bisherigen Betriebsinhaber geltenden TV und im Falle eines mit dem Inhaberwechsel einhergehenden Tarifwechsels gegen das Risiko einer Verfestigung tarifvertraglicher Ansprüche entgegen Abs. 1 Satz 3 schützt. Mit Rücksicht auf das unsichere dogmatische Fundament der Rspr. des BAG sollte diese jedoch nicht als Freibrief für die unbedachte Vereinbarung kleiner dynamischer Bezugnahmeklauseln verstanden werden. Aus Gründen der Vorsorge empfiehlt es sich vielmehr, Bezugnahmeklauseln so auszugestalten, dass ein Gleichklang mit den Rechtsfolgen des Abs. 1 Sätze 2 bis 4 erreicht wird. **280**

7. Ausnahmen von der Veränderungssperre des Abs. 1 Satz 2. Abs. 1 Satz 4 regelt zwei Ausnahmen von dem Verbot des Abs. 1 Satz 2, nach dieser Vorschrift aufrechterhaltene Regelungen aus Kollektivverträgen des bisherigen Betriebsinhabers vor Ablauf eines Jahres auf individualrechtlichem Wege zum Nachteil der ArbN abzuändern. **281**

Nach Abs. 1 Satz 4 Alt. 1 dürfen die nach Abs. 1 Satz 2 aufrechterhaltenen Regelungen bereits vor Ablauf der Jahresfrist durch Individualvereinbarung zum Nachteil der ArbN abgeändert werden, sobald der TV oder die BV, aus der die Regelung stammt, nicht mehr gilt. TV und BV gelten nicht mehr in diesem Sinne, wenn sie durch Ablauf der Zeit, für die sie eingegangen wurden, oder durch Kündigung enden und nur noch kraft Nachwirkung gemäß §§ 4 Abs. 5 TVG, 77 Abs. 6 BetrVG fortgelten[3]. Galt der zugrunde liegende TV bzw. die zugrunde liegende BV bereits im Zeitpunkt des Betriebsinhaberwechsels nicht mehr, so können Vereinbarungen nach Abs. 1 Satz 4 Alt. 1 unmittelbar nach diesem Zeitpunkt getroffen werden. In diesem Falle kann die Abweichung von dem TV bzw. der BV im Übrigen bereits vor dem Betriebsinhaberwechsel vereinbart werden. Dies ergibt sich unmittelbar aus §§ 4 Abs. 5 TVG, 77 Abs. 6 BetrVG. Eines sachlichen Grundes bedarf es insoweit – anders als nach der Auffassung der Rspr. für Änderungsvereinbarungen zum Arbeitsvertrag[4] – nach zutreffendem Verständnis nicht. Das Verlangen nach einem sachlichen Grund wäre mit der gesetzgeberischen Wertung des Abs. 1 Satz 4 Alt. 1 unvereinbar. **282**

Die zweite Ausnahme von der Sperrfrist des Abs. 1 Satz 2 betrifft den Fall, dass der neue Betriebsinhaber und der ArbN individualvertraglich die Anwendung eines anderen als des bei dem bisherigen Betriebsinhaber geltenden TV vereinbaren. Nach Abs. 1 Satz 4 Alt. 2 kann eine solche Vereinbarung nur bei „fehlender beiderseitiger Tarifgebundenheit" getroffen werden, jedoch liegt hierin keine einschränkende Tatbestandsvoraussetzung, sondern lediglich eine Klarstellung. Gilt der anderweitige TV bereits kraft beiderseitiger Tarifgebundenheit, so bedarf es keiner Vereinbarung nach Abs. 1 Satz 4 Alt. 2. Der TV löst bereits nach Abs. 1 Satz 3 die von dem bisherigen Betriebsinhaber stammenden tarifvertraglichen Regelungen ab[5]. An einer beiderseitigen Tarifgebundenheit fehlt es deshalb bereits immer dann, wenn entweder der ArbGeb oder der ArbN nicht tarifgebunden iSd. § 3 Abs. 1 TVG ist. Abs. 1 Satz 4 Alt. 2 ist insoweit entgegen anders lautenden Stimmen in der Lit. nicht missverständlich formuliert, sondern greift mit dem Begriff der beiderseitigen Tarifgebundenheit auf die Legaldefinition des § 4 Abs. 1 Satz 1 TVG zurück[6]. In Bezug genommen werden kann nur ein für den neuen Betriebsinhaber von seinem – insb. fachlichen – Geltungsbereich her einschlägiger TV. Dies ergibt sich unmittelbar aus dem Wortlaut des Abs. 1 Satz 4 Alt. 2[7]. Der betreffende TV kann überdies wohl nur insgesamt für das Arbeitsverhältnis zur Anwendung berufen werden. Abs. 1 Satz 4 Alt. 2 eröffnet demgegenüber keine Möglichkeit, auf einzelne Regelungskomplexe des für den neuen Betriebsinhaber einschlägigen TV Bezug zu nehmen und es im Übrigen bei der Fortgeltung der für den bisherigen Betriebsinhaber geltenden TV nach Abs. 1 Satz 2 zu belassen. Der Gesetzgeber geht in Abs. 1 Satz 4 Alt. 2 davon aus, dass der Erwerber-TV eine in sich ebenso ausgewogene Regelung der Arbeitsbedingungen enthält, wie der für den bisherigen Betriebsinhaber einschlägige TV („Richtigkeitsgewähr des TV"). Eine nur punktuelle Bezugnahme auf die für den neuen Betriebsinhaber einschlägigen TV liefe Gefahr, diese Ausgewogenheit zu beeinträchtigen[8]. Die Vereinbarung nach Abs. 1 Satz 4 Alt. 2 muss nicht notwendig nach dem Zeitpunkt des Inhaberwechsels getrof- **283**

---

[1] *Lambrich*, BB 2002, 1267 (1268); *Annuß*, BB 1999, 2558; *Däubler*, Anm. zu BAG v. 29.8.2001 – 4 AZR 332/00, RdA 2002, 303 (305). [2] *Lambrich*, BB 2002, 1267 (1268); *Annuß*, BB 1999, 2558; *Däubler*, Anm. zu BAG v. 29.8.2001 – 4 AZR 332/00, RdA 2002, 303 (306); *Thüsing*, RdA 2002, 193 (202); aA BAG v. 14.11.2002, NZA 2002, 1207 (1208). [3] ErfK/*Preis*, § 613a BGB Rz. 113; Erman/*Edenfeld*, § 613a BGB Rz. 81. [4] Vgl. Rz. 248. [5] Staudinger/*Richardi*/*Annuß*, § 613a BGB Rz. 199; *Hohenstatt* in Willemsen/Hohenstatt/Schweibert/Seibt, Rz. E 124. [6] Staudinger/*Richardi*/*Annuß*, § 613a BGB Rz. 199. [7] Staudinger/*Richardi*/*Annuß*, § 613a BGB Rz. 199; *Hohenstatt* in Willemsen/Hohenstatt/Schweibert/Seibt, Rz. E 124. [8] ErfK/*Preis*, § 613a BGB Rz. 123.

fen werden. Es genügt, wenn der Arbeitsvertrag des ArbN eine große dynamische Bezugnahmeklausel enthält, an die der neue Betriebsinhaber nach Abs. 1 Satz 1 gebunden wird[1].

284 Welche Anforderungen an **Änderungskündigungen** zur Durchsetzung von Vereinbarungen nach Abs. 1 Satz 4 Alt. 1 oder Abs. 1 Satz 4 Alt. 2 zu stellen sind, ist bislang nur wenig geklärt. Für punktuelle Abweichungen von den nach Abs. 1 Satz 2 aufrechterhaltenen TV und BV nach Abs. 1 Satz 4 Alt. 1 dürften die allgemein für die Durchsetzung von Änderungskündigungen geltenden Regeln heranzuziehen sein. Dies bedeutet insb., dass Entgeltabsenkungen auf diesem Wege nur im Falle einer Existenzgefährdung erreicht werden können[2]. Die Durchsetzung einer Bezugnahme auf die beim neuen Betriebsinhaber geltenden TV nach Abs. 1 Satz 4 Alt. 2 dürfte demgegenüber mit Rücksicht auf die von TV als Gesamtregelung ausgehende „Richtigkeitsgewähr" und das in Abs. 1 Satz 4 Alt. 2 anerkannte Interesse des neuen Betriebsinhabers an einer Vereinheitlichung der Arbeitsbedingungen unter erleichterten Voraussetzungen möglich sein[3]. Jedoch vermag das bloße Vereinheitlichungsinteresse des neuen Betriebsinhabers für sich genommen den Ausspruch von Änderungskündigungen zur Durchsetzung von Vereinbarungen nach Abs. 1 Satz 4 Alt. 2 nicht zu rechtfertigen[4]. Die bei dem neuen Betriebsinhaber geltenden TV können auch nicht durch eine Bezugnahme auf die in einer BV auf die übernommenen, nicht tarifgebundenen ArbN erstreckt werden. Eine solche BV wäre mit § 77 Abs. 3 BetrVG unvereinbar[5].

285 **III. Betriebsverfassungsrechtliche Fragen. 1. Kontinuität der ArbN-Vertretungen.** Der BR bleibt durch eine Übertragung des **Betriebes** (als Ganzes), für den er gebildet wurde, in seiner Amtsstellung grundsätzlich unberührt[6]. Das Amt des BR endet – wie es auch außerhalb des § 613a BGB enden würde –, wenn der übertragene Betrieb infolge organisatorischer Maßnahmen im Zusammenhang mit dem Inhaberwechsel seine betriebsverfassungsrechtliche Identität verliert[7]. Zu einem solchen Identitätsverlust kommt es insb. dann, wenn der übertragene Betrieb derart organisatorisch in einen bereits vorhandenen Betrieb des neuen Inhabers eingegliedert wird, dass er in diesem aufgeht oder mit einem bereits vorhandenen Betrieb des neuen Inhabers organisatorisch zu einem neuen Betrieb zusammengefasst wird[8]. In beiden Fällen kann dem BR gemäß §§ 21a Abs. 2, 21b BetrVG ein Übergangs- und/oder Restmandat zukommen; die Einzelheiten sind umstritten[9].

286 Wird nur ein **Betriebsteil** übertragen, so kommt es für den Fortbestand des BR im zurückbleibenden Rumpfbetrieb auf den Erhalt der Betriebsidentität an[10]. Berührt die Übertragung die betriebsverfassungsrechtliche Identität des zurückbleibenden Rumpfbetriebes nicht, so bleibt der für diesen gebildete BR im Amt[11]. Hinsichtlich des übertragenen Betriebsteils kommt ihm gemäß § 21a Abs. 1 BetrVG ein Übergangsmandat zu, sofern der Betriebsteil durch den neuen Inhaber als betriebsverfassungsrechtlich selbständiger Betrieb fortgeführt wird[12]. Gliedert der neue Inhaber den übernommenen Betriebsteil derart organisatorisch in einen bei ihm bereits bestehenden, größeren Betrieb ein, dass der übernommene Betriebsteil in diesem aufgeht, so steht das Übergangsmandat nach § 21a Abs. 1 BetrVG dem BR des aufnehmenden Betriebes zu[13]. Hat die Übertragung des Betriebsteils für den zurückbleibenden Rumpfbetrieb den Verlust seiner betriebsverfassungsrechtlichen Identität zur Folge, greift das Restmandat nach § 21b BetrVG ein[14]. Ob sich das Restmandat des BR des Ursprungsbetriebes in diesem Fall nur auf die zurückbleibende Einheit[15] oder, sofern dort noch kein BR besteht, auch auf die übertragene Einheit bezieht[16], ist umstritten. Wegen der sonstigen Einzelheiten des Übergangs- und Restmandats wird auf die Kommentierungen zum Betriebsverfassungsrecht verwiesen.

287 Die Übertragung von Betriebsteilen kann wegen des damit verbundenen Absinkens der ArbN-Zahl oder des Ausscheidens von BR-Mitgliedern zu **BR-Neuwahlen** gemäß § 13 Abs. 2 Nr. 1, 2 BetrVG zwingen. Wird der übertragene Betriebsteil organisatorisch in einen bereits vorhandenen Betrieb des neuen Inhabers eingegliedert, so können in diesem wegen des damit verbundenen Ansteigens der ArbN-Zahl Neuwahlen gemäß § 13 Abs. 2 Nr. 1 BetrVG durchzuführen sein[17].

---

1 BAG v. 16.10.2002 – 4 AZR 467/01, NZA 2003, 390; Staudinger/*Richardi*/*Annuß*, § 613a BGB Rz. 205; aA *Heinze* in FS Schaub, 1998, S. 275 (293). | 2 *Hohenstatt* in Willemsen/Hohenstatt/Schweibert/Seibt, Rz. E 215; *Hromadka*/*Maschmann*/*Wallner*, Tarifwechsel, Rz. 379; vgl. auch BAG v. 20.3.1986 – 2 AZR 294/85, AP Nr. 14 zu § 2 KschG 1969. | 3 Vgl. ErfK/*Preis*, § 613a BGB Rz. 123; *Seiter*, Betriebsinhaberwechsel, 1980, S. 96; MünchKomm/*Schaub*, § 613a BGB Rz. 173. | 4 Erman/*Edenfeld*, § 613a BGB Rz. 93; *Kania*, DB 1994, 529 (531). | 5 Erman/*Edenfeld*, § 613a BGB Rz. 93; MünchKomm/*Schaub*, § 613a BGB Rz. 174; *Kania*, DB 1995, 626. | 6 BAG v. 5.2.1991 – 1 ABR 32/90, AP Nr. 89 zu § 613a BGB. | 7 ErfK/*Preis*, § 613a BGB Rz. 124; Erman/*Edenfeld*, § 613a BGB Rz. 79; MünchKomm/*Schaub*, § 613a BGB Rz. 141; vgl. auch BAG v. 19.11.2003 – 7 AZR 11/03, noch nv. | 8 ErfK/*Preis*, § 613a BGB Rz. 124; Erman/*Edenfeld*, § 613a BGB Rz. 79; MünchKomm/*Schaub*, § 613a BGB Rz. 141. | 9 Vgl. *Fitting*, § 21a BetrVG Rz. 28, 29, § 21b Rz. 13 einerseits sowie *Richardi*/*Thüsing*, § 21b Rz. 5 f. andererseits. | 10 *Hohenstatt* in Willemsen/Hohenstatt/Schweibert/Seibt, Rz. D 50 mwN. | 11 *Hohenstatt* in Willemsen/Hohenstatt/Schweibert/Seibt, Rz. D 50 mwN.; vgl. auch BAG v. 19.11.2003 – 7 AZR 11/03, nv. | 12 ErfK/*Preis*, § 613a BGB Rz. 125; *Fitting*, § 21a BetrVG Rz. 7. | 13 ErfK/*Preis*, § 613a BGB Rz. 125; iE ebenso *Fitting*, § 21a BetrVG Rz. 14. | 14 ErfK/*Preis*, § 613a BGB Rz. 125; vgl. auch *Fitting*, § 21b BetrVG Rz. 5, 10, 13. | 15 So *Feudner*, BB 1996, 1935 f.; *Hanau*, NJW 2001, 2513 (2514 f.). | 16 So *Richardi*/*Thüsing*, § 21b Rz. 6; idS wohl auch GK-BetrVG/*Kreutz*, § 21b Rz. 24. | 17 Zum Ganzen *Fitting*, § 13 BetrVG Rz. 13 ff.; GK-BetrVG/*Kreutz*, § 13 Rz. 36 ff.

Ob der **GesamtBR** im Falle einer organisatorisch unveränderten Übertragung sämtlicher Betriebe eines Unternehmens auf einen bis dahin arbeitnehmerlosen neuen Inhaber im Amt bleibt, hat das BAG offen gelassen[1]. Die herrschende Auffassung in der Lit. verneint dies mit dem Argument, der Gesamt-BR sei in seinem Bestand an den Rechtsträger gebunden, für den er gebildet wurde[2]. Dies übersieht, dass der Gesamt-BR nicht für ein bestimmtes Unternehmen, sondern lediglich auf der Ebene des Unternehmens[3] gebildet wird. Die Parallelität zum Fortbestand des BR bei Erhalt der Betriebsidentität spricht entscheidend für den Fortbestand des Gesamt-BR in den genannten Fällen[4]. Ein „Übergang" des Gesamt-BR scheidet demgegenüber idR aus, wenn nicht sämtliche Betriebe auf den neuen Inhaber übertragen werden oder dieser bereits über einen oder mehrere Betriebe verfügt[5]. Entsprechendes gilt nach der Ansicht der Rspr., wenn im Zusammenhang mit dem Inhaberwechsel die Identität auch nur eines Betriebes verändert wird[6].

Werden nur einzelne Betriebe oder Betriebsteile eines Unternehmens übertragen, so soll ein beim bisherigen Inhaber gebildeter Gesamt-BR so lange im Amt bleiben, wie bei diesem die Errichtungsvoraussetzungen des § 47 Abs. 1 BetrVG erfüllt sind, der bisherige Betriebsinhaber also über mindestens zwei Betriebe mit je einem BR verfügt[7]. Bei dem neuen Betriebsinhaber sind die BR der übertragenen Betriebe und betriebsverfassungsrechtlich selbständigen Betriebsteile gemäß § 47 Abs. 2 BetrVG zur Entsendung von Mitgliedern in einen dort bereits bestehenden Gesamt-BR berechtigt[8]. Besteht bei dem neuen Inhaber noch kein Gesamt-BR und werden infolge der Übertragung eines oder mehrerer Betriebe oder betriebsverfassungsrechtlich selbständiger Betriebsteile erstmals die Bildungsvoraussetzungen des § 47 Abs. 1 BetrVG erfüllt, so ist bei diesem zwingend ein Gesamt-BR zu errichten[9]. Ein Übergangsmandat des Gesamt-BR ist im Gesetz nicht vorgesehen[10].

Ist im Verhältnis zwischen dem bisherigen Betriebsinhaber und dem BR eine Verpflichtung des bisherigen Inhabers gegenüber dem BR rechtskräftig festgestellt worden, so wirkt die Rechtskraft dieser Entscheidung jedenfalls bei Erhalt der Betriebsidentität auch gegenüber dem Betriebsübernehmer[11].

2. Betriebsänderung. Ein Betriebsübergang ist als solcher keine Betriebsänderung iSd. **§ 111 BetrVG**. Erschöpft sich der Übergang jedoch nicht in einem bloßen Wechsel des Inhabers, sondern wird er mit Maßnahmen verbunden, die einen der Tatbestände des § 111 BetrVG erfüllen, so sind wegen dieser Maßnahmen die Beteiligungsrechte des BR nach §§ 111 ff. BetrVG zu wahren[12]. Ob sich die Beteiligungsrechte des BR in diesem Fall gegen den bisherigen oder gegen den neuen Betriebsinhaber richten, hängt davon ab, wer die Betriebsänderung plant und wer sie durchführt[13]. Verpachtet der bisherige Betriebsinhaber den Betrieb, damit der Pächter diesen stilllegt, so soll die in der Stilllegung liegende Betriebsänderung sowohl dem bisherigen Inhaber als auch dem Pächter zuzurechnen sein[14].

Auch in der Übertragung eines **Betriebsteils** liegt für sich genommen keine Betriebsänderung[15]. Allerdings geht die Übertragung von Betriebsteilen regelmäßig mit einer Betriebsspaltung iSd. § 111 Satz 3 Nr. 3 BetrVG einher, wenn der Betriebsteil infolge der Übertragung der Leitung des neuen Inhabers unterstellt und hierdurch die bislang einheitliche Betriebsorganisation aufgeteilt wird[16]. Nach der Auffassung der Rspr. kommt es insoweit nicht darauf an, ob es sich bei der übertragenen Einheit um einen „wesentlichen" Betriebsteil handelt. Insbesondere sei nicht erforderlich, dass die Anzahl der in dem Betriebsteil beschäftigten ArbN die Schwellenwerte des § 17 KSchG erreiche[17]. Ob auch sog. Bagatelleausgründungen § 111 Satz 3 Nr. 3 BetrVG unterfallen, hat das BAG offen gelassen[18]. Eine Betriebsspaltung bleibt aus, wenn sich der bisherige Inhaber und der Übernehmer des Betriebsteils zeitgleich mit der Übertragung zur bislang einheitlichen Betriebsorganisation eines **Gemeinschaftsbetriebes** mehrerer Unternehmen zusammenschließen[19]. Unter den in § 1 Abs. 2 Nr. 2 BetrVG genannten Voraussetzungen[20] wird das Bestehen eines Gemeinschaftsbetriebes zwischen dem bisherigen und dem neuen Inhaber vermutet. Die an den früheren § 322 Abs. 1 UmwG angelehnte Regelung gilt sowohl für durch Einzelübertragung als auch für durch

---

1 BAG v. 5.6.2002 – 7 ABR 17/01, NZA 2003, 336; abl. LAG Düsseldorf v. 14.2.2001 – 4 TaBV 67/00, NZA-RR 2001, 594. | 2 Fitting, § 47 BetrVG Rz. 18; GK-BetrVG/*Kreutz*, § 47 Rz. 43. | 3 Im Unterschied zur Betriebsebene. | 4 Hohenstatt in Willemsen/Hohenstatt/Schweibert/Seibt, Rz. D 99; *Hohenstatt/Müller-Bonanni*, NZA 2003, 766 (768). | 5 Einzelheiten bei *Hohenstatt/Müller-Bonanni*, NZA 2003, 766 ff. | 6 BAG v. 5.6.2002 – 7 ABR 17/01, nv. | 7 Fitting, § 47 BetrVG Rz. 18; diff. *Hohenstatt/Müller-Bonanni*, NZA 2003, 766 (767 f.). | 8 Fitting, § 47 BetrVG Rz. 18. | 9 Fitting, § 47 BetrVG Rz. 18. | 10 GK-BetrVG/*Kreutz*, § 21a Rz. 11; für eine analoge Anwendung des § 21a BetrVG; DKK/*Trittin*, § 47 Rz. 11. | 11 BAG v. 5.2.1991 – 1 ABR 32/90, AP Nr. 89 zu § 613a BGB. | 12 BAG v. 4.12.1979 – 1 AZR 843/76, AP Nr. 6 zu § 111 BetrVG 1972; st. Rspr., zuletzt v. 25.1.2000 – 1 ABR 1/99, AP Nr. 137 zu § 112 BetrVG; ErfK/*Preis*, § 613a BGB Rz. 127; Erman/*Edenfeld*, § 613a BGB Rz. 78; MünchKomm/*Schaub*, *§ 613a BGB Rz. 138 f*; *Moll*, RdA 2003, 129 ff. | 13 Staudinger/*Richardi*/*Annuß*, § 111 BetrVG Rz. 129 ff. | 14 BAG v. 17.3.1987 – 1 ABR 47/85, AP Nr. 18 zu § 111 BetrVG 1972. | 15 BAG v. 21.10.1980 – 1 AZR 145/79, AP Nr. 8 zu § 111 BetrVG 1972; v. 10.12.1996 – 1 ABR 32/96, AP Nr. 110 zu § 112 BetrVG 1972; MünchKomm/*Schaub*, § 613a BGB Rz. 138 f.; ErfK/*Preis*, § 613a BGB Rz. 127; Erman/*Edenfeld*, § 613a BGB Rz. 78. | 16 BAG v. 10.12.1996 – 1 ABR 32/96, AP Nr. 110 zu § 112 BetrVG 1972; MünchKomm/*Schaub*, § 613a BGB Rz. 138 f.; ErfK/*Preis*, § 613a BGB Rz. 127. | 17 BAG v. 10.12.1996 – 1 ABR 32/96, AP Nr. 110 zu § 112 BetrVG 1972; vgl. dazu auch *Lingemann/Göpfert*, NZA 1997, 1325. | 18 BAG v. 10.12.1996 – 1 ABR 32/96, AP Nr. 110 zu § 112 BetrVG 1972; dagegen *Willemsen*, NZA 1996, 791 (795 f.). | 19 Ebenso ErfK/*Hanau/Kania*, § 111 BetrVG Rz. 13; GK-BetrVG/*Fabricius/Oetker*, § 111 Rz. 100 f.; aA Fitting, § 111 BetrVG Rz. 85. | 20 Vgl. zu diesem ErfK/*Eisemann*, § 1 BetrVG Rz. 15 f.

Umwandlung vollzogene Betriebsteilübergänge[1]. Die Bestimmung in einem Sozialplan, die Ansprüche auf Abfindung wegen Verlusts des Arbeitsplatzes davon abhängig macht, dass der ArbN wegen eines möglicherweise vorliegenden Betriebsteilübergangs den vermuteten Betriebsteilerwerber erfolglos auf Feststellung des Übergangs seines Arbeitsverhältnisses verklagt hat, ist regelmäßig unwirksam[2].

292 **3. Unterrichtungspflichten.** Die Übertragung von Betrieben und Betriebsteilen auf einen anderen Inhaber ist eine wirtschaftliche Angelegenheit iSd. § 106 Abs. 3 Nr. 10 BetrVG[3]. Besteht in dem übertragenden Unternehmen ein **Wirtschaftsausschuss**, so ist dieser deshalb gemäß § 106 Abs. 2 BetrVG rechtzeitig und umfassend sowie unter Vorlage der erforderlichen Unterlagen zu unterrichten. Gemäß § 106 Abs. 1 Satz 2 BetrVG ist die Übertragung mit dem Wirtschaftsausschuss ferner zu beraten. Entsprechendes gilt für den Übernehmer, sofern auch bei diesem ein Wirtschaftsausschuss besteht[4]. Rechtzeitig bedeutet entsprechend den allgemein im Rahmen des § 106 Abs. 2 BetrVG geltenden Grundsätzen jedenfalls so frühzeitig, dass der Wirtschaftsausschuss auf die Entscheidung des Unternehmers noch Einfluss nehmen kann. Die Einzelheiten sind umstritten[5]. In Abhängigkeit von den Besonderheiten des Einzelfalls kann eine Pflicht zur Unterrichtung des Wirtschaftsausschusses und Beratung mit dem Wirtschaftsausschuss auch nach anderen Tatbeständen des § 106 Abs. 3 BetrVG bestehen[6]. Verletzungen der Unterrichtungspflicht nach § 106 Abs. 2 BetrVG sind in § 121 BetrVG mit Geldbuße bis zu 10.000 Euro bewehrt.

293 Besteht im Unternehmen **kein Wirtschaftsausschuss**, so stehen die Unterrichtungsansprüche nach § 106 Abs. 2 BetrVG **nicht** dem **BR oder GesamtBR** zu[7]. Ein entsprechender Unterrichtungsanspruch ergibt sich auch nicht aus den §§ 2 Abs. 1, 74 Abs. 1 BetrVG. Aus dem Grundsatz der vertrauensvollen Zusammenarbeit lassen sich keine über die ausdrücklich im BetrVG geregelten Rechte hinausgehenden Beteiligungsrechte des BR herleiten[8]. Aus § 80 Abs. 2 BetrVG steht dem BR ein Unterrichtungsanspruch nur zu, soweit ein konkreter Bezug zu seinen betriebsverfassungsrechtlichen Aufgaben besteht[9]. Da dem BR im Hinblick auf die Übertragung von Betrieben und Betriebsteilen als solche keine Beteiligungsrechte zukommen[10], kann er insoweit auch keine Unterrichtungsansprüche aus § 80 Abs. 2 Satz 1 BetrVG herleiten[11]. In der Praxis ist es jedoch üblich und in der Sache empfehlenswert, bei Fehlen eines Wirtschaftsausschusses den BR auch dann über einen bevorstehenden Betriebsübergang zu unterrichten, wenn der Übergang nicht mit Maßnahmen verbunden ist, die Beteiligungsrechte des BR auslösen. Im Einzelfall kann im Übrigen ein Unterrichtungsanspruch aus § 92 Abs. 1 BetrVG bestehen[12].

294 Gegenüber dem **SprAu der leitenden Angestellten** besteht eine Unterrichtungspflicht gemäß § 32 Abs. 1 SprAuG[13]. Ein Beratungsrecht steht dem SprAu anders als dem Wirtschaftsausschuss nicht zu[14]. Ein eventuell bestehender **Europäische BR** ist gemäß § 32 Abs. 2 Nr. 1 EBRG im Rahmen der jährlichen Unterrichtung unter Vorlage der erforderlichen Unterlagen zu unterrichten und anzuhören, sofern der Betriebs(teil)übergang mindestens zwei Betriebe oder Unternehmen in verschiedenen Mitgliedstaaten betrifft[15]. Eine Pflicht zur vorherigen Unterrichtung nach § 33 Abs. 1 EBRG kommt nur in Betracht, wenn der Betriebs(teil)übergang mit weiteren Maßnahmen verbunden wird[16]. Weiter gehende Unterrichtungs- und Beratungsrechte des europäischen BR können sich – ebenso wie Einschränkungen der dargestellten Grundsätze – aus der jeweiligen Vereinbarung über die Errichtung des Gremiums ergeben[17].

295 **IV. Haftungssystem. 1. Haftung des neuen Betriebsinhabers.** Mit dem Betriebsübergang tritt der neue Inhaber gemäß Abs. 1 Satz 1 in die Rechte und Pflichten aus den im Zeitpunkt des Übergangs bestehenden Arbeitsverhältnissen ein. Er wird hierdurch **Schuldner sämtlicher Ansprüche aus den übergehenden Arbeitsverhältnissen**[18]. Dies gilt auch für Ansprüche, die bereits vor dem Zeitpunkt des Betriebsübergangs entstanden sind, obwohl der Wert der Arbeitsleistung insoweit dem bisherigen Betriebsinhaber zugeflossen ist[19]. Auch darauf, ob der Anspruch bereits vor dem Inhaberwechsel fällig geworden ist, kommt es nicht an[20]. Der neue Betriebsinhaber muss deshalb beispielsweise rückständige Lohn- und Gehaltsansprüche[21] sowie offene Ansprüche aus einem Sozialplan[22] erfüllen (ausf.

---

1 BT-Drs. 14/5741, S. 33; ErfK/*Eisemann*, § 1 BetrVG Rz. 15. | 2 BAG v. 22.7.2003 – 1 AZR 575/02, ZIP 2003, 2220. | 3 MünchKomm/*Schaub*, § 613a BGB Rz. 137; ErfK/*Preis*, § 613a BGB Rz. 128; Erman/*Edenfeld*, § 613a BGB Rz. 77. | 4 Ebenso ErfK/*Preis*, § 613a BGB Rz. 128; Erman/*Edenfeld*, § 613a BGB Rz. 77. | 5 Vgl. wegen dieser *Fitting*, § 106 BetrVG Rz. 22 ff.; ErfK/*Eisemann*, § 106 BetrVG Rz. 4 ff.; GK-BetrVG/*Fabricius/Oetker*, § 106 Rz. 40 ff. | 6 Insbesondere nach § 106 Abs. 3 Nr. 8, 9 BetrVG; vgl. dazu GK-BetrVG/*Fabricius/Oetker*, § 106 Rz. 65 ff. und 69 f. | 7 BAG v. 5.2.1991 – 1 ABR 24/90, AP Nr. 10 zu § 106 BetrVG 1972; wohl aA *Fitting*, § 80 BetrVG Rz. 52. | 8 GK-BetrVG/*Kraft*, § 2 Rz. 15 und § 80 Rz. 52. | 9 BAG v. 5.2.1991 – 1 ABR 24/90, AP Nr. 10 zu § 106 BetrVG 1972. | 10 Vgl. oben Rz. 290. | 11 GK-BetrVG/*Kraft*, § 80 Rz. 53; unklar *Fitting*, § 80 BetrVG Rz. 51; aA wohl DKK/*Buschmann*, § 80 Rz. 64, 67. | 12 Erman/*Edenfeld*, § 613a BGB Rz. 77; ErfK/*Preis*, § 613a BGB Rz. 128. | 13 ErfK/*Preis*, § 613a BGB Rz. 128; allg. hierzu ErfK/*Oetker*, § 32 SprAuG Rz. 1 f., 5 ff. | 14 ErfK/*Oetker*, § 32 SprAuG Rz. 9. | 15 *Fitting*, Übersicht EBRG Rz. 67. | 16 *Fitting*, Übersicht EBRG Rz. 71. | 17 Vgl. allgemein zum Vorrang freiwilliger Vereinbarungen im Rahmen des EBRG *Fitting*, Übersicht EBRG Rz. 51; *Blanke*, EBRG, § 21 Rz. 1 ff. | 18 Ausf. hierzu oben Rz. 222 ff. | 19 BAG v. 18.8.1976 – 5 AZR 95/75, AP Nr. 4 zu § 613a BGB; v. 24.3.1977 – 3 AZR 649/76, AP Nr. 6 zu § 613a BGB; v. 22.6.1978 – 3 AZR 832/76, AP Nr. 12 zu § 613a BGB; *Willemsen* in Willemsen/Hohenstatt/Schweibert/Seibt, Rz. G 212. | 20 BAG v. 18.8.1976 – 5 AZR 95/75, AP Nr. 4 zu § 613a BGB; *Seiter*, Betriebsinhaberwechsel, 1980, S. 34 f. | 21 BAG v. 18.8.1976 – 5 AZR 95/75, AP Nr. 4 zu § 613a BGB. | 22 MünchKomm/*Schaub*, § 613a BGB Rz. 105.

oben Rz. 229). Darüber hinaus muss der neue Betriebsinhaber eine von dem bisherigen Inhaber versprochene betrAV im Versorgungsfall erbringen[1]. Der neue Betriebsinhaber haftet den übernommenen ArbN auch für vor dem Betriebsübergang entstandene Ansprüche **primär und unmittelbar**. Er kann die ArbN nicht auf eine vorherige Inanspruchnahme des bisherigen Betriebsinhabers verweisen[2]. Vereinbarungen mit den ArbN über einen Erlass rückständiger Ansprüche lässt die Rspr. ebenso wie Vereinbarungen über aus Sicht der ArbN nachteilige Änderungen der Arbeitsbedingungen im Umfeld eines Betriebsübergangs nur bei Vorliegen sachlicher Gründe zu[3]. In der Praxis ist der neue Betriebsinhaber deshalb darauf beschränkt, wegen der vor dem Betriebsübergang entstandenen Ansprüche **Ausgleichsvereinbarungen im Innenverhältnis** mit dem bisherigen Betriebsinhaber zu vereinbaren.

In die Ansprüche der im Zeitpunkt des Betriebsübergangs **bereits ausgeschiedenen ArbN** tritt der Übernehmer nicht ein. Abs. 1 Satz 1 erfasst nach seinem klaren Wortlaut nur im Zeitpunkt des Übergangs bestehende Arbeitsverhältnisse (hierzu bereits oben Rz. 221). Auch eine analoge Anwendung des Abs. 1 Satz 1 kommt insoweit nicht in Betracht[4]. Allerdings kann den Übernehmer nach anderen Haftungsnormen eine Einstandspflicht für Ansprüche bereits ausgeschiedener ArbN treffen, zB nach § 25 HGB[5]. 296

2. Haftung des bisherigen Betriebsinhabers. Ohne die Regelungen des Abs. 2 würde der bisherige Betriebsinhaber im Zeitpunkt des Betriebsübergangs von sämtlichen Verbindlichkeiten aus den übergehenden Arbeitsverhältnissen befreit. Die betroffenen ArbN könnten ihre Ansprüche fortan nur noch gegenüber dem neuen Betriebsinhaber verfolgen, der jedoch möglicherweise über eine geringere Haftungsmasse verfügt als der bisherige Inhaber. Für bereits vor dem Übergang entstandene, unerfüllte Ansprüche wäre dies unbillig, weil der Erlös, den der bisherige Inhaber für die Übertragung des Betriebs(teils) erzielt, auch auf der Arbeitsleistung der übernommenen ArbN beruht[6]. Abs. 2 Satz 1 ordnet deshalb an, dass der neue Inhaber für Ansprüche, die vor dem Betriebsübergang entstanden sind und innerhalb eines Jahres nach diesem Zeitpunkt fällig werden, gemeinsam mit dem neuen Inhaber als **Gesamtschuldner** iSd. §§ 421 ff. haftet. Obwohl dies im Wortlaut des Abs. 2 Satz 1 nicht angesprochen ist, bezieht sich die gesamtschuldnerische Mithaftung des bisherigen Inhabers auch und erst recht auf Ansprüche, die bereits vor dem Betriebsübergang entstanden und fällig geworden sind[7]. Im Ergebnis haftet der bisherige Inhaber nicht für Verbindlichkeiten, die nach dem Betriebsübergang entstehen und fällig werden, und nicht für Verbindlichkeiten, die zwar vor dem Betriebsübergang entstanden sind, aber später als ein Jahr nach diesem Zeitpunkt fällig werden[8]. 297

Für vor dem Betriebsübergang entstandene Ansprüche, die erst innerhalb der Jahresfrist fällig werden, haftet der bisherige Inhaber gemäß Abs. 2 Satz 2 „nur in dem Umfang, der dem im Zeitpunkt des Übergangs abgelaufenen Teil ihres Bemessungszeitraums entspricht". Die nicht leicht verständliche Regelung zielt auf eine **zeitanteilige Haftung** des bisherigen Inhabers für die in Rede stehenden Ansprüche. Der bisherige Inhaber soll nicht für die Vergütung von Leistungen der ArbN haften, die erst nach dem Betriebsübergang erbracht werden[9]. Für Einmalzahlungen, die teilweise vor und teilweise nach dem Betriebsübergang erdient werden, muss nach Abs. 2 Satz 2 eine zeitanteilige Quotelung des Gesamtanspruchs vorgenommen werden. Wird also beispielsweise ein Betrieb zum 1. Juli eines Jahres auf einen neuen Inhaber übertragen, so haftet der bisherige Inhaber für eine auf das gesamte Jahr bemessene Weihnachtsgratifikation nur zur Hälfte[10]. 298

Neben Abs. 2 Satz 2 können ferner Ausschlussfristen die Haftung gegenüber den ArbN begrenzen. Nach der Ansicht des BAG beginnen derartige Fristen, wenn sie wie üblich an das Ausscheiden aus dem Arbeitsverhältnis anknüpfen, mit dem Zeitpunkt des Betriebsübergangs. Der Betriebsübergang beende zwar nicht das Arbeitsverhältnis, jedoch die arbeitsvertragliche Beziehung des ArbN mit dem bisherigen Inhaber[11]. Das vermag zwar für den konkret vom BAG entschiedenen Fall einer vom bisherigen Betriebsinhaber als Ausgleich für eine mit dem Betriebsübergang verbundene Einkommensverschlechterung versprochene Abfindung zu überzeugen, ist jedoch kaum verallgemeinerungsfähig. Ausschlussfristen hindern anders als der Ablauf der Verjährungsfrist nicht nur die Durchsetzung des Anspruchs, sondern brin- 298a

---

1 BAG v. 24.3.1977 – 3 AZR 649/76, AP Nr. 6 zu § 613a BGB; v. 22.6.1978 – 3 AZR 832/76, AP Nr. 12 zu § 613a BGB; ausf. oben Rz. 237 ff. |2 Staudinger/*Richardi*/*Annuß*, § 613a BGB Rz. 210; *Willemsen* in Willemsen/Hohenstatt/Schweibert/Seibt, Rz. G 213. |3 BAG v. 18.8.1976 – 5 AZR 95/75, AP Nr. 4 zu § 613a BGB; v. 26.1.1977 – 5 AZR 302/75, AP Nr. 5 zu § 613a BGB; v. 29.10.1985 – 3 AZR 485/83, AP Nr. 4 zu § 1 BetrAVG – Betriebsveräußerung; zur Kritik vgl. *Willemsen* in Willemsen/Hohenstatt/Schweibert/Seibt, Rz. G 210 ff. |4 BAG v. 24.3.1977 – 3 AZR 649/76, AP Nr. 6 zu § 613a BGB; v. 24.3.1987 – 3 AZR 384/85, AP Nr. 1 zu § 26 HGB; Staudinger/*Richardi*/*Annuß*, § 613a BGB Rz. 209. |5 BAG v. 24.3.1977 – 3 AZR 649/76, AP Nr. 6 zu § 613a BGB; v. 24.3.1987 – 3 AZR 384/85, AP Nr. 1 zu § 26 HGB; ausf. zum Verhältnis zu anderen Haftungsnormen unten Rz. 300 ff. Zur eingeschränkten Haftung des Betriebserwerbers im Falle einer Übernahme in der Insolvenz unten Rz. 368 ff. |6 Erman/*Edenfeld*, § 613a BGB Rz. 95; MünchKomm/*Schaub*, § 613a BGB Rz. 104; ErfK/*Preis*, § 613a BGB Rz. 129. |7 Soergel/*Raab*, § 613a BGB Rz. 165; *Seiter*, Betriebsinhaberwechsel, 1980, S. 102; Staudinger/*Richardi*/*Annuß*, § 613a BGB Rz. 212; *Willemsen* in Willemsen/Hohenstatt/Schweibert/Seibt, § 613a BGB Rz. 215. |8 Staudinger/*Richardi*/*Annuß*, § 613a BGB Rz. 212. |9 BT-Drs. 6/2729, S. 35 (Begründung des BT-Ausschusses für Arbeit und Sozialordnung); Staudinger/*Richardi*/*Annuß*, § 613a BGB Rz. 211. |10 *Seiter*, Betriebsinhaberwechsel, 1980, S. 103; Staudinger/*Richardi*/*Annuß*, § 613a BGB Rz. 213. |11 BAG v. 10.8.1994 – 10 AZR 937/93, AP Nr. 126 zu § 4 TVG – Ausschlussfristen.

gen diesen zum Erlöschen[1]. Versäumt der ArbN die Ausschlussfrist, so kann er den Anspruch deshalb weder gegenüber dem bisherigen Betriebsinhaber, noch gegenüber dem neuen Inhaber verfolgen. Diese scharfe Rechtsfolge ist nur dann gerechtfertigt, wenn es sich, wie in dem vom BAG entschiedenen Fall, um Leistungen handelt, die von dem bisherigen Betriebsinhaber aus Anlass des Betriebsübergangs versprochen werden. Im Übrigen (zB wegen rückständiger Lohn- und Gehaltsansprüche) darf sich der ArbN darauf berufen, dass sein Arbeitsverhältnis gemäß Abs. 1 Satz 1 ohne Unterbrechung fortbesteht.

299 **3. Innenverhältnis zwischen bisherigem und neuem Betriebsinhaber.** Die ArbN können wegen der unter Abs. 2 fallenden Ansprüche gemäß § 421 Satz 1 nach Belieben entweder den bisherigen oder den neuen Betriebsinhaber in Anspruch nehmen. Wer die Schuld im Innenverhältnis zwischen bisherigem und neuem Betriebsinhaber zu tragen hat, richtet sich in erster Linie nach den zwischen diesen getroffenen Vereinbarungen, also den der Übertragung zugrunde liegenden Verträgen. Nur für den Fall, dass sich diesen nichts entnehmen lässt und sich auch aus den Umständen[2] nichts ergibt, bestimmt § 426 Abs. 1 Satz 1, dass der bisherige und der neue Inhaber im Verhältnis zueinander zu gleichen Anteilen verpflichtet sind. Typischerweise wird man davon ausgehen können, dass Ansprüche, die bereits vor dem Betriebsübergang entstanden und fällig geworden sind, intern ausschließlich von dem bisherigen Betriebsinhaber getragen werden sollen[3]. Für Ansprüche, die bereits vor dem Betriebsübergang entstanden sind, aber erst innerhalb des Jahreszeitraums des Abs. 2 Satz 1 fällig werden, enthält Abs. 2 Satz 2 in der Regel auch für das Innenverhältnis eine angemessene Regelung[4]. Hat der neue Betriebsinhaber den Urlaubsanspruch des ArbN durch Gewährung bezahlter Freistellung erfüllt, so kann er von dem bisherigen Inhaber anteiligen Ausgleich in Geld verlangen, soweit der Urlaubsanspruch vor dem Betriebsübergang entstanden ist[5].

300 **4. Verhältnis zu anderen Haftungsgrundlagen.** Neben Abs. 1 Satz 1 kommen als Grundlage für die Geltendmachung von Ansprüchen gegen den neuen Inhaber insb. **§ 25 HGB** (Firmenfortführung) und **§ 28 HGB** (Eintritt in das Geschäft eines Einzelkaufmanns) in Betracht[6]. Bedeutung kommt dem vor allem für Ansprüche von ArbN zu, die im Zeitpunkt des Übergangs bereits aus dem Arbeitsverhältnis ausgeschieden waren, also zB für Versorgungsansprüche von Betriebsrentnern und mit unverfallbarer Anwartschaft ausgeschiedenen ArbN. Nach Abs. 1 Satz 1 ist der neue Inhaber insoweit nicht einstandspflichtig, wohl jedoch nach §§ 25, 28 HGB[7]. Für Betriebsübergänge aus der Zeit vor dem 1.1.1999 kommt ferner eine Haftung aus Vermögensübernahme nach dem zu diesem Zeitpunkt durch Art. 33 Nr. 16 EG InsO aufgehobenen § 419 in Betracht.

301 **5. Verhältnis zum Umwandlungsrecht (Abs. 3).** Abs. 3 ist in mehrfacher Hinsicht missglückt: Zum einen, weil er etwas Selbstverständliches ausdrückt, dass nämlich ein erloschener Rechtsträger nicht mehr haften kann, und damit überflüssig ist. Zum anderen gibt der Wortlaut des Abs. 3 Anlass zu dem Missverständnis, dass Abs. 2 in den Fällen der Unternehmensumwandlung, die nicht zum Erlöschen des übertragenden Rechtsträgers führen (also insb. in den Fällen der Abspaltung und Ausgliederung gemäß § 123 Abs. 2, 3 UmwG) uneingeschränkt Anwendung finde. Nach zutreffendem Verständnis verdrängen demgegenüber die **spezialgesetzlichen Haftungsregelungen der §§ 133, 134 UmwG** in ihrem Anwendungsbereich die Bestimmungen des Abs. 2[8]. Es ist nichts dafür ersichtlich, dass der Gesetzgeber mit der Novellierung des Abs. 3 im Zuge der Bereinigung des Umwandlungsrechts[9] eine Benachteiligung der ArbN im Vergleich zu anderen Umwandlungsgläubigern intendiert hätte[10]. Der wesentliche Unterschied zwischen der Haftung des bisherigen Betriebsinhabers gemäß §§ 133, 134 UmwG und der Haftung nach Abs. 2 liegt in dem deutlich längeren Nachhaftungszeitraum nach dem Umwandlungsrecht (fünf Jahre im Unterschied zu einem Jahr)[11].

302 Für Umwandlungsvorgänge, die zum Erlöschen des übertragenden Rechtsträgers führen (also insb. für Verschmelzungen gemäß § 2 UmwG und Aufspaltungen gemäß § 123 Abs. 1 UmwG) stellt sich die vorstehend dargestellte Konkurrenzfrage aus der Natur der Sache heraus nicht. Sowohl die ArbN des übertragenden Rechtsträgers, deren Arbeitsverhältnisse übergehen, als auch die ArbN der übernehmenden Rechtsträgers können in diesen Fällen gemäß § 22 UmwG unter den dort genannten Voraussetzungen **Sicherheitsleistung** für ihre im Zeitpunkt des Wirksamwerdens der Verschmelzung bereits entstandenen, aber noch nicht fälligen[12] Ansprüche verlangen[13]. Der Anspruch auf Sicherleistung ist allerdings gemäß § 22 Abs. 2

---

1 BAG v. 30.3.1973 – 4 AZR 259/72, AP Nr. 4 zu § 390 BGB; ErfK/*Preis*, §§ 194 bis 218 BGB Rz. 33. | 2 Palandt/*Heinrichs*, § 426 BGB Rz. 8. | 3 Staudinger/*Richardi/Annuß*, § 613a BGB Rz. 215; ErfK/*Preis*, § 613a BGB Rz. 133; aA Erman/*Edenfeld*, § 613a BGB Rz. 101. | 4 Staudinger/*Richardi/Annuß*, § 613a BGB Rz. 215; so wohl auch BGH v. 4.7.1985 – IX ZR 172/84, AP Nr. 50 zu § 613a BGB. | 5 BGH v. 4.7.1985 – IX ZR 172/84, AP Nr. 50 zu § 613a BGB. | 6 BAG v. 23.1.1990 – 3 AZR 171/88, AP Nr. 56 zu § 7 BetrAVG; Erman/*Edenfeld*, § 613a BGB Rz. 68; ErfK/*Preis*, § 613a BGB Rz. 137. | 7 Vgl. zu § 28 HGB BAG v. 23.1.1990 – 3 AZR 171/88, AP Nr. 56 zu § 7 BetrAVG. | 8 Kallmeyer/*Kallmeyer*, § 133 UmwG Rz. 11; Lutter/*Joost*, § 324 UmwG Rz. 36; *Wlotzke*, DB 1995, 40 (43); aA zu § 133 UmwG *Boecken*, Unternehmensumwandlungen, Rz. 228 mwN. | 9 Vgl. Art. 2 UmwBerG, BGBl. I 1994 S. 3210. | 10 *Willemsen* in Willemsen/Hohenstatt/Schweibert/Seibt, Rz. G 217 f.; wohl im Ergebnis aA *Boecken*, Unternehmensumwandlungen, Rz. 323. | 11 Ausf. hierzu die Kommentierung zu § 22 UmwG. | 12 *Boecken*, Unternehmensumwandlung, Rz. 215 f.; *Willemsen* in Willemsen/Hohenstatt/Schweibert/Seibt, Rz. G 220. | 13 Zur entsprechenden Geltung des § 22 UmwG für Spaltungsvorgänge Kallmeyer/*Kallmeyer*, § 125 UmwG Rz. 32.

UmwG ausgeschlossen, sofern den Umwandlungsgläubigern im Falle der Insolvenz ein Recht auf vorzugsweise Befriedigung aus einer Deckungsmasse haben, die nach gesetzlichen Vorschriften zu ihrem Schutz errichtet und staatlich überwacht ist. Eine solche besondere Deckungsmasse bildet das Vermögen des **Pensionssicherungsvereins**, über den im Rahmen des § 7 BetrAVG laufende Versorgungsansprüche und unverfallbare Versorgungsanwartschaften für den Fall einer Insolvenz des Versorgungsschuldners geschützt sind, so dass insoweit keine Sicherheitsleistung nach § 22 UmwG verlangt werden kann[1].

Eine Sonderregelung enthält schließlich § 45 UmwG für den Fall einer Übertragung des Vermögens einer Personenhandelsgesellschaft auf eine Kapitalgesellschaft. Sofern die Übertragung mit einem Erlöschen des übertragenden Rechtsträgers einhergeht (also insb. in den Fällen der Verschmelzung gemäß § 2 UmwG und der Aufspaltung gemäß § 123 Abs. 1 UmwG) ordnet die Vorschrift eine fünfjährige Nachhaftung für die Verbindlichkeiten dieses Rechtsträgers an[2]. Der Anspruch richtet sich gegen die (ehemaligen) **Gesellschafter** der erlöschenden Personenhandelsgesellschaft. Auch aus diesem Grunde besteht keine Konkurrenz zu Abs. 2, der die Haftung des bisherigen Betriebsinhabers, nicht die Haftung der Gesellschafter des früheren Betriebsinhabers betrifft. Die ArbN einer verschmolzenen oder durch Aufspaltung erloschenen Personenhandelsgesellschaft können deshalb auch nach Ablauf der Jahresfrist des Abs. 2 wegen ihrer offenen Ansprüche aus dem Arbeitsverhältnis unter den in § 45 UmwG genannten Voraussetzungen Rückgriff gegen die nachhaftenden Gesellschafter nehmen[3]. **303**

V. Verbot der Kündigung wegen des Betriebsübergangs. 1. Zweck der Regelung. Der Zweck des Abs. 1 Satz 1, die Kontinuität der Arbeitsverhältnisse zu sichern (vgl. Rz. 6), liefe leer, wenn diese wegen des Betriebsübergangs gekündigt werden könnten. Abs. 4 Satz 1 kommt insoweit eine **Komplementärfunktion**[4] zu Abs. 1 Satz 1 zu. Er stellt zunächst klar, dass der Inhaberwechsel als solcher kein dringendes betriebliches Erfordernis iSd. § 1 Abs. 2 KSchG ist. Darüber hinaus enthält die Vorschrift ein **eigenständiges Kündigungsverbot** iSd. §§ 13 Abs. 3 KSchG, 134[5]. Auf die Unwirksamkeit einer Kündigung nach Abs. 4 Satz 1 können sich deshalb auch ArbN berufen, die keinen Kündigungsschutz genießen, weil sie entweder die Wartezeit des § 1 Abs. 1 KSchG noch nicht erfüllt haben oder in dem Betrieb, in dem sie tätig sind, nicht mehr als fünf (zehn) ArbN iSd. § 23 Abs. 1 Satz 2, 3 KSchG beschäftigt werden. Aus der Qualität des Abs. 4 Satz 1 als eigenständiges Kündigungsverbot ergab sich bislang ferner, dass Verstöße gegen die Vorschrift bis zur Grenze der Verwirkung auch noch nach Ablauf der Klagefrist des § 4 Satz 1 KSchG geltend gemacht werden konnten[6]. Seit der Neufassung des § 4 S. 1 KSchG zum 1.1.2004 besteht diese Möglichkeit nicht mehr. Auch ein Verstoß gegen Abs. 4 S. 1 muss nunmehr innerhalb der Drei-Wochen-Frist des § 4 S. 1 KSchG geltend gemacht werden[7]. Abs. 4 Satz 2 stellt klar, dass die Möglichkeit, Arbeitsverhältnisse aus anderen Gründen als wegen des Betriebsübergangs zu kündigen, durch Abs. 4 Satz 1 nicht beschränkt wird. Dies betrifft insb. den Ausspruch betriebsbedingter Kündigungen im Rahmen von Umstrukturierungen vor oder nach dem Inhaberwechsel[8]. **304**

2. Kündigung „wegen" des Betriebsübergangs. Eine Kündigung ist nur dann nach Abs. 4 Satz 1 iVm. § 134 unwirksam, wenn sie „wegen" eines Betriebs(teil)übergangs ausgesprochen wird. Dies ist (nur) dann der Fall, wenn der Betriebsübergang der **tragende Grund** (das Motiv) ist, nicht nur der äußere Anlass für die Kündigung ist. So liegt es beispielsweise, wenn der bisherige Betriebsinhaber die Kündigung damit begründet, der neue Betriebsinhaber habe die Übernahme des ArbN abgelehnt, weil dieser „ihm zu teuer sei"[9]. Keine Kündigung wegen eines Betriebsübergangs liegt demgegenüber vor, wenn es neben dem Betriebsübergang Gründe gibt, die „aus sich heraus" die Kündigung zu rechtfertigen vermögen[10]. Die Vorschrift schützt nicht vor Risiken, die sich jederzeit unabhängig von dem Betriebsübergang aktualisieren können. Genießt der ArbN den Schutz des Kündigungsschutzgesetzes, so muss untersucht werden, ob personen-, verhaltens- oder betriebsbedingte Gründe iSd. § 1 Abs. 2 KSchG die Kündigung tragen. Unterfällt das gekündigte Arbeitsverhältnis nicht dem Kündigungsschutzgesetz, so genügt es, dass der ArbGeb sachliche Gründe dartut, die die Kündigung plausibel erscheinen lassen (zB unzureichende Leistungen während der Probezeit), ohne dass diese das Gewicht eines Kündigungsgrundes iSd. § 1 KSchG haben müssten[11]. **305**

---

1 Vgl. BT-Drs. 12/6699, S. 92 (Begründung zum Regierungsentwurf zum Umwandlungsgesetz); *Boecken*, Unternehmensumwandlungen, Rz. 219 f.; *Kallmeyer/Marsch-Barner*, § 22 UmwG Rz. 10; *Hill*, BetrAVG 1995, S. 114, 117; *Willemsen* in Willemsen/Hohenstatt/Schweibert/Seibt, Rz. G 220; dort jeweils auch zu der Frage, ob wegen des Anpassungsanspruchs nach § 16 BetrAVG gemäß § 22 UmwG Sicherheitsleistung verlangt werden kann. | 2 Zur entsprechenden Geltung des § 45 UmwG für Aufspaltungen Kallmeyer/*Kallmeyer*, § 125 UmwG Rz. 49; dort auch zum Konkurrenzverhältnis zu § 133 UmwG. | 3 Näher *Boecken*, Unternehmensumwandlungen, Rz. 223. | 4 *Willemsen*, ZIP 1983, 413; *Willemsen* in Willemsen/Hohenstatt/Schweibert/Seibt, Rz. H 89. | 5 BAG v. 31.1.1985 – 2 AZR 40/84, AP Nr. 40 zu § 613a BGB; v. 5.12.1985 – 2 AZR 3/85, AP Nr. 47 zu § 613a BGB; *Stahlhacke/Preis/Vossen*, Rz. 977; aA vgl. nur ErfK/*Preis*, § 613a BGB Rz. 149. | 6 BAG v. 31.1.1985 – 2 AZR 530/83, AP Nr. 40 zu § 613a BGB; v. 5.12.1985 – 2 AZR 3/85, AP Nr. 47 zu § 613a BGB; *Willemsen* in Willemsen/Hohenstatt/Schweibert/Seibt, Rz. H 90; so iE auch Erman/*Edenfeld*, § 613a BGB Rz. 106. | 7 Vgl. hierzu *Bader*, NZA 2004, 65 (67 f.) mit Verweis auf die Gesetzesbegründung in BT-Drs. XV/1204, S. 13, welche § 613a Abs. 4 explizit nennt. | 8 Ausf. hierzu Rz. 313 ff. | 9 BAG v. 26.5.1983 – 2 AZR 477/81, AP Nr. 34 zu § 613a BGB. | 10 Grundl. BAG v. 26.5.1983 – 2 AZR 477/81, AP Nr. 34 zu § 613a BGB; v. 31.1.1985 – 2 AZR 530/83, AP Nr. 40 zu § 613a BGB; v. 5.12.1985 – 2 AZR 3/85, AP Nr. 47 zu § 613a BGB, st. Rspr.; so bereits *Willemsen*, ZIP 1983, 411 (413); jüngst *Lipinski*, NZA 2002, 75 (77 f.); *Stahlhacke/Preis/Vossen*, Rz. 978. | 11 *Willemsen*, ZIP 1983, 411, 414; Erman/*Edenfeld*, § 613a BGB Rz. 110.

306 Für die soziale Rechtfertigung der Kündigung iSd. § 1 Abs. 2 KSchG ist der ArbGeb **darlegungs- und beweispflichtig** (siehe dazu auch unten Rz. 375). Misslingt der Nachweis, so ist der Kündigungsschutzklage stattzugeben, ohne dass es der Feststellung bedarf, die Kündigung beruhe tragend auf dem Betriebsübergang[1]. Hingegen liegt die Darlegungs- und Beweislast für einen Verstoß gegen Abs. 4 Satz 1 beim ArbN. Er muss sowohl das Vorliegen eines Betriebs(teil)übergangs als auch den Umstand, dass die Kündigung wesentlich durch diesen bedingt ist, darlegen und bei Bestreiten des ArbGeb beweisen[2].

307 Die Vermischung von objektiven (Vorliegen eines Betriebsübergangs) und subjektiven (Betriebsübergang als wesentliches Kündigungsmotiv) Elementen im Tatbestand des Abs. 4 Satz 1 erschwert bisweilen die Bestimmung, ob eine Kündigung „wegen" eines Betriebsübergangs vorliegt. Zu zutreffenden Ergebnissen gelangt man, wenn man entsprechend den allgemeinen Grundsätzen des Kündigungsrechts auf die Verhältnisse im **Zeitpunkt des Ausspruchs der Kündigung** abstellt[3]. Kommt es trotz einer im Zeitpunkt des Ausspruchs der Kündigung als endgültig geplanten und bereits eingeleiteten Betriebsstilllegung später noch zu einem Betriebsinhaberwechsel, so berührt dies die Wirksamkeit der Kündigung nicht. Eine Kündigung „wegen" des Betriebsübergangs liegt bereits deshalb nicht vor, weil der ArbGeb bei Ausspruch der Kündigung von dem späteren Inhaberwechsel noch keine Kenntnis hatte, so dass die Kündigung auch nicht wesentlich durch diesen bedingt sein konnte[4]. Umgekehrt wird eine Kündigung, die von dem ArbGeb wegen eines von diesem geplanten und bereits eingeleiteten Betriebsübergangs ausgesprochen wird, nicht dadurch „geheilt", dass der Inhaberwechsel später scheitert[5].

308 Härten für die betroffenen ArbN versucht die Rspr. über die Einräumung eines **Fortsetzungs- bzw. Wiedereinstellungsanspruchs** auszugleichen. Die dogmatische Grundlage dieses Anspruchs ist ebenso wie seine nähere zeitliche Eingrenzung noch nicht abschließend geklärt[6]. Nach der Ansicht des BAG steht dem ArbN ein Wiedereinstellungsanspruch zu, wenn sich die Prognose des ArbGeb zum Wegfall der Beschäftigungsmöglichkeit noch während des Laufs der Kündigungsfrist als falsch erweist, der ArbGeb mit Rücksicht auf die Wirksamkeit der Kündigung noch keine Dispositionen getroffen hat und ihm die unveränderte Fortsetzung des Arbeitsverhältnisses zumutbar ist[7]. Eine den Wiedereinstellungsanspruch ausschließende anderweitige Disposition über den Arbeitsplatz kann dabei insb. darin liegen, dass der ArbGeb diesen zwischenzeitlich im guten Glauben neu besetzt hat[8]. Steht nach dem Wegfall des Kündigungsgrundes nur noch eine begrenzte Anzahl von Arbeitsplätzen zur Verfügung (etwa wegen einer zwischenzeitlich durchgeführten Betriebsänderung), so hat der ArbGeb bei der Auswahl der wiedereinzustellenden ArbN soziale Gesichtspunkte (Alter, Betriebszugehörigkeit, Unterhaltspflichten etc.) zu berücksichtigen[9]. Der Wiedereinstellungsanspruch kann sich sowohl gegen den bisherigen als auch gegen den neuen Betriebsinhaber richten, je nach dem ob der Betriebsübergang bereits stattgefunden hat[10]. Streit besteht über die Frage, ob ein Wiedereinstellungsanspruch auch dann noch in Betracht kommt, wenn sich die Prognose des ArbGeb zum Wegfall der Beschäftigungsmöglichkeit erst nach dem Ablauf der Kündigungsfrist als unzutreffend erweist. Der 7. Senat des BAG hat dies im Grundsatz verneint[11], der 2. Senat des Gerichts offen gelassen[12]. Hiervon zu unterscheiden ist die Frage, innerhalb welcher Frist der ArbN das Wiedereinstellungsbegehren geltend machen muss. Nach der Ansicht der Rspr. muss dies unverzüglich nachdem der ArbN Kenntnis von den Umständen erlangt, die den Betriebsübergang ausmachen, geschehen, wobei unverzüglich in Anlehnung an die §§ 4, 7 KSchG iSv. innerhalb von drei Wochen zu verstehen ist[13].

309 3. **Reichweite des Kündigungsverbots.** Das Verbot der Kündigung wegen des Betriebsübergangs betrifft **sämtliche Kündigungsarten**. Es können also ordentliche wie auch außerordentliche Kündigungen, betriebsbedingte, personenbedingte wie auch verhaltensbedingte Kündigungen wegen eines Verstoßes ge-

---

[1] BAG v. 5.12.1985 – 2 AZR 3/85, AP Nr. 47 zu § 613a BGB; v. 9.2.1994 – 2 AZR 666/93, AP Nr. 105 zu § 613a BGB; v. 16.5.2002 – 8 AZR 319/01, nv.; ErfK/*Preis*, § 613a BGB Rz. 175; Erman/*Edenfeld*, § 613a BGB Rz. 121; *Stahlhacke/Preis/Vossen*, Rz. 983.   [2] BAG v. 5.12.1985 – 2 AZR 3/85, AP Nr. 47 zu § 613a BGB; v. 9.2.1994 – 2 AZR 666/93, AP Nr. 105 zu § 613a BGB; v. 16.5.2002 – 8 AZR 319/91, nv.; *Willemsen* in Willemsen/Hohenstatt/Schweibert/Seibt, Rz. H 94; ErfK/*Preis*, § 613a BGB Rz. 175; Erman/*Edenfeld*, § 613a BGB Rz. 120.   [3] So auch BAG v. 28.4.1988 – 2 AZR 623/87, AP Nr. 74 zu § 613a BGB m. Anm. *Hefermehl* (Warenzeichen); *Stahlhacke/Preis/Vossen*, Rz. 983.   [4] BAG v. 28.4.1988 – 2 AZR 623/87, AP Nr. 74 zu § 613a BGB m. Anm. *Hefermehl* (Warenzeichen); v. 16.5.2002 – 8 AZR 319/01, AP Nr. 237 zu § 613a BGB; allerdings kann dem ArbN in diesen Fällen ein Wiedereinstellungsanspruch gegen den neuen Betriebsinhaber zustehen, hierzu Rz. 308.   [5] BAG v. 19.5.1988 – 2 AZR 596/87, AP Nr. 75 zu § 613a BGB; v. 16.5.2002 – 8 AZR 319/01, AP Nr. 237 zu § 613a BGB.   [6] *Annuß*, BB 1998, 1582 (1586 f.); *Müller-Glöge*, NZA 1999, 449 (455 f.); *Langenbucher*, ZfA 1999, 299 (306 ff.); *Elz*, Der Wiedereinstellungsanspruch des ArbN nach Wegfall des Kündigungsgrundes, Diss. Köln, 2002.   [7] BAG v. 27.2.1997 – 2 AZR 160/96, AP Nr. 1 zu § 1 KSchG 1969 – Wiedereinstellung; v. 28.6.2000 – 7 AZR 904/98, AP Nr. 6 zu § 1 KSchG 1969 – Wiedereinstellung.   [8] BAG v. 28.6.2000 – 7 AZR 904/98, AP Nr. 6 zu § 1 KSchG 1969 – Wiedereinstellung.   [9] BAG v. 4.12.1997 – 2 AZR 140/97, AP Nr. 4 zu § 1 KSchG 1969 – Wiedereinstellung; v. 28.6.2000 – 7 AZR 904/98, AP Nr. 6 zu § 1 KSchG 1969 – Wiedereinstellung.   [10] ErfK/*Preis*, § 613a BGB Rz. 159 ff.; zu prozessualen Fragen unten Rz. 376 ff.   [11] BAG v. 6.8.1997 – 7 AZR 557/96, AP Nr. 2 zu § 1 KSchG 1969 – Wiedereinstellung; v. 28.6.2000 – 7 AZR 904/96, AP Nr. 6 zu § 1 KSchG 1969 – Wiedereinstellung; zust. *Stahlhacke/Preis/Vossen*, Rz. 979.   [12] BAG v. 4.12.1997 – 2 AZR 140/97, AP Nr. 4 zu § 1 KSchG 1969 – Wiedereinstellung.   [13] BAG v. 12.11.1998 – 8 AZR 265/97, AP Nr. 5 zu § 1 KSchG 1969 – Wiedereinstellung; noch offen gelassen von BAG v. 13.11.1997 – 8 AZR 295/95, AP Nr. 169 zu § 613a BGB (Reinigung I/Wiedereinstellung).

gen Abs. 4 Satz 1 unwirksam sein[1]. Auch Änderungskündigungen werden erfasst[2]. Ebenfalls unerheblich ist, ob die Kündigung durch den bisherigen Betriebsinhaber oder den neuen Betriebsinhaber ausgesprochen wird[3]. Schließlich sind auch Kündigungen, die der **Insolvenzverwalter** wegen eines Betriebsübergangs ausspricht, nach Abs. 4 Satz 1 unwirksam[4]. Zwar werden die sich aus § 613a ergebenden Haftungsfolgen im Rahmen des Insolvenzverfahrens eingeschränkt[5]. Hinsichtlich seiner Bestandsschutzfunktion beansprucht § 613a jedoch auch im Insolvenzverfahren uneingeschränkte Geltung. Allerdings konnte der ArbN einen Verstoß gegen Abs. 4 Satz 1 im Falle einer Kündigung durch den Insolvenzverwalter auch vor der Neufassung des § 4 S. 1 KSchG zum 1.1.2004 (vgl. oben Rz. 304) gemäß § 113 Abs. 2 InsO nur innerhalb von drei Wochen nach Zugang der Kündigung geltend machen[6]. Ein Wiedereinstellungs-/Fortsetzungsanspruch besteht im Falle einer Kündigung durch den Insolvenzverwalter nicht[7].

An Abs. 4 Satz 1 scheitern ferner Gestaltungen, die darauf abzielen, den durch § 613a bezweckten Bestandsschutz zu **unterlaufen**. Dies betrifft beispielsweise Befristungen[8] und auflösende Bedingungen[9], die im Vorfeld eines Betriebsübergangs vereinbart werden, um die Fortsetzung des Arbeitsverhältnisses oder bestimmter Arbeitsbedingungen zu vereiteln. Ebenfalls mit Abs. 1 Satz 1, Abs. 4 Satz 1 unvereinbar ist es, dass der bisherige Betriebsinhaber dem ArbN kündigt, damit der neue Betriebsinhaber den ArbN zu geänderten Arbeitsbedingungen einstellen kann[10]. Entsprechendes gilt für das sog. Lemgoer Modell, bei dem die ArbN durch das Einstellungsversprechen des Betriebserwerbers zum Ausspruch von Eigenkündigungen gegenüber dem bisherigen Betriebsinhaber oder zum Abschluss von Aufhebungsverträgen mit diesem veranlasst werden[11]. Die Kontinuität der Arbeitsbedingungen kann schließlich nicht dadurch beseitigt werden, dass die ArbN dem Übergang ihres Arbeitsverhältnisses gemäß Abs. 6 Satz 1 widersprechen, um anschließend zu geänderten Bedingungen ein Arbeitsverhältnis mit dem neuen Betriebsinhaber einzugehen[12].

Zulässig ist demgegenüber nach der zutreffenden Auffassung der Rspr. der Abschluss von **Aufhebungsverträgen** im Zusammenhang mit einem Betriebsübergang, wenn die Vereinbarung auf das endgültige Ausscheiden des ArbN aus dem Betrieb gerichtet ist. Eines sachlichen Grundes bedarf der Abschluss von Aufhebungsverträgen in diesem Falle nicht[13]. In der Praxis kommt dem Abschluss von Aufhebungsverträgen erhebliche Bedeutung im Zusammenhang mit der Überleitung von Arbeitsverhältnissen auf **Auffanggesellschaften bzw. Beschäftigungs- und Qualifizierungsgesellschaften** zu. Der Erwerber eines Not leidenden Betriebes ist zur Übernahme häufig nur unter der Voraussetzung bereit, dass der bisherige Betriebsinhaber gezielt Personal abbaut. Um Sozialauswahlprobleme zu vermeiden, wird in derartigen Situationen häufig eine Auffang- bzw. Beschäftigungs- und Qualifizierungsgesellschaft gegründet und denjenigen ArbN, die zu übernehmen der potentielle Erwerber nicht bereit ist, die Aufhebung ihres bisherigen Arbeitsverhältnisses unter gleichzeitigem Angebot der Eingehung eines neuen Arbeitsverhältnisses mit der betreffenden Gesellschaft angeboten. Für die ArbN kann die Annahme dieses Angebots im Vergleich zu der Inkaufnahme des Risikos einer betriebsbedingten Kündigung insb. dann vorteilhaft sein, wenn sich für sie durch die Inanspruchnahme von (Transfer-)Kug in der Auffanggesellschaft bzw. Beschäftigungs- und Qualifizierungsgesellschaft die Bezugsdauer von Lohnersatzleistungen verlängert. Die gegen derartige Gestaltungen in der Lit. geäußerte Kritik[14] ist unbegründet. Wie bereits Abs. 6 Satz 1 erhellt, steht es dem ArbN frei, sein Arbeitsverhältnis mit dem neuen Betriebsinhaber fortzusetzen oder auf dieses Recht zu verzichten[15]. Allerdings sind Aufhebungsverträge wegen objektiver Gesetzesumgehung nichtig, wenn sie lediglich die Beseitigung der Kontinuität des Arbeitsverhältnisses bei gleichzeitigem Erhalt des Arbeitsplatzes bezwecken. Dies ist immer dann der Fall, wenn gleichzeitig mit dem Abschluss des Aufhebungsvertrages ein neues Arbeitsverhältnis mit dem Betriebsübernehmer vereinbart oder ein solches zumindest verbindlich in Aussicht gestellt wird[16]. Bei der Durchführung von Personalabbaumaßnahmen mit Hilfe von Auffanggesellschaften bzw. Beschäftigungs- und Qualifizierungsgesellschaften muss hierauf in der Kommunikation mit den ArbN genauestens Bedacht genommen werden. Aus der Sicht des Erwerbsinteressenten empfiehlt es sich, die Kommunikation zwischen dem Veräußerer und dem zu entlassenen ArbN mit jenem abzustimmen.

Ist ein Aufhebungsvertrag nach den vorstehend dargestellten Grundsätzen wegen Umgehung des Abs. 1 Satz 1, Abs. 4 Satz 1 nichtig, so entfällt der Anspruch auf eine in dem Vertrag vereinbarte Abfindung. Dem ArbGeb ist es insoweit nicht nach § 242 verwehrt, sich auf die Nichtigkeit des Aufhebungsvertrages zu berufen[17].

---

1 ErfK/*Preis*, § 613a BGB Rz. 149; Erman/*Edenfeld*, § 613a BGB Rz. 107. | 2 ErfK/*Preis*, § 613a BGB Rz. 154; RGRK/*Ascheid*, § 613a BGB Rz. 251. | 3 RGRK/*Ascheid*, § 613a BGB Rz. 251. | 4 BAG v. 26.5.1983 – 2 AZR 477/81, AP Nr. 34 zu § 613a BGB; *Picot/Schnitker*, Teil I Rz. 381. | 5 Ausf. Rz. 366 ff. | 6 ErfK/*Müller-Glöge*, § 113 InsO Rz. 36. | 7 BAG v. 13.5.2004 – 8 AZR 198/03 (Pressemeldung) | 8 BAG v. 15.2.1995 – 7 AZR 680/94, AP Nr. 166 zu § 620 BGB – Befristeter Arbeitsvertrag; v. 2.12.1998 – 7 AZR 579/97, AP Nr. 207 zu § 620 BGB – Befristeter Arbeitsvertrag. | 9 Erman/*Edenfeld*, § 613a BGB Rz. 64; ErfK/*Preis*, § 613a BGB Rz. 153. | 10 BAG v. 20.7.1982 – 3 AZR 261/80, AP Nr. 31 zu § 613a BGB. | 11 BAG v. 28.4.1987 – 3 AZR 75/86, AP Nr. 5 zu § 1 BetrAVG – Betriebsveräußerung; v. 11.7.1995 – 3 AZR 154/95, AP Nr. 56 zu § 1 TVG – Tarifverträge: Einzelhandel. | 12 ErfK/*Preis*, § 613a BGB Rz. 154; *Ende*, NZA 1994, 494 (495). | 13 BAG v. 10.12.1998 – 8 AZR 324/97, AP Nr. 185 zu § 613a BGB; v. 28.4.1987 – 3 AZR 75/86, AP Nr. 5 zu § 1 BetrAVG – Betriebsveräußerung; vgl. auch bereits v. 29.10.1975 – 5 AZR 444/74, AP Nr. 2 zu § 613a BGB. | 14 ErfK/*Preis*, § 613a BGB Rz. 155; APS/*Steffan*, § 613a BGB Rz. 201 f. | 15 *Willemsen* in Willemsen/Hohenstatt/Schweibert/Seibt, Rz. G 208 f. | 16 BAG v. 10.12.1998 – 8 AZR 324/97, AP Nr. 185 zu § 613a BGB. | 17 BAG v. 11.7.1995 – 3 AZR 154/95, AP Nr. 56 zu § 1 TVG – Tarifverträge: Einzelhandel.

313 **4. Rationalisierungs- und Sanierungskündigungen.** Der Betriebsinhaber wird durch Abs. 4 Satz 1 nicht gehindert, Rationalisierungs- bzw. Sanierungskündigungen auszusprechen, um auf diese Weise die Chancen für eine Veräußerung des Betriebes zu verbessern[1]. Derartige Kündigungen müssen – wie auch sonst – den allgemeinen Anforderungen des Kündigungsrechts, im Anwendungsbereich des Kündigungsschutzgesetzes also insb. den Anforderungen des § 1 KSchG, genügen. Um Kündigungen „wegen" eines Betriebsübergangs handelt es sich jedoch selbst dann nicht, wenn die Durchführung des zugrunde liegenden Rationalisierungs- bzw. Sanierungskonzepts dem Wunsch eines Erwerbsinteressenten entspricht oder von diesem gar zur Voraussetzung für die Übernahme des Betriebs gemacht wird, sofern nur das betreffende Konzept auch unabhängig von dem Betriebsübergang von dem Veräußerer durchgeführt werden könnte[2]. Die Kündigungen müssen in diesem Sinne einem **eigenen betrieblichen Erfordernis** des Veräußerers entsprechen. Ob der Veräußerer für den Fall eines Scheiterns des Betriebsübergangs die Absicht hat, den Betrieb in der geänderten Form fortzuführen, ist demgegenüber unerheblich[3].

314 Hiervon zu unterscheiden ist die Frage, ob bereits der Veräußerer Kündigungen aussprechen kann, deren Rechtfertigung sich erst daraus ergibt, dass man die beim Erwerber bestehenden betrieblichen Verhältnisse in die Betrachtung mit einbezieht (sog. **Veräußererkündigung auf Erwerberkonzept**). So liegt es beispielsweise, wenn der Veräußerer mit dem Erwerbsinteressenten übereinkommt, im Hinblick auf die in beiden Unternehmen bestehenden Vertriebsbereiche im eigenen Vertriebsbereich Personal abzubauen und dieser Bereich im Falle eines Scheiterns des Betriebsübergangs nicht mehr sinnvoll fortgeführt werden könnte. In der Praxis besteht für die Zulassung derartiger Kündigungen im Vorgriff auf einen Betriebsübergang ein großes Bedürfnis. Denn jedenfalls könnte der Erwerber nach dem Vollzug des Betriebsübergangs Beschäftigungsüberhänge, die sich aus dem Zusammenschluss ergeben, abbauen. Letztlich geht es deshalb lediglich um die Frage, **wann** die betreffenden Kündigungen ausgesprochen werden dürfen, so dass der Lauf der Kündigungsfristen in Gang gesetzt wird. Gerade bei der Veräußerung Not leidender Betriebe – und um solche handelt es sich in den hier diskutierten Fällen typischerweise – kommt der Möglichkeit, die Personalkosten rasch zu reduzieren, häufig entscheidende Bedeutung für den Sanierungserfolg zu. Die Rspr. ließ freilich Veräußererkündigungen auf Erwerberkonzept bislang nicht zu und beschränkte den Veräußerer darauf, nur „sich selbst tragende"[4] Rationalisierungs- bzw. Sanierungskonzepte im Vorfeld eines Betriebsübergangs umzusetzen. In seiner maßgeblichen Entscheidung vom 26.5.1983 führt das BAG insoweit aus, das Kündigungsrecht des Veräußerers dürfe nicht um Gründe erweitert werden, die allein in der Sphäre des Erwerbers liegen und von diesem erst mit dem Betriebsübergang aufgrund einer weiter gehenden, betriebsübergreifenden unternehmerischen Planung verwirklicht werden können. Anderenfalls werde der Zweck des § 613a Abs. 4 vereitelt, Kündigungen aus Anlass eines Betriebsübergangs auszuschließen[5]. Im Ergebnis vermag dies nicht zu überzeugen[6]. Es geht nicht darum, das Kündigungsrecht des Veräußerers künstlich um Gründe aus der Sphäre des Erwerbers zu erweitern, sondern um die Frage, unter welchen Voraussetzungen der Veräußerer zur Rechtfertigung der Kündigung bereits auf Entwicklungen abstellen darf, die sich erst mit dem Vollzug des Betriebsübergangs verwirklichen. Das ist kein Problem des Abs. 4 Satz 1, sondern des allgemeinen Kündigungsschutzrechts. Abs. 4 Satz 1 schließt lediglich Kündigungen aus, deren Motiv der Betriebsübergang als solcher (im Unterschied zu den sich aus dem Betriebsübergang ergebenden Veränderungen in den betrieblichen Verhältnissen) bildet (ausf. oben Rz. 305). Aus diesem Blickwinkel betrachtet sind Veräußererkündigungen auf Erwerberkonzept zulässig, setzen aber eine rechtsverbindliche Vereinbarung sowohl über den Betriebsübergang[7] als auch das Rationalisierungs- bzw. Sanierungskonzept des Erwerbers voraus, dessen Umsetzung zu dem im Zeitpunkt des Zugangs der Kündigungserklärung bereits greifbare Formen angenommen haben muss[8]. Ansonsten fehlt es bereits an der allgemeinen Voraussetzung für den Ausspruch betriebsbedingter Kündigungen, dass im Zeitpunkt des Ausspruchs der Kündigung mit hinreichender Sicherheit feststehen muss, dass bei Ablauf der Kündigungsfrist der Beschäftigungsbedarf entfallen sein wird[9]. Dieser Sichtweise hat sich nunmehr – allerdings zunächst beschränkt auf den Sonderfall einer Betriebsübernahme aus der Insolvenz – auch der 8. Senat des BAG angeschlossen[10]. Der Senat hatte leider keine Gelegenheit,

---

1 BAG v. 18.7.1996 – 8 AZR 127/94, AP Nr. 147 zu § 613a BGB; Erman/*Edenfeld*, § 613a BGB Rz. 111 ff.; ErfK/*Preis*, § 613a BGB Rz. 163. | 2 BAG v. 26.5.1983 – 2 AZR 477/81, AP Nr. 34 zu § 613a BGB; v. 18.7.1996 – 8 AZR 127/94, AP Nr. 147 zu § 613a BGB; *Willemsen* in Willemsen/Hohenstatt/Schweibert/Seibt, Rz. H 96 ff.; *Willemsen*, ZIP 1983, 411 (416); ErfK/*Preis*, § 613a BGB Rz. 165; Erman/*Edenfeld*, § 613a BGB Rz. 113. | 3 Deutlich: BAG v. 18.7.1996 – 8 AZR 127/94, AP Nr. 147 zu § 613a BGB. | 4 Begriff: *Willemsen* in Willemsen/Hohenstatt/Schweibert/Seibt, Rz. H 110. | 5 BAG v. 26.5.1983 – 2 AZR 477/81, AP Nr. 34 zu § 613a BGB, zu B. III. b) d.Gr. | 6 Für die Zulässigkeit von Veräußererkündigungen auf Erwerberkonzept auch ErfK/*Preis*, § 613a BGB Rz. 166; Erman/*Edenfeld*, § 613a BGB Rz. 113; Staudinger/*Richardi*/*Annuß*, § 613a BGB Rz. 251 f.; Münch-Komm/*Schaub*, § 613a BGB Rz. 72; *Willemsen* in Willemsen/Hohenstatt/Schweibert/Seibt, Rz. H 107 ff. | 7 Wenn auch möglicherweise in der Form eines durch die Umsetzung des rationalisierungs- bzw. sanierungskonzeptsbedingten Kaufvertrages. | 8 *Willemsen* in Willemsen/Hohenstatt/Schweibert/Seibt, Rz. H 107 ff.; ErfK/*Preis*, § 613a BGB Rz. 167. | 9 Hierzu ua. BAG v. 7.12.1978 – 2 AZR 155/77, AP Nr. 6 zu § 1 KSchG – Betriebsbedingte Kündigung; v. 30.5.1985 – 2 AZR 321/84, AP Nr. 24 zu § 1 KSchG – Betriebsbedingte Kündigung; v. 19.6.1991 – 2 AZR 127/91, AP Nr. 53 zu § 1 KSchG – Betriebsbedingte Kündigung; vgl. auch die umfassenden Rspr.-Nachw. bei *Willemsen* in Willemsen/Hohenstatt/Schweibert/Seibt, Rz. H 3 f. | 10 BAG v. 20.3.2003 – 8 AZR 97/02, DB 2003, 1907; zust. *Annuß*/*Stamer*, NZA 2003, 1247; *Gaul*/*Bonanni*/*Naumann*, DB 2003, 1902; vgl. auch LAG Köln v. 17.6.2003 – 9 Sa 443/03, ZIP 2003, 2042 n. rkr.

zur Frage der Sozialauswahl und der Pflicht zum Anbieten freier Arbeitsplätze Stellung zu nehmen. Nach richtigem Verständnis muss jedoch der Veräußerer bei Ausspruch der Kündigungen nicht nur die in seinem Unternehmen, sondern auch die im Unternehmen des Erwerbers bestehenden freien Arbeitsplätze und Versetzungsmöglichkeiten mitberücksichtigen[1]. Sieht das Erwerberkonzept einen Zusammenschluss des zu veräußernden Betriebes mit einem Betrieb des Erwerbers vor, so muss der Veräußerer die ArbN des Erwerberbetriebes in die Sozialauswahl einbeziehen[2]. Dies ist nicht dahin zu verstehen, dass der Veräußerer befugt wäre, freie Arbeitsplätze des Erwerbers mit eigenen ArbN zu besetzen oder ArbN des Erwerbers zu kündigen; diese Befugnis steht ausschließlich dem Erwerber zu. Eine Kündigung gegenüber eigenen ArbN des Veräußerers scheitert jedoch an § 1 Abs. 2, 3 KSchG, wenn in dem Betrieb des Erwerbers ein geeigneter freier Arbeitsplatz vorhanden ist oder – den Zusammenschluss von Betrieben vorausgesetzt – der Erwerber einen vergleichbaren, aber sozial weniger schutzwürdigen ArbN beschäftigt[3]. Die Situation ist insoweit derjenigen im Gemeinschaftsbetrieb mehrerer Unternehmen vergleichbar[4].

VI. Information der ArbN. 1. Entstehungsgeschichte. § 613a wurde durch Art. 4 des Gesetzes zur Änderung des Seemannsgesetzes[5] mit Wirkung zum 1.4.2002 um die Abs. 5 und 6 ergänzt. Mit Abs. 5 sollte Art. 7 Abs. 6 der Betriebsübergangsrichtlinie 2001/23/EG[6] umgesetzt werden, dem zufolge die Mitgliedstaaten verpflichtet sind, eine Regelung zur Information der von einem Betriebsübergang betroffenen ArbN über den Zeitpunkt, den Grund und die Folgen des Übergangs sowie die in Aussicht genommenen Maßnahmen zu treffen, wenn unabhängig vom Willen der ArbN im Betrieb oder Unternehmen keine ArbN-Vertretung besteht[7]. In der Lit. war verschiedentlich geltend gemacht worden, in Deutschland bestehe ein Umsetzungsdefizit, weil der BR[8] von einem Betriebsübergang nur zu unterrichten sei, wenn zugleich eine Betriebsänderung iSd. § 111 BetrVG vorliege. Ansonsten bestehe eine Unterrichtungspflicht lediglich gem. § 106 Abs. 3 Nr. 10 BetrVG gegenüber dem Wirtschaftsausschuss, der allerdings nur in Unternehmen mit mehr als 100 ArbN gebildet werden kann. Darüber hinaus entfalle in Kleinbetrieben mit nicht mehr als 20 ArbN wegen § 111 Satz 1 BetrVG eine Unterrichtung auch bei Vorliegen einer Betriebsänderung[9]. 315

Die Vorschrift ist insgesamt missglückt[10]. Sie schießt deutlich über das durch Art. 7 Abs. 6 der Richtlinie 2001/23/EG vorgegebene Ziel hinaus, weil sie eine Unterrichtungspflicht gegenüber den ArbN auch in Betrieben begründet, in denen eine ArbN-Vertretung besteht. Darüber hinaus wirft sie durch die unangepasste Übernahme der Terminologie des Art. 7 Abs. 6 der Richtlinie 2001/23/EG in das deutsche Recht zahlreiche Interpretationsfragen auf. Schließlich löst die Verknüpfung der Informationspflicht mit dem – in der Richtlinie nicht vorgesehen – Widerspruchsrecht nach Abs. 6 für den Fall eines Verstoßes unangemessene und sachfremde Rechtsfolgen aus. 316

Erste Erfahrungen in der Praxis zeigen, dass die Unterrichtung nach Abs. 5 bei den ArbN eher Unsicherheit erzeugt, was angesichts der Komplexität der Folgen eines Betriebs(teil)übergangs nicht überrascht. 317

2. Geltungsbereich. Abs. 5 ist gem. Art. 10 des Gesetzes zur Änderung des Seemannsgesetzes und anderer Gesetze am **1.4.2002 ohne Übergangsregelung in Kraft getreten**[11]. Er gilt für folglich für alle Betriebs(teil)übergänge am oder nach diesem Stichtag. 318

Die Unterrichtungspflicht besteht **unabhängig von der Betriebsgröße** und unabhängig davon, ob in dem betreffenden Betrieb ein BR existiert[12]. Sie tritt neben die sonstigen Unterrichtungspflichten gegenüber den zuständigen ArbN-Vertretungen, insb. neben die Unterrichtungspflichten nach §§ 106 Abs. 3 Nr. 10, 111 Satz 1 BetrVG[13]. 319

Nach dem durch Art. 5 des Gesetzes zur Änderung des Seemannsgesetzes und anderer Gesetze ebenfalls angepassten § 324 UmwG gilt Abs. 5 auch für Betriebs(teil)übertragungen durch **Umwandlung**. 320

3. Parteien des Unterrichtungsanspruchs. Die Unterrichtungspflicht trifft den bisherigen und den neuen Betriebsinhaber als **Gesamtschuldner** iSd. § 421[14]. Ihnen steht nach den Grundsätzen von Treu und Glauben wechselseitig ein Auskunftsanspruch hinsichtlich der für die Unterrichtung der ArbN bedeutsamen Tatsachen zu[15]. In der Praxis empfiehlt es sich, die wechselseitige Auskunftserteilung ebenso wie die Frage der Haftung für eine unrichtige oder unvollständige Auskunftserteilung im Unternehmenskaufvertrag zu regeln. 321

---

1 Staudinger/*Richardi/Annuß*, § 613a BGB Rz. 253; *Willemsen* in Willemsen/Hohenstatt/Schweibert/Seibt, Rz. H 116; *Gaul/Bonanni/Naumann*, DB 2003, 1902 (1904); aA offenbar *Sieger/Hasselbach*, DB 1999, 430 (434). |2 *Gaul/Bonanni/Naumann*, DB 2003, 1902 (1904); vgl. auch *Willemsen* in Willemsen/Hohenstatt/Schweibert/Seibt, Rz. H 116 f. mwN. |3 AA *Sieger/Hasselbach*, DB 1999, 430 (434). |4 Zur Zuständigkeit des Betriebsrats und der Bemessung eines Sozialplans vgl. *Willemsen* in Willemsen/Hohenstatt/Schweibert/Seibt, Rz. 118 ff. |5 BGBl. I S. 1163. |6 ABl. EG Nr. L 82, S. 16. |7 BT-Drs. 14/7760, S. 19. |8 Nach umstrittener Ansicht vgl. Rz. 293. |9 Ausf. zum Streitstand EAS/*Oetker*, B 8300 Rz. 335 ff. |10 Zur Kritik *Bauer/v. Steinau-Steinrück*, ZIP 2002, 457; *Franzen*, RdA 2002, 258; *Gaul/Otto*, DB 2002, 634; *Cord Meyer*, BB 2003, 1010; *Willemsen/Lembke*, NJW 2002, 1159 (1161). |11 BGBl. I S. 1163. |12 BT-Drs. 14/7760, S. 19. |13 *Willemsen/Lembke*, NJW 2002, 1159 (1161). |14 *Willemsen/Lembke*, NJW 2002, 1159 (1161); zur Anspruchsqualität des Informationsrechts des ArbN siehe Rz. 341. |15 *Willemsen/Lembke*, NJW 2002, 1159 (1161).

BGB § 613a Rz. 322   Rechte und Pflichten bei Betriebsübergang

322 Unterrichtet werden muss nach dem Eingangssatz des Abs. 5 jeder **„von dem Übergang betroffene"** ArbN. Gemeint sind nur ArbN, deren Arbeitsverhältnis nach Abs. 1 Satz 1 auf den neuen Betriebsinhaber übergeht[1], obwohl selbstverständlich auch die „zurückbleibenden" ArbN von dem Übergang betroffen werden (zB durch eine Änderung der Basis für die Sozialauswahl). Dies ergibt sich aus der Verknüpfung der Unterrichtungspflicht nach Abs. 5 mit dem Widerspruchsrecht aus Abs. 6.

323 Trotz der Pflicht zur individuellen Unterrichtung muss **nicht individualbezogen** unterrichtet werden. Es bedarf insb. keiner Darstellung der sich für den jeweiligen Empfänger der Unterrichtung aus dem Übergang ergebenden Folgen. Eine Darstellung der allgemein für die übergehenden ArbN eintretende Folgen genügt. Dies folgt aus der durchgängigen Verwendung des Wortes ArbN im Plural[2]. Ergeben sich für verschiedene Gruppen von ArbN unterschiedliche Rechtsfolgen (zB bei der Veräußerung von Betriebsteilen an unterschiedliche Erwerber) so müssen diese jedoch dargestellt werden; der Empfänger der Unterrichtung muss darauf hingewiesen werden, zu welcher Gruppe er gehört.

324 **4. Form und Zeitpunkt der Unterrichtung.** Die Unterrichtung bedarf der **Textform** iSd. § 126b[3].

325 Sie wird zweckmäßigerweise **spätestens einen Monat vor dem Zeitpunkt des Betriebs(teil)übergangs** vorgenommen, weil die Frist für den Widerspruch gegen den Übergang des Arbeitsverhältnisses einen Monat beträgt und erst mit der ordnungsgemäßen Unterrichtung gem. Abs. 5 zu laufen beginnt[4]. Ein Zeitpunkt, vor dem nicht unterrichtet werden darf, ist im Gesetz nicht festgelegt. Jedoch ist es in der Regel treuwidrig, die ArbN zu einem Zeitpunkt zu unterrichten, in dem die Folgen des Betriebsübergangs (insb. die vom Erwerber in Aussicht genommenen Maßnahmen) noch nicht mit hinreichender Sicherheit feststehen. Durch eine in diesem Sinne verfrühte Unterrichtung kann der Lauf der Widerspruchsfrist nicht in Gang gesetzt werden[5].

326 **5. Gegenstand der Unterrichtung. a) Zeitpunkt des Übergangs.** Nr. 1 verpflichtet zur Unterrichtung der ArbN über den Zeitpunkt bzw., wenn dieser noch nicht feststeht, den geplanten Zeitpunkt des Übergangs. Mit „Übergang" ist der Übergang des Arbeitsverhältnisses gemeint. Dieser findet in dem Zeitpunkt statt, in dem der neue Betriebsinhaber im eigenen Namen die betriebliche Leitungsmacht über den veräußerten Betrieb(steil) übernimmt (ausf. Rz. 82).

327 **b) Grund für den Übergang.** Nr. 2 verpflichtet zur Angabe des Grundes für den Übergang des Arbeitsverhältnisses. Dieser liegt streng genommen in der gesetzlichen Anordnung des Abs. 1 Satz 1. Gemeint ist jedoch etwas anderes: Es soll eine kurze, schlagwortartige Beschreibung der wirtschaftlichen Gründe für die Betriebs(teil)übertragung (zB „Konzentration auf das Kerngeschäft") und des zugrunde liegenden Rechtsgeschäfts (zB „durch Unternehmenskaufvertrag vom ...") gegeben werden[6].

328 **c) Rechtliche, wirtschaftliche und soziale Folgen des Übergangs.** Die **rechtlichen, wirtschaftlichen und sozialen Folgen** des Übergangs iSd. Nr. 3 ergeben sich nach der Begründung des Regierungsentwurfs „vor allem aus den ... Regelungen der Abs. 1 bis 4". Das betreffe die Fragen der Weitergeltung oder Änderung der bisherigen Rechte und Pflichten aus dem Arbeitsverhältnis, der Haftung des bisherigen ArbGeb und des neuen Inhabers gegenüber dem ArbN sowie des Kündigungsschutzes[7]. Es muss also **zumindest eine Aussage zu den** in **Abs. 1 bis 4** geregelten Materien getroffen werden. Eine schlichte Wiedergabe des Gesetzeswortlauts genügt insoweit nicht. Andererseits muss kein umfassendes Rechtsgutachten erstattet werden[8]. Im Einzelnen gilt:

329 In der Unterrichtung ist anzugeben, **dass und auf wen** das Arbeitsverhältnis übergeht; der – ggf. voraussichtliche – Zeitpunkt des Übergangs ist bereits nach Nr. 1 zu nennen (oben Rz. 326). Mit dieser Angabe wird zweckmäßigerweise die Aussage verbunden, dass sich der Übergang gem. Abs. 1 Satz 1 mit allen Rechten und Pflichten aus dem Arbeitsverhältnis vollzieht und die beim bisherigen Betriebsinhaber verbrachten Zeiten der Betriebszugehörigkeit angerechnet werden. Auch der Übergang der Versorgungsanwartschaften der aktiven ArbN ist in diesem Zusammenhang anzusprechen[9].

330 Mit Blick auf **BV und TV** ist anzugeben, ob diese bei dem neuen Inhaber unverändert kollektivrechtlich fortgelten, gem. Abs. 1 Satz 2 aufrecht erhalten oder gem. Abs. 1 Satz 3 durch BV oder TV des Erwerbers abgelöst werden. Im Falle eines Tarifwechsels genügt ein Hinweis, dass und welchem anderen TV das Arbeitsverhältnis vom Zeitpunkt des Übergangs an unterliegt. Einer Darstellung der Konsequenzen des Tarifwechsels im Einzelnen bedarf es nicht. Dem ArbN ist es zumutbar, sich insoweit selbst ein Bild zu machen, ggf. unter Inanspruchnahme von Rechtsrat. Gelten beim neuen Betriebsinhaber verschlechternde BV, so ist demgegenüber eine Detaildarstellung erforderlich, soweit diese wesentliche Verschlechterungen der materiellen Arbeitsbedingungen enthalten (zB eine Reduzierung des Weihnachtsgeldes um 75 %), nicht jedoch in Bezug auf Änderungen formeller Arbeitsbedingungen (zB

---

1 *Willemsen/Lembke*, NJW 2002, 1159 (1161). | 2 *Gaul/Otto*, DB 2002, 634 (635); *Bauer/v. Steinau-Steinrück*, ZIP 2002, 457 (462). | 3 Vgl. hierzu die Spezialkommentierungen zu § 126b BGB. | 4 Vgl. Rz. 350; zu den Rechtsfolgen einer verspäteten Unterrichtung Rz. 340. | 5 Zu nachträglich eintretenden Veränderungen Rz. 344. | 6 *Willemsen* in Willemsen/Hohenstatt/Schweibert/Seibt, Rz. G 228; *Willemsen/Lembke*, NJW 2002, 1159 (1162); *Gaul/Otto*, DB 2002, 634 (635). | 7 BT-Drs. 14/7760, S. 19. | 8 *Bauer/v. Steinau-Steinrück*, DB 2002, 457 (462). | 9 *Willemsen* in Willemsen/Hohenstatt/Schweibert/Seibt, Rz. G 231.

eine andere Lage der Arbeitszeit). Die beim neuen Betriebsinhaber geltenden BV sind dem ArbN im Allgemeinen nicht zugänglich, weshalb er diesbezüglich auf eine Detailunterrichtung angewiesen ist.

331 Zur Unterrichtung über die Rechtsfolgen des Übergangs gehört auch eine Darstellung der **Haftung des bisherigen und des neuen Betriebsinhabers** für die Ansprüche der übergehenden ArbN, insb. also der Regelungen der Abs. 2 und 3. Sind darüber hinaus spezialgesetzliche Haftungsvorschriften einschlägig (zB §§ 133, 134 UmwG), so sind auch diese zu erläutern.

332 Es ist schließlich darauf einzugehen, ob die übergehenden Arbeitsverhältnisse auch beim neuen Betriebsinhaber dem **Kündigungsschutzgesetz** unterfallen und die Unzulässigkeit von Kündigungen wegen des Betriebsübergangs (Abs. 4) anzusprechen.

333 Die Weite des Gesetzeswortlauts („rechtliche, wirtschaftliche und soziale Folgen") legt es nahe, dass über die vorstehend angesprochenen, sich unmittelbar im Wege der Subsumtion unter Abs. 1 bis 4 ergebenden Folgen für die ArbN auch **mittelbare Auswirkungen** des Betriebsinhaberwechsels angesprochen werden müssen[1]. Weder dem Gesetz selbst noch den Gesetzesmaterialien lässt sich insoweit jedoch eine klare Leitlinie entnehmen, wie weit die Pflicht zur Unterrichtung über mittelbare Folgen reicht. Der funktionale Zusammenhang zwischen der Unterrichtungspflicht nach Abs. 5 und dem Widerspruchsrecht nach Abs. 6 spricht allerdings dafür, dass zumindest auf solche Gesichtspunkte einzugehen ist, die kündigungsschutzrechtlich als **sachliche Gründe für einen Widerspruch** gegen den Übergang des Arbeitsverhältnisses in Betracht kommen (zu diesen ausf. unter Rz. 361). Dies betrifft insb. den **Fortfall der Sozialplanpflicht** wegen Unterschreitens der Mindestbeschäftigtenzahl des § 111 Abs. 1 Satz 1 BetrVG[2] oder nach § 112a Abs. 2 BetrVG[3], sofern sozialplanpflichtige Maßnahmen im Zeitpunkt des Übergangs geplant sind; dass es irgendwann einmal zu Betriebsänderungen kommen könnte, genügt insoweit nicht[4]. Unzulässig ist demgegenüber der Gegenschluss, dass über Umstände, die einen Widerspruch gegen den Übergang des Arbeitsverhältnisses nicht rechtfertigen können[5], nicht nach Abs. 5 informiert werden müsste. Eine derartige teleologische Reduktion des Abs. 5 wäre mit dem europarechtlichen Hintergrund der Vorschrift[6] unvereinbar.

334 Ob über den **Fortbestand des BR** und sonstiger ArbN-Vertretungen zu unterrichten ist, erscheint zweifelhaft. Hiergegen spricht ein Vergleich mit den umwandlungsrechtlichen Unterrichtungspflichten aus §§ 5 Abs. 1 Nr. 9, 126 Abs. 1 Nr. 11 UmwG, in denen die Folgen für die ArbN „und ihre Vertretungen" ausdrücklich angesprochen sind, während ein entsprechender Passus in Abs. 5 fehlt[7]. Auch Art. 7 Abs. 6 der Betriebsübergangsrichtlinie 2001/23/EG lässt sich nicht mit dem erforderlichen Maß an Klarheit entnehmen, dass eine dahingehende Unterrichtung geboten wäre[8]. Da die Frage einstweilen offen ist, sollte jedoch vorsorglich auch über den Fortbestand des BR und der übrigen ArbN-Vertretungen informiert werden.

335 Dass auch das **Widerspruchsrecht** nach Abs. 6 in der Unterrichtung angesprochen werden müsste, lässt sich dem Gesetz nicht entnehmen[9]. Insbesondere gehört das Widerspruchsrecht nicht zu den „rechtlichen Folgen des Übergangs" iSd. Abs. 5 Nr. 3. Das Widerspruchsrecht ist ein „Abwehrrecht" gegen die Hauptfolge des Betriebsinhaberwechsels, den Übergang der Arbeitsverhältnisse nach Abs. 1 Satz 1. Aus praktischer Sicht kann eine Unterrichtung der ArbN über das Widerspruchsrecht freilich sinnvoll sein. Sofern das Widerspruchsrecht angesprochen wird, empfiehlt es sich, zugleich darauf hinzuweisen, dass der Widerspruch der Schriftform (§ 126) bedarf und für die Wahrung der Monatsfrist des Abs. 6 der Zugang der Widerspruchserklärung beim Empfänger maßgeblich ist, nicht deren Abgabe. Auf diese Weise lässt sich das Risiko von Auseinandersetzungen über die Wirksamkeit und Rechtzeitigkeit der erklärten Widersprüche reduzieren. Ebenfalls zweckmäßig ist der in der Praxis übliche Hinweis, dass sich der ArbN durch einen Widerspruch gegen den Übergang seines Arbeitsverhältnisses dem Risiko einer betriebsbedingten Kündigung aussetzt.

336 d) **In Aussicht genommene Maßnahmen.** Zu den hinsichtlich der ArbN in Aussicht genommenen Maßnahmen iSd. Nr. 4 gehören insb. **Versetzungen** und **Entlassungen** sowie **Betriebsänderungen** iSd. § 111 BetrVG[10]. Nach der Begründung des Regierungsentwurfs sollen auch **Weiterbildungsmaßnahmen** hierher gehören[11].

337 In Betracht kommen nur Maßnahmen **des neuen Betriebsinhabers**. Über Maßnahmen, die der bisherige Betriebsinhaber im Vorfeld des Betriebs(teil)übergangs plant, muss nicht nach Abs. 5 unterrichtet wer-

---

1 *Willemsen* in Willemsen/Hohenstatt/Schweibert/Seibt, Rz. G 231. | 2 LAG Hamm v. 21.6.1994 – 6 Sa 30/94, NZA 1995, 471; LAG Berlin v. 26.5.1997 – 9 Sa 19/97, MDR 1997, 948. | 3 Staudinger/*Richardi*/*Annuß*, § 613a BGB Rz. 135; aA *Lunk*, NZA 1995, 711 (716 f.). | 4 Vgl. KR/*Pfeiffer*, § 613a BGB Rz. 119; Staudinger/*Richardi*/*Annuß*, § 613a BGB Rz. 135; LAG Hamm v. 21.6.1994 – 6 Sa 30/94, NZA 1995, 471; LAG Berlin v. 26.5.1997 – 9 Sa 19/97, MDR 1997, 948. | 5 ZB ein Tarifwechsel, vgl. BAG v. 5.2.1997 – 10 AZR 553/96 AP Nr. 112 zu § 112 BetrVG 1972. | 6 Oben Rz. 315. | 7 *Gaul, B.*, Betriebs- und Unternehmensspaltung § 11 Rz. 17; *Willemsen*/*Lembke*, NJW 2002, 1159 (1162); hiergegen *Franzen*, RdA 2002, 258 (265); *Worzalla*, NZA 2002, 353 (355). | 8 Art. 7 Abs. 6 Richtlinie 2001/23/EG muss insoweit im gesamten Kontext der Regelung des Art. 7 der Richtlinie insbesondere mit Blick auf Art. 7 Abs. 1 und Abs. 2 gesehen werden; dazu auch *Franzen*, RdA 2002, 258 (259). | 9 *Bauer*/v. *Steinau-Steinrück*, ZIP 2002, 457 (463); *Willemsen* in Willemsen/Hohenstatt/Schweibert/Seibt, Rz. G 230. | 10 *Gaul*/*Otto*, DB 2002, 634 (635); aA *Bauer*/v. *Steinau-Steinrück*, ZIP 2002, 457 (463). | 11 BT-Drs. 14/7760, S. 19.

338 Es genügt, dass es sich um eine im Zeitpunkt der Unterrichtung "**in Aussicht genommene**" Maßnahme handelt. Das ist sprachlich weiter als der Begriff der "geplanten" Maßnahme wie er beispielsweise in § 111 Satz 1 BetrVG verwandt wird. Es ist deshalb nicht erforderlich, dass die Geschäftsführung des neuen Betriebsinhabers bereits die Durchführung der Maßnahme beschlossen hat. Bloße Eventualitäten genügen andererseits nicht. Die Maßnahme muss von dem neuen Betriebsinhaber zumindest ernstlich in Betracht gezogen werden, wenn auch möglicherweise nur als eine unter mehreren Alternativen.

339 Mit welchem **Grad an Detaillierung** unterrichtet werden muss, hängt von dem Planungsstadium ab, in dem sich die betreffende Maßnahme befindet. In jedem Fall genügt jedoch eine allgemeine, auf alle betroffenen ArbN bezogene Beschreibung. Eine Darstellung der sich für den einzelnen ArbN ergebenden Folgen ist durch Abs. 5 nicht gefordert (vgl. Rz. 323). Liegen bereits ein Interessenausgleich und ein Sozialplan vor, so kann auf diese Bezug genommen werden.

340 **6. Folgen unrichtiger, unvollständiger oder verspäteter Unterrichtung.** Eine unrichtige oder unvollständige Unterrichtung hat zur Folge, dass die **Monatsfrist des Abs. 6** für die Ausübung des Widerspruchsrechts **nicht zu laufen beginnt**. Dies ergibt sich aus Abs. 6 Satz 2, wonach der ArbN dem Übergang seines Arbeitsverhältnisses innerhalb eines Monats "nach der Unterrichtung nach Abs. 5" widersprechen kann[1]. Der ArbN kann sein Widerspruchsrecht in diesen Fällen deshalb theoretisch zeitlich unbegrenzt ausüben. Allerdings können der bisherige und der neue Betriebsinhaber jederzeit eine Berichtigung in der Form des Abs. 5 vornehmen und hierdurch den Lauf der Widerspruchsfrist in Gang setzen[2]. Darüber hinaus dürfte der ArbN kraft – ggf. nachwirkender – Treuepflicht gehalten sein, von seinem Widerspruchsrecht nur innerhalb angemessener Frist Gebrauch zu machen, wenn er unabhängig von einer Berichtigung Kenntnis von der Unrichtigkeit oder Unvollständigkeit erlangt. Übt der ArbN sein Widerspruchsrecht in diesem Falle nicht innerhalb angemessener Frist aus, so verstößt er gegen das Verbot des *venire contra factum proprium*, wenn er sich später auf dieses beruft. Das BAG hat in diesem Sinne vor der Einfügung des Abs. 5 angenommen, der ArbGeb könne sein Widerspruchsrecht nur unverzüglich ausüben, wenn er unabhängig von einer Unterrichtung durch seinen bisherigen ArbGeb von dem Übergang seines Arbeitsverhältnisses erfahre[3]. Diese Rspr. ist durch Abs. 5 nicht überholt. Die Neuregelung bindet die Unterrichtung an die Form des § 126b BGB, spezifiziert die Gegenstände, über die unterrichtet werden muss und räumt dem ArbN einen klageweise durchsetzbaren Unterrichtungsanspruch (vgl. Rz. 341) ein; sie entbindet den ArbN jedoch nicht von seiner arbeitsvertraglichen Treuepflicht. Allerdings wird man mit Rücksicht auf Abs. 6 Satz 1 nicht mehr annehmen können, dass der ArbN sein Widerspruchsrecht in Anlehnung an § 4 Satz 1 KSchG innerhalb von drei Wochen ausüben müsse. Als angemessen dürfte vielmehr eine Frist von einem Monat ab Kenntniserlangung von der Unrichtig- bzw. Unvollständigkeit gelten.

341 Eine unrichtige oder unvollständige Darstellung der Folgen des Betriebs(teil)übergangs bringt im Übrigen nicht den Unterrichtungsanspruch des ArbN aus Abs. 5 zum Erlöschen, so dass dieser weiterhin **Erfüllung** verlangen kann. Abs. 5 statuiert nicht lediglich eine Obliegenheit[4], sondern eine Rechtspflicht des bisherigen und des neuen Betriebsinhabers, mit dem ein Rechtsanspruch des ArbN auf Unterrichtung korrespondiert[5]. Der ArbN kann seinen Unterrichtungsanspruch gerichtlich im Wege der Leistungsklage verfolgen.

342 Dem ArbN können im Falle einer unrichtigen oder unvollständigen Unterrichtung schließlich **Schadenersatzansprüche** aus § 280 Abs. 1 – gegen den bisherigen Betriebsinhaber – oder §§ 280 Abs. 1, 311 Nr. 3, 241 Abs. 2 – gegen den neuen Betriebsinhaber – zustehen. Voraussetzung hierfür ist stets, dass den in Anspruch Genommenen ein Verschulden an der fehlerhaften oder unvollständigen Unterrichtung trifft; im Verschulden eines Gesamtschuldners liegt nicht automatisch auch ein Verschulden des anderen Gesamtschuldners[6]. Schwierigkeiten wird häufig der Nachweis eines Schadens bereiten. Im Rahmen der haftungsbegründenden Kausalität muss der ArbN darlegen und beweisen, dass die eingetretene Vermögensminderung im Falle ordnungsgemäßer Unterrichtung ausgeblieben wäre. Hierzu muss er den Nachweis erbringen, dass er dem Übergang seines Arbeitsverhältnisses widersprochen hätte, wenn er zutreffend und vollständig unterrichtet worden wäre. Im Rahmen der haftungsausfüllenden Kausalität muss der ArbN darlegen und beweisen, dass der geltend gemachte Schaden im Falle eines Widerspruchs ausgeblieben wäre. Der in Anspruch Genommene wird dem jedoch häufig entgegenhalten können, dass dem ArbN betriebsbedingt gekündigt worden wäre, wenn dieser dem Übergang seines Arbeitsverhältnisses widersprochen hätte.

343 Nach dem Wortlaut des Abs. 6 Satz 1 wird die Monatsfrist für die Ausübung des Widerspruchsrechts nur durch eine Unterrichtung "nach Abs. 5" in Gang gesetzt. Abs. 5 wiederum bestimmt, dass die Un-

---

[1] *Gaul/Otto*, DB 2002, 634 (638); *Willemsen/Lembke*, NJW 2002, 1159 (1164). | [2] Str. für die Zeit nach dem Betriebsübergang vgl. Rz. 325. | [3] BAG v. 30.10.1986 – 2 AZR 101/85, AP Nr. 55 zu § 613a BGB; v. 22.4.1993 – 2 AZR 50/92, AP Nr. 103 zu § 613a BGB. | [4] So aber *Bauer/v. Steinau-Steinrück*, ZIP 2002, 457 (458). | [5] Vgl. *Widlak*, FA 2001, 363; *Willemsen/Lembke*, NJW 2002, 1159 (1161). | [6] Vgl. Palandt/*Heinrichs*, § 276 BGB Rz. 3 und § 425 BGB Rz. 4, 124.

terrichtung „**vor**" dem Zeitpunkt des Übergangs erfolgen muss. Hieraus kann jedoch nicht geschlossen werden, dass dem ArbN im Falle einer Unterrichtung nach dem Zeitpunkt des Übergangs ein zeitlich unbegrenztes, lediglich durch die Grundsätze der Verwirkung eingeschränktes Widerspruchsrecht zukomme[1]. In der Begründung zum Regierungsentwurf ist ausdrücklich klargestellt, dass die Widerspruchsfrist des Abs. 6 Satz 1 auch durch eine Unterrichtung nach dem Betriebs(teil)übergang in Gang gesetzt werden kann[2]. Eine **verspätete Unterrichtung** hat damit lediglich zur Folge, dass der Lauf der Widerspruchsfrist später in Gang gesetzt wird.

7. Nachträgliche Veränderungen. Maßgeblich für die Beurteilung der Richtigkeit und Vollständigkeit der Information des ArbN ist die Sachlage im Zeitpunkt der Unterrichtung; nachträglich eintretende Änderungen machen eine ursprünglich zutreffende Unterrichtung nicht unrichtig. Eine **Pflicht zur Nachbesserung** besteht deshalb im Falle nachträglich eintretender Veränderungen nicht. Allerdings handelt der Unterrichtende uU rechtsmissbräuchlich, wenn er den ArbN zu einem Zeitpunkt informiert, in dem die Folgen des Betriebübergangs noch nicht mit hinreichender Sicherheit feststehen. Eine derart verfrühte Unterrichtung kann den Lauf der Widerspruchsfrist nicht in Gang setzen (vgl. Rz. 325). 344

VII. Widerspruchsrecht. 1. Entwicklung. Seit seiner ersten veröffentlichten Entscheidung zu § 613a hat das BAG in st. Rspr. die Auffassung vertreten, der von einem Betriebs(teil)übergang betroffene ArbN müsse dem Übergang seines Arbeitsverhältnisses mit Rücksicht auf die durch **Art. 12 Abs. 1 GG** verbürgte Berufsfreiheit und den Schutz des allgemeinen Persönlichkeitsrechts durch **Art. 1, 2 Abs. 1 GG** widersprechen können. Mache er von diesem Recht Gebrauch, so gehe sein Arbeitsverhältnis nicht auf den neuen Inhaber über, sondern verbleibe beim bisherigen Betriebsinhaber[3]. In der Lit. wurde diese Rspr. zum Teil heftig bekämpft[4]. Durch eine Entscheidung des EuGH war zwischenzeitlich zweifelhaft geworden, ob das Widerspruchsrecht mit Art. 3 Abs. 1 der § 613a zugrunde liegenden Betriebsübergangsrichtlinie 21/2001/EG[5] vereinbar sei[6]. In zwei Folgeentscheidungen hat der EuGH sodann klargestellt, dass das Widerspruchsrecht nicht nur mit der Betriebsübergangsrichtlinie vereinbar, sondern die Einräumung eines solchen sogar gemeinschaftsrechtlich geboten sei. Allerdings verlange das Gemeinschaftsrecht nicht, dass infolge des Widerspruchs das Arbeitsverhältnis zu dem bisherigen Betriebsinhaber fortgesetzt werde[7]. 345

Der durch Art. 4 des Gesetzes zur Änderung des Seemannsgesetzes[8] mit Wirkung zum 1.4.2002 in das Gesetz eingefügte Abs. 6 kodifiziert im Wesentlichen die frühere Rspr. des BAG[9], die daher für das Verständnis und die Auslegung der Vorschrift weiterhin bedeutsam bleibt. Zum Teil wird die Rspr. des BAG durch Abs. 6 modifiziert oder überholt. Die sich hieraus ergebenden Unterschiede zur bisherigen Rechtslage werden nachfolgend im Zusammenhang dargestellt. 346

2. Rechtsnatur des Widerspruchsrechts. Seiner Rechtsnatur nach ist das Widerspruchsrecht ein Gestaltungsrecht[10]. Als solches ist das Widerspruchsrecht **bedingungsfeindlich**[11]. Ein Widerspruch für den Fall, dass der neue Betriebsinhaber ungünstigere Arbeitsbedingungen gewähren sollte als der bisherige Inhaber, ist daher nicht möglich. Ebenso wenig kann der Widerspruch unter den Vorbehalt gestellt werden, dass der bisherige Betriebsinhaber keine betriebsbedingte Kündigung des Arbeitsverhältnisses in Betracht zieht[12]. 347

3. Anwendungsbereich des Widerspruchsrechts. Das Widerspruchsrecht besteht zunächst in sämtlichen Fällen eines rechtsgeschäftlichen Betriebsinhaberwechsels iSd. Abs. 1 Satz 1. Darüber hinaus gilt Abs. 6 kraft Verweisung in § 324 UmwG auch für Betriebsinhaberwechsel im Rahmen des Umwandlungsgesetzes[13]. Ob auch in den **Fällen der gesellschaftsrechtlichen Anwachsung** ein Widerspruchsrecht besteht, ist ungeklärt. Die besseren Gründe sprechen wohl hiergegen (vgl. unten Rz. 357). 348

---

1 So *Bauer/v. Steinau-Steinrück*, ZIP 2002, 457 (464); wie hier *Gaul*, Betriebs- und Unternehmensspaltung, § 11 Rz. 27. | 2 BT-Drs. 14/7760, S. 20. | 3 BAG v. 2.10.1974 – 5 AZR 504/73, AP Nr. 1 zu § 613a BGB, st. Rspr.; aus der Lit. Staudinger/*Richardi*/*Annuß*, § 613a BGB Rz. 117 und 127; kritisch zum grundrechtlichen Begründungsansatz der früheren Rspr. jüngst BAG v. 25.1.2001 – 8 AZR 336/00, AP Nr. 215 zu § 613a BGB; v. 8.5.2001 – 9 AZR 95/00, AP Nr. 219 zu § 613a BGB. | 4 Vgl. nur *Bauer*, NZA 1990, 881; *Bauer*, NZA 1991, 139; *Commandeur*, NJW 1996, 2537 (2538); *Meilicke*, DB 1990, 1170 sowie die Nachw. bei Staudinger/*Richardi*/*Annuß*, § 613a BGB Rz. 117 aE. | 5 Damals: 77/187/EWG. | 6 EuGH v. 5.5.1988 – Rs. C-144, 145/87, NZA 1990, 885 – Berg/Busschers; hierzu *Bauer*, NZA 1991, 139 (140). | 7 EuGH v. 16.12.1992 – C 132/91 ua, AP Nr. 97 zu § 613a BGB – Katsikas; v. 7.3.1996 – Rs. C-171/94 und Rs. C-172/94, AP Nr. 9 zu RL 77/187/EWG – Merckx, Neuhuys; Staudinger/*Richardi*/*Annuß*, § 613a BGB Rz. 119; *Willemsen* in Willemsen/Hohenstatt/Schweibert/Seibt, Rz. G 171. | 8 BGBl. I S. 1163. | 9 Vgl. die Begründung des Regierungsentwurfs BT-Drs. 14/77/60, S. 19. | 10 BAG v. 30.10.1986 – 2 AZR 101/85, AP Nr. 55 zu § 613a BGB; v. 22.4.1993 – 2 AZR 50/92, AP Nr. 103 zu § 613a BGB, st. Rspr.; Staudinger/*Richardi*/*Annuß*, § 613a BGB Rz. 122; ErfK/*Preis*, § 613a BGB Rz. 92; *Franzen*, RdA 2002, 258 (263). | 11 *Erman*/*Edenfeld*, § 613a BGB Rz. 50; ErfK/*Preis*, § 613a BGB Rz. 92; *Seiter*, Betriebsinhaberwechsel, 1980, S. 74. | 12 *Erman*/*Edenfeld*, § 613a BGB Rz. 50; ErfK/*Preis*, § 613a BGB Rz. 92; *Seiter*, Betriebsinhaberwechsel, 1980, S. 74. | 13 Vor In-Kraft-Treten des Umwandlungsgesetzes bereits für ein Widerspruchsrecht BAG v. 25.5.2000, AP Nr. 209 zu § 613a BGB; ausf. auch zur Frage des Widerspruchsrechts in den Fällen des Erlöschens des übertragenden Rechtsträgers unten Rz. 357.

349 In den Fällen eines **landesgesetzlich geregelten Betriebsinhaberwechsels** kommt den betroffenen ArbN nach der Auffassung des BAG ein Widerspruchsrecht gegen den Übergang ihrer Arbeitsverhältnisse zu, sofern der Inhaberwechsel auf einem Rechtsgeschäft beruht. Dies gelte auch, wenn der Abschluss des Rechtsgeschäfts[1] gesetzlich angeordnet sei[2]. Anders soll zu entscheiden sein, wenn der Inhaberwechsel auf einer landesgesetzlich geregelten Ausgliederung (außerhalb des Umwandlungsgesetzes) von einem öffentlich-rechtlich organisierten Rechtsträger auf einen anderen öffentlich-rechtlich organisierten Rechtsträger ohne das Hinzutreten eines Rechtsgeschäfts beruhe. In diesen Fällen sei der Landesgesetzgeber nicht verpflichtet, den ArbN ein Widerspruchsrecht gegen den landesgesetzlichen Übergang ihrer Arbeitsverhältnisse einzuräumen[3].

350 **4. Ausübung des Widerspruchsrechts.** Gemäß Abs. 6 Satz 1 kann der ArbN dem Übergang seines Arbeitsverhältnisses innerhalb eines Monats nach der Unterrichtung nach Abs. 5 widersprechen. Für den Beginn der **Monatsfrist** kommt es auf den Zugang der Unterrichtung nach Abs. 5 an[4]. Der Zugang der Unterrichtung richtet sich nach den für Willenserklärungen geltenden Regeln der §§ 130 bis 132[5]. Für die Berechnung der Monatsfrist gelten die §§ 187 ff[6]. Das Ende der Widerspruchsfrist des Abs. 6 Satz 1 kann damit sowohl vor als auch nach dem Zeitpunkt des Inhaberwechsels liegen, je nachdem, wann dem ArbN die Unterrichtung nach Abs. 5 zugeht[7]. Dies entspricht im Ausgangspunkt der früheren Rspr. des BAG, wonach der ArbN dem Übergang seines Arbeitsverhältnisses auch noch nach dem Zeitpunkt des Inhaberwechsels widersprechen konnte, wenn er weder von dem bisherigen noch von dem neuen Betriebsinhaber rechtzeitig vor dem Inhaberwechsel über diesen unterrichtet wurde[8]. Allerdings muss der ArbN unter der Geltung des Abs. 6 dem Übergang nicht mehr unverzüglich widersprechen, sobald er von dem Inhaberwechsel Kenntnis erlangt[9]. Vielmehr beginnt die Widerspruchsfrist erst dann zu laufen, wenn dem ArbN eine Unterrichtung in der Form und mit dem Inhalt des Abs. 5 zugeht[10]. Die frühere Rspr. des BAG bleibt jedoch für den Fall bedeutsam, dass die Unterrichtung nach Abs. 5 unvollständig oder unrichtig ist. Nach zutreffendem Verständnis muss der ArbN sein Widerspruchsrecht in diesen Fällen binnen angemessener Frist ausüben, sobald er von dem wahren Sachverhalt Kenntnis erlangt, wobei als angemessen in Anlehnung an Abs. 6 Satz 1 eine Frist von 1 Monat gelten dürfte[11].

351 Der Widerspruch bedarf der **Schriftform**[12]. Ein ohne Beachtung dieser Form erklärter Widerspruch ist gemäß § 125 Satz 1 nichtig[13]. Das Schriftformerfordernis soll dem ArbN die Bedeutung des Widerspruchs bewusst machen (Warnfunktion) und den beteiligten ArbGeb die Beweisführung darüber, ob der ArbN tatsächlich widersprochen hat, erleichtern (Beweisfunktion)[14]. Ein konkludenter Widerspruch, wie er vor In-Kraft-Treten des Abs. 6 Satz 1 für möglich gehalten wurde[15], kommt damit nicht mehr in Betracht[16]. Ob der Empfänger der Widerspruchserklärung verpflichtet ist, den ArbN auf die Formunwirksamkeit seines Widerspruchs hinzuweisen, wenn der Widerspruch noch innerhalb der Monatsfrist nachgeholt werden kann, ist unsicher. Um dieser Unsicherheit zu entgehen, empfiehlt es sich, den ArbN bereits im Rahmen der Unterrichtung nach Abs. 5 auf das Schriftformerfordernis – mit einer Erläuterung, was Schriftform iSd. § 126 bedeutet – hinzuweisen.

352 Der Widerspruch kann nach Abs. 6 Satz 2 sowohl gegenüber dem **bisherigen** als auch gegenüber dem **neuen Betriebsinhaber** erklärt werden[17]. Eine Einschränkung dahin gehend, dass der Widerspruch stets gegenüber demjenigen erklärt werden müsste, der die Unterrichtung nach Abs. 5 vorgenommen hat, ist dem Gesetz nicht zu entnehmen[18]. Wegen der weitreichenden Konsequenzen eines Widerspruchs auch für den bisherigen und den neuen Betriebsinhaber empfiehlt es sich, im Unternehmenskaufvertrag eine Pflicht zur wechselseitigen Benachrichtigung über eventuelle Widersprüche zu vereinbaren. Der einmal erklärte Widerspruch kann **nicht widerrufen** oder nachträglich mit einem Vorbehalt versehen werden. Eine zwischen dem bisherigen Inhaber und dem ArbN vereinbarte Aufhebung des Widerspruchs ist dem neuen Inhaber gegenüber unwirksam[19].

---

1 Im Anlassfall: Pachtvertrag. | 2 BAG v. 25.1.2001 – 8 AZR 336/00, AP Nr. 215 zu § 613a BGB; vgl. a. Rz. 192. | 3 BAG v. 8.5.2001 – 9 AZR 95/00, AP Nr. 219 zu § 613a BGB; vgl. a. Rz. 192. | 4 ErfK/*Preis*, § 613a BGB Rz. 96; Palandt/*Putzo*, § 613a BGB Rz. 51. | 5 ErfK/*Preis*, § 613a BGB Rz. 96; Palandt/*Putzo*, § 613a BGB Rz. 51. | 6 ErfK/*Preis*, § 613a BGB Rz. 96; Palandt/*Putzo*, § 613a BGB Rz. 51; *Willemsen/Lembke*, NJW 2002, 1159 (1160). | 7 *Gaul/Otto*, DB 2002, 634 (637); ErfK/*Preis*, § 613a BGB Rz. 96. | 8 BAG v. 30.10.1986 – 2 AZR 101/85, AP Nr. 55 zu § 613a BGB; v. 22.4.1993 – 2 AZR 313/92, AP Nr. 102 zu § 613a BGB; v. 22.4.1993 – 2 AZR 50/92, AP Nr. 103 zu § 613a BGB. | 9 BAG v. 22.4.1993 – 2 AZR 313/92, AP Nr. 102 zu § 613a BGB; ErfK/*Preis*, § 613a BGB Rz. 96. | 10 ErfK/*Preis*, § 613a BGB Rz. 96; Palandt/*Putzo*, § 613a BGB Rz. 51; *Bauer/v. Steinau-Steinrück*, ZIP 2002, 457 (469). | 11 Ausf. oben Rz. 340. | 12 § 126 BGB. | 13 *Worzalla*, NZA 2002, 353 (356 f.); *Willemsen/Lembke*, NJW 2002, 1159 (1160). | 14 BT-Drs. 14/7760, S. 20. | 15 Vgl. BAG v. 20.4.1989 – 2 AZR 431/88, NZA 1990, 32 (33); ErfK/*Preis*, § 613a BGB Rz. 93; *Gaul/Otto*, DB 2002, 634 (636 f.); *Worzalla*, NZA 2002, 353 (356). | 16 ErfK/*Preis*, § 613a BGB Rz. 93. | 17 So zuvor bereits für den Fall, dass der ArbN weder von dem bisherigen noch von dem neuen Betriebsinhaber ausreichend über den Inhaberwechsel informiert wurde, BAG v. 22.4.1993 – 2 AZR 50/92, AP Nr. 103 zu § 613a BGB. | 18 *Worzalla*, NZA 2002, 353 (356); *Willemsen/Lembke*, NJW 2002, 1159 (1160). | 19 BAG v. 30.10.2003 – 8 AZR 491/02, nv.

Die Ausübung des Widerspruchsrechts ist **nicht an das Vorliegen sachlicher Gründe** gebunden[1]. Infolge dessen bedarf auch die Widerspruchserklärung keiner Begründung[2]. Allerdings wirkt sich das Fehlen sachlicher Gründe im Falle einer betriebsbedingten Kündigung durch den bisherigen Betriebsinhaber für den ArbN nachteilig im Rahmen der Sozialauswahl nach § 1 Abs. 3 KSchG aus (vgl. Rz. 360). Ein willkürlicher Widerspruch kann ferner den Verlust von Sozialplananprüchen oder einer tarifvertraglichen Entlassungsentschädigung nach sich ziehen (vgl. Rz. 364). 353

5. Massenhafte Ausübung des Widerspruchsrechts. Die Ausübung des Widerspruchsrechts kann gegen **Treu und Glauben** (§ 242) verstoßen und deshalb unbeachtlich sein[3]. Ein solcher Fall liegt beispielsweise vor, wenn das Widerspruchsrecht von einer Gruppe von ArbN koordiniert (kollektiv) zu Zwecken ausgeübt wird, die sich nicht in der Sicherung des vertraglichen Status quo erschöpfen[4]. Ein Fall des Rechtsmissbrauchs liegt ferner vor, wenn der Übernehmer eines „betriebsmittelarmen" Betriebs(teils), bei dem es für die Frage, ob ein Betriebs(teil)übergang vorliegt, auf die Übernahme eines nach Zahl und Sachkunde wesentlichen Teils der Belegschaft ankommt (vgl. oben Rz. 40), die ArbN unter Anbietung eines neuen Arbeitsvertrages zur Ausübung ihres Widerspruchsrechts veranlasst, um auf diese Weise die Rechtsfolgen des § 613a zu vermeiden[5]. 354

Andererseits liegt ein Verstoß gegen Treu und Glauben nicht bereits darin, dass das Widerspruchsrecht massenhaft ausgeübt wird, und zwar selbst dann nicht, wenn die ArbN dem Übergang ihres Arbeitsverhältnisses aus Gründen widersprechen, die hinzunehmen ihnen das Gesetz zumutet. Der bisherige Betriebsinhaber kann hierdurch in die Lage geraten, eine gemäß §§ 111 ff. BetrVG interessenausgleich- und sozialplanpflichtige **Massenentlassung** durchführen zu müssen. Im Rahmen der Ermittlung, ob die für das Vorliegen einer Betriebsänderung maßgeblichen Schwellenwerte erreicht werden, sind auch die widersprechenden ArbN mitzuzählen[6]. Allerdings ist die Einigungsstelle verpflichtet, ArbN, die dem Übergang ihres Arbeitsverhältnisses ohne sachlichen Grund widersprechen, in entsprechender Anwendung des § 112 Abs. 5 Satz 2 Nr. 2 BetrVG von den Leistungen eines Sozialplans auszuschließen[7]. Die Betriebspartner können einen solchen Leistungsausschluss in einen außerhalb der Einigungsstelle geschlossenen Sozialplan aufnehmen, müssen dies jedoch nach der Auffassung der Rspr. nicht[8]. 355

6. Rechtsfolgen des Widerspruchs. a) Verhinderung des Übergangs; Fortbestand des Arbeitsverhältnisses mit dem bisherigen Betriebsinhaber. Die Ausübung des Widerspruchsrechts ist mit einer doppelten Rechtsfolge verbunden. Im Normalfall seiner Ausübung vor dem Zeitpunkt des Inhaberwechsels verhindert der Widerspruch den Übergang des Arbeitsverhältnisses auf den neuen Betriebsinhaber[9]. Das BAG spricht in diesem Zusammenhang von einem „Rechtsfolgenverweigerungsrecht"[10]. Aus dieser ersten Folge der Verhinderung des Übergangs des Arbeitsverhältnisses ergibt sich zugleich die zweite Folge der Ausübung des Widerspruchsrechts, dass nämlich das Arbeitsverhältnis bei dem bisherigen Betriebsinhaber verbleibt[11]. Wird das Widerspruchsrecht in zulässiger Weise erst nach dem Zeitpunkt des Inhaberwechsels ausgeübt (zu dieser Möglichkeit Rz. 350), wirkt der Widerspruch auf diesen Zeitpunkt zurück[12]. Die dogmatische Erklärung dieser Rückwirkung ist umstritten[13]. Im Ergebnis besteht jedoch Einigkeit, dass auch im Falle eines zulässigen nachträglichen Widerspruchs das Arbeitsverhältnis zu keinem Zeitpunkt auf den neuen Betriebsinhaber übergeht[14]. Seine zwischenzeitliche Arbeitsleistung bei dem neuen Betriebsinhaber erbringt der ArbN auf der Grundlage eines **faktischen Arbeitsverhältnisses**[15]. Vergütungsansprüche stehen dem ArbN in diesem Falle regelmäßig nur gegen den neuen Betriebsinhaber zu, weil er nur bei diesem tatsächlich tätig ist. Ob der ArbN im Falle eines nachträglichen Widerspruchs zusätzlich zu den Vergütungsansprüchen gegen den neuen Betriebsinhaber gegenüber dem bisherigen Betriebsinhaber Ansprüche auf rein dienstzeitabhängige 356

---

1 Dazu umfassend *Franzen*, RdA 2002, 258 (264 f.). | 2 ErfK/*Preis*, § 613a BGB Rz. 94; so zuvor auch schon BAG v. 19.3.1998 – 8 AZR 139/97, AP Nr. 177 zu § 613a BGB. | 3 BAG v. 19.3.1998 – 8 AZR 139/97, AP Nr. 177 zu § 613a BGB. | 4 Staudinger/*Richardi*/*Annuß*, § 613a BGB Rz. 142; Erman/*Edenfeld*, § 613a BGB Rz. 55; MünchArbR/*Wank*, § 124 Rz. 103; aA Soergel/*Raab*, § 613a BGB Rz. 163. | 5 *Willemsen* in Willemsen/Hohenstatt/Schweibert/Seibt, Rz. G 177. | 6 BAG v. 10.12.1996 – 1 AZR 290/96, AP Nr. 32 zu § 113 BetrVG 1972. | 7 Staudinger/*Richardi*/*Annuß*, § 613a BGB Rz. 138 („Von Leistungen, die wegen des Arbeitsplatzverlustes gewährt werden"); wohl ebenso BAG v. 5.2.1997 – 10 AZR 553/96, AP Nr. 112 zu § 112 BetrVG 1972; v. 15.12.1998 – 1 AZR 332/98, AP Nr. 126 zu § 112 BetrVG 1972. | 8 BAG v. 15.12.1998 – 1 AZR 332/98, AP Nr. 126 zu § 112 BetrVG 1972; kritisch Staudinger/*Richardi*/*Annuß*, § 613a BGB Rz. 138; vgl. auch *Neef*, NZA 1994, 97 (101). | 9 BAG v. 30.10.1986 – 2 AZR 101/85, AP Nr. 55 zu § 613a BGB; v. 22.4.1993 – 2 AZR 50/92, AP Nr. 103 zu § 613a BGB; Staudinger/*Richardi*/*Annuß*, § 613a BGB Rz. 127. | 10 BAG v. 22.4.1993 – 2 AZR 50/92, AP Nr. 103 zu § 613a BGB. | 11 BAG v. 30.10.1986 – 2 AZR 101/85, AP Nr. 55 zu § 613a BGB; v. 22.4.1993 – 2 AZR 50/92, AP Nr. 103 zu § 613a BGB; Erman/*Edenfeld*, § 613a BGB Rz. 56; ErfK/*Preis*, § 613a BGB Rz. 101. | 12 BAG v. 22.4.1993 – 2 AZR 50/92, AP Nr. 103 zu § 613a BGB; ErfK/*Preis*, § 613a BGB Rz. 101. | 13 BAG v. 22.4.1993 – 2 AZR 50/92, AP Nr. 103 zu § 613a BGB: Rückwirkende Beseitigung der Rechtsfolgen des Abs. 1 Satz 1; Staudinger/*Richardi*/*Annuß*, § 613a BGB Rz. 128: Aufschiebend bedingter Übergang des Arbeitsverhältnisses bis zum Ablauf der Widerspruchsfrist. | 14 BAG v. 22.4.1993 – 2 AZR 50/92, AP Nr. 103 zu § 613a BGB; Staudinger/*Richardi*/*Annuß*, § 613a BGB Rz. 128; *Gaul*/*Otto*, DB 2002, 634 (638); *Worzalla*, NZA 2002, 353 (357). | 15 Staudinger/*Richardi*/*Annuß*, § 613a BGB Rz. 130; *Worzalla*, NZA 2002, 353 (357 f.).

Leistungen zustehen[1], ist noch ungeklärt. Hierfür spricht, dass das Arbeitsverhältnis zu jedem Zeitpunkt beim bisherigen Betriebsinhaber verbleibt. Zur Frage der **Zuordnung des Arbeitsverhältnisses** zu den zurückbleibenden Betriebsteilen im Falle eines weiteren Betriebsteilübergangs vgl. Rz. 226.

357 Die zweite Rechtsfolge des Widerspruchsrechts, der Verbleib des Arbeitsverhältnisses beim bisherigen Betriebsinhaber, kann denkgesetzlich nicht zum Tragen kommen, wenn der **bisherige Inhaber** im Zeitpunkt des Betriebsübergangs **erlischt**, was namentlich in den Fällen der umwandlungsgesetzlichen Verschmelzung, Aufspaltung und vollständigen Vermögensübertragung bedeutsam wird[2]. Ein Teil des Schrifttums will das Widerspruchsrecht deshalb in diesen Fällen im Sinne eines außerordentlichen Lösungsrechts interpretieren[3]. Dies übersieht jedoch, dass auch die erste Rechtsfolge des Widerspruchsrechts, die anfängliche Verhinderung des Übergangs des Arbeitsverhältnisses, in den Fällen des Erlöschens des bisherigen Betriebsinhabers sinnvollerweise nicht eingreifen kann. Verschmelzung, Aufspaltung und Vermögensvollübertragung haben gemäß §§ 20 Abs. 1 Nr. 1, 2; 131 Abs. 1 Nr. 1, 2; 176 Abs. 1 iVm. 20 Abs. 1 Nr. 1, 2 UmwG das Erlöschen des übertragenden Rechtsträgers unter Auflösung ohne Abwicklung zur Folge[4]. Würde das Widerspruchsrecht auch bei Erlöschen des bisherigen Betriebsinhabers den Übergang des Arbeitsverhältnisses anfänglich verhindern, so müssten die widersprechenden ArbN deshalb im Zeitpunkt des Wirksamwerdens der Umwandlung sämtlicher offenen Ansprüche aus dem Arbeitsverhältnis einschließlich einer eventuellen Versorgungsanwartschaft verlustig gehen[5]. Zugleich würde das Widerspruchsrecht dem ArbN die Möglichkeit eröffnen, sich durch einseitige Erklärung von einem nachvertraglichen Wettbewerbsverbot zu lösen[6]. Eine anfängliche Verhinderung des Übergangs des Arbeitsverhältnisses stünde schließlich in einem kaum auflösbaren Spannungsverhältnis zur Gesamtkonzeption des Umwandlungsgesetzes, das – wie ua. § 133 UmwG erhellt – auf eine Überwindung von Zustimmungsvorbehalten und sonstigen Sukzessionshindernissen abzielt[7]. Abs. 6 kann deshalb in den Fällen des Erlöschens des bisherigen Betriebsinhabers keine Anwendung finden[8]. Andererseits geht es mit Rücksicht auf die Verwurzelung des Widerspruchsrechts in den Grundrechten und im europäischen Gemeinschaftsrecht (vgl. Rz. 345) nicht an, die ArbN in diesen Fällen auf ihr Recht zur ordentlichen Kündigung des Arbeitsverhältnisses zu verweisen. Am besten wird man den Interessen der Beteiligten wohl durch die Einräumung eines **außerordentlichen Kündigungsrechts** zugunsten der ArbN entsprechend § 626 gerecht, für dessen Ausübung es keines wichtigen Grundes bedarf[9].

358 b) **Annahmeverzug des bisherigen Betriebsinhabers.** Kann der bisherige Betriebsinhaber den ArbN infolge des Betriebs(teil)übergangs nicht beschäftigen, so gerät er in **Annahmeverzug**. Bietet jedoch der neue Betriebsinhaber dem ArbN eine Weiterbeschäftigung auf seinem bisherigen (übergegangenen) Arbeitsplatz an, so muss sich der ArbN gemäß § 615 Satz 2 auf seinen Annahmeverzugslohnanspruch in der Regel anrechnen lassen, was er bei dem neuen Betriebsinhaber zu erwerben böswillig unterlässt, wenn er dieses Angebot ablehnt[10]. Die Weiterarbeit beim neuen Betriebsinhaber ist dem ArbN in der Regel zumutbar. Der bloße Umstand, dass er von seinem Widerspruchsrecht wirksam Gebrauch gemacht hat, schließt die Zumutbarkeit nicht aus[11]. Auch die Geltung eines im Vergleich zu dem beim bisherigen Betriebsinhaber geltenden TV ungünstigeren TV beim neuen Inhaber soll die Erzielung von Zwischenerwerb bei diesem nicht unzumutbar machen[12]. In der Praxis empfiehlt es sich, im Unternehmenskaufvertrag eine Verpflichtung des Erwerbers zu begründen, widersprechenden ArbN eine Weiterbeschäftigung auf ihrem bisherigen Arbeitsplatz anzubieten. Vor dem Hintergrund der dargestellten Rspr. lassen sich mit Hilfe einer solchen Regelung die mit eventuellen Widersprüchen verbundenen Kosten reduzieren.

359 c) **Kündigungsschutzrechtliche Folgen.** Mit einem Widerspruch gegen den Übergang seines Arbeitsverhältnisses setzt sich der ArbN dem **Risiko einer betriebsbedingten Kündigung** aus, weil ihn der bisherige Betriebsinhaber infolge des Betriebsübergangs häufig nicht mehr beschäftigen kann. Eine solche Kündigung scheitert nicht bereits an Abs. 4 Satz 1[13]. Die Wirksamkeit einer betriebsbedingten Kündigung gegenüber widersprechenden ArbN beurteilt sich im Ausgangspunkt nach den allgemei-

---

[1] ZB Gratifikationen, Ansprüche auf betriebliche Altersversorgung. | [2] Vgl. zum Verhältnis von Unternehmensumwandlung und Betriebsübergang, insbesondere zur Frage nach dem Zeitpunkt des Inhaberwechsels oben Rz. 82. | [3] *Boecken*, Unternehmensumwandlungen Rz. 84 f.; *Bauer/Lingemann*, NZA 1994, 1057 (1061); Lutter/*Joost*, § 324 UmwG Rz. 36; Soergel/*Raab*, § 613a BGB Rz. 177; Staudinger/*Richardi/Annuß*, § 613a BGB Rz. 129; ebenso ArbG Münster v. 14.4.2000 – 3 Ga 13/00, DB 2000, 1182; in der Tendenz auch BAG v. 25.5.2000 – 8 AZR 416/99, AP Nr. 209 zu § 613a BGB. | [4] Kallmeyer/*Marsch-Barner*, § 20 UmwG Rz. 28; Kallmeyer/*Kallmeyer*, § 131 UmwG Rz. 10. | [5] *Willemsen* in Willemsen/Hohenstatt/Schweibert/Seibt, Rz. G 179. | [6] *Willemsen* in Willemsen/Hohenstatt/Schweibert/Seibt, Rz. G 178. | [7] *Willemsen* in Willemsen/Hohenstatt/Schweibert/Seibt, Rz. G 179. | [8] Ebenso die Begründung des Regierungsentwurfs zu Abs. 6, in der es heißt: „Keinen Ansatz für ein Widerspruchsrecht gibt es, wenn das übertragende Unternehmen infolge der Umwandlung erlischt, also in den Fällen der Verschmelzung, Aufspaltung und vollständigen Vermögensübertragung." (BT-Drs. 14/7760, S. 20) | [9] Im Ergebnis ebenso *Hennrichs*, BB 1995, 925 (930); Kallmeyer/*Willemsen*, § 324 UmwG Rz. 22 f.; *Kreßel*, BB 1995, 925 (930); *Wlotzke*, DB 1995, 40 (43). | [10] BAG v. 5.2.1997 – 10 AZR 553/96, AP Nr. 112 zu § 112 BetrVG 1972; v. 19.3.1998 – 8 AZR 139/97, AP Nr. 177 zu § 613a BGB. | [11] BAG v. 19.3.1998 – 8 AZR 139/97, AP Nr. 177 zu § 613a BGB; ErfK/*Preis*, § 613a BGB Rz. 101. | [12] BAG v. 5.2.1997 – 10 AZR 553/96, AP Nr. 112 zu § 112 BetrVG 1972. | [13] ErfK/*Preis*, § 613a BGB Rz. 102; umfassend dazu *Willemsen* in Willemsen/Hohenstatt/Schweibert/Seibt, Rz. G 181 ff.

nen Grundsätzen des Kündigungsrechts. Insbesondere muss der bisherige Betriebsinhaber vor dem Ausspruch einer betriebsbedingten Kündigung gemäß § 1 Abs. 2 KSchG freie Arbeitsplätze im Unternehmen anbieten. Nach der Ansicht des BAG ist der bisherige Betriebsinhaber sogar verpflichtet, zumutbare und geeignete freie **Arbeitsplätze** auf die bloße Möglichkeit hin, dass ArbN dem Übergang ihres Arbeitsverhältnisses widersprechen, **freizuhalten**. Dies gelte zumindest[1] während des Laufs der Widerspruchsfrist des Abs. 6 Satz 1; denn während dieses Zeitraums müsse der bisherige Inhaber damit rechnen, dass ArbN von ihrem Widerspruchsrecht Gebrauch machen. Besetze der bisherige Inhaber während dieser Zeit einen bis dahin freien Arbeitsplatz neu, so handele er treuwidrig und könne sich gegenüber einem widersprechenden ArbN nach dem Rechtsgedanken des § 162 nicht auf das Fehlen einer anderweitigen Beschäftigungsmöglichkeit berufen, sofern der wiederbesetzte Arbeitsplatz dem ArbN zumutbar und der ArbN für den Arbeitsplatz geeignet sei[2].

Weitere Besonderheiten ergeben sich im Hinblick auf die nach § 1 Abs. 3 KSchG durchzuführende **Sozialauswahl**. Nach der Auffassung der Rspr. müssen im Rahmen der Sozialauswahl die Gründe, die den ArbN zu seinem Widerspruch bewogen haben, Berücksichtigung finden. Je geringer die Unterschiede in der sozialen Schutzbedürftigkeit zwischen dem widersprechenden ArbN und demjenigen ArbN sind, auf dessen Arbeitsplatz sich der widersprechende ArbN beruft, desto gewichtiger müssen die Gründe für den Widerspruch sein. Nur wenn der widersprechende ArbN einen baldigen Arbeitsplatzverlust oder eine baldige wesentliche Verschlechterung seiner Arbeitsbedingungen zu befürchten habe, könne dieser einen Arbeitskollegen, der nicht ganz erheblich weniger schutzbedürftig sei, verdrängen[3]. Dieser Rspr. liegt die zutreffende Erkenntnis zugrunde, dass das Widerspruchsrecht nicht willkürlich zu Lasten anderer ArbN ausgeübt werden darf. Sinnvoller als die Sozialauswahl mit einem weiteren Unsicherheitsfaktor zu belasten, wäre es jedoch, das Widerspruchsrecht einer Ausübungskontrolle zu unterziehen[4]. Ob unter der Geltung des Abs. 6 noch eine Korrektur der Rspr. möglich ist, erscheint indes zweifelhaft. **360**

Welche **Gründe** außer den vom BAG in seiner Entscheidung vom 18.3.1999 genannten[5] einen Widerspruch rechtfertigen können, ist umstritten. Der Verlust des Kündigungsschutzes dürfte genügen, jedoch nur dann, wenn der bisherige Betriebsinhaber auch nach dem Inhaberwechsel noch dem Kündigungsschutzgesetz unterfällt[6], ebenso eine Insolvenzgefährdung des neuen Inhabers[7]. Nach der Ansicht des LAG Düsseldorf[8] soll auch das Interesse des ArbN, seine Mitgliedschaft im BR fortzusetzen, einen Widerspruch sachlich rechtfertigen können[9]. Nach LAG Hamm[10] und LAG Berlin[11] soll ausreichen, dass das Arbeitsverhältnis in einen Betrieb übergeht, der nicht der Sozialplanpflicht unterliegt[12]. Das LAG Hamm[13] meint sogar, dass bereits weitere Anfahrtswege als sachlicher Grund für einen Widerspruch in Betracht kommen. Dass bei dem neuen Betriebsinhaber ein ungünstigerer TV gilt als beim bisherigen Betriebsinhaber, genügt jedenfalls nicht. Das Gesetz mutet dem ArbN in Abs. 1 Satz 3 derartige Nachteile zu[14]. **361**

Bei **tarifvertraglich „unkündbaren"** ArbN muss der ArbGeb vor dem Ausspruch einer außerordentlichen betriebsbedingten Kündigung wie auch sonst alle zumutbaren, eine Weiterbeschäftigung ermöglichenden Mittel ausschöpfen. Der Widerspruch des ArbN gegen einen Übergang seines Arbeitsverhältnisses führt insoweit nicht zu einer Schmälerung seiner Rechtsstellung. Darauf, ob der ArbN für seinen Widerspruch sachliche Gründe vorbringen kann, kommt es nicht an[15]. **362**

d) Sonstige Folgen. Mit dem Widerspruch gegen den Übergang des Arbeitsverhältnisses ist das Risiko der Verhängung einer **Sperrzeit** beim Bezug von Alg gemäß § 144 SGB III verbunden[16]. **363**

Die TV-Parteien dürfen ArbN, die dem Übergang ihres Arbeitsverhältnisses ohne sachlichen Grund widersprechen, von einer Abfindungsregelung für den Fall des Verlusts des Arbeitsplatzes ausnehmen[17]. Die Betriebspartner können ArbN, die dem Übergang ihres Arbeitsverhältnisses ohne sachli- **364**

---

1 Ob diese Pflicht auch bereits vor Beginn der Frist des Abs. 6 Satz 1 oder nach dem Ablauf dieser Frist bestehen könne, hat der Senat ausdrücklich offen gelassen, vgl. BAG v. 15.8.2002 – 2 AZR 195/01, ZIP 2003, 365, zu II. 1. d) bb) d.Gr. | 2 BAG v. 15.8.2002 – 2 AZR 195/01, ZIP 2003, 365. | 3 BAG v. 18.3.1999 – 8 AZR 190/98, AP Nr. 41 zu § 1 KSchG 1969 – Soziale Auswahl; v. 21.3.1996 – 2 AZR 559/95, AP Nr. 81 zu § 102 BetrVG 1972; anders noch v. 7.4.1993 – 2 AZR 449/91 (B), AP Nr. 22 zu § 1 KSchG 1969 – Soziale Auswahl: keine Sozialauswahl bei Fehlen eines sachlichen Grundes für den Widerspruch; vgl. dazu ErfK/*Preis*, § 613a BGB Rz. 104; *Franzen*, RdA 2002, 258 (268); *Stahlhacke/Preis/Vossen*, Rz. 1067 ff.; *Picot/Schnitker*, Teil I Rz. 383. | 4 ErfK/*Preis*, § 613a BGB Rz. 104; *Schlachter*, NZA 1995, 705 (707); aA *Lunk*, NZA 1995, 711 (713). | 5 Risiko eines alsbaldigen Verlustes des Arbeitsplatzes oder einer alsbaldigen wesentlichen Verschlechterung der Arbeitsbedingungen. | 6 ErfK/*Preis*, § 613a BGB Rz. 104; *Stahlhacke/Preis/Vossen*, Rz. 1068. | 7 Nicht jedoch das Risiko, dass dieser nicht „über die nötige Bonität" verfügt oder als „unzuverlässig bekannt ist", so ErfK/*Preis*, § 613a BGB Rz. 104. | 8 LAG Düsseldorf v. 25.11.1997 – 8 Sa 1358/97, LAGE § 15 KSchG Nr. 16. | 9 Zu Recht abl. *Annuß*, DB 1999, 798; zur Frage des Erhalts des Sonderkündigungsschutzes nach § 15 KSchG in diesen Fällen *Willemsen* in Willemsen/Hohenstatt/Schweibert/Seibt, Rz. G 184 mwN. | 10 LAG Hamm v. 21.6.1994 – 6 Sa 30/94, NZA 1995, 471. | 11 LAG Berlin v. 26.5.1997 – 9 Sa 19/97, MDR 1997, 948. | 12 Zust. Staudinger/*Richardi/Annuß*, § 613a BGB Rz. 135; abl. *Lunk*, NZA 1995, S. 711 (716 f.). | 13 LAG Hamm v. 28.1.1999 – 8 Sa 2395/97, ZInsO 1999, 422. | 14 BAG v. 5.2.1997 – 10 AZR 553/96, AP Nr. 112 zu § 112 BetrVG 1972. | 15 BAG v. 17.9.1998 – 2 AZR 419/97, AP Nr. 148 zu § 626 BGB. | 16 Vgl. *Commandeur*, NJW 1996, 2537 (2544); *Willemsen* in Willemsen/Hohenstatt/Schweibert/Seibt, Rz. G 171. | 17 BAG v. 10.11.1993 – 4 AZR 184/93, AP Nr. 43 zu § 1 TVG – Tarifverträge: Einzelhandel.

chen Grund widersprechen, von **Sozialplanansprüchen** ausschließen[1]. Eine Sozialplanregelung, der zufolge ArbN, die einen ihnen angebotenen, zumutbaren Arbeitsplatz ablehnen, keine Sozialplanleistungen beanspruchen können, enthält in der Regel konkludent einen solchen Ausschluss[2].

365 **7. Verzicht auf das Widerspruchsrecht.** Der ArbN kann auf sein Widerspruchsrecht verzichten[3]. Ein solcher Verzicht bedarf nicht der in Abs. 6 Satz 1 für die Ausübung des Widerspruchsrechts vorgesehenen Form[4]. Er kann sogar konkludent durch die Fortsetzung der Tätigkeit bei dem neuen Betriebsinhaber erklärt werden[5]. Allerdings wird man während des Laufs der Monatsfrist des Abs. 6 Satz 1 von einem konkludenten Verzicht auf das Widerspruchsrecht nur in Ausnahmefällen ausgehen können. Bedeutung kommt der Möglichkeit eines konkludenten Verzichts jedoch in den Fällen einer unvollständigen oder unrichtigen Unterrichtung nach Abs. 5 zu. In einer derartigen Konstellation kann in einer Weiterarbeit des ArbN in Kenntnis der Unvollständigkeit oder Unrichtigkeit der Unterrichtung ein Verzicht auf das Widerspruchsrecht liegen (vgl. Rz. 340). Ein konkludenter Verzicht auf das Widerspruchsrecht liegt in der Regel auch dann vor, wenn der ArbN mit dem bisherigen oder dem neuen Betriebsinhaber einen Übergang seines Arbeitsverhältnisses auf den neuen Inhaber vereinbart[6]. Ein arbeitsvertraglich vereinbarter „Blanko-Verzicht" für den Fall, dass es zu einem Betriebsinhaberwechsel kommen sollte, ist nicht möglich. Die wirksame Vereinbarung eines Verzichts setzt stets einen konkret bevorstehenden Inhaberwechsel voraus[7]. Durch eine BV oder einen TV kann das Widerspruchsrecht nicht ausgeschlossen werden[8].

366 **VIII. Betriebsübergang in der Insolvenz. 1. Eingeschränkte Geltung.** § 613a findet nach der st. Rspr. des BAG auf die Übernahme eines Betriebes oder Betriebsteils vom Insolvenzverwalter im Grundsatz Anwendung[9]. Europarechtlich ist die Anwendung des § 613a im Insolvenzverfahren zwar nicht geboten, aber zulässig[10]. Zwischenzeitlich hat auch der Gesetzgeber die grundsätzliche Geltung des § 613a im Insolvenzverfahren anerkannt und die damit früher heftig umkämpfte Streitfrage[11] beigelegt; die §§ 113 Abs. 2, 128 Abs. 2 InsO setzen die Geltung des § 613a voraus[12]. Allerdings findet § 613a im Rahmen des Insolvenzverfahrens **keine uneingeschränkte Anwendung**. Die sich aus ihm ergebenden Haftungsfolgen werden durch die Vorschriften der Insolvenzordnung verdrängt (ausf. unten Rz. 368). Schlagwortartig lässt sich formulieren, dass die Bestandsschutzregelungen des § 613a im Insolvenzverfahren uneingeschränkt anwendbar, die Haftungsanordnungen der Vorschrift jedoch unanwendbar sind. Im Einzelnen gilt Folgendes:

367 **2. Übergang und Inhalt der Arbeitsverhältnisse.** Wer einen Betrieb oder Betriebsteil durch Rechtsgeschäft vom Insolvenzverwalter übernimmt, tritt in die bestehenden Arbeitsverhältnisse ein[13]. Ebenso wird der Erwerber nach näherer Maßgabe des Abs. 1 Sätze 2 bis 4 an die im Betrieb bestehenden Kollektivverträge gebunden[14]. Die Unterrichtungspflicht nach Abs. 5 und das Widerspruchsrecht nach Abs. 6 bestehen auch im Insolvenzverfahren. Beim Ausspruch von Kündigungen ist der Insolvenzverwalter an die Vorschriften des Kündigungsschutzgesetzes ebenso gebunden wie an das Verbot der Kündigung wegen des Betriebsübergangs des Abs. 4 Satz 1[15]. Allerdings kann der ArbN einen Verstoß gegen Abs. 4 Satz 1 gemäß § 113 Abs. 2 InsO nur innerhalb von drei Wochen nach Zugang der Kündigung gerichtlich geltend machen[16]. Versäumt der ArbN die Klagefrist, so kommt gemäß § 113 Abs. 2 Satz 2 InsO lediglich eine nachträgliche Zulassung der Klage gemäß § 5 KSchG in Betracht. Weitere Kündigungserleichterungen für den Insolvenzverwalter ergeben sich aus den §§ 113 und 128 InsO[17].

368 **3. Haftung des Betriebserwerbers.** Träte der Erwerber auch im Falle einer Übernahme aus der Insolvenz im vollen Umfang gemäß Abs. 1 Satz 1 in alle rückständigen Ansprüche aus den übergehenden Arbeitsverhältnissen ein, so würden die übernommenen ArbN im Vergleich zu sämtlichen übrigen Gläubigern ent-

---

1 BAG v. 5.2.1997 – 10 AZR 553/96, AP Nr. 112 zu § 112 BetrVG 1972; v. 10.12.1996 – 1 AZR 290/96, AP Nr. 32 zu § 113 BetrVG 1972; v. 15.12.1998 – 1 AZR 332/98, AP Nr. 126 zu § 112 BetrVG 1972. |2 BAG v. 5.2.1997 – 10 AZR 553/96, AP Nr. 112 zu § 112 BetrVG 1972. |3 So bereits BAG v. 2.10.1974 – 5 AZR 504/73, AP Nr. 1 zu § 613a BGB; v. 19.3.1998 – 8 AZR 139/97, AP Nr. 177 zu § 613a BGB; Staudinger/*Richardi/Annuß*, § 613a BGB Rz. 141; Erman/*Edenfeld*, § 613a BGB Rz. 55; Soergel/*Raab*, § 613a BGB Rz. 62. |4 AA *Franzen*, RdA 2002, 258 (268); *Gaul/Otto*, DB 2002, 634 (638). |5 BAG v. 2.10.1974 – 5 AZR 504/93, AP Nr. 1 zu § 613a BGB zur Rechtslage vor der Einfügung des Abs. 6. |6 Vgl. BAG v. 15.2.1984 – 5 AZR 123/82, AP Nr. 37 zu § 613a BGB; v. 19.3.1998 – 8 AZR 139/97, AP Nr. 177 zu § 613a BGB. |7 ErfK/*Preis*, § 613a BGB Rz. 98; Soergel/*Raab*, § 613a BGB Rz. 162; Staudinger/*Richardi/Annuß*, § 613a BGB Rz. 141. |8 BAG v. 2.10.1974 – 5 AZR 504/73, AP Nr. 1 zu § 613a BGB; Erman/*Edenfeld*, § 613a BGB Rz. 54; Staudinger/*Richardi/Annuß*, § 613a BGB Rz. 140. |9 Grundl. BAG v. 17.1.1980 – 3 AZR 160/79, AP Nr. 18 zu § 613a BGB; v. 20.11.1984 – 3 AZR 584/83, AP Nr. 38 zu § 613a BGB; v. 4.12.1986 – 2 AZR 246/86, AP Nr. 56 zu § 613a BGB; v. 16.2.1993 – 3 AZR 347/92, AP Nr. 15 zu § 1 BetrAVG – Betriebsveräußerung; zuletzt v. 20.6.2002 – 8 AZR 459/01, NZA 2003, 318; aus der Lit. *Willemsen* in Willemsen/Hohenstatt/Schweibert/Seibt, Rz. G 152 ff.; ErfK/*Preis*, § 613a BGB Rz. 142 ff. |10 EuGH v. 7.2.1985 – Rs. C-135/83, Slg. 1985, 457; v. 25.7.1991 – C 362/89, AP Nr. 1 zu RL 77/187/EWG; v. 12.3.1998 – C-319/94, AP Nr. 19 zu RL 77/187/EWG. Art. 5 Ziff. 1 der Richtlinie 2001/23/EG stellt es den Mitgliedstaaten nunmehr ausdrücklich frei, die Art. 3 und 4 der Richtlinie auf Betriebsübernahmen aus der Insolvenz anzuwenden. |11 Zum damaligen Meinungsstand KR/*Pfeiffer*, 4. Aufl. 1996, § 613a BGB Rz. 50. |12 LAG Hamm v. 4.4.2000 – 4 Sa 1220/99, ZInsO 2000, 292. |13 Vgl. nur BAG v. 16.2.1993 – 3 AZR 347/92, AP Nr. 15 zu § 1 BetrAVG – Betriebsveräußerung mwN. |14 Für Betriebsvereinbarungen (Sozialplan) jüngst BAG v. 15.1.2002 – 1 AZR 58/01, BB 2002, 1967 mit Anm. *Hess*. |15 BAG v. 16.9.1982 – 2 AZR 271/80, AP Nr. 4 zu § 22 KO; ErfK/*Preis*, § 613a BGB Rz. 147; Staudinger/*Richardi/Annuß*, § 613a BGB Rz. 255. |16 ErfK/*Müller-Glöge*, § 113 InsO Rz. 36; MünchKomm/*Schaub*, § 613a BGB Rz. 74. |17 Ausf. hierzu in der Kommentierung dieser Vorschriften.

gegen dem Grundsatz der gleichmäßigen Gläubigerbefriedigung (*par conditio creditorum*) privilegiert. Der Erwerber würde die zu erwartenden Belastungen ferner als Abzugsposten bei der Kaufpreisfindung geltend machen, was eine zusätzliche Benachteiligung der übrigen Gläubiger zur Folge hätte, weil der Gegenwert, welcher der Masse für die Betriebsveräußerung zufließt, entsprechend geschmälert würde. § 613a ist deshalb dahin gehend **teleologisch zu reduzieren**, dass der Übernehmer jedenfalls nicht für solche Ansprüche einzustehen hat, die im Zeitpunkt der Eröffnung des Insolvenzverfahrens bereits entstanden waren[1]. Nach dem **Grundsatz der gleichmäßigen Gläubigerbefriedigung** müsste den Regelungen der Insolvenzordnung auch für Ansprüche der ArbN, die in der Zeit zwischen Insolvenzeröffnung und Betriebsübergang entstehen, Vorrang vor den Rechtsfolgen des § 613a beigemessen werden[2], jedoch lehnt die Rspr. dies ab[3]. Der Erwerber soll demgemäß für Annahmeverzugslohnansprüche der übernommenen ArbN (§ 615 Satz 1) aus der Zeit nach der Eröffnung des Insolvenzverfahrens in vollem Umfang einstehen müssen[4]. Jedenfalls unter der Geltung der Konkursordnung sollte der Übernehmer jedoch nicht für Ansprüche aus einem vom Insolvenzverwalter geschlossenen Sozialplan einstandspflichtig sein[5]. Ob dies auch unter der Insolvenzordnung gilt, hat das BAG offen gelassen[6]. Eine tarifliche Sonderzahlung, die erst nach dem Betriebsübergang fällig wird, soll der Übernehmer auch dann in voller Höhe leisten müssen, wenn während des laufenden Bemessungszeitraums ein Insolvenzverfahren eröffnet wurde[7]. Dies kann jedoch dann nicht gelten, wenn der Anspruch während des gesamten Bemessungszeitraums zeitanteilig verdient wird. In diesem Falle müssen sich die ArbN mit ihren Forderungen anteilig an die Masse halten[8].

In die **Versorgungsanwartschaften** der ArbN tritt der Übernehmer zwar ein, und zwar unabhängig davon, ob es sich um verfallbare oder um unverfallbare Anwartschaften handelt[9]. Er schuldet im Versorgungsfall jedoch nicht die volle Betriebsrente, sondern nur den Teil der Leistung, den der ArbN bei ihm erdient hat[10]. Ist die Versorgungsanwartschaft im Zeitpunkt der Insolvenzeröffnung bereits unverfallbar, so haftet für die bis zu diesem Zeitpunkt erdienten Anwartschaftsteile der Pensionssicherungsverein gemäß § 7 Abs. 2 BetrAVG[11]. War die Versorgungsanwartschaft bei Insolvenzeröffnung noch nicht unverfallbar, so können die vor diesem Zeitpunkt erdienten Anwartschaftsteile nur im Insolvenzverfahren geltend gemacht werden[12]. 369

Die vorstehend beschriebenen Haftungsbeschränkungen bleiben auch bestehen, wenn das Insolvenzverfahren später gemäß § 207 InsO mangels Masse eingestellt wird[13]. Wird hingegen die Eröffnung des Insolvenzverfahrens von vornherein mangels Masse abgelehnt, so findet § 613a uneingeschränkt Anwendung[14]. Wollen der Veräußerer und der Erwerber vor diesem Hintergrund zunächst abwarten, ob ein Insolvenzverfahren eröffnet wird, so können sie den Betriebsübergang unter die **aufschiebende Bedingung der Eröffnung des Insolvenzverfahrens** stellen. Hierin liegt keine Umgehung des § 613a[15]. Ob der Pensionssicherungsverein bei einer solchen Gestaltung für die im Zeitpunkt der Insolvenzeröffnung bereits unverfallbaren Versorgungsanwartschaften einstehen muss, hat das BAG allerdings offen gelassen[16]. Jedenfalls bedarf es der sorgfältigen Vertragsgestaltung, weil die Rspr. dem Inhalt des Unternehmenskaufvertrages im Rahmen der Bestimmung des Zeitpunkts des Übergangs besondere Bedeutung beimisst[17]. 370

IX. Prozessuales. 1. Passivlegitimation. Hat der bisherige Inhaber das Arbeitsverhältnis vor dem Betriebsübergang gekündigt, so ist für eine gegen die Kündigung gerichtete Kündigungsschutzklage (§ 4 KSchG) ausschließlich dieser passivlegitimiert[18]. Ob der in der Kündigung vorgesehene Beendigungszeitpunkt vor oder nach dem Zeitpunkt des Betriebsübergangs liegt, ist insoweit unerheblich[19]. Auch 371

---

1 BAG v. 17.1.1980 – 3 AZR 160/79, AP Nr. 18 zu § 613a BGB; v. 20.11.1984 – 3 AZR 584/83, AP Nr. 38 zu § 613a BGB; v. 4.12.1986 – 2 AZR 246/86, AP Nr. 56 zu § 613a BGB; v. 13.11.1986 – 2 AZR 771/85, AP Nr. 57 zu § 613a BGB; v. 20.6.2002 – 8 AZR 459/01, NZA 2003, 318, st. Rspr.; vgl. nur ErfK/*Preis*, § 613a BGB Rz. 142; *Willemsen* in Willemsen/Hohenstatt/Schweibert/Seibt, Rz. G 152 jeweils mwN; zur Frage des Zeitpunkts des Inhaberwechsels oben Rz. 82. | 2 Staudinger/*Richardi*/*Annuß*, § 613a BGB Rz. 225; *Willemsen*, Anm. zu BAG v. 4.12.1986 – 2 AZR 246/86, AP Nr. 56 zu § 613a BGB. | 3 BAG v. 4.12.1986 – 2 AZR 246/86, AP Nr. 56 zu § 613a BGB; v. 11.10.1995 – 10 AZR 984/94, AP Nr. 132 zu § 613a BGB. | 4 BAG v. 4.12.1986 – 2 AZR 246/86, AP Nr. 56 zu § 613a BGB. | 5 BAG v. 15.1.2002 – 1 AZR 58/01, nv. | 6 Hierfür *Hess*, Anm. zu BAG v. 15.1.2002 – 1 AZR 58/01, BB 2002, 1968 f. | 7 BAG v. 11.10.1995 – 10 AZR 984/94, AP Nr. 132 zu § 613a BGB. | 8 Staudinger/*Richardi*/*Annuß*, § 613a BGB Rz. 227. | 9 BAG v. 17.1.1980 – 3 AZR 160/79, AP Nr. 18 zu § 613a BGB; v. 29.10.1985 – 3 AZR 485/83, AP Nr. 4 zu § 1 BetrAVG – Betriebsveräußerung. | 10 BAG v. 17.1.1980 – 3 AZR 160/79, AP Nr. 18 zu § 613a BGB; v. 29.10.1985 – 3 AZR 485/83, AP Nr. 4 zu § 1 BetrAVG – Betriebsveräußerung; v. 11.2.1992 – 3 AZR 117/91, AP Nr. 13 zu § 1 BetrAVG – Betriebsveräußerung. | 11 BAG v. 11.2.1992 – 3 AZR 117/91, AP Nr. 13 zu § 1 BetrAVG – Betriebsveräußerung. | 12 BAG v. 29.10.1985 – 3 AZR 485/83, AP Nr. 4 zu § 1 BetrAVG – Betriebsveräußerung; Staudinger/*Richardi*/*Annuß*, § 613a BGB Rz. 230; *Wiedemann/Willemsen*, RdA 1979, 418 (426 f.). | 13 BAG v. 11.2.1992 – 3 AZR 117/91, AP Nr. 13 zu § 1 BetrAVG – Betriebsveräußerung. | 14 BAG v. 20.11.1984 – 3 AZR 584/83, AP Nr. 38 zu § 613a BGB, unter Aufgabe von BAG v. 3.7.1980 – 3 AZR 751/79, AP Nr. 22 zu § 613a BGB. | 15 BAG v. 4.7.1989 – 3 AZR 756/87, AP Nr. 10 zu § 1 BetrAVG – Betriebsveräußerung. | 16 BAG v. 23.7.1991 – 3 AZR 366/90, AP Nr. 11 zu § 1 BetrAVG – Betriebsveräußerung; dies bejaht LAG Köln v. 29.6.1990 – 2 Sa 35/90, ZIP 1990, 1283. | 17 BAG v. 16.2.1993 – 3 AZR 347/92, AP Nr. 15 zu § 1 BetrAVG – Betriebsveräußerung; v. 26.3.1996 – 3 AZR 965/94, AP Nr. 148 zu § 613a BGB. Beide Entscheidungen legen freilich noch die zwischenzeitlich aufgegebene Theorie der Fortführungsmöglichkeit (hierzu oben Rz. 68 f.) zugrunde. | 18 BAG v. 26.5.1983 – 2 AZR 477/81, AP Nr. 34 zu § 613a BGB; v. 27.9.1984 – 2 AZR 309/83, AP Nr. 39 zu § 613a BGB; v. 18.3.1998 – 8 AZR 306/98, AP Nr. 44 zu § 4 KSchG 1969; kritisch RGRK/*Ascheid*, § 613a BGB Rz. 292 ff.; *Löwisch/Neumann*, DB 1996, 474. | 19 ErfK/*Preis*, § 613a BGB Rz. 170.

darauf, ob die Klage vor oder nach dem Zeitpunkt des Betriebsübergangs erhoben wird, kommt es nicht an[1]. Das im Kündigungsschutzprozess ergehende Urteil wirkt in **entsprechender Anwendung der §§ 265, 325 ZPO** grundsätzlich auch für und gegen den neuen Betriebsinhaber[2]. Dies gilt jedoch dann nicht, wenn die Kündigungsschutzklage erst nach dem Betriebsübergang erhoben wird, weil der neue Betriebsinhaber in diesem Falle nicht, wie von § 325 ZPO gefordert, nach, sondern bereits vor Rechtshängigkeit „Rechtsnachfolger" des bisherigen Inhabers wird[3].

372 Ist der ArbN über das Vorliegen oder den Zeitpunkt eines Betriebsübergangs im Zweifel, so kann es sich empfehlen, gegen den bisherigen Betriebsinhaber gemäß § 4 KSchG Kündigungsschutzklage und gegen den tatsächlichen oder vermeintlichen neuen Betriebsinhaber gemäß § 256 ZPO **Feststellungsklage** mit dem Antrag zu erheben, dass das mit dem bisherigen Betriebsinhaber begründete Arbeitsverhältnis mit jenem zu unveränderten Bedingungen fortbestehe[4]. In diesem Falle sind der bisherige und der neue Betriebsinhaber zwar keine notwendigen Streitgenossen iSd. § 62 ZPO[5]. Es kann aber gleichwohl nach § 36 Nr. 3 ZPO ein gemeinsamer Gerichtsstand bestimmt werden[6]. In jedem Fall muss sowohl die Kündigungsschutzklage als auch die Feststellungsklage unbedingt erhoben werden. Eine eventuelle subjektive Klagenhäufung ist unzulässig[7].

373 Eine Kündigungsschutzklage gegen den bisherigen Betriebsinhaber, die allein auf die Behauptung gestützt wird, der Betrieb sei bereits vor der Kündigung des Arbeitsverhältnisses übergegangen, ist unbegründet. Es fehlt bereits nach dem eigenen Vortrag des Klägers an einer anspruchsbegründenden Voraussetzung, dass nämlich zum Zeitpunkt der Kündigung überhaupt ein Arbeitsverhältnis bestanden hat[8].

374 **2. Beweislastfragen.** Die allgemeinen Grundsätze zur Darlegungs- und Beweislastverteilung, denen zufolge jede Partei die Voraussetzungen der ihr günstigen Norm darlegen und bei Bestreiten der Gegenseite zu beweisen hat, gelten auch im Rahmen des § 613a. Für die Frage nach dem Vorliegen eines Betriebsübergangs soll der ArbN sich auf den Beweis des ersten Anscheins berufen können, wenn er darlegt, dass der in Anspruch Genommene nach einer Einstellung des Geschäftsbetriebes durch den bisherigen Inhaber die wesentlichen Betriebsmittel verwendet, um einen gleichartigen Geschäftsbetrieb zu führen[9]. Es soll ferner eine tatsächliche Vermutung gegen das Bestehen einer ernsthaften und endgültigen Stilllegungsabsicht des bisherigen Betriebsinhabers sprechen, wenn der Betrieb alsbald nach der Einstellung der Betriebstätigkeit wieder eröffnet wird[10] oder es noch innerhalb der Kündigungsfrist zu einem Betriebsübergang kommt[11].

375 Wendet sich der ArbN gegen die Wirksamkeit einer im Zusammenhang mit dem Betriebsübergang ausgesprochene Kündigung, so muss danach unterschieden werden, ob er sich zur Begründung seiner Klage allein auf einen Verstoß gegen Abs. 4 Satz 1 oder darüber hinaus auch auf das Fehlen einer sozialen Rechtfertigung der Kündigung iSd. § 1 KSchG beruft. Macht der ArbN ausschließlich einen Verstoß gegen Abs. 4 Satz 1 geltend, etwa deshalb, weil er die Klagefrist nach § 4 Satz 1 KSchG versäumt hat, so muss er darlegen und bei Bestreiten des ArbGeb beweisen, dass die Kündigung „wegen" des Betriebsübergangs ausgesprochen wurde, der Betriebsübergang also den tragenden Grund für die Kündigung (das Motiv) bildet[12]. Entgegen der Auffassung des LAG Köln kann sich der ArbN insoweit nicht auf den Beweis des ersten Anscheins berufen, wenn er aus dem zeitlichen und funktionalen Zusammenhang zwischen der Kündigung und dem Betriebsübergang genügend Tatsachen nachweist, die die erforderliche Kausalität mit hinreichender Wahrscheinlichkeit ergeben[13]. Es gibt keinen Erfahrungsschatz, dass Kündigungen, die im zeitlich funktionalen Zusammenhang mit dem Betriebsübergang ausgesprochen werden, in diesem ihren tragenden Grund finden. Beruft sich der ArbN neben Abs. 4 Satz 1 auch auf einen Verstoß gegen § 1 KSchG, so ist es Sache des ArbGeb, die soziale Rechtfertigung der Kündigung darzulegen und zu beweisen. Gelingt dieser Nachweis dem ArbGeb nicht, so ist der Kündigungsschutzklage stattzugeben, ohne dass es der Feststellung bedarf, der Betriebsübergang sei für die Kündigung der tragende Beweggrund[14].

376 **3. Sonstige prozessuale Fragen.** Obwohl für eine Kündigungsschutzklage gegen eine von dem bisherigen Inhaber vor dem Übergang ausgesprochene Kündigung ausschließlich dieser passiv legitimiert ist (vgl. oben Rz. 371), kann der ArbN einen **Auflösungsantrag** gemäß §§ 9, 10 KSchG ab dem Zeitpunkt des Betriebsübergangs mit Erfolg nur in einem Prozess gegen den ihm bekannten Betriebserwerber

---

1 BAG v. 18.3.1999 – 8 AZR 306/98, AP Nr. 44 zu § 4 KSchG 1969. | 2 BAG v. 4.3.1993 – 2 AZR 507/92, AP Nr. 101 zu § 613a BGB; kritisch KR/*Pfeiffer*, § 613a BGB Rz. 205. | 3 BAG v. 18.3.1999 – 8 AZR 306/98, AP Nr. 44 zu § 4 KSchG 1969. | 4 BAG v. 18.4.2002 – 8 AZR 346/01, AP Nr. 232 zu § 613a BGB; *Müller-Glöge*, NZA 1999, 449, 456. | 5 BAG v. 4.3.1993 – 2 AZR 507/92, AP Nr. 101 zu § 613a BGB. | 6 BAG v. 25.4.1996 – 5 AS 1/96, AP Nr. 1 zu § 59 ZPO. | 7 BAG v. 11.12.1997 – 8 AZR 729/96, AP Nr. 172 zu § 613a BGB (Reinigung II). | 8 BAG v. 18.4.2002 – 8 AZR 346/01, AP Nr. 232 zu § 613a BGB; v. 18.3.1999 – 8 AZR 306/98, AP Nr. 44 zu § 4 KSchG 1969. | 9 BAG v. 15.5.1985 – 5 AZR 276/84, AP Nr. 41 zu § 613a BGB. | 10 BAG v. 3.7.1986 – 2 AZR 68/85, AP Nr. 53 zu § 613a BGB. | 11 BAG v. 27.9.1984 – 2 AZR 309/83, AP Nr. 39 zu § 613a BGB. | 12 BAG v. 5.12.1985 – 2 AZR 3/85, AP Nr. 47 zu § 613a BGB; v. 9.2.1994 – 2 AZR 666/93, AP Nr. 105 zu § 613a BGB. | 13 So LAG Köln 3.3.1997 – 3 Sa 1063/96, LAGE Nr. 59 zu § 613a BGB; zust. ErfK/*Preis*, § 613a BGB Rz. 176. | 14 BAG v. 5.12.1985 – 2 AZR 3/85, AP Nr. 47 zu § 613a BGB; v. 9.2.1994 – 2 AZR 666/93, AP Nr. 105 zu § 613a BGB; ErfK/*Preis*, § 613a BGB Rz. 175; *Stahlhacke/Preis/Vossen*, Rz. 983.

stellen. Mit dem Betriebsübergang endet die arbeitsvertragliche Beziehung zum bisherigen Betriebsinhaber, so dass diesem gegenüber das Auflösungsurteil die Rechtslage nicht mehr gestalten kann[1]. Will der ArbN den neuen Betriebsinhaber nicht in den Prozess einbeziehen, so muss er dem Übergang seines Arbeitsverhältnisses rechtzeitig widersprechen. Ob auf einen vor dem Betriebsübergang rechtshängig gemachten Auflösungsantrag § 265 ZPO anwendbar ist, hat das BAG offen gelassen[2].

Rechte und Pflichten des ArbGeb aus dem **Betriebsverfassungsrecht** bestehen für und gegen den jeweiligen Betriebsinhaber. Ist im Verhältnis zwischen dem BR und dem bisherigen Inhaber eine Verpflichtung desselben gegenüber dem Betriebrat rechtskräftig festgestellt, so wirkt die Rechtskraft dieser Entscheidung deshalb auch gegenüber dem neuen Betriebsinhaber jedenfalls dann, wenn die Identität des Betriebes erhalten bleibt[3]. 377

X. Internationales Privatrecht. § 613a gilt nur für im Inland gelegene Betriebe[4]. Die Rechtsfolgen der Übernahme eines im Ausland gelegenen Betriebes bestimmen sich nach ausländischem Recht, innerhalb der europäischen Union nach den am Ort des Betriebssitzes geltenden nationalen Umsetzungsvorschriften zur Richtlinie 2001/23/EG. Die Anwendung des § 613a setzt nach der zutreffenden Auffassung der Rspr. und herrschenden Meinung in der Lit. ferner voraus, dass das Arbeitsverhältnis deutschem Recht unterliegt; § 613a ist keine Eingriffsnorm iSd. Art. 34 EGBGB[5]. Allerdings gehört § 613a zu den zwingenden Bestimmungen des deutschen Arbeitsrechts, deren Geltung gemäß Art. 30 Abs. 1 EGBGB nicht durch Rechtswahl abbedungen werden kann, wenn das Arbeitsverhältnis ohne eine solche Rechtswahl nach Art. 30 Abs. 2 EGBGB deutschem Recht unterläge[6]. 378

Praktisch bedeutet dies: Übernimmt ein ausländischer Erwerber einen im Inland gelegenen Betrieb(-steil), so wird er ungeachtet seiner ausländischen Nationalität an die Rechtsfolgen des § 613a gebunden. Er wird kraft Gesetzes ArbGeb sämtlicher ArbN, die dem übernommenen Betrieb(-steil) im Zeitpunkt des Übergangs angehören, sofern deren Arbeitsverhältnisse entweder deutschem Recht unterliegen oder, im Falle einer Rechtswahl zugunsten ausländischen Rechts, ohne diese Rechtswahl deutschem Recht unterlägen[7]. Letzteres wird gemäß Art. 30 Abs. 2 Nr. 1 EGBGB ganz regelmäßig auf alle ArbN zutreffen, deren gewöhnlicher Arbeitsort im Inland liegt. 379

§ 614 Fälligkeit der Vergütung

Die Vergütung ist nach der Leistung der Dienste zu entrichten. Ist die Vergütung nach Zeitabschnitten bemessen, so ist sie nach dem Ablauf der einzelnen Zeitabschnitte zu entrichten.

Lit.: *Jesse/Schellen*, Arbeitgeberdarlehen und Vorschuss (1990).

I. Normzweck und Inhalt. 1. Grundsätzliche Bedeutung. § 614 regelt den Zeitpunkt der **Fälligkeit der Arbeitsvergütung**. Danach tritt die Fälligkeit grundsätzlich erst nach der Leistung der Dienste ein. Die Vorschrift weicht damit von § 271 ab, indem sie den Grundsatz der Vorleistungspflicht des ArbN statuiert. Hierin liegt keine Stundung der Entgeltpflicht im Rechtssinne. Anspruchsgrundlage für die Entrichtung der Vergütung ist weiterhin § 611 Abs. 1 und nicht § 614. 1

Aus § 614 ergibt sich nicht der Grundsatz „ohne Arbeit kein Lohn"[8]. Vielmehr folgt dieser unbestrittene Rechtssatz aus der **synallagmatischen Verknüpfung von Arbeitsleistung und Entgelt**[9]. Demgegenüber enthält § 614 lediglich eine Bestimmung der Leistungszeit. 2

2. Zahlungszeit der Vergütung. Nach § 614 Satz 1 ist die Vergütung grundsätzlich erst nach der Leistung der gesamten Dienste zu entrichten. Für Arbeitsverhältnisse wichtiger ist die Regelung in Satz 2. Das Arbeitsentgelt ist nämlich üblicherweise nach Zeitabschnitten bemessen. In einem solchen Fall ist die Vergütung im Grundsatz **nach Ablauf der einzelnen Zeitabschnitte** zu zahlen. Bei einer Berechnung nach Monaten ist der Zahlungsanspruch somit am ersten Tag des Folgemonats fällig[10]. Bei einer Bemessung nach Tagen oder Stunden ist die Vergütung aber – entgegen dem Wortlaut von Satz 2 – erst am Ende der Arbeitswoche zu entrichten[11]. Die Erteilung einer Rechnung oder Abrechnung ist für die Fälligkeit regelmäßig nicht erforderlich[12]. Endet das Arbeitsverhältnis während einer laufenden Abrechnungs- 3

---

1 BAG v. 20.3.1997, AP Nr. 30 zu § 9 KSchG 1969; KR/*Pfeiffer*, § 613a BGB Rz. 208. | 2 BAG v. 20.3.1997, AP Nr. 30 zu § 9 KSchG 1969; hier nur KR/*Pfeiffer*, § 613a BGB Rz. 208: dagegen Löwisch/Neumann, DB 1996, 474 (475). | 3 BAG v. 5.2.1991 – 1 ABR 32/90, AP Nr. 89 zu § 613a BGB. | 4 KR/*Pfeiffer*, § 613a BGB Rz. 211. | 5 BAG v. 29.10.1992 – 2 AZR 267/92, AP Nr. 31 zu Internationales Privatrecht – Arbeitsrecht; *Däubler*, BB 1998, 1850 f.; *Gamillscheg*, Internationales Arbeitsrecht (1959), S. 237; Staudinger/*Richardi/Annuß*, § 613a BGB Rz. 39; aA KR/*Pfeiffer*, § 613a BGB Rz. 211; MünchArbR/*Birk*, § 20 Rz. 184 f. | 6 BAG v. 29.10.1992 – 2 AZR 267/92, AP Nr. 31 zu Internationales Privatrecht – Arbeitsrecht; Staudinger/*Richardi/Annuß*, § 613a BGB Rz. 39; KR/*Weigand*, Internationales Arbeitsrecht, Rz. 27. | 7 Zur Frage des Vorliegens eines Betriebs(teil)übergangs bei gleichzeitiger räumlicher Verlegung des Betriebs(teils) in das Ausland oben Rz. 102. | 8 So aber BAG v. 21.3.1958 – 1 AZR 555/56, AP Nr. 1 zu § 614 BGB. | 9 Soergel/*Kraft*, § 614 BGB Rz. 1; *Schliemann* in ArbR-BGB § 614 Rz. 3; ebenso BT-Drs. 14/6857, S. 47 f. | 10 BAG v. 15.5.2001 – 1 AZR 672/00, AP Nr. 176 zu § 242 BGB – Gleichbehandlung. | 11 ErfK/*Preis*, § 614 BGB Rz. 5; Staudinger/*Richardi*, § 614 BGB Rz. 12. | 12 BAG v. 8.8.1985 – 2 AZR 459/84, AP Nr. 94 zu § 4 TVG – Ausschlussfristen.

periode, tritt bei laufenden Entgelten sofortige Fälligkeit ein[1], während bei Jahresleistungen der Fälligkeitszeitpunkt unverändert bleibt[2]. Beim Akkord wird die Vergütung nicht nach Zeitabschnitten berechnet, so dass nicht Satz 2, sondern Satz 1 anwendbar ist. Der Akkordlohn wird deshalb grundsätzlich erst nach Feststellung des Arbeitsergebnisses fällig[3]. Sofern keine besondere Vereinbarung getroffen worden ist, ist monatsweise abzurechnen. Im Übrigen entspricht es der Verkehrssitte, dass der ArbGeb noch vor der endgültigen Berechnung des Akkordlohns Abschlagszahlungen (Rz. 19 ff.) zu leisten hat.

4   § 614 setzt voraus, dass dem ArbN für wirklich geleistete Arbeit ein Vergütungsanspruch zusteht. Von diesem Grundsatz gibt es aber **zahlreiche Ausnahmen**: zB Annahmeverzug des ArbGeb (§ 615), vorübergehende Verhinderung des ArbN (§ 616), Entgeltfortzahlung im Krankheitsfall (§§ 3 ff. EFZG), bezahlter Erholungsurlaub (§ 1 BUrlG). In allen diesen Fällen einer Vergütung ohne Arbeitsleistung wird der Entgeltanspruch nach dem Prinzip des § 614 fällig, also erst dann, wenn die Arbeit vollständig erbracht worden wäre[4]. Anders ist dies nur gemäß § 12 Abs. 2 BUrlG beim Urlaubsentgelt (Rz. 10).

5   **3. Abdingbarkeit.** § 614 ist abdingbar. Da dies bei Arbeitsverhältnissen vielfach geschieht, hat die Vorschrift im Arbeitsrecht nur eine **geringe praktische Bedeutung**. Ein von § 614 abweichender Zahlungstermin wird vielfach in TV (zB § 36 Abs. 1 Unterabs. 1 BAT) oder in BV festgelegt. Nach § 87 Abs. 1 Nr. 4 BetrVG hat der BR über die Zeit der Entgeltzahlung mitzubestimmen. Das MitbestR bezieht sich sowohl auf die Festlegung der Zeitabschnitte, für die jeweils das Entgelt zu leisten ist, als auch auf die Festlegung des Zahlungszeitpunkts nach Tag und Stunde[5]. Mit der Regelung lediglich der Zahlungsperiode nicht zu verwechseln ist die Frage, nach welchen Grundsätzen die Vergütung selbst (Stundenlohn, Monatslohn, Leistungslohn etc.) zu bemessen ist. Im Übrigen erstreckt sich das MitbestR nicht auf die Beseitigung der Vorleistungspflicht des ArbN[6]. Ausdrückliche oder stillschweigende Abweichungen von § 614 können sich ferner aus Vertrag, betrieblicher Übung, der Verkehrssitte oder aus der Art der Vergütung (zB Unterkunft, Verpflegung, Firmenwagen zur privaten Nutzung) ergeben.

6   Neben schlichten Fälligkeitsregelungen finden sich in der Praxis zunehmend Modelle einer **Entkoppelung von Arbeitszeit und Fälligkeit des Entgelts**, denen § 614 ebenfalls nicht im Wege steht[7]. Zu nennen sind insb. Arbeitszeitkonten mit langfristigen Ausgleichszeiträumen, die mit einem verstetigten, in kürzeren Abständen fälligen (vorläufigen)[8] Entgelt verknüpft sind, so dass je nach dem Stand des Zeitkontos entweder der ArbN oder der ArbGeb vorleistet[9] und bei Kontenabschluss durch bezahlte Freistellungen oder Nachzahlungen bzw. durch unbezahlte Nacharbeit bzw. Rückzahlungen (Rz. 23 ff.) ein Ausgleich zu erfolgen hat. Möglich ist ferner ein umfassender Aufschub der Vergütung durch ATZ im Blockmodell. Demgegenüber stellt die Entgeltumwandlung iSd. § 1 Abs. 2 Nr. 3 BetrAVG keine Fälligkeitsregelung, sondern eine Substitution des ursprünglichen Entgeltanspruchs durch eine Versorgungsanwartschaft dar[10]. Ein reines Hinauszögern der Fälligkeit bereits verdienter Bezüge durch allgemeine Arbeitsbedingungen ist gemäß §§ 307, 310 Abs. 4 allerdings grundsätzlich unwirksam.

7   **II. Arbeitsrechtliche Sonderregeln zu § 614.** Für einzelne Gruppen von ArbN und für bestimmte Entgeltformen gelten Sonderregeln. Die für **gewerbliche ArbN** bislang gemäß § 119a Abs. 2 Nr. 1 GewO vorgesehene Möglichkeit, durch Ortsstatut festzulegen, dass Lohn- und Abschlagszahlungen in festen Fristen erfolgen müssen, welche nicht länger als einen Monat und nicht kürzer als eine Woche sein dürfen, ist zum 1.1.2003 allerdings ersatzlos gestrichen worden[11].

8   Für **Handlungsgehilfen** (§ 59 HGB) ordnet § 64 Satz 1 HGB an, dass die Gehaltszahlung am Schluss jedes Monats zu erfolgen hat. Gemeint ist damit an sich nicht der Kalendermonat, sondern der Zeitmonat nach Arbeitsbeginn bzw. letzter Zahlung[12]. Eine Umstellung auf Kalendermonatsbezug ist aber üblich. Fällt der letzte Tag des Monats auf einen Sonnabend, Sonn- oder Feiertag, tritt an die Stelle dieses Tages der nächste Werktag (§ 193). Eine Vereinbarung, nach der die Zahlung des Gehalts später erfolgen soll, ist gemäß § 64 Satz 2 HGB nichtig. Das Verbot gilt nur für die festen, laufenden Bezüge, nicht aber für sonstige Einkünfte wie Gratifikationen oder Gewinnbeteiligungen[13]. Kürzere Zahlungsperioden wie auch eine Vorverlegung der Fälligkeit können vereinbart werden. Im Übrigen ist eine Stundung des Gehalts nach dessen Fälligkeit zulässig[14]. Der Anspruch auf Provision wird am letzten Tag des Monats fällig, in

---

1 MünchArbR/*Hanau*, § 65 Rz. 3 Fn. 5; aA *Schliemann*, in ArbR-BGB, § 614 Rz. 4. | 2 BAG v. 8.11.1978 – 5 AZR 358/77, AP Nr. 100 zu § 611 BGB – Gratifikation; v. 12.10.1972 – 5 AZR 227/72, AP Nr. 77 zu § 611 BGB – Gratifikation. | 3 Staudinger/*Richardi*, § 614 BGB Rz. 13. | 4 Soergel/*Kraft*, § 614 BGB Rz. 1; Staudinger/*Richardi*, § 614 BGB Rz. 9. | 5 BAG v. 15.1.2002 – 1 AZR 165/01, EzA § 614 BGB Nr. 1 (Vergütung eines Zeitguthabens erst nach einem Jahr); v. 26.1.1983 – 4 AZR 206/80, AP Nr. 1 zu § 75 LPVG Rh.-Pf.; *Fitting*, § 87 BetrVG Rz. 181 f.; GK-BetrVG/*Wiese*, § 87 Rz. 427. | 6 MünchArbR/*Hanau*, § 65 Rz. 9; *Richardi*, § 87 BetrVG Rz. 415; MünchKommBGB/*Schaub*, § 614 Rz. 2. | 7 Einzelheiten bei Erman/*Belling*, § 614 BGB Rz. 8 f.; *Schliemann* in ArbR-BGB, § 614 Rz. 17 ff. | 8 Zur Maßgeblichkeit des Arbeitszeitkontos für den endgültigen Vergütungsanspruch BAG v. 5.9.2002 – 9 AZR 244/01, AP Nr. 17 zu § 3 BUrlG – Fünf-Tage-Woche; v. 14.8.2002 – 5 AZR 417/01, AP Nr. 10 zu § 2 EntgeltFG; v. 13.2.2002 – 5 AZR 470/00, AP Nr. 57 zu § 4 EntgeltFG. | 9 BAG v. 13.12.2000 – 5 AZR 334/99, AP Nr. 31 zu § 394 BGB. | 10 *Blomeyer*, NZA 2000, 281 (283); zur zivilrechtlichen Konstruktion siehe auch *Rieble*, BetrAV 2001, 584 (585 f.). | 11 Siehe BGBl. 2002 I S. 3412 (3415). | 12 MünchKommBGB/*Schaub*, § 614 Rz. 5; *Schliemann* in ArbR-BGB, § 614 Rz. 3. | 13 ErfK/*Preis*, § 614 BGB Rz. 8; Staudinger/*Richardi*, § 614 BGB Rz. 40. | 14 LAG Mannheim v. 28.4.1949 – Sa 44/49, AP 1951 Nr. 165; MünchKommBGB/*Schaub*, § 614 Rz. 5.

dem über ihn nach § 87c Abs. 1 HGB abzurechnen ist (§§ 65, 87 Abs. 4 HGB). Der ArbGeb hat über die Provision grundsätzlich monatlich abzurechnen. Der Abrechnungszeitraum kann auf höchstens drei Monate verlängert werden (§ 87c Abs. 1 Satz 1 HGB). Die Abrechnung muss unverzüglich erfolgen, spätestens aber bis zum Ende des nächsten Monats (§ 87c Abs. 1 Satz 2 HGB). Abweichende Vereinbarungen zu Lasten des ArbN sind unzulässig (§§ 65, 87c Abs. 5 HGB). Der Anspruch auf Gewinnbeteiligung (Tantieme) wird fällig, sobald die Bilanz aufgestellt ist oder bei ordnungsgemäßem Geschäftsgang hätte aufgestellt werden können[1]. Bei Umsatzbeteiligungen ist auf den Kontenabschluss abzustellen[2]. Scheidet der ArbN im Laufe des Geschäftsjahres aus, muss der ArbGeb ohne eine entsprechende Vereinbarung keine Zwischenbilanz aufstellen. Abrechnungsgrundlage bleibt vielmehr die Jahresbilanz, deren Zeitpunkt somit auch für die Fälligkeit maßgeblich ist. Allerdings mindert sich der Gewinnanteil des ArbN entsprechend seiner Beschäftigungszeit[3]. Für die Bemessung und Fälligkeit der Heuer von Seeleuten gelten die §§ 32 ff. SeemG. ArbN auf Binnenschiffen ist der Lohn am Schluss jeder zweiten Woche auszuzahlen, sofern nichts anderes vereinbart ist (§ 24 BinSchG).

Die **Ausbildungsvergütung** bemisst sich nach Monaten und ist für den laufenden Kalendermonat spätestens am letzten Arbeitstag des Monats zu zahlen (§ 11 Abs. 1 und 2 BBiG). Diese Regelung ist zwingend (§ 18 BBiG). 9

Das **Urlaubsentgelt** ist vor Antritt des Urlaubs auszuzahlen (§ 11 Abs. 2 BUrlG). Eine Abweichung zu Ungunsten des ArbN ist nur in TV statthaft, ansonsten unzulässig (§ 13 Abs. 1 BUrlG). Der in der Praxis häufige Verstoß gegen diese Fälligkeitsregelung hat nicht die Unwirksamkeit der Urlaubserteilung zur Folge[4]. Nicht unmittelbar unter § 11 BUrlG fällt die Gewährung eines zusätzlichen Urlaubsgeldes. Sofern keine abweichende Vereinbarung besteht, kann die Fälligkeitsregel des § 11 Abs. 2 BUrlG aber – als dispositives Recht – analog angewendet werden. 10

III. Einzelfragen. 1. Schuldnerverzug des ArbGeb. Soweit die Vergütung nach Zeitabschnitten bemessen ist, liegt eine **kalendermäßig bestimmte Leistungszeit** vor. Zahlt der ArbGeb nicht rechtzeitig, gerät er daher gemäß § 286 Abs. 2 Nr. 1 iVm. § 187 Abs. 1 auch ohne eine Mahnung regelmäßig in Verzug[5]. Bei Provisionsansprüchen ist nunmehr[6] ein Verzugseintritt am letzten Tag des Monats, in dem abzurechnen ist, nach § 286 Abs. 2 Nr. 2 zu bejahen[7]. Eine Ausnahme gilt nur bei unverschuldetem Rechtsirrtum (§ 286 Abs. 4)[8]. Unterlässt der ArbGeb die Leistung der Vergütung mit Rücksicht auf eine von ihm ausgesprochene Kündigung, kommt es darauf an, ob er unter Anwendung der erforderlichen Sorgfalt auf die Wirksamkeit seiner Kündigung vertrauen durfte[9]. Ein solches Vertrauen kann durch den Verlauf eines Kündigungsrechtsstreits seine Berechtigung mit der Folge verlieren, dass nunmehr Verzug eintritt[10]. Im Übrigen kann aus dem Nichtbestehen eines Anspruchs auf Weiterbeschäftigung während des Kündigungsschutzprozesses kein verzugsausschließendes Recht zur Verweigerung der Weiterzahlung abgeleitet werden[11]. 11

Die **Verzugszinsen** sind nach Ansicht des Großen Senats des BAG auf den Bruttobetrag des Arbeitsentgelts zu entrichten, also einschließlich Steuern und ArbN-Anteil des Gesamtsozialversicherungsbeitrags[12]. Leistet der ArbGeb bei Fälligkeit keine Zahlungen, kann er sich im Verhältnis zum ArbN nicht darauf berufen, dass die Pflichten zur Abführung der LSt bzw. zur Beitragzahlung an sich erst später als das Nettoentgelt fällig werden (§ 41a EStG, § 23 Abs. 1 SGB IV)[13]. Die Höhe des Zinses bemisst sich nach § 288 Abs. 1 (5 % über dem Basiszinssatz gemäß § 247). § 288 Abs. 2 mit seinem um weitere 3 % erhöhten Verzugszins ist nicht anwendbar, was sich allerdings nicht aus der Verbrauchereigenschaft des ArbN[14], sondern aus einer teleologischen Reduktion ergibt[15]. Im Übrigen können verspätete Zahlungen beim ArbN insb. zu Steuerprogressionsschäden führen, die ebenfalls auszugleichen sind (§§ 280 Abs. 1 und 2, 286)[16]. Hierzu gehören allerdings nicht Einbußen, die dadurch entstehen, dass der Steuerbefreiungstatbestand des § 3b EStG (Sonntags-, Feiertags- und Nacharbeit) nicht angewendet wird[17]. 12

---

1 LAG Berlin v. 7.10.1975 – 4 Sa 62/75, DB 1976, 636; LAG BW v. 31.3.1969 – 4 Sa 4/69, DB 1969, 1023. |2 BAG v. 10.12.1973 – 3 AZR 318/73, AP Nr. 7 zu § 196 BGB. |3 BAG v. 3.6.1958 – 2 AZR 406/55, AP Nr. 9 zu § 59 HGB. |4 BAG v. 18.12.1986 – 8 AZR 481/84, AP Nr. 19 zu § 11 BUrlG; v. 1.12.1983 – 6 AZR 299/80, AP Nr. 15 zu § 7 BUrlG – Abgeltung. |5 BAG v. 15.5.2001 – 1 AZR 672/00, AP Nr. 176 zu § 242 BGB – Gleichbehandlung. |6 Anders zu § 284 Abs. 2 aF MünchArbR/*Hanau*, § 68 Rz. 39. |7 *Gotthardt*, Schuldrechtsreform, Rz. 186. |8 BAG v. 12.11.1992 – 8 AZR 503/91, AP Nr. 1 zu § 285 BGB (Berufung auf höchstrichterliche Entscheidung). |9 BAG v. 14.5.1998 – 8 AZR 634/96, NZA-RR 1999, 511; insoweit großzügig LAG Köln v. 6.2.1998 – 11 Sa 1044/97, LAGE § 284 BGB Nr. 1; LAG Rh.-Pf. v. 31.10.1996 – 7 Sa 229/96, LAGE § 285 BGB Nr. 1; siehe auch BAG v. 17.2.1994 – 8 AZR 275/92, AP Nr. 2 zu § 286 BGB (unwirksame Eigenkündigung des Arbeitnehmers); krit. *Lenz*, AuR 2002, 87 (88 f.). |10 BAG v. 20.6.2002 – 8 AZR 488/01, EzA § 611 BGB – Arbeitgeberhaftung Nr. 11; v. 13.6.2002 – 2 AZR 391/01, AP Nr. 97 zu § 615 BGB (mit Vermengung von Schuldner- und Gläubigerverzug). |11 MünchArbR/*Hanau*, § 65 Rz. 13; aA LAG Köln v. 6.2.1998 – 11 Sa 1044/97, LAGE § 284 BGB Nr. 1. |12 BAG (GS) v. 7.3.2001 – GS 1/00, AP Nr. 4 zu § 288 BGB. |13 BAG (GS) v. 7.3.2001 – GS 1/00, AP Nr. 4 zu § 288 BGB. |14 So aber *Däubler*, NZA 2001, 1329 (1334); *Gotthardt*, Schuldrechtsreform, Rz. 8, 187 f.; *Lindemann*, AuR 2002, 81 (84). |15 *Bauer/Kock*, DB 2002, 42 (46); *Henssler*, RdA 2002, 129 (135); *Richardi*, NZA 2002, 1004 (1009). |16 BAG v. 20.6.2002 – 8 AZR 488/01, EzA § 611 BGB – Arbeitgeberhaftung Nr. 11; v. 19.10.2000 – 8 AZR 20/00, AP Nr. 11 zu § 611 BGB – Haftung des Arbeitgebers. |17 BAG v. 19.10.2000 – 8 AZR 20/00, AP Nr. 11 zu § 611 BGB – Haftung des Arbeitgebers.

13 2. **Zurückbehaltungsrecht des ArbN.** Die Ausübung eines Zurückbehaltungsrechts durch den ArbN ist nicht von vornherein ausgeschlossen, obwohl die Leistungsverweigerung grundsätzlich nicht nur zu einem zeitweisen Leistungsaufschub, sondern infolge des Fixschuldcharakters der Arbeit bzw. aufgrund der Regelung in § 615 Satz 1 zu einer endgültigen Nichtleistung führt (§ 615 Rz. 6 ff.). Sofern die allgemeinen Voraussetzungen für eine Zurückbehaltung der Arbeitsleistung vorliegen, kann vom ArbN nämlich nicht erwartet werden, dem ArbGeb uneingeschränkten Kredit zu gewähren. Erst recht kann der ArbN nicht darauf verwiesen werden, selbst zu kündigen. Das Recht zur Zurückbehaltung der Arbeitsleistung wird daher im Grundsatz zutreffend anerkannt[1]. Beruft sich der ArbN zu Recht auf ein Zurückbehaltungsrecht, bleibt der Vergütungsanspruch aufrechterhalten (§ 615 Rz. 48).

14 Soweit der **ArbN vorleistungspflichtig** ist, steht ihm wegen der noch nicht erhaltenen Vergütung die Einrede des nichterfüllten Vertrages (§ 320 Abs. 1) nicht zu. Wenn nach Vertragsschluss erkennbar wird, dass der Entgeltanspruch infolge mangelnder Leistungsfähigkeit des ArbGeb gefährdet ist, kann der ArbN aber die Unsicherheitseinrede des § 321 erheben[2]. Insoweit genügt freilich nicht der bloße Anschein[3], so dass eine Fehleinschätzung zu Lasten des ArbN geht.

15 Kündigt der an sich leistungsfähige ArbGeb eine unberechtigte, nicht unerhebliche **Entgeltkürzung** an, entfällt die Vorleistungspflicht des ArbN unter dem Aspekt einer endgültigen – teilweisen – Erfüllungsverweigerung. Der ArbN kann dann die Einrede des § 320 Abs. 1 geltend machen[4]. Soweit sich der ArbGeb mit dem Entgelt für zurückliegende Zeitabschnitte im Rückstand befindet, gestehen ein Teile der Rspr. und der Lit. dem ArbN nur das allgemeine Zurückbehaltungsrecht des § 273 zu[5]. Eine zunehmende Ansicht hält dagegen mit Recht § 320 für anwendbar[6]. Die von den Arbeitsvertragsparteien gegenseitig geschuldeten Leistungen stehen nämlich insgesamt in einem synallagmatischen Verhältnis. Zudem hätte eine Einordnung unter § 273 den praktisch bedeutsamen Nachteil, dass der ArbGeb die Einrede durch Sicherheitsleistung abwenden könnte. Der ArbN muss aber ein Druckmittel haben, um die geschuldete Gegenleistung selbst zu erlangen.

16 Die Einrede des nicht erfüllten Vertrages unterliegt dem **Grundsatz von Treu und Glauben**. Es darf sich daher weder um einen verhältnismäßig geringfügigen Entgeltrückstand (§ 320 Abs. 2) noch um eine nur kurzfristige Zahlungsverzögerung handeln. Ein Rückstand mit 60 % eines Monatsgehalts ist aber nicht mehr als geringfügig anzusehen[7]. Weiter entfällt das Zurückbehaltungsrecht, wenn dem ArbGeb ein unverhältnismäßiger Schaden droht oder wenn der Lohnanspruch hinreichend gesichert ist[8]. Allerdings wird das Leistungsverweigerungsrecht nicht durch einen etwaigen Anspruch auf Insolvenzgeld (§§ 181 ff. SGB III) ausgeschlossen[9]. Im Übrigen beziehen sich die Einschränkungen nur auf die Ausübung des Zurückbehaltungsrechts. Zu einer Stundung ist der ArbN auch bei einer wirtschaftlichen Krise des ArbGeb nicht verpflichtet[10].

17 Ist ausnahmsweise eine **Vorleistungspflicht des ArbGeb** vereinbart, kann der ArbN die Arbeitsleistung bis zur Entgeltzahlung nach § 320 verweigern.

18 3. **Kündigungsrecht des ArbN.** Gerät der ArbGeb mit einem nicht nur unerheblichen Teil des Entgelts in Rückstand oder zahlt er das Gehalt mehrfach unpünktlich, ist der ArbN – in der Regel nach vergeblicher Abmahnung – zur **außerordentlichen Kündigung aus wichtigem Grund** berechtigt[11]. Dies gilt auch dann, wenn den ArbGeb kein Verschulden an der Verzögerung trifft[12].

19 4. **Vorschuss und Abschlagszahlungen. a) Rechtlicher Charakter. Vorschüsse** sind Vorauszahlungen des ArbGeb auf das noch nicht verdiente Entgelt[13]. Hierzu kann es etwa infolge flexibler Arbeitszeitregelungen kommen, die dem ArbN die Möglichkeit eines negativen Guthabens auf einem Arbeitszeitkonto einräumen[14]. Unter **Abschlagszahlungen** versteht man dagegen Geldleistungen auf das bereits verdiente, aber noch nicht berechnete Entgelt[15]. Vorschüsse und Abschlagszahlungen sind von Darlehen abzugrenzen. Die Unterscheidung richtet sich nicht (allein) nach der gewählten Bezeichnung, sondern nach objektiven Merkmalen[16]. Maßgebend ist, ob sich die Parteien über die vorweggenommene Tilgung einer künftig fälligen Forderung einig sind oder ob eine vom Arbeitsentgelt losgelöste Verbind-

---

1 BAG v. 9.5.1996 – 2 AZR 387/95, AP Nr. 5 zu § 273 BGB; v. 25.10.1984 – 2 AZR 417/83, AP Nr. 3 zu § 273 BGB; MünchArbR/*Blomeyer*, § 49 Rz. 52; *Otto*, AR-Blattei, SD 1880 Rz. 46 mwN. | 2 Vgl. LAG BW v. 20.4.1983 – 2 Sa 170/82, BB 1984, 785 (zu § 321 BGB aF). | 3 BT-Drs. 14/6040 v. 14.5.2001, S. 179. | 4 *Otto*, AR-Blattei, SD 1880 Rz. 62 ff. | 5 BAG v. 25.10.1984 – 2 AZR 417/83, AP Nr. 3 zu § 273 BGB; LAG Thür. v. 19.1.1999 – 5 Sa 895/97, LAGE § 273 BGB Nr. 1; ErfK/*Preis*, § 614 BGB Rz. 17; Staudinger/*Richardi*, § 614 BGB Rz. 17 f. | 6 MünchArbR/*Blomeyer*, § 47 Rz. 53; *Otto*, AR-Blattei, SD 1880 Rz. 47; *Söllner*, ZfA 1973, 1 (7 ff.) | 7 LAG Thür. v. 19.1.1999 – 5 Sa 895/97, LAGE § 273 BGB Nr. 1; ferner LAG BW v. 20.4.1983 – 2 Sa 170/82, BB 1984, 785 (786): 90 % eines Monatsverdienstes ausreichend. | 8 LAG Thür. v. 19.1.1999 – 5 Sa 895/97, LAGE § 273 BGB Nr. 1; MünchArbR/*Hanau*, § 65 Rz. 1. | 9 BAG v. 25.10.1984 – 2 AZR 417/83, AP Nr. 3 zu § 273 BGB; MünchArbR/*Blomeyer*, § 49 Rz. 58; *Otto*, AR-Blattei, SD 1880 Rz. 61; aA Soergel/*Wiedemann*, § 321 BGB Rz. 11. | 10 LAG München v. 6.5.1997 – 4 Sa 736/95, LAGE § 242 BGB – Lohnstundung Nr. 1. | 11 BAG v. 8.8.2002 – 8 AZR 574/01, AP Nr. 14 zu § 628 BGB; v. 17.1.2002 – 2 AZR 494/00, EzA § 628 BGB Nr. 20; LAG Köln v. 23.9.1993 – 10 Sa 587/93, LAGE § 626 BGB Nr. 73. | 12 LAG BW v. 5.11.1959 – IV Sa 82/59, BB 1960, 289. | 13 BAG v. 11.2.1987 – 4 AZR 144/86, AP Nr. 11 zu § 850 ZPO. | 14 BAG v. 13.12.2000 – 5 AZR 334/99, AP Nr. 31 zu § 394 BGB. | 15 BAG v. 11.2.1987 – 4 AZR 144/86, AP Nr. 11 zu § 850 ZPO. | 16 Eingehend *Jesse/Schellen*, Arbeitgeberdarlehen, S. 15 ff.

lichkeit des ArbN entstehen soll. Für eine Darlehenshingabe spricht, wenn der gewährte Betrag das jeweilige Arbeitsentgelt erheblich übersteigt und er zu einem Zweck gegeben wird, der mit den normalen Bezügen nicht oder nicht sofort erreicht werden kann und zu dessen Befriedigung auch sonst üblicherweise Kredit in Anspruch genommen wird. Von einem Vorschuss ist dagegen auszugehen, wenn eine demnächst fällige Entgeltzahlung für kurze Zeit vorverlegt wird, damit der ArbN seinen normalen Lebensunterhalt bis zur regulären Fälligkeit bestreiten kann[1].

b) **Vorschusszahlungen.** Handlungsgehilfen, die auf Provisionsbasis tätig sind, haben einen **gesetzlichen Vorschussanspruch** (§§ 65, 87a Abs. 1 Satz 2 HGB). Dieses Recht kann nicht zu ihren Ungunsten abbedungen werden[2]. Im Übrigen hat der ArbN ohne besondere einzel- oder kollektivvertragliche Vereinbarungen (zB § 36 Abs. 7 Unterabs. 1 BAT) grundsätzlich keinen Anspruch auf einen Vorschuss. Allerdings leitet man für Notfälle aus der Fürsorgepflicht des ArbGeb einen Anspruch auf Gewährung eines Vorschusses ab[3]. Ein solcher Anspruch ist an die voraussichtliche Einbringlichkeit des Vorschusses zu knüpfen[4]. Vom ArbGeb kann auch in Notsituationen nicht verlangt werden, dem ArbN einen von vornherein verlorenen Zuschuss zu gewähren. 20

Vorschüsse sind als **vorweggenommene Forderungstilgungen** bei der nächsten Entgeltabrechnung in Abzug zu bringen. Hierbei handelt es sich um eine Verrechnung, nicht um eine Aufrechnung iSd. §§ 387 ff[5]. Der ArbGeb muss deshalb nicht die Aufrechnung erklären. Ferner ist er nicht über § 394 an die Pfändungsgrenzen gebunden, sondern kann den Vorschuss auch auf den unpfändbaren Teil der fällig werdenden Vergütung verrechnen[6]. Allerdings ist dem ArbN der zur Deckung seines notwendigen Lebensbedarfs iSd. § 850d Abs. 1 ZPO erforderliche Betrag zu belassen[7]. 21

c) **Abschlagszahlungen.** Spezialgesetzlich ist ein Anspruch auf einen Abschlag nur für Seeleute in § 34 Abs. 3 SeemG geregelt. Auch dem übrigen ArbN ist ein solcher **Anspruch** aber zuzubilligen[8]. Im Übrigen unterliegt die Festlegung von Abschlagszahlungen der Mitbest. des BR gemäß § 87 Abs. 1 Nr. 4 BetrVG[9]. Abschläge werden bei der Vergütungsabrechnung ebenfalls verrechnet, ohne dass eine Aufrechnung erforderlich ist. 22

d) **Rückgewähr von Vorschüssen und Abschlagszahlungen.** Bei einer Annahme eines Geldbetrages als Vorschuss ist der ArbN verpflichtet, dem ArbGeb die erhaltene Summe zurückzuzahlen, wenn und soweit ein Entgeltanspruch nicht oder nicht zeitgerecht entsteht. Der Rückzahlungsanspruch folgt aus der Vorschussvereinbarung und hat somit **vertraglichen Charakter**[10]. Dasselbe gilt im Falle eines negativen Guthabens auf einem Arbeitszeitkonto, so dass der ArbN auch ohne eine dahingehende explizite Abrede bei einer Beendigung des Vertragsverhältnisses einen finanziellen Ausgleich zu leisten hat, falls er allein darüber entscheiden kann, ob und in welchem Umfang ein negatives Guthaben entsteht[11]. Ebenso ist bei Abschlagszahlungen zu verfahren, wenn die endgültige Vergütungsabrechnung ergibt, dass der ausgezahlte Betrag das verdiente Entgelt übersteigt. 23

Da der Rückgewähranspruch des ArbGeb auf der getroffenen Vereinbarung und nicht auf Bereicherungsrecht beruht, kann sich der ArbN **nicht auf den Entreicherungseinwand** des § 818 Abs. 3 berufen[12]. Wegen der für den ArbN ungünstigeren Rechtsfolgen ist deshalb grundsätzlich eine Einigung der Arbeitsvertragsparteien darüber erforderlich, dass es sich bei der Zahlung um einen Vorschuss bzw. um einen Abschlag im Rechtssinne handeln soll[13]. Die im Rahmen der Schuldrechtsreform mehrfach geäußerte Ansicht, durch § 326 Abs. 4 verschlechtere sich die Rechtsstellung des ArbN, weil dieser Vorauszahlungen bei späterer Unmöglichkeit nun nach Rücktrittsrecht und nicht mehr nach Bereicherungsrecht zurückgewähren müsse[14], betrifft daher von vornherein nur die seltenen Fälle, dass eine solche Zahlung ohne die gleichzeitige konkludente Einigung auf eine etwaige vertragliche Rückerstattung erfolgt. In diesen Gestaltungen wird man allerdings § 326 Abs. 4 teleologisch zu reduzieren 24

---

1 LAG Bremen v. 21.12.1960 – 1 Sa 147/60, DB 1961, 243; LAG Düsseldorf v. 14.7.1955 – 2a Sa 158/55, AP Nr. 1 zu § 614 BGB – Gehaltsvorschuss; für eine Zweifelsregel zugunsten einer Vorschusszahlung MünchArbR/*Hanau*, § 71 Rz. 9; aA aber LAG München v. 28.9.1989 – 4 Sa 241/89, LAGE § 362 BGB Nr. 2. | 2 BAG v. 16.2.1962 – 5 AZR 211/61, AP Nr. 1 zu § 87a HGB. | 3 MünchArbR/*Hanau*, § 65 Rz. 8; Soergel/*Kraft*, § 614 BGB Rz. 10; Staudinger/*Richardi*, § 614 BGB Rz. 25; einschr. Schliemann in ArbR-BGB, § 614 Rz. 26 (nur bei arbeitsverhältnisbedingten Notlagen). | 4 Insoweit restriktiver Erman/*Belling*, § 614 BGB Rz. 6: Gesicherte Einbringlichkeit. | 5 BAG v. 13.12.2000 – 5 AZR 334/99, AP Nr. 31 zu § 394 BGB; unklar Staudinger/*Richardi*, § 614 BGB Rz. 27. | 6 BAG v. 13.12.2000 – 5 AZR 334/99, AP Nr. 31 zu § 394 BGB; v. 11.2.1987 – 4 AZR 144/86, AP Nr. 11 zu § 850 ZPO; v. 9.2.1956 – 1 AZR 329/55, AP Nr. 1 zu § 394 BGB. | 7 Erman/*Belling*, § 614 BGB Rz. 6; Schaub, ArbHdb, § 70 Rz. 13, § 90 Rz. 36; aA LAG Hess. v. 4.9.1995 – 16 Sa 215/95, LAGE § 611 BGB – Fürsorgepflicht Nr. 24. | 8 Ebenso ErfK/*Preis*, § 614 BGB Rz. 22; aA Soergel/*Kraft*, § 614 BGB Rz. 10. | 9 Fitting, § 87 BetrVG Rz. 181; MünchArbR/*Matthes*, § 336 Rz. 6; GK-BetrVG/*Wiese*, § 87 Rz. 427; aA Richardi, § 87 BetrVG Rz. 415. | 10 BAG v. 20.6.1989 – 3 AZR 504/87, AP Nr. 8 zu § 87 HGB; v. 28.6.1965 – 3 AZR 86/65, AP Nr. 10 zu § 614 BGB – Gehaltsvorschuss. | 11 BAG v. 13.12.2000 – 5 AZR 334/99, AP Nr. 31 zu § 394 BGB; aA LAG Hamm v. 22.2.2001 – 16 Sa 1328/00, LAGE § 611 BGB – Arbeitszeitkonto Nr. 1. | 12 BAG v. 25.3.1976 – 3 AZR 331/75, AP Nr. 9 zu § 65 HGB; ebenso für eine tarifliche Vorschussregelung BAG v. 25.2.1993 – 6 AZR 334/91, AP Nr. 10 zu § 37 BAT; offen lassend BAG v. 20.6.1989 – 3 AZR 504/87, AP Nr. 8 zu § 87 HGB. | 13 BAG v. 31.3.1960 – 5 AZR 441/57, AP Nr. 5 zu § 394 BGB. | 14 Gotthardt, Schuldrechtsreform, Rz. 146; Joussen, NZA 2001, 745 (750); Lindemann, AuR 2002, 81 (83); Löwisch, NZA 2001, 465 (467).

BGB § 614 Rz. 25   Fälligkeit der Vergütung

und § 818 Abs. 3 analog anzuwenden haben[1]. Ansonsten würde es zu einer wenig einleuchtenden Differenzierung zwischen der Rückgewähr von Vorschüssen und von Abschlagszahlungen kommen, weil sich bei einem Abschlag, der sich im Nachhinein als zu hoch herausstellt, die Rückabwicklung beim Fehlen einer entsprechenden vertraglichen Abrede stets nur nach Bereicherungsrecht vollzieht.

25   Diese Grundsätze wirken sich auch auf kollektivvertragliche, insb. **tarifliche Vorschussregelungen** aus. Wenn in einem TV festgelegt ist, dass bestimmte Bezüge „bis auf weiteres vorschussweise" gezahlt werden, muss der ArbGeb diese Bezüge zahlen, braucht sie aber nur als Vorschuss zu gewähren. Eine solche Tarifklausel hat jedoch nicht zur Folge, dass aufgrund des TV geleistete Zahlungen ohne weiteres auch dann als Vorschuss zu beurteilen sind, wenn der ArbGeb bei der Auszahlung nichts darüber erklärt. Ansonsten würde man dem ArbN die Einrede des Wegfalls der Bereicherung (§ 818 Abs. 3) nehmen, obwohl die bloße Existenz der Tarifklausel ihn nicht bösgläubig iSv. § 819 macht[2]. Etwas anderes gilt aber, sofern der TV bereits selbst eine Rückzahlungspflicht des ArbN vorsieht. In diesem Fall beruht der Rückgewähranspruch auf der tariflichen Regelung. Das Bereicherungsrecht und damit auch der Entreicherungseinwand sind dann nicht anwendbar[3]. Hingegen kann ein TV eine aus anderen Gründen erfolgte Leistung (überzahlte Urlaubsvergütung) bei einem vorzeitigen Ausscheiden des Beschäftigten nicht nachträglich als Vorschuss deklarieren und ihn dadurch des Aufrechnungsschutzes (§ 394) berauben[4].

26   Möglich ist ferner, dass eine länger andauernde Gewährung überhöhter Vorschüsse oder Abschläge als **Garantievergütung** auszulegen ist[5]. Verfolgt der ArbGeb mit der Überzahlung das Ziel, bei einem Ausscheiden des ArbN einen Rückforderungsanspruch entstehen zu lassen, um ihn an einem Arbeitsplatzwechsel zu hindern, handelt es sich nicht um einen Vorschuss oder Abschlag. Vielmehr wird ein erhöhtes Arbeitsentgelt unter der auflösenden Bedingung gewährt, dass der ArbN nicht oder nicht vor einem vom ArbGeb für angemessen gehaltenen Zeitpunkt ausscheidet. Eine solche Zusatzklausel ist gemäß § 138 BGB iVm. Art. 12 GG unter dem Aspekt einer unzulässigen Kündigungserschwerung nichtig, ohne dass die Unwirksamkeit die Abrede über das erhöhte Entgelt als solche ergreift[6].

27   **5. Vorschuss- und Abschlagszahlungen bei Lohnpfändungen.** Bei einer einem **Vorschuss nachfolgenden Lohnpfändung** ist für die Berechnung des pfändbaren Lohnteils vom gesamten vertraglich vereinbarten Arbeitseinkommen ohne Rücksicht auf bereits geleistete Zahlungen auszugehen. Die bereits erfolgten Vorschusszahlungen werden zunächst auf den pfändungsfreien Teil angerechnet, so dass der Gläubiger durch eine Vorauszahlung, die den unpfändbaren Betrag nicht übersteigt, nicht beeinträchtigt wird[7]. Lediglich solche Vorschüsse, die den pfändungsfreien Betrag übersteigen, muss der Gläubiger gegen sich gelten lassen. Nach anderer Ansicht soll der pfändbare Lohnteil nur nach dem noch verbleibenden Arbeitseinkommen unter vorheriger Abzug des Vorschusses berechnet werden[8]. Teilweise wird auch eine vorrangige Anrechnung der Vorschusszahlung auf den pfändbaren Lohnteil bejaht[9]. Für die hM spricht, dass der ArbN nicht verlangen kann, neben dem der Existenzsicherung dienenden Vorschuss am Ende des Abrechnungszeitraums zusätzlich den pfändungsfreien Lohnteil zu Lasten des Gläubigers zu erhalten. Dies läuft dem Schutzzweck der §§ 850 ff. ZPO nicht zuwider[10]. Allerdings ist dem ArbN der notwendige Lebensbedarf iSd. § 850d ZPO zu belassen[11]. Bei Abschlagszahlungen gelten für die Berechnung des pfändbaren Arbeitseinkommens im Prinzip dieselben Grundsätze wie bei Vorschüssen. Allerdings ist zu berücksichtigen, dass der Entgeltanspruch durch einen Abschlag vor der Pfändung bereits teilweise erloschen ist (§ 362), so dass er insoweit von der Pfändung nicht erfasst wird[12].

28   Vorschuss- und Abschlagszahlungen, die **nach der Lohnpfändung** erfolgen, müssen die Gläubiger nicht gegen sich gelten lassen. Der ArbGeb kann derartige Leistungen nur mit dem unpfändbaren Lohnteil verrechnen[13].

---

1 *Canaris*, JZ 2001, 499 (509); aA *Gotthardt*, Schuldrechtsreform, Rz. 146; *Henssler* in Dauner-Lieb/Konzen/K. Schmidt, Das neue Schuldrecht (2003), S. 615 (622); *Lindemann*, AuR 2002, 81 (83). | 2 BAG v. 11.7.1961 – 3 AZR 216/60, AP Nr. 2 zu § 614 BGB – Gehaltsvorschuss. | 3 BAG v. 25.2.1993 – 6 AZR 334/91, AP Nr. 10 zu § 37 BAT. | 4 BAG v. 9.2.1956 – 1 AZR 329/55, AP Nr. 1 zu § 394 BGB. | 5 ArbG Bochum v. 12.11.1969 – 1 Ca 584/69, DB 1970, 1326 (1327); Staudinger/*Richardi*, § 614 BGB Rz. 32; für ein bloßes Leistungsverweigerungsrecht gegenüber einer Rückforderung *Schaub*, ArbRHdb, § 70 Rz. 14. | 6 IdS auch ArbG Bochum v. 1.4.1970 – 1 Ca 265/70, DB 1970, 1545 f.; Staudinger/*Richardi*, § 614 BGB Rz. 34; einschr. ErfK/*Preis*, § 614 BGB Rz. 28: lediglich Leistungsverweigerungsrecht des ArbN. | 7 BAG v. 11.2.1987 – 4 AZR 144/86, AP Nr. 11 zu § 850 ZPO; LAG Bremen v. 21.12.1960 – 1 Sa 147/60, DB 1961, 243; Stein/Jonas/*Brehm*, § 850e ZPO Rz. 14 f.; *Denck*, BB 1979, 480 (482); MünchKommZPO/*Smid*, § 850e Rz. 6 f. | 8 ArbG Hannover v. 22.3.1967 – 5 Ca 55/67, BB 1967, 587; *Bengelsdorf*, NZA 1996, 176 (180); Zöller/*Stöber*, § 850e ZPO Rz. 2; *Stöber*, Anm. zu BAG, AP Nr. 11 zu § 850 ZPO. | 9 *Larenz*, Anm. zu LAG Düsseldorf, AP Nr. 1 zu § 614 BGB – Gehaltsvorschuss. | 10 Stein/Jonas/*Brehm*, § 850e ZPO Rz. 15; MünchKommZPO/*Smid*, § 850e ZPO Rz. 7. | 11 *Denck*, BB 1979, 480 (481); MünchKommZPO/*Smid*, § 850e Rz. 7; offen lassend BAG v. 11.2.1987 – 4 AZR 144/86, AP Nr. 11 zu § 850 ZPO. | 12 Stein/Jonas/*Brehm*, § 850e ZPO Rz. 14; zu Unrecht eine Erfüllung verneinend BAG v. 11.2.1987 – 4 AZR 144/86, AP Nr. 11 zu § 850 ZPO. | 13 Stein/Jonas/*Brehm*, § 850e ZPO Rz. 17; Zöller/*Stöber*, § 850e ZPO Rz. 2.

615 *Vergütung bei Annahmeverzug und bei Betriebsrisiko*
Kommt der Dienstberechtigte mit der Annahme der Dienste in Verzug, so kann der Verpflichtete für die infolge des Verzugs nicht geleisteten Dienste die vereinbarte Vergütung verlangen, ohne zur Nachleistung verpflichtet zu sein. Er muss sich jedoch den Wert desjenigen anrechnen lassen, was er infolge des Unterbleibens der Dienstleistung erspart oder durch anderweitige Verwendung seiner Dienste erwirbt oder zu erwerben böswillig unterlässt. Die Sätze 1 und 2 gelten entsprechend in den Fällen, in denen der Arbeitgeber das Risiko des Arbeitsausfalls trägt.

I. Allgemeines 1	b) Annahme der Arbeitsleistung 69
1. Grundsätzliche Bedeutung der Norm 1	6. Beendigung des Arbeitsverhältnisses 72
2. Abgrenzung zur Unmöglichkeit 5	III. Rechtsfolgen des Annahmeverzugs 76
a) Unmöglichkeit durch Verstreichen der vorgesehenen Leistungszeit 6	1. Keine Nachleistung der Dienste 76
b) Von niemandem zu vertretende Annahmeunmöglichkeit 9	2. Vergütungsanspruch 78
	a) Rechtlicher Charakter 78
	b) Umfang des Anspruchs 79
c) Vom Arbeitgeber zu vertretende Unmöglichkeit 11	c) Zahlungsmodalitäten 82
	d) Verzicht 84
II. Voraussetzungen des Annahmeverzugs 12	3. Anrechnung 85
1. Erfüllbares Arbeitsverhältnis 12	a) Allgemeines 85
2. Angebot der Arbeitsleistung 25	b) Verhältnis zu § 11 KSchG 87
a) Grundsätzliches 25	c) Umfang der Anrechnung 88
b) Tatsächliches Angebot 27	aa) Ersparte Aufwendungen 88
c) Wörtliches Angebot 32	bb) Anderweitiger Erwerb 89
aa) Ablehnungserklärung 33	cc) Böswillig unterlassener Erwerb . . . 93
bb) Mitwirkungshandlung 34	4. Sonstige Ansprüche 103
cc) Anforderungen an das wörtliche Angebot 36	5. Abdingbarkeit 107
d) Entbehrlichkeit eines Angebots 37	IV. Durchsetzung des Anspruchs auf Annahmeverzugslohn 108
3. Leistungswille und Leistungsfähigkeit 45	1. Darlegungs- und Beweislast 108
a) Allgemeines 45	2. Auskunftsrecht 109
b) Leistungswille 46	3. Klageantrag 111
c) Leistungsfähigkeit 49	V. Betriebsrisikotragung 112
d) Anzeige wiederhergestellter Leistungsfähigkeit 57	1. Grundlagen 112
4. Nichtannahme der Arbeitsleistung 60	2. Bisherige Entwicklung 115
a) Grundsätzliches 60	3. Einzelfälle 116
b) Einzelne Fälle 62	4. Existenzgefährdung als Zurechnungsgrenze . 120
c) Unzumutbarkeit der Annahme 66	5. Sonstige Voraussetzungen und Rechtsfolgen . 121
5. Beendigung des Annahmeverzugs 68	6. Abdingbarkeit 122
a) Allgemeines 68	7. Beendigung des Arbeitsverhältnisses 123

Lit.: Bayreuther, Böswilliges Unterlassen eines anderweitigen Erwerbs im gekündigten Arbeitsverhältnis, NZA 2003, 1365; *Groeger*, Die Geltendmachung des Annahmeverzugslohnanspruchs, NZA 2000, 793; *Hellfeier*, Die Leistungszeit im Arbeitsverhältnis, 2003; *Sommer*, Die Nichterfüllung der Arbeitspflicht, 1996; *Spirolke, Der – böswillig unterlassene – anderweitige Erwerb iSd. § 615 BGB, § 11 KSchG*, NZA 2001, 707; *Stahlhacke*, Aktuelle Probleme des Annahmeverzuges im Arbeitsverhältnis, AuR 1992, 8.

I. Allgemeines. 1. Grundsätzliche Bedeutung der Norm. Die Vorschrift regelt die Folgen einer **Störung der Arbeitspflicht**. Aus ihr ergibt sich, dass der ArbN seine Dienstpflicht nicht schon dadurch erfüllt, dass er dem ArbGeb seine Dienste anbietet[1]. Ansonsten wäre § 615 überflüssig, weil der ArbN dann ohne weiteres seinen Erfüllungsanspruch (§ 611 Abs. 1) geltend machen könnte[2]. **1**

Die Bestimmung legt zugunsten des Beschäftigten zwei Rechtsfolgen fest. Zum einen ordnet sie an, dass der ArbN auch dann **nicht zur Nachleistung verpflichtet** ist, wenn die Dienste **an sich nachholbar** wären. Dadurch wird eine Schmälerung künftiger Verdienstmöglichkeiten bzw. eine Aufopferung von Freizeit vermieden, die dem ArbN bei einem vom ArbGeb ausgehenden Hindernis nicht zuzumuten ist[3]. Aus der Perspektive des Schuldners wäre eine Nachleistung auch bei einer nachholbaren Dienstpflicht eine andere als die geschuldete Leistung[4]. **2**

Zum anderen regelt § 615, dass der ArbN unter bestimmten Voraussetzungen sein **Entgelt** auch dann erhält, wenn er **tatsächlich nicht gearbeitet** hat. Die Norm geht damit über das Gläubigerverzugsrecht hinaus, das dem Schuldner lediglich einen Anspruch auf Ersatz von Mehraufwendungen zubilligt (§ 304). Vielmehr enthält die Vorschrift eine Ausnahme vom Grundsatz „ohne Arbeit kein Lohn". Sie trägt hierdurch dem Umstand Rechnung, dass der ArbN auf kontinuierliche Einkünfte aus dem Arbeitsverhältnis zur Sicherung seines Lebensunterhalts angewiesen ist. Soweit der ArbGeb die Annahme der Dienste **3**

---

1 Vgl. Motive, Bd. II, S. 461; BAG v. 8.2.1957 – 1 AZR 33/55, AP Nr. 2 zu § 615 BGB – Betriebsrisiko; BAG v. 21.12.1954, AP Nr. 2 zu § 611 BGB – Lohnanspruch; MünchArbR/*Blomeyer*, § 48 Rz. 4; Staudinger/*Richardi*, § 611 BGB Rz. 314; aA MünchKommBGB/*Müller-Glöge*, § 611 Rz. 123; *v. Stebut*, RdA 1985, 66 (69 ff.). | 2 Staudinger/*Richardi*, § 615 BGB Rz. 25. | 3 *Beuthien*, RdA 1972, 20. | 4 *Beuthien*, Zweckerreichung und Zweckstörung im Schuldverhältnis (1969), S. 247 f.

BGB § 615 Rz. 4   Vergütung bei Annahmeverzug und bei Betriebsrisiko

ablehnt, weil er sie für seine Zwecke nicht gebrauchen kann, kommt in der Bestimmung zugleich der allgemeine Grundsatz zum Ausdruck, dass den Gläubiger das Verwendungsrisiko trifft.

4   § 615 Satz 1 stellt **keine eigene Anspruchsgrundlage** dar, sondern hält lediglich den Vergütungsanspruch aus dem Arbeitsvertrag aufrecht[1]. Da es sich um den ursprünglichen Erfüllungsanspruch und nicht um einen Schadensersatzanspruch handelt[2], ist § 254 nicht zu Lasten des ArbN anwendbar[3].

5   **2. Abgrenzung zur Unmöglichkeit.** Die Abgrenzung von Annahmeverzug (§ 615) und Unmöglichkeit (§ 326)[4] ist in Rspr. und Lit. seit langem umstritten. Die Entwicklung klarer Grundsätze wird durch mehrere Umstände erschwert: Erstens ist zweifelhaft, ob das für Sachleistungsschulden geltende Dogma der Alternativität von Annahmeverzug und Unmöglichkeit auf dauerhaft geschuldete Dienstleistungen übertragen werden kann sowie nach welchen Grundsätzen ggf. eine Abgrenzung vorzunehmen ist. Damit zusammenhängend ist zweitens unklar, ob und unter welchen Voraussetzungen die Arbeitspflicht eine absolute Fixschuld darstellt. Drittens handelte es sich gleich beim ersten Fall, über den das RG zu entscheiden hatte, um eine arbeitskampfrechtliche Gestaltung[5] und damit um eine Konstellation, die richtigerweise nicht nach leistungsstörungsrechtlichen Grundsätzen, sondern nach arbeitskampfrechtlichen Sonderregeln zu beurteilen ist. Der durch die Schuldrechtsmodernisierung eingeführte Satz 3 hat einige der in diesem Zusammenhang diskutierten Fragen gelöst, ohne die Problematik abschließend zu klären. Zum Verständnis der Neuregelung ist es deshalb erforderlich, auf die wichtigsten der früher vertretenen Positionen in aller Kürze einzugehen. Hierbei empfiehlt sich eine Aufgliederung in drei Fallgruppen.

6   **a) Unmöglichkeit durch Verstreichen der vorgesehenen Leistungszeit.** Die Arbeitsleistung hat nach überwiegender Ansicht grundsätzlich den Charakter einer **absoluten Fixschuld**[6]. Wird die Arbeit nicht zum festgesetzten Zeitpunkt erbracht, tritt danach Unmöglichkeit (genau genommen zeitanteilige Teilunmöglichkeit gemäß § 275 Abs. 1 Alt. 2) ein[7]. Begrifflich liegt daher bei Nichtannahme der Dienste durch den ArbGeb stets ein Fall des § 326 Abs. 1 bzw. Abs. 2 vor[8]. Große Teile der Lehre haben aus der Fixschuldthese auf der Grundlage des allgemeinen zivilrechtlichen Alternativitätsdogmas bislang den Schluss gezogen, einen Annahmeverzug regelmäßig abzulehnen und § 615 somit nur in den Gestaltungen (unmittelbar) anzuwenden, in denen die Arbeitsleistung nicht zeitlich absolut fixiert, sondern nachholbar ist[9]. Demgegenüber geht die arbeitsgerichtliche Rspr.[10] regelmäßig ohne nähere Begründung schon seit langem davon aus, dass der Fixschuldcharakter von Arbeitsleistungen für sich allein einer Anwendung von § 615 nicht entgegensteht[11], was sich insb. an der stereotypen Heranziehung der Norm nach einer unwirksamen ArbGebKündigung zeigt[12]. Andere Teile des Schrifttums vertreten dieselbe Auffassung[13].

7   Für diese Ansicht sprach schon bisher, dass bereits der **ursprüngliche Gesetzgeber** im Fixschuldcharakter der Dienstleistungspflicht kein Hindernis für die Anwendung von § 615 sah[14]. Bestätigt wird das durch den neu eingeführten Satz 3. Wenn durch die Neuregelung die sogleich zu schildernde Betriebsrisikolehre umfassend in § 615 verankert werden soll und hierzu auch nicht nachholbare Arbeitsausfälle gehören[15], muss dies erst recht in den Gestaltungen gelten, in denen die Unmöglichkeit allein auf der Weigerung des ArbGeb beruht, die vom ArbN angebotenen Dienste anzunehmen[16].

8   Die **Verringerung der Gesamtarbeitszeit** sowie vor allem die zunehmende **Arbeitszeitflexibilisierung** (Teilzeit-, Gleitzeit-, Vertrauensarbeitszeitmodelle) sprechen allerdings dafür, mit einer zunehmenden Strömung die These vom absoluten Fixschuldcharakter der Arbeitspflicht zurückzudrängen und eine

---

1 BAG v. 18.9.2002 – 1 AZR 668/01, AP Nr. 99 zu § 615 BGB; v. 22.3.2001 – 8 AZR 536/00, AR-Blattei ES 250 Nr. 56; v. 19.10.2000 – 8 AZR 20/00, AP Nr. 11 zu § 611 BGB – Haftung des Arbeitgebers; Palandt/*Putzo*, § 615 BGB Rz. 3; aA Staudinger/*Richardi*, § 615 BGB Rz. 8. |2 BAG v. 5.9.2002 – 8 AZR 702/01, AP Nr. 1 zu § 280 BGB nF. |3 BAG v. 7.11.2002 – 2 AZR 650/00, AP Nr. 98 zu § 615 BGB; v. 16.5.2000 – 9 AZR 203/99, AP Nr. 7 zu § 615 BGB – Böswilligkeit; BGH v. 14.11.1966 – VII ZR 112/64, NJW 1967, 248 (250). |4 Früher §§ 323, 324. |5 RG v. 6.2.1923 – III 93/32, RGZ 106, 272 ff. (Kieler Straßenbahn). |6 BAG v. 13.2.2002 – 5 AZR 470/00, AP Nr. 57 zu § 4 EntgeltFG; v. 3.8.1999 – 1 AZR 735/98, AP Nr. 156 zu Art. 9 GG – Arbeitskampf; v. 24.11.1960 – 5 AZR 545/59, AP Nr. 18 zu § 615 BGB; *Beuthien*, RdA 1972, 20 (22); MünchArbR/*Boewer*, § 78 Rz. 1; § 79 Rz. 15; *Ehmann*, NJW 1987, 401 (406); *Huber*, Leistungsstörungen, Bd. I (1999), S. 164; Staudinger/*Richardi*, § 611 BGB Rz. 460; umfassend *Sommer*, Nichterfüllung, S. 87 ff. |7 Ebenso BT-Drs. 14/6040, S. 129; im Grundsatz für das neue Schuldrecht auch *Gotthardt*, Schuldrechtsreform, Rz. 90; *Henssler* in Dauner-Lieb/Konzen/K. Schmidt, Das neue Schuldrecht, S. 615 (616, 623). |8 Zur Anwendbarkeit von §§ 323, 324 aF auf Arbeitsverträge BAG v. 24.11.1960 – 5 AZR 545/59, AP Nr. 18 zu § 615 BGB. |9 *Beuthien*, RdA 1972, 20 (22 f.); *Ehmann*, NJW 1987, 401 (406); *Oetker*, Das Dauerschuldverhältnis und seine Beendigung (1994), S. 338 ff.; Soergel/*Wiedemann*, vor § 293 BGB Rz. 16. |10 BAG v. 24.11.1960 – 5 AZR 545/59, AP Nr. 18 zu § 615 BGB. |11 Eingehend *Sommer*, Nichterfüllung, S. 132 ff. |12 Siehe nur BAG v. 7.11.2002 – 2 AZR 650/00, AP Nr. 98 zu § 615 BGB; v. 19.1.1999 – 9 AZR 679/97, AP Nr. 79 zu § 615 BGB; BAG (GS) v. 27.2.1985 – GS 1/84, AP Nr. 14 zu § 611 BGB – Beschäftigungspflicht; ausdrückliche Ablehnung von § 324 aF in BAG v. 9.8.1984 – 2 AZR 374/83, AP Nr. 34 zu § 615 BGB. |13 MünchArbR/*Boewer*, § 78 Rz. 1; *Huber*, Leistungsstörungen, Bd. I (1999), S. 260; Soergel/*Kraft*, § 615 Rz. 5; *Picker*, FS Kissel (1994), S. 813 (821 ff.); *Ramrath*, SAE 1992, 56 (57); eingehend *Sommer*, Nichterfüllung, S. 132 ff. |14 Motive, Bd. II, S. 461. |15 *Hellfeier*, Leistungszeit, S. 102. |16 In diesem Sinne auch *Richardi*, NZA 2002, 1004 (1008).

solche Einordnung bei kurzfristigen Arbeitsversäumnissen nur noch ausnahmsweise anzunehmen[1], zumal auch tarifliche Regelungen in diesen Fällen Nachleistungspflichten vorsehen[2]. Durch diese Entwicklung würde sich der Anwendungsbereich von § 615 zu Lasten des Unmöglichkeitsrechts selbst dann erweitern, wenn man die Norm auf nachholbare Arbeitsleistungen beschränken würde.

b) Von niemandem zu vertretende Annahmeunmöglichkeit. Zweitens geht es um die Fälle, in denen der ArbGeb aus tatsächlichen (zB Stromausfall) oder rechtlichen Gründen (zB behördliche Untersagung der Betriebsfortführung) daran **gehindert** wird, die **Arbeitsleistung entgegenzunehmen**, ohne dass dies von einer der beiden Vertragsparteien zu vertreten ist. Die Rspr.[3] und große Teile der Lit.[4] gingen lange Zeit davon aus, dass diese Gestaltung im BGB nicht geregelt ist, sondern insoweit eine Regelungslücke besteht. Um diese vermeintliche Lücke zu schließen, wurden die Betriebsrisikolehre und die Sphärentheorie entwickelt[5]. Danach hat der ArbGeb das Risiko der Unmöglichkeit der Arbeitsleistung aus Gründen, die im betrieblichen Bereich liegen, mit der Folge zu tragen, dass er zur Entgeltzahlung verpflichtet bleibt[6]. Nach einer im Schrifttum vertretenen Lehre, die zunehmende Verbreitung gefunden hat, sind die Fälle der Annahmeunmöglichkeit dagegen unmittelbar unter § 615 als besondere Gefahrtragungsregel zu fassen[7]. Dieses Verständnis entspricht dem Willen des ursprünglichen Gesetzgebers. So lässt sich der Entstehungsgeschichte des § 615 mit hinreichender Deutlichkeit entnehmen, dass die Substratgefahr auf den Dienstgeber übergewälzt werden sollte[8]. In der Instanzrechtsprechung ist die neuere Lehre teilweise auf Zustimmung gestoßen[9], während das BAG zuletzt offen gelassen hat, ob es sich dieser Sichtweise anschließt[10]. 9

Mit der Einfügung von Satz 3 hat der Schuldrechtsreformgesetzgeber die von der Rspr. entwickelte **Betriebsrisikolehre** aufgegriffen und **in das Gesetz integriert**[11]. Die Betriebsrisikofälle sind somit nunmehr ausdrücklich in § 615 geregelt, ohne dass es darauf ankommt, ob der Arbeitsausfall nachgeholt werden kann oder nicht. Allerdings ordnet Satz 3 nur die entsprechende Anwendung von Satz 1 an. Daraus ist der Umkehrschluss zu ziehen, dass sich Satz 1 nicht (mehr) unmittelbar auf die Fälle der Substratgefahr bezieht. Der Reformgesetzgeber hat sich demnach in der Sache die These von der ursprünglichen Lückenhaftigkeit des BGB als Ausgangspunkt seiner Normsetzung zu Eigen gemacht. Im Übrigen entbindet auch die Neuregelung den Rechtsanwender nicht davon, diejenigen Kriterien herauszuarbeiten, die eine Risikotragung durch den ArbGeb im Einzelfall rechtfertigen (dazu Rz. 116 ff.). 10

c) Vom ArbGeb zu vertretende Unmöglichkeit. In der dritten Fallgruppe beruhen die tatsächlichen oder rechtlichen Gründe, die zur Unmöglichkeit der Arbeitsleistung führen, auf Umständen, für die der **ArbGeb iSd. § 326 Abs. 2 Satz 1 Alt. 1 verantwortlich** ist. Rspr. und Lit. haben die Gestaltungen, in denen der ArbGeb die Störung im technischen Sinne zu vertreten hat, bislang unter § 324 Abs. 1 aF gefasst[12]. Ein solches Vertretenmüssen kann auch infolge der Zurechnung des Verhaltens von anderen ArbN in entsprechender Anwendung von § 278 jedenfalls dann vorliegen, wenn ihnen ArbGebFunktionen übertragen worden sind[13]. Die weite Fassung des § 615 Satz 3 legt es zwar auf den ersten Blick nahe, die Regelung als eine § 326 Abs. 2 insgesamt verdrängende Spezialvorschrift anzusehen, soweit es um den Wegfall des Leistungssubstrats geht[14]. Tatsächlich ist die explizite Feststellung einer Verantwortlichkeit des ArbGeb iSd. § 326 Abs. 2 Satz 1 Alt. 1 entbehrlich, wenn er ohnehin schon gemäß § 615 Satz 3 iVm. Satz 1 zur Fortzahlung der Vergütung verpflichtet ist. Außerdem spielt es für § 615 Satz 3 keine Rolle, ob die Arbeitsleistung nachholbar ist oder nicht, während § 326 nur dann eingreift, wenn die Leistungspflicht ausgeschlossen ist. § 326 Abs. 2 Satz 1 Alt. 1 wird hierdurch im Arbeitsverhältnis aber nicht funktionslos. Zum einen muss der ArbN im Anwendungsbereich dieser Norm nicht die Annahmeverzugsvoraussetzungen erfüllen. Zum anderen spielt es für die Kontrolle abweichender Vereinbarungen eine Rolle, ob der ArbGeb von der Gegenleistungsgefahr bei im technischen Sinne zu vertretenden Störungen oder nur bei solchen Hindernissen entlastet werden soll, die unterhalb der Schwelle des Vertretenmüssens in seinen Risikobereich fallen. 11

---

1 MünchArbR/*Blomeyer*, § 57 Rz. 10 ff.; *Hellfeier*, Leistungszeit, S. 19 ff., 145 f.; *Sommer*, Nichterfüllung, S. 109 ff., 283 f.; *v. Stebut*, RdA 1985, 66 ff.; siehe auch BAG v. 30.3.2000 – 6 AZR 680/98, AP Nr. 2 zu § 15 BAT-O; v. 17.3.1988 – 2 AZR 576/87, AP Nr. 99 zu § 626 BGB. | 2 Vgl. BAG v. 30.1.1991 – 4 AZR 338/90, AP Nr. 31 zu § 615 BGB – Betriebsrisiko. | 3 RG v. 6.2.1923 – III 93/23, RGZ 106, 272 ff.; RAG v. 20.6.1928 – RAG 72/28, ARS 3, 116 ff.; BAG v. 8.2.1957 – 1 AZR 338/55, AP Nr. 2 zu § 615 BGB – Betriebsrisiko. | 4 *Hueck/Nipperdey*, ArbR, Bd. I, § 44 IV 2 a, S. 350; *Kalb*, Rechtsgrundlage und Reichweite der Betriebsrisikolehre (1977), S. 97 ff. | 5 Zur Entwicklung eingehend Staudinger/*Richardi*, § 615 BGB Rz. 185 ff. | 6 BAG v. 30.1.1991 – 4 AZR 338/90, AP Nr. 33 zu § 615 BGB – Betriebsrisiko: BAG v. 9.3.1983 – 4 AZR 301/80, AP Nr. 31 zu § 615 BGB – Betriebsrisiko. | 7 Grdl. *Picker*, JZ 1979, 285 (290 ff.); *Picker*, JZ 1985, 693 (698 ff.); *Picker*, FS Kissel (1994), S. 813 (816 ff.); zust. Erman/*Belling*, § 615 BGB Rz. 1; MünchArbR/*Boewer*, § 79 Rz. 14 ff.; *Huber*, Leistungsstörungen, Bd. I (1999), S. 280 f.; zurückhaltend Staudinger/*Otto*, § 324 BGB Rz. 27 f.; für bestimmte Fälle bereits BGH v. 11.4.1957 – VII ZR 280/56, BGHZ 24, 91 (96). | 8 Motive, Bd. II, S. 462. | 9 LAG Nds. v. 23.7.1993 – 3 Sa 1369/92, LAGE § 615 BGB Nr. 40. | 10 BAG v. 18.5.1999 – 9 AZR 13/98, AP Nr. 7 zu § 1 TVG – Tarifverträge: Betonsteingewerbe. | 11 BT-Drs. 14/6857, S. 48; BT-Drs. 14/7052, S. 204. | 12 BAG v. 3.3.1964 – 1 AZR 209/63, AP Nr. 1 zu § 324 BGB; MünchArbR/*Blomeyer*, § 49 Rz. 44; Staudinger/*Otto*, § 324 BGB Rz. 29. | 13 BAG v. 17.12.1968 – 5 AZR 149/68, AP Nr. 2 zu § 324 BGB. | 14 So *Gotthardt*, Schuldrechtsreform, Rz. 131; *Junker*, Arbeitsrecht, Rz. 272.

12 **II. Voraussetzungen des Annahmeverzugs. 1. Erfüllbares Arbeitsverhältnis.** Grundvoraussetzung für einen Anspruch aus § 615 ist, dass der **ArbN zur Arbeitsleistung verpflichtet** und der **ArbGeb zu deren Annahme berechtigt** ist[1]. Hierzu kann es auch kraft einer rückwirkenden Änderung des Arbeitsvertrages kommen[2]. Die Regelung gilt für sämtliche Arbeitsverhältnisse, also auch für kurzzeitige Aushilfsarbeitsverhältnisse[3]. Auf Berufsausbildungsverhältnisse ist § 615 ebenfalls anwendbar (§ 3 Abs. 2 BBiG)[4]. Ein in Vollzug gesetztes fehlerhaftes Arbeitsverhältnis ist bis zur Anfechtung bzw. Lossagung grundsätzlich wie ein erfüllbares Arbeitsverhältnis zu behandeln, so dass der ArbGeb in Annahmeverzug geraten kann[5]. Entsprechend der neueren Judikatur zur Rückwirkung einer Anfechtung wegen arglistiger Täuschung auf den Zeitpunkt der tatsächlichen Arbeitseinstellung[6] kann einem bereits eingetretenen Gläubigerverzug aber nachträglich die Grundlage entzogen werden. Im Übrigen kann in der Nichtannahme der Dienste zugleich die Berufung auf die Fehlerhaftigkeit des Arbeitsverhältnisses liegen.

13 Bei **flexiblen Arbeitszeitmodellen** kommt es darauf an, ob dem ArbN oder dem ArbGeb das Bestimmungsrecht über die konkrete Lage der Arbeitszeit zusteht. Sofern der **ArbN bestimmungsberechtigt** ist (Gleitzeit außerhalb der Kernarbeitszeit, variable Gleitzeit, Vertrauensgleitzeit) hält ein Teil der Lit. § 615 für unanwendbar, weil die Arbeitszeit erst mit tatsächlicher Arbeitsaufnahme fixiert werde, zu der es aber nicht komme[7]. Hierdurch würde indes das Wirtschaftsrisiko in unzulässiger Weise auf den ArbN verlagert werden. Es ist daher Annahmeverzug in Höhe des gesamten vereinbarten Arbeitszeitdeputats anzunehmen, wenn innerhalb des Bezugszeitraums infolge ausbleibender Beschäftigungsmöglichkeiten keine vertragsgemäße Arbeit aufgenommen werden kann und die sonstigen Voraussetzungen gegeben sind. Entsprechendes gilt bei einem teilweisen Unterschreiten der Sollarbeitszeit, das auf einer Annahmeunwilligkeit des ArbGeb beruht[8]. Allerdings muss der ArbN bei der Festlegung der konkreten Arbeitszeiten auf die betrieblichen Belange Rücksicht nehmen[9] und darf den Arbeitsbeginn daher nicht bewusst stets auf solche Zeiten legen, in denen nur wenig zu tun ist. Ansonsten ist die Bestimmung unwirksam, so dass es an einer Arbeitspflicht als Voraussetzung für einen Gläubigerverzug fehlt.

14 Wenn der **ArbGeb bestimmungsberechtigt** ist (Arbeit auf Abruf iSd. § 12 TzBfG), findet § 615 ohne weiteres in den Fällen Anwendung, in denen der ArbGeb die Arbeitszeit durch Abruf bereits fixiert hat und dann nicht annimmt[10]. Erfolgt während des gesamten Bezugszeitraums kein Abruf, tritt Annahmeverzug in Höhe des jeweils vereinbarten Arbeitszeitdeputats ein, sofern auch die übrigen Anforderungen erfüllt sind[11]. Dasselbe gilt, wenn der ArbGeb eine Arbeitsaufnahme dadurch unterbindet, dass er einem ArbN die Möglichkeit verwehrt, sich in einen Schichtplan einzutragen[12].

15 Wird ein ArbN unter Verstoß gegen das **Maßregelungsverbot** iSd. § 612a bzw. gegen den **Gleichbehandlungsgrundsatz** nicht zu **Mehrarbeit** herangezogen, soll ihm ein Anspruch aus Annahmeverzug zustehen[13]. In einer solchen Konstellation fehlt es vor der Anordnung von Mehrarbeit aber an einer erfüllbaren Arbeitspflicht. Darin liegt der Unterschied zu den Fällen, in denen der ArbGeb zum Zwecke der Maßregelung eine geringere als die geschuldete Arbeitsmenge zuweist[14]. Überzeugender erscheint daher eine Lösung über das Schadensersatzrecht. Insoweit gilt dasselbe wie in der vergleichbaren Konstellation einer gegen § 9 TzBfG verstoßenden Weigerung des ArbGeb, die Arbeitszeit eines Teilzeitbeschäftigten zu verlängern. Vor einer Verlängerung besteht hinsichtlich der zusätzlichen Arbeitszeit kein erfüllbares Arbeitsverhältnis, so dass nur ein Schadensersatzanspruch, nicht aber ein Anspruch aus Gläubigerverzug in Betracht kommt[15]. Dementsprechend kann der ArbN nicht dadurch Annahmeverzug herbeiführen, dass er nach einem wirksamen Abbau von Überstunden dem ArbGeb weiterhin Überstunden anbietet[16]. Hingegen kann im umgekehrten Fall einer Verringerung der Arbeitszeit nach dem TzBfG Gläubigerverzug eintreten, indem sich der ArbGeb zu Unrecht über die entsprechend den Wünschen des ArbN gemäß § 8 Abs. 5 Satz 3 TzBfG festgelegte Verteilung der Arbeitszeit hinwegsetzt.

16 Steht dem ArbN ein **Einstellungs-** bzw. ein **Wiedereinstellungsanspruch** zu, kann er vor der Begründung eines Arbeitsverhältnisses keine Rechte aus Gläubigerverzug geltend machen[17]. Bei einer Weige-

---

1 BAG v. 12.9.1985 – 2 AZR 324/84, AP Nr. 7 zu § 102 BetrVG 1972 – Weiterbeschäftigung. | 2 BAG v. 24.9.2003 – 5 AZR 282/02, AP Nr. 3 zu § 151 BGB. | 3 Erman/*Belling*, § 615 BGB Rz. 2. | 4 LAG Köln v. 25.6.1987 – 10 Sa 223/87, LAGE § 15 BBiG Nr. 4. Siehe auch § 12 Abs. 1 Satz 1 Nr. 2 lit. a BBiG. | 5 MünchArbR/*Boewer*, § 78 Rz. 13; Soergel/*Kraft*, § 615 Rz. 11; ErfK/*Preis*, § 615 BGB Rz. 9; aA LAG BW v. 26.11.1971 – 7 Sa 121/71, AP Nr. 1 zu § 19 AFG. | 6 BAG v. 3.12.1998 – 2 AZR 754/97, AP Nr. 49 zu § 123 BGB; anders noch BAG v. 20.2.1986 – 2 AZR 244/85, AP Nr. 31 zu § 123 BGB. | 7 *Boemke*/*Föhr*, Arbeitsformen der Zukunft (1999), Rz. 120; *Reichold*, NZA 1988, 393 (398); in diese Richtung auch *Picker*, FS Kissel (1994), S. 813 (822). | 8 *Hellfeier*, Leistungszeit, S. 139. | 9 *Schüren*, AuR 1996, 381 (384). | 10 *Buschmann*, in: Buschmann/Dieball/Stevens-Bartol, TZA, § 12 TzBfG Rz. 57; idS auch BAG v. 5.9.2002 – 9 AZR 244/01, AP Nr. 17 zu § 3 BUrlG – Fünf-Tage-Woche. Eine Änderung des Abrufs ist nicht zulässig: vgl. Annuß/Thüsing/*Jacobs*, § 12 TzBfG Rz. 40; MünchArbR/*Schüren*, Erg-Bd., § 166 Rz. 44; aA ErfK/*Preis*, § 12 TzBfG Rz. 34. | 11 *Hanau*, RdA 1987, 25 (29); Annuß/Thüsing/*Jacobs*, § 12 TzBfG Rz. 44; MünchArbR/*Schüren*, Ergänzungsband, § 166 Rz. 33. | 12 BAG v. 12.6.1996 – 5 AZR 960/94, AP Nr. 4 zu § 611 BGB – Werkstudent. | 13 BAG v. 7.11.2002 – 2 AZR 742/00, AP Nr. 100 zu § 615 BGB; LAG Hess. v. 12.9.2001 – 8 Sa 1122/00, LAGE § 242 BGB – Gleichbehandlung Nr. 25. | 14 Dazu BAG v. 21.11.2000 – 9 AZR 665/99, *AP Nr. 35 zu § 242 BGB – Auskunftspflicht*. | 15 BAG v. 25.10.1994 – 3 AZR 987/93, *AuR 2001*, 146 (147 f.); *Hanau*, NZA 2001, 1168 (1174); Annuß/Thüsing/*Jacobs*, § 9 TzBfG Rz. 44; *Schüren*, AuR 2001, 321 (322 f.) | 16 BAG v. 25.10.1977 – 1 AZR 452/74, AP Nr. 1 zu § 87 BetrVG 1972. | 17 BAG v. 12.11.1997 – 7 AZR 422/96, AP Nr. 3 zu § 611 BGB – Übernahme ins Arbeitsverhältnis; *Boewer*, NZA 1999, 1177 (1181).

rung des ArbGeb kann das entgangene Entgelt aber ggf. im Wege des Schadensersatzes geltend gemacht werden[1] (näher § 619a Rz. 72).

Bei einem **Betriebsübergang** (§ 613a) muss der Erwerber den gegenüber dem früheren Inhaber eingetretenen Annahmeverzug gegen sich gelten lassen[2]. Ferner muss sich der Übernehmer die Gegebenheiten zurechnen lassen, die als Tatbestandsmerkmale für spätere Rechtsfolgen von Bedeutung sind, wie etwa das Angebot des ArbN gegenüber dem früheren Betriebsinhaber. **17**

Nimmt der ArbGeb im Einvernehmen mit dem ArbN eine **Kündigung zurück**, so gehen die Parteien mangels einer abweichenden Regelung vom Fortbestand des Arbeitsverhältnisses mit der Folge aus, dass § 615 anwendbar ist[3]. Ein Anspruch auf Weiterbeschäftigung während des Kündigungsschutzprozesses auf der Grundlage des von der Rspr. entwickelten allgemeinen Beschäftigungsanspruchs führt für sich allein aber nicht dazu, dass das gekündigte Arbeitsverhältnis bis zur rechtskräftigen Entscheidung über die Kündigungsschutzklage auflösend bedingt fortbesteht[4]. Eine vergleichbare Rechtslage besteht bei einem Streit über die Wirksamkeit einer Befristung. Im Grundsatz kann der ArbGeb somit bei Ablehnung der Weiterbeschäftigung nicht in Annahmeverzug geraten[5]. Dies gilt auch bei einer rechtskräftigen Verurteilung des ArbGeb zu einer Beschäftigung des ArbN[6]. Vorbehaltlich eines Weiterbeschäftigungsanspruchs nach § 102 Abs. 5 BetrVG (Rz. 21) kann es zum Gläubigerverzug nur bei einer der Kündigungsschutzklage rechtskräftig stattgebenden Entscheidung oder einer Vereinbarung über die Fortsetzung des Arbeitsverhältnisses bzw. den Abschluss eines neuen Arbeitsvertrages bis zum Ende des Kündigungsschutzprozesses[7] kommen. Dabei ist es für den Anspruch aus § 615 unschädlich, wenn die Kündigungsschutzklage erst infolge einer nachträglichen Zulassung (§ 5 KSchG)[8] oder aufgrund einer Restitutionsklage[9] erfolgreich ist. Dasselbe gilt für die rechtskräftige Abweisung einer Weiterbeschäftigungsklage, sofern die Kündigungsschutzklage bzw. die Entfristungsklage letztlich erfolgreich ist[10]. Soweit der ArbN infolge rechtskräftiger Abweisung der Kündigungsschutzklage keinen Anspruch aus Annahmeverzug hat, kann ihm nach Ansicht des BAG aber derselbe Betrag als Schadensersatzanspruch unter dem Aspekt einer vom ArbGeb zu vertretenden Unmöglichkeit der Pflicht zur allgemeinen Weiterbeschäftigung zustehen (dazu näher Rz. 104 ff.)[11]. **18**

Eigenständige Fragen ergeben sich aus dem **Zusammenspiel von Arbeitsvertragsrecht und betrieblicher Mitbest.**. **Bei sozialen Angelegenheiten** kann die von der ständigen Rspr. vertretene These, dass arbeitgeberseitige Maßnahmen, die unter Verletzung von MitbestR des BR erfolgen, individuelle Rechtspositionen der betroffenen ArbN nicht schmälern[12], den Boden für einen Anspruch aus Gläubigerverzug bereiten. Dies betrifft etwa die Rückkehr von Wechselschicht zur Normalarbeitszeit (§ 87 Abs. 1 Nr. 2 BetrVG)[13] oder die Anordnung von Kurzarbeit (§ 87 Abs. 1 Nr. 3 BetrVG)[14]. Entsprechendes gilt, wenn die Mitbest. durch eine Regelungsabrede anstelle einer normativ wirkenden BV ausgeübt worden ist und es deshalb an einer auch gegenüber dem einzelnen ArbN wirksamen Einführung von Kurzarbeit fehlt[15]. **19**

Bei personellen Einzelmaßnahmen iSd. § 99 Abs. 1 BetrVG führt die fehlende Zustimmung des BR nach Ansicht des BAG nicht zur Unwirksamkeit der arbeitsvertraglichen Maßnahme. Vielmehr ergibt sich lediglich ein Beschäftigungsverbot, sofern der BR die Aufhebung der personellen Maßnahme gemäß § 101 BetrVG verlangt[16]. Für die Rspr. ergibt sich daraus sowohl bei der Einstellung[17] als auch bei der Versetzung[18] grundsätzlich die Anwendbarkeit der Regeln über den Annahmeverzug[19]. Demgegenüber hat das BAG bei der mitbestimmungswidrigen Übertragung einer höherwertigen Tätigkeit (§ 75 Abs. 1 Nr. 2 BPersVG) auf das Unmöglichkeitsrecht zurückgegriffen[20]. In der Lit. wird bei der Einstellung ebenfalls für eine Anwendung von § 326 Abs. 2 plädiert, um dem ArbGeb nicht das Risiko einer nicht zu vertretenden Zustimmungsverweigerung seitens des BR aufzuerlegen[21]. Tatsächlich spricht **20**

---

1 BAG v. 12.11.1997 – 7 AZR 422/96, AP Nr. 3 zu § 611 BGB – Übernahme ins Arbeitsverhältnis. | 2 BAG v. 21.3.1991 – 2 AZR 577/90, AP Nr. 49 zu § 615 BGB. | 3 BAG v. 17.4.1986 – 2 AZR 308/85, AP Nr. 40 zu § 615 BGB. | 4 BAG v. 17.1.1991 – 8 AZR 483/89, AP Nr. 8 zu § 611 BGB – Weiterbeschäftigung; BAG v. 10.3.1987 – 8 AZR 146/84, AP Nr. 1 zu § 611 BGB – Weiterbeschäftigung; aA LAG Nds. v. 10.3.1989 – 3 Sa 262/88, LAGE § 611 BGB – Beschäftigungspflicht Nr. 27. | 5 BAG v. 17.6.1999 – 2 AZR 608/98, AP Nr. 11 zu § 102 BetrVG 1972 – Weiterbeschäftigung. | 6 BAG v. 12.9.1985 – 2 AZR 324/84, AP Nr. 7 zu § 102 BetrVG 1972 – Weiterbeschäftigung; aA offenbar LAG Hamm v. 11.5.1989 – 17 Sa 1879/88, LAGE § 611 BGB – Beschäftigungspflicht Nr. 26. | 7 BAG v. 17.1.1991 – 8 AZR 483/89, AP Nr. 8 zu § 611 BGB – Weiterbeschäftigung; v. 4.9.1986 – 8 AZR 636/84, AP Nr. 22 zu § 611 BGB – Beschäftigungspflicht; dazu auch BAG v. 15.1.1986 – 5 AZR 237/84, AP Nr. 66 zu § 1 LohnFG. | 8 BAG v. 24.11.1994 – 2 AZR 179/94, AP Nr. 60 zu § 615 BGB. | 9 LAG Düsseldorf v. 13.2.1998 – 9 (13) Sa 1726/97, MDR 1998, 784 f. | 10 LAG Hamm v. 12.9.1997 – 5 Sa 2446/96, LAGE § 615 BGB Nr. 55. | 11 BAG v. 12.9.1985 – 2 AZR 324/84, AP Nr. 7 zu § 102 BetrVG 1972 – Weiterbeschäftigung. | 12 Siehe nur BAG v. 11.6.2002 – 1 AZR 390/01, AP Nr. 113 zu § 87 BetrVG 1972 – Lohngestaltung mwN. | 13 BAG v. 18.9.2002 – 1 AZR 668/01, AP Nr. 99 zu § 615 BGB. | 14 BAG v. 13.7.1977 – 1 AZR 336/75, AP Nr. 2 zu § 87 BetrVG 1972 – Kurzarbeit. | 15 BAG v. 14.2.1991 – 2 AZR 415/90, AP Nr. 4 zu § 615 BGB – Kurzarbeit. | 16 Vgl. BAG v. 5.4.2001 – 2 AZR 580/99, AP Nr. 3 zu § 99 BetrVG 1972 – Einstellung. | 17 BAG v. 2.7.1980 – 5 AZR 56/79 und 5 AZR 1241/79, AP Nr. 5 zu § 101 BetrVG 1972 und Nr. 9 zu Art. 33 Abs. 2 GG; in diesem Sinne auch BAG v. 25.6.1987 – 2 AZR 541/86, AP Nr. 14 zu § 620 BGB – Bedingung. | 18 BAG v. 17.2.1998 – 9 AZR 130/97, AP Nr. 27 zu § 618 BGB. | 19 Ebenso MünchArbR/*Boewer*, § 78 Rz. 15; GK-BetrVG/*Kraft*, § 99 Rz. 124. | 20 BAG v. 16.1.1991 – 4 AZR 301/90, AP Nr. 3 zu § 24 MTA. | 21 ErfK/*Kania*, § 99 BetrVG Rz. 45.

am meisten für eine Heranziehung von § 615 Satz 3. Dem ArbGeb ist eher als dem einzelnen ArbN das Risiko eines Vetos des BR zuzurechnen. Zum einen kann der ArbGeb durch entsprechende Maßnahmen im Vorfeld die Wahrscheinlichkeit einer Zustimmungsverweigerung verringern. Zum anderen kann er durch eine geeignete Vertragsgestaltung dafür sorgen, von den Lasten des Annahmeverzuges verschont zu bleiben. So kann der ArbGeb das Arbeitsverhältnis unter die aufschiebende Bedingung der Zustimmung des BR bzw. der gerichtlichen Zustimmungsersetzung stellen[1]. Dementsprechend ist in diesem Fall eine Abdingung des § 615 als zulässig anzusehen[2]. Wenn eine Versetzung nicht durch den ArbGeb angeordnet, sondern vom schwerbehinderten ArbN nach Maßgabe von § 81 Abs. 4 Satz 1 Nr. 1 SGB IX angestrebt wird, hindert das Fehlen der nach § 99 BetrVG erforderlichen Zustimmung des BR aber den Eintritt von Annahmeverzug[3].

21 Macht der ArbN den **vorläufigen Bestandsschutz nach § 102 Abs. 5 BetrVG** wirksam geltend, wird das bisherige Arbeitsverhältnis kraft Gesetzes auflösend bedingt durch die rechtskräftige Abweisung der Kündigungsschutzklage fortgesetzt[4]. Der ArbGeb gerät bei unterlassener Beschäftigung daher auch dann in Gläubigerverzug, wenn er im Kündigungsschutzprozess obsiegt[5]. Wird der ArbGeb gemäß § 102 Abs. 5 Satz 2 BetrVG von der Weiterbeschäftigungspflicht entbunden, endet der vorläufige Bestandsschutz ex nunc. Damit wird ein Annahmeverzug im Rahmen des Weiterbeschäftigungsverhältnisses vom Zeitpunkt der rechtskräftigen Entbindungsentscheidung an ausgeschlossen, während bis dahin entstandene Ansprüche unberührt bleiben[6]. Im Hinblick auf das ursprüngliche Beschäftigungsverhältnis bleibt ein Annahmeverzug aber weiterhin möglich. Sofern der ArbN in einem Kündigungsschutzprozess obsiegt, hat er deshalb auch bei Entbindung des ArbGeb von der Weiterbeschäftigungspflicht für die Dauer des Kündigungsrechtsstreits einen Anspruch auf Annahmeverzugslohn[7].

22 Bei **Heimarbeitsverhältnissen** verdrängt der Entgeltschutz nach § 29 Abs. 7 bzw. Abs. 8 HAG die Regelung des § 615[8]. Der schwächere Schutz von Heimarbeitern gegenüber ArbN beruht auf einer bewussten Entscheidung des Gesetzgebers, die auf dem nach wie vor stark von werkvertraglichen Elementen geprägten Charakter des Heimarbeitsverhältnisses beruht. Für eine Anwendung von § 615 ist daher kein Raum. Bei einer durch langjähriges Verhalten erfolgten Konkretisierung auf ein bestimmtes Arbeitsvolumen kann die einseitige Kürzung der Auftragsmängel aber mit der Folge vertragswidrig sein, dass dem Heimarbeiter ein Schadensersatzanspruch zusteht[9].

23 Wenn der ArbN rechtswirksam von der **Arbeitspflicht befreit** ist, etwa durch Freizeitausgleich, Urlaubserteilung oder Freistellung nach erfolgter Kündigung, scheidet ein Annahmeverzug aus (zur Anrechnung von Zwischenverdienst siehe Rz. 86)[10]. Dasselbe gilt bei einer wirksamen Suspendierung des Arbeitsverhältnisses, die zu einem Ruhen der beiderseitigen Hauptleistungspflichten führt[11].

24 Eine vergleichbare Rechtslage besteht bei zulässiger Einführung von **Kurzarbeit**. Da sich hierdurch die Arbeitspflicht des ArbN verringert, kann der ArbGeb insoweit nicht in Gläubigerverzug geraten[12]. Entsprechendes gilt für eine durch die Einführung der Sommerzeit bedingte Verkürzung der Arbeitszeit[13]. Die Bewilligung von Kug (§§ 169 ff. SGB III) ist keine Wirksamkeitsvoraussetzung für die Anordnung von Kurzarbeit. Außerdem ist es zu pauschal, den ArbGeb zur Zahlung der Vergütung in Höhe des Kug zu verpflichten, wenn das AA wider Erwarten keinen Zuschuss gewährt[14]. Vielmehr kommt es darauf an, ob die Rechtsgrundlage für die Einführung der Kurzarbeit den Entgeltanspruch in Höhe des zu erwartenden Kug entweder unberührt lässt oder von vornherein umfassend absenkt. Im letzteren Fall kann die für die ArbN durch eine Versagung der Sozialleistung entstehende Deckungslücke nur durch eine etwaige Schadensersatzpflicht des ArbGeb geschlossen werden[15].

25 **2. Angebot der Arbeitsleistung. a) Grundsätzliches.** Der Gesetzgeber hat die Aufrechterhaltung des Vergütungsanspruchs bewusst an die **Erfüllung der Annahmeverzugsvoraussetzungen** geknüpft[16]. Es bedarf somit grundsätzlich eines Angebots der Dienste durch den ArbN (§ 293), dessen Voraussetzungen sich in jeder Phase des Arbeitsverhältnisses nach den §§ 294 ff. richten. Eine Beschränkung der Anwendbarkeit dieser Vorschriften auf den erstmaligen Antritt der Arbeit[17] ist abzulehnen. Allerdings

---

1 ErfK/*Kania*, § 99 BetrVG Rz. 45; siehe auch BAG v. 17.2.1983 – 2 AZR 208/81, AP Nr. 74 zu § 620 BGB – Befristeter Arbeitsvertrag (Zulässigkeit auflösender Bedingung). | 2 Zu alledem *Miersch*, Die Rechtsfolgen mitbestimmungswidriger Maßnahmen für das Arbeitsverhältnis (1998), S. 197 ff. | 3 BAG v. 3.12.2002 – 9 AZR 481/01, AP Nr. 2 zu § 81 SGB IX. | 4 BAG v. 12.9.1985 – 2 AZR 324/84, AP Nr. 7 zu § 102 BetrVG 1972 – Weiterbeschäftigung. | 5 BAG v. 7.3.1996 – 2 AZR 432/95, AP Nr. 9 zu § 102 BetrVG 1972 – Weiterbeschäftigung; v. 12.9.1985 – 2 AZR 324/84, AP Nr. 7 zu § 102 BetrVG 1972 – Weiterbeschäftigung. | 6 BAG v. 7.3.1996 – 2 AZR 432/95, AP Nr. 9 zu § 102 BetrVG 1972 – Weiterbeschäftigung. | 7 LAG Rh.-Pf. v. 11.1.1980 – (7) 6 Sa 657/79, EzA § 615 BGB Nr. 35; Staudinger/*Richardi*, § 615 BGB Rz. 105; MünchArbR/*Wank*, § 121 Rz. 44. | 8 BAG v. 13.9.1983 – 3 AZR 270/81, AP Nr. 1 zu § 29 HAG. | 9 BAG v. 13.9.1983 – 3 AZR 270/81, AP Nr. 1 zu § 29 HAG. | 10 BAG v. 19.3.2002 – 9 AZR 16/01, BB 2002, 1703; v. 23.1.2001 – 9 AZR 26/00, AP Nr. 93 zu § 615 BGB; v. 23.1.1996 – 9 AZR 554/93, AP Nr. 10 zu § 5 BUrlG. | 11 LAG Hamm v. 11.10.1996 – 10 Sa 104/96, LAGE § 615 BGB Nr. 49. | 12 *BAG v. 7.4.1970 – 2 AZR 201/69, AP Nr. 3 zu § 615 BGB – Kurzarbeit.* | 13 BAG v. 11.9.1986 – 7 AZR 276/83, EzA § 615 BGB Nr. 49. | 14 So aber BAG v. 11.7.1990 – 5 AZR 557/89, AP Nr. 32 zu § 615 BGB – Betriebsrisiko; MünchArbR/*Boewer*, § 78 Rz. 32; ErfK/*Preis*, § 615 BGB Rz. 15. | 15 *Krause*, SAE 1993, 174 ff. | 16 Motive, Bd. II, S. 462 f. | 17 *Nikisch*, RdA 1967, 241 (242 ff.); ebenso *Beitzke*, SAE 1970, 4.

sind hierbei die Besonderheiten des Arbeitsverhältnisses als eine auf die kontinuierliche Erbringung personalgebundener Dienste gerichtete Rechtsbeziehung zu berücksichtigen.

Das vom ArbN grundsätzlich zu fordernde Angebot verfolgt nach überwiegender Ansicht zum einen das Ziel, die **Leistungsbereitschaft des Schuldners klarzustellen**. Zum anderen soll der **Zeitpunkt** eindeutig festgelegt werden, in dem der **Gläubigerverzug beginnt**[1]. Es darf jedoch nicht außer Acht gelassen werden, dass der primäre Zweck des § 615 darin besteht, den Dienstpflichtigen vor einem nutzlosen Vorhalten seiner Arbeitskraft zu bewahren. Die konstruktive Anbindung an den Gläubigerverzug dient lediglich dazu, die Voraussetzungen festzulegen, unter denen ein solches Vorhalten der Dienste anzunehmen ist. Die gesetzgeberische Wertung ist daher stärker aus der Sicht des Schuldners und weniger des Gläubigers der Dienste vorgenommen worden. Dies muss sich auf die Interpretation der §§ 294 ff. auswirken[2]. 26

b) Tatsächliches Angebot. Gemäß § 294 ist grundsätzlich ein tatsächliches Angebot des ArbN erforderlich. Die Rspr. hält an diesem Grundsatz für das ungekündigte Arbeitsverhältnis fest[3]. Dies steht allerdings im Widerspruch zu den erleichterten Voraussetzungen, unter denen das BAG seit Mitte der achtziger Jahre den Gläubigerverzug im gekündigten Arbeitsverhältnis bejaht, indem § 296 angewendet wird (dazu Rz. 34, 37). Im Übrigen verzichtet die Rspr. auf die Einhaltung des § 294 schon seit langem in den Fällen, in denen der ArbGeb gegenüber einer größeren Gruppe von ArbN die Annahme der Dienste verweigert, wie beispielsweise bei der unwirksamen Rückkehr von Wechselschicht zur Normalarbeitszeit[4] oder Einführung von Kurzarbeit[5]. Das tatsächliche Angebot ist ein Realakt, auf den die Vorschriften über die Willenserklärung nicht anwendbar sind. Insbesondere ist kein Zugang iSd. § 130 erforderlich. Ein ordnungsgemäßes tatsächliches Angebot liegt vor, wenn der ArbN dem ArbGeb seine Arbeitskraft in eigener Person (dazu auch Rz. 55), am rechten Ort, zur rechten Zeit[6] und der rechten Weise anbietet[7]. Da sich das Angebot im Rahmen eines Arbeitsverhältnisses auf Dienste in eigener Person beziehen muss, genügt es nicht, wenn der ArbN dem ArbGeb eine Ersatzkraft stellt, mag diese zu einer Aufgabenerledigung auch grundsätzlich geeignet sein[8]. 27

In **räumlicher Hinsicht** muss sich der ArbN grundsätzlich am Erfüllungsort einfinden. Dies ist regelmäßig der konkrete Arbeitsplatz im Betrieb. Daran ändert sich nichts, wenn der ArbGeb einen Werkbus zur Verfügung stellt, der die ArbN von ihrem Wohnort zum Arbeitsplatz befördert, und dieser Bus wegen Eisglätte ausnahmsweise nicht verkehren kann[9]. 28

In **zeitlicher Hinsicht** muss der ArbN seine Leistung grundsätzlich zu Dienstbeginn anbieten. Bei flexiblen Arbeitszeiten setzt Gläubigerverzug somit voraus, dass der ArbN zu dem Zeitpunkt erscheint, auf den die Arbeit konkret gelegt worden ist. Verspätet sich der ArbN, kann es auch für den Rest des Arbeitstages an einem ordnungsgemäßen Angebot fehlen. Dies ist dann der Fall, wenn ausnahmsweise keine sinnvolle Arbeit mehr geleistet werden kann, zB weil der Werksbus zu einer weiter entfernten Baustelle bereits abgefahren ist und es für den zurückgebliebenen ArbN keine anderweitige Verwendung gibt. Wird während eines Arbeitskampfes der Zugang zum Betrieb durch Streikposten versperrt, liegt kein tatsächliches Angebot vor, wenn sich ein Arbeitswilliger bei der Gewerkschaft meldet[10]. In gleicher Weise genügt es nicht, wenn sich Arbeitswillige in eine vom ArbGeb ausgelegte Liste eintragen[11]. 29

LeihArbN haben ihre Dienste grundsätzlich dem Verleiher als Gläubiger der Arbeitsleistung anzubieten. Nach einhelliger Ansicht genügt aber ein Angebot gegenüber dem Entleiher[12]. Verweigert der LeihArbN seine Arbeitsleistung beim Entleiher gemäß § 11 Abs. 5 AÜG, weil dieser von einem Arbeitskampf unmittelbar betroffen ist, muss er seine Dienste dem Verleiher anbieten[13]. 30

Inhaltlich setzt der Annahmeverzug voraus, dass der ArbN die konkret geschuldeten Dienste anbietet. Wenn der ArbGeb die lediglich rahmenmäßig umschriebene Arbeitsleistung durch eine Weisung näher bestimmt hat, kann der ArbN den Gläubigerverzug also nicht dadurch herbeiführen, dass er eine von der Weisung nicht umfasste Arbeit anbietet[14]. Überschreitet der ArbGeb dagegen sein Direktionsrecht, liegt ein ordnungsgemäßes Angebot vor, wenn der ArbN die ursprünglich vereinbarten und weiterhin geschuldeten Dienste anbietet[15]. Im Übrigen hat es das BAG für möglich gehalten, die Verletzung der Pflicht zum Nachweis einer mitgeteilten Schwangerschaft durch eine werdende Mutter in der Weise zu sanktionieren, dass ein ordnungsgemäßes Angebot und hierdurch ein Annahmeverzug 31

---

1 BAG v. 9.8.1984 – AZR 374/83, AP Nr. 34 zu § 615 BGB; *Blomeyer*, Anm. zu BAG, AP Nr. 26 zu § 615 BGB; ErfK/*Preis*, § 615 BGB Rz. 16. | 2 Im Grundsatz auch Soergel/*Kraft*, § 615 BGB Rz. 13. | 3 BAG v. 29.10.1992 – 2 AZR 250/92, EzA § 615 BGB Nr. 77; undeutlich BAG v. 12.6.1996 – 5 AZR 960/94, AP Nr. 4 zu § 611 BGB – Werkstudent. | 4 *BAG v. 18.9.2002* – 1 AZR 668/01, AP Nr. 99 zu § 615 BGB. | 5 BAG v. 27.1.1994 – 6 ARZ 541/93, AP Nr. 1 zu § 15 BAT-O; v. 10.7.1969 – 5 AZR 323/68; AP Nr. 2 zu § 615 BGB – Kurzarbeit. | 6 Dazu LAG Köln v. 12.4.2002 – 11 Sa 1327/01, NZA-RR 2003, 128. | 7 BAG v. 29.10.1992 – 2 AZR 250/92, EzA § 615 BGB Nr. 77. | 8 Staudinger/*Richardi*, § 615 BGB Rz. 49; siehe auch LAG Köln v. 19.5.1993 – 8 Sa 60/93, LAGE § 615 BGB Nr. 37; LAG Schl.-Holst. v. 16.6.1986 – 4 (5) Sa 684/85, NZA 1987, 669 (670). | 9 BAG v. 8.12.1982 – 4 AZR 134/80, AP Nr. 58 zu § 616 BGB. | 10 LAG Bremen v. 19.5.1980 – 3 Sa 172/79, BB 1980, 1472. | 11 LAG Hamm v. 1.3.1995 – 18 Sa 1274/94, LAGE Art. 9 GG – Arbeitskampf Nr. 59. | 12 Erman/*Belling*, § 615 BGB Rz. 9; MünchArbR/*Boewer*, § 78 Rz. 17; ErfK/*Preis*, § 615 Rz. 20. | 13 ErfK/*Preis*, § 615 BGB Rz. 20. | 14 BAG v. 27.4.1960 – 4 AZR 584/58, AP Nr. 10 zu § 615 BGB. | 15 Vgl. BAG v. 21.4.1999 – 5 AZR 174/98, AP Nr. 5 zu § 4 MuSchG 1968; v. 3.12.1980 – 5 AZR 477/78, AP Nr. 4 zu § 615 BGB – Böswilligkeit.

(vorübergehend) verneint wird[1]. Schließlich liegt ein ordnungsgemäßes Angebot auch dann nicht vor, wenn der ArbN seine Tätigkeit unter Verletzung arbeitsschutzrechtlicher Verhaltenspflichten erbringen will, indem er sich etwa weigert, eine vorgeschriebene Schutzkleidung anzuziehen[2].

32 c) **Wörtliches Angebot.** § 295 Satz 1 lässt in zwei Gestaltungen ein wörtliches Angebot an Stelle eines tatsächlichen Angebots genügen. Dies ist erstens der Fall, wenn der ArbGeb erklärt hat, dass er die Dienste nicht annehmen werde, und zum anderen, wenn der ArbGeb eine erforderliche Mitwirkungshandlung unterlässt. Der Zweck der Vorschrift liegt darin, den **Schuldner von unnötigen bzw. sinnlosen Handlungen zu entlasten**[3]. Das Erfordernis eines wörtlichen Angebots dient, wie sich im Umkehrschluss aus § 296 ergibt, weniger der Dokumentation der Leistungsfähigkeit des Schuldners als vielmehr der Festlegung einer Leistungszeit, von der ein Gläubigerverzug vorliegt[4].

33 aa) **Ablehnungserklärung.** Die Ablehnungserklärung des ArbGeb ist eine **geschäftsähnliche Handlung**, die dem ArbN entsprechend § 130 zugehen muss[5]. Die Ablehnung kann ausdrücklich oder konkludent erfolgen. Sie liegt in jeder einseitigen Suspendierung der Arbeitspflicht, insb. in der (rechtswidrigen) Einführung von Feierschichten oder Kurzarbeit[6]. Ein Ablehnungswille kommt auch in der Weigerung des ArbGeb zum Ausdruck, den ArbN während eines Arbeitskampfes bzw. nach dessen Ende zu beschäftigen.

34 bb) **Mitwirkungshandlung.** Mitwirkungshandlungen sind diejenigen Maßnahmen, die der Gläubiger vornehmen muss, damit der **Schuldner seine Leistung erbringen** kann. Von § 296 Satz 2 unterscheidet sich § 295 Satz 1 Alt. 2 lediglich dadurch, dass die vom Gläubiger vorzunehmende Handlung nicht kalendermäßig bestimmt ist. Die Rspr.[7] und Teile der Lit.[8] sehen in der Schaffung der arbeitstechnischen Voraussetzungen, nämlich der Einrichtung eines funktionsfähigen Arbeitsplatzes und der Zuweisung von Arbeit, eine für die Dienstleistung des ArbN erforderliche Mitwirkungshandlung des ArbGeb iSd. §§ 295, 296. Das BAG stuft die Mitwirkungsobliegenheit des ArbGeb darüber hinaus als kalendermäßig bestimmt ein, um auf diesem Wege über § 296 Satz 1 zu einer Entbehrlichkeit sogar des wörtlichen Angebots zu gelangen. Allerdings hat das BAG diese Sichtweise bislang auf die unberechtigte Suspendierung ganzer ArbN-Gruppen[9] sowie die unwirksame Kündigung[10] beschränkt. Für das ungestörte Arbeitsverhältnis hält die Rspr. demgegenüber am Erfordernis eines tatsächlichen Angebots iSd. § 294 fest[11]. Ein Teil des Schrifttums lehnt es für alle Gestaltungen ab, die für die Erbringung der Arbeit erforderlichen Maßnahmen des ArbGeb als Mitwirkungshandlungen iSd. §§ 295, 296 zu qualifizieren[12]. Die organisatorischen Vorkehrungen des ArbGeb sowie die Ausübung des Direktionsrechts lassen sich aber nicht als eine schlichte Annahme der Dienste begreifen. Vielmehr handelt es sich um Mitwirkungshandlungen, die der ArbGeb vornehmen muss, damit der ArbN zur Leistung im Stande ist.

35 Diese Einordnung führt aber **nicht zwangsläufig** dazu, dass alle Fälle der Nichtannahme unter § 295 Satz 1 Alt. 2 oder § 296 Satz 1 zu fassen wären und damit für § 294 **kein Anwendungsbereich** mehr bliebe. Zumindest in einem ungestörten Arbeitsverhältnis setzen die Mitwirkungsobliegenheiten des ArbGeb nämlich erst in dem Augenblick ein, in dem der ArbN im Betrieb erscheint und seine Arbeit tatsächlich anbietet[13]. Unter § 295 Satz 1 Alt. 2 fallen deshalb nur die seltenen Gestaltungen, in denen der ArbGeb eine Handlung bereits vor dem Erscheinen der ArbN im Betrieb vornehmen muss, ohne dass diese jedoch bezogen auf das einzelne Arbeitsverhältnis kalendermäßig fixiert ist. Zu nennen ist etwa die Benachrichtigung der ArbN über die Wiederaufnahme der Arbeit nach Ende einer Schlechtwetterperiode[14].

36 cc) **Anforderungen an das wörtliche Angebot.** Das wörtliche Angebot ist eine **geschäftsähnliche Handlung**, die dem ArbGeb entsprechend § 130 zugehen muss[15]. Inhaltlich muss sich das Angebot auf die gesamte geschuldete Arbeitsleistung beziehen[16]. In zeitlicher Hinsicht kann das wörtliche Angebot nur nach der Ablehnungserklärung seitens des ArbGeb erfolgen[17]. Die in der früheren Rspr. vertretene Auffassung, nach der das Angebot bei ungekündigtem Arbeitsverhältnis in der bisherigen Dienstleistung zu erblicken war[18], ist daher abzulehnen. Im Falle einer Kündigung hat allerdings auch die ältere Judikatur die bislang erbrachte Arbeit nicht als Angebot iSd. § 295 genügen lassen, sondern da-

---

1 BAG v. 6.6.1974 – 2 AZR 278/73, AP Nr. 3 zu § 9 MuSchG 1968. | 2 *Wlotzke*, FS Hilger/Stumpf (1983), S. 723 (766). | 3 Motive, Bd. II, S. 70 f. | 4 Soergel/*Wiedemann*, § 295 BGB Rz. 1. | 5 Soergel/*Wiedemann*, § 295 BGB Rz. 14. | 6 ErfK/*Preis*, § 615 BGB Rz. 26. | 7 Grdl. BAG v. 9.8.1984 – 2 AZR 374/83, AP Nr. 34 zu § 615 BGB; v. 10.7.1969 – 5 AZR 323/68, AP Nr. 2 zu § 615 BGB – Kurzarbeit. | 8 Grdl. *Eisemann*, ArbRGegw 19 (1982), 33 (46 f.); ebenso MünchArbR/*Boewer*, § 78 Rz. 23; *Ramrath*, SAE 1992, 56 (59 f.); Staudinger/*Richardi*, § 615 BGB Rz. 61 ff. | 9 Zuletzt BAG v. 27.1.1994 – 6 AZR 541/93, AP Nr. 1 zu § 15 BAT-O. | 10 Zuletzt BAG v. 7.11.2002 – 2 AZR 650/00, AP Nr. 98 zu § 615 BGB. | 11 BAG v. 21.1.1993 – 2 AZR 309/92, AP Nr. 53 zu § 615 BGB (II 2 b); v. 29.10.1992 – 2 AZR 250/92, EzA § 615 BGB Nr. 77. | 12 *Löwisch*, Anm. zu BAG, EzA § 615 BGB Nr. 66; *Stahlhacke*, AuR 1992, 8 (9 f.). | 13 Eingehend *Konzen*, Gem. Anm. zu BAG, AP Nr. 34 und Nr. 35 zu § 615 BGB; *Schwarze*, Anm. zu BAG, EzA § 615 BGB Nr. 78. | 14 BAG v. 14.3.1961 – 4 AZR 146/61, AP Nr. 21 zu § 615 BGB; LAG Düsseldorf v. 20.12.1968 – 4 Sa 750/68, BB 1969, 1479. | 15 BAG v. 21.3.1985 – 2 AZR 201/84, AP Nr. 35 zu § 615 BGB; ErfK/*Preis*, § 615 BGB Rz. 24; Staudinger/*Richardi*, § 615 BGB Rz. 54. | 16 *Kraft*, Anm. zu BGH, EzA § 615 BGB Nr. 55. | 17 *Blomeyer*, Anm. zu BAG, AP Nr. 31 zu § 615 BGB; insoweit sehr restriktiv BGH v. 20.1.1988 – IVa ZR 128/86, EzA § 615 BGB Nr. 55 (Angebot nach Zugang der Kündigung erforderlich). | 18 BAG v. 7.12.1962 – 1 AZR 134/61, AP Nr. 14 zu § 615 BGB – Betriebsrisiko; v. 14.3.1961 – 4 AZR 146/61, AP Nr. 21 zu § 615 BGB.

rüber hinaus einen Widerspruch gegen die Kündigung gefordert[1]. Ein hinreichend deutlicher Protest wurde früher vorzugsweise in der Erhebung der Kündigungsschutzklage gesehen[2]. Hierbei wurde ein gleichzeitig gestellter Auflösungsantrag iSd. § 9 KSchG als für das Angebot unschädlich angesehen[3]. Ein Abstellen auf die Kündigungsschutzklage hätte an sich zur Folge, dass Annahmeverzug erst ab deren Zugang beim ArbGeb eintritt[4]. Das BAG ist insoweit allerdings nicht immer konsequent gewesen und hat im Falle einer fristlosen Kündigung eine Rückwirkung des Arbeitskraftangebots bis zur tatsächlichen Entlassung ohne jegliche Begründung bejaht[5]. Zudem entsteht bei einer während der Kündigungsfrist erhobenen Klage das Problem, dass auch nach ihr ein wörtliches Angebot an sich erst zur vereinbarten Leistungszeit erfolgen kann[6]. Diejenige Arbeitszeit, um deren Annahmeverzug es in dieser Gestaltung geht, wird aber erst für die Zeit nach dem Ablauf der Kündigungsfrist geschuldet. Mit der von der Rspr. seit vielen Jahren in einer Reihe von Konstellationen befürworteten Heranziehung von § 296, die zur Entbehrlichkeit auch eines wörtlichen Angebots führt (Rz. 37), verringern sich zumindest für die Praxis die aus einer Anwendung von § 295 folgenden Probleme. Die hierfür geltenden Grundsätze sind damit nur für die nicht von § 296 erfassten Fälle bedeutsam.

d) **Entbehrlichkeit eines wörtlichen Angebots.** Nach § 296 Satz 1 ist selbst ein wörtliches Angebot entbehrlich, wenn für eine **Mitwirkungshandlung** des Gläubigers iSd. § 295 Satz 1 Alt. 2 eine **Zeit nach dem Kalender bestimmt** ist und der Gläubiger diese Handlung nicht rechtzeitig vornimmt. Die Rspr. hat sich für den Annahmeverzug des ArbGeb zunehmend auf diese Norm gestützt. Das BAG sieht die dem ArbGeb als Gläubiger der Arbeitsleistung obliegende Mitwirkungshandlung darin, dass dieser dem ArbN einen funktionsfähigen Arbeitsplatz zur Verfügung stellen und ihm konkrete Arbeit zuweisen muss. Danach ist es Sache des ArbGeb, dem ArbN die Leistungserbringung dadurch zu ermöglichen, dass er dessen Arbeitseinsatz fortlaufend plant und konkretisiert. Die kalendermäßige Bestimmung soll sich daraus ergeben, dass es sich um eine mit dem Kalender synchron laufende Daueraufgabe handele[7]. Ihren Anfang hat diese Judikatur in den Fällen der unberechtigten Suspendierung ganzer ArbN-Gruppen gefunden[8]. Mit zwei grundlegenden Entscheidungen aus den achtziger Jahren hat das BAG diese Grundsätze dann auf die fristlose[9] und die ordentliche Kündigung für die Zeit nach dem Ende der Kündigungsfrist[10] ausgedehnt. Die Rspr. hat an diesen Regeln in der Folgezeit festgehalten und sie auf weitere Fallgruppen erstreckt. So wird § 296 auch bei einer wirksamen Kündigung, deren Kündigungsfrist zu kurz bemessen ist, angewendet[11]. Gleiches soll bei einer unwirksamen Befristung gelten[12]. Im ungekündigten Arbeitsverhältnis ist § 296 auf den Fall einer unzulässigen Dienstenthebung angewendet worden[13]. Auf die anfängliche Ausnahmeregel, dass es bei berechtigten Zweifeln des ArbGeb an der Leistungswilligkeit des ArbN bei der Notwendigkeit einer Aufforderung durch den Beschäftigten bleiben solle[14], ist das BAG soweit ersichtlich nicht zurückgekommen.

Das Umschwenken der Rspr. auf die Lösung über § 296 ist in der **Literatur überwiegend positiv aufgenommen** worden[15]. Teilweise wird das wichtigste Ergebnis gebilligt, nämlich die Entbehrlichkeit eines ArbN-Angebots bei einer vom ArbGeb erklärten Kündigung, hierfür aber eine andere Begründung geliefert. So wird selbst ein wörtliches Angebot unter den Gesichtspunkten der Nutzlosigkeit[16], der Unzumutbarkeit[17] bzw. des Verstoßes gegen die Leistungstreupflicht[18] für verzichtbar gehalten[19]. Eine durchaus beachtliche Anzahl von Stimmen verweigert dem BAG auch im Ergebnis die Gefolgschaft und hält jedenfalls ein wörtliches Angebot der Arbeitsleistung für unentbehrlich[20].

---

1 BAG (GS) v. 26.4.1956 – GS 1/56, AP Nr. 5 zu § 9 MuSchG. |2 BAG v. 14.8.1974 – 5 AZR 497/73, AP Nr. 3 zu § 13 KSchG 1969; v. 26.8.1971 – 2 AZR 301/70, AP Nr. 26 zu § 615 BGB; v. 10.4.1963 – 4 AZR 95/62, AP Nr. 23 zu § 615 BGB. |3 BAG v. 18.1.1963 – 5 AZR 200/62, AP Nr. 22 zu § 615 BGB. |4 So für den Protest gegen die unzulässige Einführung von Kurzarbeit BAG v. 15.12.1961 – 1 AZR 207/59, AP Nr. 1 zu § 615 BGB – Kurzarbeit; ferner *Blomeyer*, Anm. zu BAG, AP Nr. 31 zu § 615 BGB; *Eisemann*, ArbRGegw 19 (1982), 33 (34 f.). |5 BAG 18.6.1965 – 5 AZR 351/64, AP Nr. 2 zu § 615 BGB – Böswilligkeit; v. 18.1.1963 – 5 AZR 200/62, AP Nr. 22 zu § 615 BGB; idS für eine nach Ablauf der Kündigungsfrist erhobene Kündigungsschutzklage auch BAG v. 10.4.1963 – 4 AZR 95/62, AP Nr. 23 zu § 615 BGB. |6 Soergel/*Kraft*, § 615 BGB Rz. 17. |7 BAG v. 19.1.1999 – 9 AZR 679/97, AP Nr. 79 zu § 615 BGB; v. 24.11.1994 – 2 AZR 179/94, AP Nr. 60 für § 615 BGB; v. 21.1.1993 – 2 AZR 309/92, AP Nr. 53 zu § 615 BGB. |8 BAG v. 10.7.1969 – 5 AZR 323/68, AP Nr. 2 zu § 615 BGB – Kurzarbeit; ebenso BAG v. 27.1.1994 – 6 AZR 41/93, AP Nr. 1 zu § 15 BAT-O. |9 BAG v. 9.8.1984 – 2 AZR 374/83, AP Nr. 34 zu § 615 BGB. |10 BAG v. 21.3.1985 – 2 AZR 201/84, AP Nr. 35 zu § 615 BGB. |11 BAG v. 9.4.1987 – 2 AZR 280/86, AP Nr. 1 zu § 9 AÜG; aA LAG Düsseldorf v. 17.7.1997 – 5 Sa 642/97, LAGE § 615 BGB Nr. 51. |12 LAG Hamburg v. 8.11.1994 – 3 Sa 37/94, LAGE § 615 BGB Nr. 44, das allerdings zusätzlich darauf abstellt, ob der ArbN den Fortbestand des *Arbeitsverhältnisses geltend* gemacht hat. |13 LAG Hamm v. 20.5.1988 – 17 Sa 2045/87, LAGE § 615 BGB Nr. 16. |14 BAG v. 21.3.1985 – 2 AZR 201/84, AP Nr. 35 zu § 615 BGB (B III 1). |15 Erman/*Belling*, § 615 BGB Rz. 21; MünchArbR/*Boewer*, § 78 Rz. 23; ErfK/*Preis*, § 615 BGB Rz. 30; *Ramrath*, SAE 1992, 56 (59 f.); Staudinger/*Richardi*, § 615 Rz. 61 ff.; KR/*Spilger*, § 11 KSchG Rz. 12 ff.; der Sache nach ebenso *Konzen*, Anm. zu BAG, AP Nr. 34 und Nr. 35 zu § 615 BGB; zuvor bereits *Eisemann*, ArbRGegw 19 (1982), 33 (46 f.). |16 *Schäfer*, JuS 1988, 265 (266). |17 *Schwarze*, Anm. zu BAG, EzA § 615 BGB Nr. 78. |18 *Waas*, NZA 1994, 151 (153 ff.). |19 Zu älteren Lösungsversuchen *Eisemann*, ArbRGegw 19 (1982), 33 (36 ff.); ferner *Blomeyer*, Anm. zu BAG, AP Nr. 26 zu § 615 BGB, der sich selbst für eine teleologische Reduktion von § 295 ausspricht. |20 *Kaiser*, Anm. zu BAG, EzA, § 615 BGB Nr. 70; Soergel/*Kraft*, § 615 Rz. 22; *Löwisch*, Anm. zu BAG, AP § 615 BGB Nr. 66; *Stahlhacke*, AuR 1992, 9 (9 f.); Wiedemann/Wonneberger, Anm. zu BAG, AP Nr. 45 zu § 615 BGB.

39 Ein generelles Vorgehen über § 296 erscheint in der Tat **nicht möglich**. Der ArbGeb muss zwar organisatorische Voraussetzungen dafür schaffen, dass der ArbN in die Lage versetzt wird, seine Arbeitsleistung zu erbringen. Diese Mitwirkungshandlungen sind aber nicht kalendermäßig bestimmt. Vielmehr obliegen dem ArbGeb entsprechende Handlungen erst in dem Augenblick, in dem der ArbN im Betrieb erscheint. Dies wird auch vom BAG zugestanden, wenn es im Rahmen eines ungestörten Arbeitsverhältnisses am Erfordernis eines tatsächlichen Leistungsangebotes für den Gläubigerverzug festhält (Rz. 27). Der ArbGeb gerät daher in einem solchen Fall nicht allein deshalb in Annahmeverzug, weil er infolge eines Auftragsmangels nicht in der Lage ist, dem ArbN konkrete Arbeit zuzuweisen. Soweit der ArbGeb im Rahmen eines unstreitig bestehenden Arbeitsverhältnisses die Arbeitspflicht einseitig zu Unrecht suspendiert, ändert sich dagegen die Situation. In einem solchen Fall ist es dem ArbN im Allgemeinen nicht möglich, seine Arbeitskraft anderweitig zu verwerten. Es besteht somit die Gefahr, dass der ArbN seine Arbeitskraft ohne eine entsprechende Gegenleistung zugunsten des ArbGeb vorhält. Genau davor will § 615 den ArbN bewahren. Ein wörtliches Angebot ist in einer derartigen Gestaltung somit verzichtbar[1]. Der Wortlaut von § 295 steht deshalb nicht entgegen, weil der Zweck des wörtlichen Angebots, nämlich die exakte Festlegung des Beginns des Gläubigerverzuges in diesen Fällen bereits dadurch gewahrt wird, dass die Arbeitsleistung zeitlich fixiert ist. Bei alledem kommt es nicht darauf an, ob sich die unberechtigte Suspendierung auf eine größere Gruppe von ArbN oder lediglich auf ein einzelnes Arbeitsverhältnis bezieht. Dasselbe gilt, wenn ein ArbGeb (Arzt) den Betrieb (Praxis) urlaubsbedingt vorübergehend schließt und es dadurch einem ArbN nicht möglich ist, einer sinnvollen Beschäftigung nachzugehen[2].

40 Bei einer **(unwirksamen) arbeitgeberseitigen Kündigung** bzw. **Befristungsabrede** entsteht eine andere Sachlage. In diesen Gestaltungen ist der ArbN grundsätzlich frei, seine Arbeitskraft anderweitig einzusetzen. Die Gefahr einer vergütungslosen Bindung besteht nicht. Es kann daher vom ArbN erwartet werden, dass er sich gegen den Beendigungstatbestand erkennbar zu Wehr setzt. Ein solches Verhalten ist auch bei einer fristlosen Kündigung nicht schon von vornherein unzumutbar. Zudem wird dem ArbGeb hierdurch vor Augen geführt, was auf dem Spiel steht, wenn er an der Wirksamkeit der Auflösung des Arbeitsverhältnisses festhält. Den Besonderheiten des Arbeitsverhältnisses kann dadurch Rechnung getragen werden, dass man die Kündigungsschutzklage bzw. die Feststellungsklage nach § 17 TzBfG als hinreichendes Arbeitsangebot einstuft und dem ArbN die volle Ausschöpfung der Klagefrist ohne Nachteile zubilligt, indem man dem Angebot Rückwirkung beilegt[3]. Für diese Lösung spricht nicht zuletzt, dass es bei ArbN, die ihre Tätigkeit weitgehend selbst organisieren, entsprechend der Judikatur des BGH zu freien Dienstverträgen[4] an hinreichend konkreten Mitwirkungsobliegenheiten des ArbGeb fehlt, deren Unterlassen zur Verzichtbarkeit eines Angebots führen könnte[5].

41 Ferner passt die vom BAG entwickelte Sichtweise von vornherein nicht für die Fälle, in denen die **Initiative** zur (unwirksamen) Auflösung des Arbeitsverhältnisses vom **ArbN** ausgeht. Dies betrifft unwirksame Eigenkündigungen[6] ebenso wie unwirksame Aufhebungsverträge auf Wunsch des ArbN. Darüber hinaus ist bei Aufhebungsverträgen ganz generell eine Entbehrlichkeit des Angebots abzulehnen. Auch wenn der ArbGeb den Aufhebungsvertrag angeregt hat, kann von einem zustimmenden ArbN erwartet werden, dass er gegenüber dem ArbGeb zum Ausdruck bringt, wenn er am Arbeitsverhältnis festhalten will[7].

42 Für eine Anwendung von § 296 ist somit nur dann Raum, wenn der ArbGeb eine Mitwirkungshandlung unterlässt, die den ArbN bereits daran hindert, am **Arbeitsplatz zu erscheinen**. Dies ist beispielsweise der Fall, wenn der ArbGeb einen Montagearbeiter nicht an der vorgesehenen Stelle abholt[8]. Gleiches gilt, wenn der ArbGeb den ArbN davon abhält, sich in einen Schichtplan einzutragen, so dass es dem Beschäftigten nicht möglich ist, zu einer bestimmten Zeit am Arbeitsplatz zu erscheinen[9].

43 Weiterhin kann selbst ein wörtliches Angebot in Ausnahmesituationen wegen **offenkundiger Nutzlosigkeit** entbehrlich sein. Dies ist etwa bei einem Hausverbot anzunehmen[10]. Im Übrigen ist insoweit aber Zurückhaltung geboten, um die gestuften Anforderungen der §§ 294 ff. nicht auszuhöhlen[11].

44 Zugunsten von **LeihArbN** enthielt § 10 Abs. 4 AÜG aF bislang eine Sonderregelung. Sofern eine Kündigung durch den Verleiher gemäß § 9 Nr. 3 AÜG aF wegen erneuter Einstellung innerhalb von drei Monaten unwirksam war, hing der Annahmeverzugslohn für die Zwischenzeit nicht davon ab, dass der LeihArbN seine Arbeitsleistung tatsächlich angeboten hatte. Dasselbe galt im Falle einer unwirksamen Befristung nach § 9 Nr. 2 AÜG aF für die Zeit nach Ablauf der Frist. Mit der Aufhebung von

---

1 Ebenso Soergel/*Kraft*, § 615 BGB Rz. 21. | 2 LAG Köln v. 1.8.1997 – 11 (7) Sa 152/97, NZA-RR 1998, 393. | 3 IdS auch *Wiedemann/Wonneberger*, Anm. zu BAG, AP Nr. 45 zu § 615 BGB. | 4 BGH v. 20.1.1988 – IVa 128/86, EzA § 615 BGB Nr. 55; BGH v. 13.3.1986 – IX ZR 65/85, DB 1986, 1332. | 5 MünchArbR/*Boewer*, § 78 Rz. 24; ErfK/*Preis*, § 615 BGB Rz. 33. | 6 Für den Fall eines Formverstoßes gemäß § 623 BGB ebenso: *Caspers*, RdA 2001, 28 (29 f.); Staudinger/*Preis*, § 623 BGB Rz. 72; *Schaub*, NZA 2000, 344 (347). Unklar KR/*Spilger*, § 11 KSchG Rz. 14. | 7 *Caspers*, RdA 2001, 28 (33); Staudinger/*Preis*, § 623 BGB Rz. 72; *Richardi/Annuß*, NJW 2000, 1231 (1233). | 8 ErfK/*Preis*, § 615 BGB Rz. 42; *Schaub*, ZIP 1981, 347 (349). | 9 BAG v. 12.6.1996 – 5 AZR 960/94, AP Nr. 4 zu § 611 BGB – Werkstudent. | 10 BAG v. 20.3.1986 – 2 AZR 295/85, EzA § 615 BGB Nr. 48; v. 11.11.1976 – 1 AZR 457/75, AP Nr. 8 zu § 103 BetrVG 1972. | 11 Sehr großzügig BAG v. 18.9.2002 – 1 AZR 668/01, AP Nr. 99 zu § 615 BGB; v. 21.4.1999 – 5 AZR 174/98, AP Nr. 5 zu § 4 MuSchG 1968.

Kündigungs- und Synchronisationsverbot ab 1.1.2003[1] ist diese Folgeregelung gegenstandslos und deshalb aufgehoben worden. Für Altfälle galten die Vorschriften in der bisherigen Fassung allerdings übergangsweise noch bis zum 31.12.2003 (§ 19 AÜG nF).

3. Leistungswille und Leistungsfähigkeit. a) Allgemeines. Der ArbGeb gerät nicht in Annahmeverzug, wenn der ArbN nicht leistungswillig oder leistungsfähig ist. Für diesen unbestrittenen Grundsatz wird teilweise § 297 angeführt[2]. Diese Vorschrift hat aber nur eine begrenzte Bedeutung. Soweit ein tatsächliches Angebot iSd. § 294 erforderlich ist, gehören die Leistungsbereitschaft und der Leistungswille bereits zu den Erfordernissen eines ordnungsgemäßen Angebotes[3]. Des Weiteren scheidet ein Annahmeverzug auch in den Fällen der §§ 295, 296 ohne Rücksicht auf § 297 dann von vornherein aus, wenn ein fehlender Leistungswille bzw. eine fehlende Leistungsfähigkeit des ArbN zur Unmöglichkeit führt. § 297 setzt als Teil der Gläubigerverzugsvorschriften eine Nachholbarkeit der Leistung voraus[4]. Der Zweck der Norm besteht darin, bei einem nicht dem Unmöglichkeitsrecht zugehörigen zeitweiligen Leistungshindernis den Eintritt des Annahmeverzugs auszuschließen[5]. § 297 greift daher nur dann ein, wenn die Arbeitsleistung nicht den Charakter einer absoluten Fixschuld hat und ihre Versäumung somit nicht zur zeitanteiligen Unmöglichkeit führt. Unabhängig von der konkreten Reichweite dieser Regelung geht es in der Sache darum, zwischen den Fällen abzugrenzen, in denen die Nichtannahme der Arbeit ausschließlich auf dem Willen des ArbGeb beruht, so dass er gemäß § 615 Satz 1 zur Fortzahlung des Entgelts verpflichtet ist, und den Konstellationen, in denen mangels Leistungsbereitschaft oder Leistungsfähigkeit des ArbN kein Vergütungsanspruch auf Annahmeverzug besteht. Scheidet Gläubigerverzug aus, kann sich ein Entgeltanspruch allerdings aus anderen Bestimmungen ergeben (zB bei Krankheit nach § 3 EFZG).

b) Leistungswille. Der ArbN muss grundsätzlich leistungswillig sein. Fehlt es an der Leistungsbereitschaft, so setzt er sich **außer Stande, die geschuldete Leistung zu bewirken**. Der Leistungswille muss zum Zeitpunkt des Angebots bzw. der Fälligkeit der Arbeitsleistung vorliegen[6]. Ein späterer Fortfall ursprünglich vorhandener Leistungsbereitschaft beendet den Gläubigerverzug[7]. Der Wille muss ernstlich sein und sich inhaltlich darauf beziehen, die Arbeitsleistung in dem geschuldeten zeitlichen Umfang zu erbringen[8]. Ein tatsächliches Angebot belegt für sich allein den ernsthaften Leistungswillen[9]. Dasselbe ist bei einem wörtlichen Angebot anzunehmen[10]. Ferner muss der ArbN auch in den Fällen, in denen ein Angebot gemäß § 296 entbehrlich ist, seine Leistungsbereitschaft nicht nachweisen. Vielmehr ist es Sache des ArbGeb, den fehlenden Leistungswillen darzutun. Allerdings lässt sich die Leistungsbereitschaft des ArbN im Allgemeinen nur für solche Zeiträume feststellen, die vor der letzten mündlichen Verhandlung über Ansprüche aus § 615 liegen[11].

Das Hauptproblem besteht darin, welche Umstände den **Schluss auf einen fehlenden Leistungswillen des ArbN** erlauben. Die Leistungsbereitschaft wird von vornherein nicht dadurch ausgeschlossen, dass der ArbN keine Kündigungsschutzklage erhebt oder keinen Weiterbeschäftigungsanspruch stellt[12]. Dasselbe gilt bei einem Antrag auf Auflösung des Arbeitsverhältnisses gemäß § 9 KSchG[13]. Ein Auslandsaufenthalt lässt für sich allein ebenfalls nicht den Schluss zu, dass der ArbN nicht leistungsbereit ist[14]. Gibt der ArbN zu verstehen, dass er dem ArbGeb infolge einer Beendigung des Arbeitsverhältnisses keine Arbeitsleistung mehr schulde, fehlt es am Leistungswillen[15].

Steht dem ArbN ein **Leistungsverweigerungsrecht** zu und ist er deshalb nicht leistungswillig, muss er zumindest bereit sein, die geschuldete Leistung zu bewirken, sobald das Hindernis entfällt[16]. Dies kann bei Entgeltrückständen zum Tragen kommen (dazu auch Rz. 64, 75 sowie § 614 Rz. 13 ff.) sowie dann, wenn der ArbGeb gegen Arbeitsschutzbestimmungen verstößt (vgl. § 618 Rz. 40) oder eine feindliche Arbeitsumgebung schafft bzw. unter Verstoß gegen seine Fürsorgepflicht duldet (Mobbing)[17]. Sofern der ArbN seine Weiterarbeit im Betrieb allerdings definitiv ausschließt, fehlt es an der erforderlichen Leistungsbereitschaft[18].

c) Leistungsfähigkeit. Der ArbN muss leistungsfähig sein. Bei einem objektiven **Leistungsunvermögen scheidet Gläubigerverzug aus.** Vielmehr liegt dann Unmöglichkeit vor. Bezugspunkt der Leistungsfähigkeit ist die geschuldete Arbeit. Kann der ArbN die aktuell ausgeübte Arbeit nicht mehr wahrnehmen,

---

1 BGBl. 2002 I S. 4607 (4618). | 2 BAG v. 10.5.1973 – 5 AZR 493/72, AP Nr. 27 zu § 615 BGB; ErfK/*Preis*, § 615 BGB Rz. 43. | 3 *Nierwetberg*, BB 1982, 995 (996). | 4 BAG v. 23.1.2001 – 9 AZR 287/99, AP Nr. 1 zu § 81 SGB IX; *Ramrath*, SAE 1992, 56 (63). | 5 Soergel/*Wiedemann*, § 297 BGB Rz. 2. | 6 BAG v. 7.6.1973 – 5 AZR 563/72, AP Nr. 28 zu § 615 BGB. | 7 BAG v. 27.3.1974 – 5 AZR 258/73, AP Nr. 15 zu § 242 BGB – Auskunftspflicht. | 8 BAG v. 18.12.1974 – 5 AZR 66/74, AP Nr. 30 zu § 615 BGB. | 9 BAG v. 10.5.1973 – 5 AZR 493/72, AP Nr. 27 zu § 615 BGB. | 10 AA ErfK/*Preis*, § 615 BGB Rz. 115. | 11 BAG v. 18.12.1974 – 5 AZR 66/74, AP Nr. 30 zu § 615 BGB. | 12 ErfK/*Preis*, § 615 BGB Rz. 47. | 13 BAG v. 18.1.1963 – 5 AZR 200/62, AP Nr. 22 zu § 615 BGB; siehe aber auch BAG v. 24.9.2003 – 5 AZR 591/02, NZA 2002, 1387 (1388). | 14 LAG Hamm v. 18.10.1985 – 16 Sa 386/85, LAGE § 615 BGB Nr. 6; LAG Berlin v. 19.12.1983 – 12 Sa 124/83, NZA 1984, 125 L; *Stahlhacke*, AuR 1992, 8 (13). | 15 LAG Köln v. 28.2.1984 – 1 Sa 1443/83, EzA § 615 BGB Nr. 42; siehe auch LAG Köln v. 28.11.1990 – 10 Sa 503/90, LAGE § 615 BGB Nr. 24. | 16 BAG v. 7.6.1973 – 5 AZR 563/72, AP Nr. 28 zu § 615 BGB; aA LAG Thür. v. 19.1.1999 – 5 Sa 895/97, LAGE § 273 BGB Nr. 1, das stattdessen § 326 Abs. 2 Satz 1 Alt. 1 (früher § 324 Abs. 1) heranzieht. | 17 Dazu LAG Nds. v. 3.5.2000 – 16a Sa 1391/99, LAGE § 273 BGB Nr. 2; *Rieble/Klumpp*, ZIP 2002, 369 (380). Siehe auch § 4 Abs. 2 BeschSchG. | 18 IdS auch BAG v. 7.6.1973 – 5 AZR 563/72, AP Nr. 28 zu § 615 BGB; großzügiger offenbar LAG Nürnberg v. 20.10.1992 – 2 (4) Sa 123/91, LAGE § 615 BGB Nr. 38; ErfK/*Preis*, § 615 BGB Rz. 57.

BGB § 615 Rz. 50 Vergütung bei Annahmeverzug und bei Betriebsrisiko

kommt es zunächst darauf an, ob es eine andere innerhalb des vertraglichen Rahmens liegende Arbeit gibt, die der ArbN leisten kann. In einer solchen Gestaltung trifft den ArbGeb eine Beschäftigungsobliegenheit. Weist er dem ArbN eine solche Arbeit nicht zu, gerät er in Annahmeverzug[1]. Dies kann auch bei einem berechtigten Hausverbot der Fall sein, sofern dieses auf einen von mehreren Betrieben beschränkt ist[2]. Dabei hat der ArbGeb auch etwaige Versetzungsklauseln zu berücksichtigen.

50 Wenn der ArbN zur geschuldeten Arbeitsleistung nicht mehr fähig ist, aber eine andere Tätigkeit ausüben könnte, stellt sich die Frage, ob der ArbGeb ihm – ggf. vorübergehend – eine **Weiterarbeit zu geänderten Vertragsbedingungen** bieten muss, um einen Gläubigerverzug zu vermeiden. Teilweise wird dies insb. unter Berufung auf das kündigungsschutzrechtliche ultima ratio-Prinzip bejaht, wonach der ArbGeb zunächst eine Änderungskündigung auszusprechen habe, bevor er zur einer Beendigungskündigung schreitet[3]. Demgegenüber spricht mehr dafür, einen Anspruch auf Annahmeverzugslohn in diesen Gestaltungen zu verneinen. Eine automatische Änderung des Vertragsinhalts ist abzulehnen[4].

51 Dies gilt auch dann, wenn einem **schwerbehinderten Beschäftigten** die Arbeit aus Gesundheitsgründen unmöglich wird[5]. Der Schutzzweck der kündigungsrechtlichen Beschränkungen zugunsten von schwerbehinderten ArbN (§§ 85 ff. SGB IX) wie auch der sonstigen kündigungsschutzrechtlichen Vorschriften ist dadurch zu verwirklichen, dass man dem ArbN unter Berücksichtigung von § 81 Abs. 4 SGB IX einen Anspruch auf Weiterbeschäftigung zu geänderten Vertragsbedingungen zubilligt[6]. Kommt der ArbGeb diesem Anspruch nicht nach, kann er sich schadensersatzpflichtig machen[7]. Der Schaden besteht aber nur in der Höhe des Entgelts zu den geänderten Arbeitsbedingungen[8].

52 Kann der ArbN infolge gesundheitlicher Einbußen die **vertraglich geschuldete Tätigkeit nur noch in einem zeitlich verringerten Umfang** ausüben, ist ein der Teilarbeitsfähigkeit entsprechender Annahmeverzug nur zu bejahen, wenn und soweit der ArbN berechtigt wäre, eine Verringerung seiner Arbeitszeit gemäß § 8 TzBfG zu verlangen. Außerhalb dieser Regelung trifft den ArbGeb keine Obliegenheit, eine Teilleistung anzunehmen[9].

53 Sofern **werdende Mütter** infolge eines Beschäftigungsverbotes gehindert sind, die vertraglich geschuldete Arbeitsleistung zu erbringen, kann der ArbGeb ihnen im Rahmen billigen Ermessens eine sonstige Tätigkeit zuweisen[10]. Diese Befugnis wirkt allerdings nur zugunsten des ArbGeb. Die werdende Mutter selbst kann daraus keine Rechte herleiten, so dass sie den ArbGeb nicht durch das Angebot einer nicht geschuldeten Tätigkeit in Annahmeverzug setzen kann[11]. Der Entgeltschutz wird stattdessen durch § 11 MuSchG gewährleistet.

54 Das Leistungsvermögen des ArbN kann aus tatsächlichen oder rechtlichen Gründen entfallen. **Tatsächliche Gründe** sind neben der Krankheit (dazu noch Rz. 57 ff.) auch etwa eine Alkoholisierung bei einem Maschinenarbeiter[12]. Dabei kann die objektive Leistungsunfähigkeit nicht durch die subjektive Einschätzung des ArbN beseitigt werden, gleichwohl einen Arbeitsversuch zu unternehmen[13]. Wenn ein Arzt zwar nicht Arbeitsunfähigkeit attestiert, einen Arbeitsplatzwechsel aus gesundheitlichen Gründen jedoch dringend anrät, kann der ArbGeb zwecks Vermeidung von Haftungsrisiken das Angebot der Tätigkeit ablehnen, ohne in Annahmeverzug zu geraten[14]. Die Zuerkennung einer Erwerbsunfähigkeitsrente (§ 44 SGB VI) steht einem Gläubigerverzug aber nicht entgegen[15].

55 **Rechtliche Gründe** bestehen beim Vorliegen eines gesetzlichen Beschäftigungsverbotes, wie etwa beim Fehlen der ärztlichen Approbation[16] bzw. einer erforderlichen Arbeitserlaubnis gemäß § 284 SGB III (früher § 19 AFG)[17] oder innerhalb der Schutzfristen nach §§ 3 Abs. 2, 6 Abs. 1 MuSchG. Das Gleiche gilt beim Entzug der Fahrerlaubnis eines Kraftfahrers[18]. Kann ein Außendienstmitarbeiter seine Vermittlungstätigkeit nur mit Hilfe eines Kraftfahrzeugs ordnungsgemäß erfüllen, kann der

---

1 BAG v. 24.9.2003 – 5 AZR 282/02, AP Nr. 3 zu § 151 BGB; *Rieble*, Anm. zu LAG Köln, LAGE § 615 BGB Nr. 23. In diesem Sinne auch LAG Sa.-Anh. v. 22.11.2000 – 3 Sa 130/00, LAGE § 14 SchwbG 1986 Nr. 3. |2 LAG Hess. v. 26.4.2000 – 13 SaGa 3/00, NZA-RR 2000, 633. |3 LAG Hamm v. 11.12.1986 – 4 Sa 2166/85, LAGE § 615 BGB Nr. 11; *Stahlhacke*, AuR 1992, 8 (15); in diese Richtung auch BAG v. 18.12.1986 – 2 AZR 34/86, AP Nr. 2 zu § 297 BGB; anders aber BAG v. 25.3.1959 – 4 AZR 236/56, AP Nr. 27 zu § 611 BGB – Fürsorgepflicht; abl. auch LAG Köln v. 21.1.1993 – 5 Sa 949/92, LAGE § 615 BGB Nr. 32. |4 *Boecken*, Anm. zu BAG, EzA § 615 BGB Nr. 69; ErfK/*Preis*, § 615 BGB Rz. 44. |5 BAG v. 23.1.2001 – 9 AZR 287/99, AP Nr. 1 zu § 81 SGB IX; BAG v. 13.5.1992 – 5 AZR 437/91, EzA § 14 SchwbG 1986 Nr. 3; aA LAG Köln v. 28.5.1990 – 6 Sa 213/00, LAGE § 615 BGB Nr. 23 bis zur Grenze völliger Arbeitsunfähigkeit schwerbehinderter Beschäftigter. |6 *Rieble*, Anm. zu LAG Köln, LAGE § 615 BGB Nr. 23; zu Einzelheiten BAG v. 28.4.1998 – 9 AZR 348/97, AP Nr. 2 zu § 14 SchwbG 1986 mwN. |7 BAG v. 3.12.2002 – 9 AZR 462/01, AP Nr. 1 zu § 124 SGB IX. |8 MünchArbR/*Boewer*, § 78 Rz. 26; ErfK/*Preis*, § 615 BGB Rz. 44. |9 Im Ansatz großzügiger LAG Berlin v. 1.3.2002 – 2 Sa 2316/01, LAGE § 615 BGB Nr. 64. |10 BAG v. 15.11.2000 – 5 AZR 365/99, AP Nr. 7 zu § 4 MuSchG 1968 |11 AA offenbar BAG v. 5.3.1957 – 1 AZR 72/55, AP Nr. 1 zu § 10 MuSchG. |12 LAG Schl.-Holst. v. 28.11.1988 – 4 Sa 382/88, LAGE § 615 BGB Nr. 17. |13 BAG v. 29.10.1998 – 2 AZR 666/97, AP Nr. 77 zu § 615 BGB; aA *Gotthardt/Greiner*, DB 2002, 2106 (2107 ff.) für die von ihnen § 275 Abs. 3 anstelle von § 275 Abs. 1 zugeordneten Fälle bloßer „krankheitsbedinger Unzumutbarkeit" der Arbeitsleistung; unklar BT-Drs. 14/6857, S. 47. |14 LAG Hamm v. 8.9.1995 – 5 Sa 462/95, LAGE § 615 BGB Nr. 48. |15 LAG Hamm v. 23.10.1987 – 17 (9) 549/87, LAGE § 615 BGB Nr. 14. |16 BAG v. 6.3.1974 – 5 AZR 313/73, AP Nr. 29 zu § 615 BGB. |17 BAG v. 13.1.1977 – 2 AZR 423/75, AP Nr. 2 zu § 19 AFG. |18 BAG v. 18.12.1986 – 2 AZR 34/86, AP Nr. 2 zu § 297 BGB.

ArbN bei einem Entzug der Fahrerlaubnis die Unmöglichkeit nicht dadurch vermeiden, dass er sich von einem Dritten fahren lässt (siehe auch Rz. 27)[1].

Annahmeverzug setzt **nicht** voraus, dass sich der ArbN **ständig abrufbereit** hält[2]. Ein Auslandsaufenthalt schließt Gläubigerverzug daher nicht zwangsläufig aus[3]. Der Aufbau einer neuen wirtschaftlichen Existenz beendet den Annahmeverzug nicht, falls es dem ArbN ohne weiteres möglich ist, seine Tätigkeit wieder aufzugeben[4]. Entsprechendes gilt, wenn der ArbN eine neue abhängige Beschäftigung aufnimmt. Aus § 615 Satz 2 ergibt sich, dass eine anderweitige Verwendung der Arbeitsleistung nur zu einer Anrechnung des Entgelts, nicht aber zu einer Beendigung des Gläubigerverzugs führen soll[5]. Bis zum Ablauf der Kündigungsfrist im neuen Arbeitsverhältnis besteht zwar ein Leistungshindernis für das bisherige Beschäftigungsverhältnis. Dieses beruht aber auf dem Annahmeverzug und kann den ArbGeb daher nicht entlasten[6]. Beim Vollzug einer Freiheitsstrafe entfällt Gläubigerverzug. Eine Ausnahme gilt allerdings für den Fall, dass es der ArbN nur wegen der Annahmeverweigerung seitens des ArbGeb unterlassen hat, die Strafe im Wochenendvollzug abzuleisten[7]. Im Übrigen ist die Berufung des ArbGeb auf ein Unvermögen des ArbN immer dann rechtsmissbräuchlich (§ 162), wenn er dieses Unvermögen selbst herbeigeführt hat[8]. Sofern der ArbN wegen Verletzung des MitbestR bei dessen Einstellung oder Versetzung nicht beschäftigt werden darf, ist § 615 Satz 3 anzuwenden (Rz. 20). 56

d) **Anzeige wiederhergestellter Leistungsfähigkeit.** Fraglich ist, ob ein zunächst leistungsunfähiger ArbN dem ArbGeb sein wiedergewonnenes Leistungsvermögen anzeigen muss, um ihn in Annahmeverzug zu setzen. Dies betrifft insb. Arbeitsunfähigkeit infolge Erkrankung, kann aber auch in anderen Fällen relevant werden (zB vorübergehender Entzug der Fahrerlaubnis). 57

Das **BAG ging zunächst generell davon aus**, dass ein zum Zeitpunkt des Angebots arbeitsunfähig erkrankter ArbN dem ArbGeb seine Wiedergenesung anzuzeigen und seine Dienste anzubieten habe[9]. Für das gekündigte Arbeitsverhältnis hat das BAG die Anforderungen schrittweise abgesenkt. So hat das BAG zunächst für den Fall, dass der ArbN zum Kündigungstermin befristet arbeitsunfähig krank war, auf die Anzeige der wiederhergestellten Arbeitsfähigkeit verzichtet und den ArbGeb zumindest dann in Gläubigerverzug geraten lassen, wenn der ArbN seine weitere Leistungsbereitschaft durch Erhebung einer Kündigungsschutzklage oder auf sonstige Weise deutlich gemacht hat[10]. In der Folgezeit wurde diese Judikatur auf die mehrfach befristete[11] und schließlich auf die unbefristete Arbeitsunfähigkeit ausgedehnt[12]. Dabei will das BAG in jenen Fällen nunmehr offenkundig auf das Erfordernis einer früheren Anzeige der Leistungsbereitschaft des ArbN verzichten[13]. Zur Begründung verweist das BAG darauf, dass der ArbGeb dem ArbN kalendertäglich einen funktionsfähigen Arbeitsplatz zur Verfügung zu stellen habe. § 296 lasse den Gläubiger über die Leistungsfähigkeit des Schuldners sowieso im Unklaren. Die Konsequenz aus der Einstufung des Bereitstellens eines funktionsfähigen Arbeitsplatzes als kalendermäßig bestimmte Mitwirkungshandlung iSd. § 296 hat die Rspr. allerdings nicht von vornherein gezogen. Anfangs wurde nämlich noch auf die Erkennbarkeit der wiederhergestellten Leistungsfähigkeit des ArbN abgestellt[14]. Im Übrigen verweist das BAG darauf, dass der ArbN von den ihm sonst obliegenden Anzeige- und Nachweispflichten gemäß § 5 EFZG befreit sei[15]. In der Lit. ist die neuere Rspr. teilweise zustimmend aufgenommen worden[16], während sie insb. in den Fällen der unbefristeten Arbeitsunfähigkeit des ArbN auch auf Ablehnung gestoßen ist[17]. 58

Entsprechend den obigen Ausführungen (Rz. 40) kann auf ein wörtliches Angebot bei einem (unwirksam) gekündigten Arbeitsverhältnis **grundsätzlich nicht verzichtet** werden. Dies gilt jedenfalls dann, wenn der ArbGeb infolge einer Arbeitsunfähigkeit des ArbN nicht weiß, zu welchem Zeitpunkt er ihm einen funktionsfähigen Arbeitsplatz zur Verfügung zu stellen hat. Allerdings wird man in der Führung eines Kündigungsschutzprozesses ein dauerhaftes Angebot sehen können, durch das der ArbN seine Leistungsbereitschaft für den Zeitpunkt der Wiederherstellung der Arbeitsfähigkeit dokumentiert[18]. Der ArbGeb wird dadurch hinreichend geschützt, dass er den ArbN vorsorglich zu einer Anzeige der Wiederherstellung seiner Arbeitsfähigkeit auffordern kann. Kommt der ArbN dieser Aufforderung nicht 59

---

1 LAG Köln v. 19.5.1993 – 8 Sa 1860/93, LAGE § 615 BGB Nr. 37. |2 BAG v. 18.8.1961 – 4 AZR 132/60, AP Nr. 20 zu § 615 BGB. |3 BAG v. 11.7.1985 – 2 AZR 106/84, AP Nr. 35a zu § 615 BGB; LAG Hamm v. 18.10.1985 – 16 Sa 386/85, LAGE § 615 BGB Nr. 6. |4 BAG v. 18.1.1963 – 5 AZR 200/62, AP Nr. 22 zu § 615 BGB. |5 ErfK/*Preis*, § 615 BGB Rz. 50; Staudinger/*Richardi*, § 615 BGB Rz. 79. |6 OLG Frankfurt/M. v. 7.5.1997 – 21 U 83/96, NZA-RR 1998, 433 (434); ErfK/Preis, § 615 BGB Rz. 73. |7 BAG v. 18.8.1961 – 4 AZR 132/60, AP Nr. 20 zu § 615 BGB. |8 ErfK/*Preis*, § 615 BGB Rz. 50. |9 BAG v. 26.8.1971 – 2 AZR 301/70, AP Nr. 26 zu § 615 BGB; BAG v. 27.1.1975 – 5 AZR 404/74, AP Nr. 31 zu § 615 BGB; BAG v. 20.3.1986 – 2 AZR 295/85, EzA § 615 BGB Nr. 48. |10 BAG v. 19.4.1990 – 2 AZR 591/89, AP Nr. 45 zu § 615 BGB. |11 BAG v. 24.10.1991 – 2 AZR 112/91, AP Nr. 50 zu § 615 BGB. |12 BAG v. 24.11.1994 – 2 AZR 179/94, AP Nr. 60 zu § 615 BGB. |13 BAG v. 24.11.1994 – 2 AZR 179/94, AP Nr. 60 zu § 615 BGB; ebenso offenbar BAG v. 18.1.2000 – 9 AZR 932/98, AP Nr. 1 zu § 5 MuSchG 1968. |14 BAG v. 9.8.1984 – 2 ARZ 374/83 AP Nr. 34 zu § 615 BGB; v. 21.3.1985 – 2 AZR 201/84, AP Nr. 35 zu § 615 BGB. |15 BAG v. 24.11.1994 – 2 AZR 179/94, AP Nr. 60 zu § 615 BGB. |16 MünchArbR/*Boewer*, § 78 Rz. 28; ErfK/*Preis*, § 615 BGB Rz. 54; ebenso LAG BW v. 15.11.1990 – 13 Sa 33/90, LAGE § 615 BGB Nr. 35. |17 *Misera*, SAE 1995, 189 (190 ff.); *Ramrath*, Anm. zu BAG, AP § 615 BGB Nr. 60; *Stahlhacke*, AuR 1992, 8 (12). |18 BAG v. 24.10.1991 – 2 AZR 112/91, AP Nr. 50 zu § 615 BGB; LAG Hamburg v. 15.12.1992 – 3 Sa 65/92, LAGE § 615 BGB Nr. 33.

60 nach, kann er grundsätzlich keine Rechte aus Annahmeverzug herleiten. Im Übrigen ist ein Angebot des ArbN entbehrlich, wenn der ArbGeb nicht nur kündigt, sondern darüber hinaus eindeutig erklärt, auf die Dienste des ArbN ohne Rücksicht auf dessen Leistungsfähigkeit zu verzichten.

60 **4. Nichtannahme der Arbeitsleistung. a) Grundsätzliches.** Weitere Voraussetzung für den Gläubigerverzug ist die Nichtannahme der Arbeitsleistung durch den ArbGeb. Nichtannahme ist zunächst jedes **Verhalten, das den Erfüllungseintritt verhindert**[1]. Damit ist auf jeden Fall die Annahmeunwilligkeit des ArbGeb erfasst. Teile der Lit. wollen darüber hinaus die Annahmeunmöglichkeit in den Tatbestand des § 615 Satz 1 einbeziehen (vgl. Rz. 9). Dies korrespondiert mit der Ansicht des ursprünglichen Gesetzgebers, nach der die „nackte Tatsache der Nichtannahme" ausreiche[2]. Da der Reformgesetzgeber diese Fälle der Annahmeunfähigkeit des ArbGeb aber nunmehr in Satz 3 lokalisiert und lediglich eine entsprechende Anwendung von Satz 1 angeordnet hat, muss man diese Gestaltungen aus dem unmittelbaren Einzugsbereich von Satz 1 ausklammern (vgl. Rz. 113). Satz 1 erfasst bei genauer Betrachtung daher nur die Fälle, in denen der ArbGeb die angebotene Arbeitsleistung nicht annehmen will. Sofern der ArbGeb die Leistung infolge eines von ihm nicht zu vertretenden Umstandes nicht annehmen kann, handelt es sich gemäß Satz 3 lediglich um eine entsprechende Anwendung des Tatbestandsmerkmals der Nichtannahme.

61 Die Nichtannahme muss **weder ausdrücklich noch konkludent** erklärt werden. Sie stellt weder eine geschäftsähnliche Handlung noch eine ablehnenden Realakt dar. Vielmehr genügt das reine Unterlassen der Annahme der an sich möglichen Arbeitsleistung. Ein Verschulden des ArbGeb ist nicht erforderlich. Ein Irrtum des ArbGeb über die tatsächlichen oder rechtlichen Voraussetzungen des Gläubigerverzugs ist deshalb unerheblich. Dies gilt insb. für eine Fehleinschätzung der Arbeitsfähigkeit des ArbN[3]. Erst recht hindern insoweit bestehende Zweifel nicht den Eintritt von Annahmeverzug[4]. Daran ändert auch eine Weigerung des ArbN nichts, sich zur Klärung seiner Arbeitsfähigkeit einer ärztlichen Untersuchung zu unterziehen[5].

62 **b) Einzelne Fälle.** Eine Nichtannahme liegt bei allen **rechtswidrigen Ablehnungserklärungen** innerhalb unbestritten bestehender Arbeitsverhältnisse vor. Hierunter fällt etwa eine unwirksame Verlegung der Arbeitszeit[6]. Das Gleiche gilt bei einer unberechtigten Arbeitsfreistellung (Suspendierung)[7] sowie bei der unwirksamen Einführung von Kurzarbeit[8]. Eine unberechtigte Suspendierung liegt auch vor, wenn der ArbGeb Urlaub gewähren will, bei der Freistellung von der Arbeit aber nicht hinreichend deutlich macht, dass er damit den Urlaubsanspruch erfüllen will[9]. Nichtannahme ist ferner dann gegeben, wenn ein arbeitsbereiter, aber noch nicht urlaubsberechtigter ArbN während der Betriebsferien nicht beschäftigt wird, obwohl dies möglich wäre (zur Abgrenzung von der Unmöglichkeit siehe Rz. 6 ff.)[10]. Entsprechendes gilt bei einer vom ArbGeb einseitig angeordneten Betriebsfeier[11]. Nichtannahme liegt auch bei einer rechtswidrigen Aussperrung vor[12].

63 Von einer Nichtannahme ist weiter dann auszugehen, wenn der ArbGeb dem ArbN eine **nicht geschuldete Tätigkeit zuweist**[13]. Dementsprechend führt eine unwirksame Änderungskündigung zum Annahmeverzug. Gemäß § 8 KSchG wird nämlich rückwirkend der Zustand wiederhergestellt, der ohne die Änderung der Arbeitsbedingungen vorhanden gewesen wäre[14]. Dies gilt auch dann, wenn der ArbN das Änderungsangebot unter Vorbehalt angenommen hat, weil er sich auch in diesem Fall weiterhin für die ursprünglich geschuldete Leistung bereithält. Als Annahmeverzugslohn wird allerdings nur die Entgeltdifferenz geschuldet[15]. Bei einer Beendigungskündigung kann es auch dann zu einem Annahmeverzug hinsichtlich der bisherigen Tätigkeit kommen, wenn die Kündigung nur wegen des aus dem Ultima-ratio-Prinzip folgenden Vorrangs einer Änderungskündigung, die aber unterblieben ist, unwirksam ist. Eine unwirksame Beendigungskündigung entfaltet keine Rechtswirkungen. Weder kommt es zu einer automatischen Änderung der Arbeitsbedingungen noch wird das Ultima-ratio-Prinzip durch einen Gläubigerverzug im Hinblick auf die ursprüngliche Tätigkeit überdehnt. Der ArbGeb hätte dem Risiko des Annahmeverzuges durch den Ausspruch einer Änderungskündigung entgehen können[16].

64 Der ArbGeb gerät auch dann in Gläubigerverzug, wenn er zwar die angebotene Arbeitsleistung anzunehmen bereit ist, die vom ArbN verlangte **Zug um Zug** zu erbringende Gegenleistung aber nicht anbietet (§ 298). Dies betrifft insb. rückständiges Entgelt, aber auch abweichend von § 614 vereinbarte Vorschüsse[17].

---

1 MünchArbR/*Boewer*, § 78 Rz. 31; ErfK/*Preis*, § 615 BGB Rz. 55. | 2 Motive, Bd. II, S. 69. | 3 BAG v. 10.5.1973 – 5 AZR 493/72, AP Nr. 27 zu § 615 BGB; LAG Düsseldorf v. 20.12.1989 – 4 Sa 1150/89, LAGE § 615 BGB Nr. 21. | 4 BAG v. 21.1.1993 – 2 AZR 309/92, AP Nr. 53 zu § 615 BGB (unter II 2 c); v. 19.4.1990 – 2 AZR 591/89, AP Nr. 45 zu § 615 BGB (unter II 2 dcc). | 5 LAG Düsseldorf v. 8.4.1993 – 12 Sa 74/93, LAGE § 615 BGB Nr. 39. | 6 BAG v. 3.3.1964 – 1 AZR 209/63, AP Nr. 1 zu § 324 BGB. | 7 BAG v. 19.8.1976 – 3 AZR 173/75, AP Nr. 4 zu § 611 BGB – Beschäftigungspflicht; v. 4.6.1964 – 2 AZR 210/63, AP Nr. 13 zu § 626 BGB – Verdacht strafbarer Handlungen. | 8 BAG v. 14.2.1991 – 2 AZR 415/90, AP Nr. 4 zu § 615 BGB – Kurzarbeit; ErfK/*Preis*, § 615 BGB Rz. 58. | 9 In diesem Sinne auch BAG v. 25.1.1994 – 9 AZR 312/92, AP Nr. 16 zu § 7 BUrlG. | 10 BAG v. 30.6.1976 – 5 AZR 246/75, AP Nr. 3 zu § 7 BUrlG – Betriebsferien; v. 2.10.1974 – 5 AZR 507/73, AP Nr. 2 zu § 7 BUrlG – Betriebsferien. | 11 ErfK/*Preis*, § 615 BGB Rz. 58. | 12 BAG v. 11.8.1992 – 1 AZR 103/92, AP Nr. 124 zu Art. 9 GG – Arbeitskampf. | 13 BAG v. 3.12.1980 – 5 AZR 477/78, AP Nr. 4 zu § 615 BGB – Böswilligkeit; v. 10.4.1963 – 4 AZR 95/62, AP Nr. 23 zu § 615 BGB. | 14 MünchArbR/*Boewer*, § 78 Rz. 39; APS/*Künzl*, § 8 KSchG Rz. 10; KR/*Rost*, § 8 KSchG Rz. 11. | 15 MünchArbR/*Boewer*, § 78 Rz. 39. | 16 ErfK/*Preis*, § 615 BGB Rz. 59; aA Erman/*Belling*, § 615 BGB Rz. 5. | 17 ErfK/*Preis*, § 615 BGB Rz. 61.

Bei einer **vorübergehenden Annahmeverhinderung** gerät der ArbGeb unter den Voraussetzungen des § 299 nicht in Gläubigerverzug. Dies ist etwa dann der Fall, wenn der ArbGeb nach dem Ende eines Arbeitskampfes infolge erforderlicher Vorbereitungsmaßnahmen die wieder antretenden ArbN nicht sofort wirtschaftlich sinnvoll einsetzen kann[1]. 65

c) **Unzumutbarkeit der Annahme.** Nach Ansicht der Rspr. kann der ArbGeb berechtigt sein, die Dienste des ArbN mit der Folge **abzulehnen**, dass er nicht in Gläubigerverzug gerät. Dies soll dann der Fall sein, wenn dem ArbGeb jede Weiterbeschäftigung des ArbN unzumutbar ist[2]. Dies betrifft insb. Fälle, in denen eine außerordentliche Kündigung wegen eines behördlichen oder betrieblichen Mitwirkungsverfahrens verzögert wird oder infolge von Versäumnissen sogar unwirksam ist. Ein Abstellen auf allgemeine Zumutbarkeitserwägungen ist jedoch bedenklich, wenn auf diese Weise im Rahmen der Annahmeverzugsvorschriften die Folgen einer außerordentlichen Kündigung herbeigeführt werden können, ohne dass diese bereits wirksam ausgesprochen werden könnte. Es ist daher überzeugender, bei einem gegenwärtigen unzumutbaren Verhalten des ArbN schon ein ordnungsgemäßes Angebot abzulehnen, so dass der ArbGeb aus diesem Grunde nicht in Gläubigerverzug gerät. Sofern das Angebot der Dienste dagegen ordnungsgemäß ist, ist der ArbGeb nicht als berechtigt anzusehen, die Annahme unter Berufung auf ein früheres Verhalten des ArbN abzulehnen, mit dem die außerordentliche Kündigung gerechtfertigt sein soll[3]. 66

An einem ordnungsgemäßen Angebot fehlt es, wenn die Arbeit unter **Beschimpfungen und Drohungen** angeboten wird[4]. Dasselbe gilt bei fortdauernden politischen Provokationen, durch die der Betriebsablauf oder der Betriebsfrieden konkret gestört wird[5]. Im Übrigen laufen die Kriterien der neueren Rspr. für die Unzumutbarkeit der Annahme im praktischen Ergebnis darauf hinaus, dass bei ihrem Vorliegen auch ein ordnungsgemäßes Angebot zu verneinen ist. So wird gefordert, dass bei einer Annahme der Leistung Rechtsgüter des ArbGeb, seiner Angehörigen oder anderer ArbN gefährdet würden, deren Schutz Vorrang vor den Verdienstinteressen des ArbN habe[6]. Abgelehnt wurde dies bei einem schweren Diebstahl durch einen Betriebsleiter ohne konkrete Wiederholungsgefahr[7] sowie bei der falschen Bestrahlung von Patienten durch einen Chefarzt[8]. Gleiches gilt, wenn der ArbGeb die zweiwöchige Ausschlussfrist des § 626 Abs. 2 versäumt[9]. Demgegenüber hat die Rspr. den dringenden Verdacht des sexuellen Missbrauchs von Kleinkindern in einer Kindertagesstätte durch einen Erzieher genügen lassen[10]. 67

5. Beendigung des Annahmeverzugs. a) Allgemeines. Die Beendigung des Gläubigerverzugs ist nicht gesetzlich geregelt. Der Annahmeverzug des ArbGeb endet für die Zukunft (ex nunc), wenn eine seiner Voraussetzungen fortfällt. Bereits eingetretene Rechtsfolgen bleiben bestehen[11]. Der Annahmeverzug endet in erster Linie mit der Annahme der angebotenen Arbeitsleistung als Erfüllung (Rz. 69 ff.) oder mit der Beendigung des Arbeitsverhältnisses (Rz. 72 ff.). Daneben führt auch eine nachträgliche Unmöglichkeit dazu, dass der Gläubigerverzug sein Ende findet. Erfasst werden hiervon allerdings nur die Fälle eines nachträglichen Leistungsunvermögens des ArbN[12] sowie eine vom ArbGeb zu vertretende Unmöglichkeit. Eine allein durch Zeitablauf eintretende Unmöglichkeit ist irrelevant (siehe oben Rz. 6 ff.). Bei einer nachträglichen Annahmeunmöglichkeit, die in den Risikobereich des ArbGeb fällt, ist auf § 615 Satz 3 umzuschwenken. 68

b) **Annahme der Arbeitsleistung.** Der Gläubigerverzug endet, wenn der ArbGeb die angebotene Leistung als vertragsgemäße Erfüllung der geschuldeten Dienste annimmt[13]. Besonders problematisch ist dies in den Fällen, in denen infolge einer Kündigung oder einer Befristung Ungewissheit über den Fortbestand des Arbeitsverhältnisses besteht. Bietet der ArbGeb dem ArbN bereits vor dem möglichen Ende des Dienstverhältnisses eine unmittelbar anschließende Weiterbeschäftigung an, geht es allerdings nicht um eine Beendigung des Annahmeverzuges. Vielmehr stellt sich in einer solchen Konstellation von vornherein die Frage, ob überhaupt Gläubigerverzug eintritt[14]. 69

Eine Annahme der Dienste als Erfüllung liegt nach Ansicht der Rspr. und großer Teile der Lit. bei einem Streit über die Wirksamkeit einer Kündigung nur dann vor, wenn der ArbGeb unmissverständlich klar- 70

---

1 MünchArbR/*Boewer*, § 76 Rz. 33; MünchKommBGB/*Schaub*, § 615 Rz. 33. |2 BAG (GS) v. 26.4.1956 – GS 1/56, AP Nr. 5 zu § 9 MSchG; BAG v. 11.11.1976 – 2 AZR 457/75, AP Nr. 8 zu § 103 BetrVG 1973; v. 29.10.1987 – 2 AZR 144/87, AP Nr. 42 zu § 615 BGB; ebenso MünchArbR/*Boewer*, § 78 Rz. 34; Erman/*Belling*, § 615 BGB Rz. 13; anders (aber nicht überzeugend) LAG Bremen v. 24.8.2000 – 4 Sa 68/00, LAGE § 615 BGB Nr. 61, da sie einem vom ArbGeb zu Recht verhängten Hausverbot eine vom ArbN zu vertretende Unmöglichkeit annimmt; abl. LAG München v. 5.12.1986 – 2 (3) Sa 617/86, LAGE § 615 BGB Nr. 8. |3 *Konzen/Weber*, Anm. zu BAG, AP § 615 BGB Nr. 42; Soergel/*Kraft*, § 615 BGB Rz. 39; ErfK/*Preis*, § 615 BGB Rz. 62. |4 BAG (GS) v. 26.4.1956 – GS 1/56, AP Nr. 5 zu § 9 MSchG. |5 BAG v. 9.12.1982 – 2 AZR 620/80, AP Nr. 73 zu § 626 BGB. |6 BAG v. 18.1.2000 – 9 AZR 932/98, AP Nr. 1 zu § 5 MuSchG 1968; v. 29.10.1987 – 2 AZR 144/87, AP Nr. 42 zu § 615 BGB. |7 BAG v. 29.10.1987 – 2 AZR 144/87, AP Nr. 42 zu § 615 BGB; strenger LAG Hamm v. 15.1.1987 – 10 Sa 1651/86, LAGE § 615 BGB Nr. 9. |8 LAG Hamm v. 18.7.1991 – 17 Sa 827/91, LAGE § 615 BGB Nr. 29. |9 BAG v. 11.11.1976 – 2 AZR 457/55, AP Nr. 8 zu § 103 BetrVG 1972. |10 LAG Berlin v. 27.11.1995 – 9 Sa 85/95, LAGE § 615 BGB Nr. 46. |11 ErfK/*Preis*, § 615 BGB Rz. 65; Staudinger/*Richardi*, § 615 BGB Rz. 109, 113. |12 BAG v. 18.8.1961 – 4 AZR 132/60, AP Nr. 20 zu § 615 BGB. |13 BAG v. 14.11.1985 – 2 AZR 98/84, AP Nr. 39 zu § 615 BGB; Soergel/*Kraft*, § 615 BGB Rz. 41. |14 Soergel/*Kraft*, § 615 BGB Rz. 40.

stellt, dass er **zu Unrecht gekündigt** habe[1]. Es genügt somit nicht, wenn sich der ArbGeb lediglich bereit erklärt, den ArbN im Rahmen eines jederzeit beendbaren faktischen Arbeitsverhältnisses „zur Vermeidung von Verzugslohn" weiter zu beschäftigen[2]. Dasselbe gilt für den Fall, dass der ArbGeb dem ArbN ein bis zur erstinstanzlichen Entscheidung befristetes oder durch den rechtskräftigen Abschluss des Rechtsstreits auflösend bedingtes Arbeitsverhältnis anbietet[3]. Durch diese Gestaltungen würde ein zusätzliches Arbeitsverhältnis mit einem eigenen Beendigungstatbestand geschaffen. Damit liegt keine Bereitschaft zur Annahme der ursprünglich geschuldeten Dienste vor. Mit der hL und gegen die Rspr. ist dies aber anders zu bewerten, wenn der ArbGeb die Weiterbeschäftigung unter der auflösenden Bedingung der rechtskräftigen Abweisung der Kündigungsschutzklage anbietet[4]. In diesem Fall nimmt der ArbGeb die Leistung nämlich als Erfüllung des gekündigten Dienstvertrages an. Dies zeigt sich daran, dass die Bedingung nicht eintritt, wenn die Kündigung unwirksam ist. Von einem auf den ArbN unzulässigerweise ausgeübten Zwang zur Vertragsänderung kann keine Rede sein. Vielmehr steht der ArbN genauso da, als wenn der ArbGeb eine Gestaltungsklage auf Auflösung des Arbeitsverhältnisses erheben müsste. Wenn sich der ArbGeb zu einer solchen Verbesserung der Rechtsstellung des ArbN bereit erklärt, muss dies honoriert werden.

71 Eine Annahme der Arbeitsleistung als Erfüllung liegt ferner dann nicht vor, wenn der ArbGeb **nur eine Weiterbeschäftigung nach § 102 Abs. 5 BetrVG anbietet**. Diese Vorschrift räumt dem ArbN ein einseitiges Gestaltungsrecht ein, will ihn aber auch nicht mittelbar einem Kontrahierungszwang aussetzen[5]. Wenn der ArbN gemäß § 102 Abs. 5 BetrVG tatsächlich weiterbeschäftigt wird, endet dagegen der Gläubigerverzug[6]. Offeriert der ArbGeb eine Weiterbeschäftigung nach Maßgabe des allgemeinen Weiterbeschäftigungsanspruchs, ist dies ebenfalls keine Annahme der Arbeit als Erfüllung. Insoweit geht es nämlich nicht um eine Fortsetzung des ursprünglichen Arbeitsverhältnisses, sondern um eine zumindest nach Ansicht der Rspr. rein tatsächliche Beschäftigung ohne rechtliche Grundlage, die ggf. nach Bereicherungsrecht abgewickelt werden muss[7]. Wenn der ArbGeb in diesem Rahmen tatsächlich weiterbeschäftigt wird, endet der Gläubigerverzug ausnahmsweise nicht. Relevant wird dies, wenn der ArbN in dem unwirksam gekündigten Arbeitsverhältnis höhere Entgeltansprüche als im Weiterbeschäftigungsverhältnis hat. Nach dem Obsiegen im Kündigungsschutzprozess kann er trotz zwischenzeitlicher tatsächlicher Tätigkeit die Entgeltdifferenz geltend machen[8].

72 **6. Beendigung des Arbeitsverhältnisses.** Der Annahmeverzug endet für die Zukunft mit der rechtlichen Beendigung des Arbeitsverhältnisses. Dies ist in erster Linie bei einer wirksamen Kündigung der Fall. Dabei wird eine rückwirkende Heilung nach § 7 KSchG auch hinsichtlich des Annahmeverzuges durch eine nachträgliche Klagezulassung gemäß § 5 KSchG verhindert[9]. Zu einer Beendigung des Arbeitsverhältnisses kommt es auch infolge einer Auflösung gemäß § 9 KSchG. Die gerichtliche Festsetzung des Auflösungszeitpunktes nach § 9 Abs. 2 KSchG lässt einen etwaigen Entgeltanspruch aus Annahmeverzug rückwirkend entfallen[10], ohne dass dies durch die nach § 10 KSchG festzusetzende Abfindung stets kompensiert würde. Dies ist mit dem GG vereinbar[11]. Wenn eine unwirksame außerordentliche Kündigung gemäß § 140 BGB in eine wirksame ordentliche Kündigung umgedeutet werden kann, endet der Annahmeverzug zum Zeitpunkt des nächsten zulässigen Kündigungstermins[12].

73 Kündigt der ArbN wegen der unberechtigten Entlassung seinerseits, endet der Gläubigerverzug mit dem **Wirksamwerden dieser Kündigung**. Macht der ArbN von seinem Sonderkündigungsrecht nach § 12 Satz 1 KSchG Gebrauch, befindet sich der alte ArbGeb gemäß § 12 Satz 4 nur bis zum Eintritt in das neue Arbeitsverhältnis in Annahmeverzug[13]. Will der ArbN dagegen am alten Arbeitsverhältnis festhalten, kann trotz vorübergehender Leistungsunfähigkeit Annahmeverzug eintreten (Rz. 56).

74 Wenn das Arbeitsverhältnis aufgrund einer gerichtlichen Entscheidung oder einer Vereinbarung fortbesteht, soll der Annahmeverzug nach Ansicht der Rspr. erst dann enden, wenn der ArbGeb dem ArbN **erneut Arbeit zuweist**[14]. Eine derart umfassende Verlagerung der Initiativlast auf den ArbGeb kann jedoch nur für die Fälle einer gerichtlichen Entscheidung überzeugen. In diesen Konstellationen kann vom ArbGeb Klarheit darüber verlangt werden, ob er sich dem gerichtlichen Ausspruch beugt und den ArbN wieder zur Arbeit zulässt. Umgekehrt hat der ArbN durch seine Klage klargestellt, dass er seine

---

1 BAG v. 7.11.2002 – 2 AZR 650/00, AP Nr. 98 zu § 615 BGB; v. 14.11.1985 – 2 AZR 98/84, AP Nr. 39 zu § 615 BGB; MünchArbR/*Boewer*, § 78 Rz. 37; Staudinger/*Richardi*, § 615 BGB Rz. 91 ff.; *Peter*, DB 1982, 488 ff. | 2 BAG v. 21.5.1981 – 2 AZR 95/79, AP Nr. 32 zu § 615 BGB; aA *Opolony*, DB 1998, 1714 (1716). | 3 BAG v. 24.9.2003 – 5 AZR 500/02, AP Nr. 9 zu § 615 – Böswilligkeit; v. 14.11.1985 – 2 AZR 98/84, AP Nr. 39 zu § 615 BGB. Zum Schriftformerfordernis gemäß § 14 Abs, 4 TzBfG BAG v. 12.10.2003 – 7 AZR 113/03. | 4 *D. Gaul*, Anm. zu BAG, EzA § 615 BGB Nr. 46; *Löwisch*, DB 1986, 2433 ff.; MünchKommBGB/*Schaub*, § 615 Rz. 37. | 5 BAG v. 14.11.1985 – 2 AZR 98/84, AP Nr. 39 zu § 615 BGB; Staudinger/*Richardi*, § 615 BGB Rz. 104. | 6 Soergel/*Kraft*, § 615 BGB Rz. 44. | 7 BAG v. 12.2.1992 – 5 AZR 297/90, AP Nr. 9 zu § 611 BGB – Weiterbeschäftigung; v. 10.3.1987 – 8 AZR 146/84, AP Nr. 1 zu § 611 BGB – Weiterbeschäftigung. | 8 Soergel/*Kraft*, § 615 BGB Rz. 44. | 9 BAG v. 24.11.1994 – 2 AZR 179/94, AP Nr. 60 zu § 615 BGB. | 10 BAG v. 18.1.1963 – 5 AZR 200/62, AP Nr. 22 zu § 615 BGB. | 11 BVerfG v. 29.1.1990 – 1 BvR 42/82, NZA 1990, 535 f.; BAG v. 16.5.1984 – 7 AZR 280/82, AP Nr. 12 zu § 9 KSchG 1969. | 12 Staudinger/*Richardi*, § 615 BGB Rz. 114. | 13 BAG v. 19.7.1978 – 5 AZR 748/77, AP Nr. 16 zu § 242 BGB – Auskunftspflicht. | 14 BAG v. 18.1.2000 – 9 AZR 932/98, AP Nr. 1 zu § 5 MuSchG 1968; v. 19.1.1999 – 9 AZR 679/97, AP Nr. 79 zu § 615 BGB.

Arbeitskraft zur Verwendung im umstrittenen Arbeitsverhältnis weiter vorhält. Bei einer einvernehmlichen Fortsetzung des Beschäftigungsverhältnisses liegt dagegen ein im Ergebnis wieder ungestörtes Arbeitsverhältnis vor. Entsprechend allgemeinen Grundsätzen muss der ArbN seine Dienste daher tatsächlich anbieten, um den ArbGeb in Gläubigerverzug zu setzen (Rz. 27). Dasselbe gilt bei einem Prozessvergleich, in dem sich die Parteien darüber einigen, dass die streitbefangene Kündigung unwirksam ist und das Arbeitsverhältnis fortgesetzt wird[1]. Etwas anderes gilt dann, wenn die Parteien in einem Vergleich vereinbaren, dass an die Stelle einer außerordentlichen Kündigung eine lediglich befristete Fortsetzung des Arbeitsverhältnisses treten soll. Wenn der ArbGeb während dieser Frist Wert auf die Dienste des ArbN legt, muss er dies zum Ausdruck bringen. Ansonsten kann der ArbN weiterhin davon ausgehen, dass der ArbGeb an seiner grundsätzlichen Ablehnung der Dienste festhält und das im Protest gegen den Beendigungstatbestand liegende wörtliche Angebot somit genügt[2].

Zu einer einvernehmlichen Fortsetzung des Arbeitsverhältnisses kommt es **nicht** schon dann, wenn der **ArbGeb die Kündigung einseitig zurücknimmt**. Vielmehr bedarf das darin liegende Angebot der besonderen Annahme durch den ArbGeb. In der Erhebung der Kündigungsschutzklage liegt keine antizipierte Zustimmung des ArbN zur Rücknahme der Kündigung durch den ArbGeb[3]. Aus diesem vertraglichen Mechanismus kann jedoch nicht geschlossen werden, dass der Annahmeverzug erst dann endet, wenn sich der ArbN mit der Rücknahme der Kündigung einverstanden erklärt[4]. Sofern der ArbGeb die Annahme der Dienste anbietet und dabei zugleich die Rechtswidrigkeit der ausgesprochenen Kündigung einräumt, nimmt er damit die Leistung als Erfüllung des Vertrages an (vgl. Rz. 70). Den aufgelaufenen Zwischenverdienst muss der ArbGeb nicht von sich aus anbieten. Allerdings kann der ArbN die Wiederaufnahme der Tätigkeit von einer Nachzahlung mit der Folge abhängig machen, dass sich der ArbGeb im Weigerungsfalle weiterhin im Gläubigerverzug befindet (vgl. Rz. 48).

III. Rechtsfolgen des Annahmeverzugs. 1. Keine Nachleistung der Dienste. Die erste Rechtsfolge des Annahmeverzugs besteht darin, dass der ArbN grundsätzlich nicht verpflichtet ist, die ausgefallenen Dienste nachzuleisten. Soweit die Arbeitsleistung im Einzelfall als absolute Fixschuld einzuordnen ist, ergibt sich diese Rechtsfolge bereits hieraus. Eine Nachleistungspflicht entfällt aber auch dann, wenn die Dienste an sich nachholbar sind. Auf diese Weise wird der ArbN davor bewahrt, auf einen anderen Teil seiner Arbeitskraft zurückgreifen zu müssen, den er ansonsten zum Zwecke des anderweitigen Erwerbs hätte einsetzen können[5].

Nebenpflichten bleiben während des Annahmeverzugs dagegen bestehen. So ist eine ArbN-In verpflichtet, dem ArbGeb, der sich infolge einer unwirksamen Kündigung in Gläubigerverzug befindet, das vorzeitige Ende der Schwangerschaft mitzuteilen. Der ArbGeb kann den Annahmeverzugslohn bei einer Verletzung dieser Pflicht aber nicht als Schaden geltend machen[6].

2. Vergütungsanspruch. a) Rechtlicher Charakter. Die zweite Rechtsfolge liegt darin, dass der Vergütungsanspruch des ArbN für die Dauer des Annahmeverzuges aufrechterhalten bleibt. Hierbei handelt es sich um den originären vertraglichen Erfüllungsanspruch aus dem Arbeitsvertrag. § 615 enthält weder einen besonders gearteten Vergütungsanspruch noch gar einen Schadensersatzanspruch. Daher ist § 254 nicht anwendbar (Rz. 4). Aus dem Charakter als Erfüllungsanspruch folgt, dass der Annahmeverzugslohn den steuer- und sozialversicherungsrechtlichen Abzügen unterliegt[7]. Dasselbe gilt für die Pfändungsschutzvorschriften der §§ 850 ff. ZPO sowie die daraus folgende Einschränkung bei Aufrechnung (§ 394) und Abtretung (§ 400). Der Anspruch ist hinsichtlich des Zeitraums nach der Eröffnung des Insolvenzverfahrens Masseverbindlichkeit iSd. § 55 Abs. 1 Nr. 2 InsO[8].

b) Umfang des Anspruchs. Die Höhe des Vergütungsanspruchs richtet sich nach dem **Lohnausfallprinzip**. Der ArbN ist so zu stellen, als wenn er während des Annahmeverzugs weitergearbeitet hätte[9]. Insoweit gelten die gleichen Grundsätze wie bei der Entgeltfortzahlung im Krankheitsfalle[10].

Bei einem nach **Zeitlohn vergüteten ArbN** kommt es regelmäßig nur darauf an, für welchen Zeitraum der ArbGeb in Gläubigerverzug geraten ist. Wenn der ArbN während dieser Zeit Überstunden geleistet hätte, ist dies beim Verzugslohn zu berücksichtigen[11]. Hierfür ist es nach Ansicht des BAG unerheblich, ob die ausgefallene Arbeitszeit die Grenzen der §§ 3 ff. ArbZG überschritten hätte[12]. Bei einer leistungs- oder erfolgsabhängigen Vergütung ist der hypothetische Verdienst während des Gläubigerver-

---

1 LAG Rh.-Pf. v. 3.11.1992 – 7 Sa 562/92, LAGE § 615 BGB Nr. 34. | 2 In der Begründung zu weit gehend LAG Bdb. v. 26.9.1996 – 3 Sa 341/96, LAGE § 615 BGB Nr. 50. | 3 BAG v. 19.8.1982 – 2 AZR 230/80, AP Nr. 9 zu § 9 KSchG 1969; näher *Thüsing*, AuR 1996, 245 ff. | 4 LAG Düsseldorf v. 6.8.1968 – 8 Sa 262/68, DB 1968, 2136; aA LAG Hamm v. 29.9.1997 – 19 Sa 589/97, LAGE § 615 BGB Nr. 54. | 5 *Beuthien*, Zweckerreichung und Zweckstörung im Schuldverhältnis (1969), S. 247. | 6 BAG v. 13.11.2001 – 9 AZR 590/99, AP Nr. 37 zu § 242 BGB – Auskunftspflicht; v. 18.1.2000 – 9 AZR 932/98, AP Nr. 1 zu § 5 MuSchG 1968. | 7 BAG v. 19.10.2000 – 8 AZR 20/00, AP Nr. 1 zu § 611 BGB – Haftung des Arbeitgebers; MünchArbR/*Boewer*, § 78 Rz. 45. | 8 LAG Köln v. 30.7.2001 – 2 Sa 1547/00, LAGE § 55 InsO Nr. 4; MünchKommInsO/*Hefermehl*, § 55 Rz. 168. | 9 BAG v. 7.11.2002 – 2 AZR 742/00, AP Nr. 100 zu § 615 BGB; v. 18.9.2001 – 9 AZR 307/00, AP Nr. 37 zu § 611 BGB – Mehrarbeitsvergütung; ErfK/*Preis*, § 615 BGB Rz. 76; Staudinger/*Richardi*, § 615 BGB Rz. 120. | 10 BAG v. 23.6.1994 – 6 AZR 853/93, AP Nr. 56 zu § 615 BGB. | 11 MünchArbR/*Boewer*, § 78 Rz. 46. | 12 BAG v. 18.9.2001 – 9 AZR 307/00, AP Nr. 37 zu § 611 BGB – Mehrarbeitsvergütung.

zugs gemäß § 287 Abs. 2 ZPO zu schätzen¹. In die Schätzung kann der Durchschnittsverdienst der letzten drei Monate einfließen². Leitlinie ist aber stets das Lohnausfallprinzip. Daher kommen dem ArbN zwischenzeitliche Entgelterhöhungen zugute, an denen er bei tatsächlicher Arbeit ohne weiteres partizipiert hätte, während er umgekehrt auch etwa einen durch Kurzarbeit bedingten hypothetischen Entgeltausfall hinzunehmen hat³.

81 Zum Verzugslohn zählen **sämtliche Leistungen, die Entgeltcharakter** haben. Hierzu gehört nicht nur das Entgelt im engeren, sondern auch im weiteren Sinne⁴. Unter § 615 fallen daher Leistungszulagen, Zeitzuschläge, Sozialzulagen, Gratifikationen, Tantiemen uÄ⁵. Zum Verzugslohn gehören dagegen nicht Zahlungen, deren Zweck darin besteht, Aufwendungen des ArbN abzugelten, die infolge der unterbliebenen Arbeit nicht entstanden sind⁶. Hierunter fallen etwa Fahrtkostenersatz, Verpflegungszuschüsse und Einsatzzulagen für Auslandsmitarbeiter⁷. Soweit Aufwandsentschädigungen dagegen pauschal gezahlt werden und in der Sache der Anhebung des allgemeinen Lebensstandards des ArbN dienen, gehören sie zum Arbeitsentgelt iSd. § 615⁸. Zu vergüten ist auch der Wert von Sachbezügen sowie von sonstigen Vorteilen, die als Entgelt für die Arbeitsleistung zu charakterisieren sind. Der Entzug eines Dienstwagens, der auch privat genutzt werden kann, führt aber nicht nur zu einem Anspruch auf Annahmeverzugslohn⁹. Vielmehr löst er regelmäßig auch eine Schadensersatzpflicht aus, weil der ArbGeb insoweit eine Überlassungspflicht verletzt (§ 619a Rz. 75)¹⁰. Soweit ein vertraglich vereinbartes Liquidationsrecht für Nebentätigkeiten eines Arztes Teil seiner Vergütung ist, sind die daraus erzielten Einkünfte bei einer unwirksamen Kündigung nach § 615 weiterzuzahlen. Schuldet der ArbGeb die Liquidationsbefugnis dagegen nur als Nebenpflicht, ist eine unwirksame Entziehung nach schadensersatzrechtlichen Grundsätzen zu behandeln¹¹.

82 c) **Zahlungsmodalitäten.** Der aus Annahmeverzug begründete Entgeltanspruch wird zu demselben Zeitpunkt **fällig**, wie er bei Leistung der Arbeit fällig geworden wäre¹². Relevant ist dies für die Verjährung sowie für Ausschlussfristen. Die Verjährungsfrist beträgt nach der Schuldrechtsreform gemäß § 195 nunmehr drei Jahre. Sie beginnt nach § 199 Abs. 1 mit dem Schluss des Jahres, in dem der Anspruch entstanden ist und der Gläubiger von den anspruchsbegründenden Umständen sowie der Person des Schuldners Kenntnis erlangt oder infolge grober Fahrlässigkeit nicht erlangt hat. Für eine Hemmung der Verjährung bedarf es gemäß § 204 Abs. 1 Nr. 1 der Erhebung einer Zahlungs- oder Feststellungsklage. Eine Kündigungsschutzklage bzw. eine Klage auf Feststellung des Fortbestehens des Arbeitsverhältnisses genügt nach st. Rspr. dagegen nicht¹³.

83 Bei **tariflichen bzw. einzelvertraglichen Ausschlussfristen** gelten teilweise andere Grundsätze. Verlangt eine sog. einstufige Ausschlussfrist nur eine formlose oder schriftliche Geltendmachung von Ansprüchen, so genügt regelmäßig eine fristgerecht erhobene Kündigungsschutzklage, um den Anspruch aus Annahmeverzugslohn geltend zu machen, soweit dieser vom Ausgang des Kündigungsschutzprozesses abhängt und während dessen Dauer fällig wird¹⁴. Aus der Kündigungsschutzklage ergibt sich für den ArbGeb mit hinreichender Deutlichkeit, dass der ArbN für den Fall seines Obsiegens im Kündigungsschutzprozess auch die Vergütung für die Zwischenzeit verlangen will. Bei einer sog. zweistufigen Ausschlussfrist lässt die Rspr. eine Kündigungsschutzklage auf der zweiten Stufe dagegen nicht genügen. Vielmehr ist danach auch für Ansprüche auf Annahmeverzugslohn eine gesonderte Zahlungsklage erforderlich¹⁵. Eine tarifliche Regelung, wonach der Lauf einer Ausschlussfrist für Entgeltansprüche bei Erhebung einer Kündigungsschutzklage erst mit dem rechtskräftigen Abschluss des

---

1 BAG v. 19.8.1976 – 3 AZR 173/75, AP Nr. 4 zu § 611 BGB – Beschäftigungspflicht. Zum Umfang bei arbeitnehmerähnlichen Personen BAG v. 16.3.1999 – 9 AZR 314/98, AP Nr. 84 zu § 615 BGB. | 2 Vgl. BAG v. 29.9.1971 – 3 AZR 164/71, AP Nr. 28 zu § 1 Feiertagslohnzahlungsg; ErfK/*Preis*, § 615 BGB Rz. 77. | 3 LAG Frankfurt/M. v. 27.12.1955 – IV LA 377/55, BB 1956, 305. | 4 Staudinger/*Richardi*, § 615 BGB Rz. 121. | 5 BAG v. 18.9.2002 – 1 AZR 668/01, AP Nr. 99 zu § 615 BGB (Spät- und Nachtzuschläge); v. 21.11.2000 – 9 AZR 665/99, AP Nr. 35 zu § 242 BGB – Auskunftspflicht (Umsatzbeteiligung); v. 19.5.1983 – 2 AZR 171/81, AP Nr. 25 zu § 123 BGB (Tantieme); v. 18.1.1963 – 5 AZR 200/62, AP Nr. 22 zu § 615 BGB (Weihnachtsgratifikation); v. 18.6.1958 – 4 AZR 590/55, AP Nr. 6 zu § 615 BGB (Gefahrenzulage). | 6 LAG Hamm v. 11.5.1989 – 17 Sa 1879/88, LAGE § 611 BGB – Beschäftigungspflicht Nr. 26. | 7 BAG v. 30.5.2001 – 4 AZR 249/00, EzA § 615 BGB Nr. 104; v. 18.6.1958 – 4 AZR 590/55, AP Nr. 6 zu § 615 BGB. | 8 OLG Stuttgart v. 1.8.1986 – 2 U 13/86, BB 1986, 2419 L; siehe auch BAG v. 10.3.1988 – 8 AZR 188/85, AP Nr. 21 zu § 11 BUrlG; BAG v. 10.2.1988 – 7 AZR 36/87, AP Nr. 64 zu § 37 BetrVG 1972; BAG v. 24.9.1986 – 4 AZR 543/85, AP Nr. 50 zu § 1 Feiertagslohnzahlungsg (tarifliche Nahauslösung). | 9 Dazu *Meier*, NZA 1999, 1083 ff.; ErfK/*Preis*, § 615 BGB Rz. 78; offen gelassen in BAG v. 5.9.2002 – 8 AZR 702/01, AP Nr. 1 zu § 280 BGB nF. | 10 Vgl. BAG v. 23.6.1994 – 8 AZR 537/92, AP Nr. 34 zu § 249 BGB. | 11 BAG v. 22.3.2001 – 8 AZR 536/00, AR-Blattei ES 250 Nr. 56. | 12 BAG v. 13.2.2003 – 8 AZR 236/02, AP Nr. 244 zu § 613a BGB; v. 7.11.1991 – 2 AZR 159/91, AP Nr. 6 zu § 209 BGB. | 13 Vgl. BAG v. 7.11.2002 – 4 AZR 297/01, AP Nr. 13 zu § 580 ZPO; v. 7.11.1991 – 2 AZR 159/91, AP Nr. 6 zu § 209 BGB; MünchArbR/*Boewer*, § 78 Rz. 51; *Grunsky*, FS Kissel (1994), S. 281 (294 f.); aA KR/*Friedrich*, § 4 KSchG Rz. 32 ff. mwN. | 14 BAG v. 7.11.1991 – 2 AZR 34/91, AP Nr. 114 zu § 4 TVG – Ausschlussfrist; v. 9.8.1990 – 2 AZR 579/89, AP Nr. 46 zu § 615 BGB; v. 10.4.1963 – 4 AZR 95/62, AP Nr. 23 zu § 615 BGB; für höhere Anforderungen im öffentlichen Dienst BAG v. 21.6.1978 – 5 AZR 144/77, AP Nr. 65 zu § 4 TVG – *Ausschlussfrist; anders jetzt* BAG v. 26.2.2003 – 5 AZN 757/02, AP Nr. 101 zu § 615 BGB; insgesamt krit. *Groeger*, NZA 2000, 793 (796 f.). | 15 BAG v. 21.3.1991 – 2 AZR 577/90, AP Nr. 49 zu § 615 BGB; v. 24.3.1988 – 2 AZR 630/87, AP Nr. 1 zu § 241 BGB; MünchArbR/*Boewer*, § 78 Rz. 51; aA ErfK/*Preis*, § 615 BGB Rz. 83; zur Problematik umfassend *Krause*, RdA 2004, 106 (112 ff.).

Vergütung bei Annahmeverzug und bei Betriebsrisiko   Rz. 89 § 615 BGB

Kündigungsschutzprozesses beginnt, gilt nicht für den Fall einer allgemeinen Feststellungsklage auf Fortbestehen des Arbeitsverhältnisses[1].

d) Verzicht. Der ArbN kann grundsätzlich auf seinen Verzugslohn verzichten. Gewisse Beschränkungen ergeben sich allerdings, wenn die Vergütungsanspruch auf einem Kollektivvertrag beruht und deshalb gemäß den §§ 4 TVG, 77 BetrVG an sich unverzichtbar ist. In diesem Fall ist nur ein Tatsachenvergleich, nicht aber ein Rechtsfolgenvergleich zulässig[2]. Darüber hinaus gelten rückwirkende Dispositionen der Arbeitsvertragsparteien über den Anspruch auf Annahmeverzugslohn nicht gegenüber der BA, soweit der Entgeltanspruch als Folge einer cessio legis (§§ 143 Abs. 4 SGB III, 115 SGB X) bereits auf sie übergegangen ist[3]. 84

3. Anrechnung. a) Allgemeines. Gemäß § 615 Satz 2 erfolgt eine Anrechnung dessen, was der ArbN infolge des Unterbleibens der Dienste erspart oder durch andere Verwendung der Dienste erworben oder zu erwerben böswillig unterlassen hat. Der Zweck der Vorschrift besteht darin, dass der ArbN aus dem Annahmeverzug **keinen finanziellen Vorteil** zieht. Er soll nicht mehr als bei ordnungsgemäßer Abwicklung des Arbeitsverhältnisses erhalten und nicht auf Kosten des ArbGeb einen Gewinn machen[4]. Die Anrechnung ist Ausdruck eines allgemeinen Rechtsgedankens, wie er sich auch in anderen Regelungen findet (§ 326 Abs. 2 Satz 2 BGB, § 74c Abs. 1 Satz 1 HGB, § 11 KSchG)[5]. Die Anrechnung erfolgt im Wege einer automatischen Kürzung des Annahmeverzugslohns. Es bedarf keiner Anrechnungserklärung des ArbGeb[6]. Auf die Kürzung sind die Pfändungsgrenzen der §§ 850 ff. ZPO nicht anwendbar, weil der ArbN die entsprechenden Leistungen bereits erhalten hat[7]. Falls der ArbGeb erst nach der Zahlung des Annahmeverzugslohns von einem anzurechnenden Zwischenverdienst des ArbN erfährt, steht ihm ein bereicherungsrechtlicher Rückgewährungsanspruch gemäß § 812 Abs. 1 zu[8]. Dieser Anspruch wird nicht dadurch ausgeschlossen, dass der ArbGeb rechtskräftig zur Zahlung der Vergütung verurteilt wurde[9]. 85

Wird der ArbN **einvernehmlich von der Arbeit freigestellt**, wie es nach einer Kündigung häufig vorkommt, ist es eine Frage der (ergänzenden) Vertragsauslegung, ob und inwieweit § 615 Satz 2 anwendbar ist. Hierbei spricht vieles dafür, entgegen einer vielfach vertretenen Ansicht[10] für den Regelfall eine Anrechnung tatsächlich erzielten anderweitigen Entgelts zu bejahen[11], während eine Berücksichtigung unterlassener Erwerbsmöglichkeiten zu verneinen ist. 86

b) Verhältnis zu § 11 KSchG. Unterfällt das Arbeitsverhältnis dem Kündigungsschutz nach dem KSchG, ist bei einer Unwirksamkeit der Kündigung die Anrechnung gemäß § 11 KSchG vorzunehmen. Insoweit handelt es sich um eine **Sonderregelung**, die § 615 Satz 2 verdrängt[12]. Die Vorschrift erfasst allerdings nur das Arbeitsentgelt, das der ArbGeb dem ArbN für die Zeit nach der Entlassung schuldet[13]. § 11 KSchG unterscheidet sich in mehrfacher Hinsicht von § 615 Satz 2. Erstens sind ersparte Aufwendungen des ArbN nicht zu berücksichtigen. Der Gesetzgeber hat auf die Anrechnung dieser regelmäßig geringen Aufwendungen bewusst verzichtet[14]. Zweitens sieht § 11 Nr. 3 KSchG ausdrücklich die Anrechnung öffentlich-rechtlicher Sozialleistungen vor. Dies gilt im Grundsatz allerdings auch für § 615 Satz 2, weil es sich um Lohnersatzleistungen handelt[15]. Die Anrechnung von Sozialleistungen hat wegen des in § 115 SGB X vorgesehenen gesetzlichen Forderungsübergangs auf den Sozialleistungsträger aber keine praktische Bedeutung mehr[16]. Drittens schließlich kann § 11 KSchG anders als § 615 Satz 2 (dazu Rz. 107) nicht durch erweiterte Anrechnungsregelungen zu Lasten des ArbN verschärft werden. 87

c) Umfang der Anrechnung. aa) Ersparte Aufwendungen. Anzurechnen sind zunächst ersparte Aufwendungen, die in einem unmittelbaren Zusammenhang mit der zu erbringenden Arbeitsleistung stehen. Hierzu zählen etwa entfallene Fahrtkosten sowie Kosten für die Anschaffung oder Reinigung von Berufskleidung. 88

bb) Anderweitiger Erwerb. Grundvoraussetzung für die Anrechnung anderweitigen Verdienstes ist, dass dieser kausal durch **Freiwerden der Arbeitskraft** ermöglicht worden ist. Der ArbN muss den Erwerb gerade durch denjenigen Teil seiner Arbeitskraft erzielt haben, welchen er dem ArbGeb zur Verfügung zu stellen verpflichtet war[17]. Der anderweitige Verdienst ist nach hM gemäß dem Prinzip der Gesamtberech- 89

---

1 BAG v. 8.8.2000 – 9 AZR 418/99, AP Nr. 151 zu § 4 TVG – Ausschlussfrist; v. 24.8.1999 – 9 AZR 804/98, AP Nr. 1 zu § 615 BGB – Anrechnung. | 2 MünchArbR/*Boewer*, § 78 Rz. 53. | 3 BAG v. 17.4.1986 – 2 AZR 308/85, AP Nr. 40 zu § 615 BGB. | 4 BAG v. 6.9.1990 – 2 AZR 165/90, AP Nr. 47 zu § 615 BGB; v. 14.11.1985 – 2 AZR 89/84, AP Nr. 39 zu § 615 BGB. | 5 BAG v. 6.2.1964 – 5 AZR 93/83, AP Nr. 24 zu § 615 BGB. | 6 BAG v. 24.9.2003 – 5 AZR 500/02, AP Nr. 9 zu § 615 – Böswilligkeit. | 7 MünchArbR/*Boewer*, § 78 Rz. 61; Staudinger/*Richardi*, § 615 BGB Rz. 137. | 8 BAG v. 29.7.1993 – 2 AZR 110/93, AP Nr. 52 zu § 615 BGB; v. 6.2.1964 – 5 AZR 93/83, AP Nr. 24 zu § 615 BGB; Staudinger/*Richardi*, § 615 BGB Rz. 137. | 9 BAG v. 29.7.1993 – 2 AZR 110/93, AP Nr. 52 zu § 615 BGB. | 10 LAG Bdb. v. 17.3.1998 – 2 Sa 670/97, AP Nr. 88 zu § 615 BGB; LAG Hamm v. 11.10.1996 – 10 Sa 104/96, LAGE § 615 BGB Nr. 49; LAG BW v. 21.6.1994 – 8 Sa 33/94, LAGE § 615 BGB Nr. 41; *Nägele*, BB 2003, 45 (46). | 11 BAG v. 2.8.1971 – 3 AZR 121/71, AP Nr. 25 zu § 615 BGB; v. 6.2.1964 – 5 AZR 93/83, AP Nr. 24 zu § 615 BGB; LAG Thür. v. 21.11.2000 – 5 Sa 352/99, LAGE § 615 BGB Nr. 62; LAG Schl.-Holst. v. 20.2.1997 – 4 Sa 567/96, LAGE § 615 BGB Nr. 52; *Bauer/Baeck*, NZA 1989, 784 (785 f.); *Blomeyer*, Anm. zu BAG, AP Nr. 25 zu § 615 BGB. | 12 BAG v. 6.9.1990 – 2 AZR 165/90, AP Nr. 47 zu § 615 BGB; KR/*Spilger*, § 11 KSchG Rz. 31. | 13 ErfK/*Preis*, § 615 BGB Rz. 88. | 14 Vgl. RdA 1951, 58 (64). | 15 MünchArbR/*Boewer*, § 78 Rz. 56. | 16 ErfK/*Preis*, § 615 BGB Rz. 89. | 17 BAG v. 6.9.1990 – 2 AZR 165/90, AP Nr. 47 zu § 615 BGB.

nung zu berücksichtigen. Dies bedeutet, dass der Erwerb auf die Vergütung für die gesamte Dauer des Annahmeverzuges und nicht nur auf das Entgelt für den Zeitabschnitt anzurechnen ist, in dem es erzielt worden ist[1]. Die Gegenansicht will eine Anrechnung nach einzelnen Zeitabschnitten vornehmen[2]. Zur Begründung wird darauf verwiesen, dass der ArbN für jeden Zeitabschnitt einen selbständigen Lohnanspruch und keinen Gesamtanspruch erlange. Außerdem erfolge im Rahmen des § 74c HGB ebenfalls keine Gesamtabrechnung[3]. Eine generelle Abrechnung nach Zeitabschnitten sieht das Gesetz jedoch nicht vor. Solange der Annahmeverzug andauert, will die Rspr. die Zeitabschnittsbezogenheit der Vergütung dadurch berücksichtigen, dass zunächst lediglich eine Anrechnung auf das für die jeweilige Zahlungsperiode geschuldete Entgelt erfolgt. Hierdurch soll erreicht werden, dass dem ArbN in jedem Monat zumindest eine dem pfändungsfreien Betrag entsprechende Leistung (Annahmeverzugslohn oder anderweitiger Erwerb) zur Verfügung steht[4]. Diese zwischenzeitliche Beschränkung der Anrechnung ändert jedoch nichts daran, dass es nach dem Ende des Gläubigerverzugs zu einer Gesamtberechnung und in deren Rahmen ggf. zu einem Rückzahlungsanspruch des ArbGeb kommt[5].

90 Bei der Frage, ob ein anderweitiger Verdienst kausal durch das Freiwerden von der bisherigen Arbeitsleistung ermöglicht wurde, sind sowohl **objektive wie subjektive Umstände** zu berücksichtigen. Nebeneinnahmen sind daher anrechnungsfrei, wenn der ArbN sie nicht in der Zeit erzielt, in der er an sich seine arbeitsvertraglichen Pflichten erfüllt hätte[6]. Dementsprechend ist die Vergütung von Überstunden aus der Anrechnung auszuklammern, wenn die anderweitige Arbeit in der eigentlich freien Zeit geleistet worden ist[7]. In diesem Fall fehlt es zwar nicht an der Kausalität zwischen Annahmeverzug und anderweitigem Erwerb. Der ArbN hat insoweit aber gerade nicht den Teil seiner Arbeitskraft verwertet, der durch den Gläubigerverzug freigesetzt worden ist. Bei Teilzeitkräften kann daher nicht allein darauf abgestellt werden, ob eine später aufgenommene Tätigkeit auch bei Erfüllung der ursprünglichen Vertragspflichten möglich gewesen wäre[8]. Vielmehr kommt es allein darauf an, ob die sonstige Beschäftigung gerade auf dem Freiwerden der Arbeitskraft beruht[9]. Für die Anrechnung spielt es keine Rolle, ob der anderweitige Verdienst durch eine gleichartige oder andersartige Arbeit erzielt wird. Für eine Ausklammerung von Einkünften aus einer geringerwertigen Tätigkeit[10] besteht kein Anlass. Dabei kann es sich um eine selbständige wie auch um selbständige Erwerbsarbeit handeln[11]. Gegebenenfalls muss der durch eine selbständige Tätigkeit erzielte Gewinn gemäß § 287 ZPO geschätzt werden[12]. Sofern Einkünfte erst nach der Beendigung des Annahmeverzuges anfallen, ist darauf abzustellen, ob sie auf einer Tätigkeit beruhen, die erst durch das Freiwerden der Arbeitskraft während des Gläubigerverzugs ermöglicht wurde. Dies kann insb. bei Provisionen[13], aber auch bei Vorbereitungshandlungen für eine neue Tätigkeit der Fall sein[14]. Aufwendungen, die der ArbN tätigen musste, um den Zwischendienst zu erzielen, sind ebenfalls abzuziehen. Die Anrechnung soll den ArbN nicht schlechter stellen, als wenn er ordnungsgemäß weitergearbeitet hätte[15]. Da nur solche Leistungen anrechnungsfähig sind, die auf der Verwertung der frei gewordenen Arbeitskraft beruhen, sind Kapitalerträge grundsätzlich nicht zu berücksichtigen[16]. Sofern die Verwaltung des eigenen Vermögens den ArbN aber vollständig auslastet, wird man die Erträge anrechnen müssen[17].

91 Zu einer Beschränkung der Anrechnung anderweitigen Verdienstes kommt es, wenn der ArbN während eines Kündigungsschutzprozesses ein **neues Arbeitsverhältnis** eingegangen ist und er nach gewonnenem Prozess die Fortsetzung des ursprünglichen Arbeitsverhältnisses gegenüber dem bisherigen ArbGeb gemäß § 12 Satz 1 KSchG verweigert, so dass diesem gemäß § 12 Satz 3 KSchG erlischt. Da der ArbN in einem solchen Fall gemäß § 12 Satz 4 KSchG nur für die Zeit zwischen der Entlassung und dem Tag des Eintritts in das neue Arbeitsverhältnis Annahmeverzugslohn verlangen kann (Rz. 73), ist auch nur der in diesem Zeitraum erzielte Erwerb zu berücksichtigen. Lohnzahlungspflichtiger Zeitraum und Anrechnungszeitraum sind identisch[18].

92 Der **unentgeltliche Einsatz der Arbeitskraft** im eigenen Haushalt oder im Rahmen von Nachbarschaftshilfe führt nicht zu einer Anrechnung[19]. Eine hierfür gewährte maßvolle Anerkennung ist ebenfalls nicht zu berücksichtigen. Eine Weiterleitung des Pflegegeldes (§ 37 SGB XI) übersteigt jedoch

---

1 BAG v. 24.8.1999 – 9 AZR 804/98, AP Nr. 1 zu § 615 BGB – Anrechnung; v. 29.7.1993 – 2 AZR 110/93, AP Nr. 52 zu § 615 BGB; MünchArbR/*Boewer*, § 78 Rz. 60; Soergel/*Kraft*, § 615 BGB Rz. 54. |2 *Boecken*, NJW 1995, 3218 (3219 ff.); *Nübold*, RdA 2004, 31 (32 ff.); ErfK/*Preis*, § 615 BGB Rz. 96. |3 Vgl. BAG v. 16.5.1999 – 3 AZR 137/68, AP Nr. 23 zu § 133 f. GewO. |4 BAG v. 24.8.1999 – 9 AZR 804/98, AP Nr. 1 zu § 615 BGB – Anrechnung. |5 BAG v. 24.8.1999 – 9 AZR 804/98, AP Nr. 1 zu § 615 BGB – Anrechnung. |6 BAG v. 14.8.1974 – 5 AZR 497/73, AP Nr. 3 zu § 13 KSchG 1969. |7 Vgl. BAG v. 8.3.1958 – 2 AZR 533/55, AP Nr. 1 zu § 9 KSchG; aA *Matthes* in ArbR-BGB, § 615 Rz. 86. |8 So aber offenbar ErfK/*Preis*, § 615 BGB Rz. 95. |9 BAG v. 6.9.1990 – 2 AZR 165/90, AP Nr. 47 zu § 615 BGB. |10 So *Bayreuther*, NZA 2003, 1365 (1368 f.). |11 Staudinger/*Richardi*, § 615 BGB Rz. 147. |12 LAG Düsseldorf v. 23.6.1956 – 5 Sa 100/56, DB 1956, 920. |13 LAG Düsseldorf v. 5.3.1970 – 3 Sa 533/69, DB 1970, 1277 (1278). |14 OLG Düsseldorf v. 30.12.1971 – 8 U 160/71, DB 1972, 181; LAG Düsseldorf v. 22.5.1968 – 3 Sa 73/68, DB 1968, 1182; ErfK/*Preis*, § 615 BGB Rz. 93; restriktiver offenbar Staudinger/*Richardi*, § 615 BGB Rz. 147. |15 ErfK/*Preis*, § 615 BGB Rz. 94. |16 MünchArbR/*Boewer*, § 78 Rz. 59. |17 ErfK/*Preis*, § 615 BGB Rz. 95; eine unzulässige Rechtsausübung erwägend BAG v. 27.3.1974 – 5 AZR 258/73, AP Nr. 15 zu § 242 BGB – Auskunftspflicht. |18 BAG v. 19.7.1978 – 5 AZR 748/77, AP Nr. 16 zu § 242 BGB – Auskunftspflicht. |19 MünchArbR/*Boewer*, § 78 Rz. 59.

den hierdurch getroffenen Rahmen. Die einschränkende Wertung des § 3 Satz 2 SGB VI kann nicht auf die Frage der Anrechnung nach § 615 Satz 2 übertragen werden.

cc) Böswillig unterlassener Erwerb. Anzurechnen ist schließlich dasjenige, was der ArbN zu erwerben böswillig unterlassen hat. Hierfür ist in objektiver Hinsicht erforderlich, dass eine **Möglichkeit zum Tätigwerden** bestand und diese Tätigkeit dem ArbN unter Berücksichtigung aller Umstände des Einzelfalls **zumutbar** war. In subjektiver Hinsicht ist es notwendig, aber auch ausreichend, dass der ArbN in Kenntnis der objektiven Umstände untätig geblieben ist oder die Aufnahme einer Arbeit verhindert hat[1]. Einerseits setzt Böswilligkeit keine Schädigungsabsicht voraus[2]. Andererseits genügt nicht einmal eine grobe Fahrlässigkeit des ArbN[3].

Zentrales Merkmal ist die **Zumutbarkeit der anderweitigen Arbeit**, die in § 11 Nr. 2 KSchG ausdrücklich angesprochen wird, im Rahmen von § 615 Satz 2 aber ebenso gilt. Dabei geht es im Grundsatz um eine Abwägung zwischen der Berufsfreiheit des ArbN nach Art. 12 GG einerseits[4] und seiner Treuepflicht andererseits, aus dem Annahmeverzug keinen Gewinn zu ziehen und den Schaden des ArbGeb möglichst gering zu halten[5]. Hierbei kommt es auf alle Umstände des Einzelfalls an[6]. Kriterien sind Ort, Zeit und Inhalt (Gefährlichkeit) der anderen möglichen Tätigkeit, Vergütungsform, Art und Umfang von Sozialleistungen[7]. Der Maßstab des § 121 SGB III ist nicht übertragbar, weil er sich auf die Abwägung der Interessen der Arbl. mit denen der Gesamtheit der Beitragszahler bezieht, während es im Rahmen von 615 Satz 2 bzw. § 11 KSchG um einen zivilrechtlichen Konflikt zwischen ArbN und ArbGeb geht[8]. Vor Ablauf der Kündigungsfrist ist die Zumutbarkeit besonders restriktiv zu handhaben. Aus dem vom ArbGeb zu tragenden Wirtschaftsrisiko ergibt sich aber nicht, dass der ArbN in dieser Zeit prinzipiell nicht auf eine Tätigkeit bei einem anderen ArbGeb verwiesen werden kann[9].

In Betracht kommt zunächst eine **Beschäftigungsmöglichkeit beim bisherigen ArbGeb**. Eine solche Tätigkeit ist nicht von vornherein unzumutbar. Vielmehr kann sie gerade für die Fälle von Bedeutung sein, in denen das Angebot des ArbGeb zur Weiterarbeit für eine Beendigung des Annahmeverzuges nicht ausreicht (dazu oben Rz. 70 f.)[10]. Soweit der Bestand des Arbeitsverhältnisses nicht umstritten ist, kann der ArbN die Zuweisung einer über die Grenzen des Direktionsrechts überschreitenden Tätigkeit ablehnen, weil er sich insoweit lediglich auf eine vertragliche Rechtsposition beruft[11]. Von einem böswilligen Handeln kann auch nicht gesprochen werden, wenn der ArbN ein Arbeitsangebot ablehnt, das ohne die nach § 99 BetrVG erforderliche Beteiligung des BR erfolgt ist[12].

Bei einem Arbeitsverhältnis, dessen Bestand streitig ist, kommt es für die Zumutbarkeit der angebotenen Arbeit wesentlich auf das **vorangegangene Verhalten des ArbGeb** an, das den Annahmeverzug herbeigeführt hat. Hierzu hat das BAG folgende Leitlinien aufgestellt: Bei einer betriebs- oder krankheitsbedingten Kündigung ist dem ArbN die vorläufige Weiterbeschäftigung in der Regel zumutbar. Bei einer verhaltensbedingten, insb. außerordentlichen Kündigung liegt regelmäßig Unzumutbarkeit vor[13]. Wenn der ArbN einen Weiterbeschäftigungsantrag stellt, gibt er damit auch bei einer verhaltensbedingten Kündigung zu erkennen, dass ihm eine vorläufige Weiterarbeit auf seinem früheren Arbeitsplatz zumutbar ist[14]. Auf ein Angebot zur Weiterarbeit zu geänderten Arbeitsbedingungen muss sich der ArbN nicht einlassen. Ansonsten würden die Anforderungen an die Wirksamkeit einer Änderungskündigung ausgehöhlt werden[15].

Wenn der ArbN bei einem **Betriebsübergang sein Widerspruchsrecht wirksam ausgeübt** hat und der Veräußerer infolgedessen in Annahmeverzug geraten ist, ist es nicht generell unzumutbar, den ArbN auf eine vorläufige Weiterarbeit zu unveränderten Bedingungen beim Betriebserwerber zu verweisen[16]. Hierdurch wird das Widerspruchsrecht nicht ausgehöhlt, weil der ArbN nicht daran gehindert wird, den Fortbestand seines Arbeitsverhältnisses zum Veräußerer geltend zu machen[17].

Böswilligkeit ist zu verneinen, wenn der ArbN durch die Aufnahme einer bestimmten Tätigkeit **vertragliche Rechtspositionen aufgeben oder beeinträchtigen** würde. Dies gilt etwa für den Fall, dass der ArbN

---

1 BAG v. 16.5.2000 – 9 AZR 203/99, AP Nr. 7 zu § 615 BGB – Böswilligkeit; v. 18.6.1965 – 5 AZR 351/64, AP Nr. 2 zu § 615 BGB – Böswilligkeit; v. 18.10.1958 – 2 AZR 291/56, AP Nr. 1 zu § 615 BGB – Böswilligkeit. |2 BAG v. 10.4.1963 – 4 AZR 95/62, AP Nr. 23 zu § 615 BGB. |3 BAG v. 18.10.1958 – 2 AZR 291/58, AP Nr. 1 zu § 615 BGB – Böswilligkeit; siehe auch LAG Köln v. 5.7.2002 – 11 Sa 559/01, LAGE § 615 BGB Nr. 66. |4 BAG v. 9.8.1974 – 3 AZR 350/73, AP Nr. 5 zu § 74c HGB. |5 BAG v. 18.6.1965 – 4 AZR 351/64, AP Nr. 2 zu § 615 BGB – Böswilligkeit; v. 10.4.1963 – 4 AZR 95/62, AP Nr. 23 zu § 615 BGB. |6 BAG v. 14.11.1985 – 2 AZR 98/84, AP Nr. 39 zu § 615 BGB. |7 ErfK/*Preis*, § 615 BGB Rz. 101. |8 MünchArbR/*Boewer*, § 78 Rz. 66. |9 AA *Schirge*, DB 2000, 1278 (1280); einschr. auch *Bayreuther*, NZA 2003, 1365 (1368). |10 BAG v. 22.2.2000 – 9 AZR 194/99, AP Nr. 1 zu § 11 KSchG 1969; v. 14.11.1985 – 2 AZR 98/84, AP Nr. 39 zu § 615 BGB; v. 10.4.1963 – 4 AZR 95/62, AP Nr. 23 zu § 615 BGB; Staudinger/*Richardi*, § 615 BGB Rz. 157. |11 BAG v. 3.12.1980 – 5 AZR 477/78, AP Nr. 4 zu § 615 BGB – Böswilligkeit. |12 BAG v. 7.11.2002 – 2 AZR 650/00, AP Nr. 98 zu § 615 BGB. |13 BAG v. 7.11.2002 – 2 AZR 650/00, AP Nr. 98 zu § 615 BGB; v. 15.11.1985 – 2 AZR 98/84, AP Nr. 39 zu § 615 BGB. |14 BAG v. 24.9.2003 – 5 AZR 500/02, AP Nr. 4 zu § 11 KSchG 1969; *Spirolke*, NZA 2001, 707 (710). |15 MünchArbR/*Boewer*, § 78 Rz. 67; idS auch BAG v. 27.1.1994 – 2 AZR 584/93, AP Nr. 32 zu § 2 KSchG 1969. |16 BAG v. 19.3.1998 – 8 AZR 139/97, AP Nr. 177 zu § 613a BGB; v. 17.11.1977 – 5 AZR 618/76, AP Nr. 10 zu § 613a BGB. |17 Ähnlich LAG Nürnberg v. 16.6.1987 – 6 Sa 102/86, LAGE § 615 BGB Nr. 13.

wegen Entgeltrückständen sein Leistungsverweigerungsrecht geltend gemacht und die Arbeit eingestellt hat[1]. Weiter ist es dem ArbN nicht zumutbar, ein anderes Dauerarbeitsverhältnis zu begründen, wenn ihm hierdurch die Rückkehr an den bisherigen Arbeitsplatz erschwert würde[2]. Der ArbGeb kann dieses Hindernis ausräumen, indem er erklärt, aus dem Verhalten des ArbN keine nachteiligen Folgen zu ziehen[3]. Da die Zumutbarkeit objektiv zu beurteilen ist, ist eine entsprechende Äußerung des ArbGeb aber nicht zwingend erforderlich. Ferner darf der ArbN sein bisheriges Arbeitsverhältnis auch dann kündigen, wenn ein neuer ArbGeb, gegen den aus Annahmeverzug vorgegangen wird, noch vor Dienstbeginn die Arbeitsaufnahme ablehnt[4]. Der Verlust eines Mandats (BR-Amt) kann ebenfalls die Ablehnung eines Arbeitsangebots legitimieren[5]. Direkte Streikarbeit muss nicht übernommen werden[6]. Schließlich liegt kein böswilliges Unterlassen vor, wenn der ArbN ein an sich zumutbares Angebot, das er zuvor mit billigender Kenntnisnahme des ArbGeb abgelehnt hat, nicht von sich aus wieder aufgreift[7].

99 Die **tatsächliche Aufnahme einer anderweitigen Tätigkeit** kann grundsätzlich nicht als böswillig gewertet werden, auch wenn der ArbN hierdurch weniger verdient als bei einer anderen möglichen und zumutbaren Beschäftigung. Insoweit verdient die freie Entscheidung des ArbN über seinen künftigen beruflichen Werdegang den Vorrang[8]. Dasselbe gilt bei der Aufnahme einer selbständigen Tätigkeit. Der ArbGeb kann in einer solchen Konstellation nicht das fiktive Alg anrechnen[9]. Ein böswilliges Unterlassen ist nur bei einem völlig unrealistischen Vorhaben gegeben, das der ArbN nur mit Rücksicht auf das Vorhandensein eines Anspruchs auf Annahmeverzugslohn und damit auf Kosten des ArbGeb unternimmt[10]. Ein vorübergehender Auslandsaufenthalt stellt nur dann ein böswilliges Unterlassen dar, wenn hierdurch zumutbare Arbeitsmöglichkeiten nicht genutzt werden konnten[11]. Die Aufnahme eines Studiums ist ebenfalls nicht als böswilliges Unterlassen einzuordnen[12]. Etwas anderes gilt lediglich bei einem sinn- oder planlosen Studium[13].

100 Soweit es um eine **Beschäftigung beim bisherigen ArbGeb** geht, muss der ArbN nicht von sich aus aktiv werden. Vielmehr liegt die Initiativlast beim ArbGeb. Den ArbN trifft daher nicht der Vorwurf böswilligen Unterlassens, wenn er von einem Weiterbeschäftigungsverlangen gemäß § 102 Abs. 5 Satz 1 BetrVG abgesehen hat. Diese Norm will die Rechtsstellung des ArbN verbessern, legt ihm aber keine Obliegenheit auf, die er zur Vermeidung von Entgeltnachteilen wahrnehmen muss[14]. Dasselbe gilt für den von der Rspr. entwickelten allgemeinen Weiterbeschäftigungsanspruch. Der ArbN ist nicht gehalten, ihn geltend zu machen. Ferner stellt es kein böswilliges Unterlassen dar, wenn der ArbN davon Abstand nimmt, ein entsprechendes Urteil gegen den ArbGeb zu vollstrecken[15].

101 Böswilligkeit ist zu verneinen, wenn sich der ArbN bei der **AA gemeldet** hat. Es ist dann Sache der AA, dem ArbN zumutbare Stellenangebote zu übermitteln[16]. Zu sonstigen aktiven Bemühungen ist der ArbN im Rahmen der zivilrechtlichen Risikoverteilung zwischen ihm und dem im Annahmeverzug befindlichen ArbGeb nicht verpflichtet. Dem neu gefassten § 2 Abs. 5 Nr. 3 SGB III[17] lassen sich keine weiter gehenden Anforderungen entnehmen. Das BAG geht darüber sogar noch hinaus und verneint eine Obliegenheit des ArbN, sich bei der AA zu melden und die Vermittlungsdienste in Anspruch zu nehmen[18]. Hierdurch wird das Merkmal der Böswilligkeit aber zu restriktiv gehandhabt. Vielmehr gebietet es die Rücksichtnahme auf die Interessen des ArbGeb, der AA zumindest die Chance zu eröffnen, eine zumutbare Arbeit anzubieten[19]. Dafür spricht nunmehr auch die Verschärfung der Meldeobliegenheiten durch die §§ 37b, 140 SGB III[20]. Eine Anrechnung entfällt allerdings, wenn dem ArbN ohnehin keine zumutbare Tätigkeit unterbreitet worden wäre. Sachlich geht es also lediglich um eine angemessene Verteilung der Darlegungs- und Beweislast. Im Übrigen kann der ArbN auf eine Meldung bei der AA verzichten, muss dann aber eigene Bewerbungsaktivitäten entfalten[21].

102 Die **unterlassene Inanspruchnahme öffentlich-rechtlicher Leistungen** kann Böswilligkeit darstellen[22]. Eine solche Bewertung ist aber dann nicht gerechtfertigt, wenn es der ArbN ablehnt, sich im Wege der

---

1 BAG v. 21.5.1981 – 2 AZR 95/79, AP Nr. 32 zu § 615 BGB. | 2 BAG v. 18.6.1965 – 5 AZR 351/64, AP Nr. 2 zu § 615 BGB – Böswilligkeit. | 3 Vgl. BAG v. 17.11.1977 – 5 AZR 618/76, AP Nr. 10 zu § 613a BGB hinsichtlich einer Weiterarbeit bei einem Betriebserwerber nach einem Widerspruch gegen den Übergang des Arbeitsverhältnisses. | 4 BAG v. 2.11.1973 – 5 AZR 147/73, AP Nr. 3 zu § 615 BGB – Böswilligkeit. | 5 LAG Frankfurt/M. v. 17.1.1980 – 9 Sa 558/79, BB 1980, 1050 f. | 6 Vgl. BAG v. 25.7.1957 – 1 AZR 194/56, AP Nr. 3 zu § 615 BGB – Betriebsrisiko. | 7 LAG Köln v. 25.3.1993 – 10 Sa 1121/92, LAGE § 615 BGB Nr. 36. | 8 BAG v. 23.1.1967 – 3 AZR 253/66, AP Nr. 1 zu § 74c HGB; Staudinger/*Richardi*, § 615 BGB Rz. 155, | 9 BAG v. 2.6.1987 – 3 AZR 626/85, AP Nr. 13 zu § 74c HGB. | 10 Ansatzweise BAG v. 18.1.1963 – 5 AZR 200/62, AP Nr. 22 zu § 615 BGB. | 11 BAG v. 11.7.1985 – 2 AZR 106/84, AP Nr. 35 a zu § 615 BGB; LAG Hamm v. 18.10.1985 – 16 Sa 386/85, LAGE § 615 BGB Nr. 6. | 12 BAG v. 13.2.1996 – 9 AZR 931/94, AP Nr. 18 zu § 74c HGB. | 13 BAG v. 8.2.1974 – 3 AZR 519/73, AP Nr. 4 zu § 74c HGB. | 14 MünchArbR/*Boewer*, § 78 Rz. 68. | 15 BAG v. 22.2.2000 – 9 AZR 194/99, AP Nr. 2 zu § 11 KSchG 1969; ErfK/*Preis*, § 615 BGB Rz. 106. | 16 LAG Köln v. 5.7.2002 – 11 Sa 559/01, LAGE § 615 BGB Nr. 66; ErfK/*Preis*, § 615 BGB Rz. 105. | 17 BGBl. 2002 I S. 4607 (4608). | 18 BAG v. 16.5.2000 – 9 AZR 203/99, AP Nr. 7 zu § 615 BGB – Böswilligkeit. | 19 Erman/*Belling*, § 615 BGB Rz. 46; KR/*Spilger*, § 1 KSchG Rz. 40; *Spirolke*, NZA 2001, 707 (711 f.). | 20 *Bayreuther*, NZA 2003, 1365 (1366 f.); *Hanau*, ZIP 2003, 1573 (1575). | 21 *Spirolke*, NZA 2001, 707 (711 f.); siehe auch BAG v. 23.1.1967 – 3 AZR 253/66, AP Nr. 1 zu § 74c HGB. | 22 Erman/*Belling*, § 615 BGB Rz. 44.

4. Sonstige Ansprüche. Die in den §§ 300 ff. geregelten **sonstigen Rechtsfolgen** des Gläubigerverzugs laufen bei einem Arbeitsverhältnis regelmäßig leer. Sofern der ArbN die ausgefallenen Dienste nicht nachholt, hat er entgegen der Regelung des § 304 keinen Anspruch auf Ersatz der Aufwendungen für das erfolglose Angebot. Die Vorschrift basiert auf der Überlegung, dass der Sachleistungsschuldner bei einem erfolgreichen Zweitangebot die Kosten für das Angebot nicht zweimal tragen soll. Würde man dem ArbN auch dann einen Aufwendungsersatzanspruch zubilligen, wenn er die Dienste nicht nachzuholen hat, stünde er bei einem Annahmeverzug des ArbGeb besser als ohne die Leistungsstörung da. Er würde dann nämlich über den Annahmeverzugslohn hinaus etwa seine Fahrtkosten ersetzt bekommen, die er bei regulärer Arbeit aus seinem Verdienst aufbringen müsste[2].

Neben den Vorschriften über den Gläubigerverzug kommt nach Ansicht des BAG eine **Schadensersatzpflicht des ArbGeb** unter dem Blickwinkel einer Verletzung der ihn treffenden Beschäftigungspflicht in Betracht. Das BAG hat einen Anspruch des ArbN auf Schadensersatz statt der Leistung (früher: Schadensersatz wegen Nichterfüllung) in einem Fall bejaht, in dem der ArbGeb zur allgemeinen Weiterbeschäftigung während des Kündigungsschutzprozesses verurteilt worden war, was für sich genommen keine Grundlage für einen Anspruch aus Annahmeverzug bildet (Rz. 18). Nach Ansicht des BAG beruht die Schadensersatzpflicht darauf, dass der ArbGeb mit der Verurteilung zur Weiterbeschäftigung auch ohne eine zusätzliche Mahnung in Schuldnerverzug gerät und die geschuldete Leistung infolge des Fixschuldcharakters der Arbeit während des Verzugs unmöglich wird[3]. Dabei soll der Schaden im entgangenen Verdienst bestehen.

Diese Sichtweise ist auf der Grundlage der Konzeption der Rspr. zum Beschäftigungs- bzw. zum allgemeinen Weiterbeschäftigungsanspruch indes **nicht stimmig**: Geht man davon aus, dass beide Ansprüche lediglich den ideellen Persönlichkeitsinteressen des ArbN dienen sollen[4], liegt das entgangene Entgelt nicht innerhalb des Schutzbereichs der verletzten Pflicht[5]. Dem entspricht es, wenn das BAG den Erhalt von Steuervorteilen nicht als Zweck der Weiterbeschäftigungspflicht ansieht[6]. Soweit es um den allgemeinen Weiterbeschäftigungsanspruch geht, kommt hinzu, dass die Weiterbeschäftigung lediglich zu einem tatsächlichen Arbeitsverhältnis ohne rechtlichen Grund führen soll[7]. Fehlt es aber an einer materiellrechtlichen Leistungspflicht, kann der ArbGeb insoweit auch keine Pflicht als Basis für einen Schadensersatzanspruch verletzen.

Im Übrigen geht es beim Anspruch auf Schadensersatz statt der Leistung um den Ersatz gerade des Schadens, der dem ArbN dadurch entsteht, dass die **Pflicht des ArbGeb zur tatsächlichen Beschäftigung** verletzt ist. Wenn der ArbN auch ohne tatsächliche Beschäftigung unter dem Gesichtspunkt des Annahmeverzuges sein Entgelt erhält, erleidet er insoweit keinen Verdienstausfall[8]. Mangels eines Schadens kann er daher auch keinen Schadensersatzanspruch geltend machen.

5. Abdingbarkeit. Für den Bereich der **gewerblichen AÜ** ordnet § 11 Abs. 4 Satz 2 AÜG ausdrücklich die Unabdingbarkeit des Vergütungsanspruchs des LeihArbN bei Annahmeverzug des Verleihers aus § 615 Satz 1 an. Im Übrigen ist § 615 im Grundsatz dispositiv[9]. Dies ergibt sich im Umkehrschluss aus § 619, der nach wie vor nur die §§ 617, 618 für unabdingbar erklärt. Voraussetzung für einen Ausschluss des Vergütungsanspruchs ist zunächst eine klare und eindeutige Regelung. Eine Klausel, dass nur geleistete Arbeit bezahlt wird, schließt regelmäßig lediglich den Entgeltanspruch aus § 616 aus[10]. Des Weiteren kann § 615 nicht beliebig abbedungen werden, ohne dass die Grenzen der Dispositivität bislang endgültig ausgelotet worden sind. Eine Schranke ergibt sich zum einen aus dem kündigungsrechtlichen Beendigungsschutz. So ist eine Klausel als nichtig anzusehen, die den Annahmeverzug auch bei einer unwirksamen Kündigung ausschließt[11]. Eine zweite Grenze bildet der vertragliche Inhaltsschutz sowie der Grundsatz, dass der ArbGeb nicht das Wirtschaftsrisiko auf den ArbN abwälzen darf[12]. Eine Abding-

---

1 LAG Rh.-Pf. v. 7.10.1996 – 9 Sa 703/93, LAGE § 615 BGB – Kurzarbeit Nr. 2. | 2 AA offenbar ErfK/*Preis*, § 615 BGB Rz. 108. | 3 BAG v. 12.9.1985 – 2 AZR 324/84, AP Nr. 7 zu § 102 BetrVG 1972 – Weiterbeschäftigung. | 4 Vgl. BAG (GS) v. 27.2.1985 – GS 1/84, AP Nr. 14 zu § 611 BGB – Beschäftigungspflicht. | 5 IdS auch *Bengelsdorf*, SAE 1987, 254 (264 f.); Erman/*Edenfeld*, § 611 BGB Rz. 383; *Wank*, RdA 1987, 129 (158). | 6 BAG v. 19.10.2000 – 8 AZR 20/00, AP Nr. 11 zu § 611 BGB – Haftung des Arbeitgebers. | 7 BAG v. 12.2.1992 – 5 AZR 297/90, AP Nr. 9 zu § 611 BGB – Weiterbeschäftigung; v. 10.3.1987 – 8 AZR 146/84, AP Nr. 1 zu § 611 BGB – Weiterbeschäftigung; BAG (GS) v. 27.2.1985 – GS 1/84, AP Nr. 14 zu § 611 BGB – Beschäftigungspflicht. | 8 Ebenso *Sommer*, Nichterfüllung, S. 262. | 9 BAG v. 5.9.2002 – 8 AZR 702/01, AP Nr. 1 zu § 280 BGB nF; v. 6.11.1968 – 4 AZR 186/68, AP Nr. 16 zu § 615 BGB – Betriebsrisiko; Erman/*Belling*, § 615 BGB Rz. 3; Soergel/*Kraft*, § 615 BGB Rz. 8; ErfK/*Preis*, § 615 BGB Rz. 8; zur früheren Betriebsrisikolehre ebenso BAG v. 4.7.1958 – 1 AZR 559/57, AP Nr. 5 zu § 615 BGB – Betriebsrisiko; v. 8.3.1961 – 4 AZR 223/59, AP Nr. 13 zu § 615 BGB – Betriebsrisiko; Staudinger/*Richardi*, § 615 BGB Rz. 12; einschr. auch BAG v. 4.7.1958 – 1 AZR 559/57, AP Nr. 5 zu § 615 BGB – Betriebsrisiko. | 11 MünchArbR/*Boewer*, § 78 Rz. 5; ErfK/*Preis*, § 615 BGB Rz. 8. | 12 LAG Hamm v. 16.10.1989 – 19 (12) Sa 1510/88, ZIP 1990, 880 (884 ff.); MünchArbR/*Boewer*, § 78 Rz. 6.

ung von § 615 Satz 1 ist daher grundsätzlich nur in bestimmten Einzelfällen zulässig[1]. Bei allgemeinen Arbeitsbedingungen ist infolge der Angemessenheitskontrolle gemäß §§ 307, 310 Abs. 4 ein noch strengerer Maßstab anzulegen[2].

108 **IV. Durchsetzung des Anspruchs auf Annahmeverzugslohn. 1. Darlegungs- und Beweislast.** Der ArbN hat die Voraussetzungen des Annahmeverzugs darzulegen und zu beweisen[3]. Hierzu gehören das Bestehen eines erfüllbaren Arbeitsverhältnisses, das Angebot der Arbeitsleistung bzw. die Voraussetzungen, unter denen das Angebot entbehrlich ist, sowie die Nichtannahme der Dienste durch den ArbGeb. Der ArbN muss weiter die Voraussetzungen des Leistungsverweigerungsrechts gemäß § 298 sowie die Höhe des Annahmeverzugslohns darlegen und beweisen. Demgegenüber trifft den ArbGeb die Darlegungs- und Beweislast für den fehlenden Leistungswillen des ArbN (dazu auch Rz. 46 f.)[4]. Dasselbe gilt für das Leistungsunvermögen des ArbN[5]. Hierbei kann sich der ArbGeb grundsätzlich nicht auf einen Anscheinsbeweis stützen[6]. Weiter ist der ArbGeb für die Anrechnung gemäß § 615 Satz 2 darlegungs- und beweispflichtig. Dies gilt sowohl für die Anrechnung anderweitiger Verdienstes[7] als auch für einen böswillig unterlassenen Erwerb[8].

109 **2. Auskunftsrecht.** Der ArbGeb ist über die näheren Umstände der anrechenbaren Bezüge regelmäßig nicht informiert. Um eine Überforderung des insoweit darlegungs- und beweispflichtigen ArbGeb zu verhindern, billigt ihm die hM in analoger Anwendung von § 74c Abs. 2 HGB ein Recht auf Auskunft über die Höhe des anzurechnenden anderweitigen Verdienstes zu. Die rechtliche Natur dieser Auskunftspflicht ist umstritten. Teilweise nimmt man an, dass es sich um eine bloße Obliegenheit handele[9]. Das BAG geht demgegenüber von einem echten einklagbaren Anspruch aus[10]. Dies ist insb. dann unabweisbar, wenn es um einen Rückzahlungsanspruch in Höhe des nicht angerechneten Zwischenverdienstes gemäß § 812 geht, sollte aber auch sonst bejaht werden. Der ArbGeb muss nach hM zunächst greifbare Anhaltspunkte für eine anderweitige Erwerbstätigkeit bzw. für den Erhalt von SozV-Leistungen darlegen und ggf. beweisen. Erst dann hat er einen Anspruch auf Auskunft über die Höhe der sonstigen Einnahmen[11]. Dagegen kann der ArbGeb keine Auskunft über die Vorfrage verlangen, ob der ArbN überhaupt andere Einkünfte erzielt hat[12]. Soweit es um die erforderliche Kausalität zwischen dem Freiwerden von der bisherigen Arbeitsleistung und dem anderweitigen Erwerb geht, muss der ArbGeb Indizien vortragen, die für das Vorliegen eines dahingehenden Zusammenhanges sprechen[13].

110 Solange der ArbN die Auskünfte pflichtwidrig nicht erteilt, kann der ArbGeb die Zahlung des Annahmeverzugslohns verweigern. Eine Klage ist daher als **zurzeit unbegründet** abzuweisen[14]. Die Grundlage für das Leistungsverweigerungsrecht ist nicht in § 320[15], sondern in § 273 zu sehen[16]. Bei Zweifeln über die Richtigkeit der Angaben des ArbN kann der ArbGeb entsprechende Belege verlangen[17]. Weigert sich der ArbN in diesem Zusammenhang etwa, die Finanzbehörden vom Steuergeheimnis zu entbinden, ist dies bei der Würdigung des Sachverhalts zu berücksichtigen[18]. Bestehen Anhaltspunkte dafür, dass der ArbN unvollständige Angaben gemacht hat, kann er in entsprechender Anwendung von § 260 Abs. 2 zur Abgabe einer eidesstattlichen Versicherung gezwungen werden[19].

111 **3. Klageantrag.** Der ArbN muss die anzurechnenden Beträge bei seinem Klagebegehren **von vornherein berücksichtigen.** Er muss im Klageantrag genau angeben, in welcher Höhe er Zahlung verlangt und in welcher Höhe anzurechnende Leistungen abgezogen werden. Ein Antrag auf Zahlung des Bruttolohns „abzüglich erhaltenen Arbeitslosengeldes" ist zu unbestimmt und deshalb unzulässig[20].

112 **V. Betriebsrisikotragung. 1. Grundlagen.** Beim **Betriebsrisiko** geht es um die Frage, ob und unter welchen Voraussetzungen der ArbGeb das Entgelt auch dann zu bezahlen hat, wenn er aus tatsächlichen oder rechtlichen Gründen zur Beschäftigung der Belegschaft nicht in der Lage ist, ohne dass dies von

---

1 Staudinger/*Richardi*, § 615 BGB Rz. 13; zur funktional vergleichbaren Festlegung einer unbezahlten Freistellung ebenso BAG v. 13.8.1989 – 5 AZR 296/78, AP Nr. 1 zu § 1 BUrlG – Unbezahlter Urlaub; v. 30.6.1976 – 5 AZR/75, AP Nr. 3 zu § 7 BUrlG – Betriebsferien. |2 IdS auch *Gotthardt*, Schuldrechtsreform, Rz. 321. |3 ErfK/*Preis*, § 615 BGB Rz. 112; Staudinger/*Richardi*, § 615 BGB Rz. 71. |4 MünchArbR/*Boewer*, § 78 Rz. 74; für eine unwiderlegliche Vermutung im Falle eines tatsächlichen Angebots offenbar BAG v. 10.5.1973 – 5 AZR 493/72, AP Nr. 27 zu § 615 BGB. |5 BAG v. 19.4.1990 – 2 AZR 591/89, AP Nr. 45 zu § 615 BGB; v. 2.8.1968 – 3 AZR 219/67, AP Nr. 1 zu § 297 BGB. Dazu jüngst auch BAG v. 5.11.2003 – 5 AZR 562/02, AP Nr. 106 zu § 615 BGB. |6 LAG Düsseldorf v. 8.4.1993 – 12 Sa 74/93, LAGE § 615 BGB Nr. 39. |7 BAG v. 29.7.1993 – 2 AZR 110/93, AP Nr. 52 zu § 615 BGB. |8 BAG v. 14.8.1974 – 5 AZR 597/73, AP Nr. 3 zu § 13 KSchG 1969; BAG v. 18.6.1965 – 5 AZR 351/64, AP Nr. 2 zu § 615 BGB – Böswilligkeit. |9 MünchArbR/*Boewer*, § 78 Rz. 63; *Herschel*, Anm. zu BAG, AP Nr. 16 zu § 242 BGB – Auskunftspflicht. |10 BAG v. 29.7.1993 – 2 AZR 110/93, AP Nr. 52 zu § 615 BGB; ebenso *Koller*, SAE 1979, 135 (138); *Matthes* in ArbR-BGB, § 626 Rz. 97. |11 BAG v. 19.7.1978 – 5 AZR 748/77, AP Nr. 16 zu § 242 BGB – Auskunftspflicht; MünchArbR/*Boewer*, § 78 Rz. 74; ErfK/*Preis*, § 615 BGB Rz. 116. |12 AA *Klein*, NZA 1998, 1208 (1210). |13 BAG v. 6.9.1990 – 2 AZR 165/90, AP Nr. 47 zu § 615 BGB. |14 BAG v. 24.8.1999 – 9 AZR 804/98, AP Nr. 1 zu § 615 BGB – Anrechnung. |15 So aber BAG v. 19.7.1978 – 5 AZR 748/77, AP Nr. 16 zu § 242 BGB – Auskunftspflicht; v. 27.3.1974 – 5 AZR 258/73, AP Nr. 15 zu § 242 BGB – Auskunftspflicht. |16 MünchArbR/*Boewer*, § 78 Rz. 64; *Koller*, SAE 1979, 135 (138). |17 BAG v. 2.6.1987 – 3 AZR 626/85, AP Nr. 13 zu § 74c HGB. |18 BAG v. 14.8.1974 – 5 AZR 497/73, AP Nr. 3 zu § 13 KSchG 1969. |19 BAG v. 29.7.1993 – 2 AZR 110/93, AP Nr. 52 zu § 615 BGB. |20 BAG v. 15.11.1978 – 5 AZR 199/77, AP Nr. 14 zu § 613a BGB; MünchArbR/*Boewer*, § 78 Rz. 70.

einer der beiden Seiten zu vertreten ist. Das Betriebsrisiko ist vom **Wirtschaftsrisiko** abzugrenzen. In den Fällen des Wirtschaftsrisikos ist die Arbeitsleistung betriebstechnisch weiterhin möglich, die Fortsetzung des Betriebs wegen eines Auftrags- oder Absatzmangels aber wirtschaftlich sinnlos. In diesen Konstellationen ist der ArbGeb uneingeschränkt zur Entgeltzahlung verpflichtet[1]. Dies beruht darauf, dass der ArbGeb wie jeder andere Gläubiger eines Austauschvertrages das Verwendungsrisiko für die Leistung trägt. Beim Wirtschaftsrisiko fehlt es für sich genommen bereits am Tatbestand einer Leistungsstörung, so dass sich die Frage nach dem Schicksal der Gegenleistung erst gar nicht stellt[2]. Zu einer Leistungsstörung kommt es erst dann, wenn der ArbGeb den mangelnden Nutzen zum Anlass nimmt, die ihm angebotene Arbeitsleistung abzulehnen, wodurch er bereits gemäß Satz 1 in Annahmeverzug gerät[3]. Für einen Rückgriff auf Satz 3 besteht kein Anlass[4]. Demgegenüber handelt es sich beim Betriebsrisiko um Leistungsstörungsfälle, so dass die Frage auftritt, wer die Gegenleistungsgefahr zu tragen hat.

In diesem Zusammenhang stellen sich zwei Probleme: Erstens geht es darum, ob die Gefahrtragungsregeln im Grundsatz **im Gesetz oder außerhalb des Gesetzes** verankert sind. Zweitens ist klärungsbedürftig, nach welchen **Sachkriterien** sich die Verteilung der Gegenleistungsgefahr richtet. Wie eingangs bereits erwähnt (Rz. 9), vertraten Rspr. und hL lange Zeit die Ansicht, dass die Fälle der Annahmeunmöglichkeit im BGB nicht geregelt seien und es deshalb einer außergesetzlichen Rechtsfortbildung bedürfe. Im neueren Schrifttum hatte sich dagegen die Ansicht durchgesetzt, dass diese Gestaltungen unmittelbar unter § 615 Satz 1 zu fassen seien. Mit der im Zuge der Schuldrechtsreform erfolgten Einfügung von § 615 Satz 3 hat die Betriebsrisikolehre nunmehr Eingang in den Gesetzestext gefunden. Die Regelung soll nach dem Willen des Gesetzgebers die bisherige Rechtslage sicherstellen, wobei die Konkretisierung des Grundsatzes weiterhin als Aufgabe der Rspr. angesehen wird[5]. Die unmittelbare Allokation der Betriebsrisikolehre im Gesetz hat zunächst zur Folge, dass sich die These von der Lückenhaftigkeit des BGB erledigt hat. Zugleich ist aus der Aufnahme in eine eigenständige Regelung der Umkehrschluss zu ziehen, dass § 615 Satz 1 die Fälle der Substratgefahrtragung nicht mehr unmittelbar erfasst. Des Weiteren muss auch nach der Gesetzesnovellierung auf die ältere Judikatur zurückgegriffen werden, um die exakte Reichweite des vom ArbGeb zu tragenden Betriebsrisikos zu ermitteln. Immerhin sind die von der Rspr. erzielten Ergebnisse vom Gesetzgeber sanktioniert worden.

Zur Legitimation der Gefahrverlagerung auf den ArbGeb verweist der Gesetzgeber auf den Gedanken der **sozialen Arbeits- und Betriebsgemeinschaft** von Unternehmer und Belegschaft[6]. Von diesem anfangs vom RG[7] und RAG[8] vertretenen Ansatz hat sich das BAG aber schon seit langem verabschiedet. Das BAG stellt stattdessen schon seit langem die Überlegung in den Vordergrund, dass der ArbGeb den Betrieb organisiert und leitet sowie die Erträge aus dem betrieblichen Geschehen zieht[9]. Das Beherrschbarkeitskriterium kann die Gefahrabwälzung auf den ArbGeb aber nur eingeschränkt erklären, weil ihm auch solche Risiken angelastet werden, die nicht seinem Einflussbereich unterliegen (Beispiel: Verbot der Beschäftigung einer Tanzkapelle wegen angeordneter Landestrauer[10]). Demgegenüber ist das Ertragsargument aussagekräftiger. Hinzu kommt, dass der ArbGeb die Kosten besser als der einzelne ArbN absorbieren kann, indem er sie in sein betriebswirtschaftliches Rechenwerk einkalkulieren[11], auf seine Abnehmer streuen sowie ggf. versichern kann.

2. Bisherige Entwicklung. Da die Neuregelung auf der früheren Judikatur aufbaut, ist es erforderlich, die bisherige Entwicklung zu skizzieren. Die Rspr. hat sich zunächst am Sphärengedanken orientiert und für die Gefahrtragung danach unterschieden, ob die Störung der ArbN- oder der ArbGebSphäre zuzuordnen ist. Zum Gefahrenkreis der ArbN sollten zum einen Störungen zählen, die auf dem Verhalten der ArbN-Schaft als gesellschaftlicher Gruppe auch unabhängig von einer Beteiligung der Belegschaft selbst beruhen. Hierdurch wurden insb. Drittwirkungen von Arbeitskämpfen den ArbN zugeordnet. Weiter sollten in die ArbN-Sphäre solche Ereignisse fallen, die nicht die Führung, sondern den Bestand des Betriebes betreffen, wozu insb. externe Ursachen gezählt wurden. Zur Sphäre des ArbGeb wurden die Umstände gerechnet, die sich nicht auf den Bestand, sondern auf die Führung des Betriebes beziehen[12]. Das BAG hat an diese Grundsätze zunächst angeknüpft, wobei es das vom ArbGeb zu tragende Betriebsrisiko aber auch auf solche Umstände ausgedehnt hat, die von außen auf den Betrieb einwirken. Anfang der 80er Jahre hat das BAG die Sphärentheorie aufgegeben und eine strikte Trennung zwischen den Fällen des Arbeitskampfrisikos, also den Konstellationen, in denen die Störung Folge eines Arbeitskampfes ist, und den Fällen des allgemeinen Betriebs- und Wirtschaftsrisikos vorgenommen[13]. Hierbei sind die Grundsätze über Verteilung des Arbeitskampfrisikos erheblich modi-

---

1 BAG v. 23.6.1994 – 6 AZR 853/93, AP Nr. 56 zu § 615 BGB; v. 11.7.1990 – 5 AZR 557/89, AP Nr. 32 zu § 615 BGB – Betriebsrisiko. | 2 *Ballerstedt*, AuR 1966, 225 (227). | 3 ErfK/*Preis*, § 615 BGB Rz. 127. | 4 So aber *Hellfeier*, Leistungszeit, S. 83 Fn. 319. | 5 BT-Drs. 14/6857, S. 48. | 6 BT-Drs. 14/6857, S. 48. | 7 RG v. 6.2.1923 – III 93/23, RGZ 106, 272 ff. | 8 RAG v. 20.6.1928 – RAG 72/28, ARS 3, 116 ff. | 9 Siehe etwa BAG v. 9.3.1983 – 4 AZR 301/80, AP Nr. 31 zu § 615 BGB – Betriebsrisiko; v. 7.12.1962 – 1 AZR 134/61, AP Nr. 14 zu § 615 BGB – Betriebsrisiko. | 10 BAG v. 30.5.1963 – 5 AZR 282/62, AP Nr. 15 zu § 615 BGB – Betriebsrisiko. | 11 So bereits BAG v. 30.5.1963 – 5 AZR 282/62, AP Nr. 15 zu § 615 BGB – Betriebsrisiko. | 12 RG v. 6.2.1923 – III 93/22, RGZ 106, 272 ff.; RAG v. 20.6.1928 – RAG 72/28, ARS 3, 116 ff. | 13 BAG v. 22.12.1980 – 1 ABR 2/79 und 1 ABR 76/79, AP Nr. 70 und 71 zu Art. 9 GG – Arbeitskampf.

BGB § 615 Rz. 116   Vergütung bei Annahmeverzug und bei Betriebsrisiko

fiziert worden. Demgegenüber hat das BAG die Regeln über das allgemeine Betriebs- und Wirtschaftsrisiko im Wesentlichen unverändert fortgeführt.

116   **3. Einzelfälle.** Zu den anerkannten Fällen des Betriebsrisikos gehören **technische Störungen**, die zur Unmöglichkeit der Arbeitsleistung führen. Hierzu zählt vor allem das Versagen von Maschinen. Es ist deshalb nicht überzeugend, wenn das BAG in einer frühen Entscheidung die für die regelmäßige Überholung von Maschinen erforderliche zeitweilige Stilllegung des gesamten Betriebs nicht als einen Fall des Betriebsrisikos eingestuft hat [1]. Zum Betriebsrisiko gehören weiter Produktionsstockungen infolge des Mangels an Rohstoffen bzw. Betriebsstoffen [2]. Gleiches gilt für den Ausfall der Energieversorgung (Strom, Gas), wobei es nicht darauf ankommt, ob die Störung auf betriebsinternen oder externen Umständen beruht [3]. Unter das Betriebsrisiko des ArbGeb fallen auch solche Geschehnisse, die von außen auf typische Betriebsmittel (zB Maschinen, Fabrikgebäude, Heizungsanlagen) einwirken und sich für ihn als ein Fall höherer Gewalt darstellen. Dazu zählen Unglücke wie Brände [4], extreme Witterungsverhältnisse [5] sowie Naturkatastrophen (zB Überschwemmungen [6], Erdbeben). Demgegenüber gehören allgemeine Gefahrenlagen bei Auslandseinsätzen durch Kriege, Unruhen, Terroranschläge etc. nicht hierher, wenn sie nicht die Funktionsfähigkeit des auswärtigen Betriebs beeinträchtigen, sondern lediglich zur Unzumutbarkeit der Arbeitsleistung führen [7]. Entsprechendes gilt für Epidemien (SARS). Vom Betriebsrisiko umfasst sind dagegen ferner die Fälle, in denen öffentlich-rechtliche Vorschriften und Anordnungen zu einem Betriebsstillstand führen. Hierzu zählt etwa die Unmöglichkeit der Arbeitsleistung infolge einer vorgeschriebenen Inventur [8]. Dasselbe gilt, wenn es die Eigenart des Betriebs mit sich bringt, dass er von einer behördlichen Maßnahme in besonderer Weise betroffen wird, so etwa beim Verbot öffentlicher Lustbarkeiten wegen Landestrauer, wodurch eine engagierte Tanzkappelle nicht auftreten kann [9]. Wird wegen Smogalarms ein Betriebsverbot angeordnet, gehört dies ebenfalls zum Risikobereich des ArbGeb [10]. Weiter wird man auch Störungen, die auf einem nicht arbeitskampfbedingten Verhalten der übrigen Belegschaft beruhen, zum Betriebsrisiko zu rechnen haben [11]. Schließlich gehören hierher die Fälle, in denen ein ArbN wegen einer Verletzung des MitbestR bei personellen Einzelmaßnahmen (§ 99 BetrVG) nicht beschäftigt werden kann (dazu näher Rz. 20).

117   Vom Betriebsrisiko ist das **Wegerisiko** zu unterscheiden. Der ArbN trägt das Risiko, dass er aus von ihm nicht zu vertretenden Gründen nicht in der Lage ist, den Ort zu erreichen, an dem er seine Arbeitsleistung zu erfüllen hat. Gelangt der ArbN etwa wegen Eisglätte oder Überschwemmungen [12] nicht zur Arbeitsstätte, handelt es sich nicht um ein Betriebsrisiko des ArbGeb. Dies gilt auch dann, wenn der ArbGeb einen Werksverkehr zwischen dem Wohnort des ArbN und dem Betrieb eingerichtet hat [13]. Sofern wegen Smogalarms nicht nur ein Betriebsverbot, sondern ein allgemeines Fahrverbot angeordnet wird, liegt ein Fall des vom ArbN zu tragenden Wegerisikos vor [14]. Entsprechendes gilt, wenn ein Außendienstmitarbeiter durch Witterungseinflüsse oder behördliche Maßnahmen bedingt außerstande ist, Kunden aufzusuchen. Bei Telearbeitnehmern ist der Ausfall der Kommunikationsverbindungen zum ArbGeb dagegen zum Betriebsrisiko und nicht zum Wegerisiko zu rechnen, wenn sich der ArbN an dem Ort einfindet, an dem er zur Dateneingabe verpflichtet ist.

118   An der Grenze von Betriebs- und Wirtschaftsrisiko stehen die Fälle, in denen **ArbN in Fremdbetrieben** arbeiten. Das BAG hat sowohl für den Bereich der AÜ [15] als auch für den Fremdfirmeneinsatz von Montagearbeitern [16] ausgesprochen, dass Störungen beim aufnehmenden Betrieb (in konkreto Arbeitskampf) zum allgemeinen Wirtschaftsrisiko des ArbGeb zählen [17]. Dies ist wegen des über den konkreten Arbeitsort hinausgehenden vertraglichen Einsatzfeldes zutreffend, angesichts der identischen Rechtsfolgen für das Ergebnis aber unerheblich. Eindeutig in den Bereich des Wirtschaftsrisikos gehören die Gestaltungen, in denen die Arbeit technisch möglich, wegen eines Absatzmangels aber wirtschaftlich sinnlos ist. Bei einer aus diesem Grunde eingelegten Feierschicht handelt es sich daher nicht um einen Fall des Betriebsrisikos [18]. Das BAG hat hierzu auch die Konstellation gerechnet, dass ein Schlachthof eingestellt wird, wodurch die Fortsetzung des Betriebs eines dort unterhaltenen Fleischhygieneamtes sinnlos

---

1 BAG v. 21.12.1954 – 2 AZR 5/53, AP Nr. 2 zu § 611 BGB – Lohnanspruch. |2 ErfK/*Preis*, § 615 BGB Rz. 139. |3 Vgl. BAG v. 30.1.1991 – 4 AZR 338/90, AP Nr. 33 zu § 615 BGB – Betriebsrisiko (Kurzschluss in der betriebseigenen Trafostation als Folge einer Störung in der Schwerpunktstation des Elektrizitätswerkes). |4 BAG v. 28.9.1971 – 2 AZR 506/71, AP Nr. 28 zu § 615 BGB – Betriebsrisiko; LAG Schl.-Holst. v. 15.6.1989 – 4 Sa 628/88, LAGE § 615 BGB – Betriebsrisiko Nr. 5. |5 BAG v. 18.5.1999 – 9 AZR 13/98, AP Nr. 7 zu § 1 TVG – Tarifverträge: Betonsteingewerbe; v. 9.3.1983 – 4 AZR 301/80, AP Nr. 31 zu § 615 BGB – Betriebsrisiko (Ausfall der Ölheizung wegen Paraffinierung des Heizöls aufgrund eines plötzlichen Kälteeinbruchs). |6 *Bauer/Opolony*, NJW 2002, 3503 (3507). |7 *Diller/Winzer*, DB 2001, 2093 (2096). |8 BAG v. 7.12.1962 – 1 AZR 134/61, AP Nr. 14 zu § 615 BGB – Betriebsrisiko. |9 BAG v. 30.5.1963 – 5 AZR 282/62, AP Nr. 15 zu § 615 BGB – Betriebsrisiko. |10 *Richardi*, NJW 1987, 1231 (1235); aA *Ehmann*, NJW 1987, 401 (410), unter grds. Ablehnung der Betriebsrisikolehre. |11 ZB Arbeitsruhe am Rosenmontag auf Initiative der Belegschaftsmehrheit; aA BAG v. 8.10.1959 – 2 AZR 503/56, AP Nr. 14 zu § 56 BetrVG noch auf der Grundlage der Sphärentheorie. |12 *Bauer/Opolony*, NJW 2002, 3503 (3507). |13 BAG v. 8.12.1982 – 4 AZR 134/80, AP Nr. 58 zu § 616 BGB. |14 *Ehmann*, NJW 1987, 401 (403); *Richardi*, NJW 1987, 1231 f. |15 BAG v. 1.2.1973 – 5 AZR 382/72, AP Nr. 29 zu § 615 BGB – Betriebsrisiko. |16 BAG v. 7.11.1975 – 5 AZR 61/75, AP Nr. 30 zu § 615 BGB – Betriebsrisiko. |17 Im Erg. ebenso LAG Nds. v. 4.9.1998 – 3 Sa 2299/97, LAGE § 615 BGB Nr. 58 (Hausverbot durch Auftraggeber für ArbN eines Bewachungsunternehmens). |18 BAG v. 8.3.1961 – 4 AZR 223/59, AP Nr. 13 zu § 615 BGB – Betriebsrisiko.

wird[1]. Für diese Einordnung spricht, dass der Abnehmer für die vom ArbGeb angebotene Leistung weggefallen ist. Allerdings fehlt es hierdurch zugleich an Objekten für eine Begutachtung. Eine solche Gestaltung steht daher den Fällen des Betriebsrisikos in Form von Rohstoffmangel zumindest nahe.

Nicht unter § 615 Satz 3, sondern unter § 326 Abs. 2 sind die Fälle zu fassen, in denen der **ArbGeb die zur Unmöglichkeit der Arbeit führende Störung zu vertreten** hat (Rz. 11). Dies ist etwa dann anzunehmen, wenn die Arbeitsstätte durch einen Brand zerstört wird, und der ArbGeb sich schuldhaftes Fehlverhalten des Aufsichtspersonals über § 278 zurechnen lassen muss[2]. Vereinzelt hat das BAG die unberechtigte Nichtbeschäftigung eines ArbN wegen einer vom ArbGeb bewusst angeordneten Betriebspause als eine von ihm zu vertretende Unmöglichkeit eingestuft[3]. Wenn eine Maßnahme im Verhältnis zu jedem einzelnen ArbN aber an sich nur als Annahmeverzug zu werten ist, spricht alles dafür, sie insgesamt in diesem Sinne zu qualifizieren, auch wenn der ArbN nur im Zusammenwirken mit den übrigen Belegschaftsmitgliedern seine Arbeit erbringen kann. In diesem Sinne hat das BAG auch in anderen vergleichbaren Konstellationen nicht auf Unmöglichkeitsrecht zurückgegriffen, sondern Annahmeverzugsrecht angewendet[4].

4. Existenzgefährdung als Zurechnungsgrenze. Die Rspr. vertritt seit jeher die Ansicht, dass die Grundsätze über die Betriebsrisikotragung durch den ArbGeb dann **nicht anwendbar** sind, wenn die Entgeltzahlung die Existenz des Betriebs gefährden würde[5]. Das BAG hat diesen Vorbehalt allerdings noch niemals durchgreifen lassen und ihn zudem auf die Fälle beschränkt, in denen nicht nur der einzelne Betrieb, sondern das gesamte Unternehmen gefährdet ist. Dementsprechend hat es die völlige Zerstörung einer einzelnen Produktionsstätte nicht ausreichen lassen, um das Betriebsrisiko ganz oder auch nur teilweise auf die ArbN abzuwälzen[6]. Die neuere Lit. lehnt diesen Ausnahmetatbestand nahezu durchgängig ab[7]. Eine tragfähige Begründung für eine generelle Einschränkung der Betriebsrisikotragung durch den ArbGeb ist nicht ersichtlich. Insbesondere genügt es nicht, dass der Gesetzgeber von einer Fortsetzung der bisherigen Rechtsprechungsgrundsätze ausgeht und in diesem Zusammenhang den Gedanken der sozialen Arbeits- und Betriebsgemeinschaft von Unternehmer und Belegschaft wiederbelebt[8]. Eine Ausnahme kann nur für die Gestaltungen anerkannt werden, in denen die ArbN infolge eines (gesellschaftsrechtlichen) Mitentscheidungsrechts für den Umstand mitverantwortlich sind, der zur späteren Betriebsstörung führt.

5. Sonstige Voraussetzungen und Rechtsfolgen. Die in § 615 Satz 3 nunmehr enthaltene Verweisung hat zur Folge, dass nunmehr auch in den Betriebsrisikofällen die **allgemeinen Voraussetzungen des § 615 Satz 1** vorliegen müssen, damit der ArbN seinen Entgeltanspruch behält. Entgegen der älteren Judikatur[9] kann also nicht von vornherein auf ein Angebot der Arbeitsleistung verzichtet werden. Dies gilt umso mehr, als es bei Störungen der Rohstoff- bzw. Energieversorgung fraglich sein kann, ob nicht doch noch Arbeitsmöglichkeiten bestehen. Sofern das betriebliche Geschehen aber unter keinen Umständen aufgenommen werden kann (beispielsweise wegen eines behördlichen Verbots), wäre ein Angebot eine nutzlose Förmelei, so dass sich der ArbGeb gemäß § 242 nicht auf dessen Fehlen berufen kann. Weiter muss die Betriebsstörung die einzige Ursache für den Ausfall der Arbeit sein. Wenn der ArbN etwa wegen einer Krankheit objektiv nicht zur Leistung imstande ist, kann er sich für seinen Entgeltanspruch nicht auf § 615 Satz 3 stützen. Für den Umfang des Zahlungsanspruchs sowie die Anrechnung anderweitigen oder böswillig unterlassenen Erwerbs gelten die geschilderten allgemeinen Grundsätze (Rz. 79 ff., 85 ff.).

6. Abdingbarkeit. § 615 Satz 3 enthält ebenso wie Satz 1 **kein zwingendes Recht**. Dies ergibt sich im Umkehrschluss aus § 619. In diesem Sinne werden die Grundsätze über das Betriebsrisiko schon seit langem als abdingbar angesehen[10]. Von vornherein bedenkenfrei möglich ist eine Abdingung durch TV. Allerdings muss eine solche Regelung hinreichend klar und deutlich zum Ausdruck kommen[11]. Dabei stellt das BAG sehr hohe Anforderungen. Wird in einem TV festgelegt, dass der ArbGeb bei zu vertretenden Umständen die ausfallende Arbeitszeit zu vergüten hat, während er bei höherer Gewalt frei

---

1 BAG v. 23.6.1994 – 6 AZR 853/93, AP Nr. 56 zu § 615 BGB. | 2 BAG v. 17.12.1978 – 5 AZR 149/68, AP Nr. 2 zu § 324 BGB. | 3 BAG v. 3.3.1964 – 1 AZR 209/63, AP Nr. 1 zu § 324 BGB. | 4 BAG v. 30.6.1976 – 5 AZR 246/75, AP Nr. 3 zu § 7 BUrlG – Betriebsferien; v. 2.10.1974 – 5 AZR 507/73, AP Nr. 2 zu § 7 BUrlG – Betriebsferien (jeweils Anordnung von Betriebsferien); v. 8.3.1961 – 4 AZR 223/59, AP Nr. 13 zu § 615 BGB – Betriebsrisiko (Einlegung einer Feierschicht); so letztlich auch LAG Düsseldorf v. 5.6.2003 – 11 Sa 1464/02, LAGE § 615 BGB 2002 Nr. 1 (vorübergehende Schließung von Sportstätten). | 5 BAG v. 23.6.1994 – 6 AZR 853/93, AP Nr. 56 zu § 615 BGB; v. 9.3.1983 – 4 AZR 301/80, AP Nr. 31 zu § 615 BGB – Betriebsrisiko; v. 30.5.1963 – AZR 282/62, AP Nr. 15 zu § 615 BGB – Betriebsrisiko. | 6 BAG v. 28.9.1972 – 2 AZR 506/71, AP Nr. 28 zu § 615 BGB – Betriebsrisiko. | 7 Grdl. *Biedenkopf*, Die Betriebsrisikolehre als Beispiel richterlicher Rechtsfortbildung (1970), S. 16; ebenso MünchArbR/*Boewer*, § 79 Rz. 21; Soergel/*Kraft*, § 615 BGB Rz. 69; ErfK/*Preis*, § 615 BGB Rz. 135; Staudinger/*Richardi*, § 615 BGB Rz. 214. | 8 BT-Drs. 14/6857, S. 48. | 9 BAG v. 7.12.1962 – 1 AZR 134/61, AP Nr. 14 zu § 615 BGB – Betriebsrisiko. | 10 BAG v. 6.11.1968 – 4 AZR 186/68, AP Nr. 16 zu § 615 BGB – Betriebsrisiko; v. 4.7.1958 – 1 AZR 559/57, AP Nr. 5 zu § 615 BGB – Betriebsrisiko; Erman/*Belling*, § 615 BGB Rz. 73; ErfK/*Preis*, § 615 BGB Rz. 138; aA *Kalb*, Rechtsgrundlagen und Reichweite der Betriebsrisikolehre, S. 148 ff. | 11 BAG v. 18.5.1999 – 9 AZR 13/98, AP Nr. 7 zu § 1 TVG – Tarifverträge: Betonsteingewerbe; v. 4.7.1958 – 1 AZR 559/57, AP Nr. 5 zu § 615 BGB – Betriebsrisiko.

BGB § 615 Rz. 123   Vergütung bei Annahmeverzug und bei Betriebsrisiko

wird, stuft das BAG die Betriebsrisikofälle als vom ArbGeb zu vertretende Ereignisse ein[1]. Die TV-Parteien müssen also eine Abweichung deutlich vereinbaren, wobei sie sowohl eine Nacharbeitspflicht wie auch einen Fortfall der Risikotragung durch den ArbGeb regeln können. Einer Abdingung durch allgemeine Arbeitsbedingungen stehen nunmehr die §§ 307, 310 Abs. 4 entgegen[2]. Gegen eine abweichende Regelung durch BV ist dagegen nichts einzuwenden, weil sie einer Rechtskontrolle standhält und eine allgemeine Billigkeitskontrolle abzulehnen ist[3]. Dasselbe gilt bei einem echten Einzelvertrag. Die Schutzpflichtdimension der Grundrechte reicht nicht so weit, dass man etwa der mit einem Spezialisten frei vereinbarten Abrede die Anerkennung versagen müsste[4].

123   **7. Beendigung des Arbeitsverhältnisses.** Der ArbGeb kann sich den Grundsätzen über die Betriebsrisikotragung **nicht durch eine außerordentliche Kündigung** entziehen. Die Belastung mit der Zahlungspflicht stellt im Allgemeinen keinen wichtigen Grund für eine fristlose Kündigung dar[5]. Bei langfristigen betrieblichen Störungen kommt aber eine ordentliche betriebsbedingte Kündigung in Betracht[6]. Im Übrigen ist bei einem Ausschluss der ordentlichen Kündigung ausnahmsweise eine außerordentliche Kündigung aus betrieblichen Gründen denkbar[7].

616 *Vorübergehende Verhinderung*

Der zur Dienstleistung Verpflichtete wird des Anspruchs auf die Vergütung nicht dadurch verlustig, dass er für eine verhältnismäßig nicht erhebliche Zeit durch einen in seiner Person liegenden Grund ohne sein Verschulden an der Dienstleistung verhindert wird. Er muss sich jedoch den Betrag anrechnen lassen, welcher ihm für die Zeit der Verhinderung aus einer auf Grund gesetzlicher Verpflichtung bestehenden Kranken- oder Unfallversicherung zukommt.

I. Allgemeines 1	cc) Familiäre Ereignisse 25
1. Grundsätzliche Bedeutung der Vorschrift . . . 1	dd) Öffentliche Pflichten, ehrenamtliche Tätigkeiten uÄ. 27
2. Normgeschichte 4	
3. Sonderregelungen 5	ee) Religiöse Pflichten und Gewissenskonflikte 33
II. Anspruchsvoraussetzungen 8	
1. Dienstverhältnis 8	ff) Meldung als arbeitssuchend, Stellensuche uÄ. 34
2. Personenbedingter Verhinderungsgrund . . . 13	
a) Arbeitsverhinderung 13	gg) Unwetter, Verkehrsstörungen uÄ. . . 35
b) Unvermeidbarkeit der Arbeitsverhinderung 16	3. Kausalität 36
	4. Dauer der Verhinderung 37
c) Persönliche Gründe 17	5. Verschulden 44
d) Einzelne Fälle 19	6. Anzeige- und Nachweispflicht 45
aa) Krankheit und Arztbesuche . . . 20	III. Rechtsfolgen 46
bb) Pflege naher Angehöriger 23	IV. Abdingbarkeit 49

1   **I. Allgemeines. 1. Grundsätzliche Bedeutung der Vorschrift.** Die Norm regelt den **Fortbestand des Vergütungsanspruchs** für den Fall einer vorübergehenden Verhinderung des Dienstverpflichteten. Sie enthält eine weitere Ausnahme von dem Grundsatz „ohne Arbeit kein Lohn". Systematisch handelt es sich daher um eine Durchbrechung der allgemeinen Regel des § 326 Abs. 1[8]. Die Bestimmung wird vielfach als eine Ausprägung der Fürsorgepflicht des Dienstberechtigten angesehen[9]. Für diese Ansicht sprechen die Motive, nach denen die Vorschrift auf „sozialpolitischen Rücksichten" und „Gründen der Humanität" beruht[10]. Eine solche Ableitung kann jedoch nicht erklären, warum § 616 auch für freie Dienstverträge gilt, obwohl die Fürsorgepflicht eine nur auf Arbeitsverhältnisse anwendbare Rechtsfigur ist. Weiter ist die Abdingbarkeit des § 616 (dazu Rz. 49 f.) nur schwer mit einer Rückführung auf die Fürsorgepflicht vereinbar[11]. Stattdessen ist davon auszugehen, dass personengebundene Tätigkeiten immer das Risiko des Ausfalls in sich bergen und unerhebliche Verhinderungen im Allgemeinen bereits in das Entgelt einkalkuliert sind[12]. Das entsprechend niedrigere Entgelt kann als Beitrag begriffen werden, durch den sich der ArbN beim ArbGeb gegen bestimmte Risiken versichert.

---

1 BAG v. 30.1.1991 – 4 AZR 338/90, AP Nr. 33 zu § 615 BGB – Betriebsrisiko; v. 9.3.1983 – 4 AZR 301/80, AP Nr. 31 zu § 615 BGB – Betriebsrisiko. |2 ErfK/*Preis*, §§ 305–310 Rz. 49; ebenso wohl *Gotthardt*, ZIP 2001, 277 (286). |3 AA MünchArbR/*Boewer*, § 79 Rz. 76; zweifelnd auch *Lieb*, FS 25 Jahre BAG (1979), S. 327 (347). |4 Im Erg. auch BAG v. 9.3.1983 – 4 AZR 301/80, AP Nr. 31 zu § 615 BGB – Betriebsrisiko. Einschr. MünchArbR/*Boewer*, § 79 Rz. 76, der nur nach Eintritt eines Betriebsrisikoereignisses eine einvernehmliche Suspendierung unter Fortfall der Entgeltzahlungspflicht zulassen will. |5 BAG v. 28.9.1972 – 2 AZR 506/71, AP Nr. 28 zu § 615 BGB – Betriebsrisiko; *Matthes* in ArbR-BGB, § 615 BGB Rz. 24; ErfK/*Preis*, § 615 BGB Rz. 146. |6 MünchArbR/*Boewer*, § 79 Rz. 28. |7 MünchArbR/*Boewer*, § 79 Rz. 28. |8 BAG v. 19.3.1965 – 5 AZR 107/64, AP Nr. 4 zu § 50 BAT; BGH v. 22.6.1956 – VI ZR 140/55, BGHZ 21, 112 (114 f.); *Matthes* in ArbR-BGB, § 616 Rz. 2; Staudinger/*Oetker*, § 616 BGB Rz. 18. |9 BAG (GS) v. 17.12.1959 – GS 2/59, AP Nr. 21 zu § 616 BGB; v. 11.6.1957 – 2 AZR 15/57, AP Nr. 1 zu § 629 BGB; MünchArbR/*Boewer*, § 80 Rz. 1; Soergel/*Kraft*, § 616 BGB Rz. 2. |10 Motive, Bd. II, S. 463. |11 Staudinger/*Oetker*, § 616 BGB Rz. 12 f. |12 Staudinger/*Oetker*, § 616 BGB Rz. 17; *Schwerdtner*, ZfA 1979, 1 (20); *Wiedemann*, Das Arbeitsverhältnis als Austausch- und Gemeinschaftsverhältnis (1966), S. 16 f.

§ 616 Satz 1 enthält **keine eigenständige Anspruchsgrundlage**[1]. Vielmehr hält die Norm lediglich den vertraglichen Vergütungsanspruch bei einem persönlichen Leistungshindernis aufrecht[2]. Dabei regelt diese Vorschrift nur das Schicksal des Entgeltanspruchs. Ob und in welcher Weise das Hindernis die Arbeitspflicht entfallen lässt, ergibt sich nicht aus § 616[3], sondern aus anderen Bestimmungen (näher Rz. 13 ff.)[4].

§ 616 bezieht sich nur auf **beiderseits nicht zu vertretende Verhinderungen** des Dienstverpflichteten. Hat der ArbN das Hindernis zu vertreten, muss er gemäß §§ 280, 283 Schadensersatz leisten. Ist der ArbGeb ausnahmsweise allein oder weit überwiegend für das Leistungshindernis verantwortlich, behält der ArbN bereits nach § 326 Abs. 2 Satz 1 Alt. 1 seinen Entgeltanspruch. Dies gilt auch dann, wenn das Hindernis auf einem Arbeitsunfall beruht. § 104 SGB VII schließt nur Schadensersatzansprüche, nicht aber den vertraglichen Vergütungsanspruch aus[5].

2. Normgeschichte. Die Vorschrift weist gegenwärtig die Form auf, die sie bereits beim **In-Kraft-Treten des BGB** hatte. Zwischen 1930 und 1992 waren durch mehrfache Änderungen die Absätze 2 und 3 hinzugefügt worden. Diese Modifikationen betrafen die Entgeltfortzahlungen im Krankheitsfall[6]. 1994 wurden diese Ergänzungen aufgehoben und durch die Regelungen des Entgeltfortzahlungsgesetzes (EFZG) ersetzt.

3. Sonderregelungen. Es gibt eine Reihe von Sondervorschriften zur Vergütungsfortzahlung bei persönlichen Leistungshindernissen, die nach ihrem Sinn und Zweck für den von ihnen erfassten Lebenssachverhalt einen Rückgriff auf die Generalklausel des § 616 ausschließen. Für Auszubildende gilt die ebenfalls generalklauselartig formulierte Norm des § 12 Abs. 1 Nr. 2 BBiG. Die Regelung geht weit über § 616 hinaus, indem sie eine Aufrechterhaltung des Vergütungsanspruchs bis auf eine Dauer von sechs Wochen vorsieht. Sie ist auch auf vergleichbare Vertragsverhältnisse anwendbar (§ 19 BBiG), tritt aber hinter noch speziellere Vorschriften zurück. Eine abschließende Sonderregelung für den Fall der Krankheit enthalten die Vorschriften des EFZG[7]. Zweifelhaft ist allerdings die konkrete Reichweite des Vorrangverhältnisses (dazu Rz. 20 f.). Weitere verdrängende Sonderbestimmungen betreffen den Gesundheitsschutz des ArbN (§§ 3, 11, 16 MuSchG, § 43 JArbSchG), die Wahrnehmung betriebsverfassungsrechtlicher Aufgaben (§§ 20 Abs. 3 Satz 2, 37 Abs. 2, 6 und 7 BetrVG), Tätigkeiten auf dem Gebiet der Arbeitssicherheit (§§ 2 Abs. 2, 5 Abs. 3 ASiG), die Aus- und Fortbildung (§§ 7, 12 Abs. 1 Satz 1 Nr. 1 BBiG, §§ 9, 10 JArbSchG, landesrechtliche Bildungsurlaubsgesetze), die Erfüllung öffentlich-rechtlicher Pflichten (§§ 1 Abs. 2, 11 Abs. 1, 14 Abs. 1 ArbPlSchG) sowie den Bereich des Katastrophenschutzes[8].

Andere Vorschriften sind gegenüber § 616 **subsidiär**, indem sie eine Entschädigung durch einen Dritten bei einem Arbeitsausfall nur dann vorsehen, wenn der ArbN wegen desselben Ereignisses keinen Anspruch auf Weitergewährung seiner Vergütung hat. Hierzu zählt der Fall der erforderlichen Betreuung eines erkrankten und versicherten Kindes iSd. § 45 SGB V. Der ArbN hat nur dann einen Anspruch auf unbezahlte Freistellung von der Arbeit und Gewährung von Krankengeld, soweit ihm nicht aus dem gleichen Grund ein Anspruch auf bezahlte Freistellung zusteht (§§ 45 Abs. 3 Satz 1, 49 Abs. 1 Nr. 1 SGB V)[9]. Subsidiären Charakter hat auch die Entschädigung von Zeugen (§ 2 Abs. 1, Abs. 3 Satz 1 ZSEG)[10] sowie von ehrenamtlichen Richtern (§ 2 Abs. 2 EhrRiEG)[11]. Dasselbe gilt für die Entschädigung im Falle eines seuchenpolizeilichen Tätigkeitsverbotes (§ 56 InfektionsschutzG; früher § 49 BSeuchenG)[12].

Sofern die persönliche Leistungsverhinderung nicht unter § 616 fällt und dem ArbN daher kein Anspruch auf Fortzahlung der Vergütung zusteht, ist es immer noch denkbar, dass der ArbN **wegen Unzumutbarkeit von der Erbringung der Arbeitsleistung bei Fortfall des Entgelts befreit** ist. Diese Gestaltungen sind nunmehr ausdrücklich in § 275 Abs. 3 geregelt, wobei die Vorschrift als Leistungsverweigerungsrecht ausgestaltet ist. Demgegenüber ist die vergleichbare Konstellation der erforderlichen Betreuung eines erkrankten Kindes gemäß § 45 Abs. 3 Satz 1, Abs. 4 Satz 3 bzw. Abs. 5 SGB V als Anspruch auf Freistellung und nicht als Einrede ausgeformt. Unter § 275 Abs. 3 würde etwa die achtwöchige Ausbildung in einer Klinik an einem Heimdialysegerät fallen, um dem schwer kranken Ehepartner bei der Heimdialyse helfen zu können[13]. Dasselbe gilt für den Fall der zweimonatigen Ableistung des Wehrdienstes durch einen ausländischen ArbN, dem bei einer Verweigerung drakonische Sanktionen drohen[14].

---

[1] Anders offenbar BAG v. 18.1.2001 – 6 AZR 492/99, AP Nr. 8 zu § 52 BAT. | [2] Erman/*Belling*, § 616 BGB Rz. 10; Staudinger/*Oetker*, § 616 BGB Rz. 20 ff. | [3] *Gotthardt*, Schuldrechtsreform, Rz. 117; *Reichold*, ZTR 2002, 202 (208); anders *Sommer*, Nichterfüllung, S. 159 ff.; offenbar auch LAG Hamm v. 18.1.2002 – 5 Sa 1782/01, LAGE § 616 BGB Nr. 11. | [4] Erman/*Belling*, § 616 BGB Rz. 1a. | [5] BGH v. 13.3.1984 – VI ZR 204/82, NJW 1985, 2133 (2134); *Matthes* in ArbR-BGB, § 616 Rz. 96; *Neumann-Duesberg*, DB 1969, 305 (306 ff.); aA *Löwisch*, ArbR, Rz. 1079; Staudinger/*Oetker*, § 616 BGB Rz. 19. | [6] Zur gesetzlichen Entwicklung eingehend Staudinger/*Oetker*, § 616 BGB Rz. 164 ff. | [7] ErfK/*Dörner*, § 616 BGB Rz. 9; *Matthes* in ArbR-BGB, § 616 Rz. 57; Staudinger/*Oetker*, § 616 BGB Rz. 26; siehe auch § 12 Abs. 1 Satz 2 BBiG, §§ 48, 52a SeemG. | [8] Nachweise bei *Bauer/Opolony*, NJW 2002, 3503 (3505). | [9] Dazu BAG v. 31.7.2002 – 10 AZR 578/01, AP Nr. 3 zu § 1 TVG – Tarifverträge: Wohnungswirtschaft. | [10] BGH v. 30.11.1978 – III ZR 43/77, BGHZ 73, 16 (26). | [11] LAG Bremen v. 14.6.1990 – 3 Sa 132/89, LAGE § 615 BGB Nr. 5. | [12] BGH v. 30.11.1979 – III ZR 43/77, BGHZ 73, 16 (23 ff.). | [13] Vgl. BAG v. 20.7.1977 – 5 AZR 325/76, AP Nr. 47 zu § 616 BGB. | [14] BAG v. 20.5.1988 – 2 AZR 682/87, AP Nr. 9 zu § 1 KSchG 1969 – Personenbedingte Kündigung; v. 22.12.1982 – 2 AZR 282/82, AP Nr. 23 zu § 123 BGB; siehe auch BT-Drs. 14/6040, S. 130.

8 **II. Anspruchsvoraussetzungen. 1. Dienstverhältnis.** § 616 ist auf **sämtliche Arbeitsverhältnisse** anwendbar. Dauer und Umfang spielen grundsätzlich keine Rolle. Dies ergibt sich im Umkehrschluss aus § 617 Abs. 1 Satz 1 sowie aus der Entstehungsgeschichte[1]. Erfasst werden damit auch kurzfristige Aushilfsarbeitsverhältnisse sowie geringfügige Beschäftigungen. Die Vorschrift gilt weiter für arbeitnehmerähnliche Personen sowie für freie Mitarbeiter[2]. Organmitglieder werden unabhängig davon erfasst, ob ihr Anstellungsvertrag als Arbeitsvertrag oder als freier Dienstvertrag zu qualifizieren ist[3]. Bei typengemischten Verträgen kommt es auf das Vorhandensein eines dienstvertraglichen Elementes an[4]. Auszubildende und gleichgestellte Personen unterfallen ausschließlich § 12 BBiG (Rz. 5). Auf Heimarbeitsverhältnisse ist § 616 ebenfalls nicht anwendbar. Diese Vorschrift wird durch § 10 EFZG nicht nur für den Krankheitsfall, sondern für sämtliche personenbedingte Verhinderungsgründe verdrängt[5].

9 Bei **flexibilisierten Arbeitszeitregelungen** ist wie folgt zu unterscheiden: Steht das **Bestimmungsrecht über die Lage der Arbeitszeit dem ArbN** zu (Gleitzeit außerhalb der Kernarbeitszeit, variable Gleitzeit, Vertrauensgleitzeit), führt eine Nichtaufnahme bzw. eine vorzeitige Beendigung der Tätigkeit infolge eines persönlichen Leistungshindernisses jedenfalls regelmäßig dazu, dass für die Dauer des Hindernisses keine Arbeitspflicht besteht. Mangels einer Leistungsstörung ist § 616 daher erst gar nicht anwendbar[6]. Einen Zeitausgleich kann der ArbN nicht verlangen[7]. Anders als im Annahmeverzugsrecht geht es insoweit nicht um eine Abwälzung des Wirtschaftsrisikos auf den ArbN. Vielmehr führt der Zuwachs an Zeitsouveränität notwendigerweise zu einer gewissen Rückverlagerung personenbedingter Risiken auf den ArbN.

10 Bei einem **Bestimmungsrecht des ArbGeb** (Arbeit auf Abruf iSd. § 12 TzBfG) ist § 616 grundsätzlich erst dann anwendbar, wenn er die Arbeitsleistung abgerufen und dadurch die Arbeitszeit fixiert hat[8]. Hierbei ist der ArbGeb berechtigt, von einem Abruf mit Rücksicht auf ein ihm bekanntes persönliches Leistungshindernis des Beschäftigten abzusehen, so dass keine Entgeltfortzahlungspflicht besteht. Ein hypothetisch bleibendes Arbeitsverlangen ist unerheblich[9]. Unterlässt der ArbGeb während des gesamten Bezugszeitraums einen Abruf der Arbeitsleistung, ist § 616 zwar anwendbar. Dabei muss man es dem ArbGeb verwehren, sich auf die fehlende Kausalität zwischen persönlichem Hinderungsgrund des ArbN und unterbliebener Arbeitsleistung zu berufen. Dies dürfte sich aber nur in den seltenen Fällen auswirken, in denen der ArbN während des Bezugszeitraums kurzfristig verhindert ist, ohne dass er den ArbGeb im Übrigen in Annahmeverzug gesetzt hat. Liegt Gläubigerverzug vor, steht dem ArbN bereits aus diesem Grunde das vertragliche Entgelt in Höhe des gesamten vereinbarten Arbeitszeitdeputats zu (§ 615 Rz. 14). Auf § 616 kommt es dann nicht mehr an. Die Anwendung der §§ 615 und 616 kann jedenfalls nicht dazu führen, dass der ArbN eine höhere Vergütung erhält, als wenn der ArbGeb im Bezugszeitraum das gesamte Arbeitszeitdeputat abgerufen hätte.

11 § 616 gilt nur für die **Dauer des Dienstverhältnisses**. Mit dessen Beendigung entfällt die Aufrechterhaltung des Vergütungsanspruchs auch dann, wenn der Verhinderungsgrund fortbesteht[10]. Der Rechtsgedanke des § 8 EFZG, der in bestimmten Fällen zu einem Fortbestand des Entgeltanspruchs über das Ende des Arbeitsverhältnisses hinaus führt[11], ist auf andere persönliche Hinderungsgründe nicht übertragbar[12]. Auch aus § 162 lässt sich zumindest grundsätzlich kein anderes Ergebnis herleiten. Liegt der Verhinderungsgrund bereits beim Abschluss des Arbeitsvertrages vor und dauert er bis zum Zeitpunkt der vereinbarten Arbeitsaufnahme an, ist § 616 unter Schutzzweckgesichtspunkten nicht anwendbar[13]. Im Falle eines in Vollzug gesetzten fehlerhaften Arbeitsverhältnisses will die hL § 616 bis zu dessen Beendigung anwenden[14]. Dies gilt entsprechend der neueren Judikatur zur Rückwirkung einer Anfechtung wegen arglistiger Täuschung auf den Zeitpunkt der tatsächlichen Arbeitseinstellung[15] aber dann nicht, wenn nach der Beseitigung des Hindernisses die Arbeit nicht wieder aufgenommen worden ist.

12 Bei einer **Weiterbeschäftigung während des Kündigungsschutzprozesses** kommt es auf die Rechtsgrundlage der Tätigkeit an. Erfolgt die Weiterbeschäftigung im Rahmen von § 102 Abs. 5 BetrVG, besteht das Arbeitsverhältnis jedenfalls bis zum rechtskräftigen Abschluss des Kündigungsschutzprozesses fort, so dass § 616 ohne weiteres anwendbar ist[16]. Dasselbe gilt, wenn sich die Parteien auf die Fortsetzung des Arbeitsverhältnisses bzw. den Abschluss eines neuen Arbeitsvertrags bis zum Ende des Kündigungsschutzprozesses einigen. Hierfür bedarf es keines Rückgriffs auf die für das fehlerhafte Arbeitsver-

---

1 Staudinger/*Oetker*, § 616 BGB Rz. 2, 38. | 2 BGH v. 6.4.1995 – VII ZR 36/94, NJW 1995, 2629; ErfK/*Dörner*, § 616 BGB Rz. 2; Staudinger/*Oetker*, § 616 BGB Rz. 30. | 3 Soergel/*Kraft*, § 616 BGB Rz. 7. | 4 Vgl. BAG v. 19.4.1956 – 2 AZR 416/54, AP Nr. 5 zu § 616 BGB (Heuerlingsvertrag). | 5 Erman/*Belling*, § 616 BGB Rz. 9; Staudinger/*Oetker*, § 616 BGB Rz. 36. | 6 *Boemke/Föhr*, Arbeitsformen der Zukunft (1999), Rz. 120; *Reichold*, NZA 1998, 393 (398); *Schüren*, AuR 1996, 381 (385). | 7 BAG v. 16.12.1993 – 6 AZR 236/93, AP Nr. 5 zu § 52 BAT; LAG Hamm v. 11.12.2001 – 11 Sa 247/01, LAGE § 4 TVG – Metallindustrie Nr. 28. | 8 Staudinger/*Oetker*, § 616 BGB Rz. 35; idS auch BAG v. 5.9.2002 – 9 AZR 244/01, AP Nr. 17 zu § 3 BUrlG – Fünf-Tage-Woche. | 9 AA für die Feiertagsvergütung BAG v. 24.10.2001 – 5 AZR 245/00, AP Nr. 8 zu § 2 EntgeltFG; v. 3.5.1983 – 3 AZR 100/81, AP Nr. 39 zu § 1 FeiertagslohnzahlungsG. | 10 Soergel/*Kraft*, § 616 BGB Rz. 11. | 11 Dazu BAG v. 17.4.2002 – 5 AZR 2/01, AP Nr. 1 zu § 8 EntgeltFG. | 12 Staudinger/*Oetker*, § 616 BGB Rz. 41. | 13 MünchArbR/*Boewer*, § 80 Rz. 10; siehe auch BAG v. 26.7.1989 – 5 AZR 491/88, AP Nr. 87 zu § 1 LohnFG. | 14 Erman/*Belling*, § 616 BGB Rz. 18; *Matthes* in ArbR-BGB, § 616 Rz. 8; Staudinger/*Oetker*, § 616 BGB Rz. 42. | 15 BAG v. 3.12.1998 – 2 AZR 754/97, AP Nr. 49 zu § 123 BGB; anders noch BAG v. 20.2.1986 – 2 AZR 244/85, AP Nr. 31 zu § 123 BGB. | 16 MünchArbR/*Boewer*, § 80 Rz. 10; Soergel/*Kraft*, § 616 BGB Rz. 7.

hältnis geltenden Grundsätze[1]. Sofern lediglich eine tatsächliche Weiterbeschäftigung ohne vertragliche Grundlage erfolgt, findet bei einer rechtskräftigen Abweisung der Kündigungsschutzklage nach hM lediglich eine bereicherungsrechtliche Rückabwicklung statt[2]. Bei dieser Konzeption erhält der ArbN nur für tatsächlich erbrachte Arbeitsleistungen einen Geldersatz. Folgerichtig ist § 616 nicht anwendbar[3].

2. Personenbedingter Verhinderungsgrund. a) Arbeitsverhinderung. § 616 setzt zunächst voraus, dass der ArbN an der Dienstleistung verhindert ist. Hierzu zählen zum einen die Fälle der tatsächlichen Unmöglichkeit (zB vorübergehende Festnahme)[4]. Die Erkrankung des ArbN ist allerdings auszuklammern (Rz. 5). Unter den Begriff der Dienstverhinderung sind nach einhelliger Ansicht zum anderen diejenigen Gestaltungen zu fassen, in denen dem Verpflichteten die Arbeit wegen einer Kollision mit höherrangigen rechtlichen oder sittlichen Pflichten unzumutbar ist[5]. Diese im Grundsatz schon seit langem anerkannte weite Interpretation des § 616 wird nunmehr durch die Regelungen der §§ 275 Abs. 3, 326 Abs. 1 gestützt. So führt etwa die gerichtliche Vorladung während der Arbeitszeit gemäß § 275 Abs. 3 zu einem Leistungsverweigerungsrecht des ArbN[6], dessen Ausübung an sich nach § 326 Abs. 1 ein Entfallen des Vergütungsanspruchs zur Folge hat. 13

Auf diesen Regeln aufbauend, ordnet § 616 unter bestimmten Voraussetzungen die **Aufrechterhaltung des Entgeltanspruchs** an. Aus diesem systematischen Zusammenhang ergibt sich, dass die Anforderungen an den Verhinderungstatbestand in den Fällen einer Pflichtenkollision im Rahmen von § 616 keinesfalls geringer als bei der Anwendung von § 275 Abs. 3 sein können. Sofern eine umfassende Güter- und Interessenabwägung zur Unzumutbarkeit iSd. § 275 Abs. 3 führt, bedarf es aber keiner zusätzlichen Abwägung, ob dem ArbGeb eine Belastung mit der Gegenleistungspflicht ebenfalls grundsätzlich zuzumuten ist. Diese Frage ist durch § 616 prinzipiell in einem positiven Sinne entschieden. Die Interessen des ArbGeb sind erst beim nachrangigen Kriterium der Dauer der Arbeitsverhinderung, bei dem es sich um einen verhältnismäßig nicht erheblichen Zeitraum handeln muss, zu berücksichtigen. Es muss also klar unterschieden werden zwischen der Zulässigkeit der Arbeitsverweigerung, bei der eine etwaige Aufrechterhaltung des Vergütungsanspruchs außer Betracht zu bleiben hat, und dem Fortbestand der Entgeltzahlungspflicht, für den es nur auf die Dauer der Verhinderung ankommt[7]. 14

Eine Unzumutbarkeit iSd. § 275 Abs. 3 kann nur bejaht werden, wenn den ArbN **konkurrierende Pflichten** treffen, denen bei einer umfassenden Abwägung gegenüber der vertraglich übernommenen Dienstpflicht der **Vorrang** einzuräumen ist[8]. Die bloße Ausübung grundrechtlich geschützter Positionen kann demgegenüber nicht ausreichen[9]. Erst recht können Interessen, die aus der privaten Lebensführung des ArbN resultieren, keine Arbeitsbefreiung wegen Unzumutbarkeit rechtfertigen. Die hierfür erforderliche Zeit hat sich der ArbN durch die Inanspruchnahme von Erholungsurlaub zu verschaffen. In Ausnahmefällen kommt auch ein Anspruch auf unbezahlte Freistellung aus der Fürsorgepflicht des ArbGeb in Betracht. Mit einer Unzumutbarkeit der Dienstleistung wegen höherrangiger rechtlicher oder sittlicher Pflichten hat dies nichts zu tun. 15

b) Unvermeidbarkeit der Arbeitsverhinderung. Weitere Voraussetzung ist die Unvermeidbarkeit der Arbeitsverhinderung. Der ArbN muss sich nach Kräften um eine Vermeidung oder Verhinderung des Arbeitsausfalls bemühen[10]. Der ArbN kann somit nicht die Vorteile des § 616 für sich in Anspruch nehmen, wenn es ihm möglich gewesen wäre, das Leistungshindernis abzuwenden, etwa eine behördliche Vorladung auf einen arbeitsfreien Tag zu legen. Hierbei handelt es sich rechtstechnisch aber nicht um eine Pflicht gegenüber dem ArbGeb, sondern um eine Obliegenheit[11]. Kann der ArbN die Lage der Arbeitszeit selbst bestimmen, wird eine Kollision zwischen Arbeitspflicht und persönlichem Leistungshindernis bereits im Vorfeld ausgeschlossen, so dass sich erst gar nicht die Frage stellt, ob es dem ArbN möglich gewesen wäre, durch entsprechende Bemühungen eine Arbeitsverhinderung zu vermeiden (vgl. Rz. 9). 16

c) Persönliche Gründe. Die Aufrechterhaltung des Vergütungsanspruchs setzt einen **in der Person des Dienstverpflichteten liegenden Grund** voraus. Hierzu zählen zunächst persönliche Eigenschaften des ArbN. Darüber hinaus ist anerkannt, dass es ausreicht, wenn das Hindernis in den persönlichen Verhältnissen des ArbN begründet ist[12]. Von diesen subjektiven Verhinderungsgründen sind **objektive Leistungshindernisse** abzugrenzen, die weder mit der Person noch mit der Sphäre des ArbN zusam- 17

---

1 Anders aber BAG v. 15.1.1986 – 5 AZR 237/84, AP Nr. 66 zu § 1 LohnFG; MünchArbR/*Boewer*, § 80 Rz. 10; wie hier BAG v. 4.9.1986 – 8 AZR 636/84, AP Nr. 22 zu § 611 BGB – Beschäftigungspflicht. |2 Siehe BAG v. 12.2.1992 – 5 AZR 297/90, AP Nr. 9 zu § 611 BGB – Weiterbeschäftigung; v. 10.3.1987 – 8 AZR 146/84, AP Nr. 1 zu § 611 BGB – Weiterbeschäftigung; aA MünchArbR/*Wank*, § 121 Rz. 103 ff. |3 *Bengelsdorf*, SAE 1987, 254 (265); *Staudinger/Oetker*, § 616 BGB Rz. 44; *Walker*, DB 1988, 1596 (1599). |4 MünchArbR/*Boewer*, § 80 Rz. 13. |5 BAG v. 19.4.1978 – 5 AZR 834/76, AP Nr. 48 zu § 616 BGB; v. 25.10.1973 – 5 AZR 156/73, AP Nr. 43 zu § 616 BGB; MünchArbR/*Boewer*, § 80 Rz. 13; ErfK/*Dörner*, § 616 BGB Rz. 4; *Matthes* in ArbR-BGB, § 616 Rz. 9. |6 BT-Drs. 14/6040, S. 130. |7 IdS. bereits *Herschel*, Anm. zu BAG, AP Nr. 48 zu § 616 BGB; anders offenbar MünchArbR/*Boewer*, § 80 Rz. 13. |8 Dazu eingehend *Gotthardt*, Schuldrechtsreform, Rz. 97 ff. |9 LAG Schl.-Holst. v. 18.1.1995 – 3 SA 568/94, LAGE § 611 BGB – Abmahnung Nr. 39; *Staudinger/Oetker*, § 616 BGB Rz 49; aA *Kempen*, ArbRGegw 25 (1988), S. 75 (86 ff.). |10 BAG v. 19.4.1978 – 5 AZR 834/76, AP Nr. 48 zu § 616 BGB; v. 25.4.1960 – 1 AZR 16/58, AP Nr. 23 zu § 616 BGB; MünchArbR/*Boewer*, § 80 Rz. 14. |11 Ungenau *Matthes* in ArbR-BGB, § 616 Rz. 9. |12 BAG v. 8.12.1982 – 4 AZR 134/80, AP Nr. 58 zu § 616 BGB; v. 19.4.1978 – 5 AZR 834/76, AP Nr. 48 zu § 616 BGB; Soergel/*Kraft*, § 616 BGB Rz. 9; MünchKommBGB/*Schaub*, § 616 Rz. 12.

menhängen und die ganz allgemein der Erbringung der Arbeitsleistung entgegenstehen[1]. Gegen eine Ausdehnung auf allgemeine Leistungshindernisse sprechen der Wortlaut sowie die Entstehungsgeschichte der Norm[2]. Die teilweise befürwortete Ausdehnung auf objektive Leistungshindernisse[3] verkennt, dass es sich bei § 616 nicht um eine allgemeine Gefahrtragungsregel handelt, die alle Gestaltungen erfassen will, die nicht bereits unter § 615 fallen. Der ArbGeb würde zu stark belastet, wenn er für sämtliche Hindernisse die Gegenleistungsgefahr unabhängig davon tragen würde, ob sie in den persönlichen Verhältnissen des ArbN oder in allgemeinen Umständen wurzeln[4]. Allgemeine Störungen gehören nicht zu den vom ArbGeb einzukalkulierenden und daher versicherten Risiken.

18 Die **Grenze** zwischen subjektiven und objektiven Leistungshindernissen ist allerdings **unscharf**. Anerkannt ist, dass die Anzahl der betroffenen ArbN lediglich ein Indiz dafür bildet, ob ein personenbedingter oder allgemeiner Verhinderungsgrund vorliegt[5]. Sofern sich ein objektives Leistungshindernis in besonderer Weise auf die persönlichen Verhältnisse eines ArbN auswirkt, ist § 616 demgegenüber wieder anwendbar[6]. Nicht unter § 616 fallen schließlich solche Hindernisse, die zwar in der Person des ArbN liegen, aber eine notwendige Voraussetzung für die Ausübung der Tätigkeit bilden, wie etwa ein Gesundheitszeugnis oder eine Arbeitserlaubnis[7].

19 **d) Einzelne Fälle.** Im Laufe der Zeit haben sich mehrere verschiedene **Fallgruppen** herausgebildet. Dabei hatte es die Rspr. häufig nicht unmittelbar mit § 616, sondern mit tarifvertraglichen Vorschriften zu tun, die die gesetzliche Generalklausel konkretisiert oder substituiert haben. Derartige Regelungen sind nach allgemeiner Ansicht zulässig und schließen eine zusätzliche Anwendung von § 616 aus[8]. Die folgenden Aussagen beziehen sich daher teilweise auf entsprechende tarifvertragliche Bestimmungen. Sie können damit nur unter Vorbehalt verallgemeinert werden, weil es für die Aufrechterhaltung des Vergütungsanspruchs vielfach auf die genaue Formulierung des TV ankommt.

20 **aa) Krankheit und Arztbesuche.** Krankheiten bilden zwar grundsätzlich einen in der Person liegenden Verhinderungsgrund. Der **Vorrang des EFZG** (Rz. 5) steht einer Anwendbarkeit von § 616 aber weitgehend entgegen. Die Heranziehung von § 616 hängt damit vom persönlichen und sachlichen Anwendungsbereich des EFZG ab. Uneingeschränkt greift diese Norm bei freien Mitarbeitern ein[9]. Im Übrigen kommt es darauf an, ob die Erkrankung zur Arbeitsunfähigkeit iSd. EFZG wird. Wenn dies der Fall ist, können die Einschränkungen des EFZG nicht durch einen Rekurs auf § 616 überspielt werden. Dies betrifft die Begrenzung auf die Sechs-Wochen-Frist sowie insb. das Erfordernis des Ablaufs der vierwöchigen Wartefrist gemäß § 3 Abs. 3 EFZG[10].

21 Bei **Arztbesuchen während der Arbeitszeit** muss differenziert werden. Wenn der ArbN arbeitsunfähig erkrankt, ist nur das EFZG anwendbar. Aus der Notwendigkeit, während der Arbeitszeit einen Arzt aufzusuchen, folgt aber nicht zwingend das Bestehen von Arbeitsunfähigkeit[11]. Ein persönlicher Verhinderungsgrund liegt vor, wenn akute Beschwerden eine unmittelbare ärztliche Versorgung erforderlich machen, ohne dass Arbeitsunfähigkeit besteht[12]. Allgemeine Untersuchungs- bzw. Behandlungstermine können ebenfalls den Fortbestand des Entgelts auslösen. Dies ist dann der Fall, wenn für den ArbN keine Möglichkeit besteht, den Arzt außerhalb der Arbeitszeit aufzusuchen. Dabei muss sich der ArbN grundsätzlich um einen Arzttermin bemühen, durch den eine Kollision mit seiner Arbeitspflicht vermieden wird. Wenn der Arzt dem Terminwunsch nicht nachkommen kann oder will, liegt aber ein persönliches Leistungshindernis vor[13]. Der ArbN kann nicht darauf verwiesen werden, dass ein anderer Arzt zur Untersuchung oder Behandlung außerhalb der Arbeitszeit bereit wäre. Insoweit genießt die freie Arztwahl des ArbN Vorrang vor den Interessen des ArbGeb[14].

22 Ein persönliches Leistungshindernis liegt weiter dann vor, wenn das Gesundheitsamt eine **ärztliche Untersuchung** von Beschäftigten in Lebensmittelbetrieben auf Infektionen anordnet oder ein **Tätigkeitsverbot** verhängt[15]. Sehen tarifliche Regelungen eine Vergütungspflicht bei Arztbesuchen vor, gilt dies grundsätzlich nur für die Fälle, in denen der ArbN nicht arbeitsunfähig ist und seine Arbeit nach dem Arztbesuch alsbald wieder aufnimmt[16].

---

1 Ganz hM: BAG v. 8.12.1982 – 4 AZR 134/80, AP Nr. 58 zu § 616 BGB; v. 8.9.1982 – 5 AZR 283/80, AP Nr. 59 zu § 616 BGB; Erman/*Belling*, § 616 BGB Rz. 33; *Matthes* in ArbR-BGB, § 616 Rz. 10. |2 MünchArbR/*Boewer*, § 80 Rz. 12; Staudinger/*Oetker*, § 616 BGB Rz. 74. |3 *Moll*, RdA 1980, 138 (150 ff.). |4 MünchArbR/*Boewer*, § 80 Rz. 12. |5 BAG v. 8.9.1982 – 5 AZR 283/80, AP Nr. 59 zu § 616 BGB; MünchArbR/*Boewer*, § 80 Rz. 12; Staudinger/*Oetker*, § 616 BGB Rz. 76. |6 BAG v. 24.3.1982 – 5 AZR 1209/79, BB 1982, 1547 (1548); v. 8.9.1982 – 5 AZR 283/80, AP Nr. 59 zu § 616 BGB; Staudinger/*Oetker*, § 616 BGB Rz. 77. |7 Vgl. BAG v. 13.1.1977 – 2 AZR 423/75, AP Nr. 2 zu § 19 AFG; *Matthes*, in: ArbR-BGB, § 616 Rz. 11. |8 BAG v. 13.12.2001 – 6 AZR 30/01, AP Nr. 1 zu § 33 MTArb; v. 18.1.2001 – 6 AZR 492/99, AP Nr. 8 zu § 52 BAT; v. 20.6.1995 – 3 AZR 857/94, AP Nr. 94 zu § 616 BGB; Staudinger/*Oetker*, § 616 BGB Rz. 146. |9 BGH v. 6.4.1995 – VII ZR 36/94, NJW 1995, 2629. |10 Staudinger/*Oetker*, § 616 BGB Rz. 290. |11 BAG v. 29.2.1984 – 5 AZR 455/81, AP Nr. 64 zu § 616 BGB; *Brill*, NZA 1984, 281 (282); aA *Schulin*, ZfA 1978, 215 (253). |12 BAG v. 29.2.1984 – 5 AZR 455/81, AP Nr. 64 zu § 616 BGB; ErfK/*Dörner*, § 616 BGB Rz. 11; siehe auch LAG Hamm v. 25.6.1986 – 1 (9) Sa 160/86, LAGE § 616 BGB Nr. 2. |13 BAG v. 27.6.1990 – 5 AZR 365/89, AP Nr. 89 zu § 616 BGB; *Brill*, NZA 1984, 281 (282 f.). |14 BAG v. 29.2.1984 – 5 AZR 92/82, AP Nr. 22 zu § 1 TVG – Tarifverträge: Metallindustrie. |15 LG Düsseldorf v. 18.5.1966 – 11b S 43/66, AP Nr. 39 zu § 616 BGB; *Matthes* in ArbR-BGB, § 616 Rz. 30. |16 BAG v. 7.3.1990 – 5 AZR 189/89, AP Nr. 83 zu § 616 BGB.

bb) Pflege naher Angehöriger. Die Pflege erkrankter Angehöriger kann nach allgemeiner Ansicht einen 23
persönlichen Verhinderungsgrund darstellen[1]. Für die Unzumutbarkeit der Arbeitsleistung kommt es
zunächst auf das Näheverhältnis des ArbN zum erkrankten Angehörigen an. Eine gegenüber der Dienstleistung vorrangige Pflicht zur Pflege kommt in erster Linie bei Kindern in Betracht (§ 1627 BGB)[2]. Hierbei kann die Altersobergrenze des § 45 SGB V (vollendetes 12. Lebensjahr) als Richtwert angesehen werden, ohne indes eine starre Grenze zu bilden[3]. Die frühere Obergrenze des § 185c RVO (vollendetes 8. Lebensjahr) spielt jedenfalls keine Rolle mehr[4]. Ein persönlicher Verhinderungsgrund kann darüber hinaus bei der Erkrankung des Ehepartners[5], aber auch von Eltern oder Geschwistern vorliegen[6]. Gleiches gilt bei Lebenspartnern iSd. LPartG, mangels gesetzlicher Beistandspflicht nicht aber bei sonstigen Lebenspartnern[7]. Der Angehörige muss im Allgemeinen in den Haushalt des ArbN integriert sein, ohne dass dies aber zwingend ist.

Weiter ist erforderlich, dass der erkrankte Angehörige auf die Pflege durch den ArbN **angewiesen** ist. 24
Dies setzt voraus, dass eine Beaufsichtigung, Betreuung oder Pflege geboten ist und andere geeignete
Personen hierfür nicht zur Verfügung stehen[8]. Sofern es sich nicht um Kleinkinder handelt, ist die Arbeitsleistung schon dann zumutbar, wenn eine außerhalb des Haushalts lebende Person zur Pflege imstande und bereit ist. Sind beide Eltern berufstätig, können sie grundsätzlich selbst darüber entscheiden, wer von ihnen die Pflege eines erkrankten Kindes übernimmt[9]. Der Anspruch aus § 616 BGB genießt Vorrang gegenüber dem Anspruch auf unbezahlte Freistellung bei Erkrankung eines Kindes gemäß § 45 Abs. 3 SGB V, der bei schwerstkranken Kindern mit begrenzter Lebenserwartung nicht mehr zeitlich limitiert ist (Abs. 4) und nunmehr auch nichtversicherten ArbN zusteht (Abs. 5)[10]. Auf § 45 SGB V muss der ArbN nur dann zurückgreifen, wenn die Voraussetzungen des § 616 nicht erfüllt sind oder die Vorschrift wirksam ausgeschlossen ist (zur Abdingbarkeit siehe Rz. 49 f.). Außerdem sind Regelungen zulässig, die einen Anspruch auf bezahlte Freistellung nur für den Fall vorsehen, dass der ArbN keinen Anspruch auf Krankengeld (§ 44 SGB V) hat[11].

cc) Familiäre Ereignisse. Herausragende familiäre Ereignisse können ebenfalls einen persönlichen 25
Hinderungsgrund darstellen. Hierzu zählt zunächst die eigene Hochzeit, wobei darunter sowohl die
bürgerliche als auch die kirchliche Eheschließung zu verstehen ist[12]. Wenn ein TV hierfür eine bestimmte Anzahl von Tagen mit Entgeltfortzahlung vorsieht, hat der ArbN diesen Anspruch auch dann, wenn die Hochzeit selbst an einem arbeitsfreien Tag stattfindet[13]. Ein weiterer Fall ist die Niederkunft der eigenen Ehefrau[14]. Auch insoweit kommt es bei einer entsprechenden tariflichen Regelung nicht darauf an, dass der Tag der Arbeitsverhinderung mit dem Tag der Niederkunft zusammenfällt[15]. Aufgrund der sittlichen Beistandspflicht liegt ein Leistungshindernis auch bei der Niederkunft der Partnerin in einer nichtehelichen Lebensgemeinschaft vor[16]. Die TV-Parteien können aber eine abweichende Regelung treffen[17].

Bei **Todesfällen und Begräbnissen** kommt es auf die Nähebeziehung des ArbN zum Verstorbenen an. 26
Soweit es um Eltern, Kinder oder den Lebenspartner geht, ist eine Unzumutbarkeit der Arbeitsleistung zu bejahen. Bei sonstigen Angehörigen ist dies nur bei im Haushalt lebenden Personen anzunehmen[18]. Sonstige familiäre Ereignisse fallen nur dann unter § 616, wenn sie einen herausragenden Charakter haben. Dies kann bei Konfirmation bzw. Kommunion sowie der Hochzeit der Kinder angenommen werden[19]. Hierzu gehört nach Ansicht des BAG auch die goldene Hochzeit der Eltern[20]. Die TV-Parteien können hiervon aber auch abweichen, ohne gegen Art. 6 GG zu verstoßen[21]. Im Übrigen sind familiäre Ereignisse dem Bereich der privaten Lebensführung des ArbN zuzuordnen, die nicht auf den ArbGeb abgewälzt werden können. Dies betrifft vor allem Geburtstage des ArbN sowie von Angehörigen. Bei einem Umzug kann dagegen ein Leistungshindernis bejaht werden[22]. Allerdings ist hier ein besonders strenger Maßstab bei der Vermeidbarkeit der Arbeitsversäumnisse anzulegen[23]. Im Übrigen werden gerade diese Ereignisse häufig in TV geregelt. Dabei verhält sich das BAG unterschiedlich großzügig hinsichtlich der Frage, ob eine bezahlte Freistellung auch dann in vollem Umfang ver-

---

1 BAG v. 20.6.1979 – 5 AZR 479/77, AP Nr. 49 zu § 616 BGB; v. 19.4.1978 – 5 AZR 834/76, AP Nr. 48 zu § 616 BGB; ErfK/*Dörner*, § 616 BGB Rz. 3c; *Löwisch*, DB 1979, 209 (211). |2 Zuletzt BAG v. 31.7.2002 – 10 AZR 578/01, AP Nr. 3 zu § 1 TVG – Tarifverträge: Wohnungswirtschaft. |3 Staudinger/*Oetker*, § 616 BGB Rz. 57. |4 AA *Sowka*, RdA 1993, 34 f. |5 Vgl. BAG v. 20.7.1977 – 5 AZR 325/76, AP Nr. 47 zu § 616 BGB. |6 Staudinger/*Oetker*, § 616 BGB Rz. 57. |7 Staudinger/*Oetker*, § 616 BGB Rz. 57. |8 BAG v. 19.4.1978 – 5 AZR 834/76, AP Nr. 48 zu § 616 BGB; sehr streng LAG Nds. v. 26.10.1977 – 2 (3) Sa 1506/76, DB 1978, 214 (215). |9 BAG v. 20.6.1979 – 5 AZR 361/78, AP Nr. 50 zu § 616 BGB; einschr. *Löwisch*, DB 1979, 209 (211). |10 Vgl. BGBl. 2002 I S. 2872. |11 So Staudinger/*Oetker*, § 616 BGB Rz. 59 für Tarifverträge. |12 BAG v. 27.4.1983 – 4 AZR 506/80, AP Nr. 61 zu § 616 BGB. |13 BAG v. 14.12.1962 – 4 AZR 37/61, AP Nr. 35 zu § 616 BGB. |14 BAG v. 12.12.1973 – 4 AZR 75/73, AP Nr. 44 zu § 616 BGB. |15 BAG v. 21.6.1964 – 4 AZR 257/63, 63 AP Nr. 38 zu § 616 BGB. |16 ErfK/*Dörner*, § 616 BGB Rz. 6; Staudinger/*Oetker*, § 616 BGB Rz. 63; *Matthes* in ArbR-BGB, § 616 Rz. 22. |17 BAG v. 18.1.2001 – 6 AZR 492/99, AP Nr. 8 zu § 52 BAT; v. 25.2.1987 – 8 AZR 430/84, AP Nr. 3 zu § 52 BAT. |18 ErfK/*Dörner*, § 616 BGB Rz. 6; ähnlich Staudinger/*Oetker*, § 616 BGB Rz. 61. |19 Vgl. BAG v. 11.2.1993 – 6 AZR/92, AP Nr. 1 zu § 22 MTB II; ErfK/*Dörner*, § 616 BGB Rz. 6. |20 BAG v. 25.10.1973 – 5 AZR 156/73, AP Nr. 43 zu § 616 BGB; abl. Erman/*Belling*, § 616 BGB Rz. 26. |21 BAG v. 25.8.1982 – 4 AZR 1064/79, AP Nr. 55 zu § 616 BGB. |22 *Matthes* in ArbR-BGB, § 616 Rz. 22. |23 BAG v. 25.4.1960 – 1 AZR 16/58 AP Nr. 23 zu § 616 BGB.

langt werden kann, wenn das Ereignis selbst auf einen arbeitsfreien Tag fällt[1]. Verlangt ein TV eine vorherige Zustimmung des ArbGeb zur Freistellung, kann diese grundsätzlich nicht nachgeholt werden, so dass der ArbN keinen Anspruch auf Entgeltfortzahlung hat[2].

27 dd) **Öffentliche Pflichten, ehrenamtliche Tätigkeiten uÄ.** Die Wahrnehmung **amtlicher Termine** kann ebenfalls zu einem persönlichen Hinderungsgrund führen. Dies ist dann der Fall, wenn der ArbN einer gerichtlichen[3] oder behördlichen Vorladung nur während der Arbeitszeit nachkommen kann[4]. Hiervon ist allerdings dann eine Ausnahme zu machen, wenn das gerichtliche oder behördliche Verfahren der Durchsetzung eigener Rechte dient. So kann sich der ArbN nicht auf § 616 berufen, wenn er in einem gegen seinen ArbGeb geführten Prozess einen Gerichtstermin wahrnehmen muss[5]. Allgemeine staatsbürgerliche Pflichten, die zu einem persönlichen Verhinderungsgrund führen, können weiter sein die Tätigkeit als Wahlhelfer bei öffentlichen Wahlen oder als amtlich bestellter Betreuer[6], aber auch die Leistung von erster Hilfe nach einem Verkehrsunfall[7].

28 Bei der Kollision mit Pflichten aus **ehrenamtlicher Tätigkeit** ist zu differenzieren: Die Betätigung als ehrenamtlicher Richter fällt unter § 616[8]. Dies gilt auch für die Zeit eines erforderlichen Aktenstudiums[9], nicht aber für Schulungsveranstaltungen[10]. Die Wahrnehmung anderer Ehrenämter stellt dagegen keinen persönlichen Verhinderungsgrund dar. Der ArbGeb muss die vom ArbN aus freien Stücken übernommenen Pflichten nicht finanzieren. Dies gilt etwa für die Tätigkeit als ehrenamtlicher Bürgermeister[11] und als Mitglied in einem Beirat für Landespflege[12]. Im Falle einer Kandidatur für ein Bundestagsmandat billigt Art. 48 Abs. 1 GG den Bewerbern zwar einen Wahlvorbereitungsurlaub zu. § 3 AbgG schließt für diesen bis zu zwei Monate dauernden Urlaub einen Anspruch auf Fortzahlung der Bezüge aber ausdrücklich aus. Entsprechendes gilt für die Bewerber um einen Sitz im Europaparlament bzw. in den Landesparlamenten[13]. Bei der Wahrnehmung von Aufgaben in den Verwaltungsorganen der SozV-Träger liegt dagegen ein persönlicher Verhinderungsgrund vor[14].

29 **Gewerkschaftliche Betätigungen** und die Wahrnehmung von Aufgaben in **privaten Vereinen** lösen ebenfalls keinen Anspruch auf Entgeltzahlungen aus. TV sehen für Gewerkschaftsangelegenheiten aber vielfach abweichende Regelungen vor[15].

30 Bei ArbN, die sich als **Katastrophenschutzhelfer** betätigen, sehen die bundes- und landesrechtlichen Katastrophenschutzgesetze für die Dauer der Teilnahme an Einsätzen oder Ausbildungsveranstaltungen vielfach einen Anspruch auf Freistellung unter Weitergewährung des Arbeitsentgelts vor[16]. Für ArbN, die Mitglieder einer freiwilligen Feuerwehr sind, gelten in einigen Bundesländern vergleichbare gesetzliche Regelungen[17]. In anderen Bundesländern haben die ArbN einen unmittelbaren Anspruch auf Ersatz des Verdienstausfalls gegen die jeweilige Gemeinde, so dass ein Anspruch gegen den ArbGeb entfällt[18]. Für Rote-Kreuz-Helfer fehlt es an spezialgesetzlichen Vorschriften. Bei einem Einsatz in einem akuten Unglücksfall ist § 616 anwendbar, nicht aber bei allgemeinen Einsätzen und Übungen[19].

31 Bei **Prüfungen** ist danach zu differenzieren, ob sie in einem inneren Zusammenhang mit der Berufsausbildung stehen. Sofern dies der Fall ist, liegt eine Dienstverhinderung iSd. § 616 vor[20]. Beruht eine Prüfung auf rein privaten Interessen und Vorlieben des ArbN, besteht kein Anspruch[21]. Dem ArbN kann zugemutet werden, Urlaub zu nehmen oder sich unbezahlt freistellen zu lassen[22].

32 Erlittene **Untersuchungshaft** ist ein persönlicher Verhinderungsgrund iSd. § 616[23]. Das notwendige Korrektiv liegt im Erfordernis fehlenden Verschuldens (dazu Rz. 44).

33 ee) **Religiöse Pflichten und Gewissenskonflikte.** Die Erfüllung einer religiösen Pflicht kann zu einem subjektiven Leistungshindernis iSd. § 616 führen[24]. Hiervon zu unterscheiden sind religiös motivierte

---

1 Befürwortend BAG v. 19.7.1961 – 4 AZR 69/60, AP Nr. 110 zu § 1 TVG – Auslegung (Niederkunft der Ehefrau); abl. BAG v. 11.2.1993 – 6 AZR 98/92, AP Nr. 1 zu § 33 MTB II (Erstkommunion). |2 BAG v. 17.10.1985 – 6 AZR 571/82, AP Nr. 1 zu § 18 BAT. |3 BAG v. 13.12.2001 – 6 AZR 30/01, AP Nr. 1 zu § 33 MTArb. |4 Staudinger/Oetker, § 616 BGB Rz. 64. |5 BAG v. 4.9.1985 – 7 AZR 249/83, AP Nr. 1 zu § 29 BMT-G II; Matthes, in: ArbR-BGB, § 616 Rz. 25. |6 Matthes in ArbR-BGB, § 616 Rz. 31. |7 MünchArbR/Boewer, § 80 Rz. 15; Erman/Belling, § 616 BGB Rz. 25. |8 MünchArbR/Boewer, § 80 Rz. 15; ErfK/Dörner, § 616 BGB Rz. 7; Matthes in ArbR-BGB, § 616 Rz. 31. |9 LAG Bremen v. 14.6.1990 – 3 Sa 132/89, LAGE § 616 BGB Nr. 5. |10 BAG v. 25.8.1982 – 4 AZR 1147/79, AP Nr. 1 zu § 26 ArbGG 1979. |11 BAG v. 20.6.1995 – 3 AZR 857/94, AP Nr. 94 zu § 616 BGB. |12 BAG v. 9.3.1983 – 4 AZR 62/80, AP Nr. 60 zu § 616 BGB. |13 Einzelheiten bei MünchArbR/Boewer, § 80 Rz. 39 ff. |14 ErfK/Dörner, § 616 BGB Rz. 7. |15 BAG v. 11.9.1985 – 4 AZR 134/84, AP Nr. 7 zu § 1 TVG – Tarifverträge: Banken; v. 11.9.1985 – 4 AZR 147/85, AP Nr. 67 zu § 616 BGB. Siehe aber auch BAG v. 19.7.1983 – 1 AZR 307/81, AP Nr. 5 zu § 87 BetrVG 1972 – Betriebsbuße (kein Anspruch auf bezahlte Freistellung zur Beobachtung von Warnstreiks im Tarifgebiet). |16 Nachweise bei Bauer/Opolony, NJW 2002, 3503 (3505). |17 Vgl. BAG v. 13.2.1996 – 9 AZR 900/93, AP Nr. 1 zu § 611 BGB – Feuerwehr. |18 Näher dazu Matthes in ArbR-BGB, § 616 Rz. 36 f. |19 Matthes in ArbR-BGB, § 616 Rz. 39. |20 Zu eng ErfK/Dörner, § 616 BGB Rz. 5. |21 Großzügiger Staudinger/Oetker, § 616 BGB Rz. 65. |22 Erman/Belling, § 615 BGB Rz. 25. |23 BAG v. 11.8.1988 – 8 AZR 721/85, AP Nr. 7 zu § 611 BGB – Gefährdungshaftung des Arbeitgebers; ErfK/Dörner, § 616 BGB Rz. 6; Staudinger/Oetker, § 616 BGB Rz. 66; offen lassend BAG v. 16.3.1967 – 2 AZR 64/66, AP Nr. 31 zu § 63 HGB. |24 BAG v. 27.4.1983 – 4 AZR 506/80, AP Nr. 61 zu § 616 BGB; Henssler, AcP 190 (1990), 538 (567 f.); Kempen, ArbRGegw 25 (1988), S. 75 (89); Staudinger/Oetker, § 616 BGB Rz. 68; enger Otto, Personale Freiheit und soziale Bindung (1978), S. 129: nur bei unvorhersehbaren Gewissenskonflikten.

gesellschaftliche Aktivitäten des ArbN, die keine Unzumutbarkeit der Arbeitsleistung begründen[1]. Führt ein sich auf die Arbeitsleistung selbst beziehender Gewissenskonflikt des ArbN zu einem Leistungsverweigerungsrecht iSd. § 275 Abs. 3[2], ist die Anwendbarkeit von § 616 aber abzulehnen, weil sich die Vorschrift nur auf generelle persönliche Arbeitshindernisse bezieht, die mit der konkreten Dienstleistung nichts zu tun haben[3].

ff) Meldung als arbeitssuchend, Stellensuche uÄ. Gemäß § 629 hat der ArbN nach der Kündigung eines dauernden Dienstverhältnisses einen Anspruch auf Freistellung zum Zwecke der Stellensuche. Diese Norm wird nunmehr durch § 2 Abs. 2 Satz 2 Nr. 3 SGB III ergänzt, der den ArbGeb verpflichtet, den ArbN für die Suche nach einer anderen Beschäftigung, für die jetzt unverzüglich nach der Kündigung vorgeschriebene Meldung als arbeitssuchend (§ 37b SGB III) sowie für Qualifizierungsmaßnahmen von der Arbeitspflicht zu befreien[4]. Demgegenüber ist die zunächst geplante spezielle Regelung eines ausgedehnten Freistellungsanspruchs für ArbN mit gestufter Entgeltfortzahlung (§ 629a)[5] nicht Gesetz geworden. Die erforderliche Freizeit (vgl. § 122 SGB III) kann ein persönliches Leistungshindernis iSd. des § 616 bilden[6]. Die Voraussetzungen sind aber nicht deckungsgleich. Zum einen erhält § 616 den Entgeltanspruch nur für einen verhältnismäßig nicht unerheblichen Zeitraum aufrecht, während der Freistellungsanspruch nach § 629 bzw. § 2 Abs. 2 Satz 2 Nr. 3 SGB III weiter reichen kann[7]. Zum anderen ist § 616 im Gegensatz zu den Freistellungsvorschriften kein zwingendes Recht (näher dazu Rz. 49 f.).

gg) Unwetter, Verkehrsstörungen uÄ. § 616 ist nicht auf objektive Leistungshindernisse anwendbar (Rz. 17 f.). Kann der ArbN seinen Arbeitsplatz witterungsbedingt nicht erreichen, besteht kein Anspruch auf Entgeltfortzahlung[8]. Entscheidend ist insoweit, dass es sich um ein Ereignis handelt, das mit der Person des Dienstverpflichteten nichts zu tun hat, sondern jeden anderen ebenso treffen kann. Ob tatsächlich mehrere ArbN verhindert sind, spielt dagegen keine Rolle. Weitere objektive Leistungshindernisse sind allgemeine Verkehrsstörungen, behördliche Fahrverbote (Smog-Alarm)[9], aber auch Landestrauer und Demonstrationen[10] sowie Gefahrenlagen bei Auslandseinsätzen durch Kriege, Unruhen, Terroranschläge, Epidemien (SARS) etc., aufgrund derer die Arbeitsleistung generell unzumutbar wird[11].

3. Kausalität. Die unterbliebene Arbeitsleistung muss kausal auf dem persönlichen Leistungshindernis beruhen. Dies ist nur dann der Fall, wenn der in der Person liegende Grund die **alleinige Ursache** für die Arbeitsverhinderung bildet[12]. Wenn der ArbN auch beim Hinwegdenken des persönlichen Leistungshindernisses aufgrund eines tatsächlich vorliegenden anderen Umstandes nicht gearbeitet hätte, verschafft ihm § 616 keinen Entgeltanspruch[13]. Rein hypothetisch bleibende Ursachen stehen einem Anspruch aber nicht entgegen[14]. Entscheidend ist demnach, welchem Leistungshindernis zeitliche Priorität zukommt. Dies gilt insb., wenn mehrere Gründe zusammentreffen, die zu einer Entgeltfortzahlung trotz Nichtleistung der Arbeit führen. Die einzelnen Voraussetzungen richten sich dann nach dem zuerst eingetretenen Grund[15].

4. Dauer der Verhinderung. Der Anspruch auf Entgeltfortzahlung setzt weiter voraus, dass die Arbeitsverhinderung nur eine **verhältnismäßig nicht erhebliche Zeit** dauert. Wenn das Leistungshindernis die Verhältnismäßigkeitsgrenze überschreitet, entfällt der Vergütungsanspruch vollständig und nicht nur hinsichtlich des unverhältnismäßigen Teils[16]. Dies ergibt sich zum einen aus dem Wortlaut der Vorschrift, nach dem das zeitliche Element auf der tatbestandlichen Seite und nicht auf der Rechtsfolgenseite angesiedelt ist[17]. Zum anderen sprechen auch die Entstehungsgeschichte und der Zweck für diese Interpretation. Die Vorschrift will nämlich lediglich das Risiko unbedeutender personenbedingter Verhinderungen auf den ArbGeb verlagern, ihn aber nicht in jedem Falle bis zur Grenze der Verhältnismäßigkeit belasten[18].

---

1 MünchArbR/*Boewer*, § 80 Rz. 13. | 2 Zur str. Anwendbarkeit von § 275 Abs. 3 auf Gewissenskonflikte *Henssler*, RdA 2002, 129 (131 f.). | 3 *Kothe*, NZA 1989, 161 (167); Staudinger/*Oetker*, § 616 BGB Rz. 69; abl. auch *Gotthardt*, Schuldrechtsreform, Rz. 117; zurückhaltend aber *Henssler* in Dauner-Lieb/Konzen/K. Schmidt, Das neue Schuldrecht, S. 615 (621); Soergel/*Kraft*, § 616 BGB Rz. 14; aA offenbar *Richardi*, NZA 2002, 1004 (1007). | 4 BGBl. 2002 I S. 4607 (4608). | 5 BT-Drs. 15/25, S. 20; dazu *Gaul/Otto*, DB 2002, 2486 (2488). | 6 BAG v. 13.11.1969 – 4 AZR 35/69, AP Nr. 41 zu § 616 BGB; v. 11.6.1957 – 2 AZR 15/57, AP Nr. 1 zu § 629 BGB; Erman/*Belling*, § 616 BGB Rz. 27; *Sibben*, DB 2003, 826 ff. | 7 BAG v. 13.11.1969 – 4 AZR 35/69, AP Nr. 41 zu § 616 BGB; Staudinger/*Oetker*, § 616 BGB Rz. 72. | 8 BAG v. 8.12.1982 – 4 AZR 134/80, AP Nr. 58 zu § 616 BGB (Eisglätte); v. 8.9.1982 – 5 AZR 283/80, AP Nr. 59 zu § 616 BGB (Schneeverwehungen); zu Überschwemmungen Bauer/*Opolony*, NJW 2002, 3503 (3506 f.). | 9 *Ehmann*, NJW 1987, 401 ff.; *Richardi*, NJW 1987, 1231 ff. | 10 MünchArbR/*Boewer*, § 80 Rz. 15. | 11 *Diller/Winzer*, DB 2001, 2094 (2095). | 12 MünchArbR/*Boewer*, § 80 Rz. 11; Soergel/*Kraft*, § 616 BGB Rz. 8; Staudinger/*Oetker*, § 616 BGB Rz. 85. | 13 Erman/*Belling*, § 616 BGB Rz. 35; in diesem Sinne auch BAG v. 11.1.1966 – 5 AZR 383/65, AP Nr. 1 zu § 1 BUrlG – Nachurlaub. | 14 Erman/*Belling*, § 616 BGB Rz. 36; aA BAG v. 20.3.1985 – 5 AZR 229/83, AP Nr. 64 zu 1 LohnFG (Arbeitsunwilligkeit). | 15 MünchArbR/*Boewer*, § 80 Rz. 11; Staudinger/*Oetker*, § 616 BGB Rz. 88; dazu allgemein *Reinecke* DB 1991, 1168 ff. | 16 Grdl. BAG (GS) v. 18.12.1959 – GS 8/58, AP Nr. 22 zu § 616 BGB; ferner BAG v. 11.8.1988 – 8 AZR 721/85, AP Nr. 7 zu § 611 BGB – Gefährdungshaftung des Arbeitgebers; BGH v. 30.11.1978 – III ZR 43/77, BGHZ 73, 16 (27); MünchArbR/*Boewer*, § 80 Rz. 19; *Matthes* in ArbR-BGB, § 616 Rz. 18; aA noch BAG v. 24.2.1955 – 2 AZR 10/54, AP Nr. 2 zu § 616 BGB. | 17 Staudinger/*Oetker*, § 616 BGB Rz. 92. | 18 Motive, Bd. II, S. 464; MünchArbR/*Boewer*, § 80 Rz. 19; Staudinger/*Oetker*, § 616 BGB Rz. 92.

38 Demgegenüber ist die für **Auszubildende** und vergleichbare Vertragsverhältnisse geltende Bestimmung des § 12 BBiG anders aufgebaut, indem sie eine Aufrechterhaltung des Vergütungsanspruchs bis zu einer Dauer von sechs Wochen vorsieht. Wenn ein Ereignis diese zeitliche Grenze überschreitet, führt dies somit nicht zu einem völligen Verlust, sondern nur zu einer Limitierung des Entgeltfortzahlungsanspruchs.

39 Im Übrigen bewirken die Grundsätze über die Konkretisierung der **Zumutbarkeit** der Arbeitsleistung, dass der jeweilige Störungstatbestand (etwa die Versorgung von erkrankten Angehörigen) von vornherein auf einen verhältnismäßig nicht erheblichen Zeitraum begrenzt wird. Bleibt der ArbN der Arbeit für eine längere Zeit eigenmächtig fern, begeht er einen Vertragsbruch. An der Berechtigung, die Arbeit anlässlich des Ereignisses für kurze Zeit zu verweigern, vermag dieses nachträgliche Verhalten nichts zu ändern. Demgemäß bleibt auch der Entgeltanspruch nach § 616 aufrecht, sofern die berechtigte Leistungsverweigerung selbst nur einen verhältnismäßig unerheblichen Zeitraum dauert.

40 Die hM vertritt in der Frage, welcher Zeitraum als verhältnismäßig noch unerheblich angesehen werden kann, eine **belastungsbezogene Betrachtungsweise**. Danach soll auf die gesamten Umstände des Einzelfalles abgestellt werden. Insb. soll es auf das Verhältnis zwischen der Dauer der Verhinderung und der Länge der bisherigen Beschäftigung ankommen[1]. Zum Teil bietet das Schrifttum ausdrücklich Richtwerte an. So werden bei einer Dauer des Arbeitsverhältnisses von bis zu sechs Monaten drei Tage, von sechs bis zwölf Monaten eine Woche und ab einem Jahr zwei Wochen für verhältnismäßig unerheblich gehalten[2]. Nach Ansicht des BAG ist ein Verhinderungszeitraum von mehr als sechs Wochen in der Regel keine verhältnismäßig nicht erhebliche Zeit mehr[3]. Die Grundlage einer belastungsbezogenen Konkretisierung der Verhältnismäßigkeit bildet die Rückführung von § 616 auf die Fürsorgepflicht des ArbGeb. Bei einer solchen Sicht liegt es in der Tat nahe, die dem ArbGeb auferlegten Lasten mit der Dauer der Beschäftigung wachsen zu lassen.

41 In der neueren Lit. wird dagegen zunehmend für eine **ereignisbezogene Sicht** plädiert[4]. Hierfür spricht neben dem Wortlaut der Vorschrift, der keinen Bezug zur Dauer des Arbeitsverhältnisses erkennen lässt, deren Zweck, dass geringfügige personenbedingte Verhinderungen die Kontinuität der Entgeltzahlung nicht beeinträchtigen sollen (s. Rz. 1). Zudem dient eine auf das jeweilige Ereignis begrenzte Prüfung unter Ausklammerung sonstiger Umstände der Rechtssicherheit. Ferner spielt für die einschlägigen tariflichen Regelungen, in denen die Vorstellungen der beteiligten Berufskreise zum Ausdruck kommen, die Dauer der Betriebszugehörigkeit für die Entgeltfortzahlung in Verhinderungsfällen ebenfalls keine Rolle. Schließlich hat auch das BAG der Dauer der bisherigen Beschäftigung in mehreren Fällen keine Bedeutung beigemessen[5]. Folgerichtig kommt es allein auf den Verhinderungsgrund selbst sowie darauf an, ob mit einer dadurch bedingten Nichtleistung von Arbeit üblicherweise zu rechnen ist, so dass der ArbGeb den Ausfall einzukalkulieren hat. Als verhältnismäßig nicht erhebliche Zeit ist daher auch bei schwerwiegenden Ereignissen nur eine Dauer von wenigen Tagen anzusehen[6].

42 Bei der **Pflege erkrankter Angehöriger** ist eine Obergrenze von 5 Tagen anzunehmen[7]. Die durch § 45 SGB V gegenüber der früheren Regelung in § 185c RVO erfolgte erhebliche Ausdehnung der zeitlichen Dauer des Krankengeldanspruchs kann die Interpretation von § 616 nicht präjudizieren[8]. Hierfür spricht nicht zuletzt die Privilegierung Alleinerziehender in § 45 Abs. 2 Satz 2 SGB V, für die es in § 616 keine Anhaltspunkte gibt. Zudem sehen selbst die Gewerkschaften in fünf bezahlten Arbeitstagen pro pflegebedürftiger Person und Kalenderjahr eine angemessene Obergrenze[9]. Sofern der ArbN seinen darüber hinaus gehenden Anspruch auf unbezahlte Freistellung nach § 45 Abs. 3, Abs. 4 oder Abs. 5 SGB V geltend macht, lässt dies seinen Entgeltfortzahlungsanspruch gemäß § 616 aber unberührt. Insoweit muss die Regel, dass bei einem nicht nur unerhebliche Zeit dauernden Leistungshindernis der Vergütungsanspruch vollständig und nicht nur hinsichtlich des unverhältnismäßigen Teils erlischt, eingeschränkt werden. Anderenfalls würde sich die durch § 45 SGB V intendierte Verbesserung der Rechtstellung des ArbN im Hinblick auf die Entgeltfortzahlung für ihn nachteilig auswirken.

43 Bei **mehrfachen Verhinderungsfällen** erfolgt jedenfalls dann keine Zusammenrechnung, wenn sie auf unterschiedlichen Ursachen beruhen[10]. Handelt es sich um dieselbe Ursache, so befürwortet ein Teil der Lit. eine Zusammenrechnung sowie eine Pflicht des ArbN zur Rückerstattung einer bereits erhal-

---

1 BAG v. 13.11.1969 – 4 AZR 35/69, AP Nr. 41 zu § 616 BGB; BAG (GS) v. 17.12.1959 – GS 2/59, AP Nr. 21 zu § 616 BGB; Soergel/*Kraft*, § 616 BGB Rz. 22; *Löwisch*, DB 1979, 209 (210). | 2 Erman/*Belling*, § 616 BGB Rz. 48. | 3 BAG v. 11.8.1988 – 8 AZR 721/85, AP Nr. 7 zu § 611 BGB – Gefährdungshaftung des Arbeitgebers; v. 20.7.1977 – 5 AZR 325/76, AP Nr. 47 zu § 616 BGB. | 4 MünchArbR/*Boewer*, § 80 Rz. 17; Staudinger/*Oetker*, § 616 BGB Rz. 96 f.; in diese Richtung ferner ErfK/*Dörner*, § 616 BGB Rz. 15; *Matthes* in ArbR-BGB, § 616 Rz. 17; nunmehr auch Schaub/*Linck*, ArbRHdb, § 97 Rz. 16. | 5 Vgl. BAG v. 19.4.1978 – 5 AZR 834/76, AP Nr. 48 zu § 616 BGB; v. 20.7.1977 – 5 AZR 325/76, AP Nr. 47 zu § 616 BGB; v. 25.10.1973 – 5 AZR 156/73, AP Nr. 43 zu § 616 BGB. | 6 ErfK/*Dörner*, § 616 BGB Rz. 15; Staudinger/*Oetker*, § 616 BGB Rz. 97. | 7 BAG v. 19.4.1978 – 5 AZR 834/76, AP Nr. 48 zu § 616 BGB; Staudinger/*Oetker*, § 616 BGB Rz. 99. | 8 ErfK/*Dörner*, § 616 BGB Rz. 16; *Erasmy*, NZA 1992, 921 (922 f.); *B. Gaul*, NZA 2000, Sonderbeilage Nr. 3, S. 51 (61); *Sowka*, RdA 1993, 34 f. | 9 Vgl. § 59 des DGB-Entwurfs zum Arbeitsverhältnisrecht v. 5.4.1977, RdA 1977, 166 (172). | 10 MünchArbR/*Boewer*, § 80 Rz. 20; Staudinger/*Oetker*, § 616 BGB Rz. 11; unklar Erman/*Belling*, § 616 BGB Rz. 53.

tenen Vergütung¹. Sofern von vornherein absehbar ist, dass ein personenbedingtes Ereignis eine mehrfache Arbeitsverhinderung zur Folge hat, ist dem zuzustimmen. Wenn der ArbN in einer solchen Konstellation geeignete Vorkehrungen unterlassen hat, das Hindernis auszuräumen, kann außerdem die Unzumutbarkeit der Arbeit zu verneinen sein². Im Übrigen ist eine Zusammenrechnung von Unterbrechungstatbeständen jedoch abzulehnen.

5. Verschulden. Letzte Voraussetzung für die Aufrechterhaltung des Vergütungsanspruchs ist, dass den Dienstverpflichteten **kein Verschulden** trifft. Insoweit handelt es sich um ein negatives Tatbestandsmerkmal. Bezugspunkt des Verschuldens ist nicht die Dienstverhinderung als solche, sondern der dazu führende Grund³. Das Erfordernis fehlenden Verschuldens findet sich auch in den §§ 3 Abs. 1 Satz 1 EFZG, 12 Abs. 1 Satz 1 Nr. 2 lit. b, Abs. 2 BBiG und ist in allen Entgeltfortzahlungsvorschriften übereinstimmend auszulegen⁴. Gemeinsame dogmatische Grundlage ist der Rechtsgedanke von § 254 und damit letztlich das Verbot des venire contra factum proprium⁵. Wegen der einschneidenden Rechtsfolge des vollständigen Anspruchsausschlusses muss das „Verschulden gegen sich selbst" eine gewisse Schwere erreichen. Dies ist nach ständiger Rspr. dann der Fall, wenn der ArbN gröblich gegen das von einem verständigen Menschen im eigenen Interesse zu erwartende Verhalten verstoßen hat⁶. Die im Schrifttum verbreitete Ansicht, nach der es darauf ankommt, ob der ArbN den Hinderungsgrund vorsätzlich oder grob fahrlässig herbei geführt hat⁷, führt in der Sache zum selben Ergebnis⁸. Die Vermeidbarkeit einer Kollision der Arbeitspflicht mit anderen Pflichten bzw. Terminen ist allerdings nicht erst eine Frage des Verschuldens⁹. Vielmehr führt die Vermeidbarkeit einer Überschneidung (etwa die mögliche Verlegung eines Arzttermins oder die Pflege eines Angehörigen durch eine andere Person) dazu, dass es bereits an der Unzumutbarkeit der Arbeit und damit an einem Leistungshindernis fehlt¹⁰.

6. Anzeige- und Nachweispflicht. Den ArbN trifft nach Treu und Glauben die unselbstständige Nebenpflicht, dem ArbGeb **Grund und Dauer der Arbeitsverhinderung anzuzeigen**. Die Information ist grundsätzlich so frühzeitig zu erteilen, dass sich der Dienstberechtigte auf den Arbeitsausfall einstellen kann¹¹. Sofern der ArbN hierzu außerstande ist, hat er die Mitteilung unverzüglich nachzuholen¹². Die Verletzung der Anzeigepflicht lässt den Entgeltanspruch aus § 616 unberührt. Ein schuldhafter Verstoß verpflichtet aber gemäß § 280 Abs. 1 zum Schadensersatz¹³. Außerdem kommt bei wiederholten Verstößen eine ordentliche oder sogar eine außerordentliche Kündigung in Betracht¹⁴. Einen Nachweis des Verhinderungsgrundes kann der ArbGeb erst bei Anhaltspunkten für Unregelmäßigkeiten verlangen¹⁵. § 5 Abs. 1 Satz 2 und 3 EFZG können nicht analog angewendet werden. Deshalb scheidet auch ein Leistungsverweigerungsrecht entsprechend § 7 Abs. 1 Nr. 1 EFZG aus¹⁶.

III. Rechtsfolgen. Wenn die Voraussetzungen des § 616 Satz 1 vorliegen, hat der ArbN einen **Entgeltfortzahlungsanspruch**. Insoweit handelt es sich um den ursprünglichen vertraglichen Erfüllungsanspruch und nicht um einen Schadensersatzanspruch. Es gilt das sog. Lohnausfallprinzip. Der ArbN ist so zu stellen, als wenn er durchgehend gearbeitet hätte¹⁷. Für die Einzelheiten kann demzufolge auf die Ausführungen zu § 615 verwiesen werden (§ 615 Rz. 79 ff.).

Gemäß § 616 Satz 2 muss sich der ArbN **Leistungen der gesetzlichen Kranken- oder Unfallversicherung** anrechnen lassen. Die Vorschrift hat infolge ihrer engen Fassung für die nicht auf einer Krankheit beruhenden Fälle der persönlichen Leistungsverhinderung keine praktische Bedeutung. Das bei der Erkrankung eines Kindes gemäß § 45 SGB V in Betracht kommende Krankengeld scheidet als Anrechnungsgegenstand aus, weil es nach § 49 Abs. 1 Nr. 1 SGB V seinerseits gegenüber dem Arbeitsentgeltanspruch subsidiär ist. Im Übrigen erstreckt sich die Anrechnungsbefugnis nicht auf Leistungen aus einer vom Dienstberechtigten freiwillig abgeschlossenen Versicherung oder auf Zahlungen, die Dritte im Hinblick auf den Arbeitsausfall gewähren¹⁸.

Wenn der ArbN gegen einen Dritten wegen des Leistungshindernisses einen **Schadensersatzanspruch** hat, was außerhalb der von § 616 nicht erfassten Sachverhalte der Krankheit und des Unfalls aber nur selten vorkommen dürfte, wird der Anspruch durch die vom ArbGeb geschuldete Fortzahlung der Vergütung

---

1 Staudinger/*Oetker*, § 616 BGB Rz. 101; gegen ein Entfallen der Entgeltfortzahlung aber Erman/*Belling*, § 616 BGB Rz. 53. |2 *Löwisch*, DB 1979, 209 (211). |3 BAG v. 11.8.1988 – 8 AZR 721/85, AP Nr. 7 zu § 611 BGB – Gefährdungshaftung des Arbeitgebers; MünchArbR/*Boewer*, § 80 Rz. 16; Staudinger/*Oetker*, § 616 BGB Rz. 103. |4 Vgl. BAG v. 19.10.1983 – 5 AZR 195/81, AP Nr. 62 zu § 616 BGB. |5 *Hofmann*, ZfA 1979, 275 (288 ff.); *Wiedemann*, Das Arbeitsverhältnis als Austausch- und Gemeinschaftsverhältnis (1966), S. 52 ff. |6 BAG v. 11.8.1988 – 8 AZR 721/85, AP Nr. 7 zu § 611 BGB – Gefährdungshaftung des Arbeitgebers; v. 19.10.1983 – 5 AZR 195/81, AP Nr. 62 zu § 616 BGB. |7 *Hofmann*, ZfA 1979, 275 (298 ff.). |8 MünchArbR/*Boewer*, § 80 Rz. 16; Staudinger/*Oetker*, § 616 BGB Rz. 109. |9 Zutr. Erman/*Belling*, § 616 BGB Rz. 47. |10 IdS ausführlich BAG v. 21.5.1992 – 2 AZR 10/92, AP Nr. 29 zu § 1 KSchG 1969 – Verhaltensbedingte Kündigung; unklar MünchArbR/*Boewer*, § 80 Rz. 14, 16. |11 MünchArbR/*Boewer*, § 80 Rz. 21; Soergel/*Kraft*, § 616 BGB Rz. 26; Schaub/*Linck*, ArbRHdb, § 97 Rz. 2. |12 MünchArbR/*Boewer*, § 80 Rz. 21; Staudinger/*Oetker*, § 616 BGB Rz. 113. |13 MünchArbR/*Boewer*, § 80 Rz. 21; *Matthes* in ArbR-BGB, § 616 Rz. 47. |14 Vgl. BAG v. 15.1.1986 – 7 AZR 128/83, AP Nr. 93 zu § 626 BGB. |15 Staudinger/*Oetker*, § 616 BGB Rz. 115; aA MünchArbR/*Boewer*, § 80 Rz. 21. |16 Staudinger/*Oetker*, § 616 BGB Rz. 117; aA MünchArbR/*Boewer*, § 80 Rz. 21. |17 MünchArbR/*Boewer*, § 80 Rz. 22; Soergel/*Kraft*, § 616 BGB Rz. 28; siehe auch BAG v. 6.12.1995 – 5 AZR 237/94, AP Nr. 9 zu § 611 BGB – Berufssport. |18 Staudinger/*Oetker*, § 616 BGB Rz. 125 f.

nicht berührt. Dies ist für den Bereich der Entgeltfortzahlung im Krankheitsfalle in der Rspr. seit langem anerkannt[1] und liegt auch der Regelung in § 6 Abs. 1 EFZG zugrunde[2]. Insoweit handelt es sich um einen normativen Schaden des ArbN[3]. Die Fortzahlung der Vergütung nach § 616 bezweckt den Schutz des ArbN, nicht aber eine Entlastung des Schädigers. Dies rechtfertigt eine Durchbrechung der Differenzhypothese. Auf die Rechtsfigur der Drittschadensliquidation muss in diesem Zusammenhang nicht zurückgegriffen werden[4]. Der Schadensersatz umfasst die Bruttovergütung des ArbN[5]. Der Schadensersatzanspruch des ArbN geht nicht aufgrund einer Legalzession auf den ArbGeb über. § 6 Abs. 1 EFZG ist weder unmittelbar noch analog anwendbar[6]. Der ArbN ist aber zu einer Abtretung des Anspruchs an den ArbGeb verpflichtet. Hierbei handelt es sich um eine unselbstständige Nebenpflicht aus dem Arbeitsvertrag, die eine Analogie zu den §§ 255, 285 entbehrlich macht[7]. Bis zur Abtretung des Schadensersatzanspruchs steht dem ArbGeb ein Zurückbehaltungsrecht hinsichtlich der Vergütung nach § 273 zu[8].

49 **IV. Abdingbarkeit.** § 616 ist kein zwingendes, sondern **dispositives Recht**[9]. Dies folgt im Umkehrschluss aus § 619, der nur die §§ 617, 618 für unabdingbar erklärt. Abweichungen zu Ungunsten der ArbN können sich auf die Gründe, die zu einer Entgeltfortzahlung führen, sowie auf den Umfang der zu leistenden Vergütung beziehen. Auch ein vollständiger Ausschluss der Regelung ist grundsätzlich möglich. Eine sachliche Rechtfertigung durch die Besonderheiten des Betriebs- oder Wirtschaftszweiges ist nicht zu verlangen[10]. TV beschränken sich meist nicht auf einen Ausschluss des § 616, sondern enthalten genauere Bestimmungen über die Fälle und Zeiträume einer Entgeltfortzahlung bei persönlichen Leistungshindernissen. Hierbei handelt es sich regelmäßig um abschließende Normen, die einen Rückgriff auf § 616 ausschließen[11]. Die tarifliche Regelung kann aber auch lediglich einen beispielhaften Charakter haben, so dass sie einem Rekurs auf § 616 nicht entgegensteht[12].

50 § 616 kann auch durch eine **echte einzelvertragliche Abrede** abbedungen werden[13]. Eine einzelvertraglich ausgehandelte Klausel, nach der nur die tatsächlich geleistete Arbeit bezahlt wird, ist nicht zu beanstanden[14]. Bei einem Ausschluss durch allgemeine Arbeitsbedingungen ist nunmehr gemäß den §§ 307 Abs. 1, 310 Abs. 4 eine Inhaltskontrolle durchzuführen. Danach ist eine flächendeckende Abdingung der Entgeltfortzahlung unwirksam, wenn sie nicht durch besondere betriebliche Gründe legitimiert ist[15]. Die spezielle Entgeltfortzahlungsnorm des § 12 Abs. 1 Satz 1 Nr. 2 lit. b BBiG hat gemäß § 18 BBiG einen einseitig zwingenden Charakter. Abweichungen sind nur zugunsten des Auszubildenden zulässig.

617 *Pflicht zur Krankenfürsorge*
(1) Ist bei einem dauernden Dienstverhältnis, welches die Erwerbstätigkeit des Verpflichteten vollständig oder hauptsächlich in Anspruch nimmt, der Verpflichtete in die häusliche Gemeinschaft aufgenommen, so hat der Dienstberechtigte ihm im Falle der Erkrankung die erforderliche Verpflegung und ärztliche Behandlung bis zur Dauer von sechs Wochen, jedoch nicht über die Beendigung des Dienstverhältnisses hinaus, zu gewähren, sofern nicht die Erkrankung von dem Verpflichteten vorsätzlich oder durch grobe Fahrlässigkeit herbeigeführt worden ist. Die Verpflegung und ärztliche Behandlung kann durch Aufnahme des Verpflichteten in eine Krankenanstalt gewährt werden. Die Kosten können auf die für die Zeit der Erkrankung geschuldete Vergütung angerechnet werden. Wird das Dienstverhältnis wegen der Erkrankung von dem Dienstberechtigten nach § 626 gekündigt, so bleibt die dadurch herbeigeführte Beendigung des Dienstverhältnisses außer Betracht.

---

1 BGH v. 27.4.1965 – VI ZR 124/64, BGHZ 43, 378 (381 ff.); v. 22.6.1956 – VI ZR 140/55, BGHZ 21, 112 (116 ff.); v. 19.6.1952 – III ZR 295/51, BGHZ 7, 30 (48 ff.). |2 Vgl. BGH v. 20.6.1974 – III ZR 27/73, BGHZ 62, 380 (386). |3 BGH v. 27.4.1965 – VI ZR 124/64, BGHZ 43, 378 (381). |4 Zu den dogmatischen Grundlagen eingehend Staudinger/*Oetker*, § 616 BGB Rz. 132 ff. |5 BGH v. 15.11.1994 – VI ZR 194/93, BGHZ 127, 391 (395); v. 27.4.1965 – VI ZR 124/64, BGHZ 43, 378 (382). |6 Zur Ablehnung einer entsprechenden Anwendbarkeit des früheren § 4 LFZG siehe BGH v. 23.5.1989 – VI ZR 284/88, BGHZ 107, 325 (328 ff.). |7 Ebenso Staudinger/*Oetker*, § 616 BGB Rz. 138; ferner BGH v. 23.5.1989 – VI ZR 284/88, BGHZ 107, 325, 329, der aber zusätzlich den Rechtsgedanken des § 255 heranzieht. |8 Erman/*Belling*, § 616 BGB Rz. 77, 82; MünchArbR/*Boewer*, § 80 Rz. 24; *Grunsky*, JZ 1989, 800. |9 BAG v. 20.6.1995 – 3 AZR 857/94, AP Nr. 94 zu § 616 BGB; v. 25.8.1982 – 4 AZR 1064/79, AP Nr. 55 zu § 616 BGB; v. 25.10.1973 – 5 AZR 156/73, AP Nr. 43 zu § 616 BGB; BAG (GS) v. 17.12.1959 – GS 2/59, AP Nr. 21 zu § 616 BGB; BAG v. 6.12.1956 – 2 AZR 192/56, AP Nr. 8 zu § 616 BGB; MünchArbR/*Boewer*, § 80 Rz. 8; ErfK/*Dörner*, § 616 BGB Rz. 19. |10 Soergel/*Kraft*, § 616 BGB Rz. 4; Staudinger/*Oetker*, § 616 BGB Rz. 144; aA Schaub/*Linck*, ArbRHdb, § 97 Rz. 20. |11 Vgl. BAG v. 13.12.2001 – 6 AZR 30/01, AP Nr. 1 zu § 33 MTArb; v. 20.6.1995 – 3 AZR 857/94, AP Nr. 94 zu § 616 BGB; v. 7.3.1990 – 5 AZR 189/89, AP Nr. 83 zu § 616 BGB; abweichende Grundtendenz aber BAG v. 13.11.1969 – 4 AZR 35/69, AP Nr. 41 zu § 616 BGB. |12 BAG v. 27.6.1990 – 5 AZR 365/89, AP Nr. 89 zu § 616 BGB; v. 29.2.1984 – 5 AZR 92/82, AP Nr. 22 zu § 1 TVG – Tarifverträge: Metallindustrie; v. 25.10.1973 – 5 AZR 156/73, AP Nr. 43 zu § 616 BGB. |13 BAG v. 25.10.1973 – 5 AZR 156/73, *AP Nr. 43 zu § 616 BGB; v. 25.4.1960 – 1 AZR 16/58, AP Nr. 23 zu § 616 BGB; BAG (GS) v. 17.12.1959 – GS 2/59, AP Nr. 21 zu § 616 BGB*; offen lassend BAG v. 20.6.1979 – 5 AZR 479/77, AP Nr. 49 zu § 616 BGB. |14 Erman/*Belling*, § 616 BGB Rz. 15; ErfK/*Dörner*, § 616 BGB Rz. 19; Staudinger/*Oetker*, § 616 BGB Rz. 148; aA MünchArbR/*Boewer*, § 80 Rz. 9. |15 *Gotthardt*, Schuldrechtsreform, Rz. 321; großzügiger *Sibben*, DB 2003, 826 (827).

(2) Die Verpflichtung des Dienstberechtigten tritt nicht ein, wenn für die Verpflegung und ärztliche Behandlung durch eine Versicherung oder durch eine Einrichtung der öffentlichen Krankenpflege Vorsorge getroffen ist.

I. Allgemeines. Die Vorschrift ergänzt die Pflicht des ArbGeb zur Entgeltfortzahlung im Krankheitsfalle. Sie will ausweislich der Subsidiaritätsklausel des Abs. 2 eine Versorgungslücke schließen, indem sie dem ArbGeb auferlegt, die erforderliche Krankenpflege des ArbN sicherzustellen[1]. Angesichts der umfassenden Versorgung von ArbN und anderen Dienstnehmern durch Krankenversicherungen ist die praktische Bedeutung von § 617 heutzutage gering[2]. 1

Die Norm statuiert eine privatrechtliche Pflicht des ArbGeb, die im Arbeitsverhältnis wurzelt. Sie stellt eine gesetzliche Konkretisierung der **allgemeinen Fürsorgepflicht**[3] bzw. der aus § 242 abzuleitenden **gesteigerten Interessenwahrnehmungspflicht des ArbGeb**[4] dar[5]. Der Anspruch auf Krankenpflege ist nicht Teil der dem ArbN geschuldeten Vergütung. Vielmehr handelt es sich um eine selbstständige vertragliche Nebenpflicht[6]. Der Anspruch steht in keinem Gegenseitigkeitsverhältnis zum Anspruch auf die Dienstleistung des ArbN. Ein Verschulden des ArbGeb an der Erkrankung des ArbN führt daher nicht gemäß § 326 Abs. 2 Satz 1 Alt. 1 zu einer Verlängerung des Anspruchszeitraums[7]. Der Anspruch aus § 617 hat keinen schadensersatzrechtlichen Charakter. Sofern die Erkrankung auf einem Arbeitsunfall beruht, wird der Anspruch deshalb nicht durch § 104 SGB VII ausgeschlossen[8]. 2

Der Anspruch kann **nicht** zum Nachteil des Berechtigten **abbedungen** werden (§ 619). Ferner ist er an die Person des ArbN gebunden, so dass er nach § 399 nicht abgetreten und nach § 851 ZPO nicht gepfändet werden kann[9]. 3

II. Anspruchsvoraussetzungen. 1. Dienstverhältnis. Der Anspruch auf Krankenfürsorge setzt zunächst das Vorliegen eines Dienstverhältnisses voraus. Erfasst sind Arbeitsverträge, aber auch freie Dienstverträge[10]. Dabei genügt grundsätzlich das Vorliegen eines fehlerhaften Vertragsverhältnisses[11], solange dieses nicht mit Rückwirkung beseitigt wird (vgl. § 616 Rz. 11). 4

Weiter muss das Dienstverhältnis als „dauernd" zu charakterisieren sein. Die überwiegende Meinung interpretiert dieses Merkmal **zeitlich**. Danach ist ein Dienstverhältnis dann dauernd, wenn es rechtlich oder faktisch auf längere Zeit angelegt ist bzw. schon längere Zeit andauert. Hiervon sind vorübergehende Tätigkeitsverhältnisse abzugrenzen[12]. Dabei wird die Grenze häufig bei einem Zeitraum von mehr als 6 Monaten gezogen[13]. Nach anderer Ansicht sollen lediglich solche Dienstverhältnisse ausgeklammert werden, bei denen einmalige oder sich mehrmalig wiederholende Einzelleistungen erbracht werden sollen[14]. Der mit § 617 verbundenen Belastung des ArbGeb wird man durch eine zeitliche Grenzziehung aber besser gerecht. Eine kurzfristige Aushilfstätigkeit, die nicht einbezogen werden sollte, muss sich nämlich nicht in der Erbringung von Einzelleistungen erschöpfen. 5

Das Dienstverhältnis muss die **Erwerbstätigkeit des ArbN vollständig oder doch hauptsächlich in Anspruch nehmen.** In diesem Fall kann typischerweise davon ausgegangen werden, dass der Dienstverpflichtete keine hinreichende Möglichkeit zur Eigenvorsorge besitzt[15]. Entscheidend ist die zeitliche Inanspruchnahme durch das Arbeitsverhältnis, nicht die Intensität der Tätigkeit oder die Höhe der Vergütung[16]. Hierbei kommt es auf die rechtliche Bindung des Dienstverpflichteten an, so dass Zeiten einer Arbeitsbereitschaft zu berücksichtigen sind, weil sie die Fähigkeit zur Eigenvorsorge einschränken[17]. Um Arbeitszeitflexibilisierungen Rechnung zu tragen, ist nicht auf den einzelnen Arbeitstag, sondern auf die Wochenarbeitszeit abzustellen[18]. Bezugspunkt der vollständigen oder hauptsächlichen Inanspruchnahme des ArbN ist nach dem Wortlaut der Norm die tatsächlich ausgeübte Erwerbstätigkeit. Danach würde eine noch so geringe Stundenzeit genügen, sofern der Dienstverpflichtete keiner anderen Erwerbstätigkeit nachkommt[19]. Der Aspekt, ob dem ArbN durch das Dienstverhältnis die Fähigkeit zur Eigenvorsorge genommen wird, spricht aber dafür, ein gewisses Mindestvolumen der Tätigkeit zu fordern. Dementsprechend ist eine Beschäftigungsdauer von mindestens 15 Stunden wöchentlich nötig[20]. 6

---

1 *Matthes* in ArbR-BGB, § 617 Rz. 1. | 2 ErfK/*Dörner*, § 617 BGB Rz. 1; Staudinger/*Oetker*, § 617 BGB Rz. 4. | 3 Soergel/*Kraft*, § 617 BGB Rz. 1; *Matthes* in ArbR-BGB, § 617 Rz. 3. | 4 Staudinger/*Oetker*, § 617 BGB Rz. 5. | 5 Zur Dogmatik der Nebenpflichten *Krause*, AR-Blattei, SD 220.2.1 Rz. 198 ff. | 6 Soergel/*Kraft*, § 617 BGB Rz. 1; Staudinger/*Oetker*, § 617 BGB Rz. 7. | 7 *Matthes* in ArbR-BGB, § 617 Rz. 5; vergleichbare Wertung in BGH v. 13.3.1984 – VI ZR 204/82, NJW 1985, 2133 (2134); aA MünchKommBGB/*Schaub*, § 617 Rz. 3. | 8 *Matthes* in ArbR-BGB, § 617 Rz. 6. | 9 Erman/*Belling*, § 617 BGB Rz. 3; Soergel/*Kraft*, § 617 BGB Rz. 1. | 10 ErfK/*Dörner*, § 617 BGB Rz. 3; Soergel/*Kraft*, § 617 BGB Rz. 1. | 11 *Matthes* in ArbR-BGB, § 617 Rz. 12; Staudinger/*Oetker*, § 617 BGB Rz. 15. | 12 Erman/*Belling*, § 617 BGB Rz. 4; Soergel/*Kraft*, § 617 BGB Rz. 22. | 13 ErfK/*Dörner*, § 617 BGB Rz. 4; *Matthes* in ArbR-BGB, § 617 Rz. 9. | 14 Staudinger/*Oetker*, § 617 BGB Rz. 18 f. | 15 Staudinger/*Oetker*, § 617 BGB Rz. 20; MünchKommBGB/*Schaub*, § 617 Rz. 8. | 16 Erman/*Belling*, § 617 BGB Rz. 5; MünchKommBGB/*Schaub*, § 617 Rz. 8. | 17 Erman/*Belling*, § 617 BGB Rz. 5; Staudinger/*Oetker*, § 617 BGB Rz. 22. | 18 Staudinger/*Oetker*, § 617 BGB Rz. 22; MünchKommBGB/*Schaub*, § 617 Rz. 8. | 19 IdS Staudinger/*Oetker*, § 617 BGB Rz. 21. | 20 Etwas strenger: ErfK/*Dörner*, § 617 BGB Rz. 5 (mehr als die Hälfte der üblichen wöchentlichen Arbeitszeit); *Matthes* in ArbR-BGB, § 617 Rz. 11 (wöchentlich 18 oder mehr Stunden).

7 **2. Häusliche Gemeinschaft.** Der ArbN muss in die häusliche Gemeinschaft des ArbGeb aufgenommen sein. Hierfür ist im Allgemeinen erforderlich, dass der ArbN im **Haushalt des ArbGeb verpflegt wird und dort wohnt**[1]. Der ArbN muss im Hause des Dienstberechtigten zumindest eine Hauptmahlzeit einnehmen[2]. Nicht genügend ist die alleinige Verpflegung oder das ausschließliche Bereitstellen einer Schlafstätte[3]. Wenn eine juristische Person ArbGeb ist, kommt es darauf an, ob der ArbN in die häusliche Gemeinschaft von Organmitgliedern aufgenommen ist[4].

8 Die noch überwiegende Meinung dehnt den Begriff der häuslichen Gemeinschaft unter Berufung auf eine Entscheidung des BAG zu § 618 Abs. 2[5] auf die Fälle aus, in denen der ArbGeb eine **Gemeinschaftsunterkunft mit Gemeinschaftsverpflegung** für ArbN bereitstellt[6]. In diesen Gestaltungen fehlt es jedoch an der engen personalen Verbundenheit von ArbGeb und ArbN, die den Grund für die gesteigerten Pflichten bildet, so dass vom Erfordernis einer häuslichen Gemeinschaft mit dem Dienstberechtigten nicht abgesehen werden kann[7].

9 **3. Erkrankung.** Der Anspruch aus § 617 setzt weiter eine Erkrankung des ArbN voraus. Hierfür kann grundsätzlich auf das im **Entgeltfortzahlungsrecht entwickelte Begriffsverständnis** zurückgegriffen werden[8]. Es kommt darauf an, ob durch die Erkrankung eine medizinische Behandlung erforderlich ist[9]. Anders als im Entgeltfortzahlungsrecht ist es nicht nötig, dass die Erkrankung zur Arbeitsunfähigkeit des Dienstverpflichteten führt[10]. Eine Krankheit löst nur dann einen Anspruch aus, wenn sie nach dem Beginn des Arbeitsverhältnisses und der Aufnahme in die häusliche Gemeinschaft eingetreten ist[11].

10 **4. Ausschluss des Anspruchs. a) Schuldhafte Herbeiführung der Erkrankung.** Der Anspruch aus § 617 ist ausgeschlossen, wenn der Dienstverpflichtete die Erkrankung **vorsätzlich oder durch grobe Fahrlässigkeit** verursacht hat. Die überwiegende Ansicht zieht insoweit trotz des abweichenden Wortlauts dieselben Maßstäbe wie bei der Entgeltfortzahlung im Krankheitsfalle heran[12]. Entscheidend ist daher, ob der ArbN im Sinne eines „Verschuldens gegen sich selbst" gröblich gegen das im eigenen Interesse zu erwartende Verhalten verstoßen hat. Eine restriktivere Interpretation des Verschuldens[13] ist abzulehnen.

11 **b) Bestehender Versicherungsschutz.** Der Anspruch entfällt gemäß Abs. 2 weiter dann, wenn die Verpflegung und die ärztliche Behandlung des ArbN durch eine Versicherung oder anderweitige Vorsorge gewährleistet sind. Hierunter fällt zunächst die **gesetzliche Krankenversicherung** gemäß dem SGB V. Wie sich in einem Umkehrschluss aus § 616 ergibt, sind aber auch **private Versicherungen** einbezogen[14]. Darüber hinaus reicht die Sicherstellung der Versorgung des ArbN durch einen Leistungsanspruch aus, auch wenn keine Versicherung im rechtlichen Sinne vorliegt[15]. Erforderlich ist in jedem Fall, dass der ArbN durch den Leistungsträger im selben Maße versorgt wird, wie er es nach § 617 Abs. 1 vom ArbGeb verlangen kann. Wird lediglich ein Teil der erforderlichen Verpflegung bzw. ärztlichen Behandlung abgedeckt, bleibt der Anspruch im Übrigen bestehen[16]. Für den Anspruchsausschluss kommt es nicht darauf an, wer die Versicherung finanziert hat. Insbesondere entfällt der Anspruch auch dann, wenn der ArbN die Beiträge allein aufgebracht hat[17]. Da es bei § 617 um die Schließung von Lücken in der Krankenversicherung geht, entfällt der Anspruch, sofern der ArbN versicherungsfrei ist (§ 6 Abs. 1 Nr. 4–6 SGB V), dafür aber einen Anspruch auf Krankenfürsorge und Beihilfe im Krankheitsfalle hat[18]. Soweit der erkrankte ArbN in der häuslichen Gemeinschaft verbleibt und aus diesem Grunde keine Versicherungsleistungen erhält, bleibt der Anspruch aus § 617 bestehen[19].

12 **III. Rechtsfolgen. 1. Sachlicher Inhalt des Anspruchs.** In inhaltlicher Hinsicht schuldet der ArbGeb zunächst die **erforderliche Verpflegung**. Hierzu zählt zum einen die Nahrung, die unter Umständen der Krankheit angepasst werden muss[20]. Zum anderen gehört dazu über den Wortlaut der Norm hinaus in Anlehnung an die krankenversicherungsrechtlichen Vorschriften (§ 31 ff. SGB V) die Versorgung mit Arznei- und Verbandsmitteln sowie Heilmitteln[21]. Hilfsmittel werden dagegen nur umfasst, wenn sie zur Genesung erforderlich sind[22]. Weiter hat der ArbGeb eine erforderliche ärztliche Behandlung zu gewähren. Hierbei ist die Behandlung durch einen approbierten Arzt oder Facharzt geschuldet[23]. Das Auswahlrecht hinsichtlich der Person des Arztes steht dem ArbGeb zu. Allerdings muss der ArbGeb

---

[1] Soergel/*Kraft*, § 617 BGB Rz. 4; *Matthes* in ArbR-BGB, § 617 Rz. 13. | [2] MünchKommBGB/*Schaub*, § 617 Rz. 9. | [3] Staudinger/*Oetker*, § 617 BGB Rz. 24. | [4] Staudinger/*Oetker*, § 617 BGB Rz. 29; für eine Einbeziehung der Aufnahme bei leitenden Angestellten *Matthes* in ArbR-BGB, § 617 Rz. 15; MünchKommBGB/*Schaub*, § 617 BGB Rz. 9. | [5] BAG v. 8.6.1955 – 2 AZR 200/54, AP Nr. 1 zu § 618 BGB. | [6] ErfK/*Dörner*, § 617 BGB Rz. 6; *Matthes* in ArbR-BGB, § 617 Rz. 14. | [7] Erman/*Belling*, § 617 BGB Rz. 6; Staudinger/*Oetker*, § 617 BGB Rz. 28. | [8] Erman/*Belling*, § 617 BGB Rz. 7; Soergel/*Kraft*, § 617 BGB Rz. 5. | [9] *Matthes* in ArbR-BGB, § 617 Rz. 17. | [10] Staudinger/*Oetker*, § 617 BGB Rz. 31. | [11] Soergel/*Kraft*, § 617 BGB Rz. 5; *Matthes* in ArbR-BGB, § 617 Rz. 17. | [12] Erman/*Belling*, § 617 BGB Rz. 8; Soergel/*Kraft*, § 617 BGB Rz. 7; Staudinger/*Oetker*, § 617 BGB Rz. 35. | [13] So MünchKommBGB/*Schaub*, § 617 BGB Rz. 11. | [14] Soergel/*Kraft*, § 617 BGB Rz. 9; *Matthes* in ArbR-BGB, § 617 Rz. 21. | [15] Staudinger/*Oetker*, § 617 BGB Rz. 37. | [16] Staudinger/*Oetker*, § 617 BGB Rz. 40; für einen Fortbestand des Anspruchs sowie eine Pflicht zur Erstattung eines erhaltenen Zuschusses *Matthes* in ArbR-BGB, § 617 Rz. 21. | [17] Soergel/*Kraft*, § 617 BGB Rz. 9; Staudinger/*Oetker*, § 617 BGB Rz. 39; aA MünchKommBGB/*Schaub*, § 617 BGB Rz. 12. | [18] *Matthes* in ArbR-BGB, § 617 Rz. 22. | [19] *Matthes* in ArbR-BGB, § 617 BGB Rz. 23. | [20] *Matthes* in ArbR-BGB, § 617 Rz. 24. | [21] Erman/*Belling*, § 617 BGB Rz. 12; ErfK/*Dörner*, § 617 BGB Rz. 10. | [22] Staudinger/*Oetker*, § 617 BGB Rz. 44. | [23] Erman/*Belling*, § 617 BGB Rz. 11; MünchKommBGB/*Schaub*, § 617 Rz. 15.

wegen der erforderlichen Vertrauensbeziehung zwischen Patient und Arzt gem. § 315 auf die Wünsche des ArbN Rücksicht nehmen[1].

Der ArbGeb kann die erforderliche Krankenfürsorge auch dadurch gewähren, dass er eine **Aufnahme** **des Dienstverpflichteten in eine öffentliche oder private Krankenanstalt** veranlasst, die zu einer geeigneten stationären Behandlung in der Lage ist (§ 617 Abs. 1 Satz 2). Rechtstechnisch handelt es sich hierbei nicht um eine Wahlschuld[2], sondern um eine Ersetzungsbefugnis des ArbGeb[3]. Wenn der ArbN die Aufnahme in ein geeignetes Krankenhaus verweigert, soll der Anspruch nach teilweise vertretener Ansicht entfallen[4]. Demgegenüber spricht mehr für die Qualifikation der Weigerung als Annahmeverzug, so dass der Anspruch für die Zukunft fortbesteht[5]. 13

2. Zeitliche Dauer. Der Anspruch auf Krankenfürsorge besteht längstens **für sechs Wochen**. Die Frist beginnt nicht bereits mit der Erkrankung, sondern erst mit der tatsächlichen Erbringung der erforderlichen Leistungen[6]. Eine erneute Erkrankung löst einen neuen Sechs-Wochen-Zeitraum aus. Eine Einschränkung bei Wiederholungserkrankungen analog § 3 Abs. 1 Satz 2 EFZG ist mangels Gesetzeslücke nicht angezeigt[7]. Der Anspruch endet ohne Rücksicht auf den Ablauf der Sechs-Wochen-Frist grundsätzlich mit der Beendigung des Arbeitsverhältnisses. Gemäß Satz 4 bleibt die Pflicht zur Krankenfürsorge ausnahmsweise aufrechterhalten, wenn das Dienstverhältnis wegen der Erkrankung vom ArbGeb außerordentlich gekündigt wird. Da eine außerordentliche Kündigung aus diesem Grunde aber regelmäßig unzulässig ist, hat die Vorschrift kaum praktische Bedeutung[8]. Der Fall der ordentlichen Kündigung wird von der Norm dagegen nicht erfasst. Einer entsprechenden Anwendung von § 8 EFZG[9] steht der klare Wortlaut des Gesetzes entgegen[10]. 14

3. Kostentragung. Der ArbGeb hat die Krankenfürsorge in Form von **Sachleistungen** zu erbringen und muss daher die hierfür erforderlichen Kosten zunächst aufbringen. Dem ArbN steht aber kein Anspruch auf kostenlose Krankenfürsorge zu. Der ArbGeb ist gemäß § 617 Abs. 1 Satz 3 nämlich berechtigt, alle Aufwendungen auf die von ihm geschuldete Vergütung anzurechnen. Eine Anrechnung ist nur auf die Vergütung zulässig, die auf den Zeitraum entfällt, für den der ArbGeb tatsächlich Krankenfürsorge geleistet hat. Auch das Entgelt für andere Zahlungsperioden darf nicht angerechnet werden[11]. Die Kosten für Leistungen, die der ArbN auch ohne seine Erkrankung hätte beanspruchen können (zB Kost und Logis), sind nicht verrechenbar[12]. Soweit die anzurechnenden Kosten die Vergütung übersteigen, verbleiben sie beim ArbGeb[13]. Die Anrechnung erfolgt nicht kraft Gesetzes, sondern bedarf einer Gestaltungserklärung. Mangels einer Gegenforderung handelt es sich aber nicht um eine Aufrechnung, so dass die Pfändungsschutzvorschriften nicht anwendbar sind[14]. Sofern die Anrechnung unterblieben ist, kann der ArbGeb sie nachholen und die bereits gewährte Vergütung kondizieren[15]. 15

IV. Sonderregeln. Wenn der ArbGeb einen **Jugendlichen** in die häusliche Gemeinschaft aufgenommen hat, trifft § 30 Abs. 1 Nr. 2 JArbSchG eine Sonderregelung, die § 617 vorgeht. Die Vorschrift weicht in mehrfacher Hinsicht von § 617 ab. So bedarf es zunächst keines „dauerhaften" Beschäftigungsverhältnisses. Weiter besteht der Anspruch auf Krankenfürsorge auch bei einer vom Jugendlichen schuldhaft herbeigeführten Erkrankung. Die Pflicht des ArbGeb entfällt nur bei einem sozialversicherungsrechtlichen Schutz des Jugendlichen, während das Bestehen einer Privatversicherung den Anspruch unberührt lässt. Ferner enthält § 30 Abs. 1 Satz 2 JArbSchG grundsätzlich keine zeitliche Begrenzung der Pflicht zur Krankenfürsorge. Der Anspruch endet jedoch in jedem Falle mit der Beendigung des Beschäftigungsverhältnisses[16]. Eine analoge Anwendung von § 8 EFZG ist angesichts des eindeutigen Wortlauts der Norm nicht gerechtfertigt[17]. Demgegenüber ist § 617 Abs. 1 Satz 3 entsprechend anwendbar, so dass der ArbGeb die Kosten der Krankenfürsorge auf das während der Erkrankung geschuldete Entgelt anrechnen kann[18]. Für Seeleute enthalten die §§ 42 ff. SeemG ausführliche Sonderregelungen über die Krankenfürsorge des ArbGeb (Reeders)[19]. 16

---

1 Staudinger/*Oetker*, § 617 BGB Rz. 47. |2 *Matthes* in ArbR-BGB, § 617 Rz. 28. |3 Erman/*Belling*, § 617 BGB Rz. 12; Staudinger/*Oetker*, § 617 BGB Rz. 48. |4 MünchKommBGB/*Schaub*, § 617 Rz. 18. |5 ErfK/*Dörner*, § 617 BGB Rz. 17; Staudinger/*Oetker*, § 617 BGB Rz. 52; ähnlich *Matthes* in ArbR-BGB, § 617 Rz. 28. |6 Soergel/*Kraft*, § 617 BGB Rz. 9; aA Erman/*Belling*, § 617 BGB Rz. 14; *Matthes* in ArbR-BGB, § 617 Rz. 29: ab Erforderlichkeit krankheitsbedingter Fürsorge; unklar Staudinger/*Oetker*, § 617 BGB Rz. 56. |7 Erman/*Belling*, § 617 BGB Rz. 7; Staudinger/*Oetker*, § 617 BGB Rz. 34; aA *Matthes* in ArbR-BGB, § 617 Rz. 30. |8 *Matthes* in ArbR-BGB, § 617 Rz. 31. |9 *Matthes* in ArbR-BGB, § 617 Rz. 31; MünchKommBGB/*Schaub*, § 617 Rz. 20. |10 ErfK/*Dörner*, § 617 BGB Rz. 14; Staudinger/*Oetker*, § 617 BGB Rz. 60. |11 Staudinger/*Oetker*, § 617 BGB Rz. 64. |12 Erman/*Belling*, § 617 BGB Rz. 13; ErfK/*Dörner*, § 617 BGB Rz. 15. |13 MünchKommBGB/*Schaub*, § 617 Rz. 22. |14 Staudinger/*Oetker*, § 617 BGB Rz. 65 f.; MünchKommBGB/*Schaub*, § 617 Rz. 22. |15 *Matthes* in ArbR-BGB, § 617 Rz. 34. |16 Staudinger/*Oetker*, § 617 BGB Rz. 10. |17 IdS aber *Matthes* in ArbR-BGB, § 617 Rz. 42. |18 Staudinger/*Oetker*, § 617 BGB Rz. 10; MünchKommBGB/*Schaub*, § 617 Rz. 28; aA *Matthes* in ArbR-BGB, § 617 Rz. 44. |19 Einzelheiten bei *Matthes* in ArbR-BGB, § 617 Rz. 46 ff.; MünchKommBGB/*Schaub*, § 617 Rz. 29 ff.

§ 618 Pflicht zu Schutzmaßnahmen

(1) Der Dienstberechtigte hat Räume, Vorrichtungen oder Gerätschaften, die er zur Verrichtung der Dienste zu beschaffen hat, so einzurichten und zu unterhalten und Dienstleistungen, die unter seiner Anordnung oder seiner Leitung vorzunehmen sind, so zu regeln, dass der Verpflichtete gegen Gefahr für Leben und Gesundheit soweit geschützt ist, als die Natur der Dienstleistung es gestattet.

(2) Ist der Verpflichtete in die häusliche Gemeinschaft aufgenommen, so hat der Dienstberechtigte in Ansehung des Wohn- und Schlafraums, der Verpflegung sowie der Arbeits- und Erholungszeit diejenigen Einrichtungen und Anordnungen zu treffen, welche mit Rücksicht auf die Gesundheit, die Sittlichkeit und die Religion des Verpflichteten erforderlich sind.

(3) Erfüllt der Dienstberechtigte die ihm in Ansehung des Lebens und der Gesundheit des Verpflichteten obliegenden Verpflichtungen nicht, so finden auf seine Verpflichtung zum Schadensersatz die für unerlaubte Handlungen geltenden Vorschriften der §§ 842 bis 846 entsprechende Anwendung.

I. Grundlagen 1	3. Nichtraucherschutz 28
1. Normzweck 1	4. Erweiterung der Pflichten gemäß Abs. 2 32
2. Sondervorschriften 4	IV. Rechtsfolgen bei Pflichtverletzung 33
3. Stellung der Vorschrift im Rechtssystem . . 5	1. Erfüllungsanspruch 33
4. Struktur des öffentlich-rechtlichen Arbeits-	2. Leistungsverweigerungsrecht 35
schutzes 8	a) Zurückbehaltungsrecht gemäß § 273 Abs. 1 . . 35
II. Anwendungsbereich 13	b) Arbeitsverweigerungsrecht nach § 21 Abs. 6
III. Inhalt und Umfang der Schutzpflicht 15	Satz 2 GefStoffV 37
1. Allgemeines 15	c) Entfernungsrecht gemäß § 9 Abs. 3
a) Gesundheits- und Gefahrbegriff 15	ArbSchG 39
b) Bedeutung des technischen Arbeitsschutz-	3. Fortbestand des Vergütungsanspruchs . . . 40
rechts 17	4. Schadensersatzansprüche 41
c) Relativität des Arbeitsschutzes 18	a) Vertragliche Ansprüche 41
2. Gegenständlicher Inhalt der Schutzpflicht . . 19	b) Deliktische Ansprüche 46
a) Räume 19	c) Haftungsausschluss 47
b) Vorrichtungen und Gerätschaften 22	5. Kündigungsrecht 48
c) Regelung der Dienstleistungen 24	6. Beschwerderecht 49

Lit.: *Nöthlichs*, Arbeitsstätten – Arbeitsstättenverordnung und Unfallverhütungsvorschriften, 1980 ff.

1 **I. Grundlagen. 1. Normzweck.** Die Vorschrift bezweckt den **Schutz des Dienstpflichtigen** vor den bei der Erfüllung der Dienstleistungen drohenden Gefahren für Leben und Gesundheit[1]. Weiter besteht im Ergebnis Einigkeit darüber, dass der ArbGeb für die Aufrechterhaltung der guten Sitten und des Anstandes innerhalb des Betriebs zu sorgen hat. Ein Teil der Lit. stützt dies trotz des insoweit von § 62 Abs. 1 HGB abweichenden Wortlauts, der diese Schutzrichtung ausdrücklich einschließt, auf eine erweiternde Auslegung von § 618 Abs. 1[2]. Demgegenüber spricht mehr dafür, insoweit auf die allgemeine Fürsorgepflicht des ArbGeb zurückzugreifen[3]. Der ArbGeb kann nach der Aufhebung von § 120b GewO weniger denn je als sittlich-moralische Anstalt angesehen werden. Vielmehr ist heutzutage von einer allgemeinen Pflicht des ArbGeb zum Schutz der ArbN-Persönlichkeit auszugehen, in der die gebotene Rücksichtnahme auf die sittlichen Empfindungen der Beschäftigten aufgeht[4]. Innerhalb seines Regelungsbereichs ist § 618 jedoch abschließend, so dass insoweit nicht auf die Fürsorgepflicht rekurriert werden kann[5].

2 Das in den Betrieb eingebrachte **ArbN-Eigentum** wird nach allgemeiner Ansicht nicht durch § 618 geschützt. Eine analoge Anwendung scheidet ebenfalls aus[6]. Der ArbGeb ist aber aufgrund seiner allgemeinen Interessenwahrungspflicht gehalten, für einen Schutz eingebrachter Sachen des Beschäftigten zu sorgen (§ 619a Rz. 81 ff.). Außerdem kann ihn unter bestimmten Voraussetzungen eine verschuldensunabhängige Einstandspflicht für Schäden an Gegenständen des ArbN treffen (§ 619a Rz. 96 ff.).

3 § 618 statuiert eine Pflicht des ArbGeb. Ein **Kündigungsrecht** für den Fall, dass sich der Gesundheitszustand des ArbN bei einer Fortsetzung des Arbeitsverhältnisses verschlimmert, lässt sich aus dieser Vorschrift **nicht herleiten**[7].

4 **2. Sondervorschriften.** Eine nahezu inhaltsgleiche Schutzbestimmung enthält § 62 HGB für **Handlungsgehilfen** und § 80 SeemG für Seeleute. Die bislang für gewerbliche ArbN geltenden Sonderregelungen in den §§ 120b und c GewO sind zum 1.1.2003 aufgehoben worden. Inhaltlich weiter gehende Vor-

---

1 LAG Berlin v. 4.4.1986 – 14 Sa 9/86, LAGE § 618 BGB Nr. 2; *Friedrich* in ArbR-BGB, § 618 Rz. 1; Münch-KommBGB/*Lorenz*, § 618 Rz. 1. | 2 MünchKommBGB/*Lorenz*, § 618 Rz. 2, 36. | 3 Ebenso Erman/*Belling*, § 618 BGB Rz. 1; Staudinger/*Oetker*, § 618 BGB Rz. 127. | 4 MünchArbR/*Blomeyer*, § 96 Rz. 1; ähnlich Staudinger/*Oetker*, § 618 BGB Rz. 127. | 5 LAG Hess. v. 13.6.1994 – 10 Sa 1019/93, LAGE § 618 BGB Nr. 7; Erman/*Belling*, § 618 BGB Rz. 1; aA LAG BW v. 9.12.1977 – 7 Sa 163/77, EzA § 611 BGB – Fürsorgepflicht Nr. 22; *Börgmann*, RdA 1993, 275 (283). | 6 BAG v. 1.7.1965 – 5 AZR 264/64, AP Nr. 75 zu § 611 BGB – Fürsorgepflicht; v. 5.3.1959 – 2 AZR 268/56, AP Nr. 26 zu § 611 BGB – Fürsorgepflicht; Erman/*Belling*, § 618 BGB Rz. 1; MünchKommBGB/*Lorenz*, § 618 Rz. 3. | 7 *Berkowsky*, NZA-RR 2001, 393 (401); *K. Gamillscheg*, SAE 1998, 17 (18); missverständlich BAG v. 28.2.1990 – 2 AZR 401/89, AP Nr. 25 zu § 1 KSchG 1969 – Krankheit; dazu auch BAG v. 12.7.1995 – 2 AZR 762/94, AP Nr. 7 zu § 626 BGB – Krankheit.

schriften finden sich für Jugendliche in den §§ 28 ff. JArbSchG, für werdende Mütter in § 2 MuSchG, für schwerbehinderte Menschen in § 81 Abs. 4 SGB IX und für in Heimarbeit Beschäftigte in § 12 HAG (siehe auch § 22 JArbSchG).

3. Stellung der Vorschrift im Rechtssystem. § 618 statuiert eine privatrechtliche Pflicht des Dienstgebers[1]. Nach verbreiteter Ansicht handelt es sich um eine **Ausprägung der allgemeinen Fürsorgepflicht** des ArbGeb[2]. Dieser Ansatz ist dahin zu konkretisieren, dass es bei § 618 vornehmlich um die Verantwortlichkeit für die Abwehr von Gefahren eines räumlich-gegenständlichen Bereichs und damit um einen mit der Dogmatik der Verkehrssicherungspflichten verwandten Gedanken geht[3].

§ 618 ist eng mit dem **öffentlich-rechtlichen Arbeitsschutzrecht** verknüpft. Hierunter ist die Gesamtheit aller Vorschriften zu verstehen, die dem ArbGeb zur Gewährleistung der Sicherheit und des Gesundheitsschutzes der Beschäftigten Pflichten gegenüber dem Staat bzw. den gesetzlichen Unfallversicherungsträgern auferlegen. Die Verzahnung zeigt sich darin, dass die öffentlich-rechtlichen Arbeitsschutznormen nach einhelliger Auffassung den Inhalt der vertraglichen Pflichten des ArbGeb gegenüber dem ArbN bestimmen (Doppelwirkung)[4]. Dabei gestalten die öffentlich-rechtlichen Pflichten das Arbeitsverhältnis nicht originär[5], sondern werden über § 618 auf die vertragliche Ebene projiziert[6]. Voraussetzung für die Transformation öffentlich-rechtlicher Arbeitsschutznormen ist nach allgemeiner Ansicht, dass sie dem Inhalt nach geeignet sind, den Gegenstand einer arbeitsvertraglichen Vereinbarung zu bilden[7]. Damit werden solche Ordnungs- und Organisationsvorschriften ausgeklammert, deren Einhaltung dem ArbGeb lediglich gegenüber der Aufsichtsbehörde obliegt (zB Aufzeichnungs- und Aushangpflichten)[8]. Bei arbeitsschutzrechtlichen Solidarnormen, deren Zweck primär im Schutz der gesamten Belegschaft oder von ArbN-Gruppen liegt, kommt es darauf an, ob sie auch dem einzelnen ArbN einen Erfüllungsanspruch einräumen wollen[9].

Die Entwicklung des öffentlich-rechtlichen Arbeitsschutzrechts hat zu einem **Bedeutungsverlust** von § 618 geführt. Erstens erfolgt die Konkretisierung von § 618 wie dargelegt durch die einschlägigen öffentlich-rechtlichen Normen, deren ungeheure Fülle praktisch keinen Raum mehr für eine eigenständige Auslegung dieser Vorschrift lässt. Zweitens erfolgt die Durchsetzung des öffentlich-rechtlichen Arbeitsschutzes durch die Gewerbeaufsichtsämter sowie die Berufsgenossenschaften (§§ 14 ff. SGB VII). Dazu kommen die arbeitsschutzbezogenen Befugnisse der BR (§§ 80 Abs. 1 Nr. 1, 87 Abs. 1 Nr. 7, 88 Nr. 1, 91 BetrVG). Drittens ist der durch § 618 Abs. 3 geregelte Schadensersatzanspruch gegen den ArbGeb bei einer Verletzung von Arbeitsschutzpflichten regelmäßig gemäß § 104 SGB VII ausgeschlossen.

4. Struktur des öffentlich-rechtlichen Arbeitsschutzes. Der öffentlich-rechtliche Arbeitsschutz wird üblicherweise in den **technischen Arbeitsschutz** und den **sozialen Arbeitsschutz** unterteilt[10]. Der technische Arbeitsschutz umfasst im Kern den Schutz der Beschäftigten vor den mit der Arbeitsleistung verbundenen Gefahren für Leben und Gesundheit. Demgegenüber betrifft der soziale Arbeitsschutz den Arbeitszeitschutz (Umfang und Lage der Arbeitszeit) sowie den Schutz für besonders schutzbedürftige Beschäftigtengruppen (Mütter, Jugendliche, schwerbehinderte Menschen, in Heimarbeit Beschäftigte). Die erwähnte Transformationswirkung des § 618 Abs. 1 bezieht sich in erster Linie auf die dem technischen Arbeitsschutz zugehörigen Vorschriften. Darüber hinaus werden aber auch diejenigen Normen des sozialen Arbeitsschutzes erfasst, die der Abwehr von Gesundheitsgefahren für den ArbN dienen. Dies gilt insb. für den Arbeitszeitschutz[11]. Für eine vollständige Ausklammerung des sozialen Arbeitsschutzes aus dem Anwendungsbereich des § 618 und eine ausschließliche Transformation mittels der allgemeinen Interessenwahrungspflicht des ArbGeb[12] besteht kein Anlass.

Der technische Arbeitsschutz speist sich aus einer **Vielzahl nationaler sowie internationaler und supranationaler Rechtsquellen**, die zu einer erheblichen Unübersichtlichkeit der Materie führen. Auf der Ebene des nationalen Rechts besteht traditionell ein duales System von Arbeitsschutznormen. Auf der einen Seite steht das staatliche Recht, wobei die einschlägigen Gesetze entweder den technischen Arbeitsschutz selbst regeln oder die Ermächtigungsgrundlage für den Erlass entsprechender Rechtsverordnungen enthalten. Auf der anderen Seite existieren die von den Trägern der gesetzlichen Unfallversicherung (§ 114 Abs. 1 SGB VII) aufgrund der allgemeinen Ermächtigungsnorm des § 15 Abs. 1

---

1 MünchArbR/*Blomeyer*, § 96 Rz. 1; Staudinger/*Oetker*, § 618 BGB Rz. 10; ErfK/*Wank*, § 618 BGB Rz. 3. | 2 BAG v. 10.3.1976 – 5 AZR 34/75, AP Nr. 17 zu § 618 BGB; BGH v. 7.11.1960 – VII ZR 148/59, BGHZ 33, 247 (249); Soergel/*Kraft*, § 618 BGB Rz. 1; MünchKommBGB/*Lorenz*, § 618 Rz. 1. | 3 IdS auch Erman/*Belling*, § 618 BGB Rz. 1; Staudinger/*Oetker*, § 618 BGB Rz. 11. | 4 BAG v. 10.3.1976 – 5 AZR 34/75, AP Nr. 17 zu § 618 BGB; MünchArbR/*Blomeyer*, § 96 Rz. 6; *Herschel*, RdA 1978, 69 (72); MünchKommBGB/*Lorenz*, § 618 Rz. 6; ErfK/*Wank*, § 618 BGB Rz. 4. | 5 *Herschel*, RdA 1964, 44 (45); *Wlotzke*, FS Hilger/Stumpf (1983), S. 723 (738 f.). | 6 Staudinger/*Oetker*, § 618 BGB Rz. 15 f. | 7 BAG v. 21.8.1985 – 7 AZR 199/83, AP Nr. 19 zu § 618 BGB; MünchArbR/*Blomeyer*, § 96 Rz. 8; Staudinger/*Oetker*, § 618 BGB Rz. 19; ErfK/*Wank*, § 618 BGB Rz. 5. | 8 *Friedrich* in ArbR-BGB, § 618 Rz. 47; MünchArbR/*Wlotzke*, § 209 Rz. 19. | 9 MünchArbR/*Blomeyer*, § 96 Rz. 8; ErfK/*Wank*, § 618 BGB Rz. 5; insoweit großzügig *Friedrich* in ArbR-BGB, § 618 Rz. 47; MünchKommBGB/*Lorenz*, § 618 Rz. 7; von vornherein weiter *Wlotzke*, FS Hilger/Stumpf (1983), S. 723 (743 f.). | 10 Staudinger/*Oetker*, § 618 BGB Rz. 23; MünchArbR/*Wlotzke*, § 207 Rz. 4. | 11 Staudinger/*Oetker*, § 617 BGB Rz. 26; MünchArbR/*Wlotzke*, § 209 Rz. 16. | 12 So MünchKommBGB/*Lorenz*, § 618 Rz. 20 f.

BGB § 618 Rz. 10 Pflicht zu Schutzmaßnahmen

SGB VII erlassenen Unfallverhütungsvorschriften. Das staatliche Arbeitsschutzrecht lässt sich inhaltlich in den betrieblichen Arbeitsschutz und den vorgreifenden produktbezogenen Gefahrenschutz unterteilen[1]. Die relevanten Gesetze weisen aber vielfach Überschneidungen auf.

10 In inhaltlicher Hinsicht ist als Erstes das **Arbeitsschutzgesetz** zu nennen, das als „Grundgesetz" des Arbeitsschutzes einen Rahmen aufspannt, in dem es allgemeine Rechte und Pflichten regelt[2]. Die organisatorischen Bestimmungen des Arbeitsschutzgesetzes werden durch das Arbeitssicherheitsgesetz (ASiG) sowie § 22 SGB VII ergänzt, wonach der ArbGeb Betriebsärzte, Fachkräfte für Arbeitssicherheit und Sicherheitsbeauftragte zu bestellen bzw. zu verpflichten sowie einen Arbeitsschutzausschuss zu bilden hat[3]. Die Anforderungen an die Räumlichkeiten werden durch die Arbeitsstättenverordnung (ArbStättV)[4] konkretisiert. Ergänzend treten Vorschriften über den Schutz an bestimmten Arbeitsplätzen bzw. bei bestimmten Tätigkeiten hinzu, unter denen vor allem die Bildschirmarbeitsverordnung (BildscharbV) zu nennen ist. Auf den Schutz der Beschäftigten vor den Gefahren technischer Arbeitsmittel und besonders gefährlicher Anlagen zielt das neue Geräte- und Produktsicherheitsgesetz (GPSG) als Nachfolger des Gerätesicherheitsgesetzes (GSG) ab[5], zu dem eine Fülle konkretisierender VO erlassen worden ist. Ferner gehört in diesen Zusammenhang die auf Grund des Arbeitsschutzgesetzes (ArbSchG) erlassene VO über Sicherheit und Gesundheitsschutz bei der Bereitstellung und Benutzung von Arbeitsmitteln sowie beim Betrieb überwachungsbedürftiger Anlagen (BetrSichV), die die bisherige Arbeitsmittelbenutzungsverordnung (AMBV) vor kurzem abgelöst hat[6]. Den Schutz der ArbN vor gefährdenden Arbeitsstoffen bezwecken insb. das Chemikaliengesetz (ChemG) sowie die darauf beruhende Gefahrstoffverordnung (GefStoffV)[7]. Zu nennen sind ferner die Biostoffverordnung (BioStoffV) sowie das Gentechnikgesetz (GenTG) und die Gentechnik-Sicherheitsverordnung (GenTSV)[8]. Bei den das staatliche Recht ergänzenden Unfallverhütungsvorschriften (UVV) der Berufsgenossenschaften handelt es sich um autonome öffentlich-rechtliche Normen[9]. Demgegenüber sind die von den Berufsgenossenschaften herausgegebenen Durchführungsanweisungen, Richtlinien, Sicherheitsregeln und Merkblätter keine Rechtsvorschriften[10].

11 Das nationale technische Arbeitsschutzrecht wird schon seit langem durch **internationales** und zunehmend auch durch **supranationales europäisches Recht** überlagert. Die einschlägigen gemeinschaftsrechtlichen Regelungen beruhen auf zwei verschiedenen Strömungen. Einmal geht es um Harmonisierungsrichtlinien auf der Grundlage der Art. 94, 95 EG (früher Art. 100, 100a EGV), die der Beseitigung von Handelshemmnissen für technische Erzeugnisse und gefährliche Stoffe dienen. Da in den Bereichen Gesundheit und Sicherheit gemäß Art. 95 Abs. 3 EG ein hohes Schutzniveau anzustreben ist, sind diese Richtlinien auch für den technischen Arbeitsschutz bedeutsam[11]. Erheblich wichtiger sind die auf Art. 137 EG (früher Art. 118a EGV) gestützten Richtlinien, die unmittelbar auf den technischen Arbeitsschutz abzielen. Das Kernstück bildet die als Rahmenrichtlinie konzipierte Arbeitsschutz-Richtlinie[12]. Zu deren Ausfüllung ist bislang eine große Anzahl von Einzelrichtlinien erlassen worden, die sich etwa auf die Anforderungen an Arbeitsstätten, an die Benutzung von Arbeitsmitteln und an die Arbeit an Bildschirmgeräten beziehen[13].

12 Eine weitere Rechtsquelle für das internationale Arbeitsschutzrecht bilden schließlich die **Übereinkommen der Internationalen Arbeitsorganisation (IAO)**, soweit diese von der Bundesrepublik Deutschland ratifiziert und in innerstaatliches Recht transformiert worden sind. Die große Anzahl der einschlägigen Regelungen hat jedoch nur geringe Relevanz, weil das deutsche Arbeitsschutzrecht den jeweiligen Vorgaben bereits entsprochen hat[14].

13 **II. Anwendungsbereich.** Soweit keine Sondervorschriften eingreifen (Rz. 3), ist § 618 **auf sämtliche Arbeits- und Dienstverhältnisse anwendbar**. Wie sich im Umkehrschluss aus § 617 ergibt, muss es sich nicht um ein dauerndes Beschäftigungsverhältnis handeln[15]. Die Regelung gilt weiter analog für Werkverträge, wenn der Unternehmer in den Räumen des Bestellers tätig wird[16], hat insoweit aber keinen zwingenden Charakter[17].

14 Bei einem **Leiharbeitsverhältnis** treffen den Verleiher als Vertragspartner die Pflichten aus § 618 in vollem Umfang. Insoweit fungiert der Entleiher als Erfüllungsgehilfe des Verleihers[18]. Daneben ist der Entleiher für die Einhaltung des Arbeitsschutzes verantwortlich. Eine entsprechende öffentlich-recht-

---

[1] MünchArbR/*Wlotzke*, § 207 Rz. 9. | [2] Umfassend dazu MünchArbR/*Wlotzke*, § 211 Rz. 1 ff. | [3] Zu den organisationsrechtlichen Anforderungen ausf. MünchArbR/*Wlotzke*, § 210 Rz. 30 ff., 44 ff. | [4] Dazu umfassend *Nöthlichs*, Arbeitsstätten. | [5] Vgl. BT-Drs. 15/1620. | [6] BGBl. 2002 I, S. 3777 ff. | [7] Dazu mehr MünchArbR/*Wlotzke*, § 214 Rz. 1 ff. | [8] Hierzu MünchArbR/*Wlotzke*, § 215 Rz. 18 ff., 39 ff. | [9] Siehe etwa BSG v. 1.3.1989 – 2 RU 51/88, NZA 1989, 575; MünchArbR/*Wlotzke*, § 207 Rz. 32. | [10] Staudinger/*Oetker*, § 618 BGB Rz. 31, 86; MünchArbR/*Wlotzke*, § 207 Rz. 42 ff. | [11] Siehe etwa die Maschinen-Richtlinie 89/392/EWG v. 14.6.1989, ABl. EG Nr. L 183, S. 9 ff. | [12] Richtlinie über die Durchführung von Maßnahmen zur Verbesserung der Sicherheit und des Gesundheitsschutzes der Arbeitnehmer bei der Arbeit 89/391/EWG v. 12.6.1989, ABl. EG Nr. L 183, S. 1 ff. | [13] Auflistung bei Staudinger/*Oetker*, § 617 BGB Rz. 54; MünchArbR/*Wlotzke*, § 206 Rz. 96. | [14] MünchArbR/*Wlotzke*, § 206 Rz. 101 mit einer Auflistung der arbeitsschutzbezogenen Übereinkommen der IAO. | [15] Soergel/*Kraft*, § 618 BGB Rz. 3; ErfK/*Wank*, § 618 BGB Rz. 1. | [16] BGH (GS) v. 5.2.1952 – GSZ 4/51, BGHZ 5, 62 (65 ff.). | [17] BGH v. 15.6.1971 – VI ZR 262/69, BGHZ 56, 269 (274 f.). | [18] Soergel/*Kraft*, § 618 BGB Rz. 3; Staudinger/*Oetker*, § 618 BGB Rz. 95.

liche Pflicht ergibt sich aus § 11 Abs. 6 Satz 1 AÜG. In der privatrechtlichen Beziehung des Entleihers zum LeihArbN ist § 618 mangels eines Arbeitsvertrages zwar nicht unmittelbar anwendbar[1]. Die Eingliederung des LeihArbN in den Organisationsbereich des Entleihers rechtfertigt aber eine analoge Heranziehung dieser Norm. Eine bloße Einbeziehung des LeihArbN in den Schutzbereich des zwischen dem Verleiher und dem Entleiher bestehenden Vertrags[2] kann zu Schutzlücken führen. Ein eigenständiger Schutz nach vertraglichen Grundsätzen verleiht zudem Art. 8 RL 91/383/EWG über die Verbesserung des Gesundheitsschutzes ua. von LeihArbN[3] größere Wirksamkeit. Dieselben Grundsätze gelten bei einem mittelbaren Arbeitsverhältnis, so dass sowohl der Mittelsmann als Vertragspartner wie auch der mittelbare ArbGeb privatrechtlich für die Einhaltung des Arbeitsschutzes verantwortlich sind[4]. § 618 gilt auch für Arbeitsverhältnisse im öffentlichen Dienst. Anders als das Arbeitsschutzgesetz (ArbSchG) erfasst diese Vorschrift zwar nicht Beamte. Die beamtenrechtliche Fürsorgepflicht des Dienstherren (vgl. § 79 BBG, § 48 BRRG) führt aber zu einem vergleichbaren Integritätsschutz[5].

III. Inhalt und Umfang der Schutzpflicht. 1. Allgemeines. a) Gesundheits- und Gefahrbegriff. Unter dem durch § 618 geschützten Rechtsgut der Gesundheit ist die **körperliche und psychische Integrität des Dienstnehmers** zu verstehen. Der weiter gehende Gesundheitsbegriff der Weltgesundheitsorganisation (WHO), wonach Gesundheit „ein Zustand völligen körperlichen, seelischen und sozialen Wohlbefindens" ist[6], spielt für diese Norm keine Rolle[7]. Die menschengerechte Gestaltung der Arbeit ist damit nicht Thema von § 618. Es spricht aber vieles dafür, die in einer Reihe von Einzelvorschriften angesprochene menschengerechte Arbeitsgestaltung (§ 2 Abs. 1 ArbSchG, § 6 Abs. 1 ASiG, § 19 Abs. 1 ChemG, § 28 JArbSchG, §§ 90, 91 BetrVG) als Inhalt einer allgemeinen Rechtspflicht des ArbGeb anzusehen[8]. Rechtliche Grundlage ist § 75 Abs. 2 BetrVG bzw. die allgemeine Interessenwahrungspflicht (Fürsorgepflicht) des ArbGeb[9]. Eine Pflichtverletzung ist allerdings nur bei einem Verstoß gegen gesicherte arbeitswissenschaftliche Erkenntnisse anzunehmen.

15

Für § 618 bedarf es einer **Gefahr**. Hierunter ist die auf objektiv feststellbaren Tatsachen gegründete Besorgnis zu verstehen, dass bei ungehindertem Geschehensablauf ein Schaden eintritt[10]. Je schwerwiegender die drohende Einbuße ist, desto geringer ist der zu fordernde Grad an Wahrscheinlichkeit[11]. Die Wirkungszusammenhänge beurteilen sich nach arbeitsmedizinischen Erkenntnissen.

16

b) Bedeutung des technischen Arbeitsschutzrechts. Die Vorschriften des technischen Arbeitsschutzes konkretisieren die vertragliche Pflicht des ArbGeb aus § 618 im Allgemeinen **abschließend**. Dies bedeutet zum einen, dass sie zugunsten des ArbN ein Mindestschutzniveau etablieren[12]. Zum anderen wirken sie zum Vorteil des ArbGeb, weil der ArbN grundsätzlich keinen höheren Sicherheitsstandard verlangen kann[13]. Bei ArbN, die aufgrund ihrer gesundheitlichen Disposition besonders anfällig sind, kann der ArbGeb im Rahmen von § 618 aber nach ganz überwiegender Ansicht zu besonderen Schutzmaßnahmen verpflichtet sein[14]. Ihre Grenze findet diese Pflicht zur besonderen Rücksichtnahme auf schwächere Mitarbeiter an der Möglichkeit und Zumutbarkeit entsprechender Maßnahmen[15].

17

c) Relativität des Arbeitsschutzes. Der durch § 618 vorgeschriebene Schutz ist nicht absolut, sondern relativ, indem er seine **Grenze in der Natur der Dienstleistung** findet. Der ArbN muss ein akzeptables Risiko hinnehmen. Der ArbGeb ist nicht zur Beseitigung derjenigen Gefahren verpflichtet, die mit den Besonderheiten der Dienstleistung untrennbar verbunden sind und nach dem jeweiligen Stand der Technik nicht vermieden werden können[16]. Der ArbN kann keine Maßnahmen des Gesundheitsschutzes verlangen, die zur Veränderung einer an sich erlaubten unternehmerischen Tätigkeit führen würde[17]. Eine weitere Grenze ist die Zumutbarkeit gefahrabwendender Maßnahmen für den ArbGeb. Die Kosten für Schutzvorkehrungen, die dem Stand der Technik entsprechen, begründen im Allgemeinen aber keine Unzumutbarkeit. Soweit der ArbGeb eine Gefahrenquelle nicht ausschalten muss, ist er zur Unterweisung der ArbN verpflichtet, um ihnen ein gefahrminimierendes Verhalten zu ermöglichen (§ 12 Abs. 1 ArbSchG, § 81 Abs. 1 Satz 2 BetrVG, § 9 BetrSichV).

18

---

[1] So aber BAG v. 5.5.1988 – 8 AZR 484/85, AP Nr. 2 zu § 831 BGB; v. 23.2.1978 – 3 AZR 695/76, AP Nr. 9 zu § 637 RVO; *Friedrich* in ArbR-BGB, § 618 Rz. 12; Soergel/*Kraft*, § 618 BGB Rz. 3. | [2] So Staudinger/*Oetker*, § 618 BGB Rz. 95. | [3] ABl. EG Nr. L 206, S. 19 ff. | [4] *Friedrich* in ArbR-BGB, § 618 Rz. 13; unter Berufung auf die Rechtsfigur des Vertrags mit Drittschutzwirkung ebenso Soergel/*Kraft*, § 618 BGB Rz. 3; Staudinger/*Oetker*, § 618 BGB Rz. 95 f. | [5] BVerwG v. 25.1.1993 – 2 C 14.91, DVBl. 1993, 905; v. 13.9.1984 – 2 C 33.82, NJW 1985, 876 (877); MünchKommBGB/*Lorenz*, § 618 Rz. 9. | [6] Vgl. Präambel der Satzung der WHO, BGBl. 1974 II S. 45. | [7] Erman/*Belling*, § 618 BGB Rz. 9; *Friedrich* in ArbR-BGB, § 618 Rz. 21; Staudinger/*Oetker*, § 618 BGB Rz. 142 f.; idS auch BAG v. 6.12.1983 – 1 ABR 43/81, AP Nr. 7 zu § 87 BetrVG 1972 – Überwachung (C II 2 b). | [8] Grdl. *Zöllner*, RdA 1973, 212 (214 f.). | [9] *Friedrich* in ArbR-BGB, § 618 BGB Rz. 23. | [10] *Friedrich* in ArbR-BGB, § 618 Rz. 22; MünchKommBGB/*Lorenz*, § 618 Rz. 48; siehe auch BT-Drs. 13/3540, S. 16. | [11] Vgl. BT-Drs. 13/3540, S. 16 (zu § 4 ArbSchG). | [12] Erman/*Belling*, § 618 BGB Rz. 7; ErfK/*Wank*, § 618 BGB Rz. 4; MünchArbR/*Wlotzke*, § 209 Rz. 17. | [13] Soergel/*Kraft*, § 618 BGB Rz. 5; MünchKommBGB/*Lorenz*, § 618 Rz. 49; Staudinger/*Oetker*, § 618 BGB Rz. 146. | [14] BAG v. 17.1.1998 – 9 AZR 84/97, AP Nr. 26 zu § 618 BGB; v. 8.5.1996 – 5 AZR 315/95, AP Nr. 23 zu § 618 BGB; *Börgmann*, RdA 1993, 275 (283); *Friedrich* in ArbR-BGB, § 618 Rz. 20; MünchKommBGB/*Lorenz*, § 618 Rz. 49; aA offenbar *Kort*, NZA 1996, 854. | [15] LAG München v. 27.11.1990 – 2 Sa 542/90, LAGE § 618 BGB Nr. 5. | [16] Staudinger/*Oetker*, § 618 BGB Rz. 231. | [17] BAG v. 8.5.1996 – 5 AZR 971/94, AP Nr. 20 zu § 618 BGB; Soergel/*Kraft*, § 618 BGB Rz. 8.

19 **2. Gegenständlicher Inhalt der Schutzpflicht. a) Räume.** Die Schutzpflicht des Dienstberechtigten erstreckt sich zunächst auf Räume. Entsprechend dem Normzweck der Gefahrabwendung ist der Begriff **weit auszulegen**. Er umfasst über die eigentliche Arbeitsstätte hinaus sämtliche Örtlichkeiten, die der ArbN im Zusammenhang mit seiner betrieblichen Tätigkeit aufsuchen muss[1]. Zu den Räumen gehören etwa Arbeitsstätten in Gebäuden, Arbeitsplätze im Freien[2], Pausenräume, Sanitärräume und innerbetriebliche Verkehrswege[3]. Der Begriff des Raumes deckt sich im Wesentlichen mit dem Begriff der Arbeitsstätte iSd. ArbStättV[4]. Die Schutzpflicht des ArbGeb bezieht sich nicht auf öffentliche Wege, auf denen der ArbN zum Betrieb gelangt[5]. Ausgeklammert sind ferner Räumlichkeiten, deren Betreten dem ArbN ausdrücklich oder konkludent untersagt ist[6].

20 Die Anforderungen an die Einrichtung und die Unterhaltung der Räume werden in erster Linie durch die §§ 5 ff. ArbStättV konkretisiert[7]. Die Geltung der ArbStättV ist durch das Außerkrafttreten ihrer gewerberechtlichen Ermächtigungsgrundlagen (§§ 120e, 139a GewO) nicht berührt worden[8]. Die §§ 5 ff. ArbStättV regeln allgemeine Fragen, wie etwa die Lüftung, die Raumtemperaturen und die Beleuchtung von Arbeitsstätten sowie den Schutz vor Gasen, Dämpfen, Nebeln, Stäuben und Lärm. Darüber hinaus existieren spezielle Vorschriften über die Abmessung von Arbeitsstätten und die Gestaltung von Pausen-, Bereitschafts-, Liege-, Sanitär- und Sanitätsräumen. Die ArbStättV enthält vielfach keine Detailbestimmungen, sondern stellt nur einen Rahmen auf. Zu dessen Ausfüllung dienen die Arbeitsstätten-Richtlinien (ASR), die vom BMWA gemäß § 3 Abs. 2 ArbStättV aufgestellt werden. Diese Richtlinien sind selber keine Rechtsnormen. Sie haben aber erhebliche praktische Bedeutung, indem sie als dokumentierte, allgemein anerkannte Regeln bzw. gesicherte arbeitswissenschaftliche Erkenntnisse angesehen werden können, wenn und soweit keine Anhaltspunkte für eine Fehlbeurteilung vorliegen[9]. Die ASR regeln detailliert etwa die Lüftung, die Raumtemperaturen und die Beleuchtung von Arbeitsstätten[10].

21 Außerhalb von ArbStättV und ASR existieren **weitere spezielle Arbeitsschutzvorschriften**, die sich auf die Einrichtung und Unterhaltung von Arbeitsstätten beziehen und dadurch die Schutzpflicht des ArbGeb gemäß § 618 konkretisieren[11]. Ferner enthalten die von den Berufsgenossenschaften erlassenen UVV zusätzliche Anforderungen an die Einrichtung und Unterhaltung von Arbeitsstätten.

22 **b) Vorrichtungen und Gerätschaften.** Die dem ArbGeb durch § 618 auferlegte Schutzpflicht bezieht sich auch auf Vorrichtungen und Gerätschaften. Entsprechend dem Schutzzweck ist der Begriff ebenfalls **weit auszulegen**. Einbezogen sind sämtliche Gegenstände, mit denen der ArbN anlässlich seiner Tätigkeit in Berührung kommt[12]. Gemeint sind damit sämtliche Arbeitsmittel wie Maschinen, Werkzeuge, Anlagen und Schutzausrüstungen sowie Gefahrstoffe wie Rohstoffe und Hilfsstoffe. Für den Bereich der Geräte-, Maschinen- und Anlagensicherheit kann zur Konkretisierung der Schutzpflicht des ArbGeb aus § 618 neben der BetrSichV (Rz. 9) auf das GSG zurückgegriffen werden. Das GSG bzw. nunmehr das GPSG ist zwar nicht unmittelbar an den ArbGeb adressiert, sondern bezweckt einen vorgreifenden produktbezogenen Gefahrenschutz, indem es dem Hersteller, Importeur und Händler bestimmte Pflichten auferlegt. Soweit es um die sicherheitsgerechte Beschaffenheit von technischen Arbeitsmitteln geht, kann aber angenommen werden, dass der ArbGeb im Allgemeinen seiner Schutzpflicht nachkommt, wenn die von ihm eingesetzten Arbeitsmittel den Anforderungen des GPSG entsprechen[13]. Hiervon ist die vom GPSG nicht thematisierte sichere Verwendung von technischen Arbeitsmitteln zu unterscheiden, hinsichtlich derer den ArbGeb eine eigenständige Schutzpflicht trifft (vgl. § 1 Abs. 4 GPSG.)[14] Im Übrigen spricht einiges für eine Pflicht des ArbGeb, nur solche technischen Arbeitsmittel einzusetzen, die den Bestimmungen des GPSG genügen[15].

23 Das GPSG wird durch eine Reihe von **Verordnungen konkretisiert**, unter denen vor allem die Maschinenverordnung hervorzuheben ist[16]. Soweit es um die sichere Verwendung von Arbeitsmitteln geht, ist auf die BetrSichV zurückzugreifen[17]. Für den ArbGeb, der mit Gefahrstoffen umgeht, enthält die auf dem ChemG beruhende GefStoffV umfangreiche Vorgaben, die zur Konkretisierung der Schutzpflicht aus § 618 herangezogen werden können. Die in § 17 Abs. 1 Satz 2 GefStoffV in Bezug genommenen allgemein anerkannten Regeln und gesicherten Erkenntnisse werden vom Ausschuss für Gefahrstoffe (§ 52 GefStoffV) ermittelt und vom BMWA als technische Regeln für Gefahrstoffe (TRGS) bekannt gemacht. Diese Regeln sind für sich genommen keine Rechtsnormen, sind aber bei der Interpretation von § 17 GefStoffV zugrunde zu legen, sofern keine Anhaltspunkte für eine Fehleinschätzung beste-

---

1 *Friedrich* in ArbR-BGB, § 618 Rz. 64; ErfK/*Wank*, § 618 BGB Rz. 7. | 2 BGH v. 20.2.1958 – VII ZR 76/57, BGHZ 26, 365 (370 f.). | 3 Einzelheiten bei Staudinger/*Oetker*, § 618 BGB Rz. 114. | 4 Soergel/*Kraft*, § 618 BGB Rz. 12; MünchKommBGB/*Lorenz*, § 618 Rz. 25. | 5 BGH v. 20.2.1958 – VII ZR 76/57, BGHZ 26, 365 (370); Staudinger/*Oetker*, § 618 BGB Rz. 115. | 6 Staudinger/*Oetker*, § 618 BGB Rz. 118; ErfK/*Wank*, § 618 BGB Rz. 7. | 7 *Friedrich* in ArbR-BGB, § 618 Rz. 65; MünchKommBGB/*Lorenz*, § 618 Rz. 26. | 8 BVerwG v. 31.1.1997 – 1 C 20.95, NZA 1997, 482 f. | 9 BVerwG v. 31.1.1997 – 1 C 20.95, NZA 1997, 482 (484); MünchArbR/*Wlotzke*, § 212 Rz. 22. | 10 Abdruck der ASR in *Nipperdey* II, Arbeitssicherheit, Textsammlung, Nr. 201. | 11 Einzelheiten bei MünchKommBGB/*Lorenz*, § 618 Rz. 28. | 12 Erman/*Belling*, § 618 BGB Rz. 11; MünchArbR/*Blomeyer*, § 96 Rz. 14; ErfK/*Wank*, § 618 BGB Rz. 13. | 13 Staudinger/Oetker, § 618 BGB Rz. 157; ErfK/*Wank*, § 618 BGB Rz. 14. | 14 MünchArbR/*Wlotzke*, § 213 Rz. 7. | 15 So Staudinger/*Oetker*, § 618 BGB Rz. 158; aA ErfK/*Wank*, § 618 BGB Rz. 14. | 16 Auflistung bei *Nipperdey* II, Arbeitssicherheit, Textsammlung, Nr. 301 ff. | 17 Einzelheiten bei MünchArbR/*Wlotzke*, § 213 Rz. 61 ff.

hen¹. Das Pflichtenprogramm des ArbGeb im Hinblick auf technische Arbeitsmittel und Gefahrstoffe wird weiter durch die von den Berufsgenossenschaften erlassenen UVV ergänzt, die teilweise aber wieder auf die gesetzlichen Regelungen Bezug nehmen².

c) Regelung der Dienstleistungen. Der ArbGeb muss ferner die unter seiner Anordnung oder seiner Leitung vorzunehmenden Dienstleistungen in einer Gefahr vermeidenden Weise regeln. Anders als im Bereich der Sicherheit im Hinblick auf Arbeitsstätten, technische Arbeitsmittel und Gefahrstoffe existieren nur vergleichsweise **wenige öffentlich-rechtliche Arbeitsschutzvorschriften**, die sich mit der Regelung der Dienstleistungen befassen. Zudem handelt es sich bei den einschlägigen Pflichten des ArbGeb gemäß den §§ 3 ff. ArbSchG, dem ASiG und den UVV zumeist um Organisationsnormen, die keiner Transformation in das privatrechtliche Einzelarbeitsverhältnis zugänglich sind³. Den ArbGeb trifft zunächst eine allgemeine Pflicht, die Beschäftigten über den Unfall und Gesundheitsschutz zu informieren (§ 12 Abs. 1 ArbSchG, § 81 Abs. 1 Satz 2 BetrVG, § 9 BetrSichV.) Die Unterweisung muss vor dem ersten Einsatz des ArbN an einem neuen Arbeitsplatz erfolgen und bei einer späteren Veränderung der Gefahrensituation angepasst bzw. regelmäßig wiederholt werden. Die Belehrung muss so erfolgen, dass der ArbN zu einer eigenverantwortlichen Gefahrenvermeidung befähigt wird⁴. Für bestimmte Bereiche bestehen weitere spezielle Unterweisungspflichten (zB §§ 8, 9 ArbSchG, § 29 JArbSchG, § 20 Abs. 2 GefStoffV). 24

Zahlreiche Normen verpflichten den ArbGeb dazu, unter bestimmten Voraussetzungen **persönliche Körperschutzausrüstungen** zur Verfügung zu stellen (§ 15a Abs. 4, 26 Abs. 4 GefStoffV, UVV). Diese Regelungen führen zugleich zu einer entsprechenden privatrechtlichen Verpflichtung des ArbGeb gegenüber dem ArbN⁵. Die für persönliche Körperschutzausrüstungen aufzuwendenden Kosten hat der ArbGeb zu tragen. Eine Abwälzung auf die Beschäftigten ist grundsätzlich nicht zulässig (§ 3 Abs. 3 ArbSchG). Eine Kostenbeteiligung kann nur für den Fall vereinbart werden, dass die ArbN die Schutzkleidung auch im privaten Bereich gebrauchen wollen⁶. Beschafft der ArbN persönliche Schutzgegenstände, für die der ArbGeb aufzukommen hat, auf eigene Kosten, steht ihm ein Aufwendungsersatzanspruch zu⁷. Diese Grundsätze gelten aber nicht für eine Arbeitskleidung, die nicht dem Gesundheitsschutz dient, auch wenn es sich um eine einheitliche Dienstkleidung handelt⁸. 25

Weiter ist der ArbGeb aus § 618 verpflichtet, den ArbN vor **gesundheitsbeeinträchtigenden Überanstrengungen** zu bewahren. So muss der ArbGeb etwa der Gesundheitsschädigung eines leitenden Angestellten durch Überarbeitung entgegenwirken⁹. Eine pflichtwidrige Überforderung kann auch schon dann vorliegen, wenn sich die Mehrarbeit noch im Rahmen des öffentlich-rechtlichen Arbeitszeitrechts hält. Diese Regelungen dienen dem vorgelagerten allgemeinen Arbeitsschutz, enthalten aber keine Sperrwirkung hinsichtlich der Abwehr konkreter Gesundheitsgefahren¹⁰. Ferner kann der ArbGeb gehalten sein, dafür zu sorgen, dass ein leitender Angestellter den ihm zustehenden Urlaub nimmt¹¹. 26

Der ArbGeb hat den ArbN anerkanntermaßen vor einer **Ansteckung durch erkrankte Arbeitskollegen** zu schützen¹². Der Schutz erstreckt sich auch auf eine Infektion durch Dritte, mit denen der ArbN aufgrund seiner betrieblichen Tätigkeit in Berührung kommt. Dies ist vor einiger Zeit für die Gefahr einer Ansteckung durch den Aids-Virus intensiv diskutiert worden¹³. Wenn infolge der Eigenart der Tätigkeit die konkrete Möglichkeit einer Infektion besteht, wie es insb. im medizinischen Bereich der Fall ist, muss der ArbGeb zu geeigneten Gegenmaßnahmen greifen, insb. den ArbN über das bestehende Risiko aufklären. Fehlt es an einer konkreten arbeitsbedingten Gefährdung, sind vorbeugende Aktivitäten aber nicht geboten. Insbesondere besteht keine Pflicht zur Reihenuntersuchung von Mitarbeitern, um Ansteckungen durch außerbetriebliche Kontakte der Beschäftigten vorzubeugen¹⁴. 27

3. Nichtraucherschutz. Ein schon seit langem diskutiertes Problem ist der Schutz von ArbN vor dem **Passivrauchen am Arbeitsplatz.** Insoweit fehlte es früher an einer umfassenden Regelung. Von vornherein irrelevant sind arbeitsschutzrechtliche Verbote, deren Ziel in der Verhinderung von Brand- und Explosionsgefahren und nicht im Nichtraucherschutz liegt (zB §§ 43 Abs. 3, 44 Abs. 3 UVV – Allgemeine Vorschriften). Im Übrigen schrieb § 32 ArbStättV zwar einen ausdrücklichen Schutz von Nichtrauchern vor, beschränkte sich aber räumlich auf Pausen-, Bereitschafts- und Liegeräume. Nunmehr statuiert § 3a ArbStättV eine sich auf sämtliche Arbeitsstätten erstreckende Pflicht des ArbGeb zum Schutz nicht rauchender Beschäftigter, während § 32 ArbStättV aufgehoben worden ist¹⁵. Die Vorschrift verdrängt in ihrem Anwendungsbereich § 5 ArbStättV, der dem ArbGeb allgemein gebietet, für gesundheit- 28

---

1 MünchArbR/*Wlotzke*, § 214 Rz. 51; Auflistung der TRGS bei *Nipperdey* II, Arbeitssicherheit, Textsammlung, Nr. 431 ff. | 2 Vgl. MünchArbR/*Wlotzke*, § 214 Rz. 49. | 3 MünchKommBGB/*Lorenz*, § 618 Rz. 37; ErfK/*Wank*, § 618 BGB Rz. 15. | 4 Vgl. *Friedrich* in ArbR-BGB, § 618 Rz. 105. | 5 BAG v. 18.8.1982 – 5 AZR 493/80, AP Nr. 18 zu § 618 BGB; v. 10.3.1976 – 5 AZR 34/75, AP Nr. 17 zu § 618 BGB. | 6 BAG v. 21.8.1985 – 7 AZR 190/83, AP Nr. 19 zu § 618 BGB. | 7 BAG v. 14.2.1996 – 5 AZR 978/94, AP Nr. 5 zu § 611 BGB – Aufwendsentschädigung; v. 21.8.1985 – 7 AZR 190/83, AP Nr. 19 zu § 618 BGB. | 8 BAG v. 19.5.1998 – 9 AZR 307/96, AP Nr. 31 zu § 670 BGB (Smoking in Spielbank). | 9 BAG v. 13.3.1967 – 2 AZR 133/66, AP Nr. 15 zu § 618 BGB. | 10 *Friedrich* in ArbR-BGB, § 618 Rz. 119. | 11 BAG v. 27.1.1970 – 1 AZR 258/69, AP Nr. 16 zu § 618 BGB. | 12 *Friedrich* in ArbR-BGB, § 618 Rz. 117; MünchKommBGB/*Lorenz*, § 618 Rz. 38. | 13 Vgl. *Haesen*, RdA 1988, 158 (159 ff.); *Löwisch*, DB 1987, 936 (937 ff.); *Richardi*, NZA 1988, 73 (77 f.). | 14 *Löwisch*, DB 1987, 936 (937). | 15 BGBl. 2002 I, S. 3777 (3815).

29 § 3a ArbStättV verpflichtet den ArbGeb zu einem **wirksamen Schutz vor den Gesundheitsgefahren durch Tabakrauch**. Durch diese Regelung wird klargestellt, dass Passivrauchen per se gesundheitsschädlich ist[3]. Würde man zwischen Gesundheitsgefahren und nicht von § 3a ArbStättV erfassten bloßen Belästigungen differenzieren, würde die Aufhebung von § 32 ArbStättV, der sich ausdrücklich auch auf den Schutz vor Belästigungen erstreckte, einen Rückschritt darstellen. Zudem soll der durch § 3a ArbStättV gewährte Nichtraucherschutz nach dem Willen seiner Initiatoren inhaltlich nicht hinter § 32 ArbStättV zurückstehen[4]. Die früher umstrittene Frage, ob Passivrauchen langfristig zu Gesundheitsbeeinträchtigungen führt[5], ist damit verbindlich in einem positiven Sinne entschieden.

30 In welcher Weise der ArbGeb seine Schutzpflicht erfüllt, ist in sein **Ermessen** gestellt. In Betracht kommen bauliche und lüftungstechnische Maßnahmen (Klimaanlage) sowie organisatorische Vorkehrungen (getrennte Arbeitsräume für Raucher und Nichtraucher). Notfalls muss ein generelles Rauchverbot angeordnet werden[6].

31 Die Schutzpflicht des ArbGeb vor den Gefahren des Passivrauchens findet ihre **Grenze in Arbeitsstätten mit Publikumsverkehr** gemäß § 3a Abs. 2 ArbStättV an der „Natur des Betriebs" und der „Art der Beschäftigung". Der ArbN kann keine Maßnahmen verlangen, die zur grundlegenden Veränderung einer an sich erlaubten unternehmerischen Betätigung führen würde. Wenn sich ein Unternehmen für die Einrichtung von Raucherzonen für Gäste/Kunden entschieden hat, kann ein ArbN nicht unter Berufung auf eine Beeinträchtigung seiner Gesundheit ein Rauchverbot fordern[7]. Dagegen entbinden technische bzw. organisatorische Aspekte bzw. die wirtschaftlichen Belastungen den ArbGeb nicht von seiner Schutzpflicht, weil ein allgemeines betriebliches Rauchverbot stets möglich bleibt[8]. Von der Pflicht zum Nichtraucherschutz zu unterscheiden ist die Befugnis des ArbGeb bzw. der Betriebsparteien, ein generelles Rauchverbot zum Schutz von Nichtrauchern zu erlassen[9].

32 **4. Erweiterung der Pflichten gemäß Abs. 2.** Sofern der Dienstberechtigte den Dienstpflichtigen in die **häusliche Gemeinschaft** aufgenommen hat, ordnet Abs. 2 zusätzliche Pflichten an. Der Begriff der häuslichen Gemeinschaft ist nach ganz herrschender Ansicht weit zu verstehen. Danach bedarf es keines engen Zusammenlebens mit dem ArbGeb. Vielmehr genügt das Bestehen einer vom ArbGeb geschaffenen Wohn- und Verpflegungsgemeinschaft mit anderen ArbN[10]. Begründet wird dies mit den seit dem In-Kraft-Treten des BGB erheblich geänderten wirtschaftlichen und sozialen Verhältnissen. Eine solche Erweiterung des Pflichtenkreises auf Gemeinschaftsunterkünfte ist im Ergebnis zutreffend, methodisch aber besser durch eine analoge Anwendung von Abs. 2 zu bewältigen, die sich auch den Aspekt einer vergleichbaren Organisationsgewalt stützen[11]. Die dem ArbGeb auferlegte Schutzpflicht wird hinsichtlich der Wohn- und Schlafräume nunmehr durch § 40a ArbStättV, der seit dem 1.1.2003 an die Stelle von § 120c GewO getreten ist[12], konkretisiert. Die Verpflegung muss gesundheitlich unbedenklich sein[13]. Auf Essgewohnheiten einzelner ArbN muss nur eingeschränkt Rücksicht genommen werden[14]. Soweit es um die Arbeits- und Erholungszeiten geht, muss der ArbGeb in erster Linie den öffentlich-rechtlichen Arbeitszeitschutz einhalten. Darüber hinaus ist insb. auf die religiösen Bedürfnisse des ArbN Rücksicht zu nehmen. So ist etwa der Besuch eines Gottesdienstes zu ermöglichen[15].

33 **IV. Rechtsfolgen bei Pflichtverletzung. 1. Erfüllungsanspruch.** Wenn der ArbGeb seine Pflichten aus § 618 Abs. 1 oder 2 nicht oder nicht ordnungsgemäß erfüllt, steht dem ArbN ein **Erfüllungsanspruch** auf Herstellung eines arbeitsschutzkonformen Zustandes zu[16]. Der Erfüllungsanspruch lässt sich im Grundsatz als Bestandteil des allgemeinen Beschäftigungsanspruchs begreifen[17]. Der ArbN hat da-

---

1 *Börgmann*, RdA 1993, 275 (278); ErfK/*Wank*, § 618 BGB Rz. 20. | **2** Anders *Buchner*, BB 2002, 2382 (2383), der offenbar beide Vorschriften nebeneinander anwenden will. | **3** BT-Drs. 14/3231, S. 4; *Buchner*, BB 2002, 2382 (2383 f.); *Lorenz*, DB 2003, 721 (722 f.). | **4** BT-Drs. 14/3231, S. 5. | **5** Bejahend: BAG v. 19.1.1999 – 1 AZR 499/98, AP Nr. 28 zu § 87 BetrVG 1972 – Ordnung des Betriebs; *Binz/Sorg*, BB 1994, 1709; *Künzl*, BB 1999, 2187 f.; ErfK/*Wank*, § 618 BGB Rz 22; verneinend: OLG Hamm v. 1.3.1982 – 7 Vollz (Ws) 225/81, MDR 1982, 779 (780); *Löwisch*, DB 1979, Beilage 1, S. 1 (5 f.); *Zapka*, BB 1992, 1847 (1848 f.). | **6** *Buchner*, BB 2002, 2382 (2384 f.); *Wellenhofer-Klein*, RdA 2003, 155 (159); siehe auch LAG Hamm v. 26.4.1990 – 17 Sa 128/90, LAGE § 618 BGB Nr. 3 (kein Vorrang von Nichtrauchern bei Zuteilung von Zweierzimmern); LAG München v. 1.3.1990 – 6 Sa 88/90, LAGE § 618 BGB Nr. 4. | **7** *Wellenhofer-Klein*, RdA 2003, 155 (158); so bereits BAG v. 8.5.1996 – 5 AZR 971/94, AP Nr. 20 zu § 618 BGB (Flugbegleiter). | **8** *Buchner*, BB 2002, 2382 (2385). | **9** Zu Betriebsvereinbarungen vgl. BAG v. 19.1.1999 – 1 AZR 499/98, AP Nr. 28 zu § 87 BetrVG 1972 – Ordnung des Betriebs; dazu *Ahrens*, NZA 1999, 686 ff. | **10** BAG v. 8.6.1955 – 2 AZR 200/54, AP Nr. 1 zu § 618 BGB; Erman/*Belling*, § 618 BGB Rz. 20; MünchArbR/*Blomeyer*, § 96 Rz. 23. | **11** Staudinger/*Oetker*, § 618 BGB Rz. 237 ff. | **12** BGBl. 2002 I, S. 3412 (3415, 3420). | **13** Soergel/*Kraft*, § 618 BGB Rz. 19; ErfK/*Wank*, § 618 BGB Rz. 26. | **14** Ähnlich Erman/*Belling*, § 618 BGB Rz. 20; Staudinger/*Oetker*, § 618 BGB Rz. 246. | **15** Erman/*Belling*, § 618 BGB Rz. 20; Staudinger/*Oetker*, § 618 BGB Rz. 247. | **16** BAG v. 10.3.1976 – 5 AZR 34/75, AP Nr. 17 zu § 618 BGB; Erman/*Belling*, § 618 BGB Rz. 21; Soergel/*Kraft*, § 618 BGB Rz. 21; ErfK/*Wank*, § 618 BGB Rz. 27; *Wlotzke*, FS Hilger/Stumpf (1983), S. 723 (744 f.); aA Zöllner/Loritz, ArbR, § 29 II 2, S. 343. | **17** MünchKommBGB/*Lorenz*, § 618 Rz. 65; Staudinger/*Oetker*, § 618 BGB Rz. 251.

nach kraft seines Vertrages grundsätzlich einen Anspruch auf gefahrlose Beschäftigung. Die Schutzpflicht des Dienstberechtigten greift aber darüber hinaus, indem sie auch in den Fällen besteht, in denen der Dienstpflichtige ohne einen Beschäftigungsanspruch im Rahmen eines Vertragsverhältnisses tatsächlich beschäftigt wird und hierdurch den betrieblichen Gefahren ausgesetzt ist[1]. Der vertragliche Erfüllungsanspruch wird durch § 104 SGB VII nicht berührt, weil sich diese Norm nur auf Schadensersatzansprüche bezieht[2]. In inhaltlicher Hinsicht kommt es darauf an, zu was die in das Einzelarbeitsverhältnis transformierte öffentlich-rechtliche Arbeitsschutznorm den ArbGeb verpflichtet. Wird dem ArbGeb eine konkrete Maßnahme vorgeschrieben, kann der ArbN grundsätzlich deren Erfüllung verlangen. Legt die fragliche Bestimmung dagegen nur ein Schutzziel fest, hat der ArbN lediglich einen Anspruch darauf, dass der ArbGeb sein Ermessen fehlerfrei ausübt und eine geeignete Arbeitsschutzmaßnahme trifft[3]. Eine bestimmte Maßnahme kann der ArbN dann nicht fordern.

Weiter kann der Erfüllungsanspruch durch die **betriebliche Mitbest.** beschränkt sein. Wenn die erforderlichen Maßnahmen der Mitbest. des BR gemäß § 87 Abs. 1 Nr. 1 bzw. Nr. 7 BetrVG unterliegen, kann der ArbN nach ganz herschender Ansicht nur verlangen, dass der ArbGeb die Initiative ergreift, um zu einer entsprechenden Regelung, sei es durch Einigung mit dem BR oder durch Anrufung der Einigungsstelle, zu gelangen[4]. Bei einer konkreten Gefahr für Leib oder Leben des betroffenen ArbN ist der ArbGeb dagegen berechtigt und verpflichtet, die erforderlichen Maßnahmen sofort zu treffen[5]. Insoweit ist dem Arbeitsschutz gegenüber der betrieblichen Mitbest. der Vorrang einzuräumen[6]. Der Erfüllungsanspruch zielt regelmäßig auf ein positives Tun, kann ausnahmsweise aber auch auf ein Unterlassen gerichtet sein[7]. Eine große Bedeutung hat der Erfüllungsanspruch in der Praxis allerdings nicht[8]. 34

2. Leistungsverweigerungsrecht. a) Zurückbehaltungsrecht gemäß § 273 Abs. 1. Wenn der ArbGeb seiner Schutzpflicht aus § 618 Abs. 1 oder Abs. 2 nicht nachkommt, kann der ArbN nach heute ganz herrschender Ansicht seine Arbeitsleistung gemäß § 273 Abs. 1 **zurückhalten**[9]. Die Geltendmachung eines Zurückbehaltungsrechts ist nicht deshalb entbehrlich, weil die Leistungspflicht des Beschäftigten bei einem Verstoß des ArbGeb gegen seine Schutzpflicht aus § 618 automatisch entfällt[10]. Die Einhaltung der Arbeitsschutzvorschriften kann nämlich nicht generell als immanente Voraussetzung für die Pflicht zur Arbeitsleistung angesehen werden[11]. Grundlage des Zurückbehaltungsrechts ist § 273 und nicht § 320, weil die Schutzpflicht aus § 618 regelmäßig keine mit der Arbeitspflicht synallagmatisch verknüpfte Hauptleistungspflicht darstellt[12]. Das Zurückbehaltungsrecht des § 273 Abs. 1 zielt darauf ab, den ArbGeb zur Einhaltung seiner Schutzpflicht aus § 618 zu veranlassen. Diese Befugnis ist von den Rechten zur Arbeitseinstellung gemäß § 21 Abs. 6 Satz 2 GefStoffV und § 9 Abs. 3 Satz 1 ArbSchG zu unterscheiden, die eine besondere gesetzliche Ausprägung der nunmehr in § 275 Abs. 3 geregelten Unzumutbarkeit der Leistung darstellt[13]. 35

Anders als die soeben genannten Rechte zur Arbeitseinstellung setzt § 273 wegen seiner Zweckrichtung **keine unmittelbare Gefahr für Leben oder Gesundheit** des ArbN voraus[14]. Inhaltlich hängt das Zurückbehaltungsrecht vom jeweiligen Erfüllungsanspruch ab, dessen Durchsetzung es dient. Dies bedeutet zum einen, dass die Schutzpflichtverletzung objektiv und nicht nur nach der Einschätzung des ArbN feststehen muss[15]. Zum anderen ist der ArbN in den Fällen, in denen der ArbGeb einen Ermessensspielraum bei der Erfüllung der Arbeitsschutznorm hat bzw. auf die Mitwirkung des BR angewiesen ist, nur so lange zur Leistungsverweigerung berechtigt, bis der ArbGeb initiativ geworden ist[16]. Weiter wird das Zurückbehaltungsrecht durch Treu und Glauben (§ 242) begrenzt. Geringfügige Pflichtverstöße ohne die Gefahr nachhaltiger Schäden berechtigen den ArbN daher nicht zur Leistungsverweigerung[17]. Ferner ist der ArbGeb nach allgemeiner Ansicht nicht berechtigt, die Ausübung des Zurückbehaltungsrechtes durch Sicherheitsleistung nach § 273 Abs. 3 abzuwenden, weil dies dem Zweck der Schutzpflicht zuwiderlaufen würde[18]. 36

b) Arbeitsverweigerungsrecht nach § 21 Abs. 6 Satz 2 GefStoffV. § 21 Abs. 6 Satz 2 GefStoffV statuiert ein besonderes Leistungsverweigerungsrecht, wenn durch die Überschreitung bestimmter Grenzwerte eine **unmittelbare Gefahr für Leben oder Gesundheit** eines ArbN entsteht. Diese Befugnis steht selbstständig 37

---

1 Soergel/*Kraft*, § 618 BGB Rz. 21; MünchKommBGB/*Lorenz*, § 618 Rz. 65. | 2 BGH v. 13.3.1984 – VI ZR 204/82, NJW 1985, 2133 (2134); *Friedrich* in ArbR-BGB, § 618 Rz. 198. | 3 *Friedrich* in ArbR-BGB, § 618 Rz. 199; MünchArbR/*Wlotzke*, § 209 Rz. 22. | 4 MünchKommBGB/*Lorenz*, § 618 Rz. 63; MünchArbR/*Wlotzke*, § 209 Rz. 22; aA *Fuchs*, BB 1977, 299 (301). | 5 *Fitting*, BetrVG, § 87 Rz. 289; *Friedrich* in ArbR-BGB, § 618 Rz. 200 ff.; ErfK/*Wank*, § 618 BGB Rz. 29. | 6 MünchArbR/*Wlotzke*, § 209 Rz. 22; offenbar enger GK-BetrVG/*Wiese*, § 87 Rz. 641. | 7 Staudinger/*Oetker*, § 618 BGB Rz. 255 f.; MünchArbR/*Wlotzke*, § 209 Rz. 23. | 8 MünchKommBGB/*Lorenz*, § 618 BGB Rz. 21; ErfK/*Wank*, § 618 BGB Rz. 27. | 9 BAG v. 8.5.1996 – 5 AZR 315/95, AP Nr. 23 zu § 618 BGB; Erman/*Belling*, § 618 BGB Rz. 23; Soergel/*Kraft*, § 618 BGB Rz. 22. | 10 So aber *Herschel*, RdA 1978, 69 (73); *Herschel*, RdA 1964, 44 (45). | 11 Staudinger/*Oetker*, § 618 BGB Rz. 260; MünchArbR/*Wlotzke*, § 209 Rz. 25. | 12 Erman/*Belling*, § 618 BGB Rz. 23; *Otto*, AR-Blattei SD 1880 Rz. 73; *Söllner*, ZfA 1973, 1 (15 ff.); ErfK/*Wank*, § 618 BGB Rz. 34. | 13 Staudinger/*Oetker*, § 618 BGB Rz. 268; MünchArbR/*Wlotzke*, § 209 Rz. 29, 33; übergangen von *Henssler* in Dauner-Lieb/Konzen/K. Schmidt, Das neue Schuldrecht, S. 615 (618 f.). | 14 Staudinger/*Oetker*, § 618 BGB Rz. 269; *Wlotzke*, FS Hilger/Stumpf (1983) S. 723 (748); aA MünchArbR/*Blomeyer*, § 96 Rz. 29. | 15 Staudinger/*Oetker*, § 618 BGB Rz. 264; MünchArbR/*Wlotzke*, § 209 Rz. 26. | 16 *Löwisch*, DB 1979, Beilage Nr. 1, S. 1 (13); ErfK/*Wank*, § 618 BGB Rz. 32. | 17 MünchArbR/*Blomeyer*, § 96 Rz. 29; Soergel/*Kraft*, § 618 BGB Rz. 22; MünchKommBGB/*Lorenz*, § 618 Rz. 67. | 18 Erman/*Belling*, § 618 BGB Rz. 23; MünchKommBGB/*Lorenz*, § 618 Rz. 68; MünchArbR/*Wlotzke*, § 209 Rz. 26.

BGB § 618 Rz. 38   Pflicht zu Schutzmaßnahmen

neben dem allgemeinen Zurückbehaltungsrecht aus § 273. Das allgemeine Leistungsverweigerungsrecht wird durch § 21 Abs. 6 Satz 2 GefStoffV grundsätzlich weder verdrängt noch inhaltlich beeinflusst[1]. Etwas anderes gilt lediglich für die in der GefStoffV genannten Grenzwerte, weil diese zugleich die privatrechtliche Schutzpflicht des ArbGeb als Grundlage eines etwaigen Zurückbehaltungsrechts konkretisieren[2].

38   § 21 Abs. 6 Satz 2 GefStoffV will den ArbN nur vor arbeitsspezifischen Gefahren schützen. Die Vorschrift gilt daher lediglich für solche Beschäftigte, die **selbst mit Gefahrstoffen umgehen** oder im **Gefahrenbereich des Umgangs** mit Gefahrstoffen durch andere Beschäftigte **arbeiten**. Vor allgemeinen Gefahren, insb. durch die Tätigkeit in belasteten Gebäuden, will die Norm nicht schützen[3]. Tatbestandlich ist zum einen erforderlich, dass einer in § 21 Abs. 6 Satz 1 genannten Grenzwerte (MAK-[4], BAT-[5] oder TRK-Wert[6]) überschritten wird. Zum anderen muss hierdurch eine unmittelbare Gefahr für Leben und Gesundheit eines ArbN entstehen. Dies ist dann der Fall, wenn eine hohe Wahrscheinlichkeit für das Umschlagen der Gefahr in einen Schaden vorliegt[7]. Kommt § 21 Abs. 6 Satz 2 GefStoffV nicht zur Anwendung, weil es um die bloße Arbeit in gefahrstoffbelasteten Räumen geht, kann sich aus § 273 Abs. 1 ein Zurückbehaltungsrecht ergeben. Dies setzt im Allgemeinen voraus, dass der ArbN am Arbeitsplatz in einem stärkeren Maße als in der Umgebung üblich durch Schadstoffe belastet wird[8].

39   **c) Entfernungsrecht gemäß § 9 Abs. 3 ArbSchG.** Nach § 9 Abs. 3 Satz 1 ArbSchG hat der ArbGeb Maßnahmen zu treffen, die es den Beschäftigten bei **unmittelbarer erheblicher Gefahr** ermöglichen, sich durch sofortiges Entfernen in Sicherheit zu bringen. Diese Vorschrift enthält in der Sache eine Verallgemeinerung des Arbeitsverweigerungsrechts gemäß § 21 Abs. 6 Satz 2 GefStoffV und beruht inhaltlich ebenfalls auf dem Gedanken der Unzumutbarkeit[9]. Das von § 9 Abs. 3 Satz 1 ArbSchG aufgestellte Erfordernis einer erheblichen Gefahr ist europarechtskonform dahin auszulegen, dass lediglich die Gefahr bloß geringfügiger Beeinträchtigungen ausgeklammert bleibt[10].

40   **3. Fortbestand des Vergütungsanspruchs.** Beruft sich der ArbN gegenüber dem ArbGeb berechtigterweise auf sein allgemeines Zurückbehaltungsrecht nach § 273 Abs. 1, gerät der ArbGeb in **Annahmeverzug**, wenn die sonstigen Voraussetzungen des Gläubigerverzugs ebenfalls vorliegen (§ 615 Rz. 12 ff.)[11]. Insoweit kann die Herstellung eines arbeitsschutzkonformen Zustandes als Mitwirkungshandlung iSd. § 295 gesehen werden[12]. Indem der ArbN das Zurückbehaltungsrecht geltend macht, bringt er zugleich zum Ausdruck, dass er seine Arbeitsleistung für den Fall der Erfüllung der Schutzpflicht anbietet[13]. Eine Heranziehung von § 298 genügt für sich genommen nicht[14], weil diese Vorschrift nur die Voraussetzung an die Nichtannahme durch den Gläubiger absenkt, das Angebot der Leistung aber nicht für entbehrlich erklärt. Bei einer Arbeitsverweigerung gemäß § 21 Abs. 6 Satz 2 GefStoffV oder § 9 Abs. 3 Satz 1 ArbSchG bleibt der Vergütungsanspruch bereits aufgrund der Benachteiligungsverbote nach § 21 Abs. 6 Satz 3 GefStoffV bzw. § 9 Abs. 3 Satz 2 ArbSchG aufrechterhalten. Auf die Annahmeverzugsvoraussetzungen kommt es in diesen Fällen nicht an. Wenn der Beschäftigte seine Tätigkeit ohne die Gefahr einer Gesundheitsverschlechterung infolge einer besonderen Anfälligkeit allerdings nur bei Vornahme von solchen Schutzmaßnahmen weiter ausüben kann, die dem ArbGeb nicht möglich oder nicht zumutbar sind, liegt kein Gläubigerverzug, sondern Unmöglichkeit vor, die den ArbGeb ggf. zu einer Kündigung berechtigt[15].

41   **4. Schadensersatzansprüche. a) Vertragliche Ansprüche.** Wenn der ArbGeb seine Schutzpflicht aus § 618 Abs. 1 oder 2 verletzt, kann dem ArbN ein **Schadensersatzanspruch** zustehen. Rechtsgrundlage des Anspruchs ist nicht § 618 Abs. 3, weil diese Norm lediglich eine Rechtsfolgenverweisung darstellt, die das Bestehen eines Schadensersatzanspruchs voraussetzt. Vielmehr gründet sich die Ersatzpflicht auf § 280 Abs. 1[16]. Obwohl § 618 Abs. 3 auf einige Vorschriften aus dem Deliktsrecht verweist, handelt es sich um einen vertraglichen Schadensersatzanspruch[17]. Da § 618 Abs. 2 die Schutzpflicht auch auf die Bereiche der Sittlichkeit und der Religion erstreckt, kann es auch außerhalb einer Beeinträchtigung von Leben oder Gesundheit des ArbN zu einem Schadensersatzanspruch kommen[18], was freilich nur theoretisch bleiben dürfte. Der Schadensersatzanspruch setzt neben einer objektiven Pflichtverletzung und einem adäquaten Kausalzusammenhang zwischen Verstoß und Schaden ein Verschulden

---

1 Erman/*Belling*, § 618 BGB Rz. 22; Staudinger/*Oetker*, § 618 BGB Rz. 269; aA *Friedrich* in ArbR-BGB, § 618 Rz. 206. | 2 Staudinger/*Oetker*, § 618 BGB Rz. 270; MünchArbR/*Wlotzke*, § 209 Rz. 29. | 3 BAG v. 19.1.1997 – 5 AZR 982/94, AP Nr. 24 zu § 618 BGB; v. 8.5.1996 – 5 AZR 315/95, AP Nr. 23 zu § 618 BGB; *Molkentin*, NZA 1997, 849 (850); MünchArbR/*Wlotzke*, § 209 Rz. 30. | 4 Maximale Arbeitsplatzkonzentration (§ 3 Abs. 5 GefStoffV). | 5 Biologischer Arbeitsplatz Toleranzwert (§ 3 Abs. 6 GefStoffV) | 6 Technische Richtkonzentration (§ 3 Abs. 7 GefStoffV). | 7 Staudinger/*Oetker*, § 618 BGB Rz. 273; MünchArbR/*Wlotzke*, § 209 Rz. 31. | 8 BAG v. 8.5.1996 – 5 AZR 315/95, AP Nr. 23 zu § 618 BGB; ErfK/*Wank*, § 618 BGB Rz. 36. | 9 Staudinger/*Oetker*, § 618 BGB Rz. 276; MünchArbR/*Wlotzke*, § 209 Rz. 33. | 10 Vgl. Art. 8 Abs. 3 u. 4 RL 89/391/EWG; Staudinger/*Oetker*, § 618 BGB Rz. 278. | 11 LAG Köln v. 22.1.1993 – 12 Sa 872/92, LAGE § 618 BGB Nr. 6. | 12 Soergel/*Kraft*, § 618 BGB Rz. 22; *Otto*, AR-Blattei SD 1880 Rz. 69; *Wlotzke*, FS Hilger/Stumpf (1983), S. 723 (731); für eine Anwendung von § 296 Erman/*Belling*, § 618 BGB Rz. 24. | 13 Soergel/*Kraft*, § 618 BGB Rz. 22; *Söllner*, ZfA 1973, 1 (16); idS Sinne auch BAG v. 7.6.1973 – 5 AZR 563/72, AP Nr. 28 zu § 615 BGB. | 14 So aber offenbar Staudinger/*Oetker*, § 618 BGB Rz. 282. | 15 LAG München v. 27.11.1990 – 2 Sa 542/90, LAGE § 618 BGB Nr. 5. | 16 Vgl. Erman/*Belling*, § 618 BGB Rz. 26; MünchKommBGB/*Lorenz*, § 618 Rz. 69; ErfK/*Wank*, § 618 BGB Rz. 37; MünchArbR/*Wlotzke*, § 209 Rz. 36. | 17 Soergel/*Kraft*, § 618 BGB Rz. 23; für eine stärkere Anlehnung an das Deliktsrecht MünchArbR/*Blomeyer*, § 94 Rz. 14, § 96 Rz. 31. | 18 Staudinger/*Oetker*, § 618 BGB Rz. 286.

voraus. Für eine verschuldensunabhängige Gefährdungshaftung des ArbGeb ist im Rahmen von § 618 kein Raum[1]. Ein daneben stehender, verschuldensunabhängiger Anspruch gemäß § 670 analog zum Ausgleich sämtlicher gesundheitlicher Beeinträchtigungen des ArbN, die auf die Arbeitsbedingungen zurückgeführt werden können[2], ist abzulehnen. Nach allgemeinen Grundsätzen sind Gesundheitsschäden im Anwendungsbereich von § 670 zwar ersatzfähig[3]. Die Zuerkennung eines Anspruchs würde die Funktion der gesetzlichen Unfallversicherung als Haftpflichtversicherung des Unternehmers insb. im Hinblick auf Berufskrankheiten (§ 9 SGB VII) aber konterkarieren[4].

Der ArbGeb muss nach § 278 auch für das **Verschulden von Erfüllungsgehilfen** einstehen. Erfüllungsgehilfe ist jede Person, die aufgrund ihrer Stellung im Betrieb oder infolge besonderer Anweisung für den Gefahrenschutz im Hinblick auf den geschädigten ArbN verantwortlich ist[5]. Selbstständige Unternehmer können ebenfalls Erfüllungsgehilfe sein, wenn sie vom ArbGeb in den Gefahrenschutz eingeschaltet worden sind[6]. **42**

Der Schadensersatzanspruch kann durch ein **Mitverschulden des ArbN** gemindert sein (§ 254). Bei der Annahme von Mitverschulden ist Zurückhaltung geboten, weil die Hauptverantwortung für Räume, Anlagen und Maschinen grundsätzlich den ArbGeb trifft, der ArbN die Gefahrensituation häufig nicht selbst beurteilen kann und er sich vielfach in einer Zwangslage befindet, gefährliche Arbeiten wider besseren Wissens zu übernehmen[7]. Ein Mitverschulden ist hingegen vor allem bei vorsätzlichen Verstößen des Beschäftigten gegen seine allgemeinen Pflichten gemäß den §§ 15, 16 ArbSchG bzw. gegen spezielle Unfallverhütungsvorschriften zu bejahen. Dasselbe gilt, wenn es der ArbN unterlässt, den ArbGeb über eine nur dem Beschäftigten bekannte Gefahrenquelle zu informieren[8]. Ferner kann ein Mitverschulden darin liegen, dass ein ArbN eine Stelle übernimmt, der er gesundheitlich nicht gewachsen ist, bzw. darin, dass er sich nicht um eine Entlastung bemüht[9]. **43**

Der Ersatzanspruch umfasst grundsätzlich den **gesamten entstandenen Schaden**. Insbesondere sind auch etwaige Nichtvermögensschäden zu ersetzen, sofern dies im Wege der Naturalrestitution möglich ist[10]. Die Verweisung in § 618 Abs. 3 auf die §§ 842 bis 846 hat zunächst zur Folge, dass der Geschädigte bei einer Beeinträchtigung der Erwerbsfähigkeit oder einer Vermehrung seiner Bedürfnisse eine Geldrente oder eine Kapitalabfindung verlangen kann, was sich allerdings im Wesentlichen schon aus den §§ 249 ff. ergeben würde[11]. Wichtiger ist, dass den in den §§ 844, 845 genannten Dritten ein eigener Schadensersatzanspruch insb. wegen verloren gegangener Unterhaltsansprüche zusteht. Infolge der Neuregelung des § 253 kann der ArbN abweichend von der früheren Rechtslage[12] nunmehr auch im Rahmen des vertraglichen Anspruchs nach § 618 Schmerzensgeld verlangen[13]. **44**

Aus dem Schutzzweck des § 618 folgt, dass der ArbN neben dem Schaden nur einen objektiv ordnungswidrigen Zustand **darlegen und beweisen** muss, der generell geeignet ist, den konkret eingetretenen Schaden zu verursachen. Der ArbGeb muss dann den Gegenbeweis führen, dass der ordnungswidrige Zustand für den Schaden nicht kausal gewesen ist oder dass ihn daran kein Verschulden trifft[14]. Hinsichtlich der Kausalität handelt es sich um eine echte Umkehr der Beweislast und nicht nur um einen Fall des Anscheinsbeweises[15], was über die Grundregel des § 280 Abs. 1 hinausgeht. **45**

b) **Deliktische Ansprüche.** Neben dem vertraglichen Anspruch aus § 618 kann grundsätzlich auch ein Anspruch aus **unerlaubter Handlung** vorliegen. Allerdings hat das Deliktsrecht durch die Einbeziehung des Schmerzensgeldes in das Vertragshaftungsrecht an Bedeutung verloren. In Betracht kommt zum einen ein Anspruch aus § 823 Abs. 1. Hierbei stellen die Schutzpflichten aus § 618 Abs. 1 und Abs. 2 zumeist auch deliktische Verkehrssicherungspflichten dar[16]. Zum anderen ist ein Anspruch aus § 823 Abs. 2 in Verbindung mit einem Schutzgesetz denkbar. Vorschriften des staatlichen Arbeitsschutzrechts sind dann Schutzgesetze, wenn sie zumindest auch den Zweck verfolgen, Leben und Gesundheit des ArbN zu schützen[17]. Schutzgesetzcharakter weisen auch die Generalklauseln des technischen Arbeitsschutzrechts auf, die zu ihrer Konkretisierung auf technische Regeln verweisen (zB § 3 Abs. 1 Nr. 1 ArbStättV, § 17 Abs. 1 Satz 2 GefStoffV)[18]. Die technischen Normen selbst sind als außer- **46**

---

1 BAG (GS) v. 10.11.1961 – GS 1/60, AP Nr. 2 zu § 611 BGB – Gefährdungshaftung des Arbeitgebers; *Kort*, NZA 1996, 854 (855 ff.); Soergel/*Kraft*, § 618 BGB Rz. 24; Staudinger/*Oetker*, § 618 BGB Rz. 288. | 2 So *Däubler*, JuS 1986, 425 (430); *Kothe*, AuR 1986, 251 (255). | 3 BGH v. 10.10.1984 – IVa ZR 167/82, BGHZ 92, 270 (271). | 4 *Friedrich* in ArbR-BGB, § 618 Rz. 261 f.; *Seewald*, BG 1990, 232 f. | 5 Erman/*Belling*, § 618 BGB Rz. 26; Soergel/*Kraft*, § 618 BGB Rz. 26. | 6 Soergel/*Kraft*, § 618 BGB Rz. 26; Staudinger/*Oetker*, § 618 BGB Rz. 295. | 7 Vgl. *Friedrich* in ArbR-BGB, § 618 Rz. 215; *Wlotzke*, FS Hilger/Stumpf (1983), S. 723 (750). | 8 MünchKommBGB/*Lorenz*, § 618 Rz. 73. | 9 BAG v. 13.3.1967 – 2 AZR 133/66, AP Nr. 15 zu § 618 BGB. | 10 Staudinger/*Oetker*, § 618 BGB Rz. 302. | 11 BGH (GS) v. 5.2.1952 – GSZ 4/51, BGHZ 5, 62 (63). | 12 Zum früheren Recht vgl. Erman/*Belling*, § 618 BGB Rz. 27; Staudinger/*Oetker*, § 618 BGB Rz. 305. | 13 Nicht berücksichtigt von ErfK/*Wank*, § 618 BGB Rz. 39. | 14 BAG v. 8.5.1996 – 5 AZR 315/95, AP Nr. 23 zu § 618 BGB; v. 27.1.1970 – 1 AZR 258/69, AP Nr. 16 zu § 618 BGB; v. 8.6.1955 – 2 AZR 200/54, AP Nr. 1 zu § 618 BGB; ebenso BGH v. 14.4.1958 – II ZR 45/57, BGHZ 27, 79 (84). | 15 Soergel/*Kraft*, § 618 BGB Rz. 29; für einen bloßen prima-facie-Beweis dagegen BAG v. 8.6.1955 – 2 AZR 200/54, AP Nr. 1 zu § 618 BGB; Staudinger/*Oetker*, § 618 BGB Rz. 311 ff.; grds. auch Erman/*Belling*, § 618 BGB Rz. 29. | 16 Staudinger/*Oetker*, § 618 BGB Rz. 316. | 17 *Friedrich* in ArbR-BGB, § 618 Rz. 219; MünchArbR/*Wlotzke*, § 209 Rz. 37; eingehend *Herschel*, RdA 1964, 7 ff., 44 f. | 18 *Friedrich* in ArbR-BGB, § 618 Rz. 220; MünchArbR/*Wlotzke*, § 209 Rz. 37; aA Staudinger/*Oetker*, § 618 BGB Rz. 318.

BGB § 618 Rz. 47   Pflicht zu Schutzmaßnahmen

rechtliches Phänomen allerdings keine Schutzgesetze[1]. Eindeutig keine Schutzgesetzeigenschaft haben auch diejenigen staatlichen Arbeitsschutzvorschriften, die lediglich die innerbetriebliche Organisation betreffen (zB ASiG)[2]. Demgegenüber sind die UVV der Berufsgenossenschaften gegen die noch hM[3] mit einer im Vordringen befindlichen Ansicht im Hinblick auf Leben und Gesundheit der betroffenen ArbN[4] zu den Schutzgesetzen zu zählen, weil sie zumindest auch den Schutz des einzelnen Beschäftigten bezwecken[5]. Allerdings können die deliktischen Verkehrsicherungspflichten über das von einer UVV gebotene Schutzniveau hinausgehen[6]. § 618 selbst ist entgegen einem neueren obiter dictum des BAG[7] nicht als Schutzgesetz anzusehen[8]. Zum einen will die Norm lediglich vertragliche Verhaltenspflichten konkretisieren. Zum anderen wäre die Verweisung in § 618 Abs. 3 überflüssig, wenn jeder Verstoß gegen § 618 Abs. 1 oder Abs. 2 zugleich eine Schutzgesetzverletzung bedeuten würde[9].

47 c) **Haftungsausschluss.** Die **praktische Bedeutung** des § 618 ist im Arbeitsrecht nur **gering**, weil die Haftung des ArbGeb bei Personenschäden des ArbN zumeist gemäß § 104 SGB VII ausgeschlossen ist[10]. Dies ist im Grundsatz immer dann der Fall, wenn der Schaden durch einen Versicherungsfall (Arbeitsunfall oder Berufskrankheit gemäß §§ 7 ff. SGB VII) verursacht worden ist. Der Ausschluss bezieht sich auch auf das Schmerzensgeld, was selbst bei schwersten körperlichen Verletzungen verfassungsgemäß ist[11]. An die Stelle des ausgeschlossenen Schadensersatzanspruches gegen den ArbGeb tritt ein Anspruch des ArbN gegen die zuständige Berufsgenossenschaft (Prinzip der Haftungsersetzung durch Versicherungsschutz). Zu einer unmittelbaren Haftung des ArbGeb kommt es nur dann, wenn er den Versicherungsfall vorsätzlich oder auf einem nach § 8 Abs. 2 Nr. 1–4 SGB VII versicherten Weg herbeigeführt hat[12].

48 5. **Kündigungsrecht.** Bei einer schwerwiegenden Verletzung von Arbeitsschutzvorschriften kann der ArbN zur **außerordentlichen Kündigung** berechtigt sein[13]. Allerdings ist die Kündigung regelmäßig erst nach einer erfolglosen Abmahnung zulässig (§ 314 Abs. 2 Satz 1). Dem ArbN kann gemäß § 628 Abs. 2 ein Anspruch auf Ersatz des Auflösungsschadens zustehen[14].

49 6. **Beschwerderecht.** Besteht ein arbeitsschutzwidriger Zustand, kann sich der ArbN zunächst gemäß § 84, 85 BetrVG an die zuständigen innerbetrieblichen Stellen bzw. den BR wenden. Darüber hinaus räumt ihm § 17 Abs. 2 Satz 1 ArbSchG unter bestimmten Voraussetzungen ein **außerbetriebliches Beschwerderecht** ein. Hierfür ist zunächst erforderlich, dass konkrete Anhaltspunkte für unzureichende Maßnahmen zur Gewährleistung von Sicherheit und Gesundheitsschutz vorliegen. Dabei stellt das Gesetz auf die subjektive Einschätzung des Beschäftigten ab[15]. Weiter muss der ArbN zunächst vom ArbGeb erfolglos Abhilfe verlangt haben. Eine umfassende Ausschöpfung sämtlicher innerbetrieblichen Möglichkeiten ist dagegen nicht nötig[16]. Schließlich darf sich der ArbN bei seiner außerbetrieblichen Beschwerde nur an die zuständige Behörde wenden. Dies sind die örtlich zuständige Arbeitsschutzbehörde sowie der für den ArbGeb zuständige Unfallversicherungsträger[17]. Polizei, Staatsanwaltschaft, Gewerkschaften oder die Presse dürfen dagegen nicht angerufen werden[18].

50 § 17 Abs. 2 Satz 2 ArbSchG ordnet ein **Nachteilsverbot** an. Wenn sich ein ArbN im aufgezeigten Rahmen hält, darf der ArbGeb nicht mit einer Kündigung oder Abmahnung reagieren. Für eine Entgeltfortzahlung bei einer Arbeitsversäumnis bietet die Vorschrift dagegen keine Handhabe[19]. Allerdings kann sich ein Anspruch aus § 615 ergeben (Rz. 40). § 21 Abs. 6 Satz 1 GefStoffV enthält ein besonderes außerbetriebliches Beschwerderecht. Grundvoraussetzung ist insoweit die Überschreiten bestimmter technischer Grenzwerte (siehe dazu oben Rz. 37). Weiter muss der ArbN nach einer erfolglos erhobenen oder veranlassten Beschwerde zunächst die innerbetrieblichen Abhilfemöglichkeiten ausschöpfen, bevor er

---

1 *Herschel*, RdA 1978, 69 (71); *Marburger*, Die Regeln der Technik im Recht (1979), S. 475 f.; Staudinger/*Oetker*, § 618 BGB Rz. 319. | 2 *Friedrich* in ArbR-BGB, § 618 Rz. 219; MünchArbR/*Wlotzke*, § 209 Rz. 37. | 3 BayObLG v. 10.9.2001 – 5Z RR 209/00, NJW-RR 2002, 1249 (1251); OLG Stuttgart v. 12.3.1999 – 2 U 74/98, NJW-RR 2000, 752 (753); OLG Düsseldorf v. 6.2.1981 – 22 U 154/80, VersR 1982, 501; MünchKommBGB/*Mertens*, § 823 Rz. 184; offen gelassen in BGH v. 20.9.1983 – VI 248/81, NJW 1984, 360 (362). | 4 Nicht hinsichtlich anderer Personen/Interessen; vgl. BGH v. 2.6.1969 – VII ZR 76/67, VersR 1969, 827 (828); BGH v. 10.10.1967 – VI ZR 50/66, NJW 1968, 641 (642). | 5 *Herschel*, RdA 1978, 69 (72); Staudinger/*Oetker*, § 618 BGB Rz. 319; MünchArbR/*Wlotzke*, § 207 Rz. 36. Siehe auch BGH v. 11.3.1980 – VI ZR 66/79, NJW 1980, 1745 (1746). | 6 OLG Düsseldorf v. 29.6.2001 – 22 U 204/00, NJW-RR 2002, 1318 (1319). | 7 BAG v. 25.4.2001 – 5 AZR 368/99, AP Nr. 80 zu § 2 BSchFG 1985 (B II 1 b bb). | 8 Erman/*Belling*, § 618 BGB Rz. 30; *Friedrich* in ArbR-BGB, § 618 Rz. 221; Soergel/*Kraft*, § 618 BGB Rz. 7; aA *Herschel*, RdA 1978, 69 (72); *Wlotzke*, FS Hilger/Stumpf (1983), S. 723 (735); anders aber MünchArbR/*Wlotzke*, § 209 Rz. 37. | 9 Staudinger/*Oetker*, § 618 BGB Rz. 320. | 10 Eine Schadensersatzpflicht für nicht von der Unfallversicherung gedeckte Gesundheitsschäden erwägend *Wlotzke*, FS Hilger/Stumpf (1983), S. 723 (737). | 11 Grdl. BVerfG v. 7.11.1972 – 1 BvL 4/71, 17/71 u. 10/72, 1 BvR 355/71, BVerfGE 34, 118 (128 ff.); bestätigt in BVerfG v. 8.2.1995 – 1 BvR 753/94, AP Nr. 21 zu § 636 RVO. | 12 Umfassende Darstellung etwa bei *Friedrich* in ArbR-BGB, § 618 Rz. 225 ff.; Staudinger/*Oetker*, § 618 BGB Rz. 324 ff. Zu Zweck und Gegenstand des Haftungsausschlusses eingehend *Otto/Schwarze*, Die Haftung des Arbeitnehmers (1998), Rz. 520 ff. | 13 Erman/*Belling*, § 618 BGB Rz. 32; *Friedrich* in ArbR-BGB, § 618 Rz. 224; MünchArbR/*Wlotzke*, § 209 Rz. 39. | 14 Vgl. BAG v. 26.7.2001 – 8 AZR 739/00, EzA § 628 BGB Nr. 19 m. Anm. *Krause*. | 15 Staudinger/*Oetker*, § 618 BGB Rz. 387; MünchArbR/*Wlotzke*, § 209 Rz. 42. | 16 Staudinger/*Oetker*, § 618 BGB Rz. 392; MünchArbR/*Wlotzke*, § 209 Rz. 43 (dort auch zur Vereinbarkeit mit Art. 11 Abs. 6 RL 89/391 EWG). | 17 Staudinger/*Oetker*, § 618 BGB Rz. 394. | 18 MünchArbR/*Wlotzke*, § 209 Rz. 45. | 19 AA MünchArbR/*Wlotzke*, § 209 Rz. 46.

berechtigt ist, sich an die für die Überwachung zuständigen Stellen (Arbeitsschutzbehörde und Unfallversicherungsträger)[1] zu wenden.

619 Unabdingbarkeit der Fürsorgepflichten
Die dem Dienstberechtigten nach den §§ 617, 618 obliegenden Verpflichtungen können nicht im Voraus durch Vertrag aufgehoben oder beschränkt werden.

Gemäß § 619 BGB sind die dem Dienstberechtigten nach den §§ 617, 618 auferlegten Pflichten zwingendes Recht. Hierdurch soll der durch diese Normen bezweckte Schutz gegen abweichende Vereinbarungen gesichert werden. § 619 bezieht sich auf sämtliche einzelvertraglichen und kollektivvertraglichen Vereinbarungen. Darüber hinaus sind auch einseitige Anordnungen[2] bzw. Verzichtserklärungen erfasst. Der Verbotstatbestand bezieht sich auf sämtliche Abreden, die zu einer unmittelbaren oder auch nur mittelbaren Einschränkung der Pflichten des ArbGeb aus den §§ 617, 618 führen[3]. Insbesondere ist eine Abwälzung der Kosten für eine Schutzausrüstung, die vom ArbGeb zu beschaffen ist, auf den ArbN grundsätzlich unzulässig. Eine Kostenbeteiligung ist nur statthaft, wenn der Beschäftigte aus den Schutzgegenständen freiwillig private Vorteile ziehen kann (näher § 618 Rz. 24). **1**

§ 619 untersagt nur solche Vereinbarungen, durch die **im Voraus** Pflichten abbedungen werden sollen. Dies bezieht sich grundsätzlich auf sämtliche Vereinbarungen vor und während des Arbeitsverhältnisses sowie nach dessen Beendigung[4]. Alle dahingehenden Absprachen sind nach § 134 nichtig[5], ohne dass die Wirksamkeit des übrigen Vertrages berührt wird[6]. Zulässig sind dagegen Vereinbarungen, die einen bereits entstandenen Ersatzanspruch betreffen. Hier kommt es nicht darauf an, ob die Abrede erst nach oder noch während des Arbeitsverhältnisses getroffen wird[7]. Ein Erlass bzw. ein Vergleich muss aber den allgemeinen Wirksamkeitsanforderungen standhalten[8]. **2**

619a Beweislast bei Haftung des Arbeitnehmers
Abweichend von § 280 Abs. 1 hat der Arbeitnehmer dem Arbeitgeber Ersatz für den aus der Verletzung einer Pflicht aus dem Arbeitsverhältnis entstehenden Schaden nur zu leisten, wenn er die Pflichtverletzung zu vertreten hat.

I. Zweck der Regelung 1	2. Verschuldensabhängige Haftung 66
II. Haftungsgrundlagen 2	a) Allgemeine Grundsätze der leistungsstörungsrechtlichen Haftung 66
III. Einschränkung der Haftung des Arbeitnehmers gegenüber dem Arbeitgeber 11	b) Vorvertragliche Pflichten 70
1. Sachliche Begründung der Haftungsprivilegierung 12	c) Pflichten im vertraglichen Stadium . . . 74
2. Dogmatische Umsetzung 17	aa) Vergütungspflicht 75
IV. Einzelvoraussetzungen der Haftungsreduktion 20	bb) Beschäftigung und Weiterbeschäftigung 76
1. Begünstigter Personenkreis 20	cc) Urlaubsanspruch 77
2. Betriebliche Tätigkeit 21	dd) Schutz von Leben und Gesundheit . . . 78
3. Schadensverteilung nach dem Verschuldensgrad 27	ee) Persönlichkeitsschutz 79
a) Grundlagen 27	ff) Schutz von Arbeitnehmereigentum . . . 81
b) Vorsatz 29	gg) Schutz sonstiger Vermögensbelange . . 85
c) Grobe Fahrlässigkeit 30	d) Pflichten im Zusammenhang mit der Vertragsbeendigung 89
d) Mittlere Fahrlässigkeit 34	e) Nachvertragliche Pflichten 91
e) Leichteste Fahrlässigkeit 37	f) Deliktische Ansprüche 93
4. Bedeutung bestehenden oder möglichen Versicherungsschutzes 38	3. Verschuldensunabhängige Haftung des Arbeitgebers 96
5. Mitverschulden des Arbeitgebers 41	a) Dogmatische Grundlage 97
6. Darlegungs- und Beweislast 43	b) Einzelvoraussetzungen des Erstattungsanspruchs 98
7. Abdingbarkeit 46	aa) Schaden 98
V. Mankohaftung 47	bb) Verwirklichung eines betrieblichen Risikos 99
1. Gesetzliche Mankohaftung 48	cc) Einzelfälle 102
2. Vertragliche Mankohaftung 51	c) Abgeltung und Ausschluss der Haftung . . 104
VI. Haftung gegenüber anderen Arbeitnehmern . . 57	d) Umfang des Ersatzanspruchs 107
VII. Haftung gegenüber Dritten 60	e) Mitverschulden des Arbeitnehmers . . . 108
VIII. Anhang: Die Haftung des Arbeitgebers . . . 65	
1. Allgemeines 65	

Lit.: *Krause*, Geklärte und ungeklärte Probleme der Arbeitnehmerhaftung, NZA 2003, 577; *Otto/Schwarze*, Die Haftung des Arbeitnehmers, 3. Aufl. 1998.

---
[1] MünchArbR/*Wlotzke*, § 209 Rz. 47; aA Staudinger/*Oetker*, § 618 BGB Rz. 402 (nur Arbeitsschutzbehörde). | [2] Vgl. BAG v. 21.8.1985 – 7 AZR 199/83, AP Nr. 19 zu § 618 BGB. | [3] Staudinger/*Oetker*, § 619 BGB Rz. 17. | [4] ErfK/*Wank*, § 619 BGB Rz. 2. | [5] Gegen einen Rekurs auf § 134 Erman/*Belling*, § 619 BGB Rz. 4. | [6] Staudinger/*Oetker*, § 619 BGB Rz. 23; MünchKommBGB/*Schaub*, § 619 Rz. 8. | [7] Erman/*Belling*, § 619 BGB Rz. 2; Staudinger/*Oetker*, § 619 BGB Rz. 21. | [8] *Friedrich* in ArbR-BGB, § 619 Rz. 5.

BGB § 619a Rz. 1   Beweislast bei Haftung des Arbeitnehmers

1 **I. Zweck der Regelung.** Die Vorschrift ist auf Vorschlag des Rechtsausschusses[1] als Teil des **Gesetzes zur Modernisierung des Schuldrechts** in das BGB eingefügt worden. Mit ihr soll der im Vorfeld geäußerten Befürchtung[2] entgegengetreten werden, dass die neu geschaffene Regelung des § 280 Abs. 1 Satz 2, nach der der Schuldner bei jeder Verletzung einer Pflicht aus einem Schuldverhältnis sein Nichtvertretenmüssen nachzuweisen hat, zu einer Verschlechterung der zuvor für ArbN geltenden Grundsätze führt. Während der BGH die frühere, nur für die Unmöglichkeit der Leistung geltende Regelung des § 282, nach der es Sache des Schuldners war, das Nichtvertretenmüssen der Unmöglichkeit nachzuweisen, vielfach auf Fälle der positiven Vertragsverletzung angewendet hatte oder doch eine sachlich im Ergebnis übereinstimmende Beweislastverteilung nach Gefahrenbereichen vertrat, hat das BAG eine entsprechende Heranziehung dieser Norm stets abgelehnt, soweit dadurch das ArbN-Haftungsprivileg unterlaufen worden wäre[3]. Durch § 619a soll erreicht werden, dass sich an dieser für den ArbN günstigen Verteilung der Beweislast nichts ändert[4]. Die Vorschrift regelt damit nur ein Detailproblem aus dem Gesamtkomplex der ArbN-Haftung, die im Folgenden im Zusammenhang erläutert werden soll.

2 **II. Haftungsgrundlagen.** Da der Gesetzgeber auf eine eigenständige Regelung des Rechts der Leistungsstörungen im Arbeitsverhältnis verzichtet hat, gelten für die Haftung des ArbN im **Ausgangspunkt die allgemeinen Grundsätze.** Im Leistungsstörungsrecht ist mit dem Gesetz zur Modernisierung des Schuldrechts an die Stelle der verschiedenen Haftungstatbestände (§§ 280, 286, 325, 326 aF, pVV, cic) die einheitliche Anspruchsgrundlage der schuldhaften Pflichtverletzung gemäß § 280 Abs. 1 getreten, die für bestimmte Schadensarten durch die §§ 281–286 ergänzt wird und der für anfängliche Leistungshindernisse § 311a Abs. 2 als Sonderregel vorgeht.

3 Eine **Pflichtverletzung** kann zunächst in der Weise vorkommen, dass der ArbN seine **Dienste nicht erfüllt**, indem er seine Arbeit erst gar nicht antritt, sie unterbricht oder dauerhaft abbricht. Soweit es sich bei der Arbeitsleistung um eine absolute Fixschuld handelt (dazu § 615 Rz. 6 f.), haben alle diese Verhaltensweisen des ArbN grundsätzlich zur Folge, dass der Anspruch des ArbGeb auf die Arbeitsleistung selbst nach § 275 Abs. 1 sofort untergeht. Der Anspruch gegen den Beschäftigten auf Ersatz des Erfüllungsinteresses (Schadensersatz statt der Leistung) beruht dann regelmäßig auf den §§ 280 Abs. 1 und 3, 283. Lediglich bei einem bereits bei Vertragsschluss bestehenden Leistungshindernis ist die Sondervorschrift des § 311a Abs. 2 anzuwenden. Diese Norm bezieht sich allerdings nur auf die Fälle, in denen die Arbeitspflicht gemäß § 275 ausgeschlossen ist. Leidet bereits der Vertragsschluss selbst an einem Wirksamkeitsmangel (zB Gesetzesverstoß iSd. § 134 BGB)[5], haftet der ArbN nicht gemäß § 311a Abs. 2 auf das Erfüllungsinteresse, sondern allenfalls gemäß §§ 280 Abs. 1, 241 Abs. 2, 311 Abs. 2 auf Vertrauensschadensersatz unter dem Aspekt der Verletzung einer vorvertraglichen Aufklärungspflicht[6].

4 Wenn die Arbeit an sich zu einem bestimmten Zeitpunkt erbracht werden soll, arbeitsvertraglich aber eine **Nachholbarkeit** vorgesehen ist (vgl. § 615 Rz. 8), gerät der ArbN bei einer zu vertretenden Nichtleistung jedenfalls zunächst nur in Schuldnerverzug, ohne dass es hierfür einer Mahnung bedarf (§ 286 Abs. 2 Nr. 1). Neben dem bis auf weiteres fortbestehenden Erfüllungsanspruch hat der ArbGeb einen Anspruch auf Ersatz für den durch die Leistungsverzögerung entstandenen Schaden, der auf den §§ 280 Abs. 1 und 2, 286 beruht. Sofern sich die Arbeitsvertragsparteien auf die Möglichkeit zur Nachholung einer objektiv verzögerten Arbeit geeinigt haben, ohne hierfür Detailregelungen getroffen zu haben, kann der ArbGeb dem ArbN nach § 281 Abs. 1 eine angemessene Frist zur Nachleistung setzen, um die Voraussetzungen für einen Anspruch auf Schadensersatz statt der Leistung (§ 280 Abs. 3) zu schaffen, falls man eine Fristsetzung nicht sogar für entbehrlich hält (§ 281 Abs. 2)[7].

5 Soweit der ArbN wegen Vertragsbruchs das Erfüllungsinteresse zu ersetzen hat, kann er sich allerdings auf eine etwaige **Möglichkeit zur ordentlichen Eigenkündigung** berufen. In diesem Falle muss er nur für den durch die vorzeitige Arbeitseinstellung entstandenen Schaden („Verfrühungsschaden") aufkommen (siehe aber auch Rz. 10)[8].

6 Nimmt der ArbGeb die schuldhafte Nichtleistung des ArbN zum Anlass, sich seinerseits durch eine außerordentliche Kündigung vom Arbeitsverhältnis zu lösen, gewährt ihm die **spezielle Vorschrift des § 628 Abs. 2** einen Anspruch auf Ersatz des Auflösungsschadens (siehe dazu § 628 Rz. 1 ff.).

7 Von der Nichtleistung ist die **Schlechtleistung ieS** zu unterscheiden, die darin besteht, dass der ArbN die von ihm zugesagten Dienste nicht wie geschuldet erbringt[9]. Hierunter fallen neben Qualitätsmängeln

---

[1] BT-Drs. 14/7072, S. 64, 204. |[2] *Löwisch*, NZA 2001, 465 (466). |[3] BAG v. 17.9.1998 – 8 AZR 175/97, AP Nr. 2 zu § 611 BGB – Mankohaftung; v. 13.3.1968 – 1 AZR 362/67, AP Nr. 42 zu § 611 BGB – Haftung des Arbeitnehmers; v. 30.8.1966 – 1 AZR 456/65, AP Nr. 5 zu § 282 BGB. |[4] BT-Drs. 14/7052 v. 9.10.2001, S. 204. |[5] Zur Abgrenzungsproblematik siehe auch MünchKommBGB/*Ernst*, § 311a Rz. 25; *Rieble* in Dauner-Lieb/Konzen/K. Schmidt, Das neue Schuldrecht, S. 137 (149 f.). |[6] BT-Drs. 14/6040, S. 165; *Däubler*, NZA 2001, 1329 (1332); *Gotthardt*, Schuldrechtsreform, Rz. 164; *Löwisch*, FS Wiedemann (2002), S. 311 (325 f.). |[7] *Hellfeier*, Die Leistungszeit im Arbeitsverhältnis (2003), S. 133 f. |[8] BAG v. 23.3.1984 – 7 AZR 37/81, AP Nr. 8 zu § 276 BGB – Vertragsbruch; v. 26.3.1981 – 3 AZR 485/78, AP Nr. 7 zu § 276 BGB – Vertragsbruch. |[9] *Richardi*, NZA 2002, 1004 (1010 f.).

auch Quantitätsmängel (passive Resistenz)[1]. Dabei gilt ein subjektiver Leistungsmaßstab[2], was sonstige Sanktionen (Abmahnung, Kündigung) bei objektiver Schlechtleistung freilich nicht ausschließt[3]. Soweit die Arbeit Fixschuldcharakter hat (vgl. § 615 Rz. 6 ff.), scheidet eine Nacherfüllung schon aus diesem Grunde aus. Der ArbN ist aber auch bei objektiv möglicher Nacherfüllung nicht dazu verpflichtet, auf eigene Kosten nachzuleisten, weil dies auf eine im Dienstvertragsrecht nicht vorgesehene Minderung wegen mangelhafter Leistung[4] hinauslaufen würde. Der ArbGeb kann ihn zwar anweisen, die Folgen der Schlechtleistung zu beseitigen. Hierzu muss der ArbN ggf. an sich nicht geschuldete Überstunden erbringen. Diese Überarbeit muss indes eigens bezahlt werden, damit im wirtschaftlichen Ergebnis keine Entgeltminderung eintritt[5].

Besteht somit kein (echter) Nacherfüllungsanspruch, kommt grundsätzlich auch in diesen Gestaltungen sogleich ein **Anspruch auf Schadensersatz statt der Leistung** gemäß §§ 280 Abs. 1 und 3, 283 in Betracht. Als Schadensersatz kann in einem solchen Falle zwar nicht die ordnungsgemäße Nachleistung der Dienste verlangt werden[6], weil der Anspruch auf Schadensersatz statt der Leistung zumindest regelmäßig nicht auf Naturalrestitution gerichtet ist[7]. Ein Schaden kann aber in dem Arbeitsentgelt liegen, das der ArbGeb an sich an den betroffenen ArbN zahlen muss, wenn er berechtigterweise Überstunden anordnet, um die Folgen der Schlechtleistung zu beheben. Entsprechendes gilt bei der Beauftragung eines Dritten, etwa eines Kollegen[8], oder bei eigenen überobligationsmäßigen Anstrengungen des ArbGeb selbst[9].

Denkbar ist schließlich, das für die schlecht geleistete Arbeit gezahlte **Entgelt als vergebliche Aufwendung** anzusehen, deren Ersatz nach Maßgabe von § 284 verlangt werden kann. Dabei ist in allen diesen Fällen darauf zu achten, dass grundsätzlich nur auf den in der Mangelhaftigkeit der Arbeit liegenden Schaden abgestellt werden darf. Eine Ausdehnung auf die gesamte im Zusammenhang mit der Schlechtleistung erbrachte Arbeit ist nur unter eingeschränkten Voraussetzungen zulässig (§§ 283 Satz 2, 281 Abs. 1 Satz 2). Die Differenz zwischen ordnungsgemäßer und mangelhafter Arbeit stellt für sich genommen allerdings keine konkrete Vermögenseinbuße des ArbGeb dar[10]. Zwar erlaubt § 284 dem ArbGeb, anstelle des Schadensersatzes statt der Leistung den Ersatz des nutzlos aufgewendeten Arbeitsentgelts zu verlangen. Die Vergütung darf aber nicht vollständig, sondern nur im Hinblick auf die Minderleistung als frustrierte Aufwendung angesehen werden. Eine genaue Bezifferung des Minderwertes einer nicht ordnungsgemäß erbrachten Arbeit ist freilich kaum möglich[11]. Fehlt es an einem Vermögensfolgeschaden des ArbGeb, der etwa in den aufzuwendenden Kosten für die Beseitigung einer Minderleistung liegen kann, bleibt die Schlechtleistung des ArbN schadensrechtlich sanktionslos. Dies ist hinnehmbar, weil dem ArbGeb genügend andere Instrumente zur Verfügung stehen, mit denen er auf eine mangelhafte Arbeitsleistung des Beschäftigten reagieren kann (Abmahnung, Kündigung)[12]. Eine restriktive Haltung in der Schadensersatzfrage korrespondiert zudem mit der durch § 326 Abs. 1 Satz 2 noch einmal gestützten Entscheidung des Gesetzgebers[13], im Dienstvertragsrecht keine Minderung wegen mangelhafter Leistung zuzulassen.

Von der Schlechtleistung ieS ist die Verletzung von **Schutz- und Rücksichtnahmepflichten iSd. § 241 Abs. 2** abzugrenzen. Hierbei geht es darum, dass der ArbN die zugesagten Dienste selbst zwar ordnungsgemäß erbringt, aber Integritätsinteressen des ArbGeb verletzt, indem er etwa Arbeitsmittel beschädigt, Betriebsgeheimnisse preisgibt oder durch sein Verhalten eine Haftung des ArbGeb gegenüber Dritten verursacht. In diese Rubrik gehört auch die Verletzung von vertraglichen Informationspflichten. Dies betrifft etwa den Fall, dass der ArbN den ArbGeb nicht rechtzeitig über seine Absicht unterrichtet, eine Arbeitsstelle vertragswidrig nicht antreten zu wollen[14]. Dasselbe gilt für den Verstoß einer ArbN-in gegen die Pflicht, das vorzeitige Ende einer mitgeteilten Schwangerschaft anzuzeigen, wobei sich das BAG in der Frage des ersatzfähigen Schadens allerdings sehr restriktiv verhält[15]. Anspruchsgrundlage ist in diesen Gestaltungen § 280 Abs. 1. Insoweit gilt ein objektiver Sorgfaltsmaßstab[16]. Für einen Anspruch auf Schadensersatz statt der Leistung gemäß §§ 280 Abs. 1 und Abs. 3, 282 bleibt praktisch kein Raum. Wenn dem ArbGeb die Leistung durch den ArbN nicht mehr zuzumuten

---

1 Otto/Schwarze, Haftung, Rz. 95, 104; einer Einordnung von passiver Resistenz als (partieller) Nichtleistung zuneigend BAG v. 17.7.1970 – 3 AZR 423/69, AP Nr. 3 zu § 11 MuSchG 1968. | 2 BAG v. 21.5.1992 – 2 AZR 551/91, AP Nr. 28 zu § 1 KSchG 1969 – Verhaltensbedingte Kündigung; v. 17.3.1988 – 2 AZR 576/87, AP Nr. 99 zu § 626 BGB. | 3 Vgl. BAG v. 26.9.1991 – 2 AZR 132/91, AP Nr. 28 zu § 1 KSchG 1969 – Krankheit. | 4 Siehe BGH v. 7.3.2002 – III ZR 12/01, NJW 2002, 1571 (1572); v. 24.2.1982 – IVa ZR 296/80, NJW 1982, 1532; BAG v. 6.6.1972 – 1 AZR 438/71, AP Nr. 71 zu § 611 BGB – Haftung des Arbeitnehmers. | 5 Beuthien, RdA 1972, 20 (23) Fn. 18; Dietz/Wiedemann, JuS 1961, 116 (119) Fn. 20. | 6 So aber Richardi, NZA 2002, 1004 (1011). | 7 Münch-KommBGB/Ernst, Vor § 281 Rz. 9; idS bereits Beuthien, RdA 1972, 20 (23). | 8 Vgl. BAG v. 24.4.1970 – 3 AZR 324/69, AP Nr. 5 zu § 60 HGB; allg. auch BAG v. 6.6.1972 – 1 AZR 438/71, AP Nr. 71 zu § 611 BGB – Haftung des Arbeitnehmers. | 9 Vgl. BAG v. 24.8.1967 – 5 AZR 59/67, AP Nr. 7 zu § 249 BGB. | 10 MünchArbR/Blomeyer, § 58 Rz. 23; Lindemann, AuR 2002, 81 (84); idS auch BAG v. 6.6.1972 – 1 AZR 438/71, AP Nr. 71 zu § 611 BGB – Haftung des Arbeitnehmers; aA Beuthien, ZfA 1972, 73 (76 ff.). | 11 Ebenso MünchArbR/Blomeyer, § 58 Rz. 18; Otto/Schwarze, Haftung, Rz. 109. | 12 So auch (im Zusammenhang mit der Frage einer Lohnminderung wegen fahrlässiger Schlechtleistung) MünchArbR/Blomeyer, § 58 Rz. 18. | 13 BT-Drs. 14/6040, S. 189; ebenso Gotthardt, Schuldrechtsreform, Rz. 190; ErfK/Preis, § 619a BGB Rz. 7. | 14 BAG v. 14.9.1984 – 7 AZR 11/82, AP Nr. 10 zu § 276 BGB – Vertragsbruch. | 15 BAG v. 13.11.2001 – 9 AZR 590/99, AP Nr. 37 zu § 242 BGB – Auskunftspflicht; v. 18.1.2000 – 9 AZR 932/98, AP Nr. 1 zu § 5 MuSchG 1968. | 16 ErfK/Preis, § 611 Rz. 798.

ist, wird er nämlich zur außerordentlichen Kündigung greifen, so dass § 628 Abs. 2 einschlägig ist. Bei der Verletzung vorvertraglicher Rücksichtnahmepflichten (§§ 241 Abs. 2, 311 Abs. 2) durch den ArbN gründet sich ein Schadensersatzanspruch ebenfalls auf § 280 Abs. 1[1]. Neben vertraglichen Ansprüchen kann der ArbN dem ArbGeb nach Deliktsrecht (§§ 823 Abs. 1 und 2, 826) sowie nach Spezialtatbeständen (§ 17 UWG) verantwortlich sein. Im Verhältnis zu Arbeitskollegen und außenstehenden Dritten kommt nur eine Schadensersatzpflicht nach deliktischen Grundsätzen in Betracht.

11 **III. Einschränkung der Haftung des ArbN gegenüber dem ArbGeb.** Die Grundentscheidung des BGB, bei jedem Verschulden eine Pflicht des Schuldners zum Ersatz des gesamten Schadens anzuordnen, die nur bei einem echten Mitverschulden reduziert wird (§ 254), wird hinsichtlich der Haftung des ArbN gegenüber dem ArbGeb schon seit Jahrzehnten als **sozial unbefriedigend** empfunden. Zu einer umfassenden gesetzlichen Regelung ist es in der Vergangenheit trotz wiederholter Ansätze nicht gekommen. Daran hat auch das Gesetz zur Modernisierung des Schuldrechts nichts geändert. Es ist daher nach wie vor Sache der Rspr., die für die Innenhaftung des ArbN geltenden Grundsätze herauszuarbeiten.

12 **1. Sachliche Begründung der Haftungsprivilegierung.** Die im Prinzip heutzutage unstreitige[2] Beschränkung der Innenhaftung des ArbN lässt sich im Wesentlichen auf **zwei Grundgedanken** zurückführen[3]: Zum einen geht es um den allgemeinen zivilrechtlichen Gedanken einer Berücksichtigung des betrieblichen Risikopotenzials, zum anderen um den spezifisch arbeitsrechtlichen Aspekt des Sozialschutzes von ArbN.

13 Das BAG geht schon seit längerem[4] vom Begriff des **Betriebsrisikos** aus und versteht darunter den Umstand, dass der ArbGeb den Betrieb organisiert und die Arbeitsbedingungen ausgestaltet. Indem der ArbGeb die ArbN in die von ihm geschaffene und gesteuerte betriebliche Organisation eingliedert, verursacht und beeinflusst er Schadensrisiken, denen die ArbN nicht ausweichen können und die sich der ArbGeb als haftungsmindernder Faktor zurechnen lassen muss[5]. Soweit der ArbGeb durch den von ihm organisierten Betriebsablauf erhöhte Risiken schafft, die sich bei einem schuldhaften Fehlverhalten des ArbN im Schaden niederschlagen, ist dieser Begründung ohne weiteres zuzustimmen. Beschränkt sich der Verursachungsanteil des ArbGeb dagegen darauf, dass der ArbN durch die Zuweisung von Arbeit die Möglichkeit einer Schädigung eröffnet zu haben, bedarf es eines weiteren Zurechnungselements, das in der Fremdnützigkeit der Arbeitsleistung zu sehen ist. Indem der ArbGeb die Tätigkeit des ArbN in seinen betrieblichen Leistungsprozess integriert und daraus Vorteile zieht, macht er sich die Arbeitskraft in wirtschaftlicher Hinsicht zunutze, so dass es gerechtfertigt ist, ihn auch das mit der Leistung menschlicher Arbeit notwendiger Weise verbundene Risiko des Versagens tragen zu lassen[6]. Außerdem fehlt dem ArbN im Gegensatz zum Unternehmer regelmäßig der Freiraum für eine autonome Gefahrsteuerung als ungeschriebene Prämisse der zivilrechtlichen Verschuldenshaftung[7]. Des Weiteren kann der ArbGeb vielfach besser als der einzelne ArbN die wirtschaftliche Sinnhaftigkeit von Präventionsmaßnahmen beurteilen, weil er durch eine gesamtbetriebliche Perspektive flächendeckend Informationen gewinnen und Größenvorteile nutzen kann. Schließlich kann der ArbGeb die Schadensrisiken regelmäßig besser als der ArbN absorbieren, weil er sie über den Markt abwälzen und häufig auch versichern kann.

14 Der **Sozialschutz des ArbN** als weiterer eine Haftungsprivilegierung legitimierender Grundgedanke hat zwei Teilausprägungen. Erstens geht es um das Missverhältnis zwischen Entlohnung und Haftungsrisiko[8]. Zweitens ist der Beschäftigte vor einer Existenzgefährdung durch eine ruinöse Ersatzpflicht zu bewahren[9].

15 Der Große Senat des BAG hat darüber hinaus auf **verfassungsrechtliche Überlegungen** zurückgegriffen. Danach stelle eine unbeschränkte Schadenshaftung des ArbN einen unverhältnismäßigen Eingriff in sein Recht auf freie Entfaltung seiner Persönlichkeit (Art. 2 Abs. 1 GG) und in sein Recht auf freie Berufsausübung (Art. 12 Abs. 1 GG) dar[10]. In einer weiteren Entscheidung wurde die Schutzpflichtentheorie des BVerfG herangezogen[11], nach der der Staat bei einem strukturellen Ungleichgewicht zwischen den Vertragsparteien, das zu einer unzumutbar belastenden Vereinbarung geführt hat, schützend eingreifen muss, um einen angemessenen Ausgleich der Grundrechtspositionen beider Vertrags-

---

1 Die Möglichkeit einer Haftung aus §§ 280 Abs. 1, 241 Abs. 2, 311 Abs. 2 *neben* einer etwaigen Verantwortlichkeit gemäß § 311a Abs. 2 bejahend *Rieble* in Dauner-Lieb/Konzen/K. Schmidt, Das neue Schuldrecht, S. 137 (152); verneinend Huber/*Faust*, Schuldrechtsmodernisierung (2002), Kap. 7 Rz. 17; für den Regelfall ebenso MünchKommBGB/*Ernst*, § 311a Rz. 21. | 2 Zur Frage der gewohnheitsrechtlichen Verfestigung *Otto/Schwarze*, Haftung, Rz. 63 f. | 3 Zum Folgenden eingehend *Krause*, NZA 2003, 577 (578 ff.); *Otto/Schwarze*, Haftung, Rz. 26 ff. | 4 BAG v. 28.4.1970 – 1 AZR 146/69, AP Nr. 55 zu § 611 BGB – Haftung des Arbeitnehmers; v. 7.7.1970 – 1 AZR 505/69, AP Nr. 58 zu § 611 BGB – Haftung des Arbeitnehmers; v. 3.11.1970 – 1 AZR 228/70, AP Nr. 61 zu § 611 BGB – Haftung des Arbeitnehmers. | 5 BAG (GS) v. 12.6.1992 – GS 1/89, AP Nr. 101 zu § 611 BGB – Haftung des Arbeitnehmers; v. 27.9.1994 – GS 1/89 (A), AP Nr. 103 zu § 611 BGB – Haftung des Arbeitnehmers; zuletzt BAG v. 18.4.2002 – 8 AZR 348/01, AP Nr. 122 zu § 611 BGB – Haftung des Arbeitnehmers. | 6 *Otto/Schwarze*, Haftung, Rz. 37. | 7 *Otto/Schwarze*, Haftung, Rz. 38. | 8 *Otto/Schwarze*, Haftung, Rz. 42. | 9 *Otto/Schwarze*, Haftung, Rz. 42. | 10 BAG v. 12.6.1992 – GS 1/89, AP Nr. 101 zu § 611 BGB – Haftung des Arbeitnehmers. | 11 BAG (GS) v. 27.9.1994 – GS 1/89 (A), AP Nr. 103 zu § 611 BGB – Haftung des Arbeitnehmers.

partner zu ermöglichen[1]. Die grundrechtlichen Vorgaben sind indes wenig konkret, um aus ihnen klare Anhaltspunkte für eine Enthaftung des ArbN herleiten zu können[2].

Auch wenn das Gesetz zur Modernisierung des Schuldrechts die Einschränkung der Haftung von ArbN nicht ausdrücklich geregelt hat, soll die von der Rspr. entwickelte Privilegierung nach dem Willen des Gesetzgebers doch **bestätigt** werden[3], so dass diese Judikatur eine zusätzliche Legitimation erfahren hat. 16

2. Dogmatische Umsetzung. Hinsichtlich der dogmatischen Umsetzung der für eine Haftungsprivilegierung sprechenden Wertungen sind im Laufe der Zeit verschiedenartige haftungsgrund- und haftungsfolgenorientierte Lösungen angeboten worden. In der Rspr.[4]. und in der Lit.[5] dominiert die Vorstellung, dass die Reduktion der ArbN-Haftung auf eine **analoge Anwendung von § 254** zu stützen sei. Die Organisation des Betriebs und die Gestaltung der Arbeitsbedingungen durch den ArbGeb wird als ein verschuldensunabhängiger Zurechnungsfaktor angesehen, der entsprechend § 254 eine Milderung der Haftung des ArbN rechtfertige. 17

Der Schuldrechtsreformgesetzgeber meint, dass es die **Veränderung von § 276 Abs. 1 Satz 1** erlaube, die Haftungsprivilegierung in dieser Norm zu verankern, weil sich eine mildere Haftung nunmehr auch aus dem Inhalt des Schuldverhältnisses ergeben könne. Die Rspr. sei daher nicht mehr gezwungen, auf den an sich nicht passenden § 254 auszuweichen[6]. Die Haftungsreduktion würde danach im Haftungstatbestand und nicht mehr auf der Ebene der Haftungsfolgen angesiedelt sein. Gegen diese Sichtweise spricht jedoch, dass ein Rekurs auf das Vertretenmüssen nur eine Alles-oder-Nichts-Lösung erlaubt und daher allenfalls eine umfassende Freistellung im Bereich der leichten Fahrlässigkeit rechtfertigt. Eine Schadensteilung, wie sie von der Rspr. vor allem in den Fällen mittlerer Fahrlässigkeit (Rz. 34 ff.), teilweise aber auch bei grober Fahrlässigkeit (Rz. 32 f.) vorgenommen wird, lässt sich mit diesem Ansatz nicht begründen[7]. In diesem Sinne hat das BAG in seinem neuesten Urteil seine bisherige Linie fortgeschrieben, ohne die Überlegungen der Gesetzesverfasser zu erwähnen[8]. 18

Tatsächlich ist eine **Kombination** zu befürworten. Soweit sich besondere betriebliche Risiken im Schaden realisiert haben, ist dies dem ArbGeb analog § 254 zuzurechnen. Soweit es um die Verantwortlichkeit des ArbGeb für allgemeine Tätigkeitsrisiken sowie den Sozialschutz des ArbN geht, ist ein ungeschriebener Rechtssatz anzunehmen, der die allgemeinen Haftungsvorschriften zugunsten des ArbN überlagert[9]. 19

IV. Einzelvoraussetzungen der Haftungsreduktion. 1. Begünstigter Personenkreis. Die Haftungsprivilegierung gilt zunächst für **sämtliche ArbN**[10]. Hierzu zählen grundsätzlich auch leitende Angestellte[11]. Der BGH hat seine anfänglich ablehnende Judikatur[12] mittlerweile aufgegeben[13]. Eine vollständige Ausklammerung ist nicht gerechtfertigt, weil nicht in jedem Fall davon ausgegangen werden kann, dass der leitende Angestellte das Schadensrisiko selbstständig steuern kann bzw. das vereinbarte Arbeitsentgelt eine hinreichende Risikoprämie enthält[14]. Allerdings sind an leitende Angestellte höhere Sorgfaltsanforderungen zu richten. Außerdem kann es infolge ihrer besonderen Kenntnisse und Fähigkeiten geboten sein, das Verhalten eines leitenden Angestellten eher als bei einem einfachen ArbN als grobe Fahrlässigkeit einzustufen[15]. Die Haftungsreduktion erstreckt sich gemäß § 3 Abs. 2 BBiG weiter auf Auszubildende[16]. Die Enthaftungsregeln gelten ferner nicht nur für die Rechtsbeziehungen des LeihArbN zum Verleiher, sondern auch zum Entleiher[17]. Entscheidend ist insoweit, dass der Entleiher den LeihArbN wie einen eigenen Beschäftigten in den von ihm organisierten und gesteuerten Arbeitsprozess einbindet[18]. Bei arbeitnehmerähnlichen Personen ist die Haftung entgegen der Rspr.[19]. ebenfalls zu reduzieren, weil sich dieser Personenkreis in einer vergleichbaren Schutzbedürftigkeit befindet[20]. 20

---

1 BVerfG v. 19.10.1993 – 1 BvR 567 u. 1044/89, BVerfGE 89, 214 (232 ff.). | 2 Dazu eingehend *Otto/Schwarze*, Haftung, Rz. 52 ff. Siehe auch BVerfG v. 12.11.1997 – 1 BvR 479/92, BVerfG 96, 357 (393): Verfassungsrechtliche Unbedenklichkeit des zivilen Vertrags- und Deliktsrecht (insbes. §§ 611, 276, 249 BGB sowie §§ 823 Abs. 1, 847 BGB). | 3 BT-Drs. 14/6857, S. 48; BT-Drs. 14/7052, S. 204. | 4 BAG v. 18.4.2002 – 8 AZR 348/01, AP Nr. 122 zu § 611 BGB – Haftung des Arbeitnehmers; BAG (GS) v. 27.9.1994 – GS 1/89 (A), AP Nr. 103 zu § 611 BGB – Haftung des Arbeitnehmers; v. 12.6.1992 – GS 1/89, AP Nr. 101 zu § 611 BGB – Haftung des Arbeitnehmers. | 5 MünchArbR/*Blomeyer*, § 59 Rz. 34; *Canaris*, RdA 1996, 41 (46 f.); MünchKommBGB/*Müller-Glöge*, § 611 Rz. 464. | 6 BT-Drs. 14/6857, S. 48; idS auch BT-Drs. 14/7052, S. 204. | 7 *Gotthardt*, Schuldrechtsreform, Rz. 195; *Henssler*, RdA 2002, 129 (133); *Krause*, NZA 2003, 577 (581). | 8 BAG v. 18.4.2002 – 8 AZR 348/01, AP Nr. 122 zu § 611 BGB – Haftung des Arbeitnehmers. | 9 *Otto/Schwarze*, Haftung, Rz. 84. | 10 MünchArbR/*Blomeyer*, § 59 Rz. 68; *Peifer*, ZfA 1996, 69 (76 ff.). | 11 *Brox/Walker*, DB 1985, 1469 (1476 f.); MünchKommBGB/*Müller-Glöge*, § 611 Rz. 464; *Otto/Schwarze*, Haftung, Rz. 128. | 12 BGH v. 25.2.1969 – VI ZR 223/67, NJW 1970, 34 (35); BGH v. 7.10.1969 – VI ZR 223/67, AP Nr. 51 zu § 611 BGB – Haftung des Arbeitnehmers (Justitiar eines Unternehmens); siehe auch BGH v. 14.2.1985 – IX ZR 145/83, VersR 1985, 693 (696) (Geschäftsführer einer Innungskrankenkasse). | 13 BGH v. 25.6.2001 – II ZR 38/99, BGHZ 148, 167 (172); für den Fall einer Schadenszufügung bei einer für leitende Angestellte nicht charakteristischen Tätigkeit schon bereits BAG v. 11.11.1976 – 3 AZR 266/75, AP Nr. 80 zu § 611 BGB – Haftung des Arbeitnehmers (Bauleiter). | 14 So aber *Kaiser*, AR-Blattei SD 70.2 Rz. 216 ff.; diff. *Peifer*, ZfA 1996, 69 (77). | 15 *Krause*, NZA 2003, 577 (581 f.); *Otto/Schwarze*, Haftung, Rz. 128. | 16 BAG v. 18.4.2002 – 8 AZR 348/01, AP Nr. 122 zu § 611 BGB – Haftung des Arbeitnehmers; BAG v. 7.7.1970 – 1 AZR 507/69, AP Nr. 59 zu § 611 BGB – Haftung des Arbeitnehmers. | 17 BGH v. 22.5.1978 – II ZR 111/76, VersR 1978, 819; v. 10.7.1973 – VI ZR 66/72, NJW 1973, 2020; OLG Frankfurt/M. v. 5.7.1995 – 19 U 63/93, VersR 1996, 1403 (1405). | 18 *Otto/Schwarze*, Haftung, Rz. 130. | 19 LAG Berlin v. 29.10.1990 – 9 Sa 67/90, LAGE § 611 BGB – Arbeitnehmerhaftung Nr. 15. | 20 *Zeuner*, RdA 1975, 84 (86 f.).

BGB § 619a Rz. 21 Beweislast bei Haftung des Arbeitnehmers

Bei freien Mitarbeitern ist darauf abzustellen, inwieweit das übernommene Risiko außer Verhältnis zum Entgelt steht[1]. Schließlich gilt die Haftungsprivilegierung auch für berufliche Rehabilitanden (§ 36 Satz 2 SGB IX).

21 **2. Betriebliche Tätigkeit.** Die Enthaftung setzt weiter voraus, dass der ArbN den Schaden im Vollzug einer betrieblichen Tätigkeit verursacht hat[2]. Der Große Senat des BAG ist damit einer schon seit langem erhobenen Forderung des Schrifttums[3] gefolgt und hat die jahrzehntelange Beschränkung der Haftungsreduktion auf gefahrgeneigte Tätigkeiten[4] aufgegeben. Die Gefahrgeneigtheit der Tätigkeit ist demnach nicht mehr Einstiegsvoraussetzung für das Haftungsprivileg, kann für die Frage der konkreten Schadensverteilung aber nach wie vor eine erhebliche Rolle spielen[5]. Betriebliche (betrieblich veranlasste) Tätigkeiten sind grundsätzlich alle Tätigkeiten, die dem ArbN arbeitsvertraglich übertragen worden sind oder die er im Interesse des ArbGeb für den Betrieb ausführt[6]. Hierdurch sollen – ebenso wie beim Ersatz von Eigenschäden des Beschäftigten (Rz. 99 ff.) – betriebliche Risiken von allgemeinen Lebensrisiken des ArbN abgegrenzt werden. Der Begriff stimmt damit zumindest im Wesentlichen mit der betrieblichen Tätigkeit als Voraussetzung für den Haftungsausschluss zwischen Arbeitskollegen gemäß § 105 Abs. 1 SGB VII überein. Die Unwirksamkeit des Arbeitsvertrages steht der Anwendbarkeit der Grundsätze über den innerbetrieblichen Schadensausgleich nicht entgegen[7].

22 Zur betrieblichen Tätigkeit gehören zunächst alle Handlungen, die der ArbN zur **Erfüllung der geschuldeten Arbeitsleistung** vornimmt. Entscheidend sind insoweit der arbeitsvertragliche Rahmen sowie konkretisierende Weisungen des ArbGeb. Zur geschuldeten Leistung zählt etwa auch die Verwahrung von Arbeitsmitteln und Gegenständen des ArbGeb, soweit sich der ArbN auf übliche Aufbewahrungsmaßnahmen beschränkt[8]. Dementsprechend gehört die Rückgabe von Arbeitsmaterialien, soweit diese nicht privat genutzt worden sind, zur betrieblichen Tätigkeit[9]. Nicht ausreichend ist ein schlichter räumlicher und zeitlicher Zusammenhang zwischen Schädigung und Arbeit (Anwesenheit im Betrieb, eigenmächtige Nutzung von Betriebsmitteln)[10]. Nicht zur betrieblichen Tätigkeit gehört ferner der Weg zur Arbeitsstätte. Dies gilt auch dann, wenn der ArbGeb einen Dienstwagen zur Verfügung gestellt hat[11]. Dient eine Tätigkeit betrieblichen Interessen, so verliert sie ihren Charakter nicht dadurch, dass der ArbN Verhaltenspflichten verletzt[12]. Anders ist dies nur dann, wenn der ArbN von vornherein nicht in der Lage ist, die geschuldete Tätigkeit sinnvoll auszuüben (etwa bei schwerer Alkoholisierung)[13]. Die gleichzeitige Verfolgung eigener Interessen durch den ArbN schließt den inneren Zusammenhang mit dem betrieblichen Geschehen nicht aus. Haben sich im Schaden dagegen Risiken realisiert, die der ArbN im Eigeninteresse eingegangen ist, greift die Haftungsprivilegierung nicht ein[14]. Auch eine vermeintlich privaten Zielen dienende Handlung kann aber betrieblichen Interessen nützen und damit als betriebliche Tätigkeit zu charakterisieren sein[15].

23 Das Erfordernis einer betrieblichen Tätigkeit führt dazu, dass alle Pflichtverletzungen, die auf der **Nichterbringung der Arbeitsleistung** beruhen, **nicht privilegiert** sind. Beruht die Nichtleistung auf einer Krankheit, gilt zur Vermeidung von Wertungswidersprüchen allerdings der Verschuldensmaßstab des § 3 EFZG[16]. Die Schlechtleistung im Sinne unzureichender Arbeitsqualität stellt dagegen eine betriebliche Tätigkeit dar. Von der Haftungsreduktion ist jedoch der Schaden auszunehmen, der ausschließlich darin besteht, dass die zugesagten Dienste nicht ordnungsgemäß erbracht worden sind (vgl. Rz. 7)[17]. Hiervon zu unterscheiden sind Integritätsverletzungen, die auf einer Schlechtleistung ieS oder einer Verletzung von Rücksichtnahmepflichten iSd. § 241 Abs. 2 beruhen. Das Haftungsprivileg entfällt erst dann, wenn die Integritätsverletzung nicht mehr mit dem betrieblichen Geschehen zusammenhängt.

24 Wenn der ArbN eigenmächtig eine Aufgabe übernimmt, die außerhalb seines vertraglichen Einsatzfeldes liegt, ist eine betriebliche Tätigkeit für den Fall zu bejahen, dass die Wahrnehmung dem **objektiven Interesse des ArbGeb** entspricht. Sofern dies nicht zutrifft, ist der ArbN nur dann privilegiert,

---

1 Gegen eine Haftungsmilderung aber BGH v. 1.2.1963 – VI ZR 271/61, AP Nr. 28 zu § 611 BGB – Haftung des Arbeitnehmers; MünchArbR/*Blomeyer*, § 59 Rz. 68; ErfK/*Preis*, § 619a BGB Rz. 19. | 2 BAG (GS) v. 27.9.1994 – GS 1/89 (A), AP Nr. 103 zu § 611 BGB – Haftung des Arbeitnehmers. | 3 *Brox/Walker*, DB 1985, 1469 (1473); *Mayer-Maly*, FS Hilger/Stumpf (1983), S. 467 (469 ff.); *Otto*, in: Gutachten 56. DJT (1986), S. E 52 ff. | 4 Grdl. BAG (GS) v. 25.9.1957 – GS 4/56 (GS 5/56), AP Nr. 4 zu §§ 898, 899 RVO. | 5 BAG (GS) v. 27.9.1994 – GS 1/89 (A), AP Nr. 103 zu § 611 BGB – Haftung des Arbeitnehmers. | 6 BAG v. 18.4.2002 – 8 AZR 348/01, AP Nr. 122 zu § 611 BGB – Haftung des Arbeitnehmers; BAG (GS) v. 27.9.1994 – GS 1/89 (A), AP Nr. 103 zu § 611 BGB – Haftung des Arbeitnehmers. | 7 *Otto/Schwarze*, Haftung, Rz. 135. | 8 *Otto/Schwarze*, Haftung, Rz. 138. | 9 Undeutlich LAG Rh.-Pf. v. 8.5.1996 – 2 Sa 74/95, NZA-RR 1999, 163 L. | 10 BAG v. 18.4.2002 – 8 AZR 348/01, AP Nr. 122 zu § 611 BGB – Haftung des Arbeitnehmers. | 11 LAG Köln v. 15.9.1998 – 13 Sa 367/98, MDR 1999, 684 (685); LAG Köln v. 24.6.1994 – 13 Sa 37/94, LAGE § 611 BGB – Arbeitnehmerhaftung Nr. 18. | 12 BAG v. 18.4.2002 – 8 AZR 348/01, AP Nr. 122 zu § 611 BGB – Haftung des Arbeitnehmers. | 13 *Otto/Schwarze*, Haftung, Rz. 139. | 14 BAG v. 21.10.1983 – 7 AZR 488/80, AP Nr. 84 zu § 611 BGB – Haftung des Arbeitnehmers. | 15 Vgl. BAG v. 21.10.1983 – 7 AZR 488/80, AP Nr. 84 zu § 611 BGB – Haftung des Arbeitnehmers (häuslicher Zwischenaufenthalt eines Kraftfahrers zur Erhaltung der Arbeitsfähigkeit); LAG München v. 24.8.1988 – 7 (8) Sa 763/86, NZA 1989, 218 f. (Umweg zur Umgehung eines Staus). | 16 MünchArbR/*Blomeyer*, § 57 Rz. 24; *Otto/Schwarze*, Haftung, Rz. 98. | 17 *Richardi*, NZA 2002, 1004 (1011).

wenn er ohne Verschulden eine Sachlage annimmt, die ihn zu einem Eingreifen berechtigt[1]. Die Grundsätze über den innerbetrieblichen Schadensausgleich gelten nur für die Durchführung, nicht aber für die Übernahme einer betrieblichen Tätigkeit. Wenn ein wesentlicher Grund der Haftungsreduktion in der Organisationsgewalt des ArbGeb liegt, kann derjenige ArbN nicht begünstigt werden, der sich selbst auf schuldhafte Weise eine ihm nicht zustehende Kompetenz anmaßt[2]. Demgegenüber ist das Haftungsprivileg anwendbar, wenn der ArbN zwar keine Arbeitsaufgabe wahrnimmt, sich bei der Schädigung aber in einer dem Betrieb dienlichen Weise im Herrschaftsbereich des ArbGeb bewegt[3].

Bei **vorvertraglichen Pflichtverletzungen** hängt die Begünstigung des ArbN davon ab, ob er bereits in das betriebliche Geschehen integriert worden ist[4]. 25

Die Grundsätze über die beschränkte ArbN-Haftung gelten sowohl für **vertragliche Ansprüche** als auch für gleichzeitig verwirklichte **deliktische Schadensersatzansprüche**[5]. 26

3. Schadensverteilung nach dem Verschuldensgrad. a) Grundlagen. Seit der Entscheidung des Großen Senats des BAG vom 25.9.1957[6] herrscht Einigkeit darüber, dass die Enthaftung des ArbN vom **Maß seines Verschuldens** abhängt. Während der Große Senat noch dabei beließ, von einer „nicht schweren Schuld" als Voraussetzung für eine Haftungsmilderung zu sprechen, kristallisierte sich in der Folgezeit ein dreistufiges Haftungsmodell heraus, nach dem zwischen Vorsatz/grober Fahrlässigkeit, mittlerer Fahrlässigkeit und geringer (leichtester) Fahrlässigkeit zu unterscheiden ist[7]. In den 80er Jahren kam es zwischenzeitlich zu einer Änderung, indem das BAG eine zweistufige Konzeption entwickelte und den ArbN nur noch für Vorsatz und grobe Fahrlässigkeit haften lassen wollte[8]. Schon wenige Jahre später ist das BAG jedoch zur dreistufigen Haftung zurückgekehrt[9]. Hieran hat der Große Senat in seiner Entscheidung vom 27.9.1994[10] nichts geändert, so dass im Grundsatz weiterhin das Dreistufenmodell gilt. 27

Zweifelhaft ist, ob das **Verschulden nur auf die Pflichtverletzung oder auch auf** die **Rechtsgutverletzung bzw. den eingetretenen Schaden zu beziehen** ist. Während die frühere Rspr. uneinheitlich war[11], hat sich das BAG nunmehr ausdrücklich dazu bekannt, den Bezugspunkt des Verschuldens auf den Schaden zu erstrecken, was insb. bei einem vorsätzlichen Verstoß des ArbN gegen eine Weisung des ArbGeb relevant wird[12]. Das Schrifttum vertritt überwiegend dieselbe Ansicht[13]. Zutreffend erscheint es dagegen, das Verschulden lediglich auf die Pflichtverletzung zu beziehen. Hierfür spricht neben dem Wortlaut des § 619a[14] die Überlegung, es auf diese Weise dem ArbGeb zu ermöglichen, durch konkrete Weisungen das Schadensrisiko in seinem Betrieb zu steuern[15]. Zudem muss sich auch der Vorsatz iSd. §§ 105 Abs. 1, 110 Abs. 1 SGB VII nicht auf den Schaden, sondern nur auf das den Versicherungsfall verursachende Handeln oder Unterlassen einschließlich des Verletzungserfolges beziehen[16]. Eine restriktivere arbeitsrechtliche Sichtweise könnte ansonsten in bestimmten Fällen kraft eines Freistellungsanspruchs des ArbN zu einer systemwidrigen Verlagerung des Schadens auf den ArbGeb führen[17]. 28

b) Vorsatz. Der ArbN handelt entsprechend allgemeinen Grundsätzen dann vorsätzlich, wenn er eine konkrete vertragliche oder gesetzliche Verhaltenspflicht **wissentlich und willentlich** verletzt. Sofern er auch den Schaden vorsätzlich verursacht, ihn also als möglich voraussieht und billigend in Kauf nimmt, scheidet eine Haftungsprivilegierung aus. Beschränkt sich der Vorsatz dagegen auf die Pflichtverletzung, kommt es zwar regelmäßig ebenfalls nicht zu einer Haftungsreduktion, weil sich in einem solchen Falle nicht das vom ArbGeb zu tragende Betriebsrisiko realisiert hat. Ein besonders hoher, existenzgefährdender Schaden kann aber aus sozialen Gründen eine Ermäßigung der Schadenslast rechtfertigen[18]. 29

c) Grobe Fahrlässigkeit. Bei grober Fahrlässigkeit muss der ArbN in der Regel den gesamten Schaden tragen[19]. Grobe Fahrlässigkeit liegt nach allgemeiner Ansicht dann vor, wenn der ArbN die im Ver- 30

---

1 BAG v. 11.9.1975 – 3 AZR 561/74, AP Nr. 78 zu § 611 BGB – Haftung des Arbeitnehmers. | 2 IdS auch auch *Otto/Schwarze*, Haftung, Rz. 145. | 3 Vgl. LAG Nürnberg v. 22.9.1992 – 2 (4) Sa 505/91, NZA 1994, 1089 f.: Verkehrsunfall auf Werksgelände (zu § 637 Abs. 1 RVO). | 4 BAG v. 24.1.1974 – 3 AZR 488/72, AP Nr. 74 zu § 611 BGB – Haftung des Arbeitnehmers (Probefahrt mit LKW). | 5 BAG v. 30.8.1966 – 1 AZR 456/65, AP Nr. 5 zu § 282 BGB; v. 12.5.1960 – 2 AZR 78/58, AP Nr. 16 zu § 611 BGB – Haftung des Arbeitnehmers; MünchArbR/*Blomeyer*, § 59 Rz. 67. | 6 BAG (GS) v. 25.9.1957 – GS 4/56 (GS 5/56), AP Nr. 4 zu §§ 898, 899 RVO. | 7 Grdl. BAG v. 19.3.1959 – 2 AZR 402/55, AP Nr. 8 zu § 611 BGB – Haftung des Arbeitnehmers. | 8 BAG v. 23.3.1983 – 7 AZR 391/79, AP Nr. 82 zu § 611 BGB – Haftung des Arbeitnehmers. | 9 BAG v. 24.11.1987 – 8 AZR 524/82, AP Nr. 93 zu § 611 BGB – Haftung des Arbeitnehmers. | 10 BAG (GS) v. 27.9.1994 – GS 1/89 (A), AP Nr. 103 zu § 611 BGB – Haftung des Arbeitnehmers. | 11 Siehe die Analyse bei *Otto/Schwarze*, Haftung, Rz. 168. | 12 BAG v. 18.4.2002 – 8 AZR 348/01, AP Nr. 122 zu § 611 BGB – Haftung des Arbeitnehmers; ebenso BAG v. 10.10.2002 – 8 AZR 103/02, *AP Nr. 1 zu § 104 SGB VII*. | 13 MünchArbR/*Blomeyer*, § 59 Rz. 41; *Däubler* NJW 1986, 867 (870); *Deutsch*, RdA 1996, 1 (3); Staudinger/*Richardi*, § 611 BGB Rz. 530; *Walker*, JuS 2002, 736 (739). | 14 Siehe aber Staudinger/*Oetker*, § 619a BGB Rz. 8. | 15 *Otto/Schwarze*, Haftung, Rz. 167; ebenso *Heinze*, NZA 1986, 546 (552); in diesem Sinne auch LAG Köln v. 19.6.1998 – 11 Sa 1581/97, LAGE § 611 BGB – Arbeitnehmerhaftung Nr. 24. | 16 LAG Köln v. 30.10.2000 – 8 Sa 496/00, LAGE § 105 SGB VII Nr. 4; v. 11.8.2000 – 4 Sa 553/00, LAGE § 104 SGB VII Nr. 1; *Otto/Schwarze*, Haftung, Rz. 587, 601; ErfK/*Rolfs*, § 105 SGB VII Rz. 20, § 105 SGB VII Rz. 6; zu den §§ 104, 105 SGB VII aA BGH v. 11.2.2003 – VI ZR 34/02, BB 2003, 966 ff.; BAG v. 10.10.2002 – 8 AZR 103/02, AP Nr. 1 zu § 104 SGB VII. | 17 *Krause*, NZA 2003, 577 (583); *Schwarze*, Anm. zu BAG, AP Nr. 1 zu § 104 SGB VII. | 18 *Otto/Schwarze*, Haftung, Rz. 201. | 19 BAG v. 25.9.1997 – 8 AZR 288/96, AP Nr. 111 zu § 611 BGB – Haftung des Arbeitnehmers; BAG (GS) v. 27.9.1994 – GS 1/89 (A), AP Nr. 103 zu § 611 BGB – Haftung des Arbeitnehmers.

kehr erforderliche Sorgfalt nach den gesamten Umständen **in ungewöhnlich hohem Maße verletzt und unbeachtet lässt, was im gegebenen Fall jedem hätte einleuchten müssen**[1], wenn also schon einfachste, ganz nahe liegende Überlegungen nicht angestellt wurden[2]. Neben einem objektiv schwerwiegenden Pflichtverstoß muss auch ein subjektiv schlechthin unentschuldbares Verhalten vorliegen[3].

31 Als **Beispiele für grobe Fahrlässigkeit** sind zu nennen: Einschlafen am Steuer eines Fahrzeugs wegen Übermüdung[4]; Überholen vor Rechtskurve bei Nebel[5]; Missachten einer auf „Rot" geschalteten Ampel[6]; Fahren mit einem Rest Blutalkoholwert von 1,1 Promille nach durchzechter Nacht[7]; unverschlossenes Zurücklassen von Kellnereinnahmen in einem Restaurantwagen[8]. Wegen der beim Vorwurf grober Fahrlässigkeit erforderlichen subjektiven Komponente können die konkreten Umstände des Einzelfalles entlastend wirken. Berücksichtigungsfähig sind aber nur solche Momente, die mit dem Unfallgeschehen in einem Zusammenhang stehen und geeignet sind, auf dieses einzuwirken[9]. So kann etwa eine dem ArbGeb zuzurechnende Drucksituation oder Übermüdung entlastend wirken[10]. Das BAG kleidet diesen Aspekt zuweilen in die ungenaue Formel, dass sich der ArbGeb in einem solchen Falle nicht auf die grobe Fahrlässigkeit des ArbN berufen könne[11].

32 Das BAG spricht sich seit einigen Jahren dezidiert für die **Möglichkeit einer Haftungserleichterung auch bei grober Fahrlässigkeit** aus, wobei es entscheidend darauf ankommen soll, dass der Verdienst des ArbN in einem deutlichen Missverhältnis zum Schadensrisiko der Tätigkeit steht[12]. Zur Begründung stützt sich das BAG neben dem Schutz der Persönlichkeit des ArbN wesentlich auf das vom ArbGeb zu tragende Betriebsrisiko[13]. Mit dem Betriebsrisiko im Sinne einer Verantwortung des ArbGeb für den technisch-organisatorischen Betriebsablauf hat eine Haftungsreduktion bei grober Fahrlässigkeit indes nur wenig zu tun. Vielmehr geht es zumindest primär um eine Rücksichtnahme auf die soziale Schutzbedürftigkeit des ArbN, mit der dem Missverhältnis zwischen Schaden und Entgelt sowie der Existenzgefährdung des Beschäftigten Rechnung getragen werden soll[14]. Die insoweit geltende Einschränkung ist trotz der Verweisung in § 14 BAT auf die beamtenrechtlichen Regelungen (§ 46 BRRG: Haftung für Vorsatz und grobe Fahrlässigkeit) auch auf die im öffentlichen Dienst tätigen ArbN zu übertragen[15].

33 Soweit es um das **konkrete Ausmaß der Haftungsmilderung** bei grober Fahrlässigkeit geht, hat das BAG summenmäßige Festlegungen abgelehnt[16]. Liegt der zu ersetzende Schaden unterhalb der Grenze von drei Bruttomonatsgehältern, kommt eine Reduktion regelmäßig nicht in Betracht[17]. Darüber hinaus hat das BAG eine Verurteilung zu einem Schadensersatz in Höhe von mehr als fünf Bruttomonatsgehältern gebilligt (20.000 DM bei einem Bruttoverdienst von 3.500 DM und einem Schaden von 150.000 DM)[18]. Die Möglichkeit einer Haftungsreduktion will das BAG aber dann wieder ausschließen, wenn der ArbN mit besonders grober (gröbster) Fahrlässigkeit gehandelt hat[19]. Es ist jedoch zweifelhaft, ob das BAG ebenso entschieden hätte, wenn die im konkreten Fall betroffene ArbN-in nicht haftpflichtversichert gewesen wäre[20].

34 **d) Mittlere Fahrlässigkeit.** Bei mittlerer Fahrlässigkeit, die gemäß § 276 Abs. 2 dann vorliegt, wenn der ArbN die im Verkehr objektiv erforderliche Sorgfalt außer Acht gelassen hat, erfolgt nach dem dreistufigen Haftungsmodell der Rspr. eine **Schadensteilung**. Dabei soll eine Abwägung der Gesamtumstände, insb. von Schadensanlass und Schadensfolgen, nach Billigkeit- und Zumutbarkeitsgesichtspunkten erfol-

---

1 BAG v. 15.11.2001 – 8 AZR 95/01, AP Nr. 121 zu § 611 BGB – Haftung des Arbeitnehmers; v. 12.11.1998 – 8 AZR 221/97, AP Nr. 117 zu § 611 BGB – Haftung des Arbeitnehmers; MünchArbR/*Blomeyer*, § 59 Rz. 14; Staudinger/*Richardi*, § 611 BGB Rz. 532. |2 BAG v. 28.5.1960 – 2 AZR 548/59, AP Nr. 19 zu § 611 BGB – Haftung des Arbeitnehmers. |3 BAG v. 23.3.1983 – 7 AZR 391/79, AP Nr. 82 zu § 611 BGB – Haftung des Arbeitnehmers. |4 BAG v. 29.6.1964 – 1 AZR 434/63, AP Nr. 33 zu § 611 BGB – Haftung des Arbeitnehmers. |5 BAG v. 22.2.1972 – 1 AZR 223/71, AP Nr. 70 zu § 611 BGB – Haftung des Arbeitnehmers. | 6 BAG v. 12.11.1998 – 8 AZR 221/97, AP Nr. 117 zu § 611 BGB – Haftung des Arbeitnehmers; v. 12.10.1989 – 8 AZR 276/88, AP Nr. 97 zu § 611 BGB – Haftung des Arbeitnehmers. |7 BAG v. 23.1.1997 – 8 AZR 893/95, NZA 1998, 140. | 8 BAG v. 15.11.2001 – 8 AZR 95/01, AP Nr. 121 zu § 611 BGB – Haftung des Arbeitnehmers. |9 BAG v. 24.1.1974 – 3 AZR 488/72, AP Nr. 74 zu § 611 BGB – Haftung des Arbeitnehmers; v. 22.2.1972 – 1 AZR 223/71, AP Nr. 70 zu § 611 BGB – Haftung des Arbeitnehmers. |10 *Otto/Schwarze*, Haftung, Rz. 175 f. |11 BAG v. 18.1.1972 – 1 AZR 125/71, AP Nr. 69 zu § 611 BGB – Haftung des Arbeitnehmers; ähnlich BAG v. 18.4.2002 – 8 AZR 348/01, AP Nr. 122 zu § 611 BGB – Haftung des Arbeitnehmers (II 3 b cc): Weisung eines Vorgesetzten zu gefährlichem Tun als Milderungsgrund. |12 BAG v. 12.10.1989 – 8 AZR 276/88, AP Nr. 97 zu § 611 BGB – Haftung des Arbeitnehmers; v. 23.1.1997 – 8 AZR 893/95, NZA 1998, 140 f.; v. 25.9.1997 – 8 AZR 288/96, AP Nr. 111 zu § 611 BGB – Haftung des Arbeitnehmers; v. 18.4.2002 – 8 AZR 348/01, AP Nr. 122 zu § 611 BGB – Haftung des Arbeitnehmers. |13 BAG v. 18.4.2002 – 8 AZR 348/01, AP Nr. 122 zu § 611 BGB – Haftung des Arbeitnehmers; v. 12.10.1989 – 8 AZR 276/88, AP Nr. 97 zu § 611 BGB – Haftung des Arbeitnehmers. |14 *Otto/Schwarze*, Haftung, Rz. 199 ff.; gegen jegliche Berücksichtigung *Annuß*, NZA 1998, 1089 (1094). |15 *Hübsch*, NZA-RR 1999, 393 (395); *Otto/Schwarze*, Haftung, Rz. 375. |16 BAG v. 12.10.1989 – 8 AZR 276/88, AP Nr. 97 zu § 611 BGB – Haftung des Arbeitnehmers. |17 BAG v. 12.11.1998 – 8 AZR 221/97, AP Nr. 117 zu § 611 BGB – Haftung des Arbeitnehmers; v. 15.11.2001 – 8 AZR 95/01, AP Nr. 121 zu § 611 BGB – *Haftung des Arbeitnehmers;* Analyse der uneinheitlichen Instanzjudikatur bei *Hübsch*, NZA-RR 1999, 393 (396). |18 BAG v. 23.1.1997 – 8 AZR 893/95, NZA 1998, 140 f. |19 BAG v. 25.9.1997 – 8 AZR 288/96, AP Nr. 111 zu § 611 BGB – Haftung des Arbeitnehmers. |20 Ebenso *Otto/Schwarze*, Haftung, Rz. 201.

gen[1]. Die vom BAG in diesem Zusammenhang aufgelisteten Kriterien lassen sich danach unterscheiden, ob sie die Schadensentstehung, die arbeitsvertragliche Austauschgerechtigkeit, die persönlichen Verhältnisse des ArbN oder die Schadensvorsorge durch den ArbGeb betreffen[2]. Hinsichtlich der Schadensentstehung geht es einmal um die Gefahrneigung der Tätigkeit, die somit zwar nicht mehr die Eingangsvoraussetzung für eine mögliche Enthaftung bildet, im Rahmen der konkreten Abwägung bei mittlerer Fahrlässigkeit aber nach wie vor eine erhebliche Rolle spielt. Weiter gehören hierher diejenigen Aspekte, die für das konkrete Ausmaß des ArbN-Verschuldens relevant sind, wie etwa Arbeitsüberlastung, das Bestehen einer Konfliktsituation oder fehlende berufliche Erfahrung. In den Bereich der Austauschgerechtigkeit fällt in erster Linie das Verhältnis zwischen Arbeitsentgelt und eingetretenem Schaden.

Bei der vom BAG aufgezeigten Möglichkeit, dass der Verdienst eine Risikoprämie enthält, ist aber **Zurückhaltung** geboten. Auch eine vergleichsweise hohe Vergütung kann nicht ohne deutliche Inhaltspunkte in eine Grundvergütung und einen Risikozuschlag aufgespalten werden. Ein bedeutsamer Faktor ist dagegen die Stellung des ArbN im Betrieb. Auch wenn die Haftungsprivilegierung bei leitenden Angestellten nicht von vornherein ausgeschlossen ist (Rz. 20), muss der größere Freiraum zu eigenverantwortlicher Gefahrsteuerung doch zu Lasten dieses Personenkreises berücksichtigt werden. Ferner ist erheblich, ob der ArbN über einen langen Zeitraum schadensfrei gearbeitet hat, weil der ArbGeb dann bereits umfassend von den Diensten des Beschäftigten profitiert hat.

Zu den berücksichtigungsfähigen persönlichen Verhältnissen des ArbN zählt das BAG die **Dauer der Betriebszugehörigkeit, das Lebensalter sowie die Familienverhältnisse**. Da diese Umstände keinen Bezug zum Schadensereignis haben, sind sie richtiger Ansicht nach grundsätzlich außer Betracht zu lassen[3]. Dies gilt erst recht für das Kriterium der langjährigen Mitgliedschaft im BR[4]. Eine Ausnahme gilt lediglich für Unterhaltslasten, weil hiervon die finanzielle Leistungsfähigkeit des ArbN abhängt[5]. Die zwischenzeitlich vom BAG vertretene generelle Enthaftung des ArbN unterhalb der Schwelle grober Fahrlässigkeit (Rz. 27) wird von großen Teilen des Schrifttums bereits de lege lata postuliert[6]. Eine solche Fortentwicklung des Haftungsmodells hat sich bislang aber nicht durchsetzen können[7]. Im Hinblick auf die vom ArbGeb zu erwartende Schadensvorsorge schließlich geht es vor allem um Versicherungsmöglichkeiten (dazu Rz. 38 ff.).

e) **Leichteste Fahrlässigkeit.** Bei leichtester Fahrlässigkeit soll die **Haftung** des ArbN nach traditioneller Sichtweise **vollständig entfallen**[8]. Gemeint sind damit Fälle eines am Rande des Verschuldens liegenden Versehens. Da eine Abgrenzung zwischen mittlerer und leichtester Fahrlässigkeit weder dem BGB bekannt noch praktikabel ist[9], sollte von dieser Begriffsbildung Abstand genommen werden. Soweit man an einer Haftung des ArbN unterhalb der Schwelle grober Fahrlässigkeit festhält, ist das Ausmaß des Verschuldens des ArbN besser generell als Abwägungsfaktor und nicht als möglicher Ausschlussgrund anzusehen[10].

4. Bedeutung bestehenden oder möglichen Versicherungsschutzes. Wenn der eingetretene Schaden durch eine **Versicherung gedeckt** ist **oder versicherbar** war, kann es zu komplizierten Folgefragen kommen. Die vom ArbGeb genommene Kfz-Haftpflichtversicherung bezieht angestellte Fahrer und Beifahrer in den Versicherungsschutz ein (§ 2 Abs. 2 Nr. 3 und 4 KfzPflVV, § 10 Abs. 2 lit. c und d AKB). Begleicht der Versicherer einen aus dem Gebrauch des Fahrzeugs resultierenden Schaden, findet somit kein Regress gegen den ArbN nach § 67 Abs. 1 Satz 1 VVG statt. Bei einem gestörten Versicherungsverhältnis wird der ArbN durch verschiedene Mechanismen vor einer umfassenden Leistungsfreiheit des Versicherers geschützt (vgl. § 158i VVG, §§ 5 f. KfzPflVV)[11]. Beruht die Störung auf einem Verschulden des ArbGeb, fallen die daraus resultierenden Nachteile im Innenverhältnis zum ArbN ausschließlich dem ArbGeb zur Last. Die Fürsorgepflicht gebietet es dem ArbGeb nämlich, sich so zu verhalten, dass der aus Pflichtversicherungen für ArbN folgende Deckungsschutz auch tatsächlich be-

---

1 BAG v. 18.4.2002 – 8 AZR 348/01, AP Nr. 122 zu § 611 BGB – Haftung des Arbeitnehmers; BAG (GS) v. 27.9.1994 – GS 1/89 (A), AP Nr. 103 § 611 BGB – Haftung des Arbeitnehmers. |2 Eingehend *Otto/Schwarze*, Haftung, Rz. 183 ff. |3 LAG Köln v. 20.2.1991 – 7 Sa 706/90, LAGE § 611 BGB – Gefahrgeneigte Arbeit Nr. 9; *Annuß*, NZA 1998, 1089 (1094); MünchArbR/*Blomeyer*, § 59 Rz. 56; *Hanau/Preis*, JZ 1988, 1072 (1075); *Otto*, AuR 1995, 72 (76). |4 LAG Bremen v. 26.7.1999 – 4 Sa 116/99, NZA-RR 2000, 126 (127); *Walker*, JuS 2002, 736 (738). |5 *Otto/Schwarze*, Haftung, Rz. 186. |6 *Däubler*, NJW 1986, 867 (870 f.); *Gamillscheg*, AuR 1983, 317 (318); *Hanau*, FS Hübner (1984), S. 467 (481 ff.); *Otto/Schwarze*, Haftung, Rz. 192 ff.; *Preis*, AuR 1986, 360 (365 f.). |7 Abl. *Brox/Walker*, DB 1985, 1469 (1475); *Dütz*, NJW 1986, 1779 (1782 ff.); *Heinze*, NZA 1986, 545 (551); *Richardi*, JZ 1986, 796 (803 ff.); *Zöllner*, Anm. zu BAG, EzA § 611 BGB – Gefahrgeneigte Arbeit Nr. 14. |8 BAG (GS) v. 27.9.1994 – GS 1/89 (A), AP Nr. 103 zu § 611 BGB – Haftung des Arbeitnehmers; BAG v. 19.3.1959 – 2 AZR 402/55, AP Nr. 8 zu § 611 BGB – Haftung des Arbeitnehmers; MünchKommBGB/*Müller-Glöge*, § 611 Rz. 471; ErfK/*Preis*, § 619a BGB Rz. 13. |9 *Larenz*, SAE 1959, 189; *Mayer-Maly*, AcP 163 (1963), 114 (118 ff.). |10 In diese Richtung auch BGH v. 11.3.1996 – II ZR 230/94, AP Nr. 109 zu § 611 BGB – Haftung des Arbeitnehmers; MünchArbR/*Blomeyer*, § 59 Rz. 47; siehe auch *Otto/Schwarze*, Haftung, Rz. 190 f. Für ein Nichtvertretenmüssen des ArbN von culpa levissima durch eine Subjektivierung des Fahrlässigkeitsmaßstabs Staudinger/*Richardi*, § 611 BGB Rz. 517 f., 524 f. |11 Einzelheiten bei *Otto/Schwarze*, Haftung, Rz. 223 ff.

steht[1]. Ergibt sich die Leistungsfreiheit dagegen aus einem vorsätzlichen Verhalten des ArbN, ist ein unbeschränkter Regress des Versicherers möglich[2]. Eine generelle Pflicht des ArbGeb, eine Betriebshaftpflichtversicherung abzuschließen, die auch ArbN in ihren weitgehenden Schutz (vgl. § 152 VVG) einbeziehet, besteht nicht[3]. Demgegenüber ist eine Obliegenheit, eine solche Versicherung zu marktüblichen Konditionen zu nehmen, angesichts ihres hohen Verbreitungsgrades zu bejahen[4].

39 Eine vom **ArbN abgeschlossene gesetzlich vorgeschriebene Haftpflichtversicherung** (insb. KFZ-Haftpflichtversicherung) ist nach Ansicht der Rspr. zu Lasten des ArbN zu berücksichtigen[5]. Teile der Lit. wollen eine vom ArbN genommene Versicherung dagegen generell unberücksichtigt lassen[6]. Überzeugender ist es indes, danach zu differenzieren, ob der ArbGeb oder ein Dritter geschädigt wurde und dem ArbGeb im letzteren Fall den Schaden anzulasten, der auf das ihm zuzurechnende betriebliche Risikopotential entfällt[7]. Eine freiwillige Berufshaftpflichtversicherung des ArbN ist grundsätzlich nicht zu seinen Lasten zu berücksichtigen[8]. Neben dem versicherungsrechtlichen Trennungsprinzip spricht hierfür, dass der ArbN durch die von ihm aufgebrachten Versicherungsprämien letztlich den ArbGeb von betrieblichen Risiken entlasten würde. Wenn eine Enthaftung des ArbN dagegen nur aus sozialen Gründen geboten wäre, um ihn vor einem ruinösen Schadensersatz zu bewahren, lässt ein Versicherungsschutz ausnahmsweise die Privilegierung entfallen[9].

40 Der **ArbGeb ist gegenüber dem ArbN nicht zum Abschluss einer Kfz-Kaskoversicherung verpflichtet**, auch wenn eine solche Versicherung den Beschäftigten aufgrund der Regressbeschränkung nach § 15 Abs. 2 AKB schützen würde[10]. Den ArbGeb trifft aber eine generelle Obliegenheit zum Abschluss einer Fahrzeugversicherung, weil es dem ArbN nicht zum Nachteil gereichen darf, wenn der ArbGeb aus wirtschaftlichen Gründen auf eine hinreichende Eigenvorsorge verzichtet[11]. Allerdings kann eine angemessene Selbstbeteiligung vereinbart werden[12].

41 **5. Mitverschulden des ArbGeb.** Die Schadensersatzpflicht des ArbN kann weiter durch ein **konkretes Mitverschulden** des ArbGeb gemindert sein (§ 254). Ein echtes Mitverschulden ist erst zu berücksichtigen, nachdem vorab eine generelle Schadensverteilung nach den Grundsätzen über den innerbetrieblichen Schadensausgleich erfolgt ist. Soweit danach in einem ersten Schritt eine Quotelung erfolgt ist, muss ggf. in einem zweiten Schritt eine weitere Quotelung des Schadens vorgenommen werden[13]. Hierbei ist darauf zu achten, dass das betriebliche Risiko nicht zweimal in Rechnung gestellt wird. Auf der zweiten Stufe sind daher nur echte Obliegenheitsverletzungen in Rechnung zu stellen. Insoweit muss sich der ArbGeb nicht nur das eigene Fehlverhalten, sondern auch Fehler anderer ArbN, die zu dem Schaden beigetragen haben, gemäß § 254 iVm. § 278 zurechnen lassen[14]. Der ArbN kann sich aber nicht auf das Fehlverhalten von ihm unterstellten Mitarbeitern berufen[15].

42 Im Einzelnen trifft den ArbGeb die Obliegenheit, nur einen grundsätzlich **geeigneten ArbN** mit einer Aufgabe zu betrauen[16]. Weiter muss der ArbN ordnungsgemäß eingewiesen werden[17]. Die zur Verfügung gestellten Arbeitsmittel müssen fehlerfrei sein und eine hinreichende Schadensvorsorge ermöglichen[18]. Schließlich ist der ArbGeb gehalten, den betrieblichen Prozess so zu organisieren, dass zumindest nahe liegende Schäden vermieden werden. Hierzu kann eine Kontrolle zur Eindämmung besonderer Gefahrenquellen gehören[19]. Ein Mitverschulden kann im Übrigen auch in einem Verstoß gegen die Schadensminderungsobliegenheit gemäß § 254 Abs. 2 liegen[20]. Fehlender Versicherungsschutz kann eine Obliegenheitsverletzung, aber auch die Verletzung einer Rechtspflicht darstellen (dazu Rz. 38 ff.).

43 **6. Darlegungs- und Beweislast.** Nach dem neu eingeführten § 619a hat der ArbGeb nicht nur die objektive Pflichtverletzung, sondern auch das **Vertretenmüssen des ArbN** darzulegen und ggf. zu bewei-

---

1 BAG v. 23.6.1988 – 8 AZR 300/85, AP Nr. 94 zu § 611 BGB – Haftung des Arbeitnehmers; BGH v. 20.1.1971 – IV ZR 42/69, BGHZ 55, 281, 285. |2 LAG Düsseldorf v. 12.2.2003 – 12 Sa 1345/02, LAGE § 611 BGB – Arbeitnehmerhaftung Nr. 27 (Unfallflucht). |3 BAG v. 1.12.1988 – 8 AZR 65/84, AP Nr. 2 zu § 840 BGB. |4 Otto/Schwarze, Haftung, Rz. 232; siehe zur Reichweite der Obliegenheit auch LAG Köln v. 7.5.1992 – 5 Sa 448/91, LAGE § 611 BGB – Arbeitnehmerhaftung Nr. 17. |5 BAG v. 25.9.1997 – 8 AZR 288/96, AP Nr. 111 zu § 611 BGB – Haftung des Arbeitnehmers; BAG v. 3.12.1991 – VI ZR 378/90, BGHZ 116, 200, 207 ff. |6 *Annuß*, NZA 1998, 1089 (1095); MünchArbR/*Blomeyer*, § 59 Rz. 57; *Gick*, JuS 1980, 393 (401); *Hübsch*, BB 1998, 690 (691). |7 Eingehend *Otto/Schwarze*, Haftung, Rz. 218 f. |8 BAG v. 25.9.1997 – 8 AZR 288/96, AP Nr. 111 zu § 611 BGB – Haftung des Arbeitnehmers; v. 14.10.1993 – 8 AZR 242/92, EzA § 611 BGB – Gefahrgeneigte Arbeit Nr. 28. |9 *Otto/Schwarze*, Haftung, Rz. 214 ff. mit weiteren Details. |10 BAG v. 24.11.1987 – 8 AZR 66/82, AP Nr. 92 zu § 611 BGB – Haftung des Arbeitnehmers. |11 *Otto/Schwarze*, Haftung, Rz. 239. |12 BAG v. 24.11.1987 – 8 AZR 66/82 u. 8 AZR 524/82, AP Nr. 92 u. 93 zu § 611 BGB – Haftung des Arbeitnehmers. |13 BAG v. 3.11.1970 – 1 AZR 228/70, AP Nr. 61 zu § 611 BGB – Haftung des Arbeitnehmers. |14 BAG v. 11.9.1975 – 3 AZR 561/74, AP Nr. 78 zu § 611 BGB – Haftung des Arbeitnehmers; v. 26.11.1969 – 1 AZR 200/69, AP Nr. 50 zu § 611 BGB – Haftung des Arbeitnehmers. |15 BAG v. 25.9.1997 – 8 AZR 288/96, AP Nr. 111 zu § 611 BGB – Haftung des Arbeitnehmers. |16 Vgl. BAG v. 18.1.1972 – 1 AZR 125/71, AP Nr. 69 zu § 611 BGB – Haftung des Arbeitnehmers. |17 BAG v. 3.2.1970 – 1 AZR 188/69, AP Nr. 53 zu § 611 BGB – Haftung des Arbeitnehmers. |18 BAG v. 18.12.1970 – 1 AZR 171/70, AP Nr. 62 zu § 611 BGB – Haftung des Arbeitnehmers. |19 BAG v. 16.2.1995 – 8 AZR 493/93, AP Nr. 106 zu § 611 BGB – Haftung des Arbeitnehmers; v. 18.12.1970 – 1 AZR 177/70, AP Nr. 63 zu § 611 BGB – Haftung des Arbeitnehmers. |20 Vgl. BAG v. 18.12.1970 – 1 AZR 177/70, AP Nr. 63 zu § 611 BGB – Haftung des Arbeitnehmers (unter IV).

sen. Mit dieser Sondervorschrift soll erreicht werden, dass der ArbN nicht der allgemeinen Beweislastumkehr hinsichtlich des Vertretenmüssens gemäß § 280 Abs. 1 Satz 2 unterliegt. Obwohl der Wortlaut weiterreicht, ist der Anwendungsbereich von § 619a auf die Fälle zu beschränken, in denen der ArbN den Schaden durch eine betriebliche Tätigkeit herbeigeführt hat[1]. Die Verbesserung der beweisrechtlichen Situation des Beschäftigten dient nämlich lediglich dazu, die Haftungsprivilegierung nicht zu unterlaufen. Die Darlegungs- und Beweislast hinsichtlich der betrieblichen Tätigkeit als Grundvoraussetzung für die Haftungsreduktion trifft allerdings den ArbN[2].

Für eine Heranziehung von § 619a bei einer Verletzung der Arbeitspflicht durch **Unmöglichkeit oder Verzug** besteht **kein Anlass**, weil die Ursache insoweit nicht im Organisations- und Gefahrenbereich des ArbGeb liegt. Soweit man verlangt, dass sich das Vertretenmüssen des ArbN nicht nur auf die Pflichtverletzung, sondern auch auf den hierdurch herbeigeführten Schaden beziehen muss (Rz. 28), ist § 619a auf diesen Aspekt des subjektiven Tatbestandes ebenfalls anzuwenden[3]. Eine Differenzierung würde dem Ziel der Vorschrift zuwiderlaufen, ein Aushebeln der Haftungsbeschränkung zu verhindern. Falls sich der ArbGeb auf grobe Fahrlässigkeit des ArbN beruft, muss er die diesen Vorwurf tragenden Tatsachen darlegen und ggf. beweisen[4]. Auf einen Anscheinsbeweis kann er sich wegen der erforderlichen subjektiven Umstände zumindest regelmäßig nicht stützen[5]. Wenn die belastenden Momente den Schluss auf eine grobe Fahrlässigkeit des ArbN zulassen, ist es dessen Sache, entlastende Momente darzutun und zu beweisen[6]. Hinsichtlich des Vorwurfs mittlerer Fahrlässigkeit liegt die Darlegungs- und Beweislast ebenfalls beim ArbGeb, wenngleich in diesem Bereich ein Anscheinsbeweis eher möglich ist[7]. Für deliktische Ansprüche des ArbGeb gegen den ArbN bleibt es bei den allgemeinen Grundsätzen, die von § 619a aber nicht abweichen[8]. Im Übrigen hindert § 619a die Rspr. nicht daran, die Position des ArbGeb mit Hilfe eines Anscheinsbeweises oder einer abgestuften Darlegungs- und Beweislast zu erleichtern[9]. 44

Bei **Gruppenarbeit** wollte das BAG bislang jedenfalls für den Fall, dass ein Gruppenakkord vereinbart worden ist, die beweisrechtliche Situation für den ArbGeb verbessern[10]. Danach sollte es ausreichen, wenn der geschädigte ArbGeb nachweist, dass sein Schaden durch eine Schlechtleistung der Gruppe verursacht worden ist. Steht die Schlechtleistung der Gruppe fest, soll es Sache des einzelnen Gruppenmitgliedes sein, sich hinsichtlich der individuellen Pflichtverletzung bzw. des individuellen Vertretenmüssens zu entlasten. Auch wenn § 619a diese Konstellation nicht erfasst, gebietet diese Norm doch eine gewisse Zurückhaltung bei Beweiserleichterungen zugunsten des ArbGeb. Diese sind nur dann gerechtfertigt, wenn die Tätigkeit der ArbN erfolgsbezogen ist oder sie eine besondere Einstandspflicht für das Verhalten ihrer Kollegen übernommen haben[11]. 45

7. Abdingbarkeit. Die Regeln über den innerbetrieblichen Schadensausgleich sind nach Ansicht des BAG einseitig **zwingendes ArbN-Schutzrecht**[12]. Diese Charakterisierung schließt allerdings abweichende Vereinbarungen nicht aus, sofern das generelle Schutzniveau hierdurch nicht zu Lasten des ArbN unterschritten wird[13]. Relevant wird dies praktisch ausschließlich bei Mankoabreden (dazu Rz. 51 ff.). Ob sich an diesen Grundsätzen durch die Schuldrechtsreform etwas geändert hat, ist bislang ungeklärt. Eine literarische Strömung will aus der Vorstellung des Gesetzgebers, die Haftungsprivilegierung nunmehr auf § 276 Abs. 1 Satz 1 zu stützen[14], den Schluss ziehen, dass der innerbetriebliche Schadensausgleich nicht mehr zum zwingenden Recht gehöre[15]. 46

V. Mankohaftung. Die Mankohaftung[16] ist eine besondere Form der Schadenshaftung, die sich dadurch auszeichnet, dass der Schaden in einem **Fehlbestand von Geldbeträgen oder anvertrauten Gegenständen** besteht[17]. 47

1. Gesetzliche Mankohaftung. Haben die Parteien keine spezielle Mankoabrede getroffen, kommen die Grundsätze über die gesetzliche Mankohaftung zur Anwendung. Hinsichtlich der Anspruchsgrundlage muss auch nach der Schuldrechtsreform zwischen den Fällen unterschieden werden, in denen der ArbGeb Schadensersatz statt der Leistung bei Ausschluss der Leistungspflicht nach §§ 280 Abs. 1 und 3, 283 verlangt, und den Fällen, in denen es lediglich um den Ersatz von Begleitschäden infolge einer 48

---

1 *Gotthardt*, Schuldrechtsreform, Rz. 197; *Henssler*, RdA 2002, 129 (132); *Oetker*, BB 2002, 43 (44). | 2 BAG v. 18.4.2002 – 8 AZR 348/01, AP Nr. 122 zu § 611 BGB – Haftung des Arbeitnehmers; MünchKommBGB/*Müller-Glöge*, § 611 Rz. 480. | 3 Staudinger/*Oetker*, § 619a BGB Rz. 8; *Oetker*, BB 2002, 43 (45). | 4 BAG v. 22.2.1972 – 1 AZR 223/71, AP Nr. 70 zu § 611 BGB – Haftung des Arbeitnehmers. | 5 BAG v. 20.3.1973 – 1 AZR 337/72, AP Nr. 72 zu § 611 BGB – Haftung des Arbeitnehmers. | 6 BAG v. 22.2.1972 – 1 AZR 223/71, AP Nr. 70 zu § 611 BGB – Haftung des Arbeitnehmers. | 7 LAG Köln v. 22.1.1999 – 11 Sa 1015/98, LAGE § 611 BGB – Arbeitnehmerhaftung Nr. 26. | 8 *Oetker*, BB 2002, 43 (44). | 9 BT-Drs. 14/7052, S. 204; *Oetker*, BB 2002, 43 (44). | 10 BAG v. 24.4.1974 – 5 AZR 480/73, AP Nr. 4 zu § 611 BGB – Akkordkolonne. | 11 Eingehend *Otto/Schwarze*, Haftung, Rz. 316 ff.; gegen eine Beweislastumkehr bei einfacher Gruppenarbeit auch LAG Berlin v. 30.10.1989 – 9 Sa 66/89, LAGE § 611 BGB – Arbeitnehmerhaftung Nr. 13. | 12 BAG v. 2.12.1999 – 8 AZR 386/98, AP Nr. 3 zu § 611 BGB – Mankohaftung; v. 17.9.1998 – 8 AZR 175/97, AP Nr. 2 zu § 611 BGB – Mankohaftung. | 13 Einzelheiten bei *Krause*, NZA 2003, 577 (585) mwN. | 14 BT-Drs. 14/6857, S. 48. | 15 *Gotthardt*, Schuldrechtsreform, Rz. 195; ErfK/*Preis*, § 619a Rz. 11; dagegen aber *Henssler*: in Dauner-Lieb/Konzen/K. Schmidt, Das neue Schuldrecht, S. 615 (626). | 16 Zur Mankohaftung ausf. *Deinert*, RdA 2000, 22 ff.; *Stoffels*, AR-Blattei SD 870.2 Rz. 1 ff. | 17 Zu den einzelnen Fallgruppen siehe MünchArbR/*Blomeyer*, § 59 Rz. 72; *Otto/Schwarze*, Haftung, Rz. 271; *Reinecke*, ZfA 1976, 215 (216 f.).

Schlechtleistung gemäß § 280 Abs. 1 Satz 1 geht. Entsprechend der neueren Judikatur[1] ist eine Haftung nach §§ 280 Abs. 1 und Abs. 3, 283 unter dem Gesichtspunkt einer wegen Unmöglichkeit ausgeschlossenen Leistungspflicht nur dann anzunehmen, wenn der ArbN unmittelbaren Alleinbesitz an den überlassenen Gegenständen hatte. Entgegen der Ansicht des BAG genügt es hierfür jedoch nicht, dass der ArbN hinsichtlich der Sache wirtschaftliche Überlegungen (Betriebsbemühungen, Preiskalkulation) anzustellen hat. Vielmehr kann von einem Alleinbesitz nur dann die Rede sein, wenn der ArbN im Hinblick auf die überlassenen Gegenstände keinem Weisungsrecht mehr unterliegt, wie es etwa bei einem Dienstwagen der Fall sein kann, der auch zu privaten Zwecken genutzt werden darf[2]. In allen anderen Konstellationen ist der ArbN dagegen als Besitzdiener iSd. § 855 anzusehen. Kommt es im Rahmen seiner Tätigkeit zu einem Schaden in Form eines Fehlbestandes, ist ein Anspruch daher auf den Aspekt einer einfachen Pflichtverletzung zu stützen[3]. Dementsprechend genügt es erst recht nicht, wenn der ArbN erst im Begriff ist, eine eingeschränkte Sachherrschaft anzutreten[4].

49 Die Grundsätze über den **innerbetrieblichen Schadensausgleich** sind auch auf die allgemeine Mankohaftung **anwendbar**[5]. Die frühere, anders lautende Judikatur ist mit der Aufgabe des Kriteriums der Gefahrneigung der Tätigkeit obsolet geworden.

50 Im Rahmen der allgemeinen Mankohaftung trägt der ArbGeb gemäß § 619a die **Darlegungs- und Beweislast** für die objektive Pflichtverletzung sowie das Vertretenmüssen des ArbN. Wenn und soweit das schädigende Ereignis näher am ArbN als am ArbGeb gelegen hat, kann dem ArbGeb durch eine abgestufte Darlegungs- und Beweislast entgegengekommen werden[6].

51 **2. Vertragliche Mankohaftung.** Die Praxis kennt seit langem Mankoabreden, deren Zweck darin besteht, die haftungs- bzw. beweisrechtliche Situation des ArbGeb im Vergleich zur gesetzlichen Lage zu verbessern. Eine Veränderung der Rechtslage zu Lasten des ArbN setzt zunächst eine klare und eindeutige Vereinbarung voraus[7]. Sodann sind Mankoabsprachen im Ausgangspunkt als Ausdruck der Vertragsfreiheit zulässig. Sie dürfen jedoch nicht das von der Rspr. entwickelte Schutzniveau unterschreiten. Insoweit handelt es sich bei den Grundsätzen über den innerbetrieblichen Schadensausgleich nach Ansicht des BAG um einseitig zwingendes ArbN-Schutzrecht[8]. Dies ist im Grundsatz ein strengerer Maßstab als die zuvor praktizierte Inhaltskontrolle nach Maßgabe der §§ 138, 242.

52 Eine Mankoabrede ist nach der neueren Judikatur nur dann wirksam, wenn der ArbN ein **zusätzliches Mankoentgelt** erhält und die Haftung auf die Summe der in einem bestimmten Zeitraum gezahlten Mankogelder beschränkt ist[9]. Der Bezugszeitraum ist auf ein Jahr zu begrenzen. Ob es neben der erforderlichen wirtschaftlichen Kompensation für die Risikoverlagerung auf den ArbN weiterer Voraussetzungen für eine wirksame Mankovereinbarung bedarf, ist noch ungeklärt. Die jüngere Rspr. erweckt im Gegensatz zu älteren Aussagen den Eindruck, als könnten dem ArbN auch nicht voll beherrschbare Risiken auferlegt werden[10]. Dem ist mit der Maßgabe zuzustimmen, dass eine Abwälzung von Risiken, die dem Einflussbereich des ArbN völlig entzogen sind, als unzulässig anzusehen ist[11].

53 Vertragliche Regelungen, nach denen der **ArbN die Beweislast** für an sich vom ArbGeb zu beweisende Umstände **zu tragen hat**, sind entsprechend bisherigen Grundsätzen[12] als **zulässig** anzusehen. Dabei darf es allerdings nur um solche Tatsachen gehen, die aus einem vom Beschäftigten grundsätzlich beherrschbaren Bereich stammen[13]. Außerdem muss gewährleistet sein, dass der vom ArbN aufgrund dieser Abrede zu tragende Schaden nicht höher als die Summe der in einem Jahr gezahlten Mankogelder ist. Unter diesen Voraussetzungen liegt auch bei formularmäßigen Verträgen kein Verstoß gegen die nunmehr gemäß §§ 310 Abs. 4, 309 Nr. 12 vorzunehmende Inhaltskontrolle vor[14]. Wenn eine verschuldensunabhängige Einstandspflicht unter bestimmten Voraussetzungen zulässig ist, können an dieselben Voraussetzungen geknüpfte Beweislastvereinbarungen, die den ArbN im Ergebnis sogar noch etwas besser stellen, nicht unwirksam sein[15]. § 619a steht abweichenden Dispositionen ohnehin nicht entgegen, weil diese Norm nicht in § 619 aufgenommen worden ist[16]. Unzulässig sind dage-

---

1 BAG v. 2.12.1999 – 8 AZR 386/98, AP Nr. 3 zu § 611 BGB – Mankohaftung; v. 17.9.1998 – 8 AZR 175/97, AP Nr. 2 zu § 611 BGB – Mankohaftung. | 2 Näher dazu *Krause*, Anm. zu BAG, AP Nr. 1 u. 3 zu § 611 BGB – Mankohaftung. | 3 *Krause*, Anm. zu BAG, AP Nr. 1 u. 3 zu § 611 BGB – Mankohaftung; ebenso *Boemke/Müller*, SAE 2000, 6 (7 f.); *Preis/Kellermann*, SAE 1998, 133 (134 f.). | 4 LAG Nürnberg v. 23.6.1998 – 2 Sa 444/95, LAGE § 611 BGB – Arbeitnehmerhaftung Nr. 25. | 5 BAG v. 17.9.1998 – 8 AZR 175/97, AP Nr. 2 zu § 611 BGB – Mankohaftung; MünchArbR/*Blomeyer*, § 59 Rz. 86; MünchKommBGB/*Müller-Glöge*, § 611 Rz. 481; ErfK/*Preis*, § 619a BGB Rz. 33. | 6 BAG v. 2.12.1999 – 8 AZR 386/98, AP Nr. 3 zu § 611 BGB – Mankohaftung; v. 17.9.1998 – 8 AZR 175/97, AP Nr. 2 zu § 611 BGB – Mankohaftung. | 7 BAG v. 13.2.1974 – 4 AZR 13/73, AP Nr. 77 zu § 611 BGB – Haftung des Arbeitnehmers. | 8 BAG v. 2.12.1999 – 8 AZR 386/98, AP Nr. 3 zu § 611 BGB – Mankohaftung; v. 17.9.1998 – 8 AZR 175/97, AP Nr. 2 zu § 611 BGB – Mankohaftung. | 9 BAG v. 2.12.1999 – 8 AZR 386/98, AP Nr. 3 zu § 611 BGB – Mankohaftung. | 10 BAG v. 2.12.1999 – 8 AZR 386/98, AP Nr. 3 zu § 611 BGB – Mankohaftung. | 11 Näher dazu *Krause*, Anm. zu BAG, AP Nr. 3 zu § 611 BGB – Mankohaftung. | 12 BAG v. 29.1.1985 – 3 AZR 570/82, AP Nr. 87 zu § 611 BGB – Haftung des Arbeitnehmers; v. 13.2.1974 – 4 AZR 13/73, AP Nr. 77 zu § 611 BGB – Haftung des Arbeitnehmers. | 13 *Otto/Schwarze*, Haftung, Rz. 302. | 14 Pauschal abl. dagegen *Lingemann*, NZA 2002, 181 (192); *Thüsing* in Graf v. Westphalen, Vertragsrecht und AGB-Klauselwerke, Arbeitsverträge (2002), Rz. 78. | 15 So aber *Stoffels*, AR-Blattei SD 870.2 Rz. 137 f.; ihm zust. *Deinert*, RdA 2000, 22 (35). | 16 Staudinger/*Oetker*, § 619a BGB Rz. 3; unklar *Däubler*, NZA 2001, 1329 (1331 mit Fn. 26).

gen Abreden, die dem ArbN die Berufung auf ein von ihm nicht beherrschbares Mitverschulden des ArbGeb (§ 254) abschneiden wollen[1].

Unabhängig von der Frage des Schutzniveaus der allgemeinen Mankohaftung ist eine Klausel dann gemäß § 138 sittenwidrig und damit nichtig, wenn sie den ArbN durch ihren Inhalt dazu anreizt, **Dritte zu benachteiligen**. Dies ist etwa der Fall, wenn der ArbN ein festgestelltes Manko mit einem späteren Überschuss verrechnen kann[2]. **54**

Liegt eine wirksame Mankovereinbarung vor, ist der ArbGeb nicht daran gehindert, sich für die Geltendmachung eines **über die Summe der Mankogelder hinausgehenden Schadens** auf die Grundsätze über die allgemeine Mankohaftung zu stützen. Die vertragliche Absprache ist zumindest regelmäßig dahin auszulegen, dass sie die Haftung des ArbN erweitern, seine Verantwortlichkeit aber bei nachgewiesenem Verschulden nicht auf einen bestimmten Betrag begrenzen soll. **55**

Sofern eine Mankovereinbarung die Zulässigkeitsgrenzen überschreitet, ist sie insgesamt unwirksam. Eine **geltungserhaltende Reduktion ist abzulehnen**[3]. Die schadensrechtliche Verantwortlichkeit des ArbN richtet sich dann nach den Grundsätzen über die allgemeine Mankohaftung[4]. **56**

VI. Haftung gegenüber anderen ArbN. Schädigt der ArbN einen Kollegen, gelten an sich die allgemeinen zivilrechtlichen Grundsätze[5]. Die zumeist aus § 823 Abs. 1 bzw. Abs. 2 folgende deliktische Verantwortlichkeit wird bei Personenschäden jedoch durch das SozV-Recht überlagert. Nach § 105 Abs. 1 SGB VII ist die Haftung unter bestimmten Voraussetzungen auf die vorsätzliche Schädigung bzw. die Schadenzufügung, die sich für den Geschädigten als Wegeunfall darstellt (§ 8 Abs. 2 Nr. 1–4 SGB VII), beschränkt. Anstelle der ausgeschlossenen zivilrechtlichen Ansprüche gegen den Schädiger erhält der Geschädigte gegen den zuständigen Unfallversicherungsträger Ansprüche auf Entschädigungsleistungen. Der Zweck des Haftungsausschlusses nach § 105 SGB VII besteht primär im Schutz des schädigenden ArbN vor möglicherweise ruinösen Ersatzverpflichtungen. Sodann soll der die Unfallversicherung finanzierende ArbGeb davor bewahrt werden, durch einen Rückgriff seitens des schädigenden ArbN zusätzlich für den Schaden aufkommen zu müssen. Dagegen spielt die Wahrung des Betriebsfriedens nur eine vergleichsweise untergeordnete Rolle[6]. Der hierdurch bewirkte weitgehende Ausschluss von Schmerzensgeldansprüchen ist selbst bei schwersten körperlichen Verletzungen verfassungsgemäß[7]. Hieran hat die mit der Einfügung von § 253 Abs. 2 verbundene Aufwertung des Schmerzensgeldes durch das Schadensrechtsänderungsgesetz nichts geändert[8]. **57**

§ 105 SGB VII bezieht sich nur auf **Personenschäden**, zu denen auch Vermögenschäden als Folge einer Verletzung oder Tötung gehören[9], und auf die Beschädigung oder den Verlust von Hilfsmitteln (§ 8 Abs. 3 SGB VII). Hinsichtlich (sonstiger) Sachschäden von Arbeitskollegen bleibt es dagegen im Allgemeinen bei den Grundsätzen, die für die Schädigung außenstehender Dritter gelten (Rz. 60 ff.). Der Haftungsausschluss erstreckt sich auch auf die Fälle, in denen der ArbN die Person des ArbGeb schädigt, wobei es nicht darauf ankommt, ob der Unternehmer unfallversichert ist (Abs. 1) oder nicht (Abs. 2). § 106 Abs. 3 Alt. 3 SGB VII dehnt den Haftungsausschluss auf die Ersatzpflicht von Versicherten mehrerer Unternehmen aus, die vorübergehend betriebliche Tätigkeiten auf einer gemeinsamen Betriebsstätte verrichten. Eine gemeinsame Betriebsstätte liegt dann vor, wenn die Beteiligten betriebliche Aktivitäten entfalten, die bewusst und gewollt bei einzelnen Maßnahmen ineinander greifen, miteinander verknüpft sind, sich ergänzen oder unterstützen. Dabei genügt es, wenn die gegenseitige Verständigung stillschweigend durch bloßes Tun erfolgt[10]. **58**

Nicht durch § 105 Abs. 1 SGB VII ausgeschlossen sind gesundheitliche Schädigungen, die **weder auf einem Arbeitsunfall beruhen noch Berufskrankheiten sind**. Ein Vorgesetzter ist aber nicht schon deshalb zum Schadensersatz verpflichtet, weil er es unterlässt, gesundheitlichen Bedenken des ArbN gegen die abverlangte, arbeitsvertraglich geschuldete Tätigkeit nachzugehen[11]. Demgegenüber kann ein Vorgesetzter einem Untergebenen aufgrund von Mobbing aus § 823 Abs. 1 (Gesundheitsschädigung, Verletzung des allgemeinen Persönlichkeitsrechts) haften[12]. Denkbar ist auch ein Anspruch aus dem zum 1.8.2002 neu gefassten § 825 wegen einer Bestimmung zu sexuellen Handlungen[13]. **59**

---

1 MünchArbR/*Blomeyer*, § 59 Rz. 79; *Otto/Schwarze*, Haftung, Rz. 304. | 2 MünchArbR/*Blomeyer*, § 59 Rz. 79; *Otto/Schwarze*, Haftung, Rz. 299. | 3 ErfK/*Preis*, § 619a BGB Rz. 49. | 4 MünchArbR/*Blomeyer*, § 59 Rz. 81; *Otto/Schwarze*, Haftung, Rz. 306. | 5 Zur Haftung wegen eines auf falscher Verdächtigung beruhenden Arbeitsplatzverlustes OLG Koblenz v. 23.1.2003 – 5 U 13/03, NZA 2003, 438 f.; LAG Hamm v. 30.11.2000 – 8 Sa 878/00, LAGE § 824 BGB Nr. 1. | 6 Dazu *Otto/Schwarze*, Haftung, Rz. 536 ff. | 7 Grdl. BVerfG v. 7.11.1972 – 1 BvL 4 17/71 u. 10/72, 1 BvR 355/71, BVerfGE 34, 118 (128 ff., 136 f.); bestätigt in BVerfG v. 8.2.1995 – 1 BvR 753/94, AP Nr. 21 zu § 636 RVO. | 8 AA *Richardi*, NZA 2002, 1004 (1009). | 9 BAG v. 10.10.2002 – 8 AZR 103/02, AP Nr. 1 zu § 104 SGB VII. | 10 BGH v. 23.1.2001 – VI ZR 70/00, AP Nr. 2 zu § 106 SGB VII; v. 17.10.2000 – VI ZR 67/00, BGHZ 145, 331 (336). | 11 BAG v. 13.12.2001 – 8 AZR 131/01, EzA § 611 BGB – Arbeitnehmerhaftung Nr. 69. | 12 Zu den insoweit bestehenden Arbeitnehmerpflichten LAG Bremen v. 17.10.2002 – 3 Sa 78/02, NZA-RR 2003, 234 (235); LAG Hamm v. 25.6.2002 – 18 (11) Sa 1295/01, AP Nr. 3 zu § 611 BGB – Mobbing; LAG Thür. v. 15.2.2001 – 5 Sa 102/00, LAGE § 626 BGB Nr. 133. | 13 Vgl. *B. Gaul/B. Otto*, AuA 2002, 539 ff.

60 **VII. Haftung gegenüber Dritten.** Außerhalb des Anwendungsbereichs der §§ 105, 106 SGB VII richtet sich die Haftung des ArbN bei einer Schädigung Dritter im Ausgangspunkt nach **allgemeinen zivilrechtlichen Grundsätzen**. Der ArbN kann daher neben § 18 StVG vor allem nach § 823 Abs. 1 verantwortlich sein. Dabei ist im Falle mittelbarer Schädigungen problematisch, unter welchen Voraussetzungen der ArbN Träger von Verkehrs- bzw. Verkehrssicherungspflichten ist. Die Rspr. ist uneinheitlich[1]. Im Ausgangspunkt sind die Verkehrspflichten beim Unternehmensträger anzusiedeln, der das betriebliche Geschehen steuert und daraus seinen Nutzen zieht. Eigene Verkehrpflichten des ArbN sind dann zu bejahen, wenn er besondere Gefahrenquellen schafft[2] oder er für eine bestimmte Verkehrssicherung speziell zuständig ist[3]. Eine Übernahme von arbeitgeberbezogenen Verkehrspflichten durch den ArbN ist nur dann anzunehmen, wenn der ArbN einen außerordentlich weiten Entscheidungsspielraum zur Gefahrsteuerung hat und der ArbGeb berechtigterweise von eigenen Kontrollmaßnahmen absehen kann[4].

61 In einer Reihe von Fällen wirken sich **gesetzliche und vertragliche Haftungsprivilegierungen** des Unternehmers auch zugunsten des Beschäftigen in seinem Verhältnis zum geschädigten Dritten aus[5]. Außerhalb dieser speziellen Konstellationen hat sich die im Schrifttum vereinzelt geforderte[6] allgemeine Beschränkung der Außenhaftung des ArbN bislang nicht durchsetzen können[7].

62 Handelt es sich bei dem außenstehenden Dritten um einen **Betriebsmittelgeber** (Leasing, Eigentumsvorbehalt, Sicherungseigentum, Betriebspacht), sprechen die überwiegenden Gründe dafür, die Grundsätze des innerbetrieblichen Schadensausgleichs auch auf den Ersatzanspruch des Dritten gegen den ArbN anzuwenden[8]. Der Betriebsmittelgeber begibt sich bewusst in eine Sphäre erhöhter Schadensanfälligkeit und kann die damit verbundenen Risiken häufig durch bestimmte Vereinbarungen zumindest beeinflussen. Darüber hinaus zieht er aus der Überlassung einen wirtschaftlichen Nutzen, indem der ArbGeb durch den Einsatz im Produktionsprozess überhaupt erst in die Lage versetzt wird, seinen finanziellen Verpflichtungen (Leasing-Raten, Kreditrückzahlung etc.) nachzukommen. Der Eigentümer macht sich damit die wirtschaftliche Effizienz der vom ArbGeb geschaffenen und gesteuerten Arbeitsorganisation zunutze[9].

63 Wenn ein ArbN einem Kollegen einen **privaten Gegenstand (Kfz) zur betrieblichen Nutzung überlässt**, bleibt es im Schadensfalle dagegen bei den allgemeinen zivilrechtlichen Grundsätzen[10]. Ansonsten würde das Risiko der Insolvenz des ArbGeb vom schuldhaft handelnden auf den geschädigten Beschäftigten verlagert werden, wofür kein Anlass besteht.

64 Wenn der ArbN einem außenstehenden Dritten haftet, hat er nach allgemeiner Ansicht gegen den ArbGeb in dem Umfang einen **Anspruch auf Freistellung** von seiner Ersatzpflicht, in dem der ArbGeb einen erlittenen Eigenschaden selbst tragen müsste[11]. Der Freistellungsanspruch ist nicht auf die Fürsorgepflicht des ArbGeb zu stützen[12]. Haften der ArbGeb und der ArbN im Außenverhältnis gesamtschuldnerisch, erfolgt der Ausgleich über § 426. Die Schadensverteilung im Innenverhältnis richtet sich nach den Grundsätzen über den innerbetrieblichen Schadensausgleich. § 840 Abs. 2, der bei einer Außenhaftung des ArbGeb gemäß § 831 zu einer alleinigen Verantwortlichkeit des ArbN im Innenverhältnis führen würde, wird durch die arbeitsrechtliche Haftungsprivilegierung überlagert[13]. Bei einer alleinigen Haftung des ArbN im Außenverhältnis beruht der Freistellungsanspruch auf § 670 analog[14]. Hat der ArbN den geschädigten Dritten noch nicht befriedigt, kann er Befreiung von der Verbindlichkeit verlangen (§ 257). Wenn der ArbN an den Dritten mehr geleistet hat, als er im Innenverhältnis zum ArbGeb tragen muss, wandelt sich der Freistellungsanspruch in einen Erstattungsanspruch um[15]. Der geschädigte Dritte kann sich den Freistellungsanspruch vom ArbN abtreten lassen bzw. ihn pfänden[16]. In einem solchen Fall verwandelt sich der Freistellungsanspruch in einen Zahlungsanspruch[17].

---

1 Bejahend etwa BGH v. 28.4.1987 – VI ZR 127/86, NJW 1988, 48 (49) (Geräte auf Spielplatz); verneinend BGH v. 16.6.1987 – IX ZR 74/86, NJW 1987, 2510 f. (Wachmann). |2 ZB Entfernung von Schutzeinrichtungen. |3 ZB Schwimmmeister. |4 Näher dazu *Krause*, VersR 1995, 752 (758 f.); *Otto/Schwarze*, Haftung, Rz. 461 ff.; *Spindler*, Unternehmensorganisationspflichten (2001), S. 927 ff. |5 Einzelheiten bei *Krause*, VersR 1995, 752 (753 ff.); *Otto/Schwarze*, Haftung, Rz. 500 ff. |6 *Brüggemeier*, AcP 191 (1991), 33 (62 f.); *Däubler*, NJW 1986, 867 (872). |7 BGH v. 26.1.1995 – VII ZR 240/93, NJW-RR 1995, 659; v. 13.12.1994 – VI ZR 283/93, NJW 1995, 1150 (1151); v. 21.12.1993 – VI ZR 103/93, AP Nr. 104 zu § 611 BGB – Haftung des Arbeitnehmers; v. 19.9.1989 – VI ZR 349/88, BGHZ 108, 305 (308 ff.); BAG (GS) v. 25.9.1957 – GS 4/56 (5/56), AP Nr. 4 zu §§ 898, 899 RVO; *Krause*, VersR 1995, 742 (756); *Otto/Schwarze*, Haftung, Rz. 473; *Staudinger/Richardi*, § 611 BGB Rz. 535. |8 LAG BW v. 4.11.1986 – 14 Sa 42/86, LAGE § 611 BGB – Arbeitnehmerhaftung Nr. 8; *Gamillscheg*, AuR 1990, 167 (168); *Krause*, VersR 1995, 752 (756 ff.); *Otto/Schwarze*, Haftung, Rz. 493 ff. |9 Gegen eine Rechtsfortbildung aber BGH v. 19.9.1989 – VI ZR 349/88, BGHZ 108, 305 (313 ff.); MünchArbR/*Blomeyer*, § 60 Rz. 11; *Katzenstein*, RdA 2003, 346 (351 f.). |10 AA LAG Düsseldorf v. 25.9.1996 – 11 Sa 967/96, LAGE § 611 BGB – Arbeitnehmerhaftung Nr. 22. |11 BAG v. 23.6.1988 – 8 AZR 300/85, AP Nr. 94 zu § 611 BGB – Haftung des Arbeitnehmers; v. 18.1.1966 – 1 AZR 247/63, AP Nr. 37 zu § 611 BGB – Haftung des Arbeitnehmers; BAG (GS) v. 25.9.1957 – GS 4/56 (5/56), AP Nr. 4 zu §§ 898, 899 RVO; MünchArbR/*Blomeyer*, § 60 Rz. 15. |12 So aber BAG v. 23.6.1988 – 8 AZR 300/85, AP Nr. 94 zu § 611 BGB – Haftung des Arbeitnehmers. |13 *Otto/Schwarze*, Haftung, Rz. 477; *Staudinger/Richardi*, § 611 BGB Rz. 537. |14 MünchArbR/*Blomeyer*, § 60 Rz. 15; *Otto/Schwarze*, Haftung, Rz. 478; ErfK/*Preis*, § 619a BGB Rz. 26. |15 BAG v. 24.8.1983 – 7 AZR 670/79, AP Nr. 5 zu § 249 BGB – Vorteilsausgleichung; BAG (GS) v. 25.9.1957 – GS 4/56 (5/56), AP Nr. 4 zu §§ 898, 899 RVO; ErfK/*Preis*, § 619a BGB Rz. 26. |16 BGH v. 24.11.1975 – II ZR 53/74, BGHZ 66, 1 (4). |17 BAG v. 11.2.1969 – 1 AZR 280/68, AP Nr. 45 zu § 611 BGB – Haftung des Arbeitnehmers; v. 18.1.1966 – 1 AZR 247/63, AP Nr. 37 zu § 611 BGB – Haftung des Arbeitnehmers.

VIII. Anhang: Die Haftung des ArbGeb. 1. Allgemeines. Der ArbGeb kann aus den **unterschiedlichsten Gründen** verpflichtet sein, einen vom ArbN erlittenen Schaden zu ersetzen. Im Vordergrund stehen dabei die verschiedenen Formen der verschuldensabhängigen Haftung des ArbGeb. Daneben besteht unter bestimmten Voraussetzungen eine verschuldensunabhängige Einstandspflicht für ArbN-Schäden. Soweit der Schaden auf einem Versicherungsfall iSd. § 7 SGB VII (Arbeitsunfall oder Berufskrankheit) beruht, wird die Ersatzpflicht des ArbGeb durch § 104 Abs. 1 SGB VII aber weitgehend ausgeschlossen. 65

2. Verschuldensabhängige Haftung. a) Allgemeine Grundsätze der leistungsstörungsrechtlichen Haftung. Mangels einer eigenständigen Regelung der Leistungsstörungen im Arbeitsverhältnis gelten für die Haftung des ArbGeb die allgemeinen Grundsätze. Regelmäßige Anspruchsgrundlage bei der Verletzung von Pflichten aus einem Schuldverhältnis ist nunmehr § 280 Abs. 1. Für bestimmte Schadensarten müssen allerdings zusätzliche Voraussetzungen erfüllt sein, in denen sich die tradierten unterschiedlichen Leistungsstörungsformen teilweise fortsetzen. Einen Verzögerungsschaden kann der ArbN nur im Verzugsfalle verlangen (§§ 280 Abs. 2, 286). Für den Anspruch auf Schadensersatz statt der Leistung (§ 280 Abs. 3) kommt es darauf an, ob der ArbGeb die fällige Leistung verzögert oder nicht wie geschuldet erbringt (§ 281), eine Rücksichtnahmepflicht iSd. § 241 Abs. 2 verletzt (§ 282) oder ob die Leistungspflicht nach § 275 ausgeschlossen ist (§ 283). Sofern das die Leistungspflicht ausschließende Hindernis bereits bei Vertragsschluss vorliegt, haftet der ArbGeb nach Maßgabe der Spezialvorschrift des § 311a. Veranlasst der ArbGeb durch ein vertragswidriges Verhalten den ArbN zu einer außerordentlichen Kündigung, gründet sich die Pflicht zum Ersatz des Auflösungsschadens auf § 628 Abs. 2. 66

Grundvoraussetzung für eine Haftung des ArbGeb aus § 280 Abs. 1 ist eine **Pflichtverletzung**. Insoweit kommt neben einer Verletzung von Leistungs- oder Leistungstreuepflicht vor allem eine Verletzung von Schutzpflichten sowie von Aufklärungs- und Auskunftspflichten in Betracht. 67

Die Schadensersatzhaftung des ArbGeb wegen Pflichtverletzung ist nach § 280 Abs. 1 Satz 2 ausgeschlossen, wenn er die **Pflichtverletzung nicht zu vertreten** hat. Gemäß § 276 Abs. 1 Satz 1 hat der ArbGeb grundsätzlich Vorsatz und Fahrlässigkeit zu vertreten. Der ArbGeb handelt fahrlässig, wenn er die im Verkehr erforderliche Sorgfalt außer Acht lässt (§ 276 Abs. 2). Hierbei gilt ein objektiver Sorgfaltsmaßstab[1]. Das Vertretenmüssen kann durch einen unverschuldeten Rechtsirrtum ausgeschlossen sein[2]. Dies ist etwa dann der Fall, wenn der ArbGeb bei unklarer Rechtslage von der Wirksamkeit tariflicher Regelungen ausgeht (siehe auch § 614 Rz. 11)[3]. Andererseits genügt es nicht, dass die Rechtslage zweifelhaft ist und der ArbGeb sich auf eine ihm günstige Ansicht im Schrifttum berufen kann[4]. 68

Der ArbGeb muss sich nach § 278 Satz 1 das Verhalten von **Erfüllungsgehilfen** zurechnen lassen. Erfüllungsgehilfe ist, wer vom ArbGeb willentlich in die Erfüllung einer Verbindlichkeit gegenüber dem ArbN eingeschaltet wird[5]. Eine Zurechnung hat jedenfalls dann zu erfolgen, wenn der ArbGeb dem schuldhaft handelnden ArbN eine Vorgesetztenstellung eingeräumt hat[6]. Soweit es um die Verletzung von Schutzpflichten geht, hat der ArbGeb für solche Personen einzustehen, denen er eine konkrete Schutzaufgabe übertragen hat[7] oder die zumindest eine auf den ArbN bezogene Tätigkeit ausüben[8]. Werden Dritte nur ganz allgemein im Auftrag des ArbGeb tätig und schädigen sie dabei eher zufällig Rechtsgüter des ArbN, sind sie keine Erfüllungsgehilfen[9]. 69

b) Vorvertragliche Pflichten. Bereits im vorvertraglichen **Anbahnungsverhältnis** treffen den ArbGeb gemäß §§ 311 Abs. 2, 241 Abs. 2 **Rücksichtnahmepflichten**, deren Verletzung nach § 280 Abs. 1 zu einem Schadensersatzanspruch führen kann. Im Vordergrund stehen dabei die Fälle, in denen der ArbGeb in den Verhandlungen mit dem Bewerber den unzutreffenden Eindruck erweckt, es werde mit Sicherheit zum Abschluss eines Arbeitsvertrages kommen, den ArbN zur Kündigung seines bisherigen Arbeitsverhältnisses veranlasst und dann von einer Einstellung absieht[10]. Gleiches gilt, wenn der ArbGeb Vertragsverhandlungen, in denen er die Erwartung einer Einstellung hervorgerufen hat, ohne sachlichen Grund abbricht[11]. 70

Weiter muss der ArbGeb über solche Umstände aufklären, die für die **Entscheidung des ArbN zum Abschluss des Arbeitsvertrages relevant** sind[12]. Dies betrifft insb. nicht allgemein bekannte Zahlungs- 71

---

1 BAG v. 17.2.1994 – 8 AZR 275/92, AP Nr. 2 zu § 286 BGB; MünchKommBGB/*Grundmann*, § 276 Rz. 55 f. | 2 BAG v. 3.12.2000 – 9 AZR 481/01, AP Nr. 2 zu § 81 SGB IX; v. 12.11.1992 – 8 AZR 503/91, AP Nr. 1 zu § 285 BGB (Berufung auf höchstrichterliche Entscheidung). | 3 BAG v. 14.12.1999 – 3 AZR 713/98, AP Nr. 54 zu § 1 BetrAVG – Zusatzversorgungskassen. | 4 BAG v. 14.10.1997 – 7 AZR 298/96, AP NR. 154 zu § 1 TVG – Tarifverträge: Metallindustrie. | 5 MünchKommBGB/*Grundmann*, § 278 Rz. 20, 42. | 6 BAG v. 17.12.1968 – 5 AZR 149/68, AP Nr. 2 zu § 324 BGB; LAG Frankfurt/M. v. 12.3.1990 – 10/2 Sa 890/89, DB 1991, 552. | 7 ErfK/*Preis*, § 619a BGB Rz. 68. | 8 BAG v. 25.5.2000 – 8 AZR 518/99, AP Nr. 8 zu § 611 BGB – Parkplatz; *Kamanabrou*, NJW 2001, 1187 f. | 9 BAG v. 25.5.2000 – 8 AZR 518/99, AP Nr. 8 zu § 611 BGB – Parkplatz; tendenziell weiter BGH v. 14.11.1989 – X ZR 106/88, NJW-RR 1990, 308 (309); v. 22.9.1977 – III ZR 146/75, VersR 1978, 38 (40); v. 1.12.1964 – VI ZR 39/64, VersR 1965, 240 (241); v. 20.5.1964 – VIII ZR 242/62, LM § 278 BGB Nr. 39. | 10 BAG v. 15.5.1974 – 5 AZR 393/73, AP Nr. 9 zu § 276 BGB – Verschulden bei Vertragsabschluss; v. 7.6.1963 – 1 AZR 276/62, AP Nr. 4 zu § 276 BGB – Verschulden bei Vertragsabschluss. | 11 LAG Köln v. 28.7.1993 – 2 Sa 199/93, LAGE § 276 BGB – Verschulden bei Vertragsabschluss Nr. 2. Zur Fortexistenz einer Haftung wegen grundlosen Abbruchs der Vertragsverhandlungen nach der Schuldrechtsreform MünchKommBGB/*Emmerich*, § 311 Rz. 185; zweifelnd *Rieble* in Dauner-Lieb/Konzen/K. Schmidt, Das neue Schuldrecht, S. 137 (150 f.). | 12 Dazu eingehend *Kursawe*, NZA 1997, 245 ff.

schwierigkeiten des ArbGeb, die dessen Fähigkeit beeinträchtigen, das Arbeitsentgelt pünktlich auszuzahlen[1]. Über Arbeitsplatzanforderungen, die sich im Rahmen des Üblichen halten, muss der ArbGeb den ArbN dagegen nicht in Kenntnis setzen[2]. Der ArbGeb haftet auch dann nicht, wenn er nach dem Vertragsschluss eine qualifiziertere Kraft findet und den zunächst eingestellten ArbN noch in der Probezeit entlässt, um den anderen Bewerber zu beschäftigen[3].

72 Steht dem ArbN ein **Einstellungs-** bzw. ein **Wiedereinstellungsanspruch** zu, geht das BAG davon aus, dass der ArbGeb im Weigerungsfalle zunächst in Verzug gerät und sodann durch Zeitablauf Unmöglichkeit eintritt[4]. Anspruchsgrundlage sind demnach nunmehr die §§ 280, 286, 283[5]. Schadensersatzansprüche wegen einer fehlerhaften Auswahlentscheidung des öffentlichen ArbGeb bei einer Einstellung oder Beförderung sind aber analog § 839 Abs. 3 ausgeschlossen, wenn es der ArbN versäumt hat, durch eine Konkurrentenklage den Schaden abzuwenden[6]. Für geschlechts- bzw. behindertenbezogene Diskriminierungen bei Einstellungen und Beförderungen enthalten § 611a BGB und § 81 Abs. 2 SGB IX besondere Sanktionsregelungen, die einen Rückgriff auf die allgemeinen leistungsstörungsrechtlichen Vorschriften ausschließen.

73 Der geschädigte ArbN ist im Falle einer Ersatzpflicht so zu stellen, wie er **ohne das schuldhafte Verhalten des ArbGeb stehen** würde. Dies führt im Allgemeinen zu einem Ersatz des Vertrauensschadens, nicht dagegen zu einem Ersatz des Erfüllungsinteresses[7]. Der Anspruch auf Ersatz des Vertrauensschadens ist allerdings nicht durch das Erfüllungsinteresse begrenzt. Hat der ArbGeb dafür einzustehen, dass der ArbN im enttäuschten Vertrauen auf das Zustandekommen eines Vertrages sein altes Arbeitsverhältnis gekündigt hat, muss er für den Verlust des bisherigen Gehalts Ersatz leisten, auch wenn dessen Höhe die in Aussicht gestellte Vergütung übersteigt[8]. Um den ArbN nicht auf schadensrechtlichem Wege mit einer „ewigen Rente" auszustatten, ist der verloren gegangene Bestandsschutz im alten Arbeitsverhältnis entsprechend der Judikatur zu § 628 Abs. 2[9] zu begrenzen.

74 c) **Pflichten im vertraglichen Stadium.** Im Stadium der **Vertragsabwicklung** trifft den ArbGeb eine Fülle von Pflichten, deren Verletzung zu einem Schadensersatzanspruch des ArbN führen kann. Im Wesentlichen lassen sich folgende Fallgruppen unterscheiden:

75 aa) **Vergütungspflicht.** Kommt der ArbGeb seiner Hauptleistungspflicht zur Zahlung der Vergütung nicht pünktlich nach, gerät er gemäß § 286 Abs. 2 Nr. 1 iVm. § 187 Abs. 2 auch ohne Mahnung regelmäßig in Verzug (näher § 614 Rz. 11 f.). Zum Verzögerungsschaden kann auch ein durch die verspätete Zahlung entstandener Steuerschaden gehören (Progressionsschaden), nicht aber Einbußen infolge der Nichtanwendung des Steuerbefreiungstatbestandes für bestimmte Zuschläge (§ 3b EStG)[10]. Das Recht zur privaten Nutzung eines vom ArbGeb bereit zu stellenden Dienstwagens ist Teil der Vergütung. Unterbleibt die Bereitstellung, hat der ArbN einen Anspruch auf Schadensersatz statt der Leistung gemäß §§ 280 Abs. 1 und Abs. 3, 283[11]. Als Schaden kann der ArbN den Betrag geltend machen, den er im Falle der tatsächlichen Nutzung seines eigenen PKW aufwenden musste[12] bzw. den er hätte aufwenden müssen[13].

76 bb) **Beschäftigung und Weiterbeschäftigung.** Der ArbGeb ist im bestehenden Arbeitsverhältnis grundsätzlich zur tatsächlichen Beschäftigung des ArbN verpflichtet. Fällt der Arbeitsplatz eines ArbN infolge einer Umstrukturierung weg, ohne dass der ArbGeb das Arbeitsverhältnis kündigt, ist die Pflicht zur Beschäftigung nach Ansicht des BAG wegen Unmöglichkeit entfallen, so dass der ArbN im Wege des Schadensersatzes eine Weiterbeschäftigung auf einem gleichwertigen anderen Arbeitsplatz verlangen könne[14]. Weiter trifft den ArbGeb gemäß § 81 Abs. 4 Satz 1 Nr. 1 SGB IX die Pflicht zur behindertengerechten Gestaltung der Beschäftigung, deren Verletzung zu einem Schadensersatzanspruch des ArbN wegen entgangener Vergütung führen kann[15]. Dabei ist der ArbGeb nach Ansicht des BAG gehalten, die Zustimmung des BR zur Versetzung eines schwerbehinderten ArbN, durch die diesem Beschäftigungsanspruch

---

1 BAG v. 2.12.1976 – 3 AZR 401/75, AP Nr. 10 zu § 276 BGB – Verschulden bei Vertragsabschluss; v. 24.9.1974 – 3 AZR 589/73, AP Nr. 1 zu § 13 GmbHG. |2 BAG v. 12.12.1957 – 2 AZR 574/55, AP Nr. 2 zu § 276 BGB – Verschulden bei Vertragsschluss. |3 LAG Nürnberg v. 25. Juli 1994 – 7 Sa 1217/93, LAGE § 276 BGB – Verschulden bei Vertragsschluss Nr. 3. |4 BAG v. 28.6.2000 – 7 AZR 904/98, AP Nr. 6 zu § 1 KSchG 1969 – Wiedereinstellung; v. 14.10.1997 – 7 AZR 298/96, AP Nr. 154 zu § 1 TVG – Tarifverträge: Metallindustrie (im Falle eines befristeten Einstellungsanspruchs); anders offenbar *Boewer*, NZA 1999, 1177 (1181); lediglich Verzugsvorschriften erwähnend BAG v. 12.11.1997 – 7 AZR 422/96, AP Nr. 3 zu § 611 BGB – Übernahme ins Arbeitsverhältnis. |5 ErfK/*Preis*, § 619a BGB Rz. 54. |6 LAG Berlin v. 15.2.1002 – 6 Sa 2099/01, AP Nr. 4 zu § 26 SchwbG 1986. |7 BAG v. 10.11.1955 – 2 AZR 282/54, AP Nr. 1 zu § 276 BGB – Verschulden bei Vertragsabschluss. |8 BAG v. 15.5.1974 – 5 AZR 393/73, AP Nr. 9 zu § 276 BGB – Verschulden bei Vertragsabschluss; ErfK/*Preis*, § 611 BGB Rz. 326; aA Erman/*Edenfeld*, § 611 BGB Rz. 261; *Wiedemann*, FS Herschel (1982) S. 463 (477 ff.). |9 BAG v. 26.7.2001 – 8 AZR 739/00, EzA § 628 BGB Nr. 19 m. Anm. *Krause*. |10 BAG v. 19.10.2000 – 8 AZR 20/00, AP Nr. 11 zu § 611 BGB – Haftung des Arbeitgebers. |11 BAG v. 16.11.1995 – 8 AZR 240/95, AP Nr. 4 zu § 611 BGB – Sachbezüge. |12 BAG v. 16.11.1995 – 8 AZR 240/95, AP Nr. 4 zu § 611 BGB – Sachbezüge. |13 BAG v. 23.6.1994 – 8 AZR 537/92, AP Nr. 34 zu § 249 BGB. Für eine Orientierung an der steuerlichen Bewertung der Nutzungsmöglichkeit gemäß § 6 Abs. 1 Nr. 4 EStG BAG v. 27.5.1999 – 8 AZR 415/98, AP Nr. 12 zu § 611 BGB – Sachbezüge. |14 BAG v. 13.6.1990 – 5 AZR 350/89, EzA § 611 BGB – Beschäftigungspflicht Nr. 44. |15 BAG v. 3.12.2002 – 9 AZR 462/01, AP Nr. 1 zu § 124 SGB X.

Rechnung getragen werden soll, einzuholen bzw. ein gerichtliches Zustimmungsersetzungsverfahren durchzuführen[1]. Während der Dauer von Prozessen über den Bestand des Arbeitsverhältnisses kann der ArbN nach Maßgabe der von der Rspr. entwickelten Grundsätze Weiterbeschäftigung verlangen. Das BAG bejaht bei einer Nichterfüllung des allgemeinen Weiterbeschäftigungsanspruchs eine Schadensersatzpflicht des ArbGeb, die auf das entgangene Entgelt gerichtet sein soll[2]. Dies widerspricht jedoch dem ideellen Schutzzweck der Beschäftigungspflicht (näher § 615 Rz. 105). Ersatzfähig ist lediglich der Berufsfortkommensschaden.

cc) **Urlaubsanspruch.** Der ArbGeb gerät in Schuldnerverzug, wenn er den vom ArbN angemahnten Urlaub grundlos nicht gewährt. Wird der ursprüngliche Urlaubsanspruch mit Ablauf des Übertragungszeitraums unmöglich, kann der ArbN nach ständiger Rspr. des BAG in diesem Falle als Schadensersatz Ersatzurlaub in gleicher Höhe verlangen[3]. Dasselbe gilt für den durch Fristablauf untergegangenen Urlaubsabgeltungsanspruch[4]. 77

dd) **Schutz von Leben und Gesundheit.** Der ArbGeb ist verpflichtet, die erforderlichen Vorkehrungen dafür zu treffen, dass der ArbN vor den bei der Erfüllung der Dienstleistungen drohenden Gefahren für Leben und Gesundheit geschützt wird. Grundlage dieser Pflicht ist § 618 bzw. § 62 HGB, die jeweils durch das öffentlich-rechtliche Arbeitsschutzrecht konkretisiert werden (näher dazu § 618 Rz. 1 ff.). Ein Schadensersatzanspruch aus der Verletzung dieser Schutzpflicht wird aber regelmäßig durch § 104 SGB VII ausgeschlossen. Damit besteht auch kein Anspruch auf Schmerzensgeld (§ 253 Abs. 2), obwohl die Unfallversicherungsträger insoweit keine Leistungen an das Unfallopfer erbringen (vgl. §§ 26 ff. SGB VII). 78

ee) **Persönlichkeitsschutz.** Der ArbGeb ist aufgrund seiner allgemeinen Fürsorgepflicht gehalten, die Persönlichkeit des ArbN nicht zu beeinträchtigen. Darüber hinaus muss er sich schützend vor den ArbN stellen, wenn dieser von anderen Beschäftigten (etwa durch Mobbing) unangemessen behandelt wird[5]. Eine spezielle Ausprägung des Persönlichkeitsschutzes enthält das Beschäftigungsschutzgesetz (BeschSchG), das vorsätzliche sexuelle Belästigungen am Arbeitsplatz[6] verhindern soll. Weitere wichtige Bereiche betreffen die Personalaktenführung sowie den Datenschutz im Arbeitsverhältnis. 79

Eingriffe in das Persönlichkeitsrecht des ArbN führen in erster Linie zu **Beseitigungs- und Unterlassungsansprüchen**, zumal es insoweit keines Vertretenmüssens bedarf. Eine Rückgängigmachung der Verletzung kann zwar ebenfalls auf schadensrechtlichem Wege verlangt werden (Naturalrestitution). Im Übrigen spielt das Schadensersatzrecht in diesem Bereich indes nur eine untergeordnete Rolle, weil es zumeist um Nichtvermögensschäden geht. Für immaterielle Schäden kann aber auch auf der Grundlage des neuen § 253 Abs. 2 im Rahmen des Vertragsrechts nur unter bestimmten Voraussetzungen Ersatz geleistet werden. Danach müssen der Körper, die Gesundheit, die Freiheit oder die sexuelle Selbstbestimmung verletzt worden sein. Ein Eingriff in das allgemeine Persönlichkeitsrecht löst dagegen keinen vertraglichen Entschädigungsanspruch aus. Dies ist insb. in den Fällen von Mobbing relevant[7]. 80

ff) **Schutz von ArbN-Eigentum.** Der ArbGeb ist zum Schutz der vom ArbN eingebrachten Vermögensgegenstände verpflichtet, die mit der Arbeitsleistung in Zusammenhang stehen oder üblicherweise mitgeführt werden. § 618 kann auf den Schutz des in den Betrieb eingebrachten ArbN-Eigentums zwar weder unmittelbar noch analog angewendet werden. Eine vertragliche Schutzpflicht ergibt sich aber aus § 241 Abs. 2 als normative Verankerung der allgemeinen Interessenwahrungspflicht (Fürsorgepflicht) des ArbGeb[8]. 81

Der Schutz erstreckt sich zunächst auf diejenigen Gegenstände, die zur **Ausführung der Arbeit** notwendig sind (Werkzeug[9], Arbeitskleidung). Hierzu sind auch persönliche Wertgegenstände wie Geldbörsen und Kreditkarten zu zählen[10]. Weiter gehören dazu die für den Weg von und zur Arbeit unerlässlichen Gegenstände (Straßenkleidung[11]). Geschützt sind schließlich auch die Vermögensgegenstände, die vom ArbN nicht notwendig, aber doch zumindest berechtigt in den Betrieb eingebracht werden. Dies gilt insb., wenn der ArbGeb Parkplätze für Kraftfahrzeuge zur Verfügung stellt[12]. Es kommt nicht darauf an, ob der ArbGeb zur Schaffung einer Unterstellmöglichkeit verpflichtet ist[13]. 82

---

1 BAG v. 3.12.2002 – 9 AZR 481/01, AP Nr. 2 zu § 81 SGB IX. | 2 BAG v. 12.9.1985 – 2 AZR 324/84, AP Nr. 7 zu § 102 BetrVG 1972 – Weiterbeschäftigung. | 3 BAG v. 16.3.1999 – 9 AZR 428/98, AP Nr. 25 zu § 7 BUrlG – Übertragung; v. 23.6.1988 – 8 AZR 458/86, AP Nr. 16 zu § 7 BUrlG – Übertragung. | 4 BAG v. 21.9.1999 – 9 AZR 705/98, AP Nr. 77 zu § 7 BUrlG – Abgeltung; v. 17.1.1995 – 9 AZR 664/93, AP Nr. 66 zu § 7 BUrlG – Abgeltung. | 5 Siehe aber auch *LAG Nürnberg* v. 2.7.2002 – 6 (3) Sa 154/01, NZA-RR 2003, 121 ff.: Keine Pflicht des ArbGeb zur Überprüfung der sachlichen Richtigkeit von Weisungen des Vorgesetzten. | 6 Weiter gehend Art. 2 Abs. 2 RL 2002/73/EG, ABl.-EG Nr. L 269, S. 15 ff. | 7 *B. Gaul/B. Otto*, AuA 2002, 539 (542); *Rieble/Klumpp*, ZIP 2002, 369 (376 f.). | 8 ErfK/*Preis*, § 611 BGB Rz. 772; zum früheren Rekurs auf die Fürsorgepflicht BAG v. 1.7.1965 – 5 AZR 264/64, AP Nr. 75 zu § 611 BGB – Fürsorgepflicht; Staudinger/*Richardi*, § 611 BGB Rz. 845. | 9 BAG v. 17.9.1987 – 6 AZR 522/84, AP Nr. 15 zu § 611 BGB – Musiker (Musikinstrument). | 10 MünchArbR/*Blomeyer*, § 96 Rz. 43. | 11 BAG v. 1.7.1965 – 5 AZR 264/64, AP Nr. 75 zu § 611 BGB – Fürsorgepflicht. | 12 BAG v. 25.5.2000 – 8 AZR 518/99, AP Nr. 8 zu § 611 BGB – Parkplatz. | 13 BAG v. 25.6.1975 – 5 AZR 260/74, AP Nr. 4 zu § 611 BGB – Parkplatz; v. 16.3.1966 – 1 AZR 340/65, AP Nr. 1 zu § 611 BGB – Parkplatz; Staudinger/*Richardi*, § 611 BGB Rz. 845; ebenso offenbar MünchArbR/*Blomeyer*, § 96 Rz. 46; aA *Kreßel*, RdA 1992, 169 (172 f.)

83 Hinsichtlich der Vermögensgegenstände, die vom ArbN ohne betriebliche Veranlassung eingebracht werden, besteht **keine Schutzpflicht** des ArbGeb[1]. Bei Gegenständen, die der Verwirklichung der Persönlichkeit des ArbN dienen (Schmuck), kommt es darauf an, ob eine Sicherungspflicht dem ArbGeb unter Verhältnismäßigkeitsgesichtspunkten noch zugemutet werden kann[2].

84 Inhaltlich gebietet die Fürsorgepflicht dem ArbGeb die Maßnahmen, die ihm nach den **konkreten Verhältnissen zumutbar** sind und die den ArbN bei eigenem Zutun in die Lage versetzen, sein eingebrachtes Eigentum entsprechend der betrieblichen Situation möglichst vor Verlust oder Beschädigung zu bewahren[3]. Gemäß § 34 Abs. 5 und Abs. 6 ArbStättV hat der ArbGeb für unzugängliche Kleiderablagen bzw. ein abschließbares Fach zur Aufbewahrung persönlicher Wertgegenstände zu sorgen[4]. Eine umfassende Pflicht zum Schutz des ArbN-Eigentums vor Beschädigungen durch Dritte besteht nicht[5]. Dies gilt auch dann, wenn der ArbGeb für einen überdachten Abstellplatz einen Kostenbeitrag erhebt[6]. Ebenso muss der ArbGeb keine Kaskoversicherung zugunsten der ArbN abschließen, die einen bereitgestellten Parkplatz benutzen[7]. Dagegen hat der ArbGeb für die verkehrssichere Gestaltung eines Parkplatzes zu sorgen[8].

85 gg) Schutz sonstiger Vermögensbelange. Den ArbGeb trifft **keine allgemeine Vermögensfürsorgepflicht** zugunsten des ArbN[9]. Aus der Fürsorgepflicht erwachsen aber viele Einzelpflichten zum Schutz vermögensrechtlicher Belange des ArbN, deren schuldhafte Verletzung zu einem Schadensersatzanspruch des Beschäftigten führt.

86 Im Einzelnen wird die Fürsorgepflicht des ArbGeb durch das **öffentlich-rechtliche LStRecht** konkretisiert[10]. Der ArbGeb ist daher auch arbeitsvertraglich verpflichtet, die LSt richtig zu berechnen und abzuführen. Unterläuft dem ArbGeb hierbei schuldhaft ein Fehler, ist er dem ArbN zum Ersatz des daraus entstehenden Schadens verpflichtet[11]. Entsprechendes gilt für die Bescheinigung der einbehaltenen LSt (§ 41b EStG)[12].

87 Der ArbGeb haftet weiter für die **ordnungsgemäße Zahlung der SozV-Beiträge**, soweit dem ArbN durch die Nichtabführung ein Schaden entsteht[13]. Demgegenüber wird in der Rspr. eine schadensersatzbewehrte Pflicht abgelehnt, bei einer Lohnpfändung die einbehaltenen Beiträge auch tatsächlich abzuführen[14].

88 In zahlreichen Fällen ist der ArbGeb zur **Aufklärung bzw. Auskunft** über Umstände verpflichtet, von denen vermögensrechtliche Dispositionen des ArbN abhängen. Wenn der ArbGeb seine Pflichten aus dem NachwG schuldhaft nicht erfüllt und der ArbN infolgedessen eine tarifliche Ausschlussfrist versäumt, steht dem Beschäftigten ein Schadensersatzanspruch aus Verzug zu, der auf die Wiederherstellung der untergegangenen Forderung gerichtet ist[15], durch ein wesentliches Mitverschulden des Beschäftigten aber ausgeschlossen sein kann[16].

89 d) Pflichten im Zusammenhang mit der Vertragsbeendigung. Der ArbGeb ist grundsätzlich **nicht verpflichtet**, den ArbN über sämtliche bei der Beendigung des Arbeitsverhältnisses drohenden Risiken aufzuklären. Vielmehr ist es im Ausgangspunkt Sache des ArbN, sich über die rechtlichen Folgen einer Vertragsbeendigung Klarheit zu verschaffen[17]. Die Rspr. bejaht aber unter bestimmten Voraussetzungen Hinweis- und Aufklärungspflichten des ArbGeb. Die hierfür maßgeblichen Kriterien sind das erkennbare Informationsbedürfnis des ArbN sowie die Beratungsmöglichkeiten des ArbGeb. Gesteigerte Hinweispflichten sollen den ArbGeb dann treffen, wenn ein Aufhebungsvertrag auf seine Initiative und in seinem Interesse zustande kommt[18]. Dies gilt insb., sofern er hierbei den Eindruck erweckt, auch die Belange des Beschäftigten zu wahren, und hierdurch einen entsprechenden Vertrauenstatbestand schafft[19]. Eine verschuldete Unkenntnis des ArbN soll dagegen keine Mitteilungspflichten des ArbGeb auslösen[20]. Ferner muss der ArbGeb den ArbN grundsätzlich nicht darüber aufklären, dass er weitere Entlassungen beabsichtigt, die unter Umständen zu einer sozialplanpflichtigen Betriebseinschränkung führen können[21].

---

1 MünchArbR/*Blomeyer*, § 96 Rz. 47. | 2 MünchArbR/*Blomeyer*, § 96 Rz. 47. | 3 BAG v. 1.7.1965 – 5 AZR 264/64, AP Nr. 75 zu § 611 BGB – Fürsorgepflicht. | 4 Dazu LAG Hamm v. 6.12.1989 – 15 (16) Sa 509/89, LAGE § 611 BGB – Fürsorgepflicht Nr. 19 (keine Haftung, wenn ArbN Sicherungsmöglichkeit nicht nutzt). | 5 BAG v. 25.6.1975 – 5 AZR 260/74, AP Nr. 4 zu § 611 BGB – Parkplatz. | 6 BAG v. 25.6.1975 – 5 AZR 260/74, AP Nr. 4 zu § 611 BGB – Parkplatz. | 7 BAG v. 16.3.1966 – 1 AZR 340/65, AP Nr. 1 zu § 611 BGB – Parkplatz. | 8 BAG v. 16.3.1966 – 1 AZR 340/65, AP Nr. 1 zu § 611 BGB – Parkplatz. | 9 BAG v. 22.3.2001 – 8 AZR 536/00, AR-Blattei ES 250 Nr. 56; MünchArbR/*Blomeyer*, § 96 Rz. 100; ErfK/*Preis*, § 611 Rz. 779. | 10 *Lang*, RdA 1999, 64 (66). | 11 BAG v. 17.3.1960 – 5 AZR 395/58, AP Nr. 8 zu § 670 BGB; BAG v. 24.10.1958 – 4 AZR 114/56, AP Nr. 7 zu § 670 BGB; MünchArbR/*Blomeyer*, § 96 Rz. 93 f.; *Hahn*, NJW 1988, 20 (22). | 12 BAG v. 20.2.1997 – 8 AZR 121/95, AP Nr. 4 zu § 611 BGB – Haftung des Arbeitgebers. | 13 ErfK/*Preis*, § 611 BGB Rz. 776. | 14 LAG Hamm v. 15.6.1988 – 2 Sa 541/88, LAGE § 611 BGB – Fürsorgepflicht Nr. 15. | 15 BAG v. 17.4.2002 – 5 AZR 89/01, AP Nr. 6 zu § 2 NachwG. | 16 BAG v. 29.5.2002 – 5 AZR 105/01, NZA 2002, 1360 (Orientierungssatz). Ebenso BAG v. 24.10.2002 – 6 AZR 743/00, AP Nr. 2 zu § 4 BBiG zur Hinweispflicht gemäß § 4 BBiG. | 17 BAG v. 11.12.2001 – 3 AZR 339/00, AP Nr. 2 zu § 1 BetrAVG – Auskunft; v. 10.3.1988 – 8 AZR 420/85, AP Nr. 99 zu § 611 BGB – Fürsorgepflicht. Entsprechendes gilt bei Abänderungsverträgen: BAG v. 13.11.2001 – 9 AZR 442/00, AP Nr. 1 zu § 15b BAT. | 18 BAG v. 17.10.2000 – 3 AZR 605/99, AP Nr. 116 zu § 611 BGB – Fürsorgepflicht; v. 3.7.1990 – 3 AZR 382/89, AP Nr. 24 zu § 1 BetrAVG. | 19 BAG v. 12.12.2002 – 8 AZR 497/01, AP Nr. 25 zu § 611 BGB – Haftung des Arbeitgebers; v. 21.2.2002 – 2 AZR 749/00, NZA 2002, 1416 (Orientierungssatz); v. 11.12.2001 – 3 AZR 339/00, AP Nr. 2 zu § 1 BetrAVG – Auskunft. | 20 BAG v. 25.1.2000 – 9 AZR 144/99, AP Nr. 3 zu § 128 AFG. | 21 BAG v. 13.11.1996 – 10 AZR 340/96, AP Nr. 4 zu § 620 BGB – Aufhebungsvertrag.

Über **sozialversicherungsrechtliche Nachteile** hat der ArbGeb den ArbN im Allgemeinen nicht zu informieren. Der ArbGeb steht den aus den sozialversicherungsrechtlichen Regelungen erwachsenden vermögensrechtlichen Risiken (zB Sperrzeit iSd. § 144 SGB III) nicht näher als der einzelne Beschäftigte. Gemäß § 2 Abs. 2 Satz 2 Nr. 3 SGB III soll der ArbGeb den ArbN aber nunmehr über die Verpflichtung zur unverzüglichen Meldung bei der AA im Falle einer Beendigung des Arbeitsverhältnisses unterrichten. Die Verletzung dieser Pflicht kann zu einem Schadensersatzanspruch führen, wenn der ArbN durch Unkenntnis seiner Meldepflicht nach § 37b SGB III nicht nachkommt und deshalb das Alg gemindert wird (§ 140 SGB III)[1]. Allerdings muss sich der ArbN ein Mitverschulden (§ 254) entgegenhalten lassen. 90

e) **Nachvertragliche Pflichten.** Die Rspr. bejaht unter bestimmten Voraussetzungen eine **nachwirkende Rücksichtnahme- bzw. Fürsorgepflicht** des ArbGeb[2]. Sachlich handelt es sich allerdings um aus dem Arbeitsverhältnis herrührende Pflichten, die sich lediglich dadurch auszeichnen, dass sie erst nach dessen Auflösung aktualisiert werden[3]. 91

Inhaltlich geht es zum einen um die Pflicht des ArbGeb zur **ordnungsgemäßen Ausfüllung und Herausgabe der Arbeitspapiere** (LStKarte, SozV-Nachweisheft) sowie sonstiger Bescheinigungen (Arbeitsbescheinigung, Urlaubsbescheinigung). Zum anderen kann sich der ArbGeb dadurch schadensersatzpflichtig machen, dass dem ArbN durch die Nichterteilung, die verspätete Erteilung oder die Nichterteilung eines unrichtigen Zeugnisses bzw. durch sonstige unzutreffende Auskünfte ein Minderverdienst entsteht[4]. 92

f) **Deliktische Ansprüche.** Eine Haftung des ArbGeb kann sich weiter aus deliktischen Grundsätzen ergeben. Allerdings sind Ansprüche wegen der Verletzung von Körper oder Gesundheit des ArbN regelmäßig durch § 104 SGB VII ausgeschlossen. Für Eigentumsverletzungen iSd. § 823 Abs. 1 gelten die allgemeinen Regeln. Insbesondere trifft den ArbGeb, wenn er auf seinem Werksgelände einen Verkehr eröffnet (etwa einen Parkplatz einrichtet), eine deliktische Verkehrssicherungspflicht, deren schuldhafte Verletzung einen Ersatzanspruch des geschädigten ArbN zur Folge hat[5]. 93

Ferner hat der ArbGeb das als sonstiges Recht iSd. § 823 Abs. 1 anerkannte **allgemeine Persönlichkeitsrecht** zu beachten. Eine zunehmende Bedeutung kommt dabei der Fallgruppe des Mobbing zu[6]. Insoweit trifft den ArbGeb nicht nur eine Unterlassungspflicht. Vielmehr hat er sich durch entsprechende Maßnahmen auch schützend vor betroffene Mitarbeiter zu stellen[7]. Eine schuldhafte Verletzung kann einen Anspruch auf Schmerzensgeld rechtfertigen, wobei es keine Rolle spielt, dass zugleich eine Vertragsverletzung vorliegt[8]. Die Neufassung des § 253 steht der Zuerkennung eines Schmerzensgeldes wegen einer Verletzung des Persönlichkeitsrechts nicht entgegen[9]. Damit unterscheidet sich die deliktische von der vertraglichen Haftung, bei der auch nach der Einführung von § 253 Abs. 2 im Falle von Persönlichkeitsrechtsverletzungen kein Schmerzensgeld gewährt werden kann. Allerdings ist ein Anspruch auf Schmerzensgeld auch im Deliktsrecht auf gravierende Eingriffe in das allgemeine Persönlichkeitsrecht beschränkt. Die unbefugte Weitergabe von Personalakten[10] und selbst die Veröffentlichung eines unzutreffenden Diebstahlsvorwurfes[11] reichen im Allgemeinen nicht aus. Einen Sonderfall bildet die Verletzung des allgemeinen Persönlichkeitsrechts wegen einer geschlechtsbezogenen Diskriminierung im Bewerbungsverfahren[12]. 94

Der ArbGeb kann weiter infolge einer **Schutzgesetzverletzung** iSd. § 823 Abs. 2 zum Schadensersatz verpflichtet sein. Schutzgesetze sind solche Rechtsnormen, die ein bestimmtes Verhalten gebieten oder verbieten und hierdurch zumindest auch die Interessen Einzelner vor einer Verletzung schützen wollen. Als Schutzgesetz fungiert anerkanntermaßen § 266a StGB, der die Vorenthaltung von SozVBeiträgen unter Strafe stellt[13]. Die Rspr. ordnet das Verbot der Diskriminierung von Teilzeitkräften (§ 4 Abs. 1 TzBfG, früher § 2 Abs. 1 BeschFG) ebenfalls als Schutzgesetz ein[14]. Diese Qualifikation dient allerdings im Ergebnis lediglich dazu, tarifliche Ausschlussfristen zu überspielen und kann nicht überzeugen. Als Schutzgesetz wird weiter das Verbot, Personalratsmitglieder zu benachteiligen (§§ 8, 46 95

---

1 *Hanau*, ZIP 2003, 1573 (1575); *Kreutz* AuR 2003, 201 ff.; aA *Bauer/Krets*, NJW 2003, 537 (541 f.). |2 BAG v. 31.10.1972 – 1 AZR 11/72, AP Nr. 80 zu § 611 BGB – Fürsorgepflicht; v. 14.12.1956 – 1 AZR 29/55, AP Nr. 3 zu § 611 BGB – Fürsorgepflicht. |3 ErfK/*Preis*, § 611 BGB Rz. 913; MünchArbR/*Richardi*, § 45 Rz. 43. |4 BAG v. 24.3.1977 – 3 AZR 232/76, AP Nr. 12 zu § 630 BGB; v. 26.2.1976 – 3 AZR 215/75, AP Nr. 3 zu § 252 BGB; v. 25.10.1967 – 3 AZR 456/66, AP Nr. 6 zu § 73 HGB; *Kölsch*, NZA 1985, 382 ff. |5 BAG v. 25.6.1975 – 5 AZR 260/74, AP Nr. 4 zu § 611 BGB – Parkplatz; v. 16.3.1966 – 1 AZR 340/65, AP Nr. 1 zu § 611 BGB – Parkplatz. |6 Dazu etwa *Benecke*, NZA-RR 2003, 225 ff.; *Rieble/Klumpp*, ZIP 2002, 369 ff.; siehe auch LAG Berlin v. 1.11.2002 – 19 Sa 940/02, NZA-RR 2003, 232 ff.; LAG Hamm v. 25.6.2002 – 18 (11) Sa 1295/01, AP Nr. 3 zu § 611 BGB – Mobbing. |7 LAG Thür. v. 10.4.2001 – 5 Sa 403/00, LAGE Art. 2 GG – Persönlichkeitsrecht Nr. 2. |8 BAG v. 21.2.1979 – 5 AZR 568/77, AP Nr. 13 zu § 847 BGB. Zu den Voraussetzungen ferner LAG BW v. 5.3.2001 – 15 Sa 160/00, AP Nr. 2 zu § 611 BGB – Mobbing. |9 BT-Drs. 14/7752, S. 24; *Benecke*, NZA-RR 2003, 225 (230); *Wagner*, NJW 2002, 2049 (2056). |10 BAG v. 18.12.1984 – 3 AZR 389/83, AP Nr. 8 zu § 611 BGB – Persönlichkeitsrecht. |11 BAG v. 21.2.1979 – 5 AZR 568/77, AP Nr. 13 zu § 847 BGB; siehe auch LAG Hamm v. 3.9.1997 – 14 Sa 433/97, LAGE § 847 BGB Nr. 3. |12 BAG v. 14.3.1989 – 8 AZR 351/86 u. 8 AZR 447/87, AP Nr. 6 u. Nr. 5 zu § 611a BGB. |13 BGH v. 9.1.2001 – VI ZR 407/99, AP Nr. 26 zu § 823 BGB – Schutzgesetz; v. 16.5.2000 – VI ZR 90/99, AP Nr. 24 zu § 823 BGB – Schutzgesetz. |14 BAG v. 24.10.2001 – 5 AZR 32/00, AP Nr. 27 zu § 823 BGB – Schutzgesetz; v. 25.4.2001 – 5 AZR 368/99, AP Nr. 80 zu § 2 BeschFG 1985; v. 12.6.1996 – 5 AZR 960/94, AP Nr. 4 zu § 611 BGB – Werkstudent.

BPersVG) angesehen[1]. Der Schutzgesetzcharakter von § 2 NachwG[2] sowie von § 8 TVG[3] ist dagegen zutreffend verneint worden. Dasselbe ist bei der Pflicht zur Ausschreibung freier Stellen auch als Teilzeitarbeitsplätze (§ 7 Abs. 1 TzBfG) anzunehmen[4]. Nicht unter § 823 Abs. 2 fallen ferner solche Normen, die lediglich kollektiven ArbN-Interessen dienen sollen. Hierzu zählt etwa § 15 KSchG[5].

96   **3. Verschuldensunabhängige Haftung des ArbGeb.** Der ArbGeb muss nach einhelliger Ansicht unter bestimmten Voraussetzungen auch ohne ein Vertretenmüssen für Schäden des ArbN aufkommen. Die verschuldensunabhängige Haftung beruht im Kern auf denselben Wertungen, die zur eingeschränkten Haftung des ArbN führen. Rechtssystematisch gehört sie daher zum innerbetrieblichen Schadensausgleich[6].

97   **a) Dogmatische Grundlage.** Die Rspr. stützt die Ersatzpflicht des ArbGeb schon seit langem auf eine **Analogie zu § 670**. Neben der grundsätzlich anerkannten Anwendbarkeit dieser Vorschrift auf den Arbeitsvertrag besteht der zentrale Gedanke darin, Eigenschäden als unfreiwillige Vermögenseinbußen unter bestimmten Voraussetzungen den Aufwendungen als freiwillige Vermögenseinbußen gleichzusetzen[7]. Große Teile des Schrifttums befürworten dagegen den Gedanken einer verschuldensunabhängigen schadensrechtlichen Risikohaftung bei Tätigkeit in fremdem Interesse[8]. Eine zunehmende Ansicht in der Lit. plädiert zutreffend für eine Verbindung beider Argumentationslinien. Danach ist die analoge Anwendung von § 670 als Anknüpfungspunkt für eine Überwälzung des ArbN-Schadens auf den ArbGeb beizubehalten. Die Vorschrift ist aber durch Risikozurechnungsgesichtspunkte zu ergänzen[9]. Maßgebend ist in erster Linie die Eingliederung des ArbN in eine vom ArbGeb geschaffene und gesteuerte betriebliche Organisation. Hinzu kommt, dass der ArbGeb wirtschaftlicher Nutznießer der Tätigkeit des ArbN ist und die mit der Arbeit verbundenen Eigenschäden des Beschäftigten besser absorbieren kann.

98   **b) Einzelvoraussetzungen des Erstattungsanspruchs. aa) Schaden.** Der ArbN muss eine Einbuße an seinen Vermögensgütern erlitten haben. Hierzu zählen neben **Sachschäden**[10] auch **reine Vermögensschäden**[11]. Die Grundsätze über eine verschuldensunabhängige Haftung des ArbGeb beziehen sich dagegen nicht auf Personenschäden (dazu näher § 618 Rz. 41).

99   **bb) Verwirklichung eines betrieblichen Risikos.** Der vom ArbN erlittene Eigenschaden muss sich als Verwirklichung eines betrieblichen Risikos darstellen. In der Sache geht es darum, die vom ArbGeb zu tragenden Risiken von denjenigen abzugrenzen, die der ArbN entschädigungslos hinzunehmen hat. Diesem Zweck dienen verschiedene Konkretisierungen.

100 Grundvoraussetzung ist, dass der ArbN den **Schaden in Ausübung einer betrieblichen Tätigkeit erlitten** hat[12]. Genauer gesagt ist erforderlich, dass das Schadensereignis kausale Folge einer betrieblich veranlassten Tätigkeit des Geschädigten ArbN ist[13]. Hierdurch sollen die Schäden von vornherein ausgeklammert werden, die der ArbN durch die Verfolgung privater Interessen erleidet[14]. Sachlich wird damit der Anschluss an Grundsätze über die Enthaftung des ArbN hergestellt, bei denen dieselbe Voraussetzung vorliegen muss. Eine gefährliche Tätigkeit ist dementsprechend nicht mehr erforderlich[15].

101 Weiter ist erforderlich, dass der Schaden den **Betätigungsbereich des ArbGeb** und **nicht dem Lebensbereich des ArbN** zuzurechnen ist[16]. Im Schaden muss sich ein tätigkeitsspezifisches Risiko verwirklicht haben. Dabei hat die Rspr. die anfängliche Begrenzung auf außergewöhnliche Schäden[17] in der Sache fallen gelassen.

102 **cc) Einzelfälle.** Reine **Verschleißschäden** an Kleidung und anderen Gegenständen, die vom ArbN auch ohne die Tätigkeit ständig gebraucht werden, sind seinem Lebensrisiko zuzuordnen[18]. Dasselbe gilt für den Diebstahl von persönlichen Wertgegenständen auf einer Dienstreise[19]. Ausnahmsweise kann sich insoweit aber auch ein tätigkeitsspezifisches Risiko verwirklichen. Dies ist etwa der Fall, wenn die Kleidung des ArbN durch chemische Substanzen beschädigt wird, mit denen der Beschäftigte umzuge-

---

1 BAG v. 31.10.1986 – 6 AZR 129/83, AP Nr. 5 zu § 46 BPersVG. | 2 BAG v. 17.4.2002 – 5 AZR 89/01, AP Nr. 6 zu § 2 NachwG. | 3 BAG v. 23.1.2002 – 4 AZR 56/01, AP Nr. 5 zu § 2 NachwG. | 4 *Herbert/Hix*, DB 2002, 2377 (2380); *Annuß/Thüsing/Mengel*, § 7 TzBfG Rz. 5. | 5 BAG v. 14.2.2002 – 8 AZR 175/01, AP Nr. 21 zu § 611 BGB – Haftung des Arbeitgebers. | 6 *Langenbucher*, ZfA 1997, 523 (547 ff.); *Otto/Schwarze*, Haftung, Rz. 620. | 7 Grdl. BAG (GS) v. 10.11.1961 – GS 1/60, AP Nr. 2 zu § 611 BGB – Gefährdungshaftung des Arbeitgebers; ebenso etwa BAG v. 17.7.1997 – 8 AZR 480/95, AP Nr. 14 zu § 611 BGB – Gefährdungshaftung des Arbeitgebers. | 8 *Canaris*, RdA 1966, 41 (43, 47 f.); *Gamillscheg*, Arbeitsrecht I, S. 396 f.; *Larenz*, JuS 1965, 373 (375 f.). | 9 MünchArbR/*Blomeyer*, § 96 Rz. 68; *Müller-Glöge*, FS Dieterich (1999) S. 387 (391 ff.); *Otto/Schwarze*, Haftung, Rz. 622; *Reichold*, NZA 1994, 488 (491 f.). | 10 BAG v. 20.4.1989 – 8 AZR 632/87, AP Nr. 9 zu § 611 BGB – Gefährdungshaftung des Arbeitgebers. | 11 BAG v. 11.8.1988 – 8 AZR 721/85, AP Nr. 7 zu § 611 BGB – Gefährdungshaftung des Arbeitgebers. | 12 BAG v. 16.3.1995 – 8 AZR 260/94, AP Nr. 12 zu § 611 BGB – Gefährdungshaftung des Arbeitgebers. | 13 *Otto/Schwarze*, Haftung, Rz. 626. | 14 ErfK/*Preis*, § 619a BGB Rz. 93. | 15 Anders noch BAG (GS) v. 10.11.1961 – GS 1/60, AP Nr. 2 zu § 611 BGB – Gefährdungshaftung des Arbeitgebers. | 16 BAG v. 17.7.1997 – 8 AZR 480/95, AP Nr. 14 zu § 611 BGB – Gefährdungshaftung des Arbeitgebers; v. 20.4.1989 – 8 AZR 632/87, AP Nr. 9 zu § 611 BGB – Gefährdungshaftung des Arbeitgebers. | 17 BAG (GS) v. *10.11.1961 – GS 1/60, AP Nr. 2 zu § 611 BGB – Gefährdungshaftung des Arbeitgebers.* | 18 BAG v. 8.5.1980 – 3 AZR 82/79, AP Nr. 6 zu § 611 BGB – Gefährdungshaftung des Arbeitgebers; *Müller-Glöge*, FS Dieterich (1999), S. 387 (398); *Otto/Schwarze*, Haftung, Rz. 632 f. | 19 BAG v. 8.5.1980 – 3 AZR 213/79, AR-Blattei D Haftung des Arbeitgebers Nr. 54.

hen hat[1]. Dasselbe gilt, wenn ein Patient in einer psychiatrischen Klinik die Brille eines Pflegers zerbricht[2].

Erleidet der ArbN an seinem **eigenen PKW einen Schaden**, kommt es darauf an, ob das Fahrzeug **mit Billigung des ArbGeb in dessen Betätigungsbereich eingesetzt** worden ist. Um einen Einsatz im Betätigungsbereich des ArbGeb handelt es sich, wenn der ArbGeb ansonsten ein eigenes Fahrzeug einsetzen und das hiermit verbundene Unfallrisiko tragen müsste[3]. Die bloße Genehmigung der Benutzung eines privaten Kraftfahrzeugs auf einer Dienstreise genügt dagegen nicht[4]. Anders ist es aber, wenn der ArbGeb dem Beschäftigten die Arbeit so zuteilt, dass diesem nichts anderes übrig bleibt, als sein eigenes Fahrzeug einzusetzen[5]. Wird ein Privatfahrzeug noch vor dem Diensteinsatz beschädigt, hat sich kein betriebliches Risiko verwirklicht[6]. Demgegenüber fällt es nach Ansicht des BAG in den betrieblichen Risikobereich, wenn das Fahrzeug des ArbN zwischen zwei am selben Tage durchzuführenden Dienstfahrten beschädigt wird[7]. Dies gilt erst recht, wenn der Schaden auf einem Parkplatz zugefügt wird, den der ArbGeb dem ArbN für sein auch zu Dienstfahrten verwendetes Privatfahrzeug zugewiesen hat, damit es jederzeit verfügbar ist[8]. Ein durch den ständigen Einsatz eines eigenen Kfz für betriebliche Zwecke entstandener Motorschaden zählt ebenfalls zum Risiko des ArbGeb[9]. 103

c) Abgeltung und Ausschluss der Haftung. Der ArbN hat keinen Ersatzanspruch, wenn er für das Schadensrisiko eine **angemessene Abgeltung** erhalten hat. Kleinere Schäden, mit denen üblicherweise zu rechnen ist, sind bereits durch die Arbeitsvergütung abgegolten[10]. Für die Abgeltung größerer Schäden, die außer Verhältnis zur Grundvergütung stehen, ist dagegen ein besonderes Entgelt erforderlich. Bei Zulagen ist stets darauf zu achten, welchen Zweck sie verfolgen und ob sie den geltend gemachten Schaden abdecken wollen. 104

Das **Kilometergeld** deckt grundsätzlich nur Verschleißschäden, nicht aber Unfallschäden am Kfz des ArbN ab[11]. Zahlt der ArbGeb eine eigenständige Kfz-Pauschale, mit der eine Kaskoversicherung finanziert werden könnte, muss er Unfallschäden dagegen nicht begleichen[12]. Im Übrigen werden mit der Zahlung der Kilometerpauschale grundsätzlich auch Rückstufungen in der Haftpflichtversicherung abgegolten[13]. Eine Ersatzpflicht des ArbGeb wird weiter nicht dadurch ausgeschlossen, dass er mit dem ArbN einen Mietvertrag über dessen Privatfahrzeug schließt[14]. Gefahren- und Schmutzzulagen decken die regelmäßigen Schäden an der Arbeitskleidung ab[15]. Eine Erschwerniszulage für das Pflegepersonal in psychiatrischen Krankenhäusern soll die besonderen seelischen Belastungen abgelten, nicht dagegen Sachschäden, die auf einem Handeln der Patienten beruhen[16]. 105

Ob die Pflicht des ArbGeb zum Ersatz von Eigenschäden des ArbN auch **ohne eine Kompensation ausgeschlossen** werden kann, hat das BAG offen gelassen[17]. Eine Haftungsbegrenzung durch vorformulierte Arbeitsbedingungen würde in jedem Falle gem. §§ 307, 310 Abs. 4 unwirksam sein[18]. Legt man die Rspr. zur ArbN-Haftung zugrunde (Rz. 46), dürfte die Risikoverteilung darüber hinaus als insgesamt einseitig zwingendes ArbN-Schutzrecht anzusehen sein[19]. 106

d) Umfang des Ersatzanspruchs. Der ArbGeb hat nach Ansicht der Rspr. nicht Schadensersatz, sondern lediglich **Wertersatz** zu leisten[20]. Auf der Grundlage der Risikohaftungslehre hat der ArbN dagegen einen echten Schadensersatzanspruch[21]. Die Anknüpfung an § 670 analog legitimiert allerdings nur eine analoge Anwendung der §§ 249 ff. mit dem Ziel einer angemessenen Schadloshaltung[22]. Dementsprechend ist zwar etwa der merkantile Minderwert einer beschädigten Sache zu ersetzen[23], nicht 107

---

1 Anders noch BAG (GS) v. 10.11.1961 – GS 1/60, AP Nr. 2 zu § 611 BGB – Gefährdungshaftung des Arbeitgebers. | 2 Offen gelassen von BAG v. 20.4.1989 – 8 AZR 632/87, AP Nr. 9 zu § 611 BGB – Gefährdungshaftung des Arbeitgebers; anders für die Beschädigung der Brille einer Turnlehrerin beim Turnunterricht LAG Frankfurt/M. v. 20.9.1978 – 9/2 Sa 846/78, AR-Blattei D Haftung des Arbeitgebers Nr. 50. | 3 BAG v. 17.7.1997 – 8 AZR 480/95, AP Nr. 14 zu § 611 BGB – Gefährdungshaftung des Arbeitgebers; v. 14.12.1995 – 8 AZR 875/94, AP Nr. 13 zu § 611 BGB – Gefährdungshaftung des Arbeitgebers. | 4 BAG v. 16.11.1978 – AZR 258/77, AP Nr. 5 zu § 611 BGB – Gefährdungshaftung des Arbeitgebers. | 5 Offen gelassen von BAG v. 16.11.1978 – 3 AZR 258/77, AP Nr. 5 zu § 611 BGB – Gefährdungshaftung des Arbeitgebers. | 6 BVerwG v. 18.1.1996 – 2 C 28.94, ZTR 1997, 48. | 7 BAG v. 14.12.1995 – 8 AZR 875/94, AP Nr. 13 zu § 611 BGB – Gefährdungshaftung des Arbeitgebers; ebenso LAG BW v. 29.6.1983 – 6 Sa 145/82, AR-Blattei D Haftung des Arbeitgebers Nr. 55; einschr. *Otto/Schwarze*, Haftung, Rz. 628. | 8 LAG Düsseldorf v. 12.8.1994 – 9 Sa 901/94, MDR 1995, 476. | 9 LAG Frankfurt/M. v. 13.11.1983 – 10 Sa 42/85, LAGE § 670 BGB Nr. 5. | 10 *Otto/Schwarze*, Haftung Rz. 639. | 11 *Franzen*, ZTR 1996, 305 (307); aA LAG Bremen v. 20.8.1985 – 4 Sa 57 u. 128/85, LAGE § 670 BGB Nr. 3. | 12 LAG BW v. 17.9.1991 – 7 Sa 44/91, NZA 1992, 458 f. | 13 BAG v. 30.4.1992 – 8 AZR 409/91, AP Nr. 11 zu § 611 BGB – Gefährdungshaftung des *Arbeitgebers*. Im Ergebnis ebenso BVerwG v. 27.1.1994 – 2 C 6.93, NJW 1995, 411 (412); aA LAG Köln v. 3.7.1991 – 5 Sa 305/91, LAGE § 670 BGB Nr. 10. | 14 BAG v. 17.7.1997 – 8 AZR 480/95, AP Nr. 14 zu § 611 BGB – Gefährdungshaftung des Arbeitgebers. | 15 BAG (GS) v. 10.11.1961 – GS 1/60, AP Nr. 2 zu § 611 BGB – Gefährdungshaftung des Arbeitgebers. | 16 BAG v. 20.4.1989 – 8 AZR 632/87, AP Nr. 9 zu § 611 BGB – Gefährdungshaftung des Arbeitgebers. | 17 BAG v. 27.1.2000 – 8 AZR 876/98, AP Nr. 31 zu § 611 BGB – Musiker. | 18 ErfK/*Preis*, § 619a BGB Rz. 111. | 19 *Müller-Glöge*, FS Dieterich (1999), S. 387 (411); *Otto/Schwarze*, Haftung, Rz. 638. | 20 BAG v. 20.4.1989 – 8 AZR 632/87, AP Nr. 9 zu § 611 BGB – Gefährdungshaftung des Arbeitgebers; BAG (GS) v. 10.11.1961 – GS 1/60, AP Nr. 2 zu § 611 BGB – Gefährdungshaftung des Arbeitgebers. | 21 *Larenz*, JuS 1965, 373 (375). | 22 *Otto/Schwarze*, Haftung, Rz. 642. | 23 BAG v. 17.9.1987 – 6 AZR 522/84, AP Nr. 15 zu § 611 BGB – Musiker.

108 e) **Mitverschulden des ArbN.** Das BAG geht schon seit längerem davon aus, dass ein Mitverschulden des ArbN den Ersatzanspruch nicht völlig ausschließt[3]. Ein Mitverschulden ist aber in entsprechender Anwendung von § 254 zu berücksichtigen. Insoweit sind die Grundsätze über die beschränkte ArbN-Haftung anwendbar[4]. Hierbei kommt der Ausschluss der Schadenshaftung auch für mittlere Fahrlässigkeit durch § 14 BAT dem ArbN bei der Regulierung betrieblich veranlasster Eigenschäden zugute[5]. Somit wird auch an dieser Stelle deutlich, dass die Einstandspflicht des ArbGeb für Eigenschäden des ArbN zum innerbetrieblichen Schadensausgleich gehört.

aber ein entgangener Gewinn. Ein Ersatz des abstrakten Nutzungsausfallschadens ist abzulehnen[1]. Eine den ArbN begünstigende Vereinbarung ist aber ohne weiteres zulässig[2].

620 *Beendigung des Dienstverhältnisses*

(1) **Das Dienstverhältnis endigt mit dem Ablauf der Zeit, für die es eingegangen ist.**

(2) **Ist die Dauer des Dienstverhältnisses weder bestimmt noch aus der Beschaffenheit oder dem Zwecke der Dienste zu entnehmen, so kann jeder Teil das Dienstverhältnis nach Maßgabe der §§ 621 bis 623 kündigen.**

(3) **Für Arbeitsverträge, die auf bestimmte Zeit abgeschlossen werden, gilt das Teilzeit- und Befristungsgesetz.**

1 I. **Zweck und Anwendungsbereich.** Die Vorschrift enthält die Grundregel, dass Dienst- und Arbeitsverhältnisse **auf bestimmte Zeit** abgeschlossen und gekündigt werden können.

Abs. 3 ist durch Art. 2 Nr. 1 des Gesetzes vom 21.12.2000 (BGBl. I S. 1966) angefügt worden und seit dem 1.1.2001 in Kraft. Infolgedessen beschränkt sich der Anwendungsbereich des Abs. 1 auf den sog. **selbständigen oder freien Dienstvertrag**, während für befristete Arbeitsverhältnisse in Umsetzung der Richtlinien 1999/70/EG Abs. 3 ausdrücklich auf das Teilzeit- und Befristungsgesetz verweist. Dagegen ist Abs. 2 infolge der Verweisung ua. auf die §§ 622, 623, die nur für Arbeitsverhältnisse gelten, auch auf Arbeitsverhältnisse anwendbar.

2 Vor dem 1.1.2001 war § 620 Abs. 1 auch Grundnorm für **befristete Arbeitsverhältnisse**. Infolge der Begründung eines Kündigungsschutzes mit dem KSchG aus dem Jahre 1951 und der Ausbildung des Bestandsschutzes von Arbeitsverhältnissen ergab sich jedoch ein Widerspruch zu der auf dem Prinzip der Vertragsfreiheit beruhenden generellen Zulässigkeit befristeter Arbeitsverträge. Seit dem grundlegenden Beschluss des Großen Senats des BAG vom 12.10.1960[6] hält deshalb das BAG befristete Arbeitsverträge für unzulässig, wenn objektiv eine Umgehung zwingender Bestimmungen des Kündigungsschutzrechts vorliegt. Befristete Arbeitsverträge bedurften deshalb grundsätzlich eines sachlichen Grundes für die Befristung. Durch das am 1.1.2001 in Kraft getretene „Gesetz über Teilzeitarbeit und befristete Arbeitsverträge" (TzBfG) sind für Arbeitsverhältnisse neben der Einführung eines Anspruchs auf Teilzeitarbeit allgemein die gesetzlichen Voraussetzungen für befristete und auflösend bedingte Arbeitsverträge normiert worden. Es löste das ohnehin zeitlich befristete Beschäftigungsförderungsgesetz (BeschFG) vom 26.4.1985 ab. Eine Übergangsbestimmung fehlt. Die erstmalige Befristung von Arbeitsverträgen, die ab dem 1.1.2001 vereinbart wird, ist nur rechtswirksam, wenn sie den Anforderungen des TzBfG genügt.

3 II. **Dienstverhältnis. 1. Selbständiger Dienstvertrag.** Ein freier, selbständiger oder unabhängiger **Dienstvertrag** liegt vor, wenn der Dienstverpflichtete seine Tätigkeit im Wesentlichen frei gestalten und seine Arbeitszeit selbst bestimmen kann (vgl. § 84 Abs. 1 Satz 2 HGB)[7]. Hierzu zählen Selbständige, freie Mitarbeiter und gesetzliche Vertreter (§ 14 Abs. 1 KSchG, § 5 Abs. 1 Satz 3 ArbGG). Nicht als ArbN gelten auch sog. arbeitnehmerähnliche Personen, die in persönlich selbständiger, aber wirtschaftlich abhängiger Stellung arbeiten (die Beschäftigungsvermutung des § 7 Abs. 4 SGB IV gilt nicht unmittelbar für das Arbeitsrecht[8]).

4 2. **Befristung des Dienstverhältnisses (Abs. 1). a) Befristung.** Das Dienstverhältnis endet gem. Abs. 1 **mit Ablauf der vereinbarten Zeit** (zur ggf. zu beachtenden Meldepflicht gegenüber der AA vor der Beendigung siehe § 37b SGB III). Dies ist eine kalendermäßige Befristung, wie sie § 15 Abs. 1 TzBfG für das Arbeitsverhältnis definiert. Kalendermäßig ist eine Befristung, wenn sie kalendermäßig bestimmt (vom 1.4.2003 bis 30.9.2003) bzw. durch Nennung eines bloßen Beendigungstermins oder bestimmbar ist (ab 1.4.2003 für ein Jahr); siehe zum Arbeitsverhältnis die Kommentierung zu § 3 Abs. 1 TzBfG.

---

[1] AA *Müller-Glöge*, FS Dieterich (1999), S. 387 (404); ErfK/*Preis*, § 619a BGB Rz. 98. |[2] BAG v. 7.9.1995 – 8 AZR 515/94, NZA 1986, 32 (33). |[3] BAG v. 8.5.1980 – 3 AZR 82/79, AP Nr. 6 zu § 611 BGB – Gefährdungshaftung des Arbeitgebers. |[4] BAG v. 27.1.2000 – 8 AZR 876/98, AP Nr. 31 zu § 611 BGB – Musiker; v. 17.7.1997 – 8 AZR 480/95, AP Nr. 14 zu § 611 BGB – Gefährdungshaftung des Arbeitgebers. |[5] LAG Hamm v. 8.4.1988 – 17 Sa 1902/87, *LAGE* § 670 BGB Nr. 6. |[6] BAG v. 12.10.1960 – 3 AZR 65/59, AP Nr. 16 zu § 620 BGB – Befristeter Arbeitsvertrag. |[7] Im Unterschied dazu siehe die für Arbeitsverhältnisse nach § 6 Abs. 2 GewO geltende Regelung des § 106 GewO. |[8] *Richardi*, „Scheinselbständigkeit" und arbeitsrechtlicher Arbeitnehmerbegriff, DB 1999, 958.

Um keine Befristung handelt es sich, wenn eine **Verlängerung** um einen bestimmten Zeitraum vorgesehen wird für den Fall, dass das Vertragsverhältnis nicht vor einem vereinbarten Zeitpunkt gekündigt wird. Hier ist nur die Kündigungsmöglichkeit eingeschränkt, indem sie nur zu einem bestimmten Zeitpunkt ermöglicht wird (eine Besonderheit besteht im Arbeitsrecht aufgrund tarifvertraglicher Besonderheit im Bühnenbereich).

Wie sich aus Abs. 2 ergibt, kann das Dienstverhältnis auch **zweckbefristet** sein. Die Zweckbefristung steht danach der kalendermäßigen Befristung gleich. Ein zweckbefristeter Arbeitsvertrag liegt vor, wenn sich die Dauer des befristeten Arbeitsverhältnisses aus der Art, der Beschaffenheit oder dem Zweck der Dienstleistung ergibt (zB Erstellen eines Gutachtens). Zweckbefristungen sind somit auch bei Dienstverhältnissen möglich, wenn ein Sachgrund vorliegt. Die vorgesehene Beendigung folgt aus dem Sachgrund, wird also durch den Zweck erst gekennzeichnet. Die Zweckbefristung ist daher nur zulässig, wenn der Zeitpunkt der Zweckerfüllung für den Dienstverpflichteten voraussehbar ist und in überschaubarer Zeit liegt. Die Zweckerreichung muss objektiv bestimmbar sein (bei vorformulierten Vertragsbedingungen gem. § 305 ist dies gem. § 307 geboten). Ist die Zweckerreichung nur von dem Dienstgeber erkennbar, so muss er den Dienstverpflichteten darauf rechtzeitig hinweisen. Um eine unangemessene Benachteiligung des Dienstverpflichteten zu vermeiden, ist deshalb in entsprechender Anwendung des § 15 Abs. 2 TzBfG der Dienstverpflichtete zwei Wochen zuvor über den Zeitpunkt der Zweckerreichung und die Beendigung des Dienstverhältnisses zu unterrichten. 5

b) Grund. Die Befristungsvereinbarung bedarf **keines Sachgrundes**. Dies folgt bereits daraus, dass der Kündigungsschutz zwar die Zulässigkeit befristeter Arbeitsverträge begrenzt, jedoch der Dienstnehmer eines selbständigen Dienstvertrages nicht dem Kündigungsschutz eines ArbN unterliegt. § 14 Abs. 1 Satz 1 TzBfG gilt daher nur für Arbeitsverträge. 6

c) Dauer der Befristung und ihr Grund. Grundsätzlich ist der **Dauer der Befristung** keine Mindest- und Höchstgrenze gesetzt. Bei einer Zweckbefristung muss der Zeitpunkt der Zweckerfüllung aber in überschaubarer Zeit liegen. Eine Begrenzung ergibt sich aus der Kündigungsmöglichkeit des § 624. Bei Verträgen über mehr als fünf Jahre kann der Dienstverpflichtete nach dem Ablauf von fünf Jahren mit einer Kündigungsfrist von sechs Monaten kündigen. Wenn man nicht in § 624 eine die Dienstleistungen eines Dienstverpflichteten (zB Geschäftsführer) regelnde Sondernorm sieht[1], in der der Dienstnehmer die wirtschaftlich abhängige Vertragspartei ist, kann bei vorformulierten Dienstverträgen (§ 305) darüber hinaus gem. § 309 Nr. 9a und b eine Begrenzung der Laufzeit auf zwei Jahre bzw. eine Verlängerungsbeschränkung auf jeweils ein Jahr bestehen. 7

Da die Befristung selbst keines Sachgrundes bedarf, bedarf auch die Dauer der Befristung **keines Grundes**. Dagegen wird die Dauer des befristeten Dienstvertrages bei der Zweckbefristung und auch bei der Vereinbarung einer Bedingung durch die Zweckerreichung bzw. den Eintritt der Bedingung selbst bestimmt, so dass der Zweck bzw. die Bedingung zugleich auch die Dauer bestimmen. 8

Für Vorstände von Aktiengesellschaften ist ohnehin die gem. § 84 AktG zu beachtende Höchstdauer einer Bestellung zu berücksichtigen.

Um trotz Zweckverfehlung oder Nichteintritts der Bedingung (siehe dazu Rz. 17) auf jeden Fall eine Beendigung des Dienstverhältnisses zu erreichen, empfiehlt sich eine **Kombination von Zeit- und Zweckbefristung** bzw. auflösender Bedingung („Doppelbefristung"), etwa wie folgt:

Der Dienstnehmer wird wegen Verhinderung der/des erkrankten Frau/Herrn ... befristet in der Tätigkeit eines ... eingesetzt. Das Dienstverhältnis endet mit Ablauf des ... (Datum); bei früherer Wiederaufnahme der Tätigkeit durch die/den verhinderte/n Frau/Herrn ... an diesem Tag.

d) Form. Anders als bei Arbeitsverhältnissen (§ 14 Abs. 4 TzBfG und § 2 Abs. 1 Satz 2 Nr. 3 NachwG) unterliegt die Vereinbarung eines befristeten Dienstvertrages **keiner gesetzlichen Form**. 9

e) Unwirksame Befristung. Ist die Befristung unwirksam (zB wegen unzureichender Bestimmbarkeit der Zweckerreichung) besteht das Dienstverhältnis auf unbestimmte Zeit. Da § 16 TzBfG dem ArbN-Schutz dient, ist dieser auf freie Dienstverhältnisse nicht anwendbar. Hierfür gilt die bisherige Rspr., dass die Vertragsparteien die Mindestdauer auch ohne die gleichzeitig vereinbarte, aber unwirksame Befristung gewollt haben, so dass eine ordentliche Kündigung vor Ablauf der vorgesehenen Zeit sowohl durch den Dienstgeber als auch durch den Dienstverpflichteten grundsätzlich ausgeschlossen ist[2]. 10

f) Kündigungsmöglichkeit. Ein befristetes Dienstverhältnis endet erst mit dem Ende der Befristungsdauer, dem vereinbarten Zeitpunkt oder der Zweckerreichung. Während des Laufes der Befristung ist das Recht zur ordentlichen **Kündigung ausgeschlossen**. Dies ergibt sich aus dem Verhältnis des Abs. 1 zu Abs. 2. Dagegen bleiben unter den jeweils gesetzlich genannten Voraussetzungen die außerordentliche Kündigung nach § 626 und die Kündigung nach § 627 möglich. Es kann jedoch ausdrücklich oder konkludent eine vorzeitige ordentliche Kündigung des Dienstverhältnisses **vereinbart** werden. 11

---

[1] Dahingehend den Anwendungsbereich des § 309 Nr. 9 BGB einschr. Palandt/*Heinrichs* § 309 BGB Rz. 79, 81.
[2] BAG v. 19.6.1980 – 2 AZR 660/78, AP Nr. 55 zu § 620 BGB – Befristeter Arbeitsvertrag.

12 Beispiel einer sog. Höchstbefristung:
Das Dienstverhältnis wird befristet bis zum ...
Während der Dauer des Dienstverhältnisses kann es beiderseits mit einer Frist von ... / nach Maßgabe der gesetzlichen Kündigungsfristen sowie bei Vorliegen eines wichtigen Grundes fristlos gekündigt werden.

13 Auch ohne Kündigungsvorbehalt und ohne Rücksicht auf eine vereinbarte Vertragsdauer kann im Insolvenzverfahren der Insolvenzverwalter gem. § 113 Abs. 1 Satz 1 InsO befristete und auflösungsbedingte Dienstverhältnisse jederzeit mit einer Kündigungsfrist von maximal drei Monaten zum Monatsende kündigen.

14 Hinweise: Für wirtschaftlich abhängige Organmitglieder (wie zB Fremdgeschäftsführer) bedeutet die Möglichkeit der jederzeitigen ordentlichen Kündigung durch den Dienstgeber wegen fehlenden Kündigungsschutzes (§ 14 KSchG) ein erhebliches Risiko.

Sofern man nicht in § 624 BGB eine spezielle, die Dienstleistungen eines einzelnen Dienstverpflichteten (zB Organmitgliedes) regelnde Norm sieht, in denen der Dienstnehmer die wirtschaftlich abhängige Vertragspartei ist, gilt es umgekehrt für Dienstgeber bei der Verwendung von vorformulierten Dienstverträgen (§ 305 BGB) die Regelung des § 309 Nr. 9a BGB zu beachten.

15 g) Darlegungs- und Beweislast. Da die Berufung auf das Ende eines Dienstverhältnisses durch Fristablauf einer dem materiellen Recht folgenden rechtsvernichtenden Einwendung gleichkommt, hat nach den allgemeinen Grundsätzen die Partei die tatsächlichen Voraussetzungen darzulegen und unter Beweis zu stellen, die sich auf die für sie günstigere Rechtsfolge des (früheren) Erlöschens der Vertragsverpflichtung, nämlich die der Befristung, beruft. Auch bezüglich der Dauer des befristeten Dienstverhältnisses trägt nach den allgemeinen Grundsätzen derjenige die Darlegungs- und Beweislast, der sich auf die vorzeitige Beendigung des Dienstverhältnisses beruft.[1]

16 III. Beendigung unbefristeter Dienst- und Arbeitsverhältnisse (Abs. 2). Unbefristete, also auf unbestimmte Zeit abgeschlossene Dienstverhältnisse können gem. Abs. 2 nach Maßgabe des § 621 ordentlich und nach §§ 626, 627 fristlos **gekündigt** werden. Für Arbeitsverhältnisse gelten gem. Abs. 2 die Bestimmung des § 622 für ordentliche Kündigungen und die des § 626 für fristlose Kündigungen. Beide Kündigungen bedürfen bei Arbeitsverhältnissen der Schriftform des § 623.

Für **Organmitglieder**, die am Kapital der Gesellschaft nicht oder nur in unerheblichem Umfang beteiligt sind, gilt § 622 entsprechend, auch die Verlängerung der Kündigungsfrist nach § 622 Abs. 2 (siehe dazu die Komm. zu § 622 Rz. 28). Wird der Vorstand oder Geschäftsführer abberufen und gekündigt, ist in der AG jeweils ein Beschluss des Aufsichtsrats, in der GmbH jeweils ein Beschluss der Gesellschafterversammlung (soweit die Satzung oder der Dienstvertrag nichts Abweichendes bestimmt) erforderlich.

Bezüglich der rechtlichen Bedeutung einer Kündigung als einseitige Willenserklärung und ihrer Abgrenzung zu anderen Beendigungstatbeständen sowie bezüglich der für die Kündigung erforderlichen Voraussetzungen, des notwendigen Erklärungsinhalts, der Erscheinungsformen einer Kündigung, des Zugangs einer Kündigung und der Kündigung durch einen Vertreter wird auf die Kommentierung zum KSchG verwiesen.

17 IV. Weitere Beendigungstatbestände. 1. Auflösende Bedingung (§ 158 Abs. 2). Obwohl die auflösende Bedingung als Beendigungstatbestand eines befristeten Dienstverhältnisses in Abs. 2 nicht genannt wird, kann sie im Rahmen der Vertragsfreiheit vereinbart werden. Wird ein Dienstverhältnis unter einer auflösenden Bedingung (weil der Eintritt des zukünftigen Ereignisses ungewiss ist) abgeschlossen, so endet es gem. § 158 Abs. 2 bei Eintritt des vertraglich vorgesehenen Ereignisses. Die gewählte Bedingung muss so umschrieben sein, dass der Eintritt des Ereignisses, an das die Beendigung des Dienstverhältnisses geknüpft wird, objektiv erkennbar ist. Die auflösende Bedingung kennzeichnet den Beendigungstatbestand. Der Unterschied zu einem zweckbefristeten Dienstverhältnis besteht darin, dass bei Letzterem nur der Zeitpunkt des Eintritts der Zweckerreichung und damit der Zeitpunkt des Endes des Dienstverhältnisses ungewiss ist.

Für Arbeitsverhältnisse ist die auflösende Bedingung ausdrücklich in § 21 TzBfG geregelt. Dort wird sie im Wesentlichen dem mit Sachgrund befristeten Arbeitsverhältnis gleichgestellt.

18 2. Anfechtung. Der Dienstvertrag unterliegt den allgemeinen Anfechtungsregeln der §§ 119, 123. Unter den gesetzlichen Voraussetzungen kann er wegen Irrtums, arglistiger Täuschung oder Drohung angefochten werden. Hinsichtlich der Voraussetzungen und Folgen einer derartigen Anfechtung wird Bezug genommen auf die Kommentierung zu §§ 119 ff..

19 3. Nichtigkeit. Wegen der Voraussetzungen, die zur **Nichtigkeit eines Dienstverhältnisses** führen können, wird auf die Kommentierung zu § 611 Rz. 70 verwiesen.

20 4. Unmöglichkeit. Entgegen der bisherigen rechtlichen Situation (bis zum 31.12.2001) führt die **anfängliche Unmöglichkeit** der Erfüllung der Pflichten aus dem Dienstvertrag nicht zur Nichtigkeit. Wie

---

[1] BAG v. 12.10.1994 – 7 AZR 745/93, AP Nr. 165 zu § 620 BGB – Befristeter Arbeitsvertrag.

bei einem Leistungsverweigerungsrecht gem. § 275 Abs. 3 bleibt der Vertrag wirksam. Die Rechtsfolgen ergeben sich aus § 311a Abs. 2. Die **nachträgliche Unmöglichkeit** der Erbringung der Dienstleistung führt als solche ebenfalls nicht zur Beendigung des Dienstverhältnisses. Es bedarf dazu stets einer ordentlichen oder außerordentlichen Kündigung.

5. Wegfall der Geschäftsgrundlage (§ 313 Abs. 3). Der Wegfall der Geschäftsgrundlage führt nicht zu einem selbständigen Beendigungsgrund oder einer Rücktrittsmöglichkeit. Vielmehr sieht § 313 Abs. 3 Satz 2 ausdrücklich für Dauerschuldverhältnisse nur das Recht zur Kündigung vor. 21

6. Aufhebungsvertrag. Das Dienstverhältnis kann durch Aufhebungsvertrag mit sofortiger Wirkung oder zu einem bestimmten zukünftigen Zeitpunkt beendet werden. Im Gegensatz zum Arbeitsvertrag (§ 623) bedarf die Aufhebung/Auflösung eines Dienstverhältnisses zu ihrer Wirksamkeit nicht der Schriftform. Wegen der Einzelheiten eines einen Dienstvertrag auflösenden Vertrages und die dabei zu berücksichtigenden Gesichtspunkte (zB steuerliche Folgen) wird auf die besondere Kommentierung des Aufhebungsvertrages verwiesen. 22

V. Befristete Arbeitsverträge (Abs. 3). Für befristete Arbeitsverträge verweist Abs. 3 ausdrücklich auf das seit dem 1.1.2001 geltende TzBfG. Durch Art. 3 des Gesetzes vom 21.12.2000 (BGBl. I S. 1966) wurde das BeschFG vom 26.4.1985 aufgehoben. Auf befristete **Arbeitsverhältnisse** ist somit § 620 nicht mehr anwendbar. Diese Vorschrift war in ihrer Anwendbarkeit auf Arbeitsverhältnisse infolge der Begründung eines Kündigungsschutzes mit dem KSchG aus dem Jahre 1951 durch den grundlegenden Beschluss des Großen Senats des BAG vom 12.10.1960[1] wesentlich eingeschränkt worden. Arbeitsverträge konnten danach nur wirksam befristet werden, wenn dafür ein sachlich rechtfertigender Grund vorliegt. 23

Neben dem TzBfG bleiben die die Befristungen von Arbeitsverhältnissen betreffenden **Sonderregelungen** gem. § 23 TzBfG unberührt. Es sind dies die Befristungen im Rahmen einer Vertretung für die Dauer der Beschäftigungsverbote nach dem MuSchG oder für die Dauer der Elternzeit gem. § 21 BErzGG, die Befristungen im Hochschulbereich gem. §§ 57a ff. HRG und die Befristungen für Verträge mit Ärzten in der Weiterbildung gem. § 1 ÄArbVtrG. Im Einzelnen sind diese Befristungsregelungen zu § 23 TzBfG kommentiert. 24

621 *Kündigungsfristen bei Dienstverhältnissen*

Bei einem Dienstverhältnis, das kein Arbeitsverhältnis im Sinne des § 622 ist, ist die Kündigung zulässig,

1. wenn die Vergütung nach Tagen bemessen ist, an jedem Tag für den Ablauf des folgenden Tages;
2. wenn die Vergütung nach Wochen bemessen ist, spätestens am ersten Werktag einer Woche für den Ablauf des folgenden Sonnabends;
3. wenn die Vergütung nach Monaten bemessen ist, spätestens am 15. eines Monats für den Schluss des Kalendermonats;
4. wenn die Vergütung nach Vierteljahren oder längeren Zeitabschnitten bemessen ist, unter Einhaltung einer Kündigungsfrist von sechs Wochen für den Schluss eines Kalendervierteljahrs;
5. wenn die Vergütung nicht nach Zeitabschnitten bemessen ist, jederzeit; bei einem die Erwerbstätigkeit des Verpflichteten vollständig oder hauptsächlich in Anspruch nehmenden Dienstverhältnis ist jedoch eine Kündigungsfrist von zwei Wochen einzuhalten.

Lit.: *Bauer*, Kündigung und Kündigungsschutz vertretungsberechtigter Organmitglieder, BB 1994, 885; *Bauer*, Die Anwendung arbeitsrechtlicher Schutzvorschriften auf den Fremdgeschäftsführer der GmbH, DB 1979, 2178; *Becker*, Die freie Mitarbeit, 1982; *von Einem*, „Abhängige Selbständigkeit", Handlungsbedarf für den Gesetzgeber, BB 1994, 60; *Hümmerich*, Grenzfall des Arbeitsrechts, Kündigung des GmbH-Geschäftsführers, NJW 1995, 1177; *Löwisch*, Verlust der Arbeitnehmerstellung durch Erwerb einer Gesellschafterstellung mit maßgeblichem Einfluss, in Festschrift für Kraft 1998, S. 375; *Reiserer*, Die ordentliche Kündigung des Dienstvertrags eines GmbH-Geschäftsführers, DB 1994, 1822; *K. Schneider*, Die Kündigung freier Dienstverträge, 1987; *Wank*, Arbeitnehmer und Selbständige, 1988; *Wank*, Die „neue Selbständigkeit", DB 1992, 90.

I. Inhalt und Zweck. § 621 regelt die Kündigungsfristen beim **unabhängigen** (selbständigen oder freien) **Dienstverhältnis**, § 622 die Kündigungsfristen beim abhängigen Arbeitsverhältnis. Die Abgrenzung der beiden Vorschriften erfolgt anhand des arbeitsrechtlichen ArbN-Begriffs; zur Abgrenzung vor § 611 Rz. 19 ff. Auf das Vorliegen oder Nichtvorliegen einer Beschäftigung iSd. SozV-Rechts (§ 7 Abs. 1 SGB IV) kommt es nicht an. Ist der Dienstverpflichtete ArbN, ist § 621 unanwendbar. 1

Die Kündigungsfristen des § 621 sollen es beiden Parteien erleichtern, **sich auf das Ende der Dienstzeit einzustellen**. Die Vorschrift sieht bei vereinbartem Zeitlohn vor, das Dienstverhältnis jeweils zum Ablauf eines Vergütungsabschnitts zu beenden, um angebrochene Vergütungszeiträume im beiderseitigen Interesse zu vermeiden und den Dienstverpflichteten vor finanziellen Einbußen zu schützen[2]. 2

---

[1] BAG v. 12.10.1960 – 3 ZR 65/59, AP Nr. 16 zu § 620 BGB – Befristeter Arbeitsvertrag. [2] ErfK/*Müller-Glöge*, § 621 BGB Rz. 1.

3   Der selbständige Dienstvertrag genießt **keinen Bestandsschutz**. Beschränkungen des Kündigungsrechts ergeben sich lediglich aus § 138 und § 242[1]. Die Kündigung bedarf keiner besonderen Form. § 623 ist unanwendbar.

4   **II. Entstehungsgeschichte.** § 621 wurde ebenso wie § 622 durch das **Erste Arbeitsrechtsbereinigungsgesetz** zum 1.9.1969[2] neu gefasst, § 623 aF aufgehoben und der Sache nach in § 621 Nr. 5 übernommen. Gleichzeitig wurden Sonderbestimmungen über die Kündigung selbständiger Dienstleister in verschiedenen Einzelgesetzen aufgehoben. Geblieben sind nur die Sondervorschriften § 29 HAG (Heimarbeiter) und §§ 89, 89a HGB (Handelsvertreter), § 62 SeemG (Seeleute)[3].

5   **III. Anwendungsbereich.** § 621 gilt für die **ordentliche Kündigung**[4] aller **unabhängigen Dienstverhältnisse**, die nicht Arbeitsverhältnisse (dazu § 622 Rz. 23) sind und deren Dauer weder bestimmt noch aus der Art oder dem Zweck der Dienste zu entnehmen ist[5]. Für die außerordentliche Kündigung des unabhängigen Dienstverhältnisses gilt § 626, bei einer besonderen Vertrauensstellung des Dienstnehmers § 627[6].

6   § 621 gilt für alle selbständigen und **freiberuflich tätigen Dienstleister** (Ärzte, Rechtsanwälte, Steuerberater, Steuerbevollmächtigte, Wirtschaftsprüfer, ausnahmsweise auch für Architekten)[7].

7   Auch auf **arbeitnehmerähnliche Personen ohne Tarifbindung** findet § 621 Anwendung[8]. Die in § 29 HAG vorgesehenen speziellen Mindestfristen sind auf andere arbeitnehmerähnliche Personen als in Heimarbeit Beschäftigte nicht analog anzuwenden[9].

8   Im Rahmen des § 12a TVG können für **tarifgebundene arbeitnehmerähnliche Personen** Kündigungsfristen abweichend von § 621 festgelegt werden.

9   § 621 ist nur auf Dienstverhältnisse anzuwenden, deren **Dauer weder bestimmt noch aus der Beschaffenheit oder dem Zweck der Dienste zu entnehmen** ist[10]. Hat ein für eine bestimmte Zeit abgeschlossener Dienstvertrag eine für den Dienstnehmer unangemessen lange Laufzeit, handelt es sich gleichwohl um einen Vertrag auf bestimmte Dauer, auf den § 621 keine Anwendung findet. Ein Kündigungsrecht kann sich hier im Wege ergänzender Vertragsauslegung aus §§ 242, 257 ergeben; entgegenstehende AGB können nach § 307 (früher § 9 AGBG) nichtig sein.

10 Die **instanzgerichtliche Rspr.** lässt allerdings mit teilweise unterschiedlicher Begründung bei befristeten selbständigen Dienstverträgen mit unangemessen langer Laufzeit, auch wenn keine zusätzliche Kündbarkeit vereinbart ist, unter den Voraussetzungen des § 9 bzw. § 11 Nr. 12 AGBG (jetzt § 307 bzw. § 309 Nr. 9), in Anlehnung an § 621 eine ordentliche Kündigung zu[11].

11 Auf **vertretungsberechtigte Organmitglieder** einer GmbH (Geschäftsführer, § 35 Abs. 1 GmbHG) sowie einer GmbH & Co. KG findet § 621, regelmäßig § 621 Nr. 3, nach hM nur im Falle des **beherrschenden Gesellschafter-Geschäftsführers** Anwendung[12]. Im Übrigen wendet die Rspr. auf Anstellungsverträge mit vertretungsberechtigten Organmitgliedern § 622 analog an[13]. Gleiches muss für die vertretungsberechtigten Organmitglieder einer Genossenschaft (Vorstand, § 24 Abs. 1 GenG) gelten. Inhaltlich gerechtfertigt wird die analoge Anwendung des § 622 damit, dass der Geschäftsführer ebenso wie der ArbN der Gesellschaft seine Arbeitskraft hauptberuflich zur Verfügung stelle und von ihr je nach der Höhe seines Gehalts mehr oder weniger wirtschaftlich abhängig sei. Auch wird eine für den Analogieschluss notwendige planwidrige Gesetzeslücke angenommen.

12 Zwar sind die **vertretungsberechtigten Organmitglieder** keine ArbN, so dass eigentlich § 621 einschlägig ist. Die Rspr. zur Anwendung des § 622 stützt sich jedoch darauf, dass bis zum Ersten Arbeitsrechtsbereinigungsgesetz GmbH-Geschäftsführer unter § 622 aF fielen und dem Gesetzgeber ein zweifaches Redaktionsversehen unterlaufen sei. Bei der **Neufassung des § 622** durch das **Erste Arbeitsrechtsbereinigungsgesetz 1969** habe der Gesetzgeber nicht bedacht, dass die höhere Dienste leistenden GmbH-Geschäftsführer, die bis zum 1.9.1969 als Angestellte unter § 622 aF fielen, keine ArbN seien. Wegen dieses Redaktionsversehens liege keine bewusste Entscheidung des Gesetzgebers gegen die Anwendung des § 622 vor[14]. Auch bei der **Neufassung des § 622** durch das **Gesetz zur Vereinheitlichung der Kündigungs-**

---

1 RGRK/*Röhsler*, § 621 BGB Rz. 21. | 2 Vom 14.8.1969, BGBl. I S. 1106. | 3 Dazu KR/*Weigand*, Kd. im SeearbeitsR, Rz. 85 ff. | 4 Zur außerordentlichen Kündigung § 626. | 5 BGH v. 4.11.1992 – VIII ZR 235/91, BGHZ 120, 108 = NJW 1993, 326. | 6 RGRK/*Röhsler*, § 621 BGB Rz. 17. | 7 OLG Hamm v. 11.10.1994 – 28 U 26/94, NJW-RR 1995, 400. | 8 ErfK/*Müller-Glöge*, § 621 BGB Rz. 3; *Herschel*, Film und Recht, 1977, 290 (292), der allerdings außerdem § 622 Abs. 5 BGB aF (dem § 622 Abs. 6 BGB der jetzigen Fassung entspricht), analog anwenden will. | 9 Staudinger/*Preis*, § 621 BGB Rz. 10; aA *Herschel*, Film und Recht, 1977, 290 (292); offen gelassen bei ErfK/*Müller-Glöge*, § 621 BGB Rz. 3; MünchKomm/*Schwerdtner*, § 621 BGB Rz. 8. | 10 BGH v. 4.11.1992 – VIII ZR 235/91, BGHZ 120, 108 (Tanzausbildungsvertrag); v. 8.3.1984 – IX ZR 144/83, BGHZ 90, 280 (Direktunterrichtsvertrag). | 11 OLG Frankfurt v. 6.1.1987 – 14 U 166/85, NJW-RR 1987, 438; OLG Karlsruhe v. 10.5.1984 – 9 U 87/83, MDR 1985, 57; OLG Köln v. 16.6.1982, 13 U 20/82 – NJW 1983, 1002; OLG Frankfurt (Kassel) v. 12.5.1981 – 14 U 15/80, NJW 1981, 2760; LG Berlin v. 11.2.1986 – 55 S 83/85, NJW-RR 1986, 989; RGRK/*Röhsler*, § 621 BGB Rz. 3. | 12 BGH v. 9.3.1987 – II ZR 132/86, NJW 1987, 2073 = GmbHR 1987, 264; *Bauer*, BB 1994, 855, (856); zust. *Löwisch*, FS Kraft, S. 375 (379). | 13 BGH v. 26.3.1984 – II ZR 120/83, BGHZ 91, 217; v. 9.3.1987 – II ZR 132/86, NJW 1987, 2073. | 14 BGH v. 29.1.1981 – II ZR 92/80, BGHZ 79, 291 zum GmbH-Geschäftsführer; ebenso schon *Bauer*, DB 1979, 2178.

fristen von **Arbeitern und Angestellten 1993**[1] habe der Gesetzgeber die Kündigungsfristen für Organmitglieder nicht gesondert geregelt. Es sei daher anzunehmen, dass der BGH § 622 BGB nF, auch die verlängerten Fristen des § 622 Abs. 2, auf Dienstverhältnisse mit abhängigen vertretungsberechtigten Organmitgliedern (GmbH-Geschäftsführer, Vorstandsmitglieder) anwenden werde[2]. Dies gilt nach Auffassung des OLG Düsseldorf sogar dann, wenn der Geschäftsführer einer GmbH maßgeblich an der Gesellschaft beteiligt ist[3].

Für die **Vorstandsmitglieder einer AG** und die **Vorstandsmitglieder eines VVaG** stellt sich die Frage regelmäßig nicht, weil wegen § 84 Abs. 1 AktG, § 34 VAG ihre Anstellungsverträge idR befristet abgeschlossen werden. Ist dies ausnahmsweise einmal nicht der Fall, gilt nach ganz hM für sie das Gleiche wie für GmbH-Geschäftsführer, auch hinsichtlich der verlängerten Kündigungsfristen. Denn mit Wegfall des AngKSchG, das nur die GmbH-Geschäftsführer, nicht aber Vorstandsmitglieder einer AG erfasste, sei der Grund für eine Ungleichbehandlung entfallen[4]. Gegen die gewundene Argumentation mit dem zweifachen Redaktionsversehen des Gesetzgebers spricht das mangelnde Schutzbedürfnis von Vorstandsmitgliedern einer AG, hinsichtlich der Kündigungsfristen wie ArbN behandelt zu werden (siehe auch § 622 Rz 29). 13

Die Zulässigkeit von Kündigungen von Verträgen über **Direktunterricht** bestimmt sich nach § 621. Dies gilt für nach Schuljahren oder durch das Ausbildungsziel befristeten Verträgen aber nur, wenn zusätzlich die Kündbarkeit des Vertrages vereinbart wurde[5]. Verträge über Fernunterricht unterliegen dagegen ausschließlich dem unabdingbaren Kündigungsrecht nach § 5 FernUSG. Diese Bestimmung ist auf Verträge über Direktunterricht weder unmittelbar noch analog anwendbar[6]. 14

IV. Sonderregelungen. Der **Handelsvertreter** ist selbständiger Gewerbebetreibender. Auf die ordentliche Kündigung des Handelsvertretervertrages findet § 89 HGB Anwendung, auf die außerordentliche Kündigung § 89a HGB. Diese Vorschriften sind analog anwendbar auf den Vertragshändler[7] und den Franchisenehmer[8]. 15

Für **Heimarbeiter** und ihnen Gleichgestellte gilt § 29 HAG. Für die übrigen arbeitnehmerähnlichen Personen, insb. die freien Mitarbeiter im künstlerischen und im Medienbereich, gibt es keine vergleichbare Sonderregelung. § 29 HAG ist auch nicht entsprechend anwendbar. Für sie gilt daher § 621[9]. 16

In der Insolvenz des Dienstberechtigten garantiert § 113 Abs. 1 Satz 1 InsO das **Recht zur Kündigung des Dienstverhältnisses ohne Rücksicht auf eine vereinbarte Vertragsdauer** für beide Seiten. Die kürzeren Fristen des § 621 gehen der Dreimonatsfrist des § 113 Abs. 1 Satz 2 InsO grundsätzlich vor. Noch nicht höchstrichterlich entschieden ist, ob das auch dann gilt, wenn für auf Zeit eingegangene Dienstverträge keine vorherige Kündigungsmöglichkeit vereinbart ist. Das entspräche der Position des BAG im Hinblick auf Arbeitsverhältnisse[10]. Gegen eine Anwendbarkeit des § 113 Abs. 1 Satz 2 InsO auf den unabhängigen Dienstvertrag in diesem Fall spricht jedoch, dass damit die Kündigungsfrist in der Insolvenz gegenüber der sonst einschlägigen gesetzlichen Kündigungsfrist regelmäßig verlängert würde, obwohl es Zweck des § 113 InsO ist, die Insolvenzmasse zu entlasten[11]. 17

V. Fristberechnung und Fristen. Die Kündigungfristen des § 621 richten sich nach der **Bemessung** der Vergütung, nicht nach dem Auszahlungsmodus. Wird zB der Lohn nach Tagessätzen bemessen, aber wöchentlich ausgezahlt, handelt es sich um einen Tageslohn iSd. Nr. 1. Erhält der Dienstverpflichtete nebeneinander verschiedene Vergütungsformen, ist die Hauptform maßgeblich[12]. 18

Für die **Berechnung der Fristen** gelten die §§ 186 ff.. Der Tag des Zugangs der Kündigung wird nach § 187 Abs. 1 nicht in die Frist eingerechnet. § 193 ist unanwendbar, weil die Kündigungsfristen dem Gekündigten zu seinem Schutz unverkürzt zur Verfügung stehen müssen[13]. 19

Die Kündigung kann in den Fällen des § 621 Nr. 2–5 auch **vor** dem Tag ausgesprochen werden, an dem sie spätestens zu erfolgen hat, wirkt aber erst zum gesetzlich vorgesehenen Termin. 20

Die Kündigung kann auch bereits **vor Dienstantritt** ausgesprochen werden. Sie braucht nicht begründet zu werden. 21

Nr. 1: Ist die Vergütung **nach Tagen** bemessen, so kann das Dienstverhältnis nach Nr. 1 an jedem Tag zum Ablauf des folgenden Tages gekündigt werden. Die Kündigung kann auch an Sonn- und Feiertagen und zu Sonn- und Feiertagen erfolgen. Unbeachtlich ist, ob an dem Tag der Kündigung oder dem Tag, zu dem gekündigt wird, eine Dienstleistung geschuldet wird. 22

---

1 *KündigungsfristenG* vom 7.10.1993, BGBl. I S. 1668. | 2 *Bauer*, BB 1994, 855 (856); ErfK/*Müller-Glöge*, § 621 BGB Rz. 6; Staudinger/*Preis*, § 622 BGB Rz. 14; aA *Löwisch*, FS Kraft, S. 375 (380). | 3 OLG Düsseldorf v. 14.4.2000 – 16 U 109/99, NZG 2000, 1044 f. = DStZ 2000, 839. | 4 *Bauer*, BB 1994, 855 (856). | 5 ErfK/*Müller-Glöge*, § 622 BGB Rz. 7. | 6 BGH v. 8.3.1984 – IX ZR 144/83, BGHZ 90, 280 (Direktunterrichtsvertrag); v. 4.11.1992 – VIII ZR 235/91, BGHZ 120, 108 (Tanzausbildungsvertrag). | 7 RGRK/*Röhsler*, § 621 BGB Rz. 14; MünchKomm/*Schwerdtner*, § 621 BGB Rz. 25. | 8 RGRK/*Röhsler*, § 621 BGB Rz. 15. | 9 ErfK/*Röhsler*, § 621 BGB Rz. 11; aA *Herschel*, Film und Recht, 1977, 290 (292). | 10 BAG v. 6.7.2000 – 2 AZR 695/99, AP Nr. 6 zu § 113 InsO = SAE 2001 185 m. abl. Anm. *Caspers*. | 11 MünchKomm-InsO/*Löwisch/Caspers*, § 113 Rz. 81; *Caspers*, SAE 2001, 185, 189. | 12 RAG v. 10.9.1930 – RAG 199/30, ARS 10, 40. | 13 BGH v. 28.9.1972 – VII ZR 186/71, BGHZ 59, 265.

23 Nicht geregelt ist die Vergütung **nach Stunden** (zB Rechtsanwälte). Die hM hält hier eine Kündigung wie beim Tageslohn nach Nr. 1 zum Ablauf des nächsten Tages für zulässig[1].

24 **Nr. 2:** Ist ein **Wochenlohn** vereinbart, so ist nach Nr. 2 die Kündigung spätestens am 1. Werktag einer Woche zum Ablauf des folgenden Sonnabends zulässig. Die Erklärung muss spätestens am 1. Werktag zugehen. Das ist grundsätzlich der Montag, verlagert sich aber auf spätere Wochentage, wenn auf den Sonntag gesetzliche Feiertage folgen. Die Frist ist dann kürzer.

25 **Nr. 3:** Ist ein **Monatslohn** vereinbart, muss spätestens am fünfzehnten eines Monats zum Schluss dieses Kalendermonats gekündigt werden. Das gilt auch dann, wenn der fünfzehnte des Monats ein Sonn- oder Feiertag ist. Eine Frist von zwei Wochen ist regelmäßig nicht ausreichend[2]. Eine Kündigung mit einer Frist von zwei Wochen an einem 15. Februar in einem Schaltjahr wird man als fristgerechte Kündigung zum Monatsende deuten können.

26 **Nr. 4:** Ist die Vergütung **nach Vierteljahren oder längeren Zeitabschnitten** bemessen, so ist die ordentliche Kündigung des Dienstverhältnisses unter Einhaltung einer Kündigungsfrist von sechs Wochen zum Schluss eines Kalendervierteljahres zulässig.

27 **Nr. 5:** Ist die Vergütung **nicht nach Zeitabschnitten** bemessen, so kann das Dienstverhältnis jederzeit gekündigt werden. Nimmt das Dienstverhältnis die Erwerbstätigkeit des Verpflichteten vollständig oder hauptsächlich in Anspruch, ist eine Kündigungsfrist von zwei Wochen einzuhalten. Auf den absoluten Umfang der Dienstzeit kommt es nicht an. Wer allein für einen Dienstberechtigten, wenn auch nur in geringfügigem Umfang arbeitet, wird vollständig in Anspruch genommen. Die Kündigung mit einer Frist von zwei Wochen kann zu jedem Termin erfolgen.

28 Bemisst sich die Vergütung nach dem **Arbeitserfolg**, liegt idR ein Arbeitsvertrag (Akkord), Werkvertrag oder Handelsvertretervertrag (Provision) vor. § 621 ist dann unanwendbar. Erfolgsabhängige Vergütungen kommen beim unabhängigen Dienstvertrag kaum vor[3].

29 **VI. Abdingbarkeit.** Die Kündigungsfristen und -termine des § 621 sind abdingbar. Die Parteien können die Fristen der Parteien beliebig **verkürzen** und in den Grenzen des § 624 BGB **verlängern**. Sie können die ordentliche Kündigung auch entfristen, die Kündigung vor Dienstantritt oder ganz ausschließen. Auch die Vereinbarung unterschiedlich langer Kündigungsfristen für beide Vertragsteile ist zulässig[4].

30 Die Parteien können auch besondere **Kündigungsgründe**, besondere Kündigungstermine oder die Einhaltung einer bestimmten Form vereinbaren.

31 Die von § 621 abweichende Vereinbarung kann **ausdrücklich** oder **stillschweigend** erfolgen, etwa durch Übernahme einer ständigen Übung, eines Ortsbrauchs oder tariflicher Bestimmungen nach § 12a TVG[5].

32 Lediglich die Vereinbarung in AGB unterliegt der Grenze der §§ 307, 309 Nr. 9[6]. Eine Unwirksamkeit nach § 309 Nr. 9 kann bereits vorliegen, wenn die Vergütung bei Vertragsschluss fällig ist, die Dienstpflicht aber erst später beginnt und Wartezeit und Dienstleistung zusammen zwei Jahre übersteigen[7]. Auch ohne dass die zweijährige Höchstbindungsfrist des § 309 Nr. 9 erreicht wird, ist eine Kontrolle des Ausschlusses der ordentlichen Kündigung nach Ablauf der Probezeit und der sich hieraus ergebenden Restlaufzeit des Vertrags am Maßstab des § 307 möglich[8].

33 **VII. Darlegungs- und Beweislast.** Für die Darlegungs- und Beweislast gelten die **allgemeinen Regeln**. Deshalb trägt derjenige die Darlegungs- und Beweislast, der Ansprüche gestützt auf § 621 oder auf eine von der gesetzlichen Regelung abweichende Vereinbarung geltend macht[9].

622 Kündigungsfristen bei Arbeitsverhältnissen

(1) Das Arbeitsverhältnis eines Arbeiters oder eines Angestellten (Arbeitnehmers) kann mit einer Frist von vier Wochen zum Fünfzehnten oder zum Ende eines Kalendermonats gekündigt werden.

(2) Für eine Kündigung durch den Arbeitgeber beträgt die Kündigungsfrist, wenn das Arbeitsverhältnis in dem Betrieb oder Unternehmen

1. zwei Jahre bestanden hat, einen Monat zum Ende eines Kalendermonats,
2. fünf Jahre bestanden hat, zwei Monate zum Ende eines Kalendermonats,
3. acht Jahre bestanden hat, drei Monate zum Ende eines Kalendermonats,

---

1 ErfK/*Müller-Glöge*, § 621 BGB Rz. 9; Erman/*Belling*, § 621 BGB Rz. 7. | 2 ErfK/*Müller-Glöge*, § 621 BGB Rz. 11; MünchKomm/*Schwerdtner*, § 621 BGB Rz. 15. | 3 Staudinger/*Preis*, § 621 BGB Rz. 26. | 4 RGRK/*Röhsler*, § 621 BGB Rz. 41; Erman/*Belling*, § 621 BGB Rz. 5; aA *Herschel*, Film und Recht, 1977, 290 (292). | 5 Staudinger/*Preis*, § 621 BGB Rz. 12; ebenso RGRK/*Röhsler*, § 621 BGB Rz. 41; krit. MünchKomm/*Schwerdtner*, § 621 BGB Rz. 23. | 6 Näher Staudinger/*Preis*, § 621 BGB Rz. 13; MünchKomm/*Schwerdtner*, § 621 BGB Rz. 23. | 7 OLG Köln v. 16.6.1982 – 13 U 20/82, NJW 1983, 1002 zu § 11 Nr. 12 AGBG (Direktunterrichtsvertrag). | 8 BGH v. 8.3.1984 – IX ZR 144/83, BGHZ 90, 280 (Direktunterrichtsvertrag). | 9 RGRK/*Röhsler*, § 621 BGB Rz. 43.

4. zehn Jahre bestanden hat, vier Monate zum Ende eines Kalendermonats,
5. zwölf Jahre bestanden hat, fünf Monate zum Ende eines Kalendermonats,
6. 15 Jahre bestanden hat, sechs Monate zum Ende eines Kalendermonats,
7. 20 Jahre bestanden hat, sieben Monate zum Ende eines Kalendermonats.

Bei der Berechnung der Beschäftigungsdauer werden Zeiten, die vor der Vollendung des 25. Lebensjahrs des Arbeitnehmers liegen, nicht berücksichtigt.

(3) Während einer vereinbarten Probezeit, längstens für die Dauer von sechs Monaten, kann das Arbeitsverhältnis mit einer Frist von zwei Wochen gekündigt werden.

(4) Von den Absätzen 1 bis 3 abweichende Regelungen können durch Tarifvertrag vereinbart werden. Im Geltungsbereich eines solchen Tarifvertrags gelten die abweichenden tarifvertraglichen Bestimmungen zwischen nicht tarifgebundenen Arbeitgebern und Arbeitnehmern, wenn ihre Anwendung zwischen ihnen vereinbart ist.

(5) Einzelvertraglich kann eine kürzere als die in Absatz 1 genannte Kündigungsfrist nur vereinbart werden,
1. wenn ein Arbeitnehmer zur vorübergehenden Aushilfe eingestellt ist; dies gilt nicht, wenn das Arbeitsverhältnis über die Zeit von drei Monaten hinaus fortgesetzt wird;
2. wenn der Arbeitgeber in der Regel nicht mehr als 20 Arbeitnehmer ausschließlich der zu ihrer Berufsbildung Beschäftigten beschäftigt und die Kündigungfrist vier Wochen nicht unterschreitet.

Bei der Feststellung der Zahl der beschäftigten Arbeitnehmer sind teilzeitbeschäftigte Arbeitnehmer mit einer regelmäßigen wöchentlichen Arbeitszeit von nicht mehr als 20 Stunden mit 0,5 und nicht mehr als 30 Stunden mit 0,75 zu berücksichtigen. Die einzelvertragliche Vereinbarung längerer als der in den Absätzen 1 bis 3 genannten Kündigungsfristen bleibt hiervon unberührt.

(6) Für die Kündigung des Arbeitsverhältnisses durch den Arbeitnehmer darf keine längere Frist vereinbart werden als für die Kündigung durch den Arbeitgeber.

I. Inhalt und Zweck 1	VI. Benachteiligungsverbot des Abs. 6 57
II. Entstehungsgeschichte 7	VII. Tarifvertragliche Regelung 65
1. Gesetz zur Vereinheitlichung der Kündigungsfristen von Arbeitern und Angestellten 7	1. Allgemeines 65
2. Übergangsvorschrift des Art. 222 EGBGB für Altfälle 15	2. Weiter Gestaltungsspielraum 72
III. Anwendungsbereich 23	3. Verfassungsrechtliche Grenzen tarifautonomer Gestaltung 78
IV. Gesetzliche Kündigungsfristen und -termine nach Abs. 1 und 2 30	4. Rechtsfolgen verfassungswidriger Regelungen 93
V. Besondere gesetzliche Kündigungsfristen und -termine 37	VIII. Einzelvertragliche Regelung (Abs. 5) 96
1. Vereinbarte Probezeit, Abs. 3 37	1. Grenzen individualvertraglicher Gestaltung 96
2. Berufliche Bildung, § 15 BBiG 43	2. Günstigkeitsvergleich zwischen einzelvertraglicher und tariflicher Regelung (§ 4 Abs. 3 TVG) 104
3. Schutz schwerbehinderter Arbeitnehmer, § 86 SGB IX 45	3. Rechtsfolgen unzulässiger individualvertraglicher Gestaltung 107
4. Elternzeit, § 19 BErzGG 49	4. Aushilfsarbeitsverhältnis, Abs. 5 Nr. 1 . . . 109
5. Heimarbeit, § 29 HAG 51	5. Kleinbetriebe, Abs. 5 Nr. 2 114
6. Seeleute, §§ 63, 78 SeemG 52	6. Einzelvertragliche Bezugnahme auf tarifliche Kündigungsfristen, Abs. 4 Satz 2 117
7. Insolvenzverfahren, § 113 InsO 53	IX. Fristberechnung 126
	X. Darlegungs- und Beweislast 131

Lit.: *Adomeit/Thau,* Das Gesetz zur Vereinheitlichung der Kündigungsfristen von Arbeitern und Angestellten, NJW 1994, 11; *Bauer,* Kündigung und Kündigungsschutz vertretungsberechtigter Organmitglieder BB 1994, 855; *Bauer/Rennpferdt,* Kündigungsfristen, AR-Blattei 1010.5; *Diller,* § 622 BGB und Quartalskündigungsfristen, NZA 2000, 293; *Hromadka,* Rechtsfragen zum Kündigungsfristengesetz, BB 1993, 2372; *Hümmerich,* Grenzfall des Arbeitsrechts, Kündigung des GmbH-Geschäftsführers, NJW 1995, 1177; *Kramer,* Kündigungsvereinbarungen im Arbeitsvertrag, 1994; *Kramer,* Unterschiedliche vertragliche Kündigungsfristen für Arbeiter und Angestellte, ZIP 1994, 929; *Müller-Glöge,* Tarifliche Regelungen der Kündigungsfristen und -termine, in Festschrift für Schaub, 1998, 497; *Preis/Kramer,* Das neue Kündigungsfristengesetz, DB 1993, 2125; *Voss,* Auswirkungen des Gesetzes zur Vereinheitlichung der Kündigungsfristen (KündFG) auf das Arbeitnehmerüberlassungsgesetz, NZA 1994, 57; *Wank,* Die neuen Kündigungsfristen für Arbeitnehmer (§ 622 BGB), NZA 1993, 961; *Worzalla,* Auswirkungen des Kündigungsfristengesetzes auf Regelungen in Tarif und Einzelarbeitsverträgen, NZA 1994, 145.

I. Inhalt und Zweck. § 622 schränkt die Vertragsbeendigungsfreiheit ein und gewährt einen **zeitlich beschränkten Kündigungsschutz**, indem er die ordentliche Kündigung an Fristen und Termine bindet[1]. § 622 erleichtert dem ArbN den Arbeitsplatzwechsel möglichst ohne wirtschaftliche Nachteile und schützt die Personalplanung des ArbGeb.

---

[1] BAG v. 18.4.1985 – 2 AZR 197/84, AP Nr. 20 zu § 622 BGB; Erman/*Belling,* § 621 BGB Rz. 2; Staudinger/*Preis,* § 622 BGB Rz. 9.

BGB § 622 Rz. 2

2   Abs. 1 enthält eine **Grundkündigungsfrist für ArbGeb und ArbN**. Abs. 2 verlängert die Kündigungsfristen gegenüber Abs. 1 für eine Kündigung durch den ArbGeb. Die Norm sieht eine Staffelung der Kündigungsfristen und -termine nach der Dauer der Betriebszugehörigkeit vor. Die für die ArbGebKündigung verlängerten Fristen gelten bereits nach zweijähriger Betriebszugehörigkeit des ArbN mit einer Frist von einem Monat zum Monatsende.

3   Bei der **Berechnung der Betriebszugehörigkeit** werden nur Zeiten nach der Vollendung des 25. Lebensjahres des ArbN berücksichtigt[1]. Diese Regelung geht zu Lasten weniger qualifizierter ArbN, deren Betriebseintrittsalter auf der ersten Arbeitsstelle niedriger liegt als das von ArbN mit höherer Schul- und Hochschulqualifikation.

4   Auch bei **Ausschluss der ordentlichen Kündigung** wendet das BAG in Fällen der Beendigungskündigung die Kündigungsfrist, die gelten würde, wenn die ordentliche Kündigung nicht ausgeschlossen wäre, als vom ArbGeb einzuhaltende soziale Auslauffrist an[2]. Im Falle einer außerordentlichen betriebsbedingten Änderungskündigung besteht nach geänderter Rspr. für eine solche fiktive Anwendung der Kündigungsfristen kein Bedürfnis[3].

5   Abs. 1 legt für ordentliche Kündigungen feste **Kündigungstermine** fest. Die Beendigungswirkung der Kündigung kann unabhängig von der im konkreten Fall geltenden Frist nur zu den im Gesetz festgesetzten Zeitpunkten eintreten. Das sind der Fünfzehnte eines Monats oder das Monatsende.

6   **Einzelvertraglich** kann nach Abs. 5 Nr. 2 nur von ArbGeb mit idR nicht mehr als 20 ArbN ein davon abweichender Kündigungstermin vereinbart werden. Für den ArbN birgt eine solche Vereinbarung ein gewisses Risiko, weil sich das Einstellungsverhalten anderer ArbGeb an den gesetzlichen Terminen orientiert[4].

7   **II. Entstehungsgeschichte. 1. Gesetz zur Vereinheitlichung der Kündigungsfristen von Arbeitern und Angestellten.** Das Gesetz zur Vereinheitlichung der Kündigungsfristen von Arbeitern und Angestellten vom 7.10.1993 (**Kündigungsfristengesetz**) mWz. 15.10.1993[5] hat die Kündigungfristen für Arbeiter und Angestellte sowie für die ArbN in den alten und den neuen Bundesländern vereinheitlicht.

8   Die **Neuregelung** war notwendig geworden, um den Schwebezustand zu beenden, der durch die Entscheidung des BVerfG vom 30.5.1990[6] entstanden war, das § 622 aF wegen Art. 3 Abs. 1 GG insoweit für verfassungswidrig und unanwendbar erklärt hatte, als diese Vorschrift für Arbeiter kürzere Kündigungsfristen vorsah als für Angestellte. Auch hatte das BAG[7] den Ausschluss der Angestellten von den längeren Kündigungsfristen bei ArbGeb mit nicht mehr als zwei Angestellten für verfassungswidrig erklärt und die Regelung des AngKSchG dem BVerfG nach Art. 100 Abs. 1 GG zur Überprüfung vorgelegt.

9   Die **Altregelung** sah eine verlängerte Kündigungsfrist nicht schon ab zweijähriger Betriebszugehörigkeit des ArbN, sondern Kündigungstermine zum Quartal vor, die für Angestellte allgemein sowie für Arbeiter nach zwanzigjähriger Betriebszugehörigkeitszeit galten. Die Neuregelung bezweckt demgegenüber auf Drängen der BA auch die Vermeidung den Arbeitsmarkt belastender vierteljährlicher und schubweiser Entlassungen[8].

10 Für **Arbeiter** brachte die Neuregelung im Vergleich zur früheren Regelung erhebliche Verbesserung. So verlängerte sich die Kündigungsfrist nach zwei Jahren Betriebszugehörigkeit im Durchschnitt auf das dreifache und verdoppelte sich nach fünf Jahren Betriebszugehörigkeit. Ganz neu waren für Arbeiter die bis dahin Angestellten vorbehaltenen Fristen ab der Vier-Monats-Frist.

11 Für **Angestellte** brachte die Neuregelung einerseits eine Verschlechterung durch Umstellung von Quartals- auf Monatskündigungstermin und durch das um zwei bzw. drei Jahre verzögerte Erreichen einer Steigerungsstufe. Andererseits verbesserte sich die Position langjährig beschäftigter Angestellte durch Verlängerung der Höchstfrist von früher sechs auf nunmehr sieben Monate; außerdem ist gesetzliche Verlängerung nicht mehr an das Erfordernis der Beschäftigung durch einen ArbGeb mit regelmäßig mehr als zwei Angestellten gebunden (so § 2 Abs. 1 Satz 1 AngKG)[9].

12 Seit dem In-Kraft-Treten des Arbeitsrechtlichen Beschäftigungsförderungsgesetzes am 1.10.1996[10] werden **teilzeitbeschäftige ArbN** bei der Bestimmung der Beschäftigtenzahl im Rahmen der Kleinbetriebsklausel des Abs. 5 Nr. 2 je nach regelmäßiger wöchentlicher Arbeitszeit zu einem bis zum Dreiviertel gezählt.

13 Mit der Neuregelung wurden auch die Kündigungsfristen im SeemG und im HAG geändert und § 622 angeglichen. Zur Übergangsregelung unter Rz. 16. Das AngKSchG und § 55 AGB-DDR 1990 wurden aufgehoben[11].

---

[1] Krit. ErfK/*Müller-Glöge*, § 622 BGB Rz. 2. | [2] BAG v. 28.3.1985 – 2 AZR 113/84, AP Nr. 86 zu § 626 BGB. | [3] BAG v. 21. 6.1995 – 2 ABR 28/94, AP Nr. 36 zu § 15 KSchG 1969 gegen BAG v. 6.3.1986 – 2 ABR 15/85, BAGE 51, 200 = AP Nr. 19 zu § 15 KSchG. | [4] Kehrmann, AiB 1993, 746; ErfK/*Müller-Glöge*, § 622 BGB Rz. 4. | [5] BGBl. 1 S. 1668. | [6] BVerfG v. 30.5.1990 – 1 BvL 2/83 ua., AP Nr. 28 zu § 622 BGB. | [7] BAG v. 16.1.1992 – 2 AZR 657/87, AP Nr. 12 zu § 2 AngKSchG. | [8] BT-Drs. 12/4902, S. 7; ErfK/*Müller-Glöge*, § 622 BGB Rz. 5; APS/*Linck*, § 622 BGB Rz. 12. | [9] Staudinger/*Preis*, § 622 BGB Rz. 8. | [10] BGBl. I S. 1476. | [11] ErfK/*Müller-Glöge*, § 622 BGB Rz. 8.

Nach dem am 28.7.1995 in Kraft getretenen **NachwG**[1] sind die Fristen für die Kündigung des Arbeitsverhältnisses in die Arbeitsvertragsniederschrift aufzunehmen (§ 2 Abs. 1 Nr. 9, § 1 NachwG). Die Angabe kann durch einen Hinweis nach § 2 Abs. 3 NachwG ersetzt werden. 14

2. Übergangsvorschrift des Art. 222 EGBGB für Altfälle. Für Kündigungen, die **seit dem 15.10.1993** ausgesprochen wurden, gilt die durch das Kündigungsfristengesetz eingefügte Neufassung des § 622. 15

Für Kündigungen, die **vor dem 15.10.1993** zugegangen sind, gilt die Übergangsregelung des Art. 222 EGBGB. 16

Nach Art. 222 **Nr. 1** EGBGB unterliegen vor dem 15.10.1993 zugegangene Kündigungen der **Neuregelung**, wenn das **Arbeitsverhältnis am 15.10.1993 noch nicht beendet** war und die Neuregelung für den ArbN günstiger ist als die alte gesetzliche Regelung. Das gilt auch für unter der Geltung des § 55 AGB-DDR 1990 ausgesprochene Kündigungen[2]. 17

Die **Neuregelung** ist nach Art. 222 **Nr. 2** EGBGB auch anwendbar auf vor dem 15.10.1993 zugegangene Kündigungen, deren Kündigungstermin vor diesem Zeitpunkt lag, über deren Wirksamkeit aber noch ein **Rechtsstreit** anhängig ist, in dem es für die Entscheidung über den Zeitpunkt der Auflösung des Arbeitsverhältnisses auf § 622 Abs. 2 Satz 1 und 2 Halbs. 1 aF oder § 2 AngKSchG ankommt. Dies betrifft insb. arbeitsgerichtliche Verfahren, die nach dem Beschluss des BVerfG vom 30.5.1990[3] ausgesetzt wurden. Anhängige Rechtsstreitigkeiten, in denen es um vor dem 15.10.1993 ausgesprochene Kündigungen geht, bei denen sich die Frist nach § 55 AGB-DDR 1990 richtet, sind auf der Grundlage dieser nicht gleichheitswidrigen Vorschrift zu entscheiden[4]. 18

Nach ihrem Sinn und Zweck muss die Übergangsregelung in Art. 222 Nr. 1, 2a EGBGB erweiternd ausgelegt werden. § 622 nF ist daher auf **Änderungskündigungen** anwendbar, bei denen nur um den Zeitpunkt des Wirksamwerdens der Vertragsänderung gestritten wird, wenn dieser Streit bei In-Kraft-Treten des KündFG noch rechtshängig ist und die Kündigungsfristbestimmungen alten Rechts für den ArbN ungünstiger wären. Denn auch in solchen Fällen bestand am 15.10.1993, was das anzuwendende Kündigungsfristen angeht, der Schwebezustand, um dessen Beseitigung es dem Gesetzgeber ging[5]. 19

Auf **vor dem 15.10.1993 begründete und noch bestehende Arbeitsverhältnisse** findet § 622 nF Anwendung. Allerdings wollte der Gesetzgeber ausdrücklich nicht in bestehende tarifvertragliche oder einzelvertragliche Regelungen eingreifen[6]. Es ist deshalb in jedem Fall zu prüfen, ob konstitutive tarif- oder individualvertragliche Regelungen vorgehen. 20

Unterliegt das Arbeitsverhältnis einer wirksamen, also auch verfassungskonformen, **konstitutiven tarifvertraglichen Regelung** der Kündigungsfristen, geht diese dem Gesetz vor (§ 622 Abs. 4). Eine solche konstitutive tarifvertragliche Regelung kann auch rückwirkend die früheren, von § 622 nF abweichenden, gesetzlichen Kündigungsfristen des AngKSchG für maßgeblich erklären[7]. Im Falle einer bloß deklaratorischen Regelung fehlt es an einer tariflichen Regelung, so dass § 622 nF Anwendung findet. 21

Haben die Arbeitsvertragsparteien **individualvertraglich die Kündigungsfristen konkret geregelt**, gilt das Vereinbarte fort. Es handelt sich dann um eine **konstitutive** Regelung, auch wenn diese in der Sache mit der alten Gesetzeslage übereinstimmt[8]. Liegt dagegen eine bloß deklaratorische Verweisung auf die „gesetzlichen Bestimmungen" vor, ist damit in aller Regel das Gesetz in seiner jeweils gültigen Fassung gemeint (dynamische Verweisung)[9]. 22

III. Anwendungsbereich. § 622 ist auf **Arbeitsverträge** anwendbar, auch auf solche von Teilzeitbeschäftigten und geringfügig Beschäftigten, nicht dagegen auf die Verträge arbeitnehmerähnlicher Personen und auf unabhängige Dienstverträge. 23

Auf **befristete** und **auflösend bedingte Arbeitsverträge** ist § 622 nach §§ 15 Abs. 3, 21 TzBfG unanwendbar, wenn nicht die Möglichkeit der ordentlichen Kündigung einzelvertraglich oder im anwendbaren TV vereinbart ist[10]. Gleiches galt auch schon vor In-Kraft-Treten des TzBfG für vor dem 1.1.2001 befristet oder auflösend bedingt vereinbarte Arbeitsverhältnisse[11]. 24

Auf **Hausangestellte** und Hausgehilfen findet die Grundkündigungsfrist des § 622 Abs. 1 Anwendung. Die verlängerten Kündigungsfristen des Abs. 2 gelten jedoch nicht, weil der Haushalt kein Betrieb oder Unternehmen iS dieser Regelung ist[12]. 25

§ 622 gilt mit einer Einschränkung auch für **Leiharbeitsverhältnisse**. Nach § 11 Abs. 4 Satz 1 AÜG findet *§ 622 Abs. 5 Nr. 1* keine Anwendung auf Leiharbeitsverhältnisse. Deshalb können kürzere als die in 26

---

1 BGBl. I S. 946. |2 Näher ErfK/*Müller-Glöge*, § 622 BGB Rz. 126, 128. |3 BVerfG v. 30.5.1990 – 1 BvL 2/83 ua., AP Nr. 28 zu § 622 BGB. |4 ErfK/*Müller-Glöge*, § 622 BGB Rz. 128. |5 BAG v. 12.1.1994 – 4 AZR 152/93, AP Nr. 43 zu § 622 BGB; ErfK/*Müller-Glöge*, § 622 BGB Rz. 129. |6 BT-Drs. 12/4902; ErfK/*Müller-Glöge*, § 622 BGB Rz. 136 f. |7 BAG v. 18.9.1997 – 2 AZR 614/96, nv. |8 Näher zur Auslegung Staudinger/*Preis*, § 622 BGB Rz. 98 f. |9 Näher zur Auslegung Staudinger/*Preis*, § 622 BGB Rz. 95 ff.; ErfK/*Müller-Glöge*, § 622 BGB Rz. 138; *Kramer*, ZIP 1994, 937; *Worzalla*, NZA 1994, 150. |10 MünchArb/*Wank*, § 116 Rz. 264 f., 54 ff. |11 BAG v. 19.6.1980 – 2 AZR 660/78, AP Nr. 55 zu § 620 BGB – Befristeter Arbeitsvertrag; MünchArbR/*Wank*, § 116 Rz. 54 ff. |12 *Bauer/Rennpferdt*, AR-Blattei-SD 1010.5 Rz. 26; ErfK/*Müller-Glöge*, § 622 BGB Rz. 11.

§ 622 Abs. 1 geregelten Kündigungsfristen für LeihArbN in Aushilfsarbeitsverhältnissen nur tarifvertraglich oder durch Bezugnahme auf einen TV festgelegt werden[1]. Nach § 11 Abs. 1 Satz 2 Nr. 5 AÜG sind die Fristen für die Kündigung des Arbeitsverhältnisses in eine besondere Urkunde aufzunehmen (siehe § 11 AÜG Rz. 16).

27 Die Fristen und Termine des § 622 gelten auch für ordentliche **Änderungskündigungen**[2], nicht aber fiktiv als Auslauffrist für außerordentliche betriebsbedingte Änderungskündigungen[3].

28 § 622 findet nach ganz hM **entsprechende Anwendung** auf die **Kündigung von nicht herrschenden GmbH-Geschäftsführern**, die am Kapital der Gesellschaft nicht oder nur in unerheblichem Umfang beteiligt sind[4], nach Auffassung des OLG Düsseldorf auch dann, wenn der Geschäftsführer einer GmbH maßgeblich an der Gesellschaft beteiligt ist[5]: Diese Organmitglieder stellten wie ArbN der Gesellschaft ihre Arbeitskraft zur Verfügung und seien vom Fortbestehen des Anstellungsverhältnisses abhängig. Diese Begründung spreche dafür, auch die verlängerten Fristen des § 622 Abs. 2 anzuwenden[6]. Das muss dann auch für die vertretungsberechtigten Organmitglieder einer Genossenschaft (Vorstand, § 24 Abs. 1 GenG) gelten (siehe § 621 Rz. 11).

29 Für die **Vorstandsmitglieder einer AG** und die **Vorstandsmitglieder eines VVaG** stellt sich die Frage einer analogen Anwendung des § 622 regelmäßig nicht, weil wegen § 84 Abs. 1 AktG, § 34 VAG ihre Anstellungsverträge idR befristet abgeschlossen werden. Ist dies ausnahmsweise nicht der Fall, ist nach ganz hM auch auf sie § 622 anwendbar, auch hinsichtlich der verlängerten Kündigungsfristen des Abs. 2[7] (siehe § 621 Rz. 11). Damit wird mit dem Argument der Schutzbedürftigkeit Vorstandsmitgliedern einer AG ein zeitlich beschränkter Kündigungsschutz zuteil, der arbeitnehmerähnlichen Personen versagt wird; eine Wertung, die nicht einleuchtet.

30 **IV. Gesetzliche Kündigungsfristen und -termine nach Abs. 1 und 2.** § 622 Abs. 1 regelt die **Grundkündigungsfrist** für ArbN und ArbGeb. Danach kann das Arbeitsverhältnis eines ArbN mit einer Frist von vier Wochen zum Fünfzehnten oder zum Ende eines Kalendermonats gekündigt werden. Vier Wochen sind 28 Kalendertage, nicht ein Monat[8].

31 Die **verlängerten Kündigungsfristen** des Abs. 2 gelten allein für die **arbeitgeberseitige** Kündigung. Die Arbeitsvertragsparteien können aber durch eine sog. Gleichbehandlungsabrede vereinbaren, dass die verlängerten Fristen auch für die Kündigung durch den ArbN gelten sollen. Abs. 5 schließt nur die Fristverkürzung aus. Abs. 5 Satz 2 stellt klar, dass eine Fristverlängerung sogar über die in Abs. 2 genannten Fristen hinaus gehen kann[9].

32 Die für eine ArbGebKündigung verlängerten Fristen gelten ab **zweijähriger Dauer der Beschäftigung**. § 622 Abs. 2 Nr. 1–7 staffelt die Kündigungsfrist nach Betriebszugehörigkeit von einer Frist von **einem Monat** bis zu einer Frist von **sieben Monaten** zum Ende des Kalendermonats. Für die Betriebszugehörigkeit zählen nur Zeiten nach der Vollendung des 25. Lebensjahres des ArbN[10].

33 Die maßgebliche **Dauer der Beschäftigung** bemisst sich nach dem Zeitpunkt des **Zugangs** der Kündigung, nicht nach dem Kündigungstermin. Es kommt auf die Dauer des rechtlichen Bestandes des gekündigten Arbeitsverhältnisses an. Tatsächliche Unterbrechungen der Beschäftigung sind hierauf ohne Einfluss[11].

34 Beschäftigungszeiten aus **früheren Arbeitsverhältnissen** mit demselben ArbGeb werden nur dann berücksichtigt, wenn zwischen den Beschäftigungsverhältnissen ein **enger zeitlicher und sachlicher Zusammenhang** besteht. Für die Frage, wann ein solcher vorliegt, kann auf die Rspr. des BAG zu den parallelen Fragen der Wartezeiten in § 1 KSchG[12] und des § 3 Abs. 3 EFZG[13] zurückgegriffen werden[14]. Ein enger zeitlicher und sachlicher Zusammenhang ist jedenfalls gegeben, wenn mehrere Arbeitsverträge unmittelbar aufeinander folgend geschlossen werden, auch wenn sich der Inhalt des Arbeitsverhältnisses ändert. Die Gründe für die Auflösung des früheren Arbeitsverhältnisses spielen bei unmittelbar aufeinander folgenden Arbeitsverhältnissen keine Rolle[15].

---

1 ErfK/*Müller-Glöge*, § 622 BGB Rz. 12, 117; *Voss*, NZA 1994, 57 f. | 2 BAG v. 12.1.1994 – 4 AZR 152/93, AP Nr. 43 zu § 622 BGB. | 3 BAG v. 21. 6.1995 – 2 ABR 28/94, AP Nr. 36 zu § 15 KSchG 1969 gegen BAG v. 6.3.1986 – 2 ABR 15/85, AP Nr. 19 zu § 15 KSchG. | 4 BGH v. 29.1.1981 – II ZR 92/80, BGH Z 79, 291; v. 29.5.1981 – II ZR 126/80, WM 1981, 759; v. 26.3.1984 – II ZR 120/83, BGHZ 91, 217; *Reiserer*, DB 1994, 1822 (1823); *Bauer*, BB 1994, 855 f.; ErfK/*Müller-Glöge*, § 622 BGB Rz. 14, § 621 BGB Rz. 6; aA *Hümmerich*, NJW 1995, 1177, (1178 ff.); einschr. LAG Berlin – 9 Sa 43/97, AP Nr. 41 zu § 5 ArbGG; | 5 OLG Düsseldorf v. 14.4.2000 – 16 U 109/99, DStZ 2000, 839. Eine Mindermeinung zählt auch Organmitglieder juristischer Personen zu den ArbN: *Wehemeyer*, Die arbeitsrechtliche Einordnung der Organe juristischer Personen, 1988; *Schaub*, ArbRHdb § 14 I 2 Rz. 4 ff.; *Miller*, ZIP 1981, 578. | 6 So ErfK/*Müller-Glöge*, § 622 BGB Rz. 14; § 621 BGB Rz. 6. | 7 *Bauer*, BB 1994, 855, 856; ErfK/*Müller-Glöge*, § 622 BGB Rz. 14; APS/*Linck*, § 622 BGB Rz. 22. | 8 *Hromadka*, BB 1993, 2372 (2373); krit. ErfK/*Müller-Glöge*, § 622 BGB Rz. 2, 15. | 9 *Preis/Kramer*, DB 1993, 2125 (2128); *Bauer*, NZA 1993, 495. | 10 ErfK/*Müller-Glöge*, § 622 BGB Rz. 16. | 11 *Wank*, NZA 1993, 961 (965); ErfK/*Müller-Glöge*, § 622 BGB Rz. 19. | 12 ZB BAG v. 10.5.1989 – 7 AZR 450/88, AP Nr. 7 zu § 1 KSchG 1969 – Wartezeit. | 13 ZB BAG v. 2.3.1983 – 5 AZR 194/80, AP Nr. 51 zu § 1 LohnFZG; ErfK/*Dörner*, § 3 EFZG Rz. 94. | 14 ErfK/*Müller-Glöge*, § 622 BGB Rz. 20. | 15 BAG v. 23.9.1976 – 2 AZR 309/75, AP Nr. 1 zu § 1 KSchG 1969 – Wartezeit; v. 4.2.1993 – 2 AZR 416/92, AP Nr. 2 zu § 21 SchwbG 1986.

Zeiten eines **freien Mitarbeiterverhältnisses** sind dann mitzuzählen, wenn sich durch die Übernahme in ein Arbeitsverhältnis die Art der bisherigen Tätigkeit nicht änderte[1]. Wird der Auszubildende im Anschluss an ein Berufsausbildungsverhältnis in ein Arbeitsverhältnis übernommen, zählt die Dauer der Ausbildung nach Vollendung des 25. Lebensjahres für die Dauer des Beschäftigungsverhältnisses[2]. Zeiten eines betrieblichen Praktikums, das nicht im Rahmen eines Arbeitsverhältnisses abgeleistet wurde, sind dagegen nicht anzurechnen[3]. 35

War dem Arbeitsverhältnis ein **Eingliederungsvertrag** gemäß §§ 229–234 SGB III[4] vorgeschaltet, rechnet dieser Zeitraum bei der Ermittlung der für die verlängerte Kündigungsfrist maßgeblichen Beschäftigungsdauer nicht mit, weil während dieser Zeit (noch) kein Arbeitsverhältnis der Arbeitsvertragsparteien bestanden hat[5]. 36

V. Besondere gesetzliche Kündigungsfristen und -termine. 1. Vereinbarte Probezeit, Abs. 3. Nach Abs. 3 beträgt bei einer vereinbarten Probezeit von maximal sechs Monaten die Kündigungsfrist **zwei Wochen**. Damit wird im Probearbeitsverhältnis in einem Zeitraum, in dem der ArbN wegen der Wartezeit des § 1 Abs. 1 KSchG noch keinen allgemeinen Kündigungsschutz genießt, eine kurzfristige Vertragsbeendigung möglich. Das gilt sowohl für eine Kündigung durch den ArbGeb wie durch den ArbN[6]. Ein Kündigungstermin ist nicht einzuhalten. 37

Wird eine **längere Probezeit** vereinbart, gilt **nach Ablauf des sechsten Beschäftigungsmonats** die allgemeine Grundkündigungsfrist von vier Wochen (Abs. 1). Dabei ist auf den Ausspruch der Kündigung, nicht auf das Ende der Kündigungsfrist abzustellen. Dem ArbN kann daher auch noch am letzten Tage der ersten sechs Beschäftigungsmonate mit der Frist von zwei Wochen gekündigt werden[7]. 38

Die Probezeit kann einzelvertraglich vereinbart sein oder sich aus einem TV ergeben[8]. **Im Zweifel liegt ein unbefristetes Arbeitsverhältnis** vor, das nach Ablauf der Probezeit in ein normales Arbeitsverhältnis übergeht, wenn es nicht zuvor gekündigt wird[9]. In diesem Fall gilt die verkürzte Kündigungsfrist des Abs. 3 kraft Gesetzes für die vereinbarte Dauer der Probezeit, längstens für sechs Monate. 39

Haben die Vertragsparteien dagegen ein – jetzt nach § 14 Abs. 1 Nr. 5 TzBfG zulässiges – **befristetes Probearbeitsverhältnis** begründet, das mit Ablauf der vereinbarten Frist endet, ist die ordentliche Kündigung innerhalb der Frist des Abs. 3 nur zulässig, wenn die Kündbarkeit ausdrücklich vereinbart wurde[10]. 40

Eine **längere** Kündigungsfrist innerhalb der Probezeit kann einzelvertraglich und tarifvertraglich vereinbart werden (Abs. 4 Satz 1, Abs. 5 Satz 2) 41

Eine **kürzere** Kündigungsfrist kann tarifvertraglich (Abs. 4 Satz 1), einzelvertraglich nur im Geltungsbereich eines TV durch Bezugnahme auf diesen (Abs. 4 Satz 2) vereinbart werden. 42

2. Berufliche Bildung, § 15 BBiG. Ein Ausbildungsverhältnis kann **während der Probezeit** von jeder Vertragspartei jederzeit entfristet ordentlich gekündigt werden, § 15 Abs. 1 BBiG. Die ordentliche Kündigung kann unter Einhaltung einer Auslauffrist ausgesprochen werden, deren Länge jedoch nicht zu einer unzumutbaren Verlängerung des Berufsausbildungsvertrages führen darf[11]. 43

Nach der Probezeit kann das Berufsausbildungsverhältnis nur noch aus wichtigem Grund ohne Einhalten einer Kündigungsfrist (§ 15 Abs. 2 Nr. 1 BBiG) oder durch den Auszubildenden mit einer Kündigungsfrist von vier Wochen, wenn er die Berufsausbildung aufgeben oder sich für eine andere Berufstätigkeit ausbilden lassen will, gekündigt werden (§ 15 Abs. 2 Nr. 2 BBiG). 44

3. Schutz schwerbehinderter ArbN, § 86 SGB IX. § 86 SGB IX (früher § 16 SchwbG) sieht eine **Mindestkündigungsfrist von vier Wochen** für das Arbeitsverhältnis mit einem schwerbehinderten Menschen vor, das im Zeitpunkt des Zugangs der Kündigungserklärung ohne Unterbrechung länger als sechs Monate besteht, § 90 Abs. 1 Nr. 1 SGB IX (früher § 20 Abs. 1 Nr. 1 SchwbG). 45

Wird dem schwerbehinderten ArbN noch während seiner **Probezeit** gekündigt, gilt die Zwei-Wochen-Frist des Abs. 3, nicht die Kündigungsfrist von vier Wochen des § 86 SGB IX. Denn die tatbestandlichen Voraussetzungen dieser Bestimmung – mindestens sechsmonatiges Bestehen des Arbeitsverhältnisses – sind nicht gegeben[12]. 46

Diese Frist kann **zu Lasten des schwerbehinderten ArbN** weder einzelvertraglich noch tarifvertraglich verkürzt werden. Längere gesetzliche, tarif- oder einzelvertragliche Fristen zu Gunsten des schwerbehinderten ArbN gehen nach dem Günstigkeitsprinzip dagegen vor[13]. 47

---

1 BAG v. 6.12.1978 – 5 AZR 545/77, AP Nr. 7 zu § 2 AngKSchG. | 2 BAG v. 2.12.1999 – 2 AZR 139/99, AP Nr. 57 zu § 622 BGB. | 3 BAG v. 18.11.1999 – 2 AZR 89/99, AP Nr. 11 zu § 1 KSchG 1969 – Wartezeit. | 4 Bis 31.12.1997: §§ 54a–54c AFG. | 5 *Hanau*, DB 1997, 1278 (1280). | 6 APS/*Linck*, § 622 BGB Rz. 82; MünchKomm/*Schwerdtner*, § 622 BGB Rz 36. | 7 BAG v. 21.4.1966 – 2 AZR 264/65, AP Nr. 1 zu § 53 BAT; *Gumpert*, BB 1969, 1278 (1280); Staudinger/*Preis*, § 622 BGB Rz. 36. | 8 *Preis/Kliemt*, AR-Blattei SD 1270 Rz. 40 f. | 9 BAG v. 29.7.1958 – 3 AZR 49/56, AP Nr. 3 zu § 620 – Probearbeitsverhältnis; *Schaub*, ArbRHdb, § 40 I 4 Rz. 10. | 10 BAG v. 30.9.1981 – 7 AZR 789/78, AP Nr. 61 zu § 620 BGB – Befristeter Arbeitsvertrag. | 11 BAG v. 10.11.1988 – 2 AZR 26/88, AP Nr. 8 zu 15 BBiG; ErfK/*Müller-Glöge*, § 622 BGB Rz. 113. | 12 APS/*Linck*, § 622 BGB Rz. 98; KR/*Etzel*, §§ 15–20 SchwbG Rz. 37. | 13 BAG v. 25.2.1981 – 7 AZR 25/79, AP Nr. 2 zu § 17 SchwbG.

48 Für die **Kündigung durch einen schwerbehinderten ArbN** gilt § 86 SGB IX nicht.

49 **4. Elternzeit, § 19 BErzGG.** Nach § 19 BErzGG (vgl. § 19 BErzGG Rz. 1 ff.) kann der die Elternzeit in Anspruch nehmende ArbN das Arbeitsverhältnis **zum Ende der Elternzeit** nur unter Einhaltung einer Kündigungsfrist von **drei Monaten** kündigen. Dieses Sonderkündigungsrecht muss, auch wenn sie in § 19 BErzGG nicht ausdrücklich erwähnt sind, auch für Elternzeit in Anspruch nehmende Arbeitnehmerinnen (vgl. §§ 15, 16 BErzGG) gelten.

50 Ein tarif- oder einzelvertraglicher **Ausschluss** des Sonderkündigungsrechts des ArbN ist **unwirksam**. Eine Vereinbarung, wonach bei Ausübung des Sonderkündigungsrechts wirtschaftliche Nachteile drohen, ist im Hinblick auf § 19 BErzGG zumindest bedenklich[1].

51 **5. Heimarbeit, § 29 HAG.** Die Kündigungsfristen für Heimarbeiter sind seit dem KündigungsfristenG in § 29 Abs. 3, 4 HAG inhaltsgleich mit § 622 Abs. 1–3 geregelt[2]. Im Übrigen findet § 622 Abs. 4–6 Anwendung.

52 **6. Seeleute, §§ 63, 78 SeemG.** Die Kündigungsfristen für die Beendigung von **Heuerverhältnissen** von Besatzungsmitgliedern ist in § 63 SeemG, eines Kapitäns in § 78 SeemG geregelt[3].

53 **7. Insolvenzverfahren, § 113 InsO.** In der Insolvenz des ArbGeb garantiert § 113 Abs. 1 Satz 1 InsO das Recht zur Kündigung des Arbeitsverhältnisses ohne Rücksicht auf eine vereinbarte Vertragsdauer für beide Seiten. Die kürzeren Fristen des § 622 Abs. 1, Abs. 2 Nr. 1 und 2 gehen der Drei-Monats-Frist des § 113 Abs. 1 Satz 2 InsO grundsätzlich vor § 113 InsO Rz. 8).

54 Nach Ansicht des BAG kann auch ein unter Ausschluss der Möglichkeit zur ordentlichen Kündigung befristetes Arbeitsverhältnis nur mit der in § 113 Abs. 1 Satz 1 InsO vorgesehenen Höchstkündigungsfrist von drei Monaten gekündigt werden, nicht etwa mit der kürzeren fiktiven Kündigungsfrist des § 622, die anwendbar wäre, wenn die Parteien ohne ausdrückliche Regelung einer Frist die ordentliche Kündigung zugelassen hätten, nur begrenzt durch die Drei-Monats-Frist[4].

55 Nach dieser Rspr. kann der Insolvenzverwalter ein **Berufsausbildungsverhältnis** nach der Probezeit bei Wegfall der Ausbildungsmöglichkeit nur außerordentlich (§ 15 Abs. 2 Nr. 1 BBiG) und unter Einhaltung der Kündigungsfrist des § 113 Abs. 1 Satz 1 InsO kündigen[5].

56 Auch ein **tariflicher Ausschluss der ordentlichen Kündigung** für ältere, langjährig beschäftigte ArbN wird bei einer Kündigung durch den Insolvenzverwalter durch die Höchstfrist des § 113 InsO verdrängt. Diese Regelung verstößt nicht gegen Art. 9 Abs. 3 GG[6].

57 **VI. Benachteiligungsverbot des Abs. 6.** Nach § 622 Abs. 6 darf für die **Kündigung** des Arbeitsverhältnisses **durch den ArbN** keine längere Frist vereinbart werden als für die Kündigung durch den ArbGeb. Dieses Benachteiligungsverbot gilt für einzelvertragliche wie tarifvertragliche Vereinbarungen. Es erfasst auch die Kündigungstermine[7].

58 Umgekehrt können für die **Kündigung durch den ArbGeb** längere Kündigungsfristen als für die Kündigung durch den ArbN vereinbart werden[8].

59 Aus § 622 Abs. 6 wird der allgemeine Grundsatz abgeleitet, dass über die Regelung von Fristen und Terminen hinaus, die ordentliche Kündigung durch den ArbN im Vergleich zu der des ArbGeb nicht erschwert werden darf. Deshalb sind auch **faktische Kündigungshindernisse**, die den zur Kündigung Berechtigten von einem Entschluss zur Kündigung abhalten können, unzulässig, wenn sie einseitig zu Lasten des ArbN wirken[9].

60 Eine **Vertragsstrafe** darf nicht einseitig für den Fall der fristgemäßen Kündigung durch den ArbN vereinbart werden[10]. Abs. 6 verbietet eine einseitige Vereinbarung, wonach der ArbN für den Fall der fristgemäßen Kündigung durch ihn dem ArbGeb eine **Abfindung** zu zahlen habe[11].

61 Auch **Rückzahlungspflichten** des ArbN, die an eine von ihm erklärte fristgemäße Kündigung anknüpfen, können seine Kündigung gegenüber der des ArbGeb unzulässig einseitig erschweren[12]. Das kann zB zurückzuzahlende Gratifikationen, Urlaubsgeld, Prämien oder Rückverkaufsverpflichtungen in

---

1 BAG v. 16.10.1991 – 5 AZR 35/91, AP Nr. 1 zu § 19 BErzGG. | 2 ErfK/*Müller-Glöge*, § 622 BGB Rz. 118. | 3 Näher KR/*Weigand*, Kd. im Seearbeitsrecht, Rz. 85 ff., 150 ff.; Staudinger/*Preis*, § 622 BGB Rz. 21. | 4 BAG v. 6.7.2000 – 2 AZR 695/99, AP Nr. 6 zu § 113 InsO = SAE 2001 185 m. abl. Anm. *Caspers*. | 5 So ErfK/*Müller-Glöge*, § 622 BGB Rz. 114; § 113 InsO Rz. 6; aA *Caspers*, Personalabbau und Betriebsänderung im Insolvenzverfahren, Rz. 329: unter Einhaltung der (fiktiven) ordentlichen Kündigungsfrist des § 622. Zur alten Rechtslage BAG v. 27.5.1993 – 2 AZR 601/92, AP Nr. 9 zu § 22 KO. | 6 BAG v. 19.1.2000 – 4 AZR 70/99, NZA 2000, 658. | 7 *Preis/Kramer*, DB 1993, 2125 (2128); ErfK/*Müller-Glöge*, § 622 BGB Rz. 100. | 8 Staudinger/*Preis*, § 622 BGB Rz. 54; ErfK/*Müller-Glöge*, § 622 BGB Rz. 100. | 9 ZB BAG v. 6.9.1989 – 5 AZR 586/88, AP Nr. 27 zu § 622 BGB. | 10 BAG v. 9.3.1972 – 5 AZR 849/70, AP Nr. 12 zu § 622 BGB. | 11 BAG v. 6.9.1989 – 5 AZR 586/88, AP Nr. 27 zu § 622 BGB. Zu Rückzahlungsklauseln, die den ArbN verpflichten, Gratifikationen, Urlaubsgeld, Umzugskosten oder Prämien zurückzuzahlen ErfK/*Müller-Glöge*, § 622 BGB Rz. 104. | 12 BAG v. 6.9.1989 – 5 AZR 586/88, AP Nr. 27 zu § 622 BGB; LAG Hamm 26.8.1988 – 16 Sa 525/88, LAGE § 622 BGB Nr. 10; BAG 16.3.1994 – 5 AZR 339/92, AP Nr. 18 zu § 611 BGB – Ausbildungshilfe.

Mitarbeiterkapitalbeteiligungsmodellen[1] betreffen. Die Zulässigkeit der Verpflichtung zur Zurückzahlung von Ausbildungshilfen beurteilt das BAG ausschließlich nach § 242 BGB iVm. Art. 12 GG[2].

Auch der Verfall einer vom ArbN gestellten **Kaution** kann nicht an dessen fristgerechte Kündigung geknüpft werden[3]. Eine **Provisionszusage** mit Jahressollvorgabe beschränkt den ArbN in seinem Kündigungsrecht, wenn er ohne erhebliche Verdiensteinbußen nur zum Ablauf des Jahres, nicht schon des Halbjahres kündigen kann[4]. Eine verdiente, aber erst im Folgejahr auszuzahlende **Umsatzbeteiligung** darf in ihrem rechtlichen Bestand nicht davon abhängig gemacht werden, ob der ArbN das Arbeitsverhältnis ordentlich kündigt[5]. **62**

Ob sich über das Benachteiligungsverbot des § 622 Abs. 6 und das Grundrecht auf freie Wahl des Arbeitsplatzes aus § 242 iVm. Art. 12 GG hinausgehend mit Einführung der **AGB-Kontrolle** von Arbeitsverträgen ein noch strengerer Kontrollmaßstab für Kündigungserschwerungen ergibt, oder wegen der zu berücksichtigenden Besonderheiten des Arbeitsrechts (§ 310 Abs. 4 Satz 2 BGB) das geltende Schutzniveau zum Maßstab auch der AGB-Kontrolle wird, ist noch offen[6]. **63**

Sieht ein TV oder ein Arbeitsvertrag entgegen Abs. 6 **längere Kündigungsfristen zu Lasten des ArbN** vor, tritt an die Stelle dieser unwirksamen Regelung nicht die gesetzliche Frist. Vielmehr gilt in Analogie zu § 89 Abs. 2 Satz 2 HGB die längere der vereinbarten Fristen für beide Parteien[7]. Ebenso gilt bei Vereinbarung unterschiedlich vieler Kündigungstermine zu Lasten des ArbN diejenige Regelung, die weniger Kündigungstermine vorsieht[8]. **64**

VII. Tarifvertragliche Regelung. 1. Allgemeines. Nach der Tariföffnungsklausel des Abs. 4 Satz 1 sind alle Kündigungsfristen des § 622 **tarifdispositiv**. Sowohl eine Verkürzung als auch eine Verlängerung der Fristen durch TV ist möglich. Damit kann den Besonderheiten einzelner Wirtschaftsbereiche und Beschäftigungsgruppen Rechnung getragen werden[9]. **65**

Für die **Auslegung** tariflicher Kündigungsregelungen gelten die allgemeinen Regeln. Wie bei der Gesetzesauslegung ist auch bei der Tarifauslegung über den reinen Tarifwortlaut hinaus der wirkliche Wille der TV-Parteien zu berücksichtigen, wie er in den tariflichen Normen und im tariflichen Gesamtzusammenhang seinen Niederschlag gefunden hat. Tarifgeschichte, praktische Tarifübung und Entstehungsgeschichte des TV können zur Auslegung herangezogen werden[10]. **66**

Die Auslegung muss insb. ergeben, ob die TV-Parteien eine eigenständige, **konstitutive** Regelung der Kündigungsfristen getroffen haben oder nur klarstellend, **deklaratorisch** gesetzliche Bestimmungen in den TV übernommen haben. Von Bedeutung ist diese Unterscheidung vor allem dann, wenn die übernommenen gesetzlichen Bestimmungen geändert werden oder sich als verfassungswidrig herausstellen. Zu den Rechtsfolgen unten Rz. 93. **67**

Eine konstitutive, dh. in ihrer normativen Wirkung vom Gesetz unabhängige, eigenständige Tarifregelung liegt vor, wenn die TV-Parteien eine **im Gesetz nicht oder anders gestaltete Bestimmung** treffen oder eine gesetzliche Regelung übernehmen, die von Gesetzes wegen auf die betroffenen Arbeitsverhältnisse nicht anwendbar wäre. Für eine deklaratorische Regelung spricht dagegen, wenn einschlägige gesetzliche Vorschriften **wörtlich oder zumindest inhaltlich unverändert** in den TV übernommen werden. Die wörtliche Übernahme dient in der Regel nur dazu, die Tarifgebundenen über die zu beachtenden Rechtsnormen zu unterrichten[11]. **68**

Die TV-Parteien können ihre tarifliche Kündigungsfristenregelung auch in einen konstitutiven und einen deklaratorischen Teil **aufspalten**. Denn sie können selbst bestimmen, in welchem Umfang sie von ihrem Recht zu tarifautonomer Normsetzung Gebrauch machen[12]. Ein TV kann daher zB nur kürzere als die gesetzlichen Grundkündigungsfristen oder nur für Arbeitsverhältnisse bis zum 25. Lebensjahr eine vom Gesetz abweichende Regelung vorsehen, im Übrigen aber deklaratorisch die Gesetzeslage übernehmen[13]. **69**

---

1 *Lembke*, BB 2001, 1469 (1472 ff.): Auch Verfallklauseln bei Aktienoptionen; einschr. *Binder*, Bindungsklauseln, S. 77, 226 (nur im Falle von Basisvergütung). | 2 ZB BAG v. 16.3.1994 – 5 AZR 447/92, AP Nr. 68 zu § 611 BGB. | 3 BAG v. 11.3.1971 – 5 AZR 349/70, AP Nr. 9 zu § 622 BGB. | 4 BAG v. 20.8.1996 – 9 AZR 471/95, AP Nr. 9 zu § 87 HGB. | 5 BAG v. 8.9.1988 – 2 AZR 103/88, AP Nr. 6 zu § 87a HGB. | 6 Verschärfung bejahend *Däubler*, NZA 2001, 1329 (1336); abl. *Lingemann*, NZA 2002, 181 (192); offen gelassen von *Hümmerich/Holthausen*, NZA 2002, 173 (180). | 7 *Schaub*, ArbRHdb § 124 Rz. 44; KR/*Spilger* § 622 BGB Rz. 202 (ergänzende Vertragsauslegung); *Preis/Kramer*, DB 1993, 2125 (2128); ErfK/*Müller-Glöge*, § 622 BGB Rz. 80. | 8 Staudinger/*Preis*, § 622 BGB Rz. 58; ErfK/*Müller-Glöge*, § 622 BGB Rz. 80. | 9 BT-Drs. 12/4902, S. 7 und 9. | 10 Grundl. BAG v. 12.9.1984 – 4 AZR 336/82, AP Nr. 135 zu § 1 TVG – Auslegung m. Anm. *Pleyer*; speziell zur Auslegung tariflicher Kündigungsfristen BAG v. 14.2.1996 – 2 AZR 166/95, AP Nr. 21 zu § 1 TVG – Tarifverträge: Textilindustrie m. Anm. *Kamanabrou*; v. 12.11.1998 – 2 AZR 80/98, NZA 1999, 489. | 11 BAG v. 4.3.1993 – 2 AZR 355/92, AP Nr. 40 zu § 622 BGB m. zust. Anm. *Hergenröder*; v. 5.10.1995 – 2 AZR 1028/94, AP Nr. 48 zu § 622 BGB; v. 18.9.1997 – 2 AZR 615/96, nv.; *Hromadka*, BB 1993, 2372, 2375; *Müller-Glöge*, FS Schaub, 1998, 497, 504 f. | 12 BAG v. 14.2.1996 – 2 AZR, 166/95, AP Nr. 21 zu § 1 TVG – Tarifverträge: Textilindustrie; v. 29.1.1997 – 2 AZR 370/96, AP Nr. 22 zu § 1 TVG – Tarifverträge: Textilindustrie m. Anm. *Kamanabrou*. | 13 BAG v. 18.9.1997 – 2 AZR 614/96, RzK I 3e Nr. 67; APS/*Linck*, § 622 BGB Rz. 120.

BGB § 622 Rz. 70   Kündigungsfristen bei Arbeitsverhältnissen

70   Durch Tarifnorm können auch **rückwirkend** vom Gesetz abweichende, verlängerte Kündigungsfristen in Kraft treten[1].

71   Für die **Tarifbindung** gelten die Vorschriften der §§ 3, 4 und 5 TVG. Auf die Einhaltung der in einem für allgemeinverbindlich erklärten TV geregelten Kündigungsfrist kann ein ArbN wegen § 4 Abs. 4 TVG nicht wirksam einseitig verzichten[2].

72   **2. Weiter Gestaltungsspielraum.** Die TV-Parteien haben eine weiten Gestaltungsspielraum. Sie können die ordentliche Kündigung **erschweren**, indem sie eine ordentliche entfristete Kündigung von tariflich bezeichneten Kündigungsgründen abhängig machen, die den Voraussetzungen des § 626 nicht zu entsprechen brauchen[3].

73   In einem TV kann auch der **Ausschluss der ordentlichen Kündigung** vereinbart werden. Regelmäßig wird dieser Status der „Unkündbarkeit" an eine bestimmte Beschäftigungszeit und das Erreichen eines bestimmten Lebensalters geknüpft, vgl. etwa § 53 BAT, § 58 MTB II, § 58 MTL II. Eine ordentliche Kündigung, die gegen ein tarifliches Kündigungsverbot verstößt, ist nach § 134 iVm Art. 2 EGBGB unwirksam[4].

74   Der tarifliche Ausschluss der ordentlichen Kündigung erfasst im Zweifel auch ordentliche **Änderungskündigungen**[5].

75   Die TV-Parteien können die Kündigung **erleichtern**, auch eine sofortige ordentliche Kündbarkeit (Entfristung) vereinbaren[6]. Die tarifliche Entfristung macht die Kündigung nicht zu einer außerordentlichen. Eine ordentliche entfristete Kündigung kann auch von tariflich bezeichneten Kündigungsgründen abhängig gemacht werden, die nicht als „wichtiger Grund" iSd. § 626 einzustufen sind[7].

76   Ist die tariflich entfristete Auflösung des Arbeitsverhältnisses sachlich eine **ordentliche Kündigung**, greift das für die ordentliche Kündigung geltende Mitbestimmungs- oder Mitwirkungsrecht des BR oder Personalrats ein[8]. Auch § 1 KSchG findet Anwendung[9].

77   Die TV-Parteien sind nach Abs. 6 ausdrücklich an das **Benachteiligungsverbot** zu Lasten der ArbN gebunden[10]. Deshalb dürfen die Kündigungsfristen für den ArbN nicht länger sein als für den ArbGeb. Das gilt ausnahmslos[11]. In der Tarifpraxis sind gleiche Kündigungsfristen für ArbGeb und ArbN nicht unüblich[12].

78   **3. Verfassungsrechtliche Grenzen tarifautonomer Gestaltung.** Der durch die verfassungsrechtlich garantierte Tarifautonomie (Art. 9 Abs. 3 GG) den Tarifpartnern gewährte Gestaltungsspielraum ist nicht grenzenlos. § 622 Abs. 4 ermächtigt die Tarifpartner insb. nicht, Regelungen zu treffen, die dem Gesetzgeber selbst verboten sind[13]. Deshalb sind die Tarifpartner ebenso wie der Gesetzgeber an den Gleichheitssatz des Art. 3 Abs. 1 GG gebunden[14].

79   **Art. 3 Abs. 1 GG** verbietet es den Tarifpartnern, in einem TV gleiche Sachverhalte unterschiedlich zu behandeln. Gegenüber Art. 3 Abs. 1 GG genießt das Grundrecht aus Art. 9 Abs. 3 GG keinen Vorrang. Die Prüfung tariflicher Kündigungsfristen ist daher nicht auf eine Willkürkontrolle beschränkt. Die Vermutung, dass tarifliche Regelungen den Interessen beider Seiten gerecht werden und keiner Seite ein unzumutbares Übergewicht vermitteln, gilt für die Sachgerechtigkeit differenzierender Kündigungsfristenregelungen nur eingeschränkt[15].

80   Die Entscheidung des BVerfG vom 30.5.1990[16] zur Verfassungswidrigkeit kürzerer Kündigungfristen für **Arbeiter** als für **Angestellte** ist auch für die Tarifpartner als Normsetzer bindend. Pauschale Differenzierungen für die Gruppe der Arbeiter und Angestellten sind mit Art. 3 Abs. 1 GG unvereinbar[17].

81   Nach der Rspr. des BAG macht es allerdings einen Unterschied, ob der Gesetzgeber für die Großgruppen aller Arbeiter und Angestellten oder die Tarifparteien nur für die ArbN einer bestimmten Branche Regelungen treffen. Es müsse den Tarifpartnern auch überlassen bleiben, in eigener Verantwortung Zugeständnisse in einer Hinsicht mit Vorteilen in anderer Hinsicht auszugleichen[18].

---

1 BAG v. 18.9.1997- 2 AZR 614/96, RzK I 3e Nr. 67; APS/*Linck*, § 622 BGB Rz. 107. | 2 BAG v. 18.11.1999 – 2 AZR 147/99, AP Nr. 18 zu § 4 TVG. | 3 ErfK/*Müller-Glöge*, § 622 BGB Rz. 42 f.; *Hueck/v. Hoyningen-Huene*, § 13 Rz. 7; aA *Gamillscheg*, Arbeitsrecht I (PdW), Nr. 199; *Wenzel*, MDR 1969, 968 (971). | 4 ErfK/*Müller-Glöge*, § 622 BGB Rz. 106. | 5 BAG v. 10.3.1982 – 4 AZR 158/79, AP Nr. 2 zu § 2 KSchG 1969; ErfK/*Müller-Glöge*, § 622 BGB Rz. 108. | 6 BAG v. 2.8.1978 – 4 AZR 46/77, AP Nr. 1 zu § 55 MTL II; ErfK/*Müller-Glöge*, § 622 Rz. 43; Erman/*Belling*, § 622 BGB Rz. 13. | 7 *Hueck/v. Hoyningen-Huene*, § 13 Rz. 7; ErfK/*Müller-Glöge*, § 622 BGB Rz. 43; aA *Gamillscheg*, Arbeitsrecht I (PdW), Nr. 199; *Wenzel*, MDR 1969, 968 (971). | 8 BAG v. 2.8.1978- 4 AZR 46/77, AP Nr. 1 zu § 55 MTL II. | 9 BAG v. 4.6.1987 – 4 AZR 416/86, AP Nr. 16 zu § 1 KschG 1969 – Soziale Auswahl. | 10 Anders die Altregelung, vgl. ErfK/*Müller-Glöge*, § 622 BGB Rz. 44. | 11 ErfK/*Müller-Glöge*, § 622 BGB Rz. 44; KR/*Spilger*, § 622 BGB Rz. 206. | 12 KR/*Spilger*, § 622 BGB Rz. 215. | 13 St. Rspr. seit BAG v. 15.1 1955 – 1 AZR 305/54, AP Nr. 4 zu Art. 3 GG; v. 28.1.1988 – 2 AZR 296/87, AP Nr. 24 zu § 622 BGB; s. auch *Buchner*, NZA 1991, 41 (47); *Marschollek*, DB 1991, 1069 (1071). | 14 BAG v. 16.9.1993 – 2 AZR 697/92, AP Nr. 42 zu § 622 BGB. | 15 BAG v. 16.9.1993 – 2 AZR 697/92, AP Nr. 42 zu § 622 BGB. | 16 BVerfG v. 30.5.1990 – 1 BvL 2/83 ua., AP Nr. 28 zu § 622 BGB. | 17 BAG v. 21.3.1991 – 2 AZR 616/90, AP Nr. 31 zu § 622 BGB; v. 16.9.1993 – 2 AZR 697/92, AP Nr. 42 zu § 622 BGB. | 18 BAG v. 16.9.1993 – 2 AZR 697/92, AP Nr. 42 zu § 622 BGB unter Berufung auf BVerfG v. 30.5.1990 – 1 BvL 2/83 ua., AP Nr. 28 zu § 622 BGB.

Eine verbotene Ungleichbehandlung seitens der Tarifpartner liegt vor, wenn sich für die gewählte Differenzierung kein **sachlich vertretbarer Grund**[1] oder **sachlich einleuchtender Grund** ergibt[2]. Unterschiedliche tarifliche Grundkündigungsfristen von Arbeitern und Angestellten und Kündigungsfristen auf der ersten Erhöhungsstufe sind daher mit Art. 3 Abs. 1 GG unvereinbar, wenn nicht **branchen- oder gruppenspezifische Besonderheiten** die Ungleichbehandlung sachlich rechtfertigen[3]. 82

Zu vergleichen sind die jeweils **im konkreten Fall maßgeblichen Kündigungsfristen** und -termine. Es ist keine Gesamtbetrachtung der tariflichen Regelung aller Kündigungsfristen für Arbeiter und Angestellte vorzunehmen[4]. 83

Die Ungleichbehandlung und der rechtfertigende Grund müssen in einem **angemessenen Verhältnis** zueinander stehen[5]. Der große Unterschied der Kündigungsfristen von 2 Wochen ohne Termin für Arbeiter im Vergleich zu 6 Wochen zum Quartalsende für Angestellte mag deshalb überhaupt nicht mehr zu rechtfertigen sein[6]. 84

Je nach Branche können produkt-, mode-, witterungs- oder saisonbedingte Auftragsschwankungen ein **erhöhtes Bedürfnis nach erhöhter personalwirtschaftlicher Flexibilität** im produktiven Bereich begründen und damit im Zusammenhang stehende unterschiedliche Kündigungsfristen und -termine für Arbeiter, wenn diese im Gegensatz zu den Angestellten ganz überwiegend nur in der Produktion tätig sind, sachlich rechtfertigen[7]. Ein **ganz überwiegender Anteil von Arbeitern** in der Produktion wird jedenfalls bei einem Anteil von 75 % angenommen[8]. 85

Auch **gruppenspezifische Schwierigkeiten bestimmter ArbN**, etwa höher- und hoch qualifizierter ArbN, die überwiegend zur Gruppe der Angestellten gehören, können bei der Stellensuche durch längere Kündigungsfristen gemildert werden[9]. 86

Ist bei Arbeitern einer Branche eine gegenüber den Angestellten **erhöhte Fluktuation** festzustellen, kann dies, insb. in den ersten sechs Monaten des Beschäftigungsverhältnisses, kürzere Kündigungsfristen rechtfertigen[10]. Auf den Grund der erhöhten Fluktuation kommt es nicht an[11]. 87

Mit der Zulassung einer gruppenspezifischen Anknüpfung an die Arbeiter- bzw. Angestellteneigenschaft nimmt das BAG es in Kauf, dass eine, wenn auch „nur verhältnismäßig kleine Gruppe" von ArbN „nicht intensiv" benachteiligt wird, zB Arbeiter, die eben nicht in der Produktion, sondern in der Verwaltung eingesetzt sind[12]. 88

Mit **zunehmendem Alter und zunehmender Betriebszugehörigkeit** verlieren alle denkbaren Differenzierungsgründe an Gewicht, weil einer Ungleichbehandlung ein höheres Schutzbedürfnis der betroffenen ArbN entgegensteht und auch im Hinblick auf die von beiden ArbN-Gruppen unterschiedslos erbrachte Betriebstreue Gründe für deren unterschiedliche Behandlung nivelliert werden[13]. Bei Arbeitern mit längerer Betriebszugehörigkeit wird sich daher eine Differenzierung gegenüber Angestellten mit gleichlanger Betriebszugehörigkeit sachlich nicht rechtfertigen lassen[14]. 89

Nachdem auch im Betriebsverfassungsrecht die früher für den Gruppenschutz zentrale Unterscheidung von Arbeitern und Angestellten mit der Begründung gefallen ist, die früher charakteristischen Merkmale zur Unterscheidung beider Gruppen überschnitten sich heute weitgehend[15], ist auch eine Anknüpfung der Tarifpartner an die Eigenschaft als Arbeiter oder ArbN immer weniger zeitgemäß[16]. Die **differenzierende Rspr. des BAG** zur Annahme sachlicher Gründe zur Rechtfertigung einer Ungleichbehandlung von Arbeitern und Angestellten[17], wird damit immer weniger praktische Bedeutung haben. Die als sachlich vertretbar oder sachlich einleuchtend akzeptierten Gründe behalten gleichwohl Gewicht. Nur ist zu verlangen, dass sie auch in der differenzierenden tariflichen Regelung zum 90

---

1 BAG v. 23.6.1994 – 6 AZR 911/93, AP Nr. 13 zu § 1 TVG – Tarifverträge: DDR; BVerfG v. 15.10.1985 – 2 BvL 4/83, BVerfGE 71, 39 (58). | 2 BAG v. 24.3.1993 – 4 AZR 265/92, AP Nr. 106 zu § 622 BGB – Gleichbehandlung; BVerfG v. 15.10.1985 – 2 BvL 4/83, BVerfGE 71, 39 (58); zur Bindung des Gesetzgebers aus jüngerer Zeit BVerfG v. 26.3.1980 – 1 BvR 121/76, 1 BvR 122/76, AP Nr. 116 zu Art. 3 GG; v. 6.3.2002 – 2-BvL 17/99, DB 2002, 557. | 3 BAG v. 18.1.2001 – 2 AZR 619/99, EzA § 622 nF BGB Nr. 62 zum Friseurhandwerk; v. 16.9.1993 – 2 AZR 697/92, AP Nr. 42 zu § 622 BGB. | 4 BAG v. 6.11.1997 – 2 AZR 707/96, nv. | 5 BAG v. 10.3.1994 – 2 AZR 605/93, AP Nr. 117 zu § 1 TVG – Tarifverträge: Metallindustrie unter Berufung auf BVerfG v. 30.5.1990 – 1 BvL 2/83 ua., AP Nr. 28 zu § 622 BGB. | 6 Für die Zukunft offen gelassen in BAG v. 10.3.1994 – 2 AZR 605/93, AP Nr. 117 zu § 1 TVG – Tarifverträge: Metallindustrie. | 7 BAG v. 21.3.1991 – 2 AZR 616/90, AP Nr. 31 zu § 622 BGB; v. 23.1.1992 – 2 AZR 470/91, AP Nr. 37 zu § 622 BGB; v. 16.9.1993 – 2 AZR 697/92, AP Nr. 42 zu § 622 BGB. | 8 BAG v. 4.3.1993 – 2 AZR 355/92, AP Nr. 40 zu § 622 BGB. | 9 BAG v. 21.3.1991 – 2 AZR 616/90, AP Nr. 31 zu § 622 BGB. | 10 BAG v. 2.4.1992 – 2 AZR 516/91, AP Nr. 38 zu § 622 BGB; v. 21.11.1996 – 2 AZR 171/96, nv.; v. 29.10.1998 – 2 AZR 683/97, nv. | 11 BAG v. 23.1.1992 – 2 AZR 470/91, AP Nr. 37 zu § 622 BGB. | 12 BAG v. 23.1.1992 – 2 AZR 466/91, AP Nr. 36 zu § 622 BGB; v. 6.11.1997 –2 AZR 707/96, nv. | 13 BAG v. 23.1.1992 – 2 AZR 470/91, AP Nr. 37 zu § 622 BGB; v. 29.8.1991 – 2 AZR 220/91 (A), AP Nr. 32 zu § 622 BGB; v. 21.3.1991 – 2 AZR 323/84, AP Nr. 29 zu § 622 BGB; v. 6.11.1997 –2 AZR 707/96, nv. | 14 So ErfK/*Müller-Glöge*, § 622 BGB Rz. 70. | 15 BT-Drs. 14/5741, S. 23 f. | 16 Insoweit ebenso ErfK/*Müller-Glöge*, § 622 BGB Rz. 71. | 17 Krit., weil als zu weitgehend betrachtet *Preis/Kramer*, DB 1993, 2125 (2129); aA *Worzalla*, NZA 1994, 145 (148); *Wank*, NZA 1993, 961 (966); ErfK/*Müller-Glöge*, § 622 BGB Rz. 71.

Ausdruck kommen und die kürzeren Kündigungsfristen für eine bestimmte ArbN-Gruppe etwa an ihren Einsatz in der von der Auftragslage besonders abhängigen Produktion anknüpft[1].

91 Art. 3 Abs. 1 GG erfordert keine Gleichheit der Regelungen in **verschiedenen persönlichen, räumlichen und sachlichen Geltungsbereichen** von TV. Tarifliche Kündigungsfristen müssen in ein und derselben Branche für verschiedene räumliche Bereiche oder in ein und derselben Region in verschiedenen Branchen nicht gleich sein. Auch Kündigungsfristen in TV für denselben räumlichen und sachlichen Geltungsbereich, die von verschiedenen Gewerkschaften abgeschlossen werden, müssen nicht gleich sein[2].

92 Schließen **dieselben Tarifpartner verschiedene TV** für Arbeiter und Angestellte, so kann sich nicht schon aus diesem Umstand, sondern nur aus inhaltlichen Gründen eine Rechtfertigung sachlicher Unterschiede ergeben[3].

93 **4. Rechtsfolgen verfassungswidriger Regelungen.** Sind **konstitutive** tarifliche Kündigungsfristen verfassungswidrig, ist die entstandene Tariflücke durch **Anwendung des § 622** zu schließen[4]. Das gilt nach der ihrerseits verfassungsgemäßen Übergangsvorschrift des Art. 222 EGBGB auch für Fälle, in denen noch ein Rechtsstreit über diese Fragen anhängig gewesen ist[5].

94 Für eine Lückenschließung durch **ergänzende Vertragsauslegung** fehlt es in aller Regel an einem feststellbaren mutmaßlichen Willen der TV-Parteien[6].

95 An die Stelle einer verfassungswidrigen **deklaratorischen Regelung** tritt automatisch die gesetzliche Regelung des § 622[7]. Das war insb. in Fällen der tarifvertraglichen Übernahme des Wortlauts des § 622 aF bei Inkrafttreten der Neuregelung von Belang.

96 **VIII. Einzelvertragliche Regelung (Abs. 5). 1. Grenzen individualvertraglicher Gestaltung.** Die gesetzliche **Grundkündigungsfrist** des Abs. 1 von vier Wochen ist eine grundsätzlich **unabdingbare Mindestkündigungsfrist** sowohl für die Kündigung durch den ArbN als auch durch den ArbGeb. Für Aushilfsarbeitsverhältnisse und Arbeitsverhältnisse in Kleinbetrieben gelten nach Abs. 5 Satz 1, für eine vereinbarte Probezeit nach Abs. 3 Besonderheiten. Auch durch einzelvertragliche Bezugnahme auf einen TV ist nach Abs. 4 Satz 2 eine Verkürzung der Frist möglich.

97 Die **verlängerten Kündigungsfristen des Abs. 2 Satz 1** für die Kündigung durch den ArbGeb ist **einseitig zwingend**. Von ihr kann zu Lasten des ArbN, also verkürzend nur durch einzelvertragliche Bezugnahme auf einen TV (Abs. 4 Satz 2) abgewichen werden[8]. Das gilt auch für die einzelvertragliche Vereinbarung zusätzlicher Kündigungstermine[9].

98 Die **einzelvertragliche Verlängerung** der Fristen der Abs. 1 bis 3 ist, wie Abs. 5 Satz 2 klarstellt, möglich[10]. Eine solche einzelvertragliche Verlängerung kann auch durch eine **Gleichbehandlungsabrede** erfolgen, welche die für die arbeitgeberseitige Kündigung verlängerten Fristen des Abs. 2 auf die Kündigung durch den ArbN erstreckt[11].

99 Die einzelvertragliche Verlängerung der gesetzlichen Kündigungsfristen ist nicht uneingeschränkt zulässig. Grenzen für Einschränkungen der freien Arbeitsplatzwahl und der Mobilität ergeben sich aus der Fünf-Jahre-Höchstfrist des § 15 Abs. 4 TzBfG – bis zur zusammenhängenden Regelung der befristeten Arbeitsverhältnisse im TzBfG zum 1.1.2001: § 624 BGB – und darüber hinaus aus Art. 39 EGV, Art. 12 GG und § 138 BGB[12]. Wegen der unabdingbaren Möglichkeit zur außerordentlichen Kündigung werden aber auch sehr lange Kündigungsfristen als wirksam angesehen[13].

100 Die **Beschränkung der Zahl der gesetzlichen Kündigungstermine** ist grundsätzlich möglich. Das ist der Fall bei einzelvertraglich vereinbarten **Quartalskündigungsfristen** und solchen zum Halbjahres- oder Jahresende. Sie lassen sich auch als Termine zum Ende eines bestimmten Kalendermonats formulieren und stehen daher insoweit in Einklang mit den Kündigungsfristen zum Ende eines Kalendermonats der Abs. 1 und 2. Ob sie nach Abs. 5 Satz 2 zulässig sind, richtet sich danach, ob sie gegenüber dem Gesetz die Gesamtbindungsdauer verlängern[14].

101 Das Recht zur **ordentlichen Kündigung** kann individualvertraglich **ausgeschlossen** oder eingeschränkt werden. Die ordentliche Kündigung eines befristeten Arbeitsverhältnisses ist ausgeschlossen,

---

[1] *Hromadka*, BB 1993, 2372 (2378). | [2] BAG v. 8.9.1999 – 5 AZR 451/98, AP Nr. 15 zu § 1 TVG – Tarifverträge: Papierindustrie. | [3] BAG v. 23.1.1992 – 2 AZR 389/91, AP Nr. 35 zu § 622 BGB. | [4] BAG v. 10.3.1994 – 2 AZR 323/84 (C), AP Nr. 40 zu § 622 BGB; *Kramer*, ZIP 1994, 929 (935); aA *Hromadka*, BB 1993, 2372, 2378; *Kehrmann*, AiB 1993, 746 (748). | [5] BAG v. 10.3.1994 – 2 AZR 323/84 (C), AP Nr. 40 zu § 622 BGB. | [6] ErfK/*Müller-Glöge*, § 622 BGB Rz. 76; zu den Voraussetzungen ergänzender Vertragsauslegung bei Tarifverträgen BAG v. 21.3.1991 – 2 AZR 323/84 (A), AP Nr. 29 zu 3 622 BGB. | [7] Allg. M., statt aller ErfK/*Müller-Glöge*, § 622 BGB Rz. 77 mwN. | [8] *Schaub*, ArbRHdb, § 124 Rz. 30. | [9] ErfK/*Müller-Glöge*, § 622 BGB Rz. 79. | [10] *Wank*, NZA 1993, 961 (965); ErfK/*Müller-Glöge*, § 622 BGB Rz. 95. | [11] *Kramer*, Kündigungsvereinbarungen im Arbeitsvertrag, S. 143; ErfK/*Müller-Glöge*, § 622 BGB Rz. 96. | [12] Zu Art. 12 GG und § 138 BGB Staudinger/*Preis*, § 622 BGB Rz. 50; *Schaub*, ArbRHdb, § 124 Rz. 40; BAG v. 17.10.1969 – 3 AZR 442/68, AP Nr. 7 zu § 611 BGB – Treuepflicht m. Anm. *Canaris*. | [13] BAG v. 19.12.1991 – 2 AZR 363/91, AP Nr. 2 zu § 624 BGB; ErfK/*Müller-Glöge*, § 622 BGB Rz. 98. | [14] *Diller*, NZA 2000, 293 (295 ff.); ErfK/*Müller-Glöge*, § 622 BGB Rz. 97.

wenn die Parteien sich nicht das Recht zur ordentlichen Kündigung vorbehalten haben[1]. Das Kündigungsrecht kann auch durch schuldrechtliche Vereinbarung der Arbeitsvertragsparteien an bestimmte Voraussetzungen geknüpft werden[2]. Die Zusage einer Lebensstellung bedeutet in der Regel nicht den Ausschluss der ordentlichen Kündigung. Die Auslegung kann aber auch etwas anderes ergeben[3] (siehe auf § 15 Abs. 4 TzBfG, § 624 BGB Rz. 11).

Individualvertragliche Vereinbarungen über Kündigungsfristen- und termine sind stets daraufhin zu prüfen, ob sie **konstitutiven** oder **deklaratorischen** Charakter haben. Bei deklaratorischen Regelungen gilt die Gesetzeslage, bei Gesetzesänderungen die veränderte Gesetzeslage. Bei konstitutiven Regelungen ist die Zulässigkeit anhand des jeweils geltenden Gesetzes zu prüfen. Konstitutiv sind in jedem Fall Quartalskündigungsfristen mit Arbeitern, aber auch mit Angestellten, sofern deren Arbeitsvertrag nach 1993 abgeschlossen wurde[4]. 102

Individualvertragliche Kündigungserschwerungen zu Lasten des ArbN können als **Allgemeine Geschäftsbedingung** unwirksam sein, wenn die §§ 13, 310 Abs. 3 und 4 Anwendung finden. Ist der ArbN Verbraucher iSd. § 13[5], unterliegt auch der vom ArbGeb nur zur einmaligen Verwendung bestimmte, vorformulierte Arbeitsvertrag der AGB-Kontrolle, etwa der Unklarheitenregel des § 305c Abs. 2 und dem Transparenzgebot des § 307 Abs. 1 Satz 2. 103

2. Günstigkeitsvergleich zwischen einzelvertraglicher und tariflicher Regelung (§ 4 Abs. 3 TVG). Der tarifgebundene ArbGeb kann mit einem tarifgebundenen ArbN individualvertraglich **untergesetzliche**, aber **gegenüber dem TV günstigere** Kündigungsfristenregelungen vereinbaren. Tarifliche Regelungen über Kündigungsfristen sind Beendigungsnormen iSv. §§ 1 Abs. 1, 4 Abs. 1 TVG, die unmittelbar und zwingend wirken. Für den ArbN günstigere individualvertragliche Vereinbarungen gehen aber vor, weil insoweit das Günstigkeitsprinzip des § 4 Abs. 3 TVG greift[6]. 104

Bei der Prüfung, ob die einzelvertragliche Vereinbarung günstiger ist als die tarifliche, ist die einzelvertragliche Vereinbarung von Kündigungsfristen **und -terminen** mangels anderer Anhaltspunkte regelmäßig als Einheit zu betrachten. Für den Günstigkeitsvergleich zwischen vertraglicher und gesetzlicher Regelung ist daher ein **Sachgruppen-** oder **Gesamtvergleich** „Kündigungsregelungen" vorzunehmen[7]. Das bedeutet etwa bei Vereinbarung von Quartalskündigungsfristen, dass die vertraglich vereinbarten Quartalstermine, die gegenüber den gesetzlichen Monatsterminen idR günstiger sind, nicht mit den längeren gesetzlichen Kündigungsfristen zu kombinieren sind[8]. Ausschlaggebend ist die aus dem Zusammenspiel von Kündigungsfrist und -termin sich ergebende **Gesamtbindungsdauer** wie sie sich bei Vertragsschluss darstellt[9]. Bei der Vereinbarung von Quartalskündigungsfristen kommt es darauf an, ob diese oder die gesetzlichen Monatsfristen während der jeweils längeren Zeit des Jahres eine längere Gesamtbindungsdauer ergeben[10]. 105

Ob eine längere oder kürzere Gesamtbindungsdauer für den ArbN günstiger ist, hängt davon ab, ob bei einer Betrachtung ex ante für ihn das **Mobilitäts- oder Bestandsschutzinteresse** überwiegt. IdR wird das Bestandsschutzinteresse des ArbN überwiegen[11]. Lässt sich ein überwiegendes Interesse und damit die Günstigkeit der einzelvertraglichen Regelung nicht feststellen (günstigkeitsneutrale Regelung), gilt nach § 4 Abs. 3 TVG die tarifliche Regelung[12]. 106

3. Rechtsfolgen unzulässiger individualvertraglicher Gestaltung. An die Stelle **unzulässig kurzer** und damit unwirksamer Kündigungsfristen oder unzulässig vieler Kündigungstermine tritt die gesetzliche Regelung der Abs. 1 und 2. Das gilt auch bei Unwirksamkeit von Kündigungsregelungen in Allgemeinen Geschäftsbedingungen. 107

Vereinbaren die Arbeitsvertragsparteien entgegen Abs. 6 **längere Kündigungsfristen zu Lasten des ArbN**, gilt in Analogie zu § 89 Abs. 2 Satz 2 HGB die längere der vereinbarten Fristen für beide Parteien[13]. Bei Vereinbarung unterschiedlich vieler Kündigungstermine zu Lasten des ArbN gilt diejenige Regelung, die weniger Kündigungstermine vorsieht[14]. 108

---

1 BAG v. 19.6.1980 – 2 AZR 660/78, AP Nr. 55 zu § 620 BGB – Befristeter Arbeitsvertrag; MünchArbR/*Wank*, § 116 Rz. 54 ff. |2 BAG v. 8.10.1959 – 2 AZR 501/56, AP Nr. 1 zu § 620 – Schuldrechtliche Kündigungsbeschränkungen. |3 KR/*Fischermeier*, § 624 BGB Rz. 8; ErfK/*Müller-Glöge*, § 622 BGB Rz. 112; *Kramer*, Kündigungsvereinbarungen im Arbeitsvertrag, S. 43 f. |4 *Diller*, NZA 2000, 293, 297. |5 Die Verbrauchereigenschaft des ArbN bejahend *Gotthardt*, ZIP 2002, 277 (278), *Boemke*, BB 2002, 96 f.; *Däubler*, NZA 2001, 1329 (1336); verneinend *Lingemann*, NZA 2002, 181 (192); *Bauer/Koch*, DB 2002, 42 (44); *Berkowsky*, AuA 2002, 11 (15); offen gelassen bei *Hümmerich/Holthausen*, NZA 2002, 173 (180). |6 Staudinger/*Preis*, § 622 BGB Rz. 86; ErfK/*Müller-Glöge*, § 622 BGB Rz. 91. |7 BAG v. 4.7.2001 – 2 AZR 469/00, DB 2002, 96; LAG Nürnberg v. 13.4.1999 – 6 (5) Sa 182/98, NZA-RR 2000, 80; aA LAG Hamm v. 1.2.1996 – 4 Sa 913/95, LAGE § 622 BGB Nr. 38; *Diller*, NZA 2000, 293 (295 f.): „Ensemble-Vergleich". |8 *Diller*, NZA 2000, 293 (297). |9 *Kramer*, Kündigungsvereinbarungen im Arbeitsvertrag, § 6 B II 4, S. 122 ff.; Staudinger/*Preis*, § 622 BGB Rz. 87; |10 *Diller*, NZA 2000, 293 (297). |11 Staudinger/*Preis*, § 622 BGB Rz. 88; ErfK/*Müller-Glöge*, § 622 BGB Rz. 93; zur nachträglichen Feststellung *Adomeit/Thau*, NJW 1994, 11 (14). |12 BAG v. 12.4.1972 – 4 AZR 211/71, AP Nr. 13 zu § 4 TVG – Günstigkeitsprinzip; Staudinger/*Preis*, § 622 BGB Rz. 89; ErfK/*Müller-Glöge*, § 622 BGB Rz. 93; aA *Joost*, ZfA 1984, 173 (183): Einschätzungsautonomie des ArbN hinsichtlich der Günstigkeit. |13 *Schaub*, ArbRHdb, § 124 Rz. 44; ErfK/*Spilger*, § 622 BGB Rz. 202 (ergänzende Vertragsauslegung); *Preis/Kramer*, DB 1993, 2123 (2128); ErfK/*Müller-Glöge*, § 622 BGB Rz. 80. |14 Staudinger/*Preis*, § 622 BGB Rz. 58; ErfK/*Müller-Glöge*, § 622 BGB Rz. 80.

109 **4. Aushilfsarbeitsverhältnis, Abs. 5 Nr. 1.** Ein Aushilfsarbeitsverhältnis wird idR **befristet** abgeschlossen. Wird mit der Befristung zugleich die **ordentliche Kündbarkeit** vereinbart[1], sind die Abkürzungsmöglichkeiten nach Abs. 5 Satz 1 Nr. 1 eröffnet, solange das Arbeitsverhältnis nicht über die Dauer von drei Monaten hinaus fortgesetzt wird. Vor dieser zeitlichen Grenze kann eine Verkürzung auch dann vereinbart werden, wenn von Anfang an feststeht, dass sich die Aushilfstätigkeit auf eine längere Zeit als drei Monate erstrecken wird.

110 Eine **Mindestkündigungsfrist** ist nicht vorgesehen. Die Parteien können daher auch eine ordentliche fristlose Kündigung und von Abs. 1 abweichende Kündigungstermine vereinbaren, da die Zulässigkeit der Vereinbarung einer entfristeten Kündigung die gesetzlichen Terminsregelungen ihrer Schutzfunktion beraubt[2]. Wegen Abs. 6 darf aber für den ArbN keine längere Frist vorgesehen werden als für den ArbGeb.

111 Die Kündigung muss **innerhalb des Drei-Monats-Zeitraums zugehen**, das Ende der Kündigungsfrist kann außerhalb dieses Zeitraums liegen[3]. Wird das Aushilfsarbeitsverhältnis über die Dauer von drei Monaten hinaus fortgesetzt, werden die gesetzlichen Kündigungsfristen und -termine wirksam.

112 Haben die Parteien ein Aushilfsarbeitsverhältnis ausdrücklich vereinbart, eine **Regelung über die Kündigungsfrist** aber **nicht getroffen**, kann allein aus dem Zweck des Vertrages nicht auf eine bestimmte Abkürzung der Kündigungsfrist oder gar eine Entfristung geschlossen werden. Im Regelfall bleibt es daher bei der gesetzlichen Grundkündigungsfrist des Abs. 1[4].

113 Nach 11 Abs. 4 Satz 1 AÜG findet Abs. 5 Satz 1 Nr. 1 keine Anwendung auf **Leiharbeitsverhältnisse**, vgl. § 11 AÜG Rz. 22. Kürzere als die in Abs. 1 geregelten Fristen können daher für LeihArbN in Aushilfsarbeitsverhältnissen nur tarifvertraglich bzw. durch Bezugnahme auf einen einschlägigen TV festgelegt werden[5].

114 **5. Kleinbetriebe, Abs. 5 Nr. 2.** Abs. 5 Satz 1 Nr. 2 ermöglicht ArbGeb in Kleinbetrieben, eine **vierwöchige Kündigungsfrist** ohne Bindung an die festen Kündigungstermine des Abs. 1 zu vereinbaren. Von den verlängerten Kündigungsfristen des Abs. 2 darf nicht abgewichen werden[6].

115 Bei der Berechnung der **Beschäftigtenzahl** nach Abs. 5 Satz 1 Nr. 2 ist auf die Zahl der in der Regel beschäftigten ArbN ausschließlich der zu ihrer Berufsausbildung Beschäftigten im Unternehmen abzustellen[7].

116 **Teilzeitbeschäftigte** ArbN zählen bei der Berechnung der Beschäftigtenzahl nicht voll. Sie werden gemäß Abs. 5 Satz 2 bei einer regelmäßigen wöchentlichen Arbeitszeit von maximal 20 Stunden mit 0,5, bei einer regelmäßigen wöchentlichen Arbeitszeit von maximal 30 Stunden mit 0,75 berücksichtigt.

117 **6. Einzelvertragliche Bezugnahme auf tarifliche Kündigungsfristen, Abs. 4 Satz 2.** Durch Abs. 4 Satz 2 wird es nicht tarifgebundenen Arbeitsvertragsparteien ermöglicht, im Geltungsbereich eines TV die – für den ArbN ggf. ungünstigere – tarifliche Kündigungsfristenregelung durch individualvertragliche Vereinbarung zu übernehmen. Die vereinbarte tarifliche Regelung hat gegenüber den gesetzlichen Mindestbedingungen den gleichen Vorrang wie der TV selbst. Im Übrigen bleiben die in Bezug genommenen Ansprüche aber vertragliche Ansprüche, was Bedeutung vor allem für die Unabdingbarkeit, den Verzicht und die Verwirkung hat[8].

118 Wird die tarifliche Regelung durch eine andere ersetzt, entfällt die Vorrangwirkung, die arbeitsvertragliche Bezugnahme geht ins Leere. Dies wird vermieden, wenn die **jeweils geltende** TV-Regelung in Bezug genommen wird[9].

119 Eine Bezugnahme auf den TV ist nur im Rahmen seines **räumlichen, sachlichen und persönlichen Geltungsbereichs** zulässig. Damit ist eine Umgehung gesetzlicher Vorschriften durch Bezugnahme auf einen branchen- oder gebietsfremden TV ausgeschlossen[10]. Eine solche Bezugnahme auf einen fremden TV löst nicht die Vorrangwirkung des Abs. 4 Satz 2 aus, kann aber als individualvertragliche Abrede unter den Voraussetzungen des Abs. 5 Wirkung entfalten[11].

120 Die Bezugnahme kann sich sowohl auf den **gesamten TV** als auch lediglich auf die **Vorschriften über die Kündigung** oder auch nur eine bestimmte Kündigungsfrist des TV erstrecken. Es ist aber unzuläs-

---

1 Das ist möglich: BAG v. 30.9.1981 – 7 AZR 789/78, AP Nr. 61 zu § 620 – Befristeter Arbeitsvertrag. | 2 BAG v. 22.5.1986 – 2 AZR 392/85, AP Nr. 23 zu § 622 BGB; Erman/*Belling*, § 622 BGB Rz. 40; *Preis/Kramer*, DB 1993, 2125 (2126); *Hromadka*, BB 1993, 2272 (2274); aA *Monjau* BB 1970, 39 (41). | 3 ErfK/*Müller-Glöge*, § 622 BGB Rz. 34; Erman/*Belling*, § 622 BGB Rz. 40; *Preis/Kramer*, DB 1993, 2125 (2126). | 4 KR/*Spilger*, § 622 BGB Rz. 165; ErfK/*Müller-Glöge*, § 622 BGB Rz. 37. | 5 ErfK/*Müller-Glöge*, § 622 BGB Rz. 12, 117; Staudinger/*Preis*, § 622 BGB Rz. 19; *Voss*, NZA 1994, 57. | 6 *Adomeit/Thau*, NJW 1994, 11 (13 f.); ErfK/*Müller-Glöge*, § 622 BGB Rz. 41; Staudinger/*Preis*, § 622 BGB Rz. 48. | 7 Näher ErfK/*Müller-Glöge*, § 622 BGB Rz. 38–40. | 8 *Löwisch/Rieble*, TVG § 3 Rz. 104; Staudinger/*Preis*, § 622 BGB Rz. 42. | 9 ErfK/*Müller-Glöge*, § 622 BGB Rz. 86. | 10 Staudinger/*Preis*, § 622 BGB Rz. 44; ErfK/*Müller-Glöge*, § 622 BGB Rz. 82; generell zu unwirksamen Vereinbarungen KR/*Spilger*, § 622 BGB Rz. 151. | 11 *Dietz*, DB 1974, 1770 (1771); *Richardi*, ZfA 1971, 73 f.; ErfK/*Müller-Glöge*, § 622 BGB Rz. 94; nach BAG v. 10.6.1965 – 5 AZR 432/64, AP Nr. 13 zu § 9 TVG jedenfalls dann, wenn die eigene Gewerkschaft des ArbN keinen TV abgeschlossen hat.

sig, nur einen Teil der Kündigungsfristenregelung ggfs. unter Abänderung von Fristen und Terminen zu übernehmen[1].

Die Vereinbarung kann einen **geltenden** oder **nachwirkenden** TV betreffen[2]. Für die arbeitsvertragliche Bezugnahme auf einen nachwirkenden TV reicht es nicht aus, auf den „den ArbGeb bindenden" TV zu verweisen[3]. 121

Soweit der in Bezug genommene TV gegen **höherrangiges Recht**, insbes. Art. 3 Abs. 1 GG, verstößt, gilt die gesetzliche Regelung[4]. 122

Die Vereinbarung ist nicht an eine Form gebunden. Sie kann **ausdrücklich** oder **stillschweigend** und auch durch **betriebliche Übung**[5] erfolgen. Aus der Gewährung bestimmter Leistungen nach dem einschlägigen TV kann allerdings nicht in jedem Fall geschlossen werden, dass der TV insgesamt einschließlich der Kündigungsregelungen anzuwenden ist, da die einzelvertragliche Bezugnahme sich auf Teile des TV beschränken kann[6]. 123

Eine Vereinbarung durch **BV** scheidet aus, es sei denn der TV enthält eine entsprechende Öffnungsklausel (§ 77 Abs. 2 BetrVG)[7]. 124

Die durch **Bezugnahme** vereinbarten tariflichen Kündigungsbestimmungen können jederzeit vertraglich **aufgehoben** oder abgeändert werden. Es gelten dann die gesetzlichen Grenzen für einzelvertragliche Vereinbarungen zu Lasten des ArbN[8]. 125

IX. Fristberechnung. Für die Berechnung der Kündigungsfristen gelten die §§ 186 ff., nicht aber § 193. Die Kündigungsfrist beginnt nach § 187 mit dem Zugang der ordentlichen Kündigung. Nach § 187 Abs. 1 wird der Tag, an dem die Kündigung zugeht, nicht in die Berechnung der Kündigungsfrist einbezogen. Der Fristlauf beginnt erst am folgenden Tag. Eine Vereinbarung, dass der Tag der Absendung des Kündigungsschreibens als Tag der Erklärung gelten soll, ist unwirksam[9]. 126

§ 193 ist auf Kündigungsfristen weder unmittelbar noch entsprechend anwendbar[10], weil dem Gekündigten die gesetzliche Kündigungsfrist in jedem Fall voll gewahrt bleiben muss. Es ist daher unerheblich, ob der letzte Tag, an dem noch gekündigt werden kann, auf einen Samstag, Sonntag oder Feiertag fällt. Es spielt auch keine Rolle, wenn der letzte Tag des Arbeitsverhältnisses auf einen Samstag, Sonntag oder Feiertag fällt. 127

Bei einer Frist, die **ohne festen Kündigungstermin** lediglich nach Wochen bestimmt ist (zB gesetzlich nach § 622 Abs. 3, § 86 SGB IX Abs. 5 Satz 1, einzelvertraglich im Rahmen des § 622 Abs. 5 Nr. 1), endet die Kündigungsfrist und damit das Arbeitsverhältnis nach § 188 Abs. 2 BGB mit Ablauf desjenigen Tages der letzten Woche, der durch seine Bezeichnung (zB „Montag") demjenigen Tag entspricht, an dem die Kündigung zugegangen ist. 128

In den Fällen, in denen das Gesetz einen **Kündigungstermin** bestimmt (zB § 622 Abs. 1 und 2: Fünfzehnter oder das Ende des Monats; § 19 BErzGG: Ende der Elternzeit), steht es dem Kündigenden frei, freiwillig eine längere als die gesetzliche Kündigungsfrist einzuhalten. Er muss nicht mit dem Ausspruch der Kündigung bis zum Beginn der Frist bis zum nächstmöglichen Termin warten. 129

Wird die Kündigungsfrist **nicht eingehalten**, ist die Kündigung im Zweifel in eine Kündigung zum nächsten zulässigen Termin umzudeuten[11]. 130

X. Darlegungs- und Beweislast. Für die Darlegungs- und Beweislast gelten die **allgemeinen Regeln**. Deshalb trägt derjenige die Darlegungs- und Beweislast, der Ansprüche aus der Geltung gegenüber § 622 verlängerter Kündigungsfristen herleitet oder auf eine andere von der gesetzlichen Regelung abweichende Vereinbarung stützt[12]. 131

Wird die **Verfassungswidrigkeit tariflicher Kündigungsfristen** im Kündigungsschutzprozess von einer Partei ausgesprochen oder vom Gericht erwogen, muss das ArbG nach § 293 ZPO **von Amts wegen** die näheren Umstände ermitteln, die für die unterschiedlichen Kündigungsfristen sprechen[13]. 132

---

1 *Bauer/Rennpferdt*, AR-Blattei-SD 1010.5 Rz. 70; KR/*Spilger*, § 622 BGB Rz. 185; Staudinger/*Preis*, § 622 BGB Rz. 45. | 2 Entschieden für § 13 BUrlG durch BAG v. 27.6.1978 – 6 AZR 59/77, AP Nr. 12 zu § 13 BUrlG. | 3 BAG v. 18.8.1982 – 5 AZR 281/80, nv.; ErfK/*Müller-Glöge*, § 622 BGB Rz. 85. | 4 *Worzalla*, NZA 1994, 145 (150); ErfK/*Müller-Glöge*, § 622 BGB Rz. 86. | 5 BAG v. 19.1.1999 – 1 AZR 606/98, AP Nr. 9 zu § 1 TVG – Bezugnahme auf Tarifvertrag; aA BAG v. 3.7.1996 – 2 AZR 469/95, RzK I 3 e Nr. 62; diff. *Annuß*, BB 1999, 2558 (2562). | 6 BAG v. 19.1.1999 – 1 AZR 606/98, AP Nr. 9 zu § 1 TVG – Bezugnahme auf Tarifvertrag; ErfK/*Müller-Glöge*, § 622 BGB Rz. 88. | 7 Staudinger/*Preis*, § 622 BGB Rz 47. | 8 ErfK/*Müller-Glöge*, § 622 BGB Rz. 87. | 9 BAG v. 13.10.1976 – 5 AZR 638/75, AP Nr. 9 zu § 130 BGB. | 10 BAG v. 5.3.1970 – 2 AZR 112/69, AP Nr. 1 zu § 193 BGB; BGH v. 28.9.1972 – VII ZR 186/71, AP Nr. 2 zu § 193 BGB; *Hromadka*, BB 1993, 2372 (2373). | 11 BAG v. 18.4.1985 – 2 AZR 197/84, AP Nr. 20 zu § 622 BGB; *Hromadka*, BB 1993, 2372 (2373); *Schaub*, ArbRHdb, § 124 III 3 b Rz. 28; ErfK/*Müller-Glöge*, § 620 BGB Rz. 220, § 622 BGB Rz. 26. | 12 ErfK/*Müller-Glöge*, § 622 BGB Rz. 124; KR/*Spilger*, § 622 BGB Rz. 141. | 13 BAG v. 4.3.1993 – 5 AZR 451/92, AP Nr. 40 zu § 622 BGB m. Anm. *Hergenröder*; v. 16.9.1993 – 2 AZR 697/92, AP Nr. 42 zu § 622 BGB; v. 29.10.1998 – 2 AZR 683/97, EzA-SD 1999, Nr. 2, 3–5.

623 Schriftform der Kündigung
Die Beendigung von Arbeitsverhältnissen durch Kündigung oder Auflösungsvertrag bedürfen zu ihrer Wirksamkeit der Schriftform; die elektronische Form ist ausgeschlossen.

Lit.: *Böhm*, Risiken und Nebenwirkungen, NZA 2000, 561; *Caspers*, Rechtsfolgen des Formverstoßes bei § 623 BGB, RdA 2001, 28; *Däubler*, Obligatorische Schriftform, für Kündigungen, Aufhebungsverträge und Befristungen, AiB 2000, 188; *B. Gaul*, Das Arbeitsrechtsbeschleunigungsgesetz: Schriftform für Kündigung und andere Änderungen, DStR 2000, 691; *Kliemt*, Formerfordernisse im Arbeitsverhältnis, 1995; *Kliemt*, Das neue Befristungsrecht, NZA 2001, 296; *Lakies*, Neu ab 1. Mai 2000: Verbessertes Arbeitsgerichtsverfahren und Schriftform für die Beendigung von Arbeitsverhältnissen, BB 1999, 667; *Müller-Glöge/von Senden*, Gesetzliche Schriftform für Kündigung, Auflösungsvertrag und Befristung, AuA 2000, 199; *Opolony*, Der Federstrich des Gesetzgebers – § 623 BGB und das Bühnenarbeitsrecht, NJW 2000, 2171; *Preis/Gotthardt*, Das Teilzeit- und Befristungsgesetz, DB 2001, 145; *Preis/Gotthard*, Schriftformerfordernis für Kündigungen, Aufhebungsverträge und Befristungen nach § 623 BGB, NZA 2000, 348; *Richardi*, Formzwang im Arbeitsverhältnis, NZA 2001, 57; *Richardi/Annuß*, Der neue § 623 BGB – Eine Falle im Arbeitsrecht?, NJW 2000, 1231; *Rolfs*, Schriftform für Kündigungen und Beschleunigung des arbeitsgerichtlichen Verfahrens, NJW 2000, 1227; *Schaub*, Gesetz zur Vereinfachung und Beschleunigung des arbeitsgerichtlichen Verfahrens, NZA 2000, 344; Siehe auch die Literatur zum TzBfG.

1 **I. Inhalt und Zweck.** § 623 enthält ein **konstitutives Schriftformerfordernis**. Die Schriftform ist für die genannten Beendigungstatbestände Wirksamkeitserfordernis[1] und soll der **Rechtssicherheit** für die Vertragspartner dienen[2]. Im Streitfall erleichtert die Schriftform den Beweis darüber, ob eine Kündigung ausgesprochen, eine Befristungsabrede getroffen oder ein Auflösungsvertrag geschlossen wurde. Außerdem hat die Schriftform **Warnfunktion** für die Parteien und schützt vor Übereilung[3]. Ob mit der Vorschrift auch wie beabsichtigt eine **Entlastung der ArbG** erreicht werden kann, war schon im Gesetzgebungsverfahren umstritten[4], und ist wohl zu verneinen. Zwar werden Spontankündigungen die Gerichte seltener beschäftigen, das trägt aber nur unwesentlich zu Ihrer Entlastung bei. Dafür wird der Streit um die Erfüllung der Schriftform und den Zugang der Willenserklärung die Gerichte beschäftigen[5].

2 Umstritten ist, ob § 623 auch **arbeitnehmerschützende Funktion** hat[6]. Die Gesetzesbegründung erwähnt den ArbN-Schutzgedanken nicht. Der Streit wird insb. bei den Rechtsfolgen einer formwidrigen Befristung bei Vertragsschluss relevant.

3 **II. Entstehungsgeschichte.** § 623 wurde eingefügt durch Art. 2 des ArbGerBeschleunigungsgesetzes vom 30.3.2000 und ist **am 1.5.2000 in Kraft** getreten[7]. Die Bestimmung füllt eine seit 1969 im Gesetz bestehende Leerstelle.

4 In seiner **bis zum 31.12.2001 geltenden Fassung** lautet die Bestimmung:

„Die Beendigung von Arbeitsverhältnissen durch Kündigung oder Auflösungsvertrag sowie die Befristung bedürfen zu ihrer Wirksamkeit der Schriftform."

Durch Artikel 2 Nr. 2 des **am 1.1.2001 in Kraft getretenen Teilzeit- und Befristungsgesetzes** (TzBfG) vom 21.12.2000[8] sind die Worte „sowie die Befristung" weggefallen. Für neue Befristungen ab dem 1.1.2001 ist § 14 Abs. 4 TzBfG anzuwenden, wonach die Befristung eines Arbeitsvertrages zu ihrer Wirksamkeit der Schriftform bedarf. Diese Änderung erfolgte aus gesetzessystematischen Gründen und bezweckte keine inhaltliche Korrektur[9].

5 § 623 Halbs. 2 wurde angefügt durch Art. 1 des am 1.8.2001 in Kraft getretenen Gesetzes zur Anpassung der Formvorschriften des Privatrechts und anderer Vorschriften an den modernen Rechtsgeschäftsverkehr vom 13.7.2001[10].

6 **III. Anwendungsbereich. 1. Zeitlicher Anwendungsbereich. a) Kündigung und Auflösungsvertrag.** § 623 ist nur für Kündigungen anwendbar, die seit dem In-Kraft-Treten der Vorschrift am 1.5.2000 nach Maßgabe der §§ 130–132 BGB wirksam geworden, insb. also zugegangen sind[11], und auf Auflösungsverträge, die seit dem 1.5.2000 zustande gekommen sind[12].

7 **Vor dem 1.5.2000** dem Erklärungsempfänger zugegangene Kündigungen werden von § 623 nicht erfasst[13]. Mündlich vereinbarte Vertragsauflösungen vor diesem Zeitpunkt sind wirksam, auch wenn der Beendigungszeitpunkt des Arbeitsverhältnisses nach diesem Zeitpunkt liegt[14].

8 **b) Befristung.** Wegen des zum 1.1.2001 in Kraft getretenen TzBfG gilt § 623 nur für **Befristungen**, die **vom 1.5.2000 bis einschließlich zum 31.12.2000** vereinbart wurden. Das gilt auch, wenn der Arbeitsver-

---

1 APS/*Preis*, § 623 BGB Rz. 4. | 2 ErfK/*Müller-Glöge*, § 623 BGB Rz. 2. | 3 ErfK/*Müller-Glöge*, § 623 BGB Rz. 3. | 4 *Böhm*, NZA 2000, 561 ff. | 5 *Richardi/Annuß*, NJW 2000, 1231 f. | 6 Bejahend: *Richardi/Annuß*, NJW 2000, 1231 (1232 Fn. 14, 1234); *Preis/Gotthardt*, NZA 2000, 348 (356, 360); verneinend: *Caspers*, RdA 2001, 28 (33 f.); KR/*Spilger*, § 623 BGB Rz. 20 (gleicher Übereilungsschutz für ArbGeb und ArbN). | 7 BGBl. I S. 333. | 8 BGBl. I S. 1966. | 9 Vgl. BT-Drs. 14/4625, S. 13, 21; *Kliemt*, NZA 2001, 296 (391); KR/*Spilger*, § 623 BGB Rz. 14. | 10 BGBl. I S. 1542. | 11 BAG v. 6.7.2000 – 2 AZR 513/99, AP Nr. 16 zu § 125 BGB. | 12 KR/*Spilger*, § 623 BGB Rz. 33 f. | 13 BAG v. 16.5.2000 – 9 AZR 245/99 – MDR 2000, 1253; v. 6.7.2000 – 2 AZR 513/99, NZA 2001, 718. | 14 *Kiel/Koch*, Die betriebsbedingte Kündigung, Vorb. Rz. 7; ErfK/*Müller-Glöge*, § 623 BGB Rz. 22.

trag nur nachträglich befristet worden ist; hier muss die nachträgliche Befristung in den genannten Zeitraum fallen.

Für Befristungen **ab dem 1.1.2001** gilt § 14 TzBfG[1] (siehe dort). **9**

Für Befristungen **vor dem 1.5.2000** gilt das Schriftformerfordernis des § 623 nicht, auch wenn der Vertragsbeendigungszeitpunkt nach diesem Zeitpunkt liegt[2]. **10**

2. Persönlicher Anwendungsbereich. § 623 ist nur auf **Arbeitsverhältnisse** anwendbar, nicht auf Dienstverhältnisse arbeitnehmerähnlicher Personen iSv. § 5 Abs. 1 Satz 2 ArbGG, § 12a TVG[3]. Erst recht sind andere unabhängige Dienstnehmer von § 623 nicht erfasst[4]. **11**

Berufsausbildungsverträge und Verträge mit Volontären und Praktikanten iS von § 19 BBiG sind dagegen nach § 3 Abs. 2 BBiG erfasst[5]. Allerdings gehen Sonderregelungen des BBiG, insb. § 15 Abs. 3 BBiG, als lex specialis § 623 vor. Der Abschluss eines Berufsausbildungsvertrages ist nach wie vor formfrei möglich, jedoch kraft Gesetzes bedingt und befristet[6]. Seine einvernehmliche Aufhebung unterfällt dem Schriftformerfordernis des § 623[7]. **12**

Nach § 62 Abs. 1 SeemG kann das **Heuerverhältnis**, das auf unbestimmte Zeit begründet worden ist, nach Maßgabe des § 63 SeemannsG nur schriftlich gekündigt werden. Die elektronische Form ist ausgeschlossen. **13**

Konstitutive Schriftformerfordernisse in Sondergesetzen verdrängen nach dem Spezialiätsgrundsatz § 623[8]. So muss nach § 9 Abs. 3 Satz 2 MuSchG die Kündigung schriftlich erfolgen. Offen ist, ob auch die Angabe des „zulässigen Kündigungsgrundes", also des Grundes, der die für den Arbeitsschutz zuständige oberste Landesbehörde veranlasst hat, die beabsichtigte Kündigung für zulässig zu erklären, konstitutive Bedeutung hat[9] (siehe § 9 MuSchG Rz. 46). **14**

3. Sachlicher Anwendungsbereich. § 623 erfasst seinem Wortlaut nach die Kündigung und den Auflösungsvertrag, in der Praxis meist Aufhebungsvertrag genannt. Außerdem gilt § 623 für vom 1.5.2000 bis 31.12.2000 vereinbarte Befristungen des Arbeitsverhältnisses. **15**

§ 623 gilt auch im **Insolvenzverfahren**[10]. **16**

a) Kündigung. Die Kündigung iS des § 623 ist ein einseitiges gestaltendes Rechtsgeschäft, mit dem ein Arbeitsverhältnis für die Zukunft beendet werden soll. § 623 gilt für Kündigung seitens des ArbGeb und des ArbN und für jede Art der Kündigung (ordentliche, außerordentliche, befristete, entfristete), auch für die Änderungskündigung und eine vorsorgliche Kündigung. **17**

Bei der **Änderungskündigung** ist umstritten, ob das zwingende Schriftformerfordernis nur für die Kündigung[11] oder auch für das Änderungsangebot[12] gilt. Die Rspr. sieht in der Änderungskündigung einen Tatbestand, bei dem Kündigung und Änderungsangebot, weil sie eine innere Einheit bilden, zusammen betrachtet werden müssen[13]. Daraus wird gefolgert, das Formerfordernis müsse sich auch auf das Änderungsangebot des ArbGeb, nicht aber auf die Annahmeerklärung erstrecken[14]. Dagegen spricht im Rahmen der Auslegung nach § 139, dass der ArbGeb die Vertragsänderung regelmäßig auch ohne wirksame Kündigung will. Nimmt der ArbN das Änderungsangebot vorbehaltlos an, kommt daher formfrei ein Änderungsvertrag zustande. Lehnt der ArbN dagegen das Änderungsangebot unter Vorbehalt ab und obsiegt wegen Formnichtigkeit der Kündigung im Änderungskündigungsschutzprozess, tritt damit die auflösende Bedingung für den Änderungsvertrag ein; das Arbeitsverhältnis besteht unverändert fort[15]. **18**

Dagegen ist die **Teilkündigung** auf die Ablösung einzelner Vertragsbestimmungen gerichtet, nicht auf die Beendigung des Arbeitsverhältnisses. § 623 findet daher keine Anwendung[16]. **19**

Die **Nichtfortsetzungserklärung** des ArbN nach § 12 Satz 1 KSchG ist als rechtsgestaltende Erklärung eine Kündigung iS von § 623[17]. Denn der die Lossagung erklärende ArbN macht von seinem **Sonderkündigungsrecht** Gebrauch und bewirkt einseitig die Beendigung seines Arbeitsverhältnisses. Während das Schiftformerfordernis sich aus § 623 ergibt, enthält § 12 KSchG eine eigenständige Regelung über die Rechtzeitigkeit der Abgabe der Erklärung[18]. **20**

---

1 KR/*Spilger*, § 623 BGB Rz. 37. | 2 *Kiel/Koch*, Die betriebsbedingte Kündigung, Vorb. Rz. 7; ErfK/*Müller-Glöge*, § 623 BGB Rz. 22. | 3 *Richardi/Annuß*, NJW 2000, 1231. | 4 *Gaul*, DStR 2000, 691; *Richardi/Annuß*, NJW 2000, 1231 (1232); ErfK/*Müller-Glöge*, § 623 BGB Rz. 4. | 5 *Richardi/Annuß*, NJW 2000, 1231 (1232). | 6 APS/*Preis*, § 623 BGB Rz. 5, 15. | 7 APS/*Preis*, § 623 BGB Rz. 9. | 8 *Richardi/Annuß*, NJW 2000, 1231 (1232). | 9 *Preis*, NZA 1997, 1256 (1260); ErfK/*Müller-Glöge*, § 623 BGB Rz. 6. | 10 ErfK/*Müller-Glöge*, § 623 BGB Rz. 4. | 11 So *Caspers*, RdA 2001, 28 (30 ff., 37). | 12 So *Preis/Gotthardt*, NZA 2000, 348 (351); *Richardi/Annuß*, NJW 2000, 1231 (1233); APS/*Preis*, § 623 BGB Rz. 32. | 13 BAG v. 7.6.1973 – 2 AZR 450/72, AP Nr. 1 zu § 626 BGB – Änderungskündigung. | 14 APS/*Preis*, § 623 BGB Rz. 32; *Richardi/Annuß*, NJW 2000, 1231 (1233): einheitliche Urkunde erforderlich. | 15 *Caspers*, RdA 2001, 28 (31), auch zu den Folgen der Versäumnis der Klagefrist des § 4 KSchG. | 16 *Richardi/Annuß*, NJW 2000, 1231 (1233); *Däubler*, AiB 2000, 188 (192); *Appel/Kaiser*, AuR 2000, 281 (284); *Müller-Glöge/von Senden*, AuA 2000, 199; *Preis/Gotthardt*, NZA 2000, 348 (349); Palandt/*Putzo* § 623 BGB Rz. 4; aA *Kiel/Koch*, Die betriebsbedingte Kündigung, 2000, Vorbem Rz. 5. | 17 *Müller-Glöge/von Senden*, AuA 2000, 199; *Preis/Gotthardt*, NZA 2000, 348 (350); aA BBDW/*Bader*, § 623 BGB Rz. 11. | 18 *Preis/Gotthardt*, NZA 2000, 348 (350); *Richardi/Annuß*, NJW 2000, 1231 (1232): analoge Anwendung.

21 **b) Auflösungsvertrag.** Auflösungsvertrag – in der Praxis: **Aufhebungsvertrag**[1] – ist jeder Vertrag, durch den ein Arbeitsverhältnis einvernehmlich beendet wird. Darunter fallen auch eine rückwirkende Beendigung des Arbeitsverhältnisses, insb. eine Beendigung im Wege des Vergleichs (§ 779) bei vorangegangener Kündigung, über deren Wirksamkeit gestritten wurde. Vgl. hierzu auch die Komm. zu Anh. § 9 KSchG – Aufhebungsverträge.

22 Ein bloßer **Abwicklungsvertrag** nach einer zuvor ausgesprochenen (schriftlichen) Kündigung fällt nicht unter § 623[2]. Wendete man nämlich §§ 623, 126 an, bliebe die zuvor ausgesprochene schriftliche Kündigung bestehen. Der ArbN könnte sich etwa auf eine formwidrig zugesagte Abfindung wegen der Nichtigkeitsfolge des § 125 aber nicht berufen[3]. Das ist durch den Gesetzeszweck, für Rechtssicherheit hinsichtlich der Vertragsbeendigung zu sorgen, nicht gedeckt.

23 Auch die **Aufhebung einzelner Arbeitsbedingungen** unterliegt nicht dem Formerfordernis des § 623[4].

24 **c) Im Zeitraum 1.5.2000 bis 31.12.2000 vereinbarte Befristung.** § 623 erfasst **jede**, auch die nachträglich durch Änderungsvertrag vorgenommene Befristung iSd. § 620. Ob es sich bei einer konkreten Vertragsgestaltung um einen Aufhebungsvertrag mit Auslauffrist oder eine nachträgliche Befristung handelt[5], spielt nur für das Erfordernis eines sachlichen Grundes, nicht aber für die Formbedürftigkeit ein Rolle.

25 § 623 sieht die Schriftform nur für die **Befristungsabrede** des Arbeitsvertrages vor. Bei einer Zweckbefristung muss allerdings notwendigerweise auch der Befristungsgrund schriftlich fixiert werden[6]. Der Arbeitsvertrag selbst unterliegt nach wie vor keinem Formerfordernis. Wegen der Pflichten aus dem NachwG ist ein schriftlicher Arbeitsvertrag aber zu empfehlen.

26 § 623 betrifft die Befristung des Arbeitsverhältnisses als Ganzes. Die Befristung **einzelner Arbeitsbedingungen** ist formfrei[7]. Gleiches gilt im Rahmen des § 14 Abs. 4 TzBfG[8].

27 **d) Ungenannte Beendigungstatbestände.** Auf die vom Wortlaut des § 623 nicht erfasste Beendigung des Arbeitsvertrages durch **auflösende Bedingung**[9] ist unter Berücksichtigung des Normzweckes **§ 623 analog** anzuwenden[10]. Für Befristungen ab dem 1.1.2001 ist in **§ 21 TzBfG** durch ausdrückliche gesetzliche Anordnung klargestellt, dass das konstitutive Schriftformerfordernis auch die auflösende Bedingung erfasst[11]. Ebenso wie bei der Zweckbefristung muss auch der Beendigungs-, hier der Auflösungsgrund schriftlich fixiert werden[12].

28 Auch die **Auflösungserklärung des Eingliederungsvertrages** (§ 232 Abs. 2 SGB III) ist auf die einseitige Beendigung des Rechtsverhältnisses gerichtet. Die Scheiternserklärung ist allerdings ein Beendigungstatbestand eigener Art, keine Kündigung. Die Vorschrift des § 623 kommt daher nicht über die Verweisung in § 231 Abs. 2 Satz 1 SGB III zur Anwendung[13].

29 § 623 ist **unanwendbar** auf die **Anfechtung** einer auf den Abschluss des Arbeitsvertrages gerichteten Willenserklärung nach §§ 119 ff.[14] Auch die Beendigung eines **fehlerhaften Arbeitsverhältnisses** durch einseitige Erklärung ist keine Kündigung und fällt damit nicht unter § 623[15]. Das Gleiche gilt für den (vertraglich vorbehaltenen) **Widerruf** einzelner Arbeitsbedingungen und den **Widerspruch** nach § 625[16].

30 § 623 ist unanwendbar auf die **Nichtverlängerungsmitteilung des ArbGeb** vor oder bei Ablauf eines befristeten Arbeitsverhältnisses[17]. Diese Wissenserklärung ist nicht auf die Beendigung des Arbeitsverhältnisses gerichtet, gestaltet dieses nicht wie eine Kündigung, sondern soll den ArbN über die kraft Befristung eintretende Auflösung des Arbeitsverhältnisses informieren. Das Gleiche gilt für die Nichtverlängerungsmitteilung nach dem TV über die Mitteilungspflicht vom 23.11.1977 betreffend künstlerische Bühnenmitglieder, die erforderlich ist, weil es sich bei Schweigen automatisch verlängern würde[18].

---

1 ErfK/*Müller-Glöge*, § 623 BGB Rz. 12. | **2** *Rolfs*, NJW 2000, 1228; *Däubler*, AiB 2000, 188 (191); *Hümmerich*, NZA 2001, 1280; *Bauer*, NZA 2002, 169 (170, 173); ErfK/*Müller-Glöge*, § 623 BGB Rz. 14; *Preis/Gotthardt*, NZA 2000, 348 (354); APS/*Preis*, § 623 BGB Rz. 9; aA *Richardi*, NZA 2001, 57, (61); *Schaub*, NZA 2000, 344 (347). | **3** *Bauer*, NZA 2002, 169 (170). | **4** *Preis/Gotthardt*, DB 2001, 145 (150); *Däubler*, ZIP 2001, 217 (224); *Richardi/Annuß*, NJW 2000, 1231. | **5** Zur Abgrenzung ErfK/*Müller-Glöge*, § 620 BGB Rz. 48, § 623 BGB Rz. 1. | **6** *Preis/Gotthardt*, NZA 2000, 348 (359); *Rolfs*, NJW 2000, 1227 (1228). | **7** *Däubler*, AiB 2000, 188 (192); *Gaul*, DStR 2000, 691 (693); *Preis/Gotthardt*, NZA 2000, 348 (358); ErfK/*Müller-Glöge*, § 623 BGB Rz. 21; aA *Trittin/Backmeister*, DB 2000, 618 (621); *Sander/Siebert*, BuW 2000, 424 (425). | **8** *Preis/Gotthardt*, DB 2001, 145 (150); *Däubler*, ZIP 2001, 217 (224). | **9** Die auflösende Bedingung ist keine Befristung im Rechtssinne (§§ 158, 163): BAG v. 23.2.2000 – 7 AZR 906/98, AP Nr. 25 zu § 1 BeschFG 1985. | **10** *Rolfs*, NJW 2000, 1227 (1228); *Richardi/Annuß*, NJW 2000, 1231 (1232); für direkte Anwendung: *Preis/Gotthardt*, NZA 2000, 348 (359 f.); *Däubler*, AiB 2000, 188 (192); *Lakies*, BB 2000, 667; aA *Löwisch*, KSchG § 1 Rz. 504a; *Gaul*, DStR 2000, 691 (693): keine planwidrige Regelungslücke; *Müller-Glöge/von Senden*, AuA 2000, 199 (200). | **11** *Kliemt*, NZA 2001, 296, (301). | **12** *Preis/Gotthardt*, NZA 2000, 348 (359); *Rolfs*, NJW 2000, 1227 (1228). | **13** *Preis/Gotthardt*, NZA 2000, 348 (350); aA *Richardi/Annuß*, NJW 2000, 1231 (1232); ErfK/*Müller-Glöge*, § 623 BGB Rz. 10. | **14** ErfK/*Müller-Glöge*, § 623 BGB Rz. 11; *Rolfs*, NJW 2000, 1227, 1228; *Richardi/Annuß*, NJW 2000, 1231, (1233); *Gaul*, DStR 2000, 691 (693); aA *Sander/Siebert*, BuW 2000, 424 (425): § 623 analog; *Däubler*, AiB 2000, 188 (190). | **15** *Preis/Gotthardt*, NZA 2000, 348 (350); ErfK/*Müller-Glöge*, § 623 BGB Rz. 11. | **16** *Preis/Gotthardt*, NZA 2000, 1231 (1233); ErfK/*Müller-Glöge*, § 623 BGB Rz. 11. | **17** *Germelmann*, ZfA 2000, 149 (156); ErfK/*Müller-Glöge*, § 623 BGB Rz. 8. | **18** BAG v. 3.11.1999 – 7 AZR 898/98, AP Nr. 54 zu § 611 – Bühnenengagementvertrag; *Opolony*, NJW 2000, 2371.

IV. Schriftform. § 623 begründet ein konstitutives Schriftformerfordernis. Dem gesetzlichen Schriftformerfordernis ist nur genügt, wenn die gesamte formbedürftige Erklärung einschließlich etwaiger Nebenabreden in einer **einheitlichen Urkunde** verkörpert ist und von den Parteien unterzeichnet wird. Der Grundsatz der Einheitlichkeit der Urkunde ist gewahrt, wenn die Zusammengehörigkeit der einzelnen Schriftstücke für einen unbefangenen Betrachter erkennbar ist, etwa durch körperliche Verbindung, fortlaufende Nummerierung, einheitliche graphische Gestaltung oder durch inhaltlichen Zusammenhang des Textes[1]. 31

Eine durch **Telefax** oder **Telegramm**[2] ausgesprochene Kündigung genügt dem Schriftformerfordernis des § 623 nicht. Die gesetzliche Schriftform erfordert, dass dem Empfänger die Willenserklärung im Original zugeht[3]. 32

Für die Vereinbarung einer **Befristung** und den Abschluss eines **Aufhebungsvertrages** ist nach § 126 Abs. 2 erforderlich, dass beide **Originalunterschriften in derselben Urkunde** enthalten sind oder bei zwei identischen Vertragsausfertigungen jede Partei die für die andere Partei bestimmte Urkunde im Original unterzeichnet[4]. Macht der ArbGeb ein Angebot und unterschreibt es und erklärt der ArbN auf derselben Urkunde darunter die Annahme dieses Angebots und unterschreibt seine Annahmeerklärung, liegt ein formgültiger Vertrag vor, da Angebot und Annahme auf derselben Urkunde fixiert sind[5]. Ein Briefwechsel der Parteien reicht dagegen nicht[6]. 33

Die **notarielle Beurkundung** ersetzt die Schriftform (§ 126 Abs. 4). 34

Ein nach den Vorschriften der ZPO protokollierter **Prozessvergleich**, der einen Auflösungsvertrag zum Inhalt hat, wahrt die Schriftform nach §§ 127a, 126 Abs. 4[7]. Eine in der mündlichen Verhandlung zu Protokoll erklärte Kündigung wahrt die Schriftform dagegen nicht[8]. 35

Die **elektronische Form** (§ 126a) ist durch Halbs. 2 ausgeschlossen. 36

Bedient sich eine der beiden Seiten eines **rechtsgeschäftlichen Vertreters**, so bedarf nur die vom Vertreter selbst abgegebene Willenserklärung der Form des § 623. Die Vollmachtserteilung kann nach § 167 Abs. 2 formlos erfolgen. 37

Der **Grund** für eine Befristung muss grundsätzlich **nicht schriftlich** angegeben werden[9]. Gleiches gilt für die analoge Anwendung des § 623 auf die auflösende Bedingung, bei der Sachgrund und Bedingung identisch sind[10]. Etwas anderes kann spezialgesetzlich angeordnet sein oder sich wie bei der Zweckbefristung notwendigerweise ergeben. Aus § 57b Abs. 3 Satz 1 HRG iVm. § 14 Abs. 4 TzBfG bzw. § 57 Abs. 5 HRG aF iVm. § 14 Abs. 4 TzBfG bzw. § 623 (für Befristungen vom 1.5.2000 bis 31.12.2000) folgt nicht, dass das Schriftformerfordernis sich auch auf die Angabe des Grundes im Arbeitsvertrag bezieht[11]. 38

V. Unabdingbarkeit. § 623 ist zwingend und unabdingbar[12]. **Strengere Formvorschriften** können in TV, BV und einzelvertraglich[13] vorgesehen werden. 39

Formvorschriften finden sich vor allem in **TV** für den öffentlichen Dienst[14]. Tarifvertragliche Formerfordernisse für die Kündigung gelten über den 1.5.2000 hinaus, wenn sie keine geringeren Anforderungen an die Form stellen als § 623. Andernfalls werden sie durch das zwingende und strengere Gesetz verdrängt. Gleiches gilt für Formvorschriften in freiwilligen BV nach § 88 BetrVG[15]. 40

Haben die Parteien vor dem In-Kraft-Treten des § 623 am 1.5.2000 **einzelvertraglich Schriftform vereinbart** für Änderungen des Arbeitsvertrages sowie Nebenabreden, so ist damit nicht die Schriftform für die Abgabe einer Kündigungserklärung vereinbart[16]. Bezieht sich eine einzelvertragliche Vereinbarung dagegen ausdrücklich auf die Form von Kündigung oder Aufhebungsvertrag, so hat sie nach dem 1.5.2000 nur noch Bedeutung, wenn sie eine **strengere** als die in § 623 vorgeschriebene Form vorsieht[17]. Die Form die Kündigung durch den ArbN darf wegen § 622 Abs. 6 BGB nicht strenger sein als für die Kündigung durch den ArbGeb (siehe § 622 Rz. 57). 41

In **Formulararbeitsverträgen** ist die Vereinbarung einer strengeren Form oder das Aufstellen besonderer Zugangserfordernisse nach §§ 310 Abs. 4, 309 Nr. 13 unwirksam[18]. Das Gleiche gilt für individual- 42

---

1 BGH v. 24.9.1997 – XII ZR 234/95, BGHZ 136, 357, 361. | 2 ArbG Frankfurt v. 9.1.2001 – 8 CA 5663/00, ArbN 2001, 36. | 3 *Rolfs*, NJW 2000, 1227 (1228); *Richardi/Annuß*, NJW 2000, 1231 (1232); | 4 *Kliemt*, NZA 2001, 296 (301). | 5 BGH v. 16.2.2000 – XII ZR 162/98, NJW-RR 2000, 1108; zust. *Bauer*, NZA 2002, 170. | 6 *Richardi/Annuß*, NJW 2000, 1231 (1232); *Kliemt*, NZA 2001, 296 (301). | 7 KR/*Spilger*, § 623 BGB Rz. 144, 156; ErfK/*Müller-Glöge*, § 623 BGB Rz. 25. | 8 APS/*Preis*, § 623 BGB Rz. 34. | 9 APS/*Preis*, § 623 BGB Rz. 50; *Richardi/Annuß*, NJW 2000, 1231 (1234); *Lakies*, BB 2000, 667. | 10 *Preis/Gotthardt*, NZA 2000, 348 (359). | 11 KR/*Spilger*, § 14 TzBfG Rz 400; aA zu § 57b Abs. 5 HRG aF iVm. § 14 Abs. 4 TzBfG *Kliemt*, NZA 2001, 296 (301); wie hier wohl *Preis/Hausch*, NJW 2002, 927 (928, 929). | 12 *Richardi*, NZA 2001, 57 (60); KR/*Spilger*, § 623 BGB Rz. 30; APS/*Preis*, § 623 BGB Rz. 20. | 13 Anders die hM zu der oft vergleichsweise herangezogenen Vorschrift des § 568 BGB, Palandt/*Weidenkaff*, § 568 BGB Rz. 3. | 14 ErfK/*Müller-Glöge*, § 623 BGB Rz. 23. | 15 ErfK/*Müller-Glöge*, § 623 BGB Rz. 23. | 16 BAG v. 16.5.2000 – 9 AZR 245/99 – MDR 2000, 1253; v. 6.7.2000 – 2 AZR 513/99, AP Nr. 16 zu § 125 BGB. | 17 ErfK/*Müller-Glöge*, § 623 BGB Rz. 24. | 18 Zur Rechtslage vor der Schuldrechtsmodernisierung APS/*Preis*, § 623 BGB Rz. 20; *Preis*, Vertragsgestaltung, S. 412 f.; *Kliemt*, Formerfordernisse im Arbeitsverhältnis, S. 431.

vertragliche Abreden, wenn der ArbGeb den Arbeitsvertrag vorformuliert, auch wenn dieser nur zur einmaligen Verwendung bestimmt ist, vorausgesetzt der ArbN ist **Verbraucher** iSd. § 13[1].

43 § 623 ist zwingend iSv. **Art. 30 Abs. 1 EGBGB**[2], aber nicht zwingend iSd. Art. 34 EGBGB, setzt sich also nicht im Wege der Sonderanknüpfung gegenüber einem gewählten ausländischen Recht durch.

44 **VI. Rechtsfolgen eines Verstoßes gegen das Schriftformerfordernis. 1. Kündigung.** Ist die Kündigung des Arbeitsverhältnisses nach § 125 Satz 1 **nichtig**, besteht das Arbeitsverhältnis fort. Eine Heilung der Formnichtigkeit scheidet aus[3]. Es kommt allein die formgerechte Wiederholung der Kündigung in Betracht, im Falle einer außerordentlichen Kündigung innerhalb der Zwei-Wochen-Frist des § 626 Abs. 2 BGB[4]. Entsprechendes gilt für besondere Erklärungsfristen, zB §§ 88 Abs. 3, 91 Abs. 5 SGB IX.

45 Die Nichtigkeit der Kündigung ist ein **sonstiger Unwirksamkeitsgrund** iSd. § 13 Abs. 3 KSchG, so dass der ArbN auch im Anwendungsbereich des KSchG nicht an die Klagefrist des § 4 Satz 1 KSchG gebunden ist[5]. Bei längerfristigem Zuwarten kann je nach den Umständen allerdings Verwirkung eintreten[6]. Im Insolvenzverfahren gilt die besondere Klagefrist des § 113 Abs. 2 InsO.

46 Eine gegen § 623 verstoßende **außerordentliche Kündigung** kann, wenn der Kündigungsgrund schon vor oder bei Abschluss des Arbeitsvertrages vorgelegen hat, in eine formlos mögliche Anfechtungserklärung **umgedeutet** werden. Eine Umdeutung in eine ordentliche Kündigung oder den Antrag auf Abschluss eines Aufhebungsvertrages scheidet dagegen aus, weil diese ebenfalls dem konstitutiven Schriftformerfordernis unterliegen[7].

47 Die Berufung auf den Formmangel kann in Ausnahmefällen gegen **Treu und Glauben** (§ 242) verstoßen[8]. So liegt es etwa, wenn ein ArbN eine Eigenkündigung trotz Vorhaltung des ArbGeb mehrmals ernsthaft formnichtig ausspricht[9]. Eine allgemeine Fürsorgepflicht des ArbGeb, den ArbN über die Formbedürftigkeit zu belehren, besteht nicht[10]. Nimmt der Erklärungsempfänger eine formnichtige Kündigung widerspruchslos entgegen und beruft sich erst später auf die Nichtigkeit, stellt dies noch keinen Verstoß gegen Treu und Glauben dar[11].

48 **2. Auflösungsvertrag.** Hält der Aufhebungsvertrag die Anforderungen der §§ 623, 126 Abs. 2 nicht ein, ist er nach §§ 125 Abs. 1, 139 **insgesamt nichtig** und das Arbeitsverhältnis besteht über den vereinbarten Zeitpunkt seiner Beendigung hinaus fort. Eine Teilnichtigkeit entspricht idR nicht dem Parteiwillen[12].

49 Wurde der Aufhebungsvertrag bereits vollzogen, ist er **nach Bereicherungsrecht rückabzuwickeln**[13]. Dem ArbGeb, der die gezahlte Abfindung nach § 812 Abs. 1 Satz 1 Alt. 1 zurückfordert, schadet nach § 814 nur Kenntnis, nicht aber verschuldete Unkenntnis davon, dass er keine Abfindung schuldete[14].

50 Für die Zeit, in der der ArbN wegen der vermeintlich wirksamen Auflösung des Arbeitsverhältnisses nicht gearbeitet hat, schuldet der ArbGeb eine Vergütung, wenn er sich in **Annahmeverzug** befand. Dazu muss der ArbN seine Leistung tatsächlich oder zumindest wörtlich anbieten. Denn da er an der vermeintlichen Beendigung des Arbeitsverhältnisses durch den Abschluss des Aufhebungsvertrages beteiligt war, hat der ArbGeb keinen Anlass anzunehmen, der ArbN sei weiterhin leistungsbereit. Die Rspr. des BAG zur unwirksamen ArbGebKündigung, wonach der ArbGeb nach Ablauf der Kündigungsfrist nach § 296 sofort in Annahmeverzug gerät[15], passt hier nicht[16].

51 **3. Im Zeitraum 1.5.2000 bis 31.12.2000 vereinbarte Befristung.** Ein Verstoß gegen das Schriftformerfordernis des § 623 für Befristungen vom 1.5. bis 31.12.2000 bewirkt die **Nichtigkeit des Rechtsgeschäfts**, § 125. Bei nichtiger Befristungsabrede bei **Vertragsschluss** kommt nach hM ein unbefristetes Arbeitsverhältnis zustande[17]. Das soll entgegen der Regel des § 139 sogar gelten, wenn ein abweichender Parteiwille feststellbar ist[18]. Begründet wird dies damit, dass die Ausgestaltung des § 623, obwohl in der Gesetzesbegründung nicht erwähnt, erkennen lasse, dass auch der Schutz des ArbN intendiert sei.

---

1 Die Verbrauchereigenschaft des ArbN bejahend *Gotthardt*, ZIP 2002, 277 (278); *Boemke*, BB 2002, 96 f.; *Däubler*, NZA 2001, 1329 (1336); verneinend *Lingemann*, NZA 2002, 181 (192); *Bauer/Koch*, DB 2002, 42 (44); *Berkowsky*, AuA 2002, 11 (15); offen gelassen bei *Hümmerich/Holthausen*, NZA 2002, 173 (180). | 2 KR/*Spilger*, § 623 BGB Rz. 31. | 3 BAG v. 10.2.1999 – 2 AZR 176/98, AP Nr. 2 zu § 54 BMT-G II (tarifvertragliche Formvorschrift). | 4 ErfK/*Müller-Glöge*, § 623 BGB Rz. 29. | 5 Palandt/*Putzo*, § 623 BGB Rz. 8; ErfK/*Müller-Glöge*, § 623 BGB Rz. 29. | 6 BAG v. 2.12.1999 – 8 AZR 890/98, AP Nr. 6 zu § 242 BGB – Prozessverwirkung. | 7 *Preis/Gotthardt*, NZA 2000, 348 (352); *Müller-Glöge/von Senden*, AuA 2000, 199 (203); ErfK/*Müller-Glöge*, § 623 BGB Rz. 30. | 8 Ausf. mit Fallgruppenbildung APS/*Preis*, § 623 BGB Rz. 66 ff.; KR/*Spilger*, § 623 BGB Rz. 200 ff. | 9 BAG v. 4.12.1997 – 2 AZR 799/96, AP Nr. 141 zu § 626 BGB. | 10 *Müller-Glöge/von Senden*, AuA 2000, 199 (203); *Preis/Gotthard*, NZA 2000, 348 (354); ErfK/*Müller-Glöge*, § 623 BGB Rz. 31. | 11 *Preis/Gotthardt*, NZA 2000, 348 (353); ErfK/*Müller-Glöge*, § 623 BGB Rz. 31. | 12 *Caspers*, RdA 2001, 28 (33). | 13 *Richardi/Annuß*, NJW 2000, 1231 (1233); *Caspers*, RdA 2001, 28 (33). | 14 *Caspers*, RdA 2001, 28 (33); ErfK/*Müller-Glöge*, § 623 BGB Rz. 34. | 15 St. Rspr. seit BAG v. 9.8.1984 v. 21.3.1985, AP Nr. 34 und 35 zu § 615 BGB. | 16 *Caspers*, RdA 2001, 28 (33). | 17 *Preis/Gotthardt*, NZA 2000, 348 (360); *Richardi/Annuß*, NJW 2000, 1231 (1234); ErfK/*Müller-Glöge*, § 623 BGB Rz. 32; *Bader*, NZA 2000, 635; aA *Caspers*, RdA 2001, 28 (34); *Löwisch*, KSchG § 1 Rz. 437a. | 18 So KR/*Spilger*, § 623 BGB Rz. 182; aA ErfK/*Müller-Glöge*, § 623 BGB Rz. 32.

Für diese Auffassung lässt sich seit In-Kraft-Treten des **TzBfG** anführen, dass diese Rechtsfolge 52
auch durch § 16 Abs. 1 TzBfG vorgesehen ist und der Gesetzgeber erklärtermaßen **inhaltlich keine Änderung** anstrebte. Allerdings ist, wenn die Befristung nur wegen des Mangels der Schriftform unwirksam ist, nach § 16 Abs. 1 Satz 2 TzBfG das unbefristet zustande gekommene Arbeitsverhältnis auch vor dem formunwirksam vereinbarten Ende von beiden Seiten kündbar. Dass der ArbN damit unter Umständen schlechter steht als vor Einführung des Schriftformzwangs, da in einem befristeten Arbeitsverhältnis die Kündbarkeit ausdrücklich vereinbart werden muss[1], wird vom Gesetzgeber hingenommen. Folgt man der hM zu § 623, dass ein unbefristetes Arbeitsverhältnis auch gegen den Parteiwillen zustande kommt, ist dementsprechend auch im Anwendungsbereich dieser Bestimmung ein beiderseitiges Kündigungsrecht, für das die Kündigungsfristen des § 622 gelten, anzunehmen[2].

Wird ein **zuvor wirksam befristetes Arbeitsverhältnis** unter Verstoß gegen § 623 befristet verlängert, 53
bleibt die ursprüngliche Abrede in Kraft. Das Arbeitsverhältnis endet mit Ablauf der ursprünglichen Befristung[3]. Es ist nicht anzunehmen, die Parteien wollten nur die ursprüngliche Befristungsabrede beseitigen, was formfrei möglich ist[4]. Wird das Arbeitsverhältnis über den ersten Befristungstermin hinaus aber mit Wissen des ArbGeb fortgesetzt, ist § 625, bei einem Endtermin nach dem 31.12.2000 § 15 Abs. 5 TzBfG zu beachten. Der Widerspruch des ArbGeb ist formfrei möglich[5].

Wird ein bereits existierendes **unbefristetes Arbeitsverhältnis** unter Verstoß gegen § 623 **nachträglich** 54
befristet, ist unstreitig allein die Befristung im Änderungsvertrag nichtig und existiert das Arbeitsverhältnis auf unbestimmte Zeit fort, ggf. mit sonstigen formfrei vereinbarten Änderungen. Für die Kündigung gelten die allgemeinen Vorschriften. Eine Mindestlaufzeit bis zum formunwirksam vereinbarten Fristablauf ist abzulehnen[6].

Die **Klagefrist** des § 17 Satz 1 TzBfG ist anzuwenden[7]. § 17 TzBfG ist zum 1.1.2001 in Kraft und an die 55
Stelle von § 1 Abs. 5 BeschFG getreten. Er erfasst auch noch unter der Herrschaft des § 623 BGB getroffene Befristungsabreden[8]. Die Formnichtigkeit der Befristung ist ein Mangel, der binnen drei Wochen klageweise geltend gemacht werden muss. Andernfalls gilt das Arbeitsverhältnis als durch die Befristung beendet, § 17 Satz 2 TzBfG iVm. § 7 KSchG analog. Der Mangel der Formunwirksamkeit der Befristung wird geheilt[9].

Die Klagefrist des § 17 TzBfG gilt wegen § 21 TzBfG auch für die Geltendmachung der Formnichtigkeit einer **auflösenden Bedingung**[10] (siehe oben Rz. 27). 56

VII. Darlegungs- und Beweislast. Die Darlegungs- und Beweislast für die Einhaltung der Schriftform 57
hat grundsätzlich die Partei zu tragen, die aus der von der Einhaltung der Form abhängigen **Rechtswirksamkeit eines Rechtsgeschäfts** Rechte herleitet, also die Partei, die sich auf die Vertragsbeendigung beruft[11].

Die Einhaltung der Form ist nicht von Amts wegen zu prüfen. Wird der **Formmangel** von keiner Partei 58
angesprochen, ist daher auch Parteivortrag zu berücksichtigen, aus dem auf die Einhaltung der Form nicht geschlossen werden kann[12].

624 *Kündigungsfrist bei Verträgen über mehr als fünf Jahre*

Ist das Dienstverhältnis für die Lebenszeit einer Person oder für längere Zeit als fünf Jahre eingegangen, so kann es von dem Verpflichteten nach dem Ablauf von fünf Jahren gekündigt werden. Die Kündigungsfrist beträgt sechs Monate.

Lit.: *Binder*, Allgemeine und rechtliche Aspekte der Mobilität von Arbeitnehmern, ZfA 1978, 75; *Boldt*, Zur vorzeitigen Kündigung eines Handelsvertreterverhältnisses, BB 1962, 906; *Kania/Kramer*, Unkündbarkeitsvereinbarungen in Arbeitsverträgen, Betriebsvereinbarungen und Tarifverträgen, RdA 1995, 287; *Neumann*, Lebens- und Dauerstellung, DB 1956, 571; *Hunold*, AR-Blattei-SD 1080, Lebens- und Dauerstellung (2000); *Wolf*,

---

1 BAG v. 19.6.1980 - 2 AZR 660/78, AP Nr. 55 zu § 620 BGB – Befristeter Arbeitsvertrag; MünchArbR/*Wank*, § 116 Rz. 54 ff.; KR/*Spilger* § 14 TzBfG Rz. 421. | 2 Ebenso *Müller-Glöge/von Senden*, AuA 2000, 199 (203); aA APS/*Preis*, § 623 BGB Rz. 61; KR/*Spilger*, § 623 BGB Rz. 183: Kündigung erstmals zum vereinbarten Fristablauf; *Richardi/Annuß*, NJW 2000, 1231 (1234): Mindestbindung nur für den ArbGeb. | 3 *Caspers*, RdA 2001, 28 (33 ff.); *Müller-Glöge/von Senden*, AuA 2000, 199 (203); ErfK/*Müller-Glöge*, § 623 BGB Rz. 32; KR/*Gotthardt*, NZA 2000, 348 (360); *Rolfs*, NJW 2000, 1227 (1228); KR/*Spilger*, § 623 BGB Rz. 185 § 14 TzBfG Rz. 423: Unbefristetes Arbeitsverhältnis. | 4 AA KR/*Spilger*, § 623 BGB Rz. 185 und § 14 TzBfG Rz. 423. | 5 Insoweit ebenso APS/*Preis*, § 623 BGB Rz. 64. | 6 *Caspers*, RdA 2001, 28 (36). | 7 APS/*Preis*, § 623 BGB Rz. 216; noch zu § 1 Abs. 5 BeschFG: *Däubler*, AiB 2000, 188 (192); *Gaul*, DStR 2000, 691 (693); *Richardi/Annuß*, NJW 2000, 1231 (1235); *Preis/Gotthardt*, NZA 2000, 348 (360); *Kleinebrink*, FA 2000, 174 (178); ErfK/*Müller-Glöge*, § 623 BGB Rz. 33; aA *Bader*, NZA 2000, 635; Palandt/*Putzo*, § 623 BGB Rz. 8; aA für den Fall, dass die Nichteinhaltung der Form nach §§ 125, 139 BGB zur Nichtigkeit des Arbeitsvertrages überhaupt führt *Caspers*, RdA 2001, 28 (36). | 8 KR/*Spilger*, § 623 BGB Rz. 216. | 9 *Richardi*, NZA 2001, 57 (62). | 10 KR/*Spilger*, § 623 BGB Rz. 222. | 11 *Gaul*, DStR 2000, 691 (693); ErfK/*Müller-Glöge*, § 623 BGB Rz. 35; KR/*Spilger*, § 623 BGB Rz. 226. | 12 KR/*Spilger*, § 623 BGB Rz. 224 f.

BGB § 624 Rz. 1 Kündigungsfrist bei Verträgen über mehr als fünf Jahre

Zur Zulässigkeit der Kündigung eines langfristig eingegangenen Arbeitsverhältnisses, SAE 1972, 106; *Würdinger*, Kündigung von Tankstellenverträgen, NJW 1963, 1550.

1 **I. Inhalt und Zweck.** § 624 dient dem **Schutz der Freiheit und Mobilität des Dienstverpflichteten**[1]. Hat der Dienstverpflichtete ein Dienstverhältnis auf Lebenszeit oder auf mehr als fünf Jahre abgeschlossen, so kann er nach dem Ablauf von fünf Jahren kündigen. Eine längere Bindung würde seine persönliche und damit auch wirtschaftliche Freiheit übermäßig beschränken[2]. Das einseitige Sonderkündigungsrecht des Dienstverpflichteten vermeidet die Nichtigkeit von Dienstverträgen nach § 138 wegen übermäßiger Vertragsbindungsdauer[3].

2 Dem **Dienstberechtigten** steht keine entsprechende Kündigungsbefugnis zu. Längere Kündigungsfristen oder der Ausschluss der ordentlichen Kündigung sind für ihn bindend.

3 § 624 ist **verfassungsrechtlich** unbedenklich[4]. Das Sonderkündigungsrecht aus § 624 ist auch im Einklang mit der europäischen Grundfreiheit der positiven Dienstleistungsfreiheit, insofern es den Dienstverpflichteten vor einer übermäßigen Beschränkung grenzüberschreitender Mobilität schützt.

4 **II. Anwendungsbereich.** § 624 gilt für alle **selbständigen Dienstverhältnisse**. Bis zum 31.12.2000 galt die Bestimmung auch für alle Arbeitsverhältnisse. Im Interesse einer zusammenhängenden Regelung der **befristeten Arbeitsverhältnisse** ist § 624 wörtlich in **§ 15 Abs. 4 TzBfG** übernommen worden. Die Arbeitsverhältnisse sind damit seit dem 1.1.2001 aus dem Anwendungsbereich des § 624 herausgenommen[5].

5 Die Vorschrift gilt ausnahmslos für **alle Arten von Beschäftigungen**[6] und unabhängig davon, ob die Dienstleistung in einem Betrieb oder Haushalt, im In- oder Ausland erbracht wird[7]. Auch die Art der Vergütung und die Modalitäten der Zahlung spielen keine Rolle. Ebensowenig kommt es darauf an, ob der zur Dienstleistung Verpflichtete nicht nur rechtlich, sondern nach seinen wirtschaftlichen und organisatorischen Möglichkeiten auch tatsächlich die Dienste durch Dritte erledigen lassen kann, solange nur überhaupt eine personenbezogene Dienstleistung zu erbringen ist[8].

6 § 624 ist auf **Handelsvertreterverträge** anwendbar[9]. Ist bei einem Handelsvertretervertrag die ordentliche Kündigung durch den Unternehmer ausgeschlossen, ergeben sich die Grenzen seiner langfristigen Bindung allein aus §§ 138 Abs. 1, 242[10].

7 Auf **typengemischte Verträge** findet § 624 zumindest entsprechende Anwendung[11], wenn wegen der Personenbezogenheit der Dienstleistungserbringung das dienstvertragliche Element überwiegt.

8 Die Rspr. hat § 624 **analog** angewandt auf dienstvertragsähnliche Verhältnisse[12]. Der **Rechtsgedanke** des § 624 ist bei der Kontrolle vertraglicher Vereinbarungen, die faktisch zu einer überlangen Bindung des Dienstverpflichteten führen, zu berücksichtigen. Sowohl § 138 als auch § 307 (früher § 9 AGBG) sind demgemäß auszulegen[13].

9 Im Arbeitsrecht wurde der Rechtsgedanke des § 624 bei der Inhaltskontrolle von Vereinbarungen herangezogen, die **Rückzahlungspflichten** des ArbN an eine von ihm erklärte Kündigung knüpfen[14]. Das kann zurückzuzahlende Abfindungen, Ausbildungshilfen oder auch den Verfall von Aktienoptionen oder Rückverkaufsverpflichtungen in Mitarbeiterkapitalbeteiligungsmodellen[15] betreffen. Diese Rspr. muss jetzt an § 15 Abs. 4 TzBfG anknüpfen.

10 **III. Voraussetzungen. 1. Anstellung auf Lebenszeit.** Für die Lebenszeit einer Person ist ein Dienstverhältnis eingegangen, wenn auf die Lebensdauer des Dienstberechtigten, des Dienstverpflichteten oder einer dritten Person (zB Anstellung zur Pflege eines Familienangehörigen) abgestellt wird. Eine Anstellung auf Lebenszeit ist im Arbeitsleben **äußerst selten**. Sie ist nur anzunehmen, wenn die Vereinbarung der Parteien unter Berücksichtigung aller Begleitumstände eindeutig ist[16].

11 Die Anstellung für die Lebenszeit einer Person iSd. § 624 ist nicht ohne weiteres gleichzusetzen mit der Zusage einer **Lebens- oder Dauerstellung**[17]. Im Falle einer solchen Zusage ist vielmehr durch Aus-

---

1 Motive II S. 466: unzulässige Fesselung des Dienstverpflichteten. | 2 BAG v. 19.12.1991 – 2 AZR 363/91, AP Nr. 2 zu § 624 BGB; v. 24.10.1996 – 2 AZR 845/95, AP Nr. 37 zu § 256 ZPO 1977; KR/*Fischermeier*, § 624 BGB Rz. 1. | 3 BGH v. 31.3.1982 – I ZR 56/80, AP Nr. 1 zu § 624 BGB; Erman/*Belling*, § 624 BGB Rz. 1. | 4 Näher Staudinger/*Preis*, § 624 BGB Rz. 2; ErfK/*Müller-Glöge*, § 624 BGB Rz. 2. | 5 BT-Drs. 14/4374, S. 20 zu Art. 1 § 15 Abs. 4 TzBfG. | 6 Keine Ausnahme für künstlerische oder wissenschaftliche Tätigkeiten: RG v. 25.10.1912 – Rep. III 197/12, RGZ 80, 277 f. | 7 KR/*Fischermeier*, § 624 BGB Rz. 4. | 8 Wie hier: KR/*Fischermeier*, § 624 BGB Rz. 4; Staudinger/*Preis*, § 624 BGB Rz. 3; aA *Duden*, NJW 1962, 1326 ff.; APS/*Backhaus*, § 624 BGB Rz. 8; Soergel/*Kraft*, § 624 BGB Rz. 2. | 9 KR/*Rost* Arbeitnehmerähnliche Personen Rz. 214; MünchKomm/*Schwerdtner*, § 624 BGB Rz. 4. | 10 BGH v. 26.4.1995 – VIII ZR 124/94, NJW 1995, 2350. | 11 BGH v. 25.5.1993 – X ZR 79/92, NJW-RR 1993, 1460; Staudinger/*Preis*, § 624 BGB Rz. 5. | 12 RG v. 27.2.1912 – Rep. III 314/11, RGZ 78, 410 (424); RG v. 7.2.1930 – II 247/29, RGZ 128, 1 (17); BGH v. 25.5.1993 – X ZR 79/82, NJW-RR 1993, 1460 (Wäschereivertrag). | 13 BGH v. 31.3.1982 – I ZR 56/80, AP Nr. 1 zu § 624 BGB (Tankstellen-Stationärvertrag); v. 10.4.1990 – IX ZR 177/89, AP Nr. 2 zu § 611 BGB – Zeitungsausträger; Staudinger/*Preis*, § 624 BGB Rz. 6. | 14 BAG v. 6.9.1989 – 5 AZR 586/88, AP Nr. 27 zu § 622 BGB; LAG Hamm v. 26.8.1988 – 16 Sa 525/88, LAGE § 622 BGB Nr. 10; BAG v. 16.3.1994 – 5 AZR 339/92, AP Nr. 18 zu § 611 BGB – Ausbildungshilfe. | 15 *Lembke*, BB 2001, 1469 (1472 ff.). | 16 *Neumann*, DB 1956, 571; ausf. Staudinger/*Preis*, § 624 BGB Rz. 13 ff. | 17 KR/*Fischermeier*, § 624 BGB Rz. 13; ErfK/*Müller-Glöge*, § 624 BGB Rz. 8; aA *Kramer*, Kündigungsvereinbarungen, S. 43.

legung zu ermitteln, ob das Recht zur ordentlichen Kündigung auf Dauer oder nur vorübergehend ausgeschlossen sein soll, ob verlängerte Kündigungsfristen oder sofortiger Kündigungsschutz gelten sollen oder ob nur rechtlich unverbindlich der Erwartung eines langen Bestehens des Dienstverhältnisses Ausdruck verliehen wird[1].

Im Anwendungsbereich des TzBfG bedeutet die **im TV ausgeschlossene Kündbarkeit** des ArbN nicht seine Anstellung auf Lebenszeit iSv. § 15 Abs. 4 TzBfG, da die tarifliche Unkündbarkeit das ordentliche Kündigungsrecht des ArbN nicht einschränkt. 12

2. Dienstverhältnis für länger als fünf Jahre. Ein Dienstverhältnis ist für längere Zeit als fünf Jahre eingegangen, wenn das Dienstverhältnis entsprechend **zeitlich befristet** wurde, aber auch wenn es **auflösend bedingt** oder **zweckbefristet** wurde und die Bedingung oder Zweckerreichung erst nach mehr als fünf Jahren eintreten[2]. 13

Die Zulässigkeit einer mehr als fünfjährigen Befristung eines **Arbeitsverhältnisses** richtet sich seit 1.1.2001 nach § 14 Abs. 1 TzBfG, die Formbedürftigkeit der Befristung nach § 14 Abs. 4 TzBfG[3]. 14

In Fällen der zeitlichen Befristung setzt § 624 voraus, dass das Vertragsverhältnis **von vornherein** auf mehr als fünf Jahre eingegangen wird. Die Vorschrift findet daher keine Anwendung, wenn Verträge über jeweils fünf Jahre abgeschlossen werden. Das gilt nach hM auch dann, wenn der Anschlussvertrag „angemessene Zeit" vor Ablauf des ersten Vertrages abgeschlossen wird[4]. Angemessen ist ein Zeitpunkt vor Ablauf des ersten Vertrages, wenn der Dienstverpflichtete bereits alle Umstände übersehen kann, die für seinen Entschluss von Bedeutung sind, das Dienstverhältnis zu kündigen oder fortzusetzen[5]. 15

§ 624 ist auch dann **unanwendbar**, wenn ein Dienstverhältnis zunächst für die Dauer von fünf Jahren vereinbart wird und sich nur dann um weitere fünf Jahre **verlängert**, falls es nicht zuvor vom Dienstnehmer mit einer angemessenen Kündigungsfrist gekündigt worden ist[6]. Im Fall einer solchen individualvertraglich vereinbarten Verlängerungsklausel hält die Rspr. eine **einjährige Kündigungsfrist** zum Ablauf des Fünf-Jahres-Zeitraums noch für angemessen[7]. Die Frist kann den Parteien dazu dienen, innerhalb eines überschaubaren Zeitraumes eine berufliche Veränderung auf Seiten des Dienstnehmers bzw. die Nachfolge des Ausscheidenden auf Seiten des Dienstgebers vorzubereiten. Besteht ein wichtiger Grund, kann unabdingbar außerordentlich gekündigt werden. Ob eine noch längere Kündigungsfrist mit dem Schutzzweck des § 624 und Art. 12 GG vereinbar ist, ist vom BAG offen gelassen worden[8]. 16

Findet sich die Fristvereinbarung in **vorformulierten Vertragsbedingungen** eines Dienstvertrages, kann die AGB-Kontrolle ergeben, dass es sich um eine unangemessene Benachteiligung handelt (§ 307)[9]. Das Gleiche gilt wegen § 310 Abs. 4 auch für Fristvereinbarungen in Formulararbeitsverträgen (§ 15 Abs. 4 TzBfG). 17

IV. Kündigungszeitpunkt und -frist. Der Dienstverpflichtete kann das Dienstverhältnis **nach Ablauf von fünf Jahren** kündigen. Die Fünf-Jahres-Frist berechnet sich nach hM nicht ab Vertragsschluss, sondern erst ab Vollzug des Vertrages[10]. Entsprechendes gilt für den ArbN nach § 15 Abs. 4 Satz 1 TzBfG. 18

Die **Kündigungsfrist** beträgt sechs Monate. Sie läuft frühestens ab dem Zeitpunkt, zu dem das Kündigungsrecht entsteht, also mit dem Ablauf von fünf Jahren. Eine vor diesem Zeitpunkt ausgesprochene Kündigung setzt die Kündigungsfrist erst von diesem Zeitpunkt ab in Lauf[11]. Entsprechendes gilt für den ArbN nach § 15 Abs. 4 Satz 2 TzBfG. 19

Ist das Kündigungsrecht entstanden, kann es **jederzeit ausgeübt** werden. Eine Präklusionsfrist besteht nicht[12]; eine Verwirkung scheidet aus[13]. 20

---

1 Erman/*Belling*, § 624 BGB Rz. 3; KR/*Fischermeier*, § 624 BGB Rz. 13 ff. | 2 ErfK/*Müller-Glöge*, § 624 BGB Rz. 10 „eintritt"; Soergel/*Kraft*, § 624 BGB Rz. 4; Erman/*Belling*, § 624 BGB Rz. 4. | 3 *Preis*/Gotthardt, NZA 2000, 357. | 4 RG v. 25.10.1912 – Rep. III 197/12, RGZ 80, 277 (280); Erman/*Belling*, § 624 BGB Rz. 4; KR/*Fischermeier*, § 624 BGB Rz. 24; aA MünchKomm/*Schwerdtner*, § 624 BGB Rz 13: nicht vor Ablauf des Fünfjahreszeitraums; kritisch APS/*Backhaus*, § 624 BGB Rz. 28. | 5 KR/*Fischermeier*, § 624 BGB Rz. 24. | 6 Zum Arbeitsverhältnis: BAG v. 1.10.1970 – 2 AZR 542/69, AP Nr. 59 zu § 626 BGB; v. 19.12.1991 – 2 AZR 363/91, AP Nr. 2 zu § 624 BGB. | 7 BAG v.19.12.1991 – 2 AZR 363/91, AP Nr. 2 zu § 624 BGB, entgegen LAG Hamm v. 22.4.1991 – 19 Sa 409/90, LAGE § 624 BGB Nr. 1; wie das LAG *Kittner/Trittin*, Kündigungsschutzrecht § 624 BGB Rz. 2; ErfK/*Müller-Glöge*, § 622 BGB Rz. 98; Staudinger/*Preis*, § 624 BGB Rz. 51 prognostiziert, dass das BAG auch Kündigungsfristen von weit über einem Jahr anerkennen wird; kritisch APS/*Backhaus*, § 624 BGB Rz. 27 f. | 8 Zum Arbeitsverhältnis: BAG v.19.12.1991 – 2 AZR 363/91, AP Nr. 2 zu § 624 BGB. | 9 Staudinger/*Preis*, § 624 BGB Rz. 21; *Preis*, Grundfragen, S. 237 ff. | 10 KR/*Fischermeier*, § 624 BGB Rz. 27 (Aktualisierung des Dienstverhältnisses); Erman/*Belling*, § 624 BGB Rz. 5; aA HaKo/*Pfeiffer*, Anh. zu § 1 § 624 BGB Rz. 8; einschr. APS/*Backhaus*, § 624 BGB Rz. 20 BGB: Ab vereinbartem Vertragsbeginn. | 11 MünchKomm/*Schwerdtner*, § 624 BGB Rz. 17; KR/*Fischermeier*, § 624 BGB Rz. 27; aA KG v. 1.7.1911 – 24. ZS, Recht 1911 Nr. 2858, das den Ausspruch der Kündigung erst nach Ablauf von fünf Jahren für möglich hält. | 12 MünchKomm/*Schwerdtner*, § 624 BGB Rz. 17; Erman/*Belling*, § 624 BGB Rz. 5. | 13 MünchKomm/*Schwerdtner*, § 624 BGB Rz 17; Erman/*Belling*, § 624 BGB Rz. 5.

21 **V. Unabdingbarkeit.** § 624 Satz 1 ist zwingend und unabdingbar. Das Kündigungsrecht des Dienstnehmers nach dem Ablauf von fünf Jahren kann vertraglich nicht ausgeschlossen werden. Für ArbN gilt nach § 15 Abs. 4 TzBfG, dass sein Kündigungsrecht weder durch Individualvertrag noch durch TV ausgeschlossen werden kann[1].

22 Der **Dienstberechtigte** kann sich auf Lebenszeit, oder für länger als fünf Jahre binden[2], ohne dass dem Dienstberechtigten ein Kündigungsrecht zusteht. Handelt es sich um eine juristische Person, gilt das Gleiche für eine Bindung für die Zeit ihres Bestehens. Das Recht des Dienstberechtigten zur außerordentlichen Kündigung bleibt unberührt[3].

23 Ein Vertrag, der auf **Lebenszeit des Dienstnehmers** abgeschlossen ist, diesem aber ein Kündigungsrecht schon vor dem Ablauf von fünf Jahren gewährt, verstößt nicht schon wegen dieses einseitigen Kündigungsrechts gegen die guten Sitten[4].

24 § 624 Satz 2 ist insoweit zwingend, als zwar kürzere, nicht aber längere Kündigungsfristen vereinbart werden können[5]. Das Recht zur außerordentlichen Kündigung nach § 626 Abs. 1 bleibt unberührt.

25 Auf ein einmal **entstandenes Kündigungsrecht** kann der Dienstnehmer **verzichten**, allerdings nur für einen Zeitraum von fünf Jahren[6].

26 **VI. Darlegungs- und Beweislast.** Der Dienstnehmer, der die Rechtsstellung des § 624 für sich in Anspruch nimmt, hat unabhängig von seiner prozessualen Stellung die tatbestandlichen Voraussetzungen der Norm darzulegen und zu beweisen[7].

625 *Stillschweigende Verlängerung*
Wird das Dienstverhältnis nach dem Ablauf der Dienstzeit von dem Verpflichteten mit Wissen des anderen Teiles fortgesetzt, so gilt es als auf unbestimmte Zeit verlängert, sofern nicht der andere Teil unverzüglich widerspricht.

Lit.: *Kramer*, Kündigungsvereinbarungen 1994, 149; *Kramer*, Die arbeitsvertragliche Abdingbarkeit, NZA 1993, 1115.

1 **I. Inhalt und Zweck.** § 625 regelt die **stillschweigende Verlängerung** von Dienstverhältnissen **kraft gesetzlicher Fiktion**[8]. § 625 vermeidet damit den Eintritt eines vertragslosen Zustands[9], wenn das Dienstverhältnis ohne ausdrückliche oder stillschweigende Vereinbarung über die Vertragsverlängerung über das zunächst vorgesehene Vertragsende hinaus fortgesetzt wird. Ein tatsächlich nicht vorliegender Tatbestand – die einvernehmliche Vertragsverlängerung – wird als gegeben fingiert[10].

2 Die Rspr. ist unentschieden. Einerseits sieht sie in § 625 einen Tatbestand des schlüssigen Verhaltens kraft gesetzlicher Fiktion, also „eine Willenserklärung oder doch ein vom Gesetz der Willenserklärung gleichgestellter Tatbestand"[11]. Die Norm regele damit nicht die Auslegung des Verhaltens der Vertragsparteien, sondern bestimmt dessen gesetzliche Rechtsfolge mit der Fiktion der Vertragsverlängerung[12].

3 Andererseits sieht die Rspr. den Zweck des § 625 in der Vermeidung von Unsicherheit darüber, ob der Vertrag stillschweigend verlängert wurde. § 625 beruhe auf der Erwägung, die Fortsetzung der Arbeitsleistung durch den ArbN mit Wissen des ArbGeb sei im Regelfall der Ausdruck eines stillschweigenden Willens der Parteien zur Verlängerung des Arbeitsverhältnisses[13]. Dieser Regelfall werde vermutet auch für den Fall, dass eine Vertragsverlängerung tatsächlich nicht erfolgt ist. Damit wird § 625 als **unwiderlegliche Vermutung**[14] der Vertragsverlängerung interpretiert.

4 Wird indessen das Dienstverhältnis durch **ausdrückliche oder stillschweigende Vereinbarung** auf bestimmte oder unbestimmte Dauer verlängert, gibt es keinen Grund, warum die Vermutung einer Verlängerung auf unbestimmte Zeit greifen und an die Stelle des wirklichen, im Falle einer Verlängerung auf bestimmte Dauer auch abweichenden Parteiwillens treten soll. Deshalb ist auch für die Fiktion des § 625, also die Unterstellung der Vertragsverlängerung, die so tatsächlich nicht vorliegt, kein Raum,

---

1 RG v. 25.10.1912 – Rep. III, 197/12, RGZ 80, 277 ff.; KR/*Fischermeier*, § 624 BGB Rz. 7; Erman/*Belling*, § 624 BGB Rz. 1; KR/*Fischermeier*, § 624 BGB Rz. 7. |2 KR/*Fischermeier*, § 624 BGB Rz. 25; Staudinger/*Preis*, § 624 BGB Rz. 26. |3 BGH v. 22.4.1986 – X ZR 59/85, NJW-RR 1986, 982; Staudinger/*Preis*, § 624 BGB Rz. 26. |4 RAG v. 9.3.1935 – RAG 201/34, ARS 23, 190. |5 KR/*Fischermeier*, § 624 BGB Rz. 8; MünchKomm/*Schwerdtner*, § 624 BGB Rz. 19. |6 KR/*Fischermeier*, § 624 BGB Rz. 30; krit. APS/*Backhaus*, § 624 BGB Rz. 22. |7 KR/*Fischermeier*, § 624 BGB Rz. 30; Staudinger/*Preis*, § 624 BGB Rz. 27. |8 BAG v. 1.12.1960 – 3 AZR 588/58, AP Nr. 1 zu § 625 BGB; v. 18.9.1991 – 7 AZR 364/90, nv.; KR/*Fischermeier*, § 625 BGB Rz. 1. |9 ErfK/*Müller-Glöge*, § 625 BGB Rz. 1. |10 Vgl. etwa § 1923 Abs. 2 BGB. Zur Fiktion *Larenz*, Methodenlehre der Rechtswissenschaft, 6. Aufl. S. 261 ff. |11 RAG v. 2.11.1932 – RAG 328/32, ARS 16, 284; BAG v. 1.12.1960 – 3 AZR 588/58, AP Nr. 1 zu § 625 BGB. Ebenso KR/*Fischermeier*, § 625 BGB Rz. 4; aA MünchKomm/*Schwerdtner*, § 625 BGB Rz. 11, wonach sich die Fiktion auf die Dauer der Fortsetzung beziehe. |12 ErfK/*Müller-Glöge*, § 625 BGB Rz. 1. |13 BAG 1.12.1960 – 3 AZR 588/58, AP Nr. 1 zu § 625 BGB. |14 BAG v. 13.8.1987 – 2 AZR 122/87, nv.; v. 18.9.1991 – 7 AZR 364/90, nv.; dem BAG folgend Staudinger/*Preis*, § 625 BGB Rz. 7 f.; Erman/*Belling*, § 625 BGB Rz. 1.

wenn es vor oder nach dem Auslaufen des Vertrages zu einer Vereinbarung über die Verlängerung des Dienstverhältnisses kommt[1]. Kann der Dienstverpflichtete eine Verlängerungsabrede beweisen, ist er auf die Fiktionswirkung des § 625 nicht angewiesen.

Dementsprechend hat die Bedeutung des § 625 abgenommen[2], seitdem die Rspr. für eine Willenserklärung auf ein tatsächlich bestehendes **Erklärungsbewusstsein** ausnahmsweise verzichtet, wenn der Erklärende bei Anwendung der im Verkehr erforderlichen Sorgfalt hätte erkennen und vermeiden können, dass seine Äußerung nach Treu und Glauben und der Verkehrssitte als Willenserklärung aufgefasst werden durfte, und wenn der Empfänger sie auch tatsächlich so verstanden hat[3]. 5

Soweit in § 625 sowohl eine gesetzliche Fiktion als auch eine unwiderlegliche gesetzliche Vermutung gesehen wird, ist dies **widersprüchlich**[4], weil bei einer Fiktion als bestehend fingiert wird, was tatsächlich nicht vorliegt, während es bei der unwiderleglichen Vermutung nicht darauf ankommt, was tatsächlich vorliegt[5]. 6

Eine **Mindermeinung** sieht in § 625 eine Fiktion allerdings nur hinsichtlich der Dauer der Fortsetzung und verlangt im Übrigen eine rechtsgeschäftliche Einigung über die Fortsetzung des Dienstverhältnisses[6]. Für eine solche Regelung besteht aber kein Bedürfnis, da eine rechtsgeschäftliche Vertragsverlängerung ohne Einigung über die Dauer der Verlängerung kaum vorkommen wird; vereinbaren die Parteien keine Befristung, ist eine Verlängerung auf unbestimmte Dauer gewollt. 7

II. Anwendungsbereich. § 625 erfasste bis zum 31.12.2000 sowohl unabhängige (selbständige oder freie) Dienstverhältnisse[7] als auch Arbeitsverhältnisse. Auf **Dienstverträge** Selbständiger ist § 625 auch nach In-Kraft-Treten des TzBfG weiterhin uneingeschränkt anwendbar. 8

Für **Arbeitsverhältnisse** ist mit In-Kraft-Treten des TzBfG im Wesentlichen dieselbe Regelung[8] wie in § 625 BGB in § 15 Abs. 5 TzBfG übernommen worden. § 15 Abs. 5 TzBfG erfasst allerdings nur Beendigungen des Arbeitsverhältnisses durch **Zeitablauf** oder **Zweckerreichung**, also Fälle der Zeitbefristung, Zweckbefristung und der auflösenden Bedingung (§ 21 TzBfG). Insoweit wird § 625 für Arbeitsverhältnisse seit dem 1.1.2001 verdrängt. 9

Setzt der ArbN das Arbeitsverhältnis jedoch nach **Kündigung, Anfechtung** oder **Aufhebungsvertrag** tatsächlich über den Endzeitpunkt mit Wissen des ArbGeb hinaus fort, ist § 15 Abs. 5 TzBfG unanwendbar. Eine Vertragsverlängerung kommt hier nur nach § 625 in Betracht[9]. 10

Setzen die Parteien ihr **Dienstverhältnis** zunächst nur **vorläufig fort**, um über die Bedingungen der endgültigen Fortsetzung zu verhandeln, und scheitern diese Verhandlungen, endet das vorläufige Dienstverhältnis wegen Zweckerreichung durch einfache Erklärung, ohne dass es einer ordentlichen Kündigung bedarf[10]. 11

Wird ein **Arbeitsverhältnis vorläufig fortgesetzt**, um über die Bedingungen der endgültigen Fortsetzung zu verhandeln (Zweckbefristung nach § 14 Abs. 1 Satz 1 TzBfG), und scheitern diese Verhandlungen, endet das vorläufige Arbeitsverhältnis wegen **Zweckerreichung** frühestens zwei Wochen nach Unterrichtung durch den ArbGeb (§ 15 Abs. 2 TzBfG). 12

§ 625 wurde auch angewandt, wenn ein befristetes **Probearbeitsverhältnis** über die Probezeit hinaus fortgesetzt wurde[11]. Seit dem 1.1.2001 ist auf diesen Fall §§ 14 Abs. 1 Satz 2 Nr. 5, 15 Abs. 5 TzBfG anwendbar. 13

Nach der Sondervorschrift des § 17 **BBiG** gilt ein Arbeitsverhältnis als auf unbestimmte Zeit begründet, wenn der Auszubildende im Anschluss an das Berufsausbildungsverhältnis weiterbeschäftigt wird, und die Parteien hierüber ausdrücklich nichts vereinbart haben. § 625 war unanwendbar, denn es geht nicht um die Fortsetzung zu unveränderten Bedingungen[12]. Das Gleiche gilt jetzt auch für § 15 Abs. 5 TzBfG; eine Befristung ist nach § 14 Abs. 1 Satz 2 Nr. 2 TzBfG möglich. 14

Hat der ArbN nach einer **Änderungskündigung** das Änderungsangebot unter dem Vorbehalt des § 2 KSchG angenommen[13], ist § 15 Abs. 5 TzBfG schon deshalb unanwendbar, weil die Vorschrift nur Beendigungen des Arbeitsverhältnisses durch Zeitablauf oder Zweckerreichung erfasst. Auch § 625 greift 15

---

1 BAG v. 11.11.1966 – 3 AZR 214/65, AP Nr. 117 zu § 242 BGB – Ruhegehalt; ErfK/*Müller-Glöge*, § 625 BGB Rz. 2. | 2 ErfK/*Müller-Glöge*, § 622 BGB Rz. 2. | 3 BGH v. 7.6.1984 – IX ZR 66/83, BGHZ 91, 324; aufgenommen in BAG v. 4.9.1985 – 7 AZR 262/83, AP Nr. 22 zu § 242 BGB – Betriebliche Übung. | 4 So BAG v. 13.8.1987 – 2 AZR 122/87, nv.; v. 18.9.1991 – 7 AZR 364/90, nv.; dem BAG folgend Staudinger/*Preis*, § 625 BGB Rz. 7 f.; ErfK/*Müller-Glöge*, § 625 BGB Rz. 1. | 5 Beispiele für – seltene – unwiderlegliche Vermutungen sind etwa §§ 1566, 1943, 2. Halbs. BGB. | 6 MünchKomm/*Schwerdtner*, § 625 BGB Rz. 11 ff.; dagegen etwa KR/*Fischermeier*, § 625 BGB Rz. 5; APS/*Backhaus*, § 625 BGB Rz. 2. | 7 BT-Drs. 14/4374, S. 21 zu Art. 1 § 15 Abs. 5. | 8 § 15 Abs. 5 TzBfG stellt allgemein auf die Fortsetzung des Arbeitsverhältnisses ab, erfasst also anders als noch § 625 auch Fälle der Fortsetzung durch den ArbGeb. Vgl. MünchArbR/*Wank*, § 116 Rz. 270. | 9 APS/*Backhaus*, § 15 TzBfG Rz. 19; MünchArbR/*Wank*, § 116 Rz. 268 f. | 10 BBDW/*Bader*, Rz. 24; ErfK/*Müller-Glöge*, § 625 BGB Rz. 21; aA MünchKomm/*Schwerdtner*, § 625 BGB Rz. 18 (kürzestmögliche Kündigungsfrist gilt als vereinbart). | 11 LAG Düsseldorf v. 9.11.1965 – 8 Sa 283/65, BB 1966, 741; Staudinger/*Preis*, § 625 BGB Rz. 16 mwN. | 12 BAG v. 30.11.1984 – 7 AZR 539/83, AP Nr. 1 zu § 22 MTV – Ausbildung; Staudinger/*Preis*, § 625 BGB Rz. 5. | 13 ErfK/*Müller-Glöge*, § 625 BGB Rz. 4.

nicht, weil die kündigungsschutzrechtlichen Bestimmungen als leges speciales vorgehen[1]. Die bisherigen Arbeitsbedingungen gelten nur weiter, wenn die Änderungskündigung sich als unwirksam herausstellt (§ 8 KSchG).

16 Der **Anstellungsvertrag des Vorstandes einer AG** verlängert sich ohne gleichzeitige Verlängerung der Organstellung nicht nach § 625 über die Fünfjahresfrist des § 84 Abs. 1 Satz 1 AktG hinaus[2], weil andernfalls der Aufsichtsrat in seiner Bestellungsentscheidung nicht mehr frei wäre.

17 **Öffentlich-rechtliche Lehraufträge** begründen kein Dienstverhältnis iSd. § 625[3].

18 **III. Voraussetzungen der Verlängerung. 1. Ablauf der Dienstzeit.** Die Dienstzeit des zwischen den Parteien abgeschlossenen Vertrages muss abgelaufen sein. Auf die Art des Beendigungstatbestandes kommt es grundsätzlich nicht an. In der Regel kommen Befristung oder Kündigung in Betracht.

19 Die hM lehnt eine Anwendung des § 625 ab, wenn das Dienstverhältnis wegen **Zweckerreichung** endet[4]. Denn in diesem Fall müssten sich die Parteien über die Fortsetzung des Dienstverhältnisses mit einer neuen Aufgabe einigen. Demgegenüber ordnet § 15 Abs. 5 TzBfG jetzt auch die Vertragsverlängerung an, wenn das Arbeitsverhältnis nach Zweckerreichung durch die eine oder andere Partei mit Wissen des ArbGeb fortgesetzt wird[5]. Im Umkehrschluss ist aus dem Fehlen einer solchen Regelung im Bereich des § 625 auf dessen Unanwendbarkeit in Fällen der Zweckerreichung zu schließen.

20 Auch wenn das Dienst- oder Arbeitsverhältnis wegen eines **Aufhebungsvertrages** endet, scheidet eine Anwendung des § 625 aus[6]. Auch in diesem Fall müssten sich die Parteien über die Fortsetzung des Dienstverhältnisses mit einer neuen Aufgabe einigen[7].

21 Wird **während** eines **Kündigungsschutzprozesses** der ArbN tatsächlich **vorläufig weiterbeschäftigt**, liegt im Zweifel nur eine Weiterbeschäftigung unter der auflösenden Bedingung des für den ArbGeb erfolgreichen rechtskräftigen Abschlusses des Prozesses vor[8]. Zu beachten ist, dass die Vereinbarung der vorläufigen Weiterbeschäftigung des ArbN nach Erhebung einer Kündigungsschutzklage als auflösende Bedingung dem Schriftformerfordernis der §§ 14 Abs. 4, 21 TzBfG unterliegt[9] (vgl. § 623 Rz. 27). Erst eine tatsächliche Weiterbeschäftigung über den Bedingungseintritt hinaus, löst die Folge der §§ 15 Abs. 5, 21 TzBfG aus[10]. Ausnahmsweise kann § 625 aber auch dann greifen, wenn der ArbN nach Ablauf der Kündigungsfrist während eines anhängigen Kündigungsschutzprozesses weiterarbeitet[11].

22 In Betracht kommt auch eine Beendigung des Arbeitsverhältnisses **kraft Gesetzes**, wie sie etwa Art. 2 des SGB VI ÄndG vorsah[12].

23 Die Vereinbarung über die Beendigung des Arbeitsverhältnisses bei Erreichen einer **Altersgrenze** enthält nach Auffassung des BAG eine auflösende Bedingung[13], nach zutreffender Ansicht eine Befristung[14]. Wird das Arbeitsverhältnis mit Wissen des ArbGeb und ohne dessen unverzüglichen Widerspruch über die Altersgrenze hinaus fortgesetzt, so greift die Rechtsfolge des § 15 Abs. 5 TzBfG; wenn man der Ansicht folgt, es handele sich um eine auflösende Bedingung: iVm. § 21 TzBfG[15]. Gleiches gilt bei Fortsetzung des Arbeitsverhältnisses über das **Rentenalter** hinaus.

24 Auf den Beginn des **Ruhens eines Dienst- oder Arbeitsverhältnisses** ist § 625 nicht entsprechend anwendbar. Das Dienst- oder Arbeitsverhältnis besteht hier gerade fort[16].

25 **2. Fortsetzung des Dienstverhältnisses.** Die Fiktion der Fortsetzung des Dienstverhältnisses knüpft an die bewusste Fortführung der bisherigen Dienste durch den Dienstverpflichteten an[17].

---

1 So schon zur Rechtslage bis 31.12.2000 Staudinger/*Preis*, § 625 BGB Rz. 3; KR/*Fischermeier*, § 625 BGB Rz. 4. |2 *Krieger*, Personalentscheidungen des Aufsichtsrats, 1981, § 8 II 3b, S. 171; ErfK/*Müller-Glöge*, § 625 BGB Rz. 5. |3 ErfK/*Müller-Glöge*, § 625 BGB Rz. 3. |4 MünchKomm/*Schwerdtner*, § 625 BGB Rz. 7; ErfK/*Müller-Glöge*, § 625 BGB Rz. 6. |5 MünchArbR/*Wank*, § 116 Rz. 269; KR/*Lipke/Bader*, § 15 TzBfG Rz. 19, 27. |6 MünchKomm/*Schwerdtner*, § 625 BGB Rz. 3; ErfK/*Müller-Glöge*, § 625 BGB Rz. 6. |7 So ErfK/*Müller-Glöge*, § 625 BGB Rz. 6; MünchKomm/*Schwerdtner*, § 625 BGB Rz. 7 |8 BAG v. 4.9.1986 – 8 AZR 636/84, AP Nr. 22 zu § 611 – Beschäftigungspflicht; Staudinger/*Preis*, § 625 BGB Rz. 37; KR/*Fischermeier*, § 625 BGB Rz. 24. |9 Vgl. APS/*Backhaus*, § 625 BGB Rz. 40 offen lassend, ob die auflösende Bedingung dem Schriftformerfordernis des § 623 BGB untersteht. |10 Zu § 625 BGB LAG Hamm v. 8.8.1985 – 10 Sa 265/85, RzK 12 Nr. 3 zur Weiterbeschäftigung über den selbst gesetzten Termin (Tag der streitigen Verhandlung vor dem ArbG) hinaus. |11 So LAG Frankfurt a.M. v. 5.5.1976 – 10/2 Sa 696/75, AuR 1977, 89; Staudinger/*Preis*, § 625 BGB Rz. 19. |12 ErfK/*Müller-Glöge*, § 625 BGB Rz. 8; hierzu BVerfG v. 8.11.1994 – 1 BvR 1814/94, AP Nr. 5 zu § 41 SGB VI. |13 BAG v. 20.12.1984 – 2 AZR 3/84, AP Nr. 9 zu § 620 BGB – Bedingung; bestätigt in BAG v. 6.3.1986 – 2 AZR 262/85, AP Nr. 1 zu § 620 BGB – Altersgrenze; v. 20.11.1987 – 2 AZR 284/86, AP Nr. 2 zu § 620 BGB – Altersgrenze; offen gelassen in BAG v. 12.2.1992 – 7 AZR 100/91, AP Nr. 5 zu § 620 BGB – Altersgrenze. |14 MünchArbR/*Wank*, § 116 Rz. 56; *Belling*, Anm. zu AP Nr. 9 zu § 620 BGB – Bedingung; *Joost*, Anm. zu AP Nr. 2 zu § 620 BGB – Altersgrenze; Staudinger/*Preis*, § 620 Rz. 139. |15 Noch zu § 625: LAG Berlin v. 28.11.1991 – 7 Sa 53/91, LAGE § 625 BGB Nr. 2; ArbG Bremerhaven v. 19.11.1954 – Ca 601/54, DB 1955, 123. |16 BAG v. 23.9.1993 – 8 AZR 268/92, AP Nr. 4 zu Art. 13 – Einigungsvertrag. |17 Staudinger/*Preis*, § 625 BGB Rz. 19.

Demgegenüber stellt § 15 Abs. 5 TzBfG allgemein auf die Fortsetzung des Arbeitsverhältnisses ab, erfasst also anders als § 625 auch Fälle der Fortsetzung durch den ArbGeb[1]. Der ArbN kann seine Dienste auch an einem anderen Arbeitsplatz für denselben ArbGeb fortführen[2]. **26**

Der Dienstverpflichtete muss die vertragsgemäßen Dienste nach dem Ablauf der Vertragszeit **tatsächlich** erbringen. **27**

Die **Entgeltfortzahlung** an einen arbeitsunfähig erkrankten ArbN[3] oder die Bewilligung von Erholungsurlaub über das Vertragsende hinaus[4] genügen im Anwendungsbereich des § 625 nicht. Im Anwendungsbereich des § 15 Abs. 5 TzBfG ist hierin aber eine Fortsetzung des Arbeitsverhältnisses durch den ArbGeb zu sehen[5]. **28**

Die Fortsetzung des Dienstverhältnisses muss **willentlich** und im **unmittelbaren Anschluss** an den Ablauf der Vertragszeit erfolgen. Eine sechsmonatige Unterbrechung steht der Annahme einer „Fortsetzung" iSv. § 625 entgegen[6]. Im Falle des § 15 Abs. 5 TzBfG darf der ArbGeb die Vergütung nicht nur versehentlich fortgezahlt haben[7]. **29**

Der Dienstverpflichtete muss **geschäftsfähig** iSd. §§ 104 ff. sein, da er so behandelt wird, als habe er eine rechtsgeschäftliche Erklärung zur Fortsetzung des Dienstverhältnisses abgegeben[8]. Das Gleiche muss bei Fortsetzung des Arbeitsverhältnisses durch den ArbGeb im Rahmen des § 15 Abs. 5 TzBfG für den ArbGeb gelten. **30**

Eine **Anfechtung** der Fortsetzung des Dienst- oder Arbeitsverhältnisses wegen Irrtums scheidet aus. § 625 und § 15 Abs. 5 TzBfG knüpfen die Fiktionswirkung an einen tatsächlichen Vorgang, die Fortsetzung der Dienstleistung in Kenntnis des Ablaufs der Dienstzeit, nicht an die Abgabe einer Willenserklärung[9]. **31**

3. Kenntnis des Dienstberechtigten. Der Dienstberechtigte muss **von den weiteren Dienstleistungen** wissen[10]. **32**

Ob der Dienstberechtigte auch Kenntnis **von der Beendigung des Dienstverhältnisses** haben muss, ist streitig[11]. Das Einverständnis des Dienstberechtigten mit der Fortsetzung der Dienstleistungen braucht jedenfalls nicht vorzuliegen[12]. Im Fall des § 15 Abs. 5 TzBfG spricht der Wortlaut dafür, dass es auch auf die Kenntnis des ArbGeb von der Beendigung des Arbeitsverhältnisses ankommen soll, weil sonst bei Fortsetzung des Arbeitsverhältnisses durch den ArbGeb das Tatbestandsmerkmal „mit Wissen des ArbGeb" funktionslos wäre[13]. Sowohl bei § 625 wie auch bei § 15 Abs. 5 TzBfG gibt es ohne Kenntnis oder zumindest Kennenmüssens des Dienstberechtigten von der Vertragsbeendigung keinen hinreichenden Grund, dem Verhalten des Dienstberechtigten kraft gesetzlicher Fiktion Erklärungswert beizumessen und ihn so zu behandeln, als habe er der Verlängerung des Vertrages zugestimmt. Schließlich hat das Verschulden des Dienstberechtigten bei nicht unverzüglichem Widerspruch keinen Ansatzpunkt, wenn der Dienstberechtigte überhaupt keine Kenntnis von der Vertragsbeendigung hatte oder haben konnte (hierzu Rz. 41). **33**

Die Streitfrage zur Reichweite des Wissens des Dienstberechtigten als Voraussetzung der Fiktionswirkung wird relevant, wenn **der Dienstberechtigte** sich über den Zeitpunkt der Beendigung des Dienstverhältnisses **irrt**. Er weiß dann nichts von der Vertragsbeendigung. Das schließt, wenn die Unkenntnis von der Vertragsbeendigung unverschuldet ist, die Fiktionswirkung des § 625 aus[14]. Im Falle einer rechtlich falschen Beurteilung seitens des Dienstberechtigten ist die Unkenntnis von der Vertragsbeendigung allerdings verschuldet. Gleiches gilt im Rahmen des § 15 Abs. 5 TzBfG. Deshalb bedarf es bei beiderseitigem Irrtum über das rechtliche Ende des Dienstverhältnisses auch keiner Anwendung der Regeln über den Wegfall der Geschäftsgrundlage (§ 313)[15]. **34**

Unausgesprochen hat das BAG das **Wissen oder Wissenmüssen des ArbGeb** von der Vertragsbeendigung zur Anwendung des § 625 für **erforderlich** erachtet in einem Fall, indem ein ArbN seine Arbeitsleistung fortsetzte, obwohl das Arbeitsverhältnis mit Ablauf des Monats, in welchem dem ArbN ein **35**

---

1 APS/*Backhaus*, § 15 TzBfG Rz. 20 f.; MünchArbR/*Wank*, § 116 Rz. 270. | 2 BAG v. 11.11.1966 – 3 AZR 214/65, AP Nr. 117 zu § 242 BGB – Ruhegehalt. | 3 LAG Hamm v. 5.9.1990 – 15 Sa 1038/90, LAGE § 625 BGB Nr. 1. | 4 LAG Hamm v. 3.2.1992 – 19 Sa 1664/91, LAGE § 625 BGB Nr. 3; aA ArbG Passau v. 27.7.1988 – 1 Ca 384/88, ARST 1989,1. | 5 MünchArbR/*Wank*, § 116 Rz. 270; APS/*Backhaus*, § 15 TzBfG Rz. 21. | 6 BAG v. 24.9.1997 – 7 AZR 654/96, nv. | 7 Zu § 625: LAG Hamm v. 5.9.1990 – 15 Sa 1038/90, LAGE § 625 BGB Nr. 1; Staudinger/*Preis*, § 625 BGB Rz. 20. | 8 Erman/*Belling*, § 625 BGB Rz. 4; ErfK/*Müller-Glöge*, § 625 BGB Rz. 10. | 9 So ErfK/*Müller-Glöge*, § 625 BGB Rz. 10; Staudinger/*Preis*, § 625 BGB Rz. 13; aA MünchKomm/*Schwerdtner*, § 625 BGB Rz. 11. | 10 BAG v. 1.12.1960 – 3 AZR 588/58, AP Nr. 1 zu § 625 BGB; v. 30.11.1984 – 7 AZR 539/83, AP Nr. 1 zu § 22 MTV – Ausbildung (zu § 17 BBiG). | 11 Bejahend: ErfK/*Müller-Glöge*, § 625 BGB Rz. 11; MünchKomm/*Schwerdtner*, § 625 BGB Rz. 9; BAG v. 30.11.1984 – 7 AZR 539/83, AP Nr. 1 zu § 22 MTV – Ausbildung (zu § 17 BBiG); verneinend: *Kramer*, NZA 1993, 1115 (1116); KR/*Hillebrecht*, § 625 BGB Rz. 27; LAG Bremen v. 30.3.1955 – 1 Sa 79/54, BB 1955, 510. | 12 BAG v. 30.11.1984 – 7 AZR 539/83, AP Nr. 1 zu § 22 MTV – Ausbildung (zu § 17 BBiG). | 13 AA APS/*Backhaus*, § 15 TzBfG Rz. 23, der hier auf das Wissen des ArbGeb „um die eigenen Fortsetzungshandlungen" abstellt. | 14 Anders Soergel/*Kraft*, § 625 BGB Rz. 5, der nur einen beiderseitigen Irrtum für erheblich hält. Das findet im Gesetz keine Stütze. | 15 BAG v. 21.12.1957 – 2 AZR 61/55, AP Nr. 5 zu § 4 TVG; ErfK/*Müller-Glöge*, § 625 BGB Rz. 13; KR/*Hillebrecht*, § 625 BGB Rz. 10.

Rentenbescheid über eine Erwerbsunfähigkeitsrente zuging, endete und der ArbGeb von der Vertragsbeendigung nichts erfuhr, weil der ArbN seiner Mitteilungspflicht nicht nachkam. Das BAG wandte hier § 625 nicht an und erklärte auch die Grundsätze über das faktische Arbeitsverhältnis für unanwendbar; es hätte aber § 625 anwenden müssen, wenn die Bestimmung auch bei unverschuldeter Unkenntnis von der Vertragsbeendigung griffe[1].

36 Die Regeln über die **Stellvertretung** sind grundsätzlich anwendbar[2], so dass es für das Wissen oder Wissenmüssen von der Vertragsbeendigung und der Weiterarbeit nach § 166 auf die Person des Vertreters ankommt[3]. Maßgeblich ist die Kenntnis oder das Kennenmüssen des (geschäftsfähigen) Dienstberechtigten bzw. ArbGeb oder seines Vertreters, der den Dienstberechtigten bzw. ArbGeb durch eine entsprechende vertragliche Abrede binden könnte. Unzureichend ist es, wenn lediglich Kollegen des Dienstverpflichteten bzw. ArbN über dessen weiteres Verbleiben am Arbeitsplatz unterrichtet sind[4].

37 **4. Kein unverzüglicher Widerspruch des Dienstberechtigten.** Ist der Dienstberechtigte mit der ihm bekannten Fortsetzung der Arbeitsleistungen nicht einverstanden, kann er den Eintritt der Rechtsfolgen des § 625 durch einen unverzüglichen Widerspruch vermeiden. Gleiches gilt im Anwendungsbereich des § 15 Abs. 5 TzBfG.

38 Der Widerspruch ist eine einseitige empfangsbedürftige Willenserklärung (§ 130) und als solche unter den Voraussetzungen der §§ 119 ff. **anfechtbar**. Die Willenserklärung kann ausdrücklich oder konkludent erfolgen, zB durch Aushändigung der Arbeitspapiere[5] oder Klagabweisungsantrag[6]. Auch der Antrag des ArbGeb auf Abschluss eines befristeten Dienstvertrages ist ein konkludenter Widerspruch[7]. Denn durch dieses macht der ArbGeb klar, dass durch die Weiterbeschäftigung kein Arbeitsverhältnis auf unbestimmte Zeit begründet werden soll. Nimmt der ArbN dieses Angebot nicht an, kommt es weder zu einer befristeten noch zu einer unbefristeten Fortsetzung des Arbeitsverhältnisses.

39 Der Widerspruch schließt die Fiktionswirkung des § 625 nur aus, wenn er **kurz vor**[8] oder **unverzüglich** (§ 121) **nach** Ablauf des Dienstverhältnisses erklärt wird. Der ArbN muss durch die Umstände bedingte Verzögerungen hinnehmen, sofern nur der ArbGeb die im Verkehr erforderliche Sorgfalt gewahrt hat[9].

40 Erklärt sich der Dienstberechtigte zu einer **vorläufigen Weiterbeschäftigung** mit dem Hinweis bereit, er sei dazu nur aus sozialen Gründen oder bis zur endgültigen Klärung der künftigen Vertragsbeziehungen bereit, kann darin ein Widerspruch iSd. § 625 liegen[10]; gleiches gilt im Anwendungsbereich des § 15 Abs. 5 TzBfG (zur vorläufigen Weiterbeschäftigung während eines Kündigungsschutzverfahrens Rz. 21).

41 Die **Frist** des § 121 **beginnt** erst mit der **Kenntnis** des Dienstberechtigten bzw. ArbGeb von den für die Entscheidung über das Fortbestehen des Dienst- bzw. Arbeitsverhältnisses maßgebenden Umständen, also auch der Tatsache des Vertragsendes[11]. Ein Zögern des ArbGeb ist nicht schuldhaft, wenn er zunächst den Versuch einer Einigung über Dauer und Form einer Weiterbeschäftigung anstrebt oder den Einwand des BR überprüft, der ArbN befinde sich bereits in einem unbefristeten Arbeitsverhältnis[12].

42 Ist ein ArbN nach Ablauf eines befristeten Arbeitsverhältnisses im Betrieb des ArbGeb auf einem **anderen Arbeitsplatz** weiterbeschäftigt worden, so hat der ArbGeb durch die Zuweisung des neuen Arbeitsplatzes einen besonderen Vertrauenstatbestand gesetzt. An das Merkmal der Unverzüglichkeit sind daher **verschärfte Anforderungen** zu stellen[13].

43 **IV. Fiktionswirkung.** Das Dienst- bzw. Arbeitsverhältnis wird auf Grund der Fiktion auf unbestimmte Zeit verlängert mit dem **alten Vertragsinhalt**, insb. der alten Vergütungsregelung[14], auch wenn der Umfang der Dienstleistung vermindert ist[15]. Nur die der gesetzlichen Rechtsfolge des Bestehens eines unbefristeten Dienstverhältnisses entgegenstehenden Vereinbarungen der Parteien verlieren ihre Geltung. Dies gilt vor allem für eine etwaige Befristung.

44 Einzelvertraglich wirksam **vereinbarte Kündigungsfristen** werden grundsätzlich durch die gesetzlichen Kündigungsfristen verdrängt[16]. Das soll nach Auffassung des BAG aber zumindest dann nicht gelten, wenn die vereinbarte Kündigungsregelung aufgrund der Auslegung des ursprünglichen Vertrages auch auf den Fall der Fortsetzung des Arbeitsverhältnisses zu beziehen ist, oder die Parteien bei

---

1 BAG v. 30.4.1997- 7 AZR 122/96, AP Nr. 20 zu § 625 BGB. | 2 BAG v. 1.12.1960 – 3 AZR 588/58, AP Nr. 1 zu § 625 BGB. | 3 Staudinger/*Preis*, § 625 BGB Rz. 11. | 4 Bei ErfK/*Müller-Glöge*, § 625 BGB Rz. 12 unklar, ob weitere Bedingungen kumulativ gemeint sind. | 5 ErfK/*Müller-Glöge*, § 625 BGB Rz. 14. | 6 LAG Köln v. 10.3.1995 – 13 Sa 842/94, NZA-RR 1996, 202. | 7 BAG v. 8.3.1962 – 2 AZR 497/61, AP Nr. 22 zu § 620 BGB – Befristeter Arbeitsvertrag; v. 23.4.1980 – 5 AZR 49/78, AP Nr. 8 zu § 15 KSchG 1969; APS/*Backhaus*, § 625 BGB Rz. 20. | 8 BAG v. 8.3.1962 – 2 AZR 497/61, AP Nr. 22 zu § 620 BGB – Befristeter Arbeitsvertrag; MünchKomm/*Schwerdtner*, § 625 BGB Rz. 16. | 9 BAG v. 1.12.1960 – 3 AZR 588/58, AP Nr. 1 zu § 625 BGB. | 10 ErfK/*Müller-Glöge*, § 625 BGB Rz. 16. | 11 Staudinger/*Preis*, § 625 BGB Rz. 25; Erman/*Belling*, § 625 BGB Rz. 3; aA APS/*Backhaus*, § 625 BGB Rz. 22. | 12 BAG v. 13.8.1987 – 2 AZR 122/87, nv. | 13 BAG v. 11.11.1966 – 3 AZR 214/65, AP Nr. 117 zu § 242 BGB – Ruhegehalt. | 14 Staudinger/*Preis*, § 625 BGB Rz. 29. | 15 RG v. 24.6.1910 – II 487/09, Recht 1910, Nr. 3335; MünchKomm/*Schwerdtner*, § 625 BGB Rz. 19; KR/*Fischermeier*, § 625 BGB Rz. 39. | 16 RAG 22.3.1939 – RAG 173/38, ARS 36, 7; LAG Hamburg v. 27.9.1956 – 2 Sa 153/56, BB 1957, 78; Erman/*Belling*, § 625 BGB Rz. 9; MünchKomm/*Schwerdtner*, § 625 BGB Rz. 20; KR/*Fischermeier*, § 625 BGB Rz. 40.

Fortsetzung der Arbeit eine entsprechende – konkludente – Vereinbarung getroffen haben[1]. Die gesetzlichen Kündigungsfristen ergeben sich je nachdem, ob es sich um ein unabhängiges Dienstverhältnis oder ein Arbeitsverhältnis handelt, aus §§ 620 Abs. 2, 621 oder §§ 620 Abs. 2, 622.

Bei **Streit über die Dauer der Befristung** gilt im Zweifel bei entsprechender Anwendung des § 625 das Dienstverhältnis nur bis zur späteren Frist, nicht auf unbestimmte Zeit verlängert[2]. 45

Ein nach § 625 fingiertes Arbeitsverhältnis ist ein **vorhergehender unbefristeter Arbeitsvertrag** iSd. § 1 Abs. 3 Satz 1 Alt. 1 BeschFG idF des Arbeitsrechtlichen Beschäftigungsförderungsgesetzes vom 26.9.1996 und begründet ein Anschlussverbot nach dieser Vorschrift[3]. Auf der Grundlage des verschärften Anschlussverbots des § 14 Abs. 2 Satz 2 TzBfG[4] stellt das fingierte Arbeitsverhältnis ein vorheriges Arbeitsverhältnis mit demselben ArbGeb iS dieser Vorschrift dar und schließt damit eine Befristung aus. 46

V. Abdingbarkeit. Nach ganz hM ist § 625 abdingbar[5]: Den Parteien steht es frei, die Rechtsfolgen des § 625 auszuschließen. Werden von der Rechtsfolgeregelung des § 625 abweichende Vereinbarungen über die Weiterbeschäftigung nach Vertragsende getroffen, greift die Bestimmung schon tatbestandlich nicht ein. 47

In der Praxis werden Vereinbarungen über den Ausschluss der Verlängerung oder die Verlängerung auf bestimmte Zeit oder zur Fortsetzung zu anderen Bedingungen vor Ablauf des Dienst-/Arbeitsverhältnisses und auch schon zu Vertragsbeginn getroffen. 48

Die **Ausschlussvereinbarung** ist grundsätzlich ausdrücklich oder stillschweigend möglich. Wird eine Verlängerung eines durch einen anderen Umstand als Befristung oder auflösende Bedingung beendeten Arbeitsvertrages auf **bestimmte Zeit** vereinbart, ist für diese Befristungsabrede im Arbeitsvertrag Schriftform erforderlich, § 14 Abs. 4 TzBfG[6]. Für einen ohnehin schon befristet oder auflösend bedingten Arbeitsvertrag ist § 15 Abs. 5 TzBfG dagegen unabdingbar[7]. 49

Eine Verlängerungsausschlussvereinbarung ist auch durch **Formularvertrag** möglich[8]. Sie hält auch der **AGB-Inhaltskontrolle** stand, die gemäß § 310 Abs. 4 auch für Arbeitsverträge nach den §§ 305 ff. BGB stattzufinden hat (zur AGB-Kontrolle bei zur einmaligen Verwendung vom ArbGeb vorformulierten Vertragsbedingungen vgl. § 622 Rz. 103). Dafür spricht insb. § 309 Nr. 9b, der die stillschweigende Verlängerung als atypisch ansieht. Die Abbedingung der Fortsetzung des Dienstverhältnisses kraft gesetzlicher Fiktion stellt bei an sich regulär endenden Dienstverhältnissen auch keine unangemessene Benachteiligung der anderen Seite iSd. § 307 Abs. 2 Nr. 1 dar[9]. 50

Ein **arbeitsvertragliches** oder **tarifvertragliches Schriftformerfordernis** schließt die Anwendbarkeit von § 625 nicht aus[10]. Die Fiktionswirkung knüpft an ein tatsächliches Verhalten an, das keinen Schriftformerfordernissen unterliegen kann. 51

Die einzelvertragliche Vereinbarung einer von § 625 abweichenden Verlängerungsausschlussklausel schließt die Annahme eines (neuen) **Vertragsschlusses kraft konkludenten Verhaltens** nicht aus, wenn der Dienstberechtigte die Dienste eine gewisse Zeit lang widerspruchslos entgegennimmt[11]. 52

VI. Darlegungs- und Beweislast. Macht der **Dienstverpflichtete** die Rechtsfolgen des § 625 geltend, muss er im Streitfall darlegen und ggf. beweisen, dass das Dienstverhältnis mit Wissen des Dienstberechtigten von der Vertragsbeendigung durch den Dienstverpflichteten fortgesetzt worden ist[12]. Für einen unverzüglich erklärten Widerspruch ist der Dienstberechtigte beweispflichtig[13]. 53

626 *Fristlose Kündigung aus wichtigem Grund*

(1) Das Dienstverhältnis kann von jedem Vertragsteil aus wichtigem Grund ohne Einhaltung einer Kündigungsfrist gekündigt werden, wenn Tatsachen vorliegen, auf Grund derer dem Kündigenden unter Berücksichtigung aller Umstände des Einzelfalles und unter Abwägung der Interessen beider Vertragsteile die Fortsetzung des Dienstverhältnisses bis zum Ablauf der Kündigungsfrist oder bis zu der vereinbarten Beendigung des Dienstverhältnisses nicht zugemutet werden kann.

(2) Die Kündigung kann nur innerhalb von zwei Wochen erfolgen. Die Frist beginnt mit dem Zeitpunkt, in dem der Kündigungsberechtigte von den für die Kündigung maßgebenden Tatsachen Kennt-

---

1 *BAG v. 11.8.1988 – 2 AZR 53/88*, AP BGB § 625 Nr. 5; ErfK/*Müller-Glöge*, § 625 BGB Rz. 19; Soergel/*Kraft*, § 625 BGB Rz. 10. | 2 *LAG Hamm v. 9.3.1995 – 12 Sa 2036/94*, NZA-RR 1996, 145 (nach alter Rechtslage zum Arbeitsverhältnis). | 3 *BAG v. 26.7.2000 – 7 AZR 256/99*, AP Nr. 3 zu § 1 BeschFG. | 4 Hierzu KR/*Lipke*, § 14 TzBfG Rz. 296 ff.; MünchArbR/*Wank*, § 116 Rz. 186 ff. | 5 *BGH v. 6.11.1963 – Ib ZR 41/62 u. 40/63*, NJW 1964, 350; Staudinger/*Preis*, § 625 BGB Rz. 34; *Kramer*, Kündigungsvereinbarungen, 1994, 149 (151 f.); KR/*Fischermeier*, § 625 BGB Rz. 11; ErfK/*Müller-Glöge*, § 625 BGB Rz. 20; in der Begründung anders *Schwerdtner*, § 625 BGB Rz. 14. | 6 Mit Hinweis noch auf § 623 BGB: ErfK/*Müller-Glöge*, § 625 BGB Rz. 20; APS/*Backhaus*, § 625 BGB Rz. 33. | 7 KR/*Fischermeier*, § 625 BGB Rz. 11a. | 8 *Kramer*, NZA 1993, 1115 (1118 f.) mwN. | 9 Staudinger/*Preis*, § 625 BGB Rz. 40. | 10 ErfK/*Müller-Glöge*, § 625 BGB Rz. 20. | 11 *Kramer*, NZA 1993, 1115 (1119). | 12 *BAG v. 30.11.1984 – 7 AZR 539/83*, AP Nr. 1 zu § 22 MTV – Ausbildung (zu § 17 BBiG). | 13 KR/*Fischermeier*, § 625 BGB Rz. 42.

nis erlangt. Der Kündigende muss dem anderen Teil auf Verlangen den Kündigungsgrund unverzüglich schriftlich mitteilen.

	Rn.
I. Normzweck	1
II. Geltungsbereich	3
1. Allgemeines	3
2. Besonderheiten	5
a) Arbeitsbeschaffungsmaßnahmen	5
b) Berufsausbildungs- und Umschulungsverhältnisse	6
c) Dienstordnungsangestellte	9
d) Handelsvertreter	10
e) ArbN im öffentlichen Dienst in den neuen Bundesländern	11
f) Seeschifffahrt	16
III. Abgrenzung zu sonstigen Beendigungstatbeständen sowie Tatbeständen, die zum Wegfall der Leistungspflicht führen	18
1. Sonstige Beendigungstatbestände	18
a) Rücktritt	18
b) Wegfall der Geschäftsgrundlage	21
c) Ordentliche Kündigung	25
d) Anfechtung	26
e) Aufhebungsvertrag	31
f) Widerruf der Organstellung (§§ 84 AktG, 38 GmbHG)/Ausschluss als Betriebs- oder Personalratsmitglied (§§ 23 BetrVG, 28 BPersVG)	34
g) Nichtfortsetzungserklärung gem. § 12 KSchG	39
h) Sonstige Beendigungsgründe	41
2. Andere Tatbestände, die zum Wegfall der Leistungspflicht führen	42
a) Unmöglichkeit	42
b) Suspendierung	43
IV. Unabdingbarkeit	46
1. § 626 Abs. 1 als zweiseitig zwingendes Recht	46
a) Keine einzelvertragliche Abdingbarkeit	46
b) Keine tarifvertragliche Abdingbarkeit	48
c) Abgrenzung zum zulässigen Verzicht und zur zulässigen Verzeihung	50
2. Verbot der unzumutbaren Erschwerung/Einschränkung des Kündigungsrechts	51
3. Erweiterungen des Rechts zur außerordentlichen Kündigung	62
a) Arbeitsvertrag	63
b) Tarifvertrag	64
c) Auswirkungen auf die Interessenabwägung	66
4. Verzicht und Verzeihung	67
a) Verzicht	67
b) Verzeihung	68
V. Vorliegen eines „wichtigen Grundes"	71
1. Allgemeines	71
a) Unbestimmter Rechtsbegriff	71
b) Kein absoluter Kündigungsgrund	72
c) Gebot der Rechtssicherheit	73
d) Zwei-Stufen-Prüfung	74
e) Stufenverhältnis zur ordentlichen Kündigung	77
f) Prognoseprinzip	79
g) Problem mehrerer Kündigungssachverhalte	83
aa) Gruppenbildung	83
bb) Einhaltung der Frist zum Ausspruch der Kündigung	86
h) Mischtatbestände	88
2. Relevante Faktoren bei der Rechtfertigung der außerordentlichen Kündigung	92
a) Interessenabwägung	92
b) Unzumutbarkeit der Fortsetzung bis zum Fristablauf/Prüfungsmaßstab	100
aa) Kriterium der Zumutbarkeit	100
bb) Probleme beim Ausschluss der ordentlichen Kündigung	101
c) Verhältnismäßigkeitsprinzip	110
aa) Grundsatz an sich	110
bb) Abmahnung	115
(1) Grundlagen	115
(2) Inhalt und Wirksamkeit	120
(3) Ausnahmen vom Abmahnungserfordernis	135
d) Anhörung	139
e) Der wichtige Grund als objektives Tatbestandsmerkmal	140
f) Besonderheiten bei Eigengruppen	143
g) Zeitpunkt der Entstehung des wichtigen Grundes	147
3. Außerordentliche Kündigung durch den ArbGeb	150
a) Allgemeines	150
b) Katalog der an sich geeigneten Kündigungsgründe	153
4. Außerordentliche Kündigung durch den ArbN	322
a) Allgemeines	322
b) Einzelne Fallgruppen (in alphabetischer Reihenfolge)	325
5. Ursache des wichtigen Grundes	339
a) Personenbedingte Kündigung	340
b) Verhaltensbedingte Kündigung	341
c) Betriebsbedingte Kündigung	343
d) Verdachtskündigung	344
aa) Verdacht als eigener Kündigungsgrund	344
bb) Anforderungen an die Beschaffenheit des Verdachts	348
cc) Aufklärung des Sachverhalts und Anhörung des ArbNs	350
dd) Spätere Erkenntnisse und Wiedereinstellungsanspruch	352
ee) Besonderheiten für die Frist des § 626 Abs. 2	357
e) Druckkündigung	358
aa) Begriff	358
bb) Voraussetzungen	362
cc) Schadensersatz	365
f) Entlassungsverlangen des Betriebsrats nach § 104 BetrVG	367
6. Gleichbehandlungsgrundsatz	368
VI. Zeitpunkt der Beendigung des Arbeitsverhältnisses	370
VII. Außerordentliche Änderungskündigung	380
VIII. Ausschlussfrist § 626 Abs. 2	386
1. Normzweck	386
2. Anwendungsbereich	388
3. Fristbeginn und -ablauf	397
a) Kündigungsberechtigung	398
b) Kenntnis der für die Kündigung maßgebenden Tatsachen	406
c) Dauertatbestände	413
d) Fristberechnung	422
4. Unabdingbarkeit	425
5. Rechtsfolgen des Fristablaufs und Korrektur	427
6. Ausschlussfrist und Beteiligung des Betriebsrats/Personalrats	434
7. Ausschlussfrist und Verwaltungsverfahren	440
IX. Mitteilung der Kündigungsgründe (§ 626 Abs. 2 Satz 3)	446
1. Inhalt	446
2. Grenze	448
3. Form und Umfang der Begründung	449
4. Rechtsfolge bei Verletzung der Mitteilungspflicht	450

§ 626 BGB

X. Umdeutung in eine außerordentliche Kündigung mit Auslauffrist, in eine ordentliche Kündigung bzw. in einen Antrag auf Abschluss eines Aufhebungsvertrages 454
XI. Sonderkündigungsschutz 459
XII. Verfahrensfragen 460
   1. Klagen 460
      a) Kündigungsschutzklage 460
      b) Richtiger Klageantrag 461
   2. Nachschieben von Kündigungsgründen 463
   3. Darlegungs- und Beweislast 474
      a) Vorliegen eines wichtigen Grundes 474
      b) Ausschlussfrist des § 626 Abs. 2 BGB 478
   4. Rechtskräftige Ersetzung der Zustimmung nach § 103 BetrVG 482
   5. Fortbestand der Parteifähigkeit 484
   6. Revision/Revisibilität des wichtigen Grundes 485
   7. Umfang der Rechtskraft/Präklusion 488

Lit.: Adam, Außerdienstliches Verhalten als Kündigungsgrund, ZTR 1999, 292; *Adam*, Abschied vom „Unkündbaren"?, NZA 1999, 846; *Adam*, Grundfragen der Abmahnung im Arbeitsverhältnis, AuR 2001, 41; *Adomeit/Spinti*, Der Kündigungsgrund, AR-Blattei SD 1010.9; *Aigner*, Tätlichkeiten im Betrieb, DB 1991, 596; *Ascheid*, Die Wiederholungskündigung als Problem der „hinkenden" Rechtskraftwirkung, FS Stahlhacke (1995), S. 1; *Bader*, Die arbeitsrechtliche Abmahnung und ihre Entfernung aus der Personalakte, ZTR 1999, 200; *Bauer/Baeck/Merten*, Scientology – Fragerecht des Arbeitgebers und Kündigungsmöglichkeiten, DB 1997, 2534; *Becker-Schaffner*, Die Rechtsprechung zur Ausschlussfrist des § 626 II BGB, DB 1987, 2147; *Becker-Schaffner*, Rechtsfragen zur Abmahnung, ZTR 1999, 105; *Belling*, Die Verdachtskündigung, FS Kissel (1994), S. 11; *Belling*, Die Kündigung wegen verdachtsbedingten Vertrauenswegfalls, RdA 1996, 223; *Bengelsdorf*, Die Verdachtskündigung, AuA 1995, 196; *Blaese*, Die arbeitsrechtliche Druckkündigung, DB 1988, 178; *Blomeyer*, Die rechtliche Bewertung des Betriebsfriedens, ZfA 1972, 85; *Brill*, Die Zwei-Wochen-Frist des § 626 II BGB nF für die außerordentliche Kündigung, AuR 1971, 167; *Bröhl*, Die Orlando-Kündigung, FS Schaub, 1998, S. 55; *Buchner*, Tendenzförderung als arbeitsrechtliche Pflicht, ZfA 1979, 231; *Buchner*, Meinungsfreiheit im Arbeitsverhältnis, ZfA 1982, 49; *Busch*, Die Verdachtskündigung im Arbeitsrecht, MDR 1995, 217; *Dernbach*, Abberufung und Kündigung des GmbH-Geschäftsführers, BB 1982, 1266; *Dudenbostel/Klas*, Außerdienstliches Verhalten als Kündigungsgrund, AuR 1979, 296; *Dütz*, Kirchliche Festlegung arbeitsvertraglicher Kündigungsgründe, NJW 1990, 2025; *Falkenberg*, Die Abmahnung, NZA 1988, 489; *Feichtinger/Huep*, Die außerordentliche Kündigung, AR-Blattei SD 1010.8; *Galperin*, Der wichtige Grund zur außerordentlichen Kündigung, DB 1964, 1114; *Gamillscheg*, Der zweiseitig zwingende Charakter des § 626 BGB, AuR 1981, 105; *Geck/Schimmel*, Grenzen der Kündigung kirchlicher Arbeitsverhältnisse, AuR 1995, 177; *Gerhards*, Abmahnungserfordernis bei Vertrauensstörungen, BB 1996, 794; *Groeger*, Probleme der außerordentlichen betriebsbedingten Kündigung ordentlich unkündbarer Arbeitnehmer, NZA 1999, 850; *Grunsky*, Das Nachschieben von Gestaltungsgründen, JuS 1964, 97; *Grunsky*, Die Verdachtskündigung, ZfA 1977, 167; *Hamer*, Außerordentliche betriebsbedingte Kündigung unkündbarer Arbeitnehmer, PersR 2000, 144; *Herschel*, Druckkündigung und Schadensausgleich, FS Lehmann (1956), II, S. 662; *Herschel*, Beschränkung der Befugnis zur außerordentlichen Kündigung, FS Nikisch (1958), S. 49; *Herschel*, Wichtiger Grund und Erklärungsfrist bei außerordentlicher Kündigung, AuR 1971, 257; *Hilger*, Die Beteiligung des Betriebsrates bei fristlosen Entlassungen kraft Betriebsvereinbarung, RdA 1957, 161; *Hirschberg*, Das Zurückbehaltungsrecht des Arbeitnehmers an seiner Arbeitsleistung bei Nichterfüllung der Lohnzahlungspflicht, SAE 1987, 26; *Hoß*, Die arbeitsrechtliche Abmahnung, MDR 1999, 333; *v. Hoyningen-Huene*, Die Abmahnung im Arbeitsrecht, RdA 1990, 193; *v. Hoyningen-Huene/Hoffmann*, Politische Plakette im Betrieb, BB 1984, 1050; *Hromadka*, Änderung von Arbeitsbedingungen, RdA 1992, 234; *Hunold*, Die Rechtsprechung zur Abmahnung und zur Kündigung im Vertrauensbereich, NZA-RR 2003, 57; *Joachim*, Zur Problematik der Verdachtskündigung, AuR 1964, 33; *Kania/Kramer*, Unkündbarkeitsvereinbarungen in Arbeitsverträgen, Betriebsvereinbarungen und Tarifverträgen, RdA 1995, 287; *Kissel*, Arbeitsrecht und Meinungsfreiheit, NZA 1988, 145; *Klar*, Grundrechtlicher Schutz des gekündigten kirchlichen Arbeitnehmers, NZA 1995, 1184; *König*, Zur näheren Bestimmung des wichtigen Grundes bei der außerordentlichen Kündigung durch den Arbeitgeber, RdA 1969, 8; *Korinth*, Arbeitsrechtliche Reaktionsmöglichkeiten auf ausländerfeindliches Verhalten, AuR 1993, 105; *Kothe*, Gewissenskonflikte am Arbeitsplatz, NZA 1989, 161; *Krummel/Küttner*, Antisemitismus und Ausländerfeindlichkeit im Betrieb, NZA 1996, 67; *Lenze*, Zur Arbeitsverweigerung aus Gewissensgründen, RdA 1993, 16; *Linde*, Sexuelle Belästigung am Arbeitsplatz, BB 1994, 2412; *Lepke*, Pflichtverletzungen des Arbeitnehmers bei Krankheit als Kündigungsgrund, NZA 1995, 1084; *Lücke*, Unter Verdacht: Die Verdachtskündigung, BB 1997, 1842; *Lücke*, Die Verdachtskündigung – Fragen aus der Praxis, BB 1998, 2259; *Müller*, Whistleblowing – Ein Kündigungsgrund?, NZA 2002, 424; *Neumann*, Das neue Kündigungsrecht, ArbRGgw., Bd. 7 (1969); *Oetker*, Arbeitsrechtlicher Bestandsschutz und Grundrechtsordnung, RdA 1997, 9; *Otto*, Der Wegfall des Vertrauens in den Arbeitnehmer als wichtiger Grund zur Kündigung des Arbeitnehmers, 2000; *Pauly*, Unkündbarkeitsvereinbarungen in Arbeitsverträgen, AuR 1997, 94; *Popp*, Ordentliche und außerordentliche Kündigung, HAS § 19 B; *Picker*, Fristlose Kündigung und Unmöglichkeit, Annahmeverzug und Vergütungsgefahr im Dienstvertragsrecht, JZ 1985, 641, 693; *Preis*, Prinzipien des Kündigungsschutzes, Diss. 1985/86; *Preis*, Neuere Tendenzen im arbeitsrechtlichen Kündigungsschutz (II), DB 1988, 1444; *Preis*, Die verhaltensbedingte Kündigung (I und II), DB 1990, 630, 685; *Preis/Hamacher*, Die Kündigung der Unkündbaren, FS zum 50-jährigen Bestehen der Arbeitsgerichtsbarkeit in Rheinland-Pfalz, 1999, S. 245; *Preis/Reinfeld*, Schweigepflicht und Anzeigerecht im Arbeitsverhältnis, AuR 1989, 361; *Preis/Stoffels*, Kündigung wegen politischer Betätigung, RdA 1996, 210; *Rüthers*, Wie kirchentreu müssen kirchliche Arbeitnehmer sein?, NJW 1986, 356; *Rüthers/Henssler*, Die Kündigung bei kumulativ vorliegenden und gemischten Kündigungssachverhalten, ZfA 1988, 31; *Schaub*, Die Freiheit der Meinungsäußerung im Individualarbeits- und Betriebsverfassungsrecht, RdA 1979, 137; *Schaub*, Die Abmahnung als zusätzliche Kündigungsvoraussetzung, NZA 1997, 1185; *Schleusener*, Rechtsschutzmöglichkeiten bei einer Druckkündigung gegenüber dem Druckausübenden, NZA 1999, 1078; *Schulte/Westenberg*, Die außerordentliche Kündigung im Spiegel der neueren Rechtsprechung, NZA-RR 2000, 449 und 2002, 561; *Schultz*, Die Druckkündigung im Arbeitsrecht, RdA 1963, 81; *Schwerdtner*, Nachschieben von Kündigungsgründen, ZIP 1981, 809, 1122; *Schwerdtner*, Die außerordentliche arbeitgeberseitige Kündigung bei ordentlich unkündbaren Arbeitnehmern, FS Kissel (1994), S. 1077; *Sibben*, Abschied vom Erfordernis der einschlägigen Abmahnung, NZA 1993, 583; *Söllner*, Meinungsäußerungen im Arbeitsverhältnis, FS Herschel, 1982, S. 389; *Stapelfeld*, Zum aktuellen Stand der Rechtsprechung und Praxis des Sonderkündigungsrechtes im Einigungsvertrag wegen Tätigkeit für MfS/AfNS, DtZ 1995, 186; *Stoffels*, Arbeitsvertragsbruch, AR-Blattei SD 230; *Stahlhacke*, Außerordentliche betriebsbedingte Änderungskündigungen von Betriebsratsmitgliedern, FS Hanau (1999), S. 281; *Struck*, Entwicklung und Kritik des Arbeitsrechts im kirchlichen Bereich, NZA 1991, 249; *Tschöpe*, Außerordentliche Kündigung bei Diebstahl geringwertiger Sachen, NZA 1985, 588; *Wank*, Tendenzen der BAG-Rechtsprechung zum Kündigungsrecht, RdA 1993, 79; *Weng*, Außerordentliche Kündigung altersgesicherter Arbeitnehmer, DB 1977, 676; *Wiesner*, Zum Beginn der Ausschlussfrist des § 626 II BGB bei Kenntniserlangung durch Organmitglieder, BB 1981, 1533; *Wisskirchen*, Außerdienstliches Verhalten von Arbeitnehmern, 1999.

1   I. Normzweck. Bislang wurde (ua.)[1] aus § 626, der das außerordentliche Kündigungsrecht bei Dienst- und Arbeitsverträgen regelt, der allgemeine Rechtsgrundsatz[2] abgeleitet, dass jede Vertragspartei eines Dauerschuldverhältnisses dieses fristlos kündigen kann, sofern ein wichtiger Grund vorliegt, der ihr das Festhalten am Vertrag (bis zum Ablauf der Kündigungsfrist oder bis zur vereinbarten Beendigung) unzumutbar macht.

2 Das zum 1.1.2002 in Kraft getretene Gesetz zur Modernisierung des Schuldrechts hat diesen allgemeinen Rechtsgrundsatz nunmehr in § 314 normiert. § 626 ist damit nunmehr eine spezielle Ausprägung des in § 314 enthaltenen Rechtsgrundsatzes. Als Sonderregelung des Rechts zur außerordentlichen Kündigung bei Vorliegen eines wichtigen Grundes im Bereich der Dienst- und Arbeitsverträge verdrängt § 626 in seinem Anwendungsbereich § 314. Ob § 626 gegenüber dem Wegfall der Geschäftsgrundlage als Unterfall[3] oder als aliud, wofür die Trennung in die §§ 313, 314 spricht, anzusehen ist, erübrigt sich aufgrund der klaren tatbestandlichen Differenzierung. § 626 ist jedenfalls als Ausnahmetatbestand vom Grundsatz der Vertragstreue eng auszulegen[4].

3   II. Geltungsbereich. 1. Allgemeines. Das Recht zur außerordentlichen Kündigung aus wichtigem Grund gem. § 626 besteht sowohl bei befristeten als auch bei unbefristeten[5] Dienstverträgen einschließlich der Arbeitsverträge und erfasst sowohl die Kündigung von Seiten des ArbGeb als auch von Seiten des ArbN.

4 Grundsätzlich ist der selbständige Dienstvertrag leichter auflösbar als das Arbeitsverhältnis. Dies zeigt sich zB an §§ 621, 627, die nur für den Dienstvertrag gelten, am zum Teil fehlenden Abmahnungserfordernis[6] sowie am Schutz des ArbN nach dem KSchG gegenüber einer ordentlichen Kündigung durch den ArbGeb[7]. Es gibt aber auch Ausnahmen. So soll zB eine Betriebsstilllegung und Unternehmensveräußerung (§ 613a gilt für Vorstandsmitglieder nicht) keinen wichtigen Grund iSd. § 626 Abs. 1 für eine Kündigung des Anstellungsvertrags eines Vorstandsmitglieds einer Aktiengesellschaft darstellen[8]. Ebenso reicht zB eine Druckkündigung, die von einem GmbH-Geschäftsführer nicht verschuldet wurde, für eine außerordentliche Kündigung des Anstellungsvertrags nicht aus[9].

5   2. Besonderheiten. a) Arbeitsbeschaffungsmaßnahmen. § 270 SGB III gewährt im Rahmen von Arbeitsbeschaffungsmaßnahmen für beide Arbeitsvertragsparteien ein zusätzliches, dh. neben § 626 bestehendes, fristloses Kündigungsrecht. Für den ArbN besteht dieses Kündigungsrecht, wenn er eine Ausbildung oder Arbeit aufnehmen kann, wenn er an einer Berufs- oder Weiterbildung teilnehmen kann oder wenn ihn das AA abberuft. Dem ArbGeb steht das Kündigungsrecht nur im Fall der Abberufung zu[10]. Zum Recht des AA, den ArbN abzuberufen, siehe § 269 SGB III.

6   b) Berufsausbildungs- und Umschulungsverhältnisse. Die Beendigung eines Berufsausbildungsverhältnisses durch Kündigung ist abschließend in § 15 BBiG geregelt. Danach kann ein Berufsausbildungsverhältnis nach Ablauf der Probezeit gem. § 15 Abs. 2 Nr. 1 BBiG vom ArbGeb nur noch außerordentlich gekündigt werden. § 15 Abs. 4 BBiG bestimmt für die Ausübung des Kündigungsrechts ebenso wie § 626 Abs. 2 eine Zweiwochenfrist ab Kenntnis der der Kündigung zugrunde liegenden Tatsachen. Nach § 15 Abs. 3 BBiG hat die Kündigung schriftlich und in den Fällen des § 15 Abs. 2 BBiG unter Angabe der Kündigungsgründe zu erfolgen.

7 Voraussetzung für das Kündigungsrecht ist gem. § 15 Abs. 2 Nr. 1 BBiG das Vorliegen eines wichtigen Grundes. Der Begriff des wichtigen Grundes entspricht dem in § 626 BGB, jedoch mit der Maßgabe, dass

---

1 Nach st. Rspr. des BGH zB v. 28.2.1972 – III ZR 212/70, NJW 1972, 1128, handelt es sich um eine Rechtsanalogie zu den Vorschriften der §§ 626, 554a, 723 BGB als Ausprägung des § 242 BGB; ebenso Staudinger/*Preis*, § 626 BGB Rz. 21. |2 BAG v. 18.12.1996 – 4 AZR 129/96, AP Nr. 1 zu § 1 TVG – Kündigung; ErfK/*Müller-Glöge*, § 626 BGB Rz. 1. |3 KR/*Fischermeier*, § 626 BGB Rz. 5. |4 APS/*Dörner*, § 626 BGB Rz. 6 aE (sowie Rz. 24): Staudinger/*Preis*, § 626 BGB Rz. 5. |5 AllgM: APS/*Dörner*, § 626 BGB Rz. 3; *Ascheid*, Rz. 93. |6 BGH v. 14.2.2000 – II ZR 218/98, AP Nr. 16 zu § 611 BGB – Organvertreter; KR/*Fischermeier*, § 626 BGB Rz. 260. |7 So Staudinger/*Preis*, § 626 BGB Rz. 18. |8 *Bauer*, DB 1992, 1413 (1415); aA (kann einen wichtigen Grund abgeben) *Henn*, Hdb. des Aktienrechts, 6. Aufl. 1998, § 41 Rz. 1440; für die GmbH: Scholz/*Schneider*, GmbHG, 9. Aufl. 2000, § 35 Rz. 232b (mit Verweis auf die Rspr. des BAG v. 28.3.1985 – 2 AZR 113/84, NJW 1985, 2606, zur außerordentlichen Kündigung von ArbN wegen Betriebsstilllegung). |9 OLG Frankfurt v. 12.12.1997 – 10 U 188/96, DStR 1999, 1537 mit Anm. *Goette* (Revision wurde vom BGH mit Beschl. v. 3.5.1999 – II ZR 35/98, nicht angenommen). |10 KR/*Fischermeier*, § 626 BGB Rz. 15.

die Konkretisierung des Begriffs sich vorrangig am Zweck des Ausbildungsverhältnisses orientieren muss. Ein Sachverhalt, der bei einem ArbN einen wichtigen Grund darstellt, liefert also nicht unbedingt auch einen wichtigen Grund für die Kündigung eines Auszubildenden[1]. Entscheidend für die Rechtswirksamkeit der außerordentlichen Kündigung ist zudem die zurzeit der Kündigung zurückgelegte Ausbildungszeit im Verhältnis zur Gesamtdauer der Ausbildung[2].

Die außerordentliche Kündigung eines Umschulungsverhältnisses gem. §§ 1 Abs. 4, 47 BBiG richtet sich nach § 626[3], da die Vorschriften über das Berufsausbildungsverhältnis nicht anwendbar sind[4]. **8**

c) Dienstordnungsangestellte. Die außerordentliche Kündigung eines Dienstordnungsangestellten nach § 626 ist zu unterscheiden von seiner fristlosen Dienstentlassung als Disziplinarmaßnahme[5]. Beide sind voneinander unabhängig und in ihren Voraussetzungen und Rechtsfolgen selbständig. Die fristlose Entlassung von Dienstordnungsangestellten, dh. Bediensteten der SozV-Träger, richtet sich nach den auf der Grundlage der §§ 351 ff. RVO, 144 ff. SGB VII aufgestellten Dienstordnungsvorschriften. Nach den gesetzlichen Grundlagen für den Erlass solcher Dienstordnungen, §§ 352 RVO, 145 SGB VII, haben die Dienstordnungen auch Fragen der Kündigung des ArbN zu regeln. Dies führt ua. zur Verdrängung des § 626 Abs. 2[6]. Im Bereich der Krankenversicherung gilt die Dienstordnung aber nur für ArbN, die schon vor dem 1.1.1993 beschäftigt wurden (vgl. § 358 RVO). **9**

d) Handelsvertreter. § 89a HGB stellt eine abschließende und zwingende Sonderregelung der außerordentlichen Kündigung eines Handelsvertreters dar[7]. Die Regelung ist bezogen auf den Handelsvertretervertrag inhaltsgleich mit § 626 Abs. 1[8]. An die Stelle der Zweiwochenfrist des § 626 Abs. 2 tritt dagegen nach st. Rspr. des BGH[9] eine „Frist mit in der Regel nicht mehr als zwei Monaten". Insoweit kann auch hier die Kündigung nicht beliebig hinausgezögert werden, nachdem der Kündigungsgrund bekannt geworden ist[10]. **10**

e) ArbN im öffentlichen Dienst in den neuen Bundesländern. Der Einigungsvertrag enthält (in Anlage I Kap. XIX A III Nr. 1 Abs. 5) eine eigenständige und abschließende Sonderregelung über das Recht zur außerordentlichen Kündigung im öffentlichen Dienst der neuen Bundesländer[11]. Weder bedarf diese Kündigungsregelung einer Ergänzung durch § 626 noch wird dadurch eine Kündigung nach § 626 ausgeschlossen. **11**

In der Anlage I Kap. XIX A III Nr. 1 Abs. 5 heißt es wie folgt: **12**

„(5) Ein wichtiger Grund für eine außerordentliche Kündigung ist insbesondere dann gegeben, wenn der Arbeitnehmer

1. gegen die Grundsätze der Menschlichkeit oder Rechtsstaatlichkeit verstoßen hat, insbesondere die im Internationalen Pakt über bürgerliche und politische Rechte vom 19. Dezember 1966 gewährleisteten Menschenrechte oder die in der Allgemeinen Erklärung der Menschenrechte vom 10. Dezember 1948 enthaltenen Grundsätze verletzt hat oder

2. für das frühere Ministerium für Staatssicherheit/Amt für nationale Sicherheit tätig war und deshalb ein Festhalten am Arbeitsverhältnis unzumutbar erscheint."

Die Regelung ist auch dann anwendbar, wenn der Beschäftigte zum Zeitpunkt des Wirksamwerdens des Beitritts dem öffentlichen Dienst der ehemaligen DDR angehörte und das zu kündigende Arbeitsverhältnis mit bzw. nach dem Wirksamwerden des Beitritts infolge der Überführung der Beschäftigungseinrichtung auf den neuen ArbGeb des öffentlichen Dienstes übergegangen oder durch Weiterverwendung des ArbN, ggf. in einem anderen Verwaltungsbereich, neu begründet worden ist[12]. Keine Anwendung findet die Regelung auf nach dem Wirksamwerden des Beitritts neu geschlossene Arbeitsverträge[13]. **13**

Maßgeblich ist im Gegensatz zu § 626, ob ein Festhalten am Arbeitsverhältnis überhaupt zumutbar erscheint (Nicht: bis Ablauf der Kündigungsfrist). Auch wenn demnach in der Regelung keine Interessenabwägung vorgesehen ist, hält das BAG eine Einzelfallprüfung für geboten[14]. **14**

§ 626 Abs. 2 ist weder unmittelbar noch analog anzuwenden, jedoch kann nach der Rspr. des BAG[15] der wichtige Grund entfallen, wenn der Kündigungsberechtigte die Kündigung trotz Kenntnis des Kündigungsgrundes hinauszögert (ohne dass die Voraussetzungen einer Verwirkung vorliegen müssten). **15**

---

1 ErfK/*Müller-Glöge*, § 626 BGB Rz. 22. | 2 BAG v. 10.5.1973 – 2 AZR 328/72, AP Nr. 3 zu § 15 BBiG. | 3 BAG v. 15.3.1991 – 2 AZR 516/90, AP Nr. 2 zu § 47 BBiG. | 4 ErfK/*Müller-Glöge*, § 626 BGB Rz. 22. | 5 BAG v. 25.2.1998 – 2 AZR 256/97, AP Nr. 69 zu § 611 BGB – Dienstordnungs-Angestellte; KR/*Fischermeier*, § 626 BGB Rz. 52. | 6 BAG v. 3.2.1972 – 2 AZR 170/71, AP Nr. 32 zu § 611 BGB – Dienstordnungs-Angestellte; ErfK/*Müller-Glöge*, § 626 BGB Rz. 13. | 7 KR/*Fischermeier*, § 626 BGB Rz. 11. | 8 KR/*Fischermeier*, § 626 BGB Rz. 11; Staudinger/*Preis*, § 626 BGB Rz. 28. | 9 BGH v. 15.12.1993 – VIII ZR 157/92, NJW 1994, 722 (723, mwN); KR/*Fischermeier*, § 626 BGB Rz. 11; aA Erman/*Belling*, § 626 BGB Rz. 4; *Woltereck*, DB 1984, 279. | 10 BGH v. 15.12.1993 – VIII ZR 157/92, NJW 1994, 722 (723). | 11 BAG v. 11.6.1992 – 8 AZR 537/91, AP Nr. 1 zu Einigungsvertrag Anlage I Kap. XIX (A II a); ErfK/*Müller-Glöge*, § 626 BGB Rz. 14. | 12 BAG v. 20.1.1994 – 8 AZR 274/93, AP Nr. 10 zu Art. 20 Einigungsvertrag; APS/*Dörner*, § 626 BGB Rz. 379. | 13 BAG v. 20.1.1994 – 8 AZR 502/93, AP Nr. 11 zu Art. 20 Einigungsvertrag. | 14 BAG v. 11.6.1992 – 8 AZR 537/91, AP Nr. 1 zu Einigungsvertrag Anlage I Kap. XIX; ErfK/*Müller-Glöge*, § 626 BGB Rz. 15. Nähere Erläuterungen der Regelung bei ErfK/*Müller-Glöge*, § 626 BGB Rz. 16–21. | 15 BAG v. 28.4.1994 – 8 AZR 157/93, AP Nr. 13 zu Art. 20 Einigungsvertrag; Staudinger/*Preis*, § 626 BGB Rz. 36.

16   **f) Seeschifffahrt.** Im Bereich der Seeschifffahrt existieren abschließende Sonderregelungen für die Kündigung im Seemannsgesetz. Diese verdrängen als leges speciales § 626. §§ 64–69 SeemG regeln die Kündigung von Heuerverträgen mit Besatzungsmitgliedern, § 78 SeemG die Kündigung des Vertrages mit dem Kapitän. Zudem enthält das SeemG in den §§ 70 ff. besondere Rechtsfolgen für die außerordentliche Kündigung aufgrund der besonderen Erfordernisse der Seeschifffahrt.

17   Voraussetzung für die außerordentliche Kündigung ist nach §§ 65, 78 Abs. 3 SeemG das Vorliegen eines wichtigen Grundes. In § 64 Abs. 1 Nr. 1–3 und 5 SeemG (Kündigung des Heuervertrages mit dem Besatzungsmitglied durch den Reeder) und § 67 SeemG (Kündigung des Heuervertrages durch das Besatzungsmitglied) sind einzelne Tatbestände als wichtige Gründe aufgeführt, ohne dass auf die Zumutbarkeit abgestellt wird (anders bei § 64 Abs. 1 Nr. 4 SeemG). Es handelt sich dabei um absolute Kündigungsgründe, eine Interessenabwägung zur Ermittlung der Zumutbarkeit der Weiterbeschäftigung entfällt[1]. Davon abzugrenzen ist eine ältere Entscheidung[2], wonach eine Kündigung eines Besatzungsmitglieds trotz Vorliegens der Voraussetzungen des § 67 Abs. 1 Nr. 3 SeemG rechtsmissbräuchlich sein kann, dem Besatzungsmitglied ein Festhalten am Arbeitsvertrag also zumindest vorübergehend zumutbar ist, wenn er gewusst hat, dass seine Interessen nicht verletzt werden.

18   **III. Abgrenzung zu sonstigen Beendigungstatbeständen sowie Tatbeständen, die zum Wegfall der Leistungspflicht führen. 1. Sonstige Beendigungstatbestände. a) Rücktritt.** Um Schwierigkeiten bei einer Rückabwicklung von Dauerschuldverhältnissen zu vermeiden, tritt dort an die Stelle eines Rücktrittsrechts das Recht zur außerordentlichen Kündigung[3]. Das Recht zum Rücktritt (§§ 323, 324, 326 Abs. 5) ist deshalb durch § 626 als lex specialis ausgeschlossen[4]. Dies ergibt sich nun auch aus § 314, der das Recht der außerordentlichen Kündigung von Dauerschuldverhältnissen als allgemeine Regelung neben dem Rücktritt kodifiziert (vgl. auch § 314 Abs. 4 als Parallelvorschrift zu § 325).

19   Auch bei einer Beendigung des Dienstvertrages vor Dienstantritt ist die Kündigung statthaft, so dass auch dort nicht auf Rücktrittsrecht zurückgegriffen werden muss[5].

20   Wird unzulässigerweise ein „Rücktritt vom Arbeitsvertrag" erklärt, ist diese Erklärung in der Regel als Kündigung auszulegen bzw. in eine außerordentliche Kündigung umzudeuten[6].

21   **b) Wegfall der Geschäftsgrundlage.** Nach der Kodifizierung des Rechtsinstitutes der Störung/des Wegfalls der Geschäftsgrundlage in § 313 durch das Gesetz zur Modernisierung des Schuldrechts sind zwei Problemfelder zu unterscheiden: Zum einen die Frage, ob sich ein Kündigungsrecht aufgrund eines Wegfalls der Geschäftsgrundlage ergibt, und zum anderen die Frage, ob aufgrund des Wegfalls der Geschäftsgrundlage eine Vertragsbeendigung unmittelbar, also ohne Kündigungserklärung eintreten kann.

22   Hierbei ist zunächst auf das oben (Rz. 2) angerissene Spezialitätsverhältnis zwischen außerordentlicher Kündigung und dem Wegfall der Geschäftsgrundlage hinzuweisen. Ein Rückgriff auf die Grundsätze über den Wegfall der Geschäftsgrundlage verbietet sich demnach, wenn nach den gesetzlichen oder vertraglichen Bestimmungen die Möglichkeit zur fristlosen Kündigung eines Vertrages besteht[7]. Die Kündigungsrechte werden also durch die Grundsätze über den Wegfall der Geschäftsgrundlage (§ 313) nicht erweitert.

23   Trotzdem kommt die Auflösung eines Dienstvertrages ohne gestaltende Kündigungserklärung allein wegen Wegfalls der Geschäftsgrundlage in Betracht, wenn die Störungen des Arbeitsverhältnisses zudem dazu geführt haben, dass (1) der Kündigungsberechtigte keine Kündigung aussprechen konnte oder aber der Zugang der Kündigung an den anderen Teil unmöglich geworden ist, und (2) der Zweck des Arbeitsverhältnisses, für beide Parteien erkennbar, endgültig oder doch für unabsehbare Zeit unerreichbar geworden ist[8]. In einem solchen Fall ist die Berufung eines ArbN auf das Fehlen einer Kündigung unbeachtlich[9].

24   Von vornherein nicht um das Konkurrenzverhältnis zwischen § 626 und § 313 geht es, wenn die Parteien sich gegenseitig bei Wegfall oder Änderung der Geschäftsgrundlage ein Bestimmungsrecht zur Anpassung des Vertrages eingeräumt haben. Derartige Möglichkeiten zur Abänderung des Arbeitsvertrags stellen keine Änderungs- oder Teilkündigung dar. Sie sind aber im Rahmen einer vertraglichen Inhaltskontrolle daraufhin zu überprüfen, ob die dadurch ermöglichte Abänderung der Billigkeit (§ 315 Abs. 3) entspricht[10].

---

[1] BAG v. 30.11.1978 – 2 AZR 145/77, AP Nr. 1 zu § 64 SeemG; ErfK/*Müller-Glöge*, § 626 BGB Rz. 8. |[2] BAG v. 8.11.1973 – 2 AZR 570/72, AP Nr. 1 zu § 67 SeemG. |[3] *Ascheid*, Rz. 92; ErfK/*Müller-Glöge*, § 626 BGB Rz. 6. |[4] Staudinger/*Preis*, § 626 BGB Rz. 13. |[5] KR/*Fischermeier*, § 626 BGB Rz. 40. Näher G. *Schmidt*, AR-Blattei Kündigung I C, Kündigung vor Dienstantritt. |[6] KR/*Fischermeier*, § 626 BGB Rz. 41; *Stahlhacke/Preis/Vossen*, Rz. 151. |[7] BAG v. 5.3.1957 – 1 AZR 420/56, AP Nr. 1 zu § 1 TVG – Rückwirkung; v. 6.3.1986 – 2 ABR 15/85, AP Nr. 19 zu § 15 KSchG 1969 (B II 3 a); KR/*Fischermeier*, § 626 BGB Rz. 42. |[8] BAG v. 3.10.1961 – 3 AZR 138/60 und v. 12.3.1963 – 3 AZR 60/62, AP Nr. 4 und 5 zu § 242 BGB – Geschäftsgrundlage; Staudinger/*Preis*, § 626 BGB Rz. 14. |[9] BAG v. 21.5.1963 – 3 AZR 138/62 und v. 24.8.1995 – 8 AZR 134/94, AP Nr. 6 und 17 zu § 242 BGB – Geschäftsgrundlage; KR/*Fischermeier*, § 626 BGB Rz. 43. |[10] BAG v. 10.12.1992 – 2 AZR 269/92, AP Nr. 27 zu § 611 BGB – Arzt-Krankenhaus-Vertrag; KR/*Fischermeier*, § 626 BGB Rz. 42.

c) Ordentliche Kündigung. Die außerordentliche Kündigung ist im Gegensatz zur ordentlichen Kündigung im Normalfall auf die sofortige Beendigung des Dienst- bzw. Arbeitsverhältnisses gerichtet; sie bewirkt also in der Regel eine fristlose Kündigung. Ebenso wie eine ordentliche Kündigung ausnahmsweise eine fristlose/entfristete sein kann (vgl. zB § 15 Abs. 1 BBiG), ist die außerordentliche Kündigung in Ausnahmefällen befristet. Das Charakteristische der außerordentlichen Kündigung im Gegensatz zur ordentlichen Kündigung ist somit nicht die Fristlosigkeit, sondern die Rechtfertigung durch einen wichtigen Grund. 25

d) Anfechtung. Die Anfechtung (§§ 119 ff.) der arbeitsvertraglichen Willenserklärung beseitigt wie die außerordentliche Kündigung den Arbeitsvertrag mit sofortiger Wirkung. Ist das Arbeitsverhältnis bereits in Vollzug gesetzt, führt die Anfechtung in Abweichung zu § 142 Abs. 1 BGB nur zu einer Beendigung (Nichtigkeit) des Arbeitsverhältnisses ex nunc[1]. Lediglich bei einer bereits erfolgten Außervollzugsetzung des Arbeitsverhältnisses (zB wegen Krankheit[2]) entfaltet die Anfechtung (insoweit) Rückwirkung. 26

Die Anfechtung ist primär vergangenheitsbezogen, da sie einen Anfechtungsgrund bereits bei Abschluss des Arbeitsvertrages voraussetzt. Die außerordentliche Kündigung ist wegen der erforderlichen Interessenabwägung in die Zukunft gerichtet. Dementsprechend ist bei der Anfechtung die Abgabe der angefochtenen Willenserklärung maßgeblicher zeitlicher Bezugspunkt, bei der außerordentlichen Kündigung dagegen der Zeitpunkt der Abgabe der Kündigungserklärung. Auch diesbezüglich werden die Anfechtungsregeln jedoch arbeitsrechtlich modifiziert. Das BAG[3] nimmt eine Unwirksamkeit der Anfechtung des Arbeitsvertrages wegen § 242 an, wenn der Anfechtungsgrund zurzeit der Abgabe der Anfechtungserklärung bedeutungslos für die weitere Durchführung des Arbeitsvertrages geworden ist. 27

Aufgrund der nicht deckungsgleichen Schutzzwecke (Freiheit der Willensbildung/Auflösung eines unzumutbaren Arbeitsverhältnisses) sind § 626 und die Anfechtungsregeln nebeneinander anwendbar[4]. Dies hindert nicht, dass derselbe Sachverhalt im Einzelfall sowohl zur außerordentlichen Kündigung als auch zur Anfechtung berechtigen kann, wenn der Sachverhalt, der den Anfechtungsgrund liefert, zeitlich noch so weit nachwirkt, dass er einen wichtigen Grund für eine Kündigung abgibt. Insoweit hat der Berechtigte dann ein Wahlrecht[5]. Während aber die Abgabe der Anfechtungserklärung das vorsorgliche Nachschieben der Kündigungserklärung nicht ausschließt, stellt sich, wenn zunächst nur die Kündigung erklärt wird, die Frage, ob in der Kündigungserklärung eine Bestätigung des Arbeitsvertrages iSd. § 144 liegt[6]. 28

Nach dem BAG[7] lässt die in § 626 Abs. 2 geregelte Frist § 124 unberührt; im Rahmen der Prüfung der Unverzüglichkeit iSv. § 122 ist § 626 Abs. 2 dagegen analog heranzuziehen, so dass Unverzüglichkeit jedenfalls innerhalb eines Zeitraums von 2 Wochen gegeben ist[8]. 29

Nach dem BAG[9] kann eine unwirksame ordentliche Kündigung nicht nach § 140 in eine Anfechtung umgedeutet werden, da diese rechtlich weitergeht. Dagegen ist eine außerordentliche Kündigung in eine Anfechtung umdeutbar[10] und umgekehrt[11]. 30

e) Aufhebungsvertrag. Ein Aufhebungsvertrag kann das Dienst- bzw. Arbeitsverhältnis grundsätzlich zu einem beliebigen Zeitpunkt beenden. Bei einer rückwirkenden Vertragsaufhebung ist aber auf die Gefahr einer Umgehung sozialversicherungsrechtlicher Bestimmungen hinzuweisen, da die Beitragspflicht entsteht, sobald die im Gesetz bestimmten Voraussetzungen vorliegen, vgl. § 22 SGB IV. Lediglich über streitbefangene Entgeltansprüche kann der ArbN auch mit Wirkung für die SozV-Träger disponieren. Das BAG[12] bringt dies nur unvollkommen zum Ausdruck, wenn es eine rückwirkende Aufhebung des Arbeitsverhältnisses jedenfalls und immer dann für möglich hält, soweit das Arbeitsverhältnis bereits außer Vollzug gesetzt war. 31

Der Abschluss eines Aufhebungsvertrags stellt nicht per se eine Umgehung zwingenden Kündigungsschutzrechts dar[13], so dass es dafür keines wichtigen Grundes iSd. § 626 oder der Einhaltung der allgemeinen Kündigungsschutzbestimmungen des § 1 KSchG bedarf. Auch eine BR-Anhörung analog § 102 BetrVG gibt es nicht[14]. Eine unzulässige Umgehung des § 626 liegt jedoch vor, wenn ein (aufschiebend) bedingter Aufhebungsvertrag als Ersatz für die sonst erforderliche außerordentliche Kündigung geschlossen wird oder bei sonstigen Vertragsgestaltungen, die den Kündigungsgrund antizipieren (auflösend be- 32

---

1 St. Rspr. ua. BAG v. 16.9.1982 – 2 AZR 228/80 und v. 20.5.1999 – 2 AZR 320/98, AP Nr. 24 und 50 zu § 123 BGB; KR/*Fischermeier*, § 626 BGB Rz. 46a. |2 BAG v. 3.12.1998 – 2 AZR 754/94, ZIP 1999, 458 (459 f.). |3 BAG v. 18.9.1987 – 7 AZR 507/86 und v. 6.7.2000 – 2 AZR 543/99, AP Nr. 32 und 58 zu § 123 BGB; ErfK/*Müller-Glöge*, § 626 BGB Rz. 29; KR/*Fischermeier*, § 626 BGB Rz. 44. |4 BAG v. 21.2.1991 – 2 AZR 449/90, AP Nr. 35 zu § 123 BGB; ErfK/*Müller-Glöge*, § 626 BGB Rz. 28. |5 BAG v. 28.3.1974 – 2 AZR 92/73 und 14.12.1979 – 7 AZR 38/78, AP Nr. 3 und 4 zu § 119 BGB; *Ascheid*, Rz. 100; ErfK/*Müller-Glöge*, § 626 BGB Rz. 29; aA MünchKomm/*Schwerdtner*, § 626 BGB Rz. 29. |6 BAG v. 21.2.1991 – 2 AZR 449/90, AP Nr. 35 zu § 123 BGB. |7 BAG v. 19.5.1983 – 2 AZR 171/81, AP Nr. 25 zu § 123 BGB m. Anm. *Mühl* (A I 2 d.Gr.); ErfK/*Müller-Glöge*, § 626 BGB Rz. 30. |8 BAG v. 14.12.1979 – 7 AZR 38/78, AP Nr. 4 zu § 119 BGB; ErfK/*Müller-Glöge*, § 626 BGB Rz. 30; *Hönn*, ZfA 1987, 61, 87 f.; aA *Picker*, ZfA 1981, 1, 108 ff. |9 BAG v. 14.10.1975 – 2 AZR 365/74, AP Nr. 4 zu § 9 MuSchG 1968; ErfK/*Müller-Glöge*, § 626 BGB Rz. 31. |10 BAG v. 6.10.1962 – 2 AZR 360/61, AP Nr. 24 zu § 9 MuSchG; ErfK/*Müller-Glöge*, § 626 BGB Rz. 31; KR/*Fischermeier*, § 626 BGB Rz. 45; aA Staudinger/*Preis*, § 626 BGB Rz. 10. |11 BGH v. 27.2.1975 – II ZR 77/73, NJW 1975, 1700. |12 BAG v. 10.12.1998 – 8 AZR 324/97, EzA § 613a BGB Nr. 175. |13 *Bengelsdorf*, NZA 1994, 193, 196 ff. |14 KR/*Fischermeier*, § 626 BGB Rz. 47.

dingter Dienst- bzw. Arbeitsvertrag)¹. So wurde eine automatische Auflösung des Arbeitsverhältnisses für unzulässig gehalten bei Urlaubsüberziehung², einer bestimmten Note im Berufsschulzeugnis³, Rückfall eines alkoholabhängigen ArbN⁴, Überschreitung bestimmter Anzahl krankheitsbedingter Fehltage⁵. Ebenso besteht die Gefahr der Umgehung von Kündigungsbestimmungen, wenn das Arbeitsverhältnis mit gleichzeitig bedingter Wiedereinstellungszusage aufgelöst wird⁶. Dagegen werden keine schutzwürdigen Interessen des ArbN verletzt, wenn der Abschluss des Arbeitsverhältnisses davon abhängig gemacht wird, ob der ArbN für die vereinbarte Arbeitsleistung nach einem amtsärztlichen Attest tauglich ist⁷.

33 Die Geschäftsgrundlage für einen aus betrieblichen Gründen geschlossenen Aufhebungsvertrag mit Abfindung fällt nicht ohne weiteres weg, wenn nach dessen Abschluss zum gleichen Auflösungszeitpunkt auch noch eine verhaltensbedingte ordentliche Kündigung ausgesprochen wird. Der Auflösungsvertrag steht aber unter der konkludenten aufschiebenden Bedingung, dass das Arbeitsverhältnis bis zum vereinbarten Ende fortbesteht und nicht vorher aufgrund einer außerordentlichen Kündigung endet⁸.

34 **f) Widerruf der Organstellung (§§ 84 AktG, 38 GmbHG)/Ausschluss als BR- oder Personalratsmitglied (§§ 23 BetrVG, 28 BPersVG).** Bei Organen einer Gesellschaft, insb. bei Vorstandsmitgliedern einer Aktiengesellschaft sowie GmbH-Geschäftsführern, ist zwischen der Ebene des Anstellungsvertrages und der Bestellung zum Organ zu unterscheiden, vgl. § 84 Abs. 1 Satz 1, 5 und Abs. 3 Satz 1, 5 AktG (sog. Trennungstheorie). Die Kündigung des Anstellungsvertrages lässt demnach die Organstellung grundsätzlich unberührt und umgekehrt⁹. Entsprechendes gilt für den Ausschluss von Amtsträgern nach §§ 23 BetrVG, 28 BPersVG.

35 Bei den Organmitgliedern einer Gesellschaft besteht zwischen Anstellungs- und Bestellungsverhältnis aber eine tatsächliche und rechtliche Verbundenheit¹⁰. So kann ein Organmitglied die Vergütung allein auf der Grundlage des Anstellungsvertrags verlangen; er wird deshalb sein Amt niederlegen, soweit es an einem wirksamen Anstellungsvertrag fehlt. Umgekehrt kann ein unberechtigter Widerruf der Organstellung das Organmitglied auch zur außerordentlichen Kündigung berechtigen. Obwohl aufgrund der Trennung von Anstellungs- und Bestellungsverhältnis § 139 nicht gilt, ergibt sich insoweit eine rechtliche Verbundenheit, da der Inhalt des Anstellungsverhältnisses allgemein den Rechten und Pflichten des Vorstands im Rahmen des Bestellungsverhältnisses nicht zuwiderlaufen darf¹¹. Auch können Gründe für eine Beendigung des Anstellungsverhältnisses für eine Abberufung herangezogen werden und umgekehrt. So wird man zB bei der Aktiengesellschaft bei einer Beendigung des einen Rechtsverhältnisses aufgrund der gleichzeitigen Zuständigkeit des Aufsichtsrats für die Beendigung des anderen Rechtsverhältnisses immer zu prüfen haben, ob nicht auch eine konkludente Beendigung des anderen Rechtsverhältnisses (dh. der Anstellung oder Bestellung) gewollt war¹².

36 Der Widerruf der Organstellung oder die Abberufung aus „wichtigem Grund" rechtfertigt aber nicht per se die Kündigung des Anstellungsvertrages nach Maßgabe des § 626¹³. So ist zB bei der Aktiengesellschaft eine Abberufung eines Vorstandsmitglieds auch bei einem Vertrauensentzug durch die Hauptversammlung zulässig, sollte diese nicht ausnahmsweise aus offenbar unsachlichen Gründen erfolgt sein, vgl. § 84 Abs. 3 AktG. Im Bereich des GmbH-Rechts ist die hM¹⁴ – sollte eine Abberufung des Geschäftsführers nur aus wichtigem Grund zulässig sein – sogar noch etwas strenger, da insoweit eine sachliche Begründung des Vertrauensverlusts verlangt wird. Wie bei der Abberufung eines Vorstandsmitglieds spielen bei der Interessenabwägung aber die Belange der Gesellschaft eine maßgebliche Rolle¹⁵.

37 Trotz der Maßgabe des § 626 für eine Kündigung eines Vorstands der Aktiengesellschaft ist die Koppelung der Beendigung des Anstellungsvertrages an den Widerruf der Organbestellung zulässig¹⁶. Die

---

1 Staudinger/*Preis*, § 626 BGB Rz. 11. | 2 BAG v. 19.12.1974 – 2 AZR 565/73, AP Nr. 3 zu § 620 BGB – Bedingung. | 3 BAG v. 5.12.1985 – 2 AZR 61/85, AP Nr. 10 zu § 620 BGB – Bedingung. | 4 LAG München v. 29.10.1987 – 4 Sa 783/87, BB 1988, 348. | 5 LAG BW v. 15.10.1990 – 15 Sa 92/90, DB 1991, 918. | 6 BAG v. 13.12.1984 – 2 AZR 294/83 und v. 25.6.1987 – 2 AZR 541/86, AP Nr. 8, 14 zu § 620 BGB – Bedingung. | 7 LAG Berlin v. 16.7.1990 – 9 Sa 43/90, LAGE § 620 BGB – Bedingung Nr. 2. | 8 BAG v. 29.1.1997 – 2 AZR 292/96, AP Nr. 131 zu § 626 BGB; KR/*Fischermeier*, § 626 BGB Rz. 49b. | 9 BGH v. 20.10.1954 – II ZR 280/53, BGHZ 15, 71, 74; v. 21.6.1999 – II ZR 27/98, ZIP 1999, 1669; ErfK/*Müller-Glöge*, § 626 BGB Rz. 26. | 10 BGH v. 24.11.1980 – II ZR 182/79, BGHZ 79, 38, 41 f.; v. 14.11.1983 – II ZR 33/83, BGHZ 89, 48, 52 f. | 11 BGH v. 29.5.1989 – II ZR 220/88, NJW 1989, 2683 re. Sp. | 12 Vgl. für den Fall der Abberufung eines Vorstandsmitglieds BGH v. 24.2.1954 – II ZR 88/53, BGHZ 12, 337, 340; v. 26.10.1955 – VI ZR 90/54, BGHZ 18, 334; *Hüffer*, AktG, 4. Aufl. 1999, § 84 Rz. 24; für den Fall der Kündigung des Anstellungsvertrags Münch. Hdb. Ges. IV/*Wiesner*, 2. Aufl. 1999, § 20 Rz. 15 aE für die GmbH bei einer Abberufung aus wichtigem Grund: BGH v. 21.9.1981 – II ZR 1004/80, NJW 1982, 383, 384; *Roth/Altmeppen*, GmbHG, 4. Aufl. 2003, § 6 Rz. 18, 89 ff. | 13 APS/*Dörner*, § 626 BGB Rz. 5; *Eckardt*, Die Beendigung des Vorstands- und Geschäftsführerstellung in Kapitalgesellschaften (1989), 76 ff., 110 mwN. | 14 BGH v. 25.1.1960 – II ZR 207/57, NJW 1960, 628; v. 14.10.1968 – II ZR 84/67, LM Nr. 4 zu § 38 GmbHG; v. 17.8.1972 – 2 AZR 415/71, AP Nr. 65 zu § 626 BGB; OLG Köln v. 16.3.1988 – 6 U 38/87, GmbHR 1989, 76; siehe weiter OLG Hamm v. 2.11.1988 – 8 U 292/87, GmbHR 1989, 257; *Baumbach/Hueck/Zöllner*, GmbHG, 17. Aufl. 2000, § 38 Rz. 8; aA (enger) *Lutter/Hommelhoff*, GmbHG, 15. Aufl. 2000, § 38 Rz. 22; aA (großzügiger) *Scholz/Schneider*, GmbHG, 9. Aufl. 2000, § 38 Rz. 52. | 15 Vgl. *Hüffer*, AktG, 5. Aufl. 2002, § 84 Rz. 26; Münch. Hdb. Ges. IV/*Wiesner*, 2. Aufl. 1999, § 20 Rz. 41, 43. | 16 BGH v. 29.5.1989 – II ZR 220/88, NJW 1989, 2683; krit. allerdings *Bauer/Diller*, GmbHR 1998, 809.

Grenze für eine Erleichterung der Kündigung ist erst erreicht, wenn mit Hilfe des Anstellungsvertrags die Bestimmungen des Organschaftsverhältnisses ausgehebelt werden könnten, zB weil die Anforderungen für eine Kündigung die Anforderungen des § 84 Abs. 3 Satz 1 AktG unterschreiten. Deshalb ist § 84 Abs. 3 Satz 5 AktG auch so zu verstehen, dass er auf § 626 als Maßstab für eine Kündigung Bezug nimmt.

Bei der Kündigung des Anstellungsvertrags eines Vorstandsmitglieds einer Aktiengesellschaft nach Maßgabe des § 626 liegt der entscheidende Unterschied zur Abwägung bei der Abberufung nach § 84 Abs. 3 Satz 1 AktG in der grundsätzlichen Gleichwertigkeit der Belange von Gesellschaft und Vorstandsmitglied. Dies rechtfertigt es, bei der Kündigung des Anstellungsvertrags in weitaus stärkerem Maß soziale Erwägungen sowie die Verdienste des Vorstandsmitglieds für die Gesellschaft in der Vergangenheit zu berücksichtigen. Den Belangen des Vorstandsmitglieds sind bei einer verhaltensbedingten Kündigung[1] die Schwere der Pflichtverletzung, der Grad des Verschuldens, die Auswirkungen für das Unternehmen sowie die Wahrscheinlichkeit der Wiederholung der Pflichtverletzung gegenüberzustellen. Bei einer Kündigung aus personenbedingten Gründen (zB § 76 Abs. 3 Satz 1 AktG) kommt es in erster Linie auf die Erheblichkeit des personenbedingten Mangels sowie seine Ursache an. Im Falle einer betriebsbedingten Kündigung[2] schließlich kommt es maßgeblich darauf an, inwieweit der Gesellschaft alternative Handlungsmöglichkeiten offen stehen, um ihre Unternehmerentscheidung umzusetzen. In Betracht kommt schließlich auch eine Verdachtskündigung, wenn durch den Verdacht das Vertrauensverhältnis zerstört ist und deshalb der Gesellschaft eine Fortsetzung des Vertragsverhältnisses unzumutbar ist[3]. Siehe weiter oben Rz. 3, 4 und unten Rz. 43–45. **38**

g) **Nichtfortsetzungserklärung gem. § 12 KSchG.** Fällt das Gericht im Kündigungsschutzprozess die Entscheidung, dass das Arbeitsverhältnis fortbesteht, gibt § 12 Satz 1 KSchG dem ArbN, der inzwischen ein neues Arbeitsverhältnis eingegangen ist, das Recht, binnen einer Woche nach der Rechtskraft des Urteils durch Erklärung gegenüber seinem alten ArbGeb die Fortsetzung des Arbeitsverhältnisses zu verweigern. Dies hat dann wie bei einer außerordentlichen Kündigung zur Folge, dass mit dem Zugang der Erklärung das Arbeitsverhältnis erlischt (§ 12 Satz 3 KSchG). Ein Abgrenzungsproblem kann insoweit nicht entstehen. **39**

§ 12 KSchG führt aber zu keiner Verdrängung des außerordentlichen Kündigungsrechts. Für § 626 BGB relevant ist deshalb die Frage, ob der alte ArbGeb dem ArbN ohne weiteres kündigen kann, wenn der ArbN das alte Arbeitsverhältnis weder nach § 12 Satz 1 KSchG auflöst noch, trotz Aufforderung zur Arbeit, die Arbeit beim alten ArbGeb wiederaufnimmt. Das LAG Köln[4] hat in diesem Fall ein außerordentliches Kündigungsrecht verneint, weil der Annahmeverzug des ArbGeb durch den mangelnden Rückkehrwillen des ArbN weggefallen sei, so dass Ersterem auch ein Festhalten am Arbeitsverhältnis bis zum Ablauf der ordentlichen Kündigungsfrist zumutbar ist. **40**

h) **Sonstige Beendigungsgründe.** Als sonstige Beendigungsgründe, die im Ergebnis ebenfalls zur sofortigen Beendigung des Arbeitsverhältnisses führen, sind zu nennen: der Tod des ArbN[5], die lösende Aussperrung[6], § 613a Abs. 1 Satz 1 in der Beziehung zum alten ArbGeb[7], die Abkehrerklärung des ArbN bei einer suspendierenden Aussperrung[8]. **41**

2. Andere Tatbestände, die zum Wegfall der Leistungspflicht führen. a) Unmöglichkeit. Nach der zum 1.1.2002 in Kraft getretenen Modernisierung des Schuldrechts führt auch die anfängliche objektive Unmöglichkeit der Leistungserbringung nicht mehr zur Unwirksamkeit des Vertrages. § 306 aF wurde gestrichen. § 275 Abs. 1 stellt nunmehr klar, dass in allen Fällen der Unmöglichkeit der Leistung der Anspruch auf die Leistung ausgeschlossen ist, ohne dass deswegen die Wirksamkeit des Vertrages entfällt, § 311a Abs. 1. **42**

b) **Suspendierung.** Suspendierung meint ein vorläufiges Ruhen/Aussetzen der Hauptleistungspflicht(en) aus dem Arbeitsverhältnis. Eine Suspendierung sämtlicher Hauptleistungspflichten tritt nach hM im Fall eines rechtmäßigen Streiks bzw. einer rechtmäßigen Aussperrung durch die einseitige empfangsbedürftige Willenserklärung des ArbN bzw. ArbGeb, nicht arbeiten bzw. nicht beschäftigen zu wollen, ein. **43**

Die Suspendierung weist nicht nur eine andere Rechtsfolge, sondern auch eine andere Zielrichtung auf als die Kündigung. Sie bezweckt die Unterbindung der Tätigkeit des ArbN, nicht die Beendigung des Arbeitsverhältnisses[9]. Da die Suspendierung gegenüber der Kündigung ein milderes Mittel darstellt, kommt sie als Mittel zur (vorübergehenden) Verhinderung einer fristlosen Entlassung in Betracht, wobei Hauptanwendungsfall in der Praxis die Verdachtskündigung ist[10]. **44**

---

1 Dazu BGH v. 13.7.1998 – II ZR 131/97, AG 1998, 519. | 2 Dazu BGH v. 21.4.1975 – II ZR 2/73, WM 1975, 761. | 3 BGH v. 13.7.1956 – VI ZR 88/55, AP Nr. 1 zu § 242 BGB – Wiedereinstellung; v. 2.7.1984 – II ZR 16/84, ZIP 1984, 1113; OLG Düsseldorf v. 8.12.1983 – 8 U 234/82, ZIP 1984, 86 (87). | 4 LAG Köln v. 13.2.1991 – 7 Sa 48/90, LAGE § 626 BGB Nr. 57; gehalten durch BAG v. 16.10.1991 – 2 AZR 197/91, nv.; Staudinger/*Preis*, § 626 BGB Rz. 17. | 5 KR/*Fischermeier*, § 626 BGB Rz. 56. | 6 BAG v. 21.4.1971 – GS 1/68, AP Nr. 43 zu Art. 9 GG – Arbeitskampf; KR/*Fischermeier*, § 626 BGB Rz. 56. | 7 ErfK/*Müller-Glöge*, § 626 BGB Rz. 23. | 8 BAG v. 21.4.1971 – GS 1/68, AP Nr. 43 zu Art. 9 GG – Arbeitskampf; KR/*Fischermeier*, § 626 BGB Rz. 56; aA (ArbN kann Arbeitsverhältnis nur unter den Voraussetzungen des § 626 BGB fristlos beenden) Zöllner/Loritz, § 41 IV 3, S. 478. | 9 ErfK/*Müller-Glöge*, § 626 BGB Rz. 25. | 10 Staudinger/*Preis*, § 626 BGB Rz. 15.

45 An ein einseitiges (Gestaltungs-)Recht des ArbGeb, den ArbN von seiner Arbeitspflicht zu suspendieren, sind aufgrund des Beschäftigungsanspruches des ArbN hohe Anforderungen zu stellen. Nach der Rspr. des BAG[1] darf der ArbGeb den ArbN suspendieren, wenn seine schützenswerten Interessen das Interesse des ArbN an der Weiterbeschäftigung überwiegen. Schützenswerte Interessen des ArbGeb bestehen insb., wenn bei Weiterbeschäftigung des ArbN Schäden drohen, wie der Verrat von Betriebsgeheimnissen oder unzumutbare wirtschaftliche Belastungen des ArbGeb. Sie bestehen auch, wenn dem ArbGeb die Weiterbeschäftigung wegen des Verdachts einer strafbaren Handlung bzw. wegen einer schwerwiegenden Pflichtverletzung des ArbN unzumutbar ist.

46 **IV. Unabdingbarkeit. 1. § 626 Abs. 1 als zweiseitig zwingendes Recht. a) Keine einzelvertragliche Abdingbarkeit.** § 626 ist für beide Vertragsteile zwingendes Recht. Das außerordentliche Kündigungsrecht ist unabdingbar[2]. Es kann weder einzelvertraglich noch kollektivvertraglich beseitigt oder eingeschränkt werden[3]. Eine entsprechende Vereinbarung ist unwirksam[4]. Beachte aber auch unten Rz. 50 und Rz. 51.

47 *Gamillscheg*[5] hat dagegen eingewandt, dass, soweit es das Kündigungsrecht des ArbGeb betrifft, für den ArbN günstigere Regelungen in TV stets zulässig seien, da ansonsten gegen das in Art. 9 Abs. 3 GG verankerte Günstigkeitsprinzip verstoßen werde. Demnach wäre § 626 Abs. 1 nur eine einseitig zwingende Regelung zugunsten des ArbN. Diese Ansicht wird von der Lit. einhellig abgelehnt[6], da „Unzumutbares von Rechts wegen keiner Partei zugemutet werden kann", auch dem ArbGeb nicht. Der Staat würde seine aus Art. 2, 12 GG resultierende Schutzpflicht verletzen, wenn er dies vom ArbGeb verlangen würde. Damit geht es allein um die Frage, inwieweit der ArbGeb durch Verzicht über seine Grundrechtspositionen im Verhältnis zum ArbN disponieren kann[7]. Insoweit erkennt aber auch die hM eine beschränkte Regelungsbefugnis an (dazu unten Rz. 51 ff.).

48 **b) Keine tarifvertragliche Abdingbarkeit.** Die Unabdingbarkeit des Rechts zur außerordentlichen Kündigung gilt auch für tarifvertragliche Regelungen. Daraus ergibt sich zB, dass eine tarifvertraglich vereinbarte Unkündbarkeit von ArbN allein die ordentliche Kündigung, nicht jedoch die außerordentliche Kündigung betrifft[8].

49 Weiter kann ein ArbN auch nicht in besonderen Situationen von seinen arbeitsvertraglichen (Neben-)Pflichten befreit werden. So sind Tarifklauseln, die bereits im Hinblick auf künftige Arbeitskämpfe spätere Kündigungen ohne Differenzierung auch beim Vorliegen eines wichtigen Grundes ausschließen wollen, wegen Verletzung des § 626 unwirksam[9].

50 **c) Abgrenzung zum zulässigen Verzicht und zur zulässigen Verzeihung.** Von dem (vorherigen) Ausschluss des Kündigungsrechts ist der nachträgliche **Verzicht** auf die Kündigungsbefugnis zu unterscheiden. Der Kündigungsberechtigte kann zwar nicht von vornherein verzichten, das Arbeitsverhältnis beim Vorliegen eines wichtigen Grundes außerordentlich zu kündigen[10]. Er kann aber davon absehen, ein auf bestimmte Gründe gestütztes und bereits konkret bestehendes Kündigungsrecht auszuüben[11]. Entsprechendes gilt für die Verzeihung (zu beidem noch unten Rz. 67 ff.).

51 **2. Verbot der unzumutbaren Erschwerung/Einschränkung des Kündigungsrechts. a)** Aus der Unabdingbarkeit des außerordentlichen Kündigungsrechts folgt auch die Unzulässigkeit von Kündigungserschwerungen, die in der Wirkung einem Ausschluss des Kündigungsrechts gleichkommen, also Regelungen, die bei Vorliegen der Voraussetzungen des § 626 die Kündigung unzumutbar erschweren[12].

52 Der prinzipielle Unterschied zwischen einer (unzulässigen) Einschränkung und einer (uU zulässigen) Erschwerung des Kündigungsrechts liegt darin, dass eine Einschränkung zu einem partiellen Ausschluss der Kündigungsmöglichkeit führt. Dagegen lassen sich Erschwerungen mit dem nötigen Aufwand überwinden. Einschränkungen und Erschwerungen überschneiden sich in der Praxis, wenn es nur eine Frage des finanziellen Einsatzes ist, ob das Arbeitsverhältnis aufgelöst werden kann. Dann tendiert die Rspr.[13] ungeachtet der soeben gemachten Diffenzierung dazu, diese Frage als Abgrenzungsproblem zwischen

---

[1] BAG v. 15.6.1972 – 2 AZR 345/71, AP Nr. 7 zu § 628 BGB; v. 27.2.1985 – GS 1/84, AP Nr. 14 zu § 611 BGB – Beschäftigungspflicht; Erman/*Edenfeld*, § 611 BGB Rz. 318; *Gahlen*, Die Suspendierung eines Arbeitnehmers, Diss. Gießen 1990, S. 75 f. | [2] BAG v. 6.11.1956 – 3 AZR 42/55 und v. 11.7.1958 – 1 AZR 366/55, AP Nr. 14 und 27 zu § 626 BGB; KR/*Fischermeier*, § 626 BGB Rz. 57. | [3] BAG v. 8.8.1963 – 5 AZR 395/62, AP Nr. 2 zu § 626 BGB – Kündigungserschwerung; v. 25.6.1987, AP Nr. 8 zu § 620 BGB; v. 15.3.1991, AP Nr. 2 zu § 47 BBiG; ErfK/*Müller-Glöge*, § 626 BGB Rz. 234. | [4] BAG v. 18.12.1961 – 5 AZR 104/61, AP Nr. 1 zu § 626 BGB – Kündigungserschwerung; *Ascheid*, § 626 BGB Rz. 109; ErfK/*Müller-Glöge*, § 626 BGB Rz. 234. | [5] *Gamillscheg*, AuR 1981, 105 ff. | [6] APS/*Dörner*, § 626 BGB Rz. 9; *Ascheid*, Rz. 109; *Papier*, RdA 1989, 140. | [7] Vgl. KR/*Fischermeier*, § 626 BGB Rz. 58. | [8] BAG v. 18.12.1980, AP Nr. 4 zu § 174 BGB; v. 5.2.1998 – 2 AZR 227/97, AP Nr. 143 zu § 626 BGB; ErfK/*Müller-Glöge*, § 626 BGB Rz. 235. | [9] ErfK/*Müller-Glöge*, § 626 BGB Rz. 236; *Konzen*, ZfA 1980, 77, 114; KR/*Fischermeier*, § 626 BGB Rz. 60. | [10] BAG v. 28.10.1971 – 2 AZR 15/71, AP Nr. 62 zu § 626 BGB; ErfK/*Müller-Glöge*, § 626 BGB Rz. 237. | [11] BAG v. 5.5.1977 – 2 AZR 297/76, AP Nr. 11 zu § 626 BGB – Ausschlussfrist; *Ascheid*, Rz. 106; MünchKomm/*Schwerdtner*, § 626 BGB Rz. 72. | [12] BAG v. 6.11.1956 – 3 AZR 42/55, AP Nr. 14 zu § 626 BGB; v. 18.12.1961 – 5 AZR 104/61 und v. 8.8.1963 – 5 AZR 395/62, AP Nr. 1 und 2 zu § 626 BGB – Kündigungserschwerung; KR/*Fischermeier*, § 626 BGB Rz. 64 ff. | [13] Vgl. BAG v. 8.8.1963 – 5 AZR 395/62, AP Nr. 2 zu § 626 BGB – Kündigungserschwerung; ErfK/*Müller-Glöge*, § 626 BGB Rz. 241.

einer unzulässigen unzumutbaren und einer zulässigen zumutbaren Erschwerung des Kündigungsrechts zu behandeln.

So sei es grundsätzlich unzumutbar, die Ausübung des außerordentlichen Kündigungsrechts durch die Vereinbarung einer Vertragsstrafe, die Verpflichtung zur Zahlung von Abfindungssummen, die Verpflichtung zur Fortzahlung des Gehalts oder zur Rückzahlung von Urlaubsentgelt und Urlaubsgeld zu erschweren[1]. Dagegen ist trotz des zwingenden Charakters des außerordentlichen Kündigungsrechts eine Vereinbarung des Inhalts zulässig, dass nur der ArbGeb persönlich (also kein Vertreter) das außerordentliche Kündigungsrecht ausüben darf[2]. **53**

b) Eine unzumutbare Kündigungserschwerung ergibt sich nicht schon aus internen Regelungen des ArbGeb, zB wenn interne gesellschaftsrechtliche Bindungen bestehen bzw. solche arbeitsvertraglich modifiziert werden. So kann im Arbeitsvertrag zwischen einer GmbH und einem Gesellschafter, der zugleich deren ArbN ist, wirksam vereinbart werden, dass zu seiner Kündigung die vorherige Zustimmung der Gesellschafterversammlung erforderlich ist[3]. **54**

Überschritten ist die Grenze der zulässigen Kündigungserschwernisse erst, wenn die Kündigung von der Zustimmung eines Dritten und damit nicht nur von einer gesellschaftsinternen Mitwirkung anderer Gesellschafter abhängig gemacht wird. Eine solche unzulässige Abhängigkeit von einer dritten Stelle besteht aber nicht, wenn deren Entscheidung nachfolgend von einer Schiedsstelle überprüft und die Versagung der Zustimmung ersetzt werden kann[4]. **55**

Soweit es sich um eine zulässige interne Bindung des ArbGeb handelt, ist deren Verletzung im Rahmen eines Kündigungsschutzprozesses zu beachten. **56**

c) Erschwerungen des außerordentlichen Kündigungsrechts sind zulässig, soweit durch Gesetz vorgesehen, zB § 9 Abs. 3 MuSchG, 85, 91 SGB IX sowie § 102 Abs. 6 BetrVG 1972. Zwar spricht § 102 Abs. 6 BetrVG nur allgemein von der Möglichkeit, eine Kündigung von der Zustimmung des BR abhängig zu machen. Schon vor In-Kraft-Treten des BetrVG 1972 hat das BAG[5] anerkannt, dass davon bei entsprechender Vereinbarung auch außerordentliche Kündigungen betroffen sein können. Dem BR kann ein solches MitbestR nicht nur durch BV, sondern auch durch TV eingeräumt werden. **57**

d) Soweit sich die Erschwerung des außerordentlichen Kündigungsrechts aus einem TV ergeben soll, ist hier jeweils genau darauf zu achten, ob sich diese auf eine in ihren Auswirkungen bewusste und freie Willensbildung zurückführen lässt. Nur wenn dies der Fall ist wird man eine solche Regelung als zulässig erachten können. **58**

aa) Teilweise behilft man sich mit einer restriktiven Auslegung des TV. Ebenso wie eine pauschale tarifliche Regelung, die den ArbN für unkündbar erklärt, die außerordentliche Kündigung nicht erfasst (oben Rz. 48), schließt eine tarifliche Regelung, die eine außerordentliche Kündigung des ArbN explizit nur „aus wichtigen, in seiner Person und seinem Verhalten liegenden Gründen" vorsieht, eine betriebsbedingte außerordentliche Kündigung mit Auslauffrist aus[6]. Unberührt bleibt, dass dann nicht jede Unternehmerentscheidung die Unzumutbarkeit der Weiterbeschäftigung zu begründen vermag, da sonst eine Vertragspartei einseitig die ordentliche Unkündbarkeit des Vertragsverhältnisses beseitigen könnte[7]. **59**

bb) Des Weiteren kann eine unzumutbare Erschwerung des Rechts zur außerordentlichen Kündigung darin bestehen, dass in Arbeits- oder TV abschließend festgelegt wird, welche bestimmten Gründe zur außerordentlichen Kündigung berechtigen sollen[8]. Soweit damit negativ eine außerordentliche Kündigung in anderen als den vorgesehenen Fällen ausgeschlossen werden soll, fehlt es am Hinweis auf eine hinreichend bewusste Willensbildung. **60**

cc) Nach BAG v. 27.6.2002[9] kann auch § 55 Abs. 2 BAT in Extremfällen eine unzumutbare Erschwerung der Kündigung enthalten, soweit für ordentlich unkündbare ArbN das Recht zur außerordentlichen Beendigungskündigung auf personen- und verhaltensbedingte Gründe beschränkt wird und für andere wichtige Gründe, insb. dringende betriebliche Erfordernisse, nur eine außerordentliche Änderungskündigung zugelassen wird. Damit trägt das BAG Stimmen in der Lit.[10] Rechnung, die in § 55 Abs. 2 BAT einen partiellen Ausschluss, also eine Einschränkung und keine bloße Erschwerung des gesetzlich unabdingbaren **61**

---

1 BAG v. 18.12.1961 – 5 AZR 104/61, AP Nr. 1 zu § 626 BGB – Kündigungserschwerung; v. 6.9.1989 – 5 AZR 586/86, AP Nr. 27 zu § 622 BGB; ErfK/*Müller-Glöge*, § 626 BGB Rz. 240. | 2 BAG v. 9.10.1975 – 2 AZR 332/74, AP Nr. 8 zu § 626 BGB – Ausschlussfrist. | 3 BAG v. 28.4.1994 – 2 AZR 730/93 und v. 11.3.1998 – 2 AZR 287/97, AP Nr. 117 und 144 zu § 626 BGB; KR/*Fischermeier*, § 626 BGB Rz. 64. | 4 BAG v. 6.11.1956 – 3 AZR 42/55, AP Nr. 14 zu § 626 BGB; KR/*Fischermeier*, § 626 BGB Rz. 64. | 5 BAG v. 6.11.1956 – 3 AZR 42/55, AP Nr. 14 zu § 626 BGB; KR/*Fischermeier*, § 626 BGB Rz. 64. | 6 BAG v. 17.9.1998 – 2 AZR 419/97, AP Nr. 148 zu § 626 BGB; ErfK/*Müller-Glöge*, § 626 BGB Rz. 242. | 7 *Preis/Hamacher*, FS 50 Jahre Arbeitsgerichtsbarkeit Rh.Pf., 1999, S. 245, 253 ff. | 8 KR/*Fischermeier*, § 626 BGB Rz. 66. | 9 BAG v. 27.6.2002 – 2 AZR 367/01, AP Nr. 4 zu § 55 BAT; s. dagegen noch BAG v. 19.1.1973 – 2 AZR 103/72, AP Nr. 5 zu § 626 BGB – Ausschlussfrist; v. 31.1.1996 – 2 AZR 158/95, AP Nr. 13 zu § 626 BGB – Druckkündigung. | 10 ErfK/*Müller-Glöge*, § 626 BGB Rz. 242; *Kania/Kramer*, RdA 1995, 287, 288 f.; KR/*Fischermeier*, § 626 BGB Rz. 66.

Kündigungsrechts sehen. Auch im öffentlichen Dienst sind Fälle denkbar, in denen betriebliche Erfordernisse einer Weiterbeschäftigung (auch in anderen Bereichen der Verwaltung) entgegenstehen. Zweifelhaft ist es auch, § 55 Abs. 2 BAT als bewusste und freie Willensbildung des staatlichen ArbGeb entgegen dem Grundsatz sparsamer Haushaltsführung[1] anzusehen. Nur wenn sich aus der Vereinbarung der Parteien oder aus daneben bestehenden eindeutigen Umständen entnehmen lässt, dass sich der ArbGeb in freier autonomer Willensbildung der übernommenen Risiken in Inhalt und Ausmaß bewusst war und diesbezüglich eine eigene differenzierte Regelung getroffen werden sollte, kann es für den ArbGeb zumutbar sein, das Arbeitsverhältnis ohne Beschäftigungsmöglichkeit fortzusetzen, vgl. hierzu noch unten Rz. 232.

62 **3. Erweiterungen des Rechts zur außerordentlichen Kündigung.** Erweiterungen des außerordentlichen Kündigungsrechts durch Arbeits- oder TV sind unzulässig, soweit sie den Begriff des wichtigen Grundes an sich (dazu unten Rz. 74 ff.) betreffen. Solche Regelungen können aber auf die Interessenabwägung Einfluss haben. Soweit speziell in einem TV solche Regelungen enthalten sind, kann es sich zudem um zulässige Regelungen der ordentlichen Kündigungsmöglichkeit handeln.

63 **a) Arbeitsvertrag.** Das Recht zur außerordentlichen Kündigung kann im Arbeitsvertrag nicht über das gesetzliche Maß hinaus erweitert werden[2], da die Festlegung bestimmter Tatbestände als wichtige Gründe über den durch § 626 gesetzten Rahmen hinaus eine Umgehung der in § 622 zwingend festgelegten Mindestkündigungsfristen ermöglichen würde.

64 **b) TV.** Regelungen in TV können für eine außerordentliche Kündigung an sich nicht geeignete Entlassungstatbestände nicht zum wichtigen Grundes iSd. § 626 erheben[3]. Da die TV-Parteien jedoch gem. § 622 Abs. 4 unter Berücksichtigung des § 622 Abs. 6 nicht an die gesetzlichen Mindestfristen gebunden sind und daher auch entfristete (ordentliche) Kündigungen vereinbaren können, ist es zulässig, im TV besondere Kündigungsgründe, sog. minder wichtige Gründe für Kündigungen festzulegen, die entfristet oder mit kürzeren Kündigungsfristen erfolgen können (Grenze: § 622 Abs. 6)[4]. Bei einer tariflich vorgesehenen „außerordentlichen" Kündigung von an sich unkündbaren ArbN aus bestimmten „wichtigen Gründen" kann es sich in der Sache also um eine ausnahmsweise zulässige entfristete oder befristete ordentliche Kündigung handeln[5].

65 Obwohl eine solche Interpretation des TV dazu führen würde, der tarifvertraglichen Regelung und damit auch der Tarifautonomie (Art. 9 Abs. 3 GG) uneingeschränkt Geltung zu verschaffen, verlangt das BAG[6] zudem, dass die TV-Parteien in ihrer Regelung auch zum Ausdruck gebracht haben, dass sie den verwendeten Begriff des „wichtigen Grundes" nicht iSd. § 626 verstanden haben, mithin also keine Modifikation der außerordentlichen, sondern eine Regelung der ordentlichen Kündigung treffen wollten. Sollte es daran fehlen, seien die spezifizierten wichtigen Gründe am Maßstab des § 626 zu messen.

66 **c) Auswirkungen auf die Interessenabwägung.** Eine beschränkte rechtliche Bedeutung können arbeitsvertragliche Vereinbarungen über Gründe zur außerordentlichen Kündigung im Rahmen der Interessenabwägung entfalten, wenn die Parteien Tatbestände, die an sich als wichtige Gründe geeignet sind, näher bestimmen und damit zu erkennen geben, welche Umstände ihnen unter Berücksichtigung der Eigenart des jeweiligen Arbeitsverhältnisses als Gründe für die vorzeitige Beendigung besonders wichtig erscheinen[7]. Dann ist im Rahmen der Interessenabwägung nicht mehr zu prüfen, ob dem Kündigenden eine Fortsetzung des Arbeitsverhältnisses bis zum Ablauf der ordentlichen Kündigungsfrist oder des Sonderkündigungsschutzes zumutbar ist.

67 **4. Verzicht und Verzeihung. a) Verzicht.** Ein Verzicht auf das Recht zur außerordentlichen Kündigung im Voraus ist nicht zulässig[8]. Der Kündigungsberechtigte darf aber bei Kenntnis des Kündigungsgrundes auf sein Kündigungsrecht verzichten[9]. Der Verzicht bezieht sich also im Gegensatz zur (vorherigen) Abbedingung des Rechts zur außerordentlichen Kündigung auf einen Zeitpunkt nach Entstehung des Kündigungsrechts. Der Verzicht ist zulässig, wenn der Kündigungsberechtigte Kenntnis vom Sachverhalt hat, der den wichtigen Grund ausmacht[10]. Der Verzicht muss ausdrücklich oder konkludent durch eine empfangsbedürftige Willenserklärung des Kündigungsberechtigten erfolgen[11]. So wird auf eine außerordentliche Kündigung konkludent verzichtet, wenn gestützt auf den be-

---

1 Vgl. BAG v. 26.1.1995 2 AZR 371/94, EzA § 2 KSchG Nr. 22. | 2 BAG v. 17.4.1956 – 2 AZR 340/55 und v. 22.11.1973 – 2 AZR 580/72, AP Nr. 8 und 67 zu § 626 BGB; Erman/*Belling*, § 626 BGB Rz. 19; KR/*Fischermeier*, § 626 BGB Rz. 68. | 3 BAG v. 12.4.1978 – 4 AZR 580/76, AP Nr. 13 zu § 626 BGB – Ausschlussfrist (zu § 626 Abs. 2 BGB); ErfK/*Müller-Glöge*, § 626 BGB Rz. 238. | 4 BAG v. 19.1.1973 – 2 AZR 103/72, AP Nr. 5 zu § 626 BGB – Ausschlussfrist. | 5 KR/*Fischermeier*, § 626 BGB Rz. 70 f. | 6 BAG v. 12.9.1974 – 2 AZR 535/73, AP Nr. 1 zu § 44 TV AL II; v. 29.8.1991 – 2 AZR 59/91, AP Nr. 58 zu § 102 BetrVG 1972. | 7 BGH v. 22.11.1973 – 2 AZR 580/72, AP Nr. 67 zu § 626 BGB; v. 7.7.1988 – I ZR 78/87, EzA § 626 BGB nF Nr. 117; LAG Düsseldorf v. 22.12.1970 – 8 Sa 250/70, DB 1971, 150; ErfK/*Müller-Glöge*, § 626 BGB Rz. 239. | 8 BAG v. 28.10.1971 – 2 AZR 15/71, AP Nr. 52 zu § 626 BGB; ErfK/*Müller-Glöge*, § 626 BGB Rz. 83. | 9 *Ascheid*, NZA Nr. 106; KR/*Fischermeier*, § 626 BGB Rz. 61. | 10 BAG v. 5.5.1977 – 2 AZR 297/76, AP Nr. 11 zu § 626 BGB – Ausschlussfrist. | 11 KR/*Fischermeier*, § 626 BGB Rz. 62.

treffenden Sachverhalt nur eine ordentliche Kündigung oder eine (die Sache abschließende) Abmahnung ausgesprochen wird[1].

b) Verzeihung. Vom Verzicht wird die Verzeihung unterschieden[2]. Eine Verzeihung liegt vor, wenn der Kündigungsberechtigte ausdrücklich oder konkludent zu erkennen gibt, dass er einen bestimmten Sachverhalt nicht zum Anlass einer Kündigung nehmen will. Es handelt sich dann nicht um ein Rechtsgeschäft, sondern ein tatsächliches Verhalten, das den Kündigungsgrund entfallen lässt. Es gilt dann das Verbot widersprüchlichen Verhaltens[3]. Soweit man einen rechtlich erheblichen Unterschied zwischen Verzicht und Verzeihung darin sieht, dass eine Verzeihung den Kündigungsgrund entfallen lässt und der Berechtigte somit auch nicht mehr ordentlich kündigen kann[4], müsste man eine Abmahnung an Stelle einer Kündigung als Fall der Verzeihung und nicht des Verzichts ansehen[5]. **68**

Entgeltfortzahlung seitens des ArbGeb trotz Verdachts vorgetäuschter Arbeitsunfähigkeit stellt keine Verzeihung dar[6]. Ein betriebsbedingter Grund kann allenfalls verwirkt werden[7]. **69**

Da das BAG[8] für die Annahme einer Verzeihung bzw. eines Verzichts vor Ablauf der Frist des § 626 Abs. 2 verlangt, dass der Kündigungsberechtigte seine Bereitschaft zur Fortsetzung des Arbeitsverhältnisses eindeutig zu erkennen gibt und das Kündigungsrecht mit Ablauf der Frist des § 626 Abs. 2 ohnehin verwirkt wird, haben weder Verzicht noch Verzeihung im Bereich der außerordentlichen Kündigung größere Bedeutung. **70**

V. Vorliegen eines „wichtigen Grundes". 1. Allgemeines. a) Unbestimmter Rechtsbegriff. Der Begriff des „wichtigen Grundes" in § 626 Abs. 1 stellt einen unbestimmten Rechtsbegriff dar, § 626 ist eine Generalklausel[9]. Dies begegnet einerseits verfassungsrechtlichen Bedenken aufgrund Unbestimmtheit, andererseits eröffnet dies aber die Möglichkeit, den Grundrechten Geltung im Privatrecht zu verschaffen. Die außerordentliche Kündigung tangiert die Berufsfreiheiten (Art. 12 Abs. 1 GG) des ArbN und des privaten ArbGeb, zwischen denen praktische Konkordanz herzustellen ist[10]. **71**

b) Kein absoluter Kündigungsgrund. Es gibt im Rahmen des § 626 keine absoluten, dh. unbedingten Kündigungsgründe[11], dh. es können nicht bestimmte Sachverhalte stets als wichtiger Grund iSd. § 626 angesehen werden. Dies ergibt sich aus dem Erfordernis, die Besonderheiten des Einzelfalles umfassend zu berücksichtigen[12]. Deshalb muss auch bei einem als wichtiger Grund grundsätzlich geeigneten Umstand stets eine Abwägung aller für und gegen die Auflösung des Arbeitsverhältnisses sprechenden Umstände erfolgen[13]. **72**

c) Gebot der Rechtssicherheit. Das Erfordernis, alle Umstände des Einzelfalles zu berücksichtigen und die jeweiligen Interessen beider Vertragsteile abzuwägen, dient der Einzelfallgerechtigkeit und beeinträchtigt zwangsläufig die Rechtssicherheit. Im Interesse der Rechtssicherheit ist deshalb eine Fallgruppenbildung[14], dh. eine Konkretisierung und Systematisierung typischer Kündigungssachverhalte notwendig[15]. **73**

d) Zwei-Stufen-Prüfung. Nach der Rspr. des BAG[16] ist das Vorliegen eines wichtigen Grundes in einer zweistufigen Prüfung zu bestimmen. Der Sachverhalt muss zunächst an sich geeignet sein, einen wichtigen Grund abzugeben. Sodann wird in einer konkreten Interessenabwägung anhand der Umstände des Einzelfalles (und des Prinzips der Verhältnismäßigkeit) geprüft, ob die Kündigung gerechtfertigt ist. **74**

Die gedankliche Trennung zweier Stufen ermöglicht auf der ersten Ebene die Bildung von Fallgruppen hinsichtlich generell geeigneter Fälle. Sie hat aber nichts mit der beschränkt revisiblen Überprüfung der individuellen Zumutbarkeitsprüfung zu tun. Auch das BAG überprüft anhand aller Einzelheiten (Tatsachen), ob der festgestellte Lebenssachverhalt sich mit dem Tatbestandssachverhalt deckt und damit „in abstracto" einen wichtigen Grund bilden kann[17]. **75**

---

1 BAG v. 31.7.1986 – 2 AZR 559/85, RzK I 8c Nr. 10 v. 6.3.2003 – 2 AZR 128/02, NZA 2003, 1388; *Ascheid*, Rz. 106; KR/*Fischermeier*, § 626 BGB Rz. 62; aA (Abmahnung sperrt Kündigung nicht) *v. Hase*, NJW 2002, 2278, 2280. Kein Verzicht liegt vor, wenn der ArbGeb nur in Verkennung eines (tarif-)vertraglichen Ausschlusses der ordentlichen Kündigung fristgerecht kündigen wollte: BAG v. 5.2.1998 – 2 AZR 227/97, AP Nr. 143 zu § 626 BGB. |2 Kritisch MünchKomm/*Schwerdtner*, § 626 BGB Rz. 73: „wenig sinnvoll". |3 LAG BW v. 12.4.1967 – 4 Sa 29/67, DB 1967, 999. |4 *Ascheid*, Rz. 106; ErfK/*Müller-Glöge*, § 626 BGB Rz. 84. |5 Vgl. dagegen BAG v. 10.11.1988 – 2 AZR 215/88, AP Nr. 3 zu § 1 KSchG 1969 – Abmahnung; KR/*Fischermeier*, § 626 BGB Rz. 62. |6 BAG v. 6.9.1990 – 2 AZR 162/90, EzA § 1 KSchG – Verdachtskündigung Nr. 1. |7 BAG v. 25.2.1988 – 2 AZR 500/87, RzK I 5c Nr. 26. |8 BAG v. 28.10.1971 – 2 AZR 15/71, AP Nr. 62 zu § 626 BGB; KR/*Fischermeier*, § 626 BGB Rz. 62. |9 APS/*Dörner*, § 626 BGB Rz. 21; *Ascheid*, Kündigungsschutzrecht, Rz. 113 spricht von § 626 BGB als einer Blankettnorm. |10 ErfK/*Müller-Glöge*, § 626 BGB Rz. 33. |11 BAG v. 30.5.1978 – 2 AZR 630/76 und v. 15.11.1984 – 2 AZR 613/83, AP Nr. 70 und 87 zu § 626 BGB; ErfK/*Müller-Glöge*, § 626 BGB Rz. 61. |12 APS/*Dörner*, § 626 BGB Rz. 56. |13 KR/*Fischermeier*, § 626 BGB Rz. 81. |14 ErfK/*Müller-Glöge*, § 626 BGB Rz. 34. |15 KR/*Fischermeier*, § 626 BGB Rz. 82. |16 BAG v. 17.5.1984 – 2 AZR 3/83, AP Nr. 14 zu § 626 BGB – Verdacht strafbarer Handlung; v. 2.3.1989 – 2 AZR 280/88, AP Nr. 101 zu § 626 BGB; ErfK/*Müller-Glöge*, § 626 BGB Rz. 34; *Dütz*, NJW 1990, 2025, 2030 f.; krit. *Ascheid*, Rz. 125 ff.; MünchArbR/*Wank*, § 120 Rz. 37; *Rüthers*, NJW 1998, 1433 ff. |17 *Ascheid*, Rz. 124.

76 Neben der zweistufigen Prüfung hat der Begriff der Unzumutbarkeit keinen eigenen Regelungsgehalt, er geht in der Güter- und Interessenabwägung auf und kennzeichnet das Ergebnis der Abwägung[1].

77 **e) Stufenverhältnis zur ordentlichen Kündigung.** Eine Konkretisierung des Merkmals des „wichtigen Grundes" ergibt sich aus dem Stufenverhältnis zur ordentlichen Kündigung. Deshalb muss eine außerordentliche Kündigung jedenfalls dann unwirksam sein, wenn sie, als ordentliche Kündigung gedacht, gegen die Bestimmungen des dort geltenden Kündigungsschutzes, insb. gegen die des KSchG verstoßen würde[2].

78 Davon unberührt bleibt, dass eine solche Hilfserwägung nur in einfachen Fällen und nur dann zu einer Entscheidungserleichterung führen wird, wenn die Unwirksamkeit der Kündigung festgestellt werden soll. Unabdingbar bleibt in jedem Fall eine eigenständige Interessenabwägung[3]. Noch weniger geeignet sind die Kriterien für eine ordentliche Kündigung zur Bestimmung eines geeigneten Grundes im Rahmen der außerordentlichen Kündigung.

79 **f) Prognoseprinzip.** Eine weitere Konkretisierung der anzuwendenden Kriterien ergibt sich durch das Prognoseprinzip[4]. Danach kann ein Sachverhalt nur dann einen wichtigen Grund für die außerordentliche Kündigung abgeben, wenn er sich künftig konkret nachteilig auf das Arbeitsverhältnis auswirkt[5].

80 Zumeist unproblematisch ist dabei das Erfordernis der konkreten Beeinträchtigung. Diese ergibt sich grundsätzlich bei jeder Verletzung einer vertraglichen Haupt- oder Nebenpflicht, da mit ihr regelmäßig auch eine Störung des arbeitsrechtlichen Austauschverhältnisses einhergeht[6].

81 Dagegen ist die Frage, ob eine Auswirkung auch in Zukunft zu befürchten ist, komplexer. Allgemein wird sich eine negative Zukunftsprognose bei einer verhaltensbedingten Kündigung ergeben, wenn eine Wiederholungsgefahr besteht oder das vergangene Ereignis sich auch künftig belastend auswirkt[7]. Eine Wiederholungsgefahr ergibt sich dabei regelmäßig aus der Nichtbeachtung einer Abmahnung[8]. Eine unabhängig von einer Wiederholungsgefahr bestehende negative Prognose ergibt sich, wenn die Grundlage für eine Fortsetzung des Arbeitsverhältnisses unwiderruflich zerstört ist[9].

82 Treten die nachteiligen Auswirkungen zwar nicht sofort ein, sind aber deren Eintritt zu einem bestimmten späteren Zeitpunkt vor einer möglichen ordentlichen Beendigung des Arbeitsverhältnisses absehbar, muss die außerordentliche Kündigung schon vorab in der Frist des § 626 Abs. 2 BGB ausgesprochen werden. Die Kündigung wirkt dann erst zu dem besagten späteren Zeitpunkt[10].

83 **g) Problem mehrerer Kündigungssachverhalte. aa) Gruppenbildung.** Das Erfordernis eines wichtigen Grundes heißt nicht, dass jeder relevante Kündigungssachverhalt für sich betrachtet werden müsse. Es bedeutet aber auch nicht, dass eine wahllose Gesamtbetrachtung mehrerer Kündigungssachverhalte stattfinden kann.

84 Mit der ganz hM[11] sind vielmehr gleichartige Gründe zusammenzufassen. Dh. die Kündigungssachverhalte sind wie bei einer ordentlichen Kündigung in personenbedingte, verhaltensbedingte und betriebsbedingte Gründe einzuteilen. Nur wenn bereits ein einzelner Grund die Fortsetzung des Arbeitsverhältnisses unzumutbar werden lässt[12], erübrigt sich eine Gesamtbetrachtung.

85 Darüber hinaus kann nur in Ausnahmefällen von der isolierten Betrachtung der Gruppen von Kündigungsgründen abgewichen werden. So ist es in der Lit.[13] umstritten und vom BAG[14] noch nicht entschieden, ob eine Gesamtbetrachtung zumindest dann anzustellen ist, wenn die Voraussetzungen für eine verhaltensbedingte Kündigung geringfügig verfehlt werden und zudem die Erfordernisse für eine personen- oder betriebsbedingte Kündigung „nur knapp" nicht erfüllt sind. Hier bietet sich insoweit ein Mittelweg an, als man eine Bündelung der aus der Sphäre des ArbN stammenden personen- und verhal-

---

1 APS/*Dörner*, § 626 BGB Rz. 21 und 23; *Ascheid*, Rz. 113. | 2 BAG v. 20.1.2000 – 2 ABR 40/99, AP Nr. 40 zu § 103 BetrVG 1972; APS/*Dörner*, § 626 BGB Rz. 25; ErfK/*Müller-Glöge*, § 626 BGB Rz. 37; *Herschel*, BB 1982, 253 f. | 3 KR/*Fischermeier*, § 626 BGB Rz. 101. | 4 APS/*Dörner*, § 626 BGB Rz. 27; ErfK/*Müller-Glöge*, § 626 BGB Rz. 38; abl. *Rüthers*, NJW 1998, 1433 ff. | 5 BAG v. 9.3.1995 – 2 AZR 497/94 und v. 21.11.1996 – 2 AZR 357/95, AP Nr. 123, 130 zu § 626 BGB; *Bitter/Kiel*, RdA 1995, 2635; KR/*Fischermeier*, § 626 BGB Rz. 110; *Preis*, Prinzipien, S. 224 ff.; aA *Adam*, ZTR 1999, 297; *Heinze*, FS für Söllner, 1990, S. 63, 69. | 6 BAG v. 17.1.1991 – 2 AZR 375/90, AP Nr. 25 zu § 1 KSchG – Verhaltensbedingte Kündigung; KR/*Fischermeier*, § 626 BGB Rz. 110. | 7 BAG v. 10.11.1988 – 2 AZR 215/88 und v. 16.8.1991 – 2 AZR 604/90, AP Nr. 3, 27 zu § 1 KSchG 1969 – Abmahnung; NZA 1993, 17, v. 21.11.1996 – 2 AZR 357/95, AP Nr. 130 zu § 626 BGB; APS/*Dörner*, § 626 BGB Rz. 26; KR/*Fischermeier*, § 626 BGB Rz. 110 ff. | 8 *Bengelsdorf*, SAE 1992, 136; Erman/*Belling*, § 626 BGB Rz. 47; KR/*Fischermeier*, § 626 BGB Rz. 111. | 9 APS/*Dörner*, § 626 BGB Rz. 27; *Preis*, Prinzipien S. 336; *Willemsen*, Anm. zu BAG EzA § 626 BGB nF Nr. 116. | 10 BAG v. 14.3.1968 – 2 AZR 197/67, AP Nr. 2 zu § 72 HGB; v. 13.4.2000 – 2 AZR 259/99, AP Nr. 9 zu § 1 TVG – Tarifverträge: Bühnen; KR/*Fischermeier*, § 626 BGB Rz. 110. | 11 BAG v. 10.12.1992 – 2 AZR 271/92, AP Nr. 41 zu Art. 140 GG; *Ascheid*, Rz. 225; ErfK/*Müller-Glöge*, § 626 BGB Rz. 40; *Wank*, RdA 1993, 79, 88. | 12 BAG v. 22.7.1982 – 2 AZR 30/81, AP Nr. 5 zu § 1 KSchG 1969 – Verhaltensbedingte Kündigung; v. 10.12.1992 – 2 AZR 271/92, AP Nr. 41 zu Art. 140 GG; KR/*Fischermeier*, § 626 BGB Rz. 246. | 13 Dafür HAS/*Popp*, § 19 B Rz. 241; dagegen *Rüthers/Henssler*, ZfA 1988, 33; HAS/*Preis*, § 19 f. Rz. 21, 31 ff. | 14 Offen gelassen von BAG v. 10.12.1992 – 2 AZR 271/92, AP Nr. 41 zu Art. 140 GG.

tensbedingten Gründe für zulässig hält¹. Keinen zusätzlichen Ausschlag können dagegen betriebsbedingte Gründe geben, da es der ArbGeb ansonsten in der Hand hätte, durch eine entsprechende Unternehmerentscheidung die Anforderungen an eine außerordentliche Kündigung zu manipulieren.

bb) Einhaltung der Frist zum Ausspruch der Kündigung. Aufgrund einer sachgruppenbezogenen Gesamtbetrachtung der Kündigungssachverhalte kann es dazu kommen, dass nicht alle kündigungsrelevanten Sachverhalte innerhalb der Zweiwochenfrist des § 626 Abs. 2 liegen. Dies führt aber zu keinem Ausblenden älterer Kündigungsgründe. Verfristete Gründe können nur nicht mehr selbstständiger Gegenstand einer Kündigung sein. Soweit der verfristete Kündigungsgrund mit einem neuen Kündigungsgrund eine Kette gleichartiger Kündigungssachverhalte bildet, kann neben dem noch nicht verfristeten Kündigungsgrund auch der „verfristete" zur Begründung der Kündigung herangezogen werden². Gleiches gilt für verziehene oder verwirkte Kündigungsgründe³. 86

Anliegen der Rspr., wonach verfristete und nicht verfristete Gründe zueinander in einem engen sachlichen Zusammenhang stehen müssen, ist aber auch, dass es dem ArbGeb verwehrt werden soll, spätere Nichtigkeiten zum Anlass für eine Kündigung zu nehmen, auch wenn diese durch ältere verfristete erhebliche Gründe soweit aufgewertet werden könnten, dass insgesamt ein wichtiger Grund gegeben wäre⁴. Die dagegen erhobene Kritik⁵ macht geltend, dass das Erfordernis des Zusammenhangs nicht praktikabel ist. Die Ausschlussfrist des § 626 Abs. 2 BGB beziehe sich nicht auf den einzelnen Kündigungsgrund, sondern auf die Ausübung des Gestaltungsrechts. Dennoch ist der Rspr. zumindest im Ergebnis zuzustimmen. Die Frist des § 626 Abs. 2 BGB wäre Makulatur, wenn jeder unerhebliche Grund zum Wiederaufleben früherer Verfehlungen des ArbN führen könnte. 87

h) Mischtatbestände. Kann ein einheitlicher Kündigungssachverhalt nicht eindeutig und zweifelsfrei dem Tatbestand einer verhaltens-, personen- oder betriebsbedingten Kündigung zugeordnet werden, spricht man von einem sog. Mischtatbestand⁶. Denkbar ist dies zB in dem Fall, dass ein ArbN durch schuldhaftes Verhalten einen Brand im Betrieb verursacht und dadurch ua. auch sein Arbeitsplatz vernichtet wird⁷. 88

Nach dem BAG⁸ sind derartige Sachverhalte ausschließlich einem der drei gesetzlich geregelten Kündigungstatbestände zuzurechnen, je nachdem, aus welchem Bereich die Störung primär stammt, bzw. danach, was als wesentliche Ursache anzusehen ist. 89

*Fischermeier*⁹ hat in diesem Zusammenhang aber darauf hingewiesen, dass das BAG diesen Grundsatz nicht immer konsequent umsetzt. So wurde bei der Kündigung eines Lehrers wegen fehlender Lehrbefugnis trotz Annahme eines betriebsbedingten Grundes eine der personenbedingten Kündigung entsprechende Interessenabwägung verlangt¹⁰. Auch eine Druckkündigung soll alternativ als verhaltens-, personen- oder betriebsbedingte Kündigung zu prüfen sein¹¹. Zudem hat das BAG¹² zuletzt selbst Zweifel angemeldet. 90

Kritisch zu sehen ist allein die Vermengung unterschiedlicher Prüfungskriterien bei einer verhaltens-, personen- oder betriebsbedingten Kündigung. Eine Auflösung der Dreiteilung der Kündigungsgründe ist insoweit aus Gründen der Rechtssicherheit abzulehnen. 91

2. Relevante Faktoren bei der Rechtfertigung der außerordentlichen Kündigung. a) Interessenabwägung. aa) Ist ein Sachverhalt an sich geeignet, einen wichtigen Grund zur Kündigung abzugeben, gelangt man im Rahmen der von der Rspr. vertretenen zweistufigen Prüfung (siehe oben Rz. 74) zu einer umfassenden Abwägung des Interesses des ArbGeb an der Auflösung sowie des Interesses des ArbN an der Aufrechterhaltung des Arbeitsverhältnisses. Die Interessenabwägung erstreckt sich auf alle vernünftigerweise in Betracht zu ziehenden Umstände des Einzelfalles¹³. 92

bb) Dieser weite Prüfungsmaßstab hat in der Lit. Kritik hervorgerufen, da gar nicht mehr oder nur oberflächlich geprüft werde, ob und inwieweit die Kriterien bei der Interessenabwägung überhaupt rechtlich bedeutsam sind. So wird ua. gefordert, den Prüfungsmaßstab normativ zu strukturieren¹⁴ 93

---

1 *v. Hoyningen-Huene/Linck*, § 1 KSchG Rz. 169 ff.; KR/*Fischermeier*, § 626 BGB Rz. 248; *Wank*, RdA 1993, 88. |2 BAG v. 10.12.1992 – 2 ABR 32/92, AP Nr. 4 zu § 87 ArbGG 1979; ErfK/*Müller-Glöge*, § 626 BGB Rz. 41. |3 KR/*Fischermeier*, § 626 BGB Rz. 250. |4 BAG v. 10.4.1975 – 2 AZR 113/74, AP Nr. 7 zu § 626 BGB – Ausschlussfrist; KR/*Fischermeier*, § 626 BGB Rz. 250. |5 APS/*Dörner*, § 626 BGB Rz. 123; *Stahlhacke/Preis/Vossen*, Rz. 605. |6 BAG v. 17.5.1984 – 2 AZR 109/83, AP Nr. 21 zu § 1 KSchG 1969 – Betriebsbedingte Kündigung; v. 21.11.1985 – 2 AZR 21/85, AP Nr. 12 zu § 1 KSchG 1969; KR/*Fischermeier*, § 626 BGB Rz. 159. |7 Beispiel nach *Rüthers/Henssler*, ZfA 1988, 42. |8 BAG v. 17.5.1984 – 2 AZR 109/83, AP Nr. 21 zu § 1 KSchG 1969 – Betriebsbedingte Kündigung; v. 21.11.1985 – 2 AZR 21/85, AP Nr. 12 zu § 1 KSchG 1969. |9 KR/*Fischermeier*, § 626 BGB Rz. 162 ff. |10 BAG v. 17.5.1984 – 2 AZR 109/83, AP Nr. 21 zu § 1 KSchG 1969 – Betriebsbedingte Kündigung. |11 BAG v. 31.1.1996 – 2 AZR 158/95, AP Nr. 13 zu § 626 BGB – Druckkündigung. |12 Offen gelassen in BAG v. 6.11.1997 – 2 AZR 94/97, AP Nr. 42 zu § 1 KSchG 1969. |13 BAG v. 17.5.1984 – 2 AZR 3/83, AP Nr. 14 zu § 626 BGB – Verdacht strafbarer Handlung; v. 2.3.1989 – 2 AZR 280/88, AP Nr. 101 zu § 626 BGB; ErfK/*Müller-Glöge*, § 626 BGB Rz. 34; *Dütz*, NJW 1990, 2025, 2030 f.; RGRK/*Corts*, § 626 BGB Rz. 30; Soergel/*Kraft*, § 626 BGB Rz. 33; kit. *Ascheid*, Rz. 125 ff.; MünchArbR/*Wank*, § 120 Rz. 37; *Rüthers*, NJW 1998, 1433 ff.; *Stahlhacke/Preis/Vossen*, Rz. 612. |14 APS/*Dörner*, § 626 BGB Rz. 111; ErfK/*Müller-Glöge*, § 626 BGB Rz. 62 ff.

BGB § 626 Rz. 94   Fristlose Kündigung aus wichtigem Grund

bzw. nur vertragsbezogene Interessen als berücksichtigungsfähiges Abwägungsmaterial anzuerkennen[1]. Ob dieser Streit praktische Relevanz haben kann, mag bezweifelt werden. Jedenfalls würde eine Begrenzung nur dazu führen, den Streit auf die Frage zu verlegen, welche Umstände vertragsbezogen und damit berücksichtigungsfähig sind. Leichter (nach-)vollziehbar und damit gerechter ist eine relative Gewichtung der einzelnen Umstände in Bezug auf ihre „Nähe zum Arbeitsvertrag"[2]. Entferntere Umstände können dann ohnehin nur Gewicht erlangen, wenn noch Zweifel an der Rechtmäßigkeit der Kündigung bestehen. Kommt man bereits aufgrund der primär für den Arbeitsvertrag relevanten Interessen zu einem eindeutigen Ergebnis, sind weitere Gesichtspunkte zu vernachlässigen[3].

94 Vertragsbezogene Interessen des ArbGeb ergeben sich aus den betrieblichen Erfordernissen. Die Berücksichtigungsfähigkeit personenbezogener Umstände des ArbN richtet sich dagegen nach dem jeweiligen Kündigungssachverhalt bzw. der Verbindung zwischen schutzwürdigen Interessen und dem Zweck der Kündigung[4]. Ergibt sich damit im Falle einer Pflichtverletzung des ArbN eine konkrete Störung des Betriebsablaufes oder eine Schädigung des Produktionszwecks, ist dies ohne weiteres beachtlich. Demgegenüber treten die Interessen des ArbN, die aus seinem Lebensalter, seinen Unterhaltsverpflichtungen, der Lage auf dem Arbeitsmarkt sowie den sonstigen Faktoren, die seine soziale Schutzbedürftigkeit begründen, resultieren, regelmäßig zurück[5].

95 cc) Nicht vertragsbezogen und daher von vornherein nicht berücksichtigungsfähig sind:

- die allgemeine wirtschaftliche Lage des ArbN sowie
- die allgemeine schlechte Lage am Arbeitsmarkt[6]. Die Arbeitsmarktchancen können allenfalls individuell berücksichtigt werden[7]. Nach umstrittener Ansicht des BAG[8] ist dagegen die wirtschaftliche Lage des Unternehmens berücksichtigungsfähig.
- die diskriminierende Wirkung einer außerordentlichen Kündigung kann in aller Regel nicht berücksichtigt werden, da sie typische Folge ist[9].

96 dd) Dagegen zählen zu den bei einer Interessenabwägung zu beachtenden Faktoren:

(1) Gewichtung bei den Interessen des ArbGeb

- Art und Schwere der Verfehlung.
- Umfang des verursachten Schadens[10].
- Wiederholungsgefahr.
- Beharrlichkeit des pflichtwidrigen Verhaltens[11].
- herausgehobene Stellung des ArbN im Betrieb.
- Grad des Verschuldens. Dieser ist wesentlicher Gesichtspunkt der Abwägung bei verhaltensbedingten Gründen[12]. Dementsprechend wirkt ein vorsätzliches Verhalten uneingeschränkt gegen den ArbN. Eine einmalige bloß fahrlässige Pflichtverletzung rechtfertigt eine außerordentliche Kündigung erst dann, wenn der ArbN besondere Verantwortung trägt und durch sein Verschulden einen hohen Schaden verursacht hat[13], uU sogar bei einmaligem Versagen ohne vorherige Abmahnung. Entlastend dagegen wirkt die Entschuldbarkeit eines Verbotsirrtums[14].
- wirtschaftliche Lage des Unternehmens[15].

97 (2) Gewichtung bei den Interessen des ArbN

- die Dauer der Betriebszugehörigkeit des ArbN ist wesentliches Kriterium, das seinen Ursprung im Arbeitsverhältnis selbst hat[16]. Dies gilt insb. wenn der ArbN eine tadelsfreie Beschäftigungszeit vor-

---

1 Dh. Umstände und Verhaltensweisen, die sich auf das Arbeitsverhältnis auswirken können. *Ascheid*, § 626 BGB Rz. 137; ErfK/*Müller-Glöge*, § 626 BGB Rz. 63; KR/*Fischermeier*, § 626 BGB Rz. 94; *Preis*, Prinzipien, S. 224 f. | 2 KR/*Fischermeier*, § 626 BGB Rz. 238. | 3 Vgl. BAG v. 27.2.1997 – 2 AZR 302/96, AP Nr. 36 zu § 1 KSchG 1969 – Verhaltensbedingte Kündigung. | 4 APS/*Dörner*, § 626 BGB Rz. 113; *Preis*, DB 1990, 630 ff. | 5 APS/*Dörner*, § 626 BGB Rz. 112; KR/*Etzel*, § 1 KSchG Rz. 549; großzügiger KR/*Fischermeier*, § 626 BGB Rz. 241. | 6 ErfK/*Müller-Glöge*, § 626 BGB Rz. 70; *Preis*, Prinzipien, S. 232 sowie 239. | 7 BAG v. 29.1.1997 – 2 AZR 292/96, AP Nr. 131 zu § 626 BGB; ErfK/*Müller-Glöge*, § 626 BGB Rz. 9. | 8 BAG v. 22.2.1980 – 7 AZR 295/78, AP Nr. 6 zu § 1 KSchG 1969; aA APS/*Dörner*, § 626 BGB Rz. 114; *Preis*, Prinzipien, S. 232. | 9 ErfK/*Müller-Glöge*, § 626 BGB Rz. 69. | 10 BAG v. 12.8.1999 – 2 AZR 923/98, AP Nr. 28 zu § 626 BGB – Verdacht strafbarer Handlung; ErfK/*Müller-Glöge*, § 626 BGB Rz. 62. | 11 BAG v. 21.1.1999 – 2 AZR 665/98, AP Nr. 151 zu § 626 BGB; ErfK/*Müller-Glöge*, § 626 BGB Rz. 62. | 12 BAG v. 25.4.1991 – 2 AZR 624/90, AP Nr. 104 zu § 626 BGB; v. 14.2.1996 – 2 AZR 274/95, AP Nr. 26 zu § 626 BGB – Verdacht strafbarer Handlung; v. 21.1.1999 – 2 AZR 665/98, AP Nr. 151 zu § 626 BGB; ErfK/*Müller-Glöge*, § 626 BGB Rz. 64. | 13 BAG v. 4.7.1991 – 2 AZR 79/91, RzK I 6a Nr. 73. | 14 BAG v. 14.2.1996 – 2 AZR 274/95, AP Nr. 26 zu § 626 BGB – Verdacht strafbarer Handlung; APS/*Dörner*, § 626 BGB Rz. 106. | 15 BAG v. 22.2.1980 – 7 AZR 295/78, AP Nr. 6 zu § 1 KSchG 1969; aA APS/*Dörner*, § 626 BGB Rz. 114; KR/*Fischermeier*, § 626 BGB Rz. 241; *Preis*, Prinzipien, S. 232. | 16 BAG v. 13.12.1984 – 2 AZR 454/83, AP Nr. 81 zu § 626 BGB; ErfK/*Müller-Glöge*, § 626 BGB Rz. 66; KR/*Fischermeier*, § 626 BGB Rz. 241; aA *Tschöpe*, NZA 1985, 588, 590.

weisen kann. Vertragstreues Verhalten, bisherige Leistungen und Bewährung im Betrieb sind zugunsten des ArbN zu berücksichtigen[1]. Hat aber die vermeintliche Betriebstreue des ArbN den ArbGeb dazu veranlasst, dem betreffenden ArbN größeres Vertrauen zu schenken, wird durch einen Vertrauensbruch seitens des ArbN die Vertrauensgrundlage besonders stark erschüttert[2].

- Lebensalter des ArbN ist berücksichtigungsfähig[3]. Verfehlt ist es aber, die Anforderung an eine außerordentliche Kündigung proportional zum Alter des ArbN anzuheben. Die Berücksichtigungsfähigkeit des Lebensalters korrespondiert mit den aus der Dauer der Betriebszugehörigkeit resultierenden ArbN-Interessen und verstärkt diese ggf. Dies gilt insb. bei einer personenbedingten Kündigung.

- Folgen der Auflösung des Arbeitsverhältnisses[4]. Aufgrund der finanziellen Folgen des Arbeitsplatzverlustes sind Unterhaltspflichten des ArbN berücksichtigungsfähig[5], wenn auch nicht immer zwingend berücksichtigungspflichtig. Wird die Kündigung zB auf ein vorsätzliches Vermögensdelikt zum Nachteil des ArbGeb gestützt, können Unterhaltspflichten des ArbN allenfalls dann für die Interessenabwägung Bedeutung gewinnen, wenn die Tat wesentlich auf eine durch eine Unterhaltspflicht verursachte schlechte Vermögenslage zurückzuführen ist[6]. Im Übrigen ist noch weitgehend ungeklärt, welche wirtschaftlichen Folgen der außerordentlichen Kündigung im Rahmen der Interessenabwägung zu berücksichtigen sind. Maßgebliches Kriterium wird sein, inwieweit eine realisierbare Aussicht des ArbN besteht, eine andere Anstellung zu finden[7] (vgl. § 112 Abs. 5 Nr. 2 BetrVG).

- Größe des Betriebes.

- sozialer Besitzstand des ArbN hat hohen Stellenwert[8].

ee) Die Gewichtung der einzelnen Umstände im Rahmen der Interessenabwägung hat vorwiegend nach ihrer arbeitsvertraglichen Relevanz zu erfolgen. Diese kann je nach Fall unterschiedlich sein. Damit ist auch nicht ausgeschlossen, dass andere, oben nicht genannte Umstände Bedeutung erlangen[9]. **98**

ff) Nach allgemeinen Regeln hat die kündigende Vertragspartei die Darlegungs- und Beweislast für die konkret eingetretenen betrieblichen oder wirtschaftlichen Folgen der (näher zu bezeichnenden) Störung des Arbeitsverhältnisses zu tragen, da dies bereits zum Vortrag des Kündigungsgrundes an sich gehört. Lediglich bei einer verhaltensbedingten Kündigung wird eine Störung des Arbeitsvertrages ohne weiteres angenommen[10]. **99**

b) Unzumutbarkeit der Fortsetzung bis zum Fristablauf/Prüfungsmaßstab. aa) Kriterium der Zumutbarkeit. Im Rahmen der anzustellenden Interessenabwägung kommt es maßgeblich auf die Zumutbarkeit der Fortsetzung des Arbeitsverhältnisses bis zum Ablauf der Kündigungsfrist oder bis zur vereinbarten Beendigung des Arbeitsverhältnisses an. Bei der Prüfung, ob ein wichtiger Grund vorliegt, ist ein objektiver Maßstab anzulegen. Es müssen Umstände gegeben sein, die nach verständigem Ermessen die Fortsetzung des Arbeitsverhältnisses nicht zumutbar erscheinen lassen[11]. **100**

bb) Probleme beim Ausschluss der ordentlichen Kündigung. (1) Ist die ordentliche Kündigung des ArbN (durch Einzel- oder Kollektivvertrag) ausgeschlossen, so ist grundsätzlich nicht auf eine fiktive ordentliche Kündigungsfrist abzustellen, sondern auf die tatsächliche künftige Vertragsbindung (dazu nachfolgend (2))[12]. Etwaige Wertungswidersprüche werden durch die Rspr. dabei durch eine Übernahme der Rechtsfolgen für eine ordentliche Kündigung kompensiert. So muss der ArbGeb ua. das Arbeitsverhältnis zumindest für einen Übergangszeitraum bis zum Ablauf einer fiktiven ordentlichen Kündigungsfrist aufrecht erhalten (sog. soziale Auslauffrist; dazu nachfolgend (3)). **101**

Nur ausnahmsweise ist im Rahmen der Unzumutbarkeitsprüfung auf eine fiktive ordentliche Kündigungsfrist abzustellen, wenn und soweit sich aus einem gesetzlichen (zB § 15 KSchG) oder tarifvertraglichen Sonderkündigungsschutz ergibt, dass eine außerordentliche Kündigung aus wichtigem Grund nur dann zulässig sein soll, falls der ArbGeb zu einer Kündigung ohne Einhaltung einer Kündigungsfrist berechtigt ist (dazu nachfolgend (4)). **102**

---

1 ErfK/*Müller-Glöge*, § 626 BGB Rz. 66; *Preis*, DB 1990, 630 ff. | 2 BAG v. 16.10.1986 – 2 AZR 695/85, RzK I 6d Nr. 5; *Bengelsdorf*, SAE 1992, 121, 140; KR/*Fischermeier*, § 626 BGB Rz. 235 ff. | 3 BAG v. 22.2.1980 – 7 AZR 295/78, AP Nr. 6 zu § 1 KSchG 1969 – Krankheit; v. 15.11.1995 – 2 AZR 974/94, AP Nr. 73 zu § 102 BetrVG 1972; ErfK/*Müller-Glöge*, § 626 BGB Rz. 67; zurückhaltend KR/*Fischermeier*, § 626 BGB Rz. 241; *Preis*, Prinzipien, S. 232. | 4 BAG v. 11.3.1999 – 2 AZR 507/98, AP Nr. 149 zu § 626 BGB. | 5 BAG v. 15.11.1995 – 2 AZR 974/94, AP Nr. 73 zu § 102 BetrVG 1972; v. 11.3.1999 – 2 AZR 507/98, AP Nr. 149 zu § 626 BGB; ErfK/*Müller-Glöge*, § 626 BGB Rz. 68. | 6 BAG v. 2.3.1989 – 2 AZR 280/88, AP Nr. 101 zu § 626 BGB; v. 11.3.1999 – 2 AZR 507/98, AP Nr. 149 zu § 626 BGB; APS/*Dörner*, § 626 BGB Rz. 108. | 7 KR/*Fischermeier*, § 626 BGB Rz. 243. | 8 BAG v. 7.6.1973 – 2 AZR 450/72, AP Nr. 1 zu § 626 BGB – Änderungskündigung. | 9 *Ascheid*, Rz. 214 ff.; KR/*Fischermeier*, § 626 BGB Rz. 245. | 10 BAG v. 17.1.1991 – 2 AZR 375/90, AP Nr. 25 zu § 1 KSchG – Verhaltensbedingte Kündigung; KR/*Fischermeier*, § 626 BGB Rz. 110. | 11 BAG v. 3.11.1955 – 2 AZR 39/54, AP Nr. 4 zu § 626 BGB mit Anm. A. *Hueck*; *Galperin*, DB 1964, 1114, 1117; KR/*Fischermeier*, § 626 BGB Rz. 109. | 12 BAG v. 14.11.1984 – 7 AZR 474/83, AP Nr. 83 zu § 626 BGB; v. 28.3.1985 – 2 AZR 113/84, AP Nr. 86 zu § 626 BGB; ErfK/*Müller-Glöge*, § 626 BGB Rz. 74; KR/*Fischermeier*, § 626 BGB Rz. 301; aA MünchArbR/*Wank*, § 120 Rz. 20.

103 (2) Durch das Eingreifen eines Sonderkündigungsschutzes kommt es mithin im Regelfall zu einer Verschiebung des Maßstabs für eine Unzumutbarkeitsprüfung. Diese Verschiebung kann sich für die Anerkennung eines wichtigen Grundes erleichternd oder erschwerend auswirken, je nachdem wie die Umstände des jeweiligen Einzelfalles gelagert sind[1]. Zumeist wird man einen wichtigen Grund eher bejahen können, da dem ArbGeb Fortsetzung des Arbeitsverhältnisses umso eher unzumutbar wird, je länger er trotz Kündigungsgrund am Vertrag festgehalten wird[2]. Dies gilt namentlich für Dauertatbestände oder Vorfälle mit Wiederholungsgefahr. Auch kann der Fall eintreten, dass dem ArbGeb die Fortsetzung des Arbeitsvertrages nur für einen gewissen Zeitraum zuzumuten ist. Dann reicht dies für einen wichtigen Grund aus, wenn der betreffende Zeitraum kürzer als die vereinbarte Vertragsdauer ist[3]. Bei einem einmaligen Vorfall ohne Wiederholungsgefahr wirkt sich die längere Vertragsbindung weder zuungunsten noch zugunsten des ArbN aus.

104 (3) Gelangt man nach dem anzulegenden Maßstab zu dem Ergebnis, dass einem ArbN nur deshalb außerordentlich gekündigt werden kann, weil dessen ordentliche Kündigung als milderes Mittel ausgeschlossen ist, muss der damit einhergehende Wertungswiderspruch dadurch aufgelöst werden, dass zugunsten des ArbN im Wege der sachgerechten Auslegung des gesetzlichen oder tariflichen Sonderkündigungsschutzes die Einhaltung der gesetzlichen oder tariflichen ordentlichen Kündigungsfrist (sog. (soziale) Auslauffrist) verlangt wird[4]. Dies ist nur dann entbehrlich, wenn dem ArbGeb auch bei unterstellter Kündbarkeit des ArbN die Einhaltung einer Kündigungsfrist unzumutbar gewesen wäre[5]. Die reguläre ordentliche Kündigungsfrist ist einzuhalten, wenn eine außerordentliche Kündigung nur möglich ist, weil die ordentliche Kündigung an die Einhaltung einer verlängerten Kündigungsfrist gebunden ist[6].

105 Diese Grundsätze wurden vom BAG[7] ursprünglich zur betriebsbedingten Kündigung entwickelt (dazu noch Rz. 372 ff. unten). Es spricht aber nichts dagegen, gleiches für eine personen- oder verhaltensbedingte Kündigung zu fordern, wenn auch hier dem betreffenden ArbN bei fiktiver ordentlicher Kündbarkeit nur fristgerecht gekündigt hätte werden können[8].

106 In den betreffenden Fällen einer außerordentlichen Kündigung kann der ArbN aber nicht nur die Einhaltung der Frist einer fiktiven ordentlichen Kündigung verlangen, er hat auch Anspruch darauf, dass ihm die sonstigen Rechte einer ordentlichen Kündigung gewährt werden. Insbesondere gelten für die BR- bzw. Personalratsbeteiligung die Regeln einer ordentlichen Kündigung, soweit diese für den ArbN günstiger sind. Deshalb kann zB statt einer bloßen Anhörung (die normalerweise bei einer außerordentlichen Kündigung genügt), die Zustimmung des Personalrats erforderlich sein, wenn diese bei einer ordentlichen Kündigung erforderlich ist[9].

107 (4) Nach dem Wortlaut des § 15 KSchG ist bei einer gegenüber einem BR-Mitglied ausgesprochenen Kündigung im Rahmen der Zumutbarkeitsprüfung auf die fiktive Kündigungsfrist abzustellen[10]. Dies ist in dieser Allgemeinheit aber nicht mehr zutreffend.

108 Für den Fall einer betriebsbedingten Änderungskündigung hat das BAG[11] inzwischen abweichend Stellung bezogen und insoweit auf die Dauer des Sonderkündigungsschutzes abgestellt, weil in einem solchen Fall eine Verletzung des Schutzzwecks des § 15 KSchG nicht zu befürchten sei. Will man dies vorschnell auch in den Fällen einer betriebsbedingten Beendigungskündigung unterstellen, unterschätzt man sich die mitunter bestehenden Motive für eine betriebliche Umstrukturierung. Insoweit kann man sich nur damit behelfen, dem § 15 Abs. 4 und 5 KSchG die Entscheidung des Gesetzgebers zu entnehmen, dass der erhöhte Bestandsschutz der BR-Mitglieder nicht über die verfassungsrechtlich verankerte Unternehmerfreiheit gestellt werden sollte[12]. Dann können die BR-Mitglieder gegenüber anderen ordentlich unkündbaren ArbN insoweit keine Sonderbehandlung verlangen.

---

1 APS/*Dörner*, § 626 BGB Rz. 36; KR/*Fischermeier*, § 626 BGB Rz. 299. | 2 BAG v. 22.7.1992 – 2 AZR 84/92, EzA § 626 BGB nF Nr. 141; v. 9.9.1992 – 2 AZR 190/92, AP Nr. 3 zu § 626 BGB – Krankheit; KR/*Fischermeier*, § 626 BGB Rz. 301. | 3 BAG v. 13.4.2000 – 2 AZR 259/99, EzA § 626 BGB nF Nr. 180; ErfK/*Müller-Glöge*, § 626 BGB Rz. 74; kritisch (aus unterschiedlichen Erwägungen) APS/*Dörner*, § 626 BGB Rz. 38; KR/*Fischermeier*, § 626 BGB Rz. 301; MünchKomm/*Schwerdtner*, § 626 BGB Rz. 62; *Stahlhacke/Preis/Vossen*, Rz. 796. | 4 BAG v. 28.3.1985 – 2 AZR 113/84, EzA § 626 BGB nF Nr. 96; v. 5.2.1998 – 2 AZR 227/97, EzA § 626 BGB – Unkündbarkeit Nr. 2 (*Walker*); v. 11.3.1999 – 2 AZR 427/98, EzA § 626 BGB nF Nr. 177; v. 21.6.2001 – 2 AZR 30/00, EzA Nr. 7 zu § 626 BGB Unkündbarkeit; KR/*Fischermeier*, § 626 BGB Rz. 304; *Stahlhacke/Preis/Vossen*, Rz. 588. | 5 BAG v. 12.8.1999 – 2 AZR 923/98, EzA § 626 BGB – Verdacht strafbarer Handlung Nr. 8 (*Walker*); v. 13.4.2000 – 2 AZR 259/99, EzA § 626 BGB nF Nr. 180. | 6 KR/*Fischermeier*, § 626 BGB Rz. 304. | 7 BAG v. 4.6.1964 – 2 AZR 346/63, AP Nr. 3 zu § 133b GewO; LAG Hamm v. 22.1.1987 – 17 Sa 1377/87, LAGE § 626 BGB – Unkündbarkeit Nr. 1; KR/*Fischermeier*, § 626 BGB Rz. 305. | 8 BAG v. 11.3.1999 – 2 AZR 427/98, AP Nr. 150 zu § 626 BGB; v. 21.6.2001 – 2 AZR 30/00, EzA Nr. 7 zu § 626 BGB Unkündbarkeit; KR/*Fischermeier*, § 626 BGB Rz. 305. | 9 BAG v. 5.2.1998 – 2 AZR 227/97, AP Nr. 143 zu § 626 BGB; v. 18.1.2001 – 2 AZR 616/99, AP Nr. 1 zu § 8 LPVG Nds.; KR/*Fischermeier*, § 626 BGB Rz. 306. | 10 BAG v. 8.8.1968 – 2 AZR 348/67, v. 14.11.1984 – 7 AZR 474/83 und v. 17.3.1988 – 2 AZR 576/87, AP Nr. 57, 83, 99 zu § 626 BGB; v. 6.3.1986 – 2 ABR 15/85, v. 18.2.1993 – 2 AZR 526/92 und v. 10.2.1999 – 2 ABR 31/98, AP Nr. 19, 35 und 42 zu § 15 KSchG 1969; ErfK/*Müller-Glöge*, § 626 BGB Rz. 76; aA KR/*Etzel*, § 15 KSchG Rz. 22 ff., der auf die Amtszeit und die Zeit des nachwirkenden Kündigungsschutzes des Betriebsratsmitglieds abstellen will. | 11 BAG v. 21.6.1995 – 2 ABR 28/94, AP Nr. 36 zu § 15 KSchG 1969 mit Anm. *Preis*; ErfK/*Müller-Glöge*, § 626 BGB Rz. 76. | 12 KR/*Fischermeier*, § 626 BGB Rz. 133.

In der Diskussion ist aber weiter, ob bei der außerordentlichen Kündigung mit sozialer Auslauffrist eines BR-Mitglieds nicht generell auf das Ende des Sonderkündigungsschutzes abgestellt werden sollte. Das BAG[1] hat diese Frage in neueren Urteilen angesprochen, konnte sie aber jeweils offen lassen. Grund hierfür sind Stimmen in der Lit.[2], wonach die Besserstellung der BR-Mitglieder gegen § 78 Abs. 2 BetrVG sowie den Gedanken des § 626 Abs. 1 verstoße und deshalb auch bei einer verhaltens- oder personenbedingten Kündigung eines BR-Mitglieds eine erleichterte außerordentliche Kündigung mit Auslauffrist zuzulassen sei[3]. 109

c) Verhältnismäßigkeitsprinzip. aa) Grundsatz an sich. (1) Da auch für die außerordentliche Kündigung der Grundsatz der Verhältnismäßigkeit gilt, ist diese nur zulässig, wenn sie unausweichlich, wenn sie das letzte Mittel ist[4]. Im Einzelnen muss die außerordentliche Kündigung geeignet sein zur Beseitigung der Störung des Vertragsverhältnisses, sie muss erforderlich, dh. der geringstmögliche Eingriff (sog. ultima-ratio-Prinzip) zur (vollständigen) Beseitigung der Störung sein und sie muss verhältnismäßig im engeren Sinne sein, dh. es muss eine angemessene Mittel/Zweck-Relation zwischen der außerordentlichen Kündigung und der Störung des Vertragsverhältnisses bestehen. 110

(2) Die ordentliche Kündigung hat als milderes Mittel gegenüber der außerordentlichen Kündigung Vorrang[5]. Sie schließt aber eine außerordentliche Kündigung nur aus, wenn mit ihr eine adäquate Beseitigung der Störung erreicht werden kann und/oder die außerordentliche Kündigung deswegen nicht mehr verhältnismäßig im engeren Sinne erscheint. Gewisse Probleme bereitet insoweit die Möglichkeit einer ordentlichen Kündigung mit sofortiger (unbezahlter) Freistellung. Sie ist nicht schon deshalb milderes Mittel, weil sie den ArbN weniger belastet und der ArbGeb damit vordergründig sein Ziel erreicht[6]. Eine bezahlte Freistellung wäre schon ungeeignet, da dann nur die eine Störung des Arbeitsverhältnisses (Unzumutbarkeit der Beschäftigung) durch eine andere (Unzumutbarkeit der Entgeltfortzahlung) ersetzt würde. Eine unbezahlte Freistellung stellt kein milderes Mittel dar, da zum Bestand des Arbeitsverhältnisses auch der Beschäftigungsanspruch des ArbN gehört[7]. 111

(3) Andere neben einer Kündigung nach den konkreten Umständen zu erwägende mildere Mittel (insb. Abmahnung, Versetzung und Änderungskündigung) müssen bereits bei der ordentlichen Kündigung daraufhin überprüft werden, ob sie objektiv möglich und geeignet sind[8]. 112

Falls eine anderweitige Beschäftigung des ArbN möglich ist, stellt diese ein milderes Mittel dar und ist gegenüber der außerordentlichen Kündigung vorrangig[9]. Die Weiterbeschäftigung, ggf. zu geänderten Bedingungen, muss aber für beide Parteien zumutbar sein. Ist beides (Möglichkeit und Zumutbarkeit[10]) gegeben, muss der ArbGeb vorrangig entweder eine Änderungskündigung aussprechen oder dem ArbN die anderweitige Beschäftigung von sich aus anbieten und dabei unmissverständlich[11] klarmachen, dass er bei Ablehnung des Änderungsangebots eine Beendigungskündigung beabsichtigt, um dem ArbN Gelegenheit zu geben, das Änderungsangebot zumindest unter einem dem § 2 KSchG entsprechenden Vorbehalt innerhalb einer Überlegungsfrist von einer Woche anzunehmen[12]. 113

Kein gleich geeignetes und milderes Mittel gegenüber einer außerordentlichen Kündigung sind die in einer betrieblichen Ordnung vorgesehenen Maßnahmen (Betriebsbußen). Weder sind Betriebsbußen in ihrer Rechtsfolge mit einer Kündigung vergleichbar, noch unterliegen sie als kollektiv rechtlich mitbestimmte Sanktionsmaßnahmen den Anforderungen an eine außerordentliche Kündigung. Sie sind oftmals an strengere Voraussetzungen gebunden als die Kündigung selbst[13]. 114

bb) Abmahnung. (1) Grundlagen. Durch eine Abmahnung bringt der ArbGeb seine Missbilligung für ein vertragswidriges Verhalten des ArbN zum Ausdruck (Hinweis-, Ermahnungs- und Dokumentationsfunktion) und droht dem ArbN negative Rechtsfolgen für den Fall an, dass dieser sein Verhalten nicht ändert. Wird mit der Abmahnung die Kündigung angedroht, besteht eine Androhungs- und Warnfunktion[14]. 115

---

1 BAG v. 10.2.1999 – 2 ABR 31/98, AP Nr. 42 zu § 15 KSchG 1969; v. 27.9.2001 – 2 AZR 487/00 – EzA § 15 KSchG nF Nr. 54. |2 KR/*Etzel*, § 15 KSchG Rz. 23. |3 ErfK/*Müller-Glöge*, § 626 BGB Rz. 76; KR/*Etzel*, § 15 KSchG Rz. 22; kritisch APS/*Dörner*, § 626 BGB Rz. 47; aA KR/*Fischermeier*, § 626 BGB Rz. 133. |4 BAG v. 30.5.1978 – 2 AZR 630/76, AP Nr. 70 zu § 626 BGB; zusammenfassend BAG v. 9.7.1998 – 2 AZR 201/98, EzA § 626 BGB – Krankheit Nr. 1; ErfK/*Müller-Glöge*, § 626 BGB Rz. 44; KR/*Fischermeier*, § 626 BGB Rz. 251. |5 KR/*Fischermeier*, § 626 BGB Rz. 252; *Stahlhacke/Preis/Vossen*, Rz. 613. |6 BAG v. 11.3.1999 – 2 AZR 507/98, AP Nr. 149 zu § 626 BGB; ErfK/*Müller-Glöge*, § 626 BGB Rz. 60; aA LAG Düsseldorf v. 5.6.1998 – 11 Sa 2062/91, LAGE § 626 BGB Nr. 120. |7 APS/*Dörner*, § 626 BGB Rz. 89. |8 KR/*Fischermeier*, § 626 BGB Rz. 285. |9 BAG v. 30.5.1978 – 2 AZR 630/76, AP Nr. 70 zu § 626 BGB; v. 22.7.1982 – 2 AZR 30/81, AP Nr. 5 zu § 1 KSchG 1969 – Verhaltensbedingte Kündigung; v. 10.11.1994 – 2 AZR 242/94, AP Nr. 65 zu § 1 KSchG – Betriebsbedingte Kündigung; ErfK/*Müller-Glöge*, § 626 BGB Rz. 58. |10 BAG v. 22.8.1963 – 2 AZR 114/63, AP Nr. 51 zu § 626 BGB; v. 5.8.1976 – 3 AZR 110/75, AP Nr. 1 zu § 1 KSchG 1969 – Krankheit; KR/*Fischermeier*, § 626 BGB Rz. 290. |11 BAG v. 29.11.1990 – 2 AZR 282/90, RzK I 5a Nr. 4; ErfK/*Müller-Glöge*, § 626 BGB Rz. 59. |12 BAG v. 30.5.1978 – 2 AZR 630/76, AP Nr. 70 zu § 626 BGB; v. 27.9.1984 – 2 AZR 62/83, AP Nr. 8 zu § 2 KSchG 1969; KR/*Fischermeier*, § 626 BGB Rz. 293. |13 Vgl. BAG v. 17.1.1991 – 2 AZR 375/90, AP Nr. 25 zu § 1 KSchG 1969 – Verhaltensbedingte Kündigung; 17.10.1989 – 1 ABR 100/88, AP Nr. 12 zu § 87 BetrVG – Betriebsbuße; ErfK/*Müller-Glöge*, § 626 BGB Rz. 57; aA *Gräfl*, Außerordentliche Kündigung, LzK 240 Rz. 55. |14 ErfK/*Müller-Glöge*, § 626 BGB Rz. 45.

116 Für den Leistungs- und Verhaltensbereich herrscht weitgehend Einigkeit, dass das Erfordernis einer Abmahnung aus dem Verhältnismäßigkeitsgrundsatz folgt[1], wenn auch dogmatisch strittig ist, ob das Abmahnungserfordernis aus dem Element der Erforderlichkeit abzuleiten ist[2] oder aus der Verhältnismäßigkeit ieS, also dem Übermaßverbot[3]. Die (außerordentliche) Kündigung ist idR erst dann gerechtfertigt, wenn zuvor wegen eines gleichen oder ähnlichen Verstoßes erfolglos abgemahnt wurde[4], weil zumeist erst dann vermutet werden kann, dass der ArbN sein Verhalten auch in Zukunft nicht auf die betrieblichen Bedürfnisse einstellen wird. Damit gehört die Abmahnung zur sachlichen Begründetheit der Kündigung[5].

117 Eine Abmahnung ist nach dem BAG[6] nicht nur im Leistungsbereich, sondern auch im Vertrauensbereich (zB Straftaten; unzulässige Manipulationen) erforderlich, wenn der Verstoß erstens nicht so schwerwiegend ist, dass er das Vertrauensverhältnis grundlegend erschüttert hat, zweitens eine Kündigung ohne Abmahnung nicht gerechtfertigt wäre (zB bloßes Bagatelldelikt) und es sich drittens um ein steuerbares Verhalten des ArbN handelt, da dann angenommen werden kann, dass der ArbN nach Abmahnung sein Verhalten ändern wird und so das Vertrauen wieder hergestellt werden kann. Die Grenze verläuft dort, wo das Vertrauensverhältnis auch bei künftiger Vertragstreue nicht mehr hergestellt werden kann.

118 Ansonsten entfällt das Abmahnungserfordernis in der Regel nur bei einer personenbedingten Kündigung. Kann der ArbN den Kündigungsgrund ausnahmsweise aber auch hier durch ein steuerbares Verhalten beseitigen, ist eine erfolglose Abmahnung zu verlangen[7].

119 Das Abmahnungserfordernis gilt auch für eine außerordentliche Kündigung durch den ArbN[8].

120 **(2) Inhalt und Wirksamkeit.** (a) Eine Abmahnung zur Vorbereitung einer Kündigung muss Hinweis- und Warnfunktion haben. Sie ist deshalb nur wirksam, wenn sie hinreichend bestimmt in „Tatbestand" und „Rechtsfolge" ist. Eine „Abmahnung" ohne Warnfunktion taugt nur in sehr beschränktem Umfang zur Vorbereitung einer Kündigung. Es liegt aber im Belieben des ArbGeb, wenn dieser sich in Ausübung seines vertraglichen Rügerechts dem Grundsatz der Verhältnismäßigkeit entsprechend mit einer solchen milderen „Sanktion" zufrieden geben will[9].

121 Der terminologischen Klarheit wäre es insoweit zuträglich, von der „echten" Abmahnung mit Warnfunktion die „Abmahnung ohne Warnfunktion" als Verwarnung, Ermahnung oder Beanstandung zu unterscheiden[10].

122 Eine Abmahnung zur Vorbereitung einer eventuellen späteren Kündigung ist in ihrem Tatbestand hinreichend konkret, wenn der ArbGeb das Fehlverhalten des ArbN hinreichend deutlich bezeichnet und individualisiert. Die Rechtsfolge wird hinreichend konkret bezeichnet, wenn der ArbGeb diese Leistungs- oder Verhaltensmängel mit dem Hinweis verbindet, dass bei zukünftigen gleichartigen Vertragsverletzungen der Inhalt oder Bestand des Arbeitsverhältnisses auf dem Spiel steht[11].

123 (b) Das Recht des ArbGeb zur Abmahnung folgt aus seiner Gläubigerstellung, dem allgemeinen vertraglichen Rügerecht, welches jedem Vertragspartner gestattet, den anderen auf Vertragsverletzungen und sich daraus ergebende Rechtsfolgen hinzuweisen[12]. Zur Abmahnung ist der ArbGeb schon dann berechtigt, wenn ein objektiv vertragswidriges Verhalten des ArbN vorliegt[13], auch wenn die Vertragsverletzung auf einer Gewissensentscheidung beruht[14].

124 (c) Die Abmahnung ist ihrer Rechtsnatur nach eine empfangsbedürftige geschäftsähnliche Handlung, auf die die Vorschriften über Willenserklärungen nur zum Teil entsprechend anzuwenden sind.

---

1 BAG v. 12.7.1984 – 2 AZR 320/83, AP Nr. 32 zu § 102 BetrVG 1972; v. 21.2.2001 – 2 AZR 579/99, AP Nr. 32 zu § 611 BGB – Kirchendienst; KR/*Fischermeier*, § 626 BGB Rz. 275; *Schaub*, NZA 1997, 1185 ff.. | 2 APS/*Dörner*, § 626 BGB Rz. 91; *Falkenberg*, NZA 1988, 489 ff.. | 3 ErfK/*Müller-Glöge*, § 626 BGB Rz. 45; *v. Hoyningen-Huene*, RdA 1990, 193, 197. | 4 BAG v. 19.6.1967 – 2 AZR 287/66, AP Nr. 1 zu § 124 GewO; v. 8.8.1968 – 2 AZR 348/67, AP Nr. 57 zu § 626 BGB; v. 17.2.1994 – 2 AZR 616/93, AP Nr. 116 zu § 626 BGB; ErfK/*Müller-Glöge*, § 626 BGB Rz. 45; *Hoß*, MDR 1999, 333 ff.; KR/*Fischermeier*, § 626 BGB Rz. 266. | 5 BAG v. 21.2.2001, AP Nr. 32 zu § 611 BGB – Kirchendienst; *Adam*, Adam 2001, 41; *Ascheid*, Rz. 66. | 6 BAG v. 4.6.1997 – 2 AZR 526/96, AP Nr. 137 zu § 626 BGB nF; v. 11.3.1999 – 2 AZR 427/98, AP Nr. 150 zu § 626 BGB. | 7 BAG v. 7.12.2000 – 2 AZR 459/99, AP Nr. 23 zu § 1 KSchG 1969 – Personenbedingte Kündigung; KR/*Fischermeier*, § 626 BGB Rz. 282; *Kammerer*, Rz. 369; *Kleinebrink*, Rz. 197; *Rüthers/Henssler*, ZfA 1988, 31, 41; aA *Adam*, AuR 2001, 41, 44; APS/*Dörner*, § 1 KSchG Rz. 375; *v. Hoyningen-Huene*, RdA 1990, 199, 201 (ua.). | 8 BAG v. 25.7.1963 – 2 AZR 510/62, AP Nr. 1 zu § 448 ZPO; v. 19.6.1967 – 2 AZR 287/66, AP Nr. 1 zu § 124 GewO; v. 28.10.1971 – 2 AZR 15/71, EzA § 626 BGB nF Nr. 7; ErfK/*Müller-Glöge*, § 626 BGB Rz. 56. | 9 BAG v. 10.11.1988 – 2 AZR 215/88, AP Nr. 3 zu § 1 KSchG 1969 – Abmahnung. | 10 *v. Hoyningen-Huene*, RdA 1990, 199; *Kammerer*, Rz. 304; KR/*Fischermeier*, § 626 BGB Rz. 267; *Peterek*, Anm. zu BAG EzA § 611 BGB – Abmahnung Nr. 18. | 11 BAG v. 17.2.1994 – 2 AZR 616/93, AP Nr. 116 zu § 626 BGB; KR/*Fischermeier*, § 626 BGB Rz. 256; aA (Kündigungsandrohung ist entbehrlich) *v. Hase*, NJW 2002, 2278, 2280. | 12 BAG v. 22.2.1978 – 5 AZR 801/76, AP Nr. 84 zu § 611 BGB – Fürsorgepflicht; v. 17.1.1991 – 2 AZR 375/90, AP Nr. 25 zu § 1 KSchG 1969 – Verhaltensbedingte Kündigung; ErfK/*Müller-Glöge*, § 626 BGB Rz. 50; *Heinze*, FS Söllner, 1990, S. 63, 65. | 13 BAG v. 12.1.1988 – 1 AZR 219/86, AP Nr. 90 zu Art. 9 GG – Arbeitskampf; v. 21.4.1993 – 5 AZR 413/92, EzA § 543 ZPO Nr. 8; *Bader/Bram/Dörner/Wenzel*, Rz. 25b; KR/*Fischermeier*, § 626 BGB Rz. 256a; aA KDZ/*Kittner*, Einl. Rz. 86. | 14 LAG Frankfurt v. 20.12.1994 – 7 Sa 560/94, AP Nr. 18 zu § 611 BGB – Abmahnung; KR/*Fischermeier*, § 626 BGB Rz. 256a; aA MünchKomm/*Schwerdtner*, Anh. § 622 Rz. 132.

So setzt die Wirksamkeit der Abmahnung neben dem Zugang grundsätzlich auch die Kenntnis des Empfängers vom Inhalt voraus[1]. Ein Schriftformerfordernis besteht nicht.

Berechtigt zum Ausspruch der Abmahnung ist nicht nur der kündigungsberechtigte Vorgesetzte, sondern jeder Vorgesetzte, der verbindliche Anweisungen hinsichtlich Ort, Zeit sowie der Art und Weise der arbeitsvertraglich geschuldeten Arbeitsleistung erteilen kann[2]. Eine Zurückweisung nach § 174 ist möglich, führt aber nur zur erneuten Abmahnung bzw. provoziert eventuell sogar eine Kündigung. Wird eine Abmahnung ausgesprochen, begründet dies zugleich einen konkludenten Verzicht auf eine Kündigung wegen dieses Sachverhalts[3]. 125

(d) Eine frühere unwirksame Kündigung kann eine Abmahnung ersetzen, wenn sie die notwendige Warnfunktion erfüllt. Dies ist der Fall, wenn der Kündigungssachverhalt feststeht, die Kündigung aber aus anderen Gründen unwirksam ist[4]. Auch eine aufgrund fehlender Anhörung des ArbN nach § 13 Abs. 2 Satz 1 BAT formunwirksame Abmahnung hat Warnfunktion und wahrt daher die Verhältnismäßigkeit[5]. Reicht der Sachverhalt für die Kündigung nicht aus und ist der Kündigungsversuch deshalb erfolglos, kann wegen dieses Sachverhalts später noch eine Abmahnung ausgesprochen werden[6]. § 626 Abs. 2 ist auf die Abmahnung nicht entsprechend anwendbar[7]. Das Abmahnungsrecht wegen eines bestimmten Vorfalls kann aber verwirkt werden[8]. 126

(e) Bedenklich ist es, wenn das BAG[9] von einer Abschwächung der Warnfunktion ausgeht, falls der ArbGeb es trotz mehrmaliger gleichartiger Pflichtverletzungen des ArbN jeweils bei einer Abmahnung belassen hat. Der ArbGeb soll dann bei einem erneuten Pflichtverstoß nur kündigen dürfen, wenn er die letzte Abmahnung vor Ausspruch der Kündigung besonders eindringlich gestaltet. Ein bereits entstandenes Kündigungsrecht darf aber nicht deshalb entfallen, weil der ArbGeb wegen weiterer zwischenzeitlich begangener Pflichtverstöße den ArbN nochmals abgemahnt hat. 127

(f) Zeitlich wirkt eine Abmahnung, sobald der ArbGeb dem ArbN einen hinreichenden Zeitraum für die Korrektur der gerügten Leistungs- oder Verhaltensmängel eingeräumt hat[10]. Abgemahnte Leistungs- oder Verhaltensmängel behalten für den Fall späterer Verfehlungen ihre kündigungsrechtliche Bedeutung. Es wird aber oftmals eine erneute Abmahnung gefordert, wenn der durch eine Abmahnung erfasste Sachverhalt länger zurückliegt und/oder es sich um eine geringfügige Pflichtverletzung handelt[11]. Für den Fall einer 3½ Jahre alten Abmahnung hat das BAG[12] deren Verwertbarkeit im Rahmen der Interessenabwägung bejaht. Etwas anderes gelte nur, wenn der ArbN wegen späterer Vorkommnisse im Unklaren sein konnte, was von ihm erwartet bzw. was sein ArbGeb noch toleriert wird. 128

(g) Da das Abmahnungserfordernis aus dem Verhältnismäßigkeitsgrundsatz hergeleitet wird, muss nach dem BAG[13] eine Abmahnung selbst verhältnismäßig im engeren Sinne sein. Eine wirksame Abmahnung liegt damit nur vor, wenn ein vertretbares Verhältnis zwischen Fehlverhalten und Abmahnung besteht. Soweit die Abmahnung eine Kündigung vorbereiten soll, ist sie auf Pflichtverstöße zu beschränken, die nach einer Abmahnung geeignet sein könnten, eine Kündigung zu rechtfertigen[14]. Maßgeblich ist dabei die Sicht eines verständigen ArbGeb. Dieser muss den betreffenden Pflichtverstoß im Wiederholungsfall ernsthaft für kündigungsrelevant halten dürfen[15]. 129

(h) Für den ArbN besteht weder eine Nebenpflicht noch eine Obliegenheit, gegen eine Abmahnung vorzugehen. Er kann sich also darauf beschränken, die Abmahnung zunächst hinzunehmen und ihre Richtig- 130

---

1 BAG v. 9.8.1984 – 2 AZR 400/83, AP Nr. 12 zu § 1 KSchG 1969 – Verhaltensbedingte Kündigung; KR/*Fischermeier*, § 626 BGB Rz. 254. |2 BAG v. 18.1.1980 – 7 AZR 75/78, AP Nr. 3 zu § 1 KSchG 1969 – Verhaltensbedingte Kündigung; *Ascheid*, Rz. 84; Erman/*Belling*, § 626 BGB Rz. 47; ErfK/*Müller-Glöge*, § 626 BGB Rz. 51; *v. Hoyningen-Huene*, RdA 1990, 206; *Isenhardt*, Rz. 504; *Schaub*, NZA 1997, 1185 ff.; aA *Adam*, AuR 2001, 41, 43; HK/*Dorndorf*, § 1 Rz. 641; *Kammerer*, Rz. 353 f. (Beschränkung auf Personalleiter und -referenten); Kittner/Zwanziger/*Appel*, § 97 Rz. 8; *Koffka*, S. 111 f. |3 BAG v. 10.11.1988 – 2 AZR 215/88, AP Nr. 3 zu § 1 KSchG 1969 – Abmahnung; ErfK/*Müller-Glöge*, § 626 BGB Rz. 51. Dies gilt nicht für eine Kündigung ohne Warnfunktion: BAG v. 9.3.1995 – 2 AZR 644/94, NZA 1996, 875. |4 BAG v. 31.8.1989 – 2 AZR 13/89, AP Nr. 23 zu § 1 KSchG 1969 – Verhaltensbedingte Kündigung; ErfK/*Müller-Glöge*, § 626 BGB Rz. 52; *v. Hoyningen-Huene*, RdA 1990, 193, 208. |5 BAG v. 21.5.1992 – 2 AZR 551/91, AP Nr. 28 zu § 1 KSchG 1969 – Verhaltensbedingte Kündigung; ErfK/*Müller-Glöge*, § 626 BGB Rz. 52. |6 BAG v. 7.9.1988 – 5 AZR 625/87, AP Nr. 2 zu § 611 BGB – Abmahnung; ErfK/*Müller-Glöge*, § 626 BGB Rz. 52. |7 BAG v. 12.1.1988 – 1 AZR 219/86, AP Nr. 90 zu Art. 9 GG – Arbeitskampf; ErfK/*Müller-Glöge*, § 626 BGB Rz. 51; aA *Brill*, NZA 1985, 110. |8 LAG Köln v. 28.3.1988 – 5 Sa 90/88, RzK I 1 Nr. 29; KDZ/*Kittner*, Einl. Rz. 138. |9 BAG v. 15.11.2001 – 2 AZR 609/00, DB 2002, 689. |10 Hess. LAG v. 26.4.1999 – 16 Sa 1409/98, LAGE § 1 KSchG – Verhaltensbedingte Kündigung Nr. 71; KR/*Fischermeier*, § 626 BGB Rz. 256. |11 LAG Hamm v. 25.9.1997 – 8 Sa 557/97, LAGE § 1 KSchG – Verhaltensbedingte Kündigung Nr. 59; *v. Hoyningen-Huene*, RdA 1990, 208; KR/*Fischermeier*, § 626 BGB Rz. 270 (zur Erhaltung der Warnfunktion); aA *Adam*, AuR 2001, 41, 42. |12 BAG v. 10.10.2002 – 2 AZR 418/01, AP Nr. 180 zu § 626 BGB. |13 BAG v. 13.11.1991 – 5 AZR 74/91, AP Nr. 7 zu § 611 BGB – Abmahnung; v. 30.5.1996 – 6 AZR 537/95, AP Nr. 2 zu § 611 BGB – Nebentätigkeit; *Adam*, AuR 2001, 41, 42; *Hromadka/Maschmann*, § 6 Rz. 162; aA LAG Hamm v. 16.4.1992 – 4 Sa 83/92, LAGE § 611 BGB – Abmahnung Nr. 32; *Berkowsky*, NZA-RR 2001, 57, 74; *Heinze*, FS Söllner 1990, S. 63, 86; krit. ErfK/*Müller-Glöge*, § 626 BGB Rz. 54. |14 KR/*Fischermeier*, § 626 BGB Rz. 274; aA *Heinze*, FS Söllner, S. 63, 86; ErfK/*Müller-Glöge*, § 626 BGB Rz. 54. |15 Vgl. BAG v. 16.1.1992 – 2 AZR 412/91, EzA § 123 BGB Nr. 36; KR/*Fischermeier*, § 626 BGB Rz. 274.

BGB § 626 Rz. 131   Fristlose Kündigung aus wichtigem Grund

keit in einem möglichen späteren Kündigungsschutzprozess zu bestreiten[1]. Eine schriftliche Abmahnung begründet weder einen Beweis noch eine Vermutung für den Wahrheitsgehalt der Abmahnung.

131 Der ArbN kann durch eine Abmahnung aber insoweit in seinen Rechten beeinträchtigt sein, als diese erstens Vorstufe zur Kündigung sein kann, sie zweitens zur Personalakte genommen und drittens das Persönlichkeitsrecht des ArbN beeinträchtigt wird[2]. Der ArbN kann damit auf Entfernung der Abmahnung aus der Personalakte und auf Widerruf der unberechtigten Abmahnung klagen[3]. Für den Anspruch auf Entfernung aus der Personalakte genügt schon, dass ein in der Abmahnung erhobener Vorwurf unzutreffend ist[4]. Selbst nach Entfernung der Abmahnung aus der Personalakte ist der ArbN nach dem BAG[5] nicht gehindert, einen Anspruch auf Widerruf der in der Abmahnung enthaltenen Erklärung einzuklagen. Inwieweit eine durchgeführte gerichtliche Überprüfung der Abmahnung für eine spätere (berichtigte) Abmahnung oder in einem späteren Kündigungsschutzprozess zu beachten ist, richtet sich nach der Reichweite der Rechtskraft des erstrittenen Urteils.

132 (i) Begeht der ArbN trotz der Abmahnung erneut eine vergleichbare[6] bzw. gleichartige[7] Pflichtverletzung, die in einem engen inneren sachlichen Zusammenhang mit einer bereits abgemahnten Pflichtverletzung steht[8], ergibt sich daraus (im Rahmen der anzustellenden Prognose für die künftige Entwicklung des Arbeitsverhältnisses) der nachhaltige Wille, den vertraglichen Verpflichtungen nicht oder nicht ordnungsgemäß nachkommen zu wollen[9]. Der nachhaltige Wille ergibt sich daraus, dass der ArbN einen solchen Pflichtverstoß begeht, obwohl ihm gerade bezüglich eines derartigen Verhaltens eine Kündigung angedroht wurde.

133 Die Problematik liegt dabei darin, dass der Begriff der „Gleichartigkeit" bzw. der der „Vergleichbarkeit" in der Rspr. bislang nicht hinreichend präzisiert bzw. nur kasuistisch bestimmt worden ist[10]. Einig ist man sich dabei insoweit, dass nicht verlangt wird, dass der ArbN die „gleiche Störungshandlung" wiederholt[11]. Es ist also „kein strenger formaler Maßstab anzulegen"[12]. Dagegen genügt es aber auch nicht, dass die Pflichtverletzungen des ArbN einfach dem Verhaltensbereich zugeordnet werden können. Erforderlich, aber auch genügend ist ein enger innerer sachlicher Zusammenhang zwischen den einzelnen Pflichtverletzungen (zB alle Formen der Verspätung bzw. des unentschuldigten Fehlens am Arbeitsplatz)[13]. Damit weitgehend deckungsgleich ist die Forderung, dass die Pflichtverstöße unter einem einheitlichen Kriterium zusammengefasst werden können müssen[14]. Bei Verhaltensweisen, die geeignet waren, das Ansehen des ArbGeb zu schädigen (ua. grobe Unhöflichkeiten gegenüber Kunden), hat das BAG[15] einen engen sachlichen Zusammenhang mit fachlichen Fehlleistungen verneint.

134 (j) Die Abmahnung unterliegt nicht der betrieblichen Mitbest. Dies gilt selbst dann, wenn sie sich auf eine die betriebliche Ordnung berührende Vertragspflichtverletzung bezieht, denn die Abmahnung ist insoweit als Ausübung eines Gläubigerrechts rein individualrechtlich zu beurteilen[16]. Etwas anderes gilt im Fall einer Betriebsbuße. Sie hat Sanktionscharakter und kann deshalb nur auf Grundlage einer mitbestimmungspflichtigen Betriebsbußenordnung verhängt werden. Für die Abgrenzung zwischen einer Abmahnung und einer Betriebsbuße ist darauf abzustellen, wie der ArbN die Maßnahme des ArbGeb unter Berücksichtigung der Begleitumstände verstehen musste[17].

135 **(3) Ausnahmen vom Abmahnungserfordernis.** (a) Eine Abmahnung ist ausnahmsweise nicht erforderlich, wenn sie nicht erfolgversprechend ist, dh. wenn nicht angenommen werden kann, dass sich der ArbN aufgrund der Abmahnung in Zukunft vertragsgemäß verhalten wird[18]. Dies ist der Fall, wenn

---

1 BAG v. 13.3.1987 – 7 AZR 601/85, AP Nr. 18 zu § 1 KSchG 1969 – Verhaltensbedingte Kündigung; KR/*Fischermeier*, § 626 BGB Rz. 263; aA *Nägele* in Tschöpe, 3 D Rz. 173. |2 BAG v. 15.1.1986 – 5 AZR 70/84, AP Nr. 96 zu § 611 BGB – Fürsorgepflicht; KR/*Fischermeier*, § 626 BGB Rz. 261. |3 BAG v. 13.4.1988 – 5 AZR 537/86, AP Nr. 100 zu § 611 BGB – Fürsorgepflicht; v. 9.8.1992 – 5 AZR 531/91 und v. 15.4.1999 – 7 AZR 716/97, AP Nr. 8, 22 zu § 611 BGB – Abmahnung; KR/*Fischermeier*, § 626 BGB Rz. 262. |4 BAG v. 13.3.1991 – 5 AZR 133/90, AP Nr. 5 zu § 611 BGB – Abmahnung. |5 BAG v. 15.4.1999 – 7 AZR 716/97, AP Nr. 22 zu § 611 BGB – Abmahnung; zust. ErfK/*Müller-Glöge*, § 626 BGB Rz. 54. |6 BAG v. 10.11.1988 – 2 AZR 215/88, AP Nr. 3 zu § 1 KSchG 1969 – Abmahnung; v. 16.1.1992 – 2 AZR 412/91, EzA § 123 BGB Nr. 36; ErfK/*Müller-Glöge*, § 626 BGB Rz. 45; aA (gegen das Erfordernis der Gleichartigkeit) Heinze, FS Söllner, 1990, S. 63, 83 ff.; *Walker*, NZA 1995, 601, 606. |7 BAG v. 24.3.1988 – 2 AZR 680/87, RzK I 5i Nr. 35; KR/*Fischermeier*, § 626 BGB Rz. 269. |8 BAG v. 16.1.1992 – 2 AZR 412/91, EzA § 123 BGB Nr. 36; v. 10.12.1992 – 2 ABR 32/92, AP Nr. 4 zu § 87 ArbGG 1979. |9 BAG v. 10.11.1988 – 2 AZR 215/88, AP Nr. 3 zu § 1 KSchG 1969 – Abmahnung. |10 KR/*Fischermeier*, § 626 BGB Rz. 269; *Sibben*, NZA 1993, 583, 584. |11 Ascheid, Rz. 83; KR/*Fischermeier*, § 626 BGB Rz. 269. |12 KR/*Fischermeier*, § 626 BGB Rz. 269. |13 BAG v. 10.12.1992 – 2 ABR 32/92, AP Nr. 4 zu § 87 ArbGG 1979; ErfK/*Müller-Glöge*, § 626 BGB Rz. 45. |14 *v. Hoyningen-Huene*, RdA 1990, 208. |15 BAG v. 10.12.1992 – 2 ABR 32/92, AP Nr. 4 zu § 87 ArbGG 1979. |16 BAG v. 30.1.1979 – 1 AZR 342/76, AP Nr. 2 zu § 87 BetrVG 1972 – Betriebsbuße; v. 17.10.1989 – 1 ABR 100/88, AP Nr. 12 zu § 87 BetrVG 1972 – Betriebsbuße; KR/*Fischermeier*, § 626 BGB Rz. 264; krit. *Kittner*, AuR 1993, 250. |17 BAG v. 30.1.1979 – 1 AZR 342/76 und 7.11.1979 – 5 AZR 962/77, AP Nr. 2 und 3 zu § 87 BetrVG 1972 – Betriebsbuße; vgl. weiter zur Abgrenzung zwischen Abmahnung und Betriebsbuße; *Heinze*, NZA 1990, 169 ff.; *v. Hoyningen-Huene*, RdA 1990, 203 ff.; KR/*Fischermeier*, § 626 BGB Rz. 264. |18 BAG v. 17.2.1994 – 2 AZR 616/93, AP Nr. 116 zu § 626 BGB.

der ArbN erkennbar nicht in der Lage oder gewillt ist, sich vertragsgerecht zu verhalten[1]. Dann muss der ArbGeb trotz Abmahnung mit weiteren Pflichtverletzungen rechnen[2].

(b) Keinen Erfolg verspricht die Abmahnung einer Pflichtverletzung im Leistungsbereich, wenn es sich um eine besonders grobe Pflichtverletzung handelt und dem ArbN die Pflichtwidrigkeit seines Verhaltens ohne weiteres erkennbar war, so dass er mit der Billigung seines Verhaltens durch den ArbGeb nicht rechnen konnte[3] (entspricht in etwa dem wichtigen Grund iSd. § 626 Abs. 1[4]). Eine besonders grobe Pflichtverletzung liegt vor, wenn es entweder um schwere Pflichtverletzungen geht, deren Rechtswidrigkeit dem ArbN ohne weiteres erkennbar war und er deshalb nicht mit der Hinnahme seines Verhaltens rechnen konnte[5] oder wenn eine Vertragsverletzung hartnäckig oder uneinsichtig begangen wird, so dass eine vertrags- und gesetzmäßige Abwicklung des Arbeitsvertrages nicht mehr zu erwarten ist[6].

(c) Die für ein Entfallen des Abmahnungserfordernisses im Leistungsbereich entwickelten Grundsätze gelten auch für ein pflichtwidriges Verhalten im Vertrauensbereich[7]. Keiner vorherigen Abmahnung bedarf es demnach, wenn der ArbN von vornherein mit der Missbilligung seines Verhaltens durch den ArbGeb rechnen musste, er aber gleichwohl seinen Arbeitsplatz riskiert hat[8]. Anders gewendet ist eine Abmahnung erforderlich, wenn der ArbN aus vertretbaren Gründen annehmen konnte, sein Verhalten sei nicht vertragswidrig oder werde vom ArbGeb zumindest nicht als ein erhebliches, den Bestand des Arbeitsverhältnisses gefährdendes Verhalten angesehen[9]. Dies korrespondiert mit der gleichfalls verwendeten Formulierung, dass eine Abmahnung nur notwendig ist, wenn es sich um ein steuerbares Verhalten des ArbN handelt und zudem Tatsachen vorliegen, die eine Wiederherstellung des Vertrauens erwarten lassen[10]. Entscheidend ist im Vertrauens- wie im Leistungsbereich das Gewicht der Pflichtverletzung, denn bei schwerwiegenden Verstößen wird sich weder die Wiederherstellung des Vertrauens begründen lassen[11] noch der Erfolg einer Abmahnung im Leistungsbereich.

(d) Die fristlose Kündigung eines GmbH-Geschäftsführers setzt wegen des der Anstellung zugrunde liegenden besonderen Vertrauensverhältnisses grundsätzlich keine vorherige Abmahnung voraus[12].

d) Anhörung. Früher hatte das BAG[13] angenommen, die Fürsorgepflicht des ArbGeb gebiete die Anhörung des ArbN vor Ausspruch einer außerordentlichen Kündigung, wenn nicht auszuschließen sei, dass dieser sich dabei entlasten könne. Dies führte zu Schwierigkeiten bei der Frage, welche Rechtsfolgen sich bei fehlender Anhörung ergeben. Deshalb hat das BAG später klargestellt, dass die Anhörung keine Wirksamkeitsvoraussetzung der außerordentlichen Kündigung ist[14], es sei denn es handelt sich um eine Verdachtskündigung[15]. Auch für eine Druckkündigung ist keine Anhörung erforderlich[16]. Grund hierfür ist, dass die Anhörung am objektiven Tatbestand des wichtigen Grundes nichts ändern kann. Sie ist lediglich eine Obliegenheit, denn wenn der Kündigende keine Anhörung durchführt, läuft er Gefahr, einen späteren Kündigungsprozess aus Gründen zu verlieren, die er bei der Anhörung erfahren hätte. Unnötig ist es demgegenüber anzunehmen, der ArbGeb oder der ArbN könne unter besonderen Umständen aufgrund der Fürsorge- oder Treuepflicht zu einer Anhörung verpflichtet sein bzw. sich bei Unterlassung der Anhörung ggf. schadensersatzpflichtig machen, was im Wege der Naturalrestitution zur Fortsetzung des Arbeitsverhältnis führen würde. Soweit der Gekündigte nachweisen kann, die Kündigung wäre bei Durchführung einer Anhörung nicht erklärt worden, kann dies nur damit begründet werden, dass ein wichtiger Grund objektiv nicht vorgelegen hat[17]. Eine unberechtigte Kündigung führt aber bei rechtzeitiger Erhebung der Kündigungsschutzklage grundsätzlich nur zur Fortsetzung des Arbeitsverhältnisses und nicht zu einem Schadensersatzanspruch.

---

1 BAG v. 12.7.1984 – 2 AZR 320/83, AP Nr. 32 zu § 102 BetrVG 1972; v. Hoyningen-Huene/Linck, § 1 KSchG Rz. 285. | 2 BAG v. 18.5.1994 – 2 AZR 626/93, AP Nr. 3 zu § 108 BPersVG; Ascheid, Rz. 76; ErfK/Müller-Glöge, § 626 BGB Rz. 48. | 3 BAG v. 27.4.1997 – 2 AZR 268/96, AP Nr. 27 zu § 611 BGB – Kirchendienst; v. 11.3.1999 – 2 AZR 507/98, AP Nr. 149 zu § 626 BGB. | 4 BAG v. 13.9.1995 – 2 AZR 587/94, AP Nr. 25 zu § 626 BGB – Verdacht strafbarer Handlungen. | 5 BAG v. 31.3.1993 – 2 AZR 492/92, AP Nr. 32 zu § 626 BGB – Ausschlussfrist; v. 26.8.1993 – 2 AZR 154/93, AP Nr. 112 zu § 626 BGB; KR/Fischermeier, § 626 BGB Rz. 260. | 6 BAG v. 28.10.1971 – 2 AZR 15/71, AP Nr. 62 zu § 626 BGB (betrifft Kündigung durch Arbeitnehmer); v. 18.5.1994 – 2 AZR 626/93, AP Nr. 3 zu § 108 BPersVG; APS/Dörner, § 626 BGB Rz. 84. | 7 BAG v. 4.6.1997 – 2 AZR 526/96, AP Nr. 137 zu § 626 BGB; v. 11.3.1999 – 2 AZR 427/98, AP Nr. 150 zu § 626 BGB; Gerhards, BB 1996, 794; KR/Fischermeier, § 626 BGB Rz. 260. | 8 BAG v. 10.2.1999 – 2 ABR 31/98, AP Nr. 42 zu § 15 KSchG 1969. | 9 BAG v. 7.10.1993 – 2 AZR 226/93, AP Nr. 114 zu § 626 BGB; v. 14.2.1996 – 2 AZR 274/95, AP Nr. 26 zu § 626 BGB – Verdacht strafbarer Handlung. | 10 BAG v. 4.6.1997 – 2 AZR 526/96, AP Nr. 137 zu § 626 BGB. | 11 ErfK/Müller-Glöge, § 626 BGB Rz. 49. | 12 BGH v. 14.2.2000 – II ZR 218/98, AP Nr. 16 zu § 611 BGB – Organvertreter; KR/Fischermeier, § 626 BGB Rz. 260. | 13 BAG v. 14.7.1960 – 2 AZR 64/59, AP Nr. 13 zu § 123 BGB; KR/Fischermeier, § 626 BGB Rz. 31. | 14 BAG v. 23.3.1972 – 2 AZR 226/71, AP Nr. 63 zu § 626 BGB (Leitsatz); v. 10.2.1977 – 2 ABR 80/76, AP Nr. 9 zu § 103 BetrVG 1972; KR/Fischermeier, § 626 BGB Rz. 31. | 15 BAG v. 23.3.1972 – 2 AZR 226/71, AP Nr. 63 zu § 626 BGB; v. 10.2.1977 – 2 ABR 80/76, AP Nr. 9 zu § 103 BetrVG 1972; Stahlhacke/Preis/Vossen, Rz. 597. | 16 BAG v. 4.10.1990 – 2 AZR 201/90, AP Nr. 12 zu § 626 BGB – Druckkündigung; Erman/Belling, § 626 BGB Rz. 27; aA ErfK/Müller-Glöge, § 626 BGB Rz. 71; Gaul, Arbeitsrecht im Betrieb II, L II Rz. 153. | 17 KR/Fischermeier, § 626 BGB Rz. 33 (mit Nachweisen zur abweichenden Ansicht).

140 e) **Der wichtige Grund als objektives Tatbestandsmerkmal.** aa) Das Vorliegen eines wichtigen Grundes bestimmt sich nach ganz hM[1] anhand objektiver Kriterien, dh. der wichtige Grund wird allein aufgrund der objektiv vorliegenden Tatsachen bestimmt, die an sich geeignet sind, die Fortsetzung des Arbeitsverhältnisses unzumutbar zu machen. Weder enthält der Begriff ein subjektives Element noch ist ein Verschulden für das Vorliegen eines wichtigen Grundes erforderlich.

141 bb) Erst im Rahmen der erforderlichen Interessenabwägung (2. Stufe) wird die Frage des Verschuldens relevant. Insoweit wird ein wichtiger Grund in der Regel[2] nur bei (rechtswidrigem und[3]) schuldhaftem Verhalten bejaht werden können[4], wobei allerdings auch Fahrlässigkeit ausreichen kann[5]. Die Frage, ob bei einem besonders schweren Fall einer schuldlosen Vertragspflichtverletzung ausnahmsweise eine verhaltensbedingte Kündigung in Betracht kommen kann, wird kontrovers diskutiert. Sie wird vom BAG in einer neueren Entscheidung sowie von Teilen der Lit. bejaht[6]. Das Anliegen der Gegenansicht[7], eine möglichst griffige Abgrenzung zur personenbedingten Kündigung zu gewährleisten, greift demgegenüber nicht durch. Das BAG[8] hat zu Recht darauf hingewiesen, dass zum einen § 628 Abs. 1 gegen eine solche Differenzierung spricht und zum anderen die Grenzziehung zwischen beiden Kündigungsgründen anhand der Begriffe „Verhalten" und „Eignung" stattzufinden hat. Der Gegensatz „schuldhaft" oder „schuldlos" stimmt mit dieser Differenzierung nicht überein. Man würde die Abgrenzung deshalb an anderer Stelle wieder verwischen oder müsste – was keinesfalls hinzunehmen wäre – Lücken beim Recht der außerordentlichen Kündigung in Kauf nehmen.

142 cc) Der Kündigende muss bei Ausspruch der Kündigung die (gesamten) Tatsachen, die den wichtigen Grund begründen, nicht notwendigerweise kennen. Das Motiv der Kündigung ist zumindest in der Regel unerheblich. Deshalb spielt es keine Rolle, dass der Kündigungsentschluss weniger durch eine gewichtige Vertragsverletzung als vielmehr durch die Abneigung gegen den Gekündigten bestimmt wird. Es kommt insoweit allein darauf an, ob genügend Tatsachen für eine außerordentliche Kündigung aus wichtigem Grund vorliegen. Das Motiv kann nur dann Bedeutung erlangen, wenn ein widersprüchliches Verhalten vorliegt oder der Kündigende in verwerflicher Gesinnung handelt[9].

143 f) **Besonderheiten bei Eigengruppen.** Im Falle einer Eigengruppe, dh. Arbeitsverhältnissen, bei denen sich eine selbständig gebildete Personenmehrheit in ihrer Gesamtheit zur Erbringung der Arbeitsleistung verpflichtet hat (Bsp.: Musikkapelle, Maurergruppe[10]), ist dem ArbGeb eine Einflussnahme auf die Zusammensetzung der Gruppe versagt. Dies führt zu kündigungsrechtlichen Besonderheiten, da dem ArbGeb ein Zugriff auf die einzelnen ArbN verwehrt ist. Will der ArbGeb abmahnen oder kündigen, kann er dies nur gegenüber der ganzen Gruppe, nicht gegenüber einem einzelnen Mitglied der Eigengruppe[11].

144 Dabei ist aber sehr genau darauf zu achten, ob überhaupt eine Eigengruppe vorliegt oder ob es sich lediglich um ein mittelbares Arbeitsverhältnis (wenn einer der ArbN als Repräsentant auftritt und auch die Anweisungen seitens des ArbGeb empfängt) oder ein selbständiges Dienstverhältnis handelt[12].

145 Zusätzliche Probleme entstehen, wenn einzelne Mitglieder einem Sonderkündigungsschutz unterfallen[13]. Hier wird man darauf abzustellen haben, ob das Mitglied der Eigengruppe, das den wichtigen Grund für eine außerordentliche Kündigung gesetzt hat, selbst einen Sonderkündigungsschutz in Anspruch nehmen kann. Ist dies nicht der Fall, gelten für die Kündigung aller Gruppenmitglieder keine Besonderheiten (str.).

146 Beim „job-sharing" gilt für die (Beendigungs-)Kündigung eines ArbN § 13 Abs. 2 Satz 1 TzBfG (früher § 5 Abs. 2 Satz 1 BeschFG). Danach ist die Kündigung des Arbeitsverhältnisses eines ArbN durch den ArbGeb wegen des Ausscheidens eines anderen ArbN aus der Arbeitsplatzteilung unwirksam.

---

1 BAG v. 17.8.1972 – 2 AZR 415/71, AP Nr. 65 zu § 626 BGB; v. 10.3.1977 – 2 AZR 79/76, EzA § 1 KSchG – Krankheit Nr. 4; v. 18.1.1980 – 7 AZR 260/78, AP Nr. 1 zu § 626 BGB – Nachschieben von Gründen (2 b); *Adomeit/Spinti*, Rz. 11 ff.; *Beuthien*, SAE 1974, 45 f.; ErfK/*Müller-Glöge*, § 626 BGB Rz. 42; *Galperin*, DB 1964, 1114, 1115; KR/*Fischermeier*, § 626 BGB Rz. 105; *Peterek*, SAE 1982, 314 ff. |2 Anders in der Entscheidung BAG v. 21.1.1999 – 2 AZR 665/98, AP Nr. 151 zu § 626 BGB. |3 KR/*Fischermeier*, § 626 BGB Rz. 139. |4 BAG v. 14.12.1996 – 2 AZR 274/95, AP Nr. 26 zu § 626 BGB – Verdacht strafbarer Handlung; ErfK/*Müller-Glöge*, § 626 BGB Rz. 43. |5 BAG v. 16.3.1961 – 2 AZR 539/59, AP Nr. 2 zu § 1 KSchG – Verhaltensbedingte Kündigung; v. 25.4.1991 – 2 AZR 624/90, AP Nr. 104 zu § 626 BGB; KR/*Fischermeier*, § 626 BGB Rz. 139. |6 BAG v. 21.1.1999 – 2 AZR 665/98, AP Nr. 151 zu § 626 BGB; ErfK/*Müller-Glöge*, § 626 BGB Rz. 43; *Rüthers/Henssler*, ZfA 1988, 45. |7 BAG v. 14.2.1996 – 2 AZR 274/95, AP Nr. 26 zu § 626 BGB – Verdacht strafbarer Handlung; KR/*Fischermeier*, § 626 BGB Rz. 139. |8 BAG v. 21.1.1999 – 2 AZR 665/98, AP Nr. 151 zu § 626 BGB. |9 BAG v. 2.6.1960 – 2 AZR 91/58, AP Nr. 42 zu § 626 BGB; *A. Hueck*, Anm. zu AP Nr. 42 zu § 626 BGB; KR/*Fischermeier*, § 626 BGB Rz. 106 f. |10 KR/*Fischermeier*, § 626 BGB Rz. 423. |11 Zur Kündigung BAG v. 9.2.1960 – 2 AZR 585/57, AP Nr. 39 zu § 626 BGB; LAG Düsseldorf v. 6.9.1956 – 2a Sa 162/56, AP Nr. 12 zu § 626 BGB; LAG Hamm v. 10.4.1964 – 5 Sa 457/63, BB 1964, 681; ErfK/*Müller-Glöge*, § 626 BGB Rz. 72; *Rüthers*, ZfA 1977, 1 ff.; zur Abmahnung LAG Sa.-Anh. v. 8.3.2000 – 6 Sa 921/99, NZA-RR 2000, 528. |12 Für den Bereich des Mutterschutzes *Buchner/Becker*, 7. Aufl. 2003, § 1 MuSchG Rz. 40. |13 BAG v. 21.10.1971 – 2 AZR 17/71, AP Nr. 1 zu § 611 BGB – Gruppenarbeitsverhältnis; für einen Vorrang des Sonderkündigungsschutzes: ErfK/*Müller-Glöge*, § 626 BGB Rz. 72.

g) Zeitpunkt der Entstehung des wichtigen Grundes. aa) Zeitlicher Bezugspunkt für die Prüfung des wichtigen Grundes ist der „Ausspruch", dh. der Zugang (vgl. § 130 Abs. 1 Satz 1)[1] der Kündigungserklärung[2]. Die außerordentliche Kündigung kann auf alle zum Zeitpunkt des Ausspruches der Kündigung objektiv vorhandenen Gründe gestützt werden. Dies gilt auch für bereits vor Beginn des Arbeitsverhältnisses eingetretene Gründe, soweit diese das Arbeitsverhältnis weiterhin erheblich belasten und dem Kündigenden bei Vertragsabschluss noch nicht bekannt waren[3]. Auch die Frage, wann der Grund entstanden ist, spielt grundsätzlich keine Rolle[4]. Soweit § 626 Abs. 2 als materiell rechtliche Grenze zu beachten ist, gilt das oben (Rz. 86 ff.) gesagte. Immer bezieht sich § 626 Abs. 2 nur auf den Zeitpunkt der Ausübung des Kündigungsrechts, nicht aber auf den Zeitpunkt der Entstehung des Kündigungsgrundes[5]. Dementsprechend findet § 626 Abs. 2 beim Nachschieben nachträglich bekannt gewordener Gründe (nach bereits erfolgter Kündigung) keine Anwendung[6]. Zur prozessualen Seite des Nachschiebens von Gründen vgl. noch Rz. 463 ff.

bb) Einschränkungen für das ergänzende Heranziehen früher gesetzter Gründe bestehen insoweit nur, wenn aufgrund einer konstitutiven Formvorschrift die Kündigungsgründe schriftlich mitgeteilt werden müssen[7]. Weiter können Sachverhalte, die erst nach dem Zugang der Kündigungserklärung entstanden sind, eine bereits ausgesprochene Kündigung nicht rechtfertigen. Insoweit kann darauf nur eine neue Kündigung gestützt werden[8], bei der aber die alten Gründe ggf. ergänzend herangezogen werden können. Daraus ergibt sich, dass sowohl Gründe, die der ArbGeb bei Ausspruch der Kündigung nicht kannte, als auch solche, die er zwar kannte, aber dem ArbN nicht mitgeteilt hat, grundsätzlich nachgeschoben werden können[9].

cc) Darüber hinaus können nachträglich entstandene Sachverhalte zur Beurteilung der früheren Umstände herangezogen werden[10], nicht als Kündigungsgrund, aber als später erlangte Erkenntnisse, die eine bessere Würdigung der Tatsachen, die als Kündigungsgründe genannt werden, ermöglichen. *Dörner*[11] verlangt, dass zwischen den neuen Vorgängen und den vor der Kündigung entstandenen Gründen enge Beziehungen bestehen müssen, die nicht außer Acht gelassen werden können, ohne einen einheitlichen Lebensvorgang zu zerreißen.

3. Außerordentliche Kündigung durch den ArbGeb. a) Allgemeines. aa) Der nachfolgend unter Rz. 153 ff. zusammengestellte Katalog der „wichtigen Gründe an sich" (1. Stufe) stellt die bisher gebildeten Fallgruppen (dazu oben Rz. 83 ff.) vor. Er ersetzt nicht die notwendige Einzelfallprüfung auf der 2. Stufe, sondern kann nur Anhaltspunkte für die Prüfung konkreter Sachverhalte geben. Soweit es aber um die Berücksichtigung der jeweils konkreten betrieblichen oder wirtschaftlichen Auswirkungen einer bestimmten Störung des Arbeitsverhältnisses geht, sind diese bereits Teil des Kündigungsgrundes und nicht erst und ausschließlich bei der Interessenabwägung zu berücksichtigen[12].

bb) Ausgangspunkt der Fallgruppenbildung waren die früheren, inzwischen aufgehobenen gesetzlichen Regelungen von Gründen für eine Kündigung aus wichtigem Grund (§§ 71, 72 HGB aF, 123, 124, 133c, d GewO aF). In diesen Vorschriften wurden als wichtige Gründe genannt:

- Anstellungsbetrug (§ 123 Abs. 1 Nr. 1 GewO aF),

- beharrliche Arbeitsverweigerung oder Arbeitsvertragsbruch (§ 123 Abs. 1 Nr. 3 GewO aF und § 72 Abs. 1 Nr. 2 HGB aF),

- dauernde oder anhaltende Unfähigkeit zur Arbeitsleistung (gem. § 72 Abs. 1 Nr. 3 HGB Kündigungsgrund für den ArbGeb, gem. § 124 Abs. 1 Nr. 1 GewO aF und § 71 Nr. 1 HGB aF für Kündigung durch den ArbN),

- grobe Verletzung der Treuepflicht (§ 72 Abs. 1 Nr. 1 HGB aF),

---

1 APS/*Dörner*, § 626 BGB Rz. 48; aA *Herschel*, Anm. zu BAG AP Nr. 39 zu § 1 KSchG. |2 BAG v. 27.2.1997 – 2 AZR 160/96, AP Nr. 1 zu § 1 KSchG 1969 – Wiedereinstellung; BAG v. 29.4.1999 – 2 AZR 431/98, AP Nr. 36 zu § 1 KSchG 1969 – Krankheit; ErfK/*Müller-Glöge*, § 626 BGB Rz. 77. |3 BAG v. 17.8.1972 – 2 AZR 415/71, AP Nr. 65 zu § 626 BGB; v. 5.4.2001 – 2 AZR 159/00, AP Nr. 171 zu § 626 BGB; KR/*Fischermeier*, § 626 BGB Rz. 175. |4 BGH v. 5.5.1958 – II ZR 245/56, BAG v. 30.1.1963 – 2 AZR 143/62 und v. 17.8.1972 – 2 AZR 415/71, AP Nr. 26, 50, 65 zu § 626 BGB. |5 BAG v. 4.6.1997 – 2 AZR 362/96, AP Nr. 5 zu § 626 BGB – Nachschieben von Gründen; APS/*Dörner*, § 626 BGB Rz. 49. |6 BAG v. 17.8.1972 – 2 AZR 415/71, AP Nr. 65 zu § 626 BGB; v. 18.1.1980 – 7 AZR 260/78, AP Nr. 1 zu § 626 BGB – Nachschieben von Gründen; KR/*Fischermeier*, § 626 BGB Rz. 180. |7 BAG v. 25.11.1976 – 2 AZR 751/75, AP Nr. 4 zu § 15 BBiG; KR/*Fischermeier*, § 626 BGB Rz. 174. |8 BAG v. 11.12.1975 – 2 AZR 426/74, AP Nr. 1 zu § 15 KSchG 1969; BGH v. 28.4.1960 – VII ZR 218/59, AP Nr. 41 zu § 626 BGB; KR/*Fischermeier*, § 626 BGB Rz. 176. |9 BAG v.17.8.1972 – 2 AZR 415/71, AP Nr. 65 zu § 626 BGB; v. 18.1.1980 – 7 AZR 260/78, AP Nr. 1 zu § 626 BGB – Nachschieben von Gründen; Erman/*Belling*, § 626 BGB Rz. 31; KR/*Fischermeier*, § 626 BGB Rz. 178; *Wenzel*, MDR 1978, 15 ff.; aA *Neumann*, ArbR Ggw. Bd.7 (1970), S. 23, 40: Nachschieben von Gründen nur bzgl. Tatsachen, die dem Kündigungsgegner schon bekannt sind oder wenigstens unverzüglich angegeben werden (arg. § 626 II 3 BGB); aA auch *Birk*, Anm. zu Nr. 65 zu § 626 BGB; *Falkenberg*, BB 1970, 537 f.; *Monjau*, BB 1969, 1045, unter IV 3. |10 BAG v. 14.9.1994 – 2 AZR 164/94, AP Nr. 24 zu § 626 BGB – Verdacht strafbarer Handlung; RGRK/*Corts*, § 626 BGB Rz. 35. |11 APS/*Dörner*, § 626 BGB Rz. 54. |12 BAG v. 15.11.1984 – 2 AZR 613/83, AP Nr. 87 zu § 626 BGB.

- Verstöße gegen das Wettbewerbsverbot (§ 72 Abs. 1 Nr. 1 HGB aF),
- Dienstverhinderung durch eine längere Freiheitsstrafe des ArbN (§ 72 Abs. 1 Nr. 3 HGB aF),
- erhebliche Ehrverletzung oder Tätlichkeiten des ArbN gegen den ArbGeb bzw. dessen Vertreter (§ 72 Abs. 1 Nr. 4 HGB aF); bei Tätlichkeiten oder erheblichen Ehrverletzungen gegen den ArbN (§ 124 Abs. 1 Nr. 2 GewO aF und § 71 Nr. 4 HGB aF),
- fehlende Zahlung des Arbeitsentgelts (§ 124 Abs. 1 Nr. 4 GewO aF und § 71 Nr. 2 HGB aF)

152 Das BAG[1] hatte sich darauf festgelegt, dass diese (inzwischen aufgehobenen) gesetzlichen Regelungen Hinweise für typische Sachverhalte geben, die an sich geeignet sind, einen wichtigen Grund iSd. § 626 BGB abzugeben. Dennoch begründet das Vorliegen eines dieser Gründe noch keine tatsächliche Vermutung für die Unzumutbarkeit der Fortsetzung des Arbeitsverhältnisses. Dem Gekündigten steht es frei, im Rahmen der Interessenabwägung eine konkrete Beeinträchtigung des Arbeitsverhältnisses zu bestreiten[2].

153 **b) Katalog der an sich geeigneten Kündigungsgründe.** Der nachfolgende alphabetisch geordnete Katalog der Kündigungsgründe verzichtet auf eine weitere **Systematisierung**, da diese vom Blickwinkel abhängt, unter der die Kündigungsgründe betrachtet werden. Geht es darum, die Gründe zusammenzufassen, die eine Kündigung rechtfertigen können, ist zwischen personen-, betriebs- und verhaltensbedingten Störungen[3] zu unterscheiden (dazu oben Rz. 83 ff.). Geht es zB für die Frage der Einhaltung der Zweiwochenfrist darum, den durch die Störung betroffenen Bereich des Arbeitsverhältnisses[4] zu ermitteln (dazu oben Rz. 86 ff.), wäre eine weitere Differenzierung in einen Leistungsbereich, den Bereich der betrieblichen Verbundenheit aller Mitarbeiter, den persönlichen Vertrauensbereich sowie einen Unternehmensbereich notwendig.

154 • **Abkehrwille:** Der bloße Abkehrwille des ArbN, dh. seine Absicht, das Arbeitsverhältnis demnächst zu beenden, um sich selbständig zu machen oder eine andere Arbeitsstelle anzutreten, ist in der Regel kein wichtiger Grund[5]. Er kann wegen des Schriftformerfordernisses der Kündigung (§ 623 BGB) nun auch nicht mehr zur Verwirkung des allgemeinen Kündigungsschutzes führen[6]. Die Belange des ArbGeb können aber berührt sein, wenn der ArbN für ein Konkurrenzunternehmen tätig wird oder tätig werden will[7].

155 • **Abwerbung:** Nach hM liegt eine vertragswidrige Abwerbung durch einen ArbN vor, wenn dieser auf andere ArbN einwirkt, um diese dazu zu bewegen, ihr Arbeitsverhältnis aufzugeben und für den Abwerbenden oder einen anderen ArbGeb tätig zu werden. Damit die Abwerbung einen wichtigen Grund liefert, muss sie mit einer gewissen Ernsthaftigkeit und Beharrlichkeit betrieben werden[8]. Die beiläufige oder aus einer momentanen Situation heraus entstandene Frage eines leitenden Angestellten an einen ihm unterstellten Mitarbeiter, ob er mit ihm gehe, wenn er sich selbständig mache, ist noch keine Abwerbung[9]. Nicht erforderlich ist dagegen der Einsatz unlauterer Mittel oder dass die Abwerbung in verwerflicher Weise betrieben wird[10]. Will aber der ArbN ihm nachgeordnete Mitarbeiter zum Vertragsbruch verleiten, ist der neue ArbGeb ein Konkurrenzunternehmen oder zahlt das Konkurrenzunternehmen eine Vergütung für die Abwerbung, dann ist eine besondere Schwere der Pflichtverletzung gegeben[11]. Die Abgrenzung hat auch danach zu erfolgen, inwieweit der ArbN eigene verfassungsrechtlich geschützte (Art. 12 Abs. 1 GG) Interessen wahrnimmt (vgl. dazu auch § 75f HGB) und inwieweit der ArbN gegen ein vertragliches oder nachvertragliches Wettbewerbsverbot (siehe auch dort) verstößt.

156 • **Anzeige des ArbN gegen den ArbGeb:** Erstattet der ArbN gegen seinen ArbGeb bei einer staatlichen Stelle eine Anzeige, kann dies ein wichtiger Grund für eine Kündigung sein[12]. Entscheidend für eine Abgrenzung ist, aus welcher Motivation die Anzeige erfolgte, ob der ArbN mit der Anzeige eigene berechtigte Interessen verfolgt und ob letztlich in der Anzeige eine verhältnismäßige Reaktion des ArbN auf das Verhalten des ArbGeb gesehen werden kann[13]. Ein wichtiger Grund für eine Kündigung ist bereits dann gegeben, wenn der in der Anzeige mitgeteilte Sachverhalt unwahr bzw. die Anzeige objek-

---

1 BAG v. 15.11.1984 – 2 AZR 613/83 und v. 17.3.1988 – 2 AZR 576/87, AP Nr. 87, 99 zu § 626 BGB; ErfK/*Müller-Glöge*, § 626 BGB Rz. 86; Hromadka/Maschmann, § 10 Rz. 109; kritisch KR/*Fischermeier*, § 626 BGB Rz. 87; aA KDZ/*Däubler* Rz. 2; HAS/*Popp*, § 19 B Rz. 175; Erman/*Belling*, § 626 BGB Rz. 34. |2 KR/*Fischermeier*, § 626 BGB Rz. 87. |3 *Ascheid*, Rz. 132; Erman/*Belling*, § 626 BGB Rz. 52; Hromadka/Maschmann, § 10 Rz. 111; KR/*Fischermeier*, § 626 BGB Rz. 128. |4 BAG v. 6.2.1969 – 2 AZR 241/68, v. 3.12.1970 – 2 AZR 110/70 und v. 21.11.1996 – 2 AZR 357/95, AP Nr. 58, 60, 130 zu § 626 BGB; KR/*Fischermeier*, § 626 BGB Rz. 166. |5 LAG BW v. 31.5.1961 – 4 Sa 70/60 und v. 24.2.1969 – 4 Sa 114/68, DB 1961, 951; BB 1969, 536; APS/*Dörner*, § 626 BGB Rz. 181. |6 Anders BAG v. 22.10.1964 – 2 AZR 515/63, AP Nr. 16 zu § 1 KSchG – Betriebsbedingte Kündigung. |7 LAG Hamm v. 14.12.1968 – 8 (5) Sa 37/68, BB 1969, 797, 798; ErfK/*Müller-Glöge*, § 626 BGB Rz. 119. |8 LAG Rh.-Pf. v. 7.2.1992 – 6 Sa 528/91, LAGE § 626 BGB Nr. 64; LAG BW v. 30.9.1970 – 4 Sa 21/70, DB 1970, 2325; aA (bloße Abwerbung ist nicht vertragswidrig) APS/*Dörner*, § 626 BGB Rz. 294; v. Hoyningen-Huene/Linck, § 1 KSchG Rz. 308. |9 LAG Stuttgart v. 30.9.1970 – 4 Sa 21/70, BB 1970, 1538; KR/*Fischermeier*, § 626 BGB Rz. 406. |10 LAG Schl.-Holst. v. 6.7.1989 – 4 Sa 601/88, LAGE § 626 BGB Nr. 42; ErfK/*Müller-Glöge*, § 626 BGB Rz. 87. |11 LAG Tübingen v. 31.3.1969 – 4 Sa 2/69, BB 1969, 789; LAG Düsseldorf v. 15.10.1969 – 6 Sa 117/69, BB 1969, 1542; KR/*Fischermeier*, § 626 BGB Rz. 406. |12 BAG v. 5.2.1959 – 2 AZR 60/56, AP Nr. 2 zu § 70 HGB; ErfK/*Müller-Glöge*, § 626 BGB Rz. 89. |13 BAG v. 18.6.1970 – 2 AZR 369/69, AP Nr. 82 zu § 1 KSchG; v. 4.7.1991 – 2 AZR 80/91, RzK I 6 a Nr. 74; *Ascheid*, Rz. 461; kritisch KR/*Fischermeier*, § 626 BGB Rz. 408.

tiv nicht gerechtfertigt ist[1]. Dies gilt insb., falls der ArbN zumindest leichtfertig, mit Schädigungsabsicht oder aus Rache handelt. Erstattet ein ArbN dagegen Strafanzeige, weil er von seinem ArbGeb tatsächlich beleidigt wurde, ist dies kein wichtiger Grund[2]. Ebenso darf ein ArbN, der die Verantwortung für die Sicherheit einer betrieblichen Anlage hat (zB Kernforschungsanlage), Sicherheitsbedenken bei den zuständigen Stellen in gehöriger Form erheben[3].

Darüber hinaus hat das BAG[4] ein Kündigungsrecht auch dann für gegeben erachtet, wenn der ArbN **157** kein eigenes Interesse an einem staatlichen Einschreiten hatte (hier Strafanzeige eines ArbN gegen den Geschäftsführer seines ArbGeb wegen behaupteter Verkehrsverstöße anlässlich einer gemeinsamen Dienstreise, um die Entziehung der Fahrerlaubnis zu erreichen). Anknüpfungspunkt hierfür ist die Zerstörung der Vertrauensgrundlage. Entsprechendes gilt für die heimliche Mitnahme von Geschäftsunterlagen zur Vorbereitung einer Strafanzeige[5]. Das BAG[6] hält den ArbN selbst dann nicht für berechtigt, Strafanzeige zu stellen, wenn der ArbN aufgefordert wurde, sich an den Gesetzesverstößen zu beteiligen, er aber die Möglichkeit hatte, sich einer Beteiligung zu entziehen.

Die im letzten Absatz dargestellten Urteile sind durch eine Entscheidung des BVerfG[7] vom 2.7.2001 **158** zum Teil überholt. Danach ist es mit rechtsstaatlichen Grundsätzen nicht zu vereinbaren, wenn ein Verhalten des ArbN sanktioniert wird, mit dem er seinen Pflichten im Rechtsstaat, insb. der Zeugenpflicht als allgemeiner Staatsbürgerpflicht, nachkommt. Zivilrechtliche Nachteile sollen ihm nur dann drohen, wenn er wissentlich unwahre oder leichtfertig falsche Angaben macht[8]. Selbst wenn der ArbN „freiwillig" zur Staatsanwaltschaft gegangen sein sollte, dort Aussagen gemacht und aufgrund eigenen Antriebs Unterlagen übergeben haben sollte, wäre der verfassungsrechtliche Aspekt zu beachten, dass er nur von der Rechtsordnung aufgestellte Pflichten erfüllt hat. Eine zivilrechtliche Entscheidung, die dieses im Rahmen eines Kündigungsschutzprozesses verkennt oder missachtet, verletzt den betroffenen Bürger in seinem Grundrecht aus Art. 2 Abs. 1 GG iVm dem Rechtsstaatsprinzip[9].

Zur Drohung mit Strafanzeige oder Veröffentlichungen in der Presse siehe unter *Strafbare Handlungen* **159** Gliederungspunkt *Nötigung/Erpressung*.

● **Arbeitsbeschaffungsmaßnahme:** Gem. § 270 Abs. 2 SGB III (siehe oben Rz. 5) kann das Arbeitsverhältnis **160** im Rahmen einer Arbeitsbeschaffungsmaßnahme außerordentlich gekündigt werden, wenn das AA den ArbN abberuft.

● **Arbeitserlaubnis, fehlende:** Die fehlende, aber notwendige Arbeitserlaubnis eines ausländischen **161** ArbN nach §§ 284 ff. SGB III kann einen personenbedingten Grund zur Kündigung darstellen[10].

Von vornherein nur ein faktisches Arbeitsverhältnis wird begründet, wenn den Beteiligten das Fehlen **162** der Arbeitserlaubnis von Anfang an bewusst war und sie auch nicht mit einer baldigen Erteilung derselben rechneten, § 134[11]. Zerschlägt sich dagegen eine Erwartung der Beteiligten auf baldige Erteilung einer Arbeitserlaubnis, obliegt es dem ArbGeb zu kündigen. Ist die Erteilung der Arbeitserlaubnis noch möglich, wenn auch nach Einlegung von Rechtsmitteln erst zu einem späteren Zeitpunkt, ist die Kündigung gerechtfertigt, falls bei objektiver Betrachtung mit der Erteilung der Erlaubnis nicht zu rechnen ist und der Arbeitsplatz für den ArbN nicht ohne erhebliche betriebliche Beeinträchtigung frei gehalten werden kann[12]. Wirkt der ArbGeb selbst (arglistig) der Erteilung der Arbeitserlaubnis entgegen, kann er sich im Kündigungsschutzprozess nicht auf das hierdurch herbeigeführte Beschäftigungsverbot berufen.

Der ArbN ist grundsätzlich verpflichtet, sich selbst um die Verlängerung der Arbeitserlaubnis zu bemühen. **163** Den ArbGeb trifft insoweit keine Hinweispflicht[13]. Kommt der ArbN seiner vertraglichen Nebenpflicht, sich rechtzeitig um Erteilung bzw. Verlängerung der Arbeitserlaubnis zu bemühen, nicht nach,

---

1 BAG v. 3.7.2003 – 2 AZR 235/02, juris; aA (enger; allein wenn ArbN wissentlich oder leichtfertig falsche Angaben gemacht hat) LAG Düsseldorf v. 17.1.2001 – 11 Sa 1422/01, DB 2002, 1612; LAG Frankfurt v. 12.2.1987 – 12 Sa 1249/86, LAGE § 626 BGB Nr. 28. |2 LAG Tübingen v. 29.6.1964 – 4 Sa 12/64, DB 1964, 1451; KR/*Fischermeier*, § 626 BGB Rz. 408. |3 BAG v. 14.12.1972 – 2 AZR 115/72, AP Nr. 8 zu § 1 KSchG – Verhaltensbedingte Kündigung. |4 BAG v. 18.12.1980 – 2 AZR 980/78, AP Nr. 4 zu § 174 BGB; ErfK/*Müller-Glöge*, § 626 BGB Rz. 90. |5 LAG Düsseldorf v. 21.2.1953, BB 1953, 532; KR/*Fischermeier*, § 626 BGB Rz. 408. |6 BAG v. 5.2.1959 – 2 AZR 60/56, AP Nr. 2 zu § 70 HGB; KR/*Fischermeier*, § 626 BGB Rz. 408; diff. MünchKomm/*Schwerdtner*, § 626 BGB Rz. 85; krit. *Preis/Reinfeld*, AuR 1989, 361 ff.; Söllner, FS Herschel, S. 389, 404; abl. APS/*Dörner*, § 626 BGB Rz. 191. |7 BVerfG v. 2.7.2001 – 1 BvR 2049/00, AP Nr. 170 zu § 626 BGB; hierzu *Müller*, NZA 2002, 424. |8 BVerfG v. 2.7.2001 – 1 BvR 2049/00, AP Nr. 170 zu § 626 BGB. |9 BVerfG v. 2.7.2001 – 1 BvR 2049/00, AP Nr. 170 zu § 626 BGB. |10 BAG v. 16.12.1976 – 3 AZR 716/75 und v. 13.1.1977 – 2 AZR 66/75, AP Nr. 4 und 2 zu § 19 AFG; v. 7.2.1990 – 2 AZR 359/89, AP Nr. 14 zu § 1 KSchG 1969 – Personenbedingte Kündigung; ErfK/*Müller-Glöge*, § 626 BGB Rz. 190; KR/*Fischermeier*; aA *Stahlhacke/Preis/Vossen*, Rz. 751 aber auch Rz. 1207. |11 BAG v. 19.1.1977 – 3 AZR 66/75, AP Nr. 3 zu § 19 AFG; LAG BW v. 25.6.1998 – 6 Sa 1/98, NZA-RR 1998, 492; APS/*Dörner*, § 626 BGB Rz. 303. |12 BAG v. 7.2.1990 – 2 AZR 359/89, AP Nr. 14 zu § 1 KSchG 1969 – Personenbedingte Kündigung; APS/*Dörner*, § 626 BGB Rz. 304. |13 BAG v. 26.6.1996 – 5 AZR 872/94, AP Nr. 2 zu § 3 EFZG; ErfK/*Müller-Glöge*, § 626 BGB Rz. 190.

kann eine verhaltensbedingte Kündigung gerechtfertigt sein[1]. Abweichendes gilt, wenn der ArbN nur aufgrund von Krankheit an der Beantragung der Verlängerung seiner Arbeitserlaubnis verhindert war[2]. Ob der ArbGeb außerordentlich oder nur ordentlich kündigen kann, hängt von den Umständen des Einzelfalls, insb. der Dauer der Kündigungsfrist sowie der Dringlichkeit der Stellenneubesetzung ab[3]. Das Verschweigen des Wegfalls einer Aufenthalts- bzw. Arbeitserlaubnis stellt einen wichtigen Grund dar[4].

164 • **Arbeitskampf: Rechtmäßiger Streik:** Ein von einer Gewerkschaft organisierter rechtmäßiger Streik zur Verbesserung der Arbeitsbedingungen führt zu einer Suspendierung der Hauptleistungspflichten. Der bestreikte ArbGeb ist deshalb nicht berechtigt, den Streik mit einer Kündigung zu beantworten. Er kann insoweit nur zum Mittel der Aussperrung greifen, die im Allgemeinen nur suspendierende Wirkung hat[5].

165 **Rechtswidriger von der Gewerkschaft organisierter Streik:** Soweit der Streik von einer Gewerkschaft organisiert ist, kann dem ArbN seine Teilnahme auch dann nicht vorgeworfen werden, wenn der Streik rechtswidrig ist. Der ArbN muss sich insoweit auf die rechtliche Einschätzung durch seine Gewerkschaft verlassen können[6]. Entschieden wurde dies vom BAG[7] für einen von der Gewerkschaft geführten, auf drei Tage befristeten Streik, bei dem die ArbN zwar mit der Möglichkeit der Unzuständigkeit ihrer Gewerkschaft rechnen mussten, dieses aber letztlich aufgrund der Komplexität der damit verbundenen Rechtsfragen für die ArbN nicht aufklärbar war. Besondere Pflichtverletzungen wie zB eine Teilnahme an einer Fabrikbesetzung rechtfertigt dies allerdings nicht[8].

166 **Wilder Streik; rechtswidrige Arbeitsniederlegung:** Wird der Streik von der zuständigen Gewerkschaft weder gebilligt noch nachträglich genehmigt, handelt es sich um einen wilden Streik. Eine Beteiligung an einem solchen Streik stellt einen wichtigen Grund für eine Kündigung dar, wenn die ArbN trotz wiederholter Aufforderung durch den ArbGeb die Arbeit nicht wieder aufnehmen[9]. Hierbei ist vorrangig den Initiatoren zu kündigen. Ansonsten ist im Rahmen der Interessenabwägung zugunsten des ArbN von einer psychologischen Drucksituation, resultierend aus der Solidarität mit den Arbeitskollegen auszugehen. Im Übrigen ist sorgfältig zu prüfen, ob sich die ArbN in einem unverschuldeten Rechtsirrtum befunden haben. Dies gilt speziell in dem Fall, dass die Gewerkschaft zwar nicht als Organisatorin aufgetreten ist, diese aber hinter der Belegschaft stand und eine breite Öffentlichkeit Sympathie mit der Arbeitsniederlegung bekundet hat[10].

167 Verleitet ein ArbN seine Kollegen zu gleichzeitigen und gleichartigen Änderungskündigungen, um höhere Akkordlöhne zu erzwingen, stellt dies eine Aufforderung zum illegalen Arbeitskampf dar[11]. Ein ArbN, der einen solchen Arbeitskampf organisiert, obwohl die Gewerkschaften und der BR noch über die erstrebte Lohnerhöhung verhandeln, kann wegen Verletzung seiner Treuepflicht fristlos entlassen werden[12]. Ebenso ist die Organisation oder Teilnahme an einer Besetzung des Betriebsgeländes oder der Verwaltungsgebäude des Betriebes als wichtiger Grund an sich geeignet[13].

168 • **Arbeitspapiere:** Den ArbN trifft eine vertragliche Verpflichtung, dem ArbGeb auf Verlangen die Arbeitspapiere über seinen beruflichen Werdegang vorzulegen. Ignoriert der ArbN mehrere solcher Aufforderungen, stellt dies eine beharrliche Pflichtverletzung dar, die den ArbGeb zur fristlosen Entlassung berechtigt[14].

169 • **Arbeitspflichtverletzung, Arbeitsverweigerung: Allgemeines:** Die klarste Form der Arbeitspflichtverletzung ist der Vertragsbruch durch Nichterbringung der Arbeit. Dieser macht es dem ArbGeb regelmäßig unzumutbar, das Arbeitsverhältnis auch nur kurzfristig fortzusetzen und stellt daher einen wichtigen Grund dar. Vertragsbruch ist dabei die einseitige Herbeiführung der faktischen Vertragsauflösung, indem die Arbeit nicht aufgenommen oder das Vertragsverhältnis vorzeitig beendet wird[15].

170 Ein solcher Vertragsbruch ist auch in der Form denkbar, dass sich ein ArbN, nachdem er krank gewesen und wieder arbeitsfähig geschrieben worden ist, nicht wieder zur Arbeit erscheint. Darin liegt dann regelmäßig eine beharrliche Arbeitsverweigerung, die zur fristlosen Entlassung berechtigen kann[16].

---

1 *Stahlhacke/Preis/Vossen*, Rz. 1207. | 2 Vgl. BAG v. 26.6.1996 – 5 AZR 872/94, AP Nr. 2 zu § 3 EFZG. | 3 BAG v. 13.1.1977 – 2 AZR 423/75, AP Nr. 2 zu § 19 AFG; KR/*Fischermeier*, § 626 BGB Rz. 130. | 4 LAG Nürnberg v. 21.9.1994 – 3 Sa 1176/93, NZA 1995, 228; ErfK/*Müller-Glöge*, § 626 BGB Rz. 190. | 5 BAG v. 28.1.1955 – GS 1/54, v. 21.4.1971 – GS 1/68 und v. 17.12.1976 – 1 AZR 605/75, AP Nr. 1, 43, 51 zu Art. 9 GG – Arbeitskampf; KR/*Fischermeier*, § 626 BGB Rz. 410. | 6 ErfK/*Müller-Glöge*, § 626 BGB Rz. 118. | 7 BAG v. 29.11.1983 – 1 AZR 469/82, AP Nr. 78 zu § 626 BGB. | 8 BAG v. 17.12.1976 – 1 AZR 605/75 und v. 14.2.1978 – 1 AZR 76/76, AP Nr. 51, 58 zu Art. 9 GG – Arbeitskampf; ErfK/*Müller-Glöge*, § 626 BGB Rz. 115. | 9 BAG v. 20.12.1963 – 1 AZR 428/62 und v. 21.10.1969 – 1 AZR 93/68, AP Nr. 32, 41 zu Art. 9 GG – Arbeitskampf; ErfK/*Müller-Glöge*, § 626 BGB Rz. 115; aA ArbG Gelsenkirchen v. 13.3.1998 – 3 Ca 3173/97, EzA Nr. 130; KDZ/*Däubler*, Rz. 67. | 10 BAG v. 14.2.1978 – 1 AZR 76/76, AP Nr. 58 zu Art. 9 GG – Arbeitskampf; KR/*Fischermeier*, § 626 BGB Rz. 410. | 11 BAG v. 28.4.1966 – 2 AZR 176/65, AP Nr. 37 zu Art. 9 GG – Arbeitskampf; ErfK/*Müller-Glöge*, § 626 BGB Rz. 116. | 12 BAG v. 28.4.1966 – 2 AZR 176/65, AP Nr. 37 zu Art. 9 GG – Arbeitskampf; KR/*Fischermeier*, § 626 BGB Rz. 410; aA KDZ/*Däubler*, Rz. 68. | 13 BAG v. 7.4.1978 – 5 AZR 144/76, AP Nr. 14 zu § 611 BGB – *Lehrer, Dozenten*; ErfK/*Müller-Glöge*, § 626 BGB Rz. 117. | 14 LAG Düsseldorf v. 23.2.1961 – 2 Sa 3/61, BB 1961, 677; KR/*Fischermeier*, § 626 BGB Rz. 411. | 15 BAG v. 18.9.1991 – 5 AZR 650/90, AP Nr. 14 zu § 339 BGB (Leitsatz); ErfK/*Müller-Glöge*, § 626 BGB Rz. 103. | 16 BAG v. 16.3.2000 – 2 AZR 75/99, AP Nr. 114 zu § 102 BetrVG 1972; KR/*Fischermeier*, § 626 BGB Rz. 409.

Zwar setzt eine als wichtiger Grund zu wertende, beharrliche, dh. wiederholte, bewusste und nachhaltige Verletzung der Arbeitspflicht grundsätzlich eine vorherige erfolglose Abmahnung voraus[1]. Eine Abmahnung ist aber ausnahmsweise entbehrlich, wenn bereits die einmalige Vertragsverletzung den nachhaltigen Willen erkennen lässt (Prognoseprinzip!), den arbeitsvertraglichen Pflichten nicht nachkommen zu wollen[2]. Dabei ist zu unterscheiden zwischen der Aufforderung zur Leistung und der Abmahnung, wobei Abmahnung der Hinweis auf einen vergangenen Pflichtenverstoß bei gleichzeitiger Androhung der Kündigung im Wiederholungsfall ist. Damit von einer beharrlichen Arbeitsverweigerung gesprochen werden kann, muss beides vorliegen. Leistungsaufforderung und Abmahnung können aber jeweils nach § 242 entbehrlich sein. So ist eine Leistungsaufforderung nicht notwendig, wenn der ArbN eine Leistung erbringen soll, die er üblicherweise auch erbringt, denn dann ist ihm bereits bewusst, dass er diese (Art der) Leistung schuldet. Eine Abmahnung ist entbehrlich, wenn der ArbN durch sein Verhalten den Bestand des Arbeitsverhältnisses bewusst aufs Spiel setzt.

Eine Arbeitsverweigerung liegt ferner vor, wenn der ArbN ihm übertragene Arbeiten nicht unter angemessener Anspannung seiner Kräfte und Fähigkeiten erbringt oder ihm mögliche Arbeitsleistungen zurückhält[3]. Dabei ist zunächst festzustellen, welche Arbeitsleistung nach dem Vertrag geschuldet ist. Der ArbN hat im Zweifel diejenigen Dienste oder diejenige Arbeit zu leisten, die er bei angemessener Anspannung seiner geistigen und körperlichen Kräfte auf Dauer ohne Gefährdung seiner Gesundheit zu leisten imstande ist (subjektiver Leistungsmaßstab)[4]. **171**

Weitere Formen der Arbeitspflichtverletzungen sind Verspätungen sowie das Überziehen von Pausen (siehe dazu auch unten → *Unpünktlichkeit*). Da hier nicht von vornherein gesagt werden kann, dass der ArbN damit den Bestand seines Arbeitsverhältnisses aufs Spiel setzen will, bedarf es hierfür einer oder mehrerer erfolgloser Abmahnungen. Im Rahmen der Interessenabwägung wirkt es sich weiter für den ArbN nachteilig aus, wenn seine Verspätungen darüber hinaus auch zu konkreten Störungen des Betriebsablaufs geführt haben[5]. **172**

Weigert sich der ArbN, zu einer Aussprache über eine das Arbeitsverhältnis betreffende Frage zu erscheinen, kann dies nach erfolgloser Abmahnung ein wichtiger Grund sein[6]. Unberührt bleibt aber das Recht des ArbN zu einer solchen Unterredung ggf. eine Vertrauensperson hinzuzuziehen. **173**

Direktionsrecht des ArbGeb: Da im Arbeitsvertrag die Arbeitspflicht meist nur allgemein umschrieben ist, kann der ArbGeb diese im Rahmen seines Direktionsrechts näher bestimmen. Das Direktionsrecht wird begrenzt durch das Arbeitsschutzrecht, TV, BV sowie durch den Arbeitsvertrag selbst. Für seine Ausübung sind die Grundsätze der Billigkeit zu beachten[7]. Das Direktionsrecht kann durch TV oder Einzelvertrag erweitert sein[8] bzw. in Notfällen den eigentlichen Rahmen überschreiten. In jedem Fall gilt die Grenze der Zumutbarkeit[9]. Soweit sich der ArbGeb im Rahmen seines Direktionsrechts bewegt, hat der ArbN den Anweisungen Folge zu leisten. Eine Überschreitung des Direktionsrechts nach Art, Zeit oder Ort berechtigt den ArbN dagegen zur Verweigerung[10]. **174**

Bei der Verweigerung von Überstunden kommt es darauf an, ob deren Anordnung zulässig ist. Lehnt der ArbN zulässig angeordnete Überstunden ab, kann dies, jedenfalls nach erfolgloser Abmahnung, wichtiger Grund sein[11]. Voraussetzung für die Zulässigkeit der Anordnung von Überstunden ist, dass Mehrarbeit nach dem Arbeitsvertrag oder der Betriebsüblichkeit rechtlich geschuldet ist. Der Umfang der Arbeitspflicht als Hauptleistungspflicht unterliegt nicht per se dem Direktionsrecht des ArbGeb[12]. Mehrarbeit, die gegen das Arbeitszeitrecht verstößt, darf verweigert werden. Bei einseitiger Anordnung von Überstunden ist eine angemessene Ankündigungsfrist zu wahren, sofern nicht deutlich überwiegende betriebliche Interessen vorliegen. Deshalb entspricht eine Anordnung von Überstunden für denselben Tag nur bei unvorhersehbaren, gewichtigen betrieblichen Erfordernissen billigem Ermessen[13]. **175**

---

1 BAG v. 14.2.1978 – 1 AZR 76/76, AP Nr. 58 zu Art. 9 GG – Arbeitskampf; 21.11.1996 – 2 AZR 357/95, AP Nr. 130 zu § 626 BGB; 6.2.1997 – 2 AZR 38/96, AuR 1997, 210; KR/*Fischermeier*, § 626 BGB Rz. 412. | 2 BAG v. 12.1.1956 – 2 AZR 117/54, AP Nr. 5 zu § 123 GewO; v. 31.1.1985 – 2 AZR 486/83, AP Nr. 6 zu § 8 a MuSchG 1968; v. 17.6.1992 – 2 AZR 568/91, RzK I 6 a Nr. 90; zum Prognoseprinzip BAG v. 21.11.1996 – 2 AZR 357/95, Nr. 130 zu § 626 BGB. | 3 BAG v. 20.3.1969 – 2 AZR 283/68, AP Nr. 27 zu § 123 GewO; ErfK/*Müller-Glöge*, § 626 BGB Rz 105. | 4 BAG v. 14.1.1986 – 1 ABR 75/83, AP Nr. 10 zu § 87 BetrVG 1972 – Ordnung des Betriebes; *Bitter*, AR-Blattei SD 190 Rz. 72; ErfK/*Müller-Glöge*, § 626 BGB Rz. 105. | 5 BAG v. 27.2.1997 – 2 AZR 302/96, AP Nr. 36 zu § 1 KSchG 1969 – Verhaltensbedingte Kündigung; KR/*Fischermeier*, § 626 BGB Rz. 409. | 6 ErfK/*Müller-Glöge*, § 626 BGB Rz. 114. | 7 BAG v. 27.3.1980 – 2 AZR 506/78 und 23.6.1993 – 5 AZR 337/92, AP Nr. 26 und 42 zu § 611 BGB – Direktionsrecht. | 8 BAG v. 16.10.1965 – 5 AZR 55/65, AP Nr. 20 zu § 611 BGB – Direktionsrecht; ErfK/*Müller-Glöge*, § 626 BGB Rz. 106. | 9 BAG v. 25.7.1957 – 1 AZR 194/56, AP Nr. 3 zu § 615 BGB – Betriebsrisiko (keine Verpflichtung des Arbeitnehmers zur Leistung von Streikarbeit); ErfK/*Müller-Glöge*, § 626 BGB Rz. 106. | 10 BAG v. 12.4.1973 – 2 AZR 291/72, AP Nr. 24 zu § 611 BGB – Direktionsrecht; KR/*Fischermeier*, § 626 BGB Rz. 412. | 11 LAG Köln v. 27.4.1999 – 13 Sa 1380/98, LAGE § 626 BGB Nr. 126; ErfK/*Müller-Glöge*, § 626 BGB Rz. 113. | 12 BAG v. 12.12.1984 – 7 AZR 509/83, AP Nr. 6 zu § 2 KSchG 1969; ErfK/*Müller-Glöge*, § 626 BGB Rz. 113; *Hromadka*, RdA 1992, 234, 236. | 13 ArbG Frankfurt a.M. v. 26.11.1998 – 2 Ca 4267/98, LAGE § 626 BGB Nr. 125; ErfK/*Müller-Glöge*, § 626 BGB Rz. 113.

176 Zurückbehaltungsrecht des ArbN: Wenn der ArbN ein (ihm zustehendes) Zurückbehaltungsrecht hinsichtlich seiner Arbeitsleistung ausübt, besteht keine Arbeitspflicht, so dass eine Kündigung unzulässig ist[1]. Dies ist insb. der Fall, wenn der ArbGeb seine Lohnzahlungspflicht in mehr als nur geringfügigem Umfang nicht erfüllt und der Lohnanspruch auch nicht in anderer Weise gesichert ist[2].

177 Nach dem BAG[3] darf der ArbGeb in verfassungskonformer Auslegung des § 315 BGB iVm Art. 4 GG dem ArbN keine Arbeit zuweisen, die diesen in einen vermeidbaren **Gewissenskonflikt** bringt. Es ist insoweit eine Interessenabwägung nötig, bei der zu berücksichtigen ist, ob der ArbN bereits bei Eingehung des Arbeitsverhältnisses mit dem Gewissenskonflikt rechnen musste, ob der ArbGeb aus betrieblichen Erfordernissen auf der Arbeitsleistung bestehen muss, ob dem ArbN eine andere Arbeit zugewiesen werden kann und ob künftig mit zahlreichen weiteren Gewissenskonflikten zu rechnen ist[4]. Es gilt der subjektive Gewissensbegriff. Gewissensentscheidung ist danach jede ernstliche sittliche Entscheidung, die der Einzelne in einer bestimmten Lage als für sich innerlich bindend und unbedingt verpflichtend erfährt und gegen die er nicht ohne ernste Gewissensnot handeln könnte[5]. Ein solcher Gewissenskonflikt liegt zB vor, wenn Ärzte oder Laborgehilfen sich aus ernsthafter Gewissensnot weigern, an der Entwicklung eines Medikaments mitzuwirken, das insb. auch dazu bestimmt ist, im Atomkrieg eingesetzt zu werden[6].

178 Ein Gewissenskonflikt kann im Einzelfall eine personenbedingte Kündigung rechtfertigen, wenn der ArbGeb dem ArbN keine anderen Aufgaben übertragen kann, deren Erfüllung den ArbN nicht in einen Gewissenskonflikt stürzen würde, der ArbN mithin auf Dauer unfähig ist, die vertraglich geschuldete Leistung zu erbringen[7]. IdR wird aber insoweit nur eine ordentliche Kündigung nach entsprechender Abmahnung in Betracht kommen[8]. Dies gilt auch, wenn ein ArbN an den Feiertagen seiner Religionsgemeinschaft die Arbeitsleistung verweigert, obwohl diese im betreffenden Bundesland keine gesetzlichen Feiertage sind. In einem solchen Fall besteht kein Zurückbehaltungsrecht[9].

179 Nimmt der ArbN irrtümlich eine Berechtigung zur Arbeitsverweigerung an, liegt kein wichtiger Grund vor, wenn der **Rechtsirrtum unverschuldet bzw. entschuldbar** war. Dies ist der Fall, wenn der ArbN, insb. bei zweifelhafter Rechtslage, diese sorgfältig prüft oder sich über diese zuverlässig erkundigt und er daraufhin die Überzeugung gewinnen durfte, nicht zur Arbeit verpflichtet zu sein[10]. Nicht ausreichend ist eine Erkundigung beim BR, da die Erteilung von Rechtsauskünften nicht zu dessen gesetzlichem Aufgabenkreis gehört[11].

180 Kollidiert die Arbeitspflicht mit der Pflicht zur Leistung des abgekürzten türkischen **Wehrdienstes** kann sich nach dem BAG[12] ein Leistungsverweigerungsrecht ergeben. Dies schließt aber eine personenbedingte Kündigung dann nicht aus, wenn der ArbGeb durch den Ausfall in eine betriebliche Zwangslage gerät[13]. Dauert der nicht unter das ArbPlSchG fallende ausländische Wehrdienst länger als zwei Monate und sind dem ArbGeb keine Überbrückungsmaßnahmen zumutbar, besteht schon kein Zurückbehaltungsrecht[14]. Da es sich aber auch in diesem Fall um eine unverschuldete Kollision zwischen Arbeits- und Wehrpflicht handelt, kommt nur eine personenbedingte Kündigung in Betracht[15].

181 Bleibt der ArbN wegen notwendiger **Kinderbetreuung** der Arbeit fern, hat er insoweit grundsätzlich ein Zurückbehaltungsrecht (vgl. § 616 BGB, § 45 SGB V). Der ArbN muss aber hinreichend versucht haben, die Kinderbetreuung anderweitig zu regeln. Ansonsten ist eine verhaltensbedingte Kündigung möglich, wenn die betrieblichen Notwendigkeiten und Dispositionen auch nicht zeitweise zurückgestellt werden können[16].

---

1 BAG v. 25.10.1984 – 2 AZR 417/83, AP Nr. 3 zu § 273 BGB; v. 9.5.1996 – 2 AZR 387/96, AP Nr. 5 zu § 273 BGB; LAG Thür. v. 19.1.1999 – 5 Sa 895/97, LAGE § 273 BGB Nr. 1; ErfK/*Müller-Glöge*, § 626 BGB Rz. 112; *Heiderhoff*, JuS 1998, 1087, 1088. |2 BAG v. 9.5.1996, AP Nr. 5 zu § 273 BGB; *Heiderhoff*, JuS 1998, 1087; KR/*Fischermeier*, § 626 BGB Rz. 143. |3 BAG v. 20.12.1984 – 2 AZR 436/82, AP Nr. 27 zu § 611 BGB – Direktionsrecht; KR/*Fischermeier*, § 626 BGB Rz. 141; eingehend *Henssler*, AcP 190 (1990), S. 358 ff.; *Herschel*, Anm. AP Nr. 48 zu § 616 BGB. |4 BAG v. 20.12.1984 – 2 AZR 436/82, AP Nr. 27 zu § 611 BGB – Direktionsrecht; v. 24.5.1989 – 2 AZR 285/88, AP Nr. 1 zu § 611 BGB – Gewissensfreiheit; ErfK/*Müller-Glöge*, § 626 BGB Rz. 108. |5 APS/*Dörner*, § 626 BGB Rz. 201. |6 BAG v. 24.5.1989 – 2 AZR 285/88, AP Nr. 1 zu § 611 BGB – Gewissensfreiheit; KR/*Fischermeier*, § 626 BGB Rz. 141. |7 BAG v. 24.5.1989 – 2 AZR 285/88, NZA 1990, 144; *Kothe*, NZA 1989, 161 ff.; KR/*Fischermeier*, § 626 BGB Rz. 142; *Kraushaar*, ZTR 2001, 208; *Leuze*, RdA 1993, 16 ff. |8 LAG Frankfurt v. 21.6.2001 – 3 Sa 1448/00, AP Nr. 2 zu § 611 BGB – Gewissensfreiheit. |9 LAG Düsseldorf v. 14.2.1963 – 7 Sa 581/62, DB 1963, 522; KR/*Fischermeier*, § 626 BGB Rz. 144; krit: MünchKomm/*Schwerdtner*, § 626 BGB Rz. 94; *Stahlhacke/Preis/Vossen*, Rz. 634. |10 BAG v. 14.10.1960 – 1 AZR 254/58, AP Nr. 24 zu § 123 GewO; v. 12.4.1973 – 2 AZR 291/72, AP Nr. 24 zu § 611 BGB – Direktionsrecht; v. 14.2.1978 – 1 AZR 76/76, AP Nr. 58 zu Art. 9 GG – Arbeitskampf; v. 31.1.1985 – 2 AZR 486/83, AP Nr. 6 zu § 8 a MuSchG 1968; v. 12.11.1992 – 8 AZR 503/91, AP Nr. 1 zu § 285 BGB; ErfK/*Müller-Glöge*, § 626 BGB Rz. 111; KR/*Fischermeier*, § 626 BGB Rz. 144. |11 APS/*Dörner*, § 626 BGB Rz. 219. |12 BAG v. 22.12.1982 – 2 AZR 282/82, AP Nr. 23 zu § 123 BGB; v. 7.9.1983 – 7 AZR 433/82, AP Nr. 7 zu § 1 KSchG 1969 – Verhaltensbedingte Kündigung; ErfK/*Müller-Glöge*, § 626 BGB Rz. 109. |13 KR/*Fischermeier*, § 626 BGB Rz. 142. |14 BAG v. 20.5.1988 – 2 AZR 682/87, AP Nr. 9 zu § 1 KSchG – Personenbedingte Kündigung; ErfK/*Müller-Glöge*, § 626 BGB Rz. 109. |15 KR/*Fischermeier*, § 626 BGB Rz. 142. |16 BAG v. 31.1.1985 – 2 AZR 486/83, AP Nr. 6 zu § 8 a MuSchG 1968; v. 21.5.1992 – 2 AZR 10/92, AP Nr. 29 zu § 1 KSchG 1969 – Verhaltensbedingte Kündigung; ErfK/*Müller-Glöge*, § 626 BGB Rz. 110; KR/*Fischermeier*, § 626 BGB Rz. 142.

Beharrliche Arbeitsverweigerung, Einzelfälle: Das BAG[1] sah eine beharrliche Arbeitsverweigerung in folgendem Sachverhalt: Eine ArbN-in hatte sich im Rahmen einer betriebsbedingten Versetzung mit einer Änderung der Eingruppierung einverstanden erklärt und die Arbeit am neuen Arbeitsplatz auch zunächst aufgenommen. Sie weigerte sich dann aber nach einigen Tagen trotz Androhung einer außerordentlichen Kündigung, die Arbeit an diesem Arbeitsplatz wieder aufzunehmen, da sie sich für die Ausübung dieser Tätigkeit für ungeeignet hielt. **182**

Im Fall eines 55-jährigen und seit 23 Jahren beim ArbGeb beschäftigten ArbN, der sich gesprächsweise bereit erklärt hatte, die Abwesenheitsvertretung eines anderen ArbN zu übernehmen, dann aber trotzdem seine Einarbeitung in diese Tätigkeit ablehnte, hielt das BAG[2] eine Abmahnung für entbehrlich, da konkrete Einzelfallumstände vorlagen, aufgrund derer eine Abmahnung nicht als erfolgversprechend angesehen werden konnte. Die negative Zukunftsprognose und damit die Entbehrlichkeit der Abmahnung ergab sich daraus, dass erkennbar war, dass der ArbN nicht gewillt war, sich vertragsgerecht zu verhalten[3]. **183**

● **Arbeitsschutz- und Sicherheitsvorschriften/Kündigung wegen Sicherheitsbedenken:** Verstößt der ArbN gegen **Arbeitsschutz- und Sicherheitsvorschriften**, kann dies nach erfolgloser Abmahnung ein wichtiger Grund sein[4]. Sind die **Sicherheitsinteressen** des ArbGeb gesetzlich festgelegt, zB im AtomG, reicht für eine außerordentliche Kündigung uU bereits die Gefährdung dieser Interessen durch in der Person oder im Verhalten des ArbN liegende belegbare Mängel. Das Vorliegen eines wichtigen Grundes ist dann abhängig vom Gefahrenpotential[5]. **184**

Bei **Sicherheitsbedenken** genügt die allgemeine Besorgnis auch dann nicht, wenn ein Unternehmen für terroristische Anschläge besonders anfällig ist. Es ist vielmehr stets zu prüfen, ob und wie stark das Arbeitsverhältnis durch bestimmte Tatsachen belastet wird[6]. Unterhält ein ArbN enge persönliche Beziehungen zu Personen, die im Zusammenhang mit dem Terrorismus in der Bundesrepublik radikale Auffassungen vertreten, fehlt es aber an einer Verletzung von Loyalitätspflichten, kommt allenfalls eine personenbedingte Kündigung in Betracht[7]. **185**

● **Arbeitsunfähigkeit/Krankheit/Vortäuschen der Arbeitsunfähigkeit: Nichtanzeige der Arbeitsunfähigkeit:** Die Verletzung der Pflicht aus § 5 Abs. 1 Satz 1 EFZG, dem ArbGeb die Arbeitsunfähigkeit und deren voraussichtliche Dauer unverzüglich mitzuteilen, ist wichtiger Grund, wenn es sich um eine wiederholte Nichtanzeige handelt und dieses Verhalten vor der Kündigung erfolglos abgemahnt wurde. Bei einer einmaligen Verletzung der Anzeigepflicht kann ein wichtiger Grund nur angenommen werden, wenn sich aus den Umständen der eindeutige Wille des ArbN ergibt, auch in Zukunft so zu verfahren[8]. **186**

Strengere Maßstäbe gelten bei einer herausgehobenen Stellung des ArbN (zB Betriebsleiter). Dann kann erwartet werden, dass dieser für den Fall seiner krankheitsbedingten Abwesenheit konkrete Vertretungsregelungen trifft[9]. **187**

Nichtvorlage der Arbeitsunfähigkeitsbescheinigung: Die Weigerung des ArbN zur Vorlage (des Originals) der Arbeitsunfähigkeitsbescheinigung (Pflicht gem. § 5 Abs. 1 Satz 2 EFZG) ist ein wichtiger Grund, wenn zuvor erfolglos abgemahnt wurde[10]. Betrifft der Vorfall lediglich einen Krankheitszeitraum, gilt dies nur dann, wenn der ArbN durch sein Verhalten schuldhaft den begründeten Verdacht erweckt, er sei gar nicht krank, sondern verweigere grundlos die Arbeit[11]. **188**

Vortäuschen/Ankündigung der Arbeitsunfähigkeit: Das „Krankfeiern" und die damit verbundene ungerechtfertigte Entgeltfortzahlung im Krankheitsfall bilden einen typischen wichtigen Grund. Die vorliegende Straftat, der (ggf. versuchte) Betrug zum Nachteil des ArbGeb verletzt das Vertrauensverhältnis in seinem Kern, so dass eine vorherige Abmahnung entbehrlich ist. Hat sich der ArbN die Arbeitsunfähigkeitsbescheinigung durch weitere Täuschungshandlungen erschlichen, ist dies bei der Interessenabwägung zu berücksichtigen. **189**

Dabei ist zwischen dem Vortäuschen der Krankheit und einer vorsätzlichen Verzögerung des Genesungsprozesses zu unterscheiden. Ein Vortäuschen der Krankheit kann nur angenommen werden, wenn es dem ArbGeb gelingt, den Beweiswert der Arbeitsunfähigkeitsbescheinigung zu erschüttern. Dies kann sich zB aus der Intensität einer während der bescheinigten Dauer der Arbeits- **190**

---

1 BAG v. 21.11.1996 – 2 AZR 357/95, AP Nr. 130 zu § 626 BGB; APS/*Dörner*, § 626 BGB Rz. 211. |2 BAG v. 18.5.1994 – 2 AZR 626/93, AP Nr. 3 zu § 108 BPersVG; APS/*Dörner*, § 626 BGB Rz. 213. |3 BAG v. 12.7.1984 – 2 AZR 320/83, AP Nr. 32 zu § 102 BetrVG 1972; APS/*Dörner*, § 626 BGB Rz. 213. |4 ErfK/*Müller-Glöge*, § 626 BGB Rz. 88. |5 ErfK/*Müller-Glöge*, § 626 BGB Rz. 88; *Meyer*, Die Kündigung wegen Sicherheitsbedenken, 1997, S. 196 ff., 214 ff. |6 BAG v. 26.10.1978 – 2 AZR 24/77 und v. 20.7.1989 – 2 AZR 114/87, AP Nr. 1, 2 zu § 1 KSchG 1969 – Sicherheitsbedenken; APS/*Dörner*, § 626 BGB Rz. 314; KR/*Fischermeier*, § 626 BGB Rz. 126. |7 KR/*Fischermeier*, § 626 BGB Rz. 126; *Meyer*, Die Kündigung des Arbeitsverhältnisses wegen Sicherheitsbedenken, 1997, S. 107; *Stahlhacke/Preis/Vossen*, Rz. 749. |8 BAG v. 15.1.1986 – 7 AZR 128/83, AP Nr. 93 zu § 626 BGB; v. 16.8.1991 – 2 AZR 604/90, AP Nr. 27 zu § 1 KSchG 1969 – Verhaltensbedingte Kündigung; ErfK/*Müller-Glöge*, § 626 BGB Rz. 140. |9 BAG v. 30.1.1976 – 2 AZR 518/74, AP Nr. 2 zu § 626 BGB – Krankheit. |10 BAG v. 15.1.1986 – 7 AZR 128/83, AP Nr. 93 zu § 626 BGB; LAG Hess. v. 13.7.1999 – 9 Sa 206/99, AuR 2000, 75; KR/*Fischermeier*, § 626 BGB Rz. 426. |11 Vgl. auch APS/*Dörner*, § 626 BGB Rz. 243.

BGB § 626 Rz. 191   Fristlose Kündigung aus wichtigem Grund

unfähigkeit ausgeübten Nebenbeschäftigung ergeben[1]. Auch dann besteht aber noch die Möglichkeit, dass der ArbN Tatsachen vorträgt, die seine Arbeitsunfähigkeit belegen[2]. Eine Verdachtskündigung wiederum setzt voraus, dass der ArbN vorher angehört wurde.

191   Deshalb empfiehlt es sich, alternativ auf eine mögliche Verzögerung des Genesungsprozesses abzustellen, wenn der ArbN bei entsprechenden Aktivitäten während seiner Krankheit beobachtet wurde. Nach der Rspr.[3] hat der ArbN alles zu unterlassen, was den Genesungsprozess beeinträchtigen könnte. Teilweise verlangt man darüberhinaus eine ernsthafte Gefährdung des Heilungsprozesses[4] oder noch weiter, dass der ArbGeb eine konkrete Verletzung seiner Interessen darlegen und beweisen kann[5]. Letzteres wird jedenfalls dann gelingen, wenn der ArbN Aktivitäten entwickelt, die in ihrer körperlichen Belastung mit der geschuldeten Arbeitsleistung vergleichbar sind. Dagegen hat der Besuch eines Restaurants oder Kinos nicht in jedem Fall indizielle Wirkung. Es kommt hier auch auf die Art der Erkrankung an. So stellt bei Kreislaufbeschwerden und nervlichen Störungen ein einmaliger nächtlicher Barbesuch keine schwerwiegende Verletzung der Treuepflicht dar[6].

192   Der Verdacht des „Krankfeierns" liegt vor allem nahe, wenn der ArbN den alsbaldigen Eintritt seiner Arbeitsunfähigkeit in Reaktion auf ein bestimmtes Verhalten des ArbGeb oder anderer ArbN angekündigt hatte, zB als Reaktion auf eine verweigerte Arbeitsbefreiung oder Urlaubsgewährung. Die Ankündigung der Krankmeldung ist dann geeignet, den Beweiswert später vorgelegter Arbeitsunfähigkeitsbescheinigungen zu erschüttern[7].

193   Ggf. genügt in diesem Fall schon die Ankündigung für die Annahme eines wichtigen Grundes, unabhängig davon, ob der ArbN später tatsächlich erkrankt[8]. Ein solches Verhalten beeinträchtigt das Vertrauensverhältnis zum ArbGeb, weil es in ihm den berechtigten Verdacht aufkommen lassen muss, der ArbN missbrauche notfalls seine Rechte aus den Entgeltfortzahlungsbestimmungen, um einen unberechtigten Vorteil zu erreichen. Die konkrete Störung des Arbeitsverhältnisses besteht hier in der Verletzung der arbeitsvertraglichen Rücksichtnahmepflicht[9].

194   Behindert ein ordentlich unkündbarer ArbN eine ärztliche Begutachtung seiner Gesundheit durch beharrliche Verweigerung des Einverständnisses zur Beiziehung der Befunde behandelnder Ärzte (entbindet er sie also nicht von der Schweigepflicht), kann dies laut BAG[10] (nach Abmahnung) ein wichtiger Grund sein.

195   **Krankheit:** Auch eine das Arbeitsverhältnis negativ beeinträchtigende Krankheit rechtfertigt grundsätzlich keine außerordentliche Kündigung des ArbN, da es dem ArbGeb zugemutet werden kann, die Kündigungsfrist einzuhalten[11]. Ein wichtiger Grund liegt allerdings ausnahmsweise vor, wenn der ArbN ordentlich unkündbar ist, eine dauernde Leistungsunfähigkeit oder langandauernde Erkrankung vorliegt und auch eine Weiterbeschäftigung auf einem anderen freien Arbeitsplatz nicht möglich ist. Dabei steht die Ungewissheit der Wiederherstellung der Arbeitsfähigkeit einer dauernden Leistungsunfähigkeit gleich, wenn in den nächsten 24 Monaten mit keiner anderen Prognose gerechnet werden kann[12]. Ist die Leistungsfähigkeit des ArbN lediglich gemindert, muss der ArbGeb einen ordentlich unkündbaren ArbN weiterbeschäftigen, soweit dies durch organisatorische Maßnahmen, wie eine Änderung des Arbeitsablaufes, eine Umgestaltung des Arbeitsplatzes oder eine Umverteilung der Aufgaben ermöglicht werden kann[13].

196   Auch ordentlich kündbare ArbN können uU außerordentlich gekündigt werden, wenn sie von vornherein (schon bei Vertragsschluss) die Arbeit aus gesundheitlichen Gründen dauerhaft nicht erbringen konnten oder ihre Eignung zumindest erheblich beeinträchtigt ist[14]. Gleiches gilt, wenn der ArbN die

---

1 BAG v. 26.8.1993 – 2 AZR 154/93, AP Nr. 112 zu § 626 BGB; ErfK/*Müller-Glöge*, § 626 BGB Rz. 142. |2 Zur Verteilung der Darlegungs- und Beweislast in diesem Fall: BAG v. 26.8.1993 – 2 AZR 154/93, AP Nr. 112 zu § 626 BGB; v. 7.12.1995 – 2 AZR 849/94, RzK I 10h Nr. 37; ErfK/*Müller-Glöge*, § 626 BGB Rz. 132. |3 BAG v. 11.11.1965 – 2 AZR 69/65, AP Nr. 40 zu § 1 ArbKrankhG; v. 13.11.1979 – 6 AZR 934/77, AP Nr. 5 zu § 1 KSchG 1969 – Krankheit; v. 26.8.1993 – 2 AZR 154/93, AP Nr. 112 zu § 626 BGB; weiter LAG Hamm v. 28.8.1991 – 15 Sa 437/91, LAGE § 1 KSchG – Verhaltensbedingte Kündigung Nr. 34 (grundsätzliche Geeignetheit zur Beeinträchtigung genügt); LAG München v. 9.9.1982 – 6 Sa 96/82, DB 1983, 1931 (alles was der Genesung hinderlich ist); *Berning*, Anm. AP Nr. 112 zu § 626 BGB; *Löwisch*, § 1 KSchG Rz. 163. |4 APS/*Dörner*, § 626 BGB Rz. 244. |5 KR/*Fischermeier*, § 626 BGB Rz. 429: *Stahlhacke/Preis/Vossen*, Rz. 754 a. E. |6 LAG Düsseldorf v. 28.1.1970 – 6 Sa 275/69, DB 1970, 936; KR/*Fischermeier*, § 626 BGB Rz. 429. |7 LAG Köln v. 17.4.2002 – 7 Sa 462/01, NZA-RR 2003, 15,17; ErfK/*Müller-Glöge*, § 626 BGB Rz. 142. |8 BAG v. 5.11.1992 – 2 AZR 147/92, AP Nr. 4 zu § 626 BGB – Krankheit; LAG Köln v. 14.9.2000 – 6 Sa 850/00, NZA-RR 2001, 246. |9 APS/*Dörner*, § 626 BGB Rz. 186. |10 BAG v. 6.11.1997 – 2 AZR 801/96, AP Nr. 142 zu § 626 BGB; ErfK/*Müller-Glöge*, § 626 BGB Rz. 142. |11 BAG v. 9.9.1992 – 2 AZR 190/92, AP Nr. 3 zu § 626 BGB – Krankheit; LAG Köln v. 4.9.2002 – 7 Sa 415/02, NZA-RR 2003, 360 (häufige Kurzerkrankungen); ErfK/*Müller-Glöge*, § 626 BGB Rz. 179. |12 BAG v. 4.2.1993 – 2 AZR 469/92, EzA § 626 BGB nF Nr. 144; v. 29.4.1999 – 2 AZR 431/98, AP Nr. 36 zu § 1 KSchG – Krankheit; v. 18.10.2000 – 2 AZR 627/99, AP Nr. 9 zu § 626 BGB – Krankheit; ErfK/*Müller-Glöge*, § 626 BGB Rz. 179; KR/*Fischermeier*, § 626 BGB Rz. 132. |13 BAG v. 12.7.1995 – 2 AZR 762/94, AP Nr. 7 zu § 626 BGB – Krankheit; ErfK/*Müller-Glöge*, § 626 BGB Rz. 182. |14 BAG v. 28.3.1974 – 2 AZR 92/73, AP Nr. 3 zu § 119 BGB; KR/*Fischermeier*, § 626 BGB Rz. 131.

Mitwirkung zur ärztlichen Untersuchung verweigert, um dadurch seine Rentenantragstellung hinauszuzögern[1].

Im Übrigen gelten nach BAG[2] für die außerordentliche krankheitsbedingte Kündigung eines ordentlich unkündbaren ArbN die zur ordentlichen Kündigung entwickelten Grundsätze unter Berücksichtigung der Besonderheit des § 626. Dh. es erfolgt auch im Bereich der außerordentlichen Kündigung eine Drei-Stufen-Prüfung: (1) negative Prognose hinsichtlich des künftigen Gesundheitszustands, (2) erhebliche Beeinträchtigung der betrieblichen Interessen durch die entstandenen und prognostizierten Fehlzeiten und (3) Interessenabwägung, ob die erhebliche Beeinträchtigung betrieblicher Interessen vom ArbGeb billigerweise noch hinzunehmen ist. Zudem darf (4) dem ArbGeb die Fortsetzung des Arbeitsverhältnisses bis zum Ablauf der Kündigungsfrist bzw. bis zum sonst maßgeblichen Ende nicht zumutbar sein. 197

Der ArbN kann diese Wertung nicht dadurch beeinflussen, dass er erklärt, er wolle und könne wieder arbeiten, wenn sein Gesundheitszustand bei Ausspruch der Kündigung derart schlecht ist, dass objektiv feststeht, dass er die vertraglich geschuldete Arbeitsleistung nicht mehr erbringen kann[3]. Auch die Zweiwochenfrist des § 626 Abs. 2 bereitet regelmäßig keine Probleme, da die Krankheit einen Dauertatbestand darstellt[4]. 198

Zur Verpflichtung des ArbN, den Genesungsprozess nicht zu behindern, siehe oben *Arbeitsunfähigkeit/Vortäuschen der Arbeitsunfähigkeit*. 199

• **Außerdienstliches Verhalten:** Das außerdienstliche Verhalten des ArbN wird erst dann kündigungsrelevant, wenn es sich auf die vertraglichen Beziehungen der Arbeitsvertragsparteien konkret innerbetrieblich auswirkt[5]. Grundsätzlich keine Auswirkungen hat deshalb ein Verhalten, das nur die Privatsphäre betrifft, wie zB besondere sexuelle Neigungen und Veranlagungen[6]. Im Übrigen ist jeweils genau zu prüfen, ob durch das außerdienstliche Verhalten die Eignung des ArbN für seinen Arbeitsplatz betroffen ist (dann ggf. personenbedingte Kündigung) oder der ArbN eventuell gegen seine arbeitsvertragliche Nebenpflicht verstößt, sein Arbeitsverhältnis nicht durch ein steuerbares Verhalten konkret zu beeinträchtigen (dann ggf. verhaltensbedingte Kündigung)[7]. 200

Der wiederholte Besuch einer Spielbank durch den Leiter einer kleinen Bankfiliale[8] oder unmäßiger Alkoholgenuss und Teilnahme am großstädtischen Nachtleben durch einen Angestellten[9] können für sich genommen eine außerordentliche Kündigung in der Regel nicht rechtfertigen. Einen wichtigen Grund kann ein solches Verhalten nur abgeben, wenn der ArbN deshalb seine Dienstpflichten vernachlässigt und/oder das Vertrauen des ArbGb in die Eignung des Angestellten schwer erschüttert wird[10]. Besondere Relevanz hat auch ein ArbN-Verhalten in der Freizeit, wenn es sich gegen den ArbGeb richtet, zB weil der ArbN öffentlich gegen den ArbGeb agitiert oder sich an Aktionen gegen ihn beteiligt. Der ArbN kann sich dann nicht auf seine Meinungsäußerungsfreiheit und sowie auf seine Freiheit zur politischen Betätigung berufen, da er sich damit in fundamentalen Gegensatz zu den Produkten, den Leistungen oder anderen Aspekten des Unternehmens als seinem ArbGeb stellt[11]. Entsprechendes gilt für eine Steuerhinterziehung durch einen Angestellten der Finanzverwaltung[12]. 201

Ist der ArbN in einem Tendenzbetrieb iSd. § 118 BetrVG (zB kirchliche Einrichtung) beschäftigt, hat er sein außerdienstliches Verhalten in weit stärkerem Maße an den Interessen und Ansichten seines ArbGeb auszurichten. Die Anforderungen an den ArbN nehmen dabei noch zu, je näher seine betriebliche Tätigkeit mit der Tendenz des ArbGeb verknüpft ist[13]. 202

Kündigungsrechtliche Relevanz kann auch ein außerdienstliches Verhalten während eines ruhenden Arbeitsverhältnisses haben (zB § 1 Abs. 1 ArbPlSchG). Dies gilt insb. dann, wenn das außerdienstliche Verhalten direkte Rückschlüsse auf das dienstliche Verhalten bzw. die Eignung des ArbN zulässt[14]. 203

• **Beleidigung** (vgl. unter *Straftaten/Ehrverletzungsdelikte*) 204

---

1 BAG v. 7.11.2002 – 2 AZR 475/01, AP Nr. 19 zu § 620 BGB Kündigungserklärung; Verstoß gg. §§ 7 II, 59 I Unterabs. 2 BAT). | 2 BAG v. 9.9.1992 – 2 AZR 190/92, AP Nr. 3 zu § 626 BGB – Krankheit. | 3 BAG v. 29.10.1998 – 2 AZR 666/97, AP Nr. 77 zu § 615 BGB; APS/*Dörner*, § 626 BGB Rz. 311. | 4 BAG v. 21.3.1996 – 2 AZR 455/95, AP Nr. 8 zu § 626 BGB – Krankheit. | 5 *Dudenbostel/Klas*, AuR 1979, 296; ErfK/*Müller-Glöge*, § 626 BGB Rz. 122; *Wisskirchen*, Außerdienstliches Verhalten von Arbeitnehmern, 1999, S. 74, 103 f. | 6 BAG v. 23.6.1994 – 2 AZR 617/93, AP Nr. 9 zu § 242 BGB – Kündigung = SAE 1995, 103 m. Anm. *Sandmann*; ErfK/*Müller-Glöge*, § 626 BGB Rz. 122. | 7 BAG v. 28.9.1989 – 2 AZR 317/86, AP Nr. 24 zu § 1 KSchG 1969 – Verhaltensbedingte Kündigung; v. 20.11.1997 – 2 AZR 643/96, AP Nr. 43 zu § 1 KSchG 1969; KR/*Fischermeier*, § 626 BGB Rz. 137; aA *Stahlhacke/Preis/Vossen*, Rz. 748, der als personenbedingte Gründe nur solche anerkennt, die nicht auf vertragswidrigen Verhaltensweisen beruhen oder die vom ArbN nicht (mehr) steuerbar sind (dazu oben Rz. 141). | 8 LAG Hamm v. 14.1.1998 – 3 Sa 1087/97, LAGE § 626 BGB Nr. 119. | 9 LAG BW v. 3.4.1967 – 4 Sa 13/67, BB 1967, 757. | 10 Vgl. *Dudenbostel/Klas*, AuR 1979, 296, 298; KR/*Fischermeier*, § 626 BGB Rz. 414. | 11 *Buchner*, ZfA 1979, 335, 352 f.; ErfK/*Müller-Glöge*, § 626 BGB Rz. 123; *Söllner*, FS Herschel, 1982, S. 389, 398. | 12 BAG v. 21.6.2001 – 2 AZR 325/00, AP Nr. 5 zu § 54 BAT. | 13 *Buchner*, ZfA 1979, 335; ErfK/*Müller-Glöge*, § 626 BGB Rz. 124. | 14 BAG v. 17.2.1982 – 7 AZR 663/79, juris; KR/*Fischermeier*, § 626 BGB Rz. 127.

205 ● **Beschwerderechte:** Soweit der ArbN von seinen Beschwerderechten nach §§ 84, 85 BetrVG Gebrauch macht, kann dies wegen des Maßregelungsverbots nach § 612a weder eine außerordentliche noch eine ordentliche Kündigung rechtfertigen[1].

206 ● **Betriebliche Ordnung/Wahrung des Betriebsfriedens:** Eine konkrete, nicht aber eine bloß abstrakte Störung der betrieblichen Ordnung oder des Betriebsfriedens kann wichtiger Grund sein, wenn der ArbN zuvor erfolglos abgemahnt wurde[2]. Soweit die betriebliche Ordnung in einer Arbeitsordnung niedergelegt ist, ergibt sich die Pflichtverletzung direkt aus dem Arbeitsvertrag. Darüber hinaus gehört es aber auch zu den aus § 242 abzuleitenden Nebenpflichten des ArbN, Störungen des Betriebsfriedens oder des Betriebsablaufes zu vermeiden[3].

207 **Politische Betätigung/politische Meinungsäußerung im Betrieb:** Die Betätigung in einer verbotenen oder verfassungsfeindlichen Partei sowie eine radikale und provozierende politische Meinungsäußerung kann dann kündigungsrechtlich erheblich sein, wenn sie konkret das Arbeitsverhältnis beeinträchtigt[4]. Ausgangspunkt ist die Rücksichtnahme- und Interessenwahrungspflicht der ArbN, die es gebietet, eine provozierende parteipolitische oder sonstige radikale Betätigung im Betrieb zu unterlassen, sollte dadurch der Betriebsfrieden oder Arbeitsablauf konkret gestört oder die Arbeitspflicht des Störers beeinträchtigt werden[5].

208 Wann hier die zulässige Grenze überschritten ist, entscheidet sich aufgrund einer Abwägung der grundrechtlich geschützten Interessen im Rahmen des § 242. Dabei muss der Meinungsfreiheit des ArbN gebührendes Gewicht beigemessen werden. Insoweit ist die bloße Äußerung einer politischen Meinung im Betrieb grundsätzlich von der Meinungsfreiheit gedeckt[6]. Die Meinungsfreiheit des ArbN findet aber ihre Schranken in den Grundregeln des Arbeitsverhältnisses[7], die allgemeine Gesetze iSd. Art. 5 Abs. 2 GG darstellen. Zwar sind auch diese Gesetze im Lichte des Art. 5 Abs. 1 GG auszulegen (Wechselwirkung). Dies führt aber dazu, dass andere ArbN und auch der ArbGeb unter dem Schutz ihrer Grundrechte sich gegen ihren Willen keiner nachhaltigen Agitation oder Provokation aussetzen müssen, der sie sich zudem im betrieblichen Bereich während der Arbeitszeit nicht ohne weiteres entziehen können[8]. Für die Überschreitung der Grenze zwischen zulässiger und unzulässiger Meinungsäußerung genügt es nach Auffassung des BAG[9], wenn andere, insb. Vorgesetzte, Anstoß nehmen und die Entfernung zB einer Aufschrift/Plakette verlangen. Von Teilen der Lit. wird verlangt, dass aufseiten derer, die Anstoß nehmen, eine allgemeine Verärgerung eingetreten ist, die durch gütliche Worte der Vorgesetzten oder des ArbGeb sowie durch Vermittlungsversuche nicht beseitigt werden kann[10]. Eine Gefährdung des Betriebsfriedens oder die Besorgnis bzw. Wahrscheinlichkeit, dass eine bestimmte Aktion oder politische Äußerung erfahrungsgemäß geeignet ist, Störungen innerhalb der Belegschaft auszulösen, genügt nicht; vielmehr muss in den Beziehungen der Betriebsangehörigen eine tatsächliche Störung des Betriebsablaufs eingetreten sein[11].

209 Beispiele für konkrete Störungen des Betriebsfriedens bzw. -ablaufs sind ständige Angriffe auf die politische Überzeugung oder religiöse Einstellung der Kollegen oder auf die Gewerkschaften, die zu erheblicher Unruhe in der Belegschaft führen. Bei einer hinreichend provokativen Hartnäckigkeit kann das Tragen einer auffälligen Plakette während der Arbeitszeit genügen[12].

210 Nach § 74 Abs. 2 Satz 3 BetrVG haben ArbGeb und BR jede parteipolitische Betätigung im Betrieb zu unterlassen[13]. Nicht erfasst werden von diesem Verbot Angelegenheiten tarifpolitischer, sozialpolitischer oder wirtschaftlicher Art, soweit sie den Betrieb oder seine ArbN unmittelbar betreffen. Zwar richtet sich dieses Verbot nur gegen BR-Mitglieder[14] und kann deshalb zunächst nur mit den nach dem BetrVG zur Verfügung stehenden Sanktionen beantwortet werden (insbes. § 23 Abs. 1 BetrVG). Stellt ein Verstoß gegen dieses Gebot aber gleichzeitig eine Verletzung der arbeitsvertraglichen Pflichten dar, kann dem

---

1 ErfK/*Müller-Glöge*, § 626 BGB Rz. 192. | 2 BAG v. 17.3.1988 – 2 AZR 576/87, AP Nr. 99 zu § 626 BGB; KR/*Fischermeier*, § 626 BGB Rz. 416. | 3 KR/*Fischermeier*, § 626 BGB Rz. 116 aE; zurückhaltend *Stahlhacke/Preis/Vossen*, Rz. 717, 728. | 4 BAG v. 28.9.1972 – 2 AZR 469/71, AP Nr. 2 zu § 134 BGB; v. 6.6.1984 – 7 AZR 456/82 und v. 28.9.1989 – 2 AZR 317/86, AP Nr. 11 und 24 zu § 1 KSchG – Verhaltensbedingte Kündigung; KR/*Fischermeier*, § 626 BGB Rz. 116. | 5 BAG v. 9.12.1982 – 2 AZR 620/80, AP Nr. 73 zu § 626 BGB mwN; *Galperin/Löwisch*, § 74 BetrVG Rz. 23a; KR/*Fischermeier*, § 626 BGB Rz. 116; *Richardi*, § 74 BetrVG Rz. 67. | 6 *Buchner*, ZfA 1982, 49, 72; *Kissel*, NZA 1988, 145, 151; KR/*Fischermeier*, § 626 BGB Rz. 116. | 7 BAG v. 3.12.1954 – 1 AZR 150/54, AP Nr. 2 zu § 13 KSchG; v. 23.2.1959 – 3 AZR 583/57, AP Nr. 1 zu Art. 5 I GG – Meinungsfreiheit; v. 9.12.1982 – 2 AZR 620/80, AP Nr. 73 zu § 626 BGB; KR/*Fischermeier*, § 626 BGB Rz. 117; krit. *Preis/Stoffels*, RdA 1996, 210, 212. | 8 BVerfG v. 2.3.1977 – 2 BvR 1319/76, BVerfGE 44, 197; BAG v. 9.12.1982 – 2 AZR 620/80, AP Nr. 73 zu § 626 BGB; *Buchner*, ZfA 1982, 49, 72; *Kissel*, NZA 1988, 145, 151; *Korinth*, AuR 1993, 105, 109; KR/*Fischermeier*, § 626 BGB Rz. 117. | 9 BAG v. 9.12.1982 – 2 AZR 620/80, AP Nr. 73 zu § 626 BGB; APS/*Dörner*, § 626 BGB Rz. 251. | 10 APS/*Dörner*, § 626 BGB Rz. 251. | 11 BAG v. 17.3.1988 – 2 AZR 576/87, AP Nr. 99 zu § 626 BGB; KR/*Fischermeier*, § 626 BGB Rz. 116; *Kissel*, NZA 1988, 145, 151; *Preis/Stoffels*, RdA 1996, 213; *Roemheld*, SAE 1984, 162 f.; aA *Buchner*, Anm. zu BAG v. 6.6.1984, EzA § 1 KSchG – Verhaltensbedingte Kündigung Nr. 12; *Lansnicker/Schwirtzek*, DB 2001, 865 ff.; *Lepke*, DB 1968, 2040; *Söllner*, FS Herschel, S. 389, 399 f. | 12 BAG v. 9.12.1982 – 2 AZR 620/80, AP Nr. 73 zu § 626 BGB; ErfK/*Müller-Glöge*, § 626 BGB Rz. 192. | 13 Zum Verbot jeglicher innerbetrieblichen parteipolitischen Betätigung BAG v. 5.12.1975 – 1 AZR 94/74, AP Nr. 1 zu § 87 BetrVG 1972 – Betriebsbuße; ErfK/*Müller-Glöge*, § 626 BGB Rz. 134. | 14 BVerfG v. 28.4.1976 – 1 BvR 71/73, AP Nr. 2 zu § 74 BetrVG 1972; ErfK/*Müller-Glöge*, § 626 BGB Rz. 134.

BR-Mitglied aus diesem Grund gekündigt werden (sog. Simultantheorie)[1]. Insoweit ist die innerbetriebliche parteipolitische Betätigung (insb. mit verfassungsfeindlicher Zielsetzung) pflichtwidrig und kann die fristlose Entlassung eines BR-Mitglieds rechtfertigen, wenn sie zu Störungen im Leistungsbereich oder in der betrieblichen Verbundenheit führt, wofür eine konkrete Gefährdung des Betriebsfriedens ausreicht[2].

Eine bloße außerbetriebliche politische Betätigung rechtfertigt als solche grundsätzlich weder die außerordentliche noch die ordentliche Kündigung. 211

Kommt es wegen der Teilnahme des ArbN an einer außerhalb des Betriebes, aber während der Arbeitszeit stattfindenden politischen Demonstration zu einem unentschuldigten Fehlen des ArbN, gelten keine Besonderheiten. Insbesondere wird durch diesen Anlass das Gewicht der Pflichtverletzung nicht erhöht. Eine Kündigung ist demnach trotz vorheriger Androhung der Entlassung nicht gerechtfertigt, falls es sich um ein singuläres Ereignis gehandelt hat. Anders wäre zu entscheiden, wenn sich die politische Betätigung auch gegen den ArbGeb richtet[3]. 212

Weitere Einschränkungen der außerbetrieblichen politischen Betätigungsfreiheit können sich aus einem bestehenden Tendenzschutz des Anstellungsbetriebs ergeben. So hielt es das BAG[4] für den DGB nicht für zumutbar, einen Rechtssekretär weiterzubeschäftigen, nachdem dieser dem „Kommunistischen Bund Westdeutschland" beigetreten ist, obwohl dieser vom DGB als „scharfer politischer Gegner" angesehen wurde. 213

Besondere Grundsätze gelten im öffentlichen Dienst. Nach § 8 BAT sind die ArbN des öffentlichen Dienstes verpflichtet, sich durch ihr gesamtes Verhalten zur freiheitlich demokratischen Grundordnung zu bekennen. Dies führt nach der Rspr. des BAG[5] unter Berücksichtigung der Grundrechte der ArbN (Art. 5 Abs. 1, 21 Abs. 1 GG) zu einer abgestuften politischen Treuepflicht je nach dem, in welchem Umfang dem betreffenden ArbN hoheitliche Aufgaben übertragen werden. 214

Speziell bei erzieherischen Aufgaben (Lehrer, Sozialpädagogen, Sozialarbeiter) fordert das BAG[6] ein positives Verhältnis zu den Grundwerten der Verfassung und ein aktives Eintreten für diese Wertordnung. Es ist einem Lehrer auch nicht erlaubt, seine natürliche Autorität gegenüber den Schülern dazu zu nutzen, für eine bestimmte politische Partei zu werben[7]. So dürfen zB angestellte Lehrer im öffentlichen Dienst während ihres Schuldienstes keine Anti-Atomkraft- Plakette tragen[8]. 215

Für ArbN, zu deren Tätigkeit es nicht gehört, politische Grundwerte zu vermitteln, gilt lediglich die Pflicht, politische Zurückhaltung zu üben. Ihnen kann deshalb allenfalls nach einer erfolglosen Abmahnung fristlos gekündigt werden. Beispiele: Fernmeldehandwerker bei der Bundespost[9], politische Betätigung von Reinigungskräften, Arbeitern oder untergeordneten Angestellten im Bürodienst oder in technischen Berufen des öffentlichen Dienstes[10]. 216

Verbreitet ein Angehöriger des öffentlichen Dienstes außerhalb des Dienstes ausländerfeindliche Pamphlete und verletzt dadurch das in § 8 BAT niedergelegte Gebot achtungswürdigen Verhaltens, liegt ein wichtiger Grund vor[11]. 217

Soweit sich die politische Meinung in einem störenden betrieblichen Verhalten des ArbN niederschlägt, liegt der Schwerpunkt des Vorwurfs im Verhalten des ArbN. Bei einer außerdienstlichen politischen Betätigung kommt dagegen sowohl eine verhaltens- als auch eine personenbedingte Kündigung in Betracht. Zwar wäre bei einem personenbedingten Kündigungsgrund eine Abmahnung theoretisch entbehrlich, letztlich wird aber auch bei Verletzungen der Pflicht zur Verfassungstreue erst nach Abmahnung Gewissheit bestehen, ob ein dauernder und nicht behebbarer Eignungsmangel vorliegt[12]. 218

Ausländerfeindliche Äußerungen: Nach einhelliger Meinung[13] kann die Verbreitung ausländerfeindlicher Parolen auch ohne vorherige Abmahnung eine außerordentliche Kündigung rechtfertigen. Hierbei ist allerdings zu differenzieren. Werden durch die ausländerfeindlichen Äußerungen Arbeitskolle- 219

---

[1] Vgl. BAG v. 31.8.1994 – 7 AZR 893/93, AP Nr. 98 zu § 37 BetrVG 1972. | [2] BAG v. 3.12.1954 – 1 AZR 150/54, AP Nr. 2 zu § 13 KSchG; v. 15.12.1977 – 3 AZR 184/76 und v. 9.12.1982 – 3 AZR 184/76 und v. 9.12.1982 – 2 AZR 620/80, AP Nr. 69 und 73 zu § 626 BGB; KR/*Fischermeier*, § 626 BGB Rz. 438. | [3] BAG v. 23.10.1984 – 1 AZR 126/81, AP Nr. 82 zu Art. 9 GG – Arbeitskampf; ErfK/*Müller-Glöge*, § 626 BGB Rz. 135. | [4] BAG v. 6.12.1979 – 2 AZR 1055/77, AP Nr. 2 zu § 1 KSchG 1969 – Verhaltensbedingte Kündigung; ErfK/*Müller-Glöge*, § 626 BGB Rz. 136. | [5] BAG v. 6.6.1984 – 7 AZR 456/82, AP Nr. 11 zu § 1 KSchG 1969 – Verhaltensbedingte Kündigung. | [6] BAG v. 12.3.1986 – 7 AZR 20/83, AP Nr. 13 zu Art. 33 GG; ErfK/*Müller-Glöge*, § 626 BGB Rz. 135. | [7] APS/*Dörner*, § 626 BGB Rz. 255 a.E. | [8] BAG v. 2.3.1982 – 1 AZR 694/79, AP Nr. 8 zu Art. 5 Abs. 1 GG – Meinungsfreiheit; APS/*Dörner*, § 626 BGB Rz. 255. | [9] BAG v. 12.3.1986 – 7 AZR 468/81, AP Nr. 11 zu § 1 KSchG 1969; APS/*Dörner*, § 626 BGB Rz. 256. | [10] KR/*Fischermeier*, § 626 BGB Rz. 118 a.E. | [11] BAG v. 9.3.1995 – 2 AZR 644/94, NZA 1996, 875; v. 14.2.1996 – 2 AZR 274/95, AP Nr. 26 zu § 626 BGB – Verdacht strafbarer Handlung. | [12] BAG v. 12.3.1986 – 7 AZR 468/81, RzK I 1 Nr. 10 (II 2 a d.Gr.); KR/*Fischermeier*, § 626 BGB Rz. 119. | [13] BAG v. 14.2.1996 – 2 AZR 274/95, AP Nr. 26 zu § 626 BGB – Verdacht strafbarer Handlung; v. 1.7.1999 – 2 AZR 676/98, AP Nr. 11 zu § 15 BBiG; LAG Hamm v. 11.11.1994 – 10 (19) Sa 100/94, LAGE § 626 BGB Nr. 82; LAG Berlin v. 22.10.1997 – 13 Sa 110/97, NZA-RR 1998, 442; LAG Rh.-Pf. v. 10.6.1997 – 6 Sa 309/97, NZA 1998, 118; ArbG Bremen v. 29.6.1994 – 7 Ca 7160/94, BB 1994, 1568; ErfK/*Müller-Glöge*, § 626 BGB Rz. 93; *Korinth*, AuR 1993, 105, 109.

gen konkret angegriffen, dann gelten für eine außerordentliche Kündigung die Beurteilungsmaßstäbe einer Beleidigung[1]. Hält sich die ausländerfeindliche Äußerung im Rahmen einer vertretbaren politischen Meinungsäußerung, gelten die dort niedergelegten Grundsätze. Eine bloße politische Meinungsäußerung liegt aber dann nicht mehr vor, wenn durch diese Äußerungen Ausländer herabgewürdigt werden sollen und damit verfassungsrechtliche Grundsätze tangiert werden. Erregt dieses Verhalten im Betrieb Anstoß, liegt darin auch eine Störung des Betriebsfriedens und -ablaufs[2].

220 **Alkoholverbot, Drogenverbot, Rauchverbot:** Ein wiederholter Verstoß gegen ein wirksam erlassenes betriebliches Alkoholverbot (§ 87 Abs. 1 Nr. 1 BetrVG) ist ggf. auch ohne vorherige erfolglose Abmahnung geeignet, einen wichtigen Grund abzugeben[3]. Führte der Verstoß zu einer konkreten Gefährdung erheblicher Rechtsgüter, kann bereits ein einmaliger Verstoß genügen[4]. Dann spielt es auch keine Rolle, wenn der ArbN wegen Alkoholismus nicht schuldhaft gehandelt hat[5].

221 Von einem Verstoß gegen ein betriebliches Alkoholverbot sind als weitere Kündigungsgründe zu unterscheiden (→) *Trunkenheit/Alkoholismus* sowie Alkoholkonsum als (→) *Arbeitspflicht-* bzw. *Nebenpflichtverletzung*. Diese Tatbestände können ebenfalls kündigungsrechtlich relevant sein.

222 Wirkt ein Erzieher an einem Canabiskonsum eines Heiminsassen mit, anstatt das bestehende generelle Drogenverbot durchzusetzen, ist dies als wichtiger Grund an sich geeignet[6].

223 Ebenso rechtfertigt ein wiederholter, erfolglos abgemahnter Verstoß gegen ein wirksam erlassenes (§ 87 Abs. 1 Nr. 1 BetrVG) Rauchverbot eine außerordentliche Kündigung[7]. Dies gilt ohne weiteres bei einer konkreten Gefährdung von Leben oder Gesundheit anderer oder erheblicher Sachwerte, wie zB beim Verstoß gegen ein Rauchverbot in einem Holz verarbeitendem Betrieb mit akuter Brandgefahr[8]. So ist der Verstoß gegen ein Rauchverbot in einem Werftbetrieb, in dem Holzschiffe repariert werden, ein Grund zur fristlosen Entlassung[9].

224 Im Übrigen kann die besondere Relevanz des ArbN-Verhaltens auch aus dem Schutz nichtrauchender Arbeitskollegen oder Kunden ("Passivrauchen") folgen[10].

225 **Mobbing:** Eine Störung des Betriebsfriedens und damit eine Rechtfertigung einer außerordentlichen Kündigung kann sich aus diversen Erscheinungsformen des Mobbings gegenüber Untergebenen und anderen Arbeitskollegen ergeben[11].

226 **Sexuelle Belästigung:** Das BAG[12] sieht in den Bestimmungen des § 2 BeschSchG eine Klarstellung und keine Änderung der kündigungsrechtlichen Lage. Danach stellt eine in § 2 Abs. 2 BeschSchG legal definierte sexuelle Belästigung am Arbeitsplatz eine Verletzung der arbeitsvertraglichen Pflichten oder ein Dienstvergehen dar, § 2 Abs. 3 BeschSchG. Der ArbGeb hat in einem solchen Fall nicht nur das Recht, sondern nach § 4 Abs. 1 Nr. 1 BeschSchG die Pflicht, eine im Einzelfall angemessene arbeitsrechtliche Maßnahme wie Abmahnung, Umsetzung, Versetzung oder Kündigung zu ergreifen[13]. Insoweit wird also nur eine nach Umfang und/oder Intensität schwerwiegende sexuelle Belästigung am Arbeitsplatz ohne vorherige Abmahnung eine außerordentliche Kündigung rechtfertigen[14].

227 Strengere Maßstäbe können sich aus der besonderen Arbeitsplatzsituation oder einschlägigen tariflichen Bestimmungen ergeben. So kann bei Beschäftigten einer psychiatrischen Einrichtung der sexuelle Kontakt mit einem Patienten die außerordentliche Kündigung rechtfertigen[15]. Im öffentlichen Dienst ergibt sich ein strenger(er) Maßstab wegen der in § 8 BAT festgelegten Pflicht zu achtungswürdigem Verhalten. Insoweit wurde die Verbreitung Menschen verachtender, sexistischer oder rassistischer Witze über ein betriebliches Verteilungssystem als wichtiger Grund für eine Kündigung angesehen[16].

228 **Tätlichkeiten/Bedrohung:** Eine ernstliche Störung des Betriebsfriedens, der betrieblichen Ordnung oder des reibungslosen Betriebsablaufs liegt vor, wenn ein ArbN einen Vorgesetzten tätlich angreift, es zu

---

1 ErfK/*Müller-Glöge*, § 626 BGB Rz. 93. Dazu unten *Straftaten/Ehrverletzung*. | 2 Zu den Formen ausländerfeindlichen Verhaltens und Reaktionsmöglichkeiten: *Korinth*, AuR 1993, 105. | 3 LAG Sachs. v. 26.5.2000 – 2 Sa 995/99, NZA-RR 2001, 472. | 4 LAG Hamm v. 23.8.1990 – 16 Sa 293/90, LAGE § 626 BGB Nr. 52 (Kranführer im untertägigen Steinkohlebergbau); ErfK/*Müller-Glöge*, § 626 BGB Rz. 98; KR/*Fischermeier*, § 626 BGB Rz. 407. | 5 ErfK/*Müller-Glöge*, § 626 BGB Rz. 98. | 6 BAG v. 18.10.2000 – 2 AZR 131/00, AP Nr. 169 zu § 626 BGB. | 7 LAG München v. 18.1.1961 – 5 Sa 233/60 N, BB 1961, 1325; ErfK/*Müller-Glöge*, § 626 BGB Rz. 97; zum wirksamen Erlass BAG v. 15.12.1961 – 1 ABR 6/60, AP Nr. 3 zu § 56 BetrVG 1952 – Ordnung des Betriebes; *Fitting*, § 87 BetrVG Rz. 71. | 8 LAG BW v. 23.10.1951, DB 1952, 232; KR/*Fischermeier*, § 626 BGB Rz. 440. | 9 ArbG Husum v. 1.9.1964 – 1 Ca 101/64, DB 1964, 1596; KR/*Fischermeier*, § 626 BGB Rz. 440. | 10 BAG v. 8.5.1996 – 5 AZR 971/94, AP Nr. 20 zu § 618 BGB; ErfK/*Müller-Glöge*, § 626 BGB Rz. 97. | 11 LAG Thür. v. 15.2.2001 – 5 Sa 102/2000, NZA-RR 2001, 577; *Benecke*, NZA-RR 2003, 225, 231; *Kollmer*, AR-Blattei SD 1215 Rz. 44 mwN. | 12 BAG v. 8.6.2000, AP Nr. 3 zu § 2 BeschSchG mwN; ErfK/*Müller-Glöge*, § 626 BGB Rz. 94; KR/*Fischermeier*, § 626 BGB Rz. 443. | 13 Vgl. hierzu auch APS/*Dörner*, § 626 BGB Rz. 264; *Linde*, BB 1994, 2412 ff. | 14 LAG Hamm v. 22.10.1996 – 6 Sa 730/96, LAGE § 4 BeschSchG Nr. 1; Sächs. LAG v. 10.3.2000 – 2 Sa 635/99, *LAGE § 626 BGB Nr. 130*; KR/*Fischermeier*, § 626 BGB Rz. 444. | 15 LAG Frankfurt/M. v. 10.1.1984 – 7 Sa 739/83, ArbuR 1984, 346; ErfK/*Müller-Glöge*, § 626 BGB Rz. 94. | 16 LAG Köln v. 14.12.1998 – 12 Sa 896/98, LAGE § 626 BGB Nr. 124; v. 10.8.1999 – 13 Sa 220/99, EzA-SD 2000, Nr. 9, 13; ErfK/*Müller-Glöge*, § 626 BGB Rz. 94; aA LAG Köln v. 7.7.1999 – 7 Sa 22/99, RzK I 8c Nr. 44.

einer vorsätzlichen Körperverletzung unter Arbeitskollegen oder gegenüber dem ArbGeb und dessen Familienangehörigen kommt. Eine außerordentliche Kündigung ist dann in der Regel auch ohne vorherige Abmahnung gerechtfertigt[1]. Gleiches gilt für Tätlichkeiten gegenüber Kunden oder Geschäftspartnern des ArbGeb. Liegen aber Tatsachen vor, die einen Rechtfertigungs-, Entschuldigungs- oder Schuldausschließungsgrund begründen, fehlt es an einem wichtigen Grund. Ein Eintritt in die Interessenabwägung erübrigt sich dann.

Besondere Sachverhaltslagen ergeben sich bei professionell betriebenen Mannschaftssportarten[2]. 229

Auch die mehrfache oder massive Bedrohung des ArbGeb, eines Vorgesetzten oder von Arbeitskollegen kann ein wichtiger Grund sein[3]. Bei einer Bedrohung der Vorgesetzten ergibt sich dies schon aus der damit verbundenen Untergrabung der Autorität. Im Einzelfall kann auch eine abstrakte Bedrohung genügen, die von der Person des ArbN ausgeht. So hielt das BAG[4] die außerordentliche Kündigung eines ArbN für gerechtfertigt, mit dem die Arbeitskollegen deshalb nicht mehr zusammen arbeiten wollten, weil er im Zustand der Schuldunfähigkeit Frau und Kind erschossen und anschließend einen Selbstmordversuch unternommen hatte. 230

• **Betriebsstilllegung/Betriebseinschränkung/Betriebsstockung:** Aus § 1 KSchG, dem Ultima-ratio-Prinzip sowie dem Grundsatz, dass der ArbGeb sein Wirtschaftsrisiko (vgl. § 615 Satz 3) nicht auf den ArbN abwälzen darf[5], folgt, dass dringende betriebliche Gründe regelmäßig kein wichtiger Grund sind, gleich ob auf unternehmerischer Entscheidung des ArbGeb beruhend oder zwangsläufig eingetreten[6]. 231

Anderes gilt, wenn die ordentliche Kündigung ausgeschlossen und eine Versetzung des ArbN in einen anderen Betrieb des Unternehmens nicht möglich ist. Fällt der Arbeitsplatz weg und ist die ordentliche Kündigung ausgeschlossen (oder ist eine längere Kündigungsfrist bzw. Vertragsdauer vereinbart), kann außerordentlich gekündigt werden, wenn auch unter Aufwendung aller zumutbaren Mittel kein anderweitiger Einsatz des ArbN möglich ist[7]. Bei einer solchen Kündigung sind nicht nur die einzel- oder tarifvertraglichen ordentlichen Kündigungsfristen einzuhalten, sondern es gelten im Übrigen auch die im Einzelfall strengeren Anforderungen an ein ordentliches Kündigungsrecht, wie zB die Notwendigkeit einer Sozialauswahl entsprechend § 1 Abs. 3, 4 KSchG[8]. Das Bedürfnis für eine derartige außerordentliche Kündigung ergibt sich, da es dem ArbGeb wegen Art. 12 GG nicht zumutbar ist, den unkündbaren ArbN über längere Zeit ohne Beschäftigungsmöglichkeit weiter zu entlohnen oder auf die Durchführung seiner als sachdienlich erachteten unternehmerischen Entscheidung (zB Betriebsstilllegung) zu verzichten[9]. Zum gleichen Ergebnis kommen Teile der (neueren) Lit.[10], die in diesen Fällen ungeachtet der tariflichen Unkündbarkeitsklausel ohnehin die ordentliche Kündigung zulassen. 232

Im Falle einer außerordentlichen betriebsbedingten Kündigung trifft den ArbGeb in einem gegenüber einer ordentlichen Kündigung erhöhten Maße die Pflicht, sämtliche Möglichkeiten einer anderweitigen Beschäftigung des ArbN zu prüfen. Für den ArbGeb gehört das Nichtvorliegen anderweitiger Beschäftigungsmöglichkeiten zum wichtigen Grund[11]. Für den ArbN genügt es, dass er sagt, wie er sich eine anderweitige Beschäftigung vorstellt. Im Gegenzug muss der ArbGeb eingehend erläutern, aus welchem Grund eine Beschäftigung des gegen seine Kündigung klagenden ArbN auf einem entsprechenden Arbeitsplatz nicht möglich ist[12]. 233

Zu beachten ist, dass bei Vorliegen einer entsprechenden, hinreichend eindeutigen, den Fall einer Betriebsstilllegung erfassenden vertraglichen Vereinbarung dem ArbGeb auch ein Festhalten am Vertrag über die gesetzlichen ordentlichen Kündigungsfristen hinaus zumutbar sein kann. So ist nach § 622 Abs. 5 Satz 2 (Einzelvertrag) bzw. § 622 Abs. 4 (TV) eine Verlängerung der Kündigungsfristen 234

---

1 BAG v. 12.7.1984 – 2 AZR 320/83 und v. 12.3.1987 – 2 AZR 176/86, AP Nr. 32 und 47 zu § 102 BetrVG 1972; v. 31.3.1993 – 2 AZR 492/92, AP Nr. 32 zu § 626 BGB – Ausschlussfrist; LAG Frankfurt/M. v. 8.3.1983 – 3 Sa 903/82, BB 1984, 1876; LAG Niedersachsen v. 5.8.2002 – 5 Sa 517/02, NZA-RR 2003, 75; ErfK/*Müller-Glöge*, § 626 BGB Rz. 95, 159; KR/*Fischermeier*, § 626 BGB Rz. 449. |2 BAG v. 17.1.1979 – 5 AZR 498/77, AP Nr. 2 zu § 611 BGB – Berufssport; ErfK/*Müller-Glöge*, § 626 BGB Rz. 96. |3 BAG v. 12.1.1995 – 2 AZR 456/94, RzK I 6g Nr. 22; LAG Düsseldorf v. 10.12.1998 – 13 Sa 1126/98, EzA-SD 1999, Nr. 5, 14; LAG Frankfurt v. 31.10.1986 – 13 Sa 63/85, LAGE § 626 BGB Nr. 27; KR/*Fischermeier*, § 626 BGB Rz. 449. |4 BAG v. 10.3.1977 – 4 AZR 675/75, AP Nr. 9 zu § 313 ZPO; ErfK/*Müller-Glöge*, § 626 BGB Rz. 160; Wenzel, MDR 1978, 15, 18. |5 KR/*Fischermeier*, § 626 BGB Rz. 155 ff. |6 BAG v. 7.3.2002 – 2 AZR 173/01, NZA 2002, 963; ErfK/*Müller-Glöge*, § 626 BGB Rz. 120. |7 BAG v.7.6.1984 – 2 AZR 602/82, AP Nr. 5 zu § 22 KO; v. 28.3.1985 – 2 AZR 113/84 und v. 5.2.1998 – 2 AZR 227/97, AP Nr. 86 und 143 zu § 626 BGB; v. 12.8.1999 – 2 AZR 748/98, AP Nr. 7 zu § 21 SchwbG 1986; KR/*Fischermeier*, § 626 BGB Rz. 158. aA: *Hamer*, PersR 2000, 146. |8 BAG v. 28.3.1985 – 2 AZR 113/84 und v. 5.2.1998 – 2 AZR 227/97, AP Nr. 86, 143 zu § 626 BGB; ErfK/*Müller-Glöge*, § 626 BGB Rz. 120. |9 BAG v. 5.2.1998 – 2 AZR 227/97, AP Nr. 143 zu § 626 BGB; v. 13.6.2002 – 2 AZR 391/01, AP Nr. 97 zu § 615 BGB; v. 8.4.2003 – 2 AZR 355/02, AP Nr. 181 zu § 626 BGB; KR/*Fischermeier*, § 626 BGB Rz. 158. |10 *Adam*, NZA 1999, 846 ff.; *Bröhl*, FS Schaub, S. 55 ff.; *Oetker*, ZfA 2001, 336 ff.; aA KR/*Fischermeier*, § 626 BGB Rz. 158. |11 BAG v. 8.4.2003 – 2 AZR 355/02, AP Nr. 181 zu § 626 BGB. |12 BAG v. 5.2.1998 – 2 AZR 227/97 und v. 17.9.1998 – 2 AZR 419/97, AP Nr. 143, 148 zu § 626 BGB; ErfK/*Müller-Glöge*, § 626 BGB Rz. 120; KR/*Fischermeier*, § 626 BGB Rz. 158.

möglich. Der ArbGeb kann deshalb insoweit auch das Risiko übernehmen, das Arbeitsverhältnis ohne Beschäftigungsmöglichkeit fortzusetzen[1].

235 Eine Betriebsstockung stellt in der Regel keinen wichtigen Grund dar, da es dem ArbGeb zumutbar ist, die nicht beschäftigten ArbN für die Dauer der ordentlichen Kündigungsfrist weiter zu entlohnen[2]. Manche TV sehen aber für den Fall einer infolge Brandschadens eingetretenen Betriebsruhe die Möglichkeit ordentlicher entfristeter Kündigungen verbunden mit späteren Wiedereinstellungsansprüchen vor[3].

236 ● **Betriebs- und Geschäftsgeheimnisse/Datenschutz:** Der ArbN ist verpflichtet, Betriebs- oder Geschäftsgeheimnisse zu wahren[4]. Einer besonderen Vereinbarung bedarf es hierfür nicht[5]. Die schuldhafte Verletzung der Verschwiegenheitspflicht des ArbN ist ein wichtiger Grund für eine außerordentliche Kündigung[6]. Betriebsgeheimnisse sind dabei Tatsachen im Zusammenhang mit einem Geschäftsbetrieb, die nur einem begrenzten Personenkreis bekannt, nicht offenkundig sind und die nach dem ausdrücklichen oder konkludent erklärten Willen des Betriebsinhabers aufgrund berechtigten wirtschaftlichen Interesses geheim gehalten werden sollen[7].

237 Eine Ausdehnung der Verschwiegenheitspflicht auf „alle betrieblichen Belange" findet ihre Grenze in §§ 134, 138 BGB, Art. 5 Abs. 1 GG sowie dem Verhältnismäßigkeitsprinzip. Sie ist nur gerechtfertigt, soweit sie durch betriebliche Interessen des ArbGeb begründet werden kann[8]. Auch dann bedarf es aber einer vorherigen erfolglosen Abmahnung.

238 Neben Betriebs- oder Geschäftsgeheimnissen hat der ArbN über ihm dienstlich bekannt gewordene Tatsachen, die die Person des ArbGeb oder eines anderen ArbN in besonderem Maße berühren, Verschwiegenheit zu bewahren[9].

239 Verstöße gegen den Datenschutz geben einen wichtigen Grund ab, falls das für die Fortsetzung des Arbeitsverhältnisses notwendige Vertrauen zerstört wurde. Dies ist der Fall, wenn der ArbN für ihn gesperrte Daten mit Personenbezug oder über Betriebsgeheimnisse abfragt[10] oder ohne Erlaubnis dienstliche Daten auf private Datenträger kopiert[11]. Letzteres ist einem Diebstahl vergleichbar.

240 ● **Ehrenämter:** Die Übernahme eines öffentlichen Ehrenamtes (Gemeinderat, Kreistag usw.) stellt keinen wichtigen Grund zur Kündigung dar. Vielmehr sind in den Gemeinde- und Landkreisordnungen in Anlehnung an Art. 48 Abs. 2 Satz 2 GG ausdrückliche Kündigungsverbote vorgesehen. Danach sind üblicherweise nur solche Kündigungen verboten, deren Gründe im Zusammenhang mit der Ausübung des Ehrenamtes stehen[12].

241 Private Ehrenämter hat der ArbN grundsätzlich in seiner Freizeit auszuüben[13], sofern keine besonderen kollektiv- oder einzelvertraglichen Regelungen eingreifen[14]. Treten aufgrund der Ausübung eines privaten Ehrenamtes durch den ArbN betriebliche Störungen auf, so kommt nach vorheriger Abmahnung in der Regel nur eine ordentliche Kündigung in Betracht.

242 ● **Fahrerlaubnisentziehung/Fahrverbot:** Der Entzug der Fahrerlaubnis bzw. die Verhängung eines Fahrverbots ist unter dem Gesichtspunkt der verhaltensbedingten Kündigung zu prüfen, wenn die Maßnahme aufgrund einer im Dienst unternommenen Fahrt erfolgte (vgl. Gliederungspunkt *Trunkenheit*).

243 Wurde die Maßnahme dagegen aufgrund einer in der Freizeit unternommenen Privatfahrt verhängt, kommt eine personenbedingte Kündigung in Betracht, sollte eine Weiterbeschäftigung zu geänderten Bedingungen nicht möglich und mit dem Wegfall des Hindernisses in absehbarer Zeit nicht zu rechnen sein[15]. Die Verhängung eines (kurzfristigen) Fahrverbots ist deshalb idR kein wichtiger Grund. Gleiches gilt gegenüber ArbN, die zur Erfüllung ihrer Arbeitspflicht zwar auf die Fahrerlaubnis angewiesen sind, jedoch nicht als Kraftfahrer beschäftigt werden, vorausgesetzt dem ArbGeb ist die nur unvoll-

---

1 Offen gelassen von BAG v. 22.7.1992 – 2 AZR 84/92, EzA § 626 BGB nF Nr. 141; vgl. auch LAG Rh.-Pf. v. 19.9.1997 – 3 Sa 278/97, LAGE § 2 KSchG Nr. 31; *Kiel/Koch*, Rz. 537; KR/*Fischermeier*, § 626 BGB Rz. 158; *Preis/Hamacher*, FS 50 Jahre Arbeitsgerichtsbarkeit Rh.Pf., 256 f., 261. |2 BAG v. 28.9.1972 – 2 AZR 506/71, AP Nr. 28 zu § 615 BGB – Betriebsrisiko; ErfK/*Müller-Glöge*, § 626 BGB Rz. 121. |3 Dazu BAG v. 16.6.1987 – 1 AZR 528/85, AP Nr. 20 zu § 111 BetrVG 1972. |4 BAG v. 16.3.1982 – 3 AZR 83/79, AP Nr. 1 zu § 611 BGB – Betriebsgeheimnis; ErfK/*Müller-Glöge*, § 626 BGB Rz. 121; *Kramer*, Arbeitsvertragliche Verbindlichkeiten neben Lohnzahlung und Dienstleistung, 1975, S. 116. |5 BAG v. 4.4.1974 – 2 AZR 452/73, AP Nr. 1 zu § 626 BGB – Arbeitnehmervertreter im Aufsichtsrat; KR/*Fischermeier*, § 626 BGB Rz. 457; *Kunz*, BuW 1998, 354, 356; *Stahlhacke/Preis/Vossen*, Rz. 745 (dies folge aus der vertraglichen Schutzpflicht). |6 BAG v. 4.4.1974 – 2 AZR 452/73, AP Nr. 1 zu § 626 BGB – Arbeitnehmervertreter im Aufsichtsrat; v. 26.9.1990 – 2 AZR 602/89, RzK I 8 c Nr. 20 (bzgl. Verdachtskündigung); ErfK/*Müller-Glöge*, § 626 BGB Rz. 99. |7 MünchArbR/*Blomeyer*, § 53 Rz. 56. |8 APS/*Dörner*, § 626 BGB Rz. 273; *Preis/Reinfeld*, AuR 1989, 361, 364. |9 ErfK/*Müller-Glöge*, § 626 BGB Rz. 99. |10 LAG Köln v. 29.9.1982 – 5 Sa 514/82, DB 1983, 124; LAG Schl.-Holst. v. 15.11.1989 – 5 Sa 335/89, DB 1990, 635; LAG Saarl. v. 1.12.1993 – 2 Sa 154/92, RDV 1995, 81; KR/*Fischermeier*, § 626 BGB Rz. 418. |11 Sächs. LAG v. 14.7.1999 – 2 Sa 34/99, LAGE § 626 BGB Nr. 129; KR/*Fischermeier*, § 626 BGB Rz. 418. |12 BAG v. 30.6.1994 – 8 AZR 94/93, AP Nr. 9 – Einigungsvertrag; ErfK/*Müller-Glöge*, § 626 BGB Rz. 184. |13 ErfK/*Müller-Glöge*, § 626 BGB Rz. 184; KR/*Fischermeier*, § 626 BGB Rz. 412. |14 BAG v. 11.9.1985 – 4 AZR 147/85, AP Nr. 67 zu § 616 BGB; KR/*Fischermeier*, § 626 BGB Rz. 412. |15 BAG v. 30.5.1978 – 2 AZR 630/76 und v. 4.6.1997 – 2 AZR 526/96, AP Nr. 70 und 137 zu § 626 BGB; weiter v. 31.1.1996 – 2 AZR 68/95, AP Nr. 17 zu § 1 KSchG 1969 – Personenbedingte Kündigung (Fluglizenz; II 2 d.Gr.); KR/*Fischermeier*, § 626 BGB Rz. 407.

ständige Erfüllung der Hauptleistungspflicht für die Dauer der Kündigungsfrist zumutbar. Überdies kann es von Bedeutung sein, dass der ArbN von sich aus anbietet, seine Mobilität durch persönliche Maßnahmen auf eigene Kosten (zB Einsatz eines privaten Ersatzfahrers) zu sichern[1].

Insbesondere bei einem Fahrerlaubnisentzug wegen Trunkenheit können sich aufgrund früherer Vorfälle sowie bei einer besonders verantwortungsvollen Tätigkeit wie der eines Busfahrers aber auch Zweifel an dessen charakterlicher Integrität ergeben, die zu einem wichtigen (personenbedingten) Grund führen können[2]. Bejaht wurde dies ua. für einen Sachverständigen im Kraftfahrzeugwesen, der mit 1,9 Promille einen Unfall mit Fahrerflucht verursacht hat und dem daraufhin die Fahrerlaubnis entzogen wurde[3]. Dies muss erst recht gelten, wenn die Trunkenheit auf Alkoholismus zurückzuführen ist[4]. **244**

Ggf. ist eine Selbstbindung des ArbGeb zu berücksichtigen, wenn der ArbGeb zB in einer Dienstanweisung bestimmt, dass bei Entzug der betrieblichen Fahrerlaubnis eine Nachschulung vor deren Wiedererteilung durchzuführen ist. Dann kommt eine Kündigung des Arbeitsverhältnisses vor Durchführung einer Nachschulung nicht in Betracht[5]. **245**

- **Geschäfts- und Rufschädigung:** Eine bewusste und gewollte Geschäftsschädigung ist wichtiger Grund für eine Kündigung[6]. Sie kann zB in der Aufforderung an Kollegen oder Dritte liegen, den ArbGeb (außerhalb eines rechtmäßigen Arbeitskampfes) zu schädigen. Bei nur bedingtem Vorsatz oder Fahrlässigkeit sind die Gesamtumstände entscheidend. Bei leitender Position gelten für den ArbN erhöhte Anforderungen[7]. **246**

- **Insolvenzverfahren:** Die Eröffnung des Insolvenzverfahrens über das Vermögen des ArbGeb fällt unter das Unternehmerrisiko und stellt daher keinen wichtigen Grund dar[8]. **247**

- **Kirche:** Tendenzschutz (vgl. § 118 Abs. 1 BetrVG) und kirchliches Selbstbestimmungsrecht (Art. 137 Abs. 3 WRV iVm. Art. 140 GG) erlauben es der Kirche, von ihren ArbN inner- und außerhalb der betrieblichen Tätigkeit besondere Loyalität zu verlangen[9]. Die Kirche hat dabei das Recht, Form und Inhalt des kirchlichen Dienstes rechtlich autonom zu regeln[10]. Nach dem BVerfG[11] steht den Kirchen damit im Rahmen ihres verfassungsrechtlich garantierten Selbstbestimmungsrechts das Recht zu, Maßstäbe zu setzen und so über die Inhalte und Abstufungen der besonderen Loyalitätsbindungen ihrer kirchlichen Mitarbeiter zu entscheiden[12]. Die Grenze ist erst erreicht, wenn die kirchlichen Einrichtungen in Einzelfällen unannehmbare Anforderungen an die Loyalität ihrer ArbN stellen. Dabei sind neben dem Selbstbestimmungsrecht der Kirche auch die hiermit kollidierenden Grundrechtspositionen des ArbN ua. aus Art. 4 Abs. 1 u. 2 GG zu berücksichtigen[13]. **248**

Die Überprüfung einer außerordentlichen Kündigung kirchlicher Mitarbeiter bedarf daher zwar einer konkreten Interessenabwägung[14], der festgestellte Loyalitätsverstoß ist aber jeweils in seiner Schwere und Tragweite besonders zu würdigen. Deshalb können die generellen kirchlichen Vorgaben so strikt sein, dass ein Überwiegen der ArbN-Interessen im Einzelfall nur noch schwer vorstellbar ist[15]. Dies entspricht auch der Linie des BAG[16], welches sich in seiner Rspr. dem BVerfG ausdrücklich angeschlossen hat[17]. **249**

Als Einzelfälle, die eine außerordentliche Kündigung rechtfertigen können, sind zu nennen: **250**

---

1 LAG Rh.-Pf. v. 11.8.1989 – 6 Sa 297/89, LAGE § 626 BGB Nr. 43; KR/*Fischermeier*, § 626 BGB Rz. 407; aA LAG Schl.-Holst. v. 16.6.1986 – 4 (5) Sa 684/85, RzK I 6a Nr. 21: ArbGeb braucht die Ehefrau als Fahrerin nicht zu akzeptieren; offen gelassen von BAG v. 14.2.1991 – 2 AZR 525/90, RzK I 6a Nr. 70. | 2 BAG v. 22.8.1963 – 2 AZR 114/63, AP Nr. 51 zu § 626 BGB; v. 30.5.1978 – 2 AZR 630/76, AP Nr. 70 zu § 626 BGB; ErfK/*Müller-Glöge*, § 626 BGB Rz. 178. Dies ist aber nicht zwingend. Anders ist zu entscheiden, wenn es sich nur um eine einmalige Entgleisung handelt, vgl. BAG v. 4.6.1997 – 2 AZR 526/96, AP Nr. 137 zu § 626 BGB. | 3 LAG Köln v. 25.8.1988 – 8 Sa 1334/87, LAGE § 626 BGB Nr. 34; KR/*Fischermeier*, § 626 BGB Rz. 407. | 4 Vgl. BAG v. 4.6.1997 – 2 AZR 526/96, AP Nr. 137 zu § 626 BGB. | 5 BAG v. 25.4.1996 – 2 AZR 74/95, AP Nr. 18 zu § 1 KSchG 1969 – Personenbedingte Kündigung; APS/*Dörner*, § 626 BGB Rz. 2. | 6 BAG v. 16.7.1992 – 2 AZR 568/92, RzK I 6a Nr. 90; v. 6.2.1997 – 2 AZR 38/96, RzK I 6a Nr. 146; ErfK/*Müller-Glöge*, § 626 BGB Rz. 144. | 7 LAG Nürnberg v. 13.1.1993 – 3 Sa 304/92, LAGE § 626 BGB Nr. 67; ErfK/*Müller-Glöge*, § 626 BGB Rz. 144. | 8 BAG v. 25.10.1968 – 2 AZR 23/68, AP Nr. 1 zu § 22 KO; APS/*Dörner*, § 626 BGB Rz. 71. | 9 Dies gilt laut KR/*Fischermeier*, § 626 BGB Rz. 121 unabhängig davon, ob für die in Tendenzbetrieben beschäftigten ArbN eine besondere Tendenzförderungspflicht besteht (so *Buchner* ZfA 1979, 335, 346 f.) oder ob es insoweit nur um die Wahrung von Obliegenheiten geht. | 10 APS/*Dörner*, § 626 BGB Rz. 319; *Klar*, NZA 1995, 1184 ff.; *Rüthers*, NJW 1986, 356 f.; *Weber*, NJW 1986, 370. | 11 BVerfG v. 4.6.1985 – 2 BvR 1703/83, 1718/83, 856/84, AP Nr. 24 zu Art. 140 GG. | 12 KR/*Fischermeier*, § 626 BGB Rz. 123; *Richardi*, Arbeitsrecht in der Kirche, § 7 Rz. 12 ff.; *Rüthers*, NJW 1986, 356 f.; *Spengler*, NZA 1987, 833 f.; *Thüsing*, NZA-RR 1999, 561, 563. | 13 BVerfG v. 7.3.2002 – 1 BvR 1962/01, NZA 2002, 609. | 14 ErfK/*Müller-Glöge*, § 626 BGB Rz. 186; KR/*Fischermeier*, § 626 BGB Rz. 123; aA („enger") *Dütz*, NJW 1990, 2025 ff.; aA *Spengler*, NZA 1987, 833, 835, der zB in einem Kirchenaustritt einen absoluten Kündigungsgrund sieht. | 15 KR/*Fischermeier*, § 626 BGB Rz. 123. | 16 BAG v. 18.11.1986 – 7 AZR 274/85 und v. 25.5.1988 – 7 AZR 506/87, AP Nr. 35, 36 zu Art. 140 GG; KR/*Fischermeier*, § 626 BGB Rz. 123. | 17 Kritisch zur Entwicklung des kirchlichen Arbeitsrechts *Geck/Schimmel*, AuR 1995, 177 ff.; *Struck*, NZA 1991, 249 f.; *Zachert*, PersR 1992, 443.

- Kirchenaustritt einer Gymnastiklehrerin an einer katholischen Privatschule oder eines in einem katholischen Krankenhaus beschäftigten Assistenzarztes[1],

- Ehebruch des Gebietsdirektors einer Mormonenkirche[2] oder eines Organisten und Chorleiters[3],

- Standesamtliche Heirat nach Scheidung[4]: Lehrerin an einer kirchlichen Berufsfachschule heiratet geschiedenen katholischen Mann[5]. Graduierte Religionspädagogin heiratet geschiedenen Mann; ihr wird daraufhin die Lehrbefugnis entzogen[6]. Geschiedene Angestellte einer Caritas-Geschäftsstelle heiratet erneut[7].

- Standesamtliche Eheschließung einer Leiterin des Pfarrkindergartens einer katholischen Kirchengemeinde mit einem (noch nicht laisierten) Priester[8],

- Eintreten für andere Glaubensrichtung: ArbN eines evangelischen Kindergartens verbreitet öffentlich Lehren der „Universalen Kirche", die von evangelischen Glaubenssätzen erheblich abweichen[9],

- Schwangerschaftsabbruch: Öffentliche Ablehnung des von der Kirche vertretenen absoluten Verbotes des Schwangerschaftsabbruches durch einen in einem katholischen Krankenhaus beschäftigten Arzt[10],

- Anwendung einer gegen tragende Grundsätze des geltenden Kirchenrechts verstoßenden Behandlungsmethode durch Chefarzt eines kath. Krankenhauses (hier: homologe Insemination)[11]. Konnten die Beteiligten allerdings noch keine endgültige Klärung herbeiführen, welche Behandlungsmethoden zulässig sind, fehlt es nicht per se an der Bereitschaft des Arztes, sich nach einen endgültigen Verbot der Behandlungsmethode bzw. nach Abmahnung an dieses Verbot zu halten[12],

- Homosexualität: Homosexuelle Praxis eines im Dienst des Diakonischen Werkes einer evangelischen Landeskirche stehenden Konfliktberaters nach vorheriger Abmahnung, da homosexuell veranlagte Mitarbeiter im kirchlichen Dienst nach kirchlichen Vorschriften nur tragbar sind, sofern diese darauf verzichten, ihre Veranlagung zu praktizieren[13],

251 Dagegen sollte an der früheren Ansicht des BAG[14] (vor der Grundsatzentscheidung des BVerfG) nicht festgehalten werden, wonach schon die bloße standesamtliche Heirat eines bei einer katholischen Kirchengemeinde beschäftigten Anstreichers eine schwere Pflichtverletzung darstelle. Handelt es sich um einen rein handwerklich tätigen ArbN, kann von diesem keine besondere Loyalität verlangt werden[15].

252 - **Zur Scientology-„Kirche"** vgl. unter *Scientology*

253 - **Konkurrenztätigkeit** siehe Gliederungspunkt *Wettbewerbsverbot*

254 - **Mitteilungs- und Berichtspflichten:** Der ArbN unterliegt jedenfalls dann Mitteilungs- und Anzeigepflichten, wenn er innerhalb seines Aufgabenbereichs eingetretene oder drohende Schäden festzustellen. Für drohende Schäden außerhalb seines Wirkungsbereichs ist dies jeweils anhand einer Interessenabwägung festzustellen[16]. Je nach Grad und Bedeutung der Anzeigepflicht kann deren Verletzung einen wichtigen Grund darstellen.

255 Bejaht wurde ein wichtiger Grund bei Nichtanzeige eines Diebstahls[17] sowie der Anfertigung von Aufzeichnungen über Betriebsgeheimnisse[18] durch einen Arbeitskollegen. Noch weiter gehende Berichtspflichten treffen leitende Angestellte. Sie haben auch ihnen erteilte Aufträge auf ihre Zweckmäßigkeit zu überprüfen und erforderlichenfalls den ArbGeb über Bedenken zu informieren[19]. Siehe weiter *Arbeitsunfähigkeit/Nichtanzeige*.

256 - **Nebentätigkeit:** Übt der ArbN während seiner Arbeitszeit eine nicht genehmigte Nebentätigkeit aus, stellt dies einen wichtigen Grund für eine Kündigung dar[20], soweit nicht ausnahmsweise eine Interessenkollision zwischen beiden Tätigkeiten ausgeschlossen ist (zB Bereitschaftsdienst und Korrekturtätigkeit bei Einhaltung der Bestimmungen des ArbZG).

---

1 BAG v. 4.3.1980 – 1 AZR 1151/78, AP Nr. 4 zu Art.140 GG; v. 12.12.1984 – 7 AZR 418/83, AP Nr. 21 zu Art.140 GG; ErfK/*Müller-Glöge*, § 626 BGB Rz. 188. | 2 BAG v. 24.4.1997 – 2 AZR 268/96, AP Nr. 27 zu § 611 BGB – Kirchendienst; ErfK/*Müller-Glöge*, § 626 BGB Rz. 186. | 3 BAG v. 16.9.1999 – 2 AZR 712/98, AP Nr. 1 zu Art.4 GrO – kath. Kirche; ErfK/*Müller-Glöge*, § 626 BGB Rz. 186. | 4 ErfK/*Müller-Glöge*, § 626 BGB Rz. 186. | 5 BAG v. 18.11.1986 – 7 AZR 274/85, AP Nr. 35 zu Art. 140 GG. | 6 BAG v. 25.5.1988 – 7 AZR 506/87, AP Nr. 36 zu Art.140 GG; KR/*Fischermeier*, § 626 BGB Rz. 123. | 7 BAG v. 14.10.1980 – 1 AZR 1274/79, AP Nr. 7 zu Art.140 GG. | 8 BAG v. 4.3.1980 – 1 AZR 125/78, AP Nr. 3 zu Art.140 GG. | 9 BAG v. 21.2.2001 – 2 AZR 139/00, AP Nr. 29 zu § 611 BGB – Kirchendienst; KR/*Fischermeier*, § 626 BGB Rz. 123. | 10 BAG v. 15.1.1986 – 7 AZR 545/85, nv. (betrifft ordentl. Kü.); KR/*Fischermeier*, § 626 BGB Rz. 123. | 11 BAG v. 7.10.1993 – 2 AZR 226/93, AP Nr. 114 zu § 626 BGB; ErfK/*Müller-Glöge*, § 626 BGB Rz. 186. | 12 BAG v. 7.10.1993 – 2 AZR 226/93, AP Nr. 114 zu § 626 BGB; KR/*Fischermeier*, § 626 BGB Rz. 437. | 13 BAG v. 30.6.1983 – 2 AZR 524/81, AP Nr. 15 zu Art. 140 GG; ErfK/*Müller-Glöge*, § 626 BGB Rz. 188. | 14 BAG v. 31.1.1956 – 3 AZR 67/54, AP Nr. 15 zu § 1 KSchG; zust. ua. *Buchner*, ZfA 1979, 335, 348. | 15 *Dütz*, Anm. AP Nr. 20 zu Art. 140 GG; KR/*Fischermeier*, § 626 BGB Rz. 124; *Rüthers*, NJW 1986, 356 f.; *Weber*, NJW 1986, 370 f. | 16 Vgl. allg. MünchArbR/*Blomeyer*, § 54 Rz. 6 ff. | 17 LAG Hamm v. 29.7.1994 – 18 Sa 2016/93, RzK II Nr. 95; KR/*Fischermeier*, § 626 BGB Rz. 433. | 18 LAG Frankfurt v. 6.4.1955 – II LA 649/54, SAE 1956 Nr. 91; KR/*Fischermeier*, § 626 BGB Rz. 433. | 19 BAG v. 26.5.1962 – 2 AZR 430/60, AP Nr. 1 zu § 628 BGB; KR/*Fischermeier*, § 626 BGB Rz. 433. | 20 ErfK/*Müller-Glöge*, § 626 BGB Rz. 131.

Überschneidet sich die Arbeitszeit der Nebentätigkeit nicht mit der der Haupttätigkeit, liegt wegen der Berufsfreiheit des ArbN (Art. 12 Abs. 1 GG) nur dann eine Pflichtverletzung vor, wenn durch diese die berechtigten Interessen des ArbGeb beeinträchtigt werden. Weiter gehende einzel-[1] oder tarifvertragliche[2] Nebenbeschäftigungsverbote können nur eine Anzeige- bzw. Erlaubnispflicht begründen[3], nie aber ein Verbot. Bestehen Anhaltspunkte für unzulässige Nebentätigkeiten, so hat der ArbN über diese Auskunft zu geben. Sind darüber hinaus die Interessen des ArbGeb bedroht, hat der ArbN eine zukünftige Nebenbeschäftigung von sich aus anzuzeigen[4]. 257

Im Ergebnis liegt damit eine Beeinträchtigung des Arbeitsverhältnisses vor, wenn der ArbN durch eine anstrengende oder ihn zeitlich überfordernde Nebenbeschäftigung (Tanzkapelle/Taxifahrer) seine arbeitsvertraglichen Pflichten wegen Übermüdung oder Konzentrationsschwäche nicht mehr richtig erfüllen kann und sich damit seine Arbeitsleistung spürbar verschlechtert[5]. Neben Einbußen bei der Arbeitsleistung kann die Nebentätigkeit aber auch dann mit den Interessen des ArbGeb kollidieren, wenn diese das öffentliche Ansehen des ArbGeb schädigt, mit dem Gemeinwohl nicht zu vereinbaren ist[6] oder eine unerlaubte Konkurrenztätigkeit (dazu auch oben „*Wettbewerbsverbot*") darstellt[7]. Zum Fall, dass der ArbN während ärztlich attestierter Arbeitsunfähigkeit eine Nebentätigkeit ausübt siehe oben *Arbeitsunfähigkeit/Vortäuschen der Arbeitsunfähigkeit*. 258

● **Politische Betätigung**, vgl. unter *Betriebliche Ordnung/Wahrung des Betriebsfriedens* 259

● **Private Telefongespräche, Surfen im Internet:** Private Telefongespräche sind wichtiger Grund, wenn dem ArbN solche Telefongespräche auf Kosten des ArbGeb untersagt sind[8]. Bei nur geringem Umfang bedarf es aber einer vorherigen Abmahnung. Auch wenn eine private Nutzung grundsätzlich erlaubt ist, muss der ArbN ua. – soweit dies vorgesehen ist –, private Gespräche durch eine entsprechende Vorwahl kennzeichnen. Geschieht dies nicht, ist bei einer großen Anzahl von Telefonaten eine Kündigung auch ohne vorherige Abmahnung möglich[9]. Darüber hinaus darf der ArbN von der privaten Nutzung nur insoweit Gebrauch machen, als dies anzunehmender Weise noch von der Zustimmung des ArbGeb gedeckt ist, sonst kann ihm nach Abmahnung gekündigt werden[10]. Entsprechendes gilt für das Anfertigen privater Kopien oder das private Surfen im Internet[11]. 260

● **Schlechtleistung:** Der ArbN schuldet bezüglich Arbeitsqualität und -quantität allein sein Bemühen, seine Arbeit entsprechend seinen Fähigkeiten zu erledigen. Dies ergibt sich aus dem Wesen des Dienst- und damit auch des Arbeitsvertrages, wonach der Leistungserbringer gerade keinen Erfolg schuldet, sondern nur sein Bemühen, die ihm aufgetragene Arbeit sorgfältig zu erfüllen. Ob der ArbN sich entsprechend bemüht, hängt von seiner individuellen Leistungsfähigkeit ab, die zB krankheitsbedingt in einer gewissen Bandbreite schwanken kann[12]. Hat der ArbGeb einen ArbN eingestellt, der nicht dazu in der Lage ist, die ihm übertragenen Arbeiten mit der notwendigen Schnelligkeit und Sorgfalt zu erledigen, dann fällt dies grundsätzlich unter das Beschäftigungsrisiko des ArbGeb. Insoweit ist vorrangig an eine ordentliche Kündigung seitens des ArbGeb nach vorheriger Abmahnung zu denken. Etwas anderes gilt dann, wenn der ArbN bei der Eingehung des Arbeitsverhältnisses Angaben gemacht hat, die seine Bewerbung als „Hochstapelei" erscheinen lassen. Hier kommt neben einer Anfechtung des Arbeitsvertrags nach §§ 119, 123, einem Schadensersatzanspruch nach § 311a Abs. 2 auch eine außerordentliche Kündigung wegen fehlender Eignung in Betracht[13]. 261

Ebenso kann dem ArbN aus wichtigem Grund gekündigt werden, wenn er vorsätzlich seine Arbeitsleistung hinsichtlich Qualität oder Quantität zurückhält (Abmahnung aus Beweisgründen erforderlich) oder infolge der Fehlleistung erheblicher Schaden entsteht und bei Fortsetzung des Arbeitsverhältnisses ähnliche Fehlleistungen zu befürchten sind[14]. 262

Bei besonders verantwortungsvollen Tätigkeiten eines gehobenen Angestellten kann bereits eine einmalige fahrlässige Pflichtverletzung eine fristlose Kündigung rechtfertigen, soweit die Verletzung 263

---

1 BAG v. 26.8.1976 – 2 AZR 377/75, AP Nr. 68 zu § 626 BGB; ErfK/*Müller-Glöge*, § 626 BGB Rz. 131. | 2 BAG v. 24.6.1999 – 6 AZR 605/97, AP Nr. 5 zu § 611 BGB – Nebentätigkeit; ErfK/*Müller-Glöge*, § 626 BGB Rz. 131. | 3 BAG v. 11.12.2001 – 9 AZR 464/00, AP Nr. 8 zu § 611 BGB Nebentätigkeit. | 4 BAG v. 18.1.1996 – 6 AZR 314/95, AP Nr. 25 zu § 242 BGB – Auskunftspflicht; KR/*Fischermeier*, § 626 BGB Rz. 435. | 5 BAG v. 7.9.1972 – 2 AZR 486/71, AP Nr. 7 zu § 60 HGB; ErfK/*Müller-Glöge*, § 626 BGB Rz. 130. | 6 BAG v. 21.1.1982 – 2 AZR 761/79, nv. | 7 BAG v. 16.8.1990 – 2 AZR 113/90, AP Nr. 10 zu § 611 BGB – Treuepflicht; ErfK/*Müller-Glöge*, § 626 BGB Rz. 130. | 8 LAG Düsseldorf v. 14.2.1963 – 7 Sa 507/62, BB 1963, 732; LAG Halle v. 23.11.1999 – 8 Ta BV 6/99, NZA-RR 2000, 476. | 9 ArbG Würzburg v. 16.12.1997 – 1 Ca 1326/97, BB 1989, 1318; APS/*Dörner*, § 626 BGB Rz. 285; *Ernst*, NZA 2002, 585. | 10 LAG Nürnberg v. 6.8.2002 – 6 (5) Sa 472/01, NZA-RR 2003, 191. | 11 Dazu ArbG Düsseldorf v. 1.8.2001 – 4 Ca 3437/01, NZA 2001, 1386 (bei Verbot der privaten Internetnutzung); ArbG Hannover v. 1.12.2000 – 1 Ca 504/00 B, NZA 2001, 1022 und ArbG Frankfurt v. 2.1.2002 – 2 Ca 5340/01, NZA 2002, 1093 (Nutzung für pornographisches Bildmaterial); ArbG Wesel v. 21.3.2001 – 5 Ca 4021/00, NZA 2001, 786 (bei übermäßiger Nutzung); KR/*Fischermeier*, § 626 BGB Rz. 445; *Kronisch*, BuW 2000, 76. | 12 BAG v. 20.3.1969 – 2 AZR 283/68 und v. 17.7.1979 – 2 AZR 423/69, AP Nr. 27 zu § 123 GewO und AP Nr. 3 zu § 11 MuSchG 1969; *Sandmann*, Die Haftung von Arbeitnehmern, Geschäftsführern und leitenden Angestellten, 2001, S. 40 f.; zu Einarbeitungsschwierigkeiten nach Erziehungsurlaub LAG Nürnberg v. 8.3.1999 – 6 Sa 259/97, NZA 2000, 263. | 13 KR/*Fischermeier*, § 626 BGB Rz. 442. | 14 BAG v. 20.3.1969 – 2 AZR 283/68, AP Nr. 27 zu § 123 GewO; KR/*Fischermeier*, § 626 BGB Rz. 442; vgl. auch ErfK/*Müller-Glöge*, § 626 BGB Rz. 145.

der Arbeitspflicht geeignet ist, einen besonders schweren Schaden herbeizuführen und der ArbGeb das Seine getan hat, um die Möglichkeit eines solchen Versehens und dessen Folgen einzuschränken[1]. Dies gilt umso eher, wenn dem ArbN ein wiederholtes grob fahrlässiges Verhalten vorzuwerfen ist[2].

264 Die schwerwiegende Nebenpflichtverletzung, den ArbGeb nicht über drohende Schäden zu unterrichten und diese von ihm abzuwenden, kann wichtiger Grund sein, ohne dass eine vorherige Abmahnung erforderlich ist[3]. Ähnlich gewichtig ist eine mehrfache Missachtung der im Innenverhältnis bestehenden Vollmachtsbeschränkung eines leitenden Angestellten[4] oder eine einzelne Vollmachtsüberschreitung bei gleichzeitiger gravierender Vermögensgefährdung[5].

265 ● **Schmiergeldverbot (Forderung/Annahme von Schmiergeldern):** Ein ArbN, der von einem Dritten Schmiergeld annimmt, verstößt in der Regel gegen § 299 Abs. 1 StGB und verletzt die Loyalitätspflichten gegenüber seinem ArbGeb. Er zerstört damit das Vertrauen in seine Zuverlässigkeit und Redlichkeit[6]. Ein Verstoß gegen das sog. Schmiergeldverbot liegt vor, wenn der ArbN für sich oder einen ihm nahe stehenden Dritten Vorteile fordert, sich versprechen lässt oder entgegennimmt, so dass beim Zahlenden die Erwartung entsteht oder verstärkt wird, dass er damit die Ausführung der arbeitsvertraglichen Aufgaben in seinem Sinne und damit zum Nachteil des ArbGeb beeinflussen kann. Sozialadäquate Gelegenheitsgeschenke oder übliche Trinkgelder, die diesen Eindruck nicht entstehen lassen können, fallen nicht darunter[7].

266 Eine Schädigung des ArbGeb ist nicht erforderlich. In der Regel wird das Vertrauensverhältnis bereits durch die Schmiergeldannahme soweit zerstört, dass ein wichtiger Kündigungsgrund gegeben ist[8]. Ein eingetretener Schaden kann diesen nur verstärken bzw. einen weiteren wichtigen Grund darstellen. Nur ausnahmsweise, wenn der ArbGeb keinen Schaden erlitten hat, keine Wiederholungsgefahr besteht und hinreichende Überwachungsmöglichkeiten bestehen, scheidet eine außerordentliche Kündigung aus[9].

267 Kritisch zu sehen ist es, wenn das BAG in dem Fall, in dem ein ArbN von einem anderen ArbN für die Vermittlung seiner Einstellung eine Provision gefordert und kassiert hat, eine Kündigung mit der Begründung ablehnt, weder das Vertrauensverhältnis noch der Betriebsfrieden konkret sei gestört worden[10]. Weder aber kann es dem ArbN erlaubt sein, über die Abweisung geeigneter Bewerber zu entscheiden, noch darf er sich wissentlich für einen ungeeigneten Bewerber einsetzen.

268 ● **Schwarzarbeit:** Schwarzarbeit ist dann wichtiger Grund für eine außerordentliche Kündigung, wenn sie als Nebentätigkeit (siehe dort) oder als Konkurrenztätigkeit anzusehen ist (siehe *Wettbewerbsverbot*).

269 ● **Scientology:** Nach der Rspr. des BAG[11] fällt die Scientology-„Kirche" nicht unter den Schutz der Art. 4, 140 GG, 137 WRV. Sie kann sich deshalb auch nicht auf einen Tendenzschutz berufen.

270 Besteht in einer gemeinnützigen Einrichtung der Jugendarbeit die Gefahr, dass eine dort tätige Betreuerin Jugendliche einseitig iSd. Scientology-Bewegung beeinflusst, kann dies einen wichtigen Grund an sich ergeben[12]. Gleiches gilt für ein BR-Mitglied, das den Betriebsfrieden dadurch nachhaltig und konkret gestört hat, dass es bei zahlreichen Kollegen innerhalb und außerhalb der Arbeitszeit aktiv Werbung für Scientology betrieben hat[13]. In diesem Fall hatte der ArbN mit Belegschaftsmitgliedern unter Einsatz des Werkstelefons über die Organisation diskutiert und ihnen Scientology-Material durch die Werkspost zukommen lassen.

271 Ob die bloße Mitgliedschaft in der Scientology-Organisation einen wichtigen Grund darstellen kann, wurde vom LAG Berlin[14] offen gelassen. Richtigerweise ist dies abzulehnen, solange keine betrieblichen Auswirkungen gegeben sind[15].

---

1 BAG v. 14.10.1965 – 2 AZR 466/64, AP Nr. 27 zu § 66 BetrVG; OLG Düsseldorf v. 15.1.1987 – 8 U 239/85, DB 1987, 1099; ErfK/*Müller-Glöge*, § 626 BGB Rz. 145. | 2 BAG v. 4.7.1991 – 2 AZR 79/91, RzK I 6 a Nr. 73; APS/*Dörner*, § 626 BGB Rz. 259. | 3 BAG v. 11.3.1999 – 2 AZR 427/98, AP Nr. 150 zu § 626 BGB; ErfK/*Müller-Glöge*, § 626 BGB Rz. 145. | 4 BAG v. 26.11.1964 – 2 AZR 211/63, AP Nr. 53 zu § 626 BGB. | 5 BAG v. 11.3.1999 – 2 AZR 51/98, RzK I 10g Nr. 10. | 6 BAG v. 17.8.1972 – 2 AZR 415/71, AP Nr. 65 zu § 626 BGB; v. 15.11.1995 – 2 AZR 974/97, AP Nr. 73 zu § 102 BetrVG 1972; v. 21.6.2001 – 2 AZR 30/00, EzA § 626 BGB – Unkündbarkeit Nr. 7; LAG Frankfurt v. 18.6.1997 – 8 Sa 977/96, LAGE § 626 BGB Nr. 114; ErfK/*Müller-Glöge*, § 626 BGB Rz. 146; KR/*Fischermeier*, § 626 BGB Rz. 447. | 7 KR/*Fischermeier*, § 626 BGB Rz. 447; *Stahlhacke/Preis/Vossen*, Rz. 734. | 8 BAG v. 8.2.1962 – 2 AZR 252/60, AP Nr. 1 zu § 611 BGB – Erfinder; v. 17.8.1972 – 2 AZR 415/71, AP Nr. 65 zu § 626 BGB; v. 15.11.1995 – 2 AZR 974/97, AP Nr. 73 zu § 102 BetrVG 1972; v. 21.6.2001 – 2 AZR 30/00, EzA Nr. 7 zu § 626 BGB Unkündbarkeit; LAG Düsseldorf v. 21.4.1972 – 3 Sa 413/71, DB 1972, 1443; MünchArbR/*Blomeyer*, § 53 Rz. 114. | 9 ArbG Hagen v. 2.3.1967 – 2 Ca 93/67, BB 1967, 922; KR/*Fischermeier*, § 626 BGB Rz. 447. | 10 BAG v. 24.9.1987 – 2 AZR 26/87, AP Nr. 19 zu § 1 KSchG 1969 – Verhaltensbedingte Kündigung; aA KR/*Fischermeier*, § 626 BGB Rz. 447. | 11 BAG v. 22.3.1995 – 5 AZB 21/94, AP Nr. 21 zu § 5 ArbGG 1979; ErfK/*Müller-Glöge*, § 626 BGB Rz. 187. | 12 LAG Berlin v. 11.6.1997 – 13 Sa 19/97, NZA-RR 1997, 422; APS/*Dörner*, § 626 BGB Rz. 261: vgl. auch *Bauer/Baeck/Merten*, DB 1997, 2534. | 13 ArbG Ludwigshafen v. 12.5.1993 – 3 Ca 3165/92, AiB 1994, 754; nachfolgend LAG Mainz v. 12.7.1995 – 9 Sa 890/93, KirchE 33, 250–254 (1998); APS/*Dörner*, § 626 BGB Rz. 261. | 14 LAG Berlin v. 11.6.1997 – 13 Sa 19/97, DB 1997, 2542. | 15 APS/*Dörner*, § 626 BGB Rz. 262.

Fristlose Kündigung aus wichtigem Grund — Rz. 279 § 626 BGB

● **Selbstbeurlaubung/Urlaubsüberschreitung:** Tritt der ArbN gegen den Willen des ArbGeb einen Urlaub an (**Selbstbeurlaubung**), liegt ein wichtiger Grund vor[1]. Eine vorherige Abmahnung ist in der Regel entbehrlich[2]. Die Vertragsverletzung ergibt sich daraus, dass dem ArbN ein umfassender Rechtsschutz zur Durchsetzung seines Urlaubsanspruchs zur Verfügung steht. Ein wichtiger Grund scheidet deshalb zB dann aus, wenn gerichtliche Hilfe nicht rechtzeitig erlangt werden kann (zB bei Arbeit auf einer Baustelle in Indonesien) und ein Verfall der Urlaubsansprüche droht[3]. Ein Selbstbeurlaubungsrecht entsteht aber nicht schon allein deshalb, weil dem ArbN ordentlich gekündigt wurde und die Kündigungsfrist bereits läuft[4]. 272

Bislang noch nicht entschieden wurde, ob dem ArbN während der Kündigungsfrist ein **Zurückbehaltungsrecht** (§ 273) zusteht, falls der ArbGeb dem ArbN grundlos Resturlaubsansprüche verweigert[5]. Verschiedene LAG und Teile der Lit. halten eine Selbstbeurlaubung des ArbN während der Kündigungsfrist nach den Grundsätzen der Selbsthilfe (§§ 229, 230 BGB) und des Zurückbehaltungsrechts dann für zulässig, wenn der ArbGeb es versäumt, dem ArbN noch während der Kündigungsfrist Urlaub zu gewähren[6]. Vereinzelt wird weiter gehend ein generelles Selbstbeurlaubungsrecht bei grundloser Urlaubsverweigerung bejaht[7]. 273

Im Rahmen der Interessenabwägung ist zu berücksichtigen, ob der ArbGeb das Urlaubsbegehren des ArbN zu Recht abgelehnt hat und ob der Betrieb überhaupt so organisiert ist, dass die Urlaubsansprüche des ArbN nach den gesetzlichen Vorschriften erfüllt werden können[8]. 274

Eine **Urlaubsüberschreitung** kommt als Kündigungsgrund nur in Betracht, wenn sie verschuldet ist[9]. Im Übrigen kommt es darauf an, ob die Urlaubsüberschreitung die Qualität einer beharrlichen Arbeitsverweigerung (siehe dort) erreicht. Kurzzeitige, allein den Leistungsbereich berührende Urlaubsüberschreitungen genügen dafür nicht[10]. Bei einer längeren Urlaubsüberschreitung ist ein wichtiger Grund auch dann gegeben, wenn der ArbN während des Urlaubs erkrankt ist und er deshalb seinen Urlaub um die Anzahl der wegen Krankheit nicht gewährten Urlaubstage verlängert hat[11]. 275

Hat der ArbN bereits vor Urlaubsantritt eine Urlaubsüberschreitung angekündigt, gilt das zum Gliederungspunkt *Arbeitsunfähigkeit/Vortäuschen* Gesagte. 276

● **Sexuelle Belästigung,** vgl. unter *Betriebliche Ordnung* Unterpunkt *Sexuelle Belästigung* 277

● **Sicherheitsbedenken,** vgl. unter *Arbeitsschutz- und Sicherheitsvorschriften* 278

● **Strafbare Handlungen: Allgemeines**[12]**:** Ob Straftaten des ArbN einen wichtigen Grund abgeben, hängt von der Relevanz der Straftat für das Arbeitsverhältnis ab. Erst wenn durch die Straftat arbeitsvertragliche Pflichten verletzt werden und dem ArbGeb infolgedessen die Fortsetzung des Arbeitsverhältnisses unzumutbar geworden ist, liegt ein wichtiger Grund vor. Dementsprechend ist ua. entscheidend, gegen wen sich die Straftat richtet (ArbGeb, andere ArbN oder Dritte), und um welche Art von Straftat es sich handelt (Eigentums- und Vermögensdelikte, Beleidigung, Körperverletzung). Die strafrechtliche Bewertung bildet nur einen Teilaspekt[13], der die Verletzung arbeitsvertraglicher Pflichten nicht entbehrlich macht[14]. Deshalb muss das ArbG die Strafakten nach pflichtgemäßem Ermessen zum Zweck der Sachaufklärung beiziehen, sollte Art und Ausgang des Strafverfahrens für die eigene Entscheidung von rechtlicher Bedeutung und die Ausführungen der Prozessparteien darüber widersprüchlich und entstellend sein[15]. 279

---

1 BAG v. 31.1.1985 – 2 AZR 486/83, AP Nr. 6 zu § 8a MuSchG 1968; v. 20.1.1994 – 2 AZR 521/93, AP Nr. 115 zu § 626 BGB; v. 16.3.2000 – 2 AZR 75/99, AP Nr. 114 zu § 102 BetrVG 1972; LAG Köln v. 16.3.2001 – 11 Sa 1479/00, NZA-RR 2001, 533; ErfK/*Müller-Glöge*, § 626 BGB Rz. 175; diff. *Otto*, AR-Blattei SD 1880 Rz. 79 (in Extremfällen besteht ZBR). Vgl. aber auch LAG Hamm v. 13.6.2000 – 19 Sa 2246/99, NZA-RR 2001, 134 (hier hatte der ArbN bereits eine eVerwirkt, diese aber nicht an den ArbGeb zugestellt). | 2 KR/*Fischermeier*, § 626 BGB Rz. 452; aA HK/*Dorndorf*, § 1 Rz. 840. | 3 BAG v. 20.1.1994 – 2 AZR 521/93, AP Nr. 115 zu § 626 BGB; ErfK/*Müller-Glöge*, § 626 BGB Rz. 175. | 4 BAG v. 26.4.1960 – 1 AZR 134/58, AP Nr. 58 zu § 611 BGB – Urlaubsrecht; ErfK/*Müller-Glöge*, § 626 BGB Rz. 176. | 5 Vgl. BAG v. 20.1.1994 – 2 AZR 521/93, AP Nr. 115 zu § 626 BGB. | 6 LAG Hamm v. 21.10.1997 – 4 Sa 707/97, NZA-RR 1999, 76; LAG Rh.-Pf. v. 25.1.1991 – 6 Sa 829/90, LAGE § 7 BUrlG Nr. 27; APS/*Dörner*, § 626 BGB Rz. 232; aA ErfK/*Dörner*, § 7 BUrlG, Rz. 12. | 7 APS/*Dörner*, § 626 BGB Rz. 232; *Neumann/Fenski*, BUrlG, § 7 Rz. 43 f; dagegen MünchArbR/*Leinemann*, § 89 Rz. 78. | 8 BAG v. 20.1.1994 – 2 AZR 521/93, AP Nr. 115 zu § 626 BGB; v. 16.3.2000 – 2 AZR 75/99, AP Nr. 114 zu § 102 BetrVG 1972; LAG Düsseldorf v. 29.4.1981 – 22 Sa 82/81, EzA § 626 BGB nF Nr. 77; LAG Hamm v. 12.9.1996 – 4 Sa 486/96, LAGE § 626 BGB Nr. 105 und v. 21.10.1997 – 4 Sa 707/97, NZA-RR 1999, 76; ErfK/*Müller-Glöge*, § 626 BGB Rz. 175; KR/*Fischermeier*, § 626 BGB Rz. 452. | 9 ErfK/*Müller-Glöge*, § 626 BGB Rz. 177. | 10 LAG Düsseldorf v. 29.11.1993 – 12 TaBV 82/93, BB 1994, 793 (Überschreitung um einen Tag). | 11 AA ErfK/*Müller-Glöge*, § 626 BGB Rz. 177. | 12 KR/*Fischermeier*, § 626 BGB Rz. 446 aE mit Verweis bzgl. Straftaten auf *Otto*, Personale Freiheit und soziale Bindung, S. 66 ff. | 13 BAG v. 27.1.1977 – 2 ABR 77/76, AP Nr. 7 zu § 103 BetrVG 1972; v. 20.8.1997 – 2 AZR 620/96, AP Nr. 27 zu § 626 BGB – Verdacht strafbarer Handlung; v. 1.7.1999 – 2 AZR 676/98, AP Nr. 11 zu § 15 BBiG; KR/*Fischermeier*, § 626 BGB Rz. 114. | 14 BAG v. 12.8.1999 – 2 AZR 832/98, AP Nr. 51 zu § 123 BGB; ErfK/*Müller-Glöge*, § 626 BGB Rz. 148. | 15 BAG v. 10.3.1977 – 4 AZR 675/75, AP Nr. 9 zu § 313 ZPO; ErfK/*Müller-Glöge*, § 626 BGB Rz. 149.

BGB § 626 Rz. 280   Fristlose Kündigung aus wichtigem Grund

280 Allgemein gilt, dass umso eher ein wichtiger Grund vorliegt, je gravierender die Tat und je größer der arbeitsrechtliche Bezug ist. Insbesondere wenn sich die Straftat des ArbN gegen den ArbGeb richtet (zB Diebstahl oder sonstige Vermögensdelikte), rechtfertigt dies in der Regel eine außerordentliche Kündigung ohne Abmahnung[1]. Auch kann die gegenüber Dritten verlautbarte Absicht, in einem vom ArbGeb geführten Rechtsstreit vorsätzlich falsch zum Nachteil des ArbGeb auszusagen, das Vertrauen so nachhaltig zerstören, dass ein wichtiger Grund vorliegt[2].

281 Zur Frage, ob die Arbeitsverhinderung aufgrund der Verbüßung von Strafhaft die außerordentliche Kündigung rechtfertigt vgl. Gliederungspunkt *Strafhaft/Untersuchungshaft*.

282 **Straftaten gegen Dritte:** Bei Straftaten, die sich nicht gegen den ArbGeb oder Arbeitskollegen richten, kommt ein wichtiger Grund nur dann in Betracht, wenn sich ein Bezug zum Arbeitsverhältnis herstellen lässt, so wenn die Straftat ernsthafte Zweifel an der Zuverlässigkeit oder der Eignung des ArbN für die von ihm verrichtete Tätigkeit begründet. Für die Beurteilung kommt es auf die Qualität der Straftat und die Stellung des ArbN an.

283 Hat der ArbN Zugriff auf Gelder des ArbGeb können Vermögensdelikte auf fehlende Vertrauenswürdigkeit schließen lassen und damit die Fortsetzung des Arbeitsverhältnisses unzumutbar machen[3]. Wird ein Lehrer oder Erzieher wegen eines Körperverletzungs- oder Sittlichkeitsdeliktes gegenüber einem Kind verurteilt, ist ein wichtiger Grund gegeben[4]. Bei Sittlichkeitsdelikten eines Schulhausmeisters[5] oder Bauleiters[6] muss dagegen der Bezug zum Arbeitsverhältnis gesondert festgestellt werden, dazu noch unten Sittlichkeitsdelikte.

284 Darüber hinaus kann im öffentlichen Dienst auch bei im Privatbereich begangenen Straftaten ein wichtiger Grund vorliegen[7].

285 **Ehrverletzungen:** Eine üble Nachrede oder Verleumdung zum Nachteil des ArbGeb, seiner Repräsentanten oder anderer Arbeitskollegen ist grundsätzlich geeignet, eine außerordentliche Kündigung zu rechtfertigen[8]. Für Beleidigungen gilt dies nur, wenn sie grob, dh. besonders schwer sind und den Angesprochenen kränken. So bei einer bewussten und gewollten Ehrenkränkung aus gehässigen Motiven[9]. Eine Abmahnung ist dann entbehrlich. Beispiele sind die Gleichstellung eines Vorgesetzten mit einem der Hauptverantwortlichen des NS-Staates für die Massenvernichtung jüdischer Menschen[10], Vergleich der betrieblichen Verhältnisse mit den „Zuständen während der NS-Zeit"[11], Bezeichnung von Manager und Trainer eines Fußballvereins der 1. Bundesliga als „Diktatoren" durch einen Lizenzspieler in einem Fernsehinterview[12] oder der ausgeschmückte Vergleich des Unternehmens mit einem „Narrenschiff"[13]. Ebenso „Du altes A..."[14] oder Beschimpfung des ArbGeb als Betrüger, Gauner und Halsabschneider bei einer Geburtstagsfeier vor der versammelten Belegschaft[15].

286 Äußert sich ein ArbN in einem Gespräch unter Kollegen unwahr und ehrenrührig über seinen ArbGeb oder dessen Repräsentanten, liegt kein wichtiger Grund vor, wenn der ArbN nicht damit rechnen musste, dass seine Äußerungen dem ArbGeb mitgeteilt werden. Dies ist dann der Fall, wenn der Gesprächspartner die Vertraulichkeit der Unterhaltung ohne vernünftigen Grund missachtet[16]. Davon darf der ArbN aber dann nicht mehr ausgehen, wenn das Treffen unter den Arbeitskollegen einen dienstlichen Bezug hatte[17] oder wenn diese Äußerungen gegenüber der Geschäftsleitung gemacht wird, weil diese

---

[1] KR/*Fischermeier*, § 626 BGB Rz. 445; *Stahlhacke/Preis/Vossen*, Rz. 739 f.; aA *Däubler*ArbR 2, Rz. 1136 f.; MünchKomm/*Schwerdtner*, § 626 BGB Rz. 130 und 131 (einmaliger Spesenbetrug in geringer Höhe und anderen Fällen, in denen nur geringer Schaden eingetreten ist). Dazu noch im Folgenden. [2] BAG v. 16.10.1986 – 2 ABR 71/85, AP Nr. 95 zu § 626 BGB; ErfK/*Müller-Glöge*, § 626 BGB Rz. 148. [3] ErfK/*Müller-Glöge*, § 626 BGB Rz. 150. [4] LAG Berlin v. 15.12.1989 – 2 Sa 29/89, LAGE § 626 BGB Nr. 45; ErfK/*Müller-Glöge*, § 626 BGB Rz. 150. [5] LAG Nds. v. 27.6.1989 – 6 Sa 1407/88, AuR 1990, 130; ErfK/*Müller-Glöge*, § 626 BGB Rz. 150. [6] BAG v. 26.3.1992 – 2 AZR 519/91, AP Nr. 23 zu § 626 BGB – Verdacht strafbarer Handlung; ErfK/*Müller-Glöge*, § 626 BGB Rz. 150. [7] Zur a.o.K. BAG v. 8.6.2000 – 2 AZR 638/99, AP Nr. 163 zu § 626 BGB; zur o.K. BAG v. 20.11.1997 – 2 AZR 643/96, AP Nr. 43 zu § 1 KSchG 1969; ErfK/*Müller-Glöge*, § 626 BGB Rz. 150. [8] BAG v. 18.7.1957 – 2 AZR 121/55, AP Nr. 1 zu § 124a GewO; v. 21.1.1999 – 2 AZR 665/98, AP Nr. 151 zu § 626 BGB; v. 17.2.2000 – 2 AZR 927/98, RzK I 6e Nr. 20; v. 10.10.2002 – 2 AZR 418/01, AP Nr.-180 zu § 626 BGB; ErfK/*Müller-Glöge*, § 626 BGB Rz. 152. [9] BAG v. 18.7.1957 – 2 AZR 121/55, AP Nr. 1 zu § 124a GewO; v. 17.10.1980 – 7 AZR 687/78, nv.; v. 22.5.1982 – 7 AZR 155/80, nv.; v. 1.7.1999 – 2 AZR 676/98, AP Nr. 11 zu § 15 BBiG; ErfK/*Müller-Glöge*, § 626 BGB Rz. 152. [10] LAG Berlin v. 17.11.1980 – 9 Sa 69/80, AP Nr. 72 zu § 626 BGB; APS/*Dörner*, § 626 BGB Rz. 226. [11] BAG v. 9.8.1990 – 2 AZR 623/89, nv.; KR/*Fischermeier*, § 626 BGB Rz. 415. [12] ArbG Bielefeld v. 9.12.1997 – 1 Ca 1591/97, EzA § 626 BGB nF Nr. 172; APS/*Dörner*, § 626 BGB Rz. 226. [13] ArbG Wiesbaden v. 2.5.2001 – 3 Ca 33/01, NZA-RR 2001, 639. [14] ArbG Frankfurt v. 10.8.1998 – 15 Ca 9661/97, NZA-RR 1999, 85; APS/*Dörner*, § 626 BGB Rz. 226; aA (vorherige Abmahnung oder Vermittlungsversuch nötig) LAG Köln v. 4.7.1996 – 10 Sa 337/96, NZA-RR 1997, 171. [15] BAG v. 6.2.1997 – 2 AZR 38/96, AuR 1997, 210; KR/*Fischermeier*, § 626 BGB Rz. 415. [16] BAG v. 30.11.1972 – 2 AZR 79/72, AP Nr. 66 zu § 626 BGB; v. 23.5.1985 – 2 AZR 290/84, RzK I 6e Nr. 4; ErfK/*Müller-Glöge*, § 626 BGB Rz. 153; KR/*Fischermeier*, § 626 BGB Rz. 112. [17] BAG v. 17.2.2000 – 2 AZR 927/98, RzK I 6e Nr. 20; ErfK/*Müller-Glöge*, § 626 BGB Rz. 153; aA hinsichtl. Erwartung des Arbeitnehmers LAG Köln v. 18.4.1997 – 11 Sa 995/96, LAGE § 626 BGB Nr. 111, das allerdings auch annimmt, bloße Formalbeleidigungen kämen nicht als wichtiger Grund in Betracht; krit. dazu KR/*Fischermeier*, § 626 BGB Rz. 415.

angeprangerten „Missständen" nachgehen muss[1]. Weiter ist der ArbN nicht schutzwürdig, wenn er sich gegenüber betriebsfremden Personen oder einer größeren Zahl von Belegschaftsmitgliedern, die nicht zu seinen engeren Mitarbeitern gehören, abfällig über ArbGeb oder Vorgesetzte äußert[2]. Eine negative Zukunftsprognose ist nämlich nur dann auszuschließen, wenn die nachteiligen Auswirkungen auf das Arbeitsverhältnis Folge einer für den Gekündigten unerwarteten Entwicklung sind[3].

Kommt es im Zusammenhang mit einer Scheidung zu „unbedachten Äußerungen" gegenüber dem ArbGeb-Ehegatten, rechtfertigt dies in der Regel noch keine außerordentliche Kündigung[4]. Erst recht ist die Zerrüttung oder Scheidung der Ehe für sich genommen kein wichtiger Grund zur Kündigung durch den ArbGeb-Ehegatten[5]. **287**

Eigentumsdelikte: Ein Diebstahl des ArbN zum Nachteil des ArbGeb ist nach ständiger Rspr. ein wichtiger Grund[6]. Gleiches gilt, wenn der ArbN bei Gelegenheit eines Kundenbesuchs einen Kunden des ArbGeb bestiehlt[7] oder wenn der ArbN den Diebstahl außerhalb des Beschäftigungsbetriebes und der Arbeitszeit in einem anderen Betrieb des ArbGeb begeht[8]. **288**

Sekundär ist der Wert der entwendeten Sachen (Stück Bienenstich, Lippenstift etc.)[9], da eine Abgrenzung zwischen geringfügigen unbeachtlichen und beachtlichen Pflichtverletzungen kaum möglich ist. Vielmehr ist es eine von den Einzelfallumständen abhängende Wertungsfrage, ob eine bestimmte Vertragsverletzung und die daraus folgende Störung des Arbeitsverhältnisses als geringfügig anzusehen sind. Dementsprechend können der Verschuldensgrad und die Schadenshöhe erst im Rahmen der Interessenabwägung berücksichtigt werden, wobei auch hier ein strenger Maßstab gilt. So kann die Entwendung von Sachen im Wert von 8 Euro auch ohne Abmahnung für eine außerordentliche Kündigung genügen, wenn diese dem ArbN anvertraut wurden[10], da der ArbN in einem solchen Fall nicht mit der Billigung seines Verhaltens rechnen konnte (siehe hierzu oben Rz. 135 ff.). Die Mitnahme von Essen im Wert von ca. 5 Euro durch eine Küchenhilfe zum Eigenverbrauch ist zwar an sich wichtiger Grund, dem ArbGeb kann aber die Einhaltung der Kündigungsfrist ausnahmsweise zumutbar sein, wenn die Essensreste nicht weiterverwertet werden sollten und damit für ihn wirtschaftlich wertlos waren[11]. **289**

Begeht der ArbN in seiner Freizeit einen Diebstahl zu Lasten eines mit seinem ArbGeb im Konzern verbundenen Unternehmens, kann dies ein wichtiger Grund sein, sofern das Arbeitsverhältnis durch dieses Delikt zB insofern konkret beeinträchtigt wird, als der ArbGeb seinen ArbN für Einkäufe bei diesem Unternehmen einen Personalrabatt eingeräumt hat[12]. **290**

Führt der ArbGeb Ehrlichkeitskontrollen durch, indem er eine „Verführungssituation" schafft, sind die so ermittelten Tatsachen im Kündigungsschutzprozess verwertbar. Dem steht weder das Persönlichkeitsrecht des ArbN noch ein MitbestR des BR entgegen[13]. **291**

Entnimmt eine Kassenführerin in mehreren Fällen der Kasse Beträge iHv. 10 bis 15 Euro, um für Kollegen private Auslagen zu tätigen, und legt sie die Beträge nach ca. 2 Stunden wieder zurück, wird ein wichtiger Grund wegen Vertrauensverlustes nicht anzunehmen sein, soweit unredliche Absichten der Kassenführerin ausgeschlossen werden können[14]. **292**

Vermögensdelikte, falsche Abrechnung: Vermögensdelikte wie Betrug oder Untreue des ArbN zum Nachteil des ArbGeb sind typische wichtige Gründe[15]. Als solche kommen ua. in Betracht: **293**

- Manipulationen an der Kontrolluhr oder anderer Zeiterfassung: Diese sind jedenfalls dann wichtiger Grund, wenn sie zu einer unberechtigten Vergütung führen[16], so beim Verstellen der Kontrolluhr oder

---

1 BAG v. 10.10.2002 – 2 AZR 418/01, AP Nr. 180 zu § 626 BGB. |2 BAG v. 6.2.1997 – 2 AZR 38/96, RzK I 6a Nr. 146. |3 KR/*Fischermeier*, § 626 BGB Rz. 112. |4 ArbG Passau v. 14.9.1995 – 2 Ca 77/95 D, RzK I 6a Nr. 130; KR/*Fischermeier*, § 626 BGB Rz. 415. |5 BAG v. 9.2.1995, EzA § 1 KSchG – Personenbedingte Kündigung Nr. 12; KR/*Fischermeier*, § 626 BGB Rz. 415. |6 BAG v. 10.2.1999 – 2 ABR 31/98, AP Nr. 42 zu § 15 KSchG 1969; ErfK/*Müller-Glöge*, § 626 BGB Rz. 154. |7 LAG Köln v. 11.8.1998 – 3 Sa 100/98, LAGE § 626 BGB Nr. 121; ErfK/*Müller-Glöge*, § 626 BGB Rz. 154. |8 BAG v. 20.9.1984 – 2 AZR 633/82, AP Nr. 80 zu § 626 BGB; ErfK/*Müller-Glöge*, § 626 BGB Rz. 156. |9 BAG v. 17.5.1984 – 2 AZR 3/83, v. 3.4.1986 – 2 AZR 324/85 und v. 12.8.1999 – 2 AZR 923/98, AP Nr. 14, 18, 28 zu § 626 BGB – Verdacht strafbarer Handlung; APS/*Dörner*, § 626 BGB Rz. 275; ErfK/*Müller-Glöge*, § 626 BGB Rz. 156; krit. LAG Köln v. 30.9.1999 – 5 Sa 872/99, nv. (Briefumschläge im Wert von 0,03 DM); krit. MünchKomm/*Schwerdtner*, § 626 BGB Rz. 127 ff. |10 BAG v. 12.8.1999 – 2 AZR 923/98, AP Nr. 28 zu § 626 BGB – Verdacht strafbarer Handlung; KR/*Fischermeier*, § 626 BGB Rz. 281; aA ArbG Hamburg v. 21.9.1998 – 21 Ca 154/98, EzA § 1 KSchG – Verhaltensbedingte Kündigung Nr. 54; *Zuber*, NZA 1999, 1144. |11 *LAG Köln v. 24.8.1995 – 5 Sa 504/95*, LAGE § 626 BGB Nr. 86 bei einer Betriebszugehörigkeit von knapp 2 Jahren und zweiwöchiger Kündigungsfrist; APS/*Dörner*, § 626 BGB Rz. 281. |12 BAG v. 20.9.1984 – 2 AZR 233/83, AP Nr. 13 zu § 1 KSchG 1969 – Verhaltensbedingte Kündigung; ErfK/*Müller-Glöge*, § 626 BGB Rz. 151. |13 BAG v. 18.11.1999 – 2 AZR 743/98, AP Nr. 32 zu § 626 BGB – Verdacht strafbarer Handlung; ErfK/*Müller-Glöge*, § 626 BGB Rz. 151. Anders ist ggf. zu entscheiden, wenn unter Verletzung der Mitbestimmungsrechte technische Einrichtungen iSd. § 87 I Nr. 6 BetrVG eingesetzt werden (siehe dazu BAG v. 27.3.2003 – 2 AZR 51/02, NZA 2003, 1193). Auch ist § 6b BDSG zu beachten). |14 LAG Halle v. 29.9.1998 – 8 Sa 902/97, NZA-RR 1999, 473; ErfK/*Müller-Glöge*, § 626 BGB Rz. 155. |15 BAG v. 12.8.1999 – 2 AZR 923/98, AP Nr. 28 zu § 626 BGB – Verdacht strafbarer Handlung; ErfK/*Müller-Glöge*, § 626 BGB Rz. 157. |16 BAG v. 12.8.1999 – 2 AZR 832/98, AP Nr. 51 zu § 123 BGB; ErfK/*Müller-Glöge*, § 626 BGB Rz. 170.

dem heimlichen Verlassen des Betriebes nach dem Abstempeln[1]. Gleiches gilt für das Abstempeln der Anwesenheitskarte eines Kollegen, der zunächst noch seinen Pkw abstellen will, insb. dann, wenn sich durch die Verspätung des Kollegen der Betriebsablauf verzögert hat[2]. Dem gleichgestellt sind Veränderung der Zeitangaben auf der Stempelkarte[3] oder die Manipulation von Gleitzeitformularen[4].

- Benutzt ein ArbN einen Betriebs-Lkw/Pkw trotz ausdrücklichen Verbots zu privaten Zwecken, stellt der unbefugte Gebrauch des Kfz, § 248b StGB, einen wichtigen Grund dar[5].
- Spesenbetrug[6]: In einem solchen Fall bedarf es in der Regel keiner Abmahnung, da der ArbN in diesem spezifischen Vertrauensbereich im Allgemeinen keinen Anlass zur Annahme hat, sein Handeln werde gebilligt[7].

294 **Körperverletzungen**, vgl. *Betriebliche Ordnung* Unterpunkt *Tätlichkeiten*

295 **Nötigung, Erpressung:** In der Nötigung/Erpressung des ArbGeb durch den ArbN ist zugleich eine schwere Verletzung der Pflichten aus dem Arbeitsverhältnis zu sehen.

296 So stellt die Drohung mit einer Presseveröffentlichung zur „Luxemburg" – Praxis einer Bank, um die Rücknahme einer Versetzung zu erreichen, nach BAG[8] einen wichtigen Grund für eine außerordentliche Kündigung dar. Nichts anderes gilt für den Versuch, den ArbGeb zur Zurücknahme einer Abmahnung zu veranlassen, durch den nicht näher belegten Vorwurf, der ArbGeb habe schwerwiegende Fehlleistungen seines Chefarztes „hingenommen", ergänzt durch den „Hinweis" auf mögliche strafrechtliche Konsequenzen[9]. Erst recht ist es dem ArbN verwehrt, damit zu drohen, die Presse auf angebliche Missstände aufmerksam zu machen, obwohl keine gesetzwidrigen Zustände vorliegen und der ArbN dies durch rechtskundige Beratung hätte erkennen können[10].

297 **Sittlichkeitsdelikte:** Im dienstlichen Bereich begangene Sittlichkeitsdelikte sind in aller Regel wichtiger Grund, ohne dass eine vorherige Abmahnung nötig wäre.

298 Bei im Privatbereich begangenen Sittlichkeitsdelikten kommt es dagegen auf die dadurch entstandenen Beeinträchtigungen des Arbeitsverhältnisses an[11]. Bei Lehrern, Erziehern und anderen Pädagogen lassen solche Delikte meist Rückschlüsse auf deren (fehlende) Eignung zu[12]. So kann einem Kindergartenleiter außerordentlich gekündigt werden, wenn bei ihm kinderpornographische Bilddateien gefunden werden[13].

299 - **Strafhaft/Untersuchungshaft:** Hat der ArbN eine **Strafhaft** zu verbüßen, so kommt eine ordentliche oder außerordentliche personenbedingte Kündigung in Betracht. Ein wichtiger Grund liegt insoweit vor, wenn die Arbeitsverhinderung nach Art und Ausmaß für den ArbGeb unzumutbare, konkret nachteilige betriebliche Auswirkungen zeitigt[14] und diese nicht durch zumutbare Überbrückungsmaßnahmen beseitigt werden können[15]. Da der ArbGeb durch die Arbeitsverhinderung nicht per se wirtschaftlich belastet wird, weil der ArbN die dadurch bedingte Unmöglichkeit der Arbeitsleistung zu vertreten hat, schafft auch eine längere Strafhaft keine Vermutung für das Bestehen betrieblicher Auswirkungen. Letztere sind vom ArbGeb vielmehr jeweils konkret darzulegen. Soweit hier die Straftat selbst keine Auswirkungen auf das Arbeitsverhältnis hat (dazu oben Stichwort *Strafbare Handlung*), kommt praktisch nur in Betracht, dass der ArbGeb auf die sofortige Besetzung des Arbeitsplatzes angewiesen ist und ihm kurzfristige Überbrückungsmaßnahmen nicht möglich sind[16].

300 Der ArbGeb hat dabei das Seinige zur Vermeidung betrieblicher Auswirkungen zu tun. Die ihm zumutbaren Anstrengungen sind zwar nicht so groß wie bei einer krankheitsbedingten Abwesenheit des ArbN, dennoch soll der ArbGeb zB verpflichtet sein, dem ArbN durch einen Beschäftigungsnachweis zur Erlangung eines Freigängerstatuses zu verhelfen[17]. Dies gilt allerdings nur, wenn keine gegenwärtigen und zukünftigen Störungen zu besorgen sind. Dieser Umstand wird bei schwerwiegenden Straftaten schon aufgrund etwaiger negativer Reaktionen der anderen ArbN aber nur selten gegeben sein[18].

---

1 BAG v. 27.1.1977 – 2 ABR 77/76, AP Nr. 7 zu § 103 BetrVG 1972. | 2 BAG v. 23.1.1963 – 2 AZR 278/62, AP Nr. 8 zu § 124a GewO; ErfK/*Müller-Glöge*, § 626 BGB Rz. 170. | 3 LAG Hamm v. 20.2.1986 – 4 Sa 1288/85, DB 1986, 1338. | 4 BAG v. 13.8.1987 – 2 AZR 629/86, RzK I 5 i Nr. 31; ArbG Frankfurt v. 24.7.2001 – 5 Ca 6500/00, NZA-RR 2002, 133; APS/*Dörner*, § 626 BGB Rz. 267. | 5 BAG v. 9.3.1961 – 2 AZR 129/60, AP Nr. 26 zu § 123 GewO. | 6 BAG v. 2.6.1960 – 2 AZR 91/58, AP Nr. 42 zu § 626 BGB; v. 22.11.1962 – 2 AZR 42/62, AP Nr. 49 zu § 626 BGB; ErfK/*Müller-Glöge*, § 626 BGB Rz. 157. | 7 LAG Nds. v. 11.8.1977 – 6 Sa 1038/76, DB 1978, 749; APS/*Dörner*, § 626 BGB Rz. 278. | 8 BAG v. 11.3.1999 – 2 AZR 507/98, AP Nr. 149 zu § 626 BGB; ErfK/*Müller-Glöge*, § 626 BGB Rz. 161. | 9 BAG v. 14.11.1984 – 7 AZR 133/83, AP Nr. 89 zu § 626 BGB; APS/*Dörner*, § 626 BGB Rz. 194. | 10 LAG Köln v. 10.6.1994 – 13 Sa 237/94, LAGE § 626 BGB Nr. 78; *v. Hoyningen-Huene/Linck*, § 1 KSchG Rz. 313 a. | 11 BAG v. 26.3.1992 – 2 AZR 519/91, AP Nr. 23 zu § 626 BGB – Verdacht strafbarer Handlung; ErfK/*Müller-Glöge*, § 626 BGB Rz. 162. | 12 BAG v. 23.9.1976 – 2 AZR 309/75, AP Nr. 1 zu § 1 KSchG 1969 – Wartezeit. | 13 ArbG Braunschweig v. 22.1.1999 – 3 Ca 370/98, NZA-RR 1999, 192; ErfK/*Müller-Glöge*, § 626 BGB Rz. 162. | 14 BAG v. 15.11.1984 – 2 AZR 613/83, AP Nr. 87 zu § 626 BGB; v. 22.9.1994, AP Nr. 25 zu § 1 KSchG 1969; ErfK/*Müller-Glöge*, § 626 BGB Rz. 173; aA (verhaltensbedingter Kündigungsgrund) *Sieg*, SAE 1986, 8 f. | 15 BAG v. 9.3.1995 – 2 AZR 497/94, AP Nr. 123 zu § 626 BGB; ErfK/*Müller-Glöge*, § 626 BGB Rz. 173. | 16 BAG v. 15.11.1984 – 2 AZR 613/83, AP Nr. 87 zu § 626 BGB; ErfK/*Müller-Glöge*, § 626 BGB Rz. 173. | 17 BAG v. 9.3.1995 – 2 AZR 497/94, AP Nr. 123 zu § 626 BGB; ErfK/*Müller-Glöge*, § 626 BGB Rz. 174. | 18 Vgl. APS/*Dörner*, § 626 BGB Rz. 317.

Nach einer Entscheidung des LAG Berlin[1], folgt aus der gesetzgeberischen Wertung des § 53 Abs. 1 Nr. 1 BZRG, dass sich der Verurteilte als unbestraft bezeichnen darf und den der Verurteilung zugrunde liegenden Sachverhalt nicht zu offenbaren braucht, weil die Verurteilung nicht in das Führungszeugnis aufzunehmen ist. Dementsprechend dürfe der ArbGeb eine solche Verurteilung auch nicht zum Anlass einer außerordentlichen Kündigung wegen Nichteigung des ArbN nehmen. **301**

Sitzt der ArbN in **Untersuchungshaft**, kann ein wichtiger Grund nur gegeben sein, wenn der ArbN durch diese bereits bei Ausspruch der Kündigung eine verhältnismäßig erhebliche Zeit an der Arbeit verhindert war[2]. Auch müssen sich wie oben bei der Strafhaft konkrete Auswirkungen auf das Arbeitsverhältnis ergeben[3]. Ob eine verhältnismäßig erhebliche Zeit vorliegt, richtet sich nach der Dauer der Betriebszugehörigkeit. Eine Abwesenheit von einem Monat ist in jedem Fall erheblich. Umgekehrt sind bei schwerwiegenden strafrechtlichen Vorwürfen betriebliche Auswirkungen nicht deshalb ausgeschlossen, weil das Verfahren mangels Beweises eingestellt wird[4]. **302**

• **Streikteilnahme**, vgl. unter *Arbeitspflichtverletzung/Arbeitsverweigerung* **303**

• **Tod des ArbGeb:** Der Tod des ArbGeb berührt den Bestand des Arbeitsverhältnisses nicht, wenn nicht ausnahmsweise die Arbeitsleistung am ArbGeb (zB Krankenpfleger) zu erbringen ist[5]. Auch für die Erben ergibt sich aus dem Todesfall kein außerordentlicher Kündigungsgrund[6]. Etwas anderes gilt bei einem „Nur"-Notar[7], da hier das Arbeitsverhältnis untrennbar mit der höchstpersönlichen Befugnis zur Ausübung des Amtes verbunden ist. **304**

• **Trunkenheit/Rausch/Alkoholismus: Alkoholmissbrauch:** Ein nicht auf Alkoholismus beruhender Alkoholkonsum rechtfertigt nur bei Vorliegen besonderer Umstände eine außerordentliche Kündigung. Davon unberührt bleibt, dass der ArbN eine Nebenpflichtverletzung begeht, wenn er sich in einen Zustand versetzt, in dem er die geschuldete Arbeitsleistung nicht mehr erbringen kann. Dann schafft er zumindest einen verhaltensbedingten Grund für eine ordentliche Kündigung. Insbesondere bei in sicherheitsrelevanten Bereichen tätigen ArbN begründet schon eine sehr geringe Alkoholmenge eine solche Nebenpflichtverletzung[8]. **305**

Für eine außerordentliche Kündigung muss der ArbGeb folglich nicht nur darlegen und beweisen, dass der ArbN alkoholbedingt nicht mehr in der Lage war, seine arbeitsvertraglichen Verpflichtungen ordnungsgemäß zu erfüllen[9], sondern auch, dass die alsbaldige Beendigung des Arbeitsverhältnisses unverzichtbar erscheint. Solche Umstände sind gegeben bei Uneinsichtigkeit des ArbN nach früheren Vorfällen und vergeblichen Abmahnungen, bei unverantwortlichen Handlungen im alkoholisierten Zustand sowie bei besonderen betrieblichen Gefahrenlagen[10]. Daher ist bei Berufskraftfahrern Trunkenheit am Steuer während einer beruflich veranlassten Fahrt wichtiger Grund[11]. Auch leitende Angestellte unterliegen aufgrund ihrer Vorbildfunktion erhöhten Anforderungen. Ihnen kann auch ohne vorherige Abmahnung außerordentlich gekündigt werden, wenn sie einem Alkoholverbot zuwider handeln oder wenn sie während der Bürozeiten in für die übrigen Betriebsangehörigen auffälligem Umfang Alkohol zu sich nehmen, so dass diese daran Anstoß nehmen[12]. **306**

Dagegen begründet bei einem Zeitungszusteller (BR-Mitglied) auch der mehrfache Konsum von Haschisch keinen wichtigen Grund, wenn dieser keine nachteiligen Auswirkungen auf die Arbeitsleistung hat[13]. **307**

Schwierigkeiten kann hierbei der Nachweis der Alkoholisierung bereiten. Aus Art. 2 Abs. 2 Satz 1 GG ergibt sich, dass der ArbN nicht zu einem Alkoholtest gezwungen werden kann. Weigert sich der ArbN aber, an einem Alkoholtest mitzuwirken, um den Verdacht der Alkoholisierung auszuräumen, ist es nach § 286 ZPO ausreichend, dass der ArbGeb die Indizien der Alkoholisierung wie zB Alkoholfahne, lallende Sprache, schwankender Gang, aggressives Verhalten, darlegen und beweisen kann[14]. **308**

Alkoholismus: Alkoholismus ist der zur Trunksucht gesteigerte Alkoholkonsum. Dieser ist als Krankheit anzusehen und unterliegt den Grundsätzen der krankheitsbedingten, sprich personenbedingten **309**

---

1 LAG Berlin v. 22.3.1996 – 6 Sa 15/96, NZA-RR 1997, 7; APS/*Dörner*, § 626 BGB Rz. 82. | 2 BAG v. 10.6.1965 – 2 AZR 339/64, AP Nr. 17 zu § 519 ZPO; APS/*Dörner*, § 626 BGB Rz. 315. | 3 BAG v. 20.11.1997 – 2 AZR 805/96, RzK I 6a Nr. 154; KR/*Fischermeier*, § 626 BGB Rz. 451. | 4 LAG Nürnberg v. 23.5.1958 – Sa 68/58/VN, DB 1958, 1188; KR/*Fischermeier*, § 626 BGB Rz. 451. | 5 KR/*Fischermeier*, § 626 BGB Rz. 151. | 6 ErfK/*Müller-Glöge*, § 626 BGB Rz. 191. | 7 BAG v. 2.5.1958 – 2 AZR 607/57, AP Nr. 20 zu § 626 BGB; KR/*Fischermeier*, § 626 BGB Rz. 151; vgl. auch BAG v. 26.8.1999 – 8 AZR 827/98, AP Nr. 197 zu § 613a BGB. | 8 BAG v. 26.1.1995 – 2 AZR 649/94, AP Nr. 34 zu § 1 KSchG – Verhaltensbedingte Kündigung; ErfK/*Müller-Glöge*, § 626 BGB Rz. 163 ff. (165). | 9 Insoweit zur Darlegungs- und Beweislast: BAG v. 26.1.1995 – 2 AZR 649/94, AP Nr. 34 zu § 1 KSchG 1969 – Verhaltensbedingte Kündigung; ErfK/*Müller-Glöge*, § 626 BGB Rz. 168. | 10 ErfK/*Müller-Glöge*, § 626 BGB Rz. 165. | 11 BAG v. 12.1.1956 – 2 AZR 117/54; AP Nr. 5 zu § 123 GewO; v. 23.9.1986 – 1 AZR 83/85, AP Nr. 20 zu § 75 BPersVG; LAG Nürnberg v. 17.12.2002 – 6 Sa 480/01, NZA-RR 2003, 301 (0,46 ‰ bei Unfall); ErfK/*Müller-Glöge*, § 626 BGB Rz. 166; KR/*Fischermeier*, § 626 BGB Rz. 407. | 12 LAG Düsseldorf v. 20.12.1955 – 4 Sa 591/55, DB 1956, 332; ErfK/*Müller-Glöge*, § 626 BGB Rz. 164. | 13 LAG BW v. 19.10.1993 – 11 TaBV 9/93, LAGE § 626 BGB Nr. 76; KR/*Fischermeier*, § 626 BGB Rz. 407. | 14 BAG v. 26.1.1995 – 2 AZR 649/94, AP Nr. 34 zu § 1 KSchG – Verhaltensbedingte Kündigung; ErfK/*Müller-Glöge*, § 626 BGB Rz. 163 ff. (165).

BGB § 626 Rz. 310 Fristlose Kündigung aus wichtigem Grund

Kündigung[1]. Danach kommt eine außerordentliche Kündigung nur ausnahmsweise in Betracht, insb. wenn der ArbN ordentlich unkündbar ist (vgl. dazu Gliederungspunkt *Arbeitsunfähigkeit/Krankheit*). Auch können sich für den ArbGeb unzumutbare betriebliche Störungen ergeben, falls durch die Beschäftigung des ArbN das äußere Erscheinungsbild des Unternehmens leidet[2]. Darüber hinaus stellt es einen verhaltensbedingten wichtigen Grund dar, wenn ein ArbN nach erfolgreicher Entziehungskur erneut rückfällig wird und es zudem zu alkoholbedingten Störungen des Arbeitsverhältnisses kommt[3].

310 • **Unentschuldigtes Fehlen:** Unentschuldigtes Fehlen ist ein wichtiger Grund, wenn es nach erfolgloser Abmahnung den Grad einer beharrlichen Arbeitsverweigerung erreicht[4] (vgl. oben Gliederungspunkt *Arbeitspflichtverletzung/Arbeitsverweigerung* sowie *Selbstbeurlaubung/Urlaubsüberschreitung*).

311 Das Erschleichen einer Arbeitsbefreiung durch Täuschung tangiert den Vertrauensbereich (vgl. hierzu Gliederungspunkt *Strafbare Handlung/Vermögensdelikte*).

312 • **Unpünktlichkeit:** Unpünktlichkeit des ArbN stellt einen wichtigen Grund dar, soweit die Verspätungen den Grad einer beharrlichen Arbeitsverweigerung erreichen. Dies ist der Fall, wenn das Zuspätkommen trotz Abmahnung wiederholt erfolgt und sich daraus der nachhaltige Wille des ArbN ergibt, den vertraglichen Verpflichtungen nicht oder nicht ordnungsgemäß nachkommen zu wollen[5].

313 Keine notwendige Voraussetzung ist, dass neben der Unpünktlichkeit noch konkrete negative Beeinträchtigungen des Arbeitsverhältnisses festgestellt wurden. Bereits der Verzug des ArbN mit seiner Arbeitspflicht führt zu einer rechtserheblichen konkreten Störung des Arbeitsverhältnisses im Leistungsbereich, da der ArbN die geschuldete Arbeitsleistung jedenfalls nicht zur rechten Zeit (§ 271) erbringt[6]. Deshalb ist es auch unerheblich, wenn der ArbGeb im Rahmen der BR-Anhörung nach § 102 BetrVG nicht eigens auf die betriebstypischen Störungen des Zuspätkommens hingewiesen hat[7]. Bestehen aber über den Leistungsbereich hinausgehende Störungen der betrieblichen Verbundenheit (Betriebsordnung, Betriebsfrieden, Betriebsgefährdungen oder -ablaufstörungen), dann ist dies bei der Interessenabwägung im Rahmen des § 626 zu Lasten des ArbN zu berücksichtigen.

314 Zu Manipulationen bei der Arbeitszeiterfassung, siehe Gliederungspunkt *Strafbare Handlung/Vermögensdelikte*.

315 • **Verschuldung des ArbN:** Schulden des ArbN und dadurch bedingten Lohnpfändungen stellen nur dann einen wichtigen Grund dar, wenn dieses außerdienstliche Verhalten Auswirkungen auf das Arbeitsverhältnis hat, insb. weil bei einem ArbN in einer besonderen Vertrauensstellung Zweifel an dessen persönlicher Eignung entstehen[8] (dazu oben Gliederungspunkt *Außerdienstliches Verhalten*).

316 • **Verschwiegenheitspflicht**, vgl. *Betriebs- und Geschäftsgeheimnisse*

317 • **Wettbewerbsverbot:** Aus der Rücksichtnahme- bzw. Treuepflicht des ArbN ergibt sich, dass das in § 60 Abs. 1 HGB enthaltene Wettbewerbsverbot für alle ArbN einschließlich der Auszubildenden und Mitarbeiter in freien Berufen analog gilt[9]. Danach ist dem ArbN jede Tätigkeit verboten, die für den ArbGeb Konkurrenz bedeutet[10], entweder weil der ArbN im Handelszweig des ArbGeb ein Handelsgewerbe betreibt oder weil er im Handelszweig des ArbGeb für eigene oder fremde Rechnung Geschäfte macht[11]. Sollte der ArbN gegen ein Wettbewerbsverbot verstoßen, stellt dies in der Regel einen wichtigen Grund dar[12], wenn nicht ausnahmsweise der ArbN aus vertretbaren Gründen annehmen durfte, sein Verhalten sei nicht vertragswidrig bzw. werde vom ArbGeb jedenfalls nicht als erhebliches,

---

1 BAG v. 14.11.1984 – 7 AZR 174/83, AP Nr. 88 zu § 626 BGB; v. 9.4.1987 – 2 AZR 210/86, AP Nr. 18 zu § 1 KSchG 1969 – Krankheit; v. 13.12.1990 – 2 AZR 336/90, EzA § 1 KSchG – Krankheit Nr. 33; v. 16.9.1999 – 2 AZR 123/99, AP Nr. 159 zu § 626 BGB; ErfK/*Müller-Glöge*, § 626 BGB Rz. 169. |2 BAG v. 30.4.1987 – 6 AZR 644/84, AP Nr. 2 zu § 1 TVG – Ausbildungsverhältnis; ErfK/*Müller-Glöge*, § 626 BGB Rz. 169. |3 BAG v. 7.12.1989 – 2 AZR 134/89, AiB 1991, 278; ErfK/*Müller-Glöge*, § 626 BGB Rz. 169; KR/*Fischermeier*, § 626 BGB Rz. 134; aA LAG Hamm v. 15.1.1999 – 10 Sa 1235/98, NZA 1999, 1221. |4 BAG v. 24.11.1983 – 2 AZR 327/82, AP Nr. 76 zu § 626 BGB; v. 16.3.2000 – 2 AZR 75/99, AP Nr. 114 zu § 102 BetrVG 1972; ErfK/*Müller-Glöge*, § 626 BGB Rz. 172. |5 BAG v. 17.3.1988 – 2 AZR 576/87, AP Nr. 99 zu § 626 BGB; ErfK/*Müller-Glöge*, § 626 BGB Rz. 171. |6 BAG v. 17.3.1988 – 2 AZR 576/87, AP Nr. 99 zu § 626 BGB; v. 17.1.1991 – 2 AZR 375/90, AP Nr. 25 zu § 1 KSchG 1969 – Verhaltensbedingte Kündigung; APS/*Dörner*, § 626 BGB Rz. 215. |7 BAG v. 27.2.1997 – 2 AZR 302/96, AP Nr. 36 zu § 1 KSchG 1969 – Verhaltensbedingte Kündigung; ErfK/*Müller-Glöge*, § 626 BGB Rz. 171. |8 BAG v. 29.8.1980 – 7 AZR 726/77, nv.; v. 4.11.1981 – 7 AZR 264/79, AP Nr. 4 zu § 1 KSchG 1969 – Verhaltensbedingte Kündigung; v. 15.10.1992 – 2 AZR 188/92, EzA § 1 KSchG – Verhaltensbedingte Kündigung Nr. 45; ErfK/*Müller-Glöge*, § 626 BGB Rz. 189. |9 BAG v. 16.1.1975 – 3 AZR 72/74, AP Nr. 8 zu § 60 HGB; v. 16.6.1976 – 3 AZR 73/75, AP Nr. 8 zu § 611 BGB – Treuepflicht; v. 21.11.1996 – 2 AZR 852/95, EzA § 626 BGB nF Nr. 162; APS/*Dörner*, § 626 BGB Rz. 290; ErfK/*Müller-Glöge*, § 626 BGB Rz. 125. |10 BAG v. 25.5.1970 und v. 24.4.1970 – 3 AZR 324 und 384/69, AP Nr. 5 und 4 zu § 60 HGB; v. 26.1.1995 – 2 AZR 355/94, RzK I 6a Nr. 116. |11 BAG v. 25.5.1970 – 3 ARZ 384/69 und v. 7.9.1972 – 2 AZR 486/71, AP Nr. 4 und 7 zu § 60 HGB. |12 BAG v. 30.1.1963 – 2 AZR 319/62, AP Nr. 3 zu § 60 HGB; v. 26.8.1976 – 2 AZR 377/75, AP Nr. 68 zu § 626 BGB; v. 6.8.1987 – 2 AZR 226/87, AP Nr. 97 zu § 626 BGB; v. 21.11.1996, EzA § 626 BGB nF Nr. 162; BGH v. 6.10.1983 – I ZR 127/81, DB 1984, 289; v. 19.10.1987 – II ZR 97/87, AP Nr. 33 zu § 611 BGB – Konkurrenzklausel; ErfK/*Müller-Glöge*, § 626 BGB Rz. 126; *Gaul*, BB 1984, 346; KR/*Fischermeier*, § 626 BGB Rz. 460.

den Bestand des Arbeitsverhältnisses gefährdendes Fehlverhalten angesehen. Dann bedarf es einer vorherigen Abmahnung[1].

Als unzulässige Konkurrenztätigkeit wurde zB der Handel eines beim Autohersteller beschäftigten ArbN mit Jahreswagen angesehen, weil der Autohersteller über sein Vertriebsnetz ebenfalls im Gebrauchtwagenhandel tätig ist[2]. Ebenso unzulässig ist die Tätigkeit einer Reisekauffrau, die neben ihrer Tätigkeit als ArbN in einem Reisebüro gewerblich eigene Reisen vermittelt und dafür in der Tagespresse öffentlich wirbt[3]. Auch darf der ArbN nicht bei seinem ArbGeb beschäftigte Mitarbeiter[4] oder Kunden[5] abwerben, um im Zusammenwirken mit einem Dritten einen Konkurrenzbetrieb zum Unternehmen seines ArbGeb aufzubauen. Gleiches gilt, wenn man einem vertragsbrüchig gewordenen Arbeitskollegen (als potentiellem neuen ArbGeb) bei seiner konkurrierenden Tätigkeit hilft[6]. 318

Keine Konkurrenztätigkeit stellen dagegen Geschäfte dar, die der ArbN (als Anbieter oder Abnehmer) mit dem ArbGeb abschließt, da diese sich nicht (auf gleicher Stufe) im Wettbewerb vollziehen[7]. 319

Von einem Verstoß gegen das Wettbewerbsverbot ist auch eine noch zulässige Vorbereitungshandlung für eine erst zukünftige Konkurrenztätigkeit nach einer späteren Beendigung des Arbeitsverhältnisses abzugrenzen. Besteht nicht ausnahmsweise ein nachvertragliches Wettbewerbsverbot (§ 74 HGB) sind demnach Vorbereitungshandlungen zulässig, durch die zunächst nur die formalen und organisatorischen Voraussetzungen für das geplante eigene Handelsunternehmen geschaffen werden. Durch solche interne Maßnahmen wird noch nicht in die Geschäfts- oder Wettbewerbsinteressen des ArbGeb eingegriffen[8]. Entscheidend hierfür ist vielmehr, dass ein dem ArbGeb später Konkurrenz zu machen, nach außen gegenüber den Geschäftspartnern des ArbGeb hervorgetreten ist. Kündigungsrechtlich relevant ist demnach das Vorfühlen bei Kunden, die Beteiligung und damit verbundene Förderung eines Konkurrenzunternehmens sowie jede weitere konkurrierende Tätigkeit im eigenen oder fremden Namen[9]. Erlaubt dagegen sind zB das Abschließen eines neuen Arbeitsvertrags für die Zeit nach dem Ausscheiden oder das Anmieten von Räumen für das noch zu gründende Unternehmen[10]. Ebenfalls noch Vorbereitungshandlung soll der Abschluss eines Franchisevertrages zwischen dem Angestelltem und einem Konkurrenten des ArbGeb sein[11]. 320

Das Wettbewerbsverbot besteht für die rechtliche Dauer des Arbeitsverhältnisses und endet nicht vorzeitig durch Suspendierung[12]. Der ArbN ist selbst dann noch an das Wettbewerbsverbot gebunden, wenn der ArbGeb eine unwirksame außerordentliche Kündigung ausspricht, deren Wirksamkeit der ArbN bestreitet[13]. Der ArbGeb verhält sich insoweit nicht widersprüchlicher als der ArbN, der den Fortbestand des Arbeitsverhältnisses behauptet, gleichzeitig aber für sich in Anspruch nimmt, nicht gegen das Wettbewerbsverbot zu verstoßen. Der ArbN läuft dann Gefahr einen wichtigen Grund für eine weitere außerordentliche Kündigung zu geben, wenn ihm unter Berücksichtigung der besonderen Umstände des konkreten Einzelfalles ein Verschulden anzulasten ist. 321

4. Außerordentliche Kündigung durch den ArbN. a) Allgemeines. Für die Rechtfertigung einer außerordentlichen Kündigung durch den ArbN gelten die gleichen Grundsätze wie für die Kündigung seitens des ArbGeb[14]. Daher ist uU auch für die Kündigung durch den ArbN eine vorherige Abmahnung erforderlich[15]. Dies ergibt sich daraus, dass der ArbN an den Grundsatz „pacta sunt servanda" ebenso gebunden ist wie der ArbGeb. Zwar ist der ArbGeb aus sozialen Gründen in seinem ordentlichen Kündigungsrecht beschränkt. Aus der sozialen Schutzbedürftigkeit folgt aber nicht die Notwendigkeit, dem ArbN zu gestatten, sich über vertragliche Vereinbarungen hinwegzusetzen. 322

---

[1] BAG v. 16.8.1990 – 2 AZR 113/90, AP Nr. 10 zu § 611 BGB – Treuepflicht; v. 7.10.1993 – 2 AZR 226/93, AP Nr. 114 zu § 626 BGB; v. 14.2.1996 – 2 AZR 274/95, AP Nr. 26 zu § 626 BGB – Verdacht strafbarer Handlung; ErfK/*Müller-Glöge*, § 626 BGB Rz. 126. |[2] BAG v. 15.3.1990 – 2 AZR 484/89, RzK I 5i Nr. 60; ErfK/*Müller-Glöge*, § 626 BGB Rz. 127. |[3] LAG Rh.-Pf. v. 1.12.1997 – 9 Sa 949/97, NZA-RR 1998, 496; APS/*Dörner*, § 626 BGB Rz. 291. |[4] BAG v. 30.1.1963 – 2 AZR 319/62, AP Nr. 3 zu § 60 HGB; KR/*Fischermeier*, § 626 BGB Rz. 460. |[5] BAG v. 24.4.1970 – 3 AZR 324/69, EzA § 60 HGB Nr. 3; KR/*Fischermeier*, § 626 BGB Rz. 460. |[6] BAG v. 16.1.1975 – 3 AZR 72/74, AP Nr. 8 zu § 60 HGB; v. 21.11.1996 – 2 AZR 852/95, EzA § 626 BGB nF Nr. 162; KR/*Fischermeier*, § 626 BGB Rz. 460. |[7] BAG v. 3.5.1983 – 3 AZR 62/81, AP Nr. 10 zu § 60 HGB; ErfK/*Müller-Glöge*, § 626 BGB Rz. 127. |[8] BAG v. 30.5.1978 – 2 AZR 598/76, AP Nr. 9 zu § 60 HGB. |[9] BAG v. 16.1.1975 – 3 AZR 72/74, AP Nr. 8 zu § 60 HGB = DB 1975, 1705; v. 28.9.1989 – 2 AZR 97/89, RzK I 6a Nr. 58; LAG Köln v. 19.1.1996 – 11 (13) Sa 907/95, LAGE § 626 BGB Nr. 93; APS/*Dörner*, § 626 BGB Rz. 292. |[10] BAG v. 12.5.1972 – 3 AZR 401/71, AP Nr. 6 zu § 60 HGB = DB 1972, 1831; ErfK/*Müller-Glöge*, § 626 BGB Rz. 128. |[11] BAG v. 30.5.1978 – 2 AZR 598/76, AP Nr. 9 zu § 60 HGB = NJW 1979, 335; ErfK/*Müller-Glöge*, § 626 BGB Rz. 129. |[12] BAG v. 17.10.1969 – 3 AZR 442/68, AP Nr. 7 zu § 611 BGB – Treuepflicht; v. 30.5.1978 – 2 AZR 598/76, AP Nr. 9 zu § 60 HGB; ErfK/*Müller-Glöge*, § 626 BGB Rz. 125. |[13] BAG v. 25.4.1991 – 2 AZR 624/90, AP Nr. 104 zu § 626 BGB; *Ascheid*, Rz. 146; KR/*Fischermeier*, § 626 BGB Rz. 462; aA (nur wenn ArbGeb Karenzentschädigung zahlt, analog §§ 74 II, 75 HGB) LAG Köln v. 4.7.1995 – 9 Sa 484/95, LAGE § 60 HGB Nr. 4; *Hoß*, DB 1997, 1818 ff. |[14] BAG v. 25.7.1963 – 2 AZR 510/62, AP Nr. 1 zu § 448 ZPO; v. 19.6.1967 – 2 AZR 287/66, AP Nr. 1 zu § 124 GewO; ErfK/*Müller-Glöge*, § 626 BGB Rz. 193; aA (Arbeitnehmer-Kündigung unterliegt geringeren Anforderungen) Erman/*Belling*, § 626 BGB Rz. 85; KDZ/*Däubler*, Rz. 177; MünchKomm/*Schwerdtner*, § 626 BGB Rz. 159. |[15] BAG v. 19.6.1967 – 2 AZR 287/66, EzA § 124 GewO Nr. 1; v. 9.9.1992 – 2 AZR 142/92, insoweit nv.; LAG Hamm v. 18.6.1991 – 1 Sa 527/91, LAGE § 626 BGB Nr. 59; ErfK/*Müller-Glöge*, § 626 BGB Rz. 193.

BGB § 626 Rz. 323   Fristlose Kündigung aus wichtigem Grund

323   Der ArbGeb kann die Unwirksamkeit der Kündigung durch Feststellungsklage gem. § 256 ZPO geltend machen. Ein Rechtsschutzinteresse dafür ist in der Regel zu bejahen[1].

324   Der ArbGeb kann die unmissverständliche, definitive außerordentliche Kündigung des ArbN aber auch akzeptieren. In diesen Fall handelt der ArbN rechtsmissbräuchlich, will er sich später selbst auf die Unwirksamkeit seiner Kündigung berufen (venire contra factum proprium)[2].

325   **b) Einzelne Fallgruppen (in alphabetischer Reihenfolge)**

326   ● **Äquivalenzstörung:** UU kann eine Äquivalenzstörung einen wichtigen Grund abgeben. So wenn das überwiegend aus Provisionen gespeiste Einkommen eines Handlungsreisenden trotz unvermindertem Arbeitseinsatz aufgrund geändertem ArbGebVerhalten (Werbung) dermaßen zurückgeht, dass der ArbN damit seinen Lebensunterhalt nicht mehr bestreiten kann und der ArbGeb eine angemessene Anpassung verweigert[3] bzw. er vom ArbN erfolglos abgemahnt wurde[4].

327   ● **Arbeitsplatzwechsel:** Der Wunsch des ArbN, sich beruflich zu verändern, stellt keinen wichtigen Grund dar, der es rechtfertigt, das Arbeitsverhältnis vor Ablauf der ordentlichen Kündigungsfrist zu beenden[5]. Der ArbGeb muss auch keiner vorzeitigen Vertragsauflösung zustimmen, nur weil der ArbN bei einem neuen ArbGeb seine berufliche Stellung und/oder sein Einkommen verbessern kann[6]. Nur unter ganz außergewöhnlichen Umständen, wenn keine erheblichen Belange des ArbGeb auf dem Spiel stehen, kann Letzteres nach Treu und Glauben anders zu beurteilen sein[7]. Entsprechendes gilt für die eilige Annahme eines kurzfristig gemachten Studienplatzangebots. Dies gilt auch, wenn der ArbN ansonsten auf den Studienplatz verzichten müsste[8].

328   ● **Arbeitsschutz:** Missachtet der ArbGeb zwingende Arbeitsschutzbestimmungen, dann stellt dies einen wichtigen Grund dar, falls der ArbN den ArbGeb erfolglos abgemahnt hat. Eine Abmahnung ist entbehrlich, wenn der ArbGeb von vornherein zu erkennen gegeben hat, dass er seine Praxis nicht ändern will. Ein wichtiger Grund ist ua. gegeben, wenn der ArbGeb wiederholt Mehrarbeit über die zulässigen Grenzen des Arbeitszeitrechts hinaus verlangt. Dies gilt auch, soweit der ArbN zunächst den Anordnungen des ArbGeb nachgekommen ist[9].

329   ● **Beschäftigungspflicht, Versetzung, Umsetzung:** Verletzt der ArbGeb schuldhaft seine Pflicht zur Beschäftigung des ArbN zB durch eine unberechtigte Suspendierung, dann kann der ArbN sein Arbeitsverhältnis nach erfolgloser Abmahnung aus wichtigem Grund kündigen[10]. Eventuell genügt hierfür schon der Entzug wesentlicher Aufgaben (Teilsuspendierung), wenn die Anordnung des ArbGeb für den ArbN kränkend ist[11].

330   ● **Eheschließung:** Eine beabsichtigte Eheschließung kann keine außerordentliche Kündigung begründen[12]. Dies gilt auch, wenn die Eheschließung mit einem sofortigen Umzug verbunden werden soll[13]. Dass die Entwicklung für den ArbN nicht vorausehbar war und er deswegen in einen unzumutbaren Interessenkonflikt geraten kann[14], ist kaum vorstellbar[15].

331   ● **Ehrverletzung:** Grobe Beleidigungen durch den ArbGeb stellen einen wichtigen Grund dar. Hierfür genügt es, wenn der ArbGeb eine ordentliche Kündigung in beleidigender Weise begründet. Auch eine unberechtigte Verdächtigung kann abhängig von den Umständen des Einzelfalls eine außerordentliche Kündigung begründen, selbst dann wenn für den Verdacht gewisse Anhaltspunkte sprachen[16].

332   ● **Krankheit des ArbN:** Eine zur Arbeitsunfähigkeit führende Krankheit des ArbN kann in der Regel keine außerordentliche Kündigung rechtfertigen, da dem ArbN mangels Arbeitspflicht zugemutet werden kann, die ordentlichen Kündigungsfrist einzuhalten. Lediglich wenn für den ArbN eine Rück-

---

1 BAG v. 20.3.1986 – 2 AZR 296/85, AP Nr. 9 zu § 256 ZPO 1977; v. 24.10.1996 – 2 AZR 845/95, AP Nr. 37 zu § 256 ZPO 1977; KR/*Fischermeier*, § 626 BGB Rz. 464. |2 BAG v. 4.12.1997 – 2 AZR 799/96, AP Nr. 141 zu § 626 BGB; v. 5.12.2002 – 2 AZR 478/01, AP Nr. 63 zu § 123 BGB; KR/*Fischermeier*, § 626 BGB Rz. 463; aA LAG Berlin v. 23.3.1989 – 14 Sa 10/89, BB 1989, 1121; LAG Hamm v. 17.2.1995 – 10 Sa 1126/94, nv.; APS/*Dörner*, § 626 BGB Rz. 396; *Singer*, NZA 1998, 1309 ff. |3 MünchKomm/*Schwerdtner*, § 626 BGB Rz. 160. |4 LAG BW v. 24.7.1969 – 4 Sa 42/69, BB 1969, 1312; ErfK/*Müller-Glöge*, § 626 BGB Rz. 195. |5 BAG v. 17.10.1969 – 3 AZR 442/68, AP Nr. 7 zu § 611 BGB – Treuepflicht; v. 1.10.1970 – 2 AZR 542/69, AP Nr. 59 zu § 626 BGB; ErfK/*Müller-Glöge*, § 626 BGB Rz. 194; KR/*Fischermeier*, § 626 BGB Rz. 152. |6 BAG v. 17.10.1969 – 3 AZR 442/68, AP Nr. 7 zu § 611 BGB – Treuepflicht; ErfK/*Müller-Glöge*, § 626 BGB Rz. 194. |7 KR/*Fischermeier*, § 626 BGB Rz. 152; offen gelassen von BAG v. 1.10.1970 – 2 AZR 542/69, AP Nr. 59 zu § 626 BGB. |8 ErfK/*Müller-Glöge*, § 626 BGB Rz. 202; aA KR/*Fischermeier*, § 626 BGB Rz. 153 mit Verweis auf ArbG Bremen v. 26.1.1961, BB 1961, 291. |9 BAG v. 28.10.1971 – 2 AZR 15/71, AP Nr. 62 zu § 626 BGB; ErfK/*Müller-Glöge*, § 626 BGB Rz. 198; KR/*Fischermeier*, § 626 BGB Rz. 466. |10 ErfK/*Müller-Glöge*, § 626 BGB Rz. 197. Zur Beschäftigungspflicht BAG v. 19.8.1976 – 3 AZR 173/75, AP Nr. 4 zu § 611 BGB – Beschäftigungspflicht; v. 27.2.1985 – GS 1/84, AP Nr. 14 zu § 611 BGB – Beschäftigungspflicht. |11 BAG v. 15.6.1972 – 2 AZR 345/71, AP Nr. 7 zu § 628 BGB; ErfK/*Müller-Glöge*, § 626 BGB Rz. 197. |12 LAG Düsseldorf v. 5.6.1962 – 8 Sa 132/62, DB 1962, 1216; KR/*Fischermeier*, § 626 BGB Rz. 153. |13 KR/*Fischermeier*, § 626 BGB Rz. 153. |14 In diesem Fall einen wichtigen Grund anerkennend ErfK/*Müller-Glöge*, § 626 BGB Rz. 203. |15 KR/*Fischermeier*, § 626 BGB Rz. 153. |16 BAG v. 24.2.1964 – 5 AZR 201/63, AP Nr. 1 zu § 607 BGB; ErfK/*Müller-Glöge*, § 626 BGB Rz. 196.

kehr auf den Arbeitsplatz aus gesundheitlichen Gründen objektiv ausgeschlossen ist und der ArbGeb dem ArbN keine andere Arbeit anbieten kann, ist ein außerordentliches Kündigungsrecht gegeben[1].

● **Lohnrückstände:** Gerät der ArbGeb mit der Zahlung des Arbeitsentgelts zeitlich oder dem Betrag nach erheblich in Verzug, stellt dies einen wichtigen Grund dar[2]. Grundsätzlich entfällt der wichtige Grund, sobald das rückständige Gehalt gezahlt wird. Wiederholt sich aber der Verzug jeden Monat über eine längere Zeit, kann der ArbN ggf. nach Abmahnung fristlos kündigen[3]. Ebenso ist die Nichtabführung der LSt- und SozVBeiträge wichtiger Grund, jedenfalls wenn dies über einen Zeitraum von einem Jahr geschieht[4]. 333

● **Prokura/Geschäftsführerbestellung:** Lehnt der ArbGeb es vertragswidrig ab, einem Angestellten Prokura zu erteilen oder eine widerrufene Prokura zu erneuern, nachdem der Anlass ihrer Entziehung weggefallen ist, rechtfertigt dies allein noch keine außerordentliche Kündigung des Arbeitsverhältnisses durch den Angestellten. Eine solche kann aber begründet sein, wenn es dem Angestellten nach den besonderen Umständen des Einzelfalles unzumutbar ist, das Arbeitsverhältnis ohne Prokura fortzusetzen[5]. Ggf. kann der ArbN nach § 628 Abs. 2 Schadensersatz verlangen[6]. Entsprechendes gilt für eine vertragswidrig unterlassene Bestellung zum Geschäftsführer[7]. 334

● **Urlaub, Freistellungen:** Verweigert der ArbGeb dem ArbN entgegen § 7 BUrlG wiederholt Urlaub, stellt dies einen wichtigen Grund dar, wenn der ArbGeb zuvor abgemahnt wurde. Die Abmahnung ist entbehrlich, wenn der ArbGeb erkennen lässt, den Urlaubsanspruch ohnehin nicht erfüllen zu wollen[8]. Entsprechendes gilt für andere Freistellungen, auf die der ArbN einen Anspruch hat (zB §§ 616, 629). 335

● **Werkswohnung:** Der nicht vertragsgemäße Zustand einer Werkswohnung ist dann relevant, wenn die Werkswohnung einen Teil der Vergütung darstellt und die Mängel so erheblich sind, dass im Ergebnis ein erheblicher Zahlungsverzug (siehe *Lohnrückstände*) vorliegt. Gleiches gilt, wenn ein untrennbarer Zusammenhang zwischen der Erfüllung des Arbeitsvertrages und der Nutzung der Werkswohnung besteht und die Wohnverhältnisse unzumutbar sind[9]. 336

Weist ein ArbGeb seinen ausländischen ArbN nach einer Beanstandung beim Einzug und der Zusage der Abhilfe keine vertragsgemäße Unterkunft zu, bedarf es vor einer von den ArbN ausgesprochenen fristlosen Kündigung grundsätzlich einer Abmahnung[10]. 337

Eine Teilkündigung der arbeitsvertraglichen Pflicht, eine Werkdienstwohnung zu bewohnen, unter Fortbestand des Arbeitsverhältnisses ist nur zulässig, wenn und soweit die Arbeitsvertragsparteien die Teilkündigungsmöglichkeit vertraglich vereinbart haben[11]. 338

5. Ursache des wichtigen Grundes. Herkömmlicherweise werden drei Kündigungsgründe unterschieden: Die personen-, verhaltens- und betriebsbedingte Kündigung. Hinzu kommen die Verdachts- und die Druckkündigung. Bei der Verdachtskündigung (dazu Rz. 344 ff.) ist strittig, ob diese eine verhaltens- oder personenbedingte Kündigung oder eine solcher eigener Art darstellt[12]. Die Druckkündigung (dazu Rz. 358 ff.) wiederum kann ihre Ursache in personen-, verhaltens- oder betriebsbedingten Gründen haben[13]. 339

a) Personenbedingte Kündigung. Eine personenbedingte Kündigung ist möglich, wenn in der Person des Gekündigten liegende Umstände dessen Fähigkeit oder Eignung zur Erfüllung des Arbeitsvertrages entfallen lassen oder erheblich mindern, so dass sie eine außerordentliche Kündigung rechtfertigen[14]. Ob die Gründe von der Vertragspartei verschuldet oder zu vertreten sind, ist unerheblich[15]. Allerdings sind hier die Anforderungen sehr hoch. Wie bei der verhaltensbedingten Kündigung ist Voraussetzung, dass es zu einer konkreten Störung des Arbeitsverhältnisses gekommen ist[16]. 340

---

1 BAG v. 2.2.1973 – 2 AZR 172/72, AP Nr. 1 zu § 626 BGB – Krankheit; ErfK/*Müller-Glöge*, § 626 BGB Rz. 199; KR/*Fischermeier*, § 626 BGB Rz. 153 f. | 2 LAG Köln v. 23.9.1993 – 10 Sa 587/93, LAGE § 626 BGB Nr. 73; LAG Hamm v. 29.9.1999 – 18 Sa 118/99, NZA-RR 2000, 242, 243; ErfK/*Müller-Glöge*, § 626 BGB Rz. 200; KR/*Fischermeier*, § 626 BGB Rz. 467. | 3 LAG BW v. 5.11.1959 – 4 Sa 82/59, BB 1960, 289; KR/*Fischermeier*, § 626 BGB Rz. 467. | 4 LAG BW v. 30.5.1968 – 4 Sa 27/68, DB 1968, 1407; ErfK/*Müller-Glöge*, § 626 BGB Rz. 200; (auch kleinere Beträge ausreichend) MünchKomm/*Schwerdtner*, § 626 BGB Rz. 165. | 5 BAG v. 17.9.1970 – 2 AZR 439/69, AP Nr. 5 zu § 628 BGB; v. 26.8.1986 – 3 AZR 94/85, AP Nr. 1 zu § 52 HGB; ErfK/*Müller-Glöge*, § 626 BGB Rz. 201; KR/*Fischermeier*, § 626 BGB Rz. 469. | 6 BAG v. 21.2.1981 – 7 AZR 12/79, AP Nr. 8 zu § 4 KSchG 1969; ErfK/*Müller-Glöge*, § 626 BGB Rz. 201. | 7 BAG v. 8.8.2002 – 8 AZR 547/01, AP Nr. 14 zu § 628 BGB. | 8 ErfK/*Müller-Glöge*, § 626 BGB Rz. 206. | 9 LAG Düsseldorf v. 24.3.1964 – 8 Sa 53/64, DB 1964, 1032; ErfK/*Müller-Glöge*, § 626 BGB Rz. 204. | 10 BAG v. 19.6.1967 – 2 AZR 287/66, AP Nr. 1 zu § 124 GewO; ErfK/*Müller-Glöge*, § 626 BGB Rz. 204. | 11 BAG v. 4.2.1958 – 3 AZR 110/56, AP Nr. 1 zu § 620 BGB – Teilkündigung; v. 23.8.1989 – 5 AZR 569/88, AP Nr. 3 zu § 565e BGB; KR/*Fischermeier*, § 626 BGB Rz. 472; krit. *Stahlhacke/Preis/Vossen*, Rz. 782. | 12 Näher KR/*Fischermeier*, § 626 BGB Rz. 211. | 13 BAG v. 31.1.1996 – 2 AZR 158/95, AP Nr. 13 zu § 626 BGB – Druckkündigung; aA MünchArbR/*Berkowsky*, § 143 Rz. 16 ff. | 14 BAG v. 15.11.1984 – 2 AZR 613/83, AP Nr. 87 zu § 626 BGB; KR/*Fischermeier*, § 626 BGB Rz. 137; *Stahlhacke/Preis/Vossen*, Rz. 746 ff.; *Preis*, DB 1990, 632 f.; *Wank*, RdA 1993, 86. | 15 BAG v. 3.11.1955 – 2 AZR 39/54, AP Nr. 4 zu § 626 BGB; v. 10.3.1977 – 4 AZR 675/75, AP Nr. 9 zu § 323 ZPO; APS/*Dörner*, § 626 BGB Rz. 83. | 16 APS/*Dörner*, § 626 BGB Rz. 83; aA *Rüthers/Henssler*, ZfA 1988, 43

341 **b) Verhaltensbedingte Kündigung.** Eine verhaltensbedingte Kündigung setzt ein vertragswidriges Verhalten des Gekündigten in Form einer Verletzung der arbeitsvertraglichen Pflichten voraus. Fehlt es an einem vertragswidrigen Verhalten, kommt nur eine personenbedingte Kündigung in Betracht. Ein wichtiger Grund zu einer verhaltensbedingten Kündigung liegt meist nur vor, wenn das objektiv vertragswidrige Verhalten auch rechtswidrig und schuldhaft ist[1]. Der Grad des Verschuldens ist aber nur für die Interessenabwägung von Bedeutung[2]. Deshalb kann auch ein unverschuldetes Verhalten eine Kündigung rechtfertigen, wenn aufgrund objektiver Umstände mit wiederholten Pflichtverletzungen des ArbN zu rechnen ist[3].

342 Schon die Verletzung einer Haupt- oder Nebenpflicht ist eine hinreichende Störung des Arbeitsverhältnisses. Eine weiter gehende konkrete Störung des Arbeitsablaufs, der Arbeitsorganisation oder des Betriebsfriedens ist nicht erforderlich[4]. Bei einer bloßen Nebenpflichtverletzung muss das geringere Gewicht dieser Pflichtverletzung aber durch erschwerende Umstände verstärkt werden, so dass hier für einen wichtigen Grund regelmäßig eine vorherige vergebliche Abmahnung erforderlich ist[5].

343 **c) Betriebsbedingte Kündigung.** Vgl. hierzu schon oben Rz. 231 ff. und unten Rz. 372 ff., 417.

344 **d) Verdachtskündigung. aa) Verdacht als eigener Kündigungsgrund.** Steht eine Vertragspartei im dringenden Verdacht, eine Straftat oder schwerwiegende Pflichtverletzung begangen zu haben, kann dies nach hM[6] – unabhängig vom Tatnachweis – bereits eine außerordentliche Kündigung rechtfertigen. Die Unschuldsvermutung des Art. 6 Abs. 2 MRK steht der Zulässigkeit einer Verdachtskündigung nicht entgegen, da es sich hier um eine Sanktion außerhalb der Strafverfolgung ohne Strafcharakter handelt[7]. Eine außerordentliche Verdachtskündigung ist dabei auch noch möglich, wenn der ArbN bereits unwiderruflich bezahlt freigestellt wurde[8].

345 Die Verdachtskündigung ist dabei als eigenständiger Tatbestand von der Tatkündigung zu unterscheiden[9]. Bei einer Tatkündigung ist unabdingbare Voraussetzung, dass die kündigende Partei von der Tat des anderen Teils überzeugt und ihr die Fortsetzung des Arbeitsverhältnisses aus diesem Grund unzumutbar ist[10]. Da eine Tatkündigung weiter auch den Nachweis der Tat voraussetzt, ist regelmäßig auch zu prüfen und ggf. geltend zu machen, dass schon allein der Tatverdacht das zur Fortsetzung des Arbeitsverhältnisses notwendige Vertrauen in die Redlichkeit der anderen Vertragspartei zerstört und zu einer unerträglichen Belastung des Arbeitsverhältnisses geführt hat[11]. Dh. neben der Tat-, ist vorsorglich eine Verdachtskündigung auszusprechen. Der jeweilige Tatvorwurf enthält nicht zwangsläufig auch den Verdacht der strafbaren oder vertragswidrigen Handlung[12].

346 Zwar muss die Kündigungserklärung – wie auch bei anderen Kündigungsgründen – nicht als Verdachtskündigung deklariert werden[13], dh. der Kündigende kann sich noch im Arbeitsgerichtsprozess auf den Verdacht als Kündigungsgrund stützen[14]. Speziell bei der Anhörung des BR hat sich der ArbGeb aber wegen § 102 Abs. 1 BetrVG schon zuvor darüber zu erklären, ob er wegen der Tat und/oder wegen des Verdachts kündigen will[15]. Verweist der ArbGeb lediglich auf eine rechtskräftige Verurteilung des ArbN, dann wird damit in der Regel der Vorwurf der Tat und nicht nur der bloße Verdacht zum Ausdruck gebracht[16].

---

1 BAG v. 16.3.1961 – 2 AZR 539/59, AP Nr. 2 zu § 1 KSchG – Verhaltensbedingte Kündigung; v. 25.4.1991 – 2 AZR 624/90, AP Nr. 104 zu § 626 BGB; v. 14.2.1996 – 2 AZR 274/95, AP Nr. 26 zu § 626 BGB – Verdacht strafbarer Handlung; APS/*Dörner*, § 626 BGB Rz. 73. |2 BAG v. 10.12.1992 – 2 AZR 271/92, AP Nr. 41 zu Art.140 GG; v. 14.2.1996 – 2 AZR 274/95, AP Nr. 26 zu § 626 BGB – Verdacht strafbarer Handlung; ErfK/*Müller-Glöge*, § 626 BGB Rz. 42 f. |3 Dazu schon oben Rz. 141. BAG v. 16.2.1989 – 2 AZR 287/88, RzK I 6a Nr. 49; v. 21.1.1999 – 2 AZR 665/98, AP Nr. 151 zu § 626 BGB; KR/*Etzel*, § 1 KSchG Rz. 400; *Rüthers/Henssler*, ZfA 1988, 45; aA APS/*Dörner*, § 626 BGB Rz. 75; KDZ/*Däubler*, § 626 BGB Rz. 32; KR/*Fischermeier*, § 626 BGB Rz. 139. |4 BAG v. 16.8.1991 – 2 AZR 604/90, AP Nr. 27 zu § 1 KSchG 1969 – Verhaltensbedingte Kündigung gegen BAG v. 7.12.1988 – 7 AZR 122/88, AP Nr. 26 zu § 1 KSchG 1969 – Verhaltensbedingte Kündigung. |5 BAG v. 15.1.1986 – 7 AZR 128/83, AP Nr. 93 zu § 626 BGB; APS/*Dörner*, § 626 BGB Rz. 76. |6 BAG v. 26.3.1992 – 2 AZR 519/91, v. 14.9.1994 – 2 AZR 164/94, v. 13.9.1995 – 2 AZR 587/94 und v. 18.11.1999 – 2 AZR 743/98, AP Nr. 23, 24, 25 und 32 zu § 626 BGB – Verdacht strafbarer Handlung; *Belling*, FS Kissel, 1994, S. 11 ff.; *Busch*, MDR 1995, 217, 223; ErfK/*Müller-Glöge*, § 626 BGB Rz. 208; *Lücke*, BB 1997, 1842, 1847; *Moritz*, NJW 1978, 402, 405 (hinsichtlich besonderer Vertrauenspositionen); krit. *Grunsky*, ZfA 1977, 167; *Joachim*, AuR 1964, 33, 37 ff.; abl. auch *Dörner*, NZA 1992, 865 sowie APS/*Dörner*, § 626 BGB Rz. 374–377. |7 BVerfG v. 29.5.1990 – 2 BVR 1343/88, BVerfGE 82, 106, 117; BAG v. 14.9.1994 – 2 AZR 164/94, AP Nr. 24 zu § 626 BGB – Verdacht strafbarer Handlung; *Belling*, FS Kissel, 1994, S. 11, 25 mwN; ErfK/*Müller-Glöge*, § 626 BGB Rz. 211. |8 BAG v. 5.4.2001 – 2 AZR 217/00, AP Nr. 34 zu § 626 BGB – Verdacht strafbarer Handlungen; KR/*Fischermeier*, § 626 BGB Rz. 210. |9 BAG v. 13.9.1995 – 2 AZR 587/94 und v. 12.8.1999 – 2 AZR 923/98, AP Nr. 25 und 28 zu § 626 BGB – Verdacht strafbarer Handlung; *Ascheid*, Rz. 161; ErfK/*Müller-Glöge*, § 626 BGB Rz. 210. |10 BAG v. 26.3.1992 – 2 AZR 519/91, AP Nr. 23 zu § 626 BGB – Verdacht strafbarer Handlung; v. 18.9.1997 – 2 AZR 36/97, AP Nr. 138 zu § 626 BGB; ErfK/*Müller-Glöge*, § 626 BGB Rz. 210. |11 BAG v. 3.4.1986 – 2 AZR 324/85, AP Nr. 18 zu § 626 BGB – Verdacht strafbarer Handlung; v. 26.3.1992 – 2 AZR 519/91, AP Nr. 23 zu § 626 BGB – Verdacht strafbarer Handlung; ErfK/*Müller-Glöge*, § 626 BGB Rz. 209. |12 BAG v. 13.9.1995 – 2 AZR 587/94, AP Nr. 25 zu § 626 BGB – Verdacht strafbarer Handlung; ErfK/*Müller-Glöge*, § 626 BGB Rz. 216. |13 BAG v. 21.6.1995 – 2 AZR 735/94 – insoweit nv.; ErfK/*Müller-Glöge*, § 626 BGB Rz. 216. |14 BAG v. 29.1.1997 – 2 AZR 292/96, AP Nr. 131 zu § 626 BGB. |15 BAG v. 3.4.1986 – 2 AZR 324/85, AP Nr. 18 zu § 626 BGB – Verdacht strafbarer Handlung; APS/*Dörner*, § 626 BGB Rz. 366. |16 APS/*Dörner*, § 626 BGB Rz. 347.

Fristlose Kündigung aus wichtigem Grund   Rz. 352 § 626 BGB

Wird eine Verdachtskündigung rechtskräftig für unwirksam erklärt, hindert dies den ArbGeb nicht, 347
später nach Abschluss des gegen den ArbN eingeleiteten Strafverfahrens eine auf die Tatbegehung gestützte außerordentliche Kündigung auszusprechen[1]. § 626 Abs. 2 steht dem nicht entgegen, solange der ArbGeb noch keine jeden vernünftigen Zweifel ausschließende sichere Kenntnis der Tatbegehung hatte.

bb) Anforderungen an die Beschaffenheit des Verdachts. Der Verdacht muss dringend sein. Dh. es 348
muss eine hohe, zumindest überwiegende Wahrscheinlichkeit dafür bestehen, dass die gekündigte Vertragspartei die Straftat bzw. schwerwiegende Pflichtverletzung begangen hat[2]. Dafür muss der Verdacht objektiv durch Tatsachen, die einen verständigen und gerecht abwägenden ArbGeb zum Ausspruch der Kündigung veranlassen können, begründbar sein[3]. Dies wird insb. dann der Fall sein, wenn die Staatsanwaltschaft Anklage erhoben hat bzw. bereits die Eröffnung des Hauptverfahrens beschlossen wurde, da die Anklageerhebung gerade einen hinreichenden Tatverdacht, dh. eine überwiegende Wahrscheinlichkeit der Tatbegehung voraussetzt[4].

Weiter muss der auf der Partei lastende Verdacht so schwerwiegend sein, dass dem Kündigenden die 349
Fortsetzung des Dienstverhältnisses nicht zugemutet werden kann[5]. Beispiele hierfür sind: Spesenbetrug gegenüber ArbGeb[6], illegale verfassungsfeindliche Tätigkeit im öffentlichen Dienst[7], Manipulationen der Stempelkarte[8], sexuelle Belästigung am Arbeitsplatz[9], Verrat von Geschäftsgeheimnissen[10], Versicherungsbetrug durch Prokuristen[11] sowie Veruntreuungen eines Filialleiters[12].

cc) Aufklärung des Sachverhalts und Anhörung des ArbN. Der ArbGeb muss vor Ausspruch der Kün- 350
digung alle zumutbaren Anstrengungen zur Aufklärung des Sachverhalts unternommen haben. Dazu gehört auch, den ArbN vor Ausspruch der Kündigung zu dem gegen ihn bestehenden Verdacht zu hören. Unterlässt der ArbGeb dies schuldhaft, dh. obwohl ihm eine Anhörung möglich und zumutbar war, führt dies zur Unwirksamkeit der Kündigung[13]. Die Anhörungspflicht entfällt nur, wenn der ArbN von vornherein nicht bereit ist, sich auf die Vorwürfe einzulassen. Im Übrigen ist der ArbGeb aber weder verpflichtet, den verdächtigen ArbN mit Belastungszeugen zu konfrontieren[14] noch muss er die Staatsanwaltschaft zur Durchführung weiterer Ermittlungen einschalten[15].

Will oder kann der ArbGeb den Sachverhalt nicht selbst aufklären, ist es ihm möglich, bis zum Abschluss 351
des Strafverfahrens mit der Kündigung zu warten[16]. Die Ergebnisse des Strafverfahrens können dann nach den allgemeinen Beweisregeln verwertet werden[17]. Eine Bindung für den Kündigungsschutzprozess tritt dadurch weder im positiven noch im negativen Sinne ein[18].

dd) Spätere Erkenntnisse und Wiedereinstellungsanspruch. Für die Wirksamkeit der Kündigung 352
kommt es allein darauf an, dass zum Zeitpunkt des Zugangs der Kündigung objektiv Tatsachen vorgelegen haben, die einen dringenden Verdacht begründeten. Dies schließt es nicht aus, dass nach Ausspruch der Kündigung zu Tage getretene Tatsachen, die den ArbN be- oder entlasten, bis zum Schluss der letzten mündlichen Verhandlung in der Tatsacheninstanz zu berücksichtigen sind[19]. Für den ArbGeb ergibt sich dies daraus, dass es ihm möglich ist, durch das Nachschieben von Tatsachen den zunächst unzureichenden Verdacht zu erhärten. Für den ArbN folgt dies aus Art. 12 Abs. 1 GG, wonach dieser vor einem unberechtigten Verlust seines Arbeitsplatzes zu schützen ist. Dem entsprechend hat das Gericht das Vorbringen des ArbN, das dieser zu seiner Entlastung vorträgt, vollständig aufzuklären[20].

---

1 BAG v. 12.12.1984 – 7 AZR 575/83, AP Nr. 19 zu § 626 BGB – Ausschlussfrist; ErfK/*Müller-Glöge*, § 626 BGB Rz. 218. |2 BAG v. 4.6.1964 – 2 AZR 310/63 und v. 12.8.1999 – 2 AZR 923/98, AP Nr. 13 und 28 zu § 626 BGB – Verdacht strafbarer Handlung; ErfK/*Müller-Glöge*, § 626 BGB Rz. 212. |3 BAG v. 4.6.1964 – 2 AZR 310/63 und v. 14.9.1994 – 2 AZR 164/94, AP Nr. 13 und 24 zu § 626 BGB – Verdacht strafbarer Handlung; ErfK/*Müller-Glöge*, § 626 BGB Rz. 212. |4 LAG Köln v. 31.10.1997 – 11 (8) 665/97, LAGE § 626 BGB – Verdacht strafbarer Handlung Nr. 7; aA APS/*Dörner*, § 626 BGB Rz. 358. |5 BAG v. 23.2.1961 – 2 AZR 187/59, v. 4.6.1964 – 2 AZR 310/63 und 14.9.1994 – 2 AZR 164/94, AP Nr. 9, 13 und 24 zu § 626 BGB – Verdacht strafbarer Handlung; v. 5.4.2001 – 2 AZR 217/00, AP Nr. 34 zu § 626 BGB – Verdacht strafbarer Handlung; ErfK/*Müller-Glöge*, § 626 BGB Rz. 212; KR/*Fischermeier*, § 626 BGB Rz. 212. |6 BAG v. 3.11.1955 – 2 AZR 86/54, AP Nr. 5 zu § 626 BGB. |7 BAG v. 23.2.1961 – 2 AZR 187/59, AP Nr. 9 zu § 626 BGB – Verdacht strafbarer Handlung. |8 BAG v. 9.8.1990 – 2 AZR 127/90, nv. |9 BAG v. 8.6.2000 – 2 AZR 1/00, AP Nr. 3 zu § 2 BeschSchG. |10 BAG v. 26.9.1990 – 2 AZR 602/89, RzK I 8c Nr. 3. |11 BAG v. 15.5.1986 – 2 AZR 397/85, RzK I 8c Nr. 9. |12 BAG v. 17.4.1956 – 2 AZR 340/55, AP Nr. 8 zu § 626 BGB. |13 BAG v. 11.4.1985 – 2 AZR 239/84, AP Nr. 39 zu § 102 BetrVG 1972; v. 30.4.1987 – 2 AZR 283/86, v. 13.9.1995 – 2 AZR 587/94 und v. 26.9.2002 – 2 AZR 424/01 AP Nr. 19, 25 und 37 zu § 626 BGB – Verdacht strafbarer Handlung; ErfK/*Müller-Glöge*, § 626 BGB Rz. 213; KR/*Fischermeier*, § 626 BGB Rz. 230; abl. *Ascheid*, Rz. 163; *Preis*, DB 1988, 1444, 1448 f. |14 BAG v. 26.2.1987 – 2 AZR 170/86, EzA § 626 BGB nF Nr. 18; v. 18.9.1997 – 2 AZR 36/97, AP Nr. 138 zu § 626 BGB. |15 BAG v. 28.9.1989 – 2 AZR 111/89, nv.; ErfK/*Müller-Glöge*, § 626 BGB Rz. 214. |16 BAG v. 11.3.1976 – 2 AZR 29/75, EzA § 626 BGB nF Nr. 46; v. 26.3.1992 – 2 AZR 519/91 und v. 14.2.1996 – 2 AZR 274/95, AP Nr. 23 und 26 zu § 626 BGB – Verdacht strafbarer Handlung; ErfK/*Müller-Glöge*, § 626 BGB Rz. 214; KR/*Fischermeier*, § 626 BGB Rz. 212. |17 BAG v. 26.3.1992 – 2 AZR 519/91, AP Nr. 23 zu § 626 BGB – Verdacht strafbarer Handlung; ErfK/*Müller-Glöge*, § 626 BGB Rz. 214. |18 BAG v. 20.8.1997 – 2 AZR 620/96, AP Nr. 27 zu § 626 BGB – Verdacht strafbarer Handlung. |19 BAG v. 24.4.1975 – 2 AZR 118/74, EzA § 103 BetrVG 1972 Nr. 8; v. 14.9.1994 – 2 AZR 164/94, AP Nr. 24 zu § 626 BGB – Verdacht strafbarer Handlung; ErfK/*Müller-Glöge*, § 626 BGB Rz. 217; KR/*Fischermeier*, § 626 BGB Rz. 219; aA *Grunsky*, ZfA 1977, 170 f.; *Moritz*, NJW 1978, 403; RGRK/*Corts*, § 626 BGB Rz. 171. |20 BAG v. 18.11.1999 – 2 AZR 743/98, AP Nr. 32 zu § 626 BGB – Verdacht strafbarer Handlung; ErfK/*Müller-Glöge*, § 626 BGB Rz. 217.

353 Unbeachtlich sind lediglich Tatsachen, die erst nach Ausspruch der Kündigung entstanden sind, wie weitere Vorfälle der Art, die den Verdacht begründeten oder umgekehrt eine Verhaltensänderung des ArbN, die erneute Vertrauensstörungen unwahrscheinlich machen.

354 Unabhängig vom Vorliegen hinreichender Verdachtsmomente, die die Kündigung rechtfertigen, soll dem ArbN ein Wiedereinstellungsanspruch erwachsen, wenn sich später seine Unschuld herausstellt oder nachträgliche Umstände bekannt werden, die den bestehenden Verdacht beseitigen[1]. Dies gilt nach h.L.[2] schon während des laufenden Kündigungsschutzprozesses sowie nach hM dann, wenn der Kündigungsschutzprozess bereits rechtskräftig zu Lasten des ArbN entschieden worden ist oder der ArbN in Anbetracht der gegen ihn sprechenden Verdachtsmomente davon abgesehen hat, Kündigungsschutzklage zu erheben. Als Anspruchsgrundlage für einen Wiedereinstellungsanspruch kommen laut BAG die Fürsorgepflicht des ArbGeb aus einer Nachwirkung der vertraglichen Bindungen[3] sowie die Grundsätze der Vertrauenshaftung[4] in Betracht.

355 Zweckmäßigerweise ist während eines laufenden Kündigungsschutzprozesses der Unwirksamkeit der Kündigung Vorrang einzuräumen. Ist die Kündigungsschutzklage bereits rechtskräftig abgewiesen worden, stehen mE die Bestimmungen über die Restitutionsklage (§§ 580 ff. ZPO) dem Wiedereinstellungsanspruch entgegen[5].

356 Hält man einen Wiedereinstellungsanspruch für möglich, ist es Frage des Einzelfalls, wann der Verdacht ausgeräumt ist. Die Einstellung des Ermittlungsverfahrens nach § 170 Abs. 2 Satz 1 StPO genügt nicht[6].

357 **ee) Besonderheiten für die Frist des § 626 Abs. 2.** Die Frist nach § 626 Abs. 2 beginnt mit Bekanntwerden derjenigen Tatsachen, die den ArbGeb in die Lage versetzen, eine abschließende Bewertung der Verdachtsgründe und des dadurch ausgelösten Vertrauenswegfalls vorzunehmen[7]. Hierzu gehören auch die den ArbN entlastenden Umstände, so dass eine Anhörung des ArbN innerhalb einer Woche den Fristablauf hemmt[8].

358 **e) Druckkündigung. aa) Begriff.** Erfolgt die Kündigung eines ArbN aufgrund des Verlangens Dritter (anderer ArbN, des BR (s. auch § 104 BetrVG), der Gewerkschaft oder Geschäftspartner des ArbGeb), um hierdurch erhebliche angedrohte Nachteile abzuwenden, spricht man von einer Druckkündigung[9].

359 Die Druckkündigung ist verhaltens- oder personenbedingte Kündigung, wenn das Verlangen des Dritten objektiv durch ein Verhalten oder in der Person des ArbN liegende Umstände gerechtfertigt war. Die Drucksituation dient dann nicht als Kündigungsgrund, sie kann aber als Abwägungsgesichtspunkt berücksichtigt werden. Fehlt es an personen- oder verhaltensbedingten Gründen oder reichen diese nicht aus, dann kann die Druckkündigung noch als betriebsbedingte Kündigung wirksam sein[10]. Wichtiger Grund (bzw. soziale Rechtfertigung bei der ordentlichen Kündigung) ist dann die Drucksituation als solche[11]. Aber auch hier können vom gekündigten ArbN gesetzte Ursachen in die Interessenabwägung einfließen, zB wenn es um die Frage geht, inwieweit sich der ArbGeb schützend vor seinen ArbN stellen muss.

360 Die angedrohten erheblichen Nachteile können sein: Arbeitsniederlegung, Streik, Verweigerung der weiteren Zusammenarbeit mit dem betroffenen ArbN, die Androhung von Eigenkündigungen durch Mitarbeiter, geschäftlicher Druck wie der Entzug von Aufträgen, Liefersperren, Abbruch der Geschäftsbeziehungen etc.[12]

361 Ob eine außerordentliche oder nur eine ordentliche Kündigung gerechtfertigt ist, hängt von Art und Ausmaß des jeweiligen Druckes ab. Kann der ArbGeb dem Druck bereits durch eine ordentliche Kündigung begegnen oder diesen auf ein erträgliches Maß reduzieren, dann darf er keine außerordentliche Kündigung aussprechen[13].

362 **bb) Voraussetzungen.** Eine außerordentliche betriebsbedingte Druckkündigung ist gerechtfertigt, wenn dem ArbGeb ein schwerer wirtschaftlicher Schaden angedroht wird, sollte er den betreffen-

---

1 BAG v. 14.12.1956 – 1 AZR 29/55, AP Nr. 3 zu § 611 BGB – Fürsorgepflicht; v. 4.6.1964 – 2 AZR 310/63, AP Nr. 13 zu § 626 BGB – Verdacht strafbarer Handlung; BGH v. 13.7.1956 – VI ZR 88/55, AP Nr. 2 zu § 611 BGB – Fürsorgepflicht; KR/*Fischermeier*, § 626 BGB Rz. 234. |2 *Ascheid*, Rz. 165; KR/*Fischermeier*, § 626 BGB Rz. 234; MünchArbR/*Berkowsky*, § 144 Rz. 18. |3 BGH v. 13.7.1956 – VI ZR 88/55, AP Nr. 2 zu § 611 BGB – Fürsorgepflicht; BAG v. 14.12.1956 – 1 AZR 29/55, AP Nr. 3 zu § 611 BGB – Fürsorgepflicht. |4 BAG v. 15.3.1984 – 2 AZR 24/84, AP Nr. 2 zu § 1 KSchG 1969 – Soziale Auswahl; APS/*Dörner*, § 626 BGB Rz. 370. |5 APS/*Dörner*, § 626 BGB Rz. 373; vgl. auch BAG v. 22.1.1997 – 2 AZR 455/97, NZA 1998, 726. |6 BAG v. 20.8.1997 – 2 AZR 620/96, AP Nr. 27 zu § 626 BGB – Verdacht strafbarer Handlung; ErfK/*Müller-Glöge*, § 626 BGB Rz. 219. |7 LAG Köln v. 18.2.1997 – 13 (10) Sa 618/96, NZA-RR 1998, 65; LAG Berlin v. 30.6.1997 – 9 Sa 43/97, AP Nr. 41 zu § 5 ArbGG 1979; APS/*Dörner*, § 626 BGB Rz. 36. |8 APS/*Dörner*, § 626 BGB Rz. 362; *Stahlhacke/Preis/Vossen*, Rz. 841. |9 BAG v. 31.1.1996 – 2 AZR 158/95, AP Nr. 13 zu § 626 BGB – Druckkündigung; ErfK/*Müller-Glöge*, § 626 BGB Rz. 220; KR/*Fischermeier*, § 626 BGB Rz. 204 mwN. |10 BAG v. 31.1.1996 – 2 AZR 158/95, AP Nr. 13 zu § 626 BGB – Druckkündigung; KR/*Fischermeier*, § 626 BGB Rz. 205. |11 BAG v. 18.9.1975 – 2 AZR 311/74, AP Nr. 10 zu § 626 BGB – Druckkündigung; v. 19.6.1986 – 2 AZR 563/85, AP Nr. 33 zu § 1 KSchG 1969 – Betriebsbedingte Kündigung; v. 10.12.1992 – 2 AZR 271/92, AP Nr. 41 zu Art. 140 GG; ErfK/*Müller-Glöge*, § 626 BGB Rz. 220. |12 APS/*Dörner*, § 626 BGB Rz. 337. |13 BAG v. 10.3.1977 – 4 AZR 675/75, AP Nr. 9 zu § 313 ZPO; ErfK/*Müller-Glöge*, § 626 BGB Rz. 221.

ArbN auch nur für die Zeit der Kündigungsfrist bzw. des Sonderkündigungsschutzes weiterbeschäftigen. Der ArbGeb darf die Drohung dabei nicht tatenlos hinnehmen, sondern er muss sich zunächst schützend vor seinen ArbN stellen und versuchen, die andere Seite von ihrer Drohung abzubringen. Dies gilt selbst dann, wenn der ArbGeb verpflichtet ist, dem Verlangen Folge zu leisten[1]. Es entfällt, wenn der ArbGeb keine Möglichkeit mehr hat, die andere Seite von ihrer Drohung abzubringen[2].

Das Gewicht und die Ursachen der gegen den betreffenden ArbN erhobenen Vorwürfe steht dabei in einer Wechselwirkung zu den Anstrengungen, die ein ArbGeb auf sich nehmen muss, um eine Kündigung zu vermeiden[3]. Der ArbGeb hat den Sachverhalt aufzuklären und unberechtigten Vorwürfen entgegen zu treten. Dies gilt auch dann, wenn die Entlassung des ArbN vom BR verlangt wird. Dieser ist auf das Verfahren nach § 104 Satz 2 BetrVG zu verweisen[4]. Ebenso sind vom ArbGeb erhöhte Anstrengungen zu verlangen, wenn das Kündigungsverlangen aus sachfremden Gründen erfolgt, insb. solchen, die gegen Benachteiligungs- oder Diskriminierungsverbote verstoßen[5]. Der ArbGeb darf sich dann nicht auf die Drucksituation berufen, wenn er sie selbst in vorwerfbarer Weise herbeigeführt hat[6]. 363

Von Seiten des ArbN wiederum ist zu verlangen, dass er ebenfalls versucht, unzumutbare Nachteile von seinem ArbGeb abzuwenden. So muss er uU bereit sein, in eine Versetzung einzuwilligen, wenn dadurch der Druck entfällt oder gemindert werden kann[7]. 364

cc) **Schadensersatz.** Im Fall einer betriebsbedingten Druckkündigung hat der gekündigte ArbN gegen den Dritten unter den Voraussetzungen der §§ 824, 826 einen Schadensersatzanspruch. § 823 Abs. 1 kommt als Anspruchsgrundlage nur in Betracht, wenn das Kündigungsverlangen gleichzeitig einen Eingriff in das allgemeine Persönlichkeitsrecht darstellt. Ein absolut geschütztes Recht am Erhalt des Arbeitsplatzes gibt es nicht[8]. Soweit man hier anderer Ansicht ist, bedarf es jedenfalls einer vertieften Auseinandersetzung mit der Frage der Rechtswidrigkeit. Diese ist nicht schon deshalb gegeben, weil die vom betreffenden ArbN gesetzten Gründe keine Kündigung nach § 626 Abs. 1 BGB oder § 1 Abs. 2 KSchG hätten rechtfertigen können, sondern erst, wenn der Dritte nicht mehr aus objektiv begründeten berechtigten Interessen gehandelt hat[9]. 365

Teile der Lit.[10] gewähren dem ArbN analog § 904 BGB iVm. den Grundsätzen über den Aufopferungsanspruch auch einen Schadensersatzanspruch gegen den ArbGeb. In diesem Fall hat im Innenverhältnis ArbGeb/Dritter der Dritte den Schaden als Verursacher allein zu tragen. Der ArbGeb würde deshalb im Falle seines Eintritts den Schadensersatzanspruch des ArbN gegen den Dritten erwerben[11]. 366

f) **Entlassungsverlangen des BR nach § 104 BetrVG.** Vgl. Kommentierung zu § 104 BetrVG. 367

6. **Gleichbehandlungsgrundsatz.** Nach ganz hM[12] kann der Gleichbehandlungsgrundsatz im Bereich von Kündigungen nur beschränkte Auswirkungen haben (sog. mittelbare Wirkung), da es wegen des Gebots der umfassenden Abwägung der Umstände des jeweiligen Einzelfalles kaum Kündigungssachverhalte gibt, die völlig identisch sind[13]. Selbst bei identischen Kündigungsgründen wird zumindest die individuelle Betroffenheit der ArbN unterschiedlich sein. Deshalb hängt es auch bei einem gleichartigen Kündigungsgrund von den bei jeder Kündigung zu berücksichtigenden Besonderheiten (zB Arbeitsleistung, Dauer der Betriebszugehörigkeit) ab, ob die Kündigung aller ArbN berechtigt ist oder nicht[14]. 368

Dennoch muss der Gleichbehandlungsgrundsatz zumindest in die umfassende Einzelfallabwägung miteinfließen. Insbesondere bei sog. homogenen Kündigungssachverhalten (gleichartige Arbeitspflichtverletzung durch mehrere ArbN) oder wenn der ArbGeb bei gleicher Ausgangslage nach einer selbst gesetzten Regel verfährt, ist es vom ArbGeb zu verlangen, dass er darlegen kann, warum er – sollte dies der Fall sein – die ArbN unterschiedlich behandelt[15]. 369

---

1 BAG v. 19.6.1986 – 2 AZR 563/85, AP Nr. 33 zu § 1 KSchG 1969 – Betriebsbedingte Kündigung; APS/*Dörner*, § 626 BGB Rz. 339; KR/*Fischermeier*, § 626 BGB Rz. 206. |2 BAG v. 10.12.1992 – 2 AZR 271/92, AP Nr. 41 zu Art. 140 GG. |3 BAG v. 26.1.1962 – 2 AZR 244/61, AP Nr. 8 zu § 626 BGB – Druckkündigung. |4 KR/*Fischermeier*, § 626 BGB Rz. 207. |5 Vgl. KR/*Fischermeier*, § 626 BGB Rz. 206. |6 BAG v. 26.1.1962 – 2 AZR 244/61, AP Nr. 8 zu § 626 BGB – Druckkündigung; KR/*Fischermeier*, § 626 BGB Rz. 208. |7 BAG v. 11.2.1960 – 5 AZR 210/58, AP Nr. 3 zu § 626 BGB – Druckkündigung; KR/*Fischermeier*, § 626 BGB Rz. 208; aA MünchKomm/*Schwerdtner*, § 626 BGB Rz. 177. |8 Vgl. BAG v. 4.6.1998 – 8 AZR 786/96, EzA § 823 BGB Nr. 9 (offen gelassen bzgl. § 823 BGB); weiter KR/*Fischermeier*, § 626 BGB Rz. 209 (auch Anspruch aus § 823 BGB). |9 BAG v. 4.6.1998 – 8 AZR 786/96, EzA § 823 BGB Nr. 9; APS/*Dörner*, § 626 BGB Rz. 344. |10 APS/*Dörner*, § 626 BGB Rz. 344; KR/*Fischermeier*, § 626 BGB Rz. 209; aA KR/*Etzel*, § 104 BetrVG Rz. 74: Anspruch nur bei Verletzung der Fürsorgepflicht durch den ArbGeb. MünchKomm/*Schwerdtner*, § 626 BGB Rz. 181 stimmt der Auffassung *im Kern zu*, will aber nicht auf den Aufopferungsanspruch zurückgreifen, sondern auf eine Analogie zu §§ 9, 10 KSchG. |11 KR/*Fischermeier*, § 626 BGB Rz. 209 |12 BAG v. 21.10.1969 – 1 AZR 93/68, AP Nr. 41 zu Art. 9 GG – Arbeitskampf; v. 22.2.1979 – 2 AZR 115/78, EzA § 103 BetrVG 1972 Nr. 23; ErfK/*Müller-Glöge*, § 626 BGB Rz. 245; KR/*Fischermeier*, § 626 BGB Rz. 307; weiter auch MünchArbR/*Wank*, § 120 Rz. 55 f.; *Stahlhacke/Preis/Vossen*, Rz. 319 ff., die aber eine unmittelbare Anwendung des Gleichbehandlungsgrundsatzes vertreten. |13 BAG v. 14.10.1965 – 2 AZR 466/64, AP Nr. 27 zu § 66 BetrVG; v. 28.4.1982 – 7 AZR 1139/79, AP Nr. 3 zu § 2 KSchG 1969; ErfK/*Müller-Glöge*, § 626 BGB Rz. 245; KR/*Fischermeier*, § 626 BGB Rz. 307; krit. *Preis*, Prinzipien, S. 384. |14 ZB BAG v. 25.3.1976 – 2 AZR 163/75, AP Nr. 6 zu § 103 BetrVG 1972; ErfK/*Müller-Glöge*, § 626 BGB Rz. 245. |15 Vgl. *Buchner*, RdA 1970, 161, 168; *Preis*, Prinzipien, S. 387 ff.; *Sandmann*, SAE 1995, 107, 108.

370 **VI. Zeitpunkt der Beendigung des Arbeitsverhältnisses.** 1. Grundsätzlich führt eine außerordentliche Kündigung zur sofortigen, dh. fristlosen Beendigung des Arbeitsverhältnisses unmittelbar im Zeitpunkt des Zugangs der Kündigung (Grundsatz der entfristeten Kündigung). Dies gilt auch, wenn die außerordentliche Kündigung bereits vor dem Dienstantritt erklärt wird[1]. Wegen der Unabdingbarkeit der außerordentlichen Kündigung (dazu oben Rz. 46 ff.) kann eine Kündigung vor Dienstantritt auch nicht ausgeschlossen werden.

371 2. Als auf die Zukunft bezogenes Gestaltungsrecht kann die Kündigung das Arbeitsverhältnis nicht rückwirkend, dh. zu einem Termin vor Zugang der Kündigung auflösen. Weder spielt es eine Rolle, zu welchem Zeitpunkt der Kündigungsgrund objektiv gegeben war noch kommt es auf den Zeitpunkt des Kündigungsentschlusses an[2].

372 3. Die außerordentliche Kündigung kann, auch wenn dies in § 626 Abs. 1 nicht vorgesehen ist, mit einer Frist verbunden werden (sog. außerordentliche befristete Beendigungskündigung). Bietet der ArbGeb dem ArbN eine solche soziale Auslauffrist an, kann er frei darüber entscheiden, wie lange diese dauern soll. Es tritt keine Bindung an die gesetzliche, tarifliche oder vereinbarte ordentliche Kündigungsfrist ein[3]. Dies gilt selbst dann, wenn die Auslauffrist nur den Interessen des Kündigenden dienen soll[4].

373 Nur bei einem tarifvertraglichen Ausschluss der ordentlichen Kündigung ist die Kündigungsfrist als Auslauffrist einzuhalten, die gelten würde, wenn die ordentliche Kündigung nicht ausgeschlossen wäre[5]. Gleiches gilt, abhängig vom Kündigungsgrund, auch bei einem einzelvertraglichen Ausschluss der ordentlichen Kündigung[6] (vgl. hierzu Rz. 101 ff.).

374 Im Übrigen sind bei der Gewährung einer sozialen Auslauffrist folgende Punkte zu beachten:

375 a) Zunächst ist wichtig, dass der ArbGeb klarstellt, dass er aus wichtigem Grund kündigen will. Zwar verliert die Kündigung nicht ihren Charakter als außerordentliche Kündigung, nur weil dem ArbN eine soziale Auslauffrist gewährt wurde. Der ArbN wird aber ohne eine entsprechende Klarstellung die Kündigung ggf. als ordentliche Lösung des Arbeitsverhältnisses verstehen dürfen[7].

376 b) Bei einer außerordentlichen Kündigung mit sozialer Auslauffrist besteht das Arbeitsverhältnis ununterbrochen bis zum Kündigungstermin fort. Nach hM[8] soll dem ArbN aber wegen der außerordentlichen Kündigung seinerseits ein außerordentliches Kündigungsrecht erwachsen, so dass er die sofortige Auflösung des Vertragsverhältnisses zum Zeitpunkt des Zugangs der Kündigung verlangen kann, sofern dieses Verlangen nicht ausnahmsweise rechtsmissbräuchlich ist. Macht der ArbN von dieser Option keinen Gebrauch, besteht das Arbeitsverhältnis bis zum Ablauf der Frist fort. Auch bei einer längeren Kündigungsfrist für den ArbN besteht kein fortwährendes außerordentliches Lossagungsrecht. Dies ist zB dann misslich, wenn einem ordentlich unkündbaren ArbN außerordentlich mit einer sozialen Auslauffrist von 7 Monaten gekündigt wird, ihm aber nach 3 Monaten eine andere Beschäftigung angeboten wird, die er nur am Ersten des folgenden Monats annehmen kann.

377 Die von der hM gewählte Konstruktion scheint deshalb, insb. weil § 628 Abs. 2 einer Reaktion des ArbN enge Fesseln anlegt, unvollständig. Auch die von *Schwerdtner*[9] angebotene Lösung, nach der Kündigung nur noch ein befristetes Arbeitsverhältnis mit jederzeitiger Kündigungsmöglichkeit anzunehmen, ist als reine Fiktion abzulehnen. Besser wäre es, dem ArbN unabhängig von den geltenden Fristen unter den Voraussetzungen von Treu und Glauben einen Anspruch auf vorzeitige Vertragsauflösung in der Frist des § 622 Abs. 1 (!) zu gewähren. Begründung für diesen Anspruch ist, dass der ArbGeb, wenn auch berechtigterweise, das mit dem Ausschluss der ordentlichen Kündigung verbundene soziale Schutzverhältnis aufgekündigt hat.

378 Umgekehrt muss es damit dem ArbGeb, auch wenn dies höchstrichterlich bislang noch nicht entschieden ist, von sich aus möglich sein, die außerordentliche Kündigung als fristlose auszusprechen und damit ein Angebot zur befristeten Fortsetzung für die Dauer der ordentlichen Kündigungsfrist zu verbinden[10].

---

[1] BAG v. 22.8.1964 – 1 AZR 64/64, AP Nr. 1 zu § 620 BGB; ErfK/*Müller-Glöge*, § 626 BGB Rz. 224; KR/*Fischermeier*, § 626 BGB Rz. 25. | [2] BGH v. 28.4.1960 – VII ZR 218/59, AP Nr. 41 zu § 626 BGB; KR/*Fischermeier*, § 626 BGB Rz. 22, 24. | [3] KR/*Fischermeier*, § 626 BGB Rz. 29; AA MünchKomm/*Schwerdtner*, § 626 BGB Rz. 36, wonach in solchen Fällen ein fristlose Kündigung mit einem Angebot auf Abschluss eines befristeten Arbeitsvertrages vorliegen soll. | [4] BAG v. 9.2.1960 – 2 AZR 585/57, AP Nr. 39 zu § 626 BGB m. zust. Anm. *Hueck*; v. 15.3.1973 – 2 AZR 255/72, AP Nr. 3 zu § 63 SeemG; KR/*Fischermeier*, § 626 BGB Rz. 29. | [5] BAG v. 28.3.1985 – 2 AZR 113/84, AP Nr. 86 zu § 626 BGB; v. 11.3.1999 2 AZR 427/98, AP Nr. 150 zu § 626 BGB; ErfK/*Müller-Glöge*, § 626 BGB Rz. 228; *Schwerdtner*, FS Kissel, 1994, S. 1077, 1091. | [6] *Koppenfels*, Die außerordentliche arbeitgeberseitige Kündigung bei einzel- und tarifvertraglich unkündbaren Arbeitnehmern, 1998, S. 230 f. | [7] BAG v. 23.1.1958 – 2 AZR 206/55, AP Nr. 50 zu § 1 KSchG; v. 16.7.1959 – 1 AZR 193/57, AP Nr. 31 zu § 626 BGB; ErfK/*Müller-Glöge*, § 626 BGB Rz. 226; *Schaub*, ArbRHdb, § 125 Rz. 3. | [8] KR/*Fischermeier*, § 626 BGB Rz. 29; *Schaub*, ArbRHdb, § 125 Rz. 3; aA ErfK/*Müller-Glöge*, § 626 BGB Rz. 228; aA (nur für den Fall, dass der ArbGeb die Auslauffrist nicht allein im Interesse des ArbN einräumt) KDZ/*Däubler*, Rz. 19; aA (außerordentliche Kündigung mit Auslauffrist ist fristlose Kündigung verbunden mit dem Angebot auf Abschluss eines befristeten Arbeitsvertrages) MünchKomm/*Schwerdtner*, § 626 BGB Rz. 36. | [9] MünchKomm/*Schwerdtner*, § 626 BGB Rz. 36. | [10] ErfK/*Müller-Glöge*, § 626 BGB Rz. 228.

c) Ist der ArbGeb aus freien Stücken bereit, dem ArbN eine soziale Auslauffrist einzuräumen und stellt er den ArbN während dieser Zeit nicht frei, besteht die Gefahr, dass er damit zum Ausdruck bringt, dass ihm die Fortsetzung des Arbeitsverhältnisses jedenfalls für die Dauer dieser Auslauffrist nicht unzumutbar ist[1]. Zwar stellt die Wahl der Auslauffrist keinen Verzicht auf das Recht zur außerordentlichen Kündigung dar[2]. Eine solche Frist kann aber zur Unwirksamkeit der Kündigung führen, wenn eine ordentliche Kündigung oder eine Umdeutung in eine solche möglich ist. Gleichwohl besteht hier kein Automatismus. Es kommt für die objektiv vorzunehmende Interessenabwägung vielmehr darauf an, für welche Dauer und aus welchem Grund die tatsächliche Beschäftigung nach Ausspruch der Kündigung erfolgen soll[3]. ZB kann es für den ArbGeb besser sein, eine schlecht musizierende Kapelle bis zum Engagement einer neuen Kapelle kurzfristig weiterspielen zu lassen[4]. Ebenso wird die Kündigung durch die Beschäftigung mit Abschluss- und Übergabearbeiten nicht in Frage gestellt.

VII. Außerordentliche Änderungskündigung. 1. Eine außerordentliche Kündigung kann auch zur Änderung der vertraglichen Arbeitsbedingungen eingesetzt werden[5]. Wegen ihrer komplizierten Darlegung und wegen des Umstands, dass eine betriebsbedingte Kündigung durchgängig unter der Prämisse der freien Unternehmerentscheidung steht, überwiegt in der Praxis allerdings die Meinung, dass es leichter sei, eine Beendigungs- als eine Änderungskündigung auszusprechen.

a) Ein wichtiger Grund für eine außerordentliche Änderungskündigung liegt vor, wenn dem Kündigenden die Fortsetzung der Bedingungen, deren Änderung er anstrebt, nicht mehr zumutbar ist[6]. Die vorgesehenen Änderungen müssen einerseits für den Kündigenden unabweisbar notwendig[7] und andererseits dem ArbN zumutbar sein[8], insb. dürfen sie ihn nicht stärker als zur Vermeidung einer Beendigungskündigung unumgänglich belasten[9]. Wegen der vertraglichen Risikoverteilung wird eine sofortige Änderung der Arbeitsbedingungen selten unabweisbar notwendig sein. Die außerordentliche Änderungskündigung setzt deshalb meist die ordentliche Unkündbarkeit voraus[10].

b) Dagegen müssen die Voraussetzungen einer Beendigungskündigung nicht zwingend gegeben sein, da nicht die Fortsetzung des gesamten, sondern nur einzelner Bestimmungen des Arbeitsvertrages unzumutbar geworden ist[11]. Dies gilt jedenfalls dann, wenn durch die Änderungskündigung eine sonst wirksame Beendigungskündigung vermieden wird, wobei man allerdings vom ArbGeb verlangt, dass er im Einzelnen darlegen kann, dass ohne die Änderungskündigung eine Beendigungskündigung tatsächlich unumgänglich und gerechtfertigt wäre[12]. In einem solchen Fall ist im Rahmen der Interessenabwägung positiv zu verbuchen, dass sich der ArbGeb aus sozialen Erwägungen mit einer Änderungskündigung statt einer Beendigungskündigung begnügt[13].

c) Verschärft werden die Anforderungen, wenn der ArbGeb ein Bündel von Maßnahmen umsetzen will. Dann ist für jede einzelne Regelung zu prüfen, ob deren Fortsetzung unzumutbar geworden ist. Die daneben gleichfalls vorzunehmende Gesamtabwägung ersetzt diese vorrangige Prüfung nicht. Doch kann die Gesamtabwägung der beiderseitigen Interessen ergeben, dass entweder der ArbN eine an sich unzumutbare einzelne Änderung hinnehmen muss oder der ArbGeb eine an sich berechtigte Änderungskündigung nicht durchsetzen kann, weil eine besonders gewichtige einzelne Änderung für den ArbN unannehmbar ist[14].

d) Sehr streng wird bei der beabsichtigten Entgeltkürzung durch Änderungskündigung verfahren. Hier liegt ein wichtiger Grund in Form eines dringenden betrieblichen Erfordernisses nur vor, wenn sonst die Arbeitsplätze der ArbN, zB aufgrund einer Existenzgefährdung für das Unternehmen, auf dem Spiel stehen[15]. Eine anderweitige Rechtfertigung, wie zB das Ziel, die Wettbewerbsfähigkeit des

---

1 ErfK/*Müller-Glöge*, § 626 BGB Rz. 229; *Schwerdtner*, FS Kissel, 1994, S. 1077, 1091. | 2 BAG v. 2.12.1954 – 1 AZR 150/54, AP Nr. 2 zu § 13 KSchG; ErfK/*Müller-Glöge*, § 626 BGB Rz. 229. | 3 BAG v. 6.2.1997 – 2 AZR 38/96, AuR 1997, 210; ErfK/*Müller-Glöge*, § 626 BGB Rz. 229. | 4 BAG v. 9.2.1960 – 2 AZR 585/57, AP Nr. 39 zu § 626 BGB. | 5 BAG v. 7.6.1973 – 2 AZR 450/72, AP Nr. 1 zu § 626 BGB – Änderungskündigung; v. 6.3.1986 – 2 ABR 15/85, AP Nr. 19 zu § 15 KSchG 1969; v. 21.6.1995 – 2 ABR 28/94, AP Nr. 36 zu § 15 KSchG 1969; ErfK/*Müller-Glöge*, § 626 BGB Rz. 230; KR/*Fischermeier*, § 626 BGB Rz. 198. | 6 BAG v. 6.3.1986 – 2 ABR 15/85, AP Nr. 19 zu § 15 KSchG 1969; v. 21.6.1995 – 2 ABR 28/94, AP Nr. 36 zu § 15 KSchG 1969; KR/*Fischermeier*, § 626 BGB Rz. 201. | 7 BAG v. 21.6.1995 – 2 ABR 28/94, AP Nr. 36 zu § 15 KSchG 1969; v. 20.1.2000 – 2 ABR 40/99, AP Nr. 40 zu § 103 BetrVG 1972; ErfK/*Müller-Glöge*, § 626 BGB Rz. 230; *Fischermeier*, NZA 2000, 737. | 8 BAG v. 6.3.1986 – 2 ABR 15/85, AP Nr. 19 zu § 15 KSchG 1969; *Ascheid*, Rz. 171 ff.; ErfK/*Müller-Glöge*, § 626 BGB Rz. 230; *Hromadka*, RdA 1992, 234, 257. | 9 BAG v. 21.1.1993 – 2 AZR 330/92, AP Nr. 1 zu § 52 MitbestG Schl.-Holst.; KR/*Fischermeier*, § 626 BGB Rz. 201. | 10 *Hromadka*, RdA 1992, 257; KR/*Fischermeier*, § 626 BGB Rz. 201. | 11 BAG v. 7.6.1973, EzA § 626 BGB nF Nr. 29; *Hromadka*, RdA 1992, 252; KR/*Fischermeier*, § 626 BGB Rz. 199; aA *Berkowsky*, NZA 1999, 296 ff.; *Boewer*, BB 1996, 2620; *Herschel*, FS Müller, S. 206; MünchKomm/*Schwerdtner*, Anh. § 622 Rz. 554. | 12 BAG v. 12.11.1998 – 2 AZR 91/98, AP Nr. 51 zu § 2 KSchG 1969; v. 20.1.2000 – 2 ABR 40/99, AP Nr. 40 zu § 103 BetrVG 1972; KR/*Fischermeier*, § 626 BGB Rz. 202. | 13 *Koller*, ZfA 1980, 592; KR/*Fischermeier*, § 626 BGB Rz. 202. | 14 BAG v. 7.6.1973 – 2 AZR 450/72, EzA § 626 BGB nF Nr. 29; KR/*Fischermeier*, § 626 BGB Rz. 201 aE. | 15 BAG v. 20.8.1998 – 2 AZR 84/98, AP Nr. 50 zu § 2 KSchG 1969; v. 20.1.2000 – 2 ABR 40/99, AP Nr. 40 zu § 103 BetrVG 1972; *Hillebrecht*, ZIP 1985, 257, 260; *Hromadka*, Arbeitsrechtsfragen bei der Umstrukturierung und Sanierung von Unternehmen, S. 72 f.; *Hromadka*, NZA 1996, 10; KR/*Fischermeier*, § 626 BGB Rz. 203; *Precklein*, S. 105 ff.

Unternehmens herzustellen oder eine Gleichbehandlung mit anderen ArbN herbeizuführen, wird nicht akzeptiert[1]. Die normalen Anforderungen gelten aber, wenn die Änderung der Arbeitsbedingungen primär die Gestaltung der Arbeit oder der Arbeitszeit betrifft, so dass die Absenkung des Arbeitsentgelts lediglich Folge, wenn auch unmittelbare, dieser Änderungen ist[2].

385 2. Die Rechtsfolgen der außerordentlichen Änderungskündigung ergeben sich aus einer entsprechenden Anwendung des § 2 KSchG[3]. Will der ArbN die Änderung nur unter Vorbehalt annehmen, dann hat er die Unwirksamkeit der Änderungskündigung entsprechend § 4 Satz 2 KSchG gerichtlich geltend zu machen[4]. Weiter muss die Annahme unter Vorbehalt dem ArbGeb gegenüber unverzüglich, im Falle einer sozialen Auslauffrist innerhalb von drei Wochen erklärt werden[5]. Solange der Vorbehalt noch erklärt werden kann, ist die widerspruchslose Weiterarbeit nicht als konkludente Annahme des Änderungsangebotes zu werten. Bleibt die Änderungskündigungsschutzklage erfolglos, besteht das Arbeitsverhältnis mit dem geänderten Inhalt weiter. Die Wirksamkeit der Änderungskündigung wird nicht dadurch berührt, dass der ArbGeb sein Ziel anstatt mit Hilfe der Änderungskündigung bereits durch die Ausübung seines Direktionsrechts hätte erreichen können. Unverhältnismäßig wäre nur die nicht mehr in Betracht kommende Rechtsfolge der Beendigung des Arbeitsverhältnisses[6].

386 **VIII. Ausschlussfrist § 626 Abs. 2. 1. Normzweck.** Nach § 626 Abs. 2 muss die außerordentliche Kündigung innerhalb von zwei Wochen ausgesprochen werden, nachdem der Kündigungsberechtigte von den für die Kündigung maßgebenden Tatsachen Kenntnis erlangt hat. Die kurze Frist dient dem Gebot der Rechtssicherheit und -klarheit. Es darf nicht unangemessen lange ungewiss bleiben, ob ein bestimmter Umstand kündigungsrechtliche Folgen nach sich zieht[7]. Der Kündigungsberechtigte soll sich keinen Kündigungsgrund aufsparen, um damit den Vertragsgegner unter Druck setzen zu können[8].

387 Die Frist des § 626 Abs. 2 soll den Kündigungsberechtigten aber auch nicht veranlassen, voreilig zu kündigen. Deshalb genügt erst die vollständige positive Kenntnis der für die Kündigung maßgebenden Tatsachen, um die Frist in Gang zu setzen. Dem Kündigungsberechtigten muss eine (überlegte) Gesamtwürdigung möglich sein, die auch beinhaltet, dass er genügend Tatsachen kennt, um seiner Behauptungs- und Beweislast im Prozess nachkommen zu können[9].

388 **2. Anwendungsbereich.** Die zweiwöchige Ausschlussfrist des § 626 Abs. 2 gilt für alle Varianten der außerordentlichen Kündigung iSd. § 626 Abs. 1.

389 a) Insbesondere gilt § 626 Abs. 2 ebenso für eine Kündigung durch den ArbN[10] sowie für die außerordentliche Kündigung von selbständigen/freien Dienstverhältnissen[11].

390 § 626 Abs. 2 gilt darüber hinaus auch für die Genehmigung einer durch einen Vertreter ohne Vertretungsmacht ausgesprochenen Kündigung. Auch wenn diese Kündigung vom Kündigungsempfänger nicht zurückgewiesen wurde, wird diese nach den §§ 180, 177 nur wirksam, wenn der Kündigungsberechtigte sie binnen zwei Wochen ab Kenntniserlangung genehmigt[12].

391 b) § 626 Abs. 2 findet auch im Falle einer außerordentlichen Änderungskündigung Anwendung[13]. Die Ausschlussfrist ist sogar dann zu beachten, wenn die ordentliche Kündigung ausgeschlossen und die außerordentliche Kündigung durch eine dem § 626 entsprechende tarifvertragliche Regelung ersetzt wurde[14].

392 Dagegen findet § 626 Abs. 2 weder unmittelbare noch entsprechende Anwendung auf das Nachschieben von Kündigungstatsachen, die zwar im Zeitpunkt der Kündigung vorlagen, dem Kündigenden aber erst nachträglich bekannt wurden[15]. Hier besteht kein Bedürfnis für eine Ausschlussfrist, da die Kündigung bereits erklärt wurde.

---

1 BAG v. 20.1.2000 – 2 ABR 40/99, AP Nr. 40 zu § 103 BetrVG 1972. | 2 BAG v. 21.6.1995 – 2 ABR 28/94, AP Nr. 36 zu § 15 KSchG 1969; v. 16.1.1997 – 2 AZR 240/96, RzK I 7a Nr. 37; v. 27.3.2003 – 2 AZR 74/02, NZA 2003, 1030;KR/*Fischermeier*, § 626 BGB Rz. 203. | 3 BAG v. 19.6.1986 – 2 AZR 565/85, AP Nr. 16 zu § 2 KSchG 1969; ErfK/*Müller-Glöge*, § 626 BGB Rz. 231; KR/*Rost*, § 2 KSchG Rz. 33. | 4 BAG v. 19.6.1986 – 2 AZR 565/85, AP Nr. 16 zu § 2 KSchG 1969; ErfK/*Müller-Glöge*, § 626 BGB Rz. 231. | 5 BAG v. 27.3.1987 – 7 AZR 790/85, AP Nr. 20 zu § 2 KSchG 1969; ErfK/*Müller-Glöge*, § 626 BGB Rz. 232; KR/*Fischermeier*, § 626 BGB Rz. 200. | 6 BAG v. 26.1.1995 – 2 AZR 371/94, AP Nr. 36 zu § 2 KSchG 1969; v. 16.1.1997 – 2 AZR 240/96, RzK I 7a Nr. 37; *Fischermeier*, NZA 2000, 739 f.; ähnlich *Hromadka*, NZA 1996, 10; KR/*Fischermeier*, § 626 BGB Rz. 200; aA *Ahrens*, Anm. EzA § 315 BGB Nr. 45; *Berkowsky*, NZA 1999, 296 ff.; KR/*Rost*, § 2 KSchG Rz. 106a ff. | 7 BAG v. 4.6. 1997 – 2 AZR 362/96, AP Nr. 5 zu § 626 BGB – Nachschieben von Kündigungsgründen; ErfK/*Müller-Glöge*, § 626 BGB Rz. 247. | 8 BAG v. 25.2.1983 – 2 AZR 298/81, AP Nr. 14 zu § 626 BGB – Ausschlussfrist; ErfK/*Müller-Glöge*, § 626 BGB Rz. 246. | 9 BAG v. 15.11.1995 – 2 AZR 974/94, AP Nr. 73 zu § 102 BetrVG 1972; KR/*Fischermeier*, § 626 BGB Rz. 312; HAS/*Popp*, § 19 B Rz. 259. | 10 BAG v. 17.8.1972 – 2 AZR 359/71, AP Nr. 4 zu § 626 BGB – Ausschlussfrist; ArbG Siegburg v. 6.12.1995 – 3 Ca 1583/95, NZA-RR 1996, 330; ErfK/*Müller-Glöge*, § 626 BGB Rz. 248; KR/*Fischermeier*, § 626 BGB Rz. 311; aA *Gamillscheg*, FS BAG, S. 117, 125. | 11 BGH v. 19.11.1998 – III ZR 261/97, NJW 1999, 355; KR/*Fischermeier*, § 626 BGB Rz. 311. | 12 BAG v. 26.3.1986 – 7 AZR 585/84, AP Nr. 2 zu § 180 BGB; v. 4.2.1987 7 AZR 583/85, AP Nr. 24 zu § 626 BGB – Ausschlussfrist; ErfK/*Müller-Glöge*, § 626 BGB Rz. 249; KR/*Fischermeier*, § 626 BGB Rz. 346; Stahlhacke/Preis/Vossen, Rz. 851 aE. | 13 BAG v. 25.3.1976 – 2 AZR 127/75, AP Nr. 10 § 626 BGB – Ausschlussfrist. | 14 BAG v. 25.3.1976 – 2 AZR 127/75, AP Nr. 10 zu § 626 BGB – Ausschlussfrist; ErfK/*Müller-Glöge*, § 626 BGB Rz. 248. | 15 BAG v. 4.6.1997 – AP Nr. 5 zu § 626 BGB – Nachschieben von Kündigungsgründen; ErfK/*Müller-Glöge*, § 626 BGB Rz. 247.

c) § 626 Abs. 2 enthält – anders als § 626 Abs. 1 – keinen allgemeinen Rechtsgedanken, der es gebieten würde, die Zweiwochenfrist auch auf andere gesetzliche Tatbestände außerordentlicher Kündigungen von Dienstverträgen anzuwenden[1]. Dies ergibt sich schon aus dem Wortlaut, der systematischen Stellung und der Normengeschichte des § 626. Dieser Befund wird zudem durch den seit 1.1.2002 geltenden § 314 bestätigt. Danach kommt es allein darauf an, dass der Kündigungsberechtigte innerhalb angemessener Frist kündigt, § 314 Abs. 3.   **393**

Andere Bestimmungen über außerordentliche Kündigungen sehen teilweise eine eigene Ausschlussfrist vor (so § 15 Abs. 4 BBiG), teilweise fehlt eine Bestimmung (so § 89a HGB[2], § 64 SeemG und Kapitel XIX Sachgebiet A Abschnitt III Nr. 1 Abs. 5 der Anlage 1 zum EVertr.). Soweit eine Frist fehlt, heißt dies nur, dass sich dort eine starre Regelung verbietet. Eine analoge Anwendung des § 626 Abs. 2 BGB ist nicht nur unnötig, sondern sogar falsch[3].   **394**

Dennoch darf auch beim Fehlen einer gesetzlichen Ausschlussfrist mit dem Ausspruch der Kündigung nicht beliebig lange zugewartet werden, um davon irgendwann Gebrauch zu machen. Dies ergibt sich aus dem Verbot widersprüchlichen Verhaltens und dem Umstand, dass der Staat wegen Art. 12 Abs. 1 GG einen gewissen Mindestkündigungsschutz zur Verfügung stellen muss[4]. Auch außerhalb des Anwendungsbereichs von § 626 Abs. 2 BGB kann daher der wichtige Grund (zB iSv. Kapitel XIX Sachgebiet A Abschnitt III Nr. 1 Abs. 5 der Anlage 1 zum EVertr.) durch bloßen Zeitablauf entfallen, ohne dass die weiter gehenden Voraussetzungen der allgemeinen Verwirkung, wie das Vorliegen des Umstandsmoments, erfüllt sein müssten. Eine feste Zeitgrenze für das Entfallen des Kündigungsgrundes besteht nicht. Maßgebend sind die konkreten Umstände des Einzelfalls, insb. der Grund des Zuwartens und das Gewicht der Kündigungsgründe[5].   **395**

d) Im Übrigen gilt die Ausschlussfrist des § 626 Abs. 2 ebenso wenig für das Verfahren nach § 78a Abs. 4 Satz 1 Nr. 2 BetrVG wie die Frist des § 15 Abs. 4 BBiG[6]. Gleiches gilt für die Verhängung der Dienstentlassung als Dienststrafe gegen einen Dienstordnungsangestellten[7].   **396**

3. Fristbeginn und -ablauf. Der Lauf der Frist des § 626 Abs. 2 beginnt mit dem Zeitpunkt, in dem der Kündigungsberechtigte von den für die Kündigung maßgebenden Tatsachen Kenntnis erlangt.   **397**

a) **Kündigungsberechtigung.** aa) Kündigungsberechtigter ist diejenige natürliche Person, der im gegebenen Fall das Recht zur Erklärung der außerordentlichen Kündigung zusteht[8]. Hat diese Kenntnis von den Kündigungstatsachen, dann beginnt die Frist des § 626 Abs. 2 zu laufen.   **398**

Daneben muss sich der ArbGeb auch die Kenntnis von Personen zurechnen lassen, die eine ähnlich selbständige Stellung wie ein gesetzlicher oder rechtsgeschäftlicher Vertreter haben und in dieser Eigenschaft nicht nur zur Meldung, sondern vorab auch zur Feststellung der für eine außerordentliche Kündigung maßgebenden Tatsachen verpflichtet sind[9]. Dies wurde nach Treu und Glauben auf die Kenntnis anderer ArbN erweitert, wenn deren Stellung im Betrieb den Umständen nach erwarten lässt, dass sie den Kündigungsberechtigten über den Kündigungssachverhalt unterrichten werden. Dem Kündigungsberechtigten ist im Rahmen des § 626 Abs. 2 ein Verweis auf seine Unkenntnis verwehrt, wenn sie auf einer fehlerhaften betrieblichen Organisation beruht, eine andere Organisation aber sachgemäß und zumutbar gewesen wäre[10]. Beide Voraussetzungen (Kenntnis der betreffenden Personen und Verzögerung der Kenntniserlangung durch fehlerhafte Organisation) müssen kumulativ vorliegen. Es genügt nicht, dass dem ArbGeb das persönliche Fehlverhalten dieser Personen entsprechend § 278 zugerechnet wird[11], es kommt zudem darauf an, dass die fehlerhafte Organisation für die Verzögerung der Kenntniserlangung kausal war[12].   **399**

---

1 BGH v. 3.7.1986 – I ZR 171/84, AP Nr. 23 zu § 626 BGB – Ausschlussfrist; BAG v. 11.6 1992 – 8 AZR 537/91, AP Nr. 1 zu Einigungsvertrag Anlage 1 Kap. XIX; ErfK/*Müller-Glöge*, § 626 BGB Rz. 251. Auch im Bereich der Anfechtung nach § 119 BGB gilt nur der Satz, dass eine Anfechtung jedenfalls dann nicht mehr unverzüglich ist, wenn sie erst nach mehr als zwei Wochen seit Kenntnis vom Irrtum erfolgt (vgl. BAG v. 21.2. 1991 – 2 AZR 449/90, AP Nr. 35 zu § 123 BGB). |2 APS/*Dörner*, § 626 BGB Rz. 118. |3 BGH v. 3.7.1986 – I ZR 171/84, AP Nr. 23 zu § 626 BGB – Ausschlussfrist; BAG v. 11.6.1992 – 8 AZR 537/91, AP Nr. 1 zu Einigungsvertrag Anlage 1 Kap. XIX; v. 11.9.1997 – 8 AZR 14/96, RzK I 8m ee Nr. 50; ErfK/*Müller-Glöge*, § 626 BGB Rz. 251. |4 BVerfG v. 21.4.1994 – 1 BvR 14/93, EzA Art. 20 Einigungsvertrag Nr. 32; v. 24.4.1991 – 1 BvR 1341/90, AP Nr. 70 zu Art. 12 GG; ErfK/*Müller-Glöge*, § 626 BGB Rz. 251. |5 BAG v. 28.4.1994 – 8 AZR 157/93, AP Nr. 13 zu Art. 20 Einigungsvertrag; ErfK/*Müller-Glöge*, § 626 BGB Rz. 252. |6 BAG v. 15.12.1983 – 6 AZR 60/83, AP Nr. 12 zu § 78a BetrVG 1972; ErfK/*Müller-Glöge*, § 626 BGB Rz. 254. |7 BAG v. 3.2.1972 – 2 AZR 170/71, AP Nr. 32 zu § 611 BGB – Dienstordnungs-Angestellte; ErfK/*Müller-Glöge*, § 626 BGB Rz. 255; *Wenzel*, MDR 1977, 985, 986. |8 BAG v. 6.7.1972 – 2 AZR 386/71, AP Nr. 3 zu § 626 BGB – Ausschlussfrist; ErfK/*Müller-Glöge*, § 626 BGB Rz. 256; *Stahlhacke/Preis/Vossen*, Rz. 850. |9 BAG v. 28.10.1971 – 2 AZR 32/71, AP Nr. 1 zu § 626 BGB – Ausschlussfrist; ErfK/*Müller-Glöge*, § 626 BGB Rz. 256. |10 BAG v. 5.5.1977 – 2 AZR 297/76, AP Nr. 11 zu § 626 BGB – Ausschlussfrist; v. 26.11.1987 – 2 AZR 312/87, RzK I 6g Nr. 13; v. 18.5.1994 – 2 AZR 930/93, AP Nr. 33 zu § 626 BGB – Ausschlussfrist; APS/*Dörner*, § 626 BGB Rz. 132; ErfK/*Müller-Glöge*, § 626 BGB Rz. 258. |11 Dies betonen KR/*Fischermeier*, § 626 BGB Rz. 355; HAS/*Popp*, § 19 B Rz. 313. |12 BAG v. 7.9.1983 – 7 AZR 196/82, NZA 1994, 228; APS/*Dörner*, § 626 BGB Rz. 132.

400 bb) Nicht möglich ist es, durch vertragliche Vereinbarung den Fristbeginn von der Kenntnis einer intern am Kündigungsvorgang beteiligten Stelle abhängig zu machen. ArbN und ArbGeb können aber vereinbaren, dass das Recht zur außerordentlichen Kündigung nur durch den ArbGeb persönlich ausgeübt werden kann. Eine solche Regelung hat den Sinn und Zweck, die Entscheidung über eine Kündigung aus wichtigem Grund dem Verantwortungsbereich von ansonsten kündigungsberechtigten Vertretern des ArbGeb zu entziehen; sie stellt keine unzumutbare Kündigungserschwerung dar[1]. Kommt es hier aber zu einer nicht bedachten längeren Verhinderung des ArbGeb an der Ausübung seines Kündigungsrechts, ist es eine Frage der ergänzenden Vertragsauslegung, ob eine solche Kündigungsbeschränkung fortwirkt[2]. Hat der ArbGeb sich nur intern, im Innenverhältnis gegenüber anderen Kündigungsberechtigten das Recht zur außerordentlichen Kündigung gegenüber bestimmten ArbN vorbehalten, bleibt die nach außen bestehende Vertretungsbefugnis der an sich Kündigungsberechtigten bestehen. Es ist dann (auch) auf deren Tatsachenkenntnis abzustellen[3].

401 cc) Im Falle eines Betriebsübergangs gem. § 613a kommt es zur kontinuierlichen Fortsetzung des Arbeitsverhältnisses. Der neue ArbGeb kann deshalb seine Kündigung auf Gründe stützen, die bereits beim alten ArbGeb entstanden waren. Da sich der neue ArbGeb aber ein etwaiges Wissen des bisherigen Inhabers anrechnen lassen muss, wird die Frist des § 626 Abs. 2 auch nicht gehemmt[4].

402 dd) Wird der ArbN bei einem rechtsfähigen Verein, einer GmbH, einer AG oder einer eingetragenen Genossenschaft beschäftigt, dann müssen grundsätzlich alle Mitglieder des Vorstands bzw. alle Geschäftsführer gemeinsam handeln (Gesamtvertretungsmacht: vgl. § 26 Abs. 2 BGB, § 35 Abs. 2 GmbHG, § 78 Abs. 2 AktG, § 24 Abs. 1 GenG), sollte die Satzung nichts anderes vorsehen. Soll eine nur von einem der Gesamtvertreter ausgesprochene Kündigung von den übrigen Vertretern nach §§ 180, Satz 2, 177 genehmigt werden, muss dies innerhalb der zweiwöchigen Ausschlussfrist des § 626 Abs. 2 geschehen[5].

403 Die Wissenszurechnung richtet sich dagegen nach den Regelungen zur passiven Stellvertretung (vgl. § 28 Abs. 2 BGB, § 78 Abs. 2 Satz 2 AktG, § 35 Abs. 2 Satz 3 GmbHG, 25 Abs. 1 Satz 3 GenG), so dass bereits die Kenntnis eines Gesamtvertreters genügen kann, um die Frist des § 626 Abs. 2 in Gang zu setzen[6].

404 ee) Abweichendes gilt, wenn die Kündigungsentscheidung durch ein Kollegialorgan zu erfolgen hat[7]. Dann ist grundsätzlich auf die Kenntniserlangung durch das zuständige Organ abzustellen, da die juristische Person durch dieses gegenüber der Außenwelt vertreten wird. Erst wenn das zuständige Organ seinen Pflichten nicht nachkommt, zB weil die Organmitglieder trotz Sachverhaltskenntnis nicht tätig werden, muss sich die Gesellschaft so behandeln lassen, als wäre das zuständige Organ zusammengetreten[8]. Nur noch für die Frage, wann alle Mitglieder des zuständigen Organs Kenntnis von den Kündigungstatsachen haben, kann auf die Regeln über die passive Stellvertretung (vgl. § 28 Abs. 2 BGB, § 78 Abs. 2 Satz 2 AktG, § 35 Abs. 2 Satz 3 GmbHG, 25 Abs. 1 Satz 3 GenG) abgestellt werden. Die Kenntnis aller Mitglieder des Organs genügt aber, von einer unangemessenen Verzögerung abgesehen, für die Ingangsetzung der Frist des § 626 Abs. 2 noch nicht. Grund hierfür ist, dass das Organ über die Kündigung als Gremium zu entscheiden hat. Der Kündigungsberechtigte soll trotz der gebotenen Eile ausreichend Zeit haben, sich über die Kündigung Gedanken zu machen[9]. Letzteres kann grundsätzlich nur innerhalb und nicht außerhalb des Gremiums geschehen. Liegt ein Beschluss des Organs vor, ist eine Stellvertretung oder Beauftragung als Bote möglich[10].

405 ff) Die Grundsätze für eine Kündigung durch ein Kollegialorgan gelten auch für juristische Personen des öffentlichen Rechts. Obliegt die Kündigungsberechtigung ausnahmsweise nicht dem Bürgermeister, sondern einem Kollegialorgan, kommt es auf dessen Kenntnis an[11]. Der Bürgermeister hat dieses Gremium alsbald zu unterrichten. Ist die Kündigungsbefugnis einem Ausschuss übertragen und tagt dieser Ausschuss im Monatsrhythmus, so wird die Ausschlussfrist der §§ 54 Abs. 2 BAT, 626 Abs. 2 BGB regelmäßig auch dann gewahrt, wenn die fristlose Kündigung eines ArbN der Gemeinde in der nächsten

---

1 BAG v. 9.10.1975 – 2 AZR 332/76, AP Nr. 8 zu § 626 BGB – Ausschlussfrist; KR/*Fischermeier*, § 626 BGB Rz. 353. | 2 BAG v. 9.10.1975 – 2 AZR 332/76, AP Nr. 8 zu § 626 BGB – Ausschlussfrist; ErfK/*Müller-Glöge*, § 626 BGB Rz. 257. | 3 KR/*Fischermeier*, § 626 BGB Rz. 346. | 4 ErfK/*Müller-Glöge*, § 626 BGB Rz. 262; *Finken*, Ausschlussfrist des § 626 Abs. 2 BGB, 1988, S. 126; KR/*Fischermeier*, § 626 BGB Rz. 357; MünchKomm/*Schwerdtner*, § 626 BGB Rz. 212. | 5 BAG v. 26.3.1986 – 7 AZR 585/84, AP Nr. 2 zu § 180 BGB; v. 4.2.1987 – 7 AZR 583/85, AP Nr. 24 zu § 626 BGB – Ausschlussfrist; ErfK/*Müller-Glöge*, § 626 BGB Rz. 261. | 6 BAG v. 20.9.1984 – 2 AZR 73/83, AP Nr. 1 zu § 28 BGB; ErfK/*Müller-Glöge*, § 626 BGB Rz. 259; KR/*Fischermeier*, § 626 BGB Rz. 349; *Stahlhacke/Preis/Vossen*, Rz. 851; einschr. (Kenntnis muss in „amtlicher Eigenschaft" erworben sein) *Reuter*, Anm. AP Nr. 1 zu § 28 BGB; *Windbichler*, SAE 1985, 319; aA (Kenntnis aller Mitglieder erforderlich) *Densch/Kahlo*, DB 1987, 581 f. | 7 Vgl. BAG v. 25.2.1998 – 2 AZR 297/97, AP Nr. 195 zu § 620 BGB – Befristeter Arbeitsvertrag; BGH v. 15.6.1998 – II ZR 318/96, AP Nr. 41 zu § 626 BGB – Ausschlussfrist; KR/*Fischermeier*, § 626 BGB Rz. 350; *Stahlhacke/Preis/Vossen*, Rz. 851. | 8 BAG v. 11.3.1998 – 2 AZR 287/97, AP Nr. 144 zu § 626 BGB; BGH v. 15.6.1998 – II ZR 318/96, AP Nr. 41 zu § 626 BGB – Ausschlussfrist; ErfK/*Müller-Glöge*, § 626 BGB Rz. 259; KR/*Fischermeier*, § 626 BGB Rz. 350. | 9 Dazu schon oben Rz. 386. | 10 BAG v. 18.12.1980 – 2 AZR 980/78, AP Nr. 4 zu § 174 BGB; KR/*Fischermeier*, § 626 BGB Rz. 346. | 11 BAG v. 18.5.1994 – 2 AZR 930/93, AP Nr. 33 zu § 626 BGB – Ausschlussfrist; ErfK/*Müller-Glöge*, § 626 BGB Rz. 260.

b) Kenntnis der für die Kündigung maßgebenden Tatsachen. Die Frist des § 626 Abs. 2 wird in Lauf gesetzt, sobald der Kündigungsberechtigte eine zuverlässige und möglichst vollständige Kenntnis der Tatsachen hat, die er zur Grundlage seiner Entscheidung darüber macht, ob ihm die Fortsetzung des Arbeitsverhältnisses unzumutbar ist[2]. Erheblich ist allein die positive Kenntnis der maßgeblichen Tatsachen. Eine grob fahrlässige Unkenntnis genügt nicht[3].

406

Ob der ArbGeb die Frist eingehalten hat, richtet sich zunächst danach, welcher Sachverhalt überhaupt zum Anlass für die Kündigung genommen wird. Wird zB einem ArbN im öffentlichen Dienst gekündigt, weil er rechtskräftig wegen Volksverhetzung verurteilt wurde, ist allein die Kenntniserlangung von der Verurteilung maßgeblich. Dem ArbGeb schadet es nicht, wenn ihm schon vorher bekannt war, dass der betreffende ArbN ausländerfeindlicher Pamphlete verbreitet hat; auch dann nicht, wenn dieser Vorgang Grund für die Verurteilung war[4].

407

Selbst wenn die Kündigungstatsachen schon mehr als zwei Wochen vorher bekannt waren, ist weiter zu berücksichtigen, dass der Kündigungsberechtigte das Recht hatte, den Sachverhalt weiter aufzuklären. Solange die aus Sicht eines verständigen Vertragspartners zur genaueren Sachverhaltsermittlung tatsächlich erforderlichen Maßnahmen zügig durchgeführt werden, ist die Ausschlussfrist gehemmt[5]. Dies gilt auch, wenn gegen die Kündigung sprechende Umstände ermittelt werden sollten. Das tatsächliche Ergebnis der Ermittlungen ist für den Fristbeginn bedeutungslos[6].

408

Die Anhörung des ArbN gehört regelmäßig zur Aufklärung des Kündigungssachverhalts[7], und ist deshalb geeignet, den Fristablauf zu hemmen. Dies gilt ungeachtet des Umstands, dass die Anhörung nur bei der Verdachtskündigung Wirksamkeitsvoraussetzung der außerordentlichen Kündigung ist[8]. Die Anhörung vermag zwar am objektiven Tatbestand des wichtigen Grundes nichts zu ändern, doch ist sie häufig geeignet, dem ArbGeb eine sichere Beurteilung der Tatsachen zu verschaffen. Deshalb muss sich der ArbGeb auch nicht mit einer schriftlichen Stellungnahme zufrieden geben, wenn ihm diese noch keine sichere und vollständige Kenntnis von den für die Kündigung maßgeblichen Tatsachen verschafft hat. Die Frist des § 626 Abs. 2 beginnt dann erst mit der mündlichen Anhörung, sofern sie innerhalb einer kurz zu bemessenen Frist nach Eingang der schriftlichen Stellungnahme erfolgt[9]. Hat dagegen der ArbN die ihm zur Last gelegten Pflichtverletzungen eingeräumt, wird es zumeist keiner weiteren Sachaufklärung bedürfen.

409

Lediglich geplante, aber tatsächlich nicht durchgeführte Ermittlungen sind nicht geeignet, den Lauf der Frist des § 626 Abs. 2 zu hemmen[10].

410

Die erforderlichen Ermittlungen müssen mit der gebotenen Eile innerhalb einer kurz bemessenen Frist erfolgen[11], die hinsichtlich der Anhörung des Verdächtigten in der Regel nicht über eine Woche hinausgehen darf. Wird diese Regelfrist ohne erheblichen Grund[12] überschritten, beginnt die Ausschlussfrist mit dem Ende der Regelfrist[13]. Für die Durchführung anderer Ermittlungen lässt sich keine Regelfrist angeben[14].

411

---

1 BAG v. 18.5.1994 – 2 AZR 930/93, AP Nr. 33 zu § 626 BGB – Ausschlussfrist; ErfK/*Müller-Glöge*, § 626 BGB Rz. 260. | 2 BAG v. 28.10.1971 – 2 AZR 32/71, AP Nr. 1 zu § 626 BGB – Ausschlussfrist; v. 6.7.1972 – 2 AZR 386/71, AP Nr. 3 zu § 626 BGB – Ausschlussfrist; v. 10.6.1988 – 2 AZR 25/88, AP Nr. 27 zu § 626 BGB – Ausschlussfrist; BGH v. 26.2.1996 – II ZR 114/95, AP Nr. 34 zu § 626 BGB – Ausschlussfrist; ErfK/*Müller-Glöge*, § 626 BGB Rz. 263; KR/*Fischermeier*, § 626 BGB Rz. 319. | 3 BAG v. 28.10.1971 – 2 AZR 32/71, AP Nr. 1 zu § 626 BGB – Ausschlussfrist; v. 11.3.1976 – 2 AZR 29/75, AP Nr. 8 zu § 626 BGB – Ausschlussfrist; v. 16.8.1993 – 2 AZR 113/90, AP Nr. 10 zu § 611 BGB – Treuepflicht; *Ascheid*, Rz. 152; ErfK/*Müller-Glöge*, § 626 BGB Rz. 263; KR/*Fischermeier*, § 626 BGB Rz. 319; *Stahlhacke/Preis/Vossen*, Rz. 839. | 4 Vgl. BAG v. 14.2.1996 – 2 AZR 274/95, AP Nr. 26 zu § 626 BGB – Verdacht strafbarer Handlung; ebenso v. 18.11.1999 – 2 AZR 852/98, AP Nr. 160 zu § 626 BGB; APS/*Dörner*, § 626 BGB Rz. 126. | 5 BAG v. 12.2.1973 – 2 AZR 116/72, AP Nr. 6 zu § 626 BGB – Ausschlussfrist; v. 10.6.1988 – 2 AZR 25/88, AP Nr. 27 zu § 626 BGB – Ausschlussfrist; v. 31.3.1993 – 2 AZR 492/92, AP Nr. 32 zu § 626 BGB – Ausschlussfrist; APS/*Dörner*, § 626 BGB Rz. 127; ErfK/*Müller-Glöge*, § 626 BGB Rz. 264; KR/*Fischermeier*, § 626 BGB Rz. 330 ff. | 6 Vgl. zB BAG v. 14.11.1984 – 7 AZR 133/83, AP Nr. 89 zu § 626 BGB; ErfK/*Müller-Glöge*, § 626 BGB Rz. 264 f. | 7 BAG v. 14.11.1984 – 7 AZR 133/83, AP Nr. 89 zu § 626 BGB; ErfK/*Müller-Glöge*, § 626 BGB Rz. 266. | 8 BAG v. 23.3.1972 – 2 AZR 226/71, AP Nr. 63 zu § 626 BGB; v. 10.2.1977 – 2 ABR 80/76, AP Nr. 9 zu § 103 BetrVG 1972; ErfK/*Müller-Glöge*, § 626 BGB Rz. 266. | 9 BAG v. 12.2.1973 – 2 AZR 116/72, AP Nr. 6 zu § 626 BGB – Ausschlussfrist; ErfK/*Müller-Glöge*, § 626 BGB Rz. 266. | 10 BAG v. 28.4.1994 – 2 AZR 730/93, AP Nr. 117 zu § 626 BGB; ErfK/*Müller-Glöge*, § 626 BGB Rz. 265. | 11 BAG v. 15.11.1995 – 2 AZR 974/94, AP Nr. 73 zu § 102 BetrVG 1972; ErfK/*Müller-Glöge*, § 626 BGB Rz. 265. | 12 Besteht ein hinreichender Grund (zB weil der ArbGeb noch keine detaillierten Kenntnisse hat, mit denen er den ArbN konfrontieren kann), ist auch eine Überschreitung von 1 Monat unschädlich, vgl. LAG Köln v. 8.8.2000 – 5 Sa 452/00, NZA-RR 2001, 185. | 13 BAG v. 6.7.1972 – 2 AZR 386/71, AP Nr. 3 zu § 626 BGB – Ausschlussfrist; v. 12.2.1973 – 2 AZR 116/72, AP Nr. 6 zu § 626 BGB – Ausschlussfrist; KR/*Fischermeier*, § 626 BGB Rz. 331; HAS/*Popp*, § 19 B Rz. 275; MünchKomm/*Schwerdtner*, § 626 BGB Rz. 207. | 14 BAG v. 10.6.1988 – 2 AZR 25/88, AP Nr. 27 zu § 626 BGB – Ausschlussfrist; KR/*Fischermeier*, § 626 BGB Rz. 331.

412 Die Zeit, die der Kündigungsberechtigte benötigt, um sich darüber zu informieren, ob die bereits bekannten Tatsachen eine Kündigung rechtfertigen, hemmt den Fristlauf nicht[1].

413 **c) Dauertatbestände.** aa) Ein Dauertatbestand liegt vor, wenn ein kündigungsrelevantes Verhalten fortgesetzt verwirklicht wird (zB unentschuldigtes Fehlen) oder ein nicht abgeschlossener, länger andauernder Zustand vorliegt, der einen Kündigungsgrund abgibt (zB langandauernde Krankheit). In diesem Fall beginnt die Ausschlussfrist erst mit Abschluss des Dauertatbestands zu laufen[2]. Jeder frühere Fristbeginn würde den ArbGeb nur zwingen, möglichst frühzeitig zu kündigen. Zudem lässt sich der Zeitpunkt, ab dem das Vorliegen eines wichtigen Grundes angenommen werden kann, in vielen Fällen nicht exakt bestimmen. Dennoch ist der ArbGeb nicht gehindert, bereits vorher zu kündigen, sobald sich der Dauertatbestand zu einem wichtigen Grund verdichtet hat. Nur weil der ArbGeb mit der Kündigung möglichst lange zuwartet, muss sich seine kündigungsrechtliche Position nicht verbessern. Insbesondere kann sich zB die Zukunftsprognose ändern oder betriebliche Beeinträchtigungen können wegfallen.

414 Können mehrere Pflichtverletzungen zu einem Dauertatbestand oder einem Gesamtverhalten zusammengefasst werden, beginnt die Ausschlussfrist nicht nur erst mit dem letzten Vorfall als weiteres und letztes Glied in der Kette der Ereignisse, die zum Anlass für die Kündigung genommen werden[3], es wird zudem der gesamte Dauertatbestand bzw. dass Gesamtverhalten zum Gegenstand der Kündigung gemacht. Selbst wenn also Teile des Verhaltens länger als zwei Wochen zurückliegen, gelten sie insoweit als nicht verfristet und können als solche zur Unterstützung der Kündigung geltend gemacht werden[4].

415 In Abgrenzung zum bisher Gesagten soll ausnahmsweise dann kein Dauertatbestand vorliegen, wenn zwar eine länger anhaltende Beeinträchtigung vorliegt, sich deren Auswirkungen vom ArbGeb aber von Anfang an genau abschätzen lassen. Die Frist beginnt in diesen Fällen bereits mit der genauen Kenntnis der zu erwartenden Beeinträchtigungen. Dies gilt zB wenn einem Berufskraftfahrer vorübergehend die Fahrerlaubnis entzogen wird[5] oder wenn aufgrund einer Krankheit des ArbN dessen dauernde Arbeitsunfähigkeit feststeht[6]. Geht der ArbGeb aber zunächst davon aus, die Beeinträchtigung durch entsprechende Maßnahmen ausgleichen zu können, beginnt die Frist erst, wenn sich herausstellt, dass diese Maßnamen ungenügend sind und deshalb das Bedürfnis besteht, dem ArbN zu kündigen, um den Arbeitsplatz anderweitig zu besetzen[7].

416 Kein Dauertatbestand (mehr), sondern das bloße Fortwirken eines früheren (Dauer-)Tatbestands liegt vor, wenn das vertragswidrige Verhalten des ArbN bereits abgeschlossen ist[8], die Beeinträchtigung mithin nur noch in der Nachwirkung, wie zB einem fortwirkenden Vertrauensverlust beim ArbGeb besteht. Die Frist des § 626 Abs. 2 beginnt bereits mit Abschluss der tatsächlichen Vorgänge, die die Kündigung begründen[9]. Ein etwaiger daraus resultierender Vertrauensverlust gehört hierzu nicht. Er kann zwar im Rahmen der Interessenabwägung die Kündigung erst rechtfertigen, er ist aber bloße Folge des ArbN-Verhaltens und damit keine für den Fristbeginn maßgebende Tatsache[10].

417 bb) Zudem ist in den nachfolgenden Kündigungsarten für den Fristbeginn zu beachten: (1) Die **betriebsbedingte außerordentliche (Beendigungs-)Kündigung** wegen Rationalisierungsmaßnahmen oder wegen Betriebsstilllegung beruht in der Regel auf einem echten Dauergrund im oben genannten Sinne[11]. Die Kündigung muss sich am Termin der Betriebsstilllegung orientieren. Es wäre deshalb unsinnig, wenn tariflich unkündbare ArbN ungeachtet dessen binnen zwei Wochen ab Kenntniserlangung von der drohenden Betriebsschließung gekündigt werden müssten. Deshalb hat man zunächst darauf abgestellt, dass der wichtige Grund für die außerordentliche Kündigung in der Unzumutbarkeit der Weiterbeschäftigung trotz der definitiven Unmöglichkeit, dem ArbN eine Arbeit anbieten zu können, liegt und dementsprechend die Ausschlussfrist erst mit dem Tage beginnen lassen, an dem der ArbN nicht mehr

---

1 LAG Hamm v. 1.10.1998 – 8 Sa 969/98, LAGE § 626 BGB – Ausschlussfrist Nr. 10; APS/*Dörner*, § 626 BGB Rz. 129. |2 BAG v. 21.3.1996 – 2 AZR 455/95, AP Nr. 8 zu § 626 BGB – Krankheit; ErfK/*Müller-Glöge*, § 626 BGB Rz. 267. |3 BAG v. 17.8.1972 – 2 AZR 359/71, AP Nr. 4 zu § 626 BGB – Ausschlussfrist; v. 25.2.1983 – 2 AZR 298/81, AP Nr. 14 zu § 626 BGB – Ausschlussfrist; v. 22.1.1998 – 2 ABR 19/97, AP Nr. 38 zu § 626 BGB – Ausschlussfrist; ErfK/*Müller-Glöge*, § 626 BGB Rz. 269; KR/*Fischermeier*, § 626 BGB Rz. 325; *Stahlhacke/Preis/Vossen*, Rz. 843 f.; aA *Gerauer*, BB 1980, 1332 und BB 1988, 2032; aA auch HAS/*Popp*, § 19 B Rz. 281 f., der in dem Fall, dass die Eigenmächtigkeit eines Urlaubsantritts maßgebliche Kündigungstatsache ist, einen Dauergrund verneint und Fristbeginn mit Zeitpunkt der Kenntniserlangung vom eigenmächtigen Urlaubsantritt annimmt. |4 Siehe oben Fn. 3, insbesondere BAG v. 17.8.1972 – 2 AZR 359/71, AP Nr. 4 zu § 626 BGB – Ausschlussfrist. |5 Vgl. KR/*Fischermeier*, § 626 BGB Rz. 328. |6 BAG v. 12.4.1978 – 4 AZR 580/76, AP Nr. 13 zu § 626 BGB – Ausschlussfrist; LAG Nürnberg v. 13.10.1978 – 5 Sa 437/77, AblBayArbMin 1979 C 27; *Bezani*, Anm. AP Nr. 8 zu § 626 BGB – Krankheit; ErfK/*Müller-Glöge*, § 626 BGB Rz. 271; Erman/*Belling*, § 626 BGB Rz. 96; KR/*Fischermeier*, § 626 BGB Rz. 326; *Lepke*, Rz. 208; HAS/*Popp*, § 19 B Rz. 283; *Stahlhacke/Preis/Vossen*, Rz. 845. |7 KDZ/*Däubler*, Rz. 215; DLW/*Dörner*, D Rz. 514; KR/*Fischermeier*, § 626 BGB Rz. 326. |8 BAG v. 25.3.1976 – 2 AZR 127/75, AP Nr. 10 zu § 626 BGB – Ausschlussfrist; APS/*Dörner*, § 626 BGB Rz. 133; KR/*Fischermeier*, § 626 BGB Rz. 324. |9 BAG v. 25.2.1983 – 2 AZR 298/81, AP Nr. 14 zu § 626 BGB – Ausschlussfrist; ErfK/*Müller-Glöge*, § 626 BGB Rz. 268. |10 BAG v. 17.8.1972 – 2 AZR 359/71, AP Nr. 4 zu § 626 BGB – Ausschlussfrist; v. 25.2.1983 – 2 AZR 298/81, AP Nr. 14 zu § 626 BGB – Ausschlussfrist; KR/*Fischermeier*, § 626 BGB Rz. 328. |11 BAG v. 5.2.1998 – 2 AZR 227/97, AP Nr. 143 zu § 626 BGB; v. 17.9.1998, AP Nr. 148 zu § 620 BGB; ErfK/*Müller-Glöge*, § 626 BGB Rz. 275.

weiterbeschäftigt werden konnte¹. Tatsächlich wächst die Unzumutbarkeit aber auch noch nach Wegfall der Beschäftigungsmöglichkeit an, so dass hierdurch der Dauertatbestand bestehen bleibt, ein Fristbeginn also nicht ausgelöst wird². Entsprechendes muss für die betriebsbedingte außerordentliche Änderungskündigung gelten, so dass auch hier mit der definitiven Kenntnis des ArbGeb von der Notwendigkeit der Änderungskündigungen kein Fristbeginn ausgelöst wird³. In jedem Fall braucht aber der ArbGeb mit der Kündigung nicht so lange warten bis die letzten Arbeiten beendet sind. Er kann vielmehr schon vorher außerordentlich zu dem Zeitpunkt kündigen, zu dem die Beschäftigungsmöglichkeit voraussichtlich entfallen wird⁴.

(2) Bei einer **außerordentlichen Verdachtskündigung** begründet weder der Verdacht strafbarer Handlungen noch eine begangene Straftat einen Dauerzustand, der es dem ArbGeb erlauben würde, bis zur strafrechtlichen Verurteilung des ArbN zu irgendeinem beliebigen Zeitpunkt eine fristlose Kündigung auszusprechen⁵. Der ArbGeb kann aber darüber entscheiden, wann er die Verdachtsmomente für ausreichend hält. Sind diese Anforderungen nach seinem Kenntnisstand erfüllt, muss er binnen zwei Wochen kündigen⁶. Gerade für einen zurückhaltend handelnden ArbGeb wird die Zweiwochenfrist damit erst sehr spät beginnen. So kann die Frist für eine Tat-, hilfsweise Verdachtskündigung auch erst mit der Kenntniserlangung von der strafrechtlichen Verurteilung beginnen, wenn der ArbGeb meint, vorher keine ausreichende Sicherheit für die Tatbegehung zu haben⁷. Gleiches gilt, wenn der Kündigungsberechtigte erst das Ergebnis des Ermittlungsverfahrens der Staatsanwaltschaft abwarten will⁸.

Des Weiteren kann der Fristbeginn hinausgeschoben sein, wenn der Kündigungsberechtigte aufgrund eines Anfangsverdachts selbst weitere Ermittlungen durchführen will. Er muss dies aber zügig tun. Speziell eine unverzüglich, in der Regel innerhalb einer Woche, veranlasste Anhörung des ArbN schiebt den Beginn der Frist hinaus⁹. Dagegen genügt es nicht, wenn der ArbGeb spontan, ohne dass dies durch neue Tatsachen veranlasst war, Ermittlungen aufnimmt, um dann zwei Wochen nach Abschluss dieser Ermittlungen zu kündigen¹⁰.

(3) Bei einer **außerordentlichen Druckkündigung** ist für den Fristbeginn auf den Zeitpunkt abzustellen, in dem der Kündigende alle Umstände kennt, aus denen geschlossen werden kann, dass die Drucksituation allein durch Ausspruch einer außerordentlichen Kündigung beseitigt werden kann¹¹. Das bloße Verlangen der Belegschaft, den ArbN zu entlassen genügt hierfür noch nicht, da der ArbGeb damit noch nicht weiß, ob er dem Druck nicht durch andere Mittel begegnen kann. Dies gilt auch bei einer verhaltens- oder personenbedingten Druckkündigung.

Ist der ArbGeb aber untätig und unternimmt nichts, um den Druck abzuwenden, dann soll die Frist bereits mit dem Entlassungsverlangen der Belegschaft beginnen¹². Dagegen ist mit *Fischermeier* einzuwenden, dass der Druck durch die Untätigkeit des ArbGeb in der Regel nicht verschwindet, im Gegenteil oft sogar noch anwachsen wird, so dass es sich um einen echten Dauertatbestand handelt. Zudem kann ein „Aussitzen" des Problems in gewissen Konstellationen sogar ein sinnvoller Weg sein, um (zunächst) den „Druck" herauszunehmen. Insoweit stellt die Reaktion des ArbGeb auf den Druck lediglich eine bei der Interessenabwägung zu berücksichtigende Größe dar¹³. Mit dem Fristablauf hat sie nicht zu tun.

d) **Fristberechnung.** Die Berechnung der Ausschlussfrist erfolgt nach §§ 187 ff. Es handelt sich um eine Ereignisfrist iSd. § 187 Abs. 1 (Kenntnis der für die Kündigung maßgeblichen Tatsachen), so dass der Tag der Kenntniserlangung noch nicht in die Frist fällt. Diese beginnt erst mit dem Tag nach der Kenntniserlangung und endet nach § 188 Abs. 2 Halbs. 1 zwei Wochen später mit Ablauf desjenigen

---

1 BAG v. 28.3.1985 – 2 AZR 113/84, AP Nr. 86 zu § 626 BGB; v. 5.10.1995 – 2 AZR 25/95, RzK I 6 g Nr. 26; ErfK/*Müller-Glöge*, § 626 BGB Rz. 276. | 2 BAG v. 5.2.1998 – 2 AZR 227/97, AP Nr. 143 zu § 626 BGB; v. 17.9.1998 – 4 AZR 419/97, AP Nr. 148 zu § 626 BGB; KR/*Fischermeier*, § 626 BGB Rz. 329. | 3 So aber noch BAG v. 25.3.1976 – 2 AZR 127/75, AP Nr. 10 zu § 626 BGB – Ausschlussfrist; ErfK/*Müller-Glöge*, § 626 BGB Rz. 277. | 4 BAG v. 8.10.1957 – 3 AZR 136/55, AP Nr. 16 zu § 626 BGB; v. 22.7.1992 – 2 AZR 84/92, EzA § 626 BGB nF Nr. 141; APS/*Dörner*, § 626 BGB Rz. 139; ErfK/*Müller-Glöge*, § 626 BGB Rz. 276. | 5 BAG v. 27.1.1972 – 2 AZR 157/71, AP Nr. 2 zu § 626 BGB – Ausschlussfrist; v. 29.7.1993 – 2 AZR 90/93, AP Nr. 31 zu § 626 BGB – Ausschlussfrist; v. 28.4.1994 – 2 AZR 730/93, AP Nr. 117 zu § 626 BGB; *Belling*, RdA 1996, 223, 234 f.; ErfK/*Müller-Glöge*, § 626 BGB Rz. 273; KR/*Fischermeier*, § 626 BGB Rz. 320. | 6 BAG v. 29.7.1993 – 2 AZR 90/93, AP Nr. 31 zu § 626 BGB – Ausschlussfrist; v. 28.4.1994 – 2 AZR 730/93, AP Nr. 117 zu § 626 BGB; ErfK/*Müller-Glöge*, § 626 BGB Rz. 273; KR/*Fischermeier*, § 626 BGB Rz. 320; zT aA MünchKomm/*Schwerdtner*, § 626 BGB Rz. 219, der die Ansicht vertritt, dass der ArbGeb bei bestehendem Verdacht bis zur Anklageerhebung bzw. Hauptverfahrenseröffnung zuwarten darf; erst dann werde die Frist in Gang gesetzt. | 7 BAG v. 18.11.1999 – 2 AZR 852/98, AP Nr. 160 zu § 626 BGB; ErfK/*Müller-Glöge*, § 626 BGB Rz. 274. | 8 BAG v. 12.5.1955 – 2 AZR 77/53, AP Nr. 1 zu § 626 BGB – Verdacht strafbarer Handlung; v. 12.12.1984 – 7 AZR 575/83, AP Nr. 19 zu § 626 BGB – Ausschlussfrist; v. 18.11.1999 – 2 AZR 852/98, AP Nr. 160 zu § 626 BGB; KR/*Fischermeier*, § 626 BGB Rz. 321. | 9 BAG v. 6.7.1972 – 2 AZR 381/71, AP Nr. 3 zu § 626 BGB – Ausschlussfrist; ErfK/*Müller-Glöge*, § 626 BGB Rz. 274; vgl. auch oben Rz. 357. | 10 BAG v. 29.7.1993 – 2 AZR 90/93, AP Nr. 31 zu § 626 BGB – Ausschlussfrist; ErfK/*Müller-Glöge*, § 626 BGB Rz. 274. | 11 ErfK/*Müller-Glöge*, § 626 BGB Rz. 271. | 12 BAG v. 18.9.1975 – 2 AZR 311/74, AP Nr. 10 zu § 626 BGB – Druckkündigung; ErfK/*Müller-Glöge*, § 626 BGB Rz. 272; aA KR/*Fischermeier*, § 626 BGB Rz. 327; *Rahmstorf*, S. 80 ff. | 13 Oben Rz. 362.

BGB § 626 Rz. 423   Fristlose Kündigung aus wichtigem Grund

Tages, der durch seine Benennung dem Tag entspricht, an dem die Kenntnis erlangt wurde. Erfährt also der Kündigungsberechtigte von den Kündigungsgründen an einem Freitag, endet die Ausschlussfrist zwei Wochen später am Freitag. § 193 findet Anwendung, so dass eine Ausschlussfrist, die nach § 188 Abs. 2 an einem Samstag, Sonntag oder einem gesetzlichen Feiertag abläuft, erst mit Ablauf des nächsten Werktags endet[1].

423   Die Ausschlussfrist ist gewahrt, wenn die Kündigung beim Adressaten noch innerhalb der Frist iSd. § 130 BGB zugeht. Dh. die Kündigung muss so in den Machtbereich des Empfängers gelangen, dass dieser unter gewöhnlichen Umständen noch innerhalb der Frist vom Inhalt der Kündigung Kenntnis erlangen kann[2].

424   Vom Grundsatz, dass der Kündigende das Beförderungsrisiko trägt, wird analog § 206 (ehemals § 203 Abs. 2) dann eine Ausnahme gemacht, wenn die Beförderung durch „höhere Gewalt" vereitelt oder verzögert wird. Diese ist aber nur bei einer ungewöhnlichen Verzögerung der Beförderung gegeben, der der Absender machtlos gegenübersteht[3]. Die bloße Verzögerung der Zustellung bei der Post über die üblichen Postlaufzeiten hinaus genügt hierfür nicht[4].

425   **4. Unabdingbarkeit.** Die Ausschlussfrist des § 626 Abs. 2 ist eine zwingende gesetzliche Regelung, die durch Parteivereinbarung weder ausgeschlossen noch abgeändert werden kann[5]. Dies muss zumindest insoweit gelten, als die Schutzfunktion des § 626 Abs. 2 zugunsten des ArbN reicht. Diese liegt im Schutz vor übereilten Kündigungen sowie im Schutz des angesichts des Zeitablaufs entstandenen Vertrauens (beachte hierzu noch nachfolgend Rz. 429).

426   Ebenso verbietet sich eine abweichende Regelung durch TV[6]. Der Gesetzgeber hat hier keine dem § 622 Abs. 4 entsprechende Ausnahme geschaffen.

427   **5. Rechtsfolgen des Fristablaufs und Korrektur.** a) Mit Ablauf der Ausschlussfrist des § 626 Abs. 2 kommt es zur unwiderlegbaren gesetzlichen Vermutung, dass der Kündigungsgrund seine Bedeutung als „wichtiger Grund" verloren hat. § 626 Abs. 2 ist damit eine materielle Ausschlussfrist, die zur Verfristung des Kündigungsrechts durch Zeitablauf führt. Die danach ausgesprochene außerordentliche Kündigung ist unwirksam[7].

428   Unberührt bleibt, dass der nach § 626 Abs. 2 BGB verwirkte Kündigungsgrund eine an den Maßstäben des KSchG zu messende ordentliche Kündigung sozial rechtfertigen kann. Dies kann ggf. auch im Wege der Umdeutung der Kündigung (dazu unten Rz. 454 ff.) geschehen, sofern dem nicht der Wille nur außerordentlich kündigen zu wollen bzw. eine fehlende BR-Anhörung entgegensteht. § 626 Abs. 2 BGB findet auf § 1 Abs. 2 KSchG keine entsprechende Anwendung[8].

429   b) Da es sich um eine materielle Ausschlussfrist handelt, ist eine Wiedereinsetzung in den vorigen Stand gem. §§ 233 ff. ZPO nicht möglich[9]. Will der Gekündigte sich auf die Unwirksamkeit der außerordentlichen Kündigung wegen Fristversäumnis berufen, muss dies durch fristgerechte Feststellungsklage gem. §§ 13, 4, 7 KSchG geschehen[10].

430   c) Im Einzelfall kann aber die Berufung auf den Ablauf der Ausschlussfrist nach § 242 rechtsmissbräuchlich sein, wenn diese zu groben Unbilligkeiten führt[11]. Gedacht wird hier ua. an den Fall, dass der Gekündigte den Kündigungsberechtigten durch unredliches Verhalten von der Einhaltung der Ausschlussfrist abgehalten hat.

---

1 Allg. M. KR/*Fischermeier*, § 626 BGB Rz. 356; *Stahlhacke/Preis/Vossen*, Rz. 848. | 2 BAG v. 9.3.1978 – 2 AZR 529/76, AP Nr. 12 zu § 626 BGB – Ausschlussfrist; ErfK/*Müller-Glöge*, § 626 BGB Rz. 278; KR/*Fischermeier*, § 626 BGB Rz. 358. | 3 KR/*Fischermeier*, § 626 BGB Rz. 360; *Stahlhacke/Preis/Vossen*, Rz. 849; aA HAS/*Popp*, § 19B Rz. 292, der sich gegen eine Hemmung des Fristlaufs ausspricht, uU aber einen Rechtsmissbrauch bejaht. | 4 BAG v. 7.2.1973 – 2 AZB 30/72, AP Nr. 63 zu § 233 ZPO; APS/*Dörner*, § 626 BGB Rz. 144; KR/*Fischermeier*, § 626 BGB Rz. 359, *Herschel*, Anm. AP Nr. 9 zu § 626 BGB – Ausschlussfrist. | 5 BAG v. 12.2.1973 – 2 AZR 116/72, AP Nr. 6 zu § 626 BGB – Ausschlussfrist; v. 12.4.1978 – 4 AZR 580/76, AP Nr. 13 zu § 626 BGB – Ausschlussfrist; ErfK/*Müller-Glöge*, § 626 BGB Rz. 280) KR/*Fischermeier*, § 626 BGB Rz. 317; aA (Verlängerungsmöglichkeit nach Eintritt der Kündigungssituation) *Hanau/Adomeit*, Rz. 900 Fn. 55. | 6 BAG v. 19.1.1973 – 2 AZR 103/72, AP Nr. 5 zu § 626 BGB – Ausschlussfrist; v. 12.4.1978 – 4 AZR 580/76, AP Nr. 13 zu § 626 BGB – Ausschlussfrist; ErfK/*Müller-Glöge*, § 626 BGB Rz. 280; KR/*Fischermeier*, § 626 BGB Rz. 318; aA *Gamillscheg*, Arbeitsrecht I, S. 442 f.; MünchKomm/*Schwerdtner*, § 626 BGB Rz. 230. | 7 BAG v. 8.6.1972 – 2 AZR 336/71, AP Nr. 1 zu § 13 KSchG 1969; v. 6.7.1972 – 2 AZR 386/71, AP Nr. 3 zu § 626 BGB – Ausschlussfrist; v. 17.8.1972 – 2 AZR 359/71, AP Nr. 4 zu § 626 BGB – Ausschlussfrist; APS/*Dörner*, § 626 BGB Rz. 121 f.; *Ascheid*, Rz. 149 f.; ErfK/*Müller-Glöge*, § 626 BGB Rz. 281; KR/*Fischermeier*, § 626 BGB Rz. 313. | 8 BAG v. 4.3.1980 – 1 AZR 1151/78, AP Nr. 4 zu Art. 140 GG; ErfK/*Müller-Glöge*, § 626 BGB Rz. 283; KR/*Fischermeier*, § 626 BGB Rz. 315; MünchKomm/*Schwerdtner*, § 626 BGB Rz. 236; HAS/*Popp*, § 19 B Rz. 323. | 9 BAG v. 28.10.1971 – 2 AZR 32/71, AP Nr. 1 zu § 626 BGB – Ausschlussfrist; *Ascheid*, Rz. 149; ErfK/*Müller-Glöge*, § 626 BGB Rz. 282; KR/*Fischermeier*, § 626 BGB Rz. 314. | 10 BAG v. 6.7.1972 – 2 AZR 386/71, AP Nr. 3 zu § 626 BGB – Ausschlussfrist; ErfK/*Müller-Glöge*, § 626 BGB Rz. 282. | 11 BGH v. 5.6.1975 – II ZR 131/73, EzA § 626 BGB nF Nr. 36; APS/*Dörner*, § 626 BGB Rz. 154; ErfK/*Müller-Glöge, § 626 BGB Rz. 284; Hölters*, Anm. zu BAG v. 19.1.1973, AP Nr. 5 zu § 626 BGB – Ausschlussfrist; *Martens*, Anm. zu BAG v. 12.2.1973, AP Nr. 6 zu § 626 BGB – Ausschlussfrist; *Stahlhacke/Preis/Vossen*, Rz. 854 f.; offen gelassen von BAG v. 19.1.1973 – 2 AZR 103/72 und v. 12.2.1973 – 2 AZR 116/72, AP Nr. 5 und 6 zu § 626 BGB – Ausschlussfrist.

Dazu gehört auch der Fall, dass ein ArbGeb innerhalb der Frist des § 91 Abs. 2 SGB IX (ehemals § 21 Abs. 2 SchwbG) die Zustimmung des Integrationsamtes zur Kündigung beantragt, weil der ArbN einen Antrag auf Feststellung der Schwerbehinderteneigenschaft gestellt hat. Stellt sich hier später heraus, dass der ArbN tatsächlich nicht schwerbehindert ist, kann er sich nach Treu und Glauben nicht auf die Versäumnis der Kündigungserklärungsfrist berufen[1]. **431**

Entsprechendes gilt, wenn die Ausschlussfrist nur deshalb versäumt wurde, weil die Parteien in zeitlich fest begrenzten Verhandlungen nach einer Möglichkeit gesucht haben, das Arbeitsverhältnis schnellstmöglich auf eine andere Weise als durch außerordentliche Kündigung zu beenden[2]. **432**

Liegt der Grund für die Versäumnis der Ausschlussfrist dagegen in der Sphäre des Kündigungsberechtigten (Krankheit, Geschäftsreise etc.), dann ist der Einwand des Rechtsmissbrauchs nur ausnahmsweise gerechtfertigt. Es muss sich hier um eine unverschuldete kurzfristige oder unerwartete Verhinderung handeln, bei der es nicht möglich war oder als überflüssig erscheinen musste, für eine Vertretung zu sorgen[3]. **433**

6. Ausschlussfrist und Beteiligung des BR (Personalrats). Nach § 102 Abs. 1 BetrVG ist der BR vor jeder Kündigung anzuhören. Soll einem Mitglied eines BR bzw. einer gleichgestellten Vertretung gekündigt werden, bedarf die Kündigung zudem der Zustimmung, § 103 BetrVG. Von Letzterem ist der ArbGeb nur in den Fällen des § 15 Abs. 4, 5 KSchG enthoben[4]. **434**

a) Eine ohne Anhörung des BR ausgesprochene Kündigung ist nach § 102 Abs. 1 Satz 3 BetrVG unwirksam. Entsprechendes gilt im öffentlichen Dienst für die Beteiligung des Personalrats (§ 79 Abs. 3 BPersVG). Die jeweils erforderliche Anhörung muss rechtzeitig vor Ablauf der Ausschlussfrist eingeleitet werden. Da dem BR eine Bearbeitungsfrist von bis zu drei Tagen zusteht und hierdurch die Anhörungsfrist nicht verlängert wird, muss der ArbGeb somit spätestens am zehnten Tag nach Kenntnis der für die Kündigung maßgebenden Tatsachen die Anhörung des BR einleiten, um noch am folgenden letzten Tag der Ausschlussfrist die Kündigung aussprechen zu können[5]. **435**

b) Bedarf der ArbGeb für eine Kündigung der Zustimmung des BR oder Personalrats, ist diese erst zulässig, wenn die Zustimmung erteilt oder durch rechtskräftige Entscheidung des Gerichts ersetzt wurde. Die Ausschlussfrist des § 626 Abs. 2 ist insoweit zu beachten, als dem BR drei Tage für seine Entscheidung über den Zustimmungsantrag nach § 103 BetrVG eingeräumt werden müssen, ohne dass hierdurch der Fristablauf gehemmt oder neu beginnen würde[6]. Wird die Zustimmung verweigert bzw. gibt der BR keine Stellungnahme ab, muss der ArbGeb entsprechend § 91 Abs. 2 SGB IX noch innerhalb der Frist bei Gericht den Antrag auf Ersetzung der Zustimmung stellen[7]. **436**

Fristwahrend soll dabei nur ein zulässiger gerichtlicher Zustimmungsersetzungsantrag sein, so dass zB ein vor der Verweigerung durch den BR gestellter Antrag die Ausschlussfrist des § 626 Abs. 2 nicht wahrt[8]. Dies entspricht aber weder der Problembehandlung bei der Verjährung[9] noch kann man vom ArbGeb verlangen, dass er die Entscheidung des bereits angerufenen BR abwartet, wenn Verfristung droht. Dies wird durch keinen der Schutzzwecke des § 626 Abs. 2 gerechtfertigt. **437**

Wird die Zustimmung rechtskräftig ersetzt, muss der ArbGeb die außerordentliche Kündigung in entsprechender Anwendung des § 91 Abs. 5 SGB IX unverzüglich aussprechen, die Frist des § 626 Abs. 2 beginnt nicht neu zu laufen[10]. Gleiches gilt bei Durchführung eines personalvertretungsrechtlichen Zustimmungsverfahrens[11]. Erst mit der Rechtskraft entfaltet der gerichtliche Beschluss die notwendige Gestaltungs- oder Vollstreckungswirkung[12]. Ist aber die gegen den bereits zugestellten Zustimmungsersetzungsbeschluss des LAG nach § 92 ArbGG erhobene Nichtzulassungsbeschwerde zum BAG offensichtlich aussichtslos, dann reicht bereits eine derartige „Unanfechtbarkeit" des Beschlusses zum Aus- **438**

---

1 BAG v. 27.2.1987 – 7 AZR 632/85, AP Nr. 26 zu § 626 BGB – Ausschlussfrist; ErfK/*Müller-Glöge*, § 626 BGB Rz. 284. |2 BGH v. 5.6.1975 – II ZR 131/73, EzA § 626 BGB nF Nr. 36; KR/*Fischermeier*, § 626 BGB Rz. 361. |3 APS/*Dörner*, § 626 BGB Rz. 156; KR/*Fischermeier*, § 626 BGB Rz. 363. |4 BAG v. 18.9.1997 – 2 ABR 15/97, AP Nr. 35 zu § 103 BetrVG 1972 (§ 103 BetrVG betrifft nur für eine außerordentliche, nicht für eine ausnahmsweise zulässige ordentliche Kündigung eines BR-Mitglieds). |5 BAG v. 18.8.1977 – 2 ABR 19/77, AP Nr. 10 zu § 103 BetrVG 1972; v. 8.4.2003 – 2 AZR 515/02, NZA 2003, 961; KR/*Fischermeier*, § 626 BGB Rz. 332; *Hanau*, BB 1972, 451, 455; MünchKomm/*Schwerdtner*, § 626 BGB Rz. 239; aA *Meisel*, DB 1974, 138; *Müller*, DB 1975, 1363. |6 BAG v. 18.8.1977 – 2 ABR 19/77, AP Nr. 10 zu § 103 BetrVG 1972; ErfK/*Müller-Glöge*, § 626 BGB Rz. 286; KR/*Fischermeier*, § 626 BGB Rz. 333; *Richardi*, § 103 BetrVG Rz. 50; *Stahlhacke/Preis/Vossen*, Rz. 1669; aA *Herschel*, Anm. EzA § 103 BetrVG 1972 Nr. 20; *Weisemann*, DB 1974, 2476, 2478. |7 BAG v. 24.10.1996 – 2 AZR 3/96, AP Nr. 32 zu § 103 BetrVG 1972; v. 7.5.1986 – 2 ABR 27/85, AP Nr. 18 zu § 103 BetrVG 1972; APS/*Dörner*, § 626 BGB Rz. 147; ErfK/*Müller-Glöge*, § 626 BGB Rz. 286; aA *Gamillscheg*, FS BAG, 1979, S. 117, 126 f. |8 BAG v. 24.10.1996 – 2 AZR 3/96, AP Nr. 32 zu § 103 BetrVG 1972; ErfK/*Müller-Glöge*, § 626 BGB Rz. 286. |9 Vgl. Palandt/*Heinrichs*, 63. Aufl., § 204 BGB Rz. 5. |10 BAG v. 24.4.1975 – 2 AZR 118/74, AP Nr. 3 zu § 103 BetrVG 1972; v. 18.8.1977 – 2 ABR 19/77, AP Nr. 10 zu § 103 BetrVG 1972; v. 9.7.1998 – 2 AZR 142/98, AP Nr. 36 zu § 103 BetrVG 1972; KR/*Etzel*, § 103 BetrVG Rz. 136; KR/*Fischermeier*, § 626 BGB Rz. 335; *Stahlhacke/Preis/Vossen*, Rz. 1671; aA (2 Wochen) *Fitting*, § 103 BetrVG Rz. 29. |11 BAG v. 21.10.1983 – 7 AZR 281/81, AP Nr. 16 zu § 626 BGB – Ausschlussfrist; v. 8.6.2000 – 2 AZR 375/99, AP Nr. 164 zu § 626 BGB. |12 BAG v. 25.1.1979 – 2 AZR 983/77, AP Nr. 12 zu § 103 BetrVG; APS/*Dörner*, § 626 BGB Rz. 149.

spruch der Kündigung. Dem ArbGeb steht es aber frei, die Rechtskraft abzuwarten, um danach unverzüglich die Kündigung zu erklären[1].

439 Entsprechend früher ist zu kündigen, wenn der BR die zunächst verweigerte Zustimmung noch während des anhängigen Beschlussverfahrens erteilt[2]. Ebenso ist der Weg für eine Kündigung frei, wenn das BR-Mitglied während des laufenden Verfahrens zB aufgrund einer Neuwahl aus dem BR ausscheidet. Dann ist auch keine erneute BR-Anhörung erforderlich[3].

440 **7. Ausschlussfrist und Verwaltungsverfahren.** In den Fällen der § 9 Abs. 3 MuSchG, § 18 Abs. 1 BErzGG sowie §§ 85, 91 SGB IX kann eine Kündigung nur mit vorheriger Zustimmung der zuständigen Behörde erfolgen. Bestandskraft bzw. Rechtskraft des Beschlusses ist nicht erforderlich[4].

441 a) Jeweils ausreichend, aber auch erforderlich ist es, dass die Zustimmung innerhalb der zweiwöchigen Frist bei der zuständigen Behörde beantragt wird[5]. Wird die Zustimmung erteilt, muss der ArbGeb die Kündigung unverzüglich nach Zustellung des Bescheides aussprechen, § 91 Abs. 5 SGB IX (analog)[6]. Ist die Frist des § 626 Abs. 2 dagegen noch nicht abgelaufen, kann sie trotz bereits vorliegender Zustimmung noch voll ausgeschöpft werden[7].

442 Speziell zu § 21 Abs. 5 SchwbG (jetzt § 91 Abs. 5 SGB IX) wurde entschieden, dass für die Zustimmung die mündliche oder fernmündliche Bekanntgabe der Zustimmung genügt; einer vorherigen Zustellung des Bescheides bedarf es nicht[8].

443 Soll einem Schwerbehinderten gekündigt werden, gilt die Zustimmung auch als erteilt, wenn die Behörde innerhalb der zwei Wochen keine Entscheidung getroffen hat, § 91 Abs. 3 Satz 2 SGB IX. Da auch hier die Kündigung unverzüglich zu erklären ist, § 91 Abs. 5 SGB IX, eine Entscheidung der Behörde aber bereits dann vorliegt, wenn sie innerhalb der Frist zur Post gebracht wurde[9], sollte sich der ArbGeb sofort nach Ablauf der Frist durch einen Anruf bei der Behörde rückversichern.

444 Ist dem ArbGeb die Schwerbehinderteneigenschaft und damit die Zustimmungsbedürftigkeit nicht bekannt, läuft die Antragsfrist des § 91 Abs. 2 SGB IX nicht. Der ArbGeb kann sich hierauf aber nur berufen, wenn er die nach seinem Kenntnisstand allein maßgebliche Ausschlussfrist des § 626 Abs. 2 eingehalten hat[10].

445 b) Ist der schwerbehinderte ArbN BR- oder Personalratsmitglied, kann die Kündigung erst aber unverzüglich ausgesprochen werden, wenn die Zustimmung des BR und des Integrationsamts vorliegt, § 103 BetrVG § 91 Abs. 5 SGB IX. Ausreichend hierfür ist, dass der Antrag rechtzeitig beim Integrationsamt gestellt, § 91 Abs. 2 Satz 1 SGB IX, und danach die Zustimmung des BR unverzüglich beantragt wurde[11].

446 **IX. Mitteilung der Kündigungsgründe (§ 626 Abs. 2 Satz 3). 1. Inhalt.** Nach § 626 Abs. 2 Satz 3 hat der Kündigende auf Verlangen des Gekündigten den Kündigungsgrund soweit bekannt unverzüglich schriftlich mitzuteilen. Dies ist bereits dann der Fall, wenn der Kündigungsempfänger zu erkennen gibt, er wolle wissen, warum die Kündigung erfolgt sei.

447 Weder hat die rechtzeitige Mitteilung aber Auswirkungen auf das Vorliegen eines wichtigen Grundes noch ist sie sonstige Wirksamkeitsvoraussetzung der außerordentlichen Kündigung (siehe Rz. 450 ff.), sollte nicht ausnahmsweise die Angabe des Kündigungsgrundes durch eine konstitutive Formabrede in einem TV, einer BV, im Arbeitsvertrag oder im Gesetz (zB §§ 15 Abs. 3 BBiG, 9 Abs. 3 Satz 2 MuSchG) vorgeschrieben sein.

448 **2. Grenze.** Da § 626 Abs. 2 Satz 3 keine Frist für das Mitteilungsverlangen vorschreibt, ergibt sich eine zeitliche Grenze erst aus dem Gesichtspunkt der Verwirkung. Die Versäumnis der Dreiwochenfrist der § 13 Abs. 1 Satz 2, § 4 Satz 1 KSchG ist hierfür erhebliches Indiz, ohne dass deswegen zwingend Verwirkung anzunehmen ist[12].

---

1 BAG v. 9.7.1998 – 2 AZR 142/98, AP Nr. 36 zu § 103 BetrVG 1972; APS/*Dörner*, § 626 BGB Rz. 151; Zur Bindungswirkung der Zustimmungsersetzung für die Frage des Vorliegens eines wichtigen Grundes BAG v. 15.8.2002 – 2 AZR 214/01, AP Nr. 48 zu § 103 BetrVG 1972. |2 BAG v. 23.6.1993 – 2 ABR 58/92, AP Nr. 2 zu § 83 a ArbGG 1979; ErfK/*Müller-Glöge*, § 626 BGB Rz. 286. |3 BAG v. 19.9.1991 – 2 ABR 14/91, RzK II 3 Nr. 20; v. 8.6.2000 – 2 AZR 276/00, AP Nr. 41 zu § 103 BetrVG 1972; ErfK/*Müller-Glöge*, § 626 BGB Rz. 311. |4 APS/*Dörner*, § 626 BGB Rz. 152. |5 KR/*Fischermeier*, § 626 BGB Rz. 357. |6 Vgl. BAG v. 11.9.1979 – 6 AZR 753/78, AP Nr. 6 zu § 9 MuSchG 1968; ErfK/*Müller-Glöge*, § 626 BGB Rz. 288; *Stahlhacke/Preis/Vossen*, Rz. 1287, 1404, 1425. |7 BAG v. 15.11.2001 – 2 AZR 380/00, DB 2002, 1509. |8 BAG v. 15.11.1990 – 2 AZR 255/90, EzA § 21 SchwbG 1986 Nr. 3; v. 9.2.1994 – 2 AZR 720/93, AP Nr. 3 zu § 21 SchwbG 1986; v. 12.8.1999 – 2 AZR 748/98, AP Nr. 7 zu § 21 SchwbG 1986; ErfK/*Müller-Glöge*, § 626 BGB Rz. 289; KR/*Fischermeier*, § 626 BGB Rz. 339 aE. |9 BAG v. 9.2.1994 – 2 AZR 720/93, AP Nr. 3 zu § 21 SchwbG 1986. |10 BAG v. 23.2.1978 – 2 AZR 462/76, EzA § 12 SchwbG Nr. 5; v. 14.5.1982 – 7 AZR 1221/79, AP Nr. 4 zu § 18 SchwbG; KR/*Fischermeier*, § 626 BGB Rz. 341 f.; KR/*Etzel*, § 91 SGB IX Rz. 9. |11 KR/*Fischermeier*, § 626 BGB Rz. 341. Zur Kombination der Verfahren bei schwerbehinderten Mitgliedern des *BR* BAG v. 22.1.1987 – 2 ABR 6/86, AP Nr. 24 zu § 103 BetrVG 1972 = NZA 1987, 563; ErfK/*Müller-Glöge*, § 626 BGB Rz. 287. |12 APS/*Dörner*, § 626 BGB Rz. 160; KR/*Fischermeier*, § 626 BGB Rz. 35; aA (Verwirkung tritt mit Ablauf der Klagefrist ein) MünchKomm/*Schwerdtner*, § 626 BGB Rz. 260; *Schaub*, ArbRHdb, § 125 Rz. 22; MünchArbR/*Wank*, § 120 Rz. 113.

3. Form und Umfang der Begründung. Die Mitteilung der Kündigungsgründe hat schriftlich zu erfolgen, § 626 Abs. 2 Satz 3. Die Gründe sind hierbei vollständig und wahrheitsgemäß anzugeben. Insbesondere sind die Tatsachen mitzuteilen, auf die der Kündigende seinen Kündigungsentschluss gestützt hat. Wertungen und Schlussfolgerungen reichen nicht aus. **449**

4. Rechtsfolge bei Verletzung der Mitteilungspflicht. a) Anders als bei § 15 Abs. 3 BBiG[1] oder § 9 Abs. 3 Satz 2 MuSchG[2] ist die Wirksamkeit der außerordentlichen Kündigung nicht von der Mitteilung der Kündigungsgründe abhängig[3]. Eine spätere Verletzung der Mitteilungspflicht führt nicht zur Nichtigkeit der Kündigung. Dies ergibt sich aus dem Gesetzeswortlaut, den Gesetzesmaterialien (BT-Drs. V/4376, S. 3) und der Rechtsentwicklung[4]. **450**

Ein TV, eine BV oder der Arbeitsvertrag können aber ein entsprechendes konstitutives Schriftformerfordernis (§ 125 Satz 2) begründen. So muss der ArbGeb nach § 54 BMT-G II in der schriftlichen Kündigung die Gründe hinreichend genau bezeichnen, damit der Kündigungsempfänger hinreichend klar erkennen kann, auf welchen Lebenssachverhalt die Kündigung gestützt wird, so dass dies im Prozess nicht mehr ernsthaft streitig sein kann. Die Bezugnahme auf den Inhalt eines Gesprächs, die Verwendung von Werturteilen oder Schlagworten, wie „betriebsbedingt", genügt nicht[5]. Fehlt es insoweit am Schriftformerfordernis, ist die Kündigung unheilbar nichtig[6]. **451**

b) Kommt der Kündigende seiner Mitteilungspflicht nicht nach, führt dies zur Verletzung einer Nebenpflicht, ohne dass der Kündigende deswegen daran gehindert wäre, die Kündigungsgründe in den Prozess einzuführen[7]. Dem Gekündigten kann aber ein Schadensersatzanspruch erwachsen, wenn er im Vertrauen darauf (§ 254!), dass kein wichtiger Grund vorlag, Kündigungsschutzklage erhoben hat[8]. Der Einwand eines rechtmäßigen Alternativverhaltens ist allerdings möglich, wenn der Gekündigte nach Offenlegung der Kündigungsgründe die Kündigungsschutzklage nicht unverzüglich zurücknimmt. **452**

c) Eine Verletzung der Mitteilungspflicht nach § 626 Abs. 2 Satz 3 durch den ArbGeb ist auch in der Form möglich, dass dieser entgegen der Wahrheit Gründe vorschiebt und publik macht, so dass der ArbN deswegen nachweisbar keine neue Anstellung findet. Dies gilt einmal dann, wenn gar kein wichtiger Grund für eine Kündigung vorlag sowie dann, wenn zwar ein wichtiger Grund gegeben ist, dieser aber einer Beschäftigung des ArbN bei einem anderen ArbGeb nicht entgegen gestanden hätte[9]. Eine solche Schadensersatzpflicht resultiert allein aus der Verletzung der Mitteilungspflicht und der daraus resultierenden Schwierigkeit des ArbN, eine andere Arbeitsstelle zu finden. Sie hat mit der Frage der Wirksamkeit der Kündigung nur indirekt etwas zu tun. **453**

X. Umdeutung in eine außerordentliche Kündigung mit Auslauffrist, in eine ordentliche Kündigung bzw. in einen Antrag auf Abschluss eines Aufhebungsvertrages. Wie andere Rechtsgeschäfte kann auch eine unwirksame außerordentliche Kündigung nach § 140 in ein anderes Rechtsgeschäft umgedeutet werden, das dem mutmaßlichen Willen des Kündigenden entspricht und keine weiter gehenden Rechtsfolgen als eine außerordentliche Kündigung zeitigt. **454**

1. Eine Umdeutung in eine ordentliche Kündigung zum nächstzulässigen Beendigungszeitpunkt kommt in Betracht[10], soweit für den Gekündigten aus der Kündigungserklärung oder sonstigen Umständen bereits im Zeitpunkt des Zugangs der Kündigung erkennbar war, dass der Kündigende das Arbeitsverhältnis in jedem Fall beenden will[11]. Für die Ermittlung des hypothetischen Willens des Kündigenden ist in erster Linie auf die wirtschaftlichen Ziele des Kündigenden im Zeitpunkt des Kündigungszugangs abzustellen[12]. Man wird damit idR zu einem umfassenden Beendigungswillen des Kündigenden gelangen. Auch wenn § 140 von Amts wegen zu beachten ist, muss der Kündigende aber durch Tatsachenvortrag klarstellen, ob er zum Zeitpunkt des Zugangs der Kündigungserklärung auch eine hilfsweise ordentliche Beendigung des Arbeitsverhältnisses wollte oder nicht. Die dazu erforderlichen Tatsachen werden ebenso wenig von Amts wegen ermittelt, wie der Beklagte sich explizit auf eine „Umdeutung" berufen muss[13]. **455**

Ist der BR nach § 102 BetrVG allein zu der zunächst ausgesprochenen außerordentlichen Kündigung angehört worden, steht dies einer Umdeutung der unwirksamen außerordentlichen Kündigung in eine **456**

---

1 Dazu BAG v. 22.2.1972 – 2 AZR 205/71, AP Nr. 1 zu § 15 BBiG. | 2 Dazu *Buchner/Becker*, MuSchG, 7. Aufl., § 9 Rz. 254 f. | 3 *Adomeit/Spinti*, AR-Blattei 1010.9 Rz. 22. | 4 BAG v. 17.8.1972 – 2 AZR 415/71, AP Nr. 65 zu § 626 BGB; ErfK/*Müller-Glöge*, § 626 BGB Rz. 300. | 5 BAG v. 10.2.1999 – 2 AZR 848/98, AP Nr. 3 zu § 54 BMT-G II; ErfK/*Müller-Glöge*, § 626 BGB Rz. 300. | 6 BAG v. 25.8.1977 – 3 AZR 705/75, AP Nr. 2 zu § 54 BMT-G II; ErfK/*Müller-Glöge*, § 626 BGB Rz. 300. | 7 KR/*Fischermeier*, § 626 BGB Rz. 37 | 8 BAG v. 17.8.1972 – 2 AZR 415/71, AP Nr. 65 zu § 626 BGB; *Adomeit/Spinti*, AR-Blattei 1010.9 Rz. 29; ErfK/*Müller-Glöge*, § 626 BGB Rz. 300. | 9 APS/*Dörner*, § 626 BGB Rz. 163; KR/*Fischermeier*, § 626 BGB Rz. 38. | 10 Nicht aber umgekehrt die Umdeutung einer ordentlichen Kündigung in eine außerordentliche: BAG v. 12.9.1974 – 2 AZR 535/73, AP Nr. 1 zu § 44 TVAL II. | 11 BAG v. 18.9.1975 – 2 AZR 311/74, AP Nr. 10 zu § 626 BGB – Druckkündigung; v. 20.9.1984 – 2 AZR 633/82, AP Nr. 80 zu § 626 BGB; ErfK/*Müller-Glöge*, § 626 BGB Rz. 292; *Hager*, BB 1989, 693, 695. | 12 BAG v. 13.8.1987 – 2 AZR 599/86, AP Nr. 3 zu § 6 KSchG 1969; ErfK/*Müller-Glöge*, § 626 BGB Rz. 292. | 13 BAG v. 13.8.1987 – 2 AZR 599/86, AP Nr. 3 zu § 6 KSchG 1969; LAG Sa.-Anh. v. 25.1.2000 – 8 Sa 354/99, NZA-RR 2000, 472, 473; ErfK/*Müller-Glöge*, § 626 BGB Rz. 293; Kasseler Handbuch/*Isenhardt*, 6.3 Rz. 267; *Stahlhacke/Preis/Vossen*, Rz. 476; aA *Schmidt*, NZA 1989, 661, 664 in der Annahme, die notwendigen Tatsachen seien stets zu ermitteln.

ordentliche Kündigung zumeist entgegen, da dann die ordentliche Kündigung nach § 102 Abs. 1 Satz 3 BetrVG unwirksam wäre. Dies gilt auch, wenn eine außerordentliche fristlose Kündigung in eine außerordentliche Kündigung mit Auslauffrist umgedeutet werden soll[1]. Etwas anderes soll dann gelten, wenn der BR der außerordentlichen Kündigung ausdrücklich und vorbehaltlos zugestimmt hat und auch aus sonstigen Umständen nicht ersichtlich ist, dass er einer ordentlichen Kündigung entgegengetreten wäre[2].

457 2. Möglich ist auch eine Umdeutung der unwirksamen außerordentlichen Kündigung in einen Antrag auf Abschluss eines Aufhebungsvertrages, wenn es dem mutmaßlichen Willen des Kündigenden entspricht, auch beim Fehlen eines wichtigen Grundes das Arbeitsverhältnis gleichwohl unter allen Umständen sofort zu beenden.

458 Ein solcher Antrag kann bei Arbeitsverhältnissen nach § 623 nur schriftlich angenommen werden. Bei sonstigen Dienstverhältnissen bedarf es für eine konkludente Aufhebung des Dienstverhältnisses, dass der Gekündigte zu erkennen gibt, dass er das Dienstverhältnis ungeachtet der Wirksamkeit der Kündigung sofort beenden will. In der bloßen Hinnahme der Kündigung kann ein solcher Geschäftswille noch nicht gesehen werden[3].

459 **XI. Sonderkündigungsschutz.** Zum Kündigungsschutz nach dem ArbPlSchG, dem MuSchG, dem SGB IX und § 15 KSchG vgl. die dortigen Erläuterungen.

460 **XII. Verfahrensfragen. 1. Klagen. a) Kündigungsschutzklage.** Steht das Arbeitsverhältnis nach §§ 1 Abs. 1, 23 Abs. 1 KSchG unter dem Schutz des Kündigungsschutzgesetzes, muss die Rechtsunwirksamkeit einer außerordentlichen Kündigung nach § 13 Abs. 1 Satz 2, § 4 KSchG innerhalb von drei Wochen nach Zugang der Kündigung durch eine Klage auf Feststellung geltend gemacht werden[4]. Ansonsten gilt die Kündigung gem. §§ 7, 13 KSchG als von Anfang an rechtswirksam. Nach bisherigem Recht bezog sich diese Frist allein auf das Vorliegen eines wichtigen Grundes sowie die Einhaltung der Frist zur Erklärung der Kündigung (§ 626 Abs. 2 Satz 1). Nach § 4 Satz 1 KSchG idF des Gesetzes zur Reform am Arbeitsmarkt (BGBl. I 2003, 3002) sind nun auch andere Mängel der Kündigung innerhalb der 3-Wochenfrist gerichtlich geltend zu machen (einheitliche Klagefrist für alle Unwirksamkeitsgründe). Dies gilt nun auch dann, wenn der Anwendungsbereich des KSchG (§§ 1, 23) nicht eröffnet ist. Für die aus sonstigen Gründen unwirksamen Kündigungen gelten die Vorschriften der §§ 1–14 KSchG „mit Ausnahme der §§ 4 bis 7," KSchG (§ 13 Abs. 3 KSchG) nicht. So kann zB ein Verstoß gegen § 9 Abs. 1 MuSchG nach wie vor auch dann geltend gemacht werden, wenn das Arbeitsverhältnis nach § 1 Abs. 1 KSchG noch keine 6 Monate bestanden hat[5]. Die Anwendung des § 4 KSchG setzt aber voraus, dass es sich um die Kündigung eines ArbN durch den ArbGeb handelt[6] und dass die Kündigung schriftlich (§ 623) erfolgte[7].

461 **b) Richtiger Klageantrag.** Eine Kündigungsschutzklage nach § 4 KSchG aF i.V. mit § 13 Abs. 1 Satz 2 KSchG war weder erforderlich noch zulässig, soweit das Arbeits- oder Dienstverhältnis nicht dem allgemeinen Kündigungsschutz des KSchG unterfiel[8]. Nach §§ 4 Satz 1, 13 KSchG gilt § 4 Satz 1 KSchG nun für alle Kündigungen, unabhängig von der Anwendbarkeit des KSchG im Übrigen. Richtiger Klageantrag beim Vorgehen gegen eine Kündigung kann also nur der Antrag auf Feststellung sein, dass das Arbeitsverhältnis durch eine bestimmte Kündigung nicht aufgelöst wird bzw. wurde. Für einen allgemeinen Feststellungsantrag, dass das Arbeitsverhältnis besteht, fehlt es neben § 4 KSchG an einem Feststellungsinteresse[9]. Da diese Konsequenz in der Gesetzesbegründung zur Reform keinen Niederschlag gefunden hat und um Fehler bis zu einer höchstrichterlichen Klärung zu vermeiden, empfiehlt es sich neben dem Kündigungsschutzantrag (auch wenn weitere Kündigungen nicht zu befürchten sind) einen allgemeinen Feststellungsantrag zu stellen, soweit die allgemeinen Voraussetzungen zur Anwendbarkeit des KSchG nicht erfüllt sind. Ggf. ist um einen richterlichen Hinweis nach § 139 ZPO zu bitten.

462 Im Übrigen entfällt das Rechtsschutzbedürfnis für eine allgemeine Feststellungsklage nicht durch die Möglichkeit einer auf § 615 BGB gestützten Zahlungsklage. Weder wird durch eine Leistungsklage der Bestand des Arbeitsverhältnisses umfassend geklärt noch beseitigt eine Zahlungsklage das mit einer außerordentlichen Kündigung verbundene Unwerturteil[10].

463 **2. Nachschieben von Kündigungsgründen.** a) Das Nachschieben von Kündigungsgründen ist zunächst von einem stets zulässigen Erläutern der Kündigungsgründe zu unterscheiden. Bei Letzterem trägt der ArbGeb im Prozess zwar neue Tatsachen vor, diese lassen aber den dem BR mitgeteilten Kündigungs-

---

1 BAG v. 18.10.2000 – 2 AZR 627/99, AP Nr. 9 zu § 626 BGB – Krankheit. | 2 BAG v. 16.3.1978 – 2 AZR 424/76, AP Nr. 15 zu § 102 BetrVG 1972; ErfK/*Müller-Glöge*, § 626 BGB Rz. 294. | 3 Zum gesamten Punkt 2: BAG v. 13.4.1972 – 2 AZR 243/71, AP Nr. 64 zu § 626 BGB. | 4 KR/*Fischermeier*, § 626 BGB Rz. 371. | 5 So BT-Drs. 15/1587, S. 27. BAG v. 8.6.1972 – 2 AZR 336/71, AP Nr. 1 zu § 13 KSchG 1969; ErfK/*Müller-Glöge*, § 626 BGB Rz. 290; KR/*Fischermeier*, § 626 BGB Rz. 371 mwN. | 6 Für Organmitglieder: *Schaub*, ArbRHdb, § 125 Rz. 54. | 7 *Bader*, NZA 2004, 65 (67 aE). | 8 BAG v. 17.8.1972 – 2 AZR 415/71, AP Nr. 65 zu § 626 BGB; v. 31.5.1979 – 2 AZR 473/77, AP Nr. 50 zu § 256 ZPO; KR/*Fischermeier*, § 626 BGB Rz. 373; aA v. Hoyningen-Huene/Linck, § 13 Rz. 29 ff. | 9 *Löwisch*, § 4 KSchG Rz. 90 aE, 91. | 10 BAG v. 4.8.1960 – 2 AZR 499/59, AP Nr. 34 zu § 256 ZPO; KR/*Fischermeier*, § 626 BGB Rz. 374.

sachverhalt im Wesentlichen unverändert. Die mitgeteilten Kündigungsgründe werden lediglich näher konkretisiert[1].

Zur materiellen Seite des Nachschiebens von Gründen vgl. bereits Gliederungspunkt „Zeitpunkt des Entstehens des wichtigen Grundes" (oben Rz. 147 ff.). **464**

b) Die prozessuale Problematik des Nachschiebens von Kündigungsgründen im gerichtlichen Verfahren ergibt sich aus der erforderlichen BR-Anhörung vor Ausspruch der Kündigung gem. § 102 BetrVG. **465**

aa) Im Idealfall hat der ArbGeb dem BR sämtliche zum damaligen Zeitpunkt objektiv gegebenen Gründe vorzutragen, die die außerordentliche Kündigung rechtfertigen. **466**

(1) Hält der ArbGeb ihm bereits bekannte Gründe zurück, verletzt er das Mitwirkungsrecht des BR mit der Folge, dass die nicht mitgeteilten Gründe im Kündigungsschutzprozess nicht mehr verwertbar sind[2]. Die spätere nach Ausspruch der Kündigung erfolgte Mitteilung solcher Kündigungsgründe vermag hieran ebenso wenig etwas zu ändern wie eine vorbehaltlose Zustimmung des BR zur Kündigung[3]. **467**

Dh. allerdings nicht, dass in diesem Falle die gesamte BR-Anhörung fehlerhaft sein muss. Für den Arb-Geb genügt es insoweit, dass er dem BR diejenigen Kündigungstatsachen mitteilt, die ihn zum Ausspruch der Kündigung veranlasst haben, sog. subjektive Determination. Da ein ArbGeb den BR wohl selten bewusst unzureichend anhören will, wird die BR-Anhörung damit zumindest soweit, als eine Anhörung erfolgt ist, wirksam sein. Der ArbGeb trägt aber das Risiko, dass die dem BR vorgetragenen Kündigungsgründe die Kündigung im Prozess rechtfertigen. Stellt sich später heraus, dass dem BR wesentliche, bekannte Teile des Sachverhalts nicht mitgeteilt wurden, lassen sich diese nicht mitgeteilten Tatsachen auch nicht mehr in den Prozess einführen. **468**

(2) Anders verhält es sich, wenn der ArbGeb von bestehenden Kündigungsgründen selbst erst nach Ausspruch der Kündigung erfährt. Solche Kündigungsgründe können in das gerichtliche Verfahren eingeführt werden, wenn die erste BR-Anhörung nicht unwirksam war und der BR in einer weiteren Anhörung über die neuen Kündigungsgründe informiert wird. Insoweit schadet es nicht, dass die zweite BR-Anhörung erst nach Ausspruch der Kündigung erfolgt. Dies ergibt sich nach hM[4] aus einer am Sinn und Zweck der Vorschrift orientierten entsprechenden Anwendung des § 102 Abs. 1 BetrVG. **469**

(3) Erfährt der ArbGeb von weiteren Kündigungsgründen während bzw. nach der BR-Anhörung, aber vor Ausspruch der Kündigung, dann hat er vorrangig die Beteiligung des BR um diese Gründe zu erweitern bzw., soweit notwendig, ein erneutes Anhörungsverfahren einzuleiten. Nur wenn der Arb-Geb durch diese Verzögerungen Gefahr läuft, die zweiwöchige Ausschlussfrist des § 626 Abs. 2 Satz 1 BGB zu überschreiten, ist ihm zu raten, zunächst auf der Grundlage der ersten BR-Anhörung zu kündigen. Nach Durchführung der zweiten Anhörung ist vorsorglich eine zweite Kündigung auszusprechen. Stellt sich dann heraus, dass die erste Kündigung nicht hinreichend begründet war, konnten die ihr zugrunde liegenden Tatsachen auch nicht die Zweiwochenfrist in Gang setzen. Die Gründe für die erste Kündigung können damit auch für die zweite Kündigung verwertet werden. Sie treten dann neben die später bekannt gewordenen Kündigungsgründe. **470**

bb) Grundsätzlich ist ein BR oder Personalrat nur dann zu beteiligen, wenn er bei Ausspruch der Kündigung bereits im Amt war. Wurde er erst später gebildet, dann bedarf es auch keiner nachträglichen Beteiligung, wenn der ArbGeb Gründe nachschieben will[5], es sei denn die Kündigungsgründe werden völlig ausgewechselt, so dass dies einem neuen Kündigungsentschluss gleichkommt[6]. **471**

c) Hat der ArbGeb das Zustimmungsersetzungsverfahren nach § 103 Abs. 2 BetrVG in Gang gesetzt, kann er während dieses Verfahrens ungeachtet vom Zeitpunkt der Kenntniserlangung neue Gründe vorbringen. Er muss diese Gründe jedoch vorab innerhalb der Frist des § 626 Abs. 2 dem BR mitteilen, damit dieser seine Entscheidung anhand der neuen Fakten überdenken kann[7]. Lässt sich der BR dadurch nicht umstimmen, kann der ArbGeb die Gründe in das Beschlussverfahren einführen. Die Zweiwochenfrist muss nach hM[8] dann nicht mehr beachtet werden, da es insoweit zu keiner Verzögerung der Kündigung kommt. **472**

---

1 BAG v. 18.12.1980 – 2 AZR 1006/78, AP Nr. 22 zu § 102 BetrVG 1972; v. 11.4.1985 – 2 AZR 239/84, AP Nr. 39 zu § 102 BetrVG 1972; v. 27.2.1997 – 2 AZR 302/96, AP Nr. 36 zu § 1 KSchG 1969 – Verhaltensbedingte Kündigung; APS/*Dörner*, § 626 BGB Rz. 49; ErfK/*Müller-Glöge*, § 626 BGB Rz. 78 f.; KR/*Etzel*, § 102 BetrVG Rz. 70 f. | 2 BAG v. 18.12.1980 – 2 AZR 1006/78, AP Nr. 22 zu § 102 BetrVG 1972; v. 1.4.1981 – 7 AZR 1003/78, AP Nr. 23 zu § 102 BetrVG; v. 3.4.1986 – 2 AZR 324/85, AP Nr. 18 zu § 626 BGB – Verdacht strafbarer Handlung; APS/*Dörner*, § 626 BGB Rz. 49; ErfK/*Müller-Glöge*, § 626 BGB Rz. 79; KR/*Fischermeier*, § 626 BGB Rz. 183; KR/*Etzel*, § 102 BetrVG Rz. 185e. | 3 BAG v. 2.4.1987 – 2 AZR 418/86, AP Nr. 96 zu § 626 BGB; v. 26.9.1991 – 2 AZR 132/91, AP Nr. 28 zu § 1 KSchG 1969 – Krankheit; APS/*Dörner*, § 626 BGB Rz. 49; ErfK/*Müller-Glöge*, § 626 BGB Rz. 79. | 4 BAG v. 11.4.1985 – 2 AZR 239/84, AP Nr. 39 zu § 102 BetrVG 1972; APS/*Dörner*, § 626 BGB Rz. 50; *Dütz*, SAE 1973, 414; KR/*Etzel*, § 102 BetrVG Rz. 188; *Otto*, Anm. EzA § 102 BetrVG Nr. 36. | 5 BAG v. 20.1.1994 – 8 AZR 24/93. | 6 BAG v. 20.1.1994 – 8 AZR 613/92; v. 11.5.1995 – 2 AZR 265/94, DStR 1995, 1280; ErfK/*Müller-Glöge*, § 626 BGB Rz. 82. | 7 BAG v. 27.1.1977 – 2 ABR 77/79, AP Nr. 7 zu § 103 BetrVG 1972. | 8 BAG v. 22.8.1974 – 2 ABR 17/74, AP Nr. 1 zu § 103 BetrVG 1972; APS/*Dörner*, § 626 BGB Rz. 51; GK-BetrVG/*Kraft*, 6. Aufl., § 103 Rz. 49; aA KR/*Etzel*, § 103 BetrVG Rz. 124; KR/*Fischermeier*, § 626 BGB Rz. 185.

473　d) Zur Problematik bei mehreren Kündigungssachverhalten vgl. Rz. 83 ff.

474　**3. Darlegungs- und Beweislast. a) Vorliegen eines wichtigen Grundes.** Der Kündigende muss im Prozess umfassend darlegen und beweisen können, dass ihm die Fortsetzung des Dienstverhältnisses unzumutbar ist. Er ist damit für alle Umstände darlegungs- und beweisbelastet, die das Vorliegen eines wichtigen Grundes ergeben[1].

475　aa) Hierzu gehört auch die Darlegung und ggf. der Beweis, dass sich der andere Teil rechtswidrig verhalten hat. Anders als im Schadensersatzrecht wird damit die Darlegungs- und Beweislast nicht danach aufgeteilt, dass der Kündigende allein die objektiven Merkmale für einen Kündigungsgrund und die bei der Interessenabwägung für den Gekündigten ungünstigen Umstände vorzutragen und zu beweisen hat, während der Gekündigte seinerseits Rechtfertigungsgründe und für ihn entlastende Umstände vorbringen muss. Insbesondere bei einem Arbeitsversäumnis kann nicht ohne weiteres auf eine Arbeitspflichtverletzung durch den ArbN geschlossen werden. Da anders als im Deliktsrecht eine objektive Vertragsverletzung im Vertragsrecht nicht schon das Vorliegen eines rechtswidrigen Verhaltens indiziert, muss der ArbGeb ggf. auch Gegentatsachen vortragen und beweisen, die einen Rechtfertigungs- oder Entschuldigungsgrund für das Verhalten des ArbN ausschließen[2].

476　bb) Eine Begrenzung der Darlegungs- und Beweislast des Kündigenden wird allein dadurch erreicht, dass dessen schlüssiger Vortrag nur insoweit substantiiert werden muss, wie sich der Gekündigte auch auf die Kündigungsgründe einlässt. Nicht notwendig ist es deshalb, dass der ArbGeb vornherein alle denkbaren Rechtfertigungsgründe des ArbN ausräumt[3]. Es genügt ein Eingehen auf die vom ArbN substantiiert vorgetragenen Tatsachen[4].

477　Hat also der ArbGeb dem ArbN gekündigt, weil dieser nicht zur Arbeit erschienen ist, dann muss er einen substantiierten Sachvortrag des ArbN ausräumen, dass das Fehlen auf Krankheit beruhte[5]. Ausreichend substantiiert ist der Vortrag des ArbN aber bei fehlender ärztlicher Bescheinigung nur, wenn der ArbN die Ursache der Krankheit und deren Auswirkungen im Einzelnen ausführt[6]. Entsprechendes gilt für eine Verteidigung des ArbN gegen die Kündigung, die Fehlzeit sei vom ArbGeb billigend hingenommen worden[7], die Behauptung, einen Arbeitskollegen in Notwehr verletzt[8] oder eine Erlaubnis des ArbGeb für die ausgeübte Konkurrenztätigkeit zu haben[9]. Will sich der Gekündigte aber auf einen für ihn unvermeidbaren Rechtsirrtum berufen, muss er die dafür maßgebenden, in seiner Sphäre liegenden Tatsachen darlegen und ggf. beweisen[10].

478　**b) Ausschlussfrist des § 626 Abs. 2 BGB. aa)** Nach heute ganz hM hat der Kündigende darzulegen und ggf. zu beweisen, dass er von den die Kündigung tragenden Gründen erst innerhalb der letzten zwei Wochen vor Ausspruch der Kündigung Kenntnis erlangt hat[11]. Diese Beweislastverteilung folgt zum einen aus dem engen Sachzusammenhang der Ausschlussfrist des § 626 Abs. 2 mit dem Erfordernis des wichtigen Grundes als Voraussetzung für die Kündigung sowie zum anderen aus der Tatsache, dass der Kündigende am ehesten darüber Auskunft geben kann, wann und unter welchen Umständen er von den Kündigungsgründen Kenntnis erhalten hat[12].

479　bb) Der Kündigende muss nicht schon in der Klageerwiderung im Einzelnen darlegen, dass die Ausschlussfrist eingehalten wurde. Dies ist erst erforderlich, wenn sich diese Frage aufgrund des zeitlichen Abstandes zwischen den behaupteten Kündigungsgründen und dem Ausspruch der Kündigung ergibt oder wenn seitens des Klägers die Verfristung der Kündigungsgründe geltend gemacht wird[13]. Dann gehört zur Darlegungslast, dass der Tag der Kenntniserlangung möglichst genau bezeichnet wird. Eine vage Bezeichnung, wie Kenntniserlangung am „Ende des Vormonats", bei einer am Vierten eines Monats zugegangenen Kündigung genügt nicht, da damit nicht zweifelsfrei gesagt wird, dass die

---

1 BAG v. 17.4.1956 – 2 AZR 340/55, AP Nr. 8 zu § 626 BGB; v. 17.8.1972 – 2 AZR 359/71, AP Nr. 4 zu § 626 BGB – Ausschlussfrist; v. 24.11.1983 – 2 AZR 327/82, AP Nr. 76 zu § 626 BGB; v. 6.8.1987 – 2 AZR 226/87, AP Nr. 97 zu § 626 BGB; APS/*Dörner*, § 626 BGB Rz. 174; *Ascheid*, Beweislastfragen, S. 199; ErfK/*Müller-Glöge*, § 626 BGB Rz. 301; *Grunsky*, ZfA 1977, 167 (174); *Reinecke*, NZA 1989, 577, 584 ff. |2 BAG v. 24.11.1983 – 2 AZR 327/82, AP Nr. 76 zu § 626 BGB; v. 6.9.1987 – 2 AZR 226/87, AP Nr. 97 zu § 626 BGB; KR/*Fischermeier*, § 626 BGB Rz. 383; *Stahlhacke/Preis/Vossen*, Rz. 620. |3 BAG v. 24.11.1983 – 2 AZR 327/82, AP Nr. 76 zu § 626 BGB; v. 6.9.1987 – 2 AZR 226/87, AP Nr. 97 zu § 626 BGB. |4 BAG v. 26.8.1993 – 2 AZR 154/93, AP Nr. 112 zu § 626 BGB; ErfK/*Müller-Glöge*, § 626 BGB Rz. 302. |5 BAG v. 26.8.1993 – 2 AZR 154/93, AP Nr. 112 zu § 626 BGB; ErfK/*Müller-Glöge*, § 626 BGB Rz. 303; *Stahlhacke/Preis/Vossen*, Rz. 620 ff. |6 BAG v. 27.5.1993 – 2 AZR 631/92, nv.; ErfK/*Müller-Glöge*, § 626 BGB Rz. 303. |7 BAG v. 18.10.1990 – 2 AZR 204/90, RzK 1 10 h Nr. 30. |8 BAG v. 31.5.1990 – 2 AZR 535/89, RzK I 10 h Nr. 28. |9 BAG v. 6.9.1987 – 2 AZR 226/87, AP Nr. 97 zu § 626 BGB. |10 BAG v. 14.2.1978 – 1 AZR 76/76, AP Nr. 58 zu Art. 9 GG – Arbeitskampf; ErfK/*Müller-Glöge*, § 626 BGB Rz. 304; *Stahlhacke/Preis/Vossen*, Rz. 623. |11 BAG v. 17.8.1972 – 2 AZR 359/71, AP Nr. 4 zu § 626 BGB – Ausschlussfrist; v. 28.3.1985 – 2 AZR 113/84, AP Nr. 86 zu § 626 BGB; APS/*Dörner*, § 626 BGB Rz. 168; *Ascheid*, Beweislastfragen, S. 203 f.; *Baumgärtel*, Rz. 6; ErfK/*Müller-Glöge*, § 626 BGB Rz. 305; *Finken*, Ausschlussfrist des § 626 Abs. 2 BGB, 1988, S. 167; *Stahlhacke/Preis/Vossen*, Rz. 856; krit. *Zöllner/Loritz*, § 22 III 4a; aA *Adomeit/Spinti*, AR-Blattei 1010.9 Rz. 39; *Brill*, AuR 1971, 167, 170; *Jobs*, BB 1972, 501; *Picker*, ZfA 1981, 161. |12 KR/*Fischermeier*, § 626 BGB Rz. 385; *Staudinger/Preis*, § 626 BGB Rz. 295; *Stahlhacke/Preis/Vossen*, Rz. 856. |13 BAG v. 28.3.1985 – 2 AZR 113/84, AP Nr. 86 zu § 626 BGB; ErfK/*Müller-Glöge*, § 626 BGB Rz. 306; KR/*Fischermeier*, § 626 BGB Rz. 388.

Ausschlussfrist eingehalten wurde[1]. Will sich der Kündigende auf Umstände berufen, die den Fristlauf gehemmt haben, hat er auch hierfür die notwendigen Tatsachen vorzutragen[2].

cc) Besondere Brisanz enthält die Frage, ob der Gekündigte den Zeitpunkt der Kenntniserlangung des ArbGeb auch mit Nichtwissen (§ 138 Abs. 4 ZPO) bestreiten darf. Die wohl hM[3] lässt dies zu, wenn der Gekündigte nicht ausnahmsweise an diesem zeitlich näher konkretisierten Vorgang beteiligt war. Allein die Behauptung, dass der Gekündigte am Vorgang der Kenntniserlangung beteiligt war, zB weil er damals unmittelbar mit den Vorwürfen konfrontiert wurde, zwingt diesen zu einem substantiierten Bestreiten. Er hat mittels eines substantiierten Gegenvortrags einen früheren Zeitpunkt der Kenntniserlangung darzulegen. Dies ist dann, soweit erheblich, durch den Kündigenden ebenso zu widerlegen.

Beruft sich der Kündigende dagegen auf einen internen Vorgang, an dem der Gekündigte weder beteiligt war noch diesen wahrgenommen hat, besteht die Möglichkeit des Bestreitens mit Nichtwissen. Der Kündigende hat dann über die genaue Entwicklung seiner Kenntnis vom Kündigungssachverhalt Auskunft zu geben. Dies wird ohne weiteres möglich sein, wenn neben dem Kündigenden Dritte an der Kenntniserlangung beteiligt waren oder diese wahrgenommen haben. Kaum darstellbar und vor allem beweisbar ist aber, wenn sich beim Kündigungsberechtigten die Kenntnis von den kündigungsrelevanten Tatsachen erst aus einer (grob-)fahrlässigen Unkenntnis heraus entwickelt hat (vgl. oben Rz. 406 ff.). Zwar ist dies keine unbeweisbare, „negative Tatsache", da damit im Falle des Scheiterns keine frühere Kenntniserlangung bewiesen ist. Es ist aber sorgsam zu prüfen, ob die Kenntniserlangung nicht an einer nach außen zu Tage getretenen Tatsache festgemacht werden kann.

4. Rechtskräftige Ersetzung der Zustimmung nach § 103 BetrVG. Soweit der ArbGeb zur Kündigung eines BR-Mitglieds das Zustimmungsersetzungsverfahren nach § 103 Abs. 3 BetrVG beschreiten muss, ist die Kündigung erst nach rechtskräftiger Zustimmungsersetzung möglich[4] (s. oben Rz. 434 ff.). Dafür hat der Beschluss aber auch präjudizielle Wirkung für einen späteren Kündigungsschutzprozess[5]. Dh. es wird bzgl. der geprüften Punkte keine abweichende Entscheidung im Kündigungsschutzverfahren geben. Lediglich später eintretende Ereignisse, wie zB eine fehlende Zustimmung des Integrationsamts, können noch zu einer abweichenden Entscheidung führen[6].

Stellt das Gericht im Verfahren nach § 103 BetrVG in den Fällen des § 15 Abs. 4, 5 KSchG rechtskräftig fest, dass es keiner Zustimmung des BR zur Kündigung bedarf, präjudiziert auch diese Entscheidung insoweit den Kündigungsschutzprozess[7]. Die Zwei-Wochen-Frist des § 626 Abs. 2 wurde in solchen Fällen nicht versäumt, da die betriebsbedingten Gründe einen Dauertatbestand darstellen (oben Rz. 417).

5. Fortbestand der Parteifähigkeit. Die passive Parteifähigkeit einer juristischen Person (GmbH, AG) bleibt auch dann bestehen, wenn sie während des Rechtsstreits liquidiert und im Handelsregister gelöscht wird[8].

6. Revision/Revisibilität des wichtigen Grundes. Nach ständiger Rspr.[9] kann die Anwendung des § 626 Abs. 1 vom Revisionsgericht nur eingeschränkt überprüft werden. Geprüft wird nur, ob in der letzten Tatsacheninstanz der Begriff des wichtigen Grundes als solcher richtig erkannt wurde, dh. ob ein bestimmter Sachverhalt unabhängig von den besonderen Umständen des Einzelfalles an sich geeignet ist, einen wichtigen Grund zu bilden, und ob bei der Interessenabwägung alle vernünftigerweise in Betracht kommenden Umstände des Einzelfalles daraufhin geprüft worden sind, ob es dem Kündigenden unzumutbar geworden ist, das Arbeitsverhältnis bis zu zum Ablauf der ordentlichen Kündigungsfrist bzw. bis zum Ende des Vertrages fortzusetzen. Das BAG gesteht damit der Tatsacheninstanz bei der Bewertung der festgestellten Tatsachen im Rahmen der Interessenabwägung einen Beurteilungsspielraum zu[10].

Trotz des Beurteilungsspielraumes findet aber eine Überprüfung insoweit statt, als das LAG bei seiner Subsumtion keine Denkgesetze oder allgemeinen Erfahrungssätze verletzt haben darf und alle ver-

---

1 BAG v. 25.9.1972 – 2 AZR 29/72, nv.; APS/*Dörner*, § 626 BGB Rz. 169; KR/*Fischermeier*, § 626 BGB Rz. 386. | 2 KR/*Fischermeier*, § 626 BGB Rz. 386. | 3 APS/*Dörner*, § 626 BGB Rz. 171; *Ascheid*, Beweislastfragen S. 206; ErfK/*Müller-Glöge*, § 626 BGB Rz. 307; KR/*Fischermeier*, § 626 BGB Rz. 387; aA *Oetker*, Anm. LAGE Art. 20 EinigungsV Nr. 1. | 4 BAG v. 9.7.1998 – 2 AZR 142/98, AP Nr. 36 zu § 103 BetrVG 1972. | 5 BAG v. 10.12.1992 – 2 ABR 32/92, AP Nr. 4 zu § 87 ArbGG 1979; ErfK/*Müller-Glöge*, § 626 BGB Rz. 311; aA *Ascheid*, FS für Hanau, 1999, S. 685, 700 (Nebeninterventionswirkung gem. § 103 II 2 BetrVG). | 6 BAG v. 11.5.2000 – 2 AZR 276/99, AP Nr. 42 zu § 103 BetrVG 1972. | 7 BAG v. 18.9.1997 – 2 ABR 15/97, AP Nr. 35 zu § 103 BetrVG 1972. | 8 BAG v. 9.2.1978 – 3 AZR 260/76, AP Nr. 7 zu § 286 ZPO; v. 11.9.1980 – 3 AZR 544/79, EzA § 7 BetrAVG Nr. 7; v. 9.7.1981 – 2 AZR 329/79, AP Nr. 4 zu § 50 ZPO; KR/*Fischermeier*, § 626 BGB Rz. 377; aA BGH v. 5.4.1979 – II ZR 73/78, BGHZ 74, 212. | 9 Ua. BAG v. 5.11.1992, AP Nr. 4 zu § 626 BGB – Krankheit; v. 5.2.1998 – 2 AZR 227/97 und v. 21.1.1999 – 2 AZR 665/98, AP Nr. 143 und 151 zu § 626 BGB; *Ascheid*, Rz. 61; *Adomeit/Spinti*, Rz. 56 ff.; ErfK/*Müller-Glöge*, § 626 BGB Rz. 309; KR/*Fischermeier*, § 626 BGB Rz. 390; Soergel/*Kraft*, § 626 BGB Rz. 46; krit. *Adam*, ZTR 2001, 349 ff.; *Preis*, Prinzipien S. 478 ff.; aA *Müller*, ZfA 1982, 501. | 10 BAG v. 16.3.2000 – 2 AZR 75/99, AP Nr. 114 zu § 102 BetrVG 1972.

nünftigerweise in Betracht kommenden Umstände, die für oder gegen die außerordentliche Kündigung sprechen, widerspruchsfrei zu beachten hat[1].

487 Hat das Berufungsgericht die Grenzen seines Beurteilungsspielraums überschritten, setzt das BAG seine Würdigung an die Stelle des Berufungsgerichts, wenn alle abwägungsrelevanten Tatsachen festgestellt wurden bzw. eine weitere Sachverhaltsaufklärung nicht zu erwarten ist. Dies liegt vor allem dann nahe, wenn sich das BAG der erstinstanzlichen Würdigung anschließen kann[2].

488 **7. Umfang der Rechtskraft/Präklusion.** a) Wurde durch den Kündigungsrechtsstreit rechtskräftig entschieden, dass das Arbeitsverhältnis durch eine bestimmte Kündigung nicht aufgelöst worden ist, so besteht Einigkeit darüber, dass der ArbGeb eine erneute Kündigung nicht auf Kündigungsgründe stützen kann, die er schon erfolglos zur Begründung der ersten Kündigung vorgebracht hat (sog. Wiederholungs- bzw. Trotzkündigung)[3].

489 Zwar muss der gekündigte ArbN wegen §§ 4, 7, 13 KSchG auch gegen die zweite Kündigung rechtzeitig Klage erheben. Der Klage ist aber ohne weiteres stattzugeben, da die Entscheidung im ersten Kündigungsschutzverfahren, bezogen auf die geltend gemachten Kündigungsgründe, präjudiziell für das zweite Kündigungsschutzverfahren ist. Das BAG[4] begründet dieses Ergebnis sowohl materiell-rechtlich aus der Rechtsnatur der Kündigung als Gestaltungserklärung, indem es darauf hinweist, dass bei der ersten Kündigung das Gestaltungsrecht verbraucht wurde, wie auch prozessrechtlich mit der Rechtskraft des ersten Urteils.

490 b) Soweit der ArbGeb damit eine erneute Kündigung aussprechen will, kann dies unter Verwendung der alten Kündigungsgründe nur Erfolg haben, wenn er sich zudem auf neue Tatsachen stützen kann, die den bisherigen Kündigungssachverhalt verändern oder ergänzen[5], oder er sich auf Gründe beruft, mit denen sich das erste Urteil aus formalen Gründen[6] (zB aufgrund fehlender BR-Anhörung; Nichteinhaltung der Schriftform) oder aus sonstigen Gründen eindeutig und ausdrücklich nicht befasst hat[7]. Unbenommen bleibt es ihm zudem, neue Kündigungsgründe geltend zu machen oder anstatt fristlos nunmehr ordentlich zu kündigen.

491 Gegen die Rechtskraft des ersten Urteils aber verstößt es in der Regel, wenn der Kündigende sich in einem zweiten Prozess darauf beruft, dass die rechtskräftig abgewiesene Kündigung in eine ordentliche Kündigung umzudeuten gewesen wäre[8]. Abweichungen gibt es nur, wenn der Streitgegenstand im ersten Prozess durch einen entsprechenden Feststellungsantrag auf die Unwirksamkeit der angegriffenen außerordentlichen Kündigung begrenzt war[9], oder wenn das Gericht, trotz Erörterung dieser Frage, deren Beantwortung eindeutig und ausdrücklich ausgeklammert hat[10].

492 c) Mit der Rechtskraft der Kündigung wird zudem aber noch festgestellt, dass das Arbeitsverhältnis zu dem betreffenden Termin nicht aufgelöst worden ist[11]. Daraus folgt zum einen, dass es dem ArbGeb aufgrund der Rechtskraft des ersten Urteils verwehrt ist, sich später darauf zu berufen, dass zwischen den Parteien gar kein Arbeitsverhältnis zustande gekommen sei[12]. Zum anderen hat dies Auswirkungen, wenn der ArbGeb nur bezüglich einer von zwei erfolgreichen Kündigungsschutzklagen Berufung einlegt. Damit wird rechtskräftig festgestellt, dass durch die nicht weiter verfolgte Kündigung das Arbeitsverhältnis zum Kündigungszeitpunkt bestanden hat. Der ArbGeb kann damit mit seiner Berufung keinen Erfolg haben, wenn die weiterverfolgte Kündigung das Arbeitsverhältnis vor der rechtskräftig für unwirksam erklärten Kündigung beendet haben soll. Dem ArbGeb bleibt deshalb nichts anderes übrig als auch bezüglich der von ihm für unwirksam erachteten Kündigung Aussetzung zu beantragen oder Rechtsmittel einzulegen[13].

---

1 BAG v. 18.11.1999 – 2 AZR 743/98, AP Nr. 32 zu § 626 BGB – Verdacht strafbarer Handlung; ErfK/*Müller-Glöge*, § 626 BGB Rz. 309; krit. Erman/*Belling*, § 626 BGB Rz. 91 (BAG prüfe auch, ob die in Betracht kommenden Umstände und Interessen überhaupt rechtlich geschützt sind und ob der Tatrichter ein Interesse rechtlich zutr. im konkreten Fall in Ansatz gebracht hat; insoweit bestehe kein Beurteilungsspielraum). | 2 BAG v. 21.1.1999 – 2 AZR 665/98, AP Nr. 151 zu § 626 BGB; v. 12.8.1999 – 2 AZR 923/98, AP Nr. 28 zu § 626 BGB – Verdacht strafbarer Handlung; ErfK/*Müller-Glöge*, § 626 BGB Rz. 309. | 3 BAG v. 26.8.1993 – 2 AZR 159/93, AP Nr. 113 zu § 626 BGB. | 4 BAG v. 26.8.1993 – 2 AZR 133/69, AP Nr. 113 zu § 626 BGB. | 5 *Ascheid*, FS Stahlhacke, S. 10 f.; KR/*Fischermeier*, § 626 BGB Rz. 403; RGRK/*Corts*, § 626 BGB Rz. 260. | 6 KR/*Fischermeier*, § 626 BGB Rz. 403; *Stahlhacke/Preis/Vossen*, Rz. 1903. | 7 BAG v. 12.10.1954 – 2 AZR 36/53, AP Nr. 5 zu § 3 KSchG; v. 12.4.1956 – 2 AZR 247/54, AP Nr. 11 zu § 626 BGB; KR/*Fischermeier*, § 626 BGB Rz. 403. | 8 BAG v. 18.6.1965 – 5 AZR 351/64, AP Nr. 2 zu § 615 BGB – Böswilligkeit m. zust. Anm. *A. Hueck*; v. 19.2.1970 – 2 AZR 133/69, AP Nr. 12 zu § 11 KSchG m. zust. Anm. *Herschel*; v. 14.8.1974 – 5 AZR 497/73, EzA § 615 BGB Nr. 26; KR/*Fischermeier*, § 626 BGB Rz. 396; *Löwisch*, § 13 KSchG Rz. 35; *Hueck/Nipperdey* I, S. 674; aA *Vollkommer*, Anm. zu BAG AP Nr. 3 zu § 13 KSchG 1969. | 9 BAG v. 26.2.1975 – 2 AZR 144/74, nv.; KR/*Fischermeier*, § 626 BGB Rz. 396. | 10 BAG v. 19.2.1970 – 2 AZR 133/69, AP Nr. 12 zu § 11 KSchG m. zust. Anm. *Herschel*; v. 13.11.1958 – 2 AZR 573/57, AP Nr. 17 zu § 3 KSchG; v. *Hoyningen-Huene/Linck*, § 4 KSchG Rz. 90 a; KR/*Fischermeier*, § 626 BGB Rz. 396. | 11 BAG v. 12.6.1986 – 2 AZR 426/85, AP Nr. 17 zu § 4 KSchG 1969. | 12 BAG v. 12.1.1977 – 5 AZR 593/75, AP Nr. 3 zu § 4 KSchG 1969 m. abl. Anm. *Grunsky*; v. 12.6.1986 – 2 AZR 426/85, AP Nr. 17 zu § 4 KSchG 1969; v. 5.10.1995 – 2 AZR 909/94, EzA § 519 ZPO Nr. 8; *Habscheid*, RdA 1989, 88 ff.; KR/*Fischermeier*, § 626 BGB Rz. 393; *Schaub*, NZA 1990, 85 f.; aA *Boemke*, RdA 1995, 211 f.; v. *Hoyningen-Huene/Linck*, § 4 KSchG Rz. 89; *Schwerdtner*, NZA 1987, 263. | 13 KR/*Fischermeier*, § 626 BGB Rz. 394; krit. *Schwerdtner*, NZA 1987, 263.

627 *Fristlose Kündigung bei Vertrauensstellung*

(1) Bei einem Dienstverhältnis, das kein Arbeitsverhältnis im Sinne des § 622 ist, ist die Kündigung auch ohne die in § 626 bezeichnete Voraussetzung zulässig, wenn der zur Dienstleistung Verpflichtete, ohne in einem dauernden Dienstverhältnis mit festen Bezügen zu stehen, Dienste höherer Art zu leisten hat, die auf Grund besonderen Vertrauens übertragen zu werden pflegen.

(2) Der Verpflichtete darf nur in der Art kündigen, dass sich der Dienstberechtigte die Dienste anderweit beschaffen kann, es sei denn, dass ein wichtiger Grund für die unzeitige Kündigung vorliegt. Kündigt er ohne solchen Grund zur Unzeit, so hat er dem Dienstberechtigten den daraus entstehenden Schaden zu ersetzen.

Lit.: *Schneider*, Die Kündigung freier Dienstverhältnisse, 1987.

I. Normzweck. Die Vorschrift des § 627 normiert eine gegenüber § 626 erleichterte jederzeitige Möglichkeit der fristlosen Kündigung bei Dienstverträgen, die Dienste höherer Art zum Gegenstand haben und aufgrund besonderen Vertrauens übertragen werden, sofern das Dienstverhältnis kein dauerndes mit festen Bezügen ist[1]. 1

Grund für diese erleichterte Lösungsmöglichkeit ist, dass solche Dienstverhältnisse zum einen stärker auf persönlichem Vertrauen beruhen und zum anderen wegen der Gerichtetheit auf eine nur vorübergehenden Tätigkeit nur eine entsprechend lose Verbindung begründen[2]. 2

II. Verhältnis zum Rücktrittsrecht und zu § 626. Das Dienstverhältnis iSd. § 627 muss nicht notwendig Dauerschuldverhältnis (nicht zu verwechseln mit dauerndem Dienstverhältnis iSd. § 627, s. Rz. 6 f.) sein[3]. Ist es dies, dann verdrängt § 627 bei bereits in Vollzug gesetzten Dienstverhältnissen ein etwaiges Rücktrittsrecht gem. §§ 323, 324[4]. Die Berechtigung, Schadensersatz nach §§ 280-283 zu verlangen, wird durch die Kündigung jedoch nicht ausgeschlossen. Grund hierfür ist, dass die Geltendmachung des durch die Nichterfüllung entstehenden Schadens nicht davon abhängt, dass der Gläubiger zugleich die Kündigung des Dienstverhältnisses erklärt[5]. 3

Ist das Dienstverhältnis nach § 627 Dauerschuldverhältnis, gelten die Kündigungsrechte des § 627 und § 626 nebeneinander[6], vgl. auch § 314. 4

III. Kündigungsberechtigter. Kündigungsberechtigt sind sowohl der Dienstberechtigte als auch der Dienstverpflichtete. 5

IV. Voraussetzungen der Kündigung. 1. Kein dauerndes Dienstverhältnis. § 627 ist nicht anwendbar, wenn der Dienstverpflichtete in einem dauernden Dienstverhältnis steht. Das Dienstverhältnis darf nicht auf längere Dauer angelegt sein oder tatsächlich bereits eine längere Zeitspanne bestanden haben. § 627 ist unanwendbar, wenn die Dienstpflicht für ein Jahr eingegangen worden ist[7]. Dies gilt jedenfalls dann, wenn es sich um ständige oder langfristige Aufgaben handelt und die Vertragspartner von der Möglichkeit und Zweckmäßigkeit einer Verlängerung ausgegangen sind[8]. 6

§ 627 bezieht sich ausweislich seines Wortlauts nicht auf Arbeitsverhältnisse iSd. Arbeitsrechts, sondern allein auf freie Dienstverträge. Dies ergibt sich auch daraus, dass Arbeitsverhältnisse typischerweise auf Dauer angelegt sind und hierfür feste Bezüge vereinbart werden[9]. 7

2. Keine festen Bezüge. Der Dienstverpflichtete darf keine festen Bezüge für seine Tätigkeit erhalten. Entscheidend für die Annahme fester Bezüge ist, ob sich der Dienstverpflichtete darauf verlassen kann, dass ihm auf längere Sicht bestimmte, von vornherein festgelegte Beträge als Dienstbezüge in einem Umfang zufließen werden, die die Grundlage eines wirtschaftlichen Daseins bilden können, insb. weil sie von außervertraglichen Entwicklungen unabhängig und deshalb der Höhe nach konstant sind[10]. 8

3. Dienste höherer Art. Dienste höherer Art setzen ein überdurchschnittliches Maß an Fachkenntnis, Kunstfertigkeit oder wissenschaftlicher Bildung, eine hohe geistige Phantasie oder Flexibilität voraus[11] und verleihen eine herausgehobene Stellung. Hierzu gehören zB die Tätigkeiten des Arztes, des Rechtsanwaltes[12], des Rechtsbeistandes, des Wirtschaftsprüfers, des Werbeberaters, des Schiedsrichters und des Ehe- oder Partnerschaftsvermittlers[13]. 9

---

1 Vgl. Mugdan II, 1256; ErfK/*Müller-Glöge*, § 627 BGB Rz. 1. | 2 APS/*Dörner*, § 627 BGB Rz. 2; MünchKomm/*Schwerdtner*, § 627 BGB Rz. 1; Staudinger/*Preis*, § 627 BGB Rz. 4. | 3 BGH v. 1.2.1989 – IVa ZR 354/87, NJW 1989, 1479. | 4 So die allg. Auffassung: RG v. 11.2.1913, RGZ 81, 303, 305; v. 5.2.1918, RGZ 92, 158, 160; ErfK/*Müller-Glöge*, § 627 BGB Rz. 2. | 5 ErfK/*Müller-Glöge*, § 627 BGB Rz. 2; MünchKomm/*Emmerich*, § 325 BGB Rz. 8; MünchArbR/*Blomeyer*, § 57 Rz. 4. | 6 ErfK/*Müller-Glöge*, § 627 BGB Rz. 2; Palandt/*Putzo*, § 627 BGB Rz. 6. | 7 BGH v. 31.3.1967 – VI ZR 288/64, AP Nr. 1 zu § 627 BGB („Ein Jahr kann in diesem Sinne durchaus eine längere Zeit darstellen"); ErfK/*Müller-Glöge*, § 627 BGB Rz. 4. | 8 BGH v. 8.3.1984 – IX ZR 144/83, BGHZ 90, 280, 282; v. 19.11.1992 – IX ZR 77/92, WM 1993, 515; ErfK/*Müller-Glöge*, § 627 BGB Rz. 4. | 9 ErfK/*Müller-Glöge*, § 627 BGB Rz. 5; Erman/*Belling*, § 627 BGB Rz. 2. | 10 BGH v. 13.1.1993 – VIII ZR 112/92, WM 1993, 795; ErfK/*Müller-Glöge*, § 627 BGB Rz. 6; Staudinger/*Preis*, § 627 BGB Rz. 16. | 11 ArbG Köln v. 3.3.1993 – 113 C 549/92, NJW-RR 1993, 1207; APS/*Dörner*, § 627 BGB Rz. 6. | 12 BGH v. 16.10.1986 – II ZR 67/85, AP Nr. 4 zu § 628 BGB – Teilvergütung. | 13 BGH v. 5.11.1998 – III ZR 226/97, NJW 1999, 276; ErfK/*Müller-Glöge*, § 627 BGB Rz. 7; Palandt/*Putzo*, § 627 BGB Rz. 2 mit weiteren Beispielen aus der Rspr.

10 **4. Übertragung aufgrund besonderen Vertrauens.** Es muss sich um Dienste handeln, die aus besonderem Vertrauen übertragen werden. Dieses Merkmal tritt selbständig neben das der Dienste höherer Art, es handelt sich nicht lediglich um eine Erläuterung des anderen Tatbestandsmerkmals[1]. Es muss sich **objektiv** um Dienste handeln, die **im Allgemeinen** aus besonderem Vertrauen übertragen werden. Ob sie im Einzelfall tatsächlich aus diesem Grund übertragen wurden, ist irrelevant[2].

11 Verträge mit Institutionen können nicht auf ein besonderes Vertrauen zurückgeführt werden, da sich das Vertrauen auch auf die Person des Vertragspartners erstrecken muss[3]. Zwischen dem Lehrer an einer Privatschule und dem Schulträger wird jedoch regelmäßig ein derartiges Vertrauensverhältnis bestehen[4]. Etwas anderes gilt für Unterrichtsverträge, soweit der Vertragspartner ein Unterrichtsinstitut ist (Volkshochschule, Spracheninstitut usw.), und die Bestimmung der Person des Lehrers dem Institut obliegt[5].

12 **V. Rechtsfolgen.** § 627 BGB gewährt ein außerordentliches Kündigungsrecht[6], dh. eine Kündigungsfrist muss nicht eingehalten werden, eine Befristung ist jedoch zulässig[7].

13 **VI. Kündigung zur Unzeit.** Grundsätzlich darf nach § 627 jederzeit gekündigt werden. § 627 Abs. 2 schränkt dies für die Kündigung durch den Dienstverpflichteten insoweit ein, dass dieser nicht „zur Unzeit" kündigen darf. Dies entspricht einem allgemeinen Rechtsgedanken bei Schuldverhältnissen, die auf einem besonderen Vertrauen aufbauen[8], vgl. §§ 671 Abs. 2, 712 Abs. 2, 723 Abs. 2, 2226. Der Dienstberechtigte kann dagegen jederzeit kündigen.

14 Die Kündigung ist unzeitig, wenn der Dienstberechtigte daraufhin nicht in der Lage ist, sich die Dienste rechtzeitig anderweitig zu beschaffen, § 627 Abs. 2 Satz 1. Maßgeblich ist der Zeitpunkt der tatsächlichen Beendigung des Dienstverhältnisses. Dementsprechend darf ein Rechtsanwalt sein Mandat in der Regel nicht im oder unmittelbar vor einem Termin zur mündlichen Verhandlung oder kurz vor dem Ablauf wichtiger Fristen niederlegen[9].

15 Eine unzeitige Kündigung ist ausnahmsweise zulässig, wenn ein rechtfertigender Grund vorliegt[10]. Ist sogar ein wichtiger Grund gegeben, dann kann auch nach § 626 gekündigt werden.

16 **VII. Rechtsfolge der Kündigung zur Unzeit.** Auch die Kündigung zur Unzeit ist rechtswirksam. Der Dienstverpflichtete macht sich aber gem. § 627 Abs. 2 schadensersatzpflichtig[11]. Der Schadensersatzanspruch richtet sich nur auf das negative Interesse, dh. den Vertrauensschaden, der Höhe nach begrenzt auf das positive Interesse[12], da der Dienstberechtigte grundsätzlich nur vor der Auflösung zur Unzeit, nicht aber allgemein vor der Auflösung des Dienstverhältnisses zu schützen ist.

17 **VIII. Abdingbarkeit.** Das Kündigungsrecht aus § 627 ist einzelvertraglich abdingbar[13]. Ebenso kann die Einhaltung einer Kündigungsfrist[14] oder einer vorherigen Ankündigung vorgeschrieben werden[15].

18 Möglich ist es zudem, einzelvertraglich die volle Vergütung auch für den Fall zu vereinbaren, dass die Dienstleistungen durch Ausübung des Kündigungsrechts ein vorzeitiges Ende finden[16]. Eine solche Vereinbarung in AGB verstößt nur dann gegen Treu und Glauben, wenn der Umfang der bisher geleisteten Dienste bei der Bemessung des Vergütungsanspruchs überhaupt nicht berücksichtigt wird, der volle Vergütungsanspruch also auch dann bestehen soll, wenn noch gar keine oder nur eine ganz geringfügige Tätigkeit entfaltet wurde[17].

19 Ähnliches gilt für die Vereinbarung einer Laufzeitverlängerungsklausel. In ihr liegt zwar kein Ausschluss des Kündigungsrechts[18], jedoch ist eine solche Klausel unangemessen iSd. § 307, wenn sie den Eindruck einer festen vertraglichen Bindung erweckt und daher den Kunden davon abhalten kann, von seinem Recht auf jederzeitige Kündigung nach § 627 Gebrauch zu machen[19].

20 **IX. Darlegungs- und Beweislast.** Der Kündigende trägt die Darlegungs- und Beweislast für die Voraussetzungen des § 627 Abs. 1.

---

1 BGH v. 18.10.1984 – IX ZR 14/84, NJW 1986, 373; ErfK/*Müller-Glöge*, § 627 BGB Rz. 8. | 2 APS/*Dörner*, § 627 BGB Rz. 7; *van Venrooy*, JZ 1981, 53. | 3 APS/*Dörner*, § 627 BGB Rz. 9; Staudinger/*Preis*, § 627 BGB Rz. 12 („in aller Regel"). | 4 BAG v. 29.11.1962 – 2 AZR 176/62, AP Nr. 6 zu § 419 BGB – Betriebsnachfolge; APS/*Dörner*, § 626 Rz. 9. | 5 BGH v. 8.3.1984 – IX ZR 144/83, BGHZ 90, 282; APS/*Dörner*, § 626 Rz. 9. | 6 BGH v. 5.11.1998 – III ZR 226/97, NJW 1999, 276; ErfK/*Müller-Glöge*, § 627 BGB Rz. 3. | 7 Palandt/*Putzo*, § 627 BGB Rz. 6. | 8 ErfK/*Müller-Glöge*, § 627 BGB Rz. 9; *van Venrooy*, JZ 1981, 53. | 9 ErfK/*Müller-Glöge*, § 627 BGB Rz. 10; Erman/*Belling*, § 627 BGB Rz. 9. | 10 Palandt/*Putzo*, § 627 BGB Rz. 7; aA (wichtiger Grund erforderlich) ErfK/*Müller-Glöge*, § 627 BGB Rz. 11. | 11 BGH v. 24.6.1987 – IVa ZR 99/86, NJW 1987, 2808; ErfK/*Müller-Glöge*, § 627 BGB Rz. 11; MünchKomm/*Schwerdtner*, § 627 BGB Rz. 16; aA *van Venrooy* JZ 1981, 53. | 12 ErfK/*Müller-Glöge*, § 627 BGB Rz. 11; RGRK/*Corts*, § 627 BGB Rz. 18; unklar (Schadensersatz wegen Nichterfüllung) Soergel/*Kraft*, § 627 BGB Rz. 10. | 13 RG v. 24.13.1908, RGZ 69, 363, 365; BGH v. 5.11.1998 – III ZR 226/97, NJW 1999, 276; ErfK/*Müller-Glöge*, § 627 BGB Rz. 12. Dagegen besteht keine Abdingbarkeit durch AGB (jedenfalls bei Eheanbahnungsinstitut): BGH v. 1.2.1989 – IVa ZR 354/87, AP Nr. 4 zu § 627 BGB. | 14 Erman/*Belling*, § 627 BGB Rz. 10. | 15 ErfK/*Müller-Glöge*, § 627 BGB Rz. 12. | 16 BGH v. 4.6.1970 – VII ZR 187/68, NJW 1970, 1596; ErfK/*Müller-Glöge*, § 627 BGB Rz. 12. | 17 BGH v. 4.6.1970 – VII ZR 187/68, NJW 1970, 1596. | 18 BGH v. 5.11.1998 – III ZR 226/97, NJW 1999, 276; ErfK/*Müller-Glöge*, § 627 BGB Rz. 12. | 19 BGH v. 5.11.1998 – III ZR 226/97, NJW 1999, 276.

Macht der Dienstberechtigte gem. § 627 Abs. 2 Schadensersatz geltend, muss er die Umstände darlegen, die die Kündigung zu einer „unzeitigen" machen und seinen Schaden begründen. Der Dienstverpflichtete trägt die Darlegungs- und Beweislast für die Tatsachen, die eine Kündigung zur Unzeit rechtfertigen[1]. 21

628 Teilvergütung und Schadensersatz bei fristloser Kündigung

(1) Wird nach dem Beginn der Dienstleistung das Dienstverhältnis auf Grund des § 626 oder des § 627 gekündigt, so kann der Verpflichtete einen seinen bisherigen Leistungen entsprechenden Teil der Vergütung verlangen. Kündigt er, ohne durch vertragswidriges Verhalten des anderen Teiles dazu veranlasst zu sein, oder veranlasst er durch sein vertragswidriges Verhalten die Kündigung des anderen Teiles, so steht ihm ein Anspruch auf die Vergütung insoweit nicht zu, als seine bisherigen Leistungen infolge der Kündigung für den anderen Teil kein Interesse haben. Ist die Vergütung für eine spätere Zeit im Voraus entrichtet, so hat der Verpflichtete sie nach Maßgabe des § 346 oder, wenn die Kündigung wegen eines Umstands erfolgt, den er nicht zu vertreten hat, nach den Vorschriften über die Herausgabe einer ungerechtfertigten Bereicherung zurückzuerstatten.

(2) Wird die Kündigung durch vertragswidriges Verhalten des anderen Teiles veranlasst, so ist dieser zum Ersatz des durch die Aufhebung des Dienstverhältnisses entstehenden Schadens verpflichtet.

I. Normzweck 1	V. Schadensersatz gem. § 628 Abs. 2 38
II. Anwendungsbereich 2	1. Allgemeines 38
III. Abdingbarkeit 7	2. Kündigung iSd. § 628 Abs. 2 41
IV. Anspruch auf Teilvergütung nach § 628 Abs. 1 . . . 11	a) Anwendung auf andere Arten der Vertragsbeendigung 41
1. Allgemeines 11	b) Keine Anwendung des § 628 Abs. 2 bei unwirksamer Kündigung 48
2. Umfang und Berechnung des Anspruchs aus § 628 Abs. 1 Satz 1 12	3. Auflösungsverschulden 49
3. Herabsetzung der Vergütung gem. § 628 Abs. 1 Satz 2 21	4. Veranlassung der Vertragsbeendigung . . 52
a) Regelungsinhalt 21	5. Ersatzfähiger Schaden 53
b) Wirksamkeit der Kündigung keine Voraussetzung 22	a) Zeitliche Begrenzung des Anspruchs . . 54
	b) Kausalität 63
c) Analoge Anwendung des § 628 Abs. 1 Satz 2 bei Aufhebungsvertrag 23	c) Schutzzweck des Dienstberechtigten/ArbGeb . . 64
d) Keine analoge Anwendung des § 628 Abs. 1 bei ordentlicher Kündigung . . . 24	d) Schaden des ArbN 74
e) Kündigung „ohne Veranlassung" iSd. § 628 Abs. 1 Satz 2, 1.Alt. 25	e) Mitverschulden 78
	6. Rechtliche Behandlung der Schadensersatzleistung 80
f) Veranlassung der Kündigung durch vertragswidriges Verhalten des ArbN, § 628 Abs. 1 Satz 2, 2.Alt. 28	a) Steuerrecht 80
g) Wegfall des Interesses 29	b) Sozialversicherungsrecht 81
	c) Insolvenz des ArbGeb 84
4. Vorausgezahlte Vergütung, § 628 Abs. 1 Satz 3 34	d) Verjährung 86
	e) Pfändung und Abtretung 87
	7. Entschädigung gem. § 61 Abs. 2 ArbGG . . 88
	VI. Darlegungs- und Beweislast 91

Lit.: *Gagel*, Schadensersatzanspruch nach § 628 II BGB im Konkurs, ZIP 1981, 122; *Gessert*, Schadensersatz nach Kündigung, 1987; *Hornung*, Der Schadensersatzanspruch des Arbeitnehmers nach § 628 II BGB im Konkurs des Arbeitgebers, RPfl 1976, 386; *Orlowski*, Zeitliche Schranken des Schadensersatzanspruchs des Arbeitnehmers aus § 628 II BGB unter besonderer Berücksichtigung des KSchG, Diss. Würzburg 1984; *Weiss*, Die Haftung des Arbeitgebers aus § 628 II BGB, JuS 1985, 593.

I. Normzweck. § 628 regelt die Abwicklung von Dienst- und Arbeitsverhältnissen, die nach §§ 626, 627 gekündigt wurden. § 628 begreift das gekündigte Arbeitsverhältnis als reines Abwicklungsverhältnis, das keine persönliche Leistungspflichten mehr zum Gegenstand hat, sondern nur noch bestehende gegenseitige finanzielle Ansprüche ausgleichen soll[2]. 1

II. Anwendungsbereich. § 628 gilt vorbehaltlich bestehender Sonderregelungen für alle Dienst- und Arbeitsverhältnisse[3]. Erfasst ist auch der Fall der Kündigung vor Dienstantritt[4]. 2

Bei Berufsausbildungsverhältnissen ist die abschließende Sonderregelung des § 16 BBiG zu beachten[5], die erhebliche Unterschiede zu § 628 aufweist. Da das Berufsausbildungsverhältnis kein Arbeitsverhältnis ist, folglich auch kein Anspruch auf Arbeitsentgelt besteht, kann der Auszubildende bei vorzeitigem Abbruch der Ausbildung den Differenzbetrag zwischen dem Wert der von ihm geleisteten Arbeit und der Ausbildungsvergütung weder als Schadensersatz noch aus anderen Gründen verlangen[6]. 3

---

[1] *Baumgärtel*, Rz. 2; ErfK/*Müller-Glöge*, § 627 BGB Rz. 13. | [2] So auch ErfK/*Müller-Glöge*, § 628 BGB Rz. 1 und KR/*Weigand*, § 628 BGB Rz. 1. | [3] ErfK/*Müller-Glöge*, § 628 BGB Rz. 3; Erman/*Belling*, § 628 BGB Rz. 1; so auch KR/*Weigand*, § 628 BGB Rz. 3; MünchKomm/*Schwerdtner*, § 628 BGB Rz. 1. | [4] ErfK/*Müller-Glöge*, § 628 BGB Rz. 1; KR/*Weigand*, § 628 BGB Rz. 3; Staudinger/*Preis*, § 628 BGB Rz. 2. | [5] BAG v. 17.7.1997 AP Nr. 2 zu § 16 BBiG; ErfK/*Müller-Glöge*, § 628 BGB Rz. 3. | [6] LAG Düsseldorf v. 26.6.1984 – 8 Sa 617/84, DB 1985, 180 (181); APS/*Rolfs*, § 628 BGB Rz. 29.

4 Für Handelsvertreter gilt § 89a Abs. 2 HGB. Dieser entspricht inhaltlich § 628 Abs. 2[1].

5 Für Seeleute gelten §§ 66, 70 SeemG[2]. Die Kündigung des Heuerverhältnisses durch ein Besatzungsmitglied und die Geltendmachung der Abtrittsheuer schließen jedoch weiteren Schadensersatz gem. § 628 Abs. 2 nicht aus, § 70 Satz 2 SeemG.

6 Die Gebührenordnung für Rechtsanwälte (BRAGO, RVG) schließt die Anwendung des § 628 Abs. 1 Satz 1 nicht aus, da sie keine abschließende Regelung enthält[3].

7 III. Abdingbarkeit. Prinzipiell ist § 628 abdingbar, so dass zB an Stelle der Rechtsfolgen des § 628 Abs. 1 die des § 649 vereinbart werden können[4]. Eine Abbedingung des § 628 wird aber begrenzt durch den grundlegenden Gerechtigkeitsgehalt der Vorschrift, der auch durch eine abweichende Regelung nicht vereitelt werden darf[5], sowie durch daneben bestehendes zwingendes Gesetzesrecht, wie Kündigungsfristen, vgl. § 622 Abs. 4, 6 BGB[6], die Bestimmungen des BUrlG, des EFZG oder des MuSchG. Dies führt in vielen Fällen zu einer faktischen Unabdingbarkeit (zumindest) der Teilvergütungsregelung[7].

8 Mehr Gestaltungsspielraum besteht hinsichtlich der Regelung des Schadensersatzanspruchs, auch wenn solche Gestaltungen in Arbeitsverträgen, sollten sie durch AGB erfolgen, vorbehaltlich der Besonderheiten des Arbeitsrechts, nunmehr der gesetzlichen AGB-Kontrolle nach den §§ 305 ff. unterliegen, § 310 Abs. 4 Satz 2. Insoweit ist lediglich der einseitige Ausschluss bzw. die einseitige Beschränkung des Schadensersatzanspruches durch AGB wegen Verstoßes gegen § 307 Abs. 1 Satz 1 unwirksam[8].

9 Grundsätzlich zulässig ist dagegen nach wie vor die Pauschalierung von Schadensersatzansprüchen[9]. An Stelle der bisherigen Billigkeitskontrolle[10] tritt aber jetzt, wie schon bisher bei freien Dienstverträgen[11], die Regelung des § 309 Nr. 5. Danach sind Schadenspauschalierungen nur zulässig, wenn die Pauschale nach dem gewöhnlichen Lauf der Dinge den zu erwartenden Schaden nicht übersteigt und dem anderen Vertragsteil ausdrücklich der Nachweis gestattet wird, dass kein bzw. nur ein wesentlich geringerer Schaden entstanden ist. Unzulässig dagegen sind Schadenspauschalierungen in Berufsausbildungsverhältnissen, § 5 Abs. 2 Nr. 4 BBiG.

10 Sehr kontrovers wird die Diskussion zu Vertragsstrafenregelungen geführt. Würde man hier § 309 Nr. 6 uneingeschränkt anwenden, wäre dies das Ende von Vertragsstrafenregelungen im Arbeitsrecht[12]. Dies aber würde den Besonderheiten des Arbeitsrechts nicht gerecht werden. Gerade dort besteht ein anerkennenswertes Interesse an solchen Regelungen, da der ArbGeb wegen der Regelung des § 888 Abs. 3 ZPO kein probates Mittel besitzt, um die Vertragserfüllung durch den ArbN abzusichern[13]. Das BAG[14] hält aber Vertragsstrafenregelungen nunmehr für unwirksam (§ 306), wenn sie zB aufgrund eines Missverhältnisses zwischen Pflichtverletzung und Höhe der Vertragsstrafe unangemessen sind. Dies wird zukünftig zu gestaffelten Vertragsstrafenregelungen führen müssen.

11 IV. Anspruch auf Teilvergütung nach § 628 Abs. 1. 1. Allgemeines. § 628 Abs. 1 Satz 1 gibt den allgemeinen Rechtsgrundsatz wieder, dass bei der Beendigung von Dauerschuldverhältnissen dem vorleistungspflichtigen Vertragspartner auch seinen bereits erbrachten Leistungen entsprechende Vergütung gebührt. Der ArbN ist gem. § 614 regelmäßig vorleistungspflichtig. Kündigt der ArbN selbst, ohne dass dies durch ein vertragswidriges Verhalten des ArbGeb veranlasst war, oder provoziert er selbst durch vertragswidriges Verhalten die Kündigung durch den ArbGeb, behält er nach § 628 Abs. 1 Satz 2 seinen Vergütungsanspruch nur insoweit, als die erbrachten Leistungen für den ArbGeb auch von Interesse sind.

12 2. Umfang und Berechnung des Anspruchs aus § 628 Abs. 1 Satz 1. Bei § 628 Abs. 1 Satz 1 kommt es anders als in den Fällen des § 628 Abs. 1 Satz 2 nicht darauf an, welchen Wert die erbrachten Leistungen für den Dienstberechtigten haben oder ob die Dienstleistung für den Dienstberechtigten noch von Interesse ist.

13 Zu vergüten sind nur die bisherigen Leistungen, die der Dienstnehmer im Voraus für den Dienstberechtigten erbracht hat. Der Vergütungsanteil bemisst sich entsprechend der tatsächlichen Arbeits-

---

1 Vgl. BGH v. 3.3.1993 – VIII ZR 101/92, EzA § 89a HGB Nr. 1; *Baumbach/Hopt*, § 89a HGB Rz. 4; ErfK/*Müller-Glöge*, § 628 BGB Rz. 5; KR/*Weigand*, § 628 BGB Rz. 3. | 2 ErfK/*Müller-Glöge*, § 628 BGB Rz. 6; KR/*Weigand*, § 628 BGB Rz. 3. | 3 BGH v. 16.10.1986 – III ZR 67/85, AP Nr. 4 zu § 628 BGB – Teilvergütung; ErfK/*Müller-Glöge*, § 628 BGB Rz. 7. | 4 BGH v. 28.6.1952 – II ZR 263/51, LM Nr. 3 zu § 611 BGB; v. 16.10.1986 – III ZR 67/85, AP Nr. 4 zu § 628 BGB – Teilvergütung; KR/*Weigand*, § 628 BGB Rz. 2; Palandt/*Putzo*, § 628 BGB Rz. 2. | 5 BGH v. 4.6.1970 – VII ZR 187/68, BGHZ 54, 106; ErfK/*Müller-Glöge*, § 628 BGB Rz. 116; KR/*Weigand*, § 628 BGB Rz. 2. | 6 ErfK/*Müller-Glöge*, § 628 BGB Rz. 116; MünchKomm/*Schwerdtner*, § 628 BGB Rz. 68; Staudinger/*Preis*, § 628 BGB Rz. 35. | 7 APS/*Rolfs*, § 628 BGB Rz. 4; vgl. auch KR/*Weigand*, § 628 BGB Rz. 2. | 8 ErfK/*Müller-Glöge*, § 628 BGB Rz. 117; Erman/*Belling*, § 628 BGB Rz. 19. | 9 KR/*Weigand*, § 628 BGB Rz. 2. | 10 BAG v. 14.12.1966 – 5 AZR 168/66, AP Nr. 26 zu § 138 BGB; v. 5.2.1986 – 5 AZR 564/84, AP Nr. 12 zu § 339 BGB; ErfK/*Müller-Glöge*, § 628 BGB Rz. 119; MünchArbR/*Blomeyer*, § 57 Rz. 68; *Preis/Stoffels*, AR-Blattei SD 1710 – Vertragsstrafe Rz. 40. | 11 BGH v. 16.1.1984 – II ZR 100/83, LM Nr. 6 zu § 628 BGB; *Beuthien*, BB 1973, 92, 93; ErfK/*Müller-Glöge*, § 628 BGB Rz. 118; *Schaub/Linck*, ArbRHdb, § 51 Rz. 16a. | 12 Dafür *Däubler*, NZA 2001, 1329, 1336; *v. Koppenfels*, NZA 2002, 598 ff.; *Reinecke*, DB 2002, 583, 586. | 13 *Annuß*, BB 2002, 458, 463, mit Verweis auf BT-Drs. 7/3919, S. 30; *Bartz*, AuA 2002, 62, 64; ErfK/*Müller-Glöge*, § 628 BGB Rz. 119; *Gotthardt*, ZIP 2002, 277 (283); *Lingemann*, NZA 2002, 181 (191). | 14 BAG v. 4.3.2004 – 8 AZR 196/03.

leistung gegenüber der ursprünglich gedachten Gesamtleistung[1]. Insbesondere nach § 2 EFZG abzugeltende Feiertage zählen zu den bisherigen bis zur wirksamen Kündigung erbrachten Leistungen[2]. Gleiches gilt für Bereitschaftsdienstvergütungen und Zulagen wegen besonderer Schwierigkeit oder Gefährlichkeit der Tätigkeit[3].

Bei vereinbartem **Stundenlohn** berechnet sich die Teilvergütung als Produkt von Lohnsatz und Stundenzahl. Ist ein Pauschalhonorar vereinbart, wie etwa beim Anwaltsvertrag, so ist dieses bei vorzeitiger Beendigung (im entschiedenen Fall nach § 627) auf den Teil herabzusetzen, der der bisherigen Tätigkeit des Rechtsanwalts entspricht[4]. 14

Bei vereinbartem **Monatslohn** empfiehlt sich die konkrete Berechnungsmethode, soweit keine klarstellenden kollektiv- oder einzelvertraglichen Regelungen eingreifen. Dh., das Monatsgehalt ist durch die Summe der Arbeits- und Feiertage des konkreten Kalendermonats zu teilen und mit der Summe der bereits abgeleisteten Arbeits- und bisherigen Feiertage zu multiplizieren[5]. Alternativ ist es aber auch zulässig, die Vergütung pauschal auf der Grundlage von 30 Kalendertagen zu berechnen, wobei die im betreffenden Monat tatsächlich anfallenden Kalender-, Werk- und Arbeitstage unberücksichtigt bleiben. Diese Methode wird vom BAG[6] ebenfalls anerkannt und führt mit Ausnahme des Monats Februar eher zu einer Begünstigung der ArbN[7]. 15

Erfolgt die Vergütung im **Akkordlohn**, ist nach dem erzielten Akkordergebnis abzurechnen. Die zur wirksamen Beendigung des Vertragsverhältnisses erbrachte tatsächliche (Stück-)Leistung ist quantitativ zu bestimmen und entsprechend zu vergüten[8]. 16

Gewinnbeteiligungen bleiben erhalten und stehen dem Dienstverpflichteten anteilig zu, sie können in aller Regel jedoch erst am Ende des Geschäftsjahres errechnet und damit fällig werden[9]. 17

Ein Anspruch auf **Provisionszahlung** besteht auch dann, wenn der Tätigkeitserfolg erst nach Beendigung des Dienstverhältnisses eintritt[10]. Die insoweit für Handlungsgehilfen geltenden Vorschriften der §§ 65, 87 Abs. 3, 87a HGB sind auf alle ArbN entsprechend anzuwenden[11]. 18

Sonderzuwendungen wie ein 13. Monatsgehalt, die fest in das Vergütungsgefüge eingebaut sind, stehen dem ArbN als Entgelt anteilig zu seiner Beschäftigungszeit am Arbeitsjahr auch dann zu, wenn er im Zeitpunkt der Fälligkeit bereits aus dem Beschäftigungsverhältnis ausgeschieden ist[12]. Dagegen entfallen Sondervergütungen anlässlich betrieblicher Ereignisse oder von Festtagen in vollem Umfang mit Ausscheiden des ArbN vor dem Stichtag, wenn mit der Gratifikation die Betriebstreue für den gesamten Bezugszeitraum honoriert werden soll, also gerade an den weiteren Bestand des Beschäftigungsverhältnisses angeknüpft wird[13]. 19

Da der Anspruch aus der Zeit resultiert, in der das Arbeitsverhältnis bestanden hat, umfasst er auch die **Natural- und Nebenvergütungen**. Zu den Leistungen gehören demnach vorbereitende oder sonst mit den eigentlichen Diensten verbundene Maßnahmen und Aufwendungen[14] (zB Reisekosten[15]). Geleistete Auslagen sind voll zu ersetzen[16]. 20

3. Herabsetzung der Vergütung gem. § 628 Abs. 1 Satz 2. a) Regelungsinhalt. Kündigt der Dienstverpflichtete außerordentlich oder schafft er durch sein vertragswidriges Verhalten den Grund für eine außerordentliche Kündigung seitens des Dienstberechtigten, besteht ein Vergütungsanspruch nur noch insoweit, als die bis dato erbrachten Leistungen für den Dienstberechtigten von Interesse sind. Wegen des Zusammenspiels mit § 628 Abs. 1 Satz 1 gilt dies aber nur für noch nicht abgerechnete Zeiträume[17]. Vollständig abgerechnete Vergütungsperioden werden nicht wegen Interessenwegfalls rückabgewickelt[18]. 21

b) Wirksamkeit der Kündigung keine Voraussetzung. Nach dem Wortlaut des § 628 Abs. 1 bedarf es einer aufgrund des § 626 oder § 627 erklärten (wirksamen) außerordentlichen Kündigung. Nach dem Sinn und Zweck der Vorschrift und im Wege eines Erst-recht-Schlusses muss eine Herabsetzung der 22

---

1 KR/*Weigand*, § 628 BGB Rz. 10. | 2 ArbG Marburg v. 1.7.1963 – Ca 229/63, BB 1963, 1376; ErfK/*Müller-Glöge*, § 628 BGB Rz. 13. | 3 APS/*Rolfs*, § 628 BGB Rz. 5 aE; ErfK/*Müller-Glöge*, § 628 BGB Rz. 13; Staudinger/*Preis*, § 628 BGB Rz. 17. | 4 BGH 16.10.1986 – II ZR 67/85, AP Nr. 4 zu § 628 BGB – Teilvergütung; ErfK/*Müller-Glöge*, § 628 BGB Rz. 12. | 5 BAG v. 14.8.1985 – 5 AZR 384/84, EzA § 63 HGB Nr. 38; APS/*Rolfs*, § 628 BGB Rz. 7; ErfK/*Müller-Glöge*, § 628 BGB Rz. 14; *Fuchs*, BB 1972, 137; KR/*Weigand*, § 628 BGB Rz. 12. | 6 BAG v. 28.2.1975 – 5 AZR 213/74, AP Nr. 1 zu § 628 BGB – Teilvergütung. | 7 ErfK/*Müller-Glöge*, § 628 BGB Rz. 15. | 8 KR/*Weigand*, § 628 BGB Rz. 12, schreibt, dass mindestens der Mindestsatz zu entrichten ist, „idR" aber die bis zur wirks. Künd. erbrachte tatsächl. Stückleistung quantitativ zu bestimmen und entsprechend zu vergüten ist. | 9 APS/*Rolfs*, § 628 BGB Rz. 8 und Staudinger/*Preis*, § 628 BGB Rz. 21. | 10 BGH v. 14.11.1966 – VII ZR 112/64, AP Nr. 4 zu § 628 BGB. | 11 BAG v. 29.1.1930, ARS 26, 121; KR/*Weigand*, § 628 BGB Rz. 13. | 11 ErfK/*Müller-Glöge*, § 628 BGB Rz. 17; MünchKomm/*Schwerdtner*, § 628 BGB Rz. 20. | 12 BAG v. 8.11.1978 – 5 AZR 358/77, AP Nr. 100 zu § 611 BGB – Gratifikation; LAG Frankfurt v. 9.9.1971 – 4 Sa 339/71, DB 1972, 2116; KR/*Weigand*, § 628 BGB Rz. 13; Staudinger/*Preis*, § 628 BGB Rz. 21; aA Erman/*Belling*, § 628 BGB Rz. 6. | 13 BAG v. 27.10.1978 – 5 AZR 139/77, AP Nr. 96 zu § 611 BGB – Gratifikation; KR/*Weigand*, § 628 BGB Rz. 13. | 14 APS/*Rolfs*, § 628 BGB Rz. 6; Erman/*Belling*, § 628 BGB Rz. 8. | 15 BGH v. 29.5.1991 – IV ZR 187/90, LM Nr. 10 zu § 628 BGB; ErfK/*Müller-Glöge*, § 628 BGB Rz. 10. | 16 ErfK/*Müller-Glöge*, § 628 BGB Rz. 10; KR/*Weigand*, § 628 BGB Rz. 10. | 17 BGH v. 17.10.1996 – IX ZR 37/96, NJW 1997, 188. | 18 ErfK/*Müller-Glöge*, § 628 BGB Rz. 22.

Vergütung aber auch dann in Betracht kommen, wenn die Kündigung nicht wirksam ist. Der Dienstverpflichtete, der aus persönlichen Gründen (zB eigener Krankheit) kündigt, kann nicht schlechter gestellt werden als derjenige, der für seine Kündigung keinen wichtigen Grund iSd. § 626 hat[1]. Dies muss zumindest dann gelten, wenn die Parteien die Kündigung de facto als wirksam behandeln und von Seiten des Dienstberechtigten wegen der unwirksamen Kündigung keine Schadensersatzforderungen nach §§ 280, 283 gegen den Dienstverpflichteten geltend gemacht werden[2], § 242.

23 c) **Analoge Anwendung des § 628 Abs. 1 Satz 2 bei Aufhebungsvertrag.** Entsprechendes gilt, wenn anlässlich einer unwirksamen außerordentlichen Kündigung ein Aufhebungsvertrag geschlossen wird[3]. Auch hier ist § 628 Abs. 1 Satz 2 analog anzuwenden[4]. Fehlt es aber an einem wirksamen Aufhebungsvertrag, zB weil die dafür nach § 623 erforderliche Schriftform nicht eingehalten wurde (§ 125), dann besteht das Arbeitsverhältnis bis zum Ablauf der ordentlichen Kündigungsfrist oder der vereinbarten Vertragsdauer fort[5].

24 d) **Keine analoge Anwendung des § 628 Abs. 1 bei ordentlicher Kündigung.** Schon der Wortlaut des § 628 Abs. 1 Satz 2 verbietet seine Anwendung auf ordentliche Kündigungen. Eine analoge Anwendung scheidet mangels Regelungslücke und weil es nicht Absicht des Gesetzes ist, das Recht zur ordentlichen Kündigung zu erschweren, aus[6].

25 e) **Kündigung „ohne Veranlassung" iSd. § 628 Abs. 1 Satz 2, 1. Alt.** Die Kündigung ist durch den ArbGeb/ Dienstberechtigten nur dann veranlasst, wenn ihm ein schuldhaft vertragswidriges Verhalten vorgeworfen werden kann bzw. er sich ein entsprechendes vertragswidriges Verhalten zurechnen lassen muss[7], §§ 276, 278. Zudem muss zwischen Kündigung und vertragswidrigem Verhalten ein adäquater Kausalzusammenhang bestehen[8]. Als Beispiele sind zu nennen: Der Ausspruch einer unwirksamen fristlosen Kündigung, wenn der ArbGeb die Unwirksamkeit der Kündigung oder die ungehörigen Begleitumstände kannte oder bei gehöriger Sorgfalt hätte erkennen müssen[9] sowie eine den ArbN kränkende Teilsuspendierung, insb. weil der ArbN dadurch von wesentlichen Aufgaben entbunden wurde[10].

26 Dagegen liegt keine durch den Dienstberechtigten/ArbGeb veranlasste Kündigung vor, wenn der Dienstverpflichtete fristlos kündigt, weil er eine andere Stelle gefunden hat, ihm die Arbeit nicht zusagt, er Streit mit Arbeitskollegen hat, er heiraten oder auswandern möchte oder wegen Krankheit die geschuldete Arbeit nicht mehr erbringen kann. Eine Kürzung des Teilvergütungsanspruches ist selbst dann nicht ausgeschlossen, wenn der ArbN das Dienstverhältnis fristlos aus wichtigem Grund beendet. Insbesondere objektive oder aus der Sphäre des Dienstverpflichteten stammende Gründe schließen die Kürzung der anteiligen Vergütung nicht aus[11], und auch Kündigungsgründe aus der Sphäre des Dienstberechtigten sind unerheblich, solange sie kein vertragswidriges Verhalten darstellen.

27 Ist beiden Vertragsparteien ein schuldhaftes vertragswidriges Verhalten vorzuwerfen und liegen die weiteren Voraussetzungen des § 628 Abs. 1 Satz 2 vor, ist § 254 analog anzuwenden, dh. die anteilige Vergütung ist entsprechend den Verursachungsanteilen beider Parteien verhältnismäßig zu kürzen.

28 f) **Veranlassung der Kündigung durch vertragswidriges Verhalten des ArbN, § 628 Abs. 1 Satz 2, 2. Alt.** Der anteilige Vergütungsanspruch nach § 628 Abs. 1 Satz 1 ist auch dann herabzusetzen, wenn der ArbN durch sein vertragswidriges Verhalten die vom ArbGeb ausgesprochene außerordentliche Kündigung schuldhaft (§§ 276, 278) veranlasst hat[12]. Darunter fallen schuldhafte Vertragsverletzungen, wie zB eine unwirksame fristlose Kündigung seitens des ArbN[13], oder bei entsprechender Vereinbarung (im Rahmen der zulässigen Abdingbarkeit, vgl. hierzu unten) uU bereits eine unverschuldete Vertragswidrigkeit[14].

29 g) **Wegfall des Interesses.** Eine Herabsetzung der anteiligen Vergütung nach § 628 Abs. 1 Satz 2 setzt voraus, dass die bisherigen Leistungen für den anderen Teil (dh. den ArbGeb) kein Interesse haben. Interesse meint Vorteil oder Wert der Leistung für den ArbGeb[15]. Die Leistungen sind für den ArbGeb

---

1 BAG v. 21.10.1983 – 7 AZR 285/82, AP Nr. 2 zu § 628 BGB – Teilvergütung; ErfK/*Müller-Glöge*, § 628 BGB Rz. 18; Erman/*Belling*, § 628 BGB Rz. 3; *Hanau*, ZfA 1984, 453 (578); KR/*Weigand*, § 628 BGB Rz. 14; Staudinger/*Preis*, § 628 BGB Rz. 22; aA *Weitnauer*, Anm. BAG v. 21.10.1983 – 7 AZR 285/82, AP Nr. 2 zu § 628 BGB – Teilvergütung. |2 Vgl. ArbG Köln v. 3.2.2000 – 1 Ca 8005/99, ArbuR 2000, 473; KR/*Weigand*, § 628 BGB Rz. 21. |3 Siehe zur Umdeutung der unwirksamen außerordentlichen Kündigung in einen Antrag auf Abschluss eines Aufhebungsvertrages oben Kommentierung zu § 626 BGB, Rz. 282 f. |4 AA Soergel/*Kraft*, § 628 BGB Rz. 4: Abs. 1 gilt nicht, wenn die Beendigung durch einen Aufhebungsvertrag herbeigeführt wurde. |5 ErfK/*Müller-Glöge*, § 628 BGB Rz. 20; *Weitnauer*, Anm. zu BAG v. 21.10.1983 – 7 AZR 285/82, AP Nr. 2 zu § 628 BGB – Teilvergütung. |6 BGH v. 26.1.1994 – VIII ZR 39/93, NJW 1994, 1069, 1070; ErfK/*Müller-Glöge*, § 628 BGB Rz. 21. |7 ErfK/*Müller-Glöge*, § 628 BGB Rz. 25; Staudinger/*Preis*, § 628 BGB Rz. 24. |8 BGH v. 12.6.1963 – VII ZR 272/61, BGHZ 40, 13, 14; OLG Koblenz v. 28.4.1975 – 1 U 292/74, MDR 1976, 44; ErfK/*Müller-Glöge*, § 628 BGB Rz. 28. |9 BAG v. 24.10.1974 – 3 AZR 488/73, AP Nr. 2 zu § 276 BGB – Vertragsverletzung. |10 BAG v. 15.6.1972 – 2 AZR 345/71, AP Nr. 7 zu § 628 BGB; ErfK/*Müller-Glöge*, § 628 BGB Rz. 26. |11 KR/*Weigand*, § 628 BGB Rz. 15; Staudinger/*Preis*, § 628 BGB Rz. 23. |12 ErfK/*Müller-Glöge*, § 628 BGB Rz. 29; Staudinger/*Preis*, § 628 BGB Rz. 25. |13 BAG v. 24.10.1974 – 3 AZR 488/73, AP Nr. 2 zu § 276 BGB – Vertragsverletzung; ErfK/*Müller-Glöge*, § 628 BGB Rz. 29; so auch Staudinger/*Preis*, § 628 BGB Rz. 25. |14 KR/*Weigand*, § 628 BGB Rz. 16; Soergel/*Kraft*, § 628 BGB Rz. 7. |15 BGH v. 7.6.1984 – III ZR 37/83, LM Nr. 7 zu § 628 BGB; so auch KR/*Weigand*, § 628 BGB Rz. 17; Staudinger/*Preis*, § 628 BGB Rz. 27.

dann nicht von Interesse, wenn sie für ihn wirtschaftlich nutzlos sind[1], so dass bei völliger Wertlosigkeit der Vergütungsanspruch auch ganz entfallen kann[2].

Voraussetzung ist aber, dass das Interesse an der bisher erbrachten Leistung gerade infolge der tatsächlichen Beendigung der Tätigkeit des Dienstverpflichteten entfallen ist[3]. Dies wird bei normalen Arbeitsverhältnissen eher selten der Fall sein, da die erbrachte Leistung, auch sofern sie nur in einer Teilleistung bestand, von anderen ArbN fortgeführt werden kann und deshalb ihren eigenständigen wirtschaftlichen Wert für den ArbGeb behält[4]. Erst wenn dem ArbGeb wegen der Fortführung durch einen anderen ArbN besondere Unkosten entstehen, kann er diese in Abzug bringen. Insbesondere bei wissenschaftlichen Tätigkeiten/Forschungs- und Entwicklungsarbeiten, die langfristig angelegt sind und bei denen die Verwertung bereits erbrachter Teilleistungen erworbenes Erfahrungswissen voraussetzt, kann ein (teilweiser) Interessenwegfall vorliegen. So nimmt das Interesse an der erbrachten Leistung ab oder entfällt, wenn die Arbeit an einem Projekt wegen des Ausscheidens des ArbN unterbrochen werden bzw. eine Ersatzkraft die Arbeit völlig neu beginnen muss oder zumindest nur mit zeitlicher Verzögerung fortsetzen kann[5].

Hat der ArbN während seines Urlaubs gekündigt, kann der ArbGeb die Urlaubsvergütung nicht mit der Begründung verweigern, er habe an der Ferienzeit des Beschäftigten kein Interesse. Dem Wegfall des Interesses steht entgegen, dass der ArbN im Urlaub nicht zur Erbringung von Leistungen verpflichtet ist[6].

Hat die Aufgabe der Zulassung durch einen Rechtsanwalt zur Folge, dass der Mandant dem neuen Prozessbevollmächtigten noch einmal die gleichen Gebühren zahlen muss, so werden die bisher geleisteten Dienste für den Mandanten wirtschaftlich wertlos und der erste Anwalt verliert seinen Vergütungsanspruch nach § 628 Abs. 1 Satz 2[7]. Anderes gilt nur, wenn der Mandant bei der Übernahme des Mandats hierauf ausdrücklich hingewiesen wurde[8].

Ist die Höhe der Kürzung streitig, kann im Rechtsstreit § 287 Abs. 2 ZPO zur Anwendung kommen und das Gericht den Wert schätzen[9].

4. Vorausgezahlte Vergütung, § 628 Abs. 1 Satz 3. Sollte der ArbGeb entgegen der Regel des § 614 die Vergütung im Voraus gezahlt haben, kann sich wegen § 628 Abs. 1 Satz 2 aus § 628 Abs. 1 Satz 3 ein Rückforderungsanspruch ergeben. § 628 Abs. 1 Satz 3 ist eigene Anspruchsgrundlage, so dass der Verweis auf das Rücktrittsrecht („§ 347") einerseits bzw. auf die Vorschriften über die ungerechtfertigte Bereicherung andererseits nur noch die rechtshindernden Einwendungen bzgl. der Herausgabe des erlangten Geldbetrages betrifft.

Hat der ArbN den Kündigungsgrund nicht zu vertreten, schuldet er im Fall der Gutgläubigkeit nur die Herausgabe der (im Zeitpunkt der Kündigung[10]) noch verbleibenden Bereicherung[11] (einschließlich der Nutzungen[12]), § 818 Abs. 3, während er im Fall einer ausnahmsweise bestehenden Bösgläubigkeit in vollem Umfang zur Rückgewähr verpflichtet ist, §§ 818 Abs. 4, 819 Abs. 1.

Hat der ArbN die Kündigung durch sein vertragswidriges Verhalten veranlasst (dazu oben Rz. 28), schuldet er Rückgewähr nach den Vorschriften über den Rücktritt. Hierbei ist zu beachten, dass im Zuge der Schuldrechtsmodernisierung die Regelung des § 347 aF jetzt auf die §§ 346, 347 verteilt wurde. Eine Verzinsungspflicht des erlangten Geldbetrags (§ 347 Satz 3 aF) besteht nur noch, wenn Zinsen erzielt wurden bzw. nach den Regeln der ordnungsgemäßen Wirtschaft zu erzielen gewesen wären, §§ 346 Abs. 1, 347 Abs. 1 Satz 1. Der Verweis in § 628 Abs. 1 Satz 3 ist damit so zu lesen, dass auch § 346 in Bezug genommen wird. Liegt trotz arbeitnehmerseitigen Verschuldens an der Vertragsauflösung keine Verletzung der eigenüblichen Sorgfalt vor, kann sich dieser auf die Privilegierungen innerhalb des gesetzlichen Rücktrittsrechts nach §§ 346 Abs. 3 Nr. 3, 347 Abs. 1 Satz 2 berufen[13]. Im Übrigen gelten die §§ 346 Abs. 1, 347 Abs. 1 Satz 1. Dh. der ArbN hat die erlangte Vergütung in Geld zurückzuerstatten. Zinsen vom Tag des Empfanges an sind nur geschuldet, soweit die Vergütung nicht zum Lebensunterhalt benötigt wurde.

Soweit eine entsprechende wirksame Vereinbarung besteht, hat der ArbN unabhängig von den Voraussetzungen des § 628 Abs. 1 Satz 3 Aus- und Weiterbildungskosten zurückzuzahlen[14]. Die Rückzahlungspflicht muss aus Sicht eines verständigen Betrachters einem begründeten und zu billigenden

---

1 BGH v. 7.6.1984 – III ZR 37/83, NJW 1985, 41; APS/*Rolfs*, § 628 BGB Rz. 14. | 2 ErfK/*Müller-Glöge*, § 628 BGB Rz. 32; Palandt/*Putzo*, § 628 BGB Rz. 4. | 3 BAG v. 21.10.1983 – 7 AZR 285/82, AP Nr. 2 zu § 628 BGB – Teilvergütung; ErfK/*Müller-Glöge*, § 628 BGB Rz. 31. | 4 KR/*Weigand*, § 628 BGB Rz. 17. | 5 ErfK/*Müller-Glöge*, § 628 BGB Rz. 36; KR/*Weigand*, § 628 BGB Rz. 17; Staudinger/*Preis*, § 628 BGB Rz. 27 f. | 6 BAG v. 21.10.1983 – 7 AZR 285/82, AP Nr. 2 zu § 628 BGB – Teilvergütung für den Fall eines Lehrers; m. abl. Anm. von *Weitnauer*; dem BAG zust. APS/*Rolfs*, § 628 BGB Rz. 16; KR/*Weigand*, § 628 BGB Rz. 17 vgl. dazu auch *Hanau*, ZfA 1984, 578. | 7 OLG Hamburg v. 27.3.1981 – 8 W 72/81, MDR 1981, 767 (b d.Gr.); KR/*Weigand*, § 628 BGB Rz. 17; aA (Kürzung nur, wenn RA die Zulassung aus Gründen aufgibt, die er zu vertreten hat) BGH v. 27.5.1957 – VII ZR 286/56, MDR 1958, 32. | 8 BGH v. 27.2.1978 – AnwSt (R) 9/77, NJW 1978, 2304; KR/*Weigand*, § 628 BGB Rz. 17 aE. | 9 ErfK/*Müller-Glöge*, § 628 BGB Rz. 33; Palandt/*Putzo*, § 628 BGB Rz. 4. | 10 ErfK/*Müller-Glöge*, § 628 BGB Rz. 39; KR/*Weigand*, § 628 BGB Rz. 18. | 11 Palandt/*Putzo*, § 628 BGB Rz. 5 (auch § 818 BGB ist anzuwenden). | 12 ErfK/*Müller-Glöge*, § 628 BGB Rz. 39; KR/*Weigand*, § 628 BGB Rz. 18. | 13 KR/*Weigand*, § 628 BGB Rz. 18. | 14 ErfK/*Müller-Glöge*, § 628 BGB Rz. 40.

Interesse des ArbGeb entsprechen; der ArbN muss mit der Ausbildungsmaßnahme eine angemessene Gegenleistung (insb. einen geldwerten Vorteil) für die Rückzahlungsverpflichtung erhalten haben; die Erstattungspflicht muss dem ArbN insgesamt nach Treu und Glauben zumutbar sein[1]. Eine Kostenbeteiligung ist dem ArbN umso eher zuzumuten, je größer der mit der Ausbildung verbundene berufliche Vorteil für ihn ist[2].

38 **V. Schadensersatz gem. § 628 Abs. 2. 1. Allgemeines.** § 628 Abs. 2 verpflichtet die Vertragspartei, welche die Kündigung des Dienst- bzw. Arbeitsverhältnisses durch vertragswidriges Verhalten veranlasst hat, zum Ersatz des dadurch entstandenen Schadens. Je nach Fallgestaltung kann die Schadensersatzpflicht gem. § 628 Abs. 2 beide Vertragsparteien treffen. Die Vorschrift ist damit Ausdruck des jetzt in § 314 Abs. 4 enthaltenen allgemeinen Rechtsgrundsatzes und stellt einen speziell gesetzlich geregelten Fall des § 280 Abs. 1 ggf. iVm. § 241 Abs. 2 (= pFV)[3] dar, weshalb trotz des fehlenden Hinweises im Gesetzeswortlaut die außerordentliche Kündigung durch ein schuldhaftes vertragswidriges Verhalten veranlasst sein muss (sog. Auflösungsverschulden; dazu nachfolgend Rz. 49 ff.)[4]. In diesem Fall soll der durch den Vertragsbruch zur außerordentlichen Kündigung veranlasste Vertragsteil die Vermögenseinbußen ersetzt bekommen, die darauf beruhen, dass infolge der Kündigung das Arbeitsverhältnis vorzeitig endet[5]. Vor Vertragsauflösung entstandene Schäden sind nach den allgemeinen Regeln der §§ 280 ff. zu ersetzen[6].

39 Der Schadensersatzanspruch nach § 628 Abs. 2 ist von der Verwirkung einer Vertragsstrafe abzugrenzen (zu deren Zulässigkeit oben Rz. 10). Der Fall der vom ArbN schuldhaft veranlassten vorzeitigen Beendigung des Arbeitsverhältnisses durch Kündigung wird von der Vereinbarung einer Vertragsstrafe für den Fall des Vertragsbruchs allerdings nur erfasst, wenn dies ausdrücklich vereinbart wird, denn im Allgemeinen meint Vertragsbruch nur den Fall, dass der ArbN vorsätzlich und rechtswidrig die Arbeit nicht aufnimmt oder vor Ablauf der vereinbarten Vertragszeit oder ohne Einhaltung der Kündigungsfrist ohne wichtigen Grund beendet[7].

40 Zum Verhältnis des Anspruchs aus § 628 Abs. 2 BGB zu § 61 Abs. 2 ArbGG siehe unten Rz. 88 ff.

41 **2. Kündigung iSd. § 628 Abs. 2. a) Anwendung auf andere Arten der Vertragsbeendigung.** Nach Wortlaut und systematischer Stellung gilt § 628 für außerordentliche Kündigungen nach § 626 bzw. § 627. Rspr.[8] und Schrifttum[9] wenden § 628 Abs. 2 jedoch auch an, wenn das Arbeitsverhältnis auf andere Weise als durch eine fristlose Kündigung beendet wurde, sofern nur der andere Vertragsteil durch sein vertragswidriges schuldhaftes Verhalten einen Anlass für die Beendigung gegeben hat (dazu unten Rz. 49 ff.). Der Grund für die Auflösung muss damit den Merkmalen des wichtigen Grundes iSd. § 626 entsprechen[10], so dass auch eine wirksame außerordentliche Kündigung hätte ausgesprochen werden können. Für den auf § 628 Abs. 2 gestützten Schadensersatzanspruch kommt es also nicht auf die Form der Vertragsbeendigung, sondern auf ihren Anlass an. Ansonsten käme es zu Wertungswidersprüchen, wenn ein ArbGeb, der ebenso wirksam außerordentlich kündigen könnte, im Interesse des ArbN einen Aufhebungsvertrag schließt.

42 Hierbei ist allerdings zu beachten, dass die Geltendmachung eines Schadensersatzanspruches jedenfalls ausgeschlossen ist, wenn die Parteien eine Abgeltungsklausel hinsichtlich finanzieller Ansprüche in den Aufhebungsvertrag aufgenommen haben. Doch auch wenn eine solche Klausel fehlt, entnimmt man aus dem Verzicht auf die außerordentliche Kündigung einen konkludenten Verzicht auf etwaige Schadensersatzansprüche wegen des Auflösungsverschuldens[11]. Der andere Teil muss sich also derartige Ansprüche ausdrücklich vorbehalten, will er diese trotz einvernehmlicher Beendigung des Arbeitsverhältnisses noch durchsetzen. Ob aber eine solche „Auslegungsregel", wonach der Aufhebungsvertrag im Zweifel zugleich einen Verzichtsvertrag enthält, berechtigt ist, darf bezweifelt werden[12].

---

1 BAG v. 16.3.1994 – 5 AZR 339/92, AP Nr. 18 zu § 611 BGB – Ausbildungsbeihilfe. |2 BAG v. 16.3.1994 – 5 AZR 339/92, AP Nr. 18 zu § 611 BGB – Ausbildungsbeihilfe. |3 BAG v. 12.6.2003 – 8 AZR 341/02, BB 2003, 2747; ErfK/*Müller-Glöge*, § 628 BGB Rz. 2 und 45; Erman/*Belling*, § 628 BGB Rz. 16; *Gessert*, Schadensersatz nach Kündigung, 1987, S. 317; *M. Wolf*, II der Anm. zu BAG v. 11.2.1981, AP Nr. 8 zu § 4 KSchG 1969; *Schaub*, ArbRHdb, § 125 Rz. 13. |4 BAG v. 11.2.1981 – 7 AZR 12/79, AP Nr. 8 zu § 4 KSchG nF; KR/*Weigand*, § 628 BGB Rz. 7, 19; *M. Wolf*, C der Anm. zu BAG v. 11.2.1981, AP Nr. 8 zu § 4 KSchG 1969. |5 BAG v. 9.5.1975 – 3 AZR 352/74, AP Nr. 8 zu § 628 BGB; v. 23.8.1988 – 1 AZR 276/87, AP Nr. 17 zu § 113 BetrVG 1972 = NZA 1989, 31; ErfK/*Müller-Glöge*, § 628 BGB Rz. 2; KR/*Weigand*, § 628 BGB Rz. 19. |6 Vgl. *Heinze*, NZA 1994, 244; KR/*Weigand*, § 628 BGB Rz. 19. |7 BAG v. 18.9.1991 – 5 AZR 650/90, AP Nr. 14 zu § 339 BGB; KR/*Weigand*, § 628 BGB Rz. 5. |8 BAG v. 10.5.1971 – 3 AZR 126/70, AP Nr. 6 zu § 628 BGB; v. 11.2.1981 – 7 AZR 12/79, AP Nr. 8 zu § 4 KSchG 1969; v. 22.6.1989 – 8 AZR 164/88, AP Nr. 11 zu § 628 BGB. |9 ErfK/*Müller-Glöge*, § 628 BGB Rz. 43; Erman/*Belling*, § 628 BGB Rz. 23, KR/*Weigand*, § 628 BGB Rz. 20; *Stahlhacke/Preis/Vossen*, Rz. 858; aA (dem Wortlaut entgegenstehend und die Parteien im Vertrag die Rechtsfolgen regeln können) Palandt/*Putzo*, § 628 BGB Rz. 1. |10 BAG v. 26.7.2001 – 8 AZR 739/00, AP Nr. 13 zu § 628 BGB; v. 8.8.2002 – 8 AZR 574/01, AP Nr. 14 zu § 628 BGB. |11 BAG v. 10.5.1971 – 3 AZR 126/70, AP Nr. 6 zu § 628 BGB m. ins. abl. Anm. *Canaris*; ErfK/*Müller-Glöge*, § 628 BGB Rz. 56; Erman/*Belling*, § 628 BGB Rz. 23; KR/*Weigand*, § 628 BGB Rz. 20; aA RGRK/*Corts*, § 628 BGB Rz. 36, der es für ausreichend hält, dass der Kündigungsberechtigte erkennen lässt, dass das vertragswidrige Verhalten des anderen Teils Grund für die Beendigung des Dienstverhältnisses ist. |12 *Canaris*, Anm. zu BAG v. 10.5.1971, AP Nr. 6 zu § 628 BGB.

§ 628 Abs. 2 ist im Übrigen auch anwendbar, wenn wegen eines schuldhaften vertragswidrigen Verhaltens mit dem Gewicht eines wichtigen Grundes lediglich ordentlich gekündigt wird. Schwierigkeiten bereitet dann aber die Feststellung eines ersatzfähigen Schadens[1]. 43

Als außerordentliche Beendigung des Arbeitsverhältnisses ist auch die Auflösung des Arbeitsverhältnisses durch das Gericht nach § 13 Abs. 1 Satz 3-5 KSchG anzusehen. Durch die zuerkannte Abfindung wird aber der Rechtswidrigkeitszusammenhang zwischen dem Auflösungsverschulden und dem Schaden in Form entgangenen Gehalts unterbrochen[2]. Andere Schäden (zB Umzugskosten) sind dagegen ersatzfähig, wenn sie durch das Auflösungsverschulden verursacht wurden. 44

Nach obsiegendem Urteil im Kündigungsschutzprozess kann der ArbN innerhalb einer Wochenfrist das Arbeitsverhältnis nach § 12 Satz 1 KSchG durch Gestaltungserklärung beenden. § 628 Abs. 2 ist auf diesen Fall anwendbar, wenn die Entscheidung des ArbN durch ein schuldhaftes vertragswidriges Verhalten des ArbGeb bedingt wurde[3]. Wegen der Begrenzung der Rechtsfolgen in § 12 Satz 4 KSchG wird aber kaum ein ersatzfähiger Schaden vorliegen. 45

In der Lit.[4] umstritten ist, ob Schadensersatz nach § 628 Abs. 2 auch verlangt werden kann, wenn ein befristetes Arbeitsverhältnis nur deshalb nicht von beiden Seiten widerspruchslos fortgesetzt wird, weil es zu von einer Seite verschuldeten Vertragsverletzungen gekommen ist. Dagegen aber spricht, dass es bei der Nichtverlängerung eines wirksam befristeten Arbeitsverhältnisses am Kausalzusammenhang zwischen dem schuldhaft vertragswidrigen Verhalten und der Auflösung des Arbeitsverhältnisses fehlt. 46

Hat der Kündigende ausnahmsweise selbst schuldhaft und vertragswidrig eine Lage geschaffen, die ihn zur außerordentlichen Kündigung berechtigte, so kann der andere Teil ebenfalls Schadensersatz nach § 628 Abs. 2 verlangen[5]. 47

b) Keine Anwendung des § 628 Abs. 2 bei unwirksamer Kündigung. Der Schadensersatzanspruch nach § 628 Abs. 2 setzt (anders als § 628 Abs. 1) die Wirksamkeit der außerordentlichen Kündigung voraus. Ist die Kündigung mangels Vorliegens eines wichtigen Grundes iSd. § 626 Abs. 1 unwirksam, entfällt auch der Anspruch aus § 628 Abs. 2[6]. Eine wirksame Kündigung in diesem Sinne liegt aufgrund der Verknüpfung der §§ 626 und 628 nur vor, wenn auch die Frist des § 626 Abs. 2 eingehalten wurde[7]. 48

3. Auflösungsverschulden. Das Recht zur außerordentlichen Kündigung muss auf einem **schuldhaften vertragswidrigen Verhalten** des anderen Vertragsteils beruhen[8]. Erforderlich ist erstens, dass das Auflösungsverschulden das Gewicht eines wichtigen Grundes iSd. § 626 Abs. 1 erreicht, so dass der Anspruchsteller wirksam fristlos kündigen konnte[9]. Zweite Voraussetzung des § 628 Abs. 2 ist, dass der Anspruchsgegner die Vertragsverletzung iSd. §§ 276, 278 zu vertreten hat[10]. Aufgrund des Verschuldenserfordernisses ist § 628 Abs. 2 in seinem Anwendungsbereich enger als § 626 Abs. 1. Er ist aber auch enger als § 280 Abs. 1, da nicht jede geringfügige Vertragsverletzung, die Anlass für eine Beendigung des Arbeitsverhältnisses gewesen ist, die schwerwiegende Folge des § 628 Abs. 2 auslöst[11]. Voraussetzung ist vielmehr ein Auflösungsverschulden vom Gewicht eines wichtigen Grundes[12]. 49

Ein **Rechtsirrtum** (hinsichtlich des vertragswidrigen Verhaltens) lässt das Verschulden nicht entfallen, wenn dieser seinerseits auf Fahrlässigkeit beruhte[13]. War die Rechtslage dagegen objektiv zweifel- 50

---

1 BAG v. 11.2.1981 – 7 AZR 12/79, AP Nr. 8 zu § 4 KSchG 1969; ErfK/*Müller-Glöge*, § 628 BGB Rz. 57; KR/*Weigand*, § 628 BGB Rz. 20. |2 BAG v. 15.2.1973 – 2 AZR 16/72, AP Nr. 2 zu § 9 KSchG 1969 = DB 1973, 1559; v. 22.4.1971 – 2 AZR 205/70, AP Nr. 24 zu § 7 KSchG; APS/*Rolfs*, § 628 BGB Rz. 43; ErfK/*Müller-Glöge*, § 628 BGB Rz. 58; KR/*Weigand*, § 628 BGB Rz. 24; aA *Herschel*, Anm. AP Nr. 2 zu § 9 KSchG 1969; *Gumpert*, BB 1971, 960, 961. |3 ErfK/*Müller-Glöge*, § 628 BGB Rz. 59. |4 Für einen Schadensersatzanspruch Erman/*Belling*, § 628 BGB Rz. 23; KR/*Weigand*, § 628 BGB Rz. 20; dagegen ErfK/*Müller-Glöge*, § 628 BGB Rz. 60; *Gessert*, Schadensersatz nach Kündigung, 1987, S. 86. |5 ErfK/*Müller-Glöge*, § 628 BGB Rz. 54; Erman/*Belling*, § 628 BGB Rz. 23 (Eigenkündigung des anderen Teils); *Gessert*, Schadensersatz nach Kündigung, 1987, S. 82. |6 BAG v. 25.5.1962 – 2 AZR 430/60, AP Nr. 1 zu § 628 BGB; v. 15.6.1972 – 2 AZR 345/71, AP Nr. 7 zu § 628 BGB; ErfK/*Müller-Glöge*, § 628 BGB Rz. 52; KR/*Weigand*, § 628 BGB Rz. 19, 21. |7 BAG v. 22.6.1989 – 8 AZR 164/88, AP Nr. 11 zu § 628 BGB; ErfK/*Müller-Glöge*, § 628 BGB Rz. 51; KR/*Weigand*, § 628 BGB Rz. 22; Staudinger/*Preis*, § 628 BGB Rz. 37. |8 BAG v. 11.2.1981 – 7 AZR 12/79, AP Nr. 8 zu § 4 KSchG 1969; ErfK/*Müller-Glöge*, § 628 BGB Rz. 44; Erman/*Belling*, § 628 BGB Rz. 23; *Stahlhacke/Preis/Vossen*, Rz. 858; so auch Palandt/*Putzo*, § 628 BGB Rz. 6 |9 St. Rspr.: BAG v. 11.2.1981 – 7 AZR 12/79, AP Nr. 8 zu § 4 KSchG 1969; v. 22.6.1989 – 8 AZR 164/88, AP Nr. 11 zu § 628 BGB; v. 20.11.1996 – 5 AZR 518/95, AP Nr. 12 zu § 611 BGB – Berufssport; v. 26.7.2001 – 8 AZR 739/00, AP Nr. 13 zu § 628 BGB; v. 8.8.2002 – 8 AZR 574/01, Ap Nr. 14 zu § 628 BGB; ErfK/*Müller-Glöge*, § 628 BGB Rz. 49; KR/*Weigand*, § 628 BGB Rz. 20; Soergel/*Kraft*, § 628 BGB Rz. 11. |10 BGH v. 7.6.1984 – III ZR 37/83, LM Nr. 5 zu § 627 BGB; v. 30.3.1995 – X ZR 182/94, LM Nr. 13 zu § 628 BGB; BAG v. 24.2.1964 – 5 AZR 201/63, AP Nr. 1 zu § 607 BGB; ErfK/*Müller-Glöge*, § 628 BGB Rz. 49; KR/*Weigand*, § 628 BGB Rz. 26; Staudinger/*Preis*, § 628 BGB Rz. 34. |11 St. Rspr.: BAG v. 11.2.1981 – 7 AZR 12/79, AP Nr. 8 zu § 4 KSchG 1969; v. 26.7.2001 – 8 AZR 739/00, NZA 2002, 325; KR/*Weigand*, § 628 BGB Rz. 26; ErfK/*Müller-Glöge*, § 628 BGB Rz. 45. |12 Dazu schon oben Rz. 41 und st. Rspr.: BAG v. 11.2.1981 – 7 AZR 12/79, AP Nr. 8 zu § 4 KSchG 1969; v. 22.6.1989 – 8 AZR 164/88, AP Nr. 11 zu § 628 BGB; v. 20.11.1996 – 5 AZR 518/95, AP Nr. 12 zu § 611 BGB – Berufssport; v. 26.7.2001 – 8 AZR 739/00, AP Nr. 13 zu § 628 BGB; v. 8.8.2002 – 8 AZR 574/01, Ap Nr. 14 zu § 628 BGB; ErfK/*Müller-Glöge*, § 628 BGB Rz. 49; KR/*Weigand*, § 628 BGB Rz. 20; Soergel/*Kraft*, § 628 BGB Rz. 11. |13 BAG v. 12.11.1992 – 8 AZR 503/91, AP Nr. 1 zu § 285 BGB; ErfK/*Müller-Glöge*, § 628 BGB Rz. 53; KR/*Weigand*, § 628 BGB Rz. 43.

haft und wurde sie vom Schuldner sorgfältig geprüft, ist der Rechtsirrtum entschuldbar, so dass Fahrlässigkeit ausscheidet[1].

51 Besteht auf **beiden Seiten** ein **Auflösungsverschulden**, so dass es als Zufall anzusehen ist, welche Seite das Dienstverhältnis durch fristlose Kündigung aufgelöst hat, entfallen die wechselseitigen Schadensersatzansprüche aus § 628 Abs. 2 wegen vertragswidrigem Verhalten[2]. Auf einen inneren Zusammenhang der wechselseitigen Kündigungsgründe kommt es dabei nicht an[3]. Der Grund für das Entfallen der Schadensersatzpflicht ergibt sich aus dem Schutzzweck der Norm[4], da auch der in Anspruch genommene Teil einen Grund für die frist- und entschädigungslose Beendigung des Arbeitsverhältnisses gehabt hätte.

52 **4. Veranlassung der Vertragsbeendigung.** Zwischen der Vertragsverletzung und der Beendigung muss ein unmittelbarer Zusammenhang (Kausalität) bestehen[5]. Dies bereitet im Fall der außerordentlichen Kündigung in aller Regel keine Probleme. Beweisschwierigkeiten kann es aber bei anderen Formen der Vertragsbeendigung geben, da autonome Entscheidungen einer Vertragspartei oder Dritter den Kausalverlauf beeinflusst haben können.

53 **5. Ersatzfähiger Schaden.** Nach dem Wortlaut des § 628 Abs. 2 ist der „durch die Aufhebung des Dienstverhältnisses entstehende Schaden" zu ersetzen. Der Schadensumfang bestimmt sich nach §§ 249 ff. Dieser Schadensersatz erfasst nur (vgl. § 253 Abs. 2 nF) den Ersatz von Vermögensschäden. Diese sind nach der sog. Differenzmethode zu ermitteln. Ersatzfähig ist damit der Schaden aus der Differenz zwischen der tatsächlichen durch die Kündigung eingetretenen Vermögenslage und der hypothetischen Vermögenslage ohne die Kündigung als schädigendes Ereignis[6]. Der Anspruch richtet sich auf das Erfüllungsinteresse. Der Anspruchsteller ist damit so zu stellen wie er bei Fortbestand des Dienstverhältnisses (bis zu dessen ordnungsgemäßer Abwicklung) gestanden hätte[7].

54 **a) Zeitliche Begrenzung des Anspruchs.** Nach § 628 Abs. 2 wird nur der nach Beendigung des Arbeitsverhältnisses entstandene Schaden ersetzt. Vorher eingetretene Schäden sind nach § 280 Abs. 1 ggf. in Verbindung mit § 241 Abs. 2 geltend zu machen[8].

55 Dagegen ist umstritten, ob der Schadensersatzanspruch aus § 628 Abs. 2 mit Blick auf die Zeit nach Beendigung des Arbeitsverhältnisses einer zeitlichen Begrenzung unterliegt[9]. Nach ständiger Rspr. des BGH[10] zu § 89a Abs. 2 HGB bzw. zu § 628 Abs. 2 BGB ist der Schadensersatzanspruch zeitlich bis zum Ablauf der Kündigungsfrist, zu der der andere Vertragspartner ordentlich kündigen könnte bzw. bis zum vereinbarten Vertragsende durch den Schutzzweck der Norm begrenzt, da es Sinn und Zweck der Norm sei, dem Kündigenden die Fortsetzung eines unzumutbar gewordenen Vertragsverhältnisses bis zum Ablauf der ordentlichen Kündigungsfrist bzw. des Eintritts der vereinbarten Beendigung zu ersparen[11]. In gleicher Weise begrenzt das BAG[12] die Schadensersatzpflicht nach § 628 Abs. 2, wenn der ArbN seine Kündigung durch den ArbGeb schuldhaft veranlasst hat. Insoweit stellt § 628 Abs. 2 den Kündigenden lediglich so, als wäre das Arbeitsverhältnis ordnungsgemäß durch eine fristgemäße Kündigung beendet worden[13].

56 Teile der Lit.[14] vertreten im Gegensatz dazu eine zeitlich unbeschränkte Schadensersatzpflicht über die Dauer der ordentlichen Kündigungsfrist hinaus (sog. Endlosschaden bzw. Endloshaftung). Dies

---

1 BAG v. 12.11.1992 – 8 AZR 503/91, AP Nr. 1 zu § 285 BGB (I 1). | 2 BGH v. 29.11.1965 – VII ZR 202/63, AP Nr. 3 zu § 628 BGB (II 2 b, arg.: Treu und Glauben); BAG v. 12.5.1966 – 2 AZR 308/65, AP Nr. 9 zu § 70 HGB; ErfK/*Müller-Glöge*, § 628 BGB Rz. 78; *Hanau*, Kausalität der Pflichtwidrigkeit, 1971, S. 160; KR/*Weigand*, § 628 BGB Rz. 31; Soergel/*Kraft*, § 628 BGB Rz. 12. | 3 BAG v. 12.5.1966 – 2 AZR 308/65, AP Nr. 9 zu § 70 HGB; ErfK/*Müller-Glöge*, § 628 BGB Rz. 78. | 4 ErfK/*Müller-Glöge*, § 628 BGB Rz. 78; *Hanau*, Kausalität der Pflichtwidrigkeit, 1971, S. 160. | 5 BAG v. 5.10.1962 – 1 AZR 51/61, AP Nr. 2 zu § 628 BGB; v. 27.1.1972 – 2 AZR 172/71, AP Nr. 2 zu § 252 BGB; BGH v. 12.6.1963 – VII ZR 272/61, AP Nr. 2 zu § 89 b HGB; OLG Koblenz v. 28.4.1975 – 1 U 292/74, MDR 1976, 44; ErfK/*Müller-Glöge*, § 628 BGB Rz. 61; *Gessert*, Schadensersatz nach Kündigung, 1987, S. 11; KR/*Weigand*, § 628 BGB Rz. 25. | 6 BAG v. 20.11.1996 – 5 AZR 518/95, AP Nr. 12 zu § 611 BGB – Berufssport; BGH v. 30.9.1963 – III ZR 137/62, AP Nr. 1 zu § 249 BGB; v. 9.7.1986 – GSZ 1/86, AP Nr. 26 zu § 249 BGB; ErfK/*Müller-Glöge*, § 628 BGB Rz. 64; KR/*Weigand*, § 628 BGB Rz. 33. | 7 BAG v. 5.10.1962 – 1 AZR 51/61, AP Nr. 2 zu § 628 BGB; v. 20.11.1996 – 5 AZR 518/95, AP Nr. 12 zu § 611 BGB – Berufssport; ErfK/*Müller-Glöge*, § 628 BGB Rz. 64; KR/*Weigand*, § 628 BGB Rz. 32; Palandt/*Putzo*, § 628 BGB Rz. 2; Staudinger/*Preis*, § 628 BGB Rz. 45. | 8 Vgl. *Heinze*, NZA 1994, 244; KR/*Weigand*, § 628 BGB Rz. 32. | 9 Zum Meinungsstand: *Krause*, JuS 1995, 291 ff.; *Stoffels*, Vertragsbruch, S. 134 ff.; *Weiß*, JuS 1985, 593 ff. | 10 BGH v. 12.6.1985 – VIII ZR 148/84, BGHZ 95, 39, 47 ff.; v. 28.4.1988 – III ZR 57/87, BGHZ 104, 337, 342; v. 3.3.1993 – VIII ZR 101/92, BGHZ 122, 9; ErfK/*Müller-Glöge*, § 628 BGB Rz. 67. | 11 BGH v. 3.3.1993 – VIII ZR 101/92, BGHZ 122, 9. | 12 BAG v. 27.1.1972 – 2 AZR 172/71, AP Nr. 2 zu § 252 BGB; v. 9.5.1975 – 3 AZR 352/74, AP Nr. 8 zu § 628 BGB; SAE 1976, 216, 219 m. zust. Anm. *Hadding*; v. 23.8.1988 – 1 AZR 276/87, AP Nr. 17 zu § 113 BetrVG 1972. | 13 BAG v. 9.5.1975 – 3 AZR 352/74, AP Nr. 8 zu § 628 BGB; ErfK/*Müller-Glöge*, § 628 BGB Rz. 67; KR/*Weigand*, § 628 BGB Rz. 34. Allgemein für eine Begrenzung des Schadensersatzanspruchs durch die ordentliche Kündigungsfrist: *Molitor*, S. 306; *Hueck/Nipperdey* I, S. 715; *Hornung*, Rpfleger 1976, 386 ff.; *Canaris*, SAE 1967, 75, 78, der noch zusätzlich die Kündigungserklärung verlangt. | 14 MünchKomm/*Schwerdtner*, § 628 BGB Rz. 56; *Nikisch* I (3. Aufl.), S. 854; *Roeper*, DB 1970, 1489; Soergel/*Kraft*, § 628 BGB Rz. 16: Begrenzung lediglich aus § 254 Abs. 2 BGB; *Stahlhacke/Preis/Vossen*, Rz. 859.

müsse zumindest dann gelten, wenn der Geschädigte in einem unbefristeten Arbeitsverhältnis gestanden hat, für das das KSchG galt. Der ArbN soll sich darauf berufen können, dass es ohne das vertragswidrige Verhalten des anderen Teiles zu keiner, auch nicht zu einer ordentlichen Auflösung des Arbeitsverhältnisses gekommen wäre. Der ArbGeb hat dann nur die Möglichkeit unter den Voraussetzungen der §§ 323, 767 ZPO den Wegfall des Ersatzanspruchs wegen nachträglich eingetretener Tatsachen, die eine Kündigung sozial rechtfertigen, geltend zu machen[1].

Der Kritik ist zuzugeben, dass eine Orientierung des Schadensersatzes an der ordentlichen Kündigungsfrist nur dann richtig ist, wenn eine solche Kündigungsmöglichkeit zweifelsfrei bestanden hat. Das BAG[2] hat deshalb in Übereinstimmung mit der überwiegenden Lit.[3] den Schutzzweck des § 628 Abs. 2 für den Fall neu bestimmt, dass die außerordentliche Kündigung durch den ArbN seitens des ArbGeb schuldhaft veranlasst wurde. Indem der Ansprüche aus § 628 Abs. 2 herleitende ArbN das Arbeitsverhältnis seinerseits gekündigt (oder gleichwertig aufgelöst) hat, verzichtete er selbst auf den Bestand des Arbeitsverhältnisses und den Schutz durch Gesetze, die ihm allgemeinen oder besonderen Kündigungsschutz gewähren. Insbesondere der Bestandsschutz nach § 1 KSchG kann nicht mehr gewährleistet werden. Da die Auflösung aber durch den ArbGeb schuldhaft veranlasst wurde, ist die Situation mit einem Auflösungsantrag und Abfindungsbegehren des ArbN nach § 13 Abs. 1 Satz 3-5 KSchG vergleichbar. Der Schadensersatzanspruch ist damit zwar einerseits zu Gunsten des ArbGeb beschränkt, der ArbGeb darf andererseits aber auch nicht besser gestellt werden als bei einer (unberechtigten) außerordentlichen Kündigung und einem vom ArbN berechtigterweise gestellten Auflösungsantrag nach § 13 Abs. 1 Satz 3-5, § 10 KSchG. 57

Neben den Ersatz des Vergütungsausfalls für den Zeitraum der fiktiven ordentlichen Kündigungsfrist tritt damit ein Ersatzanspruch für den Verlust des Bestandsschutzes entsprechend §§ 13, 10 KSchG[4]. Beide Schadenspositionen (Vergütungsausfall und Abfindung) können im Rahmen des § 628 Abs. 2 nebeneinander beansprucht werden, wenn der betreffende ArbN in der als Vergleichsfall herangezogenen Situation auch beide Leistungen beanspruchen könnte, dh. wenn der Auflösungsantrag des ArbN bei unberechtigter außerordentlicher Kündigung des ArbGeb zum Kündigungstermin einer (umgedeuteten) ordentlichen Kündigung hätte gestellt werden können[5]. 58

Im Ergebnis kann ein ArbN, der Kündigungsschutz nach dem KSchG genießt, Ersatz der entgangenen Vergütung bis zum Ablauf der Kündigungsfrist einer (fiktiven alsbaldigen) ArbGebKündigung und daneben eine Abfindung für den Verlust des Arbeitsplatzes verlangen[6]. Ein konkreter Schadensnachweis auch hinsichtlich der Höhe ist dann nicht mehr notwendig, denn der Anspruch aus §§ 13 Abs. 3, 10 KSchG ist nicht an ein Auflösungsverschulden iSd. § 628 Abs. 2 BGB geknüpft. Insoweit reicht ein objektiv rechtswidriges Verhalten des ArbGeb aus[7]. Darüber hinausgehende Vergütungsansprüche werden vom Schutzzweck des § 628 Abs. 2 nicht umfasst und sind deshalb nicht zu ersetzen[8]. Ebenso werden weiter gehende Schadensersatzansprüche mit der Geltendmachung des Abfindungsanspruchs ausgeschlossen[9]. Besteht seitens des ArbGeb ausnahmsweise selbst ein Kündigungsgrund (zB wegen Betriebsstilllegung), kann die Abfindung nur beansprucht werden, wenn sie auch ohne die Kündigung (zB aufgrund Sozialplans) dem ArbN zusteht[10]. 59

Gegen die Zuerkennung eines „Endlosschadens" spricht der Wortlaut sowie die Entstehungsgeschichte der Norm[11]. Bei den Gesetzesberatungen war man sich einig, dass der zum Schadensersatz Verpflichtete so zu behandeln sei, als wenn er seinerseits gekündigt habe, sobald dies nach der Kündigung des anderen Teils statthaft gewesen sei[12]. Zwar gab es zum Zeitpunkt der Entstehung des BGB noch keinen Schutz gegen ordentliche Kündigungen seitens des ArbGeb, an der zeitlichen Begrenzung durch den hypothetischen Ausspruch der ordentlichen Kündigung ist aber grundsätzlich festzuhalten. Eine Begrenzung des 60

---

1 So Erman/*Belling*, § 628 BGB Rz. 30; RGRK/*Corts*, § 628 BGB Rz. 50. | 2 BAG v. 26.7.2001 – 8 AZR 739/00, AP Nr. 13 zu § 628 BGB. Beachte dagegen BAG v. 23.8.1988 – 1 AZR 276/87, AP Nr. 17 zu § 113 BetrVG 1972 (keine Abfindung nach §§ 9, 10 KSchG für den Fall einer ansonsten gem. § 1 KSchG sozial gerechtfertigten Kündigung wegen Betriebsstilllegung) mit zust. Anm. *Löwisch/Rieble* sowie zust. *Heise*, Anm. AP Nr. 17 zu § 113 BetrVG 1972. | 3 APS/*Rolfs*, § 628 BGB Rz. 55; ErfK/*Müller-Glöge*, § 628 BGB Rz. 71 ff., 101; *Gamillscheg*, Arbeitsrecht I, 7.Aufl., S. 446 ff.; *Gessert*, Schadensersatz nach Kündigung, S. 59 f., 136 ff., 172; *Roeper*, DB 1970, 1489; *Stahlhacke/Preis/Vossen*, Rz. 859; *Weiß*, JuS 1985, 593, 595 f.; aA RGRK/*Corts*, § 628 BGB Rz. 51. | 4 aA LAG Hamm v. 12.6.1984 – 7 Sa 2264/83, NZA 1985, 159. | 5 Das BAG v. 26.7.2001 – 8 AZR 739/00, NZA 2002, 325 ff. verweist hier auf ErfK/*Müller-Glöge*, § 628 BGB Rz. 74 und *Weiß*, JuS 1985, 593, 596. Entgeltfortzahlung bis zum Ablauf der ordentlichen Kündigungsfrist und Abfindung nach §§ 9, 10 KSchG kann auch beansprucht werden, wenn die unwirksame fristlose Kündigung des Arbeitsverhältnisses in eine sozial nicht gerechtfertigte ordentliche Kündigung umgedeutet wird und der Arbeitnehmer einen berechtigten Auflösungsantrag stellt: BAG v. 26.8.1993 – 2 AZR 159/93, AP Nr. 113 zu § 626 BGB; *Stahlhacke/Preis/Vossen*, Rz. 1994. | 6 ErfK/*Müller-Glöge*, § 628 BGB Rz. 75; *Weiß*, JuS 1985, 593, 596; ebenso zu § 113 InsO: *Zwanziger*, Arbeitsrecht der Insolvenzordnung, 1997, § 113 InsO Rz. 17; aA in einem obiter dictum BAG v. 22.4.1971 – 2 AZR 205/70, AP Nr. 24 zu § 7 KSchG = DB 1971, 1531. | 7 KR/*Weigand*, § 628 BGB Rz. 40; MünchKomm/*Schwerdtner*, § 628 BGB Rz. 52. | 8 ErfK/*Müller-Glöge*, § 628 BGB Rz. 75; MünchKomm/*Schwerdtner*, § 628 BGB Rz. 57 (falls der Arbeitnehmer die Abfindung wählt). | 9 KR/*Weigand*, § 628 BGB Rz. 40. | 10 BAG v. 23.8.1988 – 1 AZR 276/87, AP Nr. 17 zu § 113 BetrVG 1972; Erman/*Belling*, § 628 BGB Rz. 22; KR/*Weigand*, § 628 BGB Rz. 40. | 11 BAG v. 26.7.2001 – 8 AZR 739/00, AP Nr. 13 zu § 628 BGB. | 12 *Jakobs/Schubert*, Die Beratung des BGB II 1980, §§ 626 – 628, S. 814 – 827 (nach BAG v. 26.7.2001 – 8 AZR 739/00, AP Nr. 13 zu § 628 BGB).

Schadensersatzes nach § 254 Abs. 2 Satz 1, letzter Halbs. ist zweifelhaft[1] und letztendlich zu schwach, da eine Verletzung der Schadensminderungspflicht in der Praxis kaum erfolgreich geltend gemacht werden kann. Zudem wird der ArbGeb kaum der Beweis gelingen, dass das Arbeitsverhältnis zu einem früheren Zeitpunkt als dem Eintritt in das Rentenalter geendet hätte[2], auch wenn sich erfahrungsgemäß früher oder später immer ein Kündigungsgrund ergibt bzw. das Arbeitsverhältnis oftmals auch einvernehmlich endet, wenn das Vertrauen zwischen ArbGeb und ArbN zerstört ist. Damit bleibt nichts anderes übrig als das Bestandsschutzinteresse materiell zu pauschalisieren, so wie es in § 10 KSchG vom Gesetzgeber gemacht wurde.

61 Das BAG[3] hat offen gelassen, ob diese Grundsätze auch für ArbN mit besonderem Kündigungsschutz nach TV oder den §§ 85, 91 SGB IX, § 9 MuSchG, § 15 KSchG, § 18 BErzGG gelten. Letztlich gelten die Abfindungshöchstgrenzen des § 10 KSchG auch in diesen Fällen, so dass ebenfalls nur ein Abfindungsanspruch zur Abgeltung des Bestandsinteresses besteht[4]. Der Verlust des besonderen Kündigungsschutzes muss auch nicht zwangsläufig durch eine höhere Abfindung ausgeglichen werden. Dies ist nur der Fall, wenn sich aus dem besonderen Kündigungsschutz Rückschlüsse auf verminderte Chancen des ArbN am Arbeitsmarkt ergeben.

62 Die dargestellten Grundsätze gelten auch, wenn der ArbN leitender Angestellter iSd. § 14 Abs. 2 KSchG ist[5].

63 **b) Kausalität.** § 628 Abs. 2 setzt zum einen voraus, dass die schuldhafte Vertragsverletzung die Veranlassung für die Auflösung gewesen ist, zum anderen muss der eingetretene Schaden gerade auf die Beendigung des Dienstverhältnisses zurückzuführen sein. Soweit der Ersatz von Schäden beansprucht wird, die nicht durch die vorzeitige Beendigung des Dienstverhältnisses verursacht worden sind (zB Kosten der Rechtsberatung), scheidet § 628 Abs. 2 als Anspruchsgrundlage aus (vgl. dazu oben Rz. 38).

64 **c) Schutzzweck des Dienstberechtigten/ArbGeb.** Nach heute ganz hM[6] erfasst § 628 Abs. 2 nur Schäden, die nicht auch bei einem rechtmäßigen Alternativverhalten entstanden wären. Damit ist der ersatzfähige Schaden des ArbGeb auf den Betrag beschränkt, der auf der vorzeitigen Vertragsbeendigung beruht und bei Einhaltung der vertraglichen Kündigungsfrist nicht entstanden wäre[7]. Ersatzfähig ist also allein der sog. Verfrühungsschaden[8], ohne dass es darauf ankäme, ob der ArbN von seinem Kündigungsrecht tatsächlich Gebrauch gemacht hätte[9].

65 Ersatzfähig ist damit in erster Linie der Schaden aus einem Produktionsausfall, der durch die vorzeitige Vertragsbeendigung entstanden ist. Hat der ArbGeb wegen des Ausfalls des ArbN gegenüber seinen Kunden nicht fristgerecht leisten können, gehören die adäquat kausal verursachten Verzugsschäden und evtl. verwirkte Vertragsstrafen zum ersatzfähigen Schaden und sind vom ArbN zu tragen[10].

66 Weiter zählt hierzu der Schadensersatz für entgangenen Gewinn[11], sollten sich durch das Ausscheiden des ArbN Verdiensteinbußen ergeben. § 252 BGB und § 287 ZPO helfen insoweit mit Erleichterungen bei der Darlegung und dem Beweis sowohl für den Eintritt des Schadens (dh. für die Annahme der sog. haftungsausfüllenden Kausalität) als auch für die Höhe des Schadens, da sich der Gewinnausfall nicht einfach durch Vorlage der Geschäftsbücher ermitteln lassen wird. Einfacher darzustellen sind dagegen nutzlos aufgewendete Fixkosten wie der Mietzins für die vom ausgeschiedenen ArbN bediente Maschine[12].

67 Im Übrigen wird sich der Schaden – auch aufgrund einer Schadensminderungspflicht des ArbGeb nach § 254 Abs. 2 Satz 1, letzter Halbs. – vor allem aus notwendigen Mehrausgaben des ArbGeb ergeben, um die vom ausgeschiedenen ArbN erbrachten Arbeiten fortführen zu können[13]. Dazu gehören Entgeltzuschläge für ArbN, die durch Überstunden die Arbeit des ausgeschiedenen ArbN verrichten[14].

---

1 Dazu unten Rz. 76. | 2 BAG v. 26.7.2001 – 8 AZR 739/00, AP Nr. 13 zu § 628 BGB; ErfK/*Müller-Glöge*, § 628 BGB Rz. 70; *Gamillscheg*, Arbeitsrecht I, S. 448. | 3 BAG v. 26.7.2001 – 8 AZR 739/00, AP Nr. 13 zu § 628 BGB. | 4 ErfK/*Müller-Glöge*, § 628 BGB Rz. 76; KR/*Weigand*, § 628 BGB Rz. 35. | 5 ErfK/*Müller-Glöge*, § 628 BGB Rz. 76; aA Staudinger/*Preis*, § 628 BGB Rz. 48. | 6 Seit BAG v. 26.3.1981 – 3 AZR 485/78, AP Nr. 7 zu § 276 BGB – Vertragsbruch; APS/*Rolfs*, § 628 BGB Rz. 45; ErfK/*Müller-Glöge*, § 628 BGB Rz. 80; aA die ältere Rspr.: v. 18.12.1969 – 2 AZR 80/69, AP Nr. 3 zu § 276 BGB – Vertragsbruch; v. 14.11.1975 – 5 AZR 534/74, AP Nr. 5 zu § 276 BGB – Vertragsbruch. | 7 BAG v. 26.3.1981 – 3 AZR 485/78, AP Nr. 7 zu § 276 BGB – Vertragsbruch; ErfK/*Müller-Glöge*, § 628 BGB Rz. 81; dazu *Stoffels*, AR-Blattei SD, Arbeitsvertragsbruch, S. 135 ff. | 8 BAG nimmt in Entsch. v. 26.3.1981 – 3 AZR 485/78, AP Nr. 7 zu § 276 BGB – Vertragsbruch auf diese von *Medicus* in Anm. zu BAG v. 14.11.1975 – 5 AZR 534/74, AP Nr. 5 zu § 276 BGB – Vertragsbruch verwendete Bezeichnung Bezug; weiter BAG v. 23.3.1983 – 7 AZR 37/81, AP Nr. 8 zu § 276 BGB – Vertragsbruch Nr. 8; ErfK/*Müller-Glöge*, § 628 BGB Rz. 83. | 9 BGH v. 29.11.1965 – VII ZR 202/63, AP Nr. 3 zu § 628 BGB; BAG v. 23.3.1983 – 7 AZR 37/81, AP Nr. 8 zu § 276 BGB – Vertragsbruch; ErfK/*Müller-Glöge*, § 628 BGB Rz. 81. | 10 LAG Düsseldorf [Köln] v. 19.10.1967 – 2 Sa 354/67, DB 1968, 90; ErfK/*Müller-Glöge*, § 628 BGB Rz. 95; *Gessert*, Schadensersatz nach Kündigung, 1987, S. 85; Staudinger/*Preis*, § 628 BGB Rz. 49. | 11 BAG v. 5.10.1962 – 1 AZR 51/61, AP Nr. 2 zu § 628 BGB; v. 27.1.1972 – 2 AZR 172/71, AP Nr. 2 zu § 252 BGB; ErfK/*Müller-Glöge*, § 628 BGB Rz. 93. | 12 ErfK/*Müller-Glöge*, § 628 BGB Rz. 88; *Frey*, BB 1959, 744; *Schaub/Linck*, ArbRHdb, § 51 Rz. 16. | 13 LAG Berlin v. 27.9.1973 – 7 Sa 59/73, DB 1974, 538; ErfK/*Müller-Glöge*, § 628 BGB Rz. 84; KR/*Weigand*, § 628 BGB Rz. 45. | 14 LAG Düsseldorf v. 19.10.1967 – 2 Sa 354/67, DB 1968, 90; LAG BW v. 21.12.1960 – 4 Sa 60/60, BB 1961, 529; ErfK/*Müller-Glöge*, § 628 BGB Rz. 84; KR/*Weigand*, § 628 BGB Rz. 45; *Wuttke*, DB 1967, 2227.

Musste eine Ersatzkraft zu einem höheren Lohn eingestellt werden, ist die Lohndifferenz auszugleichen, soweit die Ersatzkraft nur zu diesen Bedingungen zum Abschluss eines Arbeitsvertrages bereit war[1]. Gleiches gilt, wenn der Ersatzkraft Aufwendungen zu ersetzen sind, die dieser aufgrund der kurzfristigen Übernahme der Arbeiten entstanden sind (zB Reisekosten, Hotelunterkunft).

Allein die höhere Beanspruchung anderer ArbN aufgrund der anfallenden Mehrarbeit ist dagegen kein ausgleichsfähiger Schaden. Durch den überobligatorischen Einsatz der anderen ArbN wird ein Schaden gerade vermieden. Da es insoweit an einem eigenen Einsatz des ArbGeb fehlt, lässt sich auch mit normativen Erwägungen kein anderes Ergebnis begründen[2]. Etwas anderes kann aber gelten, wenn ein ArbN einer anderen Filiale des gleichen Betriebes auf den frei gewordenen Arbeitsplatz abgeordnet und dessen Arbeitsleistung wiederum durch Mehrleistungen anderer ArbN ausgeglichen wird[3]. **68**

Verrichtet der ArbGeb die Arbeit des ausgeschiedenen ArbN selbst, weil er keine Ersatzkraft gefunden hat und Geschäftseinbußen verhindern will, kann der ArbGeb den potentiellen Schaden, den er nur aufgrund der eigenen überobligatorischen Anstrengungen (Vorteilsausgleichung) nicht erlitten hat, ersetzt verlangen[4]. Der Anspruch ist allerdings auf die Differenz zwischen der Entgelthöhe des ersatzpflichtigen ArbN und dem Wert der Eigenleistung des ArbGeb zu beschränken[5]. **69**

Theoretisch ersatzfähig sind Vorhaltekosten, die einem ArbGeb aufgrund einer Personalreserve für Fälle des Vertragsbruches erwachsen[6]. Deren Geltendmachung und Durchsetzung verlangt aber eine kaum zu leistende Substantiierung der Kosten und Kausalität[7]. **70**

Ein zu ersetzender Schaden des ArbGeb ergibt sich, wenn dieser durch die vorzeitige Vertragsbeendigung den Konkurrenzschutz nach § 60 HGB verliert. In diesem Fall muss der ArbN, der die Auflösung des Arbeitsverhältnisses verschuldet hat, für die dadurch verursachten Vermögenseinbußen des ArbGeb zumindest in der Höhe aufkommen, wie sie bei Vereinbarung eines nachvertraglichen Wettbewerbsverbotes zulässigerweise vermieden worden wären[8]. Der Anspruch ist auf die Dauer der ordentlichen Kündigungsfrist beschränkt. Wurde dagegen ein nachvertragliches Wettbewerbsverbot vereinbart, beginnt dieses unmittelbar im Anschluss an das Ausscheiden des ArbN und nicht erst mit Ablauf der ordentlichen Kündigungsfrist[9]. **71**

Zu differenzieren ist bei der Geltendmachung von Kosten für Zeitungsinserate, um einen Nachfolger für den ausgeschiedenen ArbN zu suchen. Diese können nur verlangt werden, wenn sie bei einer ordentlichen Beendigung des Arbeitsverhältnisses zB aufgrund innerbetrieblicher Stellenausschreibung vermeidbar gewesen wären[10]. Ein Nachweis, dass der ArbN von der vertraglich eingeräumten Kündigungsmöglichkeit fristgemäß Gebrauch gemacht hätte, braucht nicht geführt werden[11], da es sich insoweit um eine Begrenzung der Schadensersatzpflicht durch den Schutzzweck der verletzten Norm handelt. Werden zusätzliche Zeitungsinserate notwendig, muss sich der Werbeaufwand in angemessenen Grenzen halten. Angesprochen ist hier das Verhältnis von Bedeutung des Arbeitsplatzes und Anzeigenkosten[12], die Größe des Inserats[13] sowie die Häufigkeit, mit der eine Stellenanzeige in derselben Zeitung wiederholt wird[14]. **72**

Für die Vorstellungskosten des Nachfolgers eines vertragsbrüchigen ArbN ist ein „Verfrühungsschaden" in aller Regel zu verneinen, da (so BAG) sie mit dem Zeitpunkt der Kündigung eines Arbeitsverhältnisses nichts zu tun haben[15]. **73**

d) **Schaden des ArbN.** Der ArbGeb hat dem ArbN nach § 628 Abs. 2 den Schaden zu ersetzen, den dieser durch die aufgrund der Vertragsverletzung des ArbGeb schuldhaft verursachte Auflösung des Arbeitsverhältnisses erlitten hat. Darunter fallen nach §§ 249, 252 alle Vergütungsansprüche einschließlich der Nebenleistungen[16]. Insbesondere entgangene Provisionen, Gewinnanteile, Tantiemen[17], ent- **74**

---

1 LAG Berlin v. 27.9.1973 – 7 Sa 59/73, DB 1974, 538; LAG Schl.-Holst. v. 13.4.1972 – 3 Sa 76/72, BB 1972, 1229; ErfK/*Müller-Glöge*, § 628 BGB Rz. 84; KR/*Weigand*, § 628 BGB Rz. 45. |2 ErfK/*Müller-Glöge*, § 628 BGB Rz. 86; KR/*Weigand*, § 628 BGB Rz. 51; *Stoffels*, AR-Blatei SD, Arbeitsvertragsbruch, S. 152 f.; *Schaub/Linck*, ArbRHdb, § 51 Rz. 16. |3 Vgl. BAG v. 24.4.1970 – 3 AZR 324/69, AP Nr. 5 zu § 60 HGB; ErfK/*Müller-Glöge*, § 628 BGB Rz. 87. |4 BAG v. 24.8.1967 – 5 AZR 59/67, AP Nr. 7 zu § 249 BGB; vgl. dazu auch *C. Becker*, BB 1976, 746; ErfK/*Müller-Glöge*, § 628 BGB Rz. 94. |5 Erman/*Belling*, § 628 BGB Rz. 23; KR/*Weigand*, § 628 BGB Rz. 51; Staudinger/*Preis*, § 628 BGB Rz. 51. |6 BGH v. 18.5.1971 – VI ZR 52/70, AP Nr. 14 zu § 249 BGB; ErfK/*Müller-Glöge*, § 628 BGB Rz. 85; *Gessert*, Schadensersatz nach Kündigung, 1987, S. 106. |7 BAG v. 23.5.1984 – 4 AZR 129/82, AP Nr. 9 zu § 339 BGB; ErfK/*Müller-Glöge*, § 628 BGB Rz. 85; *Stoffels*, AR-Blattei SD, Arbeitsvertragsbruch, S. 153. |8 BAG v. 9.5.1975 – 3 AZR 352/74, AP Nr. 8 zu § 628 BGB; v. 23.2.1977 – 3 AZR 620/75, AP Nr. 6 zu § 75 HGB (m. Anm. v. *Hadding* SAE 1976, 219); ErfK/*Müller-Glöge*, § 628 BGB Rz. 89; KR/*Weigand*, § 628 BGB Rz. 45. |9 ErfK/*Müller-Glöge*, § 628 BGB Rz. 89. |10 BAG v. 26.3.1981 – 3 AZR 485/78, AP Nr. 7 zu § 276 BGB – Vertragsbruch; v. 23.3.1983 – 7 AZR 37/81, AP Nr. 8 zu § 276 BGB – Vertragsbruch; ErfK/*Müller-Glöge*, § 628 BGB Rz. 91. |11 BAG v. 23.3.1983 – 7 AZR 37/81, AP Nr. 8 zu § 276 BGB – Vertragsbruch; KR/*Weigand*, § 628 BGB Rz. 47. |12 BAG v. 18.12.1969 – 2 AZR 80/69, AP Nr. 3 zu § 276 BGB – Vertragsbruch. |13 BAG v. 30.6.1961 – 1 AZR 206/61, AP Nr. 1 zu § 276 BGB – Vertragsbruch. |14 BAG v. 14.11.1975 – 5 AZR 534/74, AP Nr. 5 zu § 276 BGB – Vertragsbruch. |15 BAG v. 26.3.1981 – 3 AZR 485/78, AP Nr. 7 zu § 276 BGB – Vertragsbruch; *Berkowsky*, DB 1982, 1772; ErfK/*Müller-Glöge*, § 628 BGB Rz. 92; KR/*Weigand*, § 628 BGB Rz. 48. |16 LAG Hamm v. 12.6.1984 – 7 Sa 2264/83, NZA 1985, 159; ErfK/*Müller-Glöge*, § 628 BGB Rz. 96; KR/*Weigand*, § 628 BGB Rz. 37. |17 ErfK/*Müller-Glöge*, § 628 BGB Rz. 96; KR/*Weigand*, § 628 BGB Rz. 37–39.

standene Ruhegeldansprüche, Sonderzuwendungen und Gratifikationen können zum ersatzfähigen Schaden gehören[1].

75 Der ArbGeb hat dem ArbN auch die Aufwendungen (zB Umzugskosten) zu ersetzen, die ihm aufgrund der verfrühten Suche nach einem neuen Arbeitsplatz entstehen, soweit diese ohne die vorzeitige Beendigung des Arbeitsverhältnisses nicht entstanden wären[2]. So hat das BAG[3] in dem ungewöhnlichen Fall eines Profi-Eishockey-Spielers, der nach Ausspruch einer außerordentlichen Kündigung wegen vertragswidrigen Verhaltens seines alten Vereins eine Darlehensverbindlichkeit eingegangen war, um sich von diesem alten Verein die nach der Spielordnung des Deutschen Eishockey- Bundes für den Vereinswechsel erforderliche Freigabe „erkaufen" zu können, die Darlehensverbindlichkeit als auszugleichenden Schaden angesehen.

76 Nach den Grundsätzen der Vorteilsausgleichung muss sich der ArbN ersparte Aufwendungen anrechnen lassen[4]. Dazu zählen insb. die Fahrtkosten zur Arbeitsstätte, Verpflegungsmehraufwendungen und Bekleidungskosten. Zweifelhaft dagegen ist, ob sich der ArbN nach § 254 Abs. 2 entgegen halten lassen muss, er habe eine anderweitige Verwendung seiner Arbeitskraft schuldhaft unterlassen, ohne dass Böswilligkeit iSd. § 615 Satz 2 gegeben sein muss[5]. Dies würde letztlich zu strengeren Anforderungen an den ArbN führen als beim Annahmeverzug, obwohl der Annahmeverzug nur eine Obliegenheitsverletzung des ArbGeb darstellt, während das Auflösungsverschulden einen echten Vertragsbruch begründet. Zu verweisen ist insoweit wieder auf die neuere Rspr. des BAG[6], wonach der ArbN analog §§ 13, 10 KSchG neben dem Verdienstausfallschaden bis zum Ablauf der ordentlichen Kündigungsfrist eine Abfindung verlangen kann. Eine solche Abfindung ist gem. § 13 Abs. 1 Satz 5, § 11 KSchG ggf. zu kürzen, soweit Böswilligkeit vorliegt. Für den Verdienstausfall bis zum Ablauf der ordentlichen Kündigungsfrist fehlt es an einer Kürzungsregelung.

77 Besonderheiten sind bei einer Gegenkündigung des ArbN als Reaktion auf eine unberechtigte außerordentliche Kündigung des ArbGeb zu beachten. Die Berechtigung des ArbN zur Gegenkündigung und damit zur Geltendmachung von Schadensersatz nach § 628 Abs. 2 ist gegeben, wenn die unberechtigte Kündigung des ArbGeb als grob vertragswidriges Verhalten und damit als wichtiger Grund iSd. § 626 Abs. 1 angesehen werden kann[7]. Es besteht auch kein Vorrang der Kündigungsschutzklage in dem Sinne, dass der ArbN nach Erhalt einer unwirksamen außerordentlichen Kündigung des ArbGeb nicht mehr mit einer außerordentlichen Gegenkündigung reagieren dürfte und ihm somit ein Schadensersatzanspruch nach § 628 Abs. 2 abgeschnitten wird[8]. Die Geltendmachung eines Schadensersatzanspruches nach § 628 Abs. 2 durch den ArbN setzt allerdings voraus, dass das Arbeitsverhältnis nicht bereits durch die Kündigung des ArbGeb beendet wurde. Dem ArbN ist deshalb zu raten, gegen diese Kündigung Kündigungsschutzklage zu erheben und daneben Schadensersatz nach § 628 Abs. 2 zu beantragen[9]. Das Gericht kann und muss beiden Anträgen stattgeben, soll der ArbN Schadensersatz nach § 628 Abs. 2 beanspruchen können. Gibt das Gericht den Anträgen statt, sind Entgeltfortzahlungsansprüche auf den Zeitpunkt der außerordentlichen Kündigung des ArbN beschränkt. Daneben kann der ArbN entsprechend den obigen Ausführungen Schadensersatz nach § 628 Abs. 2 verlangen. Eine bereits zugesprochene Abfindung nach §§ 13, 10 KSchG wegen unwirksamer Kündigung des ArbGeb und begründetem Auflösungsantrag schließt aber einen Schadensersatzanspruch nach § 628 Abs. 2 aus.

78 **e) Mitverschulden.** Von einer schuldhaften Veranlassung der Kündigung durch einen Vertragsteil (dazu oben Rz. 49 ff.) kann nur gesprochen werden, wenn einer der Parteien ein überwiegendes vertragswidriges Verhalten vorzuwerfen ist. Aber auch dann ist die Schadensersatzpflicht gem. § 628 Abs. 2 nach § 254 Abs. 1 zu mindern, falls ein Mitverschulden des Kündigenden vorliegt[10], insb. wenn der Kündigungsberechtigte das vertragswidrige schuldhafte Verhalten (zB Beleidigungen, Tätlichkeiten) selbst durch ein vertragswidriges schuldhaftes Verhalten provoziert hat[11].

---

1 ErfK/*Müller-Glöge*, § 628 BGB Rz. 96; KR/*Weigand*, § 628 BGB Rz. 39; einschr. Erman/*Belling*, § 628 BGB Rz. 32: Ersatz für Ruhegeldansprüche und Sonderzuwendungen nur, wenn diese auch bei nächstmöglicher ordnungsgemäßer Auflösung des Arbeitsverhältnisses angefallen wären. |2 BAG v. 11.8.1987 – 8 AZR 93/85, AP Nr. 1 zu § 16 BBiG (I 3 d.Gr.) = NZA 1988, 93; ErfK/*Müller-Glöge*, § 628 BGB Rz. 98; KR/*Weigand*, § 628 BGB Rz. 41; teilweise aA MünchKomm/*Schwerdtner*, § 628 BGB Rz. 50: 628 Abs. 2 BGB erfasst nur Erfüllungsansprüche; deshalb sind Umzugskosten uU unter dem Gesichtspunkt der pVV (§ 280 Abs. 1 BGB) zu ersetzen, soweit das AV aufgrund einer schuldhaften Vertragsverletzung zur Auflösung kommt. |3 BAG v. 20.11.1996 – 5 AZR 518/95, AP Nr. 12 zu § 611 BGB – Berufssport (II 4 d.Gr.); ErfK/*Müller-Glöge*, § 628 BGB Rz. 102. |4 KR/*Weigand*, § 628 BGB Rz. 42. |5 Vgl. BGH v. 14.11.1966 – VII ZR 112/64, AP Nr. 4 zu § 628 BGB; BAG v. 17.9.1970 – 2 AZR 439/69, AP Nr. 5 zu § 628 BGB; aA (Kürzung des Schadensersatzanspruchs beim Unterlassen anderweitigen Erwerbs) ErfK/*Müller-Glöge*, § 628 BGB Rz. 100; *Stahlhacke/Preis/Vossen*, Rz. 859; KR/*Weigand*, § 628 BGB Rz. 42. |6 BAG v. 26.7.2001 – 8 AZR 739/00, AP Nr. 13 zu § 628 BGB. |7 Dazu oben § 626 BGB Rz. 158: „Strafbare Handlungen/Ehrverletzung". |8 BAG v. 22.4.1971 – 2 AZR 205/70, AP Nr. 24 zu § 7 KSchG; ErfK/*Müller-Glöge*, § 628 BGB Rz. 103; aA MünchKomm/*Schwerdtner*, § 628 BGB Rz. 58 und 59. |9 Vgl. dagegen ErfK/*Müller-Glöge*, § 628 BGB Rz. 103; Erman/*Belling*, § 628 BGB Rz. 25, die einen Zahlungsantrag nach § 628 Abs. 2 BGB für ausreichend halten. |10 BGH v. 2.10.1990 – VI ZR 14/90, NJW 1991, 165; ErfK/*Müller-Glöge*, § 628 BGB Rz. 104; KR/*Weigand*, § 628 BGB Rz. 30; Staudinger/*Preis*, § 628 BGB Rz. 39. |11 BGH v. 29.11.1965 – VII ZR 202/63, AP Nr. 3 zu § 628 BGB; v. 14.11.1966 – VII ZR 112/64, AP Nr. 4 zu § 628 BGB; BAG v. 17.9.1970 – 2 AZR 439/69, AP Nr. 5 zu § 628 BGB; ErfK/*Müller-Glöge*, § 628 BGB Rz. 104; KR/*Weigand*, § 628 BGB Rz. 30; Staudinger/*Preis*, § 628 BGB Rz. 39.

Ferner kann der Anspruch gem. § 254 Abs. 2 Satz 1 ganz oder teilweise entfallen, wenn es der Kündigungsberechtigte schuldhaft unterlassen hat, den entstehenden Schaden gering zu halten oder gänzlich abzuwenden. Dazu schon oben Rz. 76. **79**

6. Rechtliche Behandlung der Schadensersatzleistung. a) Steuerrecht. Der Schadensersatzanspruch unterliegt grundsätzlich der Einkommensbesteuerung[1]. In den Grenzen des § 3 Nr. 9 EStG ist der Schadensersatz als Abfindung aber steuerfrei[2]. Soweit keine Steuerbefreiung besteht, liegt eine Entlassungsentschädigung iSd. § 24 Nr. 1 lit. a EStG vor[3], so dass es sich nach § 34 Abs. 2 Nr. 2 iVm. Abs. 1 EStG um außerordentliche Einkünfte handeln kann, für die dann ein ermäßigter Steuersatz gilt[4]. **80**

b) SozV-Recht. SozV-Beiträge sind auf die Ersatzleistung für die entgangene Vergütung nicht zu entrichten (§ 14 SGB IV, § 342 SGB III), da der Schadensersatz nach § 628 Abs. 2 für Zeiten nach Beendigung des Dienstverhältnisses gezahlt wird und daher keine „Einnahme aus einer Beschäftigung"/Arbeitsentgelt nach § 14 SGB IV darstellt[5]. **81**

IdR wird der Schadensersatz nach § 628 Abs. 2 zu einem Ruhen des Alg, zumindest für die Dauer der ordentlichen Kündigungsfrist, ggf. aber auch darüber hinaus, führen, siehe dazu § 143a SGB III. Der Schadensersatz nach § 628 Abs. 2 und eine außerdem gezahlte Abfindung sind dabei zu einer nach § 143a SGB III zu berücksichtigenden „Gesamtabfindung" zusammenzurechnen[6]. **82**

Der frühere ArbGeb ist gem. § 249 Satz 1 verpflichtet, dem ArbN (zumindest) bis zum Ablauf der ordentlichen Kündigungsfrist seinen sozialversicherungsrechtlichen Status umfassend zu erhalten, also einen entsprechenden kranken- und rentenversicherungsrechtlichen Schutz zu finanzieren[7]. **83**

c) Insolvenz des ArbGeb. Ein Schadensersatzanspruch nach § 628 Abs. 2 ist nur dann eine sonstige Masseverbindlichkeit gem. § 55 Abs. 1 InsO, wenn er durch eine Handlung des Insolvenzverwalters begründet wurde. In allen anderen Fällen ist der Schadensersatzanspruch nicht privilegiert, sondern stellt eine Insolvenzforderung gem. § 38 InsO dar[8]. **84**

Fällt der ArbN mit seinem Schadensersatzanspruch wegen Insolvenz des ArbGeb aus, kann er diesbezüglich auch kein Insolvenzgeld (§§ 183 ff. SGB III) verlangen. Der Anspruch ist nicht insolvenzgeldfähig, vgl. § 184 Abs. 1 Nr. 1 SGB III[9]. **85**

d) Verjährung. Nach der alten Rechtslage unterfiel der Schadensersatzanspruch nach § 628 Abs. 2 wie ein Entgeltanspruch der kurzen, zweijährigen Verjährungsfrist nach § 196 Abs. 1 Nr. 8 bzw. 9 aF[10]. Heute unterliegt er der regelmäßigen dreijährigen Verjährung, beginnend mit dem nachfolgenden Jahr, in dem der Anspruch entstanden ist, §§ 195, 199. Ist der Anspruch schon vor dem 1.1.2002 entstanden, ist Art. 229 § 6 EGBGB zu beachten. **86**

e) Pfändung und Abtretung. Der Schadensersatzanspruch unterliegt als Lohnersatz bzw. als Abfindung nach §§ 13, 10 KSchG dem Pfändungsschutz für Arbeitseinkommen, § 850i ZPO[11]. Insoweit werden auch eine Aufrechnung (§ 394) und Abtretung (§ 400) beschränkt[12]. Wird das Arbeitseinkommen gepfändet, erstreckt sich die Pfändung auch auf den Schadensersatzanspruch als unselbständiges Nebenrecht iSd. § 832 ZPO[13]. **87**

7. Entschädigung gem. § 61 Abs. 2 ArbGG. § 61 Abs. 2 ArbGG erleichtert vor allem dem ArbGeb die Durchsetzung eines dem Grunde nach bestehenden Anspruches aus § 628 Abs. 2[14], ohne dass es der konkreten Feststellung der Höhe des eingetretenen Schadens bedürfte. Voraussetzung ist, dass der ArbGeb den ArbN auf Erbringung der Arbeitsleistung verklagt und gleichzeitig beantragt, den ArbN bei Nichtbefolgung zur Zahlung einer vom ArbG nach freiem Ermessen ähnlich § 287 ZPO festzusetzenden Entschädigung zu verurteilen. **88**

---

1 BFH v. 28.2.1975 – VI R 29/72, BFHE 115, 251; *Gessert*, Schadensersatz nach Kündigung, 1987, S. 219 f.; ErfK/*Müller-Glöge*, § 628 BGB Rz. 106; Staudinger/*Preis*, § 628 BGB Rz. 61. | 2 BFH v. 13.10.1978 – VI R 91/77, BFHE 126, 399. | 3 *Schmidt/Seeger*, EStG, § 24 Anm. 5 a. | 4 Für die Voraussetzung der Anwendung des ermäßigten Steuersatzes („Zusammenballungsprinzip") sowie dessen Berechnung („Fünftelungsprinzip") wird auf die steuerrechtliche Lit. verwiesen. | 5 Einnahmen, die „im Zusammenhang" mit der beitragspflichtigen Beschäftigung erzielt werden, sind nur dann beitragspflichtig, wenn sie sich zeitlich der versicherungspflichtigen Beschäftigung zuordnen lassen, ob. auf die Zeit der Beschäftigung und der Versicherungspflicht entfallen: BSG v. 21.2.1990 – 12 RK 20/88, NJW 1990, 2274; APS/*Rolfs*, § 628 BGB Rz. 62. | 6 BSG v. 13.3.1990 – 11 RAr 69/89, NZA 1990, 829; KR/*Weigand*, § 628 BGB Rz. 56. | 7 Siehe Erman/*Belling*, § 628 BGB Rz. 38; KR/*Weigand*, § 628 BGB Rz. 55; RGRK/*Corts*, § 628 BGB Rz. 56, die diesen Anspruch auch über die Zeit der ordentlichen Kündigungsfrist hinaus gewähren und auf entgangenes Arbeitslosengeld erstrecken. | 8 BAG v. 22.10.1998 – 8 AZR 73/98, nv.; ErfK/*Müller-Glöge*, § 628 BGB Rz. 109; ebenso KR/*Weigand*, § 628 BGB Rz. 57; Nerlich/Römermann/*Andres*, § 55 InsO Rz. 100; *Feuerborn*, KTS 1997, 171 (192); *Hauser/Hawelka*, ZIP 1998, 1261, 1262; *Uhlenbruck*, KTS 1994, 169, 182; aA *Wiester*, ZInsO 1998, 99, 103 f. | 9 KR/*Weigand*, § 628 BGB Rz. 57; MünchArbR/*Peters-Lange*, § 77 Rz. 22. | 10 RAG v. 25.4.1934, ARS 20, 292, 295; v. 19.9.1941, ARS 43, 66, 75; ErfK/*Müller-Glöge*, § 628 BGB Rz. 112. | 11 *Baumbach/Hartmann*, § 850i Rz. 4; ErfK/*Müller-Glöge*, § 628 BGB Rz. 113. | 12 KR/*Weigand*, § 628 BGB Rz. 54; Staudinger/*Preis*, § 628 BGB Rz. 57 f. | 13 So Erman/*Belling*, § 628 BGB Rz. 36. | 14 § 61 Abs. 2 BGB ist also keine eigene Anspruchsgrundlage: GMPM, § 61 ArbGG Rz. 36; KR/*Weigand*, § 628 BGB Rz. 8.

BGB § 628 Rz. 89 — Teilvergütung und Schadensersatz bei fristloser Kündigung

89 Umgekehrt kann aber auch der ArbN einen von ihm klageweise geltend gemachten Beschäftigungsanspruch mit einem Antrag auf Entschädigung gem. § 61 Abs. 2 ArbGG verbinden[1].

90 Bei der Bemessung der Schadenshöhe sind ua. die Länge der vertragsgemäßen Kündigungsfrist, die Aufwendungen für eine Ersatzkraft, die Kosten für die Suche nach Ersatz und weitere Schäden aufgrund des Vertragsbruches zu berücksichtigen. Wurde über einen Antrag auf Entschädigung gem. § 61 Abs. 2 ArbGG rechtskräftig entschieden, schließt die Rechtskraft dieser Entscheidung die Geltendmachung weiter gehender Schadensersatzansprüche aus, sofern die Entschädigung nicht einschränkend als Teilbetrag eingeklagt wurde[2].

91 **VI. Darlegungs- und Beweislast.** Zur Geltendmachung einer Teilvergütung nach § 628 Abs. 1 Satz 1 (oben Rz. 11 ff.) muss der Dienstverpflichtete darlegen und beweisen, welche Dienstleistungen er bis zur Auflösung des Dienstverhältnisses erbracht hat und welchem Teil der vereinbarten Vergütung diese Leistungen entsprechen[3].

92 Die Voraussetzungen des § 628 Abs. 1 Satz 2 (oben Rz. 21 ff.) hat der Dienstberechtigte darzulegen und zu beweisen[4]. Der Dienstberechtigte muss vortragen, dass entweder der Dienstverpflichtete ohne Veranlassung durch vertragswidriges Verhalten des Dienstberechtigten gekündigt hat oder ihm wegen vertragswidrigen Verhaltens gekündigt worden ist und an den erbrachten Leistungen infolge der Kündigung kein Interesse besteht[5]. Hinsichtlich des Verschuldens hat sich der Anspruchsgegner gemäß der allgemeinen Regel über vertragliche Schadensersatzansprüche zu entlasten[6], vgl. § 280 Abs. 1 Satz 2 nF. Soll die Vergütung nach § 628 Abs. 1 Satz 2 gekürzt werden, kann das Gericht den Wert der erbrachten Arbeitsleistung gem. § 287 Abs. 2 ZPO schätzen[7].

93 Macht der Dienstberechtigte einen Rückzahlungsanspruch nach § 628 Abs. 1 Satz 3 geltend (dazu oben Rz. 34 ff.), muss er die Zahlung eines Vorschusses darlegen und beweisen. Beruft sich der Dienstberechtigte darauf, dass der Dienstverpflichtete die Kündigung des Vertragsverhältnisses veranlasst hat, muss er dessen pflichtwidriges Verhalten darlegen und beweisen. Beruft sich der Dienstverpflichtete auf einen der Ausschlussstatbestände nach § 346 Abs. 3 Nr. 3 bzw. § 347 Abs. 1 Satz 2 trifft ihn die Beweispflicht.

94 Im Rechtsstreit wegen eines Schadensersatzanspruches gem. § 628 Abs. 2 muss der Anspruchsteller das schuldhaft vertragswidrige Verhalten des anderen Teiles und seinen dadurch adäquat kausal verursachten Schaden in der geltend gemachten Höhe darlegen und beweisen. Für die Frage der haftungsausfüllenden Kausalität wie auch die Höhe des Schadens ergeben sich Beweiserleichterungen aus § 252 BGB und § 287 ZPO. Dabei erleichtert § 287 ZPO nicht nur die Beweisführung, sondern auch die Darlegung[8].

95 Macht der in Anspruch genommene Teil geltend, dass er seinerseits dass Vertragsverhältnis wegen schuldhaft vertragswidrigem Verhalten des Kündigenden hätte beenden können, muss er die dafür notwendigen Tatsachen vortragen und beweisen[9]. Gleiches gilt für Tatsachen, die zu einer Minderung des Schadensersatzanspruchs führen können[10].

629 *Freizeit zur Stellungssuche*

Nach der Kündigung eines dauernden Dienstverhältnisses hat der Dienstberechtigte dem Verpflichteten auf Verlangen angemessene Zeit zum Aufsuchen eines anderen Dienstverhältnisses zu gewähren.

Lit.: *Becker-Schaffner*, Die Rechtsprechung zur Frage der Erstattung von Vorstellungskosten, BlStSozArb 1985, 161; *Brill*, Der Anspruch des Arbeitnehmers auf Freizeit zur Stellensuche, AuR 1970, 8; *Dütz*, Eigenmächtige Arbeitsversäumnis und Freizeitnahme, DB 1976, 1428; *Vogt*, Freizeit zur Stellensuche, DB 1968, 264.

1 **I. Normzweck.** Ist ein dauerndes Dienstverhältnis gekündigt worden, so ist der Dienstberechtigte nach § 629 verpflichtet, dem Dienstverpflichteten zum Zwecke der Stellensuche bezahlte Freistellung von der Beschäftigung zu gewähren. Damit soll der Beschäftigte in die Lage versetzt werden, möglichst ohne finanzielle Einbußen unmittelbar nach Beendigung des alten Dienstverhältnisses eine neue Beschäftigung anzutreten. Die Pflicht des Dienstherrn, Freizeit zur Stellensuche zu gewähren, ist damit Ausdruck der allgemeinen Fürsorgepflicht des Dienstherrn[11]. Den Dienstverpflichteten statt-

---

1 ErfK/*Müller-Glöge*, § 628 BGB Rz. 120; KR/*Weigand*, § 628 BGB Rz. 8; RGRK/*Corts*, § 628 BGB Rz. 26; aA ArbG Wetzlar v. 8.12.1986 – 1 Ca 343/86, NZA 1987, 536. |2 So BAG v. 20.2.1997 – 8 AZR 121/95, AP Nr. 4 zu § 611 BGB – Haftung des Arbeitgebers; ErfK/*Müller-Glöge*, § 628 BGB Rz. 120. |3 Ebenso KR/*Weigand*, § 628 BGB Rz. 53. |4 BGH v. 8.10.1981 – III ZR 190/79, NJW 1982, 437; v. 17.10.1996 – IX ZR 37/96, NJW 1997, 188; ErfK/*Müller-Glöge*, § 628 BGB Rz. 122. |5 *Baumgärtel*, Rz. 1; ErfK/*Müller-Glöge*, § 628 BGB Rz. 122. |6 BAG v. 5.10.1962 – 1 AZR 51/61, AP Nr. 2 zu § 628 BGB; BGH v. 17.10.1996 – IX ZR 37/96, NJW 1997, 188; APS/*Rolfs*, § 628 BGB Rz. 12; ErfK/*Müller-Glöge*, § 628 BGB Rz. 122.; Erman/*Belling*, § 628 BGB Rz. 15. |7 ErfK/*Müller-Glöge*, § 628 BGB Rz. 122; Palandt/*Putzo*, § 628 BGB Rz. 4. |8 RAG v. 19.9.1941, ARS 43, 66, 81; BAG v. 27.1.1972 – AZR 172/71, AP Nr. 2 zu § 252 BGB; BGH v. 13.11.1997 – III ZR 165/96, AP Nr. 12 zu § 628 BGB; ErfK/*Müller-Glöge*, § 628 BGB Rz. 125. |9 *Baumgärtel*, Rz. 3; ErfK/*Müller-Glöge*, § 628 BGB Rz. 128. |10 BAG v. 10.3.1992 – 3 AZR 81/91, AP Nr. 34 zu § 1 BetrAVG – Zusatzversorgungskassen; BGH v. 15.11.1994 – VI ZR 194/93, AP Nr. 35 zu § 249 BGB; ErfK/*Müller-Glöge*, § 628 BGB Rz. 127. |11 Erman/*Belling*, § 629 BGB Rz. 1; Staudinger/*Preis*, § 629 BGB Rz. 2.

dessen auf seinen Urlaubsanspruch zu verweisen, würde nicht nur Probleme bereiten, wenn der Urlaubsanspruch bereits vollständig erfüllt ist, sondern würde nach Ansicht des BAG[1] auch dem Zweck des Erholungsurlaubs widersprechen.

II. Anspruchsvoraussetzungen. 1. Dauerndes Dienstverhältnis. Die Vorschrift gilt für alle „dauernden" Dienst- und Arbeitsverhältnisse. Das Gesetz verwendet den Begriff „dauernden" in §§ 617 Abs. 1 Satz 1, 627 Abs. 1, 630 Satz 1. Seine Auslegung richtet sich nach dem Normzweck, der zumindest in den §§ 617, 629 der Gleiche ist[2]. Mit diesem Tatbestandsmerkmal soll verhindert werden, dass ein Freistellungsanspruch auch dann besteht, wenn schon von vornherein mit einem baldigen Stellenwechsel zu rechnen ist[3].

Dauernd ist ein Dienstverhältnis dann, wenn es rechtlich oder faktisch auf eine bestimmte längere Zeit angelegt ist, wenn es von unbestimmter Dauer sein sollte oder wenn es faktisch bereits längere Zeit bestanden hat[4]. Entscheidend ist, dass sich erst aus der intendierten bzw. faktischen erheblichen Dauer des Dienstverhältnisses und des damit zum Ausdruck gekommenen Näheverhältnisses die gesteigerte Rücksichtnahmepflicht des § 629 ergibt[5].

Aushilfsarbeitsverhältnisse scheiden demnach aus dem Anwendungsbereich aus[6]. Ebensowenig werden nur kurzfristig angelegte Dienstverhältnisse vom Normzweck des § 629 erfasst[7]. Dagegen ist § 629 bei Kündigung eines unbefristeten Arbeitsverhältnisses während der Probezeit anwendbar[8], da dann das Vertragsverhältnis bereits auf Dauer angelegt war.

Auf Ausbildungsverhältnisse ist § 629 BGB gem. § 3 Abs. 2 BBiG anzuwenden[9]. Teilzeitbeschäftigte ArbN können von der Anwendbarkeit des § 629 nicht ausgenommen werden, § 4 Abs. 1 TzBfG. Einer bezahlten Freistellung bedarf es aber nur, wenn die Stellensuche allein während der Arbeitszeit erfolgen kann[10].

2. Kündigung. Voraussetzung für die Freistellung ist eine Kündigung, unabhängig von welcher Partei diese ausgesprochen wird. Der Anspruch kann mit Zugang der Kündigung bis zum Ablauf der Kündigungsfrist geltend gemacht werden. Bei einer wirksamen außerordentlichen fristlosen Kündigung ist § 629 obsolet. Eine Änderungskündigung genügt, wenn der andere Teil das Änderungsangebot nicht, auch nicht unter Vorbehalt seiner sozialen Rechtfertigung annimmt[11]. Der Freistellungsanspruch entfällt nicht, weil die Kündigung mit einer Wiedereinstellungszusage verbunden wurde[12].

Auch ohne bzw. vor einer Kündigung ist dem Dienstverpflichteten Freizeit zur Stellensuche zu gewähren, wenn der ArbGeb eine Kündigung oder eine einvernehmliche Aufhebung gegen eine Abfindung in Aussicht gestellt und dem ArbN empfohlen hat, sich nach einem anderen Arbeitsplatz umzusehen[13]. Die bloße Absicht des Dienstverpflichteten, sich beruflich zu verändern, begründet jedoch keinen Freistellungsanspruch[14].

Nach verbreiteter Meinung[15] ist § 629 bei einer Auflösung des Arbeitsverhältnisses wegen Befristung oder auflösender Bedingung analog anzuwenden. Gleiches gilt bei einer einvernehmlichen Beendigung des Dienstverhältnisses durch Aufhebungsvertrag[16]. Der Freistellungsanspruch kann frühestens ab dem Zeitpunkt des Laufs der fiktiven Kündigungsfrist geltend gemacht werden[17]. Erfährt der ArbN erst später von der nahenden Beendigung des Arbeitsverhältnisses, geht dies zu seinen Lasten[18].

3. „Verlangen". Der Dienstberechtigte hat die Freistellung zur Stellensuche nur auf Verlangen des Dienstverpflichteten zu gewähren. Den ArbGeb trifft keine Pflicht, den ArbN auf den Freistellungsanspruch hinzuweisen. Dh. einerseits, dass der ArbGeb die Freistellung nicht von sich aus anbieten, der ArbN sie sich aber auch nicht aufdrängen lassen muss und andererseits, dass der ArbN der Arbeit nicht einfach fernbleiben darf. Wie beim Erholungsurlaub tritt Fälligkeit des Anspruchs auf Freistel-

---

1 BAG v. 26.10.1956 – 1 AZR 248/55, AP Nr. 14 zu § 611 BGB – Urlaubsrecht; Staudinger/*Preis*, § 629 BGB Rz. 2. | 2 MünchArbR/*Richardi*, § 44 Rz. 21; ähnlich (je nach dem Zweck der Vorschrift) MünchKomm/*Schaub*, § 617 Rz. 7; aA (in allen Vorschriften gleich auszulegen) Staudinger/*Preis*, § 629 BGB Rz. 8. | 3 Erman/*Belling*, § 629 BGB Rz. 2. | 4 RGRK/*Eisemann*, § 629 BGB Rz. 4; näher Staudinger/*Oetker*, § 617 Rz. 16 ff. | 5 Staudinger/*Preis*, § 629 BGB Rz. 7. | 6 ErfK/*Müller-Glöge*, § 629 BGB Rz. 4; *Schaub*, ArbRHdb, § 26 Rz. 1; aA *Vogt*, DB 1968, 264. | 7 MünchKomm/*Schwerdtner*, § 629 BGB Rz. 3 will § 629 BGB analog auch auf kurzfristige Probe- und Aushilfsarbeitsverhältnisse anwenden und notwendige Differenzierungen bei der Frage der Vergütung für die Zeit der Dienstverhinderung treffen. | 8 ErfK/*Müller-Glöge*, § 629 BGB Rz. 5; aA *Schaub*, ArbRHdb, § 26 Rz. 1; *Vogt*, DB 1968, 264. | 9 ErfK/*Müller-Glöge*, § 629 BGB Rz. 6; Erman/*Belling*, § 629 BGB Rz. 2; RGRK/*Eisemann*, § 629 BGB Rz. 5; aA *Brill*, AuR 1970, 8, 9. | 10 ErfK/*Müller-Glöge*, § 629 BGB Rz. 7; Erman/*Belling*, § 629 BGB Rz. 2. | 11 ErfK/*Müller-Glöge*, § 629 BGB Rz. 9; MünchKomm/*Schwerdtner*, § 629 BGB Rz. 5. | 12 ErfK/*Müller-Glöge*, § 629 BGB Rz. 9; *Vogt*, DB 1968, 264. | 13 ErfK/*Müller-Glöge*, § 629 BGB Rz. 12; Erman/*Belling*, § 629 BGB Rz. 3. | 14 LAG Düsseldorf v. 15.3.1967 – 3 Sa 40/67, DB 1967, 1227, 1228; ErfK/*Müller-Glöge*, § 629 BGB Rz. 12. | 15 ErfK/*Müller-Glöge*, § 629 BGB Rz. 10; MünchArbR/*Richardi*, § 43 Rz. 42; Staudinger/*Preis*, § 629 BGB Rz. 11. | 16 ErfK/*Müller-Glöge*, § 629 BGB Rz. 12; Erman/*Belling*, § 629 BGB Rz. 2; *Schaub*, ArbRHdb, § 26 Rz. 1; aA Soergel/*Kraft*, § 629 BGB Rz. 1. | 17 ErfK/*Müller-Glöge*, § 629 BGB Rz. 10; *Schaub*, ArbRHdb, § 26 Rz. 1; *Steinwedel*, DB 1964, 1481, 1484; *Vogt*, DB 1968, 264; aA MünchKomm/*Schwerdtner*, § 629 BGB Rz. 6, der dies als nicht überzeugend bezeichnet, weil der Arbeitgeber mit Vorgaben konfrontiert sein kann, die ein potentieller neuer Arbeitgeber gesetzt hat. | 18 Für befristete Arbeitsverhältnisse ist auf § 15 Abs. 2 TzBfG hinzuweisen.

lung mit dem Verlangen des ArbN ein. Fälligkeit der Freistellung selbst ist aber erst bei Gewährung der Freistellung durch den ArbGeb gegeben[1]. Der Dienstverpflichtete hat bei seinem Verlangen den Grund und die voraussichtliche Dauer der benötigten Freistellung anzugeben. Dagegen braucht er nicht den Namen des ArbGeb preiszugeben, bei dem er sich beworben hat. Das Verlangen muss so rechtzeitig erfolgen, dass der ArbGeb nach Möglichkeit den Betriebsablauf entsprechend planen kann[2].

10 Wurde dem ArbN für die Zeit bis zum Ablauf der Kündigungsfrist Erholungsurlaub gewährt, kann der ArbN verlangen, dass ihm anstelle des Urlaubs eine Freistellung nach § 629 gewährt wird, sollten die Voraussetzungen des § 629 erfüllt sein[3]. Dies gilt auch dann, wenn der ArbN nach Zugang der Kündigung mit dem ArbGeb die Gewährung des Erholungsurlaubs während des Laufs der Kündigungsfrist vereinbart hat, da der ArbN nicht überschauen kann, wann er eine Freistellung nach § 629 benötigt[4]. Gewährter und bereits genommener Erholungsurlaub kann jedoch nicht nachträglich, also ohne dass der ArbN zuvor den Anspruch aus § 629 geltend gemacht hatte, in Freizeit zur Stellensuche umgewandelt werden, mit der Folge, dass dann zusätzlich eine Urlaubsabgeltung zu leisten ist[5].

11 Vom Freistellungsanspruch erfasst sind insb. Vorsprachen bei einem neuen ArbGeb, dem AA oder einer gewerblichen Arbeitsvermittlung, aber auch die erforderliche oder vom zukünftigen ArbGeb gewünschte Vervollständigung der Bewerbungsunterlagen durch Eignungstests oder Untersuchungen[6].

12 **III. Rechtsfolgen.** Liegen die Voraussetzungen des § 629 vor, hat der Dienstberechtigte dem Dienstverpflichteten hinsichtlich Zeitpunkt und Dauer eine angemessene Zeit zur Stellensuche zu gewähren. Die Bestimmung des Zeitpunkts und der Dauer der Freistellung erfolgt nach § 315 durch einseitige Leistungsbestimmung des Dienstberechtigten. Was billigem Ermessen iSd. § 315 entspricht, ist unter Berücksichtigung der Interessen beider Parteien zu ermitteln. Der ArbGeb kann den Zeitpunkt der Freistellung grundsätzlich nach seinen betrieblichen Interessen ausrichten. Ist der ArbN allerdings zum persönlichen Vorstellungsgespräch eingeladen und stellt er ein entsprechendes Freistellungsverlangen, entspricht es nicht mehr billigem Ermessen, dem ArbN Freizeit zu einem anderen Zeitpunkt zu gewähren[7].

13 Bezüglich der Dauer der Freistellung genügt es nicht, dem ArbN nur die unbedingt und zwingend geringstmögliche Zeit zu geben. Angemessen ist die dem Zweck des Aufsuchen eines anderen Dienstverhältnisses entsprechende Zeit[8]. Der Begriff der Angemessenheit kann einzel- oder kollektivvertraglich konkretisiert werden. Existiert eine tarifvertragliche Regelung, dann drückt diese in der Regel auch für nicht tarifgebundene Parteien die angemessene Dauer der Freizeitgewährung aus[9].

14 **IV. Vergütungsanspruch.** Da § 629 die Frage der Vergütungspflicht ungeregelt lässt, ist insoweit auf § 616 zurückzugreifen[10]. Der Vergütungsanspruch bleibt damit erhalten, soweit die zur Stellensuche benötigte Freistellung nur eine verhältnismäßig unerhebliche Zeit in Anspruch nimmt[11]. Damit sind Fälle denkbar, in denen die begehrte Freistellung zwar noch „angemessen" iSd. § 629 BGB ist, die vergütungspflichtige Grenze des § 616 aber überschritten wird[12]. Entsprechend hat das BAG[13] für die Dauer einer mehrtägigen Vorstellungsreise entschieden.

15 Ebenso kann § 616 anders als § 629 einzel- oder kollektivvertraglich abbedungen bzw. die Vergütungspflicht für die Zeit einer nach § 629 geschuldeten Freistellung kann konkretisiert werden[14].

16 Ist in einer einzel- oder tarifvertraglichen Regelung der Vergütungsfortzahlung für die Fälle des § 616 die Stellensuche nicht ausdrücklich erwähnt, ist es Frage der Auslegung, ob § 616 damit tatsächlich für den Fall der Freizeitgewährung zur Stellensuche abbedungen werden sollte. Nach dem BAG[15] schließt nicht jede Aufzählung von Verhinderungsfällen iSd. § 616 (Hochzeit, Todesfall usw.), die den Fall der Entgeltfortzahlung wegen Stellensuche nicht nennt, auch tatsächlich einen Anspruch auf Entgeltfortzahlung in den Fällen des § 629 aus. Grund dafür ist, dass die Bedeutung des § 616 im Rahmen des § 629 häufig übersehen wird.

---

1 Vgl. LAG Düsseldorf v. 15.3.1967 – 3 Sa 40/67, DB 1967, 1227; v. 11.1.1973 – 3 Sa 521/72, DB 1973, 676; ErfK/*Müller-Glöge*, § 629 BGB Rz. 16. |2 ArbG Düsseldorf v. 9.6.1959 – 3 Ca 204/59, BB 1959, 777; ErfK/*Müller-Glöge*, § 629 BGB Rz. 14; MünchArbR/*Richardi*, § 43 Rz. 43. |3 Vgl. BAG v. 26.10.1956 – 1 AZR 248/55, AP Nr. 14 zu § 611 BGB – Urlaubsrecht; ErfK/*Müller-Glöge*, § 629 BGB Rz. 17. |4 AA Staudinger/*Preis*, § 629 BGB Rz. 13. |5 LAG Düsseldorf v. 11.1.1973 – 3 Sa 521/72, DB 1973, 676; ErfK/*Müller-Glöge*, § 629 BGB Rz. 17; Erman/*Belling*, § 629 BGB Rz. 4. |6 ArbG Essen v. 31.8.1961 – 4 Ca 1516/61, BB 1962, 560; ErfK/*Müller-Glöge*, § 629 BGB Rz. 18; Erman/*Belling*, § 629 BGB Rz. 5; KDZ/*Däubler*, § 629 Rz. 7; Staudinger/*Preis*, § 629 BGB Rz. 15. |7 ErfK/*Müller-Glöge*, § 629 BGB Rz. 19 f.; Erman/*Belling*, § 629 BGB Rz. 5. |8 ErfK/*Müller-Glöge*, § 629 BGB Rz. 14; Staudinger/*Preis*, § 629 BGB Rz. 17; *Steinwedel*, DB 1964, 1481, 1484. |9 ErfK/*Müller-Glöge*, § 629 BGB Rz. 21; Erman/*Belling*, § 629 BGB Rz. 5. |10 BAG v. 11.6.1957 – 2 AZR 15/57, AP Nr. 1 zu § 629 BGB; v. 13.11.1969 – 4 AZR 35/69, AP Nr. 41 zu § 616 BGB; ErfK/*Müller-Glöge*, § 629 BGB Rz. 25; Erman/*Belling*, § 629 BGB Rz. 7; Staudinger/*Oetker*, § 616 Rz. 72; aA (Vergütungspflicht bleibt ohne weiteres bestehen) Jauernig/*Schlechtriem*, Anm. 3. |11 ErfK/*Müller-Glöge*, § 629 BGB Rz. 25; *Schaub*, ArbRHdb, § 26 Rz. 3. |12 ErfK/*Müller-Glöge*, § 629 BGB Rz. 25; Staudinger/*Preis*, § 629 BGB Rz. 15. |13 BAG v. 13.11.1969 – 4 AZR 35/69, AP Nr. 41 zu § 616 BGB; ErfK/*Müller-Glöge*, § 629 BGB Rz. 25; MünchArbR/*Richardi*, § 45 Rz. 46. |14 BAG v. 11.6.1957 – 2 AZR 15/57, AP Nr. 1 zu § 629 BGB; *Brill*, AuR 1970, 8, 15; ErfK/*Müller-Glöge*, § 629 BGB Rz. 26; MünchArbR/*Richardi*, § 45 Rz. 46. |15 BAG v. 13.11.1969 – 4 AZR 35/69, AP Nr. 41 zu § 616 BGB; ErfK/*Müller-Glöge*, § 629 BGB Rz. 26.

Neben dem Vergütungsanspruch gegen den alten ArbGeb aus § 616 hat der Bewerber, der vom neuen potentiellen ArbGeb zur persönlichen Vorstellung aufgefordert wurde, einen Anspruch auf Erstattung seiner notwendigen Aufwendungen, §§ 670, 662[1]. Der Aufwendungsersatzanspruch (§ 670) entsteht allerdings nicht schon, wenn der Bewerber ohne Aufforderung allein aufgrund einer Stellenanzeige bzw. eines Hinweises des AA vorspricht[2], der ArbGeb nur in eine vom Bewerber erbetene Vorstellung einwilligt[3] oder der Bewerber sich das Bewerbungsgespräch durch eine vorgetäuschte Qualifikation erschlichen hat. Auch, wenn grundsätzlich eine Kostenübernahmepflicht besteht, kann der neue ArbGeb eine solche ausschließen, wenn er dies rechtzeitig, dh. idR mit der Aufforderung zur Vorstellung[4], unmissverständlich zum Ausdruck bringt[5]. Das bloße „anheim geben" sich vorzustellen oder die Aufforderung zur „unverbindlichen Rücksprache" schließt den Kostenerstattungsanspruch nicht aus.

Erstattet werden die objektiv erforderlichen Aufwendungen sowie die Aufwendungen, die der ArbN nach sorgfältiger, nach den Umständen des Falles gebotener Prüfung für erforderlich halten durfte[6]. Dies erstreckt sich auf Fahrt-, Verpflegungs- und Unterbringungskosten. Erstattungsfähig sind die Kosten, die gewöhnlich für einen Arbeitssuchenden in der betreffenden Situation anfallen würden. Nicht ohne weiteres richten sich die erforderlichen und erstattungsfähigen Kosten nach den für diese Stelle geltenden Bestimmungen über Dienstreisen bzw. nach der für diese Stelle gezahlten Vergütung[7]. Die Kosten der Benutzung des eigenen Kraftfahrzeugs sind in jedem Falle bis zur Höhe der Kosten eines öffentlichen Verkehrsmittels erstattungsfähig. Im Zweifel richtet sich die Erstattungshöhe nach steuerlichen Grundsätzen[8]. Gleiches gilt für die Verpflegung. Übernachtungskosten sind zu ersetzen, wenn dem Stellenbewerber die Hin- und Rückreise mit einem öffentlichen Verkehrsmittel oder Auto am gleichen Tag wegen der schlechten Verkehrsverbindungen nicht zumutbar sind[9]. Wenn eine besondere Vereinbarung getroffen wurde oder unvorhersehbare Ereignisse eintreten, können auch höhere Kosten erstattungsfähig sein[10].

Hat der Bewerber für die Dauer der Freistellung gegen seinen bisherigen ArbGeb keinen Anspruch auf Entgeltfortzahlung nach § 616, ist sein Verdienstausfall vom einladenden ArbGeb zu ersetzen, vorausgesetzt, der Bewerber durfte die zum Zwecke der Vorstellung in Anspruch genommene Freistellung den Umständen nach für erforderlich halten[11]. Nicht erheblich ist, ob der potentielle ArbGeb auch mit einem Verdienstausfall gerechnet hat[12]. Will sich der neue ArbGeb vor unliebsamen Überraschungen schützen, muss er den Aufwendungsersatz zuvor ausschließen oder zumindest entsprechend einschränken.

V. Durchsetzung des Anspruchs. Wird dem Dienstverpflichteten die Freistellung unberechtigterweise vom Dienstberechtigten verweigert, erwächst ihm daraus kein Selbstbeurlaubungsrecht[13]. Er ist deshalb grundsätzlich darauf verwiesen, seinen Freistellungsanspruch im Wege des einstweiligen Rechtsschutzes durchzusetzen[14].

Sehr umstritten ist, ob der ArbN den Anspruch auf Freistellung durch Ausübung seines Zurückbehaltungsrechts nach § 273 de facto durchsetzen kann. Zwar erkennt man überwiegend das Bestehen eines Zurückbehaltungsrechts an[15], da die für die Anwendung von § 273 erforderliche Gegenseitigkeit der Ansprüche aus § 629 und § 611 gegeben ist[16], man will das Zurückbehaltungsrecht teilweise aber nur in der Zeitspanne zwischen Verlangen und begehrtem Termin gewähren, da das Zurückbehaltungsrecht nicht zur Erfüllung des Anspruchs führen dürfe[17]. Dem ArbGeb wäre dementsprechend zu raten, den ArbN möglichst lange hinzuhalten, will er den Anspruch des ArbN nicht erfüllen. Um diesen Missbrauch auszuschließen, sollte man dem ArbN ein Zurückbehaltungsrecht für die Dauer der begehrten Freistellung

---

1 BAG v. 14.2.1977 – 5 AZR 171/76, AP Nr. 8 zu § 196 BGB; BGH v. 29.6.1988 – 5 AZR 433/87, NZA 1989, 468; ErfK/*Müller-Glöge*, § 629 BGB Rz. 27; Staudinger/*Preis*, § 629 BGB Rz. 24; aA (nur bei entsprechender Abrede) MünchKomm/*Schwerdtner*, § 629 BGB Rz. 19. |2 ErfK/*Müller-Glöge*, § 629 BGB Rz. 27; *Müller*, ZTR 1990, 237, 240; vgl. *Rothe*, DB 1968, 1906, 1907. |3 Vgl. aber LAG Nürnberg v. 25.7.1995 – 2 Sa 73/94, LAGE § 670 BGB Nr. 12; ErfK/*Müller-Glöge*, § 629 BGB Rz. 27. |4 ErfK/*Müller-Glöge*, § 629 BGB Rz. 27; *Schaub*, ArbRHdb, § 26 Rz. 5. |5 ArbG Kempten v. 12.4.1994 – 4 Ca 720/94, BB 1994, 1504; ErfK/*Müller-Glöge*, § 629 BGB Rz. 27. |6 BAG v. 14.2.1977 – 5 AZR 171/76, AP Nr. 8 zu § 196 BGB, v. 16.3.1995 – 8 AZR 260/94, AP Nr. 12 zu § 611 BGB – Gefährdungshaftung des Arbeitgebers; ErfK/*Müller-Glöge*, § 629 BGB Rz. 28. |7 ArbG Hamburg v. 2.11.1994 – 13 Ca 24/94, NZA 1995, 428 (Flugkosten idR nur bei besonderer Erstattungszusage); *Müller*, ZTR 1990, 237, 240 (immer 2. Klasse); aA (großzügiger) ErfK/*Müller-Glöge*, § 629 BGB Rz. 28. |8 ErfK/*Müller-Glöge*, § 629 BGB Rz. 28. |9 ErfK/*Müller-Glöge*, § 629 BGB Rz. 28; RGRK/*Eisemann*, § 629 BGB Rz. 22. |10 Großzügig ErfK/*Müller-Glöge*, § 629 BGB Rz. 28; aA LAG Nürnberg v. 25.7.1995 – 2 Sa 73/94, LAGE § 670 BGB Nr. 12 (Steuerpauschale für Dienstreisen). |11 ErfK/*Müller-Glöge*, § 629 BGB Rz. 29; *Müller*, ZTR 1990, 237, 241; aA *Rothe*, DB 1968, 1906, 1907. |12 ErfK/*Müller-Glöge*, § 629 BGB Rz. 29; aA Staudinger/*Preis*, § 629 BGB Rz. 25: „Verdienstausfall ist idR nicht zu ersetzen, da der Dienstgeber unter normalen Umständen damit rechnen darf, dass der Bewerber von seinem bisherigen Dienstherrn Entgeltfortzahlung erhält." |13 ErfK/*Müller-Glöge*, § 629 BGB Rz. 22; aA LAG BW v. 11.4.1967 – 7 Sa 15/67, EzA § 133b GewO Nr. 3. |14 *Dütz*, DB 1976, 1480, 1481; ErfK/*Müller-Glöge*, § 629 BGB Rz. 22; *Vogt*, DB 1968, 264, 266. |15 LAG Düsseldorf v. 15.3.1967 – 3 Sa 40/67, EzA § 123 GewO Nr. 6; ErfK/*Müller-Glöge*, § 629 BGB Rz. 22; Erman/*Belling*, § 629 BGB Rz. 6; *Hoppe*, BB 1970, 399, 400; *Schaub*, ArbRHdb, § 26 Rz. 4 (aufgrund § 320 BGB); diff. *Otto*, AR-Blattei SD 1880, Rz. 79 (nur in Extremfällen); aA Palandt/*Putzo*, § 629 BGB Rz. 2 (kein eigenmächtiges Verlassen oder Fernbleiben); *Vogt*, DB 1968, 264, 266. |16 Staudinger/*Preis*, § 629 BGB Rz. 20; aA *Dütz*, DB 1976, 1480, 1481. |17 *Dütz*, DB 1976, 1480.

und nur für diese zubilligen[1]. Dies führt nicht zu einem Selbstbeurlaubungsrecht. Zwar kann der ArbN auf diese Weise erreichen, dass er gerade zu dem betreffenden Zeitpunkt nicht arbeiten muss. Diese faktische Erfüllung ist aber nichts ungewöhnliches, da zB ein ArbN die Arbeitsleistung auch dann verweigern darf, wenn er auf einem gesundheitsschädlichen Arbeitsplatz eingesetzt wird. Die Ausübung eines Zurückbehaltungsrechts führt jedoch nur zu einer Suspendierung der arbeitsvertraglichen Pflichten[2] und nicht auch automatisch zu einem Entgeltfortzahlungsanspruch[3]. Damit liegt keine Erfüllung im Rechtssinne vor. Der ArbN ist dann darauf verwiesen, seinen Entgeltanspruch als Schadensersatz einzuklagen[4]. Er trägt zudem das Risiko, zu Unrecht von seinem Zurückbehaltungsrecht Gebrauch und sich ua. deshalb nach § 280 Abs. 1 und 3, § 283 schadensersatzpflichtig gemacht zu haben.

22 Erkennt man ein Zurückbehaltungsrecht für die Dauer der begehrten Freistellung an, besteht kein Bedürfnis, ein außerordentliches Kündigungsrecht des Beschäftigten anzuerkennen, weil der ArbGeb den Freistellungsanspruch nicht erfüllt hat[5].

23 **VI. Abdingbarkeit.** § 629 ist nicht abdingbar[6]. Lediglich eine Konkretisierung des Begriffs der angemessenen Freizeit nach Dauer, Zeit und Häufigkeit ist im Rahmen billigen Ermessens zulässig, § 315[7]. Dieser Rahmen ist überschritten, wenn die Vereinbarung praktisch zu einem Ausschluss des Freistellungsanspruchs zur Stellensuche oder dessen unangemessener Beschränkung führt. Da § 616 dispositiv ist, kann die Vergütungspflicht während der gewährten Freizeit eingeschränkt oder ausgeschlossen werden[8].

24 **VII. Darlegungs- und Beweislast.** Der Dienstverpflichtete hat als Anspruchsteller die Anspruchsvoraussetzungen darzulegen und ggf. zu beweisen. Welche Freistellung nach Lage und Dauer angemessen iSd. § 629 ist, setzt das Gericht nach Maßgabe des § 315 Abs. 3 fest.

630 Pflicht zur Zeugniserteilung

Bei der Beendigung eines dauernden Dienstverhältnisses kann der Verpflichtete von dem anderen Teil ein schriftliches Zeugnis über das Dienstverhältnis und dessen Dauer fordern. Das Zeugnis ist auf Verlangen auf die Leistungen und die Führung im Dienst zu erstrecken. Die Erteilung des Zeugnisses in elektronischer Form ist ausgeschlossen. Wenn der Verpflichtete ein Arbeitnehmer ist, findet § 109 der Gewerbeordnung Anwendung.

Satz 3 eingefügt durch Gesetz zur Anpassung der Formvorschriften des Privatrechts und anderer Vorschriften an den modernen Rechtsgeschäftsverkehr v. 13.7.2001, BGBl. I S. 1542. Satz 4 eingefügt durch Art. 4 des Dritten Gesetz zur Änderung der Gewerbeordnung und sonstiger gewerberechtlicher Vorschriften v. 24.8.2002, BGBl. I S. 3412.

1 Bis zum 31.12.2002 war § 630 noch die zentrale Vorschrift des Zeugnisrechts für ArbN. Parallelregelungen bestanden für gewerbliche ArbN in § 113 GewO und für Handlungsgehilfen in § 73 HGB. Durch das Dritte Gesetz zur Änderung der Gewerbeordnung und sonstiger gewerberechtlicher Vorschriften v. 24.8.2002[9] ist § 630 durch einen Satz 4 ergänzt worden, wonach für ArbN § 109 GewO Anwendung findet. § 73 HGB ist aufgehoben worden. Damit soll § 630 nach dem Willen des Gesetzgebers nur noch auf dauernde Dienstverträge mit Selbständigen Anwendung finden[10].

2 Indes ist der Anspruch nach wie vor auf solche Selbständige zu beschränken, die einem ArbN sozial vergleichbar sind. Einen Zeugnisanspruch nach dieser Vorschrift haben daher

- die einem ArbN vergleichbar sozial abhängigen **arbeitnehmerähnlichen Personen** (§ 5 Abs. 1 Satz 2 ArbGG)[11],
- **Heimarbeiter**[12]
- **Einfirmenvertreter** (§ 92a HGB)[13] und
- **GmbH-Geschäftsführer**, die **nicht zugleich Gesellschafter** sind[14].

Keinen Anspruch auf Erteilung eine Zeugnisses haben hingegen selbständige Handelsvertreter[15].

3 Im Übrigen gelten die Ausführungen zu § 109 GewO. Auch wenn § 630 im Gegensatz zu § 109 GewO nicht ausdrücklich festschreibt, dass das Zeugnis klar und verständlich formuliert sein muss und keine Merkmale oder Formulierungen enthalten darf, die den Zweck haben, eine andere als aus der äußeren Form oder aus dem Wortlaut ersichtliche Aussage über den ArbN zu treffen, gilt dieser Grundsatz auch bei § 630.

---

1 Staudinger/*Preis*, § 629 BGB Rz. 20. | 2 BAG v. 9.5.1996 – 2 AZR 387/95, AP Nr. 5 zu § 273 BGB; ErfK/*Müller-Glöge*, § 629 BGB Rz. 23. | 3 BAG v. 7.6.1973 – 5 AZR 563/72, AP Nr. 28 zu § 615 BGB; v. 21.5.1981 – 2 AZR 95/79, AP Nr. 32 zu § 615 BGB; ErfK/*Müller-Glöge*, § 629 BGB Rz. 23. | 4 Der Streit, ob sich dieser Anspruch aus §§ 280, 286 BGB ergibt (so ErfK/*Müller-Glöge*, § 629 BGB Rz. 23) oder aus pFV (so Palandt/*Putzo*, § 629 BGB Rz. 2), hat sich mit der Schuldrechtsmodernisierung erledigt. | 5 AA ErfK/*Müller-Glöge*, § 629 BGB Rz. 24; *Schaub*, ArbRHdb, § 26 Rz. 4; Soergel/*Kraft*, § 629 BGB Rz. 12. | 6 RAG v. 2.5.1928, ARS 3, 21, 23; ErfK/*Müller-Glöge*, § 629 BGB Rz. 30; Erman/*Belling*, § 629 BGB Rz. 1. | 7 ErfK/*Müller-Glöge*, § 629 BGB Rz. 30; Erman/*Belling*, § 629 BGB Rz. 1; Staudinger/*Preis*, § 629 BGB Rz. 2. | 8 ErfK/*Müller-Glöge*, § 629 BGB Rz. 30; Erman/*Belling*, § 629 BGB Rz. 7. | 9 BGBl. I S. 3412. | 10 BT-Drs. 14/8796, S. 29. | 11 Erman/*Belling*, § 630 Rz. 3. | 12 MünchKomm/*Schwerdtner*, § 630 Rz. 5. | 13 Erman/*Belling*, § 630 Rz. 3. | 14 BGH v. 9.11.1967 – II ZR 64/67, BGHZ 49, 30 = NJW 1968, 396. | 15 OLG Celle v. 23.5.1967 – 11 U 270/66, AR-Blattei, ES 880.3 Nr. 90.

Mindesturlaubsgesetz für Arbeitnehmer (Bundesurlaubsgesetz)

vom 8.1.1963 (BGBl. I S. 2),
zuletzt geändert durch Gesetz vom 7.5.2002 (BGBl. I S. 1529)

1 Urlaubsanspruch

Jeder Arbeitnehmer hat in jedem Kalenderjahr Anspruch auf bezahlten Erholungsurlaub.

I. Zweck des Gesetzes und des Urlaubsanspruchs. Das Gesetz regelt die **Voraussetzungen und die Höhe des gesetzlichen Mindestanspruchs** der ArbN. Die urlaubsrechtlichen Grundsätze, die das BUrlG aufstellt (Entstehung, Fälligkeit, Übertragung, Abgeltung, Höhe der Urlaubsvergütung, Unabdingbarkeit), beziehen sich unmittelbar nur auf den gesetzlichen Mindesturlaubsanspruch. Für darüber hinausgehende tarifvertragliche oder einzelvertragliche Urlaubsansprüche können die Parteien Voraussetzungen und inhaltliche Ausgestaltung frei vereinbaren. Soweit eigenständige Regelungen im Tarif- oder Einzelarbeitsvertrag nicht bestehen, gelten die Grundsätze des BUrlG auch für die den gesetzlichen Mindesturlaub übersteigenden tariflichen oder vertraglichen Ansprüche[1]. 1

Neben den Vorschriften des BUrlG ist ein **Rückgriff auf ungeschriebene Regeln** des Arbeitsrechts wie die Fürsorgepflicht oder auf ein Gewohnheitsrecht („hergebrachte Grundsätze des Urlaubsrechts") nicht mehr statthaft[2]. Es gelten jedoch für den Anspruch auf Urlaub als privatrechtlichen Anspruch – insb. für die Fragen der Erfüllung sowie der Leistungsstörungen – die Bestimmungen des bürgerlichen Rechts über Schuldverhältnisse (§ 7 Rz. 3 ff., 133 ff.). 2

Weitere gesetzliche Urlaubsregelungen finden sich im HAG, im JArbSchG und in § 125 SGB IX. 3

Zweck des Urlaubs nach dem BUrlG ist die gesetzlich gesicherte Möglichkeit für einen ArbN, die ihm eingeräumte **Freizeit selbstbestimmt zur Erholung** zu nutzen[3]. Der Urlaubsanspruch eröffnet dem ArbN in den Grenzen von § 8 die freie Verfügbarkeit über seine Urlaubszeit. Ein wie auch immer definierter Urlaubszweck ist jedoch nicht Tatbestandsmerkmal des Urlaubsanspruchs. Für das Entstehen, den Bestand und die Erteilung des Urlaubs kommt es auf ein konkretes Erholungsbedürfnis des ArbN und die Art der Gestaltung seiner Freizeit nicht an[4]. Das Gesetz stellt vielmehr eine unwiderlegliche Vermutung dahingehend aus, dass ein ArbN bei Fälligkeit seines Anspruchs erholungsbedürftig ist[5]. Deshalb gehört eine auch nur geringfügige Arbeitsleistung im Urlaubsjahr nicht zu den anspruchsbegründenden Voraussetzungen des Urlaubsanspruchs[6]. Auch unter Hinweis auf Treu und Glauben kann einem ArbN, der während des ganzen Kalenderjahres nicht gearbeitet hat, der Urlaub nicht versagt werden[7]. 4

II. Inhalt des Urlaubsanspruchs. 1. Begriff. Der Urlaubsanspruch des ArbN richtet sich darauf, vom ArbGeb von der nach dem Arbeitsvertrag bestehenden **Arbeitspflicht befreit** zu werden, ohne dass dadurch die Pflicht zur Zahlung des Arbeitsentgelts berührt wird[8]. Der Anspruch richtet sich auf zeitliche Festlegung des Urlaubs und auf Freistellung von der Arbeitspflicht im festgelegten Urlaubszeitraum, wobei in der zeitlichen Festlegung zugleich die Freistellung von der Arbeitspflicht liegt. 5

Mit der Gewährung des Urlaubs entsteht **kein neuer Entgeltanspruch**. Der ArbN behält vielmehr seinen vertraglichen Anspruch auf die regelmäßige Vergütung, deren Höhe sich nach § 11 richtet. Die Formulierung vom bezahlten Erholungsurlaub stellt somit lediglich sicher, dass die Rechtsfolgen des § 326 Abs. 1 Satz 1 BGB für den Urlaubszeitraum nicht eintreten[9]. Die frühere Rspr. des BAG[10], der Urlaubsanspruch nach dem BUrlG sei ein **Einheitsanspruch**, der aus den Wesenselementen Freizeitgewährung und Zahlung eines Urlaubsentgelts bestehe, ist damit überholt; die gleichwohl in der Arbeitsrechtspraxis anzutreffende Auffassung von der Doppelnatur des Urlaubsanspruchs ist nicht mehr vertretbar. 6

---

1 BAG v. 18.10.1990 – 8 AZR 490/89, AP Nr. 56 zu § 7 BUrlG – Abgeltung. | 2 BAG v. 8.3.1984 – 6 AZR 600/82, AP Nr. 14 zu § 3 BUrlG – Rechtsmissbrauch; aA *Dersch/Neumann*, § 1 BUrlG Rz. 3 f. | 3 BAG v. 8.3.1984 – 6 AZR 600/82, AP Nr. 14 zu § 3 BUrlG – Rechtsmissbrauch; v. 20.6.2000 – 9 AZR 405/99, AP Nr. 28 zu § 7 BUrlG; *Leinemann/Linck*, § 1 BUrlG Rz. 3; ErfK/*Dörner*, § 1 BUrlG Rz. 9. | 4 BAG v. 28.1.1982 – 6 AZR 571/79, AP Nr. 11 zu § 3 BUrlG – Rechtsmissbrauch = NJW 1982, 1548; ErfK/*Dörner*, § 1 BUrlG Rz. 10; aA *Beckerle*, RdA 1985, 352. | 5 *Leinemann/Linck*, § 1 BUrlG Rz. 5. | 6 BAG v. 8.3.1984 – 6 AZR 442/83, AP Nr. 15 zu § 13 BUrlG. | 7 BAG v. 28.1.1982 – 6 AZR 571/79, AP Nr. 11 zu § 3 BUrlG – Rechtsmissbrauch = NJW 1982, 1548. | 8 St. Rspr. des BAG seit 1982; BAG v. 13.5.1982 – 6 AZR 360/80, AP Nr. 1 zu § 3 BUrlG – Übertragung = DB 1982, 2193; v. 8.3.1984 – 6 AZR 600/82, AP Nr. 14 zu § 3 BUrlG – Rechtsmissbrauch; v. 25.1.1994 – 9 AZR 312/92, AP Nr. 16 zu § 7 BUrlG; aA *Neumann/Fenski*, § 1 BUrlG Rz. 69. | 9 BAG v. 8.3.1984 – 6 AZR 600/82, AP Nr. 14 zu § 3 BUrlG – Rechtsmissbrauch. | 10 BAG v. 3.6.1960 – 1 AZR 251/59, AP Nr. 73 zu § 611 BGB – Urlaubsrecht.

7   Aus der Rechtsnatur des Freistellungsanspruchs folgt, dass Urlaub nicht zu einer Zeit gewährt werden kann, in der der ArbN arbeitsvertraglich nicht zur Arbeitsleistung verpflichtet ist[1] oder diese wegen Arbeitsunfähigkeit nicht erbringen kann[2].

8   **2. Abgrenzung zur Freistellung aus anderen Gründen. a) Gesetzliche Freistellungsansprüche.** Neben dem Urlaubsanspruch gibt es eine Reihe weiterer gesetzlicher Freistellungsansprüche mit und ohne Auswirkungen auf den Entgeltanspruch. Gesetzliche Freistellungsansprüche sind zB geregelt in §§ 15, 16 BErzGG (Elternzeit), § 616 BGB (persönliche Verhinderung), § 629 BGB (Freistellung zur Stellensuche), den Bildungsurlaubsgesetzen der Länder, §§ 9, 10, 16, 17, 18, 43 JArbSchG, § 37 BetrVG.

9   **b) Suspendierung von der Arbeitspflicht.** Die Weigerung des ArbGeb, den ArbN vertragsgemäß zu beschäftigen („Suspendierung", Hausverbot etc. nach Ausspruch einer Kündigung), ist regelmäßig keine Erfüllung des Urlaubsanspruchs[3]. Die bloße Weigerung des ArbGeb, den ArbN vertragsgerecht zu beschäftigen, ist keine Leistungshandlung, die zur Erfüllung des Urlaubsanspruchs führt[4]. Soll während der Zeit der Suspendierung der Urlaubsanspruch erfüllt werden, muss der ArbGeb hinreichend deutlich Urlaub erteilen.

10 Stellt ein ArbGeb einen ArbN unter **Anrechnung auf offene Urlaubsansprüche** unwiderruflich von der Arbeitsleistung frei, ist dies regelmäßig so zu verstehen, dass der ArbGeb sich vorbehaltlos zur Fortzahlung des Entgeltes im Freistellungszeitraum verpflichten will und der ArbN über seine Arbeitsleistung frei verfügen kann. Denn einer nicht näher bestimmten Urlaubsfestlegung kann der ArbN entnehmen, dass der ArbGeb es ihm überlässt, die zeitliche Lage seines Urlaubs innerhalb des Freistellungszeitraumes festzulegen. Der Urlaubsanspruch wird damit erfüllt, sofern der ArbN mindestens im zeitlichen Umfang des Urlaubs arbeitsfähig ist[5].

11 Eine während der Freistellung erklärte (rechtsunwirksame) fristlose Kündigung des ArbGeb lässt die Arbeitsbefreiung unberührt[6].

12 **3. Unabdingbarkeit.** Der gesetzliche **Mindesturlaubsanspruch** ist unabdingbar und unverzichtbar. Gem. § 13 Abs. 1 Satz 1 können §§ 1 und 2 nicht, § 3 Abs. 1 nur zugunsten der ArbN durch TV geändert werden. Das bedeutet, dass der gesetzliche Mindesturlaub sowie der Anspruch auf Urlaubsabgeltung[7] nicht unterschritten werden dürfen. Soweit die TV-Parteien nach § 13 Abs. 1 Satz 1 die Befugnis haben, auch ungünstigere Regelungen zu treffen, darf dies nicht dazu führen, dass mittelbar in die unantastbaren Rechte des ArbN nach § 1, § 2 und § 3 Abs. 1 eingegriffen wird[8]. Die Unverzichtbarkeit gilt auch für (gerichtliche und außergerichtliche) Vergleiche, tarifliche und vertragliche Ausschlussfristen, Ausgleichsquittungen uÄ (Einzelheiten bei § 13).

13 **III. Entstehung des Urlaubsanspruchs. 1. Bestand eines Arbeitsverhältnisses.** Nach § 1 sind alle ArbN anspruchsberechtigt. Anspruchsvoraussetzungen sind daher nur der rechtliche Bestand eines Arbeitsverhältnisses und – für den Vollurlaub – der **Ablauf der Wartezeit** des § 4. Eine tatsächlich erbrachte Arbeitsleistung – in welchem Umfang auch immer – wird vom Gesetz nicht verlangt. Damit ist der Urlaubsanspruch nicht wegen Rechtsmissbrauchs ausgeschlossen, wenn ein ArbN im Urlaubsjahr oder im Übertragungszeitraum wegen Krankheit nicht gearbeitet hat[9].

14 Das Arbeitsverhältnis muss **wenigstens einen vollen Monat** bestanden haben, um einen (Teil-)urlaubsanspruch zu begründen, § 5 Abs. 1 (Einzelheiten dort). Bei kürzerem Bestand entsteht kein Teilanspruch.

15 Unerheblich ist, welche rechtliche Qualität das Arbeitsverhältnis hat. Ein Urlaubsanspruch kann daher in einem **Teilzeitarbeitsverhältnis** unabhängig von der Verteilung der Arbeitszeit (zur Berechnung der Urlaubsdauer s. § 3) und auch bei geringfügiger Beschäftigung, § 8 SGB IV, erworben werden[10]. Anspruchsberechtigt sind weiterhin studentische Hilfskräfte unter der Voraussetzung, dass sie in einem Dauerarbeitsverhältnis stehen[11]; anders ist es bei unregelmäßiger Beschäftigung, wenn stets ein neues befristetes Arbeitsverhältnis (für weniger als einen Monat) geschlossen wird, es sei denn, die Parteien vereinbaren ein einheitliches Arbeitsverhältnis auf Abruf gem. § 12 TzBfG. Auch Reinigungskräfte in einem Haushalt, die zB nur einmal in der Woche arbeiten, haben einen Urlaubsanspruch[12].

---

1 BAG v. 19.4.1994 – 9 AZR 462/92, AP Nr. 2 zu § 74 SGB V. |2 BAG v. 8.2.1994 – 9 AZR 332/92, AP Nr. 17 zu § 47 BAT. |3 BAG v. 25.1.1994 – 9 AZR 312/92, AP Nr. 16 zu § 7 BUrlG. |4 BAG v. 28.2.1991 – 8 AZR 196/90, AP Nr. 4 zu § 6 BUrlG; v. 31.5.1990 – 8 AZR 132/89, AP Nr. 13 zu § 13 BUrlG – Unabdingbarkeit; v. 9.6.1998 – 9 AZR 43/97, AP Nr. 23 zu § 7 BUrlG = NZA 1999, 80. |5 BAG v. 19.3.2002 – 9 AZR 16/01, BB 2002, 1703. |6 BAG v. 23.1.1996 – 9 AZR 554/93, AP Nr. 10 zu § 5 BUrlG; v. 23.1.2001 – 9 AZR 26/00, AP Nr. 93 zu § 615 BGB = NZA 2001, 597. |7 BAG v. 30.11.1977 – 5 AZR 667/76, AP Nr. 4 zu § 13 BUrlG – Unabdingbarkeit = DB 1978, 847. |8 BAG v. 10.2.1966 – 5 AZR 408/65, AP Nr. 1 zu § 13 BUrlG – Unabdingbarkeit = DB 1966, 708. |9 St. Rspr. des BAG seit 28.1.1982 – 6 AZR 571/79, AP Nr. 11 zu § 3 BUrlG – Rechtsmissbrauch = NJW 1982, 1548; v. 8.3.1984 – 6 AZR 442/83, AP Nr. 14 zu § 3 BUrlG – Rechtsmissbrauch und ganz hM im Schrifttum (*Leinemann/Linck*, § 1 BUrlG Rz. 81 ff.; ErfK/*Dörner*, § 1 BUrlG Rz. 26; aA GK-BUrlG/*Bleistein*, § 1 Rz. 112 ff.). |10 BAG v. 19.1.1993 – 9 AZR 53/92, AP Nr. 20 zu § 1 BUrlG. |11 BAG v. 23.6.1992 – 9 AZR 57/91, AP Nr. 22 zu § 1 BUrlG. |12 ErfK/*Dörner*, § 1 BUrlG Rz. 23.

16 Ohne Bedeutung für den Urlaubsanspruch ist, ob es sich um ein befristetes, unbefristetes oder auflösend bedingtes (§ 21 TzBfG) Arbeitsverhältnis handelt oder ob der ArbN noch in weiteren Arbeitsverhältnissen steht. In jedem Arbeitsverhältnis ist gesondert die Entstehung eines Urlaubsanspruchs zu prüfen, auch wenn der ArbN mit der Eingehung eines zweiten Arbeitsverhältnisses einen Pflichtverstoß gegenüber dem ersten ArbGeb begangen hat oder wenn er gegen die Schutzvorschriften des ArbZG verstößt[1].

17 Ein (durch die rechtskräftige Entscheidung über die Kündigungsschutzklage auflösend bedingtes) Arbeitsverhältnis, das Urlaubsansprüche begründen kann, besteht auch, wenn der ArbN gem. § 102 Abs. 5 BetrVG nach Ablauf der Kündigungsfrist **vorläufig weiterbeschäftigt** wird[2]. Hingegen entsteht kein Urlaubsanspruch, wenn ein ArbN nach erstinstanzlicher Verurteilung zur vorläufigen Weiterbeschäftigung aufgrund der Rspr. des Großen Senats des BAG[3] („allgemeiner Weiterbeschäftigungsanspruch") zur Abwendung der Zwangsvollstreckung tatsächlich beschäftigt, die Kündigungsschutzklage in der 2. oder 3. Instanz aber rechtskräftig abgewiesen wird, da in diesem Falle kein Arbeitsverhältnis entsteht[4].

18 Zum **urlaubsrechtlichen ArbN-Begriff** s. § 2.

19 **2. Wartezeit.** Der Urlaubsanspruch entsteht gem. § 4 erstmalig nach dem Ablauf der Wartezeit von sechs Monaten. Die Wartezeit ist **Anspruchsvoraussetzung** (Einzelheiten s. § 4). Die Wartezeit muss nur **einmal** bei Beginn des Arbeitsverhältnisses erfüllt werden; in den darauf folgenden Jahren entsteht der Urlaubsanspruch jeweils am Beginn des Urlaubsjahres. Zur Berechnung der Wartezeit s. § 4.

20 **IV. Fälligkeit.** Da das BUrlG keine Fälligkeitsregelung enthält, kann der ArbN gem. § 271 Abs. 1 BGB die Leistung **sofort verlangen**, der ArbGeb sie sofort bewirken, wenn eine Leistungszeit weder bestimmt noch aus den Umständen zu entnehmen ist. Der Urlaub kann daher nach einmaliger Erfüllung der Wartezeit bereits mit Beginn der Arbeitspflicht im jeweiligen Kalenderjahr verlangt bzw. gewährt werden[5].

21 **V. Urlaubsdauer.** Nach § 3 Abs. 1 beträgt der gesetzliche Mindesturlaubsanspruch 24 **Werktage** (= 4 Wochen). Tarifliche oder einzelvertragliche Bestimmungen gehen oft darüber hinaus, teilweise verbunden mit besonderen Regelungen zu Entstehung, Übertragung und Verfall (Einzelheiten bei §§ 3, 7 und 13).

22 **VI. Übertragung auf Dritte. 1. Vererblichkeit.** Der Urlaubsanspruch (Freistellungsanspruch) kann nicht vererbt werden. Die Arbeitspflicht ist gem. § 613 BGB an die Person des ArbN gebunden. Deshalb kann auch nur der ArbN, nicht aber sein Erbe freigestellt werden[6]. Das gilt auch für den **Abgeltungsanspruch** nach § 7 Abs. 4, da der Abgeltungsanspruch Surrogat des Urlaubsanspruchs ist (Einzelheiten bei § 7) und deshalb nicht weitergehen kann als der mit dem Tod erloschene Urlaubsanspruch[7]. Anders sind hingegen **Schadensersatzansprüche** zu beurteilen: Sind sie bei Lebzeiten des ArbN entstanden, so können sie vererbt werden[8]. Der Urlaubsentgeltanspruch ist wie jeder Vergütungsanspruch vererblich.

23 **2. Abtretung, Pfändung.** Auch hier ist streng zu trennen zwischen dem Urlaubsanspruch (= Freistellungsanspruch) und dem Vergütungsanspruch. Der Urlaubsanspruch kann nur in der (praktisch wohl nicht vorkommenden) Weise abgetreten bzw. gepfändet werden, dass der Neugläubiger Freistellung des ArbN verlangen kann[9]. Das **Urlaubsentgelt** kann hingegen – wie sonstiges Entgelt – in den Grenzen der §§ 850 ff. ZPO gepfändet[10] und abgetreten werden, mit ihm und gegen ihn kann aufgerechnet werden[11]. Vollstreckungsrechtliche Besonderheiten gelten für das zusätzliche Urlaubsgeld; es ist nach Maßgabe des § 850a Nr. 2 ZPO unpfändbar und damit nicht abtretbar.

24 Gleiches gilt für die **Urlaubsabgeltung**. Der Kündigungssenat des BAG hat zwar unter Berufung auf ein Urteil des BAG aus der Zeit vor der grundsätzlichen Änderung der Urlaubsrechtsprechung entschieden, dass insoweit Abtretung, Aufrechnung oder Pfändung nicht zulässig seien[12]. Dem kann jedoch nicht gefolgt werden, da die Abgeltung Surrogat des Urlaubsanspruchs ist und daher ein weiterer Schutz als beim Urlaubsanspruch nicht in Betracht kommt[13].

---

1 ErfK/*Dörner*, § 1 BUrlG Rz. 24. | 2 BAG v. 12.9.1985 – 2 AZR 324/84, AP Nr. 7 zu § 102 BetrVG 1972 – Weiterbeschäftigung; v. 10.3.1987 – 8 AZR 146/84, AP Nr. 1 zu § 611 BGB – Weiterbeschäftigung; *Leinemann/Linck*, § 1 BUrlG Rz. 72. | 3 BAG (GS) v. 27.2.1985 – GS 1/84, AP Nr. 14 zu § 611 BGB – Beschäftigungspflicht. | 4 BAG v. 10.3.1987 – 8 AZR 146/84, AP Nr. 1 zu § 611 BGB – Weiterbeschäftigung; *Leinemann/Linck*, § 1 BUrlG Rz. 73. | 5 HM; vgl. *Leinemann/Linck*, § 1 BUrlG Rz. 70 ff.; ErfK/*Dörner*, § 1 BUrlG Rz. 27; aA *Dersch/Neumann*, § 7 BUrlG Rz. 1; *Künzl*, BB 1991, 1630. | 6 BAG v. 23.6.1992 – 9 AZR 111/91, AP Nr. 59 zu § 7 BUrlG – Abgeltung. | 7 BAG v. 22.10.1991 – 9 AZR 433/90, AP Nr. 57 zu § 7 BUrlG – Abgeltung. | 8 BAG v. 19.11.1996 – 9 AZR 376/95, AP Nr. 71 zu § 7 BUrlG – Abgeltung. | 9 MünchArbR/*Leinemann*, § 87 Rz. 17; *Leinemann/Linck*, § 1 BUrlG Rz. 111 ff.; ErfK/*Dörner*, § 1 BUrlG Rz. 30; *Pfeifer*, NZA 1996, 738. | 10 BAG v. 20.6.2000 – 9 AZR 405/99, AP Nr. 28 zu § 7 BUrlG. | 11 ErfK/*Dörner*, § 11 BUrlG Rz. 51; *Leinemann/Linck*, § 11 BUrlG Rz. 102. | 12 BAG v. 21.1.1988 – 2 AZR 581/86, AP Nr. 19 zu § 4 KSchG 1969 = NZA 1988, 651; v. 12.2.1959 – 1 AZR 43/56, AP Nr. 42 zu § 611 BGB – Urlaubsrecht = DB 1959, 350. | 13 *Leinemann/Linck*, § 7 BUrlG Rz. 201; ErfK/*Dörner*, § 7 BUrlG Rz. 107.

25 **VII. Erlöschen. 1. Erfüllung.** Der Urlaubsanspruch wird dadurch erfüllt, dass der ArbGeb die geschuldete Freistellungserklärung abgibt (**Leistungshandlung**) und der ArbN sodann den Urlaub antritt, dh. seine Arbeitsleistung nicht erbringt (**Leistungserfolg**), § 362 BGB. Erfüllung tritt daher nur ein, wenn der ArbGeb eine § 7 Abs. 1 entsprechende Freistellungserklärung abgibt, die Freistellungserklärung vor dem Fernbleiben des ArbN vom Arbeitsplatz erfolgt und der Freistellungserklärung entnommen werden kann, dass der ArbGeb gerade zur Erfüllung des Urlaubsanspruchs freistellen will (zu den Einzelheiten s. § 7).

26 **2. Befristung.** Aus § 1 und § 7 Abs. 3 Satz 1 ergibt sich, dass der Urlaubsanspruch **auf das jeweilige Kalenderjahr** bzw. – wenn die gesetzlichen Voraussetzungen in § 7 Abs. 3 erfüllt sind – bis zum **Ende des Übertragungszeitraums** befristet ist[1]. Das bedeutet, dass der Anspruch mit Ablauf des Kalenderjahres bzw. im Falle der Übertragung am 31. 3. des Folgejahres erlischt, § 275 Abs. 1 BGB. Dies gilt auch, wenn der ArbN den Urlaub rechtzeitig verlangt, der ArbGeb jedoch nicht gewährt. Auch während eines laufenden Kündigungsrechtsstreits erlischt der Urlaubsanspruch mit Ende des jeweiligen Jahres[2]. Tarifliche Urlaubsansprüche erlöschen in gleicher Weise, wenn nicht der TV eine eigenständige Befristungsregelung erhält[3]. Statt des Urlaubsanspruchs kann dem ArbN ein Schadensersatzanspruch gem. §§ 283, 280 Abs. 1 BGB zustehen (zu den Einzelheiten siehe § 7).

27 **3. Tod des ArbN.** Da Urlaubs- und Abgeltungsanspruch nicht vererblich sind, **erlöschen** sie mit dem Tod des ArbN[4]. Dies gilt nicht für Schadensersatzansprüche, die vor dem Tod des ArbN entstanden und deshalb vererblich sind (s. § 7 Rz. 148 ff.).

28 **VIII. Besondere Fallgestaltungen. 1. Arbeitskampf.** Da der Urlaubsanspruch ein Freistellungsanspruch ist und deshalb die Arbeitspflicht des ArbN voraussetzt, kann während der Teilnahme an einem Streik oder bei Aussperrung des ArbN der Urlaubsanspruch nicht erfüllt werden. Denn während der Teilnahme an einem rechtmäßigen Streik sind die beiderseitigen Rechte und Pflichten aus den Arbeitsverhältnissen suspendiert[5].

29 Im Übrigen gilt Folgendes:

- Beteiligt sich der ArbN nicht am Streik und wird er nicht ausgesperrt, sondern tritt den Urlaub wie gewährt an, so wird der Urlaubsanspruch unabhängig vom Arbeitskampf ordnungsgemäß erfüllt. Eventuelle streikbedingte Vergütungsausfälle während des Referenzzeitraums vor dem Urlaubsantritt werden bei der Berechnung des Urlaubsentgelts nicht berücksichtigt, § 11 Abs. 1 Satz 3[6].

- Beteiligt sich der ArbN am Streik und beantragt er während der Dauer des Streiks Urlaub, ist eine Erfüllung grundsätzlich nicht möglich, da durch den Streik die Arbeitspflicht suspendiert ist; es ist aber zu prüfen, ob in dem Urlaubsantrag gleichzeitig die Erklärung des ArbN zu sehen ist, er wolle mit dem beantragten Urlaubsbeginn seine Streikteilnahme beenden.

- Erklärt der ArbN nach beantragtem und gewährtem Urlaub, sich während der Zeit des Urlaubs an dem Streik beteiligen zu wollen, wird damit die Erfüllung des Urlaubsanspruchs unmöglich, § 275 Abs. 1 BGB. Da sich der Urlaubsanspruch durch Beantragung und Gewährung für einen bestimmten Zeitraum konkretisiert hat, wird der ArbGeb von Gesetzes wegen von der Leistung frei. Schadensersatz schuldet der ArbGeb mangels Verschulden nicht, § 280 Abs. 1 Satz 2 BGB. Eine Nachgewährung von Urlaub kommt nur in Betracht, wenn sich die Parteien darauf verständigen oder durch ein tarifliches Maßregelungsverbot ein neuer Anspruch begründet wird[7].

- Hat der streikende ArbN vor Streikbeginn keinen Urlaub beantragt und dauert der Streik über den 31. 12. des Urlaubsjahres bzw. den 31. 3. des Folgejahres (Verfallzeitpunkt) hinaus an, so erlischt der Urlaubsanspruch. Ein Schadensersatzanspruch entsteht nur, wenn der ArbN seine Beteiligung am Streik aufgibt und Urlaub verlangt, der ArbGeb aber den Urlaub verweigert und dadurch in Verzug gerät (zu den Einzelheiten s. § 7)[8].

30 **2. Insolvenz.** Für die mit dem Urlaub zusammenhängenden **Zahlungsansprüche** (Urlaubsentgelt, zusätzliches Urlaubsgeld, Urlaubsabgeltung) gelten die §§ 35 ff. InsO. Hinsichtlich des eigentlichen Urlaubs- (= Freistellungs-)anspruchs wird der Insolvenzverwalter Schuldner. Im Übrigen berührt die Eröffnung des Insolvenzverfahrens über das Vermögen des ArbGeb den Anspruch auf Freistellung nach dem BUrlG nicht[9].

31 **3. Kündigung.** Trotz wirksamer Kündigung kann nach Ablauf der Kündigungsfrist ein Urlaubsanspruch entstehen, wenn die Parteien das Arbeitsverhältnis bis zur Beendigung eines darüber geführten Rechtsstreits einvernehmlich fortführen[10] oder wenn die Weiterbeschäftigung aufgrund eines Wi-

---

1 BAG v. 13.5.1982 – 6 AZR 360/80, AP Nr. 4 zu § 7 BUrlG – Übertragung = DB 1982, 2193. | 2 BAG v. 17.1.1995 – 9 AZR 664/93, AP Nr. 66 zu § 7 BUrlG – Abgeltung. | 3 BAG v. 24.9.1996 – 9 AZR 364/95, AP Nr. 22 zu § 7 BUrlG = NZA 1997, 507. | 4 ErfK/*Dörner*, § 1 BUrlG Rz. 33. | 5 BAG v. 22.3.1994 – 1 AZR 622/93, AP Nr. 130 zu GG Art. 9 – Arbeitskampf. | 6 *Leinemann/Linck*, § 11 BUrlG Rz. 81; ErfK/*Dörner*, § 11 BUrlG Rz. 42 f. | 7 ErfK/*Dörner*, § 1 BUrlG Rz. 48. | 8 BAG v. 24.9.1996 – 9 AZR 364/95, AP Nr. 22 zu § 7 BUrlG; ErfK/*Dörner*, § 1 BUrlG Rz. 49. | 9 BAG v. 18.12.1986 – 8 AZR 481/84, AP Nr. 19 zu § 11 BUrlG. | 10 BAG v. 15.1.1986 – 5 AZR 237/84, AP Nr. 66 zu § 1 LohnFG.

Geltungsbereich　　　　　　　　　　　　　　　　　　　　　　　　Rz. 4 § 2 BUrlG

derspruchs des BR nach § 102 Abs. 4 BetrVG erfolgt[1]. Hingegen entsteht mangels Bestand eines Arbeitsverhältnisses kein neuer Urlaubsanspruch, wenn ein ArbN aufgrund einer Verurteilung zur vorläufigen Weiterbeschäftigung nach Ablauf der Kündigungsfrist beschäftigt wird und diese Beschäftigung während der Rechtsmittelverfahren zur Abwendung der Zwangsvollstreckung erfolgt[2]. Zur Urlaubserteilung im Kündigungsfall s. § 7 Rz. 36.

4. Betriebsübergang. Im Falle des Betriebsübergangs tritt der **Erwerber** gem. § 613a Abs. 1 Satz 1 BGB in die Rechte und Pflichten aus den im Zeitpunkt des Übergangs bestehenden Arbeitsverhältnissen und damit **auch in die Urlaubsansprüche** ein. Der bisherige ArbGeb haftet neben dem neuen Inhaber nach § 613a Abs. 2 BGB als Gesamtschuldner, soweit Ansprüche vor dem Zeitpunkt des Übergangs entstanden sind und vor Ablauf von einem Jahr nach diesem Zeitpunkt fällig werden. Aus diesen Grundsätzen folgt: **32**

Der Betriebserwerber wird Schuldner des noch nicht erteilten Urlaubsanspruchs. Der Veräußerer haftet nach dem Betriebsübergang nicht mehr für den noch offenen Urlaub, da er nicht mehr von der Arbeitsleistung freistellen kann[3]. **33**

Erlischt der Urlaubsanspruch nach dem Zeitpunkt des Betriebsübergangs durch Zeitablauf, so **haftet der Veräußerer** in keinem Falle. Ist der Zeitablauf nach dem Betriebsübergang eingetreten und hat der Erwerber nach § 280 Abs. 1 BGB Schadensersatz zu leisten, kommt eine Haftung des Veräußerers nach § 613a Abs. 2 BGB nicht in Betracht, weil der Schadensersatzanspruch erst nach dem Betriebsübergang entstanden ist. Der Erwerber hingegen muss es sich zurechnen lassen, wenn der Veräußerer dadurch mit der Erfüllung des Urlaubsanspruchs in Verzug geraten ist, dass er ohne Leistungsverweigerungsrecht nach § 7 Abs. 1 dem Urlaubsverlangen des ArbN nicht entsprochen hat; das Arbeitsverhältnis geht dann im Stadium des Schuldnerverzugs über, so dass der Erwerber mit dem Erlöschen des Urlaubsanspruchs durch Zeitablauf die Unmöglichkeit gem. § 287 BGB zu vertreten hat, auch wenn er von Urlaubsantrag und Ablehnung durch den Veräußerer keine Kenntnis erhielt. **34**

Für Zahlungsansprüche (Urlaubsentgelt, Abgeltung, zusätzliches Urlaubsgeld, Schadensersatz) kommt eine **gesamtschuldnerische Haftung** unter den Voraussetzungen des § 613a Abs. 2 BGB in Betracht. **35**

Hat der Veräußerer Urlaub für einen Zeitraum nach dem Übergang gewährt, bleibt der Erwerber daran gebunden[4]. **36**

Setzt ein ArbN nach einem Betriebsübergang das Arbeitsverhältnis trotz wirksamer Kündigung des Veräußerers mit dem Erwerber fort, kann der ArbN nicht etwa Urlaubsabgeltung vom Veräußerer, sondern Erfüllung des Urlaubsanspruchs vom Erwerber verlangen; eine Beendigung des Arbeitsverhältnisses als Voraussetzung für einen Abgeltungsanspruch liegt nicht vor[5]. **37**

§ 2 *Geltungsbereich*
Arbeitnehmer im Sinne des Gesetzes sind Arbeiter und Angestellte sowie die zu ihrer Berufsausbildung Beschäftigten. Als Arbeitnehmer gelten auch Personen, die wegen ihrer wirtschaftlichen Unselbständigkeit als arbeitnehmerähnliche Personen anzusehen sind; für den Bereich der Heimarbeit gilt § 12.

I. Normzweck. § 2 regelt, wer als **ArbN iSd. Urlaubsrechts** gilt, ohne den arbeitsrechtlichen ArbN-Begriff selbst zu definieren. Zweck der Vorschrift ist es, den Kreis der Anspruchsberechtigten über die ArbN im engen Sinne auf die zu ihrer Berufsausbildung Beschäftigten sowie die arbeitnehmerähnlichen Personen auszudehnen. **1**

II. ArbN-Begriff. 1. Allgemeine Definition. Der urlaubsrechtliche ArbN-Begriff wird in § 2 dahin bestimmt, dass hierunter neben Arbeitern und Angestellten (= ArbN iSd. allgemeinen Arbeitsrechts) auch die zu ihrer Berufsausbildung Beschäftigten sowie arbeitnehmerähnliche Personen fallen. **2**

2. ArbN. Der allgemeine arbeitsrechtliche ArbN-Begriff ist im BUrlG nicht definiert. Es gelten daher die Grundsätze der st. Rspr. des BAG[6]: ArbN ist danach der Beschäftigte, der nach dem Inhalt des Vertrages und der tatsächlichen Gestaltung der Vertragsbeziehung seine Arbeit in **persönlicher Abhängigkeit** leistet. Zu den Einzelheiten s. vor § 611 BGB Rz. 19 ff. **3**

3. Zur Berufsausbildung Beschäftigte. Bei den zur Berufsausbildung Beschäftigten handelt es sich um *die Auszubildenden* gem. §§ 3 bis 19 BBiG. Weiterhin gehören hierzu: Krankenpflegeschüler nach dem Krankenpflegegesetz[7]; Volontäre[8]; Praktikanten, sofern sie nicht nur einen Betrieb kennen lernen wollen und aus Gefälligkeit vorübergehend beschäftigt werden[9]; Umschüler[10]. **4**

---

1 ErfK/*Dörner*, § 1 BUrlG Rz. 35. | 2 BAG v. 17.1.1991 – 8 AZR 483/89, AP Nr. 8 zu § 611 BGB – Weiterbeschäftigungspflicht. | 3 BAG v. 2.12.1999 – 8 AZR 774/98, AP Nr. 202 zu § 613a BGB; *Leinemann/Linck*, § 1 BUrlG Rz. 141. | 4 *Leinemann/Linck*, § 1 BUrlG Rz. 146. | 5 BAG v. 2.12.1999 – 8 AZR 774/98, AP Nr. 202 zu § 613a BGB. | 6 ZB BAG v. 12.9.1996 – 5 AZR 1066/94, AP Nr. 1 zu § 611 BGB – Freier Mitarbeiter. | 7 BAG v. 14.11.1984 – 5 AZR 443/80, AP Nr. 9 zu § 611 BGB – Ausbildungsverhältnis. | 8 *Leinemann/Linck*, § 2 BUrlG Rz. 17. | 9 *Dersch/Neumann*, § 2 BUrlG Rz. 66. | 10 *Dersch/Neumann*, § 2 BUrlG Rz. 61.

5 **Schüler**, deren weitere berufliche Bildung ausschließlich oder überwiegend in einer Schule vorgenommen wird, werden nicht zu ihrer Berufsausbildung iSd. § 2 beschäftigt und erwerben daher auch keinen Urlaubsanspruch[1]. Erfolgt die Schulausbildung aber als Teil einer betrieblichen Ausbildung oder sogar eines Arbeitsverhältnisses, gehört der Schüler zum Geltungsbereich des BUrlG.

6 **4. Arbeitnehmerähnliche Personen.** Der Begriff der arbeitnehmerähnlichen Person ist in § 12a Abs. 1 TVG legal definiert. Es handelt sich danach um diejenigen Personen, die **wirtschaftlich abhängig** und vergleichbar einem ArbN sozial schutzbedürftig sind, wenn sie auf Grund von Dienst- und Werkverträgen für andere Personen tätig sind und die geschuldeten Leistungen persönlich und im Wesentlichen ohne Mitarbeit von ArbN erbringen. Weitere Voraussetzung ist, dass die Beschäftigte entweder nur für eine Person tätig ist oder ihm von einer Person im Durchschnitt mehr als die Hälfte des Entgelts (für Personen, die künstlerische, schriftstellerische oder journalistische Leistungen erbringen, sowie für Personen, die an der Erbringung, insb. der technischen Gestaltung solcher Leistungen unmittelbar mitwirken, reduziert sich der Satz auf ein Drittel, § 12a Abs. 3 TVG) zusteht, das er für seine Erwerbstätigkeit insgesamt zu beanspruchen hat. Zu den Einzelheiten s. die Kommentierung zu § 12a TVG.

7 **5. Einzelheiten**

- **Arbeitsbeschaffung, Eingliederungsverhältnis:** Gemäß §§ 260 ff. SGB III (Arbeitsbeschaffungsmaßnahme) Beschäftigte sind ArbN in einem Arbeitsverhältnis und erwerben wie jeder andere ArbN einen Urlaubsanspruch nach den §§ 1, 3 bis 5 BUrlG. Durch den Eingliederungsvertrag, § 231 SGB III, entsteht zwar kein Arbeitsverhältnis iSd. Arbeitsrechts, sondern nur ein sozialversicherungsrechtliches Beschäftigungsverhältnis, auf das aber die Grundsätze des Arbeitsrechts und damit auch das Urlaubsrecht anzuwenden sind[2].

- **Aushilfen:** In kurzfristigen Aushilfsarbeitsverhältnissen (tage- oder stundenweise Beschäftigung) wird ein Urlaubsanspruch nur erworben, wenn sich bei wiederholter Beschäftigung nicht nur eine Vielzahl von Eintagsarbeitsverhältnissen, sondern nach der vertraglichen Vereinbarung ein einheitliches Arbeitsverhältnis von mindestens einem Monat ergibt[3].

- **Dienstordnungsangestellte:** Für Dienstordnungsangestellte gelten die urlaubsrechtlichen Vorschriften der jeweiligen Dienstordnung (zB die VO über den Erholungsurlaub des Bundesbeamten und Richter im Bundesdienst), die das BUrlG verdrängen[4].

- **Familienangehörige:** Bei Familienangehörigen ist danach zu differenzieren, ob sie ohne arbeitsvertragliche Grundlage allein wegen ihrer familiären Bindung (§§ 1353, 1356 Abs. 2, 1619 BGB) tätig sind oder ob sie in einem Arbeitsverhältnis mit einem anderen Familienmitglied stehen; nur in letzterem Fall haben sie Ansprüche aus dem BUrlG[5].

- **Ferienarbeiter, Studenten:** §§ 1 und 2 unterscheiden nicht nach haupt- oder nebenberuflicher Tätigkeit, auch nicht danach, ob Schüler oder Studenten regelmäßig oder nur während der Ferien arbeiten. Da diese Personengruppen regelmäßig ArbN sind, kommt es für den Urlaubsanspruch nur darauf an, ob es sich um kurzfristige Aushilfsarbeitsverhältnisse (tage- oder stundenweise Beschäftigung) oder um ein einheitliches Arbeitsverhältnis von mindestens einem Monat handelt.

- **Franchisenehmer:** Franchisenehmer sind nur dann ArbN, wenn sie durch eine vertragliche Vereinbarung vollständig in die Organisation des Franchisegebers einbezogen sind und dadurch nicht die Möglichkeit haben, ihre Tätigkeit frei zu gestalten[6]. Regelmäßig sind sie jedoch selbständig und haben daher keine Ansprüche aus dem BUrlG[7].

- **Fußballspieler:** Berufsfußballer (Lizenzspieler) sind ArbN[8] und haben daher gesetzliche Urlaubsansprüche[9]. Vertragsamateure sind zwar keine ArbN, jedoch regelmäßig von ihrem Verein wirtschaftlich abhängig und deshalb arbeitnehmerähnlich[10].

- **gesetzliche Vertreter juristischer Personen** sind weder ArbN noch arbeitnehmerähnlich[11]. Sie haben auch dann keinen gesetzlichen Urlaubsanspruch, wenn ihr früheres Angestelltenverhältnis nicht gekündigt worden ist, sondern für die Dauer der gesetzlichen Vertretung ruht. Leitende Angestellte sind hingegen ArbN, auch wenn sie ihre Arbeitsleistung als Geschäftsführer einer Niederlassung oder einer Konzerntochter erbringen[12].

- **Heimarbeiter:** § 12 BUrlG enthält Sonderregelungen für diese ArbN-Gruppe (s. dort).

---

1 BAG v. 16.10.1974 – 5 AZR 575/73, AP Nr. 1 zu § 1 BBiG = DB 1975, 262. | 2 Vgl. ErfK/*Preis* § 611 BGB Rz. 41; *Hanau*, DB 1997, 1279. | 3 BAG v. 19.1.1993 – 9 AZR 53/92, AP Nr. 20 zu § 1 BUrlG. | 4 BAG v. 21.9.1993 – 9 AZR 258/91, AP Nr. 68 zu § 611 BGB – Dienstordnungsangestellte. | 5 *Leinemann/Linck*, § 2 BUrlG Rz. 39 mwN. | 6 BAG v. 16.7.1997 – 5 AZR 29/96, AP Nr. 37 zu § 5 ArbGG 1979; *Leinemann/Linck*, § 2 BUrlG Rz. 22 mwN. | 7 *BAG v. 24.4.1980 – 3 AZR 911/77,* AP Nr. 1 zu § 84 HGB = DB 1980, 2039. | 8 BAG v. 8.12.1998 – 9 AZR 623/97, AP Nr. 15 zu § 611 BGB – Berufssport. | 9 BAG v. 23.4.1996 – 9 AZR 856/94, AP Nr. 40 zu § 11 BUrlG. | 10 BAG v. 3.5.1994 – 9 AZR 235/92 – nv. | 11 Vgl. BAG v. 26.5.1999 – 5 AZR 664/98, AP Nr. 10 zu § 35 GmbHG. | 12 *Leinemann/Linck*, § 2 BUrlG Rz. 37.

- **Helfer in einem freiwilligen sozialen Jahr** haben nach § 15 des Gesetzes zur Förderung des freiwilligen Sozialen Jahrs Ansprüche nach dem BUrlG, obwohl sie weder ArbN noch Auszubildende sind[1].
- **Journalisten:** Diese Berufsgruppe ist statusrechtlich und damit urlaubsrechtlich problematisch, weil Journalisten als ArbN, arbeitnehmerähnlich oder freiberuflich tätig sein können. Hierzu gibt es eine reichhaltige Kasuistik sowohl des BAG wie auch des BVerfG[2]. Für arbeitnehmerähnliche Personen im Presse- und Rundfunkwesen gibt es TV mit urlaubsrechtlichen Bestimmungen.
- **Lehrkräfte** an allgemein bildenden Schulen, auch an Abendgymnasien, sind auch in nebenberuflicher Tätigkeit regelmäßig ArbN, da sie durch Lehrpläne und sonstige Eingliederung in den Unterrichtsbetrieb persönlich abhängig sind[3]. Volkshochschuldozenten, die außerhalb schulischer Lehrgänge unterrichten, sowie Dozenten an Musikschulen, die nicht als ArbN (zB als sog. Fachbereichsleiter) eingestellt wurden, sind hingegen regelmäßig freie Mitarbeiter[4]; ihnen steht der gesetzliche Urlaubsanspruch nur zu, wenn sie arbeitnehmerähnlich sind.
- **nebenberufliche Tätigkeiten:** §§ 1 und 2 unterscheiden nicht nach haupt- oder nebenberuflicher Tätigkeit. Ist ein ArbN in mehreren Arbeitsverhältnissen tätig, hat er gegen jeden ArbGeb, also auch in der Nebentätigkeit, Urlaubsansprüche[5]. Der Umstand, dass der ArbN in mehreren Arbeitsverhältnissen tätig ist, kann bei der Wahl des Urlaubszeitpunkts von Bedeutung werden[6], führt jedoch nicht zur Übertragung des Urlaubs bei dem einen ArbGeb, wenn der andere zu Recht den Urlaubswunsch des ArbN abgelehnt hat[7].
- **Telearbeiter:** Telearbeiter sind regelmäßig ArbN, wenn Abrufarbeit geleistet wird, kürzere Ankündigungs- und Erledigungsfristen bestehen und eine Anbindung an den Zentralrechner erfolgt[8].
- **Wiedereingliederungsverhältnis:** Nimmt ein arbeitsunfähiger ArbN zum Zweck der Wiedereingliederung in das Erwerbsleben gem. § 74 SGB V auf Veranlassung des Arztes die Tätigkeit teilweise wieder auf, so ruhen während dieser Zeit im Allgemeinen die arbeitsvertraglichen Hauptleistungspflichten. Der Beschäftigte bleibt zwar ArbN, erbringt seine Tätigkeit aber nicht im Rahmen eines Arbeitsverhältnisses, sondern im Rahmen einer therapeutischen Maßnahme. Während dieses Wiedereingliederungsverhältnisses ist der Urlaubsanspruch nicht erfüllbar, da der ArbGeb wegen des Ruhens der Hauptleistungspflichten den ArbN nicht von der Arbeitspflicht befreien kann[9].

§ 3 Dauer des Urlaubs
(1) Der Urlaub beträgt jährlich mindestens 24 Werktage.
(2) Als Werktage gelten alle Kalendertage, die nicht Sonn- oder gesetzliche Feiertage sind.

I. Allgemeines. 1. Entstehungsgeschichte. Nach § 3 Abs. 1 beträgt der gesetzliche Mindesturlaubsanspruch seit dem 1.1.1995 **bundeseinheitlich 24 Werktage**. Zu dieser Neuregelung war der Bundesgesetzgeber durch die Richtlinie 93/104 des Rates der EU vom 23.11.1993 gezwungen.

Bei In-Kraft-Treten des Gesetzes **1963** wurde der **Grundurlaub mit 15 Werktagen** festgelegt; eine Erhöhung auf 18 Tage war erst mit der Vollendung des 35. Lebensjahres oder einer fünfjährigen Dauer des Arbeitsverhältnisses vorgesehen. Eine **Erhöhung** des gesetzlichen Mindesturlaubs auf **18 Werktage** musste im Zusammenhang mit der Ratifizierung des Übereinkommens Nr. 132 der Internationalen Arbeitsorganisation (IAO) vom 24.6.1970 erfolgen, da dieses einen Mindesturlaub von 3 Wochen forderte. Bei dieser Gesetzeslage blieb es in den alten Bundesländern bis zum 31.12.1994, während in den neuen Bundesländern und im Ostteil von Berlin das Urlaubsrecht der DDR fortgalt mit der Maßgabe, dass der gesetzliche Urlaub in der Zeit vom 3. Oktober 1990 bis 31. Dezember 1994 mindestens 20 Arbeitstage betrug, wobei von 5 Arbeitstagen in der Woche auszugehen war (§ 3 Abs. 1 i.V. m. der Anlage I Kapitel VIII Sachgebiet A Abschnitt III Nr. 5a Einigungsvertrag).

Die Umsetzung der Richtlinie 93/104 brachte dann die **Rechtsvereinheitlichung** zwischen alten und neuen Bundesländern; allerdings gilt die Regelung über den Erholungsurlaub der Kämpfer gegen den

---

1 BAG v. 12.2.1992 – 7 ABR 42/91, AP Nr. 52 zu § 5 BetrVG 1972. | 2 Vgl. BVerfG v. 3.12.1992, AP Nr. 5 zu GG Art. 5 Abs. 1 – Rundfunkfreiheit; BAG v. 16.2.1994 – 5 AZR 402/93, AP Nr. 15 zu § 611 BGB – Rundfunk; für den pauschal bezahlten Bildberichterstatter, der einer Zeitungsredaktion monatlich eine bestimmte Zahl von Bildern zu liefern hatte, BAG v. 29.1.1992 – 7 ABR 25/91, AP Nr. 47 zu § 5 BetrVG 1972; zum Status eines Lektors in einem Buchverlag BAG v. 27.3.1991 – 5 AZR 194/90, AP Nr. 53 zu § 611 BGB – Abhängigkeit; zum Status eines Pressefotografen BAG v. 3.5.1989 – 5 AZR 158/88, BB 1990, 779. | 3 BAG v. 14.1.1982 – 2 AZR 245/80, AP Nr. 65 zu § 620 BGB – Befristeter Arbeitsvertrag; v. 12.9.1996 – 5 AZR 104/95, AP Nr. 122 zu § 611 BGB – Lehrer, Dozenten. | 4 BAG v. 12.9.1996 – 5 AZR 104/95, AP Nr. 122 zu § 611 BGB – Lehrer, Dozenten. | 5 BAG v. 19.6.1959 – 1 AZR 565/57, AP Nr. 1 zu § 611 BGB – Doppelarbeitsverhältnis = NJW 1959, 2036; *Leinemann/Linck*, § 1 BUrlG Rz. 66. | 6 Vgl. *Leinemann/Linck*, § 1 BUrlG Rz. 67. | 7 ErfK/*Dörner*, § 7 BUrlG Rz. 74. | 8 *Leinemann/Linck*, § 2 BUrlG Rz. 33. | 9 BAG v. 19.4.1994 – 9 AZR 462/92, AP Nr. 2 zu § 74 SGB V = NJW 1995, 1636.

Faschismus und Verfolgte des Faschismus in § 8 der VO über den Erholungsurlaub vom 28.9.1978 (GBl. I S. 365) weiter. Dieser Personenkreis hat einen Urlaubsanspruch von 27 Arbeitstagen.

4   **2. Normzweck.** Die Vorschrift hat zwei Regelungszwecke: Zum einen stellt sie eine unwiderlegliche Vermutung über den **jährlichen Mindesterholungsbedarf** der ArbN auf, zum anderen bestimmt sie, dass der Urlaubsanspruch in Werktagen zu berechnen ist. Abs. 2 definiert für das Urlaubsrecht den Begriff „Werktag".

5   § 3 berechnet den **Urlaubsanspruch in (Werk-) Tagen.** Urlaub kann daher nicht stundenweise berechnet und regelmäßig auch nicht stundenweise gewährt werden[1]. Auch die Befreiung an Teilen eines Tages wie an einem halben Tag oder einem Vierteltag ist zu Urlaubszwecken nicht statthaft, so lange der ArbN noch wenigstens Anspruch auf einen Tag Urlaub hat[2]. Hingegen können sich bei der Umrechnung des gesetzlichen Urlaubsanspruchs von Werk- in Arbeitstage und bei der Berechnung von Teilurlaubsansprüchen nach § 5 Bruchteile von Tagen ergeben, so dass der ArbGeb stundenweise Freistellung schuldet (zu Teilurlaubsansprüchen s. § 5 Rz. 34 ff.).

6   In TV können andere Prinzipien vereinbart werden, so lange der gesetzliche Mindesturlaub nicht unterschritten wird[3].

7   **II. Berechnung des Urlaubsanspruchs. 1. Allgemeines.** § 3 Abs. 1, der zur Berechnung des Urlaubsanspruchs von Werktagen ausgeht, beruht auf der bei In-Kraft-Treten des Gesetzes (1963) selbstverständlichen **6-Tage-Arbeitswoche.** Der Begriff „Werktag" wird in § 3 Abs. 2 dahin legaldefiniert, dass hierunter alle Kalendertage außer Sonn- und Feiertagen fallen. In einer feiertagsfreien Woche sind also die Tage Montag bis Samstag Werktage. Hingegen werden tarifvertragliche Urlaubsansprüche häufig in Arbeits- oder Urlaubstagen bestimmt. Sie sind dann regelmäßig auf die Verteilung der tariflichen Vollzeitarbeit (häufig die Fünf-Tage-Woche) bezogen.

8   **Berechnungsprobleme** ergeben sich beim gesetzlichen Urlaubsanspruch, wenn – wie inzwischen weitgehend üblich – in der Woche **weniger Arbeits- als Werktage** anfallen. Es gilt der Grundsatz, dass bei der Bemessung der Urlaubsdauer Arbeitstage und Werktage zueinander rechnerisch in Beziehung zu setzen sind, da der in Werktagen ausgedrückte gesetzliche Urlaubsanspruch der konkreten Arbeitsverpflichtung des ArbN anzupassen ist.

9   Dieser Grundsatz gilt in allen Fällen, in denen die Urlaubsdauer sich auf eine bestimmte Normalverteilung der Arbeitszeit bezieht, die individuelle Dauer der Arbeitszeit bzw. deren Verteilung jedoch hiervon abweicht (unregelmäßige Verteilung der Arbeitszeit in Schichtsystemen oÄ; Teilzeitarbeit). Die Bestimmung der Urlaubsdauer muss daher stets die Klärung voraussehen, an welchen Tagen eine Verpflichtung des ArbN zur Arbeitsleistung besteht. Wird die geschuldete regelmäßige Arbeitszeit auf eine unterschiedlich große Anzahl von Wochentagen verteilt, so ergibt sich zur Sicherung einer gleichwertigen Urlaubsdauer die Notwendigkeit einer entsprechenden Umrechnung. Das Erfordernis der Umrechnung ist für den Zusatzurlaub der Schwerbehinderten in § 125 Satz 1 Halbs. 2 SGB IX gesetzlich anerkannt worden. Dort ist geregelt, dass sich entsprechend der Anzahl der Wochentage mit Arbeitspflicht die Anzahl der Urlaubstage erhöht oder vermindert. Arbeitet zB ein ArbN an sechs Tagen in der Woche, erhöht sich sein Freistellungsanspruch, der auf eine Fünf-Tage-Woche bezogen ist, auf 6/5[4].

10   **2. Fünf-Tage-Woche.** Bei einer Verteilung der Arbeitszeit auf die Wochentage von **Montag bis Freitag** stellt sich das Problem der Berücksichtigung des arbeitsfreien Samstags.

11   Das BAG[5] hat früher arbeitsfreie Samstage als Urlaubstage „gezählt", um das rechnerisch richtige Ergebnis – 4 (früher 3) Wochen Jahresurlaub zu erzielen[6]. Diese Methode musste versagen, wenn ein ArbN immer nur tageweise Urlaub nahm, so dass kein freier Samstag im Urlaubszeitraum lag. Sie ist auch mit der Rechtsnatur des Urlaubsanspruchs nicht zu vereinbaren; da der Urlaubsanspruch ein Freistellungsanspruch ist, kann er nur erfüllt werden, wenn ansonsten die Verpflichtung zur Arbeitsleistung besteht. Ein arbeitsfreier Tag kann daher denklogisch nicht als Urlaubstag „gezählt" werden.

12   Nach der neueren ständigen Rspr. des BAG[7] ist die Dauer des gesetzlichen Urlaubsanspruchs den tatsächlichen Arbeitstagen anzupassen. Das geschieht durch **Umrechnung,** die das Anliegen des Gesetzgebers wahrt, dem ArbN 4 Wochen Urlaub zuzusprechen. Dabei werden die im Gesetz genannten Werktage zu den vom ArbN geschuldeten Arbeitstagen rechnerisch zueinander in Beziehung gesetzt.

---

1 ErfK/*Dörner*, § 3 BUrlG Rz. 9; aA GK-BUrlG/*Bleistein*, § 3 Rz. 42. | 2 ErfK/*Dörner*, § 3 BUrlG Rz. 9. | 3 BAG v. 22.10.1991 – 9 AZR 621/90, AP Nr. 6 zu § 3 BUrlG. | 4 BAG v. 8.9.1998 – 9 AZR 161/97, AP Nr. 216 zu § 1 TVG – Tarifverträge: Bau. | 5 BAG v. 4.7.1963 – 5 AZR 53/62, AP Nr. 7 zu § 611 BGB – Urlaub und Fünf-Tage-Woche. | 6 In der Lit. wird diese Auffassung zT immer noch vertreten: vgl. *Dersch/Neumann*, § 3 BUrlG Rz. 30 ff.; *Natzel*, § 3 BUrlG Rz. 25 f.; *Zmarzlik/Zipperer/Viethen*, § 17 BErzGG Rz. 9. | 7 BAG v. 27.1.1987 – 8 AZR 579/84, AP Nr. 30 zu § 13 BUrlG; v. 25.2.1988 – 8 AZR 596/85, AP Nr. 3 zu § 8 BUrlG; v. 9.8.1994 – 9 AZR 384/92, AP Nr. 19 zu § 7 BUrlG; v. 18.2.1997 – 9 AZR 738/95, AP Nr. 13 zu § 1 TVG – Tarifverträge: Chemie; hM auch in der Lit.: *Leinemann/Linck*, § 3 BUrlG Rz. 13 ff.; ErfK/*Dörner*, § 3 BUrlG Rz. 16 ff.; MünchArbR/*Leinemann*, § 87 Rz. 60; Kasseler Handbuch/*Schütz*, 2. 4 Rz. 176.

Dauer des Urlaubs   Rz. 19 § 3 BUrlG

Die im Gesetz genannte Dauer des Urlaubs wird durch 6 (Werktage in der Woche) geteilt und mit der Anzahl der Arbeitstage multipliziert, an denen in der Woche eine Arbeitsverpflichtung besteht.
   Beispiel: 24 (Werktage gesetzlicher Anspruch) : 6 (Werktage pro Woche) x 5 (Arbeitstage pro Woche) = 20 (Arbeitstage, an denen freizustellen ist)
   Diese Berechnung führt bei einer regelmäßigen Verteilung der Arbeitszeit auf die Tage von Montag bis Freitag zu einem Anspruch von 20 Urlaubstagen, die bei einer Fünf-Tage-Arbeitswoche 4 Wochen Urlaub entsprechen[1].

   Diese Umrechnungsregel ist auch bei **Urlaubsansprüchen aus TV oder BV** (sofern solche nach § 77 Abs. 3 BetrVG überhaupt wirksam vereinbart werden können) anzuwenden, wenn keine abweichende Umrechnungsregelung besteht[2]. Anderweitige tarifliche Umrechnungsregelungen sind zulässig, sofern nicht der gesetzliche Mindesturlaubsanspruch verkürzt wird[3].   13

   Sonn- und Feiertage werden gem. § 3 Abs. 2 nicht auf den Urlaub angerechnet; sie sind nach § 9 Abs. 1 ArbZG regelmäßig arbeitsfrei, so dass an diesen Tagen eine Freistellung zur Erfüllung des Urlaubsanspruchs nicht erfolgen könnte.   14

   Bei nicht bundeseinheitlichen gesetzlichen Feiertagen (Allerheiligen, Buß- und Bettag, Fronleichnam, Heilige Drei Könige, Mariä Himmelfahrt, Reformationstag) gilt grundsätzlich das Feiertagsrecht am Sitz des Betriebes, nicht am Arbeitsort[4]. Montagearbeiter, die an einen solchen Feiertag an ihrem Arbeitsort frei haben wollen, müssen daher einen Urlaubstag nehmen, wenn der Tag am Ort des Betriebssitzes Werktag ist. Bieten sie hingegen ihre Arbeitsleistung an, die wegen des örtlichen Feiertags nicht angenommen wird, haben sie nach § 615 BGB einen Vergütungsanspruch[5].   15

   Davon zu unterscheiden ist ein Arbeitszeitsystem, in dem an **Sonn- und Feiertagen gearbeitet** wird (zB bei der kontinuierlichen Wechselschicht oder in den Fällen des § 10 Abs. 1 ArbZG). Soweit ein ArbN in einem geplanten Urlaubszeitraum an einem Sonn- oder Feiertag arbeiten müsste, bedarf es einer Freistellung von der Arbeitspflicht auch an diesem Tag; er zählt daher als Urlaubstag.   16

   Zwar gelten Sonn- und Feiertage gem. § 3 Abs. 2 nicht als Werktage. Daraus folgt jedoch nicht, dass die Sonn- und Feiertage bei der Berechnung der Urlaubsdauer unberücksichtigt bleiben müssen[6]. Aus der Überlegung, dass dem ArbN 4 Wochen Urlaub zustehen sollen, folgt, dass der ArbN in einer Fünf-Tage-Woche an 5 Arbeitstagen von der Arbeit freizustellen ist, auch wenn einige dieser Tage Sonn- oder Feiertage sind. Gesetzliche Feiertage und Sonntage sind daher bei der Bestimmung der individuellen Urlaubsmenge als Werktage anzusehen, wenn an ihnen regelmäßig gearbeitet wird[7]. Der ArbN erhält hierfür auch das regelmäßige Arbeitsentgelt nach den Maßstäben des § 11[8].   17

   Beispiel: Ein ArbN in einem Verkehrsbetrieb, der regelmäßig von Mittwoch bis Sonntag arbeitet, hat – unbeschadet der Wirksamkeit der Arbeitszeitverteilung – Anspruch auf 20 (Arbeits-) Tage-Urlaub wie sein von Montag bis Freitag arbeitender Kollege. Bliebe der Sonntag bei der Berechnung unberücksichtigt, ergäbe sich nur ein Urlaubsanspruch von 16 Arbeitstagen, obwohl eine fünftägige Arbeitsverpflichtung besteht[9].

   3. Ungleichmäßige Verteilung der Arbeitszeit. Ist die regelmäßige Arbeitszeit eines ArbN auf einen Zeitraum verteilt, der **mit einer Kalenderwoche nicht übereinstimmt**, muss für die Umrechnung des Urlaubsanspruchs auf Arbeitstage auf längere Zeitabschnitte als eine Woche, ggf. auf ein Kalenderjahr, abgestellt werden[10]. Kürzere Berechnungszeiträume (zB 3 oder 6 Monate) sind für die Umrechnung geeignet, wenn die Verteilung der Arbeitszeit sich jeweils in diesen Zeiträumen wiederholt[11]. Entscheidend ist, dass in solchen Fällen der Urlaubsanspruch mit dem derjenigen ArbN, deren Arbeitszeit regelmäßig verteilt ist, zeitlich gleichwertig sein muss.   18

   In **rollierenden Arbeitszeitsystemen**, die insb. im Einzelhandel verbreitet sind, kommt es regelmäßig zu einer Abfolge von 4-, 5- oder 6-Tage-Wochen. Ist der Tarifurlaub nach Werktagen bemessen oder richtet sich der Urlaubsanspruch nach dem Gesetz, so ist er in Arbeitstage umzurechnen, weil die Arbeitszeit im Rahmen des rollierenden Arbeitszeitsystems nicht auf alle Werktage einer Woche gleichmäßig verteilt ist. Dazu sind Arbeitstage und Werktage zueinander rechnerisch in Beziehung zu setzen. Da die Arbeitszeit nicht regelmäßig auf eine Woche verteilt ist, sondern auf 4, auf 5 oder 6 Tage in der Woche, ist die Berechnung auf den kompletten Rollierzyklus, ggf. auf das Jahr zu beziehen[12]. Dabei   19

---

1 BAG v. 27.1.1987 – 8 AZR 579/84, AP Nr. 30 zu § 13 BUrlG; v. 18.2.1997 – 9 AZR 738/95, AP Nr. 13 zu § 1 TVG – Tarifverträge: Chemie. |2 BAG v. 18.2.1997 – 9 AZR 738/95, AP Nr. 13 zu § 1 TVG – Tarifverträge: Chemie; v. 8.5.2001 – 9 AZR 240/00, AP Nr. 1 zu § 1 TVG – Tarifverträge: Blumenbinder. |3 Vgl. BAG v. 18.2.1997 – 9 AZR 738/95, AP Nr. 13 zu § 1 TVG – Tarifverträge: Chemie. |4 *Leinemann/Linck*, § 3 BUrlG Rz. 22 mwN. |5 *Leinemann/Linck*, § 3 BUrlG Rz. 23. |6 AA früher BAG v. 14.5.1964, AP Nr. 94 zu § 611 BGB – Urlaubsrecht; *Dersch/Neumann*, § 3 BUrlG Rz. 27; *Natzel*, § 3 BUrlG Rz. 28; GK-BUrlG/*Bleistein*, § 3 Rz. 24. |7 BAG v. 11.8.1998 – 9 AZR 111/97, nv.; *Leinemann/Linck*, § 3 BUrlG Rz. 27; ErfK/*Dörner*, § 3 BUrlG Rz. 21; Kasseler Handbuch/*Schütz*, 2.4 Rz. 187. |8 ErfK/*Dörner*, § 3 BUrlG Rz. 21. |9 Vgl. ErfK/*Dörner*, § 3 BUrlG Rz. 21. |10 BAG v. 22.10.1991 – 9 AZR 621/90, AP Nr. 6 zu § 3 BUrlG. |11 BAG v. 3.5.1994 – 9 AZR 165/91, AP Nr. 13 zu § 3 BUrlG – Fünf-Tage-Woche. |12 Vgl. BAG v. 14.1.1992 – 9 AZR 148/91, AP Nr. 5 zu § 3 BUrlG.

ist von der konkreten Anzahl der Wochen mit zB 4, 5 oder 6 Arbeitstagen im Jahr auszugehen. Die Zahl der Urlaubstage ist durch die Zahl der Werktage im Umrechnungszeitraum zu teilen und sodann mit der ermittelten Zahl der Arbeitstage desselben Zeitraums zu multiplizieren[1].

Beispiel: Ein ArbN arbeitet regelmäßig in der 1. Woche des Zyklus an 4 Tagen, in der 2. Woche an 5 Tagen und in der 3. Woche an 6 Tagen. Danach beginnt wieder ein neuer Zyklus mit einer 4-Tage-Woche. Der Umrechnungszeitraum beträgt hier 3 Wochen. In dieser Zeit arbeitet der ArbN an (4 + 5 + 6 =) 15 Tagen. Diese sind mit den 18 Werktagen dieses Zeitraums in Beziehung zu setzen. Bei einem Jahresurlaubsanspruch von 24 Werktagen ergibt sich folgende Berechnung der Urlaubstage: 24 (Werktage) : 18 Werktage x 15 Arbeitstage = 20 Arbeitstage Freistellungsanspruch. Nimmt der ArbN seinen Urlaub immer nur in einer „kurzen" Woche, so kommt er auf 5 Wochen Urlaub, da er in einer kurzen Woche nur 4 Urlaubstage „verbraucht"; nimmt er den Urlaub nur in „langen" Wochen, ergeben sich nur 2 Wochen und 2 Tage. Das ist die Konsequenz der Rechtsnatur des Urlaubs als Freistellungsanspruch.

Weiteres Beispiel: Ein ArbN arbeitet im Kalenderjahr 14 Wochen mit je 4 Arbeitstagen und 38 Wochen mit je 5 Arbeitstagen. Es ergibt sich folgender Berechnungsweg:

24 (Werktage) : 312 Jahreswerktage x (14 x 4 = 56 + 38 x 5 = 190; 56 +190 = 246) 246 Jahresarbeitstage = 18,92 Arbeitstage. Der Bruchteil von 0,92 Arbeitstagen ist nicht nach § 5 Abs. 2 aufzurunden, weil es sich nicht um einen Teilurlaubsanspruch nach § 5 Abs. 1 handelt, es sei denn, eine Rundungsregelung zugunsten des ArbN ist (tariflich oder einzelvertraglich) vereinbart.

20 In **Wechselschichtsystemen**, in denen es durch die Schichtpläne zu einer ungleichmäßigen Anzahl von Arbeitstagen in der Woche kommt, ist entsprechend zu verfahren.

Beispiel: In einem Wechselschichtsystem wird an 2 bis 6 Tagen in der Woche gearbeitet. Innerhalb von 20 Wochen werden nach dem Schichtplan die geschuldete Arbeitszeit an 90 Arbeitstagen erbracht. Die durchschnittliche regelmäßige Arbeitszeit der in Normalschicht Beschäftigten beträgt 5 Tage pro Woche. Für die Normalschicht ist ein Urlaubsanspruch von 30 Arbeitstagen vereinbart.

Als maßgeblicher Zeitraum für die Berechnung der Urlaubstage ist der Rhythmus von 20 Wochen zugrunde zu legen. Während dieser Zeit hat der regelmäßig an fünf Tagen in der Woche beschäftigte ArbN eine Arbeitspflicht an (5 Tage x 20 Wochen =) 100 Arbeitstagen, während der Wechselschichtarbeiter nur an 90 Arbeitstagen zur Arbeit verpflichtet ist. Das Verhältnis von 100 Arbeitstagen zu 90 Arbeitstagen entspricht dem Verhältnis von 30 Urlaubstagen bei Normalschicht zu 27 Urlaubstagen bei Wechselschicht, so dass der Schichtarbeiter Freistellung nur an 27 Arbeitstagen verlangen kann[2]. Das entspricht dem Prinzip, dass für ArbN, deren Arbeitszeit regelmäßig auf mehr als fünf Tage einer Woche verteilt ist, sich eine größere Zahl von Urlaubstagen ergibt, während entsprechend die Dauer des Urlaubsanspruchs geringer ist, wenn der ArbN an weniger als fünf Tagen zu arbeiten hat[3].

21 **Wiederholt sich ein Arbeitsrhythmus nicht innerhalb eines Jahres**, so muss eine Berechnung nach der Arbeitsverpflichtung eines jeden Kalenderjahrs festgestellt werden[4]. Hierfür ist von einer Arbeitsverpflichtung an 260 Tagen in der Fünf-Tage-Woche (52x5) und von 312 Werktagen in der Sechs-Tage-Woche auszugehen[5]. Dabei spielt es keine Rolle, ob das Urlaubsjahr ein Schaltjahr ist. Gesetzliche Wochenfeiertage bleiben unberücksichtigt, da für Feiertage gesetzliche Sonderregelungen sowohl hinsichtlich der Arbeitsbefreiung als auch der Vergütung und ihrer Berechnung bestehen. Im Übrigen fallen gesetzliche Feiertage gleichermaßen für ArbN im Schichtdienst wie für andere ArbN an[6]. Zu diesen 260 Arbeitstagen sind die nach den Schichtplänen möglichen Arbeitstage des Schichtarbeiters rechnerisch in Beziehung zu setzen. Unerheblich ist, dass die von einem ArbN im Schichtdienst zu erbringende Arbeitszeit ggf. im Verhältnis zu der Arbeitszeit anderer ArbN unterschiedlich lang auf die Arbeitstage des Schichtarbeiters verteilt ist oder ob die Arbeitszeit des Schichtarbeiters an einem Arbeitstag beginnt und erst am nächsten endet. Für den Urlaubsanspruch ist nur darauf abzustellen, ob an einem Wochentag der ArbN zur Arbeit verpflichtet ist. Die Dauer der jeweiligen Verpflichtung zur Arbeit ist nicht Inhalt des Anspruchs.

Beispiel: Ein ArbN hat einen tariflichen Grundurlaub von 30 „Urlaubstagen" – bezogen auf eine Fünf-Tage-Woche – sowie einen Zusatzanspruch von 3 „Urlaubstagen" für die Beschäftigung in Wechselschicht. Er leistet in einem Kalenderjahr 182 reguläre Schichten sowie 3 Zusatzschichten.

Die Zahl der Schichten, an denen er Freistellung verlangen kann, ist wie folgt zu berechnen: 33 (Urlaubstage) : 260 Arbeitstage eines in Fünf-Tage-Woche Beschäftigten x 185 Schichten = 23, 48 Schichten (Urlaubstage)[7].

---

[1] Vgl. BAG v. 19.4.1994 – 9 AZR 478/92, AP Nr. 3 zu § 1 BUrlG – Treueurlaub. | [2] Vgl. BAG v. 3.5.1994 – 9 AZR 165/91, AP Nr. 13 zu § 3 BUrlG – Fünf-Tage-Woche. | [3] BAG v. 22.10.1991 – 9 AZR 621/90, AP Nr. 6 zu § 3 BUrlG. | [4] BAG v. 22.10.1991 – 9 AZR 621/90, AP Nr. 6 zu § 3 BUrlG. | [5] BAG v. 19.4.1994 – 9 AZR 478/92, AP Nr. 3 zu § 1 BUrlG – Treueurlaub. | [6] BAG v. 22.10.1991 – 9 AZR 621/90, AP Nr. 6 zu § 3 BUrlG. | [7] BAG v. 22.10.1991 – 9 AZR 621/90, AP Nr. 6 zu § 3 BUrlG.

Dies gilt entsprechend auch für Teilzeitbeschäftigte mit wechselnden Arbeitszeiten[1]. **22**

In **Freischichtmodellen** ist zu beachten, dass die Freischichttage keine Arbeitstage sind und deshalb an diesen Tagen keine Freistellung zur Urlaubsgewährung erfolgen kann. Regelt ein TV die Urlaubsdauer und -berechnung nur für den Fall der üblichen Fünf-Tage-Woche (zB 30 Urlaubstage), muss der Urlaub entsprechend der jeweiligen Arbeitsverpflichtung im Schichtsystem umgerechnet werden[2]. **23**

Beispiel:[3] In einem TV ist bestimmt, dass die durchschnittliche wöchentliche Arbeitszeit von 38 Stunden in einem Zeitraum von 12 Monaten zu erreichen ist. Tariflich sind 30 Urlaubstage vorgesehen. **24**

Zunächst ist die Zahl der Jahresarbeitsstunden zu ermitteln: 38 x 52 = 1976. Sodann ist die Zahl der jährlich zu leistenden Schichten zu berechnen. Sie ergibt sich aus dem Quotienten von Jahresarbeitsstunden und Schichtdauer. Beträgt die Schichtdauer zB 11,25 Stunden, sind bei einer Jahrearbeitszeit von 1976 Stunden (1976 : 11,25 =) 175, 64 Schichten zu leisten. Schließlich ist die Zahl der Jahresschichten ins Verhältnis zu den Jahresarbeitstagen der in Fünf-Tage-Woche Arbeitenden zu setzen: 175,64 Schichten : 260 Jahresarbeitstage x 30 Urlaubstage = 20,27 Tage, an denen der Schichtarbeiter Freistellung verlangen kann. Kontrollüberlegung: An 30 Arbeitstagen (= 6 Wochen) arbeitet ein ArbN in der Fünf-Tage-Woche 228 Stunden (38 x 6); ein Schichtarbeiter leistet in dieser Zeit 20,27 Schichten (175,64 : 52 x 6) zu je 11,25 Stunden, insgesamt also 228 Stunden. Die Freistellung des Schichtarbeiters an 20,27 Tagen ist also zeitlich gleichwertig mit der des in Fünf-Tage-Woche Arbeitenden.

4. Arbeitsfreie Tage, Arbeitsausfall. Für die Berechnung der **individuellen Gesamturlaubsdauer in Arbeitstagen** sind sonstige arbeitsfreie Tage ebenso ohne Bedeutung wie gesetzliche Feiertage. Aus § 3 Abs. 2 ergibt sich nicht, dass diese Tage den Urlaubsanspruch verkürzen würden. Der Arbeitsausfall aus sonstigen Gründen (Freistellungen nach Brauchtum [Rosenmontag], Betriebsausflug, Jubiläum) ist erst bei der Erfüllung des Urlaubsanspruchs zu beachten. An Tagen, an denen der ArbN ohnehin keine Arbeitsverpflichtung hat, kann nicht noch einmal die Arbeitspflicht suspendiert werden. Das ist letztlich der Inhalt der Aussage in § 3 Abs. 2[4]. **25**

Entsteht nach Erteilung des Urlaubs im Urlaubszeitraum ein **sonstiger arbeitsfreier Tag**, tritt hinsichtlich dieses Tags nachträglich Unmöglichkeit ein, § 275 Abs. 1 BGB; der ArbGeb wird deshalb von der Leistung frei[5]. **26**

Beispiel: A wird im Februar für Juni Urlaub erteilt, im März wird ein Betriebsausflug an einem Tag im Juni festgelegt. Der ArbGeb hat mit der Urlaubserteilung das zur Leistung seinerseits Erforderliche getan, § 243 Abs. 2 BGB. Durch diese Konkretisierung beschränkt sich die Schuld des ArbGeb, den ArbN von der Arbeit freizustellen, auf den beantragten Zeitraum im Juni. Die Erfüllung dieser konkretisierten Schuld ist durch den Wegfall der Arbeitspflicht am Tag des Betriebsausflugs unmöglich geworden, da zur Erfüllung des Urlaubsanspruchs nur freigestellt werden kann, wenn ansonsten Arbeitspflicht bestünde. Der ArbGeb wird regelmäßig auch nicht zum Schadensersatz verpflichtet sein, da ihn ein Verschulden auch dann nicht trifft, wenn er den Betriebsausflug initiiert hat.

Ebenso wenig haben **unentschuldigte Fehltage** Auswirkungen auf die Urlaubsberechnung. Entgegen einer in der Praxis weit verbreiteten Übung können sie weder durch einseitige Erklärung des ArbGeb noch durch Vereinbarung der Arbeitsvertragsparteien nachträglich auf den gesetzlichen Urlaubsanspruch angerechnet werden[6]. **27**

5. Teilzeit. Die Umrechnungsformel des BAG gilt in gleicher Weise, wenn die Arbeitszeit des ArbN auf **regelmäßig weniger als 5 Arbeitstage** in der Woche verteilt ist (Teilzeitarbeit, Vollzeitarbeit in flexiblen Arbeitszeitsystemen). Das bedeutet: Teilzeitbeschäftigte ArbN, die regelmäßig an weniger Arbeitstagen einer Woche als ein vollzeitbeschäftigter ArbN beschäftigt sind, haben entsprechend der Zahl der für sie maßgeblichen Arbeitstage ebenso Anspruch auf Erholungsurlaub wie vollzeitbeschäftigte ArbN[7]. **28**

Beispiel: A ist an einem Tag in der Woche mit 8 Stunden und einen weiteren Tag mit 4 Stunden beschäftigt. Da der Urlaub tage- und nicht stundenweise berechnet wird[8], ist von einem Verhältnis von 6 Werktagen zu 2 Arbeitstagen auszugehen. A kann daher an (24 : 6 x 2 =) 8 Arbeitstagen Freistellung verlangen. Kontrollüberlegung: 8 Arbeitstage entsprechen 4 Wochen = 24 Werktagen.

---

1 BAG v. 19.4.1994 – 9 AZR 713/92, AP Nr. 7 zu § 1 TVG – Gebäudereinigung. | 2 BAG v. 3.5.1994 – 9 AZR 165/91, AP Nr. 13 zu § 3 BUrlG – Fünf-Tage-Woche. | 3 Nach BAG v. 28.2.1997 – 9 AZR 738/95, AP Nr. 13 zu § 1 TVG – Tarifverträge Chemie. | 4 ErfK/*Dörner*, § 3 BUrlG Rz. 14, 33; *Leinemann/Linck*, § 3 BUrlG Rz. 57 f. | 5 Vgl. BAG v. 15.6.1993 – 9 AZR 65/90, AP Nr. 3 zu § 1 BildungsurlaubsG NRW. | 6 BAG v. 25.10.1994 – 9 AZR 339/93, AP Nr. 20 zu § 7 BUrlG. | 7 BAG v. 14.2.1991 – 8 AZR 97/90, AP Nr. 1 zu § 3 BUrlG – Teilzeit; v. 20.6.2000 – 9 AZR 309/99, AP Nr. 15 zu § 3 BUrlG – Fünf-Tage-Woche. | 8 BAG v. 28.11.1989 – 1 ABR 94/88, AP Nr. 5 zu § 77 BetrVG 1972 – Auslegung.

29 Begehrt ein ArbN in diesem Falle ausschließlich oder überwiegend für seine „langen" Tage Urlaub, kann dem der ArbGeb nur über die Vorschriften zur Urlaubserteilung (§ 7 Abs. 1 Satz 1 und Abs. 2) begegnen[1]. Arbeitszeiten mit unterschiedlichen langen Arbeitstagen berechtigen insb. nicht zur Berechnung des Urlaubsanspruchs nach Stunden[2].

30 Die **Umrechnungsformel für Teilzeitkräfte** gilt grundsätzlich auch für tarifliche Urlaubsregelungen[3]. Ergeben sich bei der Umrechnung des Urlaubsanspruchs für Teilzeitbeschäftigte nach der obigen Formel Bruchteile von Arbeitstagen, hat der ArbN Anspruch auf Gewährung in diesem Umfang, es sei denn, der TV regelt dies ausdrücklich anders.

Beispiel: Der Tarifurlaub bei einer Fünf-Tage-Woche beträgt 28 Arbeitstage. A, der an 2 Tagen in der Woche 8 Stunden und an einem Tag 4 Stunden arbeitet, hat einen Anspruch auf (28 : 5 x 3 =) 16,8 Urlaubstage. Am letzten Urlaubstag ist A daher an 6 Stunden und 24 Minuten bzw. 3 Stunden und 12 Minuten, je nachdem ob es sich um einen „langen" oder „kurzen" Tag handelt, freizustellen. Der letzte Urlaubstag wird nicht aufgerundet, da § 5 Abs. 2 keine Anwendung findet (s. § 5 Rz. 34)[4].

31 Bei **bedarf- oder kapazitätsorientierter variabler Arbeitszeit** („KAPOVAZ"; vgl. § 12 TzBfG) ist zunächst ein repräsentativer Durchschnittswert der Jahresarbeitstage im Verhältnis zu den Jahreswerktagen zu bilden und der ArbN in dem errechneten Umfang von der geplanten Arbeit freizustellen. Ist dies nicht möglich, so ist der ArbN unabhängig von seinem Arbeitszeitdeputat für die Dauer des gesetzlichen Mindesturlaubs von 24 Werktagen (vier Wochen) bzw. nach etwaigen tariflichen Regelungen für die dort vorgesehene Dauer von der Arbeit freizustellen, wenn der gesamte Urlaub zusammenhängend genommen wird. Für diese Zeit kann er nicht zur Arbeitsleistung in Anspruch genommen werden[5]. Wird der Urlaub tage- oder wochenweise beantragt, ist mangels anderer Anhaltspunkte auf § 12 Abs. 1 Satz 3 und 4 TzBfG abzustellen. Danach gilt mindestens eine tägliche Arbeitszeit von 3 und eine wöchentliche von 10 Stunden als vereinbart. Hieraus ergibt sich, dass der ArbN an 3 Tagen pro Woche Arbeitsbefreiung verlangen kann. Ist hingegen wenigstens festgestellt worden, dass der ArbN bei einem Einsatz wenigstens 5 Stunden täglich beschäftigt wurde, ist aber eine durchschnittliche wöchentliche Arbeitszeit nicht zu ermitteln, so hat der ArbN – ausgehend von der gesetzlichen Mindestarbeitszeit von 10 Stunden wöchentlich – Freistellung an 2 Tagen je Woche zu verlangen[6].

32 Von der Berechnung des Urlaubsanspruchs bei Bedarfsarbeit ist die Erfüllbarkeit im konkreten Fall zu unterscheiden. Beantragt der ArbN für einen bestimmten Zeitraum Urlaub, muss der ArbGeb erklären, an wie vielen Tagen bzw. Stunden der ArbN ohne den Urlaub gearbeitet hätte; denn nur durch eine Freistellungserklärung – die sich in einem solchen Fall konkret auf bestimmte, zur Arbeitsleistung an sich vorgesehene Tage beziehen muss – kann eine Erfüllung des Urlaubsanspruchs erfolgen. Teilt der ArbGeb auf den Urlaubswunsch mit, der ArbN sei in diesem Zeitraum nicht zur Arbeitsleistung vorgesehen, tritt keine Erfüllung des Urlaubsanspruchs ein[7].

33 **6. Änderung der Arbeitszeit.** Streitig ist die Berechnung der Urlaubsdauer, wenn sich die Dauer der Arbeitszeit (oder genauer: die Zahl der Arbeitstage, an denen in der Woche Arbeit zu leisten ist) im Laufe des Urlaubsjahrs bzw. im Übertragungszeitraum ändert.

34 Nach der **Rspr. des BAG** gilt auch hier der Grundsatz, dass der gesetzliche Urlaub in Werktagen bemessen ist und sich deshalb die individuelle Dauer des einem ArbN zustehenden Urlaubs nach der im Urlaubszeitraum für den ArbN jeweils maßgeblichen Arbeitszeitverteilung richtet[8]. Das gilt entsprechend für den Übertragungszeitraum, so dass sich die Zahl der Urlaubs(Arbeits-)tage nach den Verhältnissen im Übertragungszeitraum und nicht im Entstehungszeitraum richtet[9].

Beispiel: A arbeitet vom 1.1. eines Jahres bis zum 30.6. an 3 Tagen, vom 1.7. bis zum 31.12. desselben Jahres an 5 Tagen und vom 1.1. des nächsten Jahres bis zu seinem Ausscheiden im Januar an 2 Tagen in der Woche.

Wenn er im Oktober des ersten Jahres Urlaub erhält, kann er an 20 Arbeitstagen Freistellung verlangen, obwohl er in ersten Halbjahr nur an 3 Tagen in der Woche gearbeitet hat, da 24 Werktage im konkreten Urlaubszeitraum 20 Arbeitstagen entsprechen. Die Dauer des Urlaubsanspruchs ist nicht davon abhängig, ob vor dem Urlaubszeitraum Voll- oder Teilzeit geleistet wurde oder wie die Arbeitszeit vor dem Urlaubszeitraum verteilt war.

---

1 ErfK/*Dörner*, § 3 BUrlG Rz. 24. | 2 Vgl. BAG v. 28.11.1989 – 1 ABR 94/88, AP Nr. 5 zu § 77 BetrVG 1972 – Auslegung; v. 8.5.2001 – 9 AZR 240/00, AP Nr. 1 zu § 1 TVG – Tarifverträge: Blumenbinder; ErfK/*Dörner*, § 3 BUrlG Rz. 24; *Leinemann/Linck*, § 3 BUrlG Rz. 33; Kasseler Handbuch/*Schütz*, 2.4 Rz. 134; aA *Danne*, DB 1990, 1965, 1971. | 3 BAG v. 14.2.1991 – 8 AZR 97/90, AP Nr. 1 zu § 3 BUrlG – Teilzeit. | 4 BAG v. 14.2.1991 – 8 AZR 97/90, AP Nr. 1 zu § 3 BUrlG – Teilzeit; *Leinemann/Linck*, § 3 BUrlG Rz. 38. | 5 GK-TzA/*Mikosch* Art 1 § 4 Rz. 111; teilw. abw. *Leinemann/Linck*, § 3 BUrlG Rz. 35. | 6 Vgl. *Leinemann/Linck*, § 3 BUrlG Rz. 35. | 7 *Leinemann/Linck*, § 3 BUrlG Rz. 37. | 8 BAG v. 28.4.1998 – 9 AZR 314/97, AP Nr. 7 zu § 3 BUrlG; aA ErfK/*Dörner*, § 3 BUrlG Rz. 26. | 9 BAG v. 28.4.1998 – 9 AZR 314/97, AP Nr. 7 zu § 3 BUrlG; aA ErfK/*Dörner*, § 7 BUrlG Rz. 65.

Wenn A im Januar des zweiten Jahres ausscheidet und der Urlaub des ersten Jahres übertragen wurde, kann A hingegen nur für 8 Arbeitstage Abgeltung verlangen. Das ergibt sich aus folgender Berechnung des Urlaubsanspruchs:

Da übertragener Urlaub sich nach den Verhältnissen im Übertragungszeitraum berechnet, entsprechen 24 Werktage Jahresurlaub für das erste Jahr im Januar des Folgejahres 8 Arbeitstagen (24 Werktage pro Jahr : 6 Werktage pro Woche x 2 Arbeitstage pro Woche = 8 Urlaubstage; Kontrollüberlegung: 20 Arbeitstage im Oktober des ersten Jahres entsprechen ebenso 4 Wochen wie 8 Arbeitstage im Januar des Folgejahres).

In der **Literatur** wird dagegen eine gesonderte Berechnung der Urlaubsdauer nach den einzelnen Abschnitten für zulässig und erforderlich gehalten[1]. Im Falle einer Änderung des Umfangs der wöchentlichen Arbeitspflicht am Anfang eines Jahres soll die Neuberechnung für den Umfang des Urlaubs nur für den Urlaub des laufenden Jahres vorzunehmen sein, nicht aber für den übertragenen Urlaub aus dem Vorjahr[2]. **35**

Die Auffassung des BAG erscheint auf der Grundlage der Rechtsnatur des Urlaubsanspruchs als Freistellungsanspruch konsequenter. Die individuelle Dauer des einem ArbN zustehenden Urlaubs richtet sich nicht nach bereits erbrachten Arbeitsleistungen oder nach bereits erledigten Verteilungen der Arbeitszeit. Freistellen kann der ArbGeb immer nur an den Tagen, an denen der ArbN im Urlaubszeitraum hätte arbeiten müssen. Der gesetzliche Urlaubsanspruch von vier Wochen wird erfüllt, wenn der ArbN im Urlaubszeitraum zB an zwei Tagen pro Woche arbeitet und an insgesamt acht Arbeitstagen freigestellt wird; dies gilt unabhängig davon, ob er im Verlauf des Jahres an mehr oder weniger Tagen gearbeitet hat bzw. arbeiten wird. Auch hier gilt, dass der ArbN bei längerfristig vereinbarter Änderung der Arbeitszeit durch geschickte Urlaubsplanung den materiellen Wert des Urlaubs beeinflussen kann; dem kann der ArbGeb nur durch Ausübung seines Leistungsverweigerungsrechts (§ 7 Abs. 1 Satz 1) entgegentreten. **36**

Die Rspr. des BAG zur Berechung der Urlaubsdauer im Übertragungszeitraum ist ebenfalls konsequent, da der Urlaubsanspruch im Übertragungszeitraum – abgesehen von einer weiteren Befristung sowie dem Entfallen der besonderen Ausnahmetatbestände nach § 7 Abs. 2 Satz 1 – mit dem Urlaubsanspruch im Urlaubsjahr identisch ist. Eine Ungleichbehandlung zwischen Freistellungsanspruch und Urlaubsabgeltung tritt dann nicht ein, wenn bei der Berechnung des Abgeltungsbetrags die Surrogatstheorie des BAG (s. § 7 Rz. 93) konsequent angewandt, der Abgeltungsanspruch also nach den Verhältnissen zum Beendigungszeitpunkt ermittelt wird. **37**

7. Besonderheiten. a) Kurzarbeit. Wird infolge Kurzarbeit an einigen Tagen der Woche überhaupt nicht gearbeitet, ist zwischen der Berechnung der Urlaubsdauer und der Erfüllung des Urlaubsanspruchs während der Zeit der Kurzarbeit zu trennen. **38**

Für die Berechnung der **Urlaubsdauer** ist Kurzarbeit wie eine Verkürzung der Arbeitszeit (Rz. 28) zu behandeln. Das bedeutet, der gesetzliche, auf die 6-Tage-Woche bezogene Urlaubsanspruch von 24 Werktagen ist zu den Tagen in Beziehung zu setzen, an denen während der Dauer der Kurzarbeit tatsächlich gearbeitet wird[3]. **39**

Beispiel: Im Betrieb wird an 3 statt bisher an 5 Tagen in der Woche gearbeitet. Der ArbN, der den gesamten Jahresurlaub während der Dauer der Kurzarbeit nimmt, kann an (24 [Werktagen] : 6 [Werktage pro Woche] x 3 [Arbeitstage während der Kurzarbeit] =) 12 Tagen Freistellung verlangen.

Hat der ArbN vor der Zeit der Kurzarbeit bereits Urlaub erhalten oder nimmt er während der Kurzarbeit nur einen Teil seines Urlaubs, ist die Phase der Kurzarbeit gesondert zu bewerten. **40**

Beispiel: Der ArbN hat einen Resturlaubsanspruch von 6 Werktagen. Nimmt er ihn während der Kurzarbeit (3 Arbeitstage pro Woche), ist zu rechnen: 6 (Werktage Resturlaub) : 6 (Werktage pro Woche) x 3 (Arbeitstage während der Kurzarbeit) = 3 Tage Freistellungsanspruch.

Weiteres Beispiel: Während der Kurzarbeit (3 Tage pro Woche) nimmt der ArbN die Hälfte seines Jahresurlaubs (zwei Wochen); die zweite Hälfte beantragt er für die Zeit nach Rückkehr zur Normalarbeit (Fünf-Tage-Woche). Für die erste Urlaubshälfte benötigt er 6 Tage Freistellung; der Resturlaubsanspruch (zwei Wochen) in der Zeit der Normalarbeit beträgt 10 Arbeitstage, da sich die Zahl der zu beanspruchenden Urlaubstage nach der Zahl der Arbeitstage pro Woche während der Urlaubszeit richtet.

Wird Kurzarbeit während des Urlaubs nach dem Zeitpunkt der Urlaubserteilung eingeführt, so ist die Arbeitsbefreiung an den durch die Kurzarbeit ausfallenden Arbeitstagen nicht möglich, da der ArbN bereits wegen der Kurzarbeit nicht arbeiten müsste. Der ArbGeb wird daher von der Leistung frei, § 275 Abs. 1 BGB[4]. **41**

---

[1] ErfK/*Dörner*, § 3 BUrlG Rz. 26. | [2] ErfK/*Dörner*, § 7 BUrlG Rz. 65. | [3] *Leinemann/Linck*, § 3 BUrlG Rz. 62 ff.; ErfK/*Dörner*, § 3 BUrlG Rz. 35. | [4] *Leinemann/Linck*, § 3 BUrlG Rz. 68.

Beispiel: Dem ArbN, der in der Fünf-Tage-Woche tätig ist, werden entsprechend seinem Wunsch im Februar für August 3 Wochen Urlaub (15 Urlaubstage) erteilt. Im Juni wird für August Kurzarbeit (3 Arbeitstage pro Woche) vereinbart. Der ArbN kann in dieser Zeit nur an 3 Tagen in der Woche von der Arbeit freigestellt werden. Für die weiteren zwei Wochentage ist der Freistellungsanspruch gem. § 275 Abs. 1 BGB ausgeschlossen. Da es für den Fall der Kurzarbeit keine dem § 9 entsprechende Vorschrift gibt, muss der ArbGeb diese Urlaubstage auch nicht nachleisten[1].

42 **b) Arbeitskampf.** Die Berechnung des Urlaubsanspruchs wird durch die Teilnahme des ArbN nicht beeinflusst[2]. Auch bei einem rechtswidrigen Streik darf der ArbGeb die ausgefallenen Arbeitstage nicht auf den Urlaub anrechnen; dies entspricht der Rechtslage bei einer sonstigen rechtswidrigen Verletzung der Arbeitspflicht (s. Rz. 23, 24).

43 Da während des Arbeitskampfs die **Hauptleistungspflichten im Arbeitsverhältnis suspendiert** sind, kann der ArbN, der an einem Streik teilnimmt oder von einer Aussperrung betroffen ist, nicht zur Erfüllung des Urlaubsanspruchs freigestellt werden. Tritt der ArbN hingegen den Urlaub vor Beginn des Arbeitskampfs an, ist regelmäßig davon auszugehen, dass er vom Arbeitskampf nicht betroffen ist, so dass Erfüllung eintreten kann (zu den Einzelheiten s. § 1 Rz. 29).

44 **III. Unabdingbarkeit.** Die **gesetzliche Urlaubsdauer** von 24 Werktagen kann weder einzelvertraglich noch durch Tarifrecht verkürzt werden, § 13 Abs. 1 Satz 1. Soweit die TV-Parteien nach § 13 Abs. 1 Satz 1 die Befugnis haben, auch ungünstigere Regelungen zu treffen, darf dies nicht dazu führen, dass mittelbar in die unantastbaren Rechte des ArbN nach § 1, § 2 und § 3 Abs. 1 eingegriffen wird[3]. Allein der vertragliche oder tarifliche Mehrurlaub steht zur Disposition. Eine Verkürzung des gesetzlichen Mindesturlaubs darf insb. nicht durch eine Kürzung des Urlaubsanspruchs im Austrittsjahr pro rata temporis erfolgen[4].

Beispiel: A hat einen tariflichen Urlaubsanspruch von 36 Werktagen. Der TV bestimmt, dass im Austrittsjahr für jeden vollen Monat des Bestehens des Arbeitsverhältnisses 1/12 des Jahresurlaubs zu gewähren sind. A scheidet zum 31. 7. aus.

Nach dem TV könnte A für (36 : 12 x 7 =) 21 Werktage Urlaub verlangen. Damit wird der gesetzliche Mindesturlaub unterschritten. A kann daher Urlaub für 24 Werktage beanspruchen. Wirksamkeit behielte die Tarifbestimmung, wenn A nach dem 31. 8. ausgeschieden wäre: Bei Beendigung des Arbeitsverhältnisses zum 31. 10. hätte A einen gekürzten tariflichen Anspruch von 30 Werktagen, womit der gesetzliche Mindestanspruch erfüllt ist.

4 Wartezeit
Der volle Urlaubsanspruch wird erstmalig nach sechsmonatigem Bestehen des Arbeitsverhältnisses erworben.

1 **I. Dauer der Wartezeit.** Der Urlaubsanspruch entsteht gem. § 4 erstmalig nach dem Ablauf der Wartezeit von sechs Monaten. Der Gesetzgeber hat damit zum Ausdruck gebracht, dass die wechselseitigen Beziehungen im Arbeitsverhältnis bis dahin so locker sind, dass die Lasten einer umfangreichen Freistellung vom ArbGeb noch nicht verlangt werden können[5].

2 Die Wartezeit ist **Anspruchsvoraussetzung**. Vor ihrem Ablauf kann der ArbN vom ArbGeb keine, auch keine anteilige Befreiung von der Arbeitspflicht verlangen. Während der Wartezeit entsteht weder eine **Anwartschaft** auf den Vollurlaub[6] noch sukzessive für jeden vollen Monat der Dauer des Arbeitsverhältnisses ein Teilurlaubsanspruch. Nur in den gesetzlich besonders geregelten Fällen (§ 5) können Teilurlaubsansprüche entstehen; sie unterliegen anderen Regeln bei der Erteilung und Übertragung.

3 Die Wartezeit steht im **Einklang mit EG-Recht**. Zwar hat der EuGH entschieden, dass Art. 7 Abs. 1 der Richtlinie 93/104/EG des Rates vom 23.11.1993 über bestimmte Aspekte der Arbeitszeitgestaltung einem Mitgliedstaat nicht erlaubt, eine Regelung zu erlassen, nach der ein ArbN einen Anspruch auf bezahlten Jahresurlaub erst dann erwirbt, wenn er eine ununterbrochene Mindestbeschäftigungszeit von dreizehn Wochen bei demselben ArbGeb zurückgelegt hat[7]. Dem steht § 4 nicht entgegen, da dem ArbN aus den ersten Monaten des Arbeitsverhältnisses im Falle einer Beendigung vor Ablauf der Wartezeit nach § 5 Abs. 1 ein Teilurlaubsanspruch zusteht[8]. Zur Frage der Vereinbarkeit des § 5 Abs. 1 mit der o.g. Richtlinie s. § 5 Rz. 12.

4 In TV findet sich im Gegensatz hierzu häufig eine Bestimmung, wonach im Eintrittsjahr – ohne Rücksicht auf die Erfüllung der gesetzlichen Wartezeit – ein Urlaubsanspruch nur **pro rata temporis** – meist

---

1 Vgl. BAG v. 9.8.1994 – 9 AZR 384/92, AP Nr. 19 zu § 7 BUrlG; zur Berechnung des Urlaubsentgelts vgl. § 11 BUrlG Rz. 53 ff. | 2 *Leinemann/Linck*, § 3 BUrlG Rz. 73; ErfK/*Dörner*, § 3 BUrlG Rz. 34. | 3 BAG v. 10.2.1966 – 5 AZR 408/65, AP Nr. 1 zu § 13 BUrlG – Unabdingbarkeit = DB 1966, 708. | 4 BAG v. 8.3.1984 – 6 AZR 442/83, AP Nr. 15 zu § 13 BUrlG. | 5 ErfK/*Dörner*, § 4 BUrlG Rz. 1. | 6 *Leinemann/Linck*, § 4 BUrlG Rz. 2; ErfK/*Dörner*, § 4 BUrlG Rz. 2. | 7 EuGH v. 26.6.2001 – Rs. C-173/99, AP Nr. 3 zu EWG-Richtlinie Nr. 93/104. | 8 ErfK/*Dörner*, § 4 BUrlG Rz. 2.

1/12 des Jahresurlaubs für jeden vollendeten Monat des Bestehens des Arbeitsverhältnisses – entsteht. Solche Quotelungsregelungen sind gem. § 13 Abs. 1 Satz 1 nur wirksam, soweit dadurch in den ersten sechs Monaten des Eintrittsjahrs ein übergesetzlicher Teilurlaubsanspruch entsteht. Denn der gesetzliche Mindesturlaub steht auch nicht in der Weise zur Disposition der TV-Parteien, dass ein nach dem Gesetz entstandener Vollurlaubsanspruch durch tarifliche Regelungen teilweise wieder entzogen werden könnte[1].

Die Wartezeit selbst kann durch **TV verkürzt oder verlängert** werden; § 4 ist nicht nach § 13 Abs. 1 Satz 1 unabdingbar. Eine Wartezeit von 12 Monaten ist allerdings nicht zulässig. Sie könnte zur Folge haben, dass ein das ganze Jahr arbeitender ArbN im Kalenderjahr keinen Vollurlaubsanspruch erwirbt. Das wäre mit § 1 nicht vereinbar[2]. Durch Einzelarbeitsvertrag oder durch BV kann von § 4 hingegen nur zugunsten der ArbN abgewichen werden, § 13 Abs. 1 Satz 3.

II. Beginn der Wartezeit. Für die Berechnung der Wartezeit gelten die §§ 187, 188 BGB.

Die Wartezeit beginnt regelmäßig mit dem Tag des **vereinbarten rechtlichen Beginns des Arbeitsverhältnisses**; sie kann auch an einem Sonn- oder Feiertag beginnen oder enden[3]. Der erste Tag des Arbeitsverhältnisses wird gem. § 187 Abs. 2 BGB bei der Berechnung mitgezählt, auch wenn die Arbeitsaufnahme erst im Laufe des Tages erfolgt[4]. Wird ausnahmsweise als Beginn des Arbeitsverhältnisses nicht nur ein bestimmter Kalendertag, sondern dazu eine Uhrzeit im Laufe dieses Kalendertages (oder eine vergleichbare Zeitangabe, zB: „Beginn der Frühschicht") vereinbart, wird der „erste" Tag nicht mitgezählt, § 187 Abs. 1 BGB[5]. Das gilt auch, wenn der ArbN am selben Tag, an dem er den Arbeitsvertrag schließt, die Arbeit aufnimmt[6].

Beispiel: Ein Arbeitsverhältnis beginnt am Freitag, dem 1.5. und endet am Sonntag, dem 1.11. Der ArbN hat die Wartezeit erfüllt. Der Umstand, dass sowohl der erste Tag des Arbeitsverhältnisses (Feiertag) wie auch der letzte (Sonntag) arbeitsfrei waren, ist unerheblich, da es nur auf den rechtlichen Bestand des Arbeitsverhältnisses ankommt. § 193 BGB findet keine Anwendung (s. Rz. 10), so dass die Wartezeit mit Ablauf des letzten Tags des Monats Oktober erfüllt war, § 188 Abs. 2 Alt. 2 BGB. Der ArbN kann daher den vollen Jahresurlaub (bzw. dessen Abgeltung) verlangen.

Da für die Erfüllung der Wartezeit **allein der rechtliche Bestand** des Arbeitsverhältnisses maßgeblich ist und es einer Arbeitsleistung des ArbN nicht bedarf, sind weder Erwerbs- oder Arbeitsunfähigkeit eines ArbN noch verschuldetes Fernbleiben von der Arbeit für das Entstehen und das Bestehen urlaubsrechtlicher Ansprüche von Bedeutung[7].

III. Ende der Wartezeit. Im Regelfall des **Fristbeginns nach § 187 Abs. 2 BGB** endet die Wartezeit gem. § 188 Abs. 2 Alt. 2. BGB mit Ablauf des letzten Tages im 6. Monat nach Beginn des Arbeitsverhältnisses.

Beispiel: Das Arbeitsverhältnis beginnt am 15. März. Die Wartezeit endet mit Ablauf des 14. September, so dass der ArbN am 15. September den vollen Urlaub verlangen kann. Beginnt hingegen das Arbeitsverhältnis rechtlich mit der Arbeitsaufnahme im Laufe des 15. März (§ 187 Abs. 1 BGB), so ist die Wartezeit gem. § 188 Abs. 2 Alt. 1 BGB erst mit Ablauf des 15. September erfüllt.

§ 193 BGB findet keine Anwendung, da es weder um die Abgabe einer Willenserklärung noch um die Bewirkung einer Leistung geht[8]. Tatsächliche Unterbrechungen des Arbeitsverhältnisses (Suspendierung, Streik, langandauernde Erkrankung) sind für den Fristablauf ohne Bedeutung.

Die Wartezeit kann über **zwei Kalenderjahre verteilt** sein (zB Beginn 1.10.2001, Ende 31.3.2002)[9].

Uneinheitlich wird die Frage beantwortet, wann die Wartezeit in einem Arbeitsverhältnis erfüllt ist, das am **1.7. beginnt**[10]. Da der Zeitpunkt des Ablaufs eines Tages rechtlich noch zu diesem Tag und damit zu der Frist gehört, in die der Tag fällt[11], endet die Wartezeit erst mit Ablauf des 31. 12., so dass der ArbN erst im nächsten Jahr den Vollurlaub beanspruchen kann. Im Eintrittsjahr entsteht in diesem Fall nur ein Teilurlaubsanspruch nach § 5 Abs. 1 Buchst. a)[12]. Die Auffassung, die den vollen Urlaubsanspruch bereits mit dem 31. 12. als entstanden ansieht[13], ist weder mit dem Wortlaut der Norm noch mit der Fristenberechnung nach §§ 187 f. BGB zu vereinbaren[14].

Ist die Wartezeit erfüllt, hat der ArbN Anspruch auf den **vollen Jahresurlaub**, auch wenn das Arbeitsverhältnis nicht während des ganzen Kalenderjahres bestanden hat.

---

1 BAG v. 8.3.1984 – 6 AZR 442/83, AP Nr. 15 zu § 13 BUrlG. | 2 ErfK/*Dörner*, § 13 BUrlG Rz. 23. | 3 *Leinemann/Linck*, § 4 BUrlG Rz. 8; ErfK/*Dörner*, § 4 BUrlG Rz. 7. | 4 ErfK/*Dörner*, § 4 BUrlG Rz. 5; Kasseler Handbuch/*Schütz*, 2. 4 Rz. 132 f. | 5 ErfK/*Dörner*, § 4 BUrlG Rz. 5. | 6 *Leinemann/Linck*, § 4 BUrlG Rz. 6. | 7 *Leinemann/Linck*, § 4 BUrlG Rz. 7; ErfK/*Dörner*, § 4 BUrlG Rz. 6. | 8 ErfK/*Dörner*, § 4 BUrlG Rz. 8. | 9 *Leinemann/Linck*, § 4 BUrlG Rz. 9. | 10 Zum Streitstand s. ErfK/*Dörner*, § 4 BUrlG Rz. 13 mwN. | 11 Vgl. BAG v. 16.6.1966 – 5 AZR 521/65, AP Nr. 4 zu § 5 BUrlG = NJW 1966, 2081. | 12 ErfK/*Dörner*, § 5 BUrlG Rz. 28; *Leinemann/Linck*, § 4 BUrlG Rz. 19; MünchArbR/*Leinemann*, § 89 Rz. 42; *Natzel*, § 5 BUrlG Rz. 21. | 13 *Dersch/Neumann*, § 5 BUrlG Rz. 6 und GK-BUrlG/*Bachmann*, § 5 Rz. 9. | 14 *Leinemann/Linck*, § 4 BUrlG Rz. 19; ErfK/*Dörner*, § 5 BUrlG Rz. 13.

Beispiel: Das Arbeitsverhältnis beginnt am 1. 6. Am 1. 12. kann der ArbN 24 Werktage Urlaub verlangen. Wenn der ArbN für dieses Jahr bereits Urlaub von seinem vorigen ArbGeb erhalten hat, ist jedoch § 6 zu beachten.

14 Die Wartezeit muss **nur im ersten Jahr** des Arbeitsverhältnisses erfüllt werden; in den folgenden Jahren entsteht der volle Urlaubsanspruch jeweils mit dem ersten Tage eines Kalenderjahres in voller Höhe und ist zu diesem Zeitpunkt auch fällig[1].

15 Scheidet der ArbN während oder mit dem Ablauf der Wartezeit aus dem Arbeitsverhältnis aus, entsteht kein Vollurlaubsanspruch; er hat jedoch Anspruch auf Teilurlaub nach Maßgabe von § 5 BUrlG.

16 **IV. Unterbrechung des Arbeitsverhältnisses.** Schließt sich das Arbeitsverhältnis nahtlos an ein vorhergehendes Ausbildungsverhältnis oder ein Beschäftigungsverhältnis als arbeitnehmerähnliche Person (§ 2) an, so werden diese Zeiten auf die Wartezeit **angerechnet**[2]. Denn § 2 ist zu entnehmen, dass Beschäftigungen im Arbeits- bzw. Ausbildungsverhältnis sowie als arbeitnehmerähnliche Person urlaubsrechtlich einheitlich zu betrachten sind[3].

17 Kurzfristige **rechtliche Unterbrechungen** des Arbeitsverhältnisses sind – anders als im Kündigungsrecht – dagegen auch dann erheblich, wenn ein enger sachlicher Zusammenhang zwischen früherem und neuerem Arbeitsverhältnis besteht[4]. Eine Zusammenrechnung rechtlich unterbrochener Arbeitsverhältnisse lässt sich weder mit dem Gesetzeswortlaut vereinbaren noch trüge dies zur Rechtssicherheit bei. Ein Bedürfnis, wie im Falle des § 1 KSchG zu prüfen, ob ein enger sachlicher Zusammenhang zwischen beiden rechtlich getrennten Arbeitsverhältnissen besteht, ist im Urlaubsrecht nicht anzuerkennen, da bei Nichterfüllung der Wartezeit ein Teilurlaubsanspruch besteht.

18 **Tatsächliche Unterbrechungen** des Arbeitsverhältnisses sind für den Ablauf der Wartezeit ohne Belang. Dies gilt auch, wenn das Arbeitsverhältnis längere Zeit ruht (zB während eines Arbeitskampfs, wegen unbezahlten Urlaubs, eines Beschäftigungsverbots nach dem MuSchG, im Wehrdienst und während der Elternzeit nach §§ 15 ff. BErzGG)[5].

19 Ein **Verzicht auf die Wartezeit** kann arbeitsvertraglich vereinbart werden, bedarf aber einer eindeutigen Regelung[6].

20 Ein zwischenzeitlicher **Betriebsübergang** beeinflusst den Lauf der Wartefrist des § 4 BUrlG nicht, § 613a Abs. 1 Satz 1 BGB. Der in das Arbeitsverhältnis eintretende Betriebsnachfolger muss den Urlaubsanspruch nach Ablauf der Wartezeit erfüllen[7].

5 Teilurlaub

(1) Anspruch auf ein Zwölftel des Jahresurlaubs für jeden vollen Monat des Bestehens des Arbeitsverhältnisses hat der Arbeitnehmer

a) für Zeiten eines Kalenderjahres, für die er wegen Nichterfüllung der Wartezeit in diesem Kalenderjahr keinen vollen Urlaubsanspruch erwirbt;

b) wenn er vor erfüllter Wartezeit aus dem Arbeitsverhältnis ausscheidet;

c) wenn er nach erfüllter Wartezeit in der ersten Hälfte eines Kalenderjahres aus dem Arbeitsverhältnis ausscheidet.

(2) Bruchteile von Urlaubstagen, die mindestens einen halben Tag ergeben, sind auf volle Urlaubstage aufzurunden.

(3) Hat der Arbeitnehmer im Falle des Absatzes 1 Buchstabe c bereits Urlaub über den ihm zustehenden Umfang hinaus erhalten, so kann das dafür gezahlte Urlaubsentgelt nicht zurückgefordert werden.

1 **I. Allgemeines.** §§ 3 und 4 regeln nur die Voraussetzungen und den Umfang des Vollurlaubsanspruchs. Da während des Laufs der Wartezeit keine Anwartschaft entsteht (s. § 4 Rz. 2), bedurfte es einer **Sonderregelung über Entstehung und Umfang von Teilurlaubsansprüchen**, um der allgemeinen Aussage in § 1 Rechnung zu tragen. § 5 berücksichtigt, dass der ArbN auch in den dort geregelten Fällen Freistellung von der Arbeit zur Erholung benötigt, der ArbGeb aber nicht in dem Umfang belastet werden soll wie in einem bereits länger bestehenden Arbeitsverhältnis[8].

2 § 5 Abs. 1 sieht eine **Zwölftelung des Urlaubsanspruchs** in drei unterschiedlichen Fällen vor. § 5 Abs. 1 lit. a) und b) begründen einen Teilurlaubsanspruch, während lit. c) einen nachträglich gekürzten Voll-

---

1 BAG v. 18.12.1986 – 8 AZR 502/84, AP Nr. 10 zu § 7 BUrlG. | 2 ErfK/*Dörner*, § 4 BUrlG Rz. 15; Kasseler Handbuch/*Schütz*, 2. 4 Rz. 152. | 3 BAG v. 29.11.1984 – 6 AZR 238/82, AP Nr. 22 zu § 7 BUrlG – Abgeltung. | 4 *Leinemann/Linck*, § 4 BUrlG Rz. 13 ff.; ErfK/*Dörner*, § 4 BUrlG Rz. 10; aA *Hohmeister*, § 4 BUrlG Rz. 10; *Dersch/Neumann*, § 4 BUrlG Rz. 43. | 5 *Leinemann/Linck*, § 4 BUrlG Rz. 12; ErfK/*Dörner*, § 4 BUrlG Rz. 12; Kasseler Handbuch/*Schütz*, 2.4 Rz. 157; aA GK-BUrlG/*Bleistein*, § 4 Rz. 34; *Natzel*, § 4 BUrlG Rz. 35. | 6 *Leinemann/Linck*, § 4 BUrlG Rz. 15; ErfK/*Dörner*, § 4 BUrlG Rz. 11. | 7 ErfK/*Dörner*, § 4 BUrlG Rz. 15; *Leinemann/Lipke*, DB 1988, 1217. | 8 ErfK/*Dörner*, § 5 BUrlG Rz. 1.

urlaub vorsieht. Der ArbN, der im laufenden Urlaubsjahr wegen Nichterfüllung der Wartezeit keinen vollen Urlaubsanspruch erwirbt (§ 5 Abs. 1 lit. a)), vor erfüllter Wartezeit (§ 5 Abs. 1 lit. b)) oder nach erfüllter Wartezeit in der ersten Hälfte eines Kalenderjahres (§ 5 Abs. 1 lit. c)) aus dem Arbeitsverhältnis ausscheidet, hat Anspruch auf ein Zwölftel des Jahresurlaubs für jeden vollen Monat des Bestehens des Arbeitsverhältnisses.

In Abs. 2 hat der Gesetzgeber die **Aufrundung** für den Fall, dass sich bei der Berechnung des gesetzlichen Teilurlaubs aufgrund des Zwölftelungsprinzips ein Teilurlaubstag von wenigstens einem halben Tag ergibt, angeordnet. Die Vorschrift gilt nur für die dort genannten Fälle. **3**

Abs. 3 sieht ein **Rückforderungsverbot** für zu viel gezahltes Urlaubsentgelt im Falle eines nach Abs. 1 Buchst. c) (nachträglich) gekürzten Vollurlaubs vor; die Bestimmung ist eine Ausnahmevorschrift zu § 812 BGB. **4**

II. Teilurlaub gem. § 5 Abs. 1 Buchst. a). 1. Entstehung. Der Anspruch nach dieser Vorschrift entsteht mit dem **Beginn des Arbeitsverhältnisses**, wenn zu diesem Zeitpunkt feststeht, dass der ArbN die sechsmonatige Wartezeit nicht mehr erfüllen kann, mithin in allen Arbeitsverhältnissen, die mit Beginn[1] oder im Laufe des 1. Juli eines Jahres anfangen[2]. Wenn das Arbeitsverhältnis vor dem 1. Juli begonnen hat, entsteht ein Vollurlaubsanspruch. Endet ein vor dem 1. 7. begonnenes Arbeitsverhältnis planwidrig vor Ablauf der Wartezeit, richtet sich der Teilurlaubsanspruch nach Buchst. b); gleiches gilt für Befristungen für weniger als 6 Monate[3]. **5**

Der Teilurlaub nach Buchst. a) entsteht entsprechend der Dauer des Arbeitsverhältnisses insgesamt, nicht sukzessive mit Beginn eines jeden Monats. Das folgt aus dem Teilungsverbot in § 7 Abs. 2[4]. **6**

Beispiel: Ein ArbN beginnt am 1. 9. ein Arbeitsverhältnis. Am 1. 9. ist für dieses Kalenderjahr ein Teilurlaubsanspruch von (24 Werktagen jährlich : 12 Monate x 4 Monate =) 8 Werktagen entstanden.

2. Fälligkeit. Der Anspruch wird mit seinem Entstehen auch fällig[5]. Der ArbN, dessen Arbeitsverhältnis im Laufe des 2. Halbjahrs beginnt, kann – rein rechtlich gesehen – seinen Teilurlaubsanspruch mit Beginn des Arbeitsverhältnisses verlangen. Der ArbGeb muss erfüllen und kann allenfalls die in § 7 Abs. 1 genannten Leistungsverweigerungsrechte geltend machen, nicht aber einwenden, er schulde wegen der kurzen Dauer des Arbeitsverhältnisses keine oder eine geringere Freistellung von der Arbeitsverpflichtung[6]. Ob dies im Hinblick auf die gesetzliche Probezeit nach § 1 Abs. 1 KSchG ratsam ist, steht auf einem anderen Blatt. **7**

3. Höhe des Teilurlaubsanspruchs. Der ArbN hat Anspruch auf ein Zwölftel des Jahresurlaubs für jeden **vollen Monat** (nicht: Kalendermonat) des Bestehens des Arbeitsverhältnisses bis zum 31. 12. des Eintrittsjahres. Maßgebend ist der rechtliche Bestand des Arbeitsverhältnisses. Die Zahl der vollen Monate wird nach §§ 187, 188 BGB berechnet. Für die Frage, ob der erste Arbeitstag in einem Arbeitsverhältnis als erster Tag des Monats mitzählt, kommt es darauf an, ob ein Fall des § 187 Abs. 1 oder Abs. 2 BGB vorliegt. Es gelten dieselben Grundsätze wie bei § 4 (s. § 4 Rz. 7). **8**

Beispiel: Ein Arbeitsverhältnis mit 40-Stunden-Woche (Montag – Freitag) in Wechselschicht beginnt mit Schichtbeginn um 6.00 Uhr am 1. Oktober.

Der ArbGeb schuldet Teilurlaub für (24 Werktage : 6 x 5 Arbeitstage = 20 Urlaubstage Vollurlaub : 12 x 2 volle Monate =) 3,33... Arbeitstage. Der 1. 10. wird bei der Berechnung der Monatsfrist gem. § 187 Abs. 1 BGB nicht mitgerechnet, weil das Arbeitsverhältnis rechtlich erst mit der vertraglichen Vereinbarung im Laufe des 1. 10. beginnt. Danach würde gem. § 188 Abs. 2 Alt. 2 BGB der dritte Monat des Bestehens des Arbeitsverhältnisses erst mit Ablauf des 1. 1. des Folgejahres enden. Bei Ablauf des 31. 12. bestand das Arbeitsverhältnis also erst zwei volle Monate.

Fehlen an einem vollen Beschäftigungsmonat Tage, an denen bei Bestehen des Arbeitsverhältnisses **keine Arbeitspflicht** bestanden hätte (gesetzlicher Feiertag, Samstag, Sonntag, freier Tag im Rahmen eines rollierenden Arbeitszeitsystems), entsteht für den nicht vollendeten Monat kein Urlaubsanspruch[7]. Denn es gibt keine gesetzliche Grundlage dafür, Tage vor Beginn bzw. nach Beendigung des Arbeitsverhältnisses der Zeit des rechtlichen Bestandes des Arbeitsverhältnisses hinzuzurechnen, nur weil sie arbeitsfrei gewesen wären. Es ist auch grundsätzlich nicht rechtsmissbräuchlich, einen Arbeitsvertrag so abzuschließen, dass das Arbeitsverhältnis mit dem ersten Arbeitstag eines Monats beginnt[8]. **9**

Beispiel: Ein Arbeitsverhältnis mit 40-Stunden-Woche (Montag – Freitag) beginnt am 4. Oktober. Der 1. und 2. Oktober (Samstag und Sonntag) wären ebenso arbeitsfrei gewesen wie der 3. Oktober

---

1 Vgl. zu diesem Problem § 4 BUrlG Rz. 11. | 2 *Leinemann/Linck*, § 5 BUrlG Rz. 22 f. | 3 ErfK/*Dörner*, § 5 BUrlG Rz. 7. | 4 *Leinemann/Linck*, § 5 BUrlG Rz. 6. | 5 *Leinemann/Linck*, § 5 BUrlG Rz. 11; ErfK/*Dörner*, § 5 BUrlG Rz. 10. | 6 ErfK/*Dörner*, § 5 BUrlG Rz. 10. | 7 BAG v. 26.1.1989 – 8 AZR 730/87, AP Nr. 13 zu § 5 BUrlG. | 8 *Leinemann/Linck*, § 5 BUrlG Rz. 18 f.

(Feiertag). Der ArbGeb schuldet Teilurlaub in Höhe von (24 Werktage : 6 x 5 Arbeitstage = 20 Urlaubstage Vollurlaub : 12 x 2 volle Monate =) 3,33... Arbeitstage.

10 Ergeben sich bei der Berechnung des Teil- oder des gekürzten Vollurlaubs **Bruchteile von Urlaubstagen**, die mindestens einen halben Tag ergeben, sind sie gem. § 5 Abs. 2 auf volle Urlaubstage aufzurunden. Bruchteile von Urlaubstagen nach § 5 Abs. 1, die nicht nach Abs. 2 aufgerundet werden müssen, sind dem ArbN entsprechend ihrem Umfang durch (stundenweise) Befreiung von der Arbeitspflicht zu gewähren oder nach dem Ausscheiden aus dem Arbeitsverhältnis abzugelten; eine Abrundung findet nicht statt[1].

11 Zweifelhaft ist, ob § 5 Abs. **1 mit Art. 7 Abs. 1 der Richtlinie 93/104/EG vereinbar** ist, wenn das Arbeitsverhältnis vor Ablauf eines vollen Monats endet und deshalb ein Teilurlaubsanspruch nicht entsteht. Der EuGH[2] hat entschieden, dass die Richtlinie einem Mitgliedstaat nicht erlaubt, eine Regelung zu erlassen, nach der ein ArbN einen Anspruch auf bezahlten Jahresurlaub erst dann erwirbt, wenn er eine ununterbrochene Mindestbeschäftigungszeit bei demselben ArbGeb zurückgelegt hat. Der EuGH weist darauf hin, dass Mindestbeschäftigungszeiten als Voraussetzung für den Urlaubsanspruch Anlass zu Missbräuchen geben, weil die ArbGeb versucht sein können, die Verpflichtung, den jedem ArbN zustehenden bezahlten Jahresurlaub zu gewähren, dadurch zu umgehen, dass sie häufiger auf kurzfristige Arbeitsverhältnisse zurückgreifen. Die Richtlinie 93/104 sei folglich dahin auszulegen, dass sie es den Mitgliedstaaten verwehrt, den allen ArbN eingeräumten Anspruch auf bezahlten Jahresurlaub dadurch einseitig einzuschränken, dass sie eine Voraussetzung für diesen Anspruch aufstellen, die bewirkt, dass bestimmte ArbN von diesem Anspruch ausgeschlossen sind. Zu erwägen ist, ob § 5 Abs. 1 richtlinienkonform dahin ausgelegt werden kann, dass auch für Beschäftigungszeiten von weniger als einem Monat ein Teilurlaubsanspruch entsteht.

12 4. Erfüllung, Abgeltung und Übertragung. a) **Erfüllung und Abgeltung.** Für die Erfüllung und die Abgeltung gelten die gleichen Grundsätze wie für den Vollurlaub[3]. Das bedeutet: Der ArbN darf den Zeitpunkt des Urlaubs bestimmen, es sei denn, der ArbGeb hat ein Leistungsverweigerungsrecht nach § 7 Abs. 1 Satz 1. Abgeltung des Teilurlaubsanspruchs kann nur unter den Voraussetzungen des § 7 Abs. 4 verlangt werden. Ist der Teilurlaubsanspruch nach § 7 Abs. 3 Satz 2 oder Satz 4 übertragen worden, ist der Teilurlaubsanspruch mit dem Urlaubsanspruch des nächsten Jahres abzugelten.

13 b) **Übertragung.** Der nach § 5 Abs. 1 Buchst a) entstandenen Teilurlaubsanspruch kann auf zweierlei Weise übertragen werden: zum einen von Gesetzes wegen nach § 7 Abs. 3 Satz 2, zum anderen nach § 7 Abs. 3 Satz 4 auf Verlangen des ArbN. Die Übertragung des Teilurlaubsanspruchs **von Gesetzes wegen gem. § 7 Abs. 3 Satz 2** erfolgt, wenn die Übertragungsvoraussetzungen – dringende betriebliche oder in der Person des ArbN liegende Gründe – vorliegen (s. hierzu § 7 Rz. 8)[4]. Eines Übertragungsverlangens bedarf es daher nicht. Zu beachten ist ebenfalls, dass der nach § 7 Abs. 3 Satz 2 übertragene Teilurlaubsanspruch wie ein übertragener Vollurlaub mit Ablauf des 31.3. des Folgejahres erlischt.

14 Daneben gibt es für die Übertragung des Teilurlaubsanspruchs in § 7 Abs. 3 Satz 4 eine Sonderregelung. Nach dieser Vorschrift kann der ArbN allein durch die **Äußerung seines Übertragungswunsches** den Urlaub übertragen. Im Gegensatz zur Übertragung nach § 7 Abs. 3 Satz 2 hängt diese Erweiterung der Anspruchsdauer also von einer entsprechenden Erklärung gegenüber dem ArbGeb ab[5]. Das Verlangen ist eine empfangsbedürftige Willenserklärung; der ArbN muss daher den Zugang nachweisen. Der Übertragungswunsch muss bis zum 31.12. des Eintrittsjahres geltend gemacht werden. Er ist nicht an die Voraussetzungen des Abs. 3 Satz 2 geknüpft, an keine Form gebunden und bedarf keiner Begründung. An das Verlangen sind nur geringe Anforderungen zu stellen. Es muss nicht ausdrücklich erklärt werden; es genügt ein Verhalten des ArbN, das unter Anwendung des § 133 BGB als Verlangen iSd. Gesetzes zu verstehen ist. Damit reicht jede Handlung des ArbN aus, die seinen Wunsch, den Urlaub erst im nächsten Jahr zu nehmen, deutlich macht (zB Urlaubsantrag hinsichtlich des Teilurlaubs für einen Zeitraum im folgenden Jahr). Das Schweigen des ArbN wird allerdings regelmäßig nicht als konkludenter Übertragungswunsch angesehen werden können[6].

15 Wird der Teilurlaubsanspruch aufgrund des Verlangens des ArbN nach § 7 Abs. 3 Satz 4 übertragen, so geht er auf das **gesamte Folgejahr**, nicht nur auf das erste Quartal über. Ist weder ein allgemeiner Übertragungstatbestand (§ 7 Abs. 3 Satz 2) gegeben noch eine Übertragung des Teilurlaubs auf Verlangen des ArbN zustande gekommen, so **erlischt der Teilurlaubsanspruch am Jahresende**.

16 5. **Abdingbarkeit.** Der Teilurlaubsanspruch nach Buchst. a) ist **tarifdispositiv**, da durch § 5 ein eigenständiger Anspruch begründet wird, § 13 Abs. 1 Satz 1 nur den Vollurlaub nach § 3 schützt. Der Teilurlaub kann daher auch einer **tariflichen Ausschlussfrist** unterfallen[7]. Ein tariflicher Ausschluss eines Teilurlaubsanspruchs dürfte aber mit der Richtlinie 93/104/EG nicht vereinbar sein (s. Rz. 11).

---

1 BAG v. 26.1.1989 – 8 AZR 730/87, AP Nr. 13 zu § 5 BUrlG. |2 EuGH v. 26.6.2001 – C 173/99, AP Nr. 15 zu EWG-Richtlinie Nr. 93/104. |3 BAG v. 25.8.1987 – 8 AZR 118/86, AP Nr. 15 zu § 7 BUrlG. |4 BAG v. 25.8.1987 – 8 AZR 118/86, AP Nr. 15 zu § 7 BUrlG. |5 BAG v. 25.8.1987 – 8 AZR 118/86, AP Nr. 15 zu § 7 BUrlG. |6 BAG v. 29.7.2003 – 9 AZR 270/02. |7 *Leinemann/Linck*, § 13 Rz. 53 f.

III. Teilurlaub gem. § 5 Abs. 1 Buchst. b). 1. Entstehung und Fälligkeit. Im Gegensatz zum Teilurlaubsanspruch nach § 5 Abs. 1 Buchst. a) entsteht der Anspruch nach Buchst. b) nicht in jedem Fall bereits mit Beginn des Arbeitsverhältnisses, sondern erst wenn **feststeht**, dass das Arbeitsverhältnis enden wird und die Wartezeit deshalb nicht erreicht werden kann. Die Entstehung des Anspruchs hängt deshalb davon ab, wie das Arbeitsverhältnis endet. Ist von Anfang an eine Befristung vereinbart, aufgrund derer das Arbeitsverhältnis vor Ablauf der Wartezeit endet, entsteht der Anspruch nach Buchst. b) bereits mit Beginn des Arbeitsverhältnisses. Endet es hingegen durch Kündigung oder Aufhebungsvertrag, entsteht der Anspruch erst zu diesem Zeitpunkt, weil vorher nicht feststeht, dass der ArbN vor Ablauf der Wartezeit ausscheiden wird.

Besteht zwischen den Parteien Streit über die Wirksamkeit der Beendigung des Arbeitsverhältnisses, ist für die Frage, ob dem ArbN Voll- oder Teilurlaub zusteht, allein die **rechtliche Beendigung** (und damit die Wirksamkeit des Beendigungstatbestands) entscheidend, nicht aber das tatsächliche Ausscheiden aus dem Betrieb[1] (s. dazu § 7 Rz. 142 ff., 146).

Mit seiner Entstehung wird der Anspruch auch **fällig**, so dass der ArbGeb ihn erteilen bzw. der ArbN ihn verlangen kann[2]. Hinsichtlich der Erfüllung und Abgeltung gelten die Ausführungen zu Buchst. a) (s. Rz. 12 ff.) entsprechend.

2. Berechnung des Teilurlaubsanspruchs. Für die Berechnung der **Dauer des Teilurlaubs** nach Buchst. b) gelten die Ausführungen zu § 5 Abs. 1 Buchst. a) (Rz. 8 bis 10) entsprechend. So entsteht auch bei Buchst. b) kein Vollurlaub, sondern nur ein Teilurlaub in Höhe von 6/12, wenn das Arbeitsverhältnis mit dem Tag des Ablaufs der Wartezeit endet[3].

Zu beachten ist, dass ein **einheitlicher Teilurlaub** nach Buchst. b) für das Arbeitsverhältnis auch dann entsteht, wenn es sich über die Jahreswende erstreckt hat[4]. Eine getrennte Berechnung des Teilurlaubsanspruchs nach Buchst. a) im Eintrittsjahr und Buchst. b) im Folgejahr kommt nicht in Betracht, da sich die in den Buchst. a) bzw. b) geregelten Fälle gegenseitig ausschließen[5].

Beispiel: Beginn des Arbeitsverhältnisses am 15. 10., Ende am 14. 3. des Folgejahres. Der ArbN hat die Wartezeit für den Vollurlaub nicht erfüllt, da er mit und nicht nach Ablauf der Wartezeit ausscheidet; er erlangt einen einheitlichen Teilurlaubsanspruch von 6/12, nicht für das erste Jahr 2/12 und für das Folgejahr 2/12.

3. Übertragung. Die besondere Übertragungsvorschrift in § 7 Abs. 3 Satz 4 (Übertragung auf Verlangen des ArbN, Übertragungszeitraum bis 31. 12. des Folgejahres) gilt nach dem eindeutigen Gesetzeswortlaut nur für den Fall des § 5 Abs. 1 Buchst. a). Teilurlaubsansprüche nach Buchst. b) werden nur unter den Voraussetzungen des § 7 Abs. 3 Satz 2 und 3 übertragen. Es muss daher ein **gesetzlicher Übertragungstatbestand** vorliegen; das Verlangen des ArbN reicht nicht. Zudem ist der Übertragungszeitraum auf das erste Quartal des Folgejahres beschränkt[6].

Kann der zB nach Ausspruch einer Kündigung entstandene Teilurlaubsanspruch aus Zeitgründen vor Ablauf des 31. 12. des Urlaubsjahres nicht mehr oder nur zum Teil genommen werden, liegt ein Übertragungstatbestand nach § 7 Abs. 3 Satz 2 (Grund in der Person des ArbN) vor[7].

Beispiel: Das Arbeitsverhältnis beginnt am 1. 10. Der ArbGeb kündigt am 31. 12. zum 31. 1. des Folgejahres. Mit Zugang der Kündigung ist der Teilurlaubsanspruch in Höhe von (4/12 von 24 =) 8 Werktagen entstanden und fällig geworden. Er würde nach § 7 Abs. 3 Satz 1 mit dem 31. 12. erlöschen, ohne dass der ArbN die Möglichkeit gehabt hätte, den Urlaub zu nehmen. Es ist daher gerechtfertigt, hier den Übertragungstatbestand „Grund in der Person des ArbN" iSd. § 7 Abs. 3 Satz 2 anzunehmen. Der ArbN kann den übertragenen Urlaub im Januar des Folgejahres nehmen oder nach Beendigung des Arbeitsverhältnisses Abgeltung verlangen.

4. Abdingbarkeit. Der Anspruch nach Buchst. b) ist wie der nach Buchst. a) **tarifdispositiv** (s. Rz. 16).

IV. Gekürzter Vollurlaub nach § 5 Abs. 1 Buchst. c). 1. Voraussetzungen. Entgegen der Überschrift der Norm handelt es sich bei Buchst. c) nicht um den dritten Fall eines Teilurlaubsanspruchs, sondern um die gesetzlich angeordnete **Kürzung des bereits entstandenen Vollurlaubs**. Dieser Urlaubsanspruch unterscheidet sich von dem Urlaubsanspruch nach § 3 Abs. 1 nur dadurch, dass er nachträglich kraft Gesetzes in seiner Höhe beschränkt wird. Buchst. c) enthält damit hinsichtlich des Mindesturlaubsanspruchs eine auflösende Bedingung für denjenigen Teil des Urlaubs, der infolge des vorzeitigen Ausscheidens des ArbN nicht mehr durch ein bestehendes Arbeitsverhältnis gedeckt wird. Buchst. c)

---

1 ErfK/*Dörner*, § 5 BUrlG Rz. 19. |2 *Leinemann/Linck*, § 5 BUrlG Rz. 11; ErfK/*Dörner*, § 5 BUrlG Rz. 20. |3 *Leinemann/Linck*, § 5 BUrlG Rz. 28; ErfK/*Dörner*, § 5 BUrlG Rz. 22. |4 BAG v. 9.10.1969 – 5 AZR 501/68, AP Nr. 7 zu § 5 BUrlG = DB 1970, 66; *Leinemann/Linck*, § 5 BUrlG Rz. 26; ErfK/*Dörner*, § 5 BUrlG Rz. 21. |5 *Leinemann/Linck*, § 5 BUrlG Rz. 20, 26. |6 *Leinemann/Linck*, § 5 BUrlG Rz. 30; ErfK/*Dörner*, § 5 BUrlG Rz. 23. |7 *Leinemann/Linck*, § 5 BUrlG Rz. 32.

begründet daher – anders als Buchst. a) und b) – nicht einen eigenen Anspruch, sondern modifiziert den Anspruch aus §§ 1, 3[1].

26 Die Kürzung des Vollurlaubs tritt ein, wenn der ArbN nach erfüllter Wartezeit in der **ersten Hälfte eines Kalenderjahres** ausscheidet. Diese Voraussetzung ist auch erfüllt, wenn das Arbeitsverhältnis mit Ablauf des 30. 6. endet. Denn aus §§ 186, 188 Abs. 2 BGB ergibt sich, dass der Ablauf des in § 188 Abs. 2 BGB genannten Tages zu diesem Tag gerechnet wird und damit Teil der Frist (hier: des ersten Halbjahres) ist[2].

27 Die Kürzung vollzieht sich **kraft Gesetzes**, sofern die Voraussetzungen vorliegen. Einer Kürzungserklärung des ArbGeb bedarf es daher nicht[3].

28 Der Vollurlaub wird erst in dem Moment gekürzt, in dem **feststeht**, dass das Arbeitsverhältnis in der ersten Kalenderjahreshälfte enden wird. Bei einer Befristung ist das bereits mit Beginn des Arbeitsverhältnisses der Fall, ansonsten erst mit dem Entstehen des Beendigungstatbestands (Zugang der Kündigung, Abschluss des Aufhebungsvertrags). Der ArbN kann daher den Vollurlaub auch dann verlangen, wenn er bei Beantragung oder Antritt des Urlaubs bereits vor hat, das Arbeitsverhältnis noch im ersten Halbjahr zu beenden. Ebenso muss der ArbGeb den Vollurlaub gewähren, wenn er die Beendigung im ersten Halbjahr plant, aber aus Rechtsgründen (zB §§ 111, 112 BetrVG, §§ 85 ff. SGB IX) sich daran gehindert sieht, die Kündigung alsbald zu erklären.

29 Durch den **Eintritt der Bedingung** (Entstehen eines Beendigungstatbestands) wird der bei Jahresanfang in voller Höhe bereits entstandene Urlaubsanspruch nur für den Fall teilweise ausgeschlossen, dass der Urlaubsanspruch bei Ausscheiden aus dem Arbeitsverhältnis noch nicht voll erfüllt ist[4]. Hat der ArbN zu diesem Zeitpunkt bereits mehr Urlaub erhalten, als ihm nach Buchst. c) zustehen würde, verbleibt es dabei; eine Rückabwicklung ist ausgeschlossen, § 5 Abs. 3.

30 **2. Inhalt des Anspruchs.** Der Vollurlaub wird auf so viele Zwölftel gekürzt, wie das Arbeitsverhältnis bei seiner Beendigung im Urlaubsjahr volle Monate bestanden hat. Die Berechnung erfolgt wie bei Buchst. a) und b) (s. Rz. 8 bis 10).

Beispiel: Ein Arbeitsverhältnis beginnt 1999 und endet am 15.4.2002. Für 2002 kann der ArbN den gekürzten Vollurlaub in Höhe von (24 Werktagen : 12 Monate x 3 volle Monate Bestand des Arbeitsverhältnisses in 2002 =) 6 Werktagen verlangen.

31 Für die **Erteilung und die Abgeltung** finden dieselben Grundsätze wie bei den Buchst. a) und b) Anwendung (s. Rz. 12 ff.).

32 Eine **Übertragung** des Teilurlaubsanspruchs nach Buchst. c) ist nicht denkbar, da sich der bei Beendigung des Arbeitsverhältnisses in der ersten Jahreshälfte noch offene Urlaubsanspruch mit der Beendigung in einen Abgeltungsanspruch umwandelt. Der Abgeltungsanspruch kann dagegen unter den Voraussetzungen des § 7 Abs. 3 Satz 2 und 3 übertragen werden.

33 **3. Unabdingbarkeit.** Der gekürzte **Vollurlaubsanspruch** unterliegt dem Schutz der Unabdingbarkeit nach § 13 Abs. 1 Satz 1[5]. Es handelt sich bei Anspruch nach Buchst. c) der Sache nach um den Urlaubsanspruch iSv. § 3 Abs. 1, § 4, da der Vollurlaub nur nachträglich verringert wird, nicht aber ersatzweise ein Teilurlaubsanspruch entsteht. Ist aber der Entstehungstatbestand des Anspruchs in § 3 Abs. 1, § 4 zu sehen, kann dieser (gekürzte) Anspruch durch Tarifrecht nicht weiter eingeschränkt oder ausgeschlossen werden als der nach § 13 Abs. 1 Satz 1 tariffeste Vollurlaub. Damit unterliegt er auch nicht einer tariflichen Ausschlussfrist (s. § 13 Rz. 24).

34 **V. Bruchteile von Urlaubstagen (Abs. 2). 1. Anwendungsbereich.** Die **Aufrundungsregelung** in Abs. 2 ist nur anzuwenden auf die Berechnung des Teilurlaubs nach § 5 Abs. 1. Abs. 2 enthält kein allgemeines Prinzip für sonstige Teilurlaubsansprüche (zB § 4 ArbPlSchG, § 17 BErzGG, § 19 JArbSchG, § 125 SGB IX).

35 Ebenso wenig werden Bruchteile eines Urlaubstages nach dieser Vorschrift aufgerundet, wenn sie bei der Berechnung des Vollurlaubs aufgrund **individueller urlaubsrechtlicher Besonderheiten** entstehen. Das ist insb. dann der Fall, wenn die Arbeit nicht an allen Werktagen der Woche geleistet wird und der Urlaubsanspruch deshalb in Arbeitstage umzurechnen ist (zB bei der Fünf-Tage-Woche – s. § 3 Rz. 9 ff. – oder bei Teilzeitarbeit[7], bei ungleichmäßig verteilter Arbeitszeit[7] und bei der Berechnung eines übergesetzlichen Zusatzurlaubs[8]). In diesen Fällen ist die Dauer des Letzten bzw. ersten Ur-

---

1 BAG v. 18.6.1980 – 6 AZR 328/78, AP Nr. 6 zu § 13 BUrlG – Unabdingbarkeit = DB 1980, 2197; *Leinemann/Linck*, § 5 BUrlG Rz. 35. |2 BAG v. 16.6.1966 – 5 AZR 521/65, AP Nr. 4 zu § 5 BUrlG; ErfK/*Dörner*, § 5 BUrlG Rz. 25; *Leinemann/Linck*, § 5 BUrlG Rz. 33. |3 ErfK/*Dörner*, § 5 BUrlG Rz. 27. |4 BAG v. 18.6.1980 – 6 AZR 328/78, AP Nr. 6 zu § 13 BUrlG – Unabdingbarkeit = DB 1980, 2197. |5 BAG v. 18.6.1980 – 6 AZR 328/78, AP Nr. 6 zu § 13 BUrlG – Unabdingbarkeit = DB 1980, 2197; v. 9.6.1998 – 9 AZR 43/97, AP Nr. 23 zu § 7 BUrlG. |6 BAG v. 14.2.1991 – 8 AZR 97/90, AP Nr. 1 zu § 3 BUrlG – Teilzeit. |7 *Leinemann/Linck*, § 3 BUrlG Rz. 46. |8 BAG v. 19.4.1994 – 9 AZR 478/92, AP Nr. 3 zu § 1 BUrlG – Treueurlaub.

laubstags stunden- oder minutengenau auszurechnen und dementsprechend freizustellen; der ArbN kann zB an seinem letzten Arbeitstag früher die Arbeit beenden[1].

2. Aufrundung. Wird die Arbeit regelmäßig an weniger als 6 Tagen in der Woche geleistet oder ist sie unregelmäßig verteilt, können sich bei der Berechnung des Teilurlaubs nach Buchst. a) und b) sowie des gekürzten Vollurlaubs nach Buchst. c) aufgrund des **Zwölftelungsprinzips** Bruchteile von Urlaubstagen ergeben. Bruchteile von mindestens 0,5 sind auf einen vollen Urlaubstag aufzurunden. 36

Beispiel: Ein Arbeitsverhältnis besteht vom 1. März bis zum 30. Juli; gearbeitet wird in der Fünf-Tage-Woche. Der ArbN kann für (24 Werktage : 6 Werktage x 5 Arbeitstage : 12 Monate x 4 volle Monate Bestand des Arbeitsverhältnisses =) 6,67 Tage Freistellung verlangen. Der Bruchteil von 0,67 ist aufzurunden, so dass der ArbN 7 Urlaubstage zu beanspruchen hat.

3. Bruchteile von weniger als einem halben Tag. Nach der Rspr. des BAG[2] werden Bruchteile von weniger als einem halben Tag **nicht abgerundet**. Sie sind entsprechend ihrem Umfang dem ArbN durch Befreiung von der Arbeitspflicht zu gewähren oder nach dem Ausscheiden aus dem Arbeitsverhältnis abzugelten. § 5 Abs. 2 enthält nämlich keinen Kürzungstatbestand für Bruchteile bis zu einem halben Tag, sondern eine Anspruchsgrundlage für die Aufrundung von Bruchteilen von mindestens einem halben Tag. 37

Die Erfüllung von Bruchteilen eines Urlaubstags bereitet in der Praxis keine Schwierigkeiten und widerspricht auch nicht dem **Erholungszweck**[3]. Bei der Berechnung des Urlaubsanspruchs wird sich ein Teil eines Urlaubstags nur einmal pro Jahr ergeben. Die stundenweise Freistellung wird regelmäßig am Anfang oder am Ende des Urlaubs erfolgen, so dass dieser Bruchteil eines Urlaubstags den Erholungszweck nicht beeinträchtigt. 38

VI. Rückforderungsverbot (§ 5 Abs. 3). 1. Allgemeines. Da nach erfüllter Wartezeit der volle Urlaubsanspruch am Anfang eines jeden Kalenderjahres entsteht und fällig wird (s. § 4 Rz. 14), kann im Falle der Beendigung des Arbeitsverhältnisses in der ersten Jahreshälfte der ArbN bereits mehr Urlaub erhalten haben, als ihm nach dem Zwölftelungsprinzip gem. § 5 Abs. 1 Buchst. c) zustünde. Die ohne Rechtsgrund gewährte Freistellung könnte den ArbGeb zwar nicht kondizieren; der ArbN ist aber um das zu viel erhaltene Urlaubsentgelt **ungerechtfertigt bereichert**, so dass er an sich nach § 812 Abs. 1 Satz 2 BGB dem ArbGeb zur Rückzahlung verpflichtet wäre. § 5 Abs. 3 schließt einen solchen Anspruch des ArbGeb aus; die Vorschrift ist daher eine Sonderregelung zu § 812 BGB. 39

Abs. 3 enthält hingegen keine besondere **Anspruchsgrundlage** für die Zahlung von Entgelt für die Zeit einer Freistellung, die sich nachträglich als urlaubsrechtlich nicht geschuldet erweist[4]. Der ArbGeb, der entgegen § 11 das Urlaubsentgelt nicht vor dem Urlaubsantritt leistet, ist daher nicht zur Zahlung verpflichtet, auch wenn der ArbN den Urlaub tatsächlich genommen hat[5]. 40

2. Voraussetzungen des Rückforderungsverbots. Abs. 3 erfasst den Fall, dass dem ArbN nur der nach Abs. 1 Buchst. c) gekürzte Vollurlaub zusteht, er aber bereits mehr Urlaub sowie die entsprechende Urlaubsvergütung erhalten hat. Voraussetzung ist daher zunächst, dass dem ArbN der Urlaub nicht nur erteilt, sondern dass auch **Erfüllung eingetreten** ist, dh. der ArbN den Urlaub auch genommen hat, indem er der Arbeit ferngeblieben ist. Dazu muss der ArbGeb zum Zeitpunkt der Kürzung des Vollurlaubs (s. Rz. 25 f.) das Urlaubsentgelt bereits geleistet haben. Das Rückforderungsverbot gilt auch dann, wenn der ArbN die Beendigung des Arbeitsverhältnisses herbeigeführt hat, sogar bei einer Kündigung aus dem Urlaub[6]. 41

3. Vom Rückforderungsverbot nicht erfasste Fälle. Abs. 3 enthält **kein allgemeines Rückforderungsverbot**[7]. Sind die Voraussetzungen des Abs. 3 nicht erfüllt, kommt ein Bereicherungsanspruch des ArbGeb insb. in folgenden Fällen in Betracht: 42

- Gewährt der ArbGeb Urlaub, obwohl der Anspruch noch nicht entstanden ist (zB während des Laufs der Wartezeit oder als „**Vorschuss**" für das kommende Urlaubsjahr) und endet das Arbeitsverhältnis danach vorzeitig, hat der ArbN das ohne Rechtsgrund gezahlte Urlaubsentgelt (den Bruttobetrag[8]) gem. § 812 Abs. 1 Satz 1 BGB zurückzuzahlen. Er kann aber ggf. die Einwendung der Kenntnis der Nichtschuld (§ 814 BGB) oder die Einrede der Entreicherung (§ 818 Abs. 3 BGB) geltend machen[9]. 43

- Hat der ArbGeb vor Entstehung des Kürzungstatbestands nach Buchst. c) Urlaub gewährt, soll der Urlaub aber erst **danach angetreten** werden, so kann der ArbGeb den Teil der Freistellungserklärung, der über das nach Buchst. c) Geschuldete hinausgeht, nach § 812 Abs. 1 Satz 2 zurückverlangen. In diesem Fall ist der ArbN verpflichtet, seine Arbeitsleistung zu erbringen[10]. Die Kondiktion der Freistel- 44

---

1 *Leinemann/Linck*, § 5 BUrlG Rz. 40. | 2 BAG v. 26.1.1989 – 8 AZR 730/87, AP Nr. 13 zu § 5 BUrlG. | 3 *Leinemann/Linck*, § 5 BUrlG Rz. 45 ff. | 4 BAG v. 23.4.1996 – 9 AZR 317/95, AP Nr. 140 zu § 1 TVG – Tarifverträge: Metallindustrie. | 5 BAG v. 23.1.1996 – 9 AZR 554/93, AP Nr. 10 zu § 5 BUrlG; *Leinemann/Linck*, § 5 BUrlG Rz. 58. | 6 ErfK/*Dörner*, § 5 BUrlG Rz. 33. | 7 *Leinemann/Linck*, § 5 BUrlG Rz. 59 mwN. | 8 BAG v. 24.10.2000 – 9 AZR 610/99, AP Nr. 19 zu § 5 BUrlG. | 9 *Leinemann/Linck*, § 5 BUrlG Rz. 59 f. | 10 BAG v. 23.4.1996 – 9 AZR 317/95, AP Nr. 140 zu § 1 TVG – Tarifverträge: Metallindustrie; *Leinemann/Linck*, § 5 BUrlG Rz. 54.

45 ● Wird dem ArbN Urlaub gewährt und die Vergütung nach § 11 Abs. 2 vor Beginn des Urlaubs ausgezahlt, entsteht der Kürzungstatbestand aber noch **bevor der Urlaub vollständig genommen** wurde, kann der ArbGeb den Teil der Freistellungserklärung, der nach Buchst. c) nicht mehr geschuldet wird und noch nicht durch tatsächliche Freistellung erledigt ist, kondizieren und in diesem Umfang Rückzahlung der Urlaubsvergütung verlangen[1].

46 ● Stellt der ArbGeb über das gem. Buchst. c) Geschuldete hinaus frei und nimmt der ArbN den gewährten Urlaub auch vollständig, zahlt der ArbGeb jedoch entgegen § 11 Abs. 2 (rechtmäßig – wegen einer abweichenden tariflichen Regelung – oder rechtswidrig) **nicht vor Urlaubsantritt**, so kommt mangels eines Bereicherungstatbestandes das Rückforderungsverbot nicht zum Tragen. Andererseits kann der ArbN für die Zeit der nicht geschuldeten Freistellung keine Vergütung aus Abs. 3 verlangen, da die Vorschrift keine eigenständige Anspruchsgrundlage enthält. Auch ein Schadensersatzanspruch des ArbN aus §§ 280 Abs. 1, 286 BGB dürfte nicht in Betracht kommen. Zwar gerät der ArbGeb in Verzug, wenn er das Urlaubsentgelt nicht vor Beginn des Urlaubs zahlt[2]. Zwischen dem Verzug und dem Wegfall des Vergütungsanspruchs aufgrund der Kürzung des Vollurlaubs besteht aber kein Rechtswidrigkeitszusammenhang, da § 5 Abs. 3 nicht den Schutzzweck hat, dem ArbN den Lebensunterhalt während der Zeit des Urlaubs zu sichern, sondern es dem ArbN zu ersparen, der Forderung des ArbGeb mit dem Einwand der Entreicherung begegnen zu müssen[3].

47 4. Abdingbarkeit. Abs. 3 steht zur **Disposition der TV-Parteien**. In TV kann daher geregelt werden, dass der ArbN erhaltenes Urlaubsentgelt zurückzahlen muss, wenn der Vollurlaub wegen vorzeitigen Ausscheidens nachträglich gekürzt wird[4]. Durch die Rückforderung wird der gesetzliche Mindesturlaub nicht eingeschränkt, da es um die Vergütung für Urlaubsteile geht, die dem ArbN nach Abs. 1 Buchst. c) nicht zustehen. Ein Ausschluss des Rückforderungsverbots durch BV oder Arbeitsvertrag ist hingegen nicht zulässig, § 13 Abs. 1 Satz 3[5].

§ 6 *Ausschluss von Doppelansprüchen*

(1) Der Anspruch auf Urlaub besteht nicht, soweit dem Arbeitnehmer für das laufende Kalenderjahr bereits von einem früheren Arbeitgeber Urlaub gewährt worden ist.

(2) Der Arbeitgeber ist verpflichtet, bei Beendigung des Arbeitsverhältnisses dem Arbeitnehmer eine Bescheinigung über den im laufenden Kalenderjahr gewährten oder abgegoltenen Urlaub auszuhändigen.

1 I. Allgemeines. 1. Zweck der Vorschrift. Das Entstehen und die Fälligkeit des Vollurlaubsanspruchs nach erfüllter Wartezeit jeweils mit dem ersten Tage eines Kalenderjahres könnte dazu führen, dass der gesetzliche Urlaubsanspruch im selben Kalenderjahr zweimal entsteht.

Beispiel: A ist seit 1995 bei Fa. A beschäftigt. Im Februar 2002 verlangt und erhält er seinen gesamten Jahresurlaub. Das Arbeitsverhältnis wird im März zum 30. 4. gekündigt. Am 1.6.2002 beginnt er ein Arbeitsverhältnis bei Fa. B.

§ 6 Abs. 1 verhindert in dieser Situation, dass der ArbN für dasselbe Kalenderjahr zweimal Urlaub verlangen kann. Durch die Vorschrift wird der Anspruch im neuen Arbeitsverhältnis ganz oder teilweise ausgeschlossen, soweit Urlaubsansprüche des ArbN bereits im früheren Arbeitsverhältnis erfüllt worden sind und auch im neuen Arbeitsverhältnis kein Urlaubsanspruch auf eine höhere Zahl von Urlaubstagen als im früheren Arbeitsverhältnis entsteht[6].

2 2. Rechtsnatur, Geltungsbereich. Bei dem Ausschluss von Doppelansprüchen handelt es sich um eine **rechtshindernde Einwendung**, für die der ArbGeb grundsätzlich die Darlegungs- und Beweislast trägt[7]; zur Bedeutung der Urlaubsbescheinigung in diesem Zusammenhang s. Rz. 29.

3 Absatz 1 gilt grundsätzlich für das **gesamte Urlaubsrecht**. Die Vorschrift ist daher auch für den gesetzlichen Zusatzurlaub der Schwerbehinderten (§ 125 SGB IX) und der Jugendlichen (§ 19 JArbSchG) anzuwenden. Ist in TV nichts abweichendes geregelt, unterliegt auch ein tariflicher Zusatzurlaub dem Ausschlusstatbestand. Entsprechendes gilt für Mehrurlaubsansprüche, die in einer BV oder im Arbeitsvertrag vorgesehen sind[8].

---

1 BAG v. 24.10.2000 – 9 AZR 610/99, AP Nr. 19 zu § 5 BUrlG; *Leinemann/Linck*, § 5 BUrlG Rz. 56 mwN. |2 BAG v. 18.12.1986 – 8 AZR 481/84, AP Nr. 19 zu § 11 BUrlG. |3 BAG v. 23.4.1996 – 9 AZR 317/95, AP Nr. 140 zu § 1 TVG – Tarifverträge: Metallindustrie. |4 BAG v. 23.1.1996 – 9 AZR 554/93, AP Nr. 10 zu § 5 BUrlG; *Leinemann/Linck*, § 13 BUrlG Rz. 66; ErfK/*Dörner*, § 13 BUrlG Rz. 30; aA *Dersch/Neumann*, § 5 BUrlG Rz. 49. |5 *Leinemann/Linck*, § 13 BUrlG Rz. 67. |6 BAG v. 28.2.1991 – 8 AZR 196/90, AP Nr. 4 zu § 6 BUrlG. |7 *Leinemann/Linck*, § 6 BUrlG Rz. 31 f.; ErfK/*Dörner*, § 6 BUrlG Rz. 3; aA GK-BUrlG/*Bachmann*, § 6 Rz. 19. |8 *Leinemann/Linck*, § 6 BUrlG Rz. 3; ErfK/*Dörner*, § 6 BUrlG Rz. 1.

§ 6 Abs. 1 betrifft nur das Entstehen von **Urlaubsansprüchen**, nicht von anderen gesetzlichen, tariflichen oder vertraglichen Freistellungen (zB „Sonderurlaub" aus persönlichem Anlass).

Ist beim früheren ArbGeb **Urlaub aus dem Vorjahr übertragen** worden, wird insoweit der beim neuen ArbGeb entstehende Urlaubsanspruch nicht berührt; nur der aus dem laufenden Kalenderjahr gewährte Urlaub hindert das Entstehen von Ansprüchen beim neuen ArbGeb[1].

II. Voraussetzungen für den Ausschluss. 1. Zwei aufeinander folgende Arbeitsverhältnisse. § 6 Abs. 1 ist nur anwendbar, wenn in zwei aufeinander folgenden Arbeitsverhältnissen **im selben Kalenderjahr** bereits für den Zeitraum des Kalenderjahrs, für das ein weiteres Arbeitsverhältnis begründet worden ist, vom vorherigen ArbGeb der gesetzliche Urlaub gewährt wurde. Entstehen hingegen in zwei aufeinander folgenden Arbeitsverhältnisses zwei Teilurlaubsansprüche (weil in beiden Arbeitsverhältnissen die Wartezeit nicht erfüllt wurde), gilt § 6 Abs. 1 nicht, auch wenn durch die Aufrundung von Bruchteilen eines Urlaubstags gem. § 5 Abs. 2 der Jahresurlaub insgesamt höher ist als 24 Werktage[2]. Denn Voraussetzung des Ausschlusses ist, dass sich der vom ersten ArbGeb gewährte Urlaub rechnerisch auch auf einen Zeitraum desselben Urlaubsjahres bezieht, in dem der zweite ArbGeb ebenfalls Urlaub gewähren müsste.

Beispiel: Der ArbN arbeitet vom 1.1. bis 30.6. bei A und vom 1.7. bis 31.12. bei B. Ihm steht in beiden Arbeitsverhältnissen ein Tarifurlaub von 27 Arbeitstagen zu. Im ersten Arbeitsverhältnis kann der ArbN einen Teilurlaub gem. § 5 Abs. 1 Buchst. a) in Höhe von 14 Arbeitstagen verlangen (27 : 12 x 6 = 13,5, aufgerundet gem. § 5 Abs. 3 auf 14 Tage). Im zweiten Arbeitsverhältnis errechnet sich ein Teilurlaubsanspruch gem. § 5 Abs. 1 Buchst. b) in derselben Höhe, so dass der ArbN in diesem Jahr auf insgesamt 28 Urlaubstage kommt; B kann den einen Tag nicht nach § 6 Abs. 1 kürzen.

§ 6 Abs. 1 ist nicht anwendbar, wenn zwei Arbeitsverhältnisse nebeneinander bestehen (sog. **Doppelarbeitsverhältnis**); in diesem Fall entstehen in beiden Arbeitsverhältnissen unabhängig voneinander Urlaubsansprüche[3].

Im Falle eines **Betriebsübergangs** bedarf es des Rückgriffs auf § 6 Abs. 1 nicht. Da das Arbeitsverhältnis nach § 613 a Abs. 1 Satz 1 BGB fortbesteht, indem der Betriebsübernehmer in die Rechte und Pflichten des Arbeitsvertrags eintritt, kann dieser sich ohne weiteres auf die Erfüllung des Urlaubsanspruchs durch den Betriebsveräußerer berufen.

§ 6 Abs. 1 ist ebenfalls nicht anwendbar, wenn ein **Auszubildender** beim selben ArbGeb nahtlos in ein Arbeitsverhältnis übernommen wird; urlaubsrechtlich ist dann von einem einheitlichen Arbeitsverhältnis auszugehen[4].

2. Gewährung des Urlaubs durch den ersten ArbGeb. § 6 Abs. 1 setzt weiterhin voraus, dass der frühere ArbGeb dem ArbN bereits Urlaub für den Zeitraum gewährt hat, in dem das nachfolgende Arbeitsverhältnis bestand. Der Urlaubsanspruch muss also durch **Freistellung oder Abgeltung tatsächlich erfüllt** worden sein. Hat der frühere ArbGeb nur anteilig (nach dem Zwölftelungsprinzip) oder gar nicht erfüllt, muss der neue ArbGeb den im nachfolgenden Arbeitsverhältnis entstandenen Urlaubsanspruch voll erfüllen[5]. Er kann sich insb. nicht darauf berufen, der ArbN müsse zunächst den früheren ArbGeb in Anspruch nehmen. Dies gilt sogar dann, wenn der ArbN bereits gegen den früheren ArbGeb auf Urlaubsabgeltung klagt[6]. Erst wenn der ArbN die Abgeltung erhält, verringert sich der Anspruch gegen den neuen ArbGeb gem. § 6 Abs. 1.

Erfüllt der frühere ArbGeb den Urlaubs-(abgeltungs-)anspruch, nachdem der neue ArbGeb den Urlaub ohne Kürzung nach § 6 Abs. 1 gewährt hat, reduziert sich nachträglich der gegen den neuen ArbGeb entstandene Urlaubsanspruch. Der neue ArbGeb hat den gem. § 6 Abs. 1 zu viel gewährten Urlaub ohne Rechtsgrund gewährt, so dass er das für diesen Zeitraum gezahlte Urlaubsentgelt **kondizieren** kann[7].

III. Umfang der Kürzung. Der **Urlaubsanspruch beim neuen ArbGeb** entsteht in dem Umfang nicht, wie der frühere ArbGeb Urlaubsansprüche für den Zeitraum gewährt hat, für den beim neuen ArbGeb ohne die Vorschrift des § 6 Abs. 1 ebenfalls Urlaubsansprüche entstehen würden.

Sind die Urlaubsansprüche in beiden Arbeitsverhältnissen **unterschiedlich hoch**, ist zu beachten, dass ein übergesetzlicher Mehrurlaub, den der frühere ArbGeb geleistet hat (zB aufgrund tariflicher oder arbeitsvertraglicher Regelung), das Entstehen eines Anspruchs beim neuen ArbGeb nicht hindert.

Beispiel: Arbeitsverhältnis 1 bestand vom 1.1. bis 30.4. in Fünf-Tage-Woche. Der ArbGeb schuldete einen Tarifurlaub von 30 Arbeitstagen im Jahr, von dem er anteilig (30 : 12 x 4 =) 10 Arbeitstage gewähr-

---

1 ErfK/*Dörner*, § 6 BUrlG Rz. 5. | 2 *Leinemann/Linck*, § 6 BUrlG Rz. 24; ErfK/*Dörner*, § 6 BUrlG Rz. 7. | 3 BAG v. 19.6.1959 – 1 AZR 565/57, AP Nr. 1 zu § 611 BGB – Doppelarbeitsverhältnis; *Leinemann/Linck*, § 6 BUrlG Rz. 11 mwN. | 4 BAG v. 29.11.1984 – 6 AZR 238/82, AP Nr. 22 zu § 7 BUrlG – Abgeltung. | 5 BAG v. 28.2.1991 – 8 AZR 196/90, AP Nr. 4 zu § 6 BUrlG. | 6 BAG v. 25.11.1982 – 6 AZR 1254/79, AP Nr. 3 zu § 6 BUrlG = DB 1983, 1155. | 7 ErfK/*Dörner*, § 6 BUrlG Rz. 12.

te. Im Arbeitsverhältnis 2, das vom 1.5. bis 31.12. besteht, erhält der ArbN nur den gesetzlichen Urlaub. Beim neuen ArbGeb ist an sich der volle Urlaub entstanden, da der ArbN am 1.11. die Wartezeit erfüllt hat. Der Urlaubsanspruch reduziert sich jedoch um 4/12, da der ArbN für vier Monate bereits Urlaub erhalten hat. Da der neue ArbGeb nur den gesetzlichen Urlaub leistet, hat er für (24 : 12 x 8 = 16 Werktage = 16 : 6 x 5 =) 13,33 Arbeitstage Freistellung zu gewähren.

14 Schuldet der neue ArbGeb **mehr Urlaub** als der frühere, verringert sich der Urlaubsanspruch beim neuen ArbGeb nur um die Urlaubstage, die der ArbN tatsächlich erhalten hat.

Beispiel: Der neue ArbGeb hat einen Jahresurlaub von 30 Arbeitstagen zu leisten, während beim früheren ArbGeb nur der gesetzliche Urlaub gewährt wurde. Hat der ArbN beim früheren ArbGeb den gesamten Jahresurlaub erhalten und wird das neue Arbeitsverhältnis am 1.10. begründet, steht dem ArbN aus diesem Arbeitsverhältnis ein Freistellungsanspruch in Höhe von (30 : 12 x 3 = 7,5, aufgerundet gem. § 5 Abs. 2 = 8 Arbeitstagen; verringert um den vom früheren ArbGeb gewährten Urlaubsanteil für Oktober bis Dezember: 24 Werktage : 12 x 3 = 6 Werktage, umgerechnet in Arbeitstage: 6 : 6 x 5 = 5 Arbeitstage; 8 – 5 =) 3 Arbeitstagen gegen den neuen ArbGeb zu.

15 **IV. Rechtsposition des früheren ArbGeb.** Aus § 6 Abs. 1 folgt **keine Kürzungsbefugnis** des früheren ArbGeb für seine noch nicht erfüllte Schuld[1]. Der ArbN ist auch nicht verpflichtet, zunächst den neuen ArbGeb in Anspruch zu nehmen. Bei Zusammentreffen von Urlaubsansprüchen gegen den früheren und gegen den neuen ArbGeb hat der Freizeitanspruch gegen den neuen ArbGeb keinen Vorrang. Danach kann der frühere ArbGeb, der auf Abgeltung in Anspruch genommen wird, den ArbN nicht auf den Urlaubsanspruch gegen den neuen ArbGeb verweisen[2].

16 Zwischen den ArbGeb gibt es **keinen Ausgleich** der an den ArbN gewährten Leistungen. Die ArbGeb können hinsichtlich des Urlaubsanspruchs nicht Gesamtschuldner sein, da der Freistellungsanspruch nicht gesamtschuldfähig ist[3].

17 **V. Urlaubsbescheinigung (Abs. 2). 1. Inhalt.** Bei der **tatsächlichen Beendigung** des Arbeitsverhältnisses (also auch dann, wenn über die Wirksamkeit des Beendigungstatbestands zwischen den Parteien in einem Kündigungsschutzverfahren gestritten wird) hat der ArbGeb dem ArbN eine Bescheinigung zu erteilen, aus der sich ergibt

- der volle Namen, ggf. auch das Geburtsdatum des Adressaten der Bescheinigung,
- das Kalenderjahr, für das sie ausgestellt worden ist,
- der Zeitraum, in dem das Arbeitsverhältnis bestanden hat,
- die Höhe des in diesem Kalenderjahr entstandenen gesetzlichen Mindest- bzw. tariflichen Mehrurlaubsanspruchs,
- die Angabe des Zeitraums, in dem Urlaub gewährt und genommen worden ist und/oder
- die Anzahl der Tage, für die eine Abgeltung gezahlt worden ist[4].

18 **2. Erfüllung des Anspruchs.** Die Bescheinigung ist **schriftlich** zu erteilen. Eine mündliche Auskunft an den ArbN oder den nachfolgenden ArbGeb genügt nicht[5]. Die Urlaubsbescheinigung kann nicht in einem qualifizierten Zeugnis enthalten sein[6]. Streitig ist, ob sie in einem einfachen Zeugnis (Arbeitsbescheinigung) erteilt werden kann[7]. Da die Angaben in der Urlaubsbescheinigung nicht identisch sind mit denen in einem einfachen Zeugnis (es bedarf in der Urlaubsbescheinigung nicht der Darstellung der vom ArbN geleisteten Tätigkeiten), der ArbN die Urlaubsbescheinigung zur Vermeidung von Rechtsnachteilen dem neuen ArbGeb aber auch dann vorlegen wird, wenn dieser keinen Wert auf ein Zeugnis legt, erscheint es richtiger, die Ausstellung der Urlaubsbescheinigung in einer gesonderten Urkunde zu verlangen.

19 Der ArbGeb muss die Bescheinigung am **letzten Tag des Arbeitsverhältnisses** unaufgefordert dem ArbN zur Abholung zur Verfügung stellen. Geschieht dies nicht, wird die Pflicht zur Aushändigung zur Schickschuld[8]. Dem ArbGeb steht hinsichtlich der Urlaubsbescheinigung – wie bei sonstigen Arbeitspapieren – kein **Zurückbehaltungsrecht** zu[9].

20 **3. Gerichtliche Durchsetzung des Anspruchs.** Der ArbN kann eine **Leistungsklage** auf Herstellung und Herausgabe der Bescheinigung erheben. Besteht zwischen den Parteien kein Streit über den Inhalt der Bescheinigung, ist der Antrag hinreichend bestimmt, wenn nur auf Erteilung der Bescheinigung geklagt wird. Hingegen muss der Antrag den Wortlaut der geforderten Bescheini-

---

[1] BAG v. 28.2.1991 – 8 AZR 196/90, AP Nr. 4 zu § 6 BUrlG. | [2] BAG v. 28.2.1991 – 8 AZR 196/90, AP Nr. 4 zu § 6 BUrlG (Aufgabe der früheren Rspr.); *Leinemann/Linck*, § 6 BUrlG Rz. 25 ff. | [3] *Leinemann/Linck*, § 6 BUrlG Rz. 30 mwN. | [4] ErfK/*Dörner*, § 6 BUrlG Rz. 14. | [5] *Leinemann/Linck*, § 6 BUrlG Rz. 39; ErfK/*Dörner*, § 6 BUrlG Rz. 15. | [6] ErfK/*Dörner*, § 6 BUrlG Rz. 15; *Leinemann/Linck*, § 6 BUrlG Rz. 40. | [7] Bejahend ErfK/*Dörner*, § 6 BUrlG Rz. 15; *Dersch/Neumann*, § 6 BUrlG Rz. 17; abl. *Leinemann/Linck*, § 6 BUrlG Rz. 40; GK-BUrlG/*Bachmann*, § 6 Rz. 19. | [8] *Leinemann/Linck*, § 6 BUrlG Rz. 42 mwN. | [9] *Leinemann/Linck*, § 6 BUrlG Rz. 43; ErfK/*Dörner*, § 6 BUrlG Rz. 16.

gung enthalten, wenn gerade deren Inhalt (zB Zahl der geschuldeten oder gewährten Urlaubstage) zwischen den Parteien streitig ist.

Die **Vollstreckung** erfolgt nach § 888 ZPO, da der ArbGeb zur Erteilung einer Wissenserklärung und nicht zur Abgabe einer Willenserklärung verurteilt wird[1]. 21

Der ArbN kann auch auf **Ergänzung und Berichtigung** klagen, wenn die Bescheinigung unzutreffende Angaben oder überflüssige, die Rechte des ArbN beeinträchtigende Informationen enthält[2]. 22

4. Rechtsposition des neuen ArbGeb. § 6 Abs. 2 verpflichtet den ArbN nicht, die Urlaubsbescheinigung dem neuen ArbGeb vorzulegen[3]. § 6 Abs. 2 begründet daher – anders als im Entgeltfortzahlungsrecht bei Nichtvorlage der Arbeitsunfähigkeitsbescheinigung, § 7 Abs. 1 Ziff. 1 EFZG – auch kein **Leistungsverweigerungsrecht** des neuen ArbGeb hinsichtlich der Urlaubsansprüche des ArbN, bis er die Urlaubsbescheinigung vorlegt. 23

Es kann sich allerdings auf die Verteilung der **Darlegungs- und Beweislast** auswirken, wenn der ArbN die Urlaubsbescheinigung nicht vorlegt. Da § 6 Abs. 1 eine rechtshindernde Einwendung ist, hat grundsätzlich der ArbGeb vorzutragen und zu beweisen, dass die Voraussetzungen des Ausschlusstatbestandes vorliegen. Den ArbN trifft aber hinsichtlich der Höhe des bereits erhaltenen Urlaubs eine prozessuale Mitwirkungspflicht, die er durch Vorlage der Bescheinigung erfüllen kann[4]. Verweigert der neue ArbGeb gegenüber dem ArbN, der eine Urlaubsbescheinigung nicht vorlegt, die Erfüllung des bei ihm entstehenden Urlaubs mit der Begründung, der ArbN habe bereits den vollen Urlaub für das Kalenderjahr erhalten, und legt der ArbN die Urlaubsbescheinigung auch im Rechtsstreit nicht vor, kann das unter dem Gesichtspunkt des Verbots der Beweisvereitelung nach § 286 ZPO gewürdigt werden[5]. Dies setzt freilich voraus, dass der ArbN eine Urlaubsbescheinigung erhalten hat; hierfür trägt er nunmehr der ArbGeb die Beweislast. Eine die Umkehr der Beweislast rechtfertigende Vermutung, ArbGeb würden immer ordnungsgemäß Urlaubsbescheinigungen erteilen, kann nicht aufgestellt werden. 24

§ 7 Zeitpunkt, Übertragbarkeit und Abgeltung des Urlaubs

(1) Bei der zeitlichen Festlegung des Urlaubs sind die Urlaubswünsche des Arbeitnehmers zu berücksichtigen, es sei denn, dass ihrer Berücksichtigung dringende betriebliche Belange oder Urlaubswünsche anderer Arbeitnehmer, die unter sozialen Gesichtspunkten den Vorrang verdienen, entgegenstehen. Der Urlaub ist zu gewähren, wenn der Arbeitnehmer dies im Anschluss an eine Maßnahme der medizinischen Vorsorge oder Rehabilitation verlangt.

(2) Der Urlaub ist zusammenhängend zu gewähren, es sei denn, dass dringende betriebliche oder in der Person des Arbeitnehmers liegende Gründe eine Teilung des Urlaubs erforderlich machen. Kann der Urlaub aus diesen Gründen nicht zusammenhängend gewährt werden, und hat der Arbeitnehmer Anspruch auf Urlaub von mehr als zwölf Werktagen, so muss einer der Urlaubsteile mindestens zwölf aufeinander folgende Werktage umfassen.

(3) Der Urlaub muss im laufenden Kalenderjahr gewährt und genommen werden. Eine Übertragung des Urlaubs auf das nächste Kalenderjahr ist nur statthaft, wenn dringende betriebliche oder in der Person des Arbeitnehmers liegende Gründe dies rechtfertigen. Im Fall der Übertragung muss der Urlaub in den ersten drei Monaten des folgenden Kalenderjahres gewährt und genommen werden. Auf Verlangen des Arbeitnehmers ist ein nach § 5 Abs. 1 Buchstabe a entstehender Teilurlaub jedoch auf das nächste Kalenderjahr zu übertragen.

(4) Kann der Urlaub wegen Beendigung des Arbeitsverhältnisses ganz oder teilweise nicht mehr gewährt werden, so ist er abzugelten.

I. Bedeutung der Vorschrift 1	c) Leistungsverweigerungsrecht des Arbeitgebers 26
II. Erfüllung des Urlaubsanspruchs 2	d) Urlaub im Anschluss an medizinische Rehabilitation (§ 7 Abs. 1 Satz 2) 35
1. Allgemeines 2	e) Urlaubserteilung im Kündigungsfall 36
2. Freistellungserklärung 3	f) Nachträgliche Änderung des Urlaubszeitraums 41
a) Rechtsnatur 3	
b) Zugang 10	
c) Zeitpunkt 11	6. Zusammenhängende Urlaubsgewährung (Abs. 2) 45
d) Leistungsbestimmung 12	
3. Leistungserfolg 15	a) Inhalt und Zweck 45
4. *Selbstbeurlaubung* 16	b) Leistungsverweigerungsrecht des Arbeitgebers 49
5. Zeitliche Festlegung des Urlaubs 19	
a) Allgemeines 19	
b) Urlaubswunsch des Arbeitnehmers 22	c) Abdingbarkeit 52

---

[1] *Leinemann/Linck*, § 6 BUrlG Rz. 45 mwN. | [2] ErfK/*Dörner*, § 6 BUrlG Rz. 17. | [3] *Leinemann/Linck*, § 6 BUrlG Rz. 46; ErfK/*Dörner*, § 6 BUrlG Rz. 18. | [4] ErfK/*Dörner*, § 6 BUrlG Rz. 19. | [5] Nach *Leinemann/Linck*, § 6 BUrlG Rz. 33 geht die Darlegungs- und Beweislast hinsichtlich der beim früheren ArbGeb erhaltenen Urlaubstage in diesem Fall auf den ArbN über.

BUrlG § 7 Rz. 1 — Zeitpunkt, Übertragbarkeit und Abgeltung des Urlaubs

III. Gerichtliche Durchsetzung 54	
1. Leistungsklage mit Zeitangabe 55	
2. Leistungsklagen ohne Zeitangabe 58	
3. Feststellungsklagen 60	
4. Einstweilige Verfügung 61	
a) Statthaftigkeit 62	
b) Verfügungsanspruch 64	
c) Verfügungsgrund 66	
IV. Befristung und Übertragung (Abs. 3) . . . 70	
1. Befristung des Urlaubsanspruchs 70	
a) Grundsatz 70	
b) Ausnahmen 73	
c) Rechtsfolgen 75	
d) Einzelvertragliche Abweichungen . . . 79	
2. Übertragung 80	
a) Allgemeines 80	
b) Voraussetzungen 81	
c) Übertragungsvorgang 86	
d) Urlaub im Übertragungszeitraum . . . 88	
e) Übertragung von Teilurlaub nach § 5 Abs. 1 Buchst. a) 92	
V. Abgeltung 93	
1. Rechtsnatur 93	
2. Anspruchsvoraussetzungen 97	
a) Beendigung des Arbeitsverhältnisses . . 97	
b) Bestehen eines Urlaubsanspruchs . . . 102	
c) Erfüllbarkeit 103	
d) Entstehung von Gesetzes wegen 109	
3. Inhalt des Abgeltungsanspruchs 111
a) Allgemeines 111
b) Befristung 113
c) Berechnung 116
4. Vererblichkeit, Pfändbarkeit, Abtretung und Aufrechnung 118
5. Verjährung, Verfall, Abdingbarkeit 124
a) Verjährung 124
b) Ausschlussfristen 125
c) Abdingbarkeit 130
VI. Leistungsstörungen, Schadensersatz . . . 133
1. Übersicht 133
a) Verzug 134
b) Unmöglichkeit 138
2. Von keiner Vertragspartei zu vertretende Unmöglichkeit 139
a) Arbeitsunfähigkeit 139
b) Sonstige Fälle der nicht zu vertretenden Unmöglichkeit 141
3. Vom Arbeitgeber zu vertretende Unmöglichkeit 142
a) Urlaub 142
b) Urlaubsabgeltung 145
c) Schadensersatz im Kündigungsfall . . . 146
4. Vererblichkeit des Schadensersatzanspruchs 148
5. Verjährung, Verfall, Abdingbarkeit des Schadensersatzanspruchs 152
a) Verjährung 152
b) Verfall 153
c) Abdingbarkeit 155

1 **I. Bedeutung der Vorschrift.** Die Vorschrift enthält für die Anwendung des Urlaubsrechts besonders wichtige **Grundregeln**. In den Absätzen 1 und 2 finden sich die Grundsätze zur Erfüllung des Urlaubsanspruchs, in Abs. 3 zu dessen Befristung und Übertragung und in Abs. 4 zur Abgeltung. Insbesondere die Befristung des Urlaubsanspruchs, Voraussetzungen und Verfahren der Übertragung sowie die Rechtsnatur der Abgeltung sind von großer praktischer Bedeutung und waren häufig Gegenstand der Rspr. des BAG.

2 **II. Erfüllung des Urlaubsanspruchs. 1. Allgemeines.** Der ArbGeb erfüllt den Urlaubsanspruch dadurch, dass er den ArbN von der **Arbeitsleistung freistellt** (s. § 1 Rz. 5). Erfüllung tritt ein, wenn der ArbGeb eine Erklärung abgibt, mit der er den ArbN für eine bestimmte Zeit von der vertraglich geschuldeten Arbeitsleistung befreit (Leistungshandlung), und wenn der ArbN den Urlaub „antritt", also aufgrund der Freistellungserklärung der Arbeit fernbleibt (Leistungserfolg). Der ArbGeb ist daher der Schuldner des Anspruchs, den er durch Abgabe der Freistellungserklärung zu erfüllen hat. Weitere Handlungen des ArbGeb verlangt das Gesetz nicht. Mit der Freistellungserklärung hat er die von ihm geschuldete Handlung vorgenommen[1].

3 **2. Freistellungserklärung. a) Rechtsnatur.** Die Urlaubserteilung ist eine **Willenserklärung**, für die die allgemeinen Grundsätze der §§ 104 ff. BGB, insb. die Bestimmungen über den Zugang, die Auslegung und die Grundsätze der Beweislastverteilung gelten[2].

4 Die Erfüllung des Urlaubsanspruchs kann nur eintreten, wenn aus der Freistellungserklärung **hinreichend deutlich** hervorgeht, dass eine Befreiung von der Arbeitspflicht gerade zur Urlaubserteilung erfolgen soll[3]. Der ArbGeb muss daher zum Ausdruck bringen, dass er als Schuldner des Urlaubsanspruchs die von ihm geschuldete Leistung erbringt und nicht als Gläubiger der Arbeitsleistung auf deren Annahme verzichtet[4]. Denkbar ist ebenfalls, dass der ArbGeb mit der Freistellungserklärung andere Freistellungsansprüche (zB Bildungsurlaub, tariflicher Sonderurlaub[5], Freizeitausgleich wegen Mehrarbeit, in einem gerichtlichen Vergleich vereinbarte Freistellung während der Kündigungsfrist[6]) erfüllen will[7].

5 Dieses **Bestimmtheitserfordernis** führt in der Praxis immer wieder zu Schwierigkeiten, wenn ArbGeb ArbN mit Ausspruch einer Kündigung für die Zeit der Kündigungsfrist von der Arbeit freistellen. Allein in der Freistellung von der Arbeit ist auch dann nicht ohne weiteres die Urlaubsgewährung zu sehen, wenn der ArbGeb den ArbN im Kündigungsschreiben (oder in einem Vergleich in der Güteverhandlung

---

[1] ErfK/*Dörner*, § 7 BUrlG Rz. 5. [2] BAG v. 23.1.1996 – 9 AZR 554/93, AP Nr. 10 zu § 5 BUrlG. [3] BAG v. 18.12.1986 – 8 AZR 481/84, AP Nr. 19 zu § 11 BUrlG; v. 9.6.1998 – 9 AZR 43/97, AP Nr. 23 zu § 7 BUrlG. [4] BAG v. 25.1.1994 – 9 AZR 312/92, AP Nr. 16 zu § 7 BUrlG; *Leinemann/Linck*, § 7 BUrlG Rz. 5. [5] BAG v. 1.10.1991 – 9 AZR 290/90, AP Nr. 12 zu § 7 BUrlG. [6] BAG v. 31.5.1990 – 8 AZR 132/89, AP Nr. 13 zu § 13 BUrlG – Unabdingbarkeit. [7] ErfK/*Dörner*, § 7 BUrlG Rz. 8.

des Kündigungsschutzprozesses) unwiderruflich und unter Fortzahlung der Vergütung freistellt[1]. Um eine Erfüllung der Urlaubsansprüche zu bewirken, bedarf es einer besonderen Erklärung des ArbGeb, aus der der ArbN entnehmen muss, dass er unter Anrechnung auf seinen Urlaubsanspruch von seiner Arbeitspflicht befreit ist (zB: „Mit der Freistellung werden etwa noch offene Urlaubsansprüche sowie ggf. ein während der Kündigungsfrist entstehender Teilurlaubsanspruch erfüllt")[2].

Auch **sonstige Freistellungserklärungen** (zB Hausverbot, Freistellung einer Schwangeren während eines Beschäftigungsverbots gem. § 3 Abs. 1 MuSchG mit der Begründung, der ArbGeb könne ihr keine andere Tätigkeit anbieten[3], „Suspendierung" oÄ) stellen allein eine Weigerung der Annahme der Arbeitsleistung dar, nicht aber eine Erfüllungshandlung nach § 7 Abs. 1.

Aus den allgemeinen Grundsätzen der Rechtsgeschäftslehre ergibt sich, dass **Schweigen des Arb-Geb** auf einen Urlaubsantrag des ArbN regelmäßig nicht als Urlaubserteilung angesehen werden kann[4], mit der Folge, dass der ArbN, der den angemeldeten Urlaub antritt, in kündigungsrechtlich relevanter Weise seine Hauptpflicht verletzt. Die Anmeldung des Urlaubswunsches in einer vom Arb-Geb herumgegebenen Urlaubsliste oder das Ausfüllen eines formularmäßigen Urlaubsantrags stellen daher grundsätzlich auch dann keine Urlaubserteilung dar, wenn der ArbGeb nicht innerhalb einer bestimmten Frist reagiert[5]. Nur ausnahmsweise kann dem Schweigen des ArbGeb rechtsgeschäftlicher Erklärungswert dahingehend beigemessen werden, dass im Betrieb üblicherweise der beantragte – zB in eine Urlaubsliste eingetragene – Urlaub als „genehmigt" gilt, wenn der ArbGeb dem Urlaubsantrag nicht widerspricht[6].

Die Freistellungserklärung kann vom ArbGeb nicht wirksam mit einem **Vorbehalt** oder einer ähnlichen Einschränkung versehen werden. Zwar kann eine Leistung unter Vorbehalt eine ordnungsgemäße Erfüllung sein, wenn der Schuldner lediglich die Wirkung des § 814 BGB ausschließen und sich Bereicherungsansprüche offen halten will, soweit nachträglich das Nichtbestehen einer Forderung auf die erbrachte Leistung festgestellt wird. Ein solcher Vorbehalt bei der Urlaubserteilung scheitert daran, dass die tatsächliche Freistellung von der Arbeitspflicht nicht rückabgewickelt werden und daher einem Anspruch nach § 812 Abs. 1 BGB nicht unterliegen kann[7].

Eine einseitige „**Umwidmung**" der gewährten Freistellung (zB Sonderurlaub in Erholungsurlaub) ist rechtlich nicht möglich. Hat der ArbGeb als Schuldner des Urlaubsanspruchs seine Erfüllungshandlung erbracht, ist ihm verwehrt, später die Anspruchsgrundlagen für die getilgte Leistung mit einem anderen vom Gläubiger nicht geforderten Anspruch auszutauschen. Die Tilgungsbestimmung hat bei der Leistung und nicht nach der Leistung zu erfolgen (§ 366 Abs. 1 BGB)[8].

b) **Zugang.** Für die Urlaubsgewährung bedarf es des Zugangs der Freistellungserklärung (§ 130 BGB)[9]. Dies kann bedeutsam werden, wenn der ArbGeb gegenüber einer größeren Anzahl von ArbN gleichförmig (zB durch Erklärung auf einer Betriebsversammlung oder Aushang am schwarzen Brett) Urlaub erteilt, einzelne ArbN aber davon keine Kenntnis erlangen.

c) **Zeitpunkt.** Die Freistellungserklärung kann bereits abgegeben werden, **bevor der Urlaub** entstanden und fällig geworden ist mit der Maßgabe, dass der Erfolg erst zu der Zeit eintreten soll, wenn der Anspruch entstanden ist (Urlaubserteilung im Dezember für die Zeit ab dem 7.1. des Folgejahres)[10]. Unzulässig ist es – entgegen einer weit verbreiteten Übung – hingegen, unentschuldigte Fehltage mit dem Urlaub zu „verrechnen". Denn die Freistellungserklärung kann nicht nach der Leistung erfolgen[11].

d) **Leistungsbestimmung.** Kann der ArbN tariflichen und/oder arbeitsvertraglichen **Mehrurlaub** verlangen oder stehen ihm neben dem Urlaub weitere Freistellungsansprüche zu (zB Sonderurlaub, Überstundenausgleich), stellt sich uU die Frage, welche dieser Ansprüche der ArbGeb erfüllen will bzw. erfüllt hat.

Als Schuldner des Urlaubsanspruchs obliegt es dem ArbGeb nach § 7 Abs. 1 BUrlG, auf Antrag des ArbN den **Urlaubszeitraum** festzulegen. Kommen für die vom ArbN begehrte Freistellung von der Arbeitspflicht unterschiedliche Urlaubsansprüche in Betracht, hat der ArbGeb nicht nur zu entscheiden, ob er dem Freistellungsantrag entspricht, sondern auch zu bestimmen, welchen Anspruch des ArbN er erfüllen will[12].

Nimmt der ArbGeb keine Leistungsbestimmung vor, ist die **Auslegungsregel des § 366 Abs. 2 BGB** anzuwenden, wenn es um unterschiedliche Freistellungsansprüche (Erholungsurlaub, Sonderurlaub, Überstundenausgleich) geht. Hingegen kann auf § 366 Abs. 2 nicht unmittelbar zurückgegriffen werden, wenn

---

1 *Leinemann/Linck*, § 7 BUrlG Rz. 10. | 2 BAG v. 18.12.1986 – 8 AZR 481/84, AP Nr. 19 zu § 11 BUrlG; *Leinemann/Linck*, § 7 BUrlG Rz. 10. | 3 BAG v. 25.1.1994 – 9 AZR 312/92, AP Nr. 16 zu § 7 BUrlG. | 4 BAG v. 24.9.1996 – 9 AZR 364/95, AP Nr. 16 zu § 7 BUrlG. | 5 BAG v. 24.9.1996 – 9 AZR 364/95, AP Nr. 16 zu § 7 BUrlG. | 6 ErfK/*Dörner*, § 7 BUrlG Rz. 10; *Leinemann/Linck*, § 7 BUrlG Rz. 17. | 7 BAG v. 1.10.1991 – 9 AZR 290/90, AP Nr. 12 zu § 7 BUrlG. | 8 BAG v. 1.10.1991 – 9 AZR 290/90, AP Nr. 12 zu § 7 BUrlG. | 9 BAG v. 23.1.1996 – 9 AZR 554/93, AP Nr. 10 zu § 5 BUrlG. | 10 BAG v. 23.1.1996 – 9 AZR 554/93, AP Nr. 10 zu § 5 BUrlG. | 11 BAG v. 25.10.1994 – 9 AZR 339/93, AP Nr. 20 zu § 7 BUrlG. | 12 BAG v. 1.10.1991 – 9 AZR 290/90, AP Nr. 12 zu § 7 BUrlG.

es nicht um unterschiedliche Forderungen, sondern um einen einheitlichen Urlaubsanspruch geht, der aus einem gesetzlichen und einem tariflichen und/oder arbeitsvertraglichen Teil besteht[1]. Mangels anderer Anhaltspunkte ist aber der Rechtsgedanke des § 366 Abs. 2 BGB entsprechend heranzuziehen. Es ist daher im Regelfall davon auszugehen, dass der ArbGeb zunächst den Teil des Anspruchs erfüllt hat, der unabdingbar ist. Das bedeutet, dass zuerst der gesetzliche, dann der tarifliche und schließlich der arbeitsvertragliche Teil des Urlaubsanspruchs erfüllt werden[2].

15 **3. Leistungserfolg.** Der Leistungs-(Erfüllungs-)erfolg tritt ein, wenn der ArbN aufgrund der Freistellungserklärung der **Arbeit fernbleibt**. Der Leistungserfolg kann jedoch nicht eintreten, wenn der ArbN zum Zeitpunkt des geplanten Urlaubsbeginns bereits aus anderen Gründen, die nach der Gewährung des Urlaubs entstanden sind, von der Arbeitspflicht befreit worden ist. Denn aus dem Verständnis des Urlaubsanspruchs als Freistellungsanspruch ergibt sich, dass Erfüllung nur möglich ist, wenn der ArbN ohne die Urlaubsgewährung arbeiten müsste. Ist er bereits aus anderen Gründen an der Arbeitsleistung gehindert bzw. von ihr befreit, ist eine Urlaubserteilung unmöglich iSd. § 275 Abs. 1 BGB (s. Rz. 151)[3]. In Betracht kommen: Arbeitsunfähigkeit (s. § 9)[4], Beschäftigungsverbot nach dem MuSchG[5], Gewährung einer Freischicht oder eines freien Tages im Rahmen flexibler oder rollierender Arbeitszeitmodelle[6], Kurzarbeit null[7], Streikteilnahme (s. § 1 Rz. 28 ff.) oÄ. In diesen Fällen hat der ArbGeb gem. § 243 BGB das seinerseits Erforderliche zur Erfüllung getan; er wird daher von der Leistung frei, wenn nicht § 9 – Pflicht zur Nachgewährung bei Arbeitsunfähigkeit – greift. Zur Frage eines Schadensersatzanspruchs s. Rz. 156.

16 **4. Selbstbeurlaubung.** Nimmt der ArbN **eigenmächtig** Urlaub, fehlt es an einer Leistungshandlung des ArbGeb. Deshalb erlischt durch eine Selbstbeurlaubung nicht der Urlaubsanspruch. Der ArbGeb ist nicht berechtigt, die Fehlzeit – wie auch einen unentschuldigten Fehltag – nachträglich als gewährten Erholungsurlaub zu bezeichnen und die Erfüllung des vollen Jahresurlaubs zu verweigern. Es kann auch nicht nachträglich die Erfüllung des gesetzlichen oder tariflichen Urlaubsanspruchs vereinbart werden, da Urlaubsgewährung die Befreiung von der Arbeitspflicht für einen bestimmten zukünftigen Zeitraum ist[8]. Eine solche „Anrechnungsvereinbarung" stellt sich demnach als Verzicht des ArbN auf die Urlaubsgewährung dar, die hinsichtlich des gesetzlichen Mindesturlaubs gem. § 13 Abs. 1 BUrlG und des tariflichen Mehrurlaubs nach § 4 Abs. 4 TVG unwirksam ist. Allein auf einen arbeitsvertraglichen Mehrurlaubsanspruch kann wirksam verzichtet werden. Der ArbN kann daher weiterhin Urlaub – nach Beendigung des Arbeitsverhältnisses Abgeltung – verlangen.

17 Da durch die Selbstbeurlaubung der Urlaubsanspruch nicht erfüllt wird, steht dem ArbN für diesen Zeitraum **kein Urlaubsentgelt** zu. Mangels Arbeitsleistung schuldet der ArbGeb auch kein Arbeitsentgelt; bereits gezahlte Vergütung kann – je nach Zahlungszeitpunkt – gem. § 326 Abs. 4 iVm. § 346 bzw. nach § 812 Abs. 1 BGB zurückgefordert werden.

18 Die Selbstbeurlaubung des ArbN ist unzulässig und grundsätzlich als **Kündigungsgrund** geeignet[9]. Das gilt auch, wenn das Urlaubsjahr abläuft, das Ende des Übertragungszeitraums bevorsteht oder das Arbeitsverhältnis gekündigt ist und nur noch die Dauer der Kündigungsfrist für eine Urlaubsgewährung zur Verfügung steht[10]. Der ArbN kann sich auch in diesen Fällen nicht auf die Vorschriften des Selbsthilferechts nach §§ 229 ff. BGB und des Zurückbehaltungsrechts nach § 273 BGB berufen, da § 7 Abs. 1 und 2 BUrlG als Spezialregelung anzusehen sind[11]. Daneben kann sich der ArbN aus § 275 Abs. 1, 280 Abs. 1, 283 BGB Schadensersatzpflichtig machen.

19 **5. Zeitliche Festlegung des Urlaubs. a) Allgemeines.** Der ArbGeb hat den Zeitpunkt des Urlaubs nach Maßgabe des § 7 Abs. 1 und Abs. 2 festzulegen. Hierbei steht dem ArbGeb **kein Leistungsbestimmungsrecht** nach § 315 BGB oder Direktionsrecht zu. Denn ein Leistungsbestimmungs- oder Weisungsrecht kann der ArbGeb als Gläubiger der Arbeitsleistung ausüben, wogegen er hinsichtlich des Urlaubsanspruchs Schuldner ist[12]. Der ArbGeb ist demnach nicht frei bei der Festlegung, an welchen Tagen des Urlaubsjahres er den Urlaub des ArbN erfüllen will.

20 Maßgeblich für die zeitliche Festlegung ist nach § 7 Abs. 1 Satz 1 zunächst der **Urlaubswunsch** des ArbGeb; nur unter den Voraussetzungen des § 7 Abs. 1 Satz 1 Halbs. 2 (dringende betriebliche Belange oder Urlaubswünsche anderer ArbN, die unter sozialen Gesichtspunkten den Vorrang verdienen) kann

---

[1] Leinemann/Linck, § 7 BUrlG Rz. 15. | [2] Im Ergebnis ebenso Leinemann/Linck, § 7 BUrlG Rz. 15; diese Regel wendet auch das BAG (v. 12.1.1989 – 8 AZR 404/87, AP Nr. 13 zu § 47 BAT; v. 24.11.1992 – 9 AZR 564/91, AP Nr. 34 zu § 11 BUrlG; v. 22.1.2002 – 9 AZR 601/00, DB 2002, 1835) an, ohne § 366 BGB zu erwähnen. | [3] BAG v. 10.2.1987 – 8 AZR 529/84, AP Nr. 12 zu § 13 BUrlG – Unabdingbarkeit. | [4] BAG v. 10.2.1987 – 8 AZR 529/84, AP Nr. 12 zu § 13 BUrlG – Unabdingbarkeit. | [5] BAG v. 9.8.1994 – 9 AZR 384/92, AP Nr. 19 zu § 7 BUrlG. | [6] BAG v. 5.6.1993 – 9 AZR 65/90, AP Nr. 3 zu § 1 BildungsurlaubsG NRW. | [7] ErfK/Dörner, § 11 BUrlG Rz. 38. | [8] BAG v. 25.10.1994 – 9 AZR 339/93, AP Nr. 20 zu § 7 BUrlG. | [9] BAG v. 20.1.1994 – 2 AZR 521/93, AP Nr. 115 zu § 626 BGB; v. 31.1.1996 – 2 AZR 282/95, nv.; KR/Etzel, § 1 KSchG Rz. 462 mwN. | [10] BAG v. 20.1.1994 – 2 AZR 521/93, AP Nr. 115 zu § 626 BGB; ErfK/Dörner, § 7 BUrlG Rz. 12. | [11] ErfK/Dörner, § 7 BUrlG Rz. 12; Leinemann/Linck, § 7 BUrlG Rz. 22 ff. | [12] BAG v. 18.12.1986 – 8 AZR 502/84, AP Nr. 10 zu § 7 BUrlG; v. 31.1.1996 – 2 AZR 282/95, EzA § 1 KSchG – Verhaltensbedingte Kündigung Nr. 47; ErfK/Dörner, § 7 BUrlG Rz. 15; Leinemann/Linck, § 7 BUrlG Rz. 28 ff. mwN.

der ArbGeb sich dem Wunsch des ArbN verweigern. Dem ArbGeb steht hierbei kein Ermessen oder Beurteilungsspielraum zu.

Mit der Festsetzung der Arbeitsbefreiung zum Zwecke des Erholungsurlaubs nimmt der ArbGeb die ihm als Schuldner obliegende erforderliche **Leistungshandlung** iSd. § 243 Abs. 2 BGB vor; geschieht dies unter Beachtung der in Abs. 1 und 2 geregelten Grundsätze, konkretisiert sich der Urlaubsanspruch des ArbN auf diesen Zeitraum mit der Folge, dass der ArbN Änderungswünsche nicht mehr geltend machen und den gewährten Urlaub nicht „zurückgeben" kann. Weiterhin bewirkt die Konkretisierung, dass nach Erteilung des Urlaubs eintretende Leistungshindernisse keinen Anspruch auf Neufestlegung des Urlaubs auslösen, wenn nicht die Voraussetzungen des § 9 BUrlG erfüllt sind. 21

b) **Urlaubswunsch des ArbN.** Die Äußerung des Urlaubswunsches geschieht üblicherweise durch Eintragung in eine zu Beginn des Jahres umlaufende **Urlaubsliste** oder durch das Stellen von „Urlaubsanträgen". Beantragt der ArbN keinen Urlaub, so darf der ArbGeb den Urlaubszeitraum zunächst **selbst bestimmen**. Die Erklärung stellt im Grundsatz eine ordnungsgemäße Erfüllung der Schuld dar. Ein „Urlaubsantrag" oder die Äußerung eines Urlaubswunsches ist nicht Voraussetzung für die Erfüllung des Urlaubsanspruchs[1]. Akzeptiert der ArbN die Leistungshandlung des ArbGeb und geht er daraufhin in Urlaub, so ist der Anspruch erfüllt[2]. Andererseits ist der ArbGeb nicht verpflichtet, dem ArbN, der keinen Urlaubsanspruch geltend macht, Urlaub zu erteilen; der ArbGeb darf das Erlöschen des Urlaubsanspruchs durch Zeitablauf (s. Rz. 70) abwarten[3]. 22

Der ArbN ist aber mit seinem **Schweigen** an die Bestimmung des Urlaubszeitraums durch den ArbGeb nicht gebunden. Er kann auch noch nach der ihm nicht genehmen Festlegung seine Wünsche äußern und hinsichtlich der Urlaubserteilung für den vom ArbGeb bestimmten Zeitpunkt ein **Annahmeverweigerungsrecht** geltend machen[4]. Dies ergibt sich aus den Rechtsgedanken der §§ 293 ff. BGB[5]. Danach gerät der Gläubiger nicht in Annahmeverzug, wenn der Schuldner die Leistung nicht so anbietet, wie sie geschuldet ist. Nach § 7 Abs. 1 Satz 1 nimmt der ArbGeb seine Leistungshandlung nur dann ordnungsgemäß vor, wenn er den Urlaub nach den Wünschen des ArbN festlegt. 23

Der ArbN ist mit seinem **nachträglich geäußerten Urlaubswunsch** so frei wie am Beginn des Urlaubsjahres. Er muss keinen wichtigen, sachlichen oder in seiner Person liegenden Grund (§ 7 Abs. 3 Satz 2 BUrlG) geltend machen[6]. Der Vorrang des Urlaubswunsches in § 7 Abs. 1 Satz 1 ist nicht darauf beschränkt, dass der ArbN den Urlaubsantrag stellt, bevor der ArbGeb den Urlaubszeitraum festlegt. Der ArbGeb kann auch in diesem Fall den Urlaubswunsch nur ablehnen, wenn die Voraussetzungen des Leistungsverweigerungsrechts gem. § 7 Abs. 1 Satz 1 Halbs. 2 vorliegen. Macht der ArbGeb von diesem Leistungsverweigerungsrecht Gebrauch, so ist der vom ArbN geäußerte Urlaubswunsch hinfällig. Der ArbN muss sich dann entscheiden, ob er sein Annahmeverweigerungsrecht aufgibt und den zuerst angebotenen Urlaub des ArbGeb annimmt oder ob er seinen Urlaubswunsch für einem dritten Zeitpunkt rechtzeitig vor dem Ende des Urlaubsjahrs anmelden will[7]. 24

Zur Urlaubserteilung in der Kündigungsfrist s. Rz. 36. 25

c) **Leistungsverweigerungsrecht des ArbGeb.** § 7 Abs. 1 Satz 1 Halbs. 2 und Abs. 2 Satz 1 regeln die Gründe, die eine **Ablehnung des Urlaubswunsches** durch den ArbGeb rechtfertigen können, abschließend. Danach kann der ArbGeb dringende betriebliche Belange, vorrangige Urlaubswünsche anderer ArbN oder den gesetzlichen Vorrang des zusammenhängenden Urlaubs (§ 7 Abs. 2 Satz 1) geltend machen. Hierbei handelt es sich um Leistungsverweigerungsrechte des ArbGeb als Schuldner des Urlaubsanspruchs[8]. Solange der ArbGeb hiervon zu Recht Gebrauch macht, ist der Urlaubsanspruch nicht durchsetzbar; der ArbGeb gerät mit der Urlaubsgewährung auch nicht in Verzug[9]. Das Leistungsverweigerungsrecht kann bis zum Ablauf des Urlaubsjahres ausgeübt werden; erst im Übertragungszeitraum besteht kein Leistungsverweigerungsrecht mehr, § 7 Abs. 3 Satz 3. 26

Dringende betriebliche Belange liegen nicht bereits dann vor, wenn **personelle Engpässe** oder sonstige Störungen des Betriebsablaufs zu besorgen sind. Dem ArbGeb ist zuzumuten, die regelmäßig durch Urlaub zu erwartenden Engpässe einzukalkulieren und dementsprechend Personal vorzuhalten. Dringend sind daher betriebliche Belange nur dann, wenn **nicht vorhersehbare Umstände** (zB Krankheit) zu Personalmangel führen und dem ArbGeb eine zusätzliche Belastung durch urlaubsbedingte Ausfälle nicht zugemutet werden kann. Anzuerkennen sind auch besondere Gegebenheiten beim ArbGeb (zB Saisonarbeit), die einer Urlaubserteilung zuzeiten besonderer Personalknappheit entgegenstehen[10]. Auch sonstige Eigenarten der Branche (zB besonders verkaufsstarke Zeiten im Ein- 27

---

1 BAG v. 22.9.1992 – 9 AZR 483/91, AP Nr. 13 zu § 7 BUrlG; Leinemann/Linck, § 7 BUrlG Rz. 34. | 2 BAG v. 23.1.2001 – 9 AZR 26/00, AP Nr. 93 zu § 615 BGB; ErfK/*Dörner*, § 7 BUrlG Rz. 16. | 3 BAG v. 23.6.1992 – 9 AZR 57/91, AP Nr. 22 zu § 1 BUrlG. | 4 ErfK/*Dörner*, § 7 BUrlG Rz. 17; Leinemann/Linck, § 7 BUrlG Rz. 52 beschränken das Annahmeverweigerungsrecht auf Gründe in der Person des ArbN gem. § 7 Abs. 3 Satz 2 BUrlG; ohne diese Einschränkung BAG v. 23.1.2001 – 9 AZR 26/00, AP Nr. 93 zu § 615 BGB. | 5 ErfK/*Dörner*, § 7 BUrlG Rz. 18. | 6 ErfK/*Dörner*, § 7 BUrlG Rz. 19; aA Leinemann/Linck, § 7 BUrlG Rz. 52. | 7 ErfK/*Dörner*, § 7 BUrlG Rz. 19. | 8 BAG v. 18.12.1986 – 8 AZR 502/84, AP Nr. 10 zu § 7 BUrlG. | 9 Leinemann/Linck, § 7 BUrlG Rz. 37. | 10 ErfK/*Dörner*, § 7 BUrlG Rz. 23 f.; Leinemann/Linck, § 7 BUrlG Rz. 38 ff.

28 Das gilt ebenso für **Betriebsurlaub** zu einem Zeitpunkt, der eine wunschgemäße Urlaubserteilung ausschließt, soweit die Anordnung des Betriebsurlaubs selbst betriebsnotwendig ist. Nach Auffassung des 1. Senats des BAG ist eine mitbestimmte BV über Betriebsferien hierfür grundsätzlich ausreichend. Die Einführung von Betriebsferien ist danach nicht nur dann zulässig, wenn dafür dringende betriebliche Belange sprechen, vielmehr begründen rechtswirksam eingeführte Betriebsferien solche Belange, hinter denen nach § 7 Abs. 1 die individuellen Urlaubswünsche der ArbN zurückstehen müssen[2]. Ob dies auch für (mangels Existenz eines BR) nicht mitbestimmte Betriebsferien gilt, ist sehr zweifelhaft. Wegen der zu unterstellenden Verhandlungsparität der Betriebsparteien bzw. der Unparteilichkeit eines Einigungsstellenvorsitzenden spricht bei einer mitbestimmten, normativ wirkenden BV über Betriebsferien die Vermutung dafür, dass betriebliche Notwendigkeiten den Betriebsurlaub rechtfertigen. Diese Vermutung kann für vom ArbGeb einseitig angeordnete Betriebsferien nicht gelten.

29 Allerdings liegen dringende betriebliche Belange nicht erst dann vor, wenn dem ArbGeb durch die Urlaubserteilung im gewünschten Zeitraum ein **Schaden** entstehen würde[3].

30 **Urlaubswünsche eines anderen ArbN** stehen einem Urlaubswunsch nur entgegen, wenn der ArbGeb wegen dringender betrieblicher Belange nicht beiden ArbN gleichzeitig Urlaub erteilen kann (hierfür gelten die eben dargestellten Grundsätze) und die Wünsche des anderen aus sozialen Gründen den Vorrang haben. Der Begriff „soziale Gründe" ist nicht identisch mit den „sozialen Gesichtspunkten" in § 1 Abs. 3 KSchG; die Betriebszugehörigkeit ist daher bei der Urlaubserteilung grundsätzlich unbeachtlich[4]. Soziale Gesichtspunkte können sich insb. aus familiären Umständen (Schulkinder, Urlaub des Partners) ergeben, aber auch aus einem besonderen Erholungsbedürfnis zu einem bestimmten Zeitpunkt (zB aus gesundheitlichen Erwägungen).

31 Zu den „sozialen Gründen" können auch allgemeine Gerechtigkeitserwägungen und der Gleichbehandlungsgrundsatz gehören. So kann ein allein stehender oder kinderloser ArbN geltend machen, nicht immer im November in den Urlaub gehen zu müssen, insb. wenn Fernreisen in die südliche Hemisphäre aus finanziellen Gründen nicht in Betracht kommen. Der Urlaub in den Sommerferien ist daher nicht generell Eltern mit Schulkindern vorbehalten.

32 Der ArbGeb darf bestimmte soziale Kriterien nicht schematisch anwenden; er hat auch keinen **Beurteilungsspielraum**, denn anders als bei § 1 Abs. 3 KSchG sind soziale Gesichtspunkte bei der Urlaubserteilung nicht nur „ausreichend", sondern objektiv richtig zu berücksichtigen.

33 Die sich hieraus ergebenden Risiken für den ArbGeb bei der Urlaubserteilung können durch eine **mitbestimmte Urlaubsregelung** verringert werden. Nicht nur die kollektive Verteilung des Urlaubs auf das Urlaubsjahr, insb. die Aufstellung allgemeiner Urlaubsgrundsätze, die Aufstellung eines Urlaubsplans und die Einführung eines Betriebsurlaubs, sondern auch die Festsetzung der zeitlichen Lage des Urlaubs für einzelne ArbN, wenn zwischen dem ArbGeb und den beteiligten ArbN kein Einverständnis erzielt wird, unterliegt der Mitbest. des BR, § 87 Abs. 1 Nr. 5 BetrVG. Zwar sind auch die Betriebsparteien an die Grundsätze des § 7 Abs. 1 gebunden; trotz einer für den ArbN ungünstigen Einigung der Betriebspartner bzw. eines ungünstigen Einigungsstellenspruchs kann deshalb der ArbN auf Erteilung des Urlaubs für einen bestimmten Zeitraum unter Berufung auf § 7 Abs. 1 BUrlG im Urteilsverfahren klagen[5]. Jedoch dürfte in der arbeitsgerichtlichen Praxis für eine mitbestimmte Urlaubsregelung auch im Einzelfall die Vermutung der Richtigkeit sprechen.

34 Aus § 7 Abs. 2 ergibt sich mittelbar das Recht des ArbGeb, die Gewährung des Urlaubs nach den Wünschen des ArbN zu verweigern, wenn der Grundsatz der **zusammenhängenden Urlaubsgewährung** missachtet würde[6]. Der ArbGeb kann ein eigenes Interesse an zusammenhängender Urlaubsgewährung haben, weil eine Urlaubsteilung, die nicht den Grundsätzen des § 7 Abs. 2 Satz 1 entspricht, keine ordnungsgemäße Erfüllung des Urlaubsanspruchs ist[7].

35 d) **Urlaub im Anschluss an medizinische Rehabilitation** (§ 7 Abs. 1 Satz 2). Begehrt der ArbN im Anschluss an eine Maßnahme der medizinischen Vorsorge oder Rehabilitation (s. hierzu § 10) Erholungsurlaub, so steht dem ArbGeb nach Abs. 1 Satz 2 **kein Leistungsverweigerungsrecht** zu[8]. Damit erschöpft sich der Regelungsgehalt dieser Vorschrift. Insbesondere begründet Abs. 1 Satz 2 keinen besonderen Urlaubsanspruch und hebt auch nicht die Befristung des Urlaubs gem. § 7 Abs. 3 auf[9]. Der ArbN kann also nur dann Urlaub im Anschluss an eine derartige Maßnahme verlangen, wenn er zu diesem Zeitpunkt

---

[1] ErfK/*Dörner*, § 7 BUrlG Rz. 24. [2] BAG v. 28.7.1981 – 1 ABR 79/79, AP Nr. 2 zu § 87 BetrVG 1972 – Urlaub. [3] ErfK/*Dörner*, § 7 BUrlG Rz. 23; *Leinemann/Linck*, § 7 BUrlG Rz. 38. [4] ErfK/*Dörner*, § 7 BUrlG Rz. 25 f.; *Leinemann/Linck*, § 7 BUrlG Rz. 43 ff. [5] ErfK/*Kania*, § 87 BetrVG Rz. 46. [6] ErfK/*Dörner*, § 7 BUrlG Rz. 27. [7] ErfK/*Dörner*, § 7 BUrlG Rz. 40. [8] ErfK/*Dörner*, § 7 BUrlG Rz. 31; *Leinemann/Linck*, § 7 BUrlG Rz. 48. [9] ErfK/*Dörner*, § 7 BUrlG Rz. 30.

noch einen erfüllbaren Urlaubsanspruch hat. Der ArbGeb muss den noch bestehenden Urlaub im **unmittelbaren Anschluss** an die Maßnahme gewähren, wenn der ArbN das wünscht. Eine Selbstbeurlaubung kommt auch dann nicht in Betracht, wenn der ArbGeb den Urlaub zu Unrecht verweigert[1]; allerdings dürfte ein Antrag auf Erlass einer einstweiligen Verfügung in diesen Fällen regelmäßig Erfolg haben.

e) **Urlaubserteilung im Kündigungsfall.** Ist der Urlaubszeitpunkt bereits vor Beendigung des Arbeitsverhältnisses auf einen Zeitpunkt nach Ablauf der Kündigungsfrist gelegt, ist zu unterscheiden, ob die Kündigung gerichtlich angegriffen wird oder nicht. Steht die **Beendigung fest**, ist die Urlaubserteilung hinfällig, da wegen der Beendigung eine Freistellung nicht mehr erfolgen kann. Erteilt der ArbGeb den Urlaub neu für die Zeit der Kündigungsfrist, kann der ArbN ggf. ein Annahmeverweigerungsrecht (s. Rz. 23) geltend machen, wenn dieser Urlaubszeitpunkt für ihn unzumutbar ist. Es entsteht dann mit Beendigung des Arbeitsverhältnisses ein Abgeltungsanspruch. Allerdings ist zu beachten, dass der ArbN die Annahme regelmäßig nicht verweigern kann, wenn die Kündigungsfrist so kurz bemessen ist, dass der Urlaub nur in dem vom ArbGeb bestimmten Zeitraum gewährt werden kann. Denn der ArbN hat kein Annahmeverweigerungsrecht, um die Urlaubserteilung überhaupt zu verhindern und um in den Genuss einer Abgeltung zu kommen. Insoweit verdrängt der urlaubsrechtliche Grundsatz des Vorrangs der Freistellung von der Arbeit vor der Abgeltung (§ 7 Abs. 4) die Annahmeverweigerungsregelung des BGB, es sei denn, der ArbN kann geltend machen, er habe im Vertrauen auf den Bestand des Arbeitsverhältnisses bereits Dispositionen für einen Urlaub nach Ablauf der Kündigungsfrist getroffen[2]. 36

Wird dagegen ein **Bestandsschutzstreit** geführt, gelten die allgemeinen Grundsätze. Insbesondere hat der ArbGeb nicht das Recht, den vor Ausspruch der Kündigung für die Zeit nach Ablauf der Kündigungsfrist festgelegten Urlaub in die Kündigungsfrist zu „verlegen". Ein Rechtssatz, wonach eine Kündigung des ArbGeb eine zuvor bereits gewährte Arbeitsbefreiung „hinfällig" macht, besteht nicht[3]. Zu beachten ist aber, dass der Urlaubsanspruch im Falle eines Kündigungsrechtsstreit das Schicksal der Kündigung teilt. 37

Ist die **Kündigung rechtswirksam**, so endet das Arbeitsverhältnis; damit hat sich auch die Freistellung für die Zeit nach Ablauf der Kündigungsfrist erledigt. Freistellungsansprüche, die zu diesem Zeitpunkt nicht erfüllt sind, sind dann ggf. abzugelten, § 7 Abs. 4 BUrlG[4]; der Abgeltungsanspruch muss vor seinem Erlöschen gesondert geltend gemacht werden, um Schadensersatzansprüche zu begründen (s. Rz. 145 f.). 38

Erweist sich die **Kündigung** als **rechtsunwirksam**, besteht das Arbeitsverhältnis unverändert fort. Damit steht dem ArbN für die (ursprünglich vorgesehene) Urlaubszeit das Entgelt nach § 11 zu. Bis zum Ende des Freistellungszeitraumes kommen dagegen Annahmeverzugsansprüche nicht in Betracht[5]. 39

Ist der Urlaub nach Erklärung einer fristgerechten Kündigung **noch nicht erteilt**, kann der ArbGeb Urlaub in der Kündigungsfrist erteilen, um Abgeltungsansprüche zu vermeiden. Allerdings kann dem ArbN ein Annahmeverweigerungsrecht zustehen (s. Rz. 36). 40

f) **Nachträgliche Änderung des Urlaubszeitraums.** ArbN und ArbGeb sind an den Zeitraum des ordnungsgemäß erteilten Urlaubs **gebunden**; eine einseitige Änderung ist grundsätzlich nicht möglich. Denn durch die vom ArbGeb erklärte Freistellung ist eine Konkretisierung des Urlaubsanspruchs auf diesen Zeitraum eingetreten, so dass es einer Vereinbarung der Arbeitsvertragsparteien zur Neubegründung eines Urlaubsanspruchs zu einem anderen Zeitpunkt bedarf. 41

Daher hat der ArbN unter keinem rechtlichen Gesichtspunkt einen Anspruch auf **Neuerteilung** des Urlaubs zu einem anderen Zeitpunkt. Der ArbN kann den Urlaub auch nicht „abbrechen" oder „zurückgeben" und seine Arbeit anbieten[6]; der ArbGeb, der ein solches Angebot nicht annimmt, gerät nicht in Annahmeverzug. 42

Entgegen einer in der Praxis weit verbreiteten Auffassung steht dem ArbGeb ein „Widerrufsrecht" hinsichtlich des erteilten Urlaubs nicht zu; es fehlt an einer Rechtsgrundlage. Insbesondere kann aus § 242 BGB (Treuepflicht) nicht eine Verpflichtung des ArbN, bei Personalengpässen den Urlaub zu verschieben oder gar den Urlaub zu unterbrechen oder abzubrechen, hergeleitet werden[7]. Das Leistungsverweigerungsrecht in § 7 Abs. 1 Satz 1 besteht nur vor der Erteilung des Urlaubs. Hat der ArbGeb den Urlaub festgelegt und damit die Leistungshandlung vorgenommen, ist er an diese Erklärung gebunden[8]. *Ob in* **echten Notfällen** *etwas anderes gilt*, hat der Urlaubssenat des BAG bisher ausdrücklich offen gelassen[9]. Dem ArbGeb dürften die allgemeinen Beseitigungsrechte des BGB (Anfechtung, An- 43

---

1 ErfK/*Dörner*, § 7 BUrlG Rz. 31. | 2 ErfK/*Dörner*, § 7 BUrlG Rz. 20. | 3 BAG v. 23.1.2001 – 9 AZR 26/00, AP Nr. 93 zu § 615 BGB. | 4 BAG v. 23.1.2001 – 9 AZR 26/00, AP Nr. 93 zu § 615 BGB. | 5 Vgl. BAG v. 23.1.2001 – 9 AZR 26/00, AP Nr. 93 zu § 615 BGB. | 6 *Leinemann/Linck*, § 7 BUrlG Rz. 58. | 7 BAG v. 20.6.2000 – 9 AZR 405/99, AP Nr. 28 zu § 7 BUrlG. | 8 BAG v. 9.8.1994 – 9 AZR 384/92, AP Nr. 19 zu § 7 BUrlG; v. 20.6.2000 – 9 AZR 405/99, AP Nr. 28 zu § 7 BUrlG. | 9 BAG v. 20.6.2000 – 9 AZR 405/99, AP Nr. 28 zu § 7 BUrlG.

passung wegen Wegfalls der Geschäftsgrundlage [§ 313 BGB], Kondiktion) zur Verfügung stehen, mit deren Hilfe sich auch Notfälle lösen lassen[1].

44 Eine **Vereinbarung**, in der sich der ArbN gleichwohl verpflichtet, den gesetzlichen Mindest-Urlaub im Bedarfsfall abzubrechen, verstößt gegen § 13 Abs. 1 und ist deshalb nichtig[2]. Dem ArbN ist nach § 1 BUrlG uneingeschränkt zu ermöglichen, anstelle der geschuldeten Arbeitsleistung die ihm aufgrund des Urlaubsanspruchs zustehende Freizeit selbstbestimmt zu nutzen. Das ist dann nicht gewährleistet, wenn der ArbN trotz der Freistellung ständig damit rechnen muss, zur Arbeit abgerufen zu werden. Hierfür ist unerheblich, ob der Urlaub von vornherein im Einvernehmen mit dem ArbN unter Vorbehalt gewährt wird oder ob er zunächst vorbehaltlos bewilligt wird und sich der ArbN erst zeitlich später – vor Urlaubsantritt – verpflichtet, dem ArbGeb auf dessen Verlangen zur Arbeitsleistung zur Verfügung zu stehen. In beiden Fällen bewirkt das vereinbarte Recht des ArbGeb zum Rückruf des ArbN aus dem Urlaub, dass der ArbN für die Dauer der Freistellung entgegen § 1 nicht uneingeschränkt von seiner Arbeitspflicht befreit wird[3].

45 **6. Zusammenhängende Urlaubsgewährung (Abs. 2). a) Inhalt und Zweck.** Der Erholungsurlaub soll den **gesundheitspolitischen Zweck** erfüllen, dem ArbN die Wiederherstellung und Auffrischung der Arbeitskraft zu ermöglichen[4]. Der Vorschrift des Abs. 2 liegt weiterhin die medizinische Erkenntnis zu Grunde, dass dem Erholungszweck nur bei einem möglichst zusammenhängenden Urlaub Rechnung getragen werden kann.

46 Zusammenhängend ist nicht nur der **Vollurlaub**, sondern auch ein **Teilurlaub** nach § 5 Abs. 1 zu erteilen[5]. Hingegen bezieht sich Abs. 2 nicht auf übertragenen Urlaub des Vorjahres; eine Verbindung mit dem im laufenden Jahr entstandenen Urlaubsanspruch kann der ArbN nicht verlangen[6].

47 Wird der Urlaub entgegen Abs. 2 in kleineren Einheiten gewährt, steht dem ArbN ein **Annahmeverweigerungsrecht** zu. Selbst wenn der ArbN der Aufspaltung des Urlaubs nicht widerspricht, wird der Urlaubsanspruch des ArbN nicht ordnungsgemäß erfüllt. Er könnte noch einmal verlangt werden[7].

48 Abs. 2 verbietet auch – entgegen einer weit verbreiteten Praxis – die Gewährung von **Bruchteilen eines Urlaubstags**, soweit sie sich nicht nach der Umrechnung bei einer vom Gesetz abweichenden Verteilung der Arbeitszeit ergeben (s. § 5 Rz. 34). Die Arbeitsbefreiung für halbe Tage oder einige Stunden ist keine Erfüllung des gesetzliches Urlaubs. Darüber können die Arbeitsvertragsparteien auch keine Vereinbarung treffen[8].

49 **b) Leistungsverweigerungsrecht des ArbGeb.** Gegenüber dem Anspruch des ArbN auf ungeteilten Urlaub des laufenden Urlaubsjahrs in voller Höhe steht dem ArbGeb ein Leistungsverweigerungsrecht aus betrieblichen oder in der Person des ArbN liegenden Gründen zu, Abs. 2 Satz 1 Halb. 1. Hinsichtlich der betrieblichen Gründe gelten die Erläuterungen zu § 7 Abs. 1 (Rz. 26 ff.) entsprechend; für die persönlichen Gründe sind nicht Urlaubswünsche anderer ArbN maßgeblich, sondern nur Belange im persönlichen Bereich des ArbN[9].

50 Das Leistungsverweigerungsrecht steht dem ArbGeb nach dem klaren Wortlaut nur soweit zu, wie die Teilung des Urlaubs aus den in der Norm genannten Gründen **erforderlich** ist. Der ArbGeb darf daher nicht bei Gelegenheit eines dringenden betrieblichen Grundes, der der zusammenhängenden Urlaubsgewährung entgegensteht, den Urlaub gegen den Willen des ArbN in mehr oder kleinere Bruchteile aufspalten, als durch den dringenden betrieblichen Grund gerechtfertigt ist.

51 Macht der ArbGeb zu Recht von seinem Leistungsverweigerungsrecht Gebrauch und erteilt er den Urlaub in zwei oder mehr Teilen, so muss einer dieser Urlaubsteile **mindestens 12 Werktage** (= zwei Wochen) umfassen, Abs. 2 Satz 2. Beachtet der ArbGeb bei der Urlaubserteilung diese Vorschrift nicht, kann der ArbN einen zweiwöchigen zusammenhängenden Urlaub nachfordern.

52 **c) Abdingbarkeit.** Von der Pflicht des ArbGeb in § 7 Abs. 2 Satz 1, den gesetzlichen Mindesturlaub grundsätzlich zusammenhängend zu gewähren, kann weder durch TV noch einzelvertraglich abgewichen werden[10]. Abweichende Vereinbarungen sind daher unwirksam, wenn der ArbGeb kein Leistungsverweigerungsrecht nach Abs. 2 Satz 1 Halbs. 2 hat.

53 Für den Fall, dass der ArbGeb nach Abs. 2 Satz 1 Halbs. 2 den Urlaub in mehreren Teilen gewährt, kann von der Pflicht gem. Abs. 2 Satz 2, wenigstens 12 Werktage zusammenhängend zu erteilen, sowohl durch TV wie auch durch Einzelvereinbarung zuungunsten des ArbN abgewichen werden, § 13 Abs. 1 Satz 3. Damit ermöglicht der Gesetzgeber eine Atomisierung des Urlaubsanspruchs, wenn der

---

1 ErfK/*Dörner*, § 7 BUrlG Rz. 43; *Leinemann/Linck*, § 7 BUrlG Rz. 55; unklar (ohne Erörterung der schuldrechtlichen Probleme des Urlaubsrechts) BAG v. 19.12.1991 – 2 AZR 367/91, RzK I 6a Nr. 82 = ArbuR 1992, 221. | 2 BAG v. 20.6.2000 – 9 AZR 405/99, AP Nr. 28 zu § 7 BUrlG. | 3 BAG v. 20.6.2000 – 9 AZR 405/99, AP Nr. 28 zu § 7 BUrlG. | 4 BAG v. 8.3.1984 – 6 AZR 600/82, AP Nr. 14 zu § 3 BUrlG – Rechtsmissbrauch. | 5 BAG v. 10.3.1966 – 5 AZR 498/65, AP Nr. 2 zu § 59 KO = DB 1966, 788. | 6 ErfK/*Dörner*, § 7 BUrlG Rz. 39; *Leinemann/Linck*, § 7 BUrlG Rz. 101. | 7 BAG v. 9.7.1965 – 5 AZR 380/64, AP Nr. 1 zu § 7 BUrlG = NJW 1965, 2174; ErfK/*Dörner*, § 7 BUrlG Rz. 40. | 8 BAG v. 9.7.1965 – 5 AZR 380/64, AP Nr. 1 zu § 7 BUrlG = NJW 1965, 2174. | 9 ErfK/*Dörner*, § 7 BUrlG Rz. 38. | 10 *Leinemann/Linck*, § 7 BUrlG Rz. 107.

ArbGeb den Urlaub aus dringenden betrieblichen oder Gründen in der Person des ArbN nicht zusammenhängend gewähren muss[1].

III. Gerichtliche Durchsetzung. Der ArbN ist zur Durchsetzung seines Urlaubsanspruchs auf **gerichtliche Hilfe** angewiesen, da er kein Recht zur Selbstbeurlaubung hat. In Betracht kommen die Leistungsklage mit und ohne bestimmte Zeitangabe sowie in eiligen Fällen der Antrag auf Erlass einer einstweiligen Verfügung. 54

1. Leistungsklage mit Zeitangabe. Da die Urlaubserteilung nicht im Ermessen des ArbGeb liegt, kann der ArbN durch Leistungsklage seinen Anspruch auf Urlaubserteilung in einem bestimmten Zeitraum gerichtlich durchsetzen. Der ArbGeb als Schuldner des Urlaubs ist nach § 7 Abs. 1 verpflichtet, den ArbN nach seinen Wünschen für die Dauer des Urlaubs von der Arbeitspflicht zu befreien. Seiner Verpflichtung zur Urlaubserteilung kann sich der ArbGeb im Urlaubsjahr nur und nur so lange entziehen, wie ein Leistungsverweigerungsrecht nach § 7 Abs. 1 BUrlG besteht. Ein solches Leistungsverweigerungsrecht kann im Urteilsverfahren nur auf Einrede des beklagten ArbGeb berücksichtigt werden. Eine Gestaltungsklage nach § 315 Abs. 3 Satz 2 BGB wäre dagegen fehlerhaft, da der ArbGeb kein Leistungsbestimmungsrecht hat[2]. 55

Antrag:
Die Beklagte wird verurteilt, den Kläger vom 5. bis zum 23. Juli 200x von der Arbeitsleistung zu befreien.

Die **Vollstreckung** richtet sich in diesem Fall nach § 894 ZPO. Die Freistellungserklärung des ArbGeb gilt daher erst mit Rechtskraft der Entscheidung als abgegeben[3]. Damit ergibt sich häufig das Problem, dass der Anspruch zurzeit des Eintritts der Rechtskraft nicht mehr erfüllbar wäre. Die Klage wird aber unzulässig, wenn vor der letzten mündlichen Verhandlung (ggf. in der Berufungsinstanz) der beantragte Urlaubszeitraum verstrichen ist. 56

Zulässig und meist empfehlenswert sind daher Klagen mit dem **Hilfsantrag**, den ArbGeb zu verurteilen, dem ArbN x Tage Urlaub zu gewähren. 57

Antrag:
Die Beklagte wird verurteilt, den Kläger vom 5. bis zum 17. Juli 200x von der Arbeitsleistung zu befreien; hilfsweise: Die Beklagte wird verurteilt, den Kläger an 12 aufeinander folgenden Werktagen von der Arbeitsleistung zu befreien.

2. Leistungsklagen ohne Zeitangabe. Das BAG hält Klagen auf Urlaubsgewährung ohne Zeitangabe in ständiger Rspr. für **zulässig**[4]. Dem ist zuzustimmen. Bedenken wegen der **hinreichenden Bestimmtheit** eines solchen Antrags (§ 253 Abs. 2 Ziff. 2 ZPO)[5] sind nicht gerechtfertigt. Der ArbGeb hat gem. § 7 Abs. 1 als Schuldner die Konkretisierungsbefugnis bei der Erteilung des Urlaubs. Die gerichtliche Anordnung, diese Konkretisierung in dem vom Gericht bestimmten Umfang vorzunehmen, ist hinreichend bestimmt, da zwischen den Parteien regelmäßig nur darüber Streit besteht, ob dem ArbN überhaupt noch Urlaub (ggf. als Schadensersatz) zusteht; der ArbGeb erfüllt die ihm vom Gericht auferlegte Pflicht, wenn er den Urlaub nach den Grundsätzen des § 7 Abs. 1 gewährt. 58

Auch aus dem **Vollstreckungsrecht** können Bedenken gegen Klagen auf Urlaubsgewährung ohne Zeitangabe nicht hergeleitet werden. Insbesondere hat ein entsprechendes Urteil einen vollstreckungsfähigen Inhalt. Vollstreckt wird in diesem Fall nach § 888 ZPO[6]. Zwar wird vom ArbGeb die Abgabe einer Willenserklärung verlangt; § 894 ZPO passt jedoch nicht, da diese Vorschrift voraussetzt, dass der Inhalt der abzugebenden Willenserklärung im Urteil selbst bestimmt ist, so dass mit Rechtskraft ohne weiteres die Fiktion der Abgabe eintreten kann. Hingegen wird der ArbGeb nach § 888 ZPO zur Vornahme der Handlung „Freistellungserklärung" mit einem vom ArbGeb jedenfalls teilweise zu bestimmenden Inhalt (Zeitpunkt des Urlaubs nach Maßgabe des § 7 Abs. 1) angehalten. Dass § 894 ZPO in jedem Fall lex specialis zu § 888 ZPO sei[7], ist für den Fall der konkretisierungsbedürftigen Willenserklärung nicht zwingend. Zu der von Verfassungs wegen gebotenen **Effektivität des Rechtsschutzes** gehört auch, eine zwangsweise Durchsetzung der gerichtlichen Erkenntnis zu ermöglichen. Die sich für konkretisierungsbedürftige Willenserklärungen zwischen §§ 888 und 894 ZPO ergebende Rechtsschutzlücke ist daher verfassungskonform dadurch zu schließen, dass § 888 ZPO als Auffangnorm im Vollstreckungsrecht zu behandeln ist. Ggf. kann der ArbN im Vollstreckungsverfahren mit dem Antrag nach § 888 ZPO die Erteilung des Urlaubs für einen bestimmten Zeitraum verlangen. 59

3. Feststellungsklagen. Nicht zu empfehlen sind Feststellungsklagen. Auch soweit sie im Zusammenhang mit dem Bestehen eines Urlaubsanspruchs für zulässig gehalten werden[8], helfen sie im Fall des 60

---

1 Krit. *Leinemann/Linck*, § 7 BUrlG Rz. 99. |2 BAG v. 18.12.1986 – 8 AZR 502/84, AP Nr. 10 zu § 7 BUrlG. |3 BAG v. 12.10.1961 – 5 AZR 294/60, AP Nr. 83 zu § 611 BGB – Urlaubsrecht = NJW 1962, 270; krit. *Leinemann/Linck*, § 7 BUrlG Rz. 85 ff. |4 ZB BAG v. 25.11.1982 – 6 AZR 1254/79, AP Nr. 3 zu § 6 BUrlG = DB 1983, 1155; v. 21.2.1995 – 9 AZR 746/93, AP Nr. 8 zu § 47 SchwbG 1986. |5 Vgl. *Leinemann/Linck*, § 7 BUrlG Aufl. 1 Rz. 8; *Dersch/Neumann*, § 7 BUrlG Rz. 50. |6 Streitig; wie hier: ErfK/*Dörner*, § 7 BUrlG Rz. 50; aA *Leinemann/Linck*, § 7 BUrlG Rz. 84 ff. |7 *Leinemann/Linck*, § 7 BUrlG Rz. 84 mwN aus dem zivilprozessualen Schrifttum. |8 Vgl. BAG v. 23.7.1987 – 8 AZR 20/86, AP Nr. 11 zu § 7 BUrlG = DB 1987, 2471; diff. ErfK/*Dörner*, § 7 BUrlG Rz. 52.

Obsiegens häufig nicht, da nicht vollstreckt werden kann[1]. Unzulässig sind Feststellungsklagen in jedem Fall, soweit sie sich auf einen in der Vergangenheit liegenden Zeitraum beziehen, es sei denn, es ergeben sich aus der begehrten Feststellung Folgen für die Gegenwart oder Zukunft[2].

61 **4. Einstweilige Verfügung.** Hat der ArbGeb den Urlaubszeitpunkt trotz Urlaubsantrags noch nicht festgelegt, bleibt dem ArbN zur Vermeidung einer Abmahnung oder Kündigung (s. Rz. 19) nur der Antrag auf Erlass einer einstweiligen Verfügung. In der Lit. ist streitig, ob und in welchen Fällen eine einstweilige Verfügung statthaft ist[3]; die arbeitsgerichtliche Praxis ist uneinheitlich[4].

62 **a) Statthaftigkeit.** Gegen die Statthaftigkeit einer einstweiligen Verfügung wird insb. geltend gemacht, dass die Verpflichtung zur Abgabe einer Willenserklärung wegen der besonderen Vollstreckungsregelung in § 894 ZPO grundsätzlich nicht Gegenstand einer einstweiligen Verfügung sein könne[5]. Außerdem werde durch eine solche einstweilige Verfügung der Urlaubsanspruch erfüllt und damit die Hauptsache endgültig erledigt[6].

63 Diesen Bedenken kann ohne Einbuße der Effektivität des Rechtsschutzes dadurch Rechnung getragen werden, dass Gegenstand der richterlichen Anordnung gem. § 938 ZPO nicht die Verpflichtung des ArbGeb zur Freistellung in einem bestimmten Zeitraum ist; es ist hinreichend, wenn das Gericht dem ArbGeb aufgibt, es zu dulden, dass der ArbN von der Arbeit fernbleibt. Eine solche Anordnung wirft keine vollstreckungsrechtlichen Probleme auf. Sie erfüllt auch den Zweck, den der ArbN im Wege des vorläufigen Rechtsschutzes erreichen will: Dem ArbN, der die einstweilige Verfügung mit zutreffenden Tatsachenangaben erwirkt hat, kann nicht der Vorwurf der Pflichtverletzung gemacht werden, wenn er nunmehr in den Urlaub fährt[7]. Einer Zurückweisung des Antrags im Übrigen bedarf es auch dann nicht, wenn der ArbN „Erteilung des Urlaubs" oder „Freistellung" verlangt.

64 **b) Verfügungsanspruch.** Der Verfügungsanspruch ist der **materielle Anspruch**, dessen Vereitelung oder Gefährdung durch Zeitablauf die einstweilige Verfügung verhindern soll. Der Verfügungsanspruch ist im Urlaubsrecht regelmäßig unproblematisch, da der Urlaubsanspruch nach Erfüllung der Wartezeit mit Jahresbeginn entsteht und fällig wird (s. § 1 Rz. 15). Der ArbN legt also den Verfügungsanspruch schlüssig dar, wenn er die persönlichen Voraussetzungen des Urlaubsanspruchs (s. § 1 Rz. 13 ff.) sowie die Erfüllung der Wartezeit behauptet und der Urlaub steht ihm wegen § 7 Abs. 1 (Maßgeblichkeit des Urlaubswunsches, s. Rz. 20) zu dem von ihm gewünschten Zeitpunkt zu. Den Urlaubswunsch – dh. den im Antrag angegebenen Zeitraum des beabsichtigten Fernbleibens – muss der ArbN im Rahmen des Vortrags zum Verfügungsanspruch nicht begründen.

65 Der ArbGeb kann regelmäßig allein Erfüllung einwenden oder von seinem Leistungsverweigerungsrecht aus § 7 Abs. 1 (s. Rz. 26 ff.) Gebrauch machen. In diesem Falle hat er – falls das Gericht ihm dazu Gelegenheit gibt – die Voraussetzungen des Leistungsverweigerungsrechts darzulegen und glaubhaft zu machen. Der ArbN hingegen muss in seiner Antragsschrift nicht behaupten (und glaubhaft machen), dem ArbGeb stehe kein Leistungsverweigerungsrecht zu.

66 **c) Verfügungsgrund.** In der gerichtlichen Praxis werden häufig **zu hohe Anforderungen** an den Verfügungsgrund gestellt; dies beruht meist auf der Annahme, dass durch den Erlass der einstweiligen Verfügung die Hauptsache vorweggenommen werde. Eilbedürftig ist die Sache immer schon dann, wenn ohne Erlass der einstweiligen Verfügung die Hauptsache allein wegen Zeitablaufs keinen Erfolg mehr haben könnte.

67 Allerdings ist bei dem Erlass einer einstweiligen Verfügung auch ohne **Vorwegnahme der Hauptsache** – über die Erfüllung des Urlaubsanspruchs wird bei richtiger Tenorierung nicht entschieden (Rz. 63) – stets zu beachten, dass dem ArbGeb erhebliche Nachteile entstehen können. Es ist deshalb neben der Prüfung der Erfolgsaussichten in der Hauptsache eine sorgfältige Interessenabwägung erforderlich, die ohne mündliche Verhandlung kaum denkbar ist.

68 Anders liegt der Fall, wenn der ArbGeb den Urlaub bereits „**genehmigt**", dann aber widerrufen hat. Da ein Widerruf regelmäßig nicht zulässig ist (s. Rz. 43), ist kaum vorstellbar, dass die rechtlich geschützten Interessen des ArbGeb die des ArbN am Erlass der einstweiligen Verfügung überwiegen; auch die Erfolgsaussichten in einem Hauptsacheverfahren werden eindeutig zugunsten des ArbN ein-

---

1 Die Annahme des BAG in Streitigkeiten des öffentlichen Dienstes, dass juristische Personen des öffentlichen Rechts die Urteile staatlicher Gerichte vollziehen, auch nicht wenn kein vollstreckbarer Titel vorliegt, kann in dieser Allgemeinheit kaum aufrecht erhalten werden. | 2 BAG v. 22.9.1992 – 9 AZR 404/90, AP Nr. 17 zu § 256 ZPO 1977. | 3 Vgl. ErfK/*Dörner*, § 7 BUrlG Rz. 55; MünchKomm-ZPO/*Heinze* § 935 Rz. 42 f. einerseits; *Leinemann/Linck*, § 7 BUrlG Rz. 93 ff.; *Corts* NZA 1998, 357; MünchArbR/*Leinemann*, § 89 Rz. 135 andererseits. | 4 Vgl. LAG Hamburg v. 15.9.1989 – 3 Ta 17/89, LAGE § 7 BUrlG Nr. 26; LAG Hamm v. 2.1.1990 – 3 Sa 1900/89, MDR 1990, 657; LAG Berlin v. 20.5.1985 – 9 Sa 38/85, LAGE § 7 BUrlG Nr. 9; LAG Hamm v. 19.6.1970 – 8 Ta 35/70, DB 1970, 1396; ArbG Bielefeld v. 24.2.1999 – 4 (3) Ga 3/99, AiB 1999, 479; ArbG Hanau v. 10.7.1997 – 2 Ga 8/97, AiB 1998, 57; ArbG Hamm v. 10.5.1983 – 1 Ga 7/83, DB 1983, 1553. | 5 *Stein/Jonas/Grunsky* vor § 935 ZPO Rz. 51. | 6 Vgl. *Corts*, NZA 1998, 357. | 7 Vgl. hierzu BAG v. 20.1.1994 – 2 AZR 521/93, AP Nr. 115 zu § 626 BGB; KR/*Etzel*, § 1 KSchG Rz. 462 mwN.

zuschätzen sein. Macht der ArbN einen Verfügungsgrund geltend und glaubhaft (zB alsbald bevorstehende, gebuchte Urlaubsreise), ist in einem solchen Fall die einstweilige Verfügung zu erlassen.

Mit Erlass der einstweiligen Verfügung bleibt der ArbN berechtigt der Arbeit fern, so dass auch bei einer anderweitigen Beurteilung der Rechtslage in Nachhinein keine (kündigungsrechtlich relevante) **Vertragspflichtverletzung** angenommen werden kann.

Antrag:
Der Verfügungsbeklagten wird aufgegeben, es zu dulden, dass der Verfügungskläger vom 5. bis zum 23.7.200x der Arbeit fernbleibt.

IV. Befristung und Übertragung (Abs. 3). 1. Befristung des Urlaubsanspruchs. a) Grundsatz. Gegen teilweise heftige Kritik im Schrifttum[1] und einer Kammer des LAG Düsseldorf[2] vertritt das BAG seit 1982 in ständiger Rspr[3]. die Auffassung, der gesetzliche Urlaubsanspruch sei auf die **Dauer des Kalenderjahres**, in dem er entstanden ist, befristet, wenn nicht die Voraussetzungen für die Übertragung vorliegen. Dies leitet des BAG aus der gesetzlichen Regelung in § 1 und § 7 Abs. 3 ab: Danach hat jeder ArbN in jedem Kalenderjahr Anspruch auf bezahlten Erholungsurlaub (§ 1). Nach § 7 Abs. 3 muss der Urlaubs im laufenden Kalenderjahr gewährt und genommen werden. Der Urlaubsanspruch bestehe deshalb im Urlaubsjahr, nicht für das Urlaubsjahr.

Der Auffassung des BAG ist zu folgen. Das Hauptargument der Kritik, das BUrlG gebe nichts her für die Annahme, dass der Urlaubsanspruch mit Ablauf des Kalenderjahres untergeht, trägt nicht, da es bei einer Befristung eines Anspruchs keiner weiteren Vorschrift über das Erlöschen bedarf. Dass die Befristung der Vorstellung des Gesetzgebers entspricht, ergibt sich auch aus **systematischen Überlegungen**. Die Vorschrift des § 7 Abs. 3 Satz 2 und 3 (Übertragung nur aus den genannten Gründen und nur im genannten Zeitraum) wäre überflüssig, wenn der Urlaub beliebig und ohne zeitliche Begrenzung nach Ablauf des jeweiligen Urlaubsjahres verlangt werden könnte. Auch die Ausnahmetatbestände in § 4 Abs. 2 ArbPlSchG und § 17 Abs. 2 BErzGG setzen die Befristung des Urlaubsanspruchs voraus, da sie den Zeitraum der Befristung für die Sonderfälle Grundwehrdienst bzw. Elternzeit verlängern.

Die Rspr. des BAG zur Befristung des Urlaubsanspruchs steht im Einklang mit Art. 9 Abs. 1 des **Übereinkommens Nr. 132 der Internationalen Arbeitsorganisation** vom 24.6.1970[4]. Mit der Ratifizierung des IAO-Übereinkommens Nr. 132 haben die ArbN keinen unmittelbaren Anspruch auf Bestand ihres Urlaubsanspruchs über das Urlaubsjahr oder den Übertragungszeitraum hinaus erhalten. Die Vorschriften des IAO-Übereinkommens gebieten auch nicht eine Auslegung des Bundesurlaubsgesetzes, dass der Urlaubsanspruch nicht am Ende des Urlaubsjahres oder des Übertragungszeitraumes verfällt. Art. 3 Abs. 3 und Art. 9 Abs. 1 des Übereinkommens enthalten Regelungen über die Höhe des Urlaubsanspruchs und legen den Beginn der Frist fest, innerhalb derer der Urlaubsanspruch zu erfüllen ist, sagen aber nichts über dessen zeitlichen Bestand aus[5].

b) Ausnahmen. Durch die Sonderregelungen in § 4 Abs. 2 ArbPlSchG, § 17 Abs. 2 BErzGG und § 17 Satz 2 MuSchG (s. die Kommentierung dort) wird der Urlaub in den dort genannten Fällen zum Ablauf des auf die Beendigung des Grundwehrdienstes, der Elternzeit bzw. der Schutzfrist folgenden Jahres befristet. Der Gesetzgeber will damit sicherstellen, dass die Heranziehung zum Grundwehrdienst das Beschäftigungsverbot bzw. die Inanspruchnahme von Elternzeit nicht zum Verfall des Erholungsurlaubs führt. Sie geht daher als gesetzliche Sonderregelung der Verfallvorschrift des § 7 Abs. 3 BUrlG (und ggf. entsprechenden tariflichen Bestimmungen) vor. Allerdings ist diese Verlängerung der Befristung abschließend. Eine sich an die Elternzeit etwa anschließende Arbeitsunfähigkeit wegen Krankheit oder die Suspendierung der Arbeitspflicht einer ArbN-in aufgrund eines Beschäftigungsverbots nach dem MuSchG ändert daran nichts[6]. Ihre Durchbrechung insb. aus Treu und Glauben kommt nicht in Betracht[7].

Das BUrlG selbst sieht zwei Ausnahmen von der Regel der Befristung auf das Kalenderjahr vor: § 7 Abs. 3 Satz 2 bestimmt die **Übertragung** des Urlaubs unter den dort genannten Voraussetzungen für das erste Quartal des Folgejahres, verlängert also die Befristung des Urlaubsanspruchs um drei Monate. § 7 Abs. 3 Satz 4 gibt dem ArbN die Möglichkeit, einen nach § 5 Abs. 1 Buchst. a) entstandenen Tei-

---

1 GK- BUrlG/*Bachmann*, § 7 Rz. 120 ff.; *Boldt* Anm. zu AP Nr. 4 zu § 7 BUrlG – Übertragung; *Kohte*, BB 1984, 609, 614; *Künzl*, BB 1991, 1630; *Staudinger/Richardi*, BGB § 611 Rz. 901. | 2 Zuletzt LAG Düsseldorf 17.6.1998 – 12 Sa 520/98, LAGE § 7 BUrlG – Abgeltung Nr. 10. | 3 Grundl. BAG v. 13.5.1982 – 6 AZR 360/80, AP Nr. 4 zu § 7 BUrlG – Übertragung = DB 1982, 2193; v. 20.6.2000 – 9 AZR 405/99, AP Nr. 28 zu § 7 BUrlG = NZA 2001, 100; der überwiegende Teil der Lit. hat sich (inzwischen) der Auffassung des BAG angeschlossen: vgl. ErfK/*Dörner*, § 7 BUrlG Rz. 56 f.; *Dersch/Neumann*, § 7 BUrlG Rz. 65 ff.; Kasseler Handbuch/*Schütz*, Rz. 429; *Leinemann/Linck*, § 7 BUrlG Rz. 90. | 4 BAG v. 28.11.1990 – 8 AZR 570/89, AP Nr. 18 zu § 7 BUrlG – Übertragung; v. 7.12.1993 – 9 AZR 683/92, AP Nr. 15 zu § 7 BUrlG; v. 19.4.1994 – 9 AZR 462/92, AP Nr. 74 SGB V = NJW 1995, 1636; v. 9.5.1995 – 9 AZR 552/93, AP Nr. 22 zu § 7 BUrlG – Übertragung; v. 24.9.1996 – 9 AZR 364/95, AP Nr. 16 zu § 7 BUrlG. | 5 BAG v. 7.12.1993 – 9 AZR 683/92, AP Nr. 15 zu § 7 BUrlG. | 6 BAG v. 23.4.1996 – 9 AZR 165/95, AP Nr. 6 zu § 17 BErzGG. | 7 ErfK/*Dörner*, § 7 BUrlG Rz. 59.

BUrlG § 7 Rz. 75   Zeitpunkt, Übertragbarkeit und Abgeltung des Urlaubs

lurlaubsanspruch durch sein Verlangen auf das gesamte folgende Kalenderjahr zu übertragen (s. § 5 Rz. 13). Dieser Anspruch ist dann bis zu diesem Zeitpunkt befristet.

75 **c) Rechtsfolgen.** Die Befristung des Urlaubs hat zur Folge, dass der Anspruch – vorbehaltlich der Sonderregelungen – nur **im laufenden Kalenderjahr** erfüllt werden kann. Mit Ablauf der Befristung erlischt der zu diesem Zeitpunkt noch nicht erfüllte Urlaubsanspruch[1]. Das bedeutet, dass der Urlaub vollständig im Urlaubsjahr gewährt und genommen werden muss, um ein Erlöschen zu vermeiden. Entgegen einer weit verbreiteten Praxis genügt es nicht, den Urlaub im laufenden Kalenderjahr nur „anzutreten"[2].

76 Der Urlaubsanspruch **erlischt** auch, wenn der ArbN Urlaub verlangt, der ArbGeb ihn aber rechtswidrig verweigert hat. Das gilt sogar, wenn der ArbN den Urlaubsanspruch rechtzeitig gerichtlich geltend macht. An die Stelle des erloschenen Urlaubsanspruchs kann dann jedoch ein Schadensersatzanspruch treten (s. Rz. 142 ff.).

77 Aus der Befristung des Urlaubs folgt auch, dass es keinen „**Vorschuss**" auf noch nicht entstandene Ansprüche gibt. Der Urlaubsanspruch kann vor Beginn des jeweiligen Urlaubsjahres (Kalenderjahres) nicht rechtswirksam erfüllt werden, sogar dann nicht, wenn eine BV einen „Urlaub im Vorgriff" für die Zeit einer Betriebskrise vorsieht. Die im Vorgriff gewährten Urlaubstage kann der ArbN im folgenden Urlaubsjahr noch einmal fordern, ohne zur Zurückgewähr des bereits gezahlten Urlaubsentgelts verpflichtet zu sein[3].

78 Ist der Urlaub übertragen worden, kann er aber bis zum 31. 3. des Folgejahres nicht genommen werden, **erlischt er ersatzlos**. Das gilt auch, wenn ein ArbN infolge lang dauernder Arbeitsunfähigkeit gehindert war, den Urlaub vor Ablauf des Übertragungszeitraums zu nehmen[4].

79 **d) Einzelvertragliche Abweichungen.** In der betrieblichen Praxis wird dem ArbN vom ArbGeb häufig **zugesagt**, dass der ihm zustehende (Rest-)Urlaub nicht am Jahresende verfalle, in das nächste Jahr übertragen werde (ohne dass ein gesetzlicher Übertragungstatbestand vorliegt), dem Urlaubskonto für das nächste Jahr gutgeschrieben werde, zu einem bestimmten Zeitpunkt im nächsten Jahr genommen werden könne uÄ. Eine derartige Zusage bzw. Vereinbarung hindert nicht das Erlöschen des gesetzlichen oder tariflichen Urlaubs durch Ablauf der Befristung. Jedoch entsteht dann statt des gesetzlichen (oder tariflichen) ein einzelvertraglicher Urlaubsanspruch. Von der Auslegung der Vereinbarung hängt es ab, welchen Inhalt dieser Anspruch haben soll, insb. ob er im Falle der Beendigung des Arbeitsverhältnisses abzugelten ist[5]. In Betracht kommt aber eine entsprechende Betriebsübung oder ein Anspruch aus dem arbeitsrechtlichen Gleichbehandlungsgrundsatz.

80 **2. Übertragung. a) Allgemeines.** Unter den Voraussetzungen des § 7 Abs. 3 Satz 2 erlischt der Urlaubsanspruch nicht bereits am 31. 12. des jeweiligen Urlaubsjahres, sondern erst am 31. 3. des Folgejahres. Durch die Übertragung des Urlaubs wird also die Befristung in § 7 Abs. 1 um drei Monate **verschoben**. Wird der Urlaub auch im Übertragungszeitraum nicht genommen, verfällt er[6].

81 **b) Voraussetzungen.** Voraussetzungen der Urlaubsübertragung sind gem. § 7 Abs. 3 Satz 2 entweder dringende betriebliche oder in der Person des ArbN liegende Gründe. Für die **betrieblichen Gründe** gelten grundsätzlich dieselben Voraussetzungen wie im Falle des § 7 Abs. 1 Satz 1 (vgl. Rz. 27); dh., die Interessen des ArbGeb an einer Gewährung von Urlaub im Übertragungszeitraum an Stelle des im Urlaubsjahr zu gewährenden Urlaubs müssen das Interesse des ArbN an der fristgerechten Inanspruchnahme des Urlaubs noch innerhalb des Kalenderjahrs objektiv überwiegen (zB Auftragslage, Urlaub anderer ArbN)[7]. Für den ArbN ergibt sich hieraus uU das Dilemma, dass er nicht beurteilen kann, ob die betrieblichen Verhältnisse einer Urlaubserteilung im (restlichen) Jahr entgegenstehen. Wenn der ArbGeb mit dieser Begründung den Urlaub im jeweiligen Urlaubsjahr verweigert und der ArbN das Leistungsverweigerungsrecht um des Arbeitsfriedens willen nicht in Frage stellt, wird sich der ArbGeb gem. § 242 BGB im Folgejahr nicht darauf berufen können, es habe objektiv kein Übertragungstatbestand vorgelegen.

82 **Persönliche Gründe** liegen vor bei Arbeitsunfähigkeit[8] und Beschäftigungsverboten[9]. Daneben kommen die Erkrankung eines nahen Angehörigen und ähnliche Annahmeverweigerungsgründe in Betracht[10]. Der Wunsch des ArbN, den Urlaub im nächsten Jahr zu nehmen, genügt hingegen nicht[11].

---

1 BAG v. 13.5.1982 – 6 AZR 360/80, AP Nr. 4 zu § 7 BUrlG – Übertragung = DB 1982, 2193; v. 20.6.2000 – 9 AZR 405/99, AP Nr. 28 zu § 7 BUrlG; ErfK/*Dörner*, § 7 BUrlG Rz. 60. | 2 *Leinemann/Linck*, § 7 BUrlG Rz. 115. TV sehen zT andere Regelungen vor, zB § 47 Abs. 7 Satz 1 BAT: „Der Urlaub ist spätestens bis zum Ende des Urlaubsjahres anzutreten"; vgl. *Böhm/Spiertz*, § 47 BAT Rz. 100; BAG v. 18.3.2003 – 9 AZR 190/02, AP Nr. 17 zu § 3 BUrlG – Rechtsmissbrauch. | 3 BAG v. 17.1.1974 – 5 AZR 380/73, AP Nr. 3 zu § 1 BUrlG = DB 1974, 783. | 4 BAG v. 13.5.1982 – 6 AZR 360/80, AP Nr. 4 zu § 7 BUrlG – Übertragung = DB 1982, 2193; v. 7.12.1993 – 9 AZR 683/92, AP Nr. 15 zu § 7 BUrlG. | 5 Vgl. BAG v. 25.8.1987 – 8 AZR 124/85, AP Nr. 36 zu § 7 BUrlG – Abgeltung = DB 1987, 2524. | 6 BAG v. 25.8.1987 – 8 AZR 118/86, AP Nr. 15 zu § 7 BUrlG – Übertragung. | 7 ErfK/*Dörner*, § 7 BUrlG Rz. 67. | 8 BAG v. 13.5.1982 – 6 AZR 360/80, AP Nr. 4 zu § 7 BUrlG – Übertragung = DB 1982, 2193; v. 5.12.1995 – 9 AZR 871/94, AP Nr. 70 zu § 7 BUrlG – Abgeltung. | 9 ErfK/*Dörner*, § 7 BUrlG Rz. 72. | 10 *Leinemann/Linck*, § 7 BUrlG Rz. 120, 53. | 11 ErfK/*Dörner*, § 7 BUrlG Rz. 66; *Leinemann/Linck*, § 7 BUrlG Rz. 121.

Ebenso wenig rechtfertigen lange vorhersehbare Urlaubshindernisse eine Übertragung, wenn der Urlaub noch im Urlaubsjahr zu einem anderen Zeitpunkt genommen werden kann[1].

Zu beachten ist, dass der Grund in der Person **ursächlich** dafür sein muss, dass der Urlaub nicht mehr im laufenden Kalenderjahr genommen werden kann. Wird der ArbN so rechtzeitig wieder arbeitsfähig, dass er bis zum Ende des Kalenderjahres seinen noch offenen Urlaub nehmen kann, ist ihm Urlaub zu gewähren; eine Übertragung findet nicht statt. Wird der ArbN so spät im Laufe des Kalenderjahrs gesund, dass er nur einen Teil seines Urlaubs bis zum Jahresende gewährt bekommen kann, wird dieser Teil ebenfalls nicht übertragen. Nutzt der ArbN die verbleibende Zeit des Urlaubsjahres nicht für seinen Urlaub, verfällt er insoweit; er geht nur in Höhe des Teils über, den er wegen der Krankheit bis zum Jahresende nicht nehmen konnte[2]. Auch hier gilt, dass der Wunsch des ArbN, den Urlaub nicht im Anschluss an seine Arbeitsunfähigkeit oder zum Jahresende zu nehmen, die Übertragung nicht rechtfertigt. Anders ist es, wenn nunmehr betriebliche Gründe für die Übertragung des Teils vorliegen, der noch verwirklicht werden könnte[3]. 83

Häufig sehen **TV** abweichende, für ArbN günstigere Übertragungsregelungen vor. 84

Im Unterschied zu § 7 Abs. 1 Satz 1 trägt für das Vorliegen der Übertragungsvoraussetzungen der ArbN, der sich darauf beruft, dass sein Urlaub nicht am 31. 12. des jeweiligen Urlaubsjahrs erloschen sei, die **Darlegungs- und Beweislast**. Da jedoch der ArbN regelmäßig die betrieblichen Belange des ArbGeb nicht übersehen kann, wird es ausreichen, wenn der ArbN darlegt (und ggf. beweist), dass ihm unter Hinweis auf betriebliche Belange im Urlaubsjahr kein Urlaub gewährt worden sei. 85

c) **Übertragungsvorgang.** Für die Übertragung des Urlaubs kommt es allein auf das **Vorliegen der Merkmale** nach § 7 Abs. 3 Satz 2 BUrlG an. Es bedarf keiner weiteren Handlungen (Antrag, Vereinbarung) von ArbGeb oder ArbN, um die Übertragung zu bewirken. Das folgt daraus, dass der Gesetzgeber die Wirkungen der Befristung des Urlaubsanspruchs nicht eintreten lassen wollte, wenn die Voraussetzungen nach § 7 Abs. 3 Satz 2 BUrlG vorliegen. Damit hängt die Übertragung des Urlaubs am Jahresende allein davon ab, ob der Urlaub im Kalenderjahr aus den Gründen des § 7 Abs. 3 Satz 2 BUrlG nicht genommen werden konnte. Die Urlaubsübertragung ist demnach einem „Übertrag" in einer laufenden Rechnung vergleichbar[4]. 86

Der Übergang kraft Gesetzes vollzieht sich auch im Falle des § 17 BErzGG[5] sowie des § 17 Satz 2 MuSchG. 87

d) **Urlaub im Übertragungszeitraum.** § 7 Abs. 3 Satz 3 bestimmt, dass der Urlaub im Übertragungszeitraum nicht nur **gewährt**, sondern auch **genommen** werden muss. Kann bis zum 31.3. (zB wegen Arbeitsunfähigkeit) nur noch ein Teil des übertragenen Urlaubs genommen werden, so erlischt der Rest[6]. 88

Beispiel: A ist vom 1.1.1997 bis zum 15.3.1998 arbeitsunfähig krank. Am 16.3.1998 erscheint er im Betrieb und begehrt den Urlaub für 1997. A kann für die Zeit vom 16.3. bis 31.3. 14 Werktage Urlaub verlangen. Die restlichen 10 Werktage verfallen.

Soweit in der betrieblichen Praxis gelegentlich davon abgewichen und der gesamte übertragene Urlaub gewährt wird, wenn er nur bis zum 31. 3. angetreten werden kann, kommt eine **konkludente Vereinbarung** übergesetzlichen Urlaubs in Betracht (s. Rz. 79). 89

Während des Übertragungszeitraums ist der Urlaub entsprechend dem **Wunsch des ArbN** zu gewähren; ein Leistungsverweigerungsrecht gem. § 7 Abs. 1 Satz 1 steht dem ArbGeb nach dem klaren Wortlaut des § 7 Abs. 3 Satz 3 im Übertragungszeitraum nicht zu. Hat der ArbN den Urlaub im Übertragungszeitraum rechtzeitig geltend gemacht, wird er aber nicht gewährt, kann er wiederum Schadensersatz gem. §§ 283, 280 Abs. 1 BGB verlangen (s. Rz. 142 ff.). 90

Gewährt der ArbGeb im Übertragungszeitraum Urlaub, trifft er aber keine **Leistungsbestimmung** („alter" oder „neuer" Urlaub), so wird gem. § 366 Abs. 2 BGB zunächst der übertragene („alte") Urlaubsanspruch erfüllt[7]. Beantragt der ArbN Gewährung des übertragenen Urlaubs, erteilt der ArbGeb aber ausdrücklich für diesen Zeitraum Urlaub zur Erfüllung des Anspruchs aus dem laufenden Kalenderjahr, steht dies einer Verweigerung des übertragenen Urlaubs gleich, so dass der ArbN nach dem Ablauf des Übertragungszeitraums und dem damit verbundenen Erlöschen des übertragenen Anspruchs Schadensersatz verlangen kann. 91

---

1 Vgl. ErfK/*Dörner*, § 7 BUrlG Rz. 72 (Beispiel: Schulpflicht der Kinder, Niederkunft der Ehefrau). | 2 BAG v. 24.11.1992 – 9 AZR 549/91, AP Nr. 23 zu § 1 BUrlG = NZA 1993, 423. | 3 ErfK/*Dörner*, § 7 BUrlG Rz. 71. | 4 BAG v. 25.8.1987 – 8 AZR 118/86, AP Nr. 15 zu § 7 BUrlG – Abgeltung; v. 24.11.1992 – 8 AZR 140/87, AP Nr. 41 zu § 7 BUrlG – Abgeltung; v. 9.8.1994 – 9 AZR 384/92, AP Nr. 19 zu § 7 BUrlG; ErfK/*Dörner*, § 7 BUrlG Rz. 64; *Leinemann/Linck*, § 7 BUrlG Rz. 124. | 5 BAG v. 25.1.1994 – 9 AZR 312/92, AP Nr. 16 zu § 7 BUrlG. | 6 BAG v. 13.5.1982 – 6 AZR 360/80, AP Nr. 4 zu § 7 BUrlG – Übertragung = DB 1982, 2193; v. 7.12.1993 – 9 AZR 683/92, AP Nr. 15 zu § 7 BUrlG. | 7 *Leinemann/Linck*, § 7 BUrlG Rz. 129.

92 e) **Übertragung von Teilurlaub nach § 5 Abs. 1 Buchst. a).** Der Anspruch kann nach Abs. 3 Satz 2 von Gesetzes wegen oder nach der Sonderregelung in Abs. 3 Satz 4 auf Antrag des ArbN übertragen werden. Wegen der Einzelheiten s. § 5 Rz. 13 f.

93 **V. Abgeltung. 1. Rechtsnatur.** Nach ständiger Rspr. des BAG entsteht der Urlaubsabgeltungsanspruch mit Beendigung des Arbeitsverhältnisses nicht als Abfindungsanspruch, für den es auf weitere Merkmale nicht ankommt, sondern als **Surrogat** (Ersatz) für den wegen Beendigung des Arbeitsverhältnisses nicht mehr erfüllbaren Anspruch auf Befreiung von der Arbeitspflicht, der – abgesehen von der Beendigung des Arbeitsverhältnisses – an die gleichen Voraussetzungen gebunden ist wie im Übrigen vorher der Urlaubsanspruch[1].

94 Diese Rspr. stößt nach wie vor auf Kritik[2]. Einzuräumen ist, dass die tragende Säule der Rspr., die Abgeltung sei keine „**Abfindung**", sondern setze – hypothetisch – die Erfüllbarkeit des Urlaubsanspruchs voraus, wenn das Arbeitsverhältnis fortgesetzt worden wäre, nicht zwingend dem Gesetz entnommen werden kann. In der grundlegenden Entscheidung vom 23.6.1983[3] begründet das BAG seine Auffassung damit, dass auch der Abgeltungsanspruch dazu dienen soll, dem ArbN Freizeit zur Erholung zu ermöglichen; ob aber der ArbN zur Ermöglichung der Erholung nach Beendigung des Arbeitsverhältnisses arbeitsfähig sein muss (es geht nicht um einen Freistellungs- sondern um einen Geldanspruch zur Finanzierung der Erholung), kann bezweifelt werden. Auch sind die praktischen Schwierigkeiten, die sich aus der Rspr. des BAG mit der Abwicklung des Arbeitsverhältnisses nach seiner Beendigung ergeben, nicht zu übersehen (so kann im Falle der Arbeitsunfähigkeit zum Beendigungszeitpunkt ggf. erst nach Ablauf des Übertragungszeitraums – uU mehr als ein Jahr nach Beendigung des Arbeitsverhältnisses – entschieden werden ob der Anspruch erfüllbar war; die Tatsachenfeststellung ist häufig problematisch – s. Rz. 117 zur Unterscheidung zwischen Arbeits- und Erwerbsunfähigkeit). Schließlich sind einige der bei konsequenter Beachtung der vom BAG aufgestellten Grundsätze erzielten Ergebnisse kaum vermittelbar (s. Rz. 104 ff., 117).

95 Gleichwohl empfiehlt es sich, der Rspr. des BAG zu folgen. Das BAG hat auch in seinen letzten Entscheidungen zu dieser Frage nicht zu erkennen gegeben, dass es eine Änderung seiner seit 22 Jahren ständigen Rspr. erwäge. Dem BAG ist auch zuzugeben, dass die Argumente der abweichenden Meinung ebenfalls nicht absolut zwingend sind. Der kritisierte Begriff des Surrogats ist zwar missverständlich und hat zur Verwechslung mit der schuldrechtlichen und dinglichen **Surrogation** des BGB – die in der Tat mit der urlaubsrechtlichen Problematik nichts zu tun hat – geführt; das hat das BAG inzwischen klargestellt[4]. Richtig verstanden steht die Theorie von der Abgeltung als Ersatz („Surrogat") des Urlaubsanspruchs nicht im Widerspruch zu § 7 Abs. 4; der Wortlaut dieser Vorschrift lässt auch die Deutung zu, dass die Abgeltung nur soweit anordnet wird, wie ein Urlaubsanspruch besteht, dh. als solcher erfüllbar wäre. Den folgenden Erläuterungen ist daher die Surrogatstheorie des BAG zugrunde gelegt.

96 Vom originären Abgeltungsanspruch nach § 7 Abs. 4 BUrlG ist der **Schadenersatzanspruch** nach § 249 Satz 1 BGB zu unterscheiden, der einem ArbN zusteht, wenn der Abgeltungsanspruch wegen Zeitablaufs untergegangen ist (s. Rz. 113) und der ArbGeb in Verzug gesetzt wurde (s. Rz. 134).

97 **2. Anspruchsvoraussetzungen. a) Beendigung des Arbeitsverhältnisses.** Der Abgeltungsanspruch entsteht mit der Beendigung des Arbeitsverhältnisses; die Art der Beendigung (Kündigung[5], Aufhebungsvertrag[6], Ablauf der Befristung, Eintritt der Bedingung[7], Anfechtung des Arbeitsvertrages[8], Erreichen der Altersgrenze[9]) ist nicht erheblich[10]. Das gilt auch, wenn das Arbeitsverhältnis im Anschluss an die Elternzeit nicht fortgesetzt wird[11].

98 Im **bestehenden Arbeitsverhältnis** kann der Urlaubsanspruch nicht wirksam abgegolten werden; dieses Verbot ist § 7 Abs. 4 zu entnehmen[12]. Die Möglichkeit einer grundlosen Umwandlung des Urlaubsanspruchs in einen Abgeltungsanspruch verstieße daneben mittelbar gegen § 1, weil es sich dabei im

---

1 BAG v. 26.5.1983 – 6 AZR 273/82, AP Nr. 12 zu § 7 BUrlG – Abgeltung = DB 1983, 2522; v. 20.4.1989 – 8 AZR 621/87, AP Nr. 48 zu § 7 BUrlG – Abgeltung; v. 5.12.1995 – 9 AZR 871/94, AP Nr. 70 zu § 7 BUrlG – Abgeltung; v. 20.1.1998 – 9 AZR 812/96, AP Nr. 45 zu § 13 BUrlG. | 2 Ausf. LAG Düsseldorf 17.6.1998 – 12 Sa 520/98, LAGE § 7 BUrlG – Abgeltung Nr. 10; *Birk*, Anm. zu BAG AP Nr. 21 zu § 7 BUrlG; GK-BUrlG/*Bachmann*, § 7 Rz. 151, 175 mwN; *Kothe*, BB 1984, 609, 622 f.; *Rummel*, NZA 1986, 383 f.; *Kraft*, Anm. zu AP Nr. 18 zu § 7 BUrlG – Abgeltung; *Schäfer*, NZA 1993, 204 ff., *Weber*, RdA 1995, 233 f., *Leege*, Das Verhältnis von Urlaubs- und Urlaubsabgeltungsanspruch, 1996, S. 154 ff. | 3 BAG v. 23.6.1983 – 6 AZR 180/80, AP Nr. 14 zu § 7 BUrlG – Abgeltung = DB 1983, 2523. | 4 BAG v. 20.4.1989 – 8 AZR 621/87, AP Nr. 48 zu § 7 BUrlG – Abgeltung. | 5 Zur rechtswidrigen außerordentlichen Eigenkündigung eines ArbN hat das BAG v. 18.6.1980 – 6 AZR 328/78, AP Nr. 6 zu § 13 BUrlG – Unabdingbarkeit = NJW 1981, 141 – entschieden, dass für den Abgeltungsanspruch allein die tatsächliche Beendigung des Arbeitsverhältnisses maßgeblich sei. | 6 ErfK/*Dörner*, § 7 BUrlG Rz. 93. | 7 BAG v. 18.10.1990 – 8 AZR 490/89, AP Nr. 56 zu § 7 BUrlG – Abgeltung. | 8 ErfK/*Dörner*, § 7 BUrlG Rz. 93. | 9 BAG v. 21.4.1966 – 5 AZR 510/65, AP Nr. 3 zu § 7 BUrlG = DB 1966, 1199. | 10 ErfK/*Dörner*, § 7 BUrlG Rz. 90 mwN; Kasseler Handbuch/*Schütz*, 2.4. Rz. 404; *Leinemann/Linck*, § 7 BUrlG Rz. 196 f. | 11 BAG v. 23.4.1996 – 9 AZR 165/95, AP Nr. 6 zu § 17 BErzGG. | 12 BAG v. 22.10.1987 – 8 AZR 171/86, AP Nr. 38 zu § 7 BUrlG – Abgeltung = EzA § 7 BUrlG Nr. 58.

Ergebnis nur um den **"Abkauf"** von Urlaub handeln würde; sie ist gem. § 13 Abs. 1 Satz 1 daher auch durch TV nicht zulässig, soweit der gesetzliche Mindesturlaub betroffen ist[1]. Zahlt der ArbGeb gleichwohl einen Geldbetrag, statt den ArbN freizustellen, wird der Urlaubsanspruch nicht erfüllt; der ArbN kann also weiterhin Freistellung verlangen[2]. Das gilt wegen § 13 Abs. 1 Satz 3 auch, wenn der ArbN mit dieser Verfahrensweise zunächst einverstanden war. Die Geltendmachung des Freistellungsanspruchs nach Abschluss einer solchen Abgeltungsvereinbarung und Auszahlung des Abgeltungsbetrags ist auch dann nicht rechtsmissbräuchlich, wenn dem ArbGeb die Rückforderung der ohne Rechtsgrund geleisteten Abgeltung gem. §§ 814, 817 Satz 2 BGB nicht möglich ist[3].

Zulässig ist es hingegen, im laufenden Arbeitsverhältnis durch Tarif- oder Arbeitsvertrag **nach Ende des Übertragungszeitraums** einen Abgeltungsanspruch an Stelle des Urlaubsanspruchs zu schaffen. Hierdurch wird der ArbN im Vergleich zur gesetzlichen Regelung besser gestellt, da ansonsten der Urlaubsanspruch (zB wegen andauernder Arbeitsunfähigkeit) ersatzlos untergehen würde[4]. Eine tarifvertragliche Regelung im Baugewerbe, nach der anstelle eines Anspruchs auf Urlaubsabgeltung der Anspruch auf Entschädigung durch eine gemeinsame Einrichtung der TV-Parteien tritt, ist ebenfalls wirksam; sie weicht nicht zu Ungunsten der ArbN von der gesetzlichen Bestimmung des § 7 Abs. 4 ab[5]. 99

Darüber hinaus kann **tariflicher Mehrurlaub** durch TV und einzelvertraglichen Mehrurlaub durch arbeitsvertragliche Vereinbarung auch im bestehenden Arbeitsverhältnis abgegolten werden. Auf einen tariflichen Anspruch kann hingegen nach § 4 Abs. 4 Satz 1 TVG grundsätzlich nicht verzichtet werden. Eine Vereinbarung, den tariflichen Urlaubsanspruch im bestehenden Arbeitsverhältnis abzugelten, ist daher unwirksam[6]. 100

Endet das Arbeitsverhältnis durch **Tod des ArbN**, entsteht kein Abgeltungsanspruch. Mit dem Tod des ArbN erlischt zugleich mit der Beendigung des Arbeitsverhältnisses der Urlaubsanspruch, da eine Freistellung nicht mehr möglich ist. Ein Abgeltungsanspruch kann daher nicht mehr entstehen[7]. 101

b) Bestehen eines Urlaubsanspruchs. Ein Abgeltungsanspruch entsteht nur, wenn der ArbN bei der Beendigung des Arbeitsverhältnisses einen noch **nicht erfüllten Urlaubsanspruch** hat. Das ist zB nicht der Fall, wenn der ArbN mit dem Ende des Urlaubsjahrs oder des Übertragungszeitraums ausscheidet und der nicht genommene Urlaub wegen Fristablaufs erlischt[8]. 102

c) Erfüllbarkeit. Nach der Surrogatstheorie des BAG (s. Rz. 93) ist Voraussetzung des Abgeltungsanspruchs, dass entweder im Zeitpunkt der Beendigung des Arbeitsverhältnisses oder danach der Urlaubsanspruch **hätte erfüllt werden können**, wenn das Arbeitsverhältnis nicht beendet worden wäre. Demzufolge hat das BAG einen Abgeltungsanspruch verneint, wenn ein ArbN nach dauernder Arbeitsunfähigkeit aus dem Arbeitsverhältnis ausscheidet, ohne die Arbeitsfähigkeit wieder zu erlangen. Dann erlischt mit Ablauf des Urlaubsjahres bzw. mit dem Ende des Übertragungszeitraums wie der Urlaubsanspruch im bestehenden Arbeitsverhältnis auch der Abgeltungsanspruch. Die Erfüllung des Abgeltungsanspruchs während der fortdauernden Arbeitsunfähigkeit scheitert nach dem Verständnis der Abgeltung als Urlaubsersatz daran, dass dem ArbN auch bei fortbestehendem Arbeitsverhältnis wegen der Arbeitsunfähigkeit keine Freistellung hätte gewährt werden können[9]. 103

Anspruchsvoraussetzung ist allerdings nicht, dass der ArbN zum Zeitpunkt der Beendigung des Arbeitsverhältnisses **arbeitsfähig** ist. Wenn der ArbN nach langdauernder Krankheit und nach dem Ausscheiden aus dem Arbeitsverhältnis im Urlaubsjahr, für das der Urlaubsanspruch entstanden ist, oder im Übertragungszeitraum wieder arbeitsfähig wird, ist der Abgeltungsanspruch erfüllbar; das Leistungshindernis ist beseitigt[10]. 104

Beispiel: A wird am 15.12.2001 zum 31.3.2002 gekündigt. Er ist während der gesamten Kündigungsfrist arbeitsunfähig krank. Erst am 1.12.2002 wird A wieder arbeitsfähig.

A erlangt noch vor Ende des Urlaubsjahres 2002 wieder seine Arbeitsfähigkeit. Der Urlaub könnte in einem bestehenden Arbeitsverhältnis vor Ablauf der Befristung noch gewährt werden; daher ist ein entsprechender Abgeltungsanspruch ebenfalls erfüllbar. A kann also am 1.12.2002 Abgeltung von 6 Werktagen (§§ 5 Abs. 1 Buchst. c), 7 Abs. 4) verlangen. Soll über diesen Anspruch vor dem 1.12.2002 gerichtlich entschieden werden, müsste die Klage als „derzeit unbegründet" abgewiesen werden.

Erfüllbar ist der Abgeltungsanspruch immer dann, wenn der ArbN bei Fortdauer des Arbeitsverhältnisses eine vertraglich geschuldete Arbeitsleistung hätte erbringen können[11]. Die Arbeitsfähigkeit bestimmt sich nicht zwingend nach dem **zuletzt eingenommenen Arbeitsplatz**. Vielmehr ist der Urlaubs- 105

---

[1] ErfK/*Dörner*, § 13 BUrlG Rz. 38; *Leinemann/Linck*, § 13 BUrlG Rz. 85. | [2] *Leinemann/Linck*, § 7 BUrlG Rz. 198. | [3] Kasseler Handbuch/*Schütz*, 2.4. Rz. 445. | [4] BAG v. 3.5.1994 – 9 AZR 522/92, AP Nr. 64 zu § 7 BUrlG – Abgeltung. | [5] BAG v. 26.6.2001 – 9 AZR 347/00, AP Nr. 81 zu § 7 BUrlG – Abgeltung = DB 2002, 383. | [6] Kasseler Handbuch/*Schütz*, 2.4. Rz. 448. | [7] BAG v. 23.6.1992 – 9 AZR 111/91, AP Nr. 59 zu § 7 BUrlG; ErfK/*Dörner*, § 7 BUrlG Rz. 91; *Leinemann/Linck*, § 7 BUrlG Rz. 217. | [8] BAG v. 7.12.1993 – 9 AZR 683/92, AP Nr. 15 zu § 7 BUrlG. | [9] BAG v. 28. 1984 – 6 AZR 521/81, AP Nr. 18 zu § 7 BUrlG – Abgeltung; v. 26.5.1992 – 9 AZR 172/91, AP Nr. 58 zu § 7 BUrlG – Abgeltung. | [10] BAG v. 28.6.1984 – 6 AZR 521/81, AP Nr. 18 zu § 7 BUrlG – Abgeltung. | [11] BAG v. 14.5.1986 – 8 AZR 604/84, AP Nr. 26 zu § 7 BUrlG – Abgeltung.

abgeltungsanspruch schon dann zu erfüllen, wenn der ArbN bei Fortdauer des Arbeitsverhältnisses jedenfalls für die Dauer seines Urlaubsanspruchs jede andere vertraglich geschuldete Arbeit hätte erbringen können[1].

106 Ist der ArbN nur **eingeschränkt arbeitsfähig**, kommt es darauf an, ob es im Betrieb des ArbGeb Arbeitsplätze gab, die der ArbN trotz seiner eingeschränkten Arbeitsfähigkeit hätte ausfüllen können, und ob der ArbGeb nach der arbeitsvertraglich vereinbarten Tätigkeit verpflichtet gewesen wäre, dem ArbN einen solchen Arbeitsplatz anzubieten[2].

107 **Erwerbsunfähigkeit** schließt die Erfüllbarkeit nicht ohne weiteres aus. Die volle Erwerbsminderung (die an die Stelle der Erwerbsunfähigkeit in § 1247 Abs. 2 RVO getreten ist) setzt nicht voraus, dass der ArbN eine bisher vertraglich geschuldete Tätigkeit überhaupt nicht mehr ausüben kann. Nach § 43 Abs. 2 Satz 2 SGB VI sind voll erwerbsgemindert Versicherte, die wegen Krankheit oder Behinderung auf nicht absehbare Zeit außerstande sind, unter den üblichen Bedingungen des allgemeinen Arbeitsmarktes mindestens drei Stunden täglich erwerbstätig zu sein. Es ist somit nicht ausgeschlossen, dass ein ArbN voll erwerbsgemindert und dennoch (wenigstens für den Zeitraum, der abzugelten ist) arbeitsfähig ist[3].

108 Die **Beweislast** für die Erfüllbarkeit liegt beim ArbN[4]. Er macht seinen Erfüllungsanspruch geltend; die Arbeitsfähigkeit muss als personenbedingtes Tatbestandsmerkmal positiv feststehen, um den Anspruch erfüllbar zu machen[5].

109 d) **Entstehung von Gesetzes wegen.** Der noch nicht erfüllte Urlaubsanspruch des ArbN wandelt sich mit der Beendigung des Arbeitsverhältnisses in den Abgeltungsanspruch um, ohne dass es **weiterer Handlungen** des ArbGeb oder des ArbN bedarf[6].

110 Der Anspruch auf Abgeltung des gesetzlichen **Zusatzurlaubs für Schwerbehinderte** entsteht auch ohne vorherige Geltendmachung des Freistellungsanspruches bei Beendigung des Arbeitsverhältnisses. Das gilt auch, wenn der Schwerbehinderte erstmals nach Beendigung des Arbeitsverhältnisses auf seine Schwerbehinderung hinweist[7].

111 **3. Inhalt des Abgeltungsanspruchs. a) Allgemeines.** § 7 Abs. 4 ist ein im BUrlG besonders geregelter Fall der **Leistungsstörung**[8]; die Norm verdrängt die bürgerlich-rechtlichen Vorschriften, die ansonsten bei Unmöglichwerden von Leistungen eingreifen. Die Erfüllung des eigentlichen Urlaubsanspruchs durch Freistellung ist wegen der Beendigung des Arbeitsverhältnisses nicht mehr möglich. An dessen Stelle tritt als Sekundäranspruch die Abgeltung. Der wegen Beendigung des Arbeitsverhältnisses unmöglich werdende Anspruch auf Arbeitsbefreiung wird nicht abgefunden, sondern in einen Abgeltungsanspruch umgewandelt[9].

112 Daraus ergibt sich, dass dem ArbN Urlaubsabgeltung nur dann und nur insoweit zusteht, wie die Erfüllung des Freistellungsanspruchs **allein** durch die Beendigung des Arbeitsverhältnisses **unmöglich** geworden ist. Das bedeutet: Wäre die Erfüllung des Urlaubsanspruchs auch im Falle des Fortbestands des Arbeitsverhältnisses (wegen der Befristung auf das Urlaubsjahr bzw. den Übertragungszeitraum) unmöglich geworden, weil der ArbN durchgehend arbeitsunfähig war, kann auch der Abgeltungsanspruch nicht erfüllt werden[10]. Leistet der ArbGeb gleichwohl (zB in der Annahme, der ArbN sei wieder arbeitsfähig), so erfolgt diese Leistung ohne Rechtsgrund iSv. § 812 Abs. 1 Satz 1 Alt. 1 BGB.

113 b) **Befristung.** In der Konsequenz der Surrogatstheorie des BAG muss der Abgeltungsanspruch das Schicksal des Urlaubsanspruchs auch hinsichtlich des Erlöschens durch die gesetzliche Befristung teilen. Das bedeutet: Der Abgeltungsanspruch **erlischt durch Zeitablauf** mit dem 31.12. des jeweiligen Urlaubsjahres (dh. des Jahres, in dem der ArbN ausgeschieden ist)[11]. Das gilt wie beim Urlaubsanspruch (s. Rz. 76) unabhängig davon, ob der ArbN die Abgeltung verlangt oder sogar eingeklagt hat. In diesen Fällen tritt dann an die Stelle des erloschenen Abgeltungsanspruchs allerdings ein Schadensersatzanspruch (s. Rz. 145).

---

1 BAG v. 20.1.1998 – 9 AZR 812/96, AP Nr. 45 zu § 13 BUrlG. | 2 BAG v. 14.5.1986 – 8 AZR 604/84, AP Nr. 26 zu § 7 BUrlG – Abgeltung. | 3 BAG v. 14.5.1986 – 8 AZR 604/84, AP Nr. 26 zu § 7 BUrlG – Abgeltung zu § 1247 RVO; v. 27.5.1997 – 9 AZR 337/95, AP Nr. 74 zu § 7 BUrlG – Abgeltung zu § 44 Abs. 2 SGB VI aF; *Leinemann/Linck*, § 7 BUrlG Rz. 213. | 4 BAG v. 20.4.1989 – 8 AZR 621/87, AP Nr. 48 zu § 7 BUrlG – Abgeltung; v. 27.5.1997 – 9 AZR 337/95, AP Nr. 74 zu § 7 BUrlG – Abgeltung; v. 20.1.1998 – 9 AZR 812/96, AP Nr. 45 zu § 13 BUrlG. | 5 Vgl. BAG v. 20.4.1989 – 8 AZR 621/87, AP Nr. 48 zu § 7 BUrlG – Abgeltung. | 6 BAG v. 19.1.1993 – 9 AZR 8/92, AP Nr. 63 zu § 7 BUrlG – Abgeltung; v. 17.1.1995 – 9 AZR 664/93, AP Nr. 66 zu § 7 BUrlG – Abgeltung. | 7 BAG v. 25.6.1996 – 9 AZR 182/95, AP Nr. 11 zu § 47 SchwbG 1986; ErfK/*Dörner*, § 7 BUrlG Rz. 94. | 8 ErfK/*Dörner*, § 7 BUrlG Rz. 96; *Leinemann/Linck*, § 7 BUrlG Rz. 207. | 9 BAG v. 25.6.1996 – 9 AZR 182/95, AP Nr. 11 zu § 47 SchwbG 1986. | 10 BAG v. 7.12.1993 – 9 AZR 683/92, AP Nr. 15 zu § 7 BUrlG; v. 3.5.1994 – 9 AZR 522/92, AP Nr. 64 zu § 7 BUrlG – Abgeltung; v. 20.1.1998 – 9 AZR 812/96, AP Nr. 45 zu § 13 BUrlG. | 11 BAG v. 28.6.1984 – 6 AZR 521/81, AP Nr. 18 zu § 7 BUrlG; v. 5.12.1995 – 9 AZR 871/94, AP Nr. 70 zu § 7 BUrlG – Abgeltung; ErfK/*Dörner*, § 7 BUrlG Rz. 97; *Leinemann/Linck*, § 7 BUrlG Rz. 209 f.

Wie beim Urlaubsanspruch wird das Erlöschen durch Zeitablauf um drei Monate bis zum 31.3. des Folgejahres **verschoben**, wenn die Voraussetzungen des § 7 Abs. 3 Satz 2 vorliegen, also ein Urlaubsanspruch bei Fortbestand des Arbeitsverhältnisses **übertragen** worden wäre. 114

Beispiel: Das Arbeitsverhältnis endet am 31.3.2002. Der ArbN ist vom 1.3.2002 bis zum 28.2.2003 arbeitsunfähig krank. Der Abgeltungsanspruch ist nicht mit dem 31.12.2002 erloschen, da der Übertragungstatbestand „in der Person des ArbN liegende Gründe" gegeben ist. Im Übertagungszeitraum hat der ArbN seine Arbeitsfähigkeit wiedererlangt, so dass das Leistungshindernis rechtzeitig vor dem Erlöschen durch Zeitablauf (31.3.2003) beseitigt wurde, der Anspruch also erfüllbar geworden ist.

Für die Übertragung des Abgeltungsanspruchs gelten dieselben Regeln wie für den Urlaub (s. Rz. 80 ff.). 115

c) **Berechnung.** Die Berechnung des Abgeltungsbetrags für jeden abzugeltenden Urlaubstag richtet sich nach § 11 BUrlG (s. § 11 Rz. 3 ff.). Er entspricht dem Arbeitsentgelt, das dem ArbN während einer urlaubsbedingten Freistellung im Falle des Fortbestands des Arbeitsverhältnisses fortzuzahlen gewesen wäre[1]. 116

Streitig ist die Berechnung des Abgeltungsanspruchs, wenn sich die Dauer der **Arbeitszeit** (oder genauer: Die Zahl der Arbeitstage, an denen in der Woche Arbeit zu leisten ist) im Laufe des Urlaubsjahrs bzw. im Übertragungszeitraum **geändert** hat. Es gilt auch hier der Grundsatz, dass der gesetzliche Urlaub in Werktagen bemessen ist und sich deshalb die individuelle Urlaubsdauer nicht nach bereits erbrachten Arbeitsleistungen oder nach bereits erledigten Verteilungen der Arbeitszeit, sondern nach der im Urlaubs- bzw. Abgeltungszeitraum **maßgeblichen Arbeitszeitverteilung**, also der vom ArbN an seinen Arbeitstagen zu erbringenden Arbeitsleistung, richtet (s. ausführlich § 3 Rz. 9)[2]. Das gilt entsprechend für den Übertragungszeitraum, so dass sich die Zahl der Urlaubs(Arbeits-)tage nach den Verhältnissen im Übertragungszeitraum richtet[3]. 117

4. **Vererblichkeit, Pfändbarkeit, Abtretung und Aufrechnung.** Abgeltungsansprüche sind ebenso wenig **vererblich** wie Urlaubsansprüche. Endet das Arbeitsverhältnis durch Tod des ArbN, entsteht kein Abgeltungsanspruch, da der Urlaubs-(Freistellungs-)anspruch nicht mehr erfüllbar wäre[4]. 118

Ein bereits entstandener Abgeltungsanspruch erlischt mit dem **Tod des ArbN**[5]; auch in diesem Fall könnte ein Urlaubsanspruch nicht mehr erfüllt werden. Das gilt sowohl für den gesetzlichen als auch für einen tariflichen Abgeltungsanspruch, sofern der TV keine abweichenden Regelungen zur Abgeltung enthält. 119

Stellt dagegen die **tarifliche Abgeltungsregelung** nicht darauf ab, ob der ArbN bei Ausscheiden oder danach arbeitsfähig und arbeitsbereit ist, so schuldet der ArbGeb ohne Rücksicht auf die Erfüllbarkeit des Urlaubsanspruchs eine Geldzahlung („Abfindung"), die mit Ausscheiden des ArbN aus dem Arbeitsverhältnis fällig wird. Eine solche Erweiterung der Abgeltungspflicht ist im Hinblick auf § 13 Abs. 1 BUrlG wirksam, da durch sie eine für den ArbN günstigere Regelung geschaffen wird. Verstirbt der ArbN, nachdem der Anspruch entstanden ist, geht diese Geldforderung nach § 1922 Abs. 1 BGB auf die Erben über[6]. 120

In einem TV kann statt der Abgeltung auch eine **Ersatzleistung** an die Hinterbliebenen für einen mit dem Tode des ArbN erloschenen Urlaubsanspruch vorgesehen werden. Dies ist der Fall, wenn die tarifliche Leistung gerade an den Tod des ArbN und in diesem Zeitpunkt noch nicht erfüllte Urlaubsansprüche anknüpft[7]. 121

Zur Vererblichkeit eines Schadensersatzanspruchs s. Rz. 148 ff. 122

Für **Abtretung, Aufrechnung und Pfändung** gelten dieselben Grundsätze wie für den Urlaubsentgeltanspruch. Es sind daher nur die Grenzen des § 850c ZPO zu beachten[8]. Für die Berechnung des pfändungsfreien Betrags gilt, dass der Abgeltungsbetrag mit seinem Entstehen und seiner Erfüllbarkeit insgesamt fällig wird, auch wenn die Abgeltung für einen über eine Woche hinausgehenden Zeitraum zu gewähren ist (zB: Es sind drei Wochen Urlaub abzugelten); damit kommt eine Aufteilung des unpfändbaren Betrags auf kürzere Berechnungseinheiten nicht in Betracht[9]. 123

---

1 BAG v. 17.11.1985 – 6 AZR 202/83, AP Nr. 24 zu § 7 BUrlG – Abgeltung. | 2 BAG v. 28.4.1998 – 9 AZR 314/97, AP Nr. 7 zu § 3 BUrlG; aA ErfK/*Dörner*, § 3 BUrlG Rz. 26. | 3 BAG v. 28.4.1998 – 9 AZR 314/97, AP Nr. 7 zu § 3 BUrlG; aA ErfK/*Dörner*, § 7 BUrlG Rz. 65. | 4 BAG v. 23.6.1992 – 9 AZR 111/91, AP Nr. 59 zu § 7 BUrlG – Abgeltung. | 5 BAG v. 22.10.1991 – 9 AZR 433/90, AP Nr. 57 zu § 7 BUrlG – Abgeltung. | 6 BAG v. 18.7.1989 – 8 AZR 44/88, AP Nr. 49 zu § 7 BUrlG – Abgeltung; v. 26.4.1990 – 8 AZR 517/89, AP Nr. 53 zu § 7 BUrlG – Abgeltung. | 7 BAG v. 26.4.1990 – 8 AZR 517/89, AP Nr. 53 zu § 7 BUrlG – Abgeltung. | 8 ErfK/*Dörner*, § 7 BUrlG Rz. 107; *Leinemann/Linck*, § 7 BUrlG Rz. 222 mwN; im Ergebnis ebenso BAG v. 28.8.2001 – 9 AZR 611/99, AP Nr. 80 zu § 7 BUrlG – Abgeltung. | 9 *Leinemann/Linck*, § 7 BUrlG Rz. 224.

124 **5. Verjährung, Verfall, Abdingbarkeit. a) Verjährung.** Da der gesetzliche Abgeltungsanspruch auf des Urlaubsjahr bzw. den Übertragungszeitraum befristet ist und deshalb vor Ablauf einer denkbaren Verjährungsfrist erlischt, kommt eine Verjährung nicht in Betracht[1].

125 **b) Ausschlussfristen.** Eine tarifliche Ausschlussfrist, die die **Geltendmachung aller Ansprüche** aus dem Arbeitsverhältnisse binnen einer bestimmten Frist fordert, ist regelmäßig so auszulegen, dass sie auf Ansprüche, die wie Urlaubs- und Urlaubsabgeltungsansprüche befristet für einen bestimmten Zeitraum bestehen und deren Erfüllung während dieser Zeit stets verlangt werden kann, keine Anwendung findet. Das folgt aus der Ausgestaltung der Urlaubsvorschriften im Gesetz (§ 7 Abs. 3 Satz 1 und 2), die den ArbN lediglich zwingen, seine Ansprüche rechtzeitig vor Ablauf des Urlaubsjahres oder des Übertragungszeitraumes zu verlangen. Wäre daneben außerdem die tarifliche Ausschlussfrist anzuwenden, müssten die ArbN im Januar jeden Jahres ihre Urlaubsansprüche geltend machen, wollten sie deren Verfall verhindern. Das entspricht regelmäßig nicht den Vorstellungen der TV-Parteien über Bestand und Erlöschen von Urlaubs- und Urlaubsabgeltungsansprüchen[2].

126 Ergibt die Auslegung des TV, dass der Abgeltungsanspruch einer Ausschlussfrist unterliegen soll, ist zu unterscheiden: Hinsichtlich des **gesetzlichen Mindesturlaubs** ist eine tarifliche Ausschlussfrist mit § 1 nicht zu vereinbaren. § 1 ist gem. § 13 Abs. 1 Satz 1 durch TV nicht zuungunsten des ArbN abdingbar. § 13 Abs. 1 Satz 1 iVm. § 1 garantiert dem ArbN, dass ihm der gesetzliche Urlaubsanspruch während der in § 7 Abs. 3 genannten Fristen unbeschränkt zur Verfügung steht[3]. Der Urlaubsabgeltungsanspruch nach § 7 Abs. 4 ist ebenso wie der Urlaubsanspruch ein gesetzlicher Anspruch nach dem BUrlG; er ist Surrogat des Urlaubsanspruchs. Daher unterliegt auch er den Änderungsbeschränkungen nach § 13 Abs. 1; er ist unabdingbar[4]. Eine tarifliche Ausschlussklausel ist insoweit unwirksam[5].

127 Im Umfang des **tariflichen Mehrurlaubsanspruchs** können TV-Parteien hingegen für den Abgeltungsanspruch Ausschlussfristen wirksam vereinbaren[6].

128 Durch **einzelvertraglich vereinbarte Ausschlussfristen** werden gesetzliche oder tarifliche Abgeltungsansprüche nicht berührt, § 13 Abs. 1 Satz 3 bzw. § 4 Abs. 4 TVG[7].

129 Für **Schadensersatzansprüche** können tarifliche Ausschlussfristen gelten (s. Rz. 153).

130 **c) Abdingbarkeit.** Da Abweichungen von den Regelungen des BUrlG zugunsten der ArbN gem. § 13 Abs. 1 zulässig sind, dürfen die Arbeits- und TV-Parteien Urlaubsabgeltungsregelungen vereinbaren, nach denen nicht gewährter Urlaub unabhängig der Erfüllbarkeit eines Urlaubsanspruchs abzugelten ist[8] (s. auch Rz. 99 f. und § 13 Rz. 50). Die entsprechende tarifliche oder vertragliche Regelung muss jedoch eindeutig sein[9]. Die gesetzliche Regelung ist auch für die TV-Parteien unabdingbar iSv. § 13 Abs. 1 Satz 1 BUrlG[10]. Zum **Nachteil der ArbN** kann daher von der Bestimmung des § 7 Abs. 4 in TV nicht abgewichen werden.

131 Eine tarifliche Regelung, nach der Abgeltungsansprüche nur entstehen, wenn der Urlaub vor Beendigung des Arbeitsverhältnisses aus **betrieblichen Gründen** nicht gewährt werden konnte, ist unwirksam, soweit durch sie der Urlaubsabgeltungsanspruch im Umfange des gesetzlichen Urlaubs nach §§ 1, 3 gemindert wird[11].

132 Durch eine tarifliche Regelung kann der gesetzliche Urlaubsabgeltungsanspruch eines ArbN, der **nach erfüllter Wartefrist** unberechtigt vorzeitig aus dem Arbeitsverhältnis ausscheidet, nicht ausgeschlossen werden; das gilt auch dann, wenn der ArbN nach erfüllter Wartefrist in der ersten Hälfte eines Kalenderjahres aus dem Arbeitsverhältnis ausscheidet[12].

133 **VI. Leistungsstörungen, Schadensersatz. 1. Übersicht.** Auf Leistungsstörungen im Urlaubsrecht (Verzug, Unmöglichkeit) findet grundsätzlich das **allgemeine Schuldrecht** des BGB Anwendung. § 7 Abs. 3 Satz 2 und insb. § 9 enthalten jedoch Sonderregelungen.

134 **a) Verzug.** Da der Urlaubsanspruch mit Ablauf der Wartezeit entstanden und fällig ist bzw. mit Beginn des jeweiligen Urlaubsjahres entsteht und fällig wird (s. § 1 Rz. 13), gerät der ArbGeb, der den beantragten Urlaub ohne Leistungsverweigerungsrecht nicht gewährt, gem. § 286 Abs. 1 BGB in **Schuldnerverzug**. Die Aufforderung des ArbN an den ArbGeb, ihm für einen bestimmten Zeitraum

---

1 ErfK/*Dörner*, § 7 BUrlG Rz. 112; *Leinemann/Linck*, § 7 BUrlG Rz. 233. | 2 BAG v. 24.11.1992 – 9 AZR 549/91, AP Nr. 23 zu § 1 BUrlG; ErfK/*Dörner*, § 7 BUrlG Rz. 110; *Leinemann/Linck*, § 7 BUrlG Rz. 229. | 3 ErfK/*Dörner*, § 7 BUrlG Rz. 110; *Leinemann/Linck*, § 7 BUrlG Rz. 229. | 4 BAG v. 5.4.1984 – 6 AZR 443/81, AP Nr. 16 zu § 13 BUrlG. | 5 BAG v. 23.4.1996 – 9 AZR 165/95, AP Nr. 6 zu § 17 BErzGG. | 6 BAG v. 25.8.1992 – 9 AZR 329/91, AP Nr. 60 zu § 7 BUrlG – Abgeltung. | 7 BAG v. 5.4.1984 – 6 AZR 443/81, AP Nr. 16 zu § 13 BUrlG. | 8 BAG v. 26.5.1992 – 9 AZR 172/91, AP Nr. 58 zu § 7 BUrlG – Abgeltung; v. 9.11.1999 – 9 AZR 797/98, AP Nr. 1 zu § 33 TVAL II. | 9 BAG v. 9.8.1994 – 9 AZR 346/92, AP Nr. 65 zu § 7 BUrlG – Abgeltung; v. 26.5.1992 – 9 AZR 172/91, AP Nr. 58 zu § 7 BUrlG – Abgeltung; v. 9.11.1999 – 9 AZR 797/98, AP Nr. 1 zu § 33 TVAL II. | 10 BAG v. 5.12.1995 – 9 AZR 871/94, AP Nr. 70 zu § 7 BUrlG – Abgeltung; v. 27.5.1997 – 9 AZR 337/95, AP Nr. 74 zu § 7 BUrlG – Abgeltung. | 11 BAG v. 10.2.1987 – 8 AZR 529/84, AP Nr. 16 zu § 13 BUrlG – Unabdingbarkeit. | 12 BAG v. 18.6.1980 – 6 AZR 328/78, AP Nr. 6 zu § 13 BUrlG – Unabdingbarkeit = DB 1980, 2197.

Urlaub zu gewähren („Urlaubsantrag"), ist eine Mahnung iSv. § 286 Abs. 1 BGB[1]. Hieran fehlt es, wenn der ArbN nur die „Abrechnung" seines Anspruchs verlangt[2]. Durch die Erhebung einer Kündigungsschutzklage wird der ArbGeb hinsichtlich des Urlaubsanspruchs ebenfalls nicht in Verzug gesetzt[3].

Der ArbGeb gerät nicht bereits deshalb in Verzug, weil er nicht von sich aus Urlaub gewährt oder zumindest angeboten hat. Der ArbGeb als Schuldner des Urlaubsanspruchs kann zwar seine Verpflichtung auch ohne Mahnung des ArbN erfüllen. Er muss den Anspruch aber nicht erfüllen, bevor er vom ArbN als Gläubiger des Freistellungsanspruchs dazu aufgefordert worden ist[4]. **135**

Wenn ein ArbN erstmals **Zusatzurlaub** nach § 125 SBG IX verlangt, muss er ihn gegenüber dem ArbGeb ausdrücklich geltend machen, dh. er muss sich auf seine Schwerbehinderteneigenschaft berufen und außerdem verlangen, dass der ArbGeb ihm Zusatzurlaub gewährt, und zwar für ein bestimmtes Urlaubsjahr[5]. **136**

Will ein **streikender** ArbN mit seinem Urlaubsbegehren den ArbGeb in Verzug setzen, muss er nicht nur erklären, dass er für die Dauer der gewünschten Urlaubsfestsetzung nicht mehr am Streik teilnehmen, sondern auch die während des Streiks suspendierte Arbeitspflicht wieder erfüllen wird[6]. **137**

b) **Unmöglichkeit.** Wegen der **gesetzlichen Befristung** des Urlaubsanspruchs auf das Kalenderjahr bzw. den Übertragungszeitraum (s. Rz. 70 ff.) erlischt der Urlaubsanspruch mit Ablauf der Befristung; seine Erfüllung wird damit rechtlich unmöglich iSv. § 275 Abs. 1 BGB. Hat der ArbGeb die Unmöglichkeit zu vertreten, kann der ArbN Schadensersatz gem. § 280 Abs. 1 und 3, § 283 BGB verlangen. **138**

2. **Von keiner Vertragspartei zu vertretende Unmöglichkeit. a) Arbeitsunfähigkeit.** Ist wirksam Urlaub gewährt worden, wird der ArbN aber danach vor oder während des Urlaubs arbeitsunfähig krank, kann der **Leistungserfolg** nicht eintreten; Arbeitsunfähigkeit und Urlaub schließen sich gegenseitig aus, da der ArbN bereits wegen der Arbeitsunfähigkeit seine Arbeitsleistung nicht erbringen muss und deshalb nicht zur Erfüllung des Urlaubsanspruchs von der Arbeitsleistung freigestellt werden kann. Soweit der ArbGeb die Arbeitsunfähigkeit nicht zu vertreten hat, würde er gem. § 275 Abs. 1 BGB von der Leistung frei. Für die auf krankheitsbedingter Arbeitsunfähigkeit beruhender Unmöglichkeit enthält jedoch § 9 **eine Sonderregelung** zu § 275 Abs. 1 BGB. Legt der ArbN ein ärztliches Attest vor, entsteht nach § 9 ein Anspruch auf Nachgewährung des Urlaubs im laufenden Kalenderjahr bzw. im Übertragungszeitraum. Der ArbGeb wird wieder Schuldner des nicht erfüllten Anspruchs und muss ihn nach den Regeln des § 7 Abs. 1 und 2 erneut erteilen[7]. **139**

Wird der ArbN krank, **bevor Urlaub erteilt** worden ist, kann der Urlaub während der Zeit der Arbeitsunfähigkeit nicht wirksam verlangt oder gewährt werden. Bleibt der ArbN bis zum Ablauf des Urlaubsjahres krank, wird der Urlaub gem. § 7 Abs. 3 übertragen. Gesundet er auch bis zum Ablauf des Übertragungszeitraums – 31. 3. des Folgejahres – nicht, so erlischt der Urlaubsanspruch ersatzlos[8]. **140**

b) **Sonstige Fälle der nicht zu vertretenden Unmöglichkeit.** Kommt es nach der Urlaubsgewährung, aber vor dem Antritt des Urlaubs aus anderen Gründen zu einer **Befreiung von der Arbeitspflicht**, kann der Leistungserfolg ebenso wenig eintreten. Da der Urlaubsanspruch sich auf den Zeitraum, für den er erteilt wurde, konkretisiert, § 243 Abs. 2 BGB, wird der ArbGeb von der Pflicht zur Urlaubsgewährung nach § 275 Abs. 1 BGB frei, dh. der Urlaubsanspruch geht ersatzlos unter[9]. Dies gilt zB für den Fall, dass nach Urlaubserteilung in den Urlaubszeitraum durch BV eine **Freischicht** gelegt wird[10], **Kurzarbeit null** stattfindet – sofern der ArbGeb die Kurzarbeit nicht zu vertreten hat[11] – oder dass während der vorgesehenen Urlaubszeit ein schwangerschaftsbedingtes **Beschäftigungsverbot** besteht[12]. Eine entsprechende Anwendung von § 9 ist in diesen Fällen nicht möglich. Grundsätzlich fallen die urlaubsstörenden Ereignisse in den Risikobereich des ArbN. Nur wenn besondere Vorschriften wie § 9 andere Rechtsfolgen anordnen, gilt die allgemeine Gefahrtragungsregelung nicht, so dass der Urlaub nachgewährt werden muss[13]. **141**

---

1 Vgl. BAG v. 24.9.1996 – 9 AZR 364/95, AP Nr. 22 zu § 7 BUrlG. | 2 BAG v. 19.4.1994 – 9 AZR 671/92, nv. | 3 BAG v. 17.1.1995 – 9 AZR 664/93, AP Nr. 66 zu § 7 BUrlG – Abgeltung; v. 21.9.1999 – 9 AZR 705/98, AP Nr. 77 zu § 7 BUrlG – Abgeltung = DB 2000, 2611; v. 18.9.2001 – 9 AZR 571/00, nv. | 4 BAG v. 23.6.1992 – 9 AZR 57/91, AP Nr. 22 zu § 1 BUrlG; aA Natzel, § 7 BUrlG Rz. 140; Künzl, BB 1991, 1630, 1633. | 5 BAG v. 26.6.1986 – 8 AZR 75/83, AP Nr. 5 zu § 44 SchwbG. | 6 BAG v. 24.9.1996 – 9 AZR 364/95, AP Nr. 22 zu § 7 BUrlG. | 7 BAG v. 19.3.1996 – 9 AZR 67/95, AP Nr. 13 zu § 9 BUrlG; ErfK/Dörner, § 9 BUrlG Rz. 18; Einzelheiten bei § 9 BUrlG Rz. 15 ff. | 8 BAG v. 3.5.1982 – 6 AZR 360/80, AP Nr. 4 zu § 7 BUrlG – Übertragung = DB 1982, 2193. | 9 BAG v. 9.8.1994 – 9 AZR 384/92, AP Nr. 19 zu § 7 BUrlG. | 10 BAG v. 15.6.1993 – 9 AZR 65/90, AP Nr. 3 zu § 1 Bildungsurlaubsg NRW. | 11 Zur Berechnung der Urlaubsvergütung s. § 11 BUrlG Rz. 52 ff. | 12 BAG v. 9.8.1994 – 9 AZR 384/92, AP Nr. 19 zu § 7 BUrlG. | 13 BAG v. 9.6.1988 – 8 AZR 755/85, AP Nr. 10 zu § 9 BUrlG; v. 9.8.1994 – 9 AZR 384/92, AP Nr. 19 zu § 7 BUrlG; ErfK/Dörner, § 7 BUrlG Rz. 36.

142 **3. Vom ArbGeb zu vertretende Unmöglichkeit. a) Urlaub.** Wegen der Befristung des Urlaubs tritt die rechtliche Unmöglichkeit der Erfüllung des Urlaubsanspruchs auch dann ein, wenn der ArbN den Urlaubs verlangt bzw. gerichtlich geltend gemacht hat. Allerdings gerät der ArbGeb durch die Geltendmachung nach § 286 Abs. 1 BGB in Verzug. Tritt im **Stadium des Schuldnerverzugs** Unmöglichkeit ein, so haftet der ArbGeb gem. § 287 Satz 2 BGB auch ohne eigenes Verschulden[1].

143 Nach §§ 280 Abs. 1 und 3, 283, 275 Abs. 1 BGB steht dem ArbN statt des erloschenen Urlaubsanspruchs ein Schadensersatzanspruch zu. Nach § 249 BGB schuldet der ArbGeb Naturalrestitution wie bei der Erfüllung durch Befreiung von der Arbeitspflicht; an die Stelle des ursprünglichen Urlaubsanspruchs tritt ein **(Ersatz-)Urlaubsanspruch** in gleicher Höhe, so dass sich nur der Rechtsgrund, nicht aber der Inhalt des Anspruchs verändert[2].

144 Kann Urlaub, der als Schadenersatz für verfallenen Urlaub geschuldet wird, wegen Beendigung des Arbeitsverhältnisses nicht mehr gewährt werden, ist der ArbN **in Geld zu entschädigen**[3].

145 **b) Urlaubsabgeltung.** Wie beim Urlaubsanspruch kommt auch anstelle des erloschenen Abgeltungsanspruchs ein Schadensersatzanspruch in Betracht. Für einen solchen Anspruch ist erforderlich, dass der aus dem Arbeitsverhältnis ausgeschiedene ArbN jedenfalls für die Dauer des ihm ursprünglich zustehenden Urlaubsanspruchs arbeitsfähig war und den Abgeltungsanspruch gegenüber seinem früheren ArbGeb ohne Erfolg geltend gemacht, ihn also **in Verzug gesetzt** hat. Die danach spätestens mit Ablauf des Übertragungszeitraums entstandene Unmöglichkeit der Erfüllung eines Urlaubsabgeltungsanspruchs hat in einem solchen Fall der ArbGeb nach § 287 Satz 2 BGB zu vertreten, ohne dass es auf sein Verschulden ankommt, so dass er den Abgeltungsbetrag als Schadensersatz schuldet, §§ 283, 280 Abs. 1, 275 Abs. 1, 249 Satz 1 BGB[4].

146 **c) Schadensersatz im Kündigungsfall.** Da die Grundsätze der Befristung des Urlaubsanspruchs auch gelten, wenn in einem **Kündigungsrechtsstreit** über den Bestand des Arbeitsverhältnisses gestritten wird, muss der ArbN seinen Urlaubsanspruch für Zeiten nach Ablauf der Kündigungsfrist während des Rechtsstreits geltend machen, um im Falle des Obsiegens Schadensersatz fordern zu können. Die **Erhebung der Kündigungsschutzklage** beinhaltet nicht die Geltendmachung des Urlaubsanspruchs und begründet keinen Schuldnerverzug[5]. Das Erlöschen des Urlaubs- bzw. Abgeltungsanspruchs tritt unabhängig vom Ausgang des Kündigungsschutzprozesses mit Ablauf des Urlaubsjahres (ggf. des Übertragungszeitraums) ein. Einigen sich die Parteien nach Erhebung einer Kündigungsschutzklage des ArbN in einem Vergleich über eine rückwirkende Auflösung des Arbeitsverhältnisses, ist der Abgeltungsanspruch bereits mit dem vereinbarten Ende des Arbeitsverhältnisses entstanden. Sofern die Parteien keine abweichende Regelung getroffen haben, bestehen keine Schadenersatzansprüche des ArbN für den infolge Fristablaufs erloschenen Urlaubsabgeltungsanspruch, wenn sich der ArbGeb nicht mit der Gewährung des Urlaubs in Verzug befunden hat[6].

147 Der ArbGeb kann das Entstehen von **Schadensersatzansprüchen** in dieser Situation **vermeiden**, indem er den verlangten Urlaub „erteilt", dh. eine Freistellungserklärung für den Fall des Fortbestandes des Arbeitsverhältnisses abgibt, mit der Zahlung der Urlaubsvergütung aber wartet, bis über die Wirksamkeit der Kündigung entschieden wurde[7].

148 **4. Vererblichkeit des Schadensersatzanspruchs.** Streitig ist, in welchen Fällen ein Schadensersatzanspruch vererblich ist.

149 Das BAG[8] hat angenommen, der ArbGeb sei nach § 280 Abs. 1 BGB verpflichtet, den durch die Nichterfüllung des Urlaubsabgeltungsanspruchs entstehenden Schaden zu ersetzen, wenn der später verstorbene ArbN die Abgeltung verlangt habe. Durch die Geltendmachung des Abgeltungsanspruchs gerate der ArbGeb in Schuldnerverzug. Gehe der Abgeltungsanspruch während des Schuldnerverzugs durch den Tod des ArbN unter, habe der ArbN Anspruch auf Schadenersatz wegen Nichterfüllung des Urlaubsabgeltungsanspruchs nach § 280 Abs. 1, § 283, § 286 Abs. 1, § 287 Satz 2 BGB. Dieser Anspruch gehe nach § 1922 Abs. 1 BGB auf den Erben über. Denn der infolge des Schuldnerverzugs entstandene Schadensersatzanspruch falle in den Nachlass, wenn der Erblasser den ArbGeb in Verzug gesetzt habe; die mit dem Tod eintretende Unmöglichkeit der Urlaubsfreistellung sei wie ein noch zu Lebzeiten des Erblassers eingetretener Schaden zu bewerten, weil der ArbGeb auch bei Fortleben des Erblassers spätestens mit Ablauf des Übertragungszeitraums für die verzugsbedingte Nichterfüllung des Abgeltungsanspruchs Schadensersatz hätte leisten müssen.

---

1 BAG v. 7.11.1985 – 6 AZR 169/84, AP Nr. 16 zu § 3 BUrlG – Rechtsmissbrauch; v. 24.9.1996 – 9 AZR 364/95, AP Nr. 22 zu § 7 BUrlG; ErfK/*Dörner*, § 7 BUrlG Rz. 61; *Leinemann/Linck*, § 7 BUrlG Rz. 159 ff.; aA *Künzl*, BB 1991, 1630; *Plüm*, NZA 1988, 716. |2 BAG v. 7.11.1985 – 6 AZR 169/84, AP Nr. 16 zu § 3 BUrlG – Rechtsmissbrauch; ErfK/*Dörner*, § 7 BUrlG Rz. 61. |3 BAG v. 26.6.1986 – 8 AZR 75/83, AP Nr. 5 zu § 44 SchwbG. |4 BAG v. 22.10.1991 – 9 AZR 433/90, AP Nr. 57 zu § 7 BUrlG – Abgeltung; v. 17.1.1995 – 9 AZR 664/93, AP Nr. 66 zu § 7 BUrlG – Abgeltung. |5 BAG v. 17.1.1995 – 9 AZR 664/93, AP Nr. 66 zu § 7 BUrlG – Abgeltung; v. 18.9.2001 – 9 AZR 571/00, nv. |6 BAG v. 21.9.1999 – 9 AZR 705/98, AP Nr. 77 zu § 7 BUrlG – Abgeltung = DB 2000, 2611. |7 *Leinemann/Linck*, § 1 BUrlG Rz. 75; aA GK-BUrlG/*Bachmann*, § 7 Rz. 38. |8 BAG v. 19.11.1996 – 9 AZR 376/95, AP Nr. 71 zu § 7 BUrlG – Abgeltung.

Beispiel: Das Arbeitsverhältnis endet am 30.6. A hat zu diesem Zeitpunkt noch einen Urlaubstag zu beanspruchen. Mit einer am 23.8. erhobenen Klage verlangt A Abgeltung des einen Tages. Am 16.10. stirbt A. Der Erbe begehrt Schadensersatz in Höhe der ursprünglich verlangten Urlaubsabgeltung[1].

Diese Entscheidung ist auf **berechtigte Kritik** gestoßen, weil das BAG seine Vorgaben missachtet hat, dass der Abgeltungsanspruch kein einfacher, an keine weiteren Voraussetzungen gebundener Geldanspruch sei, vielmehr nur verwirklicht werden könne, wenn der ArbN bei Fortdauer seines Arbeitsverhältnisses seine vertraglich geschuldete Leistung noch erbringen könnte[2].

Ein Schadensersatzanspruch kann allerdings vererbt werden, wenn der Abgeltungsanspruch allein **wegen Fristablaufs unerfüllbar** geworden ist und zum Zeitpunkt des Todes des ArbN ein **Schadensersatzanspruch bereits entstanden** war[3].

Beispiel: Das Arbeitsverhältnis endet am 31.10.1998. Im November 1998 macht A seinen Anspruch auf Urlaubsabgeltung geltend. Am 15.1.1999 stirbt A.

In diesem Fall tritt Unmöglichkeit der Abgeltung wegen Ablaufs des Urlaubsjahrs bereits zu **Lebzeiten des ArbN** ein. Da sich der ArbGeb zu diesem Zeitpunkt im Verzug befand, entsteht ein Schadensersatzanspruch nach § 280 Abs. 1 BGB. Dieser zu Lebzeiten entstandene Schadensersatzanspruch ist vererblich.

5. Verjährung, Verfall, Abdingbarkeit des Schadensersatzanspruchs. a) Verjährung. Schadensersatzansprüche statt des Urlaubs oder der Abgeltung unterliegen der **regelmäßigen Verjährung** nach § 195 iVm. § 199 BGB (3 Jahre ab Schluss des Jahres, in dem der Anspruch entstanden ist, wenn der ArbN die anspruchsbegründenden Umstände kennt oder grob fahrlässig nicht kennt)[4].

b) Verfall. Tarifliche Ausschlussfristen können Schadensersatzansprüche statt des Urlaubs oder der Abgeltung umfassen[5]. § 13 Abs. 1 Satz 1 steht dem nicht entgegen, da es sich nicht um einen Anspruch aus dem BUrlG handelt, sondern um einen **Sekundäranspruch** aus dem Leistungsstörungsrecht des BGB.

Zur Wahrung einer **ein- oder zweistufigen Ausschlussfrist** genügt regelmäßig die schriftliche Aufforderung (und anschließende Klage) des ArbN, Urlaub bzw. Abgeltung zu gewähren. Der Schadensersatzanspruch muss nicht noch einmal als solcher nach seiner Entstehung geltend gemacht werden. Wird der Schuldner einmal gemahnt und damit darauf hingewiesen, dass er zukünftig mit einer Forderung rechnen muss, genügt die Mahnung oder Klage auf Erfüllung von Urlaub den Anforderungen an die tarifliche Ausschlussfrist auch im Bezug auf Ersatzansprüche[6].

c) Abdingbarkeit. Da Schadensersatzansprüche nicht von § 13 Abs. 1 erfasst sind, kann auf sie rechtswirksam **verzichtet** werden. Sie können also – anders als die Primäransprüche auf Urlaub bzw. Abgeltung – insb. Gegenstand einer allgemeinen Ausgleichsklausel in einem **gerichtlichen Vergleich** sein. Dies gilt regelmäßig auch für tarifliche Mehrurlaubsansprüche; von § 4 Abs. 4 TVG wird nur der Urlaubs- bzw. Abgeltungsanspruch erfasst, nicht aber der Sekundäranspruch auf Schadensersatz. Das bedeutet für die arbeitsgerichtliche Praxis, dass zum Zeitpunkt des Vergleichsschlusses darauf geachtet werden muss, ob der Primäranspruch bereits durch Zeitablauf erloschen ist und deshalb nur noch ein Schadensersatzanspruch in Betracht kommt.

§ 8 Erwerbstätigkeit während des Urlaubs

Während des Urlaubs darf der Arbeitnehmer keine dem Urlaubszweck widersprechende Erwerbstätigkeit leisten.

I. Zweck der Vorschrift, Anwendungsbereich. Durch § 8 wird dem ArbN eine gesetzlich bedingte Pflicht aus seinem Arbeitsverhältnis auferlegt, während des Urlaubs jedenfalls **urlaubszweckwidrige Tätigkeiten gegen Entgelt** zu unterlassen, gleichgültig, ob sie in einem Arbeits- oder einem anderen Vertragsverhältnis ausgeübt werden[7]. Der ArbN soll während der Freizeit dem Erholungszweck entsprechend seine Kräfte auffrischen und nicht seine Arbeitskraft anderweitig „vermarkten". Zugunsten des ArbGeb soll gewährleistet werden, dass die kostenträchtige Freistellung wirklich dem Urlaubszweck dient und nicht die Leistungsfähigkeit des ArbN beeinträchtigt[8].

§ 8 bezieht sich auf den im bestehenden Arbeitsverhältnis gewährten **Erholungsurlaub**, auch wenn er *nach Ausspruch einer Kündigung* in der Kündigungsfrist erteilt wird[9]. Hingegen bezieht sich das Ver-

---

[1] Nach BAG v. 19.11.1996 – 9 AZR 376/95, AP Nr. 71 zu § 7 BUrlG – Abgeltung. [2] ErfK/*Dörner*, § 7 BUrlG Rz. 106. [3] ErfK/*Dörner*, § 7 BUrlG Rz. 106. [4] Anwaltkommentar Schuldrecht/*Mansel* § 195 BGB Rz. 14; ErfK/*Dörner*, § 7 BUrlG Rz. 111. [5] *Leinemann/Linck*, § 7 BUrlG Rz. 234; BAG v. 16.3.1999 – 9 AZR 428/98, AP Nr. 25 zu § 7 BUrlG – Übertragung = DB 1999, 2167 prüft die Einhaltung der Ausschlussfrist, ohne sich grds. zu dem Problem zu äußern. [6] BAG v. 24.11.1992 – 9 AZR 549/91, AP Nr. 23 zu § 1 BUrlG; v. 16.3.1999 – 9 AZR 428/98, AP Nr. 25 zu § 7 BUrlG – Übertragung = DB 1999, 2167. [7] BAG v. 25.2.1988 – 8 AZR 596/85, AP Nr. 3 zu § 8 BUrlG = NZA 1988, 607. [8] BT-Drs. IV/785; ErfK/*Dörner*, § 8 BUrlG Rz. 1. [9] Vgl. BAG v. 25.2.1988 – 8 AZR 596/85, AP Nr. 3 zu § 8 BUrlG; *Leinemann/Linck*, § 8 BUrlG Rz. 9.

bot nicht auf den mit Beendigung des Arbeitsverhältnisses entstehenden Urlaubsabgeltungsanspruch. Der ArbN kann daher trotz Zahlung einer Urlaubsabgeltung im Anschluss an das bisherige Arbeitsverhältnis sofort ein neues Arbeitsverhältnis eingehen[1].

3 § 8 findet keine Anwendung, wenn der ArbN **berechtigterweise** auch sonst während des Arbeitsverhältnisses einer anderweitigen Erwerbstätigkeit nachgeht, zB in einem (weiteren) Teilzeitarbeitsverhältnis oder in einer Nebenerwerbslandwirtschaft[2].

4 Von dem Verbot des § 8 ist nur eine Erwerbstätigkeit während der Freistellung zur **Erfüllung des Urlaubsanspruchs** erfasst. Ist der ArbN aus anderen Gründen freigestellt und geht er während dieser Zeit einer Erwerbstätigkeit nach, kann § 8 auch nicht analog angewandt werden[3].

5 **II. Inhalt der Vorschrift. 1. Erwerbstätigkeit.** § 8 untersagt dem ArbN eine dem **Urlaubszweck widersprechende Erwerbstätigkeit**. Als Erwerbstätigkeit ist jede gegen Entgelt ausgeübte Tätigkeit anzusehen ohne Rücksicht darauf, ob sie in einem Arbeitsverhältnis, freien Dienstverhältnis oder Werkvertragsverhältnis ausgeübt wird[4]. Auf die Art der Tätigkeit (körperliche oder geistige Arbeit, selbständig oder unselbstständig) kommt es nicht an[5]. Gegen Entgelt wird eine Tätigkeit ausgeübt, wenn eine dem Wert der Arbeit entsprechende Gegenleistung in Geld oder Sachwerten versprochen ist oder regelmäßig erwartet wird[6].

6 Keine Erwerbstätigkeit iSd. § 8 liegt daher vor, wenn ein ArbN während des Urlaubs (in der Kündigungsfrist) eine Berufsausbildung nach dem BBiG beginnt und Ausbildungsvergütung bezieht[7]. Er darf zu seinem Nutzen an seinem Eigentum (Garten, Haus) arbeiten[8], Gefälligkeitstätigkeiten bei Verwandten, Nachbarn oder karitativen Einrichtungen (auch gegen Kost und Logis) durchführen oder aufgrund familienrechtlicher und öffentlich-rechtlicher Verpflichtung gegen eine Aufwandsentschädigung tätig sein[9].

7 **2. Zweckwidrigkeit.** Untersagt ist nach § 8 nicht jede, sondern nur eine dem Urlaubszweck widersprechende Erwerbstätigkeit. Eine Erwerbstätigkeit widerspricht nur dann dem Urlaubszweck, wenn sie die für die Fortsetzung des Arbeitsverhältnisses notwendige **Auffrischung der Arbeitskräfte** des ArbN verhindert[10]. Das ist nach den subjektiven und objektiven Umständen des Einzelfalls zu beurteilen. Maßgebend sind Schwere, Art und Dauer der Erwerbstätigkeit[11].

8 Die Tätigkeit eines ArbN auf seinem Arbeitsgebiet gegen Entgelt muss nicht zweckwidrig sein, wenn sie nur **gelegentlich** (stundenweise an wenigen Tagen) erfolgt. Dagegen wird die Beschäftigung über die volle tägliche Arbeitszeit regelmäßig zweckwidrig sein[12].

9 Auch bei einer Tätigkeit in einem **anderen Berufsfeld** ist zu differenzieren: Die schwere, andauernde körperliche Arbeit eines Büroangestellten (zB auf einer Baustelle) widerspricht dem Urlaubszweck, während gelegentliche Hilfe in der Landwirtschaft ein erholungsfördernder körperlicher Ausgleich sein kann[13].

10 **III. Rechtsfolgen eines Verstoßes gegen § 8. 1. Zweckwidriger Vertrag.** § 8 enthält nur eine Regelung über die **vertragliche Pflicht** des ArbN, bestimmte Erwerbstätigkeiten während des Urlaubs zu unterlassen. Das für die Urlaubsdauer pflichtwidrig vereinbarte Rechtsverhältnis ist nicht nach § 134 BGB nichtig, da § 8 ein gesetzliches Verbot iS. dieser Vorschrift nicht entnommen werden kann[14].

11 **2. Urlaubsanspruch.** Eine nach § 8 unzulässige Erwerbstätigkeit **berührt nicht** den Urlaubsanspruch des ArbN. Weder lebt die suspendierte Arbeitspflicht wieder auf (der ArbGeb kann also nicht den Abbruch des Urlaubs und die Wiederaufnahme der Arbeit bei sich verlangen) noch steht die Erwerbstätigkeit dem Erlöschen des erteilten Urlaubsanspruchs durch Erfüllung entgegen (der ArbN kann also nicht mit der Begründung, er habe keinen „richtigen" Urlaub gehabt, erneut Urlaub verlangen). Das Gesetz stellt den Urlaubsanspruch oder seine Erfüllung nicht unter den Vorbehalt, dass das Verbot des § 8 beachtet werde[15].

12 **3. Urlaubsentgelt.** Eine zweckwidrige Erwerbstätigkeit lässt den Anspruch auf das **Entgelt** jedenfalls für den gesetzlichen Mindesturlaub nicht entfallen[16]. § 8 kann nicht entnommen werden, dass im Falle einer unerlaubten Erwerbstätigkeit der ArbGeb berechtigt sei, das Urlaubsentgelt zu kürzen, oder dass der Anspruch auf Zahlung des Urlaubsentgelts in einem solchen Fall von selbst entfalle.

---

1 ErfK/*Dörner*, § 8 BUrlG Rz. 9; Kasseler Handbuch/*Schütz*, 2.4. Rz. 601 mwN; *Leinemann/Linck*, § 8 BUrlG Rz. 10. | 2 GK- BUrlG/*Bachmann*, § 8 Rz. 9; Kasseler Handbuch/*Schütz*, 2.4. Rz. 602. | 3 ErfK/*Dörner*, § 8 BUrlG Rz. 8. | 4 Vgl. BAG v. 20.10.1983 – 6 AZR 590/80, AP Nr. 5 zu § 47 BAT = DB 1984, 1306. | 5 *Leinemann/ Linck*, § 8 BUrlG Rz. 5. | 6 ErfK/*Dörner*, § 8 BUrlG Rz. 3. | 7 BAG v. 20.10.1983 – 6 AZR 590/80, AP Nr. 5 zu § 47 BAT = DB 1984, 1306. | 8 ErfK/*Dörner*, § 8 BUrlG Rz. 3; *Leinemann/Linck*, § 8 BUrlG Rz. 3. | 9 ErfK/ *Dörner*, § 8 BUrlG Rz. 3; *Leinemann/Linck*, § 8 BUrlG Rz. 3. | 10 ErfK/*Dörner*, § 8 BUrlG Rz. 5. | 11 ErfK/ *Dörner*, § 8 BUrlG Rz. 6; *Leinemann/Linck*, § 8 BUrlG Rz. 7. | 12 ErfK/*Dörner*, § 8 BUrlG Rz. 6. | 13 ErfK/ *Dörner*, § 8 BUrlG Rz. 7; *Leinemann/Linck*, § 8 BUrlG Rz. 7. | 14 BAG v. 25.2.1988 – 8 AZR 596/85, AP Nr. 3 zu § 8 BUrlG. | 15 ErfK/*Dörner*, § 8 BUrlG Rz. 11; aA *Dersch/Neumann*, § 8 BUrlG Rz. 11. | 16 BAG v. 25.2.1988 – 8 AZR 596/85, AP Nr. 3 zu § 8 BUrlG.

Da § 8 die Rechtsgrundlage für den Anspruch auf Urlaubsentgelt nicht entfallen lässt, kommt ein Anspruch des ArbGeb, der das Urlaubsentgelt bereits vor Urlaubsantritt gezahlt hat, auf **Rückzahlung** der Vergütung nach § 812 Abs. 1 Satz 2 Alt. 1 BGB nicht in Betracht[1]. 13

Während des Urlaubs **anderweitig erzielter Verdienst** ist nicht auf das vom ArbGeb geschuldete Arbeitsentgelt anzurechnen[2]. 14

In **TV** kann für den tariflichen Mehrurlaub Abweichendes vereinbart werden (s. Rz. 19) 15

4. Ansprüche und Kündigungsrecht des ArbGeb. Mit dem Verstoß gegen § 8 begeht der ArbN eine **Pflichtverletzung** im Arbeitsverhältnis. Der ArbGeb kann bei unmittelbar bevorstehender oder noch andauernder unzulässiger Erwerbstätigkeit Unterlassung (ggf. im Wege der einstweiligen Verfügung) verlangen. Theoretisch kommt auch ein Schadensersatzanspruch des ArbGeb in Betracht; jedoch wird der ArbGeb regelmäßig nur dann einen Schaden haben, wenn der ArbN während der Erwerbstätigkeit einen Unfall erleidet und hierdurch dem ArbGeb zusätzliche Kosten entstehen[3]. 16

Wegen der Pflichtverletzung kann der ArbGeb **abmahnen** und ggf. **kündigen**. Zweckwidrige Urlaubsarbeit stellt einen Grund iSd. § 1 Abs. 2 KSchG dar, der unter Beachtung des Verhältnismäßigkeitsgrundsatzes (vorherige Abmahnung) und nach Abwägung der beiderseitigen Interessen eine ordentliche (verhaltensbedingte) Kündigung sozial rechtfertigen kann[4]. 17

IV. Abdingbarkeit. Der gesetzliche Urlaubs- und Urlaubsentgeltanspruch steht nicht zur Disposition der TV-Parteien. Sie sind daher nicht befugt, eine Regelung zu treffen, nach der ArbN, die ohne Erlaubnis während des Urlaubs gegen Entgelt arbeiten, hierdurch den **Anspruch auf die Urlaubsvergütung** für die Tage der Erwerbstätigkeit verlieren (s. zB § 47 Abs. 8 BAT)[5]. 18

Dagegen bestehen gegen derartige Tarifbestimmungen keine rechtlichen Bedenken, soweit sie Urlaubsansprüche betreffen, die **über den gesetzlichen** Urlaub hinaus tariflich gewährt werden. TV-Parteien sind durch § 13 Abs. 1 nicht daran gehindert, tarifliche Mehrurlaubsansprüche an Bedingungen oder Vorbehalte zu knüpfen oder sie auch inhaltlich abweichend vom gesetzlichen Urlaubsanspruch auszugestalten[6]. 19

9 Erkrankung während des Urlaubs

Erkrankt ein Arbeitnehmer während des Urlaubs, so werden die durch ärztliches Zeugnis nachgewiesenen Tage der Arbeitsunfähigkeit auf den Jahresurlaub nicht angerechnet.

I. Zweck der Vorschrift. § 9 ist eine **Sonderbestimmung** zum allgemeinen Leistungsstörungsrecht (§ 275 Abs. 1 bzw. 3 BGB). 1

Beim **Zusammentreffen von bewilligtem Erholungsurlaub und Erkrankung** kann der mit der Festsetzung des Urlaubs bezweckte Leistungserfolg, die Befreiung des ArbN von der Arbeitspflicht für die Dauer des Urlaubs, nicht eintreten, weil die Arbeitspflicht bereits aufgrund Arbeitsunfähigkeit wegen Krankheit entfallen ist; die Urlaubserfüllung wird damit unmöglich[7]. Nach dem allgemeinen Leistungsstörungsrecht des BGB würde die Bestimmung des Urlaubszeitpunkts durch den ArbGeb zur Beschränkung seiner Pflicht zur Erteilung des Urlaubs und bei Unmöglichkeit der Leistung zu deren Untergang führen (§ 243 Abs. 2, § 275 Abs. 1 bzw. 3, § 300 Abs. 2 BGB). 2

§ 9 soll demgegenüber verhindern, dass der ArbN durch krankheitsbedingte Arbeitsunfähigkeit seinen **Urlaubsanspruch verliert**[8]. Die Vorschrift bewirkt, dass die Erfüllung des Urlaubsanspruchs zeitlich innerhalb der gesetzlichen oder tariflichen Befristung nachgefordert werden kann, gleichgültig, ob der ArbN im Urlaub erkrankt war (§ 9) oder den Urlaub wegen Arbeitsunfähigkeit nicht hat antreten können. 3

II. Arbeitsunfähigkeit während des Urlaubs. 1. Arbeitsunfähigkeit. Der Begriff der Arbeitsunfähigkeit entspricht dem in § 3 EFZG[9]. Krankheit und Arbeitsunfähigkeit sind nicht deckungsgleich. Arbeitsunfähigkeit liegt nur vor, wenn der ArbN allein wegen der Erkrankung seine vertraglich geschuldete Tätigkeit objektiv nicht ausüben kann oder objektiv nicht ausüben sollte, weil die Heilung nach ärztlicher Prognose verhindert oder verzögert wird[10]. 4

Nach § 3 Abs. 2 EFZG gilt als Arbeitsunfähigkeit auch eine Arbeitsverhinderung, die infolge einer nicht rechtswidrigen **Sterilisation** oder eines nicht rechtswidrigen **Abbruchs der Schwangerschaft** ein- 5

---

1 BAG v. 25.2.1988 – 8 AZR 596/85, AP Nr. 3 zu § 8 BUrlG. | 2 BAG v. 19.3.2002 – 9 AZR 16/01, BB 2002, 1703. | 3 Vgl. Kasseler Handbuch/*Schütz*, 2.4. Rz. 607. | 4 BAG v. 25.2.1988 – 8 AZR 596/85, AP Nr. 3 zu § 8 BUrlG. | 5 BAG v. 25.2.1988 – 8 AZR 596/85, AP Nr. 3 zu § 8 BUrlG. | 6 BAG v. 25.2.1988 – 8 AZR 596/85, AP Nr. 3 zu § 8 BUrlG. | 7 BAG v. 9.6.1988 – 8 AZR 755/85, AP Nr. 10 zu § 9 BUrlG; v. 15.6.1993 – 9 AZR 65/90, AP Nr. 3 zu § 1 BildungsurlaubsG NRW. | 8 BT-Drs. IV/785; ErfK/*Dörner*, § 9 BUrlG Rz. 1. | 9 ErfK/*Dörner*, § 9 BUrlG Rz. 8; *Leinemann/Linck*, § 9 BUrlG Rz. 6. | 10 BAG v. 26.7.1989 – 5 AZR 491/88, AP Nr. 86 zu § 1 LohnFG; v. 7.8.1991 – 5 AZR 410/90, AP Nr. 94 zu § 1 LohnFG.

tritt. Dies gilt auch für § 9; wird die Sterilisation oder der Schwangerschaftsabbruch im Urlaub vorgenommen, so kann deshalb Nachgewährung des Urlaubs beansprucht werden[1].

6 § 9 greift auch dann, wenn die Arbeitsunfähigkeit vom ArbN **verschuldet** iSv. § 3 EFZG war[2]. Eine Beschränkung auf unverschuldete Arbeitsunfähigkeit ist dem Wortlaut nicht zu entnehmen und auch nach dem Gesetzeszweck nicht erforderlich. Der ArbGeb wird dadurch vor Missbrauch geschützt, dass dem ArbN bei selbst verschuldeter Arbeitsunfähigkeit kein Entgeltfortzahlungsanspruch zusteht[3].

7 Dem ArbN ist es auch nach dem Rechtsgedanken des **§ 162 BGB** nicht verwehrt, die Nachgewährung des Urlaubs gem. § 9 zu verlangen, wenn er die Arbeitsunfähigkeit durch eine medizinisch nicht gebotene Entscheidung, sich während des gewährten Urlaubs einer Operation zu unterziehen, herbeigeführt hat[4]. § 9 stellt keine Rechtspflicht für den ArbN auf, bei der Festlegung des Zeitpunktes der Operation auf den gewährten Urlaub Rücksicht zu nehmen.

8 Nach dem klaren Gesetzeswortlaut ist es unerheblich, ob sich der ArbN trotz der Erkrankung **erholen kann** oder nicht. Das gilt sowohl für den Fall, dass trotz Erkrankung Arbeitsfähigkeit besteht, der Erholungszweck aber nicht erreicht werden kann (dann erlischt der Urlaubsanspruch durch Erfüllung), als auch bei Arbeitsunfähigkeit, wenn diese dem Erholungszweck nicht entgegenstehen würde (dann ist nach § 9 der Urlaub nachzugewähren). Die Vereitelung des Erholungszwecks ist nicht Tatbestandsmerkmal dieser Vorschrift[5].

9 § 9 gilt nur im Falle der krankheitsbedingten Arbeitsunfähigkeit; die Vorschrift ist **nicht analogiefähig**. § 9 enthält keinen allgemeinen urlaubsrechtlichen Grundsatz, dass stets im Falle des Zusammentreffens von Urlaub und einem anderen Tatbestand, aus dem sich die Beseitigung der Arbeitspflicht des ArbN ergibt, der ArbGeb den Urlaub nachgewähren muss[6].

10 **2. Während des Urlaubs.** Die zur Arbeitsunfähigkeit führende Erkrankung muss nach dem Gesetzeswortlaut während des Urlaubs, dh. während des Zeitraums der Freistellung von der Arbeit gem. §§ 1, 3 eingetreten sein. Die Formulierung „während des Urlaubs" erfasst zum einen den Fall, dass der ArbN im Urlaub krank wird. Gemeint ist aber auch die Erkrankung, die bereits vor Urlaubsbeginn eintritt und während des festgelegten Freistellungszeitraums andauert; auch dann ist der ArbN während des Urlaubs erkrankt[7].

11 **3. Nachweis der Arbeitsunfähigkeit.** Voraussetzung für die erneute Gewährung des wegen Krankheit nicht erfüllten Urlaubs ist die Vorlage eines **ärztlichen Zeugnisses** über die Dauer und den Zeitraum der Arbeitsunfähigkeit. Die Vorlage des ärztlichen Attests ist nicht nur Ordnungsmaßnahme; ohne Attest besteht kein Anspruch auf erneute Urlaubserteilung[8].

12 Aus der ärztlichen Bescheinigung muss hervorgehen, dass der ausstellende Arzt den **Unterschied zwischen Arbeitsunfähigkeit und Krankheit** kennt. Das gilt insb. für Atteste aus dem Ausland[9]. Dem genügt nicht ein Attest, das die Erkrankung (Verletzung) beschreibt, aber keine Angaben zu den Folgen der Erkrankung für die Arbeitsfähigkeit macht[10].

13 Die Pflicht zur Vorlage des ärztlichen Attestes ist – anders als bei § 5 EFZG – **nicht fristgebunden**. § 5 EFZG ist auch nicht entsprechend anwendbar[11]. Da die Vorlage der Bescheinigung Anspruchsvoraussetzung ist, darf der ArbGeb jedoch so lange die Nachgewährung des Urlaubs verweigern, bis der ArbN das Attest vorlegt[12]. Versäumt der ArbN die Fristen, innerhalb derer der Urlaubsanspruch besteht (31.12.; im Übertragungsfall 31.3. des Folgejahres), erlischt der Anspruch auf Nachgewährung[13].

14 **III. Rechtsfolgen. 1. Schuldrechtliche Bedeutung.** Für die Zeit der nachgewiesenen Arbeitsunfähigkeit wird der ArbGeb nicht von der Leistung (Urlaubsgewährung) frei. Da Erfüllung aufgrund des Urlaubsanspruchs in Zeiten der Arbeitsunfähigkeit nicht eintreten kann, bleibt der **Urlaubsanspruch bestehen**; der ArbN kann ihn nach seiner Genesung erneut verlangen. Damit erschöpft sich der Rege-

---

1 ErfK/*Dörner*, § 9 BUrlG Rz. 11; *Kanzlsperger*, ArbuR 1997, 192. | 2 ErfK/*Dörner*, § 9 BUrlG Rz. 9; *Leinemann/Linck*, § 9 BUrlG Rz. 7; aA GK-BUrlG/*Stahlhacke*, § 9 Rz. 10. | 3 ErfK/*Dörner*, § 9 BUrlG Rz. 9; *Leinemann/Linck*, § 9 BUrlG Rz. 7. | 4 *Leinemann/Linck*, § 9 BUrlG Rz. 8; aA LAG Köln 28.8.1996 – 2 Sa 132/96 – LAGE § 7 BUrlG Nr. 34 = NZA-RR 1997, 83. Das LAG Köln sieht die Treuwidrigkeit (§ 162 BGB) darin, dass der ArbN ohne medizinische Not die Operation in dem einverständlich festgelegten Urlaubszeitraum vornehmen ließ. Dabei verkennt das LAG, dass das Einverständnis des ArbN mit dem Urlaubszeitraum urlaubsrechtlich ohne Bedeutung ist und deshalb die Treuwidrigkeit nicht begründen kann. | 5 ErfK/*Dörner*, § 9 BUrlG Rz. 10; *Leinemann/Linck*, § 9 BUrlG Rz. 9; aA GK-BUrlG/*Stahlhacke*, § 9 Rz. 7. | 6 BAG v. 9.8.1994 – 9 AZR 384/92, AP Nr. 19 zu § 7 BUrlG unter Aufgabe der früheren Rspr.; ErfK/*Dörner*, § 9 BUrlG Rz. 4; *Leinemann/Linck*, § 9 BUrlG Rz. 6; aA GK-BUrlG/*Stahlhacke*, § 9 Rz. 4, 5 und 30; *Kanzlsperger*, ArbuR 1997, 192. | 7 ErfK/*Dörner*, § 9 BUrlG Rz. 7; *Leinemann/Linck*, § 9 BUrlG Rz. 5. | 8 ErfK/*Dörner*, § 9 BUrlG Rz. 13; aA GK-BUrlG/*Stahlhacke*, § 9 Rz. 18. | 9 BAG v. 15.12.1987 – 8 AZR 647/86, AP Nr. 9 zu § 9 BUrlG = DB 1988, 1555. | 10 BAG v. 15.12.1987 – 8 AZR 647/86, AP Nr. 9 zu § 9 BUrlG = DB 1988, 1555. | 11 ErfK/*Dörner*, § 9 BUrlG Rz. 16; *Leinemann/Linck*, § 9 BUrlG Rz. 14. | 12 ErfK/*Dörner*, § 9 BUrlG Rz. 16; *Leinemann/Linck*, § 9 BUrlG Rz. 14. | 13 ErfK/*Dörner*, § 9 BUrlG Rz. 16.

lungsgehalt der Vorschrift. Insbesondere gelten für den nachzugewährenden Urlaub die sonstigen Vorschriften des BUrlG unverändert.

2. Nachgewährung. Der ArbGeb hat den gem. § 9 nicht erloschenen Urlaub nach Maßgabe des § 7 zu gewähren, wenn der ArbN dies geltend macht. Allerdings steht dann dem ArbGeb ggf. das **Leistungsverweigerungsrecht** aus § 7 Abs. 1 zur Seite. 15

Auch für den nachzugewährenden Urlaub gilt, dass der ArbN nicht befugt ist, sich **selbst zu beurlauben**; er darf ohne Zustimmung des ArbGeb also nicht den krankheitshalber ausgefallenen Urlaub an die Zeit der Arbeitsunfähigkeit anhängen[1]. Beantragt der ArbN dies noch während der Erkrankung, wird dem ArbGeb, der die pünktliche Rückkehr des ArbN aus dem Urlaub in den Betriebsablauf eingeplant hat, häufig ein Leistungsverweigerungsrecht aus betrieblichen Gründen zustehen. 16

Der nach § 9 nicht erloschene Urlaubsanspruch unterliegt der **Befristungsregelung** in § 7 Abs. 3 Satz 1 und wird nach Maßgabe des § 7 Abs. 3 Satz 2 übertragen[2]. Der wegen Krankheit im Urlaubszeitraum nicht erfüllte Urlaubsanspruch muss nur nachgewährt werden, wenn die für den Anspruch maßgebliche Befristung (31. 12. des Kalenderjahres bzw. – im Fall der Übertragung – 31. 3. des Folgejahres) noch nicht erreicht ist. Ist bis zum Ende des Übertragungszeitraums wegen andauernder Arbeitsunfähigkeit eine Urlaubsgewährung nicht möglich, erlischt der Anspruch. § 9 stellt keine Ausnahmevorschrift von § 7 Abs. 3 Satz 1 dar[3]. 17

Ist bis zum Ablauf der gesetzlichen Befristung die Freistellung nur für einen Teil des nachzugewährenden Urlaubs möglich, so **erlischt** der verbleibende Teil. 18

Eine nachträgliche Urlaubserteilung **außerhalb des Übertragungszeitraums** kommt nur in Betracht, wenn TV-Parteien oder die Arbeitsvertragsparteien eindeutige Regelungen für eine Nachgewährung getroffen haben[4]. 19

3. Teilweise Nachgewährung. Ist der ArbN nur während **eines Teiles** des Urlaubs arbeitsunfähig krank, erlischt der Urlaubsanspruch nur hinsichtlich dieser Tage nicht; im Übrigen tritt Erfüllung ein. Der ArbN hat daher keinen Anspruch auf Nachgewährung des gesamten Urlaubs. Das gilt auch, wenn der ArbN vor dem Urlaubsantritt erkrankt und absehbar ist, dass er nur einen Teil des festgelegten Zeitraums arbeitsunfähig sein wird. Denn das Gesetz enthält keinen Anhaltspunkt dafür, dass etwaige Schwierigkeiten des ArbN bei der Verwirklichung seiner Urlaubspläne maßgeblich sein sollen; es stellt allein auf die nachgewiesenen Tage der Arbeitsunfähigkeit ab[5]. 20

Allerdings darf die Nachgewährung eines Teils des Urlaubs nicht dazu führen, dass entgegen § 7 Abs. 2 Satz 2 kein Teil des Jahresurlaubs **mindestens 12 Werktage** beträgt. In diesem Fall kann der ArbN die Annahme des nicht von der Arbeitsunfähigkeit betroffenen Urlaubsteils verweigern und die Neufestsetzung dieses Urlaubsblocks verlangen[6]. 21

IV. Abdingbarkeit. § 9 wird in § 13 Abs. 1 Satz 1 nicht erwähnt und ist damit **tarifdispositiv**. Allerdings ist zu beachten, dass durch eine Tarifvorschrift, die § 9 abändert, nicht mittelbar der gesetzliche Mindesturlaub verkürzt werden darf (zu den Einzelheiten s. § 13). 22

10 Maßnahmen der medizinischen Vorsorge oder Rehabilitation

Maßnahmen der medizinischen Vorsorge oder Rehabilitation dürfen nicht auf den Urlaub angerechnet werden, soweit ein Anspruch auf Fortzahlung des Arbeitsentgelts nach den gesetzlichen Vorschriften über die Entgeltfortzahlung im Krankheitsfall besteht.

I. Gesetzesgeschichte. Die derzeit geltende Gesetzesfassung wurde mit Wirkung vom 1.6.1994 durch Art. 57 PflegeVG (BGBl. I S. 1014, 1068) in das Gesetz eingefügt. 1

In der Zeit vom 1.10.1996 (In-Kraft-Treten des sog. **Arbeitsrechtlichen Beschäftigungsförderungsgesetzes** vom 25.9.1996) bis zum 31.12.1998 galt eine sprachlich und inhaltlich völlig abweichende Version. 2

Seit In-Kraft-Treten der **Korrekturgesetze** vom 19.12.1998 (BGBl. I S. 3843) am 1.1.1999 gilt § 10 wieder in der Fassung des Gesetzes vom 1.6.1994. 3

II. Gesetzeszweck. § 10 ergänzt § 9 für Maßnahmen der medizinischen Vorsorge oder Rehabilitation. Während § 9 für den Fall der Arbeitsunfähigkeit infolge Krankheit bestimmt, dass der Urlaubsanspruch nicht nach § 275 Abs. 1 BGB erlischt (s. § 9 Rz. 2 f.), sieht § 10 diese Rechtsfolge für die genannten Maßnahmen, die nicht zugleich Arbeitsunfähigkeit iSd. § 3 EFZG begründen, vor. Hieraus 4

---

[1] ErfK/*Dörner*, § 9 BUrlG Rz. 18; *Leinemann/Linck*, § 9 BUrlG Rz. 16.   [2] BAG v. 9.6.1988 – 8 AZR 755/85, AP Nr. 10 zu § 9 BUrlG; v. 21.1.1997 – 9 AZR 791/95, AP Nr. 15 zu § 9 BUrlG = NZA 1997, 889.   [3] ErfK/*Dörner*, § 9 BUrlG Rz. 21.   [4] BAG v. 19.3.1996 – 9 AZR 67/95, AP Nr. 13 zu § 9 BUrlG.   [5] ErfK/*Dörner*, § 9 BUrlG Rz. 23; *Leinemann/Linck*, § 9 BUrlG Rz. 5 mwN; aA GK-BUrlG/*Stahlhacke*, § 9 Rz. 27; *Dersch/Neumann*, § 9 BUrlG Rz. 2.   [6] ErfK/*Dörner*, § 9 BUrlG Rz. 23.

folgt, dass nicht § 10, sondern § 9 Anwendung findet, wenn der ArbN während der Maßnahme zugleich arbeitsunfähig krank ist[1].

5 **III. Anwendungsbereich. 1. Maßnahmen der medizinischen Vorsorge oder Rehabilitation.** Bei diesen Maßnahmen handelt es sich um die bis 1994 sog. **Kuren und Heilverfahren**. Sie sind nunmehr im SGB V geregelt. Die Begriffe sind inhaltsgleich mit denen in § 9 EFZG.

6 **Medizinische Vorsorgeleistungen** sollen eine Schwächung der Gesundheit beseitigen, die in absehbarer Zeit voraussichtlich zu einer Krankheit führen würde. Reichen für die Beseitigung der Schwächung Arznei-, Verband-, Heil- und Hilfsmittel (§ 23 Abs. 1 Nr. 1 SGB V) bzw. eine ambulante Vorsorgekur (§ 23 Abs. 2 SGB V) nicht aus, kann die Krankenkasse eine Behandlung mit Unterbringung und Verpflegung erbringen, § 23 Abs. 4 SGB V. Daneben kommt eine Vorsorgekur nach § 24 Abs. 1 SGB V in Betracht.

7 Als Leistung der Krankenkasse im Rahmen der Krankenbehandlung (§§ 27 ff. SGB V) kann die **medizinische Rehabilitation** mit Unterbringung und Verpflegung erbracht werden (§ 40 Abs. 2 SGB V), wenn Maßnahmen wie ambulante Krankenbehandlung einschließlich ambulanter Rehabilitationsmaßnahmen nicht genügen, um die Ziele der Krankenbehandlung zu erreichen, § 40 Abs. 1 SGB V.

8 Medizinische Rehabilitationsleistungen können von den **RV-Trägern** gem. § 15 SGB VI erbracht werden. Leistungen der Unfallversicherungsträger erfolgen im Rahmen der Heilbehandlung nach Eintritt eines Versicherungsfalls gem. §§ 27, 33, 34 SGB VII. Wegen der weiteren Einzelheiten kann auf die Kommentierung zu § 9 EFZG verwiesen werden.

9 Die Maßnahmen müssen **medizinisch notwendig** sein. Damit fallen Maßnahmen der beruflichen oder sozialen Rehabilitation nicht unter diese Vorschrift.

10 Für die Notwendigkeit der Maßnahme spricht eine vom ArbGeb **zu widerlegende Vermutung**, wenn ein **Bewilligungsbescheid** der öffentlich-rechtlichen Leistungsträger oder eine ärztliche VO vorliegt. Der ArbGeb kann dem mit der von ihm zu beweisenden Behauptung, es liege eine Täuschungshandlung des ArbN und/oder des behandelnden Arztes vor oder der Arzt bzw. die SozV habe die sozialrechtlichen Voraussetzungen völlig verkannt, entgegentreten. Die Erfolgsaussichten sind aber regelmäßig gering[2].

11 **2. Schonzeit.** Ärztlich angeordnete Schonungszeiten im Anschluss an eine Maßnahme fallen nicht unter § 10.

12 Seit der Änderung der sozialrechtlichen Vorschriften über Kuren und Heilverfahren durch Art. 57 PflegeVG im Jahre 1994 sind die Schonzeiten aus dem **sozialrechtlichen Maßnahmekatalog gestrichen**. Die zeitgleich in das Gesetz (§ 7 Abs. 1 Satz 2) eingeführte Verpflichtung des ArbGeb, Urlaub unmittelbar nach einer Maßnahme gewähren zu müssen (s. § 7 Rz. 35) soll als Kompensation für den Wegfall der Entgeltfortzahlungspflicht für ärztlich verordnete Schonzeiten gelten und dem ArbN im Anschluss an eine Maßnahme für eine gewisse Zeit die Möglichkeit der Erholung, allerdings zu Lasten seines Urlaubsanspruchs, geben[3]. Deshalb kann ein ArbN auch nicht nach § 616 BGB Freistellung und Vergütung wegen Schonungsbedürftigkeit zwischen Beendigung der Maßnahme und Arbeitsbeginn verlangen[4].

13 Ist der ArbN während der Schonzeit **arbeitsunfähig krank**, greift § 9. Urlaub kann daher in dieser Zeit nicht wirksam erteilt und auch nicht nach § 7 Abs. 1 Satz 2 verlangt werden; bereits vor Beginn der Schonzeit für diesen Zeitraum erteilter Urlaub ist nachzugewähren. Dies gilt unabhängig davon, ob ein Entgeltfortzahlungsanspruch unter den weiteren Voraussetzungen des § 3 EFZG besteht[5].

14 **3. Entgeltfortzahlungsanspruch. a) Gesetzlicher Entgeltfortzahlungsanspruch.** Voraussetzung für die Anwendung des § 10 ist, dass ein Anspruch auf **Fortzahlung des Arbeitsentgelts** nach den gesetzlichen Vorschriften über die Entgeltfortzahlung im Krankheitsfall (§ 9 EFZG) besteht. Wegen der Einzelheiten wird auf die Kommentierung zu § 9 sowie § 3 EFZG verweisen.

15 **b) Tariflicher Entgeltfortzahlungsanspruch.** § 10 erfasst nicht den Fall, dass durch TV (oder einzelvertragliche Regelung) ein **über das Gesetz hinausgehender Entgeltfortzahlungsanspruch** (für mehr als sechs Wochen) besteht. Sieht der Tarif- oder Arbeitsvertrag keine § 10 entsprechende Regelung vor, kommen allgemeine urlaubsrechtliche Grundsätze zur Anwendung. Danach kann der Urlaubsanspruch während der Zeit der Maßnahme nicht erfüllt werden. Bereits erteilter Urlaub erlischt, § 275 BGB, und muss nicht nachgewährt werden.

---

1 ErfK/*Dörner*, § 10 BUrlG Rz. 3; MünchArbR/*Leinemann*, § 91 Rz. 60. | 2 ErfK/*Dörner*, § 9 EFZG Rz. 5 mwN aus der Rspr. | 3 S. BT-Drs. 12/5263 S. 15. | 4 ErfK/*Dörner*, § 9 EFZG Rz. 5; MünchKomm/*Müller-Glöge* § 611 BGB 393; *Schmitt*, § 9 EFZG Rz. 80; aA *Leinemann/Linck*, § 10 BUrlG Rz. 35; zur Rechtslage vor 1994 s. BAG v. 11.3.1971 – 5 AZR 398/70, AP Nr. 10 zu § 10 BUrlG – Schonzeit = NJW 1971, 1231. | 5 Kasseler Handbuch/*Schütz*, 2.4. Rz. 389.

c) Maßnahmen ohne Entgeltfortzahlungsanspruch. Hat der ArbN während der Dauer der medizinischen Maßnahme **keinen Entgeltfortzahlungsanspruch** (mehr), weil entweder der Sechs-Wochen-Zeitraum des § 3 Abs. 1 Satz 1 EFZG abgelaufen ist oder die Maßnahme nicht die Voraussetzungen des § 9 Abs. 1 EFZG erfüllt, (zB Erholungs- oder Badekuren), kommt § 10 ebenfalls nicht zur Anwendung. 16

Hinsichtlich der **Folgen für die Urlaubserteilung** ist zu differenzieren: Ist der ArbN auch ohne Entgeltfortzahlungsanspruch zur Durchführung der Maßnahme von der Arbeitsleistung befreit, weil die sozialrechtlichen Voraussetzungen erfüllt sind, kann der Urlaubsanspruch nicht erfüllt werden[1]. Dasselbe gilt, wenn der ArbGeb aufgrund Tarifrechts (zB § 50 Abs. 2 BAT[2]) verpflichtet ist, den ArbN zur Durchführung einer Kur, die nicht die sozialrechtlichen Voraussetzungen erfüllt, freizustellen. In diesen Fällen kann der ArbN auch zur finanziellen Absicherung für die fortdauernde Maßnahme der medizinischen Vorsorge und Rehabilitation seinen ihm noch zustehenden Erholungsurlaub nicht einsetzen. Denn zu dieser Zeit besteht immer noch keine Arbeitspflicht, von welcher der ArbGeb den ArbN befreien könnte[3]. 17

Ist der ArbGeb hingegen nicht verpflichtet, den ArbN von der Arbeit freizustellen, kann der ArbN seine Kur nur antreten, wenn er **Sonderurlaub** bekommt oder aber seinen gesetzlichen, tariflichen und/oder vertraglichen Urlaub hierfür benutzt. Dabei handelt es sich nicht um einen Fall des § 10. Deshalb geht es nicht um eine „Anrechnung" auf den Urlaub, sondern um Vorbringen eines Urlaubswunsches und der Erfüllung des Anspruchs durch Erteilung nach Maßgabe des § 7 Abs. 1 Satz 1[4]. 18

Stellt sich nach Durchführung der Maßnahme heraus, dass der ArbN keinen Entgeltfortzahlungsanspruch nach § 9 Abs. 1, §§ 3, 4 EFZG hatte, weil die sozialrechtlichen Voraussetzungen nicht gegeben waren, und erweist sich die vom ArbGeb zur Durchführung der Maßnahme gewährte Freistellung damit als **rechtsgrundlos**, kann der ArbGeb die für den Freistellungszeitraum gezahlte Vergütung ggf. nach §§ 812 ff. BGB zurückverlangen[5]. Eine nachträgliche Urlaubserteilung für einen Zeitraum, für den entweder ein anderer Befreiungstatbestand bestanden hat oder in dem der ArbN ohne Berechtigung von der Arbeit fern geblieben ist, ist jedenfalls urlaubsrechtlich nicht möglich[6]. 19

IV. Rechtsfolge. Die gesetzliche Rechtsfolgenanordnung („dürfen nicht auf den Urlaub angerechnet werden") ist missverständlich. Eine **Anrechnungsbefugnis** dergestalt, dass Zeiten einer Maßnahme nachträglich als Erfüllung des Urlaubsanspruch bestimmt werden, stünde dem ArbGeb – auch ohne die Vorschrift des § 10 – in keinem Falle zu, da die Leistungshandlung (Freistellungserklärung) oder Zweckbestimmung nicht nach dem Eintritt des Erfüllungserfolgs geschehen kann (s. § 7 Rz. 11). 20

Die Vorschrift enthält **zwei Komponenten.** Zum einen erfasst sie den Fall, dass der Urlaub zum Zeitpunkt der Bewilligung der Maßnahme noch nicht festgelegt wurde. Insoweit gibt die Vorschrift den allgemeinen urlaubsrechtlichen Grundsatz wider, dass medizinische Maßnahme und Urlaub sich für denselben Zeitraum gegenseitig ausschließen, da eine Urlaubsfreistellung des bereits zur Durchführung der Maßnahme von der Arbeitspflicht befreiten ArbN rechtlich unmöglich ist[7]. 21

Zum anderen hat sie **schuldrechtliche Bedeutung**, wenn Urlaub bereits vor Bewilligung der Maßnahme für denselben Zeitraum gewährt, die Schuld des ArbGeb also auf diesen Zeitabschnitt konkretisiert war. Ohne die Bestimmung des § 10 würde der Urlaubsanspruch ersatzlos erlöschen, da der ArbGeb mit der Freistellungserklärung das seinerseits Erforderliche zur Erfüllung des Urlaubsanspruchs getan und die Unmöglichkeit des Eintritts des Erfüllungserfolgs nicht zu vertreten hat. § 10 bewirkt, dass die Rechtsfolge des § 275 Abs. 1 BGB nicht eintritt, der ArbN also nach Beendigung der Maßnahme (erneut) die Erfüllung seines Urlaubsanspruchs verlangen kann[8]. 22

Gem. § 7 Abs. 1 Satz 2 kann der ArbN den nach § 10 nachzugewährenden Urlaub **im unmittelbaren Anschluss** an die Maßnahme verlangen; dem ArbGeb steht ein Leistungsverweigerungsrecht aus betrieblichen Gründen oder wegen der Urlaubswünsche anderer ArbN nicht zu. Allerdings darf sich der ArbN auch in diesem Fall nicht selbst beurlauben; er ist ggf. darauf angewiesen, eine einstweilige Verfügung zu beantragen (s. § 7 Rz. 35). 23

11 *Urlaubsentgelt*

(1) Das Urlaubsentgelt bemisst sich nach dem durchschnittlichen Arbeitsverdienst, das der Arbeitnehmer in den letzten dreizehn Wochen vor dem Beginn des Urlaubs erhalten hat, mit Ausnahme des zusätzlich für Überstunden gezahlten Arbeitsverdienstes. Bei Verdiensterhöhungen nicht

---

1 ErfK/*Dörner*, § 10 BUrlG Rz. 12. | 2 Vgl. hierzu *Böhm/Spiertz/Sponer/Steinherr*, BAT § 50 Rz. 36. | 3 ErfK/*Dörner*, § 10 BUrlG Rz. 18; aA Kasseler Handbuch/*Schütz*, 2. 4 Rz. 396 im Widerspruch zu den sonstigen Ausführungen zur Unmöglichkeit zweifacher Arbeitsbefreiung. | 4 ErfK/*Dörner*, § 10 BUrlG Rz. 16. | 5 MünchArbR/*Leinemann*, § 91 Rz. 68 ff. | 6 BAG v. 1.10.1991 – 9 AZR 290/90, AP Nr. 12 zu § 7 BUrlG; ErfK/*Dörner*, § 10 BUrlG Rz. 15. | 7 ErfK/*Dörner*, § 10 BUrlG Rz. 9 und *Leinemann/Linck*, § 10 BUrlG Rz. 16 messen § 10 insoweit nur deklaratorische Bedeutung zu. | 8 *Leinemann/Linck*, § 10 BUrlG Rz. 13 ff.; s. auch ErfK/*Dörner*, § 10 BUrlG Rz. 9.

nur vorübergehender Natur, die während des Berechnungszeitraums oder des Urlaubs eintreten, ist von dem erhöhten Verdienst auszugehen. Verdienstkürzungen, die im Berechnungszeitraum infolge von Kurzarbeit, Arbeitsausfällen oder unverschuldeter Arbeitsversäumnis eintreten, bleiben für die Berechnung des Urlaubsentgelts außer Betracht. Zum Arbeitsentgelt gehörende Sachbezüge, die während des Urlaubs nicht weitergewährt werden, sind für die Dauer des Urlaubs angemessen in bar abzugelten.

(2) Das Urlaubsentgelt ist vor Antritt des Urlaubs auszuzahlen.

1　**I. Zweck der Vorschrift.** Entgegen einer in der arbeitsrechtlichen Praxis weit verbreiteten Einschätzung ist § 11 nicht die Anspruchsgrundlage für den Vergütungsanspruch während des Urlaubs, sondern allein eine **Berechnungsvorschrift**.

2　Der Anspruch auf die Urlaubsvergütung dem Grunde nach rechtfertigt sich aus § 611 BGB iVm. § 1 BUrlG. Mit der Gewährung des Urlaubs entsteht kein neuer Entgeltanspruch. Der ArbN behält vielmehr seinen vertraglichen Anspruch auf die regelmäßige Vergütung, deren Höhe sich nach § 11 richtet. Der Urlaubsentgeltanspruch ist nicht Element eines einheitlichen Urlaubsanspruch, sondern hat nur die Funktion, den während der Freistellung gem. § 326 BGB an sich entfallenden Vergütungsanspruch aufrechtzuerhalten[1]. Kann Urlaub mangels bestehender Arbeitspflicht nicht gewährt werden, besteht auch kein Anspruch auf Urlaubsentgelt[2].

3　**II. Grundsätze der Berechnung. 1. Allgemeines.** Der als Urlaubsvergütung zu zahlende Betrag ist das Produkt aus dem Geldfaktor, der anhand der Daten in der Vergangenheit errechnet wird, und der in der Zukunft liegenden Arbeitszeit (Zeitfaktor), die im Urlaub ausfallen wird[3]. Bei der Berechnung des Urlaubsentgelts gelangt sowohl das Referenzprinzip (Berechnung nach einem in der Vergangenheit liegenden Zeitraum) als auch das Lohnausfallprinzip (Berechnung der – hypothetischen – Vergütung, die gezahlt worden wäre, wenn der ArbN gearbeitet hätte) zur Anwendung. Das tägliche Urlaubsentgelt berechnet sich nach dem Geldwert und der Anzahl der am konkreten Urlaubstag ausgefallenen Stunden.

4　Zunächst ist der **Geldfaktor** nach dem in § 11 geregelten und modifizierten **Referenzprinzip** zu ermitteln. § 11 Abs. 1 sagt nur etwas über den Geldfaktor aus; der Zeitfaktor wird in der Vorschrift nicht erwähnt.

5　Sodann ist die Zahl der durch den Urlaub konkret ausfallenden Tage (bzw. Stunden bei unterschiedlich langen Arbeitstagen) zu berechnen (**Lohnausfallprinzip**) und mit dem Geldfaktor zu multiplizieren. Dieser **Zeitfaktor** ergibt sich aus der Rechtsnatur des Urlaubs als Anspruch auf Freistellung von der Arbeit (s. § 1 Rz. 5 f.). Auf die Arbeitszeit im Bezugszeitraum kommt es nicht an; freigestellt werden kann nur von der während des Urlaubs an sich zu leistenden Arbeit[4].

6　Keine Unterschiede zwischen Referenz- und Lohnausfallprinzip ergeben sich bei gleich bleibender Arbeitszeit im Referenz- und Urlaubszeitraum, so dass in diesen Fällen während des Urlaubs die gleich bleibende Vergütung weitergezahlt wird; erhebliche Differenzen können sich aber bei veränderlichen Arbeitszeiten errechnen.

7　Entgegen einigen noch immer in der Lit. anzutreffenden Meinungen[5] spielt das sog. **Lebensstandardprinzip** bei der Berechnung der Urlaubsvergütung keine Rolle[6]; das BAG hat diesen Gedanken bereits 1989 aufgegeben[7].

8　**2. Berechnung des Geldfaktors. a) Grundsatz.** Der Geldfaktor ist der Gesamtarbeitsverdienst der letzten 13 Wochen vor Urlaubsbeginn (§ 11 Abs. 1 Satz 1). Es sind die Arbeitsvergütungsbestandteile zugrunde zu legen, die der ArbN im Referenzzeitraum jeweils als Gegenleistung für seine Tätigkeit in den maßgeblichen Abrechnungszeiträumen erhalten hat[8]. Dabei sind alle Entgeltbestandteile zu berücksichtigen, die der ArbN gesetzlich oder vertraglich zu erhalten hatte. Vereinbarte oder vom ArbGeb einseitig veranlasste Zahlungsverzögerungen mindern das Urlaubsentgelt nicht[9].

9　**b) Vergütungsbestandteile.** Als Entgelt sind die Vergütungsbestandteile zugrunde zu legen, die der ArbN im Referenzzeitraum als Gegenleistung für seine Tätigkeit in den maßgeblichen Abrechnungszeiträumen erhalten hat[10]. Dazu gehören auch schwankende Verdienstbestandteile wie etwa Akkord-

---

1 BAG v. 8.3.1984 – 6 AZR 600/82, AP Nr. 14 zu § 3 BUrlG – Rechtsmissbrauch; v. 24.11.1992 – 9 AZR 564/91, AP Nr. 34 zu § 11 BUrlG; v. 9.11.1999 – 9 AZR 771/98, AP Nr. 47 zu § 11 BUrlG; ErfK/*Dörner*, § 11 BUrlG Rz. 1; *Leinemann/Linck*, § 11 BUrlG Rz. 1; MünchArbR/*Leinemann*, § 90 Rz. 1. │2 BAG v. 19.4.1994 – 9 AZR 713/92, AP Nr. 7 zu § 1 TVG – Tarifverträge Gebäudereinigung. │3 ErfK/*Dörner*, § 11 BUrlG Rz. 4. │4 BAG v. 7.7.1988 – 8 AZR 472/86, AP Nr. 22 zu § 11 BUrlG; v. 9.11.1999 – 9 AZR 771/98, AP Nr. 47 zu § 11 BUrlG; ErfK/*Dörner*, § 11 BUrlG Rz. 5; *Leinemann/Linck*, § 11 BUrlG Rz. 7, 74 ff. │5 *Dersch/Neumann*, § 11 BUrlG Rz. 10; GK-BUrlG/*Stahlhacke*, § 11 Rz. 1. │6 ErfK/*Dörner*, § 11 BUrlG Rz. 6; *Leinemann/Linck*, § 11 BUrlG Rz. 10. │7 BAG v. 12.1.1989 – 8 AZR 404/87, AP Nr. 13 zu § 47 BAT. │8 BAG v. 17.1.1991 – 8 AZR 644/89, AP Nr. 30 zu § 11 BUrlG. │9 BAG v. 11.4.2000 – 9 AZR 266/99, AP Nr. 48 zu § 11 BUrlG. │10 BAG v. 17.1.1991 – 8 AZR 644/89, AP Nr. 30 zu § 11 BUrlG.

lohn, Provisionen oder andere Formen des Leistungslohnes und Überstundenvergütungen unabhängig davon, ob sie regelmäßig anfallen oder nicht[1].

Dagegen bleiben Aufwendungsersatz und solche Lohnbestandteile, die dem ArbN zwar aufgrund seines Arbeitsvertrages zufließen, mit denen aber nicht die Arbeitsleistung in durch die Referenzzeiträume bestimmten Abrechnungsabschnitten abgegolten werden, außer Betracht. Das trifft insb. auf Einmalleistungen wie Gratifikationen, Tantiemen und Gewinnbeteiligungen, Jubiläumsgelder sowie beihilfeähnliche Leistungen zu. Diese erhält der ArbN unabhängig davon, ob er Urlaub nimmt oder nicht[2]. Maßgebend ist damit, ob mit einer Zahlung eine auf einen bestimmten Zeitabschnitt entfallende Arbeitsleistung vergütet wird[3]. **10**

Zum Arbeitsverdienst gehören danach das allgemein geschuldete Entgelt (Lohn oder Gehalt), unabhängig davon, in welchen Zeitabschnitten (Stunden, Tage, Wochen, Monat oder Jahr) es berechnet wird[4], der tatsächlich verdiente Leistungs- (Akkord- oder Prämien)lohn[5] sowie zusätzliche Vergütung (Prämien) für im Referenzzeitraum erbrachte und bezahlte besondere Leistungen (Teilbeträge einer gestaffelten Jahresprämie für Berufsfußballer)[6]. Feiertage und bezahlte Krankheitstage fließen ein und sind nicht abzuziehen[7]. Dasselbe gilt für Urlaubstage, die im Referenzzeitraum gewährt und genommen sind[8]. Maßgeblich ist insoweit allein das Urlaubsentgelt; ein zusätzliches Urlaubsgeld wird nicht einbezogen[9]. **11**

Sieht ein TV **bezahlte Pausen** vor, ist diese Vergütung im Rahmen des § 11 Abs. 1 beim Geldfaktor zu berücksichtigen, wenn der TV keine anderweitige Regelung enthält. Es handelt sich trotz fehlender Arbeitsleistung um Arbeitsverdienst, weil mit einer solchen Leistung regelmäßig besondere Belastungen (zB Wechselschichtbetrieb) abgegolten werden sollen[10]. **12**

Einmalige jahresbezogene Prämien, die keine laufende Arbeitsleistung honorieren (zB Meisterschafts-, Nichtabstiegsprämien im Sport), bleiben unberücksichtigt[11]. **13**

Provisionen sind Arbeitsverdienst iSv. § 11. Das gilt sowohl für Provisionen als einziger Gegenleistung des ArbGeb als auch für solche, die neben einem Fixum bezahlt werden[12]. Einzubeziehen sind auch an die jeweilige Arbeitsleistung anknüpfende Umsatzbeteiligungen. Für die Berechnung des Verdienstes sind alle Provisionsleistungen zu berücksichtigen, die ein Handlungsgehilfe für die Vermittlung oder den Abschluss von Geschäften vertragsgemäß erhält. Auch bei stark schwankenden Provisionen sind allein die letzten 13 Wochen vor Urlaubsbeginn maßgeblich[13]. Für den Geldfaktor ist es ohne Bedeutung, dass während des Urlaubs weiterhin Provisionen fällig werden. Diese Provisionen beruhen auf anderen Geschäften. Das Urlaubsentgelt gleicht einen Rückgang des erfolgsbestimmten Provisionseinkommens für die Zeit aus, in der der ArbN urlaubsbedingt keine Geschäfte vermitteln konnte[14]. **14**

Vereinbarte oder vom ArbGeb einseitig veranlasste Zahlungsverzögerungen mindern das Urlaubsentgelt nicht. Zugrunde zu legen sind nicht geleistete Vorschüsse, sondern die nach der endgültigen Abrechnung in den letzten drei vollen Kalendermonaten vor Urlaubsbeginn tatsächlich verdienten Provisionen[15]. **15**

Dagegen sind im Bezugszeitraum fällige Ansprüche auf Bezirksprovision iSv. § 87 Abs. 2 HGB (oder Super-, Fremd-, Gebietsprovisionen), die auch für solche Geschäfte anfallen, die ohne Mitwirkung des Handelsvertreters geschlossen werden, für die Durchschnittsberechnung nicht zu berücksichtigen. Sie sind nicht Gegenleistung für eine konkret im Berechnungszeitraum erbrachte Arbeitsleistung[16]. Dasselbe gilt für Umsatzprovisionen (Tantiemen), die von einer Arbeitsleistung gerade im Referenzzeitraum unabhängig sind[17]. **16**

Bedienungsgelder im Gaststättengewerbe, die neben einem Garantiebetrag den persönlichen Umsatz eines ArbN honorieren, gehören zu den regelmäßigen Gegenleistungen und sind bei der Berechnung der Urlaubsvergütung zu berücksichtigen. Trinkgelder, die persönlich vom Gast zugewendet werden, sind keine Leistungen des ArbGeb und gehören deshalb nicht zum Arbeitsverdienst[18]. **17**

---

1 BAG v. 24.11.1992 – 9 AZR 564/91, AP Nr. 34 zu § 11 BUrlG. | 2 BAG v. 17.1.1991 – 8 AZR 644/89, AP Nr. 30 zu § 11 BUrlG. | 3 BAG v. 21.7.1988 – 8 AZR 331/86, AP Nr. 24 zu § 11 BUrlG. | 4 ErfK/*Dörner*, § 11 BUrlG Rz. 8. | 5 ErfK/*Dörner*, § 11 BUrlG Rz. 9. | 6 BAG v. 23.4.1996 – 9 AZR 856/94, AP Nr. 40 zu § 11 BUrlG. | 7 BAG v. 24.11.1992 – 9 AZR 564/91, AP Nr. 34 zu § 11 BUrlG. | 8 ErfK/*Dörner*, § 11 BUrlG Rz. 18; *Leinemann/Linck*, § 11 BUrlG Rz. 19. | 9 ErfK/*Dörner*, § 11 BUrlG Rz. 18; *Leinemann/Linck*, § 11 BUrlG Rz. 19. | 10 BAG v. 23.1.2001 – 9 AZR 4/00, AP Nr. 22 zu § 1 TVG – Tarifverträge: Holz. | 11 BAG v. 19.9.1985 – 6 AZR 460/83, AP Nr. 21 zu 13 BUrlG; v. 23.4.1996 – 9 AZR 856/94, AP Nr. 40 zu § 11 BUrlG; *Leinemann/Linck*, § 11 BUrlG Rz. 23. | 12 BAG v. 19.9.1985 – 6 AZR 460/83, AP Nr. 21 zu 13 BUrlG; v. 11.4.2000 – 9 AZR 266/99, AP Nr. 48 zu § 11 BUrlG. | 13 BAG v. 11.4.2000 – 9 AZR 266/99, AP Nr. 48 zu § 11 BUrlG; ErfK/*Dörner*, § 11 BUrlG Rz. 22; *Leinemann/Linck*, § 11 BUrlG Rz. 26; aA *Dersch/Neumann*, § 11 BUrlG Rz. 24. | 14 BAG v. 11.4.2000 – 9 AZR 266/99, AP Nr. 48 zu § 11 BUrlG. | 15 BAG v. 11.4.2000 – 9 AZR 266/99, AP Nr. 48 zu § 11 BUrlG. | 16 BAG v. 11.4.2000 – 9 AZR 266/99, AP Nr. 48 zu § 11 BUrlG. | 17 ErfK/*Dörner*, § 11 BUrlG Rz. 15; *Leinemann/Linck*, § 11 BUrlG Rz. 25. | 18 ErfK/*Dörner*, § 11 BUrlG Rz. 16; *Leinemann/Linck*, § 11 BUrlG Rz. 35 f.

18 Bei einem Troncsystem kommt es auf dessen einzelvertragliche oder betriebliche Ausgestaltung an. Wird dem Tronc das regelmäßige Entgelt für die Mitarbeiter entnommen, so sind die Zahlungen daraus Arbeitsvergütung; ist der Tronc nur Sammelstelle für alle Trinkgelder, die danach aufgeteilt werden, so handelt es sich nicht um Entgelt für erbrachte Arbeitsleistung, sondern um nicht berücksichtigungsfähige Leistungen Dritter[1].

19 **Sachbezüge**, die während des Urlaubs nicht weiterbezahlt werden, sind nach § 11 Abs. 1 Satz 4 angemessen abzugelten. Dabei ist auf die Sätze zurückzugreifen, die in der Beitragsbemessung zur SozV festgesetzt sind[2].

20 **Vermögenswirksame Leistungen** gehören zwar nicht zum Arbeitsverdienst[3]; sie werden aber unabhängig von einer Arbeitsleistung gewährt und deshalb regelmäßig auch im Urlaub weitergezahlt.

21 Vergütungen für **Bereitschaftsdienst, Rufbereitschaft, Hintergrunddienste, Notdienstpauschalen** uÄ. fließen in den Geldfaktor ein. Derartige Dienste sind keine Überstunden iSv. § 11 Abs. 1 Satz 1[4]. Bei einer Notdienstpauschale handelt es sich nicht um Aufwendungsersatz, sondern um Arbeitsentgelt für eine besondere Leistung des ArbN, nämlich für die Verpflichtung, sich außerhalb der regelmäßigen Arbeitszeit für den Arbeitseinsatz zur Verfügung zu halten[5].

22 **Zulagen und Zuschläge** im Referenzzeitraum sind Arbeitsentgelt iSv. § 11, es sei denn, sie werden allein als Ausgleich für konkrete Aufwendungen des ArbN (§ 670 BGB) gezahlt.

23 In die Berechnung des Geldfaktors sind daher einzubeziehen: Zuschläge für Nacht-, Sonn- und Feiertagsarbeit[6], sonstige Zulagen (zB Erschwernis- oder Gefahrenzuschläge; Schichtzulagen; Schmutzzulagen, die für unangenehme Arbeitsbedingungen gezahlt werden; um Aufwendungsersatz handelt es sich dagegen, wenn und soweit konkret zusätzliche Reinigungskosten ausgeglichen werden sollen)[7]. Zu beachten ist, dass die Vergütung im Referenzzeitraum geleistet sein muss. Wird sie erst später fällig, so kann sie nicht eingerechnet werden[8].

24 **Gratifikationen** und sonstige einmalige Zahlungen (zB Weihnachtsgeld, 13. Gehalt, Urlaubsgeld, Jubiläumszuwendung) sind weder anteilig noch dann zu berücksichtigen, wenn sie im Referenzzeitraum ausgezahlt werden, da diese Leistungen aufgrund der Gesamtarbeitszeit geleistet werden oder keinen Bezug zur erbrachten Arbeitsleistung haben[9].

25 **Einmalige tarifliche Ausgleichszahlungen** sind nur dann für die Berechnung der Urlaubsvergütung heranzuziehen, wenn sie wegen ihrer zeitlichen Zuordnung dem Entgelt des ArbN im Bezugszeitraum hinzuzurechnen sind. Dem TV müssen konkrete Anhaltspunkte dafür zu entnehmen sein, dass die Ausgleichszahlung deshalb auf den Referenzzeitraum zu verteilen ist, weil sie als anteilige Lohnerhöhung für diese Zeit gewährt werden soll[10].

26 **Aufwendungsersatz** (insb. Spesen und Fahrgeld, auch in pauschalierter Form) ist regelmäßig kein Arbeitsentgelt und kann deshalb das Urlaubsentgelt nicht erhöhen[11]. Das gilt auch für Fernauslösungen[12]. Nahauslösungen können im Einzelfall pauschales, zu versteuerndes und damit berücksichtigungsfähiges Entgelt sein[13].

27 c) **Mehrarbeit** (§ 11 Abs. 1 Satz 1 Halbs. 2). Bei der Einbeziehung der Mehrarbeit in die Urlaubsvergütung ist nach der Gesetzesänderung vom 25.9.1996 (Einfügung des § 11 Abs. 1 Satz 1 Halbs. 2) zwischen Geld- und Zeitfaktor zu unterscheiden.

28 Hinsichtlich des **Zeitfaktors** ist die Verpflichtung des ArbGeb nach § 1 BUrlG, das Entgelt für alle infolge der Arbeitsbefreiung ausfallenden Arbeitsstunden einschließlich der Überstunden zu vergüten[14], unberührt geblieben. § 11 Abs. 1 Satz 1 Halbs. 2 will verhindern, dass ein ArbN durch gezielte Leistung von Überstunden im Bezugszeitraum ein höheres Urlaubsentgelt erlangen kann. An dem Grundsatz, dass der ArbN nach § 1 Anspruch hat auf Fortzahlung des Entgelts für die Zeit, die er gearbeitet hätte, wenn er nicht urlaubsbedingt von der Arbeit freigestellt wäre, hat sich durch die Neufassung des § 11 nichts geändert. Dieses Ergebnis entspricht auch der Gesetzesbegründung[15]; danach ist Regelungsziel „die im Bezugszeitraum anfallenden Überstunden" herauszunehmen. Mit dem Hinweis auf den Bezugszeitraum ist allein der Geldfaktor, nicht aber der Zeitfaktor angesprochen.

---

1 ErfK/*Dörner*, § 11 BUrlG Rz. 16. | 2 ErfK/*Dörner*, § 11 BUrlG Rz. 19; *Leinemann/Linck*, § 11 BUrlG Rz. 38. | 3 BAG v. 17.1.1991 – 8 AZR 644/89, AP Nr. 30 zu § 11 BUrlG. | 4 BAG v. 24.10.2000 – 9 AZR 634/99, AP Nr. 50 zu § 11 BUrlG. | 5 BAG v. 21.3.1995 – 9 AZR 953/93, nv. | 6 BAG v. 12.1.1989 – 8 AZR 404/87, AP Nr. 13 zu § 47 BAT unter Aufgabe der früheren Rspr. | 7 *Leinemann/Linck*, § 11 BUrlG Rz. 33 mwN. | 8 Vgl. BAG v. 13.2.1996 – 9 AZR 798/93, AP Nr. 19 zu § 47 BAT; ErfK/*Dörner*, § 11 BUrlG Rz. 14. | 9 BAG v. 17.1.1991 – 8 AZR 644/89, AP Nr. 30 zu § 11 BUrlG; ErfK/*Dörner*, § 11 BUrlG Rz. 17; *Leinemann/Linck*, § 11 BUrlG Rz. 39. | 10 BAG v. 21.7.1988 – 8 AZR 331/86, AP Nr. 24 zu § 11 BUrlG. | 11 ErfK/*Dörner*, § 11 BUrlG Rz. 21; *Leinemann/Linck*, § 11 BUrlG Rz. 34. | 12 Vgl. BAG v. 28.1.1982 – 6 AZR 911/78, AP Nr. 11 zu § 2 LFZG = DB 1982, 1331; v. 15.6.1983 – 5 AZR 598/80, AP Nr. 12 zu § 2 LFZG = NJW 1984, 1838; ErfK/*Dörner*, § 11 BUrlG Rz. 17; *Leinemann/Linck*, § 11 BUrlG Rz. 39. | 13 ErfK/*Dörner*, § 11 BUrlG Rz. 17. | 14 Vgl. BAG v. 7.7.1988 – 8 AZR 472/86, AP Nr. 22 z § 11 BUrlG; v. 7.7.1988 – 8 AZR 198/88, AP Nr. 23 zu § 11 BUrlG = NZA 1989, 65. | 15 BT-Drs. 13/4612 S. 15.

Die Auswirkungen der gesetzlichen Neuregelung auf den **Geldfaktor** sind streitig. Nach Auffassung des BAG verliert der ArbN nur die als Zuschläge bezeichneten Zusatzleistungen, nicht jedoch den Anspruch, dass ihm die ausfallenden Überstunden in gleicher Weise wie die sonstigen ausfallenden Arbeitsstunden zu vergüten sind. 29

In der Lit. wird überwiegend die Auffassung vertreten, der Betrag, den der ArbN für Überstunden bekommen hat, bleibe grundsätzlich unberücksichtigt, und zwar nicht nur der Überstundenzuschlag, sondern auch der Grundbetrag[1]. Dies wird mit der grammatikalischen Auslegung der Vorschrift (Stellung des Wortes „zusätzlich" im angefügten Halbsatz) begründet. Hätte nur der Zuschlag entfallen sollen, hätte das Wort „zusätzlich" zwischen den Worten „Überstunden" und „gezahlten" eingeordnet werden müssen[2]. 30

Der letzteren Auffassung ist zuzustimmen. Das Urteil des BAG vom 9.11.1999 enthält zwar die Aussage, der ArbN habe durch die Neuregelung des § 11 nur den Anspruch auf Berücksichtigung der Überstundenzulagen verloren. Für diese Stellungnahme findet sich aber weder eine Begründung noch trägt sie die Entscheidung. Sie bleibt letztlich auch unklar, weil das BAG sich zuvor nur zur Frage der Berücksichtigung der Überstunden bei der Berechnung des Zeitfaktors verhalten hat[3]. Auch die Entscheidung des BAG vom 22.2.2000[4] bringt zu diesem Problem keinen Erkenntnisgewinn, da das BAG unter Hinweis auf das Urteil vom 9.11.1999 allein die (zutreffende) Auffassung vertritt, die Neufassung des § 11 Abs. 1 Satz 1 BUrlG habe den „gesetzlichen" Zeitfaktor unberührt gelassen. Zur Berücksichtigung von Überstunden im Referenzzeitraum für die Berechnung des Geldfaktors sagt die Entscheidung nichts. 31

Für die in der Lit. überwiegende Meinung spricht neben der grammatikalischen Auslegung auch Sinn und Zweck der Neuregelung sowie die Gesetzesgeschichte. § 11 Abs. 1 Satz 1 BUrlG ist geändert worden, um zu verhindern, dass ein ArbN durch gezielte Leistung von Überstunden im Bezugszeitraum ein höheres Urlaubsentgelt erlangen kann[5]. Diesem Anliegen des Gesetzgebers würde man nur zum (kleineren) Teil gerecht, wenn die Grundvergütung für im Referenzzeitraum geleistete Überstunden in die Berechnung der Urlaubsvergütung einflösse. Auch die amtliche Begründung ist in diesem Punkt eindeutig. Als Regelungsziel ist genannt, „die im Bezugszeitraum anfallenden Überstunden" herauszunehmen; da davon ausgegangen werden darf, dass dem Gesetzgeber der Unterschied zwischen Grundvergütung für Überstunden und Zuschlägen bekannt war, spricht die nicht weiter qualifizierte Ausnahme „der Überstunden" dafür, dass auch die Grundvergütung gemeint ist. 32

Anders ist es bei Ausgleichszahlungen nach § 37 Abs. 3 Satz 2 BetrVG, die wie Mehrarbeit zu berechnen sind. Sie gehören zum Arbeitsverdienst iSd. § 11 Abs. 1[6]. Die Rechtslage hat sich durch die Gesetzesänderung vom 25.9.1996 nicht geändert[7]. Die Ausgleichszahlung erfolgt nicht für geleistete Überstunden; vielmehr wird die für BR-Tätigkeit aufgewendete Zeit, die nicht durch Freizeit ausgeglichen werden kann, als Mehrarbeit fingiert. Dem Sinn der Neuregelung, eine Erhöhung des Urlaubsverdienstes durch gezielte Mehrarbeit im Referenzzeitraum zu verhindern, steht die Berücksichtigung der Ausgleichszahlungen nicht entgegen; auch verstößt sie nicht gegen das Begünstigungsverbot des § 78 Satz 2 BetrVG. Denn die BR-Mitglieder können auf solche Zahlungsansprüche keinen Einfluss nehmen. Eine zusätzliche Vergütung erhalten sie nur, wenn betriebsbedingte Gründe eine BR-Tätigkeit außerhalb der Arbeitszeit erzwungen haben und ein Freizeitausgleich aus betrieblichen Gründen objektiv unmöglich ist. Damit liegt es nicht in den Händen des BR-Mitglieds, einseitig die Rechtsfolge des § 37 Abs. 3 Satz 2 BetrVG herbeizuführen[8]. 33

d) **Berechnungszeitraum.** Das Urlaubsentgelt bemisst sich nach dem durchschnittlichen Arbeitsverdienst, den der ArbN in den letzten dreizehn Wochen vor dem Beginn des Urlaubs erhalten hat. Das Gesetz stellt also nicht auf den Arbeitsverdienst ab, den der ArbN für die im Bezugszeitraum erbrachte Leistung zu erhalten hatte, sondern auf den Arbeitsverdienst, der dem ArbN im Bezugszeitraum ausgezahlt wurde bzw. – bei Zahlungsverzug – fällig geworden ist. Zugrundezulegen sind die Arbeitsvergütungen, die der ArbN im Referenzzeitraum jeweils als Gegenleistung für seine Tätigkeit erhalten hat, auch wenn damit zeitlich früher liegende Arbeitsleistungen vergütet werden[9]. 34

Beispiel: Der ArbN macht vom 20. April bis 17. Mai Urlaub. Die Vergütung wird vereinbarungsgemäß jeweils am 10. des Folgemonats gezahlt. Der Märzgehalt zahlt der ArbGeb wegen eines zeitweisen Liquiditätsproblems erst am 22. April. – Die Urlaubsvergütung berechnet sich nach dem für die Monate Januar, Februar und März gezahlten (bzw. für März geschuldeten) Entgelt. Im Referenzzeitraum (21. Januar bis 21. April) sind die Gehälter für Januar, Februar und März fällig geworden. Dass mit dem Januargehalt auch Tage außerhalb des Referenzzeitraums (1. bis 20. Januar) abgegolten wurden, ist

---

1 ErfK/*Dörner*, § 11 BUrlG Rz. 12; *Dersch/Neumann*, § 11 BUrlG Rz. 44; Kasseler Handbuch/*Schütz*, 2. 4 Rz. 468.
2 ErfK/*Dörner*, § 11 BUrlG Rz. 12. | 3 So auch ErfK/*Dörner*, § 11 BUrlG Rz. 12. | 4 BAG v. 22.2.2000 – 9 AZR 107/99, AP Nr. 171 zu § 1 TVG – Tarifverträge: Metallindustrie. | 5 Insoweit zutr. BAG v. 9.11.1999 – 9 AZR 771/98, AP Nr. 47 zu § 11 BUrlG. | 6 BAG v. 11.1.1995 – 7 AZR 543/94, AP Nr. 103 zu § 37 BetrVG 1972.
| 7 ErfK/*Dörner*, § 11 BUrlG Rz. 13. | 8 BAG v. 11.1.1995 – 7 AZR 543/94, AP Nr. 103 zu § 37 BetrVG 1972.
| 9 BAG v. 24.11.1992 – 9 AZR 564/91, AP Nr. 34 zu § 11 BUrlG.

nach dem Gesetzeswortlaut unbeachtlich. Auch die sich für die Zeit vom 1. bis 21. April errechnende Vergütung ist irrelevant, da das Aprilgehalt erst nach Urlaubsbeginn fällig wird.

35 Für die Arbeitsvertragsparteien ist der Referenzzeitraum von 13 Wochen in jedem Fall verbindlich; sie können auch bei Schwierigkeiten der Berechnung nicht zum Nachteil des ArbN kürzere oder längere Zeiträume zugrunde legen. Das gilt insb. für stark schwankende Bezügen wie Provisionen (zur Abdingbarkeit s. Rz. 68)[1].

36 **e) Berechnung des durchschnittlichen Verdienstes.** Der für den Referenzzeitraum errechnete Gesamtbetrag muss im Regelfall auf einen Tagesverdienst umgerechnet werden, da Urlaub nicht stunden-, sondern tageweise gewährt wird[2]. Dazu ist der Gesamtbetrag der 13 Wochen durch die Zahl der Tage zu teilen, an denen der jeweilige ArbN im Referenzzeitraum zur Arbeit verpflichtet war (Divisor). Feiertage und bezahlte Krankheitstage sind nicht abzuziehen[3]. Dasselbe gilt für Urlaubstage, die im Referenzzeitraum gewährt und genommen sind (s. Rz. 11).

37 Bei gleich bleibender Arbeitszeit (zB Fünf-Tage-Woche) ergibt sich daraus folgende Formel: Gesamtverdienst im Referenzzeitraum : (13 Wochen x 5 Tage pro Woche =) 65 = Vergütung pro Urlaubstag. Bei Teilzeitkräften (zB 2-Tage-Woche) lautet die Formel dementsprechend: Gesamtverdienst : (13 x 2 =) 26 = Vergütung pro Urlaubstag.

38 In **flexiblen Arbeitszeitsystemen** gilt die Formel entsprechend, wenn nicht im TV zulässigerweise (s. Rz. 68) eine andere Berechnung vorgeschrieben ist. Ist die Arbeitszeit an einzelnen Tagen unterschiedlich, so muss die Berechnung des Zeit- wie des Geldfaktors ggf. stundenweise erfolgen[4].

39 **3. Berechnung des Zeitfaktors.** Für den Zeitfaktor ist die Arbeitszeit zu ermitteln, die konkret dadurch ausgefallen ist, dass der ArbN von der Arbeitsleistung befreit wurde. Hierbei sind auch die **Überstunden** zu berücksichtigen, die der ArbN geleistet hätte, wenn er nicht freigestellt worden wäre[5] (s. Rz. 28). Bei gleich bleibender Arbeitszeit und fester regelmäßiger Vergütung ergeben sich keine Berechnungsprobleme, da das laufende Entgelt weitergezahlt wird.

40 Bei **flexiblen Arbeitszeitmodellen** sind – falls nicht tarifliche Regelungen bestehen – wie bei der Berechnung der Urlaubstage (vgl. § 3 Rz. 18 ff.) nur die Tage zu bewerten, an denen der ArbN tatsächlich hätte arbeiten müssen. Tage, in denen ArbN nicht zur Arbeit verpflichtet sind (Freischichten, Rolliertage uÄ) werden daher nicht berücksichtigt[6]; das gilt auch dann, wenn die Freischichten dadurch „verdient" wurden, dass in vorherigen Wochen eine höhere Arbeitsleistung erbracht worden ist[7]. Wäre die Arbeitszeit an den einzelnen Urlaubstagen unterschiedlich gewesen, ist die Zahl der ausfallenden Stunden zu berechnen[8].

41 **4. Verdiensterhöhungen und -kürzungen. a) Verdiensterhöhungen.** Nach § 11 Abs. 1 Satz 2 sind abweichend vom Referenzprinzip Verdiensterhöhungen nicht nur vorübergehender Natur, die während des Berechnungszeitraums oder des Urlaubs eintreten, bei der Berechnung des Urlaubsentgelts zu berücksichtigen. Damit sind nur Gehaltserhöhungen (durch Änderung eines TV, Höhergruppierung, dauerhafte Zahlung einer Zulage, Wechsel vom Ausbildungs- in ein Arbeitsverhältnis[9] oÄ) gemeint[10]. Verdiensterhöhungen aus Mehrarbeitsstunden fallen nicht hierunter, auch wenn die häufig geleistet werden; sie bleiben „vorübergehend", weil sie nicht zur regelmäßigen Arbeitszeit gehören[11]. Eine dauerhafte Erhöhung der Arbeitszeit (zB Übergang von Teilzeit- zu Vollzeitarbeit) betrifft nicht den Geld-, sondern den Zeitfaktor[12].

42 Nach dem eindeutigen Wortlaut des § 11 Abs. 1 Satz 2 wirken die während des Referenzzeitraums oder während des Urlaubs eintretenden Verdiensterhöhungen auf den Beginn des Referenzzeitraums zurück[13]. Für die Berechnung der Arbeitsvergütung ist daher auch dann für den gesamten Berechnungszeitraum von dem erhöhten Verdienst auszugehen, wenn die Verdiensterhöhung erst während des Urlaubs erfolgt; in diesem Fall ist das Urlaubsentgelt neu zu berechnen und der erhöhte Betrag ggf. nachzuzahlen.

43 **b) Verdienstkürzungen.** Durch § 11 Abs. 1 Satz 3 wird das Referenzprinzip weiter zugunsten des ArbN modifiziert; Verdienstkürzungen, die während des Berechnungszeitraums eintreten, bleiben un-

---

1 ErfK/*Dörner*, § 11 BUrlG Rz. 22; *Leinemann/Linck*, § 11 BUrlG Rz. 49. | 2 ErfK/*Dörner*, § 11 BUrlG Rz. 25. | 3 BAG v. 24.11.1992 – 9 AZR 564/91, AP Nr. 34 zu § 11 BUrlG; ErfK/*Dörner*, § 11 BUrlG Rz. 26. | 4 *Leinemann/Linck*, § 11 BUrlG Rz. 56; Kasseler Handbuch/*Schütz*, 2. 4 Rz. 497; *Busch*, NZA 1996, 1246; vgl. auch BAG v. 7.7.1988 – 8 AZR 198/88, AP Nr. 23 zu § 11 BUrlG. | 5 BAG v. 9.11.1999 – 9 AZR 771/98, AP Nr. 47 zu § 11 BUrlG; v. 22.2.2000 – 9 AZR 107/99, AP Nr. 171 zu § 1 TVG – Tarifverträge: Metallindustrie; insoweit zust. ErfK/*Dörner*, § 11 BUrlG Rz. 31. | 6 BAG v. 18.11.1988 – 8 AZR 238/88, AP Nr. 27 zu § 11 BUrlG. | 7 BAG v. 8.11.1994 – 9 AZR 477/91, AP Nr. 122 zu § 1 TVG – Tarifverträge Metallindustrie; ErfK/*Dörner*, § 11 BUrlG Rz. 32. | 8 S. BAG v. 7.7.1988 – 8 AZR 198/88, AP Nr. 23 zu § 11 BUrlG; *Leinemann/Linck*, § 11 BUrlG Rz. 76. | 9 *Leinemann/Linck*, § 11 BUrlG Rz. 58. | 10 ErfK/*Dörner*, § 11 BUrlG Rz. 34; *Leinemann/Linck*, § 11 BUrlG Rz. 58. | 11 ErfK/*Dörner*, § 11 BUrlG Rz. 34; *Leinemann/Linck*, § 11 BUrlG Rz. 57. | 12 *Leinemann/Linck*, § 11 BUrlG Rz. 58; vgl. dazu BAG v. 28.4.1998 – 9 AZR 314/97, AP Nr. 7 zu § 3 BUrlG. | 13 *Leinemann/Linck*, § 11 BUrlG Rz. 59 f.; Kasseler Handbuch/*Schütz*, 2. 4 Rz. 500; MünchArbR/*Leinemann*, § 90 Rz. 24; GK-BUrlG/*Stahlhacke*, § 11 Rz. 46; aA *Dersch/Neumann*, § 11 BUrlG Rz. 15.

berücksichtigt, wenn sie auf Kurzarbeit, Arbeitsausfällen oder unverschuldeter Arbeitsversäumnis beruhen. Allerdings gilt diese Regelung – anders als Satz 2 – nur für den Berechnungszeitraum, nicht für die Zeit des Urlaubs. Kurzarbeit während des Urlaubs ist daher von Satz 3 nicht erfasst. Die in Satz 3 genannten Tatbestände – Kurzarbeit, unverschuldete Arbeitsversäumnis und Arbeitsausfälle – sind abschließend aufgezählt; Verdienstkürzungen aus anderen Gründen sind in die Feststellung des Geldfaktors nicht einzuberechnen[1].

aa) Kurzarbeit. Leistet der ArbN im Referenzzeitraum Kurzarbeit, würde dies ohne die Vorschrift des Satzes 3 den Tagesdurchschnitt des Geldfaktors mindern, weil das Kug nach §§ 169 ff. SGB III nicht Arbeitsverdienst iSd. § 11 Abs. 1 Satz 1 ist. Die Norm bewirkt, dass die infolge Kurzarbeit ausgefallenen Arbeitstage nicht abgezogen werden, sondern der ArbN so zu stellen ist, als hätte er voll gearbeitet. Dabei sind die Kurzarbeitstage mit dem Geldbetrag zu berücksichtigen, den der ArbN ohne Kurzarbeit erhalten hätte. So wird für den späteren Urlaub ein Entgelt zugrunde gelegt, als hätte es den Kürzungstatbestand nicht gegeben[2]. 44

Wird Kurzarbeit während des Urlaubs durchgeführt, ist nach der Art der Kurzarbeit zu unterscheiden. Fällt die Arbeit an einem oder mehreren Tagen während des Urlaubs kurzarbeitsbedingt völlig aus (Kurzarbeit null), kann an diesen Tagen keine Freistellung und damit keine Urlaubserfüllung erfolgen. Der ArbN erhält für diese Tage kein Urlaubsentgelt, sondern die Leistungen der BA (ggf. zuzüglich des in einer BV vorgesehenen Aufstockungsbetrags des ArbGeb)[3]. 45

Wird die Kurzarbeit null vor Gewährung des Urlaubs angeordnet, bleiben dem ArbN die auf die Kurzarbeitszeit entfallenden Urlaubstage erhalten, da ein Erlöschen durch Erfüllung nicht möglich und eine Konkretisierung noch nicht eingetreten ist[4]. Allerdings ist zu beachten, dass die Kurzarbeitstage bei der Berechnung der Urlaubsdauer in der Kurzarbeitsperiode berücksichtigt werden müssen (zur Berechnung im Einzelnen s. § 3 Rz. 38 f.). 46

Ist hingegen der Urlaub vor Anordnung der Kurzarbeit bereits festgelegt und damit auf einen bestimmten Zeitraum konkretisiert, so wird die Erfüllung an den Tagen der Kurzarbeit null unmöglich. Der Urlaubsanspruch geht unter; eine Nachgewährungspflicht nach § 9 trifft den ArbGeb nicht[5]. 47

Verringert sich nur die Arbeitszeit pro Arbeitstag, wird der Urlaubsanspruch erfüllt, der Entgeltanspruch aber entsprechend gekürzt, da sich der Zeitfaktor um die Kurzarbeitsstunden verringert[6]. 48

bb) Unverschuldete Arbeitsversäumnis. Unverschuldete Arbeitsversäumnis liegt bei Arbeitsunfähigkeit ohne Entgeltfortzahlungsanspruch, Freistellung (Sonderurlaub) ohne Vergütungsanspruch, Wahrnehmung ehrenamtlicher Tätigkeiten, sonstigen Fällen der nicht verschuldeten Unzumutbarkeit iSv. § 275 Abs. 3 BGB uÄ vor. 49

Zeiten verschuldeter Arbeitsversäumnis mindern dagegen den Geldfaktor; der Divisor (Rz. 36) wird nicht um die Fehltage verringert, in den Gesamtbetrag der Vergütung wird das für die Fehltage nicht geschuldete Entgelt nicht aufgenommen. 50

cc) Arbeitsausfälle. Arbeitsausfälle im Referenzzeitraum ohne Vergütungsanspruch würden ebenfalls den Geldfaktor mindern; dies will § 11 Abs. 1 Satz 3 verhindern. Diese Zeiten werden bei der Berechnung des Geldfaktors wie Arbeitstage mit Entgeltanspruch behandelt[7]. Für Arbeitsausfälle, die den Vergütungsanspruch unberührt lassen (s. § 615 Satz 3 BGB – Betriebsrisiko des ArbGeb), ist Satz 3 nicht erforderlich, da in diesen Fällen keine Verdienstkürzung eintritt[8]. 51

Ein Arbeitsausfall iSd. Satzes 3 ist die Teilnahme an einem **rechtmäßigen Streik** oder die Betroffenheit von einer rechtmäßigen **Aussperrung** im Referenzzeitraum (zu den Auswirkungen eines Arbeitskampfes auf den Urlaubsanspruch s. § 1 Rz. 28 ff.; § 3 Rz. 42 ff.). Durch Streik oder rechtmäßige Aussperrung entfällt der Vergütungsanspruch; für das Urlaubsentgelt wird der ArbN so gestellt, als hätte er gearbeitet. 52

Durch eine **rechtswidrige Aussperrung** wird der Vergütungsanspruch nicht gemindert; eines Rückgriffs auf Satz 3 bedarf es daher nicht. Nimmt der ArbN an einem rechtswidrigen Streik teil, ist die Urlaubsvergütung wie im Falle verschuldeter Arbeitsversäumnis zu kürzen[9]. 53

III. Fälligkeit (§ 11 Abs. 2). § 11 Abs. 2 bestimmt die Fälligkeit der Urlaubsvergütung auf den Beginn des Urlaubs. Diese Abweichung von der gesetzlichen Fälligkeitsregelung in § 614 BGB hat auf die Wirk- 54

---

1 ErfK/*Dörner*, § 11 BUrlG Rz. 36. | 2 ErfK/*Dörner*, § 11 BUrlG Rz. 38; *Leinemann/Linck*, § 11 BUrlG Rz. 62; Kasseler Handbuch/*Schütz*, 2. 4 Rz. 504. | 3 ErfK/*Dörner*, § 11 BUrlG Rz. 39; *Leinemann/Linck*, § 11 BUrlG Rz. 63 ff.; Kasseler Handbuch/*Schütz*, 2. 4 Rz. 506. | 4 ErfK/*Dörner*, § 3 BUrlG Rz. 35; *Leinemann/Linck*, § 3 BUrlG Rz. 62 ff.; Kasseler Handbuch/*Schütz*, 2. 4 Rz. 147; aA GK-BUrlG/*Bleistein*, § 3 Rz. 13; *Dersch/Neumann*, § 3 BUrlG Rz. 48; s. auch § 3 BUrlG Rz. 29 ff. | 5 ErfK/*Dörner*, § 3 BUrlG Rz. 35 f.; *Leinemann/Linck*, § 3 BUrlG Rz. 67 ff.; Kasseler Handbuch/*Schütz*, 2. 4 Rz. 148 f. | 6 ErfK/*Dörner*, § 11 BUrlG Rz. 39; *Leinemann/Linck*, § 11 BUrlG Rz. 66. | 7 ErfK/*Dörner*, § 11 BUrlG Rz. 42. | 8 *Leinemann/Linck*, § 11 BUrlG Rz. 67; unklar GK-BUrlG/*Stahlhacke*, § 11 Rz. 59; *Dersch/Neumann*, § 11 BUrlG Rz. 53. | 9 ErfK/*Dörner*, § 11 BUrlG Rz. 43; *Leinemann/Linck*, § 11 BUrlG Rz. 69; aA *Dersch/Neumann*, § 11 BUrlG Rz. 54.

samkeit der Urlaubserteilung keinen Einfluss. Sie bedeutet nur, dass der ArbGeb sich mit der ihm obliegenden Lohnzahlungsverpflichtung in Verzug befindet, wenn er nicht vor Urlaubsantritt das für die Urlaubszeit weiterzugewährende Entgelt auszahlt; Voraussetzung dafür, dass der Urlaubsanspruch erfüllt wird, ist die Zahlung des Entgelts vor Urlaubsantritt jedoch nicht[1]. Ein Annahmeverweigerungsrecht des ArbN hinsichtlich der Urlaubserteilung ergibt sich aus einer verspäteten Zahlung der Urlaubsvergütung nicht[2].

55 Dem ArbN kann daraus, dass der ArbGeb erst später den Lohnanspruch des ArbN erfüllt, allenfalls ein Schadenersatzanspruch wegen Verzuges entstehen. Die in der Praxis häufig zu beobachtende Verletzung dieser Vorschrift bleibt damit weitgehend folgenlos.

56 **IV. Zusätzliches Urlaubsgeld.** Ein Anspruch auf ein zusätzliches Urlaubsgeld ergibt sich nicht aus dem Gesetz. Anspruchsgrundlage kann ein TV, in den Grenzen des § 77 Abs. 3 BetrVG eine BV, der Arbeitsvertrag, eine betriebliche Übung oder der arbeitsrechtliche Gleichbehandlungsgrundsatz sein. Auch die Begriffe sind nicht einheitlich; gelegentlich ist von Urlaubsgratifikation, 13. Gehalt oÄ die Rede.

57 Die Parteien der Zusage über das zusätzliche Urlaubsgeld sind im Rahmen des geltenden höherrangigen Rechts frei, Inhalt und Umfang der zusätzlichen Leistung zu bestimmen[3]. Insbesondere sind die Diskriminierungsverbote des EG-Rechts, des GG und des TzBfG zu beachten[4]. Wird ein ArbN unter Verletzung höherrangigen Rechts vom Bezug eines zusätzlichen Urlaubsgeldes ausgenommen, so ist nicht die Zusage insgesamt, sondern nur die Ausschlussnorm nichtig. Der ArbN ist so zu behandeln, als sei er nicht ausgenommen worden[5].

58 In TV finden sich die unterschiedlichsten Ausgestaltungen der anspruchsbegründenden Tatsachen, Rückzahlungsbestimmungen und Ausschlussklauseln. Das BAG hat hierzu eine Reihe von Auslegungsgrundsätzen aufgestellt: Wird das Urlaubsgeld als Teil oder Aufschlag zum Urlaubsentgelt zugesagt, ist es Teil einer aus Urlaubsentgelt und zusätzlichem Urlaubsgeld bestehenden Urlaubsvergütung. Im Zweifel gelten für den einheitlichen Betrag dieselben Regeln über Entstehung[6], Inhalt und Umfang[7]. Ist das zusätzliche Urlaubsgeld so ausgestaltet, dass darauf unabhängig vom gewährten Urlaub ein Anspruch besteht, kann der Anspruch auf das volle Urlaubsgeld begründet sein, obwohl der Urlaubsanspruch wegen Elternzeit nach § 17 Abs. 1 BErzGG gekürzt werden darf[8]. Findet sich keine abweichende Regelung, so fällt das Urlaubsgeld auch für den gesetzlichen Zusatzurlaub an[9].

59 Das Urlaubsgeld kann uneingeschränkt einer tariflichen Ausschlussfrist unterliegen[10].

60 **V. Vererbbarkeit, Abtretung, Pfändung.** Ansprüche auf Urlaubsentgelt für genommenen Urlaub sowie auf zusätzliches Urlaubsgeld können vererbt werden[11].

61 Das Urlaubsentgelt unterliegt als normaler Vergütungsanspruch der Vorschrift des § 850c ZPO; insoweit kann gepfändet, abgetreten und aufgerechnet werden[12]. Das zusätzliche Urlaubsgeld ist nach Maßgabe des § 850a Nr. 2 ZPO unpfändbar und damit nicht abtretbar[13]. Bei einem Anspruch auf eine einheitliche Urlaubsvergütung, die aus Urlaubsentgelt und Urlaubsgeld besteht, muss der unpfändbare Teil abgezogen werden, bevor der pfändbare Nettobetrag aus dem Urlaubsentgelt errechnet werden kann[14].

62 **VI. Verlust der Ansprüche. 1. Verzicht.** Wegen § 13 Abs. 1 kann auf das Urlaubsentgelt nicht verzichtet werden. § 13 Abs. 1 iVm. § 1 („bezahlter Erholungsurlaub") schützt das Urlaubsentgelt für den gesetzlichen Mindesturlaub, § 4 Abs. 4 TVG dasjenige für den tariflichen Mehrurlaub in besonderer Weise. Der ArbN kann daher auf seinen Entgeltanspruch weder vorab noch nach Erhalt des Urlaubs verzichten; das gilt gleichermaßen für einen Erlassvertrag, ein negatives Schuldanerkenntnis oder einen Vergleich[15]. Ebenso unwirksam sind einzelvertragliche Vereinbarungen vor Begründung des Anspruchs, wonach ein ArbN während des Urlaubs eine geringere Vergütung erhält als das Gesetz vorschreibt[16].

---

1 BAG v. 18.12.1986 – 8 AZR 481/84, AP Nr. 19 zu § 11 BUrlG. | 2 ErfK/*Dörner*, § 11 BUrlG Rz. 45; *Leinemann/Linck*, § 11 BUrlG Rz. 82; Kasseler Handbuch/*Schütz*, 2. 4 Rz. 521; aA *Dersch/Neumann*, § 11 BUrlG Rz. 80. | 3 BAG v. 6.9.1994 – 9 AZR 92/93, AP Nr. 50 zu § 1 TVG – Tarifverträge: Einzelhandel. | 4 Vgl. BAG v. 23.4.1996 – 9 AZR 696/94, AP Nr. 7 zu § 17 BErzGG; v. 15.11.1990 – 8 AZR 283/89, AP Nr. 11 zu § 2 BeschFG 1985. | 5 BAG v. 23.4.1996 – 9 AZR 696/94, AP Nr. 7 zu § 17 BErzGG. | 6 BAG v. 14.8.1996 – 10 AZR 70/96, AP Nr. 19 zu § 15 BErzGG; v. 21.10.1997 – 9 AZR 255/96, AP Nr. 5 zu § 1 TVG – Tarifverträge Schuhindustrie. | 7 BAG v. 28.7.1992 – 9 AZR 340/91, AP Nr. 3 zu § 17 BErzGG. | 8 BAG v. 6.9.1994 – 9 AZR 92/93, AP Nr. 50 zu § 1 TVG – Tarifverträge: Einzelhandel; v. 14.8.1996 – 10 AZR 70/96, AP Nr. 19 zu § 15 BErzGG. | 9 BAG v. 23.1.1996 – 9 AZR 891/94, AP Nr. 9 zu § 47 SchwbG 1986. | 10 BAG v. 9.8.1994 – 9 AZR 557/93 nv.; ErfK/*Dörner*, § 11 BUrlG Rz. 49. | 11 ErfK/*Dörner*, § 11 BUrlG Rz. 50; *Leinemann/Linck*, § 11 BUrlG Rz. 95. | 12 BAG v. 11.1.1990 – 8 AZR 440/88, AP Nr. 1 zu § 4 TVG – Gemeinsame Einrichtungen; v. 20.6.2000 – 9 AZR 405/99, AP Nr. 28 zu § 7 BUrlG; ErfK/*Dörner*, § 11 BUrlG Rz. 51; *Leinemann/Linck*, § 11 BUrlG Rz. 96; aA *Dersch/Neumann*, § 11 BUrlG Rz. 76. | 13 S. *Pfeifer*, NZA 1996, 738, 739. | 14 ErfK/*Dörner*, § 11 BUrlG Rz. 52; *Leinemann/Linck*, § 11 BUrlG Rz. 97. | 15 BAG v. 20.1.1998 – 9 AZR 812/96, AP Nr. 45 zu § 13 BUrlG; ErfK/*Dörner*, § 11 BUrlG Rz. 53; *Leinemann/Linck*, § 11 BUrlG Rz. 99. | 16 BAG v. 31.5.1990 – 8 AZR 132/89, AP Nr. 11 zu § 13 BUrlG – Unabdingbarkeit.

Das zusätzliche Urlaubsgeld ist von § 13 Abs. 1 nicht erfasst; deshalb kann insoweit ein Vergleich oder eine Ausgleichsquittung wirksam sein, wenn es sich nicht um tarifliche Ansprüche handelt (hier ist wiederum § 4 Abs. 4 TVG zu beachten)[1]. 63

2. Verwirkung und Verjährung. Ansprüche auf Urlaubsentgelt und Urlaubsgeld unterliegen grundsätzlich wie andere Ansprüche der Verwirkung (§ 242 BGB), wenn Zeitmoment und Umstandsmoment (schutzwertes Vertrauen darauf, dass der ArbN diese Ansprüche nicht mehr geltend machen werde) vorliegen. In der arbeitsgerichtlichen Praxis scheitert der Einwand der Verwirkung regelmäßig daran, dass der ArbGeb besondere Umstände, die das schutzwürdige Vertrauen begründen könnten, nicht darlegt. 64

Die Ansprüche verjähren gem. § 195 BGB nach drei Jahren; die Verjährungsfrist beginnt im Regelfall mit dem Schluss des Jahres, in dem der Anspruch entstanden ist, § 199 Abs. 1 BGB, da der ArbN regelmäßig von den anspruchsbegründenden Tatsachen Kenntnis haben wird (§ 199 Abs. 1 Ziff. 2 BGB); Unkenntnis der Rechtslage ist unerheblich[2]. 65

3. Verfall. Tarifliche Ausschlussklauseln können den Urlaubsentgeltanspruch – auch soweit er für den gesetzlichen Mindesturlaub geschuldet ist – erfassen[3]. Dem steht die Rspr. des BAG (s. § 7 Rz. 125 f.) zur Unwirksamkeit tariflicher Ausschlussklauseln, soweit sie den gesetzlichen Mindesturlaub erfassen, nicht entgegen. Denn der Anspruch auf Urlaubsentgelt ist der während der Urlaubsgewährung weiterbestehende Anspruch auf Arbeitsentgelt nach § 611 BGB. Er unterscheidet sich deshalb hinsichtlich der Anwendbarkeit von Ausschlussfristen nicht von sonstigen Entgeltansprüchen nach § 611 BGB. Er kann somit – obwohl es sich um einen gesetzlich geregelten unabdingbaren Anspruch handelt – verfallen[4]. 66

Für die Frage, ob und wieweit eine tarifliche Ausschlussklausel den Urlaubsentgelt- oder -geldanspruch erfasst, hat das BAG einige Auslegungsgrundsätze aufgestellt: Haben die TV-Parteien den Anspruch auf ein zusätzliches Urlaubsgeld geregelt, so ist im Zweifel anzunehmen, dass innerhalb der für tarifliche Geldansprüche vereinbarten Verfallfrist alle mit der Berechnung und Zahlung des Urlaubsgelds zusammenhängenden Fragen geklärt werden sollen. Dazu gehören insb. Streitigkeiten über die zutreffende Forderungshöhe. Nach Ablauf der Ausschlussfrist ist sowohl die Geltendmachung einer nicht vollständigen Erfüllung des Anspruchs als auch einer Überzahlung ausgeschlossen[5]. Ist in einer tariflichen Bestimmung der Verfall der Urlaubs- und Urlaubsabgeltungsansprüche geregelt und wird weder zwischen Urlaubsentgelt und Urlaubsgeld noch zwischen bereits erhaltenen und noch offenem Urlaub unterschieden (s. zB § 8 Nr. 8 BRTV Bau), betrifft sie alle Ansprüche, die mit dem Erholungsurlaub in Zusammenhang stehen, also auch Urlaubsvergütung und zusätzliches Urlaubsgeld. Eine kürzere allgemeine tarifliche Ausschlussfrist (zB § 16 BRTV Bau) wird verdrängt[6]. 67

VII. Abdingbarkeit. Nach § 13 Abs. 1 Satz 1 können TV von § 11 auch zuungunsten der ArbN abweichen. Allerdings ist zu beachten, dass Abweichungen von §§ 1, 2 und 3 Abs. 1 zuungunsten der ArbN unzulässig sind. § 1 enthält nicht nur den Grundsatz des „bezahlten Erholungsurlaubs", sondern erhält auch dem ArbN den Vergütungsanspruch trotz Nichtleistung der Arbeit während des Urlaubs. Daraus folgt, dass der Anspruch des ArbN auf Vergütung und Abgeltung der während des Mindesturlaubs ausfallenden Arbeitsstunden von dem in § 13 Abs. 1 Satz 1 iVm. § 1 enthaltenen Abweichungsverbot erfasst wird. Eine Tarifvorschrift, die im Urlaubszeitraum zu leistende Überstunden bei der Berechnung des Zeitfaktors unberücksichtigt lässt, ist daher unwirksam[7]. Hinsichtlich des tariflichen Mehrurlaubs sind die TV-Parteien an die gesetzlichen Vorgaben nicht gebunden. 68

Die TV-Parteien machen von ihrer Gestaltungsfreiheit bei der Berechnung des Geldfaktors und des Zeitfaktors regelmäßig Gebrauch; hierzu gibt es eine umfangreiche Kasuistik des BAG[8]. Zu den Einzelheiten s. § 13 Rz. 56. 69

12 Urlaub im Bereich der Heimarbeit

Für die in Heimarbeit Beschäftigten und die ihnen nach § 1 Abs. 2 Buchstaben a bis c des Heimarbeitsgesetzes Gleichgestellten, für die die Urlaubsregelung nicht ausdrücklich von der Gleichstellung ausgenommen ist, gelten die vorstehenden Bestimmungen mit Ausnahme der §§ 4 bis 6, 7 Abs. 3 und 4 und § 11 nach Maßgabe der folgenden Bestimmungen:

1. Heimarbeiter (§ 1 Abs. 1 Buchstabe a des Heimarbeitsgesetzes) und nach § 1 Abs. 2 Buchstabe a des Heimarbeitsgesetzes Gleichgestellte erhalten von ihrem Auftraggeber oder, falls sie von einem Zwischenmeister beschäftigt werden, von diesem bei einem Anspruch auf 24 Werktage ein Urlaubsent-

---

1 ErfK/*Dörner*, § 11 BUrlG Rz. 54. |2 Anwaltkommentar Schuldrecht/*Mansel*, § 199 BGB Rz. 46 mwN. |3 BAG v. 22.1.2002 – 9 AZR 601/00, DB 2002, 1835; ErfK/*Dörner*, § 11 BUrlG Rz. 57; *Leinemann/Linck*, § 11 BUrlG Rz. 103. |4 BAG v. 22.1.2002 – 9 AZR 601/00, DB 2002, 1835. |5 BAG v. 19.1.1999 – 9 AZR 637/97, AP Nr. 34 zu § 1 TVG – Tarifverträge: Druckindustrie. |6 BAG v. 28.4.1998 – 9 AZR 164/97, AP Nr. 211 zu § 1 TVG – Tarifverträge: Bau. |7 BAG v. 22.2.2000 – 9 AZR 107/99, AP Nr. 171 zu § 1 TVG – Tarifverträge: Metallindustrie. |8 S. die Auflistung bei *Leinemann/Linck*, § 11 BUrlG Rz. 108 f. und § 13 BUrlG Rz. 105 ff.

gelt von 9,1 vom Hundert des in der Zeit vom 1. Mai bis zum 30. April des folgenden Jahres oder bis zur Beendigung des Beschäftigungsverhältnisses verdienten Arbeitsentgelts vor Abzug der Steuern und Sozialversicherungsbeiträge ohne Unkostenzuschlag und ohne die für den Lohnausfall an Feiertagen, den Arbeitsausfall infolge Krankheit und den Urlaub zu leistenden Zahlungen.

2. War der Anspruchsberechtigte im Berechnungszeitraum nicht ständig beschäftigt, so brauchen unbeschadet des Anspruches auf Urlaubsentgelt nach Nummer 1 nur so viele Urlaubstage gegeben zu werden, wie durchschnittliche Tagesverdienste, die er in der Regel erzielt hat, in dem Urlaubsentgelt nach Nummer 1 enthalten sind.

3. Das Urlaubsentgelt für die in Nummer 1 bezeichneten Personen soll erst bei der letzten Entgeltzahlung vor Antritt des Urlaubs ausgezahlt werden.

4. Hausgewerbetreibende (§ 1 Abs. 1 Buchstabe b des Heimarbeitsgesetzes) und nach § 1 Abs. 2 Buchstaben b und c des Heimarbeitsgesetzes Gleichgestellte erhalten von ihrem Auftraggeber oder, falls sie von einem Zwischenmeister beschäftigt werden, von diesem als eigenes Urlaubsentgelt und zur Sicherung der Urlaubsansprüche der von ihnen Beschäftigten einen Betrag von 9,1 vom Hundert des an sie ausgezahlten Arbeitsentgelts vor Abzug der Steuern und Sozialversicherungsbeiträge ohne Unkostenzuschlag und ohne die für den Lohnausfall an Feiertagen, den Arbeitsausfall infolge Krankheit und den Urlaub zu leistenden Zahlungen.

5. Zwischenmeister, die den in Heimarbeit Beschäftigten nach § 1 Abs. 2 Buchstabe d des Heimarbeitsgesetzes gleichgestellt sind, haben gegen ihren Auftraggeber Anspruch auf die von ihnen nach den Nummern 1 und 4 nachweislich zu zahlenden Beträge.

6. Die Beträge nach den Nummern 1, 4 und 5 sind gesondert im Entgeltbeleg auszuweisen.

7. Durch Tarifvertrag kann bestimmt werden, dass Heimarbeiter (§ 1 Abs. 1 Buchstabe a des Heimarbeitsgesetzes), die nur für einen Auftraggeber tätig sind und tariflich allgemein wie Betriebsarbeiter behandelt werden, Urlaub nach den allgemeinen Urlaubsbestimmungen erhalten.

8. Auf die in den Nummern 1, 4 und 5 vorgesehenen Beträge finden die §§ 23 bis 25, 27 und 28 und auf die in den Nummern 1 und 4 vorgesehenen Beträge außerdem § 21 Abs. 2 des Heimarbeitsgesetzes entsprechende Anwendung. Für die Urlaubsansprüche der fremden Hilfskräfte der in Nummer 4 genannten Personen gilt § 26 des Heimarbeitsgesetzes entsprechend.

1 **I. Zweck der Vorschrift.** Die urlaubsrechtlichen Sonderregelungen in § 12 sollen den tatsächlichen und rechtlichen Verhältnissen der Heimarbeit Rechnung tragen.

2 Bei der Definition der urlaubsberechtigten ArbN hat der Gesetzgeber in § 2 Satz 2 letzter Halbs. die Heimarbeiter ausgenommen und stattdessen für diesen Personenkreis ein besondere Vorschrift geschaffen.

3 **II. Persönlicher Geltungsbereich.** § 12 gilt für die in Heimarbeit Beschäftigten iSd. Legaldefinition des § 1 Abs. 1 HAG und die ihnen nach § 1 Abs. 2 Buchst. a) bis c) Gleichgestellten.

4 **Heimarbeiter** ist gem. § 2 Abs. 1 HAG, wer in selbstgewählter Arbeitsstätte (eigener Wohnung oder selbstgewählter Betriebsstätte) allein oder mit den in § 2 Abs. 5 HAG genannten Familienangehörigen im Auftrag von Gewerbetreibenden oder Zwischenmeistern erwerbsmäßig arbeitet, jedoch die Verwertung der Arbeitsergebnisse dem unmittelbar oder mittelbar auftraggebenden Gewerbetreibenden überlässt. Dem steht nicht entgegen, dass der Heimarbeiter die Roh- und Hilfsstoffe selbst beschafft.

5 **Hausgewerbetreibender** iSd. HAG ist, wer in eigener Arbeitsstätte (eigener Wohnung oder Betriebsstätte) mit nicht mehr als zwei fremden Hilfskräften oder Heimarbeitern im Auftrag von Gewerbetreibenden oder Zwischenmeistern Waren herstellt, bearbeitet oder verpackt, wobei er selbst wesentlich am Stück mitarbeitet, jedoch die Verwertung der Arbeitsergebnisse dem unmittelbar oder mittelbar auftraggebenden Gewerbetreibenden überlässt. Für Hausgewerbetreibende mit mehr als zwei Hilfskräften gilt § 12 nicht unmittelbar, sondern nur nach Gleichstellung gem. § 1 Abs. 4 HAG, wenn die Urlaubsregelungen nicht von der Gleichstellung ausgenommen sind.

6 **Heimarbeiterähnliche Personen**, Hausgewerbetreibende mit mehr als zwei Hilfskräften sowie Lohngewerbetreibende (§ 1 Abs. 2 Buchst. a) bis c) HAG) können Heimarbeitern gleichgestellt werden, wenn sie entsprechend schutzbedürftig sind. Von der Gleichstellung können aber die Urlaubsregelungen in § 12 ausgenommen werden, § 12 Eingangssatz. Für gleichgestellte Zwischenmeister (§ 1 Abs. 2 Buchst. d) gilt die Sonderregelung in § 12 Nr. 5.

7 **III. Inhalt der Vorschrift.** Nach § 12 Einleitungssatz sind die Bestimmungen der §§ 4 bis 6, 7 Abs. 3 und 4 und § 11 für die in Heimarbeit Beschäftigten nicht anzuwenden; die übrigen Vorschriften des BUrlG gelten mit den Maßgaben der Nummern 1 bis 8.

8 **1. Nicht anwendbares Urlaubsrecht.** Die starre sechsmonatige Wartezeit nach § 4 gilt für Heimarbeiter nicht. Allerdings kann Urlaub erst nach Ablauf des Berechnungszeitraums am 30. 4. eines Jahres verlagt werden; die Höhe richtet sich nach den bis dahin angesammelten Einkünften (§ 12 Nr. 1 und

3)[1]. Durch TV oder bindende Festsetzungen ist abweichend regelmäßig die Zahlung des Urlaubsentgelts als Zuschlag zur Vergütung vorgesehen.

Da § 5 für Heimarbeiter nicht anwendbar ist, entsteht nach Ablauf des Abrechnungszeitraums unabhängig von der Dauer der Beschäftigung ein Vollurlaubsanspruch, der nach Maßgabe des § 12 Nr. 1 zu berechnen ist[2].

Der Ausschluss von § 7 Abs. 3 bedeutet nicht, dass der Urlaubsanspruch im Bereich der Heimarbeit unbefristet sei. Denn die Befristung folgt bereits aus § 1. Im Zusammenhang mit § 12 Nr. 1 ergibt sich eine Befristung bis zum 30. 4. des Folgejahres[3]. Eine Übertragung (Hinausschieben des Erlöschenszeitpunkts um weitere 3 Monate) erfolgt nicht[4].

Nach der eindeutigen Regelung in § 12 Eingangssatz gibt es für Heimarbeiter keinen Abgeltungsanspruch. Endet das Beschäftigungsverhältnis, ohne das der Heimarbeiter Urlaub bzw. Urlaubsentgelt verlangt hat, erlischt der Urlaubsanspruch[5]. Unter den Voraussetzungen der §§ 280, 283, 275 BGB kann allerdings ein Schadensersatzanspruch in Betracht kommen (s. hierzu § 7 Rz. 142).

Für die Berechnung des Urlaubsentgelts gilt nicht § 11, sondern § 12 Nr. 1 bis 4.

2. Anwendbare Vorschriften mit Maßgaben. a) Urlaubsanspruch. Heimarbeiter können wie ArbN Freistellung von der Pflicht zur Dienst – oder Werkleistung beanspruchen. Ständig Beschäftigte haben einen Freistellungsanspruch in Höhe von 24 Werktagen; für nicht ständig Beschäftigte gilt die Berechnungsmethode in § 12 Nr. 2[6].

Da Heimarbeiter in der Gestaltung der Arbeitszeit grundsätzlich frei sind, kann die Urlaubserteilung nicht durch Befreiung von der Arbeitspflicht in einem bestimmten Zeitraum vorgenommen werden. Urlaub wird deshalb nur nominell – ggf. mit der Folge der Verlängerung einer Ablieferungsfrist – erteilt, ohne dass der Heimarbeiter seinen Arbeitsrhythmus ändert. Gleichwohl ist auch im Bereich der Heimarbeit Urlaub die Freistellung der Heimarbeiter von der Bearbeitung von Aufträgen. Es bedarf einer Freistellungserklärung (Urlaubserteilung), die unter Beachtung des § 7 Abs. 1 und 2 zu erfolgen hat; eine Selbstbeurlaubung ist nicht statthaft[7].

b) Urlaubsentgelt. § 12 Nr. 1 bestimmt für Heimarbeiter und nach § 1 Abs. 2 HAG Gleichgestellte ein Urlaubsentgelt von 9,1 % in der Zeit vom 1. Mai bis zum 30. April des folgenden Jahres bis zur Beendigung des Beschäftigungsverhältnisses verdienten Arbeitsentgelts vor Abzug der Steuern und SozVBeiträge ohne Unkostenzuschlag und ohne die für den Lohnausfall an Feiertagen, den Arbeitsausfall infolge Krankheit und den Urlaub zu leistenden Zahlungen.

Der Gesetzeswortlaut hinsichtlich des Berechnungszeitraums ist unklar. Denkbar ist, dass Berechnungszeitraum das Zeitjahr vom 1. Mai bis 30. April sein soll, das dem Urlaubszeitpunkt voranging[8]. Diese Berechnungsmethode hätte den Vorteil, dass das tatsächlich verdiente Arbeitsentgelt berücksichtigt werden kann und nicht Vermutungen über zukünftige Verdienste angestellt werden müssen. Andererseits spricht die Formulierung „folgendes Jahr" eher dafür, dass der Gesetzgeber den Zeitraum 1. 5. des laufenden Jahres bis 30. 4. des nächsten Jahres gemeint hat[9]. In der Praxis hat der Streit regelmäßig keine Bedeutung, da TV und bindende Festsetzungen zumeist einen festen Zuschlag zur Vergütung vorsehen[10].

Hausgewerbetreibende und ihnen nach § 1 Abs. 2 Buchst. b und c HAG Gleichgestellte erhalten gem. § 12 Ziff. 4 ebenfalls 9,1 vom Hundert des Arbeitsentgelts als eigenes Urlaubsentgelt und zur Sicherung der Urlaubsansprüche der von ihnen Beschäftigten; Schuldner ist ihr Auftraggeber oder ihr Zwischenmeister. Für den Berechnungszeitraum dürfte § 12 Nr. 1 entsprechend gelten.

Zwischenmeister haben auch dann keinen eigenen Urlaubsanspruch, wenn sie gleichgestellt sind. In diesem Fall können sie nach § 12 Nr. 5 jedoch von ihrem Auftraggeber Erstattung in Höhe der Urlaubsentgeltbeträge, die sie an die von ihnen Beschäftigten geleistet haben, verlangen.

IV. Abdingbarkeit. § 12 ist in § 13 Abs. 1 Satz 1 nicht erwähnt und ist deshalb abdingbar. Hiervon wird in der Praxis häufig Gebrauch gemacht. Als abweichende Regelungen kommen TV nach § 12 Nr. 7 sowie § 17 HAG in Betracht, aber auch bindende Festsetzungen nach § 19 HAG; diese haben die Wirkung eines allgemeinverbindlichen TV, § 19 Abs. 3 HAG.

Die Befugnis zur Änderung der gesetzlichen Urlaubsregelungen entspricht der in § 13 Abs. 1; gegen §§ 1 und 3 Abs. 1 darf daher auch nicht mittelbar verstoßen werden[11].

---

1 ErfK/*Dörner*, § 12 BUrlG Rz. 29; *Leinemann/Linck*, § 12 BUrlG Rz. 19 (str.; zum Meinungsstand s. *Fenski*, Außerbetriebliche Arbeitsverhältnisse, Rz. 158, 202). | 2 ErfK/*Dörner*, § 12 BUrlG Rz. 30; *Leinemann/Linck*, § 12 BUrlG Rz. 21. | 3 ErfK/*Dörner*, § 12 BUrlG Rz. 32. | 4 ErfK/*Dörner*, § 12 BUrlG Rz. 32; *Leinemann/Linck*, § 12 BUrlG Rz. 23. | 5 ErfK/*Dörner*, § 12 BUrlG Rz. 33; *Leinemann/Linck*, § 12 BUrlG Rz. 24. | 6 S. die Beispiele bei ErfK/*Dörner*, § 12 BUrlG Rz. 17. | 7 ErfK/*Dörner*, § 12 BUrlG Rz. 16; *Leinemann/Linck*, § 12 BUrlG Rz. 26 f. | 8 So ErfK/*Dörner*, § 12 BUrlG Rz. 24; GK-BUrlG/*Stahlhacke*, § 12 Rz. 27. | 9 So *Leinemann/Linck*, § 12 BUrlG Rz. 30 mwN; Kasseler Handbuch/*Hauck*, 2. 4 Rz. 731. | 10 *Leinemann/Linck*, § 12 BUrlG Rz. 31. | 11 ErfK/*Dörner*, § 12 BUrlG Rz. 37.

13 *Unabdingbarkeit*

(1) Von den vorstehenden Vorschriften mit Ausnahme der §§ 1, 2 und 3 Abs. 1 kann in Tarifverträgen abgewichen werden. Die abweichenden Bestimmungen haben zwischen nichttarifgebundenen Arbeitgebern und Arbeitnehmern Geltung, wenn zwischen diesen die Anwendung der einschlägigen tariflichen Urlaubsregelung vereinbart ist. Im Übrigen kann, abgesehen von § 7 Abs. 2 Satz 2, von den Bestimmungen dieses Gesetzes nicht zuungunsten des Arbeitnehmers abgewichen werden.

(2) Für das Baugewerbe oder sonstige Wirtschaftszweige, in denen als Folge häufigen Ortswechsels der von den Betrieben zu leistenden Arbeit Arbeitsverhältnisse von kürzerer Dauer als einem Jahr in erheblichem Umfange üblich sind, kann durch Tarifvertrag von den vorstehenden Vorschriften über die in Absatz 1 Satz 1 vorgesehene Grenze hinaus abgewichen werden, soweit dies zur Sicherung eines zusammenhängenden Jahresurlaubs für alle Arbeitnehmer erforderlich ist. Absatz 1 Satz 2 findet entsprechende Anwendung.

(3) Für den Bereich der Deutsche Bahn Aktiengesellschaft sowie einer gemäß § 2 Abs. 1 und § 3 Abs. 3 des Deutsche Bahn Gründungsgesetzes vom 27. Dezember 1993 (BGBl. I S. 2378, 2386) ausgegliederten Gesellschaft und für den Bereich der Nachfolgeunternehmen der Deutschen Bundespost kann von der Vorschrift über das Kalenderjahr als Urlaubsjahr (§ 1) in Tarifverträgen abgewichen werden.

1 **I. Zweck der Vorschrift.** § 13 Abs. 1 Satz 1 erklärt die grundlegenden Bestimmungen über den Urlaubsanspruch selbst, über den persönlichen Geltungsbereich sowie über die Mindestdauer des Urlaubs (§§ 1, 2 und 3 Abs. 1) für tariffest. Damit wird den TV-Parteien für einen großen Teil der Vorschriften Gestaltungsfreiheit eingeräumt. Allerdings darf durch abweichende Tarifregelungen nicht – auch nicht mittelbar – in den Anspruch des ArbN auf den gesetzlichen Mindesturlaub eingegriffen werden[1]. Durch die Unabdingbarkeit der in § 13 Abs. 1 Satz 1 genannten urlaubsrechtlichen Kernvorschriften ist die Regelungsmacht der TV-Parteien hinsichtlich des gesetzlichen Mindesturlaubs erheblich enger als es zT in der Tarifpraxis angenommen wird; das BAG hat denn auch immer wieder tarifliche Urlaubsregelungen für unwirksam erachtet. Von einem „tarifvertraglichen Vorrangprinzip" zu reden, wie es im Schrifttum zT noch immer geschieht[2], ist daher nicht nur irreführend, sondern auch wenig hilfreich für die Beurteilung der Rechtswirksamkeit tariflicher Urlaubsnormen[3].

2 Abweichende Tarifvorschriften zugunsten der ArbN sind an sich unproblematisch; allerdings enthalten TV häufig komplexe Urlaubsregelungen, die nicht zwischen gesetzlichem und tariflichem Urlaub differenzieren und zum Teil günstiger, zum Teil aber auch ungünstiger sind als das BUrlG. In diesen Fällen stellt sich die oft schwierige Frage des Günstigkeitsvergleichs (s. Rz. 11 ff.).

3 Uneingeschränkt zulässig hingegen sind Tarifregelungen zuungunsten der ArbN auch hinsichtlich der Urlaubsdauer, soweit sie sich auf den tariflichen Mehrurlaub beziehen; Anspruchsvoraussetzungen, Berechnung der Urlaubsvergütung sowie Ausschlussfristen können ohne Rücksicht auf das BUrlG ausgestaltet werden[4]. Dasselbe gilt für einen einzelvertraglich vereinbarten zusätzlichen Urlaubsanspruch.

4 Durch Abs. 1 Satz 2 ist nicht organisierten ArbN und ArbGeb die Möglichkeit eingeräumt worden, durch Einzelvertrag tarifvertragliche Regelungen zu übernehmen, auch wenn sie zuungunsten des ArbN von den Vorschriften der §§ 4 ff. BUrlG abweichen.

5 **II. Abweichende tarifliche Regelungen. 1. Regelungsbefugnis.** Im Rahmen der ihnen durch Art. 9 Abs. 3 GG gewährten Tarifautonomie haben die TV-Parteien grundsätzlich auch auf dem Gebiet des Urlaubsrechts die Normsetzungsbefugnis. Sie ist allerdings zulässigerweise zum Schutz der ArbN durch § 13 Abs. 1 Satz 1 in der Weise eingeschränkt worden, dass die TV-Parteien nicht über den gesetzlichen Urlaubsanspruch dem Grunde und der Höhe nach verfügen können.

6 Unzulässig sind auch ungünstigere Tarifnormen, die sich vordergründig mit Materien in den abdingbaren Vorschriften der §§ 4 ff. befassen (zB Abgeltung, § 7 Abs. 4), aber mittelbar in die unantastbaren Rechte des ArbN nach § 1, § 2 und § 3 Abs. 1 eingreifen. So ist der Anspruch auf Urlaubsabgeltung eine andere Erscheinungsform des Urlaubsanspruchs (nach § 1 und § 3 Abs. 1) und kann deshalb nicht durch Tarifrecht verschlechtert werden[5]. Deshalb ist bei jeder ungünstigeren Tarifnorm zu prüfen, ob unabdingbare Ansprüche betroffen sind[6].

7 Machen die TV-Parteien von ihrer Rechtsetzungsmacht Gebrauch, so stellt sich die Frage nach dem Verhältnis zwischen tariflicher und gesetzlicher Regelung. Dabei ist zu unterscheiden:

8 Haben die TV-Parteien die Bestimmungen des BUrlG wirksam ausgeschlossen und will die Tarifregelung das gesamte Urlaubsrecht erfassen, so gilt nur der TV. Das Gesetz kann auch nicht ergänzend oder unterstützend zur Auslegung herangezogen werden[7].

---

1 BAG v. 8.3.1984 – 6 AZR 442/83, AP Nr. 15 zu § 13 BUrlG. | 2 *Dersch/Neumann*, § 13 BUrlG Rz. 11 ff.; Kasseler Handbuch/*Schütz*, 2.4 Rz. 792. | 3 ErfK/*Dörner*, § 13 BUrlG Rz. 3; *Leinemann/Linck*, § 13 BUrlG Rz. 5. | 4 BAG v. 25.8.1992 – 9 AZR 329/91, AP Nr. 60 zu § 7 BUrlG – Abgeltung. | 5 BAG v. 30.11.1977, AP Nr. 4 zu § 13 BUrlG – Unabdingbarkeit. | 6 ErfK/*Dörner*, § 13 BUrlG Rz. 10. | 7 ErfK/*Dörner*, § 13 BUrlG Rz. 14.

Haben die TV-Parteien es unterlassen, vom BUrlG in dem für sie eröffneten Rahmen abweichende **9**
Regelungen zu treffen oder haben sie kein eigenes abschließendes Regelwerk geschaffen, ist von der
gesetzlichen Regelung auch für den tariflichen Urlaubsanspruch auszugehen[1]. Ein Schweigen der TV-
Parteien ist deshalb keine Tariflücke; eine analoge Anwendung einer anderen Tarifvorschrift oder des
Gesetzes kommt nicht in Betracht, da das BUrlG bei lückenhaften Tarifnormen immer ergänzend anwendbar ist[2]. So sind zB die sich aus § 7 Abs. 3 für die Befristung und die Erfüllbarkeit des Urlaubsanspruchs ergebenden Merkmale auch auf tarifvertragliche Urlaubsansprüche anzuwenden sind,
wenn im TV hiervon nicht abgewichen worden ist. Entsprechendes gilt für den Abgeltungsanspruch[3].

Ist die Tarifvorschrift unwirksam, weil sie in die unabdingbaren Ansprüche des ArbN eingreift, so fin- **10**
det an ihrer Stelle die entsprechende Norm des BUrlG Anwendung[4].

2. Günstigkeitsvergleich. § 13 Abs. 1 Satz 3 verbietet, dass von den Bestimmungen des BUrlG, auch **11**
von den Vorschriften der §§ 1, 2 und 3 Abs. 1, zuungunsten der ArbN durch TV, BV und Einzelvertrag
abgewichen wird. Anders als § 4 Abs. 3 TVG verlangt § 13 Abs. 1 Satz 3 jedoch nicht, dass die abweichende Regelung günstiger ist; sie ist auch dann wirksam, wenn sie nicht ungünstiger ist als die gesetzliche Regelung. Deshalb sind sog. neutrale – also abweichende, aber nicht ungünstigere – Regelungen,
zB die Ausdehnung des Referenzzeitraums des § 11 Abs. 1 auf ein Jahr, zulässig[5].

Trifft ein TV eine urlaubsrechtliche Regelung, die vom BUrlG abweicht, und kann diese Regelung **12**
nach § 13 Abs. 1 Satz 1 nur dann Bestand haben, wenn sie nicht ungünstiger ist als das Gesetz, so ist
zur Lösung der Regelungskollision ein Günstigkeitsvergleich vorzunehmen.

Der Günstigkeitsvergleich darf nicht zwischen der tariflichen Regelung insgesamt und dem Gesetz **13**
vorgenommen werden. Es ist also nicht zu prüfen, ob die Urlaubsregelungen des TV insgesamt günstiger sind als die gesetzliche Regelung oder ob dies jedenfalls für eine Gruppe in einem inneren Zusammenhang stehender Regelungen gilt (sog. Gruppenvergleich). Vielmehr sind nach dem Wortlaut des
§ 13 Abs. 1 Satz 1, der sich auf gesetzliche Vorschriften und davon abweichende Vorschriften bezieht,
die Auswirkungen der jeweils betroffenen Normen miteinander zu vergleichen. Die unzulässige Benachteiligung eines ArbN durch die Verminderung des gesetzlichen Anspruchs wird nicht dadurch aufgehoben, dass der TV ihm Ansprüche einräumt, die im BUrlG nicht vorgesehen sind. So kann eine
tarifliche Kürzung der Bemessungsgrundlagen für die Urlaubsvergütung nicht durch eine gegenüber
dem gesetzlichen Mindesturlaubsanspruch höhere Anzahl von Urlaubstagen oder ein zusätzliches Urlaubsgeld ausgeglichen werden[6].

Der Günstigkeitsvergleich ist individuell – objektiv vorzunehmen, dh. Maßstab ist die Sicht des jeweils **14**
betroffenen ArbN unter Berücksichtigung seiner objektiven Interessenlage[7]; die Deutungshoheit hat
im Streitfall das Gericht, nicht der ArbN.

Erweist sich die abweichende Regelung als ungünstiger und ist nach § 13 Abs. 1 BUrlG die Ver- **15**
schlechterung unzulässig, tritt an ihre Stelle die gesetzliche Regelung. Dies kann dazu führen, dass
ArbN die jeweils günstigeren Vorschriften aus TV und Gesetz beanspruchen können[8].

III. Abänderung durch Arbeitsvertrag. 1. Bezugnahme auf TV. § 13 Abs. 1 Satz 2 gestattet den Ar- **16**
beitsvertragsparteien, auch zuungunsten des ArbN vom Gesetz abweichende Bestimmungen einer tariflichen Urlaubsregelung durch vertragliche Vereinbarung zu übernehmen. Dies kann ausdrücklich,
durch konkludentes Handeln beider Vertragsparteien, Betriebsübung oder Gesamtzusage geschehen[9]. Die Bezugnahme muss eindeutig und bestimmt sein, anderenfalls ist das Gesetz maßgeblich[10].

Die Vereinbarung muss konkret auf den einschlägigen (dh. nach dem zeitlichen, räumlichen, fachli- **17**
chen und persönlichen Anwendungsbereich zutreffenden) TV Bezug nehmen. Zulässig ist eine dynamische Verweisung („es gelten die Urlaubsregelungen des TV für die ...industrie in der jeweiligen Fassung"); im Falle einer Tarifänderung bedarf es dann zur Geltung der geänderten Tarifnormen keiner
weiteren einzelvertraglichen Umsetzung[11]. Durch Vereinbarung eines nicht einschlägigen TV kann
nicht zum Nachteil des ArbN vom BUrlG abgewichen werden. Ergibt der Günstigkeitsvergleich, dass
die abweichende Regelung nicht ungünstiger ist, so ist die einzelvertragliche Regelung wirksam, ansonsten gilt die gesetzliche Regelung[12].

---

1 BAG v. 18.10.1990 – 8 AZR 490/89, AP Nr. 56 zu § 7 BUrlG – Abgeltung; v. 28.4.1998 – 9 AZR 314/97, AP Nr. 7 zu § 3 BUrlG. | 2 BAG v. 28.4.1998 – 9 AZR 314/97, AP Nr. 7 zu § 3 BUrlG; ErfK/*Dörner*, § 13 BUrlG Rz. 15; *Leinemann/Linck*, § 13 BUrlG Rz. 3. | 3 BAG v. 18.10.1990 – 8 AZR 490/89, AP Nr. 56 zu § 7 BUrlG – Abgeltung. | 4 BAG v. 8.3.1984 – 6 AZR 442/83, AP Nr. 15 zu § 13 BUrlG; ErfK/*Dörner*, § 13 BUrlG Rz. 15; Kasseler Handbuch/*Schütz*, 2. 4 Rz. 624. | 5 *Leinemann/Linck*, § 13 BUrlG Rz. 30 f.; Kasseler Handbuch/*Schütz*, 2. 4 Rz. 627. | 6 BAG v. 22.2.2000 – 9 AZR 107/99, AP Nr. 171 zu § 1 TVG – Tarifverträge: Metallindustrie; v. 22.1.2002 – 9 AZR 601/00, DB 2002, 1835; ErfK/*Dörner*, § 13 BUrlG Rz. 11; *Leinemann/Linck*, § 13 BUrlG Rz. 33 f.; Kasseler Handbuch/*Schütz*, 2. 4 Rz. 628. | 7 ErfK/*Dörner*, § 13 BUrlG Rz. 13; *Leinemann/Linck*, § 13 BUrlG Rz. 29. | 8 ErfK/*Dörner*, § 13 BUrlG Rz. 12; *Leinemann/Linck*, § 13 BUrlG Rz. 33. | 9 ErfK/*Dörner*, § 13 BUrlG Rz. 53; *Leinemann/Linck*, § 13 BUrlG Rz. 17. | 10 BAG v. 5.12.1995, AP Nr. 70 zu § 7 BUrlG – Abgeltung. | 11 ErfK/*Dörner*, § 13 BUrlG Rz. 53. | 12 *Leinemann/Linck*, § 13 BUrlG Rz. 19; Kasseler Handbuch/*Schütz*, 2. 4 Rz. 634.

18 Nach § 13 Abs. 1 Satz 2 ist Wirksamkeitsvoraussetzung für einzelvertragliche Abweichungen vom BUrlG, dass die Parteien wenigstens die tarifliche Urlaubsregelung insgesamt übernehmen[1]. Werden nur einzelne Bestimmungen der tariflichen Urlaubsregelung übernommen, ist die Abweichung nur wirksam, soweit sie sich als günstiger erweist.

19 § 13 Abs. 1 Satz 2 erlaubt auch die arbeitsvertragliche Vereinbarung nachwirkender Normen einer tariflichen Urlaubsregelung[2].

20 **2. Originäre Abweichung im Arbeitsvertrag.** § 13 Abs. 1 Satz 3 verbietet hinsichtlich des gesetzlichen Mindesturlaubs eine Abweichung zuungunsten des ArbN durch originäre einzelvertragliche Regelung mit Ausnahme der Bestimmung des § 7 Abs. 2 Satz 2 BUrlG. Günstigere Regelungen sind zulässig; ob die abweichende Vereinbarung ungünstig ist als das Gesetz, ist durch einen Günstigkeitsvergleich zu bestimmen, der nach den oben (Rz. 13 f.) dargestellten Grundsätzen anzustellen ist.

21 Hinsichtlich der einzelvertraglich vereinbarten Mehrurlaubsansprüche sind die Arbeitsvertragsparteien nicht an das BUrlG gebunden. Sie können Voraussetzungen, Inhalt und Ausgestaltung des Anspruchs frei bestimmen, soweit nicht höherrangiges Recht (zB verfassungsrechtliche oder europarechtliche Diskriminierungsverbote) entgegensteht. Dieser Teil des Urlaubsanspruchs kann daher abbedungen, auf ihn kann verzichtet oder für seine Geltendmachung eine Ausschlussfrist vereinbart werden[3].

22 **IV. Abweichungen durch BV.** Die Betriebsparteien dürfen nur in dem Umfang von den Bestimmungen des BUrlG zuungunsten der ArbN abweichen, wie dies den Arbeitsvertragsparteien gestattet ist; damit steht allein § 7 Abs. 2 Satz 2 zur Disposition der Betriebsparteien. Auch eine BV, zu der die Betriebsparteien nach § 77 Abs. 3 Satz 2 BetrVG durch Tariföffnungsklausel ermächtigt wurden, vermag die Vorschriften des BUrlG nicht zuungunsten der ArbN abzuändern; denn nur den TV-Parteien ist durch § 13 Abs. 1 Satz 1 die Kompetenz eingeräumt worden, von den §§ 4 ff. abzuweichen.

23 Günstigere BV zum Urlaubsrecht scheitern nicht an § 13 Abs. 1 Satz 3. Einer konstitutiven Übernahme tariflicher Urlaubsbestimmungen in einem nicht tarifgebundenen Betrieb wird aber regelmäßig § 77 Abs. 3 BetrVG entgegenstehen. § 77 Abs. 3 BetrVG schließt auch eine bloße Aufstockung tariflicher Leistungen durch BV aus. Das gilt auch für die Gewährung allgemeiner, nicht an besondere Voraussetzungen gebundener Zusatzleistungen. Eine solche Konkurrenz stellen auch betriebliche Regelungen dar, welche eine tarifliche Leistung lediglich durch gleichartige Ansprüche aufbessert. Eine BV kann dagegen zusätzliche Leistungen vorsehen, die an besondere Voraussetzungen gebunden sind, welche vom TV nicht berücksichtigt werden, oder andersartige Ansprüche begründen[4]. Damit können nicht im TV geregelte zusätzliche Urlaubsleistungen (zB Zusatzurlaub aus persönlichen Gründen oder wegen langjähriger Betriebstreue[5]; zusätzliches Urlaubsgeld, wenn die Zahlung eines Urlaubsgeldes im TV nicht vorgesehen ist) Gegenstand einer BV sein.

24 **IV. Einzelfragen. 1. Anspruch auf bezahlten Urlaub (§ 1).** In TV kann nicht wirksam vereinbart werden, dass

- der Urlaubsanspruch von der Erbringung einer bestimmten (Mindest-)Arbeitsleistung abhängt, da der Urlaubsanspruch nach dem Bundesurlaubsgesetz nicht an Arbeitsleistungen des ArbN gebunden ist[6];
- ArbN statt der Freistellung eine Abfindung erhalten[7];
- der Urlaubsanspruch in der gesetzlichen Höhe einer tariflichen Ausschlussfrist unterliegt[8].

25 Der Anspruch eines ArbN auf bezahlten Urlaub im Kalenderjahr darf auch nicht mittelbar ausgeschlossen werden, indem eine tarifliche Regelung von §§ 3 Abs. 2 bis 12 abweicht, wenn dadurch zugleich der gesetzliche Urlaubsanspruch verringert wird. Daher ist eine Tarifvorschrift unwirksam, durch die die Urlaubsvergütung verringert wird, wenn der ArbN ohne Erlaubnis während des Urlaubs gegen Entgelt arbeitet[9].

26 Der ArbN kann auch in einem gerichtlichen oder außergerichtlichen **Vergleich** auf den Mindesturlaub nicht verzichten. Weder eine in Vergleichen in Kündigungsprozessen häufig zu lesende allgemeine Ausgleichsklausel noch die ausdrückliche Vereinbarung eines negativen Schuldanerkenntnisses (zB eine sog. Ausgleichsquittung[10]) verwehren es dem ArbN, nach Beendigung des Rechtsstreits den Urlaubs-

---

1 BAG v. 17.11.1998 – 9 AZR 584/97, AP Nr. 10 zu § 1 TVG – Bezugnahme auf Tarifvertrag; ErfK/*Dörner*, § 13 BUrlG Rz. 54; *Leinemann/Linck*, § 13 BUrlG Rz. 18 mwN; Kasseler Handbuch/*Schütz*, 2. 4 Rz. 635. |2 BAG v. 27.6.1978, AP Nr. 12 zu § 13 BUrlG = DB 1978, 2226; ErfK/*Dörner*, § 13 BUrlG Rz. 55; *Leinemann/Linck*, § 13 BUrlG Rz. 23. |3 Kasseler Handbuch/*Schütz*, 2. 4 Rz. 641. |4 Vgl. zu einer übertariflichen Lohnzulage BAG v. 9.12.1997 – 1 AZR 319/97, AP Nr. 11 zu § 77 BetrVG 1972 – Tarifvorbehalt. |5 BAG v. 19.4.1994 – 9 AZR 478/92, AP Nr. 3 zu § 1 BUrlG – Treueurlaub. |6 BAG v. 8.3.1984 – 6 AZR 442/83, AP Nr. 14 zu § 3 BUrlG – Rechtsmissbrauch. |7 ErfK/*Dörner*, § 13 BUrlG Rz. 17; *Leinemann/Linck*, § 13 BUrlG Rz. 39. |8 BAG v. 24.11.1992 – 9 AZR 549/91, AP Nr. 23 zu § 1 BUrlG. |9 BAG v. 25.2.1988 – 8 AZR 596/85, AP Nr. 3 zu § 8 BUrlG. |10 BAG v. 5.4.1984, AP Nr. 16 zu § 13 BUrlG.

anspruch geltend zu machen[1]. Die Geltendmachung ist in solchen Fällen auch regelmäßig nicht treuwidrig[2]. Ein Verzicht ist dagegen rechtlich unbedenklich, soweit er Urlaubsansprüche betrifft, die über dem gesetzlichen Mindesturlaub nach § 1 und § 3 liegen. Beim Verzicht auf Tarifurlaub ist bei beiderseitiger Tarifgebundenheit bzw. Allgemeinverbindlichkeit § 4 Abs. 4 TVG zu beachten.

Grundsätzlich zulässig ist ein Vergleich, in dem die Parteien sich darauf einigen, dass der ArbN den ihm zustehenden Urlaub bereits erhalten habe oder sonstige tatsächliche Anspruchsvoraussetzungen nicht vorlägen (sog. **Tatsachenvergleich**)[3]. 27

Beispiel: Die Parteien sind sich darüber einig, dass der (Rest-)Urlaubsanspruch des Klägers für das Jahr 2002 (in Höhe von 10 Arbeitstagen) durch Freistellung vom 1. bis zum 12.12.2002 erfüllt ist.

Allerdings ist zu beachten, dass ein Tatsachenvergleich nach § 779 BGB eine Ungewissheit zwischen den Parteien voraussetzt, die im Wege gegenseitigen Nachgebens beseitigt werden soll. Wenn im Streitfall nicht festgestellt werden kann, dass zwischen den Parteien zum Zeitpunkt des Vergleichsschlusses Streit über die Anzahl noch nicht gewährten und damit noch offenen Urlaubstage bestand, wird der insoweit beweisbelastete ArbGeb sich nicht auf den Vergleich berufen können[4]. 28

2. Urlaubsdauer (§ 3). TV-Parteien dürfen die gesetzliche Mindestdauer des Urlaubs nicht von besonderen Tatbeständen wie dem Lebensalter oder Betriebszugehörigkeit abhängig machen, wohl aber zusätzliche Urlaubsansprüche[5]. Nicht um eine unzulässige Kürzung des Urlaubsanspruchs, sondern um die Anpassung des Urlaubsanspruchs an besondere Arbeitszeitgestaltungen handelt es sich, wenn bei Teilzeit oder flexibler Arbeitszeitverteilung die Urlaubsdauer entsprechend der tatsächlichen Arbeitszeit errechnet wird (siehe § 3 Rz. 7 ff.). 29

Rechtsunwirksam ist eine tarifliche Regelung, die den gesetzlichen Mindesturlaubsanspruch nach erfüllter Wartezeit bei einem Ausscheiden des ArbN 30

- aufgrund vertragswidriger Auflösung des Arbeitsverhältnisses ausschließt[6];
- in der zweiten Kalenderhälfte eines Kalenderjahres nach dem Zwölftelungsprinzip mindert, da die Urlaubsdauer durch eine derartige Regelung ebenfalls unzulässig verkürzt wird[7];
- im ersten Kalenderhalbjahr mehr als nach § 5 Abs. 1 Buchst. c) zulässig kürzt[8].

Der gesetzliche Zusatzurlaub nach § 125 SGB IX bleibt von tarifvertraglichen Zwölftelungsvorschriften ebenfalls unberührt[9]. 31

3. Wartezeit (§ 4). Die Dauer der Wartezeit kann gegenüber dem Gesetz durch TV verlängert werden. Allerdings darf die Tarifregelung nicht dazu führen, dass in einem Arbeitsverhältnis, das während des ganzen Jahres besteht, kein Vollurlaubsanspruch begründet wird; dies wäre ein Verstoß gegen § 1[10]. Eine Verlängerung der Wartezeit durch BV oder Arbeitsvertrag ist hingegen nicht zulässig, § 13 Abs. 1 Satz 3. 32

4. Teilurlaub (§ 5). a) Teilurlaub (§ 5 Abs. 1 Buchst. a und b). Buchst. a) und b) begründen einen eigenständigen Anspruch außerhalb von §§ 1 und 3; diese Teilurlaubsansprüche können daher zu Lasten des ArbN durch TV verändert werden. Sowohl das Entstehen wie die Fälligkeit von Teilurlaubsansprüchen kann abweichend vom Gesetz geregelt werden[11]. Scheidet ein ArbN vor Fälligkeit eines solchen Anspruchs aus dem Arbeitsverhältnis aus, steht ihm der Anspruch nicht zu. Teilurlaubsansprüche können auch einer tariflichen Ausschlussfrist unterliegen[12]. 33

b) Gekürzter Vollurlaub (§ 5 Abs. 1 Buchst. c). Der nach § 5 Abs. 1 Buchst. c) gekürzte Vollurlaub ist nicht tarifdispositiv, obgleich diese Vorschrift in § 13 Abs. 1 Satz 1 nicht genannt wird. § 13 Abs. 1 Satz 1 schützt den gekürzten Vollurlaub mittelbar, da es sich hierbei um den Anspruch aus §§ 1, 3 Abs. 1 handelt; § 5 Abs. 1 Buchst. c) begründet nicht einen Urlaubsanspruch außerhalb von §§ 1, 3, sondern kürzt diesen Anspruch von Gesetzes wegen[13]. Durch TV kann daher weder über die Zwölftelungsregelung in 34

---

1 BAG v. 31.5.1990, AP Nr. 13 zu § 13 BUrlG – Unabdingbarkeit; v. 20.1.1998 – 9 AZR 812/96, AP Nr. 45 zu § 13 BUrlG. |2 BAG v. 20.1.1998 – 9 AZR 812/96, AP Nr. 45 zu § 13 BUrlG. |3 BAG v. 5.11.1997, AP Nr. 17 zu § 4 TVG; v. 20.8.1980, AP Nr. 12 zu § 6 LohnFG. |4 BAG v. 20.1.1998 – 9 AZR 812/96, AP Nr. 45 zu § 13 BUrlG. |5 Vgl. BAG v. 19.11.1996 – 9 AZR 712/95, AP Nr. 1 zu § 1 TVG – Tarifverträge: Krankenanstalten. |6 BAG v. 18.6.1980 – 6 AZR 328/78, AP Nr. 6 zu § 13 BUrlG – Unabdingbarkeit = DB 1980, 2197. |7 BAG v. 8.3.1984 – 6 AZR 442/83, AP Nr. 15 zu § 13 BUrlG; ErfK/*Dörner*, § 13 BUrlG Rz. 22; *Leinemann/Linck*, § 13 BUrlG Rz. 49; aA *Dersch/Neumann*, § 5 BUrlG Rz. 33; GK-BUrlG/*Bachmann*, § 5 Rz. 33. |8 BAG v.18.6.1980 – 6 AZR 328/78, AP Nr. 6 zu § 13 BUrlG – Unabdingbarkeit = DB 1980, 2197. |9 BAG v. 8.3.1994 – 9 AZR 49/93, AP Nr. 5 zu § 47 SchwbG 1986. |10 ErfK/*Dörner*, § 13 BUrlG Rz. 23; *Leinemann/Linck*, § 13 BUrlG Rz. 5.3. |11 BAG v. 15.12.1983 – 6 AZR 606/80, AP Nr. 14 zu § 13 BUrlG = DB 1984, 1305; v. 25.10.1984 – 6 AZR 41/82, AP Nr. 17 zu § 13 BUrlG. |12 BAG v. 3.12.1970 – 5 AZR 202/70, AP Nr. 9 zu § 5 BUrlG = NJW 1971, 723; ErfK/*Dörner*, § 13 BUrlG Rz. 25; *Leinemann/Linck*, § 13 BUrlG Rz. 54. |13 BAG v. 18.6.1980 – 6 AZR 328/78, AP Nr. 6 zu § 13 BUrlG – Unabdingbarkeit = DB 1980, 2197; v. 31.5.1990 – 8 AZR 132/89, AP Nr. 13 zu § 13 BUrlG – Unabdingbarkeit Nr. 13; v. 9.6.1998 – 9 AZR 43/97, AP Nr. 23 zu § 7 BUrlG.

Buchst. c) hinaus gekürzt noch darf der gesetzliche Urlaub bei einem Ausscheiden in der zweiten Jahreshälfte überhaupt verringert werden[1].

35 c) **Aufrundung (§ 5 Abs. 2).** Hinsichtlich des Teilurlaubsanspruchs gem. § 5 Abs. 1 Buchst. a) und b) sind die TV-Parteien frei, die Aufrundungsregel in § 5 Abs. 2 abzubedingen oder Bruchteile von Urlaubstagen sogar abzurunden[2]. Die Arbeitsvertragsparteien dürfen von § 5 Abs. 2 nicht zuungunsten des ArbN abweichen. Bei dem gekürzten Vollurlaub nach § 5 Abs. 1 Buchst. c) ist hingegen die Aufrundungsregelung nicht tarifdispositiv; anderenfalls wäre der gesetzliche Mindesturlaub betroffen[3].

36 d) **Rückforderungsverbot (§ 5 Abs. 3).** § 5 Abs. 3 ist nicht tariffest. In einem TV kann daher geregelt werden, dass der ArbN im Falle einer Kürzung seines Vollurlaubsanspruchs bei Ausscheiden in der ersten Jahreshälfte das zu viel erhaltene Urlaubsentgelt zurückzuzahlen hat[4]. Durch eine derartige Tarifbestimmung wird nicht mittelbar gegen §§ 1, 3 verstoßen, da dem ArbN der zu viel gewährte Urlaub nicht zusteht; gesetzlicher Mindesturlaub ist nur der nach § 5 Abs. 1 Buchst. c) auf 1/12 pro vollem Monat gekürzte Urlaubsanspruch[5]. Durch BV oder Arbeitsvertrag kann § 5 Abs. 3 nicht abbedungen werden.

37 **5. Doppelansprüche (§ 6).** Im Falle eines ArbGebWechsels kürzt § 6 den Urlaubsanspruch in einem späteren Arbeitsverhältnis ganz oder teilweise, soweit Urlaubsansprüche des ArbN in demselben Kalenderjahr bereits im früheren Arbeitsverhältnis erfüllt worden sind[6]. Eine weiter gehende Verringerung des Urlaubsanspruchs beim späteren oder beim früheren ArbGeb darf durch TV nicht bestimmt werden, soweit der gesetzliche Mindesturlaub verkürzt würde.

38 **6. Erteilung, Befristung, Übertragung und Abgeltung (§ 7). a) Erteilung.** § 7 Abs. 1 Satz 1 ist tarifdispositiv. Daher darf in einem TV eine von § 7 Abs. 1 Satz 1 abweichende Bestimmung hinsichtlich des Zeitraums getroffen werden, in dem Urlaub gewährt und genommen werden kann. So ist zB eine Tarifregelung nicht zu beanstanden, die einen angestellten Lehrer verpflichtet, seinen Urlaub während der unterrichtsfreien Zeit zu nehmen[7].

39 Zulässig ist die Einführung von Betriebsurlaub durch BV; hierbei handelt es sich nicht um eine Abweichung von § 7 Abs. 1 Satz 1[8].

40 Nicht zu beanstanden sind auch sonstige kollektive oder arbeitsvertragliche Vereinbarungen, wonach nicht der ArbGeb als Schuldner des Urlaubsanspruchs den Urlaub zu erteilen hat, sondern Urlaub nur im Einvernehmen der Parteien oder aufgrund BV verabredet wird oder der ArbN die Lage des Urlaubs bestimmen darf[9]. Durch TV können auch die Leistungsverweigerungsrechte des ArbGeb erweitert oder die einzelnen Gründe anders gewichtet werden[10].

41 b) **Zusammenhängende Gewährung (Abs. 2).** Eine Tarifregelung, nach der Urlaub stets und ohne die im Gesetz genannten Gründe geteilt gewährt werden darf, ist unwirksam[11].

42 Liegen die Voraussetzungen des § 7 Abs. 2 Satz 1 für die Aufteilung des Urlaubs vor, so kann durch TV, BV und individuelle Abrede von der Verteilungsregelung in § 7 Abs. 2 Satz 2 zuungunsten des ArbN abgewichen werden, § 13 Abs. 1 Satz 3. Allerdings besteht die Teilungsmöglichkeit nicht grenzenlos. Eine „Atomisierung" des Erholungsurlaubs mit Zustimmung oder sogar auf Wunsch des ArbN verstieße mittelbar gegen § 1, da in diesem Falle die gesundheitspolitische Zielsetzung des § 1 unterlaufen würde[12].

43 Eine Aufteilung des Erholungsurlaubs in einzelne Halbtags- und Stundenteile aufgrund einer Vereinbarung zwischen ArbGeb und ArbN ist entgegen einer weit verbreiteten Praxis unzulässig; sie stellt keine wirksame Erfüllung des Anspruchs des ArbN auf den gesetzlichen Mindesturlaub dar[13].

44 c) **Befristung und Übertragung.** Von der gesetzlichen Befristung des Urlaubsanspruchs bis zum 31. 12. des jeweiligen Kalenderjahres wird in TV häufig abgewichen. Auf die Befristung kann überhaupt oder in bestimmten Fällen verzichtet werden; ebenso kann der Befristungszeitraum verlängert werden[14].

45 Durch TV kann die Übertragung des Urlaubs ausgeschlossen werden. Dadurch wird der gesetzliche Urlaub nicht mittelbar beeinträchtigt, da § 1 den Urlaubsanspruch nur im laufenden Jahr garantiert[15].

---

1 BAG v. 8.3.1984 – 6 AZR 442/83, AP Nr. 15 zu § 13 BUrlG = NZA 1984, 160; v. 24.10.2000 – 9 AZR 610/99, AP Nr. 19 zu § 5 BUrlG. | 2 ErfK/*Dörner*, § 13 BUrlG Rz. 29; *Leinemann/Linck*, § 13 BUrlG Rz. 65. | 3 ErfK/*Dörner*, § 13 BUrlG Rz. 29; *Leinemann/Linck*, § 13 BUrlG Rz. 65. | 4 BAG v. 23.1.1996 – 9 AZR 554/93, AP Nr. 10 zu § 5 BUrlG; ErfK/*Dörner*, § 13 BUrlG Rz. 30; *Leinemann/Linck*, § 13 BUrlG Rz. 66; aA *Dersch/Neumann*, § 5 BUrlG Rz. 49. | 5 *Leinemann/Linck*, § 13 BUrlG Rz. 66. | 6 BAG v. 28.2.1991 – 8 AZR 196/90, AP Nr. 4 zu § 6 BUrlG. | 7 BAG v. 13.2.1996 – 9 AZR 79/95, AP Nr. 12 zu § 47 SchwbG 1968 (zu BAT Anlage 2 l II/Sonderregelungen für Angestellte als Lehrkräfte an Musikschulen im Bereich der VKA –SR 2 l II BAT). | 8 BAG v. 28.7.1981 – 1 ABR 79/79, AP Nr. 2 zu § 87 BetrVG 1972 – Urlaub; s. § 7 BUrlG Rz. 32. | 9 BAG v. 27.1.1987 – 8 AZR 579/84, AP Nr. 30 zu § 13 BUrlG. | 10 ErfK/*Dörner*, § 13 BUrlG Rz. 32; *Leinemann/Linck*, § 13 BUrlG Rz. 70 ff. | 11 ErfK/*Dörner*, § 13 BUrlG Rz. 33; *Leinemann/Linck*, § 13 BUrlG Rz. 74 mwN. | 12 ErfK/*Dörner*, § 13 BUrlG Rz. 34; zur gesundheitspolitische Zielsetzung s. *Leinemann/Linck*, § 7 BUrlG Rz. 97 mwN. | 13 BAG v. 9.7.1965 – 5 AZR 380/64, AP Nr. 1 zu § 7 BUrlG = NJW 1965, 2174; *Leinemann/Linck*, § 13 BUrlG Rz. 74. | 14 ErfK/*Dörner*, § 13 BUrlG Rz. 35. | 15 *Leinemann/Linck*, § 13 BUrlG Rz. 81.

Eine Übertragung ohne oder unter erleichterten Voraussetzungen oder für einen längeren Zeitraum ist durch TV zulässig[1]. Von § 13 Abs. 1 Satz 1 gedeckt ist auch eine Tarifregelung wie im öffentlichen Dienst, nach der es ausreicht, dass der Urlaub innerhalb des Übertragungszeitraums angetreten und damit teilweise außerhalb des Übertragungszeitraums erfüllt wird[2]. **46**

Zulässig ist es, durch TV die Geltendmachung des Urlaubs (den „Urlaubsantrag") während des Übertragungszeitraums der Schriftform zu unterwerfen. Dies hat zur Folge, dass der Urlaub mit dem Ende des Übertragungszeitraums ersatzlos erlischt, wenn ihn der ArbN nicht vorher schriftlich geltend gemacht hat[3]. Hierdurch wird der Urlaubsanspruch nicht berührt; Rechtsfolge einer solchen Regelung ist, dass der ArbGeb durch eine formlose Geltendmachung nicht in Verzug gesetzt wird, so dass ein Schadensersatzanspruch mit Ablauf des Übertragungszeitraums nicht entsteht. **47**

d) Abgeltung. § 7 Abs. 4 ist nicht tarifdispositiv. Zwar ist § 7 Abs. 4 in § 13 Abs. 1 Satz 1 nicht genannt. Jedoch genießt die Abgeltung als Surrogat des Urlaubsanspruchs denselben Unabdingbarkeitsschutz des § 1 wie der gesetzliche Urlaubsanspruch selbst[4]. Ein TV kann daher nach erfüllter Wartezeit die Abgeltung weder im Falle eines rechtswidrigen vorzeitigen Ausscheidens (Vertragsbruch) noch nach wirksamer außerordentlicher Kündigung des ArbGeb ausschließen[5]. Ebenso sind die Abgeltung des gesetzlichen Zusatzurlaub nach dem SGB IX[6] und des gekürzten Vollurlaubs unabdingbar[7]. **48**

Der Abgeltungsanspruch im Umfang des gesetzlichen Mindesturlaubs wird von tariflichen Ausschlussfristen nicht erfasst. Er ist wie der Urlaubsanspruch gesetzlich befristet und kann daher uneingeschränkt bis zum Ende des Kalenderjahres, ggf. bis zum Ablauf des Übertragungszeitraums verlangt werden. Lediglich hinsichtlich des tarifvertraglichen Mehrurlaubs kann die Abgeltung einer tarifvertraglichen Ausschlussfrist unterliegen[8]. **49**

Zu Gunsten der ArbN ist eine Änderung des § 7 Abs. 4 uneingeschränkt zulässig. So kann die Abgeltung als reine Geldabfindung ausgestaltet werden, indem sie von keinen weiteren Voraussetzungen als der Beendigung des Arbeitsverhältnisses abhängt und damit ohne Rücksicht auf die hypothetische Erfüllbarkeit des Urlaubsanspruchs geschuldet wird[9]. Der Wille der TV-Parteien, anstelle einer Urlaubsabgeltung nach gesetzlichem Vorbild eine Abfindung der noch offenen Urlaubsansprüche zu gestatten, muss aber in der Norm seinen eindeutig erkennbaren Niederschlag finden; anderenfalls gelten die gesetzlichen Regeln insb. zur Erfüllbarkeit[10]. **50**

Sieht ein TV entgegen § 7 Abs. 4 die Abgeltung des Urlaubsanspruchs im laufenden Arbeitsverhältnis vor, ist zu unterscheiden: Eine Regelung, die nach Ablauf des Übertragungszeitraums einen Abgeltungsanspruch an Stelle des Urlaubsanspruchs im laufenden Arbeitsverhältnis vorsieht, wenn der Urlaubsanspruch (zB wegen andauernder Arbeitsunfähigkeit) ansonsten ersatzlos untergehen würde, ist für den ArbN günstiger und damit zulässig[11]. Dagegen verstößt eine Tarifnorm, die die Abgeltung im bestehenden Arbeitsverhältnis zulässt, obwohl der Urlaubsanspruch noch durch Freistellung erfüllt werden könnte, mittelbar gegen § 1; eine solche Vorschrift würde im Ergebnis nur den „Abkauf" des Urlaubs gestatten[12]. **51**

7. Erwerbstätigkeit während des Urlaubs (§ 8). § 8 ist grundsätzlich tarifdispositiv. Soweit allerdings ein TV bestimmt, dass ein ArbN, der in seinem Urlaub einer dem Urlaubszweck zuwider laufenden Erwerbstätigkeit nachgeht, das Urlaubsentgelt zurückzahlen muss (zB § 47 Abs. 8 BAT), liegt darin ein mittelbarer Verstoß gegen § 1[13]. **52**

8. Erkrankung während des Urlaubszeitraums (§ 9). § 9 hat als Sonderregelung zu § 275 Abs. 1 bzw. 3 BGB die Funktion, das Erlöschen des Urlaubsanspruchs wegen der durch die Arbeitsunfähigkeit bedingten Unmöglichkeit der Freistellung zu verhindern (s. § 9 Rz. 14). Daher würde eine Tarifnorm, die entweder eine Kürzung des gesetzlichen Urlaubsanspruchs für Zeiten der Arbeitsunfähigkeit oder ein Erlöschen des erteilten Urlaubs wegen der Erkrankung bestimmt, mittelbar gegen § 1 verstoßen[14]. Zulässig sind derartige Kürzungsvorschriften für den tariflichen oder arbeitsvertraglichen Mehrurlaub. **53**

---

1 BAG v. 7.11.1985 – 6 AZR 62/84, AP Nr. 8 zu § 7 BUrlG – Übertragung; v. 9.5.1995 – 9 AZR 552/93, AP Nr. 22 zu § 7 BUrlG – Übertragung; v. 20.8.1996 – 9 AZR 22/95, AP Nr. 144 zu § 1 TVG – Tarifverträge Metallindustrie. |2 BAG v. 31.5.1990 – 8 AZR 184/89, AP Nr. 12 zu § 9 BUrlG; v. 19.3.1996 – 9 AZR 67/95, AP Nr. 13 zu § 9 BUrlG; v. 21.1.1997 – 9 AZR 791/95, AP Nr. 15 zu § 9 BUrlG = NZA 1997, 889. |3 BAG v. 14.6.1994 – 9 AZR 284/93, AP Nr. 21 zu § 7 BUrlG – Übertragung. |4 BAG v. 18.6.1980 – 6 AZR 328/78, AP Nr. 6 zu § 13 BUrlG – Unabdingbarkeit; v. 10.2.1987 – 8 AZR 529/84, AP Nr. 12 zu § 13 BUrlG – Unabdingbarkeit; v. 31.5.1990 – 8 AZR 132/89, AP Nr. 13 zu § 13 BUrlG – Unabdingbarkeit. |5 BAG v. 18.6.1980 – 6 AZR 328/78, AP Nr. 6 zu § 13 BUrlG – Unabdingbarkeit = NJW 1981, 141. |6 BAG v. 10.2.1987 – 8 AZR 529/84, AP Nr. 12 zu § 13 BUrlG – Unabdingbarkeit. |7 BAG v. 8.3.1984 – 6 AZR 442/83, AP Nr. 15 zu § 13 BUrlG. |8 BAG v. 23.4.1996 – 9 AZR 165/95, AP Nr. 6 zu § 17 BErzGG. |9 BAG v. 26.5.1992 – 9 AZR 172/91, AP Nr. 58 zu § 7 BUrlG – Abgeltung; v. 3.5.1994 – 9 AZR 522/92, AP Nr. 64 zu § 7 BUrlG – Abgeltung; v. 27.5.1997 – 9 AZR 337/95, AP Nr. 74 zu § 7 BUrlG – Abgeltung. |10 BAG v. 26.5.1992 – 9 AZR 172/91, AP Nr. 58 zu § 7 BUrlG – Abgeltung; v. 9.8.1994, AP Nr. 65 zu § 7 BUrlG – Abgeltung = NZA 1995, 174. |11 BAG v. 26.5.1983 – 6 AZR 273/82, AP Nr. 12 zu § 7 BUrlG – Abgeltung; v. 13.11.1986 – 8 AZR 68/83, AP Nr. 26 zu § 13 BUrlG; v. 3.5.1994 – 9 AZR 522/92, AP Nr. 64 zu § 7 BUrlG – Abgeltung. |12 ErfK/*Dörner*, § 13 BUrlG Rz. 38; *Leinemann/Linck*, § 13 BUrlG Rz. 85. |13 BAG v. 25.2.1988 – 8 AZR 596/85, AP Nr. 3 zu § 8 BUrlG. |14 ErfK/*Dörner*, § 13 BUrlG Rz. 43; *Leinemann/Linck*, § 13 BUrlG Rz. 96.

54 Das BAG hat eine Tarifregelung, nach der ein Arbeiter seine im Urlaub aufgetretene Erkrankung unverzüglich anzeigen muss, wenn er erreichen will, dass die Tage der Arbeitsunfähigkeit nicht auf den Urlaub angerechnet werden (§ 23 Abs. 17 Satz 1 TV für die Arbeiter der Deutschen Bundespost vom 6. Januar 1955), auch insoweit für wirksam angesehen, wie die Anzeigepflicht sich auf den gesetzlichen Mindesturlaub bezieht[1]. Das überzeugt nicht. Die in § 9 nicht vorgesehene Anzeigepflicht kann dazu führen, dass der ArbN in dem betreffenden Urlaubsjahr keinen Urlaub erhält, wenn er während der gesamten in Aussicht genommenen Urlaubszeit tatsächlich krank war und nur wegen der verspäteten Anzeige der Nachgewährsanspruch des § 9 nicht entsteht. Damit wäre § 1 verletzt[2].

55 **9. Maßnahmen der medizinischen Vorsorge oder Rehabilitation (§ 10).** Von dieser Vorschrift kann in TV auch zuungunsten der ArbN abgewichen werden, soweit der gesetzliche Mindesturlaub nicht verkürzt wird. So ist es zulässig, Zeiten medizinischer Maßnahmen auf den tariflichen Mehrurlaub anzurechnen, auch wenn hierfür noch ein Entgeltfortzahlungsanspruch besteht[3].

56 **10. Urlaubsentgelt (§ 11).** § 11 ist in § 13 Abs. 1 Satz 1 nicht genannt. Die TV-Parteien sind allerdings nicht befugt, für den gesetzlichen Mindesturlaub von der nach § 1 fortbestehenden Lohnzahlungspflicht abzuweichen. Mit Rücksicht auf die in § 1 festgeschriebene Lohnfortzahlungspflicht sind tarifliche Regelungen, die von § 11 Abs. 1 abweichen, nur zulässig, wenn gewährleistet ist, dass für den gesetzlichen Mindesturlaub der Lohnanspruch des ArbN in dem durch § 11 Abs. 1 gegebenen Rahmen erhalten bleibt[4]. Die Gestaltungsfreiheit der TV-Parteien beschränkt sich daher darauf, von der Berechnungsmethode für die Urlaubsvergütung abzuweichen, die in § 11 (teilweise) geregelt ist. Das mit der in Art. 9 Abs. 3 GG garantierten Tarifautonomie vereinbar[5].

57 Bei der Prüfung, ob sich eine abweichende tarifliche Regelung noch in dem zulässigen Rahmen hält oder mittelbar gegen §§ 1, 3 Abs. 1 verstößt, ist zwischen der Berechnung des Geld- und des Zeitfaktors zu unterscheiden.

58 Der **Geldfaktor** kann durch TV nach dem Lohnausfallprinzip bestimmt werden[6]. § 11 Abs. 1 Sätze 2 und 3 finden in diesem Fall mit der Maßgabe Anwendung, dass Berechnungszeitraum und Urlaub in dieselbe Zeit fallen[7]. Bei ungleichmäßig verteilter Arbeitszeit kann sich der Wechsel der Berechnungsmethode für den ArbN im Einzelfall ungünstig auswirken; das ist von § 13 Abs. 1 Satz 1 gedeckt[8].

59 Durch TV kann der Referenzzeitraum verlängert[9] oder verkürzt werden[10]; das Entgelt kann auch nach den letzten Abrechnungszeiträumen (3 Monate oder 13 Wochen) berechnet werden[11]. Auch andere abweichende Tarifregelungen (insb. zur Vereinfachung der Berechnung durch Pauschalierung von variablen Lohnbestandteilen) sind zulässig, selbst wenn im Einzelfall eine Verringerung des Entgeltanspruchs eintreten kann[12]. Nicht zur Disposition der TV-Parteien bei der Berechnung des Geldfaktors stehen allerdings einzelne Entgeltbestandteile[13]. So dürfen zB Zuschläge für Nacht-, Sonn- oder Feiertagsarbeit, die im Berechnungszeitraum verdient sind, bei der Vergütung für den gesetzlichen Mindesturlaub nicht außer Acht gelassen werden[14]. Urlaubsgratifikationen können – ebenso wie sonstige nicht im Bundesurlaubsgesetz vorgesehene Leistungen – nicht zur Bestimmung dessen, was tarifliches Urlaubsentgelt ist, herangezogen werden[15].

60 Da die Mehrarbeitsvergütung einschließlich des Zuschlags bereits gem. § 11 Abs. 1 Satz 1 nicht mitgerechnet wird (s. § 11 Rz. 27 ff.), können die TV-Parteien hierüber frei verfügen.

61 § 11 Abs. 1 Satz 3 (Nichtberücksichtigung von Verdienstkürzungen) ist unabdingbar, da ansonsten der Verdienst iSd. §§ 1, 11 Abs. 1 Satz 1 geschmälert würde[16].

62 Der **Zeitfaktor** kann von den TV-Parteien nicht zu Lasten der ArbN verändert werden. Die durch den Urlaub ausfallende Zeit gehört zum unabdingbaren Teil des Anspruchs auf bezahlten Urlaub, §§ 1, 3 Abs. 1. Daher darf ein TV nicht eine geringere Stundenzahl für die Berechnung der Urlaubsvergütung bestimmen, als während des Urlaubszeitraums tatsächlich angefallen wäre[17]; während des Urlaubes ansonsten zu leistende Überstunden müssen demnach berücksichtigt werden[18].

63 Der Anspruch auf Zahlung von Urlaubsentgelt kann einer tariflichen Ausschlussklausel unterliegen (s. § 11 Rz. 66).

---

1 BAG v. 15.12.1987 – 8 AZR 647/86, AP Nr. 9 zu § 9 BUrlG = DB 1988, 1555; zust. *Leinemann/Linck*, § 13 BUrlG Rz. 97; Kasseler Handbuch/*Schütz*, 2. 4 Rz. 383. | 2 ErfK/*Dörner*, § 13 BUrlG Rz. 42. | 3 *Leinemann/Linck*, § 13 BUrlG Rz. 99. | 4 BAG v. 25.2.1988 – 8 AZR 596/85, AP Nr. 3 zu § 8 BUrlG. | 5 BAG v. 22.1.2002 – 9 AZR 601/00, DB 2002, 1835. | 6 BAG v. 19.9.1985 – 6 AZR 460/83, AP Nr. 21 zu § 13 BUrlG. | 7 ErfK/*Dörner*, § 13 BUrlG Rz. 47. | 8 ErfK/*Dörner*, § 13 BUrlG Rz. 47. | 9 BAG v. 17.1.1991 – 8 AZR 644/89, AP Nr. 30 zu § 11 BUrlG. | 10 ErfK/*Dörner*, § 13 BUrlG Rz. 48. | 11 BAG v. 18.5.1999 – 9 AZR 515/98, AP Nr. 223 zu § 1 TVG – Tarifverträge: Bau; v. 12.12.2000 – 9 AZR 508/99, AP Nr. 27 zu § 1 TVG – Tarifverträge: Textilindustrie. | 12 BAG v. 22.1.2002 – 9 AZR 601/00, DB 2002, 1835. | 13 BAG v. 22.1.2002 – 9 AZR 601/00, DB 2002, 1835. | 14 BAG v. 9.6.1998 – 9 AZR 502/97, nv.; v. 22.1.2002 – 9 AZR 601/00, DB 2002, 1835; ErfK/*Dörner*, § 13 BUrlG Rz. 48; *Leinemann/Linck*, § 13 BUrlG Rz. 103. | 15 BAG v. 22.1.2002 – 9 AZR 601/00, DB 2002, 1835. | 16 ErfK/*Dörner*, § 13 BUrlG Rz. 49; *Leinemann/Linck*, § 13 BUrlG Rz. 104; GK-BUrlG/*Stahlhacke*, § 11 Rz. 104; offen gelassen in BAG v. 2.6.1987 – 8 AZR 17/85, AP Nr. 20 zu § 11 BUrlG. | 17 ErfK/*Dörner*, § 13 BUrlG Rz. 50. | 18 BAG v. 22.2.2000 – 9 AZR 107/99, AP Nr. 171 zu § 1 TVG – Tarifverträge: Metallindustrie.

V. Besonderheiten in der Bauwirtschaft (Abs. 2). Die Regelungen des BUrlG würden im Baugewerbe und sonstigen Wirtschaftszweigen, in denen wegen eines häufigen Ortswechsels der von den Betrieben zu leistenden Arbeit Arbeitsverhältnisse von kürzerer Dauer als einem Jahr in erheblichem Umfang üblich sind, zu erheblichen Schwierigkeiten führen. Insbesondere käme es häufig nicht zur Entstehung eines Vollurlaubsanspruchs, da die Wartezeit des § 4 oft nicht erfüllt wird. Deshalb ist es den TV-Parteien gem. § 13 Abs. 2 erlaubt, von den ansonsten unabdingbaren Vorschriften des BUrlG abzuweichen, soweit das zur Sicherung eines zusammenhängenden Jahresurlaubs für alle ArbN erforderlich ist. Von dieser Ermächtigung haben neben der Baubranche insb. das Gerüstbauergewerbe und das Maler- und Lackierergewerbe Gebrauch gemacht. 64

Im Baugewerbe finden sich dazu detaillierte Vorschriften in den Rahmen-TV (s. § 8 BRTV-Bau) sowie in den TV zu einer Gemeinsamen Einrichtung „Urlaubskasse" (s. den TV über das Sozialkassenverfahren im Baugewerbe – VTV). Die TV sind im gewerblichen Bereich allgemeinverbindlich. 65

Die Sonderregelungen in der Bauwirtschaft zeichnen sich im Wesentlichen dadurch aus, dass maßgeblich für die Dauer des Urlaubsanspruchs nicht der Bestand eines bestimmten Arbeitsverhältnisses, sondern die Tätigkeit im gesamten Baugewerbe ist; die Beschäftigungszeiten eines ArbN aus allen Arbeitsverhältnissen, die dem BRTV-Bau unterliegen, werden für den Urlaubsanspruch zusammengerechnet. Der Urlaubsanspruch wird aus dem während dieser Zeit verdienten Bruttolohn errechnet. Die in einem Arbeitsverhältnis angesammelten, nicht erfüllten Urlaubsansprüche nimmt der ArbN im Falle eines ArbGebWechsels mit; der neue ArbGeb hat so Urlaub zu gewähren, als hätte das Arbeitsverhältnis dauerhaft zu ihm bestanden. Der erforderliche Ausgleich der ArbGeb wird über die Urlaubskasse vorgenommen. Ist der ArbN längere Zeit nicht im Geltungsbereich des BRTV-Bau tätig, entstehen Abgeltungsansprüche[1]. 66

VI. Besonderheiten bei Bahn und Post (Abs. 3). Im Bereich der privatisierten (Bundes-)Bahn und (Bundes-)Post ist den TV-Parteien nur eine – den dortigen Gepflogenheiten entsprechende – Veränderungsmöglichkeit gegenüber § 1 eingeräumt worden: Das Urlaubsjahr muss nicht mit dem Kalenderjahr übereinstimmen. 67

Eine § 13 Abs. 1 Satz 2 und Abs. 2 Satz 2 entsprechende Regelung, wonach mit nicht tarifgebundenen ArbN die Regelungen des TV einzelvertraglich übernommen werden dürfen, fehlt. Streitig ist, ob es sich hier um ein unbeachtliches Redaktionsversehens des Gesetzgebers handelt[2]. In der Praxis hat diese Frage bisher keine Rolle gespielt, da für alle ArbN gleichermaßen von dem tariflich bestimmten Urlaubsjahr ausgegangen wird. 68

14 Berlin-Klausel gegenstandslos

Seit dem In-Kraft-Treten des Gesetzes zur Überleitung von Bundesrecht nach Berlin (West) – (Sechstes Überleitungsgesetz) vom 25.9.1990 (BGBl. I S. 2106) am 3.10.1990 ist die Vorschrift gegenstandslos. Danach gilt Bundesrecht, das in Berlin (West) aufgrund alliierter Vorbehaltsrechte bisher nicht oder nicht in vollem Umfang galt, uneingeschränkt in Berlin (West). 1

Seit dem 1.1.1995 gilt das Gesetz uneingeschränkt auch im ehemaligen Ostberlin; die Maßgaben des Einigungsvertrages sind nicht mehr anzuwenden (Art. 20 Arbeitszeitrechtsgesetz vom 6.6.1994, BGBl. I S. 1170). 2

15 Änderung und Aufhebung von Gesetzen

(1) Unberührt bleiben die urlaubsrechtlichen Bestimmungen des Arbeitsplatzschutzgesetzes vom 30. März 1957 (Bundesgesetzbl. I S. 293), geändert durch Gesetz vom 22. März 1962 (Bundesgesetzbl. I S. 169), des Neunten Buches Sozialgesetzbuch, des Jugendarbeitsschutzgesetzes vom 9. August 1960 (Bundesgesetzbl. I S. 665), geändert durch Gesetz vom 20. Juli 1962 (Bundesgesetzbl. I S. 449), und des Seemannsgesetzes vom 26. Juli 1957 (Bundesgesetzbl. II S. 713), geändert durch Gesetz vom 25. August 1961 (Bundesgesetzbl. II S. 1391), jedoch wird

a) in § 19 Abs. 6 Satz 2 des Jugendarbeitsschutzgesetzes der Punkt hinter dem letzten Wort durch ein Komma ersetzt und folgender Satzteil angefügt: „und in diesen Fällen eine grobe Verletzung der Treuepflicht aus dem Beschäftigungsverhältnis vorliegt.";

b) § 53 Abs. 2 des Seemannsgesetzes durch folgende Bestimmung ersetzt: „Das Bundesurlaubsgesetz vom 8. Januar 1963 (Bundesgesetzbl. I S. 2) findet auf den Urlaubsanspruch des Besatzungsmitglieds nur insoweit Anwendung, als es Vorschriften über die Mindestdauer des Urlaubs enthält."

---

1 Zu den Einzelheiten s. *Leinemann/Linck*, § 13 BUrlG Rz. 121 ff. | 2 Vgl. ErfK/*Dörner*, § 13 BUrlG Rz. 65 einerseits, *Leinemann/Linck*, § 13 BUrlG Rz. 143 andererseits.

BUrlG § 15 Rz. 1   Änderung und Aufhebung von Gesetzen

(2) Mit dem Inkrafttreten dieses Gesetzes treten die landesrechtlichen Vorschriften über den Erholungsurlaub außer Kraft. In Kraft bleiben jedoch die landesrechtlichen Bestimmungen über den Urlaub für Opfer des Nationalsozialismus und für solche Arbeitnehmer, die geistig oder körperlich in ihrer Erwerbsfähigkeit behindert sind.

1   **I. Sonstige bundesrechtliche Urlaubsregelungen.** Neben dem BUrlG gab es zum Zeitpunkt des In-Kraft-Tretens eine Reihe von besonderen urlaubsrechtlichen Bestimmungen; sie blieben und bleiben durch das BUrlG unberührt.

2   **1. Arbeitsplatzschutzgesetz.** §§ 4 und 7 ArbPlSchG enthalten Bestimmungen über die Kürzung, Gewährung, Übertragung und Abgeltung des im Arbeitsverhältnis entstandenen Urlaubs sowie einen Hinweis auf den Urlaub im Wehrdienst. Die Bestimmung gilt für Zivildienstleistende entsprechend, § 78 ZDG.

3   **2. Schwerbehindertenrecht.** An die Stelle des seinerzeit geltenden Schwerbeschädigtengesetzes ist in der Zwischenzeit das SGB IX getreten. Schwerbehinderte haben danach einen Anspruch auf Zusatzurlaub von 5 Arbeitstagen im Jahr, § 125 SGB IX.

4   Der Anspruch besteht bei objektivem Vorliegen der Schwerbehinderteneigenschaft. Die förmliche Anerkennung ist anders als im Falle des Sonderkündigungsschutzes nach §§ 85 ff. SGB IX[1] nicht erforderlich. Der ArbN muss lediglich den Anspruch unter Berufung auf seine Schwerbehinderteneigenschaft geltend machen[2].

5   Der Zusatzurlaub folgt den Regeln des Erholungsurlaubs nach dem BUrlG. Deshalb ist auch für den vollen Zusatzurlaub die Wartezeit des § 4 zurückzulegen. Auch im Übrigen unterliegt der Anspruch auf Zusatzurlaub den allgemeinen Grundsätzen des Urlaubsrechts, soweit nicht in § 125 SGB IX etwas besonderes bestimmt ist. Nach § 125 Satz 1 SGB IX ist für die Entstehung des Zusatzurlaubsanspruches keine Erfüllung einer „Wartezeit" – zB mindestens sechsmonatiges Bestehen der Schwerbehinderung – erforderlich. § 125 SGB IX enthält auch keine § 5 BUrlG vergleichbare Teilurlaubsregelung für die Fälle, in denen die Schwerbehinderung erst im späteren Verlauf des Urlaubsjahres entsteht oder festgestellt wird.

6   Ein in der zweiten Jahreshälfte nach Erfüllung der Wartezeit ausscheidender ArbN hat Anspruch auf den vollen Zusatzurlaub; eine Kürzung des Vollurlaubsanspruchs erfolgt nur im Falle des § 5 Abs. 1 lit. c) bei Ausscheiden in der ersten Jahreshälfte[3].

7   Bei Ausscheiden innerhalb eines Kalenderjahres bleibt der Zusatzurlaub von einer etwaigen tarifvertraglichen Zwölftelungsregelung unberührt, da es sich hier um einen gesetzlichen Urlaubsanspruch handelt, dessen Gehalt durch TV nicht geändert werden kann[4].

8   **3. Jugendarbeitsschutzgesetz.** § 19 JArbSchG enthält in den Absätzen 2 und 3 eine eigenständige, das BUrlG teilweise ergänzende Urlaubsregelung für Jugendliche, die Vorrang vor den Bestimmungen des BUrlG hat. Die Ergänzung betrifft im Wesentlichen die Dauer des Urlaubs, die für Jugendliche abweichend von § 3 Abs. 1 BUrlG bestimmt wird.

9   **4. Seemannsgesetz.** Für Schiffsbesatzungen gilt die Mindestdauer des Urlaubs in § 3. Ansonsten ist das Urlaubsrecht der Seeleute in den §§ 53 bis 60 des SeemG geregelt. Es ist Spezialgesetz gegenüber dem BUrlG.

10   **5. Bundeserziehungsgeldgesetz.** Das BErzGG ist in § 15 nicht genannt, da es erst nach Erlass des BUrlG geschaffen wurde. § 17 BErzGG ergänzt das BUrlG; die Vorschrift enthält Regelungen über die Kürzung, Gewährung, Übertragung und Abgeltung von Erholungsurlaub für diejenigen ArbN-innen und ArbN, die Elternzeit nach dem BErzGG in Anspruch nehmen. § 17 BErzGG ist gegenüber dem BUrlG Spezialvorschrift.

11   **II. Landesrechtliche Urlaubsregelungen.** Vom BUrlG unberührt bleiben landesrechtliche Bestimmungen über die Opfer des Nationalsozialismus und für solche ArbN, die geistig oder körperlich in ihrer Erwerbsfähigkeit behindert sind. Dort geregelte Zusatzurlaubsansprüche treten neben die des BUrlG.

12   Von erheblicher praktischer Bedeutung sind landesrechtliche Bildungsurlaubsgesetze. Sie stehen neben den Ansprüchen auf Erholungsurlaub nach dem BUrlG und sind von diesem wesensverschieden[5]. Dasselbe gilt hinsichtlich der in einigen Bundesländern geltenden Gesetze über Sonderurlaub für Jugendleiter und andere Mitarbeiter in der Jugendpflege.

---

1 Vgl. BAG v. 16.8.1991, AP Nr. 2 zu § 15 SchwbG 1986. | 2 BAG v. 28.1.1982, AP Nr. 3 zu § 44 SchwbG = DB 1982, 1329. | 3 BAG v. 8.3.1994, AP Nr. 5 zu § 47 SchwbG 1986. | 4 BAG v. 8.3.1994, AP Nr. 5 zu § 47 SchwbG 1986. | 5 Vgl. BVerfG v. 15.12.1987, AP Nr. 6 zu GG Art. 12 = NJW 1988, 1899.

15a *Übergangsvorschrift*
Befindet sich der Arbeitnehmer von einem Tag nach dem 9. Dezember 1998 bis zum 1. Januar 1999 oder darüber hinaus in einer Maßnahme der medizinischen Vorsorge oder Rehabilitation, sind für diesen Zeitraum die seit dem 1. Januar 1999 geltenden Vorschriften maßgebend, es sei denn, dass diese für den Arbeitnehmer ungünstiger sind.

Die durch Art. 8 Nr. 2 des Korrekturgesetzes vom 19.12.1998 neu gefasste Vorschrift bewirkt, dass der ArbGeb von den Anrechnungsmöglichkeiten, die er nach § 10 aF bei Maßnahmen der medizinischen Vorsorge oder Rehabilitation hatte, bereits seit dem 10.12.1998 keinen Gebrauch mehr machen durfte. 1

16 *In-Kraft-Treten*
Dieses Gesetz tritt mit Wirkung vom 1. Januar 1963 in Kraft.

Seit dem 1.1.1995 gilt das BUrlG bundeseinheitlich in der jeweiligen Fassung. Nach den Bestimmungen des Einigungsvertrags galt das BUrlG in den neuen Bundesländern ab dem 3.10.1990 mit den in der Anlage I Kapitel VIII Sachgebiet A Abschnitt III Nr. 5 des Einigungsvertrags (BGBl. II S. 889) genannten Maßgaben. Die Maßgaben des Einigungsvertrages wurden durch Art. 20 Arbeitszeitrechtsgesetz vom 6.6.1994 (BGBl. I S. 1170) aufgehoben. 1

Gesetz über Europäische Betriebsräte
(Europäische Betriebsräte-Gesetz – EBRG)

vom 28.10.1996 (BGBl. I S. 1548, ber. S. 2022),
zuletzt geändert durch Gesetz vom 21.12.2000 (BGBl. I S. 1983)

Erster Teil. Allgemeine Vorschriften

1 *Grenzübergreifende Unterrichtung und Anhörung*
(1) Zur Stärkung des Rechts auf grenzübergreifende Unterrichtung und Anhörung der Arbeitnehmer in gemeinschaftsweit tätigen Unternehmen und Unternehmensgruppen werden Europäische Betriebsräte oder Verfahren zur Unterrichtung und Anhörung der Arbeitnehmer vereinbart. Kommt es nicht zu einer Vereinbarung, wird ein Europäischer Betriebsrat kraft Gesetzes errichtet.

(2) Die grenzübergreifende Unterrichtung und Anhörung der Arbeitnehmer erstreckt sich in einem Unternehmen auf alle in einem Mitgliedstaat liegenden Betriebe sowie in einer Unternehmensgruppe auf alle Unternehmen, die ihren Sitz in einem Mitgliedstaat haben, soweit kein größerer Geltungsbereich vereinbart wird.

(3) Zentrale Leitung im Sinne dieses Gesetzes ist ein gemeinschaftsweit tätiges Unternehmen oder das herrschende Unternehmen einer gemeinschaftsweit tätigen Unternehmensgruppe.

(4) Anhörung im Sinne dieses Gesetzes bezeichnet den Meinungsaustausch und die Einrichtung eines Dialogs zwischen den Arbeitnehmervertretern und der zentralen Leitung oder einer anderen geeigneten Leitungsebene.

2 *Geltungsbereich*
(1) Dieses Gesetz gilt für gemeinschaftsweit tätige Unternehmen mit Sitz im Inland und für gemeinschaftsweit tätige Unternehmensgruppen mit Sitz des herrschenden Unternehmens im Inland.

(2) Liegt die zentrale Leitung nicht in einem Mitgliedstaat, besteht jedoch eine nachgeordnete Leitung für in Mitgliedstaaten liegende Betriebe oder Unternehmen, findet dieses Gesetz Anwendung, wenn die nachgeordnete Leitung im Inland liegt. Gibt es keine nachgeordnete Leitung, findet das Gesetz Anwendung, wenn die zentrale Leitung einen Betrieb oder ein Unternehmen im Inland als ihren Vertreter benennt. Wird kein Vertreter benannt, findet das Gesetz Anwendung, wenn der Betrieb oder das Unternehmen im Inland liegt, in dem verglichen mit anderen in den Mitgliedstaaten liegenden Betrieben des Unternehmens oder Unternehmen der Unternehmungsgruppe die meisten Arbeitnehmer beschäftigt sind. Die vorgenannten Stellen gelten als zentrale Leitung.

(3) Mitgliedstaaten im Sinne dieses Gesetzes sind die Mitgliedstaaten der Europäischen Union sowie die anderen Vertragsstaaten des Abkommens über den Europäischen Wirtschaftsraum.

(4) Für die Berechnung der Anzahl der im Inland beschäftigten Arbeitnehmer (§ 4), den Auskunftsanspruch (§ 5 Abs. 2), die Bestimmung des herrschenden Unternehmens (§ 6), die Weiterleitung des Antrags (§ 9 Abs. 2 Satz 3), die gesamtschuldnerische Haftung des Arbeitgebers (§ 16 Abs. 2), die Bestellung der auf das Inland entfallenden Arbeitnehmervertreter (§§ 11, 23 Abs. 1 bis 5 und § 18 Abs. 2 in Verbindung mit § 23) und die für sie geltenden Schutzbestimmungen (§ 40) sowie für den Bericht gegenüber den örtlichen Arbeitnehmervertretungen im Inland (§ 35 Abs. 2) gilt dieses Gesetz auch dann, wenn die zentrale Leitung nicht im Inland liegt.

3 *Gemeinschaftsweite Tätigkeit*
(1) Ein Unternehmen ist gemeinschaftsweit tätig, wenn es mindestens 1000 Arbeitnehmer in den Mitgliedstaaten und davon jeweils mindestens 150 Arbeitnehmer in mindestens zwei Mitgliedstaaten beschäftigt.

(2) Eine Unternehmensgruppe ist gemeinschaftsweit tätig, wenn sie mindestens 1000 Arbeitnehmer in den Mitgliedstaaten beschäftigt und ihr mindestens zwei Unternehmen mit Sitz in verschiedenen Mitgliedstaaten angehören, die jeweils mindestens je 150 Arbeitnehmer in verschiedenen Mitgliedstaaten beschäftigen.

Aufgabe § 8 EBRG

4 *Berechnung der Arbeitnehmerzahlen*
In Betrieben und Unternehmen des Inlands errechnen sich die im Rahmen des § 3 zu berücksichtigenden Arbeitnehmerzahlen nach der Anzahl der im Durchschnitt während der letzten zwei Jahre beschäftigten Arbeitnehmer im Sinne des § 5 Abs. 1 des Betriebsverfassungsgesetzes. Maßgebend für den Beginn der Frist nach Satz 1 ist der Zeitpunkt, in dem die zentrale Leitung die Initiative zur Bildung des besonderen Verhandlungsgremiums ergreift oder der zentralen Leitung ein den Voraussetzungen des § 9 Abs. 2 entsprechender Antrag der Arbeitnehmer oder ihrer Vertreter zugeht.

5 *Auskunftsanspruch*
(1) Die zentrale Leitung hat einer Arbeitnehmervertretung auf Verlangen Auskünfte über die durchschnittliche Gesamtzahl der Arbeitnehmer und ihre Verteilung auf die Mitgliedstaaten, die Unternehmen und Betriebe sowie über die Struktur des Unternehmens oder der Unternehmensgruppe zu erteilen.

(2) Ein Betriebsrat oder ein Gesamtbetriebsrat kann den Anspruch nach Absatz 1 gegenüber der örtlichen Betriebs- oder Unternehmensleitung geltend machen; diese ist verpflichtet, die für die Auskünfte erforderlichen Informationen und Unterlagen bei der zentralen Leitung einzuholen.

6 *Herrschendes Unternehmen*
(1) Ein Unternehmen, das zu einer gemeinschaftsweit tätigen Unternehmensgruppe gehört, ist herrschendes Unternehmen, wenn es unmittelbar oder mittelbar einen beherrschenden Einfluss auf ein anderes Unternehmen derselben Gruppe (abhängiges Unternehmen) ausüben kann.

(2) Ein beherrschender Einfluss wird vermutet, wenn ein Unternehmen in Bezug auf ein anderes Unternehmen unmittelbar oder mittelbar
1. mehr als die Hälfte der Mitglieder des Verwaltungs-, Leitungs- oder Aufsichtsorgans des anderen Unternehmens bestellen kann oder
2. über die Mehrheit der mit den Anteilen am anderen Unternehmen verbundenen Stimmrechte verfügt oder
3. die Mehrheit des gezeichneten Kapitals dieses Unternehmens besitzt.
Erfüllen mehrere Unternehmen eines der in Satz 1 Nr. 1 bis 3 genannten Kriterien, bestimmt sich das herrschende Unternehmen nach Maßgabe der dort bestimmten Rangfolge.

(3) Bei der Anwendung des Absatzes 2 müssen den Stimm- und Ernennungsrechten eines Unternehmens die Rechte aller von ihm abhängigen Unternehmen sowie aller natürlichen oder juristischen Personen, die zwar im eigenen Namen, aber für Rechnung des Unternehmens oder eines von ihm abhängigen Unternehmens handeln, hinzugerechnet werden.

(4) Investment- und Beteiligungsgesellschaften im Sinne des Artikels 3 Abs. 5 Buchstabe a oder c der Verordnung (EWG) Nr. 4064/89 des Rates vom 21. Dezember 1989 über die Kontrolle von Unternehmenszusammenschlüssen (ABl. EG Nr. L 395 S. 1) gelten nicht als herrschendes Unternehmen gegenüber einem anderen Unternehmen, an dem sie Anteile halten, an dessen Leitung sie jedoch nicht beteiligt sind.

7 *Europäischer Betriebsrat in Unternehmensgruppen*
Gehören einer gemeinschaftsweit tätigen Unternehmensgruppe ein oder mehrere gemeinschaftsweit tätige Unternehmen an, wird ein Europäischer Betriebsrat nur bei dem herrschenden Unternehmen errichtet, sofern nichts anderes vereinbart wird.

Zweiter Teil. Besonderes Verhandlungsgremium

8 *Aufgabe*
(1) Das besondere Verhandlungsgremium hat die Aufgabe, mit der zentralen Leitung eine Vereinbarung über eine grenzüberschreitende Unterrichtung und Anhörung der Arbeitnehmer abzuschließen.

(2) Die zentrale Leitung hat dem besonderen Verhandlungsgremium rechtzeitig alle zur Durchführung seiner Aufgaben erforderlichen Auskünfte zu erteilen und die erforderlichen Unterlagen zur Verfügung zu stellen.

(3) Die zentrale Leitung und das besondere Verhandlungsgremium arbeiten vertrauensvoll zusammen. Zeitpunkt, Häufigkeit und Ort der Verhandlungen werden zwischen der zentralen Leitung und dem besonderen Verhandlungsgremium einvernehmlich festgelegt.

Giesen

9 Bildung

(1) Die Bildung des besonderen Verhandlungsgremiums ist von den Arbeitnehmern oder ihren Vertretern schriftlich bei der zentralen Leitung zu beantragen oder erfolgt auf Initiative der zentralen Leitung.

(2) Der Antrag ist wirksam gestellt, wenn er von mindestens 100 Arbeitnehmern oder ihren Vertretern aus mindestens zwei Betrieben oder Unternehmen, die in verschiedenen Mitgliedstaaten liegen, unterzeichnet ist und der zentralen Leitung zugeht. Werden mehrere Anträge gestellt, sind die Unterschriften zusammenzuzählen. Wird ein Antrag bei einer im Inland liegenden Betriebs- oder Unternehmensleitung eingereicht, hat diese den Antrag unverzüglich an die zentrale Leitung weiterzuleiten und die Antragsteller darüber zu unterrichten.

(3) Die zentrale Leitung hat die Antragsteller, die örtlichen Betriebs- oder Unternehmensleitungen, die dort bestehenden Arbeitnehmervertretungen sowie die in inländischen Betrieben vertretenen Gewerkschaften über die Bildung eines besonderen Verhandlungsgremiums und seine Zusammensetzung zu unterrichten.

10 Zusammensetzung

(1) Aus jedem Mitgliedstaat, in dem das Unternehmen oder die Unternehmensgruppe einen Betrieb hat, wird ein Arbeitnehmervertreter in das besondere Verhandlungsgremium entsandt.

(2) Aus Mitgliedstaaten, in denen mindestens 25 vom Hundert der Arbeitnehmer des Unternehmens oder der Unternehmensgruppe beschäftigt sind, wird ein zusätzlicher Vertreter entsandt. Aus Mitgliedstaaten, in denen mindestens 50 vom Hundert der Arbeitnehmer beschäftigt sind, werden zwei zusätzliche Vertreter, aus einem Mitgliedstaat, in dem mindestens 75 vom Hundert der Arbeitnehmer beschäftigt sind, werden drei zusätzliche Vertreter entsandt.

(3) Es können Ersatzmitglieder bestellt werden.

11 Bestellung inländischer Arbeitnehmervertreter

(1) Die nach diesem Gesetz oder dem Gesetz eines anderen Mitgliedstaates auf die im Inland beschäftigten Arbeitnehmer entfallenden Mitglieder des besonderen Verhandlungsgremiums werden in gemeinschaftsweit tätigen Unternehmen vom Gesamtbetriebsrat (§ 47 des Betriebsverfassungsgesetzes) bestellt. Besteht nur ein Betriebsrat, so bestellt dieser die Mitglieder des besonderen Verhandlungsgremiums.

(2) Die in Absatz 1 Satz 1 genannten Mitglieder des besonderen Verhandlungsgremiums werden in gemeinschaftsweit tätigen Unternehmensgruppen vom Konzernbetriebsrat (§ 54 des Betriebsverfassungsgesetzes) bestellt. Besteht neben dem Konzernbetriebsrat noch ein in ihm nicht vertretener Gesamtbetriebsrat oder Betriebsrat, ist der Konzernbetriebsrat um deren Vorsitzende und um deren Stellvertreter zu erweitern; die Vorsitzenden und ihre Stellvertreter gelten insoweit als Konzernbetriebsratsmitglieder.

(3) Besteht kein Konzernbetriebsrat, werden die in Absatz 1 Satz 1 genannten Mitglieder des besonderen Verhandlungsgremiums wie folgt bestellt:

a) Bestehen mehrere Gesamtbetriebsräte, werden die Mitglieder des besonderen Verhandlungsgremiums auf einer gemeinsamen Sitzung der Gesamtbetriebsräte bestellt, zu welcher der Gesamtbetriebsratsvorsitzende des nach der Zahl der wahlberechtigten Arbeitnehmer größten inländischen Unternehmens einzuladen hat. Besteht daneben noch mindestens ein in den Gesamtbetriebsräten nicht vertretener Betriebsrat, sind der Betriebsratsvorsitzende und dessen Stellvertreter zu dieser Sitzung einzuladen; sie gelten insoweit als Gesamtbetriebsratsmitglieder.

b) Besteht neben einem Gesamtbetriebsrat noch mindestens ein in ihm nicht vertretener Betriebsrat, ist der Gesamtbetriebsrat um den Vorsitzenden des Betriebsrats und dessen Stellvertreter zu erweitern; der Betriebsratsvorsitzende und sein Stellvertreter gelten insoweit als Gesamtbetriebsratsmitglieder. Der Gesamtbetriebsrat bestellt die Mitglieder des besonderen Verhandlungsgremiums. Besteht nur ein Gesamtbetriebsrat, so hat dieser die Mitglieder des besonderen Verhandlungsgremiums zu bestellen.

c) Bestehen mehrere Betriebsräte, werden die Mitglieder des besonderen Verhandlungsgremiums auf einer gemeinsamen Sitzung bestellt, zu welcher der Betriebsratsvorsitzende des nach der Zahl der wahlberechtigten Arbeitnehmer größten inländischen Betriebs einzuladen hat. Zur Teilnahme an dieser Sitzung sind die Betriebsratsvorsitzenden und deren Stellvertreter berechtigt; § 47 Abs. 7 des Betriebsverfassungsgesetzes gilt entsprechend.

d) Besteht nur ein Betriebsrat, so hat dieser die Mitglieder des besonderen Verhandlungsgremiums zu bestellen.

Gestaltungsfreiheit § 17 EBRG

(4) Zu Mitgliedern des besonderen Verhandlungsgremiums können auch die in § 5 Abs. 3 des Betriebsverfassungsgesetzes genannten Angestellten bestellt werden.

(5) Frauen und Männer sollen entsprechend ihrem zahlenmäßigen Verhältnis bestellt werden.

12 *Unterrichtung über die Mitglieder des besonderen Verhandlungsgremiums*
Der zentralen Leitung sind unverzüglich die Namen der Mitglieder des besonderen Verhandlungsgremiums, ihre Anschriften sowie die jeweilige Betriebszugehörigkeit mitzuteilen. Die zentrale Leitung hat die örtlichen Betriebs- oder Unternehmensleitungen, die dort bestehenden Arbeitnehmervertretungen sowie die in inländischen Betrieben vertretenen Gewerkschaften über diese Angaben zu unterrichten.

13 *Sitzungen, Geschäftsordnung, Sachverständige*
(1) Die zentrale Leitung lädt unverzüglich nach Benennung der Mitglieder zur konstituierenden Sitzung des besonderen Verhandlungsgremium ein und unterrichtet die örtlichen Betriebs- oder Unternehmensleitungen. Das besondere Verhandlungsgremium wählt aus seiner Mitte einen Vorsitzenden und kann sich eine Geschäftsordnung geben.

(2) Vor jeder Verhandlung mit der zentralen Leitung hat das besondere Verhandlungsgremium das Recht, eine Sitzung durchzuführen und zu dieser einzuladen; § 8 Abs. 3 Satz 2 gilt entsprechend.

(3) Beschlüsse des besonderen Verhandlungsgremiums werden, soweit in diesem Gesetz nichts anderes bestimmt ist, mit der Mehrheit der Stimmen seiner Mitglieder gefasst.

(4) Das besondere Verhandlungsgremium kann sich durch Sachverständige seiner Wahl unterstützen lassen, soweit dies zur ordnungsgemäßen Erfüllung seiner Aufgaben erforderlich ist. Sachverständige können auch Beauftragte von Gewerkschaften sein.

14 *Einbeziehung von Arbeitnehmervertretern aus Drittstaaten*
Kommen die zentrale Leitung und das besondere Verhandlungsgremium überein, die nach § 17 auszuhandelnde Vereinbarung auf nicht in einem Mitgliedstaat (Drittstaat) liegende Betriebe oder Unternehmen zu erstrecken, können sie vereinbaren, Arbeitnehmervertreter aus dessen Staaten in das besondere Verhandlungsgremium einzubeziehen und die Anzahl der auf den jeweiligen Drittstaat entfallenden Mitglieder sowie deren Rechtsstellung festlegen

15 *Beschluss über Beendigung der Verhandlungen*
(1) Das besondere Verhandlungsgremium kann mit mindestens zwei Dritteln der Stimmen seiner Mitglieder beschließen, keine Verhandlungen aufzunehmen oder diese zu beenden. Der Beschluss und das Abstimmungsergebnis sind in eine Niederschrift aufzunehmen, die vom Vorsitzenden und einem weiteren Mitglied zu unterzeichnen ist. Eine Abschrift der Niederschrift ist der zentralen Leitung zuzuleiten.

(2) Ein neuer Antrag auf Bildung eines besonderen Verhandlungsgremiums (§ 9) kann frühestens zwei Jahre nach dem Beschluss gemäß Absatz 1 gestellt werden, sofern das besondere Verhandlungsgremium und die zentrale Leitung nicht schriftlich eine kürzere Frist festlegen.

16 *Kosten und Sachaufwand*
(1) Die durch die Bildung und Tätigkeit des besonderen Verhandlungsgremiums entstehenden Kosten trägt die zentrale Leitung. Werden Sachverständige nach § 13 Abs. 4 hinzugezogen, beschränkt sich die Kostentragungspflicht auf einen Sachverständigen. Die zentrale Leitung hat für die Sitzungen in erforderlichem Umfang Räume, sachliche Mittel, Dolmetscher und Büropersonal zur Verfügung zu stellen sowie die erforderlichen Reise- und Aufenthaltskosten der Mitglieder des besonderen Verhandlungsgremiums zu tragen.

(2) Der Arbeitgeber eines aus dem Inland entsandten Mitglieds des besonderen Verhandlungsgremiums haftet neben der zentralen Leitung für dessen Anspruch auf Kostenerstattung als Gesamtschuldner.

Dritter Teil. Vereinbarungen über grenzübergreifende Unterrichtung und Anhörung

17 *Gestaltungsfreiheit*
Die zentrale Leitung und das besondere Verhandlungsgremium können frei vereinbaren, wie die grenzübergreifende Unterrichtung und Anhörung der Arbeitnehmer ausgestaltet wird; sie sind nicht an die Bestimmungen des Vierten Teils dieses Gesetzes gebunden. Die Vereinbarung muss sich

auf alle in den Mitgliedstaaten beschäftigten Arbeitnehmer erstrecken, in denen das Unternehmen oder die Unternehmensgruppe einen Betrieb hat. Die Parteien verständigen sich darauf, ob die grenzübergreifende Unterrichtung und Anhörung durch die Errichtung eines Europäischen Betriebsrats oder mehrerer Europäischer Betriebsräte nach § 18 oder durch ein Verfahren zur Unterrichtung und Anhörung der Arbeitnehmer nach § 19 erfolgen soll.

18 *Europäischer Betriebsrat kraft Vereinbarung*
(1) Soll ein Europäischer Betriebsrat errichtet werden, ist schriftlich zu vereinbaren, wie dieser ausgestaltet werden soll. Dabei soll insbesondere Folgendes geregelt werden:

1. Bezeichnung der erfassten Betriebe und Unternehmen, einschließlich der außerhalb des Hoheitsgebietes der Mitgliedstaaten liegenden Niederlassungen, sofern diese in den Geltungsbereich einbezogen werden,
2. Zusammensetzung des Europäischen Betriebsrats, Anzahl der Mitglieder, Ersatzmitglieder, Sitzverteilung und Mandatsdauer,
3. Zuständigkeit und Aufgaben des Europäischen Betriebsrats sowie das Verfahren zu seiner Unterrichtung und Anhörung,
4. Ort, Häufigkeit und Dauer der Sitzungen,
5. die für den Europäischen Betriebsrat zur Verfügung zu stellenden finanziellen und sachlichen Mittel,
6. Klausel zur Anpassung der Vereinbarung an Strukturänderungen, die Geltungsdauer der Vereinbarung und das bei ihrer Neuverhandlung anzuwendende Verfahren, einschließlich einer Übergangsregelung.

(2) § 23 gilt entsprechend.

19 *Verfahren zur Unterrichtung und Anhörung*
Soll ein Verfahren zur Unterrichtung und Anhörung der Arbeitnehmer eingeführt werden, ist schriftlich zu vereinbaren, unter welchen Voraussetzungen die Arbeitnehmervertreter das Recht haben, die ihnen übermittelten Informationen gemeinsam zu beraten und wie sie ihre Vorschläge oder Bedenken mit der zentralen Leitung oder einer anderen geeigneten Leitungsebene erörtern können. Die Unterrichtung muss sich insbesondere auf grenzübergreifende Angelegenheiten erstrecken, die erhebliche Auswirkungen auf die Interessen der Arbeitnehmer haben.

20 *Übergangsbestimmung*
Eine nach §§ 18 oder 19 bestehende Vereinbarung gilt fort, wenn vor ihrer Beendigung das Antrags- oder Initiativrecht nach § 9 Abs. 1 ausgeübt worden ist. Das Antragsrecht kann auch ein auf Grund einer Vereinbarung bestehendes Arbeitnehmervertretungsgremium ausüben. Die Fortgeltung endet, wenn die Vereinbarung durch eine neue Vereinbarung ersetzt oder ein Europäischer Betriebsrat kraft Gesetzes errichtet worden ist. Die Fortgeltung endet auch dann, wenn das besondere Verhandlungsgremium einen Beschluss nach § 15 Abs. 1 fasst; § 15 Abs. 2 gilt entsprechend. Die Sätze 1 bis 4 finden keine Anwendung, wenn in der bestehenden Vereinbarung eine Übergangsregelung enthalten ist.

Vierter Teil. Europäischer Betriebsrat kraft Gesetzes

Erster Abschnitt. Errichtung des Europäischen Betriebsrats

21 *Voraussetzungen*
(1) Verweigert die zentrale Leitung die Aufnahme von Verhandlungen innerhalb von sechs Monaten nach Antragstellung (§ 9), ist ein Europäischer Betriebsrat gemäß den §§ 22 und 23 zu errichten. Das Gleiche gilt, wenn innerhalb von drei Jahren nach Antragstellung keine Vereinbarung nach §§ 18 oder 19 zustande kommt oder die zentrale Leitung und das besondere Verhandlungsgremium das vorzeitige Scheitern der Verhandlungen erklären. Die Sätze 1 und 2 gelten entsprechend, wenn die Bildung des besonderen Verhandlungsgremiums auf Initiative der zentralen Leitung erfolgt.

(2) Ein Europäischer Betriebsrat ist nicht zu errichten, wenn das besondere Verhandlungsgremium *vor Ablauf der in Absatz 1 genannten Fristen* einen Beschluss nach § 15 Abs. 1 fasst.

22 Zusammensetzung des Europäischen Betriebsrats

(1) Der Europäische Betriebsrat setzt sich aus Arbeitnehmern des gemeinschaftsweit tätigen Unternehmens oder der gemeinschaftsweit tätigen Unternehmensgruppe zusammen. Es können Ersatzmitglieder bestellt werden.

(2) Aus jedem Mitgliedstaat, in dem das Unternehmen oder die Unternehmensgruppe einen Betrieb hat, wird ein Arbeitnehmervertreter in den Europäischen Betriebsrat entsandt.

(3) Hat das Unternehmen oder die Unternehmensgruppe insgesamt bis zu 10 000 Arbeitnehmer innerhalb der Mitgliedstaaten, wird aus Mitgliedstaaten, in denen mindestens 20 vom Hundert der Arbeitnehmer beschäftigt sind, ein zusätzlicher Vertreter entsandt. Aus Mitgliedstaaten, in denen mindestens 30 vom Hundert der Arbeitnehmer beschäftigt sind, werden zwei zusätzliche Vertreter, mindestens 40 vom Hundert der Arbeitnehmer beschäftigt sind, werden drei zusätzliche Vertreter, mindestens 50 vom Hundert der Arbeitnehmer beschäftigt sind, werden vier zusätzliche Vertreter entsandt. Aus einem Mitgliedstaat, in dem mindestens 60 vom Hundert der Arbeitnehmer beschäftigt sind, werden fünf zusätzliche Vertreter, mindestens 70 vom Hundert der Arbeitnehmer beschäftigt sind, werden sechs zusätzliche Vertreter, mindestens 80 vom Hundert der Arbeitnehmer beschäftigt sind, werden sieben zusätzliche Vertreter entsandt.

(4) Hat das Unternehmen oder die Unternehmensgruppe insgesamt mehr als 10 000 Arbeitnehmer innerhalb der Mitgliedstaaten, wird aus Mitgliedstaaten, in denen mindestens 20 vom Hundert der Arbeitnehmer beschäftigt sind, ein zusätzlicher Vertreter entsandt. Aus Mitgliedstaaten, in denen mindestens 30 vom Hundert der Arbeitnehmer beschäftigt sind, werden drei zusätzliche Vertreter, mindestens 40 vom Hundert der Arbeitnehmer beschäftigt sind, werden fünf zusätzliche Vertreter, mindestens 50 vom Hundert der Arbeitnehmer beschäftigt sind, werden sieben zusätzliche Vertreter entsandt. Aus einem Mitgliedstaat, in dem mindestens 60 vom Hundert der Arbeitnehmer beschäftigt sind, werden neun zusätzliche Vertreter, mindestens 70 vom Hundert der Arbeitnehmer beschäftigt sind, werden elf zusätzliche Vertreter, mindestens 80 vom Hundert der Arbeitnehmer beschäftigt sind, werden dreizehn zusätzliche Vertreter entsandt.

23 Bestellung inländischer Arbeitnehmervertreter

(1) Die nach diesem Gesetz oder dem Gesetz eines anderen Mitgliedstaates auf die im Inland beschäftigten Arbeitnehmer entfallenden Mitglieder des Europäischen Betriebsrats werden in gemeinschaftsweit tätigen Unternehmen vom Gesamtbetriebsrat (§ 47 des Betriebsverfassungsgesetzes) bestellt. Besteht nur ein Betriebsrat, so bestellt dieser die Mitglieder des Europäischen Betriebsrats.

(2) Die in Absatz 1 Satz 1 genannten Mitglieder des Europäischen Betriebsrats werden in gemeinschaftsweit tätigen Unternehmensgruppen vom Konzernbetriebsrat (§ 54 des Betriebsverfassungsgesetzes) bestellt. Besteht neben dem Konzernbetriebsrat noch ein in ihm nicht vertretener Gesamtbetriebsrat oder Betriebsrat, ist der Konzernbetriebsrat um deren Vorsitzende und um deren Stellvertreter zu erweitern; die Vorsitzenden und ihre Stellvertreter gelten insoweit als Konzernbetriebsratsmitglieder.

(3) Besteht kein Konzernbetriebsrat, werden die in Absatz 1 Satz 1 genannten Mitglieder des Europäischen Betriebsrats wie folgt bestellt:

a) Bestehen mehrere Gesamtbetriebsräte, werden die Mitglieder des Europäischen Betriebsrats auf einer gemeinsamen Sitzung der Gesamtbetriebsräte bestellt, zu welcher der Gesamtbetriebsratsvorsitzende des nach der Zahl der wahlberechtigten Arbeitnehmer größten inländischen Unternehmens einzuladen hat. Besteht daneben noch mindestens ein in den Gesamtbetriebsräten nicht vertretener Betriebsrat, sind der Betriebsratsvorsitzende und dessen Stellvertreter zu dieser Sitzung einzuladen; sie gelten insoweit als Gesamtbetriebsratsmitglieder.

b) Besteht neben einem Gesamtbetriebsrat noch mindestens ein in ihm nicht vertretener Betriebsrat, ist der Gesamtbetriebsrat um den Vorsitzenden des Betriebsrats und dessen Stellvertreter zu erweitern; der Betriebsratsvorsitzende und sein Stellvertreter gelten insoweit als Gesamtbetriebsratsmitglieder. Der Gesamtbetriebsrat bestellt die Mitglieder des Europäischen Betriebsrats. Besteht nur ein Gesamtbetriebsrat, so hat dieser die Mitglieder des Europäischen Betriebsrats zu bestellen.

c) Bestehen mehrere Betriebsräte, werden die Mitglieder des Europäischen Betriebsrats auf einer gemeinsamen Sitzung bestellt, zu welcher der Betriebsratsvorsitzende des nach der Zahl der wahlberechtigten Arbeitnehmer größten inländischen Betriebes einzuladen hat. Zur Teilnahme an dieser Sitzung sind die Betriebsratsvorsitzenden und deren Stellvertreter berechtigt; § 47 Abs. 7 des Betriebsverfassungsgesetzes gilt entsprechend.

d) Besteht nur ein Betriebsrat, so hat dieser die Mitglieder des Europäischen Betriebsrats zu bestellen.

(4) Die Absätze 1 bis 3 gelten entsprechend für die Abberufung.

(5) Frauen und Männer sollen entsprechend ihrem zahlenmäßigen Verhältnis bestellt werden.

EBRG § 24 Unterrichtung über die Mitglieder des Europäischen Betriebsrats

(6) Das zuständige Sprecherausschussgremium eines gemeinschaftsweit tätigen Unternehmens oder einer gemeinschaftsweit tätigen Unternehmensgruppe mit Sitz der zentralen Leitung im Inland kann einen der in § 5 Abs. 3 des Betriebsverfassungsgesetzes genannten Angestellten bestimmen, der mit Rederecht an den Sitzungen zur Unterrichtung und Anhörung des Europäischen Betriebsrats teilnimmt, sofern nach § 22 Abs. 2 bis 4 mindestens fünf inländische Vertreter entsandt werden. Die §§ 30 und 39 Abs. 2 gelten entsprechend.

24 *Unterrichtung über die Mitglieder des Europäischen Betriebsrats*
Der zentralen Leitung sind unverzüglich die Namen der Mitglieder des Europäischen Betriebsrats, ihre Anschriften sowie die jeweilige Betriebszugehörigkeit mitzuteilen. Die zentrale Leitung hat die örtlichen Betriebs- oder Unternehmensleitungen, die dort bestehenden Arbeitnehmervertretungen sowie die in inländischen Betrieben vertretenen Gewerkschaften über diese Angaben zu unterrichten.

Zweiter Abschnitt. Geschäftsführung des Europäischen Betriebsrats

25 *Konstituierende Sitzung, Vorsitzender*
(1) Die zentrale Leitung lädt unverzüglich nach Benennung der Mitglieder zur konstituierenden Sitzung des Europäischen Betriebsrats ein. Der Europäische Betriebsrat wählt aus seiner Mitte einen Vorsitzenden und dessen Stellvertreter.

(2) Der Vorsitzende des Europäischen Betriebsrats oder im Falle seiner Verhinderung der Stellvertreter vertritt den Europäischen Betriebsrat im Rahmen der von ihm gefassten Beschlüsse. Zur Entgegennahme von Erklärungen, die dem Europäischen Betriebsrat gegenüber abzugeben sind, ist der Vorsitzende oder im Falle seiner Verhinderung der Stellvertreter berechtigt.

26 *Ausschuss*
(1) Besteht der Europäische Betriebsrat aus neun oder mehr Mitgliedern, bildet er aus seiner Mitte einen Ausschuss von drei Mitgliedern, dem neben dem Vorsitzenden zwei weitere zu wählende Mitglieder angehören. Die Mitglieder des Ausschusses sollen in verschiedenen Mitgliedstaaten beschäftigt sein. Der Ausschuss führt die laufenden Geschäfte des Europäischen Betriebsrats.

(2) Ein Europäischer Betriebsrat mit weniger als neun Mitgliedern kann die Führung der laufenden Geschäfte auf den Vorsitzenden oder ein anderes Mitglied des Europäischen Betriebsrats übertragen.

27 *Sitzungen*
(1) Der Europäische Betriebsrat hat das Recht, im Zusammenhang mit der Unterrichtung durch die zentrale Leitung nach § 32 eine Sitzung durchzuführen und zu dieser einzuladen. Das Gleiche gilt bei einer Unterrichtung über außergewöhnliche Umstände nach § 33. Der Zeitpunkt und der Ort der Sitzungen sind mit der zentralen Leitung abzustimmen. Mit Einverständnis der zentralen Leitung kann der Europäische Betriebsrat weitere Sitzungen durchführen. Die Sitzungen des Europäischen Betriebsrats sind nicht öffentlich.

(2) Absatz 1 gilt entsprechend für die Wahrnehmung der Mitwirkungsrechte des Europäischen Betriebsrats durch den Ausschuss nach § 26 Abs. 1.

28 *Beschlüsse, Geschäftsordnung*
Die Beschlüsse des Europäischen Betriebsrats werden, soweit in diesem Gesetz nichts anderes bestimmt ist, mit der Mehrheit der Stimmen der anwesenden Mitglieder gefasst. Sonstige Bestimmungen über die Geschäftsführung sollen in einer schriftlichen Geschäftsordnung getroffen werden, die der Europäische Betriebsrat mit der Mehrheit der Stimmen seiner Mitglieder beschließt.

29 *Sachverständige*
Der Europäische Betriebsrat und der Ausschuss können sich durch Sachverständige ihrer Wahl unterstützen lassen, soweit dies zur ordnungsgemäßen Erfüllung ihrer Aufgaben erforderlich ist. Sachverständige können auch Beauftragte von Gewerkschaften sein.

30 *Kosten und Sachaufwand*
Die durch die Bildung und Tätigkeit des Europäischen Betriebsrats und des Ausschusses (§ 26 Abs. 1) entstehenden Kosten trägt die zentrale Leitung. Werden Sachverständige nach § 29 hinzugezo-

gen, beschränkt sich die Kostentragungspflicht auf einen Sachverständigen. Die zentrale Leitung hat insbesondere für die Sitzungen und die laufende Geschäftsführung in erforderlichem Umfang Räume, sachliche Mittel und Büropersonal, für die Sitzungen außerdem Dolmetscher zur Verfügung zu stellen. Sie trägt die erforderlichen Reise- und Aufenthaltskosten der Mitglieder des Europäischen Betriebsrats und des Ausschusses. § 16 Abs. 2 gilt entsprechend.

Dritter Abschnitt. Zuständigkeit und Mitwirkungsrechte

31 *Grenzübergreifende Angelegenheiten*
(1) Der Europäische Betriebsrat ist zuständig in Angelegenheiten der §§ 32 und 33, die mindestens zwei Betriebe oder zwei Unternehmen in verschiedenen Mitgliedstaaten betreffen.

(2) Bei Unternehmen und Unternehmensgruppen nach § 2 Abs. 2 ist der Europäische Betriebsrat nur in solchen Angelegenheiten zuständig, die sich auf das Hoheitsgebiet der Mitgliedstaaten erstrecken und mindestens zwei Betriebe oder zwei Unternehmen in verschiedenen Mitgliedstaaten betreffen.

32 *Jährliche Unterrichtung und Anhörung*
(1) Die zentrale Leitung hat den Europäischen Betriebsrat einmal im Kalenderjahr über die Entwicklung der Geschäftslage und die Perspektiven des gemeinschaftsweit tätigen Unternehmens oder der gemeinschaftsweit tätigen Unternehmensgruppe unter rechtzeitiger Vorlage der erforderlichen Unterlagen zu unterrichten und ihn anzuhören.

(2) Zu der Entwicklung der Geschäftslage und den Perspektiven im Sinne des Absatzes 1 gehören insbesondere

1. Struktur des Unternehmens oder der Unternehmensgruppe sowie die wirtschaftliche und finanzielle Lage,
2. die voraussichtliche Entwicklung der Geschäfts-, Produktions- und Absatzlage,
3. die Beschäftigungslage und ihre voraussichtliche Entwicklung,
4. Investitionen (Investitionsprogramme),
5. grundlegende Änderungen der Organisation,
6. die Einführung neuer Arbeits- und Fertigungsverfahren,
7. die Verlegung von Unternehmen, Betrieben oder wesentlichen Betriebsteilen sowie Verlagerungen der Produktion,
8. Zusammenschlüsse oder Spaltungen von Unternehmen oder Betrieben,
9. Die Einschränkung oder Stilllegung von Unternehmen, Betrieben oder wesentlichen Betriebsteilen,
10. Massenentlassungen.

33 *Unterrichtung und Anhörung*
(1) Über außergewöhnliche Umstände, die erhebliche Auswirkungen auf die Interessen der Arbeitnehmer haben, hat die zentrale Leitung den Europäischen Betriebsrat rechtzeitig unter Vorlage der erforderlichen Unterlagen zu unterrichten und auf Verlangen anzuhören. Als außergewöhnliche Umstände gelten insbesondere

1. die Verlegung von Unternehmen, Betrieben oder wesentlichen Betriebsteilen,
2. die Stilllegung von Unternehmen, Betrieben oder wesentlichen Betriebsteilen
3. Massenentlassungen.

(2) Besteht ein Ausschuss nach § 26 Abs. 1, so ist dieser anstelle des Europäischen Betriebsrats nach Absatz 1 Satz 1 zu beteiligen. § 27 Abs. 1 Satz 2 bis 5 gilt entsprechend. Zu den Sitzungen des Ausschusses sind auch diejenigen Mitglieder des Europäischen Betriebsrats zu laden, die für die Betriebe oder Unternehmen bestellt worden sind, die unmittelbar von den geplanten Maßnahmen betroffen sind; sie gelten insoweit als Ausschussmitglieder.

34 *Tendenzunternehmen*
Auf Unternehmen und herrschende Unternehmen von Unternehmensgruppen, die unmittelbar und überwiegend den in § 118 Abs. 1 Satz 1 Nr. 1 und 2 des Betriebsverfassungsgesetzes genannten Bestimmungen oder Zwecken dienen, finden nur § 32 Abs. 2 Nr. 5 bis 10 und § 33 Anwendung mit der Maßgabe, dass eine Unterrichtung und Anhörung nur über den Ausgleich oder die Milderung der wirtschaft-

lichen Nachteile erfolgen muss, die den Arbeitnehmern infolge der Unternehmens- oder Betriebsänderungen entstehen.

35 *Unterrichtung der örtlichen Arbeitnehmervertreter*
(1) Der Europäische Betriebsrat oder der Ausschuss (§ 33 Abs. 2) berichtet den örtlichen Arbeitnehmervertretern oder, wenn es die nicht gibt, den Arbeitnehmern der Betriebe oder Unternehmen über die Unterrichtung und Anhörung.

(2) Das Mitglied des Europäischen Betriebsrats oder des Ausschusses, das den örtlichen Arbeitnehmervertretungen im Inland berichtet, hat den Bericht in Betrieben und Unternehmen, in denen Sprecherausschüsse der leitenden Angestellten bestehen, auf einer gemeinsamen Sitzung im Sinne des § 2 Abs. 2 des Sprecherausschussgesetzes zu erstatten. Dies gilt nicht, wenn ein nach § 23 Abs. 6 bestimmter Angestellter an der Sitzung zur Unterrichtung und Anhörung des Europäischen Betriebsrats teilgenommen hat. Wird der Bericht nach Absatz 1 nur schriftlich erstattet, ist er auch dem zuständigen Sprecherausschuss zuzuleiten.

Vierter Abschnitt. Änderung der Zusammensetzung, Übergang zu einer Vereinbarung

36 *Dauer der Mitgliedschaft, Neubestellung von Mitgliedern*
(1) Die Dauer der Mitgliedschaft im Europäischen Betriebsrat beträgt vier Jahre, wenn sie nicht durch Abberufung oder aus anderen Gründen vorzeitig endet. Die Mitgliedschaft beginnt mit der Bestellung.

(2) Alle zwei Jahre, vom Tage der konstituierenden Sitzung des Europäischen Betriebsrats (§ 25 Abs. 1) an gerechnet, hat die zentrale Leitung zu prüfen, ob sich die Arbeitnehmerzahlen in den einzelnen Mitgliedstaaten derart geändert haben, dass sich eine andere Zusammensetzung des Europäischen Betriebsrats nach § 22 Abs. 2 bis 4 errechnet. Sie hat das Ergebnis dem Europäischen Betriebsrat mitzuteilen. Ist danach eine andere Zusammensetzung des Europäischen Betriebsrats erforderlich, veranlasst dieser bei den zuständigen Stellen, dass die Mitglieder des Europäischen Betriebsrats in den Mitgliedstaaten neu bestellt werden, in denen sich eine gegenüber dem vorhergehenden Zeitraum abweichende Anzahl der Arbeitnehmervertreter ergibt; mit der Neubestellung endet die Mitgliedschaft der bisher aus diesen Mitgliedstaaten stammenden Arbeitnehmervertreter im Europäischen Betriebsrat Die Sätze 1 bis 3 gelten entsprechend bei Berücksichtigung eines bisher im Europäischen Betriebsrat nicht vertretenen Mitgliedstaats.

37 *Aufnahme von Verhandlungen*
Vier Jahre nach der konstituierenden Sitzung (§ 25 Abs. 1) hat der Europäische Betriebsrat mit der Mehrheit der Stimmen seiner Mitglieder einen Beschluss darüber zu fassen, ob mit der zentralen Leitung eine Vereinbarung nach § 17 ausgehandelt werden soll. Beschließt der Europäische Betriebsrat die Aufnahme von Verhandlungen, hat er die Rechte und Pflichten des besonderen Verhandlungsgremiums; die §§ 8, 13, 14 und 15 Abs. 1 sowie die §§ 16 bis 19 gelten entsprechend. Das Amt des Europäischen Betriebsrats endet, wenn eine Vereinbarung nach § 17 geschlossen worden ist.

Fünfter Teil. Grundsätze der Zusammenarbeit und Schutzbestimmungen

38 *Vertrauensvolle Zusammenarbeit*
Zentrale Leitung und Europäischer Betriebsrat arbeiten vertrauensvoll zum Wohl der Arbeitnehmer und des Unternehmens oder der Unternehmensgruppe zusammen. Satz 1 gilt entsprechend für die Zusammenarbeit zwischen zentraler Leitung und Arbeitnehmervertretern im Rahmen eines Verfahrens zur Unterrichtung und Anhörung.

39 *Geheimhaltung, Vertraulichkeit*
(1) Die Pflicht der zentralen Leitung, über die im Rahmen der §§ 18 und 19 vereinbarten oder die sich aus den §§ 32 und 33 Abs. 1 ergebenden Angelegenheiten zu unterrichten, besteht nur, soweit dadurch nicht Betriebs- oder Geschäftsgeheimnisse des Unternehmens oder der Unternehmensgruppe gefährdet werden.

(2) Die Mitglieder und Ersatzmitglieder eines Europäischen Betriebsrats sind verpflichtet, Betriebs- oder Geschäftsgeheimnisse, die ihnen wegen ihrer Zugehörigkeit zum Europäischen Betriebsrat bekannt geworden und von der zentralen Leitung ausdrücklich als geheimhaltungsbedürftig bezeichnet worden sind, nicht zu offenbaren und nicht zu verwerten. Dies gilt auch nach dem Ausscheiden aus dem Europäischen Betriebsrat. Die Verpflichtung gilt nicht gegenüber Mitgliedern eines Europäischen Betriebsrats. Sie gilt ferner nicht gegenüber den örtlichen Arbeitnehmervertretern der Betriebe oder Unternehmen, wenn diese auf Grund einer Vereinbarung nach § 18 oder nach § 35 über den Inhalt der Unterrichtungen und die Ergebnisse der Anhörungen zu unterrichten sind, den Arbeitnehmervertretern im Aufsichtsrat sowie gegenüber Dolmetschern und Sachverständigen, die zur Unterstützung herangezogen werden.

(3) Die Pflicht zur Vertraulichkeit nach Absatz 2 Satz 1 und 2 gilt entsprechend für

1. die Mitglieder und Ersatzmitglieder des besonderen Verhandlungsgremiums,
2. die Arbeitnehmervertreter im Rahmen eines Verfahrens zur Unterrichtung und Anhörung (§ 19),
3. die Sachverständigen und Dolmetscher sowie
4. die örtlichen Arbeitnehmervertreter.

(4) Die Ausnahmen von der Pflicht zur Vertraulichkeit nach Absatz 2 Satz 3 und 4 gelten entsprechend für

1. das besondere Verhandlungsgremium gegenüber Sachverständigen und Dolmetschern,
2. die Arbeitnehmervertreter im Rahmen eines Verfahrens zur Unterrichtung und Anhörung gegenüber Dolmetschern und Sachverständigen, die vereinbarungsgemäß zur Unterstützung herangezogen werden und gegenüber örtlichen Arbeitnehmervertretern, sofern diese nach der Vereinbarung (§ 19) über die Inhalte der Unterrichtungen und die Ergebnisse der Anhörungen zu unterrichten sind.

40 Schutz inländischer Arbeitnehmervertreter

(1) Für die Mitglieder eines Europäischen Betriebsrats, die im Inland beschäftigt sind, gelten § 37 Abs. 1 bis 5 und die §§ 78 und 103 des Betriebsverfassungsgesetzes sowie § 15 Abs. 1 und 3 bis 5 des Kündigungsschutzgesetzes entsprechend.

(2) Absatz 1 gilt entsprechend für die Mitglieder des besonderen Verhandlungsgremiums und die Arbeitnehmervertreter im Rahmen eines Verfahrens zur Unterrichtung und Anhörung.

Sechster Teil. Bestehende Vereinbarungen

41 Fortgeltung

(1) Auf die in den §§ 2 und 3 genannten Unternehmen und Unternehmensgruppen, in denen vor dem 22. September 1996 eine Vereinbarung über grenzübergreifende Unterrichtung und Anhörung besteht, sind die Bestimmungen dieses Gesetzes nicht anwendbar, solange die Vereinbarung wirksam ist. Die Vereinbarung muss sich auf alle in den Mitgliedstaaten beschäftigten Arbeitnehmer erstrecken und den Arbeitnehmern aus denjenigen Mitgliedstaaten eine angemessene Beteiligung an der Unterrichtung und Anhörung ermöglichen, in denen das Unternehmen oder die Unternehmensgruppe einen Betrieb hat.

(2) Der Anwendung des Absatzes 1 steht nicht entgegen, dass die Vereinbarung auf Seiten der Arbeitnehmer nur von einer im Betriebsverfassungsgesetz vorgesehenen Arbeitnehmervertretung geschlossen worden ist. Das Gleiche gilt, wenn für ein Unternehmen oder eine Unternehmensgruppe anstelle einer Vereinbarung mehrere Vereinbarungen geschlossen worden sind.

(3) Sind die Voraussetzungen des Absatzes 1 deshalb nicht erfüllt, weil die an dem in Absatz 1 Satz 1 genannten Stichtag bestehende Vereinbarung nicht alle Arbeitnehmer erfasst, können die Parteien deren Einbeziehung innerhalb einer Frist von sechs Monaten nachholen.

(4) Bestehende Vereinbarungen können auch nach dem in Absatz 1 Satz 1 genannten Stichtag an Änderungen der Struktur des Unternehmens oder der Unternehmensgruppe sowie der Zahl der beschäftigten Arbeitnehmer angepasst werden.

(5) Ist eine Vereinbarung befristet geschlossen worden, können die Parteien ihre Fortgeltung unter Berücksichtigung der Absätze 1, 3 und 4 beschließen.

(6) Eine Vereinbarung gilt fort, wenn vor ihrer Beendigung das Antrags- oder Initiativrecht nach § 9 Abs. 1 ausgeübt worden ist. Das Antragsrecht kann auch ein auf Grund der Vereinbarung bestehendes Arbeitnehmervertretungsgremium ausüben. Die Fortgeltung endet, wenn die Vereinbarung durch eine grenzübergreifende Unterrichtung und Anhörung nach §§ 18 oder 19 ersetzt oder ein Europäi-

scher Betriebsrat kraft Gesetzes errichtet worden ist. Die Fortgeltung endet auch dann, wenn das besondere Verhandlungsgremium einen Beschluss nach § 15 Abs. 1 fasst; § 15 Abs. 2 gilt entsprechend.

(7) Auf Unternehmen und Unternehmensgruppen, die auf Grund der Berücksichtigung von im Vereinigten Königreich Großbritannien und Nordirland liegenden Betrieben und Unternehmen erstmalig die in den §§ 2 und 3 genannten Voraussetzungen erfüllen, sind die Bestimmungen dieses Gesetzes nicht anwendbar, wenn in diesen Unternehmen und Unternehmensgruppen vor dem 15. Dezember 1999 eine Vereinbarung über grenzübergreifende Unterrichtung und Anhörung besteht. Die Absätze 1 bis 6 gelten entsprechend.

Siebter Teil. Besondere Vorschriften; Straf- und Bußgeldvorschriften

42 *Errichtungs- und Tätigkeitsschutz*
Niemand darf

1. die Bildung des besonderen Verhandlungsgremiums (§ 9) oder die Errichtung eines Europäischen Betriebsrats (§§ 18, 21 Abs. 1) oder die Einführung eines Verfahrens zur Unterrichtung und Anhörung (§ 19) behindern oder durch Zufügung oder Androhung von Nachteilen oder durch Gewährung oder Versprechen von Vorteilen beeinflussen,
2. die Tätigkeit des besonderen Verhandlungsgremiums, eines Europäischen Betriebsrats oder der Arbeitnehmervertreter im Rahmen eines Verfahrens zur Unterrichtung und Anhörung behindern oder stören oder
3. ein Mitglied oder Ersatzmitglied des besonderen Verhandlungsgremiums oder eines Europäischen Betriebsrats oder einen Arbeitnehmervertreter im Rahmen eines Verfahrens zur Unterrichtung und Anhörung um seiner Tätigkeit willen benachteiligen oder begünstigen.

43 *Strafvorschriften*
(1) Mit Freiheitsstrafe bis zu zwei Jahren oder mit Geldstrafe wird bestraft, wer entgegen § 39 Abs. 2 Satz 1 oder 2, jeweils auch in Verbindung mit Absatz 3, ein Betriebs- oder Geschäftsgeheimnis verwertet.

(2) Die Tat wird nur auf Antrag verfolgt.

44 *Strafvorschriften*
(1) Mit Freiheitsstrafe bis zu einem Jahr oder mit Geldstrafe wird bestraft, wer

1. entgegen § 39 Abs. 2 Satz 1 oder 2, jeweils auch in Verbindung mit Absatz 3, ein Betriebs- oder Geschäftsgeheimnis offenbart oder
2. einer Vorschrift des § 42 über die Errichtung der dort genannten Gremien oder die Einführung des dort genannten Verfahrens, die Tätigkeit der dort genannten Gremien oder der Arbeitnehmervertreter oder über die Benachteiligung oder Begünstigung eines Mitglieds oder Ersatzmitglieds der dort genannten Gremien oder eines Arbeitnehmervertreters zuwiderhandelt.

(2) Handelt der Täter in den Fällen des Absatzes 1 Nr. 1 gegen Entgelt oder in der Absicht, sich oder einen anderen zu bereichern oder einen anderen zu schädigen, so ist die Strafe Freiheitsstrafe bis zu zwei Jahren oder Geldstrafe.

(3) Die Tat wird nur auf Antrag verfolgt. In den Fällen des Absatzes 1 Nr. 2 sind das besondere Verhandlungsgremium, der Europäische Betriebsrat, die Mehrheit der Arbeitnehmervertreter im Rahmen eines Verfahrens zur Unterrichtung und Anhörung, die zentrale Leitung oder eine im Betrieb vertretene Gewerkschaft antragsberechtigt.

45 *Bußgeldvorschriften*
(1) Ordnungswidrig handelt, wer

1. entgegen § 5 Abs. 1 eine Auskunft nicht, nicht richtig, nicht vollständig oder nicht rechtzeitig erteilt oder
2. entgegen § 32 Abs. 1 oder § 33 Abs. 1 Satz 1 oder Abs. 2 Satz 1 den Europäischen Betriebsrat oder den Ausschuss nach § 26 Abs. 1 nicht, nicht richtig, nicht vollständig, nicht in der vorgeschriebenen Weise oder nicht rechtzeitig unterrichtet.

(2) Die Ordnungswidrigkeit kann mit einer Geldbuße bis zu fünfzehntausend Euro geahndet werden.

Literatur

I. Allgemeines ... 1
1. Überblick ... 1
2. Drei Formen des EBR im dreistufigen Regelungssystem ... 2
3. Zur rechtspolitischen Bewertung des EBR ... 3
4. EBR, Unternehmensmitbestimmung und Anpassung der Betriebsverfassung ... 4

II. Bestimmung der wichtigsten Begriffe ... 5
1. „Unterrichtung und Anhörung" ... 5
2. „Arbeitnehmer" ... 6
3. „Unternehmen" und „Unternehmensgruppe" ... 7
4. „Zentrale Leitung" ... 8
5. „Besonderes Verhandlungsgremium" (BVG) ... 10

III. Die erfassten Unternehmen und Unternehmensgruppen ... 11
1. Territoriale Geltungsbereiche von EBR-Richtlinie und EBRG ... 11
2. Grenzübergreifende Tätigkeit innerhalb von EU und EWR ... 12
3. Einzelnes Unternehmen ... 13
4. Unternehmensgruppe ... 14
5. Auskunftsanspruch der Arbeitnehmervertretung ... 16
   a) Nach § 5 Abs. 1 EBRG ... 16
   b) Nach § 5 Abs. 2 EBRG ... 18
   c) Gegenstand des Auskunftsanspruchs ... 19

IV. Der Europäische Betriebsrat kraft Vereinbarung ... 20
1. Der EBR kraft Vereinbarung als gesetzlicher Regeltatbestand ... 20
2. Das Besondere Verhandlungsgremium (BVG) ... 21
   a) Allgemeines ... 21
   b) Schutz aus Deutschland entsandter BVG-Mitglieder ... 22
   c) Bildung des BVG ... 23
   d) Stimmgewichtung ... 28
   e) Konstituierung und Verfassung des BVG ... 30
3. Abschluss der Vereinbarung über den EBR ... 31
   a) Aufgabe des BVG ... 31
   b) Beschluss über die Beendigung oder die Nicht-Aufnahme von Verhandlungen ... 32
4. Inhalt der Vereinbarung über die Errichtung des EBR ... 33
   a) Rechtsnatur der Vereinbarung; Grundsatz der Gestaltungsfreiheit ... 33
   b) Regelungen über die Errichtung des EBR kraft Vereinbarung ... 36
   c) Beginn und Ende der Mitgliedschaft im EBR kraft Vereinbarung ... 38
   d) Vertrauensvolle Zusammenarbeit; Geheimhaltung; Vertraulichkeit ... 39
   e) Unterrichtungs- und Anhörungsrechte des EBR kraft Vereinbarung ... 41
   f) Durchsetzung der Unterrichtungs- und Anhörungsrechte ... 45
5. Schutz aus Deutschland entsandter EBR-Mitglieder ... 46
6. Ende der Vereinbarung und Ende des EBR kraft Vereinbarung ... 47
7. Das Verfahren zur Unterrichtung und Anhörung nach § 19 EBRG ... 49

V. Der Europäische Betriebsrat kraft Gesetzes ... 50
1. Der EBR kraft Gesetzes als gesetzlicher Auffangtatbestand ... 50
2. Errichtung des EBR kraft Gesetzes ... 51
   a) Allgemeines ... 51
   b) Zusammensetzung des EBR kraft Gesetzes ... 52
   c) Konstituierung und Geschäftsführung des EBR kraft Gesetzes ... 53
3. Beginn und Ende der Mitgliedschaft im EBR kraft Gesetzes ... 58
   a) Bestellung der Mitglieder des EBR kraft Gesetzes ... 58
   b) Dauer der Mitgliedschaft ... 59
4. Vertrauensvolle Zusammenarbeit; Geheimhaltung; Vertraulichkeit; Schutz in Deutschland beschäftigter EBR-Mitglieder ... 60
5. Unterrichtungs- und Anhörungsrechte des EBR kraft Gesetzes ... 61
   a) Begriff der Unterrichtung und Anhörung ... 62
   b) Gegenstand der jährlichen Unterrichtung und Anhörung ... 63
   c) Unterrichtung und Anhörung über außergewöhnliche Umstände ... 64
   d) Durchsetzung der Unterrichtungs- und Anhörungsrechte ... 65
   e) Unterrichtung der örtlichen Arbeitnehmervertreter bzw. Arbeitnehmer ... 67
   f) Tendenzunternehmen ... 68
6. Änderung der für die EBR-Zusammensetzung maßgeblichen Verhältnisse ... 69
7. Ende des EBR kraft Gesetzes ... 70
   a) Wegen Wegfalls der gesetzlichen Grundlagen ... 70
   b) Durch Schaffung eines EBR kraft Vereinbarung ... 72
   c) Sonstige Beendigungsgründe? ... 73

VI. Der Europäische Betriebsrat aufgrund am 22.9.1996 bestehender Vereinbarungen ... 74
1. Der Übergangstatbestand des § 41 EBRG ... 74
2. Zeitlicher Rahmen ... 75
3. Institutioneller Rahmen ... 77
4. Die Vereinbarung, ihr Geltungsbereich und ihre Parteien ... 78
5. Gegenstand und Reichweite der Unterrichtungs- und Anhörungsrechte ... 80

Lit.: *Altmeyer*, Europäische Betriebsräte, AiB 2003, 308; *Bachner/Kunz*, Gesetz über Europäische Betriebsräte (EBRG) – der Entwurf zur Umsetzung der Europäischen Richtlinie, AuR 1996, 81; *Bachner/Nielebock*, Ausgewählte Aspekte des Gesetzes über Europäische Betriebsräte, AuR 1997, 129; *Beckedahl*, Der Europäische Betriebsrat, 1996; *Blank/Geissler/Jaeger*, Euro-Betriebsräte: Grundlagen – Praxisbeispiele – Mustervereinbarungen, 1996; *Blanke*, Europäisches Betriebsräte-Gesetz, Kommentar 1999; *Büggel/Buschak*, Die Richtlinie über die Einsetzung Europäischer Betriebsräte, AiB 2000, 418; *Eckert*, Artikel 13 der Richtlinie 94/45/EG des Europäischen Rates vom 22.9.1994 über die Einsetzung eines Europäischen Betriebsrates, 1997; *Franzen*, EU-Erweiterung und Europäische Betriebsräte, BB 2004, 938; *Fuchs/Marhold*, Europäisches Arbeitsrecht, 2001; *Gaul*, Das neue Gesetz über die Europäischen Betriebsräte, NJW 1996, 3378; *Heinze*, Der Europäische Betriebsrat, AG 1995, 396; *Hromadka*, Rechtsfragen zum Eurobetriebsrat, DB 1995, 1125; *Junker*, Neues zum Europäischen Betriebsrat, RdA 2002, 32; *Kerckhofs*, Europäische Betriebsräte – Fakten und Zahlen, 2003; *Klebe/Roth*, Die Gewerkschaften auf dem Weg zu einer internationalen Strategie?, AiB 2000, 749; *Klinkhammer/Welsau*, Europäische Betriebsräte in der Praxis, 1995; *Kolvenbach*, Europäische Betriebsräte, NZA 2000, 518; *Krause*, Der Europäische Betriebsrat – Baustein für ein europäisches Kollektivarbeitsrecht, in: Weber ua. (Hrsg.), Europäisierung des Privatrechts Zwischenbilanz und Perspektiven, Jahrbuch Junger Zivilrechtswissenschaftler 1997, S. 91 (1998); *Kunz*, Das Gesetz über Europäische Betriebsräte, AiB, 1997, 267; *Lecher/Platzer/Rüb/Weiner*, Europäische Betriebsräte – Perspektiven ihrer Entwicklung und Vernetzung, 1999; *Lörcher*, Anforderungen, Defizite und Durchsetzungsmöglichkeiten bei der Umsetzung der Euro-Betriebsräterichtlinie 94/45/EG in innerstaatliches Recht, AuR 1996, 297; *Müller*, Europäisches Betriebsräte-Gesetz (EBRG), Kommentar, 1997; *Rademacher*, Der Europäische Betriebsrat: Die Richtlinie 94/45/EG des Rates vom 22.9.1994 und ihre Umsetzung in nationales Recht, 1996; *Reichhold*, Durchbruch zu einer europäischen Betriebsverfassung, NZA 2003, 289; *Sandmann*, Die Euro-Betriebsrats-Richtlinie 94/45/EG: Europäischer Betriebsrat und alternative Verfahren zur Unterrichtung und Anhörung der Arbeitnehmer in transnationalen Unternehmen, 1996; *Schiek*, Europäische Betriebsvereinbarungen, RdA 2001, 218; *I. Schmidt*, Betriebliche Arbeitnehmervertretung insbesondere im europäischen Recht, RdA Beil. zu Heft 5/2001, S. 12; *Tap*, Das Gesetz über Europäische Betriebsräte (EBRG) unter besonderer Berücksichtigung gesetzesverdrängender Vereinbarungen nach Art. 1 § 41 EBRG; *Weiss*, Die Umsetzung der Richtlinie über Europäische Betriebsräte, AuR 1995, 438; *Wirmer*, Die Richtlinie über Europäische Betriebsräte – Ein zentraler Baustein europäischer Sozialpolitik, DB 1994, 2134; *Wuttke*, Europäische Betriebsräte – Zeitliche Zwänge und Chancen, DB 1995, 774.

1   I. Allgemeines. 1. Überblick. Das am 1.11.1996 in Kraft getretene EBRG beruht auf der europäischen Richtlinie 94/45/EG, der sog. **EBR-Richtlinie**[1]. Nach seinem Erlass ist das EBRG nicht mehr wesentlich geändert worden; die wichtigste Änderung war die Anpassung des Gesetzes nach der Einbeziehung Großbritanniens in den Geltungsbereich der EBR-Richtlinie[2]. Die Richtlinie gilt heute für die 25 Staaten der EU (Belgien, Dänemark, Deutschland, Finnland, Frankreich, Griechenland, Großbritannien, Irland, Italien, Luxemburg, Niederlande, Österreich, Portugal, Schweden und Spanien; seit dem 1.5.2004 sind hinzugekommen Estland, Lettland, Litauen, Malta, Polen, Slowakei, Slowenien, Tschechien, Ungarn und Zypern, vgl. Rz. 11) sowie die drei Staaten des EWR (Island, Liechtenstein und Norwegen)[3]. Da die EBR-Richtlinie relativ präzise Vorgaben für die nationalen Gesetzgeber macht, ist das deutsche Umsetzungsgesetz, das EBRG, der Richtlinie in vielen Teilen wörtlich oder inhaltlich nachgebildet. Die Auslegung der einzelnen Regelungen des EBRG wird deshalb wegen des Gebots der richtlinienkonformen Auslegung in erster Linie von der Rspr. des EuGH abhängen. Dessen Entscheidungen werden von den nationalen Gerichten insb. im Vorabentscheidungsverfahren nach Art. 234 EG herbeigeführt[4].

Der Europäische BR (EBR) wird auf freiwillige Initiative der ArbN- oder ArbGebSeite geschaffen in grenzübergreifend tätigen Unternehmen und Unternehmensgruppen ab 1.000 ArbN, von denen mindestens 150 in je zwei EU/EWR-Mitgliedstaaten beschäftigt sein müssen. In diesen Unternehmen und Unternehmensgruppen wird der EBR zusätzlich zu eventuell (zB aufgrund TV, Betriebsverfassungs- oder Mitbestimmungsrechts) bereits bestehenden, auf das jeweilige nationale Territorium bezogenen ArbN-Vertretungen gebildet. Seine Befugnisse beschränken sich auf das gegenüber der zentralen Leitung des Unternehmens oder der Unternehmensgruppe bestehende Recht auf Unterrichtung und Anhörung. Daher kann der EBR kaum mit dem nach BetrVG zu schaffenden BR oder den gemäß MitbestG oder anderen Mitbestimmungsgesetzen bestellten ArbN-Vertretern im Aufsichtsrat verglichen werden. Am nächsten liegt noch der Vergleich mit dem Wirtschaftsausschuss nach §§ 106–110 BetrVG.

---

1 Richtlinie 94/45/EG des Rates vom 22.9.1994 über die Einsetzung eines Europäischen Betriebsrats oder die Schaffung eines Verfahrens zur Unterrichtung und Anhörung der Arbeitnehmer in gemeinschaftsweit operierenden Unternehmen und Unternehmensgruppen, ABl. EG Nr. L 254/64 vom 30.9.1994. Zur historischen Entwicklung bis zum Erlass der EBR-Richtlinie *Müller*, EBRG, Einl., Rz. 1 ff.; DKK/*Däubler*, Vorbem. EBRG Rz. 5 ff.; MünchArbR/*Joost*, § 366 Rz. 1 ff.; *Krause*, Jahrbuch Junger Zivilrechtswissenschaftler 1997, S. 91 (103 ff.); *Blanke*, Einl. EBRG Rz. 1 ff.; *Fuchs/Marhold*, Europäisches Arbeitsrecht, S. 168 ff., 176 ff.; *Sandmann*, Die Euro-Betriebsrats-Richtlinie 94/45/EG, S. 15 ff.; *Welslau* in *Klinkhammer/Welslau* (Hrsg.), Europäische Betriebsräte, 1995, S. 1 ff.; *Wirmer*, BB 1994, 2134. S. zur Praxis und zur Struktur bestehender Europäischer Betriebsräte *Lecher/Platzer/Rüb/Weiner*, Europäische Betriebsräte – Perspektiven ihrer Entwicklung und Vernetzung, 1999; *Blank/Geissler/Jaeger*, Euro-Betriebsräte, 1996. Vgl. zu den rechtlichen Grundlagen der EBR-Richtlinie und zum Subsidiaritätsgrundsatz *Rademacher*, Der Europäische Betriebsrat, S. 79 ff.; *Beckedahl*, Der Europäische Betriebsrat, S. 80 ff.; *Krause*, Jahrbuch Junger Zivilrechtswissenschaftler 1997, S. 122 ff.; *Hanau* in Hanau/Steinmeyer/Wank, § 19 Rz. 22 ff.; *Klebe/Roth*, AiB 2000, 749 ff.; *Sandmann*, Die Euro-Betriebsrats-Richtlinie 94/45/EG, S. 102 ff.; *I. Schmidt*, RdA Beil. zu Heft 5/2001, S. 12 (13). S. zur Umsetzung der EBR-Richtlinie in den EU/EWR-Mitgliedstaaten *Kolvenbach*, NZA 2000, 518 ff.; *Blanke*, EBRG, Anhänge I und II. |2 EBR-Anpassungsgesetz vom 22.12.1999, BGBl. I S. 2809; s. dazu *Kilian*, Die Umsetzung der Richtlinie 94/45/EG („Europäische Betriebsräte") im Vereinigten Königreich, RdA 2001, 166 ff. |3 Die Erweiterung des Geltungsbereichs der EBR-Richtlinie auf die zehn neuen Mitgliedstaaten erfolgte ohne Änderung des Richtlinieninhalts und ohne Übergangsfrist zum 1.5.2004, s. dazu *Franzen*, BB 2004, 938. |4 Bisher existiert nur punktuell höchstrichterliche Rspr. zum EBR. S. zum Auskunftsanspruch nach § 5 EBRG sowie Art. 11 EBR-Richtlinie EuGH v. 29.3.2001 – Rs. C-62/99 (bofrost), Slg. 2001, I-2579 = NZA 2001, 506 ff. = RdA 2002, 35 m. Anm. *Coen*, AuA 2002, 30 ff.; *Junker*, RdA 2002, 32; *I. Schmidt*, RdA Beil. zu Heft 5/2001, S. 12 (15 f.); EuGH v. 13.1.2004 – Rs. C-440/00 (Kühne & Nagel), BB 2004, 441, dazu *Giesen*, RdA 2004; Vorlagebeschluss BAG v. 27.6.2000 – 1 ABR 32/99 (A), AP Nr. 1 zu EWG-RL 94/45 = BB 2001, 414; *Hanau* in Hanau/Steinmeyer/Wank, § 19 Rz. 52 f.; *Vorlagebeschluss des ArbG Bielefeld v. 24.7.2001* sowie den diesbezüglichen Schlussantrag des Generalanwalts *Tizzano* v. 27.2.2003 – Rs. C-349/01 (ADS Anker), noch nv.; s. zur richtlinienkonformen Auslegung des EBRG, *Müller*, § 1 EBRG Rz. 6 ff.; *Blanke*, Einl. EBRG Rz. 33; s. auch EuGH v. 21.10.1999 – Rs. C-430/98 (Kommission/Luxemburg), Slg. 1999, I-7395.

Allgemeines   Rz. 3 **EBRG**

2. Drei Formen des EBR im dreistufigen Regelungssystem. Die Regelungen über die Schaffung des EBR sind geprägt von dem Bestreben, der ArbGeb- und der ArbN-Seite möglichst viel Raum zu geben für eine freiwillige, speziell auf das jeweilige Unternehmen oder die jeweilige Unternehmensgruppe zugeschnittene Ausgestaltung der ArbN-Vertretung. Deshalb besteht ein im Ergebnis dreistufiges Optionssystem der Ausgestaltung des EBR. Die „erste Stufe" besteht darin, dass den gemeinschaftsweit operierenden Unternehmen und Unternehmensgruppen per Übergangsrecht bis zum 21.9.1996 die Chance eingeräumt wurde, eigene (oft gar nicht als EBR bezeichnete) **bisherige Vereinbarungen** über die staatenübergreifende Unterrichtung und Anhörung der ArbN aufrecht zu erhalten. Wenn diese Vereinbarungen bestimmte Mindestanforderungen für die Unterrichtung und Anhörung der ArbN erfüllen, gilt für sie das EBRG nicht, § 41 (s. Art. 13 EBR-Richtlinie). Hiervon haben in den bis zum 30.4.2004 erfassten 15 EU-Staaten und 3 EWR-Staaten (Rz. 1) etwa 400 der ca. 1.800 von der Richtlinie erfassten Unternehmen und Unternehmensgruppen im Vorfeld des 22.9.1996 Gebrauch gemacht. Weil das Übergangsrecht unbefristet gilt und vor allem große Unternehmen und Konzerne von ihm Gebrauch gemacht haben, wird diese Form der ArbN-Vertretung wohl noch in den nächsten Jahrzehnten wohl die wichtigste Regelungsvariante des EBR bleiben. Die „zweite Stufe" besteht in der Schaffung des „**Europäischen BR kraft Vereinbarung**". Die für dieses Gremium geltenden Vorschriften werden von einem gemäß §§ 8–16 (Art. 5 EBR-Richtlinie) arbeitnehmerseitig gebildeten „Besonderen Verhandlungsgremium" (BVG) mit der zentralen Leitung des Unternehmens bzw. der Unternehmensgruppe vereinbart. Die Vereinbarung lässt sich nicht mehr so frei ausgestalten wie nach § 41, sondern muss den in §§ 17 f. (Art. 6 EBR-Richtlinie) genannten Vorgaben entsprechen. Dieser „Europäische BR kraft Vereinbarung" existiert in über 300 der erfassten europäischen Unternehmen und Unternehmensgruppen. Der EBR kraft Vereinbarung kann als Vertretungsorgan der ArbN gebildet (das ist die häufigere Variante, § 18) oder durch ein dezentrales Verfahren zur Unterrichtung und Anhörung ersetzt werden (seltener, § 19). In jedem Fall greift das Konsensprinzip, denn es muss eine Vereinbarung zwischen dem „besonderen Verhandlungsgremium" und der zentralen Leitung geschlossen werden. Erst wenn die Vereinbarung nicht zustande kommt, ordnet das EBRG als „dritte Stufe" an, dass auf Initiative der ArbN-Seite ein „**Europäischer BR kraft Gesetzes**" eingesetzt wird. Dessen Verfassung und Befugnisse können nicht mehr frei gestaltet werden, sondern ergeben sich aus §§ 1 Abs. 1, 21–37 (Art. 7 EBR-Richtlinie sowie deren Anhang). Der „Europäische BR kraft Gesetzes" muss in der Regel also gegen den Willen einer uneinsichtigen ArbGebSeite durchgefochten werden. Da die Bildung der genannten Gremien von der Initiative der ArbN bzw. ihrer Vertreter oder der ArbGeb abhängt[1], existieren weiterhin viele Unternehmen und Unternehmensgruppen, bei denen **kein** der Richtlinie entsprechendes Gremium oder Unterrichtungs- und Anhörungssystem besteht. Ihre Zahl wird für das Gebiet der bis zum 30.4.2004 erfassten Staaten (Rz. 1) auf etwa 1.000 geschätzt[2].

3. Zur rechtspolitischen Bewertung des EBR. Das soeben Rz. 2 beschriebene gestufte System, insb. die auf Art. 13 EBR-Richtlinie beruhende Übergangsregelung des § 41, wird in der rechtspolitischen Bewertung gelobt, da es für die ArbGeb- wie für die ArbN-Seite erhebliche Anreize zur Einigung bietet. Auch insgesamt wird der EBR europaweit zumeist als Erfolg angesehen. Auf ArbN-Seite hält man gerade die grenzübergreifende Information und Interessenvertretung für zwingend erforderlich, nicht zuletzt in den Staaten ohne gesetzliche betriebs- oder unternehmensbezogene Mitbest. Allerdings wird hier gelegentlich bemängelt, dass mit der EBR-Richtlinie keine wirklichen MitbestR geschaffen worden sind, sondern eben nur Unterrichtungs- und Anhörungsrechte. Im Übrigen ändert auch die Zusammenfassung der ArbN-Interessen im EBR nichts daran, dass die ArbN eines Unternehmens oder einer Unternehmensgruppe in verschiedenen Mitgliedstaaten oft unterschiedliche Interessen verfolgen. Die wirtschaftlichen und rechtlichen Rahmenbedingungen der Arbeit differieren, und häufig besteht sogar eine Konkurrenzsituation, wenn beispielsweise konzernintern für ein neues Produkt innerhalb Europas ein Produktionsstandort ausgewählt werden muss oder wenn es darum geht, dass unwirtschaftliche Standorte geschlossen werden sollen. Für Gewerkschaften ergibt sich dabei aber gerade die Chance, das international gebildete Gremium des EBR zu nutzen, um ArbN-Interessen koordiniert wahrzunehmen. Teilweise erwartet man sich hiervon sogar eine Art „Pilotfunktion" für die weiter gehende Internationalisierung etwa der Tarifpolitik. Auf ArbGebSeite wird es häufig als Notwendigkeit einer effizienten Unternehmensführung angesehen, ein institutionell gefestigtes ArbN-Gremium zu haben, mit dem über Unternehmensveränderungen gesprochen werden kann und mit dessen Hilfe auch unangenehme Entscheidungen an die Belegschaften kommuniziert werden können. Dennoch wird die Tätigkeit des EBR von vielen ArbGeb auch als Hemmnis gesehen. Teilweise besteht die Befürchtung, dass sich die Offenlegung von Unternehmenspla-

---

[1] Wenn von keiner Seite die Errichtung eines EBR betrieben wird, kommt es trotz der imperativen Formulierung des § 1 Abs. 1 Satz 2 nicht zur Schaffung eines EBR, auch nicht zum EBR kraft Gesetzes nach §§ 21 ff., s. im Einzelnen *Blanke*, § 21 EBRG Rz. 13 ff., 17. | [2] Sämtliche Zahlenangaben in dieser Rz. beruhen auf den – teilweise geschätzten – Daten bei *Altmeyer*, AiB 2003, 308; *Kerckhofs*, Europäische Betriebsräte; *Schiek*, RdA 2001, 218 (219, Fn. 4 mwN.); s. auch *Klebe/Roth*, AiB 2000, 749 (750); *Lecher/Platzer/Rüb/Weimer*, Beachtliche Dynamik, Die Mitbestimmung 2000, Heft 12, 28 ff. Nach Angaben der EU-Kommission bestehen nur in etwa 650 Unternehmen und Unternehmensgruppen alte und neue EBR-Vereinbarungen, s. FAZ 27.4.2004, S. 19 „Brüssel will Europäische Betriebsräte stärken".

nungen gegenüber dem EBR schädlich auf die unternehmerische Tätigkeit auswirkt. Zudem klagt man wegen des Aufwandes für Reisen, Unterbringung, Dolmetschen und Übersetzungen immer wieder über die (vom ArbGeb zu tragenden) erheblichen Kosten der Sitzungen des EBR und seiner Ausschüsse[1].

4 **4. EBR, Unternehmensmitbestimmung und Anpassung der Betriebsverfassung.** Durch seine Beschränkung auf grenzübergreifend tätige Unternehmen bzw. Unternehmensgruppen mit größeren ArbN-Zahlen ist der EBR in den Mitgliedstaaten ein zwar für die großen Marktteilnehmer bedeutendes Gremium. Jedoch hat er das Arbeitsleben insgesamt nicht erheblich beeinflusst, zumal auch kleinere Unternehmen durchaus erhebliche grenzüberschreitende Aktivitäten entfalten, die sich im Arbeitsleben auswirken. Da es generelle Bestrebungen gibt, den Binnenmarkt auch im Hinblick auf den sozialen Aspekt stärker auszugestalten, plant die EU-Kommission seit einigen Jahren, das Recht der ArbN-Mitbestimmung europaweit zwar nicht zu vereinheitlichen, aber zumindest an durchgängige Mindeststandards anzupassen. Hauptargumente sind dabei der Schutz der ArbN und die Chancengleichheit der Unternehmen. Zugunsten der ArbN will man eine angemessene Interessenvertretung sicherstellen. Insbesondere sollen keine Anreize für die ArbGeb geschaffen werden, bei grenzübergreifenden Aktivitäten in denjenigen Mitgliedstaat auszuweichen, in dem der geringste ArbN-Schutz existiert. Zugunsten der wirtschaftlichen Grundfreiheiten der Unternehmen und Unternehmensgruppen sollen deren internationale Wettbewerbsaussichten möglichst unbeeinflusst bleiben vom jeweiligen Unternehmenssitz bzw. vom Sitz der Konzernleitung. Zur Schaffung von Niederlassungsfreiheit und freiem Kapitalverkehr bemüht man sich daher um ein einheitliches Kapitalgesellschaftsrecht, in dem die Mitbest. der ArbN wenn nicht europäisch vereinheitlicht, dann doch abgestimmt wird.

Das Ergebnis ist zum einen das bereits geltende **Recht der Europäischen Aktiengesellschaft**. Dort wird freilich kein eigenes MitbestR geschaffen, sondern lediglich die Anwendung der – weiterhin unterschiedlich ausgestalteten – nationalen Mitbestimmungsrechtordnungen auf die Europäische Aktiengesellschaft geregelt[2]. Zum anderen ist am 11.3.2002 die **Richtlinie 2002/14/EG** erlassen worden, durch die in Form von Mindeststandards die Grundlage eines einheitlichen Betriebsverfassungsrechts gelegt wird. Die Richtlinie ist bis zum 23.3.2005 in nationales Recht umzusetzen. Sie beschränkt sich – ähnlich wie die EBR-Richtlinie – der Sache nach auf die Anordnung von Unterrichtungs- und Anhörungsrechten. Anders als beim EBR wird aber kein eigenes institutionelles System eingeführt. Die Richtlinie 2002/14/EG erfasst vielmehr das bestehende nationale Recht der ArbN-Vertretungen. Sie ordnet für die nach staatlichem Recht oder nationalen Gepflogenheiten eingerichteten Vertretungen einen Mindeststandard an Unterrichtungs- und Anhörungsrechten an. Der Geltungsbereich der Richtlinie ist sehr viel weiter gefasst als derjenige der EBR-Richtlinie. Ihre Umsetzung ist nach Wahl der Mitgliedstaaten für Unternehmen ab 50 ArbN oder für Betriebe ab 20 ArbN vorgesehen. Aufgrund dieser Richtlinie besteht für Deutschland zumindest bei § 106 Abs. 1 Satz 1 BetrVG Anpassungsbedarf, da die dort geregelten Unterrichtungs- und Anhörungsrechte erst für Unternehmen mit mehr als 100 ArbN greifen. Für die EBR-Richtlinie und das zu ihrer Umsetzung erlassene EBRG ergeben sich durch die Richtlinie 2002/14/EG keine Besonderheiten. In Art. 9 Abs. 2 der Richtlinie 2002/14/EG ist vielmehr ausdrücklich angeordnet, dass die gemäß der EBR-Richtlinie erlassenen Vorschriften unberührt bleiben. Bei alledem wird zu prüfen sein, ob sich die Richtlinie im Rahmen ihrer Ermächtigungsgrundlage hält. Gemäß Art. 137 Abs. 1, 2 EG können Vorschriften über die „Unterrichtung und Anhörung der ArbN" erlassen werden, allerdings lediglich zur Unterstützung und Ergänzung mitgliedstaatlicher Regelungen auf diesem Gebiet[3].

5 **II. Bestimmung der wichtigsten Begriffe. 1. „Unterrichtung und Anhörung".** Zentrale Zielsetzung sämtlicher Mitbestimmungssysteme ist die „Unterrichtung und Anhörung" des wie auch immer (auf einer der drei oben Rz. 2 genannten Stufen) konstituierten EBR. Der EBR hat – anders als die ArbN-Vertretungen nach dem BetrVG – keine tatsächlichen Zugriffsmöglichkeiten auf die Gestaltung der arbeitgeberischen Aktivitäten, sondern ausschließlich Unterrichtungs- und Anhörungsrechte, also einen fast „passiven" Status, der es ihm lediglich ermöglicht, informiert zu werden und sich äußern zu können. Unterrichtung und Anhörung werden in der EBR-Richtlinie in der Weise umschrieben, dass nicht nur Information geliefert werden muss, sondern auch ein echter Dialog zwischen den Beteiligten entsteht. In Art. 2 Abs. 1 lit. f EBR-Richtlinie wird der Begriff der „Anhörung" definiert als „Meinungsaustausch und die Einrichtung

---

[1] Zur rechtspolitischen Bewertung des EBR eingehend *Schiek*, RdA 2001, 218 (219 ff.) mwN. Die Kosten der EBR-Einrichtung wurden seinerzeit von der EU-Kommission auf jährlich 10 ECU (heute Euro) pro ArbN geschätzt, s. BT-Drs. 13/4520, S. 1. | [2] S. dazu *Hanau* in Hanau/Steinmeyer/Wank, § 19 Rz. 137 ff.; *Herfs-Röttgen*, Probleme der Arbeitnehmer-Beteiligung in der Europäischen Aktiengesellschaft, NZA 2002, 358 ff.; *Keller*, Die Europäische Aktiengesellschaft und Arbeitnehmerbeteiligung, WSI-Mitteilungen 2002, 203 ff. | [3] Richtlinie 2002/14/EG des Europäischen Parlaments und des Rates vom 11.3.2002 zur Festlegung eines allgemeinen Rahmens für die Unterrichtung und Anhörung der Arbeitnehmer in der Europäischen Gemeinschaft, ABl. EG Nr. L 80/29 vom 23.3.2002. S. zu den Vorentwürfen zur Richtlinie und ihre Konformität mit dem EG-Vertrag im einzelnen *Deinert*, Vorschlag für eine europäische Mitbestimmungsrichtlinie und Umsetzungsbedarf im Betriebsverfassungsgesetz, NZA 1999, 800; *Düwell*, Auf dem Weg zu einem Europäischen Betriebsverfassungsrecht? FA 2002, 172 ff.; *Giesen*, EU-Richtlinienvorschlag zur Information und Anhörung der Arbeitnehmer, RdA 2000, 298; *Reichhold*, NZA 2003, 289; vgl. zur – punktuellen – Schaffung kollektiver Beteiligungsrechte durch andere EU-Richtlinien EAS/*Oetker*, B 8300 Rz. 258 ff.; *Hanau* in Hanau/Steinmeyer/Wank, § 19 Rz. 121 ff.

eines Dialogs", der zwischen den ArbN-Vertretern und der zentralen Leitung oder einer anderen, angemessenen Leitungsebene hergestellt werden soll[1]. Die bloß formale Bereitschaft der zentralen Leitung, sich als schweigende „Ölgötzen" Stellungnahmen und Meinungsäußerungen der EBR-Mitglieder anzuhören, reicht deshalb nicht aus, um eine ordnungsgemäße Anhörung durchzuführen. Das bestätigen nicht zuletzt die anderssprachigen Fassungen der EBR-Richtlinie[2]. Für die Auslegung der Begriffe „Unterrichtung und Anhörung" kann man sich zudem an den Beratungs- und Unterrichtungsrechten des Wirtschaftsausschusses nach § 106 BetrVG orientieren. Jedoch ist zu beachten, dass die Unterrichtung in § 106 BetrVG und die Beratung in § 108 BetrVG weiter konkretisiert werden als im EBRG und der EBR-Richtlinie. Das EBRG ist im Übrigen nicht nur im nationalen Zusammenhang mit § 108 BetrVG, sondern auch nach Maßgabe der EBR-Richtlinie richtlinienkonform auszulegen, und mit dem EuGH wird hierüber ein Gericht zu entscheiden haben, das nicht im BetrVG „zu Hause" ist[3].

2. **„Arbeitnehmer"** sind gemäß § 4 EBRG die in § 5 Abs. 1 BetrVG genannten Personen (s. dazu im Einzelnen die Kommentierung zu § 5 BetrVG). Demnach sind **Teilzeitbeschäftigte wie Vollzeitbeschäftigte** zu zählen, während insb. **die leitenden Angestellten** gemäß § 5 Abs. 3 BetrVG **nicht erfasst** sind. Leitende Angestellte können aber nach § 11 Abs. 4 ins Besondere Verhandlungsgremium über die Vereinbarung eines EBR (BVG) aufgenommen werden; zudem können sie nach § 23 Abs. 6 Gast-Vertreter in den EBR kraft Gesetzes entsenden. Die Anknüpfung bei der ArbN-Definition an § 5 Abs. 1 BetrVG ist zulässig, da Art. 2 Abs. 2 Satz 1 EBR-Richtlinie hinsichtlich der Zählung auf das jeweilige mitgliedstaatliche Recht verweist[4]. Für die Qualifizierung und Zählung von **im Ausland beschäftigten ArbN** gilt dementsprechend das dortige Recht, § 2 Abs. 4. Hat also ein deutsches Unternehmen Beschäftigte in einem französischen Betrieb, muss für die Zählung der dortigen ArbN und für die Entsendung ihrer Vertreter an französisches Recht angeknüpft werden und nicht an § 5 Abs. 1 BetrVG, auch wenn der EBR nach deutschem Recht in Deutschland gebildet wird. Die **ArbN-Zählung** erfolgt nach § 4 unter Zugrundelegung des **Durchschnitts der letzten zwei Jahre**. Es müssen im Zweifelsfall also zum Stichzeitpunkt der Initiative bzw. des Antragszugangs nach § 9 die Beschäftigungstage aller ArbN addiert und dann durch die Zahl der auf die letzten zwei Jahre entfallenden Tage (730) dividiert werden[5]. Alternativ dürfte auch die Zugrundelegung von Wochen, Monaten oder notfalls von Schätzungen zulässig sein[6] Die auf den Zwei-Jahres-Durchschnitt abstellende Regelung wird mit Blick auf den damit uU verbundenen Zählaufwand und die fehlende Berücksichtigung aktueller Entwicklungen (zB nach Unternehmensumstrukturierungen) häufig kritisiert. Deshalb plädiert die herrschende Meinung zu Recht für eine am Sinn und Zweck orientierte Gesetzesauslegung, die bei erheblichen Änderungen in der letzten Zeit vor der Berechnung den letzten Stand der Beschäftigtenzahlen zugrundelegt[7]. Das ist wegen der deutlichen Formulierung des Art. 2 Abs. 2 Satz 2 EBR-Richtlinie problematisch; jedoch kann nur so die praktische und effiziente Anwendbarkeit des EBRG und der EBR-Richtlinie sichergestellt werden. Freilich führt diese Lösung zu Rechtsunsicherheit und zwangsläufig zu einem gewissen Ermessensspielraum bei der Berechnung der ArbN-Zahlen.

3. **„Unternehmen" und „Unternehmensgruppe". „Unternehmen"** ist die jeweils den ArbN beschäftigende rechtliche Einheit, also eine natürliche oder juristische Person. Diese muss „unternehmerisch" tätig sein. Wenn auch der Unternehmensbegriff des EBRG nicht näher definiert ist, empfiehlt sich ein Rückgriff auf das EU-Wettbewerbsrecht (Art. 81 ff. EG)[8]. Unternehmen ist nach der diesbezüglichen EuGH-Rspr. **„jede eine wirtschaftliche Tätigkeit ausübende Einheit"**, unabhängig von ihrer Rechtsform und der Art ihrer Finanzierung"[9]. Damit können auch staatliche Unternehmen erfasst sein, selbst

---

1 *Müller,* § 1 EBRG Rz. 13 ff.; DKK/*Däubler,* § 1 EBRG Rz. 7; *Blanke,* § 1 EBRG Rz. 20 ff., § 32 Rz. 9 ff., § 33 Rz. 12, § 41 Rz. 12; *Klinkhammer* in *Klinkhammer/Welslau* (Hrsg.), S. 65 (70 f.); *Krause,* Jahrbuch Junger Zivilrechtswissenschaftler 1997, S. 91 (114 f.); *Tap,* Das Gesetz über Europäische Betriebsräte, S. 9 ff.; teilw. abw. *Rademacher,* Der Europäische Betriebsrat, S. 115 f.; *Eckert,* S. 77 ff. | 2 Die englische Fassung spricht von „the right to information and to consultation" und definiert „consultation" als „the exchange of views and establishment of dialogue". Die französische Fassung spricht von „le droit à l´information et à la consultation" und definiert „consultation" als „l'échange de vues et l'établissement d'un dialogue". | 3 Für eine Erweiterung des Begriffs der „Anhörung" nach dem EBRG gegenüber der „Anhörung" nach § 102 BetrVG plädiert *Blanke,* § 32 EBRG Rz. 12. | 4 *Müller,* § 4 EBRG Rz. 1 ff.; *Blanke,* § 3 EBRG Rz. 12, § 4 EBRG Rz. 8 ff.; DKK/*Däubler,* § 3 EBRG Rz. 2; *Hanau* in Hanau/Steinmeyer/Wank, § 19 Rz. 55, 92; *Sandmann,* Die Euro-Betriebsrats-Richtlinie 94/45/EG, S. 139 ff.; *I. Schmidt,* RdA Beil. zu Heft 5/2001, S. 12 (14 f.). | 5 *Fitting,* Übersicht EBRG Rz. 11; *Blanke,* § 4 EBRG Rz. 2; MünchArbR/*Joost,* § 366 Rz. 25 ff.; EAS/*Oetker,* B 8300 Rz. 48 ff. | 6 Für die Zulässigkeit von Schätzungen DKK/*Däubler,* § 4 EBRG Rz. 2. | 7 EAS/*Oetker,* B 8300 Rz. 50; *Rademacher,* Der Europäische Betriebsrat, S. 91 ff.; *Müller,* § 4 EBRG Rz. 5; *Fitting,* Übersicht EBRG Rz. 11; *Tap,* S. 29 f.; vgl. auch *Hanau* in Hanau/Steinmeyer/Wank, § 19 Rz. 56; *Bachner/Kunz,* AuR 1996, 81 (83). | 8 *Müller,* § 3 EBRG Rz. 1; *Blanke,* § 1 EBRG Rz. 13, § 2 EBRG Rz. 13; *Giesen,* EU-Richtlinienvorschlag zur Information und Anhörung der Arbeitnehmer, RdA 2000, 298 (299). Teilweise wird aber auch nicht an das Wettbewerbsrecht angeknüpft, s. etwa DKK/*Däubler,* § 2 EBRG Rz. 2. | 9 St. Rspr., s. zB. EuGH v. 11.12.1997 – Rs. C-55/96 (Job Centre), Slg. 1997, I-7119 (7147), Hervorhebung durch den Verf.; *Emmerich* in *Dauses* (Hrsg.), Handbuch des EG-Wirtschaftsrechts, H I Rz. 62 ff.; *Giesen,* EU-Richtlinienvorschlag zur Information und Anhörung der Arbeitnehmer, RdA 2000, 298 (299); s. zur Anwendung dieses Unternehmensbegriffs im Arbeitsrecht EuGH 8.6.1994, Rs. C-382/92 (Kommission/Vereinigtes Königreich), Slg. 1994, I-2435 (2472 f.).

wenn sie in öffentlich-rechtlicher Form, zB. als Anstalten oder als Behörden, betrieben werden[1]. Nicht erfasst sind hoheitliche Einrichtungen und Kirchen, da diese keine unternehmerische Tätigkeit entfalten. Damit ist wohl eine dem § 118 Abs. 2 BetrVG entsprechende Ausnahmenorm im EBRG nicht erforderlich (vgl. zu § 118 Abs. 1 BetrVG, § 34 EBRG unten Rz. 68). Von der Möglichkeit, Ausnahmen zugunsten der Seeschifffahrt zu treffen (Art. 1 Abs. 5 EBR-Richtlinie), hat der deutsche Gesetzgeber keinen Gebrauch gemacht.

„**Unternehmensgruppe**" ist eine Gruppe, die aus einem herrschenden Unternehmen und den von diesem abhängigen Unternehmen besteht, § 6 Abs. 1 EBRG, Art. 2 Abs. 1 lit. b EBR-Richtlinie[2]. Damit ist für die Annahme einer Unternehmensgruppe die Feststellung des **beherrschenden Einflusses** eines Unternehmens entscheidend. Der beherrschende Einfluss wird nach § 6 Abs. 2 (Umsetzung von Art. 3 EBR-Richtlinie) **vermutet**, wenn das Unternehmen bei dem abhängigen Unternehmen mehr als die Hälfte der Verwaltungs-, Leitungs- oder Aufsichtsorganmitglieder bestellen kann oder über eine Stimmrechts- oder Kapitalmehrheit verfügt (vgl. zur Zurechnung mittelbarer Beteiligungen und sonstiger mittelbarer Einflussmöglichkeiten § 6 Abs. 3). Im Fall der Mehrfacherfüllung dieser Kriterien bei **unterschiedlichen Personen** kommt es gemäß § 6 Abs. 2 Satz 2 auf die Rangfolge der in § 6 Abs. 2 Satz 1 genannten Nummern an. Wenn also ein Unternehmen die Stimmrechtsmehrheit (Nr. 2) innehat und ein anderes Unternehmen über die Kapitalmehrheit (Nr. 3) verfügt, ist das erstgenannte Unternehmen dasjenige mit dem beherrschenden Einfluss. Bei genau gleich hoher 50%-Erfüllung sämtlicher Bewertungskriterien durch zwei Beteiligte (möglich etwa im Fall von **joint ventures**) greift die Vermutung des § 6 Abs. 2 nicht; soweit auch im Übrigen ein überwiegender beherrschender Einfluss eines der beiden Beteiligten nicht festgestellt werden kann, liegt keine Unternehmensgruppe vor, auf die das EBRG angewandt werden könnte[3]. Zur Vermeidung der Annahme von Unternehmensgruppen aufgrund der Beteiligung **institutioneller Anleger** wird in § 6 Abs. 4 auf die entsprechende Ausnahmeregelung bei der europäischen Fusionskontrolle verwiesen. In Art. 3 Abs. 5 lit. a der Fusionskontrollverordnung (EWG) Nr. 4064/89 werden Finanzinstitute oder Versicherungsgesellschaften von der Fusionskontrolle freigestellt, wenn sie vorübergehend für fremde Rechnung Anteile an Unternehmen halten; lit. c enthält eine ähnliche Regelung für Beteiligungsgesellschaften. Auch wenn die Vorschriften über den beherrschenden Einfluss nach § 6 Abs. 1 mit den Vermutungsregeln gemäß § 6 Abs. 2–4 selbständig auszulegen sind, gelten bei der Frage nach der Beherrschung im Prinzip ähnliche Grundbedingungen wie bei der Feststellung eines Unterordnungskonzerns nach § 18 Abs. 1 AktG, der gemäß § 54 Abs. 1 Satz 1 BetrVG Voraussetzung für die Bildung des KonzernBR ist[4]. Die Gegenansicht knüpft an § 17 Abs. 1 AktG an, will aber offenbar nicht die Zugehörigkeit zur Unternehmensgruppe iSd. § 6 mit derjenigen zum Bereich der einheitlichen Leitung iSd. § 18 Abs. 1 AktG vergleichen[5]. Auf dieser Grundlage wird dann teilweise angedeutet, dass auch bei „Mehrmütterschaften" der Zuordnungstatbestand der Beteiligung des EBR-Rechts greife[6]. Dieses letztere Ergebnis ist jedenfalls deshalb abzulehnen, weil sich aus § 6 Abs. 2 Satz 2 der deutliche Wille des Gesetzgebers ergibt, für jedes Unternehmen nur eine einzige Gruppenzugehörigkeit herzustellen und nicht mehrere Gruppenzugehörigkeiten, die zu einer Vertretung der ArbN eines Unternehmens in verschiedenen EBR führen würde.

8   4. „**Zentrale Leitung**". Die „zentrale Leitung" ist nach § 1 Abs. 3 entweder ein Unternehmen selbst oder das herrschende Unternehmen einer Unternehmensgruppe (s. soeben Rz. 7). Damit ist der Rechtsträger des Unternehmens als natürliche oder juristische Person gemeint und nicht etwa – wie der Begriff zunächst vermuten lässt – ein für ihn tätiges Organ. Dennoch ist die Aufgabe faktisch bei juristischen Personen vom jeweiligen Vertretungsorgan zu erfüllen (zB. Vorstand bei der AG, Geschäftsführer bei der GmbH), wobei je nach Gegenstand der Aufgaben auch eine andere geeignete Leitungsebene eingesetzt werden kann (§ 1 Abs. 4). Die Gegenansicht, nach der das jeweilig gemäß der Unternehmensverfassung zuständige Organ selbst die „zentrale Leitung" ist, hätte die wenig nachvollziehbare Folge, dass zur Durchsetzung von Rechten nach dem EBRG jeweils nicht Unternehmen verklagt werden müssten, sondern ihre Organe, also der Vorstand, der Geschäftsführer etc[7]. Die „zentrale Leitung" ist in allen Regelungen des EBRG über die Schaffung des EBR (insb. durch das Besondere Verhandlungsgremium, BVG) im Zweifel die einschlägige aktiv- und passivlegitimierte Person, egal, ob es etwa um die Erfüllung von Unterrichtungs- und Anhörungsrechten, den Abschluss diesbezüglicher Vereinbarungen oder die Übernahme von Geldleistungspflichten bei der Finanzierung des BVG sowie des EBR geht[8].

---

1 *Hanau* in Hanau/Steinmeyer/Wank, § 19 Rz. 33 f.; *I. Schmidt*, Betriebliche Arbeitnehmervertretung insbesondere im europäischen Recht, RdA Beil. zu Heft 5/2001, S. 12 (15). AA *Müller*, § 2 EBRG Rz. 9, der nur Unternehmen mit privater Rechtsform erfasst sieht (s. aber *Müller*, § 3 EBRG Rz. 1). |2 *Blanke*, § 1 EBRG Rz. 14 f. |3 BT-Drs. 13/4520, S. 20; *Fitting*, Übersicht EBRG Rz. 20; *B. Gaul*, NJW 1996, 3378 (3379); *Hanau* in Hanau/Steinmeyer/Wank, § 19 Rz. 45; *Müller*, § 6 EBRG Rz. 13; aA *Blanke*, § 6 EBRG Rz. 13; DKK/*Kittner*, § 6 EBRG Rz. 7. |4 *Blanke*, § 6 EBRG Rz. 4 f.; *Fitting*, Übersicht EBRG Rz. 19; *Hanau* in Hanau/Steinmeyer/Wank, § 19 Rz. 47; MünchArbR/*Joost*, § 366 Rz. 16 f.; *Tap*, S. 19 ff.; idS. auch BT-Drs. 13/4520, S. 20. |5 EAS/*Oetker*, B 8300 Rz. 35, 41 ff.; DKK/*Kittner*, § 6 EBRG Rz. 5. |6 DKK/*Kittner*, § 6 EBRG Rz. 7. |7 Wie hier *Hanau* in Hanau/Steinmeyer/Wank, § 19 Rz. 37; aA MünchArbR/*Joost*, § 366 Rz. 28; *Müller*, § 1 EBRG Rz. 10. |8 *Müller*, § 1 EBRG Rz. 10 ff.; *Blanke*, § 1 EBRG Rz. 18 f.; *Rademacher*, Der Europäische Betriebsrat, S. 100 ff.

"Zentrale Leitung" bei Unternehmen und Gruppen aus Drittstaaten. Um eine innerhalb des EU/ 9
EWR-Raums effiziente Gesetzesanwendung zu gewährleisten, werden nach § 2 Abs. 2 bei außerhalb
dieses Gebietes ansässigen Unternehmen oder bei außerhalb dieses Gebietes ansässigen herrschenden Unternehmen von Unternehmensgruppen eigene zentrale Leitungen begründet, s. die entsprechende Fiktion in § 2 Abs. 2 Satz 4. Hier kommt es darauf an, in welchem Mitgliedstaat die nachgeordnete Leitung (zB Europa-Zentrale) liegt, ob ein Vertreter benannt wurde oder wo die meisten ArbN
des Unternehmens oder der Unternehmensgruppe beschäftigt sind, § 2 Abs. 2 Satz 1–3 (vgl. Art. 2
Abs. 1 lit. e, Art. 4 EBR-Richtlinie)[1]. Diese Inpflichtnahme eines im EU/EWR-Gebiet gelegenen Unternehmens oder Betriebes als „zentrale Leitung" kraft gesetzlicher Fiktion dient der **lückenlosen Durchsetzung von Unterrichtungs- und Anhörungssystemen.** Deshalb ist insb. der Auskunftsanspruch nach
§ 5 auch gegen fingierte „zentrale Leitungen" iSd. § 2 Abs. 2 voll durchsetzbar. Im Fall „Kühne & Nagel"
hatte sich die in Deutschland ansässige zentrale Leitung iSd. § 2 Abs. 2 darauf berufen, sie könne keine
Auskünfte geben, weil die in der Schweiz ansässige Konzernmutter keine Information herausgebe. Auf
die Vorlage des BAG hin hat der EuGH entschieden, dass auch gegen zentrale Leitungen iSd. § 2 Abs. 2
Auskunftsansprüche bestehen, selbst wenn diese im Innenverhältnis keine herrschende Position innehaben (s. zum Auskunftsanspruch nach § 5 unten Rz. 16 ff.)[2].

5. Das **„Besondere Verhandlungsgremium" (BVG)** ist das in §§ 8–16 (vgl. Art. 5 EBR-Richtlinie) vor- 10
gesehene, besonders zu bildende Organ der ArbN des Unternehmens oder der Unternehmensgruppe,
welches befugt ist, mit der „zentralen Leitung" (oben Rz. 8 f.) eine Vereinbarung über die Bildung eines
„EBR kraft Vereinbarung" abzuschließen (s. näher unten Rz. 21 ff.).

III. Die erfassten Unternehmen und Unternehmensgruppen. 1. Territoriale Geltungsbereiche von 11
EBR-Richtlinie und EBRG. EBR werden nach der EBR-Richtlinie gebildet in allen innerhalb des Gebietes von EU und EWR (dazu oben Rz. 1) grenzübergreifend tätigen Unternehmen und Unternehmensgruppen (s. dazu oben Rz. 7). Sämtliche erfassten Staaten sind gemäß Art. 11, 14 EBR-Richtlinie verpflichtet,
jeweils für ihre Territorien die Richtlinie durch nationale Rechtsvorschriften umzusetzen. Das führt dazu,
dass in den EU/EWR-Mitgliedstaaten jeweils eigene EBR-Vorschriften zur Umsetzung der EBR-Richtlinie erlassen worden sind; in Deutschland ist dies das EBRG. Die Gesetze regeln prinzipiell nach dem
Territorialitätsprinzip das EBR-Recht im jeweiligen nationalen Staatsgebiet[3]. Deshalb gilt das deutsche
EBRG gemäß seinem § 2 grundsätzlich für alle in Deutschland zu bildenden EBR, also für all diejenigen,
bei denen die zentrale Leitung gemäß § 2 ff. (Rz. 8 f.) in Deutschland belegen ist. Ausnahmsweise existieren deutsche Vorschriften, welche für ausländische EBR gelten und ausländische Vorschriften, welche für
deutsche EBR gelten. So sind die §§ 11, 18 Abs. 2, 23 anzuwenden bei der Bestellung der aus Deutschland
entsandten Mitglieder für (iÜ nach ausländischem EBR-Recht zu bildende) ausländische BVG oder
EBR. Umgekehrt sind die entsprechenden ausländischen Vorschriften anzuwenden bei der Bestellung
von aus dem Ausland nach Deutschland entsandten Mitgliedern von (iÜ nach deutschem Recht zu bildenden) deutschen BVG oder EBR. Gleiches gilt nach § 4 für die ArbN-Zählung. Der individualarbeitsrechtliche Schutz der BVG- und EBR-Mitglieder gemäß § 40 richtet sich nach der Anwendung deutschen
Rechts auf das jeweilige Arbeitsverhältnis, Art. 27 ff., 30 EGBGB. Durch die am 1.5.2004 vollzogene **EU-Osterweiterung** (s. oben Rz. 1) können sich folgende Auswirkungen auf das EBR-Recht ergeben: Soweit
sich der Zuständigkeitsbereich **bereits bestehender EBR** erweitert und eine bestehende Vereinbarung
dies nicht berücksichtigt, muss der EBR kraft Vereinbarung (Rz. 20 ff.) in Anwendung der Anpassungsklausel nach § 18 Abs. 1 Nr. 6 EBRG umstrukturiert werden; der EBR kraft Gesetzes muss nach § 21 f.
EBRG (Rz. 50 ff.) umstrukturiert werden, wobei die Prüfungsfrist des § 36 Abs. 2 EBRG gelten dürfte.
Bestehende Vereinbarungen nach § 41 EBRG (Rz. 74 ff.) müssen ggf. angepasst werden, wobei hierfür die
sechsmonatige Übergangsfrist des § 41 Abs. 3 EBRG gelten muss (Anpassung des Regelwerks bis zum
31.10.2004; Erweiterung des erfassten AN-Kreises kann danach erfolgen, wobei entspr. § 36 Abs. 2 EBRG
bis zu zwei Jahre Anpassungsfrist zulässig sein dürften). Soweit durch die EU-Osterweiterung die **Anwendungsvoraussetzungen des EBRG erstmals erfüllt werden**, bestehen die entsprechenden Initiativrechte
der ArbN bzw. ArbN-Vertreter nach § 9 EBRG ohne Modifizierungen seit dem 1.5.2004[4].

2. **Grenzübergreifende Tätigkeit innerhalb von EU und EWR.** Der Geltungsbereich des EBRG er- 12
streckt sich nach § 2 auf gemeinschaftsweit tätige Unternehmen mit Sitz in Deutschland und auf gemeinschaftsweit tätige Unternehmensgruppen, bei denen der Sitz des herrschenden Unternehmens in

---

[1] Vgl. MünchArbR/*Joost*, § 366 Rz. 13; *Müller*, § 2 EBRG Rz. 3 ff.; DKK/*Däubler*, § 2 EBRG Rz. 3 f.; *Blanke*, § 2 EBRG Rz. 3 ff.; *Hanau* in Hanau/Steinmeyer/Wank, § 19 Rz. 42. | [2] EuGH v. 13.1.2004, Rs. C-440/00 (Kühne & Nagel), BB 2004, 441, dazu *Giesen*, RdA 2004; Vorlagebeschluss BAG v. 27.6.2000 – 1 ABR 32/99 (A), AP Nr. 1 zu EWG-RL 94/45 = BB 2001, 414; ebenso Generalanwalt *Tizzano* am 27.2.2003 im Schlussantrag zum Verfahren Rs. C-349/01 (ADS Anker); s. *Junker*, Neues zum Europäischen Betriebsrat, RdA 2002, 32; *Hanau* in Hanau/Steinmeyer/Wank, § 19 Rz. 52 f.; *Thüsing*, Beilage zu NZA 2003, Heft 16, S. 41. | [3] S. zur Anknüpfung an das nationale Territorium bei der Anwendung des Betriebsverfassungsrechts BAG v. 27.5.1982 – 6 ABR 28/80, AP Nr. 3 zu § 42 BetrVG 1972; v. 7.12.1989 – 2 AZR 228/89, AP Nr. 27 zu Internat. Privatrecht, Arbeitsrecht m. Anm. *Lorenz*; *Fitting*, § 109 BetrVG Rz. 6 ff.; kritisch dazu DKK/*Däubler*, Einl. BetrVG Rz. 201 ff.; DKK/*Trümner*, § 1 BetrVG Rz. 27 ff.; *Fischer*, Der internationale Betrieb – Prüf- oder Stolperstein für das Territorialitätsprinzip?, RdA 2002, 160 (162 ff.). | [4] *Franzen*, BB 2004, 938.

Deutschland liegt. Soweit die zentrale Leitung (s. dazu oben Rz. 8 f.) einer Unternehmensgruppe außerhalb des EU/EWR-Gebiets liegt (also zB in den USA, in Japan oder in der Schweiz), greift § 2 Abs. 2. Danach gilt in diesem Fall das deutsche EBRG, wenn die nachgeordnete Leitung (zB die Europazentrale eines US-Konzerns) in Deutschland liegt. Soweit eine solche Leitung nicht existiert, kommt es gemäß § 2 Abs. 2 Satz 2 auf einen von der zentralen Leitung benannten Vertreter an, der zur Anwendung des EBRG seinen Sitz in Deutschland haben muss. Mangels eines Vertreters ist nach Maßgabe von § 2 Abs. 2 Satz 3 das deutsche EBRG anzuwenden, wenn die Unternehmensgruppe in Deutschland mehr Beschäftigte hat als in anderen EU/EWR-Staaten (s. zur Verantwortung der zentralen Leitung iSd. § 2 Abs. 2 oben Rz. 9)[1]. Die außerhalb des EU/EWR-Gebietes liegende zentrale Leitung kann die Aufgabe des Vertreters iSd. § 2 Abs. 2 Satz 2 nicht an sich ziehen. Eine solche Möglichkeit ist im Gesetz nicht vorgesehen und würde dem Sinn und Zweck der Vorschrift zuwiderlaufen, die Rechtsdurchsetzung zu erleichtern[2].

13 **3. Einzelnes Unternehmen.** Ein einzelnes Unternehmen muss, um dem EBRG zu unterliegen, mindestens 1.000 ArbN im EU/EWR-Gebiet haben, von denen mindestens 150 in je zwei EU/EWR-Mitgliedstaaten beschäftigt sind, § 3 Abs. 1 (deutsche ArbN sind gemäß § 4 zu zählen, s. o. Rz. 6).

Beispiel: Das Unternehmen X mit Sitz in Deutschland hat innerhalb von EU und EWR insgesamt 1.000 ArbN; davon beschäftigt es in Frankreich 150 ArbN und in Deutschland 150 ArbN; der Rest ist in kleineren Gruppen von jeweils unter 150 ArbN auf die EU verteilt. Hier greift das Gesetz gemäß § 3 Abs. 1 ein. Wenn aber zB. auch in Frankreich unter 150 ArbN beschäftigt sind (also die Zahl 150 nur in einem Staat erreicht wird), gilt das EBRG nicht, auch wenn insgesamt weit über 150 ArbN im EU/EWR-Gebiet außerhalb Deutschlands beschäftigt sind[3]. Die Zahl der ArbN außerhalb des EU/EWR-Gebiets ist ohnehin unerheblich.

14 **4. Unternehmensgruppe.** Bei einer Unternehmensgruppe müssen gemäß § 3 Abs. 2 ebenfalls mindestens 1.000 ArbN im EU/EWR-Gebiet beschäftigt sein, wobei ihr mindestens zwei Unternehmen mit Sitz in verschiedenen Mitgliedstaaten angehören müssen, die jeweils mindestens 150 ArbN in verschiedenen Mitgliedstaaten beschäftigen (Umsetzung von Art. 2 Abs. 1 lit. a, c der EBR-Richtlinie).

Beispiel 1: Die Unternehmensgruppe Z steht unter Führung der Z-Holding-GmbH in Deutschland (zentrale Leitung). Die Z-Holding-GmbH hat in Deutschland 40 ArbN. Das in Frankreich ansässige Tochterunternehmen F hat 500 ArbN und das in Italien ansässige Tochterunternehmen I hat 460 ArbN. Hier gilt gemäß §§ 2, 3 Abs. 2 das deutsche EBRG, so dass in Deutschland ein EBR gebildet werden kann.

Beispiel 2: Wie soeben, nur hat Z 700 ArbN in Deutschland. Außerdem hat F 100 ArbN in Frankreich und zusätzlich 60 ArbN in Italien. Weiter hat I in Italien 100 ArbN und 60 ArbN in Frankreich. Hier greift § 3 Abs. 2 nicht ein, da keines der Unternehmen „je 150 ArbN in verschiedenen Mitgliedstaaten" beschäftigt. Das entspricht dem Text des Art. 2 Abs. 1 lit. c, 3. Spiegelstrich der EBR-Richtlinie („.... mindestens ein der Unternehmensgruppe angehörendes Unternehmen mit mindestens 150 ArbN in einem Mitgliedstaat, und ein weiteres der Unternehmensgruppe angehörendes Unternehmen hat mindestens 150 ArbN in einem anderen Mitgliedstaat"). Deshalb greift § 3 nicht ein (str.)[4].

Beispiel 3: Das deutsche Mutterunternehmen M (850 ArbN) hat ein US-Tochterunternehmen U. U wiederum hat ein Tochterunternehmen F mit Sitz in Frankreich (Enkelunternehmen von M), das 150 ArbN in Frankreich beschäftigt. Hier sind die Anwendungsvoraussetzungen für das EBRG nach § 3 Abs. 2 erfüllt (str.)[5]. Sie würden nur dann nicht greifen, wenn U seine Beschäftigten in Frankreich selbst beschäftigen würde und nicht ein in Frankreich sitzendes Unternehmen. Freilich ist der Unterhalt größerer Betriebsstätten ohne am Ort sitzende Gesellschaften unüblich und wäre mit praktischen Schwierigkeiten verbunden.

Beispiel 4: Das Schweizer Mutterunternehmen M hat ein deutsches Tochterunternehmen D, das 700 ArbN in Deutschland und weitere 300 ArbN in Frankreich beschäftigt. Hier greift § 3 Abs. 2 nicht ein, wohl aber – mit D als gemeinschaftsweit tätigem Unternehmen iSd. § 2 Abs. 1 – die Regelung des § 3 Abs. 1 (str.)[6]. Wenn M dagegen ein französisches Tochterunternehmen F mit 300 ArbN und ein deutsches Tochterunternehmen D mit 700 ArbN hat, greift § 3 Abs. 2, wobei die zentrale Leitung nach § 2 Abs. 2 zu bestimmen ist, im Zweifel also in Deutschland liegt.

15 Soweit ein dem EBR-Recht unterliegendes Unternehmen oder eine dem EBR-Recht unterliegende Unternehmensgruppe selbst Mitglied einer dem EBR-Recht unterliegenden Unternehmensgruppe ist, wird ein EBR nur auf der höchsten Ebene gebildet; eine **„Verschachtelung" mehrerer EBR** nach dem Muster des „Konzerns im Konzern" ist also nicht vorgesehen (§ 7 EBRG, Art. 1 Abs. 3 EBR-Richtlinie).

---

1 Vgl. BT-Drs. 13/4520, S. 18; *Müller*, § 2 EBRG Rz. 1 ff.; *Blanke*, § 2 EBRG Rz. 1 ff. | 2 AA *Hanau* in Hanau/Steinmeyer/Wank, § 19 Rz. 42. | 3 *Blanke*, § 3 EBRG Rz. 6. | 4 *Müller*, § 3 EBRG Rz. 6; aA mit Blick auf Sinn und Zweck der Regelung DKK/*Däubler*, § 3 EBRG Rz. 5; ebenso wohl *Blanke*, § 3 EBRG Rz. 9. | 5 DKK/*Däubler*, § 3 EBRG Rz. 6; aA *Müller*, § 3 EBRG Rz. 7. | 6 *Sandmann*, Die Euro-Betriebsrats-Richtlinie 94/45/EG, S. 143; aA *Blanke*, § 3 EBRG Rz. 8, der aus Gründen der Gesetzessystematik § 3 Abs. 2 anwenden will.

Sie kann aber – ebenso wie ein dezentrales Verfahren – im Rahmen der Vereinbarung nach §§ 17 ff. freiwillig vereinbart werden[1].

5. Auskunftsanspruch der ArbN-Vertretung. a) Nach § 5 Abs. 1 EBRG. Zur Sicherstellung der aus dem EBRG folgenden Rechte verleiht § 5 Abs. 1 einen Auskunftsanspruch der ArbN-Vertretung gegenüber der in Deutschland ansässigen zentralen Leitung über die durchschnittliche Gesamtzahl der ArbN und ihre Verteilung auf die EU/EWR-Mitgliedstaaten, die Unternehmen und Betriebe sowie über die Struktur des Unternehmens oder der Unternehmensgruppe. 16

Berechtigte und Verpflichtete des Auskunftsanspruchs. Gläubiger des Auskunftsanspruchs nach § 5 Abs. 1 ist die „ArbN-Vertretung". Da der Begriff nicht näher umschrieben wird und die zugrunde liegende Regelung des Art. 11 Abs. 2 EBR-Richtlinie keine näheren Vorgaben macht, ist damit jede nach deutschem oder ausländischem Recht gebildete ArbN-Vertretung erfasst, welche ArbN des betreffenden Unternehmens oder der Unternehmensgruppe repräsentiert[2]. In Deutschland sind dies der BR, der GesamtBR und der KonzernBR. Hinzu kommen auch eventuell bereits nach dem EBRG konstituierte Organe wie das Besondere Verhandlungsgremium (BVG) und der EBR. Der SprAu vertritt keine „ArbN" iSd. EBRG (s. oben Rz. 6) und ist damit nicht berechtigt. Mangels betriebsverfassungsrechtlicher Zuständigkeit sind auch die in §§ 42 ff., 60 ff., 72 f., 73a f., 106 ff. BetrVG sowie in §§ 94 ff. SGB IX vorgesehenen Gremien nicht auskunftsberechtigt. Dasselbe gilt für nicht gesetzlich berufene Vertreter, also beispielsweise Gewerkschaften oder gewerkschaftliche Vertrauensleute[3]. Die Gegenansicht[4] hat keine Grundlage im Gesetz. **Schuldner des Auskunftsanspruchs** sind nach § 5 die „zentrale Leitung" und die „örtliche Betriebs- oder Unternehmensleitung". S. zum Begriff der „zentralen Leitung" oben Rz. 8 f.; zur „örtlichen Betriebs- oder Unternehmensleitung" sogleich unter Rz. 18. Die **Durchsetzung** erfolgt im **Beschlussverfahren**, § 2a Nr. 3b ArbGG. Siehe zur Parteifähigkeit der beteiligten Personen und Stellen § 10 ArbGG; örtlich zuständig ist nach § 82 Satz 4 das Gericht, in dessen Bezirk sich die auskunftspflichtige zentrale Leitung (= Unternehmenssitz) bzw. die auskunftspflichtige örtliche Betriebs- oder Unternehmensleitung befindet[5]. Das Verfahren kann auch von gemäß EBRG berechtigten **ausländischen ArbN-Vertretungen** geführt werden[6]. Für eine **einstweilige Verfügung** dürfte es regelmäßig am Verfügungsgrund fehlen[7]. Eine Sicherung des Auskunftsanspruchs erfolgt auch durch die Bußgeldvorschrift des § 45 Abs. 1 Nr. 1. Schwierigkeiten können sich ergeben bei der Durchsetzung des Auskunftsanspruchs gegen eine „zentrale Leitung" iSd. § 2 Abs. 2, also wenn sich die Führung des Unternehmens oder der Unternehmensgruppe **außerhalb des EU/EWR-Gebiets** befindet. Auch in dieser Situation muss von der unbeschränkten Auskunftspflicht der „zentralen Leitung" iSd. § 2 Abs. 2 EBRG ausgegangen werden, selbst wenn die „zentrale Leitung" nicht alle Informationen von der Unternehmens- oder Gruppenleitung erhalten hat (oben Rz. 9). 17

b) Nach § 5 Abs. 2 EBRG. Nach § 5 Abs. 2 besteht weiter ein Auskunftsanspruch **gegen die „örtliche Betriebs- oder Unternehmensleitung"**. Gläubiger dieses Anspruchs sind ein BR oder ein GesamtBR. Der Begriff der „örtlichen Betriebs- oder Unternehmensleitung" nach § 5 Abs. 2 definiert das jeweilige arbeitgeberseitige Gegenüber des BR oder des GesamtBR. Er umfasst also beim BR den oder die Betriebsinhaber und beim GesamtBR das Unternehmen iSd. § 47 Abs. 1 BetrVG. Durch § 5 Abs. 2 wird es den Vertretungsorganen ermöglicht, ausschließlich in Deutschland und mit deutschen Beteiligten einen Prozess über die Auskunftserteilung zu führen, was insb. dann von Vorteil ist, wenn die Frage nach der Verortung der zentralen Leitung nicht klar zu beantworten ist[8]. Mit § 5 Abs. 2 Halbs. 2 wird der örtlichen Leitung eine **Erkundigungspflicht** auferlegt bezüglich aller für die Auskünfte erforderlicher Informationen und Unterlagen. Auch wenn dies im Gesetzestext (und in Art. 11 Abs. 2 EBR-Richtlinie) nicht ganz deutlich gemacht wird, folgt laut EuGH aus dem Grundsatz der praktischen Wirksamkeit („effet utile") auch ein dem § 5 Abs. 1 entsprechender **Auskunftsanspruch** der gemäß § 5 auf Auskunftserteilung in Anspruch genommenen **Unternehmen gegen die anderen Unternehmen** einer Unternehmensgruppe. Das ergibt sich auch aus einer richtlinienkonformen Auslegung nach Art. 4, 14 EBR-Richtlinie[9]. Das wäre insb. auch ein Anspruch der „zentralen Leitung" iSd. § 2 Abs. 2 gegen die übrigen innerhalb des EU/EWR-Raums ansässigen Unternehmen und der örtlichen Leitung gegenüber der zentralen Leitung iSd. § 2 Abs. 2[10]. Das Bestehen und die Durchsetzbarkeit des Anspruchs sind vor allem von Bedeutung, wenn sich die zentrale Leitung oder die örtliche Leitung gegenüber dem BR oder GesamtBR auf die fehlende Beschaffbarkeit von Informationen und Unterlagen beruft, s. dazu oben Rz. 9, 12. 18

c) Gegenstand des Auskunftsanspruchs sind nach § 5 Abs. 1 „die durchschnittliche Gesamtzahl der ArbN und ihre Verteilung auf die Mitgliedstaaten, die Unternehmen und Betriebe sowie ... die Struktur 19

---

1 *Müller*, § 7 EBRG Rz. 1 ff. | 2 *Müller*, § 5 EBRG Rz. 2; DKK/*Däubler*, § 5 EBRG Rz. 2; *Blanke*, § 5 EBRG Rz. 2. | 3 *Müller*, § 5 EBRG Rz. 2. | 4 DKK/*Däubler*, § 5 EBRG Rz. 2; *Blanke*, § 5 EBRG Rz. 2. | 5 Vgl. *Hanau* in Hanau/Steinmeyer/Wank, § 19 Rz. 41; EAS/*Oetker*, B 8300 Rz. 242 ff.; BT-Drs. 13/4520, S. 29. | 6 DKK/*Däubler*, § 5 EBRG Rz. 6 f.; *Blanke*, § 5 EBRG Rz. 6 f. | 7 Für die Durchsetzung im Wege der einstweiligen Verfügung äußert sich *Blanke*, § 5 EBRG Rz. 2. | 8 MünchArbR/*Joost*, § 366 Rz. 43; DKK/*Däubler*, § 5 EBRG Rz. 4a; *Blanke*, § 5 EBRG Rz. 3. | 9 EuGH v. 13.1.2004 – Rs C-440/00 (Kühne & Nagel), BB 2004, 441; s. dazu *Giesen*, RdA 2004. | 10 So zu Recht Generalanwalt *Tizzano* im Schlussantrag vom 27.2.2003 – Rs. C-349/01 (ADS Anker), noch nv., im Verfahren ArbG Bielefeld, Vorlagebeschluss v. 24.7.2001 – 2 BV 92/00, nv.

des Unternehmens oder der Unternehmensgruppe". Erfasst sind damit inhaltlich die Modalitäten für die Anwendung des EBRG nach § 1 Abs. 3, §§ 2–4 und § 6. Die in § 5 Abs. 1 genannte „Struktur" bezieht sich deshalb gemäß der EuGH-Rspr. nicht nur auf die Identität der Unternehmen, sondern auch auf ihre nach § 6 relevanten Beherrschungsstrukturen einschließlich der ggf. entscheidenden Fakten über die Vermutungstatbestände des § 6 Abs. 2 und Abs. 3. Nur so lässt sich das gesetzliche Ziel erreichen, einen exakt auf das betreffende Unternehmen bzw. die betreffende Unternehmensgruppe zugeschnittenen EBR zu bilden[1]. Laut EuGH können darüber hinaus auch Namen und Anschriften der ausländischen ArbN-Vertretungen verlangt werden[2].

Auskunftspflicht trotz Ungewissheit über die Anwendbarkeit des EBRG. Probleme ergeben sich, wenn nicht das „wie" der EBR-Bildung fraglich ist, sondern bereits das „ob". Dann kann im Zweifel erst die Auskunft nach § 5 klären, ob das EBRG anzuwenden ist oder nicht. Nur nach Prüfung der ArbN-Zahlen und der Beherrschungsverhältnisse in einem Unternehmen oder einer Unternehmensgruppe kann die Frage beantwortet werden, ob die Voraussetzungen der § 1 Abs. 3, §§ 2–4 und § 6 erfüllt sind. Nach den Vorgaben der richtlinienkonformen Auslegung ist § 5 mit Hilfe von Art. 11 Abs. 1, 2 EBR-Richtlinie auszulegen. Hierzu hat der EuGH mit Blick auf die praktische Wirksamkeit („effet utile") der Richtlinie entschieden, dass ein zu einer Unternehmensgruppe gehörendes Unternehmen auch dann zur Auskunftserteilung verpflichtet ist, „wenn noch nicht feststeht, ob es sich bei der Unternehmensleitung, an die sich die ArbN wenden, um die Leitung eines innerhalb der Unternehmensgruppe herrschenden Unternehmens handelt." Hierzu gehört auch die Übermittlung von Unterlagen, welche die für die Feststellung der jeweiligen Tatbestände (insb. der Beherrschungsverhältnisse) notwendigen Fakten präzisieren und verdeutlichen[3]. Das bedeutet, dass der Auskunftsanspruch bereits dann besteht, wenn die Anwendbarkeit des EBRG zu prüfen ist.

20 **IV. Der Europäische BR kraft Vereinbarung. 1. Der EBR kraft Vereinbarung als gesetzlicher Regeltatbestand.** Bereits oben Rz. 2 ist das dreistufige Regelungssystem zur Schaffung des EBR dargestellt worden, welches besteht aus Vertretungsgremien aus der Zeit bis zum 21.9.1996, aus dem EBR kraft Vereinbarung und aus dem – bei fehlender Einigung zu bildenden – EBR kraft Gesetzes. Das EBRG und die EBR-Richtlinie gehen vom EBR kraft Vereinbarung als Regeltatbestand aus (§§ 8–16 EBRG, Art. 5 EBR-Richtlinie). Die Vertretungsgremien aus der Zeit bis zum 21.9.1996 sind trotz fortbestehender Bedeutung nur in Übergangsvorschriften geregelt (s. dazu § 41 EBRG, Art. 13 EBR-Richtlinie, unten Rz. 74 ff.), und der EBR kraft Gesetzes wird subsidiär für den – unerwünschten – Fall gebildet, dass sich die Beteiligten nicht auf eine Vereinbarung verständigen (§§ 1 Abs. 1, 21–37 EBRG, Art. 7 EBR-Richtlinie und Anhang, unten Rz. 50 ff.). S. zur **EU-Osterweiterung** Rz. 11.

21 **2. Das Besondere Verhandlungsgremium (BVG). a) Allgemeines.** Die Entstehung des EBR kraft Vereinbarung erfolgt nach §§ 8–16 (Art. 5 EBR-Richtlinie) durch einen Vertrag (deshalb „Vereinbarung") zwischen der zentralen Leitung des Unternehmens bzw. der Unternehmensgruppe (s. dazu oben Rz. 8 f.) und dem „Besonderen Verhandlungsgremium" (BVG). Das BVG ist ein gesetzliches **Gründungsorgan**; es wird gemäß § 8 Abs. 1 ausschließlich zum Zweck des Vereinbarungsschlusses mit der zentralen Leitung über den EBR gebildet. Nur der EBR kraft Gesetzes hat nach § 37 bei der Aufnahme neuerlicher Verhandlungen über die Einsetzung eines EBR kraft Vereinbarung weitgehend gleiche Aufgaben und Rechte wie das BVG[4].

Ähnlich wie sonst im Betriebsverfassungsrecht sind zentrale Leitung und BVG nach § 8 Abs. 3 EBRG zur **vertrauensvollen Zusammenarbeit** verpflichtet. Das BVG hat zur Erfüllung seiner Aufgaben gegen die zentrale Leitung einen **Auskunftsanspruch** nach § 8 Abs. 2 EBRG, der (vergleichbar mit dem Anspruch nach § 5, s. o. Rz. 16 ff.) aufgabenbezogen ist. Er umfasst zum einen diejenigen Gegenstände, welche als Tatbestände der §§ 1 ff. Voraussetzungen für die Erfüllung der gesetzlichen Rahmenbedingungen einer wirksamen und rechtmäßigen Vereinbarung sind. Weiter ist für alle Gegenstände der

---

[1] EuGH v. 29.3.2001 – Rs. C-62/99 (bofrost), Slg. 2001, I-2579 = NZA 2001, 506 ff. = RdA 2002, 35 m. Anm. *Coen*, AuA 2002, 30 ff. und Anm. *Thüsing/Leder*, SAE 2002, 171 ff.; *Junker*, RdA 2002, 32; *Hanau* in Hanau/Steinmeyer/Wank, § 19 Rz. 51. |2 EuGH v. 13.1.2004 – Rs C-440/00 (Kühne & Nagel), BB 2004, 441, dazu *Giesen* RdA 2004; LAG Hamburg v. 30.6.1999 – 8 TaBV 4/99, AiB 2000, 43 (40) m. Anm. *Kunz*. Vorlagebeschluss BAG v. 27.6.2000 – 1 ABR 32/99 (A), AP Nr. 1 zu EWG-RL 94/45 = BB 2001, 414; s. dazu *Hanau* in Hanau/Steinmeyer/Wank, § 19 Rz. 52 f. |3 EuGH v. 29.3.2001 – Rs. C-62/99 (bofrost), Slg. 2001, I-2579 = NZA 2001, 506 ff. = RdA 2002, 35 m. Anm. *Coen*, AuA 2002, 30 ff.; *Junker*, Neues zum Europäischen Betriebsrat, RdA 2002, 32; s. auch die in diesem Verfahren getroffene Entscheidung LAG Düsseldorf v. 25.10.2001, DB 2002, 331 = NZA-RR 2002, 196; wie der EuGH MünchArbR/*Joost*, § 366 Rz. 44. S. auch den Vorlagebeschluss BAG v. 27.6.2000 – 1 ABR 32/99 (A), AP Nr. 1 zu EWG-RL 94/45 = BB 2001, 414 sowie den hierzu gestellten Schlussantrag des Generalanwalts *Tizzano* vom 11.7.2002 – Rs. C-440/00 (Kühne & Nagel), noch nv., Schlussantrag des Generalanwalts *Tizzano* vom 27.2.2003 – Rs. C-349/01 (ADS Anker), noch nv.; *Hanau* in Hanau/Steinmeyer/Wank, § 19 Rz. 52 f. Das LAG Düsseldorf hat den EuGH-Beschluss später konsequent auf bofrost angewandt, LAG Düsseldorf v. 25.10.2001 – 5 Ta BV 87/98, DB 2002, 331 (LS.), n. rkr., Az. beim BAG: 7 ABR 61/01 (vgl. auch die erstinstanzliche Entscheidung ArbG Wesel v. 5.8.1998 – 3 BV 9/98, berichtet bei *Büggel/Buschak*, AiB 2000, 418 (420). S. dazu aus Schweizer Sicht *Stöckli*, Betriebliche Arbeitnehmervertretung im schweizerischen und im europäischen Recht, RdA Beil. zu Heft 5/2001, S. 5 (9 f.). |4 *Müller*, § 37 EBRG Rz. 2; *Blanke*, § 37 EBRG Rz. 4.

§§ 8–16 ein Informationsanspruch begründet, der sich beispielsweise auf die Nennung der in § 11 erfassten ArbN-Vertreter bezieht[1]. Im Übrigen bestehen gesonderte Auskunftsansprüche nach § 9 Abs. 3, § 12 Satz 2. Entsprechend den Informationsmöglichkeiten des BVG besteht die **Verschwiegenheitspflicht** seiner Mitglieder nach § 39 Abs. 3 Nr. 1, § 44.

b) Schutz aus Deutschland entsandter BVG-Mitglieder. Die in Deutschland beschäftigten BVG-Mitglieder eines in- oder ausländischen BVG genießen den gleichen persönlichen **Schutz wie BR-Mitglieder**[2]. Ob ein Arbeitsverhältnis deutschem Recht unterliegt, richtet sich nach Art. 27 ff., 30 EGBGB. Zu Gunsten der BVG-Mitglieder greift nach § 40 der Kündigungsschutz gemäß § 15 KSchG. Im Übrigen gelten für sie gemäß § 40 EBRG die § 37 Abs. 1–5, § 78, § 103 BetrVG. Die Anwendung von § 37 Abs. 6, 7 BetrVG über die Teilnahme an Schulungs- und Bildungsveranstaltungen ist damit ausgeschlossen. Darin liegt keine Verletzung von Art. 10 EBR-Richtlinie, da es bei § 37 Abs. 6, 7 BetrVG nicht um den Schutz der EBR-Mitglieder geht und auch nicht um die Ermöglichung der Sitzungsteilnahme geht[3]. Die **Behinderung der Arbeit** der Mitglieder eines gemäß EBRG errichteten BVG stellt nach Maßgabe der §§ 43–45 einen Bußgeld- oder Straftatbestand dar.

c) Die **Bildung des BVG** erfolgt nach §§ 9 f.. Sie wird von den ArbN oder ihren Vertretern (s. dazu oben Rz. 9, 17) schriftlich bei der zentralen Leitung beantragt oder erfolgt auf Initiative der zentralen Leitung. Der ArbN-Antrag und die Initiative der zentralen Leitung bewirken den Beginn der 6-Monats-Frist und der 3-Jahres-Frist des § 21, nach deren Ablauf der EBR kraft Gesetzes zu errichten ist (s. u. Rz. 51)[4]. Der ArbN-Antrag muss von mindestens 100 ArbN oder ihren Vertretern aus mindestens zwei Betrieben oder Unternehmen verschiedener Mitgliedstaaten unterschrieben werden, s. im Einzelnen § 9. Die ArbN-Zahlen aus mehreren Anträgen können nach § 9 Abs. 2 Satz 2 addiert werden; jedoch müssen die Anträge in einem zeitlichen Zusammenhang gestellt worden sein, um als Einheit zusammengenommen werden zu können[5]. Weiter ist bei Auslaufen einer bestehenden Vereinbarung nach § 41 bzw. Art. 13 EBR-Richtlinie auch das hiernach gebildete Vertretungsgremium antragsberechtigt, § 41 Abs. 6 Satz 2.

Beispiel zur Stimmenzählung nach § 9 EBRG: Eine Unternehmensgruppe mit zentraler Leitung in Deutschland hat einen Betrieb mit 99 ArbN sowie einen weiteren Betrieb mit 51 ArbN in Deutschland; des Weiteren hat sie einen Betrieb mit 850 ArbN in Frankreich. § 3 ist damit erfüllt. Wenn ein Antrag von dem 99 deutsche ArbN repräsentierenden BR des erstgenannten Betriebs und ein weiterer Antrag von einem einzelnen französischen ArbN gestellt wird, ist das BVG gemäß § 9 wirksam beantragt[6]. S. zur Zählung der deutschen ArbN oben Rz. 6.

Die **Zusammensetzung des BVG** richtet sich nach § 10. Aus jedem Staat mit einem Betrieb wird ein ArbN-Vertreter entsandt. Die Zahl der Vertreter erhöht sich jeweils um einen, wenn in dem Staat mindestens 25, 50 oder 75% der ArbN des Unternehmens oder der Unternehmensgruppe beschäftigt sind. In dem soeben in Rz. 24 genannten Beispiel des deutsch-französischen Unternehmens erfolgt die Bildung des BVG zwar in Deutschland. Da aber in Frankreich 85% der ArbN beschäftigt sind, werden dort vier Vertreter und aus Deutschland nur ein Vertreter entsandt. Insgesamt ergibt sich damit bei Tätigkeit von Unternehmen oder Unternehmensgruppen in 18 EU/EWR-Mitgliedstaaten und entsprechender Gewichtung der ArbN-Verteilung eine Höchstzahl von denkbaren 21 Mitgliedern des BVG. Nach § 10 Abs. 3 können (und sollten, um eine effektive ArbN-Vertretung sicherzustellen) zusätzlich **Ersatzmitglieder** bestellt werden[7]. Für die **Kosten der Antragstellung** besteht entgegen der geäußerten Gegenansicht[8] keine Ersatzpflicht des ArbGeb; sie sind nicht durch § 16 erfasst[9]. Streitigkeiten über die Antragstellung sind im arbeitsgerichtlichen **Beschlussverfahren** zu entscheiden, § 2a Nr. 3b ArbGG[10]. S. zur Parteifähigkeit der beteiligten Personen und Stellen § 10 ArbGG; örtlich zuständig ist nach § 82 Satz 4 ArbGG das Gericht, in dessen Bezirk sich der Antragsgegner befindet, also der Unternehmenssitz des Unternehmens, das vom Antragsteller als zentrale Leitung angesehen wird[11].

---

1 *Müller*, § 8 EBRG Rz. 2. Teilweise wird der Auskunftsanspruch auf ausländische Sachverhalte ausgedehnt, welche die von dort entsandten BVG-Mitglieder kennen, s. die Aufzählungen bei DKK/*Klebe*, § 6 EBRG Rz. 4 ff.; *Blanke*, § 8 EBRG Rz. 6 ff. |2 Vgl. dazu. EAS/*Oetker*, B 8300 Rz. 234 ff.; MünchArbR/*Joost*, § 367 Rz. 89 ff.; *Blanke*, § 40 EBRG Rz. 2 ff. |3 Gesetzesbegründung BT-Drs. 13/5021, S. 5, 9; *Müller*, § 40 EBRG Rz. 5; MünchArbR/*Joost*, § 367 Rz. 92; *B. Gaul*, NJW 1996, 3378 (3384); EAS/*Oetker*, B 8300 Rz. 237 ff.; aA DKK/*Kittner*, § 40 EBRG Rz. 2, und *Blanke*, § 40 EBRG Rz. 3, die einen Anspruch auf Schulungs- und Bildungsveranstaltungen aus § 37 Abs. 2 BetrVG herleiten wollen; zurückhaltend hierzu MünchArbR/*Joost*, § 367 Rz. 92. |4 *Müller*, § 21 EBRG Rz. 3; *Blanke*, § 21 EBRG Rz. 8; DKK/*Kittner*, § 21 EBRG Rz. 5; s. auch *Kunz*, AiB 1997, 267 (273 f.). |5 EAS/*Oetker*, B 8300 Rz. 242 ff.; *Müller*, § 9 EBRG Rz. 4; *Blanke*, § 9 EBRG Rz. 2; DKK/*Klebe*, § 9 EBRG Rz. 3. |6 Beispiel nach *Fitting*, Übersicht EBRG Rz. 26; vgl. auch *Blanke*, § 9 EBRG Rz. 3. |7 Vgl. *Blanke*, § 10 EBRG Rz. 2 ff.; *Müller*, § 11 EBRG Rz. 2 ff. |8 DKK/*Klebe*, § 9 EBRG Rz. 3; *Blanke*, § 9 EBRG Rz. 8. |9 Nach ArbG Hamburg v. 17.4.1997 – 4 BV 1/97, ArbuR 1997, 374, fallen die Reisekosten, die ein KonzernBR-Mitglied bei der Reise zu einem EBR-Vorbereitungstreffen entstehen als notwendige Kosten des KonzernBR dem ArbGeb zur Last. Dem dürfte der klare Wortlaut der §§ 40 Abs. 1, 59 Abs. 1 BetrVG entgegenstehen. |10 *Blanke*, § 9 EBRG Rz. 10. |11 Vgl. *Hanau* in Hanau/Steinmeyer/Wank, § 19 Rz. 41; EAS/*Oetker*, B 8300 Rz. 242 ff.; BT-Drs. 13/4520, S. 29.

26 Die **Bestellung der BVG-Mitglieder** richtet sich gemäß Art. 5 Abs. 2 lit. a EBR-Richtlinie nach den jeweiligen Regeln in demjenigen Mitgliedstaat, aus dessen Gebiet die Mitglieder entsandt werden. Deshalb regelt § 11 auch nur die Bestellung von BVG-Mitgliedern aus Deutschland[1]. Das bedeutet, dass in dem oben Rz. 24 genannten Beispiel die Errichtung des BVG und die Entsendung des Mitglieds aus Deutschland nach deutschem Recht erfolgt. Die Bestellung der vier französischen Mitglieder richtet sich dagegen nach französischem Recht. Ist andererseits ein BVG im EU/EWR-Ausland zu bilden und sollen deutsche Mitglieder entsandt werden, gilt umgekehrt für deren Bestellung § 11. Gemäß § 11 Abs. 1 ist bei Unternehmen zunächst der GesamtBR zuständig und ersatzweise der BR. Bei Unternehmensgruppen ist nach näherer Maßgabe von § 11 Abs. 2, 3 zunächst der KonzernBR zuständig. Soweit dieser nicht alle ArbN repräsentiert, greift subsidiär die Zuständigkeit der nächstkleineren Organe, also der jeweils die gruppenzugehörigen ArbN repräsentierenden GesamtBR und BR[2]. Nach § 11 Abs. 4 sind auch **leitende Angestellte** in das BVG wählbar, obwohl sie nicht wahlberechtigt sind (s. o. Rz. 6; vgl. zur Entsendung leitender Angestellter zum EBR kraft Gesetzes § 23 Abs. 6, dazu Rz. 6, 58). **Frauen und Männer** sind nach § 11 Abs. 5 entsprechend ihrem **zahlenmäßigen Verhältnis** zu bestellen. Da es sich um eine „Soll"-Vorschrift handelt, ist ihre Nicht-Befolgung allerdings (wie bei § 15 Abs. 2 BetrVG aF) sanktionslos[3]. Durch Vereinbarung zwischen zentraler Leitung und BVG können gemäß § 14 auch **BVG-Mitglieder aus Drittstaaten** einbezogen werden[4]. §§ 9 ff. beschränken den Kreis der möglichen BVG-Mitglieder (anders als beim EBR kraft Gesetzes nach § 22 Abs. 1 Satz 1, s. u. Rz. 55) nicht auf die Beschäftigten des Unternehmens bzw. der Unternehmensgruppe, so dass auch externe Vertreter, zB aus Gewerkschaften, entsandt werden können.

27 Das BVG hat – ähnlich wie der BR – keine Rechtspersönlichkeit, sondern lediglich eine aufgabenbezogen beschränkte **Rechtsfähigkeit**[5]. Das BVG **endet** mit dem Abschluss einer Vereinbarung nach §§ 17 ff., mit der Bildung eines EBR kraft Gesetzes nach §§ 21 ff. oder mit der Beschlussfassung nach § 15 (arg. § 15 Abs. 2)[6]. **Streitigkeiten über die Wirksamkeit der Bildung des BVG** sind nach § 19 BetrVG analog zu beantworten und im arbeitsgerichtlichen **Beschlussverfahren** zu entscheiden, § 2a Nr. 3b ArbGG[7]. Siehe zur Parteifähigkeit der beteiligten Personen und Stellen § 10 ArbGG; örtlich zuständig ist gemäß § 82 Satz 4 ArbGG das Gericht, in dessen Bezirk sich die zentrale Leitung befindet, bei der das BVG eingerichtet wird; soweit dies streitig ist, ist entscheidend der Unternehmenssitz des Unternehmens, das vom Antragsteller als zentrale Leitung angesehen wird[8].

28 d) Die **Stimmgewichtung** im BVG richtet sich nach den Köpfen des BVG, welches gemäß § 13 Abs. 3 **mit einfacher Mehrheit** entscheidet. Dabei kommt es – anders als bei § 28 Satz 1 EBRG – nicht auf die Mehrheit der anwesenden Mitglieder an, sondern auf die Mehrheit der BVG-Mitglieder (vgl. die ⅔-Regelung beim Beschluss über die Beendigung von Verhandlungen nach § 15 Abs. 1 Satz 1)[9].

29 Die Regelung des § 11 Abs. 1–3 ist wegen der möglichen **Verletzung des demokratischen Prinzips sowie des Gleichheitssatzes** nicht unproblematisch. Zum einen ist es denkbar, dass in Gemeinschaftsbetrieben Vertreter von BR entsandt werden, die nicht (nur) von Unternehmensangehörigen gewählt wurden. Zum anderen werden auch solche ArbN durch das BVG repräsentiert, die in Betrieben ohne BR tätig sind und deshalb nicht – auch nicht mittelbar – auf die Konstituierung des EBR durch das BVG Einfluss nehmen können[10]. Weitere Ungleichgewichte ergeben sich daraus, dass im BVG die Menge der vertretenen ArbN nur unzureichend in § 10 Abs. 2 berücksichtigt wird, da sich die Stimmgewichtung nicht nach der Zahl der vertretenen ArbN, sondern nach den Köpfen des BVG richtet. Zur Rechtfertigung dessen wird meist angeführt, dass der Grundsatz der nationalen **Repräsentativität** (also der Vertretung der ArbN jedes Mitgliedstaates durch mindestens ein BVG-Mitglied) Vorrang haben dürfe vor dem Grundsatz der **Proportionalität** (der Stimmverteilung der BVG-Mitglieder nach ArbN-Zahlen)[11]. Das ist fragwürdig, denn es ist denkbar, dass selbst bei einem Ein-Mann-Betrieb aus einem Mitgliedstaat der dort beschäftigte ArbN sich selbst in das BVG entsenden kann[12]. Im theoreti-

---

[1] *Fitting*, Übersicht EBRG Rz. 32; DKK/*Klebe*, § 11 EBRG Rz. 1; *Müller*, § 11 EBRG Rz. 1. | [2] S. näher EAS/*Oetker*, B 8300 Rz. 92 ff.; *Müller*, § 11 EBRG Rz. 4 ff.; MünchArbR/*Joost*, § 366 Rz. 53 ff.; *Blanke*, § 11 EBRG Rz. 5 ff.; *Tap*, S. 45 ff. | [3] *Müller*, § 11 EBRG Rz. 4 ff.; MünchArbR/*Joost*, § 366 Rz. 65, § 367 Rz. 12; EAS/*Oetker*, B 8300 Rz. 96. | [4] *Müller*, § 14 EBRG Rz. 1 f.; *Fitting*, Übersicht EBRG Rz. 39; *Blanke*, § 14 EBRG Rz. 2 f. | [5] Hier gilt dasselbe wie zum EBR, s. dazu DKK/*Däubler*, § 18 EBRG Rz. 14a. | [6] EAS/*Oetker*, B 8300 Rz. 79; *Müller*, § 8 EBRG Rz. 1, § 15 EBRG Rz. 3; aA *Weiss*, AuR 1995, 438 (441). | [7] *Blanke*, § 11 EBRG Rz. 21 f.; *Müller*, § 11 EBRG Rz. 12 f.; DKK/*Klebe*, § 11 EBRG Rz. 11. | [8] Vgl. *Hanau* in Hanau/Steinmeyer/Wank, § 19 Rz. 41; EAS/*Oetker*, B 8300 Rz. 242 ff. | [9] DKK/*Klebe*, § 13 EBRG Rz. 9 f.; vgl. auch *Müller*, § 10 EBRG Rz. 3, § 17 EBRG Rz. 6. | [10] Kritik hieran bei *B. Gaul*, NJW 1996, 3378 (3380); *Bachner/Kunz*, AuR 1996, 81 (84). | [11] Vgl. *Blanke*, § 10 EBRG Rz. 2 ff.; *Müller*, § 10 EBRG Rz. 2 ff.; *Tap*, S. 40 ff. | [12] Dieser Fall ist nicht theoretisch. So berichtet *Tom Hayes*, Richtlinie und Realität: Eindrücke von EBR-Verhandlungen in den letzten fünf Jahren in EGB (Hrsg.), Europäische Betriebsräte, Konferenz Paris, 20/21.11.2000, S. 23, von einem BVG, welches nur 700 von 20.000 ArbN repräsentierte. „Dazu kam es, weil das Gros der Belegschaft in drei Ländern konzentriert war, das Unternehmen jedoch Vertriebs- und Marketingstrukturen in praktisch allen anderen EU-Ländern hatte. In einem der Länder gab es nur einen Angestellten, der beschloss, an den BVG-Sitzungen teilzunehmen und darum über eine Stimme verfügte. Dies ist das drastischste Beispiel, das ich erlebt habe, aber ich habe viele Fälle gesehen, wo die BVG äußerst ungleich zusammengesetzt waren. Das BVG-Verfahren verleiht Minderheiten unverhältnismäßig großen Einfluss."

schen Extremfall ist so die Dominierung eines 21-Personen-BVG durch 16 sich selbst vertretende ArbN aus 16 Staaten möglich, welche ohne Mühe vier andere Mitglieder (§ 10 Abs. 2) überstimmen können, die gemeinsam eventuell tausende ArbN aus den zwei weiteren Mitgliedstaaten vertreten.

e) **Konstituierung und Verfassung des BVG.** Das BVG informiert die zentrale Leitung gemäß § 12 über seine Zusammensetzung, und die zentrale Leitung hat diese Informationen an die in den einzelnen Staaten befindlichen örtlichen Leitungen, ArbN-Vertretungen (s. o. Rz. 17) und die dort vertretenen Gewerkschaften weiterzureichen. Nach § 13 Abs. 1 Satz 1 **lädt die zentrale Leitung** unverzüglich nach Benennung der BVG-Mitglieder **zur konstituierenden Sitzung ein.** Soweit die Ladung nicht unverzüglich erfolgt, muss das BVG selbst die Aufgabe der Ladung übernehmen können, da es ansonsten zu unzulässigen Verzögerungen der Zusammenkunft kommen könnte[1]. Die **Bestellung eines BVG-Vorsitzenden,** der (freigestellte) Erlass einer Geschäftsordnung, die Unterstützung durch Sachverständige (unter Einschluss von Beauftragten von Gewerkschaften) und die Durchführung von Verhandlungen richten sich nach § 13. Die Wahl eines **stellvertretenden Vorsitzenden** ist zulässig (auch ohne gesetzliche Regelung) und empfiehlt sich aus praktischen Gründen[2]. Zu beachten ist, dass wie bei § 80 Abs. 3 BetrVG **Sachverständige nur bei entsprechender Erforderlichkeit** herangezogen werden können. Die Erforderlichkeit muss sich aus der Erheblichkeit und der Schwierigkeit der jeweiligen Fragen ergeben[3]. Die Ansicht, dass die Erforderlichkeit eines Sachverständigen grundsätzlich immer gegeben sei und nicht begründet werden müsse[4], hat keine gesetzliche Grundlage; dasselbe gilt für den Wunsch nach einer Vermehrung der Sachverständigenzahlen[5]. Nach § 13 Abs. 2 ist jeweils nur eine BVG-Sitzung vor einer Verhandlung mit der zentralen Leitung zugelassen; im Interesse einer effizienten BVG-Arbeit wird man aber darüber hinaus – soweit erforderlich – auch zusätzliche BVG-Sitzungen zulassen müssen[6]. Da eine Vorschrift über **Öffentlichkeit oder Nichtöffentlichkeit** der Sitzung fehlt (vgl. zB § 27 Abs. 1 Satz 5), dürfte die Frage dem BVG überlassen sein, und zwar für beide in § 13 Abs. 2 genannten Sitzungsteile, dh. ohne und mit zentraler Leitung. Jedoch besteht bei hergestellter Öffentlichkeit nach § 39 nur eine beschränkte Offenbarungspflicht der zentralen Leitung (s. Rz. 40). Teilweise wird dagegen vertreten, BVG und zentrale Leitung hätten gemeinsam darüber zu befinden[7] oder das Gesetz (§ 30 Satz 4 BetrVG analog) sehe die Nichtöffentlichkeit vor[8]. **Kosten und Sachaufwand des BVG** trägt nach § 16 Abs. 1 die zentrale Leitung. Diese Verpflichtung umfasst insb. „in erforderlichem Umfang" die für die Sitzungen benötigten Räume, sachlichen Mittel, Dolmetscher und Büropersonal sowie die erforderlichen Reise-, Verpflegungs- und Aufenthaltskosten der BVG-Mitglieder[9]. Die **Kostenpflicht** für Sachverständige nach § 13 Abs. 4 beschränkt sich auf einen **Sachverständigen**[10]. Zu den Kosten iSd. § 16 und auch des § 30 zählen wie bei § 40 BetrVG auch die **Kosten der Rechtsverfolgung**; das BVG und der EBR können daher Rechtsfragen auf Kosten der zentralen Leitung klären lassen[11]. Der ArbGeb eines aus dem Inland entsandten BVG-Mitglieds oder EBR-Mitglieds haftet für dessen Kosten neben der zentralen Leitung als Gesamtschuldner, § 16 Abs. 2, § 30 Satz 5 EBRG, §§ 421–426 BGB; im Innenverhältnis trägt im Zweifel die zentrale Leitung die Kosten, da ihr die primäre Zuständigkeit für die Erfüllung der im EBRG angelegten Pflichten zugewiesen ist[12].

3. **Abschluss der Vereinbarung über den EBR. a)** Die **Aufgabe des BVG** besteht darin, mit der zentralen Leitung diejenige Vereinbarung zu schließen, welche die Gründung des EBR kraft Vereinbarung zum Gegenstand hat. Das Gesetz ermöglicht zwei Varianten, nämlich den eigentlichen **EBR kraft Vereinbarung** (§ 18) und das **Verfahren zur Unterrichtung und Anhörung** (§ 19). Im ersteren Fall wird mit dem EBR ein eigenes Organ der ArbN-Vertretung geschaffen, welches selbst Unterrichtungs- und Anhörungsrechte innehat; dieser EBR hat – ähnlich wie der BR – keine Rechtspersönlichkeit, sondern eine aufgabenbezogen beschränkte **Rechtsfähigkeit**[13]. Im letzteren Fall ist nicht ein neu zu schaffendes Organ, sondern es sind die bereits existierenden nationalen ArbN-Vertretungen, die insb. über grenzübergreifende Angelegenheiten unterrichtet werden, hierüber beraten und angehört werden. Sie machen dementsprechend die ihnen nach § 19 eingeräumten Rechte im eigenen Namen geltend, s. dazu unten Rz. 49.

b) **Beschluss über die Beendigung oder die Nicht-Aufnahme von Verhandlungen.** Es ist den Parteien möglich, die Vereinbarung nach §§ 17 ff. zu vermeiden. Das erfolgt gemäß § 15 durch Beschluss der Beendigung oder der Nicht-Aufnahme von Verhandlungen über eine Vereinbarung zur Schaffung eines EBR kraft Vereinbarung oder über ein Verfahren zur Unterrichtung und Anhörung. Dieser Beschluss wird vom BVG mit **zwei Dritteln** der Stimmen **seiner Mitglieder** (nicht der erschienenen Mitglieder, sondern der tatsächlichen Mitglieder) gefasst. Beschluss und Abstimmungsergebnis müssen schriftlich niedergelegt, vom Vorsitzenden und einem weiteren Mitglied unterzeichnet und in Abschrift der zentralen Lei-

---

[1] EAS/*Oetker*, B 8300 Rz. 99. | [2] MünchArbR/*Joost*, § 366 Rz. 70; *Müller*, § 13 EBRG Rz. 1 f. | [3] *Müller*, § 13 EBRG Rz. 6; MünchArbR/*Joost*, § 366 Rz. 74; *Tap*, S. 60 ff. | [4] DKK/*Klebe*, § 13 EBRG Rz. 2. | [5] Für einen Sachverständigen für jeden Beratungs- bzw. Verhandlungsgegenstand plädiert *Blanke*, § 13 EBRG Rz. 20, § 16 Rz. 10; deutlich dagegen spricht die Gesetzgebungsgeschichte, s. BT-Drs. 13/4520, S. 18. | [6] EAS/*Oetker*, B 8300 Rz. 102; *B. Gaul*, NJW 1996, 3378 (3380). | [7] *Blanke*, § 13 EBRG Rz. 13. | [8] DKK/*Klebe*, § 13 EBRG Rz. 5. | [9] *Müller*, § 16 EBRG Rz. 1 ff.; MünchArbR/*Joost*, § 366 Rz. 80 ff. | [10] Vgl. EAS/*Oetker*, B 8300 Rz. 107 f. | [11] *Müller*, § 16 EBRG Rz. 2, 4; MünchArbR/*Joost*, § 366 Rz. 85. | [12] Ebenso *Müller*, § 16 EBRG Rz. 6; vgl. zur Person der jeweils haftenden örtlichen ArbGeb *Tap*, S. 62 f. | [13] DKK/*Däubler*, § 18 EBRG; Rz. 14a.

tung zugeleitet werden[1]. Fraglich ist, was passiert, wenn die letztgenannten Formalien nicht eingehalten werden. Obwohl die zugrunde liegende Regelung des Art. 5 Abs. 5 EBR-Richtlinie dieses Verfahren nicht anordnet, ist doch davon auszugehen, dass ohne Einhaltung der Formvorschriften und der Zuleitungsverpflichtung der **Beschluss unwirksam** ist. Denn die Formvorschriften haben sicherzustellen, dass die Entscheidung über die Nicht-Verhandlung mit ihren einschneidenden Rechtsfolgen – dazu sogleich – ohne Zweifel dokumentiert ist. Sie dienen letztendlich der ordnungsgemäßen und rechtssicheren Umsetzung der Richtlinie (vgl. Art. 11 EBR-Richtlinie). Die **Rechtsfolgen** des wirksamen Beschlusses über die Beendigung oder die Nicht-Aufnahme von Verhandlungen sind in § 15 Abs. 2, § 21 Abs. 2 geregelt: Ein **neuer Antrag** auf Bildung eines BVG kann (soweit nicht anders vereinbart) erst wieder **nach zwei Jahren** gestellt werden. Außerdem wird die **Erzwingung** des EBR kraft Gesetzes innerhalb der Fristen nach § 21 Abs. 1 gemäß § 21 Abs. 2 **ausgesetzt** (vgl. unten Rz. 51).

33 **4. Inhalt der Vereinbarung über die Errichtung des EBR. a) Rechtsnatur der Vereinbarung; Grundsatz der Gestaltungsfreiheit.** Der EBR kraft Vereinbarung wird gemäß § 17 f. durch schriftlichen Vertrag eingerichtet. Der Vertrag ist **privatrechtlicher** und **kollektivarbeitsrechtlicher** Natur. Vielfach geht man außerdem von einer **normativen Wirkung** der Vereinbarung aus. Dem ist zu **widersprechen**. Hierfür fehlt es bereits an einer entsprechenden gesetzlichen Anordnung, wie dies etwa beim TV oder der BV der Fall ist. Zudem besteht auch keine dogmatische Notwendigkeit, die normative Natur der Vereinbarung anzunehmen, zumal dies dem Grundprinzip der Freiwilligkeit und der Gestaltungsfreiheit widerspräche. Das gilt umso mehr deswegen, weil in den meisten EU/EWR-Staaten gar keine tariflichen oder betriebsverfassungsrechtlichen Systeme bekannt sind, die normative Vereinbarungen vorsehen[2]. Allerdings ändert die fehlende normative Wirkung nichts daran, dass die zentrale Leitung die Durchsetzung der Vereinbarung für deren gesamte Geltungsdauer und auf allen Leitungsebenen sicherstellen muss[3].

Hinsichtlich des Inhalts der Vereinbarung von BVG und zentraler Leitung gilt zunächst der **Grundsatz der Gestaltungsfreiheit**. Insbesondere greifen nicht die für den EBR kraft Gesetzes gültigen Bindungen der §§ 21 ff. (Ausnahme ist § 18 Abs. 2 iVm. § 23). Auch der in § 18 Abs. 1 Satz 2 enthaltene Katalog von Vereinbarungsinhalten stellt lediglich eine „Soll"-Regelung dar, führt also bei Nicht-Beachtung nicht zur Unwirksamkeit oder sonstigen Rechtswidrigkeit der Vereinbarung[4]. Freilich ist in dem zugrunde liegenden Art. 6 Abs. 2 EBR-Richtlinie nicht von „soll" die Regel; vielmehr werden dort die Anforderungen des § 18 Abs. 1 Satz 2 fast wortgleich ohne ein „soll" statuiert. Deshalb wird teilweise vertreten, die Richtlinie sei nicht ordnungsgemäß umgesetzt[5]. Andererseits dürfte auch eine richtlinienkonforme Auslegung dahingehend möglich sein, dass die wesentlichen in Art. 6 Abs. 2 der EBR-Richtlinie festgelegten Punkte geregelt sein müssen und nicht mehr, zumal bei offenen Fragen der Vierte Teil des EBRG herangezogen werden kann (s. sogleich Rz. 34). In der Praxis sind die Vereinbarungen nach § 18 ohnehin meist sehr viel ausführlicher als in dessen Abs. 1 Satz 2 vorgegeben. Zudem existieren auch nach dem EBRG für den EBR kraft Vereinbarung **zwingende Einzelregelungen**. So ist die Bestellung der EBR-Mitglieder aus Deutschland unabdingbar und präzise in § 18 Abs. 2 iVm. § 23 geregelt. Die Grundsätze der §§ 38 ff. über die vertrauensvolle Zusammenarbeit, die Wahrung der Betriebs- oder Geschäftsgeheimnisse und den Schutz der ArbN-Vertreter sind ebenfalls nicht abdingbar. Sie können deshalb auch nicht in einer Vereinbarung nach § 17 ff. abgeändert werden, lassen sich aber aufgrund ihrer offenen Formulierung und mit Blick auf die Besonderheiten der jeweiligen Unternehmensstrukturen im Einzelnen noch weiter präzisieren. Wegen der Vereinbarungsfreiheit ist die **Wahl fremden Rechts** zulässig[6], auch wenn sich dies mit Blick auf die praktisch erschwerte Rechtsverfolgung nicht empfiehlt.

34 **Bei offenen Auslegungsfragen** oder bei **Regelungslücken** der Vereinbarung dürfte sich der **Vierte Teil des Gesetzes** als hilfreich erweisen. Immer dann, wenn die Vereinbarung nicht weiterhilft, steht mit den Vorschriften der §§ 21 ff. über den EBR kraft Gesetzes ein subsidiäres Regelungsprogramm zur Verfügung, in welchem die Einzelheiten von Konstituierung, Organisation und Ausübung von Unterrichtungs- und Anhörungsrechten präzise geregelt sind[7]. Soweit sich aus den Besonderheiten der freiwilligen Gestaltbarkeit des EBR kraft Vereinbarung nichts anderes ergibt, können diese Vorschriften entsprechend herangezogen werden. So lässt sich etwa bei fehlenden Regelungen über **Kosten und**

---

1 Vgl. *Fitting*, Übersicht EBRG Rz. 41; *Blanke*, § 15 EBRG Rz. 2. | 2 Vgl. *Schiek*, RdA 2001, 218 (223 ff.); *Krause*, Jahrbuch Junger Zivilrechtswissenschaftler 1997, S. 91 (98 ff.). | 3 Gegen normative Wirkung EAS/*Oetker*, B 8300 Rz. 117 ff.; *I. Schmidt*, RdA Beil. zu Heft 5/2001, S. 12 (17); ebenso *Rademacher*, Der Europäische Betriebsrat, S. 120 f., der aber die Mitgliedstaaten für verpflichtet hält, die Vereinbarungen mit normativer Wirkung auszustatten. Für normative Wirkung plädieren DKK/*Däubler*, § 17 EBRG Rz. 7 ff.; *Blanke*, § 17 EBRG Rz. 14; *Müller*, § 17 EBRG Rz 3; MünchArbR/*Joost*, § 366 Rz. 98; *Schiek*, RdA 2001, 218 (231 ff.). Nach *Schiek* lässt sich die normative Wirkung zwar nicht aus der EBR-Richtlinie herleiten; jedoch seien diejenigen Staaten, welche die normative Wirkung von Tarifverträgen und Betriebsvereinbarungen kennen, also insbesondere Deutschland, im Interesse der effektiven Richtlinienumsetzung verpflichtet, den Vereinbarungen nach §§ 17 ff., 41 normative Wirkung zu verleihen (s. dort auch zur Frage, ob diese normative Wirkung auch im Ausland greift). | 4 *Müller*, § 18 EBRG Rz. 2 ff.; DKK/*Däubler*, § 18 EBRG Rz. 4 ff. | 5 *Krause*, Jahrbuch Junger Zivilrechtswissenschaftler 1997, S. 91 (111 f.); *Bachner/Kunz*, AuR 1996, 81 (85); *Bachner/Nielebock*, AuR 1997, 129 (133); offen *I. Schmidt*, RdA Beil. zu Heft 5, S. 12 (18). | 6 *Rademacher*, Der Europäische Betriebsrat, S. 121 f.; *Blanke*, § 17 EBRG Rz. 13; *Müller*, § 17 EBRG Rz. 2; DKK/*Däubler*, § 17 EBRG Rz. 4 f. | 7 Ähnlich wie hier DKK/*Däubler*, § 17 EBRG Rz. 17; offener *Blanke*, § 17 EBRG Rz. 16; *Müller*, § 17 EBRG Rz. 10.

Sachaufwand des EBR kraft Vereinbarung die Regelung des § 30 entsprechend heranziehen; dasselbe gilt etwa für den Einsatz von **Sachverständigen** (§ 29). Freilich empfehlen sich gerade für diese Bereiche freiwillige Regelungen, in denen beispielsweise fixe Summen für die sachliche und/oder finanzielle Ausstattung und Beratung des EBR vereinbart werden[1].

Wenn die Vereinbarung (zB wegen Verfahrensverstößen bei ihrem Erlass) **rechtswidrig** ist, entfaltet sie **keine der im EBRG vorgesehenen Wirkungen**. Eine Regelung über die Bestandskraft rechtswidriger Verträge existiert nicht; insb. die entsprechende Anwendung von § 19 BetrVG ist nicht möglich. Mangels der Entfaltung von Rechtswirkungen nach dem EBRG bleibt das BVG im Amt und kann eine neue Vereinbarung treffen[2]. Eventuelle Wirkungen aufgrund anderer Vorschriften, zB als Verträge nach nationalem Recht, bleiben zwar unberührt. Jedenfalls nach deutschem Recht kommt eine solche Aufrechterhaltung der Vereinbarung – etwa als Vertrag mit tarifrechtlichem oder betriebsverfassungsrechtlichem Charakter – aber kaum in Betracht (vgl. zum entsprechenden Problem bei unwirksamen Vereinbarungen nach § 41 unten Rz. 74). 35

b) Regelungen über die Errichtung des EBR kraft Vereinbarung. In organisatorischer Hinsicht müssen von der Vereinbarung sämtliche im EU/EWR-Gebiet befindlichen Betriebe erfasst sein; darüber hinausgehende Erweiterungen auf außerhalb des EU/EWR-Gebiets liegende Betriebe sind nach § 14 zulässig[3]. Es muss ein funktionsfähiges ArbN-Organ gebildet werden, das über alle erfassten grenzübergreifenden (s. u. Rz. 42) Sachverhalte der Unternehmens- oder Gruppenleitung informiert und angehört wird. Dies „soll" nach Maßgabe des Regelungskatalogs des § 18 Abs. 1 Satz 2 erfolgen, wobei dessen Beachtung wegen des „soll" nicht Wirksamkeitsvoraussetzung ist[4] (s. o. Rz. 33). Viele der dort genannten Einzelpunkte haben aber bereits aus praktischen Gründen erhebliche Bedeutung für die Installation des EBR kraft Vereinbarung. Schon zur Vorbeugung von Streitigkeiten sollten Dinge wie der Zuständigkeitsbereich, die Zusammensetzung und die Mandatsstellung, das Verfahren der Anhörung und Information, die Sitzungen und die Sach- sowie Finanzausstattung vereinbart werden. Die **Zusammensetzung des EBR** ist grundsätzlich frei vereinbar; sie unterliegt insb. nicht den Vorschriften über den EBR kraft Gesetzes nach §§ 21 ff. Dennoch bietet es sich an, ähnlich wie in § 22 bei der Zusammensetzung die Verteilung der ArbN in den beteiligten Staaten zugrunde zu legen. Hierbei ist es zulässig, wie bei § 14 in der Vereinbarung auch die Bestellung von **EBR-Mitgliedern aus Drittstaaten** anzuordnen (vgl. § 1 Abs. 2, § 18 Abs. 1 Nr. 1)[5]. Das **Stimmrecht** der EBR-Mitglieder kann in der Vereinbarung gemäß § 18 nach Köpfen verteilt werden oder nach der Zahl der von ihnen repräsentierten Beschäftigten. Letzteres empfiehlt sich nicht zuletzt deshalb, weil sich auch beim EBR die Frage nach der **Verletzung des demokratischen Prinzips** sowie des **Gleichheitssatzes** stellt. Hier sollten solche extremen Ungleichgewichtslagen wie bei der Bestellung der BVG-Mitglieder vermieden werden (s. dazu oben Rz. 28 f.). Andererseits ist es wohl grundsätzlich zulässig, das Prinzip der nationalen **Repräsentativität** teilweise gegenüber der reinen **Proportionalität** nach ArbN-Zahlen durchzusetzen, also kleinere ArbN-Gruppen in einzelnen Staaten stärker zu repräsentieren als größere ArbN-Gruppen in anderen Staaten. Ähnliche Konstellationen ergeben sich innerhalb der EU ja ebenfalls (s. zur nationalen Stimmrechtsverteilung im Europäischen Parlament und im Rat Art. 190, 205 EG) und auch im föderalen System der Bundesrepublik (vgl. zB die ebenfalls asymmetrischen Repräsentationsstrukturen im Bundesrat, Art. 51 Abs. 2 GG). 36

Eine **Delegation** der Befugnis des BVG, Vereinbarungen nach §§ 17 ff. zu schließen, ist grundsätzlich nicht erlaubt. Deshalb darf das BVG dem EBR diesbezüglich keine Rechte einräumen. Dennoch dürfte es zulässig sein, in der Vereinbarung anzuordnen, dass der EBR Einzelfragen der Unterrichtung und Anhörung durch Absprache mit der zentralen Leitung oder anderen Ansprechpartnern regeln kann. Allerdings ist dies nur schuldrechtlich möglich und nicht normativ; das Gesetz bietet hierfür keine Rechtsgrundlage. Deshalb ist insb. eine „BV" nicht denkbar[6]. 37

c) Beginn und Ende der Mitgliedschaft im EBR kraft Vereinbarung. Die Bestellung und Abberufung von EBR-Mitgliedern (einschließlich der Ersatzmitglieder) richtet sich jeweils nach dem Recht des Mitgliedstaates, aus dem sie entsandt werden, §§ 18 Abs. 2, 23; s. auch Nr. 1b Anhang EBR-Richtlinie. Die genannten Vorschriften beschränken den Kreis der möglichen EBR-Mitglieder (anders als beim EBR kraft Gesetzes nach § 22 Abs. 1 Satz 1, s. u. Rz. 55) nicht auf die Beschäftigten des Unternehmens bzw. der Unternehmensgruppe, so dass auch externe Vertreter, zB aus Gewerkschaften, in den EBR entsandt werden können[7]. In der Lit. werden teilweise Vorschläge über Vereinbarungen zur Durchführung von Bestellungen gemacht[8]. Ein solches Vorgehen ist nach deutschem Recht, wenn sich daraus Abweichungen vom *Bestellungsverfahren des* § 23 ergeben, unzulässig. Daneben wird unter Verweis auf Art. 6 Abs. 3 EBR-Richtlinie die Meinung vertreten, die Vereinbarungsparteien könnten bei der Regelung der Mitgliederbestellung auch von § 23 abweichen[9]. Dem steht aber entgegen, dass sich Art. 6 Abs. 3 EBR-Richtlinie 38

---

1 Vgl. EAS/*Oetker*, B 8300 Rz. 135; BT-Drs. 13/5021, S. 8. | 2 DKK/*Däubler*, § 17 EBRG Rz. 17. | 3 *Müller*, § 17 EBRG Rz. 5. | 4 *Fitting*, Übersicht EBRG Rz. 45; MünchArbR/*Joost*, § 366 Rz. 108. | 5 MünchArbR/*Joost*, § 366 Rz. 109. | 6 MünchArbR/*Joost*, § 366 Rz. 114; für normative Regelungsbefugnisse DKK/*Däubler*, § 18 EBRG; Rz. 14. | 7 EAS/*Oetker*, B 8300 Rz. 130. | 8 DKK/*Däubler*, § 17 EBRG Rz. 13 f. | 9 *Blanke*, § 18 EBRG Rz. 6.

39 **d) Vertrauensvolle Zusammenarbeit; Geheimhaltung; Vertraulichkeit.** Entsprechend § 2 Abs. 1 BetrVG gilt auch für den EBR nach § 38 der Grundsatz der vertrauensvollen Zusammenarbeit[1]. Wegen der Einzelheiten kann auf die Kommentierung zu § 2 Abs. 1 BetrVG verwiesen werden.

40 Ebenso wie zB gemäß § 106 Abs. 2 BetrVG sind für den EBR Unterrichtungsrechte nach § 39 Abs. 1 nur so weit gewährleistet, wie es der Schutz von Betriebs- und Geschäftsgeheimnissen zulässt. Zudem werden die EBR-Mitglieder gemäß näherer Maßgabe des § 39 Abs. 2 nach außen zur Verschwiegenheit verpflichtet, soweit sie nicht örtliche ArbN-Vertretungen zu informieren haben. Entsprechende Verpflichtungen zur Wahrung der Vertraulichkeit bestehen gemäß § 39 Abs. 3 für BVG-Mitglieder, örtliche ArbN-Vertreter, Sachverständige und Dolmetscher. § 39 Abs. 4 begründet Ausnahmen zur Ermöglichung der Arbeit von Sachverständigen, Dolmetschern und ArbN-Vertretern; vgl. dazu auch die Strafvorschriften der §§ 43 f[2].

41 **e) Unterrichtungs- und Anhörungsrechte des EBR kraft Vereinbarung.** Trotz des Grundsatzes der Gestaltungsfreiheit (oben Rz. 33) muss die Vereinbarung für den EBR kraft Vereinbarung garantieren, dass tatsächlich eine Unterrichtung und Anhörung der EBR-Mitglieder stattfindet. Es muss also getreu der Definition in Art. 2 Abs. 1 lit. f EBR-Richtlinie sichergestellt sein, dass ein „Meinungsaustausch und die Einrichtung eines Dialogs" hergestellt wird, der zwischen den ArbN-Vertretern und der zentralen Leitung oder einer anderen, angemessenen Leitungsebene stattfindet; s. zum **Begriff der Unterrichtung und Anhörung** oben Rz. 5. Der **sachliche Gegenstand der Unterrichtungs- und Anhörungsrechte**, der mindestens in die Vereinbarung aufzunehmen ist, wird in §§ 17 ff. nicht näher umschrieben. Die Ausgestaltung im Einzelnen obliegt den Vereinbarungsparteien, wobei insb. der für den EBR kraft Vereinbarung gültige Katalog der §§ 32 f. und die dort festgesetzten Standards im Rahmen der §§ 17 ff. nicht erfüllt werden müssen. Zulässig ist etwa die Festlegung bestimmter Kennzahlen über das Unternehmen und die Unternehmensgruppe, die im Rahmen der Informationsverpflichtung bekannt gegeben werden. Weiter können auch konkrete Grenzkriterien für das Bestehen von Informationspflichten vereinbart werden, etwa in Bezug auf Betriebs- und Unternehmensgrößen. So kann man etwa die für die Auslösung von Unterrichtungspflichten erforderliche Zahl von Entlassungen oder betriebsbedingten Kündigungen, Änderungskündigungen, Umsetzungen etc. vereinbaren. Weiter ist es möglich, dass nur einige der in §§ 32 f. genannten Punkte zum Gegenstand von – aussagekräftiger – Unterrichtung und Anhörung gemacht werden. Ebenso können über § 39 hinaus oder zu dessen Konkretisierung Gegenstände definiert werden, die dem Geheimschutz unterliegen. Im Einzelnen ist hier vieles noch ungeklärt, und die Lit. hält sich bei der Umschreibung der Unterrichtungs- und Anhörungsgegenstände zurück[3].

42 Hinsichtlich des **grenzübergreifenden** Charakters der betreffenden Fragen ist die diesbezügliche Umschreibung in § 31 (s. u. Rz. 62, vgl. auch Rz. 81) nach der Nahrkonzeption der freiwilligen Vereinbarung *nicht* zugrunde zu legen. Unbestritten ist aber, dass die **Beschränkung** einer unternehmerischen Entscheidung **auf einen Staat** keinen grenzübergreifenden Charakter hat, also zB die Schließung eines Betriebes durch ein Tochterunternehmen ohne eine entsprechende Anweisung des Mutterunternehmens in einem anderen Staat, was bei kleineren Betrieben denkbar ist. Meist wird vertreten, dass es für die Annahme eines grenzüberschreitenden Sachverhalts schon genüge, wenn eine unternehmerische Entscheidung **in einem Staat gefällt und in einem anderen Staat umgesetzt** wird[4]; teilweise wird weiter gehend geäußert, die unternehmerischen Entscheidungen müssten sich in **mindestens zwei Mitgliedstaaten auswirken.**[5] Ersteres dürfte mit Blick auf den Schutzzweck der EBR-Richtlinie zutreffen, dem es ua. darum geht, grenzübergreifende Entscheidungen dem Unterrichtungs- und Anhörungsverfahren zugänglich zu machen, welche von den territorial beschränkten Mitbestimmungssystemen nicht ausreichend erfasst werden können.

43 Weiter ergibt sich aus dem Regelungsziel der §§ 17 ff. sowie des Art. 6 EBR-Richtlinie auch ein **Höchstmaß an Regelungsinhalten**. Zwar können im Rahmen der §§ 17 ff. viele weiter gehende Bestimmungen über Schulungs- und Weiterbildungsmaßnahmen, über die Intensivierung und Verstetigung von Unterrichtung und Anhörung, über die Beilegung von Meinungsstreitigkeiten, über zusätzlichen Schutz von EBR-Mitgliedern usw. vereinbart werden[6]. Die hier ermöglichten Unterrichtungs- und Anhörungssysteme bieten aber keine Rechtsgrundlage für die Schaffung von Vorschriften, nach welchen dem EBR über den Regelungszusammenhang von Unterrichtung und Anhörung hinaus noch weitere Gestaltungs- oder MitbestR eingeräumt werden. Das bedeutet nicht, dass das EBRG oder die EBR-Richtlinie solche Vereinbarungen verbieten. Jedoch stehen sie außerhalb des EBR-rechtlichen Rahmens.

---

[1] Vgl. *Hanau* in Hanau/Steinmeyer/Wank, § 19 Rz. 78; *Fitting*, Übersicht EBRG Rz. 76; *Müller*, § 38 EBRG Rz. 2; EAS/*Oetker*, B 8300 Rz. 217 ff.; *Weiss*, AuR 1995, 438 (439). |2 S. zu alledem näher DKK/*Kittner*, § 39 EBRG Rz. 1 ff.; *Fitting*, Übersicht EBRG Rz. 77; *Müller*, § 39 EBRG Rz. 2 ff.; MünchArbR/*Joost*, § 366 Rz. 126, § 367 Rz. 72; *Blanke*, § 39 EBRG Rz. 5 ff.; EAS/*Oetker*, B 8300 Rz. 220 ff. |3 Vgl. *Blanke*, Einl. EBRG Rz. 58 ff., § 17 EBRG Rz. 10 ff., *Müller*, § 1 EBRG Rz. 13 ff., § 17 EBRG Rz. 7 ff.; DKK/*Däubler*, § 17 EBRG Rz. 10 ff.; MünchArbR/*Joost*, § 366 Rz. 101, 111 f. |4 *Blanke*, § 17 EBRG Rz. 5; DKK/*Däubler*, § 17 EBRG Rz. 12; *B. Gaul*, NJW 1996, 3378 (3383). |5 So wohl MünchArbR/*Joost*, § 366 Rz. 100, 111. |6 Vgl. *Müller*, § 17 EBRG Rz. 7 ff.; MünchArbR/*Joost*, § 366 Rz. 107 ff.

Ihre Zulässigkeit richtet sich nach nationalem Recht; weder EBR-Richtlinie noch EBRG haben die Funktion, Änderungen des dafür bestehenden Regelungsrahmens anzuordnen. Nach deutschem Recht dürfte es aber kaum Möglichkeiten geben, weitere MitbestR des EBR kraft Vereinbarung zu statuieren, da dem BVG hierfür die Legitimation fehlt[1].

Des Weiteren muss die betreffende Unterrichtung und Anhörung **rechtzeitig** sein. Auch wenn dies in §§ 17 ff. – anders als in §§ 32 f. – nicht ausdrücklich angeordnet ist, haben sie so frühzeitig zu erfolgen, dass die zentrale Leitung auf entsprechende Anregungen oder Vorschläge des EBR zumindest noch reagieren *könnte*[2]. S. zur parallelen Fragestellung bei §§ 32 f. und § 41 unten Rz. 62, 82. **44**

f) Durchsetzung der Unterrichtungs- und Anhörungsrechte. Für die Durchsetzung der Unterrichtungs- und Anhörungsrechte des EBR kraft Vereinbarung dürften ähnliche Grundsätze gelten wie für die gesetzliche Verpflichtung zur Unterrichtung und Anhörung beim EBR kraft Gesetzes aus §§ 32 f. folgt (s. u. Rz. 65 f.). Allerdings lässt sich aus der jeweilig abgeschlossenen Vereinbarung selbst ein möglicherweise durch Leistungsklage durchsetzbarer **Erfüllungsanspruch auf Unterrichtung und Anhörung** herleiten. Dieser müsste sich aus dem Wortlaut einer Vereinbarung unmittelbar oder auch konkludent ergeben. Ansprüche auf **Unterlassung geplanter Maßnahmen**, über welche noch nicht informiert oder beraten wurde, dürften nicht gegeben sein, solange sie nicht ausdrücklich vereinbart sind (s. zur parallelen Fragestellung beim EBR kraft Gesetzes und bei Vereinbarungen iSd. § 41 unten Rz. 66, 83)[3]. Dasselbe gilt beispielsweise für die Verpflichtung zur Leistung von **Vertragsstrafen**. Die Durchsetzung sämtlicher Rechte aus der Vereinbarung erfolgt beim ArbG im **Beschlussverfahren**, § 2a Nr. 3b ArbGG. S. zur Parteifähigkeit der beteiligten Personen und Stellen § 10 ArbGG; örtlich zuständig ist nach § 82 Satz 4 ArbGG das Gericht, in dessen Bezirk sich die zentrale Leitung befindet (= Unternehmenssitz), bei welcher der EBR eingerichtet ist[4]. Des Weiteren besteht Schutz durch die **Straf- und Bußgeldvorschriften** der §§ 42 ff., insb. nach § 44 Abs. 1 Nr. 2 iVm. § 42[5]. **45**

5. Schutz aus Deutschland entsandter EBR-Mitglieder. Für die EBR-Mitglieder, die in Deutschland beschäftigt sind, greifen nach § 40 die Schutzvorschriften der §§ 37 Abs. 1–5, 78, 103 BetrVG und das Kündigungsschutzrecht des § 15 Abs. 1, 3–5 KSchG, s. o. Rz. 22. Die genannten Regelungen gelten jeweils für die aus Deutschland entsandten EBR-Mitglieder, unabhängig davon, ob der EBR in Deutschland errichtet ist oder sonst im EU/EWR-Ausland. Die aus dem Ausland zu einem deutschen EBR entsandten Mitglieder genießen den jeweiligen Schutz nach den nationalen Vorschriften ihrer Beschäftigungsstaaten, Art. 10 EBR-Richtlinie. **46**

6. Ende der Vereinbarung und Ende des EBR kraft Vereinbarung. Wenn nichts anderes vereinbart ist (§ 20 Satz 5), richtet sich der Rechtszustand ab dem Ende der Vereinbarung nach § 20 Satz 1–4. Es greift also die **Fortgeltung der Vereinbarung**. Diese ist abhängig von der Ausübung des Antrags- oder Initiativrechts nach § 9 Abs. 1, welches die zentrale Leitung, die ArbN-Vertretungen und auch der aufgrund der Vereinbarung errichtete EBR ausüben können. Die so ausgelöste Fortgeltung endet mit dem Abschluss einer neuen Vereinbarung oder der Beschlussfassung nach § 15. Es empfiehlt sich, eine ausdrückliche Übergangsregelung nach § 20 Satz 5 zu vereinbaren, in welcher die (zeitlich uU begrenzte) Fortgeltung bis zu einer neuen Vereinbarung oder der Bildung des EBR kraft Gesetzes festgesetzt wird. Auf diese Weise kann sichergestellt werden, dass der alte EBR die Geschäfte bis zur Bestellung des neuen EBR weiterführt. Ohne eine solche Rechtsgrundlage für die Geschäftsführung des alten EBR fällt dieser **mit Abschluss der neuen Vereinbarung** weg, ohne dass der neue EBR eingesetzt ist (§ 20 Satz 3)[6]. **47**

Sobald die **gesetzlichen Grundlagen** für die Errichtung eines EBR **nicht mehr gegeben sind**, ist auch der Vereinbarung über den EBR die Grundlage entzogen, weshalb die zentrale Leitung dann ein Recht zur **fristlosen Kündigung der Vereinbarung** hat. Mit Wirksamwerden dieser Kündigung entfällt der EBR[7]. Ein solcher Kündigungsgrund ist demnach beispielsweise gegeben, wenn gemäß § 3 **keine gemeinschaftsweite** Tätigkeit mehr gegeben ist, wenn also etwa die dort genannten ArbN-Zahlen unterschritten werden oder wenn wegen Wegfalls des beherrschenden Einflusses keine nach § 6 verklammerte Unternehmensgruppe mehr besteht. Wenn dagegen lediglich **Umstrukturierungen** innerhalb des Unternehmens oder innerhalb der Unternehmensgruppe stattfinden, wird der EBR entsprechend **48**

---

[1] IdS auch DKK/*Däubler*, § 18 EBRG Rz. 13; EAS/*Oetker*, B 8300 Rz. 127. | [2] MünchArbR/*Joost*, § 366 Rz. 113; ebenso wohl auch *Müller*, § 18 EBRG Rz. 7, § 18 EBRG Rz. 3. | [3] Einen Unterlassungsanspruch aus Art. 13 EBR-Richtlinie (dazu unten Rz. 74 ff.) verneinte der Cour d´Appel de Paris v. 5.8.1998 – 98/12502 im Fall Panasonic France SA, berichtet nach *Blanke*, § 32 EBRG Rz. 39. AA zuvor ebenfalls zu Art. 13 EBR-Richtlinie das Tribunal de Grande Instance von Nanterre v. 4.4.1997 – BO: 97/00992 im Fall Renault/Vilvoorde, berichtet nach *Lorenz/Zumfelde*, Der Europäische Betriebsrat und die Schließung des Renault-Werkes in Vilvoorde/Belgien, RdA 1998, 168 ff.; *Kolvenbach/Kolvenbach*, Massenentlassungen bei Renault in Belgien, NZA 1997, 695 (697). | [4] Vgl. EAS/*Oetker*, B 8300 Rz. 242 ff.; Hanau in Hanau/Steinmeyer/Wank, § 19 Rz. 41.; *Tap*, S. 122 f.; BT-Drs. 13/4520, S. 29. | [5] S. dazu EAS/*Oetker*, B 8300 Rz. 249 ff. sowie bei DKK/*Klebe*, *Müller* und *Blanke* die Kommentierungen zu §§ 42 ff. | [6] Vgl. *Müller*, § 20 EBRG Rz. 2 f.; MünchArbR/*Joost*, § 366 Rz. 122 f.; DKK/*Däubler*, § 20 EBRG Rz. 2 f.; *Blanke*, § 20 EBRG Rz. 2 ff.; vgl. zur Kündigungsmöglichkeit von unbefristet getroffenen Vereinbarungen DKK/*Däubler*, § 20 EBRG Rz. 4 und *Blanke*, § 18 EBRG Rz. 20. | [7] DKK/*Däubler*, § 18 EBRG Rz. 19; *Rademacher*, Der Europäische Betriebsrat, S. 120 aA *Blanke*, § 18 EBRG Rz. 17.

der Vereinbarung ebenfalls umstrukturiert; fehlt es an einer diesbezüglichen Regelung in der Vereinbarung, kommt die entsprechende Anwendung von § 36 Abs. 2 in Betracht[1] (s. u. Rz. 69). Wenn die **zentrale Leitung in einen anderen Staat** innerhalb des Gebietes von EU und EWR **wechselt**, bleibt es grundsätzlich bei der bisherigen Vereinbarung – wenn nichts anderes vereinbart ist. Das gilt auch im Fall der Verlegung in einen Staat außerhalb des EU/EWR-Gebietes, wobei dann die Verortung der zentralen Leitung nach § 2 Abs. 2 erfolgt[2].

49 **7. Das Verfahren zur Unterrichtung und Anhörung nach § 19 EBRG.** Das Verfahren zur Unterrichtung und Anhörung nach § 19 kann gemäß § 17 Satz 3 als gleichwertige Alternative **statt des EBR kraft Vereinbarung** vereinbart werden. Hier wird also kein neues Organ geschaffen, sondern die **bereits existierenden nationalen ArbN-Vertretungen** werden selbst zu Akteuren des Verfahrens von Unterrichtung und Anhörung. Die Errichtung erfolgt durch schriftlichen Vertrag, für den ebenfalls der Grundsatz der Gestaltungsfreiheit gilt (s. o. Rz. 33–35). Anders als bei § 18 Abs. 1 Satz 2 gibt es hier keinen „Soll"-Katalog von Vereinbarungsinhalten. § 19 schreibt zunächst lediglich vor, dass geregelt werden muss, wann Beratungs- und Erörterungspflichten der zentralen Leitung oder geeigneter anderer Leitungsebenen begründet werden. Eine Mindestregelung für **Inhalte der Unterrichtung** enthält § 19 Satz 2, wonach sich diese auf grenzüberschreifende (s. o. Rz. 42) Angelegenheiten zu erstrecken hat, „die erhebliche Auswirkungen auf die Interessen der ArbN haben". Dieser Satz bezieht sich (entsprechend Art. 6 Abs. 3 Satz 3 EBR-Richtlinie) **nicht** auf die Inhalte der **Anhörung**. Dennoch ist zu beachten, dass das in § 17 und § 19 Satz 1 (vgl. Art. 6 Abs. 3 Satz 1, 2 EBR-Richtlinie) vorgesehene Verfahren zwingend ausgeht von einer **Anhörung und Unterrichtung** durch gemeinsame Beratung der ArbN-Vertreter mit der zentralen Leitung oder einer anderen geeigneten Leitungsebene. Letztendlich wird man daher annehmen müssen, dass ihnen – wie auch immer – zu den genannten grenzüberschreifenden Angelegenheiten Gehör verschafft werden muss. Deshalb ist insgesamt davon auszugehen, dass trotz der nur rudimentären Regelung – wie bei § 18 – einige entscheidende Eckdaten in die Verfahrensvereinbarung des § 19 aufzunehmen sind. Diese beziehen sich, ähnlich wie bei § 18 (s. o. Rz. 36 ff.), auf die Benennung der am Verfahren beteiligten Stellen (insb. nationale ArbN-Vertretungen und Leitungsinstanzen des Unternehmens oder der Unternehmensgruppe), deren Zuständigkeitsbereich, das Verfahren der Anhörung und Unterrichtung sowie den damit – zB für Reisekosten oder Übersetzungen – anfallenden Sach- und Finanzaufwand. Es sollte nach Möglichkeit auch die Form der Unterrichtung und der Anhörung (schriftlich, mündlich, verwendete Sprachen) geregelt werden, ebenso wie die Zeitpunkte der regelmäßigen sowie außerordentlichen Anlässe von Unterrichtungen und Anhörungen[3]. Dabei ist sicherzustellen, dass die ArbN-Vertreter die Unterrichtungsinhalte auch untereinander beraten können[4]. Zur Rechtzeitigkeit der Information und Anhörung sowie zu den weiteren Regelungsinhalten gelten die oben gemachten Ausführungen über den EBR kraft Vereinbarung (oben Rz. 42 f.). Soweit Unklarheiten bei der **Auslegung** einer Vereinbarung nach § 19 bestehen oder die Vereinbarung **lückenhaft** ist, wird man ebenfalls subsidiär auf den Vierten Teil des Gesetzes zurückgreifen müssen. Weil § 19 aber nicht die Schaffung eines eigenen Organs vorsieht, sind lediglich §§ 31–35 heranzuziehen.

50 **V. Der Europäische BR kraft Gesetzes. 1. Der EBR kraft Gesetzes als gesetzlicher Auffangtatbestand.** Innerhalb des oben Rz. 2 dargestellten dreistufigen Regelungssystems zur Schaffung des EBR stellt der EBR kraft Gesetzes die Auffangregelung dar, welche für den – gesetzgeberisch an sich unerwünschten – Fall zur Anwendung kommt, dass die ersten beiden „Stufen" nicht eingreifen, also kein Vertretungsgremium aus der Zeit bis zum 21.9.1996 existiert (§ 41 EBRG, Art. 13 EBR-Richtlinie) und auch kein EBR kraft Vereinbarung zustande kommt (§§ 8–16 EBRG, Art. 5 EBR-Richtlinie). Gesetzlich geregelt ist der EBR kraft Gesetzes in §§ 1 Abs. 1, 21–37, wo die Vorgaben aus Art. 7 EBR-Richtlinie sowie des Anhangs der EBR-Richtlinie umgesetzt werden. Obwohl der EBR kraft Gesetzes die seltenste EBR-Form ist, musste er wegen der fehlenden Möglichkeit freiwilliger Gestaltung gesetzlich präzise geregelt werden. Dabei macht bereits der Anhang der EBR-Richtlinie in die Einzelheiten gehende Vorgaben. Die Bedeutung des EBR kraft Gesetzes sollte trotz seiner Seltenheit nicht unterschätzt werden, denn die §§ 21 ff. gelten bei Scheitern von Vereinbarungslösungen und wirken dadurch mittelbar immer auch auf deren Inhalt ein. S. zur **EU-Osterweiterung** Rz. 11.

51 **2. Errichtung des EBR kraft Gesetzes. a) Allgemeines.** Die Entstehung des EBR kraft Gesetzes wird eingeleitet, wenn die Bildung **des EBR kraft Vereinbarung** zwischen dem BVG und der zentralen Leitung des Unternehmens bzw. der Unternehmensgruppe **gescheitert** ist. Im Einzelnen existieren mehrere Entstehungsvarianten. Der erste Entstehungstatbestand greift, wenn innerhalb von sechs Monaten nach Antragstellung gemäß § 9 die zentrale Leitung die Aufnahme von Verhandlungen verweigert hat (§ 21 Abs. 1 Satz 1); die beharrliche Nicht-Auskunftserteilung nach § 5 steht dieser Weigerung nicht gleich[5]. Fristauslösend ist nach hM nicht nur die Antragstellung durch die ArbN-Seite, sondern auch die Gründungsinitiative der zentralen Leitung nach § 9 Abs. 1[6], genauer: der Zugang der entspre-

---

[1] DKK/*Däubler*, § 18 EBRG Rz. 18; *Blanke*, § 18 EBRG Rz. 16. | [2] DKK/*Däubler*, § 18 EBRG Rz. 21; idS auch *Hanau* in Hanau/Steinmeyer/Wank, § 19 Rz. 54. | [3] Vgl. *Müller*, § 19 EBRG Rz. 2 ff.; MünchArbR/*Joost*, § 366 Rz. 125 ff.; *Blanke*, § 19 EBRG Rz. 3 ff. | [4] *Fitting*, Übersicht EBRG Rz. 49; *Blanke*, § 19 EBRG Rz. 4; EAS/*Oetker*, B 8300 Rz. 142. | [5] EAS/*Oetker*, B 8300 Rz. 146; aA *Kunz*, AiB 1997, 267 (272); *Büggel/Buschak*, AiB 2000, 418 (420 f.). | [6] *Müller*, § 21 EBRG Rz. 3; *Blanke*, § 21 EBRG Rz. 8; DKK/*Kittner*, § 21 EBRG Rz. 5.

chenden Erklärung bei einer ArbN-Vertretung[1]. Im Fall der Verweigerung ist kein BVG zu bilden, sondern sofort der EBR kraft Gesetzes[2]. Die zweite Variante besteht darin, dass innerhalb von drei Jahren nach Antragstellung kein EBR kraft Vereinbarung zustande kommt (§ 21 Abs. 1 Satz 2 Alt. 1)[3]. Drittens kommt es zum EBR kraft Gesetzes, wenn BVG und zentrale Leitung die Verhandlungen für gescheitert erklären (§ 21 Abs. 1 Satz 2 Alt. 2). Viertens kann die zentrale Leitung den EBR kraft Gesetzes verlangen (§ 21 Abs. 1 Satz 3). Das **BVG** kann in allen diesen vier Fällen gemäß § 21 Abs. 2 innerhalb der in § 21 Abs. 1 genannten Fristen den Beschluss nach § 15 Abs. 1 fassen und damit eine (nach Maßgabe des § 15 befristete) **Sperre der EBR-Bildung** errichten[4]. Die Geltung der Vorschriften über den „Europäischen BR kraft Gesetzes" können zudem – gewissermaßen als fünfte Variante – gemäß § 18 **freiwillig** vereinbart werden, auch wenn das EBRG diesen Fall nicht ausdrücklich vorsieht[5]. Wenn von keiner Seite die Errichtung eines EBR betrieben wird, kommt es trotz der imperativen Formulierung des § 1 Abs. 1 Satz 2 nicht zum EBR kraft Gesetzes[6].

b) Die **Zusammensetzung des EBR kraft Gesetzes** richtet sich nach § 22. Gemäß § 22 Abs. 1 Satz 1 können in den EBR nur Personen berufen werden, die **ArbN des Unternehmens bzw. der Unternehmensgruppe** sind. Ihre Bestellung richtet sich jeweils nach dem Recht des Mitgliedstaates, aus dem sie entsandt werden, § 23 EBRG, Nr. 1b Anhang EBR-Richtlinie. Die Bestellung von **Ersatzmitgliedern** (§ 22 Abs. 1 Satz 2) ist im Einzelnen nicht geregelt. Sie muss sich jeweils auf bestimmte Mandate von einzelnen ArbN-Vertretern oder auf jeweilige Gruppen national bestellter ArbN-Vertreter beziehen, weil das Verfahren der Mitgliederbestellung gemäß § 23 EBRG, Nr. 1b Anhang EBR-Richtlinie nach Staaten aufgeteilt ist. Die **Zahl der Mitglieder** aus den einzelnen Mitgliedstaaten wird in § 22 Abs. 2–4 näher festgesetzt. Die Mitglieder werden aus den einzelnen EU/EWR-Mitgliedstaaten entsandt, in denen das Unternehmen oder die Unternehmensgruppe Betriebe hat. Die einzelnen Zahlen und Staffelungen sind abhängig von der Gesamtzahl der Beschäftigten (s. zur Zählung der deutschen ArbN oben Rz. 6) und vom prozentualen Anteil einzelner Staaten an dieser Gesamtzahl, s. im Einzelnen § 22 Abs. 3, 4. Je nach ArbN-Verteilung und ArbN-Konzentration können dabei EBR kraft Gesetzes von einer Größe bis 31 Mitgliedern entstehen[7]. 52

Beispiel: Eine Unternehmensgruppe mit zentraler Leitung in Deutschland hat dort 6.500 ArbN, in Frankreich 3.500 ArbN, in Belgien 100 ArbN sowie in Italien, den Niederlanden, Österreich, und Spanien jeweils 20 ArbN. Weil die Gruppe insgesamt 10.180 ArbN, also mehr als 10.000 ArbN hat, richtet sich die EBR-Mitgliederzahl nach § 22 Abs. 2, 4. Gemäß § 22 Abs. 2 entfällt auf jeden Staat ein Mitglied, so dass zunächst Deutschland, Frankreich, Belgien, Italien, die Niederlande, Österreich, Italien und Spanien jeweils einen Vertreter entsenden. Aus Frankreich werden gemäß § 22 Abs. 4 Satz 2 drei zusätzliche Vertreter entsandt, da dort mindestens 30 % beschäftigt sind. Aus Deutschland werden nach § 22 Abs. 4 Satz 3 neun zusätzliche Vertreter entsandt, da dort mindestens 60 % beschäftigt sind. Der EBR kraft Gesetzes hat also insgesamt 19 Mitglieder. Davon entfallen auf Deutschland 10, auf Frankreich 4 und auf Belgien, Italien, die Niederlande, Österreich und Spanien jeweils ein Vertreter.

Bei alledem besteht für die Ermittlung der Voraussetzungen und Modalitäten der EBR-Errichtung gegen die zentrale Leitung der **Auskunftsanspruch** nach § 5, s. o. Rz. 16 ff.; vgl. auch §§ 8 Abs. 2, 12 Satz 2.

c) **Konstituierung und Geschäftsführung des EBR kraft Gesetzes.** Die zentrale Leitung wird gemäß § 24 EBRG über die Namen und Adressen der EBR-Mitglieder informiert. Schuldner dieses Informationsanspruchs dürften die jeweiligen nationalen Gremien sein, welche über die Entsendung von Mitgliedern entscheiden, also in Deutschland die in § 23 für zuständig erklärten ArbN-Vertretungen. Die zentrale Leitung hat die Informationen an die in den einzelnen Staaten befindlichen örtlichen Leitungen, ArbN-Vertretungen (s. o. Rz. 17) und die dort vertretenen Gewerkschaften weiterzureichen. Nach § 25 wird dann von der zentralen Leitung unverzüglich die konstituierende Sitzung einberufen; notfalls steht dem EBR die Einladung auch selbst zu[8]. Dort wählt der EBR dann seinen **Vorsitzenden** und den **Stellvertreter**, die das Gremium nach Maßgabe des § 21 Abs. 2 **gesetzlich vertreten**. Für diese Wahl gelten keine Sonderregelungen, weswegen man hier auch nicht-geheime Verfahren einschließlich der Wahl durch Zuruf für zulässig hält[9]. Ab neun Mitgliedern im EBR wird gemäß § 26 Abs. 1 ein **Ausschuss** gebildet, der möglichst aus ArbN unterschiedlicher Mitgliedstaaten zusammengesetzt sein soll und die laufenden Geschäfte des EBR führt. Die „laufenden Geschäfte" sind diejenigen Aufgaben, die nicht zwingend eine Beschlussfassung erfordern, wie zB Vorbereitung von EBR-Beschlüssen, Terminfestsetzungen, Vorbesprechungen, Einholung von Auskünften etc. Bei weniger als neun EBR-Mitgliedern können diese Geschäfte nach § 26 Abs. 2 auf den Vorsitzenden und ein weiteres Mitglied übertragen 53

---

[1] *Blanke*, § 21 EBRG Rz. 8; DKK/*Kittner*, § 21 EBRG Rz. 5. | [2] *Hanau* in Hanau/Steinmeyer/Wank, § 19 Rz. 62. | [3] Vgl. zum Fristbeginn und zum Fristlauf *Blanke*, § 21 EBRG Rz. 8. | [4] Vgl. *Müller*, § 20 EBRG Rz. 1 ff.; MünchArbR/*Joost*, § 366 Rz. 2 ff.; *Blanke*, § 21 EBRG Rz. 18 f. | [5] *Müller*, § 20 EBRG Rz. 3. | [6] S. im Einzelnen *Blanke*, § 21 EBRG Rz. 13 ff., 17. | [7] *Fitting*, Übersicht Rz. 53; *Blanke*, § 22 EBRG Rz. 5; *Hanau* in Hanau/Steinmeyer/Wank, § 19 Rz. 85. | [8] MünchArbR/*Joost*, § 367 Rz. 14; DKK/*Kittner*, § 25 EBRG Rz. 2; *Blanke*, § 25 EBRG Rz. 3; EAS/*Oetker*, B 8300 Rz. 162. | [9] *Müller*, § 25 EBRG Rz. 3; auf Verlangen eines EBR-Mitglieds hält *Blanke* die geheime Abstimmung für geboten, *Blanke*, § 25 EBRG Rz. 7.

werden[1]. **Streitigkeiten** über die Wirksamkeit der **Wahl des Vorsitzenden oder des Ausschusses** sind nach § 19 BetrVG analog im arbeitsgerichtlichen **Beschlussverfahren** zu entscheiden, § 2a Nr. 3b ArbGG[2]. S. zur Parteifähigkeit der beteiligten Personen und Stellen § 10 ArbGG; örtlich zuständig ist gemäß § 82 Satz 4 ArbGG das Gericht, in dessen Bezirk sich die zentrale Leitung befindet (= Unternehmenssitz), bei welcher der EBR kraft Gesetzes eingerichtet ist bzw. eingerichtet wird[3].

54 Die **Sitzungen des EBR kraft Gesetzes** werden nach § 27 im Zusammenhang mit der jährlichen oder der außerordentlichen Unterrichtung und Anhörung gemäß §§ 32 f. durchgeführt. Auf den Sitzungen tagen zunächst der EBR und der Ausschuss ohne Anwesenheit der zentralen Leitung, die später zur Durchführung von Unterrichtung und Anhörung hinzukommt (vgl. Anhang Nr. 4 Satz 2 EBR-Richtlinie). Weitere Sitzungen können mit der zentralen Leitung vereinbart werden. Bei alledem sind die Termine nach dem Grundsatz der vertrauensvollen Zusammenarbeit mit der zentralen Leitung abzustimmen[4]. Die Sitzungen des EBR sowie des Ausschusses sind **nicht öffentlich**; von der Nicht-Öffentlichkeit kann nicht abgewichen werden[5]. Ausgenommen sind Büropersonal und Dolmetscher (arg. § 30 Satz 3). Ein Beteiligungsrecht oder eine Beteiligungsmöglichkeit für Gewerkschaften oder Gewerkschaftsvertreter, die nicht EBR-Mitglieder sind, besteht nicht; es kann auch nicht aus Art. 9 Abs. 3 GG hergeleitet werden[6].

55 Die **Beschlüsse** des EBR werden nach § 28 Satz 1 grundsätzlich mit der **Mehrheit der Stimmen der anwesenden Mitglieder** gefasst (Ausnahmen: § 28 Satz 2 und § 37). Enthaltungen wirken wie Ablehnungen, da sie den jeweiligen Beschluss nicht mittragen. Es existieren keine Vorgaben über die Zahl der notwendigerweise anwesenden Mitglieder. Dennoch wird teilweise die Ansicht vertreten, es müssten entsprechend § 33 Abs. 2 mindestens die Hälfte der EBR-Mitglieder (oder ihre Vertreter) anwesend sein, damit die **Beschlussfähigkeit** hergestellt ist[7]. Dem ist mit Blick auf die knappe Fassung des § 28 und die anderenfalls entstehenden Legitimationsprobleme bei der Willensbildung des EBR zuzustimmen, zumal die EBR-Richtlinie keine diesbezüglichen Vorgaben macht.

56 Nach § 28 Satz 2 wird eine schriftliche **Geschäftsordnung** beschlossen, in der die Durchführung von Sitzungen, die Bestimmung der Tagesordnung oder einer Rednerliste etc. geregelt werden kann[8]. Dieser Beschluss erfolgt – als Ausnahme von der Mehrheitsregel des § 28 Satz 1 – mit der Mehrheit der Stimmen aller Mitglieder und nicht nur der anwesenden Mitglieder des EBR.

57 Die Unterstützung durch **Sachverständige** – unter Einschluss von Beauftragten von Gewerkschaften – wird, soweit zur ordnungsgemäßen Aufgabenerfüllung des EBR erforderlich, in § 29 zugelassen. **Kosten und Sachaufwand des EBR kraft Gesetzes** trägt nach § 30 die **zentrale Leitung**. Diese Verpflichtung umfasst insb. „in erforderlichem Umfang" die für die Sitzungen benötigten Räume, sachlichen Mittel, Dolmetscher und Büropersonal sowie die erforderlichen Reise- und Aufenthaltskosten der Mitglieder. Die Kostenpflicht für Sachverständige nach § 29 beschränkt sich auf *einen* Sachverständigen. Diese Beschränkung ist wohl dahingehend zu verstehen, dass pro Beratungsgegenstand jeweils nur ein Sachverständiger bezahlt werden kann. Gleichzeitig ist die Erforderlichkeit der Beauftragung iSd. § 29 zu beachten. Deshalb kann die Möglichkeit der kostenpflichtigen Beauftragung eines Sachverständigen nicht alle in §§ 32 f. genannten Einzelpunkte erfassen, sondern, abhängig vom jeweiligen Einzelfall, nur ausgewählte, aufklärungsbedürftige Fragestellungen[9]. Die Ansicht, dass die Erforderlichkeit eines Sachverständigen immer gegeben sei und nicht begründet werden müsse[10], hat keine gesetzliche Grundlage. Zu den Kosten iSd. § 30 zählen wie bei § 40 BetrVG auch die **Kosten der Rechtsverfolgung**; der EBR kraft Gesetzes kann daher Rechtsfragen auf Kosten der zentralen Leitung klären lassen[11]. Der ArbGeb eines aus dem Inland entsandten EBR-Mitglieds haftet für dessen Kosten neben der zentralen Leitung als Gesamtschuldner, § 30 Satz 5, § 16 Abs. 2 EBRG, §§ 421–426 BGB. Im Innenverhältnis trägt im Zweifel die zentrale Leitung die Kosten, da sie nach dem EBRG für die Gewährleistung der ordnungsgemäßen Unterrichtung und Anhörung verantwortlich ist[12].

58 **3. Beginn und Ende der Mitgliedschaft im EBR kraft Gesetzes.** a) Die **Bestellung der Mitglieder** des EBR kraft Gesetzes erfolgt gemäß Nr. 1b Satz 2 Anhang EBR-Richtlinie nach den jeweiligen Regeln desjenigen Mitgliedstaats, aus dessen Gebiet sie entsandt werden. Deshalb regelt § 23 auch nur die Bestel-

---

1 Vgl. im Einzelnen EAS/*Oetker*, B 8300 Rz. 170 ff.; *Müller*, § 26 EBRG Rz. 4 f.; *Fitting*, Übersicht EBRG Rz. 63; *Blanke*, § 26 EBRG Rz. 4 ff. |2 *Blanke*, § 25 EBRG Rz. 16, § 26 EBRG Rz. 9; *Müller*, § 25 EBRG Rz. 5, § 26 EBRG Rz. 6. |3 Vgl. *Hanau* in Hanau/Steinmeyer/Wank, § 19 Rz. 41; EAS/*Oetker*, B 8300 Rz. 242 ff. |4 Vgl. *Müller*, § 27 EBRG Rz. 1; *Fitting*, Übersicht EBRG Rz. 64; MünchArbR/*Joost*, § 367 Rz. 22 ff.; *Blanke*, § 27 EBRG Rz. 3; EAS/*Oetker*, B 8300 Rz. 163 f. |5 MünchArbR/*Joost*, § 367 Rz. 27; *Müller*, § 27 EBRG Rz. 2; EAS/*Oetker*, B 8300 Rz. 165. |6 EAS/*Oetker*, B 8300 Rz. 256 f.; MünchArbR/*Joost*, § 367 Rz. 77; *Müller*, § 29 EBRG Rz. 5; aA *Blanke*, § 27 EBRG Rz. 9 f.; *Däubler*, Europäischer Betriebsrat und Rechte der Gewerkschaften, AuR 1996, 303 (304 f.), alle mwN zur rechtspolitischen und verfassungsrechtlichen Diskussion. |7 *Müller*, § 28 EBRG Rz. 1; MünchArbR/*Joost*, § 367 Rz. 29. |8 S. zu deren möglichen Inhalten *Müller*, § 28 EBRG Rz. 2; EAS/*Oetker*, B 8300 Rz. 169; *Blanke*, § 28 EBRG Rz. 6 ff. MünchArbR/*Joost*, § 367 Rz. 28 orientiert sich an der Geschäftsordnung des deutschen BR. |9 *Müller*, § 30 EBRG Rz. 3; MünchArbR/*Joost*, § 367 Rz. 31; *Blanke*, § 29 EBRG Rz. 3; ähnlich EAS/*Oetker*, B 8300 Rz. 175; vgl. auch BT-Drs. 13/5021, S. 8. |10 DKK/*Klebe*, § 13 EBRG Rz. 11 DKK/*Kittner* § 30 Rz. 2. |11 *Müller*, § 30 EBRG Rz. 5. |12 *Müller*, § 16 EBRG Rz. 6, § 30 Rz. 7.

lung von EBR-Mitgliedern aus Deutschland. § 23 ist weitgehend textgleich mit § 11, in dem die Bestellung der BVG-Mitglieder geregelt ist. Deshalb gelten zunächst die zum BVG gemachten Ausführungen oben Rz. 23 ff. Das gilt insb. auch für die mögliche Verletzung von **Demokratieprinzip und Gleichheitssatz**, oben Rz. 28 f. (vgl. auch Rz. 36). Folgende Unterschiede zwischen der BVG-Mitgliederbestellung nach § 11 und der EBR-Mitgliederbestellung nach § 23 sind zu beachten: Zunächst wird gemäß § 23 Abs. 4 auch die **Abberufung** von EBR-Mitgliedern ermöglicht, die für das BVG in § 11 nicht vorgesehen ist. Weiter ermöglicht § 23 Abs. 6 die **Entsendung eines Sprecherausschuss-Mitgliedes als Gast** zum EBR kraft Gesetzes, wenn mindestens fünf ArbN-Vertreter aus Deutschland entsandt werden. Außerdem muss das Sprecherausschussgremium eingerichtet sein bei demjenigen Unternehmen oder der Unternehmensgruppe, für die auch der EBR kraft Gesetzes eingerichtet wird; das Bestehen eines SprAu bei einem deutschen Tochterunternehmen reicht also nicht aus. Unklar ist, ob unabhängig davon **leitende Angestellte als Mitglieder** zum EBR kraft Gesetzes entsandt werden können[1]. Das ist zu verneinen, da „Arbeitnehmer" gemäß § 4 EBRG die in § 5 Abs. 1 BetrVG genannten Personen sind (s. o. Rz. 6). Weil § 23 eine dem § 11 Abs. 4 entsprechende Regelung gerade nicht enthält, muss davon ausgegangen werden, dass der Gesetzgeber es mit Bedacht bei der Repräsentationsmöglichkeit leitender Angestellter gemäß § 23 Abs. 6 belassen wollte.

b) Dauer der Mitgliedschaft. Der EBR kraft Gesetzes wird nicht als Gremium regelmäßig neu gewählt, sondern ist eine **Dauereinrichtung ohne feste Amtszeit**, deren Bestand unabhängig ist vom Bestand der Mitgliedschaftsverhältnisse[2]. Die EBR-Mitgliedschaft beginnt mit der Bestellung zum Mitglied gemäß § 23. Sie dauert nach § 36 Abs. 1 grundsätzlich **vier Jahre** ab Bestellung (die Berechnung erfolgt gemäß § 188 BGB[3]). Um einen vertretungslosen Zustand zu vermeiden, muss also vor Ablauf des Mandats für die aus Deutschland Entsandten nach § 23 (sowie für die aus anderen Staaten Entsandten nach den parallelen ausländischen Vorschriften) die Neubestellung der bisherigen oder neuer Mitglieder erfolgen. Die Mitgliedschaft endet **vorzeitig** durch **Abberufung**, wobei diese für die aus Deutschland Entsandten gemäß § 23 Abs. 4 nach denselben Regeln erfolgt wie die Bestellung. Dh., dass die entsendenden Gremien jederzeit die Möglichkeit haben, EBR-Mitglieder durch Abberufung und Neubestellung auszutauschen[4]. Die Mitgliedschaft kann daneben noch aus **anderen Gründen vorzeitig enden**, also etwa wegen Todes, Amtszeitendes aufgrund Umstrukturierung nach § 36 Abs. 2, Abschluss einer Vereinbarung nach § 37 Satz 3 und auch wegen Amtsniederlegung[5]. Das **Ende des Arbeitsverhältnisses** im Unternehmen bzw. in der Unternehmensgruppe allein bewirkt noch nicht das Ende der EBR-Mitgliedschaft. 59

4. Vertrauensvolle Zusammenarbeit; Geheimhaltung; Vertraulichkeit; Schutz in Deutschland beschäftigter EBR-Mitglieder. Wie für den EBR kraft Vereinbarung gelten auch für den EBR kraft Gesetzes die Grundsätze der §§ 38 ff. über die vertrauensvolle Zusammenarbeit, die Wahrung der Vertraulichkeit und der Geheimhaltung (s. o. Rz. 39). Ebenso stehen seine Mitglieder unter demselben **Schutz**, wie ihn die anderen ArbN-Vertreter nach nationalem Recht oder nationalen Gepflogenheiten genießen, s. zum Kündigungsschutz sowie zum sonstigen Schutz nach § 40 EBRG, § 15 KSchG, § 37 Abs. 1–5, § 78, § 103 BetrVG oben Rz. 22. Zudem stellt die **Behinderung der Arbeit** des EBR kraft Gesetzes nach Maßgabe der §§ 43–45 einen Bußgeld- oder Straftatbestand dar. 60

5. Unterrichtungs- und Anhörungsrechte des EBR kraft Gesetzes. Die Zuständigkeit des EBR kraft Gesetzes wird in §§ 31–34 im Einzelnen geregelt. Hierbei betreffen die § 32 f. die **eigentliche materielle Zweckbestimmung des EBR**. Dieser hat nämlich – anders als die ArbN-Vertretungen nach dem BetrVG – keinen Zugriff auf die Gestaltung irgendwelcher arbeitgeberischer Aktivitäten, sondern ausschließlich Unterrichtungs- und Anhörungsrechte. 61

a) Begriff der Unterrichtung und Anhörung. Siehe hierzu im Einzelnen oben Rz. 5. Grundsätzlich gilt nach § 31, dass nur solche Angelegenheiten Gegenstand von Unterrichtungs- und Anhörungsrechten des EBR werden können, welche sich auf mindestens zwei Betriebe oder zwei Unternehmen **in verschiedenen EU/EWR-Mitgliedstaaten** beziehen (s. zur parallelen Fragestellung beim EBR kraft Vereinbarung und bei § 41 oben Rz. 42 sowie unten Rz. 81). § 31 Abs. 2 betrifft die Situation des § 2 Abs. 2, in der die zentrale Leitung in einem Drittstaat **außerhalb** des EU/EWR-Gebietes liegt und deshalb ein innerhalb dieses Gebietes liegendes Unternehmen oder ein hier liegender Betrieb als fiktive zentrale Leitung dienen müssen (s. o. Rz. 9, 12 f.). In diesem Fall wird klargestellt, dass nur wegen der Einschlägigkeit dieser Fiktion noch keine grenzübergreifende Angelegenheit iSd. § 31 Abs. 1 vorliegt. 62

Beispiel: Der Sitz des herrschenden Unternehmens einer Unternehmensgruppe liegt in Japan und die Europazentrale in Deutschland. Wenn nun für einen Betrieb in Frankreich – aber in keinem anderen Staat – Massenentlassungen geplant werden, liegt gemäß § 31 Abs. 2 keine grenzübergreifende An-

---

[1] Gegen die Zulassung leitender Angestellter als EBR-Mitglieder *Blanke*, § 23 EBRG Rz. 6; *MünchArbR/Joost*, § 367 Rz. 9; *Tap*, S. 86 ff.; für die Zulassung wohl DKK/*Kittner*, § 23 EBRG Rz. 2 aE. | [2] *Fitting*, Übersicht EBRG Rz. 56; *Blanke*, § 36 EBRG Rz. 1; *Müller*, § 36 EBRG Rz. 1; *Tap*, S. 93 f. | [3] DKK/*Kittner*, § 37 EBRG Rz. 1; *Blanke*, § 36 EBRG Rz. 2, 4. | [4] DKK/*Kittner*, § 36 EBRG Rz. 2; *MünchArbR/Joost*, § 367 Rz. 85; *Blanke*, § 25 EBRG Rz. 9. | [5] DKK/*Kittner*, § 36 EBRG Rz. 2; *MünchArbR/Joost*, § 367 Rz. 85; *Blanke*, § 36 EBRG Rz. 2 ff.

gelegenheit vor. Soweit dagegen eine tatsächlich innerhalb des EU/EWR-Gebietes gelegene zentrale Leitung zB die Betriebsschließung in einem anderen Mitgliedstaat plant, greift § 31 Abs. 2 nicht, und es handelt sich um eine grenzübergreifende Maßnahme nach § 31 Abs. 1[1].

Hinsichtlich der Gegenstände im Einzelnen unterscheidet das EBRG zwischen denjenigen Angelegenheiten, die Gegenstand der jährlichen Unterrichtung und Anhörung sind (§ 32, sogleich Rz. 63) und solchen Angelegenheiten, die als außergewöhnliche Umstände Gegenstand der besonderen Unterrichtung und Anhörung sind (§ 33, unten Rz. 64). Sowohl nach § 32 Abs. 1 als auch gemäß § 33 Abs. 1 Satz 1 hat die zentrale Leitung die für die Einschätzung der Situation erforderlichen **Unterlagen** vorzulegen. Eine Pflicht zur Übersetzung sämtlicher Unterlagen besteht nicht[2]; jedoch müssen die Unterlagen und die dazu gegeben Auskünfte in der Weise vorgelegt werden, dass dem Erfordernis der Information Genüge getan ist (s. o. Rz. 5). Zudem müssen die Unterlagen nach § 32 Abs. 1, § 33 Abs. 1 Satz 2 **rechtzeitig vorgelegt** werden. Die EBR-Mitglieder müssen sie so frühzeitig erhalten, dass vor der Sitzung genügend Zeit ist, sich – ggf. unter Beteiligung des Sachverständigen – angemessen vorzubereiten[3]. Außerdem haben Unterrichtung und Anhörung auch **der Sache nach rechtzeitig** zu erfolgen. Das bedeutet ähnlich wie bei § 106 BetrVG, dass der EBR noch im Stadium der Planung, also **vor einer Entscheidung** (und ohnehin vor ihrer Umsetzung) unterrichtet und angehört werden muss. Die Anhörung muss im Übrigen in der Weise und so frühzeitig erfolgen, dass sie ihrem Sinn und Zweck noch entsprechen kann, nämlich die unternehmerische Entscheidung eventuell zu beeinflussen; Unterlagen sind ggf. für die Sitzung zu aktualisieren (s. zur parallelen Fragestellung beim EBR kraft Vereinbarung und bei § 41 oben Rz. 44 sowie unten Rz. 82)[4].

63 b) **Gegenstand der jährlichen Unterrichtung und Anhörung** sind nach § 32 Abs. 1 die Entwicklung der Geschäftslage und die Perspektiven des gemeinschaftsweit tätigen Unternehmens bzw. der gemeinschaftsweit tätigen Unternehmensgruppe. Die Begriffe „Entwicklung der Geschäftslage" und „Perspektiven" werden in § 32 Abs. 2 anhand eines nicht abschließenden („insbesondere"), aber weitgehend anschaulichen Beispielskatalogs konkretisiert. Dabei geht es ua. um die unternehmerische Struktur und Organisation, die Finanz- und Beschäftigungslage einschließlich der jeweiligen Aussichten. Auch das laufende operative Geschäft wird angesprochen, wie sich etwa aus der Nennung der Absatzlage oder der Einführung neuer Fertigungsverfahren ergibt. Die in § 32 Abs. 2 Nr. 10 genannten „Massenentlassungen" sind in Übereinstimmung mit der Massenentlassungs-Richtlinie nach § 17 KSchG zu bestimmen[5]. Der Beispielskatalog ähnelt zwar demjenigen der §§ 106 Abs. 3, 111 Satz 3 BetrVG, ist aber nicht damit identisch. Deswegen kann das BetrVG zwar zur Auslegung von § 32 Abs. 2 herangezogen werden. Es ist aber zu berücksichtigen, dass das EBRG nach Maßgabe der EBR-Richtlinie richtlinienkonform ausgelegt werden muss. Da der Wortlaut des § 32 Abs. 2 wörtlich weitgehend aus Nr. 2 Abs. 2 Anhang EBR-Richtlinie übernommen worden ist, wird mit dem EuGH ein Gericht zu entscheiden haben, das sich sicherlich nicht in erster Linie am deutschen BetrVG orientiert[6].

64 c) Zur **Unterrichtung und Anhörung über außergewöhnliche Umstände** ist die zentrale Leitung nach § 33 verpflichtet. Die Umstände müssen nicht nur außergewöhnlich sein, sondern auch „erhebliche Auswirkungen auf die Interessen der ArbN haben". Dieser Begriff wird in § 33 Abs. 1 Satz 2 – ähnlich wie in § 32 Abs. 2 – durch einen nicht abschließenden Beispielskatalog konkretisiert, wo als außergewöhnliche Umstände die Verlegung und Stillegung von Unternehmen, Betrieben oder wesentlichen Betriebsteilen sowie Massenentlassungen genannt werden[7]. „Massenentlassungen" sind wie bei § 32 Abs. 2 Nr. 10 auch bei § 33 Abs. 1 Nr. 3 EBRG nach § 17 KSchG zu bestimmen[8]. Nach § 33 Abs. 2 Satz 1 ist ein eventuell gemäß § 26 Abs. 1 errichteter Ausschuss zu beteiligen[9]. Die **Einberufung zur Sitzung** erfolgt nach § 32 Abs. 2 Satz 2, 3 iVm. § 27 Abs. 1 Satz 2-5.

65 d) **Durchsetzung der Unterrichtungs- und Anhörungsrechte.** Nach Art. 11 EBR-Richtlinie sind die Mitgliedstaaten verpflichtet sicherzustellen, dass die von den Umsetzungsgesetzen erfassten Unternehmen, ArbN und ArbN-Vertreter ihre sich aus der Richtlinie ergebenden Verpflichtungen tatsäch-

---

1 Ebenso und mit vergleichbaren Beispielen *Blanke*, § 31 EBRG Rz. 6 ff.; DKK/*Kittner*, § 31 EBRG Rz. 3; *Müller*, § 31 EBRG Rz. 4; *Fitting*, Übersicht EBRG Rz. 67; MünchArbR/*Joost*, § 367 Rz. 36; EAS/*Oetker*, B 8300 Rz. 179. |2 AA DKK/*Kittner*, § 32 EBRG Rz. 5. |3 *Müller*, § 32 EBRG Rz. 2; DKK/*Kittner*, § 32 EBRG Rz. 6. |4 *Müller*, § 33 EBRG Rz. 2; *Blanke*, § 31 EBRG Rz. 4, § 33 EBRG Rz. 10, 12; DKK/*Kittner*, § 33 EBRG Rz. 4; MünchArbR/*Joost*, § 367 Rz. 50, 52, 61. |5 MünchArbR/*Joost*, § 367 Rz. 49; *Blanke*, § 32 EBRG Rz. 30; Richtlinie 75/120/EWG des Rates vom 17.2.1975 zur Angleichung der Rechtsvorschriften der Mitgliedstaaten über Massenentlassungen, ABl. Nr. L 48/29 vom 22.2.1975. |6 Eine tendenzielle Orientierung an §§ 106 Abs. 3, 111 Satz 3 BetrVG vertreten MünchArbR/*Joost*, § 367 Rz. 39 ff.; *Fitting*, Übersicht EBRG Rz. 70; *Hanau* in Hanau/Steinmeyer/Wank, § 19 Rz. 92; *Müller*, § 32 EBRG Rz. 4 ff.; EAS/*Oetker*, B 8300 Rz. 187 ff. Die uneingeschränkte Anknüpfung an §§ 106 Abs. 3, 111 Satz 3 BetrVG findet sich bei DKK/*Kittner*, § 32 EBRG Rz. 3; *Blanke*, § 32 EBRG Rz. 15 ff.; ebenso wohl auch *U. Mayer*, Richtlinie Europäische Betriebsräte – Harmonisierungsprobleme bei der Umsetzung, BB 1995, 1794 (1796). |7 S. dazu *Blanke*, § 33 EBRG Rz. 18 ff.; *Müller*, § 33 EBRG Rz. 1; *Fitting*, Übersicht EBRG Rz. 71; EAS/*Oetker*, B 8300 Rz. 200 ff. |8 DKK/*Kittner*, § 33 EBRG Rz. 1. § 17 KSchG setzt die Massenentlassungs-Richtlinie um, Richtlinie 75/120/EWG des Rates vom 17.2.1975 zur Angleichung der Rechtsvorschriften der Mitgliedstaaten über Massenentlassungen, ABl. Nr. L 48/29 vom 22.2.1975. |9 Vgl. *Blanke*, § 33 EBRG Rz. 21 ff.

lich erfüllen. Das schließt nach Art. 11 Abs. 3, 4 EBR-Richtlinie auch die gerichtliche Durchsetzung ein. Für die Durchsetzung der Unterrichtungs- und Anhörungsrechte des EBR kraft Gesetzes aus §§ 32 f. hat der deutsche Gesetzgeber die **Straf- und Bußgeldvorschriften** der §§ 42 ff. erlassen[1]. Insbesondere der Straftatbestand des § 44 Abs. 1 Nr. 2 iVm. § 42 sowie der Bußgeldtatbestand des § 45 Abs. 1 Nr. 2 stellen die Befolgung der Pflichten nach §§ 32 f. sicher. Zusätzlich besteht auch – was in der Lit. meist nicht angesprochen wird – unmittelbar aus §§ 32 f. ein **Erfüllungsanspruch auf Vornahme von Unterrichtung und/oder Anhörung**[2]. Ein solcher Anspruch wird nach deutschem Recht zur Durchsetzung des Auskunftsanspruchs aus § 106 BetrVG angenommen, wenn auch hier gemäß § 109 BetrVG uU noch ein – im EBRG nicht vorgesehenes – vorgeschaltetes Einigungsstellenverfahren durchzuführen ist[3]. Der Anspruch ist im **Beschlussverfahren** geltend zu machen, § 2a Nr. 3b ArbGG; seine Durchsetzung erfolgt nach § 888 ZPO[4]. Siehe zur Parteifähigkeit der beteiligten Personen und Stellen § 10 ArbGG; örtlich zuständig ist gemäß § 82 Satz 4 ArbGG das Gericht, in dessen Bezirk sich die zentrale Leitung befindet (= Unternehmenssitz), bei welcher der EBR kraft Gesetzes eingerichtet ist[5].

Allerdings ist die Frage umstritten, ob zusätzlich hierzu auch ein **Anspruch auf Unterlassung** solcher geplanter Maßnahmen besteht, über die noch nicht unterrichtet oder beraten wurde (der Anspruch wäre ebenfalls im Beschlussverfahren geltend zu machen, § 2a Nr. 3b, § 10, § 82 Satz 4 ArbGG). In der Lit. wird in Parallelität zum Streit um das Bestehen eines allgemeinen betriebsverfassungsrechtlichen Unterlassungsanspruchs nach dem BetrVG[6] auch die Frage eines Unterlassungsanspruchs nach dem EBRG diskutiert[7]. Die besseren Argumente sprechen wohl **gegen** einen solchen **Unterlassungsanspruch**. Nachdem beim Erlass des EBRG die Diskussion um den allgemeinen Unterlassungsanspruch bekannt war und den Mitgliedstaaten nach Art. 11 EBR-Richtlinie eine ausdrückliche Verpflichtung aufgegeben worden war, die Richtlinieneinhaltung sicherzustellen, kann man kaum von einer Gesetzeslücke sprechen. Wenn der Gesetzgeber einen Unterlassungsanspruch hätte gewähren wollen, wäre eine ausdrückliche Regelung etwa nach dem Muster des § 23 Abs. 3 BetrVG ohne weiteres möglich gewesen. Hinzu kommt, dass die Gewährung eines Unterlassungsanspruchs und seine Durchsetzung – etwa im Verfahren des einstweiligen Rechtsschutzes – erhebliche Schäden für Unternehmen und Unternehmensgruppen nach sich ziehen kann. Das Hinauszögern von unter §§ 32 f. fallenden Umstrukturierungsmaßnahmen schon um wenige Monate kann bei dringendem Sanierungsbedarf existenzvernichtend sein. Außerdem müsste man einmal überlegen, was der Gesetzgeber überhaupt tun soll, wenn er einen Unterlassungsanspruch ganz bewusst nicht gewähren möchte. Es bleibt ihm nur die Möglichkeit, das Gesetz mit dem geltenden Wortlaut zu erlassen, denn eine ausdrückliche gesetzliche Klarstellung über einen nicht gewährten Anspruch wäre wohl eher verwirrend. Insbesondere bei Annahme eines Erfüllungsanspruchs – s. soeben Rz. 65 – besteht deshalb kein Anlass, in das EBRG einen Unterlassungsanspruch hinein zu interpretieren (vgl. zur entsprechenden Fragestellung beim EBR kraft Vereinbarung und bei Regelungen nach § 41 Rz. 45, 83).

e) **Unterrichtung der örtlichen ArbN-Vertreter bzw. ArbN.** Der EBR oder der Ausschuss (§ 33 Abs. 2) sind gemäß § 35 den örtlichen ArbN-Vertretern zur Berichterstattung über die Unterrichtung und Anhörung verpflichtet. Es bietet sich an, dass dies die aus den jeweiligen Staaten entsandten EBR-Mitglieder übernehmen. Die Pflicht zur Berichterstattung besteht nach näherer Maßgabe des § 35 Abs. 2 auch gegenüber SprAu[8]. Diejenigen ArbN, für die keine ArbN-Vertretung existiert, sind unmittelbar zu unterrichten, was mündlich auf Belegschaftsversammlungen oder schriftlich durch Rundschreiben oder Aushänge geschehen kann. Hierbei ist der Schutz der Vertraulichkeit nach § 39 zu beachten[9]. Teilweise wird die Ansicht vertreten, dass den SprAu gegenüber wegen der fehlenden ArbN-Eigenschaft

---

[1] S. dazu EAS/*Oetker*, B 8300 Rz. 249 ff. sowie bei DKK/*Klebe*, *Müller* und *Blanke* die Kommentierungen zu §§ 42 ff. EBRG. |2 So zu Recht *Hanau* in Hanau/Steinmeyer/Wank, § 19 Rz. 99. |3 BAG v. 11.7.2000 – 1 ABR 43/99, AP Nr. 2 zu § 109 BetrVG 1972 = NZA 2001, 402; *Fitting*, § 109 BetrVG Rz. 11; Richardi/*Richardi*/*Annuß*, § 109 BetrVG Rz. 21. S. zum französischen Betriebsverfassungsrecht die interessante Verfügung des Tribunal de Grande Instance de Paris v. 9.4.2001 – 01/54016 (Marks & Spencer France I), AuR 2002, 32. |4 Vgl. entsprechend für den Anspruch aus § 106 BetrVG *Fitting*, § 109 BetrVG Rz. 12; Richardi/*Richardi*/*Annuß*, § 109 BetrVG Rz. 22. |5 Vgl. EAS/*Oetker*, B 8300 Rz. 242 ff.; *Hanau* in Hanau/Steinmeyer/Wank, § 19 Rz. 41. |6 Für einen allgemeinen Unterlassungsanspruch bei Verstößen gegen das BetrVG plädieren *Fitting*, § 111 BetrVG Rz. 113 f.; DKK/*Trittin*, § 23 BetrVG Rz. 117 ff., 131; dagegen *Walker*, Zum Unterlassungsanspruch des Betriebsrats bei mitbestimmungswidrigen Maßnahmen des Arbeitgebers, DB 1995, 1961 (1965); *Prütting*, Unterlassungsanspruch und einstweilige Verfügung in der Betriebsverfassung, RdA 1995, 257 (261); *Giesen*, Die Beschleunigung des Betriebsänderungsverfahrens, BuW 1997, 351 (352). |7 Für einen Unterlassungsanspruch bei der Verletzung von Informations- und Anhörungsrechten nach dem EBRG plädieren DKK/*Däubler*, Vorbem. EBRG Rz. 20; DKK/*Kittner*, § 33 EBRG Rz. 5; *Bachner/Nielebock*, AuR 1997, 129 (134 f.); *Lorenz/Zumfelde*, Der Europäische Betriebsrat und die Schließung des Renault-Werkes in Vilvoorde/Belgien, RdA 1998, 168 (171); dagegen *Hanau* in Hanau/Steinmeyer/Wank, § 19 Rz. 99; MünchArbR/*Joost*, § 367 Rz. 73; *Hromadka*, DB 1995, 1125 (1130); *Müller*, § 33 EBRG Rz. 6; EAS/*Oetker*, B 8300 Rz. 209 f.; *Blanke*, § 32 EBRG Rz. 32 ff.; *Blanke* behauptet aber Unterlassungsansprüche gegen öffentliche Unternehmen und Staatshaftungsansprüche gegen die Bundesrepublik wegen fehlender im EBRG aufgenommener Unterlassungsansprüche. Weiter will er § 23 Abs. 3 BetrVG und §§ 823, 1004 BGB entsprechend anwenden bei massiven Behinderungen. Offen äußert sich *I. Schmidt*, RdA Beil. zu Heft 5, S. 12 (22). |8 Vgl. DKK/*Kittner*, § 35 EBRG Rz. 6; *Fitting*, Übersicht EBRG Rz. 75; *Blanke*, § 35 EBRG Rz. 2 ff. |9 Vgl. *Müller*, § 35 EBRG Rz. 1, 4; MünchArbR/*Joost*, § 367 Rz. 63 ff., 67 ff.; *Blanke*, § 35 EBRG Rz. 4 ff.

leitender Angestellter (s. o. Rz. 5) die volle Geheimhaltungspflicht greife, weil sie nicht unter die Ausnahmeregelung des § 39 Abs. 2 Satz 4 fielen[1]. Das dürfte freilich kaum dem Sinn und Zweck des § 35 entsprechen, da die SprAu als „Arbeitnehmervertretungen" anzusehen sind und gemäß § 39 Abs. 3 Nr. 4 ihrerseits der Pflicht zur Vertraulichkeit unterliegen[2].

68 f) **Tendenzunternehmen.** Die Unterrichtungs- und Anhörungsrechte des EBR kraft Gesetzes werden in Tendenzunternehmen durch § 34 eingeschränkt (vgl. zur Nichtgeltung der EBR-Richtlinie und des EBRG in „Nicht-Unternehmen" wie Hoheitseinrichtungen und Kirchen oben Rz. 7). Unter Anknüpfung an die Definition der Tendenzunternehmen in § 118 Abs. 1 Satz 1 Nr. 1, 2 BetrVG (siehe dazu die diesbezügliche Kommentierung) sind demnach nur die in § 32 Abs. 2 Nrn. 5–10, § 33 genannten Gegenstände unterrichtungs- und anhörungspflichtig[3]. § 34 bezieht sich, auch wenn von Unternehmen und herrschenden Unternehmen der Unternehmensgruppen die Rede ist, auf die zentrale Leitung (vgl. Art. 8 Abs. 3 EBR-Richtlinie[4]). Diese ist, wenn für sie das EBRG gilt (sie also ihren Sitz in Deutschland hat), gemäß § 34 nur beschränkt unterrichtungs- und anhörungsverpflichtet[5]. Umstritten ist die Frage, ob § 34 richtlinienkonform ist, denn Art. 8 Abs. 3 EBR-Richtlinie lässt Ausnahmen zugunsten von Tendenzunternehmen nur zu mit Blick auf „Berichterstattung und Meinungsäußerung". Damit sind die in § 118 Abs. 1 Satz 1 Nr. 1 BetrVG genannten „politischen, koalitionspolitischen, konfessionellen, karitativen, erzieherischen, wissenschaftlichen oder künstlerischen" Unternehmen nicht ausdrücklich mit genannt worden, weswegen manche hier von der Richtlinienwidrigkeit von § 34 ausgehen[6]. Das Problem – offenbar ein Versehen (!) – ist auf europäischer Ebene erkannt worden, weshalb am 22.9.1994 eine Protokollerklärung abgegeben wurde, in der die nicht genannten Regelungspunkte aus § 118 Abs. 1 Satz 1 Nr. 1 BetrVG dem Geltungsbereich des Art. 8 Abs. 3 EBR-Richtlinie unterworfen wurden[7]. Zwar vermag eine solche Protokollerklärung nichts am Inhalt der Richtliniennorm zu ändern. Es dürfte sich aber um einen deutlichen Hinweis für die historische Auslegung der Vorschrift handeln, welche eine extensive Auslegung von Art. 8 Abs. 3 EBR-Richtlinie auch und gerade iSd. deutschen § 118 BetrVG darstellt. Deshalb ist § 34 noch als richtlinienkonform anzusehen[8].

69 **6. Änderung der für die EBR-Zusammensetzung maßgeblichen Verhältnisse.** Nach näherer Maßgabe des § 36 Abs. 2 prüft die zentrale Leitung alle zwei Jahre, ob sich die ArbN-Zahlen in den einzelnen EU/EWR-Mitgliedstaaten derart geändert haben, dass sich hieraus gemäß §§ 22 Abs. 2–4 (oben Rz. 52) eine andere EBR-Zusammensetzung ergibt. Dabei hat sie ua. den Berechnungsmodus nach § 4 EBRG einzuhalten, also auf den Durchschnitt der letzten zwei Jahre abzustellen (s. im Einzelnen oben Rz. 6)[9]. Sie hat das Ergebnis dem EBR mitzuteilen, der ggf. die Neuzusammensetzung des EBR veranlasst. Dies geschieht durch entsprechende Aufforderung an diejenigen Stellen, die zuständig sind zur Bestellung eventueller neuer und zur Abberufung eventuell wegfallender EBR-Mitglieder. Das sind für die aus Deutschland zu entsendenden Mitglieder die in § 23 Abs. 1–4 genannten Gremien (vgl. Nr. 1b Satz 2 Anhang EBR-Richtlinie)[10]. Die Mitgliedschaft eventuell abzuberufender Vertreter endet nach § 36 Abs. 2 Satz 3 Halbs. 2 erst mit der Neubestellung eventueller neuer Mitglieder. Soweit also ein EBR-Mitglied einen Nachfolger aus dem eigenen Mitgliedstaat erhält, bleibt sein Status bis zur Neubestellung unberührt, so dass er unverändert mit Stimmrecht im EBR bleibt. In allen anderen Fällen (wenn also die Zahl der EBR-Mitglieder reduziert wird oder anstelle von ausscheidenden Mitgliedern lediglich Mitglieder aus anderen Mitgliedstaaten hinzukommen) ist davon auszugehen, dass das Mandat mit der unverzüglichen Abberufung endet, allerdings nicht bereits mit der Mitteilung nach § 36 Abs. 2 Satz 2 (vgl. auch oben Rz. 58 f.).

70 **7. Ende des EBR kraft Gesetzes. a) Wegen Wegfalls der gesetzlichen Grundlagen.** Sobald die gesetzlichen Grundlagen für die Errichtung eines EBR nicht mehr bestehen, entfällt auch der EBR[11]. Das ist insb. der Fall, wenn gemäß § 3 **keine gemeinschaftsweite** Tätigkeit mehr gegeben ist, also etwa die dort genannten ArbN-Zahlen unterschritten werden oder wenn wegen Wegfalls des beherrschenden Einflusses keine nach § 6 verklammerte Unternehmensgruppe mehr besteht (s. o. Rz. 11 ff.). Wenn dagegen lediglich **Umstrukturierungen** innerhalb des Unternehmens oder innerhalb der Unternehmensgruppe stattfinden, bleibt der EBR erhalten, und es kommt ggf. zu Änderungen in der Mitgliederstruktur nach § 36 Abs. 2 (s. soeben Rz. 69). Allerdings setzt § 36 Abs. 2 immer den Fortbestand der bisherigen zentralen Leitung voraus. Sobald also eine Umstrukturierung so tief greifend ist, dass nicht nur eine örtliche Verlegung (dazu sogleich Rz. 71), sondern ein **Wechsel der zentralen Leitung** stattfindet, fehlt es an der

---

1 EAS/*Oetker*, B 8300 Rz. 216. | 2 MünchArbR/*Joost*, § 367 Rz. 72. | 3 S. näher *Fitting*, Übersicht EBRG Rz. 73; *Müller*, § 34 EBRG Rz. 2 ff.; MünchArbR/*Joost*, § 366 Rz. 31, § 367 Rz. 74. | 4 Der Begriff „zentrale Lösung" im deutschen Text des Art. 8 Abs. 3 EBR-Richtlinie ist ein redaktioneller Fehler. | 5 Vgl. EAS/*Oetker*, B 8300 Rz. 56 ff.; MünchArbR/*Joost*, § 367 Rz. 75; BT-Drs. 13/5021, S. 8. | 6 DKK/*Kittner*, § 34 EBRG Rz. 4; *Kohte*, Die politischen Bestimmungen nach § 118 BetrVG – ein weites Feld, BB 1999, 1110 (1115); *Lörcher*, AuR 1996, 297 (300 f.). | 7 Ratsdokument Nr. 9067/94, S. 8, abgedr. in BT-Drs. 13/5021 sowie bei *Müller*, Anh. I zum EBRG und bei *Blanke*, EBRG, S. 56; teilweise zitiert in BT-Drs. 13/5021, S. 8. | 8 Ebenso im Ergebnis *Müller*, § 34 EBRG Rz. 2; EAS/*Oetker*, B 8300 Rz. 56 ff.; *Hanau* in Hanau/Steinmeyer/Wank, § 19 Rz. 96; *Wirmer*, DB 1994, 2134 (2136); *Tap*, S. 109 f.; offen äußert sich MünchArbR/*Joost*, § 367 Rz. 75. | 9 *Müller*, § 36 EBRG Rz. 1; aA *Blanke*, § 36 EBRG Rz. 5 und DKK/*Kittner*, § 36 EBRG Rz. 5, die auf den Zeitpunkt der Prüfung abstellen wollen. | 10 Vgl. *Müller*, § 36 EBRG Rz. 3 ff.; MünchArbR/*Joost*, § 367 Rz. 86; *Blanke*, § 36 EBRG Rz. 4 ff. | 11 *Müller*, § 37 EBRG Rz. 1; *Fitting*, Übersicht EBRG Rz. 59.

Grundlage für die EBR-Errichtung, so dass der bisherige EBR wegfällt. Das kann durch Unternehmens- oder Betriebsveräußerungen geschehen oder wenn sich die Mehrheits- oder Einflussverhältnisse nach § 6 innerhalb der Unternehmensgruppe verschieben. In diesen Fällen erlischt der bisherige EBR und es besteht lediglich die Möglichkeit, nach Maßgabe der einschlägigen gesetzlichen Regelungen – in Deutschland §§ 8 ff. – ein neues BVG zu bilden und so einen neuen EBR vorzubereiten (s. o. Rz. 20 f.). Es fragt sich aber, was geschieht, wenn gerade derjenige **Tatbestand, der zum Entfallen** der Anwendungsvoraussetzungen **des EBRG geführt hat**, nicht zum Gegenstand von Unterrichtung und Anhörung gemacht wurde. **Beispiel:** Es werden Betriebsstilllegungen, Unternehmensveräußerungen oder Massenentlassungen vorgenommen, über welche entgegen § 33 Abs. 1 Nr. 2 und 3 der EBR nicht informiert oder angehört wird, die aber gleichzeitig zur Unterschreitung der ArbN-Zahlen nach § 3 führen. In diesem Fall wird der „wegfallende" EBR mit Blick auf den Schutzzweck des EBRG und der EBR-Richtlinie noch insoweit fortbestehen müssen, als er seine Unterrichtungs- und Anhörungsansprüche sowie ggf. seine Rechte aus deren Verletzung geltend machen kann (s. dazu oben Rz. 65 f.).

Fraglich ist weiter, was gilt, wenn die **zentrale Leitung** in einen anderen Staat innerhalb des Gebietes von EU und EWR **verlegt wird**. Das geschieht durch Wechsel des Staates der Leitungsverantwortung nach § 2, also zB wenn die Europazentrale für Unternehmensgruppen unter Führung aus Drittstaaten von einem Mitgliedstaat in einen anderen verlegt wird, vgl. § 2 Abs. 2 Satz 1 (s. o. Rz. 9, 12 f.). In diesem Fall sind zwar die Voraussetzungen für die Anwendung des deutschen EBRG nach § 2 nicht mehr erfüllt. Andererseits ist aufgrund der uneingeschränkten Umsetzungsverpflichtung der EBR-Richtlinie für alle EU/EWR-Mitgliedstaaten sichergestellt, dass in jedem dieser Staaten die Neuerrichtung des EBR nach den jeweiligen nationalen Umsetzungsvorschriften erfolgen kann. Aus diesem Grund und mit Blick auf die möglichst lückenlose Richtlinienumsetzung (vgl. Art. 11 EBR-Richtlinie) muss hier der alte EBR aufrecht erhalten bleiben; § 37 Satz 2 (s. dazu sogleich Rz. 72) ist daher in der Weise analog anzuwenden, dass der alte EBR als BVG iSd. neu anzuwendenden nationalen Rechts die neue EBR-Errichtung aushandeln bzw. durchsetzen kann[1]. 71

b) Durch Schaffung eines EBR kraft Vereinbarung. Nach § 37 Satz 1 beschließt der EBR vier Jahre nach der konstituierenden Sitzung mit der Mehrheit der Stimmen seiner Mitglieder (es reicht *nicht* die Mehrheit der anwesenden Mitglieder nach § 28 Satz 1) über die Aushandlung einer Vereinbarung nach § 17, mit der ein EBR kraft Vereinbarung oder ein Verfahren zur Unterrichtung und Anhörung geschaffen werden kann. Soweit sich der EBR für die Verhandlungsaufnahme entschieden hat, erhält er nach § 37 Satz 2 zusätzlich die **rechtliche Position eines BVG** iSd. §§ 8, 13, 14, 15 Abs. 1, 16–19 (s. o. Rz. 21 ff.). Das Amt des EBR kraft Gesetzes endet gemäß § 37 Satz 3 EBRG, wenn eine **Vereinbarung nach § 17** geschlossen worden ist. Soweit die Vereinbarung scheitert, besteht der alte EBR kraft Gesetzes dagegen fort[2]. Es empfiehlt sich, in die Vereinbarung nach § 17 eine ausdrückliche Übergangsregelung nach § 20 Satz 5 analog aufzunehmen, nach welcher der alte EBR kraft Gesetzes die Geschäfte bis zur Bestellung des neuen EBR kraft Vereinbarung weiterführt. Denn ohne eine solche Rechtsgrundlage für die Geschäftsführung des alten EBR fällt dieser nach der klaren (wenn auch wenig sinnvollen) § 37 Satz 3 mit Abschluss der neuen Vereinbarung weg, noch bevor der neue EBR errichtet ist[3]. 72

c) Sonstige Beendigungsgründe? Ein Ende des EBR aufgrund **Selbstauflösung** ist gesetzlich nicht vorgesehen und daher unzulässig. Der Fortbestand des EBR ist selbst dann anzunehmen, wenn **keine EBR-Mitglieder** mehr existieren, weil beispielsweise wegen Desinteresses keine Mitglieder entsandt werden und die Amtszeit der alten Mitglieder abgelaufen ist. Zwar werden dann die Unterrichtungs- und Anhörungspflichten leer laufen, weil sie nicht mehr erfüllt werden können. Jedoch kann das Organ EBR durch Entsendung neuer Mitglieder jederzeit reaktiviert werden. 73

VI. Der Europäische BR aufgrund am 22.9.1996 bestehender Vereinbarungen. 1. Der Übergangstatbestand des § 41 EBRG. Bereits oben Rz. 2 ist das dreistufige Regelungssystem für die EBR-Errichtung dargestellt worden. Die „erste Stufe" besteht darin, dass den von der EBR-Richtlinie bzw. dem EBRG erfassten Unternehmen und Unternehmensgruppen die Möglichkeit gegeben wird, bisherige, bis zum 21.9.1996 (in Großbritannien: bis zum 14.12.1999) geschlossene Vereinbarungen über die grenzübergreifende Unterrichtung und Anhörung der ArbN aufrecht zu erhalten. § 41 EBRG bzw. Art. 13 EBR-Richtlinie schließen für diese häufig gar nicht als EBR bezeichnete Einrichtungen die Geltung des EBRG und der Richtlinie aus[4]. § 41 EBRG enthält in Ausführung von Art. 13 EBR-Richtlinie einige 74

---

1 IdS auch *Hanau* in Hanau/Steinmeyer/Wank, § 19 Rz. 54. | 2 *Fitting*, Übersicht EBRG Rz. 60; *Müller*, § 37 EBRG Rz. 2. | 3 Unklar *Müller*, § 37 EBRG Rz. 2, der entgegen dem Wortlaut des § 37 Satz 3 meint, der alte EBR entfalle erst dann, wenn „die vereinbarte grenzübergreifende Unterrichtung und Anhörung der Arbeitnehmer wirksam wird". | 4 Vgl. die Praxisbeispiele für entsprechende Vereinbarungen bei *Blank/Geissler/Jaeger*, Euro-Betriebsräte, 1996 (BASF, Bayer, Benckiser, DEC, Grundig, Myllykoski, Schmalbach-Lubeca/Continental Can Europe, Usinor Sacilor sowie den Mustertext der IG Metall); *Eckert*, S. 164 ff. (BASF, Beyer, Braun, Beiersdorf, Continental, Hoechst, Schering, Schmalbach Lubeca, Villeroy & Boch, Grundig, Siemens, Volkswagen, Bertelsmann, Hartmann-Gruppe, Preussag); *Klinkhammer/Welslau* (Hrsg.), S. 137 ff. (Europipe); s. weiter die Aufzählungen bei *Tap*, S. 124 ff.; vgl. zur Struktur dieser EBR eingehend *Lecher/Platzer/Rüb/Weiner*, Europäische Betriebsräte – Perspektiven ihrer Entwicklung und Vernetzung, 1999.

Sondervorschriften, um die Ausnahme auch dann aufrecht erhalten zu können, wenn nicht alle betroffenen ArbN beim Abschluss repräsentiert bzw. erfasst waren, bei Umstrukturierungen der Unternehmen und Unternehmensgruppen sowie nach dem Ende der betreffenden Vereinbarungen. Die Befreiung von der Geltung des EBRG ist nach § 41 an mehrere Voraussetzungen geknüpft, die im Folgenden näher dargestellt werden. Soweit diese **Voraussetzungen nicht erfüllt** sind, **gilt das EBRG**, und zwar ohne Einschränkungen. Deshalb kann beispielsweise das gemäß der Vereinbarung errichtete Vertretungsgremium auch keine Funktionen bei der (nach dem EBRG zu erfolgenden) Aushandlung einer Vereinbarung oder der Bildung eines EBR erfüllen. Die Vereinbarung selbst wird im Zweifel als unwirksam anzusehen sein, da sie die Funktion der gesetzesverdrängenden Wirkung nach § 41 nicht erfüllt. Abweichende Abreden sind aber möglich, also insb. Vertragsklauseln, nach denen auch bei Nichterfüllung von § 41 die vereinbarten Regelungen (zB bis zur Bildung eines EBRG-konformen Unterrichtungs- und Anhörungssystems) Geltung behalten sollen[1]. S. zur **EU-Osterweiterung** Rz. 11.

75 **2. Zeitlicher Rahmen.** Das jeweilige Unterrichtungs- und Anhörungssystem muss auf einer vor dem 22.9.1996 (in Großbritannien: vor dem 15.12.1999) bestehenden Vereinbarung beruhen. Die Gegenansicht, welche mit Blick auf die **verspätete Umsetzung** in Deutschland noch den Abschluss vor dem In-Kraft-Treten am 1.11.1996 für zulässig hält[2], widerspricht der eindeutigen Vorgabe des § 41 EBRG und des Art. 13 EBR-Richtlinie, welcher auf das in Art. 14 EBR-Richtlinie genannte Datum des 22.9.1996 verweist[3]. „**Bestehen**" bedeutet, dass die Vereinbarung bis zum Ende des 21.9.1996 geschlossen sein musste. Sie musste noch nicht umgesetzt sein (zB durch Einsetzung von ArbN-Vertretern), wie sich aus dem Wortlaut des § 41 Abs. 1 Satz 2 EBRG („ermöglichen") und des Art. 13 Abs. 1 EBR-Richtlinie („vorgesehen") ergibt. Zudem muss das betreffende Unternehmen bzw. die Unternehmensgruppe, für welche die Vereinbarung getroffen worden ist, die Anwendungsvoraussetzungen des EBRG erfüllen; ein späteres „Hineinwachsen" in das Gesetz reicht nicht aus[4].

76 Nach dem Ende der Vereinbarung greift ihre **Fortgeltung** nach § 41 Abs. 6. § 41 Abs. 6 entspricht fast vollständig der Regelung des § 20; s. dazu oben Rz. 47[5]. Einzige Ausnahme ist das Fehlen einer dem § 20 Satz 5 vergleichbaren Vorschrift, so dass in den bestehenden Vereinbarungen keine besonderen zusätzlichen Übergangsvorschriften zugelassen sind. Soweit allerdings Regelungen existieren, die den Fortbestand einer Vereinbarung anordnen und im Übrigen den Anforderungen des § 41 Abs. 1–6 entsprechen, sind sie aufgrund dessen auch zulässig. Sollte das nicht der Fall sein, empfiehlt es sich, eine dem EBRG entsprechende Vereinbarung so schnell zu treffen oder den der EBR kraft Gesetzes so schnell zu erzwingen, dass die Geschäfte nahtlos vom alten, nicht dem EBRG unterliegenden System auf den neuen, nach dem EBRG geschaffenen EBR übergehen können.

77 **3. Institutioneller Rahmen.** § 41 spricht nur von einer „Vereinbarung über grenzübergreifende Unterrichtung und Anhörung" und nicht von einem „Europäischen Betriebsrat" oder ähnlichem. Daraus folgt, dass (wie auch bei § 19, s. o. Rz. 49) kein eigenes Gremium geschaffen werden muss und auch kein einheitliches System der grenzübergreifenden Unterrichtung und Anhörung. Ebenso gut möglich ist ein dezentrales, an bestehende nationale Gremien anknüpfendes Netzwerk der Unterrichtung und Anhörung. Deshalb bestehen auch keine Vorgaben etwa über die Bestellung der EBR-Mitglieder (§§ 18 Abs. 2, 23 gelten nicht), und auch die Grundsätze der §§ 38 ff. über die vertrauensvolle Zusammenarbeit, die Wahrung der Betriebs- oder Geschäftsgeheimnisse und den Schutz der ArbN-Vertreter sind nicht anzuwenden. Dennoch wird man aus diesen Grundsätzen auch im Rahmen des § 41 jedenfalls im Prinzip Vorgaben für eine funktionierende Unterrichtung und Anhörung herleiten können. So gilt im Zweifel auch im Rahmen des § 41 der Grundsatz der vertrauensvollen Zusammenarbeit[6]. Dennoch können hinsichtlich der institutionellen Vorschriften gerade keine Anleihen beim Recht des EBR kraft Vereinbarung oder gar beim Recht des EBR kraft Gesetzes (§§ 17 ff., 21 ff.) gemacht werden. Das würde dem Sinn und Zweck des § 41 und des Art. 13 EBR-Richtlinie zuwiderlaufen, die sich bewusst gegen die dortigen institutionellen Zwänge entschieden haben. Deshalb ist auch der Rechtsansicht zu widersprechen, nach der aufgrund der Vereinbarung eingesetzte ArbN-Vertreter **Kündigungsschutz** entsprechend § 40 EBRG, § 15 KSchG (s. o. Rz. 22) haben[7]. Das widerspricht der Freistellung von der Gesetzesgeltung nach § 41 EBRG. Es kann aber ein Kündigungsschutz kraft Vereinbarung oder nach §§ 242, 612a BGB in Betracht kommen.

78 **4. Die Vereinbarung, ihr Geltungsbereich und ihre Parteien.** Das System der Unterrichtung und Anhörung beruht auf einer **Vereinbarung**. Entgegen einer häufig geäußerten Ansicht hat die „Vereinbarung"

---

[1] *Hanau* in Hanau/Steinmeyer/Wank, § 19 Rz. 72–74. |[2] EAS/*Oetker*, B 8300 Rz. 63 f.; *Bachner/Nielebock*, AuR 1997, 129 (135); noch weiter gehend *Hromadka*, DB 1995, 1125 (1127), der die Umsetzung der Richtlinie in allen Mitgliedstaaten abwarten wollte. |[3] *Blanke*, Einl. EBRG Rz. 40, § 41 EBRG Rz. 4; DKK/*Däubler*, § 41 EBRG Rz. 3; *Müller*, § 41 EBRG Rz. 4; *Eckert*, S. 47 ff. Vgl. die Vorgenannten auch zu der teils geäußerten Ansicht, abweichende Vereinbarungen seien zulässig bis zur Umsetzung von Art. 13 EBR-Richtlinie in allen Mitgliedstaaten. |[4] *Rademacher*, Der Europäische Betriebsrat, S. 153; DKK/*Däubler*, § 41 EBRG Rz. 5; aA *Wuttke*, DB 1995, 774 (777, Fn. 32). |[5] Vgl. *Blanke*, § 41 EBRG Rz. 27 f.; EAS/*Oetker*, B 8300 Rz. 71. |[6] Vgl. *Hanau* in Hanau/Steinmeyer/Wank, § 19 Rz. 68. |[7] DKK/*Däubler*, § 41 EBRG Rz. 4a, der seine Meinung damit begründet, die Unterrichtungs- und Anhörungsrechte nach § 41 seien sonst nicht hinreichend gesichert.

nach § 41 **keinen normativen Charakter**[1]. Dafür fehlt es bereits an einer entsprechenden gesetzlichen Anordnung wie etwa beim TV oder der BV. Es besteht auch keine dogmatische Notwendigkeit, die normative Natur der Vereinbarung anzunehmen, zumal dies dem Grundprinzip der Freiwilligkeit und der Gestaltungsfreiheit widerspräche (s. o. Rz. 33). Entscheidend ist lediglich das Vorliegen eines (regelmäßig, aber nicht notwendig privatrechtlichen) Vertrages, der **wirksam** ist und aus dem die Beteiligten die ihnen zugewiesene Unterrichtung und Anhörung, wie sie in § 41 vorausgesetzt werden, auch tatsächlich erlangen können. Es muss des Weiteren irgendeine **Sanktionsmöglichkeit** mit dem Ergebnis der gerichtlichen Geltendmachung geben, denn anderenfalls ist die Vereinbarung von Unterrichtung und Anhörung im Rechtsstaat wertlos[2]. „Vereinbarung" bedeutet darüber hinaus auch, dass einseitig von Unternehmerseite installierte oder nur faktisch akzeptierte Unterrichtungs- und Anhörungssysteme nicht ausreichen[3]. Der **Geltungsbereich** der Vereinbarung muss sich grundsätzlich auf alle ArbN des Unternehmens oder der Unternehmensgruppe iSd. §§ 2, 3 beziehen. In Übereinstimmung mit § 17 Satz 2 ist § 41 Abs. 1 Satz 2 so auszulegen, dass die Vereinbarung nur für diejenigen Staaten gelten muss, in denen das Unternehmen bzw. die Unternehmensgruppe einen Betrieb hat; die Vertretung einzelner ArbN in Staaten ohne Betrieb muss also nicht von der Vereinbarung gewährleistet sein[4]. Weiter ergibt sich aus § 41 Abs. 3 und 4, dass **keine einheitliche Vereinbarung** für das gesamte Unternehmen bzw. die gesamte Unternehmensgruppe bestehen muss und dass auch noch nicht erfasste Bereiche insb. nach Umstrukturierungen später einbezogen werden können[5].

Die **Vertragspartner der Vereinbarung** sind in § 41 nicht präzise vorgegeben. Auf **ArbGebSeite** muss es sich nicht um die zentrale Leitung iSd. § 1 Abs. 3 handeln. Andere Vertreter von Unternehmen, Unternehmensgruppen oder von Verbänden können die betreffende Vereinbarung ebenfalls geschlossen haben, wobei dies nach deutschem oder ausländischem Recht aufgrund organschaftlicher, tarifvertraglicher und sonstiger rechtsgeschäftlicher oder gesetzlicher Vertretungsmacht geschehen sein kann, vgl. § 41 Abs. 2 Satz 2. Auch hier folgt aus § 41 Abs. 3, 4, dass eine nicht flächendeckende Vereinbarung ergänzt und nach Umstrukturierungen auf sämtliche Unternehmen oder Betriebe eines Unternehmens oder einer Unternehmensgruppe ausgeweitet werden kann[6]. Dennoch muss die Vereinbarung – unabhängig von der Leitungsebene – von den Repräsentanten der beteiligten Unternehmen oder Unternehmensgruppen geschlossen worden sein. Auf **ArbN-Seite** muss keine volle Repräsentativität vorliegen, wie sich ebenfalls aus § 41 Abs. 2 und 3 ergibt[7]. Auch hier können sich unterschiedliche Repräsentationsmittel ergeben, aus denen heraus die Vereinbarung geschlossen wurde, also insb. auch einzelvertragliche Vertretungen sowie tarifvertragliche und betriebsverfassungsrechtliche Systeme, s. zu Letzterem § 41 Abs. 2 Satz 1. Problematisch ist hierbei die Situation, dass Vereinbarungen nur mit einer Minderheit der ArbN bzw. ihrer Vertreter geschlossen werden, zB mit einer Gewerkschaft, die lediglich einen kleinen Teil der ArbN vertritt. Hier ergeben sich auf den ersten Blick ähnliche Bedenken hinsichtlich einer möglichen Verletzung von **Demokratieprinzip und Gleichheitssatz** wie oben Rz. 28 f., 36, 58 bereits geäußert. Andererseits wird mit Blick auf § 41 und die Entstehungsgeschichte von Art. 13 EBR-Richtlinie die Meinung geäußert, es komme nicht auf das Zustandekommen der Vereinbarung an. Diese Regelungen verlangten vielmehr nur **im Ergebnis** ein System, welches den Anforderungen von Unterrichtung und Anhörung entspricht[8]. Soweit man das akzeptiert, muss aber durch die Vereinbarung die breite Unterrichtung und Anhörung aller ArbN bzw. ihrer Vertreter im Unternehmen bzw. in der Unternehmensgruppe sichergestellt sein[9]. Daraus folgt das weitere Erfordernis der **Proportionalität** und der **Repräsentativität** des geschaffenen Gremiums oder Anhörungssystems im Hinblick auf die betroffenen ArbN. Diese müssen sich in einem Gremium oder bei der Wahrnehmung ihrer Unterrichtungs- und Anhörungsrechte gemäß § 41 Abs. 1 Satz 2 möglichst gut vertreten wiederfinden, ohne dass aber die Besetzungs- und Bestellungsregeln nach §§ 10 f., 18 Abs. 2, 22 f. eingehalten sein müssten[10]. In der Praxis werden oft spezielle unternehmens- oder konzernspezifische Strukturen vereinbart, wobei meist – zulässigerweise – für die Entsendung von Vertretern Mindestzahlen festgesetzt werden[11]. Änderungen in der

79

---

1 *Rademacher*, Der Europäische Betriebsrat, S. 160 f.; *Hanau* in Hanau/Steinmeyer/Wank, § 19 Rz. 68.; *I. Schmidt*, RdA Beil. zu Heft 5, S. 12 (17); *Tap*, S. 140 ff. Für die Annahme normativer Wirkung aber *Müller*, § 41 EBRG Rz. 3; *Schiek*, RdA 2001, 218 (231 ff.); *Blanke*, § 41 EBRG Rz. 31. Die von *Blanke* aaO Rz. 31, 36 genannten rechtlichen Wirkungen lassen sich auch bei Annahme einer schuldrechtlichen Vereinbarung annehmen. | 2 *Blanke*, § 41 EBRG Rz. 11; aA *Sandmann*, Die Euro-Betriebsrats-Richtlinie 94/45/EG, S. 175, der bei Verstößen gegen die Vereinbarung aber zumindest ein Kündigungsrecht gewähren möchte. | 3 *Blanke*, § 41 EBRG Rz. 10; *Rademacher*, Der Europäische Betriebsrat, S. 151; *Hromadka*, DB 1995, 1125 (1127); DKK/*Däubler*, § 41 EBRG Rz. 6. | 4 *Blanke*, § 41 EBRG Rz. 14 ff. | 5 S. näher EAS/*Oetker*, B 8300 Rz. 68 ff.; *Müller*, § 41 EBRG Rz. 13 ff. | 6 *Müller*, § 41 EBRG Rz. 9 f.; *Eckert*, S. 31 ff. | 7 *Müller*, § 41 EBRG Rz. 11. | 8 *Heinze*, AG 1995, 396 (400); *Hromadka*, DB 1995, 1125 (1127); *Hanau* in Hanau/Steinmeyer/Wank, § 19 Rz. 69; *Müller*, § 41 EBRG Rz. 5 f., 11; DKK/*Däubler*, § 41 EBRG Rz. 8; *Eckert*, S. 39 ff.; *Rademacher*, Der Europäische Betriebsrat, S. 151 f.; Für die Repräsentation aller ArbN *Klinkhammer* in *Klinkhammer/Welslau* (Hrsg.), S. 65 (68). Vgl. zu dem Problem auch *Sandmann*, Die Euro-Betriebsrats-Richtlinie 94/45/EG, S. 165 f., der jedenfalls ausschließt, dass eine Minderheit auf Arbeitnehmerseite später eine Vereinbarung zunichte machen kann; offen wohl *Blanke*, § 41 EBRG Rz. 7. | 9 *Müller*, § 41 EBRG Rz. 11; *Rademacher*, Der Europäische Betriebsrat, S. 154 ff. | 10 *Blanke*, § 41 EBRG Rz. 19 ff. | 11 *Blanke*, § 41 EBRG Rz. 18, 21, berichtet von vereinbarten Mindestgrößen für Tochterunternehmen oder Mindestbeschäftigtenzahlen pro Staat zwischen 20 und 500 Beschäftigten; die häufigsten Schwellenwerte liegen bei 100 bis 150 ArbN.

80 **5. Gegenstand und Reichweite der Unterrichtungs- und Anhörungsrechte** sind in § 41 nicht näher umschrieben. Die Vereinbarung muss den ArbN des Unternehmens oder der Unternehmensgruppe eine „angemessene Beteiligung an der Unterrichtung und Anhörung ermöglichen". Das bedeutet zunächst, dass § 41 keinen eigenen – zB irgendwie abgeschwächten – **Begriff der Unterrichtung und Anhörung** statuiert[2]. Es bleibt also auch im Rahmen der nach Übergangsrecht fortbestehenden Vereinbarungen dabei, dass diese die Unterrichtung der ArbN(-Vertreter) über die sie betreffenden grenzübergreifenden Strukturfragen sicherstellen und entsprechend der Vorgabe des Art. 2 Abs. 1 lit. f EBR-Richtlinie den „Meinungsaustausch und die Einrichtung eines Dialogs" hierüber anordnen müssen, s. o. Rz. 5.

81 Der **Gegenstand der Unterrichtungs- und Anhörungsrechte** wird in § 41 nicht im Einzelnen umschrieben. Klar muss aber sein, dass grundsätzlich alle wesentlichen Fragen der Betriebs- und Unternehmensführung, welche einen grenzübergreifenden Bezug haben, Gegenstand dieser Rechte sein müssen. Die Frage nach dem mindestens erfassten Gegenstand von Unterrichtung und Anhörung ist in der Lit. wohl noch nicht geklärt[3]. Die einzelne Ausgestaltung obliegt den Vereinbarungsparteien, wobei insb. der für den EBR kraft Gesetzes gültige Katalog der §§ 32 f. im Rahmen des § 41 gerade **nicht** erfüllt sein muss. Dasselbe gilt auch für den Gegenstand der Unterrichtungs- und Anhörungsrechte nach §§ 17 ff., wobei hier die Abgrenzung aber im Einzelnen nicht leicht sein dürfte (s. o. Rz. 41 ff.). Die Definition des **„Grenzübergreifenden"** kann an die diesbezüglichen Ausführungen zu §§ 17 ff. anknüpfen (s. o. Rz. 42)[4]; die entsprechende Definition in § 31 (oben Rz. 62) bietet dagegen keinen Anhaltspunkt für § 41.

82 Umstritten ist, ob die Unterrichtung und Anhörung in irgendeiner Weise **rechtzeitig** erfolgen müssen. Teils wird das mit der Begründung abgelehnt, das Kriterium der Rechtzeitigkeit werde lediglich beim EBR kraft Gesetzes, nämlich in den §§ 32 f., statuiert (s. dazu oben Rz. 62, vgl. auch zum EBR kraft Vereinbarung oben Rz. 44)[5]. Die Gegenansicht stellt wohl nicht in Abrede, dass § 41 andere Anforderungen an die Rechtzeitigkeit stellt als die relativ strikten §§ 32 f. Jedoch steht man auf dem Standpunkt, dass die **Anhörung beginnen** müsse, **bevor die endgültige Entscheidung in der Sache getroffen ist**[6]. Dem ist unter dem Gesichtspunkt der richtlinienkonformen Auslegung zuzustimmen. Wenn Art. 2 Abs. 1 lit. f EBR-Richtlinie die „Anhörung" definiert als „Meinungsaustausch und die Einrichtung eines Dialogs" (s. im Einzelnen oben Rz. 5), dann kann dies nicht nur zurückliegende Sachverhalte betreffen. Hier wird die Anhörung nicht mit dem Zweck der retrospektiven, quasi „historischen" Betrachtung unternehmerischen Verhaltens begriffen, sondern als vorausschauende – wenn auch faktisch „passive" – Beteiligung an der unternehmerischen Entscheidung.

83 Für die **Durchsetzung** der Unterrichtungs- und Anhörungsrechte aus der Vereinbarung iSd. § 41 EBRG ist grundsätzlich auf die Vereinbarung selbst als Anspruchsgrundlage zurückzugreifen (s. zur Durchsetzung von Vereinbarungen nach §§ 17 ff. und der Rechte des EBR kraft Gesetzes nach § 32 f. oben Rz. 45, 65 f.). Aus dieser muss sich im Einzelfall ein möglicherweise durch Leistungsklage durchsetzbarer Erfüllungsanspruch auf Unterrichtung und Anhörung ergeben oder ein Unterlassungsanspruch gegen geplante Maßnahmen, über welche vereinbarungswidrig noch nicht informiert oder beraten wurde[7] (vgl. zur entsprechenden Fragestellung beim EBR kraft Gesetzes und beim EBR kraft Vereinbarung oben Rz. 45, 65 f.). Da die Vereinbarung nach § 41 gerade zur Nicht-Geltung des EBR-Rechts führt, greifen die für die Durchsetzung einschlägigen prozessrechtlichen Vorschriften über das **Beschlussverfahren** nach dem Wortlaut zwar nicht ein. Jedoch sprechen Sinn und Zweck der Regelungen für die analoge Anwendung von § 2a Nr. 3b ArbGG[8]. Allerdings kann sich die Parteifähigkeit der beteiligten Personen und Stellen nicht nach § 10 ArbGG, sondern nur nach den allgemeinen Regeln sowie der zugrunde liegenden Vereinbarung richten. Die örtliche Zuständigkeit ist in § 82 Satz 5 ArbGG geregelt. Die **Straf- und Bußgeldvorschriften** der §§ 42 ff. sind auf die Einhaltung von Vereinbarungen nach § 41 schon wegen des strafrechtlichen Analogieverbots nicht anzuwenden.

---

[1] Siehe im Einzelnen EAS/*Oetker*, B 8300 Rz. 68 ff.; *Müller*, § 41 EBRG Rz. 13 ff.; *Blanke*, § 41 EBRG Rz. 24 ff. | [2] DKK/*Däubler*, § 41 EBRG Rz. 4; *Tap*, S. 133 ff.; ebenso im Ergebnis *Blanke*, § 41 EBRG Rz. 12; *Willemsen/Hohenstatt*, Chancen und Risiken von Vereinbarungen gemäß Artikel 13 der „Euro-Betriebsrat"-Richtlinie, NZA 1995, 399 (402). Anders *Sandmann*, Die Euro-Betriebsrats-Richtlinie 94/45/EG, S. 169 ff. (insbesondere S. 170), der von geringeren Anforderungen an die Unterrichtungs- und Anhörungspflichten ausgeht; ebenso wohl auch *Müller*, § 41 EBRG Rz. 7; *Hanau* in Hanau/Steinmeyer/Wank, § 19 Rz. 71. | [3] Vgl. DKK/*Däubler*, § 41 EBRG Rz. 4; *Müller*, § 41 EBRG Rz. 7 ff.; *Blanke*, § 41 EBRG Rz. 12 f.; *Hanau* in Hanau/Steinmeyer/Wank, § 19 Rz. 68; *Hromadka*, DB 1995, 1125 (1130); *Willemsen/Hohenstatt*, NZA 1995, 399 (402); *Eckert*, S. 89 ff. | [4] Ebenso *Rademacher*, Der Europäische Betriebsrat, S. 157. | [5] *Müller*, § 41 EBRG Rz. 7. | [6] DKK/*Däubler*, § 41 EBRG Rz. 4; *Hromadka*, DB 1995, 1125 (1130); *Willemsen/Hohenstatt*, NZA 1995, 399 (402). | [7] Einen Unterlassungsanspruch aus einer Vereinbarung nach Art. 13 EBR-Richtlinie verneinte der Cour d´Appel de Paris v. 5.8.1998 – 98/12502 im Fall Panasonic France SA, berichtet nach *Blanke*, § 32 EBRG Rz. 39. AA ebenfalls zu Art. 13 EBR-Richtlinie zuvor das Tribunal de Grande Instance von Nanterre v. 4.4.1997 – BO: 97/00992 im Fall *Renault/Vilvoorde*, berichtet nach *Lorenz/Zumfelde*, Der Europäische Betriebsrat und die Schließung des Renault-Werkes in Vilvoorde/Belgien, RdA 1998, 168 ff.; *Kolvenbach/Kolvenbach*, Massenentlassungen bei Renault in Belgien, NZA 1997, 695 (697). | [8] *Hanau* in Hanau/Steinmeyer/Wank, § 19 Rz. 68; vgl. auch BT-Drs. 13/4520, S. 29; EAS/*Oetker*, B 8300 Rz. 242 ff.

Gesetz über die Zahlung des Arbeitsentgelts an Feiertagen und im Krankheitsfall (Entgeltfortzahlungsgesetz – EFZG)

vom 26.5.1994 (BGBl. I S. 1014, 1065),
zuletzt geändert durch Gesetz vom 23.12.2003 (BGBl. I S. 2848)

1 *Anwendungsbereich*
(1) Dieses Gesetz regelt die Zahlung des Arbeitsentgelts an gesetzlichen Feiertagen und die Fortzahlung des Arbeitsentgelts im Krankheitsfall an Arbeitnehmer sowie die wirtschaftliche Sicherung im Bereich der Heimarbeit für gesetzliche Feiertage und im Krankheitsfall.

(2) Arbeitnehmer im Sinne dieses Gesetzes sind Arbeiter und Angestellte sowie die zu ihrer Berufsbildung Beschäftigten.

Lit.: *Bauer/Lingemann*, Probleme der Entgeltfortzahlung nach neuem Recht, BB 1996 Beil. Nr. 17, 8; *Bontrup*, Veränderungen im Entgeltfortzahlungsgesetz – Erhöhung der Wettbewerbsfähigkeit oder Umverteilung?, AuA 1996, 405; *Feichtinger*, Entgeltfortzahlung im Krankheitsfall, AR-Blattei SD 1000.3; *Feldgen*, Das neue Entgeltfortzahlungsgesetz, DB 1994, 130; *Gola*, Das neue Entgeltfortzahlungsgesetz, RiA 1995, 1; *Gutzeit*, Das arbeitsrechtliche System der Lohnfortzahlung (Monographie); *Hanau*, Ergänzende Hinweise zur Neuregelung der Entgeltfortzahlung im Krankheitsfall, RdA 1997, 205; *Harth*, Die Neuregelung der Entgeltfortzahlung im Krankheitsfall, Diss. Köln 1999, 2000; *Hennige*, Änderung der Entgeltfortzahlung an Feiertagen und im Krankheitsfall, DStR 1994, 1203; *Hold*, Das neue Entgeltfortzahlungsgesetz, AuA 1994, 193; *Hold*, Die Änderung des Rechts der Entgeltfortzahlung im Krankheitsfall ab 1. Januar 1999, ZTR 1999, 103; *Kehrmann*, Neues Recht der Entgeltfortzahlung bei Krankheit und an Feiertagen, AiB 1994, 322; *Kleinsorge*, Gesetz über die Zahlung des Arbeitsentgelts an Feiertragen und im Krankheitsfall (Entgeltfortzahlungsgesetz), NZA 1994, 640; *Marburger*, Neu geregelt – Entgeltfortzahlung im Krankheitsfall, BB 1994, 1417; *Säcker*, Das neue Entgeltfortzahlungsgesetz und die individuelle und kollektive Vertragsfreiheit, ArbuR 1994, 1; *Schaub*, Entgeltfortzahlung im neuen (alten) Gewand?, NZA 1999, 177; *Schliemann*, Neues und Bekanntes im Entgeltfortzahlungsrecht, ArbuR 1994, 317; *Schmitt*, Ungleichbehandlungen zwischen Arbeitern und Angestellten bei der Lohnfortzahlung im Krankheitsfall, ZTR 1991, 3; *Schmitt*, Die Neuregelung der Entgeltfortzahlung im Krankheitsfall, RdA 1996, 5; *Schneider, Heinz*, Neuregelung der Entgeltfortzahlung ab 1.6.1994, ZfS 1994, 257; *Viethen*, Das neue Entgeltfortzahlungsgesetz, RV 1994, 151.

I. Entstehung und Ziele des Entgeltfortzahlungsgesetzes. Das Gesetz über die Zahlung des Arbeitsentgelts an Feiertagen und im Krankheitsfall (Entgeltfortzahlungsgesetz – EFZG) vom 26.5.1994 ist als Art. 53 des Pflegeversicherungsgesetzes – PflegeVG – verkündet worden und am 1.6.1994 in Kraft getreten[1]. Es verfolgt im Wesentlichen vier Ziele: 1. die Beseitigung der bis dahin unterschiedlichen, teilweise gleichheitswidrigen Behandlung verschiedener ArbN-Gruppen[2], 2. die Einbeziehung kurzzeitig und geringfügig Beschäftigter in die Entgeltfortzahlung im Krankheitsfall, 3. die Beseitigung der unterschiedlichen Rechtslage in den alten Bundesländern und im Beitrittsgebiet sowie – als flankierende Maßnahme – 4. einen Ausgleich der Mehrbelastung der ArbGeb durch die sog. ArbGebAnteile der Beiträge zur gleichzeitig neu eingeführten gesetzliche Pflegeversicherung[3]. Der zuletzt genannte Zweck hat dazu geführt, dass das EFZG auch die Entgeltfortzahlung an Feiertagen regelt; der Vermittlungsausschuss hatte als Gegenfinanzierung die Streichung eines gesetzlichen Feiertages durch die Bundesländer vorgeschlagen[4]. 1

Mit der Schaffung des Entgeltfortzahlungsgesetzes wurden die **verstreuten Vorschriften** über die Entgeltfortzahlung im Krankheitsfall **angeglichen** (§ 12 BBiG – zur Berufsausbildung Beschäftigte; § 48 ff., § 78 SeemG – Seeleute und Kapitäne auf Kauffahrteischiffen) bzw. **aufgehoben** (§ 115a ff AGB-DDR[5] – ArbN außer Seeleuten, § 616 Abs. 3 BGB – Angestellte, § 63 HGB – Handlungsgehilfen; § 133c GewO – technische Angestellte, § 616 Abs. 2 und §§ 1 bis 9 LFZG – Arbeiter). Allerdings blieben die Bestimmungen des LFZG über die Umlageverfahren zwecks Ausgleichs der Entgeltfortzahlung im Krankheitsfall bei Arbeitern und der Mutterschaftsleistungen für alle Arbeitnehmerinnen (§§ 10 bis 19 LFZG) erhalten (vgl. § 10 bis 19 LFZG). Aufgehoben wurde auch das Gesetz zur Regelung der Lohnzahlung an Feiertagen – **FeiertagslohnzahlungsG** –[6], dessen Geltung auch auf das Beitrittsgebiet erstreckt worden war[7]. 2

---

1 BGBl. I S. 1013, 1065 ff., 1070. | 2 Vgl. BAG v. 5.8.1987 – 5 AZR 189/86 (A), BAGE 54, 374; aufgegeben durch BAG v. 8.4.1992 – 5 AZR 189/86 (B), NZA 1992, 838–839; vgl. die Übersicht zu Ungleichbehandlungen bei der Entgeltfortzahlung im Krankheitsfall bis 1990: *Schmitt*, ZTR 1991, 3 ff. | 3 BT-Drs. 12/5263 (Gesetzentwurf der Fraktionen der CDU/CSU und der FDP); BR-Drs. 506/93 (wortgleicher Gesetzentwurf der Bundesregierung); BT-Drs. 12/5798 (Bericht und Beschlussempfehlung des A.u.S.-Ausschusses). | 4 Art. 1 § 58 PflegeVG v. 26.5.1994 (BGBl. I S. 1013, 1070); vgl. BT-Drs. 12/5263, 8; *Kleinsorge*, NZA 1994, 640, 641. | 5 Fortgeltung gem. Einigungsvertrag vom 31.8.1990 Anl. II Kap. VIII Sachgeb. A Abschn. II und III Buchst. a (BGBl. II 1990, S. 885, 1207). | 6 V. 20.8.1951 (BGBl. I S. 479). | 7 Art. 8 Einigungsvertrag v. 31.8.1990 (BGBl. II 1990, S. 885, 1207).

3 Nachfolgend wurde das **EFZG mehrfach geändert**. Im Jahr 1996 wurden durch das Arbeitsrechtliche Beschäftigungsförderungsgesetz[1] eine Wartezeit von vier Wochen eingeführt (§ 3 Abs. 3), die Höhe der Entgeltfortzahlung auf 80 % des regelmäßigen Arbeitsentgeltes herabgesetzt (§ 4a aF) und ermöglicht, Sondervergütungen auch wegen krankheitsbedingte Fehlzeiten abzusenken (§ 4b aF)[2]. Die Absenkung der Entgeltfortzahlung im Krankheitsfall hat vielfach zur tarifvertraglichen Nachbesserungen geführt, bei denen die (Wieder-) Erhöhung auf 100 % idR nur mit einer Gegenleistung, meistens Absenkung von Sonderzahlungen oder Urlaubgeld erreichbar war[3]. Mit Wirkung vom 1.1.1999 wurden die Entgeltfortzahlung im Krankheitsfall wieder auf 100 % durch das Gesetz zu Korrekturen in der SozV und zur Sicherung der ArbN-Rechte[4] angehoben; deshalb wurden § 4a aF gestrichen sowie § 4b aF in § 4a (nF) umnummeriert. Dagegen wurden Überstundenvergütungen bei der Bemessung der Entgeltfortzahlung nicht mehr berücksichtigt (§ 4 Abs. 1a nF) und die Nichtanrechnung der Maßnahmen der medizinischen Vorsorge oder Rehabilitation auf den Erholungsurlaub wieder hergestellt[5]. Die Bestimmungen der §§ 10 bis 19 LFZG blieben trotz mahnender Hinweise auf die Ungleichbehandlung wegen der Umlagefinanzierung der Entgeltfortzahlung für Angestellte in Kleinbetrieben[6] unverändert.

4 **II. Zweck des Gesetzes.** § 1 Abs. 1 EFZG bestimmt den Gesetzeszweck im engeren Sinne. Es regelt zwei verschiedene Arten der Entgeltfortzahlung an ArbN, nämlich die „Zahlung des Arbeitsentgelts an gesetzlichen Feiertagen" und die „Fortzahlung des Arbeitsentgelts im „Krankheitsfall". Ausdrücklich zum Gesetzeszweck zählen auch die wirtschaftliche Sicherung der in Heimarbeit Beschäftigten und der ihnen Gleichgestellten im Krankheitsfall sowie die Feiertagsbezahlung der in Heimarbeit Beschäftigten.

5 Die grundsätzliche Entscheidung, ob **Engeltfortzahlung** (in den ersten sechs Wochen der krankheitsbedingten Arbeitsunfähigkeit) **vom ArbGeb oder Krankengeld**, dh. eine Versicherungsleistung **von einer Krankenkasse** bzw. entsprechenden Versicherung geleistet werden soll, dürfte als politisch definitiv gefallen anzusehen sein. Damit ist Deutschland eines der wenigen Länder, in denen es Entgeltfortzahlung im Krankheitsfall und nicht von Anfang an eine Versicherungsleistung im Fall krankheitsbedingten Erwerbsausfalles gibt. Historisch gesehen wurde das ursprünglich nur bestimmten Angestellten vorbehaltene Privileg, wegen einer Erkrankung den Anspruch auf Vergütung nicht zu verlieren, allmählich auf alle Angestellten und sodann auf alle ArbN ausgedehnt[7]. Insoweit bezweckt das Gesetz rechtlich und faktisch die Entlastung der gesetzlichen Krankenversicherung. Dies zeigt auch § 49 Abs. 1 Nr. 1 SGB I. Hiernach ruht der Anspruch auf Krankengeld, soweit und solange der Versicherte Arbeitsentgelt bezieht.

6 Damit erweckt § 1 EFZG den **Anschein einer abschließenden gesetzlichen Regelung** der Entgeltfortzahlung im Krankheitsfall. Der Schein trügt. Nach wie vor gelten ergänzende Regelungen, so zB § 616 BGB für den Fall **krankheitsbedingter Arbeitsverhinderungen**, die keine Arbeitsunfähigkeit bedeuten, wie zB der Arztbesuch. Für den Anspruch auf Krankenfürsorge bei der Aufnahme des ArbN **in die häusliche Gemeinschaft** gelten nach wie vor § 617, § 619 BGB bzw. für jugendliche ArbN in häuslicher Gemeinschaft § 30 JArbSchG. Für die **Schiffsleute und Kapitäne auf den Kauffahrteischiffen** gelten die §§ 42 bis 52 und 78 SeemG[8]. Zudem sind Abweichungen vom EFZG zu Gunsten der ArbN erlaubt; sehr häufig finden sich solche **Abweichungen in TV**, seltener in Arbeitsverträgen. Abweichungen zu Ungunsten sind allerdings nur für § 4 Abs. 4 möglich (vgl. 12–4).

7 Die Beschreibung der **Zweckbestimmung** in § 1 ist in sich **unscharf**. Bei der „Zahlung des Arbeitsentgeltes" an Feiertagen handelt es sich nicht um eine Regelung der Erfüllung des infolge Arbeitsleistung am Feiertag entstandenen Forderung auf Arbeitsentgelt, sondern um das Gegenteil, nämlich um den Rechtsgrund für die Entgeltfortzahlung an gesetzlichen Feiertagen, an denen wegen der Feiertagsruhe (§ 9 ArbZG) die sonst zu leistende Arbeit und damit der Anspruch auf deren Vergütung ausfallen. Die Entgeltfortzahlung wird nicht bereits „im Krankheitsfall" des ArbN geschuldet, sondern erst dann, wenn der ArbN ohne sein Verschulden infolge seiner Erkrankung arbeitsunfähig (geworden) ist oder eine unverschuldete Arbeitsunfähigkeit vermutet wird.

8 **III. Persönlicher Anwendungsbereich. 1. ArbN.** Der persönliche Anwendungsbereich erfasst alle ArbN iSd. EFZG, nämlich Arbeiter und Angestellte sowie die zur ihrer Berufsausbildung Beschäftigten (Satz 2). Wie andere arbeitsrechtliche Normen auch enthält das EFZG keine Definition der genannten Begriffe. Vielmehr setzt das Gesetz den **allgemeinen Begriff des ArbN** (vgl. dazu Vor § 611 BGB Rz. 19 ff.) voraus: ArbN ist, wer auf privatvertraglicher Grundlage im Dienste eines anderen zur Leistung von Arbeit verpflichtet ist[9]; dies erfordert einen hinreichenden Grad persönlicher Abhängigkeit des zur Arbeitsleistung verpflichteten Menschen[10].

---

[1] ArbRBeschFG v. 25.9.1996 (BGBl. I S. 1476). |[2] Vgl. des Näheren: KDHK/*Hold*, Einl. EFZG Rz. 16 ff.; *Schmitt*, Einl. EFZG Rz. 120 ff.; *Kunz/Wedde*, Einl. EFZG Rz. 29 ff. |[3] Vgl. *Bispinck*, Soziale Sicherheit (1997), 335 ff.; *Bispinck*. und WSI Archiv, Entgeltfortzahlung im Krankheitsfall, Informationen zur Tarifpolitik – Elemente qualitativer Tarifpolitik Nr. 31 (1997). |[4] Gesetz v. 19.12.1998 (BGBl. I S. 3843). |[5] Vgl. des Näheren: KDHK/*Hold*, Einl. EFZG Rz. 22 ff.; *Schmitt*, Einl. EFZG Rz. 133 ff.; *Kunz/Wedde*, Einl. EFZG Rz. 42 ff. |[6] *Canaris*, RdA 1997, 267. |[7] Vgl. *Schmitt*, Einl. EFZG Rz. 17 ff. |[8] Vgl. *Schmitt*, §§ 42 bis 52 EFZG, § 78 SeemG Rz. 1 bis 20. |[9] BAG in st. Rspr., statt vieler: v. 16.2.2000 – 5 AZB 71/99, AP Nr. 70 zu § 2 ArbGG 1979; vgl. zum Begriff des ArbN ausf.: *Schliemann*, ArbR BGB, § 611 Rz. 166 bis 214. |[10] BAG v. 30.9.1998 – 5 AZR 563/07, AP Nr. 103 zu § 611 BGB – Abhängigkeit.

Anwendungsbereich Rz. 16 § 1 EFZG

Der Begriff des ArbN ist kein Statusbegriff, sondern die zusammenfassende Bezeichnung der natürlichen Person, die sich in einem Arbeitsvertrag zur Leistung von Arbeit verpflichtet hat. Für die Anwendbarkeit des EFZG kommt es nur darauf an, dass der Arbeitsvertrag abgeschlossen worden ist. Ausreichend ist aber auch ein **faktisches Arbeitsverhältnis**. Es setzt voraus, dass die Parteien auf den Abschluss des Arbeitsvertrags gerichtete Willenserklärungen abgegeben haben, sich aber mindestens eine dieser Erklärungen als rechtsunwirksam erweist, zB infolge einer wirksamen Anfechtung. In einem solchen Fall ist das Arbeitsverhältnis, soweit es vollzogen worden ist, nach den Regeln über das faktische Arbeitsverhältnis abzuwickeln. Verstößt der Arbeitsvertrag jedoch gegen die guten Sitten, so ist er unheilbar nichtig; es entsteht dann auch kein faktisches Arbeitsverhältnis[1]. Die **vorläufige Weiterbeschäftigung** eines gekündigten ArbN während des Kündigungsschutzprozesses führt, wenn sich die Kündigung als wirksam erweist, weder zur „bedingten Fortsetzung des bisherigen Arbeitverhältnisses noch zum faktischen Arbeitsverhältnis, sondern löst nur einen Anspruch des ArbN auf Ersatz des Wertes der geleisteten Arbeit nach § 818 Abs. 1 Satz 1, Abs. 2 BGB aus"[2]. Hat der ArbN in dieser Zeit wegen eines gesetzlichen Feiertages oder wegen krankheitsbedingter Arbeitsunfähigkeit keine Arbeit geleistet, so ist der ArbGeb auch nicht durch eine Arbeitsleistung bereichert. Deshalb stehen dem ArbN für solche Zeiträume auch keine Ansprüche auf Entgeltfortzahlung nach § 2 bzw. § 3 zu[3]. 9

Zwar zählen auch **ABM-Kräfte** (§ 260 Abs. 1 Nr. 2 SGB III, vormals § 93 AFG) zu den ArbN, nicht aber die aufgrund eines **Eingliederungsvertrags** Beschäftigten (§ 231 SGB III). Gleichwohl haben auch Eingliederungsbeschäftigte Anspruch auf Entgeltfortzahlung nach dem EFZG; die Kosten hierfür erhält der „Arbeitgeber" indessen erstattet (§ 231 Abs. 2, § 233 SGB III)[4]. **Sozialhilfeempfänger**, die nach § 19 BSHG gemeinnützige oder zusätzliche Tätigkeiten ausüben, können in einem Arbeitsverhältnis stehen[5]; sie erhalten dann Arbeitsentgelt (§ 19 Abs. 1 Satz 2 Alt. 2 BSHG) und zählen zu den ArbN iSd. EFZG. Sie können aber auch in einem öffentlich-rechtlichen Rechtsverhältnis beschäftigt sein (§ 19 Abs. 2 Satz 1 Alt. 1 BSHG) und fallen damit nicht unter das EFZG. 10

2. Arbeiter und Angestellte. Abs. 2 zählt Arbeiter und Angestellte zu den ArbN iSd. EFZG. Auf die Unterscheidung zwischen Arbeitern und Angestellten[6] kommt es für die Entgeltfortzahlung selbst nicht mehr an, wohl aber hinsichtlich der nur Arbeiter betreffenden Umlagenfinanzierung der Entgeltfortzahlung im Krankheitsfall (vgl. § 10 ff. LFZG). Zudem ist die Unterscheidung zwischen beiden ArbN-Arten für bestimmte unterschiedliche tarifvertragliche Regelungen für die Entgeltfortzahlung von Bedeutung. 11

3. Zu ihrer Berufsausbildung Beschäftigte. Zu den ArbN iS des EFZG zählen auch zu ihrer Berufsausbildung Beschäftigte. Mit der Einführung des EFZG ist zugleich die bisherige Regelung über die Entgeltfortzahlung an förmliche Auszubildende in der früheren Fassung des § 12 BBiG aufgehoben bzw geändert worden[7]. Der Begriff der Berufbildung iSd. BBiG umfasst nach § 1 BBiG die Berufsausbildung, die berufliche Fortbildung und die berufliche Umschulung. Die Beschäftigung muss auf privatrechtlicher Grundlage erfolgen und einem der drei Ziele dienen. Damit fallen nicht nur Auszubildende zu ihrer (förmlichen) Berufsausbildung, sondern auch Auszubildende in anderen privatrechtlichen Vertragsverhältnissen (§ 19 BBiG), insb. Volontäre, Praktikanten, Umschüler usw. unter den Anwendungsbereich des EFZG. 12

4. Persönliche Unanwendbarkeit des EFZG. Unanwendbar ist das EFZG dagegen auf Personen, die nicht zum oben genannten Kreis der ArbN iS dieses Gesetzes zu rechnen sind. Dies betrifft alle Personen, die Arbeits- oder Dienstleistungen zwar persönlich, aber auf anderen als arbeitsrechtlichen Rechtsgrundlagen erbringen[8], zB **Beamte, Richter, Soldaten, Wehr- und Zivildienstleistende, Entwicklungshelfer**[9], **Helfer im freiwilligen** sozialen oder ökologischen **Jahr**[10], **Sozialhilfeempfänger**, die nicht im Arbeitsverhältnis, sondern aufgrund öffentlichen Rechts beschäftigt werden (§ 19 Abs. 2 Satz 1 Alt. 1 BSHG), **krankheitsbedingt arbeitsunfähige ArbN, die zur Wiedereingliederung** beschäftigt werden (§ 74 SGB V)[11], **Rehabilitanden**, sofern sie nicht zu ihrer Berufausbildung beschäftigt werden, **Strafgefangene**, wenn sie im besonderen Gewaltverhältnis tätig sind. 13

Insbesondere findet das EFZG keine Anwendung auf **freie Dienstnehmer, arbeitnehmerähnliche Personen** oder sonst (wirtschaftlich) abhängig Beschäftigte (vgl. § 7 Abs. 4 SGB IV), weil bei ihnen der für ArbN vorausgesetzte hinreichende Grad persönlicher Abhängigkeit nicht vorliegt[12]. 14

5. Heimarbeit. Für den Bereich der Heimarbeit enthalten die §§ 10 und 11 besondere Regelungen einschließlich der Bestimmung des jeweiligen persönlichen Anwendungsbereichs. 15

IV. Räumlicher Geltungsbereich. Das EFZG gilt uneingeschränkt im Hoheitsgebiet der Bundesrepublik Deutschland. Das EFZG selbst enthält keine Bestimmung seines räumlichen Geltungsbereichs. Er 16

---

1 Vgl. insgesamt: *Schliemann*, ArbR BGB, § 611 Rz. 443 mwN; KDHK/*Kleinsorge*, § 1 EFZG Rz. 11; HzA/*Vossen*, Gruppe 2 Rz. 50. |2 BAG v. 17.1.1991 – 8 AZR 483/89, BAGE 67, 88, 90 ff. |3 Vgl. KDHK/*Dunkl*, § 3 EFZG Rz. 24 mwN für die krankheitsbedingte Entgeltfortzahlung. |4 KDHK/*Kleinsorge*, § 1 EFZG Rz. 46. |5 BAG v. 4.2.1993 – 2 AZR 416/92, AP Nr. 2 zu § 21 SchwbG 1986. |6 Vgl. zu den Begriffen: *Schliemann*, ArbR BGB, § 611 Rz. 335 ff. |7 Art. 55 PflegeVG v. 26.5.1994, BGBl. I S. 1013, 1070. |8 Vgl. dazu insgesamt *Schliemann*, ArbR BGB, § 611 Rz. 227–289. |9 BAG v. 27.4.1977 – 5 AZR 129/76, AP Nr. 1 zu § 611 BGB – Entwicklungshelfer (*Herschel*). |10 BAG v. 12.2.1991 – 7 ABR 42/91, AP Nr. 52 zu § 5 BetrVG 1972. |11 BAG v. 29.1.1992 – 5 AZR 37/91, AP Nr. 1 zu § 74 SGB V. |12 KDHK/*Kleinsorge*, § 1 EFZG Rz. 29 ff.

richtet sich vielmehr nach den allgemeinen Regeln. Deutsches Arbeitsrecht gilt für alle Personen ohne Rücksicht auf ihre Staatsangehörigkeit, deren Arbeitsplatz in Deutschland liegt[1], es sei denn, dass sich bei einer Auslandsberührung anderes aus den Umständen[2] oder einer ausdrücklichen Vereinbarung ergibt. Das Arbeitsverhältnis kann dem Recht eines anderen Staates wirksam unterstellt werden. Allerdings hat dies nicht die Unanwendbarkeit der Bestimmungen über die Entgeltfortzahlung im Krankheitsfall (§ 3 ff.) oder über mutterschutzbedingte Leistungen (§ 14 MuSchG) zur Folge, denn diese Bestimmungen sind Eingriffsnormen iSd. Art. 34 EGBGB, weil sie zugleich öffentlichen Interessen (Entlastung der Krankenkassen) dienen[3].

17 Für **Staatsangehörige der EG-Mitgliedstaaten** ordnet Art. 7 der (Freizügigkeits-)EWG-VO Nr. 1612/68 die Gleichbehandlung mit inländischen ArbN, auch hinsichtlich der Entgeltfortzahlung, an[4].

18 Bei einer **vorübergehenden Entsendung** aus Deutschland in das Ausland bleibt regelmäßig das Recht am Sitz des entsendenden Unternehmens maßgeblich[5]. Bei **ständig wechselnden Auslandseinsätzen** sind für das international anzuwendende Recht der Sitz des ArbGeb[6] bzw. der Einstellungsort maßgebend.

19 Dagegen ist bei einem reinen **Auslandsarbeitsverhältnis** idR das Recht des Staates anzuwenden, in dem das Arbeitsverhältnis liegt, wenn ein ArbN (mit deutscher oder anderer Staatsangehörigkeit) lediglich für einen Einsatz in dem betreffenden Staat angestellt wird; dies gilt auch umgekehrt, wenn zB ausländische Staaten **Ortskräfte im Inland** mit nicht hoheitlichen Aufgaben einstellen[7]. Gleiches gilt, wenn es sich bei dem ArbGeb im Ausland um ein ausländisches Unternehmen handelt.

2 Entgeltzahlung an Feiertagen

(1) Für Arbeitszeit, die infolge eines gesetzlichen Feiertages ausfällt, hat der Arbeitgeber dem Arbeitnehmer das Arbeitsentgelt zu zahlen, das er ohne den Arbeitsausfall erhalten hätte.

(2) Die Arbeitszeit, die an einem gesetzlichen Feiertag gleichzeitig infolge von Kurzarbeit ausfällt und für die an den anderen Tagen als den gesetzlichen Feiertagen Kurzarbeitergeld geleistet wird, gilt als infolge eines gesetzlichen Feiertages nach Absatz 1 ausgefallen.

(3) Arbeitnehmer, die am letzten Arbeitstag vor oder am ersten Arbeitstag nach Feiertagen unentschuldigt der Arbeit fernbleiben, haben keinen Anspruch auf Bezahlung für diese Feiertage.

Lit.: *Ring*, Entgeltfortzahlung an Feiertagen, BuW 2001, 829; *Adam*, Die Sondervergütung im Arbeitsrecht, ZTR 1998, 438; *Leinemann*, Der urlaubsrechtliche und entgeltfortzahlungsrechtliche Freischichttag – Eine offenbar fast endlose Geschichte, in Festschrift für Schaub. 1998, S. 443 = (erweiterte Fassung) BB 1998, 1414; vgl. des Weiteren das zu § 1 aufgeführte Schrifttum.

1 **I. Zweck der Bestimmung.** Der Zweck des § 2 liegt in der **Sicherung des Arbeitseinkommens der ArbN** (§ 1 Rz. 8 bis 13) **an den gesetzlichen Feiertagen**. Für HeimArbN regelt § 11 die Entgeltfortzahlung an Feiertagen. Nach § 326 Abs. 1 Satz 1 BGB[8] (vormals § 323 BGB) wird der ArbGeb von der Verpflichtung frei, Arbeitsentgelt zu zahlen, wenn der ArbN an dem Feiertag seiner ohne die Arbeitsbefreiung am Feiertag gegebenen Pflicht zur Erbringung der Arbeitsleistung nicht nachkommt: „Ohne Arbeit kein Lohn[9]". Insoweit ist die gesetzliche Überschrift des § 2 missverständlich; es geht nicht um die Zahlung geschuldeten Arbeitsentgeltes, sondern um dessen Fortzahlung infolge eines gesetzlichen Ausfallens der Arbeitsleistung.

2 Demselben Zweck diente bis zur Einführung des § 2 in das EFZG das bis dahin geltende Gesetz zur Regelung der Lohnzahlung an Feiertagen – FeiertagslohnzahlungsG –[10], dessen Geltung auch auf das Beitrittsgebiet erstreckt worden war[11]. Die Übernahme dessen Bestimmungen in das EFZG hat den Zweck, einen Ausgleich der Mehrbelastung der ArbGeb durch die ArbGebAnteile der Beiträge zur gleichzeitig neu

---

[1] BAG v. 13.5.1959 – 1 AZR 258/57, BAGE 7, 362; ErfK/*Dörner*, § 1 EFZG Rz. 15; KDHK/*Kleinsorge*, § 1 EFZG Rz. 65; *Kunz/Wedde*, § 1 EFZG Rz. 96; *Schmitt*, § 1 EFZG Rz. 23. | [2] Vgl. zur Anwendbarkeit indischen Rechts auf in Bombay mit indischen Seeleuten geschlossenen Heuerverträgen für Heuern auf einem Schiff im deutschen internationalen (Zweit-)Schiffsregister: BAG v. 3.5.1995 – 5 AZR 15/94, AP Nr. 32 zu Internat. Privatrecht Arbeitsrecht (*Lorenz*). | [3] Vgl. für eine in Frankfurt/M. stationierte Flugbegleiterin einer amerikanischen Luftfahrgesellschaft: BAG v. 12.12.2001 – 5 AZR 255/00, AP Nr. 10 zu Art. 30 EGBGB nF. | [4] Verordnung (EWG) Nr. 1612/68 über die Freizügigkeit der Arbeitnehmer innerhalb der Gemeinschaft v. 15.10.1968, Abl. EG Nr. L 295/12, zuletzt geändert durch VO (EWG) Nr. 2434/92 vom 27.7.1992, Abl.EG Nr. L 245/1. | [5] BAG v. 25.4.1978 – 5 AZR 2/77, AP Nr. 16 zu Internat. Privatrecht Arbeitsrecht (*Simitis*). | [6] Zu Art. 30 EGBGB aF: BAG v. 27.8.1964 – 5 AZR 364/63, AP Nr. 9 zu Internat. Privatrecht Arbeitsrecht; v. 13.5.1959 – 1 AZR 258/57, AP Nr. 4 zu Internat. Privatrecht Arbeitsrecht. | [7] BAG v. 20.11.1997 – 2 AZR 631/96, AP Nr. 1 zu § 18 GVG. | [8] In der ab 1.1.2002 geltenden Fassung gem. Art. 8 des Gesetzes zur Modernisierung des Schuldrechts vom 26.11.2001 (BGBl. I S. 3138). | [9] St. Rspr. statt vieler: BAG v. 7.6.1963 – 1 AZR 253/62, BAGE 14, 200, 201. | [10] V. 20.8.1951 (BGBl. I S. 479). | [11] Art. 8 Einigungsvertrag vom 31.8.1990 iVm. Art. 1 G v. 23.9.1990 (BGBl. II 1990, 885, 1207).

eingeführten gesetzlichen Pflegeversicherung zu ermöglichen[1]. Der Vermittlungsausschuss hatte als Gegenfinanzierung die Streichung eines gesetzlichen Feiertages durch die Bundesländer vorgeschlagen[2].

II. Regelungsinhalte. Inhaltlich wurden die **Regelungen des Feiertagslohnzahlungsgesetzes** in § 2 und in § 11 EFZG **übernommen**. Geregelt werden in § 2 Abs. 1 nur die Rechtsfolgen des Arbeitsausfalls infolge eines gesetzlichen Feiertages. Ob und wann im ArbN wegen des gesetzlichen Verbotes der Beschäftigung an gesetzlichen Feiertagen von der Pflicht zur Arbeitsleistung befreit ist, regelt § 2 nicht. In § 2 Abs. 2 ist geregelt, wie es um die Entgeltfortzahlung an Feiertagen steht, wenn gleichzeitig Arbeitszeit infolge von Kurzarbeit ausfällt. § 2 Abs. 3 lässt den Anspruch auf Entgeltfortzahlung an Feiertagen ganz entfallen, wenn der ArbN vorher oder nachher unentschuldigt der Arbeit fernbleibt – sog „Bummelparagraph". Für die in Heimarbeit Beschäftigten regelt § 11 die Fortzahlung der Vergütung an gesetzlichen Feiertagen.

III. Entgeltfortzahlung an gesetzlichen Feiertagen. Der Anspruch auf Entgeltfortzahlung an Feiertagen nach § 2 Abs. 1 setzt voraus, dass ein **Arbeitsverhältnis besteht**, welches den gesetzlichen Feiertag einschließt, und dass die Arbeitszeit ausschließlich infolge des gesetzlichen Beschäftigungsverbotes am gesetzlichen Feiertag (§ 9 ArbZG, § 8 Abs. 1 Satz 1 MuSchG, §§ 17, 18 JArbSchG) ausgefallen ist. Wird am gesetzlichen Feiertag gearbeitet, so richtet sich die Bezahlung nach anderen Bestimmungen

1. Anspruchsberechtigung. Anspruchsberechtigt sind ArbN (vgl. dazu § 1 Rz. 8–13), wenn das Arbeitsverhältnis den gesetzlichen Feiertag, infolge dessen die Arbeit ausgefallen ist, umfasst. Hinreichend ist auch ein vollzogenes faktisches Arbeitsverhältnis, wenn der Arbeitsausfall nach § 2 Abs. 1 in den Zeitraum des Vollzuges fällt[3].

Unerheblich ist, ob das Arbeitsverhältnis **gekündigt oder befristet** ist. Entscheidend ist allein, ob der Feiertag, infolge dessen die Arbeit ausfällt, noch in das Arbeitsverhältnis fällt. Dies gilt auch dann, wenn der gesetzliche Feiertag auf den ersten oder letzten Tag des Arbeitsverhältnisses fällt. Beginnt das Arbeitsverhältnis am 1. Januar, so steht dem ArbN für diesen Tag bereits Entgeltfortzahlung nach § 2 Abs. 1 zu, wenn die Voraussetzungen im Übrigen gegeben sind.

Keine Besonderheiten sind bei **(Teilzeit-)Arbeitsverhältnissen** zu beachten, die auf unbestimmte Zeit („auf Dauer") oder länger befristet abgeschlossen worden sind und in denen der ArbN an einem oder mehreren bestimmten[4] oder bestimmbaren einzelnen Tagen oder nach Bedarf des ArbGeb (**Abrufarbeitsverhältnis**)[5] zu arbeiten hat. Ob in solchen Arbeitsverhältnissen ein Anspruch nach § 2 Abs. 1 besteht, richtet sich wie sonst auch danach, ob der ArbN an dem Tag, auf den der gesetzliche Feiertag fällt, sonst gearbeitet oder zu arbeiten gehabt hätte oder nicht.

Beispiele:

1. In einem auf unbestimmte Zeit abgeschlossenen Arbeitsverhältnissen war Arbeit nur am „langen Sonnabend" vereinbart[6].

2. Der ArbN arbeitet auf Abruf (§ 12 TzBfG)[7].

3. Die Arbeit wird stundenweise nach wechselndem Bedarf geleistet, ohne dass der ArbN zum Arbeitsantritt verpflichtet ist[8].

Kritischer sind **Eintagsarbeitsverhältnisse** oder sonst befristete Arbeitsverhältnisse im Hinblick auf § 2 Abs. 1 einzuordnen, wenn die Befristung am Tag vor dem gesetzlichen Feiertag endet und eine „neues" Arbeitsverhältnis am Tag nach dem gesetzlichen Feiertag beginnt. Grundsätzlich besteht für den dazwischenliegenden gesetzlichen Feiertag kein Anspruch auf Entgeltfortzahlung[9]. Indessen ist in solchen Fällen eine missbräuchliche und deshalb nach § 242, § 249, § 252 BGB zum Schadenersatz führende Vertragsgestaltung nicht ausgeschlossen, so dass dem ArbN unter diesem rechtlichen Gesichtspunkt ein Anspruch in Höhe der Entgeltfortzahlung für den Feiertag zustehen kann[10].

2. Beschäftigungsverbote an gesetzlichen Feiertagen. Der **Arbeitsausfall** an den gesetzlichen Feiertagen **muss auf** dem ihrem Schutz dienenden **gesetzlichen Beschäftigungsverbot beruhen**. Das gesetzliche Verbot der Beschäftigung von ArbN an gesetzlichen Feiertagen ist vor allem im ArbZG (vgl. dort) geregelt[11]. Nach § 9 Abs. 1 ArbZG dürfen ArbN an gesetzlichen Feiertagen und an – für § 2 EFZG unwe-

---

1 BT-Drs. 12/5263 (Gesetzentwurf der Fraktionen der CDU/CSU und der FDP); BR-Drs. 506/93 (wortgleicher Gesetzentwurf der Bundesregierung); BT-Drs. 12/5798 (Bericht und Beschlussempfehlung des AuS-Ausschusses); BT-Drs. 12/5263. | 2 Art. 1 § 58 PflegeVG v. 26.5.1994 (BGBl. I S. 1013, 1070); vgl. BT-Drs. 12/5263 S. 8; *Kleinsorge*, NZA 1994, 640, 641. | 3 KDHK/*Kleinsorge*, § 2 Rz. 10; HzA/*Vossen*, Gruppe 2 Rz. 760; *Schmitt*, § 2 EFZG Rz. 9. | 4 BAG v. 10.7.1996 – 5 AZR 113/95, BAGE 83, 283. | 5 BAG v. 24.10.2001 – 5 AZR 245/00, AP Nr. 8 zu § 2 EntgeltFG; v. 3.5.1983 – 3 AZR 100/81, AP Nr. 39 zu § 1 FeiertagslohnzahlungsG. | 6 BAG v. 10.7.1996 – 5 AZR 113/95, BAGE 83, 283. | 7 BAG v. 24.10.2001 – 5 AZR 245/00, AP Nr. 2 EntgeltFG. | 8 BAG v. 3.5.1983 – 3 AZR 100/81, AP Nr. 39 zu § 1 FeiertagslohnzahlungsG. | 9 BAG v. 14.7.1967 – 3 AZR 436/66, AP Nr. 24 zu § 1 FeiertagslohnzahlungsG. | 10 Vgl. im Ergebnis: BAG v. 14.7.1967 – 3 AZR 436/66, AP Nr. 24 zu § 1 FeiertagslohnzahlungsG; KDHK/*Kleinsorge*, § 2 EFZG Rz. 10; *Kunz/Wedde*, § 2 EFZG Rz. 50. | 11 Vgl. zu den Einzelheiten: *Schliemann* in Schliemann/Meyer, Arbeitszeitrecht, 2. Aufl. 2002 in HzA (Stand: September 2001) jeweils Rz. 580 – 679 (gesetzliches Beschäftigungsverbot, gesetzliche Ausnahmen) sowie Rz. 725 bis 824 (Ausnahmeregelungen; Behördliche Ausnahmen).

sentlich – Sonntagen – von 0 bis 24 Uhr nicht beschäftigt werden. § 9 Abs. 2 ArbZG ermöglicht in mehrschichtigen Betrieben Beginn und Ende der Sonn- und Feiertagsruhe um bis zu sechs Stunden vor- oder zurückzuverlegen. Nach § 9 Abs. 3 ArbZG kann der Begin der 24-stündigen Sonn- und Feiertagsruhe für Kraftfahrer und Beifahrer um bis zu zwei Stunden vorverlegt werden. Dagegen erlaubt § 10 ArbZG in großem Maße die „ausnahmsweise" Beschäftigung von ArbN in den dort aufgezählten Fällen. Nach § 13 ArbZG sind weitere Ausnahmen durch Rechtsverordnungen des Bundes oder der Länder und durch Behördenerlaubnisse möglich.

11 **Jugendliche** dürfen nach näherer Maßgabe von § 17 Abs. 1, § 18 Abs. 1 JArbSchG nicht an Sonn- und Feiertagen beschäftigt werden. Mit wesentlichen Ausnahmen und Ausgleichsvorschriften dürfen **werdende und stillende Mütter** nach näherer Maßgabe des § 8 MuSchG ebenfalls nicht an Sonn- und Feiertagen beschäftigt werden.

12 **3. Gesetzliche Feiertage.** Das EFZG enthält keine abstrakte Definition des gesetzlichen Feiertages. Sie ist dort auch entbehrlich. Denn es kann und muss insoweit auf die **staatlichen gesetzlichen Feiertagsregelungen** zurückgegriffen werden. Gesetzlich sind Feiertage nur dann, wenn sie durch ein staatliches Gesetz als solche angeordnet und bezeichnet werden. Zwar finden die meisten gesetzlichen Feiertage in Deutschland (und in Europa) ihre Ursprünge im Christentum, in Deutschland vor allem in der römisch-katholischen Kirche und in den evangelischen Kirchen. Gleichwohl sind Feiertage, die **nur kirchlich bzw. kirchenrechtlich geschützt** sind, nicht schon deshalb gesetzliche Feiertage iSd. §§ 2 und 11. Die sonstigen, zT kirchlichen Feiertage lösen keine Ansprüche auf Entgeltfortzahlung iS dieser Bestimmungen aus. Einzelne Ländergesetze gewähren allerdings einen Anspruch auf Arbeitsfreistellung ohne Fortzahlung der Vergütung[1].

13 **Bundesrechtlich** ist der 3. Oktober als Tag der deutschen Einheit ein bundeseinheitlicher gesetzlicher Feiertag[2]. Durch die **Feiertagsgesetze der Länder**[3] sind bundeseinheitlich als gesetzliche Feiertage bestimmt: **1. Januar** (Neujahr), **Karfreitag, Ostermontag, 1. Mai** (Tag der Arbeit), **Christi Himmelfahrt, Pfingstmontag, Erster und Zweiter Weihnachtsfeiertag.** Zusätzlich gibt es in einzelnen Bundesländern **länderweite oder regionale gesetzliche Feiertage**: **6. Januar** (Heilige drei Könige) in BW, Freistaat Bayern und Sa.-Anh.; **Fronleichnam** in BW, Freistaat Bayern, Hess., Nordrhein-Westfalen, Rh.-Pf., Saarl. sowie im Freistaat Sachs. und – in Gemeinden mit überwiegend katholischer Bevölkerung – im Freistaat Thür. in einzelnen Gemeinden der Landkreise Bautzen und Westlausitz; **Mariä Himmelfahrt** (15. August) im Saarl. und – in Gemeinden mit überwiegend katholischer Bevölkerung – im Freistaat Bayern; **Reformationstag** (31. Oktober) in MV, Bdb., Sa.-Anh., Freistaat Sachs. und in Gemeinden mit überwiegend evangelischer Bevölkerung – im Freistaat Thür.; **Allerheiligen** (1. November) in BW, Freistaat Bayern, Nordrhein-Westfalen, Rh.-Pf., Saarl. und – in Gemeinden mit überwiegend katholischer Bevölkerung – im Freistaat Thür.; **Buß- und Bettag** im Freistaat Sachs.

14 Für **Seeleute** (Schiffsleute und Kapitäne auf den Kauffahrteischiffen) besteht eine besondere Feiertagsregelung. Nach § 84 SeemG gelten als Feiertage auf See und außerhalb des Grundgesetzes die gesetzlichen Feiertage des Registerhafens, innerhalb des Grundgesetzes die gesetzlichen Feiertage des Liegeortes.

15 Beim **Auseinanderfallen von Arbeitsort und Wohnsitz** des ArbN ist nicht die Feiertagsregelung für den Wohnsitz entscheidend, sondern die für den Arbeitsort[4]. Dies gilt nach interlokalem Recht im Inland.

16 **Beispiele:**

1. Der ArbN wohnt im Land Hess., der Arbeitsort liegt in Nds. Fronleichnam ist gesetzlicher Feiertag in Hess., nicht aber in Nds. Der ArbN hat für Fronleichnam keinen Anspruch nach § 2 Abs. 1.

2. Der ArbN wohnt in Nds., sein Arbeitsort liegt in Hess. Er hat Anspruch nach § 2 Abs. 1 für den Arbeitsausfall an Fronleichnam.

17 Für Arbeitsverhältnisse, bei denen der **Arbeitsort im Ausland** liegt, setzt ein Anspruch nach § 2 Abs. 1 voraus, dass das EFZG überhaupt anwendbar ist (vgl. § 1 Rz. 16–19). Beim vorübergehenden Auslandseinsatz in einem dem deutschen Recht unterliegenden Arbeitsverhältnis kommt es auch dann nicht zu einem Arbeitsausfall iS des § 2 Abs. 1, wenn der ausländische Feiertag zugleich mit dem inländischen gesetzlichen Feiertag übereinstimmt[5]. Denn der Feiertag im Ausland ist kein „gesetzlicher" nach deutschem Recht. Allerdings wird dem ArbN, der wegen des Feiertages im Ausland dort nicht arbeiten kann, in aller Regel ein Anspruch auf Arbeitsentgelt infolge Annahmeverzuges (§ 615 BGB) zustehen. Das Risiko, dass die Arbeit wegen des Feiertages im Ausland nicht erbracht werden kann, ist vom ArbGeb zu tragen[6], weil es seinem Direktionsrecht unterliegt, wann der den ArbN im Ausland einsetzt.

---

[1] Vgl. § 7 Abs. 1, § 10 Nds. FeiertagsG für den Buß- und Bettag. Vgl. wegen der Abschaffung des Buß- und Bettages als einem gesetzlichen Feiertag: BVerfG v. 18.9.1995 – 1 BvR 1456/95, NJW 1995, 3378. | [2] Kap. I Art. 2 Abs. 2 Einigungsvertrag vom 31.8.1990 iVm. Art. 1 G v. 23.9.1990 (BGBl. II S. 885, 890). | [3] Vgl. die Übersicht bei *Schmitt*, § 2 EFZG Rz. 2. | [4] Allg. Ansicht, statt vieler: KDHK/*Kleinsorge*, § 2 EFZG Rz. 7; ErfK/*Dörner*, § 2 EFZG Rz. 12; *Schmitt*, § 2 EFZG Rz. 21. | [5] AA wohl ErfK/*Dörner*, § 2 EFZG Rz. 14. | [6] AA die überwiegende Ansicht, statt vieler: *Schmitt*, § 2 EFZG Rz. 23 mwN.

§ 616 BGB ist nicht einschlägig[1]. Der ausländische Feiertag stellt keinen in der Person des ArbN liegenden Grund für die Nichterbringung der Arbeitsleistung dar. Arbeitsvertraglich kann wirksam vereinbart werden, dass für die ausländischen Feiertage Entgeltfortzahlung nach § 2 EFZG geleistet wird[2].

Ausländische ArbN im Inland haben Anspruch auf Entgeltfortzahlung nicht hinsichtlich der Feiertage ihres Heimatlandes, sondern nur für den Arbeitsausfall an den inländischen Feiertagen. Allerdings kann in eng umgrenzten Fällen ein Anspruch auf Entgeltfortzahlung nach § 616 BGB bestehen, wenn der (ausländische oder einer anderen Religion angehörende) ArbN aus einem in seiner Person liegenden Grund ohne sein Verschulden an der Arbeitsleistung verhindert ist[3]. Dies kann auch wegen Erfüllung religiöser Pflichten der Fall sein[4].

4. Arbeitsausfall infolge des gesetzlichen Feiertages. Der Entgeltfortzahlungsanspruch nach § 2 Abs. 1 setzt den feiertagsbedingten Arbeitsausfall voraus. Allein der gesetzliche Feiertag darf für das Ausfallen der Arbeitsleistung kausal sein; das ist der Fall, wenn der ArbN ohne das gesetzliche Arbeitsverbot an dem gesetzlichen Feiertag zu arbeiten gehabt hätte[5].

a) Arbeitsleistung am Feiertag. Ist Feiertagsarbeit geleistet worden, so steht dem ArbN hierfür ein Anspruch auf Bezahlung der geleisteten Arbeit zu, nicht aber zusätzlich ein Anspruch auf Entgeltfortzahlung für den Feiertag[6]. Der Feiertag hat dann nicht zum Arbeitsausfall geführt. Unerheblich ist, ob die Feiertagsarbeit arbeitsschutzrechtlich erlaubt war oder nicht[7]. Der ihm für die Feiertagsarbeit zustehende Ersatzruhetag (§ 11 Abs. 3 ArbZG) kann auch an einem ohnehin arbeitsfreien Werktag gewährt werden; eine bezahlte Freistellung kann nicht verlangt werden[8].

b) Arbeitsausfall aus anderen Gründen. Es fehlt an der Monokausalität für den Arbeitsausfall, wenn der Ausfall der Arbeit an dem gesetzlichen Feiertag auch auf einem anderen Grund als dem feiertagsbedingten Beschäftigungsverbot beruht[9]. In solchen Fällen besteht kein Anspruch nach § 2 Abs. 1.

aa) Arbeitsunfähigkeit. Das strenge Prinzip der Monokausalität hat der Gesetzgeber für den Fall des Zusammentreffens von krankheitsbedingter Arbeitsunfähigkeit und gesetzlichem Beschäftigungsverbots an Feiertagen aufgegeben. Im Anschluss an die Rspr. hat er in § 4 Abs. 2 eine Sonderregelung getroffen, wonach sich die Höhe des fortzuzahlenden Arbeitsentgeltes nach § 2 richtet, wenn die Arbeitszeit gleichzeitig infolge krankheitsbedingter Arbeitsunfähigkeit und infolge eines gesetzlichen Feiertages ausgefallen ist. Das Arbeitsentgelt ist dann nach § 3 fortzuzahlen (vgl. § 3 Rz. 24, § 4 Rz. 56).

bb) Erholungsurlaub, Sonderurlaub. Fällt ein gesetzlicher Feiertag, an dem der ArbN wegen des gesetzlichen Beschäftigungsverbotes nicht zu arbeiten gehabt hätte, in den Zeitraum des Erholungsurlaubes, so hat der ArbN für diesen Tag Anspruch auf Entgeltfortzahlung nach § 2 Abs. 1. Wegen des gesetzlichen Beschäftigungsverbotes konnte der gesetzliche Feiertag nicht als Urlaub gewährt werden. Denn Urlaub wird gewährt, indem der ArbGeb den ArbN von der Arbeitspflicht befreit[10]. Er kann nur an solchen Werk- oder Arbeitstagen gewährt werden, an denen für den ArbN Arbeitspflicht bestand. Daran fehlt es aber wegen des gesetzlichen Verbotes der Feiertagsarbeit. Hätte für den beurlaubten ArbN indessen Arbeitspflicht am gesetzlichen Feiertag bestanden, so besteht kein Anspruch nach § 2 Abs. 1. Denn dann ist nicht das gesetzliche Beschäftigungsverbot am gesetzlichen Feiertag allein kausal für den Arbeitsausfall, sondern die Urlaubsgewährung[11]. Sieht ein Arbeitsvertrag für die Dauer von **Betriebsferien zwischen Weihnachten und Neujahr** unbezahlten Sonderurlaub vor, weil der ArbN seinen vollen Jahresurlaub schon genommen hat, so wird durch eine solche Regelung der gesetzliche Anspruch auf Feiertagsbezahlung nicht berührt[12].

Fällt der gesetzliche Feiertag in den Zeitraum eines **unbezahlten Sonderurlaubs**, so besteht kein Anspruch nach § 2 Abs. 1[13]. Dagegen besteht Anspruch auf Entgeltfortzahlung nach § 2 Abs. 1, wenn der unbezahlte Sonderurlaub erst am Tag nach dem gesetzlichen Feiertag, an dem der ArbN nicht zu arbeiten hat, beginnt bzw. am Tag davor endet. Ob dies der Fall ist, hängt vom Inhalt der Sonderurlaubsvereinbarung ab.

cc) Kurzarbeit. Ebenso hat der Gesetzgeber den Grundsatz der Monokausalität für den Fall des Zusammentreffens von Kurzarbeit und feiertagsbedingtem Arbeitsausfall aufgegeben, indem er für diesen Fall eine Sonderregelung in Abs. 2 getroffen hat (vgl. Rz. 50 ff.).

---

1 AA ErfK/*Dörner*, § 2 EFZG Rz. 14. | 2 Allg. Ansicht, statt vieler: *Schmitt*, EFZG § 2 Rz. 23 mwN. | 3 ErfK/*Dörner*, § 2 EFZG Rz. 15; *Schmitt*, § 2 EFZG Rz. 23. | 4 BAG v. 27.4.1983 – 4 AZR 506/80, AP Nr. 61 zu § 616 BGB. | 5 BAG v. 9.10.1996 – 5 AZR 35/95, AP Nr. 3 zu § 2 EntgeltFG; v. 10.7.1996 – 5 AZR 113/95, BAGE 83, 283; v. 31.5.1988 – 1 AZR 200/87, AP Nr. 56 zu § 1 Feiertagslohnzahlungs G. | 6 BAG v. 5. 2 1965 – 3 AZR 497/63, AP Nr. 17 zu § 1 Feiertagslohnzahlungs G. | 7 BAG v. 5.21965 – 3 AZR 497/63, AP Nr. 17 zu § 1 Feiertagslohnzahlungs G. | 8 BAG v. 12.12.2001 – 5 AZR 294/00, AP Nr. 1 zu § 11 ArbZG. | 9 St. Rspr., vgl. statt vieler: BAG v. 24.10.2001 – 5 AZR 245/00, AP Nr. 8 zu § 2 EntgeltFG; v. 20.9.2000 – 5 AZR 20/99, AP Nr. 1 zu § 8 BMT-G II; v. 10.7.1996 – 5 AZR 113/95, BAGE 83, 283; v. 31.5.1988 – 1 AZR 200/87, BAGE 58, 310. | 10 BAG in st. Rspr. seit BAG v. 13.5.1982 – 6 AZR 360/80, BAGE 39, 53. | 11 Strittig, wie hier: BAG v. 14.5.1964 – 5 AZR 239/63, AP Nr. 94 zu § 611 BGB – Urlaubsrecht; KDHK/*Kleinsorge*, § 2 EFZG Rz. 16; MünchArbR/*Boewer*, § 81 Rz. 11; ErfK/*Dörner*, § 2 EFZG Rz. 19. | 12 BAG v. 6.4.1982 – 3 AZR 1079/79, BAGE 38, 255. | 13 BAG v. 27.7.1973 – 3 AZR 604/72, AP Nr. 30 zu § 1 Feiertagslohnzahlungs G.

26 **dd) Schichtarbeit.** Findet Schichtarbeit an gesetzlichen Feiertagen statt, so entsteht regelmäßig kein Anspruch nach § 2 Abs. 1 EFZG. Hat der ArbN nach dem Schichtplan am gesetzlichen Feiertag zu arbeiten, so fällt für ihn die Arbeit nicht aus (s. Rz. 20). Hat er planmäßig an dem Tag nicht zu arbeiten, so ist nicht das gesetzliche Beschäftigungsverbot für den Arbeitsausfall allein kausal, sondern der Schichtplan; dies betrifft auch sog. Freischichtmodelle[1]. Allerdings ist dies nur dann der Fall, wenn sich die Arbeitsbefreiung aus einem Schema ergibt, das unabhängig von der gesetzlichen Feiertagsruhe erstellt worden ist[2]. Fällt zB die Spätschicht an einem Feiertag vor einem arbeitsfreien Wochenende aus, so hat der davon betroffene ArbN einen Anspruch nach § 2 Abs. 1, und zwar für die gesamte Dauer der ausgefallenen Schicht[3]. Bei kontinuierlicher Schichtarbeit ist Entgeltfortzahlung für die ganze ausfallende Schicht nach § 2 Abs. 1 geschuldet, auch wenn die ausfallende Schicht nach § 9 Abs. 2 ArbZG um bis zu sechs Stunden vor- oder zurückverlegt worden ist[4].

27 In **Freischichtmodellen** mit einer Tagesarbeitszeit von acht Stunden und einer 40 Stunden unterschreitenden Wochenarbeitszeit ist die wegen des gesetzlichen Feiertags ausgefallene Arbeitszeit mit acht Stunden anzusetzen und nicht mit der durchschnittlichen auf 5 Arbeitstage verteilten regelmäßigen Wochenarbeitszeit[5]; in einer BV kann allerdings geregelt werden, dass angesichts der allgemeinen feiertagsbedingten Betriebsruhe die Zeitgutschrift nur für Tage der tatsächlichen Arbeitsleistung bzw. mit dem Tagesdurchschnittswert der regelmäßigen Wochenarbeitszeit erfolgen soll[6]. Fällt auf den Feiertag dagegen kein Freischichttag, sondern planmäßig ein schichtplanmäßiger Arbeitstag, so darf der ArbGeb wegen der feiertagsbedingten Arbeitsausfalles das Zeitkonto des ArbN nicht kürzen, wenn das Zeitkonto nur in anderer Form den Vergütungsanspruch des ArbN ausdrückt[7].

28 **ee) Streik, Aussperrung.** Weil das feiertagsbedingte Beschäftigungsverbot für den Arbeitsausfall monokausal sein muss, ist ein Anspruch nach § 2 Abs. 1 nur gegeben, wenn der ArbN arbeitsbereit war. Daran fehlt es, wenn der ArbN in einen Arbeitskampf verwickelt ist, sei es, dass er streikt[8], sei es, dass er ausgesperrt worden ist[9]. Dies gilt auch dann, wenn der Feiertag selbst noch in den Arbeitskampf fällt und der Betrieb am nächsten Tag (einem sog. „Brückentag") aufgrund einer BV Betriebsurlaub (unter Anrechnung auf den Tarifurlaub) vereinbart worden ist[10]. Eine bloße „Aussetzung" des Streikes lediglich für Tage, an denen ohnehin keine Arbeitspflicht bestanden hat, stellt keine Streikunterbrechung dar. Die Streikaussetzung nur an gesetzliche Feiertagen hat keinen Anspruch auf Entgeltfortzahlung für diese Feiertage[11] zur Folge. Dagegen ist für den gesetzlichen Feiertag das Arbeitsentgelt fortzuzahlen, wenn der rechtmäßige Arbeitskampf am Tag vorher endet oder er erst am übernächsten Tag danach erneut aufgenommen wird, weil dann eine Streikunterbrechung vorliegt[12].

29 **ff) Variable Arbeitszeiten.** Steht die Lage der Arbeitszeit am gesetzlichen Feiertag nicht fest, zB bei kapazitätsorientierter variabler Arbeitszeit (KAPOVAZ) oder bei individueller regelmäßiger variabler Arbeitszeit (IRVAZ) oder bei Abrufarbeit, so ist schwer feststellbar, ob der ArbN an dem Tag, auf den der gesetzliche Feiertag fällt, zur Arbeit herangezogen worden wäre oder gearbeitet hätte[13]. Häufig werden Tatsachen, aus denen dies für die Zukunft zu schließen sein kann, fehlen. Dann kann notfalls aus einer Betrachtung des Verhaltens in der Vergangenheit, an welchen Wochentagen (Werktagen) der ArbN für gewöhnlich gearbeitet hat oder nicht, darauf geschlossen werden, dass sich dieses regelmäßige Verhalten wiederholt hätte, wenn nicht auf den Tag der gesetzliche Feiertag gefallen wäre[14]. Entsprechendes gilt für den die Heranziehung von ArbN in einem „rollierenden System"[15].

30 **gg) Witterungsbedingter Arbeitsausfall.** Bei witterungsbedingtem Arbeitsausfall entsteht idR mangels Monokausalität kein Anspruch nach § 2 Abs. 1. Nach § 209 iVm. § 211 SGB III scheidet aber auch ein Anspruch auf Wintergeld/Winterausfallgeld aus, weil der Arbeitsausfall nicht ausschließlich witterungsbedingt ist. Tarifvertraglich kann allerdings anderes geregelt sein[16].

31 **hh) Vor- und Nachholen der Feiertagsarbeitszeit.** Die infolge des Feiertags ausfallende Arbeitszeit kann vor- und nachgeholt werden. Dadurch entfällt jedoch der Anspruch auf Entgeltfortzahlung für den feiertagsbedingten Arbeitsausfall nicht[17].

---

1 BAG v. 24.1.2001 – 4 AZR 538/99, AP Nr. 5 zu § 2 EntgeltFG. | 2 BAG v. 9.10.1996 – 5 AZR 35/95, AP Nr. 3 zu § 2 EntgeltFG; auch schon BAG v. 27.9 1983 – 3 AZR 159/81, BAGE 44, 160, 162. | 3 BAG v. 26.1.1962 – 1 AZR 461/60, SAE 1962, 213. | 4 Vgl. schon zum früheren Recht (§ 105b Abs 1 Satz 4 GewO): BAG v. 17.5.1973 – 3 AZR 376/72, AP Nr. 29 zu § 1 Feiertagslohnzahlungsg. | 5 BAG v. 2.12.1987 – 5 AZR 471/86, BAGE 56, 375 = AP Nr. 52 zu § 1 Feiertagslohnzahlungsg m. gem. kritischer Anm. *Wank* zu Nr. 52, 53 und 54; aA *Klischan*, DB 1988, 331 ff. | 6 BAG v. 25.1.1989 – 5 AZR 692/87, BAGE 60, 300. | 7 BAG v. 14.8.2002 – 5 AZR 417/01, AP Nr. 10 zu § 2 EntgeltFG. | 8 BAG v. 1.3.1995 – 1 AZR 786/94, BAGE 79, 230. | 9 BAG v. 31.5.1988 – 1 AZR 192/87, BAGE 58, 315. | 10 BAG v. 31.5.1988 – 1 AZR 192/87, BAGE 58, 315. | 11 BAG v. 1.3.1995 – 1 AZR 786/94, *BAGE 79, 230.* | 12 *BAG v. 11.5.1993 – 1 AZR 649/92, BAGE 73, 14.* | 13 BAG v. 24.10.2001 – 5 AZR 245/00, AP Nr. 8 zu § 2 EntgeltFG; v. 3.5.1983 – 3 AZR 100/81, BAGE 42, 324. | 14 KDHK/*Kleinsorge*, § 2 EFZG Rz. 26. | 15 Vgl. BAG v. 27.9.1983 – 3 AZR 159/81, BAGE 44, 160. | 16 Vgl. BAG v. 14.5.1986 – 4 AZR 77/85, AP Nr. 49 zu § 1 Feiertagslohnzahlungsg. | 17 BAG v. 17.4.1975 – 3 AZR 289/74, AP Nr. 32 zu § 1 Feiertagslohnzahlungsg.

c) Darlegungs- und Beweislast. Für die Darlegungs- und Beweislast gelten keine Besonderheiten. Der ArbN hat die Tatsachen darzulegen und ggf. zu beweisen, aus denen er herleiten will, dass die Arbeit für ihn feiertagsbedingt ausgefallen ist[1].

IV. Fortzuzahlendes Arbeitsentgelt. Nach § 2 Abs. 1 richtet sich die Höhe der Entgeltfortzahlung an Feiertagen nach dem Entgeltausfallprinzip, dh., der ArbN hat Anspruch auf eine Zahlung in der Höhe des Entgeltes, das ihm im Fall der Arbeitsleistung zugestanden hätte[2].

1. Arbeitsentgelt. Gegenständlich gehört zum § 2 Abs. 1 fortzuzahlenden Arbeitsentgelt alles, was der ArbN als Gegenleistung für seine Arbeitsleistung zu erhalten hätte, wenn er zu arbeiten gehabt hätte (vgl. auch § 4 Rz. 27 ff.)[3]. Dies umfasst alle entgeltlichen oder auch geldwerten Vorteile, vor allem auch Provisionen[4], Gratifikationen, Familienzulagen, Ortszuschläge, Vergütung für sog. „Fahrleistungen"[5] usw. Eine dem § 4 Abs. 1a Satz 1 entsprechende Bestimmung über die Nichtberücksichtigung von **Überstunden und Aufwendungsersatz** ist für die Entgeltfortzahlung an Feiertagen nicht vorhanden. Deshalb gehören auch nach neuem Recht Überstundenvergütungen, aber auch steuerpflichtige Teile tarifvertraglich geschuldeter Nahauslösungen zum fortzuzahlenden Arbeitsentgelt[6].

2. Monatsgehalt. Ist das Arbeitsentgelt ohne Rücksicht auf die tatsächlich anfallenden Arbeitstage und -stunden monatlich gleich bleibend (Monatsgehalt), so bereitet die Entgeltfortzahlung idR keine Schwierigkeiten. Das Gehalt wird gleich bleibend gezahlt, damit ist auch der Anspruch auf Entgeltfortzahlung nach § 2 Abs. 1 erfüllt. Dies gilt nicht nur für **Vollzeitarbeitsverhältnisse**, sondern auch derart gestaltete **Teilzeitarbeitsverhältnisse**. Wird bei (monatlich oder für die Entgeltperiode) ungleichmäßigen Arbeitsleistungen das monatliche Entgelt gleich bleibend gezahlt, so erfüllt der ArbGeb seine Pflicht aus § 2 Abs. 1 nicht schon mit der gleich bleibenden Zahlung, sondern erst dann, wenn der feiertagsbedingte Arbeitsausfall zutreffend im **Arbeitszeitkonto** des ArbN berücksichtigt wird (vgl. Rz. 29).

3. Variable Vergütungen. Anders verhält es sich dagegen bei variablen Vergütungen, die nach geleisteten Arbeitsstunden bemessen oder – wie zB Akkordlöhnen oder Provisionen – leistungsabhängig sind. Grundsätzlich bemisst sich in solchen Fällen das fortzuzahlende Entgelt nach zwei Faktoren, nämlich dem Zeitfaktor für die infolge des gesetzlichen Feiertages ausgefallenen Arbeitszeit und dem Geldfaktor für den zugrunde zu legenden Stundensatz oder nach dem erzielbaren Leistungsentgelt.

a) Zeitfaktor. Der Zeitfaktor ist, wenn nur das Arbeitsentgelt variiert (zB bei Akkordentlohnung) leicht feststellbar, wenn die hypothetische Arbeitszeit, zB aufgrund durchlaufender Schichtpläne, festliegt. Solche Schichtpläne, die auf gesetzliche Feiertage keine Rücksicht nehmen, dürften jedoch nur selten vorliegen.

Schwieriger ist die Bestimmung des Zeitfaktors, wenn die Möglichkeit der Leistung von **variablen Tagesarbeitszeitmengen**, **Mehrarbeit** oder von **Überstunden** ohne einen auf den gesetzlichen Feiertag nicht abstellende Arbeitszeitplan in Betracht kommt. Insoweit ist wiederum eine hypothetische Feststellung zu treffen. Dabei kann die regelmäßige Ableistung von Arbeitmenge oder Mehrarbeit oder Überstunden an dem betreffenden Wochentag in der Vergangenheit ein Indiz dafür sein, dass sich dies auch an dem Tag wiederholt hätte, auf den der Feiertag fällt[7]. Werden ArbN regelmäßig samstags zu Mehrarbeit herangezogen, nicht aber an einem Samstag, auf den ein gesetzlicher Feiertag fällt, so haben sie normalerweise Anspruch auf Entgeltfortzahlung in Höhe der entgangenen Mehrarbeitsvergütung.

Beispiel: Ein ArbN hat an jedem sog. „langen Samstag" im Einzelhandel zu arbeiten. Es fallen dann bewegliche Überstunden an. Fällt ein gesetzlicher Feiertag (1. Mai) auf einen „langen Samstag", löst dies einen Anspruch auf Entgeltfortzahlung für den Feiertag aus. Daran ändert sich nichts, wenn der feiertagsbedingt ausgefallenen „lange Samstag" am nächsten Samstag „nachgeholt" wird[8]. Die Normalstunden und die Überstunden bilden den Zeitfaktor.

Ruht dagegen die Arbeit vor und nach dem betreffenden Feiertag wegen Betriebsstilllegung auch an diesen Tagen, so besteht ein solcher Anspruch nicht[9]. Tarifvertraglich konnte früher auch zu Lasten des ArbN geregelt werden, wann für einen gesetzlichen Feiertag (auch) Überstundenvergütung fortzuzahlen ist[10]. Dies ist nunmehr mit Rücksicht auf § 12 nicht mehr zulässig. Das Vor- und Nachholen feiertagsbedingten Arbeitsausfalles erhöhen dessen Zeitfaktor nicht[11]. Der Vergütungsanspruch für

---

1 BAG v. 8.3.1992 – 4 AZR 387/91, AP Nr. 64 zu § 1 FeiertagslohnzahlungsG; v. 26.3.1985 – 3 AZR 239/83, AP Nr. 47 zu § 1 FeiertagslohnzahlungsG. |2 BAG v. 9.10.1996 – 5 AZR 35/95, AP Nr. 3 zu § 2 EntgeltFG; vgl. zur vorherigen Rechtslage: v. 10.7.1996 – 5 AZR 113/95, BAGE 83, 283; v. 19.4.1989 – 5 AZR 248/88, AP Nr. 62 zu § 1 FeiertagslohnzahlungsG. |3 BAG v. 1.2.1995 – 5 AZR 847/93, AP Nr. 67 zu § 1 FeiertagslohnzahlungsG; v. 24.9.1986 – 4 AZR 543/85, AP Nr. 50 zu § 1 FeiertagslohnzahlungsG; v. 27.9 1983 – 3 AZR 159/81, BAGE 44, 160, 162. |4 BAG v. 25.6.1985 – 3 AZR 347/83, BAGE 49, 120. |5 BAG v. 16.1.2002 – 5 AZR 303/00, AP Nr. 7 zu § 2 EngeltFG. |6 BAG v. 1.2.1995 – 5 AZR 847/93, AP Nr. 67 zu § 1 FeiertagslohnzahlungsG; v. 24.9.1986 – 4 AZR 543/85, AP Nr. 50 zu § 1 FeiertagslohnzahlungsG. |7 BAG v. 28.2.1964 – 1 AZR 464/63, AP Nr. 16 zu § 1 FeiertagslohnzahlungsG. |8 BAG v. 10.7.1996 – 5 AZR 113/95, BAGE 83, 283. |9 BAG v. 26.3.1985 – 3 AZR 239/83, AP Nr. 47 zu § 1 FeiertagslohnzahlungsG. |10 BAG v. 18.3.1992 – 4 AZR 387/91, AP Nr. 64 zu § 1 FeiertagslohnzahlungsG. |11 ErfK/*Dörner*, § 2 EFZG Rz. 35; HzA/*Vossen*, Gruppe 2 Rz. 819.

regelmäßig anfallenden Zusatzarbeiten kann nach § 12 nicht für Tage, an denen die Arbeit wegen des Feiertages ausfällt, (durch den Arbeitsvertrag) ausgeschlossen werden[1].

41 Bei **Gleitzeitarbeit mit variabler Tagesarbeitszeitmenge** kommt es für die Bemessung des Zeitfaktors ebenfalls auf die Feststellung der hypothetisch geleisteten Arbeitsmenge an. Insoweit ist jedoch zu berücksichtigen, dass die Arbeitszeitmenge idR dem Arbeitsbedarf angepasst werden soll. Von daher kann es vor und nach einem gesetzlichen Feiertag durchaus zu größeren Tagesarbeitsmengen kommen, ohne dass daraus zwingend zu schließen wäre, eine derart erhöhe Arbeitsmenge wäre auch am gesetzlichen Feiertag angefallen oder geleistet worden. Insoweit kann eine längerfristige Betrachtung der Arbeitsstundenverteilung in der Vergangenheit hilfreich sein.

42 Bei einem **Freischichtsystem** bemisst sich der Zeitfaktor grundsätzlich nach der ausgefallenen Schichtarbeitszeit. Tarifvertraglich oder im Wege der BV kann jedoch bestimmt werden, dass sich der Zeitfaktor nach der gleichmäßigen rechnerischen Verteilung der regelmäßigen durchschnittlichen Arbeitszeit bestimmt (siehe Rz. 27).

43 b) **Geldfaktor.** Der Geldfaktor bestimmt den Entgeltwert des Zeitfaktors. Für den Geldfaktor sind alle entgeltwerten, auf die ausgefallene Arbeitszeit bezogenen Bestandteile der Arbeitsvergütung zugrunde zu legen.

44 Insbesondere sind beim Geldfaktor auch etwaige **Mehrarbeits- oder Überstundenzuschläge** mitzurechnen, wenn an dem gesetzlichen Feiertag Überstunden angefallen wären[2]. Insoweit unterscheidet sich die Entgeltfortzahlung an Feiertagen von der wegen krankheitsbedingter Arbeitsunfähigkeit (vgl. § 4 Abs. 1a).

45 **Beispiel:** Die ArbN werden regelmäßig an den Freitagen zu Mehrarbeit gegen Mehrarbeitsvergütung herangezogen. Auf einen dieser Freitage fällt ein gesetzlicher Feiertag. Die Entgeltfortzahlung ist in Höhe der Mehrarbeitsvergütung zu leisten.

46 Bei **leistungsbezogenen Entgelten** ist, sofern weder ein TV noch eine BV anderes regeln, der durch den Feiertag entstandene Entgeltausfall aufgrund der Durchschnittsverdienste einer oder mehrerer relevanter Bezugsperiode(n) zu ermitteln; im Streitfall notfalls entsprechend § 287 Abs. 2 ZPO[3]. Insoweit gilt grundsätzlich dasselbe wie im Fall der Entgeltfortzahlung wegen krankheitsbedingter Arbeitsunfähigkeit (vgl. § 4 Rz 44 ff.). Dies betrifft Einzel-Akkordvergütungen[4] ebenso wie Provisionen[5]. Beim Gruppenakkord ist eine gleichmäßige Verteilung des ausgefallenen Gruppenakkordverdienstes auf alle Mitglieder der Gruppe geboten, wenn für den ArbGeb nicht erkennbar ist, welches Gruppenmitglied an dem Feiertag gearbeitet hätte[6].

47 **Beispiel:** In einer Akkordkolonne mit insgesamt 20 Mitgliedern arbeiten in der jeweiligen Schicht 17 ArbN. Dem ArbGeb ist nicht bekannt, welche Kolonnenmitglieder in welcher Schicht tätig sind. Als Entgeltfortzahlung für den gesetzlichen Feiertag hat jedes Kolonnenmitglied 1/20 des Tagesverdienstes zu erhalten, den die Akkordkolonne ohne die Feiertagsruhe erzielt hätte.

48 c. **Darlegungs- und Beweislast.** Für die Darlegungs- und Beweislast gelten keine Besonderheiten. Der ArbN hat die Tatsachen darzulegen und ggfs. zu beweisen, aus denen er die Höhe der geschuldeten Entgeltfortzahlung herleiten will[7].

49 4. **Pauschalierte Entgeltfortzahlung.** Eine Pauschalierung des für den feiertagsbedingten Arbeitsausfall fortzuzahlenden Arbeitsentgeltes ist grundsätzlich möglich. Sie muss allerdings deutlich erkennen lassen, inwieweit und in welcher Höhe die Entgeltfortzahlung an gesetzlichen Feiertagen durch die Pauschale ausgeglichen werden soll[8] und darf nicht gegen § 12 (vgl. dort) verstoßen.

50 V. **Kurzarbeit.** Das Zusammentreffen von Kurzarbeit und Entgeltfortzahlung an gesetzlichen Feiertagen hat der Gesetzgeber in § 2 Abs. 2 einer besonderen Regelung unterworfen.

51 1. **Normzweck.** Mit der Regelung in Abs. 2 hat der Gesetzgeber das Prinzip der Monokausalität für die Entgeltfortzahlung an Feiertagen bei gleichzeitigem Arbeitsausfall wegen Kurzarbeit durchbrochen. Die Regelung dient, wie ihre Vorgängerbestimmung in Satz 2 des § 1 Abs. 1 FeiertagslohnzahlungsG, die 1975 durch das HaushaltstrukturG[9] geschaffen worden ist, der Entlastung der Arbeitslosenversicherung.

52 2. **Entgeltfortzahlung in Höhe des Kurzarbeitergeldes.** Im Fall des § 2 Abs. 2 erhält der ArbN nicht Kug, sondern Entgeltfortzahlung vom ArbGeb, dies allerdings nur in Höhe des Kug und nicht etwa in der Höhe des ohne Kurzarbeit feiertagsbedingt ausgefallenen Arbeitsentgeltes[10]. Bei **arbeitskampfbedingter Kurzarbeit** hat der ArbGeb ebenfalls an gesetzlichen Feiertagen Entgeltfortzahlung in

---

1 BAG v. 16.1.2002 – 5 AZR 303/00, AP Nr. 7 zu § 2 EntgeltFG. | 2 BAG v. 25.6.1985 – 3 AZR 347/83, BAGE 49, 120. | 3 Vgl. KDHK/*Kleinsorge*, § 2 EZFG Rz. 31; HzA/*Vossen*, Gruppe 2 Rz. 833, 834 mwN. | 4 BAG v. 29.9.1971 – 3 AZR 163/71, AP Nr. 28 zu § 1 Feiertagslohnzahlungs G. | 5 BAG v. 17.4.1975 – 3 AZR 289/74, AP Nr. 32 zu § 1 Feiertagslohnzahlungs G. | 6 BAG v. 28.2.1984 – 3 AZR 103/83, AP Nr. 43 zu § 1 Feiertagslohnzahlungs G. | 7 BAG v. 10.7.1996 – 5 AZR 113/95, BAGE 83, 283, 288. | 8 BAG v. 28.2.1984 – 3 AZR 103/83, AP Nr. 43 zu § 1 Feiertagslohnzahlungs G; KDHK/*Kleinsorge*, § 2 EZFG Rz. 31. | 9 HaushaltstrukturG v. 18.12.1975 – BGBl. I, 3091. | 10 BAG v. 20.7.1982 – 1 AZR 404/80, BAGE 39, 191.

Höhe des Kug zu leisten, obwohl er ohne den feiertagsbedingten Arbeitsausfall berechtigt wäre, wegen der arbeitskampfbedingte Kurzarbeit die Zahlung von Arbeitsentgelt zu verweigern[1].

Fallen **Kurzarbeit, krankheitsbedingte Arbeitsunfähigkeit und gesetzlicher Feiertag** zusammen, so hat der ArbN Anspruch auf Entgeltfortzahlung im Krankheitsfall[2], und zwar in Höhe des Kug. Denn die Höhe der Entgeltfortzahlung im Krankheitsfall bemisst sich bei gleichzeitigem feiertagsbedingtem Arbeitsausfall gemäß § 4 Abs. 2, Abs. 3 Satz 2 nach § 2 und damit wegen der Kurzarbeit nach § 2 Abs. 2[3] (vgl. auch § 3 Rz. 24 und § 4 Rz. 57 ff.). 53

3. SozV-Beiträge, LSt. Die auf die in Höhe des Kug zu zahlende Entgeltfortzahlung entfallenden SozV-Beiträge für gesetzliche RV hat der ArbGeb im Verhältnis zum ArbN allein zu tragen (§ 168 Abs. 1 Nr. 1a SGB VI); Gleiches gilt für den Beitrag zur gesetzlichen Krankenversicherung (§ 249 Abs. 2 Nr. 3 SGB V)[4]. Dagegen ist die LSt. vom ArbN zu tragen[5]. 54

VI. Unentschuldigtes Fernbleiben von der Arbeit. Die Regelung über die Entgeltfortzahlung bei unentschuldigtem Fehlen vor und nach dem gesetzlichen Feiertag entspricht dem vormaligen § 1 Abs. 3 FeiertagslohnG[6], der wiederum auf den „Bummelerlass" aus dem Jahr 1940 zurückgeht[7]. 55

1. Normzweck. Die Bestimmung soll „**Arbeitsbummelei**" im Zusammenhang mit den gesetzlichen Feiertagen **verhindern**. Die gesetzlichen Feiertage können zur Arbeitsbummelei verführen. Sie sind überaus geeignet, die Kerne von Arbeitspausen zu bilden, vor allem, wenn mit Hilfe von nicht mit Erholungsurlaub belegten „Brückentagen" Wochenenden „angeschlossen" oder Erholungsurlaube „verlängert" werden. Dies ist ein keineswegs neues Phänomen. 56

Bleibt der ArbN am letzten Arbeitstag vor oder am ersten Arbeitstag nach dem gesetzlichen Feiertag, der das gesetzliche Beschäftigungsverbot zur Folge hat, der Arbeit unentschuldigt fern, so verliert er den Anspruch auf Entgeltfortzahlung nach § 2 Abs. 1. 57

2. Arbeitstage vor und nach dem gesetzlichen Feiertag. Maßgeblich sind diejenigen Arbeitstage, an denen der einzelne ArbN nach seiner individuellen Arbeitsverpflichtung zu arbeiten hatte[8]. Diese Arbeitstage müssen nicht unmittelbar kalendarisch mit dem gesetzlichen Feiertag verbunden sein, wohl aber müssen der Feiertag und der Fehltag insoweit miteinander zusammenhängen, als für den ArbN an den dazwischenliegenden Kalendertagen keine Arbeitspflicht bestanden hat[9]. Gleiches hat zu gelten, wenn die gesetzlichen Feiertage durch für den betreffenden ArbN arbeitsfreie Tage mit einander verbunden sind. 58

Beispiele: 59

1. Der ArbN bleibt am Dienstag nach Pfingstmontag unentschuldigt der Arbeit fern. Er verliert den Anspruch nach § 2 Abs. 1 für den Pfingstmontag; der Fehltag schließt sich unmittelbar an den Arbeitstag des ArbN an.

2. Der ArbN bleibt am Ostersonnabend unentschuldigt der Arbeit fern; der Ostersonntag ist für den ArbN arbeitsfrei. Er verliert den Anspruch nach § 2 Abs. 1 für den Karfreitag (Fehltag nach dem Feiertag) und für den Ostermontag (Fehltag vor dem Feiertag)[10].

3. Der ArbN bleibt am Gründonnerstag unentschuldigt der Arbeit fern. Das Osterwochenende war für ihn arbeitsfrei. Er verliert den Anspruch nach § 2 Abs. 1 für den Karfreitag (Fehltag vor dem Feiertag) und für den Ostermontag. Denn zwischen dem Fehltag und dem Ostermontag liegen arbeitsfreie Tage.

4. In einem Betrieb wird zwischen Weihnachten und Neujahr nicht gearbeitet. Der ArbN verliert seinen Anspruch auf Feiertagsbezahlung für alle in die Betriebsruhe fallenden Wochenfeiertage (Weihnachtsfeiertage und Neujahr), wenn er am letzten Tag vor oder am ersten Tag nach der Betriebsruhe unentschuldigt fehlt[11].

5. In den bewilligten Erholungsurlaub fällt ein gesetzlicher Feiertag. Der ArbN tritt den Erholungsurlaub eigenmächtig eine Tag zu früh an[12].

3. Fernbleiben von der Arbeit. Der ArbN verliert den Anspruch nur, wenn er an dem maßgeblichen Arbeitstag der von ihm geschuldeten Arbeit fernbleibt. Das Tatbestandsmerkmal des Fernbleibens von der Arbeit ist ohne weiteres erfüllt, wenn der ArbN an dem Tag, an dem er zu arbeiten gehabt hätte, 60

---

1 *Marienhagen/Künzl*, § 2 EFZG Rz. 8; BAG v. 20.7.1982 – 1 AZR 404/80, BAGE 39, 191. | 2 BAG v. 8.5.1984 – 3 AZR 194/82, BAGE 46, 13. | 3 *Kappelhoff* in Tschöpe, Arbeitsrecht, Teil 2 B Rz. 235; *Marienhagen/Künzl*, § 2 EFZG Rz. 8a. | 4 Strittig, vgl. zum früheren Recht: BAG v. 8.5.1984 – 3 AZR 194/82, BAGE 46, 13 = AP Nr. 44 zu § 1 Feiertagslohnzahlungs G; krit./abl.: KDHK/*Kleinsorge*, § 2 EFZG Rz. 39–44; *Marienhagen/Künzl*, § 2 EFZG Rz. 8; *Kunz/Wedde*, § 2 EFZG Rz. 113. | 5 BAG v. 8.5.1984 – 3 AZR 194/82, BAGE 46, 13. | 6 Vom 20.8.1951 (BGBl. I S. 479). | 7 KDHK/*Kleinsorge*, § 2 EFZG Rz. 45 mwN. | 8 BAG v. 16.6.1965 – 1 AZR 56/66, BAGE 17, 201. | 9 KDHK/*Kleinsorge*, § 2 EFZG Rz. 49. | 10 Vgl. BAG v. 16.6.1965 – 1 AZR 56/66, BAGE 17, 201; wie hier: ErfK/*Dörner*, § 2 EFZG Rz. 47; *Schmitt*, § 2 EFZG Rz. 113; *Marienhagen/Künzl*, § 2 EFZG Rz. 23; aA *Kunz/Wedde*, § 2 EFZG Rz. 121. | 11 BAG v. 6.4.1982 – 3 AZR 1036/79, BAGE 38, 251. | 12 Strittig; wie hier: ErfK/*Dörner*, § 2 EFZG Rz. 46; *Schmitt*, § 2 EFZG Rz. 113; *Marienhagen/Künzl*, § 2 EFZG Rz. 22; aA *Kappelhoff* in Tschöpe, Arbeitsrecht, Teil 2 B Rz. 239.

überhaupt nicht zu Arbeit erscheint[1]. Indessen ist das völlige Fernbleiben von der Arbeit nicht erforderlich; es genügt, wenn der ArbN seiner Arbeitspflicht an dem Arbeitstag teilweise nicht nachkommt[2].

61 **Beispiele:**

1. Der ArbN verlässt die Arbeit vor dem gesetzlichen Feiertag vorzeitig.

2. Der ArbN erscheint am Arbeitstag nach dem gesetzlichen Feiertag zu spät zur Arbeit.

62 Derartiges teilweises Fehlen erfüllt nach dem Stand der Rspr. grundsätzlich die Voraussetzungen der Fernbleibens von der Arbeit; allerdings ist der Tatbestand des Fernbleibens nicht erfüllt, wenn der ArbN eine verhältnismäßig erhebliche Arbeitsleistung an den maßgeblichen Arbeitstagen vor und nach dem gesetzlichen Feiertag erbracht hat[3].

63 **Beispiel:** Am Tag nach Christi Himmelfahrt hat ein Maurer pünktlich ab 6:30 Uhr gearbeitet. Die Arbeitszeit betrug ohne die Ruhepausen acht Stunden. In der Mittagspause, die gegen 12.00 Uhr begann, trinkt er mit anderen ArbN Bier. Gegen 13.30 Uhr forderte der ArbGeb alle auf, entweder das Biertrinken einzustellen und wieder zu arbeiten oder aber die Baustelle zu verlassen. Der Maurer verließ gegen 13.30 Uhr die Baustelle[4].

64 Das **teilweise Fernbleiben** von der Arbeit erfüllt den Tatbestand des Fernbleibens am Arbeitstag, wenn der ArbN mehr als die Hälfte seiner individuellen Arbeitszeit nicht gearbeitet hat[5]. Bloße körperliche Anwesenheit ohne Arbeitsleistung ist als Fernbleiben von der Arbeit zu bewerten[6]. Unerheblich ist, ob die erhebliche teilweise Arbeitsversäumnis zu Beginn, während oder zum Ende der Arbeitszeit des säumigen ArbN eintritt[7].

65 **Beispiele:**

1. Der ArbN erscheint am Arbeitstag vor dem gesetzlichen Feiertag um mehr als die Hälfte seiner Arbeitszeit zu spät zur Arbeit.

2. Der ArbN verlässt die Arbeit am Arbeitstag nach dem gesetzlichen Feiertag um mehr als die Hälfte seiner Arbeitszeit vorzeitig.

66 Zwischen dem Fernbleiben von der Arbeit und dem gesetzlichen Feiertag bzw. dem feiertagsbedingten Arbeitsausfall braucht kein ursächlicher Zusammenhang zu bestehen[8].

67 **Beispiel:** Maurer stellten die Arbeit bei einem Baustellenumzug am Arbeitstag nach Pfingstmontag ein und tranken – als angeblich „bei einem Baustellenumzug üblich" – stattdessen Bier.

68 **4. Unentschuldigt.** Der Verlust des Anspruchs nach § 2 Abs. 1 tritt nach Abs. 3 nur ein, wenn das Fernbleiben von der Arbeit unentschuldigt ist. Unentschuldigt iSd. Abs. 3 ein ArbN dann der Arbeit ferngeblieben, wenn für ihn **kein stichhaltiger Grund** für sein Fernbleiben von der Arbeit bestanden hat[9]. Auf das zunächst aufgestellte weitere Erfordernis, dass er dem ArbGeb einen solchen Grund nicht unverzüglich dann mitgeteilt habe, sobald dieser zu erkennen gegeben habe, er wolle dem ArbN Lohn für die feiertagsbedingt ausgefallene Arbeitszeit nicht zahlen[10], ist das BAG in späteren Entscheidungen nicht mehr zurückgekommen. Vielmehr muss das Fernbleiben von der Arbeit für den ArbN subjektiv schuldhaft iS eines Vertretenmüssens sein[11]. Von Gesetzes wegen besteht für den ArbN im Hinblick auf Abs. 3 keine Verpflichtung, den Entschuldigungsgrund für sein Fernbleiben von der Arbeit unverzüglich mitzuteilen. Eine generelle Verpflichtung, den ArbGeb unverzüglich von der vorhersehbaren oder bereits eingetretenen Arbeitsverhinderung zu **unterrichten**, besteht allerdings als **arbeitsvertragliche Nebenpflicht**[12] nach § 241 Abs. 2 BGB. Ihre Verletzung zieht die allgemeinen Folgen wie Abmahnung, ggf. Kündigung, ggf. Schadenersatz nach sich.

---

1 So schon RAG 13.2.1942 – RAGE 26, 89. | 2 BAG v. 20.10.1966 – 3 AZR 186/66, BAGE 19, 115, 117. | 3 BAG v. 20.10.1966 – 3 AZR 186/66, BAGE 19, 115, 118/119 im Anschluss an BAG v. 4.3.1960 – 1 AZR 18/58, BAGE 9, 100, 102; wie hier: KDHK/*Kleinsorge*, § 2 EFZG Rz. 50; ErfK/*Dörner*, § 2 EFZG Rz. 45; *Schmitt*, § 2 EFZG Rz. 118; *Marienhagen/Künzl*, § 2 EFZG Rz. 26; *Kappelhoff* in Tschöpe, Arbeitsrecht, Teil 2 B Rz. 240; aA *Kunz/Wedde*, § 2 EFZG Rz. 124 ff. | 4 Vgl. BAG v. 4.3.1960 – 1 AZR 18/58, BAGE 9, 100. | 5 BAG v. 20.10.1966 – 3 AZR 186/66, BAGE 19, 115, 118/119 im Anschluss an BAG v. 4.3.1960 – 1 AZR 18/58, BAGE 9, 100, 102; wie hier: KDHK/*Kleinsorge*, § 2 EFZG Rz. 50; ErfK/*Dörner*, § 2 EFZG Rz. 45; *Schmitt*, § 2 EFZG Rz. 118; *Marienhagen/Künzl*, § 2 EFZG Rz. 26; *Kappelhoff* in Tschöpe, Arbeitsrecht, Teil 2 B Rz. 240; aA *Kunz/Wedde*, § 2 EFZG Rz. 124 ff. | 6 LAG Düsseldorf v. 11.10.1957 – 5 Sa 397/57, BB 1958, 157. | 7 BAG v. 20.10.1966 – 3 AZR 186/66, BAGE 19, 115, 118/119; wie hier: ErfK/*Dörner*, § 2 EFZG Rz. 45; *Schmitt*, § 2 EFZG Rz. 118; *Marienhagen/Künzl*, § 2 EFZG Rz. 26; *Kappelhoff* in Tschöpe, Arbeitsrecht, Teil 2 B Rz. 240; aA KDHK/*Kleinsorge*, § 2 EFZG Rz. 50; *Kunz/Wedde*, § 2 EFZG Rz. 124 ff. | 8 BAG v. 20.10.1966 – 3 AZR 186/66, BAGE 19, 115, 118/119; wie hier: KDHK/*Kleinsorge*, § 2 EFZG Rz. 50; ErfK/*Dörner*, § 2 EFZG Rz. 45; *Schmitt*, § 2 EFZG Rz. 118; *Marienhagen/Künzl*, § 2 EFZG Rz. 26; *Kappelhoff* in Tschöpe, Arbeitsrecht, Teil 2 B Rz. 240; aA *Kunz/Wedde*, § 2 EFZG Rz. 131. | 9 BAG v. 14.6.1957 – 1 AZR 97/56, AP Nr. 2 zu § 1 FeiertagsLohnzahlungsG. | 10 BAG v. 14.6.1957 – 1 AZR 97/56, AP Nr. 2 zu § 1 FeiertagsLohnzahlungsG. | 11 BAG v. 20.10.1966 – 3 AZR 186/66, BAGE 19, 115, 118/119; wie hier: KDHK/*Kleinsorge*, § 2 EFZG Rz. 47; ErfK/*Dörner*, § 2 EFZG Rz. 48; *Schmitt*, § 2 EFZG Rz. 123 ff.; *Marienhagen/Künzl*, § 2 EFZG Rz. 28 ff.; *Kappelhoff* in Tschöpe, Arbeitsrecht, Teil 2 B Rz. 241. | 12 BAG v. 15.7.1992 – 7 AZR 466/91, AP Nr. 9 zu § 611 BGB – Abmahnung.

Für die Frage, ob das Fernbleiben von der Arbeit unentschuldigt ist oder nicht, kommt es nicht darauf an, ob zwischen Arbeitsversäumnis und feiertagsbedingtem Arbeitsausfall ein ursächlicher Zusammenhang besteht[1]. **69**

Liegt ein vom ArbN **subjektiv nicht zu vertretender Grund** für die Nichtleistung der Arbeit vor, so ist sein Anspruch auf Entgeltfortzahlung für den gesetzlichen Feiertag nicht nach Abs. 3 ausgeschlossen[2]. Dies kann insb. in den Fällen des § 616 BGB der Fall sein. **70**

Beispiel: Der ArbN kann nicht zur Arbeitstelle gelangen, weil der Straßenverkehr infolge extremer Eisglätte zusammengebrochen ist. **71**

Eine jedes Zeitpolster ausschließende **Rückreise aus dem Urlaub zum** Arbeitsort, die infolge **Zugverspätung, Verkehrsstaus** oder **Autopanne** zum Fernbleiben von der Arbeit führt, ist dagegen idR subjektiv zu vertreten. **72**

Aus Abs. 3 folgt im Fall des unentschuldigten Fernbleibens von der Arbeit lediglich, dass dem ArbN kein Anspruch auf Entgeltfortzahlung für den gesetzlichen Feiertag zusteht. Dies betrifft das gesamte Arbeitsentgelt, das sonst für den Feiertag fortzuzahlen gewesen wäre, und zwar auch dann, wenn der ArbN am maßgebenden Arbeitstag vor oder nach dem Feiertag seine Arbeit nur zum Teil versäumt hat[3]. Eine gleich bleibende Monatsvergütung (Gehalt) ist in der Weise zu kürzen, dass der Tagessatz für jeden Feiertag auf die in dem betreffenden Monat konkret anfallenden Arbeitstage einschließlich der darauf entfallenden Feiertage berechnet wird[4]. Indessen stellt Abs. 3 nicht die einzige Rechtsfolge dar. Im Umfang der unentschuldigten Arbeitsversäumnis braucht der ArbGeb nach dem Grundsatz „ohne Arbeit kein Lohn"[5] (vgl. § 611 BGB) ebenfalls keine Vergütung zu zahlen. **73**

Beispiel: Der Angestellte bleibt am 2. Mai unentschuldigt der Arbeit fern. Im Mai fallen bei einer 5-Tage-Woche 22 Arbeitstage an, auf 3 von ihnen fallen gesetzliche Feiertage (1. Mai, Christi Himmelfahrt, Pfingstmontag). Das Gehalt darf für den 1. Mai nach § 2 Abs. 3 um 1/22 und für die Arbeitsversäumnis am 2. Mai um weitere 1/22 gekürzt werden. **74**

5. Rechtsfolgen des unentschuldigten Fernbleibens. Zudem kann die unentschuldigte Arbeitsversäumnis auch andere Folgen, wie Abmahnung, ggfs. Kündigung des Arbeitsverhältnisses oder Schadenersatz, nach sich ziehen[6]. **75**

6. Darlegungs- und Beweislast. Bei Abs. 3 handelt es sich um einen **anspruchsvernichtenden Tatbestand**. Der **ArbGeb** trägt die Beweislast. Die Darlegungslast ist gespalten. Der ArbGeb hat zunächst zu behaupten und zu beweisen, dass der ArbN am maßgeblichen Tag zu arbeiten gehabt habe. Behauptet der Arb-Geb, der ArbN sei am maßgeblichen Tag der Arbeit unentschuldigt fern geblieben, so hat der ArbN substantiiert darzulegen, dass bzw. von wann bis wann er zur Arbeit erschienen sei. Dem hat der ArbGeb substantiiert zu entgegnen und die dazu dienenden Tatsachen zu beweisen. Entsprechendes gilt für das Unentschuldigtsein des Fernbleibens. **76**

3 Anspruch auf Entgeltfortzahlung im Krankheitsfall

(1) Wird ein Arbeitnehmer durch Arbeitsunfähigkeit infolge Krankheit an seiner Arbeitsleistung verhindert, ohne dass ihn ein Verschulden trifft, so hat er Anspruch auf Entgeltfortzahlung im Krankheitsfall durch den Arbeitgeber für die Zeit der Arbeitsunfähigkeit bis zur Dauer von sechs Wochen. Wird der Arbeitnehmer infolge derselben Krankheit erneut arbeitsunfähig, so verliert er wegen der erneuten Arbeitsunfähigkeit den Anspruch nach Satz 1 für einen weiteren Zeitraum von höchstens sechs Wochen nicht, wenn

1. er vor der erneuten Arbeitsunfähigkeit mindestens sechs Monate nicht infolge derselben Krankheit arbeitsunfähig war oder
2. seit Beginn der ersten Arbeitsunfähigkeit infolge derselben Krankheit eine Frist von zwölf Monaten abgelaufen ist.

(2) Als unverschuldete Arbeitsunfähigkeit im Sinne des Absatzes 1 gilt auch eine Arbeitsverhinderung, die infolge einer nicht rechtswidrigen Sterilisation oder eines nicht rechtswidrigen Abbruchs der Schwangerschaft eintritt. Dasselbe gilt für einen Abbruch der Schwangerschaft, wenn die Schwangerschaft innerhalb von zwölf Wochen nach der Empfängnis durch einen Arzt abgebrochen wird, die *schwangere* Frau den Abbruch verlangt und dem Arzt durch eine Bescheinigung nachgewiesen hat, dass sie sich mindestens drei Tage vor dem Eingriff von einer anerkannten Beratungsstelle hat beraten lassen.

---

1 BAG v. 20.10.1966 – 3 AZR 186/66, BAGE 19, 115, 118/119; wie hier: KDHK/*Kleinsorge*, § 2 EFZG Rz. 47; aA *Kunz/Wedde*, § 2 EFZG Rz. 131. |2 *Kunz/Wedde*, § 2 EFZG Rz. 131. |3 BAG v. 20.10.1966 – 3 AZR 186/66, BAGE 19, 115, 118/119. |4 *Schmitt*, § 2 EFZG Rz. 131; HzA/*Vossen*, Gruppe 2 Rz. 805 mwN. |5 St. Rspr., statt vieler: BAG v. 7.6.1963 – 1 AZR 253/62, BAGE 14, 200, 201. |6 Vgl. *Schliemann*, ArbR BGB, § 611 Rz. 736 bis 738.

(3) Der Anspruch nach Absatz 1 entsteht nach vierwöchiger ununterbrochener Dauer des Arbeitsverhältnisses.

I. Normzweck und -entstehung	1
II. Entgeltfortzahlung wegen krankheitsbedingter Altersunfähigkeit (Abs. 1)	2
1. Anspruchsberechtigte	3
2. Entgeltfortzahlungsanspruch	4
a) Rechtsnatur	5
b) Rechtliche Behandlung als Arbeitsentgelt	7
c) Anspruchsübergang auf die Krankenkasse	8
d) Rechtsmissbrauch	10
3. Arbeitsverhinderung infolge krankheitsbedingter Arbeitsunfähigkeit	11
a) Prinzip der Monokausalität	12
b) Arbeitsausfall aus anderen Gründen	13
aa) Annahmeverzug	14
bb) Arbeitskampf	15
cc) Arbeitsunwilligkeit	17
dd) Beschäftigungsverbote	18
ee) Bezahlte Arbeitsfreistellung	22
ff) Elternzeit	23
gg) Gesetzliche Feiertage	24
hh) Kurzarbeit	25
ii) Ruhen des Arbeitsverhältnisses	26
jj) Schulungsteilnahme	27
kk) Urlaub	28
ll) Unbezahlter Arbeitsausfall	30
mm) Verhinderung aus persönlichen Gründen	31
nn) Witterungsbedingter Arbeitsausfall	32
4. Krankheitsbedingte Arbeitsunfähigkeit	33
a) Begriff der Krankheit	34
aa) Regelwidriger Körper- und Geisteszustand	38
bb) Ursache der Krankheit	41
b) Geschuldete Arbeitsleistung und Arbeitsunfähigkeit	42
c) Arbeitsunfähigkeit	48
d) Teilarbeitsunfähigkeit	51
e) Ersatztätigkeit	53
f) Wiedereingliederungsverhältnis	55
5. Unverschulden des Arbeitnehmers	56
a) Begriff des Verschuldens	57
aa) Ursächliches Verschulden des Arbeitnehmers	58
bb) (Mit-)Verschulden Dritter	59
b) (Mit-)Verschulden des Arbeitgebers, Arbeitsausfall	60
c) Einzelfälle	61
aa) Unfälle	62
(1) Arbeitsunfall	63
(2) Straßenverkehrsunfall	65
(3) Trunkenheitsunfall	67
(4) Sportunfall	69
bb) Suchterkrankungen	71
cc) Organ- und Transplantatspende	75
dd) Suizidversuch	76
ee) Tätlichkeit, Schlägerei	77
ff) Gesundheitsgefährdendes und heilungswidriges Verhalten	79
gg) Erkrankung bei oder infolge Nebentätigkeit	80
d) Darlegungs- und Beweislast	81
6. Beginn, Dauer und Ende des Anspruchs auf Entgeltfortzahlung	82
a) Beginn	83
b) Dauer und Ende des Anspruchs auf krankheitsbedingte Entgeltfortzahlung	87
aa) Ende der krankheitsbedingten Arbeitsunfähigkeit	88
bb) Ende des aktiven Arbeitsverhältnisses	95
cc) Dauer der Entgeltfortzahlung – Fortsetzungskrankheit	96
(1) Dieselbe Krankheit	98
(2) Mehrere aufeinander folgende Krankheiten	105
(3) Mehrere sich überschneidende Krankheiten	107
c) Darlegungs- und Beweislast	110
7. Wiederholte Arbeitsunfähigkeit	111
a) Dasselbe Arbeitsverhältnis	112
b) Erneuter Anspruch nach sechs Monaten	115
aa) Fortsetzungszusammenhang	116
bb) Unterbrechung des Fortsetzungszusammenhangs	121
c) Erneuter Anspruch nach zwölf Monaten	125
aa) Erneute Arbeitsunfähigkeit infolge Fortsetzungskrankheit	126
bb) Zwölfmonatige Rahmenfrist	129
cc) Erste Arbeitsunfähigkeit	131
d) Darlegungs- und Beweislast	132
III. Sterilisation und Schwangerschaftsabbruch (Abs. 2)	133
IV. Wartezeit (Abs. 3)	138

Lit.: *Belling/Hartmann*, Ausschluss der Entgeltfortzahlung durch hypothetische Nichtleistung, ZfA 1994, 519; *Boecken*, Entgeltfortzahlung bei nebentätigkeitsbedingtem Arbeitsunfall bzw. Unfall, NZA 2001, 2333; *Boecken*, Probleme der Entgeltfortzahlung im Krankheitsfall, NZA 1999, 673; *Boecken*, Entgeltfortzahlung bei nebentätigkeitsbedingtem Arbeitsunfalls bzw. Unfall, NZA 2001, 233; *Boerner, D.*, Die Reform der Entgeltfortzahlung und der Urlaubsanrechnung im Lichte der Tarifautonomie, ZTR 1996, 435; *Gitter*, Arbeitsrechtliche Probleme der stufenweisen Wiedereingliederung arbeitsunfähiger Arbeitnehmer, ZfA 1995, 123; *Feichtinger*, Entgeltfortzahlung im Krankheitsfall, AR-Blattei SD 1000.3; *Feichtinger*, Krankheit des Arbeitnehmers; AR-Blattei SD 1000.1; *Fey, Tessa*, Die Entgeltfortzahlung bei Arbeitsunfähigkeit infolge eines Schwangerschaftsabbruchs, Frankfurt am Main 1999; *Gerauer*, Keine Vergütungsfortzahlung bei Verletzungsfolgen beim Bungee-Springen, NZA 1994, 496; *Houben*, Trifft den Arbeitnehmer eine vertragliche Pflicht, sich gesund zu halten?, NZA 2000, 128; *Koppenfels*, Die Entgeltfortzahlung im Krankheitsfall an der Schnittstelle von Arbeits- und Sozialrecht, NZS 2002, 241; *Künzel*, Begriff des Verschuldens bei der Entgeltfortzahlung; Titelzusatz: Verschuldete Arbeitsunfähigkeit eines alkoholkranken Arbeitnehmers bei Besitz eines Kraftfahrzeuges?, BB 1989, 62; *Link/Flachmeyer*, Ersatz des Verdienstausfalls von Organspendern, AuA 2002, 509; *Reinecke*, Entgeltfortzahlung bei Arztbesuchen, AuA 1996, 339; *Reinecke*, Krankheit und Arbeitsunfähigkeit – die zentralen Begriffe des Rechts der Entgeltfortzahlung, DB 1998, 130; *Reinecke*, Der Anspruch auf Entgeltfortzahlung beim Zusammentreffen mehrerer Verhinderungsgründe, DB 1991, 1168; *Ring*, Rechtliche Grundlagen zur Entgeltfortzahlung im Krankheitsfall (Teile I und II), BuW 201, 609 und 650; *Schliemann*, Neues und Bekanntes im Entgeltfortzahlungsgesetz, ArbuR 1994, 317; *Schliemann/König*, Ärztliches Beschäftigungsverbot und krankheitsbedingte Arbeitsunfähigkeit der werdenden Mutter, NZA 1998, 1030; *Stückmann*, „Selbstverschuldete" Arbeitsunfähigkeit – spart nur der Zufall Kosten?, DB

1996, 1833; *Stückmann*, Teilarbeits(un)fähigkeit und Entgeltfortzahlung, DB 1998, 1662; *Vossen*, Die Wartezeit nach § 3 Abs. 3 EFZG, NZA 1998, 354; *Waltermann*, Entgeltfortzahlung bei Arbeitsunfällen und Berufskrankheiten nach neuem Recht, NZA 1997, 177; vgl. des Weiteren das zu § 1 aufgeführte Schrifttum.

I. Normzweck und -entstehung. § 3 bildet die Grundnorm für den Anspruch auf Entgeltfortzahlung infolge Arbeitsverhinderung wegen krankheitsbedingter Arbeitsunfähigkeit. Diese Bestimmung regelt den Sachverhalt **abschließend**; auch wenn Krankheit ein unverschuldetes Unglück iSv. § 616 BGB ist, kann auf diese Bestimmung für die Fortzahlung des Arbeitsentgeltes nicht zurückgegriffen werden[1]. Gleichwohl bleibt § 616 BGB anwendbar, zB im Fall krankheitsbedingter Arbeitsverhinderung, die keine Arbeitsunfähigkeit bedeutet[2] (vgl. § 616 BGB). § 3 dient zugleich der Entlastung der Krankenkassen, weil den ArbGeb an deren Stelle die Sicherung des Lebensunterhalts ihrer ArbN im Fall der Arbeitsverhinderung durch krankheitsbedingte Arbeitsunfähigkeit auferlegt worden ist[3]. § 3 Abs. 1 ist im Laufe des Gesetzgebungsverfahrens unverändert geblieben. Die Fassung des Absatzes 2 beruht auf dem Vorschlag des A.u.S.-Ausschusses[4]. Nachdem die ursprüngliche Fassung des § 3 erlaubte, dass jeder ArbN – wie zuvor schon Angestellte – vom ersten Tag der vereinbarten Arbeitsaufnahme an Anspruch auf Entgeltfortzahlung wegen Arbeitsverhinderung infolge krankheitsbedingter Arbeitsunfähigkeit erhalten konnte, auch wenn die Arbeitsunfähigkeit schon vorher eingetreten war, ist diese Rechtslage durch das arbeitsrechtliche Beschäftigungsförderungsgesetz 1996 durch Einführung einer Wartezeit (Abs. 3) für alle ArbN eingeschränkt worden[5]. Das sog Korrekturgesetz hat § 3 insgesamt nicht geändert[6].

II. Entgeltfortzahlung wegen krankheitsbedingter Arbeitsunfähigkeit (Abs. 1). Gemäß § 3 Abs. 1 Satz 1 hat ein ArbN Anspruch auf Entgeltfortzahlung gegen den ArbGeb **bis zur Dauer von sechs Wochen**, wenn er durch Arbeitsunfähigkeit infolge Krankheit an seiner Arbeitsleistung verhindert wird, ohne dass ihn ein Verschulden trifft. Im Fall der erneuten Arbeitsunfähigkeit wegen derselben Krankheit verliert der ArbN diesen Anspruch für einen weiteren Zeitraum von höchstens sechs Wochen nach näherer Maßgabe von § 3 Abs. 1 Satz 2 nicht.

1. Anspruchsberechtigte. Anspruchsberechtigt sind **alle ArbN**; insb. kommt es nicht mehr auf eine Unterscheidung zwischen Arbeitern, Angestellten und besonderen Angestellten an (§ 1 Rz. 8 bis 12). Zu den Anspruchsberechtigten zählen auch die zu ihrer Berufsausbildung Beschäftigten (vgl. § 1 Rz. 12). Für den Bereich der **Heimarbeit** enthält § 10 eigene Regelungen.

2. Entgeltfortzahlungsanspruch. Das Recht auf Entgeltfortzahlung wegen krankheitsbedingter Arbeitsunfähigkeit setzt grundsätzlich das Bestehen des Arbeitsverhältnisses voraus; nach näherer Maßgabe von § 8 kann er auch trotz Beendigung des Arbeitsverhältnisses bestehen.

a) Rechtsnatur. Das Recht auf Entgeltfortzahlung (§ 3 Abs. 1 Satz 1) stellt zumindest seit der erneuten Änderung des § 4 Abs. 1 durch das sog. Korrekturgesetz[7] keinen eigenständigen Anspruch dar, sondern bedeutet nur, dass der Anspruch auf Arbeitsentgelt nicht dadurch verloren geht, dass der ArbN wegen Arbeitsunfähigkeit infolge unverschuldeter Erkrankung gehindert war, seine Arbeit zu leisten. Anspruchsgrundlage für den Entgeltfortzahlungsanspruch ist damit nach wie vor der Arbeitsvertrag; Umfang und Höhe des Anspruchs können insoweit tarifvertraglich gestaltet sein[8]. Der Entgeltfortzahlungsanspruch ist kein Lohnersatzanspruch, sondern der Anspruch auf das **arbeitsvertraglich geschuldete Entgelt**. Die Besonderheit besteht nur darin, dass der ArbGeb es ohne Arbeitsleistung und damit abweichend vom Grundsatz „ohne Arbeit kein Lohn"[9] zu zahlen hat. Die vormals heftige Kontroverse, ob nach der Rechtslage für die Zeit vom 1.10.1996 bis 31.12.1998 anderes zu gelten hatte[10], dürfte als beendet anzusehen sein. Bis zum 30.9.1996 ordnete § 3 Abs. 1 Satz 1 an, der ArbN „verliert ... nicht den Anspruch auf Arbeitsentgelt" für die Zeit der Arbeitsunfähigkeit bis zur Dauer von sechs Wochen. Von dieser Formulierung war der Gesetzgeber abgerückt, weil er meinte, im Hinblick auf die Verringerung der Höhe der Entgeltfortzahlung eine Klarstellung vornehmen zu müssen[11], da das Gesetz nur noch einen Entgeltfortzahlungsanspruch in Höhe von 80 % des Arbeitsentgeltes vorsah. Obwohl durch das Korrekturgesetz mit Wirkung ab 1.1.1999 die vormalige Gesetzesänderung insoweit fast vollständig rückgängig gemacht worden ist, indem die Entgeltfortzahlung wieder bei 100 % liegt, hat es der Gesetzgeber nicht für nötig befunden, den Wortlaut des § 3 Abs. 1 Satz 1 wieder auf den Stand vor dem 1.10.1996 zurückzuführen. Deshalb wird auch jetzt noch zum Teil die Ansicht vertreten, es handele sich bei dem Entgeltfortzahlungsanspruch des § 3 Abs. 1 Satz 1 nicht (mehr) um die Aufrechterhaltung des bisherigen Anspruchs auf Arbeitsentgelt, sondern um einen eigenständigen Anspruch, der seinerseits jedoch den Regelungen über das Arbeitsentgelt unterliege[12].

---

1 *Schliemann*, ArbuR 1994, 317; *Matthes* in Schliemann, ArbR BGB § 616 Rz. 57. | 2 BAG v. 29.2.1984 – 5 AZR 92/84, AP Nr. 22 zu § 1 TVG – Tarifverträge: Metallindustrie. | 3 BAG v. 12.12.2001 – 5 AZR 255/00, AP Nr. 10 zu Art. 30 Art. 30 EGBGB nF. | 4 BT-Drs. 12/5798. | 5 ArbR BeschFG v. 25.9.1996, BGBl. I S. 1476. | 6 Gesetz zu Korrekturen in der Sozialversicherung und zur Sicherung der Arbeitnehmerrechte vom 19.12.1998, BGBl. I S. 3843. | 7 Gesetz zu Korrekturen in der Sozialversicherung und zur Sicherung der Arbeitnehmerrechte vom 19.12.1998, BGBl. I S. 3843. | 8 BAG v. 16.1.2002 – 5 AZR 430/00, AP Nr. 13 zu § 3 EntgeltFG. | 9 St. Rspr., statt vieler: BAG v. 7.6.1963 – 1 AZR 253/62, BAGE 14, 200, 201. | 10 Vgl. ausf. ErfK/*Dörner*, 1. Aufl. § 3 EFZG Rz. 100 bis 106; Staudinger/*Oetker*, § 616 BGB Rz. 177 bis 180. | 11 BT-Drs. 13/4612, BT-Drs. 13/5107, 11. | 12 Vgl. *Kunz/Wedde*, § 3 EFZG Rz. 20 ff., 21 ff. mwN; *Schmitt*, § 3 EFZG Rz. 158.

6 Die Diskussion dürfte im Hinblick auf die Rspr. des BAG zu einem die Zeit nach dem 1.1.1999 betreffenden Fall der Entgeltfortzahlung wegen krankheitsbedingter Arbeitsunfähigkeit beendet sein. In der Entscheidung heißt es: „Zudem hat der Entgeltfortzahlungsanspruch wie die früheren Lohn- und Gehaltsfortzahlungsansprüche trotz des abweichenden Wortlauts von § 3 Abs. 1 Satz 1 keinen selbständigen Vergütungscharakter (vgl. § 1 Abs. 1, § 4 Abs. 1 EFZG). Er ist der während der Arbeitsunfähigkeit **aufrechterhaltende Vergütungsanspruch** und teilt dessen rechtliches Schicksal (...). Wenn die TV-Parteien den Vergütungsanspruch tariflich geregelt haben, handelt es sich bei der tariflich vorgesehenen Verpflichtung zur Fortzahlung des Arbeitsentgelts ebenfalls um einen tariflichen Anspruch, der, ebenso wie der Vergütungsanspruch, der Ausschlussklausel unterliegt ..."[1]. Der Anspruch nach § 3 Abs. 1 Satz 1 ist allerdings unabdingbar; lediglich von § 4 Abs. 4 kann durch TV abgewichen werden (§ 12).

7 **b) Rechtliche Behandlung als Arbeitsentgelt.** Da es sich bei § 3 Abs. 1 Satz 1 lediglich um die Aufrechterhaltung des ansonsten geschuldeten Vergütungsanspruchs handelt, sind die normalen rechtlichen Regelungen für den Vergütungsanspruch anzuwenden[2]. Die Zahlung ist an **den normalen Vergütungsterminen fällig**[3]; er unterliegt der regelmäßigen **Verjährung** (§ 195, § 199 BGB nF) ebenso wie tarifvertraglichen oder arbeitsvertraglichen **Ausschlussfristen**[4]. Der Anspruch kann in den Grenzen des § 400 BGB **abgetreten** und verpfändet werden; er unterliegt in den Grenzen des § 850c ZPO **der Lohnpfändung**. Von einer vorangegangenen Lohnpfändung werden auch die auf den Entgeltfortzahlungszeitraums entfallenden Teile des Vergütungsanspruchs erfasst.

8 **c) Anspruchsübergang auf die Krankenkasse.** Nach den §§ 44 ff. SGB V haben ArbN als Mitglieder der in § 4 Abs. 2 SGB V genannten Krankenkassen im Fall krankheitsbedingter Arbeitsunfähigkeit **Anspruch auf Krankengeld**. Dieser Anspruch besteht stets, ihm gegenüber hat indessen der Anspruch des ArbN auf Entgeltfortzahlung Vorrang. Krankengeld hat eine Entgeltersatzfunktion; es ist erst zu leisten, wenn der Versicherte seines arbeitsrechtlichen Anspruchs auf Entgeltfortzahlung wegen krankheitsbedingter Arbeitsunfähigkeit verlustig ist oder er ihn nicht durchsetzen kann[5], zB während der Wartefrist des § 3 Abs. 3 oder nach Erschöpfung des Entgeltfortzahlungsanspruchs oder in Fällen des § 8. Nach § 49 Nr. 1 SGB V ruht der Anspruch auf Krankengeld, soweit und solange der ArbN während seiner Erkrankung Entgeltfortzahlung tatsächlich erhält. Erhält der ArbN vom ArbGeb trotz entsprechenden Anspruchs keine Entgeltfortzahlung im Krankenfall, so hat die faktische Undurchsetzbarkeit dieses Anspruchs zur Folge, dass die Krankenkasse zur Zahlung von Krankengeld verpflichtet ist. Dies ist nicht selten bei einer Beendigung des Arbeitsverhältnisses anlässlich einer Erkrankung des ArbN (vgl. § 8). Soweit der ArbN Anspruch auf Entgeltfortzahlung hat, geht der Entgeltfortzahlungsanspruch **in Höhe des gezahlten Netto-Krankengeldes**, nicht jedoch in Höhe der von der Krankenkasse geleisteten SozVBeiträge (RV: § 176 Abs. 1 SGB VI, ArblV: § 347 Nr. 4 SGB III, Pflegeversicherung: § 59 Abs. 2 Satz 1 SGB IX) auf die Krankenkasse über (§ 115 Abs. 1 SGB X)[6]. Allerdings führt der Anspruchsübergang nicht dazu, dass der ArbGeb von den Beiträgen entlastet wäre, die sich aus dem geschuldeten Bruttobetrag der Entgeltfortzahlung wegen krankheitsbedingter Arbeitsunfähigkeit ergeben, denn insoweit schuldet er der Krankenkasse die Leistung der hierauf entfallenden SozVBeiträge, soweit sie vom ArbGeb zu tragen sind[7]. Im Rahmen des Anspruchsübergangs erhält die Krankenkasse hinsichtlich des Entgeltfortzahlungsanspruchs dieselbe Rechtsstellung wie der ArbN[8].

9 Nach § 404 iVm. § 412 BGB kann der ArbGeb der Krankenkasse gegenüber alle **Einwendungen** erheben, die zurzeit des Forderungsübergangs gegen den ArbN begründet waren; dabei ist der Begriff der Einwendungen im weitesten Sinn zu verstehen[9]. Dies gilt auch hinsichtlich einer kollektiv- oder einzelvertraglich begründeten **Ausschlussfrist**[10]. Nach dem Forderungsübergang kann der ArbN hinsichtlich der übergegangenen Teile seines Entgeltfortzahlungsanspruchs nicht mehr verfügen, insb. kann er hierauf nicht mehr verzichten, oder der Forderung die Rechtsgrundlage dadurch entziehen, dass er einen Aufhebungsvertrag abschließt, wenn dem ArbN der Anspruchsübergang bekannt war[11].

10 **d) Rechtsmissbrauch.** Die Geltendmachung des Anspruchs auf Entgeltfortzahlung kann wegen Verstoßes gegen Treu und Glauben (§ 242 BGB) rechtsmissbräuchlich sein. Liegt bereits ein **Verschulden des ArbN** an seiner krankheitsbedingten Arbeitsunfähigkeit vor (vgl. dazu unten Rz. 55 ff.), so ist für die Prüfung, ob die Geltendmachung der Entgeltfortzahlung gegen § 242 BGB verstößt, kein Raum[12]. Dagegen liegt ein Rechtsmissbrauch vor, wenn sich der ArbN das Arbeitsverhältnis in Kenntnis seiner Arbeitsunfähigkeit erschlichen hat[13], wenn er bereits bei Abschluss des Arbeitsverhältnisses arbeits-

---

1 BAG v. 16.1.2002 – 5 AZR 430/00, AP Nr. 13 zu § 3 EntgeltFG. | 2 BAG v. 21.12.1972 – 5 AZR 319/72, AP Nr. 1 zu § 9 LohnFG. | 3 BAG v. 27.4.1994 – 5 AZR 747/93 (A), BAGE 76, 306 = AP Nr. 100 zu § 1 LohnFG. | 4 BAG v. 16.1.2002 – 5 AZR 430/00, AP Nr. 13 zu § 3 EntgeltFG; aA wegen eines angeblich eigenständigen Charakters des Entgeltfortzahlungsanspruchs: *Kunz/Wedde*, § 3 EFZG Rz. 22. | 5 ErfK/*Rolfs* § 44 SGB V Rz. 2 mwN. | 6 BAG v. 2.12.2002 – 7 AZR 437/01, AP Nr. 24 zu § 2 BAT SR 2y. | 7 BSG v. 26.11.1985 – 12 RK 51/89, BSGE 59, *183* = *DB 1986, 867*. | 8 BAG v. 18.1.1995 – 5 AZR 818/93, BAGE 79, 122, 127. | 9 BAG v. 30.3.1994 – 7 ABR 45/93, BAGE 76, 214, 226. | 10 BAG v. 7.12.1983 – 5 AZR 425/80, BAGE 44, 337. | 11 BAG v. 9.10.1996 – 5 AZR 246/95, AP Nr. 9 zu § 115 SGB X; v. 20.8.1980 – 5 AZR 227/79, BAGE 34, 128. | 12 BAG v. 21.4.1982 – 5 AZR 1019/79, BAGE 38, 309. | 13 KDHK/*Dunkl*, § 3 EFZG Rz. 201 mwN.

unfähig erkrankt war und dies noch bei Ablauf der Wartezeit des § 3 Abs. 3 andauert[1] oder wenn er seinen Anspruch auf Entgeltfortzahlung verwirkt hat[2].

3. Arbeitsverhinderung infolge krankheitsbedingter Arbeitsunfähigkeit. Der Entgeltfortzahlungsanspruch nach § 3 Abs. 1 setzt voraus, dass der ArbN wegen Arbeitsunfähigkeit infolge Krankheit verhindert ist, die geschuldete Arbeit zu leisten. Die damit erforderliche Kausalität ist unter mehreren Gesichtspunkten zu prüfen. 11

a) Prinzip der Monokausalität. Die krankheitsbedingte Arbeitsunfähigkeit muss die alleinige Ursache der Arbeitsverhinderung sein, um einen Anspruch nach Abs. 1 auszulösen[3]. Grundsätzlich gilt dasselbe Prinzip der Monokausalität wie bei der Entgeltfortzahlung an Feiertagen (vgl. § 2 Rz. 19, Rz. 21 ff.). Durch TV kann allerdings zu Gunsten des ArbN vom Grundsatz der Monokausalität abgewichen werden[4]. 12

b) Arbeitsausfall aus anderen Gründen. Ein Anspruch auf Entgeltfortzahlung ist nach § 3 Abs. 1 nicht gegeben, wenn die Arbeit auch aus einem anderen Grund als der krankheitsbedingten Arbeitsunfähigkeit des ArbN ausgefallen wäre. Ob sich ein Entgeltzahlungsanspruch wegen des anderen Grundes des Arbeitsausfalls ergibt, ist eine hiervon zu trennende Frage. Die Unterscheidung ist deswegen bedeutsam, weil die Rechtsfolgen – je nach Rechtsgrundlage – unterschiedlich sein können. Vor allem spielt dies eine erhebliche Rolle im Verhältnis zwischen mutterschutzbedingtem Arbeitsausfall und krankheitsbedingtem Arbeitsausfall. Liegt ein Fall der **Doppel- oder Mehrfachkausalität** für den Arbeitsausfall vor, so verliert der ArbN seinen Anspruch auf Entgeltfortzahlung im Krankheitsfall. Er hat jedoch einen Entgeltanspruch zu behalten, wenn beide Leistungshindernisse Entgeltfortzahlungsansprüche auslösen[5]. Regelmäßig ist dies der Anspruch, der ohne die Arbeitsverhinderung infolge krankheitsbedingter Arbeitsunfähigkeit gegeben wäre. 13

aa) Annahmeverzug. Befindet sich der ArbGeb hinsichtlich der Arbeitsleistung des ArbN in Annahmeverzug, so hat der ArbN nach § 615 Satz 1 BGB Anspruch auf Bezahlung des Arbeitsentgeltes. Erkrankt der ArbN in diesem Zeitraum arbeitsunfähig, so hat er Anspruch auf Entgeltfortzahlung gemäß § 3 und nicht nach § 615 Satz 1 BGB, weil mit Rücksicht auf § 297 BGB kein Annahmeverzug mehr vorliegt. Vielmehr wird Entgeltfortzahlung nach § 3 Abs. 1 dem Grund nach geschuldet, der Höhe nach allerdings richtet sich der Anspruch nach § 4 EFZG, ggf. in Verbindung mit tarifvertraglichen Regelungen[6]. 14

bb) Arbeitskampf. Ist Arbeitskampf die Ursache für den Arbeitsausfall, so entfällt der Anspruch auf Entgeltfortzahlung im Krankheitsfall sowohl beim Streik des ArbN[7] als auch im Fall der Aussperrung[8]. Im Fall des Streiks besteht allerdings ein Anspruch auf Entgeltfortzahlung im Krankheitsfall, wenn die Beschäftigung des ArbN ohne seine Arbeitsunfähigkeit möglich gewesen wäre[9]. Dagegen besteht kein Anspruch auf Entgeltfortzahlung im Krankheitsfall, wenn der Betrieb infolge des Streiks stillliegt oder wenn – ohne dass dies der Fall ist – der arbeitsunfähig kranke ArbN am Streik teilnimmt oder während der Streikteilnahme arbeitsunfähig krank wird[10]. 15

Ob ein Anspruch auf Entgeltfortzahlung wegen krankheitsbedingter Arbeitsunfähigkeit besteht, wenn der streikende ArbN sodann erklärt, sich nicht mehr am Streik beteiligen zu wollen, ist umstritten[11]. Erklärt jedoch der ArbN, sich am Arbeitskampf beteiligen zu wollen, so entsteht für ihn kein Anspruch auf Entgeltfortzahlung im Krankheitsfall[12]. 16

cc) Arbeitsunwilligkeit. Erklärt sich ein ArbN vor Beginn der krankheitsbedingten Arbeitsunfähigkeit arbeitsunwillig, indem er zB erklärt, er werde „krank sein", wenn er eine bestimmte Tätigkeit ausüben müsse, so kann es deswegen an der Monokausalität fehlen[13]. Denn zu den Voraussetzungen des Entgeltfortzahlungsanspruchs wegen krankheitsbedingter Arbeitsunfähigkeit gehört, dass der ArbN ungeachtet der krankheitsbedingten Arbeitsunfähigkeit jedenfalls arbeitswillig war[14]. Hat der ArbN längere Zeit „gebummelt" und ist er dann arbeitsunfähig krank geworden, so muss er, wenn der ArbGeb entsprechende Zweifel darlegt, vortragen und ggf. beweisen, dass er während der Zeit der krankheitsbedingten Arbeitsunfähigkeit arbeitswillig war; hierdurch kann er sich des Vortrags von Hilfstatsachen bedienen[15]. Davon zu trennen ist die Frage, ob in den Fällen angekündigter Arbeitsunfähigkeit der Beweiswert des ärztlichen Attestes so erschüttert ist, dass es anderen Beweises bedarf (vgl. dazu § 5 Rz. 61 ff.). 17

---

1 BAG v. 26.7.1989 – 5 AZR 491/88, EzA § 1 LohnFG Nr 110. | 2 BAG v. 27.8.1971 – 1 AZR 107/71, BAGE 23, 411. | 3 St. Rspr. statt vieler: BAG v. 26.6.1996 – 5 AZR 872/94, BAGE 83, 229; v. 1.10.1991 – 1 AZR 147/91, BAGE 68, 299; v. 7.9.1988 – 5 AZR 558/87, AP Nr. 79 zu § 1 LohnFG mwN. | 4 BAG v. 9.10.2002 – 5 AZR 356/01, AP Nr. 63 zu § 4 EntgeltFG. | 5 *Belling/Hartmann*, ZfA 1994, 519, 522; *Reinecke*, DB 1991, 1168. | 6 ErfK/*Dörner*, § 3 EFZG Rz. 40; KDHK/*Dunkl*, EFZG § 3 Rz. 61. | 7 BAG v. 8.3.1972 – 5 AZR 491/72, AP Nr. 29 zu § 1 LohnFG. | 8 BAG v. 7.6.1988 – 1 AZR 597/86, AP Nr. 107 zu Art. 8 und 9 GG – Arbeitskampf. | 9 BAG v. 1.10.1991 – 1 AZR 147/9, AP Nr. 121 zu Art. 9 GG – Arbeitskampf. | 10 BAG v. 1.10.1991 – 1 AZR 147/91, AP Nr. 121 zu Art. 9 GG – Arbeitskampf; v. 8.3.1973 – 5 AZR 491/72, AP Nr. 29 zu § 1 LohnFG. | 11 BAG v. 15.1.1991 – 1 AZR 178/90, AP Nr. 114 zu Art. 9 GG – Arbeitskampf; bejahend: ErfK/*Dörner*, § 3 EFZG Rz. 65; abl.: *Schmitt*, § 3 EFZG Rz. 65; Staudinger/*Oetker*, § 616 BGB Rz. 232. | 12 BAG v. 15.1.1991 – 1 AZR 178/90, AP Nr. 114 zu Art. 9 GG – Arbeitskampf. | 13 KDHK/*Dunkl*, § 3 EFZG Rz. 64. | 14 BAG v. 4.12.2002 – 5 AZR 494/01, AP Nr. 17 zu § 3 EntgeltFG; v. 20.3.1985 – 5 AZR 229/83, AP Nr. 64 zu § 1 LohnFG. | 15 BAG v. 20.3.1985 – 5 AZR 229/93, AP Nr. 64 zu § 1 LohnFG.

18 **dd) Beschäftigungsverbote.** Entfällt die Arbeitsleistung infolge eines gesetzlichen Beschäftigungsverbotes, so hat dies grundsätzlich den Wegfall eines Entgeltfortzahlungsanspruchs wegen krankheitsbedingter Arbeitsunfähigkeit zur Folge. Denn der Arbeitsausfall beruht dann nicht mehr allein auf der krankheitsbedingten Arbeitsunfähigkeit.

19 Dies gilt uneingeschränkt für die Fälle des **mutterschutzrechtlichen Verbotes** während der Schutzfristen nach § 3 bzw. § 6 MuSchG[1], und zwar auch dann, wenn die arbeitsunfähig erkrankte Arbeitnehmerin keinen Anspruch auf Mutterschafts- oder Entbindungsgeld hat[2]. Eine auf einer Schwangerschaft beruhende krankheitsbedingte Arbeitsunfähigkeit und ein ärztliches Beschäftigungsverbot wegen Gefährdung des Lebens oder der Gesundheit von Mutter und Kind nach § 3 Abs. 1 MuSchG schließen sich gegenseitig aus[3]. Beruhen die Beschwerden auf der Schwangerschaft, so kommt es darauf an, ob es sich um einen krankhaften Zustand handelt, der zur Arbeitsunfähigkeit der Schwangeren führt. Ist dies der Fall, so ist kein Beschäftigungsverbot auszusprechen, sondern krankheitsbedingte Arbeitsunfähigkeit zu bescheinigen. Haben die Schwangerschaftsbeschwerden dagegen keinen Krankheitswert oder führen sie nicht zur Arbeitsunfähigkeit, so kommt das Beschäftigungsverbot nach § 3 Abs. 1 MuSchG in Betracht. Je nachdem hat die Schwangere entweder einen – gesetzlich auf sechs Wochen beschränkten – Anspruch auf Entgeltfortzahlung gegen den ArbGeb (§ 3 EFZG) und anschließend auf Krankengeld gegen die Krankenkasse (§ 44 SGB V), oder sie hat gegen den ArbGeb einen – nicht auf sechs Wochen beschränkten – Anspruch auf Mutterschutzlohn nach § 11 Abs. 1 Satz 1 MuSchG[4]. Mit dieser Entscheidung steht dem Arzt ein Beurteilungsspielraum zu[5]. Bewirkt eine bestehende Krankheit erst bei Fortführung der Beschäftigung die weitere Verschlechterung der Gesundheit und dadurch die Unfähigkeit zur Arbeitsleistung, so kommt es darauf an, ob die Ursache hierfür ausschließlich in der Schwangerschaft liegt. In diesem Fall ist der Anspruch auf Mutterschutzlohn gegenüber dem Anspruch auf Entgeltfortzahlung im Krankheitsfall vorrangig[6].

20 Bei einem **seuchenpolizeilichen Beschäftigungsverbot** wird der Anspruch auf Entgeltfortzahlung im Krankheitsfall dann nicht ausgeschlossen, wenn das Beschäftigungsverbot die Folge der zur Arbeitsunfähigkeit geführt habenden Erkrankung ist[7]

21 Beruht der Arbeitsausfall auf einem **arbeitsförderungsrechtlichen Beschäftigungsverbot** (§ 284 SGB III), so steht dies dem Anspruch auf Entgeltfortzahlung im Krankheitsfall grundsätzlich entgegen, weil die Einhaltung des Beschäftigungsverbotes einen Grund für die Nichtleistung der Arbeit darstellt[8]. Hiervon ist jedoch nicht auszugehen, wenn der ArbN (und der ArbGeb) dieses Beschäftigungsverbot (wissentlich oder unbemerkt) nicht beachten[9]. Ob das Fehlen der Arbeitserlaubnis eine der Entgeltfortzahlung im Krankheitsfall entgegenstehende weitere Ursache dafür darstellt, dass keine Arbeitsleistung erbracht wird, ist nach den gesamten Umständen des Einzelfalles anhand des hypothetischen Kausalverlaufs zu prüfen; ergibt diese Prüfung, dass die Arbeitserlaubnis sofort antragsgemäß erteilt worden wäre, so ist das Fehlen der Arbeitserlaubnis für den Arbeitsausfall nicht mitursächlich[10].

22 **ee) Bezahlte Arbeitsfreistellung.** Während einer bezahlten Arbeitsfreistellung ist das Arbeitsentgelt fortzuzahlen, soweit der ArbN zu dieser Zeit arbeitsunfähig krank wird, und zwar auch über die Dauer von sechs Wochen hinaus. Der Anspruch richtet sich nicht nach § 3, denn der Arbeitsausfall beruht nicht auf der Arbeitsunfähigkeit infolge Krankheit, sondern auf der vertraglichen Vereinbarung. Aus ihr folgt, ob und inwieweit dem ArbN die Fortzahlung der Bezüge zusteht oder nicht. Für bezahlte Freischichttage hat der ArbN grundsätzlich keinen Anspruch auf Entgeltfortzahlung nach § 3 oder Nachgewährung der Freistellung nach Wiedereintritt der Arbeitsfähigkeit[11], wohl aber den ohne die Arbeitsunfähigkeit gegebenen Zahlungsanspruch.

23 **ff) Elternzeit.** Befindet sich der ArbN in Elternzeit (vormals: Erziehungsurlaub), so steht ihm, wenn er während dieser Zeit arbeitsunfähig krank wird, kein Anspruch auf Entgeltfortzahlung gegen den ArbGeb zu, weil die beiderseitigen Hauptpflichten ruhen[12]. Übt der in Elternzeit befindliche Elternteil dagegen eine **Teilzeittätigkeit** aus, so kann aus diesem Teilzeitarbeitsverhältnis ein Anspruch nach § 3 Abs. 1 gegeben sein[13].

24 **gg) Gesetzliche Feiertage.** Entgeltfortzahlung im Krankheitsfall und Entgeltfortzahlung an Feiertagen kann nach dem Grundsatz der Monokausalität jeweils nur beansprucht werden, wenn die Arbeitsverhinderung entweder allein auf krankheitsbedingter Arbeitsunfähigkeit oder allein auf der gesetzlichen Feiertagsruhe beruht. Treffen beide Sachverhalte aufeinander, so wäre sowohl der Anspruch auf Entgeltfortzahlung am Feiertag (§ 2 Abs. 1) ausgeschlossen, als auch der auf Fortzahlung des Arbeitsentgeltes nach

---

1 BAG v. 12.3.1997 – 5 AZR 226/96, AP Nr. 16 zu § 14 MuSchG 1968. | 2 KDHK/*Dunkl*, § 3 Rz. 78 mwN. | 3 St. Rspr., statt vieler: BAG v. 1.10.1997 – 5 AZR 685/96, BAGE 86, 347, 351. | 4 BAG v. 1.10.1997 – 5 AZR 685/96, BAGE 86, 347, 351; v. 12.3.1997 – 5 AZR 766/95, BAGE 85, 237. | 5 BAG v. 5.7.1995 – 5 AZR 135/94, BAGE 80, 248, 253. | 6 BAG v. 13.2.2002 – 5 AZR 588/00, AP Nr. 22 zu § 11 MuSchG 1968. | 7 BAG v. 26.4.1978 – 5 AZR 7/77, AP Nr. 6 zu § 6 LohnFG. | 8 BAG v. 26.6.1996 – 5 AZR 872/94, BAGE 83, 229, 233. | 9 Vgl. zum Bestand *eines solchen Arbeitsverhältnisses*: BAG v. 16.12.1976 – 3 AZR 716/75, AP Nr. 4 zu § 19 AFG. | 10 BAG v. 26.6.1996 – 5 AZR 72/94, BAGE 83, 229, 233. | 11 BAG v. 21.8.1991 – 5 AZR 91/91, AP Nr. 4 zu § 1 TVG – Tarifverträge: Schuhindustrie. | 12 BAG v. 22.6.1988 – 5 AZR 526/87, BAGE 59, 62, 64. | 13 *Marienhagen/Künzl*, EFZG § 3 Rz. 22 b; KDHK/*Dunkl*, § 3 EFZG Rz 73.

§ 3 Abs. 1. Beide Vorschriften sind indessen zum Schutz von ArbN ergangen. Dies hindert die Annahme, dass wegen der Doppelkausalität der Arbeitsverhinderung oder des Arbeitsausfalls keiner der beiden Ansprüche gegeben sei. Die Kollision ist bereits zum vorangegangenen Recht (§ 1 FeiertagslohnzahlungsG, § 3 LFZG) dahingehend aufgelöst worden, dass der ArbN Entgeltfortzahlung nach § 3 Abs. 1 zu leisten hat, sich aber die Höhe der Entgeltfortzahlung nach § 2 Abs. 1 bemisst[1] (vgl. § 2 Rz. 22, § 4 Rz. 56).

hh) Kurzarbeit. Im Rahmen zulässiger Kurzarbeit hat der ArbN, der an einer Leistung der Kurzarbeit infolge krankheitsbedingter Arbeitsunfähigkeit verhindert ist, grundsätzlich einen Entgeltfortzahlungsanspruch; die Höhe dieses Anspruchs bemisst sich indessen nach § 4 Abs. 3. Ist die Kurzarbeit so gestaltet, dass die Arbeit an einem Tag, an welchem der ArbN arbeitsunfähig erkrankt ist, gänzlich ruht, so hat der ArbN für diesen Tag bzw. für diesen Zeitraum auch keinen Anspruch auf Entgeltfortzahlung gegen den ArbGeb[2] (vgl. § 4 Rz. 57).

ii) Ruhen des Arbeitsverhältnisses. Ruht das Arbeitsverhältnis, zB wegen der Ableistung von **Wehr- oder Zivildienst**, so besteht kein Anspruch auf Entgeltfortzahlung im Krankheitsfall[3]. Insoweit kann auf die Rspr. zum Ruhen des Arbeitsverhältnisses während der Elternzeit (vormals Erziehungsurlaub)[4] zurückgegriffen werden.

jj) Schulungsteilnahme. Erkrankt ein ArbN während der Teilnahme an einer Schulung, so hängt die Frage, ob ihm ein Anspruch nach § 3 zusteht oder nicht, davon ab, ob das Arbeitsentgelt während der Schulungsteilnahme weiterzuzahlen war oder nicht. Nimmt ein **BR-Mitglied** unter den Voraussetzungen des § 37 Abs. 6 oder 7 BetrVG an einer Schulungs- oder Bildungsveranstaltung teil, so hat es gemäß § 37 Abs. 2 BetrVG Anspruch auf Fortzahlung seiner Vergütung. Nimmt das BR-Mitglied trotz krankheitsbedingter Arbeitsunfähigkeit an der Schulung weiterhin teil, so berührt dies seinen Anspruch nach § 37 Abs. 2 BetrVG nicht. Stellt es dagegen die Schulungsteilnahme ein, weil es – ohne die Schulungsteilnahme – wegen krankheitsbedingter Arbeitsunfähigkeit an der Arbeit verhindert wäre, so kann es sich insoweit nicht mehr auf § 37 Abs. 2 BetrVG stützen, sondern nur noch auf § 3. Dies setzt aber voraus, dass das BR-Mitglied – vergleichbar wie im Fall der Nichtteilnahme am Arbeitskampf – dem ArbGeb mitteilt, dass es infolge krankheitsbedingter Arbeitsunfähigkeit seine Schulungsteilnahme einstellt[5] und er seine krankheitsbedingte Arbeitsunfähigkeit nachweist.

kk) Urlaub. Wird ein ArbN während des (bezahlten) Erholungsurlaubs arbeitsunfähig krank, so werden ihm die durch ärztliches Zeugnis nachgewiesenen Tage der Arbeitsunfähigkeit auf den Jahresurlaub nicht angerechnet (§ 9 BUrlG). Dies gilt auch, wenn die Arbeitsunfähigkeit während der Betriebsferien eintritt[6]. Ist der Urlaubszeitpunkt bestimmt und erkrankt der ArbN vor Urlaubsantritt oder während des Urlaubs, so dass er deswegen arbeitsunfähig ist, so ist die Erfüllung des Urlaubsanspruchs während der krankheitsbedingten Arbeitsunfähigkeit unmöglich[7]. Für die Tage der krankheitsbedingten Arbeitsunfähigkeit, die in den Zeitraum des bewilligten Erholungsurlaubs fallen, richtet sich die Entgeltfortzahlung nach § 3.

Bei krankheitsbedingter Arbeitsunfähigkeit während des **Betriebsurlaubs** hat der ArbGeb auch dem arbeitsunfähig erkrankten ArbN das Arbeitsentgelt wegen Annahmeverzugs fortzuzahlen, wenn der ArbN keinen Erholungsurlaub in die Zeit der Betriebsferien mehr einbringen konnte[8]. Allerdings können die Arbeitsvertragsparteien bei Begründung des Arbeitsverhältnisses vereinbaren, dass der ArbN während des durch Erholungsurlaub nicht mehr gedeckten Teiles der Betriebsferien unbezahlten Sonderurlaub nimmt[9]. Bei krankheitsbedingter Arbeitsunfähigkeit während eines **unbezahlten Sonderurlaubs** gilt § 9 BUrlG entsprechend, wenn der ArbN, weil das Arbeitsverhältnis in der ersten Hälfte eines Kalenderjahres endet, nur einen Anspruch auf Teilurlaub hat und der ArbGeb ihm zusätzlich unbezahlten Sonderurlaub gewährt, so dass der ArbN insgesamt drei Wochen zum Teil bezahlten zum Teil unbezahlten Erholungsurlaub hat. Der Sonderurlaub wird, wenn die Voraussetzungen des § 9 BUrlG erfüllt sind, durch die Krankheit unterbrochen; der ArbN kann dann Anspruch auf Fortzahlung des Arbeitsentgelts nach Maßgabe der einschlägigen Vorschriften haben[10]. Diente der unbezahlte Sonderurlaub dagegen nicht Erholungszwecken, sondern anderen Zwecken, ist kein Entgeltfortzahlungsanspruch für den Fall krankheitsbedingter Arbeitsunfähigkeit während der Dauer des unbezahlten Sonderurlaubs gegeben, es sei denn, die Parteien hätten anderes vereinbart[11]. Findet sich der ArbN in einem Bildungsurlaub nach den entsprechenden landesrechtlichen Bestimmungen, so wird er an der Arbeitsleistung nicht dadurch verhindert, dass er zeitgleich arbeitsunfähig krank wird. Folglich ent-

---

1 BAG v. 15.9.1989 – 5 AZR 248/88, AP Nr. 62 zu § 1 FeiertagslohnzahlungsG; auch schon BAG v. 5.7.1979 – 3 AZR 173/78, AP Nr. 33 zu § 1 FeiertagslohnzahlungsG. | 2 KDHK/*Dunkl*, § 3 EFZG Rz. 76. | 3 BAG v. 3.3.1961 – 1 AZR 76/60, BAGE 11, 19; v. 2.3.1971 – 1 AZR 284/70, AP Nr. 1 zu § 1 ArbPlatzSchutzG; ErfK/*Dörner*, § 3 EFZG Rz. 43. | 4 BAG v. 17.10.1990 – 5 AZR 10/90, BAGE 66, 126. | 5 Vgl. der Weiteren: KDHK/*Dunkl*, § 3 EFZG Rz. 77; *Kunz*/*Wedde*, § 3 EFZG Rz. 75. | 6 BAG v. 16.3.1972 – 5 AZR 357/71, AP Nr. 3 zu § 9 BUrlG. | 7 BAG v. 9.6.1988 – 8 AZR 755/85, AP Nr. 10 zu § 9 BUrlG. | 8 BAG v. 30.6.1976 – 5 AZR 246/75, AP Nr. 3 zu § 7 BUrlG – Betriebsferien. | 9 BAG v. 30.6.1976 – 5 AZR 246/75, AP Nr. 3 zu § 7 BUrlG – Betriebsferien; aA *Kunz*/*Wedde*, § 3 EFZG Rz. 76. | 10 BAG v. 1.7.1974 – 5 AZR 600/73, AP Nr. 5 zu § 9 BUrlG. | 11 BAG v. 25.5.1983 – 5 AZR 236/80, BAGE 43, 1.

30 **ll) Unbezahlter Arbeitsausfall.** Ist kollektiv- oder einzelvertraglich vereinbart, dass für bestimmte Tage die Arbeit ohne Entgelt ersatzlos ausfällt[3] oder vor- oder nachgeholt wird[4], so besteht kein Anspruch auf Entgeltfortzahlung für den Krankheitsfall für die Tage der Freistellung, weil die Ursache des Arbeitsausfalls nicht die Krankheit, sondern die andere Verteilung der Arbeitszeit ist.

Fällt der Anspruch nach § 3 Abs. 1[1]. Soweit nach den landesrechtlichen Bestimmungen allerdings § 9 BUrlG entsprechend anzuwenden ist, ist die Anwendbarkeit des § 3 nicht ausgeschlossen[2].

31 **mm) Verhinderung aus persönlichen Gründen.** Fällt in die Zeit der Arbeitsverhinderung wegen krankheitsbedingter Arbeitsunfähigkeit zugleich ein Leistungshindernis aus persönlichen Gründen iSd. § 616 Abs. 1 BGB, so liegt wiederum eine Doppelkausalität vor mit der Folge, dass weder der eine noch der andere Verhinderungsgrund allein für den Arbeitsausfall kausal wäre. Dies hätte den völligen Entgeltausfall zur Folge. Ein solches Ergebnis ist jedoch im Hinblick darauf, dass es sich bei beiden Bestimmungen um Schutznormen zugunsten der ArbN-Seite handelt, mit den gesetzlichen Zielrichtungen unvereinbar. Mit Rücksicht auf § 3 Abs. 1 und dem damit verbundenen Schutzzweck, nämlich dem ArbN eine rasche Gesundung frei von krankheitsbedingten wirtschaftlichen Sorgen zu ermöglichen[5] ist ein Anspruch nach § 3 nicht ausgeschlossen[6].

32 **nn) Witterungsbedingter Arbeitsausfall.** Bei einem witterungsbedingten Arbeitsausfall besteht grundsätzlich kein Entgeltfortzahlungsanspruch nach § 3, weil die Arbeitsunfähigkeit des ArbN nicht die alleinige Ursache für den Arbeitsausfall ist[7]. Anders verhält es sich dagegen wenn der ArbGeb infolge von Witterungseinflüssen nicht in der Lage ist, den ArbN zu beschäftigen; dann wird er von der Verpflichtung, das vereinbarte Entgelt zu zahlen, nicht frei[8]. Im Wesentlichen sind insoweit **TV-Regelungen** zu beachten[9].

33 **4. Krankheitsbedingte Arbeitsunfähigkeit.** Ein Anspruch nach § 3 Abs. 1 setzt voraus, dass Arbeitsunfähigkeit infolge Krankheit vorliegt. Dabei dürfen aus rechtlichen Gründen Krankheit und Arbeitsunfähigkeit nicht miteinander gleichgesetzt werden. Nicht jede Krankheit führt zur Arbeitsunfähigkeit. Nur wenn die Krankheit ihrerseits zur Arbeitsunfähigkeit führt und diese Arbeitsunfähigkeit eine Verhinderung des ArbN an der geschuldeten Arbeitsleistung zur Folge hat, besteht Anspruch auf Entgeltfortzahlung nach § 3 Abs. 1[10].

34 **a) Begriff der Krankheit.** Der Begriff der Krankheit ist gesetzlich nicht definiert. Nach § 27 Abs. 1 Satz 1 SGB V haben Versicherte Anspruch auf Krankenbehandlung, wenn sie notwendig ist, um eine Krankheit zu erkennen, zu heilen, ihre Verschlimmerung zu verhüten oder Krankheitsbeschwerden zu lindern; nach § 44 Abs. 1 Satz 1 SGB V haben sie Anspruch auf Krankengeld, wenn die Krankheit sie arbeitsunfähig macht oder sie auf Kosten der Krankenkasse stationär in einem Krankenhaus behandelt werden. Damit wird auch in diesen Bestimmungen der Begriff der Krankheit vorausgesetzt. Arbeitsrechtlich ist vom **medizinischen Begriff der Krankheit** auszugehen. Eine Krankheit ist hiernach (wie in den dem EFZG vorangegangenen Bestimmungen)[11] anzunehmen, wenn ein **regelwidriger Körper- oder Geisteszustand** vorliegt, **der einer Heilbehandlung bedarf**[12]. Die Behandlungsbedürftigkeit ist für den Begriff der Krankheit unverzichtbar. Nicht jeder regelwidrige Körperzustand stellt eine Krankheit dar. Dies gilt insb. für Infektionen. Krankheitswert kommt einer Infektion erst zu, wenn sie in eine behandlungsbedürftige Erkrankung umgeschlagen ist.

35 **Beispiel:** Eine HIV-Infektion stellt einen regelwidrigen Körperzustand dar; solange sie aber noch nicht in eine Erkrankung umgeschlagen ist, fehlt es – nach dem derzeitigen Stand der Wissenschaft – an einer zur Krankheit führenden Behandlungsbedürftigkeit. Folglich löst die HIV-Infektion für sich allein auch keinen Anspruch auf Entgeltfortzahlung im Krankheitsfall aus.

36 Vom Begriff der Krankheit ist der Begriff der **Behinderung** iSd. SGB IX zu unterscheiden. Nach § 2 Abs. 1 Satz 1 SGB IX sind Menschen behindert, wenn ihre körperliche Funktion, geistige Fähigkeit oder seelische Gesundheit mit hoher Wahrscheinlichkeit länger als sechs Monate von dem für das Lebensalter typischen Zustand abweichen und daher ihre Teilnahme am Leben in der Gesellschaft beeinträchtigt ist. Auf dem Begriff der Behinderung baut der Begriff der **Schwerbehinderung** auf. Nach § 2 Abs. 2 SGB IX sind Menschen iSd. Teils 2 des selben Gesetzes schwerbehindert, wenn bei ihnen ein Grad der Behinderung von wenigstens 50 vorliegt und sie ihren Wohnsitz, ihren gewöhnlichen Aufenthalt oder ihre Beschäftigung auf einem Arbeitsplatz iSd. § 73 SGB IX rechtmäßig im Geltungsbereich dieses Gesetzes haben.

37 Von dem medizinischen Begriff der Krankheit ist auch bei Anwendung des § 3 auszugehen[13]. Auch arbeitsrechtlich ist der Begriff der Krankheit nicht statisch, sondern entsprechend der Fortentwicklung der Medizin von den jeweiligen Erkenntnissen abhängig[14].

---

1 AA *Schmitt*, § 3 EFZG Rz. 80. | 2 HzA/*Vossen*, Gruppe 2 Rz. 107. | 3 BAG v. 9.5.1984 – 5 AZR 412/81, BAGE 46, 1. | 4 BAG v. 7.9.1988 – 5 AZR 558/87, AP Nr. 79 zu § 1 LohnFG. | 5 *Belling/Hartmann*, ZfA 1994, 519, 543. | 6 KDHK/*Dunkl*, § 3 EFZG Rz. 84. | 7 BAG v. 24.6.1965 – 2 AZR 354/64, AP Nr. 23 zu § 2 ArbKrankhG. | 8 BAG v. 18.5.1999 – 9 AZR 13/98, AP Nr. 7 zu § 1 TVG – Tarifverträge: Betonsteingewerbe. | 9 Vgl. des Näheren: HzA/*Vossen*, Gruppe 2 Rz. 129 bis 133. | 10 ErfK/*Dörner*, § 3 EFZG Rz 16. | 11 *Schliemann*, AuR 1994, 317, 319. | 12 BAG v. 7.8.1991 – 5 AZR 410/90, BAGE 68, 196, 198. | 13 BAG v. 9.1.1985 – 5 AZR 415/82, BAGE 48, 1, 3 = AP Nr. 62 zu § 1 LohnFG mwN. | 14 ErfK/*Dörner*, § 3 EFZG Rz. 12; *Reinecke*, DB 1998, 130.

aa) Regelwidriger Körper- und Geisteszustand. Ein regelwidriger Körper- oder Geisteszustand kann einem **gesunden Menschen** wiederfahren, er kann auch **angeboren** sein oder auf Geburtsfehlern beruhen[1], zB extremer Kleinwuchs[2]. Auch **Unfruchtbarkeit** ist eine Krankheit im medizinischen Sinn. Deshalb stellt eine homologe In-Vitro-Fertilisation eine medizinisch notwendige Heilbehandlung wegen Krankheit dar[3]; ihre Behandlung kann einen Anspruch nach § 3 Abs. 1 auslösen[4]. Krankheiten stellen nicht nur herkömmliche **Geisteserkrankungen** wie Epilepsie dar, sondern auch andere psychische Erkrankungen[5]. Das **Fehlen von Zähnen** stellt erst dann eine Krankheit dar, wenn dadurch die natürliche Funktion des Kauens, Beißens oder Sprechens nicht unerheblich gestört wird und die Funktionsstörungen durch eine zahnprothetische Versorgung behoben werden können[6]. Ein Zustand, der lediglich Anlass für eine **Schönheitsoperation** gibt, ist idR **nicht** als Krankheit anzusehen[7], wohl aber wenn eine äußerlich verwachsene Nase zugleich die **Nasenatmung** behindert[8] oder **angeborenes Schielen** die Sehfähigkeit beeinträchtigt und deswegen eine Operation zur Verbesserung der Sehfähigkeit erforderlich ist[9]. Das **altersbedingte Nachlassen** der körperlichen Fähigkeiten ist keine Krankheit[10]. 38

Keinen Krankheitswert hat die normal verlaufende **Schwangerschaft**[11]. Klagt eine Schwangere über Beschwerden, die auf Schwangerschaft beruhen, kommt es rechtlich darauf an, ob es sich um einen krankhaften Zustand handelt, der zur Arbeitsunfähigkeit führt (siehe oben Rz. 19). Falls Ja, so ist krankheitsbedingte Arbeitsunfähigkeit zu bescheinigen; allerdings kann ein Arzt ein Beschäftigungsverbot nach § 3 Abs. 1 MuSchG mit den Wirkungen der §§ 11, 21 MuSchG unabhängig von einer krankheitsbedingten Arbeitsunfähigkeit der Arbeitnehmerin aussprechen[12]. 39

Organspenden zugunsten Dritter, zB zum Zwecke von Knochen-, Gewebe- oder Organtransplantationen führen beim Spender regelmäßig zu einer Krankheit. Durch den Eingriff entsteht ein regelwidriger Körperzustand und damit eine Krankheit iSd. § 3[13]. Auch wenn daraus eine krankheitsbedingte Arbeitsunfähigkeit folgt, besteht kein Anspruch auf Entgeltfortzahlung im Krankheitsfall. Dies liegt – entgegen der Ansicht des BAG – nicht daran, dass die Organspende vom Schutzzweck des Entgeltfortzahlungsrechtes nicht mehr erfasst wäre[14]. Vielmehr führt der Organspender seine Krankheit willentlich und deshalb verschuldet iSd. § 3 Abs. 1 herbei (vgl. Rz. 58), auch wenn er sich dabei von moralisch hochstehenden Motiven leiten lässt. Die Frage, inwieweit ihm Ausgleich für einen Entgeltausfall infolge Arbeitsunfähigkeit aufgrund der Organspende zu leisten ist, betrifft nicht das Rechtsverhältnis des Spenders zu seinem ArbGeb, sondern das Rechtsverhältnis des Spenders zum Empfänger der Spende bzw. dessen Krankenkasse oder Krankenversicherer[15]. 40

bb) Ursache der Krankheit. Die **Ursache der Erkrankung** ist für die Begriffsbestimmung der Krankheit ohne Bedeutung[16]. Auch **Suchterkrankungen** fallen unter den Begriff der Krankheit[17]. Unerheblich ist auch, ob die Krankheitsentstehung auf der **Ausübung einer Nebentätigkeit** beruht[18]. 41

b) Geschuldete Arbeitsleistung und Arbeitsunfähigkeit. Der Anspruch nach § 3 Abs. 1 setzt voraus, dass der ArbN infolge der krankheitsbedingten Arbeitsunfähigkeit nicht in der Lage ist, die geschuldete Arbeitsleistung zu erbringen. Er muss nämlich an seiner, dh. der von ihm konkret geschuldeten Arbeitsleistung verhindert sein[19]. Der Arzt muss prüfen, welche Arbeitsleistung vom ArbN geschuldet wird, um beurteilen zu können, ob der ArbN infolge krankheitsbedingter Arbeitsunfähigkeit gehindert ist, die geschuldete Arbeitsleistung zu erbringen. Dies schließt aus, generell anzunehmen, dass oder wann eine Krankheit Arbeitsunfähigkeit zur Folge hat. Je nach Art der Tätigkeit kann der ArbN infolge krankheitsbedingter Arbeitsunfähigkeit gehindert sein, seine Tätigkeit auszuüben oder auch nicht. 42

Beispiele: 43

1. Ein ArbN hat ausschließlich sitzende Tätigkeit auszuüben; seine Fußverletzung hindert ihn nicht, durch die sitzende Tätigkeit wird der Heilungsprozess auch nicht erschwert oder verzögert. Der ArbN ist nicht arbeitsunfähig.

---

1 BSG v. 28.10.1960 – 3 RK 29/59, BSGE 13, 134. | 2 BSG v. 10.2.1993 – 1 RK 14/92, BSGE 72, 96. | 3 BAG v. 17.12.1986 – 4 AZR 78/85, NJW 1987, 703; ArbG Düsseldorf v. 5.6.1986 – 2 Ca 1567/86, NJW 1986, 239; aA: *Müller/Berenz*, § 3 EFZG Rz 20. | 4 ErfK/*Dörner*, § 3 EFZG Rz. 22; aA: *Müller/Roden*, NZA 1989, 128, 129. | 5 BSG v. 16.5.1972 – 9 RV 556/71, EEK I S. 254; v. 10.2.1993 – 1 RK 14/92, BSGE 72, 96. | 6 *Reinecke*, DB 1998, 130, 131 unter Hinweis auf BSG v. 4.10.1973 – 3 RK 37/92, (Rz. 21). | 7 LAG v. Hamm 23.7.1986 – 1 (9) Sa 528/86, NJW 1986, 2906. | 8 LAG Hamm v. 9.3.1988 – 1 Sa 2102/87, LAGE § 1 LohnFG Nr. 18. | 9 BAG v. 5.4.1976 – 5 AZR 397/75, AP Nr. 40 zu § 1 LohnFG. | 10 KDHK/*Dunkl*, § 3 EFZG Rz. 31; ErfK/*Dörner*, § 3 EFZG Rz. 12; Staudinger/*Oetker*, § 616 Rz. 198. | 11 St. Rspr., BAG v. 14.11.1984 – 5 AZR 394/82, BAGE 47, 195. | 12 BAG v. 9.10.2002 – 5 AZR 443/01, AP Nr. 23 zu § 11 MuSchG 1968; vgl. auch *Schliemann/König*, NZA 1998, 1030, 1033. | 13 BAG v. 6.8.1986 – 5 AZR 607/85, BAGE 52, 313, 315. | 14 BAG v. 6.8.1985 – 5 AZR 607/85, BAGE 52, 313, 315. | 15 BAG v. 6.8.1986 – 5 AZR 607/85, BAGE 52, 313, 316; BSG v. 12.12.1972 – 3 RK 47/70, BSGE 35, 102, 104 = NJW 1973, 1432, 1433; *Link/Flachmeyer*, AuA 2002, 509. | 16 *Reinecke*, DB 1998, 130; ErfK/*Dörner*, § 3 EFZG Rz. 13. | 17 BAG in st. Rspr.; statt vieler: v. 7.8.1991 – 5 AZR 410/90, BAGE 68, 196, 198. | 18 BAG v. 21.4.1982 – 5 AZR 1019/79, BAGE 38, 309, 311; krit. *Boecken*, NZA 2001, 233 ff. | 19 BAG v. 29.1.1993 – 5 AZR 37/91, BAGE 69, 272, 275 = AP Nr. 1 zu § 74 SGB V.

2. Derselbe ArbN mit derselben Verletzung hat eine Tätigkeit auszuüben, bei der er auch zu stehen oder zu gehen hat. In solchem Fall wird die Fußverletzung krankheitsbedingte Arbeitsunfähigkeit rechtfertigen. Hier liegt krankheitsbedingte Arbeitsunfähigkeit vor.

44 Auch der **zeitliche Umfang** und die Lage der geschuldeten Arbeitsleistung ist zu berücksichtigen. So kann der erkrankte ArbN ggfls. eine auf wenige Stunden am Tag beschränkte Teilzeittätigkeit noch ausüben, während er als arbeitsunfähig krank anzusehen wäre, wenn er gegenständlich dieselbe Tätigkeit vollschichtig ausüben müsste. Diese Unterscheidung ist von der Frage einer Teilarbeitsunfähigkeit (vgl. Rz. 51) zu trennen.

45 Welche Tätigkeit der ArbN konkret auszuüben hat, hängt auch von der Ausübung des **Direktionsrechts** des ArbGeb ab. Es kann durch Gesetz, TV, BV oder Einzelarbeitsvertrag eingeschränkt sein; soweit es danach besteht, darf es nur nach billigem Ermessen ausgeübt werden[1]. Dies gilt auch, wenn der ArbN wegen seiner Erkrankung bestimmte, von ihm geschuldete Tätigkeiten nicht mehr leisten kann, obwohl aber andere, die ihm im Rahmen des Direktionsrechts zugewiesen werden können[2].

46 **Beispiel:** Der am Fuß erkrankte ArbN hatte bisher Tätigkeiten auszuüben, bei denen er auch stehen oder laufen musste. Nach seinem Arbeitsvertrag können ihm auch Tätigkeiten durch Ausübung des Direktionsrechts übertragen werden, bei denen er nur sitzen muss. Der ArbGeb macht hiervon Gebrauch. In diesem Augenblick endet, weil die Fußverletzung an der Ausübung der sitzenden Tätigkeit nicht hindert, die krankheitsbedingte Arbeitsunfähigkeit.

47 Eine solche **differenzierte Prüfung** wird tatsächlich in der Regel bei der üblichen ärztlichen Bescheinigung krankheitsbedingter Arbeitsunfähigkeit kaum vorgenommen werden, obwohl die aufgrund des § 92 Abs. 1 SGB V erlassenen **Arbeitsunfähigkeitsrichtlinien** dem Arzt vorschreiben, dass er den Versicherten über Art und Umfang der tätigkeitsbedingten Anforderungen und Belastungen zu befragen und das Ergebnis der Befragung bei der Beurteilung von Grund und Dauer der Arbeitsunfähigkeit zu berücksichtigen hat[3] (vgl. zur Arbeitsunfähigkeit auch Rz. 48 ff.; zur Feststellung der Arbeitsunfähigkeit durch den Arzt auch § 5 Rz. 34 ff.). Konnte der ArbN die nach dem Direktionsrecht des ArbGeb geschuldete Tätigkeit trotz seiner Erkrankung ausüben, so steht ihm ein Anspruch nach § 3 Abs. 1 nicht zu.

48 **c) Arbeitsunfähigkeit.** Liegt zwar eine Krankheit vor, führt diese aber nicht zur Arbeitsunfähigkeit, so hat dies grundsätzlich keinen Anspruch aus § 3 zur Folge[4]. Eine **gesetzliche Bestimmung** des Begriffs der Arbeitsunfähigkeit gibt es nicht. Arbeitsunfähig infolge Krankheit ist ein ArbN dann, wenn ihn Krankheitsgeschehen im außer Stande setzt, die ihm nach dem Arbeitsvertrag obliegende Arbeit zu verrichten oder wenn er die Arbeit nur unter der Gefahr fortsetzen könnte, in absehbarer Zeit seinen Zustand zu verschlimmern[5]. Dabei berücksichtigt die Begriffsbestimmung den Umstand, dass die Arbeitsunfähigkeit nicht den gesundheitlichen Zusammenbruch voraussetzt, der den ArbN unmittelbar daran hindert, die vertragsgemäße Arbeitsleistung zu erbringen[6]. Der Schutz des erkrankten ArbN setzt vielmehr früher ein. Für die Frage, ob Arbeitsunfähigkeit vorliegt oder nicht, ist auf **objektive Gesichtspunkte** abzustellen. Die Kenntnis oder subjektive Wertung des ArbN oder der Arbeitsvertragsparteien ist für das Vorliegen von Arbeitsunfähigkeit nicht ausschlaggebend[7]. Maßgeblich ist vielmehr die (vom Arzt) nach objektiven medizinischen Kriterien vorzunehmende Bewertung[8].

49 Die krankheitsbedingte Arbeitsunfähigkeit ist nicht identisch mit der **Minderung der Erwerbsfähigkeit** iS des § 33 SGB VI. Zwar liegt der Erwerbsminderung in aller Regel eine Krankheit zugrunde; aus ihr folgt jedoch nicht unmittelbar die Arbeitsunfähigkeit, denn dieser Gesundheitszustand ist derzeit nicht derart behandlungsbedürftig (vgl. Rz. 34), dass dies als Krankheit anzusehen wäre.

50 **Keine Arbeitsunfähigkeit** liegt vor, wenn der ArbN krankheitsbedingt lediglich den **Weg zur Arbeit** nicht zurücklegen kann[9]. **Ambulante Behandlungen** beim Arzt oder durch medizinische Hilfspersonen wie Physiotherapeuten haben nur dann Arbeitsunfähigkeit zur Folge, wenn der ArbN während dieser Zeit bereits arbeitsunfähig erkrankt ist[10]. Liegt keine Arbeitsunfähigkeit vor, haben **Arztbesuche** und **Dauerbehandlungen** grundsätzlich außerhalb der Arbeitszeit zu erfolgen. Ist dies nicht möglich, so hat der ArbN ggf. Anspruch auf Entgeltfortzahlung nach § 616 BGB bzw nach tariflichen Bestimmungen[11]. Allerdings setzt ein Anspruch nach § 616 Abs. 1 BGB voraus, dass die Terminkollision für den ArbN unvermeidbar ist.

51 **d) Teilarbeitsunfähigkeit.** Teilarbeitsunfähigkeit liegt vor, wenn der ArbN nicht in der Lage ist, die geschuldete Arbeit in zeitlich vollem Umfang oder zur zeitlich geschuldeten Lage bzw. hinsichtlich

---

1 St. Rspr., statt vieler: BAG v. 7.12.2000 – 6 AZR 444/99, AP Nr. 61zu § 611 BGB – Direktionsrecht. | 2 Vgl. KDHK/*Dunkl*, § 3 EFZG Rz. 44; ErfK/*Dörner*, § 3 EFZG Rz. 25. | 3 Richtlinien des Bundesausschusses für Ärzte und Krankenkassen über die Beurteilung der Arbeitsunfähigkeit und die Maßnahme der stufenweisen Wiedereingliederung – AU-Richtlinien, BArbBl. 1991, 28. | 4 BAG v. 13.2.2002 – 5 AZR 588/00, AP Nr. 22 zu § 11 MuSchG. | 5 BAG v. 7.8.1991 – 5 AZR 410/90, BAGE 68, 196, 198. | 6 BAG v. 26.7.1989 – 5 AZR 301/88, AP Nr. 86 zu § 1 LohnFG. | 7 BAG v. 26.7.1989 – 5 AZR 301/88, AP Nr. 86 zu § 1 LohnFG. | 8 AU-Richtlinien BArbBl. 1991, 1111, 28. | 9 BAG v. 7.8.1970 – 3 AZR 484/69, BAGE 22, 418. | 10 BAG v. 7.3.1990 – 5 AZR 189/89, AP Nr. 83 zu § 616 BGB. | 11 BAG v. 25.11.1998 – 5 AZR 305/98, AP Nr. 6 zu § 1 TVG – Tarifverträge: Gartenbau; *Matthes* in Schliemann, ArbR BGB, § 616 Rz. 26 bis 30.

der technischen Anforderungen zu erbringen, wohl aber ein geringeres Maß an Arbeitsleistung zu ggfls. anderen Zeiten und mit – was die körperliche Leistungsfähigkeit betrifft – verringerten Anforderungen[1]. Sie stellt Arbeitsunfähigkeit iSd. § 3 dar[2]. Soweit es um die körperlichen Anforderungen an mehrere verschiedene, vom ArbN geschuldeten Tätigkeiten geht, bleibt zwar zu prüfen, inwieweit er mit einem geringerem Maß an körperlichen Anforderungen eingesetzt werden kann[3].

Beispiel: Der am Fuß erkrankte ArbN ist als Lagerarbeiter angestellt. Er kann den Weg zwischen Wohnung und Arbeit zurücklegen und – in geringem Umfang – auch laufen. Bisher waren ihm Arbeiten zugewiesen, bei denen er häufig stehen oder laufen musste. Kraft arbeitsvertraglichen Direktionsrechts waren ihm Tätigkeiten zugewiesen worden, bei denen er lediglich sitzen muss. Die Erkrankung am Fuß hindert ihn an der nur sitzenden Tätigkeit nicht.

e) **Ersatztätigkeit.** Der ArbGeb ist nicht gehindert, dem ArbN dementsprechend eine Ersatztätigkeit zuzuweisen, an deren Ausübung er durch seine Krankheit nicht gehindert wird. Vergleichbar, wie im Fall der mutterschutzrechtlichen Beschäftigungsverbote, die eine mutterschutzrechtskonforme anderweitige Beschäftigung der werdenden Mutter ermöglichen[4], ist auch eine Tätigkeit im Rahmen des bestehenden Arbeitsverhältnisses möglich, bei deren Ausübung der ArbN nicht infolge seiner Krankheit behindert ist[5]. Diese Auffassung entspricht indessen noch nicht dem Stand der Rspr., wonach es sowohl in qualitativer Hinsicht als auch in quantitativer Hinsicht aus systematischen Gründen nur die Möglichkeit der Arbeitsfähigkeit oder der totalen Arbeitsunfähigkeit gebe, nicht aber die dazwischen liegende Möglichkeit der teilweisen Arbeitsfähigkeit bzw. teilweisen Arbeitsunfähigkeit, weil das Recht der Entgeltfortzahlung im Krankheitsfall den Begriff der teilweisen Arbeitsunfähigkeit nicht kenne; auch der nur vermindert Arbeitsfähige sei arbeitsunfähig krank iS der einschlägigen entgeltfortzahlungsrechtlichen Bestimmungen, weil er eben seine arbeitsvertraglich geschuldete Arbeitsleistung nicht voll erfüllen könne[6]. Diese Rspr. übersieht den Einfluss des Direktionsrechts des ArbGeb. Krankheitsbedingte Arbeitsunfähigkeit liegt nur vor, wenn der ArbN die geschuldete Arbeitsleistung infolge seiner Erkrankung nicht erbringen kann. Welche Arbeitsleistung er konkret schuldet, richtet sich danach, welche Aufgaben ihm der ArbGeb in Einzelfall zugewiesen hat. Wenn dem ArbN in Rahmen seines Arbeitsvertrags andere Aufgaben zugewiesen werden können, an deren Erfüllung er trotz bestehender Krankheit nicht gehindert ist, so liegt keine Fall der Arbeitsverhinderung infolge der Erkrankung des ArbN vor.

Die Annahme, eine Krankheit hindere den ArbN stets daran, die geschuldete Arbeit zu erbringen, ist rechtlich unzutreffend. Es gibt Erkrankungen, bei denen Arbeitsunfähigkeit generell anzunehmen ist. Dies darf jedoch nicht dazu verleiten, Krankheit und Arbeitsfähigkeit gleichzusetzen. Vielmehr muss zwischen Krankheit und Arbeitsfähigkeit differenziert werden. Der Arzt hat nach den AU-Richtlinien[7] den Versicherten über Art und Umfang der tätigkeitsbedingten Anforderungen und Belastungen zu befragen und das Ergebnis der Befragung bei der Beurteilung von Grund und Dauer der Arbeitsunfähigkeit zu berücksichtigen (§ 2 AU-Richtlinien)[8]. Indessen muss es mit der pauschalen Beurteilung der Arbeitsunfähigkeit durch den Arzt nicht sein Bewenden haben; ArbN und ArbGeb können ihrerseits prüfen, ob der ArbN im Rahmen seines Arbeitsvertrages anderweitig eingesetzt werden kann, ohne hieran durch krankheitsbedingte Arbeitsunfähigkeit gehindert zu sein. Ggfls. muss dann erneut eine Klärung mit dem Arzt des ArbN erfolgen. Letztlich sind die Parteien des Arbeitsverhältnisses frei, die Arbeitsaufgabe im Rahmen des Arbeitsvertrages oder auf den Arbeitsvertrag dementsprechend (vorübergehend) zu ändern[9].

f) **Wiedereingliederungsverhältnis.** Nach § 74 SGB V können krankheitsbedingt arbeitsunfähige ArbN stufenweise in das Erwerbsleben wieder eingegliedert werden (Wiedereingliederungsverhältnis). Hierzu bedarf es neben einer entsprechenden ärztlichen Attestierung der Begründung eines besonderen Wiedereingliederungsverhältnisses zwischen dem ArbN und dem ArbGeb. Ein solches Rechtsverhältnis ist kein Arbeitsverhältnis, sondern ein **Rechtsverhältnis eigener Art**. Gegenstand der Tätigkeit des ArbN ist nicht die vertraglich geschuldete Arbeitsleistung, sondern ein aliud. Im Vordergrund der Beschäftigung stehen Gesichtspunkte der Rehabilitation des ArbN. Arbeitsvertragliche Verpflichtungen des ArbN zur Arbeitsleistung im üblichen Sinne werden nicht begründet; vielmehr wird dem ArbN nur Gelegenheit gegeben zu erproben, ob er auf dem Weg einer im Verhältnis zur vertraglich geschuldeten Arbeitsleistung quantitativ oder qualitativ geringeren Tätigkeit zur Wiederherstellung seiner Arbeitsfähigkeit gelangen kann[10]. Auch wenn es sich um ein Rechtsverhältnis eigener Art handelt, schließt dies nicht aus, dass bestimmte arbeitsrechtliche Vorschriften anzuwenden sind, vor allem auch solche des Arbeitsschutzrechts. Indessen ist nicht zu übersehen, dass während des Wiedereingliederungsverhältnisses die vom

---

1 *Gitter*, ZfA 1995, 123, 153 ff.; *Stückmann*, DB 1998, 1662. | 2 BAG v. 26.6.1981 – 6 AZR 940/78, AP Nr 52 zu § 616 BGB. | 3 *Feichtinger/Malkmus*, § 3 EFZG Rz. 36. | 4 BAG v. 15.11.2000 – 5 AZR 365/99, BAGE 96, 228, 231. | 5 *Gitter*, ZfA 1995, 123, 153. | 6 BAG v. 29.1.1992 – 5 AZR 37/91, BAGE 69, 272, 275; v. 19.4.1994 – 9 AZR 462/92, AP Nr. 2 zu § 74 SGB V – beide zum Fall der Teilzeit-Arbeitsfähigkeit; LAG Rh.-Pf. v. 4.11.1991 – 7 Sa 421/91, NZA 1992, 169, 170. | 7 Richtlinien des Bundesausschusses für Ärzte und Krankenkassen über die Beurteilung der Arbeitsunfähigkeit und die Maßnahme der stufenweisen Wiedereingliederung AU-Richtlinien, BArbBl. 1991, 28. | 8 Vgl. ErfK/*Dörner*, § 3 EFZG Rz. 24 mwN. | 9 KDHK/*Dunkl*, § 3 EFZG Rz. 46. | 10 BAG v. 28.7.1999 – 4 AZR 192/98, BAGE 92, 140, 143.

Arzt attestierte Arbeitsunfähigkeit des ArbN noch (vollkommen) andauert[1]. Weil die Arbeitsleistung vom ArbN weder verlangt werden kann, noch der ArbGeb die Annahme der Arbeitsleistung vom ArbN schuldet, besteht auch kein Anspruch auf Arbeitsentgelt und folglich auch kein Anspruch auf Entgeltfortzahlung im Krankheitsfall[2].

56 **5. Unverschulden des ArbN.** Der Entgeltfortzahlungsanspruch nach § 3 Abs. 1 Satz 1 setzt voraus, dass der ArbN durch Arbeitsunfähigkeit infolge Krankheit an seiner Arbeitsleistung verhindert wird, ohne dass ihn ein Verschulden trifft. Dies gilt generell für alle Ansprüche auf Entgeltfortzahlung im Krankheitsfall; für die Fälle der nicht rechtswidrigen Sterilisation bzw des nicht rechtswidrigen Schwangerschaftsabbruch wird das Unverschulden durch § 3 Abs. 2 Satz 1 fingiert (Rz. 133 ff., 136).

57 **a) Begriff des Verschuldens.** Der Begriff des Verschuldens iSd. § 3 Abs. 1 Satz 1 ist ein anderer als der im allgemeinen bürgerlichen Recht. Nach § 276 Abs. 1 Satz 1 BGB hat der Schuldner Vorsatz und Fahrlässigkeit zu vertreten, wenn eine strengere oder mildere Haftung weder bestimmt noch aus dem sonstigen Inhalt des Schuldverhältnisses, insb. aus der Übernahme einer Garantie oder eines Beschaffungsrisikos, zu entnehmen ist. Nach der insoweit unveränderten Vorschrift des § 276 Abs. 2 BGB handelt fahrlässig, wer die im Verkehr erforderliche Sorgfalt außer Acht lässt. Dieser auf das Verschulden des Schuldners gerichtete Verschuldensbegriff ist im Rahmen von § 3 Abs. 1 Satz 1 nicht anwendbar. Es geht nicht darum, dass ein Schuldner seine Pflichten verletzt, sondern darum, dass der ArbN nicht **schuldhaft gegen sich selbst** handelt. Schuldhaft iSd. § 3 Abs. 1 wie auch der vorangegangenen Bestimmungen (§ 616 Abs. 1 Satz 1 BGB, § 63 Abs. 1 Satz 1 HGB, § 133c Satz 1 GewO, § 1 LFZG) handelt der ArbN, **der gröblich gegen das von einem verständigen Menschen im eigenen Interesse zu erwartende Verhalten verstößt**; das ist ständige Rspr. des BAG und einhellige Ansicht im Schrifttum[3]. Dabei kann – in Grenzen – in der Rspr. zum Mitverschulden nach § 254 Abs. 1 BGB angeknüpft werden, weil es sich in beiden Fällen um ein „Verschulden gegen sich selbst" handelt[4].

58 **aa) Ursächlichkeit des Verschuldens des ArbN.** Der Wortlaut des § 3 Abs. 1 Satz 1 lässt – ebenso wie der der vorangegangenen Mitbestimmungen – offen, worauf genau sich das Verschulden des ArbN zu beziehen hat. In Betracht kommt insoweit seine Verhinderung an der Arbeitsleistung, die Arbeitsunfähigkeit und schließlich die zur Arbeitsunfähigkeit führende Erkrankung. Nach allgemeiner Ansicht genügt, dass das Verschulden einen dieser drei Punkte betrifft. Ein Verschulden wird zwar relativ selten hinsichtlich der durch die Arbeitsunfähigkeit bedingten Verhinderung der Leistung von Arbeit anzunehmen sein, obwohl aber häufig bei der Erkrankung und/oder bei der Herbeiführung der Arbeitsunfähigkeit[5]. Nicht erforderlich ist, dass sich das Verschulden auf alle drei tatbestandlichen Voraussetzungen für Entgeltfortzahlungsanspruch bezieht, insb. braucht nicht gleichzeitig kumulativ die Krankheit und die Arbeitsunfähigkeit auf Verschulden des ArbN zu beruhen[6]. Es genügt, wenn der ArbN seine Erkrankung schuldhaft verursacht hat, dies zur Arbeitsunfähigkeit geführt hat und er infolge dessen verhindert war, sein Arbeit zu leisten[7]. Sehr oft stellt das Verhalten des ArbN ein Verschulden iSd. § 3 Abs. 1 Satz 1 dar, welches unmittelbar zu Erkrankung oder zu einem Unfall mit Krankheitsfolge geführt hat. Dabei handelt ein ArbN auch dann schuldhaft, wenn er in einem hinreichenden Verschuldensgrad Vorkehrungen unterlässt, durch die der Unfall oder seine Arbeitsunfähigkeit vermieden worden wären oder zumindest in zeitlich geringerem Umfang eingetreten wären[8]. Ebenso kann sich das Verschulden des ArbN aber darauf beziehen, dass er den Heilungsprozess verzögert und er dadurch die krankheitsbedingte Arbeitsunfähigkeit länger andauern lässt[9]. Stets aber ist ein Verhalten erforderlich, dass sich als gröblicher Verstoß gegen das von einem verständigen Menschen im eigenen Interesse zu erwartende Verhalten darstellt.

59 **bb) (Mit-)Verschulden Dritter.** Eine Mitschuld Dritter an der Arbeitsunfähigkeit des ArbN steht der Annahme eines den Entgeltfortzahlungsanspruch ausschließenden Eigenverschuldens des ArbN nicht grundsätzlich entgegen[10]. Ist allerdings das Eigenverschulden des ArbN in einer solchen Situation derart gering, dass es den Anforderungen des § 3 Abs. 1 Satz 1 nicht entspricht, so wird hierdurch sein Anspruch auf Entgeltfortzahlung im Krankheitsfall nicht berührt; ggf. ist in einem solchen Fall auch zu prüfen, ob und inwieweit dem ArbN Schadenersatzansprüche gegen den Dritten zustehen, die in Höhe der geleisteten Entgeltfortzahlung gemäß § 6 (siehe dort) auf den ArbGeb übergehen[11]. Dabei ist allerdings, soweit es sich um Berufsunfälle handelt, das Haftungsprivileg der §§ 104, 105 SGB VII zu beachten[12]. Dagegen muss der ArbN nicht für etwaige Erfüllungsgehilfen nach § 278 BGB einstehen, denn es geht nicht um ein Verschulden des ArbN bei einer Verpflichtung gegenüber dem ArbGeb, sondern lediglich um ein Verschulden des ArbN gegen sich selbst[13].

---

1 BAG v. 29.1.1992 – 5 AZR 37/91, BAGE 69, 272, 276 ff. | 2 BAG v. 19.4.1994 – 9 AZR 462/92, AP Nr. 2 zu § 74 SGB V. | 3 Statt vieler: BAG v. 30.3.1988 – 5 AZR 42/87, BAGE 57, 380, 382; v. 7.10.1981 – 5 AZR 113/79, BAGE 36, 376, 379; ErfK/*Dörner*, § 3 EFZG Rz. 46; KDHK/*Dunkl*, § 3 EFZG Rz. 93; MünchArbR/*Boecken*, § 83 Rz. 96; *Kunz/Wedde*, § 3 EFZG Rz. 94/95; *Vogelsang*, Rz. 126; *Schmitt*, § 3 EFZG Rz. 85. | 4 BAG v. 7.10.1981 – 5 AZR 1113/79, BAGE 36, 376, 381. | 5 KDHK/*Dunkl*, § 3 EFZG Rz. 96; MünchArbR/*Boecken*, § 83 Rz. 92; *Vogelsang*, Rz. 124. | 6 KDHK/*Dunkl*, § 3 EFZG Rz. 96. | 7 BAG v. 7.10.1981 – 5 AZR 1113/79, BAGE 36, 376, 378. | 8 BAG v. 7.10.1981 – 5 AZR 1113/79, BAGE 36, 376, 378. | 9 BAG v. 26.8.1993 – 2 AZR 154/93, BAGE 74, 127, 139. | 10 BAG v. 23.11.1971- 1 AZR 388/70, AP Nr. 8 zu § 1 LohnFG. | 11 *Kunz/Wedde*, § 3 EFZG Rz. 98; *Vogelsang*, Rz. 127. | 12 Vgl. dazu näher: *Friedrich* in Schliemann, ArbR BGB, § 618 Rz. 225 ff., 232 ff., 242 ff. mwN. | 13 *Vogelsang*, Rz. 127.

b) (Mit-)Verschulden des ArbGeb, Arbeitsausfall. Soweit den ArbGeb ein Verschulden an der Erkrankung oder an der Arbeitsunfähigkeit des ArbN trifft, zB bei einem Arbeitsunfall, ist danach zu unterscheiden, ob den ArbGeb ein Alleinverschulden trifft oder lediglich ein Mitverschulden. Im Falle des Alleinverschuldens behält der ArbN seinen Anspruch auf Arbeitsentgelt nach § 326 Abs. 2 BGB[1]. Trifft den ArbGeb dagegen nur ein – nicht überwiegendes – Mitverschulden, so richtet sich nach § 3, ob dem ArbN ein Entgeltfortzahlungsanspruch gegen den ArbGeb zusteht oder nicht[2]. Denn eine Quotierung der Schadenanteile nach § 254 BGB kommt nicht in Betracht, auch nicht unter Berücksichtigung des Rechtsgedankens des § 6[3]. Ist bei einem (einfachen) Mitverschulden des ArbGeb ein grobes Mitverschulden des ArbN festzustellen, so entfällt dessen Anspruch nach § 3 Abs. 1 Satz 1[4]. 60

c) Einzelfälle. Ob ein die Entgeltfortzahlung ausschließendes Verschulden des ArbN vorliegt, lässt sich immer nur im jeweiligen **Einzelfall anhand aller Umstände** beurteilen[5]. Dementsprechend hat sich zum Verschulden eine kaum noch zu übersehende Rspr. entwickelt[6]. Die Nachfolgende, auf Sachverhaltsgruppen ausgerichtete Darstellung kann deshalb nicht alle möglichen Sachverhalte wiedergeben; ebenso ist vor einer die Umstände des Einzelfalles außer Betracht lassenden typisierenden Einordnung zu warnen. 61

aa) Unfälle. Beruht die krankheitsbedingte Arbeitsunfähigkeit auf einem Unfall des ArbN, so ist grundsätzlich für die Verschuldensfrage unerheblich, wann und bei welcher Gelegenheit sich der Unfall ereignet hat, etwa auf der Arbeitsstelle, auf dem Weg zwischen Wohnung und von der Arbeitsstelle, in der Freizeit, im Urlaub, während einer Nebentätigkeit[7]. Ist der Unfall durch einen Dritten verursacht bzw. verschuldet worden, so kann ein Anspruchsübergang gegen den Schädiger nach § 6 in Betracht kommen. 62

(1) Arbeitsunfall. Bei einem Arbeitsunfall liegt idR ein Verschulden iSd. § 3 Abs. 1 Satz 1 vor, wenn der ArbN gröblich gegen **Unfallverhütungsvorschriften** und/oder die (auch) seiner Sicherheit dienenden Anordnungen des ArbGeb verstößt und es deshalb zu einem Unfall mit daraus resultierender Arbeitsunfähigkeit kommt[8]. 63

Beispiele: 64

- Übermüdung wegen grober nachhaltiger Überschreitung der gesetzlich zulässigen Arbeitszeit[9]
- Nichttragen von vom ArbGeb zu Verfügung gestellter Schutzkleidung, zB Knieverätzung bei Betonarbeiten ohne Knieschutz[10],
- Fußverletzung bei Arbeiten ohne Sicherheitsschuhe[11],
- Vorschriftswidrige Benutzung einer Kreissäge[12].

(2) Straßenverkehrsunfall. Die zur Arbeitsunfähigkeit führende Erkrankung infolge eines selbst verursachten Verkehrsunfalls ist als selbstverschuldet anzusehen, wenn der ArbN Verkehrsvorschriften grob fahrlässig oder vorsätzlich verletzt hat, dies den Unfall verursacht hat, und der ArbN dabei seine Gesundheit leichtfertig auf Spiel gesetzt hat[13]. 65

Beispiele: 66

- Nichtanlegen eines Sicherheitsgurtes[14];
- Vorfahrtverletzung[15];
- Unachtsames Überqueren einer Straße[16];
- Überanstrengung wegen überlanger, pausenloser Autofahrt[17];
- Telefonieren während der Fahrt ohne Freisprecheinrichtung[18];
- Überhöhte Geschwindigkeit ohne ausreichende Sichtverhältnisse[19].

(3) Trunkenheitsunfall. Unfälle, auch Verkehrsunfälle infolge Trunkenheit sind, sofern der ArbN nicht an Alkoholabhängigkeit erkrankt ist, regelmäßig als selbstverschuldet anzusehen[20]. Ein Verschulden iSd. 67

---

1 Vogelsang, Rz. 128; vgl. zur Rechtslage vor dem 1.1.2003: ErfK/Dörner, § 3 EFZG Rz. 48; Schmitt, § 3 EFZG Rz. 91; Matthes in Schliemann, ArbR BGB, § 616 Rz. 96. | 2 ErfK/Dörner, § 3 EFZG Rz. 48; Schmitt, § 3 EFZG Rz. 91. | 3 Staudinger/Oetker, § 616 BGB Rz. 249. | 4 Str., vgl. ErfK/Dörner, § 3 EFZG Rz. 48; Schmitt, § 3 EFZG Rz. 91; MünchArbR/Boecken, § 83 Rz. 98. | 5 ErfK/Dörner, § 3 EFZG Rz. 49; Vogelsang, Rz. 130. | 6 Schmitt, § 3 EFZG Rz. 93. | 7 BAG v. 7.11.1975 – 5 AZR 459/74, AP Nr. 38 zu § 1 LohnFG; v. 24.2.1972 – 5 AZR 446/71, AP Nr. 17 zu § 1 LohnFG. | 8 KDHK/Dunkl, § 3 EFZG Rz. 100; ErfK/Dörner, § 3 EFZG Rz. 49; Schmitt, § 3 EFZG Rz. 94, 95; HzA/Vossen, Gruppe 2 Rz. 149. | 9 BAG v. 21.4.1982 – 5 AZR 1019/79, BAGE 38, 309, 313. | 10 ArbG Passau v. 10.11.1988 – 2 Ca 344/88 D, BB 1989, 70. | 11 LAG Berlin v. 31.3.1981 – 3 Sa 54/80, DB 1982, 707; LAG BW v. 26.9. 1978 – 7 Sa 18/78, DB 1979, 1044. | 12 BAG v. 25.6.1964 – 2 AZR 421/63, BB 1964, 1044. | 13 BAG v. 23.11.1979 – 1 AZR 388/70, AP Nr. 8 zu § 1 LohnFG. | 14 BAG v. 7.10.1981- 5 AZR 1113/79, BAGE 36, 376. | 15 LAG Sachs. v. 8.11.2000 – 2 Sa 112/00, LAGE § 3 EntgFG Nr. 3; LAG Bayern v. 2.12.1964 – 4 Sa 782/64 – EEK I/088. | 16 BAG v. 23.11.1979 – 1 AZR 388/70, AP Nr. 8 zu § 1 LohnFG. | 17 LAG Düsseldorf v. 1.6.1966 – 8 Sa 56/66, DB 1966, 1484. | 18 KDHK/Dunkl, § 3 EFZG Rz. 104; vgl. zur Arbeitnehmerhaftung: BAG v. 12.11.1998, EzA § 611 BGB – Arbeitnehmerhaftung Nr. 66. | 19 BAG v. 5.4.1962 – 2 AZR 182/61, AP Nr. 28 zu § 63 HGB. | 20 Allg. Ansicht, statt vieler: KDHK/Dunkl, § 3 EFZG Rz. 112; Geyer/Knorr/Krasney, § 3 EFZG Rz 118 mwN.

§ 3 Abs. 1 liegt auch vor, wenn ein ArbN in Kenntnis seiner Alkoholabhängigkeit in noch steuerungsfähigem Zustand mit seinem Kraftfahrzeug zur Arbeitsstelle fährt, dort während der Arbeitszeit dem Alkohol erheblich zuspricht, mit seinem Kraftfahrzeug sodann den Rückweg antritt und dabei einen Verkehrsunfall verursacht, bei dem er selbst verletzt wird[1].

68 **Beispiele:**

- Trunkenheitsfahrt[2];
- Trunkenheitssturz in Gaststätte[3];

69 (4) **Sportunfall.** Sportunfälle werden im Grundsatz als nicht selbstverschuldet iSd. § 3 Abs. 1[4] angesehen. Jede sportliche Betätigung birgt die Gefahr einer Verletzung in sich. Dieses allgemeine Verletzungsrisiko wird nicht als grobes Verschulden gegen sich selbst verstanden. Jedoch nimmt das BAG grundsätzlich Selbstverschulden in folgenden drei Fallgruppen an: 1. Der ArbN verletzt sich bei einer sog. besonders gefährlichen Sportart, 2. er betätigt sich in einer Weise sportlich, die seine Fähigkeiten und Kräfte deutlich übersteigt, oder 3. er verstößt in besonders grober Weise und leichtsinnig gegen die anerkannten (Gesundheits-) Regeln der jeweiligen Sportart[5].

70 Die **Unterscheidung** zwischen sog. **besonders gefährlichen** und anderen **Sportarten** erscheint angesichts dessen, dass bisher kaum eine Sportart als besonders gefährlich angesehen worden ist[6], als wenig aussagefähig. Sie sollte aufgegeben werden[7], es sei denn, dass die wertende Betrachtung eine neue Dimensionierung erfährt und dann nahezu alle Kampfsportarten, aber auch Alpinski, Snowboardfahren, Wasserball, Handball und Fußball zu den besonders gefährlichen Sportarten gerechnet werden. Denn als besonders gefährlich soll eine Sportart anzusehen sein, bei der das Verletzungsrisiko bei objektiver Betrachtung so groß ist, dass auch ein gut ausgebildeter Sportler bei sorgfältiger Beachtung aller Regeln dieses Risiko nicht vermeiden kann, sondern sich unbeherrschbaren Gefahren aussetzt[8]. Lediglich das **Kickboxen** wurde gerichtlich als eine gefährliche Sportart eingeordnet[9]. Umstritten ist, ob **Bungee-Springen** zu den besonders gefährlichen Sportarten zu rechnen ist[10].

71 bb) **Suchtkrankungen.** Die verbreitetste Suchtkrankung ist die **Trunksucht**. Suchtkrankungen sind aber auch krankhafte Abhängigkeiten von **Nikotin**[11] oder von **Drogen**[12] oder von Arzneimitteln, vor allem von **Tabletten**; zuweilen treten solche Abhängigkeiten multipel auf. Trunksucht wurde in der früheren Rspr. als erfahrungsgemäß selbstverschuldet angesehen. Einen solchen Erfahrungssatz nimmt die Rspr. nicht mehr an, vielmehr ist jeweils auf die Umstände des Einzelfalles abzustellen, um erkennen zu können, ob die Suchtkrankheit – hier: Trunksucht – selbstverschuldet ist oder nicht[13]. Dabei trifft den ArbGeb die Beweislast, den ArbN aber die Last der Mitwirkung an der Aufklärung der für die Verschuldensprüfung erforderlichen Tatsachen[14]. Dagegen ist auch dann, wenn die Trunksucht selbst unverschuldet ist, ein auf Trunkenheit des Trunksüchtigen zurückzuführenden Unfall regelmäßig selbstverschuldet iSd. § 3 Abs. 1[15].

72 Der **Rückfall** es trunksüchtigen ArbN, der sich einer angeblich erfolgreiche Langzeittherapie unterzogen hatte und fünf Monate abstinent war, ist als selbstverschuldet eingeordnet worden[16]. Befindet sich ein alkoholkranker ArbN nach einer Entziehungskur dagegen weiterhin in einem Zustand, in dem er auf sein Verhalten wegen mangelnder Steuerungsfähigkeit willentlich keinen Einfluss nehmen kann, so kann ihm ein Rückfall in den Alkoholmissbrauch nicht im Sinne eines Verschuldens gegen sich selbst vorgeworfen werden[17].

73 Eine infolge **Tabakrauchens** aufgetreten krankheitsbedingte Arbeitsunfähigkeit ist als selbstverschuldet angesehen worden, weil das ärztliche Rauchverbot nicht beachtet wurde[18].

74 Auch **Drogensucht** kann iSd. § 3 Abs. 1 selbstverschuldet sein, jedoch wird bei Jugendlichen nicht dasselbe Maß an Einsichtsfähigkeit vorauszusetzen sei wie bei Erwachsenen[19], so dass von einem hinreichenden Selbstverschulden nicht ohne weiteres ausgegangen werden kann.

75 cc) **Organ- und Transplantatspende.** Die durch einen komplikationslos verlaufenden Eingriff zum Zweck der Organspende vom ArbN herbeigeführte krankheitsbedingte Arbeitsunfähigkeit führt nicht

---

1 BAG v. 30.3.1988 – 5 AZR 42/87, BAGE 57, 380; aA *Künzl*, BB 1989, 62. | 2 LAG Hess. v. 23.7.1997 – 1 Sa 2416/96, NZA-RR 1999, 15; LAG Düsseldorf v. 18.5.1971 – 11 Sa 983/70, DB 1971, 2022. | 3 BAG v. 11.3.1987 – 5 AZR 739/85, AP Nr. 71 zu § 1 LohnFG. | 4 *Geyer/Knorr/Krasney*, § 3 EFZG Rz. 106. | 5 Zusammenfassend: BAG v. 7.10.1981 – 5 AZR 338/79, BAGE 36, 371. | 6 Vgl. den Überblick in KDHK/*Dunkl* § 3 EFZG Rz. 105. | 7 *Geyer/Knorr/Krasney*, § 3 EFZG Rz. 111; ErfK/*Dörner*, § 3 EFZG Rz. 52; Schmitt, § 3 EFZG Rz. 106 ff. | 8 BAG v. 11.3.1987 – 5 AZR 739/85, AP Nr 71 zu § 1 LohnFG. | 9 ArbG Hagen v. 15.9.1989 – 4 Ca 648/87, NZA 1990, 311. | 10 Bejahend: *Gerauer*, NZA 1994, 496; verneinend: *Kunz/Wedde*, § 3 EFZG Rz. 110. | 11 BAG v. 17.4.1985 – 5 AZR 497/83, ArbuR 1985, 193. | 12 LAG Düsseldorf v. 19.4.1972 – 12 Sa 726/71, DB 1972, 1073. | 13 BAG v. 7.8.1991 – 5 AZR 410/90, BAGE 68, 196, 198; dazu krit.: *Marienhagen/Künzl* § 3 EFZG Rz. 36 ff. | 14 *BAG v. 7.8.1991 – 5 AZR 410/90, BAGE 68, 196, 198.* | 15 BAG v. 11.3.1987 – 5 AZR 739/85, AP Nr. 71 zu § 1 LohnFG. | 16 BAG v. 11.11.1987 – 5 AZR 497/86, BAGE 56, 321. | 17 BAG v. 27.5.1992 – 5 AZR 297/91, EzA § 1 LohnFG Nr. 123. | 18 BAG v. 17.4.1985 – 5 AZR 497/83, ArbuR 1985, 193. | 19 LAG Düsseldorf v. 19.4.1972 – 12 Sa 726/71, DB 1972, 1073.

zum Anspruch auf Entgeltfortzahlung gegen den ArbGeb. Soweit das BAG ein Verschulden verneint, gleichwohl aber den Entgeltfortzahlungsanspruch abgelehnt hat[1], ist ihm nur im Ergebnis zu folgen. Auch wenn nicht zu verkennen ist, dass gegen den ArbN kein Vorwurf moralischen Verschuldens zu erheben ist, sondern er in der Regel aus ethisch hochangesehenen Motiven handelt, ist zu konstatieren, dass er diesen Eingriff in seine Gesundheit iSd. § 3 Abs. 1 verschuldet hat, denn er hat ihn willentlich vornehmen lassen. Wegen des mit der Erkrankung verbundenen Verdienstausfalles ist der Spender auf den Empfänger bzw. auf dessen Krankenkasse oder Krankenversicherung zu verweisen[2] (vgl. oben Rz. 40).

dd) Suizidversuch. Die auf einem Versuch der Selbsttötung beruhende krankheitsbedingte Arbeitsunfähigkeit ist regelmäßig als iSd. § 3 Abs. 1 unverschuldet anzusehen, weil Suizid erfahrensgemäß in einem die freie Willenbestimmung ausschließenden Zustand vorgenommen wird[3]. 76

ee) Tätlichkeit, Schlägerei. Inwieweit bei krankheitsbedingter Arbeitsunfähigkeit, die auf eine Verletzung bei einer Schlägerei oder Tätlichkeit zurückzuführen ist, ein hinreichendes Eigenverschulden des ArbN vorliegt oder nicht, hängt von den Umständen des Einzelfalles ab[4]. Einen Erfahrungssatz, dass die Teilnahme an einer Schlägerei in der Regel selbstverschuldet sei, gibt es nicht[5]. Vielmehr kommt es darauf an, ob der ArbN sie Schlägerei selbst begonnen oder provoziert hat[6]. 77

Beispiel: Der angestellte Geschäftsführer eines Nachtlokals hatte ein Liebesverhältnis mit der in diesem Lokal als Barfrau beschäftigten Freundin eines als gefährlich bekannten Kollegen aufgenommen. Dieser Kollege folgt den beiden heimlich in die Wohnung des Geschäftsführers und schlägt ihn dort zusammen. Die hierdurch verursachte Arbeitsunfähigkeit des Geschäftsführers ist nicht als selbstverschuldet iSd. Bestimmungen über die Gehaltsfortzahlung bei Krankheit anzusehen. Etwas anderes könnte dann gelten, wenn der Geschäftsführer vor den Augen seines Arbeitskollegen mit dessen Freundin zusammengetroffen wäre und diesen dadurch provoziert hätte[7]. 78

ff) Gesundheitsgefährdendes und heilungswidriges Verhalten. Der ArbGeb kann zwar im Rahmen der Arbeitssicherheitsvorschriften anweisen, wie sich der ArbN sicherheitsgerecht zu verhalten hat. Er kann jedoch keinem ArbN vorschreiben, wie er sich in seiner Freizeit hinsichtlich seiner Gesundheit zu verhalten hat. **Nicht jedes gesundheitswidriges Verhalten ist schon deshalb als grobes Verschulden gegen sich selbst** iSd. § 3 Abs. 1 zu werten, weil der ArbN dadurch seine Gesundheit gefährdet. Indessen kann dasselbe Verhalten, das ohne vorhandene Erkrankung nicht zum Vorwurf des Selbstverschuldens gereicht, anders zu bewerten sein, wenn bereits eine Erkrankung vorliegt und das Verhalten diese Erkrankung verschlimmert oder (wesentlich) verlängert. Denn während eines Heilungsprozesses trifft den ArbN eine erhöhte Sorgfaltspflicht gegen sich selbst[8]. In Teilen des Schrifttums wird angenommen[9], die Pflicht zum heilungsfördernden oder – zumindest – zum nicht heilungsverzögernden Verhalten sei allgemeine Arbeitsvertragspflicht[10] oder arbeitsvertragliche Nebenpflicht[11]. Diese Rspr. bezieht sich allerdings auf kündigungsschutzrechtliche Gesichtspunkte. Eine solche Pflichtenzuordnung ist indessen entbehrlich, denn für Feststellung, ob der ArbN seine Krankheit oder deren Dauer iSd. § 3 Abs. 1 selbstverschuldet hat, kommt es allein auf darauf an, ob der ArbN seien (objektivierten) Gesundheitsinteressen gröblich zuwidergehandelt hat. Allenfalls könnte man aus § 241 Abs. 2 BGB eine Pflicht des ArbN ableiten, sich auch im Interesse des ArbGeb an einer möglichst nur kurzen krankheitsbedingten Arbeitsverhinderung heilungsfördernd zu verhalten. In der Regel hat eine schuldhafte Verzögerung des Heilungsverlaufs durch Selbstverschuldetes Verhalten des ArbN nur zur Folge, dass er keinen Anspruch auf Entgeltfortzahlung im Krankheitsfall für den Zeitraum hat, um den der Heilungsverlauf kausal verzögert worden ist. 79

gg) Erkrankung bei oder infolge Nebentätigkeit. Ob sich die zur Arbeitsunfähigkeit führende Erkrankung während oder anlässlich einer genehmigten oder nicht genehmigten Nebentätigkeit des ArbN ereignet hat, ist für die Frage des Selbstverschuldens ohne rechtliche Bedeutung[12]. Die anscheinend entgegenstehende ältere Rspr. der Instanzgerichte[13] beruht erkennbar auf Versuchen, billige Ergebnisse zu erreichen. Indessen kann Übermüdung des ArbN, die auf seine **übermäßige Arbeitsbelastung** infolge der Nebentätigkeit zurückzuführen ist, als Selbstverschulden einzuordnen sein, wenn der ArbN infolge der Übermüdung einen (Arbeits-)unfall verursacht oder seine Gesundheit gefährdet[14]. Es muss dann aber eine erhebliche Übermüdung infolge Arbeit unter massiver, nachhaltiger Überschreitung der Höchstarbeitszeiten des ArbZG vorliegen. 80

---

1 BAG v. 6.8.1986 – 5 AZR 607/85, BAGE 52, 313. | 2 BSG v. 12.12.1972 – 3 RK 47/70, BSGE 35, 102 = NJW 1973, 1432; ErfK/*Dörner* § 3 EFZG Rz. 21, 58. | 3 BAG v. 28.2.1979 – 5 AZR 611/77, BAGE 31, 331 unter ausdrücklicher Aufgabe der früheren, entgegenstehenden Rspr. | 4 BAG v. 13.11.1974 – 5 AZR 54/74, AP Nr. 45 zu § 616 BGB. | 5 AA LAG Hamm v. 27.4.1988 – 1 Sa 2349/87, EzBAT § 37 BAT Nr 16; wohl auch KDHK/*Dunkl*, § 3 EFZG Rz. 109. | 6 ErfK/*Dörner*, § 3 EFZG Rz. 60; MünchArbR/*Boecken*, § 83 Rz. 122. | 7 BAG v. 13.11.1974 – 5 AZR 54/74, AP Nr. 45 zu § 616 BGB. | 8 BAG v. 21.1.1976 – 5 AZR 593/74, AP Nr. 39 zu § 1 LohnFG; allg. Ansicht: ErfK/*Dörner*, § 3 EFZG Rz. 62. | 9 Vgl. die Darstellung in *Marienhagen/Künzl*, § 3 EFZG Rz. 40a mwN. | 10 ZB LAG Düsseldorf v. 17.5.1978 – 15 Sa 82/78, BB 1978, 1264. | 11 BAG v. 13.11.1979 – 6 AZR 934/77, AP Nr. 15 zu § 1 KSchG 1969 – Krankheit. | 12 BAG v. 21.4.1982 – 5 AZR 1019/79, BAGE 38, 309; krit. hinsichtlich Arbeitsunfällen bei der Nebentätigkeit und mit Vorschlägen de lege ferenda: *Boecken*, NZA 2001, 233. | 13 Vgl. die umfangreiche Darstellung in *Müller/Berenz*, § 3 EFZG Rz. 56. | 14 BAG v. 21.4.1982 – 5 AZR 1019/79, BAGE 38, 309.

81 **d) Darlegungs- und Beweislast.** Der ArbN hat darzulegen und zu beweisen, dass er infolge Krankheit an der Arbeitsleistung verhindert war (vgl. für den Nachweis § 5, § 7). Dagegen ist es Sache des ArbGeb bzw. im Fall des Anspruchsübergangs nach § 115 SGB X der Krankenkasse darzulegen und zu beweisen, dass der ArbN seine krankheitsbedingte Arbeitsunfähigkeit schuldhaft herbeigeführt hat, denn es handelt sich insoweit um einen anspruchsvernichtenden Einwand[1]. Insoweit ist allerdings der ArbN gehalten, an der Aufklärung des Sachverhaltes mitzuwirken, anderenfalls kann ihm bei plausibler Geschehensschilderung durch den ArbGeb der Einwand des Selbstverschuldens der krankheitsbedingten Arbeitsunfähigkeit entgegengehalten werden[2].

82 **6. Beginn, Dauer und Ende des Anspruchs auf Entgeltfortzahlung.** Nach der vierwöchigen Wartezeit (vgl. Rz. 138) hat der ArbN für die Dauer von sechs Wochen Anspruch auf Entgeltfortzahlung im Krankheitsfall. Insoweit ist – mit arbeitsrechtlich begründeten Modifikationen – auf die Regeln über die Berechnung von Fristen (§ 186 ff. BGB) abzustellen[3].

83 **a) Beginn.** Der Anspruch beginnt mit dem Eintritt der krankheitsbedingten Arbeitsunfähigkeit. Insoweit kommt es auf den **objektiven Eintritt der Arbeitsunfähigkeit** an, mag sie auch erst nachträglich vom Arzt festgestellt worden sein. Hat er ArbN trotz objektiv bestehender krankheitsbedingter Arbeitsunfähigkeit seine Arbeitsleistung erbracht, so steht ihm kein Anspruch auf Fortzahlung des Arbeitsentgeltes nach § 3 zu, sondern nach § 611 BGB der Anspruch auf Arbeitsentgelt[4]. Von der Frage des Beginns der krankheitsbedingten Arbeitsunfähigkeit ist die Frage des entsprechenden Nachweises zu trennen. Auf ihn kommt es grundsätzlich nicht allein an, sondern nur auf den objektiven Eintritt der krankheitsbedingten Arbeitsunfähigkeit. Verlangt der ArbGeb für die ersten drei Tage der krankheitsbedingten Arbeitsunfähigkeit keinen Nachweis durch ärztliches Attest, so schuldet er gleichwohl Entgeltfortzahlung nach § 3 Abs. 1 Satz 1. Dagegen kann er die Entgeltfortzahlung verweigern, wenn ein Fall des § 7 vorliegt.

84 Tritt die **Arbeitsunfähigkeit während der Arbeitsleistung**, also nach der arbeitstäglichen Arbeitsaufnahme ein, so beginnt die Frist für die Entgeltfortzahlung erst am nächsten Kalendertag; für die Zeit der teilweisen Arbeitsleistung hat der ArbN Anspruch auf Arbeitsentgelt nach § 611 BGB[5]. Dagegen beginnt die Frist für die Entgeltfortzahlung bereits an dem Tag, an welchem die **Arbeitsunfähigkeit vor Beginn der Arbeitszeit** eintritt[6].

85 **Beispiele:**

Arbeitszeit: 21. Mai, 7.30 Uhr bis 16.00 Uhr.

- Eintritt der Arbeitsunfähigkeit vor Arbeitsbeginn: Beginn der Fortzahlungsfrist am 21.Mai;
- Eintritt der Arbeitsunfähigkeit während der Arbeitszeit: Beginn der Fortzahlungsfrist am 22. Mai;
- Eintritt der Arbeitsunfähigkeit nach der Arbeitszeit: Beginn der Fortzahlungsfrist am 22. Mai.

86 Bei einem **ruhenden Arbeitsverhältnis** beginnt die Fortzahlungsfrist nicht mit dem Tag des Eintritts der krankheitsbedingten Arbeitsunfähigkeit, sondern erst an dem Tag, an welchem der Ruhenstatbestand sein Ende gefunden hat[7]. Insoweit kommt es nur zu einer Verschiebung des Anspruchszeitraumes. Entsprechendes gilt bei witterungsbedingter Unterbrechung eines Arbeitsverhältnisses[8]. Ruhenstatbestände sind vor allem der **unbezahlte Sonderurlaub**, sofern er nicht Erholungszwecken dient[9], **Grundwehrdienst und Wehrübung** (§ 1 Abs. 1 ArbPlSchG)[10] sowie die Fälle des § 16a ArbPlSchG (Zeitsoldat für zunächst sechs Monate bzw. auf die Dauer von nicht mehr als zwei Jahren), die Zeiten der **mutterschutzrechtlichen Schutzfristen** (§ 3 Abs. 2, § 6 Abs. 1 MuSchG) und die Zeiten der **Elternzeit**, sofern die Arbeit beim selben ArbGeb nicht als Teilzeittätigkeit fortgesetzt wird (§ 15 BErzGG). Die Fortzahlungsfrist beginnt auch nicht während der Teilnahme an einem **Arbeitskampf**[11]. Ein ArbN, der während eines Urlaubs, der vor Beginn eines Streiks gewährt wird, arbeitsunfähig erkrankt, behält seinen Anspruch auf Entgelt, solange er sich nicht am Streik beteiligt[12]. Das Arbeitsverhältnis zum Stammbetrieb ruht auch während der Freistellung eines Bauarbeiters zur Arbeitsleistung an eine Arbeitsgemeinschaft[13]. Dagegen liegt **kein Ruhenstatbestand** vor bei einem Arbeitsausfall infolge Schlechtwetters[14].

87 **b) Dauer und Ende des Anspruchs auf krankheitsbedingte Entgeltfortzahlung.** Der Anspruch auf Entgeltfortzahlung nach § 3 Abs. 1 Satz 1 endet, wenn der Zustand der krankheitsbedingten Arbeitsunfähigkeit beendet ist oder wenn der Anspruchszeitraum erschöpft ist.

88 **aa) Ende der krankheitsbedingten Arbeitsunfähigkeit.** Für die Beendigung des Entgeltfortzahlungsanspruchs wegen Beendigung der krankheitsbedingten Arbeitsunfähigkeit ist – wie bei der Entste-

---

1 BAG v. 7.8.1991 – 5 AZR 410/90, BAGE 68, 196. | 2 ErfK/*Dörner*, § 3 EFZG Rz. 65. | 3 BAG v. 22.2.1973 – 5 AZR 461/72, AP Nr. 28 zu § 1 LohnFG. | 4 KDHK/*Dunkl* § 3 EFZG Rz. 132. | 5 BAG v. 22.2.1973 – 5 AZR 461/72, AP Nr. 28 zu § 1 LohnFG; v. 4.5.1971 – 1 AZR 305/70, BAGE 23, 340. | 6 BAG v. 21.9.1971 – 1 AZR 65/71, BAGE 23, 444. | 7 BAG v. 14.6.1974 – 5 AZR 467/73, AP Nr. 36 zu § 1 LohnFG. | 8 BAG v. 22.8.2001 – 5 AZR 699/99, BAGE 98, 375. | 9 BAG v. 14.6.1974 – 5 AZR 467/73, AP Nr. 36 zu § 1 LohnFG. | 10 BAG v. 3.3.1961 – 1 AZR 76/60, BAGE 11, 19. | 11 BAG v. 7.6.1988 – 1 AZR 597/86, BAGE 58, 332; ErfK/*Dörner* § 3 EFZG Rz. 74. | 12 BAG v. 1.10.1991 – 1 AZR 147/91, BAGE 68, 299. | 13 BAG v. 23.12.1971 – 1 AZR 126/71, BAGE 24, 90. | 14 BAG v. 27.8.1971 – 1 AZR 69/71, BAGE 23, 406.

hung des Anspruchs – zwischen dem Ende der Krankheit und dem Ende der krankheitsbedingten Arbeitsunfähigkeit zu unterscheiden. Die Krankheit kann, zB als Grundleiden oder in abgeschwächter Form weiterbestehen; gleichwohl kann die darauf beruhende Arbeitsunfähigkeit entfallen.

Beispiel: Der ArbN hat ein Grundleiden. Für die Dauer einer darauf beruhenden akuten Erkrankung ist er arbeitsunfähig krank. Sodann kann er wieder arbeiten, obwohl das Grundleiden nicht beseitigt ist. Anschließend begibt er sich in eine Maßnahme der medizinischen Vorsorge und Rehabilitation. Für Akuterkrankung und für die Zeit der Teilnahme an dieser Maßnahme besteht krankheitsbedingte Arbeitsunfähigkeit. Dagegen hat führt das Grundleiden für sich allein nicht zur Arbeitsunfähigkeit. 89

Über die Dauer der Arbeitsunfähigkeit infolge Krankheit und damit über das Ende des Verhinderungsfalles **entscheidet der Arzt.** Enthält die ärztliche Bescheinigung nur die Angabe eines Kalendertages, wird in der Regel Arbeitsunfähigkeit bis zum Ende der vom erkrankten Arbeiter üblicherweise an diesem Kalendertag zu leistenden Arbeitsschicht bescheinigt[1]. 90

Sehr häufig wird **krankheitsbedingte Arbeitsunfähigkeit bis einschließlich Freitag** attestiert. Dann endet die Arbeitsunfähigkeit an diesem Tag frühestens mit dem Ende der für den ArbN an diesem Tag geltenden Arbeitszeit. Daran ändert nichts, wenn der Arzt davon ausgeht, der ArbN habe am anschließenden Wochenende nicht zu arbeiten. Einen Erfahrungssatz, dass Arbeitsunfähigkeit, deren Ende für einen Freitag bescheinigt ist, erst am folgenden Sonntag endet, gibt es nicht[2]. Will der Arzt erreichen, dass dem ArbN die aus dem Vorverständnis des Arztes oder tatsächlich „an sich arbeitsfreien" Tage noch aus medizinischen Gründen zur notwendigen Schonung oder restlichen Ausheilung zur Verfügung stehen, so muss er für diese Tage krankheitsbedingte Arbeitsunfähigkeit attestieren[3]. Entsprechendes gilt, wenn der ArbN am letzten Tag der attestierten Arbeitsunfähigkeit nicht zu arbeiten gehabt hätte. 91

Die krankheitsbedingte Arbeitsunfähigkeit kann auch nach oder vor ihrem vom Arzt attestierten Ablauf enden, zB wenn der Arzt dies dem ArbN aufgrund einer Zwischen- oder Schlussuntersuchung mitteilt. Das ärztliche Attest bescheinigt idR nur eine voraussichtliche Dauer der Arbeitsunfähigkeit. Diese Prognose kann der Arzt ändern. Erweist sie sich nachträglich als zu kurz, so kann er die Bescheinigung der Dauer der Arbeitsunfähigkeit durch ein **Anschlussattest** verlängern. Bei einem vorzeitigem Ende der Erkrankung kann die Attestierung der Arbeitsunfähigkeit entsprechend formlos verkürzt oder durch eine sog. ärztliche **Gesundschreibung** aufgehoben werden. 92

Kehrt der ArbN nach dem Ende der attestierten Arbeitsunfähigkeit an seinen Arbeitsplatz zurück, so hat der ArbGeb grundsätzlich davon auszugehen, dass der ArbN nicht mehr arbeitsunfähig krank ist. Nur in begründeten Ausnahmefällen kann der ArbGeb von ArbN verlangen, sich die **Wiederherstellung seiner Arbeitsfähigkeit ärztlich bescheinigen** zu lassen[4]. Bei Ablehnung des Arbeitskraftangebots trägt er dann das Risiko der Entgeltfortzahlung bei objektiv vorhandener Leistungsfähigkeit; kündigungsrechtlich kann er sich in der Regel nicht auf den Gesichtspunkt der „Arbeitsverweigerung" berufen, wenn der ArbN die geforderte „Gesundschreibung" nicht oder verspätet beibringt. 93

Die krankheitsbedingte Arbeitsunfähigkeit endet aber auch, wenn der ArbN uneingeschränkt seine Arbeit aufnimmt, obwohl die ärztlich attestierte Arbeitsunfähigkeit noch andauert. Die **tatsächliche Arbeitsaufnahme** zeigt für sich allein, dass der ArbN sich infolge seiner Erkrankung nicht gehindert sieht, seine Arbeitsleistung zu erbringen. Die im Schrifttum insoweit angenommene Unklarheit[5] besteht, soweit es um die Frage der Entgeltfortzahlung geht, nicht. Soweit Arbeit geleistet wurde, ist sie zu vergüten. Die – gegenüber der attestierten voraussichtlichen Dauer der Arbeitsunfähigkeit – vorzeitige Rückkehr des ArbN an seinen Arbeitsplatz löst zwar immer wieder Befürchtungen aus, bei einem Krankheitsrückfall verliere der ArbN seinen Anspruch aus § 3 Abs. 1 Satz 1 wegen Selbstverschuldens, der ArbGeb schulde wegen Verschlechterung des Gesundheitszustand des ArbN Schadenersatz und der gesetzliche Berufsunfallschutz sei eingeschränkt. Solche Befürchtungen sind in aller Regel – von Fällen der offensichtlichen Arbeitsunfähigkeit abgesehen – nicht begründet[6]. Eine andere Frage ist es, ob der Gesundheitszustand des ArbN Sicherheitsanforderungen zB in Verkehrsberufen wie Kraftfahrer, Busfahrer, Lokführer, Pilot genügt. Insoweit kann eine betriebsärztliche Kontrolluntersuchung aus konkretem Anlass geboten sein. 94

bb) Ende des aktiven Arbeitsverhältnisses. Ferner besteht der Anspruch nach § 3 Abs. 1 Satz 1 nur, solange das Arbeitsverhältnis aktiv besteht, soweit nicht der Sonderfall des § 8 vorliegt. Dementsprechend endet dieser Anspruch grundsätzlich mit dem Ende des Arbeitsverhältnisses (durch Kündigung, Befristung, auflösende Bedingung, Auflösungsvertrag usw.), mit dessen Übergang in ein Ruhestandsverhältnis, aber auch mit dem Beginn des Ruhens des Arbeitsverhältnisses (vgl. oben Rz. 25, 86; vgl. aber auch § 8). 95

---

1 BAG v. 12.7.1989 – 5 AZR 377/88, AP Nr. 77 zu § 616 BGB; v. 2.12.1981 – 5 AZR 89/80, BAGE 37, 172. |2 BAG v. 12.7.1989 – 5 AZR 377/88, AP Nr. 77 zu § 616 BGB. |3 BAG v. 12.7.1989 – 5 AZR 377/88, AP Nr. 77 zu § 616 BGB. |4 LAG Berlin v. 10.5.2001 – 10 Sa 2695/00, NZA-RR 2002, 23. |5 *Schmitt*, § 3 EFZG Rz. 148. |6 *Schmitt*, § 3 EFZG Rz. 150 ff.

96 **cc) Dauer der Entgeltfortzahlung – Fortsetzungskrankheit.** Das Gesetz begrenzt den Anspruchszeitraum für die auf derselben Krankheit beruhenden Arbeitsunfähigkeit auf **sechs Wochen**. Damit sind 42 **Kalendertage** gemeint[1]. Dieser Umstand ist von Bedeutung, wenn es sich um Fortsetzungserkrankungen mit zeitweiligen Unterbrechungen (Rz. 110 ff.) oder mehrfache Erkrankungen handelt. Der Entgeltfortzahlungszeitraum beginnt – wie oben dargestellt – dann mit dem Tag der Arbeitsunfähigkeit, wenn diese vor Arbeitsbeginn eintritt bzw. mit dem darauf folgenden Tag, wenn dies erst nach Arbeitsbeginn der Fall ist. Er endet nach § 188 Abs. 2 BGB nach sechs Wochen oder nach § 188 Abs. 1 BGB, wenn die Summe von 42 Kalendertagen erreicht ist.

97 In den Zeitraum werden **Sonn- und Feiertage** eingerechnet; § 193 BGB ist nicht anwendbar, denn es geht nicht um die Abgabe von Willenserklärungen. In den Sechs-Wochen-Zeitraum werden auch **arbeitsfreie Tage** eingerechnet, auch wenn der ArbN an diesem Tag wegen anderweitiger Umverteilung keine Arbeit zu leisten und demgemäß auch keinen Entgeltanspruch hatte[2]. Dies gilt auch, wenn die freien Tage durch BV festgelegt worden sind[3]. Ebenso werden Tage, an denen dem ArbN **Erholungsurlaub** gewährt worden ist, in den Sechs-Wochen-Zeitraum eingerechnet. Insoweit wird jedoch der Urlaubsanspruch nicht verbraucht, denn der ArbN kann keinen Erholungsurlaub machen, wenn er arbeitsunfähig krank ist[4].

98 **(1) Dieselbe Krankheit – Fortsetzungskrankheit.** Beruhen die Zeiten der Arbeitsunfähigkeit auf derselben Krankheit (Fortsetzungskrankheit), so hat der ArbN nach § 3 Satz 1 insgesamt einen Anspruch auf Entgeltfortzahlung für 42 Kalendertage.

99 ISd. Entgeltfortzahlungsrechtes liegt **dieselbe Krankheit** vor, wenn die Krankheit zwischen dem Ende der vorherigen Arbeitsunfähigkeit, die auf diese Krankheit zurückzuführen war, und der erneuten Arbeitsunfähigkeit **nicht vollständig ausgeheilt** war, sondern als **Grundleiden** fortbesteht. Bei Arbeitsunfähigkeit „infolge derselben Krankheit" behält der Arbeiter den Lohnanspruch innerhalb eines Zeitraumes von zwölf Monaten nur für die Dauer von insgesamt sechs Wochen (§ 3 Abs. 1 Satz 2 Halbs. 1). Wird er innerhalb der Frist eines Jahres wegen derselben Krankheit wiederholt arbeitsunfähig, so braucht der ArbGeb ihm nur für insgesamt sechs Wochen das Arbeitsentgelt weiterzugewähren[5]. Diese Regelung beruht auf einer besonderen Zumutbarkeitserwägung des Gesetzgebers, die den ArbGeb entlasten soll[6]. Nicht erforderlich ist, dass die Symptome der Krankheit einheitlich auftreten[7].

100 **Beispiel:** Eine normal verlaufende Schwangerschaft ist keine Krankheit. Nur die mit außergewöhnlichen Beschwerden oder Störungen verbundene Schwangerschaft ist als Krankheit im Rechtssinne anzusehen. Dabei kann sich eine mit häufigen, ausschließlich graviditätsbedingten Erkrankungen einhergehende Schwangerschaft als ein nicht ausgeheiltes, befristetes Grundleiden iSd. Engeltfortzahlungsrechts (= „dieselbe Krankheit") darstellen. Nicht zu fordern ist dagegen, dass die einzelnen Krankheiten (Krankheitserscheinungen) auch untereinander noch in einem besonderen Fortsetzungszusammenhang stehen müssen.

101 Derselbe rechtliche Zusammenhang besteht insb. zwischen akuten Erkrankungen und zeitlich nicht anschließenden Maßnahmen der medizinischen Vorsorge und Rehabilitation (§ 9) – vormals „Kuren", die auf demselben Grundleiden beruhen[8].

102 **Beispiel:** Der ArbN leidet an degenerativen Veränderungen der Wirbelsäule. Er muss sich wegen hierauf beruhender akuter Beschwerden in ärztliche Behandlung begeben; für diesen Zeitraum attestiert ihm der Arzt krankheitsbedingte Arbeitsunfähigkeit. Sodann nimmt der ArbN seine Tätigkeit wieder auf, ohne dass das Grundleiden beseitigt ist. Später nimmt er zwecks Besserung der grundleidensbedingten Symptome an einer Maßnahme der medizinischen Vorsorge und Rehabilitation teil.

103 Der **Zeitraum** von 42 Kalendertagen kann **unterbrochen** werden. Führt dieselbe Krankheit zu mehreren Zeiten der Arbeitsunfähigkeit, so sind diese **mehreren Zeiten** zu **addieren**; Entgeltfortzahlung steht dem ArbN für insgesamt höchstens 42 Kalendertage zu, soweit nicht die Voraussetzungen des § 3 Abs. 1 Satz 2 Nr. 1 oder 2 vorliegen[9].

104 **Beispiel:** Jeweils nach Arbeitsantritt erkrankt der ArbN an derselben Krankheit

- vom 1. April bis zum 15. April (14 Kalendertage),
- vom 3. Mai bis zum 13. Mai (10 Kalendertage) und
- vom 4. Juni bis zum 5. Juli: (31 Kalendertage).

Weil der Anspruch auf Entgeltfortzahlung hat der ArbN nur für insgesamt 42 Kalendertage besteht, endet der Anspruchszeitraum mit Ablauf des 22. Juni. Für die Zeit vom 23. Juni bis zum 5. Juli besteht kein Anspruch auf Entgeltfortzahlung

---

1 BAG v. 22.8.2001 – 5 AZR 699/99, BAGE 98, 375 = AP Nr. 11 zu § 3 EntgeltFG; v. 22.2.1973 – 5 AZR 461/72, AP Nr. 28 zu § 1 LohnFG. | 2 BAG v. 8.3.1989 – 5 AZR 116/88, AP Nr. 17 zu § 2 LohnFG. | 3 BAG v. 7.9.1988 – 5 AZR 558/87, AP Nr. 79 zu § 1 LohnFG; v. 8.3.1989 – 5 AZR 116/88, AP Nr. 17 zu § 2 LohnFG. | 4 BAG v. 10.2.1987 – 8 AZR 529/84, BAGE 54, 184. | 5 BAG v. 18.1.1995 – 5 AZR 818/93, BAGE 79, 122. | 6 BAG v. 27.7.1977 – 5 AZR 318/76, AP Nr. 43 zu § 1 LohnFG. | 7 BAG v. 14.11.1984 – 5 AZR 394/82, BAGE 47, 195. | 8 BAG v. 18.1.1995 – 5 AZR 818/93, BAGE 79, 122. | 9 BAG v. 22.3.1973 – 5 AZR 461/72, AP Nr. 28 zu § 1 LohnFG.

(2) Mehrere aufeinander folgende Krankheiten. Jede Arbeitsunfähigkeit, die auf jeweils einer anderen Krankheit beruht, löst für sich den **vollen Anspruch auf Entgeltfortzahlung** nach § 3 Abs. 1 Satz 1 aus. Solche Zeiten der krankheitsbedingten Arbeitsunfähigkeit werden nicht zusammengerechnet, wenn sich die Krankheiten nicht überschneiden, sondern der ArbN in der Zwischenzeit wieder (vollständig) arbeitsfähig war[1]. Nicht erforderlich ist, dass der ArbN zwischen beiden Zeiten krankheitsbedingter Arbeitsunfähigkeit tatsächlich gearbeitet hat[2].

Beispiel: Ein ArbN war vom 5. September bis zum Freitag, den 3. November desselben Jahres wegen eines Bandscheibenleidens arbeitsunfähig krank. Bis einschließlich dieses Freitags hatte der Arzt ihm krankheitsbedingte Arbeitsunfähigkeit attestiert. Der ArbN sucht am letzten Tag dieser Erkrankung mittags seinen behandelnden Arzt auf, der ihm mitteilte, dass keine weitere krankheitsbedingte Arbeitsunfähigkeit bestehe. An diesem Tag hatte der ArbN seine Arbeit nicht aufgenommen, denn seine Arbeitszeit endete um 14:00 Uhr. Am selben Tag erlitt der ArbN gegen 22.30 einen Verkehrsunfall, bei dem er sich eine Gehirnerschütterung zuzog. Wegen dieser Gehirnerschütterung war er vom 4. November bis zum 21. November arbeitsunfähig krank. Der ArbN hat für diese neue krankheitsbedingte Arbeitsunfähigkeit Anspruch auf Entgeltfortzahlung.

(3) Mehrere sich überschneidende Krankheiten. Überschneiden sich dagegen mehrere Krankheiten, die jeweils für sich zur Arbeitsunfähigkeit führen, so ist der Anspruch auf Entgeltfortzahlung nach § 3 Abs. 1 Satz 1 nach dem **Grundsatz der Einheit des Verhinderungsfalles** auf insgesamt sechs Wochen begrenzt[3]. In solch einem Fall kann der ArbN bei entsprechender Dauer der durch beide Erkrankungen verursachten Arbeitsverhinderung die Sechs-Wochen-Frist nur einmal in Anspruch nehmen[4].

Beispiel: Wie vor, jedoch erleidet der ArbN den zur Gehirnerschütterung führenden Unfall bereits am 2. November. Dann hat er nur Anspruch für die Dauer von insgesamt sechs Wochen seit Beginn der ersten krankheitsbedingten Arbeitsunfähigkeit.

Unter dem rechtlichen Gesichtspunkt der Einheitlichkeit des Verhinderungsfalles führt ein sog. **Arbeitsversuch**, bei dem der ArbN für ein paar Tage trotz Fortbestehens der Erkrankung versucht, die Arbeitsunfähigkeit zu überwinden, nicht zu einer neuen Periode der Entgeltfortzahlung nach Beendigung des Arbeitsversuches[5]. Vielmehr steht dem ArbN für die Tage des Arbeitsversuches ein Anspruch auf Entgeltfortzahlung zu, soweit der Anspruchszeitraum noch nicht erschöpft war. Auch stellt eine Beschäftigung zur Wiedereingliederung (§ 74 SGB IV) kein Arbeitsverhältnis dar (vgl. oben Rz. 55, auch § 1 Rz. 13).

c) Darlegungs- und Beweislast. Grundsätzlich trägt der **ArbN** die Darlegungs- und Beweislast für alle Voraussetzungen, die für die Entstehung und die Dauer des Anspruchs nach § 3 Abs. 1 Satz 1 erfüllt sein müssen. Dies betrifft auch den Fall, dass die erste Arbeitsunfähigkeit beendet war, bevor die zweite, auf anderer Krankheit beruhende Arbeitsunfähigkeit eingetreten ist. Denn insoweit handelt es sich nicht um einen anspruchsvernichtenden, sondern um einen anspruchsbegründenden Tatbestand. In der Regel wird der Nachweis des Vorliegens der krankheitsbedingten Arbeitsunfähigkeit durch ärztliches Attest erbracht (vgl. des Näheren § 5).

7. Wiederholte Arbeitsunfähigkeit infolge derselben Krankheit. Von der grundsätzlichen Anordnung des Entgeltfortzahlungsanspruchs auf sechs Wochen für jede Erkrankung (§ 3 Abs. 1 Satz 1) macht das Gesetz zwecks Begrenzung der wirtschaftlichen Belastung des ArbGeb[6] in § 3 Abs. 1 Satz 2 im Wege des Ausschlusses von Ansprüchen **zwei Ausnahmen** für die mehrfache Arbeitsunfähigkeit infolge derselben Erkrankung im selben Arbeitsverhältnis. Grundsätzlich hat der ArbN für jede krankheitsbedingte Arbeitsunfähigkeit einen Anspruch auf Entgeltfortzahlung für die Dauer von höchstens sechs Wochen. Anders verhält es sich jedoch, wenn die erneute Arbeitsunfähigkeit auf derselben Krankheit, dh. demselben Grundleiden (vgl. dazu Rz. 98 ff.) beruht. Grundsätzlich hat der ArbN in solchen Fällen keinen erneuten Anspruch auf Entgeltfortzahlung. Ausnahmsweise steht ihm eine solcher Anspruch jedoch für einen weiteren Zeitraum von sechs Wochen dann zu, wenn er entweder zuvor sechs Monate nicht infolge derselben Krankheit arbeitsunfähig krank war (Nr. 1) oder wenn seit dem Beginn der ersten Arbeitsunfähigkeit infolge derselben Krankheit eine Frist von zwölf Monaten abgelaufen ist (Nr. 2).

a) Dasselbe Arbeitsverhältnis. Die Bestimmungen des § 3 Abs. 1 Satz 2 sind im selben Arbeitsverhältnis des ArbN mit demselben ArbGeb anzuwenden[7]. Geht das Arbeitsverhältnis infolge **Betriebsübergangs** (§ 613a BGB) bzw. in einer zur Anwendung des § 613a BGB führenden **Umwandlung** (§ 324 UmwG) auf einen neuen ArbGeb über, so sind diese Bestimmungen ebenso anzuwenden wie im Fall der Begründung eines **Arbeitsverhältnisses im Anschluss an das Ausbildungsverhältnis**[8]. Trotz formaler Beendigung und anschließender Begründung eines weiteren Arbeitsverhältnisses zum selben Arb-

---

1 BAG v. 2.12.1981 – 5 AZR 89/80, BAGE 37, 172. | 2 BAG v. 2.12.1981 – 5 AZR 89/80, BAGE 37, 172. | 3 BAG v. 26.2.1992 – 5 AZR 120/91, EEK I/1071; v. 10.6.1991 – 5 AZR 304/90, BAGE 68, 115; v. 2.12.1981 - 5 AZR 89/90, BAGE 37, 172. | 4 BAG v. 26.2.1992 – 5 AZR 120/91, EEK I/1071. | 5 BAG v. 1.6.1983 – 5 AZR 468/80, BAGE 43, 46. | 6 BAG v. 18.1.1995 – 5 AZR 818/93, BAGE 79, 122. | 7 BAG v. 23.12.1971 – 1 AZR 126/71, BAGE 24, 90. | 8 *Schmitt*, § 3 EFZG Rz. 193; ErfK/*Dörner*, § 3 EFZG Rz. 95.

Geb liegt unter dem Gesichtspunkt der Entgeltfortzahlung ein einheitliches Arbeitsverhältnis vor, wenn zwischen beiden ein enger sachlicher Zusammenhang besteht[1].

113 **Beispiel:** Das Arbeitsverhältnis eines Waldarbeiters wird aufgrund besonderen Tarifbestimmungen witterungsbedingt beendet und nach Ablauf der Schlechtwetterzeit mit demselben ArbGeb wieder begründet.

114 Fehlt es an solchem engen sachlichen Zusammenhang oder wird ein Arbeitsverhältnis mit einem anderen ArbGeb begründet, so ist für eine Anwendung der Regelungen des § 3 Abs. 1 Satz 2 kein Raum. Vielmehr steht dem ArbN – nach Ablauf der Wartezeit (Abs. 3) – der uneingeschränkte Anspruch auf Entgeltfortzahlung bis zu sechs Wochen auch in dem Fall zu, in welchem er infolge derselben Krankheit wie im vorherigen Arbeitsverhältnis erkrankt. Ein Ausgleich zwischen ArbGeb, wie er im Urlaubsrecht nach § 6 BUrlG vorgesehen ist, findet im Fall der Entgeltfortzahlung wegen krankheitsbedingte Arbeitsunfähigkeit nicht statt[2].

115 **b) Erneuter Anspruch nach sechs Monaten.** Auch wenn die erneute Arbeitsunfähigkeit auf derselben Krankheit beruht (**Fortsetzungserkrankung**) und dieser Umstand grundsätzlich einen erneuten Anspruch auf Entgeltfortzahlung wegen Erschöpfung des Sechs-Wochen-Zeitraumes ausschließt, steht dem ArbN nach § 3 Abs. 1 Satz 2 Nr. 1 ein erneuter Anspruch auf Entgeltfortzahlung zu, wenn er wegen Fortsetzungserkrankung sechs Monate nicht arbeitsunfähig war. In solchem Fall wird – der Sache nach – der Fortsetzungszusammenhang als unwiderleglich gelöst angesehen[3].

116 **aa) Fortsetzungszusammenhang.** Der Fortsetzungszusammenhang zwischen mehreren auf demselben nicht ausgeheilten Grundleiden beruhenden Erkrankungen (§ 3 Abs. 1 Satz 2 Nr. 1) wird nur dadurch unterbrochen, dass der ArbN vor der erneuten Arbeitsunfähigkeit mindestens sechs Monate nicht infolge derselben Krankheit arbeitsunfähig war[4]. Diese Regelung gilt auch, wenn aufgrund derselben Erkrankung eine Maßnahme der medizinischen Vorsorge und Rehabilitation zum Anspruch auf Entgeltfortzahlung führt (§ 9). Der SozV-Träger ist gegenüber dem ArbGeb des Versicherten nicht verpflichtet, dafür zu sorgen, dass eine auf derselben Krankheit beruhende Kur (Maßnahme der medizinischen Rehabilitation) binnen sechs Monaten nach dem Ende der früheren Erkrankung begonnen wird, um einen erneuten Lohnfortzahlungsanspruch unter dem Gesichtspunkt der Wiederholungserkrankung zu vermeiden[5].

117 Tritt eine **Krankheit**, die sich später als Fortsetzungskrankheit herausstellt, zu einer bereits bestehenden, zur Arbeitsunfähigkeit führenden Krankheit hinzu und dauert sie über deren Ende hinaus an, so ist sie für die Zeit, in der sie die alleinige Ursache der Arbeitsunfähigkeit war und damit zum Anspruch auf Entgeltfortzahlung geführt hat, als Teil der späteren Fortsetzungserkrankung zu werten[6].

118 **Beispiel:** Ein ArbN ist vom 21.1. bis zum 2.3. desselben Jahres wegen einer Rippenfraktur arbeitsunfähig krank. In der Zeit vom 19.2. bis zum 12.3. trat ein ebenfalls zur krankheitsbedingten Arbeitsunfähigkeit führendes Handekzem hinzu. Vom 17.4. bis zum 19.5. und dann wieder vom 7. bis zum 19.11. desselben Jahres war der ArbN erneut wegen des Handekzems arbeitsunfähig krank. Das Handekzem stellt insoweit einen Teil der späteren Fortsetzungserkrankung dar, als der ArbN deswegen (ab 3.3.) Anspruch auf Entgeltfortzahlung hatte. Entgeltfortzahlung wegen des Handekzems steht ihm nur bis zum 9.11. zu.

119 Eine **Vorerkrankung** kann dann nicht als Teil einer Fortsetzungserkrankung angesehen werden, wenn sie lediglich zu einer bereits bestehenden, ihrerseits zur Arbeitsunfähigkeit führenden Krankheit hinzugetreten ist, ohne einen eigenen Anspruch auf Lohnfortzahlung auszulösen[7].

120 **Beispiel:** Wie vor, jedoch endete die Erste auf dem Handekzem beruhende Arbeitsunfähigkeit nicht nach, sondern spätestens am Tag der auf der Rippenfraktur beruhenden Arbeitsunfähigkeit.

121 **bb) Unterbrechung des Fortsetzungszusammenhangs.** Der Fortsetzungszusammenhang gilt als unterbrochen, wenn der ArbN wegen derselben krankheit (mindesten) sechs Monate nicht arbeitsunfähig krank war. Dies gilt auch und gerade dann, wenn das Grundleiden nicht ausgeheilt war[8]. Die spätere Arbeitsunfähigkeit ist dann eine im arbeitsrechtlichen Sinne neue Krankheit[9].

122 **Beispiel:** Der ArbN ist im Januar und dann wieder im November wegen derselben Krankheit arbeitsunfähig krank.

123 Dagegen wird der **Fortsetzungszusammenhang nicht unterbrochen**, wenn während einer Maßnahme der medizinischen Vorsorge und Rehabilitation nach § 9 (vormals: Kur nach § 7 LFZG), die wegen des Grundleidens gewährt wurde, eine weitere Krankheit als selbständiger Verhinderungstatbestand bestanden hat[10].

---

1 BAG v. 22.8.2001 – 5 AZR 699/99, BAGE 98, 375; aA *Wedde/Kunz*, § 3 EFZG Rz. 110. | 2 BAG v. 23.12.1971 – 1 AZR 126/71, BAGE 24, 90. | 3 BAG v. 18.1.1995 – 5 AZR 818/93, BAGE 79, 122. | 4 BAG v. 22.8.1984 – 5 AZR 489/81, BAGE 46, 253. | 5 BAG v. 18.1.1995 – 5 AZR 818/93, BAGE 79, 122. | 6 BAG v. 2.2.1994 – 5 AZR 345/93, BAGE 75, 340. | 7 BAG v. 19.6.1991 – 5 AZR 304/90, BAGE 68, 115. | 8 BAG v. 6.10.1976 – 5 AZR 500/75, AP Nr. 41 zu § 1 LohnFG. | 9 BAG v. 29.9.1982 – 5 AZR 130/80, BAGE 40, 171. | 10 BAG v. 22.8.1984 – 5 AZR 489/81, BAGE 46, 253.

Anspruch auf Entgeltfortzahlung im Krankheitsfall   Rz. 132 § 3 EFZG

Für die **Sechs-Monats-Frist** kommt es nicht darauf an, ob der Angestellte tatsächlich gearbeitet hat. Eine zwischenzeitliche anderweitige Erkrankung, die als Fortsetzungserkrankung nicht in Betracht kommt, hemmt den Fristablauf nicht[1]. Dies gilt auch, wenn die Arbeitsunfähigkeit und eine nachfolgende Maßnahme der medizinischen Vorsorge oder Rehabilitation auf derselben Erkrankung beruhen. Liegen zwischen dem ende der Erkrankung und dem Beginn der Maßnahme sechs Monate, in denen der ArbN wegen dieser Krankheit nicht arbeitsunfähig war, so hat er Anspruch auf Entgeltfortzahlung wegen der Teilnahme an der Maßnahme. Der SozV-Träger ist gegenüber dem ArbGeb des Versicherten nicht verpflichtet, dafür zu sorgen, dass eine auf derselben Krankheit beruhende Maßnahme der medizinischen Rehabilitation binnen sechs Monaten nach dem Ende der früheren Erkrankung begonnen wird, um einen erneuten Entgeltfortzahlungsanspruch unter dem Gesichtspunkt der Fortsetzungserkrankung zu vermeiden[2]. 124

c) Erneuter Anspruch nach zwölf Monaten. Unabhängig davon, ob bei der Fortsetzungserkrankung ein neuer Anspruch auf Entgeltfortzahlung deshalb gegeben ist, weil der ArbN wegen derselben Krankheit mindestens sechs Monate nicht arbeitsunfähig war (siehe oben Rz. 115), hat der ArbN nach Ablauf von zwölf Monaten seit dem Beginn der ersten Krankheitsperiode einen neuen Anspruch auf Entgeltfortzahlung für die Dauer von höchstens sechs Wochen (§ 3 Abs. 1 Satz 2 Nr. 2). Dies stellt der Sache nach eine **Rückausnahme von § 3 Abs. 1 Satz 1 und Satz. 2 Nr. 1** dar. 125

aa) Erneut Arbeitsunfähigkeit infolge Fortsetzungskrankheit. Der Anspruch nach § 3 Abs. 1 Satz 2 Nr. 2 setzt eine erneute Erkrankung des ArbN voraus. Daher entsteht kein solcher Anspruch, wenn die Erkrankung über ein Jahr hindurch ohne Unterbrechung andauert[3]. 126

Der Anspruch nach § 3 Abs. 1 Satz 2 Nr. 2 kommt zum Tragen, wenn der ArbN infolge desselben Grundleidens mehrfach arbeitsunfähig ist und er deshalb keinen Anspruch auf Entgeltfortzahlung mehr hat, weil der **Anspruchszeitraum erschöpft** ist und zwischen den einzelnen Zeiten der auf dieser Krankheit beruhenden Arbeitsunfähigkeit keine sechs Monate ohne eine hierdurch bedingte Arbeitsunfähigkeit liegen (§ 3 Abs. 1 Satz 1 und Satz. 2 Nr. 1). 127

Beispiel: Der ArbN ist seit dem 21.3.2002 vier Wochen arbeitsunfähig erkrankt. Ab 19.8.2002 ist er weitere drei Wochen, ab 12.12.2002 noch weitere vier Wochen wegen derselben Krankheit arbeitsunfähig. Seit dem 21.3.2003 ist er wiederum wegen derselben krankheit arbeitsunfähig. Für die Zeit ab 21.3.2002 hat er für vier Wochen, für die Zeit ab 19.8. für weitere zwei Wochen Entgeltfortzahlung zu erhalten. Für die nachfolgenden Zeiten steht ihm wegen des Grundsatzes, dass für dieselbe Krankheit nur einmal Entgeltfortzahlung zu leisten ist und weil zwischen den Zeiten der hierdurch bedingten Arbeitsunfähigkeit keine sechs Monate liegen, kein Anspruch zu. Gleichwohl hat der ArbN für die erneute Arbeitsunfähigkeit an 21.3.2003 wegen Ablaufs der Zwölf-Monats-Frist einen neuen Anspruch auf Entgeltfortzahlung bis zur Dauer von sechs Wochen. 128

bb) Zwölfmonatige Rahmenfrist. Zudem müssen zwischen dem Beginn der ersten Erkrankung und dem Beginn der erneuten Fortsetzungserkrankung zwölf Monate liegen. Diese Frist stellt eine Rahmenfrist dar; sie beginnt mit dem Beginn der „ersten" Erkrankung und wird von dort aus „vorausberechnet"[4]. Die Frist beginnt zugleich mit der Sechs-Wochen-Frist für den Anspruch Entgeltfortzahlung für die erste Periode der Arbeitsunfähigkeit; der Ablauf dieser Frist richtet sich nach § 188 Abs. 2 BGB. Es entsteht kein neuer Anspruch auf Entgeltfortzahlung, wenn die Arbeitsunfähigkeit infolge derselben Krankheit vor Ablauf der Rahmenfrist eingetreten ist[5]. Wenn die letzte Arbeitsunfähigkeitperiode vor Ablauf der Zwölf-Monats-Frist beginnt und nach deren Ablauf noch andauert, entsteht auch kein Anspruch, auch nicht erst mit dem Tag nach dem Ablauf der Rahmenfrist[6]. 129

Beispiel: Wie vor, jedoch beginnt die letzte Periode der Arbeitsunfähigkeit bereits am 11.3.2003: Die Zwölf-Monats-Frist begann mit der Ersten auf derselben Krankheit beruhenden Arbeitsunfähigkeit (21.3.2002) 130

cc) Erste Arbeitsunfähigkeit. Die Zwölf-Monats-Frist knüpft an die „erste" Arbeitsunfähigkeit an. Damit ist nicht die zeitlich Erste gemeint, sondern die erste Arbeitsunfähigkeit, die unter Beachtung des Grundsatzes der Einheit des Verhinderungsfalles auf dieselbe Erkrankung zurückzuführen ist und für die Entgeltfortzahlung, sei es nach Satz 1, sei es nach Satz 2 Nr. 1 des § 3 Abs. 1 zu leisten war. Trotz des insoweit gegenüber dem Lohnfortzahlungsgesetz geänderten Wortlautes ist an der dazu ergangenen ständigen Rspr.[7] festzuhalten[8]. 131

d) Darlegungs- und Beweislast. Eine Fortsetzungserkrankung stellt einen der **Entgeltfortzahlungsanspruch ausschließenden Umstand** dar. Deshalb trifft die Beweislast für das Bestehen einer Fortsetzungskrankheit idR den **ArbGeb**[9]. Liegen objektive Anhaltspunkte dafür vor, dass der ArbN infolge dersel- 132

---

1 BAG v. 29.9.1982 – 5 AZR 130/80, BAGE 40, 171. |2 BAG v. 18.1.1995 – 5 AZR 818/93, BAGE 79 122. |3 *Schmitt*, § 3 EFZG Rz. 187. |4 *Schliemann*, ArbuR 1994, 317, 321. |5 KDHK/*Dunkl*, § 3 EFZG Rz. 178; *Schmitt*, § 3 EFZG Rz. 186. |6 AA ErfK/*Dörner*, § 3 EFZG Rz. 90. |7 BAG v. 16.12.1987 – 5 AZR 510/86, AP Nr. 73 zu § 1 LohnFG; v. 6.10.1976 – 5 AZR 500/75, AP Nr. 41 zu § 1 LohnFG. |8 KDHK/*Dunkl*, § 3 EFZG Rz. 179; *Schmitt*, § 3 EFZG Rz. 188; ErfK/*Dörner*, § 3 EFZG Rz. 91, 92. |9 BAG v. 19.3.1986 – 5 AZR 86/85, BAGE 51, 308; v. 4.12.1985 – 5 AZR 656/84, AP Nr. 42 zu § 63 HGB.

ben Krankheit wiederholt arbeitsunfähig geworden ist (Fortsetzungskrankheit), so obliegt es dem ArbGeb, sich näher zu erkundigen. Danach ist er gehalten, durch Rückfrage beim Arzt oder Krankenkasse zu klären, ob eine Fortsetzungskrankheit besteht. Der ArbN ist dabei nach Treu und Glauben zur Mitwirkung verpflichtet. Er muss den Arzt von der Schweigepflicht befreien, damit dieser die erforderliche Auskunft erteilen kann. Solange der ArbN die Mitwirkung ablehnt, kann der ArbGeb die Fortzahlung des Arbeitsentgelts verweigern. Die Befreiung von der Schweigepflicht erstreckt sich nur auf die Frage, ob eine Fortsetzungskrankheit vorliegt. Weitere Auskünfte (insb. über den Krankheitsbefund) kommen nicht in Betracht[1]. Für die Antwort auf die Frage, ob der ArbN infolge einer Fortsetzungskrankheit arbeitsunfähig ist, bedarf die Krankenkasse nach § 69 Abs. 4 SGB X nicht (mehr) der Entbindung von der Schweigepflicht.

133 **III. Sterilisation und Schwangerschaftsabbruch (Abs. 2).** Die Regelungen über den Entgeltfortzahlungsanspruch bei Sterilisation und Schwangerschaftsabbruch sind im Jahr 1975 durch das Gesetz über ergänzende Maßnahmen zum Fünften Strafrechtsreformgesetz (Strafrechtsreform-Ergänzungsgesetz-StREG)[2] in das LFGZ eingefügt worden und ohne sachliche Änderung in das Entgeltfortzahlungsgesetz übernommen worden.

134 Nach § 3 Abs. 2 gilt als unverschuldete Arbeitsunfähigkeit iSd. Abs. 1 auch eine Arbeitsverhinderung, die auf nicht rechtswidriger **Sterilisation** beruht.

135 Dasselbe gilt für einen **Schwangerschaftsabbruch**, wenn ein Arzt den Abbruch innerhalb von zwölf Wochen nach der Empfängnis durchführt, die Frau den Abbruch verlangt und sie dem Arzt durch eine Bescheinigung nachgewiesen hat, eine Schwangerschaftsberatung durch eine anerkannte Beratungsstelle mindestens drei Tage vor dem Abbruch erfahren zu haben.

136 Mit diesen beiden Tatbeständen wird lediglich die tatbestandlichen Voraussetzung des **Unverschuldens** für die zur Arbeitunfähigkeit führenden Erkrankung durch eine **gesetzliche Fiktion** ersetzt. Für den Entgeltanspruch selbst müssen daneben die sonst hierfür aufgestellten Voraussetzungen vorliegen.

137 Die Regelung über die Entgeltfortzahlung infolge Arbeitsunfähigkeit wegen eines nicht rechtswidrigen Schwangerschaftsabbruchs ist **verfassungskonform**[3]. Ein iSd. § 3 Abs. 3 (vormals § 1 Abs. 2 Satz 2 LFZG) nicht rechtswidriger Abbruch einer Schwangerschaft wegen einer Notlagenindikation setzt voraus, dass die Notlage in einem schriftlichen ärztlichen Attest festgestellt worden ist[4]. Das EFZG enthält – wie schon zuvor das LFZG – keine Bestimmung darüber, wann ein Schwangerschaftsabbruch nicht rechtwidrig ist. Ein nicht rechtswidriger Abbruch einer Schwangerschaft iSd. § 3 Abs. 2 (vormals: § 1 Abs. 2 Satz 2 LFZG) ist nur anzunehmen, wenn es sich um einen iSd. § 218a StGB nicht strafbaren Schwangerschaftsabbruch handelt[5]. Dabei blieb unentschieden, ob insoweit auch ein nach strafrechtsdogmatischer Auffassung rechtmäßiges Handeln vorliegt, dh. ob die Indikationen des § 218a StGB als Rechtfertigungsgründe oder nur als Schuldausschließungsgründe (Unrechtsausschließungsgründe, Strafausschließungsgründe) zu werten sind[6]. Auch nach den zwischenzeitlichen mehrfachen Änderungen der einschlägigen strafrechtlichen Bestimmungen, wie sie im Urteil des BAG vom 14.12.1994 im Einzelnen nachgezeichnet sind[7], ist ein Schwangerschaftsabbruch iSd. § 3 Abs. 2 (vormals § 1 Abs. 2 Satz 2 LFZG) nur dann nicht rechtwidrige, wenn der Schwangerschaftsabbruch objektiv nicht strafbar war, nicht aber schon dann, wenn aus Gründen der §§ 16 ff. StGB von einer Bestrafung im Einzelfall abgesehen wird[8].

138 **IV. Wartezeit (Abs. 3).** Nach § 3 Abs. 3 entsteht der Anspruch auf Entgeltfortzahlung erst nach einer **vierwöchigen ununterbrochenen Dauer des Arbeitsverhältnisses**. Diese Wartezeit ist durch Gesetz vom 25.9.1996[9] mit Wirkung ab dem 1.10.1996 in das EFZG eingefügt worden. Dies ist durch das sog. Korrekturgesetz vom 19.12.1998[10] nicht rückgängig gemacht worden und gilt unverändert fort.

139 Wenn ein Auszubildender in ein Arbeitsverhältnis übernommen wird, so löst dies keine neue Wartezeit aus[11]. Besteht zwischen einem beendeten und einem neubegründeten Arbeitsverhältnis zu demselben ArbGeb **ein enger zeitlicher und sachlicher Zusammenhang**, wird der Lauf der Wartezeit des § 3 Abs. 3 in dem neuen Arbeitsverhältnis nicht erneut ausgelöst[12].

140 **Beispiel:** Ein Waldarbeiter wird aufgrund entsprechender tarifvertraglicher Bestimmung am 5.1. witterungsbedingt entlassen. Am 28.1. desselben Jahres wird er wieder eingestellt. Vom 31.1. bis zum 6.2. ist er arbeitsunfähig krank. Ihm steht Entgeltfortzahlung für diese Tage zu, weil zwischen beiden Arbeitsverhältnissen ein enger sachlicher Zusammenhang besteht.

141 Erkrankt ein ArbN während der Wartezeit des § 3 Abs. 3 und dauert die Arbeitsunfähigkeit über den Ablauf der Wartezeit hinaus an, so entsteht der Anspruch auf Entgeltfortzahlung nach § 3 Abs. 1 für die

---

1 BAG v. 19.3.1986 – 5 AZR 86/85, BAGE 51, 308. | 2 V. 28.8.1975 (BGBl. I S. 2289). | 3 ErfK/*Dörner*, § 3 EFZG Rz. 104 bis 106. | 4 BAG v. 14.12.1994 – 5 AZR 524/89, BAGE 79, 12. | 5 BAG v. 5.4.1989 – 5 AZR 495/87, BAGE 61, 249. | 6 BAG v. 5.4.1989 – 5 AZR 495/87, BAGE 61, 249. Die gegen diese Entscheidung eingelegte Verfassungsbeschwerde hat das BVerfG nicht zur Entscheidung angenommen (BVerfG v. 18.10.1989 – 1 BvR 1013/89, AP Nr. 84a zu § 1 LohnFG). | 7 BAG v. 14.12.1994 – 5 AZR 524/89, BAGE 79, 12. | 8 BAG v. 14.12.1994 – 5 AZR 524/89, BAGE 79, 12. | 9 BGBl. I S. 1476. | 10 BGBl. I S. 3843. | 11 BAG v. 20.8.2003 – 5 AZR 436/02, zur Veröffentlichung vorgesehen. | 12 BAG v. 22.8.2001 – 5 AZR 699/99, BAGE 98, 375.

Dauer von sechs Wochen. **In die Wartezeit fallende Krankheitstage sind nicht anzurechnen**[1]. Das gilt wegen § 8 Abs 1 Satz 1 auch dann, wenn das Arbeitsverhältnis durch eine aus Anlass der Arbeitsunfähigkeit ausgesprochene Kündigung noch innerhalb der Wartezeit beendet worden ist.

4 Höhe des fortzuzahlenden Arbeitsentgelts

(1) Für den in § 3 Abs. 1 bezeichneten Zeitraum ist dem Arbeitnehmer das ihm bei der für ihn maßgebenden regelmäßigen Arbeitszeit zustehende Arbeitsentgelt fortzuzahlen.

(1a) Zum Arbeitsentgelt nach Absatz 1 gehören nicht das zusätzlich für Überstunden gezahlte Arbeitsentgelt und Leistungen für Aufwendungen des Arbeitnehmers, soweit der Anspruch auf sie im Falle der Arbeitsfähigkeit davon abhängig ist, dass dem Arbeitnehmer entsprechende Aufwendungen tatsächlich entstanden sind, und dem Arbeitnehmer solche Aufwendungen während der Arbeitsunfähigkeit nicht entstehen. Erhält der Arbeitnehmer eine auf das Ergebnis der Arbeit abgestellte Vergütung, so ist der von dem Arbeitnehmer in der für ihn maßgebenden regelmäßigen Arbeitszeit erzielbare Durchschnittsverdienst der Berechnung zu Grunde zu legen.

(2) Ist der Arbeitgeber für Arbeitszeit, die gleichzeitig infolge eines gesetzlichen Feiertages ausgefallen ist, zur Fortzahlung des Arbeitsentgelts nach § 3 verpflichtet, bemisst sich die Höhe des fortzuzahlenden Arbeitsentgelts für diesen Feiertag nach § 2.

(3) Wird in dem Betrieb verkürzt gearbeitet und würde deshalb das Arbeitsentgelt des Arbeitnehmers im Falle seiner Arbeitsfähigkeit gemindert, so ist die verkürzte Arbeitszeit für ihre Dauer als die für den Arbeitnehmer maßgebende regelmäßige Arbeitszeit im Sinne des Absatzes 1 anzusehen. Dies gilt nicht im Falle des § 2 Abs. 2.

(4) Durch Tarifvertrag kann eine von den Absätzen 1, 1a und 3 abweichende Bemessungsgrundlage des fortzuzahlenden Arbeitsentgelts festgelegt werden. Im Geltungsbereich eines solchen Tarifvertrages kann zwischen nichttarifgebundenen Arbeitgebern und Arbeitnehmern die Anwendung der tarifvertraglichen Regelung über die Fortzahlung des Arbeitsentgelts im Krankheitsfalle vereinbart werden.

I. Normzweck und -entstehung 1	ee) Sachbezüge 39
II. Modifiziertes Entgeltausfallprinzip 4	ff) Trinkgeld 41
III. Fortzuzahlendes Arbeitsentgelt 6	gg) Zulagen, Zuschläge 42
1. Zeitfaktor 7	3. Leistungsabhängiges Entgelt 44
a) Regelmäßige Arbeitszeit 8	a) Entgeltausfallprinzip, Referenzprinzip . . . 47
b) Gleichbleibende Arbeitszeit 9	b) Akkord, Leistungslohn 50
c) Schichtarbeit 13	c) Provisionen, Abschlussprämien . . . 53
d) Wechselnde Arbeitszeiten 14	4. Exkurs: Zuschuss zum Krankengeld 54
e) Überstunden 20	IV. Krankheitsbedingte Arbeitsverhinderung an Feiertagen 56
f) Darlegungs- und Beweislast 26	
2. Geldfaktor 27	V. Krankheitsbedingte Arbeitsverhinderung bei Kurzarbeit 57
a) Arbeitsentgelt 28	
b) Aufwendungsersatz 29	VI. Tarifvertragliche Abweichungen 60
c) Einzelfragen 30	1. Bemessungsgrundlage 64
aa) Antrittsgebühr 31	2. Berechnungsgrundlage 66
bb) Auslösung 32	3. Vereinbarte Anwendung abweichender Tarifregelungen 68
cc) Einsatz- und Anwesenheitsprämien . . . 33	
dd) Reisekosten, Wegegeld 37	

Lit.: *Bauer/Lingemann*, Probleme der Entgeltfortzahlung nach neuem Recht, BB 1996 Beil. Nr. 17, 8; *Boecken*, Probleme der Entgeltfortzahlung im Krankheitsfall, NZA 1999, 673; *Boerner*, Tarifvertragliche Entgeltfortzahlung im Krankheitsfall und allgemeiner Gleichheitssatz, ZfA 1997, 67; *Bontrup*, Veränderungen im Entgeltfortzahlungsgesetz – Erhöhung der Wettbewerbsfähigkeit oder Umverteilung?, AuA 1996, 405; *Buschmann*, Bilanz eines gescheiterten Gesetzes – Das arbeitsrechtliche Beschäftigungsförderungsgesetz 1996, Arbeitsrecht und Arbeitsgerichtsbarkeit (Festschrift zum 50-jährigen Bestehen der Arbeitsgerichtsbarkeit in Rheinland-Pfalz) 1999, S. 543; *Feichtinger*, Entgeltfortzahlung im Krankheitsfall, AR-Blattei SD 1000.3; *Feldgen*, Das neue Entgeltfortzahlungsgesetz, DB 1994, 130; *Fischer*, Der privat genutzte Dienstwagen und das Ende des Entgeltfortzahlungszeitraumes, FA 2003, 105; *Gola*, Das neue Entgeltfortzahlungsgesetz, RiA 1995, 1; *Gutzeit*, Das arbeitsrechtliche System der Lohnfortzahlung (Monographie); *Hanau*, Ergänzende Hinweise zur Neuregelung der Entgeltfortzahlung im Krankheitsfall, RdA 1997, 205; *Harth*, Die Neuregelung der Entgeltfortzahlung im Krankheitsfall, Diss. Köln 1999, 2000; *Heil*, Entgeltfortzahlung und Tarifvertrag, Fundstelle: Arbeitsrecht und Sozialpartnerschaft (Festschrift für Peter Hanau) 1999, 517; *Hennige*, Änderung der Entgeltfortzahlung an Feiertagen und im Krankheitsfall, DStR 1994, 1203; *Hold*, Änderung des Rechts der Entgeltfortzahlung im Krankheitsfall ab 1. Januar 1999, ZTR 1999, 103; *Hold*, Das neue Entgeltfortzahlungsgesetz, AuA 1994, 193; *Kehrmann*, Neues Recht der Entgeltfortzahlung bei Krankheit und an Feiertagen, AiB 1994, 322; *Kleinsorge*, Gesetz über die Zahlung des Arbeitsentgelts an Feiertragen und im Krankheitsfall (Entgeltfortzahlungsgesetz), NZA 1994, 640; *Kreft*, Ein Jahr Rechtsprechung zur tariflichen Entgeltfortzahlung – Methodische und zusammenfassende An-

---

[1] BAG v. 26.5.1999 – 5 AZR 476/98, BAGE 91, 370.

merkungen, FA 1999, 242; *Leinemann*, Der urlaubsrechtliche und der entgeltfortzahlungsrechtliche Freischichttag – eine offenbar fast endlose Geschichte, Tarifautonomie für ein neues Jahrhundert, Festschrift für Schaub, 1998, S. 443; *Löwisch*, Der arbeitsrechtliche Teil des so genannten Korrekturgesetzes, BB 1999, 102; *Marburger*, Neu geregelt – Entgeltfortzahlung im Krankheitsfall, BB 1994, 1417; *Nielebock*, Wieder 100%ige Entgeltfortzahlung im Krankheitsfall, AiB 1999, 5; *Raab*, Entgeltfortzahlung an arbeitsunfähig erkrankte Arbeitnehmer an Feiertagen nach der Neuregelung des EFZG, NZA 1997, 1144; *Riester*, Neue Wege im Arbeitsrecht und in der Arbeitsrechtspolitik, ArbuR 1999, 1; *Säcker*, Das neue Entgeltfortzahlungsgesetz und die individuelle und kollektive Vertragsfreiheit, ArbuR 1994, 1; *Schaub*, Entgeltfortzahlung im neuen (alten) Gewand?, NZA 1999, 177; *Scheddler*, Neues ab 1. Januar '99 im Arbeits- und Sozialrecht – Entgeltfortzahlung im Krankheitsfall, AuA 1999, 54; *Schliemann*, Neues und Bekanntes im Entgeltfortzahlungsgesetz, ArbuR 1994, 317; *Schmitt*, Die Neuregelung der Entgeltfortzahlung im Krankheitsfall, RdA 1996, 5; *Schneider, Heinz*, Neuregelung der Entgeltfortzahlung ab 1.6.1994, ZfS 1994, 257; *Stückmann*, Unkenntnis verursacht Kosten bei der Entgeltfortzahlung, AuA 1998, 84; *Viethen*, Das neue Entgeltfortzahlungsgesetz, RV 1994, 151.

1 **I. Normzweck und -entstehung.** Die Vorschrift regelt die **Höhe des** wegen krankheitsbedingter Arbeitsunfähigkeit **fortzuzahlenden Arbeitsentgeltes** und hat in kurzen Abständen unterschiedliche Fassungen erfahren. Die ursprüngliche Fassung galt ab 1. Juni 1994[1]. Die Grundregel des § 4 Abs. 1 EFZG entsprach dem bisherigen § 2 LFZG und war nahezu wortgleich übernommen worden; lediglich im letzten Satz fehlte der Hinweis auf den Akkordlohn. Dies bedeutete aber in der Sache keine Änderung, weil es dabei geblieben ist, dass es um sonstige, auf das Ergebnis der Arbeit abzustellenden Vergütungen geht. Neu eingeführt wurde in § 4 als Abs. 2 die Regelung über den Kollisionsfall, dass der ArbN an einem gesetzlichen Feiertag arbeitsunfähig erkrankt ist. In § 4 Abs. 3 wurde die bisherige Regelung des § 2 Abs. 2 LFZG hinsichtlich der Bemessung des krankheitsbedingt fortzuzahlenden Arbeitsentgeltes bei Kurzarbeit aufgenommen. Neu geregelt wurde in Abs. 4, inwieweit abweichende Regelungen durch TV zulässig sind.

2 Durch das **arbeitsrechtliche Beschäftigungsförderungsgesetz**[2] wurden die Vorschriften über die Höhe des fortzuzahlenden Arbeitsentgeltes grundlegend geändert. Grundsätzlich war die Höhe der Entgeltfortzahlung im Krankheitsfall auf 80 vH des dem ArbN bei der für ihn maßgebenden regelmäßigen Arbeitszeit zustehenden Arbeitsentgeltes festgelegt; eine Ausnahme, nämlich 100 %, galt lediglich, wenn der ArbN infolge eines Arbeitsunfalls oder einer Berufskrankheit mit der Arbeit aussetzen musste. Gleichzeitig wurde in Abs. 1a geregelt, dass zum Arbeitsentgelt nicht Leistungen für Aufwendungen des ArbN gehören, soweit der Anspruch auf sie im Falle der Arbeitsunfähigkeit davon abhängig ist, dass dem ArbN entsprechende Aufwendungen tatsächlich entstanden sind und sie ihm während der Arbeitsunfähigkeit nicht entstehen. Zugleich wurde in den neu geschaffenen Bestimmungen des § 4a aF die Anrechnungszeiten krankheitsbedingter Arbeitsunfähigkeit auf den Urlaub ermöglicht und in § 4b aF die Kürzung von Sondervergütungen. Alle diese Regelungen traten am 1. Oktober 1996 in Kraft. Sodann wurde § 4 Abs. 1 durch Art. 12 des Gesetzes zur sozialversicherungsrechtlichen Behandlung von einmalig gezahltem Arbeitsentgelt[3] nochmals dahingehend geringfügig geändert, dass an die Stelle der ursprünglichen Verweisung auf die unfallversicherungsrechtlichen Bestimmungen in der Reichsversicherungsordnung nunmehr Bezugnahme auf die seit dem 1. Januar geltenden Bestimmungen des SGB VII traten.

3 Mit **Wirkung vom 1.1.1999** wurde die Entgeltfortzahlung im Krankheitsfall durch das Gesetz zur Korrektur in der SozV und zur Sicherung der ArbN-Rechte – **Korrekturgesetz**[4] – wieder auf 100 % angehoben. § 4a aF wurde gestrichen, § 4b aF wurde in § 4 nF umnummeriert. Maßgeblich hierfür war die Erwägung, dass die Absenkung der gesetzlichen Entgeltfortzahlung im Krankheitsfall auf 80 % zu einer sozialpolitisch problematischen Ungleichbehandlung der ArbN geführt habe[5]. Andererseits wurde § 4 Abs. 1a insoweit neu gefasst, als das zusätzlich für Überstunden gezahlte Arbeitsentgelt nicht mehr zum fortzuzahlenden Arbeitsentgelt zählt. Gemeint sind damit, wie der Gesetzgeber ausdrücklich hervorgehoben hat, nicht nur Überstundenzuschläge, sondern auch die Grundvergütung für Überstunden[6]. Alle diese Regelungen sind am 1.1.1999 in Kraft getreten. Nach § 13 gelten sie allerdings rückwirkend für ArbN, die an einem Tag nach dem 9.12.1998 bis zum 1.1.1999 und darüber hinaus arbeitsunfähig krank waren, soweit sie für den ArbN günstiger sind.

4 **II. Modifiziertes Entgeltausfallprinzip.** § 4 Abs. 1 und 1a regelt die Höhe des fortzuzahlenden Arbeitsentgeltes für jene Fälle, in denen die krankheitsbedingte Arbeitsunfähigkeit die alleinige Ursache für die Arbeitsverhinderung ist, die Arbeitsverhinderung nicht auf einen gesetzlichen Feiertag fällt (dazu Abs. 2), der Betrieb nicht verkürzt arbeitet (dazu Abs. 3) und keine abweichende tarifvertragliche Regelung besteht (Abs. 4).

5 Einheitlich für alle Arten von ArbN gilt nunmehr das bereits im LFZG nur für Arbeiter festgelegte modifizierte Entgeltfortzahlungsprinzip. Im Gegensatz zum **Referenzprinzip** des Bundesurlaubsrechts (§ 11 Abs. 1 BUrlG) oder im Mutterschutzrecht (§ 11 Abs. 1 Satz 1 MuSchG) und dem ebenfalls auf Referenzprinzip beruhenden Krankengeld nach Krankenversicherungsrecht (§ 47 Abs. 2 SGB V) bedeutet das **Entgeltausfallprinzip**, den ArbN fiktiv finanziell so zu stellen, als wäre er nicht infolge krankheitsbedingter

---

[1] Art. 53 PflegeversicherungsG (BGBl. I S. 1013, 1065 ff., 1071). [2] V. 25.9.1996 (BGBl. I S. 1476). [3] V. 12.12.1996 (BGBL. I S. 1859). [4] V. 19.12.1998 (BGBl. I S. 3843). [5] BT-Drs. 14/45, 54. [6] BT-Drs. 14/45, 55.

Arbeitsunfähigkeit an der Leistung seiner Arbeit gehindert gewesen[1]. Würde das Entgeltausfallprinzip puristisch durchgeführt, so müsste für die Bemessung der ausgefallenen Arbeitszeit auf die jeweilige individuelle hypothetische Arbeitszeit für jeden Tag des Entgeltfortzahlungszeitraumes abgestellt werden, also auch auf unregelmäßig anfallende Mehrarbeitsstunden oder Überstunden. Davon geht das EFZG jedoch nicht aus. Vielmehr ist das Entgeltfortzahlungsprinzip **modifiziert**, indem für das fortzuzahlende Arbeitsentgelt die **für den ArbN maßgebende regelmäßige Arbeitszeit** zugrunde gelegt wird (Abs. 1) und zu diesem Arbeitsentgelt nicht das **zusätzlich für Überstunden gezahlte Arbeitsentgelt** zählt (Abs. 1a Satz 1 Halbs. 1)[2].

III. Fortzuzahlendes Arbeitsentgelt. Das fortzuzahlende Arbeitsentgelt wird, soweit der ArbN keine auf das Ergebnis der Arbeit abstellende Vergütung erhält (Abs. 1a Satz 2), in der Weise ermittelt, dass der **Zeitfaktor** und der **Geldfaktor** ermittelt und beide multipliziert werden[3]. Die Bestimmung dieser beiden maßgeblichen Faktoren ist für den Bereich der Überstunden insoweit vereinfacht worden, als der Gesetzgeber einerseits auf die für den ArbN regelmäßige Arbeitszeit abgestellt hat (Abs. 1) und er daneben bestimmt hat, dass das zusätzlich für Überstunden gezahlte Arbeitsentgelt nicht zum fortzuzahlenden Arbeitsentgelt nach Abs. 1 gehört (Abs. 1a Satz 1 Halbs. 1)[4]. Gleichwohl werfen die Bestimmungen sowohl des Zeitfaktors als auch des Geldfaktors nach wie vor nicht unerhebliche Schwierigkeiten auf. Die Rspr. versucht diese Schwierigkeiten in der Weise zu bewältigen, dass sie – soweit nötig – Durchschnittsbetrachtungen für die Vergangenheit zulässt, mithin eine Betrachtungsweise, die dem Referenzprinzip entspricht, nicht aber einem puristischen Entgeltfortzahlungsprinzip.

1. Zeitfaktor. Nach Abs. 1 hat der ArbN für den Zeitraum, in welchem ihm nach § 3 Abs. 1 Entgeltfortzahlung zusteht, Anspruch auf das ihm bei der für ihn maßgebenden regelmäßigen Arbeitszeit zustehende Arbeitsentgelt. Zu bestimmen ist damit, was der ArbN aufgrund seines Arbeitsvertrages als Arbeitsentgelt zu erhalten gehabt hätte, wenn er nicht infolge krankheitsbedingter Arbeitsunfähigkeit an der Arbeitsleistung gehindert gewesen wäre.

a) Regelmäßige Arbeitszeit. Der Zeitfaktor wird bestimmt durch die für den betroffenen ArbN maßgebenden regelmäßigen Arbeitszeit. Es kommt daher weder auf die gesetzliche Höchstarbeitszeit noch auf die tariflichen Wochenarbeitszeiten noch eine betriebsübliche tägliche Arbeitszeit an. Von all diesen Arbeitszeiten kann die individuelle regelmäßige Arbeitszeit eines ArbN nach oben oder unten abweichen; entscheidend ist vielmehr, welche regelmäßige Arbeitszeit Inhalt des individuellen Arbeitsverhältnisses ist. Grundlage hierfür können eine **ausdrückliche oder konkludente Vereinbarung** oder eine **tatsächliche oder betriebliche Übung** sein. Eine ausdrückliche Vereinbarung über die Arbeitszeit ist nicht erforderlich. Das Gesetz stellt vielmehr dem Grundsatz nach entscheidend darauf ab, welche regelmäßige Arbeitsleistung ausfällt. Es kommt nicht darauf an, in welchem Umfang der ArbN – bei unregelmäßig schwankender Arbeitszeit – gearbeitet hätte, wenn er arbeitsfähig gewesen wäre. Etwaige gesetzliche oder tarifliche Höchstarbeitszeiten dienen dem Schutz des ArbN; sie bewahren den ArbGeb jedoch nicht vor der Verpflichtung, etwa darüber hinausgehende Arbeitszeiten zu vergüten[5]. Als regelmäßig wird ein Geschehen angesehen, das nach einer bestimmten festen Ordnung in gleichmäßigen Abständen und gleichförmiger aufeinander folgend wiederkehrt; entscheidend ist also die Gleichförmigkeit des Geschehens über eine bestimmte Zeit hinweg, so dass eine **gewisse Stetigkeit und Dauer** vorauszusetzen ist[6]. Endet der Gehaltsfortzahlungsanspruch eines mit arbeitstäglich gleichmäßiger Arbeitszeit tätigen Angestellten im Krankheitsfalle an einem Tage während des laufenden Monats, so ist der anteilige Gehaltsanspruch in der Weise zu berechnen, dass das monatliche Bruttogehalt durch die in dem betreffenden Monat tatsächlich anfallenden Arbeitstage geteilt und der sich danach ergebende Betrag mit der Anzahl der krankheitsbedingt ausgefallenen Arbeitstage multipliziert wird (konkrete Berechnungsweise auf der Grundlage des Lohnausfallprinzips)[7].

b) Gleichbleibende Arbeitszeit. Die Feststellung der regelmäßigen Arbeitszeit ist unproblematisch, wenn der ArbN gleich bleibend eine bestimmte Stundenzahl pro Arbeitstag arbeitet. Dabei ist gleichgültig, ob es sich um die vertraglich vereinbarte Normalarbeitszeit handelt oder ob hierin in Form sog. Überstunden regelmäßig anfallende Mehrarbeit enthalten ist[8].

Beispiel: Mit einem als Kraftfahrer zu – im Übrigen – Tarifbedingungen beschäftigten ArbN ist bei einer regelmäßigen tariflichen Wochenarbeitszeit von 39 Stunden vereinbart, dass der Monatslohn inklusive Überstunden – Berechnungsgrundlage 33 Überstunden – eine bestimmten Betrag ausmacht und damit die geleistete Arbeitszeit einschließlich etwaiger Mehrarbeit und Mehrarbeitszuschläge abgegolten sind.

Als im Grunde gleich bleibend ist es auch anzusehen, wenn ein ArbN aufgrund einer besonderen Vereinbarung nach § 5 Nr. 3 Abs. 2 BRTV-Bau **regelmäßig zusätzlich vergütete Arbeitsleistungen** (Fahrten mit Kollegen zur Baustelle und zurück) erbringt[9].

---

1 *Schmitt*, § 4 EFZG Rz. 19. |2 Vgl. insgesamt: BAG v. 21.11.2001 – 5 AZR 296/00, BAGE 100, 25 mwN. |3 BAG v. 21.11.2001 – 5 AZR 296/00, BAGE 100, 25, unter II 2 c d. Gr. mwN. |4 ErfK/*Dörner*, § 4 EFZG Rz. 6. |5 BAG v. 21.11.2001 – 5 AZR 296/00, BAGE 100, 25. |6 BAG v. 3.5.1989 – 5 AZR 249/88, AP Nr. 19 zu § 2 LohnFG. |7 BAG v. 14. 8.1985 – 5 AZR 384/84, AP Nr. 40 zu § 63 HGB. |8 BAG v. 26.5.2002 – 5 AZR 153/01, AP Nr. 62 zu § 4 EntgeltFG. |9 BAG v. 16.1.2002 – 5 AZR 303/00, AP Nr. 7 zu § 2 EntgeltFG.

12 Eine während des Entgeltfortzahlungszeitraumes wirksam werdende **dauernde Veränderung der regelmäßigen Arbeitszeit** des betroffenen ArbN ist bei der Bemessung des Zeitfaktors selbstverständlich zugrunde zu legen. Solche Änderungen können auf einer arbeitsvertraglichen Vereinbarung beruhen; sie können aber auch darauf beruhen, dass die für den betreffenden ArbN maßgebende regelmäßige Arbeitszeit die regelmäßige tarifliche Arbeitszeit ist und diese verändert wird.

13 c) **Schichtarbeit.** Die Feststellung des Zeitfaktors macht keine Schwierigkeiten, soweit der ArbN in Schichtarbeit während der gesamten Zeit seiner Arbeitsverhinderung infolge krankheitsbedingter Arbeitsunfähigkeit in einem **Schichtplan** eingeteilt war. Dann ist seine Arbeitszeit nach dem Schichtplan zugrunde zu legen. Weicht hiervon – wie häufig bei **Wechselschichten** – infolge einer Verstetigung die Zahlung des Arbeitsentgeltes ab und wird für den ArbN ein **Zeitkonto** geführt, so ist das verstetigte Arbeitsentgelt fortzuzahlen und das Zeitkonto entsprechend den Einsätzen, die der ArbN zu leisten gehabt hätte, fortzuführen. Bei **Freischichtmodellen** ist in gleicher Art und Weise zu verfahren. Erkrankt ein ArbN indessen an einem Freischichttag, so hat er grundsätzlich keinen Anspruch auf Entgeltfortzahlung nach § 3 oder auf Nachgewährung der Freistellung nach Wiederherstellung seiner Arbeitsfähigkeit[1]. Hiervon kann allerdings durch **TV** abgewichen werden. Erhält der ArbN zB nach einer tariflichen Bestimmung als Entgeltfortzahlung für jeden Kalendertag krankheitsbedingter Arbeitsunfähigkeit 1/364 des Bruttoarbeitsentgeltes der letzten zwölf Abrechnungsmonate, so wird der Anspruch nicht dadurch ausgeschlossen, dass der ArbN ohne die krankheitsbedingte Arbeitsunfähigkeit wegen von vornherein festgelegter Freischichten nicht gearbeitet hätte; durch eine solche Regelung wird nicht nur der Geldfaktor, sondern auch der Zeitfaktor zur Bestimmung der Entgeltfortzahlung iSv. § 4 Abs. 4 abweichend geregelt[2]. Andererseits hat ein ArbN, dessen persönliche regelmäßige Arbeitszeit unter 40 Wochenstunden liegt, der aber an den für ihn maßgebenden Arbeitstagen zB im Schichtbetrieb acht Stunden zu arbeiten hat, einen Zeitfaktor von acht Stunden für jeden Tag, an dem er wegen der krankheitsbedingten Arbeitsunfähigkeit an der Arbeitsleistung verhindert ist[3]. Auch insoweit kommt es indessen vorrangig auf tarifvertragliche Regelungen nach Abs. 4 an, insb. hinsichtlich der Frage, ob die regelmäßige wöchentliche Arbeitszeit überschreitende tatsächliche Arbeitszeit nur durch unbezahlte Freizeit oder durch Freischichten ausgeglichen wird[4]. Aber auch tarifvertragliche Vorschriften können insoweit Unklarheiten bieten, wie die unterschiedliche Auffassung zur Berücksichtigung der **Freischichttage** nach dem – nicht mehr geltenden –MTV- Metall NRW idF vom 5. Mai 1987 bei der Berechnung der Entgeltfortzahlung im Krankheitsfall und bei der Berechnung der Urlaubsvergütung zeigen[5].

14 d) **Wechselnde Arbeitszeiten.** Bei **wechselnden Arbeitszeiten** ist zu unterscheiden, ob es sich um (arbeitstäglich) wechselnde Arbeitszeiten handelt oder um mehr oder weniger saisonale Schwankungen oder langzyklische Festlegungen.

15 Bei **langzyklischen Festlegungen** ist ebenso wie bei **saisonal festgelegten** Arbeitszeiten für den Zeitfaktor auf den Zeitraum abzustellen, in den die Zeit der krankheitsbedingten Arbeitsunfähigkeit fällt. Insoweit ist wegen Verstoßes gegen das modifizierte Lohnausfallprinzip des Abs. 1 nicht zulässig, durch eine betriebliche Regelung über die flexible Verteilung der Arbeitszeit anzuordnen, dass die sich in der Phase der verkürzten Arbeitszeit ergebende Zeitschuld nur durch tatsächliche Arbeitsleistung, nicht aber durch krankheitsbedingter Arbeitsunfähigkeit während der Phase der verlängerten Arbeitszeit ausgeglichen wird[6].

16 **Beispiel:** Ein ArbN ist mit einer durchschnittlichen (tariflichen) Wochenarbeitszeit von 35 Stunden angestellt. Durch BV ist festgelegt worden, dass während des ersten halben Jahres verkürzt, dh. nur mit 30 Wochenstunden, während des zweiten halben Jahres verlängert, dh. mit 40 Wochenstunden gearbeitet wird. Im zweiten Halbjahr wurde der ArbN arbeitsunfähig krank. Durch BV war geregelt, dass die Arbeitszeitunterschreitung während des ersten halben Jahres nur durch tatsächliche Arbeitsleistung während des zweiten halben Jahres ausgeglichen werden könne, nicht aber durch Zeiten der krankheitsbedingten Arbeitsunfähigkeit. Eine solche Regelung verstößt gegen § 4 Abs. 1 und ist deshalb unwirksam.

17 Bei **ständig wechselnden Arbeitszeiten**, wie sie bei Gleitzeit, Jahresarbeitszeit und anderen Formen flexibler Arbeitszeit gebräuchlich sind, steht in aller Regel nicht fest, welche regelmäßige Arbeitszeit für den ArbN während der Dauer seiner krankheitsbedingten Arbeitsunfähigkeit tatsächlich angefallen wäre. Insoweit ist eine **vergangenheitsbezogene Durchschnittsbetrachtung** geboten. Maßgebend ist der Durchschnitt der vergangenen zwölf Monate[7]. Krankheits- und Urlaubstage sind nicht in die vergangenheitsbezogene Durchschnittsberechnung einzubeziehen, soweit die ausgefallene Arbeitszeit selbst auf einer Durchschnittsberechnung beruht. Nimmt der ArbN Freizeitausgleich in Anspruch, so mindert dies seine regelmäßige Arbeitszeit, soweit nicht nur Überstundenzuschläge „abgefeiert" werden[8].

---

1 BAG v. 21.8.1991 – 5 AZR 91/91, AP Nr. 4 zu § 1 – Tarifverträge: Schuhindustrie. |2 BAG v. 9.10.2002 – 5 AZR 356/01, AP Nr. 63 zu § 4 EntgeltFG. |3 BAG v. 14.6.1989 – 5 AZR 505/88, AP Nr. 18 zu § 2 LohnFG. |4 Vgl. *Marienhagen/Künzl*, § 4 EFZG Rz. 30 c, 30 d; ErfK/*Dörner*, § 4 EFZG Rz. 12. |5 BAG v. 5.10.1988 – 5 AZR 322/87, BAGE 60, 14; v. 10.7.1996 – 5 AZR 284/95, AP Nr. 142 zu § 1 TVG – Tarifverträge: Metallindustrie einerseits und BAG v. 8.11.1994 – 9 AZR 477/91, BAGE 78, 213; vgl. dazu insgesamt *Leinemann*, FS Schaub (1998), 443. |6 BAG v. 13.2.2002 – 5 AZR 470/00, BAGE 100, 256. |7 BAG v. 21.11.2001 – 5 AZR 296/00, BAGE 100, 25; v. 26.6.2002 – 5 AZR 511/00, EEK 3083 = AuA 2003, 57 (Kurzwiedergabe m. Anm. *Borck*). |8 BAG v. 26.6.2001 – 5 AZR 592/00, AP Nr. 61 zu § 4 EntgeltFG.

Beispiel: Der ArbN leistete regelmäßig mehr als 40 Stunde Arbeitszeit in der Woche. Bis Ende Oktober 1999 hatte er insgesamt 492 Mehrarbeitsstunden geleistet. Im Juni 1999 arbeitete er zusätzlich zur tariflichen Arbeitszeit 94 Stunden, im August 57,5 Stunden und im September 54 Stunden. Der ArbN war im Oktober arbeitsunfähig krank. Die Arbeitgeberin zahlte lediglich für durchschnittlich acht Stunden und fünf Arbeitstage pro Woche Entgeltfortzahlung im Krankheitsfall. Der Rechtsstreit wurde zurückverwiesen um zu klären, inwieweit die über die Arbeitszeit von 40 Wochenstunden hinausgehende Arbeitszeit des Klägers die für ihn maßgebliche regelmäßige Arbeitszeit war (Abs. 1) und inwieweit es sich dabei um für die Entgeltfortzahlung nicht zu berücksichtigende Überstunden (Abs. 1a Satz 1) gehandelt hat[1].

Bei der Bemessung des **Vergleichszeitraums** zur Ermittlung der für den ArbN regelmäßigen Arbeitszeit durch eine Vergangenheitsbetrachtung ist zu berücksichtigen, dass das Arbeitsverhältnis mit seinen Besonderheiten möglichst umfassend in den Blick kommt und Zufallsergebnisse vermieden werden. Es handelt sich nicht lediglich um einen Referenzzeitraum zur praktikablen Berechnung des Lohnausfalles, sondern um eine rechtliche Bestimmung der regelmäßigen Arbeitszeit des betroffenen ArbN. Deshalb genügt es nicht, einen Zeitraum von drei Monaten zugrunde zu legen, wie das BAG zuvor angenommen hat[2]. Wie sich gerade aus Abs. 1a ergibt, muss die Ständigkeit der Arbeitsleistung – im Hinblick auf mögliche, eben nicht zu berücksichtigende Überstunden und sonstige Zufallsschwankungen – für eine längere Dauer festgestellt werden. Nur dann lässt sich eine „Regelmäßigkeit" iSv. Abs. 1 annehmen. Das führt in Anlehnung an die frühere Rspr. zum Arbeiterkrankheitsgesetz[3] zu einem Vergleichszeitraum von 12 Monaten vor Beginn der Arbeitsunfähigkeit. Dieser Zeitraum wird besonderen Eigenarten eines Arbeitsverhältnisses gerecht und vermeidet unbillige Zufallsergebnisse. Hat das Arbeitsverhältnis bei Beginn der Arbeitsunfähigkeit weniger als ein Jahr gedauert, ist dessen gesamter Zeitraum maßgebend[4].

e) **Überstunden.** Das zusätzlich für **nicht regelmäßige Überstunden** gezahlte Arbeitsentgelt gehört nicht zu dem nach Abs. 1 fortzuzahlenden Arbeitsentgelt (Abs. 1a Satz 1). Nach vorherigem Recht war die Berücksichtigung von Überstunden nicht ausdrücklich untersagt. Vielmehr wurden regelmäßig anfallende „Überstunden" zu dem nach § 1 LFZG fortzuzahlenden Arbeitsverdienst gerechnet[5]. Dies wirft die Frage auf, ob der Gesetzgeber mit Änderung des ersten Halbsatzes in Abs. 1 Satz 1 durch das Korrekturgesetz eine von der bisherigen Rspr. abweichende Regelung treffen wollte oder ob er den Stand der Rspr. lediglich in das Gesetz übernehmen wollte. Aus der Gesetzesbegründung[6] lässt sich insoweit nichts näheres entnehmen. Abs. 1a Satz 1 Halbs. 1 umfasst nach seinem Wortlaut und nach seinem Sinn und Zweck auch **wiederholt geleistete Überstunden**[7]. Dabei stellt das zusätzlich für Überstunden gezahlte Entgelt nicht nur alle Überstundenzuschläge dar, sondern erfasst auch die Grundvergütung für diese Überstunden. Hätte der Gesetzgeber nur die Überstundenzuschläge aus der Überstundenfortzahlung herausnehmen wollen, so hätte er dies unter dem eingeführten Begriff der Überstundenzuschläge klar ausdrücken können oder zumindest das Wort „zusätzlich" zwischen die Worte „Überstunden" und „gezahlte" stellen können und damit ausdrücken können, dass nur die Zusatzvergütung zur Stundengrundvergütung gemeint sei[8]. Das Gesetz klammert sowohl die **Grundvergütung für die Überstunden als auch die Zuschläge** aus der Entgeltfortzahlung aus[9]. Das kommt im Wortlaut und im Zusammenhang der Norm hinreichend zum Ausdruck[10]. Für den **Begriff „Überstunde"** im Zusammenhang des § 4 kommt es entscheidend darauf an, ob damit eine generelle, vornehmlich tarifliche oder betriebsübliche Arbeitszeit oder die individuelle regelmäßige Arbeitszeit des betroffenen ArbN gemeint ist. Das Wort Überstunde ist nicht eindeutig. Es kann die Mehrarbeit bezeichnen, die über die regelmäßige Arbeitszeit nach dem anwendbaren TV oder nach der sonst im Betrieb geltenden Regelung hinausgeht[11]. Überstunden können sich nach dem Wortlaut des Gesetzes aber ebenso gut auf den ArbN beziehen, dem das Gesetz einen Anspruch auf Entgeltfortzahlung einräumt; maßgebend ist dann dessen individuelle regelmäßige Arbeitszeit[12].

Der gesetzliche Zusammenhang spricht für die Annahme, dass auf die **individuelle regelmäßige Arbeitszeit** des betroffenen ArbN abzustellen ist. Die Einschränkung des Abs. 1a bezieht sich auf den Entgeltfortzahlungsanspruch nach Abs. 1; dort ist die persönliche regelmäßige Arbeitszeit des ArbN zugrunde gelegt[13]. Abs. 1a erfasst nach seinem Wortlaut und seinem Sinn und Zweck auch **wiederholt geleistete Überstunden**[14]. Solche Überstunden liegen vor, wenn die individuelle regelmäßige Arbeitszeit des ArbN überschritten wird. Überstunden werden wegen ihrer besonderen Umstände vorüber-

---

1 BAG v. 26.6.2002 – 5 AZR 511/00, EEK 3083 = AuA 2003, S. 57 (Kurzwiedergabe m. Anm. *Borck*). | 2 BAG v. 8.5.1972 – 5 AZR 428/71, AP Nr. 3 zu § 2 LohnFG (zu 2 b d. Gr.); v. 3.5.1989 – 5 AZR 249/88, AP Nr. 19 zu § 2 LohnFG (zu I d. Gr. unter dem Gesichtspunkt der Einbeziehung von Mehrarbeit vor In-Kraft-Treten des § 4 Abs. 1a Satz 1 nF). | 3 BAG v. 5.11.1964 – 2 AZR 494/63, AP Nr. 21 zu § 2 ArbKrankG. | 4 BAG v. 21.11.2001 – 5 AZR 296/00, BAGE 100, 25. | 5 ZB BAG v. 16.3.1988 – 5 AZR 40/87, AP Nr. 78 zu § 1 LohnFG; v. 3.5.1989 – 5 AZR 249/88, AP Nr. 19 zu § 2 LohnFG. | 6 BT-Drs. 14/45, 40. | 7 *Löwisch*, BB 1999, 102, 105; *Marienhagen/ Künzl*, § 4 EFZG Rz. 17b. | 8 BAG v. 21.11.2001 – 5 AZR 296/00, BAGE 100, 25. | 9 Ausdrücklich BT-Drs. 14/45, 24. | 10 BAG v. 21.11.2001 – 5 AZR 296/00, BAGE 100, 25 mwN. | 11 So wohl KDHK/*Hold*, § 4 EFZG Rz 33 unter Hinweis auf BAG v. 16.3.1988 – 5 AZR 40/87, AP Nr. 78 zu § 1 LohnFG; *Kunz/Wedde*, EFZR § 4 EFZG Rz. 20, 29; *Möller/Berenz*, § 4 EFZG Rz. 7. | 12 MünchArbR/*Boecken*, § 84 Rz. 21, 27; *Marienhagen/Künzl*, § 4 EFZG Rz. 17 c; *Schmitt*, § 4 EFZG Rz. 97. | 13 BAG v. 21.11.2001 – 5 AZR 296/00, BAGE 100, 25. | 14 *Löwisch*, BB 1999, 102, 105.

gehend zusätzlich geleistet. Damit fallen andererseits die bisher der regelmäßigen Arbeitszeit zugerechneten wiederholt anfallenden Überstunden[1] aus der Entgeltfortzahlung heraus. Leistet der ArbN ständig Arbeit in einer bestimmten Zeitmenge, die mit der betriebsüblichen oder tariflichen Arbeitszeit nicht übereinstimmt, kann von Überstunden nicht gesprochen werden[2]. Insoweit sind solche Art von Überstunden der regelmäßigen Arbeitszeit zuzurechnen.

22 Dementsprechend unterscheidet die **Rspr. des BAG** zwischen solchen Überstunden, die Teil der für den einzelnen ArbN maßgebenden regelmäßigen Arbeitszeit sind und solchen, die darüber hinaus einzelfallbezogen anfallen. Nur Letztere zählen nach Abs. 1a Satz 1 Halbs. 1 nicht zum fortzuzahlenden Arbeitsentgelt iSd. Abs. 1[3].

23 Trotz der Zuordnung der regelmäßig anfallenden Überstunden zur für den ArbN maßgebenden regelmäßigen Arbeitszeit iS des Abs. 1 erkennt das BAG dem ArbN **keine Überstundenzuschläge** für solche Überstunden zu[4].

24 **Beispiel:** Mit einem als Kraftfahrer beschäftigten ArbN war ein monatlicher Festlohn vereinbart worden, der „inklusive Überstunden" – Berechnungsgrundlage 33 Überstunden – auf einen bestimmten Geldbetrag lautete. Mit dem vereinbarten Monatslohn war – so die Vereinbarung im Arbeitsvertrag weiter – die geleistete Arbeitszeit einschließlich etwaiger Mehrarbeit und Mehrarbeitszuschläge abgegolten. Für die Berechnung der dem ArbN zustehenden Entgeltfortzahlung wurde aus dem festen Monatsentgelt der Mehrarbeitszuschlag für die damit zugleich abgegoltenen 33 Mehrarbeitsstunden herausgerechnet.

25 Die Rspr. des BAG zu der Überstundengrundvergütung und zu den Überstundenzuschlägen erscheint nicht völlig konsequent. Wenn das, was die Parteien des Arbeitsvertrages Überstunden nennen und was – gemessen zB an der tarifüblichen regelmäßigen oder arbeitsvertraglichen Arbeitszeit – Überstunden sind, kraft arbeitsvertraglicher Vereinbarung und kraft gelebten Arbeitsvertrages der Parteien zu der für den ArbN maßgebenden regelmäßigen Arbeitszeit zu rechnen ist, so ist es nicht konsequent, den ArbN hierfür die „Überstundenzuschläge" zu versagen. Entweder stellen diese Mehrarbeitszeiten in Relation der Absätze 1 und 1a keine Überstunden dar – dann wird insoweit das vereinbarte Entgelt uneingeschränkt geschuldet – oder sie sind Überstunden mit der Folge, für die Bemessung des Zeitfaktors diese Überstunden ebenso wenig heranzuziehen sind wie für die Bemessung des Geldfaktors, diese Überstunden dann also völlig außer Betracht bleiben[5].

26 **f) Darlegungs- und Beweislast.** Grundsätzlich hat der **ArbN** darzulegen und ggf. zu beweisen, was im Entgeltfortzahlungszeitraum die für ihn maßgebende **regelmäßige Arbeitszeit** war. Lässt sich diese lediglich aus einer Vergangenheitsbetrachtung ermitteln, so genügt der ArbN seiner Darlegungs- und Beweislast im Normalfall dadurch, dass er den Arbeitszeitdurchschnitt der vergangenen zwölf Monate darlegt und ggf. unter Beweis stellt. Das Maß der zu fördernden Substantiierung richtet sich nach der Einlassung des ArbGeb[6]. Dagegen trägt der **ArbGeb**, der eine aus **Überstunden** resultierende Minderung der zu berücksichtigenden durchschnittlichen Arbeitszeit geltend machen will, hierfür die Darlegungs- und Beweislast. Insoweit handelt es sich – nach Feststellung der durchschnittlich in den vergangenen zwölf Monaten geleisteten Arbeitsstunden – um einen Einwendungstatbestand, es sei denn, dass sich bereits aus dem Vortrag des ArbN ergibt, dass nicht alle von ihm als geleistet behaupteten Arbeitsstunden der für ihn maßgebenden regelmäßigen Arbeitszeit zuzuordnen sind[7].

27 **2. Geldfaktor.** Der Geldfaktor, mit dem der Zeitfaktor zu multiplizieren ist, um die geschuldete Entgeltfortzahlung im Krankheitsfall zu berechnen, besteht aus dem kongruent auf die Zeitdimension des Zeitfaktors heruntergebrochen **Arbeitsentgelt**. Das Entgeltfortzahlungsgesetz bestimmt nicht positiv, was zum fortzuzahlenden Arbeitsentgelt gehört, sondern grenzt hiervon in Abs. 1a Satz 1 die Überstunden (s.o. Rz. 20) und den Aufwendungsersatz (s.u. Rz. 29 ff.) aus. Welche dem ArbN zufließenden Zahlungen Arbeitsentgelt sind und welche Aufwendungsersatzcharakter haben, ist im Einzelfall nicht einfach zu beurteilen, insb. dann nicht, wenn nicht konkret entstandene Aufwendungen im Einzelfall erstattet werden, sondern insoweit Pauschalzahlungen erfolgen.

28 **a) Arbeitsentgelt.** Für den Geldfaktor sind grundsätzlich alle nach dem Arbeitsvertrag, TV, ggf. nach BV und/oder nach betrieblicher Übung zu leistenden, auf den Zeitraum der Entgeltfortzahlung bezogenen Bestandteile des Arbeitsentgeltes zugrunde zu legen. Dazu zählen alle **laufenden (Geld-)Bezüge** (Gehalt, Monatslohn, Stundenlohn usw.), aber auch alle Zulagen und Zuschläge (außer für Überstunden – Abs. 1a Satz 1 Halbs. 1 – siehe oben Rz. 23) Zum Arbeitsentgelt sind auch die **Sachbezüge** zu rechnen, zB Kost und Logis oder die Benutzung des Dienstwagens für private Zwecke. Dagegen gehören Sondervergütungen als neben dem laufenden Arbeitsentgelt erbrachte Leistungen (vgl. 4a Rz. 4 ff.) nicht zum Arbeitsentgelt iSd. § 4 Abs. 1.

---

[1] BAG v. 16.3.1988 – 5 AZR 40/87, AP Nr. 78 zu § 1 LohnFG; v. 3.5.1989 – 5 AZR 249/88, AP Nr. 19 zu § 2 LohnFG. [2] BAG v. 21.11.2001 – 5 AZR 296/00, BAGE 100, 25. [3] BAG v. 26.6.2002 – 5 AZR 511/00, EEK 3083 = AuA 2003, 57 ff. (Kurzwiedergabe m. Anm. *Borck*). [4] BAG v. 26.6.2002 – 5 AZR 153/01, AP Nr. 72 zu § 4 EntgeltFG. [5] Vgl. *Feichtinger/Malkmus*, § 4 EFZG Rz. 131. [6] BAG v. 21.11.2001 – 5 AZR 296/00, BAGE 100, 25. [7] BAG v. 21.11.2001 – 5 AZR 457/00, ArbuR 2001, 509; v. 21.11.2001 – 5 AZR 296/00, BAGE 100, 25.

b) Aufwendungsersatz. Nicht zum fortzuzahlenden Arbeitsentgelt gehört der Ersatz von Aufwendungen des ArbN, soweit der Anspruch auf sie im Falle der Arbeitsfähigkeit davon abhängig ist, dass sie dem ArbN tatsächlich entstanden sind, und sie ihm während der Arbeitsunfähigkeit nicht entstehen (Abs. 1a Satz 1 Halbs. 2). 29

c) Einzelfragen. Bei der Zuordnung der Einzelnen im Arbeitsverhältnis üblichen Zahlungen oder entgeltwerten Leistungen ist stets zu berücksichtigen, dass der Entgeltfortzahlung im Krankheitsfall ein **modifiziertes Entgeltausfallprinzip** zugrunde liegt. Dies betrifft nicht nur die Nichtberücksichtigung von Überstunden und Überstundenvergütungen sowie Aufwendungsersatz, sondern auch die Differenzierung zwischen den nicht zu berücksichtigenden und den für die Entgeltfortzahlung zu berücksichtigenden Zahlungen und Leistungen des ArbGeb an den ArbN. Nicht zuletzt ist in dem Zusammenhang auch an den **Vorrang abweichender tarifvertraglicher Regelungen** nach Abs. 4 zu denken. In Grenzen lassen sich unter Beachtung der oben genannten Grundsätze Parallelen ziehen zur Rspr. hinsichtlich der Entgeltfortzahlung an Feiertagen und zur Rspr. hinsichtlich der Aufrechterhaltung des Entgeltanspruchs bei Befreiung für erforderliche BR-Tätigkeiten (§ 37 Abs. 2 BetrVG). 30

aa) Antrittsgebühr. Im Druckereigewerbe ist üblich, ArbN in der Druckerei eine Antrittsgebühr zu zahlen. Sie zählt zum fortzuzahlenden Arbeitsentgelt[1]. Hiervon kann jedoch wiederum durch TV abgewichen werden[2], wenn die Antrittsgebühr ihrerseits auf demselben TV beruht. 31

bb) Auslösung. In vielen **gewerblichen Bereichen**, insb. im **Montagebau** und im **Baugewerbe**, sind Auslösungen tarifvertraglich geregelt bzw. üblich. Inwieweit sie bei krankheitsbedingter Arbeitsunfähigkeit fortzuzahlen sind, richtet sich in erster Linie nach den Bestimmungen des jeweiligen TV. Mangels entsprechender Bestimmungen ist zu prüfen, ob und inwieweit eine Auslösung zum fortzuzahlenden Arbeitsentgelt zu rechnen ist oder ob ihr der Charakter einer nicht hierzu zählenden Aufwendung iSd. Abs. 1a Satz 1 Halbs. 2 zukommt. Eine generelle Einteilung, dass etwa Nahauslösungen stets zum fortzuzahlenden Arbeitsentgelt zu rechnen sind, dagegen Fernauslösungen nicht[3], ist rechtlich nicht haltbar. Vielmehr kommt es darauf an, ob die Aufwendung tatsächlich entstehenden Mehraufwand abgelten soll oder ob sie ohne Rücksicht auf das tatsächliche Entstehen von Mehraufwand generell gezahlt wird. Dies gilt auch **Nahauslösungen**. Ob und in welchem Umfang die Nahauslösung neben Ersatz entstehender Aufwendungen dient, beurteilt sich nach den tarifvertraglichen Bestimmungen[4]. So zählt zu dem fortzuzahlenden Arbeitsentgelt auch der steuerpflichtige Teil der Nahauslösungen nach § 7 des Bundes-Montage-TV[5]. Allerdings hatte das BAG früher angenommen, Nahauslösungen nach dem Bundes-Montage-TV gehörten generell nicht zum fortzuzahlenden Arbeitsentgelt bei der tariflich geregelten Lohnfortzahlung nach § 12 MTV Metall Nordwürttemberg/Nordbaden vom 29.10.1979[6]. Eine **Fernauslösung** nach § 6 des Bundes-Montage-TV ist eine pauschalierte Aufwandsentschädigung; sie zählt nicht zum fortzuzahlenden Arbeitsentgelt[7]. Daran ändert nichts, dass diese Fernauslösung auch bei – an sich unzumutbarer – täglicher tatsächlicher Heimfahrt auch für die arbeitsfreien Tage zu zahlen ist[8]. 32

cc) Einsatz- und Anwesenheitsprämien. Insbesondere zur Motivation der ArbN bedienen sich ArbGeb gern der Auslobung von Anwesenheits- oder Einsatzprämien. Sie sind insb. im Berufssport (und dort im Mannschaftssport) anzutreffen. 33

Beispiel: Der arbeitgebende Verein hat mit einem Berufsfußballspieler neben dem Gehalt und sonstigen Bezügen eine sog. „Punktprämie" für jeden bei Pflichtspielen erreichten Punkt vereinbart. Während der Dauer der krankheitsbedingten Arbeitsunfähigkeit dieses Berufsfußballspielers fanden fünf Punktspiele statt. Es steht fest, dass der Berufsfußballspieler ohne Erkrankung für diese Spiele eingesetzt worden wäre. Folglich stehen ihm die entgangenen Punktprämien als Teil der Entgeltfortzahlung im Krankheitsfall zu[9]. 34

Anders verhält es sich dagegen, wenn unklar bleibt, ob der Berufsspieler eingesetzt worden wäre oder ob dies – zB wegen eines Formtiefs – nicht der Fall gewesen wäre[10]. Die tatsächliche Ungewissheit über den Einsatz eines Spielers und den Spielverlauf rechtfertigt indessen nicht, für die Entgeltfortzahlung im Krankheitsfall an Stelle des Entgeltausfallprinzips allein das auf die Vergangenheit bezogene Referenzprinzip zu vereinbaren[11]. Diese Entscheidung ist allerdings noch zu § 616 Abs. 3 BGB ergangen, mithin zu einer Regelung, die durch das Entgeltfortzahlungsgesetz ersatzlos aufgehoben worden ist. Angesichts der Bestimmung in Abs. 1a Satz 2 wäre heute zu prüfen, ob es sich bei den Punktprämien bzw. Erfolgsprämien im Berufs-Fußballsport, wie sie skizziert worden sind, um ein auf die Leistung be- 35

---

1 So zu § 37 Abs. 2 BetrVG: BAG v. 13.7.1994 – 7 AZR 477/93, BAGE 77, 195; v. 12.9.1959 – 2 AZR 50/59, AP Nr. 9 zu § 2 ArbKrankhG. | 2 BAG v. 21.9.1971 – 1 AZR 336/70, BAGE 23, 430. | 3 So wohl ErfK/*Dörner*, § 4 EFZG Rz. 20; Staudinger/*Oetker*, § 616 BGB Rz. 403; *Schmitt*, § 4 EFZG Rz. 103. | 4 BAG v. 19.11.1992 – 10 AZR 144/91, EEK I/1113. | 5 BAG v. 1.2.1995 – 5 AZR 847/93, AP Nr. 67 zu § 1 FeiertagslohnzahlungsG; v. 24.9.1986 – 4 AZR 543/85, AP Nr. 50 zu § 1 FeiertagslohnzahlungsG. | 6 BAG v. 15.6.1983 – 5 AZR 399/82, BAGE 43, 95. | 7 So zu § 37 Abs. 2 BetrVG: BAG v. 18.9.1991 – 7 AZR 41/90, BAGE 68, 292. | 8 BAG v. 28.6.1989 – 4 AZR 226/89, AP Nr. 22 zu § 1 TVG – Auslösung; vgl. auch BAG v. 23.4.1986 – 5 AZR 353/85, nv. (juris Nr. KARE 296280303). | 9 Vgl. BAG v. 6.12.1995 – 5 AZR 237/94, BAGE 81, 357. | 10 Vgl. insoweit BAG v. 22.8.1984 – 5 AZR 539/81, AP Nr. 65 zu § 616 BGB. | 11 BAG v. 6.12.1995 – 5 AZR 237/94, BAGE 81, 357.

zogenes Arbeitsentgelt handelt mit der Folge, dass sich die Entgeltfortzahlung der Höhe nach nach der Durchschnittsbetrachtung im Referenzzeitraum richtet.

36 **Anwesenheitsprämien** zählen, wenn sie nicht als Sonderleistung iSd. § 4a erbracht werden, zum fortzuzahlenden Arbeitsentgelt[1]. Es kommt insoweit auf den Zweck, die Anknüpfungspunkte und die Ausgestaltung der Anwesenheitsprämie an. Zuvor hatte das BAG allerdings noch angenommen, dass Anwesenheitsprämien grundsätzlich nicht zum fortzuzahlendem Arbeitsentgelt zu rechnen seien[2]. Von der Frage, ob Anwesenheitsprämien grundsätzlich zum fortzuzahlenden Arbeitsentgelt zu rechnen sind oder nicht, ist die andere Frage zu trennen ob und inwieweit sie im Hinblick auf krankheitsbedingte Fehlzeiten gekürzt werden können (vgl. dazu § 4a Rz. 4).

37 dd) **Reisekosten, Wegegeld.** IdR sind Reisekosten und Wegegeld **Aufwendungsersatz**. Hat der ArbN tatsächlichen Aufwand bereits vor Beginn der krankheitsbedingten Arbeitsunfähigkeit getroffen, zB eine Fahrkarte erworben, und kann diese nicht kostenfrei zurückgegeben werden, so steht dem ArbN insoweit Aufwendungsersatz nach § 670 BGB zu.

38 **Pauschalierte** Reisekosten, Spesen und Wegegelder zählen indessen zum fortzuzahlenden Arbeitsentgelt, wenn sie **ohne den Nachweis tatsächlicher Aufwendungen** gezahlt werden und der Betroffene die Möglichkeit hat, diese Zahlung zur Verbesserung seines Lebensstandards zu verwenden[3]. Einzelvertraglich vereinbarte „Wege- und Fahrgelder" gehören zum fortzuzahlenden Arbeitsentgelt, wenn und soweit sie einem gesunden Arbeiter unabhängig von notwendigen Aufwendungen gezahlt werden. Eine Vergütung für **Wegezeit** ist stets fortzuzahlendes Arbeitsentgelt[4].

39 ee) **Sachbezüge.** Sachbezüge zählen in aller Regel zum fortzuzahlenden Arbeitsentgelt. Sie sind während der krankheitsbedingten Arbeitsunfähigkeit grundsätzlich weiter zu gewähren. Kann der ArbN sie infolge seiner krankheitsbedingten Arbeitsunfähigkeit nicht in Anspruch nehmen, so hat er Anspruch auf einen entsprechenden Geldbetrag. Insoweit ist als Hilfsgröße die aufgrund von § 17 Nr. 3 SGB IV jährlich angepasste **Sachbezugsverordnung** heranzuziehen[5]. Für **Kapitänen und Besatzungsmitgliedern von Kauffahrteischiffen** bestimmen die §§ 42 ff., 78, 47 SeemG, dass sie weder an Bord noch bei Verlassen des Schiffes eine Barabgeltung erhalten. Erhält der ArbN den Sachbezug über die höchstmöglich Dauer der Entgeltfortzahlung hinaus, stellt sich die Frage, inwieweit er hierfür einen Ausgleich zu leisten hat[6].

40 **Firmenfahrzeuge**, die (nicht frei widerruflich) als Sachbezug zum unbeschränkten privaten Gebrauch überlassen worden sind, gehören zum fortzuzahlenden Arbeitsentgelt[7]. Voraussetzung hierfür ist allerdings, dass der Gebrauch des Firmenfahrzeuges zu privaten Zwecken unwiderruflich eingeräumt worden ist. Insoweit ist indessen abweichende Abmachungen möglich, sofern die Vereinbarung des Widerrufs ihrerseits sachlich gerechtfertigt ist. Bei Firmenfahrzeugen, die vorwiegend im Außendienst eingesetzt werden oder – wie bei Automobilverkäufern – als Vorführfahrzeuge, ist eine solche Vereinbarung möglich, wenn die private Nutzung nur ein unvermeidbarer Nebeneffekt ist. Dagegen ist eine solche Vereinbarung wegen Verstoßes gegen § 12 nach § 134 BGB unwirksam sein, wenn das Firmenfahrzeug nicht in der klar erkennbaren Weise zu dienstlichen Zwecken eingesetzt wird, sondern sein privater Gebrauch mehr oder minder eine zusätzliche Vergütung darstellt. Hat der ArbGeb dem ArbN **Schadenersatz** wegen unterbliebener Bereitstellung des Pkws auch zur privaten Nutzung zu leisten, so kann der ArbN im Fall der tatsächlichen Nutzung seines gleichwertigen privaten Pkw nur die hierfür aufgewendeten Kosten ersetzt verlangen; eine abstrakt nach der Tabelle *Sanden/Danner/Küppersbusch* ermittelte **Nutzungsausfallentschädigung** steht ihm nicht zu[8]. Kann der ArbN das unwiderruflich zur privaten Nutzung überlassene Firmenfahrzeug infolge seiner krankheitsbedingten Arbeitsunfähigkeit tatsächlich nicht nutzen, obwohl es ihm zur Verfügung steht, so steht ihm insoweit kein Anspruch gegen den ArbGeb zu. Entzieht der ArbGeb dem ArbN dagegen das unwiderruflich zur Privatnutzung überlassene Kraftfahrzeug wegen der krankheitsbedingten Arbeitsunfähigkeit, so hat der ArbN Anspruch auf einen angemessenen Ausgleich in Geld[9].

41 ff) **Trinkgeld.** Zum fortzuzahlenden Arbeitsentgelt gehören Trinkgelder, die nur auf freiwilligen Leistungen der Gäste beruhen, in der Regel nicht[10]. Dagegen gehören Trinkgelder zum fortzuzahlenden Arbeitsentgelt, wenn sie – wie in Spielbanken üblich – vom Publikum „für die Angestellten" in einen **Tronc** gezahlt werden[11], denn hieraus wird die Angestelltenvergütung gezahlt..

42 gg) **Zulagen, Zuschläge.** Inwieweit Zulagen oder Zuschläge zum fortzuzahlenden Arbeitsentgelt zu zählen sind oder nicht, hängt wesentlich vom Zweck der Zulagen oder Zuschläge ab. Insoweit ist zudem stets auf die entsprechenden tarifvertraglichen Regelungen zu achten; sehr häufig ist dort be-

---

1 Vgl. BAG v. 19.5.1982 – 5 AZR 466/80, BAGE 39, 67. | 2 BAG v. 9.11.1972 – 5 AZR 144/72, AP Nr. 6 zu § 611 BGB – Anwesenheitsprämie. | 3 BAG v. 8.11.1962 – 2 AZR 109/62, DB 1963, 207; LAG Düsseldorf v. 6.9.1971 – 12 Sa 233/71, DB 1972, 50; *Schmitt*, § 4 EFZG Rz. 105 bis 107 mwN. | 4 BAG v. 11.2.1976 – 5 AZR 615/74, AP Nr. 10 zu § 611 BGB – Anwesenheitsprämie. | 5 KDHK/*Holt*, § 4 EFZG Rz. 27; ErfK/*Dörner*, § 4 EFZG Rz. 25. | 6 *Matthes* in *Schliemann*, ArbR-BGB, § 616 BGB Rz. 188. | 7 So zum Zuschuss zum Mutterschaftsgeld: BAG v. 11.10.2000 – 5 AZR 240/99, BAGE 96, 34. | 8 BAG v. 16.11.1995 – 8 AZR 240/95, BAGE 81, 294. | 9 Vgl. insgesamt: *Fischer*, FA 2003, 105. | 10 So zu § 37 Abs. 2 BetrVG: BAG v. 28.6.1995 – 7 AZR 1001/94, BAGE 80, 230. | 11 ErfK/*Dörner*, § 4 EFZG Rz. 31.

stimmt, inwieweit welche Zulagen oder Zuschläge bei der Entgeltfortzahlung im Krankheitsfall zu berücksichtigen sind oder nicht.

Überstundenzuschläge gehören grundsätzlich nicht zum fortzuzahlenden Arbeitsentgelt (Abs. 1a Satz 1 Halbs. 1, vgl. Rz. 23 ff.). In aller Regel gehören **Erschwerniszulagen, Leistungszulagen und Gefahrenzulagen** als Gegenleistung für die Tätigkeit des ArbN und damit zu dessen fortzuzahlenden Arbeitsentgelt[1]. Dasselbe gilt für Nachtschichtzuschläge, soweit sie nicht im TV von der Entgeltfortzahlung ausgenommen worden sind[2]. Ebenso war eine **Notdienstpauschale** als fortzuzahlendes Arbeitsentgelt nach §§ 11 und 12 MTV Metall Nordwürttemberg/Nordbaden zu berücksichtigen[3]. Bei **Schmutzzulagen** ist danach zu differenzieren, ob sie tatsächlich dem Ausgleich einer Mehrbelastung des ArbN durch Aufwendungen zur Beseitigung von Schmutz, etwa zum Reinigen seiner Arbeitskleidung dient und deswegen als Aufwendungsersatz nicht zum fortzuzahlenden Arbeitsentgelt zu rechnen ist oder ob sie für die tatsächlich erschwerten, nämlich „schmutzigen" Arbeitsbedingungen gezahlt wird und deswegen Teil der Arbeitsvergütung ist[4]. 43

3. Leistungsabhängiges Entgelt. Für den Geldfaktor wird auf den vom ArbN in der für ihn maßgebenden regelmäßigen Arbeitszeit erzielbaren Durchschnittsverdienst abgestellt, wenn er eine auf das Ergebnis der Arbeit abgestellte Vergütung zu erhalten hat (Abs. 1a Satz 2). Die Vorschrift entspricht der vorherigen Bestimmung des § 2 Abs. 1 Satz 1 LFZG, war zunächst in § 4 Abs. 3 LFZG geregelt und ist mit der Änderung des EFZG von 1996 nach § 4 Abs. 1a Satz 2 verschoben worden. Die Bestimmung betrifft alle auf das Ergebnis der Arbeit abstellenden Vergütungen, mithin nicht nur **Akkord- und Prämienlohn** sondern auch andere erfolgsabhängige Vergütungen wie **Provisionen, Tantiemen, Prämien.** Dem Tatbestandsmerkmal der Arbeitszeit kommt für einen derart im Leistungslohn tätigen ArbN nur insoweit Bedeutung zu, als die Höhe des erzielbaren Entgeltes ggf. durch die Arbeitszeitmenge begrenzt sein kann. So liegt nahe, dass ein mit einer regelmäßigen Arbeitszeit von 35 Wochenstunden beschäftigter ArbN bei sonst identischen Parametern einen geringeren Leistungslohn erzielen kann als ein ArbN, dessen regelmäßige Arbeitszeit 40 Wochenstunden beträgt. Denn die **Arbeitsmenge**, auf der die Leistungslohn berechnet wird, ist bei längerer Arbeitszeit in der Regel größer als bei einer kürzeren Arbeitszeit. Von daher ist die Annahme, dem Tatbestandsmerkmal der maßgebenden Arbeitszeit käme für einen Leistungslöhner keine Bedeutung zu, da für die Höhe des Leistungslohnes die Arbeitsmenge maßgebend sei[5], nicht zu teilen. In der Praxis wirkt sich indessen der Zeitfaktor dann nicht aus, wenn der Leistungslöhner stets nur in der für ihn maßgebenden regelmäßigen Arbeitszeit zu arbeiten hat, ohne dass sich diese ändert. 44

Der Zeitfaktor ist auch dann von Bedeutung, wenn der ArbN Arbeitsentgelt erhält, dass zum eine aus Zeitlohn und zum anderen aus Leistungslohn zusammengesetzt ist. 45

Beispiel: Ein ArbN, der Tiefkühlkost im Haustürgeschäft vertreibt, erhält eine bestimmte Vergütung für jede von ihm geleistete Arbeitsstunde und daneben eine Provision für die von ihm verkauften Artikel. 46

a) Entgeltausfallprinzip, Referenzprinzip. Weil der vom ArbN erzielbare Durchschnittsverdienst zugrunde zu legen ist (Abs. 1a Satz 2), ist auch beim Leistungslohn das Entgeltausfallprinzip maßgebend[6]. Es gilt für den Anspruch auf Entgeltfortzahlung im Krankheitsfall vorrangig[7]. Indessen ist nicht zu übersehen, dass die Leistungsentgelte schwer zu prognostizieren sind, weil das erzielbare Entgelt durch eine nicht vorhersehbare Veränderung von Parametern, nicht zuletzt durch eine nicht vorhersehbare Veränderung der menschlichen Leistungsfähigkeit, höchst unterschiedlich ausfallen kann. 47

Beispiel: Ein ArbN bearbeitet im Stückakkord Gussrohlinge. Durch einen technischen Fehler in der Vorproduktion in einem fremden Unternehmen sind die zu verarbeitenden Rohlinge nicht entgradet. Der ArbN muss die Rohlinge selbst entgraden, dadurch sinkt der Akkordleistungsgrad und damit auch der Verdienst des ArbN erheblich ab. 48

Deshalb wird **im Einzelfall** zulässigerweise auch auf eine **Vergangenheitsbetrachtung** (Referenzprinzip) zurückgegriffen, wenn nicht die erzielten Leistungen der tatsächlich arbeitenden Kollegen geeignet sind, um aus ihnen den hypothetischen Leistungslohn, ggf. im Wege der Schätzung nach § 287 ZPO, abzuleiten. 49

b) Akkord, Leistungslohn. Abs. 1a Satz 2 erfasst zunächst den Leistungslohn. Er ist – im Gegensatz zum Zeitentgelt – dadurch bestimmt, dass nicht die Arbeitszeit den Anknüpfungspunkt für den Lohn bietet, vielmehr wird beim **Geldakkord** für jedes gefertigte Stück ein Geldbetragentgelt gezahlt, beim **Zeitakkord** wird für jedes Stück eine bestimmte Minutenzahl festgesetzt. Der hieraus resultierende Betrag wird gezahlt, gleichgültig, wie viel Zeit der ArbN für die Fertigstellung des jeweiligen Stücks tatsächlich benötigt hat. Ferner ist zu differenzieren zwischen **Einzelakkord**, bei dem ein einzelner ArbN die Arbeit leistet und hierfür vergütet wird, und dem **Gruppenakkord**, bei dem eine Gruppe von ArbN die 50

---

[1] ErfK/*Dörner*, § 4 EFZG Rz. 21. [2] BAG v. 13.3.2002 – 5 AZR 648/00, AP Nr. 58 zu § 4 EntgeltFG. [3] BAG v. 20.10.1993 – 5 AZR 674/92, EZA § 2 LohnFG Nr. 24. [4] *Schmitt*, § 4 EFZG Rz. 108; ErfK/*Dörner*, § 4 EFZG Rz. 28. [5] ErfK/*Dörner*, § 4 EFZG Rz. 34. [6] BAG v. 26.2.2003 – 5 AZR 162/02, nav. [7] BAG v. 13.2.2002 – 5 AZR 588/00, AP Nr. 22 zu § 11 MuSchG 1968.

Arbeit gemeinsam leisten und das Entgelt unter ihnen nach Köpfen oder nach einem bestimmten Verteilungsschlüssel verteilt wird.

51 Beim Akkordlohn muss der Lohn weitergezahlt werden, den der Akkordarbeiter erzielt hätte, wenn er nicht infolge krankheitsbedingter Arbeitsunfähigkeit gehindert gewesen wäre, seine Arbeit zu leisten. Dieser Grundsatz ist zu § 2 Abs. 1 Satz 3 LFZG entwickelt worden[1]. Er gilt auch für § 4 Abs. 1a Satz 2 EFZG, denn bis dorthin ist die bisherige Bestimmung des § 2 Abs. 1 Satz 3 LFZG im Wesentlichen unverändert übernommen worden[2]. Beim **Gruppenakkord** ist idR der Vergleich mit den Verdiensten der übrigen Gruppenmitglieder sachgerecht. Ausnahmsweise kann der erzielbare Durchschnittsverdienst aus einem Bezugszeitraum ermittelt werden, insb., wenn zB zwei von drei Gruppenmitglieder erkranken und dem Arbeiter ein Ersatzmann zugeteilt wird[3]. Dabei sind Änderungen in Arbeits- und Verdienstbedingungen im Vergleich zum Bezugszeitraum zu berücksichtigen[4]. Das Referenzprinzip ist grundsätzlich für die Bestimmung des Entgeltausfalls infolge krankheitsbedingter Arbeitsunfähigkeit weniger gut geeignet, weil es die tatsächlichen Besonderheiten der ausgefallenen Arbeit nicht berücksichtigt. Regelmäßig werden Akkordgruppen aus ungefähr gleich leistungsstarken ArbN gebildet. Es ist wahrscheinlich, dass der erkrankte ArbN eine dem Verdienst der übrigen ArbN entsprechende Vergütung erzielt hätte[5]. Das gilt auch bei einer aus nur zwei Personen bestehenden Akkordgruppe, wenn der verbliebene ArbN allein im Akkord weiterarbeitet. Zwar entfallen für ihn die Vorteile der Zusammenarbeit. Doch tritt deren Bedeutung regelmäßig hinter die Bedeutung der Art der Arbeit auf unterschiedlichen Baustellen in unterschiedlichen Zeiträumen zurück. Sache des ArbN ist es deshalb, einen Ausnahmefall darzulegen, der es rechtfertigt, auf den höheren Verdienst in der Vergangenheit abzustellen[6].

52 Auch **tarifliche Leistungszuschläge** sind während einer krankheitsbedingten Arbeitsunfähigkeit fortzuzahlen[7].

53 c) **Provisionen, Abschlussprämien.** Für die Dauer des Anspruchszeitraums sind auch Abschlussprovisionen fortzuzahlen[8]. Lässt sich die Höhe der Provisionen nicht durch das Entgeltausfallprinzip ermitteln, so ist sie unter Berücksichtigung der in der Vergangenheit verdienten Provisionen – bei stark schwankenden Provisionen während eines ganzen Jahres – zu schätzen[9]. Den Provisionen gleich stehen **Inkassoprämien**[10]. Auch tätigkeitsunabhängige **Bezirksprovisionen, Boni** und **Prämien** sind während des Entgeltfortzahlungszeitraumes weiter zu gewähren. Unabhängig von der Entgeltfortzahlung im Krankheitsfall sind Provisionen, die **vor Beginn der Arbeitsunfähigkeit** verdient worden sind und erst während der krankheitsbedingten Arbeitsunfähigkeit fällig werden, zu zahlen. Hat der ArbN trotz krankheitsbedingter Arbeitsunfähigkeit Geschäfte abgeschlossen und hierfür Provisionen zu erhalten, so steht ihm dieser Anspruch nicht wegen krankheitsbedingter Arbeitsunfähigkeit, sondern als Entgelt für seine Arbeitsleistung zu[11].

54 4. **Exkurs: Zuschuss zum Krankengeld.** In der gesetzlichen Krankenversicherung versicherte ArbN haben Anspruch auf Krankengeld, wenn sie infolge Krankheit arbeitsunfähig sind oder sie auf Kosten der Krankenkasse stationär in einem Krankenhaus oder einer Vorsorge- oder Rehabilitationseinrichtung behandelt werden (§ 44 Abs. 1 Satz 1 SGB V). Dieser Anspruch ruht, soweit und solange der Versicherte beitragspflichtiges Arbeitsentgelt oder Arbeitseinkommen erhält (§ 49 Abs. 1 Nr. 1 SGB V), vor allem also während der Dauer der Entgeltfortzahlung im Krankheitsfall nach den §§ 3 und 4 EFZG. Nach Ablauf der längstmöglichen Entgeltfortzahlung im Krankheitsfall hat der in der gesetzlichen Krankenversicherung pflichtversicherte ArbN Anspruch auf Krankengeld; die Höhe des Krankengeldes beträgt **70 %** des **erzielten Bruttoarbeitsentgeltes**, darf aber 90 % des Nettoarbeitsentgeltes nicht übersteigen (§ 47 SGB V). In den meisten Fällen hat daher der ArbN dann einen **Einnahmeverlust** hinzunehmen, wenn er im Anschluss an die Entgeltfortzahlung im Krankheitsfall Krankengeld bezieht.

55 In vielen **TV** ist deshalb bestimmt, dass ArbN – insb. solche mit längerer Betriebszugehörigkeit – im Anschluss an die Entgeltfortzahlung im Krankheitsfall nach näherer Maßgabe der jeweiligen tariflichen Bestimmungen einen Zuschuss zum Krankengeld zu erhalten haben. Der Zuschuss wird in aller Regel bemessen als volle oder anteilige Differenz zwischen dem Krankengeld und dem Betrag, der vorherigen Entgeltfortzahlung im Krankheitsfall bzw. dem daraus resultierenden Nettobetrag. Ist in einem TV geregelt, dass ArbN, „wenn sie **dem Betrieb mindestens fünf Jahre angehören**, im Anschluss an die gesetzliche Gehaltsfortzahlung während der ersten sechs Wochen den Unterschiedsbetrag zwischen ihrem Nettogehalt und dem Krankengeld aus der gesetzlichen RV" auf die Dauer von höchstens sieben Wochen zu erhalten haben, so muss die Erfüllung der fünfjährigen Betriebszugehörigkeit nach Ablauf der sechswöchigen Gehaltsfortzahlung vorliegen[12]. Ist im TV der „Unterschiedsbetrag zwi-

---

1 BAG v. 15.2.1978 – 5 AZR 739/76, AP Nr. 8 zu § 2 LohnFG; v. 22.10.1980 – 5 AZR 438/78, AP Nr. 10 zu § 2 LohnFG. | 2 BAG v. 26.2.2003 – 5 AZR 162/02, nv. (juris Nr. KARE 600007919). | 3 BAG v. 22.10.1980 – 5 AZR 438/78, AP Nr. 10 zu § 2 LohnFG. | 4 BAG v. 22.10.1980 – 5 AZR 438/78, AP Nr. 10 zu § 2 LohnFG. | 5 BAG v. 22.10.1980 – 5 AZR 438/78, AP Nr. 10 zu § 2 LohnFG. | 6 BAG v. 26.2.2003 – 5 AZR 162/02, nv. (juris Nr. KARE 600007919). | 7 BAG v. 1.3.1990 – 6 AZR 447/88, AP Nr. 2 zu § 20 BMT-G II. | 8 BAG v. 5.6.1985 – 5 AZR 459/83, AP Nr. 39 zu § 63 HGB; v. 12.10.1956 – 1 AZR 464/54, AP Nr. 4 zu § 63 HGB. | 9 BAG v. 5.6.1985 – 5 AZR 459/83, AP Nr. 39 zu § 63 HGB. | 10 BAG v. 11.1.1978 – 5 AZR 829/76, AP Nr. 7 zu § 2 LohnFG. | 11 BAG v. 22.9.1960 – 2 AZR 507/59, AP Nr. 27 zu § 616 BGB. | 12 BAG v. 12.12.2001 – 5 AZR 238/00, AP Nr. 179 zu § 1 TVG – Auslegung.

schen dem Krankengeld und 90 % des Nettoeinkommens" als Zuschuss zum Krankengeld vorgesehen, so liegt mangels anderer Anhaltspunkte das Krankengeld iSd. §§ 44 ff., 47 SGB V, das heißt das sog. **Bruttokrankengeld** zugrunde. Ändert sich später der Betrag des Nettokrankengeldes, weil das Krankengeld seinerseits der Beitragspflicht in der Pflegeversicherung unterliegt, so müssen die TV-Parteien im TV selbst zum Ausdruck bringen, wenn sie eine dadurch entstehende Lücke ebenfalls ausgleichen wollen. Der Sinn einer solchen tariflichen Zuschussregelung besteht nicht ohne weiteres darin, dem ArbN im Ergebnis den Bezug eines bestimmten Prozentsatzes seines Nettoeinkommens uneingeschränkt zu garantieren[1].

IV. Krankheitsbedingte Arbeitsverhinderung an Feiertagen. Nach dem **Prinzip der Monokausalität** sowohl für die Entgeltfortzahlung an Feiertagen als auch für die Entgeltfortzahlung infolge krankheitsbedingter Arbeitsunfähigkeit hätte ein ArbN, wenn beide Tatbestände auf denselben Tag zusammentreffen, keinen Anspruch auf Entgeltfortzahlung (vgl. § 2 Rz. 22, § 3 Rz. 24). Um ein solches Ergebnis zu vermeiden, ist der Gesetzgeber insoweit vom Prinzip der Monokausalität abgerückt. Er hat grundsätzlich der krankheitsbedingten Entgeltfortzahlung den Vorrang eingeräumt, in § 4 Abs. 2 aber bestimmt, dass sich die Höhe des krankheitsbedingt fortzuzahlenden Arbeitsentgeltes nach den Bestimmungen über die Entgeltfortzahlung an Feiertagen richtet. Dies entspricht der Lösung im vorangegangenen Recht durch die Rspr.[2]

V. Krankheitsbedingte Arbeitsverhinderung bei Kurzarbeit. § 4 Abs. 3 enthält Regelungen über das Zusammentreffen von krankheitsbedingter Arbeitsunfähigkeit und Kurzarbeit. Die Vorschrift betrifft nur die gesetzliche Kurzarbeit iSd. §§ 169 ff. SGB III[3]. Andere Formen oder Anlässe für eine Verkürzung der regelmäßigen Arbeitszeit im Betrieb führen nicht zur Anwendung des Abs. 3. Eine andere Frage ist die, ob eine solche betriebliche Regelung zur Folge hat, dass keine Kausalität der krankheitsbedingten Arbeitsunfähigkeit des ArbN für den Ausfall der Arbeit gegeben ist.

Ist Kurzarbeit iSd. SGB III im Betrieb rechtswirksam eingeführt worden, so wird für den **Zeitfaktor** die verkürzte Arbeitszeit als die für den ArbN maßgebende regelmäßige Arbeitszeit iSd. Abs. 1 angesehen (Abs. 3 Satz 1). Insoweit ist zu unterscheiden, in welcher Form Kurzarbeit durchgeführt wird. Wird in der Weise verkürzt gearbeitet, dass die Arbeit für einen bestimmten Zeitabschnitt ganz ruht, so hat der in dieser Zeit erkrankte ArbN keinen Anspruch auf Entgeltfortzahlung weil er auch infolge der Arbeitsunfähigkeit keinen Lohnanspruch hätte; er erhält vielmehr nach den Bestimmungen des SGB III Krankengeld in Höhe des Kug[4].

Eine besondere Regelung enthält § 4 Abs. 3 Satz 2 für den Fall, dass **krankheitsbedingte Arbeitsunfähigkeit, Kurzarbeit und ein gesetzlicher Feiertag zusammentreffen.** Bei einem solchen Fall verweist § 4 Abs. 2 Satz 2 auf die Bestimmungen über die Entgeltfortzahlung an Feiertagen in § 2 Abs. 2 (vgl. § 2 Rz. 50). Treffen diese drei Tatbestände zusammen, so hat der ArbN Anspruch auf Entgeltfortzahlung im Krankheitsfall, allerdings dies nur in Höhe des Kug, das er, wenn kein gesetzlicher Feiertag gewesen wäre, von der BA zu beanspruchen gehabt hätte[5]. Dabei hat der ArbGeb die SozVBeiträge, die hierauf entfallen, allein zu tragen, während LSt einzubehalten und abzuführen ist, ohne dass der ArbGeb hierfür einen Ausgleich an den ArbN zahlen müsste[6].

VI. Tarifvertragliche Abweichungen. Grundsätzlich kann von den Bestimmungen des Entgeltfortzahlungsgesetzes zugunsten des ArbN abgewichen werden. § 12 (siehe auch dort) verbietet grundsätzlich jede Abweichung zu Lasten des ArbN und macht hiervon eine Ausnahme nur für Vereinbarungen der TV-Parteien nach § 4 Abs. 4.

§ 4 Abs. 4 regelt, inwieweit durch TV von den Bestimmungen des Entgeltfortzahlungsgesetzes (auch) zu Ungunsten des ArbN abgewichen werden darf und inwieweit derartige tarifvertragliche Abweichungen zwischen nicht tarifgebundenen ArbN und ArbGeb anwendbar sind.

Abweichungen zugunsten des ArbN bedürfen zu ihrer Rechtswirksamkeit nicht der Form des TV. Sie können auch **einzelvertraglich** vereinbart werden, aber auch in Form einer BV[7]. Durch eine **ablösende BV** können derart begründete bessere Ansprüche wieder auf das gesetzliche Maß zurückgeführt werden[8]. Auch in TV kann zu Gunsten des ArbN von den gesetzlichen Bestimmungen des EFZG abgewichen werden.

Durch **kirchliche Arbeitsrechtsregelungen** (zB AVR Caritas, AVR Diakonie, BAT-KF) kann, da sie keine TV darstellen, nicht vom Entgeltfortzahlungsgesetz zu Lasten der ArbN abgewichen werden. Im Gegensatz zu anderen Öffnungsklauseln (zB § 7 ArbZG) ist diese Möglichkeit für kirchliche Arbeitsrechtsregelungen vorliegend nicht eröffnet. Fraglich ist indessen, ob insoweit eine planwidrige Lücke vorliegt[9].

---

1 BAG v. 13.2.2002 – 5 AZR 604/00, AP Nr. 82 zu § 1 TVG – Tarifverträge: Einzelhandel; v. 24.4.1996 – 5 AZR 798/94, AP Nr. 96 zu § 616 BGB; v. 21.8.1997 – 5 AZR 517/96, AP Nr. 98 zu § 616 BGB. | 2 Vgl. BAG v. 15.9.1989 – 5 AZR 248/88, AP Nr. 62 zu § 1 FeiertagslohnzahlungsG; auch schon BAG v. 5.7.1979 – 3 AZR 173/78, AP Nr. 33 zu § 1 FeiertagslohnzahlungsG. | 3 ErfK/*Dörner*, § 4 EFZG Rz. 51. | 4 BAG v. 6.10.1976 – 5 AZR 503/75, AP Nr. 6 zu § 2 LohnFG. | 5 BAG v. 8.5.1984 – 3 AZR 194/82, BAGE 46, 13. | 6 BAG v. 8.5.1984 – 3 AZR 194/82, BAGE 46, 13. | 7 BAG v. 15.11.2000 – 5 AZR 310/99, BAGE 96, 249. | 8 BAG v. 15.11.2000 – 5 AZR 310/99, BAGE 96, 249. | 9 Vgl. zu kirchlichen Öffnungsklauseln für Arbeitsrechtsregelungen: *Dütz*, FS Schaub (1998) 157.

Von Planwidrigkeit dürfte indessen nicht auszugehen sein, weil der Gesetzgeber anscheinen nach seinem Belieben mal Abweichungen durch kirchliche Arbeitsrechtsregelungen erlaubt, mal aber auch nicht.

64 **1. Bemessungsgrundlage.** Die Bemessungsgrundlage des fortzuzahlenden Arbeitsentgeltes kann durch TV abweichend von den Absätzen 1, 1a und 3 festgelegt werden. Dies stellt gegenüber der Erwähnung im Lohnfortzahlungsgesetz eine **Vergrößerung der Abweichungsspielräume** zugunsten der TV-Parteien dar. Nach altem Recht (§ 2 Abs. 3 Satz 1 LFZG) konnten die TV-Parteien nur die Berechnungsmethoden, nicht aber die Rechnungsgrundlagen zu Lasten des ArbN verändern[1]. Darunter verstand das BAG im Wesentlichen die Ersetzung des Lohnausfallprinzips durch das Referenzprinzip, während es Entgeltbestandteile wie Prämien, Zuwendungen oder andere Bezüge den auf durch TV nicht veränderbaren Berechnungsgrundlagen zuordnete[2]. So konnten zB die TV-Parteien nicht vereinbaren, dass tarifvertragliche Zuschläge bei der Berechnung der Entgeltfortzahlung im Krankheitsfall außer Betracht bleiben sollten, weil die tarifvertragliche Abweichung nur hinsichtlich der Berechnungsmethode, nicht aber hinsichtlich der generell zu berücksichtigenden Vergütungsbestandteile zulässig war[3].

65 Der gegenüber der früheren Formulierung des § 2 Abs. 3 Satz 1 LFZG abweichende Wortlaut der Bestimmung des § 4 Abs. 4 Satz 1 EFZG ist vom Gesetzgeber bewusst herbeigeführt worden[4]. Der **Gesetzgeber hat** insoweit **korrigierend eingegriffen**. Nach seiner Auffassung soll im TV die der Berechnung zugrunde liegende Zusammensetzung des fortzuzahlenden Arbeitsentgeltes abweichend von § 4 Abs. 1, 1a und 3 festgelegt werden können, zB hinsichtlich Überstunden- und Nachtarbeitsvergütung. Dies kommt im Wortlaut des § 4 Abs. 4 Satz 1 eindeutig zum Ausdruck. Die Bedenken, ob dies im Gesetz selbst auch hinsichtlich der **Berechnungsmethode** zum Ausdruck kommt[5] sind inzwischen durch die Rspr. überholt. Der Gesetzgeber hat jedenfalls die Absicht gehabt, auch die Berechnungsmethode zur Disposition durch die TV-Parteien zu stellen, wie der Begründung des Entgeltfortzahlungsgesetzes zu entnehmen ist[6].

66 **2. Berechnungsgrundlage.** § 4 Abs. 4 Satz 1 eröffnet den TV-Parteien eine Abweichungsmöglichkeit nur hinsichtlich der Bemessungsgrundlage des fortzuzahlenden Arbeitsentgeltes, nicht aber eine Abweichung hinsichtlich der Umstände, die wiederum der Bemessungsgrundlage zugrunde liegen. Diese Voraussetzungen sind nicht in § 4 Abs. 1 geregelt, sondern in § 3. Eine Abweichung von § 3 erlaubt das Gesetz auch den TV-Parteien nicht. Sie können daher zu Lasten des ArbN die in § 3 genannten Fristen für die Entgeltfortzahlung im Normalfall bzw. im Wiederholungsfall nicht zu Lasten des ArbN verändern[7]. Aber auch die Eckwerte des § 4 Abs. 1 stehen nicht zur Disposition der TV-Parteien. So ist eine TV-Regelung, die dem ArbGeb das Recht einräumt, für jeden Tag der Entgeltfortzahlung im Krankheitsfall den ArbN 1,5 Stunden nacharbeiten zu lassen bzw., sofern ein Arbeitszeitkonto vorhanden ist, hiervon eine bestimmte Stundenzahl in Abzug zu bringen, wegen Abweichung zu Ungunsten des ArbN von § 4 Abs. 1 nach § 12 EFZG iVm. § 134 BGB unwirksam; eine derartige Kürzung von Arbeitszeitguthaben infolge krankheitsbedingter Arbeitsunfähigkeit ist auch durch TV nicht zulässig[8].

67 Dagegen können die TV-Parteien wirksam vereinbaren, dass ArbN als Entgeltfortzahlung **für jeden Krankheitstag** (= Kalendertag) **1/364tel des Bruttoarbeitsentgelts** der letzten 12 Abrechnungsmonate zu erhalten hat; mit solcher Regelung wird nicht nur der Geldfaktor, sondern auch der Zeitfaktor zur Bestimmung der Entgeltfortzahlung durch eine Tarifregelung nach § 4 Abs. 4 abweichend geregelt; dies ist grundsätzlich zulässig[9]. Ebenso können die TV-Parteien vereinbaren, dass **tarifliche Zuschläge**, die im Arbeitsverhältnis regelmäßig anfallen, von der Entgeltfortzahlung im Krankheitsfall ausgenommen werden; sie müssen bei einer Mehrzahl tariflicher Zuschläge auch nicht Einzelne hiervon für die Entgeltfortzahlung berücksichtigen[10].

68 **3. Vereinbarte Anwendung abweichender Tarifregelungen.** Wie alle tarifvertraglichen Normen, die den Inhalt von TV regeln, gelten auch die nach Abs. 4 vom Entgeltfortzahlungsgesetz abweichenden Tarifnormen nur zwischen den beiderseits Tarifgebundenen, die unter den Geltungsbereich des TV fallen (§ 4 Abs. 1 Satz 1, § 3 TVG). ArbGeb und ArbN können jedoch im Geltungsbereich des für sie einschlägigen TV dessen Anwendung im Arbeitsvertrag vereinbaren. Dies setzt voraus, dass zumindest der ArbGeb vom sachlichen, räumlichen und persönlichen Geltungsbereich des TV erfasst ist. Die arbeitsvertragliche **Übernahme von Tarifregelungen** iSd. Abs. 4 **aus anderen Branchen** ist durch Abs. 4 Satz 2 nicht gedeckt. Die arbeitsvertragliche Vereinbarung der Anwendbarkeit der abweichenden Tarifbestimmungen kann sich – wie häufig – auf den TV insgesamt beziehen. Dann liegt, soweit der ArbGeb tarifgebunden ist, regelmäßig eine **Gleichstellungsabrede** vor[11]. Denkbar ist aber auch, dass ein nicht an den einschlägigen TV gebundener ArbGeb dessen Anwendung im Arbeitsvertrag mit dem ArbN vereinbart. In solchen Fällen handelt es sich nicht um eine Gleichstellungsabrede, sondern um eine uneingeschränkte Anwendbarkeit des TV bzw. der Tarifnorm in ihrer jeweils gültigen Fassung[12].

---

1 St. Rspr., zuletzt noch BAG v. 16.7.1997 – 5 AZR 780/96, EEK I/1194; v. 3.3.1993 – 5 AZR 132/92, BAGE 72, 297. | 2 ErfK/*Dörner*, § 4 EFZG Rz. 57. | 3 BAG v. 16.7.1997 – 5 AZR 780/96, EEK I/1194. | 4 Vgl. BT-Drs. 12/5798, 26. | 5 *Schliemann*, ArbuR 1994, 317, 321. | 6 BT-Drs. 12/5798, 26. | 7 Vgl. § 1 LohnFG: BAG v. 16.12.1987 – 5 AZR 510/86, AP Nr. 73 zu § 1 LohnFG. | 8 BAG v. 26.9.2001 – 5 AZR 539/00, AP Nr. 55 zu § 4 EntgeltFG. | 9 BAG v. 9.10.2002 – 5 AZR 356/01, AP Nr. 63 zu § 4 EntgeltFG. | 10 BAG v. 13.3.2002 – 5 AZR 648/00, AP Nr. 58 zu § 4 EntgeltFG. | 11 BAG v. 26.9.2001 – 4 AZR 544/00 – BAGE 99, 120 = AP Nr. 21 zu § 4 TVG – Bezugnahme auf Tarifvertrag. | 12 BAG v. 25.9.2002 – 4 AZR 294/01 – AP Nr. 26 zu § 4 TVG – Bezugnahme auf Tarifvertrag.

Den gesetzlichen Anforderungen des § 4 Abs. 4 Satz 2 genügt es auch, wenn die Bestimmungen des TV nicht insgesamt übernommen werden, sondern daraus nur **alle Bestimmungen, die die Entgeltfortzahlung im Krankheitsfall regeln**. Dagegen ist von § 4 Abs. 4 Satz 2 nicht gedeckt, mit dem ArbN nur die Anwendung der ihn belastenden Vorschriften zu vereinbaren[1]. 69

4a *Kürzung von Sondervergütungen*
Eine Vereinbarung über die Kürzung von Leistungen, die der Arbeitgeber zusätzlich zum laufenden Arbeitsentgelt erbringt (Sondervergütungen), ist auch für Zeiten der Arbeitsunfähigkeit infolge Krankheit zulässig. Die Kürzung darf für jeden Tag der Arbeitsunfähigkeit infolge Krankheit ein Viertel des Arbeitsentgelts, das im Jahresdurchschnitt auf einen Arbeitstag entfällt, nicht überschreiten.

Lit.: *Adam*, Die Sondervergütung im Arbeitsrecht, ZTR 1998, 438; *Bauer/Lingemann*, Probleme der Entgeltfortzahlung nach neuern Recht, BB 1996, Beilage 17, 8; *Boecken*, Probleme der Entgeltfortzahlung im Krankheitsfall, NZA 1999, 673; *Düwell*, Das Arbeitsrechtliche Gesetz zur Förderung von Wachstum und Beschäftigung, AiB 1996, 393; *Gaul*, Gesetz zur Förderung von Wachstum und Beschäftigung, AuA 1996, 264; *Giesen*, Das neue Entgeltfortzahlungs- und Urlaubsrecht, RdA 1997, 193; *Hanau*, Ergänzende Hinweise zur Neuregelung der Entgeltfortzahlung im Krankheitsfall, RdA 1997, 205; *Hinrichs*, Das Arbeitsrechtliche Beschäftigungsförderungsgesetz, AiB 1996, 589; *Hold*, Änderung des Rechts der Entgeltfortzahlung im Krankheitsfall ab 1. Januar 1999, ZTR 1999, 103; *Hold*, Arbeitsrechtliche Änderungen zum 1. Januar 1999, NWB 1999, Fach 26, 2967; *Hold*, Umsetzung des Bonner Sparpakets: Das Arbeitsrechtliche Beschäftigungsförderungsgesetz, AuA 1996, 365; *Kleinsorge*, Das Arbeitsrechtliche Beschäftigungsförderungsgesetz, NWB 1996, 2747; *Löwisch*, Das Arbeitsrechtliche Beschäftigungsförderungsgesetz, NZA 1996, 1009; *Lorenz*, Das Arbeitsrechtliche Beschäftigungsförderungsgesetz, DB 1996, 1973; *Patterson-Baysal*, Einführung einer rechtmäßigen Anwesenheitsprämie – Anleitung für Arbeitgeber und deren Berater, FA 2000, 309; *Preis*, Das Arbeitsrechtliche Beschäftigungsförderungsgesetz 1996, NJW 1996, 3369; *Schaub*, Entgeltfortzahlung im neuen (alten) Gewand, NZA 1999, 177; *Scheddler*, Neues ab 1. Januar '99 im Arbeits- und Sozialrecht, AuA 1999, 52; *Schwarz*, Sonderzahlungen: Ausfall und Kürzung bei Fehlzeiten, NZA 1996, 571; *Schwedes*, Das Arbeitsrechtliche Beschäftigungsförderungsgesetz, BB 1996, Beilage 17, 2; *Viethen*, Entgeltfortzahlungsgesetz 1996, KrV 1997, 17.

I. Normzweck und -entstehung. Die Vorschrift trug ursprünglich die Bezeichnung § 4b und wurde mit dem Arbeitsrechtlichen **Beschäftigungsförderungsgesetz** vom 25.9.1996 mit Wirkung vom **1.10.1996** in das EFZG eingefügt[2]. Die vormalige, die Höhe der Entgeltfortzahlung bei einem Arbeitsunfall regelnde Bestimmung des § 4a EFZG aF wurde durch das Gesetz zu Korrekturen in der SozV und zur Sicherung der ArbN-Rechte vom **1.1.1999** aufgehoben; die Zählung der vorliegenden Vorschrift wurde von § 4b **in § 4a geändert**[3]. 1

Der Gesetzgeber hat mit der Regelung in § 4a (damals § 4b) die **Rechtsgrundlage für die Kürzung von Sondervergütungen** wegen krankheitsbedingter Fehlzeiten klarstellen wollen, wie er in der Gesetzesbegründung ausgeführt hat: „Die bisherige Rspr. des BAG zur Kürzung von Sonderzahlungen wegen krankheitsbedingter Fehlzeiten hat sich im Laufe der Jahre mehrfach geändert; die Zulässigkeit einer solchen Kürzung ist zuletzt stets bejaht worden. Durch die neue Vorschrift ... wird nunmehr eine rechtliche Grundlage ... geschaffen"[4]. Die Schwankungen der Rspr. zeichnete insb. die Entscheidung des BAG vom 15.2.1990 deutlich nach[5]. Dabei bezweckt die gesetzliche Regelung, klarzustellen, dass eine Kürzung von Sondervergütung auch für krankheitsbedingte Fehlzeiten grundsätzlich zulässig ist; andererseits regelt sie, dass eine solche Kürzung nicht unbeschränkt erfolgen kann. Sie will vermeiden, dass bereits geringe krankheitsbedingte Fehlzeiten zu einer unangemessen hohen Kürzung oder gar zum völligen Wegfall der gesamten Sondervergütung führen[6]. Mit der Frage, inwieweit Sondervergütungen aus anderen Gründen, insb. aus auf anderen Gründen beruhenden Fehltagen gekürzt werden dürfen, befasst sich § 4a ebenso wenig wie mit der Frage, wie es rechtlich zu beurteilen ist, wenn derartige Kürzungseffekte kumulieren. Innerhalb des Systems der gesetzlichen Regelungen über die Entgeltfortzahlung im Krankheitsfall kommt § 4a die Bedeutung zu, dass solche Sondervergütungen nicht den üblichen Regelungen über die Entgeltfortzahlung im Krankheitsfall unterliegen. 2

Allerdings hat es der Gesetzgeber nicht dabei belassen, die vor allem in den Jahren 1990 bis 1996 entwickelte Rspr. zur Kürzung von Sonderzahlungen wegen krankheitsbedingter Fehltage in Form einer Rahmenregelung zu übernehmen. Vielmehr hat er grundsätzlich den **Maßstab für die höchstmöglichen Kürzungen** neu festgelegt. Die Rspr. stellte bisher auf den Kürzungsanteil an der Sondervergütung ab; *der Gesetzgeber* begrenzt die Kürzungsmöglichkeiten dagegen auf ein Viertel des Arbeitsentgeltes, das im Jahresdurchschnitt auf einen Arbeitstag entfällt. 3

II. Kürzungsgegenstand: Sondervergütungen. § 4a Satz 1 erlaubt die Kürzung von Sondervergütungen. Das Gesetz enthält insoweit eine Grobdefinition, indem es mit dem Klammerzusatz Sondervergütungen 4

---

1 *Schmitt*, § 4 EFZG Rz. 144. | 2 Art. 3 Nr. 4 Gesetz v. 25.9.1996 BGBl. I S. 1476; in Kraft getreten am 1.10.1996. | 3 Art. 7 Nr. 2 und 3 Gesetz v. 19.12.1998 BGBl. I S. 3843 mit Wirkung v. 1.1.1999. | 4 BT-Drs. 13/4612, 2 und 11. | 5 BAG v. 15.2.1990 – 6 AZR 381/88, BAGE 64, 179; s. auch *Schwarz*, NZA 1996, 571; KDHK/*Hold*, § 4a EFZG Rz. 5. | 6 BAG v. 25.7.2001 – 10 AZR 502/00, BAGE 98, 245.

als die **Leistungen, die der ArbGeb zusätzlich zum laufenden Arbeitsentgelt erbringt**, umschreibt. Mit der gesetzlichen Definition der Sondervergütung ist lediglich klargestellt, dass das laufende Arbeitsentgelt, dh., die versprochene Vergütung für bestimmte Zeitabschnitte oder die Vergütung für eine bestimmte Leistung innerhalb einer genau bemessenen Zeit von § 4a nicht berührt werden[1]. Diese Legaldefinition ist unpräzise und geradezu „schillernd"[2]. Inwieweit eine „enge" Auslegung des Begriffes geboten sein soll, ist allerdings nicht nachvollziehbar; insb. ist eine Reduzierung auf etwaige „Prämienzahlungen" oder „Gratifikationen" durch den Wortlaut des § 4a Satz 1 nicht geboten[3]. Als zusätzlich zum laufenden Arbeitsentgelt können alle Leistungen angesehen werden, die der ArbGeb dem ArbN ohne Bezug zur Arbeitsleistung innerhalb der laufenden Abrechnungsperiode, dh. dem Abrechnungsmonat oder der Lohnwoche, erbringt. In aller Regel wird es sich um Einmalzahlungen handeln, aber auch sonstige Sonderzahlungen, die zwar zur laufenden Abrechnungsperiode keinen (ausschließlichen) Bezug haben. Insbesondere fallen **Gratifikationen, Jahressonderzahlungen, Weihnachtsgeld, Urlaubsgeld** aber auch **Erfolgs- und Anwesenheitsprämien** (vgl. auch § 4 Rz. 36) unter diesen Begriff.

5   Beispiel:

- Weihnachtsgeld mit Kürzung wegen krankheitsbedingter Fehltage[4],
- freiwillige jederzeit widerrufliche Jahressonderzahlungen[5]

6   Zu solchen Sondervergütungen gehören auch mit „vereinbarter" Kürzungsmöglichkeit **Prämien, die nur dann entstehen**, wenn der ArbN innerhalb des Referenzzeitraumes **keine (krankheitsbedingten) Fehltage** aufweist, denn es ist gleichgültig, ob der Anspruch erst durch die ungeschmälerte Anwesenheit des ArbN am Arbeitsplatz entsteht oder ob ein anderweitig entstandener Anspruch in Folge krankheitsbedingter Fehltage gekürzt wird[6].

7   Beispiel: Der ArbGeb zahlt pro Quartal eine freiwillige Sonderprämie von 500 Euro unter der Voraussetzung, dass im vorausgegangenen Quartal keine Fehltage infolge unentschuldigter Abwesenheit oder infolge krankheitsbedingter Arbeitsunfähigkeit angefallen waren; waren solche Tage angefallen, wurde die Prämie überhaupt nicht gezahlt, auch nicht anteilig[7].

8   Anders verhält es sich dagegen wenn ein **13. Monatsgehalt als arbeitsleistungsbezogene Sonderzahlung** vereinbart wird. Ist ein Vergütungsbestandteil zB als 13. Monatsgehalt in das vertragliche Austauschverhältnis von Vergütung und Arbeitsleistung eingebunden und wird mit dieser Zahlung kein weiter gehender Zweck verfolgt, so handelt es sich um eine arbeitsleistungsbezogene Sonderzahlung[8]. In einem solchen Fall entsteht kein Anspruch auf das 13. Monatsgehalt für Zeiten der Arbeitsunfähigkeit, in denen kein Anspruch auf Entgeltfortzahlung im Krankheitsfall iSd. § 3 Abs. 1 Satz 1 besteht. Arbeitsleistungsbezogene Sonderzahlungen ohne tatsächliche Arbeitsleistung sind nur dann fortzuzahlen, wenn die Entgeltfortzahlung aufgrund gesetzlicher, tariflicher oder sonstiger Regelungen zu leisten ist[9]. Diese Rechtsfolge entsteht kraft Gesetzes, ohne dass es einer gesonderten vertraglichen Kürzungsvereinbarung bedarf[10].

9   Beispiel: Mit dem ArbN war ein 13. Monatsgehalt vereinbart. Er war von Oktober 1997 bis 17.6.1998 arbeitsunfähig krank. Die Beklagte kürzte das 13. Monatsgehalt (1998) anteilig um 5,5/12. Ein weiter gehender Anspruch stand dem ArbN nicht zu; § 4a (damals: § 4b) war nicht einschlägig[11].

10   Im Gegensatz zur vorherigen Rspr. sind **Kleingratifikationen** nach dem Wortlaut des § 4a nicht mehr geschützt. Solche Kleingratifikationen von wenigen Euro (früher: 200 DM) waren auch nach der gewandelten Rspr. des BAG von der Möglichkeit, sie wegen krankheitsbedingter Arbeitsunfähigkeit zu kürzen, ausgenommen worden[12]. Angesichts des Umstandes, dass die Grenzen der Kürzungsmöglichkeiten sich nicht mehr an der Höhe der Sondervergütung orientieren, sondern am jahresdurchschnittlichen Verdienst eines Arbeitstages, trifft zwar die Annahme zu, dass bereits bei nur wenigen Fehltagen die gesamte Kleingratifikation auf null gekürzt werden könnte[13]. Gleichwohl kann hieraus nicht geschlossen werden, dass nach wie vor die Kürzungsmöglichkeiten bei Kleingratifikation entfalle, denn der Gesetzgeber hat nicht nur die Rspr. sichern wollen, sondern zugleich für die Kürzung einen völlig neuen Maßstab gesetzt. Hieraus kann ebenso gut geschlossen werden, dass künftig auch Kleingratifikationen der Kürzung unterworfen sein sollen[14], mag auch eine solche Kürzung die Grenze zur

---

1 BAG v. 25.7.2001 – 10 AZR 502/00, BAGE 98, 245; ErfK/*Dörner*, § 4a EFZG Rz. 6; *Schmitt*, § 4a EFZG Rz. 12, 13. | 2 *Preis*, NJW 1996, 3369. | 3 AA wohl *Schmitt*, § 4 a EFZG Rz. 13. | 4 BAG v. 15.12.1999 – 10 AZR 626/98, AP Nr. 221 zu § 611 BGB – Gratifikation. | 5 BAG v. 7.8.2002 – 10 AZR 709/01, AP Nr. 2 zu § 4 a EntgeltFG. | 6 BAG v. 25.7.2001 – 10 AZR 502/00, BAGE 98, 245; *Schmitt*, § 4a EFZG Rz. 15; *Giesen*, RdA 1997, 193, 200; aA *Bauer/Lingemann*, BB 1996, Beilage 17, 8. | 7 Analog Sachverhalt BAG v. 25.7.2001 – 10 AZR 502/00, BAGE 98, 245. | 8 Vgl. BAG v. 21.3.2001 – 10 AZR 28/00, BAGE 97, 211; auch BAG v. 25.11.1998 – 10 AZR 595/97, AP Nr. 212 zu § 611 BGB – Gratifikation. | 9 BAG v. 21.3.2001 – 10 AZR 28/00, BAGE 97, 211. | 10 BAG v. 19.5.1995 – 10 AZR 49/94, AP Nr. 173 zu § 611 BGB – Gratifikation. | 11 Im Anschluss an den Sachverhalt in BAG v. 21.3.2001 – 10 AZR 28/00, BAGE 97, 211. | 12 BAG v. 15.2.1990 – 6 AZR 381/88, BAGE 64, 179 (unter II 5 b d. Gr.). | 13 So ErfK/*Dörner*, § 4a EFZG Rz. 8. | 14 *Bauer/Lingemann*, BB 1996, Beilage 17, 8; aA ErfK/*Dörner*, § 4a EFZG Rz. 8.

Lächerlichkeit ggf. überschreiten. Indessen kann eine **Kleingratifikation** zB bei einem **geringfügig Beschäftigten** durchaus einen relativ hohen Stellenwert haben.

III. Kürzungsmethode: Vereinbarung. Unter Vereinbarungen sind alle **arbeitsvertraglichen Abreden** zu verstehen, aber auch **TV** und **BV**. Ebenso zählen dazu **Gesamtzusagen** des ArbGeb[1]. 11

Beispiele: 12

1. Eine BV über eine „Prämienregelung" regelt für die Berechnung der Jahresprämie einen Abzug von 1/30tel für jeden (krankheitsbedingten) Fehltag[2].

2. In einer BV ist bestimmt, dass das Weihnachtsgeld eine freiwillige soziale Leistung darstellt. Nach der Regelung erhalten alle Mitarbeiterinnen und Mitarbeiter von einem errechneten Weihnachtsgeld 40 % unabhängig von den angefallenen Fehltagen. Darüber hinaus galt eine Staffelung, wonach 36 bis 40 Fehltage einen Bonus von 12,5 % ergaben und 0 bis 5 Fehltage einen solchen von 115 %[3].

Indessen fallen auch **einseitige Zusagen des ArbGeb**, ja sogar die Zusage freiwilliger Leistungen unter jederzeitigem Widerrufsvorbehalt unter die Vereinbarung iSd. § 4a Satz 1. Entscheidend ist allein, dass eine Regelung vorhanden ist, die einerseits eine Sondervergütung auswirft und andererseits den ArbGeb berechtigt, die Sondervergütung wegen krankheitsbedingter Fehltage zu kürzen oder aber eine Regelung da ist, die eine Sondervergütung erst entstehen lässt oder steigert, wenn krankheitsbedingte Fehltage nicht oder nur in geringem Umfang anfallen. Der Tatbestand der Vereinbarung ist insoweit nicht rechtstechnisch zu verstehen, sondern lediglich als Voraussetzung für eine im Voraus feststehende, für den ArbN wie auch für den ArbGeb gültige Regelung. 13

Beispiel: Die Arbeitgeberin zahlte ihren ArbN jeweils eine Weihnachtszuwendung in Höhe eines festen Betrages. Die ArbN unterzeichneten jeweils eine Erklärung, wonach es sich um eine freiwillige Leistung der Beklagten handele, auf die kein Rechtsanspruch bestehe und deren Wiederholung sich die Beklagte für die Folgejahre vorbehalte. Die Beklagte pflegte bei der Festlegung der Weihnachtszuwendung individuelle Kriterien zu berücksichtigen, wie Leistungen, Fehlzeiten, betriebliches Verhalten, alkoholbedingte Auffälligkeiten und persönlichen Einsatz des ArbN. Dies war allen ArbN des Betriebes bekannt und wurde seit Jahren derart praktiziert; eine schriftliche Festlegung gab es nicht. Das BAG hat diese betriebliche Handhabe als Rechtsgrundlage für eine Kürzung der Sondervergütung als ausreichend angesehen[4]. 14

Unter diesem Gesichtspunkt genügt auch eine **betriebliche Übung** als Rechtsgrundlage für eine Kürzungsvereinbarung, wenn sie in ihrer Ausgestaltung eine Kürzung der Leistungen im Falle krankheitsbedingter Arbeitsunfähigkeit vorsieht[5]. Als Kürzungsvereinbarung ist auch angesehen worden, wenn durch eine **Formulierung von Anspruchsvoraussetzungen** dieselbe Rechtswirkung erreicht wird, die bei einer Formulierung als Kürzungsmöglichkeit gegeben wäre[6]. 15

Die **Kürzungsvereinbarung muss in ihrer rechtlichen Wertigkeit mindestens der Rechtsgrundlage** über die Gewährung der Sondervergütung **entsprechen**[7]. So kann eine tarifliche Sondervergütung nur aufgrund entsprechender Tarifnorm gekürzt werden; entsprechendes gilt für eine Sondervergütung auf Grund einer BV. Ist die Sondervergütung einzelvertraglich zugesagt worden, muss auch die Kürzung im Einzelarbeitsvertrag geregelt sein. Gleiches gilt für Gesamtzusagen oder betriebliche Übungen. Denn die Vereinbarung über die Kürzung muss sich auf die Sondervergütung beziehen und von daher muss gewährleistet sein, dass die Kürzungsvereinbarung auch rechtlich in der Lage ist, die Sondervergütung zu kürzen. 16

IV. Kürzungsgrund: Krankheitsbedingte Fehlzeiten. § 4a regelt nur die Kürzung von Sondervergütungen wegen krankheitsbedingter Fehlzeiten. Eine (vereinbarte) Kürzung von Sondervergütung aus anderen Gründen wird durch § 4a nicht erfasst. 17

Nach § 4a ist die Kürzung der Sondervergütung nicht davon abhängig, dass die Krankheitszeit von einem Entgeltfortzahlungsanspruch des ArbN begleitet wird. Vielmehr sind **alle krankheitsbedingte Fehlzeiten zu berücksichtigen**, also solche, für die der ArbN einen Anspruch auf Entgeltfortzahlung im Krankheitsfall nicht mehr hat[8]. § 4a unterscheidet nicht nach dem **Anlass für die krankheitsbedingte Fehlzeit**. Eine Sondervergütung kann auch für solche arbeitsunfähigkeitsbedingte Fehlzeiten des ArbN gekürzt werden, die auf einem beim selben ArbGeb erlittenen **Arbeitsunfall** beruhen[9]. Der Gesetzgeber hat bei der Schaffung des § 4a (damals § 4b) durchaus im Blick gehabt, dass krankheitsbedingte Fehlzeiten, die auf einem Arbeitsunfall beruhen, zu einer anderen rechtlichen Stellung des ArbN führen als solche, die auf anderen Ursachen beruhen. Denn er hatte zugleich geregelt, dass die Entgeltfortzahlung 18

---

1 ErfK/*Dörner*, § 4a EFZG Rz. 5. | 2 Im Anschluss an BAG v. 26.10.1994 – 10 AZR 482/93, BAGE 78, 174. | 3 Im Anschluss an den Sachverhalt in BAG v. 15.12.1999 – 10 AZR 626/98, AP Nr. 221 zu § 611 BGB – Gratifikation. | 4 BAG v. 7.8.2002 – 10 AZR 709/01, AP Nr. 2 zu § 4a EntgeltFG. | 5 *Vogelsang*, Entgeltfortzahlung, Rz. 576. | 6 Vgl. BAG v. 25.7.2001 – 10 AZR 502/00, BAGE 98, 245. | 7 Vgl. die Beispiele bei KDHK/*Hold*, § 4a EFZG Rz. 14. | 8 KDHK/*Hold*, § 4a EFZG Rz. 12. | 9 BAG v. 15.12.1999 – 10 AZR 626/98, AP Nr. 221 zu § 611 BGB – Gratifikation.

100 statt nur 80 % beträgt soll, wenn die krankheitsbedingte Arbeitsunfähigkeit auf einem Arbeitsunfall beruht (§ 4a aF); diese Bestimmung ist durch das Korrekturgesetz aufgehoben worden[1].

19　Die Kürzung der Sondervergütung kann auch für solche Fehlzeiten vereinbart werden, die auf **Maßnahmen der medizinischen Vorsorge und Rehabilitation** iSd. § 9 beruhen. § 4a gilt entsprechend für eine Arbeitsverhinderung infolge einer Maßnahme der medizinischen Vorsorge und Rehabilitation, die einen Träger der gesetzlichen Renten-, Kranken- oder Unfallversicherung, eine Verwaltungsbehörde der Kriegsopferversorgung oder sonstiger Sozialleistungsträger bewilligt hat und die in einer Einrichtung der medizinischen Vorsorge oder Rehabilitation durchgeführt wird (§ 9 Satz 1). Indessen liegt in der Vereinbarung, das krankheitsbedingte Fehltage zur Kürzung der Sondervergütung führen können, nicht schon ohne weiteres die Vereinbarung, dass dies auch für Fehltage aufgrund derartiger Maßnahmen der medizinischen Vorsorge und Rehabilitation gelte. Vielmehr bedarf dies einer klarstellenden Regelung im Verhältnis zwischen ArbGeb und ArbN.

20　Die Kürzung von Sondervergütungen wegen **Fehltagen aus anderen Anlässen** als die der krankheitsbedingten Arbeitsunfähigkeit bzw. der Maßnahme der medizinischen Vorsorge und Rehabilitation wird von § 4a nicht berührt. Dies gilt insb. für Fehltage aufgrund von **mutterschutzrechtlichen Beschäftigungsverboten**[2]. Mit Rücksicht auf § 611a BGB dürfte eine solche Kürzungsmöglichkeit jedoch ausscheiden. Ebenso wenig regelt § 4a die Kürzung wegen Fehltagen zB bei Arbeitsverhinderung aus persönlichen Gründen oder infolge Arbeitskampfes. Inwieweit Fehltage aus solchen Anlässen zur Kürzung von Sondervergütungen führen können, richtet sich zunächst nach der mit dem ArbN getroffenen Vereinbarung, die ihrerseits daran zu messen ist, ob und inwieweit sie von der Vertragsfreiheit gedeckt ist oder sie ihrerseits gegen höherrangiges Recht (vgl. § 611a bei mutterschutzbedingten Fehlzeiten) verstößt.

21　Ungeklärt ist auch die Frage der **Kumulierung** der Anrechnung von Fehltagen unterschiedlicher Art auf die Sondervergütung. Dies ist nicht nur eine Frage des Grundes für das Erlaubtsein der Anrechnung von Fehlzeiten auf Sondervergütungen, sondern auch eine Frage der Grenzen der Anrechnung im Falle der Kumulation unterschiedlich begründeter Fehlzeiten.

22　**V. Kürzungsgrenzen.** § 4a Satz 2 setzt für die Kürzung für jeden Tag der Arbeitsunfähigkeit infolge Krankheit eine Grenze: Die Kürzung darf **für jeden Fehltag ein Viertel des Arbeitsentgeltes**, das im **Jahresdurchschnitt** auf einen Arbeitstag entfällt, nicht überschreiten.

23　**1. Bezugspunkt der Kürzungsgrenze.** Die Rspr. zum Rechtsstand vor In-Kraft-Treten dieser gesetzlichen Bestimmung hatte mit Fällen zu tun, in denen die Kürzung bezogen war auf die Sondervergütung selbst. In seiner grundlegenden Entscheidung über die Zulässigkeit der Kürzung von Sondervergütungen infolge krankheitsbedingter Fehlzeiten hat das BAG die dort vereinbarte Kürzung von 1/60tel der versprochenen Sondervergütung (Weihnachtsgratifikation) pro krankheitsbedingtem Fehltag gebilligt[3]. Im Urteil vom 26.10.1994 hat das BAG diese Auffassung dem Grunde nach bestätigt und eine Kürzungsregelung in einer BV von 1/30tel pro Fehltag als zulässig erachtet[4]. Diesen Bezugspunkt der Kürzung und der Dimensionierung der Kürzung hat der Gesetzgeber nicht aufgegriffen. Vielmehr hat das Gesetz einen **neuen Bezugspunkt** angeordnet, in dem es auf den jahresdurchschnittlichen arbeitstäglichen Verdienst abstellt; die Kürzung darf 1/4 eines solchen jahresdurchschnittlichen arbeitstäglichen Verdienstes nicht überschreiten.

24　**2. Ermittlung der Kürzungsgrenze.** Die Obergrenze der höchstzulässigen Kürzung nach Satz 2 ist wie folgt zu vermitteln: Das auf den Jahreszeitraum entfallende Jahresarbeitsentgelt ist durch die auf denselben Zeitraum entfallende Zahl der Arbeitstage (einschließlich Urlaubstage) zu teilen; dies ergibt das Tagesarbeitsentgelt. Für jeden krankheitsbedingten Fehltag darf ein Viertel des Betrages des Tagesarbeitsentgeltes von der Sondervergütung abgezogen werden.

25　**a) Maßgeblicher Jahreszeitraum.** Das maßgebliche Jahr, das der Berechnung des Durchschnitts zugrunde zu legen ist, ist im Gesetzeswortlaut nicht näher bestimmt. Der Jahresdurchschnitt kann einmal auf ein volles Jahr in der Vergangenheit abstellen. Dabei bleibt dann noch zu klären, ob auf das vergangene Kalenderjahr oder auf das Zeitjahr abzustellen ist. Es kann mit Jahresdurchschnitt aber auch das laufende Jahr gemeint sein, dies wiederum mit den beiden aufgezeigten Varianten.

26　Das **BAG** hat diese Frage bisher nicht geklärt. In seiner Entscheidung vom 15.12.1999 ist es allerdings davon ausgegangen, dass der ArbN dort nach einer Weihnachtsgeldabrechnung von November 1996 in diesem Monat eine Bruttomonatsvergütung von 3.854,50 DM erzielt hatte; es hat dann zugunsten des Klägers angenommen, dass bei der Berechnung des Jahresentgeltes nur die laufenden Monatsvergütungen, nicht jedoch gewährte Sondervergütung zu berücksichtigen sind und hat den Jahresverdienst des Klägers dann selbst mit der Multiplikation von 12 x 3.854,50 DM errechnet[5]. Damit scheint das BAG – ohne dies näher zu problematisieren – in dieser Entscheidung zumindest davon ausgegangen zu sein, dass der Jahresdurchschnitt sich (zumindest auch) auf einen Jahreszeitraum berechnen lässt, der unmittelbar vor

---

[1] Art. 7 Nr. 2 und 3 Gesetz v. 19.12.1998 BGBl. I S. 3843 mit Wirkung v. 1.1.1999.　|[2] *Bauer/Lingemann*, BB 1996, Beilage 17, 8.　|[3] BAG v. 15.2.1990 – 6 AZR 83/88, BAGE 64, 179.　|[4] BAG v. 26.10.1994 – 10 AZR 482/93, BAGE 78, 174.　|[5] BAG v. 15.12.1999 – 10 AZR 626/98, AP Nr. 221 zu § 611 BGB – Gratifikation.

der Fälligkeit der Sondervergütung bzw. vor deren Berechnung liegt. Eine solche Möglichkeit wird auch im **Schrifttum** angenommen[1]. Andere Teile des Schrifttums halten es dagegen für sinnvoll, auf den Verdienst des vergangenen Kalenderjahres abzustellen[2]. Für zulässig und als im Interesse der Rechtsklarheit sinnvoll wird gehalten, den Bezugszeitraum in der Kürzungsvereinbarung selbst festzulegen[3]. Angesichts der relativen Offenheit des Gesetzes ist der zuletzt genannten Ansicht der Vorzug zu geben. Ist eine solche Vereinbarung nicht getroffen worden, so hat der ArbGeb nach pflichtgemäßem Ermessen festzulegen, ob und welchen Jahreszeitraum er für die Durchschnittsberechnung zugrunde legt. Dabei ist im Interesse der Rechtssicherheit und Berechnungssicherheit einer vergangenheitsbezogenen Durchschnittsbetrachtung der Vorzug zu geben vor jeder Berechnung, die eine Berücksichtigung der Zukunft erfordert.

b) Arbeitsentgelt. Der Begriff des Arbeitsentgeltes ist gegenständlich derselbe wie der in § 4 Abs. 1 (vgl. § 4 Rz 28 ff.). Konsequenterweise ist die zu kürzende **Sondervergütung** selbst **nicht einzubeziehen**[4]. Für eine Einbeziehung könnte zwar sprechen, dass § 4a Satz 2 von „Arbeitsentgelt" und nicht wie § 4a Satz 1 vom „laufenden" Arbeitsentgelt spricht. Indessen korrespondiert die Formulierung „Arbeitsentgelt" mit dem Begriff, wie er in § 4 Abs. 1 verwendet wird. Diese Vorschrift erfasst Sondervergütungen jedoch gerade nicht. Außerdem können die Ansichten, die einerseits auf das vergangene Kalenderjahr zur Berechnung des Durchschnittswertes abstellen wollen, andererseits in die im laufenden Kalenderjahr zu kürzende Sondervergütung einbeziehen wollen, auf ein logisch unlösbaren Widerspruch stoßen. Die Berücksichtigung von Sondervergütung bei der Ermittlung der im Jahresdurchschnitt auf einen Arbeitstag entfallenden Vergütung könnte des Weiteren dazu führen, dass fehlzeitbedingte Kürzungen der Sondervergütung im Vorjahr eine Verringerung der Kürzungsmöglichkeit im Folgejahr bewirken[5].

c) Arbeitstage im Referenzzeitraum. Der derart ermittelte Jahresverdienst ist umzurechnen auf denjenigen Betrag, der auf einen Arbeitstag (Urlaubstag) entfällt, dh. der errechnete Jahresentgeltbetrag ist durch die Zahl der in den Berechnungszeitraum fallenden Arbeitstage (einschließlich Urlaubtagen) zu teilen. Dabei muss die individuelle Arbeitsverpflichtung des ArbN zugrunde gelegt werden. Zugrunde zu legen sind alle Tage, für die dem ArbN ein **Entgeltanspruch** zugestanden hat, sei es unmittelbar aus § 611 BGB, sei es als Urlaubsvergütung, als Entgeltfortzahlung im Krankheitsfall, aus Gründen des Mutterschutzes, der BR-Tätigkeit usw. **Nicht zu den Arbeitstagen** zählen solche Tage, an denen der ArbN nicht zu arbeiten hatte oder aus anderen Gründen **keinen Vergütungsanspruch** erworben hat, zB wegen unentschuldigten Fehlens, unbezahlter Freistellung, krankheitsbedingter Arbeitsunfähigkeit außerhalb der Entgeltfortzahlungszeit[6]. Soweit Autoren pauschalierte Berechnungsgrundlagen anwenden wollen, zB im Jahresdurchschnitt 230 Arbeitstage[7], wird übersehen, dass das Gesetz auf den Jahresdurchschnittsverdienst des betreffenden ArbN selbst abstellt, der auf Arbeitstage umzurechnen ist. Hiermit verträgt es sich nicht, auf eine andere Zahl der Arbeitstage abzustellen, als sie vom ArbN zu leisten waren. Besonders deutlich wird der Auffassungsunterschied bei **Teilzeitkräften**, die in der Kalenderwoche an weniger als sechs bzw. fünf Tagen zu arbeiten haben.

Beispiele:

1. Ein ArbN arbeitet gegen ein Monatsentgelt von 2.000 Euro regelmäßig an fünf Arbeitstagen in der Woche. Zusätzlich zu den monatlichen 2.000 Euro erhält er eine arbeitsleistungsbezogene Sonderzahlung als 13. Monatsgehalt; daneben wird ihm eine nicht auf die Arbeitsleistung bezogene Sondervergütung gezahlt. Da das 13. Monatsgehalt arbeitsleistungsbezogen ist, ist es in die Berechnung des Jahresbetrages des Arbeitsentgeltes einzubeziehen; das Jahresarbeitsentgelt beträgt mithin 26.000 Euro. Da im Referenzjahr keine unbezahlten Arbeitsausfälle angefallen sind, hätte der ArbN unter Berücksichtigung von 30 Arbeitstagen Urlaub insgesamt 261 Arbeitstage. Die Jahressumme von 26.000 Euro geteilt durch die Zahl dieser Arbeitstage ergibt einen Tagessatz von 99,62 Euro. Die Höchstgrenze für die Kürzung beträgt 1/4 dieses Betrages, mithin 24,90 Euro.

2. Ein ArbN ist teilzeitbeschäftigt; er arbeitet regelmäßig drei Tage in der Woche. Sein Monatsverdienst beträgt 1.500 Euro. Hinzu kommt eine Sondervergütung. Der Jahresvertrag des Arbeitsentgeltes (ohne die Sondervergütung) beträgt 18.000 Euro. Bei drei Arbeitstagen pro Woche hat der ArbN 138 Tage im Referenzjahr gearbeitet. Das jahresdurchschnittliche Tagesentgelt beträgt mithin 115,39 Euro. Der Höchstbetrag der Kürzung pro Fehltag beläuft sich auf 28,85 Euro.

3. **Überschreitung der Kürzungsgrenzen.** Die Kürzungsgrenzen des § 4a sind zwingenden Rechts; werden sie überschritten, so ist die **Kürzungsvereinbarung** rechtsunwirksam (§ 12 EFZG, § 134 BGB). Dies wirft die Frage auf, ob eine Kürzungsvereinbarung, die die gesetzlichen Kürzungsgrenzen überschreitet,

---

1 KDHK/*Hold*, § 4a EFZG Rz. 21. | 2 ErfK/*Dörner*, § 4a EFZG Rz. 17; HzA/Lipke, Gruppe 3 Rz. 229 ff.; *Vogelsang*, Entgeltfortzahlung, Rz. 583; *Bauer/Lingemann*, BB 1996, Beilage 17, 8; *Müller/Berenz*, § 4a EFZG Rz. 12. | 3 ErfK/*Dörner*, § 4a EFZG Rz. 18; *Kunz/Wedde*, § 4a EFZG Rz. 22; *Vogelsang*, Entgeltfortzahlung, Rz. 583. | 4 KDHK/*Hold*, § 4a EFZG Rz. 20; *Geyer/Knorr/Krasney*, § 4a EFZG Rz. 14; ausdrücklich offen gelassen von BAG v. 15.12.1999 – 10 AZR 626/98, AP Nr. 221 zu § 611 BGB – Gratifikation; für Einbeziehung: ErfK/*Dörner*, § 4a EFZG Rz. 19; HzA/*Lipke*, Gruppe 3 Rz. 229 ff.; *Bauer/Lingemann*, BB 1996, Beilage 17, 8. | 5 Ausf.: *Vogelsang*, Entgeltfortzahlung, Rz. 584. | 6 Wie hier: ErfK/*Dörner*, § 4a EFZG Rz. 21; *Vogelsang*, Entgeltfortzahlung, Rz. 585. | 7 HzA/*Lipke*, Gruppe 3 Rz. 230; *Bauer/Lingemann*, BB 1996, Beilage 17, 8.

insgesamt hinsichtlich der Kürzungen unwirksam ist oder ob sie nur insoweit **teilunwirksam** ist. Im Hinblick darauf, dass sich die unterschiedlichen Jahresverdienste und deren Begrenzungen höchst unterschiedlich auf die Kürzungen auswirken können und die Kürzungsgrenzen vor allem nicht mehr von der Höhe der Sondervergütung abhängig sind, dürfte Letzteres anzunehmen sein. Denn die Zahlung der Sondervergütung und deren Kürzungsmöglichkeit sind als einheitliches Rechtsgeschäft mit der Folge anzusehen, dass der ArbGeb nicht nur den ihn belastenden Teil aufrechterhalten möchte, sondern – soweit das Gesetz dies erlaubt – auch den Teil der Abrede, die die Kürzung ermöglicht. Ist dies nicht anzunehmen, so kann die gesamte Vereinbarung über die Sonderzahlung nichtig sein. Indessen wird eine Abrede über die Sondervergütung nicht als insgesamt nichtig anzusehen sein, wenn diese Abrede ausdrücklich als zusätzliche Höchstgrenze die Grenzen des § 4a für den Fall aufführt, dass die sonst beschriebene Kürzung diese Grenzen im Einzelfall überschreitet.

31 Dies gilt auch für in der Vergangenheit abgeschlossene Kürzungsvereinbarungen. Für **TV** es unter einem Gesichtspunkt der Tarifautonomie insoweit die geltungserhaltende Reduktion der tarifvertraglichen Regelungen geboten.

5 Anzeige- und Nachweispflichten

(1) Der Arbeitnehmer ist verpflichtet, dem Arbeitgeber die Arbeitsunfähigkeit und deren voraussichtliche Dauer unverzüglich mitzuteilen. Dauert die Arbeitsunfähigkeit länger als drei Kalendertage, hat der Arbeitnehmer eine ärztliche Bescheinigung über das Bestehen der Arbeitsunfähigkeit sowie deren voraussichtliche Dauer spätestens an dem darauf folgenden Arbeitstag vorzulegen. Der Arbeitgeber ist berechtigt, die Vorlage der ärztlichen Bescheinigung früher zu verlangen. Dauert die Arbeitsunfähigkeit länger als in der Bescheinigung angegeben, ist der Arbeitnehmer verpflichtet, eine neue ärztliche Bescheinigung vorzulegen. Ist der Arbeitnehmer Mitglied einer gesetzlichen Krankenkasse, muss die ärztliche Bescheinigung einen Vermerk des behandelnden Arztes darüber enthalten, dass der Krankenkasse unverzüglich eine Bescheinigung über die Arbeitsunfähigkeit mit Angaben über den Befund und die voraussichtliche Dauer der Arbeitsunfähigkeit übersandt wird.

(2) Hält sich der Arbeitnehmer bei Beginn der Arbeitsunfähigkeit im Ausland auf, so ist er verpflichtet, dem Arbeitgeber die Arbeitsunfähigkeit, deren voraussichtliche Dauer und die Adresse am Aufenthaltsort in der schnellstmöglichen Art der Übermittlung mitzuteilen. Die durch die Mitteilung entstehenden Kosten hat der Arbeitgeber zu tragen. Darüber hinaus ist der Arbeitnehmer, wenn er Mitglied einer gesetzlichen Krankenkasse ist, verpflichtet, auch dieser die Arbeitsunfähigkeit und deren voraussichtliche Dauer unverzüglich anzuzeigen. Dauert die Arbeitsunfähigkeit länger als angezeigt, so ist der Arbeitnehmer verpflichtet, der gesetzlichen Krankenkasse die voraussichtliche Fortdauer der Arbeitsunfähigkeit mitzuteilen. Die gesetzlichen Krankenkassen können festlegen, dass der Arbeitnehmer Anzeige- und Mitteilungspflichten nach den Sätzen 3 und 4 auch gegenüber einem ausländischen Sozialversicherungsträger erfüllen kann. Absatz 1 Satz 5 gilt nicht. Kehrt ein arbeitsunfähig erkrankter Arbeitnehmer in das Inland zurück, so ist er verpflichtet, dem Arbeitgeber und der Krankenkasse seine Rückkehr unverzüglich anzuzeigen.

I. Normzweck und -entstehung 1	bb) Vorzeitige Vorlage auf Verlangen des Arbeitgebers 55
II. Anwendungsbereich 2	d) Beweiswert der ärztlichen Arbeitsunfähigkeitsbescheinigung 61
III. Krankheitsbedingte Arbeitsunfähigkeit im Inland (Abs. 1) 5	
1. Mitteilungspflicht 6	3. Verletzung der Nachweispflicht 68
a) Inhalt der Mitteilung 7	IV. Krankheitsbedingte Arbeitsunfähigkeit im Ausland (Abs. 2) 70
b) Zeitpunkt, Form und Empfänger der Mitteilung 16	1. Mitteilungspflicht 71
c) Erstmitteilung, Folgemitteilung 27	2. Nachweispflicht 76
d) Verletzung der Mitteilungspflicht 29	3. Beweiswert der ausländischen Arbeitsunfähigkeitsbescheinigung 80
2. Nachweis der krankheitsbedingten Arbeitsunfähigkeit 32	4. Mitteilungspflicht bei Rückkehr aus dem Ausland 83
a) Bedeutung des Nachweises 33	
b) Ärztliche Bescheinigung 34	V. Verzicht des Arbeitgebers auf eine Arbeitsunfähigkeitsbescheinigung 84
c) Zeitpunkte für den Beginn und die Vorlage des Nachweises 45	VI. Kontrolluntersuchung durch den medizinischen Dienst 85
aa) Vorlage im gesetzlichen Regelfall . . . 46	

Lit.: *Abele*, Entgeltfortzahlung an erkrankte Wanderarbeitnehmer und Anerkennung von EG-ausländischen Attesten – Paletta ll, NZA 1996, 631; *Bährle*, Zweifel an der Krankheit des Mitarbeiters, BuW 1999, 276; *Bauer/Diller*, In Sachen Paletta endlich alles paletti, NZA 2000, 711; *Berenz*, Lohnfortzahlung an im Urlaub erkrankte Arbeitnehmer, DB 1992, 2442; *Berenz*, Anzeige- und Nachweispflichten bei Erkrankung im Ausland, DB 1995, 1462; *Berenz*, Aktuelle Probleme bei der Entgeltfortzahlung im Krankheitsfall, DB 1995, 2166; *Bitzer*, Das Rückkehrgespräch – Instrument zum Abbau von Fehlzeiten; *Buschmann*, Gemeinde Marktwirtschaft, ArbuR 1996, 285; *Diller*, Krankfeiern seit 1. 6. 1994 schwieriger?, NJW 1994, 1690; *Edenfeld*, Die Krankenkontrolle des Arbeitgebers, DB 1997, 2273; *Feichtinger*, Anzeige- und Nachweispflichten bei Arbeitsunfähigkeit, Arbeitsrecht-Blattei, Krankheit ll, SD

1000.2; *Feichtinger*, Lohn- und Gehaltsfortzahlung im Krankheitsfall, Schriften zur AR-Blattei, Bd. 19, 1989; *Gola*, Die Anzeige- und Nachweispflicht nach § 5 Abs. 1 EFZG, DuO 1995, 471; *Hanau/Kramer*, Zweifel an der Arbeitsunfähigkeit, DB 1995, 94; *Haupt*, Nachweispflichten bei Arbeitsunfähigkeit, BuW 1995, 393; *Haupt/Welslau*, Anzeige- und Nachweispflichten nach dem EFZG, ZAP Fach 17, 823; *Heinze/Giesen*, Die Arbeitsunfähigkeitsbescheinigung und der Europäische Gerichtshof, BB 1996, 1830; *Hunold*, Verweigerung der Entgeltfortzahlung und Medizinischer Dienst, DB 1995, 676; *Kramer*, Die Vorlage der Arbeitsunfähigkeitsbescheinigung, BB 1996, 1662; *Lembke*, Mutterschutzlohn und Entgeltfortzahlung, NZA 1998, 349; *Lepke*, Pflichtverletzungen des Arbeitnehmers bei Krankheit als Kündigungsgrund, NZA 1995, 1084; *Lepke*, Krankheitsbegriff im Arbeitsrecht, NZA-RR 1999, 57; *Linke*, Arbeitnehmerpflichten bei Krankheit, AuA 2001, 558; *Lorenz*, Die Anerkennung ausländischer Arbeitsunfähigkeitsbescheinigungen, KrV 1996, 296; *Maurer/Schüßler*, Mitbestimmungsrechte bei Krankmeldung, FA 2000, 211; *Meurer*, Die „Melde"-Pflichten des Arbeitnehmers im Rahmen der Entgeltfortzahlung, Die Leistungen 1996, 321; *Oetker*, Beweiswert ausländischer Arbeitsunfähigkeitsbescheinigungen – Entgeltfortzahlungsanspruch – Mitteilung der Urlaubsanschrift, SAE 1998, 81; *Piechowiak/Bebensee/Erben*, AU-Begutachtung – Wissen wir eigentlich, was wir bewirken?, Gesundheitswesen 59 (1997), 483; *Pieper*, Entgeltfortzahlung im Krankheitsfall, Der Personalrat 1995, 471; *Rehwald*, Arbeitsunfähigkeit im Ausland, AiB 1998, 301; *Reinecke*, Krankheit und Arbeitsunfähigkeit – die zentralen Begriffe des Rechts der Entgeltfortzahlung, DB 1998, 130; *Ruthemann*, Die „Melde"-Pflichten des Arbeitnehmers im Rahmen der Entgeltfortzahlung, Die Leistungen 1996, 321; *Schaub*, Rechtsfragen der Arbeitsunfähigkeitsbescheinigung nach dem Entgeltfortzahlungsgesetz, BB 1994, 1629; *Schliemann*, Neues und Bekanntes im Entgeltfortzahlungsgesetz, AuR 1994, 317; *Schmitt*, Die Neuregelung der Entgeltfortzahlung, RdA 1996, 5; *Straub*, Das neue Entgeltfortzahlungsgesetz, ZfSH 1995, 15; *Schmitt*, Vom Wert vertrauensärztlicher Untersuchungen, AuA 1999, 210; *Stückmann*, Beweiswert der Arbeitsunfähigkeitsbescheinigung, AuA 1995, 44; *Stückmann*, „Krankfeiern" und „Krankschreiben" – Überlegungen zur Entgeltfortzahlung im Krankheitsfall, NZS 1994, 529; *Stückmann*, Unkenntnis verursacht Kosten bei der Entgeltfortzahlung, AuA 1998, 84; *Viethen/Wascher*, Einheitliches Entgeltfortzahlungsrecht, BuW 1994, 544; *Vossen*, Die Wartezeit nach § 3 III EFZG, NZA 1998, 154; *Weth*, Die Arbeitsunfähigkeit – einige „ketzerische" Bemerkungen zu einem arbeitsrechtlichen Dauerbrenner, in Arbeitsrecht und Arbeitsgerichtsbarkeit, Festschrift zum 50-jährigen Bestehen der Arbeitsgerichtsbarkeit in Rheinland Pfalz, S. 145; *Worzalla*, Die Anzeige- und Nachweispflichten nach § 5 I EFZG, NZA 1996, 61.

I. Normzweck und -entstehung. Die Bestimmung regelt die Anzeige- und Nachweispflichten des arbeitsunfähig erkrankten ArbN. Mit der Einführung des Entgeltfortzahlungsgesetzes wurden die unterschiedlich geregelten Anzeige- und Nachweispflichten der verschiedenen ArbN und der ArbN in den alten und neuen Bundesländern vereinheitlicht. Zur stärkeren **Bekämpfung von Missbrauch** sah der ursprüngliche Regierungs- und Koalitionsentwurf eine Nachweispflicht des Arbeitnehmers bereits für den ersten Kalendertag der krankheitsbedingten Arbeitsunfähigkeit vor[1]. Wegen der mit diesem Nachweis verbundenen Kostensteigerungen bei den Krankenkassen – für pflichtversicherte ArbN sind die Kosten der ärztlichen Bescheinigung der krankheitsbedingten Arbeitsunfähigkeit von der Krankenkasse zu tragen – hat der Gesetzgeber von dieser Regelung Abstand genommen und die aus seiner Sicht kostengünstigere, flexible, aber zur Missbrauchsbekämpfung gezielt einsetzbare Regelung in § 5 geschaffen[2]. Ebenso wurde § 5 Abs. 2 gegenüber dem ursprünglichen Entwurf im Laufe des Gesetzgebungsverfahrens geändert. Der ursprüngliche Entwurf sah für eine **Auslandserkrankung** lediglich vor, dass der ArbN seine Arbeitsunfähigkeit und deren voraussichtliche Dauer unverzüglich anzuzeigen habe[3]. Die Verpflichtung des ArbN, auch seine Adresse am Aufenthaltsort mitzuteilen und für die Mitteilung insgesamt die schnellstmögliche Art der Übermittlung – auf Kosten des ArbGeb – zu wählen, wurde nachträglich im Laufe des Gesetzgebungsverfahrens eingefügt. Mit dieser Änderung wollte der Gesetzgeber dem Missbrauch der Entgeltfortzahlung entgegenwirken, in dem er dem ArbGeb bessere Chancen eröffnete, das Vorliegen der Arbeitsunfähigkeit zu überprüfen bzw. überprüfen zu lassen[4]. Damit hat der Gesetzgeber die vom EuGH aufgezeigte Möglichkeit der Gegenuntersuchung[5] wahrgenommen. Zudem regelt § 5 – bruchstückhaft – bestimmte Pflichten des Arztes bzw. des ArbN, der gesetzlich krankenversichert ist, gegenüber der Krankenkasse.

II. Anwendungsbereich. Der personelle Anwendungsbereich des § 5 erstreckt sich auf **alle ArbN**. Er erfasst grundsätzlich alle ArbN, die in den Anwendungsbereich des Entgeltfortzahlungsgesetzes fallen, und zwar ohne Rücksicht darauf, ob ihnen ein Anspruch auf Entgeltfortzahlung zusteht oder nicht[6]. Nicht nur der Wortlaut, sondern auch der Sinn und Zweck des Abs. 1 zeigen, dass der personelle Anwendungsbereich der Regelung umfassend ist. Insbesondere soll es die Anzeige- oder Mitteilungspflicht des ArbN dem ArbGeb ermöglichen, möglichst frühzeitig die entsprechenden Dispositionen zu treffen[7]. Anzeige- und nachweispflichtig sind daher auch ArbN, die innerhalb der vierwöchigen Wartezeit arbeitsunfähig werden[8]. Ebenso trifft die Anzeige- und Nachweispflicht ArbN, die über die Dauer der Entgeltfortzahlung hinaus arbeitsunfähig krank sind[9] oder die infolge Fortsetzungskrankheit (vgl. § 3 Rz 97 ff.) gar keinen Anspruch auf Entgeltfortzahlung wegen darauf beruhenden Arbeitsunfähigkeit mehr haben[10].

---

1 BT-Drs. 12/5263, 4 v. 24.6.1993. | 2 LAG BW v. 18.6.1997 – 4 Sa 139/95, NZA-RR 1998, 51; *Schmitt*, § 5 EFZG Rz. 4. | 3 BT-Drs. 12/5263, 4. | 4 BT-Drs. 12/5798, 26. | 5 EuGH v. 3.6.1992 – Rs C 45/90 – Paletta 1 – AP Nr. 1 zu Art. 18 EWG-Verordnung Nr. 574/72. | 6 KDHK/*Kleinsorge*, § 5 EFZG Rz. 1; *Schmitt*, § 5 EFZG Rz. 7, 8; *Bauer/Lingemann*, BB 1996, Beilage 17, 8; *Hanau*, RdA 1997, 205; *Vossen*, NZA 1998, 154. | 7 *Schmitt*, § 5 EFZG Rz. 8; ErfK/*Dörner*, § 5 EFZG Rz. 5. | 8 HzA/*Vossen*, Gruppe 2 Rz. 235; *Hanau*, RdA 1997, 205; aA *Buschmann*, ArbuR 1996, 285. | 9 LAG v. Köln 2.11.1988 – 2 Sa 850/88, LAGE § 3 LohnFG Nr. 2; LAG Sa.-Anh. v. 24.4.1996 – 3 Sa 449/95, LAGE § 626 BGB Nr. 99; HzA/*Vossen*, Gruppe 2 Rz. 235; *Lepke*, NZA 1995, 1084. | 10 HZA/*Vossen*, Gruppe 2 Rz. 235.

3   Die Anzeige- und Nachweispflichten bestehen für den ArbN auch dann, wenn der ArbGeb über Art und Dauer der krankheitsbedingten Arbeitsunfähigkeit bereits **anderweitig Kenntnis** hatte, zB dann, wenn die krankheitsbedingte Arbeitsunfähigkeit auf einem **Betriebsunfall** beruht. Denn der ArbGeb ist in aller Regel nicht in der Lage, zB aus eigener Kenntnis über einen Betriebsunfall abzuleiten, inwieweit und vor allem wie lange der vom Betriebsunfall betroffene ArbN arbeitsunfähig krank sein wird[1]. Allerdings kann der ArbGeb rechtsmissbräuchlich handeln, wenn er in Kenntnis des Geschehens auch erkennen muss, dass der ArbN aufgrund des Betriebsunfalls arbeitsunfähig erkrankt ist, und er gleichwohl die Mitteilung der krankheitsbedingten Arbeitsunfähigkeit verlangt. Ein solches Verlangen kann auch gegen das Schikaneverbot (§ 226 BGB) verstoßen. Davon zu trennen ist allerdings die Verpflichtung zur Vorlage der ärztlichen Arbeitsunfähigkeitsbescheinigung, nicht zuletzt im Hinblick auf die nur vom Arzt zu attestierende voraussichtliche Dauer der krankheitsbedingten Arbeitsunfähigkeit.

4   Der sachliche Anwendungsbereich des § 5 ist auf die krankheitsbedingte Arbeitsunfähigkeit begrenzt. Für Zeiten der Arbeitsunfähigkeit, die auf einer Teilnahme an einer **Maßnahme der medizinischen Vorsorge und Rehabilitation** beruhen, enthält § 9 Abs. 2 besondere Bestimmungen (vgl. § 9 Rz 38 ff.).

5   **III. Krankheitsbedingte Arbeitsunfähigkeit im Inland (Abs. 1).** Ähnlich wie die Vorgängerbestimmung (§ 3 LFZG) unterscheidet auch § 5 EFZG hinsichtlich der Mitteilungs- und Nachweispflichten zwischen den Fällen, in denen die krankheitsbedingte Arbeitsunfähigkeit im Inland eintritt (Abs. 1) und den Fällen, in denen sie im Ausland eintritt (Abs. 2). Dabei baut die Regelung in Abs. 2 gedanklich auf der Regelung in Abs. 1 auf[2]. Für beide Konstellationen unterscheidet das Gesetz zwischen den Anzeige- oder Mitteilungspflichten und den Nachweispflichten des ArbN. Beide Pflichten sind systematisch als **arbeitsvertragliche Nebenpflichten** zu charakterisieren; sie sind jedoch **nicht einklagbar**[3].

6   **1. Mitteilungspflicht.** Die Mitteilungspflicht, auch **Anzeigepflicht** genannt, trifft jeden ArbN bei jeder Erkrankung. Nach dem Wortlaut des Abs. 1 Satz 1 hat der ArbN dem ArbGeb die Arbeitsunfähigkeit und deren voraussichtliche Dauer unverzüglich mitzuteilen.

7   **a) Inhalt der Mitteilung.** Nach dem Wortlaut des Gesetzes hat der ArbN dem ArbGeb nur die **Arbeitsunfähigkeit** mitzuteilen. Der genaue Inhalt der Mitteilung ist indessen gesetzlich nicht vorgeschrieben; er hängt von den näheren Umständen des Einzelfalles ab. Nach Abs. 1 Satz 1 hat der ArbN nicht erst die vom Arzt festgestellte Arbeitsunfähigkeit mitzuteilen, sondern schon eine entsprechende Mitteilung zu machen, wenn er, um vom Arzt feststellen zu lassen, ob er arbeitsunfähig krank ist oder nicht, zunächst den Arzt aufsucht und nicht zur Arbeit erscheint. Selbst wenn man eine solche Verpflichtung nicht ohne weiteres aus Abs. 1 Satz 1 ableiten wollte, so ergibt sie für sich gleichwohl als arbeitsvertragliche Nebenpflicht, vormals aus der sog. Treuepflicht, nunmehr als **Rücksichtnahmepflicht** aus § 241 Abs. 2 BGB nF.

8   **Beispiel:** Der ArbN wacht mit Halsschmerzen und erheblichen Schluckbeschwerden auf und fühlt sich matt. Er beschließt, an diesem Morgen nicht sofort zur Arbeit zu gehen, sondern zunächst den Arzt aufzusuchen, um feststellen zu lassen, ob er arbeitsunfähig krank ist. Der ArbN ist gehalten, den ArbGeb hierüber insoweit zu informieren, als er ihm mitteilt, dass er zunächst nicht zur Arbeit erscheinen werde, sondern sich zunächst zum Arzt begeben werde, um feststellen zu lassen, ob er krankheitsbedingt arbeitsunfähig ist.

9   Will der ArbN zunächst keinen Arzt aufsuchen, so muss er selbst entscheiden, ob er sich als krankheitsbedingt arbeitsunfähig erachtet oder nicht. Erachtet er sich als krankheitsbedingt arbeitsunfähig, so hat er dies dem ArbGeb unverzüglich mitzuteilen.

10 **Beispiel:** Der ArbN wacht morgens mit Gliederschmerzen und Erkältungserscheinungen auf, er meint, die Krankheit ohne ärztliche Hilfe binnen drei Tagen kurieren zu können, andererseits aber krankheitsbedingt arbeitsunfähig zu sein. Er hat dem ArbGeb eben dies, seine persönliche Einschätzung des Vorliegens krankheitsbedingter Arbeitsunfähigkeit und deren voraussichtliche Dauer unverzüglich mitzuteilen.

11 Hat der **ArbN den Arzt aufgesucht** und hat dieser ihm krankheitsbedingte Arbeitsunfähigkeit mitgeteilt oder bescheinigt, so hat der ArbN dem ArbGeb nunmehr erneut darüber zu informieren, dass krankheitsbedingte Arbeitsunfähigkeit vorliegt und wie lange diese voraussichtlich andauern wird. Diese Mitteilungspflicht trifft den ArbN in jedem Fall und nicht etwa nur dann, wenn die Eigenprognose des ArbN und die Einschätzung durch den Arzt auseinander fallen[4]. Der Inhalt der Anzeige darf sich allerdings grundsätzlich auf den Umstand beschränken, mitzuteilen, dass krankheitsbedingte Arbeitsunfähigkeit besteht und wie lange diese voraussichtlich andauern wird. Angaben über **Art und Ursache der Erkrankung** schuldet der ArbN in aller Regel nicht[5]. Ausnahmsweise hat der ArbN jedoch bereits bei der Mitteilung der krankheitsbedingten Arbeitsunfähigkeit und deren voraussichtlichen

---

1 ErfK/*Dörner*, § 5 EFZG Rz. 6; aA MünchArbR/*Boecken*, § 85 Rz. 8; *Schmitt*, § 5 EFZG Rz. 8. | 2 Vgl. für § 3 LFZG: BAG v. 18.9.1985 – 5 AZR 240/84, EzA Nr. 11 zu § 3 LohnFG; vgl. zu § 5 EFZG: BT-Drs. 12/5263, 14; KDHK/*Kleinsorge*, § 5 EFZG Rz. 36. | 3 HzA/*Vossen*, Gruppe 2 Rz. 234 mwN. | 4 *Schmitt*, § 5 EFZG Rz. 21; ErfK/*Dörner*, § 5 EFZG Rz. 9. | 5 BAG v. 31.8.1989 – 2 AZR 13/89, EzA § 1 KSchG – Verhaltensbedingte Kündigung Nr. 27; aA; statt vieler ErfK/*Dörner*, § 5 EFZG Rz. 11; KDHK/*Kleinsorge*, § 5 EFZG Rz. 9; HZA/*Vossen*, Gruppe 2 Rz. 251.

Dauer auch eine Angabe zur Art der Erkrankung zu machen, nämlich dann, wenn es sich um eine **ansteckende Erkrankung** handelt, die Schutzmaßnahmen des ArbGeb für andere oder gar seuchenpolizeiliche Maßnahmen erfordern[1]. Diese Pflicht besteht – unabhängig von der Mitteilungspflicht nach § 5 Abs. 1 Satz 1 – nach § 241 Abs. 2 BGB (Rücksichtnahmepflicht) bzw. § 242 BGB (Treuepflicht).

Beispiel: Der ArbN leidet an einer ansteckenden Krankheit, die sofortige Desinfektionsmaßnahmen zum Schutz der Menschen in der Umgebung des betroffenen Erkrankten erfordern. Aus dem Gesichtspunkt der arbeitsvertraglichen Rücksichtnahmepflicht ist der ArbN gehalten, eben dies dem ArbGeb unverzüglich mitzuteilen.

Ist der ArbN an einer **Fortsetzungserkrankung** erkrankt, so hat er diesen Umstand dem ArbGeb mit Rücksicht auf die Begrenzung der Verpflichtung zur Entgeltfortzahlung mitzuteilen[2]. Diese Verpflichtung beruht allerdings ebenfalls nicht auf § 5 Abs. 1 Satz 1, sondern wiederum als arbeitsvertragliche Nebenpflicht auf § 241 Abs. 2 BGB bzw. § 242 BGB. Der Umstand, dass der ArbGeb bei Fortsetzungserkrankungen einen entsprechenden **Auskunftsanspruch gegen die Krankenkasse** (§ 69 Abs. 4 SGB X) hat, hat nicht zur Folge, dass der ArbN dann, wenn ihm der Fortsetzungszusammenhang bekannt ist, diese Tatsache gegenüber dem ArbGeb einfach verschweigen darf[3]. Davon zu trennen ist die Frage, ob der ArbN in der Lage ist, zu erkennen, dass es sich um eine Fortsetzungserkrankung handelt oder ob der Arzt ihm dies mitgeteilt hat. Ist dem ArbN der Umstand nicht bekannt, so kann er hierauf auch nicht hinweisen.

Ebenso ist der ArbN gehalten, den ArbGeb darüber zu unterrichten, ob die krankheitsbedingte Arbeitsunfähigkeit auf einer **Schädigung durch einen Dritten** beruht[4]. Rechtsgrundlage für diese Mitteilungspflicht ist allerdings ebenfalls nicht § 5 Abs. 1 Satz 1, sondern § 6 Abs. 2.

Schließlich trifft den ArbN die Obliegenheit, den ArbGeb davon zu unterrichten, dass die Krankheit vom ArbN **selbstverschuldet** ist[5].

b) Zeitpunkt, Form und Empfänger der Mitteilung. Die Mitteilung hat **unverzüglich** zu erfolgen, mithin **ohne schuldhaftes Zögern** (§ 121 Abs. 1 BGB).

Wann dieser Zeitpunkt erreicht ist, hängt von den **Umständen des Einzelfalles** und dem Inhalt der notwendigen Unterrichtung ab. Keineswegs wird die Unterrichtungspflicht erst dann ausgelöst, wenn der ArbN aufgrund ärztlicher Unsuchung Klarheit darüber erfahren hat, dass er arbeitsunfähig krank ist und wie lange dieser Zustand andauern wird. Bereits der eigene Entschluss des ArbN, wegen seiner Erkrankung die Arbeit nicht aufzunehmen, löst die Unterrichtungspflicht aus.

Beispiel: Der ArbN wacht mit Erkältungsbeschwerden auf. Er entschließt sich, diese Beschwerden mit Hilfe häuslicher Medikamentation zu bekämpfen und an diesem Tag nicht zur Arbeit zu gehen. Spätestens in dem Augenblick, in dem sich der ArbN hierzu entschlossen hat, ist seine Verpflichtung ausgelöst, den ArbGeb hierüber zu unterrichten.

§ 5 Abs. 1 kann durchaus eine **mehrfache Unterrichtung des ArbGeb** durch den ArbN etwa am Beginn einer Arbeitsunfähigkeit erforderlich machen, so zB zunächst die Unterrichtung, er werde nicht zur Arbeit erscheinen, sondern einen Arzt aufsuchen und – nach dem Besuch beim Arzt – die weitere Unterrichtung darüber, ob der Arzt krankheitsbedingte Arbeitsunfähigkeit attestiert hat und wie lange diese voraussichtlich andauern wird. Unverzüglich wird diese (Erste) Mitteilung an den ArbGeb am ersten Arbeitstag vor Beginn der Arbeit oder in den ersten Arbeitsstunden möglich sein[6]. Unverzüglich bedeutet nicht unbedingt sofort, jedoch muss der ArbGeb innerhalb einer angemessenen, die Umstände des Einzelfalls zu berücksichtigenden Frist informiert werden[7]. In aller Regel wird eine **telefonische Unterrichtung** des ArbGeb die angemessene Art der Mitteilung sein; ein Brief entspricht den Anforderungen der unverzüglichen Unterrichtung nicht[8].

Beginnt die Arbeitsunfähigkeit während arbeitsfreier Tage und ist abzusehen, dass der ArbN auch noch bei dem Beginn seiner nächsten Arbeitszeit arbeitsunfähig krank sein wird, so darf der ArbN nicht erst bis zu seinem individuellen Arbeitsbeginn mit seiner Unterrichtung warten; vielmehr erfordert die Unverzüglichkeit der Mitteilung, dass der ArbN den ArbGeb in einem solchen Fall bereits dann unterrichtet, wenn feststeht, dass er infolge der Krankheit arbeitsunfähig sein wird und dieser Zustand über den Beginn seiner persönlichen nächsten Arbeitszeit andauern wird[9].

Beispiel: Die nächste Arbeitszeit des ArbN beginnt am Freitag. Am Dienstag derselben Woche erleidet er einen Beinbruch. Sobald der ArbN hierzu in der Lage ist, hat er den ArbGeb über die krankheitsbedingte Arbeitsunfähigkeit, jedenfalls aber vor dem Beginn seines nächsten Arbeitstages zu unterrichten.

---

1 HZA/*Vossen*, Gruppe 2 Rz. 252; ErfK/*Dörner*, § 5 EFZG Rz. 11; KDHK/*Kleinsorge*, § 5 EFZG Rz. 10. | 2 ErfK/*Dörner*, § 5 EFZG Rz. 11; *Schmitt*, § 5 EFZG Rz. 23; *Geyer/Knorr/Krasney*, § 5 EFZG Rz. 21; *Lepke*, NZA 1995, 1084. | 3 AA anscheinen KDHK/*Kleinsorge*, § 5 EFZG Rz. 11. | 4 ErfK/*Dörner*, E 5 EFZG Rz. 12; HZA/*Vossen*, Gruppe 2 Rz. 252; *Schmitt*, § 5 EFZG Rz. 24. | 5 BAG v. 1.6.1983 – 5 AZR 536/80, BAGE 43, 54. | 6 BAG v. 31.8.1989 – 2 AZR 13/89, AP Nr. 23 zu § 1 KSchG 1969 – Verhaltensbedingte Kündigung; KDHK/*Kleinsorge*, § 5 EFZG Rz. 7. | 7 BAG v. 20.5.1988 – 2 AZR 739/87, AP Nr. 16 zu § 9 MuSchG 1968; HZA/*Vossen*, Gruppe 2 Rz. 247. | 8 BAG v. 31.8.1989 – 2 AZR 13/89, AP Nr. 23 zu § 1 KSchG 1969 – Verhaltensbedingte Kündigung. | 9 ErfK/*Dörner*, § 5 EFZG Rz. 13; *Staudinger/Oetker*, § 616 BGB Rz. 300.

22 Entsprechendes gilt, wenn die krankheitsbedingte Arbeitsunfähigkeit **während des Urlaubs** des ArbN eintritt und voraussichtlich über das Ende des Urlaubs hinaus andauern wird.

23 **Beispiel:** Der ArbN hat bis zum 30.9. Erholungsurlaub. Er erleidet am 27.9. einen Beinbruch. Nunmehr hat er den ArbGeb unverzüglich vor dem Urlaubsende zu unterrichten.

24 Für die Beurteilung, ob die Mitteilung unverzüglich erfolgt ist, kommt es auf den **Zugang der Mitteilung beim ArbGeb** an. Dies setzt indessen voraus, dass auch der ArbGeb eine entsprechende **empfangsbereite Organisation** vorhält. Dazu ist erforderlich, die ArbN darüber zu unterrichten, welche Person (oder Stelle, Abteilungsleiter usw.) beim ArbGeb von der krankheitsbedingten Arbeitsunfähigkeit zu unterrichten ist. Dies betrifft insb. die Fälle der telefonischen Mitteilung. Je nach betrieblicher Organisation kann der Leiter der Personalabteilung oder der unmittelbare Vorgesetzte des ArbN zu unterrichten sein. Gegebenenfalls ist vom ArbGeb auch die Installation eines Anrufbeantworters zu erwarten, insb. dann, wenn die sonst hierzu autorisierten Empfangspersonen erst mit dem allgemeinen Arbeitsbeginn im Betrieb zu erscheinen pflegen. Dagegen genügt es in der Regel nicht, Arbeitskollegen, Pförtner, BR-Mitglieder oder Telefonisten von der krankheitsbedingten Arbeitsunfähigkeit zu unterrichten. Diese Personen können Boten sein. Die Mitteilung an eine Boten ist aber noch nicht dem Zugang der Nachricht beim Empfänger gleichzusetzen; das Risiko der Rechtzeitigkeit und Richtigkeit der Übermittlung trägt in solchen Fällen der ArbN[1].

25 Ist der ArbN nicht in der Lage, dem ArbGeb die Mitteilung sofort zu machen, so kann er gehalten sein, **dritte Personen** hierzu einzuschalten, zB Ehe- und Lebenspartner, Nachbarn, um den ArbGeb möglichst frühzeitig von der Arbeitsverhinderung zu unterrichten[2]. Nutzt der ArbN solche ihm zur Verfügung stehenden Möglichkeiten nicht und wird dadurch die Mitteilung verzögert, so hat der ArbN nicht unverzüglich gehandelt, weil ihm schuldhaftes Zögern (§ 121 Abs. 1 BGB) zur Last fällt. Dagegen ist ihm ein solcher Verschuldensvorwurf nicht zu machen, wenn der ArbN aus gesundheitlichen Gründen nicht in der Lage ist, die entsprechende Mitteilung selbst zu machen oder auch nur zu organisieren[3].

26 Ein **LeihArbN** steht im Arbeitsverhältnis zu seinem Verleiher. Dementsprechend hat er die Mitteilung auch den Verleiher zu richten. Eine Unterrichtung lediglich des Entleihers genügt für § 5 Abs. 1 Satz 1 nicht; sie kann jedoch als zusätzliche Unterrichtung nützlich und ggf. sogar vertraglich geschuldet sein. Hat der LeihArbN den Verleiher unterrichtet, so ist es idR dessen Sache, dem Entleiher eine Ersatzkraft zu Verfügung zu stellen[4].

27 **c) Erstmitteilung, Folgemitteilung.** Der Wortlaut des § 5 lässt unklar, ob die Mitteilungspflicht nur den Beginn der krankheitsbedingten Arbeitsunfähigkeit betrifft, also nur eine Erstmitteilung, oder ob auch entsprechende Folgemitteilungen vom ArbN geschuldet werden, wenn die krankheitsbedingte Arbeitsunfähigkeit länger andauert, als zunächst mitgeteilt oder als vom Arzt in der Arbeitsunfähigkeitsbescheinigung angenommen worden ist[5]. Zwar fällt es mit Rücksicht auf die Gesetzgebungsgeschichte schwer, insoweit eine ausfüllungsfähige und ausfüllungsbedürftige unbewusste Lücke der Gesetzgebung anzunehmen[6], weil bereits die dem § 5 Abs. 1 EFZG vorangegangene Regelung in § 3 Abs. 1 LFZG vergleichbar unvollständig war[7]. Gleichwohl ist eine analoge Anwendung von § 5 Abs. 1 Satz 1 geboten. Denn die Interessenlage ist dieselbe wie bei der Erstmitteilung: Der ArbGeb hat ein rechtlich geschütztes Interesse daran, von seinem ArbN so früh wie möglich zu erfahren, ob er zur Arbeit erscheinen bzw. ob er an der Arbeitsaufnahme durch krankheitsbedingte Arbeitsunfähigkeit gehindert ist[8]. Mit anderen Worten: Für den Regelfall ist zu verlangen, dass der ArbN den ArbGeb am ersten Tag nicht nur der Ersterkrankung, sondern auch bei deren längerem Andauern als zunächst mitgeteilt über die hierdurch versuchte Arbeitsverhinderung und deren nunmehr voraussichtliche Dauer unterrichtet[9]. Gleiches folgt auch aus § 241 Abs. 2 BGB nF.

28 **Beispiele:**

1. Der ArbN wacht am Montagmorgen mit starken Erkältungssymptomen auf; er fühlt sich matt und beschließt nicht zur Arbeit zu gehen. Er unterrichtet hierüber seinen ArbGeb mit dem Bemerken, er meine, am Donnerstag seine Arbeit wieder aufnehmen zu können. Am Mittwoch derselben Woche sind die Symptome nicht wesentlich zurückgegangen; der ArbN beschließt, nunmehr doch einen Arzt aufzusuchen. Der Arzt attestiert noch am Mittwoch eine Bronchitis und bescheinigt krankheitsbedingte Arbeitsunfähigkeit bis zum Ende der folgenden Woche. Der ArbN hat nunmehr dem ArbGeb unverzüglich mitzuteilen, dass die krankheitsbedingte Arbeitsunfähigkeit noch länger andauert. Die bloße Übersendung der AU-Bescheinigung genügt der Mitteilungspflicht nicht.

---

1 ErfK/*Dörner*, § 5 EFZG Rz. 126; Staudinger/*Oetker*, § 616 BGB Rz. 299. |2 *Schmitt*, § 5 EFZG Rz. 18; *Worzalla*, NZA 1996, 61; *Wedde/Kunz*, § 5 EFZG Rz. 13. |3 *Schmitt*, § 5 EFZG Rz. 19. |4 *Schmitt*, § 5 EFZG Rz. 25. |5 ErfK/*Dörner*, § 5 EFZG Rz. 45. |6 ErfK/*Dörner*, § 5 EFZG Rz. 46. |7 BAG v. 9.8.1980 – 5 AZR 1051/79, AP Nr. 18 zu § 6 LohnFG m. Anm. *Trieschmann*. |8 BAG v. 31.8.1989 – 2 AZR 13/89, AP Nr. 23 zu § 1 KSchG 1969 – Verhaltensbedingte Kündigung; ErfK/*Dörner*, § 5 EFZG Rz. 46; *Schmitt*, § 5 EFZG Rz. 98, 99; HZA/*Vossen*, Gruppe 2 Rz. 247; *Schliemann*, ArbuR 1994, 317, 322; aA (wohl) KDHK/*Kleinsorge*, § 5 EFZG Rz. 26. |9 HZA/*Vossen*, Gruppe 2 Rz. 247.

2. Wie vor. Am Freitag der nächsten Woche sucht der ArbN den Arzt erneut auf. Dieser stellt fest, dass die Krankheitserscheinungen noch nicht hinreichend abgeklungen sind und attestiert dem ArbN für eine weitere Woche krankheitsbedingte Arbeitsunfähigkeit. Am Wochenende hat der ArbN nicht zu arbeiten. Seiner Pflicht zur unverzüglichen Mitteilung an den ArbGeb genügt er nicht, wenn er den ArbGeb erst am Montag über die Fortdauer der krankheitsbedingten Arbeitsunfähigkeit unterrichtet. Er hat vielmehr zu versuchen, den ArbGeb hierüber noch am Freitag zu unterrichten. Ebenso wenig genügt es, wenn der ArbN nur die Folgebescheinigung übersendet.

d) Verletzung der Mitteilungspflicht. Die Mitteilungspflicht ist verletzt, wenn der ArbN **schuldhaft**, dh. zumindest fahrlässig (§ 276 BGB), seiner Verpflichtung zur unverzüglichen Mitteilung nicht nachgekommen ist. Die Verletzung der Mitteilungspflicht nach Abs. 1 Satz 1 steht der Entstehung eines Entgeltfortzahlungsanspruches nicht entgegen[1]. Die Mitteilung der Arbeitsunfähigkeit stellt keine Voraussetzung für den Entgeltfortzahlungsanspruch nach § 3 dar. Bei einer **Inlandserkrankung** folgt aus einem Verstoß gegen § 5 Abs. 1 auch **kein Leistungsverweigerungsrecht** des ArbGeb. Das in § 7 Abs. 1 Nr. 1 normierte Leistungsverweigerungsrecht bezieht sich nicht auf die Mitteilung (Anzeige), sondern auf den fehlenden Nachweis der krankheitsbedingten Arbeitsunfähigkeit. Entsprechendes gilt für die fehlende Mitteilung der Teilnahme an einer Maßnahme der medizinischen Vorsorge und Rehabilitation (§ 9 Abs. 2). Auch hierfür ist ein Leistungsverweigerungsrecht nicht schon dann vorgesehen, wenn der ArbN die nötige Mitteilung unterlässt, sondern nur solange, als der nötige Nachweis nicht erbracht ist.

29

Dagegen kann eine Verletzung der Mitteilungspflicht nach § 5 Abs. 1 Satz 1 **Schadenersatzansprüche** des ArbGeb gegen den ArbN nach § 280 Abs. 1 BGB zur Folge haben, nämlich dann, wenn der ArbN seine Pflicht zur unverzüglichen Mitteilung schuldhaft verletzt hat und hieraus für den ArbGeb ein darauf zurückzuführender Schaden entstanden ist[2]. Dabei muss der Schaden gerade dadurch entstanden sein, dass der ArbN seiner Mitteilungspflicht nicht hinreichend nachgekommen ist, dh. dass der Schaden nicht oder nicht in dieser Höhe eingetreten wäre, wenn der ArbN seiner Mitteilungspflicht rechtzeitig nachgekommen wäre.

30

Ferner kann die schuldhafte Verletzung der Pflicht zur unverzüglichen Mitteilung auch eine **Kündigung** des Arbeitsverhältnisses nach sich ziehen, in der Regel allerdings erst nach einer vorherigen vergeblichen Abmahnung[3]. Eine solche ordentliche Kündigung setzt nicht voraus, dass es dadurch zu einer Störung des Betriebsablaufs oder des Betriebsfriedens gekommen ist[4]. In Extremfällen ist auch eine außerordentliche Kündigung denkbar[5].

31

2. Nachweis der krankheitsbedingten Arbeitsunfähigkeit. Im Inland hat der ArbN das Bestehen krankheitsbedingter Arbeitsunfähigkeit durch eine **ärztliche Bescheinigungung („Attest")** nach näherer Maßgabe von § 5 Abs. 1 Satz 2 nachzuweisen. Diese Nachweispflicht besteht neben der Mitteilungspflicht. Ebenso wie die Mitteilungspflicht trifft auch die Nachweispflicht jeden ArbN, gleichgültig, ob ihm gegenüber dem ArbGeb ein Anspruch auf Entgeltfortzahlung im Krankheitsfall zusteht oder nicht.

32

a) Bedeutung des Nachweises. Die ärztliche Bescheinigung der krankheitsbedingten Arbeitsunfähigkeit („Attest") ist das **gesetzlich vorgesehene Mittel**, mit welchem der ArbN dem ArbGeb die krankheitsbedingte Arbeitsunfähigkeit und deren voraussichtliche Dauer nachweist[6]. Zudem hat auch der ArbGeb in der Regel ein Interesse daran, rechtzeitig den Nachweis zu erhalten, um durch eine ärztliche Bescheinigung zu erfahren, mit welcher Dauer der krankheitsbedingten Arbeitsunfähigkeit zu rechnen ist[7]. Dieses ärztliche Attest ist jedoch **nicht das einzige Beweismittel** für das Vorliegen krankheitsbedingter Arbeitsunfähigkeit; vielmehr kann ein solcher Beweis auch durch andere Beweismittel geführt werden[8].

33

b) Ärztliche Bescheinigung. Der Nachweis erfolgt im Regelfall durch eine entsprechende ärztliche Bescheinigung[9]. Der Aussteller einer solchen Arbeitsunfähigkeitsbescheinigung muss stets ein **approbierter Arzt** sein. Ärztliches Hilfspersonal, ein Heilpraktiker oder ein nichtapprobierter Arzt können eine solche Bescheinigung nicht wirksam ausstellen[10]. Der ArbN hat das **Recht auf freie Wahl des Arztes**, auch des Arztes, der seine krankheitsbedingte Arbeitsunfähigkeit bescheinigen soll. Der ArbGeb kann dem ArbN nicht vorschreiben, einen bestimmten Arzt zu konsultieren; entsprechende arbeitsvertragliche Regelungen oder BV sind unzulässig[11]. Dies gilt auch für den Fall, dass der ArbGeb erreichen möchte, dass sich der ArbN zusätzlich einem Arzt der Wahl des ArbGeb stellt, auch wenn dessen Äußerung keine entgeltfortzahlungsrechtlichen Konsequenzen haben soll[12]. Hiervon zu unterschei-

34

---

1 BAG v. 27.8.1971 – 1 AZR 107/71, BAGE 23, 411. | 2 BAG v. 27.8.1971 – 1 AZR 107/71, BAGE 23, 411; ErfK/*Dörner*, § 5 EFZG Rz. 44; *Schmitt*, § 5 EFZG Rz. 138; *Wedde/Kunz*, § 5 EFZG Rz. 20; *Worzalla*, NZA 1996, 61. | 3 BAG v. 16.8.1991 – 2 AZR 604/90, AP Nr. 27 zu § 1 KSchG 1969 – Verhaltensbedingte Kündigung; BAG v. 31.8.1989 – 2 AZR 13/89, AP Nr. 23 zu § 1 KSchG 1969 – Verhaltensbedingte Kündigung. | 4 BAG v. 16.8.1991 – 2 AZR 604/90, AP Nr. 27 zu § 1 KSchG 1969 – Verhaltensbedingte Kündigung. | 5 BAG v. 15.1.1986 – 7 AZR 128/83, AP Nr. 93 zu § 626 BGB. | 6 BAG v. 1.10.1997 – 5 AZR 726/96, BAGE 86, 357. | 7 BAG v. 31.8.1989 – 2 AZR 13/89, AP Nr. 23 zu § 1 KSchG 1969 – Verhaltensbedingte Kündigung. | 8 BAG v. 1.10.1997 – 5 AZR 499/96, AP Nr. 4 zu § 5 EntgeltFG. | 9 BAG v. 1.10.1997 – 5 AZR 726/96, BAGE 86, 357. | 10 ErfK/*Dörner*, § 5 EFZG Rz. 25; *Lepke*, NZA 1995, 1084; *Vogelsang*, Entgeltfortzahlung, Rz. 329. | 11 ErfK/*Dörner*, § 5 EFZG Rz. 25; KDHK/*Kleinsorge*, § 5 EFZG Rz. 29; *Kunz/Wedde*, § 5 EFZG Rz. 39; *Vogelsang*, Entgeltfortzahlung, Rz. 330. | 12 aA *Schmitt*, § 5 EFZG Rz. 74.

den ist die Verpflichtung des in der gesetzlichen Krankenversicherung versicherten ArbN, sich einer Untersuchung durch den **medizinischen Dienst** nach § 275 SGB V zu stellen (vgl. Rz. 85 ff.). Sind von Gesetzes wegen an einen ArbN besondere gesundheitliche Anforderungen zu stellen, so sind entsprechende **betriebsärztliche** Untersuchungen von ihm hinzunehmen; solche Untersuchungen sind jedoch deutlich von der Frage der krankheitsbedingten Arbeitsunfähigkeit und deren Nachweis zu trennen.

35 **Inhalt und Form** der ärztlichen Bescheinigung sind durch § 5 Abs. 1 Satz 2 insoweit vorgegeben, als die Bescheinigung der Schriftform bedarf, der eigenhändigen Unterzeichnung durch den Arzt und dass sie das Bestehen von krankheitsbedingter Arbeitsunfähigkeit sowie deren voraussichtliche Dauer anzugeben hat. Der Arzt hat die Tatsache der Arbeitsunfähigkeit des namentlich genannten Patienten (ArbN), nicht nur dessen Erkrankung zu attestieren. Ebenso hat er die voraussichtliche Dauer der krankheitsbedingten Arbeitsunfähigkeit zu bescheinigen[1]. Die Bescheinigung muss das Datum ihrer Ausstellung aufweisen[2], auch wenn dies nicht ausdrücklich im Gesetz genannt worden ist. Ferner ist der Beginn der krankheitsbedingten Arbeitsunfähigkeit anzugeben, sei es unter Nennung eines bestimmten Datums, sei es mit dem Zusatz ab heute. Denkbar, aber ungewöhnlich, ist die Angabe einer bestimmten Uhrzeit für den Beginn und für das Ende der krankheitsbedingten Arbeitsunfähigkeit. Ergibt sich aus ihr – wie üblich – lediglich ein Tagesdatum als das voraussichtliche Ende der krankheitsbedingten Arbeitsunfähigkeit, so wird damit im Zweifel die Arbeitsunfähigkeit bis zum Ende der betriebsüblichen Arbeitszeit bzw. bis zum Ende der Arbeitsschicht des ArbN an diesem Tag bescheinigt[3].

36 **Beispiel:** Dem ArbN ist krankheitsbedingte Arbeitsunfähigkeit bis einschließlich Freitag bescheinigt worden. Er ist Nachtschichtarbeiter, seine Nachtschicht hätte an diesem Freitag um 22.00 Uhr begonnen und sich bis in den Sonnabend hinein erstreckt. Weil ihm krankheitsbedingte Arbeitsunfähigkeit einschließlich des Freitags attestiert worden ist, hat er die Freitagschicht nicht anzutreten, sondern ist erst mit dem Beginn der Nächsten für ihn einschlägigen Schicht wieder zur Arbeitsleistung verpflichtet[4].

37 Diese Rspr. des BAG ist nur im Ergebnis zu teilen. Nahe liegender ist es, anzunehmen, dass die Bescheinigung krankheitsbedingter Arbeitsunfähigkeit, deren voraussichtliches Ende nicht näher als mit einem Kalendertag bezeichnet worden ist, die gesamte Dauer dieses Tages bis 24.00 Uhr umschließt[5].

38 Eine **rückwirkende Bescheinigung** krankheitsbedingter Arbeitsunfähigkeit ist grundsätzlich unzulässig. Der Arzt darf die Bescheinigung grundsätzlich nur aufgrund einer eigenen Untersuchung des ArbN ausstellen, es sei denn, dass er auf andere Art und Weise Gewissheit über das Vorliegen krankheitsbedingter Arbeitsunfähigkeit erlangt hat. Nach Nr. 15 der **Arbeitsunfähigkeits-Richtlinien** der Ärzte und Krankenkassen ist jedoch in Grenzen auch eine rückwirkende Bescheinigung möglich, dies allerdings nur ausnahmsweise und nach gewissenhafter Prüfung und in der Regel nur bis zu zwei Tagen[6].

39 Zum Inhalt der Arbeitsunfähigkeitsbescheinigung, die für den ArbGeb bestimmt ist, gehören nicht **Art und Ursache der Erkrankung**. Ohne Einwilligung des erkrankten ArbN darf der Arzt solche Informationen weder in das Attest aufnehmen noch sie auf andere Weise an den ArbGeb weitergeben, weil er sonst seine Schweigepflicht verletzt und sich nach § 203 Abs. 1 Satz 1 StGB strafbar macht[7].

40 Ist der ArbN **Mitglied einer gesetzlichen Krankenkasse**, so muss die ärztliche Bescheinigung zudem einen Vermerk des behandelnden Arztes darüber enthalten, dass der Krankenkasse unverzüglich eine Bescheinigung über die Arbeitsunfähigkeit mit Angaben über den Befund und die voraussichtliche Dauer der Arbeitsunfähigkeit übersandt wird. Der ArbGeb erhält aber nur diesen Hinweis, nicht aber eine Durchschrift der für die Krankenkasse bestimmten Meldung. Aufgrund des Hinweises erfährt der ArbGeb, dass die Krankenkasse informiert wird; dies setzt ihn in die Lage, dort nachzufragen, ob es sich um eine Folgeerkrankung handelt (vgl. § 69 SGB V), und die gesetzliche Krankenkasse ggf. aufzufordern, nach § 275 SGB V zu verfahren.

41 Bei gesetzlich krankenversicherten ArbN kommt auch die Möglichkeit der **Wiedereingliederung in das Erwerbsleben** während der an sich noch bestehenden krankheitsbedingten Arbeitsunfähigkeit in Betracht. Nach § 74 SGB V soll der Arzt bei solchen ArbN ggf. in der Arbeitsunfähigkeitsbescheinigung Art und Umfang der möglichen Tätigkeit angeben und dabei in geeigneten Fällen die Stellungnahme des Betriebsarztes oder mit Zustimmung der Krankenkasse die Stellungnahme des medizinischen Dienstes einholen[8].

42 Die notwendigen Angaben hat der Arzt sowohl in der **Erstbescheinigung** zu machen, als auch in **Folgebescheinigungen**. Eine Folgebescheinigung hat der ArbN vorzulegen, wenn die Arbeitsunfähigkeit länger andauert, als in der zuvor erteilten Arbeitsunfähigkeitsbescheinigung vom Arzt angegeben worden ist. Die Folgebescheinigung soll sich unmittelbar an die vorangegangene ärztliche Bescheinigung

---

1 ErfK/*Dörner*, § 5 EFZG Rz. 24; *Vogelsang*, Entgeltfortzahlung, Rz. 322. | 2 *Vogelsang*, Entgeltfortzahlung, Rz. 322. | 3 BAG v. 12.7.1989 – 5 AZR 377/88, AP Nr. 77 zu § 616 BGB; v. 2.12.1981 – 5 AZR 89/80, BAGE 37, 172. | 4 Sachverhalt nach BAG v. 2.12.1989 – 5 AZR 89/80, BAGE 37, 172. | 5 Vgl. *Vogelsang*, Entgeltfortzahlung, Rz. 322 a.E. | 6 Nr. 15 der Richtlinien des Bundesausschusses der Ärzte und Krankenkassen v. 3.9.1991 – Arbeitsunfähigkeits-Richtlinien – RdA 1992, 208. | 7 BAG v. 19.4.1986 – 5 AZR 86/85, BAGE 51, 308. | 8 *Vogelsang*, Entgeltfortzahlung, Rz. 326.

der krankheitsbedingten Arbeitsunfähigkeit anschließen. Diesem Erfordernis ist in aller Regel auch noch dann Genüge getan, wenn die Erstbescheinigung die Zeit bis einschließlich Freitag erfasst und die Folgebescheinigung wegen derselben Erkrankung am Montag ausgestellt wird, sie aber rückwirkend auch das Wochenende erfasst. Bei entsprechendem Krankheitsverlauf kann der Arzt gerade in solchen Fällen von Ziffer 15 der Arbeitsunfähigkeits-Richtlinien[1] Gebrauch machen. Dies setzt allerdings voraus, dass der Arzt den Patienten am Montag erneut untersucht hat.

Bei Verwendung des **Vordrucks für Arbeitsunfähigkeitsbescheinigungen** nach § 21 des Bundesmanteltarifvertrags der Ärzte wird der Arzt angehalten, alle erforderlichen Angaben auf dem Vordruck zu machen. Dieser Vordruck wird in aller Regel von Kassenärzten für gesetzlich krankenversicherte ArbN verwendet. Die Verwendung über diesen Kreis hinaus ist jedoch nicht unüblich. Indessen bedarf es der Verwendung des Vordruckes nicht, um gegenüber dem ArbGeb die notwendigen Angaben nach § 5 Abs. 1 Satz 2 und 5 zu machen. Auch jede andere schriftliche Erklärung mit den notwendigen Inhalten genügt den Erfordernissen dieser Bestimmung[2]. Darüber, ob die ärztliche Bescheinigung in deutscher Sprache abgefasst sein muss, besagt § 5 nichts. Indessen ist bei einer im Inland ausgestellten Bescheinigung von der Verwendung der deutschen Sprache auszugehen. 43

Die **Kosten der Arbeitsunfähigkeitsbescheinigung** sind gemäß § 73 Abs. 1 Nr. 9 SGB V zur kassenärztlichen Versorgung zu rechnen. Gehört der ArbN nicht der gesetzlichen Krankenversicherung an, so sind die Kosten des Attestes vom ArbN zu tragen[3]. 44

c) **Zeitpunkte für den Beginn und die Vorlage des Nachweises.** Hinsichtlich der Bescheinigung krankheitsbedingter Arbeitsunfähigkeit sind drei Zeitpunkte zu unterscheiden. Der eine Zeitpunkt markiert den Tag des Beginns der krankheitsbedingten Arbeitsunfähigkeit, der andere den Tag der Ausstellung der Bescheinigung, der Dritte den Zeitpunkt der Vorlage der Arbeitsunfähigkeitsbescheinigung beim ArbGeb. § 5 Abs. 1 Satz 2 ordnet den Regelfall für die Vorlage einer ärztlichen Bescheinigung über das Bestehen von krankheitsbedingter Arbeitsunfähigkeit und deren Dauer an. § 5 Abs. 1 Satz 3 erlaubt dem ArbGeb, die Vorlage einer ärztlichen Bescheinigung „früher" zu verlangen. 45

aa) **Vorlage im gesetzlichen Regelfall.** Dauert die krankheitsbedingte Arbeitsunfähigkeit **nicht länger als drei Kalendertage**, so hat der ArbN – vorbehaltlich eines anderweitigen Verlangens des ArbGeb – keine Arbeitsunfähigkeitsbescheinigung vorzulegen[4]. Dies folgt sowohl aus dem Wortlaut als auch aus der Entstehungsgeschichte der Bestimmung. Der ursprüngliche Gesetzentwurf sah eine Vorlage ab ersten Kalendertag vor, hierauf wurde jedoch wegen der befürchteten Kostenbelastung für die Krankenkasse bewusst verzichtet[5]. Dauert die Arbeitsunfähigkeit nur bis zu drei Kalendertagen, so besteht zwar grundsätzlich eine Anzeigepflicht, jedoch keine Nachweispflicht[6]. 46

Bei einer Arbeitsunfähigkeit mit **einer längeren Dauer als drei Kalendertage** ist der Nachweis obligatorisch, falls nicht der ArbGeb hierauf ausnahmsweise verzichtet[7].- Wie die Dreitagedauer der krankheitsbedingten Arbeitsunfähigkeit zu berechnen sind, ist im EFZG selbst nicht geregelt. Die Fristberechnung selbst erfolgt in Kalendertagen. Nach dem Wortlaut des § 5 Abs. 1 Satz 2 dauert eine krankheitsbedingte Arbeitsunfähigkeit länger als drei Kalendertage dann an, wenn sie auch am vierten Tage noch vorliegt; der darauf folgende Arbeitstag für die Vorlage der krankheitsbedingten Arbeitsbescheinigung wäre dann frühestens der fünfte Kalendertag[8]. Dieses Verständnis entspricht jedoch nicht der Gesetzesbegründung; aus ihr ergibt sich, dass mit darauf folgendem Arbeitstag grundsätzlich der vierte Tag der Arbeitsunfähigkeit gemeint ist[9]. 47

Daher ist **umstritten**, wie die **Dreitagedauer** der Arbeitsunfähigkeit zu **berechnen** ist. Ein Teil des Schrifttums will die drei Tage mit dem Kalendertag beginnen lassen, in dessen Verlauf die krankheitsbedingte Arbeitsunfähigkeit zuerst aufgetreten ist, und zwar ohne Rücksicht darauf, ob der ArbN an diesem Tag zu arbeiten gehabt hat oder nicht[10]. Ein anderer Teil des Schrifttums stellt darauf ab, ob die krankheitsbedingte Arbeitsunfähigkeit vor dem regelmäßigen Arbeitsbeginn des ArbN eingetreten ist – dann wird dieser Tag mitgezählt – oder erst danach – dann soll dieser Tag nicht mitzurechnen sein[11]. Im Hinblick auf den Sinn und Zweck des Gesetzes, nämlich bei nur kurzzeitiger krankheitsbedingter Arbeitsunfähigkeit unnötige Arbeitsunfähigkeitsbescheinigungen zu vermeiden, ist der zuerst genannten Ansicht der Vorzug zu geben. Das Gesetz stellt insoweit nicht auf Arbeitstage, sondern auf **Kalendertage** ab. Ist ein Kalendertag auch nur teilweise mit krankheitsbedingter Arbeitsunfähig belegt, ist er uneingeschränkt mitzuzählen. Bei der Dauer der kalendertäglichen krankheitsbedingten Arbeitsunfähigkeit iSd. § 5 Abs. 1 Satz 2 handelt es sich nicht um eine gesetzliche Frist, sondern schlicht um eine rein tatsächliche Voraussetzung, die dazu 48

---

[1] Nr. 15 der Richtlinien des Bundesausschusses der Ärzte und Krankenkassen v. 3.9.1991 –Arbeitsunfähigkeits-Richtlinien – RdA 1992, 208 ff. |[2] *Schmitt*, § 5 EFZG Rz. 75. |[3] *Schmitt*, § 5 EFZG Rz. 79 mwN auch der abweichenden Ansichten. |[4] Allg. Ansicht; statt vieler: *Vogelsang*, Entgeltfortzahlung, Rz. 288. |[5] Vgl. BT-Drs. 12/5263, S. 10; s. auch LAG BW v. 18.6.1997 – 4 Sa 139/95, NZA-RR 1998, 51. |[6] KDHK/*Kleinsorge*, § 5 EFZG Rz. 15. |[7] *Schmitt*, § 5 EFZG Rz. 33. |[8] *Diller*, NJW 1994, 1690; KDHK/*Kleinsorge*, § 5 EFZG Rz. 17. |[9] *Schmitt*, § 5 EFZG Rz. 36; KDHK/*Kleinsorge*, § 5 EFZG Rz. 17; *Schliemann*, ArbuR 1994, 317; *Vogelsang*, Entgeltfortzahlung, Rz. 291, 292 mwN. |[10] ZB *Vogelsang*, Entgeltfortzahlung, Rz. 291. |[11] Ausf. KDHK/*Kleinsorge*, Rz. 17 ff. mwN.

führt, dass im Regelfall die Vorlage einer Arbeitsunfähigkeitsbescheinigung nicht erforderlich ist. Von daher sind die Regelungen über die Fristberechnung des BGB (§ 187 f. BGB) nicht anzuwenden. Unangebracht ist auch, die Rspr. zur Berechnung der Frist für die Entgeltfortzahlung entsprechend anzuwenden, denn es geht hier nicht darum, festzustellen, inwieweit der ArbN infolge krankheitsbedingter Arbeitsunfähigkeit gehindert war, seine Arbeitsleistung zu erbringen und ihm deshalb ein Entgeltfortzahlungsanspruch zusteht, sondern allein um die Frage, für welche Dauer der krankheitsbedingten Arbeitsunfähigkeit selbst der ArbN zur Vorlage einer entsprechenden Bescheinigung nicht verpflichtet ist, und zwar ohne Rücksicht darauf, ob die krankheitsbedingte Arbeitsunfähigkeit ihn an der Arbeitsleistung gehindert hat oder nicht.

49 Hat die krankheitsbedingte Arbeitsunfähigkeit länger als drei Kalendertage gedauert, dh. dauert sie auch noch am vierten Tag an, so hat der ArbN eine ärztliche Bescheinigung über das Bestehen krankheitsbedingter Arbeitsunfähigkeit vorzulegen. Faktisch bedeutet dies, dass der ArbN spätestens am vierten Kalendertag seit Beginn der Erkrankung einen Arzt aufsuchen muss, um von ihm feststellen zu lassen, ob krankheitsbedingte Arbeitsunfähigkeit vorliegt, und sich diese ggf. auch bescheinigen zu lassen.

50 **Beispiel:** Der ArbN wacht am Montagmorgen auf und verspürt starke Erklärungssymptome. Er hält sich für arbeitsunfähig krank und pflegt seine Gesundheit zu Hause. Am Donnerstag der selben Woche stellt er fest, dass die Krankheitssymptome nicht geringer geworden sind. An diesem Tag muss er einen Arzt aufsuchen, um sich von diesem untersuchen zu lassen, damit der Arzt feststellen kann, ob krankheitsbedingte Arbeitsunfähigkeit vorliegt.

51 Das Gesetz fordert vom ArbN, diese ärztliche Arbeitsunfähigkeitsbescheinigung am **nächsten Arbeitstag vorzulegen**. Auf welchen Kalendertag dieser Arbeitstag fällt, richtet sich nach der den ArbN persönlich treffenden Verpflichtung zur Arbeitsleistung[1].

52 **Beispiele:**

1. Erkrankt der ArbN an einem **Montag**, so hat er die Arbeitsunfähigkeitsbescheinigung am **Donnerstag** derselben Woche vorzulegen, wenn er am Donnerstag zu arbeiten hatte.

2. Erkrankt der ArbN an einem **Samstag**, so hat er die Arbeitsunfähigkeitsbescheinigung, wenn er von montags bis freitags zu arbeiten hat, spätestens am **Dienstag** vorzulegen.

3. Ein ArbN arbeitet wöchentlich nur an **montags bis mittwochs**. Er erkrankt am **Montag**. Da die Krankheit länger andauert, muss er spätestens am **Donnerstag** (länger als drei Kalendertage) den Arzt aufsuchen; die dann ausgestellte Bescheinigung muss aber erst am **Montag der nächsten Woche** vorliegen.

53 In allen Fällen ist der ArbN jedoch gehalten, den ArbGeb nach § 5 Abs. 1 Satz 1 jeweils unverzüglich darüber zu unterrichten, dass er überhaupt arbeitsunfähig krank ist und diese Arbeitsunfähigkeit nach seiner persönlichen Einschätzung (einen Arzt sucht er zunächst nicht auf) wohl drei Tage dauern werde; sodann muss er vor Arbeitsbeginn am vierten Tag den ArbGeb darüber unterrichten, dass er nunmehr einen Arzt aufsuchen wird und schließlich muss er den ArbGeb über das Ergebnis der ärztlichen Untersuchung hinsichtlich des Bestehens und der voraussichtlichen Dauer krankheitsbedingter Arbeitsunfähigkeit unterrichten.

54 Die Arbeitsunfähigkeitsbescheinigung ist dem ArbGeb vorzulegen. Insoweit kommt es für die Erfüllung nicht darauf an, wann der ArbN diese Arbeitsunfähigkeit auf den Weg bringt, sondern der **Zugang beim ArbGeb** ist entscheidend[2]. Die Erfüllung der Nachweispflicht bereitet dem ArbN kaum Schwierigkeiten, wenn er den Arzt bereits am ersten Tag der Erkrankung aufsucht. Eben hierzu will das Gesetz ihn jedoch nicht anregen. Hält sich der ArbN insoweit an das Gesetz und begibt er sich erst am vierten Kalendertag der Krankheit zum Arzt, so muss er das Problem lösen, diese Bescheinigung noch am selben Tag dem ArbGeb vorzulegen, wenn dieser Tag ein Arbeitstag für den ArbN ist. Hierzu wird er nur dann in der Lage sein, wenn er die ärztliche Bescheinigung selbst oder durch Boten übermitteln kann. Benutzt er den normalen Postweg, so wird diese Bescheinigung frühestens am darauf folgenden Tag beim ArbGeb eintreffen. Die dadurch bedingte Verzögerung stellt zwar formal eine Verletzung des § 5 Abs. 1 Satz 2 dar; in aller Regel wird es aber an einem Verschulden des ArbN fehlen, wenn er nicht in der Lage ist, die ärztliche Arbeitsunfähigkeitsbescheinigung anders als auf dem Postweg an den ArbGeb zu übermitteln[3].

55 **bb) Vorzeitige Vorlage auf Verlangen des ArbGeb.** Nach § 5 Abs. 1 Satz 3 ist der ArbGeb berechtigt, die Vorlage der ärztlichen Bescheinigung früher zu verlangen. Diese Bestimmung eröffnet dem ArbGeb die Möglichkeit, auf der Vorlage der Arbeitsunfähigkeitsbescheinigung auch für den ersten Tag der Arbeitsunfähigkeit zu bestehen[4]. Auch insoweit ist zwischen dem Zeitpunkt, auf den sich die krankheitsbedingte Arbeitsunfähigkeit beziehen muss, und dem Zeitpunkt ihrer Vorlage beim ArbGeb zu differenzieren[5]. Das Verlangen nach einer früheren Vorlage der Arbeitsunfähigkeitsbescheinigung kann sich auch auf beide Gesichtspunkte beziehen[6]. Dabei stellt es keine prinzipielle Überforderung des ArbN dar, wenn ihm ab-

---

[1] ErfK/Dörner, § 5 EFZG Rz. 20; Schmitt, § 5 EFZG Rz. 44. | [2] HzA/Vossen, Gruppe 2 Rz. 261. | [3] HzA/Vossen, Gruppe 2 Rz. 266. | [4] BAG v. 1.10.1997 – 5 AZR 726/96, BAGE 86, 357; KDHK/Kleinsorge, Rz. 20; Schmitt, § 5 EFZG Rz. 56; Vogelsang, Entgeltfortzahlung, Rz. 396; Schliemann, ArbuR 1994, 317. | [5] BAG v. 1.10.1997 – 5 AZR 726/96, BAGE 86, 357. | [6] BAG v. 25.1.2000 – 1 ABR 3/99, BAGE 93, 276.

verlangt wird, bereits am ersten Tag der Erkrankung einen Arzt aufzusuchen und die Bescheinigung über das Bestehen der krankheitsbedingten Arbeitsunfähigkeit noch am selben Tag an den ArbGeb zu übermitteln[1]. Ist der ArbN darauf angewiesen, die Arbeitsunfähigkeitsbescheinigung per Post zu übermitteln, so trifft ihn an der dadurch bedingten Verzögerung kein Verschulden, so dass er hierfür auch nicht einzustehen hat[2].

56 Das **Verlangen des ArbGeb** ist dem ArbN **so rechtzeitig** zu übermitteln, dass er diesem nachkommen kann. Rechtzeitig kann das Verlangen auch dann noch sein, wenn der ArbN beispielsweise am Morgen des ersten Tages der Erkrankung vom ArbGeb aufgefordert wird, einen Arzt aufzusuchen und sich untersuchen zu lassen, damit der Arzt entscheiden kann, ob krankheitsbedingte Arbeitsunfähigkeit vorliegt, und ein entsprechendes Attest vorzulegen.

57 Beispiel: Der ArbN ruft am Montag Morgen in seinem Betrieb an und teilt mit, er komme krankheitsbedingt heute nicht zur Arbeit. Der ArbGeb fordert ihn im selben Telefonat auf, sofort eine ärztliche Bescheinigung über das Bestehen krankheitsbedingter Arbeitsunfähigkeit auch noch für den heutigen Tag vorzulegen. Dieses Verlangen ist rechtzeitig.

58 Das Verlangen kann aber auch vorher und außerhalb dieses Anlasses, sozusagen **abstrakt** vom ArbGeb gestellt werden, zB durch eine arbeitsvertragliche Vereinbarung[3]. Das Verlangen des ArbGeb bedarf auch **keiner Begründung**, um wirksam zu sein. § 5 Abs. 1 Satz 3 stellt keine besonderen Voraussetzungen für die Ausübung der Befugnis, die Vorlage der Arbeitsunfähigkeitsbescheinigung auf einen früheren Zeitpunkt zu verlangen, auf. Insbesondere bedarf es keiner, schon gar keiner begründeten Zweifel des ArbGeb am Bestehen der krankheitsbedingten Arbeitsunfähigkeit; eine dem § 275 Abs. 1 Nr. 3 Buchst. b iVm. Abs. 1a SGB V entsprechende Voraussetzung hat der Gesetzgeber für § 5 Abs. 1 Satz 3 EFZG nicht aufgestellt[4]. Indessen muss der ArbGeb billiges Ermessen (§ 315 BGB; ab 1.1.2003: § 106 GewO) walten lassen, wenn er durch **einseitige Leistungsbestimmung** die frühere Vorlage der ärztlichen Arbeitsunfähigkeitsbescheinigung verlangt[5]. Billigem Ermessen entspricht es, wenn der ArbGeb die vorzeitige Vorlage der Arbeitsunfähigkeitsbescheinigung in den Beispielsfällen des § 275 Abs. 1a SGB V verlangt, wenn er zB Stichproben durchführen will[6].

59 An die Methode oder **Form des Verlangens** nach § 5 Abs. 1 Satz 3 stellt das Gesetz keine besonderen Anforderungen. Das Verlangen kann in Form des Leistungsbestimmungsrechts durch den ArbGeb gestellt werden. Es kann aber auch arbeitsvertraglich vereinbart werden[7], es kann im TV vereinbart sein[8], aber auch in einer BV. Verlangt der ArbGeb generell die vorzeitige Vorlage ärztlicher Arbeitsunfähigkeitsbescheinigungen, so muss er das **MitbestR** des BR nach § 87 Abs. 1 Nr. 1 BetrVG beachten[9].

60 Der **Inhalt der Verpflichtung** zur früheren Vorlage kann verschieden gestaltet sein. Insbesondere kann dabei unterschieden werden zwischen der Anforderung, auf welchen Tag der Arbeitsunfähigkeit sich das ärztliche Attest zu beziehen hat, und dem Zeitpunkt der Vorlage der ärztlichen Bescheinigung. Möglich ist auch, die Vorlagepflicht generell für bestimmte Tage, zB für **Brückentage**, für Arbeitstage vor oder nach dem Wochenende usw. zu verlangen. Wird die Vorlage für die verschiedenen Gruppen von ArbN im Betrieb unterschiedlich verlangt, so muss hierbei der Gleichbehandlungsgrundsatz beachtet werden.

61 d) **Beweiswert der ärztlichen Arbeitsunfähigkeitsbescheinigung.** Für das Vorliegen krankheitsbedingter Arbeitsunfähigkeit als dem Grund für die Verhinderung der Arbeitsleistung ist der ArbN beweispflichtig. Diesen Beweis führt er in der Regel durch die ärztliche Arbeitsunfähigkeitsbescheinigung[10]. Auf eine solche Arbeitsunfähigkeitsbescheinigung darf sich der ArbGeb ebenso verlassen wie der ArbN; sie bietet Beweis auch gegenüber einem zB als Schädiger beteiligten Dritten[11]. Auch bei psychischen Erkrankungen, deren Diagnose im Wesentlichen auf nicht objektiven Befunden, sondern subjektiven Angaben des Patienten beruht, bringt die ärztliche Arbeitsunfähigkeitsbescheinigung idR einen ausreichenden Beweis für die krankheitsbedingte Arbeitsunfähigkeit; der Gefahr, das Erkrankungen dieser Art leicht vorgetäuscht werden können, ist im Rahmen der Prüfung Rechnung zu tragen, ob objektive Umständen zu ernsthaften Zweifeln am Vorliegen von krankheitsbedingter Arbeitsunfähigkeit Anlass geben[12].

62 Durch die ärztliche Arbeitsunfähigkeitsbescheinigung wird nicht nur im **außerprozessualen Umgang** ein Beweis geschaffen. Die Arbeitsunfähigkeitsbescheinigung ist aber auch in **prozessualen Streitigkeiten**, in denen es auf das Vorliegen krankheitsbedingter Arbeitsunfähigkeit ankommt, das gegebene Beweismittel, so im Streit zwischen ArbN und ArbGeb bzw. ArbGeb und Krankenkasse des ArbN bzw. Krankenkasse des ArbN und ArbN, aber auch im Verhältnis zu etwa als Schädiger vorkommenden Dritten[13].

---

1 *Schmitt*, § 5 EFZG Rz. 57; aA *Hanau/Kramer*, DB 1995, 94; *Lepke*, NZA 1995, 1084. | 2 BAG v. 1.10.1997 – 5 AZR 726/96, BAGE 86, 357; *Schmitt*, § 5 EFZG Rz. 57. | 3 BAG v. 1.10.1997 – 5 AZR 726/96, BAGE 86, 357. | 4 *Vogelsang*, Entgeltfortzahlung, Rz. 300 mwN. | 5 *Schliemann*, ArbuR 1994, 317; *Lepke*, NZA 1995, 1084; aA *Kunz/Wedde*, § 5 EFZG Rz. 34. | 6 *Vogelsang*, Entgeltfortzahlung, Rz. 301 bis 303. | 7 s. BAG v. 1.10.1997 – 5 AZR 726/96, BAGE 86, 357. | 8 BAG v. 26.2.2003 – 5 AZR 112/02, DB 2003, 1395. | 9 BAG v. 25.1.2000 – 1 ABR 3/99, BAGE 93, 276. | 10 BAG v. 1.10.1997 – 5 AZR 726/96, BAGE 86, 357. | 11 BGH v. 16.10.2001 – VI ZR 408/00, AP Nr. 6 zu § 5 EntgeltFG. | 12 LAG Sa.-Anh. v. 8.9.1998 – 8 Sa 676/97, DB 1999, 1561 = NZA-RR 1999, 460. | 13 BAG v. 1.10.1997 – 5 AZR 726/96, BAGE 86, 357; BGH v. 16.10.2001 – VI ZR 408/00, AP Nr. 6 zu § 5 EntgeltFG.

63 Allerdings können trotz Vorliegens einer ärztlichen Arbeitsunfähigkeitsbescheinigung der ArbGeb wie auch der als Schädiger in Anspruch genommene Dritte oder die Krankenkasse geltend machen, die ärztliche **Arbeitsunfähigkeitsbescheinigung sei zu Unrecht** ausgestellt worden. Nach der inländischer Rspr. kommt einer im Inland ausgestellten ärztlichen Arbeitsunfähigkeitsbescheinigung im Rahmen der richterlichen Beweiswürdigung (§ 286 Abs. 1 ZPO) ein **hoher Beweiswert** zu; mit der Ausstellung der ordnungsgemäßen Arbeitsunfähigkeitsbescheinigung besteht zwar keine gesetzliche Vermutung iSd. § 292 ZPO, wohl aber eine **tatsächliche Vermutung**, dass der ArbN infolge Krankheit arbeitsunfähig war[1]. Will der ArbGeb derartige Zweifel geltend machen, so muss er nicht den Beweis des Gegenteils als Hauptbeweis führen, sondern er kann Tatsachen vortragen und beweisen, aus denen das Gericht schließen kann, dass der **Beweiswert der ärztlichen Arbeitsunfähigkeitsbescheinigung erschüttert** ist, weil aufgrund der festgestellten Tatsachen **ernsthafte Zweifel** an der sachlichen Richtigkeit der krankheitsbedingten Arbeitsunfähigkeit bestehen[2].

64 Ist es gelungen, die tatsächliche Richtigkeitsvermutung dadurch zu widerlegen, dass an der Richtigkeit der erteilten Arbeitsunfähigkeitsbescheinigung ernsthafte Zweifel bestehen, so ist es **Sache des ArbN**, seinerseits für das Vorliegen krankheitsbedingter Arbeitsunfähigkeit **Beweis** zu erbringen, um seinen Anspruch auf Entgeltfortzahlung im Krankheitsfall durchzusetzen[3].

65 Ein Teil des Schrifttums bezeifelt, ob an der Rspr., wonach die ärztliche Arbeitsunfähigkeitsbescheinigung nur eine widerlegbare tatsächliche Vermutung auslöse, nicht aber unwiderlegbare rechtliche Vermutung, noch festgehalten werden könne, nachdem der EuGH derartigen Bescheinigungen, die in einem ausländischen Mitgliedstaat erteilt worden sind (Italien) die Vermutung ihrer absoluten Richtigkeit zuerkannt hat[4]. Diese Bedenken sind von der Rspr. nicht aufgenommen worden; die Rspr. des BAG hat es vielmehr dabei belassen, einer inländischen ärztlichen Arbeitsunfähigkeitsbescheinigung nur dem Beweiswert einer (widerleglichen) tatsächlichen Vermutung zukommen zu lassen[5].

66 Der Rspr. ist eine reichhaltige **Kasuistik** dazu zu entnehmen, **wann ernsthafte Zweifel anzunehmen sind** bzw. was der ArbGeb vorzutragen und ggf. zu beweisen hat, wann dieses anzunehmen ist. Aus der **Sphäre des ArbN** können folgende Umstände zu ernsthaften Zweifeln an der Richtigkeit der Arbeitsunfähigkeitsbescheinigung führen: Der ArbN kündigt sein Fernbleiben an, nachdem der ArbGeb ihm zum gewünschten Termin keinen Urlaub gewährt hat[6]. Der ArbN kündigt nach einer Auseinandersetzung mit dem ArbGeb an, er werde nicht zur Arbeit kommen[7]; dem ArbN (und seiner Familie) wird regelmäßig am Ende des Urlaubs oder im unmittelbaren Anschluss daran krankheitsbedingte Arbeitsunfähigkeit attestiert[8]. Der ArbN legt ein Verhalten an den Tag, das dem Vorliegen krankheitsbedingter Arbeitsunfähigkeit klar widerspricht, zB durch eine Nebentätigkeit oder durch eine Arbeit für einen anderen ArbGeb[9]. Als Hinweis auf ernsthafte Zweifel an der Richtigkeit des Vorliegens krankheitsbedingter Arbeitsunfähigkeit hat es das BAG auch angesehen, wenn der ArbN sich auf Vorladung nicht zur Untersuchung durch den medizinischen Dienst gestellt hat[10]. Daneben dürften auch die Fälle des § 275 Abs. 1a Satz 1 Buchst. a SGB V (auffallend häufig, auffallend häufig nur für kurze Dauer oder als Beginn der Arbeitsunfähigkeit häufig auf einen Arbeitstag am Beginn oder Ende einer Woche attestierte Arbeitsunfähigkeit) geeignet sein, als Tatsachen zu gelten, die zu ernstlichen Zweifeln an der Richtigkeit der vorgelegten Arbeitsunfähigkeitsbescheinigung führen können[11]. Ernsthafte Zweifel an der Richtigkeit der ärztlichen Arbeitsunfähigkeitsbescheinigung können sich aber auch aus der **Sphäre des Arztes** ergeben, insb. bei Ausstellung einer solchen Bescheinigung ohne vorhergehende Untersuchung[12] oder bei vorschriftswidriger Rückdatierung der Arbeitsunfähigkeitsbescheinigung[13]. Dasselbe gilt, wenn die Arbeitsunfähigkeit von einem Arzt festgestellt worden ist, der durch die Häufigkeit der von ihm ausgestellten Bescheinigungen über Arbeitsunfähigkeit auffällig geworden ist (§ 275 Abs. 1a Satz 1 Buchst. b SGB V).

67 Bereits bei einfachen Zweifeln kann der ArbGeb von der Krankenkasse verlangen, eine **gutachtliche Stellungnahme des medizinischen Dienstes** der Krankenversicherung einzuholen (§ 275 Abs. 1, Abs. 1a Satz 3 SGB V). Der ArbGeb kann aber auch **die Entgeltfortzahlung verweigern**. In diesem Fall nimmt er das Risiko einer gerichtlichen Auseinandersetzung auf sich. Diese Auseinandersetzung wird in der Regel – wegen des Anspruchsübergangs infolge zwischenzeitlicher Zahlung von Krankengeld durch die Krankenkasse – von der Krankenkasse gegen den ArbGeb geführt werden. Der ArbGeb muss dann spätestens in diesem Prozess die Tatsachen darlegen und ggf. unter Beweis stellen, aus denen auf ernsthafte Zweifel an der Richtigkeit der Attestierung krankheitsbedingter Arbeitsunfähigkeit zu schließen ist. Gelingt ihm dies, so obliegt es wiederum dem ArbN bzw. an dessen Stelle der Krankenkasse, mit den

---

1 BAG v. 19.2.1997 – 5 AZR 83/96, BAGE 85, 167; v. 21.3.1996 – 2 AZR 543/95, AP Nr. 42 zu § 123 BGB; v. 15.7.1992 – 5 AZR 312/91, BAGE 71, 9. | 2 BAG v. 26.8.1993 – 2 AZR 154/93, AP Nr. 112 zu § 616 BGB; BAG v. 15.7.1992 – 5 AZR 312/91, BAGE 71, 9. | 3 BAG v. 11.10.1997 – 5 AZR 499/96, AP Nr. 4 zu § 5 EntgeltFG. | 4 Vgl. ErfK/*Dörner*, § 5 EFZG Rz. 35; *Vogelsang*, Entgeltfortzahlung, Rz. 374, 375. | 5 BAG v. 19.2.1997 – 5 AZR 747/93, BAGE 85, 140. | 6 *Vogelsang*, Entgeltfortzahlung, Rz. 360 mwN aus der Rspr. | 7 BAG v. 4.10.1978 – 5 AZR 326/77, *AP Nr. 3 zu § 3 LohnFG*. | 8 BAG v. 20.2.1985 – 5 AZR 180/83, BAGE 48, 115. | 9 BAG v. 26.8.1993 – 2 AZR 154/93, BAGE 74, 127. | 10 BAG v. 11.8.1976 – 5 AZR 422/75, BAGE 28, 144. | 11 ErfK/*Dörner*, § 5 EFZG Rz. 37; *Vogelsang*, Entgeltfortzahlung, Rz. 361. | 12 BAG v. 11.8.1976 – 5 AZR 422/75, BAGE 28, 144. | 13 ErfK/*Dörner*, § 5 EFZG Rz. 40; *Lepke*, NZA 1995, 1084.

sonstigen Beweismitteln unter Beweis zu stellen und ggf. zu beweisen, dass tatsächlich krankheitsbedingte Arbeitsunfähigkeit bestanden hat. Zu den üblicherweise angebotenen Beweismitteln gehört insb. die Vernehmung des behandelnden Arztes, in der Regel auch das Angebot des Zeugnisses von Ehepartnern oder Lebenspartnern. Der ArbGeb muss, um diesen Weg beschreiten zu dürfen, indessen nicht erst versucht haben, eine ärztliche Untersuchung des ArbN durch den medizinischen Dienst nach § 275 SGB V herbeizuführen[1]

3. Verletzung der Nachweispflicht. Solange der ArbN seiner Pflicht zur Vorlage der ärztlichen Arbeitsunfähigkeitsbescheinigung nach Abs. 1 Satz 2 und 3 schuldhaft nicht nachgekommen ist, steht dem ArbGeb ein **zeitweiliges Leistungsverweigerungsrecht** nach § 7 zu (vgl. dort). Die Rspr. hält überdies für möglich, dass dem ArbGeb wegen Nichtvorlage der ärztlichen Arbeitsunfähigkeitsbescheinigung Schadensersatzansprüche zustehen können[2]. Inwieweit dem ArbGeb dadurch Schaden entstehen kann, dass der ArbN keinen Nachweis der krankheitsbedingten Arbeitsunfähigkeit durch ärztliche Arbeitsunfähigkeitsbescheinigungen erbringt, erscheint indessen zweifelhaft. Die fehlende Information darüber, dass der ArbN arbeitsunfähig krank ist bzw. nicht zur Arbeit erscheint, also die Verletzung der Mitteilungspflicht, mag zwar solche Schadenersatzansprüche auslösen (vgl. oben Rz. 30). Die Arbeitsunfähigkeitsbescheinigung selbst bietet, soweit der ArbN seiner Mitteilungspflicht nachgekommen ist, darüber hinaus jedoch keine weiter gehende Sicherheit oder Handlungsmöglichkeit für den ArbGeb, den durch das Fernbleiben des ArbN entstehenden Schaden zu vermeiden oder zu verringern. **68**

Die Verletzung der Nachweispflicht soll überdies eine verhaltensbedingte oder gar außerordentliche **Kündigung** nach sich ziehen können[3]. Insoweit gelten jedoch vergleichbare Überlegungen wie beim Schadenersatz. Indessen kann das Erschleichen einer ärztlichen Arbeitsunfähigkeitsbescheinigung und damit das Vortäuschen krankheitsbedingter Arbeitsunfähigkeit durchaus eine verhaltensbedingte ordentliche, unter Umständen sogar eine außerordentliche Kündigung rechtfertigen[4]. Ist allerdings der Beweiswert der ärztlichen Arbeitsunfähigkeitsbescheinigung nicht erschüttert, sondern besteht insoweit lediglich ein gewisser Anfangsverdacht, der ArbN könne eine Erkrankung vorgetäuscht haben, so ist der ArbGeb regelmäßig verpflichtet, die Verdachtsmomente (zB durch Befragung des ArbN über die Art der Erkrankung) näher aufzuklären, ehe er mit einer fristlosen Kündigung droht und er den ArbN dadurch zum Abschluss eines Aufhebungsvertrags veranlasst[5]. **69**

IV. Krankheitsbedingte Arbeitsunfähigkeit im Ausland (Abs. 2). § 5 Abs. 1 enthält die Grundregeln für die Mitteilung und den Nachweis krankheitsbedingter Arbeitsunfähigkeit. Ihr Anwendungsbereich betrifft zunächst das Inland. Hält sich der ArbN bei Beginn seiner krankheitsbedingten Arbeitsunfähigkeit im Ausland auf, so hat er sich zunächst nach den Regeln des § 5 Abs. 2 zu verhalten. Diese Regeln entsprechen grundsätzlich denen des § 5 Abs. 1, sie werden jedoch für das Ausland ergänzt bzw. modifiziert, um den Besonderheiten Rechnung zu tragen, die sich beim Aufenthalt des ArbN im Ausland ergeben. § 5 Abs. 2 knüpft allein an den Aufenthaltsort bei Beginn der krankheitsbedingten Arbeitsunfähigkeit an; die Nationalität des ArbN spielt keine Rolle. Entscheidend ist allerdings, dass auf das Arbeitsverhältnis überhaupt die Bestimmungen des Entgeltfortzahlungsgesetzes anzuwenden sind (vgl. zum persönlichen Anwendungsbereich: § 1 Rz. 8 ff.; zum räumlichen Geltungsbereich § 1 Rz. 16 ff.). **70**

1. Mitteilungspflicht. Hält sich der ArbN bei Beginn der Arbeitsunfähigkeit im Ausland auf, so hat er nicht nur die – ebenso nach Abs. 1 erforderlichen – Mitteilungen über die Arbeitsunfähigkeit und deren voraussichtliche Dauer zu machen, sondern zusätzlich die **Adresse am Aufenthaltsort** anzugeben, und dies durch die **schnellstmögliche Art der Übermittlung** (Abs. 2 Satz 1). Mit der Erweiterung der Mitteilungspflicht hat der deutsche Gesetzgeber auf die europarechtliche Rechtslage reagiert, wie sie sich aus Art. 18 Abs. 1 der EWG-VO Nr. 574/72 ergibt[6]. Diese Bestimmung ist dahin auszulegen, dass der zuständige Träger, auch wenn es sich dabei um den ArbGeb und nicht um einen Träger der sozialen Sicherheit handelt, in tatsächlicher und rechtlicher Hinsicht an die vom Träger des Wohn- oder Aufenthaltsortes getroffenen ärztlichen Feststellungen über den Eintritt und die Dauer der Arbeitsunfähigkeit gebunden ist, sofern er die betroffene Person nicht durch einen Arzt seiner Wahl untersuchen lässt, wozu ihn diese Bestimmung ermächtigt[7]. Dementsprechend ist der ArbN gehalten seine Adresse am Aufenthaltsort mitzuteilen, weil dem ArbGeb diese – zB am Fall des Urlaubs – häufig nicht bekannt ist. Dazu hat der ArbGeb zudem die schnellstmöglichste Art der Übermittlung zu wählen (Telefon, Telefax, ggf. Telegramm). Die hierdurch entstandenen (Mehr)Kosten hat der ArbGeb zu tragen (§ 5 Abs. 2 Satz 2). **71**

Will der ArbGeb geltend machen, dass die Bescheinigung der krankheitsbedingten Arbeitsunfähigkeit zu Unrecht erfolgt sei, so kann er – nicht zuletzt aufgrund der Mitteilung der Adresse am Aufenthaltsort – **72**

---

1 ErfK/*Dörner*, § 5 EFZG Rz. 43. | 2 BAG v. 27.8.1971 – 1 AZR 107/71, BAGE 23, 141; ErfK/*Dörner*, § 5 EFZG Rz. 44. | 3 ErfK/*Dörner*, § 5 EFZG Rz. 44 mwN. | 4 BAG v. 26.8.1993 – 2 AZR 154/93, BAGE 74, 127. | 5 BAG v. 21.3.1996 – 2 AZR 543/95, AP Nr. 42 zu § 123 BGB. | 6 VO (EWG) Nr. 574/72 des Rates v. 31.3.1972 über die Durchführung der Verordnung (EWG) Nr. 1408/71 zur Anwendung der Systeme der sozialen Sicherheit auf Arbeitnehmer und deren Familien, die innerhalb der Gemeinschaft zu- und abwandern; Abdruck ua. in EU-ArbR, Beck-Texte im DTV Nr. 5751. | 7 EuGH v. 3.6.1992 – RS C 45/90, Paletta I, AP Nr. 1 zu Art. 18 EWG-Verordnung Nr. 574/72.

vom ArbN verlangen, sich einer **zusätzlichen ärztlichen Untersuchung durch einen Arzt nach Wahl des ArbGeb** zu stellen.

73 Unabhängig von der Mitteilung an den ArbGeb muss der ArbN der **Krankenkasse**, sofern er deren Mitglied ist, die Arbeitsunfähigkeit und deren voraussichtliche Dauer **unverzüglich anzeigen** (§ 5 Abs. 2 Satz 3). Indessen kann die Krankenkasse festlegen, dass der ArbN diese Anzeige- und Mitteilungspflicht auch gegenüber einem ausländischen SozV-Träger erfüllen kann (§ 5 Abs. 2 Satz 5). Die Verpflichtung des ArbN zur Information der Krankenkasse bzw. des ausländischen SozV-Trägers bei Erkrankungen im Ausland beruht darauf, dass der inländische Gesetzgeber den ausländischen Ärzten keine sozialversicherungsrechtliche Verpflichtung auferlegen kann, entsprechend den Regeln des deutschen Rechtes über die gesetzliche Krankenversicherung die Krankenkasse selbst zu unterrichten und diese Unterrichtung dem ArbGeb nach § 5 Abs. 1 Satz 5 mitzuteilen[1].

74 **Dauert die Arbeitsunfähigkeit länger als angezeigt**, so ist der ArbN verpflichtet, der gesetzlichen Krankenkasse die voraussichtliche Fortdauer der Arbeitsunfähigkeit mitzuteilen (§ 5 Abs. 2 Satz 4). Diese Regelung ist lückenhaft. Der Gesetzgeber hat unverständlicherweise dem ArbN scheinbar nur die Verpflichtung auferlegt, bei Fortdauer der Arbeitsunfähigkeit seine Krankenkasse zu informieren, nicht aber seinen ArbGeb. Ähnlich wie bei der insoweit unvollständigen Regelung des § 5 Abs. 1 Satz 4 sind die Bestimmungen über die Mitteilungspflichten des ArbN nach § 5 Abs. 1 Satz 1 und 2 entsprechend anzuwenden[2]. Das heißt, der ArbN muss auch dann, wenn er im Ausland erkrankt ist, den ArbGeb in vergleichbarer Weise nicht nur unverzüglich, sondern sogar schnellstmöglich unterrichten, wenn bei ihm krankheitsbedingte Arbeitsunfähigkeit vorliegt und wie lange sie voraussichtlich andauert, aber auch, wenn diese länger andauert als bis mitgeteilt.

75 Der **Inhalt der Unterrichtungspflicht** ist grundsätzlich derselbe wie bei einer Inlandserkrankung; zusätzlich hat der ArbN die Adresse anzugeben, unter der ihn der ArbGeb im Ausland erreichen kann, um ihn aufzufordern, sich einer Kontrolluntersuchung bei einem Arzt nach Wahl des ArbGeb zu stellen.

76 **2. Nachweispflicht.** Für den Nachweis der krankheitsbedingten Arbeitsunfähigkeit enthält § 5 Abs. 2 keine von § 5 Abs. 1 grundsätzlich abweichende Regelung. Dies betrifft auch die Frage, wann die krankheitsbedingte Arbeitsunfähigkeit nachzuweisen ist. Auch im Rahmen des § 5 Abs. 2 sind die Regelungen des § 5 Abs. 1 Satz 2 hinsichtlich der Pflicht zur Vorlage des ärztlichen Nachweises einer länger als drei Kalendertage andauernden krankheitsbedingten Arbeitsunfähigkeit (vgl. Rz. 46 ff.) bzw des § 5 Abs. 1 Satz 3 zur früheren Vorlage auf Verlangen des ArbGeb (Rz. 55 ff.) anzuwenden.

77 Der Nachweis wird auch bei einer Erkrankung im Ausland grundsätzlich durch eine **ärztliche Arbeitsunfähigkeitsbescheinigung** geführt. Der ArbN muss dafür Sorge tragen, dass er vom Arzt eine den Anforderungen des § 5 Abs. 1 entsprechende Arbeitsunfähigkeitsbescheinigung erhält. Diese Bescheinigung muss erkennen lassen, dass der Arzt zwischen Erkrankung und auf ihr beruhender Arbeitsunfähigkeit unterschieden hat[3]. **Zwischenstaatliche SozV-Abkommen** wie zB das deutsch-türkische Abkommen über die soziale Sicherheit nebst Durchführungsverordnung[4] und Art. 18 der VO Nr. 574/72 EWG bestimmen, dass ArbN vom Arzt eine Arbeitsunfähigkeitsbescheinigung auf einem Vordruck erhalten. Diese Vordrucke entsprechen in ihrer Gliederung in der Regel den Anforderungen des § 5 Abs. 1 Satz 2 EFZG. Werden sie verwendet, so ist damit vergleichbar wie im Inland die krankheitsbedingte Arbeitsunfähigkeit nachgewiesen[5]. Entspricht die Bescheinigung dem nicht, so ist sie als Nachweis untauglich.

78 **Beispiel:** Ein türkischer ArbN hält sich zwecks Urlaubs in seinem Heimatland auf. Während seines Urlaubs erkrankt er und sucht ein Krankenhaus auf; dort erhält er eine ärztliche Bescheinigung in der es heißt, bei ihm sei eine bestimmte Krankheit festgestellt und eine 20-tägige Bettruhe angeordnet worden. Der im Inland lebende Sohn des ArbN unterrichtet den ArbGeb über die Erkrankung. Der ArbN ließ der Beklagten die ärztliche Bescheinigung übergeben, er unterrichtete aber weder die für ihn zuständige gesetzliche Krankenkasse noch den zuständigen SozV-Träger in der Türkei über die Erkrankung. Der ArbGeb reichte die ärztliche Bescheinigung an die zuständige Krankenkasse weiter, die dem ArbN ihrerseits – nach Rückkehr aus dem Ausland – mitteilte, es sei nicht ersichtlich, dass Arbeitsunfähigkeit iSd. Entgeltfortzahlungsgesetzes vorgelegen habe. Das ärztliche Attest genügte den Anforderungen nicht. Es war nicht dem entsprechenden Formular erteilt worden und ließ auch nicht erkennen, dass der türkische Arzt zwischen Krankheit und daraus resultierender Arbeitsunfähigkeit unterschieden hatte[6].

79 Indessen ist der ArbN nicht auf die Vorlage einer den deutschen Anforderungen (§ 5 Abs. 1, vgl. Rz. 34 ff.) genügenden ärztlichen Bescheinigung angewiesen. Auch bei einer Erkrankung im Ausland kann den Beweis für das Vorliegen der krankheitsbedingten Arbeitsunfähigkeit durch **andere Beweismittel** führen[7].

---

1 Vgl. *Schmitt*, § 5 EFZG Rz. 112. |2 ErfK/*Dörner*, § 5 EFZG Rz. 54; *Schmitt*, § 5 EFZG Rz. 114; *Vogelsang*, Entgeltfortzahlung, Rz. 342. |3 BAG v. 1.10.1997 – 5 AZR 499/96, AP Nr. 4 zu § 5 EntgeltFG; s. auch BAG v. 1.10.1997 – 5 AZR 726/96, BAGE 86, 357. |4 Abdrucke solcher Abkommen in *Ploeger/Wortmann*, Deutsche Sozialversicherungsabkommen mit ausländischen Staaten. |5 Vgl. BAG v. 1.10.1997 – 5 AZR 499/96, AP Nr. 4 zu § 5 EntgeltFG; BAG v. 1.10.1997 – 5 AZR 726/96, BAGE 86, 357. |6 Sachverhalt (verkürzt) nach BAG v. 1.10.1997 – 5 AZR 499/96, AP Nr. 4 zu § 5 EntgeltFG. |7 BAG v. 1.10.1997 – 5 AZR 499/96, AP Nr. 4 zu § 5 EntgeltFG.

3. Beweiswert der ausländischen Arbeitsunfähigkeitsbescheinigung. Der ausländischen Arbeitsunfä- 80
higkeitsbescheinigung kommt, sofern sie erkennen lässt, dass der Arzt zwischen Krankheit und daraus
resultierender Arbeitsunfähigkeit hinreichend unterschieden hat, grundsätzlich (mindestens) derselbe
Beweiswert zu wie einer inländischen Arbeitsunfähigkeitsbescheinigung. Zwar hat der EuGH in seiner
Entscheidung **Paletta I** erkannt, dass der ArbGeb „in tatsächlicher und rechtlicher Hinsicht an die vom
Träger des Wohnorts getroffene ärztliche Feststellung über den Eintritt und die Dauer der Arbeitsunfähigkeit gebunden ist, sofern er – der ArbGeb – nicht von der vorgesehenen Möglichkeit Gebrauch macht,
dem Betroffenen durch einen Arzt seiner Wahl untersuchen zu lassen"[1]. Angesichts dieser Entscheidung
hat das BAG dem EuGH weitere Fragen zum Beweiswert der Arbeitsunfähigkeitsbescheinigung iSd.
Art. 18 Abs. 1 bis 5 der VO (EWG) Nr. 574/72 vorgelegt[2]. Hierauf hat der EuGH durch das Urteil **Paletta II**
seine Rspr. insoweit korrigiert, als er erkannt hat, die Auslegung des Art. 18 Abs. 1 bis 5 der EWG-VO
Nr. 574/72[3] vorgenommen hat, verwehre es dem ArbGeb nicht, Nachweise zu erbringen, anhand deren
das nationale Gericht ggf. feststellen kann, dass der ArbN missbräuchlich oder betrügerisch eine gemäß
Art. 18 der VO Nr. 574/72 festgestellte Arbeitsunfähigkeit gemeldet hat, ohne krank gewesen zu sein[4].
Nach Zugang der vorgenannten Entscheidung des EuGH hat das BAG über die bei ihm anhängige Revi-
sion in der Sache selbst entschieden und den Rechtsstreit an die Vorinstanz zurückverwiesen (**Paletta
III**)[5]. Es hat erkannt, die in Bezug genommen Rechsprechung des EuGH bedeute, dass der ArbN dann
keinen Anspruch auf Entgeltfortzahlung im Krankheitsfall nach nationalem Recht in Verbindung mit
Art. 22 der EWG-VO Nr. 1408/71 und Art. 18 und 24 der EWG-VO Nr. 574/72 hat, wenn er in Wirklichkeit
nicht arbeitsunfähig krank war und sein Verhalten missbräuchlich oder betrügerisch war; allerdings handelt der ArbN in aller Regel missbräuchlich oder betrügerisch, wenn er sich arbeitsunfähig kranksch-rei-
ben lässt, obwohl er es nicht ist. Die Beweislast dafür, dass der ArbN nicht arbeitsunfähig krank war,
trägt der ArbGeb. Es reicht – anders als bei einer im Inland ausgestellten Arbeitsunfähigkeitsbescheinigung – nicht aus, dass der ArbGeb Umstände beweist, die nur zu ernsthaften Zweifeln an der Richtigkeit
der krankheitsbedingten Arbeitsunfähigkeit Anlass geben. Andererseits hat das Gericht mit § 286 Abs. 1
ZPO unter Berücksichtigung des gesamten Inhalts der Verhandlung und des Ergebnisses der etwaigen
Beweisaufnahme nach freier Überzeugung zu entscheiden, ob eine tatsächliche Behauptung für wahr
oder nichtwahr zu entscheiden sei; dabei hat das Gericht die prozessualen und vorprozessualen Handlungen, Erklärungen und Unterlassungen der Parteien und ihrer Vertreter zu würdigen.

Damit ist – im Ergebnis – die **Beweislage** für den ArbN, dessen krankheitsbedingte Arbeitsunfähigkeit 81
im EG-Ausland attestiert wird, **relativ günstiger** als die Beweislage bei Vorlage einer inländischen Arbeitsunfähigkeitsbescheinigung[6]. Ob die Konsequenz allerdings dahin tendiert, auch im Inland ausgestellten
Arbeitsunfähigkeitsbescheinigungen während einer gesetzlichen Vermutung zuzubilligen, deren Richtigkeit der ArbGeb durch den Beweis des Gegenteils zu widerlegen hat, ist zweifelhaft. Im Übrigen bleibt es
der Bewertung durch das Tatgericht überlassen, wann es den Beweis des Gegenteils als geführt ansieht.
Möglich ist, solche Umstände, die bisher nur als Widerlegung der tatsächlichen Vermutung gewertet wurden, als solche anzunehmen, die auch eine rechtliche Vermutung widerlegen, so dass künftig bei Inlands-
bescheinigungen wie bei Auslandsbescheinigungen solche Tatsachen als Beweis des Gegenteils angesehen werden[7]. Mit eben dieser Begründungsstruktur hat auch das LAG BW den Fall Paletta abschließend
entschieden[8].

Für nicht dem EG-Recht unterliegende ausländische Arbeitsunfähigkeitsbescheinigungen ist es bei 82
der Rspr. verblieben, sie prinzipiell ebenso zu behandeln wie inländische Arbeitsunfähigkeitsbescheinigungen, wie das BAG zeitgleich – mit seiner Entscheidung Paletta III[9] – erkannt hat[10]; diese Entscheidung betraf eine Arbeitsunfähigkeitsbescheinigung aus der Türkei. Derartigen ausländischen Arbeitsunfähigkeitsbescheinigungen kommt daher nur die Vermutung ihrer tatsächlichen Richtigkeit
zu, so dass diese Vermutung auch aus dem Inhalt der Bescheinigungen selbst (Zweifel an ihrer sachlichen Richtigkeit) und aus weiteren besonderen Umständen (innerhalb von sechs Jahren zum vierten
Mal im Erholungsurlaub in der Heimat erkrankt) beeinträchtigt wird[11].

4. Mitteilungspflicht bei Rückkehr aus dem Ausland. Kehrt der ArbN aus dem Ausland zurück und ist er 83
immer noch arbeitsunfähig krank, so ist er verpflichtet dem ArbGeb und der Krankenkasse seine Rückkehr unverzüglich anzuzeigen (§ 5 Abs. 2 Satz 7). Hierdurch soll erreicht werden, dass die Krankenkasse
in die Lage versetzt ist, nunmehr eine Begutachtung durch den medizinischen Dienst der Krankenversicherung durchzuführen zu lassen (§ 275 SGB V) und – den dadurch überflüssig gewordenen – Verwaltungsaufwand für das Veranlassen einer Begutachtung im Ausland zu vermeiden. Zur Mitteilung der Rück-

---

1 EuGH v. 3.6.1992 – Rs C 45/90, Paletta I, AP Nr. 1 zu Art. 18 EWG-Verordnung Nr. 574/72. |2 BAG v. 27.4.1994
5 AZR 747/93 (A), BAGE 76, 306. |3 Verordnung (EWG) Nr. 574/72 des Rates v. 21.3.1972 über die Durchfüh-
rung der Verordnung (EWG) Nr. 1408/71. |4 EuGH v. 2.5.1996 – Rs C 206/94, Paletta II, AP Nr. 2 zu Art. 18
EWG-Verordnung Nr. 574/72. |5 BAG v. 19.2.1997 – 5 AZR 747/93 (Paletta III), BAGE 85, 140 = AP Nr. 3 zu
Art. 18 EWG-Verordnung Nr. 574/72. |6 Ähnlich ErfK/*Dörner*, § 5 EFZG Rz. 61 ff. |7 ErfK/*Dörner*, § 5 EFZG
Rz. 64; *Heinze/Giesen*, BB 1996, 1830. |8 LAG BW v. 9.5.2000 – 10 Sa 85/97, NZA-RR 2000, 514. |9 BAG
v. 19.2.1997 – 5 AZR 747/93 (Paletta III), BAGE 85, 140 = AP Nr. 3 zu Art. 18 EWG-Verordnung Nr. 574/72.
|10 BAG v. 19.2.1997 – 5 AZR 83/96, BAGE 85, 167. |11 BAG v. 18.9.1985 – 5 AZR 240/84, EzA § 3 LohnFG
Nr. 11.

kehr des ArbN gehört auch, dass er mitteilt, ob er weiterhin arbeitsunfähig krank ist und wie lange dies voraussichtlich andauern wird. Der Nachweis der krankheitsbedingten Arbeitsunfähigkeit ist hiervon unabhängig zu erbringen; insoweit ist ein unmittelbarer Anschluss an den vorherigen Nachweis erforderlich.

84 **V. Verzicht des ArbGeb auf eine Arbeitsunfähigkeitsbescheinigung.** Verzichtet der ArbGeb auf eine Arbeitsunfähigkeitsbescheinigung oder fordert er eine solche bei einer Kurzerkrankung iSd. § 5 Abs. 1 Satz 2 nicht an, so können sich hieraus **weitere Beweisfragen** für das Vorliegen krankheitsbedingter Arbeitsunfähigkeit ergeben. Denkbar ist, dass dem ArbGeb nachträglich Umstände bekannt werden, die berechtigte Zweifel am Vorliegen der vom ArbN behaupteten krankheitsbedingten Arbeitsunfähigkeit hervorrufen. § 5 EFZG besagt nichts ausdrücklich darüber, welche Arbeitsvertragsparteien in solchen Fällen welche Beweislast trägt. Grundsätzlich muss der ArbN die Tatsachen beweisen, aus denen die krankheitsbedingte Arbeitsunfähigkeit folgt. Aus dem Umstand, dass der ArbGeb – insb. bei einer Kurzerkrankung – nicht die Vorlage einer ärztlichen Arbeitsunfähigkeitsbescheinigung verlangt hat, lässt sich keine gesetzliche Vermutung iSd. § 292 ZPO über das tatsächliche Bestehen der mitgeteilten Arbeitsunfähigkeit ableiten. Andererseits hat der ArbN ohne die entsprechende Aufforderung des ArbGeb bei einer Kurzerkrankung keinen Anlass, einen Arzt aufzusuchen, um sich krankheitsbedingte Arbeitsunfähigkeit bescheinigen zu lassen. Die Lösung dieser Problematik dürfte darin liegen, die Sachlage so zu behandeln, dass für das Vorliegen der nur mitgeteilten krankheitsbedingten Arbeitsunfähigkeit eine **tatsächliche Vermutung** streitet, die ebenso widerlegbar ist, wie wenn der ArbN hierfür ein inländisches oder ausländisches Attest vorgelegt hätte[1].

85 **VI. Kontrolluntersuchung durch den medizinischen Dienst.** Nach § 275 Abs. 1 Nr. 3 Buchst. b SGB V sind die Krankenkassen in den gesetzlich bestimmten Fällen oder wenn es nach Art, Schwere, Dauer oder Häufigkeit der Erkrankung oder nach dem Krankheitsverlauf erforderlich ist, verpflichtet, bei Arbeitsunfähigkeit zur Beseitigung von Zweifeln an der Arbeitsunfähigkeit eine gutachtliche Stellungnahme des medizinischen Dienstes der Krankenversicherung (Medizinischer Dienst) einzuholen. Solche Zweifel sind insb. in den Fällen anzunehmen, in denen der versicherte ArbN auffällig häufig oder auffällig häufig nur für kurze Dauer arbeitsunfähig ist oder der Beginn der Arbeitsunfähigkeit häufig auf einen Arbeitstag am Beginn oder Ende einer Woche oder die Arbeitsunfähigkeit von einem Arzt festgestellt worden ist, der durch die Häufigkeit der von ihm ausgestellten Arbeitsunfähigkeitsbescheinigungen auffällig geworden ist (§ 275 Abs. 1a Satz 1 SGB V). Dabei hat die Prüfung unverzüglich nach Vorlage der ärztlichen Feststellung über die Arbeitsunfähigkeit zu erfolgen. Der ArbGeb kann verlangen, dass die Krankenkasse eine gutachtliche Stellungnahme des medizinischen Dienstes zur Überprüfung der Arbeitsunfähigkeit einholt (§ 275 Abs. 1a Satz 3 SGB V). Andererseits kann die Krankenkasse von einer Beauftragung des medizinischen Dienstes absehen, wenn sich die medizinischen Voraussetzungen der Arbeitsunfähigkeit eindeutig aus den der Krankenkasse vorliegenden ärztlichen Unterlagen ergeben.

86 § 275 Abs. 1a SGB V zählt nur sog. **Regelbeispiele** auf, bei denen vom Vorliegen von Zweifeln auszugehen ist. Indessen können auch andere Umstände geeignet sein, eine medizinische Untersuchung zu veranlassen, zB ein deutlich mit der angeblich vorliegenden krankheitsbedingten Arbeitsunfähigkeit unvereinbares Verhalten des ArbN.

87 **Beispiel:** Der ArbN arbeitet während der attestierten krankheitsbedingten Arbeitsunfähigkeit für einen anderen ArbGeb.

88 Die Krankenkasse darf das Begehren des ArbGeb nur ablehnen, wenn nach bei ihr vorliegenden Unterlagen die Krankheitsbedingtheit der Arbeitsunfähigkeit eindeutig anzunehmen ist. Sie hat jedoch auf Zweifel des ArbGeb einzugehen, und dies nicht erst dann, wenn sie selbst Krankengeld zu leisten hat.

89 Wenn sich der **ArbN weigert** sich einer Begutachtung durch den medizinischen Dienst zu stellen, so ist zwar die Krankenkasse berechtigt, die von ihr zu gewährenden Leistungen zu versagen (§ 66 Abs. 1 SGB I; § 276 Abs. 2 SGB V). Ein gleiches Recht steht dem ArbGeb indessen nicht zu; diese Bestimmungen sind für den ArbGeb auch nicht analog anwendbar[2]. Indessen bekundet ein solches Verhalten des ArbN erhebliche Zweifel an der Richtigkeit der ärztlichen Arbeitsunfähigkeitsbescheinigung (s. oben Rz. 63 ff.).

6 *Forderungsübergang bei Dritthaftung*
(1) Kann der Arbeitnehmer auf Grund gesetzlicher Vorschriften von einem Dritten Schadensersatz wegen des Verdienstausfalls beanspruchen, der ihm durch die Arbeitsunfähigkeit entstanden ist, so geht dieser Anspruch insoweit auf den Arbeitgeber über, als dieser dem Arbeitnehmer nach diesem Gesetz Arbeitsentgelt fortgezahlt und darauf entfallende vom Arbeitgeber zu tragende Beiträge zur Bundesagentur für Arbeit, Arbeitgeberanteile an Beiträgen zur Sozialversicherung und zur Pflegeversicherung sowie zu Einrichtungen der zusätzlichen Alters- und Hinterbliebenenversorgung abgeführt hat.

---

[1] Vgl. des Näheren *Vogelsang*, Entgeltfortzahlung Rz. 376 bis 381. [2] BAG v. 11.8.1976 – 5 AZR 422/75, BAGE 28, 144.

(2) Der Arbeitnehmer hat dem Arbeitgeber unverzüglich die zur Geltendmachung des Schadensersatzanspruchs erforderlichen Angaben zu machen.

(3) Der Forderungsübergang nach Absatz 1 kann nicht zum Nachteil des Arbeitnehmers geltend gemacht werden.

Lit.: *Benner*, Entgeltfortzahlung und Dritthaftung, DB 1999, 482; *Boecken*, Probleme der Entgeltfortzahlung im Krankheitsfall, NZA 1999, 673; *Feichtinger*, Anzeige- und Nachweispflichten bei Arbeitsunfähigkeit, Arbeitsrecht-Blattei, Krankheit II; *Finkenbusch*, Rechtsbeziehungen zwischen Arbeitnehmer, Arbeitgeber und Sozialverwaltung –Arbeitsunfähigkeit infolge eines tätlichen Angriffs –, Die Leistungen 1997, 221; *Hammacher*, Rechtsprobleme bei dem Einsatz von Autokranen, BB 1992, 1510; *Hanau*, Schadensersatzansprüche des Arbeitnehmers und des Arbeitgebers gegen Dritte unter Berücksichtigung der Lohnfortzahlungspflicht des Arbeitgebers, Arbeitsrecht-Blattei, Schadensersatz im Arbeitsrecht II; *Jahnke*, Entgeltfortzahlung und Regress des Arbeitgebers im Schadenfall seines Arbeitnehmers, NZV 1996, 169; *Kleb-Braun*, Der Abzug häuslicher Ersparnisse bei Krankenhausbehandlung eines durch Fremdverschulden geschädigten Arbeitnehmers, NJW 1985, 663; *Lehmann*, Umfang des Forderungsüberganges bei der Dritthaftung nach § 4 LFZG, DB 1972, 1390; *Marburger*, Zweifelsfragen bei Anwendung des § 4 Lohnfortzahlungsgesetz, BB 1972, 320; *Marburger*, Ausschluss der Arbeitgeberhaftung bei Arbeitsunfällen und Arbeitgeberansprüchen nach § 4 LFZG, DB 1976, 1528; *Marburger*, Konkurrenz zwischen Arbeitgeber und Krankenkassen bei Schadensersatzansprüchen, RdA 1987, 334; *Olderog*, Rechtsfragen bei Krankheit im Arbeitsverhältnis, BB 1989, 1684; *Platzer*, Der Umfang des Forderungsübergangs bei Dritthaftung im Baugewerbe, BB 1993, 1217; *Riedmaier*, Schadensersatz wegen Arbeitsunfähigkeit, VersR 1978, 110; *Riedmaier*, Pauschalierte Berechnung des Verdienstausfallschadens von Arbeitnehmern, VersR 1978, 1002; *Riedmaier*, Nochmals: Pauschalierte Berechnung des Verdienstausfallschadens von Arbeitnehmern, BB 1979, 687; *Riedmaier*, Übergang der Schadensersatzansprüche unfallverletzter Arbeitnehmer (Beamter) auf Arbeitgeber (Dienstherren) – Zur Problematik des sog. Arbeitgeberschadens, DB 1980, 64; *Ritze*, Zur Einschränkung des Rückgriffsrechts der Träger der sozialen Sicherheit gemäß § 67 Abs. 2 VVG, BB 1976, 1672; *Rolfs*, Die Neuregelung der Arbeitgeber- und Arbeitnehmerhaftung bei Arbeitsunfällen durch das SGB VII, NJW 1996, 3177; *Sabel*, Schadensersatz für anteiliges Weihnachtsgeld und Urlaubsentgelt, VersR 1973, 302; *Schmidt*, Umfang des Schadensersatzes bei Dritthaftung nach dem Lohnfortzahlungsgesetz, DB 1972, 190; *Schneider*, Die Fortzahlung des Arbeitsentgelts im Krankheitsfalle – Ein Leitfaden für das Lohn- und Gehaltsbüro, Die Sozialversicherung 1996, 114; *Schröder*, Eingesparte Verpflegungskosten und kein Ende?, NVZ 1992, 139; *Sieg*, Mechanismen zur Minderung des Risikos der Entgeltfortzahlung bei krankheit, BB 1996, 1766; *Twesten*, Der Forderungsübergang bei Dritthaftung nach § 6 Entgeltfortzahlungsgesetz, Die Leistungen 1997, 641 und 705; *Waltermann*, Entgeltfortzahlung bei Arbeitsunfällen und Berufskrankheiten nach neuem Recht, NZA 1997, 177; *Zeitlmann*, Übergang der Lohnfortzahlung bei mitwirkendem Verschulden des Arbeitnehmers, Personal 1976, 273.

I. Normzweck und -entstehung. Mit § 6 ist erstmals eine für alle ArbN geltende Regelung für den **Übergang gesetzlicher Schadenersatzansprüche wegen Verdienstausfalles** auf den ArbGeb geschaffen worden. Vorläufer der Regelung waren § 4 des nur für Arbeiter geltenden Lohnfortzahlungsgesetzes[1] und § 115c des Arbeitsgesetzbuches der DDR[2]. Mit diesen Bestimmungen waren in den alten Bundesländern der Forderungsübergang bei Schädigung eines Arbeiters und – in den neuen Bundesländern – der Forderungsübergang hinsichtlich aller Arten von ArbN geregelt. Für Angestellte existierte in den alten Bundesländern keine vergleichbare Bestimmung. Allerdings ging die Rspr. davon aus, dass der Angestellte entsprechend § 255 BGB verpflichtet war, seine gesetzlichen Ansprüche bei Verdienstausfall gemäß § 398 BGB an den ArbGeb abzutreten, soweit dieser Entgeltfortzahlung im Krankheitsfall geleistet hat[3]. Diese uneinheitliche Rechtslage wurde durch § 6 bereinigt.

Sinn und Zweck der Regelung liegen darin zu vermeiden, dass der geschädigte ArbN zugleich seinen Anspruch auf Entgeltfortzahlung gegen den ArbGeb und einen auf Verdienstausfall gerichteten Schadenersatzanspruch gegen den Schädiger geltend machen kann und gleichzeitig einen sachgerechten Interessenausgleich zwischen Schädiger, geschädigtem ArbN und ArbGeb zu schaffen. § 6 Abs. 1 ordnet – ähnlich wie § 116 SGB X, § 87a BBG, § 67 VVG einen **gesetzlichen Forderungsübergang** an, und zwar auf den ArbGeb, soweit er Entgeltfortzahlung geleistet hat. Damit kann sich der Schädiger nicht darauf berufen, dass dem ArbN infolge der Entgeltfortzahlung kein Schaden entstehe[4]. Der ArbN erlangt andererseits keine doppelte Entschädigung für den Verdienstausfall; er braucht jedoch das Risiko der Durchsetzung des Schadenersatzanspruches gegen den Schädiger nicht zu tragen, weil ihm der ArbGeb Entgeltfortzahlung im Krankheitsfall schuldet. Der ArbGeb ist zwar zur Fortzahlung des Arbeitsentgeltes nach § 3 verpflichtet; er hat jedoch die Möglichkeit, sich insoweit im Wege des Schadenersatzes beim *Schädiger* zu erholen. Um den ArbGeb hierzu in die Lage zu versetzen, treffen den ArbN **Mitteilungs- und Mitwirkungspflichten** nach näherer Maßgabe von Abs. 2; kommt er diesen Obliegenheiten schuldhaft nicht nach, so kann der ArbGeb die Entgeltfortzahlung insoweit nach näherer Maßgabe von § 7 Abs. 1 Nr. 2 verweigern.

---

1 Lohnfortzahlungsgesetz – LFZG – v. 27.7.1969, BGBL I, 946. | 2 Arbeitsgesetzbuch (AGB) der DDR v. 16.6.1977 idF v. 22.6.1990 und des Einigungsvertrages v. 31.8.1990 – BGBl. II, 889. | 3 BGH v. 23.5.1989 – IV ZR 284/88, DB 1989, 1565; v. 22.6.1956 – VI ZR 140/55, BGHZ 21, 112. | 4 BGH v. 22.6.1956 – VI ZR 140/55, BGHZ 21, 112.

3   **II. Übergang des gesetzlichen Schadenersatzanspruchs (Abs. 1).** Nach Abs. 1 geht der gesetzliche Schadenersatzanspruch wegen des Verdienstausfalls, den der ArbN gegen den schädigenden Dritten hat und der ihm durch die Arbeitsunfähigkeit entstanden ist, insoweit auf den ArbGeb über, als dieser dem ArbN nach dem Gesetz Arbeitsentgelt fortgezahlt und Versicherungsbeiträge geleistet hat.

4   **1. Gesetzlicher Schadenersatzanspruch wegen des Verdienstausfalls.** § 6 Abs. 1 regelt nur den Übergang des gesetzlichen Schadenersatzanspruchs des geschädigten ArbN gegen den Dritten, dies aber auch nur, soweit der Schadenersatzanspruch wegen eines Verdienstausfalls des geschädigten ArbN besteht. Sonstige Ansprüche des geschädigten ArbN gegen den Dritten, etwa auf Ersatz von Sachschaden, Schmerzensgeld, Kosten der Heilbehandlung usw. werden von § 6 Abs. 1 nicht erfasst. Soweit es um Kosten der Krankenbehandlung und sonstige SozV-Leistungen geht, können Ansprüche des geschädigten pflichtversicherten ArbN nach § 116 SGB X auf den jeweiligen SozV-Träger übergehen.

5   **a) Schadenersatz aufgrund gesetzlicher Vorschriften.** Rechtsgrundlage für den Anspruch auf Schadenersatz wegen Verdienstausfalls sind zunächst die Bestimmungen über die **unerlaubte Handlung** gemäß §§ 823 ff. BGB, sei es nach § 823 Abs. 1 BGB wegen Verletzung des Körpers oder der Gesundheit des ArbN, sei es nach § 823 Abs. 2 BGB wegen Verletzung eines Schutzgesetzes. Zu den Ansprüchen aus unerlaubter Handlung zählen auch solche aus **Amtspflichtverletzungen** gemäß § 839 BGB, Art. 34 GG. Insoweit sind Ansprüche des ArbN nach dem Entgeltfortzahlungsgesetz keine anderweitige Ersatzmöglichkeit iSd. § 839 Abs. 1 Satz 2 BGB. Zu den gesetzlichen Schadenersatzansprüchen zählen auch solche aus **Gefährdungshaftung**, vor allem aus **straßenverkehrsrechtlicher Gefährdungshaftung** (§ 7 StVG) und aus **Tierhalterhaftung** (§ 833 Satz 1 BGB), nach dem **Haftpflichtgesetz** und nach anderen Gefährdungshaftungsregelungen. Zu den gesetzlichen Ansprüchen auf Schadenersatz zählen iSv. § 6 auch **Ansprüche wegen Vertragsverletzung**[1]. Dagegen stellt ein Anspruch auf **Vertragserfüllung**, zB auf Erfüllung von Ansprüchen **aus Versicherungsverträgen** nicht unter § 6. Denn insoweit handelt es sich nicht um einen Schadenersatzanspruch. Hat der ArbN aufgrund **Privatversicherungsvertrages** einen Anspruch auf Erstattung des Verdienstausfalles, so kann ihm der Schädiger diesen Umstand nicht entgegenhalten. Allerdings ist dann zu prüfen, inwieweit der Versicherungsvertrag seinerseits einen Anspruchsübergang gegen den Schädiger regelt. **Öffentlich-rechtliche Versorgungsansprüche**, zB aus Wehrdienstbeschädigung, fallen nicht unter § 6[2]. Dagegen fällt der Schadenersatzanspruch eines als Mitglied der Freiwilligen Feuerwehr tätigen ArbN, der bei einem **Feuerwehreinsatz** verletzt wurde und deswegen eine Verdienstausfall erleidet, unter § 6[3].

6   **b) Verdienstausfallschaden.** Der Anspruchsübergang nach § 6 umfasst ausschließlich Ansprüche wegen des Verdienstausfalls der durch die vom Schädiger verursachte Arbeitsunfähigkeit entstanden ist. Weitere materielle Schadenersatzansprüche oder auch Schmerzensgeldansprüche sind von § 6 nicht erfasst[4].

7   Der Schadenersatzanspruch des ArbN gegen den Dritten kann auf den ArbGeb gemäß § 6 EFZG, § 412 BGB nur insoweit übergehen, als er dem ArbN zusteht. Gemäß § 412 BGB kann sich der Dritte gegenüber dem ArbGeb auf die Schuldnerschutzvorschriften nach § 406 bis § 409 BGB berufen; vor allem kann er dem ArbGeb sämtliche **Einwendungen** entgegenhalten, die zurzeit des Forderungsüberganges gegen geschädigten ArbN begründet waren. Dies gilt vor allem auch für die **Einrede der Verjährung**[5]. Der Dritte kann auch ein **Mitverschulden des geschädigten ArbN** entgegenhalten, ebenso **Abzüge für ersparte Aufwendungen**, weil der ArbN tatsächlich nicht arbeiten musste, vor allem ersparte Fahrt- und Verpflegungskosten[6]. Tritt ein **neues Schadenereignis** ein, das für sich allein gleichfalls krankheitsbedingte Arbeitsunfähigkeit auslösen würde oder tritt eine entsprechende neue Krankheit hinzu, so ist der Schadenersatz insoweit beschränkt, als die neu hinzugetretenen Ereignisse für sich allein zur krankheitsbedingten Arbeitsunfähigkeit des ArbN und damit zum Verdienstausfallschaden führen[7].

8   Der gesetzliche Anspruchsübergang auf den ArbGeb ändert die Rechtsnatur des Anspruchs nicht. Für die Durchsetzung des Anspruchs sind deswegen die Gerichte zuständig, die auch ohne den gesetzlichen Forderungsübergang zuständig wären. In aller Regel sind dies die **Zivilgerichte** (§ 13 GVG), weil es sich in aller Regel um allgemeine bürgerlich-rechtliche Ersatzansprüche handelt. Insoweit sind unterschiedliche Bewertungen, vor allem hinsichtlich dessen, was zum Arbeitsentgelt zu rechnen ist, nicht ausgeschlossen. Gegebenenfalls muss eine Klärung durch Anrufung des Gemeinsamen Senats der obersten Gerichtshöfe des Bundes herbeigeführt werden.

9   **2. Der Dritte als Schädiger.** Jede natürliche juristische Person, mit Ausnahme des ArbGeb selbst, ist Dritter und kommt deshalb als schadensersatzverpflichteter Schädiger in Betracht[8]. Zu den Dritten zählen auch Familienangehörige und Arbeitskollegen; für sie gelten jedoch teilweise abweichende Regelungen.

10   **a) Familienangehörige in häuslicher Gemeinschaft.** Familienangehörige nehmen als Dritte iSd. § 6 eine **Sonderstellung** ein. Der gesetzliche Anspruchsübergang ist nach § 116 SGB X und § 67 VVG für

---

[1] Schmitt, § 6 EFZG Rz. 15.   [2] Schmitt, § 6 EFZG Rz. 17.   [3] Vgl. Hess. LAG v. 17.11.2000 – 2 Sa 2265/99, NZA-RR 2001, 545 für einen Anspruch nach § 18 Abs. 3 des Hessischen Gesetzes über Brandschutz und die Hilfeleistungen der Feuerwehren (Brandschutzhilfegesetz) v. 5.10.1970 – GVBl. I S. 585.   [4] ErfK/Dörner, § 6 EFZG Rz. 12; KDHK/Kleinsorge, § 6 EFZG Rz. 8.   [5] BGH v. 4.4.1978 – IV ZR 252/76, EEK I/599.   [6] Vgl. dazu Benner, DB 1999, 482.   [7] Vgl. KDHK/Kleinsorge, § 6 EFZG Rz. 10.   [8] Schmitt, § 6 EFZG Rz. 20.

den Fall eingeschränkt, dass zum Schadenansatz ein Familienangehöriger verpflichtet ist, der mit dem Geschädigten oder seinen Hinterbliebenen in häuslicher Gemeinschaft lebt. Entsprechendes ist in § 67 Abs. 2 für den Übergang des Anspruchs des Versicherungsnehmers geregelt. Voraussetzung hierfür ist, dass die in häuslicher Gemeinschaft lebenden Familienangehörigen des geschädigten ArbN dessen Arbeitsunfähigkeit lediglich fahrlässig verursacht haben. Eine dementsprechende Regelung findet sich in § 6 nicht. Insoweit hat die Rspr. eine ausfüllungsbedürftige Lücke angenommen und die Bestimmungen des § 116 Abs. 6 Satz 1 SGB X und des § 67 Abs. 2 VVG auf den Anspruchsübergang gemäß § 6 entsprechend angewendet[1], und zwar selbst dann, wenn das Familienmitglied durch eine Haftpflichtversicherung geschützt ist[2] oder wenn die häusliche Gemeinschaft erst nach dem Schadenereignis, aber vor Erfüllung der Schadenersatzansprüche begründet worden ist[3].

Als Familienangehörige sind der **Ehegatte** sowie **Verwandte und Verschwägerte** des ArbN anzusehen; auf den Grad der Verwandtschaft oder Schwägerschaft kommt es nicht an; **Pflegekinder** können Familienangehörige sein, wenn sie mit dem geschädigten ArbN in einer Weise zusammenleben, die einem Familienverband ähnelt[4]. Entsprechendes gilt für den **Partner einer eingetragenen Lebenspartnerschaft**; ihnen steht das Familienprivileg des § 11 Abs. 1 LPartG zur Seite[5]. Dagegen zählen die **Partner einer nichtehelichen Lebensgemeinschaft** nicht zu den Familienangehörigen; auf sie ist § 116 Abs. 6 SGB X weder unmittelbar noch analog anwendbar[6]. Insoweit bleibt die künftige Rechtsentwicklung im Hinblick auf die Rspr. zum Begriff der nichtehelichen Lebensgemeinschaft und deren Gleichbehandlung mit einer ehelichen Lebensgemeinschaft[7] abzuwarten. 11

Voraussetzung für das Haftungsprivileg ist jedoch, dass die Familienangehörigen zu dem in **häuslicher Gemeinschaft** leben. Eine solche liegt vor, wenn zwischen den Beteiligten eine wirtschaftliche Gemeinschaft mit gemeinsamem Wohnen betrieben wird, wie es üblicherweise zwischen Ehegatten und Eltern und Kindern der Fall ist. Die häusliche Gemeinschaft darf nicht nur vorübergehend, sondern muss auf Dauer angelegt sein[8]. 12

b) Arbeitskollegen. Auch Arbeitskollegen nehmen als Dritte iSd. § 6 insoweit eine Sonderstellung ein, als das Ansprüche gegen sie häufig durch die **Haftungsprivilegien des gesetzlichen Berufsunfallschutzes** (§ 105 SGB VII) ausgeschlossen sind[9]. Voraussetzungen für den Eintritt der Haftungsprivilegien ist, dass es sich bei dem Geschädigten und dem Schädiger um Versicherte desselben Betriebes handelt. Ebenso werden in dem Betrieb eingegliederte LeihArbN von der Haftung freigestellt, wenn sie durch eine betriebliche Tätigkeit einen Arbeitsunfall bei einem betriebsangehörigen ArbN herbeigeführt haben[10]. Dagegen sind nur räumlich im Betrieb tätige fremde ArbN nicht mit diesem Privileg versehen, zB der Monteur einer fremden Firma[11]. Bei einem **Wegeunfall** greift die Haftungsprivilegierung nicht ein, wenn sich der Unfall dadurch ereignet hat, dass die ArbN wie sonstige Verkehrsteilnehmer am Verkehrsgeschehen teilnehmen. Ebenso wenig greift die Haftungsprivilegierung ein, wenn der Schaden **vorsätzlich** herbeigeführt worden ist. 13

3. Umfang des Anspruchsübergangs. Nach § 6 Abs. 1 geht zum einen der Anspruch des ArbN auf Ersatz des Verdienstausfallschadens auf den ArbGeb über, soweit der ArbGeb dem ArbN nach diesem Gesetz Arbeitsentgelt fortgezahlt hat. Dabei belässt es das Gesetz jedoch nicht, sondern der ArbGeb kann vom Schädiger auch die darauf entfallenden vom ArbGeb zu tragenden Beiträge zur gesetzlichen SozV und zu einer zusätzlichen Alters- und Hinterbliebenenversorgung verlangen. 14

a) Gesetzlich fortgezahltes Arbeitsentgelt. Der Begriff des Arbeitsentgeltes iSd. § 6 Abs. 1 stimmt mit demselben Begriff in § 4 Abs. 1a überein[12]. Sind für den ArbN nachweislich unregelmäßig angefallene Überstunden ausgefallen, so hat der Schädiger den hierdurch verursachten Verdienstausfall auch zu ersetzen; insoweit gehen jedoch die Ersatzansprüche nicht auf den ArbGeb über, weil dieser hierfür von Gesetzes wegen keine Entgeltfortzahlung im Krankheitsfall zu leisten hat (§ 4 Abs. 1a Satz 1; vgl. auch § 4 Rz. 20 ff., Rz. 43). Zum Verdienstausfall iSd. § 6 zählen auch Einmalzahlungen oder sonstige Leistungen mit Entgeltcharakter, wie zB Prämien[13], Weihnachtsgeld[14] oder laufend gewährte Gewinnbeteiligungen[15], ebenso die Kürzungsbeträge von Sonderzahlungen (vgl. § 4a). 15

Soweit der ArbGeb dem ArbN **außerhalb der Bestimmungen des Entgeltfortzahlungsgesetzes** Entgeltfortzahlung leistet, zB über einen längeren Zeitraum oder in Form eines Zuschusses zum Krankengeld, gehen Ansprüche des ArbN hierauf nicht von Gesetzes wegen nach § 6 Abs. 1 auf den ArbGeb über. Allerdings kann in der Rechtsgrundlage für eine solche Zahlung des ArbGeb, zB im TV oder einer in BV, vereinbart sein, so dass auch insoweit Ansprüche des ArbN gegen den dritten Schädiger auf den ArbGeb über- 16

---

1 BGH v. 4.3.1976 – VI ZR 60/70, BGHZ 66, 104. | 2 BGH v. 9.1.1968 – VI ZR 44/66, NJW 1968, 649. | 3 *Schmitt*, § 6 EFZG Rz. 24. | 4 BGH v. 15.1.1980 – VI ZR 181/78, NJW 1980, 1468; ErfK/*Dörner*, § 6 EFZG Rz. 11. | 5 ErfK/*Dörner*, § 6 EFZG Rz. 11. | 6 BGH v. 11.12.1987 – VI ZR 50/87, NJW 1988, 1091; *Schmitt*, § 6 EFZG Rz 24 mwN; aA KDHK/*Kleinsorge*, § 6 EFZG Rz. 16. | 7 Vgl. dazu BVerfG v. 17.11.1992 – 1 BvL 8/87, NJW 1993, 643; BVerwG v. 17.5.1995 – 5 C 16/93, NJW 1995, 2802. | 8 *Schmitt*, § 6 EFZG Rz 25. | 9 Vgl. ausf. *Rolfs*, NJW 1966, 3177. | 10 *Schmitt*, § 105 SGB VII Rz. 6. | 11 *Schmitt*, § 105 SGB VII Rz. 6. | 12 BGH v. 11.11.1975 – VI ZR 128/74, NJW 1976, 326; BAG v. 23.6.1994 – 8 AZR 292/93, EEK I/1448; KDHK/*Kleinsorge*, § 6 EFZG Rz. 29. | 13 BAG v. 6.12.1995 – 5 AZR 237/94, BAGE 81, 357. | 14 BGH v. 18.5.1965 – VI ZR 262/63, AP Nr. 8 zu § 1542 RVO. | 15 *Benner*, DB 1999, 482.

gehen. Der Sache nach handelt es sich dann aber nicht mehr um einen gesetzlichen Forderungsübergang, sondern um eine Verpflichtung zur schuldrechtlichen Anspruchsübertragung durch Abtretung der Forderung. Um an den Schädiger heranzutreten, bedarf es insoweit noch eines Abtretungsvertrages[1].

17 **b) Beiträge zur gesetzlichen Pflichtversicherung.** Ein Forderungsübergang findet auch statt, soweit der ArbGeb auf das fortzuzahlende Arbeitsentgelt entfallende, an sich vom ArbGeb zu tragende Beiträge zur gesetzlichen Pflichtversicherung geleistet hat, nämlich den Beitrag zur BA (ArbIV), die ArbGebAnteile an Beiträgen zur SozV (Renten-, Krankenversicherung) und zur Pflegeversicherung. Die Beiträge des ArbGeb zur gesetzlichen Unfallversicherung kann der ArbGeb jedoch vom Schädiger nicht erstattet erhalten, denn diese Beiträge hat der ArbGeb ohnehin stets selbst und allein zu tragen.

18 **c) ArbGebAnteile an Beiträgen zur Einrichtung der zusätzlichen Alters- und Hinterbliebenenversorgung.** Schließlich erfasst der Anspruchsübergang auch geführte ArbGebAnteile an Beiträgen zur Einrichtung der zusätzlichen Alters- und Hinterbliebenenversorgung, zB zur Zusatzversorgungskasse des Bundes und der Länder, zur Höherversicherung in der gesetzlichen RV, zur betrieblichen Alters-, Invaliditäts- oder Hinterbliebenenversicherungen oder -versorgungen. Die Rechtsgrundlage für diese Leistungen oder Beiträge ist unerheblich. Auch Aufwendungen des ArbGeb für seine Beiträge zur Lohnausgleichs- und Urlaubskasse im Baugewerbe, nicht aber die Umlage für produktive Winterbauförderung haben den Forderungsübergang nach § 6 zur Folge[2].

19 **4. Zeitpunkt des Anspruchsübergangs.** Der Anspruchsübergang nach § 6 Abs. 1 findet in dem Zeitpunkt statt, in welchem der ArbGeb die Entgeltfortzahlung geleistet hat. Angesichts der verschiedenen Fälligkeiten der Entgeltzahlungen kommen dabei durchaus unterschiedliche Zeitpunkte – je nach erbrachter Leistung des ArbGeb – in Betracht[3]. Dies hat zur Folge, dass über einen längeren Zeitraum immer wieder Teile des Schadenersatzanspruchs auf den ArbGeb übergehen können, nämlich jeweils nach Erfüllung des Entgeltfortzahlungsanspruchs. Dieser ist nicht in vollem Umfang mit Beginn der Arbeitsunfähigkeit fällig, sondern zu den Zeitpunkten, in denen das Arbeitsentgelt sonst fällig ist (vgl. § 3 Rz. 7). Im Verhältnis zum gesetzlichen Anspruchsübergang nach § 116 SGB X und § 87 a BBG befindet sich der ArbGeb insoweit in einem zeitlichen Nachrang, denn nach diesen Bestimmungen gehen die Ansprüche gegen den Schädiger bereits mit dem schädigenden Ereignis auf den SozV-Träger bzw. den Dienstherrn über. Dieser Zeitrang kann von Bedeutung sein, wenn der Schädiger nicht hinreichend zahlungsfähig ist. Andererseits kann auch der entgeltfortzahlungsberechtigte geschädigte ArbN deshalb, weil seine Forderungen erst mit der Leistung der Entgeltfortzahlung auf den ArbGeb übergehen, für die Zukunft auf Ersatzansprüche gegen den Schädiger verzichten; in solchen Fällen muss er ggf. in Kauf nehmen, dass der ArbGeb keine oder nur geringere Leistungen der Entgeltfortzahlung im Krankheitsfall erbringt[4]. Wegen dieser nicht nur theoretischen Möglichkeit der Verfügung über die Schadenersatzforderung kann es angebracht sein, den ArbN vor jeder (größeren) Leistung von Entgeltfortzahlung zu befragen, ob er noch Inhaber des Schadenersatzanspruchs gegen den Schädiger ist. Möglich aber auch, dass sich der ArbGeb hinsichtlich der künftig fällig werdenden Zahlungen an den ArbN dessen Schadenersatzanspruch gegen den Schädiger zusätzlich vertraglich abtreten lässt.

20 **III. Auskunftspflicht des ArbN (Abs. 2).** Nach § 6 Abs. 2 ist der ArbN verpflichtet, dem ArbGeb unverzüglich die zur Geltendmachung des Schadensersatzanspruchs erforderlichen Angaben zu machen. Diese Auskunftspflicht besteht bereits dann, wenn eine Schadensersatzverpflichtung des Dritten in Betracht kommt, denn der ArbGeb soll durch die Angaben des ArbN auch in die Lage versetzt werden, zu prüfen ob ein Schadensersatzanspruch gegen einen Dritten besteht und ob dessen Verfolgung sinnvoll ist[5]. Diese Auskunftspflicht entsteht im Zeitpunkt des schadenstiftenden Ereignisses, nicht aber erst im Moment des Forderungsübergangs. Inhaltlich entspricht die Auskunftspflicht derjenigen des Zedenten gegenüber dem Zessionar nach § 402 BGB. Anzugeben hat der ArbN insb. das Schadenereignis, die Schadenursache, Namen, Anschrift und sonstige Identifikationsmerkmale des Schädigers und etwaiger Geschehenszeugen, Ermittlungsergebnisse und etwaige Beweisurkunden. Allerdings beschränkt sich die Auskunftspflicht des ArbN auf die erforderlichen Angaben, die er aus eigenem Wissen machen kann. Je nach Umständen des Einzelfalles sind ihm jedoch auch Maßnahmen der Beweissicherung und besondere Erkundigungen zuzumuten[6]. Die Angaben sind unverzüglich zu erteilen, dh. ohne schuldhaftes Zögern (§ 121 Abs. 2 BGB). Erfährt der ArbN erst nach und nach einzelne Umstände, die auf eine Haftung des Dritten schließen lassen, so hat er eben diese Umstände jeweils unverzüglich dem ArbGeb mitzuteilen. Der ArbN handelt keineswegs unverzüglich, wenn er zunächst lange abwartet, bis er auf die nach seiner Ansicht „letzte" Information hat, um dann den ArbGeb zu unterrichten. Kommt der ArbN seiner Verpflichtung aus § 6 Abs. 2 EFZG nicht nach, so steht dem ArbGeb insoweit ein **vorläufiges Leistungsverweigerungsrecht** für die Entgeltfortzahlung zu (§ 7 Abs. 1 Nr. 1 EFZG).

---

1 In Rspr. und Schrifttum umstritten; vgl. statt vieler ErfK/*Dörner*, § 6 EFZG Rz. 15 m. zahlr. Nachweisen der unterschiedlichen Standpunkte. |2 BGH v. 28.1.1986 – VI ZR 30/85, DB 1988, 1015. |3 ErfK/*Dörner*, § 6 EFZG Rz. 19; *Schmitt*, § 6 EFZG Rz. 49. |4 ErfK/*Dörner*, § 6 EFZG Rz. 20; *Schmitt*, § 6 EFZG Rz. 51; § 7 EFZG Rz. 28 ff. |5 HzA/*Vossen*, Gruppe 2 Rz. 671. |6 HzA/*Vossen*, Gruppe 2 Rz. 672 f.; *Schmitt*, § 6 EFZG Rz. 55.

IV. Nachteilsverbot. Nach § 6 Abs. 3 darf der Forderungsübergang nach § 6 Abs. 1 nicht zum Nachteil des ArbN geltend gemacht werden. Diese Bestimmung hat vor allem Bedeutung, wenn der Schädiger nicht verpflichtet oder nicht in der Lage ist, den Schaden insgesamt zu ersetzen.

Eine Begrenzung der Haftung des Schädigers kann sich einerseits durch eine Summenbegrenzung, zB bei der Gefährdungshaftung nach § 12 StVG ergeben. Sie kann aber auch darin liegen, dass den Geschädigten ein zur Schadensteilung führendes Mitverschulden trifft. Ist der Schädiger nicht in der Lage, den gesamten Schaden zu tragen, so stellt sich die Frage nach **Rangfolgen des Zugriffs auf den Schädiger**. Solche Rangfolgenfragen treten vor allem dann auf, wenn der Schädiger selbst neben dem auf den ArbGeb übergehenden Anspruch auf Ersatz des Verdienstausfalles weitere Schadenersatzforderungen geltend zu machen hat, etwa erhebliche Sachschäden, Schmerzensgeld und Ähnliches. Reicht in solchen Fällen die vom Schädiger aufbringbare Ersatzsumme nicht aus, um alle Schäden abzudecken, so darf der ArbGeb sich aus dem gesetzlich übergegangenen Teil der Schadenersatzforderung nicht zum Nachteil des geschädigten ArbN selbst befriedigen. § 6 Abs. 3 löst diese Zugriffskonkurrenz lediglich zu Lasten des ArbGeb[1].

V. Konkurrierende Forderungsübergänge. Neben dem Anspruch des ArbN auf Ersatz des Verdienstausfalls, der im Fall der Entgeltfortzahlung nach § 6 Abs. 1 auf den ArbGeb übergegangen ist, und den Ansprüchen des ArbN auf Schadenersatz unter anderen Gesichtspunkten, zB Ersatz des Sachschadens oder auf Schmerzensgeld, können auch **Trägern der SozV** Ansprüche gegen den Dritten wegen der von ihnen an den ArbN gewährten Leistungen zustehen (§ 116 SGB X). Dies betrifft insb. die Krankenkasse. Eine **Gläubigerkonkurrenz** scheidet insofern regelmäßig aus, weil sich die verschiedenen Schadenersatzforderungen sowohl zeitlich als auch sachlich nicht decken, sondern auf unterschiedliche Gegenstände und Leistungen gerichtet sind. In der Regel genießt insoweit der Forderungsübergang auf die Krankenversicherung zeitlichen Vorrang, denn dieser Forderungsübergang vollzieht sich bereits zurzeit des schädigenden Ereignisses, während der Anspruch auf Verdienstausfall erst dann auf den ArbGeb übergeht, wenn dieser – im Zeitpunkt der jeweiligen Fälligkeit – Entgeltfortzahlung im Krankheitsfall geleistet und die hierauf entfallenden Beiträge bzw. ArbGebAnteile an Beiträgen iSd. § 6 Abs. 1 geleistet hat. Insbesondere im Fall einer Schadenssummenbegrenzung kann der ArbGeb allein aus zeitlichen Gründen ausfallen, weil zurzeit der Entgeltfortzahlung kein Anspruch mehr übergehen kann[2].

Keine solche Konkurrenzsituation entsteht dann allerdings, wenn der **ArbGeb sich weigert**, dem geschädigten ArbN in einem solchen Fall Entgeltfortzahlung im Krankheitsfall zu leisten. In solchen Fällen erhält der ArbN Krankengeld von der Krankenkasse, wenn er deren Mitglied ist. Insoweit gehen die Ansprüche des ArbN gegen den ArbGeb auf Entgeltfortzahlung im Krankheitsfall nach § 115 SGB X auf die Krankenkasse über. Sie kann diese dann ihrerseits gegenüber dem ArbGeb verfolgen auf den dann – aber erst im Zeitpunkt der Befriedigung – etwaige Ansprüche des geschädigten ArbN gegen den Schädiger nach § 6 Abs. 1 übergehen. In einem solchen Fall ist anzunehmen, dass sich die Krankenkasse an den halten wird, von dem sie am ehesten die Befriedigung ihrer Forderung erwartet. Dies kann der ArbGeb sein, dies kann aber auch der zum Schadenersatz verpflichtete Dritte bzw. die hinter diesem stehende Haftpflichtversicherung sein.

7 Leistungsverweigerungsrecht des Arbeitgebers

(1) Der Arbeitgeber ist berechtigt, die Fortzahlung des Arbeitsentgelts zu verweigern.
1. solange der Arbeitnehmer die von ihm nach § 5 Abs. 1 vorzulegende ärztliche Bescheinigung nicht vorlegt oder den ihm nach § 5 Abs. 2 obliegenden Verpflichtungen nicht nachkommt;
2. wenn der Arbeitnehmer den Übergang eines Schadensersatzanspruchs gegen einen Dritten auf den Arbeitgeber (§ 6) verhindert.

(2) Absatz 1 gilt nicht, wenn der Arbeitnehmer die Verletzung dieser ihm obliegenden Verpflichtung nicht zu vertreten hat.

Lit.: *Hanau*, Schadensersatzansprüche des Arbeitnehmers und des Arbeitgebers gegen Dritte unter Berücksichtigung der Lohnfortzahlungspflicht des Arbeitgebers, Arbeitsrechts-Blattei, Schadensersatz im Arbeitsrecht II; *Marburger*, Konkurrenz zwischen Arbeitgeber und Krankenkassen bei Schadensersatzansprüchen, RdA 1987, 334; *Olderog*, Rechtsfragen bei Krankheit im Arbeitsverhältnis, BB 1989, 1684; *Platzer*, Der Umfang des Forderungsübergangs bei Dritthaftung im Baugewerbe, BB 1993, 1217; *Schneider*, Die Fortzahlung des Arbeitsentgelts im Krankheitsfalle – Ein Leitfaden für das Lohn- und Gehaltsbüro, Die Sozialversicherung 1996, 114; *Twesten*, Das Recht des Arbeitgebers auf Verweigerung der Entgeltfortzahlung im Krankheitsfall, Die Leistungen 1988, 705.

I. Normzweck und -entstehung. § 7 dient der Sicherung des ArbGeb vor ungerechtfertigten Aufwendungen bei der Entgeltfortzahlung im Krankheitsfall. § 7 Abs. 1 Nr. 1 gibt dem ArbGeb ein Leistungsverweigerungsrecht, wenn der ArbN die ärztliche Arbeitsunfähigkeitsbescheinigung nicht vorlegt bzw. – bei Aus-

---

1 Schmitt, § 6 EFZG Rz. 63, 64; KDHK/*Kleinsorge*, § 6 EFZG Rz. 38 ff. | 2 BGH v. 3.4.1984 – VI ZR 253/82, NJW 1984, 2628; ErfK/*Dörner*, § 6 EFTG Rz 35; Schmitt, § 6 EFZG Rz. 77.

landserkrankungen – seine Mitteilungspflicht verletzt oder er bei Maßnahmen der medizinischen Vorsorge und Rehabilitation (§ 9) entsprechende Bescheinigungen nicht vorlegt. Durch die Bestimmung soll gesichert werden, dass der ArbGeb von seinem ArbN einen hinreichenden Nachweis des Vorliegens krankheitsbedingter Arbeitsunfähigkeit erhält und – bei Auslandserkrankungen – auch die nötige Unterrichtung, um ggf. eine Kontrolluntersuchung durchführen zu können. § 7 Abs. 1 Nr. 2 sichert die Durchsetzbarkeit des nach § 6 auf den ArbGeb übergegangenen Schadenersatzanspruchs wegen Verdienstausfalls gegen den schädigenden Dritten.

2   Vorläuferregelung des § 7 war der – nur für Arbeiter geltende – § 5 LFZG[1]. In der DDR und nach der Wiedervereinigung in den neuen Ländern gab es eine entsprechende Bestimmung in § 115d des Arbeitsgesetzbuches der DDR[2]. In den alten Ländern gab es jedoch keine entsprechende Regelung für Angestellte. Mit § 7 ist nunmehr eine bundesweit einheitliche Regelung für alle ArbN geschaffen worden.

3   **II. Konkurrenzen.** Zusätzlich steht dem ArbGeb im **Baugewerbe** ein **Leistungsverweigerungsrecht** nach § 100 Abs. 2 Satz 2 Abs. 1 SGB IV zu, wenn der ArbN den SozV-Ausweis nicht oder nicht rechtzeitig vorlegt (vgl. Rz. 14).

4   Neben § 7 EFZG, § 100 SGB IV kann auch ein **Zurückbehaltungsrecht** des ArbGeb **nach § 273 BGB** in Betracht kommen, zB wenn der ArbGeb einen Schadensersatzanspruch gegen den ArbN geltend machen kann. Die bloße Nichtvorlage der ärztlichen Arbeitsunfähigkeitsbescheinigung bzw. des SozV-Nachweises für sich alleine löst indessen kein Zurückbehaltungsrecht des ArbGeb nach § 273 BGB aus, weil es sich insoweit nur um Nebenpflichten bzw. Obliegenheiten des ArbN handelt[3]. Über § 7 hinaus kann die **Verletzung der Mitteilungspflicht** auch im Inland für den ArbN negative Rechtsfolgen nach sich ziehen (vgl. § 5 Rz. 29).

5   **III. Leistungsverweigerungsrecht.** § 7 gewährt dem ArbGeb zwei grundsätzlich unterschiedliche Leistungsverweigerungsrechte. Nach § 7 Abs. 1 Nr. 1 steht dem ArbGeb nur ein vorläufiges Leistungsverweigerungsrecht zu, nach § 7 Abs. 2 Nr. 2 dagegen ein endgültiges. Beide Leistungsverweigerungsrechte setzen indessen voraus, dass der ArbN die Verletzung der ihm obliegenden Verpflichtungen zu vertreten hat (Abs. 2).

6   **1. Vorläufiges Leistungsverweigerungsrecht.** Das vorläufige Leistungsverweigerungsrecht steht dem ArbGeb zur Seite, solange der ArbN beim Beginn der krankheitsbedingten Arbeitsunfähigkeit im Inland seine Nachweispflicht und bei einer Erkrankung im Ausland seine Mitteilungs- und/oder Nachweispflichten schuldhaft verletzt.

7   **a) Verletzung der Nachweispflicht bei Erkrankung im Inland.** § 5 Abs. 1 Nr. 1 knüpft nur an die Nachweispflicht für die Erkrankung im Inland an, nicht aber an die Mitteilungspflicht. Die Verletzung nur der **Mitteilungspflicht** führt nicht, auch nicht nur zu einem vorübergehenden Leistungsverweigerungsrecht. Es besteht aber für den ArbGeb ein vorübergehendes Leistungsverweigerungsrecht, solange der ArbN die in § 5 Abs. 1 Satz 2 vorgesehene ärztliche Bescheinigung nicht vorlegt. Im Regelfall, also ohne Verlangen des ArbGeb nach einer früheren Vorlage der ärztlichen Bescheinigung, kann der ArbGeb demnach vom 4. Tag des Beginns der Erkrankung an die Entgeltfortzahlung so lange vorläufig verweigern, bis ihm die ärztliche Bescheinigung vorgelegt wird[4]. Hat der ArbGeb dagegen verlangt die ärztliche Arbeitsunfähigkeitsbescheinigung früher vorzulegen, so steht ihm das Leistungsverweigerungsrecht entsprechend früher zu. Ist die ärztliche **Arbeitsunfähigkeitsbescheinigung unvollständig**, so steht dem ArbGeb solange das Leistungsverweigerungsrecht zu, bis ihm eine vollständige und ordnungsgemäße ärztliche Bescheinigung vorgelegt wird. Dies gilt auch für den in § 5 Abs. 1 Satz 5 vorgesehenen Vermerk des Arztes über die Benachrichtigung der gesetzlichen Krankenkasse des ArbN[5]. Allerdings setzt ein auf Unvollständigkeit der ärztlichen Arbeitsunfähigkeitsbescheinigung gestütztes Leistungsverweigerungsrecht voraus, dass der ArbN die Unvollständigkeit der ärztlichen Arbeitsunfähigkeitsbescheinigung zu vertreten hat (vgl. Rz. 25).

8   § 7 Abs. 1 Nr. 1 greift auch ein, wenn der ArbN es versäumt hat, die **Fortdauer der Arbeitsunfähigkeit** durch eine neue ärztliche Bescheinigung nachzuweisen[6]

9   Das auf § 7 Abs. 1 Nr. 1 beruhende vorläufige Leistungsverweigerungsrecht erlischt, wenn der ArbN dem ArbGeb die krankheitsbedingte Arbeitsunfähigkeit **anders nachweist**[7]. Dagegen ist es für die Ausübung der Rechte nach § 7 Abs. 1 iVm. § 5 Abs. 1 ohne Bedeutung, ob und wie der ArbGeb auf andere Weise von der Arbeitsunfähigkeit Kenntnis bekommen hat[8]. Steht fest das der ArbN infolge Krankheit arbeitsunfähig war, so hat er auch dann Anspruch auf Entgeltfortzahlung, wenn er kein ärztliches Attest vorlegt[9], denn das Leistungsverweigerungsrecht nach § 7 Abs. 1 Nr. 1 ist dem ArbGeb nur deshalb

---

1 Lohnfortzahlungsgesetz – LFZG – v. 22.7.1969, BGBL. I S. 946. |2 Arbeitsgesetzbuch – AGB – der DDR v. 16.6.1977 idF v. 22.6.1990 (BGBl. I S. 371) und des Einigungsvertrags v. 31.8.1990 (BGBl II, 889). |3 Schmitt, § 7 EFZG Rz. 1. |4 BAG v. 27.8.1971 – 1 AZR 107/71, BAGE 23, 411. |5 Schmitt, § 7 EFZG Rz. 11; KDHK/Kleinsorge, § 7 EFZG Rz. 7. |6 LAG Saarbrücken v. 10.3.1971 – 1 Sa 2/71, EEK I/152; KDHK/Kleinsorge, § 7 EFZG Rz. 6; Schmitt, § 7 EFZG Rz. 12. |7 BAG v. 1.10.1997 – 5 AZR 726/96, BAGE 86, 357; v. 1.10.1997 – 5 AZR 499/96, AP Nr. 4 zu § 5 EntgeltFG. |8 ErfK/Dörner, § 7EFZG Rz. 6. |9 BAG v. 12.6.1996 – 5 AZR 960/94, BAGE 83, 168.

und auch nur insoweit und so lange gegeben, als eben die Tatsache der krankheitsbedingten Arbeitsunfähigkeit für den ArbGeb nicht feststeht. Der bloße Formalverstoß – Nichtvorlage einer entsprechenden ärztlichen Bescheinigung – genügt in solchem Fall nicht mehr, um ein vorläufiges Leistungsverweigerungsrecht zu begründen.

Hinsichtlich der Entgeltfortzahlung wegen Teilnahme an einer **Maßnahme der medizinischen Vorsorge und Rehabilitation** (§ 9) steht dem ArbGeb ebenfalls ein vorläufiges Leistungsverweigerungsrecht zu, solange der ArbN die Krankenkassenbescheinigung über die Bewilligung der Maßnahme oder ein entsprechendes ärztliches Attest über die Erforderlichkeit der Maßnahme nicht vorgelegt hat[1]. In § 9 Abs. 1 Satz 1 ist hinsichtlich der Arbeitsverhinderung infolge Teilnahme des ArbN an einer Maßnahme der medizinischen Vorsorgs und Rehabilitation die entsprechende Anwendung des § 7 angeordnet; dementsprechend fällt eine Verletzung der Verpflichtung des ArbN zur Mitteilung über Zeitpunkt, Dauer und Verlängerung einer solchen Maßnahme und zu deren Nachweis (§ 9 Abs. 2) unter § 7 Abs. 1 in entsprechender Anwendung. Folglich kann der ArbGeb die Entgeltfortzahlung bei Teilnahme des ArbN an einer Maßnahme iSd. § 9 solange verweigern, als ihm die entsprechende Bescheinigung der Krankenkasse bzw. des Arztes nicht vorgelegt worden ist.

b) Verletzung der Mitteilungs- und Nachweispflichten bei Erkrankung im Ausland. Bei einer Erkrankung im Ausland steht dem ArbGeb ein vorläufiges Leistungsverweigerungsrecht nicht nur zu, solange ihm der Nachweis nicht vorgelegt worden ist, sondern auch solange, als der ArbN seine Mitteilungspflichten nicht oder nicht hinreichend nachgekommen ist (§ 7 Abs. 1 Nr. 2 iVm. § 5 Abs. 2). Die Verletzung der Mitteilungspflicht über den Beginn und ggf. über die Fortdauer der Erkrankung kann insb. darin liegen, dass der ArbN unterlässt, dem ArbGeb seine Anschrift am ausländischen Aufenthaltsort mitzuteilen, so dass der ArbGeb nicht in der Lage ist, eine entsprechende Kontrolluntersuchung durch einen Arzt seiner Wahl zu organisieren. Darüber hinaus hat angesichts des klaren Wortlaut des Gesetzes auch die Verletzung der Pflicht zur Mitteilung der Rückkehr ins Inland ein Leistungsverweigerungsrecht zur Folge. Allerdings gilt – gleichermaßen wie bei der Verletzung der Nachweispflicht bei einer krankheitsbedingten Arbeitsunfähigkeit im Inland –, dass alle diese vorläufigen Leistungsverweigerungsrechte des ArbGeb erlöschen, sobald der ArbN den Umstand, dass er arbeitsunfähig krank ist, anderweitig bewiesen hat oder dieser Umstand auch für den ArbGeb als unstreitig feststeht.

Zu den zum Leistungsverweigerungsrecht führenden Obliegenheitsverletzungen des ArbN zählt auch, wenn er die **Krankenkasse nicht unverzüglich benachrichtigt** hat, es sei denn, dass das sog. erleichterte Sozialkassenverfahren (§ 5 Abs. 2 Satz 3 und 4) anzuwenden ist[2]. Ebenso besteht für den ArbGeb ein Leistungsverweigerungsrecht, wenn der ArbN bei Erkrankung im Ausland die notwendigen Mitteilungen an den ArbGeb unterlässt und/oder er ihm die Fortdauer nicht durch Vorlage einer entsprechenden ärztlichen Folgebescheinigung nachweist.

c) Dauer und Umfang des Leistungsverweigerungsrechts. Der **Umfang** des Leistungsverweigerungsrechts betrifft die Entgeltfortzahlung im Krankheitsfall, nicht aber andere Leistungen, die der ArbGeb dem ArbN schuldet. Die **Dauer** des vorläufigen Leistungsverweigerungsrechts ist auf die Zeit beschränkt, bis der fehlende Nachweis erbracht oder die Tatsache der krankheitsbedingten Arbeitsunfähigkeit bewiesen oder unstreitig ist. Wenn eine dieser Voraussetzungen vorliegt, so erlischt das Leistungsverweigerungsrecht auch für die davor liegende Zeit. Der ArbGeb muss nunmehr die Entgeltfortzahlung im Krankheitsfall leisten, und zwar in dem Umfang und für den Zeitraum, der sich aus § 3 und 4 ergibt. Die **rechtmäßige Ausübung des Leistungsverweigerungsrechts** hat zur Folge, dass der ArbGeb mangels Verschuldens für dessen Dauer nicht in Schuldnerverzug gerät, so dass die Forderung des ArbN für die Zeit bis dahin nicht zu verzinsen ist.

Das **vorläufige Leistungsverweigerungsrecht** nach § 7 Abs. 1 kann faktisch zu einem **dauernden** Leistungsverweigerungsrecht werden, nämlich dann, wenn der ArbN die zwischen ArbN und ArbGeb strittige Tatsache des Vorliegens krankheitsbedingter Arbeitsunfähigkeit nicht bewiesen hat, oder wenn der ArbN bei der Geltendmachung seines Anspruchs auf Entgeltfortzahlung im Krankheitsfall die tariflichen (oder auch einzelvertraglich vereinbarten) Ausschlussfristen nicht gewahrt hat[3].

d) Exkurs: Nichtvorlage des SozV-Ausweises. Nach näherer Maßgabe von § 100 Abs. 2 Satz 2 Halbs. 1 SGB IV hat der ArbGeb ein zeitweiliges Leistungsverweigerungsrecht für die Entgeltfortzahlung im Krankheitsfall, solange der ArbN den SozV-Ausweis entgegen einer entsprechenden Aufforderung durch den ArbGeb nicht vorlegt[4]. Die Befugnis des ArbGeb, die Hinterlegung des SozV-Ausweises zu verlangen, dient der **Verhinderung von Leistungsmissbrauch und Schwarzarbeit**. Dem ArbN soll die Möglichkeit genommen werden, während der bescheinigten Arbeitsunfähigkeit einer anderen Beschäftigung nachzugehen[5]. Dieses Leistungsverweigerungsrecht ist indessen nur als vorläufiges und nicht als endgültiges Leistungsverweigerungsrecht ausgestaltet, wie schon der an § 7 Abs. 1 Nr. 1 ange-

---

1 So zu § 7 LFZG: BAG v. 5.5.1972 – 5 AZR 447/71, AP Nr. 1 zu § 7 LohnFG. | 2 *Schmitt*, § 7 EFZG Rz. 17, 20. | 3 Vgl. im Übrigen zur Dauer des vorläufigen Leistungsverweigerungsrechts: *Schmitt*, § 7 EFZG Rz. 24 bis 27; HzA/*Vossen*, Gruppe 2, Rz. 374. | 4 Grundl.: BAG v. 14.6.1996 – 5 AZR 143/94, BAGE 80, 165. | 5 BAG v. 14.6.1996 – 5 AZR 143/94, BAGE 80, 165.

lehnte Wortlaut des § 100 Abs. 2 Satz 2 Halbs. 1 SGB IV zeigt. Ähnlich wie dort besteht kein Leistungsverweigerungsrecht, falls der ArbN die Verletzung der Hinterlegungspflicht nicht zu vertreten hat. Gegen diese Rspr. wird eingewendet, es handele sich nicht um ein nur vorläufiges, sondern um ein endgültiges Leistungsverweigerungsrecht[1]. Dem kann wegen des Wortlauts des Gesetzes und seiner Begründung nicht gefolgt werden. Dies gilt auch für den Fall, dass der SozV-Ausweis erst nach Ende der Arbeitsunfähigkeit oder sogar erst nach Beendigung des Arbeitsverhältnisses vorgelegt wird[2].

16 2. Endgültiges Leistungsverweigerungsrecht. Ein endgültiges Leistungsverweigerungsrecht steht dem ArbGeb zu, wenn der ArbN den Übergang des Schadenersatzanspruchs gegen den Dritten auf den ArbGeb (§ 6) verhindert (§ 7 Abs. 1 Nr. 2). Die Verhinderung kann auf Rechtsgründen beruhen; das Leistungsverweigerungsrecht des § 7 Abs. 1 Nr. 2 steht dem ArbGeb aber auch dann zu, wenn der ArbN durch sein Verhalten den Übergang der Forderung bzw. deren Durchsetzung durch sein tatsächliches Verhalten verhindert.

17 a) Rechtliche Verhinderung. Solange der ArbGeb noch keine Entgeltfortzahlung geleistet hat, kann der ArbN den Forderungsübergang rechtlich verhindern, zB indem er auf seine Schadenersatzforderung verzichtet oder diese an einen anderen abtritt. In der Praxis häufig ist der Fall der Verhinderung iSd. § 7 Abs. 1 Nr. 2 durch den mit der Haftpflichtversicherung des schädigenden Dritten abgeschlossenen **Abfindungsvergleich**[3].

18 Beispiel: Der ArbN erleidet unverschuldet einen Verkehrsunfall und ist deswegen für länger als sechs Wochen arbeitsunfähig erkrankt. In der dritten Woche der krankheitsbedingten Arbeitsunfähigkeit schließt er mit der Haftpflichtversicherung des Schädigers einen Abfindungsvergleich, wonach dem ArbN eine Gesamtentschädigung bezahlt wird und damit alle Ansprüche gegen den Schädiger erledigt sind. Der ArbGeb hatte bis zu diesem Zeitpunkt noch keine Entgeltfortzahlung im Krankheitsfall gezahlt, weil der entsprechende Entgeltanspruch noch nicht fällig war. Infolge des Abschlusses des Abfindungsvergleichs steht ihm gegenüber dem ArbN das Recht zu, die Entgeltfortzahlung wegen dieses Unfalls endgültig zu verweigern.

19 Die **zwischenzeitliche Verfügung** des geschädigten ArbN über seinen Schadenersatzanspruch wegen Verdienstausfalls ist solange rechtlich möglich, als ihm noch keine Entgeltfortzahlung vom ArbGeb geleistet worden ist. Der ArbN darf über die Schadenersatzforderung verfügen und somit einen Anspruchsübergang auf den ArbGeb verhindern; er muss aber in Kauf nehmen, keine Entgeltfortzahlung vom ArbGeb (mehr) zu erhalten, weil dieser von seinem endgültigen Leistungsverweigerungsrecht nach § 7 Abs. 1 Nr. 2 Gebrauch macht[4]. Wegen dieser nicht nur theoretischen Möglichkeit der Verfügung über die Schadenersatzforderung kann es angebracht sein, den ArbN vor jeder (größeren) Leistung von Entgeltfortzahlung zu befragen, ob er noch Inhaber des Schadenersatzanspruchs gegen den Schädiger ist. Der ArbGeb kann sich hinsichtlich der künftig fällig werdenden Zahlungen an den ArbN dessen Ansprüche gegen den Schädiger zusätzlich vertraglich abtreten lassen.

20 Hat der ArbGeb in Unkenntnis seines endgültigen Leistungsverweigerungsrechts (§ 7 Abs. 1 Nr. 2) Entgeltfortzahlung an den ArbN geleistet, so kann er das Geleistete vom ArbN unter dem Gesichtspunkt der **ungerechtfertigten Bereicherung** (§ 812 BGB) zurückverlangen[5].

21 Beispiel: (wie vor). Jedoch hat der ArbGeb vom Abschluss des Abfindungsvergleichs mit der Versicherung des Schädigers nichts erfahren und in diesem Stadium der Unkenntnis Entgeltfortzahlung im Krankheitsfall geleistet.

22 Hat der ArbN (wirksam) über seine Schadenersatzforderung gegen den Dritten verfügt, zB durch den Abfindungsvergleich oder durch eine sonstige Abtretung, so bleibt ihm gleichwohl sein **Krankengeldanspruch** gegen die Krankenkasse (§ 44 Abs. 1 Satz 1 SGB V) erhalten[6], denn die Ansprüche des ArbN gegen den Schädiger sind insoweit, als er Anspruch auf Entgeltfortzahlung im Krankheitsfall hatte, nicht bereits im Zeitpunkt des schädigenden Ereignisses gemäß § 116 SGB X auf die Krankenkasse übergegangen. Vielmehr erfolgt der Anspruchsübergang insoweit nur nach § 115 SGB X in dem Zeitpunkt, in welchem die Krankenkasse dem ArbN Krankengeld geleistet hat.

23 Nach dem Wortlaut dem § 7 Abs. 1 Nr. 2 ist der ArbGeb auch berechtigt, aufgrund seines Leistungsverweigerungsrechts die Entgeltfortzahlung in vollem Umfang zu verweigern, auch wenn der übergegangene Anspruch nur einen Teil des fortzuzahlenden Arbeitsentgeltes abdeckt. Dies betrifft insb. die Fälle des **Mitverschuldens des ArbN** an dem schädigenden Ereignis; solches Mitverschulden führt in aller Regel zu einer Reduzierung seines Schadenersatzanspruchs. Dann stellt sich die Frage, ob der ArbGeb die gesamte Entgeltfortzahlung unter Berufung auf § 7 Abs. 1 Nr. 2 verweigern darf, auch wenn er aus übergegangenem Recht zumindest eine Schadensquote geltend machen könnte. Die Auffassungen hierzu sind geteilt. Für die Annahme eines umfassenden endgültigen Leistungsverweigerungsrechts spricht, dass der ArbGeb grundsätzlich ohne Rücksicht auf die Höhe des etwaigen Scha-

---

1 UA ErfK/*Dörner*, § 7 EFZG Rz. 25 mwN. | 2 BAG v. 21.8.1997 – 5 AZR 530/96, AP Nr. 2 zu § 100 SGB IV. | 3 BAG v. 7.12.1988 – 5 AZR 757/87, BAGE 60, 259. | 4 *Schmitt*, § 7 EFZG Rz. 31. | 5 BAG v. 7.12.1988 – 5 AZR 757/87, BAGE 60, 259. | 6 BSG v. 13.5.1992 –1/3 RK 10/90, NZA 1993, 142; HZA/*Vossen*, Gruppe 2 Rz. 684.

denersatzes zur vollen Entgeltfortzahlung verpflichtet ist; dann muss ihm umgekehrt aber auch ein entsprechend volles Leistungsverweigerungsrecht zugebilligt werden, wenn der ArbN infolge Mitverschuldens nur einen Teilanspruch gegen den Schädiger auf Entgeltfortzahlung hat[1]. Nach anderer Ansicht wird dem ArbGeb nur ein der Höhe nach begrenztes Leistungsverweigerungsrecht eingeräumt[2]. Mit Rücksicht auf den Wortlaut des § 7 und auf die Tatsache, dass dem ArbN auf jeden Fall ein Krankengeldanspruch gegen die Krankenkasse zusteht, wenn er deren Mitglied ist, ist der zuerst genannten Auffassung der Vorzug zu geben.

b) Tatsächliche Verhinderung. In den Vorgängerbestimmungen des § 7, nämlich in § 5 Abs. 1 Nr. 2 Alt. 3 LFZG (= § 115d Satz 1 Buchst. a Alt. 2 AGB-DDR), war ein vorläufiges Leistungsverweigerungsrecht für die Fälle geregelt, dass der ArbN dem ArbGeb nicht unverzüglich die zur Durchsetzung eines Schadenersatzanspruchs erforderlichen Angaben gemacht hat. Eine solche Bestimmung ist in das EFZG, insb. in § 7, nicht übernommen worden. Hieraus wird geschlossen, dass die Verletzung der nunmehr in § 6 Abs. 2 normierten Unterrichtungspflicht durch den ArbN kein Leistungsverweigerungsrecht zur Folge hätte[3]. Diese Konsequenz ist indessen nicht zwingend. Der Anspruchsübergang nach § 6 Abs. 1 kann nicht nur durch ein entsprechendes Rechtsgeschäft rechtlich verhindert werden, sondern er kann auch dadurch tatsächlich verhindert werden, dass der ArbN den ArbGeb mangels entsprechender Auskunftserteilung überhaupt nicht in die Lage versetzt, einen auf ihn nach § 6 Abs. 1 übergegangenen oder übergehenden Schadenersatzanspruch überhaupt auch nur gegen den Schädiger geltend zu machen[4]. Allerdings steht dem ArbGeb insoweit nur ein zeitweiliges Leistungsverweigerungsrecht zu, wenn er lediglich vorübergehend durch die Nichterteilung der Auskünfte gehindert war, Schadenersatzforderungen gegen den Schädiger geltend zu machen. Erfolgt die Unterrichtung dagegen so spät, dass der Schädiger nicht mehr in Anspruch genommen werden kann, zB wegen Verjährung, oder dass der Anspruch nicht mehr bewiesen werden kann, so erstarkt das vorläufige zum endgültigen Leistungsverweigerungsrecht.

IV. Verschulden des ArbN. Nach § 7 Abs. 2 gilt Abs. 1 nicht, wenn der ArbN die Verletzung dieser ihm obliegenden Verpflichtungen nicht zu vertreten hat. Dies betrifft sowohl das vorläufige als auch das endgültige Leistungsverweigerungsrecht; beide Leistungsverweigerungsrechte setzen voraus, dass der ArbN schuldhaft den Übergang des Schadenersatzanspruches gegen den Schädiger auf den ArbGeb verhindert hat. Der **Verschuldensmaßstab** ist der des allgemeinen bürgerlichen Rechts[5]. Der ArbN verhindert zB fahrlässig den Übergang des ihm gegen den Dritten zustehenden Schadenersatzanspruchs auf den ArbGeb, wenn er bei Abschluss des Abfindungsvergleichs noch hätte damit rechnen müssen, dass aus dem Schadensfall noch nicht erledigte Schadensfolgen resultieren oder weiterhin Arbeitsunfähigkeit andauern würde, die einen Anspruch auf Entgeltfortzahlung entstehen lässt[6].

Nach der Formulierung des § 7 Abs. 2 hat der ArbN **darzulegen und ggf. zu beweisen**, dass ihn an der zur Leistungsverweigerung des ArbGeb führenden Pflichtverletzung kein Verschulden trifft[7].

§ 8 Beendigung des Arbeitsverhältnisses

(1) Der Anspruch auf Fortzahlung des Arbeitsentgelts wird nicht dadurch berührt, dass der Arbeitgeber das Arbeitsverhältnis aus Anlass der Arbeitsunfähigkeit kündigt. Das Gleiche gilt, wenn der Arbeitnehmer das Arbeitsverhältnis aus einem vom Arbeitgeber zu vertretenden Grunde kündigt, der den Arbeitnehmer zur Kündigung aus wichtigem Grund ohne Einhaltung einer Kündigungsfrist berechtigt.

(2) Endet das Arbeitsverhältnis vor Ablauf der in § 3 Abs. 1 bezeichneten Zeit nach dem Beginn der Arbeitsunfähigkeit, ohne dass es einer Kündigung bedarf, oder infolge einer Kündigung aus anderen als den in Absatz 1 bezeichneten Gründen, so endet der Anspruch mit dem Ende des Arbeitsverhältnisses.

Lit.: *Brill*, Beendigung des Arbeitsverhältnisses und Lohnfortzahlung, DOK 1971, 725; *Feichtinger*, Entgeltfortzahlung bei Kündigung aus Anlass der Arbeitsunfähigkeit und Verzicht, DB 1983, 1202; *Heither*, Die Rechtsprechung des BAG zu § 6 LFZG, ZIP 1984, 403; *Marburger*, Sozial- versicherungsrechtliche Auswirkungen bei Beendigung des Arbeitsverhältnisses durch eine fristlose Kündigung, BB 1981, 559; *Süße*, Die Kündigung „aus Anlass" der Arbeitsunfähigkeit (§ 6 Abs. 1 Satz 1 LFZG) bei Vorliegen einer dauernden Beeinträchtigung der Leistungsfähigkeit aus gesundheitlichen Gründen, DB 1972, 189.

I. Normzweck und -entstehung. § 8 regelt, in welchen Fällen dem ArbN **trotz Beendigung des Arbeitsverhältnisses der Entgeltfortzahlungsanspruch erhalten bleibt** (Abs. 1) und in welchen Fällen der Beendigung des Arbeitsverhältnisses dies nicht der Fall ist (Abs. 2). Die Anordnung, dass der ArbN Anspruch auf Entgeltfortzahlung im Krankheitsfall gegen den ArbGeb und nur nachrangig (§ 49 Abs. 1 Nr. 1 SGB V) einen Anspruch auf Krankengeld gegen die Krankenkasse hat, so er deren Mitglied ist, dient insgesamt der Entlastung der Krankenkassen (§ 1 Rz 5). Eben diesem Zweck dient auch die Re-

---

[1] *Geyer/Knorr/Krasney*, § 7 EFZG Rz. 32; ErfK/*Dörner*, § 7 EFZG Rz. 20. | [2] *Kunz/Wedde*, § 7 EFZG Rz. 28; *Schmitt*, § 7 EFZG Rz. 36. | [3] *Kunz/Wedde*, § 7 EFZG Rz. 27. | [4] ErfK/*Dörner*, § 7 EFZG Rz. 18; ErfK/*Dörner*, § 7 EFZG Rz. 18; HZA/*Vossen*, Gruppe 2 Rz. 681; *Boecken*, NZA 1999, 673. | [5] BAG v. 7.12.1988 – 5 AZR 757/87, BAGE 60, 259. | [6] BAG v. 7.12.1988 – 5 AZR 757/87, BAGE 60, 259. | [7] ErfK/*Dörner*, § 8 EFZG Rz. 32; Staudinger/*Oetker*, § 616 BGB Rz. 493; ErfK/*Dörner*, § 7 EFZG Rz. 43.

gelung in § 8 Abs. 1 EFZG, indem sie entgegen der Grundregel, wonach der Anspruch auf Arbeitsentgelt und damit der auf Entgeltfortzahlung im Krankheitsfall auf die Dauer des aktiven Arbeitsverhältnisses beschränkt ist (vgl. § 3 Rz 95), eine Ausnahme für den Fall macht, dass das Arbeitsverhältnis durch Kündigung des ArbGeb aus Anlass der Arbeitsunfähigkeit beendet worden ist. In einem solchen Fall besteht der Entgeltanspruch über die Beendigung des Arbeitsverhältnisses hinaus.

2   Die Regelungen in § 8 entsprechen inhaltlich früheren gesetzlichen Regelungen, vor allem in § 6 LFZG[1] und in § 616 Abs. 2 Satz 4 und 5 BGB, § 63 Abs. 1 Satz 3 und 4 HGB, § 133c Satz 2 und 3 GewO und § 48 Abs. 1 Satz 2 SeemG[2] sowie § 115e ArbBGB-DDR[3]. Alle diese Bestimmungen regelten den Einfluss der Kündigung durch den ArbGeb auf das Fortbestehen des Entgeltfortzahlungsanspruchs trotz Beendigung des Arbeitsverhältnisses einheitlich. Insoweit kann auf die frühere Rspr. zurückgegriffen werden.

3   Insbesondere infolge Beendigung von Arbeitsverhältnissen aus Anlass der krankheitsbedingten Arbeitsunfähigkeit des ArbN kommt es häufig zu Rechtsstreitigkeiten, bei denen die Krankenkasse Entgeltfortzahlungsansprüche des ArbN gegen den ArbGeb aus übergegangenem Recht (§ 115 SGB X) verfolgt. Nach § 49 Abs. 1 Nr. 1 Halbs. 1 SGB V ruht der Anspruch auf Krankengeld, solange Versicherte beitragspflichtiges Arbeitsentgelt oder Arbeitseinkommen erhalten. Insoweit genügt es, dass der ArbN rein tatsächlich während der krankheitsbedingten Arbeitsunfähigkeit kein Arbeitsentgelt gezahlt erhält, mag er hierauf auch einen Anspruch gegen den ArbGeb haben. Derartige Fälle treten insb. dann auf, wenn für das Arbeitsverhältnis noch kurze Kündigungsfristen gelten, und die krankheitsbedingte Arbeitsunfähigkeit den durch eine Kündigung des ArbGeb bestimmten Beendigungszeitpunkt des Arbeitsverhältnisses überdauert.

4   **Beispiel:** Der ArbN ist am 2.1. mit einer Probezeit von 3 Monaten eingestellt worden. Am 8.1. teilt er dem ArbGeb mit, arbeitsunfähig krank zu sein. Der ArbGeb kündigt ihm daraufhin noch am selben Tag unter Einhaltung der 14-tägigen Kündigungsfrist während der Probezeit (§ 622 Abs. 3 BGB) zum 23.1. Die krankheitsbedingte Arbeitsunfähigkeit dauert bis zum 9.2. Für die Zeit ab 24.1. leistet die Krankenkasse Krankengeld. Sie nimmt den ArbGeb insoweit aus übergegangenem Recht auf Entgeltfortzahlung in Anspruch.

5   **II. Entgeltfortzahlung trotz Beendigung des Arbeitsverhältnisses.** Der Anspruch auf Entgeltfortzahlung im Krankheitsfall nach § 3 Abs. 1 endet spätestens mit dem Ende des aktiven Arbeitsverhältnisses (§ 3 Rz 94). Dies folgt daraus, dass der Anspruch nur besteht, wenn der ArbN durch Arbeitsunfähigkeit infolge Krankheit an seiner Arbeitsleistung verhindert ist (§ 3 Abs. 1 Satz 1). Im Fall der Verhinderung an der geschuldeten Arbeitsleistung setzt voraus, dass noch ein Arbeitsverhältnis besteht, aufgrund dessen der ArbN im Entgeltfortzahlungszeitraum zur Leistung von Arbeit verpflichtet ist[4]. Dieser Grundgedanke der Beendigung des Anspruchs auf Entgeltfortzahlung mit Beendigung des Arbeitsverhältnisses kommt auch in § 8 Abs. 2 zum Ausdruck. Indessen macht § 8 Abs. 1 hiervon für zwei Fälle Ausnahmen, indem dort der Entgeltfortzahlungsanspruch über die Beendigung des Arbeitsverhältnisses hinaus andauern kann. Die eine Ausnahme liegt darin, dass der ArbGeb aus Anlass der krankheitsbedingten Arbeitsunfähigkeit kündigt (Satz 1), die andere darin, dass der ArbN seinerseits aus einem vom ArbGeb zu vertretenden Grund kündigt, der den ArbN zur Kündigung aus wichtigem Grund ohne Einhaltung einer Kündigungsfrist berechtigt (Satz 2).

6   **1. Kündigung aus Anlass der Arbeitsunfähigkeit.** Der Entgeltfortzahlungsanspruch wird nicht dadurch berührt, dass der ArbGeb aus Anlass der Arbeitsunfähigkeit kündigt und das aufgrund dieser Kündigung das Arbeitsverhältnis während der krankheitsbedingten Arbeitsunfähigkeit endet, die der ArbGeb zum Anlass für die Kündigung genommen hat. Für die Zeit der krankheitsbedingten Arbeitsunfähigkeit bis zum Wirksamwerden dieser Kündigung richtet sich der Anspruch des ArbN auf Entgeltfortzahlung allein nach dem § 3 und 4; eines Rückgriffs auf § 8 Abs. 1 Satz 1 bedarf es nicht. Dies gilt auch für andere Fälle der Beendigung des Arbeitsverhältnisses.

7   **a) Kündigung durch den ArbGeb.** Der Wortlaut des § 8 Abs. 1 Satz 1 stellt allein darauf ab, dass der ArbGeb das Arbeitsverhältnis kündigt. Die Kündigung ist eine einseitige, empfangsbedürftige und der Schriftform bedürftige (§ 623 BGB) Willenserklärung des ArbGeb, die auf die Beendigung des Arbeitsverhältnisses als einem Dauerschuldverhältnis gerichtet ist. Ist die **Kündigung unwirksam**, so führt sie nicht zur Beendigung des Arbeitsverhältnisses mit der Folge, dass es eines Rückgriffs auf § 8 Abs. 1 Satz 1 wiederum nicht bedarf[5]. Bei der Unwirksamkeit der Kündigung sind absolute Unwirksamkeitsgründe von solchen zu unterscheiden, die der Geltendmachung durch den ArbN bedürfen. Der betroffene ArbN ist unter dem Gesichtspunkt des § 8 Abs. 1 Satz 1 bzw. unter dem Gesichtspunkt der Rücksichtnahme im

---

1 Lohnfortzahlungsgesetz – LFZG – v. 27.7.1969 – BGBl. I S. 946. | 2 Jeweils eingefügt durch das „Erste Arbeitsrechtsbereinigungsgesetz" v. 14.8.1969 – BGBl. I S. 1106. | 3 Arbeitsgesetzbuch – ArbGB – der DDR v. 16.6.1977 idF v. 22.6.1990 (GBl. I S. 371) und des Einigungsvertrages v. 31.8.1990 (BGBl. II S. 889). | 4 BAG v. 22.8.2001 – 5 AZR 699/99, BAGE 98, 375 (unter I 3 c); *Schmitt*, § 3 EFZG Rz. 154, § 8 EFZG Rz. 49. | 5 ErfK/*Dörner*, § 8 EFZG Rz. 5; Staudinger/*Oetker*, § 616 BGB Rz. 483; *Schmitt*, § 8 EFZG Rz. 15; HZA/*Vossen*, Gruppe 2 Rz. 392.

SozV-Verhältnis mit der gesetzlichen Krankenkasse nicht gehalten, die Unwirksamkeit der Kündigung geltend zu machen. Nimmt der ArbN die Kündigung hin, zB indem er keine Kündigungsschutzklage erhebt, so ist für die Anwendung des § 8 Abs. 1 Satz 1 grundsätzlich von einer Wirksamkeit der Kündigung auszugehen[1]. Auch wenn der ArbN sich gegen die Kündigung selbst nicht mehr zur Wehr setzen kann, sei es das er die Klagefrist des § 4 KSchG versäumt hat, sei es dass er generell sein Recht verwirkt hat, gegen die Kündigung selbst vorzugehen[2], kann er gleichwohl geltend machen, dass sein Anspruch auf Entgeltfortzahlung durch die Beendigung des Arbeitsverhältnisses infolge der Kündigung durch den ArbGeb unberührt sei, weil der ArbGeb aus Anlass der krankheitsbedingten Arbeitsunfähigkeit gekündigt hat; es darf lediglich die Geltendmachung dieses Entgeltfortzahlungsanspruchs selbst noch nicht verwirkt sein[3].

Macht der ArbN dagegen die Unwirksamkeit der Kündigung geltend und dringt er hiermit durch, so ist insoweit kein Raum für die Anwendung des § 8 Abs. 1 Satz 1, denn dann steht fest, dass die umstrittene Kündigung, mag sie auch aus Anlass krankheitsbedingter Arbeitsunfähigkeit vom ArbGeb erklärt worden sein, nicht zur Beendigung des Arbeitsverhältnisses geführt hat. In einem solchen Fall richtet sich der Entgeltzahlungsanspruch allein nach § 3 EFZG iVm. § 611 BGB. Bleibt die Geltendmachung der Unwirksamkeit der Kündigung dagegen erfolglos, so hindert dies allein den ArbN nicht, seinerseits geltend zu machen, dass der ArbGeb die Kündigung aus Anlass der Arbeitsunfähigkeit ausgesprochen hat. 8

Aus Anlass krankheitsbedingter Arbeitsunfähigkeit kann auch eine **Änderungskündigung** ausgesprochen worden sein. Nimmt der ArbN sie hin, so wird das Arbeitsverhältnis nach Ablauf der Kündigungsfrist zu geänderten Bedingungen fortgesetzt. Sind die Entgeltbedingungen zulasten des ArbN verändert worden und geht der Entgeltfortzahlungszeitpunkt über den Zeitpunkt des Wirksamwerdens der Änderungskündigung zeitlich hinaus, so stellt sich die Frage, ob der (restliche) Fortzahlungsanspruch nach § 8 Abs. 1 Satz 1 in ursprünglicher Höhe fortbesteht[4], oder ob es lediglich zu den geänderten Bedingungen fortbesteht mit der Folge, dass auch der Entgeltfortzahlungsanspruch geändert worden ist[5]. Die Antwort ist davon abhängig zu machen, ob mit der Änderungskündigung eine Reduzierung der Arbeitszeit des ArbN bezweckt wird oder lediglich eine Veränderung der Arbeitsbedingungen ohne Reduzierung der Arbeitszeit. Im ersteren Fall bleibt der Entgeltfortzahlungsanspruch ungeschmälert bestehen, im letzteren Fall richtet er sich nach den neuen Arbeitsbedingungen. Denn § 8 Abs. 1 stellt auf eine Kündigung des Arbeitsverhältnisses ab; hiermit ist erkennbar eine – ggf. auch teilweise – Beendigung des Arbeitsverhältnisses angesprochen, nicht aber eine Änderung der sonstigen Arbeitsbedingungen. 9

b) Andere Beendigungstatbestände. § 8 Abs. 1 Satz 1 regelt nach seinem Wortlaut nur die Unerheblichkeit einer vom ArbGeb aus Anlass der krankheitsbedingten Arbeitsunfähigkeit ausgesprochenen Kündigung. Indessen ist die Kündigung durch den ArbGeb nicht der einzige Beendigungstatbestand für Arbeitsverhältnisse. In Rspr. und Schrifttum wird weitgehend angenommen, dass unter § 8 Abs. 1 Satz 1 auch andere Beendigungstatbestände fallen können, vor allem der Aufhebungsvertrag (Auflösungsvertrag) und die Anfechtung des Arbeitsvertrags, wenn die krankheitsbedingte Arbeitsunfähigkeit Anlass hierfür waren. Diese Anwendung des § 8 Abs. 1 Satz 1 ist problematisch. 10

aa) Aufhebungsvertrag. Ein Aufhebungsvertrag (Auflösungsvertrag) fällt als sonstiger Tatbestand der Beendigung eines Arbeitsverhältnisses dem Grunde nach nicht unter § 8 Abs. 1, sondern unter § 8 Abs. 2 mit der Folge, dass mit Wirksamkeit des Auflösungsvertrages und der darin vereinbarten Beendigung des Arbeitsverhältnisses ein Anspruch auf Entgeltfortzahlung im Krankheitsfall entfällt[6]. Denn das Arbeitsverhältnis wird nicht durch eine Kündigung des ArbGeb, sondern durch übereinstimmende Willenserklärung der Parteien zu dem von ihnen vereinbarte Zeitpunkt beendet[7]. Gleichwohl hat die Rspr. § 6 Abs. 1 Satz 1 LFZG aF analog angewendet, wenn der ArbGeb die Arbeitsunfähigkeit des ArbN zum Anlass nahm, mit diesem einen Auflösungsvertrag zu vereinbaren. Dabei spielte es in der Rspr. keine Rolle, ob dem Aufhebungsvertrag eine Anlasskündigung iSv. § 6 Abs. 1 LFZG (nunmehr § 8 Abs. 1 EFZG) vorausgegangen war[8] oder nicht[9]. 11

Zwar ist nicht anzunehmen, dass allein das In-Kraft-Treten des Entgeltfortzahlungsgesetzes Anlass gibt, die bisherige Rspr. zu ändern[10]. Indessen bestehen erhebliche Bedenken, den Abschluss eines Vertrages mit dem Ausspruch einer Kündigung gleichzusetzen, mag dem auch eine Anlasskündigung vorangegangen sein. Beim Ausspruch einer Kündigung ist es allein der ArbGeb, der eine rechtlich irrelevante Willensbetätigung vornimmt; seine Motivation, zu kündigen, weil der ArbN krankheitsbedingt arbeitsunfähig ist, wird vom Gesetzgeber nicht respektiert, wie § 8 Abs. 1 Satz 1 zeigt. Der Abschluss *eines Aufhebungsvertrages* setzt jedoch notwendig das Einverständnis des ArbN voraus. Zwar mag der ArbGeb bei seiner Zustimmungserklärung zu dem Aufhebungsvertrag, sei es, dass er ihn anbietet, sei es, dass er ihn annimmt, davon (sogar maßgeblich) bewegt sein, das Arbeitsverhältnis aus Anlass 12

---

1 BAG v. 28.11.1979 – 5 AZR 849/77, AP Nr. 9 zu § 6 LohnFG; v. 26.4.1978 – 5 AZR 7/77, AP Nr. 6 zu § 6 LohnFG; HzA/*Vossen*, Gruppe 2 Rz. 393; *Schmitt*, § 8 EFZG Rz. 16; ErfK/*Dörner*, § 8 EFZG Rz. 7. |2 Vgl. insoweit HzA/*Vossen*, Gruppe 2 Rz. 393. |3 BAG v. 29.11.1978 – 5 AZR 457/77, AP Nr. 7 zu § 6 LohnFG. |4 *Kunz/Wedde*, § 8 EFZG Rz. 15. |5 ErfK/*Dörner*, § 8 EFZG Rz. 5. |6 HzA/*Vossen*, Gruppe 2 Rz. 384. |7 BAG v. 12.1.2000 – 7 AZR 48/99, BAGE 93, 162. |8 BAG v. 20.8.1980 – 5 AZR 1086/78, AP Nr. 13 zu § 6 LohnFG. |9 BAG v. 20.8.1980 – 5 AZR 589/79, AP Nr. 15 zu § 6 LohnFG. |10 HzA/*Vossen*, Gruppe 2 Rz. 411 aE.

der krankheitsbedingten Arbeitsunfähigkeit des ArbN beenden zu wollen. Allein dieser Umstand ändert nichts daran, dass es sich bei diesem Vorgang nicht (mehr) um eine Kündigung handelt, sondern eben um das Einverständnis beider Arbeitsvertragsparteien. Hätte der Gesetzgeber auch den Aufhebungsvertrag wegen der (einseitigen?) Motivation des ArbGeb unter § 8 Abs. 1 Satz 1 fallen lassen wollen, so hätte es einer entsprechenden Klarstellung im Gesetz bedurft. Eine unbewusste Lücke ist dem Gesetz insoweit kaum zu entnehmen, ebenso wenig aber ist zu erkennen, dass die Lücke allein so, wie von der Rspr. vorgenommen, zu schließen gewesen wäre. Der Abschluss eines solchen Aufhebungsvertrages verstößt nicht gegen § 12, weil darin nicht auf Ansprüche auf Entgeltfortzahlung im Krankheitsfall verzichtet wird, sondern weil die Grundlage hierfür, nämlich das Bestehen des Arbeitsverhältnisses, einvernehmlich beseitigt wird. Trotz dieser Bedenken[1] wird der Rspr. des BAG im Schrifttum weitgehend zugestimmt, weil nicht auf die „formelle Seite", sondern auf den materiellen Auflösungsgrund abzustellen sei[2]. Indessen stellt das Gesetz auf die Methode der Beendigung ab.

13   **bb) Anfechtung des Arbeitsvertrages.** Durch die Anfechtung des Arbeitsvertrages wegen Irrtums (§ 119 BGB) oder wegen arglistiger Täuschung bzw. widerrechtlicher Drohung (§ 123 BGB) wird der Arbeitsvertrag insoweit rückwirkend beseitigt, als er noch nicht in Vollzug gesetzt worden ist[3]. Leistet der ArbN krankheitsbedingt keine Arbeit, so wirkt insoweit die während dieser krankheitsbedingten Arbeitsunfähigkeit erklärte Anfechtung auf den letzten Tag vor Eintritt der krankheitsbedingten Arbeitsunfähigkeit zurück. Diese Wirkung veranlasst gelegentlich ArbGeb, einen Arbeitsvertrag anzufechten, um auf diese Art und Weise wegen (rückwirkender) Beendigung des Arbeitsverhältnisses keine Entgeltfortzahlung im Krankheitsfall leisten zu müssen. Vor diesem Hintergrund und wegen der kündigungsähnlichen Wirkung einer Anfechtung will ein Teil des Schrifttums § 8 Abs. 1 Satz 1 auf den Fall entsprechend anwenden, dass der ArbGeb den Arbeitsvertrag aus Anlass der krankheitsbedingten Arbeitsunfähigkeit anficht[4]. Dem kann nicht gefolgt werden. Der Gesetzgeber hat im Wortlaut des § 8 Abs. 1 Satz 1 ausdrücklich auf eine Kündigung durch den ArbGeb abgestellt; alle anderen Beendigungstatbestände sind dort nicht erwähnt. Hätte der Gesetzgeber den Entgeltfortzahlungsanspruch immer dann unberührt sein lassen wollen, wenn es nur auf den Anlass des ArbGeb für die Beendigung des Arbeitsverhältnisses, nicht aber auf die Beendigungsmethode angekommen wäre, so hätte er der Gesetzgeber dies bei der Schaffung von § 8 EFZG durchaus zum Ausdruck bringen können; er hat es nicht getan. Von daher kann nicht davon ausgegangen werden, dass § 8 unbewusst lückenhaft und deshalb einer Analogie zugänglich ist[5].

14   **cc) Gerichtliche Auflösung des Arbeitsverhältnisses.** Nach näherer Maßgabe von § 9 KSchG kann ein Arbeitsverhältnis gerichtlich aufgelöst werden. In einem solchen Fall wird das Arbeitsverhältnis nicht durch die vorangegangene, im Klageverfahren angefochtene Kündigung aufgelöst, ebenso wenig durch einen Auflösungsvertrag, sondern durch eine gerichtliche Entscheidung. Dies erfüllt weder den Tatbestand der Kündigung aus Anlass der Arbeitsunfähigkeit durch den ArbGeb (Abs. 1 Satz 1) noch den Tatbestand der Kündigung durch den ArbN wegen eines vom ArbGeb gesetzten wichtigen Grundes (Abs. 1 Satz 2). Gleichwohl soll in diesen Fällen § 8 Abs. 1 Satz 1 analog anzuwenden sein, weil die Beendigung des Arbeitsverhältnisses letztlich auf eine Kündigung des ArbGeb zurückzuführen ist, auch wenn sie formell erst aufgrund des Auflösungsurteils eintritt[6]. Auch dem ist nicht zu folgen. Gerade die vom ArbGeb erklärte Kündigung hat nicht zur Beendigung des Arbeitsverhältnisses geführt. Ihre Unwirksamkeit mangels sozialer Rechtfertigung ist nämlich nach § 9 Abs. 1 KSchG die Voraussetzung dafür, dass das Gericht überhaupt bei richterlicher Entscheidung das Arbeitsverhältnis auflösen darf.

15   **c) Kündigungsmotiv: Arbeitsunfähigkeit.** Die Kündigung muss der ArbGeb aus Anlass der Arbeitsunfähigkeit ausgesprochen haben. Der Begriff **aus Anlass** wird weit ausgelegt. Die Arbeitsunfähigkeit muss nicht der erklärte Grund oder gar das alleinige Motiv oder der unmittelbar leitende Beweggrund für die Kündigung gewesen sein; es genügt, wenn die Kündigung objektive Ursache in der Arbeitsunfähigkeit hat; innerhalb der Ursachenkette muss die Arbeitsunfähigkeit aber eine die Kündigung maßgebliche mitbestimmende Bedingung darstellen; sie muss den entscheidenden Anstoß für den Kündigungsausspruch gegeben haben[7]. Ist die Krankheit für die Kündigung wesentlich mitbestimmend, so ist der Tatbestand des § 8 Abs. 1 Satz 1 erfüllt.

16   Der ArbGeb hat aber nicht nur aus Anlass der Arbeitsunfähigkeit gekündigt, wenn er den Eintritt der krankheitsbedingten Arbeitsunfähigkeit als Anlass für die Kündigung wählt, sondern auch dann, wenn die **Fortdauer der Arbeitsunfähigkeit** ihn veranlasst, nunmehr zu kündigen[8]. Treten zur bestehenden Arbeitsunfähigkeit andere Umstände hinzu und löst erst das Zusammenspiel dieser Umstände den Kündi-

---

[1] Vgl. auch *Schmitt*, § 8 EFZG Rz. 17; *Geyer/Knorr/Krasney*, § 8 EFZG Rz. 21.   [2] KDHK/*Dunkl*, § 8 EFZG Rz. 10; *Müller/Berenz*, § 8 EFZG Rz. 30; *Schmitt*, § 8 EFZG Rz. 18 ff.; wohl auch HzA/*Vossen*, Gruppe 2 Rz. 411. [3] BAG v. 3.12.1998 – 2 AZR 554/97, BAGE 90, 251.   [4] HzA/*Vossen*, Gruppe 2 Rz. 388; *Schmitt*, § 8 EFZG Rz. 54; *Gola*, § 8 EFZG Anm. 4.2; *Helml*, § 8 EFZG Rz. 22; KDHK/*Dunkl*, § 8 EFZG Rz. 10.   [5] ErfK/*Dörner*, § 8 EFZG Rz. 31; *Vogelsang*, Entgeltfortzahlung Rz. 231 ff. (auch zur Anfechtbarkeit Rz. 233).   [6] *Vogelsang*, Entgeltfortzahlung Rz. 234; ErfK/*Dörner*, § 8 EFZG Rz. 29.   [7] BAG in st. Rspr.; statt vieler: BAG v. 5.2.1998 – 2 AZR 270/97, AP Nr. 3 zu § 1 TVG – Tarifverträge: Apotheken; v. 20.8.1980 – 5 AZR 227/79, BAGE 34, 128; KDHK/*Dunkl*, § 8 EFZG Rz. 11; ErfK/*Dörner*, § 8 EFZG Rz. 8; *Schmitt*, § 8 EFZG Rz. 22, 23; *Vogelsang*, Entgeltfortzahlung Rz. 235, 236.   [8] BAG v. 29.8.1980 – 5 AZR 1051/79, AP Nr. 18 zu § 6 LohnFG.

gungsentschluss aus, so kann § 8 Abs. 1 Satz 1 gleichwohl erfüllt sein, nämlich dann, wenn diese Umstände ihrerseits im Zusammenhang mit der Arbeitsunfähigkeit stehen. Wegen der gebotenen weiten Auslegung des Begriffes aus Anlass[1] ist letztlich maßgebend, ob die krankheitsbedingte Arbeitsunfähigkeit des ArbN einen objektiven Geschehensablauf in Gang setzt, der schließlich die Entscheidung des ArbGeb auslöst, diesem ArbN zu kündigen[2].

Beispiele: 17

1. Die Kündigung wird ausgesprochen, um durch Besetzung des verwaisten Arbeitsplatzes des erkrankten ArbN weitere Betriebsstörungen zu vermeiden[3].

2. Dem arbeitsunfähig erkrankten ArbN wird wegen dringender betrieblicher Erfordernisse ordentlich gekündigt, obwohl die Kündigung bei Beachtung der Anforderungen an die soziale Auswahl einen anderen ArbN hätte treffen müssen[4].

3. Der ArbGeb nimmt die Krankheit des ArbN zum Anlass einer betrieblichen Umorganisation und kündigt – aus diesem Grund – auch das Arbeitsverhältnis des arbeitsunfähigen ArbN[5].

4. Dem ArbN wird gekündigt, weil infolge der Erkrankung, die bisher nur zur Arbeitsunfähigkeit geführt hat, Berufs- oder Erwerbsunfähigkeit zu befürchten war[6].

Maßgeblich für die Frage, inwieweit **objektive Umstände** dem ArbGeb Anlass für die Kündigung gegeben haben (können) ist der **Zeitpunkt, in dem die Kündigung ausgesprochen wird**. Bei – notwendig (§ 623 BGB) – schriftlichen Kündigungen ist dies der Moment, in welchem das Kündigungsschreiben den Machtbereich des ArbGeb verlässt; später eintretende Umstände können den gefassten und im – entäußerten – Kündigungsschreiben hervorgetretenen Entschluss des ArbGeb zur Kündigung nicht mehr bestimmen[7]. Die Anlasskündigung setzt indessen eine im Zeitpunkt des Kündigungsausspruchs objektiv bestehende Arbeitsunfähigkeit des ArbGeb nicht voraus[8], auch eine unmittelbar und absehbar bevorstehende Arbeitsunfähigkeit, zB aufgrund eines geplanten ärztlichen Eingriffs, kann (objektiv) den Anlass für die Kündigung des Arbeitsverhältnisses durch den ArbGeb bieten[9]. Eine Anlasskündigung liegt jedoch nicht bereits dann vor, wenn sie zwar in einem gewissen zeitlichen Zusammenhang mit der Krankheit steht, sie aber durch die krankheitsbedingte Arbeitsunfähigkeit nicht (allein) oder nicht wesentlich ausgelöst worden ist, sondern durch andere Umstände[10]. Maßgeblich ist insoweit, ob die Kündigung aufgrund dieser anderen Umstände iSd. § 1 KSchG bzw. iSd. § 626 BGB gerechtfertigt ist. Bedarf eine ordentliche Kündigung keiner sozialen Rechtfertigung, so ist zu prüfen, ob der – vom ArbGeb angeführte – Kündigungsgrund für sich allein hinreichend plausibel ist. 18

Beispiel: Der ArbN hat vom 13. bis 17.10. unentschuldigt gefehlt. Mit Datum vom 16.10. mahnte ihn die ArbGebin schriftlich ab und drohte ihm für den Wiederholungsfall die fristlose Kündigung an. Erst als der ArbN mit Wirkung vom 18.10. krankgeschrieben war, ließ er überhaupt von sich hören, in dem er der ArbGebin die Arbeitsunfähigkeitsbescheinigung übersandte. Deren Aufforderung vom 24.10., ins Büro zu kommen oder sich zu melden, kam er nicht nach; er teilte der ArbGeb-in auch keinen Grund dafür mit. Die Folgebescheinigung vom 27.10. gab der ArbN erst am 30.10. zur Post; bis zum Arbeitsschluss am 31.10. hörte die ArbGebin von dem ArbN nichts. Sodann kündigte sie. Der ArbN war bis einschließlich 26.11. arbeitsunfähig krank[11]. Die Kündigung fiel nicht unter § 8 Abs. 1. 19

d) Subjektiver Beweggrund des ArbGeb. Die Kündigung des ArbGeb aus Anlass der krankheitsbedingten Arbeitsunfähigkeit des ArbN setzt voraus, dass der ArbN hiervon auch subjektiv maßgeblich bestimmt worden ist. Eine solche maßgebliche Bestimmung ist anzunehmen, wenn der ArbGeb vom Bestehen der krankheitsbedingten Arbeitsunfähigkeit Kenntnis hat[12]. Maßgeblich ist insoweit die Kenntnis derjenigen Person, die die Kündigung ausspricht[13]. Dem steht gleich, wenn der ArbGeb mit einer bevorstehenden Arbeitsunfähigkeit des ArbN aufgrund entsprechender Mitteilungen sicher rechnen muss[14]. Als eine Anlasskündigung wird es auch angesehen, wenn der ArbGeb kündigt, ohne den Zeitpunkt für die Vorlage der Arbeitsunfähigkeitsbescheinigung abzuwarten. Dieser Zeitpunkt richtet sich danach, ob der ArbN die ärztliche Arbeitsunfähigkeitsbescheinigung nur und erst vorzulegen hat, wenn die Arbeitsunfähigkeit länger als drei Kalendertage gedauert hat (§ 5 Abs. 1 Satz 2; vgl. dort Rz. 46 ff.) oder ob der ArbGeb die frühere Vorlage der ärztlichen Arbeitsunfähigkeitsbescheinigung verlangt hat (§ 5 Abs. 1 Satz 3; vgl. dort Rz. 55 ff.). Die frühere Rspr., wonach der ArbGeb eine Anlasskündigung ausspricht, wenn er die Frist zur Vorlage der Arbeitsunfähigkeitsbescheinigung nicht zuvor abwartet, bevor er sich 20

---

[1] *Schmitt*, § 8 EFZG Rz. 23; ErfK/*Dörner*, § 8 EFZG Rz. 9. | [2] *Vogelsang*, Entgeltfortzahlung Rz. 238; KDHK/*Dunkl*, § 8 EFZG Rz. 11. | [3] BAG v. 26.10.1971 – 1 AZR 40/71, BAGE 24, 1. | [4] BAG v. 28.11.1979 – 5 AZR 725/77, AP Nr. 8 zu § 6 LohnFG. | [5] BAG v. 6.10.1961 – 1 AZR 349/60, BAGE 11, 297. | [6] BAG v. 22.12.1971 – 1 AZR 180/71, BAGE 24, 84. | [7] BAG v. 20.8.1980 – 5 AZR 227/79, BAGE 34, 128. | [8] So ausdrücklich: HzA/*Vossen*, Gruppe 2 Rz. 400; *Müller/Berenz*, § 8 EFZG Rz. 7. | [9] BAG v. 17.2.2002 – 5 AZR 2/00, AP Nr. 1 zu § 8 EntgeltFG; ErfK/*Dörner*, § 8 EFZG Rz. 10. | [10] BAG v. 26.4.1978 – 5 AZR 7/77, AP Nr. 6 zu § 6 LohnFG. | [11] Sachverhalt in Anlehnung an BAG v. 29.8.1980 – 5 AZR 1051/79, AP Nr. 18 zu § 6 LohnFG. | [12] BAG v. 26.4.1978 – 5 AZR 5/77, AP Nr. 5 zu § 6 LohnFG. | [13] HzA/*Vossen*, Gruppe 2 Rz. 401. | [14] BAG v. 17.4.2002 – 5 AZR 2/01, AP Nr. 1 zu § 8 EntgeltFG.

der Kündigungserklärung entäußert¹, ist insoweit im Hinblick auf die Neuregelung in § 5 Abs. 1 über die Vorlage des ärztlichen Attestes zu modifizieren.

21 Dagegen kann weiterhin von der bisherigen Rspr. zur Anlasskündigung ausgegangen werden, wenn der ArbGeb einem erkrankten ArbN **zum voraussichtlichen Ende der Arbeitsunfähigkeit kündigt**, ohne abzuwarten, ob die Arbeitsunfähigkeit über das zunächst angenommene Datum hinaus andauert, und der ArbN über diesen Zeitpunkt hinaus arbeitsunfähig krank bleibt; der Umstand, dass der ArbGeb die Arbeitsunfähigkeit zunächst ohne Kündigung hingenommen hatte, schließt nicht aus, die sodann erklärte Kündigung als eine Anlasskündigung zu bewerten². Dasselbe gilt für den Fall, dass der ArbGeb **nach Ende der zunächst bescheinigten Dauer** der Arbeitsunfähigkeit kündigt, ohne abzuwarten, ob der ArbN ihm die Fortdauer der Arbeitsunfähigkeit anzeigt³. Ob dabei allerdings eine Wartefrist von drei Tagen anzunehmen ist⁴, ist nach der hier vertretenen Auffassung über die Erforderlichkeit der unverzüglichen Mitteilung über das Fortbestehen der Krankheit (vgl. § 5 Rz. 27 f.) zumindest zweifelhaft.

22 Keineswegs ist der ArbGeb gehalten, nach dem Ende der ursprünglich bescheinigten krankheitsbedingten Arbeitsunfähigkeit zunächst die Frist des § 5 Abs. 1 Satz 2 abzuwarten⁵. Diese Frist gilt für die Erstbescheinigung, nicht aber für die Folgebescheinigung.

23 **e) Dauer des Entgeltfortzahlungsanspruchs.** Der nach § 8 Abs. 1 Satz 1 von der Anlasskündigung unberührt bleibende Anspruch auf Entgeltfortzahlung hat dieselbe Dauer als wenn das Arbeitsverhältnis nicht gekündigt worden wäre. Solange Entgeltfortzahlung im Krankheitsfall auch beim **Zusammentreffen mehrerer Krankheiten** nach dem Grundsatz der Einheit des Verhinderungsfalles (vgl. § 3 Rz. 107 ff.) vom ArbGeb geschuldet wird, bleibt dieser Entgeltfortzahlungsanspruch von der Anlasskündigung unberührt; dagegen hat er für einen sich nur **anschließenden neuen Fall krankheitsbedingter Arbeitsunfähigkeit** keine Entgeltfortzahlung zu leisten⁶.

24 **Beispiel:** Der ArbN war ab 20.11. arbeitsunfähig krank. Am 1.12., einem Freitag, suchte er seine ArbGeb-in auf und teilte ihr mit, er werde ab Montag, dem 4.12. seine Arbeit wieder aufnehmen. Tatsächlich erschien er nicht zur Arbeit. Am 5.12. suchte er erneut einen Arzt auf; er bescheinigte ihm krankheitsbedingte Arbeitsunfähigkeit aufgrund der Diagnose „Distorsion linkes Sprunggelenk" mit einer voraussichtlichen Dauer bis zum 8.12. In einer weiteren Folgebescheinigung vom 11.12. bescheinigte derselbe Arzt eine Arbeitsunfähigkeit bis voraussichtlich 20.12., nunmehr mit der Diagnose „Fraktur linker Finger". Wegen dieser Erkrankung war der ArbN bis in den Januar des Folgejahres hinein arbeitsunfähig krank. Die ArbGeb-in hatte das Arbeitsverhältnis wegen – aus ihrer Sicht unentschuldigten – Fehlens am 4. und 5. Dezember ordentlich zum 31.12. gekündigt; die hiergegen gerichtete Kündigungsschutzklage hat der ArbN zurückgenommen. Für die Frage, ob die ArbGeb-in auch für die Zeit ab 1. Januar mit Rücksicht darauf Entgeltfortzahlung zu leisten hat, dass sie eine Anlasskündigung ausgesprochen hatte, kommt es darauf an, ob die Fraktur des linken Fingers zusammen mit der vorherigen Arbeitsunfähigkeit einen einheitlichen Verhinderungsfall bildet oder ob die vorherige krankheitsbedingte Arbeitsunfähigkeit am 8.12. geendet hat und die Fraktur des linken Fingers erst danach eingetreten ist.

25 **f) Darlegungs- und Beweislast.** Steht fest, dass das Arbeitsverhältnis durch Kündigung des ArbGeb beendet worden ist, sei es weil diese wirksam war oder weil der ArbN diese hingenommen hat, so hat der **ArbN** nicht nur die Voraussetzungen für den Entgeltfortzahlungsanspruch wegen krankheitsbedingter Arbeitsunfähigkeit zu beweisen, sondern auch die Tatsachen darzulegen und zu beweisen, aus denen sich ergibt, dass der ArbGeb die Kündigung aus Anlass der Erkrankung ausgesprochen hat⁷. Der Beweis für die tatsächliche Motivation des ArbGeb wird dem ArbN in der Regel nicht gelingen. Von daher hat es die Rspr. dabei belassen, dass der ArbN Hilfstatsachen darlegt und ggf. beweist, aus denen zu schließen ist, dass der ArbGeb die Kündigung aus Anlass der krankheitsbedingten Arbeitsunfähigkeit des ArbN ausgesprochen hat⁸. Das Schrifttum bezeichnet dies im Anschluss an die bisherige Rspr. des BAG als **Beweis des ersten Anscheins**⁹. Richtiger ist es, insoweit nicht vom Beweis des ersten Anscheins zu sprechen, sondern von **Indiztatsachen**¹⁰.

26 Der ArbGeb kann hierauf zunächst dadurch entgegnen, dass er die Indiztatsachen bestreitet. Gelingt es dann dem ArbN nicht, die Existenz dieser Indiztatsachen zu beweisen, so scheidet schon dann die Annahme einer Anlasskündigung aus, es sei denn, dass sich aus anderen Umständen ergibt, dass der ArbGeb die krankheitsbedingte Arbeitsunfähigkeit zum Anlass für die Kündigung genommen hat. Eine solche Möglichkeit besteht insb., wenn die krankheitsbedingte Arbeitsunfähigkeit bei Entäußerung der Kündigungserklärung noch nicht bestanden hat und der ArbN behauptet, der Arb-

---

1 BAG v. 20.8.1980 – 5 AZR 186/78, AP Nr. 13 zu § 6 LohnFG. | 2 BAG v. 20.8.1980 – 5 AZR 896/79, AP Nr. 16 zu § 6 LohnFG. | 3 BAG v. 29.8.1980 – 5 AZR 1051/79, AP Nr. 18 zu § 6 LohnFG. | 4 BAG v. 29.8.1980 – 5 AZR 1051/79, AP Nr. 18 zu § 6 LohnFG. | 5 So aber *Schmitt*, § 8 EFZG Rz. 35. | 6 BAG v. 2.12.1981 – 5 AZR 953/79, BAGE 37, 189. | 7 HzA/*Vossen*, Gruppe 2 Rz. 410; ErfK/*Dörner*, § 8 EFZG Rz. 18; *Schmitt*, § 8 EFZG Rz. 36; KDHK/*Dunkl*, § 8 EFZG Rz. 23. | 8 BAG v. 2.12.1981 – 5 AZR 953/79, AP Nr. 19 zu § 6 LohnFG; v. 20.8.1980 – 5 AZR 218/78, AP Nr. 11 zu § 6 LohnFG. | 9 So auch noch BAG v. 5.2.1998 – 2 AZR 270/97, AP Nr. 3 zu § 1 TVG – Tarifverträge: Apotheken; *Schmitt*, § 8 EFZG Rz. 37, 38; HzA/*Vossen*, Gruppe 2 Rz. 410; KDHK/*Dunkl*, § 8 EFZG Rz. 25 und 27; *Müller/Berenz*, § 8 EFZG Rz. 20; *Vogelsang*, Entgeltfortzahlung Rz. 250, 251; *Kunz/Wedde*, § 8 EFZG Rz. 25; *Geyer/Knorr/Krasney*, § 8 EFZG Rz. 34. | 10 ErfK/*Dörner*, § 8 EFZG Rz. 18.

Geb habe aus Anlass einer bevorstehenden Arbeitsunfähigkeit gekündigt. In solchen Fällen reichen bloße Vermutungen oder vage Ankündigungen des ArbN nicht aus, um anzunehmen, dass die Arbeitsunfähigkeit objektiv Ursache der Kündigung ist[1]. Des Weiteren kann ArbGeb die Indizwirkung der unstreitigen oder nach Beweisaufnahme festgestellten Umstände der zeitlichen Nähe zur bestehenden oder mit Sicherheit zu erwartenden krankheitsbedingten Arbeitsunfähigkeit erschüttern, in dem er seinerseits Tatsachen vorträgt und ggf. beweist, aus denen zu schließen ist, dass die Kündigung keine Anlasskündigung darstellt, sondern auf andere Gründe, die mit der krankheitsbedingten Arbeitsunfähigkeit nichts zu tun haben, gestützt ist. Die Beweislast für das Vorliegen der Voraussetzungen des § 8 Abs. 1 Satz 1 trägt der ArbN, so dass der für die Zeit nach Beendigung des Arbeitsverhältnisses geltend gemachte (Teil des) Entgeltfortzahlungsanspruch(es) abzuweisen ist, wenn der Beweis nicht erbracht worden ist[2]. Allerdings ist zu beachten, dass Entgeltfortzahlungsansprüche für den Fall des § 8 Abs. 1 Satz 1 sehr häufig von Krankenkassen geltend gemacht werden, auf die infolge der Leistung von Krankengeld (§§ 44 ff., § 49 Abs. 1 Nr. 1 SGB V) der nicht erfüllte Anspruch auf Entgeltfortzahlung im Krankheitsfall nach § 115 SGB X übergegangen ist (vgl. § 3 Rz 8 und 9). In solchen Fällen ist der ArbN nicht Partei des Rechtsstreits, sondern kann als **Zeuge** im Prozess auftreten.

2. Kündigung durch den ArbN. Der Anspruch auf Entgeltfortzahlung wird ebenso nicht berührt, wenn der ArbN das Arbeitsverhältnis kündigt, weil der ArbGeb hierfür einen Grund gesetzt hat, der den ArbN zur Kündigung aus wichtigem Grund ohne Einhaltung einer Kündigungsfrist berechtigt (§ 8 Abs. 1 Satz 2). Sinn dieser Vorschrift ist es, zu vermeiden, dass der ArbN, der einen vom ArbGeb zu vertretenden wichtigen Grund iSv. § 626 BGB zur außerordentlichen, fristlosen Kündigung hat, nicht durch den dadurch drohenden Verlust des Entgeltfortzahlungsanspruch von einer solchen Kündigung abgehalten wird[3]. Diese Bestimmung entspricht der des § 628 Abs. 2 BGB; hiernach ist der Kündigungsgegner zum Schadenersatz verpflichtet, wenn er die außerordentliche Kündigung durch vertragswidriges Verhalten veranlasst hat. 27

a) Kündigung aus wichtigem Grund. Voraussetzung für das Unberührtbleiben des Entgeltfortzahlungsanspruchs ist, dass der ArbN wirksam gekündigt hat und dass diese Kündigung auf vom ArbGeb zu vertretenden Gründen beruht, die den ArbN berechtigten, aus wichtigem Grund ohne Einhaltung einer Kündigungsfrist zu kündigen. 28

§ 8 Abs. 1 Satz 2 erfordert eine **wirksame Kündigung** des Arbeitsverhältnisses durch den ArbN. Hat der ArbN keine Kündigung erklärt, sondern ist das Arbeitsverhältnis aus anderem Grund beendet worden, so ist § 8 Abs. 1 Satz 2 nicht anwendbar. Dies betrifft insb. die Fälle der **einvernehmlichen Auflösung** des Arbeitsverhältnisses, vor allem unter Nichteinhaltung der vom ArbN einzuhaltenden Kündigungsfrist. 29

Beispiel: Der ArbN hat eine Kündigungsfrist von zwei Monaten zum Monatsende einzuhalten. Sein ArbGeb steht am Rande der Zahlungsunfähigkeit; zudem hat sich der ArbN mit seinem ArbGeb überworfen. Er einigt sich mit seinem ArbGeb, dass er zum Monatsende ausscheidet. Mit einem anderen ArbGeb vereinbart er ein neues Arbeitsverhältnis, das nahtlos anschließt. Sieben Tage vor dem Ende des laufenden Monats wird der ArbN arbeitsunfähig krank. Ihm steht Entgeltfortzahlung gegen seinen bisherigen ArbGeb nur bis zum vereinbarten Ende des bisherigen Arbeitsverhältnisses zu. Weil mangels Ausspruchs einer Kündigung gegenüber dem bisherigen ArbGeb die Voraussetzung des § 8 Abs. 1 Satz 2 nicht gegeben ist, kann er keine längere Entgeltfortzahlung vom bisherigen ArbGeb verlangen, obwohl die krankheitsbedingte Arbeitsunfähigkeit noch die gesamte Wartezeit im neuen Arbeitsverhältnis andauert. 30

Der Entgeltfortzahlungsanspruch bleibt ferner nur unberührt, wenn der ArbN aus einem vom ArbGeb zu vertretenen Grund kündigt, der den ArbN **zur Kündigung aus wichtigem Grund berechtigt**. Der vom ArbGeb zu vertretende Grund muss daher das Gewicht und die Bedeutung eines Grundes haben, der die außerordentliche (fristlose) Kündigung nach § 626 Abs. 1 BGB rechtfertigt. Damit muss dieser wichtige Grund so gewichtig sein, dass dem ArbN die Fortsetzung des Arbeitsverhältnisses auch nur bis zum Fristablauf bei ordentlicher Kündigung oder bis zur Befristung des Arbeitsverhältnisses unter Abwägung der beiderseitigen Interessen nicht zugemutet werden kann. Hat der ArbGeb derartige Umstände zu vertreten, so steht des dem ArbN hinsichtlich § 8 Abs. 1 Satz 2 frei, ob er die Kündigung als außerordentliche (fristlose) Kündigung aussprechen will, dann muss er auch die Kündigungserklärungsfrist des § 626 Abs. 2 BGB einhalten, oder ob er die Kündigung nur unter Einhaltung der Kündigungsfrist als **ordentliche Kündigung erklärt** mit der Folge, dass zwar die Voraussetzung des § 626 Abs. 1 BGB vorliegen müssen, nicht aber die des § 626 Abs. 2 BGB. Die Möglichkeit zur ordentlichen Kündigung eröffnet § 8 Abs. 1 Satz 2 deswegen, weil es nicht darauf ankommt, dass der ArbN aus wichtigem Grund außerordentlich (fristlos) gekündigt hat, sondern nur, dass er hierzu berechtigt war[4]. Damit kann ein ArbN während seiner krankheitsbedingten Arbeitsunfähigkeit das Arbeitsverhältnis auch dann (ordentlich) aus wichtigem Grund kündigen, wenn ihm der wichtige Grund 31

---

1 BAG v. 17.4.2002 – 5 AZR 2/01, AP Nr. 1 zu § 8 EntgeltFG (unter IV 1 d d. Gr.). | 2 ErfK/*Dörner*, § 8 EFZG Rz. 18. | 3 HzA/*Vossen*, Gruppe 2 Rz. 412. | 4 HzA/*Vossen*, Gruppe 2 Rz. 412.

länger als zwei Wochen bekannt ist (vgl. § 626 Abs. 2 BGB), ohne seinen Entgeltfortzahlungsanspruch zu verlieren. Indessen bleibt, je länger der ArbN nach Ablauf der zweiwöchigen frist des § 626 Abs. 2 BGB wartet, immer weniger Raum für die Annahme, es sei dem ArbN unter Abwägung der beiderseitigen Interessen unzumutbar, das Arbeitsverhältnis bis zum Ablauf der Kündigungsfrist fortzusetzen.

32 **b) Darlegungs- und Beweislast.** Die Darlegungs- und Beweislast dafür, dass die Kündigung erklärt worden ist, sie das Arbeitsverhältnis aufgelöst hat und das hierfür ein wichtiger, vom ArbGeb zu vertretender Grund vorlag, liegt beim **ArbN**[1].

33 **III. Ende der Entgeltfortzahlung wegen Beendigung des Arbeitsverhältnisses.** Obwohl sich bereits aus § 3 Abs. 1 zwingend ergibt, dass ein Entgeltfortzahlungsanspruch nur solange besteht, als das Arbeitsverhältnis andauert, weil der ArbN sonst keine Arbeitsleistung mehr schuldet, an deren Erbringung er durch die krankheitsbedingte Arbeitsunfähigkeit verhindert wird (§ 3 Rz. 95), hat es der Gesetzgeber für nötig befunden, in § 8 Abs. 2 nochmals anzuordnen, dass der Anspruch auf Entgeltfortzahlung endet, wenn das Arbeitsverhältnis vor Ablauf der in § 8 Abs. 1 bezeichneten Zeit nach dem Beginn der Arbeitsunfähigkeit endet. Er ordnet dies ausdrücklich an für die Fälle, in denen das Arbeitsverhältnis endet, ohne dass es einer Kündigung bedarf oder in denen es in Folge einer Kündigung aus anderen als den in Abs. 1 bezeichneten Gründen endet.

34 **1. Beendigung des Arbeitsverhältnisses ohne Kündigung.** Ein Arbeitsverhältnis endet, ohne dass es einer Kündigung bedarf (§ 8 Abs. 2 Alt. 1) durch **Zeitablauf**, wenn es entsprechend **befristet** ist, durch **Zweckerreichung**, durch **Eintritt einer Bedingung** und durch den **Tod des ArbN**. Die vereinbarten Beendigungstatbestände (Befristung, Zweckerreichung, Eintritt einer Bedingung) führen nur dann zur Beendigung des Arbeitsverhältnisses, wenn sie ihrerseits **wirksam** sind. Insoweit gelten indessen vergleichbare Überlegungen wie für die Wirksamkeit der Kündigung. Macht der ArbN die Unwirksamkeit der Befristung, Zweckerreichung oder Auflösungsbedingungen für das Arbeitsverhältnis nicht geltend, so endet es mit Fristablauf bzw. Zweckerreichung oder Bedingungseintritt. Will der ArbN die Unwirksamkeit der Befristung des Arbeitsvertrages geltend machen, so muss er innerhalb von drei Wochen nach dem vereinbarten Ende des befristeten Arbeitsvertrages nach näherer Maßgabe des § 17 TzBfG entsprechende Klage erheben. Erhebt er eine solche Klage nicht, so ist für die Frage der Beendigung des Anspruchs auf Entgeltfortzahlung von der Wirksamkeit der Befristung auszugehen. Wird dagegen durch gerichtliche Entscheidung die Unwirksamkeit der Befristung festgestellt, so hat sie nicht zur Beendigung des Arbeitsverhältnisses geführt; dies hat zur Folge, dass der Entgeltfortzahlungsanspruch des ArbN durch die (unwirksame) Befristung nicht berührt ist[2].

35 Unerwähnt gelassen hat der Gesetzgeber alle anderen Auflösungstatbestände außerhalb der Kündigung, insb. die **Anfechtung** des Arbeitsverhältnisses (vgl. Rz. 13), die **Auflösung** des Arbeitsverhältnisses **durch Gerichtsurteil** (vgl. Rz. 14) und die einvernehmliche Beendigung des Arbeitsverhältnisses durch **Aufhebungsvertrag** (Rz. 11). Alle diese Tatbestände haben ebenfalls grundsätzlich die Beendigung des Arbeitsverhältnisses ohne Kündigung zur Folge, so dass sie den Anforderungen des § 8 Abs. 2 Satz 1 Alt. 1 genügen, soweit nicht angenommen wird, dass sie entsprechend § 8 Abs. 1 Satz 1 zu behandeln sind (vgl. Rz. 11 und 14).

36 **2. Kündigung aus anderem Anlass.** Wird die Kündigung nicht aus Anlass der krankheitsbedingten Arbeitsunfähigkeit ausgesprochen, so fällt sie nicht unter § 8 Abs. 1 Satz 1, sondern unter § 8 Abs. 2 Alt. 2. Dem gemäß führt sie zur Beendigung des Arbeitsverhältnisses mit der Folge, dass mit der Beendigung des Arbeitsverhältnisses der Anspruch auf Entgeltfortzahlung erlischt. Auch insoweit kommt es allerdings auf die Wirksamkeit der Kündigung an. Wird in einem Kündigungsschutzprozess der ArbGeb zur **vorläufigen Weiterbeschäftigung** des ArbN verurteilt und wird der ArbN während dieser Zeit arbeitsunfähig krank, so steht ihm für die Erkrankung Entgeltfortzahlung nach § 3 zu, auch wenn sich später die Kündigung als wirksam erweist[3].

9 *Maßnahmen der medizinischen Vorsorge und Rehabilitation*
(1) Die Vorschriften der §§ 3 bis 4a und 6 bis 8 gelten entsprechend für die Arbeitsverhinderung infolge einer Maßnahme der medizinischen Vorsorge oder Rehabilitation, die ein Träger der gesetzlichen Renten-, Kranken- oder Unfallversicherung, eine Verwaltungsbehörde der Kriegsopferversorgung oder ein sonstiger Sozialleistungsträger bewilligt hat und die in einer Einrichtung der medizinischen Vorsorge oder Rehabilitation durchgeführt wird. Ist der Arbeitnehmer nicht Mitglied einer gesetzlichen Krankenkasse oder nicht in der gesetzlichen Rentenversicherung versichert, gelten die §§ 3 bis 4a und 6 bis 8 entsprechend, wenn eine Maßnahme der medizinischen Vorsorge oder Rehabilitation ärztlich verordnet worden ist und in einer Einrichtung der medizinischen Vorsorge oder Rehabilitation oder einer vergleichbaren Einrichtung durchgeführt wird.

---

1 ErfK/*Dörner*, § 8 EFZG Rz. 24; *Schmitt*, § 8 EFZG Rz 46. | 2 Vgl. BAG 4.12.2002 – 7 AZR 737/01 – nv. (juris Nr: KARE600007597). | 3 BAG v. 15.1.1986 – 5 AZR 237/84 – BAGE 50, 370.

(2) Der Arbeitnehmer ist verpflichtet, dem Arbeitgeber den Zeitpunkt des Antritts der Maßnahme, die voraussichtliche Dauer und die Verlängerung der Maßnahme im Sinne des Absatzes 1 unverzüglich mitzuteilen und ihm

a) eine Bescheinigung über die Bewilligung der Maßnahme durch einen Sozialleistungsträger nach Absatz 1 Satz 1 oder

b) eine ärztliche Bescheinigung über die Erforderlichkeit der Maßnahme im Sinne des Absatzes 1 Satz 2

unverzüglich vorzulegen.

Lit.: *Bauer/Lingemann*, Probleme der Entgeltfortzahlung nach neuem Recht, BB 1996, Beilage 17, 8; *Gesche*, Entgeltanspruch gemäß § 9 EntgeltFG während einer teilstationären medizinischen Rehabilitationsleistung, DAngVers 1999, 529; *Hock*, Die Neuregelung der Kur im BAT, ZTR 1996, 201; *Hold*, Änderung des Rechts der Entgeltfortzahlung im Krankheitsfall ab 1. Januar 1999, ZTR 1999, 103; *Leinemann*, Keine Schonzeiten für Arbeitnehmer?, ArbuR 1995, 83; *Lorenz*, Das arbeitsrechtrechtliche Beschäftigungsförderungsgesetz, DB 1996, 1973; *Nöth*, Einfluss von Krankheiten und Maßnahmen der medizinischen Vorsorge oder Rehabilitation auf den Urlaub, AR-Blattei SD 1640.4; *Schliemann*, Neues und Bekanntes im Entgeltfortzahlungsgesetz, ArbuR 1994, 317; *Twesten*, Entgeltfortzahlung bei Maßnahmen der medizinischen Vorsorge und Rehabilitation, Die Leistungen 2000, 65.

I. Normzweck und -entstehung. Die **Teilnahme an Maßnahmen der medizinischen Vorsorge und Rehabilitation** hat in der Regel zur Folge, dass der ArbN **an der Arbeitsleistung gehindert** ist. Auch dies hätte – wie bei der Arbeitsverhinderung infolge krankheitsbedingter Arbeitsunfähigkeit – zur Folge, dass dem ArbN kein Anspruch auf Arbeitsentgelt zusteht. Gleichermaßen wie im Fall krankheitsbedingter Arbeitsunfähigkeit hat der Gesetzgeber indessen nach näherer Maßgabe von § 9 angeordnet, dass dem ArbN dieser Anspruch erhalten bleibt.

Der Zweck und der Regelungsinhalt des § 9 entspricht in weiten Teilen der früheren Regelung in § 7 LFZG[1] und der früheren Bestimmung des § 115a Abs. 2 ArbBGB-DDR[2]. Für Angestellte in den alten Bundesländern existierten keine vergleichbaren Bestimmungen, indessen erhielten auch sie einen Anspruch auf Entgeltfortzahlung, in dem die Notwendigkeit, sich einer Kur unterziehen zu müssen, als Unglücksfall iSd. einschlägigen Bestimmungen für Angestellte (§ 616 Abs. 3 BGB, § 63 HGB, § 133c GewO) gewertet wurde[3]. Eine Ungleichbehandlung gab es insoweit, als es um die an die Kur anschließende Schonungszeit ging, wenn der ArbN nicht mehr arbeitsunfähig war. Angestellten wurde generell ein Entgeltfortzahlungsanspruch eingeräumt, Arbeitern dagegen nicht oder bestenfalls ein Anspruch aus der abdingbaren Bestimmung des § 616 Abs. 1 BGB (jetzt § 616 BGB)[4]. § 9 EFZG hat insoweit **einheitliches Recht für alle ArbN** geschaffen.

Gegenüber den früheren Regelungen des § 7 LFZG sind jedoch auch andere **Abweichungen festzustellen**. Der Begriff Kur ist in Anpassung an den Sprachgebrauch von SGB I, SGB V und SGB VI durch den Begriff Maßnahme der medizinischen Vorsorge und Rehabilitation ersetzt worden; insoweit hat sich jedoch keine sachliche Änderung ergeben[5]. Einbezogen sind nicht nur – wie bisher – Maßnahmen, die von einem gesetzlichen Sozialleistungsträger bewilligt wurden, sondern für nicht gesetzlich versicherte ArbN auch solche, die allein aufgrund ärztlicher Anordnung durchzuführen sind. Bei den gesetzlich krankenversicherten ArbN ist nicht mehr Voraussetzung, dass der Sozialleistungsträger die vollen Kosten der Maßnahme übernimmt; es genügt, dass ein Teil der Kosten übernommen wird. Die Anzeige- und Nachweispflichten wurden gegenüber § 7 etwas modifiziert. Einen Anspruch auf Entgeltfortzahlung in der sog. Nachkur oder Schonungszeit ist ersatzlos entfallen; stattdessen wurde angeordnet, dass der Erholungsurlaub zu gewähren ist, wenn der ArbN dies im Anschluss an eine Maßnahme der medizinischen Vorsorge oder Rehabilitation verlangt (§ 7 Abs. 1 Satz 2 BUrlG).

Der Entgeltfortzahlungsanspruch nach § 9 Abs. 1 iVm. § 3 besteht unabhängig davon, ob der ArbN **arbeitsunfähig krank** ist. Ist der ArbN während einer Maßnahme nach § 9 Abs. 1 arbeitsunfähig krank, so geht § 9 Abs. 1 als speziellere Bestimmung vor[6].

II. Maßnahmen der medizinischen Vorsorge und Rehabilitation. Mit dem Begriffspaar Maßnahme der medizinischen Vorsorge und Rehabilitation in Satz 1 und Satz 2 des § 9 ist – der Sache nach – dasselbe gemeint. Der Unterschied der Regelungen in § 9 Abs. 1 Satz 1 und Satz 2 betrifft allein den Umstand, dass sich Satz 1 mit ArbN befasst, die Mitglied der gesetzlichen Krankenkassen sind, Satz 2 dagegen mit ArbN, die nicht gesetzlich krankenversichert sind.

Das Gesetz erfasst **zwei Arten von Maßnahmen**, nämlich die der medizinischen Vorsorge und die der medizinischen Rehabilitation. Beide stehen hinsichtlich der entgeltfortzahlungsrechtlichen Folgen gleich. Die frühere Anforderung, dass die Maßnahmen **stationär** durchzuführen waren[7], ist mit Wir-

---

1 Lohnfortzahlungsgesetz – LFZG – v. 27.7.1969 – BGBl. I S. 946. | 2 Arbeitsgesetzbuch – ArbGB – der DDR v. 16.6.1977 idF v. 22.6.1990 (GBl. I S. 371) und des Einigungsvertrages v. 31.8.1990 (BGBl. II S. 889). | 3 *Schmitt*, § 9 EFZG Rz. 4 ff. | 4 *Schmitt*, § 9 EFZG Rz. 5. | 5 BT-Drs. 12/5263, 15. | 6 HzA/*Vossen*, Gruppe 2 Rz. 415. | 7 Vgl. dazu BAG v. 19.1.2000 – 5 AZR 685/98, AP Nr. 1 zu § 9 LohnFG; *Schliemann*, ArbuR 1994, 317.

kung ab 1.7.2001 durch Streichung dieses Wortes im Gesetzestext entfallen[1], so dass Maßnahmen der medizinischen Vorsorge und Rehabilitation auch dann unter § 9 fallen, wenn sie nicht mehr stationär, sondern **teilstationär** oder **ambulant** durchgeführt werden. Erforderlich ist aber weiterhin, dass die Maßnahme in einer Einrichtung der medizinischen Vorsorge oder Rehabilitation durchgeführt wird. § 9 definiert diesen Begriff nicht; wegen der Neuformulierung dieser Bestimmung im Hinblick auf eine formale Anpassung an die sozialversicherungsrechtlichen Regelungen[2] ist insoweit auf die sozialrechtliche Legaldefinition in § 107 Abs. 2 SGB V zurückzugreifen[3].

7 **Maßnahmen der medizinischen Vorsorge** dienen dazu, eine Schwächung der Gesundheit zu beseitigen, die in absehbarer Zeit voraussichtlich zu einer Krankheit führen würde (vgl. § 23 Abs. 1 Nr. 1 SGB V). Hierzu zählt die ärztliche Behandlung und Versorgung mit Arznei-, Verband-, Heil- und Hilfsmitteln, die ambulante Vorsorgekur, die Behandlung mit Unterkunft und Verpflegung in einer Versorgungseinrichtung (vgl. des Näheren § 23 SGB V) aber auch die (stationäre) Vorsorgekur (§ 24 SGB V) sowie die Vorsorgekuren der sog. Kriegsopferversorgung (§ 11 Abs. 2 Satz 1 BVG).

8 Der Begriff **Rehabilitation** hat in der modernen Gesetzessprache vielfältige Verwendung gefunden. § 9 Abs. 1 befasst sich allein mit der medizinischen Rehabilitation; andere Formen der Rehabilitation, insb. die berufliche Rehabilitation, fallen nicht unter § 9 Abs. 1[4].

9 **Maßnahmen der medizinischen Rehabilitation** der Krankenkasse sind Teil der Krankenbehandlung (§ 27 ff. SGB V). Auch sie können ambulant (§ 41 Abs. 1 SGB V) oder falls dies zur Erreichung der in § 11 Abs. 2, § 27 Abs. 1 SGB V genannten Ziele nicht ausreicht, im Rahmen einer stationären Behandlung mit Unterkunft und Verpflegung (§ 40 Abs. 2 SGB V) durchgeführt werden. RV-Träger können Rehabilitationsleistungen gemäß § 15 SGB IV erbringen, Unfallversicherungsträger solche nach den §§ 27, 33, 34 SGB VII.

10 Medizinische Rehabilitationsmaßnahmen dienen dazu, eine Erkrankung zu erkennen, sie zu heilen oder ihre Verschlimmerung zu verhüten, Krankheitsbeschwerden zu lindern oder eine Behinderung oder Pflegebedürftigkeit zu vermeiden oder nach deren Eintritt zu beseitigen oder zu bessern oder eine Verschlimmerung zu verhüten (§ 11 Abs. 2, § 40 Abs. 1, § 27 Abs. 1 SGB V, § 9 Abs. 1 SGB VI, § 27 SGB VII). Zu den medizinischen Rehabilitierungsmaßnahmen zählen auch Entziehungskuren[5]. Für die Maßnahmen der medizinischen Rehabilitation können auch solche aufgrund einer Sterilisation oder eines Schwangerschaftsabbruchs zählen, wenn sie dazu dienen, die Folgen solcher Eingriffe auszuheilen[6].

11 **Keine Maßnahme der medizinischen Vorsorge oder Rehabilitation** sind die sog. **Erholungskuren**. Hierunter sind Kuren zu verstehen, die ohne akuten Krankheitsanlass durchgeführt werden und nur der Vorbeugung gegen allgemeine Abnutzungserscheinungen oder lediglich der Verbesserung des Allgemeinbefindens zu dienen bestimmt sind[7].

12 Für die Frage, ob eine Maßnahme der **medizinischen** Vorsorge oder Rehabilitation vorliegt, kommt es nicht auf die Bezeichnung der Maßnahme an, sondern allein darauf, ob sie als **gezielte therapeutische Maßnahme in Bezug auf ein bestimmtes Krankheitsgeschehen** einzuordnen ist[8]. Dagegen kommt es – wegen der Gleichartigkeit der Rechtsfolgen – auf die sozialversicherungsrechtlich häufig schwierige Abgrenzung zwischen einer Maßnahme der medizinischen Vorsorge und einer solchen der medizinischen Rehabilitation im Rahmen des § 9 Abs. 1 nicht an[9].

13 **III. Bewilligung, Verordnung.** Der Entgeltfortzahlungsanspruch setzt voraus, dass die Maßnahme entweder **vom zuständigen Sozialleistungsträger bewilligt** (§ 9 Abs. 1 Satz 1) oder – bei nicht gesetzlich kranken- oder rentenversicherten ArbN – **vom Arzt verordnet** (§ 9 Abs. 1 Satz 2) worden ist.

14 **1. Bewilligungsbefugnis.** Die Sozialleistungsträger sind die Träger der gesetzlichen Krankenversicherung (§ 21 Abs. 2 SGB I, § 4 Abs. 2 SGB V), der gesetzlichen RV (§ 23 Abs. 2 SGB I), der gesetzlichen Unfallversicherung (§ 22 Abs. 2 SGB I, § 114 Abs. 1 SGB VII), eine Verwaltungsbehörde der Kriegsopferversorgung (§ 24 Abs. 2 SGB I) oder ein sonstiger Sozialleistungsträger. Solche sonstigen Sozialleistungsträger sind alle übrigen öffentlich-rechtliche Einrichtungen, die eine medizinische Vorsorge- oder Rehabilitationsmaßnahme bewilligen können. Dies sind die öffentlich-rechtlichen Träger, insb. die Träger der Sozialhilfe. Private sog. Sozialleistungsträger, wie zB private Krankenversicherungen, Verbände der freien Wohlfahrtspflege, das Müttergenesungswerk, Einrichtungen und Verbände in Caritas und Diakonie, das Deutsche Rote Kreuz und andere sind rechtlich nicht in der Lage, iSd. § 9 Abs. 1 Maßnahmen der medizinischen Vorsorge und Rehabilitation zu bewilligen[10]. Dagegen steht es einem Anspruch nach § 9 nicht entgegen, wenn diese freien Träger der Wohlfahrtspflege oder freien Träger von Sozialleis-

---

1 Art. 38 über das SGB IX v. 19.6.2001 – BGBl. I S. 1045. | 2 BT-Drs. 12/5263, 15; *Schmitt*, § 9 EFZG Rz. 23; *Vogelsang*, Entgeltfortzahlung Rz. 746. | 3 *Schmitt*, § 9 EFZG Rz. 23; ErfK/*Dörner*, § 9 EFZG Rz. 18; *Vogelsang*, Entgeltfortzahlung, Rz. 746. | 4 BT-Drs. 12/5263, 15; HzA/*Vossen*, Gruppe 2 Rz. 415; ErfK/*Dörner*, § 9 EFZG Rz. 5. | 5 BAG v. 27.5.1992 – 5 AZR 297/91, EzA § 1 LohnFG Nr. 123; *Kunz/Wedde*, § 9 EFZG Rz. 26; HzA/*Vossen*, Gruppe 2 Rz. 421. | 6 *Geyer/Knorr/Krasney*, § 9 EFZG Rz. 32; *Schmitt*, § 9 EFZG Rz. 43; *Vogelsang*, Entgeltfortzahlung, Rz. 740. | 7 KDHK/*Dunkl*, § 9 EFZG Rz. 18; *Schmitt*, § 9 EFZG Rz. 19; *Vogelsang*, Entgeltfortzahlung, Rz. 740. | 8 BAG v. 29.11.1973 – 5 AZR 205/73, AP Nr. 2 zu § 7 LohnFG. | 9 Siehe auch *Vogelsang*, Entgeltfortzahlung, Rz. 741. | 10 HZA/*Vossen*, Gruppe 2 Rz 426; *Schmitt*, § 9 EFZG Rz 34; *Vogelsang*, Entgeltfortzahlung, Rz. 742.

tungen eine von einem öffentlich-rechtlichen Träger der Sozialleistung bewilligte oder von einem Arzt verordnete Maßnahme der medizinischen Vorsorge und Rehabilitation durchführen.

2. Zeitpunkt und Wirkung der Bewilligung. Der Anspruch auf Entgeltfortzahlung nach § 9 Abs. 1 Satz 1 iVm. § 3 setzt voraus, dass der (zuständige) öffentlich-rechtliche Sozialleistungsträger die Maßnahme der medizinischen Vorsorge und Rehabilitation **vor deren Antritt** bewilligt hat[1]. An die Stelle der in § 3 Abs. 1 vorausgesetzten krankheitsbedingten Arbeitsunfähigkeit als Grund für die Verhinderung an der Arbeitsleistung tritt die Durchführung der Maßnahme der medizinischen Vorsorge und Rehabilitation nur dann, wenn diese vom zuständigen öffentlich-rechtlichen Sozialleistungsträger bewilligt worden ist. Unter Bewilligung ist eine vorherige Zustimmung zu verstehen, nicht aber eine nachträgliche Genehmigung.

Der **Bewilligungsbescheid** des öffentlich-rechtlichen Sozialleistungsträgers hat insoweit **Tatbestandswirkung**; deswegen kann er von den Gerichten für Arbeitssachen im Prozess über die Entgeltfortzahlung wegen Teilnahme an einer Maßnahme der medizinischen Vorsorge und Rehabilitation nur auf Nichtigkeit geprüft werden; ansonsten müssen die Gerichte (und damit auch der ArbGeb) von einer anspruchsbegründenden Arbeitsverhinderung ausgehen[2]. Der ArbGeb hat keine Möglichkeit, den Bewilligungsbescheid selbst anzufechten. Insbesondere kann er im Prozess nach § 9 Abs. 1 Satz 1 nicht geltend machen, die Maßnahme sei zu Unrecht bewilligt worden[3].

Hat der ArbGeb **Zweifel an der medizinischen Erforderlichkeit** oder Zweckmäßigkeit der bewilligten oder verordneten Maßnahme iSd. § 9 Abs. 1, so kann er diesen nicht im Wege des § 275 SGB V nachgehen. Er hat auch keinen rechtlichen Einfluss auf den Zeitpunkt der Bewilligung und der Durchführung der Maßnahme der medizinischen Vorsorge und Rehabilitation. Die Sozialleistungsträger sind nicht gehalten, etwa im Interesse der Vermeidung eines erneuten Entgeltfortzahlungsanspruchs unter dem Gesichtspunkt der Fortsetzungserkrankung dafür Sorge zu tragen, dass eine auf derselben Krankheit beruhende Maßnahme der medizinischen Vorsorge oder Rehabilitation binnen sechs Monaten nach dem Ende der früheren Erkrankung aufgrund desselben Grundleidens begonnen wird, um eine erneute Entgeltfortzahlung unter dem Gesichtspunkt der Wiederholungserkrankung zu vermeiden[4]. Im Rahmen der ihm obliegenden Treuepflicht (§ 242 BGB) bzw. Rücksichtnahmepflicht (§ 241 Abs. 2 BGB) kann der ArbN indessen gehalten sein, den Zeitpunkt des Antritts der Maßnahme, soweit er hierauf Einfluss hat, und sein Gesundheitszustand dies zulässt, so zu legen, dass dringende betriebliche Interessen nicht übermäßig beeinträchtigt werden[5]. Hat ein ArbN auf Befragen bei der Einstellung erklärt, er sei gesund, wird ihm dann aber auf einen zuvor gestellten Antrag nach Beginn des Arbeitsverhältnisses eine Maßnahme der medizinischen Vorsorge und Rehabilitation bewilligt, so kann der ArbGeb die während der Kur zu gewährende Entgeltfortzahlung nicht als Schaden geltend machen[6].

3. Ärztliche Verordnung. Nach § 9 Abs. 1 Satz 2 tritt bei ArbN, die nicht Mitglied einer gesetzlichen Krankenkasse oder nicht in der gesetzlichen RV versichert sind, an Stelle der behördlichen Bewilligung die ärztliche VO. Auch sie erzeugt eine **Tatbestandswirkung** im Prozess um die Entgeltfortzahlung nach § 9 Abs. 1 und muss ebenso wie die behördliche Bewilligung vor Antritt der Maßnahme der medizinischen Vorsorge und Rehabilitation vorliegen.

IV. Schonungszeiten, „Nachkur". Im Gegensatz zur früheren Rechtslage (§ 7 Abs. 4 für Arbeiter, § 616 Abs. 1 BGB, § 133c GewO und § 63 Abs. 1 Satz 1 HGB für Angestellte[7]) kennt das EFZG **keinen Entgeltfortzahlungsanspruch** für Schonzeiten, früher „Nachkur" genannt. Insoweit entspricht das Arbeitsrecht dem SozV-Recht, das ebenfalls keine Schonungszeiten mehr vorsieht[8]. Aufgrund der vom 1.10.1996 bis zum 31.12.1998 gegebenen Rechtslage war der ArbGeb nach § 10 Abs. 1 Satz 1 BUrlG in der damaligen Fassung berechtigt, unter den dort näher bestimmten Voraussetzungen Tage, an denen der ArbN infolge einer Maßnahme der medizinischen Vorsorge oder Rehabilitation an seiner Arbeitsleistung verhindert war, auf den Erholungsurlaub anzurechnen, soweit der gesetzliche Mindesturlaub nicht unterschritten wurde[9]. Dies ist in der seit dem 1.1.1999 gültigen Fassung des § 10 BUrlG durch das sog. Korrekturgesetz ersatzlos gestrichen worden[10] (vgl. zur Übergangsregelung ab 9.12.1998: § 13).

Um den ArbN im Anschluss an eine Maßnahme der medizinischen Vorsorge oder Rehabilitation gleichwohl noch die Möglichkeit zur Erholung einzuräumen, ist der ArbGeb nach § 7 Abs. 1 Satz 2 BUrlG verpflichtet, dem ArbN auf dessen Verlangen im Anschluss an eine Maßnahme der medizinischen Vorsorge oder Rehabilitation **Erholungsurlaub** zu gewähren. Maßnahmen der medizinischen Vorsorge und Rehabilitation dürfen nicht auf den Urlaub angerechnet werden, soweit ein Anspruch auf Entgeltfortzahlung nach den gesetzlichen Vorschriften über die Entgeltfortzahlung im Krankheitsfall besteht. Daraus folgt

---

1 ErfK/*Dörner*, § 9 EFZG Rz. 15; *Schmitt*, § 9 EFZG Rz. 25; Staudinger/*Oetker*, § 616 BGB Rz. 269; aA *Kunz/Wedde*, § 9 EFZG Rz. 33 ff. | 2 ErfK/*Dörner*, § 9 EFZG Rz. 15. | 3 AA wohl HZA/*Vossen*, Gruppe 2 Rz. 423, im Falle handgreiflicher Zweifel; ähnlich auch BAG v. 10.5.1978 – 5 AZR 15/777, AP Nr. 3 zu § 7 LohnFG. | 4 BAG v. 18.1.1995 – 5 AZR 818/93, BAGE 79, 122. | 5 HzA/*Vossen*, Gruppe 2 Rz. 430. | 6 BAG v. 27.3.1991 – 5 AZR 58/98, AP Nr. 92 zu § 1 LohnFG. | 7 BAG v. 11.3.1971 – 5 AZR 398/70, BAGE 23, 244. | 8 BT-Drs. 12/5263, 15; *Schmitt*, § 9 EFZG Rz. 88. | 9 Vgl. dazu BAG v. 28.5.2002 – 9 AZR 430/99, AP Nr. 5 zu § 10 BUrlG – Kur. | 10 Gesetz zu Korrekturen in der Sozialversicherung und zur Sicherung der Arbeitnehmerrechte v. 19.12.1998, BGBl. I S. 3843.

21 **V. Entsprechend anzuwendende Bestimmungen des EFZG.** Nach § 9 Abs. 1 gelten die Vorschriften der §§ 3 bis 4a und 6 bis 8 entsprechend für die Arbeitsverhinderung infolge einer Maßnahme der medizinischen Vorsorge und Rehabilitation. Die unterschiedliche Fassung der Sätze 1 und 2 des § 9 Abs. 1 ist insoweit ohne Bedeutung. Auch im Fall der vom Arzt verordneten Maßnahme der medizinischen Vorsorge und Rehabilitation gelten die Vorschriften nach §§ 3 bis 4a und 6 bis 8 für die Arbeitsverhinderung infolge einer solchen Maßnahme.

22 **1. Entsprechende Geltung des § 3.** Die entsprechende Geltung des § 3 für Maßnahmen der medizinischen Vorsorge und Rehabilitation erfordert verschiedene **Anpassungen**.

23 **a) Monokausalität.** Der Anspruch auf Entgeltfortzahlung setzt voraus, dass die Durchführung der Maßnahme der medizinischen Vorsorge und Rehabilitation überhaupt eine **Arbeitsverhinderung** zur Folge hat. Werden solche Maßnahmen ambulant durchgeführt, so muss dies nicht notwendig zur Arbeitsverhinderung führen.

24 **Beispiel:** Der ArbN wohnt und arbeitet am selben Ort. An eben diesem Ort wird auch eine ambulante Maßnahme der medizinischen Vorsorge bzw. Rehabilitation durchgeführt. Die Zeitpunkte der Maßnahmedurchführung und liegen so außerhalb der persönlichen Arbeitszeit des ArbN, dass er an seiner Arbeitsleistung hierdurch nicht gehindert ist.

25 Insbesondere bei **ambulanten Maßnahmen** der medizinischen Vorsorge und Rehabilitation ist zu prüfen, ob und inwieweit die Maßnahme derart durchführbar sind, dass der ArbN durch deren Durchführung nicht oder möglichst nicht an seiner Arbeitsleistung verhindert wird.

26 Ist der ArbN im Zeitpunkt der Durchführung der Maßnahme der medizinischen Vorsorge und Rehabilitation zugleich noch **arbeitsunfähig krank**, so hat die Regelung des § 9 infolge ihrer Spezialität Vorrang[2]. Die Frage der Monokausalität spielt unter diesen Gesichtspunkten insb. dann eine Rolle, wenn der ArbN unter dem Gesichtspunkt der Fortsetzungserkrankung für die Maßnahme keinen Entgeltfortzahlungsanspruch (mehr) hat, er aber zugleich aufgrund einer anderen Erkrankung arbeitsunfähig krank ist, für die – wäre sie die alleinige Ursache für die Arbeitsverhinderung – Entgeltfortzahlung im Krankheitsfall beanspruchen könnte. Auf den **Grundsatz der Einheit des Verhinderungsfalls** kann in diesem Fall nur dann zurückgegriffen werden, wenn die andere Krankheit bereits vor Beginn der Maßnahme nach § 9 zu einem Anspruch nach Entgeltfortzahlung nach § 3 Abs. 1 geführt hat. Umgekehrt bleibt es dabei, dass dem ArbN, tritt die andere Krankheit erst nach Beginn dieser Maßnahme hinzu, kein Anspruch auf Entgeltfortzahlung im Krankheitsfall für die Dauer der Teilnahme an der Maßnahme nach § 9 Abs. 1 mehr zusteht.

27 **b) Verschulden des ArbN.** Auch die Grundsätze über das Verschuldetsein der Krankheit durch den ArbN (vgl. dazu § 3 Rz 55 ff.) sind entsprechend anzuwenden. Hatte der ArbN die zur Arbeitsunfähigkeit führende Krankheit selbst verschuldet, so dass ihm deswegen kein Anspruch auf Entgeltfortzahlung zusteht, so steht ihm ein solcher auch nicht zu für eine Maßnahme der medizinischen Rehabilitation, die auf derselben Erkrankung beruht[3]. Indessen ist zu bedenken, dass insb. **Entziehungskuren**, die auf Alkoholabhängigkeit oder auf Drogensucht zurückzuführen sind, idR dann, wenn sie erstmalig durchgeführt werden, aufgrund einer idR unverschuldeten Suchterkrankung beruhen. Anders kann es liegen, wenn nach einer erfolgreichen Entziehungskur ein Rückfall eingetreten ist, der zu einer erneuten Entziehungskur führt.

28 **c) Beginn, Dauer und Ende des Entgeltfortzahlungsanspruchs.** Auch die Bestimmungen des § 3 Abs. 1 über Beginn, Dauer und Ende des Entgeltfortzahlungsanspruchs sind entsprechend anzuwenden. Wegen der Gleichsetzung der Verhinderungsfälle des § 3 Abs. 1 und des § 9 Abs. 1 ist erheblich, inwieweit die vorhergehende krankheitsbedingte Arbeitsunfähigkeit und die medizinische Maßnahme iSd. § 9 Abs. 1 auf **dieselbe Erkrankung** bzw. dasselbe Grundleiden zurückzuführen sind oder ob jeweils eine andere Krankheit zugrunde liegt[4]. Bei einem wiederholten, auf demselben Grundleiden beruhenden Arbeitsverhinderung wegen (zunächst) Arbeitsunfähigkeit und einer nachfolgenden Maßnahme der medizinischen Rehabilitation unterliegt der Entgeltfortzahlungsanspruch nach § 9 Abs. 1 aufgrund der Gleichsetzung beider Verhinderungsfälle sehr häufig den in § 3 Abs. 1 Satz 2 genannten **Beschränkungen**[5].

29 **Beispiel:** Ein ArbN wird innerhalb eines Jahres zunächst für sechs Wochen arbeitsunfähig krank; aufgrund derselben Erkrankung wird später eine Maßnahme nach § 9 Abs. 1 Satz 1 durchgeführt. Liegt zwischen dem Ende der krankheitsbedingten Arbeitsunfähigkeit und dem Beginn der Maßnahme ein Zeitraum von weniger als sechs Monaten, so steht ihm für die Dauer der Maßnahme kein Anspruch auf

---

1 *Vogelsang*, Entgeltfortzahlung Rz. 753; *Staudinger/Oetker*, § 616 BGB Rz. 277; *ErfK/Dörner*, § 616 BGB Rz. 14; *KDHK/Dunkl*, § 9 EFZG Rz. 10; aA: *Leinemann*, ArbuR 1995, 83; *Kunz/Wedde*, § 9 EFZG Rz. 7. | 2 HZA/Vossen, Gruppe 2 Rz. 415; *Geyer/Knorr/Krasney*, § 9 EFZG Rz. 29. | 3 ErfK/Dörner, § 9 EFZG Rz. 22; *Schmitt*, § 9 EFZG Rz. 38. | 4 ErfK/Dörner, § 9 EFZG Rz. 24; *Schmitt*, § 9 EFZG Rz. 40, 41; HzA/Vossen, Gruppe 2 Rz. 435 ff., 437. | 5 HzA/Vossen, Gruppe 2 Rz. 437; *Geyer/Knorr/Krasney*, § 9 EFZG Rz. 30; *Schmitt*, § 9 EFZG Rz. 40; aA *Kunz/Wedde*, § 9 EFZG Rz. 40.

Entgeltfortzahlung zu. Ist der Zeitraum dagegen mindestens sechs Monate lang, steht ihm ein solcher Anspruch zu[1].

Umgekehrt gilt entsprechendes: Wird ein ArbN nach einer Maßnahme der medizinischen Vorsorge oder Rehabilitation innerhalb von zwölf Monaten wegen derselben Krankheit erneut arbeitsunfähig, für deren Abwendung die Maßnahme bewilligt worden war, besteht ein Entgeltfortzahlungsanspruch ebenfalls nur unter den Voraussetzungen des § 3 Abs. 1 Satz 2 Nr. 1 in entsprechender Anwendung, dh. nur dann, wenn zwischen dem Ende der Maßnahme und dem Beginn der erneuten krankheitsbedingten Arbeitsunfähigkeit ein Zeitraum von mehr als sechs Monaten liegt[2]. Für die Frage, welche von mehreren Krankheiten einer Maßnahme nach § 9 Abs. 1 zugrunde liegt, muss auf das Hauptleiden abgestellt werden, welches den Anlass für die Bewilligung oder VO der Maßnahme abgegeben hat[3]. Ob inzwischen eine andere Erkrankung eingetreten ist, ist für den Fortsetzungszusammenhang zwischen krankheitsbedingter Arbeitsunfähigkeit und Maßnahmen iSd. § 9 Abs. 1 ohne Bedeutung[4].

Für die **Berechnung** von Beginn, Dauer und Ende der Entgeltfortzahlung wegen Arbeitsverhinderung infolge Teilnahme an einer Maßnahme der medizinischen Vorsorge und Rehabilitation ist nicht auf den Zeitpunkt der Bewilligung dieser Maßnahme abzustellen, sondern auf den **Zeitpunkt ihrer Durchführung**[5].

Im Rahmen des § 9 Abs. 1 sind auch die Bestimmungen des § 3 Abs. 2 entsprechend anzuwenden; wird eine Maßnahme der medizinischen Rehabilitation zur Ausheilung der Folgen der **Sterilisation** oder eines **Schwangerschaftsabbruchs** bewilligt oder verordnet, so besteht unter dem Gesichtspunkt der Fortsetzungserkrankung ein Anspruch auf Entgeltfortzahlung für die Dauer der Maßnahme auch dann, wenn die Sterilisation oder der Schwangerschaftsabbruch ihrerseits zu einem Anspruch auf Entgeltfortzahlung nach § 3 geführt haben oder – falls hiermit keine Arbeitsunfähigkeit oder Arbeitsverhinderung verbunden waren – geführt hätten.

Entsprechend anzuwenden sind auch die Bestimmungen über die **Wartezeit** (§ 3 Abs. 3).

2. Entsprechende Geltung des § 4. Das vom ArbN im Wege der Entgeltfortzahlung zu beanspruchende **Entgelt** richtet sich bei einer Maßnahme der medizinischen Vorsorge oder Rehabilitation nach den selben Bestimmungen wie das Entgelt, das wegen Arbeitsverhinderung infolge krankheitsbedingter Arbeitsunfähigkeit fortzuzahlen ist.

3. Entsprechende Geltung des § 4a. Eine **Kürzung einer Sondervergütung** wegen einer Teilnahme an einer Maßnahme der medizinischen Vorsorge oder Rehabilitation ist nur im Rahmen des § 4a zulässig; die Kürzung setzt voraus, dass eine entsprechende Regelung mit dem ArbN vereinbart oder getroffen ist[6]. Ist eine Kürzung wegen „Arbeitsunfähigkeit" vereinbart, so wird dadurch eine solche wegen der Teilnahme an einer Maßnahme nach § 9 nicht erfasst.

4. Entsprechende Geltung des § 6. Entsprechend § 6 geht der **Anspruch** des ArbN **gegen einen Dritten auf Schadenersatz** wegen Verdienstausfalls auch insoweit auf den ArbGeb über, als der geschädigte ArbN wegen seiner auf das schädigende Ereignis zurückzuführenden Erkrankung an einer Maßnahme der medizinischen Rehabilitation teilnimmt. Insbesondere bei komplizierten Gesundheitsbeschädigungen infolge von Unfällen mit langfristigen traumatischen Schädigungen, Nervenschädigungen usw. kommen derartige Konstellationen in Betracht. Deshalb ist stets zu prüfen, ob etwa mit dem Dritten oder dessen Versicherung ein Abfindungsvergleich geschlossen worden ist oder geschlossen werden soll. Insoweit trifft den ArbN insb. auch die Unterrichtungspflicht des § 6 Abs. 2, wenn – auch später – eine Maßnahme nach § 9 Abs. 1 bewilligt und durchgeführt wird, die auf ein Ereignis zurückzuführen ist, aufgrund dessen Ansprüche des ArbN auf Verdienstausfall auf den ArbGeb übergegangen sind oder übergehen können.

5. Entsprechende Geltung des § 7. Gleichermaßen wie bei der krankheitsbedingten Arbeitsunfähigkeit steht dem ArbGeb das Recht zu, die Entgeltfortzahlung **vorläufig zu verweigern**, wenn der ArbN seinen Pflichten über die **Vorlage der Bewilligung oder ärztlichen Verordnung** nicht nachkommt. § 7 verweist zwar insoweit nur auf § 5 Abs. 1 und nicht auf § 9 Abs. 2. Die gebotene entsprechende Anwendung des § 7 gebietet jedoch, insoweit auf eine Verletzung der Pflicht zur Vorlage der Bewilligung bzw. ärztlichen Verordnung nach § 9 Abs. 2 abzustellen. Dagegen führt die Verletzung der bloßen Mitteilungspflicht des § 9 Abs. 2 ebenso wenig zur vorläufigen Entgeltfortzahlung im Fall des § 9 Abs. 1 wie die Verletzung der Mitteilungspflicht bei einer Erkrankung im Inland im Fall der unmittelbaren Anwendung des § 7 Abs. 1 Nr. 1.

Ein **endgültiges Leistungsverweigerungsrecht** steht dem ArbGeb auch im Fall des § 9 Abs. 1 zu, wenn der ArbN den Übergang des Schadenersatzanspruchs nach § 6 verhindert (vgl. § 7 Rz. 15 ff.), zB durch einen Abfindungsvergleich mit dem Schädiger.

Entsprechend anzuwenden ist auch die Regelung des § 7 Abs. 2 über das **Nichtvertreten der Pflichtverletzung** durch den ArbN.

---

1 Im Anschluss an BAG v. 18.1.1995 – 5 AZR 818/93, BAGE 79, 122 = AP Nr. 8 zu § 7 LohnFG. | 2 HzA/*Vossen*, Gruppe 2 Rz. 437. | 3 BAG v. 26.2.1992 – 5 AZR 120/91, EEK I/1071; HzA/*Vossen*, Gruppe 2 Rz. 438. | 4 BAG v. 22.8.1984 – 5 AZR 489/81, BAGE 46, 253. | 5 BAG v. 10.6.1971 – 1 AZR 114/71, AP Nr. 4 zu § 1 LohnFG; v. 18.1.1995 – 5 AZR 818/93, BAGE 79, 122; HzA/*Vossen*, Gruppe 2 Rz. 438. | 6 *Bauer/Lingemann*, BB 1996, Beilage 17, 8; *Lorenz*, DB 1996, 1973.

40 **6. Entsprechende Geltung des § 8.** Kündigt der ArbGeb das Arbeitsverhältnis **aus Anlass der** ggf. auch nur bevorstehenden Teilnahme des ArbN an einer **Maßnahme** der medizinischen Vorsorge oder Rehabilitation, so bleibt der Anspruch des ArbN auf Entgeltfortzahlung wegen der hierauf beruhenden Arbeitsverhinderung durch diese Kündigung entsprechend § 8 Abs. 1 Satz 1 unberührt. Gleiches gilt für den Fall, dass der ArbN entsprechend § 8 Abs. 1 Satz 2 aus wichtigem Grund kündigt. Andererseits hat eine während der Teilnahme an der Maßnahme nach § 9 Abs. 1 eintretende Beendigung des Arbeitsverhältnisses aus Gründen des § 8 Abs. 2 zur Folge, dass vom Zeitpunkt der Beendigung des Arbeitsverhältnisses an keine Entgeltfortzahlung mehr vom ArbGeb zu leisten ist. Wegen der Gleichstellung von krankheitsbedingter Arbeitsunfähigkeit und Arbeitsunfähigkeit aufgrund der Teilnahme an einer Maßnahme nach § 9 Abs. 1 ist auch die Rspr. nach § 8 EFZG bzw. der Vorgängerbestimmung – § 6 LFZG – entsprechend anwendbar.

41 **7. Sonstige Vorschriften des EFZG.** Auf Maßnahmen iSd. § 9 sind – wegen der besonderen Regelung in § 9 Abs. 2 – die Bestimmungen des § 5 nicht entsprechend anzuwenden. Der Anordnung einer entsprechenden Anwendung von § 12 bedurfte es nicht, weil diese Bestimmung ohnehin für alle Normen des EFZG Geltung hat.

42 **VI. Unterrichtung und Nachweis.** Nach § 9 Abs. 2 hat der ArbN den ArbGeb über den **Zeitpunkt** des Antritts der Maßnahme, deren voraussichtliche **Dauer** und eine evtl. **Verlängerung der Maßnahme** iSd. Abs. 1 unverzüglich mitzuteilen und ihm die Bewilligungsbescheinigung bzw. die ärztliche Bescheinigung über die Erforderlichkeit der Maßnahme iSd. Abs. 1 Satz 2 unverzüglich vorzulegen.

43 Die Vorschrift ist dem § 5 Abs. 1 nachgebildet. Als **speziellere Norm** geht sie dieser Bestimmung vor.

44 **1. Mitteilung.** Die erforderliche Mitteilung über Beginn, Dauer und ggf. Verlängerung (!) der Maßnahme nach § 9 Abs. 1 hat der ArbN dem ArbGeb **unverzüglich** zu machen. Gleichermaßen wie in § 5 bedeutet unverzüglich rechtlich nicht sofort, sondern iSd. Legaldefinition des § 121 Abs. 2 BGB lediglich „ohne schuldhaftes Zögern". In aller Regel erfüllt der ArbN seine Mitteilungspflicht, wenn er seinen ArbGeb an einem der nächsten Tage nach Erhalt der Bewilligung oder der VO unterrichtet. Die **Form** einer solchen Mitteilung ist nicht vorgeschrieben. Zum **Inhalt** der Mitteilung gehört das Datum des Beginns der Maßnahme und die voraussichtliche Dauer sowie – ausdrücklich – deren evtl. Verlängerung. Der medizinische Grund für die Bewilligung oder VO der Maßnahme braucht der ArbN dem ArbGeb nicht mitzuteilen. Wegen der Klärung der Frage, ob es sich um eine **Fortsetzungserkrankung** handelt, kann sich der ArbGeb an die Krankenkasse wenden; er darf aber insoweit auch den ArbN befragen. Insoweit gilt grundsätzlich nichts anderes als im Fall krankheitsbedingter Arbeitsunfähigkeit. Daneben kann den ArbN eine Mitteilungspflicht entsprechend § 6 treffen.

45 **2. Nachweis.** Hat ein öffentlich-rechtlicher Sozialleistungsträger einen **Bewilligungsbescheid** erlassen, so hat der ArbN diesen Bescheid ohne schuldhaftes Zögern (unverzüglich) seinem ArbGeb vorzulegen. Dies wird regelmäßig am ersten Arbeitstag des ArbN nach Zugang des Bescheides bei ihm sein. Der ArbN genügt der Verpflichtung, nachdem er den Bescheid dem ArbGeb übersandt, nachdem er ihn selbst erhalten hat. Für **Folgebescheinigungen** gilt entsprechendes, auch wenn sie – anders als in § 5 Abs. 1 – hier im Gesetz nicht ausdrücklich erwähnt sind[1]. Bei einer **ärztlichen Verordnung** gilt entsprechendes. Sobald der ArbN sie – schriftlich! – erhalten hat, muss er sie dem ArbGeb vorlegen. Rechtlich hat der ArbGeb keine Möglichkeit, vom ArbN eine **Nachbesserung** der Verordnung zu verlangen, wenn sie unvollständig ist. Enthält sie jedoch nicht alle vollständigen Angaben, so kann der ArbN diese Mitteilung als unvollständig und damit als nicht hinreichend erfolgt zurückweisen.

46 **3. Pflichtverletzungen.** Solange der ArbN den Bewilligungsbescheid oder die ärztliche Bescheinigung nicht vorlegt, steht dem ArbN entsprechend § 7 Abs. 1 Nr. 1 ein **vorläufiges Leistungsverweigerungsrecht** zur Seite. Sobald der Nachweis indessen vorgelegt wird, fällt sein vorläufiges Leistungsverweigerungsrecht mit der Folge weg, dass er für den zurückliegenden Zeitraum, aber mit Verzugsfolgen erst ab Wegfall des vorläufigen Leistungsverweigerungsrechts Entgelt fortzuzahlen hat, wenn hierfür die Voraussetzungen im Übrigen gegeben sind[2].

47 Keineswegs mehr unverzüglich, sondern **verspätet** ist es, wenn der ArbN dem ArbGeb die Bewilligung oder ärztliche VO erst nach Antritt der Maßnahme vorlegt oder gar erst nach deren Beendigung. Indessen steht dem ArbGeb auch in solchen Fällen nur ein vorläufiges Leistungsverweigerungsrecht analog § 5 Abs. 1 Nr. 1 zu. Dagegen wird kein Entgeltfortzahlungsanspruch ausgelöst, wenn die Maßnahme erst nach deren Durchführung nachträglich bewilligt oder verordnet wird (vgl. Rz. 15). Die bloße Verletzung der Mitteilungspflicht führt – wie im Fall des § 5 Abs. 1 – nicht zu einem vorläufigen oder gar endgültigen Leistungsverweigerungsrecht.

48 Unbeschadet dessen kann jedoch die verspätete oder gänzlich unterbliebene Mitteilung **sonstige Rechtsfolgen zu Lasten des ArbN** auslösen, zB ggf. eine Abmahnung oder Kündigung oder auch Schadensersatzansprüche (vgl. § 7 Rz. 29).

---

[1] Schmitt, § 9 EFZG Rz. 69 ff.; Schliemann, ArbuR 1994, 317. [2] Vgl. insoweit BAG 5.5.1972 – 5 AZR 447/71 – AP Nr. 1 zu § 7 LohnFG.

10 *Wirtschaftliche Sicherung für den Krankheitsfall im Bereich der Heimarbeit*
(1) In Heimarbeit Beschäftigte (§ 1 Abs. 1 des Heimarbeitsgesetzes) und ihnen nach § 1 Abs. 2 Buchstabe a bis c des Heimarbeitsgesetzes Gleichgestellte haben gegen ihren Auftraggeber oder, falls sie von einem Zwischenmeister beschäftigt werden, gegen diesen Anspruch auf Zahlung eines Zuschlags zum Arbeitsentgelt. Der Zuschlag beträgt

1. für Heimarbeiter, für Hausgewerbetreibende ohne fremde Hilfskräfte und die nach § 1 Abs. 2 Buchstabe a des Heimarbeitsgesetzes Gleichgestellten 3,4 vom Hundert,
2. für Hausgewerbetreibende mit nicht mehr als zwei fremden Hilfskräften und die nach § 1 Abs. 2 Buchstabe b und c des Heimarbeitsgesetzes Gleichgestellten 6,4 vom Hundert

des Arbeitsentgelts vor Abzug der Steuern, des Beitrags zur Bundesagentur für Arbeit und der Sozialversicherungsbeiträge ohne Unkostenzuschlag und ohne die für den Lohnausfall an gesetzlichen Feiertagen, den Urlaub und den Arbeitsausfall infolge Krankheit zu leistenden Zahlungen. Der Zuschlag für die unter Nummer 2 aufgeführten Personen dient zugleich zur Sicherung der Ansprüche der von ihnen Beschäftigten.

(2) Zwischenmeister, die den in Heimarbeit Beschäftigten nach § 1 Abs. 2 Buchstabe d des Heimarbeitsgesetzes gleichgestellt sind, haben gegen ihren Auftraggeber Anspruch auf Vergütung der von ihnen nach Absatz 1 nachweislich zu zahlenden Zuschläge.

(3) Die nach den Absätzen 1 und 2 in Betracht kommenden Zuschläge sind gesondert in den Entgeltbeleg einzutragen.

(4) Für Heimarbeiter (§ 1 Abs. 1 Buchstabe a des Heimarbeitsgesetzes) kann durch Tarifvertrag bestimmt werden, dass sie statt der in Absatz 1 Satz 2 Nr. 1 bezeichneten Leistungen die den Arbeitnehmern im Falle ihrer Arbeitsunfähigkeit nach diesem Gesetz zustehenden Leistungen erhalten. Bei der Bemessung des Anspruchs auf Arbeitsentgelt bleibt der Unkostenzuschlag außer Betracht.

(5) Auf die in den Absätzen 1 und 2 vorgesehenen Zuschläge sind die §§ 23 bis 25, 27 und 28 des Heimarbeitsgesetzes, auf die in Absatz 1 dem Zwischenmeister gegenüber vorgesehenen Zuschläge außerdem § 21 Abs. 2 des Heimarbeitsgesetzes entsprechend anzuwenden. Auf die Ansprüche der fremden Hilfskräfte der in Absatz 1 unter Nummer 2 genannten Personen auf Entgeltfortzahlung im Krankheitsfall ist § 26 des Heimarbeitsgesetzes entsprechend anzuwenden.

Lit.: *Hold*, Änderung des Rechts der Entgeltfortzahlung im Krankheitsfall ab 1. Januar 1999, ZTR 1999, 103; *Hold*, Arbeitsrechtliche Änderungen zum 1. Januar 1999, NWB 1999, Fach 26, 2967; *Otten*, Ermittlung der wöchentlichen Arbeitszeit bei geringfügig und kurzzeitig beschäftigten Heimarbeitern, BB 1983, 258; *Otten*, Heimarbeit – ein Dauerrechtsverhältnis eigener Art, NZA 1995, 289;

I. Normzweck und -entstehung. In Heimarbeit Beschäftigte haben keinen Anspruch auf Entgeltfortzahlung, wenn sie wegen krankheitsbedingter Arbeitsunfähigkeit nicht arbeiten können. Die für ArbN geltenden Bestimmungen über die Entgeltfortzahlung im Krankheitsfall sind auf diesen Personenkreis nicht anzuwenden. Bei Ihnen handelt es sich nicht um ArbN, sondern im Hinblick auf ihre lediglich wirtschaftliche Abhängigkeit um **arbeitnehmerähnliche Personen**[1]. Die in Heimarbeit Beschäftigten erhalten zwar eine Entlohnung, die in der Sprache des Gesetzes Arbeitsentgelt genannt wird; hieraus jedoch darf nicht geschlossen werden, dass es sich bei diesen Personen um ArbN handelt. Überdies würde die Anwendung der Regeln über die Entgeltfortzahlung im Krankheitsfall an ArbN nach den Maßstäben der §§ 3 und 4 ff. daran scheitern, dass Tätigkeiten in selbstbestimmter Arbeitszeit oft nebenberuflich erbracht werden und dass die Bezüge aus dieser Tätigkeit sehr großen Schwankungen unterworfen sind. Wegen der wirtschaftlichen Abhängigkeit der in Heimarbeit Beschäftigten ist jedoch ein wirtschaftliche Sicherung dieses Personenkreises im Fall krankheitsbedingter Arbeitsunfähigkeit geboten. 1

Die **Grundsicherung** im Falle krankheitsbedingter Arbeitsunfähigkeit erfolgt bei in Heimarbeit Beschäftigten grundsätzlich durch einen **Anspruch auf Krankengeld** (§ 44 ff. SGB V) **aus der gesetzlichen Krankenversicherung**; der Personenkreis ist grundsätzlich in der gesetzlichen Krankenversicherung pflichtversichert (§ 5 SGB V), weil sie sozialversicherungsrechtlich als abhängig Beschäftigte gelten (§ 12 Abs. 2 SGB IV)[2]. Der Krankengeldanspruch beträgt 17 vom Hundert des erzielten regelmäßigen Arbeitsentgeltes und Arbeitseinkommens, soweit es der Beitragsberechnung unterliegt (§ 47 Abs. 1 Satz 1 SGB V). Zu einem Ruhen des Anspruchs auf Krankengeld nach § 49 Abs. 1 Nr. 1 SGB V kommt es nicht, weil die in Heimarbeit Beschäftigten kein Arbeitsentgelt iS dieser Bestimmung erzielen[3]. Ist ein in Heimarbeit Beschäftigter arbeitsunfähig krank, so erhält er das Krankengeld bei einer Krankenhausbehandlung oder bei einer Behandlung in einer Vorsorge- oder Rehabilitationseinrichtung von Beginn der Behandlung an, im Übrigen von dem Tag an, der auf den Tag der ärztlichen Feststellung der krankheitsbedingten Arbeitsunfähigkeit folgt (§ 46 Satz 1 SGB V). Die **Versorgungslücke** zwischen dem tatsächlich ausgefallenen Arbeitsentgelt und dem gezahlten Krankengeld soll nach der Konzeption des Gesetzes 2

---
1 *Schliemann*, ArbR BGB, § 611 Rz. 284 ff.; dort auch Näheres zu den heimarbeitsrechtlichen Begriffen. | 2 *Schmitt*, § 10 EFZG Rz. 2. | 3 *Schmitt*, § 10 EFZG Rz. 3.

durch einen **Zuschlag zum Arbeitsentgelt geschlossen** oder verringert werden (sog. „gespaltene" Lösung)[1]. Der Zuschlag wird nicht etwa nur für die Dauer des Bezugs von Krankengeld gezahlt, sondern völlig unabhängig vom Vorliegen krankheitsbedingter Arbeitsunfähigkeit als ständiger Arbeitsentgeltzuschlag. Der Zuschlag ist auch zu zahlen, wenn der in Heimarbeit Beschäftigte, zB wegen Geringfügigkeit nicht Mitglied der gesetzlichen Krankenkasse ist und deshalb keinen Krankengeldanspruch hat[2].

3 Die heutige Regelung des § 10 entspricht im Wesentlichen ihrer Vorgängerregelung (§ 8 LFZG)[3].

4 § 10 Abs. 1 regelt grundsätzlich den Kreis der Anspruchsberechtigten und der Verpflichteten; Satz 2 dieser Bestimmung setzt die unterschiedlichen vom Hundertsätze für die Höhe des Zuschlages in den Nrn. 1 und 2 fest. § 10 Abs. 2 normiert einen Ausgleichsanspruch für (auch insoweit) gleichgestellte Zwischenmeister. Die in § 10 Abs. 3 angeordnete Eintragungspflicht dient der Überwachung zusammen mit den Bestimmungen in § 10 Abs. 5. § 10 Abs. 4 eröffnet die Möglichkeit, Heimarbeitern durch einen (besonderen) TV einen Anspruch auf Entgeltfortzahlung im Krankheitsfall anstelle der gesetzlichen Ausgleichsregelung einzuräumen. § 10 (wie auch § 11) bedient sich der Legaldefinitionen des Heimarbeitsgesetzes (HAG)[4]. Sie gelten ohne jede Einschränkung[5].

5 **II. Zuschlag zum Arbeitsentgelt.** § 10 Abs. 1 beschreibt in Satz 1 abschließend den Kreis der Anspruchsberechtigten wie auch den Kreis der Anspruchsverpflichteten für die Zahlung des Zuschlags zum Arbeitsentgelt und bestimmt in Satz 2 unterschiedliche Höhen für die zu zahlenden Zuschläge.

6 **1. Anspruchsberechtigte.** Der Kreis der Anspruchsberechtigten umfasst gemäß § 10 Abs. 1 Satz 1 die in Heimarbeit Beschäftigten iSd. § 1 Abs. 1 HAG und die ihnen nach § 1 Abs. 2 Buchst. a bis c HAG Gleichgestellten. Keinen Anspruch auf den in § 10 normierten Zuschlag haben Zwischenmeister, auch wenn sie nach § 1 Abs. 2 Buchst. d HAG gleichgestellt sind, denn auf diese Bestimmung verweist § 10 Abs. 1 Satz 1 nicht.

7 **a) In Heimarbeit Beschäftigte.** Nach § 1 Abs. 1 HAG sind in Heimarbeit Beschäftigte die Heimarbeiter und die Hausgewerbetreibenden. **Heimarbeiter** ist nach § 2 Abs. 1 HAG, wer in selbst gewählter Arbeitsstätte, dh. in seiner eigenen Wohnung oder in einer selbst gewählten Betriebsstätte, allein oder mit seinen Familienangehörigen im Auftrag von Gewerbetreibenden oder Zwischenmeistern erwerbsmäßig arbeitet, jedoch die Verwertung der Arbeitsergebnisse dem unmittelbar oder mittelbar auftraggebenden Gewerbetreibenden überlässt; beschafft der Heimarbeiter die Rohstoffe selbst, so wird hierdurch seine Eigenschaft als Heimarbeiter nicht beeinträchtigt. Nach dieser Legaldefinition kommt es auf Dauer und Umfang der Tätigkeit oder die Höhe der erzielten Einkünfte nicht an, auch eine geringfügige Tätigkeit kann Heimarbeit sein, sofern sie auf eine gewisse Dauer angelegt ist und zum Lebensunterhalt beitragen soll[6]. Vom ArbN unterscheidet sich der Heimarbeiter im Wesentlichen dadurch, dass er von seinem Auftraggeber zwar wirtschaftlich, nicht aber persönlich abhängig ist. Er ist vor allen Dingen keinen Weisungen des Auftraggebers hinsichtlich der Lage seiner Arbeitszeit unterworfen[7]. Für die Zuordnung der Beschäftigten zum Kreis der Heimarbeiter kommt es auf den tatsächlichen Inhalt des Rechtsverhältnisses und seine Durchführung an, nicht aber auf die von den Parteien des Rechtsverhältnisses gewählte Bezeichnung oder die von ihnen gewünschte Rechtsfolge[8]. Vom Gewerbetreibenden oder Unternehmer unterscheidet sich der Heimarbeiter dadurch, dass er das kaufmännische Risiko der Verwertung seiner Arbeitsergebnisse nicht selbst trägt, sondern die Verwertung der Arbeitsergebnisse seinem Auftraggeber überlässt.

8 **Hausgewerbetreibender** iSd. HAG wie auch iSd. § 10 ist, wer in eigener Arbeitsstätte (eigener Wohnung oder Betriebsstätte) mit nicht mehr als zwei fremden Hilfskräften (Abs. 6) oder Heimarbeitern (Abs. 1) im Auftrag von Gewerbetreibenden oder Zwischenmeistern Waren herstellt, bearbeitet oder verpackt, wobei er selbst wesentlich am Stück mitarbeitet, jedoch die Verwertung der Arbeitsergebnisse dem unmittelbar oder mittelbar auftraggebenden Gewerbetreibenden überlässt; beschafft der Hausgewerbetreibende Roh- und Hilfsstoffe selbst oder arbeitet er vorübergehend unmittelbar für den Absatzmarkt, so wird hierdurch seine Eigenschaft als Hausgewerbetreibender nicht beeinträchtigt (§ 2 Abs. 2 HAG). Die Definition des Hausgewerbetreibenden ähnelt der des Heimarbeiters. Vom Heimarbeiter unterscheidet er sich aber insoweit, als der Hausgewerbetreibende mit nicht mehr als zwei fremden Hilfskräften oder Heimarbeitern tätig wird, sowie dadurch, dass der Gegenstand seiner Betätigung auf die Herstellung, Bearbeitung oder Verpackung von Waren beschränkt ist, wobei er selbst wesentlich am Stück mitarbeitet. Wer Angestelltentätigkeiten ausübt, ist wegen dieser gegen-

---

1 *Schmidt/Koberski/Timann/Wascher*, § 19 HAG, Anh. Rz. 44; KDHK/*Hold*, § 10 EFZG Rz. 3. | **2** BAG v. 21.4.1961 – 1 AZR 100/60, BAGE 11, 105; *Schmitt*, § 10 EFZG Rz. 29; ErfK/*Dörner*, § 10 EFZG Rz. 1. | **3** Lohnfortzahlungsgesetz – LFZG – v. 27.7.1969 – BGBl. I S. 946; die Bestimmung galt gemäß Einigungsvertrag Anlage I Kapitel VIII Sachgebiet A Abschnitt III Nr. 4 b Buchst. b (BGBl. II S. 889) seit dem 1. Juli auch in den neuen Bundesländern und damit für alle in Heimarbeit Beschäftigten gleichermaßen. | **4** Heimarbeitsgesetz v. 14.3.1951, BGBl. I S. 191, zuletzt geändert durch Gesetz vom 16.2.2001 – BGBl. I S. 266. | **5** ErfK/*Dörner*, § 10 EFZG Rz. 4; *Schmitt*, § 10 EFZG Rz. 9; KDHK/*Hold*, § 10 EFZG Rz. 6. | **6** BAG v. 12. Juli 1988 – 3 AZR 569/86, AP Nr. 10 zu § 2 HAG; *Schmitt*, § 10 EFZG Rz. 12. | **7** *Schliemann*, ArbR BGB, § 611 Rz. 285 f. | **8** BAG v. 3.4.1990 – 3 AZR 258/88, BAGE 65, 80.

ständlichen Beschränkung der Betätigung kein Hausgewerbetreibender[1]. Der Hausgewerbetreibende ist prinzipiell ein (kleiner) selbständiger Unternehmer; unerheblich ist, ob er einen Gewerbebetrieb angemeldet hat oder in die Handwerksrolle eingetragen ist[2].

b) Gleichgestellte. Einen Anspruch auf Zuschuss haben auch die den in Heimarbeit Beschäftigten nach § 1 Abs. 2 Buchst. a bis c HAG Gleichgestellten. Für die Anspruchsberechtigung auf den Zuschuss kommt es nicht darauf an, ob die Personen gleichgestellt werden können, sondern ob sie zu den in § 1 Abs. 2 Satz 1 Buchst. a, b oder c genannten Personenkreis gehören und gleichgestellt worden sind. Die Gleichstellung erfolgt in einem im HAG geregelten Verfahren durch einen die Rechtsstellung begründenden **Verwaltungsakt** gemäß § 1 Abs. 4, § 3 Abs. 1 und § 4 HAG[3]. Die Gleichstellung erstreckt sich, wenn in ihr nichts anderes bestimmt ist, auf die **allgemeinen Schutzvorschriften** und die Vorschriften über die **Entgeltregelung**, den **Entgeltschutz** und die **Auskunftspflicht über Entgelte** (Dritter, Sechster, Siebenter und Achter Abschnitt des HAG). Sie kann sich auf Einzelne dieser Vorschriften beschränken oder auf weitere Vorschriften des Gesetzes ausgedehnt werden (§ 1 Abs. 3 Satz 1 und 2 HAG). Ist eine Gleichstellung behördlich angeordnet worden, so folgt hieraus, dass nicht nur die Schutzbestimmungen des HAG in dem in der Gleichstellungsentscheidung bestimmten Umfang gelten, sondern ihnen auch der Schutz des § 10 zur Seite steht. Im Unterschied zu § 11 Abs. 1 Satz 2 EFZG (Feiertagsbezahlung) und zu § 12 Abs. 1 Satz 1 BUrlG (Urlaubserteilung) ist in § 10 nicht vorgesehen, dass es einer ausdrücklichen Gleichstellung hinsichtlich dieser Bestimmung bedarf. Damit scheidet die Möglichkeit aus, die Gleichstellung nicht auf § 10 EFZG zu erstrecken[4]. Der Verwaltungsakt hat **Tatbestandswirkung**; insb. können die nach § 9 Anspruchsverpflichteten den Verwaltungsakt aus eigenem Recht nicht anfechten.

Keinen Anspruch auf den Zuschlag nach § 10 Abs. 1 haben die in § 1 Abs. 2 Satz 1 Buchst. d aufgezählten **Zwischenmeister**. Sie sind in § 10 Abs. 1 nicht erwähnt, sondern nur in § 10 Abs. 2.

c) Personen ohne Anspruchsberechtigung. Anspruch auf Zuschlag zum Arbeitsentgelt nach § 10 Abs. 1 Satz 1 haben nur die darin abschließend aufgezählten Personen. Hierzu gehören nicht gleichgestellte **Zwischenmeister** (§ 1 Abs. 2 Satz 1 Buchst. d HAG), **Familienangehörige** iSv. § 2 Abs. 5 HAG; **fremde Hilfskräfte** iSd. § 2 Abs. 6 HAG und die sog. **Außenarbeitnehmer**. Außenarbeitnehmer werden – vor allem im Kontext des Heimarbeitsrechts – solche ArbN genannt, die sich von Betriebsarbeitern oder Angestellten dadurch unterscheiden, dass sie außerhalb des Betriebes tätig sind; sie sind aber den Weisungen ihres Arbeitgebers unterworfen und insoweit von ihnen persönlich abhängig. Deshalb sind auf sie die für ArbN geltenden Vorschriften des Entgeltfortzahlungsgesetzes anzuwenden[5].

2. Anspruchsverpflichtete. Der Anspruch auf Zuschlag zum Arbeitsentgelt richtet sich gegen den **Auftraggeber** oder, falls die Beschäftigung bei einem Zwischenmeister erfolgt, gegen den **Zwischenmeister** (§ 10 Abs. 1 Satz 1). Auftraggeber ist, wer die Heimarbeit vergibt. Auch **Hausgewerbetreibende** und ihnen **Gleichgestellte** können ihrerseits Auftraggeber sein, wenn sie ihrerseits Heimarbeiter beschäftigen; sie haben dann eine Doppelstellung[6]. Zwischenmeister ist nach der Legaldefinition in § 2 Abs. 3 HAG, wer, ohne ArbN zu sein, die ihm von Gewerbetreibenden übertragene Arbeit an Heimarbeiter oder Hausgewerbetreibende lediglich „weitergibt". Bedient sich der Auftraggeber eines Zwischenmeisters, so richtet sich der Anspruch auf den Zuschlag grundsätzlich gegen den Zwischenmeister. Zahlt der Auftraggeber allerdings dem Zwischenmeister ein Entgelt, von dem er weiß oder den Umständen nach annehmen muss, dass zu Zahlung der in der Entgeltregelung festgesetzten Entgeltes einschließlich der Zuschlages an die Beschäftigten nicht ausreicht oder zahlt er an einen Zwischenmeister, dessen Unzuverlässigkeit er kennt oder kennen muss, so haftet er neben dem Zwischenmeister für diese Entgelte, mithin auch für den Zuschlag (§ 21 Abs. 2 HAG).

3. Rechtsnatur und Höhe des Zuschlags. Der Zuschlag stellt **Arbeitsentgelt** iSd. Heimarbeitsgesetzes dar; insoweit ist er ebenso pfändbar bzw. abtretbar wie sonstiges Arbeitsentgelt[7]. Die Bestimmungen über den **Pfändungsschutz** für Arbeitseinkommen (§§ 850 ff. ZPO) gelten für den Zuschlag entsprechend (§ 27 HAG). Der Zuschlag ist auch der Bemessung der ESt bzw. LSt zugrunde zu legen, **nicht aber** dem **sozialversicherungsrechtlichen** Arbeitsentgelt[8].

Die **Höhe des Zuschlages** ist unterschiedlich bestimmt. Für Heimarbeiter, für Hausgewerbetreibende ohne fremde Hilfskräfte und die nach § 1 Abs. 2 Buchst. a HAG Gleichgestellten beträgt der Zuschlag 3,4 % des maßgeblichen Arbeitsentgeltes (§ 10 Abs. 1 Satz 2 Nr. 1). Dagegen ist der Zuschlag mit Rücksicht darauf, dass Hilfskräfte beschäftigt werden, die ihrerseits als ArbN Anspruch auf Entgeltfortzahlung im Krankheitsfall haben, für Hausgewerbetreibende mit nicht mehr als zwei fremden Hilfskräften und für die nach § 1 Abs. 2 Buchst. b und c HAG Gleichgestellten auf 6,4 % des maßgeb-

---

1 BAG v. 25.3.1992 – 7 ABR 52/91, BAGE 70, 104; *Schmitt*, § 10 EFZG Rz. 16. | 2 BAG v. 15.12.1960 – 5 AZR 437/58, AP Nr. 2 zu § 2 HAG. | 3 Vgl. zur Verfassungskonformität: BVerfG v. 27.2.1973 – 2 BvL 27/69, BVerfGE 34, 307. | 4 AA KDHK/*Hold*, § 10 EFZG Rz 10; *Schmitt*, § 10 EFZG Rz. 26; wohl auch *Schmidt/Koberski/Timann/Wascher*, § 19 HAG, Anh. Rz. 68 mwN. | 5 *Schmitt*, § 10 EFZG Rz 23; HzA/*Vossen*, Gruppe 2 Rz, 695; KDHK/*Kleinsorge*, § 10 EFZG Rz, 23. | 6 *Schmitt*, § 10 EFZG Rz, 33. | 7 *Schmitt*, § 10 EFZG Rz, 28; KDHK/*Hold*, § 10 EFZG Rz, 27 ff.; HzA/*Vossen*, Gruppe 2 Rz, 698. | 8 HzA/*Vossen*, Gruppe 2 Rz, 697; KDHK/*Hold*, § 10 EFZG Rz, 29; s. auch § 2 Abs. 2 Nr. 1 Arbeitsentgeltverordnung.

lichen Arbeitsentgeltes festgesetzt. Denn der Zuschlag für diese Personen dient zugleich der Sicherung der Ansprüche der von ihnen Beschäftigten (§ 10 Abs. 1 Satz 3). Das maßgebliche Arbeitsentgelt ist das Bruttoarbeitsentgelt ohne Unkostenzuschlag und ohne die für den Lohnausfall an gesetzlichen Feiertagen, Urlaub und Arbeitsausfall infolge Krankheit zu leistenden Zahlungen; dabei ist das Bruttoarbeitsentgelt der Betrag vor Abzug von Steuern, des Beitrages zur BA und der SozV-Beiträge (§ 10 Abs. 1 Satz 2).

15 Die **Zahlung** des Zuschlages erfolgt von Gesetzes wegen **ohne jede Verwendungsbindung**; es bleibt dem Anspruchsberechtigten überlassen, wie er den Zuschlag wirtschaftlich verwendet.

16 **III. Ausgleichsanspruch der gleichgestellten Zwischenmeister.** Nach § 10 Abs. 2 haben Zwischenmeister, die den in Heimarbeit Beschäftigten nach § 1 Abs. 2 Buchst. d HAG gleichgestellt sind, gegen ihren Auftraggeber ihrerseits Anspruch auf Vergütung der von ihnen nach Abs. 1 nachweislich zu zahlenden Zuschläge. Diese Zwischenmeister selbst sind nicht zuschlagsberechtigt; sie haben nur für ihre eigene Zuschlagspflicht einen Ausgleichsanspruch gegen ihren Auftraggeber. Dies setzt allerdings voraus, dass diese Zwischenmeister nach § 1 Abs. 2 Buchst. d HAG gleichgestellt sind. Auch insoweit kommt es allein auf die Tatbestandswirkung des gleichstellenden Verwaltungsaktes an.

17 **IV. Behördliche Überwachung.** Im Hinblick auf die Schutzbedürftigkeit der Heimarbeiter und Hausgewerbetreibenden und der ihnen Gleichgestellten unterliegen nicht nur die Zahlung und Abrechnung des Arbeitsentgeltes, sondern auch die der Zuschläge der behördlichen Überwachung durch die einschlägigen Aufsichtsbehörden. Dies folgt aus § 10 Abs. 5 Satz 1, wonach die **Schutzvorschriften des Siebten und Achten Abschnittes des HAG über den Entgeltschutz** auf die Zuschläge nach § 10 Abs. 1 und 2 für entsprechend anwendbar erklärt worden sind. Der Durchführung dieser Behördenaufsicht dient die gesonderte Aufzeichnungspflicht der Zuschläge in den Entgeltbelegen und Entgeltbüchern nach § 10 Abs. 3. Fehlt es an einem gesonderten Eintrag im Entgeltbelegt oder im Entgeltbuch, so hat der Anspruchsverpflichtete (Auftraggeber oder Zwischenmeister) darzulegen und zu beweisen, dass die Zuschläge tatsächlich korrekt gezahlt worden sind[1].

18 **V. Entgeltfortzahlungsanspruch durch TV.** Nach § 10 Abs. 4 kann **nur für Heimarbeiter** (§ 1 Abs. 1 Buchst. a HAG) und damit nicht für Hausgewerbetreibende oder Gleichgestellte durch einen TV bestimmt werden, dass sie an Stelle der in Abs. 1 Satz 1 Nr. 2 bezeichneten Leistungen, also an Stelle des Zuschlags zum Arbeitsentgelt, die ArbN im Fall ihrer Arbeitsunfähigkeit nach den im Gesetz zustehenden Leistungen erhalten; bei der Bemessung des Anspruchs auf Arbeitsentgelt bleibt wiederum der Unkostenzuschlag außer Betracht.

19 Mit dem **TV** ist nicht der TV iSd. TVG angesprochen. Denn ein solcher kann nur Rechtsnormen enthalten, die den Inhalt, den Abschluss und die Beendigung von Arbeitsverhältnissen sowie betriebliche und betriebsverfassungsrechtliche Fragen ordnen können. Bei einem Heimarbeitsverhältnis handelt es sich indessen gerade nicht um ein Arbeitsverhältnis. Vielmehr sind mit § 10 Abs. 4 die Vereinbarungen angesprochen, die nach § 17 Abs. 1 HAG als TV gelten, nämlich Vereinbarungen zwischen Gewerkschaften einerseits und Auftraggebern und deren Vereinigungen andererseits über Inhalt, Abschluss oder Beendigung von Vertragsverhältnissen der in Heimarbeit Beschäftigten oder der Gleichgestellten mit ihren Auftraggebern. Zwingend und unmittelbar gelten solche TV analog § 4 Abs. 1 TVG nur zwischen den beiderseits Tarifgebundenen. Indessen kann die Anwendbarkeit eines derartigen TV auch mit einem nicht tarifgebundenen Heimarbeitnehmer einzelvertraglich vereinbart werden[2]. Durch eine BV kann ein solcher TV indessen nicht auf nicht tarifgebundene Heimarbeiter oder gar auf andere in Heimarbeit Beschäftigte oder Gleichgestellte ausgedehnt werden. Soweit ein solcher TV Entgeltfortzahlung im Krankheitsfall anordnet, steht dem dadurch Begünstigten kein Anspruch auf eine entsprechende Zulage nach § 10 Abs. 1 zu.

11 Feiertagsbezahlung der in Heimarbeit Beschäftigten

(1) Die in Heimarbeit Beschäftigten (§ 1 Abs. 1 des Heimarbeitsgesetzes) haben gegen den Auftraggeber oder Zwischenmeister Anspruch auf Feiertagsbezahlung nach Maßgabe der Absätze 2 bis 5. Den gleichen Anspruch haben die in § 1 Abs. 2 Buchstabe a bis d des Heimarbeitsgesetzes bezeichneten Personen, wenn sie hinsichtlich der Feiertagsbezahlung gleichgestellt werden; die Vorschriften des § 1 Abs. 3 Satz 3 und Abs. 4 und 5 des Heimarbeitsgesetzes finden Anwendung. Eine Gleichstellung, die sich auf die Entgeltregelung erstreckt, gilt auch für die Feiertagsbezahlung, wenn diese nicht ausdrücklich von der Gleichstellung ausgenommen ist.

(2) Das Feiertagsgeld beträgt für jeden Feiertag im Sinne des § 2 Abs. 1 0,72 vom Hundert des in einem Zeitraum von sechs Monaten ausgezahlten reinen Arbeitsentgelts ohne Unkostenzuschläge. Bei der Berechnung des Feiertagsgeldes ist für die Feiertage, die in den Zeitraum von 1. Mai bis 31. Oktober fallen, der vorhergehende Zeitraum vom 1. November bis 30. April und für die Feiertage, die in den Zeitraum vom 1. November bis 30. April fallen, der vorhergehende Zeitraum vom 1. Mai bis 31.

---

1 BAG v. 21.1.1965 – 5 AZR 228/64, AP Nr. 1 zu § 1 HAG; v. 13.3.1963 – 4 AZR 415/61, BAGE 14, 132. |2 KDHK/Hold, § 10 EFZG Rz. 39.

Oktober zugrunde zu legen. Der Anspruch auf Feiertagsgeld ist unabhängig davon, ob im laufenden Halbjahreszeitraum noch eine Beschäftigung in Heimarbeit für den Auftraggeber stattfindet.

(3) Das Feiertagsgeld ist jeweils bei der Entgeltzahlung vor dem Feiertag zu zahlen. Ist die Beschäftigung vor dem Feiertag unterbrochen worden, so ist das Feiertagsgeld spätestens drei Tage vor dem Feiertag auszuzahlen. Besteht bei der Einstellung der Ausgabe von Heimarbeit zwischen den Beteiligten Einvernehmen, das Heimarbeitsverhältnis nicht wieder fortzusetzen, so ist dem Berechtigten bei der letzten Entgeltzahlung das Feiertagsgeld für die noch übrigen Feiertage des laufenden sowie für die Feiertage des folgenden Halbjahreszeitraumes zu zahlen. Das Feiertagsgeld ist jeweils bei der Auszahlung in die Entgeltbelege (§ 9 des Heimarbeitsgesetzes) einzutragen.

(4) Übersteigt das Feiertagsgeld, das der nach Absatz 1 anspruchsberechtigte Hausgewerbetreibende oder im Lohnauftrag arbeitende Gewerbetreibende (Anspruchsberechtigte) für einen Feiertag auf Grund des § 2 seinen fremden Hilfskräften (§ 2 Abs. 6 des Heimarbeitsgesetzes) gezahlt hat, den Betrag, den er auf Grund der Absätze 2 und 3 für diesen Feiertag erhalten hat, so haben ihm auf Verlangen seine Auftraggeber oder Zwischenmeister den Mehrbetrag anteilig zu erstatten. Ist der Anspruchsberechtigte gleichzeitig Zwischenmeister, so bleibt hierbei das für die Heimarbeiter oder Hausgewerbetreibenden empfangene und weiter gezahlte Feiertagsgeld außer Ansatz. Nimmt ein Anspruchsberechtigter eine Erstattung nach Satz 1 in Anspruch, so können ihm bei Einstellung der Ausgabe von Heimarbeit die erstatteten Beträge auf das Feiertagsgeld angerechnet werden, das ihm auf Grund des Absatzes 2 und des Absatzes 3 Satz 3 für die dann noch übrigen Feiertage des laufenden sowie für die Feiertage des folgenden Halbjahreszeitraumes zu zahlen ist.

(5) Das Feiertagsgeld gilt als Entgelt im Sinne der Vorschriften des Heimarbeitsgesetzes über Mithaftung des Auftraggebers (§ 21 Abs. 2), über Entgeltschutz (§§ 23 bis 27) und über Auskunftspflicht über Entgelte (§ 28); hierbei finden die §§ 24 bis 26 des Heimarbeitsgesetzes Anwendung, wenn ein Feiertagsgeld gezahlt ist, das niedriger ist als das in diesem Gesetz festgesetzte.

Lit.: *Bauer*, Krankengeldzahlung an Heimarbeiter für Feiertage, ArbuSozR 1973, 58; *Ring*, Entgeltfortzahlung an Feiertagen, BuW 2001, 829.

I. Normzweck und -entstehung. ArbN erhalten nach § 2 Entgeltfortzahlung an Feiertagen. Die in Heimarbeit Beschäftigten sind keine ArbN und erhalten folglich keine Entgeltfortzahlung an Feiertagen nach § 2. stattdessen steht ihnen ein **pauschaliertes Feiertagsgeld** nach näherer Maßgabe des § 11 zu. Diese Vorschrift ist, dem § 10 vergleichbar, den Bedürfnissen der Heimarbeit angepasst. 1

Die Vorschriften des § 11 stimmen weitestgehend mit denen ihrer Vorgängerregelung in § 2 des Gesetzes zur Regelung der Lohnfortzahlung an Feiertagen[1] überein. Durch das Pflegeversicherungsgesetz – PflegeVG – wurde das Feiertagslohnzahlungsgesetz aufgehoben; seine Bestimmungen wurden als §§ 2 und 11 in das EFZG übernommen (§ 1 Rz. 1, § 2 Rz. 3)[2]. 2

Die Regelung über das Feiertagsgeld ist ihrer Struktur nach ähnlich der Regelung über die wirtschaftliche Sicherung für den Krankheitsfall im Bereich der Heimarbeit in § 10. Der in § 11 Abs. 1 genannte Kreis der Anspruchsberechtigten und Anspruchsverpflichteten ist mit § 10 vergleichbar, aber nicht deckungsgleich. § 11 Abs. 2 sind Umfang und Höhe des Feiertagsgeldes bestimmt, in Satz 3 derselben Bestimmung dessen Fälligkeit. § 11 Abs. 4 gibt bestimmten zur Zahlung von Entgeltfortzahlung an Feiertagen verpflichteten Hausgewerbetreibenden einen Ausgleichsanspruch gegen ihren Auftraggeber. Nach § 11 Abs. 5 sind bestimmte Schutzvorschriften des HAG auch auf die Berechnung und Zahlung des Feiertagsgeldes entsprechend anzuwenden. § 11 enthält ebenso wenig wie § 10 eigene Begriffsbestimmungen zum Heimarbeitsrecht; insoweit nehmen die Normen Bezug auf die Legaldefinitionen des HAG (vgl. § 10 Rz. 7 bis 10). 3

Anders als bei der Entgeltfortzahlung an Feiertagen nach § 2 gilt für das Feiertagsgeld nicht das Lohnausfallprinzip, sondern das **Referenzprinzip**, denn es wird nach den in den vergangenen Sechs-Monats-Zeiträumen erzielten Verdiensten berechnet (§ 11 Abs. 2 Satz 2). 4

II. Anspruch auf Feiertagsgeld (Abs. 1). Dem Grunde nach ist der Anspruch auf Feiertagsgeld in § 11 Abs. 1 geregelt. Hiervon ist der in § 11 Abs. 4 normierte **Ausgleichsanspruch** zu unterscheiden. Dieser Ausgleichsanspruch ist dafür gegeben, dass anspruchsberechtigte Hausgewerbetreibende oder im Lohnauftrag arbeitende Gewerbetreibende ihrerseits ihren sog. fremden Hilfskräften Entgeltfortzahlung an Feiertagen nach § 2 des Gesetzes geleistet haben. 5

1. Anspruchsberechtigte. Der Kreis der Anspruchsberechtigten umfasst zum einen alle diejenigen, die auch nach § 10 EFZG anspruchsberechtigt sind (vgl. § 10 Rz. 7 bis 9), zusätzlich aber auch **gleichgestellte Zwischenmeister**, denn § 11 Abs. 1 Satz 2 verweist ausdrücklich auch auf § 1 Abs. 2 Buchst. d HAG. Anders als in § 10 sind **Gleichgestellte** nur dann Anspruchsberechtigte, wenn sie (auch) hinsichtlich der Feiertagsbezahlung gleichgestellt worden sind (§ 10 Abs. 1 Satz 2 Halbs. 2). Dabei gilt eine 6

---

[1] Gesetz zur Regelung der Lohnzahlung an Feiertagen – Feiertagslohnzahlungsgesetz – v. 2.8.1951 (BGBl. I S. 479). | [2] Pflegeversicherungsgesetz – PflegeVG – v. 26.5.1994 (BGBl. I S. 1063).

Gleichstellung für die Entgeltregelung auch für die Feiertagsbezahlung, wenn diese nicht ausdrücklich von der Gleichstellung ausgenommen worden ist. Die Gleichstellung erfolgt durch eine Gleichstellungsbescheid, mithin einen **Verwaltungsakt** der Aufsichtsbehörde für Heimarbeit, und entfaltet für § 11 eine **Tatbestandswirkung** (vgl. § 10 Rz. 9).

7 Zum Kreis der **nicht Anspruchsberechtigten** zählen vor allem **Außenarbeitnehmer, Familienangehörige** und **fremde Hilfskräfte** (vgl. § 10 Rz. 11). **Gleichgestellte** sind nicht anspruchsberechtigt, wenn sich ihre Gleichstellung nicht auf die Feiertagsentlohnung bezieht (Rz. 6).

8 **2. Anspruchsverpflichtete.** Gleichermaßen wie in § 10 sind Schuldner des Feiertagsgeldes die **Auftraggeber** und die **Zwischenmeister**, soweit der in Heimarbeit Beschäftigte für sie tätig ist (Abs. 1) oder war (Abs. 3 Satz 2 und 3). **Zwischenmeister**, die auch hinsichtlich der Entgeltregelung bzw. der Regelung über den Feiertagslohn den Heimarbeiter gleichgestellt sind, haben insoweit eine Doppelstellung. Zum einen haben sie einen Anspruch auf Feiertagsgeld gegen ihren Auftraggeber, zum anderen sind sie aber Schuldner für das Feiertagsgeld gegenüber denen, die sie wiederum in Heimarbeit beschäftigen[1].

9 **3. Voraussetzungen und Umfang des Anspruchs.** Die sachlichen Anspruchsvoraussetzungen und der Umfang des Anspruchs sind in § 11 Abs. 2 geregelt.

10 Umstritten ist, inwieweit der Anspruch auf Feiertagsgeld voraussetzt, dass die **Arbeit nur wegen des Feiertages ausgefallen** ist. Nach § 11 Abs. 2 Satz 1 beträgt das Feiertagsgeld für jeden Feiertag iSd. § 2 Abs. 1 einen bestimmten von Hundertsatz aus dem Entgelt des Referenzzeitraumes. Hieraus schließt ein Teil des Schrifttums, dass die Zahlung des Feiertagsgeldes keinen tatsächlichen Arbeits- oder Entgeltausfall infolge des Feiertages voraussetze, sondern die Feiertage nur Maßstab für die Berechnung des Feiertagsgeldes seien[2]. Diese Ansicht wird im Wesentlichen auf die Erwägung gestützt, dass viele Heimarbeiter Sonn- und Feiertage auch zur Arbeit mitbenutzen und sich daher kaum feststellen lässt, ob infolge des Feiertages Arbeit ausgefallen ist. Aus dieser Ansicht folgt, das in Heimarbeit Beschäftigte Feiertagsgeld auch für Feiertage zu erhalten haben, an denen sie arbeitsunfähig erkrankt sind oder Urlaub machen. Dasselbe gilt konsequenter weise dann auch für Sonntage. Die Gegenansicht vertritt dagegen das Prinzip der Monokausalität des feiertagsbedingten Entgeltausfalls[3]. Nach noch anderer Ansicht haben ArbN keinen Anspruch auf Feiertagsvergütung für solche Feiertage, die auf einen Sonntag fallen, es sei denn, sie hätten am Sonntag gearbeitet und diese Arbeit wäre arbeitszeitrechtlich zulässig; grundsätzlich werde also Feiertagsgeld für gesetzliche Wochenfeiertage geleistet[4].

11 Die Formulierung **für jeden Feiertag iSd. § 2 Abs. 1** des in § 11 Abs. 2 Satz 1 ist nicht dahingehend zu verstehen, dass die darin genannte Voraussetzung der Feiertagsbedingtheit des Arbeitsausfalles auf § 11 zu übertragen ist[5]. Ein Feiertag iSd. § 2 Abs. 1 ist ein gesetzlicher Feiertag, dh. ein Tag, der nach den staatlichen gesetzlichen Feiertagsregelungen als solcher geschützt ist. Eine solche Verweisung ist nicht etwa sinnleer, weil § 2 Abs. 1 nicht definiert, welche Tage gesetzliche Feiertage sind. Der Sinn der Verweisung liegt vielmehr darin, dass sich das Feiertagsgeld nach § 11 nach den gesetzlichen Feiertagen zu richten hat, die für das jeweilige Heimarbeitsverhältnis maßgeblich sind. Maßgeblich sind die Feiertage am Arbeitsort des Anspruchsberechtigten[6]. Den nach § 11 Anspruchsberechtigten steht daher für solche Feiertage ein Anspruch auf Feiertagsgeld zu, die an seinem Arbeitsort nach staatlichem Recht gesetzliche Feiertage sind. Insoweit erfolgt eine analoge Behandlung zwischen ArbN und ArbGeb.

12 **Monokausalität** kann darüber hinaus auch deswegen nicht vom Gesetzgeber vorausgesetzt sein, weil für diejenigen, die nach § 11 anspruchsberechtigt sind, kein gesetzliches Verbot besteht, an Feiertagen zu arbeiten. Ein solches Verbot ist nur in § 9 Abs. 1 ArbZG enthalten; es betrifft nur ArbN. Die nach § 11 Anspruchsberechtigten sind indessen keine ArbN. Die Befürchtung einer Besserstellung der nach § 11 Anspruchsberechtigten gegenüber ArbN für den Fall, dass Heimarbeit auch an gesetzlichen Feiertagen geleistet wird, hat im geltenden Recht keine Grundlage. Heimarbeit und Arbeit in Arbeitsverhältnissen sind unterschiedliche Betätigungskreise. Kann ein inhaftierter Heimarbeiter tatsächlich seine Arbeiten für den ArbGeb nicht ausüben, so führt ein solches Verständnis des § 11 nicht zu dessen ungerechtfertigter Bevorzugung[7]. Entweder hat der inhaftierte Heimarbeiter noch eine nachträglich zu erfüllenden Anspruch auf Feiertagsgeld nach § 11 Abs. 3 oder aber ihm steht, weil er überhaupt keine Arbeitsleistung mehr erbringt, auch kein Entgeltanspruch mehr zu.

13 **III. Höhe des Feiertagsgeldes, Referenzzeitraum.** Die Höhe des Feiertagsgeldes ist für alle Anspruchsberechtigten ohne Unterschied auf **0,72 %** des durchschnittlichen **Bruttoarbeitsentgeltes ohne Unkostenzuschläge** (§ 10 Rz. 14) im maßgeblichen Referenzzeitraum festgesetzt. Unter dem ausgezahlten reinen Arbeitsentgelt ist nicht der Nettobetrag nach Abzug von Steuern und SozV-Beträgen zu verstehen,

---

1 ErfK/*Dörner*, § 11 EFZG Rz. 4. |2 *Geyer/Knorr/Krasney*, § 11 EFZG Rz. 10; *Schmidt/Koberski/Tiemann/Wascher*, § 19 HAG Anh. Rz. 79, jeweils mwN. |3 BAG v. 26.7.1979 – 3 AZR 813/78, BAGE 32, 68 = AP Nr. 34 zu § 1 FeiertagslohnzahlungsG m. Anm. *Bernert*; *Schmitt*, § 11 EFZG Rz. 33; ErfK/*Dörner*, § 11 EFZG Rz. 6; MünchArbR/*Boecken*, § 87 Rz. 20; *Vogelsang*, Entgeltfortzahlung Rz. 960. |4 *Müller/Berenz*, § 11 EFZG Rz. 6. |5 AA *Vogelsang*, Entgeltfortzahlung Rz. 960. |6 *Geyer/Knorr/Krasney*, § 11 EFZG Rz. 12. |7 AA ErfK/*Dörner*, § 11 EFZG Rz. 6.

sondern der Bruttobetrag nach Abzug sog. Unkostenzuschläge, die zB zur Beschaffung von Arbeitsmaterial gezahlt werden[1].

Der **Zuschlag** wird aufgrund der Verdienste im vergangenen Referenzzeitraum berechnet und insoweit nachträglich gezahlt. Fällt der gesetzliche Feiertag in die Zeit vom 1. Mai bis zum 31.10., so ist Referenzzeitraum der vorangegangene Sechs-Monats-Zeitraum vom 1.11. bis zum 30.4.; fällt der gesetzliche Feiertag in den Zeitraum vom 1. November bis zum 30.4., so ist der vorangegangene Sechs-Monats-Zeitraum vom 1.5. bis zum 31.10. Referenzzeitraum (§ 11 Abs. 2 Satz 2). Aufgrund dieser relativ langen Referenzzeiträume können kurzfristige Verdienstunterschiede weniger durchschlagen; damit bleibt das Feiertagsgeld für beide Seiten kalkulierbar. Nach § 11 Abs. 2 Satz 3 ist der Anspruch unabhängig davon, ob im laufenden Halbjahreszeitraum noch Beschäftigung in Heimarbeit für den Auftraggeber stattfindet. Das bedeutet, dass für den Heimarbeitnehmer der Anspruch auf Feiertagsgeld auch noch nach Beendigung des Heimarbeitsverhältnisses mit dem betreffenden ArbGeb erhalten bleibt; hieraus ist andererseits schließen, dass für Feiertage innerhalb des ersten Sechs-Monats-Zeitraumes, für den noch kein (vollständiger) Referenzzeitraum abgelaufen ist, kein Anspruch auf Feiertagsgeld besteht[2].

IV. Fälligkeit. Im Regelfall ist das Feiertagsgeld im laufenden Beschäftigungsverhältnis vom Anspruchsverpflichteten mit der letzten Zahlung von Arbeitsentgelt vor dem jeweiligen Feiertag zu zahlen (§ 11 Abs. 3 Satz 1). Ist indessen in den für die Entgeltzahlung vor dem Feiertag maßgeblichen Zeitraum keine Heimarbeit ausgeführt worden, ohne dass das Heimarbeitsverhältnis beendet worden ist oder beendet werden sollte, muss das Feiertagsgeld spätestens drei Tage vor dem Feiertag gezahlt werden. Werden sich die Parteien des Heimarbeitsverhältnisses über dessen Beendigung einig, so ist dem Anspruchsberechtigten bei der letzten Entgeltzahlung auch das gesamte noch offene Feiertagsgeld zu zahlen, dh. alle noch nicht gezahlten Beträge des laufenden Halbjahres, aber auch noch die offenen Beträge des nachfolgenden Halbjahres (§ 11 Abs. 3 Satz 3).

V. Ausgleichsanspruch. § 11 Abs. 4 normiert einen nachträglichen Ausgleichsanspruch für **Hausgewerbetreibende** oder **im Lohnauftrag arbeitende Gewerbetreibende**. Hausgewerbetreibende und im Lohnauftrag arbeitende Gewerbetreibende sind einerseits Anspruchsberechtigte nach § 11 Abs. 1, sofern sie dementsprechend gleichgestellt sind. Gegenüber ihren eigenen sog. fremden Hilfskräften (§ 2 Abs. 6 HAG) sind sie aber auch verpflichtet, Entgeltfortzahlung an gesetzlichen Feiertagen nach § 2 zu leisten, denn diese sind ihre ArbN. Übersteigen diese gesetzlichen Leistungen den Betrag, den die Hausgewerbetreibenden oder im Lohnauftrag arbeitenden Gewerbetreibenden ihrerseits aufgrund der Absätze 2 und 3 des § 11 erhalten haben, so haben auf ihr Verlangen ihre Auftraggeber oder Zwischenmeister den Mehrbetrag anteilig zu erstatten (§ 11 Abs. 4 Satz 1). Dabei bleibt das für Heimarbeiter und Hausgewerbetreibenden empfangene und weitergezahlte Feiertagsgeld außer Ansatz, wenn der Anspruchsberechtigte selbst **gleichzeitig Zwischenmeister** ist (§ 11 Abs. 4 Satz 2). Die Anrechnungsregelung des § 11 Abs. 4 Satz 3 dient der Vermeidung von Doppelansprüchen.

VI. Schutzbestimmungen. Nach § 11 Abs. 3 Satz 4 ist das Feiertagsgeld bei jeder Auszahlung in die **Entgeltbelege** (§ 9 HAG) einzutragen. Das Feiertagsgeld gilt als Entgelt iSd. Vorschriften des HAG über die Mithaftung des ArbGeb, den Entgeltschutz und die Auskunftspflicht; ggf. kann es auch nach den §§ 24 bis 26 HAG durchgesetzt werden (§ 11 Abs. 5).

12 Unabdingbarkeit

Abgesehen von § 4 Abs. 4 kann von den Vorschriften dieses Gesetzes nicht zuungunsten des Arbeitnehmers oder der nach § 10 berechtigten Personen abgewichen werden.

Lit.: *Bauer/Lingemann*, Probleme der Entgeltfortzahlung nach neuem Recht, BB 1996, Beilage 17, 8; *Boecken*, Probleme der Entgeltfortzahlung im Krankheitsfall, NZA 1999, 673; *Bontrup*, Veränderungen im Entgeltfortzahlungsgesetz- Erhöhung der Wettbewerbsfähigkeit oder Umverteilung, AuA 1996, 405; *Feichtinger*, Entgeltfortzahlung bei Kündigung aus Anlass der Arbeitsunfähigkeit und Verzicht, DB 1983, 1202; *Heinze*, Krankenstand und Entgeltfortzahlung – Handlungsbedarf und Anpassungserfordernisse, NZA 1996, 785; *Hold*, Änderung des Rechts der Entgeltfortzahlung im Krankheitsfall ab 1. Januar 1999, ZTR 1999, 103; *Hold*, Arbeitsrechtliche Änderungen zum 1. Januar 1999, NWB 1999, Fach 26, 2967; *Kunze*, Anspruch auf Krankengeld bei Verzicht auf Lohnfortzahlung, DOK 1980, 77; *Leinemann*, Fit für ein neues Arbeitsvertragsrecht?, BB 1996, 1381; *Link/Wierer*, Entgeltfortzahlung per Gesetz oder Tarifvertrag, AuA 1996, 408; *Scheddler*, Neues ab 1. Januar '99 im Arbeits- und Sozialrecht, AuA 1999, 52; *Trieschmann*, Zum Verzicht des Arbeitnehmers auf unabdingbare gesetzliche Ansprüche, RdA 1976, 68.

I. Normzweck und -entstehung. Mit der Regelung über die Unabdingbarkeit soll der **gesetzliche Mindeststandard** für die Entgeltfortzahlung im Krankheitsfall und an Feiertagen für ArbN bzw. der entsprechenden **wirtschaftlichen Sicherung der Heimarbeitnehmer** gesichert werden. Denselben Zwecken, beschränkt auf die Entgeltfortzahlung im Krankheitsfall, dienten die Vorgängerbestimmungen, nämlich § 9

---

[1] ErfK/*Dörner*, § 11 EFZG Rz. 7; *Schmitt*, § 11 EFZG Rz. 35; *Geyer/Knorr/Krasney*, § 11 EFZG Rz. 14. | [2] ErfK/*Dörner*, § 11 EFZG Rz 9.

LFZG[1], § 133c Satz 5 GewO, § 63 Abs. 1 Satz 5 HGB und § 616 Abs. 2 BGB: Allerdings bestand für die nur für Angestellte geltenden Bestimmungen keine Möglichkeit, von ihnen durch TV abzuweichen, wie es § 9 LFZG bzw. § 2 Abs. 3 LFZG für Arbeiter vorsah[2]. Das Gesetz über die Entgeltzahlung an Feiertagen enthielt keine dem § 12 entsprechende Bestimmung. Es wurde jedoch als zwingend angesehen, so dass auch von ihm nicht zum Nachteil der ArbN abgewichen werden konnte[3]. Insoweit bedeutet der Umstand, dass § 12 auch die Entgeltfortzahlung an Feiertagen mit umfasst, der Sache nach keine Neuerung.

2   Die in § 12 normierte Unabdingbarkeit der Bestimmungen des EFZG dient dem Schutz der ArbN (§ 1) und der in Heimarbeit Beschäftigten (§§ 10, 11), nicht aber zusätzlich auch noch **dem Schutz der Krankenkassen**[4]. Wird der Verzicht vor dem Zeitpunkt der den gesetzlichen Forderungsübergang auslösenden Leistung der Krankenkasse, also vor der Zahlung des Krankengeldes wirksam, so kommt es nicht zum gesetzlichen Forderungsübergang nach § 115 SGB X.

3   **II. Unabdingbarkeit/Abweichungsverbot in Arbeitsverhältnissen.** § 12 betrifft das Verbot, durch Rechtsgeschäft von den Bestimmungen des EFZG zu Lasten des ArbN abzuweichen.

4   **1. Gegenstand und Umfang des Abweichungsverbots.** Die Regelungen des § 12 über die Unabdingbarkeit beziehen sich nur auf die **Bestimmungen des Entgeltfortzahlungsgesetzes**. Sonstige Bestimmungen über die Entgeltfortzahlung im Verhinderungsfall, etwa § 616 BGB, sind von § 12 nicht erfasst. Ebenso wenig erfasst § 12 **Tarifregelungen** über die Entgeltfortzahlung wegen krankheitsbedingter Arbeitsunfähigkeit oder an Feiertagen. Die Wirksamkeit von Vereinbarungen, die von solchen Tarifregelungen abweichen, ist nicht in § 12 zu messen, sondern an § 4 Abs. 3 TVG.

5   Das Gesetz verbietet nicht jede Abweichung, sondern nur **Abweichungen zu Lasten des ArbN** (und der nach § 10 und § 11 Anspruchsberechtigten). Abweichende Vereinbarungen sind damit zulässig, soweit sie für ArbN günstiger sind. Dagegen sind abweichende Vereinbarungen zu Lasten der ArbN generell untersagt. Hiervon macht das Gesetz eine einzige Ausnahme, nämlich für tarifvertragliche Vereinbarungen iSd. § 4 Abs. 4 (vgl. § 4 Rz 60 ff.).

6   Obwohl – im Gegensatz zu § 4 Abs. 4 – in § 12 nicht erwähnt, sind auch **Vereinbarungen über die frühere Vorlage von Arbeitsunfähigkeitsbescheinigungen** oder die Ausübung eines entsprechenden Weisungsrechtes durch den ArbGeb vom Abweichungsverbot des § 12 nicht erfasst[5]. Auch (tarifvertragliche) **Ausschlussfristen** stellen keine Abweichung iSd. § 12 dar[6]. Dies setzt voraus, dass die Ausschlussfrist den normalen Vergütungsanspruch erfasst (§ 3 Rz. 7). Gleiches gilt für die Einrede der Verjährung (§ 3 Rz. 7).

7   Ebenso wenig sind von § 12 Vereinbarungen über **Sondervergütungen** erfasst, in denen unter Beachtung der Regelungen in § 4a gleichzeitig die Kürzung wegen Arbeitsverhinderung infolge krankheitsbedingter Arbeitsunfähigkeit und/oder infolge Teilnahme an einer Maßnahme der medizinischen Vorsorge und Rehabilitation (§ 9) vereinbart worden ist. Auch insoweit handelt es sich lediglich um die Ausschöpfung des gesetzlichen Gestaltungsrahmens des Entgeltfortzahlungsgesetzes.

8   **2. Art und Inhalt von Abweichungsvereinbarungen.** Das Abweichungsverbot des § 12 erfasst alle Arten von Vereinbarungen, vor allem den Arbeitsvertrag und alle anderen **Individualvereinbarungen** zwischen ArbN und ArbGeb, **BV**[7]. Auch **TV** werden von der Unabdingbarkeitsregel erfasst, wenn sich die darin enthaltenen Abweichungen nicht im Rahmen des § 4 Abs. 4 halten[8].

9   Alle Vereinbarungen, die von vornherein die **Entstehung von Ansprüchen** nach dem EFZG vermeiden oder beschneiden sollen, verstoßen gegen das Unabdingbarkeitsgebot des § 12[9]. Dies gilt auch für den Fall des **Verzichtes** auf Ansprüche vor deren Fälligkeit, gleichgültig, ob der Verzicht in einem Verzichtsvertrag (§ 397 BGB), einer im Arbeitsleben üblichen Ausgleichsquittung (idR ein formloser Verzichtsvertrag) oder in einem gerichtlichen oder außergerichtlichen Vergleich (§ 779 BGB) erfolgt[10]. Dagegen kann der ArbN auf entstandene und fällig gewordene Ansprüche nach dem Entgeltfortzahlungsgesetz verzichten, wenn dieser Verzicht anlässlich oder nach Beendigung des Arbeitsverhältnisses erklärt wird[11].

---

1 Lohnfortzahlungsgesetz – LFZG – v. 27.7.1961 (BGBl. I S. 946). | 2 KDHK/*Hold*, § 12 EFZG Rz. 2. | 3 BAG v. 6.4.1982 – 3 AZR 1079/79, BAGE 38, 255; *Schmitt*, § 12 EFZG Rz. 3. | 4 BAG v. 11.6.976 – 5 AZR 506/75, AP Nr. 2 zu § 9 LohnFG. | 5 BAG v. 25.1.2000 – 1 ABR 3/99, BAGE 93, 276; v. 1.10.1997 – 5 AZR 726/96, BAG 86, 357 = AP Nr. 5 zu § 5 EntgeltFG; | 6 BAG v. 16.1.2002 – 5 AZR 430/00, AP Nr. 13 zu § 3 EntgeltFG; ErfK/*Dörner*, § 12 EFZG Rz. 7. | 7 BAG v. 13.2.2002 – 5 AZR 470/00, BAGE 100, 256. | 8 BAG v. 26.9.2001 – 5 AZR 539/00, BAGE 99, 112. | 9 BAG in st. Rspr. statt vieler: BAG v. 20.8.1980 – 5 AZR 218/78, AP Nr. 11 zu § 6 LohnFG; *Schmitt*, § 12 EFZG Rz. 18; KDHK/*Hold*, § 12 EFZG Rz. 20;. *Geyer/Knorr/Krasney*, § 12 EFZG Rz. 17; ErfK/*Dörner*, § 12 EFZG Rz. 12. | 10 BAG in st. Rspr. statt vieler: BAG v. 20.8.1980 – 5 AZR 218/78, AP Nr. 11 zu § 6 LohnFG; *Schmitt*, § 12 EFZG Rz. 18; KDHK/*Hold*, § 12 EFZG Rz. 20; *Geyer/Knorr/Krasney*, § 12 EFZG Rz. 17; ErfK/*Dörner*, § 12 EFZG Rz. 12. | 11 BAG v. 20.8.1980 – 5 AZR 955/78, AP Nr. 12 zu § 6 LohnFG; v. 20.8.1980 – 5 AZR 218/78, AP Nr. 11 zu § 6 LohnFG; v. 11.6.1976 – 5 AZR 506/75, AP Nr. 2 zu § 9 LohnFG; KDHK/*Hold*, § 12 EFZG Rz. 24; *Schmitt*, § 12 EFZG Rz. 21; *Geyer/Knorr/Krasney*, § 12 EFZG Rz. 23; HZA/*Vossen*, Gruppe 2 Rz. 615; *Helml*, § 12 EFZG Rz. 12; *Müller/Berenz*, § 12 EFZG Rz. 11; *Worzalla/Süllwald*, § 12 EFZG Rz. 12.

Jedoch hält ein Teil des Schrifttums auch den **Verzicht auf entstandene und fällige Ansprüche** für mit § 12 nicht vereinbar[1]. Der insoweit bemühte Vergleich mit § 13 BUrlG, wonach auf den gesetzlichen Urlaub nicht verzichtet werden könne, und die dazu ergangene Rspr.[2] vermögen nicht zu überzeugen. Abgesehen davon, dass die Rspr. zur Unverzichtbarkeit des Anspruchs auf entstandenen Urlaub nach oder anlässlich der Beendigung des Arbeitsverhältnisses kritisch zu hinterfragen ist, ist auch die insoweit gezogene Parallele nicht geboten. Beim Urlaubsanspruch geht es der Sache nach um die tatsächliche Gewährung von Urlaub, der, weil noch Anspruch auf den (restlichen) Erholungsurlaub besteht, noch nicht fällig war, mithin um einen Anspruch auf den tatsächlichen künftigen Verzicht auf Arbeitsleistung unter Aufrechterhaltung der Bezahlung. Beim Anspruch nach § 12 geht es dagegen, soweit dieser entstanden ist, nicht mehr darum, den ArbN genügend Zeit zur Wiederherstellung seiner Gesundheit zu lassen oder gelassen zu haben, sondern allein um den auf diese Zeit entfallenden, fortzuzahlenden Entgeltanspruch. Der Entgeltanspruch steht aber, sobald er entstanden und fällig geworden ist, völlig zur Disposition des ArbN. Auf einen Entgeltanspruch (§ 611 Abs. 1 BGB) kann aber jeder ArbN nach Entstehung und Fälligkeit im Rahmen eines bestehenden Arbeitsverhältnisses wirksam verzichten[3]. 10

Der Zweck des § 12 erfordert keine weiter gehende Einschränkung. Nach den Regelungen des EFZG soll der ArbN sicher sein, im Fall seiner Erkrankung den Lohn bis zur Dauer von sechs Wochen weiter zu erhalten, er soll also, wenn er erkrankt ist, ohne Sorge um seinen Lebensunterhalt seine Krankheit ausheilen können. Dies wäre zwar nicht möglich, wenn der Anspruch auf Entgeltfortzahlung im Vornherein ausgeschlossen oder beschränkt werden könnte. Der so umrissene Zweck erfordert aber kein Verbot des nachträglichen Verzichts auf den Entgeltfortzahlungsanspruch. Entgelt, auch das im Krankheitsfall fortzuzahlende Arbeitsentgelt, wird nachträglich gezahlt (§ 614 BGB). Wenn der ArbN bei oder nach Fälligkeit des Entgeltfortzahlungszeitpunktes den Anspruch erlässt, wird er damit nicht mehr rückwirkend für die Zeit der bisherigen Dauer der Arbeitsunfähigkeit in Sorge um seinen Lebensunterhalt versetzt. Er kann beurteilen, ob er das am Fälligkeitstag zu zahlende Arbeitsentgelt für seinen Lebensunterhalt in der Zukunft benötigt oder nicht[4]. 11

Dagegen ist es nach der Rspr. des BAG mit der Unabdingbarkeitsregel des Entgeltfortzahlungsrechts unvereinbar, während des Bestehens des Arbeitsverhältnisses auf einen entstandenen, fällig gewordenen Entgeltfortzahlungsanspruch wegen krankheitsbedingter Arbeitsunfähigkeit zu verzichten[5]. Das BAG hat sich von dem Gedanken leiten lassen, die Unabdingbarkeit der gesetzlichen Ansprüche solle der bis zum letzten Tag des Arbeitsverhältnisses bestehenden Abhängigkeit des ArbN vom ArbGeb entgegenwirken. Diese Auffassung ist im Schrifttum auf geteilte Aufnahme gestoßen[6]. Unter dem Gesichtspunkt, dass der Entgeltfortzahlungsanspruch nichts anderes ist als ein aufrechterhaltender Entgeltanspruch und der ArbN nach Entstehung und Fälligkeit eines Entgeltanspruchs jederzeit auf diesen verzichten kann, ist die Auffassung nicht zu teilen, dass während des Bestehens eines Arbeitsverhältnisses auf entstandene und fällig gewordene Entgeltfortzahlungsansprüche nicht verzichtet werden könne. 12

Von § 12 unberührt bleiben sog. **Tatsachenvergleiche**, dh. Vergleiche, die zur Beilegung von Meinungsverschiedenheiten geschlossen werden, wenn unter den Beteiligten streitig ist, ob die für die Entgeltfortzahlung vorausgesetzten Tatsachen vorliegen[7]. 13

Beispiele: 14

1. Im Arbeitsvertrag ist vereinbart, das Entgeltfortzahlung im Krankheitsfall nur für die tarifvertragliche Regelarbeitszeit, nicht aber für die ständig anfallenden Überstunden geleistet wird. Dies verstößt gegen § 12 EFZG.

2. Der ArbN ist arbeitsunfähig krank; nach seiner Krankheit kommt es zu einer vergleichsweisen rückwirkenden Auflösung des Arbeitsverhältnisses. Der ArbN verzichtet gegenüber dem ArbGeb auf bisher entstandene und fällig gewordene Ansprüche auf Entgeltfortzahlung im Krankheitsfall. Der Verzicht verstößt nicht gegen § 12 EFZG.

3. Der ArbN ist arbeitsunfähig krank; das Arbeitsverhältnis wird nicht aufgelöst. Mit Rücksicht auf die Wirtschaftslage des ArbGeb (und im Hinblick auf das von der Krankenkasse zu erwartende Krankengeld) verzichtet der ArbN durch Vertrag mit dem ArbGeb auf bisher entstandene und fällig gewordene Arbeitsentgeltansprüche. Ein solcher Verzicht ist nach der Rspr. des BAG wegen Verstoßes gegen § 12 unwirksam, nach der hier vertretenen Auffassung dagegen wirksam.

---

1 (Wohl) zuerst *Trieschmann*, Anm. zu AP Nr. 18 zu § 6 LohnFG; ErfK/*Dörner*, § 12 EFZG Rz. 12; *Vogelsang*, Entgeltfortzahlung Rz. 869; *Kunz/Wedde*, § 12 EFZG Rz. 26. | 2 ErfK/*Dörner*, § 12 EFZG Rz. 12; *Vogelsang*, Entgeltfortzahlung Rz. 869. | 3 HzA/*Vossen*, Gruppe 2 Rz. 613. | 4 Vgl. BAG v. 20.8.1980 – 5 AZR 218/78, AP Nr. 11 zu § 6 LohnFG, unter III 2 a d. Gr. | 5 BAG v. 28.11.1979 – 5 AZR 955/77, AP Nr. 10 zu § 6 LohnFG. | 6 Zust.: *Müller/Berenz*, § 12 EFZG Rz. 9; *Kunz/Wedde*, § 12 EFZG Rz. 25; abl.: *Schmitt*, § 12 EFZG Rz. 19; KDHK/*Hold*, § 12 EFZG Rz. 26; HZA/*Vossen*, Gruppe 2 Rz. 613 f.; *Geyer/Knorr/Krasney*, § 12 EFZG Rz. 18; *Worzalla/Süllwald*, § 12 EFZG Rz. 8. | 7 BAG v. 21.12.1972 – 5 AZR 319/72, AP Nr. 1 zu § 9 LohnFG; KDHK/*Hold*, § 12 EFZG Rz. 26; ErfK/*Dörner*, § 13 EFZG Rz. 14.

4. Ein ArbN ist ohne Fremdeinwirkung verunglückt. Zwischen ArbN und ArbGeb herrscht Streit darüber, ob der Hergang des Unglücks so war, dass dem ArbN der Vorwurf des Verschuldens iSd. § 3 zu machen ist. Der Streit wird dadurch beigelegt, dass die Parteien sich einigen, dass der ArbGeb auch für die Zukunft in diesem Fall keine Entgeltfortzahlung im Krankheitsfall zu leisten hat. Als Tatsachenvergleich fällt eine solche Regelung nicht unter § 12.

15 **3. Abweichungen zu Ungunsten des ArbN.** Um erkennen zu können, ob eine Regelung oder Vereinbarung zu Ungunsten des ArbN von den Bestimmungen des Entgeltfortzahlungsgesetzes abweicht, bedarf es eines **Günstigkeitsvergleichs**. Bei punktuellen Benachteiligungen ist der Günstigkeitsvergleich einfach zu vollziehen; insoweit wird nur die Regelung mit der Gesetzeslage verglichen. Ein **punktueller Einzelvergleich** soll aber auch Platz greifen bei komplexen Regelungen, mit denen sowohl zu Lasten als auch zu Gunsten des ArbN von der gesetzlichen Regelung abgewichen wird[1].

16 **Beispiel:** Im Arbeitsvertrag wird vereinbart, dass für die ersten drei nachweisfreien Tage krankheitsbedingter Arbeitsunfähigkeit keine Entgeltfortzahlung geleistet wird, dafür jedoch ein auf zwölf Monate begrenzter Zuschuss zum Krankengeld bis zur Höhe von 90 % des bisherigen Nettoarbeitsentgeltes.

17 Bei einem **Gesamtvergleich** kann diese Regelung durchaus als (latent) zugunsten des ArbN vom Gesetz abweichend verstanden werden; bei einem punktuellen Vergleich muss sie als ungünstiger angesehen werden, weil für die ersten drei Tage krankheitsbedingter Arbeitsunfähigkeit keine Entgeltfortzahlung geleistet wird.

18 Arbeitsvertraglich kann der Anspruch auf Bezahlung regelmäßiger zusätzlicher Arbeitsleistungen nicht für Tage ausgeschlossen werden, an denen der ArbN feiertagsbedingt nicht arbeitet[2]. Als Abweichung zu Lasten des ArbN ist auch angesehen worden, wenn die Entgeltfortzahlung von einer **zusätzlichen weiteren ärztlichen Untersuchung** abhängig gemacht wird[3]. Ebenso weicht die Vereinbarung über die **Nichtberücksichtigung von Wegegeldern**, die unabhängig von tatsächlichen Aufwendungen gezahlt werden, zu Lasten des ArbN vom Entgeltfortzahlungsrecht ab[4]. Das Gleiche gilt, wenn eine laufend gezahlte **Anwesenheitsprämie** bei der Berechnung des Entgeltfortzahlungsanspruchs nicht berücksichtigt wird[5]. Dagegen liegt kein Verstoß gegen das Entgeltfortzahlungsgesetz vor, wenn eine **Sonderzahlung** im Rahmen des § 4a wegen krankheitsbedingter Arbeitsunfähigkeit vereinbarungsgemäß gekürzt wird.

19 Die **Rechtsfolge** einer § 12 verstoßenden **Vereinbarung** liegt darin, dass sie nach § 134 BGB **nichtig** ist. Bei einer Individualvereinbarung ist dann zu prüfen, ob sie Vereinbarung, dh. der ganze Vertrag, nichtig ist oder ob insoweit ein Fall der **Teilnichtigkeit** vorliegt und inwieweit die Vereinbarung auch ohne den nichtigen Teil aufrecht zu erhalten ist (§ 139 BGB). Bei Abweichungen in BV und TV gilt vergleichbares. In aller Regel genügt hier jedoch, die gegen § 12 verstoßende Regelung nicht und an deren Stelle das Gesetz anzuwenden[6].

20 **III. Unabdingbarkeit/Abweichungsverbot in Heimarbeitsverhältnissen.** Nach § 12 darf von den Vorschriften des EFZG auch nicht zu Ungunsten der nach § 10 berechtigten Personen abgewichen werden. Dies betrifft die in Heimarbeit Beschäftigten hinsichtlich des Anspruchs auf einen **Zuschlag wegen krankheitsbedingter Arbeitsunfähigkeit**. Scheinbar anders ist es hinsichtlich der **Feiertagsbezahlung** nach § 11. Diese Bestimmung ist in § 12 nicht erwähnt. Konsequenterweise müsste man annehmen, dass von den Regelungen über das Feiertagsgeld zu Lasten der für die in Heimarbeit Beschäftigten abgewichen werden dürfe. Dies trifft nicht zu. Vielmehr handelt es sich bei der Nichtwähnung des § 11 in § 12 um ein **Redaktionsversehen des Gesetzgebers** und nicht eine bewusst unterschiedliche Behandlung der in Heimarbeit Beschäftigten im Fall der krankheitsbedingten Arbeitsunfähigkeit und im Fall des Feiertagsgeldes.

21 Im Unterschied zum Entgeltfortzahlungsrecht für ArbN hat das BAG angenommen, in Heimarbeit Beschäftigte könnten auf den Zuschlag nach § 10 Abs. 1 Satz 1 **wirksam verzichten**; dabei hat es allerdings offen gelassen, obgleich wohl ein Erlassvertrag nach § 397 BGB zu dem Zeitpunkt möglich ist, in dem sich entweder der in Heimarbeit Beschäftigte bzw. Gleichgestellte oder sein Auftraggeber offensichtlich endgültig aus der Betätigung in Heimarbeit zurückgezogen haben[7]. Ebenso wird die Unverzichtbarkeit auch auf einem bereits entstandenen und fällig gewordenen Anspruch auf Feiertagsgeld angenommen[8]. Eine hinreichende dogmatische Begründung für diese Unterscheidung zwischen ArbN einerseits und den nach den §§ 10 und 11 Anspruchsberechtigten andererseits ist allein dem § 12 nicht zu entnehmen. Sie ist jedoch im Hinblick auf die im Heimarbeitsgesetz selbst zum Ausdruck gekommene größere Schutzbedürftigkeit der Heimarbeiter gegenüber ArbN begründbar.

---

1 *Schmitt*, § 12 EFZG Rz. 25; KDHK/*Hold*, § 12 EFZG Rz. 4; ErfK/*Dörner*, § 13 EFZG Rz. 15. | 2 BAG v. 16.1.2002 – 5 AZR 303/00, AP Nr. 7 zu § 2 EntgeltFG. | 3 BAG v. 4.10.1978 – 5 AZR 326/77, AP Nr. 3 zu § 3 LohnFG. | 4 BAG v. 11.2.1976 – 5 AZR 615/74, AP Nr. 10 zu § 611 BGB – Anwesenheitsprämie. | 5 BAG v. 4.10.1978 – 5 AZR 886/77, AP Nr. 11 zu § 611 BGB – Anwesenheitsprämie. | 6 Vgl. für einen TV: BAG v. 26.9.2001 – 5 AZR 539/00, BAGE 99, 112; für eine BV: BAG v. 13.2.2002 – 5 AZR 470/00, BAGE 100, 256. | 7 BAG v. 28.7.1966 – 5 AZR 63/66, BAGE 19, 34 = AP Nr. 2 zu § 25 HAG. | 8 *Schmitt*, § 12 EFZG Rz 22.

Übergangsvorschrift

13 *Übergangsvorschrift*
Ist der Arbeitnehmer von einem Tag nach dem 9. Dezember 1998 bis zum 1. Januar 1999 oder darüber hinaus durch Arbeitsunfähigkeit infolge Krankheit oder infolge einer Maßnahme der medizinischen Versorgung oder Rehabilitation an seiner Arbeitsleistung verhindert, sind für diesen Zeitraum die seit dem 1. Januar 1999 geltenden Vorschriften maßgebend, es sei denn, dass diese für den Arbeitnehmer ungünstiger sind.

Lit.: *Schaub*, Entgeltfortzahlung in neuem (altem) Gewand?, NZA 1999, 177.

I. Normzweck und -entstehung. Durch das sog. **Korrekturgesetz**[1] wurden Verbesserungen zugunsten der ArbN, aber auch Verschlechterungen in das EFZG eingefügt; das Gesetz selbst trat erst am 1.1.1999 in Kraft. Mit § 13 idF des Art. 7 Nr. 5 des Korrekturgesetzes wurde eine **begrenzte Rückwirkung** angeordnet[2], nämlich auf den Tag, in dem der Deutsche Bundestag das Gesetz beschlossen hatte (9.12.1998). War ein ArbN an diesem Tag bereits arbeitsunfähig krank und dauerte dieser Zustand mindestens bis zum 1. Januar 1999 einschließlich an, so sollten ihm die Segnungen des Korrekturgesetzes bereits zugute kommen. Das Gleiche gilt für Maßnahmen der medizinischen Vorsorge und Rehabilitation. Indessen wollte der Gesetzgeber auch sicherstellen, dass ungünstige Regelungen vor dem Zeitpunkt des In-Kraft-Treten des Gesetzes nicht anzuwenden sind. Dies betraf vor allem den Wegfall der Überstundenvergütung iSd. § 4 Abs. 1a Satz 1. 1

II. Wirkung der Übergangsbestimmung. Die Auswirkung der Übergangsbestimmung ist auf alle durch das sog. Korrekturgesetz geänderte Normen unterschiedlich[3]. 2

---

1 Gesetz zu Korrekturen in der Sozialversicherung und zur Sicherung der Arbeitnehmerrechte v. 19.12.1998 – BGBl. I S. 3843. |2 *Schaub*, NZA 1999, 177. |3 Einzelheiten: ErfK/*Dörner*, 2. Aufl., § 13 EFZG Rz. 4 bis 9; KDHK/*Kleinsorge*, § 13 EFZG Rz. 4.

Gesetz über die Fortzahlung des Arbeitsentgelts im Krankheitsfalle (Lohnfortzahlungsgesetz)

vom 27.7.1969 (BGBl. I S. 946), zuletzt geändert durch Gesetz vom 23.12.2003 (BGBl. I S. 2848)

Artikel 1

Erster Abschnitt. Entgeltfortzahlung im Krankheitsfalle

1–9 (aufgehoben)*

Zweiter Abschnitt. Ausgleich für Arbeitgeberaufwendungen

10 *Erstattungsanspruch*
(1) Die Ortskrankenkassen, die Innungskrankenkassen, die Bundesknappschaft und die See-Krankenkasse erstatten den Arbeitgebern, die in der Regel ausschließlich der zu ihrer Berufsausbildung Beschäftigten nicht mehr als zwanzig Arbeitnehmer beschäftigen, achtzig vom Hundert

1. des für den in § 1 Abs. 1 und 2 und den in § 7 Abs. 1 bezeichneten Zeitraum an Arbeiter fortgezahlten Arbeitsentgelts und der nach § 12 Abs. 1 Nr. 2 Buchstabe b des Berufsbildungsgesetzes an Auszubildende fortgezahlten Vergütung,
2. des vom Arbeitgeber nach § 14 Abs. 1 des Mutterschutzgesetzes gezahlten Zuschusses zum Mutterschaftsgeld,
3. des vom Arbeitgeber nach § 11 des Mutterschutzgesetzes bei Beschäftigungsverboten gezahlten Arbeitsentgelts,
4. der auf die Arbeitsentgelte und Vergütungen nach den Nummern 1 und 3 entfallenden von den Arbeitgebern zu tragenden Beiträge zur Bundesagentur für Arbeit und Arbeitgeberanteile an Beiträgen zur gesetzlichen Kranken- und Rentenversicherung;

in den Fällen der Nummern 2 und 3 und der Nummer 4 in Verbindung mit Nummer 3 werden die Aufwendungen der Arbeitgeber abweichend vom ersten Halbsatz voll erstattet. Am Ausgleich der Arbeitgeberaufwendungen nehmen auch die Arbeitgeber teil, die nur Auszubildende beschäftigen.

(2) Die Krankenkasse hat jeweils zum Beginn eines Kalenderjahrs festzustellen, welche Arbeitgeber für die Dauer dieses Kalenderjahrs an dem Ausgleich der Arbeitgeberaufwendungen teilnehmen. Ein Arbeitgeber beschäftigt in der Regel nicht mehr als zwanzig Arbeitnehmer, wenn er in dem letzten Kalenderjahr, das demjenigen, für das die Feststellung nach Satz 1 zu treffen ist, vorausgegangen ist, für einen Zeitraum von mindestens acht Kalendermonaten nicht mehr als zwanzig Arbeitnehmer beschäftigt hat. Hat ein Betrieb nicht während des ganzen nach Satz 2 maßgebenden Kalenderjahrs bestanden, so nimmt der Arbeitgeber am Ausgleich der Arbeitgeberaufwendungen teil, wenn er während des Zeitraums des Bestehens des Betriebes in der überwiegenden Zahl der Kalendermonate nicht mehr als zwanzig Arbeitnehmer beschäftigt hat. Wird ein Betrieb im Laufe des Kalenderjahrs errichtet, für das die Feststellung nach Satz 1 getroffen ist, so nimmt der Arbeitgeber am Ausgleich der Arbeitgeberaufwendungen teil, wenn nach der Art des Betriebs anzunehmen ist, dass die Zahl der beschäftigten Arbeitnehmer während der überwiegenden Kalendermonate dieses Kalenderjahrs zwanzig nicht überschreiten wird. Bei der Errechnung der Gesamtzahl der beschäftigten Arbeitnehmer bleiben Arbeitnehmer in einem Arbeitsverhältnis, in dem die regelmäßige Arbeitszeit wöchentlich zehn Stunden oder monatlich fünfundvierzig Stunden nicht übersteigt, sowie Schwerbehinderte im Sinne des Neunten Buches Sozialgesetzbuch außer Ansatz. Arbeitnehmer, die wöchentlich regelmäßig nicht mehr als zwanzig Stunden zu leisten haben, werden mit 0,5 und diejenigen, die nicht mehr als dreißig Stunden zu leisten haben, mit 0,75 angesetzt.

---

* Gemäß Art. 60 iVm. Art. 67 und 68 PflegeVG v. 26.5.1994 (BGBl. I S. 1014) sind die §§ 1 bis 9 LFZG ab 1.6.1994 nicht mehr anzuwenden; sie sind durch die Bestimmungen des EFZG v. 26.5.1994 (BGBl. I S. 1014, 1065 ff.) mit Wirkung ab 1.6.1994 ersetzt worden (siehe Kommentierung zum EFZG).

(3) Die zu gewährenden Beträge werden dem Arbeitgeber von der Krankenkasse ausgezahlt, bei dem die Arbeiter, die Auszubildenden oder die nach § 11 oder § 14 Abs. 1 des Mutterschutzgesetzes anspruchsberechtigten Frauen versichert sind oder versichert wären, wenn sie versicherungspflichtig wären oder wenn sie nicht nach § 183 Abs. 1 Satz 1 des Fünften Buches Sozialgesetzbuch die Mitgliedschaft bei einer Ersatzkasse gewählt hätten. Für geringfügig Beschäftigte nach dem Vierten Buch Sozialgesetzbuch ist zuständige Krankenkasse die Bundesknappschaft.

(4) Die Erstattung ist zu gewähren, sobald der Arbeitgeber Arbeitsentgelt nach § 1 Abs. 1 und 2 oder § 7 Abs. 1 an den Arbeiter, Vergütung nach § 12 Abs. 1 Nr. 2 Buchstabe b des Berufsbildungsgesetzes an den Auszubildenden, Arbeitsentgelt nach § 11 des Mutterschutzgesetzes oder Zuschuss zum Mutterschaftsgeld nach § 14 Abs. 1 des Mutterschutzgesetzes an die Frau gezahlt hat.

(5) Der Arbeitgeber hat der nach Absatz 3 zuständigen Krankenkasse die für die Durchführung des Ausgleichs erforderlichen Angaben zu machen.

Lit.: *Boecken*, Probleme der Entgeltfortzahlung im Krankheitsfall, NZA 1999, 673; *Canaris*, Das Fehlen einer Kleinbetriebsregelung für die Entgeltfortzahlung an kranke Angestellte als Verfassungsverstoß, RdA 1997, 267; *Hold*, Änderung des Rechts der Entgeltfortzahlung im Krankheitsfall ab 1. Januar 1999, ZTR 1999, 103; *Schaub*, Entgeltfortzahlung im neuen (alten) Gewand?, NZA 1999, 177; *Scheddler*, Neues ab 1. Januar '99 im Arbeits- und Sozialrecht – Entgeltfortzahlung im Krankheitsfall, AuA 1999, 54.

I. Normzweck und -entstehung. Die den ArbN nach dem EFZG wegen krankheitsbedingter Arbeitsunfähigkeit (§ 3 EFZG) oder wegen Teilnahme an Maßnahmen der medizinischen Vorsorge und Rehabilitation (§ 9 EFZG) zu leistende Entgeltfortzahlung verursacht für ArbGeb erhebliche zusätzliche Kosten. Dies betrifft insb. Kleinbetriebe und bei diesen vor allem solche mit einem hohen Lohnkostenanteil. Deshalb wurde 1969 im Zweiten Abschnitt des LFZG[1] Regelungen über einen **überbetrieblichen Kostenausgleich unter ArbGeb** durch ein speziell ausgestaltetes **Umlageverfahren** eingeführt. 1

Das Ausgleichsverfahren beschränkte sich zunächst auf die Kosten der krankheitsbedingten **Lohnfortzahlung für Arbeiter**. Zwecks Förderung der Einstellung von Auszubildenden und von jungen Frauen wurden durch das Beschäftigungsförderungsgesetz 1985 der Anwendungsbereich für die Entgeltfortzahlung im Krankheitsfall auf **Auszubildende** ausgedehnt und zudem ein zweites Ausgleichsverfahren für **mutterschutzbedingte Entgelt(fort)zahlungen** eingeführt[2]. 2

Durch das **Pflege-Versicherungsgesetz (PflegeVG)** wurden die Regelungen über die Entgeltfortzahlung im Krankheitsfall im Ersten Abschnitt des Lohnfortzahlungsgesetzes (§ 1 bis 9) mit Wirkung ab 1.6.1994 aufgehoben; an die Stelle der nur für Arbeiter und in Heimarbeit Beschäftigte geltenden Bestimmungen der §§ 1 bis 9 sind die Bestimmungen des EFZG getreten, dessen Regelungsbereich nicht nur Arbeiter, sondern alle ArbN und die in Heimarbeit Beschäftigten umfasst[3]. Die ua. mit der Einführung des EFZG verbundene Konzeption der **Gleichbehandlung aller ArbN** im Falle der Entgeltfortzahlung im Krankheitsfall (vgl. § 1 EFZG Rz. 1 f., 4 ff.) hat der Gesetzgeber indessen für den im Zweiten Abschnitt des LFZG (§§ 10 bis 20) geregelten **Ausgleich der ArbGebAufwendungen nicht übernommen**[4]. Vielmehr hat der Gesetzgeber sogar davon abgesehen, die aufrecht erhaltenen Bestimmungen über das Ausgleichsverfahren im LFZG an die neuen Bestimmungen des EFZG auch nur redaktionell anzupassen. Trotz mehrfacher nachgehender Änderungen einzelner Bestimmungen in den §§ 10 ff. hat es der Gesetzgeber auch unterlassen, sachliche Unklarheiten zu beseitigen. Eine Änderung dieses misslichen Zustandes ist nicht absehbar. 3

II. Gegenstände und Umfänge der Erstattungen. Nach seiner Grundkonzeption regelt der Zweite Abschnitt des LFZG nunmehr **zwei verschiedene Ausgleichsverfahren** im Wege der Umlage, nämlich zum einen der Ausgleich für Aufwendungen der ArbGeb bei der **Entgeltfortzahlung im Krankheitsfall** für Arbeiter und für Auszubildende – Umlageverfahren 1, kurz U 1 genannt – und ein zweites Umlageverfahren (U 2) für die **mutterschutzbedingten Aufwendungen**. 4

1. Gemeinsame Grundregeln. Die Beteiligung der ArbGeb an diesen beiden Umlageverfahren ist unterschiedlich geregelt. Gemeinsame Grundvoraussetzung ist jedoch, dass es sich um einen sog. **Kleinarbeitgeber mit in der Regel höchstens 20 ArbN** handelt (§ 10 Abs. 1 Satz 1 Halbs. 1, siehe aber auch die Möglichkeit der Heraufsetzung nach § 16 Abs. 2 Nr. 4 in Rz. 11). 5

Beiden Umlageverfahren gemeinsam sind zudem bestimmte Grundregeln. Das Ausgleichsverfahren findet nur statt, wenn der ArbGeb daran beteiligt ist; die **Beteiligung** richtet sich ihrerseits nach den in § 10 genannten gesetzlichen Voraussetzungen und ist grundsätzlich davon abhängig, inwieweit bei dem ArbGeb erstattungsfähige Aufwendungen anfallen können[5]. Die Erstattung selbst setzt voraus, 6

---

1 Gesetz über die Fortzahlung des Arbeitsentgelts im Krankheitsfalle – Lohnfortzahlungsgesetz – LFZG – v. 27.7.1969 (BGBl. I S. 145). | 2 Beschäftigungsförderungsgesetz 1985, BGBl. I S. 710. | 3 Das EFZG ist als Art. 53 des Gesetzes zur Sozialabsicherung des Risikos der Pflegebedürftigkeit (Pflege-Versicherungsgesetz – PflegeVG) v. 26.5.1994, BGBl I S. 1014 verkündet worden. | 4 Kritisch hierzu: KDHK/*Hold*, Einl. LFZG Rz. 8; *Boecken*, NZA 1999, 673; *Canaris*, RdA 1997, 267. | 5 Vgl. BSG v. 20.4.1999 – B 1 KR 1/97 R, NZA-RR 1999, 594; KDHK/*Hold*, § 10 LFZG Rz. 6 mwN.

dass die Leistungen in einem **Arbeitsverhältnis** erbracht worden sind[1], dass das Arbeitsverhältnis nicht ruht (vgl. § 3 EFZG Rz. 22, 25) und dass alle Leistungen auf einer entsprechenden **gesetzlichen Verpflichtung des ArbGeb** zur Entgeltfortzahlung im Krankheitsfall (§§ 3, 4, 9 EFZG) bzw. zur Zahlung von Arbeitsentgelt bei Beschäftigungsverboten (Mutterschutzlohn, § 11 MuSchG) bzw. dem Zuschuss zum Mutterschaftsgeld (§ 14 MuSchG) beruhen[2]. Unerheblich ist, ob die gesetzlichen Leistungen an Vollzeitarbeitnehmer oder an Teilzeitkräfte zu leisten sind; auch geringfügig Beschäftigte haben Ansprüche auf Entgeltfortzahlung im Krankheitsfall bzw. auf die gesetzlichen Leistungen nach dem MuSchG. Nicht nach § 10 erstattbar sind freiwillige Leistungen oder Aufwendungsersatz[3].

7 **2. Entgeltfortzahlung wegen krankheitsbedingter Arbeitsunfähigkeit.** Nach § 10 Abs. 1 Satz 1 Nr. 1 erhält der beteiligte ArbGeb einen Ausgleich iHv. **80 %** für die aufgrund des Entgeltfortzahlungsgesetzes an **Arbeiter** und aufgrund des Berufsbildungsgesetzes an Auszubildende geleistete Entgeltfortzahlung im Krankheitsfall. Diese Beschränkung des ArbGebAusgleichs auf Entgeltfortzahlung an erkrankte Arbeiter und Auszubildende verstößt nicht gegen höherrangiges Recht[4]. Bei den Auszubildenden ist unerheblich, ob sie für den Beruf eines Arbeiters oder den eines Angestellten ausgebildet werden[5]. Für die Erstattung ist der Betrag des **Bruttoarbeitsentgeltes** zugrunde zu legen, den der beteiligte ArbGeb als Entgeltfortzahlung im Krankheitsfall geleistet hat. Nach § 10 Abs. 1 Satz 1 Nr. 4 erhält er auch die auf Arbeitsentgelt und Vergütungen nach den Nr. 1 und 3 entfallenden, vom ArbGeb zu tragenden **Beiträge zur BA** und die ArbGebAnteile an Beiträgen **zur gesetzlichen Kranken- und RV**. Nicht erstattungsfähig sind dagegen die ArbGebBeiträge zur gesetzlichen **Unfallversicherung** und zur **Pflegeversicherung**, ebenso wenig vom ArbGeb zu einer **zusätzlichen Alters- oder Hinterbliebenenversorgung** des Arbeiters entrichtete Beiträge. Durch Satzung des Trägers der gesetzlichen Krankenversicherung kann ein niedrigerer Vom-Hundert-Satz als 80 festgesetzt werden (§ 16 Abs. 2 Nr. 1), eine Erhöhung der Erstattung ist hingegen nicht zulässig[6]. Die Vorlage einer **ärztlichen Arbeitsunfähigkeitsbescheinigung** bedarf es für die Erstattung nicht[7]. Entsprechendes gilt für Nachweise nach § 9 EFZG.

8 **3. Mutterschaftsgeld, Mutterschaftslohn.** In **voller Höhe** erhält der ArbGeb den nach § 14 Abs. 1 MuSchG gezahlten Zuschuss zum Mutterschaftsgeld, das von ihm nach § 11 MuSchG wegen mutterschutzrechtlicher Beschäftigungsverbote (fort-)gezahlte Arbeitsentgelt und hierauf entfallenden vom ArbGeb zu tragenden Beiträge zur BA und die ArbGebAnteile an Beiträgen zu gesetzlichen Kranken- und RV (§ 1 Abs. 1 Satz 1 Nr. 2, 3 und 4). Allerdings ist im Lohnausgleichsverfahren nach § 10 Abs. 1 Satz 1 Nr. 3 nur das Arbeitsentgelt erstattungsfähig, das der ArbGeb aufgrund des § 11 MuSchG zum Ausgleich für die wegen eines Beschäftigungsverbot ausgefallene Arbeit aufgewendet hat; bei der Ermittlung des Durchschnittsverdienstes im Berechnungszeitraum des § 11 MuSchG ist ein 13. Monatsgehalt jedenfalls dann zu berücksichtigen, wenn es nach der tariflichen Gestaltung ausschließlich Vergütung für geleistete Arbeit und dem monatlich verdienten Arbeitsentgelt anteilig zuzurechnen ist[8].

9 **4. Erstattungsverfahren, Fälligkeit.** Die Erstattung setzt einen **formlosen Antrag** an den zuständigen Träger der Krankenversicherung voraus. **Fällig** ist die Erstattung, sobald der ArbGeb die nach § 10 Abs. 1 erstattungsfähigen Zahlungen an den ArbN geleistet hat (§ 10 Abs. 4). Damit braucht weder das Ende der krankheitsbedingten Arbeitsunfähigkeit oder das Ende der Mutterschutzleistung oder auch nur der Ablauf einer Lohnabrechnungsperiode abgewartet zu werden[9]. Dem (formlosen) Antrag sind die **notwendigen Angaben** über Grund, Zeitraum und Höhe des gezahlten Entgeltes und der Beitragsanteile beizufügen; der genaue Umfang der Angaben wird durch die zuständige Krankenkasse bestimmt[10].

10 **III. Beteiligte ArbGeb.** An den beiden Ausgleichsverfahren des § 10 sind ArbGeb beteiligt, soweit es sich, gemessen an der Zahl der beschäftigten ArbN, um **Kleinarbeitgeber** handelt. Die weiteren Voraussetzungen sind für beide Ausgleichsverfahren unterschiedlich, nämlich je nach Art der Beschäftigten geregelt.

11 **1. Kleinbetrieb.** Gleichermaßen für beide Umlageverfahren („Entgeltfortzahlung im Krankheitsfall" – U 1 sowie „Mutterschutz" – U 2) setzt die Beteiligung voraus, dass der ArbGeb ausschließlich der zu ihrer Berufsausbildung Beschäftigten **nicht mehr als 20 ArbN** beschäftigt (§ 10 Abs. 1 Satz 1 Halbs. 1). Die Krankenkasse kann in ihrer Satzung die Zahl der Beschäftigten auf bis zu 30 heraufsetzen (§ 16 Abs. 2 Nr. 4). Ein ArbGeb beschäftigt nicht mehr als die gesetzliche oder durch Satzung bestimmte Höchstzahl an ArbN, wenn er in dem **vorangegangenen Kalenderjahr für einen Zeitraum von acht Kalendermonaten** nicht mehr ArbN beschäftigt hat, als in der Höchstgrenze festgelegt ist.

12 a) **Zahl der Beschäftigten.** Für die Ermittlung der Zahl der Beschäftigten kommt es auf eine Unterscheidung zwischen **Arbeitern** und **Angestellten** nicht an[11]. Unerheblich ist auch, ob die ArbN männlichen

---

1 KDHK/*Hold*, § 10 LFZG Rz. 31 ff., 34. | 2 BSG v. 17.4.1991 – 1/3 RK 18/89, DB 1991, 1992; *Schmitt*, § 10 LFZG Rz. 21 f.; KDHK/*Hold*, § 10 LFZG Rz. 34–36. | 3 *Schmitt*, § 10 LFZG Rz. 21, 22. | 4 BSG v. 20.4.1999 – B 1 KR 1/97 R, NZA-RR 1999, 594; aA *Boecken*, NZA 1999, 673; *Canaris*, RdA 1997, 267. | 5 BSG v. 20.4.1999 – B 1 KR 1/97 R, NZA-RR 1999, 594. | 6 KDHK/*Hold*, § 10 LFZG Rz. 48. | 7 BSG v. 9.9.1981- 3 RK 51/80, USK 81143 = KVRS A – 1565/3. | 8 BSG v. 17.4.1991 – 1/3 RK 18/89, SozR 3-7860 § 10 Nr. 2 = DB 1991, 1992 (Kurzwiedergabe). | 9 BSG v. 20.9.2000 – B 1 KR 2/00, R-SozR 3-7860 § 11 Nr. 1 = EEK 3042; HZA/*Vossen*, Gruppe 2, Rz. 730; KDHK/*Hold*, § 10 LFZG Rz. 50. | 10 HZA/*Vossen*, Gruppe 2, Rz. 730. | 11 BSG v. 12.3.1996- 1 RK 11/94, AP Nr. 1 zu § 10 LohnFG.

oder weiblichen Geschlechts sind[1]. **Teilzeitbeschäftigte** mit einer wöchentlichen regelmäßigen Arbeitszeit von nicht mehr als 20 Stunden werden mit 0,5, solche mit nicht mehr als 30 Stunden mit 0,75 zur Berechnung der Zahl der regelmäßigen Beschäftigten angesetzt (§ 10 Abs. 2 Satz 6). **Unberücksichtigt** bleiben dagegen zu ihrer **Berufsausbildung** Beschäftigte, **schwerbehinderte Menschen** iSd. SGB IX sowie **geringfügig Beschäftigte**, deren Arbeitszeit wöchentlich 10 Stunden oder monatlich 45 Stunden nicht übersteigt (§ 10 Abs. 2 Satz 5). Ebenso bleiben unberücksichtigt mitarbeitende **Familienangehörige** eines landwirtschaftlichen Unternehmens (§ 18 Nr. 5), in **Heimarbeit** Beschäftigte oder ihnen Gleichgestellte oder sonstige **arbeitnehmerähnliche Personen**, aber auch **ArbN des Verleihers**[2]. Ebenso wenig sind solche ArbN mitzuzählen, deren Arbeitsverhältnis längerfristig (mindestens acht Monate) ruht[3].

Für die Beteiligungsfähigkeit kommt es auf den **rechtlichen ArbGeb** an. Beschäftigt ein ArbGeb in mehreren Betrieben jeweils nicht mehr als 20 ArbN, in seinem Unternehmen jedoch insgesamt mehr als 20 ArbN, so nimmt er nicht am Ausgleichsverfahren nach § 10 teil[4]. Andererseits ist eine GmbH mit weniger als 20 ArbN auch dann grundsätzlich beteiligungsfähig, wenn ihre einzige Gesellschafterin – eine weitere GmbH – einen wesentlich höheren Personalbestand hat[5]. Auf die wirtschaftliche Lage und damit auf ein Schutzbedürfnis der betroffenen Kleinarbeitnehmer kommt es nicht an[6]. 13

b) **Art der Beschäftigten.** Zudem hängt die Beteiligung des ArbGeb am Ausgleichsverfahren für die **Entgeltfortzahlung im Krankheitsfall (U 1)** davon ab, dass er überhaupt **Arbeiter** oder **Auszubildende** beschäftigt. Fehlt es daran, beschäftigt er nur Angestellte, so nimmt er nicht am Ausgleichsverfahren U 1 teil[7]. 14

Beispiel: Der ArbGeb ist selbständiger Rechtsanwalt und beschäftigt in seiner Kanzlei fünf bei Ersatzkassen gemeldete Angestellte, vier davon indessen als geringfügig Beschäftigte. Mangels (potenzieller) Betroffenheit nimmt er nicht am Ausgleichsverfahren U 1 teil. 15

ArbGeb von Kleinbetrieben sind auch dann am Ausgleich der ArbGebAufwendungen in den Fällen des § 10 Abs. 1 Satz 1 Nr. 2 und 3 („**Mutterschutz**"/U 2) beteiligt und müssen Umlagebeiträge zahlen, wenn sie keine ArbN-innen beschäftigen; diese Regelung steht mit dem Grundgesetz in Einklang[8]. 16

Beispiel: Ein Kleinarbeitgeber beschäftigt seit Jahren nur männliche ArbN. Der Betriebszuschnitt lässt es als so gut wie ausgeschlossen erscheinen, dass er auch eine ArbN-in beschäftigt. Gleichwohl ist er am Umlageverfahren U 2 beteiligt[9]. 17

2. **Feststellungsverfahren.** Die **zuständige Krankenkasse** hat jeweils zu Beginn eines Kalenderjahres festzustellen, welche ArbGeb für die Dauer des Kalenderjahres an dem Ausgleich der ArbGebAufwendungen teilnimmt (§ 10 Abs. 2). Bei der Feststellung der Teilnahme oder Nichtteilnahme am Ausgleichsverfahren handelt es sich um einen **Verwaltungsakt**, der sowohl begünstigende (Ausgleichszahlungen) als auch belastende (Umlagebeiträge) Elemente enthält. Auch wenn man ihn für begünstigend hält, darf er nicht zurückgenommen werden[10]. Dieser behördlichen Feststellung kommt keine konstitutive Bedeutung zu[11]. **Umlagebeiträge für die Vergangenheit** sind selbst dann zu zahlen, wenn der ArbGeb von der in § 10 Abs. 2 Satz 1 angeordneten jährlichen Feststellung des Kreises der Ausgleichsberechtigten nicht erfasst war[12]. 18

IV. Zuständige Krankenkasse. Das Ausgleichsverfahren wird bei den **Ortskrankenkassen, Innungskrankenkassen**, der **Bundesknappschaft** und der **Seekrankenkasse** durchgeführt (§ 10 Abs. 1 Satz 1). Von ihnen ist nach § 10 Abs. 3 für die Auszahlung der Beiträge die Krankenkasse zuständig, bei der die Arbeiter, die Auszubildenden oder die nach § 11 oder § 14 Abs. 1 MuSchG anspruchsberechtigten Frauen versichert sind oder versichert wären, wenn sie nicht versicherungspflichtig wären oder wenn sie nicht nach § 183 Abs. 1 Satz 1 SGB V die Mitgliedschaft bei einer Ersatzkasse gewählt hätten (§ 10 Abs. 3). **Ersatzkassen** sind als Träger des Ausgleichsverfahrens **nicht geeignet**, da sie reine Versichertenorganisationen, dh. ArbN-Organisationen sind und deshalb eine Beteiligung der ArbGeb an der Selbstverwaltung nicht besteht und weil andererseits das Ausgleichsverfahren ausschließlich ArbGeb betrifft und von ihnen in eigener Selbstverwaltung durchgeführt wird[13]. Die unbeabsichtigte Lücke des § 10 Abs. 1 Halbs. 2, wonach die Zuständigkeit wegen der Neuregelung über das Wahlrecht (§ 173 Abs. 2 Nr. 4 bis 6 SGB V) seit dem 1.1.1996 nicht mehr eindeutig zu bestimmen ist, wird ausgefüllt, in dem die früheren, außer Kraft getretenen Vorschriften weiter angewendet werden, bis der Gesetzgeber § 10 LFZG an die neue Rechtslage im Krankenversicherungsrecht angepasst haben wird[14]. Soweit mithin die Innungskasse, die Bundesknappschaft oder die Seekasse nicht zuständig sind, verbleibt es bei 19

---

1 BSG v. 24.6.1992 – 1 RK 34/91, BSGE 71, 24 = NZA 1992, 1103. | 2 HZA/*Vossen*, Gruppe 2, Rz. 713. | 3 *Schmitt*, § 10 LFZG Rz. 29. | 4 BSG v. 16.12.1980 – 3 RK 63/78, SozR 7860 § 10 Nr. 3. | 5 BSG v. 30.10.2002 – B 1 KR 19/01, R-ZfS 2003, 28. | 6 BSG v. 24.5.1973 – 3 RK 76/71, BSGE 36, 16. | 7 BSG v. 20.4.1999 – B 1 KR 1/97, NZA-RR 1999, 594. | 8 BSG v. 24.6.1992 – 1 RK 34/91, BSGE 71, 24 = NZA 1992, 1103. | 9 Sachverhalt nach BSG v. 24.6.1992 – 1 RK 34/91, BSGE 71, 24 = NZA 1992, 1103. | 10 BSG v. 16.12.1980 – 3 RK 63/78, SozR 7860 § 10 Nr. 3. | 11 BSG v. 12.3.1996 – 1 RK 11/94, AP Nr. 1 zu § 10 LohnFG; v. 16.12.1980 – 3 RK 18/79 und 3 RK 16/80, beide SozSich 1981, 91; HzA/*Vossen*, Gruppe 2, Rz. 714; KDHK/*Hold*, § 10 LFZG Rz. 40. | 12 BSG v. 12.3.1996 – 1 RK 11/94, AP Nr. 1 zu § 10 LohnFG. | 13 KDHK/*Hold*, § 10 LFZG Rz. 28. | 14 BSG v. 20.4.1999 – B 1 KR 1/97, NZA-RR 1999, 594.

der Zuständigkeit der örtlich zuständigen Allgemeinen Ortskrankenkasse. Für **geringfügig Beschäftigte** (SGB IV) ist zuständige Krankenkasse die Bundesknappschaft (§ 10 Abs. 3 Satz 2).

20 **V. Rechtsweg.** Bei den Bestimmungen der §§ 10 bis 20 handelt es sich der Sache nach um SozV-Recht. Für Rechtsstreitigkeiten aufgrund dieser Vorschriften ist der **Rechtsweg zu den SG** eröffnet; es entscheiden die für die Angelegenheit der SozV gebildeten Spruchkörper der Sozialgerichtsbarkeit[1].

11 *Versagung und Rückforderung der Erstattung*

(1) Die Erstattung kann im Einzelfall versagt werden, solange der Arbeitgeber die nach § 10 Abs. 5 erforderlichen Angaben nicht oder nicht vollständig macht.

(2) Die Krankenkasse hat Erstattungsbeträge vom Arbeitgeber insbesondere zurückzufordern, soweit der Arbeitgeber

1. schuldhaft falsche oder unvollständige Angaben gemacht hat oder
2. Erstattungsbeträge gefordert hat, obwohl er wusste oder wissen musste, dass ein Anspruch nach § 1 oder § 7 dieses Gesetzes, § 12 Abs. 1 Nr. 2 Buchstabe b des Berufsbildungsgesetzes, § 11 oder § 14 Abs. 1 des Mutterschutzgesetzes nicht besteht.

Der Arbeitgeber kann sich nicht darauf berufen, dass er durch die zu Unrecht gezahlten Beträge nicht mehr bereichert sei. Von der Rückforderung kann abgesehen werden, wenn der zu Unrecht gezahlte Betrag gering ist und der entstehende Verwaltungsaufwand unverhältnismäßig groß sein würde.

Lit.: Siehe Literatur zu § 10.

1 **I. Erläuterungen.** Die Vorschrift regelt Fälle, in denen die Krankenkasse die **Erstattung versagen** kann (Abs. 1) oder geleistete Erstattungen **zurückzufordern** hat (Abs. 2). Sie wird ergänzt durch § 12. Gemäß § 17 sind aber auch die allgemeinen Grundsätze des Leistungsrechts (§§ 30 ff. SGB I) und der Mitwirkung der Leistungsberechtigten (§§ 60 ff. SGB I) anzuwenden.

2 Das in Abs. 1 normierte **Leistungsverweigerungsrecht** ist **nicht endgültig**; die Krankenkasse darf die Erstattung nur solange versagen, wie der ArbGeb die erforderlichen Angaben nicht oder nicht vollständig macht; sobald die Angaben vervollständigt sind ist die Kasse zur Erstattung verpflichtet[2]. Die **Erfüllung** des Erstattungsanspruchs kann auch im Wege der **Aufrechnung** (§ 13 Abs. 2 LFZG) erfolgen.

3 Die **Rückzahlungspflicht** des ArbGeb, der Ausgleichsbeträge nach § 10 zu Unrecht erhalten hat, ist im LFZG – trotz des Wortlautes von § 11 Abs. 2 Satz 1 („insbesondere") – abschließend geregelt und unterliegt jedenfalls im Regelfall nicht den Einschränkungen des § 45 SGB X[3]. Der Rückforderungsanspruch entsteht, wenn der ArbGeb **schuldhaft falsche oder unvollständige Angaben** gemacht hat (Abs. 2 Satz 1 Nr. 1); insoweit muss er zumindest fahrlässig (vgl. § 276 BGB) gehandelt haben. Unter Angaben sind Tatsachenangaben zu verstehen; falsche oder unzureichende Rechtskenntnisse des ArbGeb lösen keinen Rückforderungsanspruch nach § 11 Abs. 2 Satz 1 Nr. 1 aus[4]. Nach § 11 Abs. 1 Satz 2 Nr. 2 hat die Krankenkasse indessen auch Erstattungsbeträge zurückzufordern, wenn der ArbGeb solche gefordert (und erhalten) hat, obwohl er wusste oder wissen musste, dass er keinen Anspruch auf Entgeltfortzahlung im Krankheitsfall bzw. der Arbeiter oder der Auszubildende keinen Anspruch auf Entgeltfortzahlung im Krankheitsfall bzw. die Frau keinen Anspruch auf Mutterschaftslohn oder Zuschuss zum Mutterschaftsgeld hatte. Sinn dieser Bestimmung ist, die an den Umlageverfahren beteiligten ArbGeb vor einer ungerechtfertigten Inanspruchnahme zu schützen, die insb. im Fall der **Kollusion** zwischen dem Einzelnen beteiligten ArbGeb und bei ihm Beschäftigten nicht ausgeschlossen werden kann. Indessen muss der ArbGeb nicht die Position der Krankenkasse einnehmen und etwa ständig auf Nachweisen über die krankheitsbedingte Arbeitsunfähigkeit oder über das Bestehen einer Schwangerschaft bestehen. Die **Vorlage einer ärztlichen Bescheinigung** über die krankheitsbedingte Arbeitsunfähigkeit ist insb. nicht Voraussetzung des Erstattungsanspruchs nach § 10 (§ 10 Rz. 7). Lässt sich das Fehlen der Voraussetzungen für den Entgeltfortzahlungsanspruch nicht nachweisen, so ist die Krankenkasse gehindert, eine auf § 11 Abs. 2 Satz 1 Nr. 2 gestützte Rückforderung geltend zu machen[5]. Besteht ein Rückforderungsanspruch, so kann sich der ArbGeb nicht auf § 818 Abs. 3 BGB berufen, dh. darauf, durch die zu Unrecht gezahlten Beträge nicht mehr bereichert zu sein. Die Krankenkasse hat den Rückforderungsanspruch grundsätzlich geltend zu machen; hiervon kann sie nur in Bagatellfällen mit hohem Verwaltungsaufwand absehen (§ 11 Abs. 2 Satz 2).

---

[1] BSG v. 24.5.1973 – 3 RK 76/71, BSGE 36, 16. | [2] KDHK/*Hold*, § 11 LFZG Rz. 5; *Schmitt*, § 11 LFZG Rz. 7. | [3] BSG v. 25.9.2000 – B 1 KR 2/00, R-SozR 3-7860 § 11 LFZG Nr. 1 = EEK 3042; aA KDHK/*Hold*, § 11 LFZG Rz. 16. | [4] Vgl. *Schmitt*, § 11 LFZG Rz. 11 bis 13. | [5] BSG v. 9.9.1981 – 3 RK 51/80, KVRS A-1565/3 = USK 81143.

12 *Abtretung*
Ist auf den Arbeitgeber ein Anspruch auf Schadenersatz nach § 4 übergegangen, so ist die Krankenkasse zur Erstattung nur verpflichtet, wenn der Arbeitgeber den auf ihn übergegangenen Anspruch bis zur anteiligen Höhe des Erstattungsbetrags an die Krankenkasse abtritt.

Lit.: *Feichtinger*, Entgeltfortzahlung bei Kündigung aus Anlass der Arbeitsunfähigkeit und Verzicht, DB 1983, 1202; *Schmidt*, Die Bedeutung des Haftpflichtversicherungsschutzes für Rückgriffsmöglichkeiten der Sozialversicherungsträger nach § 116 SGB X und §§ 4, 12 LFZG, WzS 1988, 257; *Sieg*, Mechanismen zur Minderung des Risikos der Entgeltfortzahlung bei Krankheit, BB 1996, 1766; siehe im Übrigen § 10 LFZG.

Erläuterungen. Die Bestimmung gibt der Krankenkasse ein **vorübergehendes Leistungsverweigerungsrecht**, wenn und soweit der ArbGeb auf ihn im Rahmen des § 6 EFZG übergegangene **Schadensersatzansprüche** seines ArbN wegen Verdienstausfalls nicht an die Krankenkasse **abtritt**. Im Fall der Erstattung (§ 10) gehen solche gesetzlich auf den ArbGeb übergegangenen Ansprüche nicht von Gesetzes wegen auf die Krankenkasse über; vielmehr bedarf es insofern einer förmlichen Abtretung durch einen Abtretungsvertrag (§ 398 BGB)[1]. Die Krankenkasse darf das Angebot auf Abschluss eines Abtretungsvertrages (§ 398 Satz 1 BGB) nicht zurückweisen[2]. **1**

Die Abtretung ist nur **in Höhe des Erstattungsanspruchs** geboten, dh. nur in Höhe von 80 %. Erreicht der Schadenersatzanspruch nicht die Höhe des Erstattungsbetrages, so ist er gleichwohl nur zu 80 % abzutreten, denn der ArbGeb erhält jeweils nur zeitanteilig 80 % erstattet[3]. **2**

Beispiel: Der ArbGeb leistet seinem infolge eines Verkehrsunfalles arbeitsunfähig erkrankten Arbeiter Entgeltfortzahlung in Höhe von 100 %. Dem Arbeiter steht gegen den Dritten Schadenersatz nur in Höhe von 50 % zu; sein derart begrenzter Schadenersatzanspruch gem. § 6 EFZG auf den ArbGeb über. Von diesem anteiligen Schadenersatzanspruch hat der ArbGeb 80 % gem. § 13 LFZG an die Krankenkasse abzutreten, mithin einen Betrag, der 40 % der vom ArbGeb zu 100 % geleisteten Entgeltfortzahlung ausmacht. Ist die Erstattung durch Satzung der Kasse auf einen geringeren Vomhundertsatz festgesetzt (§ 16 Abs. 2 Nr. 1), so ist der Schadenersatzanspruch mit dem geringeren Vomhundertsatz abzutreten. **3**

Die **Krankenkasse** erwirbt den Schadenersatzanspruch so, wie er im Zeitpunkt der Abtretung beim ArbGeb bestanden hat; der geschädigte Dritte darf auch der Krankenkasse alle **Einwendungen** entgegensetzen, die er gegen den Geschädigten geltend machen kann (§ 402 BGB). **4**

13 *Verjährung und Aufrechnung*
(1) Der Erstattungsanspruch verjährt in vier Jahren nach Ablauf des Kalenderjahrs, in dem er entstanden ist.

(2) Gegen Erstattungsansprüche dürfen nur aufgerechnet werden Ansprüche auf

1. Zahlung geschuldeter Umlagebeträge, der Beiträge zur gesetzlichen Krankenversicherung und solcher Beiträge, die der Träger der gesetzlichen Krankenversicherung für andere Träger der Sozialversicherung und die Bundesagentur für Arbeit einzuziehen hat,
2. Rückzahlung von Vorschüssen,
3. Rückzahlung von zu Unrecht gezahlten Erstattungsbeträgen,
4. Erstattung von Verfahrenskosten,
5. Zahlung von Ordnungsstrafen oder Zwangsgeld,
6. Herausgabe einer von einem Dritten an den Berechtigten bewirkten Leistung, die der Krankenkasse gegenüber wirksam ist.

Lit.: *Kozielski*, Die Aufrechnung von Umlagen gegen Erstattungsansprüche aus der Lohnfortzahlungsversicherung bei Insolvenz, Die Beiträge 1982, 161.

Verjährungsfrist für den Erstattungsanspruch beträgt **vier Jahre** (§ 13 Abs. 1). Sie beginnt mit dem Ablauf des Kalenderjahres in welchem der Anspruch entstanden und fällig geworden ist (vgl. dazu § 10 Rz. 9). Die Vorschriften des BGB über die Hemmung und die unterbrechende Verjährung sind entsprechend anwendbar[4]. Für die Annahme einer dreißigjährigen Verjährungsfrist reicht es jedoch aus, wenn der Beitragspflichtige die Beiträge (bzw. Umlage gemäß § 14) mit bedingtem Vorsatz vorenthalten hat, er also seine Beitragspflicht nur für möglich gehalten, die Nichtabführung der Beiträge aber billigend in Kauf genommen hat[5]. **1**

---

1 AG Regensburg v. 11.7.1989 – 6 C 486/89, VersR 1989, 1278. | 2 HzA/*Vossen*, Gruppe 2, Rz. 736. | 3 KG Berlin v. 18.4.1974 – 12 U 2207/73, DB 1974, 1569–1570; HzA/*Vossen*, Gruppe 2, Rz. 737. | 4 BSG v. 25.9.2000 – B 1 KR 2/00, R-SozR 3-7860 = EEK 3042. | 5 BSG v. 21.6.1990 – 12 RK 13/89, DB 1992, 2090.

2 Dieselbe Verjährungsfrist ist **analog** auf den **Rückforderungsanspruch** anzuwenden (vgl. insoweit auch § 50 Abs. 4 Satz 1 SGB X)[1]. Für die **Aufrechnung** enthält § 13 Abs. 2 eine abschließende Regelung.

3 Die **Rückzahlungspflicht** des ArbGeb, der Ausgleichsbeträge nach § 10 zu Unrecht erhalten hat, ist im LFZG abschließend geregelt und unterliegt jedenfalls im Regelfall nicht den Einschränkungen des § 45 SGB X[2]. Dies betrifft auch die Frage, ob derjenige, dem der ArbGeb Engeltfortzahlung wegen krankheitsbedingter Arbeitunfähigkeit geleistet hat, zum ArbGeb in einem hierzu gesetzlich verpflichtenden Rechtverhältnis stand. Die Rechtskraft eines Urteils über die Ablehnung eines versicherungspflichtigen Beschäftigungsverhältnisses entfaltet keine Bindungswirkung für die Beurteilung, ob der ArbGeb zur Entgeltfortzahlung im Krankheitsfall verpflichtet war und einen Ausgleichsanspruch nach § 10 hatte[3].

14 *Aufbringung der Mittel*

(1) Die Mittel zur Durchführung des Ausgleichs der Arbeitgeberaufwendungen werden durch eine Umlage von den am Ausgleich beteiligten Arbeitgebern aufgebracht.

(2) In den Fällen des § 10 Abs. 1 Nr. 1 sind die Umlagebeträge in Vomhundertsätzen des Entgelts (Umlagesatz) festzusetzen, nach dem die Beiträge zu den gesetzlichen Rentenversicherungen für die im Betrieb beschäftigten Arbeiter und Auszubildenden bemessen werden oder bei Versicherungspflicht in den gesetzlichen Rentenversicherungen zu bemessen wären. In den Fällen des § 10 Abs. 1 Nr. 2 und 3 sind die Umlagebeträge auch nach dem Entgelt festzusetzen, nach dem die Beiträge zu den gesetzlichen Rentenversicherungen für die im Betrieb beschäftigten Angestellten und Auszubildenden bemessen werden oder bei Versicherungspflicht in der gesetzlichen Rentenversicherung zu bemessen wären. Für die Zeit des Bezugs von Kurzarbeitergeld, Schlechtwettergeld oder Winterausfallgeld bemessen sich die Umlagebeträge nach dem tatsächlich erzielten Arbeitsentgelt bis zur Beitragsbemessungsgrenze in den gesetzlichen Rentenversicherungen. Von Entgelten der unter § 1 Abs. 3 Nr. 1 und 2 fallenden Arbeiter sind Umlagebeträge nicht zu erheben.

Lit.: Siehe Literatur zu § 10.

1 Die Aufbringung der Mittel erfolgt durch **Umlage**. Die Regelung des Umlageverfahrens nach den §§ 10, 14 ist grundgesetzkonform[4]. Der Sache nach handelt es sich dabei um **Versicherungsbeiträge**[5].

2 **Umlagepflichtig** sind die ArbGeb, die im jeweiligen Ausgleichsverfahren teilnehmen (§ 10 Rz. 10 bis 17)[6]. Entsprechend der beiden Umlageverfahren (Entgeltfortzahlung – U 1; Mutterschutz – U 2) gelten auch **unterschiedliche Bemessungsgrundlagen** für die Umlage.

3 Für die Umlage bei Aufwendungen wegen krankheitsbedingter Arbeitsunfähigkeit ist das Arbeitsentgelt nur der Arbeiter und der Auszubildenden zugrunde zu legen. ArbGeb von Kleinbetrieben sind auch dann am Ausgleich der ArbGebAufwendungen in den Fällen des § 10 Abs. 1 Satz 1 Nr. 2 und 3 („Mutterschutz"/U 2) beteiligt und müssen hierfür Umlagebeträge zahlen, wenn sie keine ArbN-innen beschäftigen. Diese Regelung steht mit dem GG in Einklang[7]. Für die Umlage wegen Mutterschaft ist zusätzlich das Entgelt der Angestellten zu berücksichtigen. In allen Fällen handelt es sich dabei nur um das Arbeitsentgelt iSd. SozV, so dass auf die §§ 14 bis 18 SGB IV und die Arbeitsentgeltverordnung zurückzugreifen ist. Es ist jedoch mit Art. 3 Abs. 1 GG nicht vereinbar, wenn die Umlage, die nach dem LFZG zum Ausgleich der durch das Gesetz veranlassten ArbGebAufwendungen erhoben wird, bei Betrieben mit Kurzarbeit nach dem fiktiven Vollohn berechnet wird[8].

4 Die **Umlagebeträge** werden jeweils in Vomhundertsätzen (§ 10 Abs. 1) der in § 14 Abs. 2 Satz 1 und 2 genannten Bemessungsgrundlagen von der für das Ausgleichsverfahren zuständigen Krankenkasse festgesetzt. Für die Bemessung der Umlage sind auch die Bruttoarbeitsentgelte der ArbN zu berücksichtigen, deren wöchentliche Arbeitszeit weniger als 15 Stunden beträgt und deren Arbeitsentgelt die Geringfügigkeitsgrenze nicht übersteigt[9]. Der RV-Träger ist im Rahmen von Betriebsprüfungen befugt, die Umlage zur Entgeltfortzahlungsversicherung nachzuerheben[10].

15 *Verwaltung der Mittel*

Die Krankenkasse verwaltet die Mittel für den Ausgleich der Arbeitgeberaufwendungen als Sondervermögen. Die Mittel dürfen nur für die gesetzlich vorgeschriebenen oder zugelassenen Zwecke verwendet werden.

---

1 HzA/*Vossen*, Gruppe 2, Rz. 739 mwN. | 2 BSG v. 25.9.2000 – B 1 KR 2/00 R, SozR 3-7860 § 11 Nr. 1. | 3 BSG v. 25.9.2000 – B 1 KR 2/00 R, SozR 3-7860 § 11 Nr. 1. | 4 BSG v. 5.5.1974 – 3 RK 73/73, SozR 7860 § 10 Nr. 1. | 5 BSG v. 12.3.1996 – 1 RK 11/94, NZA 1997, 342. | 6 BSG v. 12.3.1996 – 1 RK 11/94, NZA 1997, 342; v. 24.6.1992 – 1 RK 34/91, NZA 1992, 1103. | 7 BSG v. 24.6.1992 – 1 RK 34/91, BSGE 71, 24 = NZA 1992, 1103. | 8 BVerfG v. 26.4.1978 – 1 BvL 29/76, BVerfGE 48, 227. | 9 LSG Celle v. 28.6.2001 – L 4 KR 146/00, NZS 2002, 323. | 10 BSG v. 30.10.2002 – B 1 KR 19/01 R, ZfS 2003, 28.

Anwendung sozialversicherungsrechtlicher Vorschriften Rz. 1 § 17 LFZG

Lit.: *Meirich*, Die Verwahrung der Betriebsmittel der Krankenkasse und des Sondervermögens nach § 15 LFZG, WzS 1971, 335.

Das sog. **Umlagevermögen** wird als **Sondervermögen** verwaltet. Seine Verwendung zu den gesetzlich vorgeschriebenen Zwecken ergibt sich aus § 10. Zu den gesetzlich zugelassenen Zwecken gehören die Bildung von Betriebsmitteln und die Verwaltungskosten (vgl. § 16). 1

16 *Satzung*
(1) Die Satzung der Krankenkasse muss bestimmen über

1. Höhe der Umlagesätze,
2. Bildung von Betriebsmitteln,
3. Aufstellung des Haushalts,
4. Prüfung und Abnahme des Rechnungsabschlusses.

(2) Die Satzung kann

1. die Höhe der Erstattung nach § 10 Abs. 1 Satz 1 Nr. 1 und Nr. 4 in Verbindung mit Nr. 1 beschränken,
1a. eine pauschale Erstattung des von den Arbeitgebern zu tragenden Teils des Gesamtsozialversicherungsbeitrags für das nach § 11 des Mutterschutzgesetzes gezahlte Arbeitsentgelt vorsehen,
2. die Zahlung von Vorschüssen vorsehen,
3. die Festsetzung der Umlagebeträge nach dem für die Berechnung der Beiträge zur gesetzlichen Rentenversicherung geltenden Grundlohn zulassen,
4. die in § 10 Abs. 1 genannte Zahl von zwanzig Arbeitnehmern bis auf dreißig heraufsetzen.

(3) Die Betriebsmittel dürfen den Betrag der voraussichtlichen Ausgaben für drei Monate nicht übersteigen.

(4) In Angelegenheiten dieses Abschnitts wirken in den Organen der Selbstverwaltung nur die Vertreter der Arbeitgeber mit.

Entsprechend dem Gedanken der **Selbstverwaltung** muss die zuständige **Krankenkasse** in ihrer Satzung bestimmte Mindesteinhalte regeln (§ 16 Abs. 1); es ist ihr aber auch gestattet, weiter gehende Regelungen zu treffen (Abs. 2). 1

Nach § 16 Abs. 2 Nr. 1 kann der Träger der gesetzlichen Krankenversicherung die Erstattung nach § 10 Abs. 1 durch seine Satzung nicht nur in der Form beschränken, dass er eine Kürzung des in § 10 Abs. 1 genannten Vomhundertsatzes vornimmt. Vielmehr kann er auch die auf das Arbeitsentgelt entfallenden Beiträge der ArbGeb zur BA und SozV von der Erstattung ausschließen[1]. 2

Da es sich allein um Verfahren der ArbGeb handelt, ist die Selbstverwaltung beschränkt auf die Teilnahme der Vertreter der ArbGebSeite (§ 16 Abs. 4). Um unnötige Anhäufungen von Betriebsmitteln zu verwalten, dürfen diese den Betrag der voraussichtlichen Ausgaben für drei Monate nicht überschreiten (Abs. 3). 3

17 *Anwendung sozialversicherungsrechtlicher Vorschriften*
Die für die gesetzliche Krankenversicherung geltenden Vorschriften finden entsprechende Anwendung, soweit dieses Gesetz nichts anderes bestimmt.

Lit.: Siehe Literatur zu § 10.

Der Sache nach handelt es sich bei dem Ausgleichsverfahren um **SozV-Recht**. Die **Verweisung** betrifft vor allem die Vorschriften der §§ 11 bis 17 SGB I über Sozialleistungen und Leistungsträger, über allgemeine Grundsätze des Leistungsrechts (§§ 30 ff. SGB I) und die Mitwirkung der Leistungsberechtigten (§§ 60 ff. SGB I), die Vorschriften der §§ 14 bis 28 SGB IV über das Arbeitsentgelt und die Beiträge, die über das Verfahren der Selbstverwaltungsorgane (§§ 63 ff. SGB IV) sowie über das Haushalts- und Rechnungswesen und die Mittel der Verwaltung (§ 67 SGB IV) sowie über die Aufsicht (§§ 87 ff. SGB IV) sowie schließlich die Vorschriften über das Verwaltungsverfahren (§§ 1 ff. SGB X), den Schutz der Sozialdaten (§§ 67 ff. SGB X) und die Zusammenarbeit der Leistungsträgern mit Dritten (§§ 97 ff. SGB X). Auf die Umlage nach §§ 10, 14 ist § 29p Abs 1 SGB IV anzuwenden, obwohl der Wortlaut der Vorschrift sie nicht ausdrücklich einbezieht[2]. 1

---

1 LSG Hess. v. 25.6.1986 – L 8/Kr 800/82, ZfS 1987, 20. | 2 LSG Nds. v. 28.6.2001 – L 4 KR 146/00, NZS 2002, 323.

18 Ausnahmevorschriften
Die Vorschriften dieses Abschnitts sind nicht anzuwenden auf

1. den Bund, die Länder, die Gemeinden und Gemeindeverbände sowie sonstige Körperschaften, Anstalten und Stiftungen des öffentlichen Rechts sowie die Vereinigungen, Einrichtungen und Unternehmungen, die hinsichtlich der für die Arbeiter des Bundes, der Länder oder der Gemeinden geltenden Tarifverträge tarifgebunden sind, und die Verbände von Gemeinden, Gemeindeverbänden und kommunalen Unternehmen einschließlich deren Spitzenverbände,
2. Dienststellen und diesen gleichgestellte Einrichtungen der in der Bundesrepublik stationierten ausländischen Truppen und der dort auf Grund des Nordatlantikpakts errichteten internationalen militärischen Hauptquartiere,
3. Hausgewerbetreibende (§ 1 Abs. 1 Buchstabe b des Heimarbeitsgesetzes) sowie die in § 1 Abs. 2 Buchstaben b und c des Heimarbeitsgesetzes bezeichneten Personen, wenn sie hinsichtlich der Entgeltregelung gleichgestellt sind,
4. die Spitzenverbände der freien Wohlfahrtspflege (Arbeiterwohlfahrt-Hauptausschuss, Central-Ausschuss für die Innere Mission und Hilfswerk der Evangelischen Kirche in Deutschland, Deutscher Caritasverband, Deutscher Paritätischer Wohlfahrtsverband, Deutsches Rotes Kreuz und Zentralwohlfahrtsstelle der Juden in Deutschland) einschließlich ihrer Untergliederungen, Einrichtungen und Anstalten,
5. die nach § 2 Abs. 1 Nr. 3 des Gesetzes über die Krankenversicherung der Landwirte versicherten mitarbeitenden Familienangehörigen eines landwirtschaftlichen Unternehmers.

Lit.: Siehe Literatur zu § 10.

1 § 18 beschreibt den Kreis der ArbGeb, die grundsätzlich nicht am Umlageverfahren teilnehmen können. Dabei handelt es sich um **öffentlich-rechtlich organisierte ArbGeb** (Nr. 1, und 2), um **Hausgewerbetreibende** und andere im Lohnauftrag arbeitende Gewerbetreibende (Nr. 3), um Spitzenverbände der **freien Wohlfahrtspflege** einschließlich Diakonie und Caritas und deren Untergliederungen (Nr. 4) und mitarbeitenden Familienangehörige in der **Landwirtschaft** (Nr. 5).

2 Die **Haubergsgenossenschaften** nach dem Gemeinschaftswaldgesetz NW sind als Körperschaften des öffentlichen Rechts nicht berechtigt, am Ausgleich der ArbGebAufwendungen nach dem LFZG teilzunehmen[1]. Ein eingetragener Verein, der dem **Deutschen Caritas-Verband** als **korporatives Mitglied** angehört, ist eine Untergliederung eines Spitzenverbandes der freien Wohlfahrtspflege iSv. § 18 Nr. 4 und daher nicht versicherungspflichtig zur Lohnfortzahlungsversicherung[2].

19 Freiwilliges Ausgleichsverfahren

(1) Für Betriebe eines Wirtschaftszweiges können Arbeitgeber Einrichtungen zum Ausgleich der Arbeitgeberaufwendungen errichten, an denen auch Arbeitgeber teilnehmen, die die Voraussetzungen des § 10 Abs. 1 und 2 nicht erfüllen. Die Errichtung und die Regelung des Ausgleichsverfahrens bedürfen der Genehmigung des Bundesministeriums für Gesundheit und Soziale Sicherung.

(2) Auf Arbeitgeber, deren Aufwendungen durch eine Einrichtung nach Absatz 1 ausgeglichen werden, finden die Vorschriften dieses Abschnitts keine Anwendung.

(3) Körperschaften, Personenvereinigungen und Vermögensmassen im Sinne des § 1 Abs. 1 des Körperschaftsteuergesetzes, die als Einrichtung der in Absatz 1 bezeichneten Art durch das Bundesministerium für Gesundheit und Soziale Sicherung genehmigt sind, sind von der Körperschaftsteuer, Gewerbesteuer und Vermögensteuer befreit.

Lit.: Siehe Literatur zu § 10.

1 Die Vorschrift ermöglicht die Bildung freiwilliger Ausgleichsverfahren, die an die Stelle des gesetzlichen Ausgleichsverfahrens treten, für Betriebe eines ganzen Wirtschaftszweigs, auch wenn es sich nicht um Kleinbetriebe iSd. § 10 handelt.

20 [Berlin-Klausel]
(gegenstandslos)

---

[1] LSG NRW v. 31.5.1979 – L 16 Kr 173/77, KVRS 1565/3. | [2] SG Koblenz v. 4.11.1970 – S 2 Kr 18/70, DOK 1971, 55.

Einkommensteuergesetz (EStG)

in der Fassung der Bekanntmachung vom 19.10.2002 (BGBl. I S. 4210, ber. BGBl. I 2003 S. 179), zuletzt geändert durch Gesetz vom 29.12.2003 (BGBl. I S. 3076)

– Auszug –

[Abfindungen wegen Auflösung eines Arbeitsverhältnisses]

3 *[Steuerfreie Einnahmen]*
Steuerfrei sind

...

9. Abfindungen wegen einer vom Arbeitgeber veranlassten oder gerichtlich ausgesprochenen Auflösung des Dienstverhältnisses, höchstens jedoch 7.200 Euro. Hat der Arbeitnehmer das 50. Lebensjahr vollendet und hat das Dienstverhältnis mindestens 15 Jahre bestanden, so beträgt der Höchstbetrag 9.000 Euro, hat der Arbeitnehmer das 55. Lebensjahr vollendet und hat das Dienstverhältnis mindestens 20 Jahre bestanden, so beträgt der Höchstbetrag 11.000 Euro;

...

I. Übersicht über steuerliche Privilegierungen bei Beendigung des Dienstverhältnisses 1	VII. Abfindungsbegriff und Kausalitätserfordernis 39
1. Allgemeines 1	1. Begriffsbedeutung 39
2. Steuerbefreiungen 4	a) Allgemeines 39
3. Steuerermäßigungen 9	b) Unerhebliche Umstände 47
4. Konkurrenzverhältnis der Steuerprivilegien . 12	2. Abgrenzung zu steuerpflichtigen Erfüllungsleistungen 55
II. Einführung in Inhalt und Zweck des § 3 Nr. 9 EStG 15	a) Allgemeines 55
III. Entstehungsgeschichte/Rechtsentwicklung . . . 20	b) Relevanz des Auflösungszeitpunktes . . . 57
IV. Art des Dienstverhältnisses (begünstigter Personenkreis) 23	c) Einzelfall-ABC 61
V. Auflösung des Dienstverhältnisses 26	3. Aufteilung bei gemischten Leistungen 62
1. Allgemeines 26	VIII. Höhe des Freibetrags 63
2. Einzelfall-ABC 29	IX. Berücksichtigung der Steuerbefreiung im Besteuerungsverfahren 69
VI. Ursache für die Auflösung des Dienstverhältnisses 30	1. Reihenfolge der Freibetragsnutzung bei Teilzahlungen 69
1. Veranlassung der Auflösung durch den Arbeitgeber 31	2. Lohnsteuerverfahren 70
a) Allgemeines 31	3. Veranlagung des Arbeitnehmers 75
b) Unzumutbarkeit als ungeschriebenes Tatbestandsmerkmal? 36	X. Rückzahlung einer Abfindung 78
c) Einzelfall-ABC 37	XI. Außersteuerliche Folgen 79
2. Gerichtliche Auflösung des Dienstverhältnisses . 38	1. Sozialversicherung 79
	2. Übernahme der Steuerlast durch den Arbeitgeber? 80
	XII. ABC der steuerfreien Abfindungen 81

Lit.: Kommentare: *Altehoefer* in Lademann, EStG, § 3, Losebl./Stand August 2003; *von Beckerath* in Kirchhof/Söhn, EStG, § 3, Losebl./Stand Januar 2004; *Bergkemper* in Herrmann/Heuer/Raupach, EStG, § 3, Losebl./Stand Dezember 2003; *Erhard* in Blümich, § 3, Losebl./Stand Oktober 2003; *Frotscher*, EStG, § 3, Losebl./Stand November 2003; *Hartz/Meeßen/Wolf*, ABC-Führer Lohnsteuer, Stichwort „Entschädigungen (Abfindungen) wegen Entlassung aus einem Dienstverhältnis", Losebl./Stand Oktober 2003; *Handzik* in Littmann/Bitz/Pust, EStG, § 3, Losebl./Stand November 2003; *Heinicke* in Schmidt, EStG, Stichwort „Abfindungen wegen Auflösung eines Dienstverhältnisses (§ 3 Nr. 9)", 22. Aufl. 2003; *Stache* in Horowski/Altehoefer, Kommentar zum Lohnsteuer-Recht, § 3 Nr. 9 EStG, Losebl./Stand Januar 2004; *Tormöhlen* in Korn, EStG, § 3, 22. Aufl. 2003; *Wagner* in Heuermann/Wagner, Lohnsteuer, Losebl./Stand September 2003. **Monographien:** *Bauer*, Arbeitsrechtliche Aufhebungsverträge, 6. Aufl., 1999; *Gagel/Vogt*, Beendigung von Arbeitsverhältnissen, 5. Aufl. 1996; *Huber* in Küttner, Personalbuch 2002, Stichwort „Abfindung"; *Schmitz*, Besteuerung von Abfindungen und Entschädigungen bei Beendigung oder Änderung des Arbeitsverhältnisses, 1997 (Diss.); *Weber/Ehrich/Burmester*, Handbuch der arbeitsrechtlichen Aufhebungsverträge, 3. Aufl., 2002. **Aufsätze:** *Bauer*, Steuerfreie Abfindungen bei der Beendigung von Dienstverhältnissen, in: Festschrift Offerhaus, 1999, S. 511; *Bauer*, Steuerliche Optimierung von Abfindungen, NZA 1991, 617; *Beckermann*, Zweifelsfragen bei der Besteuerung von in Teilbeträgen gezahlten Entlassungsentschädigungen, DB 1986, 1427; *von Bornhaupt*, Steuerfreie Abfindungen wegen Auflösung von Dienstverhältnissen und steuerbegünstigte Entschädigungen bei Arbeitnehmern, BB 1980, Beilage 7 zu Heft 23; *Breuer*, Abfindungen wegen Auflösung des Dienstverhältnisses, NWB (1996) F. 6, 3853 sowie (überarbeitete Fassung): NWB (1999), F. 6, 4009; *Forchhammer*, Lohnsteuerliche und umsatzsteuerliche Behandlung von Mehrfacharbeitsverträgen im Konzern,

DStZ 1999, 153; *Fuhrmann*, Steuerfreie Abfindung wegen gerichtlicher Auflösung im Sinne von § 3 Nr. 9 Satz 1 EStG auch bei Bestätigung einer vorangegangenen Kündigung?, FR 2001, 399; *Gehrmann*, Steuerbegünstigungen für Abfindungsleistungen anlässlich der Auflösung von Arbeitsverhältnissen, StBp 1994, 221; *Hümmerich/ Spirolke*, Steuerehrliche Gestaltung von Abfindungen, NZA 1998, 225; *Naumann*, Steuerfreie Abfindungen gem. § 3 Nr. 9 Satz 1 EStG bei Betriebsübergang?, BB 1998, 74; *Niermann*, Änderungen im Bereich der Arbeitnehmerbesteuerung durch die Lohnsteuer-Richtlinien 2002, DB 2001, 2415; *Offerhaus*, Wie hilft das Einkommensteuerrecht bei Verlust des Arbeitsplatzes?, DStR 1980, 475; *Offerhaus*, Abfindungen des Arbeitgebers – steuerfrei, steuerbegünstigt oder voll steuerpflichtig?, DStZ 1981, 445; *Offerhaus*, Gestaltungsspielräume bei an Arbeitnehmer gezahlten Abfindungen und Entschädigungen, DB Beilage 10/1982 zu Heft Nr. 19; *Offerhaus*, Zur Besteuerung von Arbeitgeberleistungen bei Auflösung und Änderung eines Dienstverhältnisses, DB 1991, 2456; *Offerhaus*, Zur Besteuerung von Arbeitgeberleistungen bei Auflösung eines Dienstverhältnisses oder bei Nichtwiedereinstellung, DB 1994, 167; *Offerhaus*, Die Besteuerung von Arbeitgeber-Leistungen anlässlich des Ausscheidens von Vorstandsmitgliedern aus ihrem Dienstverhältnis, in: Festschrift Budde, 1995, S. 465; *Offerhaus*, Neue Steuerrechtsfragen zur Entschädigung von Arbeitnehmern bei Auflösung des Dienstverhältnisses, DStZ 1997, 108; *Offerhaus*, Im Dienstvertrag vereinbarte Abfindung oder Entschädigung nicht steuerbegünstigt?, DB 2000, 396; *Offerhaus*, Steuerliche Gestaltungsmöglichkeiten bei Zuwendungen an Arbeitnehmer bei und nach ihrem Ausscheiden aus dem Dienstverhältnis, in: Festschrift Kruse, 2001, S. 405; *Pfarr/Bothfeld/Kaiser/Kimmich/Peuker/ Ullmann*, REGAM-Studie: Die Kündigungs-, Klage- und Abfindungspraxis in den Betrieben, BB 2004, 106; *Pitterle*, Anmerkung zu „Steuerfreie Abfindung gem. § 3 Nr. 9 EStG auch bei Transfersozialplan und Beschäftigungs- und Qualifizierungsgesellschaft?", DB 2002, 762; *Prinz*, Steuerbegünstigte Abfindungen – aktuelle Rechts- und Gestaltungsfragen, DStR 1998, 1585; *Pröpper*, Steuerfreie Abfindungen gemäß § 3 Nr. 9 EStG auch bei Kündigung nach Widerspruch gegen Betriebsübergang?, BB 2000, 1817; *Pröpper*, Steuerfreie Abfindungen gem. § 3 Nr. 9 EStG auch bei Transfersozialplan und Beschäftigungs- und Qualifizierungsgesellschaft?, DB 2001, 2170; *Schaub*, Steuerrechtliche und sozialversicherungsrechtliche Behandlung der Abfindung, BB 1999, 1059; *Seitrich*, Abfindung wegen Umsetzung im Konzern – einkommensteuerfrei?, BB 1987, 378; *Strunk*, Einkommensteuerrechtliche Behandlung von Entlassungsentschädigungen an Arbeitnehmer, DStR 1994, 1249; *Tombers/Sauter*, Steuerliche Behandlung von Abfindungen wegen Auflösung des Dienst- oder Arbeitsverhältnisses, DB 1980, 709; *Weber-Grellet*, Neue BFH-Rechtsprechung zu Abfindungen und Entschädigungen, DStR 1996, 1993; *Wendt*, Urteilsanmerkung zu BFH v. 16.7.1997 – XI R 85/96, FR 1997, 765.

1 **I. Übersicht über steuerliche Privilegierungen bei Beendigung des Dienstverhältnisses. 1. Allgemeines.** Entlassungen gehen häufig mit Ausgleichszahlungen der ArbGeb an die betroffenen ArbN einher[1]. Meist werden derartige Ausgleichszahlungen in Aufhebungsverträgen vereinbart. Hiermit bezwecken ArbGeb hauptsächlich, die Entlassungen einvernehmlich mit den betroffenen ArbN durchzuführen, um gerichtliche Auseinandersetzungen (vor allem Kündigungsschutzverfahren) zu vermeiden oder zu beenden (vgl. auch § 1a KSchG).

2 Ausgleichszahlungen an ArbN bei Auflösung eines Arbeitsverhältnisses haben ihre Veranlassung grundsätzlich im (bisherigen) Arbeitsverhältnis[2]. Sie stellen daher beim ArbN einkommensteuerbare Einnahmen aus nichtselbständiger Arbeit dar (§ 2 Abs. 1 Satz 1 Nr. 4 iVm. § 19 EStG; siehe auch § 24 Nr. 1 Buchst. a EStG und § 2 Abs. 2 Nr. 4 LStDV). Sie sind daher kein Geschenk und unterliegen auch nicht der Schenkungsteuer. Beim ArbGeb liegen grundsätzlich abziehbare Betriebsausgaben vor[3].

3 Soweit keine Steuervergünstigung zur Anwendung kommt, unterläge eine Ausgleichszahlung daher ebenso wie anderer Lohn der Lohn- bzw. Einkommensteuer.

4 **2. Steuerbefreiungen.** Abfindungen wegen einer vom ArbGeb veranlassten oder gerichtlich ausgesprochenen Auflösung des Dienstverhältnisses (nachfolgend: „Entlassungsabfindung") können bei der Besteuerung des ArbN gemäß dem nachfolgend erörterten § 3 Nr. 9 steuerbefreit sein.

5 Für Ausgleichszahlungen bei Beendigung von Dienstverhältnissen kommen statt oder neben dieser wichtigen Steuerbefreiungsvorschrift mitunter auch andere Steuerbefreiungstatbestände in Betracht.

6 Die Vorschrift des § 3 Nr. 10 befreit Übergangsgelder und Übergangsbeihilfen aufgrund gesetzlicher Vorschriften wegen Entlassung aus einem Dienstverhältnis iHv. bis zu 10.800 Euro von der Einkommensteuer. Diese Steuerbefreiung gilt für die ArbN, deren Dienstverhältnis und Entlohnung durch Gesetz geregelt werden und die nicht unter § 3 Nr. 9 fallen;[4] § 3 Nr. 9 betrifft also privatrechtliche und § 3 Nr. 10 öffentlich-rechtliche Arbeitsverhältnisse[5].

7 Bei älteren ArbN bietet sich statt der Nutzung der steuerlichen Vorteile für Entlassungsabfindungen häufig auch eine ATZ-Arbeit im sog. Blockmodell an[6]. Aufstockungsbeträge hierzu sind grundsätzlich nach § 3 Nr. 28 steuerbefreit, unterliegen aber gemäß § 32b Abs. 1 Nr. 1 Buchst. g EStG dem Progressionsvorbehalt. Das Blockmodell kann zudem unter Umständen mit der Zahlung einer steuerfreien Entlassungsabfindung kombiniert werden, so dass dem ArbN recht erhebliche Beträge steuerfrei zugewendet werden können[7].

---

1 Vgl. aus empirischer Sicht: *Pfarr* ua., BB 2004, 106. | 2 BFH v. 10.7.1996 – I R 83/95, BStBl. II 1997, S. 341; Kirchhof/Söhn/*von Beckerath*, § 3 Nr. 9 EStG Rz. B 9/16. | 3 *Bauer*, Aufhebungsverträge, Rz. 988 f. | 4 *Frotscher*, § 3 EStG Rz. 45. | 5 HHR/*Bergkemper*, § 3 Nr. 9 EStG Rz. 7. | 6 Dazu näher *Offerhaus*, FS Kruse, S. 405 (410 ff.). | 7 Siehe nur das Beispiel bei *Offerhaus*, FS Kruse, S. 405 (412).

Schließlich sieht § 3 Nr. 60 eine Steuerfreiheit für bestimmte aus öffentlichen Mitteln geleistete Abfindungen an ArbN in bestimmten Industriebereichen, insb. der Montan-Industrie, vor. 8

3. Steuerermäßigungen. Neben den oben genannten Steuerbefreiungen sieht das EStG für Zahlungen bei Beendigung des Dienstverhältnisses unter gewissen Voraussetzungen auch Begünstigungen beim anzuwendenden Steuersatz vor. Diese Steuerermäßigungen sind selbstverständlich nur anwendbar, soweit die Ausgleichsleistung nicht schon steuerbefreit ist (weil die Voraussetzungen für die Steuerbefreiung nicht erfüllt sind oder der Freibetrag bereits ausgeschöpft ist). Soweit eine Steuertarifermäßigung nicht eingreift, unterliegen Ausgleichszahlungen bei Beendigung des Dienstverhältnisses dem individuellen EStSatz des ArbN (zuzüglich Solidaritätszuschlag und ggf. Kirchensteuer). 9

Unter den Steuerermäßigungen ist in erster Linie die Progressionsmilderung nach den §§ 24 und 34 zu nennen (wobei § 24 insoweit lediglich als Vorschaltnorm für § 34 dient). Bis 1998 sah § 34 den sog. halben Steuersatz vor. Seit 1999 gibt es nun aber die sog. **Fünftelungsregelung**, die für den Steuerpflichtigen im Allgemeinen deutlich weniger vorteilhaft als die alte Regelung ist. In Fällen, in denen der Steuerpflichtige mit seinen übrigen Einkünften bereits den Spitzensteuersatz erreicht hat, bewirkt die Fünftelregelung sogar keinerlei Steuerermäßigung mehr. Zu Einzelheiten wird auf die nachfolgende Kommentierung dieser Vorschriften verwiesen. 10

Als weitere Steuervergünstigung, die sich bei Ausscheiden aus einem Arbeitsverhältnis nutzen lässt, ist insb. die **Vervielfältigungsregelung** des § 40b Abs. 2 Sätze 3–4 zu nennen[1]. Wegen fehlender Kenntnis der Beteiligten bleibt sie in der Praxis vielfach ungenutzt. Nach dieser Vorschrift können anlässlich des Ausscheidens aus dem Dienstverhältnis Beiträge bis zu einer gewissen Höhe in eine Direktversicherung oder Pensionskasse geleistet werden, die anstatt mit dem individuellen (Grenz-)EStSatz des ArbN lediglich mit einem niedrigen 20%igen Pauschsteuersatz besteuert werden. Die maximale steuerbegünstigte Zuwendungs- bzw. Beitragshöhe richtet sich nach der Anzahl der Kalenderjahre, in denen das Dienstverhältnis zum ArbGeb bestanden hat, vervielfältigt mit 1.752 Euro. Der vervielfältigte Betrag vermindert sich um pauschal besteuerte Beiträge für eine Direktversicherung bzw. Zuwendungen an eine Pensionskasse, die der ArbGeb in dem Kalenderjahr, in dem das Dienstverhältnis beendet wird, und in den sechs vorangegangenen Kalenderjahren erbracht hat. Gehörte ein ArbN beispielsweise zwanzig Jahre lang dem Unternehmen an, und wurden für ihn bereits während seiner gesamten Beschäftigungsdauer pauschalversteuerte Direktversicherungsbeiträge gezahlt, so können für ihn anlässlich der Beendigung seines Dienstverhältnisses noch 13 x 1.752 = 22.776 Euro als Beiträge einer Direktversicherung oder einer Pensionskasse zugeführt werden, die pauschaliert nur mit 20 % der LSt unterworfen werden. Die pauschale LSt wird zwar, anders als normale LSt, im Außenverhältnis zum FA vom ArbGeb geschuldet (§ 40b Abs. 4 iVm. § 40 Abs. 3). Der ArbN kann diese aber im Innenverhältnis übernehmen; Entgeltumwandlung ist also möglich. 11

4. Konkurrenzverhältnis der Steuerprivilegien. Das EStRecht sieht für Ausgleichszahlungen bei Beendigung des Dienstverhältnisses also verschiedene Steuerprivilegien für den (ehemaligen) ArbN vor. Von gewissen, oben genannten Sonderfällen abgesehen, können Ausgleichszahlungen bei Auflösung eines Arbeitsverhältnisses je nach Sachlage steuerlich somit wie folgt einzuordnen sein (ggf. auch anteilig): 12

- als nach § 3 Nr. 9 steuerfreie Abfindungen,

- als nach § 34 Abs. 1 und Abs. 2 steuerbegünstigte (progressionsgemilderte) Entschädigungen bzw. Vergütungen für eine mehrjährige Tätigkeit, oder

- als normal, dh. voll steuerpflichtiger Arbeitslohn.

Soweit eine Entlassungsabfindung den Freibetrag des § 3 Nr. 9 übersteigt oder dieser nicht anwendbar ist, ist also zu prüfen, ob diese nach §§ 24 u. 34 tarifbegünstigt zu versteuern ist (Progressionsmilderung durch die sog. Fünftelungsregelung). Soweit die Entlassungsabfindung weder steuerfrei nach § 3 Nr. 9 noch steuerbegünstigt nach § 34 ist, stellt sie normal zu besteuernden Arbeitslohn dar (§ 19 ggf. iVm. § 24 Nr. 2). 13

§ 3 Nr. 9 EStG und § 24 stehen zwar selbständig nebeneinander[2]. Auch sind die **jeweiligen Voraussetzungen** unabhängig voneinander zu beurteilen[3]. Anzumerken ist aber, dass die Voraussetzungen für steuerfreie Entlassungsabfindungen (§ 3 Nr. 9) und für Entschädigungen nach § 24 Nr. 1 Buchst. a, die unter Umständen nach § 34 progressionsgemildert zu besteuern sind, weitgehend übereinstimmen[4]. Handelt es sich daher um eine Entlassungsabfindung iSd. § 3 Nr. 9, so ist jedenfalls in aller Regel davon auszugehen, dass es sich, soweit der Steuerfreibetrag überschritten wird, zugleich um eine (Entlassungs-) Entschädigung iSd. § 24 Nr. 1 Buchst. a handelt[5]. Zu prüfen bleibt dann aber, ob auch die Voraussetzungen des § 34 erfüllt sind (Zusammenballungserfordernis; siehe unten Kommentierung zu §§ 24/34 Rz. 37). 14

---

1 Siehe R 129 Abs. 11 LStR 2004. | 2 *Weber-Grellet*, DStR 1996, 1993 (1997); HHR/*Bergkemper*, § 3 Nr. 9 EStG Rz. 7. | 3 BFH v. 2.9.1992 – XI R 44/91, BStBl. II 1993, S. 52. | 4 HHR/*Bergkemper*, § 3 Nr. 9 EStG Rz. 19. | 5 Im Schrifttum weist zB *Prinz*, DStR 1998, 1585 (1586) darauf hin, dass die Voraussetzungen beider Normen nicht vollständig deckungsgleich sind. Auch finden sich vereinzelt Urteile, die bezüglich der beiden Normen zu unterschiedlichen Ergebnissen kommen (zB BFH v. 10.9.2003 – XI R 9/02, DStR 2004, 263).

15 **II. Einführung in Inhalt und Zweck des § 3 Nr. 9.** Abfindungen wegen einer vom ArbGeb veranlassten oder gerichtlich ausgesprochenen Auflösung des Dienstverhältnisses (nachfolgend: „Entlassungsabfindung") können nach § 3 Nr. 9 bei der Besteuerung des ArbN grundsätzlich bis zu 7.200 Euro und bei gewissem Lebens- und Dienstalter sogar bis zu 11.000 Euro steuerbefreit sein.

16 Die Vorschrift sieht einen **Freibetrag** vor, keine Freigrenze, so dass die Steuerfreiheit auch dann in Anspruch genommen werden kann, wenn die Abfindung höher ist[1].

17 Der steuerbefreite Betrag unterliegt auch nicht etwa dem sog. Progressionsvorbehalt nach § 32b (anders als etwa das ArblGeld). Es handelt sich also um eine **vollständige Steuerbefreiung** ohne indirekte Nachteile für die auf die übrigen Einkünfte anzuwendende Steuersatzhöhe.

18 § 3 Nr. 9 ist ein Befreiungstatbestand, der aus sozialen Gründen eingeführt worden ist[2]. **Zweck** der Vorschrift ist es, durch die Steuerbefreiung einer sozialen Härte Rechnung zu tragen[3], indem Mittel, die dem Ausgleich der sozialen Härte dienen, nicht partiell durch Besteuerung entzogen werden[4]. Die Steuerbefreiung orientiert sich am Verlust des Arbeitsplatzes und nicht an der Situation, die sich aus der Auflösung des Arbeitsverhältnisses für den ArbN ergibt[5]. Sie entspricht jedenfalls in ihrer derzeitigen Ausprägung nicht dem Grundsatz der Besteuerung nach der wirtschaftlichen Leistungsfähigkeit. Dementsprechend ist die Abschaffung der Steuerbefreiung in früheren Gesetzgebungsplänen bereits enthalten gewesen[6]. Sie wird bisweilen auch wegen Gleichheitswidrigkeit gefordert[7]. Allerdings ist die Steuerbefreiung nicht verfassungswidrig[8].

19 Bei § 3 Nr. 9 bestehen durchaus **Gestaltungsmöglichkeiten**, um die Steuerbefreiung nutzen zu können (siehe hierzu unten Rz. 57 ff.). Wie so häufig im Steuerrecht, können steuerliche Unkenntnis und Trägheit daher zu einer höheren Steuerlast führen. Neben dem ArbN sollte sich auch der ArbGeb der Gestaltungsmöglichkeiten bewusst sein, um Entlassungen möglichst kostengünstig realisieren zu können. Denn ArbN orientieren sich oft in erster Linie an dem Betrag, der ihnen nach Abzug der Steuern verbleibt[9], und nicht am Bruttobetrag.

20 **III. Entstehungsgeschichte/Rechtsentwicklung.** Die Steuerbefreiung geht in ihrem Kern letztlich bis auf § 8 Nr. 9 1925 zurück[10].

21 Die jetzige Fassung des § 3 Nr. 9 beruht im Wesentlichen auf dem EStReformgesetz (EStRG 1974) und gilt seit dem 1.1.1975. Mit dem EStRG 1974 wurde § 3 Nr. 9 neu gefasst und der Abfindungsbegriff erweitert. Da sich die Rechtslage seit 1975 erheblich geändert hat, ist die frühere Rspr. lediglich mit Einschränkungen anzuwenden[11].

22 Die Höchstbeträge wurden durch das sog. Steuerentlastungsgesetz 1999/2000/2002 mit Wirkung ab 1999 um ein Drittel gekürzt. Zur Übergangsregelung siehe § 52 Abs. 5 idF StEntlG 1999/2000/2002[12]. Zuletzt wurden die Höchstbeträge um ca. 12 % durch das HBeglG 2004 abgesenkt, wobei eine Herabsetzung der Steuerfreibeträge erst durch den Einigungsvorschlag des Vermittlungsausschusses in das Gesetzgebungsverfahren gelangte[13]. Deswegen wird teilweise die formelle Verfassungsmäßigkeit angezweifelt[14].

23 **IV. Art des Dienstverhältnisses (begünstigter Personenkreis).** Aus dem Wortlaut des § 3 Nr. 9, der von „Arbeitgeber" und „Arbeitnehmer" spricht, folgt, dass es sich bei dem Dienstverhältnis um eine nichtselbständige Arbeit handeln muss (§ 2 Abs. 1 Satz 1 Nr. 4, § 19), also um ein **steuerliches Arbeitsverhältnis**. Für die Begriffe „Arbeitgeber", „Arbeitnehmer" und „Dienstverhältnis" sind die steuerlichen Begriffsbestimmungen maßgebend[15], insb. diejenige des § 1 LStDV.[16] Es kommt also nicht auf den arbeitsrechtlichen Begriffsinhalt an, so dass es nicht erforderlich ist, dass auch ein arbeitsrechtliches Dienstverhältnis bestanden hat[17].

23a Für das erforderliche steuerliche Dienstverhältnis genügt dessen tatsächliche Durchführung; die **rechtliche Wirksamkeit** des Dienstvertrages ist gemäß § 41 Abs. 1 AO grundsätzlich nicht erforderlich. Auch bei Auflösung eines faktischen Arbeitsverhältnisses kann die Steuerbefreiung daher Anwendung finden[18]. Liegt ein wirksamer Dienstvertrag vor, so ist es aber nicht erforderlich, dass das Dienstver-

---

1 *Schmitz*, S. 80 mwN. | 2 Blümich/*Erhard*, § 3 EStG Rz. 15. | 3 Blümich/*Erhard*, § 3 EStG Rz. 15; HHR/*Bergkemper*, § 3 Nr. 9 EStG Rz. 3. | 4 BFH v. 27.4.1994 – XI R 41/93, BStBl. II 1994, S. 653; Kirchhof/Söhn/*von Beckerath*, § 3 Nr. 9 EStG Rz. B 9/28; *Schmitz*, S. 5. | 5 Kirchhof/Söhn/*von Beckerath*, § 3 Nr. 9 EStG Rz. B 9/27. | 6 Dazu Kirchhof/Söhn/*von Beckerath*, § 3 Nr. 9 EStG Rz. B 9/11. | 7 *Schmitz*, S. 167 f. u. 170; Lademann/*Altehoefer*, § 3 EStG Rz. 58; wohl auch *Wendt*, FR 1997, 765. | 8 Für die Verfassungsmäßigkeit auch Littmann/Bitz/Pust/*Handzik*, § 3 EStG Rz. 281. | 9 *Schmitz*, S. 3. | 10 Zur Rechtsentwicklung des § 3 Nr. 9 EStG detailliert Kirchhof/Söhn/*von Beckerath*, § 3 Nr. 9 EStG Rz. B 9/1 ff.; HHR/*Bergkemper*, § 3 Nr. 9 EStG Rz. 2. | 11 BFH v. 13.10.1978 – VI R 91/77, BStBl. II 1979, S. 155; Schmidt/*Heinicke*, § 3 „Abfindungen wegen Auflösung eines Dienstverhältnisses (§ 3 Nr. 9)"; *Frotscher*, § 3 Rz. 44. | 12 Kommentierung zB bei Littmann/Bitz/Pust/*Handzik*, § 3 EStG Rz. 326 ff. | 13 HBeglG 2004 v. 29.12.2003, BGBl. I 2003, 3076 (3081). | 14 Vgl. nur *Wachter*, DB 2004, 780 mwN. | 15 BFH v. 23.4.1996 – VIII R 53/94, BStBl. II 1996, S. 515. | 16 Siehe zum ArbGeb-Begriff auch R 66 LStR 2004 und zum ArbN-Begriff H 67 LStH 2004 „Allgemeines". | 17 Lademann/*Altehoefer*, § 3 EStG Rz. 59. | 18 *Hümmerich/Spirolke*, NZA 1998, 225 (226).

Da unter den **steuerlichen ArbN-Begriff** insb. auch Vorstandsmitglieder von Aktiengesellschaften, GmbH-Geschäftsführer und leitende Angestellte fallen können, kommt die Steuerbefreiung für Entlassungsabfindungen auch für diese Personengruppe in Betracht. Bei Gesellschafter-Geschäftsführern und Geschäftsführern, die einem Gesellschafter nahe stehen, ist steuerlich aber der Arbeitslohn von verdeckten Gewinnausschüttungen abzugrenzen. Hat die Abfindung ihre Ursache im Gesellschaftsverhältnis, so liegen verdeckte Gewinnausschüttungen vor, für welche die Steuerbefreiung des § 3 Nr. 9 nicht anwendbar ist[2]. Abfindungen an Gesellschafter-Geschäftsführer sollen nur dann keine verdeckte Gewinnausschüttung darstellen, wenn die Beendigung der Tätigkeit im betrieblichen Interesse liegt, eine entschädigungslose kurzfristige Kündigung nicht möglich und die Abfindungshöhe angemessen ist[3]. Insbesondere bei tätigen Mehrheitsgesellschaftern kann es fraglich sein, ob die Auflösung des Dienstverhältnisses durch den ArbGeb veranlasst ist[4]. Zudem kann das für beherrschende Gesellschafter-Geschäftsführer von Kapitalgesellschaften geltende Rückwirkungsverbot der Steuerbefreiung entgegenstehen[5]. Bei Ehegatten-Arbeitsverhältnissen und anderen Angehörigen-Arbeitsverhältnissen kann die Steuerbefreiung ebenfalls anwendbar sein[6], doch ist auch hier eine Abgrenzung mittels des Fremdvergleichs geboten (zu Leistungen auf familienrechtlicher Grundlage)[7]. Voraussetzung ist bei derartigen Arbeitsverhältnissen daher, dass auch andere ArbN in vergleichbarer Position bei Auflösung des Dienstverhältnisses entsprechende Abfindungen erhalten[8]. Tätige Gesellschafter von gewerblichen Personengesellschaften (Mitunternehmer) erzielen keinen Arbeitslohn, weil ihre Tätigkeitsvergütungen nach § 15 Abs. 1 Satz 1 Nr. 2 als gewerbliche Einkünfte eingeordnet werden. Wird zB einem bisher angestellten Kommanditisten einer gewerblichen Kommanditgesellschaft eine Abfindung gewährt, so handelt es sich um eine Sondervergütung iSd. § 15 Abs. 1 Satz 1 Nr. 2, die nicht unter die Steuerbefreiung des § 3 Nr. 9 fällt[9]. Da selbständige Handelsvertreter keine steuerlichen ArbN sind, können Ausgleichszahlungen nach § 89b HGB keine steuerfreien Entlassungsabfindungen sein[10].

Es ist unerheblich, ob das Dienstverhältnis eine **Haupt- oder Nebentätigkeit** ist[11]. Die Steuerbefreiung des § 3 Nr. 9 ist auch bei (teilzeitbeschäftigten) ArbN anwendbar, deren Lohn nach § 40a pauschal versteuert wird[12]. Denn für die Steuerbefreiung kommt es nicht auf die Art der Erhebung der Steuer oder deren Berechnung an[13].

V. Auflösung des Dienstverhältnisses. 1. Allgemeines. Tatbestandsvoraussetzung für die Steuerbefreiung ist eine Auflösung des Dienstverhältnisses. Erforderlich ist eine **Vollauflösung** des Dienstverhältnisses, die endgültig ist[14]. Eine bloße Veränderung des Dienstverhältnisses ist keine Auflösung und genügt daher nicht[15].

Ob das Dienstverhältnis aufgelöst worden ist, ist idR nach bürgerlichem Recht bzw. Arbeitsrecht zu beurteilen[16]. Grundsätzlich kommt es hierbei auf eine **formale Betrachtungsweise** an. Eine wirtschaftliche Betrachtungsweise ist aber in Ausnahmefällen erheblich, insb. im Falle einer Umsetzung im Konzern[17] und evtl. auch bei einem unbezahlten Übergangsurlaub in Verbindung mit (vorab vereinbarter) anschließender Aufhebung des Arbeitsverhältnisses[18]. Eine Auflösung kann zB durch fristgerechte oder fristlose Kündigung des ArbGeb oder ArbN, durch Vereinbarung zwischen ArbN und ArbGeb, durch BV, durch TV oder durch gerichtlichen oder außergerichtlichen Vergleich erfolgen.

Unerheblich ist übrigens, ob der ArbN infolge der Auflösung des Dienstverhältnisses arbeitslos wird oder ob er anschließend sofort eine neue Beschäftigung findet[19].

---

1 *Bauer*, Aufhebungsverträge, Rz. 901 u. 931. Siehe aber Heuermann/Wagner/*Wagner* Lohnsteuer, E Rz. 76. | 2 Vgl. FG Düsseldorf v. 30.1.1998 – 6 V 5644/97 A, EFG 1998, 878 (880). | 3 Blümich/*Rengers*, § 8 KStG Rz. 762. | 4 Vgl. Nds. FG v. 14.10.1999 – 5 K 43/99, EFG 2000, 917. Zust. Blümich/*Erhard*, § 3 EStG Rz. 16. | 5 *Breuer*, NWB F. 6, 3853 (3866). Nach Auffassung von *Frotscher*, KStG, Anh. zu § 8 – Stichwort „Abfindung", soll aber eine Vereinbarung im Zusammenhang mit der Auflösung des Dienstverhältnisses genügen, weil die Abfindung in der Zukunft entstehende Ansprüche abgelte. | 6 Vgl. BFH v. 28.11.1991 – XI R 7/90, BFH/NV 1992, 305. | 7 Vgl. R 19 Abs. 1 EStR 2003. | 8 BFH v. 18.12.1984 – VIII R 95/84, BStBl. II 1985, S. 327; FG München v. 7.6.1994 – 16 K 3596/93, EFG 1995, S. 60. | 9 BFH v. 23.4.1996 – VIII R 53/94, BStBl. II 1996, S. 515; H 6 EStH 2003 und H 9 LStH 2004. AA: Kirchhof/Söhn/*von Beckerath*, § 3 Nr. 9 EStG Rz. B 9/110 Stichwort „Mitunternehmer". | 10 *Bauer*, Aufhebungsverträge, Rz. 901; *Schmitz*, S. 17. | 11 Littmann/Bitz/Pust/*Handzik*, § 3 EStG Rz. 300. | 12 R 9 Abs. 1 Satz 5 LStR 2004. | 13 Hess. FG v. 10.9.2001 – 13 K 5405/00, EFG 2002, 71 (n.rkr.); *Frotscher*, § 3 EStG Rz. 45. | 14 BFH v. 21.6.1990 – X R 48/86, BStBl. II 1990, S. 1021; v. 16.7.1997 – XI R 85/96, BStBl. II 1997, S. 666. | 15 *Frotscher*, § 3 EStG Rz. 53. | 16 BFH v. 13.10.1978 – VI R 91/77, BStBl. II 1979, S. 155; v. 11.1.1980 – VI R 165/77, BStBl. II 1980, S. 205; H 9 LStH 2004 „Auflösungszeitpunkt des Dienstverhältnisses". | 17 Kritisch zur Rspr. des BFH aus diesem Grund HHR/*Bergkemper*, § 3 Nr. 9 EStG Rz. 13 mwN. Der Rspr. im Ergebnis zust.: Kirchhof/Söhn/*von Beckerath*, § 3 Nr. 9 EStG Rz. B 9/42 ff., insb. B 9/44 und B/101. | 18 Vgl. BFH v. 14.5.2003 – XI R 16/02, BFH/NV 2003, 1487. | 19 BFH v. 13.10.1978 – VI R 91/77, BStBl. II 1979, S. 155. Zust. Blümich/*Erhard*, § 3 EStG Rz. 15 und HHR/*Bergkemper*, § 3 Nr. 9 EStG Rz. 13.

29 **2. Einzelfall-ABC**

– **Änderungskündigung:** Eine Änderungskündigung bewirkt nur dann eine Auflösung des Dienstverhältnisses, wenn sie zu einem Ausscheiden aus dem Dienstverhältnis führt[1]. Wird nach einer Änderungskündigung das Dienstverhältnis zu den geänderten Bedingungen fortgesetzt, so ist eine in Zusammenhang mit der Änderungskündigung gezahlte Entschädigung mangels Auflösung des Dienstverhältnisses nicht steuerbefreit[2]. Da es aber für eine Steuerbefreiung nicht zwangsläufig schädlich ist, wenn im Anschluss an eine Auflösung des alten Dienstverhältnisses ein neues Dienstverhältnis mit dem alten ArbGeb begründet wird, lassen sich unter Umständen durch eine formale Auflösung (an Stelle einer Änderungskündigung) steuerliche Vorteile erzielen[3]. Es kann sich daher aus steuerlicher Sicht empfehlen, die Bedingungen für ein neues Dienstverhältnis nicht im Kündigungsschreiben zu nennen, sondern sie danach und unabhängig vom Kündigungsschreiben anzubieten[4].

– **Beschäftigungs- und Qualifizierungsgesellschaft (BQG):** Während bei einem Wechsel des ArbN zu einer (arbeitgeber-)internen BQG wohl keine Auflösung des Dienstverhältnisses anzunehmen ist, sollte eine Auflösung aber nach wohl richtiger (jedoch umstrittener) Ansicht bei einem Wechsel zu einer (arbeitgeberkonzern-)externen BQG anzunehmen sein[5].

– **Betriebs- oder Teilbetriebsübergang:** Der Übergang eines Betriebs oder Betriebsteils nach § 613a BGB, ggf. auch bei Umwandlungen (§ 324 UmwG), führt nicht zu einer Auflösung des Dienstverhältnisses, so dass Zuwendungen, die anlässlich eines ArbGebWechsels im Rahmen eines Betriebs- oder Teilbetriebsübergangs erbracht werden, keine steuerbefreiten Abfindungen sind[6]. Dass die Person des ArbGeb wechselt, ist unerheblich.

– **Freistellung:** Eine bloße Freistellung von der Arbeit ist noch keine Auflösung des Dienstverhältnisses[7]. Auch wenn das Arbeitsverhältnis lediglich rein formal aufrechterhalten wird, liegt eine Auflösung nicht vor[8]. Zahlungen aufgrund von Freistellungen sind daher keine steuerfreien Entlassungsabfindungen, sondern steuerpflichtige Leistungen in Erfüllung des modifizierten Dienstverhältnisses. Es kann daher aus steuerlichen Gründen empfehlenswert sein, dem ArbN statt einer bezahlten Freistellung eine Aufhebung des Arbeitsverhältnisses unter Zahlung einer Abfindung anzubieten[9]. Gleiches gilt etwa für Zuzahlungen im Rahmen von **Kurzarbeit**[10].

– **Pensionierung:** Da bei einer Pensionierung des ArbN das Dienstverhältnis aufgelöst wird, beeinträchtigt die Zahlung von Ruhegeldern, die steuerlich als Arbeitslohn behandelt werden, die Auflösung des Dienstverhältnisses nicht[11].

– **Teilzeitarbeit:** Wird ein bisheriges Vollzeitdienstverhältnis als Teilzeitarbeit fortgeführt, so liegen die Voraussetzungen für eine steuerfreie Abfindungszahlung nicht vor[12].

– **Umsetzung innerhalb eines Konzerns:** Bei einer Umsetzung innerhalb eines Konzerns ist nach den Verhältnissen des Einzelfalls zu prüfen, ob die Umsetzung als Fortsetzung eines einheitlichen Dienstverhältnisses oder als neues Dienstverhältnis zu beurteilen ist[13]. Für Ersteres sprechen zB die unbegrenzte oder begrenzte Rückkehrmöglichkeit zum bisherigen ArbGeb, die Anrechnung bisheriger Dienstzeiten durch den neuen ArbGeb oder die Weitergeltung der Pensionsordnung. Weiteres Indiz kann auch eine Verpflichtung zur Rückzahlung der Abfindung bei vorzeitigem Ausscheiden beim „neuen" ArbGeb sein. Auch ein Entfallen der Probezeit und die Überleitung von Urlaubsansprüchen kann als Anzeichen für die Fortsetzung eines einheitlichen Arbeitsverhältnisses gewertet werden[14]. Im Schrifttum wird als Indiz zudem auch ein finanzieller Auf- oder Abstieg genannt; Ersteres soll gegen eine Auflösung des Dienstverhältnisses sprechen, Letzteres hingegen dafür[15]. Von einem einheitlichen Dienstverhältnis ist auszugehen, wenn die Umsetzung auf Grund einer Konzernversetzungsklausel erfolgt[16]. Es ist übrigens unerheblich, ob das einheitliche Dienstverhältnis im In- oder Ausland fortgeführt wird[17]. Bei der Umset-

---

1 R 9 Abs. 2 Satz 3 LStR 2004. | 2 BFH v. 10.10.1986 – VI R 178/83, BStBl. II 1987, S. 186; v. 21.6.1990 – X R 48/86, BStBl. II 1990, S. 1021; v. 28.11.1991 – XI R 7/90, BFH/NV 1992, 305. | 3 Ebenso Littmann/Bitz/Pust/Handzik, § 3 EStG Rz. 303. | 4 Littmann/Bitz/Pust/Handzik, § 3 EStG Rz. 303. Nach Offerhaus, StBp 1987, S. 71 soll allerdings der ArbN im Zweifel nachzuweisen haben, dass der ArbGeb nicht von vornherein eine Beschäftigung zu geänderten Bedingungen plante. | 5 Näher Pröpper, DB 2001, 2170; Pitterle, DB 2002, 762. | 6 BFH v. 16.7.1997 – XI R 85/96, BStBl. II 1997, S. 666 mit Anm. Wendt in FR 1997, 765; BFH v. 12.4.2000 – XI R 1/99, BFH/NV 2000, 1195; H 9 LStH 2004 „Betriebsübergang nach § 613a BGB"; vgl. dazu Naumann, BB 1998, 74 ff. | 7 BFH v. 27.4.1994 – XI R 41/93, BStBl. II 1994, S. 653. Abl. Strunk, DStR 1994, S. 1249 (1250). | 8 AA Hartz/Meeßen/Wolf, Stichwort „Entschädigungen (Abfindungen)", Rz. 33 für den Fall, dass der ArbN dem Arbeitsmarkt zur Verfügung steht und höchstens noch solche Leistungen des ArbGeb zu erwarten hat, die auch Betriebspensionären zustehen. | 9 Bauer, Aufhebungsverträge, Rz. 905. | 10 BMF-Schreiben v. 22.3.1991, StEK EStG § 19 Nr. 223. | 11 Lademann/Altehoefer, § 3 EStG Rz. 60; Littmann/Bitz/Pust/Handzik, § 3 EStG Rz. 284; Küttner/Huber, Stichwort „Abfindung", Rz. 44. | 12 Verfügung OFD Frankfurt v. 8.11.2000, StEK EStG § 3 Nr. 754. | 13 BFH v. 21.6.1990 – X R 48/86, BStBl. II 1990, S. 1021; v. 22.6.2001 – XI R 28/01, BFH/NV 2001, 1551; H 9 LStH 2004 „Umsetzung im Konzern". Näher zu dieser Thematik: Prinz, DStR 1998, 1585 (1587); Forchhammer, DStZ 1999, 153 (159) und Seitrich, BB 1987, 378. Zu einem Outsourcing-Fall siehe BFH v. 12.4.2000, XI R 1/99, BFH/NV 2000, 1195. | 14 Vgl. FG Hamburg v. 27.5.1993 – II 173/91, EFG 1994, 86. | 15 Offerhaus, FS Kruse, S. 405 (407). | 16 Bauer, Aufhebungsverträge, Rz. 912. | 17 Bauer, Aufhebungsverträge, Rz. 912.

zung im Konzern kommt es also ausnahmsweise nicht allein auf die formale Auflösung des Arbeitsverhältnisses an; vielmehr ist nach Auffassung der Finanzrechtsprechung und Finanzverwaltung zusätzlich eine wirtschaftliche Betrachtung erforderlich.

– **Versetzung:** Bei einer Versetzung oder einem Wechsel des ArbN aus anderen Gründen zu einer anderen Betriebsstätte desselben ArbGeb besteht das Dienstverhältnis fort. Eine Abfindungszahlung wegen einer Versetzung ist keine steuerbefreite Entlassungsentschädigung[1].

– **Weiterbeschäftigung beim bisherigen ArbGeb:** Wird der ArbN auf Grund eines nach Beendigung des Dienstverhältnisses abgeschlossenen neuen Dienstvertrags bei demselben ArbGeb zu wesentlich anderen Bedingungen weiterbeschäftigt, so wird dadurch die Steuerfreiheit einer Abfindung nicht beeinträchtigt[2]. Es ist also nicht erforderlich, dass nach dem Auflösungszeitpunkt jegliche Tätigkeit für den bisherigen ArbGeb endet[3]. War die Weiterbeschäftigung beim Bisherigen ArbGeb als ArbN jedoch schon von vornherein geplant, so kann die Steuerfreiheit der Abfindung unter Umständen gemäß § 42 AO wegen Missbrauchs rechtlicher Gestaltungsmöglichkeiten versagt werden[4]. Unschädlich ist es, wenn der ArbN außerhalb eines (steuerlichen) Arbeitsverhältnisses bei seinem früheren ArbGeb tätig wird, also insb. als freier Mitarbeiter[5].

VI. Ursache für die Auflösung des Dienstverhältnisses. Das Gesetz verlangt, dass eine vom ArbGeb veranlasste oder gerichtlich ausgesprochene Auflösung des Dienstverhältnisses vorliegt. In der Praxis kommt der ersten Alternative sehr viel größere Bedeutung als der Zweiten zu. **30**

1. Veranlassung der Auflösung durch den ArbGeb. a) Allgemeines. Die Auflösung des Dienstverhältnisses ist durch den ArbGeb veranlasst, wenn dieser die **entscheidenden Ursachen** für die Auflösung gesetzt hat[6]. Die entscheidende Ursache für die Auflösung eines Dienstverhältnisses wird von demjenigen gesetzt, der die Auflösung „betrieben" hat[7]. Es ist daher nicht erforderlich, dass der ArbGeb die Auflösung ausschließlich veranlasst hat[8]. Hat die Auflösung mehrere Ursachen, so ist zu untersuchen, was im Einzelfall letztlich für die Beendigung des Dienstverhältnisses ausschlaggebend war[9]. Auf ein Verschulden des ArbGeb kommt es nicht an[10]. Entscheidend für die Beurteilung ist somit der tiefere Grund, der zur Beendigung des Dienstverhältnisses geführt hat. Von einer durch den ArbN selbst veranlassten (also schädlichen) Auflösung kann richtigerweise nur dann ausgegangen werden, wenn der ArbN die Ursachenkette freiwillig in Gang gesetzt hat und aufgrund dessen die Beendigung des Dienstverhältnisses absehbare Folge des freiwilligen Handelns ist[11]. **31**

Auch auf den **formalen Auflösungsakt** kommt es nicht an, so dass es zB nicht entscheidend ist, ob eine Kündigung vom ArbGeb oder vom ArbN erklärt wurde oder ob das Arbeitsverhältnis einvernehmlich aufgelöst wurde[12]. Es ist mit anderen Worten unerheblich, wie das Arbeitsverhältnis formal aufgelöst wurde und wie die Abfindung geregelt wurde[13]. Nicht die Art der Auflösung des Dienstverhältnisses ist entscheidend, sondern der zur Beendigung führende Grund[14]. **32**

Die Veranlassung durch den ArbGeb ist stets anhand der Umstände des Einzelfalls zu beurteilen[15]. Typische **Fallkonstellationen**, in denen die Auflösung des Arbeitsverhältnisses in aller Regel vom ArbGeb veranlasst ist, sind auch heute noch die sog. betriebsbedingten Kündigungen[16]. – Auch eine Kündigung des ArbN kann durch den ArbGeb veranlasst sein, wie zB bei drohender Insolvenz des ArbGeb, Betriebsverlegung oder einem Druck des ArbGeb zur Auflösung des Dienstverhältnisses[17]. Gleiches gilt, wenn der ArbGeb dem ArbN eine anders geartete Tätigkeit zuweist[18]. – Umgekehrt ist es in seltenen Fällen auch denkbar, dass der ArbGeb die Kündigung erklärt, diese jedoch maßgeblich vom ArbN veranlasst ist (zB durch vertragswidriges Verhalten; dazu näher Rz. 37). – Eine Veranlassung durch den ArbN liegt zudem regelmäßig dann vor, wenn dieser ohne Druck des ArbGeb kündigt[19], um sich allein oder wenigstens deswegen kündigt, um sich beruflich zu verbessern[20]. Auch Fälle, in denen sich der ArbGeb weigert, auf Änderungswünsche des ArbN einzugehen, können zu einer arbeitnehmerseitigen Veranlassung der Auflösung des **33**

---

1 *Tombers/Sauter*, DB 1980, 709; *Bauer*, Aufhebungsverträge, Rz. 910. | 2 BFH v. 10.10.1986 – VI R 178/83, BStBl. II 1987, S. 186; v. 21.6.1990 – X R 48/86, BStBl. II 1990, S. 1021; vgl. auch BFH v. 10.4.2003 – XI R 4/02, BStBl. II 2003, 748; H 9 LStH 2004 „Neues Dienstverhältnis bei demselben Arbeitgeber". | 3 *Blümich/Erhard*, § 3 EStG Rz. 21. | 4 *Breuer*, NWB F. 6, S. 4009 (4011). | 5 HHR/*Bergkemper*, § 3 Nr. 9 EStG Rz. 13; *Offerhaus*, DB 1991, S. 2456 (2457). | 6 R 9 Abs. 2 Satz 1 LStR 2004; BFH v. 17.5.1977 – VI R 150/76, BStBl. II 1977, S. 735; v. 13.10.1978 – VI R 91/77, BStBl. II 1979, S. 155; v. 11.1.1980 – VI R 165/77, BStBl. II 1980, S. 205. | 7 BFH v. 6.3.2002 – XI R 51/00, BStBl. II 2002, S. 516. | 8 HHR/*Bergkemper*, § 3 Nr. 9 EStG Rz. 16; Horowski/Altehoefer/*Stache*, § 3 Nr. 9 EStG Rz. 39; *Schmitz*, S. 53. | 9 *Hartz/Meeßen/Wolf*, Stichwort „Entschädigungen (Abfindungen)", Rz. 48. | 10 HHR/*Bergkemper*, § 3 Nr. 9 EStG Rz. 16; Lademann/*Altehoefer*, § 3 Nr. 9 EStG Rz. 67; *Schmitz*, S. 52 f. mwN. | 11 Heuermann/Wagner/*Wagner*, LohnSt. E Rz. 86 | 12 BFH v. 17.5.1977 – VI R 150/76, BStBl. II 1977, S. 735. | 13 *Blümich/Erhard*, § 3 EStG Rz. 20. | 14 Kirchhof/Söhn/*von Beckerath*, § 3 Nr. 9 EStG Rz. B 9/52. | 15 Lademann/*Altehoefer*, § 3 EStG Rz. 67. | 16 *Schmitz*, S. 45 nimmt sogar bei sämtlichen ordentlichen Kündigungen durch den Arbeitgeber eine Vermutung der arbeitgeberseitigen Veranlassung an. Ausnahmen können aber insbesondere bei betriebsbedingten Kündigungen nach Widerspruch des Arbeitnehmers gegen den Übergang seines Dienstverhältnisses nach § 613a BGB bestehen. | 17 Kirchhof/Söhn/*von Beckerath*, § 3 Nr. 9 EStG Rz. B 9/53. Siehe auch die von Lademann/*Altehoefer*, § 3 EStG Rz. 69 und von Littmann/Bitz/Pust/*Handzik*, § 3 EStG Rz. 310 genannten Beispiele. | 18 *Offerhaus*, FS Budde, S. 468. | 19 *Bauer*, Aufhebungsverträge, Rz. 908. | 20 Vgl. *Schmitz*, S. 48 mwN.

Arbeitsverhältnisses führen. Dies gilt aber dann nicht, wenn der ArbGeb einem berechtigten Anliegen des ArbN nicht entspricht, er zB einem Teilzeitwunsch des ArbN entgegen § 8 TzBfG nicht nachkommt[1]. – Auch kann eine ordentliche Kündigung des ArbN, die von diesem veranlasst ist, dadurch überlagert werden, dass aus diesem Anlass auf Drängen des ArbGeb einvernehmlich die Auflösung des Dienstverhältnisses zu einem früheren Termin vereinbart wird[2]. In einem solchen Fall kommt es für die Frage der arbeitgeberseitigen Veranlassung wohl allein darauf an, wer die vorzeitige Auflösung betrieben hat[3].

34 Ob die Zahlung einer Abfindung ein Indiz dafür darstellt, dass die Auflösung des Dienstverhältnisses vom ArbGeb veranlasst ist, ist zwar umstritten, jedoch herrschende Auffassung[4]. Für eine derartige **Indizwirkung einer Abfindungszahlung** wird als Argument angeführt, dass der ArbGeb regelmäßig nur in solchen Fällen Grund zu einer Abfindungszahlung habe, in denen er der Veranlasser ist, nicht aber, wenn die Auflösung des Dienstverhältnisses vom ArbN veranlasst sei[5]. Nach teilweise vertretener Auffassung der Befürworter einer solchen Auffassung soll die (widerlegbare) Vermutung allerdings in bestimmten Fallkonstellationen nicht gelten: Bei ArbN, die kurz vor dem Ruhestand stehen, bei Gesellschafter-Geschäftsführern und bei verwandtschaftlichen Beziehungen zum ArbGeb[6]. Von den Gegnern einer Indizwirkung wird das Argument angeführt, dass der ArbGeb an der Steuerfreiheit der Abfindung zwecks Kostenersparnis ebenfalls interessiert sei[7].

35 Aus steuerlicher Sicht empfiehlt es sich zur **Dokumentation**, in einem Aufhebungsvertrag die Veranlassung durch den ArbGeb schriftlich auszudrücken. Auch wenn eine derartige Formulierung für die Finanzverwaltung und die FG nicht verbindlich ist, kann sie dennoch nützlich sein, weil in diesen Fällen die Vermutung besteht, dass der ArbGeb die Auflösung veranlasst hat[8]. Es unterbleiben dann ggf. Nachforschungen der Finanzbehörden zu den Auflösungsgründen[9], weil sie bei Fehlen entgegenstehender Anhaltspunkte die Darstellung der Arbeitsvertragsparteien regelmäßig akzeptieren wird[10]. Teilweise wird auch empfohlen, den wirklichen Auflösungsgrund in den Unterlagen des ArbGeb festzuhalten[11]. Wenn der ArbGeb dem ArbN im Entlassungszeugnis eine Auflösung „im gegenseitigen Einvernehmen" bescheinigt, um ihn die Suche eines neuen Arbeitsplatzes nicht zu erschweren, so ergibt sich hieraus übrigens weder ein Hinweis auf eine Veranlassung durch den ArbGeb noch ein Hinweis auf eine Veranlassung durch den ArbN[12]. Für Dokumentationszwecke besser ist die Formulierung „einvernehmlich, aber auf Veranlassung des ArbGeb".

36 **b) Unzumutbarkeit als ungeschriebenes Tatbestandsmerkmal?** In älteren Entscheidungen hat der Bundesfinanzhof die Auffassung vertreten, dass dem ArbN eine weitere Zusammenarbeit mit dem ArbGeb unzumutbar sein müsse, damit eine arbeitgeberseitig veranlasste Beendigung des Arbeitsverhältnisses vorliege[13]. Aus dem Gesetzeswortlaut lässt sich eine solche **Unzumutbarkeitsvoraussetzung** nicht herleiten. Sie wird daher allenfalls bei Kündigungen durch den ArbN bedeutsam sein[14]. Nach anderer Ansicht ist dieses Merkmal durch eine Änderung des § 3 Nr. 9 EStG seit 1975 entfallen[15]. Das Unzumutbarkeitsmerkmal geht nämlich auf § 9 KSchG zurück, an den § 3 Nr. 9 EStG idF vor 1975 anknüpfte[16]. Nach einer unzutreffenden Ansicht soll es bei Erfüllen der Unzumutbarkeitsvoraussetzung nicht erforderlich sein, dass der ArbGeb die entscheidenden Ursachen für die Auflösung des Dienstverhältnisses gesetzt hat[17].

37 **c) Einzelfall-ABC**

– **Altersteilzeit-Modelle:** Bei ATZ-Modellen ist nach Ansicht der Finanzverwaltung die Auflösung des Dienstverhältnisses nicht vom ArbGeb veranlasst, wenn die ATZ bis zum 65. Lebensjahr andauert[18]. Dem ist nur insoweit zuzustimmen, wie das Dienstverhältnis zu diesem Zeitpunkt auf Grund einer wirksamen Befristung (Altersgrenze) aufgelöst worden wäre.

---

1 Anders noch BFH v. 28.11.1991 – XI R 7/90, BFH/NV 1992, S. 305. Das Urteil dürfte durch die Einführung von § 8 TzBfG überholt sein. | 2 *Hartz/Meeßen/Wolf*, Stichwort „Entschädigungen (Abfindungen)", Rz. 48; *Bauer*, Aufhebungsverträge, Rz. 904. | 3 Bauer, Aufhebungsverträge, Rz. 904 und *Schmitz*, S. 48. AA aber BFH v. 13.10.1978 – VI R 91/77, BStBl. II 1979, 155 (157) zu einem Fall mit umgekehrter Rollenverteilung. | 4 Dafür: BFH v. 6.3.2002 – XI R 51/00, BStBl. II 2002, 516; Nds. FG v. 14.12.1988 – VII 319/87, EFG 1989, 337; *Offerhaus*, DStR 1980, 475; Kirchhof/Söhn/*von Beckerath*, § 9 EStG Rz. B 9/13; Littmann/Bitz/Pust/*Handzik*, § 3 EStG Rz. 309; Hartz/Meeßen/*Wolf*, Stichwort „Entschädigungen (Abfindungen)", Rz. 42; Küttner/*Huber*, Stichwort „Abfindung", Rz. 47. Dagegen: *Fumi/Urban*, krit, LStK 9/29. | 5 *Breuer*, NWB F. 6, S. 4009 (4012); HHR/*Bergkemper*, § 3 Nr. 9 EStG Rz. 16; Kirchhof/Söhn/*von Beckerath*, § 3 Nr. 9 EStG Rz. B 9/55. | 6 Nds. FG v. 14.10.1999 – 5 K 43/99, EFG 2000, 917; Kirchhof/Söhn/*von Beckerath*, § 3 Nr. 9 EStG Rz. B 9/55. | 7 Vgl. *Fumi/Urban*, krit, LStK 9/29. | 8 *Bauer*, Aufhebungsverträge, Rz. 907; *Offerhaus*, DStR 1980, 475. | 9 *Schmitz*, S. 42. | 10 *Hümmerich/Spirolke*, NZA 1998, 225 (227). | 11 *Offerhaus*, DB 1982, Beilage 10, S. 1. | 12 Vgl. Lademann/*Altehoefer*, § 3 EStG Rz. 70. | 13 BFH v. 13.10.1978 – VI R 91/77, BStBl. II 1979, S. 155; v. 11.1.1980 – VI R 165/77, BStBl. II 1980, S. 205; v. 28.11.1991 – XI R 7/90, BFH/NV 1992, 305 (306). Ausf. hierzu und zur hieran geübten Kritik: *Schmitz*, S. 58 ff. | 14 Vgl. von *Bornhaupt*, BB 1980, Beilage 7, 1 (5) und *Fumi/Urban*, krit, LStK 9/28 und 9/32. | 15 Blümich/*Erhard*, § 3 EStG Rz. 20; Littmann/Bitz/Pust/*Handzik*, § 3 EStG Rz. 309; Schmidt/*Heinicke*, EStG, Stichwort „Abfindungen wegen Auflösung eines Dienstverhältnisses (§ 3 Nr. 9)", Anm. c. Gegen die Unzumutbarkeitsvoraussetzung auch Kirchhof/Söhn/*von Beckerath*, § 3 Nr. 9 EStG Rz. B 9/54. | 16 Hartz/Meeßen/*Wolf*, Stichwort „Entschädigungen (Abfindungen)", Rz. 40. | 17 *Breuer*, NWB F. 6, 4009 (4012). | 18 R 9 Abs. 2 Satz 4 LStR 2004. Siehe auch *Niermann*, DB 2001, 2415.

– **Anteilsverkauf durch Gesellschafter-Geschäftsführer:** Eine Beendigung des Dienstverhältnisses als Geschäftsführer kann trotz des freiwilligen Anteilsverkaufs von der ArbGeb (Gesellschaft) veranlasst sein, da die Beendigung der Geschäftsführertätigkeit nicht zwangsläufige Folge der Anteilsveräußerung ist[1].

– **Befristungen:** Eine Veranlassung der Auflösung des Dienstverhältnisses durch den ArbGeb fehlt regelmäßig bei Befristungen, auch in Form von Altersgrenzen. Endet das Dienstverhältnis durch eine von Beginn an wirksame Befristung, so ist die Auflösung des Dienstverhältnisses nicht durch den ArbGeb veranlasst, sondern erfolgt wegen Zeitablaufs. Dies gilt auch dann, wenn der ArbGeb in solchen Fällen das Dienstverhältnis der äußeren Form nach kündigt[2]. Ebenso ist es unerheblich, ob die Befristung auf Wunsch des ArbGeb erfolgte[3]. Entlassungsentschädigungen, die bei Fristablauf, insb. bei Erreichen einer Altersgrenze, gezahlt werden, fallen daher nicht unter die steuerbefreiten Abfindungen[4]. Auch die Zahlung einer Gratifikation oder einer besonderen Zuwendung (insb. eines Übergangsgeldes) bei Ablauf eines befristeten Dienstverhältnisses stellt keine steuerbefreite Abfindung dar[5]. Eine steuerbefreite Entlassungsabfindung kann aber ggf. vorliegen, wenn Streit um die Wirksamkeit der Befristung bestand; ggf. müssen dann Finanzbehörden oder -gerichte die arbeitsrechtliche Wirksamkeit prüfen[6]. Ob allein das Erreichen einer Altersgrenze zu einer Beendigung des Arbeitsverhältnisses führt, eine (wirksame) Befristung also vorliegt, hängt vom Einzelfall ab, insb. den dort getroffenen Vereinbarungen (vgl. auch § 41 Abs. 4 SGB VI). Ist eine Befristung (Altersgrenze) nicht vorgesehen, so können auch an über 65 Jahre alte ArbN gezahlte Entlassungsentschädigungen steuerfrei sein[7]. Enthält ein befristeter Dienstvertrag eine Verlängerungsklausel, wonach sich das Dienstverhältnis verlängert, wenn nicht vor Fristablauf gekündigt wird, so lässt sich möglicherweise argumentieren, dass bei einer Kündigung mit Beendigung zum Fristablauf trotz Befristung eine vorzeitige Beendigung des Dienstverhältnisses vorliegt, die steuerbegünstigt sein kann, weil das Dienstverhältnis aufgrund der Verlängerungsklausel von vornherein für längere Zeit vorgesehen war[8]. Auch bei anderen vorzeitigen Beendigungen eines befristeten Arbeitsverhältnisses kann die erforderliche Veranlassung des ArbGeb vorliegen.

– **Betriebs(teil)übergang:** Widerspricht ein ArbN einem Übergang seines Arbeitsverhältnisses bei einem Betriebsübergang (§ 613a Abs. 6 BGB), so wird es wohl häufig an einer Veranlassung durch den ArbGeb fehlen[9].

– **Vertragswidriges Verhalten des ArbN:** Problematisch ist die Steuerfreiheit einer Abfindung insb. dann, wenn ein vertragswidriges Verhalten des ArbN vorliegt. Wenn der ArbGeb in einem solchen Fall berechtigterweise eine Kündigung ausspricht, ist die Auflösung des Dienstverhältnisses nicht vom ArbGeb veranlasst[10]. Allerdings rechtfertigt nicht jedes vertragswidrige Verhalten eine ordentliche oder außerordentliche Kündigung. Erforderlich dürfte vielmehr ein eindeutiges Fehlverhalten sein[11]. Entscheidend sind daher die Umstände des Einzelfalles[12]. Droht der ArbGeb zB zuvor mit einer ungerechtfertigten fristlosen Kündigung, so ist eine daraufhin erfolgte Kündigung durch den ArbN idR als vom ArbGeb veranlasst anzusehen[13]. Zudem kann es ggf. auch an der Beweisbarkeit mangeln. Weigert sich der ArbGeb im Falle einer von ihm ausgesprochenen außerordentlichen Kündigung die Kündigungsgründe zu benennen oder zu beweisen, dann ist eine daraufhin erfolgte einvernehmliche Auflösung des Dienstverhältnisses jedenfalls regelmäßig als vom ArbGeb veranlasst anzusehen[14]. Gleiches muss richtigerweise gelten, wenn der ArbGeb einen außerordentlichen Kündigungsgrund nicht mit hinreichender Wahrscheinlichkeit beweisen könnte und er sich im Hinblick auf das Prozessrisiko dazu entschließt, eine Aufhebungsvereinbarung mit Abfindungszahlung abzuschließen[15]. In der Aufhebungsvereinbarung sollte dann vom ArbGeb zu Zwecken der steuerlichen Dokumentation erklärt werden, dass er an den in der Kündigungserklärung geäußerten oder der Kündigung zugrunde liegenden Vorwürfen nicht festhält[16].

---

1 BFH v. 13.8.2003 – XI R 18/02, DStR 2004, 80. | 2 BFH v. 18.9.1991 – XI R 8/90, BStBl. II 1992, S. 34; v. 10.9.2003 – XI R 9/02, DStR 2004, 263. | 3 Littmann/Bitz/Pust/*Handzik*, § 3 EStG Rz. 311. | 4 Verfügung OFD Frankfurt v. 8.11.2000, StEK EStG § 3 Nr. 754. | 5 BFH v. 18.9.1991 – XI R 8/90, BStBl. II 1992, S. 34; H 9 LStH 2004 „Befristetes Dienstverhältnis". | 6 *Bauer*, Aufhebungsverträge, Rz. 915; *Schmitz*, S. 49 in Fn 112. | 7 Gruppenbesprechung OFD Köln v. Februar 1986, StEK EStG § 3 Nr. 390. | 8 *Bauer*, Aufhebungsverträge, Rz. 972; *Weber/Ehrich/Burmester*, Aufhebungsverträge, Teil 5 Rz. 55 f. | 9 AA *Pröpper*, BB 2000, 1817 (1819 f.) und Kirchhof/Söhn/*von Beckerath*, § 3 Nr. 9 EStG Rz. B 9/110 Stichwort „Betriebsübergang" unter Bezugnahme auf *Pröpper*. *Pröppers* Ansicht beruht allerdings weitgehend darauf, dass er sich gegen die herrschende Auslegung des Tatbestandsmerkmals „veranlasst" wendet. | 10 BFH v. 17.5.1977 – VI R 150/76, BStBl. II 1977, S. 735. | 11 So FG Münster v. 13.8.1997 – 1 K 3455/97 E, EFG 1997, 1420 zum Fall einer fehlenden Entlastung eines GmbH-Geschäftsführers wegen angeblicher Mängel in der Geschäftsführung. Gagel/*Vogt*, Beendigung von Arbeitsverhältnissen, Rz. 313 nennen insbesondere Diebstahl, Beleidigung, beharrliche Arbeitsverweigerung oder Bruch beruflicher Geheimnisse. | 12 *Bauer*, Aufhebungsverträge, Rz. 907. | 13 Ebenso *Hartz/Meeßen/Wolf*, Stichwort „Entschädigungen (Abfindungen)", Rz. 43. | 14 FG Hamburg v. 6.8.1980 – II 30/78, EFG 1981, 169. | 15 Im Ergebnis ebenso: *Hümmerich/Spirolke*, NZA 1998, 225 (227). Vergleiche auch BFH v. 9.8.1974 – VI R 142/72, BStBl. II 1974, 714 und FG Münster v. 13.8.1997 – 1 K 3455/97 E, EFG 1997, 1420. AA mit sehr ausführlicher Begründung FG Schleswig-Holstein v. 9.9.2003 – 5 K 175/02, n. rkr., EFG 2003, 1676 und wohl auch Lademann/*Altehoefer*, § 3 EStG Rz. 70. Nach Ansicht des FG Schl.-Holst. ist das materielle Arbeitsrecht nicht steuerlicher Prüfungsmaßstab, so dass es zB nicht darauf ankommen soll, ob eine fristlose Kündigung mangels vorheriger Abmahnung arbeitsrechtlich gerechtfertigt wäre. | 16 *Hümmerich/Spirolke*, NZA 1998, 225 (227).

38 **2. Gerichtliche Auflösung des Dienstverhältnisses.** Eine gerichtlich ausgesprochene Auflösung braucht nicht vom ArbGeb veranlasst zu sein[1]. Hier reicht also eine bestimmte Art und Weise der Auflösung aus[2]. Eine solche Auflösung liegt nach Auffassung der Finanzverwaltung allerdings nicht vor, wenn durch gerichtliches Urteil oder gerichtlichen Vergleich eine von einer Vertragspartei ausgesprochene Kündigung lediglich bestätigt wird[3]. Letzteres ist zwar streitig, aber wohl richtig[4]. Erfasst von der Gesetzesalternative der gerichtlich ausgesprochenen Auflösung sind jedenfalls **Gestaltungsurteile**[5]. Abfindungen auf Grund von Auflösungsurteilen nach §§ 9, 10 und 13 KSchG oder in entsprechender Anwendung dieser Vorschriften fallen deshalb stets unter die steuerbefreiten Entlassungsabfindungen, ohne dass es darauf ankommt, wer den Auflösungsantrag gestellt hat. Dies soll allerdings dann nicht gelten, wenn ArbGeb und ArbGeb einverständlich das Prozessverfahren missbrauchen, um die Verurteilung des ArbGeb zu einer nicht geschuldeten Abfindung zu erwirken[6]. Nach einer zweifelhaften Ansicht sollen von der gerichtlichen Auflösung des Dienstverhältnisses auch gerichtliche Vergleiche erfasst sein, sofern sie nicht eine Kündigung des ArbGeb oder ArbN lediglich bestätigen[7]. In einem solchen Fall empfiehlt sich eine Klarstellung über die arbeitgeberseitige Veranlassung im Protokoll des Prozessvergleichs[8].

39 **VII. Abfindungsbegriff und Kausalitätserfordernis. 1. Begriffsbedeutung. a) Allgemeines.** Nach dem Gesetzeswortlaut des § 3 Nr. 9 muss es sich bei der steuerbefreiten Leistung um eine Abfindung handeln.

40 Der **Wortlaut** „Abfindung" hat keinen eindeutigen Begriffsinhalt. Der Begriff ist im EStG nicht definiert. Er ist isoliert gesehen mehrdeutig[9]. Gemeinhin werden unter Abfindungen Leistungen verstanden, die der ArbN als Ausgleich für die mit der Auflösung des Dienstverhältnisses verbundenen Nachteile, insb. für den Verlust des Arbeitsplatzes, erhält[10]. Es ist aber unerheblich, ob dem ArbN im Einzelfall tatsächlich ein Nachteil entsteht[11]. Insbesondere kommt es nicht darauf an, ob der ArbN arbeitslos wird[12]. Für die Steuerbefreiung ist das weitere Schicksal des ArbN unerheblich[13]; § 3 Nr. 9 nimmt typisierend für den Fall der Auflösung des Dienstverhältnisses eine soziale Härte an, ohne ihr konkretes Vorliegen vorauszusetzen[14].

41 Aus der **Gesetzesgeschichte** ergeben sich für die Auslegung des Abfindungsbegriffs keine nennenswerten Anhaltspunkte[15].

42 Ergiebig für die Auslegung ist allerdings der **systematische Zusammenhang** des Gesetzes.

43 Hiernach muss die Abfindung „wegen" der Auflösung des Dienstverhältnisses gezahlt werden. Zwischen Abfindung und Auflösung muss daher ein kausaler Zusammenhang bestehen[16]. Ein einfacher Kausalzusammenhang zwischen Abfindung und Auflösung des Dienstverhältnisses genügt hierbei nicht. Es reicht nicht, dass die Zahlung lediglich „anlässlich" der Auflösung erfolgt; die Abfindung muss gerade durch die Auflösung des bisherigen Dienstverhältnisses bedingt sein[17].

44 Steuerfreie Abfindungen iSd. § 3 Nr. 9 sind also Zahlungen, die durch die Auflösung des Dienstverhältnisses bedingt sind[18]. Es muss mit anderen Worten ein **sachlicher Zusammenhang** zwischen der Abfindungszahlung und der Auflösung des Dienstverhältnisses bestehen. Ein derartiger sachlicher Zusammenhang soll insb. dann vorliegen, wenn Auflösungsvereinbarungen im Rahmen einer sozialverträglichen Umstrukturierung eines Unternehmens getroffen werden[19]. Dies ist zB nicht der Fall bei einer Antrittsprämie des neuen ArbGeb, weil sie nicht im Zusammenhang mit dem aufgelösten, sondern mit der Begründung des neuen Dienstverhältnisses steht[20]. Als derartige Antrittsprämien können zB auch Ablösezahlungen im Profisport anzusehen sein[21]. Aus dem Umstand, dass die Leistung vom neuen Arb-

---

1 R 9 Abs. 2 Satz 2 LStR 2004. | **2** Kirchhof/Söhn/*von Beckerath*, § 3 Nr. 9 EStG Rz. B 9/62. | **3** R 9 Abs. 2 Satz 2 LStR 2004. AA *Fuhrmann*, FR 2001, 399. | **4** So auch Kirchhof/Söhn/*von Beckerath*, § 3 Nr. 9 EStG Rz. B 9/66 und *Schmitz*, S. 65. AA Blümich/*Erhard*, § 3 EStG Rz. 22; Korn/*Tormöhlen*, EStG, § 3 Rz. 39; Küttner/*Huber*, Stichwort „Abfindung", Rz. 45. | **5** Hierauf beschränkend: Lademann/*Altehoefer*, § 3 EStG Rz. 74. | **6** Hartz/Meeßen/*Wolf*, Stichwort „Entschädigungen (Abfindungen)", Rz. 52 unter Bezugnahme auf § 42 AO und RFH v. 2.3.1939 – IV 226/37, RStBl. 1939, S. 645. | **7** Littmann/Bitz/Pust/*Handzik*, § 3 EStG Rz. 320; noch weiter *Offerhaus*, DStR 1980, 475 (476). | **8** Kirchhof/Söhn/*von Beckerath*, § 3 Nr. 9 EStG Rz. B 9/66; Heuermann/Wagner/*Wagner*, LohnSt, E Rz. 84; *Bauer*, Aufhebungsverträge, Rz. 909. *Schmitz*, S. 65 geht unzutr. davon aus, dass in gerichtlicher oder außergerichtlicher Vergleich in einem Kündigungsschutzverfahren unwiderlegbares Anzeichen für eine arbeitgeberseitig veranlasste Auflösung des Dienstverhältnisses sei. | **9** Siehe zur Auslegung nach Wortlaut, Geschichte, Systematik sowie Sinn und Zweck des Gesetzes: Kirchhof/Söhn/*von Beckerath*, § 3 Nr. 9 EStG Rz. B 9/71 ff. | **10** BFH v. 17.5.1977 – VI R 150/76, BStBl. II 1977, S. 735; v. 24.4.1991 – XI R 9/87, BStBl. II 1991, S. 723; R 9 Abs. 1 Satz 1 LStR 2004. Ähnlich: Kirchhof/Söhn/*von Beckerath*, § 3 Nr. 9 EStG Rz. B 9/102. | **11** Schmidt/*Heinicke*, EStG, Stichwort „Abfindungen wegen Auflösung eines Dienstverhältnisses (§ 3 Nr. 9)", Anm. b; *Breuer*, NWB F. 6, S. 4009 (4010). | **12** Vgl. BFH v. 13.10.1978 – VI R 91/77, BStBl. II 1979, S. 155; HHR/*Bergkemper*, § 3 Nr. 9 EStG Rz. 13; Horowski/Altehoefer/*Stache*, § 3 Nr. 9 EStG Rz. 29. | **13** Kirchhof/Söhn/*von Beckerath*, § 3 Nr. 9 EStG Rz. B 9/35. | **14** Kirchhof/Söhn/*von Beckerath*, § 3 Nr. 9 EStG Rz. B 9/40; Lademann/*Altehoefer*, § 3 EStG Rz. 61. | **15** Näher hierzu: Kirchhof/Söhn/*von Beckerath*, § 3 Nr. 9 EStG Rz. B 9/76 f. | **16** BFH v. 13.10.1978 – VI R 91/77, BStBl. II 1979, S. 155; BFH v. 16.12.1992 – XI R 33/91, BStBl. II 1993, S. 447. | **17** BFH v. 16.12.1992 – XI R 33/91, BStBl. II 1993, S. 447 zu Antrittsprämie vom neuen ArbGeb. | **18** Siehe nur *Breuer*, NWB F. 6, S. 4009. | **19** Verfügung OFD Frankfurt vom 8.11.2000, StEK EStG § 3 Nr. 754. | **20** BFH vom 16.12.1992 – XI R 33/91, BStBl. II 1993, S. 447. | **21** Näher hierzu FG Köln v. 28.8.1998 – 15 K 4889/98, EFG 1998, 1586 bzgl. §§ 24/34 EStG; *Fumi/Urban*, krit. LStK 9/7.

Geb erbracht wird, kann aber nicht stets geschlossen werden, dass maßgeblicher Grund der Leistung die Begründung eines neuen Dienstverhältnisses ist[1].

Sinn und Zweck des Gesetzes sind für die Auslegung des Abfindungsbegriffes schließlich nicht sehr erkenntnisreich[2]. 45

Im **Ergebnis** bleibt somit festzuhalten, dass der Inhalt des Abfindungsbegriffes wesentlich dadurch bestimmt wird, dass es sich um eine Leistung wegen der Auflösung des Arbeitsverhältnisses handeln muss. Auf andere Umstände als diesen sachlichen Zusammenhang kommt es nicht an. Daher sind die nachfolgend genannten Umstände grundsätzlich unerheblich für die Steuerfreiheit. 46

b) Unerhebliche Umstände. Eine Prüfung der **Angemessenheit** findet grundsätzlich nicht statt[3]. Auch kommt es nicht darauf an, wie im Einzelnen die Höhe der Abfindung errechnet wurde[4]. Voraussetzung ist aber, dass die Abfindung keine Erfüllungsleistung darstellt (dazu unten Rz. 55 f.). 47

Für die Steuerfreiheit einer Abfindung ist es unschädlich, wenn die Zahlung unter einer **Bedingung** steht[5]. 48

Auf die von ArbGeb und ArbN gewählte **Bezeichnung** kommt es für die steuerrechtliche Beurteilung grundsätzlich nicht an[6]. 49

Die **leistende Person** muss nicht zwangsläufig der bisherige ArbGeb sein. Entlassungsabfindungen iSd. § 3 Nr. 9 können auch Leistungen Dritter sein (zB der Muttergesellschaft der Arbeitgeberin), wenn die Leistung als Arbeitslohn aus dem aufgelösten Dienstverhältnis anzusehen ist[7]. Soweit es sich nicht um eine Antrittsprämie für das neue Dienstverhältnis handelt, kann die Entlassungsabfindung daher auch vom neuen ArbGeb gezahlt werden[8]. 50

Die **Rechtsgrundlage** der Abfindungszahlung ist unerheblich, so dass auch Abfindungen, auf die der ArbN keinen Anspruch hat, steuerfrei sein können[9]. Eine Abfindung an einen ArbN, der (noch) keinen Kündigungsschutz genießt, kann steuerbefreit sein[10], ebenso wie eine Abfindung an ArbN, die Sonderkündigungsschutz genießen (zB nach MuSchG)[11]. Eine steuerbefreite Entlassungsabfindung setzt zudem nicht eine neue Rechtsgrundlage voraus. Deshalb kann auch eine Abfindung, die vorsorglich schon im Arbeitsvertrag für den Fall einer vom ArbGeb veranlassten Auflösung des Dienstverhältnisses vereinbart ist, steuerfrei sein[12]. 51

Neben dem notwendigen sachlichen Zusammenhang ist ein **zeitlicher Zusammenhang** zwischen dem Zufluss der Abfindung und der Beendigung des Dienstverhältnisses nicht erforderlich[13]. Nach Auffassung der Finanzverwaltung kann jedoch ein erhebliches zeitliches Auseinanderfallen der beiden Ereignisse den sachlichen Zusammenhang in Frage stellen[14]. Wenn allerdings ein hinreichender Grund für den erheblichen zeitlichen Abstand vorhanden ist, kann auch ein mehrjähriger Abstand zwischen der Zahlung der Abfindung und der Auflösung des Dienstverhältnisses unschädlich sein[15]. Da ein zeitlicher Zusammenhang zwischen Auflösung des Dienstverhältnisses und Abfindungszahlung nicht erforderlich ist, kann die Abfindung auch vor dem vereinbarten Ende des Arbeitsverhältnisses ausgezahlt werden, ohne dass dies für die Steuerfreiheit schädlich wäre[16]. Auch kann die Abfindung nachträglich vereinbart und gezahlt werden, ohne dass dies steuerschädlich wäre[17]. Die veraltete Auffassung, wonach es gegen den Entlassungsabfindungscharakter sprechen soll, wenn der Gesamtbetrag der Abfindung zurzeit der Beendigung des Dienstverhältnisses der Höhe nach noch nicht feststeht (und dies auch nicht später gerichtlich festgelegt werde)[18], ist daher abzulehnen, weil dieser Umstand den sachlichen Zusammenhang grundsätzlich nicht in Frage stellt. 52

Die **Zahlungsweise** ist für die Steuerbefreiung unerheblich. Steuerbefreite Entlassungsabfindungen können daher in einer Summe, in Teilbeträgen oder in fortlaufenden Bezügen gezahlt werden[19]. Auch 53

---

1 FG Düsseldorf v. 13.12.2000 – 16 K 7483/98 E, EFG 2001, 502. | 2 Vgl. auch Kirchhof/Söhn/*von Beckerath*, § 3 Nr. 9 EStG Rz. B 9/81 f. und 102. | 3 HHR/*Bergkemper*, § 3 Nr. 9 EStG Rz. 11. | 4 *Offerhaus*, FS Budde, S. 465 (467). | 5 *Hartz/Meeßen/Wolf*, Stichwort „Entschädigungen (Abfindungen)", Rz. 70. | 6 Siehe nur Lademann/*Altehoefer*, § 3 EStG Rz. 76 und *Schmitz*, S. 70. | 7 Vgl. zB Verfügung OFD Magdeburg v. 17.1.1994, StEK EStG § 3 Nr. 602; *Hartz/Meeßen/Wolf*, Stichwort „Entschädigungen (Abfindungen)", Rz. 71 mwN. AA wohl Littmann/Bitz/Pust/*Handzik*, § 3 EStG Rz. 286, wonach die Abfindung vom bisherigen ArbGeb erbracht werden müsse. | 8 FG Düsseldorf v. 13.12.2000 – 16 K 7483/98 E, EFG 2001, 502. | 9 R 9 Abs. 1 Satz 4 LStR 2004; Lademann/*Altehoefer*, § 3 EStG Rz. 76. | 10 *Bauer*, Aufhebungsverträge, Rz. 930. | 11 *Bauer*, Aufhebungsverträge, Rz. 935. | 12 Nds. FG vom 6.9.1990 – II 463/86, EFG 1991, 453; FG Münster v. 13.8.1997 – 1 K 3455/97 E, EFG, 1997, 1420; Lademann/*Altehoefer*, § 3 EStG Rz. 81a; ausf. *Offerhaus* DB 2000, 396 und *Bauer*, Aufhebungsverträge, Rz. 933 f. u. Rz. 908. | 13 R 9 Abs. 1 Satz 2 LStR 2004. Näher *Hartz/Meeßen/Wolf*, Stichwort „Entschädigungen (Abfindungen)", Rz. 67; *Offerhaus*, DB 1991, 2456; HHR/*Bergkemper*, § 3 Nr. 9 EStG Rz. 14. | 14 R 9 Abs. 1 Satz 2 LStR 2004. | 15 So Vfg. OFD Frankfurt v. 8.11.2000, StEK EStG § 3 Nr. 754 zu Entlassungsentschädigungen im Zusammenhang mit Altersteilzeit. | 16 Vgl. *Bauer*, Aufhebungsverträge, Rz. 932. | 17 Littmann/Bitz/Pust/*Handzik*, § 3 EStG Rz. 322. | 18 *Frotscher*, § 3 EStG Rz. 51. AA FG Ba.-Wü. v. 14.2.1978, VII 128/77, EFG 1978, S. 214; *Hartz/Meeßen/Wolf*, Stichwort „Entschädigungen (Abfindungen)", Rz. 65 mwN. Siehe hierzu auch *Schmitz*, S. 79 f. | 19 BFH v. 11.1.1980 – VI R 165/77, BStBl. II 1980, S. 205; H 9 LStH 2004 „Abfindung in Teilbeträgen".

kann es sich statt einer Geldzahlung um einen Sachbezug handeln[1]. In der Praxis ist es aber im Hinblick auf eine progressionsgemilderte Besteuerung des steuerpflichtigen Teils der Entlassungsentschädigung nach §§ 24/34 häufig empfehlenswert, Abfindungen als Einmalzahlungen vorzunehmen. Zur Berücksichtigung der Steuerbefreiung im Besteuerungsverfahren, insb. zur Nutzung bzw. Verteilung des Freibetrags siehe unten unter Rz. 69 ff.

54 Eine „Zusammenballung" von Einkünften in einem Jahr ist für die Steuerbefreiung des § 3 Nr. 9, anders als für die außerordentlichen Einkünfte nach §§ 24/34 (Progressionsmilderung), nicht erforderlich[2].

55 **2. Abgrenzung zu steuerpflichtigen Erfüllungsleistungen. a) Allgemeines.** Bezüge, die lediglich aus Anlass (also nicht „wegen") der Auflösung des Dienstverhältnisses gezahlt werden, gehören nicht zu den Abfindungen[3]. Keine Abfindungen sind daher Zahlungen zur **Abgeltung von Ansprüchen**, die der ArbN aus dem Dienstverhältnis bis zum Zeitpunkt der Auflösung erlangt hat[4]. Sie werden nicht wegen der Auflösung des Dienstverhältnisses gezahlt[5]. Alle Beträge, die bis zum Auflösungszeitpunkt geschuldet werden, einschließlich von Sonderzahlungen und Abgeltungsbeträgen für entgangene Leistungen, gehören zu den steuerpflichtigen Einkünften[6]. Dies gilt grundsätzlich auch dann, wenn derartige (Erfüllungs-) Ansprüche noch nicht fällig sind[7] oder wenn sie streitig sind und der Streit im Wege des Vergleichs beigelegt wird[8]. Ist eine Leistung des ArbGeb, insb. eine Tantieme oder eine Gratifikation, davon abhängig, dass das Dienstverhältnis während des gesamten zugrunde liegenden Zeitraums (insb. dem Kalenderjahr) bestanden hat, und wird das Dienstverhältnis vor Ablauf dieses Zeitraums auf Veranlassung des ArbGeb aufgelöst, so hat der ArbN noch keinen Rechtsanspruch erlangt. Wird ihm beispielsweise zum Ausgleich der erwarteten Tantieme dennoch ein Betrag gezahlt, so ist dieser eine steuerbefreite Entlassungsabfindung, weil sich der ArbN die Tantieme noch nicht erdient hatte[9].

56 Ob ArbGeb und ArbN bei der Abgrenzung zwischen Abfindung einerseits und Erfüllung bereits erdienter Ansprüche andererseits eine Gestaltungsmöglichkeit durch die Vereinbarung eines gleichzeitigen **Verzichts auf bereits erdiente Ansprüche** offen steht, ist umstritten[10]. Jedenfalls grundsätzlich ist dies wohl zu verneinen.

57 **b) Relevanz des Auflösungszeitpunktes.** Zu welchem **Zeitpunkt** das Dienstverhältnis aufgelöst worden ist, ist grundsätzlich nach bürgerlichem Recht bzw. Arbeitsrecht zu beurteilen[11]. Die Kündigung zu einem bestimmten Zeitpunkt hindert ArbGeb und ArbN nicht daran, sich anschließend über eine frühere Beendigung zu einigen, die auch steuerlich beachtlich ist[12]. Bei Organpersonen wie zB GmbH-Geschäftsführern kommt es auf den Zeitpunkt der Auflösung des Anstellungsvertrages an, nicht auf die Beendigung der Organstellung[13].

58 Sobald das Dienstverhältnis wirksam aufgelöst ist, endet das Recht auf Entlohnung, so dass darüber hinaus gezahlte Beträge keine Erfüllung bereits vertraglich erlangter Ansprüche darstellen, sondern regelmäßig eine Entlassungsabfindung[14]. Entlassungsabfindungen können deshalb auch vorliegen, soweit der ArbGeb dem ArbN Beträge zahlt, auf die der ArbN bei Fortbestand des Dienstverhältnisses einen Anspruch gehabt hätte, der aber durch die Auflösung zivilrechtlich weggefallen ist[15]. Da es auf den Zeitpunkt der zivilrechtlichen Auflösung des Dienstverhältnisses ankommt[16], und da dies regelmäßig selbst dann gilt, wenn die ursprünglich vorgesehene Auflösung einvernehmlich auf einen früheren Zeitpunkt vorverlegt wird, haben es die Beteiligten somit bis zur Grenze eines Gestaltungsmissbrauchs (§ 42 AO) in der Hand, durch Vereinbarung zu bestimmen, in welchem Umfang sie steuerfreie Entlassungsabfindungen an die Stelle von steuerpflichtigen Lohnansprüchen treten lassen wollen[17]. Wird beispielsweise das Arbeitsverhältnis vor Ablauf der maßgeblichen Kündigungsfrist aufgelöst, so können Abfindungen zur Abgeltung von Ansprüchen, die im Zeitraum zwischen der Auflösung und der

---

1 Vgl. Vfg. OFD Münster v. 12.4.1991, StEK EStG § 3 Nr. 531 zum Fall einer Aktiengewährung; HHR/*Bergkemper*, § 3 Nr. 9 EStG Rz. 11; Lademann/*Altehoefer*, § 3 EStG Rz. 79. | 2 BFH v. 11.1.1980 – VI R 165/77, BStBl. II 1980, S. 205. | 3 R 9 Abs. 1 Satz 3 LStR 2004. | 4 BFH v. 17.5.1977 – VI R 150/76, BStBl. II 1977, S. 735; v. 13.10.1978 – VI R 91/77, BStBl. II 1979, S. 155; v. 24.4.1991 – XI R 9/87, BStBl. II 1991, S. 723; H 9 LStH 2004 „Abgeltung vertraglicher Ansprüche"; Schreiben des BMF v. 31.3.1976, StEK EStG § 3 Nr. 145 mit Nachweisen älterer Rspr. Siehe aber auch FG Hamburg v. 15.8.1989 – I 69/86, EFG 1990, 162 für Abfindung bei Verzicht auf etwa gleich hohe Tantiemen. | 5 HHR/*Bergkemper*, § 3 Nr. 9 EStG Rz. 14; *Bauer*, Aufhebungsverträge, Rz. 919. | 6 *Blümich/Erhard*, § 3 EStG Rz. 18. Siehe näher *von Bornhaupt*, BB 1980, Beilage 7 zu Heft 23, unter II.4.d und *Offerhaus*, DStZ 1981, S. 445 (448). | 7 Vgl. BFH v. 20.3.1987 – VI R 61/84, BFH/NV 1987, 498. | 8 BFH v. 25.3.1975 – VIII R 183/73, BStBl. II 1975, S. 634. | 9 Vgl. *Offerhaus*, DStZ 1981, 445 (448); *Schmitz*, S. 71 f.; *Breuer*, NWB F 6, 4009 (4013). | 10 Dafür FG Hamburg v. 15.8.1989 – I 69/86, EFG 1990, 162 und FG Köln v. 10.8.1999 – 14 K 1049/97, EFG 2000, 173. Dagegen FG Düsseldorf v. 4.10.2001 – 16 K 3036/00 E, EFG 2001, 1592 unter Hinweis auf BFH v. 15.6.2000 – XI B 93/99, BFH/NV 2001, 26. S.a. FG Münster v. 8.11.1999 – 4 K 154/98 E, EFG 2000, 319 (322). | 11 BFH v. 13.10.1978 – VI R 91/77, BStBl. II 1979, S. 155; v. 11.1.1980 – VI R 165/77, BStBl. II 1980, S. 205; H 9 LStH 2004 „Auflösungszeitpunkt des Dienstverhältnisses". Siehe aber auch BFH v. 16.7.1997 – XI R 85/96, BStBl. II 1997, S. 666 mit Anmerkung *Naumann*, BB 1998, 74. | 12 BFH v. 13.10.1978 – VI R 91/77, BStBl. II 1979, S. 155. | 13 *Schmitz*, S. 23. | 14 BFH v. 11.1.1980 – VI R 165/77, BStBl. II 1980, S. 205. | 15 BFH v. 11.1.1980 – VI R 165/77, BStBl. II 1980, S: 205; zu Unrecht aA *Schmitz*, S. 162 ff. | 16 BFH v. 13.10.1978 – VI R 91/77, BStBl. II 1979, S. 155. | 17 BFH v. 27.4.1994 – XI R 41/93, BStBl. II 1994, S. 653 mwN.; v. 15.10.2003 – XI R 17/02, DStR 2004, 82 (83).

regulären Beendigung des Arbeitsverhältnisses angefallen wären, steuerfrei sein[1]. Diese **Auswechslung der Rechtsgrundlage** ist keine missbräuchliche Gestaltung iSv. § 42 AO und wird daher steuerlich anerkannt[2]. Der Abfassung einer Auflösungsvereinbarung kann daher entscheidende Bedeutung zukommen[3]. Grundsätzlich ist die Bestimmung eines möglichst frühzeitigen Auflösungszeitpunkts steuerlich vorteilhaft[4]. Dieser ist dann allerdings auch für die Dauer des Dienstverhältnisses maßgebend und kann sich in seltenen Einzelfällen auf die Freibetragshöhe auswirken. Außerdem sind ggf. nachteilhafte sozialversicherungsrechtliche Konsequenzen zu beachten, wenn der ArbN nicht sofort eine anderweitige Beschäftigung findet, sondern arbeitslos wird (siehe dazu Rz. 79).

Beispiel: Der 45-jährige ArbN hat ein Monatsgehalt von 4.000 Euro. Der ArbGeb kündigt ihm betriebsbedingt am 31.1.2004 fristgerecht zum 31.7.2004. Wird der ArbN bis dahin von der Arbeit freigestellt, so wird sein Dienstverhältnis erst am 31.7.2004 beendet; folglich wäre sein Gehalt voll steuerpflichtig. Vereinbaren ArbGeb und ArbN auf Veranlassung des ArbGeb (zB weil dieser SozVBeiträge sparen möchte) jedoch am 28.2.2004 die sofortige Auflösung des Dienstverhältnisses unter Zahlung einer Abfindung, so ist diese dem Grunde nach steuerfrei. Dies gilt selbst dann, wenn die Abfindungshöhe den entgangenen Gehältern März-Juli, also 20.000 Euro entspricht (und zwar auch, falls die Abfindung in laufenden monatlichen Raten gezahlt werden sollte)[5]. In einem solchen Fall wären von den 20.000 Euro somit 7.200 Euro steuerbefreit. Für den Restbetrag iHv. 12.800 Euro kommt eine progressionsgemilderte Besteuerung nach §§ 24/34 EStG in Betracht (vorausgesetzt, dass eine Zusammenballung von Einnahmen vorliegt, was hier anhand einer Vergleichsrechnung beurteilt werden müsste; siehe dazu unten die Kommentierung von §§ 24/34 bei Rz. 43 ff.). 59

Die Vereinbarung einer **rückwirkenden Beendigung** des Dienstverhältnisses wird jedoch steuerlich grundsätzlich nicht anerkannt. Ein rückwirkend gewollter Vertrag wirkt sich steuerlich regelmäßig erst ab dem Zeitpunkt seines Abschlusses und seiner tatsächlichen Durchführung aus. Zahlungen, die nur deswegen auf die Zeit nach der Auflösung des Dienstverhältnisses entfallen, weil ArbGeb und ArbN eine rückwirkende Beendigung des Dienstverhältnisses vereinbart haben, sind daher grundsätzlich keine steuerbefreiten Entlassungsabfindungen[6]. 60

c) Einzelfall-ABC 61

– **Aktienoptionen:** Bei Leistungen zur Abgeltung von Aktienoptionen des ArbN verhält es sich ähnlich wie mit Pensionsanwartschaften (dazu nachfolgend mwN), denn auch hier stellt sich regelmäßig die Thematik der Verfallbarkeit. Ist die Ausübung einer Aktienoption ursprünglich an das Fortbestehen des Arbeitsverhältnisses bei Ausübbarkeit der Option geknüpft und wird das Dienstverhältnis vor erstmaliger Ausübbarkeit der Option aufgelöst, so können Abfindungszahlungen hierfür steuerbefreit sein. Gleiches gilt, wenn durch die Abfindungsvereinbarung entgegen den ursprünglichen Vereinbarungen (Optionsbedingungen) die Optionsausübungsmöglichkeit eröffnet wird[7]. Ist das Optionsrecht hingegen unverfallbar, so stellt eine Abfindungsregelung nur eine modifizierte Erfüllungsvereinbarung dar, die nicht steuerbefreit ist.

– **Freistellungen:** Steuerpflichtige Einkünfte aus dem Dienstverhältnis liegen vor, wenn der ArbN für den Abgeltungszeitraum von der Arbeit freigestellt worden ist (Freistellungsfall), und dem ArbN zB auf Grund eines Vergleichs bis zum vereinbarten Ende des Dienstverhältnisses Arbeitslohn nachgezahlt wird[8] oder wenn die Lohnnachzahlung auf der gerichtlichen Feststellung des Fortbestehens eines Arbeitsverhältnisses beruht[9].

– **Pensionsanwartschaften:** Abfindungen für unverfallbare Pensionsanwartschaften können grundsätzlich keine steuerbefreiten Entlassungsabfindungen darstellen, weil es sich um die vorzeitige Auszahlung eines bereits erdienten Anspruches handelt. Anders verhält es sich aber mit Zahlungen zur Abgeltung von verfallbaren Anwartschaften, weil diese infolge der Auflösung des Arbeitsverhältnisses an sich ersatzlos untergegangen wären[10]. Soweit Abfindungen unverfallbarer Pensionsanwartschaften den Wert des unverfallbaren Anspruchs übersteigen, können sie steuerbefreite Entlassungsabfindungen

---

1 BFH v. 17.5.1977 – VI R 150/76, BStBl. II 1977, S. 735; v. 13.10.1978 – VI R 91/77, BStBl. II 1979, S. 155; v. 10.10.1986 – VI R 178/83, BStBl. II 1987, S. 186. | 2 BFH v. 27.4.1994 – XI R 41/93, BStBl. II 1994, S. 653; *Hartz/Meeßen/Wolf*, Stichwort „Entschädigungen (Abfindungen)", Rz. 62. Krit. *Offerhaus*, FS Budde, S. 465 (482). | 3 BFH v. 27.4.1994 – XI R 41/93, BStBl. II 1994, S. 653 mit Abgrenzung zur Arbeitsfreistellung; *Schmidt/Heinicke*, EStG, Stichwort „Abfindungen wegen Auflösung eines Dienstverhältnisses (§ 3 Nr. 9)", Anm. b; *Schmitz*, S. 24. | 4 *Offerhaus*, DB 1989, 2456; Littmann/Bitz/Pust/*Handzik*, § 3 EStG Rz. 307; *Schmidt/Heinicke*, EStG, Stichwort „Abfindungen wegen Auflösung eines Dienstverhältnisses (§ 3 Nr. 9)", Anm. b. | 5 Vgl. BFH v. 13.10.1978 – VI R 91/77, BStBl. II 1979, S. 155 und v. 11.1.1980 – VI R 165/77, BStBl. II 1980, S. 205. | 6 Vgl. auch Nds. FG v. 17.9.1986 – IX 589/83, EFG 1987, 231; Blümich/*Erhard*, § 3 EStG Rz. 18; HHR/*Bergkemper*, § 3 Nr. 9 EStG Rz. 11. | 7 Vgl. *Prinz*, DStR 1998, S. 1585 (1587 f.). Siehe aber auch *Kessler/Sauter*, Handbuch Stock Options, Rz. 358. | 8 BFH v. 27.4.1994 – XI R 41/93, BStBl. II 1994, S. 653; H 9 LStH 2004 „Abgeltung vertraglicher Ansprüche". | 9 Vgl. BFH v. 16.3.1993 – XI R 52/88, BStBl. II 1993, S. 507 zu § 24 Nr. 1 Buchst. a EStG. | 10 BFH v. 24.4.1991 – XI R 9/87, BStBl. II 1991, S. 723; Schreiben des BMF v. 14.3.1985, StEK § 3 Nr. 382. AA *von Bornhaupt*, BB 1980, Beilage 7 unter II.4.d)cc), demzufolge auch eine Abfindung unverfallbarer Pensionsanwartschaften steuerbefreit sein könne.

darstellen[1]. Ebenso kann die Aufstockung eines Anspruchs auf betrAV unter Verzicht auf die bei vorzeitigem Ausscheiden an sich vorgesehene Leistungskürzung zu einer steuerfreien Entlassungsabfindung führen[2]. Wird eine noch verfallbare Anwartschaft anlässlich des Ausscheidens aus dem Dienstverhältnis unverfallbar gestellt, so kann die spätere Pensionszahlung eine steuerfreie Entlassungsabfindung sein.

– **Entgangene Verdienstmöglichkeiten:** Zahlungen, mit denen entgangene Verdienstmöglichkeiten für die Zeit nach Beendigung des Dienstverhältnisses abgegolten werden, sind in der Regel Abfindungen[3].

– **Karenzentschädigungen:** Karenzentschädigungen für ein Wettbewerbsverbot stellen keine steuerbefreiten Entlassungsabfindungen dar[4]. Das Entgelt für ein umfassendes Wettbewerbsverbot, das in Zusammenhang mit der Beendigung eines Arbeitsverhältnisses vereinbart worden ist, stellt schon keine Einnahme aus nichtselbständiger Arbeit dar, sondern fällt unter § 22 Nr. 3[5]. Im Übrigen ist die Karenzentschädigung Gegenleistung für den unterlassenen Wettbewerb und kein Ausgleich für durch die Auflösung des Dienstverhältnisses bedingte Nachteile. Wird ein nachvertragliches Wettbewerbsverbot bei Auflösung des Arbeitsverhältnisses in ein entschädigungsloses Wettbewerbsverbot umgewandelt und dafür eine Abfindungszahlung erhöht, so wird dies ggf. steuerlich nicht als Entlassungsabfindung anerkannt[6].

– **Rückständiger Arbeitslohn:** Zahlungen für rückständigen Arbeitslohn, für Tantieme und Abgeltung nicht genommener Urlaubstage stellen keine Entlassungsentschädigung dar.

– **Vergleiche über Arbeitslohn:** Nicht zu den steuerbefreiten Entlassungsabfindungen gehören auch Vergleiche über Arbeitslohn, insb. Zahlungen zur Beendigung des Streits über das Bestehen eines Arbeitsverhältnisses sowie über die Höhe des arbeitsvertraglich geschuldeten Entgelts[7].

62 **3. Aufteilung bei gemischten Leistungen.** Zahlungen, die nicht „wegen" der Auflösung des Dienstverhältnisses, sondern aus anderen Gründen geleistet werden, sind aus einem **einheitlichen Abfindungsbetrag** auszuscheiden[8]. Zu prüfen ist also, was der ArbN zum Zeitpunkt der Auflösung seines Dienstverhältnisses ohne Abfindungsvereinbarung hätte beanspruchen können. Grundsätzlich stellt der dem ArbN bei der Auflösung des Dienstverhältnisses gezahlte Betrag, soweit er die schon verdienten Ansprüche übersteigt, eine Abfindung dar, die kausal mit der Auflösung des Dienstverhältnisses zusammenhängt[9]. Wenn eine Zahlung zu einem Teil bis zum Auflösungszeitpunkt erdiente Ansprüche abgelten soll und zum anderen Teil dem Nachteilsausgleich auf Grund der Auflösung des Dienstverhältnisses dient, dann ist die Zahlung grundsätzlich in einen nichtsteuerbefreiten Teil und einen steuerbefreiten Teil aufzuteilen[10]. Bei der Aufteilung sind alle zivilrechtlichen Regelungen zu berücksichtigen, die den Erfüllungsanspruch (rückständigen Arbeitslohn) im Einzelfall beeinflussen, so dass bei einer Aufteilung ggf. auch die Anrechnungsvorschrift des § 615 Satz 2 BGB für anderweitig erzieltes Einkommen zu beachten ist[11]; dadurch erhöht sich der Anteil der begünstigten Abfindung. Die Aufteilung ist notfalls vom Tatrichter im Schätzwege vorzunehmen[12].

63 **VIII. Höhe des Freibetrags.** Die in § 3 Nr. 9 genannten Höchstbeträge sind Freibeträge, die sich auf die Auflösung eines Dienstverhältnisses insgesamt beziehen (und nicht etwa auf jede einzelne Zahlung oder jeden Veranlagungszeitraum)[13]. Die Steuerbefreiung bezieht sich im Rahmen der Höchstbeträge also mit anderen Worten auf das **einzelne Arbeitsverhältnis**[14].

64 Der Freibetrag steht jedem ArbN aus demselben Dienstverhältnis insgesamt nur einmal zu[15]. Bei **Auflösung mehrerer Dienstverhältnisse** in demselben Jahr kommt eine mehrfache Freibetragsgewährung in Betracht[16]. Auch bei parallelen Arbeitsverhältnissen kann die Steuerbefreiung vom ArbN unter Umständen mehrfach in Anspruch genommen werden[17]. Sofern mehrere Arbeitsverhältnisse in einem Konzern bestanden haben, kommt es aber darauf an, ob bei wirtschaftlicher Betrachtung ein einheitliches Dienstverhältnis anzunehmen ist oder nicht[18].

65 Der Freibetrag richtet sich sowohl nach dem Lebensalter als auch nach der Dauer der Betriebszugehörigkeit des ArbN. Für beide Umstände kommt es hierbei auf den **Zeitpunkt** an, zu dem das Dienst-

---

1 Heuermann/Wagner/*Wagner*, LohnSt, E Rz. 90; *Hartz/Meeßen/Wolf*, Stichwort „Entschädigungen (Abfindungen)", Rz. 60, wobei auf den Barwert abgestellt wird. | 2 *Hartz/Meeßen/Wolf*, Stichwort „Entschädigungen (Abfindungen)", Rz. 61. | 3 BFH v. 13.10.1978 – VI R 91/77, BStBl. II 1979, S. 155; H 9 LStH 2004 „Abgeltung vertraglicher Ansprüche". | 4 BFH v. 25.7.1990 – X R 163/88, BFH/NV 1991, S. 293. | 5 BFH v. 12.6.1996 – XI R 43/94, BStBl. II 1996, S. 516. | 6 Vgl. den von *Bauer*, Aufhebungsverträge, Rz. 927 f. aufgeworfenen Fall, in dem die gewählte Gestaltung möglicherweise wegen § 42 AO nicht anzuerkennen ist. | 7 RFH v. 30.1.1935 – VI A 2/35, RStBl. 1935, 824; Blümich/*Erhard*, § 3 EStG Rz. 17. | 8 Vgl. nur BFH v. 30.3.1987 – VI R 61/84, BFH/NV 1987, 498 zur gleich gelagerten Problematik bei § 24 EStG. | 9 *Breuer*, NWB F. 6, S. 4009 (4013) unter Bezugnahme auf BFH v. 11.1.1980 – VI R 165/77, BStBl. II 1980, S. 205. | 10 Vgl. BFH v. 11.1.1980 – VI R 165/77, BStBl. II 1980, S. 205; *Hartz/Meeßen/Wolf*, Stichwort „Entschädigungen (Abfindungen)", Rz. 57. | 11 FG Köln v. 10.8.1998 – 13 K 8986/97, EFG 1999, 1018. | 12 Siehe nur BFH v. 12.1.2000 – XI B 99/98, BFH/NV 2000, 712. | 13 Vgl. Schmidt/*Heinicke*, EStG, § 3 ABC, Stichwort „Abfindungen wegen Auflösung eines Dienstverhältnisses (§ 3 Nr. 9)", Anm. d; *Küttner/Huber*, Stichwort „Abfindung", Rz. 51. | 14 *Frotscher*, § 3 EStG Rz. 45. | 15 R 9 Abs. 3 Satz 2 LStR 2004. | 16 BFH v. 15.2.1990 – IV R 87/89, BStBl. II 1990, S. 686; HHR/*Bergkemper*, § 3 Nr. 9 EStG Rz. 18. | 17 Vgl. FG Rh.-Pf. v. 28.6.1996 – 3 K 1798/94, EFG 1997, 390. | 18 *Bauer*, Aufhebungsverträge, Rz. 912a.

verhältnis aufgelöst worden ist[1]. Der ArbN kann also bei laufenden Abfindungen nicht in die erhöhten Abfindungsfreibeträge hineinwachsen[2].

Bezüglich der Ermittlung der Dauer der **Betriebszugehörigkeit**, dh. der Dauer des Rechtsverhältnisses und nicht der Dauer der tatsächlichen Beschäftigung[3], können sich insb. Fragen einer etwaigen Zusammenrechnung stellen. Soweit nach gesetzlichen Vorschriften Dienstzeiten bei früheren ArbGeb zu berücksichtigen sind, gilt dies auch für die Beschäftigungszeit iSd. § 3 Nr. 9[4]. Dies gilt im Ergebnis auch für Betriebsübergänge nach § 613a BGB. Vertraglich angerechnete Vordienstzeiten können demgegenüber grundsätzlich nicht berücksichtigt werden[5]. War der ArbN bereits vor dem Abschluss des nunmehr aufgelösten Arbeitsverhältnisses bei demselben ArbGeb tätig, so ist für die Ermittlung der Betriebszugehörigkeitsdauer vom Grundsatz her lediglich die Dauer des Dienstverhältnisses maßgebend, für dessen Auflösung die Abfindung gezahlt wird[6]. Eine Berücksichtigung von früher bei dem ArbGeb verbrachten Beschäftigungszeiten ist nach Ansicht der Finanzverwaltung nur möglich, wenn aus Anlass der früheren Auflösung des Dienstverhältnisses keine Abfindung iSd. § 3 Nr. 9 gezahlt worden ist[7]. Es handelt sich dabei zB um Fälle, in denen ein vorangegangenes Dienstverhältnis aus vom ArbN nicht zu vertretenden Gründen aufgelöst worden ist, der ArbN anschließend arbeitslos war und unmittelbar im Anschluss an die Arbeitslosigkeit zu demselben ArbGeb erneut ein Dienstverhältnis eingegangen ist, das dann wiederum aufgelöst wurde[8]. 66

Im Übrigen kommt es in Fällen von zwischenzeitlicher Arbeitslosigkeit, Beschäftigungszeiten im Konzern, Entsendungen und Fällen des Ruhens der Beschäftigung auf die Umstände im jeweiligen **Einzelfall** an[9]. Bei der Berechnung der Dauer des Dienstverhältnisses zählen **angefangene Kalenderjahre** wohl nicht als volle Jahre[10]. Zur Berechnung dürften entsprechend § 108 AO die §§ 187 ff. BGB anwendbar sein. Bei einem **Betriebsübergang** iSd. § 613a BGB sind die Zeiten der Beschäftigung beim früheren und beim übernehmenden ArbGeb zusammenzurechnen[11], weil das Dienstverhältnis eines ArbN durch die Übernahme nicht unterbrochen wird. Ist ein ArbN gleichzeitig bei mehreren Konzernunternehmen mit gesonderten Arbeitsverträgen angestellt, so ist grundsätzlich kein **Konzerndienstverhältnis** als einheitliches Dienstverhältnis iSd. § 3 Nr. 9 anzunehmen. Auch wenn deswegen die Dienstzeiten aus dem jeweils anderen Unternehmen nicht angerechnet werden können, so steht diesem Nachteil aber ggf. die mehrfache Nutzung der Steuerbefreiung bei jedem Arbeitsverhältnis gegenüber[12]. Bei **Organmitgliedern** kommt es auf die Dauer des Anstellungsverhältnisses an, nicht auf die Dauer der gesellschaftsrechtlichen Bestellung[13]. 67

Hinzuweisen ist schließlich darauf, dass sich der Höchstbetrag auf die Einnahmen und nicht auf die Einkünfte bezieht. Erhält also zB ein 40-jähriger ArbN nach einem Kündigungsrechtsstreit eine Entlassungsabfindung iHv. 8.000 Euro und hat er selbst Anwalts- und Gerichtskosten (**Werbungskosten**) iHv. 1.500 Euro zu tragen, so sind 7.200 Euro steuerbefreit. Aufwendungen, die beim ArbN im Zusammenhang mit der Vereinbarung oder Durchsetzung der Abfindung anfallen (insb. Anwalts- und Gerichtskosten) sind übrigens nach § 3c Abs. 1 nicht als Werbungskosten abzugsfähig, soweit sie mit steuerfreien Entlassungsabfindungen in unmittelbaren wirtschaftlichen Zusammenhang stehen. Ist ein Teil der Abfindung steuerpflichtig, müssen die Werbungskosten ggf. in einen abzugsfähigen und einen nichtabzugsfähigen Teil aufgeteilt werden[14]. 68

IX. Berücksichtigung der Steuerbefreiung im Besteuerungsverfahren. 1. Reihenfolge der Freibetragsnutzung bei Teilzahlungen. Wird die Abfindung in Teilbeträgen oder in fortlaufenden Bezügen ausgezahlt, so sind die einzelnen Raten so lange steuerfrei, bis der für den ArbN maßgebende Freibetrag ausgeschöpft ist[15]. Der Freibetrag ist also bei den zuerst bezogenen Raten zu berücksichtigen; eine **Verteilung** des Freibetrages auf die (Gesamt-) Laufzeit der Abfindungszahlung ist nicht möglich[16]. Ist der Abzug des Freibetrages teilweise unterblieben, obwohl die Höhe der Abfindungsrate den Abzug zugelassen hätte, so kann der Freibetrag insoweit nicht mehr bei in Folgejahren gezahlten Raten berücksichtigt werden[17]. 69

2. Lohnsteuerverfahren. Der ArbGeb kann den Freibetrag bei Vorliegen der Voraussetzungen bereits bei LStAnmeldung und -einbehalt für den ArbN berücksichtigen[18]. Teilweise wird auch die Auffassung 70

---

1 R 9 Abs. 3 Satz 1 LStR 2004. | 2 HHR/*Bergkemper*, § 3 Nr. 9 EStG Rz. 25. | 3 *Offerhaus*, DStZ 1981, 445; HHR/*Bergkemper*, § 3 Nr. 9 EStG Rz. 25. | 4 R 9 Abs. 4 Satz 1 Nr. 4 LStR 2004. | 5 *Bauer*, Aufhebungsverträge, Rz. 900. | 6 Kirchhof/Söhn/*von Beckerath*, § 3 Nr. 9 EStG Rz. B 9/95. | 7 R 9 Abs. 4 Satz 2 LStR 2004. Vgl. auch BFH v. 2.9.1992 – XI R 44/91, BStBl. II 1993, S. 52. | 8 Vgl. Schreiben des BMF v. 9.9.1986, StEK EStG § 3 Nr. 393. | 9 Näher zu derartigen Fällen: R 9 Abs. 4 Satz 1 Nr. 1–3 LStR 2004. | 10 AA Hartz/Meeßen/Wolf, Stichwort „Entschädigungen (Abfindungen)", Rz. 77. | 11 Siehe nur Erlass Hess. v. 15.9.1986 und Verfügung OFD Frankfurt v. 23.9.1986, abgedr. bei StEK EStG § 3 Nr. 393. | 12 Vgl. FG Rh.-Pf. v. 28.6.1996 – 3 K 1798/94, EFG 1997, 390. | 13 *Offerhaus*, FS Budde, S. 465 (469). | 14 *Frotscher*, § 3 EStG Rz. 57d; *Bauer*, NZA 1991, 617 (623). Unzutr. Littmann/Bitz/Rust/*Meincke*, § 3c EStG Rz. 23 und *Weber/Ehrich/Burmester*, Aufhebungsverträge, Teil 5 Rz. 176 f., die ein BFH-Urteil zu § 3 Nr. 26 EStG verallgemeinern. | 15 R 9 Abs. 3 Satz 3 LStR 2004. | 16 R 9 Abs. 3 Satz 4 LStR 2004; FG Rheinl.-Pf. v. 26.1.1994 – 1 K 1346/90, EFG 1994, 600; FG Berlin v. 12.11.2001 – 9 K 9111/00, EFG 2002, 538. Kritisch Littmann/Bitz/Pust/*Handzik*, § 3 EStG Rz. 333 und *Beckermann*, DB 1986, 1427 (1428). | 17 R 9 Abs. 3 Satz 5 LStR 2004. | 18 Vgl. BFH v. 11.1.1980 – VI R 165/77, BStBl. II 1980, S. 205; Schmidt/*Heinicke*, EStG, § 3 ABC Vorb.; HHR/*Bergkemper*, § 3 Nr. 9 EStG Rz. 9; Kirchhof/Söhn/*von Beckerath*, § 3 Nr. 9 EStG Rz. B 9/22.

vertreten, dass eine **Berücksichtigung** erfolgen muss[1]. Dem ist dann zuzustimmen, wenn keine ernsthaften Zweifel an der Steuerfreiheit im konkreten Fall bestehen.

71 Unterlässt der ArbGeb unrichtigerweise einen LStAbzug, so haftet er insoweit grundsätzlich nach § 42d. Wird er vom FA in **Haftung** genommen, so hat er grundsätzlich einen Rückgriffsanspruch gegen den ArbN[2].

72 Da der ArbGeb für die von ihm einzubehaltende und abzuführende LSt haftet, kann es sich in Zweifelsfällen für ihn empfehlen, beim Betriebsstättenfinanzamt eine **Anrufungsauskunft** nach § 42e bezüglich des LStAbzugs einzuholen. Verhält er sich dann auskunftsgemäß, so haftet er insoweit nicht. Auch der ArbN kann eine Auskunft beantragen[3]; ggf. auch gemeinsam mit dem ArbGeb. Auf eine erteilte Auskunft können sich nur deren Antragsteller berufen und dies auch nur im LStVerfahren. Die Auskunft ist also bei der Veranlagung des ArbN für dessen Wohnsitzfinanzamt nicht verbindlich[4]. Will der ArbN insoweit Rechtssicherheit erlangen, kann im Einzelfall unter Umständen die Beantragung einer verbindlichen Auskunft mit Bindungswirkung nach Treu und Glauben in Betracht kommen[5].

73 Soweit die Abfindung den Freibetrag überschreitet, unterliegt sie dem LStAbzug[6]. Für lohnsteuerliche Zwecke ist sie ein sonstiger Bezug, dh. Arbeitslohn, der nicht als laufender Arbeitslohn gezahlt wird[7]. Ist ein steuerpflichtiger Teil der Abfindung eine tarifbegünstigte Entschädigung iSd. § 34 Abs. 1, so ist die LSt für diesen sonstigen Bezug nach § 39b Abs. 3 Satz 9 zu ermitteln[8].

74 Die gezahlten Abfindungen sind, auch wenn sie steuerfrei sein sollten, gemäß § 4 Abs. 2 Nr. 4 LStDV grundsätzlich im **Lohnkonto** aufzuzeichnen. Im Lohnkonto sollte aus Nachweisgründen auch der Grund der Auflösung des Arbeitsverhältnisses festgehalten werden, wenn er nicht aus dem Auflösungsvertrag oder dem Kündigungsschreiben hervorgeht[9].

75 3. **Veranlagung des ArbN.** Eine im LStAbzugsverfahren unterbliebene Berücksichtigung des Freibetrages wird, wenn die Voraussetzungen für den Freibetrag erfüllt sind, im Rahmen der EStVeranlagung des ArbN für das Zuflussjahr nachgeholt[10]. Gleiches gilt übrigens auch bezüglich einer Tarifermäßigung nach § 34 Abs. 1[11].

76 Ob das FA ggf. zu einer verbösernden **Änderung** eines EStBescheides nach § 173 AO wegen neuer Tatsachen berechtigt ist oder ob dem möglicherweise eine Verletzung seiner Aufklärungspflicht gegenüber steht, ist eine Frage des Einzelfalles[12]. Haben es sowohl der ArbN als auch das FA versäumt, den Sachverhalt aufzuklären, trifft idR den ArbN die Verantwortung; zudem braucht das FA eindeutigen Steuererklärungen nicht mit Misstrauen zu begegnen, sondern kann idR von deren Vollständig- und Richtigkeit ausgehen[13].

77 Der steuerpflichtige ArbN trägt die **Feststellungslast** für das Vorliegen der Befreiungsvoraussetzungen[14]. Unter Umständen kann ihm diesbezüglich aber die bereits oben erörterte Indizwirkung der Abfindungszahlung (Rz. 34) helfen.

78 X. **Rückzahlung einer Abfindung.** Wird eine Abfindung zurück gezahlt, so ist der Rückzahlungsbetrag grundsätzlich im Rückgewährszeitpunkt insoweit als negative Einnahme anzusetzen, wie er bei Abfindungszahlung nicht steuerfrei geblieben ist[15]. Dies gilt richtigerweise wohl auch, wenn die Rückzahlung auf Grund einer auflösenden Bedingung erfolgt; es handelt sich nicht um ein rückwirkendes Ereignis iSd. § 175 Satz 1 Nr. 2 AO[16].

79 XI. **Außersteuerliche Folgen. 1. SozV.** Echte Abfindungen sind kein Arbeitsentgelt iSd. § 14 Abs. 1 SGB IV, weil sie für eine Zeit nach dem Ende des Arbeitsverhältnisses gezahlt werden; sie sind daher in der SozV beitragsfrei[17]. Abfindungen werden auch nicht mehr auf das Alg angerechnet. Die Zahlung einer Abfindung kann aber unter Umständen zum Ruhen des Anspruchs auf Zahlung von Alg führen (§ 143a SGB III)[18]. Damit wird die Nichteinhaltung der ordentlichen Kündigungsfrist sanktioniert. Auch kann nach § 144 Abs. 1 Nr. 1 SGB III eine Sperrzeit wegen Arbeitsaufgabe im Betracht kommen[19]. Bei der

---

1 Für „kann und muss": Küttner/*Huber*, Stichwort „Abfindung", Rz. 54. | 2 Siehe nur BAG v. 14.6.1974 – 3 AZR 456/73, AP Nr. 20 zu § 670 BGB. Näher *Bauer*, Aufhebungsverträge, Rz. 990 ff. und HHR/*Gersch*, § 42d EStG Rz. 121 ff. | 3 R 147 Abs. 1 S. 1 LStR 2004. | 4 Rechtsprechungsnachweise bei H 147 LStH „Bindungswirkung". | 5 Vgl. BMF-Schreiben v. 24.6.1987, BStBl. I 1987, S. 474 und Verfügung OFD Hannover v. 29.3.1993, StEK AO 1977 § 204/9. | 6 R 9 Abs. 3 Satz 7 LStR 2004. | 7 R 115 Abs. 2 Satz 2 Nr. 2 LStR 2004. | 8 R 9 Abs. 3 Satz 8 LStR 2004. | 9 Küttner/*Huber*, Stichwort „Abfindung", Rz. 54; *Offerhaus*, DB 1982, Beilage 10, S. 1. | 10 R 9 Abs. 3 Satz 6 LStR 2004. | 11 R 9 Abs. 3 Satz 9 LStR 2004. | 12 Kirchhof/Söhn/*von Beckerath*, § 3 Nr. 9 EStG Rz. B 9/23 mwN.; Heuermann/Wagner/*Wagner*, Lohnsteuer, Teil E Rz. 147; siehe auch BFH v. 3.7.2002 – XI R 17/01, BFH/NV 2003, 137. | 13 BFH v. 3.7.2002 – XI R 27/01, BFH/NV 2003, 19. Ähnlich FG Düsseldorf v. 9.11.2000 – 2 K 3152/99 E, EFG 2001, 186 mit Anm. *Valentin*, der ausf. und mwN auf die Frage der Änderungsmöglichkeit gem. § 173 Abs. 1 Nr. 1 AO bei Abfindungs- und Entschädigungsfällen eingeht. | 14 Siehe nur Heuermann/Wagner/*Wagner*, LohnSt, E Rz. 72. | 15 FG Bdbg. v. 23.1.1996 – 3 K 179/95 E, EFG 1996, 702. AA wohl BMF v. 18.12.1998, BStBl. I 1998, 1512 unter Tz. 21. BFH-Verfahren anhängig (VI R 33/03). | 16 Vgl. *Frotscher* in Schwarz, AO, § 175 Rz. 55. AA Hartz/Meeßen/*Wolf*, Stichwort „Entschädigungen (Abfindungen)", Rz. 70. | 17 BSG v. 21.2.1990 – 12 RK 20/88, BB 1990, 1350. | 18 Siehe dazu zB *Schaub*, BB 1999, 1059 und *Fischer*/Harth, FR 1999, 673. | 19 Zur etwaigen Schädlichkeit von Entlassungsabfindungen vgl. BSG v. 9.11.1995 – 11 R Ar 27/95, BSGE 77, 48 = NZA-RR 1997, 109.

Beendigung von Arbeitsverhältnissen mit älteren ArbN sollte der ArbGeb § 147a SGB III beachten, wonach ihn ggf. eine Erstattungspflicht trifft.

2. Übernahme der Steuerlast durch den ArbGeb? Abfindungsvereinbarungen stellen, wie andere Arbeitslohnvereinbarungen auch, grundsätzlich Bruttolohnabreden dar, dh. dass auch im Innenverhältnis zwischen ArbGeb und ArbN der ArbN die Steuer zu tragen hat. **Nettolohnvereinbarungen**, bei denen der ArbGeb die Steuer im Innenverhältnis übernimmt, liegen nur dann vor, wenn dies eindeutig so vereinbart wird; die Beweislast hierfür trägt der ArbN[1]. Eine vergleichsweise Vereinbarung „brutto = netto" beinhaltet daher richtigerweise grundsätzlich keine arbeitgeberseitige Übernahme der ggf. anfallenden Steuer[2]. Gleiches gilt für eine Klausel, wonach der ArbGeb die Abfindung „unter Beachtung des § 3 Nr. 9" auszahlt (ggf. zuzüglich eines Hinweises auf §§ 24/34).

XII. ABC der steuerfreien Abfindungen

– **Abgeltung vertraglicher Ansprüche:** Keine steuerbefreiten Entlassungsabfindungen sind Zahlungen zur Abgeltung vertraglicher Ansprüche, die der ArbN aus dem Dienstverhältnis bis zum Zeitpunkt der Auflösung erlangt hat. Näher oben Rz. 55 ff.

– **Altersteilzeit:** Auch Entlassungsentschädigungen im Zusammenhang mit ATZ können steuerbefreit sein. Derartige Entschädigungen liegen vor, wenn ArbGeb und ArbN vereinbaren, die bisherige Arbeitszeit durch ATZ zu vermindern und danach das Dienstverhältnis gegen eine Entlassungsentschädigung zu beenden. Dass die Entlassungsentschädigung auch dazu dienen soll, den ArbN zu einer Einwilligung in die ATZ zu bewegen, ist unschädlich[3]. Siehe aber auch oben Rz. 37.

– **Antrittsprämie:** Zuwendungen, die bei einem Wechsel des Dienstverhältnisses vom neuen ArbGeb erbracht werden, sind keine steuerbefreite Abfindung[4]. Es fehlt an der speziellen Ursächlichkeit der Auflösung des Dienstverhältnisses für die Zahlung. Siehe Rz. 44.

– **Änderungskündigung:** Wenn der ArbN das Angebot geänderter Arbeitsbedingungen annimmt, ist eine Abfindungszahlung grundsätzlich nicht steuerbefreit, da keine Auflösung des Dienstverhältnisses vorliegt. Siehe oben Rz. 29.

– **Befristetes Arbeitsverhältnis:** Eine Abfindungszahlung bei Auflösung des Dienstverhältnisses zum Fristablauf ist grundsätzlich nicht steuerbefreit, da die Auflösung des Dienstverhältnisses nicht vom ArbGeb veranlasst ist. Siehe näher oben Rz. 37.

– **Betriebliche Altersversorgung:** Die Abgeltung einer verfallbaren Pensionsanwartschaft anlässlich der Auflösung des Dienstverhältnisses kann eine steuerbefreite Entlassungsabfindung darstellen, nicht aber die Abgeltung einer unverfallbaren Anwartschaft, weil Letztere als modifizierte Erfüllung eines bereits erdienten Anspruchs angesehen wird. Siehe näher oben Rz. 61.

– **Betriebsübergang:** Eine Zahlung anlässlich eines Betriebsübergangs ist grundsätzlich nicht steuerbefreit, da es an einer Auflösung des Dienstverhältnisses fehlt. Anders kann es liegen, wenn der ArbN dem Übergang seines Arbeitsverhältnisses widerspricht. Schließt er allerdings anschließend ein Arbeitsverhältnis zu schlechteren Konditionen mit dem Betriebserwerber ab, so liegt eine unwirksame Umgehung des § 613a BGB vor, so dass auch eine in diesem Zusammenhang gezahlte Abfindung nicht steuerfrei sein kann[5]. Siehe auch oben Rz. 29 und 37.

– **Bleibeprämie:** Keine steuerbefreite Entlassungsabfindung stellt eine Bleibeprämie dar, da sie nicht wegen der Auflösung des Dienstverhältnisses gezahlt wird, sondern zusätzliche Entlohnung bis zur Beendigung des Arbeitsverhältnisses ist[6].

– **Dokumentation:** Für ArbN und ArbGeb empfiehlt es sich bei Auflösung des Dienstverhältnisses die Voraussetzungen der Steuerbefreiung zu dokumentieren, insb. die Veranlassung der Auflösung des Dienstverhältnisses durch den ArbGeb. Siehe näher oben Rz. 35. Im Übrigen sollte aus der Dokumentation hervorgehen, dass die Zahlung dem Ausgleich für die mit der Auflösung des Dienstverhältnisses verbundenen Nachteile dient.

– **Formulierungsvorschlag:** Siehe oben „Dokumentation".

– **Geschäftsführer:** Nach dem steuerlichen ArbN-Begriff sind grundsätzlich auch Geschäftsführer uÄ erfasst; siehe oben Rz. 24.

---

1 Ausf. Griese, Huber u. Schlegel in Küttner, Personalbuch, Stichwort „Nettolohnvereinbarung"; Hartz/Meeßen/Wolf, Stichwort „Nettolohn". | 2 LAG Nds. v. 10.12.1984 – 2 Sa 110/84, NZA 1985, S. 221; LAG BaWü v. 17.4.1997 – 11 Sa 132/96, NZA-RR 1998, S. 56; Blümich/Erhard, § 3 EStG Rz. 24; Schmitz, S. 86. Ähnlich auch BAG, DB 1974, S. 778 zu Auslösungen. AA wohl Bauer, NZA 1991, S. 617 (622) und Aufhebungsverträge, Rz. 977. | 3 Verfügung OFD Frankfurt v. 8.11.2000, StEK EStG § 3 Nr. 754. | 4 BFH v. 16.12.1992 – XI R 33/91, BStBl. II 1993, S. 447; H 9 LStH 2004 „Antrittsprämien des neuen Arbeitgebers". | 5 Bauer, NZA 1991, S. 617 (619); Hümmerich/Spirolke, NZA 1998, 225 (226). | 6 FG BaWü v. 23.11.1988 – XII K 1170/85, EFG 1989, 336; Schmitz, S. 75 f. mwN.

– **Gestaltungsempfehlung:** Steuerlich empfiehlt sich regelmäßig, die Auflösung des Dienstverhältnisses zu einem möglichst frühen Zeitpunkt zu vereinbaren und die Entlassungsabfindung in einem Einmalbetrag zu zahlen[1]. Siehe näher unten „Umwandlung von Bezügen" und Kommentierung zu §§ 24/34 EStG Rz. 15 u. 36 ff. Siehe auch oben „Dokumentation".

– **Karenzentschädigung:** Eine Karenzentschädigung für ein nachvertragliches Wettbewerbsverbot ist keine steuerbefreite Entlassungsabfindung. Siehe oben Rz. 61.

– **Kurzarbeit:** Zuzahlungen, die der ArbGeb anlässlich von Kurzarbeit leistet, sind keine steuerbefreiten Entlassungsabfindungen, da es an der Auflösung des Dienstverhältnisses fehlt.

– **Nachteilsausgleichsansprüche iSd § 113 BetrVG:** Derartige Ansprüche können bei Auflösung des Arbeitsverhältnisses steuerbefreite Entlassungsabfindungen darstellen[2].

– **Schadensersatz:** Schadensersatz kann eine steuerbefreite Entlassungsabfindung darstellen, sofern hiermit ein Schaden nach Auflösung des Dienstverhältnisses ausgeglichen werden soll. So kann insb. dem ArbN nach § 628 Abs. 2 BGB zustehender Schadensersatz steuerbefreit sein[3].

– **Sozialplan:** Abfindungszahlungen auf Grund eines Sozialplans, § 112 Abs. 1 Satz 2 BetrVG, sind jedenfalls in aller Regel steuerfreie Entlassungsabfindungen, wenn das Dienstverhältnis aufgelöst wird[4]. Es besteht eine unwiderlegbare Vermutung für eine arbeitgeberseitige Veranlassung der Auflösung des Dienstverhältnisses[5]. Auch bei Nachteilsausgleichsansprüchen iSd § 113 BetrVG kann § 3 Nr. 9 Anwendung finden[6].

– **Tod** des ArbN vor dem vereinbarten Auflösungszeitpunkt: Wird auf Veranlassung des ArbGeb eine Aufhebungsvereinbarung geschlossen und stirbt der ArbN vor dem vereinbarten Auflösungszeitpunkt und erhalten seine Erben die zuvor vereinbarte Abfindung, so soll diese steuerfrei sein können, obwohl das Dienstverhältnis nicht auf Veranlassung des ArbGeb, sondern durch den Tod des ArbN aufgelöst wurde[7].

– **Umwandlung von Bezügen:** Durch die Wahl des Zeitpunktes für die Auflösung des Dienstverhältnis haben es ArbGeb und ArbN in der Hand, aus steuerpflichtigem Lohn eine steuerbefreite Entlassungsabfindung zu machen. Dies gilt selbst dann, wenn dem ArbN die laufenden Beträge weiter gezahlt werden, die er erhalten hätte, wenn das Dienstverhältnis nicht aufgelöst worden wäre. Siehe oben Rz. 58.

– **Vorruhestandsleistungen:** Derartige Leistungen können steuerbefreite Entlassungsabfindungen sein[8]. Demzufolge können auch Übergangsgelder steuerbefreit sein[9]. Zu prüfen ist insb., ob die Auflösung des Dienstverhältnisses vom ArbGeb veranlasst ist. Vorruhestandsleistungen können übrigens zugleich auch Versorgungsbezüge iSd. § 19 Abs. 2 sein[10].

– **Wiedereinstellungszusage:** Wenn bei Beendigung eines Dienstverhältnisses eine Wiedereinstellungszusage gegeben wird und sich der ArbGeb später dieser Zusage durch eine Ausgleichszahlung entledigt, so liegt eine steuerbefreite Entlassungsabfindung nicht vor, weil die Zahlung nicht wegen Auflösung eines Dienstverhältnisses, sondern deshalb erbracht wird, damit ein Dienstverhältnis nicht begründet wird[11].

[Tarifbegünstigung von außerordentlichen (Arbeitnehmer-)Einkünften]

24 *[Entschädigung uÄ]*
Zu den Einkünften im Sinne des § 2 Abs. 1 gehören auch

1. Entschädigungen, die gewährt worden sind
   a) als Ersatz für entgangene oder entgehende Einnahmen oder
   b) für die Aufgabe oder Nichtausübung einer Tätigkeit, für die Aufgabe einer Gewinnbeteiligung oder einer Anwartschaft auf eine solche;
   c) als Ausgleichszahlungen an Handelsvertreter nach § 89b des Handelsgesetzbuchs;

...

---

1 Vgl. *Offerhaus*, DB 1982, Beil. 10/82, S. 3. | 2 *Bauer*, Aufhebungsverträge, Rz. 906. | 3 *Bauer*, Aufhebungsverträge, Rz. 903. | 4 Vgl. *Bauer*, Aufhebungsverträge, Rz. 906. | 5 *Offerhaus*, DB 1982, Beilage 10, S. 1. | 6 Dazu näher *Bauer*, Aufhebungsverträge, Rz. 906. | 7 FG Münster v. 23.7.1981 – VII 851/80 E, EFG 1982, 176; *Bauer*, Aufhebungsverträge, Rz. 929. Auch wenn an der Richtigkeit dieser Ansicht zu zweifeln ist, dürften bei anderer Ansicht oftmals die Voraussetzungen eines Billigkeitserlasses vorliegen, §§ 163 oder 227 AO. | 8 BFH v. 11.1.1980 – VI R 165/77, BStBl. II 1980, S. 205; H 9 LStH 2004 „Vorruhestandsleistungen"; BMF v. 21.12.1989, DStR 1990, 85; *Schmitz*, S. 76 mwN. | 9 Vgl. BFH v. 18.9.1991 – XI R 8/90, BStBl. II 1992, S. 34; H 9 LStH 2004 „Vorruhestandsleistungen"; Vfg. OFD Bremen v. 19.10.1995, FR 1996, 75. | 10 *Breuer*, NWB F. 6, 4009 (4029). | 11 Im Ergebnis ebenfalls abl. *Hartz/Meeßen/Wolf*, Stichwort „Entschädigungen (Abfindungen)", Rz. 39 u. 56; *Offerhaus*, DB 1994, S. 167. AA *Schmidt*, FR 1993, S. 359. Diff.: *Heuermann/Wagner/Wagner*, LohnSt, E Rz. 92.

§ 34 Außerordentliche Einkünfte

(1) Sind in dem zu versteuernden Einkommen außerordentliche Einkünfte enthalten, so ist die auf alle im Veranlagungszeitraum bezogenen außerordentlichen Einkünfte entfallende Einkommensteuer nach den Sätzen 2 bis 4 zu berechnen. Die für die außerordentlichen Einkünfte anzusetzende Einkommensteuer beträgt das Fünffache des Unterschiedsbetrags zwischen der Einkommensteuer für das um diese Einkünfte verminderte zu versteuernde Einkommen (verbleibendes zu versteuerndes Einkommen) und der Einkommensteuer für das verbleibende zu versteuernde Einkommen zuzüglich eines Fünftels dieser Einkünfte. Ist das verbleibende zu versteuernde Einkommen negativ und das zu versteuernde Einkommen positiv, so beträgt die Einkommensteuer das Fünffache der auf ein Fünftel des zu versteuernden Einkommens entfallenden Einkommensteuer.

...

(2) Als außerordentliche Einkünfte kommen nur in Betracht:

...

2. Entschädigungen im Sinne des § 24 Nr. 1;

...

4. Vergütungen für mehrjährige Tätigkeiten;

...

I. Einführung 1	bb) ABC von Einzelfällen 32
1. Inhalt und Zweck 1	3. Vergütungen für mehrjährige Tätigkeiten (§ 34 Abs. 2 Nr. 4 EStG) 33
2. Rechtsentwicklung 6	a) Allgemeines 33
3. Vorteilhaftigkeit der Fünftelungsregelung . . . 10	b) ABC von Einzelfällen 35
4. Gestaltungsaspekte 11	4. Außerordentlichkeit der Einkünfte iSd. § 34 EStG (Zusammenballung) 36
II. Tarifbegünstigte Einkünfte (Tatbestand der §§ 24/34 EStG) 16	a) Allgemeines 36
1. Allgemeines 16	b) Zufluss der gesamten Entschädigung in einem Kalenderjahr (1. Prüfung) 38
2. Entschädigungen iSd. § 24 EStG . . 17	aa) Grundsatz 38
a) Allgemeines 17	bb) Unschädliche Ausnahmefälle . . . 41
b) Entschädigungen als Ersatz für entgangene oder entgehende Einnahmen (§ 24 Nr. 1 Buchst a EStG) 19	c) Vergleichsrechnung (2. Prüfung) . . . 43
aa) Allgemeines 19	5. Einkommensermittlung 46
bb) Entlassungsentschädigungen . . . 22	III. Berechnung der Tarifmilderung: Fünftelungsregelung (Rechtsfolge des § 34 Abs. 1 EStG) . . . 48
cc) ABC sonstiger Einzelfälle 26	IV. Verfahrensaspekte (Lohnsteuereinbehalt und Veranlagung) 51
c) Entschädigungen für die Aufgabe oder Nichtausübung einer Tätigkeit (§ 24 Nr. 1 Buchst. b EStG) 27	V. Rückzahlung empfangener Entschädigungen . . . 53
aa) Allgemeines 27	

Lit.: *Gérard* in Lademann, EStG, § 24 EStG und § 34 EStG, Losebl., Stand April 2003; *Hartz/Meeßen/Wolf*, ABC-Führer Lohnsteuer, Stichwort „Außerordentliche Einkünfte", Loseblatt, Stand Oktober 2003; *Horn* in Herrmann/Heuer/Raupach, § 24 EStG und § 34 EStG, Loseblatt, Stand Dezember 2003; *Seeger* in: Schmidt, EStG, 22. Aufl. 2003; *Schiffers* in: Korn, EStG, Loseblatt, Stand November 2003.
Siehe im Übrigen auch das obige Literaturverzeichnis bei § 3 Nr. 9 EStG.

I. Einführung. 1. Inhalt und Zweck. Anders als bei der Steuerbegünstigung des § 3 Nr. 9 kommen für §§ 24/34 nicht nur ArbN-Einkünfte in Betracht, sondern u.a. auch Einkünfte aus selbständiger Tätigkeit und damit auch Einkünfte aus einem echten freien Mitarbeiterverhältnis[1]. Nachfolgend wird allerdings nur auf **ArbN-Einkünfte** (im steuerlichen Sinne) eingegangen und zwar hauptsächlich auf Zahlungen in Zusammenhang mit der Auflösung von Arbeitsverhältnissen (Entlassungsentschädigungen). Zum steuerlichen Begriff des ArbN siehe oben die Kommentierung zu § 3 Nr. 9 Rz. 23 ff. Die begünstigten außerordentlichen Einkünfte fallen nicht unter einen gemeinsamen arbeitsrechtlichen Oberbegriff[2]. Erfasst sind bei ArbN insb. Abfindungen und Vergütungsnachzahlungen für mehrjährige Tätigkeit[3]. Wie sich übrigens aus § 50 Abs. 1 Sätze 3 u. 4 ergibt, gilt die Tarifbegünstigung des § 34 nur für unbeschränkt Steuerpflichtige[4]. Bei beschränkt Steuerpflichtigen erfasst § 49 Abs. 1 Nr. 4 Buchst. d Entlassungsentschädigungen übrigens uU als inländische Einkünfte. Bei **Entlassungsabfindungen** bzw. -entschädigungen erlangt die Tarifbegünstigung des §§ 24/34 lediglich Bedeutung, soweit diese nicht schon nach § 3 Nr. 9 steuerbefreit sind. Insb. betreffen §§ 24/34 daher den Teil der Entlassungsentschädigung/-abfindung, der den (Steuer-)Freibetrag des § 3 Nr. 9 übersteigt. Siehe auch Kommentierung zu § 3 Nr. 9 Rz. 12–14.

Da § 34 Abs. 2 insb. auf Entschädigungen iSd. § 24 Nr. 1 verweist, kommt letztgenannter Vorschrift eine gewisse Vorschaltfunktion für die Anwendung des § 34 Abs. 1 u. 2 zu. Wegen diesem engen **Zusammenhang beider Vorschriften** werden sie hier zusammen kommentiert.

---

1 *Bauer*, Aufhebungsverträge, Rz. 942. | 2 *Griese* in Küttner, Personalbuch, Stichwort „Außerordentliche Einkünfte" Rz. 1. | 3 *Hartz/Meeßen/Wolf*, Außerordentliche Einkünfte, Rz. 5. | 4 Zur etwaigen Unvereinbarkeit mit der europarechtlichen Arbeitnehmerfreizügigkeit nach Art. 39 EGV siehe *Steinhäuser*, IStR 2003, 589.

3 § 34 sieht für außerordentliche Einkünfte Steuerermäßigungen vor, die der erhöhten Progressivbelastung bei der Zusammenballung von Einkünften entgegenwirken soll. Die Vorschrift dient also der **Progressionsmilderung.**

4 Der Progressionsnachteil, der sich ohne die Tarifbegünstigung für außerordentliche Einkünfte für den betroffenen Steuerpflichtigen ergeben würde, ist durch die **Steuertarifstruktur** bedingt. Denn laufende und einmalige Einkünfte werden bei der Einkommensteuer zusammengerechnet und grundsätzlich dem normalen Steuersatz unterworfen. Dies kann zu Härten führen, wenn laufend bezogene Einkünfte mit außerordentlichen, nicht regelmäßig erzielbaren Einkünften (wie zB einer Entlassungsentschädigung) in einem Veranlagungszeitraum zusammentreffen und hierdurch eine Progressionswirkung ausgelöst wird, ohne dass eine nachhaltige Erhöhung der Leistungsfähigkeit eingetreten ist[1]. Denn der (normale) EStTarif, der auf das zu versteuernde Einkommen anzuwenden ist, weist eine progressive Ausgestaltung auf, dh. mit steigender Bemessungsgrundlage wächst der Steuersatz. Durch diese progressive Ausgestaltung wächst die Steuer mit steigender Bemessungsgrundlage überproportional an. Der EStTarif setzt sich zurzeit (2004)[2] gemäß § 32a Abs. 1 bei Einzelveranlagung eines Steuerpflichtigen (Grundtabelle) wie folgt zusammen: (1) Grundfreibetrag, dh. Nullzone bis 7.664 Euro; (2) Progressionszone mit ansteigenden Grenzsteuersätzen von 16–45 % im Bereich von 7.665 Euro bis 52.151 Euro; (3) obere Proportionalzone mit konstantem Grenzsteuersatz von 45 Prozent (Spitzensatz) ab 52.152 Euro. Bei Zusammenveranlagung Verheirateter (Splittingtabelle) beträgt die tarifliche Einkommensteuer grundsätzlich das Zweifache des Steuerbetrags, der sich für die Hälfte ihres gemeinsam zu versteuernden Einkommens ergibt (§ 32a Abs. 5). Demzufolge beginnt zB die obere Proportionalzone (Spitzensteuersatz) bei Zusammenveranlagung erst ab einem gemeinsam zu versteuernden Einkommen iHv. 104.304 Euro.

5 Die Vorschrift des § 34 Abs. 1 sieht zur Progressionsmilderung ein besonderes Berechnungsverfahren vor, das sog. **Fünftelungsverfahren.** Hiermit wird die Besteuerung der außerordentlichen Einkünfte nicht etwa auf fünf Veranlagungszeiträume (Kalenderjahre) verteilt, sondern diese werden ausschließlich im Jahr des Zuflusses besteuert. Lediglich die auf die außerordentlichen Einkünfte entfallende Einkommensteuer wird, mit verzerrenden Wirkungen, durch die Fünftelungsregelung ermittelt. Auf die außerordentlichen Einkünfte kommt also grundsätzlich nicht der normale, individuelle (Grenz-)Steuersatz zur Anwendung, sondern diese Einkünfte werden regelmäßig niedriger besteuert. Die Steuerbelastung der außerordentlichen Einkünfte ermittelt sich aus dem Fünffachen der Differenz von der Einkommensteuer auf das zu versteuernde Einkommen ohne die außerordentlichen Einkünfte (sog. „verbleibendes zu versteuerndes Einkommen") und der Einkommensteuer auf das verbleibende zu versteuernde Einkommen zuzüglich eines Fünftels der außerordentlichen Einkünfte. Zu Einzelheiten der Berechnungsweise und Beispielen wird nach unten auf Rz. 48 ff. verwiesen; zur Vorteilhaftigkeit siehe Rz. 10. Eines Antrages zur Anwendung der Regelung bedarf es nicht.

6 **2. Rechtsentwicklung.** Die Tarifbegünstigung des § 34 für außerordentliche Einkünfte hat eine lange Gesetzesgeschichte[3]. Eine einschneidende Änderung der Vorschrift erfolgte im Jahre 1999 durch das sog. Steuerentlastungsgesetz 1999/2000/2002.

7 **Bis 1998** sah § 34 aF an Stelle des Fünftelungsverfahrens für außerordentliche Einkünfte grundsätzlich den sog. halben durchschnittlichen Steuersatz vor. Der „halbe Steuersatz", der insb. für Entlassungsentschädigungen galt, war in den meisten Fällen für den Steuerpflichtigen vorteilhafter als das heutige Fünftelungsverfahren[4]. Die alte Regelung führte nämlich bei Steuerpflichtigen, deren laufende Einkünfte ohnehin schon der Spitzensteuerbelastung unterlagen, zu einer Steuervergünstigung, die weit über den Ausgleich einer Progressionswirkung hinausging. Lediglich bei „Vergütungen für mehrjährige Tätigkeit" galt als Ausnahme vom halben Steuersatz eine Sonderregelung, § 34 Abs. 3 aF, die als Drittelungsregelung in gewisser Weise Vorbild der heutigen Fünftelungsregelung war. Dementsprechend war es unter der alten Rechtslage grundsätzlich entscheidungsrelevant, ob eine Entschädigung oder aber eine Vergütung für mehrjährige Tätigkeit vorlag[5].

8 **Seit 1999** wird die Progressionswirkung nach § 34 Abs. 1 u. 2 nF durch das sog. Fünftelungsverfahren abgemildert. Gegen die Abschaffung des sog. halben Steuersatzes zugunsten der sog. Fünftelregelung bestehen nach Ansicht des BFH keine verfassungsrechtlichen Bedenken, soweit die Regelung mit Wirkung für die Zukunft getroffen wurde[6]. Die Neuregelung führt bei Entschädigungen in aller Regel zu einer höheren Steuer als die alte Regelung, die auf den halben Steuersatz abstellte[7]. Das Fünftelungs-

---

1 Vgl. Schmidt/*Seeger*, § 34 Rz. 1. | 2 Eine Absenkung des Steuertarifs ist für 2005 vorgesehen. | 3 Zu Einzelheiten siehe HHR/*Horn*, § 34 Rz. 2 und Blümich/*Lindberg*, § 34 EStG Rz. 4 ff. | 4 Siehe nur *Breuer*, NWB F. 6, 4009 (4018). | 5 Dies galt aber ausnahmsweise nicht, wenn die alte Drittelungsregelung bzgl. Vergütungen für mehrjährige Tätigkeiten im konkreten Einzelfall auf die Höhe der festzusetzenden Steuer keinen Einfluss haben konnte, weil bereits die laufenden (ordentlichen) Einkünfte die obere Proportionalzone erreichten. Die Nichterwähnung von § 34 Abs. 3 EStG aF in älteren Urteilen muss daher nicht zwingend bedeuten, dass es sich nicht um eine Vergütung für mehrjährige Tätigkeit handelte. | 6 Vgl. BFH v. 7.3.2003 – IV B 163/02, BFH/NV 2003, 777. Siehe aber *List*, BB 2003, 761 (764 f.). | 7 Siehe Beispielsrechnungen bei *Bauer*, Aufhebungsverträge, Rz. 964a.

verfahren gilt nun für Entschädigungen iSd. § 24 Nr. 1 und Vergütungen für mehrjährige Tätigkeiten iSd. § 34 Abs. 2 gleichermaßen. Anders als bis 1998 erübrigt sich daher im Einzelfall eine Unterscheidung zwischen beiden Arten von außerordentlichen Einkünften.

Mit dem Steuersenkungsergänzungsgesetz vom 19.12.2000 wurde in § 34 Abs. 3 nF übrigens der halbe Steuersatz für bestimmte Veräußerungsgewinne wieder eingeführt. Politischen Forderungen, gleiches auch für an ArbN gezahlte Entlassungsentschädigungen zu tun, gab der Gesetzgeber aber nicht nach.

3. Vorteilhaftigkeit der Fünftelungsregelung. Die Vorteilhaftigkeit der neuen Regelung hängt sehr stark von den Umständen des Einzelfalles ab. Je höher die laufenden (ordentlichen) Einkünfte sind, desto geringer ist die **Entlastungswirkung**. Wird mit diesen Einkünften gar die obere Proportionalzone erreicht, so ergibt sich keinerlei Entlastungswirkung mehr[1]. Eine hohe Entlastungswirkung ergibt sich beim Fünftelungsverfahren aber, wenn die laufenden Einkünfte sehr niedrig sind und die außerordentlichen Einkünfte bis ca. 275.000 Euro bei Ledigen bzw. 550.000 Euro bei zusammenveranlagten Ehegatten betragen[2]. Denn wenn das zu versteuernde Einkommen ausschließlich aus außerordentlichen Einkünften besteht, führt die Anwendung der Fünftelungsregelung zu einer Streckung der einzelnen Stufenbeträge des Tarifs nach § 32a um den Faktor 5[3]. Bei sehr geringen laufenden (ordentlichen) Einkünften kann es dazu kommen, dass *deren* steuerliche Grenzbelastung über 100 % liegt, so dass eine Vermeidung *dieser* Einkünfte anzuraten wäre[4]. Statt einer Vermeidung dieser laufenden Einkünfte kann der negative Effekt ggf. auch durch negative Einkünfte aus anderen Quellen erreicht werden. In seltenen Fällen eines Zusammentreffens mit einem sog. positiven Progressionsvorbehalt kann die Versteuerung nach der Fünftelungsregelung sogar insgesamt gegenüber der Versteuerung nach dem allgemeinen Steuertarif nachteilig sein[5]. Die maximale Steuerersparnis unter der Neuregelung beträgt bei Einzelveranlagung ca. 39.000 Euro (und das Doppelte bei Zusammenveranlagung)[6]; die minimale Steuerersparnis beträgt, wie bereits erwähnt, 0 Euro.

4. Gestaltungsaspekte. Steuerplanung im Bereich der außerordentlichen Einkünfte hat mehrere denkbare Ansatzpunkte. Zunächst wird es hier häufig in einem ersten Schritt darum gehen, überschlägig die Auswirkungen (**Steuerminderungseffekt**) einer Anwendung der §§ 24/34 im Einzelfall zu schätzen. Ergibt sich hierbei, dass die Fünftelungsregelung keinen Steuerminderungseffekt hat (weil mit den laufenden Einkünften bereits der Spitzensteuersatz erreicht wird), so kann faktisch auf die wirkungslose Anwendung der Progressionsmilderung verzichtet und andere Gestaltungen wie zB eine Verlagerung des Zuflusses der Entlassungsentschädigung in andere Veranlagungszeiträume erwogen werden (ggf. mit Verteilung auf mehrere Veranlagungszeiträume)[7]. Alternativ kann auch in Betracht gezogen werden, das verbleibende zu versteuernde Einkommen (dh. die laufenden, ordentlichen Einkünfte) durch negative Einkünfte aus anderen Quellen abzusenken und hierdurch der Anwendung der Fünftelungsregelung doch noch Steuersenkungspotential abzugewinnen. Zur Erzielung negativer Einkünfte aus anderen Quellen bieten sich diverse Möglichkeiten an, wie zB Beteiligungen an geschlossenen Fonds (etwa Filmfonds), etc. Zur Anerkennung der negativen Einkünfte ist hierbei selbstverständlich auf die steuerlichen Voraussetzungen wie etwa Einkunftserzielungsabsicht und Verlustverrechnungsbeschränkungen wie etwa § 2b EStG zu achten.

Da der Steuervorteil der Fünftelungsregelung dann am größten ist, wenn die laufenden (ordentlichen) Einkünfte null sind, kann es sich empfehlen, diese durch negative Einkünfte aus anderweitig zu begründenden Quellen bis auf null abzusenken. Die **Minderung der laufenden Einkünfte** durch Betriebsausgaben, Werbungskosten oder negative Einkünfte kann in Einzelfällen dazu führen, dass derartige Ausgaben zu einer Steuerersparnis von über 100 % führen[8]. Gegebenenfalls kann alternativ erwogen werden, die ordentlichen Einkünfte in möglichst großem Umfang aus dem Veranlagungszeitraum, in dem die außerordentlichen Einkünfte anfallen, in andere Jahre zu verlagern[9]. Wegen der Vorschrift des § 34 Abs. 1 Satz 3 ist es übrigens idR nicht vorteilhaft, die laufenden Einkünfte statt auf null auf einen Negativbetrag abzusenken, denn eine Hebelwirkung tritt insoweit nicht ein.

Beispiel: Der ArbN ist verheiratet und wird mit seiner Ehefrau, die Hausfrau ist und keine Einkünfte erzielt, gemeinsam zur Einkommensteuer veranlagt. Er erzielt bis zu seiner Entlassung laufende Einkünfte iHv. 100.000 Euro. Er enthält eine Entlassungsentschädigung iHv. 200.000 Euro, von der nach Abzug des Steuerfreibetrages nach § 3 Nr. 9 192.800 Euro als außerordentliche Einkünfte steuerpflichtig sind, weil insoweit die Voraussetzungen der §§ 24/34 EStG erfüllt sind. Andere Einkünfte hat er nicht. Die Einkommensteuer würde sich dann wie folgt errechnen:

---

[1] Vgl. Schmidt/*Seeger*, § 34 Rz. 4 und Korn/*Schiffers*, § 34 Rz. 28. | [2] Korn/*Schiffers*, § 34 Rz. 27. | [3] Korn/*Schiffers*, § 34 Rz. 27. | [4] Korn/*Schiffers*, § 34 Rz. 29 mwN. | [5] Siehe zu einem derartigen Fall *Wendt*, FR 2000, 333 (339) und Korn/*Schiffers*, § 34 Rz. 30. In derartigen Fällen hat dann die Anwendung des § 34 EStG zu unterbleiben (HHR/*Loschelder*, Jahresband 2002, § 34 Rz. J 01-3 und Korn/*Schiffers*, § 34 EStG Rz. 16). | [6] Korn/*Schiffers*, § 34 Rz. 27. | [7] Vgl. zu dieser und anderen Gestaltungsmöglichkeiten: *Hartz/Meeßen/Wolf*, Außerordentliche Einkünfte, Rz. 58. | [8] *Bein*, DB 2002, 2402 mit (spendenabzugsbezogenen) Beispielsberechnungen. | [9] Korn/*Schiffers*, § 34 Rz. 34.

– Steuerlast auf das zu versteuerndes Einkommen (zvE) abzüglich der außerord. Eink., dh. auf das verbleibende zu versteuernde Einkommen (vzvE) iHv. 100.000 Euro:	27.334 €
– Steuerlast auf vzvE zzgl. ⅕ der außerord. Eink., dh. auf 138.560 Euro:	44.662 €
– Unterschiedsbetrag	17.328 €
– Fünffacher Unterschiedsbetrag + Steuerlast auf vzvE = Gesamtsteuerlast =	113.974 €

Damit beträgt die Steuerersparnis aus Anwendung der Fünftelregelung hier lediglich 96 Euro, weil sich ohne deren Anwendung bei einem zvE von 292.800 Euro regulär ein Steuerbetrag von 114.070 Euro ergeben hätte.

Erzielt der ArbN oder seine Frau zusätzlich negative Einkünfte iHv. 100.000 Euro aus anderen Quellen (zB aus einer Beteiligung), so dass die laufenden (ordentlichen) Einkünfte insgesamt null ergeben, so ergibt sich folgendes Ergebnis:

– Steuerlast auf zvE abzgl. außerord. Eink., dh. auf vzvE iHv. 0 Euro:	0 €
– Steuerlast auf vzvE zzgl. ⅕ der außerord. Eink., dh. auf 38.560 Euro:	5.404 €
– Unterschiedsbetrag	5.404 €
– Fünffacher Unterschiedsbetrag + Steuerlast auf vzvE = Gesamtsteuerlast =	27.020 €

Die Minderung der laufenden Einkünfte durch negative Einkünfte aus anderen Quellen iHv. 100.000 Euro führt hier also (zunächst) zu einer (Einkommen-)Steuerersparnis iHv. 86.954 Euro (zuzüglich ersparten Solidaritätszuschlag und ggf. Kirchensteuer). Allerdings muss man unter steuerplanerischen Gesichtspunkten berücksichtigen, dass die Einkunftsquelle, die zunächst die nutzbaren Verluste verursacht, in einem nachfolgenden Veranlagungszeitraum in aller Regel zu positiven Einkünften führen wird, und dann der Betrag der 100.000 Euro im späteren VZ der Einkommensteuer unterliegt. Bei pessimistischen Annahmen könnte dieser Betrag aber maximal mit dem Spitzensteuersatz von 45 % besteuert werden (zwischenzeitliche Steuersatzsenkungen außer Acht gelassen). Unterm Strich ergäbe sich dann aber trotzdem nicht nur ein Zinseffekt, sondern eine echte (Einkommen-)Steuerersparnis iHv. 86.954 – 45.000 = 41.954 Euro. Das Erzielen der negativen Einkünfte hätte sich also „bezahlt" gemacht.

14 Steuerplanerisch können sich unter Umständen auch andere Gestaltungen anbieten. So können Ehegatten ggf. durch **Wahl der getrennten Veranlagung** eine höhere Steuerentlastung herbeiführen, wenn der Ehegatte, der die außerordentlichen Einkünfte erzielt keine laufenden Einkünfte mehr hat, während der andere Ehegatte weiter laufende (ordentliche), ins Gewicht fallende Einkünfte bezieht[1].

15 Wird nach den Vorüberlegungen eine Anwendung der Fünftelungsregelung angestrebt, so geht es bei der Steuerplanung anschließend darum, die einschlägigen Tatbestandsvoraussetzungen der §§ 24/34 zu erfüllen, um überhaupt zur Anwendung der Progressionsmilderung zu kommen. In diesem Zusammenhang ist häufig auf die erforderliche **Zusammenballung der Einnahmen** zu achten (s. Rz. 37). Insoweit ist vor allem auf den oder die Zahlungszeitpunkt(e) Acht zu geben. In Fällen, in denen eine Nebenleistung in Form eines Sachbezugs (wie zB die vergünstigte Werkswohnung oder die PKW-Überlassung zu Privatfahrten) die erforderliche Zusammenballung gefährdet, ist zu erwägen, den ArbN hierfür an den ArbGeb den steuerlichen maßgeblichen Wert (Sachbezugswert oder ortsübliches Entgelt) zahlen zu lassen, so dass ein für die Zusammenballung schädlicher geldwerter Vorteil in anderen Veranlagungszeiträumen vermieden wird. Im Gegenzug kann die Abfindung entsprechend erhöht werden[2]. Alternativ zu einer Vermietung des Dienstwagens an den ArbN kann auch dessen Veräußerung an den ausscheidenden ArbN erwogen werden[3]. Auch sofern später möglicherweise steuerschädliche Aufstockungen erforderlich werden könnten, kommen Ausweichgestaltungen in Betracht[4].

16 **II. Tarifbegünstigte Einkünfte (Tatbestand der §§ 24/34). 1. Allgemeines.** Die besondere Bedeutung des § 24 liegt in seiner Vorschaltfunktion zu § 34 Abs. 2, dh. vor allem darin, Entschädigungen iSd. § 24 Nr. 1 als außerordentliche Einkünfte nach einem ermäßigten Steuersatz zu besteuern, sofern zusätzlich das Zusammenballungserfordernis (ungeschriebenes Tatbestandsmerkmal des § 34, s. Rz. 37) erfüllt ist[5]. Liegt eine Entschädigung iSd. § 24 Nr. 1 Buchst. a oder b nicht vor, so bleibt zu prüfen, ob es sich um eine Vergütung für mehrjährige Tätigkeit (§ 34 Abs. 2 Nr. 4) handelt, die ebenfalls tarifbegünstigt sein kann.

17 **2. Entschädigungen iSd. § 24. a) Allgemeines.** Der Entschädigungsbegriff des § 24 Nr. 1 setzt in seiner zu **Buchst. a und b** gleichmäßig geltenden Bedeutung voraus, dass der Steuerpflichtige infolge einer

---

[1] Vgl. Schmidt/*Seeger*, § 34 Rz. 4 mwN. Näher *Korezkij*, BB 2000, 122. | [2] *Fumi/Urban*, krit, LStK 9/42.1; *Heidel/Pauly*, § 7 Rz. 235. | [3] *Hartz/Meeßen/Wolf*, Außerordentliche Einkünfte, Rz. 42. | [4] Siehe hierzu näher *Offerhaus*, DStZ 1997, 108 (110) mit krit. Anmerkungen von *Wagner* in Heuermann/Wagner, Lohnsteuer, Teil E Rz. 136. | [5] Schmidt/*Seeger*, § 24 Rz. 3; *Hartz/Meeßen/Wolf*, Außerordentliche Einkünfte, Rz. 6.

Beeinträchtigung der durch die einzelne Vorschrift geschützten Güter einen finanziellen Schaden erlitten hat und die Zahlung unmittelbar dazu bestimmt ist, diesen Schaden auszugleichen[1]. Unerheblich ist es, ob der Verlust von Einnahmen mehrerer Jahre entschädigt wird[2].

Die Vorschrift des § 24 Nr. 1 **Buchst. c**, die Ausgleichszahlungen an Handelsvertreter nach § 89b HGB betrifft, ist für die Besteuerung von ArbN unerheblich, weil sie nur als selbständig Gewerbetreibende tätige Handels- oder Versicherungsvertreter betrifft[3]. **18**

**b) Entschädigungen als Ersatz für entgangene oder entgehende Einnahmen (§ 24 Nr. 1 Buchst. a). 19
aa) Allgemeines.** Die Entschädigung iSd. § 24 Nr. 1 Buchst. a muss als Ersatz für unmittelbar entgangene oder entgehende konkrete Einnahmen gezahlt werden[4].

Eine Entschädigung setzt voraus, dass an Stelle der bisher geschuldeten Leistung eine andere tritt; **20** diese andere Leistung muss auf einem anderen, eigenständigen Rechtsgrund beruhen[5]. Die an die Stelle der Einnahmen tretende Ersatzleistung nach § 24 Nr. 1 Buchst. a muss also auf einer **neuen Rechts- oder Billigkeitsgrundlage** beruhen. Ein solcher Rechtsgrund wird regelmäßig Bestandteil der Auflösungsvereinbarung sein; er kann nach Ansicht der Finanzverwaltung aber auch bereits bei Abschluss des Dienstvertrags oder im Verlauf des Dienstverhältnisses für den Fall des vorzeitigen Ausscheidens vereinbart werden[6]. Neben einem Vertrag kommen als neue Rechtsgrundlage zB auch ein Prozessvergleich, eine BV (Sozialplan) oder ein arbeitsgerichtliches Urteil in Betracht[7]. Der Entschädigungsanspruch darf aber erst als Folge einer vorzeitigen Beendigung des Dienstverhältnisses entstehen. Eine Leistung in Erfüllung eines bereits vor dem Ausscheiden begründeten Anspruchs des Empfängers ist keine Entschädigung, auch wenn dieser Anspruch modifiziert, dh. in einer der geänderten Situation angepassten Weise erfüllt wird[8]. Zahlungen, die zur Erfüllung eines Anspruchs geleistet werden, sind daher keine Entschädigungen iSd. § 24 Nr. 1 Buchst. a, wenn die vertragliche Grundlage bestehen geblieben ist und sich nur die Zahlungsmodalität geändert hat[9]. Lohnzahlungen an einen freigestellten ArbN, rückständiger Arbeitslohn, anteiliges Urlaubsgeld, Urlaubsabgeltung, Weihnachtsgeld, Gratifikationen, Tantiemen und andere Zahlungen, die nicht an die Stelle weggefallener Einnahmen treten, sondern Erfüllungsleistungen des Arbeitsvertrages sind, fallen somit nicht unter den Begriff der Entschädigung iSd. § 24 Nr. 1 Buchst. a[10]. Das gilt nach Auffassung der Finanzverwaltung auch für freiwillige Leistungen, wenn sie in gleicher Weise den verbleibenden ArbN tatsächlich zugewendet werden[11].

Für den Begriff der Entschädigung im Sinne dieser Vorschrift ist nicht entscheidend, ob das zur Ent- **21** schädigung führende Ereignis ohne oder gegen den Willen des Steuerpflichtigen eingetreten ist. Eine Entschädigung iSd. § 24 Nr. 1 Buchst. a kann vielmehr auch vorliegen, wenn der Steuerpflichtige bei dem zum Einnahmeausfall führenden Ereignis selbst mitgewirkt hat. Ist dies der Fall, muss der Steuerpflichtige bei Aufgabe seiner Rechte aber unter erheblichen wirtschaftlichen, rechtlichen oder tatsächlichen Druck gehandelt haben (**Zwangslage**); keinesfalls darf er das schadenstiftende Ereignis aus eigenem Antrieb herbeigeführt haben. Der Begriff des Entgehens schließt freiwilliges Mitwirken oder gar die Verwirklichung eines eigenen Strebens aus[12]. Das Erfordernis des Handelns unter Druck bezieht sich aber nur auf die Vereinbarung als solche; dass die Art der Auszahlung (laufend oder einmalig) auf einem Wahlrecht des ArbN beruht, steht der Tarifbegünstigung nicht entgegen[13].

bb) Entlassungsentschädigungen. Eine Entschädigung iSd. § 24 Nr. 1-Buchst. a, die aus Anlass einer **22** Entlassung aus dem Dienstverhältnis vereinbart wird (Entlassungsentschädigung), setzt den Verlust von Einnahmen voraus, mit denen der ArbN rechnen konnte[14]. Die Vorschrift setzt für Entschädigungen, die in Zusammenhang mit einem ArbN-Tätigkeit geleistet werden, nach neuerer Rspr. eine **Beendigung des Arbeitsverhältnisses** voraus[15].

Für die Abgrenzung zwischen Entlassungsentschädigung und bereits (v)erdienten Ansprüchen ist **23** auch bei §§ 24/34, ebenso wie bei § 3 Nr. 9 (dazu dort Rz. 57 ff.), der zivilrechtliche **Auflösungszeitpunkt** maßgeblich[16].

---

1 R 170 EStR 2003. | 2 Hartz/Meeßen/Wolf, Außerordentliche Einkünfte, Rz. 40. | 3 BFH v. 23.1.2001 – XI R 7/00, BStBl. II 2001, S. 541 (543). | 4 H 170 EStH 2003 „Entschädigung iSd. § 24 Nr. 1 Buchst. a EStG". | 5 BMF v. 18.12.1998, BStBl. I 1998, S. 1512 unter Tz. 3. | 6 BFH v. 10.9.2003 – XI R 9/02, DStR 2004, 263; BMF v. 18.12.1998, BStBl. I 1998, S. 1512 unter Tz. 3. | 7 Hartz/Meeßen/Wolf, Außerordentliche Einkünfte, Rz. 9; s.a. Weber/Ehrich/Burmester, Teil 5 Rz. 71. | 8 BMF v. 18.12.1998, BStBl. I 1998, S. 1512 unter Tz. 3. | 9 BFH v. 20.10.1978 – VI R 107/77, BStBl. II 1979, S. 176; H 170 EStH 2003 „Entschädigung iSd. § 24 Nr. 1 Buchst. a EStG". | 10 BMF v. 18.12.1998, BStBl. I 1998, S. 1512 unter Tz. 4. | 11 BMF v. 18.12.1998, BStBl. I 1998, S. 1512 unter Tz. 4. | 12 BFH v. 20.7.1978 – IV R 43/74, BStBl. II 1979, S. 9; weitere Rspr.-Nachw. bei H 170 EStH 2003 „Entschädigung iSd. § 24 Nr. 1 Buchst. a EStG". Siehe auch BFH v. 13.8.2003 – XI R 18/02, DStR 2004, 80 (81). | 13 BFH v. 14.5.2003 – XI R 12/00, DStR 2003, 1327. | 14 BMF 18.12.1998, BStBl. I 1998, S. 1512 unter Tz. 4. | 15 BFH v. 12.4.2000 – XI R 1/99, BFH/NV 2000, 1195 und BFH v. 10.10.2001 – XI R 54/00, BStBl. II 2002, S. 181 mwN; BFH v. 10.4.2003 – XI R 4/01, BStBl. II 2003, 748. AA noch BFH v. 29.10.1998 – XI R 63/97, BStBl. II 1999, S. 588 und Herrmann/Heuer/Raupach/Horn, § 24 EStG Rz. 28 u. 41 mwN. | 16 BFH v. 20.10.1978 – VI R 107/77, BStBl. II 1979, S. 176 (177); BFH v. 15.10.2003 – XI R 17/02, DStR 2004, 82; Schmidt/Seeger, § 24 Rz. 29 f.

24 Wenn der ArbN an der Auflösung des Dienstverhältnisses mitgewirkt hat, dann muss er unter einem nicht unerheblichen Druck, dh. in einer Zwangslage gehandelt haben[1]. Konkret erfordert dies, dass für die Steuerermäßigung gemäß § 24 Nr. 1 Buchst. a die Auflösung des Dienstverhältnisses jedenfalls idR **vom ArbGeb veranlasst** sein muss, dh. der ArbGeb muss die entscheidende Ursache für die Auflösung gesetzt haben, ohne dass es auf den formalen Auflösungsakt ankommt[2].

25 Im Ergebnis ist festzuhalten, dass bei Vorliegen der Tatbestandsvoraussetzungen des § 3 Nr. 9 die Entlassungsabfindung zugleich idR als Entschädigung iSd. § 24 Nr. 1 Buchst. a anzusehen ist[3], so dass der den Steuerfreibetrag des § 3 Nr. 9 übersteigende Abfindungsbetrag grundsätzlich tarifbegünstigt ist, sofern die Abfindung zusammengeballt zufließt. Siehe zum Verhältnis beider Vorschriften näher die Kommentierung des § 3 Nr. 9 unter Rz. 14. Grundsätzlich ist es unerheblich, ob die Entlassungsentschädigung im Jahr der Vertragsauflösung gezahlt wird, so dass insb. die Zahlung in einem späteren Veranlagungszeitraum grundsätzlich unschädlich ist[4].

26 cc) ABC sonstiger Einzelfälle[5]

– **Abfindung von Pensionsansprüchen:** Abfindungen bzw. Kapitalisierungen von Pensionsanwartschaften bzw. -ansprüchen können unter gewissen Umständen als Entschädigung anzusehen sein[6]. Die Kapitalisierung einer Betriebsrente wird unter Umständen nicht als bloße Änderung der Zahlungsmodalität angesehen, sondern als wirtschaftlich andere Leistung mit neuer Rechtsgrundlage[7]. Entschädigungen können aber idR wohl (nur) dann vorliegen, wenn ursprünglich keine Kapitalisierungsmöglichkeit vorgesehen war und sich der ArbN in einer Zwangslage befindet. Eine solche Zwangslage ist übrigens auch bei Gesellschafter-Geschäftsführern nicht ausgeschlossen, die freiwillig ihre Gesellschaftsanteile veräußern, da die Aufgabe der Geschäftsführer-Tätigkeit nicht die zwangsläufige Folge der Anteilsveräußerung ist[8]. Zudem muss nach neuerer Ansicht das Arbeitsverhältnis beendet sein[9]. Im Übrigen sind Abfindungen bzw. Kapitalisierungen häufig auch als Vergütung für mehrjährige Tätigkeit anzusehen[10], was im Hinblick auf §§ 24/34 seit 1999 zu gleichen Rechtsfolgen führt.

– **Änderungskündigung:** Wird das Arbeitsverhältnis nach einer Änderungskündigung unter Zahlung einer Entschädigung fortgesetzt, so liegt nach neuerer Rspr. keine steuerbegünstigte Entschädigung iSd. § 24 Nr. 1 Buchst. a vor, weil es an der notwendigen Beendigung des Arbeitsverhältnisses fehlt[11]. Im Einzelfall kann es sich aber um eine Entschädigung iSd. § 24 Nr. 1 Buchst. b handeln.

– **Arbeitsgerichtsprozess:** Die Lohnnachzahlung nach einem arbeitsgerichtlichen Prozess ist keine Entschädigung[12].

– **Befristetes Arbeitsverhältnis:** Anders als bei § 3 Nr. 9 ist eine Abfindungszahlung bei Ablauf eines befristeten Arbeitsverhältnisses uU begünstigt[13].

– **Betriebs(teil)übergang:** In aller Regel fehlt es bei einem Betriebsübergang an hiermit verbundenen (finanziellen) Nachteilen, für die der ArbN „entschädigt" werden könnte[14].

– **Freistellung:** Wird der ArbN lediglich von seiner Arbeitsleistung freigestellt, so stellt die fortgezahlte Vergütung keine Entschädigung dar, weil es an einer neuen Rechtsgrundlage mangelt[15].

– **Streikunterstützung:** Sofern sie überhaupt als steuerbar angesehen werden, dürften sie jedenfalls als Entschädigungen iSd. § 24 Nr. 1 Buchst. a anzusehen sein[16].

– **Schadensersatz wegen Vertragsverletzung:** Ob Schadensersatz, den ein ArbN wegen Vertragsverletzung seines ArbGeb von diesem erhält, als Entschädigung in Betracht kommt, ist umstritten[17].

---

1 Näher hierzu und mwN: Schmidt/*Seeger*, § 24 Rz. 26 f.; *Offerhaus*, FS Budde, 465 (481) sowie Heuermann/Wagner/*Wagner*, Lohnsteuer, Teil E Rz. 114. | 2 BFH v. 20.10.1978 – VI R 107/77, BStBl. II 1979, S. 176; v. 22.1.1988 – VI R 135/84, BStBl. II 1988, 525 (529); Schmidt/*Seeger*, § 24 Rz. 8. | 3 BFH v. 20.10.1978 – VI R 107/77, BStBl. II 1979, S. 176 und Frotscher/Zimmermann, § 24 EStG Rz. 54. | 4 Heuermann/Wagner/*Wagner*, Lohnsteuer, Teil E Rz. 120. | 5 Siehe auch Schmidt/*Seeger*, § 24 Rz. 40 und HHR/*Horn*, § 24 EStG Rz. 41. | 6 Ausf. und mwN: HHR/*Horn*, § 24 EStG Rz. 41 Stichwort „Betriebliche Altersversorgung" und Lademann/*Gérard*, § 24 EStG Rz. 36 ff.; s.a.Nachw. bei *Bauer*, Aufhebungsverträge, Rz. 950 f. | 7 BFH v. 16.4.1980 – VI R 86/77, BStBl. II 1980, S. 393; v. 9.7.1992 – XI R 5/91, BStBl. II 1993, S. 27. Siehe aber auch BFH v. 6.3.2002 – XI R 51/00, BStBl. II 2002, S. 516. | 8 BFH v. 10.4.2003 – XI R 4/02, BStBl. II 2003, 748; v. 13.8.2003 – XI R 18/02, DStR 2004, 80. S.a. BFH v. 4.9.2002 – XI R 53/01, BStBl. II 2003, 177 zur Liquidation der Gesellschaft. | 9 BFH v. 10.10.2001 – XI R 54/00, BStBl. II 2002, 181. AA noch BMF v. 21.1.1987, StEK EStG § 24 Nr. 52. | 10 Vgl. nur BFH v. 11.12.1970 – VI R 218/66, BStBl. II 1971, S. 266. Hierzu näher und mwN: Schmidt/*Seeger*, § 24 Rz. 31, 35 ff. u. 45. Hartz/Meeßen/Wolf, Außerordentliche Einkünfte, Rz. 14. | 11 BFH v. 12.4.2000 – XI R 1/99, BFH/NV 2000, 1195 und v. 10.10.2001 – XI R 54/00, BStBl. II 2002, S. 181 mwN.; v. 10.4.2003 – XI R 4/02, BStBl. II 2003, 748. AA noch BFH v. 29.10.1998 – XI R 63/97, BStBl. II 1999, S. 588 und HHR/*Horn*, § 24 EStG Rz. 28 u. 41 mwN. Siehe auch Schmidt/*Seeger*, § 24 Rz. 32 u. 58 und Verfügung OFD Hannover v. 15.6.1982, StEK EStG § 19 Nr. 134. | 12 BFH v. 16.3.1993 – XI R 52/88, BStBl. II 1993, S. 507 (509). | 13 Heuermann/Wagner/*Wagner*, Lohnsteuer Teil E Rz. 110; vgl. BFH v. 10.9.2003 – XI R 9/02, DStR 2004, 263. Anders noch *Bauer*, Aufhebungsverträge, Rz. 70 ff. mwN und dem etwaigen Ausnahmefall einer Verlängerungsklausel. | 14 Näher *Bauer*, Aufhebungsverträge, Rz. 949a. | 15 Vgl. Hartz/Meeßen/Wolf, Außerordentliche Einkünfte, Rz. 13. | 16 Nachweise bei Schmidt/*Seeger*, § 24 Rz. 40 Stichwort „Streikunterstützungen". | 17 Näher Schmidt/*Seeger*, § 24 Rz. 40 Stichwort „Vertragsverletzung".

– **Vorruhestandsleistung:** Auch Vorruhestandsleistungen können unter Umständen Entschädigungen iSd. § 24 Nr. 1 Buchst. a sein[1].

– **Wettbewerbsverbot:** Bei einer Karenzentschädigung für ein Wettbewerbsverbot kommt § 24 Nr. 1 Buchst. b in Betracht.

c) Entschädigungen für die Aufgabe oder Nichtausübung einer Tätigkeit (§ 24 Nr. 1 Buchst. b). aa) Allgemeines. § 24 Nr. 1 Buchst. b erfasst Entschädigungen, die als Gegenleistung für den Verzicht auf eine mögliche Einkunftserzielung gezahlt werden. Die Abgrenzung von § 24 Nr. 1 Buchst. a und b kann mangels einer klaren Trennungslinie schwierig sein[2]. 27

Bedeutendste Tatbestandsalternative ist die **Aufgabe oder Nichtausübung einer Tätigkeit**. Die Tätigkeit wird „aufgegeben", wenn sie endgültig nicht mehr ausgeübt wird. Die Entschädigung wird „für" die Aufgabe der Tätigkeit gezahlt, wenn der ArbGeb den ArbN mit der Entschädigung zur einvernehmlichen, freiwilligen Aufgabe seiner Tätigkeit veranlassen will. Die „Nichtausübung" einer Tätigkeit kennzeichnet demgegenüber einen Zustand des Ruhens einer Tätigkeit, ohne dass diese bereits endgültig aufgegeben wird[3]. Eine Beendigung der Rechtsbeziehungen zwischen ArbGeb und ArbN ist nicht erforderlich[4]. Eine Entschädigung für die Nichtausübung einer Tätigkeit kann unter Umständen das Entgelt für ein nachvertragliches Wettbewerbsverbot gemäß §§ 74 ff. HGB sein. 28

Die Tatbestandsalternative der „Aufgabe einer **Gewinnbeteiligung** oder der Anwartschaft auf eine solche" ist für ArbN idR nicht relevant. Denn als Gewinnbeteiligungen kommen lediglich gesellschaftsrechtliche Beteiligungen in Betracht, so dass insb. ein gewinnabhängiger Tantiemeanspruch eines ArbN keine Gewinnbeteiligung iSd. § 24 Nr. 1 Buchst. b darstellt[5]. 29

Eine Entschädigung iSd. § 24 Nr. 1 Buchst. b liegt auch vor, wenn die Tätigkeit mit Willen oder mit Zustimmung des ArbN aufgegeben wird. Die Aufgabe oder Nichtausübung der Tätigkeit muss also nicht auf Druck des ArbGeb erfolgen, sondern kann auch geschieht idR gerade mit Wollen oder mit Zustimmung des ArbN (also **ohne Zwangslage**)[6]. Dass der ArbGeb den ArbN zu einer einvernehmlichen, freiwilligen Aufgabe oder Nichtausübung bewegen will, kommt insb. dann in Betracht, wenn der ArbN unkündbar ist oder der ArbGeb Streitigkeiten über die Wirksamkeit einer Kündigung vermeiden will[7]. 30

Der Ersatzanspruch muss bei § 24 Nr. 1 Buchst. b nicht auf einer neuen **Rechts- oder Billigkeitsgrundlage** beruhen. Die Entschädigung für die Nichtausübung einer Tätigkeit kann auch als Hauptleistungspflicht vereinbart werden[8]. Auch hier muss im Einzelfall die Entschädigung zu bereits (v)erdienter Vergütung abgegrenzt werden. 31

bb) ABC von Einzelfällen 32

– **Altersteilzeit:** Wechselt ein ArbN in die ATZ, so kann eine Abfindung eine Entschädigung für die Teilaufgabe der Tätigkeit iSd. § 24 Nr. 1 Buchst. b sein[9]. Siehe auch nachfolgendes Stichwort „Teilzeitarbeit".

– **Änderungskündigung:** Führt eine Änderungskündigung zu einer Verschlechterung für den ArbN und erhält er hierfür eine Entschädigung, so kann diese unter Umständen als Entschädigung iSd. § 24 Nr. 1 Buchst. b anzusehen sein, jedenfalls dann, wenn es zu einer Umsetzung kommt[10]. Dies gilt aber nur für den Teilbetrag, der „für" die Aufgabe bzw. Nichtausübung der Tätigkeit gezahlt wird, also nicht für die Entschädigung für entgangene oder entgehende Einnahmen[11].

– **Beendigungsoption:** Übt ein ArbN ein im Arbeitsvertrag vorgesehenes Wahlrecht aus, mit Erreichen eines bestimmten Lebensalters aus dem Arbeitsverhältnis gegen Zahlung einer Abfindung auszuscheiden, so fällt die Abfindung unter § 24 Nr. 1 Buchst. b, sofern der finanzielle Anreiz dazu dient, den ArbN zum Ausscheiden zu bewegen[12].

– **Tantieme:** Ein gewinnabhängiger Tantiemeanspruch eines ArbN ist keine Gewinnbeteiligung iSd. § 24 Nr. 1 Buchst. b[13].

– **Teilzeitarbeit:** Wird ein bisheriges Vollzeitdienstverhältnis zu einem Teilzeitarbeitsverhältnis reduziert, so kann eine Abfindung eine Entschädigung wegen (Teil-) Aufgabe einer Tätigkeit iSd. § 24 Nr. 1 Buchst. b darstellen[14].

---

1 Verfügung OFD Köln v. 15.5.1986, FR 1986, 379; Lademann/*Gérard*, § 24 EStG Rz. 31. | 2 BFH v. 20.7.1978 – IV R 43/74, BStBl. II 1979, S. 9; Schmidt/*Seeger*, § 24 Rz. 55; näher auch *Bauer*, Aufhebungsverträge, Rz. 948 f. | 3 BFH v. 2.4.1976 – VI R 67/74, BStBl. II 1976, S. 490. | 4 BFH v. 23.1.2001 – XI R 7/00, BStBl. II 2001, S. 541 (542 f.). | 5 BFH v. 10.10.2001 – XI R 50/99, BStBl. II 2002, S. 347 mit Anm. von *Eichborn*, HFR 2002, 608. | 6 BFH v. 2.4.1976 – VI R 67/74, BStBl. II 1976, S. 490; v. 9.7.1992 – XI R 5/91, BStBl. II 1993, S. 27 (28). | 7 *Huber* in Küttner, Personalbuch 2002, Stichwort „Abfindung", Rz. 60. | 8 BFH v. 12.6.1996 – XI R 43/94, BStBl. II 1996, S. 516 (518). | 9 *Hartz/Meeßen/Wolf*, Außerordentliche Einkünfte, Rz. 21. | 10 *Hartz/Meeßen/Wolf*, Außerordentliche Einkünfte, Rz. 11 u. 21; Schmidt/*Seeger*, § 24 Rz. 58; *Offerhaus*, DB 1991, 2456. | 11 BFH v. 23.1.2001 – XI R 7/00, BStBl. II 2001, S. 541. | 12 BFH v. 8.8.1986 – VI R 28/84, BStBl. II 1987, S. 106. | 13 BFH v. 10.10.2001 – XI R 50/99, BStBl. II 2002, S. 347. | 14 Vfg. OFD Frankfurt v. 8.11.2000, StEK EStG § 3 Nr. 754.

– **Wettbewerbsverbot:** Die Karenzentschädigung für ein Wettbewerbsverbot stellt grundsätzlich eine Entschädigung iSd. § 24 Nr. 1 Buchst. b dar[1].

– **Wiedereinstellungszusage:** Die Ablösung einer Wiedereinstellungszusage fällt grundsätzlich unter § 24 Nr. 1 Buchst. b[2].

– **Zukünftiges Dienstverhältnis:** Für eine Abfindungszahlung im Hinblick auf ein noch nicht angetretenes Dienstverhältnis gilt Gleiches wie für eine Wiedereinstellungszusage.

33 **3. Vergütungen für mehrjährige Tätigkeiten (§ 34 Abs. 2 Nr. 4). a) Allgemeines.** Eine Vergütung für eine **mehrjährige Tätigkeit** umfasst nach Ansicht der Finanzverwaltung jedes Entgelt, das für ein mehr als zwölfmonatiges Tun im Rahmen eines gegenseitigen Vertrags oder eines öffentlich-rechtlichen Dienst- oder Amtsverhältnisses geleistet wird, also auch Nach- oder Vorauszahlungen im Rahmen von Dienstverträgen, nicht aber das Entgelt, das als Gegenleistung für die Nichtausübung einer Tätigkeit geleistet wird[3]. Es kommt allerdings nicht darauf an, ob der ArbN tatsächlich eine Arbeitsleistung erbringt; es genügt, dass der Arbeitslohn für mehrere Jahre gezahlt wird[4]. Die Abgeltung einer zukünftigen Tätigkeit dürfte richtigerweise nicht erfasst sein[5].

34 Voraussetzung für die Anwendung ist, dass auf Grund der Einkunftsermittlungsvorschriften eine Zusammenballung von Einkünften eintritt, die bei Einkünften aus nichtselbständiger Arbeit auf **wirtschaftlich vernünftigen Gründen** beruht[6]. Derartige Gründe können sowohl in Person des ArbGeb wie des ArbN liegen[7]. Die Zusammenballung muss nicht zwangsläufig sein[8]. Schädlich sind willkürliche (Einmal-) Zahlungen aus Steuerersparnisgründen.

35 **b) ABC von Einzelfällen**

– **Aktienoption:** Eine Bezugsrecht auf Aktien (stock option) bzw. der geldwerte Vorteil aus dessen Ausübung durch den ArbN wird häufig eine Vergütung für mehrjährige Tätigkeit darstellen[9]. Hiervon ist idR auszugehen, wenn der Zeitraum zwischen Gewährung und Ausübung mehr als ein Jahr beträgt[10]. Problematisch kann aber sein, ob eine Zusammenballung von Einkünften gegeben ist[11].

– **Arbeitnehmererfindung:** Vergütungen für ArbNErf, die im Verlauf mehrerer Jahre entwickelt worden sind, können Vergütungen für eine mehrjährige Tätigkeit darstellen; dies gilt aber nicht, wenn sie nach der Kostenersparnis des ArbGeb bemessen werden[12].

– **Arbeitszeitkonto:** Wenn die in Vorjahren erarbeitete, aber nicht ausgezahlte Entlohnung in einer Zeit zufließt, in der der ArbN von der Arbeitsleistung freigestellt ist, kann eine Vergütung für eine mehrjährige Tätigkeit vorliegen[13].

– **Firmenjubiläum:** Bei einer Zahlung wegen eines Firmenjubiläums liegt idR kein (zusätzliches) Entgelt „für" eine mehrjährige Tätigkeit vor. Wird die Zuwendung aber auch nach der Dauer der Betriebszugehörigkeit bemessen, so kann insoweit ein Entgelt für mehrjährige Tätigkeit gegeben sein[14].

– **Jubiläumszuwendungen:** Diese stellen eine Vergütung für eine mehrjährige Tätigkeit dar, wenn sie eine mehr als 12 Monate dauernde Tätigkeit abgelten sollen[15].

– **Nachzahlungen:** Nachzahlungen für mehrere Jahre sind idR begünstigt. Dies trifft insb. dann zu, wenn sich eine Kündigung des Arbeitsverhältnisses durch den ArbGeb als unwirksam erweist[16]. Gleiches gilt für die Nachzahlung von Tantiemen für mehrere Jahre in einem Jahr[17]. Auch ein beim Ausscheiden aus dem Arbeitsverhältnis vom ArbGeb gezahlter Betrag, dessen Höhe von der Dauer der Betriebszugehörigkeit abhängt, kann eine begünstigte Vergütung für mehrjährige Tätigkeit darstel-

---

1 BFH v. 12.6.1996 – XI R 43/94, BStBl. II 1996, S. 516 (517 f.); Schmidt/Seeger, § 24 Rz. 7 u. 56 mwN. |2 Hartz/Meeßen/Wolf, Außerordentliche Einkünfte, Rz. 11. |3 H 200 EStH 2003 „Vergütung für eine mehrjährige Tätigkeit". Hartz/Meeßen/Wolf, Außerordentliche Einkünfte, Rz. 33 weisen zutr. darauf hin, dass das dort zitierte Urteil des BFH v. 13.2.1987 – VI R 230/83, BStBl. II 1987, S. 386 die Aussage aber nicht stützt. Die Ansicht der Finanzverwaltung stimmt im Ergebnis weitgehend mit der in Rspr. und Literatur vertretenen Ansicht überein. Hiernach muss sich die mehrjährige Tätigkeit zwar nur über mehrere Kalenderjahre erstrecken, wobei es als nicht erforderlich angesehen wird, dass sich die Tätigkeit über einen Zeitraum von mehr als 12 Monaten ausdehnt (HHR/Horn, § 34 EStG Rz. 63 mwN). Da aber nach dieser Ansicht die Tätigkeit mehrerer Jahre abgegolten werden muss, stimmen beide Ansichten im Ergebnis grundsätzlich überein (Blümich/Lindberg, § 34 EStG Rz. 100 mwN). |4 BFH v. 17.7.1970 – VI R 66/67, BStBl. II 1970, S. 683 (685). |5 AA Wagner in Heuermann/Wagner, Lohnsteuer, Teil E Rz. 114. |6 BFH v. 30.7.1971 – VI R 258/68, BStBl. II 1971, S. 802 (803); R 200 Abs. 1 EStR 2003; Hartz/Meeßen/Wolf, Außerordentliche Einkünfte, Rz. 54 mwN. |7 BFH v. 23.7.1974 – VI R 116/72, BStBl. II 1974, S. 680 (681). |8 R 200 Abs. 2 Satz 1 EStR 2003. |9 BFH v. 24.1.2001 – I R 100/98, BStBl. II 2001, S. 509. |10 FinMin NRW v. 27.3.2003 in Abschn. II.5, StEK EStG § 8 Nr. 475 = DB 2003, 747. Siehe dazu Dietborn/Strnad, BB 2003, 1094 (1095) mwN. |11 Siehe nur FG München v. 24.10.2001 – 1 K 5201/99, EFG 2002, 276; FG München v. 18.9.2001 – 12 K 2996/01, EFG 2002, 134; Hess. FG v. 21.12.2000 – 10 K 2270/00, EFG 2001, 503. Näher hierzu FinMin NRW v. 27.3.2003, in Abschn. II.5, StEK EStG § 8 Nr. 475. |12 Vgl. BFH v. 16.12.1996 – VI R 51/96, BStBl. II 1997, S. 222 zu einem Verbesserungsvorschlag. |13 Hartz/Meeßen/Wolf, Außerordentliche Einkünfte, Rz. 33. |14 BFH v. 3.7.1987 – VI R 43/86, BStBl. II 1987, S. 820 (821 f.). |15 R 200 Abs. 2 Satz 2 EStR 2003. |16 Vgl. BFH v. 22.7.1993 – VI R 104/92, BStBl. II 1993, S. 795. |17 BFH v. 11.6.1970 – VI R 338/67, BStBl. II 1970, S. 639.

len[1]. Eine bloße Nachzahlung von ausschließlich im Vorjahr verdienten Vergütungen reicht mangels Vergütung „für" eine mehrjährige Tätigkeit nicht aus[2]. Die Nachzahlung von Ruhegehaltsbezügen fällt idR unter § 34 Abs. 2 Nr. 4[3].

– **Pensionsansprüche/-anwartschaften:** Kapitalabfindungen für künftige Pensionsansprüche können selbst bei fortbestehendem Arbeitsverhältnis eine Vergütung für eine mehrjährige Tätigkeit darstellen[4].

– **Sabbatjahr:** Der im Sabbatjahr gezahlte Lohn stellt grundsätzlich keine Vergütung für mehrjährige Tätigkeit dar. Anders liegt es jedoch, falls das Sabbatjahr nicht in Anspruch genommen wird und es deshalb zu Lohnnachzahlungen kommt[5].

– **Übergangsgeld:** Auch ein Übergangsgeld kann bei bestimmten Umständen unter die progressionsbegünstigten Vergütungen für eine mehrjährige Tätigkeit fallen[6].

– **Vorauszahlungen:** Für diese gelten die zu Nachzahlungen gemachten Ausführungen entsprechend[7].

– **Verbesserungsvorschläge:** Für diese gelten die Ausführungen zu ArbNErf entsprechend[8].

4. Außerordentlichkeit der Einkünfte iSd. § 34 (Zusammenballung). a) Allgemeines. Nach dem Wortlaut des § 34 Abs. 2 kommen die dort genannten Einkünfte lediglich als außerordentliche Einkünfte „in Betracht". Hieraus wird gefolgert, dass es im Einzelfall zu prüfen bleibt, ob es sich wirklich um außerordentliche Einkünfte handelt[9]. Entschädigungen iSd. § 24 Nr. 1 sind deswegen nach § 34 Abs. 1 iVm. Abs. 2 Nr. 2 nur dann begünstigt, wenn es sich um außerordentliche Einkünfte handelt[10]. Die hiernach erforderliche Prüfung bezieht sich darauf, ob die Einkünfte iSd. § 34 Abs. 2 im Einzelfall tatsächlich in einem Veranlagungszeitraum zur Einkommensteuer heranzuziehen sind, ob also ein **zusammengeballter Zufluss** vorliegt, der geeignet ist, eine wegen des progressiven Tarifverlaufs höhere steuerliche Belastung des gesamten Einkommens auszulösen[11]. Eine Entschädigung ist also nur dann tarifbegünstigt, wenn sie zu einer Zusammenballung von Einkünften innerhalb eines Veranlagungszeitraums (Kalenderjahres) führt[12]. Gleiches gilt grundsätzlich bei Vergütungen für mehrjährige Tätigkeiten[13]. 36

Wie nachfolgend näher ausgeführt, wird die Zusammenballung in **zwei Schritten** geprüft. Erstens muss die Entschädigung grundsätzlich insgesamt in demselben Kalenderjahr zufließen. Zweitens muss die Entschädigung zusammen mit ggf. anderen ersatzweise begründeten Einkünften größer sein als der Betrag, der dem Steuerpflichtigen in diesem Kalenderjahr bei Fortsetzung des Arbeitsverhältnisses zugeflossen wäre. 37

b) Zufluss der gesamten Entschädigung in einem Kalenderjahr (1. Prüfung). aa) Grundsatz. Für das Zusammenballungserfordernis ist somit als sog. 1. Prüfung zu untersuchen, ob die Entlassungsentschädigung in Gänze in einem Kalenderjahr zu versteuern ist. Mehrere Teilbetragsleistungen in einem Kalenderjahr sind unschädlich[14]. Da die Anwendung der begünstigten Besteuerung nach § 34 Abs. 1 und 2 voraussetzt, dass die Entschädigungsleistungen zusammengeballt in einem Veranlagungszeitraum zufließen, ist der Zufluss mehrerer Teilbeträge in unterschiedlichen Veranlagungszeiträumen grundsätzlich schädlich[15]. An einer Zusammenballung fehlt es maW, wenn der ArbN auf Grundlage der im Zusammenhang mit der Auflösung des Dienstverhältnisses getroffenen Vereinbarungen neben einer Einmalzahlung noch andere Entschädigungsleistungen erhält, die sich über mehr als einen Veranlagungszeitraum (Kalenderjahr) erstrecken[16]. Eine im ursächlichen Zusammenhang mit der Auflösung des Dienstverhältnisses vereinbarte steuerpflichtige Entschädigung ist einheitlich zu beurteilen (**Grundsatz der Einheitlichkeit der Entlassungsentschädigung**), auch wenn sie sich aus mehreren Teilen (in sachlicher oder auch in zeitlicher Hinsicht) zusammensetzt[17]. Daher bilden auch nachträglich gewährte zusätzliche ArbGebAusgleichsleistungen mit der ursprünglichen Entschädigung prinzipiell eine Einheit; bei nachträglichen Leistungen des ArbGeb in einem späteren Kalenderjahr entfällt der ermäßigte Steuersatz grundsätzlich insgesamt. Lediglich in Sonderfällen können mehrere selbständige Entschädigungen vorliegen, insb. wenn neben einer Entlassungsentschädigung eine Karenzentschädigung für ein Wettbewerbsverbot gezahlt wird[18]. 38

---

1 BFH v. 10.6.1983 – VI R 106/79, BStBl. II 1983, S. 575. | 2 BFH v. 6.12.1991 – VI R 135/88, BFH/NV 1992, 381. | 3 Vgl. BFH v. 28.2.1958 – VI 155/56 U, BStBl. III 1958, S. 169; R 200 Abs. 1 Satz 2 EStR 2003. | 4 Vgl. BFH v. 11.12.1970 – VI R 218/66, BStBl. II 1971, S. 266. S.a. BFH v. 23.7.1974 – VI R 116/72, BStBl. II 1974, S. 680 zur Kapitalisierung eines laufenden Ruhegehalts. | 5 Vfg. OFD Koblenz v. 28.12.1995, StEK EStG § 19 Nr. 301. | 6 *Offerhaus*, FS Kruse, S. 405 (408 f.). | 7 BFH v. 17.7.1970 – VI R 66/67, BStBl. II 1970, S. 683. | 8 *Hartz/Meeßen/Wolf*, Außerordentliche Einkünfte, Rz. 36. | 9 Vgl. Schmidt/*Seeger*, § 34 Rz. 10; BFH v. 17.12.1959 – IV 223/58 S, BStBl. III 1960, 72 (73). | 10 R 199 Abs. 1 EStR 2003. | 11 Vgl. Schmidt/*Seeger*, § 34 Rz. 13. | 12 St. Rspr., vgl. nur BFH v. 16.3.1993 – XI R 10/92, BStBl. II 1993, S. 497 mwN und v. 4.3.1998 – XI R 46/97, BStBl. II 1998, S. 787; H 199 EStH 2003 „Zusammenballung von Einkünften"; BMF v. 18.12.1998, BStBl. I 1998, S. 1512 unter Tz. 10 – 19. | 13 Schmidt/*Seeger*, § 34 Rz. 42; Hartz/Meeßen/Wolf, Außerordentliche Einkünfte, Rz. 30 f., 38 u. 53; HHR/*Horn*, § 34 EStG Rz. 64. | 14 Vgl. Vfg. OFD Hannover v. 21.4.1997, StEK EStG § 34 Abs. 1 Nr. 56. | 15 BFH v. 21.3.1996 – XI R 51/95, BStBl. II 1996, S. 416 (417); BMF v. 18.12.1998, BStBl. I 1998, S. 1512 unter Tz. 10. | 16 BMF v. 18.12.1998, BStBl. I 1998, S. 1512 unter Tz. 10. | 17 BFH v. 21.3.1996 – XI R 51/95, BStBl. II 1996, S. 416; *Hartz/Meeßen/Wolf*, Außerordentliche Einkünfte, Rz. 42. | 18 BFH v. 16.3.1993 – XI R 10/92, BStBl. II 1993, S. 497 (498); *Hartz/Meeßen/Wolf*, Außerordentliche Einkünfte, Rz. 44 mwN.

39 Bei der Frage, ob ein Zufluss in (nur) einem Veranlagungszeitraum vorliegt, ist allein auf die steuerpflichtigen Einkünfte abzustellen, so dass steuerbefreite Einkünfte wie insb. Entlassungsabfindungen nach § 3 Nr. 9 außer Betracht bleiben[1]. Gleiches gilt wegen § 40 Abs. 3 für pauschalbesteuerte ArbGebLeistungen. Ein Verstoß gegen den Zufluss der gesamten Entschädigung in einem Jahr liegt auch dann nicht vor, soweit neben der Entschädigung Leistungen gewährt werden, die nicht Teil der Entschädigung sind, also ihre Grundlage nicht in der Entlassungsvereinbarung haben. Auch derartige Leistungen sind **keine außerordentlichen Einkünfte** und daher für die begünstigte Besteuerung einer im Übrigen gezahlten Entlassungsentschädigung iSd. § 24 Nr. 1 Buchst. a unschädlich[2]. Keine Entschädigung sind daher (Nach-) Zahlungen von Arbeitslohn, etc. sowie ganz allgemein alle Einkünfte, die unter § 24 Nr. 2 fallen. Insoweit kommt es zur Abgrenzung darauf an, ob der ArbN bereits vor Auflösung des Dienstverhältnisses einen Anspruch hatte oder nicht. Ebenfalls kein Bestandteil der Entschädigung und damit für deren Besteuerung unschädlich soll eine zusätzliche Leistung nach Ansicht der Finanzverwaltung dann sein, wenn diese nicht nur bei vorzeitigem Ausscheiden, sondern auch in anderen Fällen, insb. bei altersbedingtem Ausscheiden, erbracht wird oder wenn es sich um eine freiwillige Leistung handelt, die in gleicher Weise den verbleibenden ArbN tatsächlich zugewendet wird[3]. Nicht den Entschädigungen zuzurechnen sind nach Ansicht der Finanzverwaltung auch lebenslängliche betriebliche Versorgungsleistungen und lebenslängliche Sachbezüge, wobei dies selbst dann gelten soll, wenn die Versorgungsleistung erst im Rahmen der Entlassungsentschädigung zugesagt wird[4].

40 Im Ergebnis ist also lediglich zu prüfen, ob die etwaigen außerordentlichen Einkünfte, dh. die Entschädigung im engeren Sinne (bzw. eine Vergütung für mehrjährige Tätigkeit) in Gänze in einem Jahr zu versteuern ist. Hier verbleiben in der Praxis aber häufig **Fälle**, in denen der erste Zusammenballungstest an Vergütungselementen zu scheitern droht, die hinsichtlich ihrer potentiellen Steuerschädlichkeit von den Beteiligten übersehen werden. So ist im Hinblick auf die erforderliche Zusammenballung insb. die weitere Nutzung des Dienstwagens bedenklich, sofern hiermit ein geldwerter Vorteil verbunden ist. Hat eine derartige Nutzungsüberlassung ihre Grundlage in der Entlassungsvereinbarung, dann ist sie Teil der Entlassungsentschädigung und wirkt grundsätzlich schädlich für die Progressionsmilderung, wenn sie über das Kalenderjahr der Zahlung des (Haupt-)Entschädigungsbetrages hinaus gewährt wird[5]. Auch wenn die PKW-Überlassung nach neuerer Rspr. unter Umständen als unschädliche ergänzende Zusatzleistung aus sozialer Fürsorge angesehen werden kann[6], dürfte es sicherer sein, Gestaltungsmaßnahmen zu ergreifen, um diese Problematik zu vermeiden (siehe dazu oben unter Rz. 15). Auch die Einräumung von Aktienoptionen bzw. die Änderung der Optionsausübungsbedingungen anlässlich einer Beendigung des Dienstverhältnisses kann steuerschädlich sein. Stock Options stellen grundsätzlich erst bei Ausübung der Option einen geldwerten Vorteil (verbilligter Aktienbezug) aus dem Arbeitsverhältnis dar. War das Optionsrecht nach dem ursprünglichen Optionsplan verfallbar und wird bei Ausscheiden aus dem Dienstverhältnis hiervon abweichend ein Optionsrecht eingeräumt, so kann dies für die Zusammenballung jedenfalls dann schädlich sein, wenn das Optionsrecht später ausgeübt wird[7]. Schließlich kann auch eine Aufstockung einer Entlassungsentschädigung, die in einem anderen Kalenderjahr als die Hauptleistung zufließt, für die Tarifbegünstigung der gesamten (einheitlichen) Entschädigung schädlich sein.

41 **bb) Unschädliche Ausnahmefälle.** Die Tarifermäßigung nach § 34 Abs. 1 kann unter besonderen Umständen ausnahmsweise auch dann in Betracht kommen, wenn die Entschädigung nicht in einem Kalenderjahr zufließt, sondern sich auf mehrere Kalenderjahre verteilt.

Ein Ausnahmefall liegt vor, wenn die Zahlung der Entschädigung von vornherein in einer Summe vorgesehen war und nur wegen ihrer ungewöhnlichen Höhe und der besonderen Verhältnisse des Zahlungspflichtigen auf zwei Jahre verteilt wurde oder wenn der Entschädigungsempfänger – bei aller Existenzmittel – dringend auf den baldigen Bezug einer Vorauszahlung angewiesen war[8]. Nach Ansicht der Finanzverwaltung kommen, sofern nach § 163 AO ein Antrag auf Erlass der Steuer aus Billigkeitsgründen gestellt wird, weitere unschädliche Fälle in Betracht, in denen ein **planwidriger Zufluss in mehreren Veranlagungszeiträumen** vorliegt. Hierbei handelt es sich zum einen um eine versehentlich zu niedrige Auszahlung der Entschädigung und zum anderen um eine Nachzahlung nach Rechtsstreit, sofern der ArbN keinen Ersatzanspruch hinsichtlich einer aus der Nachzahlung resultierenden Steuermehrbelastung gegenüber seinem früheren ArbGeb hätte[9]. In derartigen Fällen wird übrigens

---

1 BFH v. 2.9.1992 – XI R 44/91, BStBl. II 1993, S. 52; BMF v. 18.12.1998, BStBl. I 1998, S. 1512 unter Tz. 10. | 2 Vgl. BMF v. 18.12.1998, BStBl. I 1998, S. 1512 unter Tz. 6. | 3 BMF v. 18.12.1998, BStBl. I 1998, S. 1512 unter Tz. 17 und Tz. 4. Vgl. auch BFH v. 14.5.2003 – XI R 23/02, BFH/NV 2003, 1489. Siehe auch *Breuer*, NWB F. 6, 4009 (4019), der überdies freiwilligen Leistungen des Arbeitgebers, wenn sie auch den verbleibenden Arbeitnehmern zugewendet werden, Entschädigungscharakter abspricht. | 4 BMF v. 18.12.1998, BStBl. I 1998, S. 1512 unter Tz. 6–9. Im Ergebnis auch BFH v. 6.3.2002 – XI R 51/00, BStBl. II 2002, S. 516 (518). | 5 Siehe insbesondere BMF v. 18.12.1998, BStBl. I 1998, S. 1512 unter Tz. 18. Siehe auch *Zugmaier*, DB 2002, 1401. | 6 BFH v. 3.7.2002 – XI R 80/00, BFH/NV 2002, 1645. *Hartz/Meeßen/Wolf*, Außerordentliche Einkünfte, Rz. 51 schlugen zuvor noch Billigkeitsmaßnahmen vor. | 7 Vgl. *Prinz*, DStR 1998, 1585 (1588); *Urban*, EFG Beilage 1998, 90. | 8 BFH v. 2.9.1992 – XI R 63/89, BStBl. II 1993, S. 831 (832). Siehe auch Schmidt/*Seeger*, § 34 Rz. 19 mwN. | 9 BMF v. 18.12.1998, BStBl. I 1998, S. 1512 unter Tz. 20–23.

teilweise eine arbeitsrechtliche Hinweispflicht des ArbGeb auf das Erfordernis eines (Billigkeits-) Antrages angenommen[1]. Neben diesen beiden Fällen sieht die Finanzverwaltung aus Billigkeitsgründen auf Antrag hin auch vom ArbGeb zusätzlich geleistete RV-Beiträge nach § 187a SGB VI (bei vorzeitiger Inanspruchnahme einer Altersrente) einschließlich darauf entfallender Steuerabzugsbeträge als unschädlich für die Zusammenballung an[2].

Auch bestimmte **Fürsorge-Leistungen** des ArbGeb sind ggf. als für die Zusammenballung unschädlich anzusehen[3]. Derartige Leistungen des (früheren) ArbGeb aus Gründen der sozialen Fürsorge für eine gewisse Übergangszeit sind beispielsweise Leistungen zur Erleichterung des Arbeitsplatz- oder Berufswechsels oder zur Anpassung an eine dauerhafte Berufsaufgabe und Arbeitslosigkeit; demgemäss können zB die Kostenübernahme für eine Outplacement-Beratung oder vom ArbGeb gezahlte Zuschüsse zum Alg soziale Fürsorge-Leistungen darstellen[4]. Derartige ergänzenden Zusatzleistungen aus Gründen der sozialen Fürsorge setzen weder eine Bedürftigkeit des entlassenen ArbN noch eine nachvertragliche Fürsorgepflicht des ArbGeb im arbeitsrechtlichen Sinne voraus; deswegen kann auch die zeitlich befristete Nutzungsüberlassung eines PKW eine unschädliche ergänzende Zusatzleistung sein[5]. Diese ergänzenden Zusatzleistungen, die Teil der einheitlichen Entschädigung sind, sind unschädlich für die Beurteilung der Hauptleistung als zusammengeballte Entschädigung und sind im Zeitpunkt ihres Zuflusses regulär zu besteuern[6]. Unschädliche Fürsorge-Leistungen liegen aber nicht vor, wenn die Fürsorgeleistung die (Haupt-) Entlassungsentschädigung nicht als Zusatz ergänzt, sondern insgesamt betragsmäßig fast erreicht[7]. **42**

c) **Vergleichsrechnung (2. Prüfung).** Neben der soeben erörterten (ersten) Prüfung, ob die Entschädigung in einem Veranlagungszeitraum steuerlich zu erfassen ist bzw. ob eine unschädliche Ausnahme vorliegt tritt die (zweite) Prüfung, ob nach den Umständen des Einzelfalles ein **potentieller Progressionsnachteil** überhaupt in Betracht kommt. Geprüft wird insoweit maW, ob es unter Einschluss der Entschädigung in dem jeweiligen Veranlagungszeitraum insgesamt zu einer über die normalen Verhältnisse hinausgehenden Zusammenballung von Einkünften kommt, ob also durch die Entschädigung die bis zum Jahresende wegfallenden Einnahmen überschritten werden[8]. Geprüft wird grundsätzlich, ob es zu einer Erhöhung der Einkünfte gegenüber dem Betrag kommt, der dem Steuerpflichtigen bei einem Ausbleiben des schadenstiftenden Ereignisses zugeflossen wäre. Übersteigt die anlässlich der Beendigung eines Arbeitsverhältnisses gezahlte Entschädigung die bis zum Ende des Veranlagungszeitraums entgehenden Einnahmen, die der ArbN bei Fortsetzung des Arbeitsverhältnisses bezogen hätte, so ist das Merkmal der Zusammenballung von Einkünften stets erfüllt[9]. Gleiches gilt, wenn zwar nicht die Entschädigung allein, aber zusammen mit weiteren Einnahmen, die der ArbN bei Fortsetzung des Dienstverhältnisses nicht bezogen hätte, die entgehenden Einnahmen übersteigt. Eine relativ geringfügige Überschreitung der bei ungestörter Fortsetzung des Arbeitsverhältnis erzielbaren Beträge ist ausreichend[10]. Nur wenn die anlässlich der Beendigung eines Dienstverhältnisses gezahlte Entschädigung die bis zum Ende des (Zufluss-) Veranlagungszeitraums entgehenden Einnahmen nicht übersteigt und der Steuerpflichtige keine weiteren Einnahmen bezieht, die er bei Fortsetzung des Dienstverhältnisses nicht bezogen hätte, ist das Merkmal der Zusammenballung von Einkünften nicht erfüllt[11]. **43**

Es ist somit eine **veranlagungszeitraumbezogene Vergleichsbetrachtung** durchzuführen, bei der dem steuerpflichtigen Teil der Entschädigung sowie weiteren Einnahmen, die der Steuerpflichtige bei Fortbestand des Beschäftigungsverhältnisses nicht erzielt hätte, die entgehenden Einnahmen aus dem aufgelösten Beschäftigungsverhältnis für den Rest des Veranlagungszeitraums, in dem der steuerpflichtige Teil der Abfindung zufließt, gegenüberzustellen sind. Für die Berechnung der Einkünfte, die der Steuerpflichtige bei Fortbestand des Dienstverhältnisses im Veranlagungszeitraum bezogen hätte, ist auf die (ArbN-) Einkünfte des Vorjahrs abzustellen[12], und zwar auf sämtliche Bezüge, insb. Fix- und variable Bezüge[13]. Für Zwecke dieser Vergleichsrechnung sind nach der für die Steuerpflichtigen günstigen Auffassung der Finanzverwaltung auch die nach § 3 Nr. 9 steuerbefreite Entlassungsabfindung, pauschalbesteuerte ArbGebLeistungen (wie insb. der Vervielfältigungsbetrag nach § 40b Abs. 2 Satz 3) und dem Progressionsvorbehalt unterliegende Lohnersatzleistungen (wie insb. das Alg) ein- **44**

---

1 *Strohner/Schmidt-Keßeler*, DStR 1999, 693 (700). | 2 BMF v. 18.12.1998, BStBl. I 1998, S. 1512 unter Tz. 30. Insoweit scheint eine Planwidrigkeit des Zuflusses in mehreren Veranlagungszeiträumen nicht erforderlich zu sein. | 3 Siehe näher BMF v. 18.12.1998, BStBl. I 1998, S. 1512 unter Tz. 5 mit Bezugnahme auf BFH v. 4.2.1998 – XI B 108/97, BFH/NV 1998, 1082. | 4 BFH v. 14.8.2001 – XI R 22/00, BStBl. II 2002, S. 180; v. 24.1.2002 – XI R 43/99, BFH/NV 2002, 717. | 5 BFH v. 3.7.2002 – XI R 80/00, BFH/NV 2002, 1645. | 6 BFH v. 14.8.2001 – XI R 22/00, BStBl. II 2002, S. 180; v. 6.3.2002 – XI R 16/01, BFH/NV 2002, 1379. | 7 BFH v. 24.1.2002 – XI R 2/01, BFH/NV 2002, 715. | 8 Vgl. BFH v. 4.3.1998 – XI R 46/97, BStBl. II 1998, S. 787; BMF v. 18.12.1998, BStBl. I 1998, S. 1512 unter Tz. 15. | 9 BMF 18.12.1998, BStBl. I 1998, S. 1512 unter Tz. 11. | 10 BFH v. 4.3.1998 – XI R 46/97, BStBl. II 1998, S. 787 (789). | 11 BMF v. 18.12.1998, BStBl. I 1998, S. 1512 unter Tz. 14. | 12 Vgl. BFH v. 4.3.1998 – XI R 46/97, BStBl. II 1998, S. 787; BMF v. 18.12.1998, BStBl. I 1998, S. 1512 unter Tz. 15. Teilweise wird aber auch die Einbeziehung anderer Einkunftsarten in die Vergleichsrechnung als zulässig angesehen (so *Breuer*, NWB F. 6, 4009 (4024)). | 13 BFH v. 4.3.1998 – XI R 46/97, BStBl. II 1998, S. 787 (789).

zubeziehen[1]. Zu Einzelheiten und umfangreichen Berechnungsbeispielen sei auf den Entschädigungserlass verwiesen[2]. Dort wird übrigens teilweise auf einen Vergleich der Einnahmen und teilweise auf einen Einkünfte-Vergleich abgestellt.

45 Für die Beurteilung der Zusammenballung ist es unerheblich, ob die Entschädigung für den Einnahmeverlust mehrerer Jahre gewährt werden soll[3].

46 **5. Einkommensermittlung.** Haben ArbN und ArbGeb steuerlich unterschiedlich zu behandelnden Beträge nicht oder nicht zutreffend getrennt, so ist ggf. eine **Aufteilung** vorzunehmen und zwar notfalls im Schätzungswege[4]. Eine Einbeziehung normal zu besteuernder Einkünfte (insb. rückständiger Arbeitslohn) in einen Gesamtbetrag ist für die Steuerbegünstigung zwar unschädlich. Trotzdem ist eine getrennte Ausweisung der verschiedenen Beträge im Hinblick auf eine richtige steuerliche Einordnung zu empfehlen[5]. Denn wird ein Gesamtbetrag gebildet und werden beim LStAbzug die Steuervergünstigungen unrichtigerweise auf den Gesamtbetrag angewendet, so setzt sich der ArbGeb einer Haftungsgefahr und in offenkundigen Fällen möglicherweise auch dem Verdacht einer Steuerstraftat aus. Außerdem bestünde die Gefahr von Nachteilen für den ArbN, sofern eine Aufteilung im Schätzungswege erforderlich würde, da er die Feststellungslast trägt, in welcher Höhe eine begünstigte Zahlung vorliegt. Dies gilt insb. in Fällen, in denen zugleich eine Karenzentschädigung für ein nachvertragliches Wettbewerbsverbot vereinbart wird[6].

47 Die begünstigte Ausgleichszahlung ist vermindert um die darauf entfallenden **Werbungskosten** anzusetzen, wobei nur solche Ausgaben zu berücksichtigen sind, die mit der Ausgleichszahlung in unmittelbaren Zusammenhang stehen. Zur ggf. erforderlichen Aufteilung von Werbungskosten siehe die Kommentierung von § 3 Nr. 9 EStG bei Rz. 68. Der ArbN-Pauschbetrag ist aus Vereinfachungs- und Begünstigungsgründen vorrangig vom nicht tariflich begünstigten Arbeitslohn abzuziehen[7]. Entsprechendes gilt für Steuerfreibeträge, soweit sie auch für laufenden Arbeitslohn in Betracht kommen, wie zB den Versorgungsfreibetrag[8], nicht jedoch für den Entlassungsabfindungsfreibetrag nach § 3 Nr. 9.

48 **III. Berechnung der Tarifmilderung: Fünftelungsregelung (Rechtsfolge des § 34 Abs. 1).** Die Steuer berechnet sich unter Berücksichtigung der Tarifermäßigung wie folgt: Für Zwecke der Steuerberechnung nach § 34 Abs. 1 ist zunächst für das Kalenderjahr, in dem die außerordentlichen Einkünfte erzielt worden sind, die EStSchuld zu ermitteln, die sich ergibt, wenn die in dem zu versteuernden Einkommen enthaltenen außerordentlichen Einkünfte nicht in die Bemessungsgrundlage einbezogen werden (Schritt 1). Sodann ist in einer Vergleichsberechnung die Einkommensteuer zu errechnen, die sich unter Einbeziehung eines Fünftels der außerordentlichen Einkünfte ergibt (Schritt 2). Bei diesen nach den allgemeinen Tarifvorschriften vorzunehmenden Berechnungen sind dem Progressionsvorbehalt (§ 32b EStG) unterliegende Einkünfte zu berücksichtigen[9]. Der Unterschiedsbetrag zwischen beiden Steuerbeträgen ist zu verfünffachen (Schritt 3); er stellt die Einkommensteuer dar, die auf die außerordentliche Einkünfte entfällt. Schließlich ist der sich so ergebende Steuerbetrag der im ersten Schritt ermittelten Einkommensteuer hinzuzurechnen (Schritt 4). Der so ermittelte Betrag ist im Jahr des Zuflusses der außerordentlichen Einkünfte zu zahlen. Die mitunter verwendete Bezeichnung als „rechnerische Verteilung auf fünf Jahre" ist insoweit missverständlich, weil die Steuer nicht fünf Jahre lang, sondern in einer Summe zu entrichten ist. Die außerordentlichen Einkünfte werden also nicht auf fünf Veranlagungszeiträume (Jahre) verteilt.

49 **Beispiel:** Ein allein stehender ArbN erhält im Veranlagungszeitraum eine Entlassungsabfindung von 50.000 Euro; steuerbefreit nach § 3 Nr. 9 sind 7.200 Euro. Bei einem übrigen zu versteuernden Einkommen (sog. verbleibendes zu versteuerndes Einkommen), also ordentlichen (laufenden) Einkünften in dem Veranlagungszeitraum von 40.000 Euro ergibt sich dafür eine Steuerlast von 9.547 Euro. Von der Abfindung in Höhe von 50.000 Euro wird der Freibetrag von 7.200 Euro in Abzug gebracht, so dass sich bei den außerordentlichen Einkünften ein Betrag von 42.800 Euro ergibt. Ein Fünftel hiervon (8.560 Euro) ist zu dem übrigen zu versteuernden Einkommen (40.000 Euro) zu addieren. Von der Summe (48.560 Euro) ist die Steuerlast zu ermitteln, die vorliegend 13.041 Euro beträgt. Von dieser Steuerlast ist die Steuer von 9.547 Euro in Abzug zu bringen. Der sich daraus ergebende Differenz-Betrag (3.494 Euro) mit fünf multipliziert ergibt die auf die Entlassungsabfindung entfallende Steuerlast (17.470 Euro) für den ArbN. Die Gesamteinkommensteuer ergibt sich dann aus der Addition der Steuer auf die außerordentlichen Einkünfte und der Steuer auf das Übrige zu versteuernde Einkommen (17.470 + 9.547 = 27.017 Euro).

Wäre demgegenüber in dem Beispielsfall die Entlassungsabfindung nicht nach § 34 Abs. 1 tarifbegünstigt, so betrüge die Einkommensteuer auf 82.800 Euro zu versteuerndes Einkommen 28.415 Euro. Der Steuervorteil aus der Anwendung der Fünftelungsregelung beträgt hier also 1.398 Euro.

---

1 BMF v. 18.12.1998, BStBl. I 1998, S. 1512 unter Tz. 15. Krit. *Ross*, DStZ 1999, 212 (214). | 2 BMF v. 18.12.1998, BStBl. I 1998, S. 1512 unter Tz. 15 ff.; vgl. BFH v. 4.3.1998 – XI R 46/97, BStBl. II 1998, S. 787. | 3 BFH v. 4.3.1998 – XI R 46/97, BStBl. II 1998, S. 787; BMF v. 18.12.1998, BStBl. I 1998, S. 1512 unter Tz. 15. | 4 BFH v. 12.1.2000 – XI B 99/98, BFH/NV 2000, 712; Schmidt/*Seeger*, § 24 Rz. 6. | 5 Gl. A: *Wagner* in Heuermann/Wagner, Lohnsteuer, Teil E Rz. 111. | 6 *Weber/Ehrich/Burmester*, Aufhebungsverträge, Teil 5 Rz. 63. | 7 BFH v. 29.10.1998 – XI R 63/97, BStBl. II 1999, S. 588. | 8 Vgl. R 200 Abs. 4 EStR 2003. | 9 R 198 Abs. 1 Satz 3 EStR 2003.

Weitere Berechnungsbeispiele finden sich in den EStRichtlinien und im Schrifttum[1].

Wenn das verbleibende zu versteuernde Einkommen negativ ist, sieht § 34 Abs. 1 Satz 3 eine Sonderregelung für die Berechnung vor. Damit wird vor allem verhindert, dass bei negativem verbleibenden zu versteuernden Einkommen das positive zu versteuernde Einkommen nicht besteuert wird[2]. Ob und wie dem Progressionsvorbehalt unterliegende steuerfreie Einkünfte wie insb. das Alg zu berücksichtigen sind, ist strittig[3].

Zu Gestaltungsmöglichkeiten siehe oben unter Rz. 10 ff.

IV. Verfahrensaspekte (LStEinbehalt und Veranlagung). Die Fünftelungsregelung kann unter Umständen bereits vom ArbGeb beim LSt-Einbehalt berücksichtigt werden. Der ArbGeb muss dazu die Voraussetzungen der §§ 24/34 prüfen einschließlich der oben erörterten Vergleichsrechnung (sog. 2. Prüfung für die Zusammenballung). Um die geforderte Berechnung überhaupt anstellen zu können, ist der ArbGeb regelmäßig auf die Mithilfe des ArbN angewiesen (Auskünfte, Vorlage von Unterlagen, etc.)[4]. Bei der Prüfung der Zusammenballung darf der ArbGeb auch solche Einnahmen (Einkünfte) berücksichtigen, die der ArbN nach Beendigung des bestehenden Dienstverhältnisses erzielt[5]. Hier besteht aber unter Umständen ein Prognoserisiko, dass der ArbGeb nicht tragen muss. Kann der ArbGeb die erforderlichen Feststellungen nicht treffen, so ist im LStAbzugsverfahren die Besteuerung ohne die Anwendung des § 39b Abs. 3 Satz 9 durchzuführen[6]. Die Progressionsmilderung kann dann ggf. erst im Veranlagungsverfahren des ArbN (zB bei Antrag nach § 46 Abs. 2 Nr. 8) angewandt werden. Für den ArbGeb ist es empfehlenswert, die Tarifbegünstigung im LStAbzugsverfahren nur in sicheren Fällen zu berücksichtigen[7]. Bei rechtlichen (nicht aber tatsächlichen) Zweifeln könnte sich die Beantragung einer LStAnrufungsauskunft beim Betriebsstättenfinanzamt nach § 42e empfehlen. Siehe hierzu näher die entsprechenden Ausführungen bei der Kommentierung des § 3 Nr. 9 unter Rz. 72.

Wendet der ArbGeb das Fünftelungsverfahren an, so ist die LSt in der Weise zu ermäßigen, dass der sonstige Bezug bei der Anwendung des § 39 Abs. 3 Satz 5 mit einem Fünftel anzusetzen und der Unterschiedsbetrag iSd. § 39 b Abs. 3 Satz 7 zu verfünffachen ist (§ 39b Abs. 3 Satz 9)[8]. Eine Veranlagung des ArbN zur Einkommensteuer erfolgt dann gemäß § 46 Abs. 2 Nr. 5 von Amts wegen. Änderungen des LStAbzugs sind unter gewissen Umständen möglich (s. insb. § 41c Abs. 1 Nr. 2). Für den LStJahresausgleich ist auf § 42b Abs. 2 Satz 2 hinzuweisen.

V. Rückzahlung empfangener Entschädigungen. Hat der Steuerpflichtige in einem nachfolgenden Veranlagungszeitraum einen Teil der Einmalabfindung zurückzuzahlen, so ist nach Auffassung der Finanzverwaltung die Rückzahlung als Korrektur der zuvor progressionsbegünstigten Entschädigung zu behandeln, wobei die frühere Steuerfestsetzung ggf. wegen eines Ereignisses mit steuerlicher Wirkung für die Vergangenheit nach § 175 Abs. 1 Satz 1 Nr. 2 AO zu berichtigen sein soll[9].

---

1 H 198 EStH 2003 „Berechnungsbeispiele"; *Wendt*, FR 2000, 1199 (1204). | 2 *Breuer*, NWB F. 6, 4009 (4017) mit Beispiel. | 3 Siehe *Korezkij*, DStR 2003, 319 (322). | 4 *Strohner/Schmidt-Keßeler*, DStR 1999, 693 (698). | 5 Vgl. BFH v. 4.3.1998 – XI R 46/97, BStBl. II 1998, S. 787; BMF v. 18.12.1998, BStBl. I 1998, S. 1512 unter Tz. 16. | 6 Vgl. BFH v. 4.3.1998 – XI R 46/97, BStBl. II 1998, S. 787; BMF v. 18.12.1998, BStBl. I 1998, S. 1512 unter Tz. 16. | 7 *Weber/Ehrich/Burmester*, Aufhebungsverträge, Teil 5 Rz. 152a. | 8 Beispielrechnung bei *Breuer*, NWB F. 6, 4009 (4029 f.). | 9 BMF v. 18.12.1998, BStBl. I 1998, S. 1512 unter Tz. 21.

Gewerbeordnung

in der Fassung der Bekanntmachung vom 22.2.1999 (BGBl. I S. 202),
zuletzt geändert durch Gesetz vom 24.12.2003 (BGBl. I S. 2954)

– Auszug –

Vor §§ 105–110

Lit.: *Bauer/Opolony*, Arbeitsrechtliche Änderungen in der Gewerbeordnung, BB 2002, 1590; *Boemke*, Gewerbeordnung, Kommentar zu §§ 105–110, 1. Aufl. 2003; *Düwell*, Geänderte Gewerbeordnung – Neues Grundgesetz des Arbeitsrechts, FA 2003, 2; *Düwell*, Das nachvertragliche Wettbewerbsverbot in der Gewerbeordnung, DB 2002, 2270; *Neumann*, 133 Jahre Gewerbeordnung und noch viel mehr, AuR 2002, 216; *Perreng*, Änderungen der Gewerbeordnung – Erste Fassung eines Arbeitsgesetzbuches?, AiB 2002, 521; *Schöne*, Die Novellierung der Gewerbeordnung und die Auswirkungen auf das Arbeitsrecht, NZA 2002, 829; *Wisskirchen*, Novellierung arbeitsrechtlicher Vorschriften in der Gewerbeordnung, DB 2002, 1886.

1 **I. Einleitung.** Mit Wirkung ab dem 1.1.2003 wurden die – zuletzt nahezu bedeutungslosen – arbeitsrechtlichen Vorschriften der GewO umfassend geändert. Durch Art. 1 Nr. 2, 19 und 20 des Dritten Gesetzes zur Änderung der GewO und sonstiger gewerberechtlicher Vorschriften vom 24.8.2002[1] wurde die aus dem Jahr 1869 stammende GewO in arbeitsrechtlicher Hinsicht entrümpelt und in ein modernes Kleid gesteckt. Bei den Änderungen handelt es sich um den zaghaften **ersten Versuch zur Kodifizierung eines Arbeitsvertragsgesetzbuchs**[2]. Dies bringt die (ur)alte Forderung nach einer einheitlichen Kodifikation des Arbeitsrechts (Art. 157 Abs. 2 WRV) bzw. des Arbeitsvertragsrechts (Resolution des Deutschen Reichstags vom 11.12.1896; Art. 30 Abs. 1 Nr. 1 Einigungsvertrag) in Erinnerung[3].

2 **1. Neuregelung der arbeitsrechtlichen Vorschriften.** Die bislang 28 arbeitsrechtlichen Vorschriften des Teils VII wurden auf **sechs zentrale Vorschriften** reduziert, welche „allgemeine arbeitsrechtliche Grundsätze" (vgl. Überschrift des I. Abschnitts vor § 105) bzw. die „**Grundprinzipien des Arbeitsvertragsrechts**" regeln[4]. Sie gelten künftig für alle ArbN (§ 6 Abs. 2) und regeln den Grundsatz der Vertragsfreiheit im Arbeitsrecht (§ 105), das Weisungsrecht des ArbGeb (§ 106; vgl. § 121 aF), die Berechnung und Zahlung des Arbeitsentgelts (§ 107; vgl. § 115 aF), die Abrechnung des Arbeitsentgelts (§ 108; vgl. § 134 Abs. 2 aF), das Arbeitszeugnis (§ 109; vgl. § 110 aF) sowie das nachvertragliche Wettbewerbsverbot (§ 110 iVm. §§ 74 ff. HGB; vgl. § 133 f. aF).

3 Aufgehoben wurden die §§ 113 bis 132a, 154, 154a. Dadurch sind einerseits **überholte** bzw. nicht mehr für die arbeitsvertragliche Praxis als erforderlich angesehene **Vorschriften entfallen**; andererseits wurde das **Arbeitsschutzrecht aus der GewO entfernt** und zentral in das ArbSchG bzw. die ArbeitsstättenVO übernommen[5].

4 **2. Sinn und Zweck.** Hauptzweck der Neuregelungen der GewO ist die **Rechtsbereinigung** und **Deregulierung**. Insbesondere die alten arbeitsrechtlichen Regelungen des Titels VII wurde als inhaltlich und sprachlich nicht mehr zeitgemäß, unübersichtlich und daher schwer anwendbar sowie vielfach entbehrlich angesehen[6]. Ziel des Gesetzgebers war vor allem die Niederlegung verständlicher Grundnormen und damit mehr Rechtsklarheit und Rechtssicherheit für ArbN und ArbGeb[7].

5 Hinzu kommt, dass mit den Neuregelungen die **Rechtseinheit** auf dem Gebiet der GewO zwischen **Ost- und Westdeutschland** hergestellt wurde, nachdem bereits im Einigungsvertrag vom 31.8.1990[8] zahlreiche Vorschriften der GewO von der Anwendbarkeit im ostdeutschen Beitrittsgebiet ausgenommen worden waren[9].

6 **3. Systematische Kritik.** Die Regelung der in §§ 105 bis 110 vorgesehenen allgemeinen arbeitsrechtlichen Vorschriften in einem Spezialgesetz mag historisch gesehen eine „Rückkehr zu den Quellen" sein[10], sie widerspricht aber der Systematik der Rechtsordnung[11]. In der GewO sind diese Regelungen deplatziert; bis zum Erlass eines allgemeinen Arbeitsvertrags- bzw. Arbeitsrechtsgesetzbuchs **hätten sie vielmehr ins BGB gehört**[12].

---

1 BGBl. I S. 3412. | 2 *Wisskirchen*, DB 2002, 1886; vgl. auch *Perreng*, AiB 2002, 521: „Samenkorn eines Arbeitsgesetzbuches"; *Düwell*, FA 2003, 2: „Neues Grundgesetz des Arbeitsrechts". | 3 Zur Geschichte arbeitsvertraglicher Kodifikationsvorhaben *Kühl*, AuA 2000, 68 ff. | 4 So BT-Drs. 14/8796, S. 16. | 5 Vgl. BT-Drs. 14/8796, S. 16 und 26. | 6 BT-Drs. 14/8796, S. 1, 16. | 7 BT-Drs. 14/8796, S. 16; Boemke/*Ankersen*, GewO, Einl. Rz. 14. | 8 BGBl. II S. 889, 1020. | 9 *Düwell*, FA 2003, 2; *Neumann*, AuA 2002, 216 f. | 10 *Düwell*, FA 2003, 2. | 11 Zutr. *Bauer/Opolony*, BB 2002, 1590. | 12 Ebenso *Bauer/Opolony*, BB 2002, 1590 (1594); *Neumann*, AuR 2002, 216 (217); ähnlich Boemke/*Ankersen*, GewO, Einl. Rz. 16.

II. Persönlicher Geltungsbereich. Während die alten arbeitsrechtlichen Vorschriften der GewO grundsätzlich nur für „gewerbliche Arbeitnehmer" galten (vgl. alte Überschrift zu Titel VII) und zahlreiche Ausnahmen hinsichtlich des persönlichen Geltungsbereichs vorsahen (vgl. §§ 6, 154 aF), **gelten** die neuen §§ 105 bis 110 **nunmehr für alle ArbN** (zum ArbN-Begriff näher Vor § 611 BGB Rz. 19 ff.). Dies folgt aus § 6 Abs. 2, wonach die Bestimmungen des Abschnitts I des Titels VII auf alle ArbN Anwendung finden[1].

Titel VII. Arbeitnehmer

I. Allgemeine arbeitsrechtliche Grundsätze

105 *Freie Gestaltung des Arbeitsvertrages*

Arbeitgeber und Arbeitnehmer können Abschluss, Inhalt und Form des Arbeitsvertrages frei vereinbaren, soweit nicht zwingende gesetzliche Vorschriften, Bestimmungen eines anwendbaren Tarifvertrages oder einer Betriebsvereinbarung entgegenstehen. Soweit die Vertragsbedingungen wesentlich sind, richtet sich ihr Nachweis nach den Bestimmungen des Nachweisgesetzes.

Lit.: *Bauer/Opolony*, Arbeitsrechtliche Änderungen in der Gewerbeordnung, BB 2002, 1590; *Boemke*, Gewerbeordnung, Kommentar zu §§ 105–110, 1. Aufl. 2003; *Boemke*, Privatautonomie im Arbeitsvertragsrecht, NZA 1993, 532; *Schöne*, Die Novellierung der Gewerbeordnung und die Auswirkungen auf das Arbeitsrecht, NZA 2002, 829; *Thüsing*, Gedanken zur Vertragsautonomie im Arbeitsrecht, in: FS Wiedemann, 2002, S. 559.

I. Vorbemerkungen. Satz 1 der Vorschrift regelt wie der bisherige § 105 aF den **Grundsatz der Vertragsfreiheit im Arbeitsrecht**[2]. Satz 2 verweist wegen des Nachweises der wesentlichen Vertragsbedingungen auf das NachwG.

1. Entstehungsgeschichte. § 105 wurde mit Wirkung ab dem 1.1.2003 durch Art. 1 Nr. 19 des Dritten Gesetzes zur Änderung der GewO und sonstiger gewerberechtlicher Vorschriften vom 24.8.2002[3] „moderner" formuliert, ohne wesentliche Änderungen in der Sache herbeizuführen. Die Vorschrift gilt gemäß § 6 Abs. 2 für alle ArbN (und ArbGeb). Der in der aF verwandte Begriff des „Bundesgesetzes" als Schranke der Vertragsfreiheit wurde in der nF sprachlich durch „zwingende gesetzliche Vorschriften, Bestimmungen eines anwendbaren TV oder einer Betriebsvereinbarung" geändert. Der Verweis des Satzes 2 auf das NachwG wurde neu eingeführt.

2. Sinn und Zweck. Satz 1 stellt auf einfachgesetzlicher Ebene klar, dass der Grundsatz der Vertragsfreiheit auch im Arbeitsrecht gilt, obwohl das Prinzip der Vertragsfreiheit bereits zivilrechtlich in §§ 241 Abs. 1, 311 Abs. 1 BGB sowie verfassungsrechtlich als Teil der Privatautonomie (Art. 2 Abs. 1 GG) bzw. der Berufsausübungsfreiheit (Art. 12 Abs. 1 GG) verankert ist[4]. Der Gesetzgeber hielt die Regelung aus Gründen der **Rechtsklarheit** für sinnvoll und wichtig, während Literaturstimmen die Vorschrift aufgrund ihres rein **deklaratorischen Charakters** zu Recht für überflüssig halten[5].

Die Betriebs- und Tarifautonomie als Ausfluss der Privatautonomie auf kollektiver Ebene zwischen den Betriebs- bzw. TV-Parteien wird von Satz 1 nur mittelbar geregelt, indem anwendbare TV und BV als Schranken der Arbeitsvertragsfreiheit genannt werden.

Satz 2 enthält einen – ebenfalls überflüssigen – **deklaratorischen Verweis auf** die Vorschriften des NachwG. Der Gesetzgeber sah die Klarstellung, dass sich auch bei grundsätzlicher Formfreiheit des Arbeitsvertrags eine Verpflichtung des ArbGeb zur Niederschrift der wesentlichen Bedingungen des Arbeitsvertrags aus dem NachwG ergibt, jedoch für die Praxis, insb. bei kleinen und mittleren Unternehmen, als notwendig an[6].

II. Arbeitsvertragsfreiheit (Satz 1). Nach Satz 1 können ArbGeb und ArbN privatautonom bestimmen, **ob, mit wem und wie** sie einen Arbeitsvertrag abschließen, soweit nicht zwingende gesetzliche Vorschriften, Bestimmungen eines anwendbaren TV oder einer BV entgegenstehen. Die Vorschrift regelt mithin den Grundsatz der Vertragsfreiheit und seine Schranken und spiegelt damit die arbeitsrechtliche Rechtsquellenlehre wider.

1. Arbeitsrechtliche Rechtsquellenlehre. Auf das Arbeitsverhältnis zwischen ArbGeb und ArbN wirken verschiedene Rechtsquellen ein, für die grundsätzlich das **Rangprinzip** gilt, dh. die ranghöhere Rechtsquelle geht der rangniedrigeren Rechtsquelle vor (lex superior derogat legi inferiori). Danach lässt sich folgende **Normenpyramide** aufstellen[7]:

---

1 Zur Entstehungsgeschichte des § 6 Abs. 2 BT-Drs. 14/8796, S. 6, 16 f., 31, 34; BT-Drs. 14/9254, S. 7, 9. | 2 BT-Drs. 14/8796, S. 23. | 3 BGBl. I S. 3412. | 4 Vgl. BT-Drs. 14/8796, S. 23; *Boemke*, § 105 GewO Rz. 3; grundl. zur Privatautonomie im Arbeitsvertragsrecht *Boemke*, NZA 1993, 523 ff.; MünchArbR/*Buchner*, § 39 Rz. 1 ff.; s. a. *Thüsing*, FS Wiedemann, 2002, S. 559 ff. | 5 *Bauer/Opolony*, BB 2002, 1590; ErfK/*Preis*, § 105 GewO Rz. 3; *Wisskirchen*, DB 2002, 1886. | 6 BT-Dr. 14/8796, S. 24. | 7 Vgl. *Brox/Rüthers*, ArbR Rz. 37 ff.; *Hromadka/Maschmann*, ArbR I, 1. Aufl. 1998, § 2 Rz. 64 ff.; ErfK/*Preis*, § 611 BGB Rz. 235 ff.; MünchArbR/*Richardi*, § 8 Rz. 30 ff.

- **Zwingendes internationales bzw. supranationales Recht**, insb. EG-Recht (vor allem primäres EG-Recht wie der EG-Vertrag (EG) und VO gemäß Art. 249 EG; EG-Richtlinien bedürfen hingegen der Transformation in nationales Recht)[1].

- **Deutsches Verfassungsrecht**, das im Arbeitsrecht insb. im Wege mittelbarer Drittwirkung der Grundrechte (Ausnahme: Art. 9 Abs. 3 Satz 2 GG)[2] über die Generalklauseln (zB §§ 138, 242, 307, 315 BGB; 106 Satz 1 GewO) Bedeutung hat[3] (vgl. etwa § 106 Rz. 125 ff.).

- **Zwingendes Gesetzesrecht**, wobei die Auslegung arbeitsrechtlicher Gesetzbestimmungen oftmals ergibt, dass sie dem ArbN-Schutz dienen und daher nur einseitig (nicht beidseitig) zwingend sind und folglich nur Abweichungen zu Lasten (und nicht zu Gunsten) des ArbN iSv. § 134 BGB verbieten[4].

- **Zwingendes TV-Recht**. Kraft Tarifbindung (§§ 3 Abs. 1, 4 Abs. 1 Satz 1 TVG) oder Allgemeinverbindlicherklärung (§ 4 Abs. 5 TVG) anwendbare tarifvertragliche Normen gelten unmittelbar und zwingend. Dasselbe gilt für betriebliche oder betriebsverfassungsrechtliche Tarifregelungen (§§ 3 Abs. 2, 4 Abs. 1 Satz 2 TVG). Abweichende Vereinbarungen der Arbeitsvertragsparteien sind nur zulässig, soweit sie durch den TV gestattet sind (Öffnungsklausel) oder eine Änderung der Regelungen zugunsten des ArbN enthalten (**Günstigkeitsprinzip**). Das Günstigkeitsprinzip stellt eine Ausnahme zum Rangprinzip dar[5].

- **Zwingende BV bzw. Sprecherausschussrichtlinien**. Der Vorrang des TV gegenüber den Regelungen der BV folgt aus § 87 Abs. 1, Einleitungssatz bzw. §§ 77 Abs. 3 BetrVG. BV entfalten kraft Gesetzes (§ 77 Abs. 4 Satz 1 BetrVG) und Sprecherausschussrichtlinien kraft entsprechender Vereinbarung (§ 28 Abs. 2 Satz 1 SprAuG) unmittelbare und zwingende Wirkung im Arbeitsverhältnis. Auch im Verhältnis von BV und Sprecherausschussrichtlinien zu Individualvereinbarungen zwischen ArbGeb und ArbN gilt das Günstigkeitsprinzip (vgl. § 28 Abs. 2 Satz 2 SprAuG), dh. abweichende Regelungen zugunsten der ArbN sind zulässig[6].

- **Individualrechtliche Vereinbarungen** zwischen ArbGeb und ArbN, vor allem Arbeitsvertrag. Durch Vereinbarung können die Arbeitsvertragsparteien in Ausübung ihrer Vertragsfreiheit insb. die Rechte und Pflichten im Arbeitsverhältnis regeln und das Direktionsrecht des ArbGeb entsprechend einschränken (dazu § 106 Rz. 55 ff.), Mindestvorschriften in Gesetzen, TV oder BV zugunsten der ArbN überschreiten (Günstigkeitsprinzip) oder – kraft ausdrücklicher Öffnungsklausel oder Auslegung der jeweiligen Norm – dispositive Bestimmungen in Gesetzen, TV oder BV abbedingen.

8 Hinsichtlich der Konkurrenz von arbeitsrechtlichen Rechtsquellen der gleichen Rangstufe gilt zum einen das **Spezialitätsprinzip**, wonach die speziellere der allgemeineren Vorschrift vorgeht (lex specialis derogat legi generali); zum anderen findet das **Ordnungsprinzip** Anwendung, wonach die zeitlich neuere Regelung der älteren vorgeht (lex posterior derogat legi priori)[7].

9 Überschreiten die Arbeitsvertragsparteien die **Grenzen** der in Satz 1 geregelten Arbeitsvertragsfreiheit, gelten die geschilderten allgemeinen Vorschriften über die **Unwirksamkeit** der Vereinbarungen (vor allem § 134 BGB, § 4 Abs. 3 TVG, § 77 Abs. 4 BetrVG)[8].

10 **2. Grundsatz der Vertragsfreiheit.** Satz 1 regelt den Grundsatz der Vertragsfreiheit im Arbeitsrecht. Die Vertragsfreiheit umfasst Abschluss- und Gestaltungsfreiheit[9]. Die **Abschlussfreiheit** bezieht sich auf die Entscheidung, ob überhaupt ein Arbeitsvertrag abgeschlossen werden soll (**Abschlussfreiheit im engeren Sinne**) und mit wem (**Auswahlfreiheit**)[10]. Die **Gestaltungsfreiheit** bezieht sich auf Inhalt und Form des Arbeitsvertrags.

11 Die ebenfalls zum Grundsatz der Vertragsfreiheit gehörende **Vertragsbeendigungsfreiheit**[11] ist von Satz 1 zwar nicht explizit, aber der Sache nach erfasst, denn die Gestaltungsfreiheit überlässt es den Arbeitsvertragsparteien, im Rahmen der zwingenden Vorschriften der §§ 14 ff. TzBfG auflösend befristete oder bedingte Arbeitsverträge abzuschließen. Außerdem ist der Abschluss eines Aufhebungsvertrags actus contrarius zum Arbeitsvertrag und ebenfalls Ausdruck privatautonomen Handelns der Arbeitsvertragsparteien hinsichtlich der Frage, ob sie das Arbeitsverhältnis aufrecht erhalten wollen.

12 **a) Abschluss des Arbeitsvertrags.** ArbGeb und ArbN können im Rahmen der Abschlussfreiheit einen Arbeitsvertrag nach den allgemeinen Regeln der Rechtsgeschäftslehre (§§ 104 ff. BGB), auch im Wege der Stellvertretung (§§ 164 ff. BGB), abschließen[12].

---

1 Dazu übersichtsartig ErfK/Preis, § 611 BGB Rz. 235 ff.; zum europäischen Arbeitsrecht s. auch *Blanpain/Schmidt/Schweibert*, Europäisches Arbeitsrecht, 2. Aufl. 1996; *Hanau/Steinmeyer/Wank*, Handbuch des Europäischen Arbeits- und Sozialrechts, 2002. |2 Zur unmittelbaren Drittwirkung von Art. 9 Abs. 3 Satz 2 GG s. nur *Lembke*, Die Arbeitskampfbeteiligung von Außenseitern, 2000, S. 27 mwN. |3 Vgl. nur *Boemke*, § 105 GewO Rz. 16 ff.; *Boemke/Gründel*, ZfA 2001, 245 ff. |4 Vgl. *Boemke*, § 105 GewO Rz. 9 f. |5 ErfK/Preis, § 611 BGB Rz. 290. |6 *Fitting*, § 77 BetrVG Rz. 126, 196 ff. |7 ErfK/*Preis*, § 611 BGB Rz. 288, 291. |8 Vgl. BT-Drs. 14/8796, S. 24; *Schöne*, NZA 2002, 829 (830). |9 BT-Drs. 14/8796, S. 23. |10 BT-Drs. 14/8796, S. 24; ErfK/*Preis*, § 611 BGB Rz. 384. |11 *Boemke*, NZA 1993, 532 (537 f.). |12 Näher ErfK/*Preis*, § 611 BGB Rz. 384 ff.

Freie Gestaltung des Arbeitsvertrages   Rz. 22 § 105 GewO

Die **Abschlussfreiheit des ArbGeb**, ob und mit wem er einen Arbeitsvertrag abschließt, kann – neben **13** Vorschriften im Gesetz, TV oder BV (dazu unten Rz. 20 ff.) – **durch individualrechtliche Abrede eingeschränkt** sein, beispielsweise durch eine aus einem **Vorvertrag** folgende Pflicht zum Abschluss eines Arbeitsvertrags[1] oder eine vertragliche **Wiedereinstellungszusage** (etwa im Zusammenhang mit einer Kündigung oder einem Aufhebungsvertrag zum Zwecke der Verlängerung der Probezeit)[2].

Die **Abschlussfreiheit des ArbN** kann zB durch eine arbeitsvertragliche **Nebentätigkeitsgenehmigungsklausel** eingeschränkt werden, wonach die Aufnahme einer Nebentätigkeit der Zustimmung des **14** ArbGeb bedarf. Allerdings hat der ArbN einen Anspruch auf Erteilung der Zustimmung durch den ArbGeb, wenn keine Beeinträchtigung der betrieblichen Interessen des ArbGeb zu erwarten ist[3].

b) Inhalt. Als Teil der in Satz 1 gewährleisteten **Gestaltungsfreiheit** können die Arbeitsvertragsparteien im Rahmen der vorgegebenen Schranken den Inhalt des Arbeitsverhältnisses frei ausgestalten **15** und insb. Lohn bzw. Gehalt und andere Vergütungsbestandteile (zB Aktienoptionen)[4], den Inhalt der geschuldeten Tätigkeit, Arbeitszeit, Laufzeit des Vertrages, Kündigungsfristen, Urlaub und Nebenpflichten vereinbaren.

c) Form. Der **Arbeitsvertrag bedarf** zu seiner Wirksamkeit **grundsätzlich keiner Form**, kann also mündlich oder durch konkludente Willenserklärung (zB durch geduldete Arbeitsaufnahme) abgeschlossen **16** werden. Nach Satz 1 sind die Arbeitsvertragsparteien prinzipiell frei, für den Arbeitsvertrag oder ändernde bzw. ergänzende Vereinbarungen eine besondere Form, etwa die Schriftform (§§ 126, 127 BGB), vorzusehen. Vielfach finden sich in Arbeitsverträgen sog. **doppelte** oder **qualifizierte Schriftformklauseln**, wonach Änderungen und Ergänzungen der Schriftform bedürfen ebenso wie die Aufhebung des Schriftformerfordernisses selbst.

Ob eine derartige **qualifizierte Schriftformklausel** abweichende mündliche Vereinbarungen **verhindert**, ist umstritten, aber zu bejahen[5]. Jedenfalls trägt derjenige, der sich auf die Wirksamkeit der mündlichen **17** Vertragsänderung beruft, die **Beweislast** dafür, dass die Parteien den Formzwang einvernehmlich aufgehoben und die mündliche Vereinbarung übereinstimmend gewollt haben[6].

In vorformulierten (Standard-)Arbeitsverträgen, die der Inhaltskontrolle nach §§ 305 ff. BGB unterfallen, **18** ist ferner der **Vorrang der Individualabrede** zu beachten (§ 305b BGB). Formularmäßige Schriftformklauseln in Standard(arbeits)verträgen können die höherrangige individuelle Abrede nicht außer Kraft setzen und sind unwirksam[7]. Allerdings trifft die Beweislast für das Vorliegen der Individualabrede wiederum denjenigen, der sich darauf beruft. Der Vorrang der Individualabrede gegenüber vorformulierten Schriftformklauseln greift nicht, wenn sich der ArbN auf eine betriebliche Übung beruft, da es aufgrund des kollektiven Charakters der betrieblichen Übung an einer individuell ausgehandelten Verpflichtung fehlt[8].

Umstritten ist auch, ob eine einfache Schriftformabrede im Arbeitsvertrag der Begründung einer betrieblichen Übung entgegensteht[9] (vgl. auch unten Rz. 37). **19**

3. Schranken der Vertragsfreiheit. Die in Satz 1 grundsätzlich gewährleistete Arbeitsvertragsfreiheit **20** besteht nach dem Gesetzeswortlaut nur, soweit nicht zwingende gesetzliche Vorschriften, Bestimmungen eines anwendbaren TV oder eine BV entgegenstehen. Bei Anwendung dieser Schranken im konkreten Einzelfall sind die Grundsätze der arbeitsrechtlichen Rechtsquellenlehre (oben Rz. 7 ff.) zu beachten.

a) Zwingende gesetzliche Vorschriften. aa) Abschluss des Arbeitsvertrags. Gesetzliche Arbeitsrechtsvorschriften, welche die **Abschlussfreiheit** der Arbeitsvertragsparteien **einschränken**, beziehen **21** sich entweder auf das **Ob** des Arbeitsvertragsschlusses (Abschlussfreiheit ieS) und begründen ein Abschlussverbot oder umgekehrt einen Kontrahierungszwang, oder sie beziehen sich die Auswahlfreiheit vor allem des Arbeitsgebers, **mit wem** ein Arbeitsvertrag geschlossen werden kann.

(1) Abschlussverbote. Gesetzliche Abschlussverbote sind durch Auslegung zu ermitteln und kommen selten vor[10]. Sie richten sich gegen den Abschluss des Arbeitsvertrags als solchen und sind **abzugrenzen** von bloßen **Beschäftigungsverboten**, welche lediglich die tatsächliche Beschäftigung, also die **22** Erfüllung der Arbeitspflicht, untersagen[11]. Ein **Abschlussverbot** besteht zB für Kinder unter 16 Jahren

---

1 ErfK/*Preis*, § 611 BGB Rz. 397. | 2 Dazu BAG v. 7.3.2002 – 2 AZR 93/01, DB 2002, 1997; *Lembke*, DB 2002, 2648 ff.; allg. *Schrader/Straube*, NZA-RR 2003, 337 ff. | 3 BAG v. 11.12.2001 – 9 AZR 464/00, BB 2002, 2447 f. | 4 Dazu ausf. *Lembke*, BB 2001, 1469 ff.; *Annuß/Lembke*, BB 2003, 2230 ff. | 5 Ebenso BAG v. 24.6.2003 – 9 AZR 302/02, DB 2003, 2339 (2340); BGH v. 2.6.1976 – VIII ZR 97/74, BGHZ 66, 378 ff.; BFH v. 31.7.1991 – I S 1/91, BStBl. II 1991, 933 (934); aA Palandt/*Heinrichs*, § 125 BGB Rz. 14. | 6 Palandt/*Heinrichs*, § 125 BGB Rz. 14a. | 7 BGH v. 15.5.1986 – IX ZR 96/85, NJW 1986, 3131 (3132); v. 20.10.1994 – III ZR 76/94, NJW-RR 1995, 179 (180); Palandt/*Heinrichs*, § 305b BGB Rz. 5 – aA BGH v. 24.10.1979 – VIII ZR 235/78, NJW 1980, 234 (235). | 8 BAG v. 24.6.2003 – 9 AZR 302/02, DB 2003, 2339 (2340). | 9 Dafür BAG v. 27.3.1987 – 7 AZR 527/85, AP Nr. 29 zu § 242 BGB – Betriebliche Übung unter II 2 mwN; aA v. 24.6.2003 – 9 AZR 302/02, DB 2003, 2339 (2340); v. 28.10.1987 – 5 AZR 518/85, NZA 1988, 425 (426), wo eine formfreie Aufhebung der Schriftformklausel durch betriebliche Übung angenommen wird; vgl. auch ErfK/*Preis*, § 611 BGB Rz. 265. | 10 Vgl. nur Palandt/*Heinrichs*, § 134 BGB Rz. 15 mwN. | 11 *Boemke*, § 105 GewO Rz. 26; Küttner/*Kreitner*, Personalbuch 2004, 11. Aufl., Beschäftigungsverbot Rz. 3; zur Abgrenzung auch MünchArbR/*Buchner*, § 40 Rz. 5 ff.

(§ 5 Abs. 1 JArbSchG); soweit kein gesetzlicher Ausnahmetatbestand vorliegt, sind Arbeitsverträge mit Kindern unter 15 Jahren gemäß § 134 BGB nichtig[1].

23 Arbeitsverträge zwischen einem LeihArbN und dem Verleiher sind nach § 9 Nr. 1 AÜG unwirksam, wenn der Verleiher nicht die für gewerbsmäßige AÜ erforderliche Erlaubnis hat[2].

24 **Beschäftigungsverbote** bestehen etwa für werdende Mütter (§§ 3, 4, 6, 8 MuSchG), Ausländer ohne die nach §§ 284 ff. SGB III erforderliche Arbeitsgenehmigung[3], bei Fehlen der Hygienebelehrung nach §§ 42 f. InfektionsschutzG (früher: des Gesundheitszeugnisses nach §§ 17, 18 BSeuchG aF)[4], Verstoß gegen § 3 ArbZG[5] oder Verweigerung der Zustimmung des BR zur Einstellung nach § 99 BetrVG bis zum Vorliegen der Zustimmungsersetzung[6]. Das Vorliegen eines Beschäftigungsverbots **führt nicht zur Nichtigkeit des Arbeitsvertrags**[7]. Das folgt nunmehr auch aus § 311a Abs. 1 BGB[8].

25 **(2) Kontrahierungszwang.** Die in Satz 1 geregelte Abschlussfreiheit wird zum einen durch gesetzliche Normen eingeschränkt, die das Entstehen eines **Arbeitsverhältnisses kraft Gesetzes** vorsehen (zB § 10 Abs. 1 AÜG, § 613a Abs. 1 Satz 1 BGB) oder die **unbefristete Fortsetzung** des auf Zeit eingegangenen Arbeitsverhältnisses anordnen (§ 14 Abs. 3 BBiG, § 625 BGB, § 15 Abs. 5 TzBfG).

26 Zum anderen sehen einige gesetzliche Vorschriften einen Kontrahierungszwang für den ArbGeb vor, etwa bei **Weiterbeschäftigungsansprüchen** nach § 78a Abs. 2 BetrVG und § 102 Abs. 5 BetrVG sowie bei den **Wiedereinstellungsansprüchen** von ArbN nach § 91 Abs. 6 SGB IX oder § 2 Abs. 5 ArbPlSchG, im Falle der Verdachtskündigung bei sich später herausstellender Unschuld[9], im Falle der betriebsbedingten Kündigung bei Wegfall des Kündigungsgrundes innerhalb der Kündigungsfrist[10] sowie im Falle des Betriebsübergangs sogar noch nach Ablauf der Kündigungsfrist[11], nicht hingegen bei Wegfall des Befristungsgrunds nach Ablauf der Befristung[12]. Hierzu gehört auch der allgemeine Weiterbeschäftigungsanspruch[13].

27 **(3) Einschränkung in der Auswahlfreiheit.** Bei der Auswahl, mit wem der ArbGeb einen Arbeitsvertrag abschließen will, ist er nicht an den arbeitsrechtlichen Gleichbehandlungsgrundsatz gebunden, sondern hat nur die **Diskriminierungsverbote** zu beachten[14], wie etwa die der §§ 611a BGB, § 81 Abs. 2 SGB IX, Art. 9 Abs. 3 Satz 2 GG, § 78 Satz 2 BetrVG[15]. Im Übrigen ist es dem ArbGeb nicht untersagt, die Auswahl bei der Einstellung eines Bewerbers nach anderen als sachbezogenen Gründen vorzunehmen[16]. Im Bereich der Diskriminierungsverbote werden sich durch die Umsetzung der Antidiskriminierungsrichtlinien 2000/43/EG[17] und 2000/78/EG[18] aber voraussichtlich substantielle Änderungen ergeben[19].

28 **bb) Inhalt.** Hinsichtlich des von den Arbeitsvertragsparteien vereinbarten Inhalts des Arbeitsvertrags ergeben sich gesetzliche Schranken aus den **arbeitsrechtlichen Schutzgesetzen** (zB ArbZG, BUrlG, EFZG, KSchG, MuSchG, SGB IX, TzBfG). Dazu zählen auch **Gesetze im materiellen Sinne**, wie etwa die von den Berufsgenossenschaften erlassenen Unfallverhütungsvorschriften (§ 15 SGB VII)[20].

29 Mit Wirkung ab dem 1.1.2002 wurde durch die Schuldrechtsreform neu eingeführt, dass vorformulierte (Standard-)Arbeitsverträge als allgemeine Geschäftsbedingungen der **Inhaltskontrolle nach §§ 305 ff. BGB** unterliegen (vgl. § 310 Abs. 4 BGB). Demgemäß wird insb. überprüft, ob die verwandten Klauseln den Vertragspartner des Verwenders, hier also in der Regel den ArbN, unangemessen benachteiligen (näher § 307 BGB Rz. 21 f.). Auch insoweit ist die in Satz 1 geregelte Gestaltungsfreiheit der Arbeitsvertragsparteien eingeschränkt.

30 **cc) Form.** Für den Arbeitsvertrag als solchen sieht das Gesetz – anders als für den Aufhebungsvertrag als actus contrarius (§ 623 BGB) – keine besondere Form vor (s.o. Rz. 16): Lediglich bestimmte Abreden wie die **Befristung** oder **auflösende Bedingung** des Arbeitsvertrags bedürfen zu ihrer Wirksamkeit

---

[1] ErfK/*Schlachter*, § 5 JArbSchG Rz. 13. |[2] Näher *Boemke/Lembke*, § 9 AÜG Rz. 6 ff. |[3] Das Zuwanderungsgesetz v. 20.6.2002, BGBl. I S. 1946, welches die §§ 284 ff. SGB III aufgehoben hatte, wurde durch das BVerfG wegen formaler Fehler für verfassungswidrig und damit nichtig erklärt, BVerfG v. 18.12.2002 – 2 BvF 1/02, NJW 2003, 339 ff. |[4] BAG v. 2.3.1971 – 1 AZR 227/70, DB 1971, 1530; v. 25.6.1970 – 2 AZR 376/69, DB 1970, 1933. |[5] *Boemke*, § 105 GewO Rz. 23. |[6] BAG v. 5.4.2001 – 2 AZR 580/99, NJW 2002, 698 (701); *Boemke*, § 105 GewO Rz. 28; ErfK/*Kania*, § 99 BetrVG Rz. 41. |[7] *Boemke*, § 105 GewO Rz. 27; *Schaub*, ArbRHdb, § 32 Rz. 64. |[8] Vgl. *Däubler*, NZA 2001, 1329 (1332). |[9] BAG v. 20.8.1997 – 2 AZR 620/96, AP Nr. 27 zu § 626 BGB – Verdacht strafbarer Handlung unter II 4 b. |[10] BAG v. 28.6.2000 – 7 AZR 904/98, AP Nr. 6 zu § 1 KSchG 1969 – Wiedereinstellung. |[11] BAG v. 13.11.1997 – 8 AZR 295/95, AP Nr. 169 zu § 613a BGB, Ls. 3; allg. zum Wiedereinstellungsanspruch *Linck*, FA 2000, 334 ff. |[12] BAG v. 20.2.2002 – 7 AZR 600/00, BB 2002, 1648 ff. |[13] Dazu BAG v. 27.2.1985 – GS 1/84, AP Nr. 14 zu § 611 BGB – Beschäftigungspflicht; *Schaub*, ArbRHdb, § 110 Rz. 10 ff. |[14] ErfK/*Preis*, § 611 BGB Rz. 384. |[15] Vgl. *Boemke*, § 105 GewO Rz. 38 ff. |[16] *Boemke*, NZA 1993, 532 (535). |[17] Richtlinie v. 29.6.2000 zur Anwendung des Gleichbehandlungsgrundsatzes ohne Unterschied der Rasse oder der ethnischen Herkunft, ABl. EG Nr. L 180, S. 22. |[18] Richtlinie v. 27.11.2000 zur Festlegung eines allgemeinen Rahmens für die Verwirklichung der Gleichbehandlung in Beschäftigung und Beruf, ABl. EG Nr. L 303, S. 16. |[19] Zu den Antidiskriminierungsrichtlinien *Bauer*, NJW 2001, 2672 ff.; *Kocher*, RdA 2002, 167 ff.; *von Koppenfels*, WM 2002, 1489 ff.; *Leuchten*, NZA 2002, 1254 ff.; *Nickel*, NJW 2001, 2668 ff.; *Schiek*, AuR 2003, 44 ff.; *Schmidt/Senne*, RdA 2002, 80 ff.; *Thüsing*, NZA 2001, 1061 ff.; *Thüsing*, ZfA 2001, 397 ff.; *Weber*, AuR 2002, 401 ff.; *Wiedemann/Thüsing*, NZA 2002, 1234 ff.; zum Entwurf eines zivilrechtlichen Anti-Diskriminierungsgesetzes DB 2002, 470 f.; *Wiedemann/Thüsing*, DB 2002, 463 ff. |[20] *Boemke*, § 105 GewO Rz. 14.

Freie Gestaltung des Arbeitsvertrages   Rz. 40 § 105 GewO

der Schriftform (§§ 14 Abs. 4, 21 TzBfG, § 126 BGB). Auch das **nachvertragliche Wettbewerbsverbot** bedarf der Schriftform sowie zusätzlich der Aushändigung einer vom ArbGeb unterschriebenen Vertragsurkunde an den ArbN (§ 110 GewO iVm. § 74 Abs. 1 HGB).

Abgesehen davon besteht nur die gesetzliche Pflicht des ArbGeb, dem ArbN spätestens einen Monat nach dem vereinbarten Beginn des Arbeitsverhältnisses die wesentlichen Vertragsbedingungen in einer Urkunde niederzulegen und auszuhändigen (Satz 2 iVm. § 2 NachwG – s.u. Rz. 43). 31

b) Anwendbarer TV. Schranken der Arbeitsvertragsfreiheit können sich auch aus anwendbaren tarifvertraglichen Bestimmungen ergeben und zwar wiederum hinsichtlich Abschluss, Inhalt und Form. Satz 1 meint aber nur solche tarifvertraglichen Regelungen, die für die Arbeitsvertragsparteien kraft **Tarifbindung** (§§ 3 Abs. 1, 4 Abs. 1 TVG), **Allgemeinverbindlicherklärung** (§ 4 Abs. 5 TVG) oder im Falle von Tarifnormen über betriebliche oder betriebsverfassungsrechtliche Fragen kraft Tarifbindung des ArbGeb (§§ 3 Abs. 2, 4 Abs. 1 Satz 2 TVG) **normativ** (dh. unmittelbar und zwingend) **gelten**. 32

Bei einzelvertraglicher Bezugnahme eines TV gilt der TV hingegen nicht normativ, sondern nur individualrechtlich wie sonstige arbeitsvertragliche Abreden[1]. Da die tariflichen Regelungen hierbei aufgrund des Parteiwillens der Arbeitsvertragsparteien gelten und von diesen jederzeit abgeändert oder aufgehoben werden können, stellt die individualvertragliche Inbezugnahme von TV der Arbeitsvertragsfreiheit keine Grenzen[2]. 33

aa) Abschluss des Arbeitsvertrags. Beschränkungen der Abschlussfreiheit können sich aus tariflichen **Abschlussverboten** ergeben, zB in Form von Richtlinien für die personelle Auswahl bei Einstellungen oder Besetzungsregelungen in der Druckindustrie, wo die Besetzung eines Arbeitsplatzes von einer bestimmten Ausbildung abhängig gemacht wird[3]. 34

Abgesehen davon sehen TV Regelungen vor, die einen **Kontrahierungszwang** für den ArbGeb begründen, wie etwa tarifliche Wiedereinstellungsansprüche für die Zeit nach Beendigung eines Arbeitskampfes oder einer länger andauernden Betriebsstörung, für den Fall der Wiederherstellung der Berufs- oder Erwerbsfähigkeit (zB § 59 Abs. 5 BAT) oder für den Fall der Beendigung der Kindererziehung[4]. 35

bb) Inhalt. Hauptgegenstand von TV sind Regelungen, die den Inhalt des Arbeitsverhältnisses näher bestimmen (sog. **Inhaltsnormen**) und Haupt- und Nebenleistungspflichten näher ausgestalten[5]. Arbeitsvertragliche Abweichungen von normativ geltenden Tarifregelungen sind nur wirksam, soweit sie durch tarifliche Öffnungsklauseln gestattet sind oder dem Günstigkeitsprinzip entsprechen (s.o. Rz. 7, 4. u. 6. Spiegelstrich). Daher schränken tarifvertragliche Inhaltsnormen als Mindestarbeitsbedingungen die Gestaltungsfreiheit der Arbeitsvertragsparteien ein. 36

cc) Form. Tarifvertragliche Regelungen (sog. **Abschlussnormen**) können auch eine bestimmte Form für den Arbeitsvertragsabschluss vorsehen. Regelmäßig ergibt deren Auslegung aber, dass sie **nur deklaratorischer Natur** sind und lediglich einen Anspruch des ArbN auf formgerechte Vertragsniederlegung begründen, aber nicht zur Formnichtigkeit des formwidrig abgeschlossenen Arbeitsvertrags führen, da den ArbN sonst „Steine statt Brot" gegeben würden[6]. **Konstitutive tarifvertragliche Formvorschriften**, welche bei Nichtbeachtung zur Nichtigkeit der Vereinbarung führen (§ 125 Satz 1 BGB) und das Entstehen einer betrieblichen Übung verhindern[7], finden sich praktisch nur hinsichtlich arbeitsvertraglicher Nebenabreden (zB § 4 Abs. 2 BAT)[8]. 37

c) BV. Auch BV (GesamtBV, KonzernBV) gelten im Rahmen ihres Geltungsbereichs unmittelbar und zwingend im Arbeitsverhältnis der ArbN des Betriebs (§ 77 Abs. 4 Satz 1 BetrVG). Dasselbe gilt bei entsprechender Vereinbarung zwischen ArbGeb und SprAu auch für **Richtlinien** (§ 28 Abs. 2 Satz 1 SprAuG). Insoweit ist der Gesetzestext des Satzes 1 nicht vollständig. Die vorgenannten Kollektivvereinbarungen stellen mithin eine Schranke für die Arbeitsvertragsparteien dar. Das **Günstigkeitsprinzip** findet aber Anwendung (s.o. Rz. 7, 5. Spiegelstrich). 38

aa) Abschluss des Arbeitsvertrags. In BV können **Abschlussverbote** enthalten sein, wenn diese nicht üblicherweise durch TV geregelt werden (vgl. § 77 Abs. 3 BetrVG). Sie können sich insb. aus Auswahlrichtlinien nach § 95 BetrVG ergeben[9]. 39

Daneben finden sich **Wiedereinstellungsansprüche** in BV bzw. Sozialplänen, etwa für den Fall von Neueinstellungen nach einer Massenentlassung[10] oder nach Beendigung einer freiwillig gewährten Elternzeit[11]. 40

---

1 *Gamillscheg*, Kollektives Arbeitsrecht I, S. 733; ErfK/*Schaub*, § 3 TVG Rz. 40 – aA v. *Hoyningen-Huene*, RdA 1974, 138 (142 ff.). | 2 Ebenso *Boemke*, § 105 GewO Rz. 21 – aA BT-Drs. 14/8796, S. 23. | 3 Vgl. ErfK/*Preis*, § 611 BGB Rz. 405; *Schaub*, ArbRHdb, § 32 Rz. 61. | 4 MünchArbR/*Löwisch/Rieble*, § 260 Rz. 40 ff.; ErfK/*Preis*, § 611 BGB Rz. 394 ff.; *Schaub*, ArbRHdb, § 32 Rz. 78. | 5 Vgl. nur MünchArbR/*Löwisch/Rieble*, § 260 Rz. 1 ff. | 6 BAG v. 24.6.1981 – 24.6.1981, AP Nr. 2 zu § 4 TVG – Formvorschriften; MünchArbR/*Löwisch/Rieble*, § 260 Rz. 34; *Schaub*, ArbRHdb, § 32 Rz. 53. | 7 BAG v. 18.9.2002 – 1 AZR 477/01, DB 2003, 776; LAG Köln v. 26.7.2002 – 11 Ta 224/02, NZA-RR 2003, 577, Ls. 2; *Schaub*, ArbRHdb, § 111 Rz. 7. | 8 Vgl. BAG v. 18.9.2002 – 1 AZR 477/01, BB 2003, 795 (796); v. 7.5.1986 – 4 AZR 556/83, AP Nr. 12 zu § 4 BAT; MünchArbR/*Löwisch/Rieble*, § 260 Rz. 34; *Schaub*, ArbRHdb, § 32 Rz. 54. | 9 ErfK/*Preis*, § 611 BGB Rz. 405; *Schaub*, ArbRHdb, § 32 Rz. 61. | 10 Vgl. nur *Röder/Baeck*, Interessenausgleich und Sozialplan, 3. Aufl. 2001, S. 169. | 11 Vgl. ErfK/*Preis*, § 611 BGB Rz. 396.

41 bb) Inhalt.
Inhalt einer BV können Gegenstände der freiwilligen Mitbest. (vgl. § 88 BetrVG) bzw. der erzwingbaren Mitbest. (zB §§ 87, 91, 94, 95 BetrVG) sein. Die dort geregelten Bestimmungen legen mitunter **Mindestarbeitsbedingungen** fest und schränken die Gestaltungsfreiheit der Arbeitsvertragsparteien ein, soweit keine Öffnungsklausel in der BV existiert.

42 cc) Form.
BV können für den Abschluss des Arbeitsvertrags keine bestimmte Form vorsehen, da sie für noch nicht betriebsangehörige ArbN keine normative Wirkung entfalten[1].

43 III. Nachweis wesentlicher Arbeitsbedingungen (Satz 2).
Satz 2 enthält aus Klarstellungsgründen (s.o. Rz. 5) einen **deklaratorischen Verweis auf das NachwG**. Danach hat der ArbGeb spätestens einen Monat nach dem vereinbarten Beginn des Arbeitsverhältnisses (§ 2 Abs. 1 NachwG) oder einen Monat nach einer Änderung (§ 3 NachwG) eine schriftliche Niederschrift über die (vereinbarten bzw. geänderten) wesentlichen Vertragsbedingungen auszuhändigen. Wegen Einzelheiten s. Kommentierung zum NachwG.

44
Ähnliche Nachweispflichten finden sich in § 11 Abs. 1 AÜG[2] und § 4 BBiG.

45
Aufgrund dieser Nachweispflichten verzichtete der Gesetzgeber auf das Erfordernis der Erfüllung der Hinweis- und Kenntnisverschaffungspflicht nach § 305 Abs. 2 BGB hinsichtlich der **wirksamen Vereinbarung vorformulierter Klauseln in (Standard-)Arbeitsverträgen** (§ 310 BGB Abs. 4 Satz 2, Halbs. 2)[3]. Voraussetzung für die Geltung der allgemeinen Arbeitsbedingungen ist aber trotzdem das Einverständnis des ArbN mit ihnen[4].

106 Weisungsrecht des Arbeitgebers
Der Arbeitgeber kann Inhalt, Ort und Zeit der Arbeitsleistung nach billigem Ermessen näher bestimmen, soweit diese Arbeitsbedingungen nicht durch den Arbeitsvertrag, Bestimmungen einer Betriebsvereinbarung, eines anwendbaren Tarifvertrages oder gesetzliche Vorschriften festgelegt sind. Dies gilt auch hinsichtlich der Ordnung und des Verhaltens der Arbeitnehmer im Betrieb. Bei der Ausübung des Ermessens hat der Arbeitgeber auch auf Behinderungen des Arbeitnehmers Rücksicht zu nehmen.

	Rz.
I. Vorbemerkungen	1
1. Entstehungsgeschichte	1
2. Sinn und Zweck	3
3. Bedeutung und Rechtsnatur des Weisungsrechts	5
II. Gegenstand des Weisungsrechts	12
1. Inhalt der Arbeitsleistung	15
a) Generelle Tätigkeitsbeschreibung	16
b) Enge Tätigkeitsbeschreibung	20
c) Notfall	21
d) Ersatztätigkeit bei mutterschutzrechtlichem Beschäftigungsverbot	22
e) Mitbestimmung des Betriebsrats nach § 99 BetrVG	23
2. Ort der Arbeitsleistung	24
a) Ausdrückliche Vereinbarung zum Arbeitsort	25
b) Keine ausdrückliche Vereinbarung zum Arbeitsort	27
c) Betriebsverlegung	30
d) Mitbestimmung des Betriebsrats nach § 99 BetrVG	31
3. Zeit der Arbeitsleistung	32
a) Dauer der Arbeitszeit	33
aa) Überstunden	35
bb) Kurzarbeit	36
cc) Mitbestimmung des Betriebsrats nach § 87 Abs. 1 Nr. 3 BetrVG	37
b) Lage der Arbeitszeit	38
aa) Schichtarbeit	39
bb) Betriebsferien	40
cc) Mitbestimmung des Betriebsrats nach § 87 Abs. 1 Nr. 2 BetrVG	42
4. Ordnung und Verhalten der Arbeitnehmer im Betrieb	43
a) Verhaltensvorschriften	46
b) Kontrollmaßnahmen	48
c) Sonstige Weisungen	50
d) Mitbestimmung des Betriebsrats nach § 87 Abs. 1 Nr. 1 BetrVG	52
III. Grenzen des Weisungsrechts	54
1. Arbeitsvertrag	55
a) Inhalt der Arbeitsleistung	56
aa) Versetzungsklauseln	57
bb) Konkretisierung	60
(1) Abgrenzung zur betrieblichen Übung	60
(2) Voraussetzungen	61
(3) Rechtsfolgen	66
(4) Risikominimierung durch Schriftformklausel	68
cc) Selbstbindung des Arbeitgebers	69
b) Ort der Arbeitsleistung	72
aa) Versetzungsklausel	73
bb) Konzernversetzungsklausel	74
cc) Konkretisierung	75
c) Zeit der Arbeitsleistung	77
aa) Dauer der Arbeitszeit	78
bb) Lage der Arbeitszeit	81
cc) Konkretisierung	83
(1) Dauer der Arbeitszeit	84
(2) Lage der Arbeitszeit	85
d) Ordnung und Verhalten der Arbeitnehmer im Betrieb	87
2. Betriebsvereinbarung	88
a) Inhalt der Arbeitsleistung	90
b) Ort der Arbeitsleistung	92
c) Zeit der Arbeitsleistung	93
d) Ordnung und Verhalten der Arbeitnehmer im Betrieb	94
3. Anwendbarer Tarifvertrag	95
a) Inhalt der Arbeitsleistung	97
b) Ort der Arbeitsleistung	100
c) Zeit der Arbeitsleistung	101
d) Ordnung und Verhalten der Arbeitnehmer im Betrieb	103

---

[1] *Boemke*, § 105 GewO Rz. 30; *Hromadka/Maschmann*, Arbeitsrecht I, § 5 Rz. 75 – aA *Schaub*, ArbRHdb, § 32 Rz. 55. | [2] Zur Neuregelung der Norm *Lembke*, BB 2003, 98 (99); *Boemke/Lembke*, AÜG Nachtrag, 2003, § 11 Rz. 1 ff. | [3] BT-Drs. 14/6857, S. 54. | [4] *Boemke*, § 105 GewO Rz. 78.

4. Gesetzliche Vorschriften 104	IV. Nach billigem Ermessen 115
a) Inhalt der Arbeitsleistung 108	1. Grundsatz billigen Ermessens (§ 315 BGB) . . 119
b) Ort der Arbeitsleistung 111	2. Mittelbare Drittwirkung der Grundrechte . . 125
c) Zeit der Arbeitsleistung 112	3. Rücksichtnahme auf Behinderungen des Ar-
d) Ordnung und Verhalten der Arbeitnehmer	beitnehmers (Satz 3) 128
im Betrieb 114	V. Rechtsstreitigkeiten 132

Lit.: *Bauer/Opolony*, Arbeitsrechtliche Änderungen in der Gewerbeordnung, BB 2002, 1590; *Boemke*, Gewerbeordnung, Kommentar zu §§ 105–110, 1. Aufl. 2003; *Borgmann/Faas*, Das Weisungsrecht zur betrieblichen Ordnung nach § 106 S. 2 GewO, NZA 2004, 241; *Düwell*, Geänderte Gewerbeordnung – Neues Grundgesetz des Arbeitsrechts, FA 2003, 2; *Hennige*, Rechtliche Folgewirkungen schlüssigen Verhaltens der Arbeitsvertragsparteien, NZA 1999, 281; *Hunold*, Die Rechtsprechung zum Direktionsrecht des Arbeitgebers, NZA-RR 2001, 337; *Lakies*, Das Weisungsrecht des Arbeitgebers (§ 106 GewO) – Inhalt und Grenzen, BB 2003, 364; *Leßmann*, Die Grenzen des arbeitgeberseitigen Direktionsrechts, DB 1992, 1137; *Schöne*, Die Novellierung der Gewerbeordnung und die Auswirkungen auf das Arbeitsrecht, NZA 2002, 829; *Wisskirchen*, Novellierung arbeitsrechtlicher Vorschriften in der Gewerbeordnung, DB 2002, 1886.

I. Vorbemerkungen. 1. Entstehungsgeschichte. Mit Wirkung **ab dem 1.1.2003** wurde § 106 im Rahmen der Neufassung der arbeitsrechtlichen Grundsätze der §§ 105 ff. durch Art. 1 Nr. 19 des Dritten Gesetzes zur Änderung der GewO und sonstiger gewerberechtlicher Vorschriften vom 24.8.2002[1] eingefügt. Er regelt die Grundsätze des arbeitsrechtlichen Direktionsrechts und übernimmt im Wesentlichen den Inhalt des bisherigen § 121[2]. Die Vorschrift **gilt in allen Arbeitsverhältnissen** (§ 6 Abs. 2, vgl. Vor §§ 105–110 Rz. 7). 1

Während der Text des **aufgehobenen § 121** die Gehorsamspflicht des ArbN bei Ausübung des Direktionsrechts durch den ArbGeb in den Vordergrund stellte, betont der neue Satz 1 des § 106 das Weisungsrecht des ArbGeb und seine Schranken. In Satz 2 und 3 besonders herausgehoben werden das Direktionsrecht bezüglich der Ordnung und des Verhaltens der ArbN im Betrieb sowie die Pflicht zur Rücksichtnahme auf Behinderungen des ArbN. Materiell hat sich allerdings dadurch nichts geändert, so dass auf die **bisherige Rspr. zum Weisungsrecht** uneingeschränkt zurückgegriffen werden kann[3]. 2

2. Sinn und Zweck. Das **Weisungsrecht** des ArbGeb hinsichtlich Inhalt, Ort und Zeit der Arbeitsleistung ist ein wesentlicher Bestandteil des Arbeitsverhältnisses und **jedem Arbeitsverhältnis immanent**[4]. Das folgt schon aus der Definition des ArbN; ArbN ist, wer aufgrund eines Dienstvertrags nach §§ 611 ff. BGB für einen anderen persönlich abhängige, fremdbestimmte Arbeit leistet, wobei sich die persönliche Abhängigkeit – in Abgrenzung zum selbständigen Dienstleister – aus dem Unterworfensein unter Weisungen hinsichtlich Inhalt, Ort und Zeit der Arbeitsleistung ergibt (vgl. § 84 Abs. 1 Satz 2 HGB)[5]. Näher zum ArbN-Begriff Vor § 611 BGB Rz. 19 ff. 3

§ 106 hat folglich rein **deklaratorischen Charakter**[6]. Voraussetzung und damit Grundlage für das Direktionsrecht des ArbGeb ist der Arbeitsvertrag[7]. Dennoch hielt der Gesetzgeber eine ausdrückliche Regelung von Inhalt und Grenzen des Weisungsrechts im Interesse von **Rechtsklarheit** und **Rechtssicherheit** im Arbeitsverhältnis für geboten[8]. 4

3. Bedeutung und Rechtsnatur des Weisungsrechts. Das Weisungsrecht des Arbeitgebers ist ein wichtiger Gestaltungsfaktor im Arbeitsrecht. Durch den Abschluss des Arbeitsvertrags verpflichtet sich der ArbN zur Arbeitsleistung nach näherer Bestimmung durch den ArbGeb. Durch die Ausübung des Weisungsrechts **konkretisiert** der ArbGeb die **Pflicht zur Arbeitsleistung** hinsichtlich Art der Tätigkeit (**was, wie**), Ort (**wo**) und Zeit (**wann, wielange**) der Arbeitsleistung und füllt den arbeitsvertraglichen Rahmen aus. Dabei hat er die arbeitsrechtliche Rechtsquellenlehre (s. § 105 Rz. 7 ff.) und mithin den Vorrang höherrangiger Bestimmungen in Gesetz, TV und BV zu beachten. 5

Das Weisungsrecht ist ein **einseitiges Leistungsbestimmungsrecht** iSd. § 315 BGB[9] und daher nach billigem Ermessen auszuüben (Satz 1 – s.u. Rz. 115 ff.). Die Leistungsbestimmung durch Erteilung einer Weisung stellt eine **einseitige empfangsbedürftige Willenserklärung** dar[10]. 6

Ebenso wie das Leistungsbestimmungsrecht auch einem Dritten zustehen kann (§ 317 BGB), kann das Weisungsrecht mit Zustimmung des ArbN vom ArbGeb an einen Dritten übertragen werden. Das ist bei der **AÜ** der Fall. Hier übt der Entleiher gegenüber dem LeihArbN das ihm vom Verleiher übertragene Direktionsrecht aus[11]. 7

Mit dem Weisungsrecht des ArbGeb korrespondiert eine entsprechende **Leistungs- bzw. Gehorsamspflicht des ArbN**[12]. Daher stellt die **Nichtbefolgung** einer rechtmäßigen Weisung eine **Arbeitsvertragsverletzung** dar, die eine Abmahnung und ggf. eine verhaltensbedingte Kündigung zur Folge haben kann. 8

---

1 BGBl. I S. 3412. | 2 BT-Drs. 14/8796, S. 24. | 3 *Lakies*, BB 2003, 364; *Boemke/Keßler*, § 106 GewO Rz. 1. | 4 BT-Drs. 14/8796, S. 24; BAG v. 12.12.1984 – 7 AZR 509/83, AP Nr. 6 zu § 2 KSchG 1969 unter II 3 b; ErfK/*Preis*, § 611 BGB Rz. 274; *Tettinger/Wank*, § 121 GewO Rz. 1; *Wisskirchen*, DB 2002, 1886. | 5 Vgl. nur ErfK/*Preis*, § 611 BGB Rz. 45, 60 ff. | 6 Ebenso *Boemke/Keßler*, § 106 GewO Rz. 1. | 7 Ebenso ErfK/*Preis*, § 611 BGB Rz. 274. | 8 BT-Drs. 14/8796, S. 24. | 9 MünchArbR/*Blomeyer*, § 48 Rz. 31; *Lakies*, BB 2003, 364; *Schaub*, ArbRHdb, § 31 Rz. 31. | 10 *Boemke/Keßler*, § 106 GewO Rz. 6; Palandt/*Heinrichs*, § 315 BGB Rz. 11 – aA *Schaub*, ArbRHdb, § 31 Rz. 32: geschäftsähnliche Handlung; diff. MünchArbR/*Richardi*, § 12 Rz. 53. | 11 *Boemke*, § 1 AÜG Rz. 26. | 12 Vgl. *Tettinger/Wank*, § 121 GewO Rz. 1.

9 Hingegen ist eine **rechtswidrige bzw. nicht billigem Ermessen entsprechende Weisung** unverbindlich (§ 315 Abs. 3 Satz 1 BGB), und der ArbN hat ein **Leistungsverweigerungsrecht**[1] sowie grundsätzlich Anspruch auf vertragsgemäße Beschäftigung[2].

10 Hinsichtlich des Weisungsrechts stellt sich in der Praxis insb. die Frage, ob eine Maßnahme des ArbGeb von seinem **Direktionsrecht** umfasst ist **oder** ob die **Zustimmung des ArbN** erforderlich bzw. eine **Änderungskündigung** (§ 2 KSchG) auszusprechen ist. Sofern Zweifel verbleiben, ist eine (schriftliche) Weisung verbunden mit dem hilfsweisen Ausspruch einer Änderungskündigung anzuraten. Insoweit sind freilich etwaige MitbestR des BR nach §§ 99, 102 BetrVG zu beachten.

11 Praktisch wichtig ist die Bestimmung des Umfangs des Weisungsrechts auch im Hinblick auf die **Vergleichbarkeit der ArbN** im Rahmen der **Sozialauswahl** nach § 1 Abs. 3 Satz 1 KSchG bei betriebsbedingten Kündigungen. Horizontale Vergleichbarkeit setzt voraus, dass die ArbN austauschbar sind und kraft Direktionsrechts mit den Aufgaben des jeweils anderen ArbN beschäftigt werden können[3].

12 **II. Gegenstand des Weisungsrechts.** Nach Satz 1 kann der ArbGeb in dem von Arbeitsvertrag, einschlägigen BV, TV und gesetzlichen Bestimmungen vorgegebenen Rahmen Inhalt, Ort und Zeit der Arbeitsleistung nach billigem Ermessen näher bestimmen. Dies gilt nach Satz 2 auch hinsichtlich der Ordnung und des Verhaltens der ArbN im Betrieb. Dabei gilt der **Grundsatz: Je enger die Leistungspflicht im Arbeitsvertrag festgelegt** ist, **desto enger sind die Grenzen des Weisungsrechts. Dies gilt auch umgekehrt**, dh. je offener und allgemeiner die zu leistenden Dienste beschrieben sind, desto weiter ist die Weisungsbefugnis des ArbGeb[4].

13 Das Weisungsrecht gibt dem ArbGeb aber **nicht** die **Befugnis, einseitige** Anordnungen zu treffen, die den **Wert von Leistung und Gegenleistung** nachhaltig **beeinträchtigen**. Mithin unterliegt der Umfang der beiderseitigen Hauptleistungspflichten (Vergütungs- und Arbeitspflicht) nicht dem Weisungsrecht des ArbGeb[5]. Die Regelung der beiderseitigen Hauptleistungspflichten gehört zum Kernbereich des Arbeitsverhältnisses mit der Folge, dass diese Arbeitsbedingungen lediglich durch Gesetz, Kollektiv- oder Einzelarbeitsvertrag gestaltbar sind[6]. Insbesondere kann der **zeitliche Umfang der Arbeitszeit nicht einseitig** kraft Direktionsrechts **geändert** werden, weil ansonsten der (Änderungs-)Kündigungsschutz nach dem KSchG umgangen werden könnte[7] (s. auch Rz. 34).

14 Ist hinsichtlich der Art der Bezahlung nichts Näheres vereinbart oder geregelt, so kann der ArbGeb einem ursprünglich mit Akkordarbeit beschäftigten ArbN jedoch auch kraft Direktionsrecht Zeitlohntätigkeiten zuweisen, sofern die Zeitlohnarbeiten mit dem Akkorddurchschnitt vergütet werden und dem ArbN keine Entgeltnachteile entstehen[8].

15 **1. Inhalt der Arbeitsleistung.** Das Weisungsrecht bezieht sich zunächst auf den Inhalt der Arbeitsleistung. Im Rahmen der einschlägigen Kollektiv- und Individualvereinbarungen und Gesetze kann der ArbGeb dem ArbN Anordnungen hinsichtlich der **Art der Tätigkeit** (was) und der **konkreten Ausübung der Tätigkeit** (wie) geben.

16 **a) Generelle Tätigkeitsbeschreibung.** Je ungenauer und allgemeiner die vom ArbN zu leistenden Dienste im Arbeitsvertrag beschrieben sind, desto weiter geht die Befugnis des ArbGeb, dem ArbN unterschiedliche Aufgaben im Wege des Direktionsrechts zuzuweisen (Extrembeispiel: „Faktotum")[9]. Ist die Art der Dienstleistung abgesehen von einer allgemeinen Beschreibung nicht näher geregelt, hat der ArbN die mit der generell beschriebenen Tätigkeit **üblicherweise zu erbringenden Dienste** auf entsprechende Weisung zu leisten (vgl. § 59 Satz 1 HGB)[10]. Ist zB der ArbN einer Bausparkasse als „kaufmännischer Angestellter" ohne nähere Festlegung des Aufgabengebiets eingestellt worden, kann der ArbGeb ihm grundsätzlich jede Beschäftigung im Rahmen der Verwendungsmöglichkeiten eines kaufmännischen Angestellten (etwa die Tätigkeit als Kreditsachbearbeiter) zuweisen[11], nicht jedoch die eines Arbeiters[12]. Bestehen keine vertraglichen oder sonstigen Beschränkungen, darf der ArbGeb kraft Direktionsrechts auch einen **Wechsel in der Art der Beschäftigung** vorschreiben oder den **Arbeitsbereich verkleinern**[13]. Zu Versetzungs-/Umsetzungsklauseln unten Rz. 57 ff.

17 Die vom ArbGeb einseitig angeordnete Umgestaltung der arbeitsvertraglichen Leistungspflichten findet aber ihre **Grenze**, wo sie zu einer dauerhaften Absenkung des qualitativen Niveaus der Arbeitsleistung

---

1 Zum Ganzen auch Boemke/Keßler, § 106 GewO Rz. 55 f. | 2 LAG München v. 18.9.2002 – 5 Sa 619/02, NZA-RR 2003, 269 (270). | 3 BAG v. 17.9.1988, 2 AZR – 725/97, AP Nr. 36 zu § 1 KSchG 1969 – Soziale Auswahl; ErfK/Ascheid, § 1 KSchG Rz. 481. | 4 Boemke/Keßler, § 106 GewO Rz. 7; Lakies, BB 2003, 364. | 5 BAG v. 12.12.1984 – 7 AZR 509/83, AP Nr. 6 zu § 2 KSchG 1969; LAG Düsseldorf v. 30.8.2002 – 9 Sa 709/02, NZA-RR 2003, 407 (408); Lakies, BB 2003, 364. | 6 BAG v. 12.12.1984 – 7 AZR 509/83, AP Nr. 6 zu § 2 KSchG 1969. | 7 BAG v. 12.12.1984 – 7 AZR 509/83, AP Nr. 6 zu § 2 KSchG 1969; LAG Düsseldorf v. 30.8.2002 – 9 Sa 709/02, NZA-RR 2003, 407 (408); Boemke/Keßler, § 106 GewO Rz. 78; Lakies, BB 2003, 364 (367). | 8 Vgl. ArbG Regensburg v. 17.12.1990 – 6 Ca 683/90, BB 1991, 682 (Ls.); Hunold, NZA-RR 2001, 337 (342); s. auch Schaub, ArbRHdb, § 45 Rz. 24. | 9 MünchArbR/Blomeyer, § 48 Rz. 24; Boemke, NZA 1993, 532 (536). | 10 MünchArbR/Blomeyer, § 48 Rz. 23; Schaub, ArbRHdb, § 45 Rz. 23. | 11 BAG v. 27.3.1980 – 2 AZR 506/78, AP Nr. 26 zu § 611 BGB – Direktionsrecht. | 12 Lakies, BB 2003, 364 (365). | 13 BAG v. 27.3.1980 – 2 AZR 506/78, AP Nr. 26 zu § 611 BGB – Direktionsrecht; v. 23.6.1993 – 5 AZR 337/92, BB 1993, 2019; Lakies, BB 2003, 364 (367).

(sog. **Sozialbild**) führt, selbst wenn die bisherige Vergütung der Höhe nach nicht reduziert wird[1], denn der ArbGeb kann nicht über das Weisungsrecht den Umfang der Hauptleistungspflichten (hier: Art der Beschäftigung) einseitig verändern (s.o. Rz. 13). Die Art der Beschäftigung wird aber geändert, wenn die übertragene unterschiedliche Tätigkeit nicht gleichwertig ist. **Gleichwertigkeit** bestimmt sich mangels anderer Anhaltspunkte grundsätzlich aus der auf den Betrieb abgestellten Verkehrsauffassung und dem sich daraus ergebenden Sozialbild[2]. Kriterien für die Gleichwertigkeit nach der Sozial- bzw. Verkehrsanschauung sind zB Vergütungsgruppen in TV oder BV[3], die Anzahl der unterstellten Mitarbeiter oder der Umfang der Entscheidungsbefugnisse über den Einsatz von Sachmitteln oder Personalkapazität[4].

Den **Angestellten im öffentlichen Dienst** können in der Regel durch ArbGebWeisung alle Tätigkeiten übertragen werden, welche die Merkmale der für sie maßgebenden **Vergütungsgruppe des BAT** erfüllen (s.u. Rz. 97 f.)[5]. Entsprechendes dürfte grundsätzlich auch für die **Privatwirtschaft** gelten. Vielfach **spezifizieren** die **tariflichen Vergütungsgruppen die Tätigkeiten** genauer und enthalten somit Kriterien für die Sozialanschauung und die Tätigkeiten, die als gleichwertig anzusehen sind[6]. Eine Prokura kann aber in jedem Fall ohne Rücksicht auf den Arbeitsvertrag widerrufen werden[7]. **18**

Gehören die Arbeiten, die dem ArbN übertragen werden sollen, zu seinem Berufsbild, verfügt er aber nicht über die erforderlichen Fähigkeiten und Kenntnisse (zB wegen der Entwicklung neuer Techniken), so kann der ArbGeb den ArbN **anweisen**, zur Vorbereitung auf die Arbeit auch eine entsprechende **Schulung** zu absolvieren[8]. **19**

b) Enge Tätigkeitsbeschreibung. Je enger und konkreter die Arbeitspflicht vertraglich fixiert ist, desto geringer ist der dem Direktionsrecht belassene Spielraum[9]. Ist der Tätigkeitsbereich eines ArbN durch eine **Stellenbeschreibung** als Bestandteil des Arbeitsvertrags genau bestimmt, so bedeutet jede Zuweisung einer anderen Tätigkeit und eines anderen Arbeitsplatzes eine Änderung des Arbeitsvertrags, die nicht durch Weisungsrecht herbeigeführt werden kann, sondern einer Änderungsvereinbarung mit dem ArbN oder einer Änderungskündigung bedarf[10]. **20**

c) Notfall. Eine Ausnahme besteht insoweit in **Notfällen**, dh. bei unvorhersehbaren willensunabhängigen äußeren Ereignissen, die zu erheblichen Schäden beim ArbGeb führen können (zB Naturkatastrophen; wenn Rohstoffe oder Lebensmittel zu verderben oder Arbeitsergebnisse zu misslingen drohen, vgl. § 14 Abs. 1 ArbZG). Hier kann der ArbGeb dem ArbN ausnahmsweise vorübergehend anderweitige, von ihm nicht geschuldete Tätigkeiten übertragen; der ArbN ist aufgrund seiner Treuepflicht verpflichtet, den Weisungen Folge zu leisten und Schaden für den Betrieb des ArbGeb abzuwenden (vgl. auch § 241 Abs. 2 BGB)[11]. **21**

d) Ersatztätigkeit bei mutterschutzrechtlichem Beschäftigungsverbot. Eine Besonderheit gilt gegenüber ArbN-innen, die während der Schwangerschaft aufgrund eines mutterschutzrechtlichen Beschäftigungsverbots (§§ 3, 4, 8 MuSchG) daran gehindert sind, die vertraglich geschuldete Arbeitsleistung zu erbringen. Hier kann der ArbGeb im Wege des Weisungsrechts der ArbN-in **für die Zeit des Beschäftigungsverbots** eine **Ersatztätigkeit** zuweisen, die an sich nicht vom Vertrag gedeckt und daher an sich **nicht vom Direktionsrecht umfasst** ist[12]. In der Praxis hat der ArbGeb aber darauf zu achten, dass er die Weisung so konkret erteilt (v.a. bestimmte Tätigkeit, bestimmter Umfang, bestimmte Zeit), dass beurteilt werden kann, ob billiges Ermessen gewahrt ist[13]. Tut er dies nicht, behält die ArbN-in ihren Anspruch auf Mutterschutzlohn aus § 11 MuSchG[14]. **22**

e) Mitbest. des BR nach § 99 BetrVG. Die Zuweisung einer anderen Tätigkeit kann eine **Versetzung im betriebsverfassungsrechtlichen Sinne** gemäß § 95 Abs. 3 BetrVG sein und somit das MitbestR des BR nach § 99 BetrVG auslösen (s. auch Rz. 106). Die fehlende Zustimmung des BR zur Versetzung hat die Folge, dass die Versetzung auch individualrechtlich unwirksam ist und der ArbN das Recht hat, die Arbeit zu den geänderten Bedingungen zu verweigern[15]. Die **Versetzung** eines **BR-Mitglieds** oder einer anderen in § 103 Abs. 1 BetrVG genannten Person bedarf grundsätzlich der Zustimmung des BR (§ 103 Abs. 3 BetrVG). **23**

---

1 BAG v. 12.12.1984 – 7 AZR 509/83, AP Nr. 6 zu § 2 KSchG 1969 unter II 3 b mwN; v. 30.8.1995 – 1 AZR 47/95, AP Nr. 44 zu § 611 BGB – Direktionsrecht unter II 2 b; *Hunold*, NZA-RR 2001, 337 (341); *Boemke/Keßler*, § 106 GewO Rz. 60; *Lakies*, BB 2003, 364 (367). | 2 BAG v. 30.8.1995 – 1 AZR 47/95, AP Nr. 44 zu § 611 BGB – Direktionsrecht unter II 2 b; s. auch *Schaub*, ArbRHdb, § 45 Rz. 37. | 3 *Boemke/Keßler*, § 106 GewO Rz. 60, 62. | 4 *Hunold*, NZA-RR 2001, 347 (341); vgl. auch LAG Hamm v. 9.1.1997 – 17 Sa 1554/96, NZA-RR 1997, 337 (Ls.). | 5 BAG v. 30.8.1995 – 1 AZR 47/95, AP Nr. 44 zu § 611 BGB – Direktionsrecht, Ls. 1; v. 21.11.2002 – 6 AZR 82/01, DB 2003, 1630. | 6 So auch MünchArbR/*Blomeyer*, § 48 Rz. 23; *Boemke/Keßler*, § 106 GewO Rz. 62. | 7 BAG v. 28.6.1986 – 3 AZR 94/85, NZA 1987, 202 ff.; *Schaub*, ArbRHdb, § 45 Rz. 26. | 8 ArbG Bonn v. 4.7.1990 – 4 Ca 751/90, NZA 1991, 512; Küttner/*Griese*, Personalbuch 2003, Weisungsrecht Rz. 7; *Hunold*, NZA-RR 2001, 337 (345); *Leßmann*, DB 1992, 1137 (1138); *Schaub*, ArbRHdb, § 45 Rz. 23 – aA *Boemke/Keßler*, § 106 GewO Rz. 68. | 9 *Boemke*, NZA 1993, 532 (536). | 10 *Hunold*, NZA-RR 2001, 337 (342); s. auch MünchArbR/*Blomeyer*, § 48 Rz. 52. | 11 ArbG Leipzig v. 4.2.2003 – 7 Ca 6866/02, DB 2003, 1279; MünchArbR/*Blomeyer*, § 48 Rz. 35; *Boemke/Keßler*, § 106 GewO Rz. 5; *Lakies*, BB 2003, 364 (366 f.). | 12 BAG v. 15.11.2000 – 5 AZR 365/98, BB 2001, 527 (528); v. 21.4.1999 – 5 AZR 174/98, AP Nr. 5 zu § 4 MuSchG 1968. | 13 BAG v. 15.11.2000 – 5 AZR 365/98, BB 2001, 527 f. | 14 Zum Anspruch auf Mutterschutzlohn BAG v. 13.2.2002 – 5 AZR 588/00, NZA 2002, 739 ff.; *Lembke*, NZA 1998, 349 ff. | 15 BAG v. 5.4.2001 – 2 AZR 580/99, NJW 2002, 698 (700) mwN.

24 **2. Ort der Arbeitsleistung.** Das Weisungsrecht des Arbeitsgebers umfasst auch die Frage, wo der ArbN die geschuldete Arbeit verrichten soll.

25 **a) Ausdrückliche Vereinbarung zum Arbeitsort.** Regelmäßig ist der Arbeitsort im Arbeitsvertrag vereinbart. Dabei kann der Ort der Arbeitsleistung etwa auf einen bestimmten Betrieb des ArbGeb oder sogar auf einen konkreten Arbeitsplatz (im räumlichen Sinne) innerhalb des Betriebs beschränkt sein. Die Beschäftigung an einem anderen Ort bedarf in diesem Fall der Zustimmung des ArbN oder einer Änderungskündigung.

26 Möglich ist es auch, als Arbeitsort sämtliche Betriebe des ArbGeb oder wechselnde, im Voraus nicht näher bestimmte Einsatzorte zu vereinbaren[1]. Hier ist das Weisungsrecht des ArbGeb in örtlicher Hinsicht entsprechend umfangreicher (zu Versetzungsklauseln s.u. Rz. 73).

27 **b) Keine ausdrückliche Vereinbarung zum Arbeitsort.** Enthält der Arbeitsvertrag keine ausdrückliche Regelung zum Ort der Arbeitsleistung, ist der Vertrag nach § 133, 157 BGB nach Treu und Glauben unter Berücksichtigung der Verkehrssitte **auszulegen**. Dabei sind alle Begleitumstände zu würdigen, die von Bedeutung sind, welchen Willen der Erklärende bei seiner Erklärung gehabt habt und wie der Empfänger diese Erklärung verstanden hat oder verstehen musste[2].

28 Sind arbeitsvertraglich **Außendiensttätigkeiten** oder **Bau- und Montagearbeiten** geschuldet, ergibt die Vertragsauslegung, dass die Arbeit an wechselnden Orten zu erbringen ist. Auf Anordnung des ArbGeb muss der ArbN die Arbeitsstelle aussuchen, an der jeweils die vertraglich geschuldete Leistung zu erbringen ist[3]. Dies gilt etwa auch für eine in einem Gebäudereinigungsunternehmen tätige **Raumpflegerin**; sie kann an verschiedene Arbeitsstätten entsandt werden[4]. Gehören zum Berufsbild bzw. zur Tätigkeit typischerweise **Geschäftsreisen im In- und Ausland**, kann der ArbGeb diese im Wege des Direktionsrechts anordnen[5].

29 Ist der Erfüllungsort für die Arbeitsleistungspflicht weder einzel- noch kollektivvertraglich ausdrücklich bestimmt noch aufgrund Auslegung zu ermitteln, beschränkt sich die Arbeitspflicht aus der Natur des Schuldverhältnisses (vgl. § 269 Abs. 1 BGB) auf den **Sitz des Betriebs**, für den der ArbN eingestellt ist, sofern der ArbN dort **ständig beschäftigt** wird[6].

30 **c) Betriebsverlegung.** Bei der Verlegung eines Betriebs oder Betriebsteils an einen anderen Ort sind ebenfalls die individual- bzw. kollektivvertraglichen Grenzen hinsichtlich des Orts der Arbeitsleistung festzustellen. Eine **allgemeine Folgepflicht des ArbN** und eine entsprechende Weisungsbefugnis des ArbGeb unabhängig von der Entfernung zwischen altem und neuem Betriebssitz gibt es **nicht**[7]. Vielmehr kommt es mangels spezieller Vereinbarungen darauf an, ob aufgrund des längeren Wegs zur Arbeitsstätte die vertraglich geschuldete Arbeitsleistung wesentlich geändert wird[8] und ob der ArbN durch die Betriebsverlegung seinen bisherigen Lebenskreis verlassen muss oder nicht[9]. Insoweit ist **darauf abzustellen, ob** ein verständiger objektiver Dritter wegen der örtlichen Veränderung des Arbeitsplatzes einen **Umzug** der Wohnung durchführen würde[10]. Wird der Betrieb am selben Ort oder in unmittelbarer Nachbarschaft verlegt, kann der ArbGeb regelmäßig eine Versetzung vornehmen[11]. Maßgeblich sind die Verkehrsverbindungen[12]. Bei einer einfachen Fahrtzeit von einer Stunde zwischen Wohnung und neuer Arbeitsstätte dürfte ein Umzug regelmäßig nicht erforderlich und der ArbGeb daher berechtigt sein, die Versetzung zur neuen Betriebsstätte kraft Direktionsrechts anzuordnen. Dies entspricht auch ungefähr der Regelung zum sog. „**zumutbaren Pendelbereich**" nach § 121 Abs. 4 Satz 2 SGB III.

31 **d) Mitbest. des BR nach § 99 BetrVG.** Auch bei Weisungen bezüglich der Veränderung des Arbeitsorts ist das MitbestR des BR hinsichtlich Versetzungen nach §§ 95 Abs. 3, 99 BetrVG zu beachten (s. auch Rz. 23; 106).

32 **3. Zeit der Arbeitsleistung.** Gegenstand des arbeitgeberseitigen Weisungsrechts ist auch die Dauer und Lage der Arbeitszeit. **Arbeitszeit** ist in der Regel die Zeit vom Beginn bis zum Ende der Arbeit ohne Ruhepausen (vgl. § 2 Abs. 1 Satz 1 ArbZG)[13].

33 **a) Dauer der Arbeitszeit.** In der Regel ist der Umfang der Arbeitszeit **individual- oder kollektivvertraglich** geregelt. Bestehen keine besonderen vertraglichen Vereinbarungen, so gilt auch für neu eingestellte ArbN die **betriebsübliche** Arbeitszeit[14].

---

1 Boemke/Keßler, § 106 GewO Rz. 93. | 2 BAG v. 29.10.1997 – 5 AZR 573/96, AP Nr. 51 zu § 611 BGB – Direktionsrecht. | 3 Boemke/Keßler, § 106 GewO Rz. 94; ErfK/Preis, § 611 BGB Rz. 808. | 4 LAG Berlin v. 25.4.1988 – 9 Sa 15/88, DB 1988, 1228; Hunold, NZA-RR 2001, 337 (343). | 5 Boemke/Keßler, § 106 GewO Rz. 94; ErfK/Preis, § 611 BGB Rz. 808. | 6 BAG v. 3.12.1985 – 4 AZR 325/84, AP Nr. 5 zu § 1 TVG – Tarifverträge Großhandel; Boemke/Keßler, § 106 GewO Rz. 95; ErfK/Preis, § 611 BGB Rz. 806 mwN. | 7 Vgl. MünchArbR/Blomeyer, § 48 Rz. 98; Preis, Der Arbeitsvertrag, II D 30 Rz. 107; aA wohl LAG Berlin v. 29.11.1999 – 9 Sa 1277/99, NZA-RR 2000, 131 (132) f.; Lakies, BB, 2003, 364 (367); weitgehend auch ErfK/Preis, § 611 BGB Rz. 811. | 8 Schaub, ArbRHdb, § 45 Rz. 20. | 9 Hromadka/Maschmann, ArbR I, 1. Aufl. 1998, § 6 Rz. 94; Hueck/Nipperdey, ArbR I, 7. Aufl. 1963, § 33 V, S. 205 f. | 10 Vgl. MünchArbR/Blomeyer, § 48 Rz. 98. | 11 Hromadka/Maschmann, ArbR I, § 6 Rz. 94; Schaub, ArbRHdb, § 45 Rz. 20. | 12 MünchArbR/Blomeyer, § 48 Rz. 98; Schaub, § 45 Rz. 20. | 13 MünchArbR/Blomeyer, § 48 Rz. 103; ErfK/Preis, § 611 BGB Rz. 814. | 14 Boemke/Keßler, § 106 GewO Rz. 76; Lakies, BB 2003, 364 (365).

Die Dauer der Arbeitszeit ist ein wesentlicher Faktor der Leistung, für die der ArbGeb das vereinbarte Arbeitsentgelt zahlt. Ihre Bestimmung betrifft daher die Hauptleistungspflichten im Arbeitsverhältnis, die dem Weisungsrecht des ArbGeb entzogen sind (s.o. Rz. 13). **Der ArbGeb kann** daher die **Dauer** der Arbeitszeit grundsätzlich **nicht einseitig** durch Ausübung des Direktionsrechts **reduzieren oder verlängern**[1]. Umgekehrt wird der Grundsatz der Vertragsbindung (pacta sunt servanda) durch den Anspruch des ArbN auf Verringerung und anderweitige Verteilung der Arbeitszeit nach § 8 TzBfG (systemwidrig) durchbrochen. 34

aa) Überstunden. Der ArbGeb ist daher zur Anordnung von Überstunden kraft Weisungsrechts nur befugt, wenn ihm diese Befugnis im Arbeitsvertrag, TV oder BV eingeräumt wird (zu Überstundenklauseln auch unten Rz. 78). Ohne **ausdrückliche Regelung** ist der ArbN daher nicht zur Leistung von Überstunden verpflichtet[2]. Überstunden liegen vor, wenn die Dauer der individuellen durch Kollektiv- oder Einzelarbeitsvertrag festgelegten Regelarbeitszeit vorübergehend überschritten wird[3]. 35

bb) Kurzarbeit. Kurzarbeit ist die vorübergehende Verkürzung der individuellen Arbeitszeit des ArbN (bei entsprechender Minderung der Vergütung)[4]. Der ArbGeb kann Kurzarbeit kraft des Direktionsrechts nur aufgrund einer **ausdrücklichen Regelung** im Arbeitsvertrag oder im anwendbaren Kollektivvertrag (TV, Betriebsvereinbarung) anordnen. Fehlt eine entsprechende Regelung, ist die Einführung von Kurzarbeit nur durch einvernehmliche Vertragsänderung oder ggf. im Wege der Änderungskündigung möglich[5]. 36

cc) Mitbest. des BR nach § 87 Abs. 1 Nr. 3 BetrVG. Sofern Überstunden und Kurzarbeit aufgrund entsprechender Regelungen im Individual- oder Kollektivvertrag zulässig sind, hat der ArbGeb bei dessen Anordnung das MitbestR des BR nach § 87 Abs. 1 Nr. 3 BetrVG zu beachten. Danach ist die Zustimmung des BR erforderlich hinsichtlich der vorübergehenden Verkürzung oder Verlängerung der betriebsüblichen Arbeitszeit (s. auch unten Rz. 105). 37

b) Lage der Arbeitszeit. Das Weisungsrecht des ArbGeb hinsichtlich der Lage der Arbeitszeit betrifft die **Verteilung der Arbeitszeit auf die einzelnen Wochentage** sowie die Festlegung des Zeitpunkts von **Beginn und Ende der täglichen Arbeitszeit** und der **Unterbrechung durch Pausen**[6]. Soweit die Lage der Arbeitszeit einzel- oder kollektivvertraglich nicht oder nur rahmenmäßig festgelegt ist, kann der ArbGeb die Lage der Arbeitszeit im Wege des Weisungsrechts näher bestimmen und einseitig verändern[7]. Dies gilt in betriebsratslosen Betrieben auch für die Einführung von **Gleitzeit- oder Schichtarbeit**[8], die zeitliche Zuweisung des grundsätzlich vereinbarten **Bereitschaftsdienstes**[9] sowie die Festlegung der Anzahl der in Folge zu leistenden **Nachtschichten**[10]. In Betrieben mit BR ist dabei das MitbestR des BR nach § 87 Abs. 1 Nr. 2 BetrVG zu beachten. 38

aa) Schichtarbeit. Der ArbGeb kann ferner – im Rahmen der gesetzlichen, kollektiv- oder einzelvertraglichen Regelungen – den **Wechsel von Tag- und Nachtschicht und umgekehrt** anordnen[11] und zwar **auch, wenn** dem ArbN **Einkunftsverluste** etwa durch Wegfall der Nachtschichtzulage entstehen. Zulagen etwa für Nachtschichtarbeit gelten nur besondere Beschwernisse ab, soweit diese tatsächlich gegeben sind. Mittelbare Folgen der Veränderung der Arbeitszeitlage wie der Wegfall von Zulagen schränken das Weisungsrecht nicht per se ein, sind jedoch im Rahmen billigen Ermessens zu berücksichtigen[12]. Im Einzelfall sollte der ArbGeb bei einer finanziell belastenden Weisung daher die Zahlung eines entsprechenden, ggf. vorübergehenden Ausgleichsbetrags erwägen. 39

bb) Betriebsferien. In betriebsratslosen Betrieben, in denen § 87 Abs. 1 Nr. 5 BetrVG nicht gilt, kann der ArbGeb Betriebsferien **kraft des Weisungsrechts** einführen. In dieser Maßnahme liegen dringende betriebliche Belange, die der Berücksichtigung anderweitiger Urlaubsansprüche der ArbN – mit Ausnahme von Härtefällen – entgegenstehen[13]. Dieser Auffassung ist zuzustimmen, falls man die Urlaubsgewährung durch den ArbGeb (dh. die Festlegung der Zeiten, in denen der ArbN wegen des Urlaubs nicht zu arbeiten braucht) gleichsam als „Spiegelbild" zur Arbeitszeitbestimmung kraft Direktionsrechts ansieht[14]. 40

---

1 BAG v. 12.12.1984 – 7 AZR 509/83, AP Nr. 6 zu § 2 KSchG 1969 unter II 3; Boemke/Keßler, § 106 GewO Rz. 78; Lakies, BB 2003, 364 (365); ErfK/Preis, § 611 BGB Rz. 817. | 2 Boemke/Keßler, § 106 GewO Rz. 82; Lakies, BB 2003, 364 (365). | 3 BAG v. 11.11.1997 – 9 ARZ 566/96, AP Nr. 25 zu § 611 BGB – Mehrarbeitsvergütung; Boemke/Keßler, § 106 GewO Rz. 81; ErfK/Preis, § 611 BGB Rz. 825. | 4 Boemke/Keßler, § 106 GewO Rz. 84. | 5 LAG Rh.-Pf. v. 7.10.1996 – 9 Sa 703/96, NZA-RR 1997, 331; Boemke/Keßler, § 106 GewO Rz. 85 f.; Hunold, NZA-RR 2001, 337 (344). | 6 Boemke/Keßler, § 106 GewO Rz 90; MünchArbR/Blomeyer, § 48 Rz. 142. | 7 BAG v. 11.2.1998 – 5 AZR 472/97, AP Nr. 54 zu § 611 BGB – Direktionsrecht; Lakies, BB 2003, 364 (367); Hunold, NZA-RR 2001, 337 (343). | 8 Boemke/Keßler, § 106 GewO Rz. 90; ErfK/Preis, § 611 BGB Rz. 816. | 9 BAG v. 25.10.1985 – 2 AZR 633/88, AP Nr. 36 zu § 611 BGB – Direktionsrecht. | 10 BAG v. 11.2.1998 – 5 ARZ 472/97, AP Nr. 54 zu § 611 BGB – Direktionsrecht. | 11 LAG Köln v. 26.7.2002 – 11 Ta 224/02, NZA-RR 2003, 577; Lakies, BB 2003, 364 (367) mwN; Leßmann, DB 1992, 1137 (1138). | 12 Vgl. LAG Rh.-Pf. v. 15.5.2001 – 5 Sa 271/01, NZA-RR 2002, 120; LAG Köln v. 14.2.1997 – 11 Sa 1002/96, NZA-RR 1997, 391; LAG Hamm v. 30.6.1994 – 4 Sa 2017/93, LAGE § 611 BGB – Direktionsrecht Nr. 17; MünchArbR/Blomeyer, § 48 Rz. 53; Hunold, NZA-RR 2001, 337 (341). | 13 BAG v. 12.10.1961 – 5 AZR 423/60, AP Nr. 84 zu § 611 BGB – Urlaubsrecht, Ls. 2; LAG Düsseldorf v. 20.6.2002, 11 Sa 378/02, BB 2003, 156 ff. m. abl. Anm. Kappelhoff. | 14 BAG v. 12.10.1961 – 5 AZR 423/60, AP Nr. 84 zu § 611 BGB – Urlaubsrecht, Ls. 3; v. Hase/Lembke, BB 1997, 1095 (1098).

41 Ob das BAG dem folgen wird, ist allerdings zweifelhaft, da es die Urlaubsgewährung nach § 7 Abs. 1 BUrlG nicht mehr als Ausübung des Direktionsrechts, sondern als Erfüllung des gesetzlichen Anspruchs auf Erholungsurlaub und Konkretisierung einer nur der Gattung und dem Umfang nach bestimmten Pflicht ansieht[1].

42 cc) MitbestR des BR nach § 87 Abs. 1 Nr. 2 BetrVG. In Betrieben mit BR hat der ArbGeb bei der Bestimmung der Arbeitszeitlage das MitbestR nach § 87 Abs. 1 Nr. 2 BetrVG zu beachten. Danach ist die Zustimmung des BR bei der Festlegung von Beginn und Ende der täglichen Arbeitszeit einschließlich der Pausen sowie Verteilung der Arbeitszeit auf die einzelnen Wochentage erforderlich (s. auch unten Rz. 105).

43 4. Ordnung und Verhalten der ArbN im Betrieb. Nach Satz 2 des § 106 kann der ArbGeb die Ordnung und das Verhalten der ArbN im Betrieb nach billigem Ermessen näher bestimmen, soweit nicht Arbeitsvertrag, BV, TV oder gesetzliche Bestimmungen Abweichendes regeln. Nach der Gesetzesbegründung regelt Satz 2 **betriebsbezogene Weisungen**, wozu beispielsweise die Erteilung von Rauchverboten, die Durchführung von Eingangskontrollen oder die Weisung, Schutzkleidung zu tragen, gehören[2]. Das betriebsbezogene Direktionsrecht war bereits vor Einführung des Satzes 2 anerkannt[3].

44 Das Direktionsrecht bezüglich Ordnung und Verhalten der ArbN im Betrieb berechtigt nicht nur zu **individuell-konkreten Weisungen** gegenüber einem ArbN im Einzelfall, sondern auch zur **Schaffung allgemeingültiger, verbindlicher Verhaltensregeln**[4]. Ähnlich wie die Allgemeinverfügung im Verwaltungsrecht (§ 35 Satz 2 VwVfG) kann der ArbGeb eine (Sammel-)Weisung gegenüber allen ArbN des Betriebs oder bestimmter Abteilungen erteilen. Neu eintretenden ArbN gegenüber gilt die Weisung freilich nur, falls sie diesen bekannt gegeben wird.

45 Satz 2 hat **denselben Regelungsgegenstand wie § 87 Abs. 1 Nr. 1 BetrVG**. Inhaltlich geht es daher um die Gestaltung des Zusammenlebens und Zusammenwirkens der ArbN im Betrieb sowie die Nutzung der betrieblichen Einrichtungen[5]. Der ArbGeb kann einerseits Verhaltensvorschriften aufstellen und andererseits Kontrollregelungen treffen.

46 a) **Verhaltensvorschriften.** Weisungen bzw. Verhaltensvorschriften bezüglich der Ordnung und des Verhaltens der ArbN im Betrieb können zB folgende Regelungsgegenstände betreffen[6]:

- **Alkoholverbot**[7]
- **Rauchverbot**; im Rahmen der Ausübung billigen Ermessens ist eine Interessenabwägung vorzunehmen zwischen den sich aus dem Persönlichkeitsrecht ableitenden Recht der Raucher auf Handlungsfreiheit und den Interessen anderer ArbN (zB Gesundheitsschutz) sowie des ArbGeb (zB Schutz der Kunden; Arbeitssicherheit)[8].
- Benutzung des **Telefons** oder Computers mit **Internet-Zugang für private Zwecke**.
- **Radiohören** im Betrieb.
- Kommunikation im Betrieb in einer bestimmten **Sprache** (zB Englisch)[9]
- Bestimmte **Arbeitskleidungen** und **äußeres Erscheinungsbild**. Der ArbGeb kann den „Stil des Hauses" vorgeben und ist grundsätzlich berechtigt, seine ArbN mit Kundenkontakt anzuweisen, sich dem Charakter des Handelsgeschäfts und dessen Kundenstamm entsprechend branchenüblich zu kleiden[10]. Der ArbGeb kann zB einem Verkaufsmitarbeiter untersagen, in Gegenwart von Kunden in Jeans, Turnhosen, mit offenem Kragen, ohne Krawatte und ohne Sakko aufzutreten[11]. Ein ArbGeb, in dessen Betrieb Möbel gehobenen Genres hergestellt werden, kann seine Verkaufsmitarbeiter anweisen, bei Gesprächen mit Kunden entsprechend gepflegt und in einer Art und Weise gekleidet zu sein, wie sie dem vom ArbGeb festgelegten Charakter der Produkte entspricht[12]. Das Tragen einer einheitlichen vom ArbGeb kostenlos zur Verfügung gestellten **Dienstkleidung**, welche einem bestimmten Marketingkonzept entspricht, kann grundsätzlich ebenfalls vom ArbGeb angewiesen werden. Der ArbN kann dies nur ablehnen, falls sein Persönlichkeitsrecht nachhaltig beeinträchtigt wird[13]. Auch das (Nicht-)Tragen eines **Bartes** oder **langer Haare** kann bei entsprechendem betrieblichen Interesse des ArbGeb (zB einem speziellen Marketingkonzept; Branchenüblichkeit) Gegenstand einer zulässigen Weisung sein. Im Rahmen der Ausübung billigen Ermessens (§ 315 BGB) sind aber insb. die betroffenen Grundrechte des ArbN in der Abwägung zu berücksichtigen (s.u. Rz. 125 ff.).

---

1 BAG v. 18.12.1986 – 8 AZR 502/84, AP Nr. 10 zu § 7 BUrlG; v. 9.8.1994 – 9 AZR 3884/92, AP Nr. 19 zu § 7 BUrlG; ErfK/Dörner, § 7 BUrlG Rz. 15. | 2 BT-Drs. 14/8796, S. 24. | 3 Vgl. nur Schaub, ArbRHdb, § 31 Rz. 33; einschr. Borgmann/Faas, NZA 2004, 241 (242 f.). | 4 MünchArbR/Blomeyer, § 48 Rz. 32; Boemke/Keßler, § 106 GewO Rz. 99. | 5 Vgl. ErfK/Kania, § 87 BetrVG Rz. 18; Boemke/Keßler, § 106 GewO Rz. 99. | 6 Vgl. ErfK/Kania, § 87 BetrVG Rz. 19. | 7 Dazu Schaub, ArbRHdb, § 55 Rz. 10, 24. | 8 Hunold, NZA-RR 2001, 337 (345) mwN; Lakies, BB 2003, 364 (367) – zum Nichtraucherschutz am Arbeitsplatz und zum neuen § 3a ArbStättV Bergwitz, NZA-RR 2004, 169; Buchner, BB 2002, 2382 ff.; Lorenz, DB 2003, 721 ff.; Wellenhofer-Klein, RdA 2003, 155 ff. | 9 Vgl. ErfK/Kania, § 87 BetrVG Rz. 18; Diller/Powietzka, DB 2000, 718 (721). | 10 BAG v. 10.10.2002 – 2 AZR 472/01, DB 2003, 830 (831); Lakies, BB 2003, 364 (367). | 11 LAG Hamm v. 22.10.1991 – 13 Ta BV 39/91, DB 1992, 280; Hunold, NZA-RR 2001, 337 (345); Schaub, ArbRHdb, § 55 Rz. 26. | 12 LAG Hamm v. 22.10.1991 – 13 Ta BV 39/91, DB 1992, 280. | 13 LAG Hamm v. 7.7.1993 – 14 Ta 435/93, LAGE § 611 BGB – Direktionsrecht Nr. 14; Hunold, NZA-RR 2001, 337 (345).

- **Parkplatzordnung** und Abstellen von Kraftfahrzeugen.

Dem Weisungsrecht unterliegt hingegen **grundsätzlich nicht** das **außerdienstliche Verhalten** des ArbN[1]. Dies gilt jedenfalls, solange es keine Auswirkungen auf die arbeitsvertraglich geschuldete Leistung hat. Zulässig dürfte aber zB die Weisung eines Fußballvereins der Bundesliga gegenüber seinen Profifußballspielern sein, sich nicht in der Öffentlichkeit zu betrinken oder an Schlägereien zu beteiligen, weil dies rufschädigend für den Verein ist und zu erheblichen wirtschaftlichen Konsequenzen (zB durch Verlust von Werbeeinnahmen, Sponsoren und Zuschauern) führen kann.

b) Kontrollmaßnahmen. Gegenstand von betriebsbezogenen Weisungen können auch Kontrollmaßnahmen sein, mit denen die Einhaltung der auf das Ordnungsverhalten bezogenen Weisung und Regeln überwacht werden. In Betracht kommen zB folgende Maßnahmen[2]:

- **Werksausweis**
- **Torkontrollen**[3],
- stichprobenartige **Taschenkontrollen** im Betrieb.
- **Blutentnahme** zur Überprüfung von Drogen- oder Alkoholmissbrauchs.

Insbesondere bei Weisungen hinsichtlich Kontrollmaßnahmen ist auf die Einhaltung **billigen Ermessens** zu achten (dazu unten Rz. 115 ff.). So ist zB die generelle Anordnung, dass sich alle ArbN, die unter Waffen als Wachleute beschäftigt werden, einer gesundheitlichen Untersuchung auf Drogen- oder Alkoholabhängigkeit unter Entnahme von Blut unterziehen müssen, ohne besonderen Anlass im Verhalten oder in der Person des ArbN zumindest unbillig iSd. § 315 Abs. 1 BGB[4].

c) Sonstige Weisungen. Bei **Streitigkeiten oder Spannungen zwischen ArbN** kann es aufgrund der Fürsorgepflicht des ArbGeb sogar geboten sein, eine Weisung bezüglich des Verhaltens im Betrieb zu geben oder einen ArbN auf einen anderen Arbeitsplatz **umzusetzen** oder ihn an einen anderen Arbeitsort zu versetzen. Eine derartige Weisung ist zulässig[5]. Der ArbGeb ist nicht gehalten, anstelle der Umsetzung eine Abmahnung auszusprechen[6]. Die Pflicht des ArbGeb zum Eingreifen folgt bei **sexueller Belästigung** aus §§ 2 Abs. 1, 4 Abs. 1 Nr. 1 BeschSchG[7].

Nicht vom betriebsbezogenen Weisungsrecht nach Satz 2 **umfasst** ist die Aufstellung einer **Betriebsbußordnung** und die Verhängung einer **Betriebsbuße**[8]. Der ArbGeb ist auf die individualarbeitsrechtlichen Maßnahmen der Abmahnung und Kündigung zu verweisen. Freilich kann er es auch bei einer geringeren Sanktionierung der Pflichtverletzung etwa durch eine bloße Ermahnung belassen. Nicht möglich ist hingegen die Verhängung einer Geldbuße kraft Weisungsrechts. Denn bereits die Vereinbarung einer Vertragsstrafe ist nur unter engen Voraussetzungen möglich (vgl. nur § 309 Nr. 6 BGB)[9].

d) MitbestR des BR (§ 87 Abs. 1 Nr. 1 BetrVG). Der ArbGeb hat bei betriebsbezogenen Weisungen das Bestimmungsrecht des BR nach § 87 Abs. 1 Nr. 1 BetrVG hinsichtlich Fragen der Ordnung des Betriebs und des Verhaltens der ArbN im Betrieb zu beachten. § 106 Satz 2 schränkt dieses MitbestR des BR nicht ein[10].

Soweit es um die Einführung und Anwendung technischer Kontrolleinrichtungen geht, die zur Überwachung des Verhaltens (oder der Leistung) der ArbN geeignet sind, kommt **ggf. auch** das MitbestR nach **§ 87 Abs. 1 Nr. 6 BetrVG** in Betracht (s. auch unten Rz. 105).

III. Grenzen des Weisungsrechts. Satz 1 nennt als Grenzen des arbeitgeberseitigen Direktionsrechts den Arbeitsvertrag, Bestimmungen einer BV, eines anwendbaren TV oder gesetzliche Vorschriften. Die Schranken können sich auf Inhalt, Ort und Zeit der Arbeitsleistung sowie Ordnung und Verhalten der ArbN im Betrieb beziehen. Welche Schranke im Einzelfall greift, bestimmt sich nach der arbeitsrechtlichen **Rechtsquellenlehre** (dazu § 105 Rz. 7 ff.).

1. Arbeitsvertrag. Der Arbeitsvertrag gibt den individualrechtlichen Rahmen für das Weisungsrecht des ArbGeb vor. Dieser Rahmen kann enger oder weiter gefasst sein. In Betracht kommt auch eine konkludente Vereinbarung der Vertragsparteien über die Grenzen des Weisungsrechts (sog. **Konkretisierung** – dazu Rz. 60 ff., 75 f., 83 ff.).

---

1 *Schaub*, ArbRHdb., § 31 Rz. 34. | 2 Vgl. ErfK/*Kania*, § 87 BetrVG Rz. 20. | 3 BT-Drs. 14/8796, S. 24. | 4 *Hunold*, NZA-RR 2001, 337 (345) mwN; vgl. auch BAG v. 12.8.1999 – 2 AZR 55/99, NZA 1999, 1209 ff. | 5 LAG Köln v. 27.11.1998 – 4 Sa 1814/97, LAGE § 315 BGB Nr. 6; LAG München v. 18.9.2002 – 5 Sa 619/02, NZA-RR 2003, 269 (271); *Hunold*, NZA-RR 2001, 337 (342 f.) mwN; ErfK/*Preis*, § 611 BGB Rz. 811. | 6 BAG v. 24.4.1996 – 5 AZR 1031/94, AP Nr. 48 zu § 611 BGB – Direktionsrecht. | 7 Zur Möglichkeit alternativer Streitbelegung im Falle sexueller Belästigung *Lembke*, Mediation im Arbeitsrecht, 2001, Rz. 268 ff. | 8 Vgl. ErfK/*Kania*, § 87 BetrVG Rz. 22; *Fitting*, § 87 BetrVG Rz. 79. | 9 Näher zu Vertragsstrafen in Arbeitsverträgen BAG v. 4.3.2004 – 8 AZR 196/03; LAG Hamm v. 24.1.2003 – 10 Sa 1158/02, NZA 2003, 499; LAG Düsseldorf v. 8.1.2003 – 12 Sa 1301/02, NZA 2003, 382; ArbG Duisburg v. 14.8.2002 – 3 Ca 1676/02, NZA 2002, 1038 ff.; ArbG Bochum v. 8.7.2002 – 3 Ca 1287/02, NZA 2002, 978 ff.; *v. Koppenfels*, NZA 2002, 598 ff.; *Leder/Morgenroth*, NZA 2002, 952 ff.; ErfK/*Müller-Glöge*, §§ 339–345 BGB Rz. 9 ff.; *Reichenbach*, NZA 2003, 309 ff. | 10 *Bauer/Opolony*, BB 2002, 1590 (1591).

56 **a) Inhalt der Arbeitspflicht.** Nach § 2 Abs. 1 Nr. 5 NachwG ist die vom ArbN zu leistende Tätigkeit in der dem ArbN auszuhändigenden Niederschrift kurz zu charakterisieren und zu beschreiben. Da die Nachweispflicht durch die Aushändigung eines schriftlichen Arbeitsvertrages erfüllt werden kann (§ 2 Abs. 4 NachwG), enthalten Arbeitsverträge in der Praxis regelmäßig Regelungen zum Inhalt der Arbeitspflicht. Sie können enger oder weiter gefasst sein (s.o. Rz. 12, 16 ff.).

57 **aa) Versetzungsklauseln.** Vielfach verwenden ArbGeb in der Praxis Versetzungsklauseln (teilweise auch „Umsetzungsklauseln" genannt)[1], wonach der ArbGeb berechtigt ist, dem ArbN auch andere – und ggf. zusätzliche – Tätigkeiten zuzuweisen, die seiner Ausbildung und seinen Fähigkeiten entsprechen. Derartige Versetzungsklauseln in Standardarbeitsverträgen sind **wirksam** und halten der Inhaltskontrolle nach § 307 BGB stand, sofern sie die Zuweisung einer **gleichwertigen** Tätigkeit erlauben[2] (zur Gleichwertigkeit s.o. Rz. 17). § 308 Nr. 4 BGB steht Versetzungsklauseln nicht entgegen, da sich die Vorschrift explizit nur auf Änderungsvorbehalte hinsichtlich der Leistung des Verwenders, beim ArbGeb also hinsichtlich der Entgeltzahlungspflicht, bezieht[3].

58 Grundsätzlich **unwirksam** gemäß § 307 BGB sind aber Versetzungsklauseln, die den ArbGeb berechtigen, dem ArbN einer **geringerwertige Tätigkeit unter Minderung des Arbeitsentgelts** (ieS) zuzuweisen[4] (s. auch unten Rz. 99).

59 Als **wirksam** sieht das BAG in seiner bisherigen Rspr. allerdings die für **Chefarztverträge** typischen **Entwicklungs- und Anpassungsklauseln** an, auf deren Grundlage der ArbGeb den Aufgabenbereich des Chefarztes mit der Folge von Einkommensverlusten um 35–40 % kraft Weisungsrecht beschränken kann. Die **Ausübung** des Weisungsrechts aufgrund einer derartigen Klausel darf jedoch nicht zu einer grundlegenden Störung des Gleichgewichts zwischen Leistung und Gegenleistung führen, was im Rahmen **billigen Ermessens** nach § 315 BGB zu überprüfen ist[5].

60 **bb) Konkretisierung. (1) Abgrenzung zur betrieblichen Übung.** Vereinzelt wird auch die betriebliche Übung als Grenze des Weisungsrechts angesehen[6]. Dem ist jedoch nicht zu folgen, da die betriebliche Übung **anspruchsbegründenden** und **nicht** unmittelbar **weisungsbeschränkenden** Charakter hat. Unter einer betrieblichen Übung ist die regelmäßige Wiederholung bestimmter Verhaltensweisen des ArbGeb zu verstehen, aus denen die ArbN schließen können, ihnen soll eine Leistung oder Vergünstigung auf Dauer gewährt werden[7].

61 **(2) Voraussetzungen.** Der Sachverhalt, dass sich das ursprünglich veränderungsoffene Arbeitsverhältnis durch mehrjährige praktische Übung auf bestimmte Arbeitsbedingungen konkretisiert bzw. verengt und das Weisungsrecht des ArbGeb entsprechend einschränkt, wird als Konkretisierung bezeichnet[8].

62 Wie bei der betrieblichen Übung[9] ist streitig, ob **dogmatische** Grundlage für die Konkretisierung der Arbeitsbedingungen Vertrauensgesichtspunkte[10] oder eine konkludente Vertragsänderung sind (**Vertragstheorie**)[11]. Das **BAG** vertritt wie bei der betrieblichen Übung zutreffend die Vertragstheorie und sieht in der Konkretisierung die Änderung der ursprünglich vereinbarten Rechte und Pflichten aus dem Arbeitsvertrag hin zu einem einseitig nicht veränderbaren Vertragsinhalt[12].

63 Eine Konkretisierung setzt voraus, dass der ArbN zum einen **längere Zeit in derselben Weise eingesetzt** wurde **und** dass zum anderen **besondere Umstände hinzutreten**, aus denen sich ergibt, dass der ArbN nicht in anderer Weise eingesetzt werden soll[13].

64 Der reine Zeitablauf bewirkt noch keine das Weisungsrecht beschränkende Konkretisierung[14]. Die **langjährige Beschäftigung an** einem **bestimmten Arbeitsplatz schränkt** die einseitige Umsetzungsbefugnis daher im Zweifel noch **nicht ein**[15]. ZB lässt sich allein daraus, dass ein als Mülllader eingesetzter ArbN 7 Jahre als Kraftfahrer beschäftigt worden ist, eine Vereinbarung über seine Lenktätigkeit nicht entnehmen[16]. Die 10-jährige Beschäftigung einer schwerbehinderten Küchenhilfe des öffentlichen Dienstes mit den Tätigkeiten einer Kaffeeköchin bewirkt keine Einengung der Arbeitspflicht auf Kaffeekochen[17]. Allein der 13-jährige Einsatz als Kundenberater reicht bei einem als „Angestellten" nach dem

---

1 Vgl. Boemke/Keßler, § 106 GewO Rz. 15. | 2 Boemke, § 105 GewO Rz. 101; Schnitker/Grau, BB 2002, 2120 (2125). | 3 So auch Boemke, § 105 GewO Rz. 98; Schnitker/Grau, BB 2002, 2120 (2124). | 4 Boemke, § 105 GewO Rz. 101; Lakies, BB 2003, 364 (366). | 5 BAG v. 28.5.1997 – 5 AZR 125/96, AP Nr. 36 zu § 611 BGB – Arzt-Krankenhaus-Vertrag; v. 13.3.2003 – 6 AZR 557/01, DB 2003, 1960. | 6 BT-Drs. 14/8796, S. 24; Boemke/Keßler, § 106 GewO Rz. 24. | 7 BAG v. 7.12.2000 – 6 AZR 444/99, NZA 2001, 780 (781); v. 24.6.2003 – 9 AZR 302/02, DB 2003, 2339 (2340). | 8 Allg. zur Konkretisierung Hennige, NZA 1999, 281 (285 ff.). | 9 Vgl. dazu nur Schaub, ArbRHdb, § 111 Rz. 2 ff. | 10 So Boemke/Keßler, § 106 GewO Rz. 18. | 11 Lakies, BB 2003, 364 (365); ErfK/Preis, § 611 BGB Rz. 800; s. auch Preis, Der Arbeitsvertrag, II D 30 Rz. 21. | 12 BAG v. 11.2.1998 – 5 AZR 472/97, AP Nr. 54 zu § 611 BGB – Direktionsrecht unter II 1 c. | 13 BAG v. 7.12.2000 – 6 AZR 444/99, NZA 2001, 780 (781); v. 11.2.1998 – 5 AZR 472/97, AP Nr. 54 zu § 611 BGB – Direktionsrecht unter II 1 c; Boemke/Keßler, § 106 GewO Rz. 20 ff.; Lakies, BB 2003, 364 (365) mwN. | 14 BAG v. 7.12.2000 – 6 AZR 444/99, NZA 2001, 780 (781); v. 11.2.1998 – 5 AZR 472/97, AP Nr. 54 zu § 611 BGB – Direktionsrecht. | 15 MünchArbR/Blomeyer, § 48 Rz. 29 m. zahlr. Bsp.; Boemke/Keßler, § 106 GewO Rz. 22. | 16 LAG Hess. v. 13.6.1995 – 9 Sa 2054/94, NZA-RR 1996, 210; Hunold, NZA-RR 2001, 337 (342). | 17 LAG Schl.-Holst. v. 3.12.1992 – 4 Sa 311/92, DB 1993, 284; Hunold, NZA-RR 2001, 337 (339).

BAT eingestellten ArbN zur Konkretisierung nicht aus[1]. Allein die 25-jährige Beschäftigung auf einem bestimmten Arbeitsplatz (Reifenentwickler) bewirkt keine Konkretisierung dahingehend, dass ein anderer gleichwertiger Arbeitsplatz in einer anderen Abteilung (Heizer) nicht zugewiesen werden kann[2].

Zu dem Zeitablauf (im vorliegenden Fall fast 20 Jahre) müssen besondere Umstände hinzutreten, die den ArbN zu der schutzwürdigen Annahme berechtigen, dass ihn der ArbGeb künftig nur noch zu bestimmten Arbeitsbedingungen beschäftigen werde; **solche Umstände werden**, wenn es um die Konkretisierung hinsichtlich der Art der Arbeit geht, **in der Praxis selten vorliegen**[3]. Sie können jedoch zB bei Zuweisung einer erkennbar höher qualifizierten Tätigkeit und gleichzeitiger Erhöhung der Vergütung gegeben sein[4]. Das Fehlen eines Vorbehalts seitens des ArbGeb hinsichtlich der möglichen Zuweisung einer anderen Tätigkeit in der Zukunft stellt keinen vertrauensbegründenden Umstand dar[5]. In der Praxis ist es dem ArbGeb zur sicheren Vermeidung der Konkretisierung jedoch zu empfehlen, vorsorglich einen entsprechenden Vorbehalt zu erklären.

(3) **Rechtsfolgen**. Ist eine Konkretisierung der Arbeitsbedingungen eingetreten, so ist die **Weisung** des ArbGeb, die Tätigkeit unter anderen Arbeitsbedingungen auszuüben, **unzulässig**. Vielmehr bedarf es einer einvernehmlichen Vertragsänderung oder einer Änderungskündigung.

Fehlt es an den Voraussetzungen der Konkretisierung, ist die langjährige Praxis dennoch im Rahmen billigen Ermessens nach § 315 BGB zu berücksichtigen[6].

(4) **Risikominimierung durch Schriftformklausel**. Eine qualifizierte, doppelte Schriftformklausel im Arbeitsvertrag kann die Konkretisierung der Arbeitsbedingungen verhindern[7]. Denn die Schriftformklausel verhindert grundsätzlich, dass der ArbN zur schutzwürdigen Annahme berechtigt ist, die nicht schriftlich festgehaltene langjährige Übung werde auch zukünftig beibehalten[8]. **Im Einzelfall** kann allerdings der **Vorrang der Individualabrede** (§ 305b BGB) greifen (s. auch § 105 Rz. 17 ff.).

cc) **Selbstbindung des ArbGeb**. Das Weisungsrecht des ArbGeb ist ferner im Falle der Selbstbindung des ArbGeb eingeschränkt. Anders als bei der Konkretisierung, wo es um eine konkludente Vertragsänderung im Hinblick auf die Arbeitsbedingungen geht, wird das Direktionsrecht bei der Selbstbindung **auf der Ebene der Ermessensausübung** beschränkt, und zwar dadurch, dass sich der ArbGeb selbst Ermessensgrenzen setzt[9].

Der ArbGeb kann sich bei der Ausübung des Direktionsrechts **durch Erklärungen gegenüber dem ArbN** selbst binden, insb. die Ausübung auf bestimmte Fälle beschränken[10]. Überträgt der ArbGeb dem ArbN zB vorläufig eine höherwertige Aufgabe und macht er die Übertragung auf Dauer nur davon abhängig, dass sich der ArbN fachlich bewährt, so darf er dem ArbN die höherwertige Aufgabe nicht aus anderen Gründen wieder entziehen[11].

Selbstbindung des ArbGeb kann im öffentlichen Dienst auch dadurch eintreten, dass sich die Verwaltung in der Ausübung ihres Ermessens selbst bindet, insb. durch entsprechende **Verwaltungsvorschriften**[12].

b) **Ort der Arbeitsleistung**. Regelmäßig enthält der Arbeitsvertrag nähere Bestimmungen zum Arbeitsort (vgl. § 2 Abs. 1 Nr. 4 Nachweisgesetz). Die arbeitsvertraglichen Regelungen stellen den individualrechtlichen Rahmen für die Ausübung des Weisungsrechts dar.

(aa) **Versetzungsklausel**. Vielfach wird das Weisungsrecht des ArbGeb in örtlicher Hinsicht durch eine Versetzungsklausel erweitert, wonach der ArbGeb befugt ist, den ArbN auch an einen anderen Arbeitsort zu versetzen. Derartige Versetzungsklauseln halten der **Inhaltskontrolle** nach § 307 BGB grundsätzlich Stand[13]. Dies gilt auch, wenn sie die Versetzung an einen weit entfernen Ort zulassen. Dieser Umstand ist dann nämlich nur im Rahmen billigen Ermessens zu berücksichtigen. Aufgrund der Versetzung entstehende höhere Fahrtkosten hat der ArbGeb nach allgemeinen Grundsätzen (§ 670 BGB analog) zu ersetzen[14].

(bb) **Konzernversetzungsklausel**. Ein arbeitsvertraglich vereinbarter Konzernvorbehalt enthält entweder die Einwilligung des ArbN, dass der ArbGeb ihn anweisen kann, als LeihArbN im Rahmen interner AÜ (§ 1 Abs. 3 Nr. 2 AÜG)[15] bei einem anderen Konzernunternehmen tätig zu werden, oder die Zustimmung,

---

1 LAG Rh.-Pf. v. 5.7.1996 – 10 Sa 165/96, BB 1997, 474 (Ls.); *Hunold*, NZA-RR 2001, 337 (339). | 2 LAG Hessen v. 12.12.2002 – 5 Sa 688/02, NZA-RR 2003, 545. | 3 LAG Düsseldorf v. 20.6.1994 – 12 Sa 489/94, LAGE § 611 BGB – Direktionsrecht Nr. 18; *Hunold*, NZA-RR 2001, 337 (340). | 4 Vgl. LAG Rh.-Pf. v. 13.10.1987 – 3 Sa 457/87, NZA 1988, 471 (472); s. auch MünchArbR/*Blomeyer*, § 48 Rz. 27. | 5 AA wohl MünchArbR/*Blomeyer*, § 48 Rz. 26 f. | 6 Vgl. LAG Köln v. 14.2.1997 – 11 Sa 1002/96, NZA-RR 1997, 391. | 7 LAG Köln v. 14.2.1997 – 11 Sa 1002/96, NZA-RR 1997, 391; *Hunold*, NZA-RR 2001, 337 (340) – aA *Hennige*, NZA 1999, 281 (286 f.). | 8 Ebenso MünchArbR/*Blomeyer*, § 48 Rz. 28. | 9 BAG v. 17.12.1997 – 5 ARZ 332/96, AP Nr. 52 zu § 611 BGB – Direktionsrecht. | 10 BAG v. 17.12.1997 – 5 AZR 332/96, AP Nr. 52 zu § 611 BGB – Direktionsrecht, Ls. 1. | 11 BAG v. 17.12.1997 – 5 AZR 332/96, AP Nr. 52 zu § 611 BGB – Direktionsrecht, Ls. 2; Boemke/*Keßler*, § 106 GewO Rz. 19; *Lakies*, BB 2003, 364 (365). | 12 BAG v. 17.12.1997 – 5 AZR 332/96, AP Nr. 52 zu § 611 BGB – Direktionsrecht unter IV 3. | 13 *Boemke*, § 105 GewO Rz. 101; *Schnitker/Grau*, BB 2002, 2120 (2125 f.); s. auch ArbG Düsseldorf v. 26.3.2003 – 10 Ca 5399/02, DB 2003, 1688. | 14 *Schaub*, ArbRHdb, § 45 Rz. 21. | 15 *Boemke*, § 1 AÜG Rz. 176 ff.

an einem späteren ArbGebWechsel mitzuwirken[1]. Die Wirksamkeit von Konzernversetzungsklauseln, die auf eine dauerhafte Versetzung, dh. einen Wechsel des ArbGeb abzielen, bemisst sich nach §§ 305c, 307 BGB[2].

75 **cc) Konkretisierung.** Das Weisungsrecht kann kraft Konkretisierung auf einen bestimmten Arbeitsort beschränkt sein. Die Voraussetzungen für eine Konkretisierung sind jedoch hoch (allg. zur Konkretisierung Rz. 60 ff.) Die Befugnis, kraft Direktionsrecht Ort und Zeit der Arbeitsleistung festzulegen, ist nicht dadurch eingeschränkt, dass der ArbGeb bei Arbeitsvertragsschluss auf die für den Arbeitsbereich des ArbN (hier: Kontrollschaffner) geltende betriebliche Regelung über Zeit und Ort des Beginns und Endes der täglichen Arbeit hingewiesen hat[3]. Allein aus der Beibehaltung der betrieblichen Regelung hinsichtlich Ort und Zeit der Arbeitsleistung über einen längeren Zeitraum hinweg (hier: 14,5 Jahre) kann der ArbN nach Treu und Glauben nicht auf den für die **Konkretisierung** erforderlichen Willen des ArbGeb schließen, diese Regelung auch künftig unverändert beizubehalten[4].

76 **Im öffentlichen Dienst** darf der ArbN auch bei langjährigem Verzicht des ArbGeb auf Ausübung seines Direktionsrechts ohne besondere Anhaltspunkte nicht darauf vertrauen, die Übung sei Vertragsinhalt geworden und bestehe unbefristet fort[5]. Mangels Vorliegens der Voraussetzungen für die Konkretisierung hindert eine langjährige Übung, wonach ein Teil der Arbeitszeit außerhalb des Dienstgebäudes abgeleistet werden darf, den ArbGeb des öffentlichen Dienstes nicht daran, die ArbN anzuweisen, in Zukunft die gesamte Arbeitszeit im Dienstgebäude abzuleisten[6].

77 **c) Zeit der Arbeitsleistung.** Der Arbeitsvertrag, sofern er schriftlich abgeschlossen wurde, trifft regelmäßig Regelungen über die Dauer und ggf. auch Lage der Arbeitszeit (vgl. § 2 Abs. 1 Nr. 7 NachwG). Weisungen des ArbGeb hinsichtlich der Arbeitszeit sind im Rahmen der vertraglichen Vereinbarung und sonstigen Schranken zulässig (vgl. oben Rz. 32 ff.).

78 **aa) Dauer der Arbeitszeit.** Vielfach wird das Weisungsrecht des ArbGeb durch **Überstundenklauseln** im Arbeitsvertrag erweitert, wonach der ArbN verpflichtet ist, auch über den vereinbarten regelmäßigen Arbeitszeitumfang hinaus tätig zu werden. Überstundenklauseln, die keine besondere Überstundenvergütung vorsehen, halten der **Inhaltskontrolle** nach § 307 BGB nur Stand, wenn sie eine bestimmte **Höchstgrenze** vorsehen, ab der die Überstunden entweder durch Arbeitsentgelt oder Freizeitausgleich abgegolten werden. Andernfalls wird unangemessen in das Äquivalenzverhältnis von Leistung und Gegenleistung eingegriffen[7]. Die ausgleichsfreie, mit dem Fixgehalt abgegoltene Höchstgrenze an Überstunden dürfte grundsätzlich bei etwa 10% über der regelmäßigen Arbeitszeit liegen, bei leitenden Angestellten und Führungskräften auch darüber[8].

79 Bei der Ausübung des arbeitsvertraglich vereinbarten Rechts zur Überstundenanordnung hat die entsprechende Weisung billigem Ermessen zu entsprechen. Dies erfordert in der Regel eine **Ankündigungsfrist**; die Zuweisung von Überstunden für den laufenden Arbeitstag kann nur bei deutlich überwiegenden betrieblichen Interessen billigem Ermessen entsprechen[9].

80 Die Dauer der Arbeitszeit wird auch durch arbeitsvertragliche **Kurzarbeitsklauseln** geregelt, welche dem ArbGeb die Einführung von Kurzarbeit kraft Weisungsrecht eröffnen[10]. In Standardarbeitsverträgen dürften sie der Inhaltskontrolle nach § 307 BGB standhalten, wenn Kurzarbeit nur aus dringenden betrieblichen Gründen eingeführt werden kann und die Voraussetzung für den Bezug von Kurzarbeitergeld (§§ 169 ff. SGB III) vorliegen[11].

81 **bb) Lage der Arbeitszeit.** Regelmäßig werden in Arbeitsverträgen auch Klauseln aufgenommen, wonach der ArbN verpflichtet ist, neben Überstunden- auch **Nacht-, Schicht-, Wochenend- und Feiertagsarbeit** zu leisten. Durch derartige Klauseln wird einerseits das Weisungsrecht des ArbGeb entsprechend untermauert (vgl. oben Rz. 38) und andererseits Streit bezüglich einer etwaigen Konkretisierung der Arbeitszeitlage bei langjähriger Übung vermieden. **Änderungsvorbehalte** in Standardarbeitsverträgen, welche die Lage der Arbeitszeit betreffen, sind grundsätzlich wirksam[12].

82 Klauseln, welche die Möglichkeit der einseitigen Änderung der Arbeitszeitlage durch den ArbGeb bei **Teilzeitarbeit** vorsehen, sollten allerdings sicherheitshalber eine **Ankündigungsfrist** von mindestens 4 Tagen im Voraus analog § 12 Abs. 2 TzBfG vorsehen.

83 **cc) Konkretisierung.** Eine Beschränkung des arbeitgeberseitigen Weisungsrechts im Hinblick auf Dauer und Lage der Arbeitszeit kann durch Konkretisierung eintreten (allg. zur Konkretisierung oben Rz. 60 ff.).

---

1 Küttner/*Röller*, Personalbuch 2004, Konzernarbeitsverhältnis Rz. 11; zum Ganzen auch *Preis*, Der Arbeitsvertrag, II D 30 Rz. 244 ff.; *Rüthers/Bakker*, ZfA 1990, 245 ff. | 2 ErfK/*Preis*, §§ 305–310 BGB Rz. 83. | 3 BAG v. 7.12.2000 – 6 AZR 444/99, NZA 2001, 780. | 4 BAG v. 7.12.2000 – 6 AZR 444/99, NZA 2001, 780 (781); s. auch ErfK/*Preis*, § 611 BGB Rz. 809 mwN. | 5 BAG v. 11.10.1995 – 5 AZR 802/94, NZA 1996, 718 (720). | 6 BAG v. 11.10.1995 – 5 AZR 802/94, NZA 1996, 718; allg. *Lakies*, BB 2003, 364 (367). | 7 Vgl. ErfK/*Preis*, §§ 305–310 BGB Rz. 88 f., LAG Köln v. 20.12.2001 – 6 Sa 965/01, AuR 2002, 193 = AiB 2003, 563. | 8 So auch ErfK/*Preis*, §§ 305–310 BGB Rz. 89; § 611 BGB Rz. 828. | 9 ArbG Frankfurt v. 26.11.1998 – 2 Ca 4267/98, NZA-RR 1999, 357; ErfK/*Preis*, § 611 BGB Rz. 825. | 10 Vgl. dazu *Schaub*, ArbRHdb, § 47 Rz. 2, 7, 9. | 11 Vgl. *Preis*, Der Arbeitsvertrag, II A 90 Rz. 106. | 12 ErfK/*Preis*, §§ 305–310 BGB Rz. 55.

(1) **Dauer der Arbeitszeit.** Allerdings kommt eine Konkretisierung des Arbeitsverhältnisses auf ein bestimmtes **Mindestmaß an Überstunden regelmäßig nicht** in Betracht[1]. Denn die Schwankungen der Überstunden je nach dem aktuellen Mehrarbeitsbedarf verhindern, dass der ArbN in schutzwürdiger Weise annimmt, künftig sei eine Mindestanzahl an Überstunden zu leisten. Wird jedoch ein ArbN entgegen der schriftlichen Vertragsabrede nicht 10 Stunden wöchentlich, sondern **von Beginn** des Arbeitsverhältnisses **an** über 1½ Jahre wöchentlich durchgehend mindestens 20 Stunden beschäftigt, ist der ArbGeb verpflichtet, den ArbN auch zukünftig mit 20 Stunden pro Woche zu beschäftigen; er kann nicht einseitig eine geringere Arbeitszeit anordnen[2]. Dabei handelt es sich nicht um eine Konkretisierung, sondern vielmehr um einen Fall der „falsa demonstratio non nocet"[3]. 84

(2) **Lage der Arbeitszeit.** Die Konkretisierung der Lage der Arbeitszeit ist nur unter engen Voraussetzungen möglich. **Reiner Zeitablauf genügt nicht, vielmehr müssen besondere Umstände hinzutreten**, aus denen sich ergibt, dass der ArbN nicht in anderer Weise eingesetzt werden soll (s.o. Rz. 64 f.). Allein aus der Beibehaltung einer betrieblichen Regelung hinsichtlich der Arbeitszeitlage über einen längeren Zeitraum hinweg (hier: 14,5 Jahre) kann ein ArbN nach Treu und Glauben nicht auf den Willen des ArbGeb schließen, die durch entsprechende Weisung eingeführte Regelung auch künftig beizubehalten[4]. 85

Daher führt eine 4½-jährige Beschäftigung auf derselben Position in Abend-, Wochenend- und Feiertagsarbeit nicht ohne weiteres zur entsprechenden Konkretisierung des Arbeitsverhältnisses[5]. Allein aus der Tatsache, dass der ArbN über einen längeren Zeitraum (hier: 8 Jahre) überwiegend nachts beschäftigt worden ist, ergibt sich noch nicht eine Konkretisierung[6], und zwar danach auch dann nicht, wenn der ArbGeb keinen Vorbehalt erklärt hat, den ArbN ggf. wieder tagsüber zu beschäftigen[7]. Ein ArbGeb kann einen ArbN, der kraft Arbeitsvertrag im Ein- bis Dreischichtbetrieb zu arbeiten hat, auch dann von der Nachtschicht in die Tagschicht versetzen, wenn er seit Bestehen des Arbeitsverhältnisses über 10 Jahre lang ausschließlich in der Nachtschicht gearbeitet hat[8]. Mangels besonderer Umstände führt die langjährige Beschäftigung eines ArbN ausschließlich in einer Schicht (hier: 4½ Jahre Frühschicht) nicht zur Konkretisierung des Arbeitsverhältnisses hinsichtlich der Arbeitszeitlage[9]. 86

d) **Ordnung und Verhalten der ArbN im Betrieb.** Arbeitsvertragliche Regelungen bezüglich der Ordnung und des Verhaltens der ArbN im Betrieb sind denkbar (zB bezüglich Arbeitskleidung bei Hostessen, Mannequins oder Verkäufern; regelmäßige Gesundheitsprüfungen; „Bußgelder" bei Fußballprofis), kommen in der Praxis aber eher selten vor. Soweit vorhanden, begrenzen sie das Weisungsrecht des ArbGeb. 87

2. BV. Satz 1 nennt neben Arbeitsvertrag, TV und Gesetz auch Bestimmungen einer BV als Grenze für das Weisungsrecht des ArbGeb. BV enthalten normalerweise generell-abstrakte Regelungen und gelten im Arbeitsverhältnis der in den Geltungsbereich der BV fallenden ArbN unmittelbar und zwingend, wirken also wie Gesetze (§ 77 Abs. 4 Satz 1 BetrVG). BV können Regelungen hinsichtlich Inhalt, Ort und Zeit der Arbeitsleistung sowie hinsichtlich der Ordnung und des Verhaltens der ArbN im Betrieb enthalten, welche zum einen den MitbestR des BR als solchen (vgl. unten Rz. 105 f.) – den betriebsverfassungsrechtlichen Rahmen für das Weisungsrecht des ArbGeb vorgeben. 88

Der BR kann seine Mitwirkungs- und MitbestR in Form der **Regelungsabrede** ausüben, und zwar auch, wenn der Abschluss einer BV möglich ist[10]. Zwar stellen sie nur eine schuldrechtliche Abrede zwischen ArbGeb und BR dar, jedoch begrenzen sie ebenfalls das Weisungsrecht des ArbGeb, weil auch durch eine Regelungsabrede die MitbestR des BR, deren Nichtbeachtung ggf. zur individualrechtlichen Unwirksamkeit der Weisung führt (s.u. Rz. 105 f.), ausgeübt werden können. Da Regelungsabreden nicht normativ auf das Arbeitsverhältnis einwirken und den Arbeitsvertrag verändern, können sie das Weisungsrecht des ArbGeb allerdings nicht erweitern. Vereinbaren ArbGeb und BR per Regelungsabrede die Einführung von Kurzarbeit, bedarf es bei Fehlen einzelvertraglicher Kurzarbeitsklauseln (dazu Rz. 80) auf individualrechtlicher Ebene der Zustimmung der ArbN oder des Ausspruchs von Änderungskündigungen[11]. 89

a) **Inhalt der Arbeitsleistung.** BV können Bestimmungen enthalten, die bei Weisungen hinsichtlich des Inhalts der Arbeitsleistung zu beachten sind. Praktisch relevant sind zB Gehaltsgruppen in betrieblichen **Vergütungsordnungen** nach § 87 Abs. 1 Nr. 10 BetrVG. Darin sind regelmäßig bestimmte **Tätigkeitsmerkmale** beschrieben, auf die bei der Bestimmung der Grenzen des Weisungsrechts hinsichtlich der Art der Tätigkeit zurückgegriffen werden kann. Grundlage für die Anwendbarkeit der Tätigkeitsmerkmale ist aber stets die individualrechtliche Abrede, der Arbeitsvertragsparteien über die vom ArbN zu leistende Tätigkeit. Sie kann zB auf eine Gehaltsgruppe Bezug nehmen. 90

---

[1] LAG Köln v. 21.1.1999 – 6 Sa 1252/98, NZA-RR 1999, 517; ErfK/*Preis*, § 611 BGB Rz. 825; vgl. auch BAG v. 7.11.2002 – 2 AZR 742/00, NZA 2003, 1139. | [2] LAG Bremen v. 20.5.1999 – 4 Sa 2/99, NZA-RR 2000, 14; s. auch LAG Düsseldorf v. 30.8.2002 – 9 Sa 709/02, NZA-RR 2003, 407 f. | [3] Insoweit unsauber das obiter dictum des LAG Bremen v. 20.5.1999 – 4 Sa 2/99, NZA-RR 2000, 14 (16). | [4] BAG v. 7.12.2000 – 6 ARZ 444/99, NZA 2001, 780 (781). | [5] AA LAG Nürnberg v. 5.11.1997 – 4 Sa 796/96, AiB 1998, 711. | [6] LAG Berlin v. 29.4.1991 – 9 Sa 9/91, DB 1991, 2193 (Ls.). | [7] AA ArbG Freiburg v. 15.9.1987 – 2 Ca 175/87, DB 1988, 184. | [8] LAG Düsseldorf v. 23.10.1991 – 4 Sa 789/91, LAGE § 611 BGB – Direktionsrecht Nr. 10; *Hunold*, NZA-RR 2001, 337. | [9] AA ArbG Lingen v. 30.11.1988 – 2 Ga 7/88, AiB 1989, 91. | [10] *Fitting*, § 77 BetrVG Rz. 223, § 87 Rz. 580. | [11] ErfK/*Preis*, § 611 BGB Rz. 823.

91 Das Weisungsrecht begrenzen können auch BV, welche die Grundsätze über die Durchführung von **Gruppenarbeit**, (dh. die eigenverantwortliche Erledigung einer Aufgabe durch eine Gruppe) regeln (§ 87 Abs. 1 Nr. 13 BetrVG).

92 **b) Ort der Arbeitsleistung.** BV oder Regelungsabreden, die das Weisungsrecht des ArbGeb hinsichtlich des Orts der Arbeitsleistung begrenzen, finden sich etwa in **Auswahlrichtlinien** betreffend die Versetzung (§ 95 Abs. 1 BetrVG) oder im **Interessenausgleich** (§ 112 Abs. 1 Satz 1 BetrVG).

93 **c) Zeit der Arbeitsleistung.** Gegenstand von BV und Regelungsabreden können auch die Arbeitszeitlage, namentlich Beginn und Ende der täglichen Arbeitszeit einschließlich der Pausen sowie die Verteilung der Arbeitszeit auf die einzelnen Wochentage (§ 87 Abs. 1 Nr. 2 BetrVG) sowie die Arbeitszeitdauer, namentlich die vorübergehende Verkürzung oder Verlängerung der betriebsüblichen Arbeitszeit (§ 87 Abs. 1 Nr. 3 BetrVG) sein. Beispielsweise geben Regelungen über **Gleitzeitmodelle** dem ArbN Möglichkeiten zur flexiblen eigenverantwortlichen Arbeitszeitgestaltung und grenzen das Weisungsrecht des ArbGeb entsprechend ein.

94 **d) Ordnung und Verhalten der ArbN im Betrieb.** Ordnung und Verhalten der ArbN im Betrieb können Gegenstand einer BV oder Regelungsabrede nach § 87 Abs. 1 Nr. 1 BetrVG sein. Sofern es um die Einführung und Anwendung von technischen Einrichtungen geht, die geeignet sind, die Leistung und das Verhalten der ArbN zu überwachen, kommen auch Regelungen nach § 87 Abs. 1 Nr. 6 BetrVG in Betracht (s.o. Rz. 53).

95 **3. Anwendbarer TV.** Das Weisungsrecht des ArbGeb ist auch durch Regelungen eines anwendbaren TV begrenzt. Anwendbar ist ein TV auf kollektivrechtlicher Grundlage bei Tarifbindung beider Arbeitsparteien (§§ 3 Abs. 1, 4 Abs. 1 Satz 1 TVG) – bei Tarifnormen über betriebliche oder betriebsverfassungsrechtliche Fragen auch bei bloßer Tarifbindung des ArbGeb (§§ 3 Abs. 2, 4 Abs. 1 TVG) – sowie bei Allgemeinverbindlichkeit für alle Arbeitsverhältnisse im Geltungsbereich des TV (§ 5 Abs. 4 TVG).

96 Auf individualrechtlicher Grundlage anwendbar sind Regelungen eines TV im Falle der Bezugnahme auf den TV; insoweit stellt jedoch der Arbeitsvertrag dogmatisch die Grenze des Weisungsrechts dar.

97 **a) Inhalt der Arbeitsleistung.** Tarifvertragliche Regelungen begrenzen das Direktionsrecht hinsichtlich des Inhalts der Arbeitsleistung vielfältig. Nehmen die Arbeitsvertragsparteien auf die **tarifliche Vergütungsgruppe** Bezug, so kann der ArbGeb dem ArbN grundsätzlich alle Tätigkeiten zuweisen, welche die Merkmale der einschlägigen Vergütungsgruppe erfüllen (s.o. Rz. 18).

98 Dieser Grundsatz gilt insb. im **öffentlichen Dienst** im Hinblick auf die Vergütungsgruppen des BAT[1]. Das Direktionsrecht des ArbGeb des öffentlichen Dienstes erlaubt es diesem nicht, dem ArbN eine Tätigkeit zu übertragen, die geringerwertigen Merkmalen entspricht und nur im Wege des Bewährungsaufstiegs die Eingruppierung in die maßgebliche Vergütungsgruppe ermöglicht[2]. Der ArbGeb kann beispielsweise nicht kraft seines Direktionsrechts dem ArbN die bisherige Sachgebietsleitung mit Weisungsbefugnis gegenüber den vier Mitarbeitern des Sachgebiets entziehen, weil damit eine nicht unerhebliche Herabstufung innerhalb der Behördenhierarchie verbunden ist[3]. Sofern allerdings die neu zugewiesene Tätigkeit die Merkmale der bisherigen Vergütungsgruppe erfüllt, ist das Direktionsrecht des öffentlichen ArbGeb nicht dadurch beschränkt, dass aus der bisherigen Fallgruppe ein Bewährungsaufstieg möglich war, der aus der nunmehr zugewiesenen Tätigkeit verwehrt ist[4].

99 **Tarifvertragliche Versetzungsklauseln** können das Weisungsrecht des ArbGeb weiter fassen als arbeitsvertragliche (zu arbeitsvertraglichen Versetzungsklauseln s.o. Rz. 57 ff.). BAG hält tarifvertragliche Regelungen (wie zB § 16 Abs. 1 LTV DB) für zulässig, wonach der ArbGeb unter bestimmten Voraussetzungen dem ArbN einseitig eine andere, auch nach einer niedrigeren Lohngruppe zu vergütende Tätigkeit zuweisen kann[5]. Grund für diese Ansicht ist die TV innewohnende Ausgewogenheits- und Richtigkeitsvermutung[6].

100 **b) Ort der Arbeitsleistung.** TV können **Regelungen über den Erfüllungsort** treffen und damit den Arbeitsort näher bestimmen[7]. Außerdem können sie **Versetzungsklauseln** enthalten und damit die Grenze des Weisungsrechts in örtlicher Hinsicht bestimmen (vgl. zB § 16 Abs. 1 LTV DB)[8].

101 **c) Zeit der Arbeitsleistung.** Typischerweise enthalten TV und insb. Manteltarifverträge Regelungen zur Dauer und Lage der Arbeitszeit. Hinsichtlich der **Dauer** der Arbeitszeit wird vor allem die wöchentliche Arbeitszeit, die Möglichkeit zur Anordnung von Überstunden (bei Zahlung entsprechender Zuschläge) sowie zur Anordnung von Kurzarbeit[9] geregelt.

---

1 BAG v. 24.4.1996 – 4 AZR 976/94, AP Nr. 49 zu § 611 BGB – Direktionsrecht; v. 30.8.1995 – 1 AZR 47/95, AP Nr. 44 zu § 611 BGB – Direktionsrecht; Boemke/Keßler, § 106 GewO Rz. 40 ff. | 2 BAG v. 24.4.1996 – 4 AZR 976/94, AP Nr. 49 zu § 611 BGB – Direktionsrecht, Ls. 1; v. 30.8.1995 – 1 AZR 47/95, AP Nr. 44 zu § 611 – Direktionsrecht, Ls. 2. | 3 LAG Hamm v. 9.1.1997 – 17 Sa 1554/96, NZA-RR 1997, 337; Hunold, NZA-RR 2001. | 4 BAG v. 21.11.2002 – 6 AZR 82/01, DB 2003, 1630. | 5 BAG v. 22.5.1985 – 4 AZR 88/84, AP Nr. 6 zu § 1 TVG – Tarifverträge: Bundesbahn; v. 22.5.1985 – 4 AZR 427/81, AP Nr. 7 zu § 1 TVG – Tarifverträge: Bundesbahn. | 6 ErfK/Preis, §§ 305–310 BGB Rz. 55. | 7 BAG v. 3.12.1985 – 4 AZR 325/84, AP Nr. 5 zu § 1 TVG – Tarifverträge: Großhandel, Ls. 2. | 8 Vgl. BAG v. 22.5.1995 – 4 AZR 88/84, AP Nr. 6 zu § 1 TVG – Tarifverträge: Bundesbahn. | 9 Zu tariflichen Kurzarbeitsklauseln Schaub, ArbRHdb, § 47 Rz. 3 ff.

102 ... Lage der Arbeitszeit enthalten (Mantel-)TV regelmäßig Regelungen zu Schichtarbeit, Nachtags- und Feiertagsarbeit und sehen entsprechende Zuschläge vor.

103 Im Hinblick auf **Verhalten der ArbN im Betrieb**. Auch Ordnung und Verhalten der ArbN im Betrieb können Gegenstand tarifvertraglicher **Betriebsnormen** (zB Tarifregelungen zu Torkontrollen[1], Rauchverbote[2]) sein und das betriebsbezogene Weisungsrecht des ArbGeb entsprechend begrenzen.

d) Ordnungs- und Verhaltensvorschriften. Grenzen des arbeitgeberseitigen Weisungsrechts ergeben sich auch aus **104** speziellen Vorschriften. Nach Satz 1 und 2 kann der ArbGeb Inhalt, Ort und Zeit der Arbeitsleistung sowie Ordnung und Verhalten im Betrieb näher bestimmen, soweit diese Arbeitsbedingungen – abgesehen von anderen Schranken – nicht durch gesetzliche Vorschriften festgelegt sind.

Das Weisungsrecht als einseitiges Bestimmungsrecht ist gesetzlich auch durch die **MitbestR** des **105** BR beschränkt[3]. Verstöße gegen die Mitbestimmung des BR (§§ 87, 94, 95 BetrVG) sind zum Nachteil des ArbN unwirksam (sog. Theorie der Wirksamkeitsvoraussetzung)[4]. Dies gilt sowohl für einseitige Maßnahmen, die in Ausübung des Direktionsrechts vorgenommen werden, als auch für einzelvertragliche Vereinbarungen[5].

Bei einer **personellen Einzelmaßnahme** nach § 99 BetrVG hat die fehlende Zustimmung des BR **106** zur **Versetzung** zur Folge, dass die Versetzung auch individualrechtlich unwirksam ist und der ArbN das Recht hat, die Arbeit zu geänderten Bedingungen zu verweigern[6]. Bei fehlender Zustimmung des BR zur **Einstellung** des ArbN bleibt der Arbeitsvertrag hingegen wirksam, und der ArbN kann sich auf ein betriebsverfassungsrechtliches **Beschäftigungsverbot** im Sinne eines Arbeitsverweigerungsrechts berufen, wenn der BR die Verletzung des MitbestR geltend macht und die Aufhebung der Einstellung verlangt[7].

Allgemeine gesetzliche Grenzen des Weisungsrechts stellen auch die Vorschriften über **Leistungsver- 107 weigerungsrechte** nach §§ 273, 275 Abs. 2 und 3, 320 BGB, § 4 Abs. 2 BeschSchutzG, § 21 Abs. 6 GefStoffVO dar, weil insoweit das Ob der Arbeitsleistung in Frage steht.

a) Inhalt der Arbeitsleistung. Bei einer Weisung hinsichtlich des Inhalts der Arbeitsleistung hat der **108** ArbGeb insb. folgende gesetzliche Vorschriften zu beachten[8]:

Beschäftigungsverbote etwa nach §§ 3, 4, 6, 8 MuSchG oder §§ 22 ff. JArbSchG (vgl. 105 Rz. 22, 24), **Dis- 109 kriminierungsverbote** etwa nach § 611a BGB, § 4 TzBfG, § 81 Abs. 2 Nr. 1 SGB IX, Art. 9 Abs. 3 Satz 2 GG, das **Maßregelungsverbot** des § 612a BGB (zB bei Zuweisung von Überstunden)[9], **Unfallverhütungsvorschriften** (§ 15 SGB VII) sowie sonstige Regelungen, die das Weisungsrecht im Einzelfall begrenzen (zB § 7 ArbSchG) bzw. von einem eingeschränkten Weisungsrecht ausgehen (etwa § 3 ProstitutionsG).

Weisungen, **Straftaten oder Ordnungswidrigkeiten zu begehen** oder sonst gesetzeswidrig zu handeln, **110** sind unzulässig und nach § 134 BGB nichtig[10].

b) Ort der Arbeitsleistung. Eine besondere gesetzliche Bestimmung über den Erfüllungsort gibt es **111** für Arbeitsverhältnisse nicht. Bestehen weder einzel- noch kollektivvertragliche Regelungen zum Erfüllungsort befindet sich der Erfüllungsort gemäß § 269 BGB nach der Natur des Arbeitsverhältnisses in der Regel am Betriebssitz, an dem der ArbN ständig beschäftigt ist[11] (vgl. Rz. 29).

c) Zeit der Arbeitsleistung. Gesetzliche Vorschriften, die der ArbGeb bei Weisungen hinsichtlich der **112** Dauer bzw. der Lage der Arbeitszeit zu beachten hat, sind insb. die Regelungen des **ArbZG**, die Vorschriften über **Teilzeitansprüche** (§ 8 TzBfG, § 15 Abs. 5 bis 7 BErzGG, § 81 Abs. 5 Satz 3 SGB IX) über **Arbeitszeitgestaltung gegenüber schwerbehinderten** Menschen (§ 81 Abs. 4 Nr. 4, § 124 SGB IX) und über **Arbeit auf Abruf** (§ 12 TzBfG).

Die Vorschriften der §§ 169 ff. SGB III über **Kurzarbeitergeld** enthalten keine Ermächtigungsgrund- **113** lage für die Einführung von Kurzarbeit kraft Direktionsrechts[12].

d) Ordnung und Verhalten der ArbN im Betrieb. Gesetzliche Vorschriften, die betriebsbezogene Wei- **114** sungen hinsichtlich Ordnung und Verhalten der ArbN im Betrieb begrenzen, sind insb. § 87 Abs. 1 Nr. 1 und 6 BetrVG (s.o. Rz. 52 f.) sowie § 3a ArbeitsstättenVO hinsichtlich des **Nichtraucherschutzes** am Arbeitsplatz[13].

---

1 MünchArbR/*Löwisch/Rieble*, § 261 Rz. 23. | 2 ErfK/*Schaub*, § 1 TVR Rz. 114. | 3 BT-Drs. 14/8796, S. 24; *Düwell*, FA 2003, 2 (4); *Schöne*, NZA 2002, 829 (830). | 4 BAG v. 3.12.1 – GS 2/90, AP Nr. 51 zu § 87 BetrVG 1972 – Lohngestaltung unter D II; *Fitting*, § 87 BetrVG Rz. 599 ff. mwN. | 5 BAG v. 11.6.2002 – 1 AZR 390/01, DB 2002, 2725 (2726); v. 18.9.2002 – 1 AZR 668/01, BB 2003, 740 (741). | 6 BAG v. 5.4.2001 – 2 AZR 580/99, BB 2001, 2115 (2116). | 7 BAG v. 5.4.2001 – 2 AZR 580/99, BB 2001, 2115 (1). | 8 Vgl. Boemke/*Keßler*, § 106 GewO Rz. 25 ff. | 9 BAG v. 7.11.2002 – 2 AZR 742/00, DB 2003, 828. | 10 *Küttner/Riese*, Personalbuch 2004, Weisungsrecht Rz. 16; Boemke/*Keßler*, § 106 GewO Rz. 27. | 11 BAG v. 12.2. – 7 AZR 325/84, AP Nr. 5 zu § 1 TVG – Tarifverträge: Großhandel. | 12 LAG Rh.-Pf. v. 7.10.1996 – 9 Sa 7096, LAG-RR 1997, 331; *Hunold*, NZA-RR 2001, 337 (343). | 13 Dazu *Buchner*, BB 2002, 2382 ff.; *Lorenz*, DB 2002 ff.; *Wellenhofer-Klein*, RdA 2003, 155 ff.

Lembke

115 **IV. Nach billigem Ermessen.** Der ArbGeb darf sein Weisungsrecht auch bei Beachtung der einzel- oder kollektivvertraglichen Grenzen gemäß Satz 1 nur nach billigem Ermessen ausüben[1]. Dabei steht ihm regelmäßig ein **weiter Spielraum** zur einseitigen Gestaltung der Anordnungen zu[2]. Das folgt schon daraus, dass der ArbN im Rahmen seiner Privatautonomie sich zu zeitlich fremdbestimmter Dienste verpflichtet hat.

116 Die Weisung ist gemäß § 315 Abs. 3 Satz 1 BGB aber nur verbindlich, wenn sie der **Billigkeit** entspricht. Ob dies der Fall ist, kann gerichtlich überprüft werden (§ 315 Abs. 3 Satz 2 BGB)[3]. Überschreitet der ArbGeb die Grenzen seiner Weisungsbefugnis, ist der ArbN zur Verweigerung der zugewiesenen Arbeit berechtigt[4].

117 § 106 begründet **keinen Anspruch** des ArbN gegen den ArbGeb **auf Ermessensausübung in einer bestimmten Art und Weise**[5]. Die Vorschrift unterwirft lediglich das Ermessen des ArbGeb bei der Ausübung des Direktionsrechts der Billigkeit und damit der Kontrolle durch die Gerichte als ausschließlich begrenzende, nicht aber anspruchsbegründende Norm.

118 Das in der Gesetzesbegründung zu § 106 propagierte Verständnis von ArbGeb und Beschäftigten, in dessen Rahmen Beziehungen" als partnerschaftliches Miteinander mit einem eigenverantwortlichen Entscheidungsspielraum der ArbGeb zu prüfen habe, ob die Beschäftigten einen eigenverantwortlichen Fähigkeiten eingesetzt würden[7], hat im Gesetzestext bewusst halten könnten oder entsprechend ihrer Fähigkeiten eingesetzt würden[7], hat im Gesetzestext bewusst keinen Niederschlag gefunden und somit auch keine rechtliche Bedeutung[8].

119 **1. Grundsatz billigen Ermessens (§ 315 BGB).** Die Weisung des ArbGeb entspricht billigem Ermessen, wenn **die wesentlichen Umstände des Falles abgewogen und die beiderseitigen Interessen berücksichtigt** sind[9]. Die Rücksichtnahme auf die schutzwürdigen Interessen des Vertragsteils folgt im Übrigen bereits aus § 241 Abs. 2 BGB.

120 **Auf Seiten des ArbGeb** sind etwa dessen Interesse an einem ungestörten und geordneten Betriebsablauf, Sicherheit im Betrieb, Vermeidung unnötiger Kosten, Abwehr von Schäden und Gefahren sowie Vertraulichkeit von Geschäfts- und Betriebsgeheimnissen zu berücksichtigen. Daher ist billiges Ermessen beispielsweise gewahrt, wenn der ArbN, der zu einem Konkurrenzunternehmen wechseln will, auf einem neu geschaffenen Arbeitsplatz beschäftigt werden soll mit der Zielsetzung, Geschäftskontakte im alten Arbeitsbereich zu unterbinden und seine weitere Tätigkeit zu kontrollieren[10].

121 **Auf Seiten des ArbN** zu beachten sind beispielsweise das Interesse an der Fortsetzung einer über längere Zeit ausgeübten Tätigkeit[11] (s.o. Rz. 67), gesundheitliche Beschwerden, familiäre Verpflichtungen und grundrechtlich geschützte Belange (s.u. Rz. 125 ff.).

122 Überträgt der ArbGeb **im öffentlichen Dienst im Rahmen des § 24 BT** eine höherwertige Tätigkeit vorübergehend auf einen ArbN, so ist eine **doppelte Billigkeitsprüfung** vorzunehmen, ob die Tätigkeitsübertragung „an sich" und die „Nicht-Dauerhaftigkeit" der Übertragung billigem Ermessen (§ 315 BGB) entsprechen[12]. Die frühere Rspr., wonach eine vorübergehend übertragene Tätigkeit als auf Dauer übertragen galt, wenn die vorübergehende Übertragung nicht durch einen sachlichen Grund gerechtfertigt und daher rechtsmissbräuchlich war, hat das BAG aufgegeben[13].

123 Bei der Ausübung billigen Ermessens ist auch das in vergleichbaren Fällen Übliche zu berücksichtigen[14]. Außerdem ist der **arbeitsrechtliche Gleichbehandlungsgrundsatz** zu beachten[15]. Daher darf der ArbGeb nicht ohne sachlichen Grund einen einzelnen ArbN von der Ableistung von Überstunden ausschließen, wenn alle vergleichbaren Mitarbeiter durch die Heranziehung von Überstunden eine erhebliche Lohnsteigerung erzielen können[16].

124 Entspricht die Weisung billigem Ermessen, kann sich aus der vertraglichen Rücksichtnahmepflicht (§ 241 Abs. 2 BGB) die Verpflichtung des ArbGeb ergeben, **nach angemessener Zeit zu überprüfen**, ob durch erneute Ausübung des Weisungsrechts eine den ArbN weniger belastende Gestaltung der Arbeitsbedingungen herbeigeführt werden kann[17]. War die Zuweisung der Arbeit zunächst rechtmäßig, kann der

---

1 Diff. *Leßmann*, DB 1992, 1137 (1137f.). | 2 BAG v. 29.8.1991 – 6 AZR 593/88, AP Nr. 38 zu § 611 BGB – Direktionsrecht; v. 27.3.1980 – 2 AZR 506/78, AP Nr. 26 zu § 611 BGB – Direktionsrecht; *Lakies*, BB 2003, 364 (366). | 3 BAG v. 29.8.1991 – 6 AZR 593/88, AP Nr. 38 zu § 61 BGB – Direktionsrecht. | 4 MünchArbR/*Blomeyer*, § 48 Rz. 45. | 5 *Bauer/Opolony*, BB 2002, 1590 (1591). | 6 *Boemke/Keßler*, § 106 GewO Rz. 44; *Schöne*, NZA 2002, 829 (831). | 7 BT-Drs. 14/8796 S. 36. | 8 *Bauer/Opolony*, BB 2002, 1590 (1591); *Boemke/Keßler*, § 106 GewO Rz. 45; *Schöne*, NZA 2002, 829 (831), unter Verweis auf den ursprünglichen Referentenentwurf. | 9 BAG v. 17.12.1997 – 5 AZR 332/96, AP Nr. 52 zu § 611 BGB – Direktionsrecht; v. 11.10.1995 – 5 AZR 1009/94, AP Nr. 45 zu § 611 BGB – Direktionsrecht; MünchArbR/*Blomeyer*, § 48 Rz. 41; *Leßmann*, DB 1992, 1137, 1139; *Boemke/Keßler*, § 106 GewO Rz. 33. | 10 LAG Nds. v. 12.10.1998 – 13 Sa 103/98, LAGE § 315 BGB Nr. 5, Ls. 2; *Hunold*, NZA-RR 2001, 337 (341). | 11 *Boke/Keßler*, § 106 GewO Rz. 23. | 12 BAG v. 17.4.2002 – 4 AZR 174/01, NZA 2003, 159 ff.; LAG Hamm v. 6.5.2004 – 18 Sa 1783/01, NZA-RR 2004, 111. | 13 BAG v. 17.4.2002 – 4 AZR 174/01, NZA 2003, 159 (161). | 14 *Dieterichs*, § 315 BGB Rz. 10. | 15 BAG v. 17.12.1997 – 5 AZR 332/96, AP Nr. 52 zu § 611 BGB – Direktionsrecht; v. 11.10.1995 – 5 AZR 1009/94, AP Nr. 45 zu § 611 BGB – Direktionsrecht Nr. 19; *Lakies*, BB 2003, 364 (369). | 16 LAG Köln v. 22.6.1994 – 2 Sa 1087/93, LAGE § 611 BGB – Direktionsrecht Nr. 19; *Lakies*, BB 2003, 364 (369). | 17 LAG Köln v. 22.6.1994 – 2 Sa 1087/93, LAGE § 611 BGB – Direktionsrecht Nr. 19; *Hunold*, NZA-RR 2001, 337 (344).

ArbGeb verpflichtet sein, den ArbN in Ausübung seines Weisungsrechts eine andere vertragsgemäße und zumutbare Arbeit auf einem **leidensgerechten Arbeitsplatz** zu übertragen, wenn der ArbN die geschuldete Arbeit auf dem bisherigen Arbeitsplatz aus gesundheitlichen Gründen nicht mehr ausüben kann[1].

2. Mittelbare Drittwirkung der Grundrechte. Der in der Generalklausel des § 315 BGB enthaltene unbestimmte Rechtsbegriff des billigen Ermessens ist eine Einbruchstelle für die mittelbare Drittwirkung der Grundrechte im Privatrecht[2]. Die im Einzelfall betroffenen Grundrechte des ArbGeb und des ArbN sind im Rahmen der **Interessenabwägung** zu berücksichtigen und **im Falle einer Kollision** im Wege **praktischer Konkordanz** so zum Ausgleich zu bringen, dass die geschützten Rechtspositionen möglichst weitgehend wirksam werden[3]. 125

Zu berücksichtigen sind etwa das **allgemeine Persönlichkeitsrecht** nach Art. 2 Abs. 1 GG (zB Recht auf Rauchen)[4], das **Recht auf körperliche Unversehrtheit** (Art. 2 Abs. 2 GG), die **besonderen Gleichheitssätze** des Art. 3 Abs. 2 und 3 GG, die **Gewissensfreiheit** (Art. 4 Abs. 1 GG)[5], die **Glaubens- und Bekenntnisfreiheit** (Art. 4 Abs. 1 GG) und die **Religionsausübungsfreiheit** (Art. 4 Abs. 2 GG)[6], die **Kunstfreiheit** (Art. 5 Abs. 3 GG, zB Recht des ArbGeb zur Aufführung einer Oper)[7], die **Rundfunkfreiheit** (Art. 5 Abs. 1 GG)[8], **Schutz von Ehe und Familie** (Art. 6 GG)[9] und die **unternehmerische Betätigungsfreiheit** (Art. 12 Abs. 1 GG)[10]. 126

Bei der Interessenabwägung sind insb. die Fragen der **Vorhersehbarkeit** und **Vermeidbarkeit des Interessenkonflikts** zwischen ArbGeb und ArbN bei Beginn des Arbeitsverhältnisses und die **Gefahr seiner Wiederholung** zu berücksichtigen[11]. 127

3. Rücksichtnahme auf Behinderungen des ArbN (Satz 3). Nach Satz 3 hat der ArbGeb bei der Ausübung des Weisungsrechts nach billigem Ermessen auch auf Behinderungen des ArbN Rücksicht zu nehmen. Die Vorschrift setzt die Grundsätze aus Art. 3 Abs. 3 Satz 2 GG sowie § 81 Abs. 2 und 4 SGB IX für das Weisungsrecht um[12]. 128

Zu beachten ist, dass Satz 3 sich allgemein auf Behinderte bezieht, während das Diskriminierungsverbot bei Weisungen nach § 81 Abs. 2 Nr. 1 SGB IX nur gegenüber schwerbehinderten Menschen (§ 2 Abs. 2 SGB IX) und gleichgestellten behinderten Menschen (§ 2 Abs. 3 iVm. § 68 Abs. 3 SGB IX) gilt. 129

Der Begriff der „**Behinderung**" iSd. Satzes 3 entspricht dem des **§ 2 Abs. 1 Satz 1 SGB IX**[13]. Die Behinderungen können sowohl genetisch als auch krankheits-, unfall- oder altersbedingt sein[14]. 130

Behinderte können aufgrund von Satz 3 **keinen besonderen Schutz** in Anspruch nehmen[15]. Denn im Rahmen billigen Ermessens hat der ArbGeb ohnehin alle schutzwürdigen Interessen des ArbN zu berücksichtigen, selbst wenn sie nicht den Grad einer Behinderung erreichen[16]. Satz 3 hat daher rein deklaratorischen bzw. programmatischen Charakter. 131

V. Rechtsstreitigkeiten. Die Ausübung des Weisungsrecht unterliegt gerichtlicher Kontrolle, insb. auch hinsichtlich der Frage, ob billiges Ermessen eingehalten wurde (§ 315 Abs. 3 Satz 2 BGB)[17]. Der ArbGeb trägt die **Darlegungs- und Beweislast** dafür, dass die Leistungsbestimmung im Rahmen der gesetzlichen, einzel- und kollektivvertraglichen Grenzen erfolgt ist sowie billigem Ermessen entspricht[18]. 132

Die gerichtliche Überprüfung kann **inzidenter** stattfinden, etwa im Rahmen einer Kündigungsschutzklage. Der ArbN kann sich jedoch auch mit einer **Feststellungsklage** gegen die Änderung von Arbeitsbedingungen kraft Weisungsrecht wenden, solange er von der Maßnahme betroffen ist[19]. 133

---

1 BAG v. 29.1.1997 – 2 AZR 9/96, NZA 1997, 709; LAG Frankfurt a.M. v. 2.4.1993 – 9 Sa 815/91, LAGE § 611 BGB – Direktionsrecht Nr. 15; *Lakies*, BB 2003, 364 (369). | **2** Dazu MünchArbR/*Blomeyer*, § 48 Rz. 42. | **3** BAG v. 10.10.2002 – 2 AZR 472/01, DB 2003, 830 (832) mwN; BVerfG v. 30.7.2003 – 1 BvR 792/03, NJW 2003, 2815. | **4** Vgl. Hessisches LAG v. 11.8.2000 – 2 Sa 1000/99, DB 2001, 387 (Ls.). | **5** BAG v. 20.12.1984 – 2 AZR 436/83, AP Nr. 27 zu § 611 BGB – Direktionsrecht – zur Gewissensnot eines Druckers beim Drucken eines gewaltverherrlichenden Flugblatts; LAG Düsseldorf v. 7.8.1992 – 9 Sa 794/92, NZA 1993, 411 zur Mitwirkung eines gläubigen Orchestermusikers bei einer blasphemischen Operninszenierung; s. auch Boemke/*Keßler*, § 106 GewO Rz. 35 ff. | **6** BAG v. 10.10.2002 – 2 AZR 472/01, DB 2003, 830 (831 f.) zum Tragen eines islamischen Kopftuchs durch eine Verkäuferin; gebilligt durch BVerfG v. 30.7.2003 – 1 BvR 792/02, NJW 2003, 2815. | **7** LAG Düsseldorf v. 7.8.1992 – 9 Sa 794/92, NZA 993, 411. | **8** LAG Rh.-Pf. v. 13.4.1989 – 5 Sa 1031/88, NZA 1990, 527 zum Entzug einer Moderation kraft Weisungsrechts. | **9** Zur Arbeitszeitbestimmung gegenüber berufstätigen Müttern LAG Nürnberg v. 8.3.1999 – 6 Sa 259/97, NZA 2000, 263; ArbG Bonn v. 21.9.2000 – 1 Ca 3447/99, NZA-RR 2001, 132; ArbG Hamburg v. 4.12.1995 – 21 Ca 290/95, NZA-RR 1996, 365; *Hunold*, NZA-RR 2001, 337 (338 ff.). | **10** BAG v. 10.10.2002 – 2 AZR 472/01, DB 2003, 830 (832). | **11** BAG v. 20.10.1984 – 2 AZR 436/83, AP Nr. 27 zu § 611 BGB – Direktionsrecht unter III 2 c bb. | **12** Vgl. BT-Drs. 14/8796, S. 24; Boemke/*Keßler*, § 106 GewO Rz. 46. | **13** *Bauer/Opolony*, BB 2002, 1590 (1591); *Lakies*, BB 2003, 364 (366); *Schöne*, NZA 2002, 829 (831); unscharf BT-Drs. 14/8796, S. 24. | **14** BT-Drs. 14/8796, S. 24. | **15** *Bauer/Opolony*, BB 2002, 1590 (1591); Boemke/*Keßler*, § 106 GewO Rz. 47; ErfK/*Preis*, § 106 GewO Rz. 5 – auch *Düwell*, FA 2003, 2 (4); *Schöne*, NZA 2002, 829 (831). | **16** Zutr. *Bauer/Opolony*, BB 2002, 1590 (1591); Boemke/*Keßler*, § 106 GewO Rz. 48. | **17** BAG v. 17.12.1997 – 5 AZR 332/96, AP Nr. 52 zu § 611 BGB – Direktionsrecht unter IV 1; *Lakies*, BB 2003, 364 (366). | **18** Zur Billigkeit BAG v. 17.4.2002 – 4 AZR 174/01, NZA 2003, 159 (162); v. 17.12.1997 – AZR 332/96, AP Nr. 52 zu § 611 BGB – Direktionsrecht unter IV 1; allg. LAG München v. 18.9.2002 – 5 Sa 619/02, NZA-RR 2003, 269 (270); *Lakies*, BB 2003, 364 (366). | **19** BAG v. 26.9.2002 – 6 AZR 523/00, BB 2003, 587 (588).

107 *Berechnung und Zahlung des Arbeitsentgelts*
(1) Das Arbeitsentgelt ist in Euro zu berechnen und auszuzahlen.

(2) Arbeitgeber und Arbeitnehmer können Sachbezüge als Teil des Arbeitsentgelts vereinbaren, wenn dies dem Interesse des Arbeitnehmers oder der Eigenart des Arbeitsverhältnisses entspricht. Der Arbeitgeber darf dem Arbeitnehmer keine Waren auf Kredit überlassen. Er darf ihm nach Vereinbarung Waren in Anrechnung auf das Arbeitsentgelt überlassen, wenn die Anrechnung zu den durchschnittlichen Selbstkosten erfolgt. Die geleisteten Gegenstände müssen mittlerer Art und Güte sein, soweit nicht ausdrücklich eine andere Vereinbarung getroffen worden ist. Der Wert der vereinbarten Sachbezüge oder die Anrechnung der überlassenen Waren auf das Arbeitsentgelt darf die Höhe des pfändbaren Teils des Arbeitsentgelts nicht übersteigen.

(3) Die Zahlung eines regelmäßigen Arbeitsentgelts kann nicht für die Fälle ausgeschlossen werden, in denen der Arbeitnehmer für seine Tätigkeit von Dritten ein Trinkgeld erhält. Trinkgeld ist ein Geldbetrag, den ein Dritter ohne rechtliche Verpflichtung dem Arbeitnehmer zusätzlich zu einer dem Arbeitgeber geschuldeten Leistung zahlt.

Lit.: *Annuß/Lembke*, Aktienoptionspläne der Konzernmutter und arbeitsrechtliche Bindungen, BB 2003, 2230; *Bauer/Opolony*, Arbeitsrechtliche Änderungen in der Gewerbeordnung, BB 2002, 1590; *Boemke*, Gewerbeordnung, Kommentar zu §§ 105–110, 1. Aufl. 2003; *Düwell*, Geänderte Gewerbeordnung – Neues Grundgesetz des Arbeitsrechts, FA 2003, 2; *Lembke*, Die Ausgestaltung von Aktienoptionsplänen in arbeitsrechtlicher Hinsicht, BB 2001, 1469; *Perreng*, Änderungen der Gewerbeordnung – Erste Fassung eines Arbeitsgesetzbuches?, AiB 2002, 521; *Salje*, Trinkgeld als Lohn – Zu den Grenzen kollektivvertraglicher Regelungen über die Verteilung von Trinkgeld im Troncsystem –, DB 1989, 321; *Schöne*, Die Novellierung der Gewerbeordnung und die Auswirkungen auf das Arbeitsrecht, NZA 2002, 829; *Swoboda/Kinner*, Mitarbeitermotivation durch arbeitsvertragliche Sonderzahlungen, BB 2003, 418; *Wisskirchen*, Novellierung arbeitsrechtlicher Vorschriften in der Gewerbeordnung, DB 2002, 1886.

1 **I. Vorbemerkungen.** Die Vorschrift regelt die **Grundsätze der Zahlung des Arbeitsentgelts** (ieS) in Form der Geldzahlung, des Sachbezugs und der Überlassung von Waren in Anrechnung auf das Arbeitsentgelt.

2 **1. Entstehungsgeschichte.** § 107 wurde **mit Wirkung ab dem 1.1.2003** durch Art. 1 Nr. 19 des Dritten Gesetzes zur Änderung der Gewerbeordnung und sonstiger gewerberechtlicher Vorschriften vom 24.8.2002[1] völlig **neu gefasst**. Die Bestimmung übernimmt in Abs. 1 im Wesentlichen das sog. „**Truckverbot**" des § 115 Abs. 1 Satz 1 aF und regelt in Abs. 2 Satz 2 das **Kreditierungsverbot** des aufgehobenen § 115 Abs. 2 Satz 1 aF. Die Norm enthält ferner **neue Regelungen zur** Zulässigkeit der Vereinbarung von **Sachbezügen** (Abs. 2 Satz 1, 4 und 5), zur **Anrechnung von Waren** auf das Arbeitsentgelt (Abs. 2 Satz 3 bis 5) und zur Behandlung von **Trinkgeld** (Abs. 3).

3 Ersatzlos gestrichen wurden die §§ 115a bis 119b aF, die der Gesetzgeber inhaltlich nicht mehr für die Praxis des Arbeitsvertragsrechts erforderlich hielt[2]. Damit sind die **Rechtsfolgenregelungen** der §§ 116, 117 Abs. 1, 118 aF **entfallen**, so dass auf die allgemeinen zivilrechtlichen Vorschriften (insb. 134 BGB)[3] zurückzugreifen ist.

4 Ferner ist das **Verbot von Lohnverwendungsabreden** nach § 117 Abs. 2 aF **ersatzlos weggefallen**. Die damit verbundenen Probleme, wie sie sich etwa im Zusammenhang mit Aktienoptionsplänen stellten[4], sind damit erledigt.

5 **2. Sinn und Zweck.** Die Vorschrift dient – wie die ehemaligen §§ 115 ff. – der **Lohnsicherung**[5]. Sie soll sicherstellen, dass der ArbN über einen gewissen Betrag des Arbeitsentgelts in Form von Geld tatsächlich verfügen kann; außerdem soll der ArbN durch das Kreditierungsverbot **vor Verschuldung** und damit vor weiterer Abhängigkeit vom ArbGeb geschützt werden[6]. Mithin soll das Trucksystem (engl. Truck = Tausch) verhindert werden, dass sich der ArbGeb der Pflicht zur Zahlung von Arbeitsentgelt in Form von Geld über die Gewährung von Naturallohn oder den Verkauf eigener Waren – möglicherweise auf Kredit – unter Verrechnung mit dem Lohn bzw. Gehalt entzieht und den ArbN dadurch zwingt, die erhaltenen Gegenstände uU zu ungünstigeren Preisen selbst am Markt zu veräußern[7]. Dadurch wird nämlich in unzulässiger Weise das Wirtschaftsrisiko auf den ArbN überbürdet.

6 **3. Geltungsbereich. a) Persönlicher Geltungsbereich.** Die Norm gilt nun **für alle ArbN** (§ 6 Abs. 2; vgl. vor §§ 105 bis 110 GewO Rz. 7). Die früheren Ausnahmebestimmungen (etwa §§ 6, 154 aF) wurden aufgehoben. Dies ist im Hinblick auf den Gleichbehandlungsgrundsatz (Art. 3 Abs. 1 GG) zu begrüßen[8].

7 **b) Sachlicher Geltungsbereich.** Die Lohnsicherungsvorschriften der §§ 115 ff. aF bezogen sich nur auf den vereinbarten Lohn (dh. auf Arbeitsentgelt ieS), nicht hingegen auf freiwillige zusätzliche Leistungen

---

[1] BGBl. I S. 3412. | [2] BT-Drs. 14/8796, S. 26. | [3] *Schöne*, NZA 2002, 829 (832). | [4] Dazu *Lembke*, BB 2001, 1469 (1476). | [5] BAG v. 23.9.1992 – 5 AZR 569/91, AP Nr. 1 zu § 611 BGB – Arbeitnehmerdarlehn unter 1. | [6] BT-Drs. 14/8796, S. 24 f.; BVerfG v. 24.2.1992 – 1 BvR 980/88, BB 1992, 780; BAG v. 23.9.1992 – 5 AZR 569/91, AP Nr. 1 zu § 611 BGB – Arbeitnehmerdarlehn; *Wisskirchen*, DB 2002, 1886 (1888). | [7] BVerfG v. 24.2.1992 – 1 BVR 980/88, BB 1992, 780; *Boemke*, § 107 GewO Rz. 2. | [8] Vgl. *Lembke*, BB 2001, 1469 (1476).

im Rahmen von Arbeitsverhältnissen (dh. Arbeitsentgelt iwS)[1]. Dies gilt auch für § 107[2]. Die Vorschrift **gilt also nur für Arbeitsentgelt ieS**, dh. für jede Leistung eines geldwerten Vorteils durch den ArbGeb, die ausschließlich die unmittelbare Abgeltung der in einem bestimmten Zeitraum erbrachten Arbeitsleistung zum Gegenstand hat und damit in das vertragliche Synallagma eingebunden ist.

Nicht erfasst wird hingegen **Arbeitsentgelt iwS**, dh. alle sonstigen vom ArbGeb mit Rücksicht auf das Arbeitsverhältnis gewährten Geld- oder Sachzuwendungen, die über die periodische Abgeltung der Arbeitsleistung hinausgehen und außerhalb des vertraglichen Synallagmas stehen[3]. Zu Letzterem zählen etwa Gratifikationen oder Sonderzahlungen mit Gratifikations- bzw. Mischcharakter. **8**

Problematisch ist die **Abgrenzung der Entgeltbegriffe** insb. bei ergebnis- oder gewinnorientierten Vergütungsbestandteilen. Entscheidend ist insoweit, ob der jeweilige ArbN einen maßgeblichen Einfluss auf das Erreichen des jeweiligen Ziels hat (dann: Arbeitsentgelt ieS) oder nicht (dann: Arbeitsentgelt iwS)[4] Zusammenfassend lässt sich festhalten, dass individualleistungsbezogene Vergütungsbestandteile unter Arbeitsentgelt ieS fallen, wohingegen an den Erfolgszielen größerer Einheiten (Abteilung, Betrieb, Unternehmen, Konzern) anknüpfende Vergütungen Arbeitsentgelt iwS darstellen, wenn der Mitarbeiter keinen maßgeblichen Einfluss auf das Erreichen des jeweiligen Ziels hat.[5] **9**

II. Truckverbot (Abs. 1). Nach Abs. 1 hat der ArbGeb dem ArbN das **Arbeitsentgelt in Euro zu berechnen und auszuzahlen**. Damit wird die vormalige Rechtlage des § 115 Abs. 1 Satz 1 aF übernommen[6]. **10**

1. Normzweck. Zweck der Vorschrift ist es, zum einen sicherzustellen, dass der ArbN das Arbeitsentgelt (ieS) tatsächlich **in Geld ausbezahlt** erhält und **darüber frei verfügen** kann (vgl. oben Rz. 5)[7]. Zum anderen soll der (in Deutschland arbeitende) ArbN, auf dessen Arbeitsverhältnis deutsches Recht Anwendung findet, durch die Pflicht zur Berechnung und Zahlung des Entgelts in Euro **vor finanziellen Nachteilen etwa durch Währungsumtauschgebühren geschützt** werden. **11**

2. Berechnung und Zahlung des Arbeitsentgelts. a) Geldzahlungspflicht. Abs. 1 stellt die grundsätzliche Pflicht auf, das Arbeitsentgelt ieS (s.o. Rz. 7) durch eine Geldzahlung in Euro zu leisten. Dies kann entweder in Form einer **Barzahlung, bargeldloser Überweisung** auf das Konto des ArbN oder per **Scheck** geschehen, nicht jedoch durch Hingabe eines Wechsels, von Anweisungen oder Gutscheinen[8]. **12**

Ausgeschlossen ist im **Grundsatz** eine Tilgung des Anspruchs auf Arbeitsentgelt durch eine Leistung an Erfüllung statt (§ 364 Abs. 1 BGB)[9]. Nach Abs. 1 ist es dem ArbGeb also nicht erlaubt, das Arbeitsentgelt ieS durch Sach- oder Dienstleistungen (dh. Naturallohn/Naturalvergütung) zu erfüllen. **13**

Das Gesetz sieht jedoch **Ausnahmen** von diesem Grundsatz vor. Nach Maßgabe der Sätze 1, 3 bis 5 des Abs. 2 kann der ArbGeb mit dem ArbN die Gewährung von Sachbezügen als Teil des Arbeitsentgelts oder die Überlassung von Waren in Anrechnung auf das Arbeitsentgelt vereinbaren. **14**

Das dargestellte Regel-Ausnahme-Verhältnis gibt zugleich die **Beweislastverteilung** im Falle eines Rechtsstreits um Zahlung des Arbeitsentgelts wider: Beruft sich der ArbGeb auf die Ausnahmetatbestände, hat er ihre Voraussetzungen darzulegen und zu beweisen. **15**

b) Währung. Nach Abs. 1 ist das Arbeitsentgelt ieS (s.o. Rz. 7) in **Euro** zu berechnen und auszuzahlen. Die Regelung ist **zwingend**, dh. abweichende Vereinbarungen sind nichtig (§ 134 BGB)[10]. Unzulässig ist also zB die Vereinbarung eines ausländischen ArbGeb mit dem in Deutschland tätigen ArbN, das in ausländischer Währung vereinbarte Arbeitsentgelt auch in ausländischer Währung auszubezahlen. **16**

Die **Zahlung mit ausländischer Währung** hat keine Erfüllungswirkung iSv. § 362 Abs. 1 BGB, so dass der ArbN sowohl für die Vergangenheit als auch für die Zukunft die Zahlung des Arbeitsentgelts in Euro verlangen kann. Hinsichtlich des an den ArbN gezahlten Gelds in ausländischer Währung hat der ArbGeb einen Herausgabeanspruch aus einer Leistungskondiktion (§ 812 Abs. 1 Satz 1, 1. Alt. BGB). Der **Bereicherungsanspruch** kann im Einzelfall aber gemäß § 817 Satz 2 BGB ausgeschlossen sein, wenn der ArbGeb vorsätzlich gegen Abs. 1 verstoßen hat. Bloßes Kennenmüssen des Verbots reicht im Rahmen des § 817 Satz 2 BGB jedoch nicht aus[11]. **17**

Zulässig ist es hingegen, dass ArbGeb und ArbN die **Höhe des Arbeitsentgelts in** einer **ausländischen Währung** (zB US-Dollar) vereinbaren. Der ArbGeb ist in diesem Fall nach Satz 1 jedoch verpflichtet, das Arbeitsentgelt **umzurechnen** und in Euro auszubezahlen. Die Abrechnung des Arbeitsentgelts (§ 108) muss ebenfalls die Beträge in Euro ausweisen. **18**

---

1 BAG v. 23.9.1992 – 5 AZR 569/91, AP Nr. 1 zu § 611 BGB – Arbeitnehmerdarlehn unter I.; *Lembke*, BB 2001, 1469 (1476) mwN. | 2 Vgl. nur BT-Drs. 14/8796, S. 25; *Boemke*, § 107 GewO Rz. 16 f.; *Wisskirchen*, DB 2002, 1886 (1888). | 3 Zu den Entgeltbegriffen näher *Lembke*, BB 2001, 1469 (1470 f.) mwN. | 4 *Lembke*, BB 2001, 1469 (1470 f.); *Swoboda/Kinner*, BB 2003, 418 (419). | 5 Näher LAG Nds. v. 5.7.2002 – 10 Sa 657/02, DB 2003, 99 f.; *Lembke*, BB 2001, 1469 (1470 f.) mwN; *Swoboda/Kinner*, BB 2003, 418 (419). | 6 BT-Drs. 14/8796, S. 24. | 7 *Bauer/Opolony*, BB 2002, 1590 (1592). | 8 *Boemke*, § 107 GewO Rz. 13; *Tettinger/Wank*, § 115 GewO Rz. 2. | 9 *Bauer/Opolony*, BB 2002, 1590 (1592); Landmann/Rohmer/*Neumann*, § 115 GewO Rz. 14. | 10 Dies ergab sich früher aus § 117 Abs. 1 aF; *Bauer/Opolony*, BB 2002, 1590 (1592); *Boemke*, § 107 GewO Rz. 10 – aA *Wisskirchen*, DB 2002, 1886 (1887). | 11 Palandt/*Sprau*, § 817 BGB Rz. 11, 19.

GewO § 107 Rz. 19   Berechnung und Zahlung des Arbeitsentgelts

19   Zulässig ist es ferner, Gratifikationen und sonstiges **Arbeitsentgelt iwS** (zum Begriff oben Rz. 8) in einer anderen Währung als Euro auszubezahlen, da § 107 nur für Arbeitsentgelt ieS gilt (s.o. Rz. 7). So kann beispielsweise ein US-amerikanisches Unternehmen ihren ArbN in Deutschland Weihnachtsgeld in US-Dollar ausbezahlen.

20   **c) Sonstiges.** Hinsichtlich **Zeit und Ort der Entgeltzahlung** gelten die allgemeinen Vorschriften (zB § 614 BGB; § 269 BGB)[1]. Insoweit und hinsichtlich der Art der Auszahlung (in bar oder bargeldlos)[2] besteht ein **MitbestR des BR** nach § 87 Abs. 1 Nr. 4 BetrVG.

21   **III. Sachbezüge.** Nach Abs. 2 Satz 1 können die Arbeitsvertragsparteien Sachbezüge vereinbaren, wenn dies dem Interesse des ArbN oder der Eigenart des Arbeitsverhältnisses entspricht.

22   **1. Normzweck.** Die Vorschrift dient der **Lohnsicherung** des ArbN und dem Schutz vor dem Trucksystem (s.o. Rz. 5).

23   **2. Sachlicher Geltungsbereich.** Abs. 2 Satz 1 und 5 gelten nur für **Vereinbarungen** über Sachbezüge als Teil des Arbeitsentgelts ieS (s.o. Rz. 7), die **zwischen ArbGeb und ArbN** getroffen werden. **Nicht** erfasst werden hingegen Regelungen über die Gewährung von Sachbezügen in **TV** oder **BV**[3]. Insoweit gelten also insb. die einschränkenden Voraussetzungen des Abs. 2 Satz 1 nicht.

24   Unberührt bleibt auch die lex specialis des § 10 BBiG, wonach Sachbezüge 75% der Bruttovergütung eines Auszubildenden nicht übersteigen dürfen[4].

25   **3. Vereinbarung über Sachbezüge. a) Begriff der Sachbezüge.** Sachbezug ist jede Zuwendung des ArbGeb an den ArbN, die zwar eine geldwerte Leistung darstellt, aber nicht in Geld erbracht wird[5]. Umfasst sind damit nicht nur Sachleistungen, sondern **auch Dienstleistungen** des ArbGeb, obwohl dies nach dem Wortlaut des Gesetzes („Sachbezüge") nicht eindeutig ist. Vorzugswürdig wäre der Begriff der „Naturalvergütung" gewesen[6]. Sachbezüge iSd. Gesetzes sind aber nur solche, die Arbeitsentgelt ieS darstellen und nicht außerhalb des vertraglichen Synallagmas stehende Zusatzleistungen sind (s.o. Rz. 7 ff.)[7].

26   **Beispiele** für Sachbezüge sind die Überlassung des Dienstwagens auch zur privaten Nutzung[8], Personalrabatte[9], Werkdienstwohnung (§ 576b BGB – nicht: Werkmietwohnung, §§ 576 f. BGB)[10], Deputate in der Landwirtschaft, Kohlen im Bergbau (Hausbrand), Kost (zB Haustrunk im Brauereigewerbe), Heizung und Beleuchtung[11], je nach Ausgestaltung (ausnahmsweise) auch Aktienoptionen[12].

27   **Nicht** darunter fallen zB die Überlassung von **Dienstkleidung und Arbeitsgeräten** oder die Berechtigung des ArbN zur Teilhabe an **betrieblichen Sozialeinrichtungen** (wie Kantine, Sportanlage, Kindergarten, Bücherei)[13].

28   **b) Zulässigkeitsvoraussetzungen.** Voraussetzung dafür, dass die Vereinbarung von Sachbezügen als Teil des Arbeitsentgelts in Abweichung von der grundsätzlichen Geldzahlungspflicht (Abs. 1) zulässig ist, ist nach Abs. 2 Satz 1 dass der jeweilige Sachbezug dem Interesse des ArbN oder der Eigenart des Arbeitsverhältnisses entspricht.

29   **aa) Im Interesse des ArbN.** Ob der Sachbezug dem Interesse des ArbN entspricht, ist nicht vom subjektiven Standpunkt des ArbN zu bestimmen, sondern **aus Sicht des objektivierten Empfängerhorizonts eines verständigen ArbN in vergleichbarer Lage**[14]. Dabei können durchaus auch konkrete Umstände (zB Höhe der Sachleistung im Verhältnis zum in Geld verbleibenden Arbeitsentgelt) berücksichtigt werden[15].

30   Im Regelfall wird man vom Vorliegen des Interesses des ArbN ausgehen können, wenn er die Sachleistung mit dem ArbGeb vereinbart hat und diese für ihn objektiv von Nutzen ist. Dies gilt etwa bei der **Überlassung** eines **Firmenwagens**, **Mobiltelefons** oder **Laptops** auch zu privaten Zwecken[16]. Im Insolvenzfall des ArbGeb kann es im Interesse des ArbN liegen, vom ArbGeb statt des Entgelts Sachleistungen wie etwa Computer oder Einrichtungsgegenstände zu erhalten[17].

31   Insgesamt ist Zurückhaltung bei der Verneinung des ArbN-Interesses geboten, da es um den Schutz des ArbN vor sich selbst geht und daher eine Bevormundung droht. Sachgerecht dürfte es sein zu überprüfen, ob der ArbN durch die Vereinbarung des Sachbezugs als solchem unangemessen benachteiligt wird (vgl. § 307 Abs. 1 BGB), was nur ausnahmsweise der Fall sein dürfte.

32   **bb) Eigenart des Arbeitsverhältnisses.** Der Sachbezug ist unabhängig vom Interesse des ArbN auch zulässig, wenn er der Eigenart des Arbeitsverhältnisses entspricht, dh. bei Anlegen eines **objektiven**

---

[1] Näher *Boemke*, § 107 GewO Rz. 11 f. | [2] Vgl. *Fitting*, § 87 BetrVG Rz. 185. | [3] BT-Drs. 14/8796, S. 25; *Wisskirchen*, DB 2002, 1886 (1888). | [4] BT-Drs. 14/8796, S. 25. | [5] BT-Drs. 14/8796, S. 24; *Bauer/Opolony*, BB 2002, 1590 (1593); *Boemke*, § 107 GewO Rz. 15. | [6] Vgl. *Schaub*, ArbRHdb, § 68 Rz. 1. | [7] BT-Drs. 14/8796, S. 25; *Boemke*, § 107 GewO Rz. 16 f.; *Wisskirchen*, DB 2002, 1886 (1888). | [8] ErfK/*Preis*, § 611 BGB Rz. 658 ff. | [9] *Schaub*, ArbRHdb, § 68 Rz. 8; ausf. zum Personalkauf *Kircher*, Der Personalkauf, 1997. | [10] *Boemke*, § 107 GewO Rz. 16. | [11] *Boemke*, § 107 GewO Rz. 16; ErfK/*Preis*, § 107 GewO Rz. 4. | [12] Vgl. *Lembke*, BB 2001, 1469 (1470 f.); *Annuß/Lembke*, BB 2003, 2230 ff. | [13] *Boemke*, § 107 GewO Rz. 17; ErfK/*Preis*, § 107 GewO Rz. 4. | [14] Ähnlich *Bauer/Opolony*, BB 2002, 1590 (1593); *Boemke*, § 107 GewO Rz. 18. | [15] Vgl. BT-Drs. 14/8796, S. 24, wo ebenfalls auf das „konkrete" Interesse des ArbN abgestellt wird. | [16] BT-Drs. 14/8796, S. 24; *Boemke*, § 107 GewO Rz. 18; *Schöne*, NZA 2002, 829 (831). | [17] *Boemke*, § 107 GewO Rz. 18.

Maßstabs mit der **Verkehrssitte** übereinstimmt. Danach ist die in bestimmten Branchen übliche Gewährung von Sachbezügen als Teil des Arbeitsentgelts (zB Gewährung von Deputaten in der Gastronomie, Brauerei- oder Tabakgewerbe) zulässig[1]. Dasselbe gilt etwa für die Überlassung einer Dienstwohnung für eine Hausmeister- oder Pförtnertätigkeit[2].

cc) Rechtsfolgen bei Verstößen. Liegen die Voraussetzungen für die Zulässigkeit der Sachbezugsvereinbarung nicht vor, so ist die Vereinbarung gemäß **§ 134 BGB nichtig**, einen Teil des Arbeitsentgelts durch Sachbezug zu tilgen. Der ArbN muss die Sachleistung nicht als Arbeitsentgelt akzeptieren und kann daher den Wert der Naturalleistung, dh. des Sachbezugs, gemäß dem Grundsatz des Abs. 1 in Geld verlangen[3].

Die Übereignung einer als Sachbezug geleisteten Sache (§ 929 BGB) ist hingegen rechtlich neutral und bleibt wirksam. Jedoch kann der ArbGeb eine **Leistungskondiktion** gegenüber dem ArbN geltend machen und die Sache herausverlangen, falls nicht § 817 Satz 2 BGB eingreift (s.o. Rz. 17).

4. Beschaffenheit der Sachbezüge (Abs. 2 Satz 4). Nach Abs. 2 Satz 4 müssen die geleisteten Gegenstände mittlerer Art und Güte sein (§ 243 Abs. 1 BGB), soweit die Arbeitsvertragsparteien nicht ausdrücklich eine andere Vereinbarung getroffen haben. Die Norm gilt ausweislich der Gesetzesbegründung[4] nicht nur für die nach Satz 3 in Anrechnung auf das Arbeitsentgelt überlassenen Waren, sondern auch für die nach Satz 1 als Sachbezüge geleisteten Gegenstände[5].

a) Normzweck. Die Norm soll sicherstellen, dass den ArbN keine Nachteile dadurch entstehen, dass sie die Waren bzw. Gegenstände nicht anderweitig erwerben[6].

b) Gegenstände mittlerer Art und Güte. Der Begriff „mittlerer Art und Güte" entspricht dem in **§ 243 Abs. 1 BGB** verwandten Begriff. Die überlassenen Gegenstände dürfen daher – mangels abweichender ausdrücklicher Vereinbarung – nicht minderwertig, sondern müssen **einwandfrei** sein[7]. Bei Mangelhaftigkeit der als Sachbezug überlassenen Gegenstände finden die §§ 434 ff., 536 ff. BGB – soweit sachgerecht – entsprechende Anwendung[8].

c) Abweichende Vereinbarung. Nach Abs. 2 Satz 4 können die Parteien jedoch vereinbaren, dass die überlassenen Gegenstände **von besserer Beschaffenheit** sein müssen **oder** – praktisch bedeutsamer – eine **schlechtere Qualität** als mittlerer Art und Güte haben können. Der Bezug von minderwertigen und daher billigeren Gegenständen (zB 2. Wahl, B-Sortierung) kann nämlich gerade im Interesse des ArbN liegen[9].

Erforderlich ist nach Abs. 2 Satz 4 aber eine **ausdrückliche Vereinbarung**; eine konkludente Abänderung des Qualitätsmaßstabs ist hingegen nicht möglich[10].

5. Pfändungsfreigrenzen (Abs. 2 Satz 5). Der Wortlaut von Abs. 2 Satz 5 ist missglückt und unverständlich. Gemeint ist, dass der ArbGeb das Arbeitsentgelt ieS (s.o. Rz. 7) sowohl bei der Vereinbarung eines Sachbezugs als auch bei der vereinbarten Überlassung von Waren in Anrechnung auf das Arbeitsentgelt mindestens in Höhe des Pfändungsfreibetrags (§ 850c ZPO) in Geld leisten muss[11]. Insofern handelt es sich um eine Rückausnahme zur Geldzahlungspflicht des Abs. 1.

Werden zB Aktien vom ArbGeb verbilligt, dh. mit einem Abschlag auf den sonst üblichen Kaufpreis, an ArbN veräußert und vereinbaren die Arbeitsvertragsparteien, dass der Kaufpreis (bzw. eine dafür vorgesehene Sparsumme) vom – über dem Pfändungsfreibetrag liegenden – Fixgehalt einbehalten wird, so stellt nur der in der Differenz zwischen üblichem und tatsächlichem Kaufpreis liegende geldwerte Vorteil Sachbezug dar. Der Sachverhalt, dass dem ArbN ggf. aufgrund des Einbehalts der Kaufpreissumme vom Gehalt nicht mehr das Arbeitsentgelt in Höhe des Pfändungsfreibetrags verbleibt, wird von Abs. 2 Satz 5 nicht erfasst, weil das Fixgehalt (Arbeitsentgelt ieS) dem ArbN zur freien Verwendung verbleibt. Es ist dem ArbN unbenommen, sein Arbeitsentgelt für den Kauf von Aktien des ArbGeb einzusetzen. Die Vereinbarung der Arbeitsvertragsparteien, einen Teil des Fixgehalts zur Finanzierung der Gegenstände (zB Aktien) zu verwenden, ist nach Aufhebung des Verbot von Lohnverwendungsabreden (§ 117 Abs. 2 aF) zulässig (s.o. Rz. 4). Durch den Einbehalt der Kaufpreissumme vom Fixgehalt wird lediglich ein Hin- und Herüberweisen des Geldes vermieden.

a) Normzweck. Zweck der Vorschrift ist es zu vermeiden, dass ArbN in eine Lage geraten, in der sie die Gegenstände, die sie als Naturallohn erhalten haben, erst verkaufen müssen, bevor ihnen Geld zur Verfügung steht[12].

b) Rechtsfolgen bei Verstößen. Haben die Arbeitsvertragsparteien Sachbezug als Teil des Arbeitsentgelts ieS vereinbart, liegt aber der in Geld zu leistende Teil des Arbeitsentgelts unterhalb der Pfändungsfreigrenzen, verstößt die Sachbezugsvereinbarung gegen Abs. 2 Satz 5. Die Vereinbarung, die Pflicht zur Zahlung von Arbeitsentgelt durch den Sachbezug teilweise zu tilgen, ist gemäß **§ 134 BGB** nichtig.

---

[1] BT-Drs. 14/8796, S. 24. | [2] Boemke, § 107 GewO Rz. 19. | [3] So wohl auch Perreng, AiB 2002, 521 (522). | [4] BT-Drs. 14/8796, S. 25. | [5] Boemke, § 107 GewO Rz. 32. | [6] BT-Drs. 14/8796, S. 25. | [7] Schöne, NZA 2002, 829 (832). | [8] Boemke, § 107 GewO Rz. 36. | [9] BT-Drs. 14/8796, S. 25. | [10] Boemke, § 107 GewO Rz. 34; Schöne, NZA 2002, 829 (832). | [11] BT-Drs. 14/8796, S. 25; Bauer/Opolony, BB 2002, 1590 (1594); Schöne, NZA 2002, 829 (832). | [12] BT-Drs. 14/8796, S. 25; Boemke, § 107 GewO Rz. 37; Schöne, NZA 2002, 829 (832).

44 Bei Teilbarkeit des Sachbezugs tritt **Teilnichtigkeit** ein[1], dh. das Arbeitsentgelt ist bis zur Pfändungsfreigrenze in Geld zu leisten, und der Sachbezug wird entsprechend gekürzt.

45 Bei **Unteilbarkeit** des Sachbezugs (zB Firmenfahrzeug auch zur privaten Nutzung) ist die gesamte Sachbezugsvereinbarung nichtig, dh. der Sachbezug hat keine Erfüllungswirkung hinsichtlich des Anspruchs auf Arbeitsentgelt. Der Wert des Sachbezugs ist in Geld auszuzahlen[2].

46 Liegt das Arbeitsentgelt (ieS) insgesamt unterhalb der Pfändungsfreigrenze, ist die Vereinbarung von Sachbezügen und Anrechnung von Waren auf das Arbeitsentgelt generell unzulässig und nichtig (§ 134 BGB)[3]. Das gesamt Entgelt ist hier in Geld auszuzahlen.

47 **IV. Kreditierungsverbot (Abs. 2 Satz 2).** Abs. 2 Satz 2 regelt – wie früher § 115 Abs. 2 Satz 1 aF –, dass ArbGeb ihren ArbN keine Waren auf Kredit überlassen dürfen.

48 **1. Normzweck.** Zweck ist es, die Umgehung des Truckverbots zu verhindern[4] und den ArbN vor Verschuldung und weitere Abhängigkeit gegenüber dem ArbGeb zu schützen (s.o. Rz. 5).

49 **2. Warenüberlassung auf Kredit.** Das Kreditierungsverbot verbietet die Überlassung **eigener Waren des ArbGeb** an den ArbN auf Kredit.

50 **a) Begriff der Ware.** Waren sind **handelbare bewegliche Sachen**[5]. Darunter fallen zB Druckschriften, elektrischer Strom, Gas, Wasser, Fernwärme und Software, nicht hingegen Grundstücke, Forderungen, Aktienoptionen und Geschäftsanteile an einer GmbH[6].

51 Bei der Überlassung der Waren schließt der ArbGeb mit dem ArbN regelmäßig einen **Kaufvertrag** iSd. §§ 433 ff. BGB ab, welcher der Inhaltskontrolle nach §§ 305 ff. BGB unterliegt[7]. Die Regelungen zum **Verbrauchsgüterkauf** (§§ 474 ff. BGB) sind ebenso zu beachten wie das **Widerrufsrecht** des Verbrauchers bei Haustürgeschäften (§§ 312, 355 BGB). Ggf. kann auch ein **Mietvertrag** (§§ 535 ff. BGB) vorliegen.

52 **b) Auf Kredit.** Warenüberlassung auf Kredit liegt vor, wenn der ArbGeb die **Bezahlung des Kaufpreises oder Mietpreises stundet**[8]. Dasselbe gilt, wenn der ArbGeb dem ArbN Gutscheine oder Marken als **Lohnvorschuss** gibt, die der ArbGeb bei Warenausgabe an Zahlungs statt annimmt und sodann bei der Lohnzahlung in Anrechnung bringt[9]. Schließlich fällt auch der Abschluss eines **Darlehensvertrags** (§§ 488 ff., 491 Abs. 2 BGB) mit dem ArbGeb im Zusammenhang mit der Warenüberlassung unter das Kreditierungsverbot.

53 **Zulässig** ist hingegen der Kauf von Waren durch ArbN beim ArbGeb, wenn der Kaufpreis nicht durch den ArbGeb, sondern ein **Kreditinstitut** kreditiert wird. Das gilt selbst dann, wenn es sich beim Kreditunternehmen um eines handelt, das – wie beim Abzahlungskauf typisch – in ständiger Geschäftsbeziehung mit dem ArbGeb steht[10] und zwar grundsätzlich auch dann, wenn der ArbGeb über einen Konzernverbund an dem Kreditinstitut beteiligt ist[11]. Die relative weite Umgehensvermeidungsnorm des § 119 aF wurde ersatzlos gestrichen. Eine Zurechnung von Verhalten unterschiedlicher Rechtsträger im Konzernverbund kommt nach allgemeinen Grundsätzen allenfalls in den Fällen des qualifizierten faktischen Konzerns in Betracht. Der ArbN ist aber über § 358 BGB bei derartigen verbundenen Geschäften geschützt.

54 Nicht vom Kreditierungsverbot erfasst wird die Überlassung der Waren gegen **Barzahlung** des ArbN[12].

55 **c) Rechtsfolge bei Verstößen.** Bei einem Verstoß gegen das Kreditierungsverbot ist die **Stundungsabrede** im Rahmen des Kaufvertrags bzw. Mietvertrags gemäß § 134 BGB **nichtig** und mithin auch der gesamte **Kaufvertrag bzw. Mietvertrag** (§ 139 BGB), weil die Stundungsabrede und der zugrunde liegende Kauf- oder Mietvertrag nach dem Parteiwillen als Einheit anzusehen sind[13]. Der ArbGeb kann vom ArbN die Rückgewähr der Waren nach § 812 Abs. 1 Satz 1 Alt. 1 BGB verlangen, es sei denn, § 817 Satz 2 BGB steht dem entgegen (vgl. oben Rz. 17, 34).

56 Hat der ArbGeb mit dem ArbN zusätzlich neben dem Kaufvertrag einen **Darlehensvertrag** zur Finanzierung des Kaufpreises geschlossen, sind beide Vereinbarungen nichtig (§§ 134, 139 BGB), da sie von den Parteien als Einheit angesehen werden[14].

57 **V. Anrechnung von Waren auf das Arbeitsentgelt.** Abs. 2 Satz 3 enthält eine weitere **Ausnahme vom Geldzahlungsgebot** nach Abs. 1. Danach darf der ArbGeb aufgrund einer entsprechenden Vereinbarung mit dem ArbN Waren an den ArbN in Anrechnung auf das Arbeitsentgelt (ieS) überlassen, wenn die Anrechnung zu den durchschnittlichen Selbstkosten erfolgt.

---

1 Zutr. *Boemke*, § 107 GewO Rz. 39; vgl. auch Palandt/*Heinrichs*, § 139 BGB Rz. 12. | 2 *Boemke*, § 107 GewO Rz. 40. | 3 *Boemke*, § 107 GewO Rz. 41. | 4 BGH v. 12.5.1975 – III ZR 39/73, AP Nr. 3 zu § 115 GewO unter II 1. | 5 *Baumbach/Hopt*, HGB, 31. Aufl. 2003, Überbl. v. § 373 Rz. 8; Landmann/Rohmer/*Neumann*, § 115 GewO Rz. 35. | 6 Vgl. *Boemke*, § 107 GewO Rz. 21; Landmann/Rohmer/*Neumann*, § 115 GewO Rz. 35. | 7 BAG v. 26.5.1993 – 5 AZR 219/92, BB 1993, 1659. | 8 *Bauer/Opolony*, BB 2002, 1590 (1592); *Boemke*, § 107 GewO Rz. 22. | 9 Landmann/Rohmer/*Neumann*, § 115 GewO Rz. 36. | 10 BGH v. 12.5.1975 – III ZR 39/73, AP Nr. 3 zu § 115 GewO; *Bauer/Opolony*, BB 2002, 1590 (1592); zweifelnd *Boemke*, § 107 GewO Rz. 25. | 11 AA *Boemke*, § 107 GewO Rz. 25. | 12 BVerfG v. 24.2.1992 – 1 BvR 980/88, BB 1992, 780 (781); *Boemke*, § 107 GewO Rz. 22; Landmann/Rohmer/*Neumann*, § 115 GewO Rz. 38; *Tettinger/Wank*, § 115 GewO Rz. 3. | 13 Ähnlich *Boemke*, § 107 GewO Rz. 23. | 14 Ähnlich *Boemke*, § 107 GewO Rz. 23.

1. Normzweck. Zweck des Abs. 2 Satz 3 ist die **Lohnsicherung** und Vermeidung der Umgehung des Truckverbots (s.o. Rz. 5).

2. Anrechnungsvereinbarung (Abs. 2 Satz 3). a) Überlassung von Waren. Die Norm erfasst die Überlassung von **eigenen Waren des ArbGeb** an den ArbN aufgrund eines Kauf- oder Mietvertrags (s.o. Rz. 49 ff.). Überlassen werden kann jegliche Ware (zum Begriff der Ware oben Rz. 50); die Beschränkungen des § 115 Abs. 2 Satz 2 aF gelten nicht mehr.

b) In Anrechnung auf das Arbeitsentgelt. Die Norm erfasst nur Arbeitsentgelt ieS (s.o. Rz. 7). Eine Vereinbarung über die Überlassung von Waren in Anrechnung auf **Arbeitsentgelt iwS** (zB auf das Weihnachtsgeld) ist daher ohne Weiteres zulässig.

Anrechnung ist eine **Abzugsmöglichkeit sui generis** (vgl. auch §§ 615 Satz 2 BGB, 74c Abs. 1 HGB, 11 KSchG)[1] und mithin keine Aufrechnung iSd. §§ 387 ff. BGB[2].

c) Nach Vereinbarung. Erforderlich für die Anrechnung des Kaufpreises (bzw. Mietpreises) auf das Arbeitsentgelt ist eine entsprechende Anrechnungsvereinbarung zwischen ArbGeb und ArbN. Eine einseitige Anrechnungsbefugnis des ArbGeb besteht nicht[3].

d) Zu den durchschnittlichen Selbstkosten. Zulässigkeitsvoraussetzung für die Anrechnungsvereinbarung ist, dass der Kaufpreis (Mietzins) für die überlassenen Waren die durchschnittlichen Selbstkosten des ArbGeb nicht übersteigt. Damit ist nicht der Einkaufs- oder Herstellungswert, sondern der Preis gemeint, zu dem der ArbGeb die Ware veräußern kann, ohne Gewinn oder Verlust zu machen[4]. Der durchschnittliche Selbstkostenpreis umfasst auch die Kosten für die Anschaffung der Ware, Transport und Lagerung, sonstige Unterhaltung sowie aufgelaufene Zinsen der Anschaffungskosten[5].

Die bloße Einräumung von **Rabatten** etwa im Rahmen des Werksverkaufs ist unzureichend und entspricht nicht per se den Erfordernissen des durchschnittlichen Selbstkostenpreises[6].

Im Rechtsstreit um Zahlung des Arbeitsentgelts in Form von Geld trifft den **ArbGeb** die **Darlegungs- und Beweislast** hinsichtlich der Frage, ob die überlassenen Waren zum durchschnittlichen Selbstkostenpreis überlassen wurden[7] (oben Rz. 15).

3. Rechtsfolge bei Verstößen. Wird der durchschnittliche Selbstkostenpreis nicht eingehalten, ist die Anrechnungsabrede insoweit nichtig (§ 134 BGB), dh. die **Anrechnungsabrede und der Kaufvertrag (bzw. Mietvertrag) sind hinsichtlich des den durchschnittlichen Selbstkostenpreis übersteigenden Betrags unwirksam**[8]. Der ArbGeb kann also das Arbeitsentgelt (nur) in Höhe des durchschnittlichen Selbstkostenpreises einbehalten. Den darüberliegenden Kaufpreis kann er allerdings nicht einklagen; insoweit erfasst aufgrund der Einheitlichkeit von Anrechnungsabrede und Kaufvertrag die (Teil-)Nichtigkeit der Anrechnungsabrede auch den Kaufvertrag (§ 139 BGB)[9]. Eine Totalnichtigkeit von Anrechnungsabrede und Kaufvertrag tritt nicht ein; vielmehr wird ein Rechtsgeschäft bei Verstößen gegen Preisvorschriften grundsätzlich mit dem zulässigen Preis aufrecht erhalten[10].

Im Hinblick auf den eindeutigen Wortlaut von Abs. 2 Satz 3 („durchschnittliche Selbstkosten") kann der Ansicht nicht gefolgt werden, wonach eine Anrechnungsvereinbarung auch zu höheren als den Selbstkostenpreisen immer zulässig ist, wenn dem ArbN noch der Lohn bis zur Pfändungsfreigrenze ausgezahlt wird[11].

4. Beschaffenheit der geleisteten Ware (Abs. 2 Satz 4). Die überlassenen Waren müssen gemäß Abs. 2 Satz 4 **mittlerer Art und Güte** sein, sofern nicht ausdrücklich eine andere Vereinbarung getroffen worden ist (näher oben Rz. 35 ff.). Sind sie das nicht, greifen die §§ 434 ff. bzw. §§ 536 ff. BGB.

5. Höchstgrenze für die Anrechnung (Abs. 2 Satz 5). Nach – dem missverständlich formulierten – Abs. 2 Satz 5 muss der ArbGeb dem ArbN auch im Falle der vereinbarten Anrechnung von Waren auf das Arbeitsentgelt das Arbeitsentgelt mindestens in Höhe des **Pfändungsfreibetrags** (§ 850c ZPO) in Geld leisten (s.o. Rz. 40), dh. die Anrechnung des Kaufpreises der überlassenen Ware darf nicht den in Geld zu leistenden unpfändbaren Teil des Arbeitsentgelts erfassen.

Ansonsten ist die Anrechnungsabrede unwirksam (§ 134 BGB) und damit in der Regel auch der Kaufvertrag (§ 139 BGB), da die Parteien die Anrechnungsabrede und den Kaufvertrag nur einheitlich gewollt haben. Etwas Anderes kann nur gelten, falls Anhaltspunkte dafür bestehen, dass der ArbN den nicht anrechenbaren Teil des Kaufpreises bar bezahlen möchte.

---

1 Vgl. ErfK/*Preis*, § 615 BGB Rz. 86. | 2 AA *Boemke*, § 107 GewO Rz. 28; *Schöne*, NZA 2002, 829 (831). | 3 *Bauer/Opolony*, BB 2002, 1590 (1593); Landmann/Rohmer/*Neumann*, § 115 GewO Rz. 28. | 4 *Boemke*, § 107 GewO Rz. 29; *Wisskirchen*, DB 2002, 1886 (1888). | 5 *Boemke*, § 107 GewO Rz. 29; *Schöne*, NZA 2002, 829 (831). | 6 Unzutr. BT-Drs. 14/8796, S. 25; wie hier *Bauer/Opolony*, BB 2002, 1590 (1593); *Wisskirchen*, DB 2002, 1886 (1888). | 7 *Bauer/Opolony*, BB 2002, 1590 (1593); *Boemke*, § 107 GewO Rz. 28. | 8 Ähnlich *Boemke*, § 107 GewO Rz. 30. | 9 AA *Boemke*, § 107 GewO Rz. 30. | 10 Palandt/*Heinrichs*, § 139 BGB Rz. 18. | 11 *Boemke*, § 107 GewO Rz. 31 – aA *Bauer/Opolony*, BB 2002, 1590 (1593).

71 **VI. Trinkgeld (Abs. 3).** Nach Abs. 3 kann die Zahlung eines regelmäßigen Arbeitsentgelt nicht ausgeschlossen werden, wenn der ArbN von Dritten Trinkgeld erhält.

72 **1. Normzweck.** Die – erst auf Vorschlag des Ausschusses für Wirtschaft und Technologie eingefügte – Vorschrift stellt klar, dass ArbN nicht ausschließlich auf Trinkgeldzahlungen verwiesen werden dürfen. Dadurch soll vermieden werden, dass dem ArbN (im Gastronomiegewerbe) das **Betriebs- und Wirtschaftsrisiko** auferlegt wird[1].

73 Andererseits soll wohl auch einer **Umgehung der Steuerpflicht** von Arbeitslohn durch Vereinbarung der Arbeitsvertragsparteien, das Trinkgeld als Arbeitsentgelt zu behandeln, vermieden werden[2]. Denn Trinkgelder sind aufgrund des Gesetzes zur Steuerfreistellung von ArbN-Trinkgeldern vom 8.8.2002[3] mit Wirkung ab dem 1.1.2002 in unbegrenzter Höhe steuerfrei (§ 3 Nr. 51 EStG).

74 **2. Begriff des Trinkgelds (Satz 2).** Trinkgeld ist nach der Legaldefinition des Satzes 2 ein Geldbetrag, den ein Dritter ohne rechtliche Verpflichtung dem ArbN zusätzlich zu einer dem ArbGeb geschuldeten Leistung zahlt. Trinkgeld hat mangels anderweitiger Vereinbarung nicht den Charakter von Arbeitsentgelt[4].

75 **3. Verbot des Ausschlusses von Arbeitsentgelt (Satz 1).** Nach seinem eindeutigen Wortlaut verbietet Satz 1 nicht die Anrechnung von Trinkgeldern auf das Arbeitsentgelt per se[5], sondern nur den völligen Ausschluss von regelmäßigem Arbeitsentgelt ieS (oben Rz. 7) durch die Vereinbarung der Anrechnung von Trinkgeld[6].

76 **Nichtig** gemäß § 134 BGB sind daher Klauseln im Gaststättenbereich, wonach der ArbN ausschließlich sein Trinkgeld als Vergütung erhält[7] ebenso wie Klauseln bei Spielbanken, wonach der Croupier ausschließlich von dem Trinkgeldaufkommen (Tronc) vergütet wird. Hier hat der ArbGeb eine feste regelmäßige Vergütung in üblicher Höhe (§ 612 Abs. 2 BGB) zu zahlen. Das Trinkgeld steht mangels wirksamer Anrechnungsabrede dem ArbN zu.

77 **Zulässig** ist hingegen eine Vereinbarung, wonach der ArbGeb einen Festbetrag als Arbeitsentgelt garantiert, das erhaltene Trinkgeld aber in Höhe dieses Festbetrags angerechnet wird, da hier ein regelmäßiges Arbeitsentgelt gezahlt wird und dem ArbN nicht das Wirtschaftsrisiko überbürdet wird[8].

108 Abrechnung des Arbeitsentgelts

(1) Dem Arbeitnehmer ist bei Zahlung des Arbeitsentgelts eine Abrechnung in Textform zu erteilen. Die Abrechnung muss mindestens Angaben über Abrechnungszeitraum und Zusammensetzung des Arbeitsentgelts enthalten. Hinsichtlich der Zusammensetzung sind insbesondere Angaben über Art und Höhe der Zuschläge, Zulagen, sonstige Vergütungen, Art und Höhe der Abzüge, Abschlagszahlungen sowie Vorschüsse erforderlich.

(2) Die Verpflichtung zur Abrechnung entfällt, wenn sich die Angaben gegenüber der letzten ordnungsgemäßen Abrechnung nicht geändert haben.

Lit.: *Boemke*, Gewerbeordnung, Kommentar zu §§ 105–110, 1. Aufl. 2003; *Lembke*, Die Ausgestaltung von Aktienoptionsplänen in arbeitsrechtlicher Hinsicht, BB 2001, 1469; *Perreng*, Änderungen der Gewerbeordnung – Erste Fassung eines Arbeitsgesetzbuches?, AiB 2002, 521; *Schöne*, Die Novellierung der Gewerbeordnung und die Auswirkungen auf das Arbeitsrecht, NZA 2002, 829.

1 **I. Vorbemerkungen.** § 108 regelt den Anspruch des ArbN gegenüber seinem ArbGeb auf Abrechnung des Arbeitsentgelts.

2 **1. Entstehungsgeschichte.** § 108 wurde durch Art. 1 Nr. 18 des Dritten Gesetzes zur Änderung der GewO und sonstiger gewerberechtlicher Vorschriften vom 24.8.2002[9] **mit Wirkung ab dem 1.1.2003 eingeführt**. Die Vorschrift **tritt** in sachlicher Hinsicht **an die Stelle des § 134 Abs. 2 aF**[10], der im gewerblichen Bereich die Pflicht des ArbGeb zur Aushändigung eines schriftlichen Lohnbelegs für Betriebe mit in der Regel mindestens 20 ArbN (§ 133h aF) vorsah. § 108 regelt erstmals die allgemeine arbeitsrechtliche Pflicht des ArbGeb zur schriftlichen Abrechnung des Arbeitsentgelts gegenüber jedem ArbN (vgl. § 6 Abs. 2 – dazu Vor §§ 105 bis 110 Rz. 7).

3 Ergänzend gelten die §§ 87c, 65 HGB hinsichtlich der Provisionsabrechnung gegenüber Handlungsgehilfen, § 9 HAG im Bereich der Heimarbeit sowie die – auch in betriebsratslosen Betrieben über § 242 BGB bestehende[11] – Pflicht zur Erläuterung der Berechnung und Zusammensetzung des Arbeitsentgelts (§ 82 Abs. 2 Satz 1 BetrVG).

---

1 BT-Drs. 14/9254, S. 14. | 2 *Schöne*, NZA 2002, 829 (832); wohl auch *Düwell*, FA 2002, 2 (3). | 3 BGBl. I S. 3111. | 4 Vgl. BAG v. 28.6.1995 – 7 AZR 1001/94, NZA 1996, 252; *Fitting*, § 37 BetrVG Rz. 65; *Boemke*, § 107 GewO Rz. 42. Ausf. zum Trinkgeld im Rahmen des Troncsystems *Salje*, DB 1989, 321 ff. | 5 AA wohl *Düwell*, FA 2002, 2 (3). | 6 *Boemke*, § 107 GewO Rz. 43; *Schöne*, NZA 2002, 829 (832); vgl. auch BT-Drs. 14/9254, S. 14. | 7 *Bauer/Opolony*, BB 2002, 1590 (1592). | 8 Ebenso *Schöne*, NZA 2002, 829 (832). | 9 BGBl. I S. 3412. | 10 Vgl. BT-Drs. 14/8796, S. 25. | 11 Vgl. *Boemke*, AR-Blattei SD 320 Rz. 59; *Fitting*, § 81 BetrVG Rz. 2.

2. Sinn und Zweck. Die Regelung soll die ArbN in die Lage versetzen, mittels der ordnungsgemäßen Abrechnung des Arbeitsentgelts die **Berechnung** ihres Entgeltanspruchs **nachvollziehen und überprüfen** zu können[1]. 4

Die Regelung bezieht sich nicht nur auf **Arbeitsentgelt ieS** (dh. jede Leistung eines geldwerten Vorteils durch den ArbGeb, die ausschließlich die unmittelbare Abgeltung der in einem bestimmten Zeitraum erbrachten Arbeitsleistung zum Gegenstand hat und damit in das vertragliche Synallagma eingebunden ist), sondern auch auf **Arbeitsentgelt iwS** (dh. auf alle vom ArbGeb an den ArbN mit Rücksicht auf das bestehende Arbeitsverhältnis gewährten Geld- oder Sachzuwendungen, die über die periodische Abgeltung der Arbeitsleistung hinausgehen und außerhalb des vertraglichen Synallagmas stehen)[2] (vgl. zum Begriff des Arbeitsentgelts § 107 Rz. 7 ff.). Dies folgt aus dem Normzweck sowie aus dem Wortlaut des Abs. 1 Satz 3 („sonstige Vergütungen"). 5

3. Rechtsnatur. Der Sache nach ist der Abrechnungsanspruch des ArbN ein **Auskunftsanspruch** hinsichtlich des vom ArbGeb im Abrechnungszeitraum an den ArbN gezahlten Arbeitsentgelts und der jeweiligen Abzüge[3]. Die Abrechnung dient aber nicht dazu, den ArbN davon zu entlasten, die Höhe seines Gehalts selbst zu ermitteln, falls er eine Leistungsklage auf Entgeltzahlung erheben möchte[4]. 6

Die Abrechnung ist idR **kein Schuldanerkenntnis**. Ein abstraktes Schuldanerkenntnis iSd. § 781 BGB scheidet regelmäßig aus, weil die Schriftform nach §§ 781, 126 BGB nicht eingehalten wird und die Arbeitsentgeltabrechnung keine Abrechnung iSd. § 782 BGB ist, an welcher der ArbN mitgewirkt hat[5]. 7

Die Arbeitsentgeltabrechnung ist mangels besonderer Anhaltspunkte auch kein deklaratorisches Schuldanerkenntnis[6]. Sie hat nicht den Zweck, streitig gewordene Ansprüche endgültig festzulegen. Mangels besonderer Anhaltspunkte stellt die Abrechnung keine Willenserklärung auf Abschluss eines bestätigenden Schuldanerkenntnisvertrags dar, sondern ist vielmehr – wie jede Auskunft[7] – eine bloße Wissenserklärung. 8

II. Anspruch auf Abrechnung des Arbeitsentgelts. 1. Anspruchsinhaber und -gegner. Die Vorschrift findet auf alle ArbN Anwendung (§ 6 Abs. 2). Folglich kann jeder ArbN gegenüber seinem ArbGeb verlangen, eine Abrechnung des Arbeitsentgelts nach § 108 zu erhalten, unabhängig davon, wie viele ArbN der ArbGeb im jeweiligen Betrieb beschäftigt[8]. 9

Im Falle der AÜ trifft die auf das Grundverhältnis (Arbeitsvertrag) bezogene Abrechnungspflicht den Verleiher und nicht den Entleiher. 10

2. Abrechnung des Arbeitsentgelts. a) Fälligkeit des Abrechnungsanspruchs (Abs. 1 Satz 1). Dem ArbN ist die Abrechnung des Arbeitsentgelts gemäß Abs. 1 Satz 1 **bei Zahlung des Arbeitsentgelts** zu erteilen. Entgegen der ursprünglichen Entwurfsfassung[9], aber wie im früheren § 134 Abs. 2 ist der Abrechnungsanspruch nicht im Zeitpunkt der Fälligkeit des Arbeitsentgelts, sondern im Zeitpunkt der Auszahlung des Entgelts zu erfüllen[10]. Dies sichert die Möglichkeit zeitnaher Kontrolle von ausgezahltem und abgerechnetem Entgelt[11]. 11

Bei bargeldloser Überweisung des Arbeitsentgelts muss die Abrechnung dem ArbN spätestens mit der Gutschrift des Entgelts auf dem Konto zugehen; bei Barauszahlung ist die Abrechnung dem ArbN mit der Auszahlung zu überreichen[12]. 12

Der Abrechnungsanspruch wird nur dann fällig, wenn dem ArbN ein Entgeltbestandteil ausgezahlt wird bzw. zufließt. Anders als § 134 Abs. 2 aF besteht die Abrechnungspflicht nicht nur bei „regelmäßigen" Lohnzahlungen, sondern **bei jeder Zahlung** von Arbeitsentgelt (zum Begriff des Arbeitsentgelts oben Rz. 5). Dies gilt auch, wenn der ArbGeb die Vergütung rechtsgrundlos gezahlt hat[13]. Im Falle von Entgeltzahlungen außerhalb der regelmäßigen Zahlungszeiträume, zB bei Gehaltsvorschüssen oder Abschlagszahlungen (dazu unten Rz. 22) ist eine Abrechnung sowohl bei der Zahlung als auch am Ende des regulären Abrechnungszeitraums zu erteilen[14]. 13

b) Form (Abs. 1 Satz 1). Entgegen der ursprünglichen Entwurfsfassung[15] ist für die Abrechnung nicht die **Schriftform** (§ 126 BGB) vorgeschrieben; vielmehr genügt die Einhaltung der **Textform** gemäß § 126b BGB[16]. Ausreichend ist also eine lesbare, aber unterschriftslose Erklärung, die auf eine zur dauerhaften Wiedergabe in Schriftzeichen geeignete Weise abgegeben wird (zB Kopie, Fax, E-Mail) und bei 14

---

1 BT-Drs. 14/8796, S. 25; *Boemke*, § 108 GewO Rz. 2. | 2 Zu den Entgeltbegriffen *Lembke*, BB 2001, 1469 (1470 f.). | 3 Vgl. BAG v. 9.11.1999 – 9 AZR 771/98, NZA 2000, 1335 (1336); *Schaub*, ArbRHdb, § 72 Rz. 5: „Hilfsanspruch zur Lohnzahlung". | 4 BAG v. 9.11.1999 – 9 AZR 771/98, NZA 2000, 1335 (1336). | 5 BAG v. 10.3.1987 – 8 AZR 610/84, NZA 1987, 557 (558); LAG Rh.-Pf. v. 9.10.2002 – 9 Sa 654/02, DB 2003, 156. | 6 BAG v. 10.3.1987 – 8 AZR 610/84, NZA 1987, 557 (558); LAG Rh.-Pf. v. 9.10.2002 – 9 Sa 654/02, DB 2003, 156; *Boemke*, § 108 GewO Rz. 3 – aA MünchArbR/*Hanau*, § 64 Rz. 68. | 7 Vgl. Palandt/*Heinrichs*, § 261 BGB Rz. 20. | 8 *Schöne*, NZA 2002, 829 (832). | 9 Vgl. BT-Drs. 14/8796, S. 8. | 10 BT-Drs. 14/9254, S. 14 f. | 11 *Perreng*, AiB 2002, 521 (522). | 12 *Boemke*, § 108 GewO Rz. 8; vgl. auch *Tettinger/Wank*, § 134 GewO Rz. 9. | 13 Vgl. LAG Köln v. 12.4.2002 – 11 Sa 1327/01, NZA-RR 2003, 128 (129). | 14 *Boemke*, § 108 GewO Rz. 5; vgl. auch ArbG Wilhelmshaven v. 10.12.1964 – Ca 423/64, DB 1965, 1182 f.; Landmann/Rohmer/*Neumann*, § 134 GewO Rz. 22. | 15 Vgl. BT-Drs. 14/8796, S. 8. | 16 BT-Dr. 14/9254, S. 14 f.

GewO § 108 Rz. 15   Abrechnung des Arbeitsentgelts

der die Person des Erklärenden irgendwo im Text so angegeben ist, dass der Aussteller erkennbar ist; ferner muss der Abschluss der Erklärung in geeigneter Weise erkennbar gemacht sein (zB durch Namensnennung, Faksimile, Datierung, Grußformel oder den Zusatz „Die Erklärung ist nicht unterschrieben")[1]. Diese Voraussetzungen werden von den üblichen Abrechnungssystemen (wie zB DATEV) normalerweise gewahrt.

15   **c) Inhalt der Abrechnung (Abs. 1 Sätze 2 und 3).** Die Abrechnung muss mindestens Angaben über Abrechnungszeitraum und Zusammensetzung des Arbeitsentgelts enthalten (Abs. 1 Satz 2).

16   **aa) Abrechnungszeitraum.** Der Abrechnungszeitraum beträgt **regelmäßig einen Monat**[2]. Mangels anderweitiger Regelung in Arbeitsvertrag, BV (§ 87 Abs. 1 Nr. 4 BetrVG), TV oder Gesetz (zB § 11 Abs. 2 BUrlG) ist das Arbeitsentgelt regelmäßig am Monatsende fällig (§ 614 BGB). Insoweit richtet sich die Dauer des Abrechnungszeitraums nach der vereinbarten Fälligkeit der Vergütung[3]. Wird die Vergütung am Monatsanfang oder zum 15. eines Monats fällig, ändert dies grundsätzlich nichts daran, das Abrechnungszeitraum der jeweilige Kalendermonat ist.

17   Ist jedoch eine **wochenweise** Auszahlung des Arbeitsentgelts geschuldet, so umfasst der Abrechnungszeitraum jeweils eine Woche. Ist die Vergütung nach **längeren Zeitabständen** als ein Monat bemessen (zB vierteljährlich, halbjährlich) – was bei Handlungsgehilfen unzulässig ist (§ 64 HGB) –, verlängert sich auch der Abrechnungszeitraum entsprechend[4].

18   **bb) Zusammensetzung des Arbeitsentgelts (Abs. 1 Satz 3).** Die Abrechnung bezieht sich auf **sämtliche Entgeltbestandteile**, dh. auf Arbeitsentgelt im engeren und weiteren Sinne (s.o. Rz. 5), sowie auf **sämtliche Abzüge**.

19   Als Mindestinhalt hinsichtlich der Zusammensetzung des Arbeitsentgelts sieht Abs. 1 Satz 3 vor, dass die Abrechnung Angaben über **Art und Höhe der Zuschläge** (zB Nachtzuschläge, Zuschläge für Sonn- und Feiertagsarbeit), Zulagen (zB Erschwernis-, Gefahrenzulage), sonstige Vergütungen, Art und Höhe der Abzüge, Abschlagszahlungen und Vorschüsse enthalten muss. Wie sich aus dem Wortlaut („insbesondere") ergibt, ist die Aufzählung nicht abschließend.

20   Anzugeben ist zunächst der **Bruttobetrag** des Arbeitsentgelts im engeren Sinne. Darunter fällt etwa das Bruttomonatsgrundgehalt sowie alle Leistungen des ArbGeb, die auf die individuelle Leistung des jeweiligen ArbN bezogen sind[5]. Letzteres können auch Sachbezüge (zB Dienstwagen) sein (zum Begriff der Sachbezüge § 107 Rz. 25 ff.). Bei **zeitbestimmter Vergütung** sind die geleisteten Stunden und der Stundensatz, bei **Leistungslohn** die geleistete Arbeitsmenge sowie die entsprechenden Zeit- und Geldfaktoren aufzuführen[6].

21   Unter **sonstige Vergütungen** fallen alle Arten von Arbeitsentgelt im weiteren Sinne (zum Begriff oben Rz. 5) wie zB Sachleistungen in Form von vergünstigten Darlehenszinsen, Aktienoptionen[7], vermögenswirksamen Leistungen, Weihnachtsgeld, Urlaubsgeld und sonstigen Gratifikationen. Liegen bei Sachbezügen keine Vereinbarungen über den anzurechnenden Wert vor, ist nach dem Rechtsgedanken des § 612 Abs. 2 BGB der übliche Wert der Sachleistung anzusetzen. Als üblich können die in der – auf Grundlage von § 17 Abs. 1 SGB IV erlassenen – **SachbezugsVO**[8] aufgeführten Werte zugrunde gelegt werden[9].

22   **Vorschüsse** sind Vorauszahlungen des ArbGeb auf noch nicht fällige Vergütungsansprüche, wohingegen sich **Abschlagszahlungen** auf bereits erdiente und fällige, aber noch nicht endgültig abgerechnete Vergütungsansprüche beziehen[10]. Werden Vorschüsse und Abschlagszahlungen außerhalb des regelmäßigen Abrechnungszeitraums ausbezahlt, ist eine Abrechnung einmal im Zeitpunkt der Auszahlung und nochmals mit der Zahlung des sonstigen Entgelts als Schlussabrechnung zu erstellen (s.o. Rz. 13).

23   Nicht anzugeben sind die noch offenen Urlaubstage, wohl aber das Urlaubsentgelt (§ 11 BUrlG) sowie etwaiges Urlaubsgeld.

24   Die Abrechnung hat ferner Angaben zur Art und Höhe der **Abzüge** zu enthalten. Unter Abzüge fallen alle Arten von Abzugsposten wie etwa Beiträge zur betrAV aufgrund Entgeltumwandlung, Anrechnung von überlassenen Waren auf das Arbeitsentgelt (vgl. § 107 Abs. 2 GewO), Gehaltsabtretungen, Vertrags-

---

[1] BT-Drs. 14/4987, S. 20; Palandt/*Heinrichs*, § 126b BGB Rz. 1, 3 ff. |[2] BT-Drs. 14/8796, S. 25. |[3] Vgl. BT-Drs. 14/8796, S. 25; *Boemke*, § 108 GewO Rz. 4. |[4] *Boemke*, § 108 GewO Rz. 5. |[5] Vgl. LAG Nds. v. 5.7.2002 – 10 Sa 657/02, DB 2003, 99 f.; *Lembke*, BB 2001, 1469 (1470 f.). |[6] *Boemke*, § 108 GewO Rz. 6; *Schaub*, ArbRHdb, § 72 Rz. 4. |[7] Abzurechnen ist der bei Ausübung von Aktienoptionen zufließende geldwerte Vorteil, und zwar aus steuerrechtlichen Gründen auch, wenn die Aktienoptionen von der ausländischen Konzernmutter stammen. Hierbei handelt es sich zwar nicht um Arbeitsentgelt im arbeitsrechtlichen Sinne (BAG v. 12.2.2003 – 10 AZR 299/02, BB 2003, 1068 (1070) unter II 2 c; Hessisches LAG v. 19.11.2001 – 16 Sa 971/01, ZIP 2002, 1049 (1050); *Annuß/Lembke*, BB 2003, 2230 ff.; *Boemke/Lembke*, AÜG Nachtrag, 2003, § 9 Rz. 82; aA *Lipinski/Melms*, BB 2003, 150 ff.), wohl aber um einen nach lohnsteuerrechtlichen Grundsätzen zu versteuernden geldwerten Vorteil (BFH v. 24.1.2001 – IR 119/98, BB 2001, 1180 ff.). |[8] Abgedr. bei *Aichberger*, SGB, unter 4/12. |[9] *Boemke*, § 108 GewO Rz. 6; Küttner/*Griese*, Personalbuch 2004, Sachbezug Rz. 2. |[10] Küttner/*Griese*, Personalbuch 2004, Vorschuss Rz. 1; *Schaub*, ArbRHdb, § 70 Rz. 12 f.

strafen, Darlehensrückzahlungen, vermögenswirksame Leistungen (§ 15 Abs. 1 5. VermBG) und insb. die steuerrechtlichen und sozialversicherungsrechtlichen Abgaben[1].

Vom Bruttoentgelt des ArbN werden LSt, Kirchensteuer und Solidaritätszuschlag sowie die ArbN-Anteile zur SozV (Kranken-, Pflege-, Renten- und Arbeitslosenversicherung) abgeführt und so das **Nettoarbeitsentgelt** ermittelt, welches ebenfalls anzugeben ist[2]. 25

3. Entfall der Abrechnungspflicht (Abs. 2). Kein Abrechnungsanspruch des ArbN und damit auch keine entsprechende Abrechnungspflicht des ArbGeb bestehen nach Abs. 2, wenn sich die **Angaben** gegenüber der letzten ordnungsgemäßen Abrechnung **nicht geändert** haben. Dadurch soll unnötiger bürokratischer Aufwand vermieden werden. 26

Ordnungsgemäß ist die **Abrechnung** immer dann, wenn der ArbGeb seine Abrechnungspflicht erfüllt hat und in Textform Auskunft mindestens über Abrechnungszeitraum und Zusammensetzung des gezahlten Arbeitsentgelts nach Abs. 1 gegeben hat. Dies gilt selbst dann, wenn dem ArbN eigentlich eine höhere Vergütung zustünde[3] oder wenn die Entgeltzahlung rechtsgrundlos erfolgte[4], dh. die **Unrichtigkeit der Auskunft** schadet der Ordnungsgemäßheit der Abrechnung grundsätzlich nicht. Ein Anspruch auf Neuerstellung einer Abrechnung besteht nur, wenn die vorgelegte Abrechnung des ArbGeb völlig unbrauchbar ist. § 108 gibt dem ArbN nämlich keinen Anspruch gegenüber dem ArbGeb, dass dieser die rechnerische Vorarbeit für eine Leistungsklage des ArbN leistet[5]. 27

Weiterhin setzt das Entfallen der Abrechnungspflicht voraus, dass sich die der Abrechnung zugrunde liegenden Umstände nicht geändert haben und die Angaben im späteren Abrechnungszeitraum daher noch zutreffend sind. Bei jeder noch so geringfügigen Änderung dieser Umstände greift die Pflicht zu Abrechnung nach Abs. 1[6]. 28

4. Verletzung der Abrechnungspflicht. Erfüllt der ArbGeb die Abrechnungspflicht überhaupt nicht oder nicht ordnungsgemäß (s.o. Rz. 27), besteht zunächst ein **Erfüllungsanspruch**. Im Übrigen ist die Verletzung des § 108 nicht sanktionslos[7]. In Betracht kommen sowohl ein **Zurückbehaltungsrecht** des ArbN hinsichtlich seiner Arbeitsleistung (§ 273 Abs. 1 BGB)[8] als auch ein **Schadensersatzanspruch** des ArbN nach § 280 Abs. 1 BGB (zB, wenn der ArbN aufgrund der Nichtaushändigung der Arbeitsentgeltabrechnung ein zinsgünstiges Darlehen von der Bank nicht erhält). 29

Umgekehrt ist der ArbN grundsätzlich nicht verpflichtet, aus Anlass der Gehaltsüberweisung die ihm erteilte Entgeltabrechnung zu **überprüfen** und den ArbGeb auf mögliche Fehler hinzuweisen. Etwas anderes gilt nur, wenn der ArbN eine ungewöhnlich hohe Zahlung erhält, für die kein Grund ersichtlich ist[9]. 30

109 Zeugnis

(1) Der Arbeitnehmer hat bei Beendigung eines Arbeitsverhältnisses Anspruch auf ein schriftliches Zeugnis. Das Zeugnis muss mindestens Angaben zu Art und Dauer der Tätigkeit (einfaches Zeugnis) enthalten. Der Arbeitnehmer kann verlangen, dass sich die Angaben darüber hinaus auf Leistung und Verhalten im Arbeitsverhältnis (qualifiziertes Zeugnis) erstrecken.

(2) Das Zeugnis muss klar und verständlich formuliert sein. Es darf keine Merkmale oder Formulierungen enthalten, die den Zweck haben, eine andere als aus der äußeren Form oder aus dem Wortlaut ersichtliche Aussage über den Arbeitnehmer zu treffen.

(3) Die Erteilung des Zeugnisses in elektronischer Form ist ausgeschlossen.

Eingef. durch Art. 1 Nr. 19 des Dritten Gesetzes zur Änderung der Gewerbeordnung und sonstiger gewerberechtlicher Vorschriften v. 24.8.2002, BGBl. I S. 3412.

I. Entstehungsgeschichte 1	3. Person des Ausstellers 8
II. Inhalt und Zweck 2	4. Formelle Anforderungen 9
III. Allgemeines 3	5. Fälligkeit des Zeugnisanspruches 10
1. Geltungsbereich 3	6. Erfüllungsort 11
2. Maßgebliche Grundsätze 4	7. Abdingbarkeit 12
a) Wahrheitsgrundsatz 4	8. Ausschlussfristen 13
b) Wohlwollensgrundsatz 5	9. Verwirkung 14
c) Vollständigkeitsgrundsatz 6	10. Einreden 15
d) Einheitlichkeitsgrundsatz 7	

---

1 *Berscheid* in Berscheid/Kunz/Brand, Praxis des Arbeitsrechts, Teil 3 Rz. 809. | 2 Vgl. BAG v. 24.6.2003 – 9 AZR 302/02, DB 2003, 2339. | 3 Zutr. *Boemke*, § 108 GewO Rz. 9. | 4 Vgl. LAG Köln v. 12.4.2002 – 11 Sa 1327/01, NZA-RR 2003, 128 (129). | 5 BAG v. 9.11.1999 – 9 AZR 771/98, NZA 2000, 1335 (1336); LAG Rh.-Pf. v. 23.1.2001 – 2 Sa 5/01, NZA-RR 2002, 293 (294). | 6 *Boemke*, § 108 GewO Rz. 9. | 7 Wie hier Landmann/Rohmer/*Neumann*, § 134 GewO Rz. 25 – aA ohne Begr. *Boemke*, § 108 GewO Rz. 2; *Schöne*, NZA 2002, 829 (832). | 8 Dazu allg. *Schaub*, ArbRHdb, § 50 Rz. 5 ff. | 9 BAG v. 1.6.1995 – 6 AZR 912/94, NZA 1996, 135 f.; Küttner/*Reinecke*, Personalbuch 2004, Anzeigepflichten Arbeitnehmer Rz. 6.

IV. Arten von Zeugnissen	16	VIII. Haftung	31
1. Das einfache Zeugnis	17	1. Schadensersatzanspruch des Arbeitnehmers	31
2. Das qualifizierte Zeugnis	18	a) Verdienstausfall	32
a) notwendiger Inhalt	19	b) Zeitnahe Geltendmachung	33
b) Führungs- und Leistungsbewertung durch den Arbeitgeber	20	c) Falsche Auskünfte	34
c) Zeugnissprache und Geheimzeichen	21	2. Schadensersatzanspruch des neuen Arbeitgebers	35
d) Gesamtbeurteilung	23	a) Gegenüber dem alten Arbeitgeber	35
e) Muster	24	b) Gegenüber dem Arbeitnehmer	36
3. Zwischenzeugnis	25	IX. Prozessuales	37
4. Ausbildungszeugnis	26	1. Allgemeines	37
V. Zeugnisberichtigung	27	2. Klageanträge	38
1. Wesen des Berichtigungsanspruches	27	a) Erteilungsklage	39
2. Beweislast	28	b) Berichtigungsklage	40
VI. Widerruf	29	3. Streitwert	41
VII. Auskünfte	30	4. Zwangsvollstreckung	42

1   I. Entstehungsgeschichte. Seit dem 1.1.2003 ist das Zeugnisrecht einheitlich für alle ArbN in § 109 geregelt. Bis zum 31.12.2002 war noch § 630 BGB die zentrale Vorschrift des Zeugnisrechts. **Parallelregelungen** bestanden für gewerbliche ArbN in § 113 und für Handlungsgehilfen in § 73 HGB. Durch das Dritte Gesetz zur Änderung der Gewerbeordnung und sonstiger gewerberechtlicher Vorschriften v. 24.8.2002[1] ist § 630 BGB durch einen Satz 4 ergänzt worden, wonach für ArbN § 109 Anwendung findet. Damit findet § 630 BGB nur noch auf Dienstverträge mit Selbständigen Anwendung[2]. § 73 HGB ist aufgehoben worden. Zeugnisansprüche sind derzeit für Entwicklungshelfer noch in § 18 Entwicklungshelfer-Gesetz und für Auszubildende in § 8 BBiG geregelt. Da sich die Vorschriften weitgehend entsprechen, ist nach wie vor von einem einheitlichen Zeugnisrecht auszugehen[3]. Die von Rspr. und Schrifttum entwickelten Grundsätze sind noch aktuell und haben durch § 109 keine Änderung erfahren.

2   II. Inhalt und Zweck. Bei Beendigung eines Arbeitsverhältnisses hat der ArbN einen Anspruch auf ein schriftliches Zeugnis über das Arbeitsverhältnis und dessen Dauer (sog. einfaches Zeugnis). Auf Wunsch des ArbN ist das Zeugnis auf seine Leistungen und die Führung im Dienste zu erstrecken (sog. qualifiziertes Zeugnis). Das Zeugnis dient zum einen dem ArbN als **Unterlage für eine neue Bewerbung**[4]; es ist gleichsam die Visitenkarte des ArbN[5]. Das Zeugnis ist damit für das berufliche Fortkommen des ArbN von großer Bedeutung[6]. Zum anderen dient es der **Information des möglichen neuen ArbGeb**[7], der ein schutzwürdiges Interesse an einer möglichst wahrheitsgemäßen Unterrichtung über die fachlichen und persönlichen Qualifikationen des ArbN hat[8].

3   III. Allgemeines. 1. Geltungsbereich. § 109 gilt grundsätzlich nur für **ArbN.** § 109 erfasst nicht sonstige Dienstverpflichtete, die selbständig tätig sind. Für diese gilt § 630 BGB[9].

4   2. Maßgebliche Grundsätze. a) Wahrheitsgrundsatz. Aus Sinn und Zweck des Zeugnisses folgt als „oberster Grundsatz der Zeugniserteilung", dass das Zeugnis wahr sein muss[10]. Wird der ArbN unterbewertet, sind seine Belange gefährdet; wird der ArbN überbewertet, sind die Belange des möglichen neuen ArbGeb gefährdet[11].

5   b) Wohlwollensgrundsatz. Die Wahrheitspflicht bedeutet indes nicht, dass sich der ArbGeb in dem Zeugnis über alle ungünstigen Vorkommnisse und Beobachtungen schonungslos aussprechen muss; vielmehr soll das Zeugnis von verständigem Wohlwollen für den ArbN getragen sein und ihm sein weiteres Fortkommen nicht unnötig erschweren[12]. Zwischen dem Wahrheitsgrundsatz und dem Grundsatz des verständigen Wohlwollens besteht ein Spannungsverhältnis[13], dessen Auflösung in der Praxis häufig nicht unerhebliche Schwierigkeiten bereitet, weil der ArbN glaubt, zu schlecht bewertet zu sein, während der ArbGeb meint, auf die Darstellung vermeintlicher Schwächen des ArbN nicht verzichten zu können. Die Situation wird zudem häufig noch dadurch belastet, dass die Zeugniserteilung den Schlusspunkt unter ein zuweilen nicht störungsfreies Arbeitsverhältnis setzt und der Beendigung auf beiden Seiten Streit und finanzielle Einbußen bzw. Belastungen vorausgegangen sind. Sowohl ArbGeb als auch ArbN lassen hier zuweilen die notwendige Gelassenheit vermissen. Ausgangspunkt für die Auflösung des Spannungsverhältnisses zwischen Wahrheitsmaxime und Wohlwollensgrundsatz muss stets die Erkenntnis sein, dass ein Zeugnis nur im Rahmen der Wahrheit verständig wohlwollend sein kann[14]. Hieraus folgt zunächst, dass das Zeugnis **keine unrichtigen Tatsachen** enthalten darf. Ferner darf das Zeugnis **keine Auslassungen** enthalten, wo der Leser eine positive Hervorhebung erwartet[15]. Schwieriger wird es bei der Formulierung von **Werturteilen**, bei denen sich die Geister scheiden und die objektiv nur umständlich

---

1 BGBl. I S. 3412. |2 BT-Drs. 14/8796, S. 29. |3 Allg. Auffassung zum früheren Rechtszustand, etwa MünchKomm/*Schwerdtner*, § 630 BGB Rz. 3; Erman/*Belling*, § 630 BGB Rz. 3. |4 BAG v. 23.6.1960 – 5 AZR 560/58, AP Nr. 1 zu § 73 HGB. |5 BAG v. 3.3.1993 – 5 AZR 182/92, AP Nr. 29 zu § 630 BGB. |6 BT-Drs. 14/8796, S. 25. |7 BAG v. 23.6.1960 – 5 AZR 560/58, AP Nr. 1 zu § 73 HGB. |8 BT-Drs. 14/8796, S. 25. |9 BT-Drs. 14/8796, S. 29. |10 BAG v. 23.6.1960 – 5 AZR 560/58, AP Nr. 1 zu § 73 HGB. |11 BAG v. 23.6.1960 – 5 AZR 560/58, AP Nr. 1 zu § 73 HGB. |12 BGH v. 26.11.1963 – VI ZR 221/62, AP Nr. 10 zu § 826 BGB. |13 BAG v. 9.9.1992 – 5 AZR 509/91, AP Nr. 19 zu § 630 BGB. |14 BAG v. 9.9.1992 – 5 AZR 509/91, AP Nr. 19 zu § 630 BGB. |15 BAG v. 29.7.1971 – 2 AZR 250/70, AP Nr. 6 zu § 630 BGB.

belegbar sind, bei der sich aber keine Partei eine Bewertung vorschreiben lassen möchte. Hier sollte sich der ArbGeb bewusst sein, dass er einen relativ weiten Beurteilungsspielraum[1] hat und diesen im Zweifelsfalle wohlwollend zugunsten des ArbN ausnutzen.

c) Vollständigkeitsgrundsatz. Das Zeugnis muss alle wesentlichen Tatsachen und Bewertungen enthalten, die für die Gesamtbeurteilung des ArbN von Bedeutung und für potentielle neue ArbGeb von Interesse sind[2].

d) Einheitlichkeitsgrundsatz. Der ArbGeb darf einem ArbN nicht getrennte Zeugnisse für verschiedene ausgeübte Tätigkeiten (Mischtätigkeiten) erteilen, selbst wenn er dies mit dem ArbN vereinbart. Dies ist unmittelbare Folge der dem ArbGeb obliegenden Wahrheitspflicht, da das Zeugnis alle wesentlichen Tatsachen und Bewertungen enthalten muss, die für die Beurteilung des ArbN von Bedeutung sind[3].

3. Person des Ausstellers. Grundsätzlich ist das Zeugnis vom **ArbGeb** selbst auszustellen, bei juristischen Personen von ihrem **Vertretungsorgan** (Vorstand, Geschäftsführer). Wollen der ArbGeb oder der gesetzliche Vertreter einer juristischen Person das Zeugnis nicht persönlich erteilen, können sie sich eines **angestellten Vertreters** bedienen. Der Erfüllungsgehilfe muss jedoch erkennbar ranghöher als der ArbN sein[4]. So reicht es nicht aus, wenn ein lediglich betriebsintern ranghöherer Prokurist das Zeugnis für einen anderen Prokuristen unterzeichnet[5]. War der ArbN unmittelbar der Geschäftsleitung unterstellt, so ist das Zeugnis von einem Mitglied der Geschäftsleitung unter Hinweis auf seine Position auszustellen[6].

In Fällen der **Insolvenz** ist zu unterscheiden: Ist **vor Beendigung** des Arbeitsverhältnisses über das Vermögen des ArbGeb das Insolvenzverfahren eröffnet worden, und ist der ArbN **weiterbeschäftigt** worden, muss der **Insolvenzverwalter** das Zeugnis auch hinsichtlich Führung und Leistung des ArbN in der Zeit vor Eröffnung des Insolvenzverfahrens erteilen[7]. Ist der ArbN nach Insolvenzeröffnung **nicht weiterbeschäftigt** worden, bleibt der Gemeinschuldner zur Erteilung des Zeugnisses verpflichtet[8]. Wird das Insolvenzverfahren erst **nach Beendigung** des Arbeitsverhältnisses eröffnet, muss der **Gemeinschuldner** das Zeugnis erteilen[9]. Ein bereits anhängiger Zeugnisrechtsstreit gegen den Gemeinschuldner wird nicht gemäß § 240 ZPO unterbrochen[10].

Ist eine **GmbH** im Handelsregister als vermögenslos **gelöscht** worden, besteht der Zeugnisanspruch gleichwohl fort. Entsprechend § 273 Abs. 4 AktG ist in diesem Falle ein Nachtragsliquidator zu bestellen, der das Zeugnis zu erteilen hat und sich ggf. die notwendigen Kenntnisse von den Leistungen und der Führung des ArbN durch Einholung von Auskünften bei der früheren Geschäftsführung verschaffen muss[11].

Bei **Tod des ArbGeb** geht die Verpflichtung zur Zeugniserteilung auf den **Erben** über. Dieser muss sich anhand aller für ihn erreichbaren Erkenntnisquellen eigenes Wissen über das Arbeitsverhältnis und dessen Dauer sowie ggf. über die Leistungen und die Führung des ArbN verschaffen[12].

4. Formelle Anforderungen. Aus dem Zweck des Zeugnisses, dem ArbN eine Bewerbungsunterlage zu bieten, die sein berufliches Fortkommen nicht unnötig erschwert, ergeben sich zugleich die Anforderungen an die äußere Form des Zeugnisses[13]. Insbesondere darf durch die äußere Form des Zeugnisses nicht der Eindruck erweckt werden, der ArbGeb distanziere sich von seiner Erklärung[14]. Zu beachten ist also:

- Das Zeugnis ist **schriftlich** und in **deutscher Sprache** zu erteilen[15]. Entsprechend dem heutigen Standard muss es mindestens **maschinenschriftlich**, besser unter Verwendung eines Textverarbeitungsprogramms erstellt werden[16]. Dabei ist ein im Geschäftsleben gängiger **einheitlichen Schrifttyp**[17] und eine **übliche Schriftgröße**[18] (12) zu verwenden. Eine Erteilung in elektronischer Form (§ 126a BGB) ist durch Abs. 3 ausgeschlossen[19].

- Das Zeugnis muss in einer **Überschrift** als solches ausgewiesen sein[20].

---

1 BAG v. 12.8.1976 – 3 AZR 720/75, AP Nr. 11 zu § 660 BGB. | 2 BAG v. 23.6.1960 – 5 AZR 560/58, AP Nr. 1 zu § 73 HGB. | 3 BAG v. 23.1.1968 – 5 Sa 373/67, AP Nr. 5 zu § 630 BGB. | 4 BAG v. 16.11.1995 – 8 AZR 983/94, EzA § 630 BGB Nr. 20. | 5 BAG v. 16.11.1995 – 8 AZR 983/94, EzA § 630 BGB Nr. 20. | 6 BAG v. 26.6.2001 – 9 AZR 392/00, NZA 2002, 33. | 7 BAG v. 30.1.1991 – 5 AZR 32/90, AP Nr. 18 zu § 630 BGB; LAG Köln v. 30.7.2001 – 2 Sa 1457/00, DB 2002, 433. | 8 LAG Nürnberg v. 5.12.2002 – 2 Ta 137/02, LAGE § 240 ZPO Nr. 2. | 9 LAG Nürnberg v. 5.12.2002 – 2 Ta 137/02, LAGE § 240 ZPO Nr. 2. | 10 LAG Nürnberg v. 5.12.2002 – 2 Ta 137/02, LAGE § 240 ZPO Nr. 2. | 11 KG Berlin v. 9.1.2001, GmbHR 2001, 61. | 12 ArbG Münster v. 10.4.1990 – 3 Ca 2109/89, BB 1990, 2266. | 13 BAG v. 3.3.1993 – 5 AZR 182/92, AP Nr. 20 zu § 630 BGB. | 14 BAG v. 3.3.1993 – 5 AZR 182/92, AP Nr. 29 zu § 630 BGB. | 15 Staudinger/*Preis*, § 630 BGB Rz. 25; MünchKomm/*Schwerdtner*, § 630 BGB Rz. 26. | 16 MünchKomm/*Schwerdtner*, § 630 BGB Rz. 26 (maschinenschriftlich). | 17 BAG v. 3.3.1993 – 5 AZR 182/92, AP Nr. 20 zu § 630 BGB. | 18 LAG Hess. v.13.8.2002 – 16 Ta 255/02, nv., lässt Schriftgröße 10 durchgehen (bedenklich). | 19 Die Erteilung eines Zeugnisses in elektronischer Form soll nach dem Willen des Gesetzgebers ausgeschlossen sein, weil auch diese Form mangels entsprechender technischer Einrichtungen insbesondere bei Klein- und Mittelbetrieben noch nicht etabliert habe und das Erscheinungsbild eines schriftlichen Zeugnisses bei Bewerbungen eine Rolle spiele, BT-Drs. 14/4987, S. 22, BT-Drs. 14/8796, S. 25 f. | 20 LAG Düsseldorf v. 23.5.1995 – 3 Sa 253/95, LAGE § 630 BGB Nr. 24; aA MünchKomm/*Schwerdtner*, § 630 BGB Rz. 26.

- Auf die **Angabe der Anschrift** des ArbN sollte – wenigstens im Briefkopffeld – **verzichtet** werden, da ansonsten der Eindruck erweckt werden könnte, dem ArbN sei das Zeugnis erst nach einer (gerichtlichen) Auseinandersetzung postalisch übermittelt worden[1].

- Es ist **haltbares Papier von guter Qualität** zu benutzen[2]. Werden üblicherweise vom ArbGeb **Firmenbögen** verwendet, so muss auch das Zeugnis auf diesem Geschäftspapier geschrieben sein[3].

- Die **Kopie** einer Zeugnisurkunde ist nur zulässig, wenn die Kopie eine gute Qualität aufweist und mit einer Originalunterschrift versehen ist[4].

- Das Zeugnis muss sauber und ordentlich geschrieben sein. Insbesondere darf es **keine Flecken, Radierungen, Verbesserungen, Durchstreichungen** usw. enthalten[5].

- Das Zeugnis darf keine ins Gewicht fallenden **Rechtschreib- und Grammatikmängel** haben[6]. Welche kleineren Unvollkommenheiten der ArbN hinnehmen muss, kann im Einzelfall schwierig zu entscheiden sein[7], zumal nach der Rechtschreibreform bezüglich der richtigen Schreibweise vielfach eine große Verunsicherung herrscht. Richtigerweise ist hier darauf abzustellen, welche Tätigkeit der ArbN ausgeübt hat. Gehörte die richtige Verwendung der Schriftsprache zu den Pflichten aus dem Arbeitsverhältnis, wie etwa bei einer Sekretärin oder einer Schreibkraft, ist ein strengerer Maßstab anzulegen.

- Im Zeugnis ist der ArbN grds. in der **3. Person** zu beschreiben. Eine persönliche Anredeform ist „deplatziert"[8].

- Der Aussteller muss das Zeugnis **eigenhändig** mit **Tinte** oder **Kugelschreiber** unterschreiben[9]. Eine **Paraphe**[10] reicht ebenso wenig aus wie eine Unterschrift mit **Bleistift**[11].

Hingegen ist nicht zu beanstanden, wenn der ArbGeb den Zeugnisbogen zweimal faltet, um ihn in einem Umschlag kleineren Formats unterzubringen[12], zumal die **Knicke** bei den üblicherweise vom ArbN bei Bewerbungen vorgelegten Kopien ohnehin nicht zu sehen sind.

10 **5. Fälligkeit des Zeugnisanspruches.** Der Zeugnisanspruch entsteht gemäß dem Wortlaut des § 109 „bei" und nicht erst nach der **Beendigung des Arbeitsverhältnisses**[13]. Beide Zeitpunkte fallen bei der außerordentlichen, fristlosen Kündigung nicht auseinander. Hier kann der ArbN sofort ein Zeugnis beanspruchen. Fraglich ist indes, ob der ArbN im ordentlich gekündigten Arbeitsverhältnis im Hinblick darauf, dass sich die Verhältnisse bis zum Ablauf der Kündigungsfrist noch ändern können, lediglich einen Anspruch auf ein Zwischenzeugnis hat[14], oder ob er schon mit Beginn der Kündigungsfrist ein Endzeugnis verlangen kann[15]. Teilweise wird vertreten, dass der ArbN ein Wahlrecht hat[16]. Jedenfalls besteht der Anspruch auf ein qualifiziertes Zeugnis nach Ablauf der Kündigungsfrist[17] oder nach dem tatsächlichen Ausscheiden des Arbeitnehmers, und zwar unabhängig davon, ob zwischen den Parteien ein Kündigungsschutzrechtstreit geführt wird[18].

11 **6. Erfüllungsort.** Grundsätzlich hat der ArbN keinen Anspruch darauf, dass ihm das Zeugnis zugeschickt wird. Er hat es, wie die anderen Arbeitspapiere, bei dem ArbGeb **abzuholen** (§ 269 BGB)[19]. Jedoch kann der ArbN nach Treu und Glauben im Einzelfall verpflichtet sein, das Zeugnis dem ArbN nachzuschicken[20], etwa wenn die Abholung für den ArbN mit unverhältnismäßig hohen Kosten oder besonderen Mühen verbunden ist[21]. Eine Pflicht zur Nachsendung wird insb. auch dann anzunehmen sein, wenn der ArbN das Zeugnis vor Beendigung des Arbeitsverhältnisses verlangt hat und es aus Gründen, die in der Sphäre des ArbGeb liegen, nicht rechtzeitig bereit gelegen hat[22]. Befindet sich der ArbGeb beim Abgang des ArbN mit der Aushändigung des Zeugnisses in **Verzug**, muss er auch die Kosten für die Übersendung tragen[23]. Hat sich der ArbGeb in einem Vergleich zur „Erteilung" eines Zeugnisses verpflichtet, hat er damit zugleich die Verpflichtung übernommen, dem ArbN das Zeugnis zukommen zu lassen[24].

---

1 *Schaub*, ArbRHdb, § 146 Rz. 12; Kasseler Handbuch/*Haupt*, 6.1, Rz. 254; aA MünchKomm/*Schwerdtner*, § 630 BGB Rz. 26, der die Anschrift wegen der besseren Identifizierbarkeit des ArbN wegen der Möglichkeit der Gleichnamigkeit für geboten hält. |2 Staudinger/*Preis*, § 630 BGB Rz. 26. |3 BAG v. 3.3.1993 – 5 AZR 182/92, AP Nr. 20 zu § 630 BGB; LAG Köln v. 26.2.1992 – 7 SA 1007/91, LAGE § 630 BGB Nr. 15. |4 MünchKomm/*Schwerdtner*, § 630 BGB Rz. 26. |5 BAG v. 3.3.1993 – 5 AZR 182/92, AP Nr. 20 zu § 630 BGB mwN aus dem Schrifttum. |6 MünchKomm/*Schwerdtner*, § 630 BGB Rz. 26. |7 Vgl. den Fall ArbG Düsseldorf v. 19.12.1984 – 6 Ca 5682/84, NZA 1985, 812: Dort wehrte sich eine Vorstandssekretärin im Ergebnis fruchtlos gegen die ihrer Ansicht nach falsche Schreibweise von „aufgrund ... ihres integeren Verhaltens". Sie wollte das Wort „integeren" durch „integren" ersetzt haben. |8 LAG Düsseldorf v. 23.5.1995 – 3 Sa 253/95, LAGE § 630 BGB Nr. 24. |9 Erman/*Belling*, § 630 BGB Rz. 16. |10 Erman/*Belling*, § 630 BGB Rz. 16. |11 MünchKomm/*Schwerdtner*, § 630 BGB Rz. 26. |12 BAG v. 21.9.1999 – 9 AZR 893/98, NZA 2000, 257. |13 BAG v. 27.2.1987 – 5 AZR 710/85, AP Nr. 16 zu § 630 BGB. |14 So etwa MünchKomm/*Schwerdtner*, § 630 BGB Rz. 30. |15 So etwa Staudinger/*Preis*, § 630 BGB Rz. 13. |16 LAG Hamm v.1.12.1994 – 4 Sa 1540/94, LAGE § 630 BGB Nr. 25. |17 LAG Köln v. 11.9.2002 – 7 Sa 530/02, nv. |18 BAG v. 27.2.1987 – 5 AZR 710/85, AP Nr. 16 zu *§ 630 BGB*. |19 BAG v. 8.3.1995 – 5 AZR 848/93, AP Nr. 21 zu § 630 BGB; MünchKomm/*Schwerdtner*, § 630 BGB Rz. 50. |20 BAG v. 8.3.1995 – 5 AZR 848/93, AP Nr. 21 zu § 630 BGB. |21 ArbG Wetzlar v. 21.7.1971 – Ga 3/71, BB 1972, 222. |22 LAG Hess. v. 1.3.1984 – 10 Sa 858/83, DB 1984, 2200 (2201). |23 LAG Hess. v. 1.3.1984 – 10 Sa 858/83, DB 1984, 2200 (2201). |24 LAG Düsseldorf v. 15.3.2001 – 7 Ta 60/01, nv.

7. Abdingbarkeit. § 109 ist **zwingend**. Daraus folgt, dass der ArbN jedenfalls vor Beendigung des Arbeitsverhältnisses nicht wirksam auf ein Zeugnis verzichten kann[1]. Für entsprechende Vereinbarungen, die anlässlich oder nach Beendigung des Arbeitsverhältnisses geschlossen werden, ist dies indes fraglich[2]. So hat das BAG einmal ausgeführt, dass die Arbeitsvertragsparteien den Zeugnisanspruch für die Zeit nach Beendigung des Arbeitsverhältnisses einschränken können[3]. Nach Auffassung des LAG Köln kann bei hinreichender Klarheit aus Anlass der Beendigung des Arbeitsverhältnisses in einer **Ausgleichsquittung** auf den Zeugnisanspruch verzichtet werden. Eine vergleichbare Lage wie im bestehenden, ungekündigten Arbeitsverhältnis, bei dem der ArbN auf die Vergütung angewiesen sei und sich in einer sozialen Abhängigkeit vom ArbGeb befinde, bestehe nämlich mit dem Ausscheiden und der faktischen Abwicklung des Arbeitsverhältnisses nicht mehr[4]. Allgemein gehaltene Ausgleichsklauseln, wie sie häufig bei gerichtlichen Vergleichen in Kündigungsschutzprozessen verwendet werden (etwa: „Damit sind alle Ansprüche aus dem Arbeitsverhältnis erledigt."), können hingegen nicht ohne weiteres dahin ausgelegt werden, dass sie auch einen Verzicht auf ein (qualifiziertes) Zeugnis[5] oder auf einen Zeugnisberichtigungsanspruch[6] enthalten.

8. Ausschlussfristen. Ob tarifliche oder einzelvertragliche Ausschlussklauseln den Zeugnisanspruch untergehen lassen können, ist streitig. Teilweise wird vertreten, dass der Zeugnisanspruch als höchstpersönlicher Anspruch von solchem Gewicht ist, dass er von tariflichen Verfallfristen nicht erfasst wird[7]. Nach richtiger Auffassung ist zunächst vom Wortlaut der Ausschlussfrist auszugehen und zu prüfen, ob Ansprüche, die erst bei Beendigung des Arbeitsverhältnisses entstehen, von der Norm überhaupt erfasst werden[8]. Nach Auffassung des BAG handelt es sich bei dem Zeugnisanspruch um einen **Anspruch aus dem Arbeitsverhältnis**, auch wenn er erst mit Beendigung des Arbeitsverhältnisses entsteht[9]. Demgemäß hat es entschieden, dass der Anspruch auf Erteilung eines qualifizierten Zeugnisses etwa der Ausschlussfrist des § 70 Abs. 2 BAT unterliegt[10]. Die Frist beginnt mit Ende des Zeitraums, für den das Zeugnis begehrt wird[11]. Die Verfallfrist für einen Zeugnisberichtigungsanspruch beginnt aber erst zu laufen, wenn der ArbN von dem ihm zunächst erteilten Zeugnis Kenntnis erlangt[12].

9. Verwirkung. Der Anspruch auf Erteilung eines Zeugnisses kann unter engen Voraussetzungen verwirkt sein. Das setzt voraus, dass der ArbN längere Zeit kein Zeugnis beansprucht hat und dadurch bei dem ArbGeb die Überzeugung hervorgerufen hat, er werde auch keins mehr verlangen[13]. Hier kann schon ein Zeitraum ab 5 Monaten zum Anspruchsverlust führen[14]. Ferner muss sich der ArbGeb darauf eingerichtet haben, dass der ArbN kein Zeugnis wünscht, und die Erfüllung des Zeugnisanspruches muss ihm nach Treu und Glauben und unter Berücksichtigung aller Umstände des Falles nicht mehr zugemutet werden können[15]. Nach Auffassung des LAG Hamm soll von einer Verwirkung ausgegangen werden, wenn sich der ArbN zunächst darauf berufen hat, selbständiger Subunternehmer zu sein[16].

10. Einreden. Der Zeugnisanspruch unterlag der dreißigjährigen **Verjährungsfrist** des § 195 BGB aF[17] und verjährt nunmehr gem. § 195 BGB nF nach drei Jahren. Ein **Zurückbehaltungsrecht** des ArbGeb nach § 320 BGB besteht nicht, da es sich bei dem Zeugnisanspruch nicht um eine synallagmatische Verpflichtung handelt[18]. Auf ein **Zurückbehaltungsrecht** nach § 273 BGB kann sich der ArbGeb mangels Konnexität nicht berufen[19]; dies wäre auch nicht mit seiner Fürsorgepflicht zu vereinbaren[20].

IV. Arten von Zeugnissen. § 109 Abs. 1 selbst unterscheidet zwischen dem Zeugnis, das sich lediglich über Art und Dauer der Tätigkeit verhält (sog. „**einfaches Zeugnis**") und dem Zeugnis, das sich auch auf Leistung und Verhalten des ArbN im Arbeitsverhältnis erstreckt (sog. „**qualifiziertes Zeugnis**").

1. Das einfache Zeugnis. Das sog. „einfache Zeugnis" enthält keine Wertungen und stellt eine reine **Faktendokumentation**[21] dar. Es bestätigt Art und Dauer des Dienstverhältnisses und enthält eine vollständige und genaue Beschreibung der von dem ArbN während der Dauer des Arbeitsverhältnisses ausgeübten Tätigkeiten[22]. Der ArbGeb muss diese Tätigkeiten so **vollständig und genau** beschreiben, dass sich der künftige ArbGeb ein klares Bild machen kann. Unerheblich ist, ob die Tätigkeiten bedeutungsvoll waren. Entscheidend ist, ob sie für einen zukünftigen ArbGeb interessant sind[23]. Eine erteilte Pro-

---

1 BAG v. 16.9.1974 – 5 AZR 255/74, AP Nr. 9 zu § 630 BGB. | 2 Offen gelassen bei BAG v. 16.9.1974 – 5 AZR 255/74, AP Nr. 9 zu § 630 BGB. | 3 BAG v. 4.12.1985 – 5 AZR 607/84, nv. | 4 LAG Köln v. 17.6.1994 – 4 Sa 185/94, LAGE § 630 BGB Nr. 22. | 5 BAG v. 16.9.1974 – 5 AZR 255/74, AP Nr. 9 zu § 630 BGB. | 6 LAG Düsseldorf v. 23.5.1995 – 3 Sa 253/95, LAGE § 630 BGB Nr. 24. | 7 LAG Düsseldorf v. 6.5.1981 – 15 Sa 305/81, nv.; ArbG Hamburg v. 5.3.1997 – 21 Ca 89/97, EzA § 4 TVG Nr. 126; s.a. schon ArbG Siegen v. 30.5.1989 – 3 Ca 190/80, EzA § 4 TVG Nr. 43; zu einzelvertraglichen Ausschlussklauseln siehe LAG Nürnberg v. 18.1.1994 – 6 Sa 270/92, LAGE § 630 BGB Nr. 20. | 8 *Schaub*, ArbRHdb, § 146 Rz. 8. | 9 BAG v. 23.2.1983 – 5 AZR 515/80, AP Nr. 10 zu § 70 BAT; v. 8.2.1984 – 5 AZR 58/82, nv.; v. 30.1.1991 – 5 AZR 32/90, AP Nr. 18 zu § 630 BGB. | 10 BAG v. 23.2.1983 – 5 AZR 515/80, AP Nr. 10 zu § 70 BAT; so auch LAG Köln v. 11.9.2002 – 7 Sa 530/02, nv. | 11 So auch LAG Köln v. 11.9.2002 – 7 Sa 530/02, nv. | 12 BAG v. 8.2.1984 – 5 AZR 58/82, nv. | 13 BAG v. 17.2.1988 – 5 AZR 638/86, NZA 1988, 427. | 14 MünchKomm/*Schwerdtner*, § 630 BGB Rz. 55; BAG v. 17.2.1988 – 5 AZR 638/86, NZA 1988, 427 (10 Monate); LAG Düsseldorf v. 11.4.1994 – 1 Sa 1158/94, DB 1995, 1101 (11 Monate); LAG Hamm v. 3.7.2002 – 3 Sa 248/02, NZA-RR 2003, 73 (15 Monate). | 15 BAG v. 17.2.1988 – 5 AZR 638/86, NZA 1988, 427. | 16 LAG Hamm v. 9.9.1999 – 4 Sa 714/99, NZA-RR 2000, 575, 578. | 17 MünchKomm/*Schwerdtner*, § 630 BGB Rz. 65; Erman/*Belling*, § 630 BGB Rz. 18. | 18 Erman/*Belling*, § 630 BGB Rz. 19. | 19 Erman/*Belling*, § 630 BGB Rz. 18. | 20 MünchKomm/*Schwerdtner*, § 630 BGB Rz. 19; Erman/*Belling*, § 630 BGB Rz. 1. | 21 Staudinger/*Preis*, § 630 BGB Rz. 36. | 22 MünchKomm/*Schwerdtner*, § 630 BGB Rz. 8. | 23 BAG v. 12.8.1976 – 3 AZR 720/75, AP Nr. 11 zu § 660 BGB.

Gäntgen

kura ist aufzunehmen[1]. Ferner ist anzugeben, wie lange das Arbeitsverhältnis rechtlich bestanden hat[2]. Nur auf Wunsch des ArbN ist der **Beendigungsgrund** im Zeugnis aufzunehmen[3]. Etwas anderes gilt nur, wenn der ArbGeb auf Wunsch des ArbN einen Aufhebungsvertrag mit ungewöhnlichem Beendigungszeitpunkt schließt, um dem ArbN eine kurzfristige berufliche Neuorientierung zu ermöglichen. In diesem Fall ist der ArbGeb gehalten, auch ohne ausdrückliches Verlangen des ArbN durch eine entsprechende Formulierung im Arbeitsvertrag den Verdacht einer außerordentlichen Kündigung zu vermeiden („im besten Einvernehmen auf Wunsch des ArbN")[4].

18 **2. Das qualifizierte Zeugnis.** Das sog. „qualifizierte Zeugnis" erstreckt sich auch auf Leistung und Verhalten (Führung) des ArbN und muss über die Angaben des einfachen Zeugnisses hinaus hierzu Tatsachen nebst einer Beurteilung enthalten[5].

19 **a) Notwendiger Inhalt.** Maßgebliche Faktoren zur Beurteilung der **Leistung** sind Arbeitsbefähigung, Arbeitsumfang, Arbeitsbereitschaft, Einsatz, Ausdauer, Sorgfältigkeit, Arbeitsergebnisse, Ausdrucksvermögen, Verhandlungsgeschick usw[6]. Bei leitenden Angestellten sind auch deren Führungsfähigkeit und die Führungserfolge zu beurteilen[7].

Die **Verhaltensbeurteilung** widmet sich dem Sozialverhalten des ArbN[8] und bezieht sich nur auf den dienstlichen Bereich. Die Beschreibung der Leistung sollte Angaben über Fähigkeiten, Kenntnisse, Fertigkeiten, Geschicklichkeit und Sorgfalt sowie Einsatzfreude und Einstellung zur Arbeit enthalten[9]. Sie umfasst ferner Loyalität, Ehrlichkeit, Pflichtbewusstsein, Gewissenhaftigkeit, das Verhalten zu Vorgesetzten, Kollegen, Mitarbeitern und Dritten (Kunden) sowie das Einfügen in den betrieblichen Arbeitsablauf[10].

Einmalige Vorfälle oder Umstände, die für den ArbN, seine Führung und Leistung nicht charakteristisch sind – seien sie für ihn vorteilhaft oder nachteilig – gehören nicht in das Zeugnis[11]. Zudem dürfen weder Wortwahl noch Satzstellung noch Auslassungen dazu führen, dass bei Dritten der Wahrheit nicht entsprechende Vorstellungen entstehen[12]. Hat der ArbN Straftaten begangen ist zu unterscheiden: **Vorstrafen** haben keinen Bezug zum Arbeitsverhältnis und müssen im Zeugnis unerwähnt bleiben[13]. Dasselbe gilt für **Straftaten**, die in keinem Zusammenhang mit dem Arbeitsverhältnis stehen[14]. **Straftaten gegen den ArbGeb** dürfen nur dann aufgeführt werden, wenn sie für das Arbeitsverhältnis charakteristisch waren oder wegen der Schwere des Vorfalls nicht verschwiegen werden dürfen[15]. **Laufende Strafverfahren** dürfen erwähnt werden, wenn die Führungsbeurteilung des ArbN entscheidend von dem Ausgang des Strafverfahrens abhängt. Läuft etwa gegen einen als Heimerzieher beschäftigten Angestellten ein Strafverfahren wegen sittlicher Verfehlungen an seinen Pfleglingen, so kann er nach seiner Entlassung nicht verlangen, dass das Strafverfahren in einem Zeugnis über Führung und Leistung unerwähnt bleibt[16]. Der bloße **Verdacht einer strafbaren Handlung** darf im Zeugnis nicht erwähnt werden, auch wenn er dringend war und zu einer Kündigung geführt hat[17]. Dies gilt selbst dann, wenn die Verdachtskündigung in einem arbeitsgerichtlichen Verfahren als für gerechtfertigt angesehen wurde.

Da **krankheitsbedingte Fehlzeiten** nicht charakteristisch für Leistung und Führung des ArbN sind, dürfen sie auch im qualifizierten Zeugnis keine Erwähnung finden[18]. Dasselbe gilt für eine Tätigkeit oder Mitgliedschaft im **BR**[19], selbst wenn der ArbN so lange freigestellt war, dass der ArbGeb meint, seine Führung und Leistung nicht mehr verantwortlich beurteilen zu können[20].

Hingegen sind herausragende Einzelleistungen wie **Erfindungen** und prämierte **Verbesserungsvorschläge** zu erwähnen[21].

Auch ein qualifiziertes Zeugnis muss keine **Schlussformel** enthalten, in der der ArbGeb dem ausscheidenden ArbN für seine Dienste dankt und/oder für die Zukunft alles Gute wünscht[22]. Schlussformeln sind indes ein Gebot der Höflichkeit. Verwendet der ArbGeb böswillig eine ersichtlich ironische Schlussformel („Wir danken Herrn A für seine Mitarbeit und hoffen, dass er in unserem Unternehmen für seinen weiteren Berufsweg gelernt hat"), muss er auf Wunsch des ArbN ein neues Zeugnis mit einer unverfänglichen Schlussformel erteilen. Er kann sich in diesem Falle wegen seiner eigenen Treuwidrigkeit nicht darauf berufen, eine Schlussformel sei gar nicht geschuldet.

---

1 Zur Angabe über die Dauer der Prokura siehe LAG BW v. 19.6.1992 – 15 Sa 19/92, LAGE § 630 BGB Nr. 17. |2 BAG v. 23.6.1960 – 5 AZR 560/58, AP Nr. 1 zu § 73 HGB. |3 *Schaub*, ArbRHdb, § 146 Rz. 12. |4 Ähnlich RGRK/*Eisemann*, § 630 BGB Rz. 30. |5 *Schaub*, ArbRHdb, § 146 Rz. 13. |6 *Schaub*, Arbeitsrechts-Handbuch, § 146 Rz. 14; LAG Hamm v. 1.12.1994 – 4 Sa 1631/94, LAGE § 630 BGB Nr. 28. |7 Kasseler Handbuch/*Haupt*, 6.1, Rz. 279. |8 Kasseler Handbuch/*Haupt*, 6.1, Rz. 286. |9 BT-Drs. 14/8796, S. 25. |10 BT-Drs. 14/8796, S. 25; LAG Hamm v. 1.12.1994 – 4 Sa 1631/94, LAGE § 630 BGB Nr. 28. |11 BAG v. 23.6.1960 – 5 AZR 560/58, AP Nr. 1 zu § 73 HGB. |12 BAG v. 23.6.1960 – 5 AZR 560/58, AP Nr. 1 zu § 73 HGB. |13 RGRK/*Eisemann*, § 630 BGB Rz. 41; Staudinger/*Preis*, § 630 BGB Rz. 45. |14 RGRK/*Eisemann*, § 630 BGB Rz. 41. |15 RGRK/*Eisemann*, § 630 BGB Rz. 41. |16 BAG v. 5.8.1976 – 3 ZR 491/75, BB 1977, 297. |17 RGRK/*Eisemann*, § 630 BGB Rz. 41; Staudinger/*Preis*, § 630 BGB Rz. 41. |18 LAG Sachs. v. 30.1.1996 – 5 Sa 996/95, NZA 1997, 47. |19 *Schaub*, ArbRHdb, § 146 Rz. 12. |20 AA LAG Hess. v. 10.3.1977 – 6 Sa 779/76, DB 1978, 167. |21 Kasseler Handbuch/*Haupt*, 6.1, Rz. 280. |22 BAG v. 20.2.2001 – 9 AZR 44/00, NZA 2001, 843; aA ArbG Darmstadt v. 22.12.2000 – 3 Ca 444/00, DB 2001, 931.

b) Verhaltens- und Leistungsbewertung durch den ArbGeb. Es ist Sache des ArbGeb, das Zeugnis im Einzelnen zu formulieren. Dazu gehört auch die Entscheidung darüber, welche positiven oder negativen Leistungen und Eigenschaften er mehr hervorheben will als andere, solange das Zeugnis wahr bleibt[1]. Der ArbGeb hat insoweit einen **Beurteilungsspielraum** ähnlich wie bei einer Leistungsbestimmung nach § 315 BGB[2]. Dabei muss freilich differenziert werden: Die Formulierung von **Werturteilen** im Zeugnis lässt sich nicht bis in die Einzelheiten regeln und vorschreiben[3]; ein relativ großer Beurteilungsspielraum ist hier unvermeidlich. Jedoch darf das Zeugnis keine Auslassungen enthalten, wo der Leser eine positive Hervorhebung erwartet. Insbesondere bei ArbN, denen Geld- oder Vermögenswerte anvertraut waren (Kassierer, Verkäufer, Buchhalter usw.) wird eine Aussage zur Ehrlichkeit erwartet[4], bei verantwortungsvollen Tätigkeiten (etwa Personalsachbearbeiter) eine Aussage zur Zuverlässigkeit[5]. Bei der **Tätigkeitsbeschreibung** ist dieser Spielraum des ArbGeb hingegen erheblich geringer. Hier muss er im Zeugnis die vom ArbN während der Dauer des Arbeitsverhältnisses ausgeübten Tätigkeiten so vollständig und genau beschreiben, dass sich der künftige ArbGeb ein klares Bild machen kann. Unerheblich ist, ob die Tätigkeiten bedeutungsvoll waren. Entscheidend ist, ob sie für einen zukünftigen ArbGeb interessant sind[6].

c) Zeugnissprache und Geheimzeichen. Die Zeugnissprache muss klar und eindeutig sein[7]. Merkmale, die den ArbN in einer aus dem Wortlaut des Zeugnisses nicht ersichtlichen Weise kennzeichnen (Geheimzeichen), waren für gewerbliche ArbN schon nach § 113 Abs. 3 GewO ausdrücklich verboten. Diese Vorschrift wurde als Ausdruck der allgemeinen Fürsorgepflicht des ArbGeb angesehen. § 109 Abs. 2 greift dieses Verbot auf und ergänzt es durch die **allgemeine Verpflichtung, das Zeugnis klar und verständlich zu formulieren**[8]. Ein senkrechter Strich vor der Unterschrift (Gewerkschaftsmitglied) ist daher nach wie vor nicht zulässig[9]. Dasselbe gilt für **Anführungszeichen, Unterstreichungen, Fettdruck** einzelner Worte sowie **ungewöhnliche Satzstellung oder Wortwahl**[10].

In der Praxis haben sich verschiedene Formulierungstechniken durchgesetzt, um negative Eigenschaften und Merkmale positiv zu formulieren, ohne dass sich diese immer als unzulässige Geheimzeichen charakterisieren ließen[11]. Werden Selbstverständlichkeiten als einzige Leistungsbeschreibung besonders hervorgehoben („gewissenhaft und pünktlich"), positive Eigenschaften im Wege der doppelten Verneinung ausgedrückt („nicht unbrauchbar") oder das Fehlen negativer Eigenschaften ausdrücklich betont („an seiner beruflichen Weiterentwicklung sehr interessiert, ohne dabei penetrant zu werden"), können dies Hinweise auf Mängel in Führung und Leistung des ArbN sein. Auch der gutwillige ArbGeb der solche Formulierungen verwendet, läuft Gefahr, mit Berichtigungsverlangen oder Schadensersatzansprüchen konfrontiert zu werden.

Beispiele für positive Formulierungen mit negativem Inhalt[12]:

„gründlich, fleißig und gewissenhaft" als einzige Leistungsbeschreibung	kaum brauchbar
die ihm übertragenen Aufgaben	sonst keine Aufgaben
in der ihm eigenen Art	uneffektiv
ordentliche Aufgabenerledigung	bürokratisch
genaue Arbeitsweise	unterdurchschnittliches Arbeitstempo
mit Interesse	ohne Erfolg
„aufrichtige und anständige Gesinnung" ohne weitere Leistungsbeschreibung	kein Fleiß
umgänglich	nicht sehr beliebt
Fähigkeit zu delegieren	faul
verständnisvoller und toleranter Vorgesetzter/kooperativer Führungsstil	kein Durchsetzungsvermögen
Engagement für die Interessen der ArbN	BR-Mitglied
Engagement für die Interessen der ArbN auch außerhalb des Unternehmens	Gewerkschaftsmitglied

---

1 BAG v. 29.7.1971 – 2 AZR 250/70, AP Nr. 6 zu § 630 BGB; v. 23.9.1992 – 5 AZR 573/91, EzA § 630 BGB Nr. 16. | 2 BAG v. 17.2.1988 – 5 AZR 638/86, NZA 1988, 427. | 3 BAG v. 12.8.1976 – 3 AZR 720/75, AP Nr. 11 zu § 660 BGB. | 4 BAG v. 29.7.1971 – 2 AZR 250/70, AP Nr. 6 zu § 630 BGB. | 5 Staudinger/*Preis*, § 630 BGB Rz. 48. | 6 BAG v. 12.8.1976 – 3 AZR 720/75, AP Nr. 11 zu § 660 BGB. | 7 RGRK/*Eisemann*, § 630 BGB Rz. 46. | 8 BT-Drs. 14/8796, S. 25. | 9 *Schaub*, ArbRHdb, § 146 Rz. 11 zur alten Rechtslage. | 10 Staudinger/*Preis*, § 630 BGB Rz. 28. | 11 Manche machen sich hierüber lustig. Vec, FAZ v. 5.9.2001, S. 56, ist etwa der Auffassung, dass sich der Code zu einer vollständigen Geheimsprache verfeinert habe, die für Außenstehende nicht mehr entschlüsselbar sei und deren Potential – etwa für militärische Zwecke (Chiffriersysteme) – nur unzureichend genutzt werde. | 12 Nach *Schleßmann*, Das Arbeitszeugnis, 16. Aufl. 2000, S. 166–172 und *Eckert*, Arbeitszeugnisse schreiben und verstehen, 2000, S. 148–151.

GewO § 109 Rz. 23   Zeugnis

Neuem gegenüber aufgeschlossen	konnte Neuerungen nicht nutzen
bei Kunden schnell beliebt	zu viele Zugeständnisse
gesellige Art/„er stand stets voll hinter uns"	Alkohol im Dienst
wusste sich gut zu verkaufen	Wichtigtuer
galt als ...	war es nicht
vertrat immer offen seine Meinungen	Querulant, Nörgler, Wichtigtuer
im Rahmen seiner Kenntnisse	geringe Kenntnisse
ArbGeb wünscht in der Schlussformel Gesundheit	krankheitsbedingte Fehlzeiten
Erwähnung von Mitarbeitern vor Vorgesetzten (etwa „bei Mitarbeitern und Vorgesetzen sehr geschätzt")	bei Vorgesetzten weniger
insgesamt	teilweise nicht
nicht unwesentlich	nicht sonderlich

23 **d) Gesamtbeurteilung.** Qualifizierte Zeugnisse enthalten eine Gesamtbeurteilung des ArbN, wobei sich für die Leistungsbewertung eine fünfstufige Bewertungsskala herausgebildet hat[1]:

sehr gut	stets zu unserer vollsten Zufriedenheit
gut	stets und zu unserer vollen Zufriedenheit
befriedigend	zu unserer vollen Zufriedenheit[2], stets zu unserer Zufriedenheit[3]
ausreichend	zu unserer Zufriedenheit[4]
mangelhaft	im Großen und Ganzen zu unserer Zufriedenheit

Zuweilen entsteht Streit über die vom ArbN gewünschte und in der Zeugnissprache weithin akzeptierte[5] Bewertung „**zur vollsten Zufriedenheit**", weil sich der ArbGeb darauf beruft, das Wort „voll" gehöre zu den nicht vergleichsfähigen Adjektiven. Die Formulierung „zur vollen Zufriedenheit" entspricht aber nach der Rspr. „lediglich" einer guten, nicht einer sehr guten Bewertung[6]. Hier ist der ArbGeb, der seinem ArbN sehr gute Leistungen bescheinigen, das grammatikalisch unrichtigen Wort „vollste" aber nicht verwenden will, gehalten, die sehr gute Leistung mit anderen Worten zu bescheinigen[7]. Er kann dies etwa mit den Worten „höchste" oder „außerordentliche" Zufriedenheit machen.

24 **e) Muster.** Ein qualifiziertes Zeugnis könnte wie folgt aufgebaut sein[8]:

Firmenbriefkopf

Überschrift (Zeugnis – Zwischenzeugnis – Ausbildungszeugnis)

Eingang (Personalien des ArbN inkl. akademischer Titel; Dauer des Arbeitsverhältnisses)

Aufgabenbeschreibung (Unternehmen, Branche, hierarchische Position, Berufsbezeichnung, Art der Tätigkeit, berufliche Entwicklung)

Leistungsbeurteilung (Arbeitsbefähigung, Arbeitsbereitschaft, Einsatz, Ausdauer, Sorgfältigkeit, Arbeitsergebnisse und zusammenfassende Bewertung [Gesamtbeurteilung])

Führungsleistung (Abteilungsleistung, Mitarbeitermotivation, Betriebsklima)

Verhaltensbeurteilung (Loyalität, Ehrlichkeit, Pflichtbewusstsein, Gewissenhaftigkeit, Verhalten zu Vorgesetzten, Kollegen, Mitarbeitern und Dritten [Kunden])

Beendigungsmodalität bzw. Grund für Zwischenzeugnis

Schlussformel (Dankes-Bedauern-Formel, Zukunftswünsche)

---

1 Vgl. BAG v. 14.10.2003 – 9 AZR 12/03; Staudinger/*Preis*, § 630 BGB Rz. 51; RGRK/*Eisemann*, § 630 BGB Rz. 47. |2 LAG Köln v. 18.5.1995 – 5 Sa 41/95, LAGE § 630 BGB Nr. 23. |3 LAG Köln v. 2.7.1999 – 11 Sa 255/99, NZA-RR 2000, 235. |4 LAG Köln v. 2.7.1999 – 11 Sa 255/99, NZA-RR 2000, 235. |5 BAG v. 23.9.1992 – 5 AZR 573/91, EzA § 630 BGB Nr. 16. |6 BAG v. 23.9.1992 – 5 AZR 573/91, EzA § 630 BGB Nr. 16. |7 BAG v. 23.9.1992 – 5 AZR 573/91, EzA § 630 BGB Nr. 16. |8 In Anlehnung an LAG Hamm v. 1.12.1994 – 4 Sa 1631/94, LAGE § 630 BGB Nr. 28.

3. Zwischenzeugnis. Das Zwischenzeugnis ist im Gegensatz zum Endzeugnis eine Beurteilung des 25
ArbN bei bestehendem Arbeitsverhältnis[1]. Ein Anspruch hierauf besteht nur in **Ausnahmefällen** aufgrund einer arbeitsvertraglichen Nebenverpflichtung[2]. Solche Ausnahmefälle liegen etwa vor, wenn

- der ArbGeb dem ArbN eine **Kündigung** in Aussicht gestellt hat[3],
- ein langjähriger Vorgesetzter des ArbN durch einen **neuen Vorgesetzten** ersetzt wird[4],
- sich der ArbN um eine **neue Stelle** bewirbt[5],
- das Zwischenzeugnis zur **Vorlage bei Behörden und Gerichten** benötigt wird[6],
- das Zwischenzeugnis zur Stellung eines **Kreditantrages** vorgelegt werden soll[7],
- strukturelle **Änderungen innerhalb des Betriebsgefüges** erfolgen[8],
- **persönliche Veränderungen** des ArbN bevorstehen[9],
- **längere Arbeitsunterbrechungen** geplant sind[10],
- das Zwischenzeugnis für **Fortbildungskurse** oder den Besuch einer **Fach- oder Hochschule** erforderlich ist[11],
- eine **Versetzung** bevorsteht[12],
- eine **Umwandlung** der Gesellschaft, eine Fusionen oder ein Inhaberwechsel erfolgt (bei Führungskräften)[13].

Ein triftiger Grund für die Erteilung eines Zwischenzeugnisses liegt hingegen nicht vor, wenn der Angestellte das Zeugnis allein deshalb verlangt, weil er es in einem Rechtsstreit, in dem er seine **Höhergruppierung** anstrebt, als Beweismittel verwenden will[14]. Für das Zwischenzeugnis gelten hinsichtlich Form und Inhalt im Wesentlichen dieselben Grundsätze wie für das Zeugnis[15]. Liegt zwischen dem Zeitpunkt der Erteilung eines Zwischenzeugnisses und der Erteilung des Endzeugnisses ein vergleichsweise kurzer Zeitraum, ist der ArbGeb in aller Regel an den Inhalt des Zwischenzeugnisses gebunden[16]. Jedenfalls muss er Tatsachen vortragen und beweisen, die den geänderten Inhalt des neuen (schlechteren) Zeugnisses rechtfertigen[17].

4. Ausbildungszeugnis. Das Ausbildungszeugnis ist auch ohne ausdrückliches Verlangen des Auszubil- 26
denden zu erteilen. Es soll nach § 8 Abs. 1 Satz 2 BBiG auch vom **Ausbilder** unterschrieben sein, falls der Inhaber des Ausbildungsbetriebes die Ausbildung nicht selbst durchgeführt hat. Das Ausbildungszeugnis muss ferner eine Aussage darüber enthalten, ob der Auszubildende das **Ausbildungsziel** erreicht hat bzw. mit welchem Ausbildungsstand das Ausbildungsverhältnis vorzeitig beendet worden ist[18].

V. Zeugnisberichtigung. 1. Wesen des Berichtigungsanspruches. Einen Anspruch auf Berichtigung eines 27
Zeugnisses enthält § 109 nach seinem Wortlaut nicht. Bei dem Wunsch nach Berichtigung eines bereits ausgestellten Zeugnisses handelt es sich vielmehr um einen **Erfüllungsanspruch**. Der ArbN begehrt nichts anderes, als ihm ein nach Form und Inhalt den gesetzlichen Vorschriften entsprechendes Zeugnis zu erteilen[19]. Da das Zeugnis als einheitliches Ganzes nicht ohne Gefahr der Sinnentstellung auseinander gerissen werden kann, sind die Gerichte befugt, ggf. das gesamte Zeugnis zu überprüfen und unter Umständen selbst neu zu formulieren[20]. Ein so berichtigtes Zeugnis muss der ArbGeb auf das ursprüngliche Ausstellungsdatum **zurückdatieren**, wenn die verspätete Ausstellung nicht vom ArbN zu vertreten ist[21].

2. Beweislast. Da es sowohl bei der Klage auf Erteilung eines Zeugnisses als auch bei der Berichti- 28
gungsklage um einen Erfüllungsanspruch des ArbN geht, trägt der **ArbGeb** für seine Behauptungen, wonach das erteilte Zeugnis inhaltlich richtig ist und er damit seine Verpflichtungen erfüllt habe, grundsätzlich die Darlegungs- und Beweislast (§ 362 BGB)[22]. Besteht Streit darüber, welche Tätigkeiten der ArbN ausgeübt hat, lässt sich dieser Grundsatz leicht durchhalten. Anders ist dies bei **Werturteilen**

---

1 LAG Hamm v. 1.12.1994 – 4 Sa 1540/94, LAGE § 630 BGB Nr. 25. |2 MünchKomm/*Schwerdtner*, § 630 BGB Rz. 40; vgl. auch § 61 Abs. 2 BAT, wonach der Angestellte berechtigt ist, aus triftigen Gründen auch während des Arbeitsverhältnisses ein Zeugnis zu verlangen. |3 *Schaub*, ArbRHdb, § 146 Rz. 5. |4 BAG v. 1.10.1998 – 6 AZR 176/97, AP Nr. 2 zu § 61 BAT. |5 BAG v. 21.1.1993 – 6 AZR 171/92, AP Nr. 1 zu § 61 BAT. |6 BAG v. 21.1.1993 – 6 AZR 171/92, AP Nr. 1 zu § 61 BAT. |7 BAG v. 21.1.1993 – 6 AZR 171/92, AP Nr. 1 zu § 61 BAT. |8 BAG v. 21.1.1993 – 6 AZR 171/92, AP Nr. 1 zu § 61 BAT. |9 BAG v. 21.1.1993 – 6 AZR 171/92, AP Nr. 1 zu § 61 BAT. |10 BAG v. 21.1.1993 – 6 AZR 171/92, AP Nr. 1 zu § 61 BAT. |11 MünchKomm/*Schwerdtner*, § 630 BGB Rz. 40. |12 MünchKomm/*Schwerdtner*, § 630 BGB Rz. 40. |13 MünchKomm/*Schwerdtner*, § 630 BGB Rz. 40. |14 BAG v. 21.1.1993 – 6 AZR 171/92, AP Nr. 1 zu § 61 BAT. |15 LAG Hamm v.1.12.1994 – 4 Sa 1540/94, LAGE § 630 BGB Nr. 25; MünchKomm/*Schwerdtner*, § 630 BGB Rz. 41. |16 LAG Köln v. 8.7.1993 – 10 Sa 275/93, LAGE § 630 BGB Nr. 18. |17 LAG Hamm v.1.12.1994 – 4 Sa 1540/94, LAGE § 630 BGB Nr. 25. |18 Gedon/*Spiertz*, § 8 BBiG Rz. 22. |19 BAG v. 23.6.1960 – 5 AZR 560/58, AP Nr. 1 zu § 73 HGB; v. 17.2.1988 – 5 AZR 638/86, AP Nr. 17 zu § 630 BGB. |20 BAG v. 23.6.1960 – 5 AZR 560/58, AP Nr. 1 zu § 73 HGB. |21 BAG v. 9.9.1992 – 5 AZR 509/91, AP Nr. 19 zu § 630 BGB; LAG Nürnberg v. 13.9.1994 – 6 Ta 118/94, LAGE § 630 BGB Nr. 21; LAG Düsseldorf v. 23.5.1995 – 3 Sa 253/95, LAGE § 630 BGB Nr. 24. |22 BAG v. 23.6.1960 – 5 AZR 560/58, AP Nr. 1 zu § 73 HGB; v. 23.9.1992 – 5 AZR 573/91, EzA § 630 BGB Nr. 16; LAG Düsseldorf v. 23.5.1995 – 3 Sa 253/95, LAGE § 630 BGB Nr. 24.

über den ArbN. Hier würde die völlige Ansiedlung der Beweislast beim ArbGeb dem Umstand nicht gerecht, dass der Zeugnisaussteller oft nur schwer oder mit unverhältnismäßigem Aufwand die Vorkommnisse darlegen und beweisen kann, die zu seiner Beurteilung geführt haben. So müsste der ArbGeb nicht nur solche Begebenheiten und Eigenschaften des ArbN darlegen und beweisen, die zu seiner negativen Bewertung geführt haben. Er müsste, damit sein Zeugnis vom Gericht als gehörige Erfüllung des Zeugnisanspruches angesehen wird, auch im Einzelnen darlegen und beweisen, weshalb er nicht zu einem positiven Urteil über den unzufriedenen, klagenden ArbN gekommen ist. Um dieses Dilemma zu beheben, hat die gerichtliche Praxis einen gangbaren Weg aufgezeigt. So muss der **ArbN** nach richtiger Ansicht – ausgehend von dem Grundsatz, dass er im Zweifel einen Anspruch auf eine durchschnittliche Bewertung hat, darlegen und ggf. beweisen, weshalb ihm eine **bessere Bewertung** zusteht. Umgekehrt trifft den **ArbGeb** die Darlegungs- und Beweislast, wenn er dem ArbN eine **schlechtere Bewertung** erteilen will[1]. Unpraktisch erscheint die Auffassung von *Schwerdtner*, wonach der ArbN, der eine bessere Beurteilung erreichen will, die vom ArbGeb nicht berücksichtigten Einzeltatsachen in den Prozess einführen bzw. die vom ArbGeb bereits dargelegten Tatsachen bestreiten muss[2]. Denn häufig weiß er ja nicht, welche Tatsachen der ArbGeb bei der Zeugnisabfassung berücksichtigt hat.

29 **VI. Widerruf.** Stellt sich nachträglich heraus, dass das Zeugnis wesentliche Unrichtigkeiten enthält, kann es der ArbGeb widerrufen[3]. Bei groben Unrichtigkeiten ist er sogar verpflichtet, dem neuen (potentiellen) ArbGeb des ArbN, der im Vertrauen auf die Richtigkeit des Zeugnisses Schaden zu nehmen droht, zu warnen[4].

30 **VII. Auskünfte.** Aufgrund der nachwirkenden Fürsorgepflicht des ArbGeb ist er dem ausgeschiedenen ArbN verpflichtet, einem potentiellen neuen ArbGeb sorgfältig und wahrheitsgemäß Auskunft über ihn zu erteilen[5]. Selbst ohne Einverständnis des ArbN soll der ArbGeb nach Auffassung der Rspr. hierzu berechtigt sein[6]. Dies folgt nach Auffassung des BAG aus den Grundsätzen der Sozialpartnerschaft. Angehörige der Arbeitgeberschaft sind danach ebenso wie Angehörige der Arbeitnehmerschaft berechtigt, sich jeweils untereinander gegenseitig zur Wahrung ihrer Belange zu unterstützen[7]. Wegen des vertraulichen Charakters der Auskunft sollen sogar Umstände mitgeteilt werden dürfen, die in ein wohlwollendes Zeugnis üblicherweise nicht aufgenommen werden[8]. In jedem Falle sind aber datenschutzrechtliche Bestimmungen zu beachten. Auf Verlangen muss er dem ArbN Kenntnis von den Auskünften geben, die er über ihn erteilt hat[9].

31 **VIII. Haftung. 1. Schadensersatzanspruch des ArbN.** Verletzt der ArbGeb schuldhaft seine Pflichten aus § 109 dadurch, dass er das Zeugnis nicht gehörig oder verspätet ausstellt, ist er dem ArbN zum Ersatz des dadurch entstehenden Schadens wegen Schlechterfüllung nach § 280 Abs. 1 BGB oder wegen Schuldnerverzugs nach §§ 280 Abs. 2, 286 BGB verpflichtet[10]. Die Darlegungs- und Beweislast dafür, dass die Nichterteilung, die verspätete Erteilung oder die Erteilung eines unrichtigen Zeugnisses für einen Schaden des ArbN ursächlich gewesen ist, liegt gemäß allgemeinen Grundsätzen beim ArbN[11].

32 **a) Verdienstausfall.** Begehrt der ArbN Schadensersatz wegen Verdienstausfalles, muss er darlegen und ggf. beweisen, dass ein bestimmter ArbGeb ihn nur wegen des fehlenden Zeugnisses nicht eingestellt hat[12]. Dabei gibt es selbst bei leitenden Angestellten keinen Erfahrungssatz, dass allein das Fehlen des Zeugnisses für die erfolglose Bewerbung ursächlich gewesen ist. Allerdings helfen dem ArbN die **Beweiserleichterungen** nach § 252 Satz 2 BGB und § 287 ZPO[13], wenn er dem Gericht zunächst die tatsächlichen Grundlagen für die zu treffende Beurteilung oder Schätzung liefert. Der ArbN muss Anhaltspunkte vortragen und beweisen, dass es gerade wegen des fehlenden Zeugnisses nicht zu einer Einstellung gekommen ist[14]. Hier kann auch schon der Vortrag, ein bestimmter ArbGeb sei „ernsthaft interessiert" gewesen und die „Zeugnisfrage sei zur Sprache gebracht worden", ausreichen[15].

33 **b) Zeitnahe Geltendmachung.** Der ArbN ist gehalten, sein Verlangen nach einem ordnungsgemäßen Zeugnis zeitnah geltend zu machen. Wartet er hingegen mehrere Monate zu, läuft er Gefahr, dass sein

---

1 BAG v. 14.10.2003 – 9 AZR 12/03; LAG Hamm v. 13.2.1992 – 4 Sa 1077/91, LAGE § 630 BGB Nr. 16; LAG Köln v. 2.7.1999 – 11 Sa 255/99, NZA-RR 2000, 235; im Ergebnis ebenso, jedoch mit wenig überzeugender Begründung LAG Düsseldorf v. 26.2.1985 – 8 Sa 1873/84, DB 1985, 2692 und LAG Hess. v. 6.11.1991 – 13 Sa 250/91, LAGE § 630 BGB Nr. 14, wonach der ArbN zunächst schlüssig darlegen muss, dass ihm ein Anspruch auf eine bessere Beurteilung noch zusteht und nicht erfüllt ist. Diese Begründung lässt nämlich außer Acht, dass der ArbGeb als Schuldner des Zeugnisanspruches für dessen Erfüllung beweispflichtig ist und nicht der ArbN als Gläubiger für die Nichterfüllung. | 2 MünchKomm/*Schwerdtner*, § 630 BGB Rz 54. | 3 ArbG Passau v. 5.10.1990 – 2 Ca 354/90, BB 1991, 350; MünchKomm/*Schwerdtner*, § 630 BGB Rz. 46. | 4 BGH v. 15.5.1979 – VI ZR 230/76, AP Nr. 13 zu § 630 BGB. | 5 BAG v. 25.10.1957 – 1 AZR 434/55, AP Nr. 1 zu § 630 BGB; BGH v. 10.7.1959 – VI ZR 149/58, AP Nr. 2 zu § 630 BGB; Erman/*Belling*, § 630 BGB Rz. 27. | 6 BAG v. 25.10.1957-1 AZR 434/55, AP Nr. 1 zu § 630 BGB; LAG Hamburg v. 16.8.1984 – 2 Sa 144/83, DB 1985, 284 (285). | 7 BAG v. 25.10.1957-1 AZR 434/55, AP Nr. 1 zu § 630 BGB; abl. MünchKomm/*Schwerdtner*, § 630 BGB Rz. 69. | 8 LAG Hamburg v. 16.8.1984 – 2 Sa 144/83, DB 1985, 284 (285). | 9 BGH v. 10.7.1959 – VI ZR 149/58, AP Nr. 2 zu § 630 BGB. | 10 BAG v. 25.10.1967 – 3 AZR 456/66, AP Nr. 6 zu § 73 HGB; LAG Hamm v. 11.7.1996 – 4 Sa 1534/95, LAGE § 630 BGB Nr. 29. | 11 BAG v. 24.3.1977 – 3 AZR 232/76, AP Nr. 12 zu § 630 BGB. | 12 BAG v. 25.10.1967 – 3 AZR 456/66, AP Nr. 6 zu § 73 HGB; LAG Hamm v. 11.7.1996 – 4 Sa 1534/95, LAGE § 630 BGB Nr. 29. | 13 BAG v. 24.3.1977 – 3 AZR 232/76, AP Nr. 12 zu § 630 BGB. | 14 BAG v. 25.10.1967 – 3 AZR 456/66, AP Nr. 6 zu § 73 HGB. | 15 BAG v. 25.10.1967 – 3 AZR 456/66, AP Nr. 6 zu § 73 HGB; v. 16.11.1995 – 8 AZR 983/94, EzA § 630 BGB Nr. 20.

Verhalten als widersprüchlich aufgefasst wird und Schadensersatzansprüche nach § 242 BGB ausgeschlossen sind[1].

c) Falsche Auskünfte. Ist eine Auskunft, die der ArbGeb gegenüber einem zur Einstellung des ArbN bereiten ArbGeb erteilt, falsch und wird der ArbN wegen der falschen Auskunft nicht eingestellt, so muss der ArbGeb dem ArbN als Schaden die Vergütung ersetzen, die dieser bei Erteilung einer ordnungsgemäßen Auskunft verdient hätte[2]. 34

2. Schadensersatzanspruch des neuen ArbGeb. a) Gegenüber dem alten ArbGeb. Der ArbGeb darf nicht wahrheitswidrige Angaben in das Zeugnis aufnehmen und ein Urteil abgeben, das nicht seiner Überzeugung entspricht oder sich vernünftigerweise nicht aufrecht erhalten lässt. Tut er dies dennoch, kann er im Hinblick auf den „vertrauenheischenden Bescheinigungscharakter"[3] des Zeugnisses einem zukünftigen ArbGeb des ArbN gegenüber schadensersatzpflichtig sein[4]. So haftet ein ArbGeb, der erhebliche Unterschlagungen oder andere Vermögensstraftaten seines ehemaligen Mitarbeiters im Zeugnis nicht ausweist, dem neuen ArbGeb ggf. wegen sittenwidriger Schädigung nach § 826 BGB[5] oder nach **vertraglichen bzw. vertragsähnlichen Grundsätzen**[6]. Bescheinigt ein ArbGeb seinem ArbN äußerste Zuverlässigkeit in einer treu erfüllten Vertrauensstellung, obwohl dieser einige Jahre zuvor ca. 70.000,- DM entwendet hatte, ist das Zeugnis grob falsch und geeignet, einen neuen ArbGeb zu täuschen. Stellt der neue ArbGeb den ArbN im Vertrauen auf die Richtigkeit des Zeugnisses ein und stiehlt der ArbN beim neuen ArbGeb ebenfalls, haftet der alte ArbGeb als Zeugnisaussteller[7]. 35

b) Gegenüber dem ArbN. Bewirbt sich ein ArbN mit einem gefälschten Zeugnis bei einem neuen ArbGeb und erlangt er auf diese Weise seine Einstellung, ist er nach § 823 Abs. 2 BGB, § 263 StGB zum Schadensersatz verpflichtet. Der zu ersetzende Schaden kann auch in der **Erstattung der aufgewendeten Vergütung** liegen, wenn der ArbN nicht kostendeckend gearbeitet hat, etwa weil seine Tätigkeit zu keinen Einnahmen geführt hat. Hier soll nicht die Vermutung eingreifen, dass sich vereinbarte Leistung und Gegenleistung im Arbeitsverhältnis entsprechen, so dass der ArbN für die Vorteilsausgleichung die Beweislast trägt[8]. 36

IX. Prozessuales. 1. Allgemeines. Zuständig für Klagen auf Erteilung bzw. Berichtigung eines Zeugnisses sind gem. § 2 Abs. 1 Nr. 3 e) die Gerichte für Arbeitssachen. Eine einstweilige Verfügung auf Erteilung eines Zeugnisses kommt in Betracht, wenn der ArbN glaubhaft macht, er sei für seine Bewerbungen dringend auf die Vorlage eines Zeugnisses angewiesen, bzw. ein potentieller neuer ArbGeb mache seine Einstellung von der Vorlage eines Zeugnisses abhängig. Dagegen dürfte eine einstweilige Verfügung auf Berichtigung eines Zeugnisses in aller Regel an dem notwendigen Verfügungsgrund scheitern. 37

2. Klageanträge. Richtige Klageart für die Erteilung oder Berichtigung eines Zeugnisses ist die Leistungsklage gem. § 253 ZPO[9]. 38

a) Erteilungsklage. Der **Klageantrag** lautet bei begehrter (erstmaliger) Erteilung eines Zeugnisses, „den Beklagten zu verurteilen, dem Kläger ein Zeugnis zu erteilen, das sich auf Art und Dauer erstreckt" (einfaches Zeugnis) bzw. 39

„den Beklagten zu verurteilen, dem Kläger ein Zeugnis zu erteilen, das sich auf Art und Dauer sowie auf Führung und Leistung erstreckt" (qualifiziertes Zeugnis).

Zulässig ist aber auch ein auf Erteilung eines einfachen bzw. qualifizierten Zeugnisses gerichteter Klageantrag. Hingegen kann der ArbN bei unterlassener (erstmaliger) Zeugniserteilung nicht auf einen von ihm vorformulierten Zeugnisinhalt klagen, da es dem ArbGeb obliegt, das Zeugnis zu formulieren[10]. **Zusätze und Umschreibungen** wie „wohlwollend" oder „das den Kläger in seinem beruflichen Fortkommen nicht hindert" sind mangels ausreichender Bestimmtheit unzulässig. Ist die Klage auf Erteilung eines Zeugnisses mit einer Kündigungsschutzklage verbunden, kann sie mutwillig iSd. § 114 ZPO sein, wenn der Anspruch vorher nicht außergerichtlich geltend gemacht worden ist und keine Anhaltspunkte dafür bestehen, dass der ArbGeb den Anspruch nicht erfüllen will[11].

b) Berichtigungsklage. Der Antrag muss bei begehrter Berichtigung des Zeugnisses das **konkrete Berichtigungsbegehren** ganz oder in einzelnen Punkten selbst enthalten[12]. Keine Bedenken bestehen dagegen, dass der ArbN das Zeugnis, so wie er es erteilt haben möchte, in den Klageantrag aufnimmt. Der Antrag würde dann lauten, 40

„den Beklagten zu verurteilen, dem Kläger ein Zeugnis folgenden Inhalts zu erteilen: ...".

---

1 BAG v. 17.10.1972 – 1 AZR 86/72, AP Nr. 8 zu § 630 BGB. | 2 LAG Hamburg v. 16.8.1984 – 2 Sa 144/83, DB 1985, 284 (285). | 3 BGH v. 15.5.1979 – VI ZR 230/76, AP Nr. 13 zu § 630 BGB. | 4 BGH v. 26.11.1963 – VI ZR 221/62, AP Nr. 10 zu § 826 BGB; v. 15.5.1979 – VI ZR 230/76, AP Nr. 13 zu § 630 BGB. | 5 BGH v. 26.11.1963 – VI ZR 221/62, AP Nr. 10 zu § 826 BGB. | 6 BGH v. 15.5.1979 – VI ZR 230/76, AP Nr. 13 zu § 630 BGB; OLG München v. 30.3.2000 – 1 U 6245/99, OLG-Report München 2000, 337. | 7 OLG München v. 30.3.2000 – 1 U 6245/99, OLG-Report München 2000, 337. | 8 LAG Köln v. 16.6.2000 – 11 Sa 1511/99, NZA-RR 2000, 630, 631. | 9 *Göldner*, Die Problematik der Zeugniserteilung im Arbeitsrecht, ZfA 1991, 225 (249 f.). | 10 BAG v. 29.7.1971 – 2 AZR 250/70, AP Nr. 6 zu § 630 BGB. | 11 LAG Berlin v. 13.8.2002 – 16 Ta 255/02, nv. | 12 BAG v. 14.3.2000 – 9 AZR 246/99, AuR 2000, 361; MünchKomm/*Schwerdtner*, § 630 BGB Rz. 51.

Zulässig sind aber auch Anträge wie,

„den Beklagten zu verurteilen, das am ... erteilte Zeugnis wie folgt zu ergänzen/in folgenden Punkten zu berichtigen: ..."

Möglich ist zudem die Bezugnahme auf eine Anlage zur Klageschrift mit dem vollständigen Zeugniswortlaut. Im Urteil selbst ist der Text des Zeugnisses jedoch in den Tenor aufzunehmen, da das Urteil ansonsten mangels Bestimmtheit nicht vollstreckbar wäre[1].

Auch wenn es dem ArbN nur darum geht, dass das Zeugnis bestimmte Sachverhalte und Bewertungen zum Ausdruck bringt, und er die Formulierung dem ArbGeb selbst überlassen will, muss er gleichwohl eine **konkrete Formulierung** in seinen Antrag aufnehmen. Denn nur wenn Antrag und Tenor eine konkrete Zeugnisformulierung enthalten, ist gewährleistet, dass sich der Streit über den Zeugnisinhalt nicht in das Vollstreckungsverfahren verlagert[2]. Ist das Zeugnis hingegen **unvollständig**, weil es sich nur auf die Leistung und nicht auf die Führung bezieht, muss der gewünschte Inhalt nicht in den Antrag aufgenommen werden. Da der Anspruch auf Erteilung eines qualifizierten Zeugnisses in diesem Falle noch gar nicht erfüllt ist, kann der ArbN auf Erteilung eines qualifizierten Zeugnisses klagen[3].

Nach Auffassung des LAG Hamm muss der Berichtigungsantrag zusätzlich enthalten, dass der ArbGeb nur Zug-um-Zug gegen Herausgabe des alten Zeugnisses zur Berichtigung verurteilt wird, da über den ArbN nur eine Beurteilung existieren dürfe[4]. Dies erscheint jedoch fraglich, da der ArbGeb an einem inhaltlich richtigen Zeugnis kein Zurückbehaltungsrecht hat, das nach §§ 273, 274 BGB zu einer Verurteilung Zug-um-Zug führen würde. Im Übrigen dürfte der ArbGeb auf die Herausgabe des alten Zeugnisses regelmäßig schon deshalb keinen Wert legen, da er nicht ernsthaft damit rechnen kann, der ArbN werde dieses bei einer Bewerbung anstelle des verbesserten Zeugnisses vorlegen.

41 **3. Streitwert.** Die gerichtlich geltend gemachte Erteilung, Berichtigung oder Ergänzung eines Zeugnisses stellen jeweils eine vermögensrechtliche Streitigkeit dar[5].

Der Streitwert für die Klage auf Erteilung eines Zeugnisses beträgt **ein Bruttomonatseinkommen** des ArbN[6]. Derselbe Wert ist bei der begehrten Erteilung eines Zwischenzeugnisses festzusetzen[7]. Bei einer Klage auf Berichtigung eines bereits erteilten Zeugnisses kommt ein Abschlag in Betracht; etwas anderes gilt, wenn das Zeugnis in zentralen Punkten angegriffen wird[8]. Endet ein Kündigungsschutzrechtsstreit mit einem Vergleich, der auch die Erteilung eines Zeugnisses vorsieht, soll dies regelmäßig nicht zu einem Vergleichsmehrwert führen, wenn über die Erteilung eines Zeugnisses kein Streit bestanden hat[9]. Allerdings lässt diese Auffassung das **Titulierungsinteresse** des ArbN unberücksichtigt, der ansonsten eine isolierte Klage auf Erteilung eines Zeugnisses erheben müsste. Dass über die gesetzliche Verpflichtung zur Erteilung eines Zeugnisses kein Streit bestand, kann bei der Streitwertfestsetzung keine Rolle spielen und keinen Abschlag fertigen (strittig)[10]. Anderenfalls müssten konsequenterweise alle von der Beklagtenseite sofort anerkannten Ansprüche streitwertmäßig unberücksichtigt bleiben.

Der Anspruch auf Erteilung eines **Zwischenzeugnisses** ist ebenfalls mit einem Bruttomonatsgehalt des ArbN zu bewerten. Ein Abschlag kommt hier nicht in Betracht, da das Zwischenzeugnis wie das Endzeugnis ggf. Grundlage einer Bewerbung des ArbN bilden kann[11].

42 **4. Zwangsvollstreckung.** Die Erteilung eines qualifizierten Zeugnisses stellt eine unvertretbare Handlung dar[12]. Ist der ArbGeb aufgrund eines Urteils oder Vergleichs zur Erteilung eines Zeugnisses verpflichtet, richtet sich die Vollstreckung demgemäß nach **§ 888 ZPO**. Verpflichtet sich ein ArbGeb in einem gerichtlichen Vergleich zur „Erteilung" eines Zeugnisses, übernimmt er damit nach richtiger Ansicht auch die Verpflichtung, dem ArbN das Zeugnis zukommen zu lassen. Insoweit liegt eine einheitliche Verpflichtung vor, die insgesamt über § 888 ZPO zu vollstrecken ist[13]. Im Vollstreckungsverfahren nach § 888 ZPO sind **materiellrechtliche Einwendungen** wie der Vortrag, das Zeugnis sei bereits erteilt oder seine Erteilung sei gestundet, nur dann erheblich, wenn die Tatsachen unstreitig sind[14]. Ist dies nicht der Fall, muss der jeweilige Einwand im Wege der Verfahren nach Vollstreckungsgegenklage nach § 767 ZPO geltend gemacht werden. Nach früher teilweise vertretener Auffassung ist im Vollstreckungsverfahren auch zu prüfen, ob das erteilte Zeugnis **ordnungsgemäß** ist[15]. Diese Auffassung dürfte mittlerweile überholt

---

1 LAG Köln v. 8.1.2003 – 6 Ta 386/02, MDR 2003, 778. | 2 BAG v. 14.3.2000 – 9 AZR 246/99, AP Nr. 26 zu § 630 BGB. | 3 LAG Köln v. 30.3.2001 – 4 Sa 1485/00, BB 2001, 1959. | 4 LAG Hamm v. 23.2.1992 – 4 Sa 1077/91, LAGE § 630 BGB Nr. 16. | 5 BAG v. 13.2.1984 – 7 AZB 22/83, nv. | 6 LAG Köln v. 28.4.1999 – 13 Ta 96/99, NZA-RR 2000, 218; v. 29.12.2000 – 8 Ta 230/00, NZA-RR 2001, 324. | 7 LAG Düsseldorf v. 19.8.1999 – 7 Ta 238/99, LAGE § 3 ZPO Nr. 10. | 8 LAG Köln v. 28.4.1999 – 13 Ta 96/99, NZA-RR 2000, 218; v. 29.12.2000 – 8 Ta 230/00, NZA-RR 2001, 324. | 9 LAG Köln v. 29.12.2000 – 8 Ta 230/00, NZA-RR 2001, 324; v. 21.6.2002 – 7 Ta 59/02, MDR 2002, 1441. | 10 AA LAG Thür. v. 14.11.2000 – 8 Ta 134/00, MDR 2001, 538 (Titulierungsinteresse 500,- DM); LAG Köln v. 18.12.1998 – 10 Ta 261/98, nv. (Titulierungsinteresse 500,- DM). | 11 LAG Düsseldorf v. 19.8.1999 – 7 Ta 238/99, LAGE § 3 ZPO Nr. 10. | 12 LAG Nürnberg v. 13.9.1994 – 6 Ta 118/94, LAGE § 630 BGB Nr. 21. | 13 LAG Düsseldorf v. 15.3.2001 – 7 Ta 60/01, nv. | 14 LAG Hess. v. 13.8.2002, 16 Ta 255/02, nv.; LAG Düsseldorf v. 15.3.2001 – 7 Ta 60/01, nv.; LAG Köln v. 6.6.2001 – 11 Ta 120/01, nv.; zum Meinungsstand bei LAG Nürnberg v. 13.9.1994 – 6 Ta 118/94, LAGE § 630 BGB Nr. 21. | 15 LAG Düsseldorf v. 8.1.1958 – 6 Ta 64/57, AP Nr. 3 zu § 630 BGB.

sein. Nach richtiger Ansicht ist im Vollstreckungsverfahren nach § 888 ZPO nur zu prüfen, ob das Zeugnis formal dem Titel entspricht, nicht ob es inhaltlich richtig ist[1]. Ist das Zeugnis falsch, muss auf Berichtigung des Zeugnisses geklagt werden[2].

110 *Wettbewerbsverbot*
Arbeitgeber und Arbeitnehmer können die berufliche Tätigkeit des Arbeitnehmers für die Zeit nach Beendigung des Arbeitsverhältnisses durch Vereinbarung beschränken (Wettbewerbsverbot). Die §§ 74 bis 75f des Handelsgesetzbuches sind entsprechend anzuwenden.

Lit.: *Bauer/Diller*, Wettbewerbsverbote, 3. Aufl. 2002; *Buchner*, Wettbewerbsverbote während und nach Beendigung des Arbeitsverhältnisses, 1995; *Düwell*, Neues Arbeitsrecht in der Gewerbeordnung, ZTR 2002, 461; ansonsten siehe zu §§ 74 ff. HGB.

Die Funktion des § 110 ist, die jahrzehntealte Diskussion um den persönlichen Anwendungsbereich der §§ 74 ff. HGB endgültig zu beenden. Die §§ 74 ff. HGB galten ursprünglich nur für kaufmännische Angestellte. Die Rspr. hat lange geschwankt, ehe sie sich dazu durchgerungen hat, die §§ 74 ff. HGB in vollem Umfang auch auf technische Angestellte und sonstige ArbN anzuwenden. Das BAG ging hier zunächst den Umweg, Wettbewerbsverbote mit technischen Angestellten über den – im Zuge der Novellierung der GewO aufgehobenen – § 133f GewO hinaus an § 138 BGB zu messen und zu dessen Konkretisierung die Wertungen der §§ 74 ff. HGB heranzuziehen[3]. Auf die gleiche Weise wurden die §§ 74 ff. HGB später auch auf andere Angestellte sowie auf gewerbliche ArbN ausgedehnt. In der Entscheidung vom 13.9.1969[4] gab das BAG diese Rspr. dann aber auf und wandte im Wege der Analogie die §§ **74 ff. HGB unmittelbar auf alle Gruppen von Arbeitnehmern** an. Die Richtigkeit dieses Schritts wurde in der Folge zwar heftig diskutiert[5], letztlich verstummten aber alle Gegenstimmen, und die §§ 74 ff. HGB wurden durchweg auf alle ArbN (mit Ausnahme der Organmitglieder) angewendet. Dies galt auch für **leitende Angestellte** unmittelbar unter der Vorstandsebene[6] sowie **Prokuristen**[7]. Die – eigentlich schon längst beendete – Diskussion um die Reichweite der §§ 74 ff. HGB wird nunmehr durch § 110 endgültig zu Grabe getragen. In der Sache bringt § 110 deshalb nichts wirklich Neues.

In **sprachlicher** Hinsicht ist anzumerken, dass § 110 gemäß der inzwischen üblichen Terminologie vom „Wettbewerb**s**verbot" spricht, während §§ 74 ff. HGB in der Sprache des vorletzten Jahrhunderts noch vom „Wettbewerbverbot" sprachen.

Unglücklich ist, dass der Gesetzgeber in § 110 Satz 1 die Gesetzestechnik der Klammerdefinition wählt, obwohl der so definierte **Begriff „Wettbewerbsverbot"** in keiner anderen Vorschrift eine Rolle spielt. Diese Klammerdefinition ist aber nicht nur überflüssig, sondern auch gefährlich. Denn dadurch wird der Blick dafür verstellt, dass § 110 GewO, §§ 74 ff. HGB eben nicht nur für die klassischen Konkurrenzklauseln gelten, die dem ArbN den Wechsel zu einem Wettbewerber verbieten, sondern auch für Sperrklauseln hinsichtlich Kunden, Lieferanten, Zulieferern etc., die keine Wettbewerber sind[8].

Zu beachten ist, dass § 110 das Wettbewerbsverbot anders definiert als § 74 Abs. 1 HGB. § 74 Abs. 1 HGB spricht von einer Vereinbarung, die den ArbN („Handlungsgehilfen") „in seiner **gewerblichen** Tätigkeit beschränkt". Demgegenüber spricht § 110 von einer Beschränkung „der **beruflichen** Tätigkeit". Auch insoweit vollzieht § 110 jedoch nur nach, wie § 74 Abs. 1 HGB ohnehin nach herrschender Auffassung verstanden wurde. So gelten die §§ 74 ff. HGB ohne weiteres auch für „freie Berufe",[9] obwohl diese nach allgemeiner Anschauung kein „Gewerbe" darstellen (vgl. § 2 BRAO). Außerdem erfassen die §§ 74 ff. HGB nach einhelliger Auffassung auch die mögliche nicht-selbständige Betätigung, insbesondere als ArbN[10]. Deshalb wurden die §§ 74 ff. HGB zuletzt allgemein so verstanden, dass sie jede Vereinbarung erfassen, die geeignet ist, den ArbN „in seiner beruflichen Betätigung und in seinem Fortkommen" zu behindern[11]. Nichts anderes sagt nunmehr § 110.

Überflüssigerweise regelt § 110 Satz 2, dass die §§ 74 bis 75f HGB nur „**entsprechend**" anzuwenden sein sollen. Welchen Sinn das Wort „entsprechend" haben soll, ist nicht recht ersichtlich. Gewollt ist unstreitig die unmittelbare, vollständige und direkte Anwendung der §§ 74 ff. HGB. Möglicherweise wollte der Gesetzgeber durch das Wort „entsprechend" zum Ausdruck bringen, dass die §§ 74 bis 75f HGB über die dort angesprochenen Personengruppen („Prinzipal", „Handlungsgehilfe") hinaus jetzt eben für alle ArbGeb und ArbN gelten. Um dies zu verdeutlichen, wäre das Wort „entsprechend" allerdings nicht erforderlich gewesen. Irgendwelche Einschränkungen oder Erweiterungen gegenüber den §§ 74 ff. HGB waren jedenfalls bei der Schaffung von § 110 GO nicht gewollt.

---

1 Erman/*Belling*, § 630 BGB Rz. 24; MünchKomm/*Schwerdtner*, § 630 BGB Rz. 52. | 2 *Wieser*, § 630 BGB Rz. 4. | 3 BAG v. 2.12.1966 – 3 AZR 235/66, und 18.12.1967 – 3 AZR 290/66, AP Nr. 18, 19 zu § 133 f. GewO; ausf. *Buchner*, Rz. C. 47 ff. | 4 AP Nr. 24 zu § 611 BGB – Konkurrenzklausel. | 5 Ausf. dazu *Buchner*, Rz. C. 45 ff. | 6 LAG Nürnberg v. 21.7.1994 – 5 Sa 301/94. | 7 OLG Karlsruhe v. 30.9.1986 – 8 U 127/86, BB 1986, 2365. | 8 Ausf. zu solchen Konstellationen *Bauer/Diller*, Rz. 128a. | 9 BAG v. 13.9.1969 – 3 AZR 138/68, AP Nr. 24 zu § 611 BGB – Konkurrenzklausel. | 10 *Bauer/Diller*, Rz. 117. | 11 *Bauer/Diller*, Rz. 117.

6 Technisch verunglückt ist die Verweisung insoweit, als sie auch § 75f HGB erfasst. Denn § 75f HGB regelt nicht Vereinbarungen zwischen ArbGeb und ArbN, sondern Sperrabreden zwischen zwei ArbGeb. Gewollt hat der Gesetzgeber wohl die Klarstellung, dass § 75f HGB für alle ArbGeb gilt, egal ob sie kaufmännische oder technische Angestellte oder sonstige ArbN beschäftigen.

7 Unglücklich ist weiter, dass § 110 nur die Regeln über das **nachvertragliche** Wettbewerbsverbot über §§ 74 ff. HGB hinaus auf alle ArbN erstreckt hat. Für das **gesetzliche** Wettbewerbsverbot aus **§ 60 HGB**, welches während der Dauer des Arbeitsverhältnisses gilt, ist – aus unerfindlichen Gründen – diese Erstreckung unterblieben. Dies ändert aber nichts daran, dass entsprechend der bisherigen Rspr. die §§ 60 ff. HGB über den Kreis der Handlungsgehilfen hinaus für alle ArbN gelten.

8 Klarer ist das Recht der nachvertraglichen Wettbewerbsverbote durch § 110 nicht geworden, im Gegenteil: Die §§ 74 ff. HGB werden teilweise seit Jahren vom BAG als verfassungswidrig und damit unanwendbar angesehen. § 110 verweist aber auch auf diese Vorschriften. Ohne Zuhilfenahme eines Kommentars kommt man also auch nach Schaffung von § 110 nicht aus. Eine komplette Neuregelung der Materie außerhalb der §§ 74 ff. HGB wäre sicherlich der bessere Weg gewesen[1].

9 Der Verweis auf die §§ 74 bis 75f HGB bedeutet im Einzelnen, dass

- das Verbot **Schriftform** sowie **Aushändigung** einer original unterzeichneten **Urkunde** an den ArbN voraussetzt (§ 74 Abs. 2 HGB),
- das Verbot nur verbindlich ist, wenn der ArbGeb eine **Karenzentschädigung** von 50 % der letzten Bezüge zusagt (§ 74 Abs. 2 HGB),
- das Verbot unverbindlich ist, wenn es nicht dem **Schutz eines berechtigten geschäftlichen Interesses** des ArbGeb dient, oder unter Berücksichtigung der gewährten Entschädigung eine **unbillige Erschwerung des Fortkommens** des ArbN darstellt (§ 74a Abs. 1 Satz 1 und 2 HGB),
- das Verbot nicht auf einen Zeitraum von mehr als **zwei Jahren** nach Ende des Arbeitsverhältnisses erstreckt werden darf (§ 74a Abs. 1 Satz 3 HGB),
- das Verbot nichtig ist, wenn der ArbN beim Vertragsschluss **minderjährig** ist (§ 74a Abs. 2 Satz 1 HGB),
- das Verbot nichtig ist, wenn ein **Dritter** anstelle des ArbN das Verbot eingeht (§ 74a Abs. 2 Satz 2 HGB),
- die **Karenzentschädigung** nach Maßgabe des § 74b HGB zu **berechnen** ist,
- **anderweitiger Erwerb** sowie böswillig unterlassener anderweitiger Erwerb auf die Karenzentschädigung anzurechnen ist, soweit Entschädigung und neuer Verdienst zusammen 110 % (bei Wohnsitzwechsel 125 %) der bisherigen Bezüge übersteigen (§ 74c Abs. 1 HGB),
- der ArbN über **anderweitigen Erwerb Auskunft** erteilen muss (§ 74c Abs. 2 HGB),
- im Falle einer **außerordentlichen Kündigung** wegen vertragswidrigen Verhaltens des anderen Teils der Kündigende binnen Monatsfrist sich schriftlich von dem Verbot **lossagen** kann (§ 75 Abs. 1 und 3 HGB),
- der ArbN bei Ausspruch einer **betriebsbedingten** oder einer anderen **nicht-personenbedingten ordentlichen Kündigung** sich von dem Verbot schriftlich binnen eines Monats **lossagen** kann, sofern nicht der ArbGeb bei der Kündigung die Fortzahlung der vollen zuletzt bezogenen Vergütung zusagt (§ 75 Abs. 2 HGB),
- der ArbGeb vor Beendigung des Dienstverhältnisses **mit Jahresfrist** auf das Verbot **verzichten** kann (§ 75a HGB),
- nach Maßgabe des § 75c HGB eine **Vertragsstrafe** vereinbart werden kann, und
- gem. § 75d HGB die Vorschriften der §§ 74 bis 74c HGB nicht zum Nachteil des ArbN **abbedungen** werden können.

10 Aus der Verweisung auf § 75d HGB ergibt sich unmittelbar, dass von § 110 nicht zu Ungunsten des ArbN abgewichen werden darf. Die Anwendung der §§ 74 ff. HGB ist also zugunsten des ArbN **zwingend**.

11 Siehe im Übrigen die Kommentierung zu §§ 74 ff. HGB.

---

[1] So auch *Düwell*, ZTR 2002, 463 f.

Grundgesetz für die Bundesrepublik Deutschland

**vom 23.5.1949 (BGBl. I S. 1),
zuletzt geändert durch Gesetz vom 26.7.2002 (BGBl. I S. 2863)**

– Auszug –

Lit.: *Badura*, Arbeitsrecht und Verfassung, RdA 1999, 8; *Baumann*, Die Rechtsfolgen eines Grundrechtsverstoßes der Tarifpartner, RdA 1994, 272; Bonner Kommentar zum Grundgesetz, 99. Lieferung, 2002; *Canaris*, Grundrechtswirkungen und Verhältnismäßigkeitsprinzip in der richterlichen Anwendung und Fortbildung des Privatrechts, JuS 1989, 161; *Canaris*, Grundrechte und Privatrecht, AcP 184 (1984), 201; *Dreier* (Hrsg.), Grundgesetzkommentar, Band 1, Art. 1–19, 1996; *Gallwas*, Grundrechte, 2. Aufl. 1995; *Gamillscheg*, Die Grundrechte im Arbeitsrecht, AcP 164 (1964), 385; *Gamillscheg*, Die Grundrechte im Arbeitsrecht, 1989; *Heither*, Die Rechtsprechung des Bundesarbeitsgerichts zu den Grundrechten, JöR nF Bd. 33 (1984), 315; *Hesse*, Grundzüge des Verfassungsrechts der Bundesrepublik Deutschland, 20. Aufl. 1999; *Hillgruber*, Abschied von der Privatautonomie, ZRP 1995, 6; *Jarass*, Tarifverträge und Verfassungsrecht, NZA 1990, 505; *Jarass/Pieroth*, Grundgesetz für die Bundesrepublik Deutschland, 6. Aufl. 2002; *von Mangoldt/Klein/Starck*, Grundgesetz-Kommentar, Bd. I, 4. Aufl., 1999; *Maunz/Dürig/Herzog/Scholz ua.*, Grundgesetz, 7. Aufl., 1991 ff.; *von Münch/Kunig* (Hrsg.), Grundgesetz-Kommentar, 5. Aufl. 2000; *Neumann*, Sozialstaatsprinzip und Grundrechtsdogmatik, DVBl. 1997, 92; *Pieroth/Schlink*, Grundrechte Staatsrecht II, 17. Aufl., 2001; *Ramm*, Grundrechte und Arbeitsrecht, JZ 1991, 1; *Sachs* (Hrsg.), Grundgesetz-Kommentar, 3. Aufl., 2003; *Säcker/Oetker*, Grundlagen und Grenzen der Tarifautonomie, 1992; *Schmidt-Bleibtreu/Klein*, Kommentar zum Grundgesetz, 9. Aufl. 1999; *Stein*, Grundrechte im Arbeitsverhältnis, AR-Blattei SD 830, 2001; *Waltermann*, Kollektivvertrag und Grundrechte, RdA 1990, 138.

Art. 3 [Gleichheit]

(1) Alle Menschen sind vor dem Gesetz gleich.

(2) Männer und Frauen sind gleichberechtigt. Der Staat fördert die tatsächliche Durchsetzung der Gleichberechtigung von Frauen und Männern und wirkt auf die Beseitigung bestehender Nachteile hin.

(3) Niemand darf wegen seines Geschlechtes, seiner Abstammung, seiner Rasse, seiner Sprache, seiner Heimat und Herkunft, seines Glaubens, seiner religiösen oder politischen Anschauungen benachteiligt oder bevorzugt werden. Niemand darf wegen seiner Behinderung benachteiligt werden.

I. Allgemeiner Gleichheitssatz (Abs. 1)	1
1. Zweck und Anwendungsbereich	1
a) Normzweck	1
b) Funktion	3
c) Schutzbereich	6
d) Grundrechtsadressaten	7
e) Grundrechtsträger	11
f) Konkurrenzen	12
2. Recht der Europäischen Gemeinschaft	13
3. Auswirkungen	15
a) Gesetzgebung	16
aa) Grundlagen	16
bb) Einzelfälle	20
(1) Beschäftigungsgruppen	20
(2) Betriebs- und Unternehmensgröße	22
(3) Teilzeitarbeit	25
(4) Mitbestimmung	26
(5) Seeleute	27
(6) Beratungs-, Prozesskostenhilfe	28
cc) Auslegung	29
b) Rechtsprechung	30
c) Verwaltung	33
d) Tarifverträge	35
e) Betriebsvereinbarungen	43
f) Arbeitsverträge	47
4. Rechtfertigung durch sachlichen Grund	56
a) Grundlagen	56
b) Vergleichsgruppen	57
c) Prüfungsmaßstab	59
d) Differenzierungsgrund	62
e) Typisierung und Stichtage	65
5. Berufung auf Differenzierungsgründe	69
a) Materiell-rechtliche Hinweisobliegenheit	69
b) Darlegungs- und Beweislast	70
aa) Auslegung	71
bb) Tarifverträge	72
cc) Arbeitsrechtlicher Gleichbehandlungsgrundsatz	75
6. Rechtsfolgen von Verstößen	76
a) Gleichheitswidrige Gesetze	76
b) Exekutive	81
c) Tarifverträge	82
II. Gleichberechtigung von Frau und Mann (Abs. 2 bzw. Abs. 3 Satz 1)	88
1. Bedeutung und Abgrenzung zu anderen Vorschriften	88
a) Abgrenzung und Normzweck	88
b) Schutzbereich	91
c) Wirkung	92
2. Recht der Europäischen Gemeinschaft	93
3. Beeinträchtigung	95
a) Unmittelbare Diskriminierung	96
b) Mittelbare Diskriminierung	99
c) Individuelle Auswahlentscheidungen	102
d) Beweislast	104
4. Gleichstellung	106
a) Benachteiligungsverbot	106
b) Frauenförderung	116
c) Rechtsfolgen von Verstößen	124

GG Art. 3 Rz. 1   Gleichheit

III. Diskriminierungsverbote (Abs. 3) 125	d) Beeinträchtigung/Verletzung 132
1. Unterscheidung nach Geschlecht, Abstammung, Rasse, Sprache, Heimat, Herkunft, Glauben, religiöser oder politischer Anschauung (Abs. 3 Satz 1) 125	e) Gruppenmerkmale 135
	f) Anknüpfungspunkt und Rechtfertigung . . 140
	2. Benachteiligung wegen Behinderung (Abs. 3 Satz 2) 143
a) Bedeutung und Abgrenzung zu anderen Vorschriften 125	a) Bedeutung 143
b) Schutzbereich 127	b) Schutzbereich 146
c) Wirkung 129	c) Beeinträchtigung/Verletzung 147

Lit.: *Bleckmann*, Die Struktur des allgemeinen Gleichheitssatzes, 1995; *Ebsen*, Zur Koordinierung der Rechtsdogmatik beim Gebot der Gleichberechtigung von Männern und Frauen zwischen Europäischem Gemeinschaftsrecht und innerstaatlichem Verfassungsrecht, RdA 1993, 11; *Geng-Scheng Lin*, Die Gleichbehandlung von Teilzeitbeschäftigten, 1995; *Hartmann*, Gleichbehandlung und Tarifautonomie, 1994; *Jarass*, Folgerungen aus der neueren Rechtsprechung des BVerfG für die Prüfung von Verstößen gegen Art. 3 I GG, NJW 1997, 2545; *Maute*, Gleichbehandlung von Arbeitnehmern, 1993; *Mohn*, Der Gleichheitssatz im Gemeinschaftsrecht, 1990; *Pfarr/Bertelsmann*, Diskriminierung im Erwerbsleben, 1989; *Sachs*, Zu den Folgen von Gleichheitsverstößen in Tarifverträgen, RdA 1989, 25; *Sachs*, Zur dogmatischen Struktur der Gleichheitsrechte als Abwehrrechte, DÖV 1984, 411; *Schlachter*, Wege zur Gleichberechtigung, 1993; *Wiedemann*, Neuere Rechtsprechung zur Bedeutung des Gleichheitssatzes für Tarifverträge, RdA 1997, 100; *H. Wiedemann*, Die Gleichheitsgebote im Arbeitsrecht, 2001; *Wisskirchen*, Mittelbare Diskriminierung von Frauen im Erwerbsleben, 1994.

1 **I. Allgemeiner Gleichheitssatz (Abs. 1). 1. Zweck und Anwendungsbereich. a) Normzweck.** Art. 3 Abs. 1 bringt den allgemeinen Gleichheitssatz als **positives Recht** ins Grundgesetz. Er wird vom BVerfG als „überpositiver Rechtsgrundsatz" qualifiziert, der schon aus dem Wesen des Rechtsstaates und der allgemeinen Gerechtigkeit folge[1]. Der allgemeine Gleichheitssatz ist Teil der objektiven Wertordnung, die als verfassungsrechtliche Grundentscheidung für alle Bereiche des Rechts gilt. Er ist Ausdruck des Gerechtigkeitsgedankens und gebietet Rechtsetzungs- und Rechtsanwendungsgleichheit[2].

2 Damit beinhaltet der allgemeine Gleichheitssatz sowohl ein Grundrecht des Einzelnen, dh. ein **subjektives Recht**, als auch einen **Verfassungsgrundsatz**. Außerdem schließt das BVerfG aus Abs. 1 ein allgemeines Willkürverbot[3]. Somit dürfen (auch) ArbN nicht ohne sachlichen Grund ungleich behandelt werden[4]. Der Gleichheitssatz aus Art. 3 Abs. 1 gewährt jedoch keinen Anspruch darauf, dass der Staat absolute Gleichheit ohne soziale oder sonstige Unterschiede herstellt[5].

3 **b) Funktion.** Allgemein wird Art. 3 Abs. 1 als **subjektiv-öffentliches Recht auf Gleichbehandlung** anerkannt. Als solches vermittelt die Vorschrift ein gerichtlich durchsetzbares Recht auf Gleichbehandlung gegen alle Grundrechtsadressaten, solange kein Differenzierungsgrund besteht. Hierin liegt keine Besonderheit gegenüber anderen Grundrechten, sie sind alle in erster Linie Abwehrrechte des Einzelnen gegen den Staat (Abwehrfunktion)[6]. Doch wird auch die Ansicht vertreten, dass der Gleichheitssatz nur modales Abwehrrecht sei, dh. nicht das „Wie", sondern nur das „Ob" betreffe[7].

4 Weiterhin verpflichtet er die Gesetzgebung (und die Rspr.), bei der **Ausgestaltung der Privatrechtsordnung** gleichheitswidrige Regelungen zu unterlassen. Denn die Grundrechte enthalten nicht nur Eingriffsverbote und Abwehrrechte, sondern aufgrund ihres Charakters als objektive Grundsatznormen auch Schutzpflichten des Staates. Insoweit beinhaltet Art. 3 Abs. 1 – aber insb. auch Abs. 2 und 3 – Schutzpflichten zur Herstellung rechtlicher Gleichheit (**Schutzfunktion**)[8].

5 Zudem ist Art. 3 Grundlage der **Wahlgleichheit**, wenn spezielle Vorschriften (Art. 28 Abs. 1, Art. 38 Abs. 1) nicht bestehen. Dies ist insb. bei Wahlen der sozialversicherungsrechtlichen Selbstverwaltung, der Personalvertretung und der ArbN-Kammern der Fall[9].

6 **c) Schutzbereich.** Art. 3 Abs. 1 hat einen umfassenden Schutzbereich. Er beinhaltet das Gebot, „**Gleiches gleich, Ungleiches seiner Eigenart entsprechend verschieden zu behandeln**"[10]. Dies wird auch mit der Formel ausgedrückt, Art. 3 Abs. 1 gebiete, „weder wesentlich Gleiches willkürlich ungleich, noch we-

---

[1] BVerfG v. 5.4.1952 – 2 BvH 1/52, E 1, 208 (233); v. 2.5.1967 – 1 BvR 578/63, E 21, 362 (372); BAG v. 19.4.1983 – 1 AZR 489/81, AP Nr. 124 zu Art. 9 GG mit Anm. *Kraft*; Dreier/*Heun*, Art. 3 GG Rz. 13; Schmidt-Bleibtreu/Klein/*Kannengießer*, Art. 3 I GG 1.1. [2] BAG v. 19.4.1983 – 1 AZR 489/81, AP Nr. 124 zu Art. 9 GG mit Anm. *Kraft*; ErfK/*Dieterich*, Art. 3 GG Rz. 1; Dreier/*Heun*, Art. 3 GG Rz. 57; MünchArbR/*Richardi*, Bd. 1, § 10 Rz. 1. [3] Jarass/Pieroth/*Jarass*, Art. 3 GG Rz. 1. [4] *Löwisch*, Arbeitsrecht, Rz. 127. [5] ErfK/*Dieterich*, Art. 3 GG Rz. 4. [6] BAG v. 28.7.1992 – 3 AZR 173/92, AP Nr. 18 zu § 1 BetrAVG – Gleichbehandlung; ErfK/*Dieterich*, Art. 3 GG Rz. 9; Dreier/*Heun*, Art. 3 GG Rz. 15; MünchArbR/*Richardi*, Bd. 1, § 10 Rz. 1; *Stein*, AR-Blattei SD 830 Rz. 639 ff. [7] Dreier/*Heun*, Art. 3 GG Rz. 15, 57; Sachs/*Osterloh*, Art. 3 GG Rz. 38; *Sachs*, DÖV 1984, 411 (414); *Stein*, AR-Blattei SD 830 Rz. 642. [8] ErfK/*Dieterich*, Art. 3 GG Rz. 11; Dreier/*Heun*, Art. 3 GG Rz. 58; MünchArbR/*Richardi*, Bd. 1, § 10 Rz. 13; *Stein*, AR-Blattei SD 830 Rz. 643. [9] ErfK/*Dieterich*, Art. 3 GG Rz. 12; Schmidt-Bleibtreu/Klein/*Kannengießer*, Art. 3 I GG 1.4; Sachs/*Osterloh*, Art. 3 GG Rz. 63; *Stein*, AR-Blattei SD 830 Rz. 645. [10] BVerfG v. 17.12.1953 – 1 BvR 147, E 3, 58 (135); v. 24.3.1976 – 2 BvR 804/75, E 42, 64 (72); BAG v. 19.4.1983 – 1 AZR 489/81, AP Nr. 124 zu Art. 9 GG mit Anm. *Kraft*.

sentlich Ungleiches willkürlich gleich zu behandeln"[1]. Willkürlich ist eine Ungleichbehandlung, „wenn sich ein vernünftiger, aus der Natur der Sache sich ergebender oder sonst wie sachlich einleuchtender Grund für die Differenzierung nicht finden lässt"[2]. Beeinträchtigt ist der allgemeine Gleichheitssatz, wenn aus der Ungleichbehandlung eine Benachteiligung folgt.

d) **Grundrechtsadressaten.** Nach Art. 1 Abs. 3 ist die **gesamte öffentliche Gewalt** unmittelbar an die Grundrechte – somit auch an Art. 3 Abs. 1 – gebunden. Die Intensität der Bindung ist dabei immer gleich[3]. Zusätzlich müssen nach der Rspr. auch die Träger kollektiver Ordnungen, dh. auch die **Tarifparteien**, den allgemeinen Gleichheitssatz beachten. Die konstruktive Begründung und Wirkungsweise dieser Grundrechtsbindung ist umstritten (siehe Rz. 35 ff.). Wegen der unmittelbaren, uneingeschränkten Bindung auch des Zivilrechtsgesetzgebers sind privatrechtliche – und damit arbeitsrechtliche – Vorschriften selbst unmittelbar an den Grundrechten (Art. 3 Abs. 1) zu messen. Die Grundrechtsbindung ist nicht dadurch geringer, dass es um Konflikte zwischen Privaten geht[4].

Anders ist die Situation bei ihrer Anwendung, wobei für den Gleichheitssatz eine Besonderheit besteht. Nach der Rspr. des BVerfG und der hL entwickeln die Grundrechte eine **mittelbare Drittwirkung** (Ausstrahlungswirkung), so dass sie über die Generalklauseln des BGB angewendet werden[5]. Und gerade im Arbeitsrecht wurde diese Ausstrahlungswirkung vergleichsweise früh anerkannt, wobei das BAG ursprünglich sogar von einer unmittelbaren Geltung der Grundrechte im Arbeitsrecht ausgegangen war[6] (diese Lehre ging vor allem auf *Nipperdey* zurück[7]). Jene Rspr. wurde indes zwischenzeitlich aufgegeben[8].

Indes drängt sich die Frage auf, ob der Gleichheitssatz überhaupt auf **privatrechtliche Beziehungen** anwendbar ist, nachdem doch der Grundsatz der Vertragsfreiheit gilt. Eine generelle Bindung der Privatrechtssubjekte an den Gleichheitssatz würde die privatrechtliche Vertragsfreiheit zunichte machen. Privat muss man grundsätzlich auch willkürliche Entscheidungen treffen dürfen. Die Vertragsfreiheit muss also in der Regel Vorrang haben[9].

Doch bestehen Ausnahmen: Eine davon ist der der **arbeitsrechtliche Gleichbehandlungsgrundsatz**; weiter ist zu fordern, dass derjenige, welcher ein Monopol besitzt, den Gleichheitssatz zu beachten hat[10]. Denn „das dem Vertragsrecht zugrunde liegende Prinzip der Privatautonomie kann hinreichenden Schutz nur gewährleisten, soweit die Bedingungen freier Selbstbestimmung gegeben sind. Wo es an einem annähernden Kräftegleichgewicht der Beteiligten fehlt, ist mit den Mittel des Vertragsrechts allein kein sachgerechter Ausgleich der Interessen zu gewährleisten. Das ist beim Abschluss von Arbeitsverträgen typischerweise der Fall"[11].

e) **Grundrechtsträger.** Art. 3 gilt für alle **natürlichen Personen**, auch für Ausländer, ebenso wie für inländische **juristische Personen** des Privatrechts, Handelsgesellschaften und Personengemeinschaften[12].

f) **Konkurrenzen.** Im Verhältnis zu den **spezielleren Gleichheitsgrundrechten** tritt Art. 3 Abs. 1 bezüglich seines Regelungsinhalts zurück. Damit gehen ihm insb. Art. 3 Abs. 2 und 3, aber zB auch Art. 6 Abs. 5 und Art. 33 Abs. 1 bis 3[13], sowie Art. 21 und Art. 38 Abs. 1 Satz 2 vor[14]. Hingegen schließen sich Freiheits- und Gleichheitsrechte nicht aus, sondern ergänzen sich. Der allgemeine Gleichheitssatz steht selbständig neben den Freiheitsrechten[15].

2. Recht der Europäischen Gemeinschaft. Während weder die EMRK noch der EG-Vertrag einen dem Art. 3 Abs. 1 entsprechenden *allgemeinen* Gleichheitssatz enthalten, finden sich im Recht der **Europäischen Gemeinschaft** mehrere *konkrete* Gleichheitssätze[16], vgl. Art. 12 Abs. 1, 13, 28, 29, 34 Abs. 2 Satz 2,

---

1 BVerfG v. 12.10.1951 – 1 BvR 201/51, E 1, 14 (52); v. 16.3.1955 – 2 BvK 1/54, E 4, 144 (155); v. 11.10.1977 – 1 BvL 8/74, E 46, 55 (62); v. 6.10.1983 – 2 BvL 22/80, E 65, 141 (148); v. 20.3.1979 – 1 BvR 111/74 u. 283/78, E 51, 1 (23). |2 St. Rspr. seit BVerfG v. 12.10.1951 – 1 BvR 201/51, E 1, 14 (52); vgl. ferner BVerfG v. 20.3.1979 – 1 BvR 111/74 u. 283/78, E 51, 1 (23); v. 11.10.1977 – 1 BvL 8/74, E 46, 55 (62); *Neumann*, DVBl 97, 92 (95). |3 *Maute*, Gleichbehandlung von Arbeitnehmern, S. 3. |4 *Dreier/Heun*, Art. 3 GG Rz. 61; Jarass/Pieroth/*Jarass*, Art. 3 GG Rz. 13, 58; MünchArbR/*Richardi*, Bd. 1, § 10 Rz. 19 f. |5 *Bleckmann*, Die Struktur des allgemeinen Gleichheitssatzes, S. 109. |6 BAG v. 15.1.1955 – 1 AZR 305/54, AP Nr. 4 zu Art. 3 GG; v. 10.5.1957 – 1 AZR 249/56, AP Nr. 1 zu Art. 6 GG – Ehe und Familie; v. 29.6.1962 – 1 AZR 343/61, AP Nr. 25 zu Art. 12 GG. |7 Siehe *Nipperdey*, Grundrechte und Privatrecht, 1961. |8 BAG v. 20.12.1984 – 2 AZR 436/83, AP Nr. 27 zu § 611 BGB – Direktionsrecht; v. 27.2.1985 – GS 1/84, AP Nr. 14 zu § 611 BGB – Beschäftigungspflicht; v. 27.9.1994 – GS 1/89, E 78, 56 = AP Nr. 103 zu § 611 BGB – Haftung des Arbeitnehmers; ErfK/*Dieterich*, Einl. GG Rz. 17; *Kissel*, NZA 1988, 145; MünchArbR/*Richardi*, Bd. 1, § 10 Rz. 3, 8; *Sachs*, RdA 1989, 25 (25). |9 *Bleckmann*, Die Struktur des allgemeinen Gleichheitssatzes. S. 109; von Münch/Kunig/*Gubelt*, Art. 3 GG Rz. 2; Dreier/*Heun*, Art. 3 GG Rz. 61; *Stein*, AR-Blattei SD 830 Rz. 635. |10 BAG v. 20.4.1983 – 4 AZR 375/80, E 42, 231 (238) = AP Nr. 71 zu §§ 23, 23 BAT 1975; v. 16.9.1987 – 4 AZR 265/87, E 56, 120 (127) = AP Nr. 15 zu § 4 TVG – Effektivklausel; Jarass/Pieroth/*Jarass*, Art. 3 GG Rz. 13. |11 BVerfG v. 28.1.1992 – 1 BvR 1025/82, E 85, 191 (213) = AP Nr. 2 zu § 19 AZO. |12 von Münch/Kunig/*Gubelt*, Art. 3 GG Rz. 5 ff.; Schmidt-Bleibtreu/Klein/*Kannengießer*, Art. 3 I GG 1.12. |13 Für den Zugang zu Ämtern im Öffentlichen Dienst insoweit ErfK/*Dieterich*, Art. 3 GG Rz. 7. |14 Jarass/Pieroth/*Jarass*, Art. 3 GG Rz. 2 f.; für Auslegung unter Beachtung des Sinnzusammenhangs von Münch/Kunig/*Gubelt*, Art. 3 GG Rz. 9. |15 von Münch/Kunig/*Gubelt*, Art. 3 GG Rz. 105; Dreier/*Heun*, Art. 3 GG Rz. 14. |16 von Münch/Kunig/*Gubelt*, Art. 3 GG Rz. 4a.

39, 43, 50, 141 EGV. Aus diesen Einzelbestimmungen folgert allerdings der EuGH für das Europäische Gemeinschaftsrecht die Geltung eines allgemeinen Gleichheitssatzes, nach dem vergleichbare Sachverhalte nicht unterschiedlich behandelt werden dürfen, es sei denn, die Differenzierung wäre objektiv gerechtfertigt[1]. Indes werden dadurch nur die Organe der Europäischen Gemeinschaft gebunden, die Mitgliedstaaten nur dann, wenn sie Europäisches Gemeinschaftsrecht ausführen[2].

14 Insbesondere verbietet das EG-Recht nicht die **Inländerdiskriminierung**, also nationale Regelungen, die Inländer gegenüber Ausländern benachteiligen. Ob Art. 3 Abs. 1 in diesem Fall Anwendung findet, ist umstritten, mit der hM[3] aber zu bejahen.

15 **3. Auswirkungen.** Alle **Grundrechtsadressaten** sind an den allgemeinen Gleichheitssatz gebunden. Doch auch für andere – insb. Tarifparteien – hat der allgemeine Gleichheitssatz Auswirkungen.

16 **a) Gesetzgebung. aa) Grundlagen.** Der allgemeine Gleichbehandlungsgrundsatz aus Art. 3 Abs. 1 verbietet die **unterschiedliche Behandlung verschiedener Normadressaten**, wenn zwischen ihnen keine rechtfertigenden sachlichen Unterschiede bestehen. Das muss der Gesetzgeber bei der Rechtsetzung berücksichtigen. Dennoch bleibt der Legislative ein erheblicher Gestaltungsspielraum. Zum einen besteht ein Beurteilungs- und Prognosespielraum bezüglich der tatsächlichen Grundlagen einer Regelung und für die Einschätzung der voraussichtlichen Wirkungen. Und zum anderen hat der Gesetzgeber bei der Normsetzung selbst große Freiheiten. So vermag er über das „Ob" einer Regelung, über ihren zeitlichen und sachlichen Regelungsbereich und vor allem über Differenzierungsziel und Differenzierungsmerkmale zu entscheiden. Damit kann er beim Vergleich verschiedener Lebenssachverhalte die Unterscheidungskriterien festlegen. Dabei darf jedoch nicht *willkürlich* vorgegangen werden[4]. Nimmt der Gesetzgeber an sich zulässige Differenzierungen nicht vor, stellt dies keine Verletzung des allgemeinen Gleichheitssatzes dar[5].

17 Unterschiede bestehen beim **Maßstab der Kriterienbildung**. Können die von der Norm Betroffenen den maßgeblichen Lebenssachverhalt selbst beeinflussen, besteht nur ein Willkürverbot. Werden die Gruppen jedoch nach Kriterien gebildet, auf welche die Betroffenen keinen Einfluss nehmen können oder wenn Grundrechtsbezug besteht, müssen Gründe solcher Art und Gewicht vorliegen, dass die unterschiedlichen Rechtsfolgen gerechtfertigt werden können. Dabei muss auch der Verhältnismäßigkeitsgrundsatz beachtet werden. Außerdem kann der Gesetzgeber die **Anforderungen** durch einfachgesetzliche Gleichheitsvorschriften (Differenzierungsverbote oder -gebote) erhöhen, oder die für eine Gleichheitsbetrachtung beachtlichen Faktoren begrenzen (§ 1 Abs. 3, 4 KSchG)[6].

18 Das gilt auch für die **Gemeinschaftsgesetzgebung**. Dabei muss der nationale Gesetzgeber die Durchsetzbarkeit gemeinschaftsrechtlicher Gleichheitsgebote gewährleisten und auch gegenüber den Tarifparteien sicherstellen[7]. Ebenso können die **Tarifparteien** durch konkretisierende einfachgesetzliche Gleichheitsregeln gebunden werden, da die Tarifautonomie gesetzlich ausgestaltet werden muss. Dabei sind jedoch immer die Grenzen des Art. 9 Abs. 3 zu beachten[8].

19 Gebunden ist nur der jeweilige Normgeber im Rahmen seines Zuständigkeitsbereiches, der Gleichheitssatz ist also **kompetenzakzessorisch**. So können zB in unterschiedlichen Bundesländern auch unterschiedliche Regelungen gelten[9]. Der Gesetzgeber muss nicht die zweckmäßigste, vernünftigste oder gerechteste Lösung wählen. Die Gerichte sind nicht befugt, Gesetze unter dem Gesichtspunkt „allgemeine Gerechtigkeit" zu prüfen. Vielmehr geht es nur darum, ob der Gesetzgeber die äußersten Grenzen seines Ermessensbereiches überschritten hat[10].

20 **bb) Einzelfälle. (1) Beschäftigungsgruppen.** Besonders problematisch ist die Differenzierung nach Statusmerkmalen verschiedener Beschäftigungsgruppen[11]. Beispiele dafür sind zB die Unterscheidung nach **Handelsvertretern, Heimarbeitern, Beamten, Organmitgliedern** und insb. **Angestellten**

---

1 EuGH v. 19.10.1977 – Rs. 117/76 u. 16/77 (*Ruckdeschel*), EuGHE 1977, 1753 (1769 f.); v. 16.10.1980 – Rs. 147/79 (*Hochstrass*), EuGHE 1980, 3005 (3019); von Münch/Kunig/*Gubelt*, Art. 3 GG Rz. 4a; Dreier/*Heun*, Art. 3 GG Rz. 9; *Mohn*, Der Gleichheitssatz im Gemeinschaftsrecht, S. 19 ff., 47 ff. | 2 EuGH v. 30.9.1987 – Rs. 12/86 (*Demirel*), EAS EG-Vertrag Art. 238 Nr. 1; von Münch/Kunig/*Gubelt*, Art. 3 GG Rz. 4a; Dreier/*Heun*, Art. 3 GG Rz. 9; *Mohn*, Der Gleichheitssatz im Gemeinschaftsrecht, S. 19 ff., 47 ff. | 3 Vgl. näher von Münch/Kunig/*Gubelt*, Art. 3 GG Rz. 4a; Jarass/Pieroth/*Jarass*, Art. 3 GG Rz. 48; Sachs/*Osterloh*, Art. 3 GG Rz. 91; *Runggaldier*, EAS B 2000, 1996, Rz. 73 ff.; dagegen etwa *Fastenrath*, JZ 1987, 170 (175 ff.). | 4 BAG v. 1.11.1995 – 5 AZR 273/94, AP Nr. 13 zu § 14 MuSchG 1968; ErfK/*Dieterich*, Art. 3 GG Rz. 16; Schmidt-Bleibtreu/Klein/*Kannengießer*, Art. 3 I GG 1.3; Kittner/Zwanziger/*Zwanziger*, ArbR, § 111 Rz. 7. | 5 ErfK/*Dieterich*, Art. 3 GG Rz. 16. | 6 ErfK/*Dieterich*, Art. 3 GG Rz. 17. | 7 EuGH v. 27.6.1990 – Rs. C-33/89 (*Kowalska*), EAS EG-Vertrag Art. 119 Nr. 19 = AP Nr. 21 zu Art. 119 – EWG-Vertrag; BAG v. 26.5.1993 – 5 AZR 184/92, AP Nr. 42 zu Art. 119 – EWG-Vertrag; ErfK/*Dieterich*, Art. 3 GG Rz. 17. | 8 ErfK/*Dieterich*, Art. 3 GG Rz. 17. | 9 ErfK/*Dieterich*, Art. 3 GG Rz. 15 f.; Kittner/Zwanziger/*Zwanziger*, ArbR, § 111 Rz. 9. | 10 BVerfG v. 17.12.1953 – 1 BvR 323/51, 195/51, 283/52, 319/52, E 3, 162 (182); v. 16.3.1955 – 2 BvK 1/54, E 4, 144 (155); v. 6.10.1983 – 2 BvL 22/80, E 65, 141 (148); v. 8.10.1991 – 1 BvL 50/86, E 84, 348 (359); BAG v. 1.11.1995 – 5 AZR 273/94, AP Nr. 13 zu § 14 MuSchG 1968. | 11 Dazu die Rechtsprechungsbeispiele bei *Stein*, AR-Blattei SD 830 Rz. 692 ff.

und Arbeitern[1]. Der allgemeine Gleichheitssatz gebietet nicht, Beamte deshalb als ArbN iSv. § 5 BetrVG zu behandeln, weil sie in einen von einem privaten Rechtsträger allein oder gemeinsam mit einem öffentlichen Rechtsträger geführten Betrieb eingegliedert sind[2]. Auch dass bei einem privaten ArbGeb beschäftigte Minderbehinderte einen gesetzlichen Zusatzurlaub beanspruchen können, nicht aber im öffentlichen Dienst tätige Angehörige dieser Personengruppe, verstößt nicht gegen Art. 3[3].

Das BVerfG[4] hat aber unterschiedliche **Kündigungsfristen** für Angestellte und Arbeiter (unterschiedliche Grundkündigungsfristen und verlängerte Fristen für Angestellte oder Arbeiter) wegen Verstoßes gegen Art. 3 für verfassungswidrig erklärt; § 622 Abs. 2 BGB aF war mit Art. 3 Abs. 1 unvereinbar, soweit hiernach die Kündigungsfristen für Arbeiter kürzer waren als für Angestellte. Die Unterscheidung von Angestellten und Arbeitern ist insoweit nicht (mehr) durchführbar. Eine Differenzierung, die allein an die Zugehörigkeit zur Gruppe „Angestellter" oder „Arbeiter" anknüpft, ist – wegen der Auswirkung auf das berufliche Fortkommen der ArbN – nicht sachgerecht[5]. Damit war auch § 2 AngKSchG nicht mehr verfassungsgemäß[6]. Durch das Gesetz zur Vereinheitlichung der Kündigungsfristen von Arbeitern und Angestellten wurde das Angestelltenkündigungsschutzgesetz zum 15.10.1993[7] aufgehoben. Zulässig sind dagegen kürzere Kündigungsfristen für Heimarbeiter[8].

21

(2) **Betriebs- und Unternehmensgröße.** Im Zusammenhang mit der Betriebsgröße stellt sich vor allem die Frage nach der Verfassungsmäßigkeit der sog. **Kleinbetriebsklausel**. Fraglich ist, ob § 23 Abs. 1 Satz 2 KSchG mit Art. 3 vereinbar ist und Betriebe mit in der Regel zehn oder weniger Beschäftigten aus dem Bereich des Kündigungsschutzgesetzes herausgenommen werden dürfen. Das BVerfG hat hierzu festgestellt, dass dies bei verfassungskonformer Auslegung der Fall ist. Zwar werden durch die Kleinbetriebsklausel in entsprechenden Betrieben tätige ArbN anders behandelt als solche, welche in großen Betrieben arbeiten, doch ist dies durch die besondere Interessenlage der ArbGeb in kleineren Betrieben sachlich gerechtfertigt. In Kleinbetrieben beruht die Zusammenarbeit auf einem besonders engen persönlichen Vertrauensverhältnis zwischen ArbGeb und ArbN. Außerdem sind Kosten und Verwaltungsaufwand für ArbGeb kleiner Betriebe relativ gesehen höher und der Finanzrahmen kleiner Betriebe in der Regel geringer, als dies bei großen Betrieben der Fall ist (siehe auch Art. 12 Rz. 76, 78)[9].

22

Dementsprechend ist auch **§ 622 Abs. 5 Nr. 2 BGB** verfassungskonform. Hiernach kann für ArbN in kleinen Betrieben (bis zu 20 Beschäftigte) die Grundkündigungsfrist hinsichtlich des Kündigungstermins durch arbeitsvertragliche Vereinbarung verkürzt werden[10].

23

Damit zusammenhängend stellt sich die grundsätzliche Frage, ob an dem Unterscheidungsmerkmal **Betrieb** festzuhalten ist, oder nicht vielmehr auf das **Unternehmen** abgestellt werden müsste. Die Rspr. hält im Ergebnis am Kriterium des „Betriebes" fest, wobei sie den Betriebsbegriff verfassungskonform auslegt[11]. In der Lit. wird demgegenüber postuliert, nicht mehr am Betriebsbegriff festzuhalten[12]. Zudem wird in vielen Fällen ohnehin schon von Gesetzes wegen auf die Unternehmensgröße und nicht auf den Betrieb abgestellt, so etwa bei § 111 Satz 1 BetrVG. Soweit Umlagen an die Betriebsgröße geknüpft werden, muss die Verteilung der Umlagelast den Erfordernissen des Art. 3 GG gerecht werden[13].

24

(3) **Teilzeitarbeit.** Bei der Differenzierung nach Beschäftigungsgruppen spielen die Teilzeitbeschäftigten eine besondere Rolle[14]. Hier stellt sich nämlich insb. die Frage nach der **mittelbaren Diskriminierung** von Frauen. Unter diesem Gesichtspunkt liegt bei Teilzeitarbeit oft ein Verstoß gegen Art. 3 nahe. Darauf ist im Zusammenhang mit Abs. 2 näher einzugehen (Rz. 99 ff.).

25

(4) **Mitbest.** Das BVerfG hat Teile des **Mitbestimmungsergänzungsgesetzes** wegen Verstoßes gegen Art. 3 für verfassungswidrig erklärt. Die Ausweitung der Montan-Mitbest. auf Konzernobergesellschaften sei nur mit Art. 3 vereinbar, wenn diese einen ausreichenden Montan-Bezug aufwiesen. Da es für die

26

---

1 ErfK/*Dieterich*, Art. 3 GG Rz. 64; zahlreiche Anwendungsbeispiele mit Rechtsprechungsübersicht bei *Stein*, AR-Blattei SD 830 Rz. 681 ff. | 2 BAG v. 28.3.2001 – 7 ABR 21/00, AP Nr. 5 zu § 7 BetrVG 1972. | 3 BAG v. 5.9.2002 – 9 AZR 355/01, AP Nr. 2 zu § 1 SonderUrlG Saarland. | 4 BVerfG v. 30.5.1990 – 1 BvL 2/83, 9, 10/84, 3/85, 11, 12, 13/89, 4/90 u. 1 BvR 764/86, E 82, 126. | 5 BVerfG v. 30.5.1990 – 1 BvL 2/83, 9, 10/84, 3/85, 11, 12, 13/89, 4/90 u. 1 BvR 764/86, E 82, 126 (127 u.146); *Stein*, AR-Blattei SD 830 Rz. 681. Als zulässig angesehen wurde ursprünglich die unterschiedliche Ausgestaltung der Beteiligung des Personalrats bei Kündigungen von Arbeitern und Angestellten während der Probezeit in der bis Dez. 1993 geltenden Fassung des BPersVG. Die sachliche Rechtfertigung wurde darin gesehen, dass diese Regelung an die verschieden langen Probezeiten und Kündigungsfristen anknüpfte, BVerfG v. 22.2.1994 – 1 BvL 21/85 u. 4792, E 90, 46 (57). Nachdem die unterschiedlichen Kündigungsfristen zwischenzeitlich angeglichen wurden, besteht auch insoweit keine Rechtfertigung mehr. | 6 Siehe nur BAG v. 16.1.1992 – 2 AZR 657/87, AP Nr. 12 zu § 2 Angestelltenkündigungsgesetz. | 7 BGBl. I S. 1668. | 8 BAG v. 24.6.1986 – 3 AZR 1/85, E 52, 238 (241 mwN) = AP Nr. 2 zu § 29 HAG. | 9 BVerfG v. 27.1.1998 – 1 BvL 15/87, E 97, 35; v. 27.1.1998 – 1 BvL 22/93, E 97, 186; ErfK/*Dieterich*, Art. 3 GG Rz. 62; *Hergenröder*, ZfA 2002, 355 (379 f.); *Stein*, AR-Blattei SD 830 Rz. 677. | 10 Kittner/Zwanziger/*Apell*, ArbR, § 90 Rz. 22. | 11 BVerfG v. 27.1.1998 – 1 BvL 15/87, E 97, 35. | 12 ErfK/*Dieterich*, Art. 3 GG Rz. 62; *Hanau*, ZRP 1978, 215 (221); *Stein*, AR-Blattei SD 830 Rz. 679. | 13 BVerfG v. 15.12.1987 – 1 BvR 563/85, 582/85, 974/86, 1 BvL 3/86, E 77, 308 (335, 338); zu § 14 Abs. 1 Satz 1 MuSchG insoweit BAG v. 1.11.1995 – 5 AZR 273/94, AP Nr. 13 zu § 14 MuSchG 1968. Siehe auch ErfK/*Dieterich*, Art. 3 GG Rz. 63. | 14 Dazu insbesondere *Pfarr*, AR-Blattei SD 800.2 Rz. 162 ff.; *Stein*, AR-Blattei SD 830 Rz. 693 ff. mit Rechtsprechungsübersicht.

Abgrenzung keine exakten Kriterien gibt, hat der Gesetzgeber einen weiten Einschätzungsspielraum, doch sind nur solche Abgrenzungskriterien zulässig, die gerade auf die Montan-Industrie zutreffen. Dem hat § 3 Abs. 2 Satz 1 iVm. § 16 MontanmitbestimmungsErgänzungsG nicht in allen Teilen entsprochen[1].

27 (5) **Seeleute.** Es verstößt nicht gegen den allgemeinen Gleichheitssatz, dass nach **§ 21 Abs. 4 FlRG** ausländische Seeleute auf deutschen Handelsschiffen zu Heimatheuern beschäftigt werden können. Die Ungleichbehandlung knüpft insoweit an Unterschiede an, die unter Berücksichtigung der Besonderheit des zu regelnden Sachverhaltes die Differenzierung rechtfertigen[2]. Die Heimatheuern sind dem Lohnniveau in den Herkunftsländern der Seeleute angepasst und entsprechen den dortigen wirtschaftlichen und gesellschaftlichen Verhältnissen[3].

28 (6) **Beratungs-, PKH.** Gem. § 2 Abs. 2 Nr. 1 BerHG wird Beratungshilfe auch in Angelegenheiten gewährt, für deren Entscheidung die Arbeitsgerichtsbarkeit zuständig ist. Die diesbezügliche frühere Einschränkung des Beratungshilfegesetzes war verfassungswidrig[4]. Art. 3 Abs. 1 GG verstärkt den durch Art. 19 Abs. 4 GG garantierten **gleichen Zugang zum Gericht**, was insb. auch für die Auslegung und Anwendung der Vorschriften über die PKH von Bedeutung ist[5].

29 cc) **Auslegung.** Bei der Auslegung von Gesetzen (und TV) – insb. von Generalklauseln – sind die **Grundsätze der Verfassung zu verwirklichen**. Deshalb sind Normen des einfachen Rechts unter Berücksichtigung des allgemeinen Gleichheitsgrundsatzes anzuwenden und auszulegen. Dies muss vor allem bei rechtsfortbildender Konkretisierung einer Vorschrift gelten. So ist beispielsweise die **Kleinbetriebsklausel** des § 23 KSchG (Art. 12 Rz. 78) im Lichte des Gleichbehandlungsgrundsatzes auszulegen[6].

30 b) **Rspr.** Auch die Rspr. muss – selbstredend – den Gleichheitsgrundsatz beachten. Dabei hat Art. 3 Abs. 1 für **arbeitsrechtliche Normen** besonders große Bedeutung. Die Rspr. darf keine Differenzierungen zugrunde legen, die – als Norm formuliert – dem Gesetzgeber nicht erlaubt wären[7].

31 Dennoch müssen die Gerichte **nicht Rechtsprechungsgleichheit** im Sinne einer gerichtsübergreifend gleichheitskonformen Rechtsanwendung sicherstellen, denn ihre Entscheidungen sind grundsätzlich Einzelfallbetrachtungen. Hat die Rspr. an sich verfassungskonform geurteilt, liegt kein Gleichheitsverstoß vor. Dies gilt selbst dann, wenn andere Gerichte dieselbe Rechtsvorschrift in vergleichbaren Fällen anders auslegen (st. Rspr.). Sichergestellt wird die Rechtsprechungseinheit, der insb. die obersten Gerichtshöfe des Bundes verpflichtet sind (Art. 95 Abs. 3), durch das Rechtsmittelrecht (Divergenzberufung, -revision, §§ 64 Abs. 3 Nr. 3, 72 Abs. 2 Nr. 2 ArbGG), Vorlagepflichten (§ 132 Abs. 2 GVG, § 45 Abs. 2 ArbGG; Gesetz zur Wahrung der Einheitlichkeit der Rspr. der obersten Gerichte des Bundes) sowie Konzentrationsermächtigungen[8].

32 Zudem sind die Gerichte an eine einmal feststehende Rspr. nicht gebunden, wenn neue Erkenntnisse oder veränderte Verhältnisse dem entgegenstehen würden; es besteht gerade **keine formelle Präjudizienbindung**[9]. Die Rspr. muss nicht Rechtseinheit in zeitlicher Hinsicht gewährleisten. Gegen den Gleichheitssatz verstoßen nur einzelne objektiv willkürliche Entscheidungen. Zu berücksichtigen sein kann jedoch ein Vertrauensschutz in die gefestigte Rspr. (Rechtsstaatsprinzip)[10]. Insgesamt haben die Gerichte einen weiten Spielraum bei ihrer Rspr. Erst wenn eine fehlerhafte Rechtsanwendung unter Berücksichtigung der das Grundgesetz beherrschenden Gedanken nicht mehr verständlich ist und daher der Schluss nahe liegt, dass sie auf sachfremden Erwägungen beruht, kommt eine Verletzung des Gleichheitssatzes unter dem Gesichtspunkt des Willkürverbots in Betracht[11].

---

1 BVerfG v. 2.3.1999 – 1 BvL 2/91, E 99, 367 (392 ff.); Jarass/Pieroth/*Jarass*, Art. 3 Rz. 58; ErfK/*Oetker*, Montan-MitbestG, § 1 Rz. 30; Kittner/Zwanziger/*Zwanziger*, ArbR, § 111 Rz. 11. |2 Die gegen § 21 Abs. 4 FlRG erhobenen verfassungsrechtlichen Bedenken hat das BVerfG nur im Hinblick auf Art. 9 Abs. 3 Satz 1 GG hinsichtlich Satz 3 geteilt, vgl. Urt. v. 10.1.1995 – 1 BvF 1/90, 1 BvR 342/90, 348/90, E 92, 26 = AP Nr. 76 zu Art. 9 GG mit Anm. *Wank*; dazu ferner *Geffken*, NZA 1995, 504; *Hergenröder*, AR-Blattei SD 1550.15 (2004) Rz. 46 ff., 141 ff.; *Puttfarken*, RIW 1995, 617; *Wimmer*, NZA 1995, 250; Kittner/Zwanziger/*Zwanziger*, ArbR, § 152 Rz. 11. |3 Siehe auch BAG v. 23.6.1994 – 6 AZR 771/93, E 77, 117 = AP Nr. 18 zu Art. 48 EWG-Vertrag. |4 BVerfG v. 2.12.1992 – 1 BvR 296/88, E 88, 5 (12 ff.) = AP Nr. 1 zu § 2 Beratungshilfeg. |5 BVerfG v. 13.3.1990 – 2 BvR 94/88 ua., E 81, 347 (356 f.); ErfK/*Dieterich*, Art. 3 GG Rz. 13; *Stein*, AR-Blattei SD 830 Rz. 646. |6 BAG v. 25.4.2001 – 5 AZR 360/99, AP Nr. 14 zu § 242 BGB – Kündigung; *Hergenröder*, ZfA 2002, 355 (379 f.). |7 BVerfG v. 14.1.1987 – 1 BvR 1052/79, E 74, 129, 149; v. 11.6.1991 – 1 BvR 538/90, E 84, 197 (199); ErfK/*Dieterich*, Art 3 GG Rz. 21. |8 *Hergenröder*, Zivilprozessuale Grundlagen richterlicher Rechtsfortbildung, 1995, S. 21 ff., 76 ff., 88 ff., 107 ff.; von Mangoldt/Klein/Starck/*Voßkuhle*, Art. 95 Rz. 42 ff. |9 *Hergenröder*, Zivilprozessuale Grundlagen richterlicher Rechtsfortbildung, 1995, S. 6 f., 49 ff., 191 ff. |10 BVerfG v. 11.11.1964 – 1 BvR 488/62, 1 BvR 562/63, 1 BvR 216/64, E 18, 224 (240); v. 16.12.1981 – 1 BvR 898/1132, 1150, 1333, 1181/79, 83, 416/80, 1117/79, 603/80, E 59, 128 (165); v. 14.1.1987 – 1 BvR 1052/79, E 74, 129 (151 f.); BAG v. 20.11.1990 – 3 AZR 613/89, AP Nr. 8 zu § 1 BetrAVG – Gleichberechtigung; v. 20.11.1990 – 3 AZR 573/89, AP Nr. 14 zu § 1 BetrAVG – Ablösung; v. 28.7.1992 – 3 AZR 173/92, AP Nr. 18 zu § 1 BetrAVG – Gleichbehandlung; ErfK/*Dieterich*, Art. 3 GG Rz. 19; *Medicus*, NJW 1995, 2577 ff.; *Stein*, AR-Blattei SD 830 Rz. 648. Zur Problematik der Ankündigung von Rechtsprechungsänderungen *Hergenröder*, Zivilprozessuale Grundlagen richterlicher Rechtsfortbildung, 1995, S. 191 ff. |11 BVerfG v. 13.1.1987 – 2 BvR 209/84, E 74, 102 (127); v. 18.2.1993 – 1 BvR 1594/92, AP Nr. 25 zu § 2 BeschFG 1985; ErfK/*Dieterich*, Art. 3 GG Rz. 22; *Stein*, AR-Blattei SD 830 Rz. 650.

c) Verwaltung. Da auch die öffentliche Verwaltung zu den Grundrechtsadressaten gehört, haben auch die im Bereich des Arbeitsrechts tätigen **Behörden** den Gleichheitssatz zu beachten. Dies gilt insb. bei der Ausfüllung von Beurteilungs- und Ermessensspielräumen, beispielsweise bei der Aufsichtstätigkeit im Bereich des Arbeitsschutzes oder der Zustimmung zu Kündigungen[1]. Außerdem muss die öffentliche Verwaltung beim Erlass von VO und Satzungen den ihr durch die Verordnungsermächtigung belassenen Gestaltungsspielraum gleichheitskonform ausfüllen. Bei ihrer normsetzenden Tätigkeit ist sie unmittelbar grundrechtsgebunden, es gelten die Grundsätze der Bindung des Gesetzgebers entsprechend[2]. 33

Ein Sonderfall staatlicher Normsetzung ist die **Allgemeinverbindlichkeitserklärung** von TV nach § 5 TVG. Die Letzt- und Alleinverantwortlichkeit liegt beim Bundesminister für Arbeits- und Sozialordnung bzw. der obersten Arbeitsbehörde eines Landes, welche den TV auf Übereinstimmung mit Art. 3 Abs. 1 überprüfen müssen[3]. Im Übrigen gilt der Grundsatz der Selbstbindung der Verwaltung[4]. 34

d) TV. Die Anwendbarkeit des allgemeinen Gleichheitssatzes auf TV ist in jeder Hinsicht („Ob" und „Wieweit") problematisch. Denn obwohl die Tarifparteien nicht zu den Grundrechtsadressaten (öffentliche Gewalt) gehören, gibt es außer Art. 3 keine rechtliche Grundlage, um TV am **allgemeinen Gleichbehandlungsgrundsatz** zu messen. Eine dem § 75 BetrVG vergleichbare Regelung existiert nicht. 35

Zudem ist Art. 9 Abs. 3 zu beachten. Wegen des hohen Ranges der Tarifautonomie stellt sich die Frage nach dem Verhältnis dieses Grundrechts zu Art. 3. Die Tarifparteien sollen deshalb bei der Frage des „Ob" einer Regelung, dh. bei der **Festlegung des Geltungsbereichs** eines TV, von der Bindung an Art. 3 bis zur Grenze der Willkür freigestellt sein. Es gehöre zu dem durch das GG geschützten Kernbereich der Koalitionsfreiheit, dass die TV-Parteien frei bestimmen, ob und für welche Berufsgruppen sie überhaupt tarifliche Regelungen treffen oder nicht treffen wollen. So wurde die Herausnahme von Werkstudenten aus dem persönlichen Geltungsbereich eines TV nicht beanstandet[5]. Auch die Unterlassung einer tariflichen Regelung fällt grundsätzlich in den Bereich der geschützten Koalitionsfreiheit[6]. 36

Ungeachtet dessen wird man tarifvertragliche Regelungen, die materielle Arbeitsbedingungen[7] enthalten und gegen den **Gleichheitssatz verstoßen**, im Ergebnis als **unwirksam** zu betrachten haben, wenn keinerlei inhaltliche Gründe für die Differenzierung erkennbar sind[8]. Außerdem muss Art. 3 Abs. 1 bei der Auslegung von TV-Regelungen beachtet werden (verfassungskonforme Auslegung), wodurch Gleichheitsverstöße vermieden werden können[9]. Zudem kann Art. 3 Abs. 1 zur Ergänzung von TV führen[10]. 37

Umstritten ist, auf welchem **dogmatischen Weg** der Gleichheitssatz auf die TV einwirkt (siehe auch TVG Einl. Rz. 15 ff.). Das BAG hatte Art. 3 Abs. 1 GG seit seiner grundlegenden Entscheidung vom 15.1.1955[11] grundsätzlich auf TV direkt angewandt[12]. Der Erste Senat vertrat insoweit die Auffassung, dass die Grundrechte nicht nur die staatliche Gewalt, sondern auch die TV-Parteien unmittelbar binden würden, da TV Gesetze im materiellen Sinne seien und die Tarifparteien Recht kraft staatlicher Delegation („Delegationstheorie") setzten. Zumindest bei der Festlegung der Inhalte des TV müssten die Tarifparteien die Grundrechte ihrer Mitglieder achten („gespaltene Lösung"[13]). Außerdem folge die Bindung aus der Eigenschaft des Gleichheitssatzes als Bestandteil der Verteilungsgerechtigkeit. Diese Meinung wird auch von Stimmen im Schrifttum vertreten[14]. 38

Zwischenzeitlich haben einige Senate den traditionellen Ansatz des BAG aufgegeben und darauf abgestellt, dass Tarifautonomie **kollektive Privatautonomie** sei[15]. Der Gestaltungsspielraum der Tarifparteien ist vor diesem Hintergrund naturgemäß größer als der des Gesetzgebers. Die Bindung der 39

---

[1] ErfK/*Dieterich*, Art. 3 GG Rz. 23. | [2] BAG v. 4.8.1988 – 6 AZR 10/86, AP Nr. 3 zu § 40 BAT; Sachs/*Osterloh*, Art. 3 GG Rz. 115. | [3] BAG v. 28.3.1990 – 4 AZR 536/89, AP Nr. 25 zu § 5 TVG; ErfK/*Dieterich*, Art. 3 GG Rz. 25; *Stein*, AR-Blattei SD 830 Rz. 656. | [4] von Münch/Kunig/*Gubelt*, Art. 3 GG Rz. 39 mwN. | [5] BAG v. 30.8.2000 – 4 AZR 563/99, AP Nr. 25 zu § 4 TVG – Geltungsbereich; kritisch ErfK/*Dieterich*, Art. 3 GG Rz. 26. | [6] BAG v. 24.4.1985 – 4 AZR 457/83, AP Nr. 4 zu § 3 BAT; anders jedoch BAG v. 30.7.1992 – 6 AZR 11/92, AP Nr. 1 zu § 1 TVAngBundespost; zum Ganzen *Hartmann*, Gleichbehandlung und Tarifautonomie, S. 74 ff.; Jarass/Pieroth/*Jarass*, Art. 3 GG Rz. 58. | [7] Siehe auch BAG v. 24.4.1985 – 4 AZR 457/83, AP Nr. 4 zu § 3 BAT. | [8] *Hartmann*, Gleichbehandlung und Tarifautonomie, S. 79; *Richardi*, FS Merz, 1992, S. 481, 494; *Sachs*, RdA 1989, 25 (26); *Wiedemann*, TVG, Einl. Rz. 214; *Wiedemann*, RdA 1997, 100 (101 mwN). | [9] *Baumann*, RdA 1994, 272 (273 f.); Kittner/Zwanziger/*Zwanziger*, ArbR, § 10 Rz. 119. | [10] BAG v. 14.12.1982 – 3 AZR 251/80, AP Nr. 1 zu § 1 BetrAVG – Besitzstand. | [11] BAG v. 15.1.1955 – 1 AZR 305/54, AP Nr. 4 zu Art. 3 GG. | [12] BAG v. 13.2.1985 – 4 AZR 154/83, AP Nr. 12 zu §§ 22, 23 BAT; v. 29.1.1986 – 4 AZR 465/84, AP Nr. 115 zu §§ 22, 23 BAT 1975; v. 28.7.1992 – 3 AZR 173/92, AP Nr. 18 zu § 1 BetrAVG – Gleichbehandlung; v. 9.3.1994 – 4 AZR 301/93, AP Nr. 31 zu § 23 a BAT; v. 13.3.1997 – 2 AZR 175/96, AP Nr. 54 zu 2 BeschFG 1985; Jarass/Pieroth/*Jarass*, Art. 3 GG Rz. 58; *Wiedemann*, TVG, Einl. Rz. 214. | [13] So *Hartmann*, Gleichbehandlung und Tarifautonomie, S. 75. | [14] *Baumann*, RdA 1994, 272 (273); *Gamillscheg*, Die Grundrechte im Arbeitsrecht, S. 103; *Kranzusch*, ZTR 1992, 288 (289); *Schaub*, ArbRHdb, § 112 I 2, S. 969; *Wiedemann*, RdA 1997, 100; *Zöllner*, RdA 1964, 443 (448). | [15] BAG v. 25.2.1998 – 7 AZR 641/96, AP Nr. 11 zu § 1 TVG – Tarifverträge: Luftfahrt; v. 11.3.1998 – 7 AZR 700/96, AP Nr. 12 zu § 1 TVG – Tarifverträge: Luftfahrt; v. 4.4.2000 – 3 AZR 729/98, AP Nr. 2 zu § 1 TVG – Gleichbehandlung; v. 30.8.2000 – 4 AZR 563/99, AP Nr. 25 zu § 4 TVG – Geltungsbereich.

GG Art. 3 Rz. 40

Tarifparteien an den Gleichheitssatz aus Art. 3 Abs. 1 wird auch als ungeschriebene Kompetenzgrenze verstanden, welche die Rspr. aufgrund der Schutzfunktion des Art. 3 im Wege der praktischen Konkordanz des Verhältnisses der Art. 3 und 9 Abs. 3 entwickeln musste[1].

40 Dabei ist das Gleichheitsgebot nicht auf eine Kollektivvereinbarung und ein Unternehmen zu beschränken. **Vergleichbare ArbN-Gruppen** müssen auch in unterschiedlichen TV gleich behandelt werden[2]. Dies gilt insb., wenn dieselben Tarifparteien für unterschiedliche ArbN-Gruppen derselben Branche oder Berufsgruppe je eigenständige TV schließen[3]. Wegen der unterschiedlichen Tarifzuständigkeit auf den Seiten der Vertragspartner lässt sich allerdings das Gleichheitsgebot nicht für den gesamten Tarifzuständigkeitsbereich durchhalten.

41 Beispielhaft für **verfassungswidrige TV-Regelungen** sind Verstöße bei der Ungleichbehandlung von Teilzeitarbeit[4], bei der Benachteiligung von Personen, die aus den neuen Bundesländern stammen und auf Dauer im Westen tätig sind[5], sowie bei der Anrechnung übertariflicher Zulagen[6] und (Weihnachts-)Gratifikationen[7]. Auch in TV muss selbstverständlich Lohngleichheit (für Männer und Frauen) herrschen. Aus dem Gleichheitssatz folgt aber nicht das Gebot zur Gleichstellung von ArbGeb und ArbN, auch wenn dies regelungstechnisch möglich wäre, wie zB bei tariflichen Ausschlussfristen[8].

42 Soweit TV auch heute noch – wie § 622 BGB aF[9] – **unterschiedliche Kündigungsfristen** für Arbeiter und Angestellte vorsehen, hält das BAG die entsprechende Differenzierung unter bestimmten Umständen für zulässig. So könnten funktions-, branchen- oder betriebsspezifische Interessen bzw. besondere Flexibilitätserfordernisse im Geltungsbereich des TV verkürzte Kündigungsfristen für Arbeiter rechtfertigen[10] unterschiedlich beurteilt[11]. Dagegen verstößt es nicht gegen Art. 3, wenn ein tariflicher Sonderkündigungsschutz im Einzelfall von der Anzahl der im Unternehmen beschäftigten **Vollbeschäftigten** ohne die – ggf. anteilige – Einbeziehung von **Teilzeitbeschäftigten** abhängig gemacht wird[12].

43 e) **BV.** Auch die Betriebsparteien gehören nicht zu den Grundrechtsadressaten. Deshalb gilt der verfassungsrechtliche Gleichbehandlungsgrundsatz für BV **nicht unmittelbar**[13]. Das soll nach allerdings bestrittener[14] Ansicht auch der Fall sein, wenn sie auf einem Spruch der Einigungsstelle beruhen[15].

44 Gemäß § 75 Abs. 1 BetrVG haben indes ArbGeb und BR darüber zu wachen, dass alle im Betrieb tätigen Personen nach den Grundsätzen von **Recht und Billigkeit** behandelt werden. Dies gilt auch in Bezug auf den Abschluss von BV. Zu den Grundsätzen von Recht und Billigkeit gehört der allgemeine Gleichheitssatz, wie er in Art. 3 Abs. 1 verkörpert ist. § 75 BetrVG erklärt also die verfassungsrechtlichen Gleichberechtigungs- und Gleichbehandlungsgrundsätze für die Betriebsparteien als verbindlich, wobei die Vorschrift sogar über den verfassungsrechtlichen Gewährleistungsinhalt hinausgeht[16].

45 Praktische Auswirkungen hat der Gleichbehandlungsgrundsatz vor allem bei **Sozialplänen**, welche die Wirkung einer BV haben (§ 112 Abs. 1 Satz 3 BetrVG). So sind die Betriebsparteien beim Abschluss eines Sozialplans zwar grundsätzlich frei in ihren Entscheidungen, doch dürfen sie keine Beschäftigten ohne sachlichen Grund aus dem Sozialplan ausschließen. Zulässig ist die Unterscheidung zwischen älteren und jüngeren ArbN, zwischen ArbN, die freiwillig gekündigt haben und solchen, denen gekündigt wurde – jedenfalls wenn die Eigenkündigung nicht durch den ArbGeb veranlasst war –, die Unterscheidung in Bezug auf ArbN, die einer Weiterarbeit nach Betriebsübergang beim neuen Inhaber

---

1 So ErfK/*Dieterich*, Art. 3 GG Rz. 25 f.; *Dieterich*, FS Wiedemann, 2002, S. 229, 237; s.a. *Schlachter*, JbArbR 40 (2003), 51 ff. | 2 BAG v. 17.12.1992 – 6 AZR 91/92, AP Nr. 1 zu § 2 BAT SR 2 e II Nr. 1; v. 17.10.1995 – 3 AZR 882/94, AP Nr. 132 zu § 242 BGB – Gleichbehandlung mit Anm. *Wiedemann*; *Wiedemann*, RdA 1997, 100 (101). | 3 ErfK/*Dieterich*, Art. 3 GG Rz. 28; *Stein*, AR-Blattei SD 830 Rz. 655; siehe auch *Hanau/Kania*, Ungleichbehandlung von Arbeitern und Angestellten in den Tarifverträgen des öffentlichen Dienstes, 1994, S. 29 ff. | 4 BAG v. 13.3.1997 – 2 AZR 175/96, AP Nr. 54 zu § 2 BeschFG 1985; v. 18.9.1997 – 2 AZR 592/96, AP Nr. 5 zu § 53 BAT. | 5 BAG v. 30.7.1992 – 6 AZR 11/92, AP Nr. 1 zu § 1 TVAngBundespost. | 6 BAG v. 6.2.1985 – 4 AZR 370/83, AP Nr. 16 zu § 4 TVG – Übertarifl. Lohn u. Tariflohnerhöhung; Jarass/Pieroth/*Jarass*, Art. 3 GG Rz. 58. | 7 BAG v. 18.11.1961 – 1 AZR 75/61, E 11, 338 (141). | 8 Kittner/Zwanziger/*Zwanziger*, ArbR, § 111 Rz. 15. | 9 Das BAG hatte in seinem Beschl. v. 30.5.1990 – 1 BvL 2/83 ua., AP Nr. 28 zu § 622 BGB, in welchem es die damalige Regelung unterschiedlicher Kündigungsfristen für Arbeiter und Angestellte für verfassungswidrig erklärt hatte, ausdrücklich offen gelassen, ob ein entsprechendes Differenzierungsverbot auch für Tarifverträge gilt. | 10 Siehe etwa BAG vom 4.3.1993 – 2 AZR 355/93, AP Nr. 40 zu § 622 BGB mit Anm. *Hergenröder*; v. 16.9.1993 – 2 AZR 697/92, AP Nr. 42 zu § 622 BGB; v. 11.8.1994 – 2 AZR 9/94, AP Nr. 31 zu § 1 KSchG 1969 – Krankheit. Zum Ganzen eingehend *Wiedemann*, TVG, § 1 Rz. 548. | 11 Siehe nur *Stein*, AR-Blattei SD 830 Rz. 684; *Wiedemann*, TVG, § 1 Rz. 549. | 12 BAG v. 14.3.2001 – 4 AZR 161/00, AP Nr. 4 zu § 620 BGB – Schuldrechtliche Kündigungsbeschränkungen. | 13 BVerfG v. 23.4.1986 – 2 BvR 487/80, E 73, 261 (268); ErfK/*Dieterich*, Art. 3 GG Rz. 29; *Stein*, AR-Blattei SD 830 Rz. 658. | 14 *Canaris*, JuS 1989, 161 (167); MünchArbR/*Richardi*, Bd. 1, § 10 Rz. 35. | 15 BAG v. 22.1.1980 – 1 ABR 28/78, AP Nr. 7 zu § 111 BetrVG 1972; v. 27.5.1986 – 1 ABR 48/84, AP Nr. 15 zu § 87 BetrVG 1972 – Überwachung; ErfK/*Dieterich*, Art. 3 GG Rz. 29; *Stein*, AR-Blattei SD 830 Rz. 659. Siehe aber auch Kittner/Zwanziger/*Kittner*, ArbR, § 17 Rz. 6. | 16 BAG v. 19.4.1983 – 1 AZR 498/81, AP Nr. 124 zu Art. 9 GG mit Anm. *Kraft*; Löwisch/Kaiser/*Löwisch*, § 75 BetrVG Rz. 8; *Stein*, AR-Blattei SD 830 Rz. 660.

zustimmen und solchen, die dies nicht tun. Unzulässig ist dagegen beispielsweise der generelle Ausschluss von ArbN, die eine Kündigungsschutzklage erhoben haben[1].

Zudem gelten für BV der **arbeitsrechtliche Gleichbehandlungsgrundsatz**[2] und nach Ansicht des BVerfG die Grundsätze der mittelbaren Drittwirkung (Ausstrahlungswirkung) der Grundrechte[3]. Soweit es um die gesetzliche Festlegung der Betriebsvereinbarungsautonomie geht, gelten die Grundrechte gemäß Art. 1 Abs. 3 unmittelbar[4]. 46

f) **Arbeitsverträge.** Im Rahmen der (individuellen) arbeitsrechtlichen Vertragsfreiheit hat Art. 3 Abs. 1 nur **Ausstrahlungswirkung**. Doch hat die Rspr. zusätzlich einen einfachgesetzlichen Gleichheitssatz entwickelt. Dabei bejaht sie aber weiterhin den grundsätzlichen Vorrang der Vertragsfreiheit vor dem arbeitsrechtlichen Grundsatz der Gleichbehandlung[5]. 47

Dieser einfachgesetzliche **arbeitsrechtliche Gleichbehandlungsgrundsatz** ist zwar im Ergebnis allgemein anerkannt, gehört unangefochten seit Jahrzehnten (seit 1938) zu den grundlegenden Rechtsgründen des Arbeitsrechts und wird sogar zu den „tragenden Prinzipien des Arbeitsrechts" gezählt[6], doch ist seine dogmatische Grundlage umstritten. Klarzustellen ist, dass er nicht direkt aus der Verfassung folgen kann, da diese sich nur an die öffentliche Gewalt richtet[7]. 48

Das Reichsarbeitsgericht sah die **Grundlage** des arbeitsrechtlichen Gleichbehandlungsgrundsatzes in „konkreten Ordnungen", die „aus dem Gemeinschaftsleben im Betrieb, aus der darin wurzelnden gegenseitigen Treu- und Fürsorgepflicht des Betriebsführers erwachsen" sind[8]. Die seinerzeit herrschende Lehre zog als Grundlage die Fürsorgepflicht heran[9]. Die heute ganz überwiegende Meinung sieht den Geltungsgrund im Gewohnheitsrecht und die Rspr. gibt keine Begründung mehr[10]. Andere Stimmen in der Lit. stellen auf einen allgemeinen Rechtsgrundsatz, der schon in § 75 BetrVG und in § 1 Abs. 1 Satz 4 BetrAVG ausgedrückt werde, ab. Wieder andere sehen seine tiefere Ursache darin, dass der ArbGeb eine einheitliche Organisation vorgibt, so dass die Arbeitsverhältnisse einen gegenseitigen Bezug hätten oder ziehen § 242 BGB iVm. Art. 3 als Rechtsgrundlage heran[11]. 49

Nach ständiger Rspr. des BAG wird der arbeitsrechtliche Gleichbehandlungsgrundsatz **inhaltlich** von dem allgemeinen Gleichheitssatz des Art. 3 Abs. 1 und vor allem auch vom Gleichberechtigungsgrundsatz des Abs. 2 und vom Benachteiligungsverbot des Abs. 3 geprägt[12]. Er verbietet sowohl die sachfremde Schlechterstellung einzelner ArbN gegenüber anderen ArbN in vergleichbarer Lage, als auch die sachfremde Differenzierung zwischen ArbN in einer bestimmten Ordnung. Eine Gruppenbildung muss sachlichen Kriterien entsprechen. Eine Differenzierung ist dann sachfremd, wenn es für die unterschiedliche Behandlung keine billigenswerten Gründe gibt[13]. Auch etwaige Benachteiligungen im Arbeitsverhältnis wegen der sexuellen Orientierung verstoßen gegen den allgemeinen arbeitsrechtlichen Gleichbehandlungsgrundsatz (nicht gegen Abs. 2)[14]. 50

Der (arbeitsrechtliche) Gleichbehandlungsgrundsatz verbietet dem ArbGeb, Einzelne oder Gruppen von ArbN ohne sachlichen Grund von allgemeinen **begünstigenden Regelungen auszuschließen** oder sie anderweitig schlechter zu stellen. Er erstreckt sich auf alle rechtlichen und tatsächlichen **Arbeitsbedingungen**, bei denen der ArbGeb die Möglichkeit hat, die ArbN gleich oder ungleich zu behandeln und bezieht sich auch auf die Hauptleistungspflichten (wichtigste Anwendungsfälle sind das Entgelt und Ordnungs- und Verhaltensvorschriften), jedoch gilt er nicht für Einstellungen. Er setzt voraus, dass der ArbGeb ausdrücklich oder schlüssig eine Regel aufstellt (bzw. Leistungen nach einem erkennbaren Prinzip gewährt) und bindet ihn dabei an den Gleichbehandlungsgrundsatz. Eine Gruppenbildung muss sachgerecht sein. Der ArbN hat jedoch keinen Anspruch auf eine Regelung, bei dem „Ob" ist der ArbGeb frei[15]. Auch bleibt die einzelvertragliche Begünstigung einzelner ArbN zulässig und gibt den anderen ArbN keinen Anspruch auf Angleichung. Eine Gruppenbildung liegt nur vor, wenn die Besserstellung nach einem oder mehreren Kriterien vorgenommen wird, die bei allen Begüns- 51

---

1 Kittner/Zwanziger/*Kittner*, ArbR, § 17 Rz. 27 ff. Zahlreiche Differenzierungskriterien bei Löwisch/Kaiser/*Löwisch*, § 112 BetrVG Rz. 57 ff. | 2 BVerfG v. 1.9.1997 - 1 BvR 1929/95, AP Nr. 203 zu § 611 BGB - Gratifikation; Löwisch/Kaiser/*Löwisch*, § 112 BetrVG Rz. 7. | 3 BVerfG v. 23.4.1986 - 2 BvR 487/80, E 73, 261 (269); MünchArbR/*Richardi*, Bd. 1, § 10 Rz. 34. | 4 MünchArbR/*Richardi*, Bd. 1, § 10 Rz. 35. | 5 BAG v. 4.5.1962 - 1 AZR 250/61, AP Nr. 32 zu § 242 BGB - Gleichbehandlung; v. 19.4.1983 - 1 AZR 498/81, AP Nr. 124 zu Art. 9 GG; v. 28.7.1992 - 3 AZR 173/92, AP Nr. 18 zu § 1 BetrAVG - Gleichbehandlung. | 6 BAG v. 28.7.1992 - 3 AZR 173/92, AP Nr. 18 zu § 1 BetrAVG - Gleichbehandlung; *Hueck/Nipperdey*, Arbeitsrecht, Bd. 1, S. 417 f.; *Maute*, Gleichbehandlung von Arbeitnehmern, S. 6; *Schaub*, ArbRHdb, § 112 I 6, S. 970. | 7 ErfK/*Dieterich*, Art. 3 GG Rz. 30. Zur Rechtsgrundlage eingehend *Marhold/Beckers*, AR-Blattei SD 800.1 (1996), Rz. 4 ff. | 8 RAG vom 19.1.1938 - RAG 153/37, E 33, 172. | 9 *Schaub*, ArbRHdb, § 112 I 6, S. 970; *Hueck/Nipperdey*, Arbeitsrecht, Bd. 1, S. 417 ff. | 10 *Hromadka/Maschmann*, ArbR, Bd. 1, § 7 Rz. 103; *Maute*, Gleichbehandlung von Arbeitnehmern, S. 8; *Marhold/Beckers*, AR-Blattei SD 800.1 (1996), Rz. 45 f. | 11 Kittner/Zwanziger/*Zwanziger*, ArbR, § 111 Rz. 18. | 12 BAG v. 18.10.1961, AP Nr. 68 zu Art. 3 GG; v. 25.8.1982 - 5 AZR 107/80, AP Nr. 53 zu § 242 BGB - Gleichbehandlung; v. 28.7.1992 - 3 AZR 173/92, AP Nr. 18 zu § 1 BetrAVG - Gleichbehandlung; ErfK/*Dieterich*, Art. 3 GG Rz. 30. | 13 BAG v. 28.7.1992 - 3 AZR 173/92, AP Nr. 18 zu § 1 BetrAVG - Gleichbehandlung. | 14 Kittner/Zwanziger/*Zwanziger*, ArbR, § 111 Rz. 42. | 15 BAG v. 9.9.1981 - 5 AZR 1182/79, AP Nr. 117 zu Art. 3 GG mit Anm. *Pfarr*; v. 28.7.1992 - 3 AZR 173/92, AP Nr. 18 zu § 1 BetrAVG - Gleichbehandlung; *Hromadka/Maschmann*, ArbR, Bd. 1, § 7 Rz. 107 ff., 110; Kittner/Zwanziger/*Zwanziger*, ArbR, § 111 Rz. 20 f.

GG Art. 3 Rz. 52

tigten vorliegen. Verhandlungsgeschick und Verhandlungsstärke des einzelnen ArbN haben insoweit Vorrang vor dem Gleichbehandlungsgrundsatz[1].

52 Aus dem allgemeinen arbeitsrechtlichen Gleichbehandlungsgrundsatz folgt auch keine Verpflichtung des ArbGeb, **Gewerkschaftsmitglieder** und **Außenseiter** gleich zu behandeln. Nach § 3 Abs. 1 TVG gilt der TV grundsätzlich nur für beiderseits tarifgebundene Arbeitsverhältnisse und der ArbGeb ist nicht verpflichtet, den nicht organisierten ArbN die gleichen Leistungen zu gewähren wie den organisierten. Diese Regel darf durch den arbeitsrechtlichen Gleichbehandlungsgrundsatz nicht „umgangen" werden. Schließlich zahlen die Mitglieder auch Beiträge. So wäre eher eine Gleichbehandlung als Verletzung des Gleichheitssatzes zu werten, obwohl dies häufig praktiziert wird[2].

53 Rechtsfolge eines Verstoßes gegen den arbeitsrechtlichen Gleichbehandlungsgrundsatz ist regelmäßig ein **Anspruch des Benachteiligten** auf die ihm zunächst verwehrte Vergünstigung[3]. Doch weil die Handlungs- und Vertragsfreiheit des ArbGeb eingeschränkt wird, darf die Bindung an den Gleichheitssatz nicht weiter gehen als zum Schutz des ArbN erforderlich. Infolgedessen ist er auch in gewissem Rahmen – nicht in seiner Gesamtheit – abdingbar (§ 138 BGB). Zudem ist er subsidiär. Auch gibt der Gleichbehandlungsgrundsatz dem ArbN keinen Anspruch auf ein bestimmtes Tun. Wie der ArbGeb eine grundlose Ungleichbehandlung beseitigt, ist – im Rahmen des rechtlich Zulässigen – seinem Ermessen überlassen[4].

54 Ursprünglich gingen Rspr. und herrschende Lehre davon aus, dass der arbeitsrechtliche Gleichbehandlungsgrundsatz grundsätzlich nur innerhalb eines **Betriebes** Anwendung findet. Unterschiedliche Arbeitsbedingungen in den einzelnen Betrieben desselben Unternehmens waren zulässig. Etwas anderes galt nur, wenn der ArbGeb selbst einheitliche Ordnungen für eine Vielzahl von Betrieben oder für eine bestimmte Kategorie von ArbN geschaffen hatte. Nun bezieht das BAG den Gleichbehandlungsgrundsatz in der Regel auf das **Unternehmen**[5]. Der Gleichbehandlungsgrundsatz sei seinem Wesen nach kompetenzbezogen und beziehe sich deshalb auf den Bereich, auf den sich die gebundene Regelungskompetenz erstrecke; maßgeblich sei insoweit das Unternehmen. Im Hinblick darauf, dass es oft eher zufällig ist, ob man eine Abteilung als „Betriebsteil" oder als „selbständigen Betrieb" zu qualifizieren hat und in beiden Fällen die Abhängigkeit von einem **Entscheidungszentrum** dieselbe ist, ist dem zuzustimmen. Allerdings wird häufig ein sachlicher Grund für eine Differenzierung innerhalb eines Unternehmens vorliegen.

55 Jedoch gilt der Gleichbehandlungsgrundsatz nicht im **Konzern**, die Konzernunternehmen sind rechtlich selbständig (vgl. § 18 AktG)[6]. Soweit der **Staat** als privatrechtlicher ArbGeb auftritt, ist er ebenfalls (nur) an den arbeitsrechtlichen Gleichbehandlungsgrundsatz gebunden[7].

56 **4. Rechtfertigung durch sachlichen Grund. a) Grundlagen.** Eine Ungleichbehandlung vergleichbarer Sachverhalte stellt nicht automatisch eine **Verletzung** des allgemeinen Gleichbehandlungsgrundsatzes dar. Art. 3 Abs. 1 verlangt noch nicht einmal die zweckmäßigste und gerechteste Lösung[8]. Voraussetzung einer zulässigen Differenzierung ist nur, dass sie sachlich vertretbar ist. Als Differenzierungsgrund kommt grundsätzlich jede vernünftige Erwägung in Frage[9]. Liegt jedoch eine unzulässige Differenzierung vor und stellt die festgestellte Ungleich- (Gleich)behandlung einen Nachteil für den Betroffenen da, ist der Gleichbehandlungsgrundsatz beeinträchtigt[10].

57 **b) Vergleichsgruppen.** Die Verletzung des Gleichbehandlungsgrundsatzes setzt voraus, dass **vergleichbare Personen, Gruppen oder Sachverhalte** ungleich behandelt werden, bzw. dass nicht vergleichbare Personen, Gruppen oder Sachverhalte gleich behandelt werden. Schwierig ist hierbei die Vergleichsgruppenbildung, auch weil es manchmal kaum möglich ist, zwischen Vergleichsgruppenbildung und Rechtfertigung klar zu trennen[11]. Beispiele solcher Gruppen sind Angestellte und Arbeiter, Vollzeit- und Teilzeitbeschäftigte.

58 Dabei sind die Anforderungen an die **Vergleichsgruppenbildung** nicht einheitlich zu beurteilen. So haben die Tarifparteien bei der Gruppenbildung einen weiteren Spielraum als der einzelne ArbGeb. Zweifelhaft ist, ob der einzelne ArbGeb sich auf das Vorbild einer tariflichen Regel berufen kann, um

---

1 BAG v. 28.7.1992 – 3 AZR 173/92, AP Nr. 18 zu § 1 BetrAVG – Gleichbehandlung; v. 19.8.1992 – 5 AZR 513/91, AP Nr. 102 zu § 242 BGB – Gleichbehandlung; v. 13.2.2002 – 5 AZR 713/00, AP Nr. 184 zu § 242 BGB – Gleichbehandlung; *Gamillscheg*, Die Grundrechte im Arbeitsrecht, S. 51. | 2 BAG v. 20.7.1960 – 4 AZR 199/59, AP Nr. 7 zu § 4 TVG; *Gamillscheg*, Die Grundrechte im Arbeitsrecht, S. 52; *Löwisch*, Arbeitsrecht, Rz. 284 f. BAG v. 20.7.1960 – 4 AZR 199/59, AP Nr. 7 zu § 4 TVG. | 3 BAG v. 9.9.1981 – 5 AZR 1182/79, AP Nr. 117 zu Art. 3 GG mit Anm. *Pfarr*. | 4 *Hromadka/Maschmann*, ArbR, Bd. 1, § 7 Rz. 99 ff., 117. | 5 BAG v. 17.11.1998 – 1 AZR 147/98, AP Nr. 162 zu § 242 BGB – Gleichbehandlung; ErfK/*Dieterich*, Art. 3 GG Rz. 30. | 6 *Hromadka/Maschmann*, ArbR, Bd. 1, § 7 Rz. 112 ff.; *Schaub*, ArbRHdb, § 112 II 1c, S. 971. | 7 BVerfG v. 2.3.1993 – 1 BvR 1213/85, E 88, 103 (116). | 8 BVerfG v. 26.3.1980 – 1 BvR 121, 122/76, E 54, 11 (25 f.); BAG v. 25.2.1987 – 8 AZR 430/84, AP Nr. 3 zu § 52 BAT; v. 2.4.1992 – 2 AZR 516/91, AP Nr. 38 zu § 622 BGB; v. 23.6.1994 – 6 AZR 911/93, AP Nr. 13 zu § 1 TVG – Tarifverträge: DDR; ErfK/*Dieterich*, Art. 3 GG Rz. 43. | 9 BVerfG v. 8.4.1987 – 2 BvR 909, 934, 935, 936, 938, 941, 942, 947/82, 64, 83 u. 142/84, E 75, 108 (157); v. 9.3.1994 – 2 BvL 43, 51, 63, 64,70, 80/92, 2 BvR 2031/92, E 90, 145 (196); Jarass/Pieroth/*Jarass*, Art. 3 GG Rz. 15 f. | 10 ErfK/*Dieterich*, Art. 3 GG Rz. 36. | 11 ErfK/*Dieterich*, Art. 3 GG Rz. 36.

damit die eigene Ungleichbehandlung zu rechtfertigen[1]. Ein TV kann als solcher nicht als sachlicher Differenzierungsgrund wirken[2].

c) **Prüfungsmaßstab.** Die ältere Rspr. des BVerfG nahm grundsätzlich nur eine Willkürprüfung vor, dh. sie suchte nach einem irgendwie gearteten sachlichen Differenzierungsgrund. Heute tritt die sog. „**neue Formel**" hinzu, zu der das BVerfG seit 1980 übergegangen ist[3]. Danach sind die Anforderungen an den Differenzierungsgrund unterschiedlich. Je nach Regelungsgegenstand und Differenzierungsgründen können sie vom bloßen Willkürverbot bis zu einer strengen Verhältnismäßigkeitsprüfung reichen[4]. 59

Der allgemeine Gleichbehandlungsgrundsatz ist nach der Rspr. des BVerfG vor allem dann verletzt, wenn eine Gruppe von Normadressaten anders behandelt wird, obwohl zwischen beiden Gruppen keine Unterschiede von solcher Art und solchem Gewicht bestehen, dass sie die ungleiche Behandlung rechtfertigen könnten[5]. Also muss bei der Entscheidung, welcher **Prüfungsmaßstab** anzulegen ist, zuerst nach dem Differenzierungsgrund gefragt werden. Insoweit gelten für die Prüfungsintensität folgende „Richtlinien": Werden verschiedene *Personengruppen* – die keinen oder nur schwer Einfluss auf das entsprechende Kriterium haben – (etwa Angestellte und Arbeiter) und nicht nur verschiedene *Sachverhalte* ungleich behandelt, ist eine strenge Prüfung notwendig. Außerdem ist eine genaue Untersuchung geboten, wenn die fragliche Maßnahme in den Schutzbereich eines anderen Grundrechts eingreift[6]. Damit sind dem gesetzgeberischen Gestaltungsspielraum dort enge Grenzen gezogen, wo es sich um Regelungen handelt, die Auswirkungen auf die durch Art. 12 Abs. 1 geschützte Freiheit der beruflichen Tätigkeit haben. Hingegen kann bei komplexen Zusammenhängen wieder großzügig geprüft werden. Ebenso findet eine bloße Willkürprüfung statt, wenn ohne benannte Differenzierungskriterien nach dem Zufallsprinzip vorgegangen wird[7]. 60

Das BAG folgt dieser Rspr. nicht uneingeschränkt. So übernimmt es die „neue Formel" zwar gelegentlich und betont dabei sogar, dass Art. 3 mehr als ein **Willkürverbot** bedeute[8]. In einigen Entscheidungen gebraucht das BAG aber auch die „neue Formel" wieder nur als Willkürverbot, wenn unter dem Gesichtspunkt der Ermessensüberschreitung gefragt wird, ob gewichtige, tatsächliche Gleichheiten oder Ungleichheiten hinreichend beachtet werden[9]. So hat das BAG die neue Formel zwar bei der Prüfung unterschiedlicher Kündigungsfristen von Angestellten und Arbeitern zugrunde gelegt, eine Überprüfung anhand des Übermaßverbots erfolgte aber nicht, sondern eine nicht „beträchtliche" Ungleichbehandlung wurde als hinnehmbar und zulässig beurteilt. Ungleichbehandlung und rechtlicher Grund müssten (nur) in einem angemessenen Verhältnis zueinander stehen[10]. Ob die „neue Formel" die frühere „Willkürformel" ersetzt oder ergänzt, wird in der Lit. unterschiedlich beurteilt[11]. Außerdem wird die Auffassung vertreten, es sei eine generelle Überprüfung nach dem Verhältnismäßigkeitsgrundsatz vorzunehmen[12]. Gegen die „neue Formel" wird eingewandt, dass sie den Blick auf die unterschiedliche Rechtfertigungskonstellation verdunkle, anstatt die verfassungsrechtliche Kontrolle auszudehnen[13]. 61

d) **Differenzierungsgrund.** Nicht gleichheitswidrig ist eine Ungleichbehandlung (Gleichbehandlung), wenn sie gerechtfertigt ist, dh. ein **sachlicher Differenzierungsgrund** vorliegt. Dabei führen Mängel der Motive des Gesetzgebers für sich besehen nicht zur Verletzung des Gleichheitssatzes, wenn die Differenzierung in der Sache objektiv gerechtfertigt ist[14]. Da im Bereich des Arbeitsrechts ein breiter Gestaltungs- und Differenzierungsbedarf zur Verwirklichung unterschiedlichster wirtschafts-, beschäftigungs-, sozial- und gesellschaftspolitischer Vorstellungen besteht, dürfen auch wirtschafts- und beschäftigungspolitische Differenzierungsziele berücksichtigt werden. So kann der Gesetzgeber funktions- oder auch betriebsspezifische Interessen der ArbGeb an größerer personalwirtschaftlicher Beweglichkeit berück- 62

---

1 *Gamillscheg*, Die Grundrechte im Arbeitsrecht, S. 52. | 2 BAG v. 28.7.1992 – 3 AZR 173/92, AP Nr. 18 zu § 1 BetrAVG – Gleichbehandlung. | 3 ErfK/*Dieterich*, Art. 3 GG Rz. 33; Dreier/*Heun*, Art. 3 GG Rz. 19; Sachs/Osterloh, Art. 3 GG Rz. 8; *Stein*, AR-Blattei SD 830 Rz. 664; zum Ganzen *Jarass*, NJW 1997, 2545 ff. | 4 BVerfG v. 27.1.1998 – 1 BvL 15/87, E 97, 169; BAG v. 9.3.1994 – 4 AZR 301/93, AP Nr. 31 zu § 23a BAT; Jarass/Pieroth/*Jarass*, Art. 3 GG Rz. 17; *Jarass*, NJW 1997, 2545 (2546). | 5 BVerfG v. 7.10.1980 – 1 BvL 50/89/79, 1 BvR 240/79, E 55, 72 (88); v. 16.3.1982 – 1 BvR 938/81, E 60, 123 (133 f.); v. 30.5.1990 – 1 BvL 2/83, 9, 10/84, 3/85, 11, 12, 13/89, 4/90 u. 1 BvR 764/86, E 82, 126 (146 mwN); v. 28.1.1992 – 1 BvR 1025/82, 1 BvL 16/83 u. 10/91, E 85, 191 (210); v. 22.2.1994 – 1 BvL 21/85 u. 4792, E 90, 46 (56 mwN); BAG v. 16. 1.1992 – 2 AZR 657/87, AP Nr. 12 zu § 2 AngestelltenkündigungsG. | 6 BVerfG v. 30.5.1990 – 1 BvL 2/83 ua., E 82, 126 (146); v. 11.1.1995 – 1 BvR 892/88, E 92, 53; v. 4.7.1995 – 1 BvR 2/86, 1421/86, 1/87, 3/87, 4/87, E 92, 365 (407 f.); ErfK/*Dieterich*, Art. 3 GG Rz. 40. | 7 BVerfG v. 16.3.1982 – 1 BvR 938/81, E 60, 123 (133 f.); v. 22.2.1994 – 1 BvL 21/85 u. 4/92, E 90, 46 (56); v. 14.12.1994 – 1 BvR 720/90, NJW 95, 2977 (2979); BAG v. 16.1.1992 – 2 AZR 657/87, E 69, 242 (247); Jarass/Pieroth/*Jarass*, Art. 3 GG Rz. 19 ff. | 8 BAG v. 9.3.1994 – 4 AZR 301/93, AP Nr. 31 zu § 23 a BAT. | 9 BAG v. 4.8.1988 – 6 AZR 10/86, AP Nr. 3 zu § 40 BAT; siehe auch v. 30.8.2000 – 4 AZR 563/99, AP Nr. 25 zu § 4 TVG – Geltungsbereich = AR-Blattei ES 1550.1.4 Nr. 5 mit insoweit krit. Anm. *Dieterich*; v. 29.11.2001 – 4 AZR 762/00, AP Nr. 296 zu Art. 3 GG. | 10 BAG v. 23. 1.1992 – 2 AZR 470/91, AP Nr. 37 zu § 622 BGB, hier bezieht sich das BAG auf BVerfG v. 30.5.1990 – 1 BvL 2/83, 9, 10/84, 3/85, 11, 12, 13/89, 4/90 u. 1 BvR 764/86, E 82, 126 (146); *Geng-Scheq Lin*, Die Gleichbehandlung von Teilzeitkräften, S. 36 f. | 11 Siehe nur ErfK/*Dieterich*, Art. 3 GG Rz. 34; von Münch/Kunig/*Gubelt*, Art. 3 GG Rz. 14. | 12 Sachs/*Osterloh*, Art. 3 GG Rz. 15. | 13 *Neumann*, DVBl 1997, 92 (95). | 14 BVerfG v. 26.4.1978 – 1 BvL 29/76, E 48, 227 (237); ErfK/*Dieterich*, Art. 3 GG Rz. 39.

GG Art. 3 Rz. 63

sichtigen und kürzere Kündigungsfristen zulassen. Dabei müssen jedoch immer die anderen Grundrechte – im Arbeitsrecht insb. Art. 12 für den ArbGeb – und die aus dem Sozialstaatsprinzip folgenden Schutzpflichten – für den ArbN – berücksichtigt werden[1].

63 Kein sachlicher Differenzierungsgrund ist das Anknüpfen an die **pauschale Gruppenzugehörigkeit**[2]. Somit ist beispielsweise die unterschiedliche Behandlung von ArbN, weil sie (nur) Teilzeit arbeiten, unzulässig (Rz. 100).

64 **Erlaubte Differenzierungsgründe** sind hingegen: Gekündigtes – ungekündigtes Arbeitsverhältnis, Alter, Stammbelegschaft – übernommene Belegschaft, Führungskräfte[3]. Außerdem sind manche Differenzierungsmerkmale in Gesetz und TV fest verwurzelt und damit auch dem ArbGeb als Unterscheidung erlaubt. Wichtigstes Beispiel dafür ist die Betriebszugehörigkeit, obwohl diese Eigenschaft mit Art und Umfang der Arbeit vielfach nichts zu tun hat (vgl. § 10 KSchG, § 622 BGB)[4]. Zulässige sachliche Gründe sind ferner Arbeitsleistung, Qualifikation, Berufserfahrung oder unterschiedliche Anforderungen am Arbeitsplatz. Dies gilt auch dann, wenn dadurch vorwiegend Teilzeitkräfte anders behandelt werden[5].

65 **e) Typisierung und Stichtage.** Zwar stellen Typisierungen nach herrschender Meinung Eingriffe in das Recht auf Gleichbehandlung dar, doch sind sie unter bestimmten Voraussetzungen zulässig[6]. So kann bei der **Rechtfertigung einer Ungleichbehandlung** ein ausreichender Differenzierungsgrund in der Typisierung und Generalisierung von Sachverhalten liegen[7]. Jede gesetzliche Regelung muss generalisieren. Der Gesetzgeber darf dabei an ein typisches Erscheinungsbild des Regelungsgegenstands und vorliegende Erfahrungen anknüpfen, auch wenn er dadurch nicht jeder Besonderheit gerecht wird. Er kann von Differenzierungen absehen, die der Verständlichkeit und Praktikabilität entgegenstehen. Dies ist besonders bei der Regelung von Massenerscheinungen von Bedeutung, um die es gerade im Arbeitsrecht häufig geht[8].

66 Voraussetzung einer zulässigen Typisierung ist in erster Linie die Orientierung am **typischen Fall** und das Erfassen der **meisten Sachverhalte**, wobei eine Ausblendung atypischer Fälle dennoch nicht unbegrenzt möglich ist. In Betracht kommt nur die Benachteiligung einer verhältnismäßig kleinen Gruppe und der Gleichheitsverstoß darf nicht sehr intensiv sein[9]. Eine Rolle spielen auch die Nachteile im Einzelfall und die Dauerhaftigkeit. Außerdem darf der hinnehmbare Anteil derjenigen, welche durch die Typisierung benachteiligt werden, nicht abstrakt bestimmt werden. Vielmehr ist auf Art und Gewicht der eintretenden Härten und Ungerechtigkeiten und auf die Vermeidbarkeit abzustellen[10]. Härteklauseln und Billigkeitsregelungen können dabei den Typisierungsspielraum erweitern[11]. Die Vorteile der Typisierung müssen im rechten Verhältnis zu den mit ihr verbundenen Ungerechtigkeiten stehen (Erforderlichkeitsprüfung)[12].

67 Die Grundsätze der Typisierung gelten auch für die **Verwaltung**[13] und die **TV-Parteien**[14]. Auch in TV sind Typisierungen nur sachlich gerechtfertigt, wenn sie hinreichend gruppenspezifisch ausgestaltet sind, also entweder nur eine verhältnismäßig kleine Gruppe nicht intensiv benachteiligen, oder funktions-, branchen- oder betriebsspezifischen Interessen im Geltungsbereich des TV entsprechen[15].

68 Ebenso sind **Stichtagsregelungen** für die Schaffung von Ansprüchen und das In-Kraft-Treten belastender Regelungen – trotz der damit verbundenen Härten – grundsätzlich zulässig. Das gilt sogar dann, wenn sie von finanziellen oder finanzpolitischen Erwägungen getragen werden. Die Wahl des Stichtags muss sich allerdings am gegebenen Sachverhalt orientieren und die Interessenlage der Betroffenen angemessen berücksichtigen, wobei Übergangsregelungen geboten sein können[16].

69 **5. Berufung auf Differenzierungsgründe. a) Materiell-rechtliche Hinweisobliegenheit.** Die aktuelle Rspr. des BAG greift die ältere Rspr. wieder auf. Danach hat der ArbGeb eine materiell-rechtliche Pflicht (Dokumentationsobliegenheit), die Gründe für die Ungleichbehandlung schnell **offen zu legen**, sobald der ArbN eine unzulässige Differenzierung rügt. Tut er dies nicht, kann er sich später auch

---

1 BVerfG v. 30.5.1990 – 1 BvL 2/83, 9, 10/84, 3/85, 11, 12, 13/89, 4/90 u. 1 BvR 764/86, E 82, 126 (153); ErfK/*Dieterich*, Art. 3 GG Rz. 38; *Wiedemann*, RdA 1997, 100 (103). | 2 BAG v. 21.3.1991 – 2 AZR 323/84 (A), AP Nr. 29 zu § 622 BGB. | 3 BAG v. 11.11.1986 – 3 AZR 74/85, AP Nr. 4 zu § 1 BetrAVG – Gleichberechtigung; v. 29.8.2001 – 4 AZR 352/00, AP Nr. 291 zu Art. 3 GG. | 4 *Gamillscheg*, Die Grundrechte im Arbeitsrecht, S. 51. | 5 BAG v. 28.7.1992 – 3 AZR 173/92, AP Nr. 18 zu § 1 BetrAVG – Gleichbehandlung; *Wlotzke*, NZA 1984, 217 (218). | 6 *Huster*, Rechte und Ziele, 1993, S. 266. | 7 Jarass/Pieroth/*Jarass*, Art. 3 GG Rz. 30. | 8 BVerfG v. 30.5.1990 – 1 BvL 2/83, 9, 10/84, 3/85, 11, 12, 13/89, 4/90 u. 1 BvR 764/86, E 82, 126 (151 f.); v. 27.1.1998 – 1 BvL 22/93, E 97, 186. | 9 ErfK/*Dieterich*, Art. 3 GG Rz. 47. | 10 BVerfG v. 2.7.1969 – 1 BvR 669/64, E 26, 265 (276); *Huster*, Rechte und Ziele, 1993, S. 274 f.; Jarass/Pieroth/*Jarass*, Art. 3 GG Rz. 31; *Neumann*, DVBl 1997, 92 (96). | 11 BVerfG v. 15.12.1987 – 1 BvR 563/85, 582/85, 974/86, 1 BvL 3/86, E 77, 308 (335, 338); ErfK/*Dieterich*, Art. 3 GG Rz. 47; Sachs/*Osterloh*, Art. 3 GG Rz. 111. | 12 *Huster*, Rechte und Ziele, 1993, S. 279. | 13 Jarass/Pieroth/*Jarass*, Art. 3 GG Rz. 30. | 14 BAG v. 28.7.1992 – 9 AZR 308/90, AP Nr. 10 zu § 1 TVG – Tarifverträge: Seniorität; ErfK/*Dieterich*, Art. 3 GG Rz. 47. | 15 BAG v. 21.3.1991 – AZR 323/84 (A), AP Nr. 29 zu § 622 BGB. | 16 BVerfG v. 8.4.1986 – 1 BvR 1186/83 ua., E 71, 364 (379); BAG v. 28.7.1992 – 9 AZR 308/90, AP Nr. 10 zu § 1 TVG – Tarifverträge: Seniorität; v. 29.11.2001 – 4 AZR 762/00, AP Nr. 296 zu Art. 3 GG; ErfK/*Dieterich*, Art 3 GG Rz. 48; Jarass/Pieroth/*Jarass*, Art. 3 GG Rz. 32; Sachs/*Osterloh*, Art. 3 GG Rz. 113.

nicht auf die entsprechenden Gründe berufen. Dabei soll die Berufung auf einen TV oder eine BV zumeist ausreichen[1].

b) Darlegungs- und Beweislast. Problematisch ist, wer das Vorliegen eines Differenzierungsgrundes beweisen muss. Dabei ist nach der Grundlage, auf der die Ungleichbehandlung basiert, zu unterscheiden. 70

aa) Auslegung. Zunächst sind Differenzierungsgrund bzw. -zweck durch Auslegung zu ermitteln. Besonders ältere Urteile waren insoweit großzügig, da sie von einer **Richtigkeitsgewähr** in Bezug auf die staatliche und tarifliche Normsetzung ausgingen[2]. Bei allgemeinen tariflichen Regelungen könne ein sachgerechter Interessenausgleich vermutet werden[3]. Erst wenn eine Auslegung nicht zum Ziel führt, ist auf Darlegung und Beweise abzustellen[4]. 71

bb) Bei TV (und Betriebsvereinbarungen) gelten die Grundsätze des § 293 ZPO. Bei TV-Normen, die ein Arbeitsverhältnis regeln, handelt es sich nicht um staatliches Gesetzesrecht, sondern um kraft des TV-Gesetzes von den Tarifparteien gesetztes autonomes Recht, das als statuarisches Recht nach den Grundsätzen des § 293 ZPO zu behandeln ist. Somit wird nicht nur die Verfassungskonformität der Entscheidungsgrundlage (inzident) von Amts wegen geprüft, sondern auch die tatsächliche Grundlage der benannten Zwecke bzw. Differenzierungsziele, die für die verfassungsrechtliche Beurteilung erheblich sind, werden nach dem Amtsermittlungsgrundsatz ermittelt[5]. 72

Das bedeutet, dass die ArbG **von Amts wegen** die näheren für die unterschiedliche Behandlung maßgeblichen Umstände, die für und gegen eine Verfassungswidrigkeit sprechen, zu untersuchen haben. Vorausgesetzt wird aber, dass die Parteien ausreichend Anhaltspunkte für eine Nachforschung liefern – wobei entsprechender Vortrag zunächst dem ArbN obliegt – oder zumindest das Gericht selbst an der Verfassungsmäßigkeit zweifelt. Die Rechtslage ist hier nicht anders, als wenn die Rechtmäßigkeit eines TV in Rede steht[6]. Normstützende Rechtstatsachen können auch noch in der Revisionsinstanz ermittelt werden[7]. Das BAG ist nur an die tatsächlichen Feststellungen des LAG gebunden, nicht jedoch an die Auslegung des TV. Auch hier wirkt sich der Gestaltungsspielraum des Normgebers aus[8]. 73

Dennoch besteht die Möglichkeit, dass entscheidungserhebliche Tatsachen sich nicht aufklären lassen (non liquet). Dieses Risiko – **objektive Beweislast** – muss eine Partei tragen[9]. Rügt ein ArbN eine diskriminierende Behandlung durch Anwendung einer seiner Meinung nach gleichheitswidrigen Bestimmung eines TV, gelten für die Verteilung der Beweislast grundsätzlich die allgemeinen Regeln. Als Anspruchsvoraussetzung muss der betreffende ArbN beweisen, dass eine tatsächliche Ungleichbehandlung überhaupt vorliegt. Dabei muss er konkret darlegen, inwieweit die Gruppen, die ungleich behandelt werden, vergleichbar sind. Ausnahmsweise entfällt diese Verpflichtung jedoch, wenn dem ArbN die Beweisführung nicht zumutbar ist. Liegen die tatbestandlichen Voraussetzungen vor, muss der ArbGeb beweisen, dass die tatsächliche Ungleichbehandlung durch einen sachlichen Grund gerechtfertigt werden kann. In der Regel muss also diejenige Partei, welche die Regelung angreift, auch das Risiko der Ungewissheit in Bezug auf die Ungleichbehandlung tragen. Demgegenüber hat diejenige Partei, die sich auf die Regelung beruft, das Risiko der Ungewissheit, welche in Bezug auf die sachlichen Gründe einer Differenzierung verblieben ist, zu übernehmen[10]. 74

cc) Arbeitsrechtlicher Gleichbehandlungsgrundsatz. Anders sieht es im Rechtsstreit um die Verletzung des arbeitsrechtlichen Gleichbehandlungsgrundsatzes aus. Nachdem es insoweit um individualarbeitsrechtliche Fragen geht, ist das Urteilsverfahren eröffnet, es gilt der zivilprozessuale **Beibringungsgrundsatz**, zudem ist das Revisionsgericht an die tatrichterlichen Feststellungen gebunden[11]. Doch wird dem ArbN die Darlegung einer sachwidrigen Benachteiligung meistens nicht in allen Einzelheiten gelingen. Deshalb hilft die Rspr. mit einer abgestuften Beweislast und Vermutungen[12]. Denn bei der Anwendung des arbeitsrechtlichen Gleichbehandlungsgrundsatzes muss die Darlegungs- und Beweislast so verteilt werden, dass eine am materiellen Recht orientierte Entscheidung auch praktisch möglich ist. Dem ArbN dürfen keine übertriebenen Anforderungen an seinen Vortrag aufgebürdet werden, um ihm eine Chance im Prozess zu geben. Aus diesen Gründen obliegt es dem ArbN, darzulegen 75

---

1 BAG v. 9.9.1981 – 5 AZR 1182/79, AP Nr. 117 zu Art. 3 GG mit Anm. *Pfarr*; *Wiedemann*, RdA 1997, 100 (108); Kittner/Zwanziger/*Zwanziger*, ArbR, § 111 Rz. 27. |2 Dazu *Wiedemann*, RdA 1997, 100 (102 mwN). |3 BAG v. 21.3.1991 – 2 AZR 616/90, AP Nr. 31 zu § 622 BGB; v. 16.9.1993 – 2 AZR 697/92, AP Nr. 42 zu § 622 BGB. |4 BVerfG v. 22.2.1994 – 1 BvL 21/85 u. 4/92, E 90, 46 (57); ErfK/*Dieterich*, Art. 3 GG Rz. 53. |5 BAG v. 29.3.1957 – 1 AZR 208/55, AP Nr. 4 zu § 4 TVG – Tarifkonkurrenz; v. 4.3.1993 – 2 AZR 355/92, AP Nr. 40 zu § 622 BGB mit Anm. *Hergenröder*; v. 16.9.1993 – 2 AZR 697/92, AP Nr. 42 zu § 622 BGB; BLAH/*Hartmann*, § 293 ZPO Rz. 2. |6 BAG v. 4.3.1993 – 2 AZR 355/92, AP Nr. 40 zu § 622 BGB mit Anm. *Hergenröder*; Kittner/Zwanziger/*Zwanziger*, ArbR, § 111 Rz. 28. |7 ErfK/*Dieterich*, Art. 3 GG Rz. 50; *Hergenröder*, Zivilprozessuale Grundlagen richterlicher Rechtsfortbildung, 1995, S. 441 ff. |8 ErfK/*Dieterich*, Art. 3 GG Rz. 20, 50; BLAH/*Hartmann*, § 293 ZPO Rz. 2; Kittner/Zwanziger/*Kittner*, ArbR, § 10 Rz. 128. |9 Vgl. näher GMPM/*Prütting*, § 58 ArbGG Rz. 71 ff. |10 ErfK/*Dieterich*, Art. 3 GG Rz. 51; *Wiedemann*, RdA 1997, 100 (108). |11 ErfK/*Dieterich*, Art. 3 GG Rz. 52. |12 BAG v. 5.3.1980 – 5 AZR 881/78, AP Nr. 44 zu § 242 BGB – Gleichbehandlung; v. 20.11.1990 – E 3 AZR 613/89, AP Nr. 8 zu § 1 BetrAVG – Gleichberechtigung; ErfK/*Dieterich*, Art. 3 GG Rz. 52.

GG Art. 3 Rz. 76

und zu beweisen, dass eine Ungleichbehandlung nahe liegt. Der ArbGeb muss dann die Rechtfertigung für die Ungleichbehandlung darlegen und beweisen.

76 **6. Rechtsfolgen von Verstößen. a) Gleichheitswidrige Gesetze.** Gleichheitswidrige Gesetze werden vom BVerfG im Rahmen einer Normenkontrolle nach Art. 100 oder einer Verfassungsbeschwerde mit dem Verdikt der Verfassungswidrigkeit belegt. Dabei ist eine verfassungswidrige Norm grundsätzlich für **nichtig** zu erklären (§ 82 Abs. 1 iVm. § 78 Abs. 1 BVerfGG)[1]. Etwas anderes gilt nach ständiger Rspr. des BVerfG, wenn sich ein Verfassungsverstoß aus dem Zusammenwirken mehrerer Vorschriften ergibt und/oder eine Korrektur auf verschiedene Weise vorgenommen werden kann[2]. Mit Rücksicht auf die Gestaltungsmöglichkeiten des Gesetzgebers ist dann ausnahmsweise von einer Nichtigkeitserklärung abzusehen und die Möglichkeit zur verfassungsgemäßen Neuregelung zu geben. Das ist regelmäßig bei Verstößen gegen Art. 3 der Fall[3].

77 **Gleichheitswidrige Regelungen** können auf verschiedene Arten behoben und mit dem Gleichheitssatz in Übereinstimmung gebracht werden. So können ungleiche Belastungen sowohl gänzlich beseitigt als auf alle „gleichen" Personen ausgedehnt werden. Und gleichheitswidrige Begünstigungen können ebenfalls auf die bislang (gleichheitswidrig) Ausgeschlossenen ausgedehnt oder überhaupt weggelassen werden[4]. Damit sind die gegen den allgemeinen Gleichheitssatz verstoßenden Regelungen idR nur mit Art. 3 unvereinbar und nicht nichtig[5]. So hat sich das BVerfG beispielsweise darauf beschränkt, § 622 Abs. 2 BGB aF nicht für nichtig, sondern (nur) als mit Art. 3 unvereinbar zu erklären[6].

78 Für nichtig erklärt werden kann eine Regelung bei einem Gleichheitsverstoß nur, wenn mit Sicherheit anzunehmen ist, dass der Gesetzgeber bei Beachtung des Art. 3 die nach der Nichtigkeitserklärung verbleibende Fassung der Norm wählen würde[7]. So kann ausnahmsweise eine **(Teil)Nichtigkeitserklärung** erfolgen, mit der Folge, dass alle Betroffenen in den Genuss der weniger belastenden Regelung kommen oder aber auch mit der Folge, dass für alle die mehr belastende Regelung gilt[8].

79 Ist eine **Unvereinbarkeitserklärung** erfolgt, so muss der Gesetzgeber die Gleichheitswidrigkeit – in angemessener Frist (Beseitigungsfrist) – beseitigen und die Rechtslage unverzüglich mit dem Grundgesetz in Einklang bringen (Korrekturpflicht)[9]. Ob er dafür die eine Gruppe ebenso wie die andere, die andere wie die eine oder beide auf eine dritte Weise behandelt, bleibt dabei seiner Entscheidung überlassen. Bei einer Neuregelung hat der Gesetzgeber auch für die Vergangenheit eine den Grundsätzen des Art. 3 entsprechende Regelung zu finden. Dies gilt vor allem für alle nicht bestands- und rechtskräftig abgeschlossenen Sachverhalte[10]. Soweit demgegenüber Bestands- oder Rechtskraft eingetreten ist, kann von der Neuregelung abgesehen werden[11].

80 Bis zu einer Neuregelung sind **anhängige Verfahren**, die von der verfassungswidrigen Norm abhängen, auszusetzen[12]. Kommt der Normgeber der Beseitigungspflicht nicht in einer angemessenen Frist nach, dann müssen die Gerichte die bei ihnen anhängigen Rechtsstreitigkeiten fortführen und verfassungskonform entscheiden[13]. Ausnahmsweise können auch Übergangsregelungen getroffen werden[14].

81 **b) Exekutive.** Beim Normerlass durch die Exekutive gilt dasselbe wie für die förmliche Gesetzgebung. Verletzen jedoch Einzelmaßnahmen den Gleichheitssatz, ist als einzige Rechtsfolge häufig nur die Ausweitung der Begünstigung möglich[15].

82 **c) TV.** Bei gleichheitswidrigen TV kann jedes ArbG die Grundrechtswidrigkeit feststellen und hat auch selbst die **Verwerfungskompetenz**[16]. Diese ergibt sich dabei im Rahmen eines Parteiprozesses. Die Überprüfung von Tarifnormen anhand der Grundrechte erfolgt inzident in jedem Rechtsstreit, in welchem Tarifnormen streitentscheidend sind. Nach der Rspr. des BAG kann keine direkte Verfassungsbeschwerde gemäß Art. 93 Abs. 1 Nr. 4a erhoben werden[17]. Art. 100 könne nicht herangezogen werden, da er nur für staatliche Gesetze gelte[18]. Und auch ein spezielles Normenkontrollverfahren existiert nicht (Ausnahme: Verfahren nach § 2 Abs. 1 Nr. 1 ArbGG, wenn die Tarifparteien über das Beste-

---

1 BVerfG v. 30.5.1990 – 1 BvL 2/83, 9, 10/84, 3/85, 11, 12, 13/89, 4/90 u. 1 BvR 764/86, E 82, 126 (154); v. 28.1.1992 – 1 BvR 1025/82, 1 BvL 16/83 u. 10/91, E 85, 191 (211). |**2** BVerfG v. 30.5.1990 – 1 BvL 2/83, 9, 10/84, 3/85, 11, 12, 13/89, 4/90 u. 1 BvR 764/86, E 82, 126 (154 f.); *Sachs*, RdA 1989, 25 (28). |**3** ErfK/*Dieterich*, Art. 3 GG Rz. 54; *Stein*, AR-Blattei SD 830 Rz. 666. |**4** *Neumann*, DVBl 1997, 92 (97); *Sachs*, DÖV 1984, 411 (415). |**5** Jarass/Pieroth/*Jarass*, Art. 3 GG Rz. 41. |**6** BAG v. 21.3.1991 – 2 AZR 296/87, AP Nr. 30 zu § 622 BGB. |**7** BVerfG v. 28.1.1992 – 1 BvR 1025/82, 1 BvL 16/83 u. 10/91, E 85, 191 (212). |**8** Jarass/Pieroth/*Jarass*, Art. 3 GG Rz. 42. |**9** ErfK/*Dieterich*, Art. 3 GG Rz. 55; *Stein*, AR-Blattei SD 830 Rz. 667. |**10** BVerfG v. 8.10.1980 – 1 BvL 122/78, 61/79, 21/77, E 55, 100 (110 f.); v. 25.9.1992 – 2 BvL 5, 8, 14/91, E 87, 153 (178); ErfK/*Dieterich*, Art. 3 GG Rz. 56. |**11** BVerfG v. 12.3.1996 – 1 BvR 609/90 ua., E 94, 241 (266 f.); ErfK/*Dieterich*, Art. 3 GG Rz. 56. |**12** BVerfG v. 30.5.1990 – 1 BvL 2/83, 9, 10/84, 3/85, 11, 12, 13/89, 4/90 u. 1 BvR 764/86, E 82, 126 (155); *Stein*, AR-Blattei SD 830 Rz. 667. |**13** BVerfG v. 30.5.1990 – 1 BvL 2/83, 9, 10/84, 3/85, 11, 12, 13/89, 4/90 u. 1 BvR 764/86, E 82, 126 (154). |**14** BVerfG v. 5.3.1991 – 1 BvL 83/86, 24/88, E 84, 9 (22); v. 25.9.1992 – 2 BvL 5, 8, 14/91, E 87, 153 (177). |**15** BVerwG v. 28.4.1978 – 4 C 49.76, E 55, 349 (351 ff.); Jarass/Pieroth/*Jarass*, Art. 3 GG Rz. 43. |**16** ErfK/*Dieterich*, Art. 3 GG Rz. 58; *Stein*, AR-Blattei SD 830 Rz. 672. |**17** BAG v. 19.12.1991 – 2 AZN 466/91, AP Nr. 27 zu § 72a ArbGG 1979; *Baumann*, RdA 1994, 272 (275); aA etwa *Löwisch/Rieble*, TVG, 1992, § 9 Rz. 83, 85. |**18** BAG v. 15.1.1955 – 1 AZR 305/54, AP Nr. 4 zu Art. 3 GG; *Baumann*, RdA 1994, 272 (275); *Koch*, NZA 1991, 50 (51).

hen oder Nichtbestehen von TV streiten; eine in diesem Verfahren festgestellte Grundrechtswidrigkeit ist wegen § 9 TVG auch für andere Rechtsstreitigkeiten bindend).

Dadurch haben die ArbG aber auch keine Möglichkeit, den TV-Parteien **spezielle Normierungspflichten** aufzuerlegen[1]. Nach ständiger Rspr. ist Folge der Grundrechtswidrigkeit einer Tarifnorm daher in erster Linie die Unanwendbarkeit und grundsätzlich auch die Nichtigkeit der Norm (gemäß § 134 BGB). Das BAG erklärt gleichheitswidrige Tarifbestimmungen in der Regel für ganz (oder teilweise) nichtig[2]. Problematisch ist, dass durch die Nichtigkeitserklärung eine (ungewollte) Regelungslücke entsteht. 83

Zunächst ist diese Regelungslücke von den Gerichten durch **ergänzende Auslegung** zu schließen, wenn sich unter Berücksichtigung von Treu und Glauben ausreichende Anhaltspunkte für den mutmaßlichen Willen der Tarifpartner ergeben und zu ersehen ist, welche Regelung sie getroffen hätten, wenn ihnen die Nichtigkeit bekannt gewesen wäre[3]. Dabei müssen ausreichende Umstände für eine bestimmte Ergänzungsregelung sprechen oder diese nach objektiver Betrachtung zwingend geboten sein. Grundsätzlich ist jedoch davon auszugehen, dass die TV-Parteien bei Kenntnis des Verfassungsverstoßes eine andere verfassungskonforme Regelung getroffen hätten. Entscheidend kann dafür sein, ob es sich um eine deklaratorische oder eine eigenständige Tarifregelung handelt. In manchen Fällen kann es somit notwendig sein, auf die Neuregelung zu warten (Konsequenz aus der Rspr. des BVerfG). Hier wird es sich in der Regel um ungewollte Lücken handeln. 84

Dagegen dürfen **gewollte Lücken** grundsätzlich nicht durch die Gerichte geschlossen werden[4]. Insoweit ist bei der Schließung der Regelungslücke zwischen Vergangenheit und Zukunft zu unterscheiden. Immer besteht jedoch die Pflicht, den Gleichheitsverstoß zu beseitigen[5]. 85

Für die **Vergangenheit** ist die verfassungsrechtlich gebotene Gleichbehandlung dadurch wieder herzustellen, dass die Benachteiligten auch in den Genuss der Begünstigung kommen. Dies gilt unabhängig davon, dass die TV-Parteien für die Zukunft die Möglichkeit haben, eine neue Regelung zu finden. Das BAG gewährt dem in der Vergangenheit diskriminierten ArbN regelmäßig direkt einen Anspruch[6]. Soweit die Ausnahmeregelung als teilnichtig angesehen wird, folgt dieser unmittelbar aus der weiter bestehenden Grundnorm, sofern nicht eine ergänzende Vertragsauslegung eingreift[7]. Letztere muss allerdings gerade bei einer damit verbundenen Erweiterung des Kostenrahmens die durch Art. 9 Abs. 3 den Tarifparteien eingeräumte Autonomie zur Gestaltung der kollektivvertraglichen Beziehungen beachten[8]. Ein Anspruch auf Gleichstellung kann auch nicht am fehlenden Verschulden scheitern, da es sich nicht um einen Schadensersatzanspruch handelt. Die objektive Verletzung des Gleichheitsgebots reicht aus[9]. Außerdem besteht ein genereller Erfüllungsanspruch immer dann, wenn keine andere Möglichkeit der Beseitigung des Gleichheitsverstoßes besteht[10]. 86

Anders sieht es für eine **zukünftige Regelung** aus. Hier ist nämlich insb. Art. 9 Abs. 3 zu berücksichtigen. So kann für die Beseitigung des Gleichheitsverstoßes in der Zukunft aus Art. 9 Abs. 3 iVm. dem Verhältnismäßigkeitsgrundsatz folgen, dass das Verfahren auszusetzen und den Tarifparteien für einen befristeten Zeitraum die Möglichkeit einer Neuregelung zu geben ist[11]. Ausdrücklich hat das BAG klargestellt, dass die ArbG nicht befugt sind, anstelle der unwirksamen Tarifnorm eine andere – möglicherweise sehr viel höhere Kosten verursachende – Regelung von sich aus zu setzen[12]. 87

II. Gleichberechtigung von Frau und Mann (Abs. 2 bzw. Abs. 3 Satz 1). 1. Bedeutung und Abgrenzung zu anderen Vorschriften. a) Abgrenzung und Normzweck. Die Grundlage des Grundrechts der Gleichberechtigung von Frau und Mann liegt in Art. 3 Abs. 2. Hinzuzuziehen ist zudem Abs. 3 Satz 1 Alt. 1. Dies gilt insb., soweit dort eine Diskriminierung aufgrund des Geschlechts verboten wird. Denn Abs. 2 schließt auch die Diskriminierungen wegen des Geschlechts aus, die Abs. 3 verbietet, er enthält 88

---

1 BAG v. 14.12.1982 – 3 AZR 251/80, AP Nr. 1 zu § 1 BetrAVG – Besitzstand; v. 13.11.1985 – 4 AZR 234/84, AP Nr. 136 zu Art. 3 GG; ErfK/*Dieterich*, Art. 3 GG Rz. 58. AA *Wiedemann*, TVG, Einl. Rz. 275. |2 BAG v. 15.1.1955 – 1 AZR 305/54, AP Nr. 4 zu Art. 3 GG; v. 15.1.1964 – 4 AZR 75/63, AP Nr. 87 zu Art. 3 GG; v. 13.11.1985 – 4 AZR 234/84, AP Nr. 136 zu Art. 3 GG; v. 13.3.1997 – 2 AZR 175/96, AP Nr. 54 zu § 2 BeschFG 1985; *Sachs*, RdA 1989, 25 (33); *Wiedemann*, RdA 1997, 100 (106 f.). Teilweise wird bestritten, dass die Nichtigkeit aus der für Rechtsgeschäfte geltenden Vorschrift des § 134 BGB folge. Vielmehr resultiere die Nichtigkeit daraus, dass der Tarifvertrag Normcharakter habe und Normen bei Verstoß gegen höherrangiges Recht nichtig seien, so etwa *Baumann*, RdA 1994, 272 (275). |3 Siehe auch ErfK/*Dieterich*, Art. 3 GG Rz. 58, 59. |4 BAG v. 21.3.1991 – 2 AZR 616/90, AP Nr. 31 zu § 622 BGB; v. 21.3.1991 – 2 AZR 296/87 (B), AP Nr. 30 zu § 622 BGB; Kittner/Zwanziger/ *Kittner*, ArbR, § 10 Rz. 122 f. |5 *Baumann*, RdA 1994, 272 (276). |6 BAG v. 13.3.1997 – 2 AZR 175/96, AP Nr. 54 zu 2 BeschFG 1985. |7 BAG v. 7.3.1995 – 3 AZR 282/94, AP Nr. 26 zu § 1 BetrAVG – Gleichbehandlung; v. 13.5.1997 – 3 AZR 66/96, AP Nr. 36 zu § 1 BetrAVG – Gleichbehandlung; ErfK/*Dieterich*, Art. 3 GG Rz. 59; *Stein*, AR-Blattei SD 830 Rz. 674. |8 Siehe nur ErfK/*Dieterich*, Art. 3 GG Rz. 59 f. |9 BAG v. 28.7.1992 – 3 AZR 173/92, AP Nr. 18 zu § 1 BetrAVG – Gleichbehandlung. |10 BAG v. 28.7.1992 – 3 AZR 173/92, AP Nr. 18 zu § 1 BetrAVG – Gleichbehandlung. |11 ErfK/*Dieterich*, Art. 3 GG Rz. 61; *Hartmann*, Gleichbehandlung und Tarifautonomie, S. 249 ff.; *Stein*, AR-Blattei SD 830 Rz. 676; *Wiedemann*, TVG, Einl. Rz. 275. |12 BAG v. 20.4.1977 – 4 AZR 732/75, AP Nr. 111 zu Art. 3 GG mit Anm. *Wiedemann/Willemsen*; *Baumann*, RdA 1994, 272 (275 f.).

GG Art. 3 Rz. 89   Gleichheit

in dieser Hinsicht keine weiter gehenden oder speziellen Anforderungen[1]. Dies ist freilich nicht unbestritten. Vertreten wird auch der Vorrang des Abs. 2 oder die Unterscheidung nach verschiedenen Wirkrichtungen der Absätze. Art. 3 Abs. 3 sei lex specialis für das Verbot geschlechtsspezifischer Diskriminierung, während die sog. faktische Gleichberechtigung der Frauen aus Abs. 2 abgeleitet werden solle. Die unmittelbare Diskriminierung falle unter Abs. 3 und die mittelbare unter Abs. 2[2].

89 Einhellige Ansicht ist jedoch, dass Abs. 2 weiter geht als Abs. 3. Er beinhaltet über das Diskriminierungsverbot hinaus einen Handlungsauftrag für den Staat zur Förderung der Gleichberechtigung. Er stellt ein Gleichberechtigungsgebot auf und erstreckt dieses auf die gesellschaftliche Wirklichkeit. Dies ist inzwischen durch die Anfügung des Satz 2 in Abs. 2 als Staatsziel ausdrücklich klargestellt worden[3]. Auch hatte das BVerfG schon erstmals mit der Entscheidung zum *Nachtarbeitsverbot* in diesem Sinne entschieden und beide Absätze nicht mehr gleich bedeutend behandelt, sondern in Abs. 2 ein Gleichberechtigungsgebot und in Abs. 3 ein Differenzierungsverbot gesehen. Abs. 2 wird dabei als **Rechtfertigungstatbestand** interpretiert, der ausnahmsweise frauenbegünstigende Regelungen zulässt[4].

90 Somit reicht Abs. 2 auch wesentlich über den allgemeinen Gleichheitssatz aus Art. 3 Abs. 1 und insb. den arbeitsrechtlichen Gleichbehandlungsgrundsatz hinaus. Die **Gestaltungsfreiheit des ArbGeb** wird dahingehend eingeschränkt, dass er nicht mehr aus sachlichen Gründen bis zur Grenze der Willkür differenzieren darf, soweit das Geschlecht als Unterscheidungsmerkmal dient. Die biologischen und funktionalen Unterschiede der Geschlechter sind nach der Verfassung grundsätzlich unbeachtlich bzw. verbieten unterschiedliche Regelungen sogar[5]. Das Grundrecht der Gleichbehandlung enthält ein subjektives Recht, auch soweit es um den Auftrag des Staates zur Angleichung der Lebensverhältnisse geht und eine objektive Wertentscheidung, was insb. für mittelbar Betroffene von Bedeutung ist[6].

91 b) **Schutzbereich.** Geschützt wird die **Eigenschaft als Frau oder Mann**, sowohl Männer wie Frauen sollen vor Benachteiligung bewahrt werden. Dennoch zielt Abs. 2 insb. auf den Abbau der uralten und tiefverwurzelten Benachteiligung von Frauen ab, weshalb Abs. 2 heute vorherrschend als eine spezielle Schutzpflicht zugunsten der Frauen interpretiert wird, die über das allgemeine Diskriminierungsverbot hinausgeht[7]. Dieser Schluss wird insb. aus dem geschichtlichen Hintergrund des Abs. 2 gezogen. Die Norm wurde bei der Schaffung des Grundgesetzes gegen große Widerstände durchgesetzt und war von Anfang an rechts- und gesellschaftspolitisch umstritten[8].

92 c) **Wirkung.** Das Grundrecht hat in allen Teilen **unmittelbare Geltung**. Jede gegen das Grundrecht verstoßende Norm ist unwirksam[9]. Auch privatrechtliche Vorschriften sind in vollem Umfang an Abs. 2 zu messen. Dies gilt insb. für zwingende Regelungen. Benachteiligen sie ein Geschlecht, sind sie verfassungswidrig. Gesetze zur Gleichstellung von Frau und Mann haben regelmäßig Vorrang vor der Vertragsfreiheit. Für die Ausstrahlung von Abs. 2 auf die Anwendung privatrechtlicher Vorschriften gilt grundsätzlich das zu Abs. 1 Angeführte (Rz. 8), wobei Abs. 2 jedoch intensiver wirkt[10].

93 **2. Recht der Europäischen Gemeinschaft.** Auch das Gemeinschaftsrecht kennt dem Art. 3 Abs. 2 vergleichbare Vorschriften[11]. Zum einen enthält es in Art. 141 EGV (früher Art. 119 EWG-Vertrag) eine primärrechtliche – unmittelbar wirkende[12] – Verpflichtung zur **Gleichbehandlung beim Arbeitsentgelt** und des Weiteren zahlreiche sekundärrechtliche Verbote der unmittelbaren und mittelbaren Diskriminierung von Frauen und Männern. Art. 3 Abs. 2 ist richtiger Ansicht nach gemeinschaftsfreundlich auszulegen[13]. Voraussetzung einer Vorlage an das BVerfG ist, dass der gemeinschaftsrechtliche Einfluss zuvor geklärt worden ist[14]. Soweit das Entgelt einheitlich durch Rechtsvorschriften oder Kollektivverträge festgelegt wird, verbietet Art. 141 EGV nach der Rspr. des EuGH Diskriminierungen „nicht nur auf der Ebene der einzelnen Unternehmen, sondern auch auf der ganzer Gewerbezweige und der gesamten Wirtschaft"[15].

---

1 BVerfG v. 28.1.1992 – 1 BvR 1025/82, 1 BvL 16/83 u. 10/91, E 85, 191 (206 f.); v. 16.11.1993 – 1 BvR 258/86, E 89, 276 (285); v. 24.1.1995 – 1 BvL 18/93 u. 5, 6, 7/94, 1 BvR 403, 569/94, E 92, 91 (109). |2 *Ebsen*, RdA 1993, 11 (11 u. 13); ähnlich *Wisskirchen*, Mittelbare Diskriminierung von Frauen im Erwerbsleben, S. 60 ff. |3 BVerfG v. 16.11.1993 – 1 BvR 258/86, E 89, 276 (285); v. 24.1.1995 – 1 BvL 18/93 u. 5, 6, 7/94, 1 BvR 403, 569/94, E 92, 91 (109); Jarass/Pieroth/*Jarass*, Art. 3 GG Rz. 67. |4 ErfK/*Dieterich*, Art. 3 GG Rz. 84. |5 BVerfG v. 29.7.1959 – 1 BvR 205, 332, 333, 367/58, 1 BvL 27/100/58, E 10, 59 (73); BAG v. 6.4.1982 – 3 AZR 134/79, AP Nr. 1 zu § 1 BetrAVG – Gleichbehandlung mit Anm. *Pfarr*. |6 BVerfG v. 24.7.1963 – 1 BvL 30/57, 11/61, E 17, 1 (27); v. 16.11.1993 – 1 BvR 258/86, E 89, 276 (285 ff.); Jarass/Pieroth/*Jarass*, Art. 3 GG Rz. 67a. |7 Jarass/Pieroth/*Jarass*, Art. 3 GG Rz. 67a. u. 70. |8 ErfK/*Dieterich*, Art. 3 GG Rz. 83; *Schlachter*, Wege zur Gleichberechtigung, S. 43. |9 Jarass/Pieroth/*Jarass*, Art. 3 GG Rz. 68. |10 Jarass/Pieroth/*Jarass*, Art. 3 GG Rz. 75; von Münch/Kunig/*Gubelt*, Art. 3 GG Rz. 82. |11 Siehe näher *Pfarr*, AR-Blattei SD 800.2 (2000), Rz. 18 ff. |12 BAG v. 20.11.1990 – 3 AZR 613/89, AP Nr. 8 zu § 1 BetrAVG – Gleichberechtigung; *Franzen*, Privatrechtsangleichung durch die Europäische Gemeinschaft, 1999, S. 25 ff. |13 ErfK/*Dieterich*, Art. 3 GG Rz. 86; *Ebsen*, RdA 1993, 11 (12). |14 BAG v. 20.11.1990 – 3 AZR 613/89, AP Nr. 8 zu § 1 BetrAVG – Gleichberechtigung; ErfK/*Dieterich*, Art. 3 GG Rz. 86; Jarass/Pieroth/*Jarass*, Art. 3 GG Rz. 69. |15 EuGH v. 8.4.1976 – Rs. 43/75 (*Defrenne II*), EAS EG-Vertrag Art. 119 Nr. 2 = NJW 1976, 2068 (2070).

Ähnliche Garantien gibt es auch im **Völkerrecht**. So ist etwa die Lohngleichheit von Mann und Frau durch das ILO-Übereinkommen Nr. 100 und durch Teil II Art. 4 Abs. 1 Nr. 3 ESC abgesichert[1]. 94

3. Beeinträchtigung. Voraussetzung einer Beeinträchtigung ist, dass Frauen **anders** als Männer **behandelt** werden und daraus ein **Nachteil** entspringt[2]. Es ist immer auf das Ergebnis der Behandlung und nicht nur auf die Maßnahme selbst abzustellen, denn eine zunächst unterschiedliche Behandlung könnte auch durch eine weitere Maßnahme ausgeglichen werden, so dass Gleichheit wieder hergestellt wäre. Auch ist nicht erforderlich, dass die Benachteiligung sofort eintritt. Es reicht aus, wenn nach allgemeiner Lebenserfahrung zu erwarten ist, dass die Benachteiligung in Zukunft gegeben sein wird[3]. 95

a) Unmittelbare Diskriminierung. Eine unmittelbare Diskriminierung liegt vor, wenn die fragliche Maßnahme ausdrücklich das **Geschlecht als Differenzierungsmerkmal** einsetzt oder die Differenzierung zumindest vom Geschlecht mitabhängt. Es kommt nicht darauf an, ob daneben auch andere Gründe maßgeblich waren[4]. 96

Ursprünglich überprüfte das BVerfG **Regelungen und Maßnahmen, die nach dem Geschlecht unterscheiden**, nur mit einer sehr großzügigen Formel. Sie seien verfassungsgemäß, wenn objektive, biologische oder funktionale Unterschiede dies rechtfertigten. Dabei müssten diese Unterschiede das zu ordnende Lebensverhältnis so entscheidend prägen, dass etwa vergleichbare Elemente daneben vollkommen zurückträten[5]. Heute legt das Gericht einen äußerst strengen Prüfungsmaßstab zugrunde. Das Geschlecht darf als Differenzierungskriterium nur ausnahmsweise verwendet werden, „soweit es zur Lösung von Problemen, die ihrer Natur nach nur entweder bei Männern oder bei Frauen auftreten können, zwingend erforderlich" ist[6]. Funktionale (arbeitsteilige) Unterschiede können eine Ungleichbehandlung nicht (mehr) rechtfertigen[7]. In jedem Fall muss eine strenge Verhältnismäßigkeitsprüfung bezüglich der auf die Unterschiede bezogenen Rechtsfolgen erfolgen[8]. 97

Wenn keine zwingenden Gründe für eine Ungleichbehandlung vorliegen, können unmittelbare Diskriminierungen – wie alle Grundrechtsbeeinträchtigungen – im Wege der **praktischen Konkordanz** gerechtfertigt werden[9]. Ist der Grund der Differenzierung gerade eine Angleichung, also die Überwindung der vorgefundenen Rollenmodelle, kommt insoweit vor allem das Gleichberechtigungsgebot des Abs. 2 in Betracht. Die Vorschrift verpflichtet und berechtigt ja dazu, faktische Nachteile, die typischerweise Frauen treffen, durch begünstigende Regelungen auszugleichen[10]. Da der Ausgleich faktischer Nachteile für Frauen durch begünstigende Regelungen zulässig ist, sind unter bestimmten Voraussetzungen auch Regelungen möglich, die auf einen höheren Frauenanteil bei beruflichen Tätigkeiten abzielen (zB Quotenregelungen, siehe Rz. 121 ff.). Dabei ist darauf zu achten, dass die Rollenverteilung nicht noch verfestigt wird[11]. 98

b) Mittelbare Diskriminierung. Mittelbare Diskriminierung ist gegeben, wenn eine **geschlechtsneutral formulierte Regelung überwiegend ein Geschlecht (praktisch: Frauen) trifft** und dies auf natürliche oder gesellschaftliche Unterschiede zwischen den Geschlechtern zurückzuführen ist[12]. So liegt in der Zahlung eines unterschiedlichen Entgelts für Voll- und TeilzeitArbN dann eine verbotene mittelbare Diskriminierung, wenn sie in Wirklichkeit nur ein indirektes Mittel dafür ist, das Lohnniveau der TeilzeitArbN deshalb zu senken, weil Teilzeitkräfte fast ausschließlich Frauen sind[13]. Die Definition der mittelbaren Diskriminierung geht auf den EuGH zurück, wobei der Begriff der „mittelbaren Diskriminierung" aus dem angelsächsischen Recht in das Europarecht übernommen wurde[14]. Den deutschen Gerichten war die mittelbare Diskriminierung lange fremd[15]. 99

---

1 Siehe *Boehmert*, Das Recht der ILO und sein Einfluss auf das deutsche Arbeitsrecht im Zeichen der europäischen Integration, 2002, S. 118 ff.; *Däubler/Kittner/Lörcher*, Internationale Arbeits- und Sozialordnung, 2. Aufl., 1994, S. 332 ff., 611. | 2 Jarass/Pieroth/*Jarass*, Art. 3 GG Rz. 73. | 3 *Mohn*, Der Gleichheitssatz im Gemeinschaftsrecht, S. 103 f. | 4 BVerfG v. 28.1.1992 – 1 BvR 1025/82, 1 BvL 16/83 u. 10/91, E 85, 191 (206); v. 16.11.1993 – 1 BvR 258/86, E 89, 276 (285); Jarass/Pieroth/*Jarass*, Art. 3 GG Rz. 72. | 5 BVerfG v. 10.5.1957 – 1 BvR 550/52, E 6, 389 (422 f.); v. 29.7.1959 – 1 BvR 205/332/333/367/58, 1 BvL 27/100/58, E 10, 59 (74); BAG v. 20.11.1990 – 3 AZR 613/89, AP Nr. 8 zu § 1 BetrAVG – Gleichberechtigung; ErfK/*Dieterich*, Art. 3 GG Rz. 90; Jarass/Pieroth/*Jarass*, Art. 3 GG Rz. 78. | 6 BVerfG v. 28.1.1992 – 1 BvR 1025/82, 1 BvL 16/83 u. 10/91, E 85, 191 (207); v. 16.11.1993 – 1 BvR 258/86, E 89, 276 (285); v. 24.1.1995 – 1 BvL 18/93 u. 5, 6, 7/94, 1 BvR 403, 569/94, E 92, 91 (109). | 7 BAG v. 6.4.1982 – 3 AZR 134/79, AP Nr. 1 zu § 1 BetrAVG – Gleichbehandlung mit Anm. *Pfarr*. | 8 ErfK/*Dieterich*, Art. 3 GG Rz. 90. | 9 *Ebsen*, RdA 1993, 11 (15). | 10 BVerfG v. 28.1.1987 – 1 BvR 455/82, E 74, 163 (180); v. 28.1.1992 – 1 BvR 1025/82, 1 BvL 16/83 u. 10/91, E 85, 191 (207); v. 16.11.1993 – 1 BvR 258/86, E 89, 276 (285); v. 24.1.1995 – 1 BvL 18/93 u. 5, 6, 7/94, 1 BvR 403, 569/94, E 92, 91 (109). | 11 BVerfG v. 16.11.1993 – 1 BvR 258/86, E 89, 276 (285); BVerfG v. 24.1.1995 – 1 BvL 18/93 u. 5, 6, 7/94, 1 BvR 403, 569/94, E 92, 91 (112). | 12 BVerfG v. 27.11.1997 – 1 BvL 12/91, E 97, 35 (43); BAG v. 20.6.1995 – 3 AZR 684/93, AP Nr. 11 zu § 1 TVG – Tarifverträge: Chemie; v. 25.7.1996 – 6 AZR 138/94, = AP Nr. 6 zu § 35 BAT; Jarass/Pieroth/*Jarass*, Art. 3 GG Rz. 72; *Stein*, AR-Blattei SD 830 Rz. 707. | 13 *Ebsen*, RdA 1993, 11 (12). | 14 EuGH v. 31.3.1981 – Rs. 96/80 (*Jenkins*), EAS EG-Vertrag Art. 119 Nr. 6; v. 13.5.1986 – Rs. 170/84 (*Bilka*), EAS EG-Vertrag Art. 119 Nr. 13 = AP Nr. 10 zu Art. 119 EWG-Vertrag mit Anm. *Pfarr*; *Pfarr*, AR-Blattei SD 800.2 (2000), Rz. 33 ff. | 15 ErfK/*Dieterich*, Art. 3 GG Rz. 88; *Ebsen*, RdA 1993, 11 (12).

100 Bei der mittelbaren Diskriminierung ist es schwierig, **genaue Maßstäbe der Rechtfertigung** aufzustellen. Die Rspr. hat sich insoweit den Grundsätzen des EuGH angeschlossen. Eine lediglich mittelbar diskriminierende Maßnahme soll zulässig sein, wenn sie „einem wirklichen Bedürfnis des Unternehmens dient und für die Erreichung dieses Ziels erforderlich ist". Ein „wirkliches Bedürfnis" in diesem Sinne setzt voraus, dass die Maßnahme „durch objektive Faktoren, die nichts mit einer Diskriminierung auf Grund des Geschlechts zu tun haben, gerechtfertigt ist". Dabei ist immer eine Verhältnismäßigkeitsprüfung vorzunehmen. Die Maßnahme muss angemessen und notwendig sein und darf keine unverhältnismäßigen Folgen haben, bzw. die Gruppenbildung muss geeignet und erforderlich sein, um dem „objektiven Bedürfnis" zu genügen[1]. Eine indirekte Ungleichbehandlung dürfte somit auch durch andere als biologische Unterschiede gerechtfertigt werden können[2].

101 Der deutliche **Unterschied zwischen den Voraussetzungen einer Rechtfertigung** bei der unmittelbaren und der mittelbaren Diskriminierung erklärt sich durch die unterschiedlichen Anforderungen bei einem Differenzierungsverbot und einem Ausgleichsgebot. Es ist etwas anderes, ob den Normadressaten verboten wird, an das Geschlecht für Ungleichbehandlungen anzuknüpfen, oder ob ihnen geboten wird, der faktischen Benachteiligung von Frauen entgegen zu wirken[3].

102 c) **Individuelle Auswahlentscheidungen.** Das Hauptproblem bei der Benachteiligung von Frauen sind jedoch nicht Gesetze oder TV, sondern individuelle Auswahlentscheidungen, vor allem bei Einstellungen, Beförderungen und Kündigungen[4]. Hier knüpfen § 611a und § 612 Abs. 3 BGB an. Mit deren Einfügung durch das arbeitsrechtliche EG-Anpassungsgesetz vom 13. August 1980[5] sollten die bestehenden Lücken im Diskriminierungsschutz, die vor allem bei der Begründung und Kündigung von Arbeitsverhältnissen sowie beim beruflichen Aufstieg bestanden, geschlossen werden. Außerdem wurden dadurch die Verpflichtungen aus der Lohngleichheitsrichtlinie vom 20. Februar 1975[6] und aus der Gleichbehandlungsrichtlinie vom 14. Februar 1976[7] erfüllt[8].

103 Als **einfachgesetzliche Ausprägung des Verfassungsgebots** der Gleichbehandlung der Geschlechter verbietet § 611a Abs. 1 BGB Benachteiligungen wegen des Geschlechts für Maßnahmen bei der Begründung eines Arbeitsverhältnisses. Darunter fallen auch Verfahrenshandlungen[9]. Und § 612 Abs. 3 BGB verbietet Regelungen, wonach für gleiche oder gleichwertige Arbeit geschlechterspezifische Lohn- bzw. Gehaltsdifferenzierungen vorgenommen werden. Doch hatte das BAG schon bereits vor Einführung der §§ 611a, 612 Abs. 3 BGB aus dem Gleichberechtigungsgrundsatz und dem Benachteiligungsverbot den Grundsatz der Lohngleichheit von Mann und Frau bei gleicher Arbeit abgeleitet[10]. Die Gleichstellung der Frau im Arbeitsleben ist auch Gegenstand des § 75 Abs. 1 BetrVG[11].

104 d) **Beweislast.** Bei der Ungleichbehandlung von Männern und Frauen muss der **ArbGeb das Vorliegen sachlicher Gründe beweisen**. Dabei ist ein strenger Maßstab anzulegen. Kann der ArbGeb sachliche Gründe dafür nicht vorbringen, dass die von den Männern geleistete Arbeit anders zu bewerten ist, als die von Frauen geleistete, ist von einer – zumindest mittelbaren – Diskriminierung der Frauen auszugehen. Das gilt auch dann, wenn den männlichen AN eine Zulage gewährt wurde, weil sie nicht bereit waren, zum Tariflohn und den „normalen" Zulagen wie die am gleichen Arbeitsplatz unter gleichen Bedingungen tätigen Frauen zu arbeiten[12].

105 § 611a BGB enthält eine eigenständige Beweislastregelung. Nach **§ 611a Abs. 1 Satz 3** ist es Sache der abgewiesenen Bewerberin, „Tatsachen glaubhaft zu machen, die eine Benachteiligung wegen des Geschlechts vermuten lassen". Gelingt dies, trägt der ArbGeb die Darlegungs- und Beweislast dafür, dass ausschließlich nicht auf das Geschlecht bezogene Gründe eine unterschiedliche Behandlung rechtfertigen[13]. Die ArbN-in muss also zunächst ausreichende Indizien zur Verfügung haben[14].

106 4. **Gleichstellung. a) Benachteiligungsverbot.** Gesetzliche Vorschriften des Arbeitsrechts sind uneingeschränkt an Art. 3 Abs. 2 zu messen. Auch TV müssen Art. 3 Abs. 2 entsprechen. Dies gilt entsprechend dem zu Abs. 1 Gesagten (Rz. 35 ff.), wobei die Wirkung des Abs. 2 stärker ausfällt. Bei der An-

---

1 ErfK/*Dieterich*, Art. 3 GG Rz. 91; *Ebsen*, RdA 1993, 11 (14); Jarass/Pieroth/*Jarass*, Art. 3 GG Rz. 80; MünchArbR/*Richardi*, Bd. 1, § 11 Rz. 25; BAG v. 6.4.1982 – 3 AZR 134/79, AP Nr. 1 zu § 1 BetrAVG – Gleichbehandlung mit Anm. *Pfarr*; v. 5.10.1993 – 3 AZR 695/92, AP Nr. 20 zu § 1 BetrAVG – Lohnversicherung; v. 25.7.1996 – 6 AZR 138/94, AP Nr. 6 zu § 35 BAT. | 2 Jarass/Pieroth/*Jarass*, Art. 3 GG Rz. 80. | 3 *Ebsen*, RdA 1993, 11 (14). | 4 ErfK/*Dieterich*, Art. 3 GG Rz. 89. | 5 BGBl. I S. 1308. | 6 RL 75/117/EWG v. 10.2.1975 zum Grundsatz des gleichen Entgelts für Männer und Frauen, ABl. EG 1975 Nr. L 45/19. | 7 RL 76/207/EWG vom 9.2.1976 zur Verwirklichung des Grundsatzes der Gleichbehandlung von Männern und Frauen hinsichtlich des Zugangs zur Beschäftigung, zur Berufsausbildung und zum beruflichen Aufstieg sowie in Bezug auf die Arbeitsbedingungen, ABl. EG 1976 Nr. L 39/40. | 8 BVerfG v. 16.11.1993 – 1 BvR 258/86, E 89, 276 (277); BAG v. 20.11.1990 – 3 AZR 613/89, AP Nr. 8 zu § 1 BetrAVG – Gleichberechtigung; *Däubler*, Arbeitsrecht, Rz. 1042. | 9 BVerfG v. 16.11.1993 – 1 BvR 258/86, E 89, 276 (287 mwN); *Schlachter*, S. 193 ff. | 10 BAG v. 15.1.1955 – 1 AZR 305/54, AP Nr. 4 zu Art. 3 GG; v. 20.11.1990 – 3 AZR 613/89, AP Nr. 8 zu § 1 BetrAVG – Gleichberechtigung. | 11 Löwisch/Kaiser/*Löwisch*, § 75 BetrVG Rz. 18. | 12 BAG v. 9.9.1981 – 5 AZR 1182/79, AP Nr. 117 zu Art. 3 GG mit Anm. *Pfarr*; v. 25.8.1982 – 5 AZR 107/80, AP Nr. 53 zu § 242 BGB – Gleichbehandlung; Jarass/Pieroth/*Jarass*, Art. 3 GG Rz. 75; *Preis*, NZA 1997, 1256 (1268). | 13 BVerfG v. 16.11.1993 – 1 BvR 258/86, E 89, 276 (289 mwN); *C. S. Hergenröder*, AR-Blattei SD 550 (2002) Rz. 67 f. mwN. | 14 *Däubler*, Arbeitsrecht, Rz. 1049.

wendung arbeitsrechtlicher Normen ist die Ausstrahlungswirkung des Abs. 2 zu beachten, weiter ist zu berücksichtigen, dass der arbeitsrechtliche Gleichbehandlungsgrundsatz durch den verfassungsrechtlichen Gleichbehandlungsgrundsatz geprägt wird[1].

Insbesondere ergibt sich aus dem Grundrecht der Grundsatz der **Lohngleichheit von Mann und Frau**. Der Lohn darf nur nach der zu leistenden Arbeit und muss ohne Rücksicht darauf bestimmt werden, ob sie von einem Mann oder einer Frau erbracht wird. Eine Arbeitsmarktzulage für Männer ist unzulässig, auch wenn diese nicht bereit sind, für den „normalen" Lohn zu arbeiten, weil darin eine verdeckte Diskriminierung liegt[2]. Ebenso ungerechtfertigt ist eine Arbeitsmarktzulage für Männer, die deren höhere Bewertung durch den Arbeitsmarkt ausdrücken soll. Nichts anderes gilt für eine Männern vorbehaltene höhere „Zulage nach Art des Hauses"[3]. Rechtswidrig sind ebenfalls Formulararbeitsbedingungen, wonach alle männlichen Angestellten eine „Ehefrauenzulage" erhalten, wenn sie verheiratet sind, Frauen aber keine „Ehemännerzulage" bekommen[4]. Im Öffentlichen Dienst wurden Ungleichbehandlungen bei Pensionen bzw. bei der Witwen-/Witwerversorgung festgestellt[5]. 107

Der Grundsatz der Lohngleichheit ist auch zu beachten, wenn der ArbGeb für bestimmte Gruppen **übertarifliche Leistungen** gewährt[6]. Für nichtig erklärt wurden demgemäß prozentuale Lohnabschläge für Arbeiterinnen in TV. Die Verletzung von Art. 3 Abs. 2 durch die tariflichen Frauenlohnklauseln brachte den Durchbruch der Drittwirkungslehre[7]. Dass Frauenarbeitsschutz (etwa während einer Schwangerschaft) für den ArbGeb mit Kosten verbunden ist, darf nicht zu einer schlechteren Vergütung führen[8]. 108

Selbstredend verbietet sich auch jegliche Diskriminierung im **Einstellungsverfahren**[9]. Weiter sind aus Gründen direkter Ungleichbehandlung Arbeitsschutzvorschriften, welche die berufliche Tätigkeit von Frauen beschränken, generell verfassungswidrig, es sei denn, es geht um den Schutz der Mutterschaft[10]. Somit verstößt ein generelles Nachtarbeitsverbot für Frauen gegen Abs. 2 bzw. Abs. 3 Satz 1[11]. Unzulässig ist aber genauso die Nichtzulassung von Männern als Hebamme[12]. 109

Dagegen ist die **Zahlung übertariflicher Zulagen** an Beschäftigte, welche nur Nachtschicht fahren, durch die Besonderheit der Nachtarbeitszeit gedeckt[13]. Nicht gegen das Verbot der mittelbaren Diskriminierung verstoßen auch Vergütungsmerkmale eines Lohntarifvertrages, die bezüglich der Eingruppierung auf körperlich schwere Arbeit abstellen. Allerdings lässt der Lohngleichheitssatz eine Lohnstaffelung allein nach der muskulären Belastung nur dann zu, wenn das Gesamtsystem der Lohnstaffelung auch qualifizierende Merkmale enthält, die mehr Personen weiblichen Geschlechts zugeordnet werden, also etwa Geschicklichkeit[14]. Mit dem Gleichbehandlungsgebot ist es auch zu vereinbaren, wenn einer bestimmten Gruppe von ArbN eine Zulage gewährt wird, weil für die von ihnen zu besetzenden oder besetzten Arbeitsplätze ohne einen zusätzlichen finanziellen Anreiz keine Arbeitskräfte zu bekommen oder zu halten sind[15]. Und gegen Art. 3 verstößt es auch nicht, wenn ArbN, die **nach dem Erziehungsurlaub aus dem Betrieb ausscheiden**, anders behandelt werden als solche, die aus anderen Gründen (Arbeitsunfähigkeit, Erwerbsunfähigkeit, Alter, Vorruhestand) das Arbeitsverhältnis beenden[16]. 110

Beschränkungen können durch **kollidierendes Verfassungsrecht** gerechtfertigt sein. Wegen Art. 6 Abs. 4 sind somit Sonderregelungen im Zusammenhang mit einer Schwangerschaft wie beispielsweise Mutterschaftsurlaub erlaubt[17]. Art. 6 Abs. 4 enthält einen für den gesamten Bereich des privaten und öffentlichen Rechts verbindlichen Schutzauftrag, der sich auf Mütter und schwangere Frauen erstreckt[18]. 111

---

1 BAG v. 18.10.1961 – 1 AZR 75/61, E 11, 338 (344); v. 9.9.1981 – 5 AZR 1182/79, AP Nr. 117 zu Art. 3 GG mit Anm. *Pfarr*; v. 25.8.1982 – 5 AZR 107/80, AP Nr. 53 zu § 242 BGB – Gleichbehandlung; Jarass/Pieroth/*Jarass*, Art. 3 GG Rz. 84. | 2 BAG v. 15.1.1955 – 1 AZR 305/54, AP Nr. 4 zu Art. 3 GG; v. 20.4.1977 – 4 AZR 732/75, AP Nr. 111 zu Art. 3 GG; v. 9.9.1981 – 5 AZR 1182/79, AP Nr. 117 zu Art. 3 GG mit Anm. *Pfarr*; v. 6.4.1982 – 3 AZR 134/79, AP Nr. 1 zu § 1 BetrAVG – Gleichbehandlung mit Anm. *Pfarr*; v. 25.8.1982 – 5 AZR 107/80, AP Nr. 53 zu § 242 BGB – Gleichbehandlung. | 3 *Däubler*, Arbeitsrecht, Rz. 1062 f. | 4 BAG v. 13.11.85 – 4 AZR 234/84, AP Nr. 136 zu Art. 3 GG. | 5 BVerfG v. 12.3.1975 – 2 BvL 10/74, E 39, 196 (204); BAG v. 5.9.1989 – 3 AZR 575/88, AP Nr. 8 zu § 1 BetrAVG – Hinterbliebenenversorgung. | 6 BAG v. 9.9.1981 – 5 AZR 1182/79, AP Nr. 117 zu Art. 3 GG mit Anm. *Pfarr*. | 7 Beginnend mit BAG v. 15.1.1555 – 1 AZR 305/54, AP Nr. 4 zu Art. 3 GG; ErfK/*Dieterich*, Art. 3 GG Rz. 87; *Gamillscheg*, Die Grundrechte im Arbeitsrecht, S. 49 f. | 8 *Däubler*, Arbeitsrecht, Rz. 1062 f. | 9 BVerfG v. 16.11.1993 – 1 BvR 258/86, E 89, 276 (287 f.). | 10 Jarass/Pieroth/*Jarass*, Art. 3 GG Rz. 79. | 11 BVerfG v. 28.1.1992 – 1 BvR 1025/82, E 85, 191 (210). | 12 Jarass/Pieroth/*Jarass*, Art. 3 GG Rz. 87; aA BVerwG v. 21.3.1972 – I C 13.71, E 40, 17 (24). | 13 BAG v. 25.8.1982 – 5 AZR 107/80, AP Nr. 53 zu § 242 BGB – Gleichbehandlung. | 14 BAG v. 29.7.1992 – 4 AZR 502/91, AP Nr. 32 zu § 1 TVG – Tarifverträge: Einzelhandel. | 15 EuGH v. 31.3.1981 – Rs. 96/80 (*Jenkins*), EAS EG-Vertrag Art. 119 Nr. 6 = AP Nr. 2 zu Art. 119 EWG-Vertrag; BAG v. 25.8.1982 – 5 AZR 107/80, AP Nr. 53 zu § 242 BGB – Gleichbehandlung. | 16 BAG v. 28.7.1992 – 9 AZR 340/91, AP Nr. 3 zu § 17 BErzGG. | 17 BAG v. 31.1.1985 – 2 AZR 486/83, AP Nr. 6 zu § 8a MuSchG 1968; Jarass/Pieroth/*Jarass*, Art. 3 GG Rz. 82. | 18 BAG v. 1.11.1995 – 5 AZR 273/94, AP Nr. 13 zu § 14 MuSchG 1968.

112 Besondere Aufmerksamkeit im Zusammenhang mit der mittelbaren Frauendiskriminierung gilt der Behandlung von **Teilzeitkräften**[1]. Die unterschiedliche Behandlung von Teilzeit- und Vollzeitkräften – zum Nachteil der Teilzeitkräfte – stellt oftmals eine Schlechterstellung von Frauen dar. Teilzeitkräfte sind nämlich vorwiegend weiblichen Geschlechts. Deshalb ist aus Gründen des Verbots der mittelbaren Diskriminierung eine Benachteiligung der TeilzeitArbN häufig unzulässig. Richtungweisend war insoweit insb. die „Bilka-Entscheidung" des EuGH[2]. Die dort aufgestellten Grundsätze zum Verbot der mittelbaren Diskriminierung wurden vom BAG in der Folge übernommen.

113 Eine Beschränkung der betrAV auf Vollzeitkräfte kann auch nicht mit erhöhten Personalkosten für Teilzeitbeschäftigung gerechtfertigt werden. Nicht jeder **geringfügige finanzielle Vor- oder Nachteil** stellt ein wirkliches Bedürfnis für eine diskriminierende Regelung dar und nach dem Verhältnismäßigkeitsgrundsatz kommt das Lohngleichheitsgebot nicht erst bei Kostenneutralität zum Zuge[3]. Grundlegend war insoweit der Fall „Rinner-Kühn"[4], wo es vom EuGH als mittelbar diskriminierend angesehen wurde, Teilzeitbeschäftigte von der Entgeltfortzahlung im Krankheitsfall auszuschließen. Mittelbar diskriminierend sind Regelungen, nach denen Teilzeitbeschäftigte beim Ausscheiden aus dem Arbeitsverhältnis kein Übergangsgeld bekommen sollen und doppelt so lange auf den Aufstieg in die nächsthöhere Vergütungsgruppe warten mussten[5]. Auch die Herausnahme der Teilzeitkräfte bei der Festlegung der Betriebsgröße[6] und der Ausschluss von einer Zusatzversorgung bei mehreren geringfügigen Beschäftigungen verstößt gegen Art. 3[7]. Sachliche Gründe, welche die unterschiedliche Behandlung rechtfertigen könnten, bestehen nicht, wenn die Differenzierung nur nach den Kriterien Voll- und Teilzeit erfolgt[8]. Ebenso wenig kann die Begründung, Teilzeitbeschäftigte seien weniger in den Betrieb eingegliedert[9] oder hätten ein geringeres Arbeitspensum als Vollzeitbeschäftigte, eine unterschiedliche Behandlung rechtfertigen[10].

114 Doch sind auch Fälle denkbar, in denen der ArbGeb **Teilzeitkräfte anders als Vollzeitkräfte** behandeln bzw. bezahlen darf. Dies ist der Fall, wenn dafür objektiv gerechtfertigte wirtschaftliche Gründe vorliegen oder ein Anreiz zur Vollzeitarbeit gegeben werden soll. Darin darf aber kein indirektes Mittel zur Frauendiskriminierung liegen. Sachgründe sind auch Arbeitsleistung, Qualifikation, Berufserfahrung oder unterschiedliche Anforderungen am Arbeitsplatz, oder Anreiz zur Leistungssteigerung und Motivation oder Ausgleich der Mehrbelastung[11]. Eine Haushaltszulage ist zulässig, wenn sie derjenige bekommt, der den Haushalt zum größten Teil finanziert, egal ob Mann oder Frau[12].

115 Einfachgesetzlich konkretisieren §§ 1, 4 Abs. 1 TzBfG[13] als Ausschnitt des Gleichheitssatzes das Gebot der Gleichbehandlung für den Bereich der Teilzeitarbeit. Darüber hinaus verstößt der sachfremde Ausschluss teilzeitbeschäftigter ArbN von bestimmten Leistungen gegen den arbeitsrechtlichen Gleichbehandlungsgrundsatz[14].

116 **b) Frauenförderung.** Die Umsetzung des Art. 3 Abs. 2 Satz 2 ist nicht allein durch Diskriminierungsverbote möglich, zusätzlich sind **positive Förderungsmaßnahmen** erforderlich. Problematisch ist, dass Maßnahmen der Frauenförderung Männer benachteiligen können. Damit stellt sich die Frage, inwieweit ein Gebot faktischer Gleichberechtigung die Beeinträchtigung des Diskriminierungsverbots aus Abs. 3 gegenüber Männern rechtfertigen kann[15]. Als Rechtfertigung von Maßnahmen der Frauenförderung kommen vor allem das Sozialstaatsprinzip sowie Art. 3 Abs. 2 in Betracht. Dagegen kann aus Abs. 3 kein Rechtfertigungstatbestand abgeleitet werden, denn aus ein und derselben Norm kann nicht ein Prinzip und sein Gegenteil, nämlich ein Recht auf Gleichbehandlung und auf Herstellung faktischer, sozialer Gleichheit, entnommen werden[16].

---

1 Eingehend *Pfarr*, AR-Blattei SD 800.2 (2000), Rz. 162 ff. | 2 EuGH v. 13.5.1986 – Rs. 170/84 (*Bilka*), EAS EG-Vertrag Art. 119 Nr. 13 = AP Nr. 10 zu Art. 119 EWG-Vertrag mit Anm. *Pfarr*: Eine – 1973 bei dem Unternehmen „Bilka" abgeschlossene – Betriebsvereinbarung ermöglichte zwar Teilzeitbeschäftigten den Erwerb einer Altersrente, machte diese aber von der Voraussetzung abhängig, dass die Arbeitnehmerin bei ununterbrochener 20-jähriger Betriebszugehörigkeit mindestens 15 Jahre vollzeitbeschäftigt war. Der EuGH sah hierin einen Fall unzulässiger mittelbarer Diskriminierung. | 3 BAG v. 20.11.1990 – 3 AZR 613/89, AP Nr. 8 zu § 1 BetrAVG – Gleichberechtigung. | 4 EuGH v. 13.7.1989 – Rs. 171/88 (*Rinner-Kühn*), EAS EG-Vertrag Art. 119 Nr. 16 = AP Nr. 16 zu Art. 119 EWG-Vertrag. | 5 EuGH v. 27.6.1990 – Rs. C-33/89 (*Kowalska*), EAS EG-Vertrag Art. 119 Nr. 19 = AP Nr. 21 zu Art. 119 EWG-Vertrag; v. 7.2.1991 – Rs. C-184/89 (*Nimz*), EAS EG-Vertrag Art. 119 Nr. 20 = AP Nr. 25 zu § 23a BAT. | 6 BVerfG v. 27.1.1998 – 1 BvL 22/93, E 97, 186. | 7 BAG v. 16.3.1993 – 2 AZR 389/92, AP Nr. 6 zu § 1 BetrAVG – Teilzeit mit Anm. *Steinmeyer*; Jarass/Pieroth/*Jarass*, Art. 3 GG Rz. 58. | 8 BAG v. 28.7.1992 – 3 AZR 173/92, AP Nr. 18 zu § 1 BetrAVG – Gleichbehandlung; v. 13.3.1997 – 2 AZR 175/96, AP Nr. 54 zu § 2 BeschFG 1985. | 9 *Wisskirchen*, Mittelbare Diskriminierung von Frauen im Erwerbsleben, S. 36 f. | 10 BAG v. 25.10.1994 – 3 AZR 149/94 – AP Nr. 40 zu § 2 BeschFG 1985; v. 13.3.1997 – 2 AZR 175/96, AP Nr. 54 zu § 2 BeschFG 1985. | 11 BAG v. 25.8.1982 – 5 AZR 107/80, AP Nr. 53 zu § 242 BGB – Gleichbehandlung; v. 28.7.1992 – 3 AZR 173/92, AP Nr. 18 zu § 1 BetrAVG – Gleichbehandlung; v. 20.6.1995 – 3 AZR 684/93, AP Nr. 11 zu § 1 TVG – Tarifverträge: Chemie; v. 25.7.1996 – 6 AZR 138/94, AP Nr. 6 zu § 35 BAT; v. 13.3.1997 – 2 AZR 175/96, AP Nr. 54 zu § 2 BeschFG 1985; *Wisskirchen*, Mittelbare Diskriminierung von Frauen im Erwerbsleben, S. 36. | 12 BAG v. 20.4.1977 – 4 AZR 732/75, AP Nr. 111 zu Art. 3 GG; v. 28.7.1992 – 3 AZR 173/92, AP Nr. 18 zu § 1 BetrAVG – Gleichbehandlung. | 13 Siehe zuvor § 2 Abs. 1 BeschFG vom 26.4.1985, BGBl. I S. 710. | 14 BAG v. 28.7.1992 – 3 AZR 173/92, AP Nr. 18 zu § 1 BetrAVG – Gleichbehandlung. | 15 *Ebsen*, RdA 1993, 11 (11 u. 15 f.). | 16 Dreier/*Heun*, Art. 3 GG Rz. 60.

d im Zusammenhang mit der Frauenförderung insb. **Quotenregelungen** zur 117
nstellungs- und Aufstiegschancen für Frauen[1]. Quotenregelungen gibt es in
gung. Am weitesten gehen **starre Ergebnisquoten**. Diese schreiben für die
Verhältnis von Frauen und Männern – ohne Rücksicht auf die konkrete Ent-
o etwa Bewerberzahlen – vor. Sie gelten allgemein als unzulässig[2]. Starre Quo-
Ausbildungsplätzen[3].

erner **leistungsabhängige Entscheidungsquoten**[4]. Dabei werden Frauen bei glei- 118
orzugt, solange sie im entsprechenden Bereich unterrepräsentiert sind. Solche
schiedenen Landesgesetzen. Doch sind sie recht unpraktikabel, da der Begriff
seits sehr dehnbar ist und es andererseits auch zu wenig flexibel ist, Entscheidun-
fikation und Gesetz abhängig zu machen. Der EuGH[5] hat deshalb eine entspre-
Bremer Gleichstellungsgesetz beanstandet („Kalanke"). Daraufhin hat auch das
ängige Entscheidungsquoten für unanwendbar erklärt[6].

tuation bei **flexiblen Entscheidungsquoten**, wie sie in der Landesgesetzgebung auch 119
. Hier wird ausdrücklich zugelassen, dass „sonstige Gründe" in einer Person eines
ewerbers zu dessen Gunsten den Ausschlag geben können („Marschall"[7]). In dieser
en vom EuGH nicht beanstandet worden und sind auch verfassungsrechtlich zu bil-
sind sie praktisch kaum wirksam kontrollierbar.

n sich immer mehr sog. **Zielvorgaben** durch. Diese werden von den dafür zuständigen 120
entwickelt und in Gleichstellungsplänen entsprechend den personalwirtschaftlichen
n und Bedürfnissen festgelegt; ihre Einhaltung wird kontrolliert und sanktioniert. Sie
auch ein Ziel festlegen, welches sich beispielsweise auf den zu erreichenden Anteil der
r bezieht und dabei auf Regelungen, wie dieses zu erreichen sei, verzichten (**Ergebnisquo-**
r sie werden nur als anzustrebender Orientierungsmaßstab formuliert, wobei ihre Erfüllung
freiwilliger Basis bleibt. Verfassungsrechtlich dürfte dies nicht zu beanstanden sein[9].

udem gibt es (nur) **wirtschaftlich bindende Quoten**, deren Nichterfüllung zur Folge hat, dass Sub- 121
ventionen/finanzielle Vergünstigungen/Steuervorteile, für welche die Voraussetzungen im Übrigen vorliegen, nicht in Anspruch genommen werden können[10]. Private Aktivitäten zugunsten der tatsächlichen Gleichberechtigung dürften in großem Umfang zulässig sein[11].

Quotenregelungen im **öffentlichen Dienst** sind zulässig, sofern sie in Bereichen, in denen weniger 122
Frauen als Männer beschäftigt sind – sofern es genügend qualifizierte Bewerberinnen gibt –, Frauen
nur bei gleicher Eignung bevorzugen und zudem gegenläufige Gesichtspunkte Berücksichtigung finden, wenn sie von vergleichbarem Gewicht sind[12]. Doch auch hier besteht Streit um die Verfassungsmäßigkeit der Quoten. Ein Verstoß gegen Art. 2 Abs. 1, Art. 3 Abs. 2 u. 3, Art. 6 Abs. 1, Art. 9 Abs. 3,
Art. 12 Abs. 1, Art. 14 Abs. 1 und Art. 33 Abs. 2 (und gegen § 611a BGB) wird diskutiert[13].

Frauenförderungsmaßnahmen sind auch **nicht uneingeschränkt als positiv** zu bewerten. So sind un- 123
terschiedliche Altersgrenzen kritisch zu betrachten. Verfehlt ist auch der Versuch, bezahlte Haus-
arbeitstage für Frauen einzuführen, da diese dadurch nur weiter in ihre Rolle hineingedrängt werden[14].
Legt der Gesetzgeber in Erfüllung seines Schutzauftrags aus Art. 3 Abs. 2 zugunsten der Mutter dem
ArbGeb Lasten auf, ist durch geeignete Regelungen der Gefahr zu begegnen, dass sich Schutzvorschriften auf ArbN-Seite faktisch diskriminierend auswirken. Demgemäß hat das BVerfG die gegenwärtige gesetzliche Ausgestaltung der **Zuschusspflicht des ArbGeb zum Mutterschaftsgeld** beanstandet (Art. 12 Rz. 47).

c) **Rechtsfolgen von Verstößen.** Bei einem Gleichheitsverstoß **kann der Benachteiligte verlangen, mit** 124
den Bevorzugten gleichgestellt zu werden. So können zB Versorgungsansprüche[15], Zulagen[16] oder Unkündbarkeitsregelungen[17] beansprucht bzw. geltend gemacht werden. Dies gilt zumindest rückwir-

---

1 Siehe auch ErfK/*Dieterich*, Art. 3 GG Rz. 93; von Münch/Kunig/*Gubelt*, Art. 3 GG Rz. 93 f.; *Kocher*, RdA 2002, 167 (169). | 2 ErfK/*Dieterich*, Art. 3 GG Rz. 94; von Münch/Kunig/*Gubelt*, Art. 3 GG Rz. 93 f.; Sachs/*Osterloh*, Art. 3 GG Rz. 286. | 3 Dazu näher *Pfarr/Bertelsmann*, Diskriminierung im Erwerbsleben, S. 90 f. | 4 ErfK/*Dieterich*, Art. 3 GG Rz. 94. | 5 EuGH v. 17.10.1995 – C-450/93 (*Kalanke*), EAS RL 76/207-Art. 2 Nr. 11 mit Anm. *Sachs* = AP Nr. 6 zu EWG-Richtlinie Nr. 76/207. | 6 BAG v. 5.3.1996 – 1 AZR 590/92 (A), AP Nr. 226 zu Art. 3 GG; ErfK/*Dieterich*, Art. 3 GG Rz. 94 f. | 7 EuGH v. 11.11.1997 – Rs. C-409/95 (*Marshall*), EAS RL 76/207-Art. 2 Nr. 12 mit Anm. *Biskup*. | 8 BAG v. 21.1.2003 – 9 AZR 307/02, AP Nr. 60 zu Art. 33 Abs. 2 GG (Sachs) zu § 9 Landesgleichstellungsgesetz Rh.-Pf.; siehe ferner ErfK/*Dieterich*, Art. 3 GG Rz. 95; Dreier/*Heun*, Art. 3 GG Rz. 95; Sachs/*Osterloh*, Art. 3 GG Rz. 280.; aA von Mangold/Klein/*Starck*, Art. 3 Rz. 289. | 9 ErfK/*Dieterich*, Art. 3 GG Rz. 95. | 10 EuGH v. 28.3.2000 – Rs. C 158/97 (*Badek*), EAS RL 76/207 Art. 2 Nr. 17 = AP Nr. 20 zu EWG-Richtlinie Nr. 76/207; ErfK/*Dieterich*, Art. 3 GG Rz. 92 ff.; *Pfarr/Bertelsmann*, Diskriminierung im Erwerbsleben, S. 92 f. | 11 Jarass/Pieroth/*Jarass*, Art. 3 GG Rz. 75. | 12 Dreier/*Heun*, Art. 3 GG Rz. 100; Jarass/Pieroth/*Jarass*, Art. 3 GG Rz. 86. | 13 Zum Ganzen näher *Pfarr/Bertelsmann*, Diskriminierung im Erwerbsleben, S. 90. | 14 ErfK/*Dieterich*, Art. 3 GG Rz. 92. | 15 BAG v. 28.7.1992 – 3 AZR 173/92, AP Nr. 18 zu § 1 BetrAVG – Gleichbehandlung. | 16 BAG v. 25.8.1982 – 5 AZR 107/80, AP Nr. 53 zu § 242 BGB – Gleichbehandlung. | 17 BAG v. 13.3.1997 – 2 AZR 175/96, AP Nr. 54 zu § 2 BeschFG 1985.

kend. Für die Zukunft steht es dem Normgeber grundsätzlich frei, eine neue [Regelu]ng zu treffen. Dies gilt für Gesetze, TV, BV und (Formular-)Arbeitsbedingungen gleichermaßen. [Diese] Auffassung wird auch vom EuGH geteilt[1]. Außerdem können bei einer Ungleichbehandlung Ans[prüche] auf Entschädigung aus § 611a Abs. 2 u. 3 BGB entstehen[2]. Im öffentlichen Dienst kommt im [Regelfall ein Ein]stellungsanspruch in Betracht[3].

125 **III. Diskriminierungsverbote (Abs. 3). 1. Unterscheidung nach Geschlecht, Ab[stammung,] Sprache, Heimat, Herkunft, Glauben, religiöser oder politischer Anschauung (Ab[s. 3). Be]deutung und Abgrenzung zu anderen Vorschriften.** Art. 3 Abs. 3 wurde vor allem mit [Blick auf Ver]folgung und Benachteiligung von Minderheiten im Nationalsozialismus ins Grundge[setz genom]men und steht in engem Zusammenhang mit der Menschenwürde. Ähnliche Vorschri[ften enthalten] die Menschenrechtskonvention und der Internationale Pakt über wirtschaftliche, sozi[ale und kultu]relle Rechte[4]. Art. 3 Abs. 3 enthält ein Grundrecht sowie eine objektive Wertentscheidung. [Doch spielt er] trotz dieser Bedeutung in der Rspr. des BVerfG immer noch eine eher geringe Rolle, auc[h wenn sich] nunmehr ein Wandel abzuzeichnen scheint[5]. Die große Bedeutung des Abs. 3 im Arbeits[recht resul]tiert aus dem Gleichbehandlungsgrundsatz und § 75 BetrVG[6].

126 Abs. 3 Satz 1 hat **Vorrang** vor Abs. 1, **Konkurrenz** besteht jedoch im Verhältnis zu Abs. 2 (s. R[z. 114]) und zu Art. 33.

127 **b) Schutzbereich.** Von Art. 3 Abs. 3 werden **alle Menschen** und auch einzelne juristische Pers[onen] und Personenvereinigungen (zB Glaubensgemeinschaften und politische Vereinigungen) geschü[tzt7]. Der Schutzbereich ist eröffnet, wenn es auf bestimmte Eigenschaften (oder Aktivitäten) des Gru[nd]rechtsinhabers ankommt, „auf deren Vorhandensein oder Fehlen der Einzelne keinen oder nur sch[wachen] Einfluss nehmen kann"[8].

128 Die in Abs. 3 genannten Merkmale dürfen nicht als **Anknüpfungspunkt** für differenzierende Regelun[gen] gen herangezogen werden. Das soll auch dann gelten, wenn die Regelung nicht auf eine Ungleichbehandlung abzielt, sondern andere Zwecke verfolgt[9].

129 **c) Wirkung.** Das Diskriminierungsverbot des Abs. 3 richtet sich vor allem gegen Bevorzugungen oder Benachteiligungen der bezeichneten Gruppen durch den Staat (**Abwehrfunktion**). Darüber hinaus hat auch Abs. 3 **Schutzfunktion**. Diese gebietet, gesellschaftliche Diskriminierung nicht zu dulden und hat zentrale Bedeutung für die Verfassungswirklichkeit[10]. Abs. 3 verstärkt den allgemeinen Gleichheitssatz durch konkrete Diskriminierungsverbote[11].

130 Doch verlangt Abs. 3 **nicht die Förderung der geschützten Personengruppen bzw. einen Abbau der tatsächlichen Unterschiede**. Es lassen sich also keine subjektiven Ansprüche aus Abs. 3 ableiten, wobei dieser Unterschied zu Abs. 2 und sogar Abs. 3 Satz 2 schwer verständlich erscheint[12]. Allerdings ergeben sich wichtige Vorgaben für die Ausgestaltung der Zivilrechtsordnung, welche vor allem durch die Generalklauseln vermittelt werden. Abs. 3 bindet auch den Privatrechtsgesetzgeber. Insbesondere ergibt sich aus Abs. 3 Satz 1 ein Auftrag an den Staat, Diskriminierungen anhand der in dieser Vorschrift genannten Kriterien durch Private entgegenzuwirken[13]. Die Ausstrahlung auf die Anwendung des Privatrechts fällt stärker aus als bei Abs. 1, aber schwächer als bei Abs. 2[14].

131 Außerdem richten sich die Diskriminierungsverbote an den ArbGeb, weil der **arbeitsrechtliche Gleichbehandlungsgrundsatz** durch Art. 3 und damit auch durch die besonderen Diskriminierungsverbote geprägt ist. Für die Betriebsparteien gilt er nach § 75 BetrVG[15]. Wegen des grundsätzlichen Charakters der besonderen Diskriminierungsverbote gelten sie auch gegenüber den Tarifparteien[16].

132 **d) Beeinträchtigung/Verletzung.** Die Beeinträchtigung des Abs. 3 setzt zunächst voraus, dass die Maßnahme Personen anhand der geschützten Eigenschaften **ungleich behandelt**. Das kann unmittelbar dadurch geschehen, dass die Regelung ausdrücklich oder implizit auf eine solche Eigenschaft abzielt (direkte Ungleichbehandlung); oder aber, wenn sie zwar nicht an eines der problematischen Differenzierungskriterien unmittelbar anknüpft, im Ergebnis aber immer oder in den meisten Fällen auf eine Verwendung des betreffenden Kriteriums hinausläuft (indirekte Ungleichbehandlung). Doch ist die Frage, ob es auch eine mittelbare Beeinträchtigung des Art. 3 Abs. 3 gibt, umstritten. Um eine Um-

---

1 EuGH v. 8.4.1976 – Rs 43/75, Rs. 43/75 (*Defrenne II*), EAS EG-Vertrag Art. 119 Nr. 2 = NJW 1976, 2068; *Däubler*, Arbeitsrecht, Rz. 1064. | 2 BAG v. 14.3.89 – 8 AZR 447/87, AP Nr. 5 zu § 611a BGB mit Anm. *Scholz*. | 3 ErfK/*Dieterich*, Art. 3 GG Rz. 7; Kittner/Zwanziger/*Zwanziger*, ArbR, § 111 Rz. 34; *Schaub*, ArbRHdb, § 165 I 3 c; vgl. auch *Beyer/Möllers*, JZ 1991, 24 (28). | 4 ErfK/*Dieterich*, Art. 3 GG Rz. 66; *Schaub*, ArbRHdb, § 112 I 4, S. 969. | 5 Jarass/Pieroth/*Jarass*, Art. 3 GG Rz. 88 f. | 6 ErfK/*Dieterich*, Art. 3 GG Rz. 66; Jarass/Pieroth/*Jarass*, Art. 3 GG Rz. 88. | 7 ErfK/*Dieterich*, Art. 3 GG Rz. 69. | 8 Jarass/Pieroth/*Jarass*, Art. 3 GG Rz. 90. | 9 BVerfG v. 28.1.1992 – 1 BvR 1025/82, 1 BvL 16/83 u. 10/91, E 85, 191 (206); v. 27.1.1998 – 1 BvL 22/93, E 97, 186. | 10 ErfK/*Dieterich*, Art. 3 GG Rz. 68. | 11 BVerfG v. 27.1.1998 – 1 BvL 22/93, E 97, 186. | 12 Jarass/Pieroth/*Jarass*, Art. 3 GG Rz. 101. | 13 ErfK/*Dieterich*, Art. 3 GG Rz. 68. | 14 Jarass/Pieroth/*Jarass*, Art. 3 GG Rz. 101. | 15 Löwisch/Kaiser/*Löwisch*, § 75 BetrVG Rz. 8. | 16 Kittner/Zwanziger/*Zwanziger*, ArbR, § 111 Rz. 35.

gehung der Vorschrift zu vermeiden, wird man dies bejahen müssen. Zumindest müsste eine indirekte Ungleichbehandlung im Rahmen des Abs. 1 geprüft werden[1].

Als Benachteiligung oder Bevorzugung genügt jede **Differenzierung**. Es reicht aus, wenn eine Person in ihren wirtschaftlichen, ideellen oder emotionalen Interessen unmittelbar oder mittelbar berührt wird[2]. Wenn Gruppen mit Hilfe unzulässiger Merkmale gebildet werden, indiziert dies zumeist einen Verfassungsverstoß und erfordert eine Rechtfertigung[3]. Weitere Voraussetzung einer Beeinträchtigung ist ein – wenn auch nur geringfügiger – Nachteil für die betroffene Person. Zwischen Schlechterstellung und Verwendung der verbotenen Kriterien muss Kausalität bestehen[4]. **133**

Diesem umfassenden Schutz gegen jegliche Form der Benachteiligung von Menschen durch Art. 3 Abs. 3 (und § 75 BetrVG) hat sich der europäische Gesetzgeber mit der **RL 2000/43/EG**[5] angeschlossen. **134**

e) **Gruppenmerkmale.** Der Katalog der Merkmale gilt als abschließend[6]. Am Anfang der unzulässigen Gruppenmerkmale steht das **Geschlecht**. Dies entspricht auch seiner großen Bedeutung. Problematisch ist hier das Verhältnis zu Abs. 2 (s. Rz. 91 ff.). **135**

Unter **Abstammung** sind die natürlichen biologischen Beziehungen eines Menschen zu seinen Vorfahren und alle sonstigen familienrechtlichen Beziehungen zu den Eltern („Sippenhaft") zu verstehen. Der Begriff hat eine gewisse Nähe zum Merkmal der Herkunft, welche die soziale, sozial-ökonomische oder ständische Verwurzelung meint. Demgegenüber ist Heimat örtlich iSv. Geburtsort definiert. Der Begriff bezieht sich auf die örtliche Herkunft nach Geburt oder Ansässigkeit[7] (früher bedeutend insb. im Zusammenhang mit der DDR und Aussiedlern; vgl. ebenso die Problematik bezüglich der sog. „Landeskinderprivilegien"[8]). Heimat meint nicht den Wohnsitz oder gewöhnlichen Aufenthaltsort. Arbeitsrechtliche Sonderregelungen für das Gebiet der neuen Bundesländer waren also nur zulässig, wenn sie durch sachgerechte Differenzierungsmerkmale gerechtfertigt waren, die nicht allein auf den Besonderheiten von Heimat und Herkunft beruhten. Möglich waren Gründe, die sich aus den gravierenden Problemen ergaben, die mit den Veränderungen in der Wirtschafts-, Sozial- und Arbeitsordnung bei der Einigung Deutschlands zusammenhingen und zeitlich begrenzt waren[9]. **136**

Das Merkmal der **Rasse** bezieht sich auf Gruppen mit bestimmten wirklich oder vermeintlich biologisch vererbbaren Merkmalen[10]. Das Kriterium **Sprache** stellt auf die Muttersprache ab. Dennoch darf die Kenntnis der deutschen Sprache als Eignungsvoraussetzung bei personellen Maßnahmen vorausgesetzt werden, was innerhalb der EU gilt[11]. Auch die Tatsache, dass Deutsch Gerichtssprache ist, verletzt Abs. 3 nicht[12]. **Glauben, religiöse und politische Anschauungen** werden nicht nur durch Art. 3 Abs. 3, sondern auch durch andere Grundrechte geschützt und stellen nicht allein auf die innere Einstellung, sondern auch auf die Betätigung ab[13]. Doch können sich bezüglich des grundsätzlichen Differenzierungsverbots aufgrund der Religion insb. in Tendenzbetrieben (§ 118 BetrVG) Einschränkungen ergeben, soweit dies die Tendenz des Betriebs erfordert[14]. **137**

Problematisch ist die Frage der Benachteiligung wegen der **Staatsangehörigkeit**, da die Staatsangehörigkeit nicht von Abs. 3 erfasst ist. Zudem setzt das Grundgesetz die Staatszugehörigkeit als Gruppenmerkmal sogar voraus (Art. 116; „Deutschengrundrechte"). Daraus folgt, dass Begrenzungen der Aufenthalts- und Arbeitserlaubnis für Ausländer grundsätzlich zulässig sind. Anders sieht es bei Ungleichheiten hinsichtlich der Abwicklung von Arbeitsverhältnissen aus, da derartige Unterscheidungen gegen den allgemeinen Gleichheitssatz verstoßen[15]. Es könnte allerdings immer Abs. 1 einschlägig sein[16]. Entsprechend Art. 3 Abs. 3 verbietet auch § 75 BetrVG die unterschiedliche Behandlung wegen der Nationalität[17]. **138**

Ein Sonderfall sind **Angehörige der EU**. Für diese verbietet Art. 7 der EWG-FreizügigkeitsVO 1612/48[18] die unterschiedliche Behandlung hinsichtlich der Beschäftigungs- und Arbeitsbedingungen **139**

---

1 Jarass/Pieroth/*Jarass*, Art. 3 GG Rz. 98. | 2 ErfK/*Dieterich*, Art. 3 GG Rz. 70. | 3 ErfK/*Dieterich*, Art. 3 GG Rz. 70. | 4 Jarass/Pieroth/*Jarass*, Art. 3 GG Rz. 99 f. | 5 Richtlinie des Rates zur Anwendung des Gleichbehandlungsgrundsatzes ohne Unterschiede der Rasse oder der ethnischen Herkunft v. 29.6.2000, ABl. EG Nr. L 180 v. 19.7.2000, S. 22; dazu *Eichenhofer*, in: Rust/Däubler/Falke/Lange/Plett/Scheiwe/Sieveking (Hrsg.), Die Gleichbehandlungsrichtlinien der EU und ihre Umsetzung in Deutschland, 2003, S. 73 ff.; Kittner/Zwanziger/*Zwanziger*, ArbR, § 111 Rz. 31. | 6 BAG v. 16.2.1989 – 2 AZR 347/88, AP Nr. 46 zu § 138 BGB mit Anm. *Kramer*; Jarass/Pieroth/*Jarass*, Art. 3 GG Rz. 91. | 7 BVerfG v. 25.5.1956 – 1 BvR 83/65, E 5, 17 (22); v. 21.1.1959 – 1 BvR 644/58, E 9, 124 (128); BVerwG v. 27.9.1988 – 1 C 52.87, E 80, 233 (243). | 8 ErfK/*Dieterich*, Art. 3 GG Rz. 72; Jarass/Pieroth/*Jarass*, Art. 3 GG Rz. 93. | 9 BVerfG v. 24.4.1991 – 1 BvR 1341/90, E 84, 133; ErfK/*Dieterich*, Art. 3 GG Rz. 74. | 10 Jarass/Pieroth/*Jarass*, Art. 3 GG Rz. 92. | 11 ErfK/*Dieterich*, Art. 3 GG Rz. 75. | 12 BVerfG v. 17.5.1983 – 2 BvR 731/80, E 64, 135 (156 f.). | 13 ErfK/*Dieterich*, Art. 3 GG Rz. 76; Sachs/*Osterloh*, Art. 3 GG Rz. 302 ff. | 14 Löwisch/Kaiser/*Löwisch*, § 118 BetrVG Rz. 25. | 15 ErfK/*Dieterich*, Art. 3 GG Rz. 73; *Kittner/Däubler/Zwanziger*, KSchR Art. 3 GG Rz. 11. | 16 BVerfG v. 20.3.1979 – 1 BvR 111/74 u. 283/78, E 51, 1 (30); BVerwG v. 24.9.1965 – VII C 180.63, E 22, 66 (70); v. 17.5.1983 – 1C 163.80, E 67, 177 (183); v. 27.9.1988 – 1 C 52.87, E 80, 233 (243); Jarass/Pieroth/*Jarass*, Art. 3 GG Rz. 94; Kittner/Zwanziger/*Zwanziger*, ArbR, § 111 Rz. 33; Sachs/*Osterloh*, Art. 3 GG Rz. 71. | 17 Kittner/Zwanziger/*Zwanziger*, ArbR, § 111 Rz. 32. | 18 V. 15.10.1968, ABl. EG Nr. L 257 v. 19.10.1968; vgl. dazu *Coester/Denkhaus*, EAS B 2100 (1999), Rz. 17 ff.

aufgrund der Staatsangehörigkeit. Insbesondere bestehen die Diskriminierungsverbote und Grundfreiheiten des EGV, die sowohl die unmittelbare als auch die mittelbare Diskriminierung verbieten[1]. Gleiches gilt für ArbN aus Staaten, die mit der EG Assoziierungsabkommen abgeschlossen haben (zB die Türkei)[2].

140 f) **Anknüpfungspunkt und Rechtfertigung.** Differenziert beantwortet wird die Frage, wie zu beurteilen ist, dass nur die Unterscheidung *wegen* der genannten Merkmale verboten ist. Einer Auffassung nach handelt es sich um ein **absolutes Anknüpfungsverbot**, das jede Regelung oder Maßname verbietet, die eines dieser Merkmale verwendet[3]. Diese Meinung ist zu wenig flexibel. Außerdem lässt sich dieses System nicht ausreichend abwägungsoffen praktizieren und die Schutzfunktion bei der mittelbaren Diskriminierung ist dabei nicht zu verwirklichen[4].

141 Die skizzierten Nachteile vermeidet das **Abwägungsmodell**. Danach dürfen die verbotenen Merkmale zwar grundsätzlich nicht als Anknüpfungspunkt dienen, ihre Verwendung kann aber gerechtfertigt sein[5]. Dies erscheint als praktikable und effiziente Lösung. Hierbei können auch je nach Differenzierungsmerkmal bzw. Schutzzweck unterschiedliche Anforderungen an die Rechtfertigungsgründe gestellt werden. Ein „gemeinsamer Nenner" könnte sein, dass der Einsatz der (grundsätzlich) unzulässigen Differenzierungskriterien ausnahmsweise zulässig ist, wenn dies zur Lösung von Problemen notwendig ist, die ihrer Natur nach nur bei Personen der einen Gruppe auftreten können; wenn das Kriterium das „konstituierende Element des zu regelnden Lebenssachverhalts bildet"[6]. Die Diskriminierung unterliegt dabei einer strengen Verhältnismäßigkeitsprüfung. Und für direkte Ungleichbehandlungen wird man eine ausreichend bestimmte gesetzliche Grundlage brauchen. Weniger streng ist die Prüfung in Fällen mittelbarer Diskriminierung[7]. Für Frauen gilt (zusätzlich) der Abs. 2 und für Menschen mit Behinderung der Abs. 3 Satz 2 als Sondertatbestand des Art. 3.

142 Ermächtigungsgrundlage für **Eingriffe** in Abs. 3 ist auch das Gleichbehandlungsgebot und das Nachteilsausgleichsgebot aus Abs. 2 (Rz. 88 ff.)[8]. Beispielsweise hat das BVerfG im Rentenalter-Beschluss eine Durchbrechung des Anknüpfungsverbots zugelassen, wenn der Gesetzgeber „einen sozialstaatlich motivierten typisierenden Ausgleich von Nachteilen anordnet, die ihrerseits auch auf biologische Unterschiede zurückgehen"[9]. Wegen Verstoßes gegen Art. 3 Abs. 3 für verfassungswidrig erklärt wurden demgegenüber die Vorschriften des baden-württembergischen und bayerischen Landesrechts über die Erhebung einer auf Männer beschränkten Feuerwehrabgabe bzw. die alleinige Feuerwehrpflichtigkeit für Männer[10].

143 2. **Benachteiligung wegen Behinderung (Abs. 3 Satz 2). a) Bedeutung.** Art. 3 Abs. 3 Satz 2 wurde im Rahmen der Verfassungsreform von 1994 eingefügt. Die Stellung behinderter Menschen in Recht und Gesellschaft soll gestärkt werden und eine **gesellschaftliche und rechtliche Ausgrenzung** dieser Personengruppe verhindert werden.

144 Abs. 3 Satz 2 enthält ein **Gleichheitsrecht zugunsten Behinderter** sowie einen **Auftrag an den Staat** (dies ist mehr als in Satz 1), auf die gleichberechtigte Teilhabe behinderter Menschen hinzuwirken, dh. eine Lebensumwelt zu schaffen, die keine Mobilitäts- und Entfaltungsbeschränkungen für Behinderte verursacht. Diesbezügliche Gehalte des Sozialstaatsprinzips werden verstärkt und ergänzt. Es handelt sich um ein subjektives Abwehrrecht[11]. Bei der Auslegung und Anwendung privatrechtlicher Normen kommt wiederum die Ausstrahlungswirkung zum Tragen[12]. Eine Bevorzugung behinderter Menschen ist ausdrücklich nicht untersagt[13].

145 Vielmehr werden auch gerade **arbeitsrechtliche Schutzvorschriften und Integrationshilfen** vorausgesetzt. Es besteht jedoch keine Pflicht, sondern nur eine verfassungsrechtliche Legitimation für Ausgleichsmaßnahmen zugunsten von Behinderten zu sorgen. Doch dürfen Behinderte nicht von Entfaltungs- und Betätigungsmöglichkeiten ausgeschlossen werden, ohne dass dies anderweitig ausgeglichen und durch auf Behinderte bezogene Förderungsmaßnahmen kompensiert wird[14]. Das Gebot, Behinderte besonders zu schützen, hat arbeitsrechtlich vor allem im SGB IX (früher SchwbG) Ausdruck gefunden. Außerdem wurde die Definition des Begriffs „Behinderung" aus § 3 Abs. 1 Satz 1 SchwbG (heute § 2 SGB IX) übernommen. Das BVerfG hat für die Schwerbehinderten einen besonde-

---

1 Hierzu näher *Runggaldier*, EAS B 2000 (1996), Rz. 47 ff. | 2 Dazu *Runggaldier*, EAS B 2000 (1996), Rz. 133 ff. | 3 Von Mangoldt/Klein/*Starck*, Rz. 264. | 4 ErfK/*Dieterich*, Art. 3 GG Rz. 77. | 5 Sachs/*Osterloh*, Art. 3 GG Rz. 239 ff., 254. | 6 BVerfG v. 28.1.1992 – 1 BvR 1025/82, 1 BvL 16/83 u. 10/91, E 85, 191 (207). | 7 Jarass/Pieroth/*Jarass*, Art. 3 GG Rz. 102 f. | 8 *Neumann*, DVBl 1997, 92 (99). | 9 BVerfG v. 28.1.1987 – 1 BvR 455/82, E 74, 163 (180). | 10 BVerfG v. 24.1.1995 – 1 BvL 18/93 u. 5, 6, 7/94, 1 BvR 403, 569/94, E 92, 91 (108); von Münch/Kunig/*Gubelt*, Art. 12 GG Rz. 87. | 11 ErfK/*Dieterich*, Art. 3 GG Rz. 81; von Münch/Kunig/*Gubelt*, Art. 3 GG Rz. 104b; Jarass/Pieroth/*Jarass*, Art. 3 GG Rz. 105; Sachs/*Osterloh*, Art. 3 GG Rz. 305; Kittner/Zwanziger/*Zwanziger*, ArbR, § 111 Rz. 36. | 12 von Münch/Kunig/*Gubelt*, Art. 3 GG Rz. 104b; Sachs/*Osterloh*, Art. 3 GG Rz. 307. | 13 ErfK/*Dieterich*, Art. 3 GG Rz. 79; Stein, AR-Blattei SD 830 Rz. 714. | 14 BVerfG v. 8.10.1997 – 1 BvR 9/97, E 96, 288 (301 ff.); ErfK/*Dieterich*, Art. 3 GG Rz. 79; Kittner/Zwanziger/*Zwanziger*, ArbR, § 111 Rz. 36 f.

digung des Arbeitsverhältnisses eingefordert¹, einfachrechtlich trägt der Son... in den §§ 85 ff. SGB IX diesem Postulat Rechnung. Darüber hinaus erklärt § 80 ... Eingliederung schwerbehinderter Personen zur allgemeinen Aufgabe des BR.

b) Schutzbereich ist eröffnet, wenn es um die Behinderung des Grundrechtsinha- 146
...ung ist definiert als Auswirkung einer nicht nur geringfügigen, nicht vorübergehen-
...rächtigung, die auf einem regelwidrigen körperlichen, geistigen oder seelischen
...se Definition gilt auch mit Blick auf die divergierenden Behinderungsbegriffe in
... Geschützt werden nur natürliche Personen, nicht Verbände von Behinderten⁴.

c) Eingriff/Verletzung. Das Grundrecht wird beeinträchtigt, wenn Regelungen oder andere 147
... öffentlichen Gewalt **an die Behinderung anknüpfen** und ein Behinderter dadurch be-
...ies gilt ohne weiteres für die unmittelbare Diskriminierung, muss aber – schon um
...ermeiden – auch für die mittelbare Diskriminierung angenommen werden. Außer-
...trächtigung wegen einer Behinderung nicht nur dann gegeben, wenn eine benach-
...g an die „Behinderung schlechthin" anknüpft, sondern eine solche liegt auch vor,
...gen einer bestimmten Behinderung benachteiligt wird⁶.

...n auch eine Schlechterstellung von Behinderten im Vergleich zu Nichtbehinderten ge- 148
...sein. Doch muss die Maßnahme unerlässlich sein, um behinderungsbedingten Besonder-
...hnung zu tragen⁷. Bei direkten Ungleichbehandlungen wird eine gesetzliche Grundlagen
...dig sein. Von arbeitsrechtlicher Relevanz ist insb. die **Frage nach der Schwerbehinderteneigen-**
...t bei der Einstellung. So lässt das BAG diese Frage auch dann zu, wenn die Behinderung tätig-
...tsneutral ist⁸. Dies wird mit den besonderen gesetzlichen Verpflichtungen begründet, welche für
den ArbGeb durch die Beschäftigung Schwerbehinderter entstehen. Angesichts der rechtlichen und
wirtschaftlichen Tragweite und der betrieblichen Auswirkungen der Einstellung schwerbehinderter
ArbN sei ein berechtigtes Interesse des ArbGeb an der wahrheitsgemäßen Beantwortung der Frage
nach der Schwerbehinderteneigenschaft anzuerkennen⁹. Diese Rspr. wird teilweise als verfassungswidrig angesehen, weil die Verfassungsergänzung durch Art. 3 Abs. 3 Satz 2 hier vernachlässigt zu werden scheint¹⁰.

Entscheidend ist auch der **Zeitpunkt des Vorliegens** der Schwerbehinderteneigenschaft. Dies kann 149
im Falle von Stichtagsregelungen relevant werden. Stichtagsregelungen können hier bedeuten, dass
nur diejenigen Betriebsangehörigen, die im Zeitpunkt der Aufstellung des Sozialplans behördlich anerkannte Schwerbehinderte sind, in den Genuss der Sonderabfindung kommen. Da nach der Rspr. des
BVerfG Stichtagsregelungen grundsätzlich zulässig sind, kann auch ein Sozialplan mit der Regelung,
dass es auf das behördliche Vorliegen der Schwerbehinderteneigenschaft ankommt, als BV abgeschlossen werden. Anders sieht es aus mit Ansprüchen, die aus dem SGB IX (früher SchwbG) folgen, hierfür
kommt es (nur) auf das objektive Vorliegen der Schwerbehinderteneigenschaft an¹¹.

Art. 9 [Vereinigungsfreiheit]

(1) Alle Deutschen haben das Recht, Vereine und Gesellschaften zu bilden.

(2) Vereinigungen, deren Zwecke oder deren Tätigkeit den Strafgesetzen zuwiderlaufen oder die sich gegen die verfassungsmäßige Ordnung oder gegen den Gedanken der Völkerverständigung richten, sind verboten.

(3) Das Recht, zur Wahrung und Förderung der Arbeits- und Wirtschaftsbedingungen Vereinigungen zu bilden, ist für jedermann und für alle Berufe gewährleistet. Abreden, die dieses Recht einschränken oder zu behindern suchen, sind nichtig, hierauf gerichtete Maßnahmen sind rechtswidrig. Maßnahmen nach den Artikeln 12a, 35 Abs. 2 und 3, Art. 87a Abs. 4 und Artikel 91 dürfen sich nicht gegen Arbeitskämpfe richten, die zur Wahrung und Förderung der Arbeits- und Wirtschaftsbedingungen von Vereinigungen im Sinne des Satzes 1 geführt werden.

---

1 BVerfG v. 24.4.1991 – 1 BvR 1341/90, E 84, 133 (LS 3, 154). | 2 BVerfG v. 8.10.1997 – 1 BvR 9/97, E 96, 288 (301); von Münch/Kunig/*Gubelt*, Art. 3 GG Rz. 104c. | 3 Vgl. ErfK/*Dieterich*, Art. 3 GG Rz. 80. | 4 Jarass/Pieroth/*Jarass*, Art. 3 GG Rz. 107. | 5 von Münch/Kunig/*Gubelt*, Art. 3 GG Rz. 104c. | 6 Sachs/*Osterloh*, Art. 3 GG Rz. 311. | 7 Jarass/Pieroth/*Jarass*, Art. 3 GG Rz. 110. | 8 BAG v. 5.10.1995 – 2 AZR 923/94, AP Nr. 40 zu § 123 BGB; v. 3.12.1998 – 2 AZR 754/97, AP Nr. 49 zu § 123 BGB; Jarass/Pieroth/*Jarass*, Art. 3 GG Rz. 109. | 9 Zum Ganzen *C. S. Hergenröder*, AR-Blattei SD 715 (2002), Rz. 41 ff. insbesondere auch zur notwendigen Differenzierung zwischen der Frage nach der Schwerbehinderteneigenschaft sowie der Frage nach dem Bestehen einer Behinderung. Siehe aber auch *Thüsing/Lambrich*, BB 2002, 1146 (1148 f.), die auf das neu geschaffene Diskriminierungsverbot in § 81 Abs. 2 SGB IX hinweisen. | 10 ErfK/*Dieterich*, Art. 3 GG Rz. 82; siehe auch *Pahlen*, RdA 2001, 143 ff.; *Stein*, AR-Blattei SD 830 Rz. 716. | 11 BVerfG vom 27.6.1961 – 1 BvL 17, 20/58, E 13, 31 (38); BAG v. 19.4.1983 – 1 AZR 489/81, AP Nr. 124 zu Art. 9 GG mit Anm. *Kraft*.

GG Art. 9

I. Allgemeine Vereinigungsfreiheit (Abs. 1) 1
  1. Systematik und Zweck 1
  2. Grundrechtsträger 2
  3. Grundrechtsadressat und Schutzbereich . . . 3
II. Verbotene Vereinigungen (Abs. 2) 8
III. Koalitionsfreiheit (Abs. 3) 10
  1. Begriff 10
  2. Rechtsgrundlagen des Koalitionsrechts . . . 12
  3. Entwicklung der Koalitionsfreiheit 18
    a) Koalitionsverbote 19
    b) Duldung der Koalitionen 20
    c) Anerkennung der Koalitionen 22
  4. Struktur und Systematik von Art. 9 Abs. 3 . 25
    a) Schutzrichtung 25
    b) Grundrechtsträger 26
    c) Konkurrenzen zu anderen Grundrechten
       und Verfassungsinhalten 28
  5. Voraussetzungen der Koalitionseigenschaft . 31
    a) Vereinigung 32
      aa) Zusammenschluss mehrerer Personen
          zu einem gemeinsamen Zweck ohne
          Rücksicht auf die Rechtsform 32
      bb) Auf freiwilliger, privatrechtlicher
          Grundlage 33
      cc) Für längere Zeit 34
      dd) Mit organisierter Willensbildung . . 37
    b) Koalitionszweck: Wahrung und Förderung
       der Arbeits- und Wirtschaftsbedingungen . 38
    c) Unabhängigkeit 41
      aa) Gegnerunabhängigkeit, insbesondere
          Gegnerreinheit 41
      bb) Unabhängigkeit von Staat, Kirchen
          und Parteien 46
      cc) Überbetrieblichkeit 47
  6. Tariffähige Koalition (Gewerkschaft) 48
    a) Fähigkeit, Druck und Gegendruck aus-
       zuüben (soziale Mächtigkeit, Verbands-
       macht) 48
    b) Keine soziale Mächtigkeit auf Arbeitgeber-
       seite 54
    c) Weitere Voraussetzungen der Tariffähig-
       keit 55
      aa) Anerkennung des geltenden Tarif-, Ar-
          beitskampf- und Schlichtungsrechts . 55
      bb) Tarifwilligkeit und gewollte Tarifunfä-
          higkeit 56
      cc) Arbeitskampfbereitschaft 60
    d) Einheitlicher Gewerkschaftsbegriff 62
    e) Die nicht tariffähige Koalition 63
  7. Gewährleistungsinhalt des Art. 9 Abs. 3 . . . 65
    a) Positive individuelle Koalitionsfreiheit . . 65
    b) Negative individuelle Koalitionsfreiheit . 66
      aa) Grundlagen 66
      bb) Einzelfälle 68
    c) Kollektive Koalitionsfreiheit 73
      aa) Bestandsgarantie 73
      bb) Betätigungsgarantie 74
      cc) Anerkannte Betätigungen 76
    d) Individuelles Teilnahmerecht an der ge-
       schützten Koalitionsbetätigung 78
  8. Regelungsauftrag zur Schaffung eines ein-
    fachgesetzlichen Unterbaus 79
  9. Schranken der Koalitionsfreiheit 80
    a) Kein Gesetzesvorbehalt 80
    b) Schranken aus dem Grundgesetz 81
    c) Methode der Schrankenziehung durch das
       Bundesverfassungsgericht 83
  10. Verhältnis von Gesetzgeber und Richter bei
     der Normkonkretisierung 85
  *11. Rechtsbehelfe bei Verletzung der Koalitions-
     freiheit* 89

    a) Schutz gegen den Staat . . . .
    b) Schutz gegen Private („Drittwirkung")
    c) Aktive Parteifähigkeit der Gewerkschaft
       im Zivilprozess . . . .
    d) Nachweis des Vertretenseins 89
  12. Aufgaben und Zuständigkeit der Koalition
  13. Innere Struktur der Koalitionen
    a) Satzungsautonomie . . . .
    b) Die Mitgliedschaft in den Koalition
      aa) Erwerb der Mitgliedschaft
      bb) Rechte und Pflichten der Mitglie
      cc) Beendigung der Mitgliedschaft
  14. Internationales Koalitionsrecht
IV. Tarifautonomie
  1. Sinn der Tarifautonomie
  2. Reichweite der Tarifautonomie . . . .
    a) Sachliche Reichweite
    b) Personelle Reichweite
    c) Unmittelbare Wirkung . . . .
    d) Verhältnis von tariflicher und betrieblicher
       Normsetzung 121
    e) Art. 9 Abs. 3 als Grenze der Delegations-
       befugnis der Tarifparteien auf die Betriebs-
       partner 125
      aa) Allgemeine Öffnungsklauseln 127
      bb) Sonstige Öffnungsklauseln 131
  3. Grenzen der Tarifautonomie 132
    a) Recht der EG 133
    b) Verfassung 135
    c) Einfache Gesetze 140
    d) Gemeinwohlbindung 142
  4. Tarifkontrolle und Durchsetzung 144
V. Arbeitskampf 146
  1. Begriff und Arten des Arbeitskampfs 146
  2. Rechtsgrundlagen des Arbeitskampfrechts . 149
    a) Koalitionsbetätigungsgarantie 149
    b) Überstaatliche Regelungen 151
    c) Einfachgesetzliche Regelungen 156
    d) Länderverfassungen 158
    e) Kollektivvertragliche Arbeitskampfford-
       nungen 159
      aa) Tarifautonome Regelungen 159
      bb) Betriebsvereinbarungen 160
    f) Arbeitskampf und Richterrechtsord-
       nung 164
  3. Allgemeine Grundsätze des Arbeitskampf-
    rechts 165
    a) Grundsatz der freien Kampfmittelwahl . . 165
    b) Grundsatz der Verhandlungsparität 166
    c) Grundsatz der Verhältnismäßigkeit im
       weiteren Sinne (Übermaßverbot) 169
    d) Grundsatz der staatlichen Neutralität . . 171
    e) Grundsatz der Solidarität 174
  4. Arbeitskampf und Zivilrechtsdogmatik . . . 175
    a) Die kollektivrechtliche Einheitstheorie
       des BAG 175
    b) Der Arbeitskampf im deliktischen Haf-
       tungssystem 176
    c) Kritik an der „kollektivrechtlichen Ein-
       heitslehre" 177
  5. Richterrechtlich anerkannte (privilegierte)
    Kampfrechte auf Arbeitnehmerseite zur
    Durchsetzung tarifvertraglicher Regelungs-
    ziele 178
    a) Streikrecht 178
      aa) Begriff und Arten 178
      bb) Grundsätzliche Zulässigkeit und
          Rechtsgrundlage 182
      cc) Gewerkschaftliche Organisation . . . 184
      dd) Kampfgegner 188
      ee) Rechtsfolgen für das Einzelarbeitsver-
          hältnis 190

(1) Ausübung eines subjektiv-privaten Gestaltungsrechts 190
(2) Lohnanspruch 192
(3) Urlaub 193
(4) Krankheit 197
(5) Mutterschaftsentgelt 199
(6) Feiertage 200
(7) Zulagen 201
(8) Beihilfen im Krankheitsfall ... 202
(9) Entgeltanspruch während Freistellungszeiten 203
ff) Beendigung des Streiks 204
b) Recht zur Abkehr 205
c) Verweigerung von Streikarbeit 206
6. Reaktionsmöglichkeiten der Arbeitgeberseite 209
a) Durchhaltetaktik 209
b) Recht zur Stilllegung des Betriebes 211
c) Lohnverweigerungsrecht nach der Arbeitskampfrisikolehre 215
d) Suspendierende Abwehraussperrung ... 220
aa) Grundsätzliche Zulässigkeit und Rechtsgrundlage 220
bb) Ausübung durch einseitige, empfangsbedürftige Willenserklärung 222
cc) Grenzen 226
e) Einzelaussperrung 229
aa) Anschlussaussperrung 230
bb) Aussperrung um einen Firmentarifvertrag 231
cc) Wilde Aussperrung 234
f) Lösende Abwehraussperrung 235
g) Einzellösungsrecht des Arbeitgebers ... 236
h) Aussperrung zur Abwehr rechtswidriger Kampfmaßnahmen 237
i) Angriffsaussperrung 238
7. Boykott 240
a) Begriff und Systematik 240
b) Rechtmäßigkeit 244
c) Akzessorietät 246
8. Druckausübung zur Durchsetzung einzelvertraglicher Regelungsziele außerhalb der Verbände 248
a) Massenänderungskündigung des Arbeitgebers 248
b) Massenänderungskündigung des Arbeitnehmers 249
c) Problem des „wilden Streiks" bzw. der „wilden Aussperrung" 251
9. Gemeinsam ausgeübtes Zurückbehaltungsrecht 254
10. Grenzen des Arbeitskampfes 258
a) Zulässigkeit der Begrenzung allgemein . 258
aa) Schranken aus dem Grundgesetz ... 258
bb) Art. 31 Europäische Sozialcharta ... 261
b) Einzelne Schranken 263
aa) Verbot nicht erforderlicher Kampfmaßnahmen 263
bb) Verbot des Einsatzes unlauterer Kampfmittel 265
cc) Verbot des Kampfes um unwirksame Regelungsziele 267
dd) Verbot des Kampfes um Ziele, die nicht unter Einsatz von Druck durchgesetzt werden können 268
ee) Verbot der Existenzvernichtung des Gegners 269
ff) Verbot des Kampfes um unbeeinflussbare Ziele 270
(1) Sympathiekampfmaßnahmen .. 270
(2) Politische Arbeitskampfmaßnahmen 272
(3) Demonstrationsarbeitskämpfe .. 273
gg) Verbot von Kampfmaßnahmen, die Dritte unverhältnismäßig hart treffen . 274
hh) Gesamtwirtschaftliches Gleichgewicht 276
ii) Kampfbeschränkungen durch die Tarifautonomie 277
(1) Tarifvertragliches Regelungsziel .. 278
(2) Erkämpfbarkeit schuldrechtlicher Vereinbarungen 280
(3) Tariffähige Koalition 282
(4) Grundsatz der Tarifeinheit und Arbeitskampf 283
(5) Arbeitskämpfe zur Durchsetzung von Rechtsansprüchen 284
(6) Einhaltung der tariflichen Friedenspflicht 285
(7) Einhaltung verfahrensmäßiger Voraussetzungen 286
(8) Räumlicher und fachlicher Geltungsbereich des umkämpften Tarifvertrags 289
jj) Pflicht zu Erhaltungs- und Notdienstarbeiten 290
11. Rechtsfolgen unzulässiger Arbeitskämpfe .. 295
a) Folgen für die Arbeitsvertragsparteien .. 296
aa) Der rechtswidrige Streik 296
bb) Die rechtswidrige Aussperrung ... 303
b) Folgen für die Verbände 306
aa) Der rechtswidrige Streik 306
bb) Die rechtswidrige Aussperrung ... 313
c) Einzelprobleme 315
aa) Gesamthandlung – Einzelhandlung . 315
bb) Gesamtschuldnerische Haftung des Arbeitnehmers 316
cc) Begrenzung des Schadensumfangs durch Kündigung 317
d) Arbeitsvertragliche und tarifliche Disposition der Rechtsfolgen 318
12. Arbeitskampf im öffentlichen Dienst 320
a) Beamte 320
b) Arbeitnehmer im öffentlichen Dienst ... 322
13. Arbeitskampf in der Betriebs-, Dienststellen- und Unternehmensverfassung 323
a) Arbeitskampf in der Betriebsverfassung .. 323
aa) Betriebliche Friedenspflicht 324
bb) Beteiligungsrechte im Arbeitskampf . 325
cc) Einzelfälle 327
b) Dienststellenverfassung und Arbeitskampf 328
c) Arbeitskampf in der Unternehmensverfassung 329
14. Arbeitskampf und Sozialrecht 330
a) Sozialhilferecht 330
b) Arbeitsförderung 331
aa) Arbeitsvermittlung 331
bb) Staatliche Lohnersatzleistungen ... 333
c) Krankenversicherung, Pflegeversicherung . 338
d) Rentenversicherung 339
e) Gesetzliche Unfallversicherung 340
15. Arbeitskampf und öffentliche Ordnung ... 341
a) Arbeitskampf und Strafrecht 341
aa) Arbeitskampf als Straftat 342
bb) Straftaten im Rahmen von Arbeitskämpfen 346
b) Arbeitskampf und Polizeirecht 348
16. Arbeitskampf und internes Verbandsrecht .. 349
a) Entscheidungen über Arbeitskampfmaßnahmen 349
b) Unterstützungsleistungen 350
c) Pflicht zur Befolgung von Kampfbeschlüssen 351

17. Arbeitskampf und Prozess 352	c) Arbeitskampf um einen internationalen
a) Rechtsweg 352	Tarifvertrag............ 364
b) Einstweilige Verfügungen gegen Arbeits-	VI. **Schlichtungsrecht** 366
kampfmaßnahmen 354	1. Begriff und Funktion der Schlichtung 366
c) Rechtsschutz über die Gewährung von	2. Grundlagen des Schlichtungsrechts 368
Leistungen nach dem SGB III 358	3. Staatliche Schlichtung 371
18. Europäisches und Internationales Arbeits-	a) Schlichtung nach dem KRG Nr. 35 371
kampfrecht 359	b) Schlichtung nach der Landesschlichtungs-
a) EG-Grundfreiheiten und Arbeitskampf . 359	ordnung Baden 372
b) Die kollisionsrechtliche Behandlung des	4. Vertragliche Schlichtung 374
Arbeitskampfes 362	

Lit.: *Birk*, Die Rechtmäßigkeit gewerkschaftlicher Unterstützungskampfmaßnahmen, 1978; *Birk/Konzen/Löwisch/Raiser/Seiter*, Gesetz zur Regelung kollektiver Arbeitskonflikte – Entwurf und Begründung –, 1988; *Brox/Rüthers*, Arbeitskampfrecht, 2. Aufl. 1982; *Däubler* (Hrsg.), Arbeitskampfrecht, 2. Aufl. 1987; *Gamillscheg*, Kollektives Arbeitsrecht, Bd. 1, 1997; *Hergenröder*, Der Arbeitskampf mit Auslandsberührung, 1987; *Hergenröder*, Europäische Aspekte des Arbeitskampfrechts, EAS B 8400 (2000); *Kalb*, Arbeitskampfrecht, 1986; *Kissel*, Arbeitskampfrecht, 2002; *Lieb/von Stebut/Zöllner* (Hrsg.), Arbeitskampfrecht, 1990; *Löwisch* (Hrsg.), Arbeitskampf- und Schlichtungsrecht, 2. Aufl. 1997; *Max-Planck-Institut für ausl. öffentl. Recht und Völkerrecht* (Hrsg.), Die Koalitionsfreiheit des Arbeitnehmers, 1980; *Säcker/Oetker*, Grundlagen und Grenzen der Tarifautonomie, 1992; *Picker*, Die Tarifautonomie in der deutschen Arbeitsverfassung, 2000; *Seiter*, Streikrecht und Aussperrungsrecht, 1975; *Seiter*, Arbeitskampfparität und Übermaßverbot, 1979; *Seiter*, Staatsneutralität im Arbeitskampf, 1986; *Zachert*, AR-Blattei SD 1650.1 „Vereinigungsfreiheit/Koalitionsfreiheit I", 2001

1 **I. Allgemeine Vereinigungsfreiheit (Abs. 1). 1. Systematik und Zweck.** Durch Art. 9 werden mit der **freien Vereins- (Abs. 1) und Koalitionsbildung (Abs. 3)** zwei inhaltlich zusammengehörige, aber tatbestandlich selbständig ausgestaltete grundrechtliche Gewährleistungen verbürgt. Mit dem „Prinzip freier Gruppenbildung" garantiert Art. 9 eine freiheitliche Ordnung, welche im Gegensatz steht zu einem System, „in dem das Volk von oben her in ständisch-korporative Gruppen gegliedert und nur noch in dieser von vornherein durch obrigkeitliche Lenkung kanalisierten Form an der öffentlichen Meinungs- und Entscheidungsbildung beteiligt wird"[1]. Gewährleistet wird das Recht, „sich zu billigen Zwecken mit anderen in Vereinen, Verbänden und Assoziationen aller Art zusammenzuschließen"[2]. Dabei ist nicht nur der freie Zusammenschluss zum Zwecke des demokratischen Willensbildungsprozesses geschützt, sondern jegliche Verbandsbildung ohne Vorgabe von Zielen. Eine Schranke stellt insoweit nur Art. 9 Abs. 2 auf.

2 **2. Grundrechtsträger.** Die Vereinigungsfreiheit steht nach dem Wortlaut des Art. 9 Abs. 1 nur **Deutschen** iSd. Art. 116 Abs. 1 zu. Ausländer sind indes nicht schutzlos gestellt, sie können sich auf Art. 2 Abs. 1 berufen, wonach ihnen bei der vereinsmäßigen Betätigung eine grundrechtlich zugesicherte Garantie der Gesetzmäßigkeit der Verwaltung als Ausdruck der Persönlichkeitsentfaltung zusteht. Fraglich ist, inwieweit sich EU-Bürger auf Art. 9 Abs. 1 berufen können. Es handelt sich um keine besonders auf Art. 9 Abs. 1 zugeschnittene Frage, sondern um ein auch bei anderen Deutschen-Grundrechten auftretendes Problem (Art. 12 Rz. 16 f.). Richtigerweise wird man jedenfalls dann, wenn das Recht der EU entsprechende Verbürgungen enthält, Art. 9 Abs. 1 in diesem Sinne über seinen Wortlaut hinaus auszulegen haben[3]. Will man dem nicht folgen, so müssen EU-Ausländer über Art. 2 Abs. 1 entsprechenden Schutz genießen[4]. Für inländische juristische Personen des Privatrechts gilt Art. 9 Abs. 1 über Art. 19 Abs. 3.

3 **3. Grundrechtsadressat und Schutzbereich.** Aus Art. 9 Abs. 1 folgt ein individuelles Abwehrrecht, das den Staat verpflichtet, **Eingriffe zu unterlassen.** Geschützt ist aber nicht nur die Vereinsbildung, sondern auch die Freiheit zum Beitritt zu bestehenden Vereinen, zum Verbleib in diesen, zur freien Betätigung iSd. Teilnahme der Mitglieder an der „Selbstbestimmung über die eigene Organisation, das Verfahren ihrer Willensbildung und die Führung ihrer Geschäfte"[5]. Neben dem Individualrecht, sich in Vereinen und Gesellschaften zusammenzuschließen, wird durch Art. 9 Abs. 1 auch das Recht dieser Vereinigungen, unbeschadet der Frage ihrer Rechtsfähigkeit, auf Entstehen und Bestehen geschützt[6].

4 Geschützt ist auch die **negative Vereinsfreiheit.** Sie umfasst das Recht auf Austritt aus privaten Verbänden sowie das Recht, privaten Verbänden fernzubleiben[7]. Art. 9 Abs. 1 ist indes kein Leistungs-

---

[1] Vgl. BVerfG v. 18.12.1974 – 1 BvR 430/65 und 259/69, E 38, 281 (303); s.a. BVerfG v. 15.6.1989 – 2 BvL 4/87, E 80, 244 (252); v. 24.2.1999 – 1 BvR 123/93, E 100, 214 (221, 223); von Münch/Kunig/*Löwer*, Art. 9 GG Rz. 1. [2] BVerfG v. 18.12.1974 – 1 BvR 430/65 und 259/66, E 38, 281 (303) = AP Nr. 23 zu Art. 9 GG. [3] Vgl. eingehend von Münch/Kunig/*Löwer*, Art. 9 GG Rz. 6. [4] IdS *Dreier*, Vorb. Rz. 75; ErfK/*Dieterich*, Art. 9 GG Rz. 8; *Bauer/Kahl*, JZ 1995, 1077 ff. [5] BVerfG v. 1.3.1979 – 1 BvR 532/77, 533/77, 419/78, 1 BvL 21/78, E 50, 290 (354); von Münch/Kunig/*Löwer*, Art. 9 GG Rz. 18. [6] BVerfG v. 18.10.1961 – 1 BvR 730/57, E 13, 174 (175); siehe auch BVerfG v. 24.2.1974 – 1 BvR 438/68, 456/68, 484/68, 1 BvL 40/69, E 30, 227 (241); v. 1.3.1979 – 1 BvR 532/77, 533/77, 419/78, 1 BvL 21/78, E 50, 290 (353 f.). [7] BVerfG v. 29.7.1959 – 1 BvR 394/58, E 10, 89 (104); v. 10.3.92 – 1 BvR 454, 470, 602, 616, 905, 939 – 955, 957 – 963, 1128, 1315 – 1318, 1453/91, E 85, 360 (370).

recht, aus der Vorschrift folgt also nicht die Pflicht des Staates zur Vereinsförderung durch Subventionen oder steuerliche Gemeinnützigkeitsprivilegien[1]. Ebenso wenig enthält Art. 9 Abs. 1 eine Instituts- oder institutionelle Garantie des überkommenen Vereins- und Gesellschaftsrechts.

Vereinigungen iSd. Art. 9 Abs. 1 sind **Vereine und Gesellschaften**. Der Schutz der Vereinigungsfreiheit greift ein, wenn es um einen Zusammenschluss natürlicher oder juristischer Personen geht, der auf Dauer angelegt ist und auf der Basis der Freiwilligkeit erfolgt. Nicht einheitlich beantwortet wird die Frage nach der erforderlichen Mindestzahl der Mitglieder. Während Übereinstimmung darin besteht, dass jedenfalls die Ein-Mann-Gesellschaft ungeachtet ihrer Verankerung im Gesellschaftsrecht nicht eine Vereinigung iSv. Art. 9 Abs. 1 darstellt, wird teilweise für eine Mindestzahl von zwei Mitgliedern[2] plädiert, die Gegenauffassung verlangt drei Mitglieder[3]. Auf der anderen Seite stellt sich die Frage nach einem verfassungsrechtlichen Schutz von großen Kapitalgesellschaften, bei denen der personale Bezug weitgehend fehlt[4]. Richtigerweise wird man ihnen den grundrechtlichen Schutz nicht grundsätzlich versagen dürfen, indes ist ihren Besonderheiten bei der gesetzlichen Ausgestaltung Rechnung zu tragen[5]. 5

Weiter ist die Verfolgung eines **gemeinsamen Zwecks und eine organisierte Willensbildung** konstitutiv[6]. Voraussetzung für den verfassungsrechtlichen Schutz ist allerdings die Dauerhaftigkeit des Verbandes, welche in Abgrenzung zur Versammlung zu sehen ist. Zwar darf der Zweck ein vorübergehender sein, indes muss die Zweckverfolgung sich über eine organisierte Willensbildung im rechtlich stabilisierten Verband niederschlagen. Unverzichtbar für den Begriff der Vereinigung ist ferner das Postulat der Freiwilligkeit. Es geht um freie soziale Gruppenbildungen, öffentlich-rechtliche Zwangsverbände unterfallen nicht Art. 9 Abs. 1[7]. Nachdem sich der gemeinsame Zweck sachlich nicht beschränken lässt, kommen insoweit politische, wissenschaftliche, künstlerische, wohltätige, sportliche und andere Zwecksetzungen in Betracht. Einzige Grenze bildet Art. 9 Abs. 2. Die weitere Voraussetzung der organisierten Willensbildung ist Ausdruck des Bestrebens nach einer gewissen „organisatorischen Stabilität"[8]. 6

Die Handlungsfähigkeit der Vereinigung im Rechtsverkehr und die Anerkennung als Rechtssubjekt kann nur kraft rechtlicher Ordnung erreicht werden. Daher bedarf es der **normativen Ausgestaltung** der Vereinigungsfreiheit. Die staatliche Pflicht zur Schaffung einer ausreichenden Grundlage stellt insoweit keine Beeinträchtigung dar, da durch sie vielmehr ein Vollzug des Grundrechtes stattfindet[9]. Trotz eines weiten Gestaltungsspielraums des Gesetzgebers bedarf dieser und auch die richterliche Rechtsfortbildung der Legitimation vor dem Grundrecht. 7

II. Verbotene Vereinigungen (Abs. 2). Durch Art. 9 Abs. 2 werden Vereinigungen mit einer **bestimmten Zwecksetzung verboten**. Die Zwecke einer Vereinigung ergeben sich dabei aus der Niederlegung in der Satzung oder einem Programm, können aber auch aus dem Verhalten des Vereins folgen[10]. Von Art. 9 Abs. 2 erfasst werden zunächst Vereinigungen, deren Zwecke oder deren Tätigkeit den Strafgesetzen zuwiderlaufen. Dabei sind Strafgesetze in diesem Sinne nur Normen, deren Tatbestandsverwirklichung als strafbare Verbrechen oder Vergehen iSd. § 12 StGB zu ahnden sind. Weiter werden Vereinigungen erfasst, die sich gegen die verfassungsmäßige Ordnung richten, Art. 9 Abs. 2 dient insoweit dem „präventiven Verfassungsschutz"[11]. Maßgeblich ist insoweit die objektive Zielsetzung der Vereinigung, wobei diese auch aus den Aktivitäten ersichtlich sein kann[12]. Schließlich sind auch Vereinigungen verboten, die sich gegen den Gedanken der Völkerverständigung richten. Art. 9 Abs. 2 verkörpert insoweit die Völkerrechtsfreundlichkeit des Grundgesetzes. Verboten ist damit eine Vereinigung, welche sich der Störung des Friedens unter den Völkern und Staaten verschrieben hat. 8

Ungeachtet seiner systematischen Stellung gilt Art. 9 Abs. 2 nicht nur für Vereinigungen iSd. Abs. 1, sondern richtiger Ansicht nach auch für **Koalitionen nach Abs. 3**[13]. Das Verbot der Vereinigung tritt nicht ipso jure ein, vielmehr bedarf es einer konstitutiv wirkenden Feststellungsverfügung in der Gestalt einer Allgemeinverfügung[14]. Allerdings dürfte Art. 9 Abs. 2 in Bezug auf Koalitionen kaum praktische Bedeutung haben. 9

III. Koalitionsfreiheit (Abs. 3). 1. Begriff. Zum Koalitionsrecht gehören alle Normen, welche die **Entstehung und Rechtsstellung der arbeitsrechtlichen Koalitionen** regeln. Von diesem Koalitionsrecht im objektiven Sinn ist das subjektive Koalitionsrecht zu unterscheiden, also das Recht, sich zur Wahrung und Förderung der Arbeits- und Wirtschaftsbedingungen zusammenzuschließen und als Koalition zu 10

---

1 von Münch/Kunig/*Löwer*, Art. 9 GG Rz. 21. | 2 So etwa von Münch/Kunig/*Löwer*, Art. 9 GG Rz. 28. | 3 So BGH v. 11.10.1978 – 3 StR 105/78, BGHSt 28, 147 (149). | 4 Vgl. auch BVerfG v. 1.3.1979 – 1 BvR 532/77, 533/77, 419/78, 1 BvL 21/78, E 50, 290 (355 f.); ErfK/*Dieterich*, Art. 9 GG Rz. 5. | 5 Dreier/*Bauer*, Art. 9 GG Rz. 30. | 6 von Münch/Kunig/*Löwer*, Art. 9 GG Rz. 27. | 7 BVerfG v. 29.7.1959 – 1 BvR 394/58, E 10, 89 (104); v. 18.12.1974 – 1 BvR 430/65, 259/69, E 38, 281 (297 f.). | 8 von Münch/Kunig/*Löwer*, Art. 9 GG Rz. 32; Dreier/ *Bauer*, Art. 9 GG Rz. 36. | 9 BVerfG v. 19.1.2001 – 1 BvR 1759/91, NJW 2001, 2617; ErfK/*Dieterich*, Art. 9 GG Rz. 9 f.; von Münch/Kunig/*Löwer*, Art. 9 GG Rz. 23 ff. | 10 von Münch/Kunig/*Löwer*, Art. 9 GG Rz. 37. | 11 BVerfG v. 15.6.1989 – 2 BvL 4/87, E 80, 244 (253). | 12 BVerfG v. 20.3.1952 – 1 BvL 12, 15, 16, 24, 28/51, E 1, 184 (187). | 13 *Henssler*, ZfA 1998, 1 (6 f.); von Münch/Kunig/*Löwer*, Art. 9 GG Rz. 80; *Scholz*, Handbuch des Staatsrechts, Bd. VI, 2. Aufl., 2001, § 151 Rz. 123; aA Jarass/Pieroth/*Jarass*, Art. 9 GG Rz. 35. | 14 BVerwG v. 25.1.1978 – 1 A 3.76, E 55, 175 (178); von Münch/Kunig/*Löwer*, Art. 9 GG Rz. 48.

betätigen. Anstelle des Wortes Koalitionsrecht im subjektiven Sinn wird aber überwiegend das Wort Koalitionsfreiheit gebraucht, ohne dass damit ein sachlicher Unterschied zum Ausdruck kommen soll.

11 Zu den Koalitionen zählen **Gewerkschaften und ArbGebVereinigungen**. Eine gewisse Verwirrung in der Terminologie entsteht dadurch, dass das Grundgesetz im Anschluss an die Weimarer Reichsverfassung in Art. 9 Abs. 3 den Begriff „Vereinigung" bevorzugt. Dies ist geschichtlich bedingt. In der Weimarer Reichsverfassung ersetzte man den bis dahin üblichen Begriff Koalition durch den Begriff Vereinigung, um zu vermeiden, dass auf eine Garantie der Koalitionsmittel, insb. des Arbeitskampfes, geschlossen würde[1]. Heute werden die Begriffe Koalition und Vereinigung gleich bedeutend verwandt.

12 **2. Rechtsgrundlagen des Koalitionsrechts.** Versuche, ein **Verbandsgesetz** zu erlassen, das die Rechtsstellung der Koalitionen regelt, sind bisher nicht sehr weit gediehen[2], auch wenn die Rspr. die Notwendigkeit einer gesetzlichen Regelung des Koalitionswesens betont hat[3]. Das Recht der Koalitionen folgt deshalb aus der Verfassung und einer Vielzahl einfachgesetzlicher Regelungen; hinzu kommen zwischen- und überstaatliche Gewährleistungen der Koalitionsfreiheit. Die Grundnorm für das Recht der Koalitionen ist Art. 9 Abs. 3. Dem Wortlaut nach scheint diese Bestimmung wenig aussagekräftig zu sein. Garantiert wird das Recht, Vereinigungen zur Wahrung und Förderung der Arbeits- und Wirtschaftsbedingungen zu bilden. Die Rspr. hat den Gewährleistungsinhalt über den Wortlaut hinaus jedoch erheblich ausgedehnt (Rz. 65 ff.).

13 Auf der Ebene des **einfachen Bundesrechts** finden sich spezielle Regelungen für die Betätigung der Koalitionen: Einmal im Bereich der spezifisch koalitionsgemäßen Betätigung (Tarifautonomie, Betriebsverfassung, Personalvertretung, Unternehmensmitbestimmung, Prozessvertretung), zum anderen im Bereich der Mitwirkung an staatlichen Aufgaben, und zwar beim Erlass von Rechtsnormen, in der Gerichtsbarkeit und in der Verwaltung[4]. Soweit keine Sonderbestimmungen bestehen, gelten die allgemeinen Regeln, so für die Gründung und die Organisation des Verbandes das Vereins- bzw. Gesellschaftsrecht des BGB[5].

14 Nahezu alle **Landesverfassungen** enthalten ebenfalls Gewährleistungen der Koalitionsfreiheit[6] (zB Art. 114, 170 Bayerische Verfassung, Art. 17, 48 Verfassung von Bremen, Art. 15, 36 Hessische Verfassung, Art. 13, 66 Abs. 1 Verfassung von Rh.-Pf., Art. 7, 56 S. 1, 57 Verfassung des Saarl.). Art. 2 Abs. 1 der Verfassung von Baden Württemberg, Art. 5 der Verfassung von MV, Art. 3 der Verfassung von Nds. und Art. 4 der Verfassung von Nordrhein-Westfalen erklären die Grundrechte des Grundgesetzes, also auch Art. 9 Abs. 3, zum Bestandteil der Landesverfassung. Im Aussagegehalt decken sich die landesverfassungsrechtlichen Gewährleistungen mit Art. 9 Abs. 3. Nach Art. 142 bleiben sie auch insoweit in Kraft. Praktische Bedeutung hat dies insofern, als der Rechtsweg zu den Landesverfassungsgerichten eröffnet wird.

15 Mehrere **völkerrechtliche Regelwerke** statuieren den Schutz der Koalitionsfreiheit[7]. Zu nennen sind Art. 23 Abs. 4 der UN-Menschenrechtsdeklaration, wobei diese Bestimmung unstreitig nur eine rechtliche Empfehlung darstellt, also nur eine „Proklamation gemeinsamer Richtlinien"[8]. Unmittelbar innerstaatlich anwendbares Recht enthält demgegenüber Art. 11 der Europäischen Menschenrechtskonvention (EMRK)[9]. Um eine Verpflichtung der vertragsschließenden Staaten, also nicht um unmittelbar anwendbares Recht, handelt es sich auch bei Teil II Art. 5 der Europäischen Sozialcharta (ESC)[10]. Umstritten ist die innerstaatliche Anwendbarkeit in Bezug auf Art. 8 des Internationalen Paktes über wirtschaftliche, soziale und kulturelle Rechte[11]. Demgegenüber stellt Art. 22 des Internationalen Paktes über bürgerliche und politische Rechte nach einer verbreiteten Meinung unmittelbar geltendes Recht in den Unterzeichnerstaaten dar, seine Bestimmungen räumen den Begünstigten subjektive Rechte ein[12]. Zu nennen sind ferner die Abkommen Nr. 87, 98 sowie 135 der Internationalen Arbeitsorganisation[13]. Die ILO-Abkommen begründen als völkerrechtliche Verträge die Pflicht der Staaten, ihre Normen an den Standard der Abkommen anzupassen; Individualrechte räumen sie demgegenüber nicht ein[14]. Das BVerfG hat sich in einer Entscheidung zu den Voraussetzungen der Tarif-

---

1 Vgl. *Seiter*, Streikrecht, S. 59 f. mwN. | 2 Vgl. den formulierten Gesetzentwurf der FDP, RdA 1977, 235; aus der Lit. zB *Kehrmann/Bobke*, ZRP 1985, 78; *Gamillscheg*, KollArbR, § 9 5 c; *Kissel*, ArbeitskampfR, § 4 Rz. 46 ff.; *Meeßen*, Erlass eines Verbändegesetzes als rechtspolitische Aufgabe?, 1976; *Gerhardt*, Das Koalitionsgesetz, 1977; *Scharp*, Die Funktionsfähigkeiten der Gewerkschaften als Problem einer Verbändegesetzgebung, 1978. | 3 Siehe etwa BVerfG v. 2.3.1993 – 1 BvR 1213/85, E 88, 103 (115). | 4 Einzelheiten zB bei *Eitel*, Die Ungleichbehandlung der repräsentativen und nicht repräsentativen Gewerkschaften durch den Staat, 1991, S. 189 ff.; *Schaub*, ArbRHdb, § 190 Rz. 4 ff. | 5 *Gamillscheg*, KollArbR, § 3 4 b (1). | 6 Genaue Übersicht bei *Kissel*, ArbeitskampfR, § 4 Rz. 8. | 7 Dazu näher *Gamillscheg*, KollArbR, § 1 III; MünchArbR/*Löwisch*, § 235 II 3; *Schaub*, ArbRHdb, § 3 II, III; siehe auch unter dem Blickwinkel des Arbeitskampfes *Hergenröder*, EAS B 8400 Rz. 5 ff. | 8 *Gamillscheg*, KollArbR, § 1 III 3; *Gitter*, ZfA 1971, 127 (133). | 9 EuGMR v. 6.2.1976 – Rs. 2/1974/13/20, EAS C EMRK Art. 11 Nr. 2; *Gamillscheg*, KollArbR, § 1 III 5 a. | 10 So die hM, zum Streitstand *Kissel*, ArbeitskampfR, § 20 Rz. 12 ff. | 11 Dazu *Hergenröder*, EAS B 8400 Rz. 10. | 12 *Nowak*, EuGRZ 1980, 532 (533). | 13 Vgl. eingehend *Böhmert*, Das Recht der ILO und sein Einfluss auf das deutsche Arbeitsrecht im Zeichen der europäischen Integration, 2002, S. 107 ff.; ferner *Gamillscheg*, KollArbR, § 1 III 2; *Kissel*, ArbeitskampfR, § 20 Rz. 42 ff. | 14 *Böhmert*, Das Recht der ILO und sein Einfluss auf das deutsche Arbeitsrecht im Zeichen der europäischen Integration, 2002, S. 150 ff., 221 ff.

fähigkeit[1] mit den internationalen Abmachungen befasst. Für den Streitfall wurde festgestellt, dass aus diesen Abkommen kein aus Art. 9 Abs. 3 abweichendes Ergebnis folge. Es blieb daher offen, ob und inwieweit diese internationalen Übereinkünfte überhaupt für die Auslegung von Art. 9 Abs. 3 bedeutsam sind.

Gemäß Art. 8 Abs. 1 der VO Nr. 1612/68 des Rates über die **Freizügigkeit der ArbN in der Gemeinschaft**[2] hat ein ArbN, welcher die Staatsangehörigkeit eines Mitgliedstaates besitzt und im Hoheitsgebiet eines anderen Mitgliedstaates beschäftigt ist, Anspruch auf gleiche Behandlung hinsichtlich der Zugehörigkeit zu Gewerkschaften und der Ausübung gewerkschaftlicher Rechte, einschließlich des Wahlrechts, sowie des Zugangs zur Verwaltung oder Leitung von Gewerkschaften. Die Bestimmung statuiert ein Diskriminierungsverbot, räumt also den ArbN aus EG-Staaten im jeweiligen Gaststaat das Recht ein, die Koalitionsfreiheit im gleichen Maße auszuüben wie die einheimischen ArbN. Die VO Nr. 1612/68/EWG ist innerstaatlich unmittelbar geltendes Recht. 16

Die nicht verbindliche **Gemeinschaftscharta der sozialen Grundrechte der ArbN** vom 9.12.1989[3] garantiert in Nr. 11 die positive und die negative Koalitionsfreiheit. Ebenfalls keine Geltung in den Mitgliedstaaten beansprucht die Charta der Grundrechte der EU vom 7.12.2000[4], welche die Vereinigungsfreiheit in Art. 12, 28 gewährleistet. Im Übrigen ist auf Art. 137 Abs. 6 EGV hinzuweisen, wonach das Koalitionsrecht ausdrücklich der Rechtsetzungskompetenz der Europäischen Gemeinschaft entzogen ist. 17

3. Entwicklung der Koalitionsfreiheit. Nach st. Rspr. des BVerfG[5] ist bei der **Bestimmung der Tragweite des Grundrechts** aus Art. 9 Abs. 3 seine historische Entwicklung zu berücksichtigen. Drei entwicklungsgeschichtliche Abschnitte lassen sich insoweit unterscheiden: Die Phase der Koalitionsverbote, die Phase der Duldung der Koalitionen sowie die Phase der Anerkennung der Koalitionen. 18

a) **Koalitionsverbote.** Für die **erste Phase der Bekämpfung des Koalitionswesens** wird man ideengeschichtlich zwei Strömungen anführen können, nämlich einmal das absolutistische, obrigkeitsstaatliche Denken (Unterdrückung von Gruppierungen, welche der Staatsmacht gefährlich werden können), zum anderen frühliberales Rechtsdenken (die Freiheit des Einzelnen soll nicht durch Kollektive beeinträchtigt werden)[6]. Charakteristisch für die Phase der Koalitionsverbote ist neben dem bayerischen Koalitionsverbot von 1809 insb. die Allgemeine (preußische) Gewerbeordnung von 1845, welche in den §§ 181 ff. die Bildung von „Verabredungen" und „Verbindungen" unter Strafe stellte. 19

b) **Duldung der Koalitionen.** Die sich anschließende Phase der Duldung der Koalitionen wurde eingeleitet durch die **Reichsgewerbeordnung von 1869** mit den §§ 152, 153, durch welche die Weichen für ein modernes kollektives Arbeitsrecht gestellt wurden. § 152 Abs. 1 stellte den Freiraum für Zusammenschlüsse und Kampfmaßnahmen her, aber nur innerhalb der allgemeinen Gesetze. Ein Streik war daher nur nach ordentlicher Kündigung der Arbeitsverträge zulässig; ein Streikrecht im heutigen Sinne konnte der Regelung nicht entnommen werden. Gleichwohl erscheint die Gesetzesänderung aus heutiger Sicht überraschend. § 152 Abs. 1 stellte eine Fortentwicklung des liberalen Denkansatzes durch Theoretiker wie *Robert von Mohl* und *Lujo Brentano* dar: Unter dem Eindruck der Missstände, welche die individuelle Vertragsfreiheit gebracht hatte, glaubte man, durch Zusammenschluss der Arbeiter und Zulassung von Druckausübung könnte die Vertragsfreiheit auf kollektiver Ebene wieder funktionsfähig gemacht werden (Theorie der Gegengewichtsbildung)[7]. Allein hätte dieser Denkansatz wahrscheinlich nicht sobald gesetzliche Formen angenommen, wäre die Mehrheit der Abgeordneten nicht davon überzeugt gewesen, dass sich der Lohn nach Marktgesetzen bilde und dass Koalitionsgründungen darauf keinen Einfluss haben könnten[8]. 20

Auffällig ist in § 152 Abs. 1 die **enge Verbindung von Koalition und Arbeitskampf.** In der damaligen Rechtswirklichkeit entstanden Gewerkschaften vielfach aus Streiks, indem sich die Notwendigkeit einer Organisation und einer die Streiks überdauernde Streikkassenbildung zeigte. Nach Streikbeendigung wurde der Zusammenschluss dann beibehalten. Die „Verabredung" entwickelte sich zur „Vereinigung". Indes fand die Rechtspraxis nach 1869 in den §§ 152 und 153 ausreichend Ansatzpunkte, um die Bildung von Koalitionen und ihre Betätigung zu erschweren oder zu unterdrücken[9]. Dies erklärt den oft zitierten Ausspruch von *Lotmar*: „Die Koalitionen sind frei, nämlich vogelfrei, und ein Koalitionsrecht ist erst noch zu schaffen"[10]. Trotz der Behinderungen, zu denen zeitweise noch die Sozialistengesetze *Bismarcks* kamen, war die Koalitionsentwicklung nicht aufzuhalten. Hand in Hand mit ihr gingen die erfolgreich ausgehandelten TV. Einer der Ersten war der Buchdrucker-Tarif von 1873. 21

---

1 BVerfG v. 20.10.1981 – 1 BvR 404/78, E 58, 233 (253 ff.). | **2** ABl. EG Nr. L 257 v. 19.10.1968, S. 2. | **3** KOM (89) 248 endg.; dazu *Hergenröder*, EAS B 8400 Rz. 21 f.; *Kissel*, ArbeitskampfR, § 20 Rz. 39. | **4** ABl. EG Nr. C 364 v. 18.12.2000, S. 1. | **5** BVerfG v. 18.11.1954 – 1 BvR 629/52, E 4, 96 (106, 108); v. 1.3.1979 – 1 BvR 532/77, 533/77, 419/78, 1 BvL 21/78, E 50, 290 (307). | **6** Eingehend hierzu *Gamillscheg*, KollArbR, § 2 1 b. Zur ideengeschichtlichen Entwicklung der Koalitionsfreiheit *Scholz*, Die Koalitionsfreiheit als Verfassungsproblem, 1971, S. 23 ff. | **7** *Britz/Volkmann*, Tarifautonomie in Deutschland und Europa, 2003, S. 5, sieht hierin die Antithese zur Privatautonomie. | **8** *Seiter*, Streikrecht, S. 55 mit Fn. 3; siehe auch *Gamillscheg*, KollArbR, § 2 2 b. | **9** Vgl. hierzu näher *Seiter*, Streikrecht, S. 55 ff. mwN. | **10** Arch.f.Soz.Ges.u.Stat. Bd. 15, S. 63.

22   **c) Anerkennung der Koalitionen.** Noch während des Ersten Weltkriegs wurde der Übergang zur nächsten Entwicklungsstufe vorbereitet. Dies geschah durch die einfachgesetzliche Anerkennung der Gewerkschaften im Hilfsdienst-Gesetz von 1916[1] und die gegenseitige Anerkennung der ArbN- und ArbGebKoalitionen in der sog. „Arbeitsgemeinschaft" von 1918. Den eigentlichen Durchbruch brachte die **Weimarer Reichsverfassung von 1919**, deren Art. 159 lautete: „Die Vereinigungsfreiheit zur Wahrung und Förderung der Arbeits- und Wirtschaftsbedingungen ist für jedermann und für alle Berufe gewährleistet. Alle Abreden und Maßnahmen, welche diese Freiheit einzuschränken oder zu behindern suchen, sind rechtswidrig." Die Regelung enthält unverkennbar eine Reaktion auf die restriktive und koalitionsbehindernde Rechtspraxis unter der Gewerbeordnung[2]. Art. 165 Abs. 1 Satz 2 WRV bringt eine Anerkennung der Koalitionen und der von ihnen geschlossenen Vereinbarungen, womit TV gemeint sind. Auf einfachgesetzliche Ebene war bereits 1918 die Tarifvertrags-Verordnung (TVVO) ergangen, welche den Tarifen normative Wirkung verlieh. Tarifregelungen bedurften daher nicht mehr der Bezugnahme im Arbeitsvertrag, um für ein Arbeitsverhältnis verbindlich zu werden, und sie konnten nicht mehr zuungunsten der ArbN einzelvertraglich abbedungen werden.

23   Aus der Entstehungsgeschichte ergibt sich eindeutig, dass in Art. 159 WRV nur die **Koalitionsbildung** mit dem umschriebenen Zweck geschützt und mit Drittwirkung im Privatrechtsverkehr ausgestattet werden sollte. Demgegenüber sollten die Koalitionsmittel zur Erreichung des Koalitionszwecks, insb. der Arbeitskampf, nicht durch Art. 159 WRV gewährleistet werden[3]. Trotz der Anerkennung der Koalitionen und ihrer Verträge in Art. 162 Abs. 1 Satz 2 WRV blieb in der Weimarer Zeit unklar, ob neben der individuellen Koalitionsfreiheit auch die Koalition als solche verfassungsrechtlich abgesichert war. Die Rspr. hat keine einheitliche Linie gefunden[4].

24   Das **Grundgesetz** hat Art. 159 WRV nahezu wortgleich übernommen, aber grundrechtssystematisch in Zusammenhang mit der allgemeinen Vereinigungsfreiheit gebracht. Regelungen wie die des Art. 165 WRV wurden im Grundrechtskatalog nicht aufgenommen. Damit fehlt im Grundgesetz gerade die Bestimmung, aus der am ehesten eine Garantie der Koalitionsmittel gefolgert werden könnte. Gleichwohl hat das BVerfG in seiner einen ersten Entscheidung zu Art. 9 Abs. 3 vom 18.11.1954[5] aus der Koalitionsfreiheit die Garantie des TV-Systems abgeleitet und damit den entscheidenden Schritt über den Rechtszustand der Weimarer Zeit hinaus getan. Die rechtliche Anerkennung der Koalition war damit abgeschlossen.

25   **4. Struktur und Systematik von Art. 9 Abs. 3. a) Schutzrichtung.** Der Aufbau des Art. 9 Abs. 3 könnte zu der Ansicht verleiten, dass die allgemeine Vereinigungsfreiheit und die Koalitionsfreiheit zwei selbständige Grundrechte sind[6]. Immerhin folgt die Schrankenregelung unmittelbar nach Abs. 1. Zudem gilt die allgemeine Vereinigungsfreiheit nur für Deutsche, die Koalitionsfreiheit dagegen für jedermann und für alle Berufe. Nach hM[7] ist jedoch die Koalitionsfreiheit ein durch den Koalitionszweck (Wahrung und Förderung der Arbeits- und Wirtschaftsbedingungen) geprägter **Spezialfall der Vereinigungsfreiheit**. Bei den Abweichungen der beiden Grundrechtsgewährleistungen handelt es sich lediglich um Modifikationen in der Ausgestaltung, der Grundtatbestand des Zusammenschlusses zu einem Verband ist der Gleiche. Davon geht auch der Gesetzgeber im Vereinsgesetz von 1964 aus; die dort in § 2 enthaltene Definition der Vereinigung gilt auch für Art. 9 Abs. 3.

26   **b) Grundrechtsträger.** Die aus Art. 9 Abs. 3 fließenden Rechte gelten für **ArbN und ArbGeb gleichermaßen**. Art. 9 Abs. 3 ist also insb. kein „Arbeitnehmergrundrecht", wie dies teilweise behauptet wird[8]. Auch das BVerfG hat sich eindeutig dafür ausgesprochen, dass der Gewährleistungsinhalt von Art. 9 Abs. 3 beide soziale Gegenspieler erfasst[9]. Aufgrund der „Jedermann"-Benennung steht die Koalitionsfreiheit In- und Ausländern zu. Minderjährige stehen ab dem Alter unter dem Schutz des Art. 9 Abs. 3, ab dem die Rechtsordnung sie für berufseintrittsfähig hält[10]. Neben den Arbeitsvertragsparteien können sich Beamte, Richter und Soldaten[11] auf die Koalitionsfreiheit berufen, weiter werden Arbeitnehmerähnliche, Heimarbeiter[12] sowie Arbl. und Rentner[13] geschützt. Abgrenzungsschwierigkeiten zwischen selbständigen Unternehmern und der (an sich zu diesen zählenden) Gruppe der Arbeitnehmerähnlichen sind vor dem Hintergrund zu lösen, dass Art. 9 Abs. 3 den Ausgleich individueller Verhandlungsschwäche auf kollektiver Ebene ermöglichen will, wenn die persönliche Arbeitsleistung in wirtschaftlicher Abhängigkeit erbracht wird[14].

---

[1] Dazu *Gamillscheg*, KollArbR, § 2 4 a. | [2] Vgl. eingehend *Seiter*, Streikrecht, S. 58 ff. | [3] *Seiter*, Streikrecht, S. 59 ff. mwN. | [4] Eher bejahend RG v. 2.7.1925 – IV 154/25, RGZ 111, 199 (202); verneinend dagegen RG v. 11.2.1926 – IV 402/25, RGZ 113, 33 (36). | [5] BVerfG v. 18.11.1954 – 1 BvR 629/52, E 4, 96. | [6] Vgl. *Gamillscheg*, KollArbR, § 3 5 e. | [7] BVerfG v. 26.6.1991 – 1 BvR 779/85, E 84, 212 (224); ErfK/*Dieterich*, Art. 9 GG Rz. 2; *Kissel*, § 4 Rz. 7; von Münch/Kunig/*Löwer*, Art. 9 GG Rz. 56. | [8] So etwa *Hoffmann*, in: Kittner (Hrsg.), Streik und Aussperrung, 1974, S. 47 ff., 65 ff.; dagegen aber schon *Säcker*, Grundprobleme der kollektiven Koalitionsfreiheit, 1969, S. 29 ff.; *Zöllner*, Aussperrung und arbeitskampfrechtliche Parität, 1974, S. 19 ff., 23; ebenso *Seiter*, Streikrecht, S. 329; *Seiter*, RdA 1981, 65 (67). | [9] BVerfG v. 18.11.1954 – 1 BvR 629/52, E 4, 96 (106); v. 1.3.1979 – 1 BvR 532/77, 533/77, 419/78, 1 BvL 21/78, E 50, 290 (369); v. 26.6.1991 – 1 BvR 779/85, E 84, 212 (225). | [10] von Münch/Kunig/*Löwer*, Art. 9 GG Rz. 82. | [11] BVerfG v. 30.11.1965 – 2 BvR 54/62, E 19, 303; v. 7.4.1981 – 2 BvR 446/80, E 57, 29 (35). | [12] BVerfG v. 27.2.1973 – 2 BvL 8, 9/72, E 34, 307. Insoweit ist auch die Wertung des § 12a TVG zu berücksichtigen, vgl. *Gamillscheg*, KollArbR, § 4 I 3 f. | [13] *Gamillscheg*, KollArbR, § 4 I 3 g. | [14] ErfK/*Dieterich*, Art. 9 GG Rz. 28.

Über Art. 19 Abs. 3 gilt Art. 9 Abs. 3 ohne weiteres für **inländische juristische Personen**, die hM billigt den Grundrechtsschutz indes auch ausländischen juristischen Personen zu[1]. Demgegenüber können sich öffentlich-rechtliche juristische Personen mit Dienstherrenfähigkeit gegenüber ihren ArbN nicht auf Art. 9 Abs. 3 berufen[2], dies gilt nach hM[3] auch für entsprechende Tarifgemeinschaften. An diesem Ergebnis vermag auch die Tariffähigkeit der öffentlichen ArbGeb nichts zu ändern. Ihnen kommt aber grundsätzlich das aus Art. 9 Abs. 3 entwickelte Koalitionsrecht iVm. dem TVG zugute[4]. 27

c) Konkurrenzen zu anderen Grundrechten und Verfassungsinhalten. Art. 9 Abs. 3 ist **lex specialis** zur allgemeinen Vereinigungsfreiheit des Art. 9 Abs. 1. Gleichwohl wird auf beide Grundrechte Art. 9 Abs. 2 angewendet (Rz. 9). Art. 9 Abs. 3 verdrängt darüber hinaus als spezielles Grundrecht Art. 2 Abs. 1[5]. 28

Unklar ist, in welchem Verhältnis Art. 9 Abs. 3 zu **Art. 3 Abs. 1** steht. Das BVerfG schwankt: Einer älteren Entscheidung zufolge[6] soll Art. 9 Abs. 3 eine Ausprägung des Gleichheitssatzes sein. Bei der Frage der Ungleichbehandlung von ArbGeb und Gewerkschaften im Hinblick auf ihre Tariffähigkeit prüft das BVerfG[7] neben Art. 9 Abs. 3 auch Art. 3 Abs. 1. In einer arbeitskampfrechtlichen Entscheidung[8] behandelt das Gericht die einschlägigen Fragen, insb. die Kampfmittelparität, im Rahmen des Art. 9 Abs. 3; auf Art. 3 wurde nicht eingegangen, obwohl eine Verletzung dieses Grundrechts gerügt worden war. 29

Art. 33 Abs. 5 schränkt als speziellere Norm Art. 9 Abs. 3 ein. Im Übrigen sind allgemeine Prinzipien und Wertentscheidungen des Grundgesetzes bei der Auslegung des Art. 9 Abs. 3 zu berücksichtigen. Das gilt insb. für die Achtung der Menschenwürde (Art. 1 Abs. 1), das Sozialstaatsprinzip (Art. 20 Abs. 1, 28 Abs. 1) und die Staatszielbestimmung des gesamtwirtschaftlichen Gleichgewichts (Art. 109 Abs. 2). 30

5. Voraussetzungen der Koalitionseigenschaft. Verfassung und einfaches Bundesrecht weisen den Koalitionen eine Vielzahl von Rechten zu. Die Bejahung der Koalitionseigenschaft hat daher weitgehende Folgen für den Verband, für Dritte und die Allgemeinheit. Art. 9 Abs. 3 lässt sich einmal entnehmen, dass **eine „Vereinigung" gegeben sein muss; zum anderen muss der Zweck dieser Vereinigung in der „Wahrung und Förderung der Arbeits- und Wirtschaftsbedingungen" bestehen.** Aus der Umschreibung der Grundrechtsträger (jedermann und alle Berufe) folgt die Berufsbezogenheit der Koalition; diese ergibt sich auch aus dem Koalitionszweck. Rspr. und Lehre haben darüber hinaus weitere Merkmale aufgestellt, die man unter dem Gesichtspunkt der **„Unabhängigkeit"** zusammenfassen kann. Auslegungs- bzw. Rechtsermittlungskriterien sind neben dem Wortlaut die geschichtliche Entwicklung und der Zweck der Koalitionsfreiheit. Für die Konkretisierung des verfassungsrechtlichen Begriffs der Vereinigungsfreiheit findet sich in § 2 Abs. 1 VereinsG eine Legaldefinition, die für Vereinigungen nach Art. 9 Abs. 1 und nach Art. 9 Abs. 3 gleichermaßen gilt. 31

a) Vereinigung. aa) Zusammenschluss mehrerer Personen zu einem gemeinsamen Zweck ohne Rücksicht auf die Rechtsform. Die Vereinigung setzt einen Zusammenschluss mehrerer Personen voraus, **der Zusammenschluss muss korporativen Charakter haben**, dh. Handlungsfähigkeit durch Organe und Unabhängigkeit des Zusammenschlusses von Mitgliederwechsel[9]. Nicht erforderlich ist die Rechtsfähigkeit des Verbandes; eine bestimmte Rechtsform ist deshalb nicht vorgeschrieben. In der Rechtswirklichkeit sind ArbGebVerbände als eingetragene und damit rechtsfähige Vereine organisiert. Über Jahrzehnte hinweg waren die meisten Gewerkschaften traditionsgemäß nichtrechtsfähige Vereine (zu Problemen der aktiven Parteifähigkeit vergleiche Rz. 94). Der Konzentrationsprozess in der deutschen Gewerkschaftslandschaft warf allerdings die Frage nach der zweckmäßigen rechtlichen Gestaltung des Zusammenschlusses auf. Nachdem eine Verschmelzung gem. § 3 Abs. 1 Nr. 4 UmwG nur dem eingetragenen Verein offen steht, kam es hier in jüngerer Zeit zu Änderungen der jahrzehntelangen Praxis[10]. 32

bb) Auf freiwilliger, privatrechtlicher Grundlage. Art. 9 Abs. 3 setzt für die Koalitionen Freiwilligkeit des Beitritts voraus[11]. Den inneren Grund für die Eliminierung der öffentlich-rechtlichen Körperschaften mit Zwangsmitgliedschaft aus dem Koalitionsbegriff wird man darin sehen müssen, dass diese Körperschaften staatlicher Aufsicht unterstehen und die Koalitionen gerade unabhängig vom Staat sein sollen, um ihren Aufgaben im Bereich der Arbeitsbedingungen gerecht zu werden. Entwicklungsgeschichtlich betrachtet bestand für einen Grundrechtsschutz der öffentlich-rechtlichen Körper- 33

---

1 ErfK/*Dieterich*, Art. 9 GG Rz. 29; von Münch/Kunig/*Löwer*, Art. 9 GG Rz. 83. | 2 BVerfG v. 13.1.1982, E 59, 231 (255); dazu näher *Rieble*, FS Stahlhacke, 1995, S. 459 (469 ff.). | 3 *Berlit*, ZTR 1994, 143; ErfK/*Dieterich*, Art. 9 GG Rz. 29; Sachs/*Höfling*, Art. 9 GG Rz. 114; aA *Depenheuer*, ZTR 1993, 364. | 4 von Münch/Kunig/*Löwer*, Art. 9 GG Rz. 83. | 5 von Münch/Kunig/*Löwer*, Art. 9 GG Rz. 94. | 6 BVerfG v. 18.12.1953 – 1 BvL 106/53, E 3, 225 (240). | 7 BVerfG v. 20.10.1981 – 1 BvR 404/78, E 58, 233 (256). | 8 BVerfG v. 19.2.1975 – 1 BvR 418/71, E 38, 386. | 9 *Gamillscheg*, KollArbR, § 9 4. | 10 Zum Zusammenschluss mehrerer Einzelgewerkschaften zu ver.di näher Kempen/Lörcher/Platow/Tiefenbacher/Trümmer, JbArbR Bd. 39 (2002), S. 65; *Lörcher*, ZTR 2001, 544; s.a. *Wiedemann/Thüsing*, WM 1999, 2237; 2277. | 11 ErfK/*Dieterich*, Art. 9 GG Rz. 22; *Gamillscheg*, KollArbR, § 9 6.

schaften im Bereich des Arbeitsrechts auch kein Bedürfnis. Keine Koalitionen sind aus entsprechenden Gründen deshalb zB Handwerksinnungen, Ärztekammern, Berufsgenossenschaften sowie Industrie- und Handelskammern. Auch die in Bremen und im Saarl. aufgrund landesgesetzlicher Regelungen bestehenden ArbN-Kammern sind keine Koalitionen iSd. Art. 9 Abs. 3, da es sich bei ihnen um öffentlich-rechtliche Körperschaften handelt, deren Mitglieder kraft Gesetzes alle ArbN des Landes sind. Insoweit kann man sich fragen, ob es überhaupt mit Art. 9 Abs. 3 vereinbar ist, dass Bundesländer ArbN-Kammern errichten und damit Aufgaben wahrnehmen, die wenigstens zum Teil in den Betätigungsbereich der Gewerkschaften fallen. Dies hängt davon ab, ob Art. 9 Abs. 3 den Gewerkschaften einen Ausschließlichkeitsanspruch zur Vertretung von ArbN-Interessen einräumt. Das BVerfG[1] hat dies hinsichtlich der bereits bestehenden Kammern verneint, aber offen gelassen, wie für weitere Kammern in anderen Bundesländern zu entscheiden wäre.

34   cc) **Für längere Zeit, was Unabhängigkeit des Verbandes vom Wechsel der Mitglieder voraussetzt.** In einer frühen Entscheidung[2] hatte das BAG ausgeführt, dass sich der Schutz des Art. 9 Abs. 3 nicht auf die Gewerkschaften und ihre Mitglieder beschränke, sondern sich jedenfalls in gewissem Umfang auch auf andere Vereinigungen zur Wahrung und Förderung der Arbeitsbedingungen und auf diejenigen, die an solchen Vereinigungen teilnehmen, erstrecke, selbst wenn es sich um einen nur vorübergehenden Zusammenschluss einer Anzahl von ArbN desselben Betriebs zur Erreichung eines einmaligen Zieles handele. In seiner späteren Rspr. hat das BAG diesen Gedanken nicht wieder aufgegriffen. In der Lit. wird **die Lehre von der Ad-hoc-Koalition überwiegend abgelehnt**[3]. Die Befürworter des verfassungsrechtlichen Schutzes von Ad-hoc-Gruppierungen nennen als Beispiel Unterschriftsaktionen von Belegschaften oder Betriebsversammlungen außerhalb des vom BetrVG vorgegebenen Rahmens[4].

35   Die Legaldefinition des § 2 VereinsG verlangt einen **Zusammenschluss „für längere Zeit"**. Dieses einschränkende Merkmal hätte sich der Gesetzgeber sparen können, wenn jeder, auch der noch so kurzfristige Zusammenschluss, unter den Begriff der Vereinigung fallen würde. Darüber hinaus muss der Zusammenschluss auf einem rechtlich bindenden Vertrag beruhen und die organisierte Willensbildung muss für die Mitglieder verbindlich sein. Beides fehlt bei Ad-hoc-Gruppen, die Teilnehmer haben keinen Rechtsbindungswillen und in der Regel nicht einmal ein Erklärungsbewusstsein[5]. Dieses Ergebnis wird durch die geschichtliche Entwicklung bestätigt. § 152 Abs. 1 GewO 1869 unterschied zwischen Verabredung und Vereinigung, wobei mit Verabredung die Durchführung von einmaligen Kampfaktionen gemeint war, mit Vereinigung dagegen der Zusammenschluss für eine gewisse Dauer (s.o. Rz. 21). Die Weimarer Reichsverfassung erwähnt in Art. 159 folgerichtig nur die Vereinigung, nicht die Verabredung, weil die Kampfmittel nach dem Willen der Verfassungsgeber nicht geschützt werden sollten. Die Lehre widerspricht auch dem normalen Sprachgebrauch: Ein Streik ist keine Koalitionsbildung, sondern eine Koalitionsbetätigung. Auch Sinn und Zweck der Koalitionsfreiheit führen zu keinem anderen Ergebnis: Einigkeit besteht darin, dass Ad-hoc-Gruppen nicht tariffähig sein können. Damit kann sich nur die Frage stellen, ob es sinnvoll ist, Ad-hoc-Gruppen als nicht tariffähige Koalitionen anzusehen. Die Rechtsordnung hat den Koalitionen eine Vielzahl von Aufgaben und Rechten verliehen, die einen rechtlich verfestigten Verband erfordern, der auf Dauer angelegt ist. Nur ein solcher Verband soll auch durch die Drittwirkungsklausel des Art. 9 Abs. 3 S. 2 besonders abgesichert sein.

36   Das BVerfG[6] hat allerdings in der Anschlussaussperrung **eines Außenseiterarbeitgebers** ein **Kampfbündnis mit dem ArbGebVerband** gesehen und dieses unter den Schutz des Art. 9 Abs. 3 gestellt (Rz. 230). Indes darf nicht verkannt werden, dass es in den entsprechenden Fällen um die Anlehnung an einen bereits bestehenden tariffähigen Verband geht, während die Ad-hoc-Koalition einen solchen eben nicht darstellt.

37   dd) **Mit organisierter Willensbildung, wobei demokratische Grundsätze einzuhalten sind.** Weitere Voraussetzung für die Koalitionseigenschaft ist, dass es sich um eine **demokratisch verfasste Institution** handelt[7]. Verlangt wird insoweit, dass die Mitglieder an der Willensbildung teilnehmen können. Sie müssen zumindest durch die Verbandsorgane auf die TV Einfluss nehmen können.

38   b) **Koalitionszweck: Wahrung und Förderung der Arbeits- und Wirtschaftsbedingungen der Mitglieder gerade in deren Eigenschaft als ArbGeb oder ArbN.** Das Begriffspaar „Arbeits- und Wirtschaftsbedingungen" wird für **zwei unterschiedliche Fragestellungen** herangezogen: Einmal bei der Begriffsbestimmung der Koalition für die Umschreibung des Koalitionszwecks, zum anderen zur Abgrenzung des den Koalitionen eingeräumten Betätigungsbereichs. Beides braucht sich nicht zu decken, wie die Entstehungsgeschichte der Weimarer Verfassung zeigt: Verfassungsrechtlich garantiert werden sollte nur die Koalitionsbildung für den betreffenden Zweck, keine Gewährleistung bestand für die Mittel zur Erreichung dieses Zwecks. Unter dem Grundgesetz hat die Rspr. den Schutzbereich erweitert

---

[1] BVerfG v. 18.12.1974 – 1 BvR 430/65, 259/69, E 38, 281. | [2] BAG v. 28.4.1966 – 2 AZR 176/65, AP Nr. 37 zu Art. 9 GG – Arbeitskampf; siehe auch BAG v. 14.2.1978 – 1 AZR 76/76, AP Nr. 58 zu Art. 9 GG – Arbeitskampf: Wilder Streik sei „ad-hoc-Koalition". | [3] *Gamillscheg*, KollArbR, § 9 3 a; *Seiter*, Streikrecht, S. 76 ff., 83; *Zachert*, AR-Blattei SD 1650.1 Rz. 25. | [4] Vgl. etwa *Däubler/Hege*, Koalitionsfreiheit, 1976, Rz. 109. | [5] *Seiter*, Streikrecht, S. 82. | [6] BVerfG v. 26.6.1991 – 1 BvR 779/85, E 84, 212 (225); krit. *Gamillscheg*, KollArbR, § 9 3 b. | [7] *Gamillscheg*, KollArbR, § 9 5 a; *Schaub*, ArbRHdb, § 184 Rz. 10.

griffspaar der Arbeits- und Wirtschaftsbedingungen auch für die Koalitions-

begriffs aufschlussreich ist auch hier die **geschichtliche Entwicklung**: § 152 39
…zugsnorm des Art. 159 WRV, betraf nur ArbN in ihrer Rolle als ArbN und Arb-
…bGeb, also die sozialen Gegenspieler am Arbeitsmarkt. Nicht gemeint waren
…eien in ihrer Rolle als Wettbewerber oder Verbraucher. Daran wollten auch
…Abs. 3 nichts ändern. § 152 Abs. 1 GewO hatte den Koalitionszweck mit Lohn-
…n umschrieben. Wie bereits ausgeführt (Rz. 20), wurde diese Umschreibung
…r Tendenz restriktiv ausgelegt. Um das zu verhindern, fasste man in der Weima-
…litionszweck weiter: Den Gewerkschaften sollte die Interessenvertretung ihrer
…tschafts- und sozialpolitischen Raum ermöglicht werden. Nicht daran gedacht
…zu schützen, deren Hauptzweck außerhalb der Arbeitsbeziehungen lag.

…rbeits- und Wirtschaftsbedingungen jedenfalls als **einheitliche Koalitionszweck-** 40
…stehen sind. Verbände, deren Zweck nur auf die Wirtschaftsbedingungen gerich-
…ter Art. 9 Abs. 3. Das ist besonders relevant für Kartelle, deren Begrenzung durch
…ttbewerbsbeschränkungen sonst gegen Art. 9 Abs. 3 verstoßen würde und verfas-
… Umgekehrt bewahrt Art. 9 Abs. 3 die kartellähnliche Regelung der Arbeitsbedin-
…r der Anwendung der Kartellverbotsgesetzgebung[2]. Nach hM[3] hat man unter Ar-
…aftsbedingungen im genannten Sinne die Gesamtheit derjenigen Bedingungen zu
…r denen abhängige Arbeit geleistet und eine sinnvolle Ordnung des Arbeitslebens er-
…d. Zu beachten ist, dass es für die Koalitionseigenschaft genügt, wenn die Wahrung
… der Arbeits- und Wirtschaftsbedingungen den Hauptzweck eines Verbandes bildet. Die Ver-
…von darüber hinausgehenden Zwecken (zB ArbGebVerband = Wirtschaftsverband; Gewerk-
…äußert zu allgemein politischen Fragen) ist unschädlich. Insoweit entfällt jedoch der beson-
…re Grundrechtsschutz durch Art. 9 Abs. 3[4].

c) **Unabhängigkeit. aa) Gegnerunabhängigkeit, insb. Gegnerreinheit.** Zentrale Voraussetzung nicht 41
nur der Tariffähigkeit, sondern auch der Koalitionseigenschaft ist die Unabhängigkeit[5]. Sie ist Min-
destvoraussetzung, um auf der Ebene der Tarifverhandlungen **aus der prinzipiellen Position des
Machtgleichgewichts** heraus die Interessen der Mitglieder wahrzunehmen und mit den Interessen des
sozialen Gegenspielers zum Ausgleich zu bringen. Unabhängigkeit ist damit Funktionsvoraussetzung
der Tarifautonomie. Auch bei (noch) nicht tariffähigen Koalitionen kann auf dieses Kriterium nicht
verzichtet werden. Denn auch außerhalb des Tarifbereichs wird die Koalition die ihr von der Rechtsordnung eingeräumten Rechte im Interesse der Mitglieder ausüben. Ein von Dritten abhängiger Verband ist stets in Gefahr, im Falle von Interessenkollisionen die Interessen der Dritten den Interessen
der Mitglieder voranzustellen. Die Unabhängigkeit vom Gegenspieler gehört nach zutreffender Auffassung des BVerfG zum Garantiegehalt des Art. 9 Abs. 3[6]. Es handelt sich um die zentrale Funktionsvoraussetzung des auf dem Konfrontationsprinzip beruhenden kollektiven Arbeitsrechts.

So darf eine Koalition **nicht rechtlich vom Gegenspieler oder von Dritten abhängen**. Diesen dürfen 42
also keine Leitungsbefugnisse oder Stimm- und Beratungsrechte mit innerverbandlicher Wirkung eingeräumt werden. Der Gesichtspunkt der Unabhängigkeit in der Form der Gegnerunabhängigkeit
spielt eine zentrale Rolle im Rahmen der Mitbest. im Unternehmen. Kraft Gesetzes werden hier nämlich Personen in die Willensbildungsorgane eines Unternehmens delegiert, welche interessenmäßig der
ArbN-Seite zuzurechnen sind. Es lässt sich nicht völlig ausschließen, dass solche Personen auch in die
Organe der ArbGebVerbände gelangen. Das BVerfG hat für die Unternehmensmitbestimmung nach
dem Mitbestimmungsgesetz 1976 noch keine Verletzung der Unabhängigkeit festgestellt[7]. Eine der
Mitbest. verwandte Problematik ergibt sich bei der Interessenvertretung der Beschäftigten in gewerk-
schaftseigenen Unternehmen. Nach der Rspr. ist es diesen indes nicht verwehrt, einen Verband zur
Wahrung ihrer Interessen gegenüber ihrem ArbGeb zu gründen[8].

Das Postulat der Gegnerreinheit kann auch bei solchen Verbänden in Frage gestellt sein, denen **lei-** 43
tende Angestellte iSd. § 5 Abs. 3 BetrVG angehören. Diese sind zwar nach allgemeiner Auffassung
ArbN; sie nehmen aber auch in gewissem Umfang ArbGebFunktionen wahr. Richtigerweise wird man

---

[1] Siehe nur BGH v. 5.2.1980 – VI ZR 174/78, AP Nr. 32 zu Art. 9 GG. | [2] Vgl. *Junker*, ZfA 1996, 383 (390); *Kulka*, RdA 1988, 336 (342 ff.); *Söllner*, NZA 2000, Beil. zu Heft 24, 33 (37 f.). Zum Verhältnis Arbeitskampf und Wettbewerbsrecht *Köhler*, RdA 1987, 234 ff. | [3] MünchArbR/*Löwisch/Rieble*, § 243 Rz. 1 ff.; *Säcker/Oetker*, Tarifautonomie, S. 33, 72; *Wiedemann*, TVG, Einl., Rz. 99; *Zachert*, AR-Blattei SD 1650.1 Rz. 170 ff. Demgegenüber verstehen *Zöllner/Loritz*, § 8 III 1, die Wirtschaftsbedingungen als Kehrseite der Arbeitsbedingungen. | [4] *Gamillscheg*, KollArbR, § 9 II 2. | [5] BVerfG v. 20.10.1980 – 1 BvR 404/78, E 58, 233 (247); BAG v. 17.2.1998 – 1 AZR 364/97, E 88, 38 (44), AP Nr. 87 zu Art. 9 GG; v. 6.6.2000 – 1 ABR 10/99, BAGE 95, 36 = AP Nr. 55 zu § 2 TVG; ErfK/*Dieterich*, Art. 9 GG Rz. 25; *Gamillscheg*, KollArbR, § 9 III; *Kissel*, ArbeitskampfR, § 4 Rz. 12. | [6] BVerfG v. 1.3.1979 – 1 BvR 532/77, 533/77, 419/78, 1 BvL 21/78, E 50, 290 (373); vgl. *Seiter*, AöR 109 (1984), 88 (100 ff.). | [7] BVerfG v. 1.3.1979 – 1 BvR 532/77, 533/77, 419/78, 1 BvL 21/78, E 50, 290 (376); dazu auch *Gamillscheg*, KollArbR, § 9 III 1 b 4. | [8] BAG v. 17.2.1998 – 1 AZR 364/97, AP Nr. 87 zu Art. 9 GG.

insoweit zu differenzieren haben: Schließen sich nur leitende Angestellte zu e[...]
men, so kann dessen Koalitionseigenschaft iSd. Art. 9 Abs. 3 nicht bezweifelt w[...]
vertritt insoweit die Gruppe der leitenden Angestellten gegenüber dem ArbGe[...]
ArbN-Interessen zum Ausdruck, die auch einer gemeinsamen Vertretung bedürfe[...]
che Konsequenzen im Hinblick auf die Gegnerfreiheit eines solchen Verbandes zu [...]
einzelne Mitglieder „koalitionsrechtliche Doppelrollen" einnehmen, also einerseits [...]
bands sind, andererseits bei der Verhandlungsführung aktiv auf der ArbGebSeite bete[...]
Funktionen sind grundsätzlich unvereinbar. Zur Vermeidung von Interessenkonflikt[...]
strikte Inkompatibilitätsregelung die beste Lösung sein.

44 Von dieser Fallgruppe zu unterscheiden ist der Sachverhalt, dass ein **Verband sowohl lei[...]
stellte als auch andere ArbN organisiert**. Praktisch wird es sich bei Letzteren um ArbN hand[...]
Arbeits- und Wirtschaftsbedingungen außertariflich ausgehandelt werden (sog. AT-Angeste[...]
die deshalb ihre Interessen durch die „normalen" Gewerkschaften nicht gewahrt sehen. Das [...]
die Koalitionseigenschaft eines entsprechenden Zusammenschlusses bejaht, indem es auf die [...]
Interessenlage seiner Mitglieder verwiesen hat¹. Einschränkend wurde allerdings gesagt, da[...]
Gegnerfreiheit dann nicht mehr gesprochen werden könne, wenn die der Koalition angehörend[...]
tenden Angestellten neben ihrer Unternehmer- und ArbGebFunktion im Betrieb auch Aufgabe[...]
Unternehmer- oder ArbGebOrganisationen wahrzunehmen hätten, welche auf die arbeitsrechtli[...]
und wirtschaftliche Situation der vom Verband erfassten außertariflichen und leitenden Angestellt[...]
einwirken können.

45 Die notwendige Unabhängigkeit fehlt allerdings, wenn ein Verband **finanziell vom Gegenspieler so [...]
abhängig** ist, dass seine Bereitschaft oder Fähigkeit, die Interessen der Mitglieder nachhaltig und wirksam zu vertreten, gravierend beeinträchtigt wird². In diesem Zusammenhang stellt sich die Frage, ob die Einziehung der Gewerkschaftsbeiträge durch die ArbGeb (etwa aufgrund eines entsprechenden TV) nicht die Gewerkschaft in eine für die Koalitionseigenschaft schädliche Abhängigkeit bringt³. Bislang ist allerdings noch keiner Gewerkschaft, die ihre Beiträge über die ArbGeb einziehen lässt, die Koalitionseigenschaft aus diesem Grunde streitig gemacht worden.

46 **bb) Unabhängigkeit von Staat, Kirchen und Parteien.** Die Koalition muss auch von staatlichen, parteipolitischen oder kirchlichen Weisungen unabhängig sein⁴. Soweit eine entsprechende Weisungsabhängigkeit besteht, wäre die **freie Verbandsentscheidung** zumindest eingeschränkt oder gar unmöglich. Soweit also Vereinigungen von staatlichen Einheitsparteien beherrscht oder gesteuert werden, handelt es sich nicht um Koalitionen. Der Grundsatz der Weisungsfreiheit von Dritten steht aber der Anerkennung sog. Richtungsgewerkschaften nicht entgegen. Bei Letzteren handelt es sich um Organisationen, welche sich an bestimmten parteipolitischen oder weltanschaulichen Prinzipien orientieren⁵.

47 **cc) Überbetrieblichkeit.** Eine Koalition muss nach hM eine überbetriebliche (richtiger: eine nicht auf das Unternehmen beschränkte) Organisation haben⁶, wonach der Verband nach der Satzung überbetrieblich angelegt sein, dh. **für ArbN anderer Unternehmen offen stehen muss**. Dieses nicht zuletzt durch Erfahrungen aus der Weimarer Zeit aufgestellte Erfordernis für arbeitsrechtliche Koalitionen ist auch dadurch gerechtfertigt, dass überbetriebliche Koalitionen eher ein gesamtwirtschaftlich sinnvolles Verhalten gewährleisten, Betriebsgewerkschaften demgegenüber eher zu „Betriebsegoismus" neigen. Überdies besteht die Gefahr, dass sich Belegschaften leistungsfähiger Unternehmen zusammenschließen könnten, um für ihren Teilbereich günstigere Bedingungen auszuhandeln, als es den überbetrieblichen Tarifparteien möglich ist, die auch die weniger leistungsfähigen Mitglieder berücksichtigen müssen. Damit würden den überbetrieblichen Gewerkschaften wiederum Mitglieder entzogen. Weiter wird argumentiert, eine Gewerkschaft werde ihrem Schutzauftrag nur dann gerecht, wenn sie allen ArbN eines bestimmten Industriezweiges in einer bestimmten Region offen stehe. Dahinter steckt die Befürchtung einer Zersplitterung der Gewerkschaften. auch können betriebs- bzw. unternehmensbezogene Gewerkschaften in einen Zuständigkeitskonflikt mit den BR kommen, den § 77 Abs. 3 BetrVG gerade vermeiden will.

48 **6. Tariffähige Koalition (Gewerkschaft). a) Fähigkeit, Druck und Gegendruck auszuüben (soziale Mächtigkeit, Verbandsmacht).** Nach st. Rspr. muss eine Koalition, die Tariffähigkeit für sich in Anspruch nimmt und TV abzuschließen beabsichtigt, in der Lage sein, auf den, den sie zum Partner eines von ihr angestrebten TV machen will, einen im Rahmen der Rechtsordnung zulässigen fühlbaren

---

1 BAG v. 16.11.1982 – 1 ABR 22/77, AP Nr. 32 zu § 2 TVG; siehe auch schon BAG v. 15.3.1977 – 1 ABR 16/75, AP Nr. 24 zu Art. 9 GG. | 2 BVerfG v. 10.12.1985 – 1 BvR 1724/83, AP Nr. 20 a zu § 40 BetrVG 1972 (unter 2 b, bb). | 3 Eingehend hierzu *Gamillscheg*, KollArbR, § 9 III 1 d mwN. | 4 *Gamillscheg*, KollArbR, § 9 II 9, 10; *Schaub*, ArbRHdb, § 187 Rz. 16. | 5 Zum CGB LAG Düsseldorf v. 14.12.1957 – 1 BvTa 1/57, AP Nr. 2 zu Art. 9 GG; zum Marburger Bund BAG v. 21.11.1975 – 1 ABR 12/75, AP Nr. 6 zu § 118 BetrVG 1972. | 6 BVerfG v. 18.11.1954 – 1 BvR 629/52, E 4, 96 (106); v. 6.5.1964 – 1 BvR 79/62, E 18, 18 (28); v. 1.3.1979 – 1 BvR 532/77, 533/77, 419/78, 1 BvL 21/78, E 50, 290, (368); *Gamillscheg*, KollArbR, § 9 II 7; vermittelnd *Löwisch*, ZfA 1970, 295, (314 ff.), 316). Von einer „Indiztatsache" spricht ErfK/*Dieterich*, Art. 9 GG Rz. 25.

Druck auszuüben und ihn **so zur Aufnahme von Tarifverhandlungen oder zum Abschluss von TV zu veranlassen**[1]. Anderenfalls sei die Schaffung einer sinnvollen Ordnung des Arbeitslebens nicht gewährleistet. Eine Koalition muss also so mächtig und leistungsfähig sein, dass in Auswirkung dessen die Gegenspieler sich veranlasst sehen, auf Verhandlungen über den Abschluss einer tariflichen Regelung der Arbeitsbedingungen einzugehen und zum Abschluss eines TV zu kommen.

Maßgeblich ist nach dem BAG insoweit die **Gesamtstruktur des Verbandes**[2]. Insbesondere sei der Abschluss von Anschluss- bzw. Gefälligkeitstarifverträgen kein Beweis für das Vorliegen einer Verbandsmacht. Neben der Mitgliederzahl und der Beteiligung an TV sowie der Zahl der errungenen BR-Sitze soll für die Beurteilung der Mächtigkeit insb. die finanzielle und sachliche Ausstattung der ArbN-Vereinigung von Bedeutung sein; demgegenüber komme es auf die Arbeitskampfbereitschaft und die Mitgliedschaft in einem übernationalen Gewerkschaftsverband nicht an. Auch muss der Verband organisatorisch in der Lage sein, für die Durchführung der abgeschlossenen TV sorgen zu können. Dabei ist zu betonen, dass auch Verbände mit verhältnismäßig wenigen Mitgliedern Mächtigkeit innehaben können, sofern sich ihr Mitgliederbestand aus ArbN zusammensetzt, die kraft ihrer Stellung im Arbeitsleben einen besonderen Einfluss gegenüber der ArbGebSeite ausüben können[3]. Die Frage, ob der Verband sich als mächtig genug erweisen werde, sei nicht einer gesicherten Feststellung, sondern nur einer Prognose zugänglich; wenn diese zu seinen Gunsten getroffen werden könne, reiche das für die Bejahung der Mächtigkeit aus[4]. Entscheidend sei, dass die Gewerkschaft aktiv in den Prozess der tariflichen Regelung der Arbeitsbedingungen eingreife und auch mit ihr Arbeits- und Wirtschaftsbedingungen geregelt werden sollen. Dabei sei unerheblich, ob diese TV die Arbeitsbedingungen der Mitglieder dieser Gewerkschaft in optimaler Weise oder auch nur ähnlich günstig regelten wie die von großen und anerkannten Gewerkschaften geschlossenen TV; es reiche aus, wenn sie mit dem sozialen Gegenspieler ausgehandelt würden[5]. Soweit Anschlusstarifverträge abgeschlossen wurden, prüft das BAG, welchen Zweck die ArbGebSeite mit dem Abschluss verfolgt habe. Immerhin soll ein Anschlusstarifvertrag ein Indiz für Durchsetzungskraft sein, dies macht jedoch nicht die Prüfung überflüssig, ob er tatsächlich „ausgehandelt" wurde. **49**

Das BVerfG hat diese Rspr. ausdrücklich gebilligt[6]. Mit dem Grundrecht der Koalitionsfreiheit sei es vereinbar, die Tariffähigkeit von **gewissen Mindestvoraussetzungen** abhängig zu machen und nur solche Koalitionen an der Tarifautonomie teilnehmen zu lassen, welche in der Lage seien, den von der staatlichen Rechtsordnung freigelassenen Raum des Arbeitslebens durch TV sinnvoll zu gestalten, um so die Gemeinschaft sozial zu befrieden. Zu diesen zulässigen Mindestvoraussetzungen gehöre eine Durchsetzungskraft gegenüber dem sozialen Gegenspieler, die sicherstelle, dass dieser wenigstens Verhandlungsangebote nicht übersehen könne; ein angestrebter Interessenausgleich durch TV könne nur dann zustande kommen, wenn eine ArbN-Koalition so leistungsfähig sei, dass sich die ArbGebSeite veranlasst sehe, auf Verhandlungen über tarifliche Regelungen einzugehen und zum Abschluss eines TV zu kommen. Ob danach Durchsetzungsfähigkeit angenommen werden könne, sei jeweils im Einzelfall konkret zu beurteilen. **50**

Diese Auffassung des BAG ist seit je her äußerst umstritten. Neben grundsätzlichen Erwägungen aus dem Gewährleistungsinhalt des Art. 9 heraus ist insb. eingewandt worden, dass damit die **Neugründung anderer Gewerkschaften eingeschränkt werde**; neu gebildete Koalitionen hätten keine Chance, die Monopolstellung bestehender Gewerkschaften zu durchbrechen[7]. Rein systematisch ist nicht von der Hand zu weisen, dass die Rspr. den Eindruck erweckt, als stünde die Tariffähigkeit zur Disposition des Gesetzgebers bzw. Richters und als seien Einschränkungen der Tariffähigkeit nur noch an äußerste Missbrauchsgrenzen gebunden. Richtig wäre es gewesen, von Art. 9 Abs. 3 als einem Freiheitsrecht auszugehen. Das Recht zum Abschluss von TV ist den Koalitionen als spezifisch koalitionsgemäße Betätigung aber gewährleistet (Rz. 76). Im Grundsatz ist also von der Tariffähigkeit jeder Koalition auszugehen. Der spezifisch koalitionsgemäßen Betätigung, also auch der Tariffähigkeit, dürfen nur solche Schranken gezogen werden, die von der Sache her geboten sind. Die Einschränkung ist damit die Ausnahme. Sie bedarf der Rechtfertigung: Beschränkungen als Ausnahme vom Grundsatz müssen, gemessen am Zweck der Koalitionsfreiheit, geeignet, erforderlich und verhältnismäßig sein. Die „Beweislast" trägt, wer die Koalitionsfreiheit beschränken will. Bleiben Zweifel, so darf die Koalitionsfreiheit, hier also die Tariffähigkeit der Koalition, nicht eingeschränkt werden. Die Rspr. müsste also ins Feld führen können, dass die Funktionsfähigkeit der Tarifautonomie bedroht wäre, wenn die **51**

---

1 Vgl. etwa BAG v. 15.3.1977 – 1 ABR 16/75, AP Nr. 24 zu Art. 9 GG; v. 16.1.1990 – 1 ABR 10/89, AP Nr. 39 zu § 2 TVG; v. 6.6.2000 – 1 ABR 10/99, AP Nr. 55 zu § 2 TVG. Bestätigend BVerfG v. 20.10.1981 – 1 BvR 404/78, E 58, 233 (256); v. 24.2.1999 – 1 BvR 123/93, E 100, 214 (221, 223). Eingehend *Doerlich*, Die Tariffähigkeit der Gewerkschaft, 2002, S. 75 ff.; *Eitel*, Die Ungleichbehandlung repräsentativer und nicht repräsentativer Gewerkschaften durch den Staat, 1991, passim. | 2 Zum Folgenden näher *Gamillscheg*, KollArbR, § 9 IV 3 c. | 3 BAG v. 14.3.1978 – 1 ABR 2/76, AP Nr. 30 zu § 2 TVG; *Gamillscheg*, KollArbR, § 9 IV 3 c 2. | 4 BAG v. 16.11.1982 – 1 ABR 22/78, AP Nr. 32 zu § 2 TVG (unter B III 2 b). | 5 BAG v. 10.9.1985 – 1 ABR 32/83, AP Nr. 34 zu § 2 TVG. | 6 BVerfG v. 26.5.1970 – 2 BvR 664/65, E 28, 295 (305); v. 20.10.1981 – 1 BvR 404/78, E 58, 233, 247 ff. | 7 So schon *Mayer-Maly*, RdA 1966, 201 (204); *Stahlhacke*, ArbRGw 11 (1974), 21 (32 mit Fn. 61); vgl. weiter *Gamillscheg*, KollArbR, § 9 IV 3 d mwN.

52 Abzulehnen ist allerdings eine „**relative Tariffähigkeit**", also die Beurteilung der Durchsetzungsfähigkeit im Hinblick auf die angestrebte Kollektivvereinbarung: Verbands- oder FirmenTV[1]. Das BAG hat diese Frage offen gelassen[2]. Indes verlangt schon das Gebot der Rechtssicherheit eine einheitliche Bewertung der Tariffähigkeit, da bei jedem FirmenTV die Voraussetzungen anders sein können.

53 Wurde die Gewerkschaftseigenschaft einer Koalition einmal gerichtlich bejaht oder verneint, so ist die **materielle Rechtskraft** dieser Entscheidung in zeitlicher Hinsicht grundsätzlich nicht begrenzt. Da es sich aber um eine gerichtliche Entscheidung mit Dauerwirkung handelt, wirkt die materielle Rechtskraft nur solange, wie sich die entscheidungserheblichen tatsächlichen oder rechtlichen Verhältnisse nicht wesentlich ändern. Es müssen sich gerade diejenigen Tatsachen gewandelt haben, die für die in der früheren Entscheidung ausgesprochene Rechtsfolge als maßgeblich angesehen worden waren. Unter den genannten Voraussetzungen kann also die Tariffähigkeit einer ArbN-Koalition trotz eines einmal ergangenen ablehnenden oder bejahenden Beschlusses erneut gerichtlich überprüft werden[3].

54 b) **Keine soziale Mächtigkeit auf ArbGebSeite.** Ausdrücklich verzichtet das BAG auf das Kriterium der Mächtigkeit bei **ArbGebKoalitionen**[4]. Diese Rspr. ist vor dem Hintergrund zu sehen, dass § 2 Abs. 1 TVG auch den einzelnen ArbGeb für tariffähig erklärt. Billigt die Rechtsordnung aber schon dem Einzelarbeitgeber Tariffähigkeit zu, so muss dies für einen – wenn auch schwachen – Zusammenschluss von ArbGeb erst recht gelten. Angesichts der eindeutigen legislativen Konzeption kann die diesbezügliche Kritik im Schrifttum[5] nicht überzeugen.

55 c) **Weitere Voraussetzungen der Tariffähigkeit. aa) Anerkennung des geltenden Tarif-, Arbeitskampf- und Schlichtungsrechts.** Die Rspr. nennt zwar nur das Tarifrecht[6], sinnvollerweise kann aber in Bezug auf das Arbeitskampf- und Schlichtungsrecht nichts anderes gelten. Festzuhalten ist, dass dieses Merkmal erst für tariffähige Koalitionen praktische Bedeutung erlangen kann. Im Übrigen gilt das Tarif-, Schlichtungs- und Arbeitskampfrecht wie jedes Recht unabhängig davon, ob die Normadressaten dieses Recht „anerkennen". Darin kann sich die Bedeutung dieses Merkmals also nicht erschöpfen. Es soll vielmehr einen Filter gegenüber solchen Verbänden bilden, die nach ihrer Satzung oder ihrem bisherigen Auftreten keine Gewähr bieten, dass sie die Spielregeln der tariflichen Normsetzung einhalten. Man könnte darin auch einen gewissen Ersatz für die fehlende (und nicht zulässige) staatliche Rechtsaufsicht über Koalitionen sehen. Die Versagung der Tariffähigkeit ist ein geeignetes und wohl auch erforderliches Mittel, die Funktionsfähigkeit der Tarifautonomie wirksam zu schützen. In besonders krassen Fällen kommt darüber hinaus ein Koalitionsverbotsverfahren nach Art. 9 Abs. 2 oder ein Grundrechtsverwirkungsverfahren nach Art. 18 in Betracht.

56 bb) **Tarifwilligkeit und gewollte Tarifunfähigkeit.** Tarifwilligkeit ist gegeben, wenn zu den satzungsmäßigen Aufgaben eines Verbandes der Abschluss von TV gehört. Dieses Merkmal kann sinnvollerweise nur Voraussetzung der tariffähigen Koalition sein, nicht aber Voraussetzung der Koalitionseigenschaft schlechthin[7]. Den Hintergrund dieser Unterscheidung bildet die Erkenntnis, dass die Wahrung und Förderung der Arbeits- und Wirtschaftsbedingungen nicht notwendig durch Abschluss von TV erfolgen muss. Den tieferen Grund für dieses Erfordernis wird man im Gedanken der Legitimation sehen müssen: Die Mitglieder, die einen Verband gründen oder ihm beitreten, müssen aus der Satzung ersehen können, ob sie von der Normsetzung des Verbands möglicherweise betroffen sind.

57 Richtigerweise wird man es zuzulassen haben, dass ein Verband in der Satzung die **Tariffähigkeit ausschließt**, gleichwohl aber nicht tariffähige Koalition bleibt[8]. Die Richtigkeit dieser Ansicht leuchtet ein, wenn man die Tarifwilligkeit als Voraussetzung der Tariffähigkeit und nicht als Voraussetzung der Koalitionseigenschaft einordnet. Aus Art. 9 Abs. 3 folgt keine Verpflichtung für einen Verband, an tariflichen Auseinandersetzungen teilzunehmen. Den Gewerkschaften wird dadurch zwar ein möglicher TV-Partner genommen; ihnen stehen jedoch weiterhin die einzelnen ArbGeb zur Verfügung, deren Tariffähigkeit nicht ausgeschlossen werden kann. Die Situation ist nicht anders, als wenn der ArbGebVerband überhaupt nicht gegründet worden wäre.

58 Zweifelhaft ist allerdings die weitere Frage, ob die Tariffähigkeit eines Verbandes auf **bestimmte Sachgebiete beschränkt** werden kann oder ob einzelne Bereiche (zB Vermögensbildung) von der Tariffähig-

---

1 So schon *Stahlhacke*, DB 1964, 697; vgl. ferner *Benecke*, SAE 1998, 60 (65); *Buchner*, NZA 1994, 2 (4); *Doerlich*, Die Tariffähigkeit der Gewerkschaft, 2002, S. 287 ff., 321; *Kissel*, ArbeitskampfR, § 9 Rz. 34; Wiedemann/Oetker, § 2 Rz. 314. AA *Dütz*, DB 1996, 2385 (2388 ff.). | 2 BAG v. 25.9.1996 – 1 ABR 25/96, AP Nr. 4 zu 97 ArbGG 1979. | 3 BAG v. 6.6.2000 – 1 ABR 21/99, AP Nr. 9 zu § 97 ArbGG 1979; best. durch BVerfG v. 23.2.2001 – 1 BvR 4/01, AP Nr. 32 zu Art. 20 GG. | 4 BAG v. 20.11.1990 – 1 ABR 87/89, AP Nr. 40 zu § 2 TVG = EzA § 2 TVG Nr. 20 (*Hergenröder*); *Kissel*, ArbeitskampfR, § 9 Rz. 35. | 5 ErfK/*Dieterich*, Art. 9 GG Rz. 66; Wiedemann/*Oetker*, TVG, § 2 Rz. 316; *Schrader*, NZA 2001, 1339. | 6 BAG v. 6.6.2000 – 1 ABR 10/99, AP Nr. 55 zu § 2 TVG. | 7 *Kissel*, ArbeitskampfR, § 4 Rz. 15; *Zöllner/Loritz*, § 8 III 9. | 8 Wiedemann/*Oetker*, TVG, § 2 Rz. 22.

keit ausgenommen werden können („Teil-Tariffähigkeit"). Dagegen spricht, dass mit Zulassung einer solchen partiellen Tariffähigkeit unterschiedlichsten Umfangs die Rechtssicherheit bedroht wäre, insb. bei der Beurteilung der Rechtmäßigkeit von Arbeitskämpfen[1].

Offen gelassen hat das BAG[2] bislang die Frage, ob ein ArbGebVerband eine **Mitgliedschaft ohne Tarifbindung (OT-Mitgliedschaft)** vorsehen kann. Hintergrund entsprechender Gestaltungsformen[3] ist der Versuch, unzufriedene ArbGeb im Verband zu halten bzw. für den Verband zu gewinnen. Während mitgliedschaftsrechtlich gegen eine OT-Mitgliedschaft keinerlei Bedenken bestehen, stellt sich die Frage der Vereinbarkeit mit §§ 3, 4 TVG, wonach die Tarifbindung dem Wortlaut nach jedes Verbandsmitglied erfasst. Entgegen einer verbreiteten Meinung[4] ist eine OT-Mitgliedschaft als zulässig anzusehen[5], sofern die Satzung dies vorsieht. Art. 9 Abs. 3 räumt dem Verband das Recht ein, seine Struktur autonom zu bestimmen (Rz. 98). Dem lässt sich auch der Ordnungszweck der §§ 3, 4 TVG nicht entgegenhalten, die Bestimmungen sind insoweit verfassungskonform auszulegen. Immerhin ist denkbar, dass bei einer übergroßen Zahl von OT-Mitgliedern die Tarifwilligkeit fraglich werden kann[6]. Jedenfalls stellt die Zulassung der OT-Mitgliedschaft keine Störung der Verhandlungsparität dar (Rz. 166), auch nicht unter dem Gesichtspunkt, dass der ArbGebVerband TV nur für diejenigen Mitglieder schließt, die dies wollen, er sich aber bei Arbeitskämpfen der finanziellen und ideellen Unterstützung der OT-Mitglieder bedient[7]. Im Übrigen steht es der Gewerkschaft jederzeit frei, das OT-Mitglied mit der Zielsetzung eines FirmenTV zu bestreiken[8]. 59

cc) **Arbeitskampfbereitschaft.** Nach der Rspr. des BVerfG[9] schließt der Begriff der „Gewerkschaft" und damit der tariffähigen Koalition auch **kampfunwillige ArbN-Koalitionen** ein. Die Argumentation lässt sich auf den kurzen Nenner bringen, dass die Kampfbereitschaft (genauer: die in der Satzung festgelegte Kampfbereitschaft) zur Erreichung des Koalitionszwecks (Wahrung und Förderung der Arbeits- und Wirtschaftsbedingungen) und zur Erhaltung der Funktionsfähigkeit der Tarifautonomie nicht erforderlich sei. Für den Schutz der Koalitionsfreiheit sei es nicht nötig, dass die Tariffähigkeit auf die kampfbereiten Koalitionen beschränkt werde. Das Recht zum Arbeitskampf schließt nicht die Pflicht zur Kampfbereitschaft ein. Insoweit komme es auch nicht darauf an, ob der kampfunwillige Verband sachliche Gründe für seine Kampfunwilligkeit anführen kann. Dem stehe der freiheitliche Charakter des Koalitionsgrundrechts entgegen. 60

In späteren Entscheidungen hat das BAG das Erfordernis der **Druckfähigkeit** aufgestellt[10] (Rz. 48). Insoweit bestehen aber Unterschiede zur Arbeitskampfbereitschaft: Die Rspr. verlangt für die soziale Mächtigkeit Druckfähigkeit im objektiven Sinne. Auf eine satzungsmäßig festgelegte Druckbereitschaft (Druckwilligkeit) kommt es offenbar nicht an. Außerdem ist die Druckfähigkeit umfassender als die Druckbereitschaft. Insgesamt mutet der Streit um die Arbeitskampfbereitschaft etwas theoretisch an. Letztendlich geht es hier nur um das Bekenntnis zum Arbeitskampf in der Satzung, die sich normalerweise den Vorstellungen der Rspr. entsprechend gestalten lässt. Dass tariffähige Parteien ihre Kampfwilligkeit durch tatsächliche Arbeitskämpfe unter Beweis stellen, wurde auch vom BAG zu keiner Zeit verlangt. 61

d) **Einheitlicher Gewerkschaftsbegriff.** Die Rspr. vertritt darüber hinaus die These vom einheitlichen, durch das **Wesensmerkmal der Tariffähigkeit** geprägten Gewerkschaftsbegriff. Schon in der Entscheidung vom 6.7.1956 hatte das BAG klargestellt, der Gewerkschaftsbegriff könne in der arbeitsrechtlichen Gesetzgebung nur einheitlich dahin aufgefasst werden, dass zu seinen Wesensmerkmalen die Tariffähigkeit gehöre[11]. Dass der Gewerkschaftsbegriff im Bereich der staatlichen Normsetzung einheitlich zu verstehen ist, folgert das BAG daraus, dass der Begriff seinen Ausgangspunkt im TV-Recht habe und die weiteren besonderen Regelungen der Rechtsstellung der Gewerkschaften im BetrVG und ArbGG um dieser Tariffähigkeit willen bestünden. Gesetzgeberischer Grund dieser Regelung sei die aus dem TVG sich ergebende Rechtsfähigkeit der Gewerkschaften auf dem Gebiet des 62

---

1 Abl. insoweit *Löwisch*, ZfA 1974, 29 (35 ff.); *Wiedemann*, RdA 1975, 78 (80); dazu krit. *Zöllner/Loritz*, § 34 I 2 b. |2 BAG v. 23.10.1996 – 4 AZR 409/95 (A), AP Nr. 15 zu § 3 TVG – Verbandszugehörigkeit; dazu *Junker*, SAE 1997, 169. Bejahend LAG Rh.-Pf. v. 17.2.1995 – 10 Sa 1092/94, NZA 1995, 802. |3 Zu nennen sind das Parallelverbandsmodell, das Aufspaltungsmodell und das Tarifgemeinschaftsmodell, vgl. näher *Melot de Beauregard*, Mitgliedschaft in Arbeitgeberverbänden und Tarifbindung, 2002, S. 66 ff., 95 ff., 106 ff. |4 *Däubler*, ZTR 1994, 448 (452); *Däubler*, NZA 1996, 225 (231); *Röckl*, DB 1993, 2382; *Schaub*, BB 1994, 2005 (2007). |5 So *Buchner*, NZA 1994, 2 (4); *Kissel*, ArbeitskampfR, § 7 Rz. 20; *Löwisch*, ZfA 1974, 29 (37); MünchArbR/*Löwisch/Rieble*, § 255 Rz. 64; *Melot de Beauregard*, Mitgliedschaft in Arbeitgeberverbänden und Tarifbindung, 2002, S. 121 ff.; *Otto*, NZA 1996, 624 (629); *Wiedemann/Thüsing*, RdA 1995, 280 (282). |6 *Kissel*, ArbeitskampfR, § 7 Rz. 15. |7 Hierzu näher MünchArbR/*Löwisch/Rieble*, § 255 Rz. 64; *Melot de Beauregard*, Mitgliedschaft in Arbeitgeberverbänden und Tarifbindung, 2002, S. 100 f., 108 f. |8 *Kissel*, ArbeitskampfR, § 7 Rz. 17 f. |9 BVerfG v. 6.5.1964 – 1 BvR 79/62, E 18, 18 (26 ff.); ebenso BAG v. 9.7.1968 – 1 ABR 2/67, AP Nr. 25 zu § 2 TVG; v. 14.3.1978 – 1 ABR 2/76, AP Nr. 30 zu § 2 TVG; anders noch BAG v. 19.1.1962 – 1 ABR 14/60, AP Nr. 13 zu § 2 TVG. |10 BAG v. 9.7.1968 – 1 ABR 2/67, AP Nr. 25 zu § 2 TVG; v. 14.3.1978 – 1 ABR 2/76, AP Nr. 30 zu § 2 TVG; v. 6.6.2000 – 1 ABR 10/99, AP Nr. 55 zu § 2 TVG. |11 BAG v. 6.7.1956 – 1 AZB 18/55, AP Nr. 11 zu § 11 ArbGG 1953; in Bezug auf das Erfordernis der Tariffähigkeit auch BAG v. 22.12.1960 – 2 AZR 140/58, AP Nr. 25 zu § 11 ArbGG 1953 (unter III 2 b); *Gamillscheg*, KollArbR, § 9 IV 1.

kollektiven Arbeitsrechts[1]. Demgegenüber hat das BVerfG ausdrücklich offen gelassen, ob das durch Art. 9 Abs. 3 gewährleistete Recht der Koalitionen auf Betätigung es zulässt, den Gewerkschaftsbegriff für das TV-Recht und das Betriebsverfassungsrecht einheitlich zu bestimmen[2]. Die Rspr. des BAG hat im Schrifttum heftige Kritik erfahren[3].

63 **e) Die nicht tariffähige Koalition.** Das BAG unterscheidet zwischen tariffähigen Koalitionen, welche die Bezeichnung „Gewerkschaften" tragen und sonstigen, also nicht tariffähigen Koalitionen. Geht man zudem von der **Einheitlichkeit des Gewerkschaftsbegriffs** aus, so hat das die praktisch sehr bedeutsame Folge, dass einfachgesetzlich festgelegte Befugnisse, die vom Gesetzgeber den „Gewerkschaften" verliehen sind, nur noch den sozial mächtigen, also tariffähigen Koalitionen zustehen. Das BAG hat diese Folgerung bislang mehrmals konsequent gezogen[4]. So wird für die Vertretung von Mitgliedern vor LAG nach § 11 Abs. 2 Satz 2 ArbGG eine tariffähige Gewerkschaft verlangt. Im Schrifttum wird diese Rspr. heftig kritisiert. Das Merkmal „Fähigkeit zur Ausübung von Druck und Gegendruck" sei auf die Tarif- und Arbeitskampffähigkeit (Rz. 48 ff.) ausgerichtet. Allenfalls dort habe dieses Erfordernis seinen Sinn[5].

64 Auch auf der Grundlage der Rspr. kann die nicht tariffähige Koalition aber jedenfalls die **unmittelbar aus Art. 9 Abs. 3 fließenden Rechte** geltend machen. So muss die nicht tariffähige Koalition durch die Drittwirkungsklausel des Art. 9 Abs. 3 Satz 2 gegen Beeinträchtigung beitrittswilliger oder beigetretener Mitglieder geschützt sein. Die Notstandsklausel schützt Arbeitskämpfe von Koalitionen iSd. Satzes 1 gegen bestimmte Notstandsmaßnahmen. Da zu den Koalitionen iSd. Satzes 1 auch nicht tariffähige Koalitionen zählen, gilt der Schutz dem Wortlaut nach auch für (rechtswidrige) Kampfmaßnahmen nicht tariffähiger Koalitionen[6]. Schließlich ist das aus Art. 9 Abs. 3 unmittelbar gefolgerte Recht zur Werbung von Mitgliedern im Betrieb und an der Dienststelle (Rz. 76) für eine im Aufbau befindliche Koalition existenznotwendig. Die Ausübung des Rechts zur Mitgliederwerbung weist keinen unmittelbaren Bezug zur Tariffähigkeit auf und kann daher nicht auf tariffähige Koalitionen beschränkt sein[7].

65 **7. Gewährleistungsinhalt des Art. 9 Abs. 3. a) Positive individuelle Koalitionsfreiheit.** Dem Wortlaut nach gewährleistet Art. 9 Abs. 3 Satz 1 für jedermann das Recht, **Koalitionen zu bilden**. Dieses Grundrecht umfasst (1) die Gründung einer Koalition, also den Zusammenschluss als solchen und die dazu erforderlichen Maßnahmen; (2) den späteren Beitritt in eine bereits bestehende Koalition, dies kann man noch als „Bildung" einer Vereinigung ansehen; (3) schließlich das Verbleiben in der Koalition. Gewährleistet wird also zunächst ein Individualgrundrecht. Die Freiheit umfasst auch das Recht zur Spaltung und Verschmelzung von Verbänden[8].

66 **b) Negative individuelle Koalitionsfreiheit. aa) Grundlagen.** Nach der Rspr.[9] schützt Art. 9 Abs. 3 Satz 1 auch das Recht bzw. die Freiheit des Einzelnen, **einer Koalition fernzubleiben**. Diese Formel passt für den Fall eines rechtlichen Zwanges zum Verbandsbeitritt. Praktisch bedeutsam sind jedoch meist nur Sachverhalte, in denen ein ArbN oder ArbGeb zwar einer Koalition fernbleiben kann, dann aber Nachteile hinzunehmen hat. Es geht also richtiger um die Freiheit, einer Koalition ohne Nachteile fernzubleiben. Das Fernbleiberecht umfasst auch das Recht, sich nicht zu einer Koalition zusammenzuschließen. Schließlich gehört zur negativen Koalitionsfreiheit auch das Recht, aus einer Koalition ohne Nachteile auszutreten.

67 Nicht jede Beeinflussung in der negativen Koalitionsfreiheit ist allerdings schon ein Verletzungstatbestand, der die Rechtsfolgen des Art. 9 Abs. 3 Satz 2 auslöst. Verlangt wird eine **gewisse Intensität des Drucks**. Ein „gewisser Druck" ist hinzunehmen[10]. Das BAG differenziert zwischen einem sozialadäquaten Druck, dem man sich nicht entziehen kann und einem sozialinadäquaten Druck, der rechtswidrig und zu missbilligen ist. Ein solcher sozialinadäquater Druck wird angenommen, wenn das Gerechtigkeitsempfinden gröblich verletzt ist[11]. Diese Formel ist nicht sonderlich genau und räumt dem Richter

---

1 BAG v. 6.7.1956 – 1 AZB 18/55, AP Nr. 11 zu § 11 ArbGG 1953; siehe auch BAG v. 22.12.1960 – 2 AZR 140/58, AP Nr. 25 zu § 11 ArbGG 1953 (unter III. 2 b); v. 23.4.1971 – 1 ABR 26/70, AP Nr. 2 zu § 97 ArbGG 1953; v. 15.3.1977 – 1 ABR 16/75, AP Nr. 24 zu Art. 9 GG. | 2 BVerfG v. 20.10.1981 – 1 BvR 404/78, E 58, 233 (250 ff.) = AP Nr. 31 zu § 2 TVG. | 3 Siehe nur *Eitel*, Die Ungleichbehandlung repräsentativer und nicht repräsentativer Gewerkschaften durch den Staat, 1991, passim; *Gamillscheg*, KollArbR, § 9 IV 3 e mwN. | 4 Vgl. BAG v. 23.4.1971 – 1 ABR 26/70, E 23, 320 (323 f.); v. 23.4.1971 – 1 ABR 26/70, AP Nr. 2 zu § 97 ArbGG 1953; v. 15.3.1977 – 1 ABR 16/75, AP Nr. 24 zu Art. 9 GG. | 5 *Eitel*, Die Ungleichbehandlung repräsentativer und nicht repräsentativer Gewerkschaften durch den Staat, 1991, passim; *Gamillscheg*, KollArbR, § 9 IV 3 e mwN. | 6 Rechtswidrig deshalb, weil nicht tariffähige Verbände auch kein Streikrecht haben. Art. 9 Abs. 3 Satz 3 GG gilt auch für rechtswidrige Arbeitskämpfe, vgl. *Seiter*, Streikrecht, S. 70 f. mwN. | 7 So zB *Buchner*, FS 25 Jahre BAG, 1979, S. 56 ff.; *Dütz*, ArbuR 1976, 65 (69 ff.). | 8 *Gamillscheg*, KollArbR, § 6 I 1 a. | 9 BVerfG v. 1.3.1979 – 1 BvR 532/77, 533/77, 419/78, 1 BvL 21/78, E 50, 290 (354); v. 15.7.1980 – 1 BvR 24/74, 439/79, E 55, 7 (21); v. 14.11.1995 – 1 BvR 601/92, E 93, 352 (357 f.); BAG v. 29.11.1967 – GS 1/67, AP Nr. 13 zu Art 9 GG; v. 17.2.1998 – 1 AZR 364/97, AP Nr. 87 zu Art. 9 GG. Dagegen für den Schutz durch Art. 2 Abs. 1 *Gamillscheg*, KollArbR, § 8 4 b; *Zachert*, AR-Blattei SD 1650.1 Rz. 64; jeweils mwN. | 10 BVerfG v. 19.10.1966 – 1 BvL 24/65, E 20, 312 (321 f.); BAG v. 21.1.1987 – 4 AZR 547/86, AP Nr. 47 zu Art. 9 GG. | 11 BAG (GS) v. 29.11.1967 – GS 1/67, AP Nr. 13 zu Art. 9 GG.

einen erheblichen Beurteilungsspielraum ein. Probleme mit der negativen Koalitionsfreiheit stellen sich insb. bei Außenseitern.

bb) Einzelfälle. Durch tarifliche Regelungen dürfen nicht Außenseiter gegenüber Organisierten dergestalt schlechter gestellt werden, dass positive Leistungen bzw. der Arbeitsplatz schlechthin den Koalitionsmitgliedern vorbehalten bleiben. Mit der negativen Koalitionsfreiheit unvereinbar sind deshalb **tarifliche Differenzierungsklauseln**[1] (§ 1 TVG Rz. 107) sowie **Organisations- und Absperrklauseln**[2]. Auf der anderen Seite verstößt es nicht gegen Art. 9 Abs. 3, wenn Außenseiter vom ArbGeb anders behandelt werden als Organisierte, ihnen also tarifliche Leistungen versagt bleiben[3]. Insoweit liegt auch kein Verstoß gegen den Gleichbehandlungsgrundsatz vor, die Gewerkschaftszugehörigkeit ist sachlicher Differenzierungsgrund (Art. 3 GG Rz. 52). 68

Zur negativen Koalitionsfreiheit gehört das Recht zum **Austritt aus einer Koalition**. Zu lange Kündigungsfristen sind mit Art. 9 Abs. 3 Satz 1 nicht vereinbar[4]. Auf die Mitglieder darf ferner kein finanzieller Druck ausgeübt werden, damit sie von einem Austritt abgehalten werden[5]. 69

Ferner ist die **gesetzliche Erstreckung der Tarifwirkungen auf Außenseiter** ein Problem der negativen Koalitionsfreiheit. Für die Allgemeinverbindlicherklärung nach § 5 TVG (§ 5 TVG Rz. 7 ff.) wurde vom BVerfG ein Verstoß verneint[6], ebenso für die Nachwirkung von Tarifnormen gem. § 4 Abs. 5 TVG[7] (§ 4 TVG Rz. 5 ff). Nicht beanstandet wurde ferner die auf § 1 Abs. 3a AEntG beruhende VO über zwingende Arbeitsbedingungen im Baugewerbe vom 25.8.1999[8]. Nicht anders hat man für die Weitergeltung der Tarifbindung beim Verbandsaustritt nach § 3 Abs. 3 TVG (§ 3 TVG Rz. 38 ff) sowie insb. die Erstreckung der Tarifwirkungen auf die Außenseiter bei Betriebs-[9] und Betriebsverfassungsnormen eines TV (§ 1 TVG Rz. 51 ff.) zu entscheiden[10]. 70

Auch das Problem der **Tariftreueregelungen** wird unter dem Gesichtspunkt eines Eingriffs in die negative Koalitionsfreiheit diskutiert[11]. Die negative Koalitionsfreiheit gewährleistet jedoch nur das Recht des einzelnen ArbN und ArbGeb, einer Koalition fern zu bleiben oder aus ihr auszutreten. Werden über eine Tariftreueerklärung ArbGeb faktisch an die in einem TV festgelegte Mindestlohnhöhe gebunden, so ist nach der Rspr. des BVerfG[12] schon der Schutzbereich der negativen Koalitionsfreiheit nicht eröffnet. Nimmt man jedoch die Eröffnung des Schutzbereiches an, begründet der Druck, einer tarifschließenden Koalition beizutreten, um ggf. auf die in Bezug genommene Tarifregelung Einfluss zu gewinnen, noch keinen Eingriff. Auch nach Scheitern des Bundestariftreuegesetzes[13] im Bundesrat im Juli 2002 hat die Thematik durch verschiedene landesrechtliche Regelungen[14] nicht an Brisanz verloren. Eine Entscheidung des BVerfG zum Vorlagebeschluss des BGH[15] bleibt daher abzuwarten (vgl. auch Rz. 141). 71

Nach einer Auffassung im Schrifttum[16] stellt allerdings eine staatliche Verpflichtung zur Zahlung der örtlichen Tariflöhne eine unzulässige Beschränkung des **freien Dienstleistungsverkehrs iSd. Art. 49 EG** dar. Nicht das *Fehlen* einer solchen konstitutiven Tariftreueverpflichtung im deutschen Recht, sondern deren Schaffung durch Gesetz führe zu einer „unzulässigen Wettbewerbsverzerrung". Im Rahmen der Rechtfertigung des Tariftreuekriteriums scheide nach der st. Rspr. des EuGH der Aspekt des Schutzes deutscher Unternehmen vor der EG-ausländischen Konkurrenz von vornherein als unzulässiger „wirtschaftlicher Grund" aus[17]. Das europarechtlich betrachtet an sich legitime Ziel des sozialen Schutzes heimischer ArbN dürfe lediglich über die Mindestlohnvorgaben des AEntG (iVm. der Zwei- 72

---

1 BAG (GS) v. 29.11.1967 – GS 1/67, AP Nr. 13 zu Art 9 GG; v. 21.1.1987 – 4 AZR 547/86, AP Nr. 47 zu Art. 9 GG; *Kissel*, ArbeitskampfR, § 5 Rz. 10; aA *Däubler*, BB 2002, 1643 mwN. | 2 *Gamillscheg*, KollArbR § 8 6 b. | 3 BVerfG v. 20.7.1971 – 1 BvR 13/69, E 31, 297 (302). | 4 BGH v. 4.7.1977 – II ZR 30/76, AP Nr. 25 zu Art. 9 GG; v. 22.9.1980 – II ZR 34/80, AP Nr. 33 zu Art. 9 GG (max. 6 Monate). | 5 ArbG Ahrensburg v. 12.4.1966 – 9 C 128/96, NJW 1996, 2516 (Rückzahlung von Streikunterstützung). | 6 BVerfG v. 24.5.1977 – 2 BvL 11/74, E 44, 322 (352); v. 15.7.1980 – 1 BvR 24/74, 439/79, E 55, 7 (22); v. 3.7.2000 – 1 BvR 945/00, AP Nr. 36 zu § 4 TVG – Nachwirkung. | 7 BVerfG v. 3.7.2000 – 1 BvR 945/00, AP Nr. 36 zu § 4 TVG – Nachwirkung. | 8 BVerfG v. 18.7.2000 – 1 BvR 948/00, AP Nr. 4 zu § 1 AEntG. | 9 Eingehend hierzu *Ingelfinger*, Arbeitsplatzgestaltung durch Betriebsnormen, 1996, S. 161 ff., 199 ff. | 10 BAG v. 18.8.1987 – 1 ABR 30/86, AP Nr. 23 zu § 77 BetrVG 1972; v. 26.4.1990 – 1 ABR 84/87, AP Nr. 57 zu Art. 9 GG; *Kissel*, ArbeitskampfR, § 5 Rz. 12 f. | 11 BGH v. 18.1.2000 – KVR 23/98, AP Nr. 1 zu § 20 GWB; *Kämmerer/Thüsing*, ZIP 2002, 596 (601); *Knipper*, WuW 1999, 677 (679); *Kling*, Die Zulässigkeit vergabefremder Regelungen, 2001, S. 388 ff.; *Löwisch*, DB 2001, 1090. | 12 So im Hinblick auf § 4 Abs. 5 TVG BVerfG v. 3.7.2000 – 1 BvR 945/00, AP Nr. 36 zu § 4 TVG – Nachwirkung; vgl. weiter *Rieble*, NZA 2000, 225 (231); *Schwab*, NZA 2001, 701 (705); *Seifert*, ZfA 2001, 1 (16 ff.); *Wiedemann*, § 5 TVG Rz. 23; siehe auch *Kempen/Zachert*, § 5 TVG Rz. 36 (zur Allgemeinverbindlicherklärung). | 13 Gesetz zur tariflichen Entlohnung bei öffentlichen Aufträgen und zur Einrichtung eines Registers über unzuverlässige Unternehmen, BT-Drs. 14/7796 (Beschlussempfehlung und Bericht BT-Drs. 14/8896). Gegenstand der Tariftreueverpflichtung nach § 3 des Entwurfs war die schriftlich erklärte Bereitschaft von Unternehmen, „ihren Arbeitnehmern bei der Ausführung der Leistung mindestens die am Ort der Leistungsausführung einschlägigen Lohn- und Gehaltstarife zu zahlen und dies auch von ihren Nachunternehmern zu verlangen". Die Tariftreue sollte, ausgehend von 92,5 % des ortsüblichen Tariflohns im Jahre 2002, bis auf 100 % im Jahre 2005 erhöht werden. | 14 § 1 Abs. 1 Satz 2 VergabeG Berlin, vergleichbare Regelungen auch in Bayern und Nds. | 15 BGH v. 18.1.2000 – KVR 23/98, BGH AP Nr. 1 zu § 20 GWB. | 16 *Kling*, EuZW 2002, 229 (236). | 17 EuGH v. 25.10.2001 – Rs.

ten VO über zwingende Arbeitsbedingungen und dem BRTV-Bau) verfolgt werden. Oberhalb der Mindestlöhne sei Wettbewerb zu gewährleisten.

73   c) **Kollektive Koalitionsfreiheit. aa) Bestandsgarantie.** Während der Weimarer Zeit war umstritten (Rz. 23), ob mit der kollektiven Koalitionsfreiheit ein **eigener Grundrechtsschutz** verbunden sein sollte, so dass sich auch die Koalition gegen Beeinträchtigungen durch den Staat oder Dritte unter Berufung auf das Grundrecht zur Wehr setzen konnte. Nach st. Rspr. des BVerfG gehört zur Gewährleistung des Art. 9 Abs. 3 „der Schutz der Koalition als solche"[1], es handelt sich also um ein Doppelgrundrecht. Mit dieser Bestandsgarantie ist das Recht der Koalition gemeint, in ihrem Bestand (in ihrer Existenz) nicht beeinträchtigt zu werden. Dazu gehört vor allem der Mitgliederbestand. Diese Rspr. findet im Wortlaut des Art. 9 Abs. 3 keine ausreichende Grundlage mehr. Das BVerfG hat in der Ausgangsentscheidung den Schutz der Koalition als solche damit begründet, dass dieser sich in der Weimarer Zeit schon angebahnt habe und dass das vom Sozialstaatsprinzip geprägte Grundgesetz nicht hinter dieser Entwicklung zurückbleiben wollte. Im Übrigen kann man darauf verweisen, dass die grundrechtliche Sicherung der Bildung von Koalitionen wenig wert wäre, wenn die gebildete Koalition nicht ebenfalls grundrechtlichen Schutz genießen würde. Die kollektive Koalitionsfreiheit ist als Ergänzung erforderlich, damit die individuelle Freiheit effektiv geschützt wird.

74   bb) **Betätigungsgarantie.** Art. 9 Abs. 3 garantiert aber auch das Recht der Koalition, durch **spezifisch koalitionsgemäße Betätigungen** die in Art. 9 Abs. 3 genannten Zwecke zu verfolgen[2]. Ist einmal der Schritt von der individuellen Koalitionsfreiheit zum Schutz des Bestandes der Koalition getan, ist es konsequent, in den Schutzbereich auch die Betätigung der Koalition einzubeziehen. Insoweit findet man auch den Begriff der funktionellen Garantie (oder Funktionsgarantie), ohne dass ein sachlicher Unterschied festzustellen wäre. Als Begründung ist anzuführen, dass der verfassungsrechtliche Schutz des Bestandes der Koalition leer laufen würde, wenn nicht auch die Betätigung den gleichen Schutz genösse. Denn ohne die Möglichkeit zur koalitionsgemäßen Betätigung wäre der Bestand einer Koalition über kurz oder lang in Frage gestellt.

75   Die entscheidende Frage lautet, welche **koalitionsgemäßen Betätigungen unter den Grundrechtsschutz fallen** und mit welchen Auslegungsmethoden dies zu ermitteln ist. Bei der historischen Interpretation wird gefragt, ob die betreffende Betätigung in der Vergangenheit von den Koalitionen erlaubtermaßen wahrgenommen worden ist. Aber nicht alle historisch gewordenen oder von den Koalitionen angemaßten Betätigungen sind verfassungsrechtlich geschützt; umgekehrt muss es auch möglich sein, neue Betätigungen in den Grundrechtsschutz einzubeziehen. Nach Aufgabe der Kernbereichstheorie durch das BVerfG[3] wird man alle koalitionsgemäßen Betätigungen als geschützt anzusehen haben, die geeignet und erforderlich sind, um den Koalitionszweck, die Wahrung und Förderung der Arbeits- und Wirtschaftsbedingungen, wirksam zu verfolgen bzw. die Existenz der Koalition wirksam zu sichern und zu erhalten. Unverkennbar wendet das Gericht bei der Ermittlung der geschützten Betätigungen den Grundsatz der Verhältnismäßigkeit im weiteren Sinne (Übermaßverbot) an[4]. Hieran hat auch die Aufgabe der Kernbereichsrechtsprechung (Rz. 83) jedenfalls in Bezug auf den Konflikt Tarifrecht – staatliches Recht nichts geändert[5]. Weitere Begrenzungen der Betätigungsgarantie ergeben sich aber aus der Abwägung mit kollidierenden Grundrechten Dritter bzw. sonstigen mit Verfassungsrang ausgestatteten Rechte anderer (siehe noch Rz. 80 ff.).

76   cc) **Anerkannte Betätigungen.** Folgende spezifisch koalitionsgemäße Betätigungen sind durch die Rspr. anerkannt: **Tarifvertragliche Normsetzung**[6]; **Koalitionsbetätigung im Personalwesen**, insb. Werbung vor Personalratswahlen in der Dienststelle[7]; **Koalitionsbetätigung in der Betriebsverfassung**, insb. Werbung vor BR-Wahlen im Betrieb[8]; **Mitgliederwerbung**, auch im Betrieb[9] und während der Arbeitszeit, sofern der Betriebsablauf nicht leidet[10], **Arbeitskampf** zur Durchsetzung von TV[11]. Ob be-

---

C-49/98, 50/98, 52–54/98, 68–71/98 „*Finalarte*", SlG. I-2001, 7831 = EAS C EG-Vertrag Art. 59 Nr. 43; v. 24.1.2002 – Rs. C-164/99 „*Portugaia*", EAS C EG-Vertrag Art. 59 Nr. 44; siehe auch *Bayreuther*, EuZW 2001, 764; *Kling*, EuZW 2002, 229 (232). |1 BVerfG v. 18.11.1954 – 1 BvR 629/52, E 4, 96 (101 f.); v. 30.11.1965 – 2 BvR 54/62, E 19, 303 (312, 319); v. 26.5.1970 – 2 BvR 664/65, E 28, 295 (304); v. 26.6.1991 – 1 BvR 779/85, E 84, 212 (225); v. 4.7.1995 – 1 BvR 2/86, 1421/86, 1 – 4/87, E 92, 365 (393). Kritisch dazu *Picker*, NZA 2002, 761 (764 f.). |2 BVerfG v. 30.11.1965 – 2 BvR 54/62, E 19, 303 (312); v. 26.6.1991 – 1 BvR 779/85, E 84, 212 (225); v. 4.7.1995 – 1 BvR 2/86, 1421/86, 1 – 4/87, E 92, 365 (393). |3 BVerfG v. 14.11.1995 – 1 BvR 601/92, E 93, 352 (357 f.); vgl. hierzu näher *Konzen*, FS 50 Jahre BAG, 2004, S. 513 (522 ff.); *Zachert*, AR-Blattei SD 1650.1 Rz. 152 ff. |4 Vgl. dazu näher *Seiter*, Streikrecht, S. 108 ff.; *Seiter*, AöR 109 (1984), 88, 96 ff.; *Konzen*, AcP 177 (1977), 473 (510 ff.). |5 BVerfG v. 24.4.1996 – 1 BvR 712/96, E 94, 268 (284); v. 27.4.1999 – 1 BvR 2203/93, E 100, 271 (285 ff.); Nachw. zur Kritik bei *Zachert*, AR-Blattei SD 1650.1 Rz. 166. |6 BVerfG v. 18.11.1954 – 1 BvR 629/52, E 4, 96 (106); v. 19.10.1966 – 1 BvL 24/65, E 20, 312 (317); v. 27.2.1973 – 2 BvL 8, 9/72, E 34, 307 (316 f.); v. 18.12.1974 – 1 BvR 430/65, 259/69, E 38, 281 (305 f.); v. 24.5.1977 – 2 BvL 11/74, E 44, 322 (340); v. 20.10.1981 – 1 BvR 404/78, E 58, 233 (246); v. 2.3.1993 – 1 BvR 1213/85, E 88, 103; v. 10.1.1995 – 1 BvF 1/90, 1 BvR 342/90, 348/90, AP Nr. 76 zu Art. 9 GG. |7 BVerfG v. 30.11.1965 – 2 BvR 54/62, E 19, 303 (312); v. 23.3.1982 – 2 BvL 1/81, E 60, 162 (170). |8 BAG v. 14.2.1967 – 1 AZR 494/65, AP Nr. 10 zu Art. 9 GG. |9 BAG v. 23.2.1979 – 1 AZR 172/78, AP Nr. 30 zu Art. 9 GG. |10 BVerfG v. 14.11.1995 – 1 BvR 601/92, E 93, 352. |11 BAG v. 10.6.1980 – 1 AZR 822/79 – 1 AZR 168/79 – 1 AZR 331/79, BAGE 33, 140, 185, 195 = AP Nr. 64, 65, 66 zu Art. 9 GG – Arbeitskampf; BSG v. 15.12.1971 – 3 RK 87/68, AP Nr. 46 zu Art. 9 GG – Arbeitskampf.

triebsfremde Gewerkschaftsangehörige ein Zutrittsrecht zum Betrieb haben, wenn die Gewerkschaft im Betrieb vertreten ist[1], wird nach Aufgabe der Kernbereichsrechtsprechung des BVerfG unterschiedlich beurteilt[2], dürfte aber unter Berücksichtigung gegenläufiger Interessen des ArbGeb nach wie vor zu verneinen sein. Auch die Rechtsberatung sowie die Vertretung im gerichtlichen Verfahren sind in den Grenzen der koalitionsspezifischen Tätigkeit geschützt[3].

Die koalitionsmäßige Betätigung der tarifvertraglichen Normsetzung erfährt durch die Rspr. des BAG zum sog. **Grundsatz der Tarifeinheit im Betrieb** (§ 4 TVG Rz. 42) eine Einschränkung. Gestützt auf Gesichtspunkte der Praktikabilität und die Prinzipien der Rechtssicherheit und Rechtsklarheit dürfe bei einer Tarifpluralität in jedem Betrieb nur ein TV zur Anwendung kommen[4]. Diese Rspr. wird von der hM[5] abgelehnt. Sie verstoße gegen die Koalitionsbetätigungsfreiheit von ArbGebVerbänden und Gewerkschaften, deren TV nach dem Grundsatz der Tarifeinheit aus dem Betrieb gedrängt würden. Der 4. Senat des BAG scheint von der Tarifeinheit im Betrieb inzwischen abzurücken. Darauf deuten zwei Urteile zur Tarifpluralität im Nachwirkungszeitraum des § 4 Abs. 5 TVG und vor allem zum Erfordernis der beiderseitigen Tarifgebundenheit in § 613a Abs. 1 Satz 3 BGB hin[6]. Der 10. Senat hat das Prinzip der Tarifeinheit allerdings für eine Tarifpluralität unter Beteiligung allgemeinverbindlicher TV über gemeinsame Einrichtungen der TV-Parteien nach § 4 Abs. 2 TVG erst jüngst bestätigt[7]. 77

d) **Individuelles Teilnahmerecht an der geschützten Koalitionsbetätigung.** Es gibt Betätigungen, die nur von der Koalition als solcher vorgenommen werden können, etwa auf ArbN-Seite der Abschluss von TV. Bei anderen Betätigungen wie der Werbung oder dem Arbeitskampf **muss der Verband idR (auch) seine Mitglieder einschalten**. Etwaige Beeinträchtigungen der Koalitionsbetätigung treffen hier sogar in erster Linie die einzelnen Mitglieder. Es stellt sich daher die Frage, ob diesen im Bereich der kollektiven Koalitionsfreiheit ebenfalls Grundrechtsschutz zukommt. Das BVerfG hat insoweit festgestellt, dass Art. 9 Abs. 3 auch dem Einzelnen das Recht zusichert, an der spezifischen Tätigkeit der Koalition in dem Bereich teilzunehmen, der für die Koalition verfassungsrechtlich geschützt ist[8]. Das BVerfG sieht insoweit also offenbar die kollektive Koalitionsfreiheit als primär an; die individuelle Rechtsposition wird dann als „Teilnahmerecht" daraus abgeleitet. 78

8. Regelungsauftrag zur Schaffung eines einfachgesetzlichen Unterbaus. Grundrechte bedürfen in aller Regel einer Vielzahl **einfachgesetzlicher Regelungen**, damit der Grundrechtsinhaber von ihnen wirksam Gebrauch machen kann; dies gilt auch für die allgemeine Vereinigungsfreiheit (Rz. 7). Die Notwendigkeit des Unterbaues wird besonders dann spürbar, wenn der einfache Gesetzgeber wie etwa im Arbeitskampfrecht untätig geblieben ist. Das BVerfG hat in diesem Sinne ausgeführt, dass Art. 9 Abs. 3 garantiere, dass ein TV-System iSd. modernen Arbeitsrechts staatlicherseits überhaupt bereitzustellen sei[9]. Mehr noch als in der Art. 9 Abs. 1 gewährleistete allgemeine Vereinigungsfreiheit bedarf die Koalitionsfreiheit der gesetzlichen Ausgestaltung. Diese besteht nicht nur in der Schaffung der Rechtsinstitute und Normenkomplexe, die erforderlich sind, um die grundrechtlich garantierten Freiheiten ausüben zu können. Die Bedeutung und Vielzahl der von der Tätigkeit der Koalitionen berührten Belange namentlich im Bereich der Wirtschafts- und Sozialordnung machen vielmehr vielfältige gesetzliche Regelungen notwendig, die der Koalitionsfreiheit auch Schranken ziehen können; dies umso mehr, als der Gegenstand der Gewährleistung auf sich wandelnde wirtschaftliche und soziale Bedingungen bezogen ist, die mehr als bei anderen Freiheitsrechten die Möglichkeit zu Modifikationen und Fortentwicklungen lassen müssen[10]. 79

9. Schranken der Koalitionsfreiheit. a) Kein Gesetzesvorbehalt. Art. 9 Abs. 3 enthält keinen **ausdrücklichen Vorbehalt** für eine gesetzliche Regelung oder in Bezug auf die Einschränkung des Grundrechts. Für die ausdrücklich geregelte Koalitionsbildungsfreiheit hielt der Grundgesetzgeber einen ausdrücklichen Vorbehalt auch nicht für nötig. Aus der vorbehaltlosen Gewährleistung der Koalitionsbildungsfreiheit kann man daher nicht auf eine ebenso vorbehaltlose Gewährleistung der Koalitionsbetätigungsfreiheit schließen. Daran hat das BVerfG auch keine Zweifel gelassen. Im Mitbestimmungsurteil wurde ausdrücklich die Schrankenziehung angesprochen[11]. Für den (aus der Sicht des Gerichts hypothetischen) Fall einer Verfassungsgarantie des Arbeitskampfes wird festgestellt, Art. 9 Abs. 3 80

---

1 Abl. BVerfG v. 17.2.1981 – 2 BvR 384/78, E 57, 220 (247); BAG v. 26.1.1982 – 1 AZR 610/80, E 41, 1 = AP Nr. 35 zu Art. 9 GG. | 2 Bejahend ErfK/*Dieterich*, Art. 9 GG Rz. 40; verneinend *Kissel*, ArbeitskampfR, § 6 Rz. 16. Zum Problemkreis eingehend *Brock*, Gewerkschaftliche Betätigung im Betrieb nach Aufgabe der Kernbereichslehre durch das BVerfG, 2002, S. 148 ff. | 3 BVerfG v. 2.12.1992 – 1 BvR 296/88, E 88, 5 (15); v. 26.1.1995 – 1 BvR 2071/94, AP Nr. 77 zu Art. 9 GG. | 4 ZB BAG v. 20.3.1991 – 4 AZR 455/90, AP Nr. 20 zu § 4 TVG – Tarifkonkurrenz; v. 26.1.1994 – 10 AZR 611/92, AP Nr. 22 zu § 4 TVG – Tarifkonkurrenz; weitere Nachweise bei *Jacobs*, Tarifeinheit und Tarifkonkurrenz, 1999, S. 68 ff. | 5 Ausf. *Jacobs*, Tarifeinheit und Tarifkonkurrenz, 1999, S. 334 ff., 373 ff., 411 ff. mwN; zuletzt *Kempen*, NZA 2003, 415 ff. | 6 Vgl. BAG v. 28.5.1997 – 4 AZR 546/95, AP Nr. 26 zu § 4 TVG – Nachwirkung; v. 21.2.2001 – 4 AZR 18/00, AP Nr. 20 zu § 4 TVG = AR-Blattei ES 500 Nr. 164 (*Hergenröder*); siehe auch *Schliemann*, NZA 2000, Sonderbeilage zu Heft 24, S. 31 f. | 7 BAG v. 4.12.2002 – 10 AZR 113/02, AP Nr. 28 zu § 4 TVG – Tarifkonkurrenz. | 8 BVerfG v. 30.11.1965 – 2 BvR 54/62, E 19, 303 (312). | 9 BVerfG v. 18.11.1954 – 1 BvR 629/52, E 4, 96. Siehe auch *Konzen*, FS 50 Jahre BAG, 2004, S. 513 (523 ff) | 10 BVerfG v. 1.3.1979 – 1 BvR 532/77, 533/77, 419/78, 1 BvL 21/78, E 50, 290 (368). | 11 BVerfG v. 1.3.1979 – 1 BvR 532/77, 533/77, 419/78, 1 BvL 21/78, E 50, 290 (308).

81 **b) Schranken aus dem Grundgesetz.** Eine wichtige **grundrechtsimmanente Schranke** enthält Art. 9 Abs. 3 in der Umschreibung des Koalitionszwecks und der Koalitionsbetätigung mit „Wahrung und Förderung der Arbeits- und Wirtschaftsbedingungen". Unter dem Aspekt der Einheit der Verfassung kommen auch verfassungsimmanente Schranken in Betracht, die in konkurrierenden Verfassungsregelungen außerhalb Art. 9 Abs. 3 enthalten sind. Als Beispiel ist Art. 33 Abs. 5 zu nennen, wonach das Recht des öffentlichen Dienstes „unter Berücksichtigung der hergebrachten Grundsätze des Berufsbeamtentums" ausgelegt werden muss. Zu diesen Grundsätzen gehört das Verbot des Beamtenstreiks, welches die Koalitionsfreiheit der Beamten insoweit einschränkt.

82 Zweifelhaft ist, ob und inwieweit **sonstige Schrankenvorbehalte** in anderen Grundrechten auf die Koalitionsfreiheit übertragen werden können. Für die Schrankentrias des Art. 2 Abs. 1 wird dies vom BVerfG abgelehnt[1]: „Betätigungsfreiheit der Koalitionen im Rahmen des Art. 2 Abs. 1 GG". Daran ist richtig, dass die Koalitionsfreiheit nicht schlechthin unter den Vorbehalt des Art. 2 Abs. 1 in der üblichen weiten Auslegung gestellt werden kann. Gleichwohl ist nicht zu verkennen, dass man sich bei der Ausgestaltung der Koalitionsbetätigung im Bereich der Rechtsfortbildung bewegt. Art. 2 Abs. 1 kann hier als Wertungsgrundlage dienen. So muss angenommen werden, dass sich die Koalitionsbetätigung nicht über gleiche oder höhere Rechte anderer hinwegsetzen darf. Die verfassungsmäßige Ordnung im engeren Sinne ist schon nach Art. 9 Abs. 2 als Schranke zulässig (Rz. 9). Das Recht auf koalitionsgemäße Betätigung gewährleistet auch kein sittenwidriges Verhalten. In diesen Zusammenhang gehört auch das Missbrauchsverbot[2].

83 **c) Methode der Schrankenziehung durch das BVerfG.** Das BVerfG geht für die Koalitionsbetätigungsgarantie von einem **weiten Regelungsspielraum** des einfachen Gesetzgebers aus. Dieses Regelungsermessen bezieht sich allerdings nicht nur auf die Schranken, sondern in erster Linie auf die schon behandelte betätigungsfördernde Regelung, bei welcher die Koalitionsfreiheit nicht begrenzt, sondern entfaltet wird. Regelungen und Schranken dürfen dem Betätigungsrecht der Koalitionen allerdings nur solche Grenzen ziehen, die zum Schutz anderer Rechtsgüter von der Sache her geboten sind. Regelungen, die nicht in dieser Weise gerechtfertigt sind, sind mit Art. 9 Abs. 3 nicht vereinbar. In seiner früheren Rspr. hatte das BVerfG dabei noch auf einen sog. unantastbaren Kern der Koalitionsbetätigung rekurriert, der die Grenze der gesetzgeberischen Regelung und Schrankenziehung darstelle[3]. Zu diesem „Kernbereich" sollten diejenigen Tätigkeiten zählen, für welche die Koalitionen gegründet worden waren und die für die Erhaltung und Sicherung ihrer Existenz als unerlässlich betrachtet werden müssen. Nach dieser Kernbereichslehre war bereits der Schutzbereich der Koalitionsfreiheit selbst begrenzt, so dass lediglich dann, wenn wirklich der Kernbereich betroffen war, man zu einer Abwägung mit anderen Rechtsgütern gelangte[4].

84 Zwischenzeitlich begrenzt das BVerfG den Schutzbereich der Koalitionsfreiheit nicht mehr auf den durch das Unerlässlichkeitspostulat umrissenen Kernbereich, vielmehr sieht es **alle koalitionsspezifischen Betätigungen als von Art. 9 Abs. 3 geschützt** an. Dies gilt insb. auch für die Mitgliederwerbung als solche[5]. Das Recht auf Koalitionsbetätigung sei allerdings nicht schrankenlos gewährleistet, sondern so zu behandeln wie jedes andere Freiheitsgrundrecht auch. Einschränkungen sind damit nur auf der Ebene der Grundrechtsschranken möglich[6]. Auf der anderen Seite betont das BVerfG auch die Ausgestaltungsbefugnis des Gesetzgebers bezüglich der Koalitionsfreiheit, der nur soviel Handlungsspielraum hat, wie dies zum Schutz anderer Rechtsgüter von der Sache her geboten ist[7]. Bezüglich der Schrankensystematik wird man zwischen der Ausgestaltung durch den Gesetzgeber und einem Eingriff in das Grundrecht auf Koalitionsbetätigung zu unterscheiden haben: Eine Ausgestaltung ist zulässig, solange dies zum Schutz anderer Rechtsgüter geboten ist, was ohnedies der allgemeinen Grundrechtsdogmatik entspricht, da Art. 9 Abs. 3 ein stark normgeprägtes Grundrecht ist[8]. Der Gesetzgeber muss jedoch alle betreffenden Rechtsgüter beachten und gegeneinander abwägen[9]. Im Übrigen gelten die Regeln der praktischen Konkordanz. Im Unterschied zur Ausgestaltung des Grundrechts muss hier nicht auf alle Rechtsgüter Rücksicht genommen werden, sondern nur auf die Grundrechte anderer und Rechtsgüter von Verfassungsrang[10].

---

1 BVerfG v. 30.11.1965 – 2 BvR 54/62, E 19, 303 (314); aA beiläufig BAG v. 2.8.1963 – 1 AZR 9/63, E 14, 282 (288) = AP Nr. 5 zu Art. 9 GG. |2 *Seiter*, Streikrecht, S. 112 f.; *Seiter*, AöR 109 (1984), 88 (98 f.). |3 BVerfG v. 30.11.1965 – 2 BvR 54/62, E 19, 303 (321 f.); v. 26.5.1970 – 2 BvR 664/65, E 28, 295 (304); v. 18.12.1974 – 1 BvR 430/65, 259/69, E 38, 281 (305); v. 19.2.1975 – 1 BvR 418/71, E 38, 386 (393); v. 1.3.1979 – 1 BvR 532/77, 533/77, 419/78, 1 BvL 21/78, E 50, 290 (368 f.). |4 So explizit BAG v. 14.2.1967 – 1 AZR 494/65, E 19, 217 (226); siehe auch BAG v. 23.2.1979 – 1 AZR 172/78, E 31, 318 (324 f.); v. 23.9.1986 – 1 AZR 597/85, E 53, 89 (93). |5 BVerfG v. 14.11.1995 – 1 BvR 601/92, E 93, 352 (357 f.). |6 ErfK/*Dieterich*, Art. 9 GG Rz. 48; *Scholz*, SAE 1996, 317 (321); *Zachert*, AR-Blattei SD 1650.1 Rz. 163, 168. |7 BVerfG v. 14.11.1995 – 1 BvR 601/92, E 93, 352 (359); *Thüsing*, EzA Art. 9 GG Nr. 60, S. 9 (10). |8 BVerfG v. 14.11.1995 – 1 BvR 601/92, E 93, 352 (369); *Thüsing*, EzA Art. 9 GG Nr. 60, S. 9 (13); so wohl auch *Wank*, JZ 1996, 627 (630). |9 ErfK/*Dieterich*, Art. 9 GG Rz. 48; *Schwarze*, JuS 1994, 653 (658). |10 *Thüsing*, EzA Art. 9 GG Nr. 60, S. 9 (14).

10. Verhältnis von Gesetzgeber und Richter bei der Normkonkretisierung. Zunächst ist es Sache des Gesetzgebers, die **Befugnisse der Koalitionen und deren Schranken** bei der Wahrung und Förderung der Arbeits- und Wirtschaftsbedingungen im Einzelnen zu regeln. Im Tarifrecht hat der Gesetzgeber seiner Regelungspflicht Genüge getan. Anders ist es dagegen im Berufsverbandsrecht, im Arbeitskampfrecht und auch im Schlichtungsrecht. Hier steht der Richter nicht selten vor der grundsätzlichen Frage, wie er sich zu verhalten hat, wenn der Gesetzgeber untätig bleibt. Eine mögliche Haltung der Rspr. wäre, sich streng am Bestand der vorhandenen Normen zu orientieren und die sich daraus ergebenden Rechtsfolgen auszusprechen, auch wenn diese nicht den rechtspolitischen Vorstellungen des Richters und der beteiligten Kreise entsprechen. Die Rspr. des BAG ist einen anderen Weg gegangen. Das Gericht hat das Recht nicht nur durch Auslegung, Analogie und Reduktion, sondern auch durch rechtspolitische Programmbildungen in Bereichen, in denen der Gesetzgeber untätig geblieben ist (Rechtsfortbildung praeter legem) fortgebildet[1]. Anfangs versuchte die Rspr., den Eindruck der Einmischung in gesetzgeberische Kompetenzen durch Begründungen und rechtsdogmatisch klingenden Konstruktionen zu verschleiern (Beispiel: Die kollektive Handlungstheorie und die Einheitslehre bei der Entwicklung des Streikrechts). 85

Im Laufe der Zeit trat die dogmatische Begründung zurück und machte dem mehr oder weniger offenen Bekenntnis zur richterlichen „**Ersatzgesetzgebung**" Platz. Einen Höhepunkt dieser Entwicklung bildete die Äußerung des Großen Senats des BAG im Arbeitskampfbeschluss von 1971, wonach „auf dem Gebiet des Arbeitskampfrechts die Rspr. an die Stelle (!) des untätigen Gesetzgebers getreten ist"; das Gericht bezeichnet seine Rspr. als „gesetzesvertretendes Richterrecht"[2]. In methodischer Hinsicht fällt auf, dass die Rspr. vorwiegend allgemeine Grundsätze oder Prinzipien zur Begründung heranzieht (im Arbeitskampfrecht zB: Grundsatz der Kampfparität, der staatlichen Neutralität, der Solidarität und der Verhältnismäßigkeit) oder sich auf zivilrechtlicher Ebene Generalklauseln schafft, die dann konkretisiert werden wie die sog. Sozialadäquanz. Die allgemeinen Grundsätze sind ihrerseits mehr oder weniger an der Verfassung orientiert. Insbesondere Art. 9 Abs. 3 wurde zunehmend zur Legitimationsgrundlage und Direktive für richterliche Ersatzgesetzgebung im kollektiven Arbeitsrecht. 86

Damit stellt sich die Frage, ob nicht eine **Verpflichtung des Gesetzgebers zum Tätigwerden** besteht[3] und der richterlichen Rechtsfortbildung aus diesem Grunde immanente Grenzen gesetzt sind. Zwar ist die grundsätzliche Aufgabe und Befugnis der Arbeitsgerichtsbarkeit zur Rechtsfortbildung allgemein anerkannt. Indes sind dieser Fortbildung des Rechts in zweifacher Hinsicht Grenzen gesetzt: Zum einen darf eine richterliche Rechtsfortbildung nicht die im Grundgesetz verankerte Zuständigkeitsverteilung zwischen Legislative und Judikative verletzen. Zum Zweiten hat der Richter bei seiner Rechtsfortbildung die Wertentscheidungen und Vorgaben der Rechtsordnung zu berücksichtigen. Die gewonnenen Ergebnisse dürfen also nicht im Widerspruch zu diesen normativen Prämissen stehen. 87

Ob der Rspr. unter dem Gesichtspunkt der funktionellen Aufteilung zwischen Gesetzgeber und Richter bei der Gestaltung der Rechtsordnung Grenzen gezogen sind, ist zumindest fraglich[4]. In seiner Aussperrungsentscheidung vom 26.6.1991[5] hatte das BVerfG die Anwendung der sog. „**Wesentlichkeitstheorie**" auf das Verhältnis Legislative – Judikative noch mit der Begründung abgelehnt, diese gelte „nur für das Verhältnis zwischen Staat und Bürger", nicht aber zwischen gleichgeordneten Grundrechtsträgern. Auch wo eine gesetzliche Regelung etwa wegen einer verfassungsrechtlichen Schutzpflicht notwendig wäre, müsse der Richter das materielle Recht trotz der unzureichenden gesetzlichen Vorgaben aus den allgemeinen Rechtsgrundlagen ableiten. Hinter dieser Aussage steht das Rechtsverweigerungsverbot, wonach die Gerichte die ihnen vom Grundgesetz auferlegte Pflicht zu erfüllen haben, jeden vorliegenden Rechtsstreit zu entscheiden. Das setzt indes voraus, dass sich materielles Arbeitskampfrecht überhaupt aus „allgemeinen Rechtsgrundlagen" ableiten lässt. Allerdings erklärte das BVerfG unter ausdrücklicher Berufung auf die Wesentlichkeitstheorie die Zulassung des Einsatzes von Beamten auf bestreikten ArbN-Dienstposten (Rz. 321) ohne gesetzliche Regelung für mit dem Grundgesetz unvereinbar[6]; die entgegenstehende Rspr. von BAG[7] und BVerwG[8] wurde beanstandet. 88

11. Rechtsbehelfe bei Verletzung der Koalitionsfreiheit. a) Schutz gegen den Staat. Die Koalitionsfreiheit ist zunächst ein **Abwehrrecht gegenüber dem Staat**. Gegen staatliche Normen (Gesetze im formellen und materiellen Sinn) unmittelbar kommt die Verfassungsbeschwerde nach Art. 93 Nr. 4a, §§ 90 ff. BVerfGG nur in Betracht, wenn die Norm selbst die Koalitionsfreiheit beeinträchtigt und nicht erst eines Vollzugsaktes bedarf. In der Regel muss die Unvereinbarkeit des Gesetzes mit Art. 9 Abs. 3 im Rahmen eines Rechtsstreits geltend gemacht werden. Gelangt der Richter zu der Auffassung, dass das Gesetz verfassungswidrig ist, so setzt er (bei nachkonstitutionellem Recht) den Rechtsstreit aus 89

---

1 Eingehend hierzu *Konzen*, FS 50 Jahre BAG, 2004, S. 519 ff. | 2 BAG (GS) v. 21.4.1971 – GS 1/68, AP Nr. 43 zu Art. 9 GG – Arbeitskampf. | 3 Vgl. dazu *Friauf*, RdA 1986, 168; *Kloepfer*, NJW 1985, 2497; *Konzen*, FS 50 Jahre BAG, 2004, S. 519 (526 ff.); *Seiter*, RdA 1986, 165. | 4 Dazu eingehend *Hergenröder*, Zivilprozessuale Grundlagen richterlicher Rechtsfortbildung, 1995, S. 197 ff. | 5 BVerfG v. 26.6.1991 – 1 BvR 779/85, E 84, 212 (226 f.); in diesem Sinne auch *Dieterich*, RdA 1993, 67 (79). | 6 BVerfG v. 2.3.1993 – 1 BvR 1213/85, E 88, 103; dazu kritisch *Ehrich*, DB 1237 (1239): „Dogmatisch ... nicht haltbar". | 7 BAG v. 10.9.1985 – 1 AZR 262/84, AP Nr. 86 zu Art. 9 GG – Arbeitskampf. | 8 BVerwG v. 10.5.1984 – 2 C 18.82, AP Nr. 87 zu Art. 9 GG – Arbeitskampf.

und legt dem BVerfG nach Art. 100 Abs. 1 vor. Hält der Richter die Norm dagegen für verfassungsgemäß, so kann der in seinem Grundrecht Verletzte nach Erschöpfung des Rechtswegs Verfassungsbeschwerde beim BVerfG erheben. Beschwerdeberechtigt sind Koalitionsmitglieder, Nichtmitglieder (negative Koalitionsfreiheit) und die Koalitionen selbst.

90 Die Verfassungsbeschwerde ist auch gegen Gerichtsentscheidungen zulässig, wenn der Richter bei **Rechtsfortbildungen die Bindung an Art. 9 Abs. 3 nicht beachtet** hat[1]. Ferner kann die Exekutive gegen die Koalitionsfreiheit verstoßen, soweit sie nicht lediglich Gesetze anwendet, sondern Ermessen ausübt (bsp. polizeiliches Vorgehen gegen Streikende). Gegen Akte der Exekutive muss jedoch ebenfalls der Rechtsweg durchlaufen werden.

91 **b) Schutz gegen Private („Drittwirkung").** Bedingt durch die besondere Gefährdung der Ausübung der Koalitionsfreiheit gerade durch Maßnahmen auf privatrechtlicher Ebene hat bereits die Weimarer Reichsverfassung in verfassungssystematisch ungewöhnlicher Weise dem **Koalitionsrecht privatrechtliche Wirkungen verliehen**; das Grundgesetz hat dies in Art. 9 Abs. 3 Satz 2 übernommen. Danach sind Abreden (= Verträge), welche dieses Recht (nämlich das Koalitionsrecht iSd. Satzes 1) einschränken oder zu behindern suchen, nichtig, hierauf gerichtete Maßnahmen rechtswidrig. Der Koalitionsfreiheit kommt damit kraft verfassungsrechtlicher Anordnung sog. „Drittwirkung" im Privatrecht zu. Die Drittwirkungsklausel des Satzes 2 nimmt auf das Koalitionsverhalten des Satzes 1 Bezug; sie erweitert also nicht den Gewährleistungsinhalt der Koalitionsfreiheit. Andererseits umfasst die Klausel alle Rechte des Satzes 1, also nicht nur die ausdrücklich gewährleistete Koalitionsbildungsfreiheit, sondern auch die aus Satz 1 erst im Wege der Interpretation entnommenen Grundrechtspositionen.

92 Was die **Schutzrichtung der Drittwirkung** anbelangt, so gilt sie ohne weiteres im Verhältnis der sozialen Gegenspieler zueinander. So darf der ArbGeb die Einstellung eines Bewerbers nicht davon abhängig machen, dass dieser nicht Gewerkschaftsmitglied ist[2] oder aus der Gewerkschaft austritt[3]. Die Drittwirkung gilt jedoch auch, wenn das Koalitionsrecht auf der Seite eines sozialen Gegenspielers verletzt wird, also zwischen konkurrierenden Gewerkschaften[4]. Darüber hinaus ist die Koalitionsfreiheit auch im Verhältnis zu sonstigen Dritten geschützt. Deshalb kann ein von negativen Auswirkungen von TV betroffener Bürger keine Unterlassungs- oder Ersatzansprüche gegen die tarifschließenden Parteien geltend machen[5].

93 Hinsichtlich der **Rechtsfolgen** gilt: Die Nichtigkeit koalitionswidriger Verträge ergibt sich unmittelbar aus Art. 9 Abs. 3 Satz 2; einseitige Rechtsgeschäfte sind als Maßnahmen rechtswidrig und über § 134 BGB nichtig. Nach hM ist die Koalitionsfreiheit ein absolutes Recht iSd. § 823 Abs. 1 BGB und ein Schutzgesetz iSd. § 823 Abs. 2 BGB. Der Verletzte hat also Unterlassungsansprüche und, sofern ein Schaden eingetreten ist, Schadensersatzansprüche[6]. So kann sich die Koalition selbst dagegen wehren, dass der Abschluss des Arbeitsvertrages eines Mitglieds von seinem Austritt aus der Gewerkschaft abhängig gemacht wird[7]. Gleiches gilt für den Rechtsschutz gegenüber tarifwidrigen betrieblichen Regelungen[8].

94 **c) Aktive Parteifähigkeit der Gewerkschaften im Zivilprozess.** Gewerkschaften waren traditionell nicht rechtsfähige Vereine (Rz. 32). Probleme ergaben sich bei der aktiven Parteifähigkeit im Zivilprozess, nachdem diese gem. **§ 50 Abs. 1 ZPO Rechtsfähigkeit** voraussetzt. Nach § 50 Abs. 2 ZPO ist ein nicht rechtsfähiger Verein lediglich passiv parteifähig, dh. er kann verklagt werden. Für das arbeitsgerichtliche Verfahren hat der Gesetzgeber in § 10 ArbGG Gewerkschaften, Vereinigungen von ArbGeb und Zusammenschlüsse solcher Verbände demgegenüber die Parteifähigkeit verliehen, ohne Rücksicht darauf, ob diese Verbände rechtsfähig sind. Auch nach § 70 Nr. 2 SGG, § 61 Nr. 2 VwGO, § 58 Abs. 2 FGO sind nicht rechtsfähige Gewerkschaften parteifähig. Wollte eine Gewerkschaft als nichtrechtsfähiger Verein demgegenüber im Zivilprozess klagen, so müsste sie wegen § 253 Abs. 2 Nr. 1 ZPO sämtliche Mitglieder im Rubrum der Klage anführen. Der BGH hat diesem Umstand Rechnung getragen und in zwei Entscheidungen zunächst beschränkt[9], dann allgemein[10] die aktive Parteifähigkeit der Gewerkschaften im Wege einer Gesetzeskorrektur bejaht. Maßgeblich für diese Rspr. waren nicht zuletzt die Regelungen in den angeführten anderen Prozessordnungen. Durch die Anerkennung der Teilrechtsfähigkeit der GbR hat sich diese Ausnahme jedoch relativiert. Die in der Entscheidung des BGH zur Rechtsfähigkeit der (Außen-)GbR[11] angeführten Gründe treffen erst recht auf den nicht eingetragenen Verein zu. Eine gesonderte Betrachtung der Gewerkschaften ist damit nicht mehr erforderlich[12].

---

1 Vgl. etwa BVerfG v. 19.2.1975 – 1 BvR 418/71, E 38, 386 ff. zu BAG v. 21.4.1971 – GS 1/68, AP Nr. 43 zu Art. 9 GG – Arbeitskampf („Spielbanken-Fall"). |2 BAG v. 28.3.2000 – 1 ABR 16/99, AP Nr. 27 zu § 99 BetrVG 1972 – Einstellung. |3 BAG v. 2.6.1987 – 1 AZR 651/85, AP Nr. 49 zu Art. 9 GG (*Rüthers*). |4 BAG v. 11.11.1968 – 1 AZR 16/65, AP Nr. 14 zu Art. 9 GG. |5 BGH v. 14.3.1978 – VI ZR 68/76, NJW 1978, 2031. |6 ErfK/*Dieterich*, Art. 9 GG Rz. 44; *Zachert*, AR-Blattei SD 1650.1 Rz. 204. |7 BAG v. 2.6.1987 – 1 AZR 651/85, AP Nr. 49 zu Art. 9 GG. |8 BAG v. 20.4.1999 – 1 ABR 72/98, AP Nr. 89 zu Art. 9 GG. Zum Problemkreis *Löwisch*, BB 1999, 2080; *Rieble*, ZTR 1999, 483; *Walker*, ZfA 2000, 29 ff., 39 ff. |9 BGH v. 6.10.1964 – VI ZR 176/63, BGHZ 42, 210. |10 BGH v. 11.7.1968 – VII ZR 63/66, BGHZ 50, 325 = AP Nr. 1 zu § 50 ZPO. |11 BGH v. 29.1.2001 – II ZR 331/00, BGHZ 146, 341 = AP Nr. 9 zu § 50 ZPO. |12 *Hartmann*, NJW 2001, 2577 (2578); Palandt/*Heinrichs*, § 54 BGB Rz. 10; *K. Schmidt*, NJW 2001, 993 (1003).

tenseins. Das Zutrittsrecht einer Gewerkschaft zu einem Betrieb nach § 2 **95**
[...] ehmung der ihr gesetzlich zugewiesenen Aufgaben setzt voraus, dass sie im
[...] **mindestens ein Mitglied hat**. Das BVerfG hat es nicht beanstandet, wenn im
[...] Zugangsrechts der Nachweis des Vertretenseins durch Einvernahme eines
[...] elchem zuvor von dem betreffenden ArbN die Gewerkschaftsmitgliedschaft
[...]

ständigkeiten der Koalitionen. Die Rechtsordnung räumt den Gewerkschaften **96**
[...] eine Vielzahl von Aufgaben und Zuständigkeiten ein. Diese Funktionen werden
[...] aatlich beaufsichtigt noch dirigiert, wahrgenommen. Zu nennen sind zunächst
[...] **öffentlich-rechtlicher Institutionen**, vorwiegend im Bereich des Arbeitslebens, so
[...] § 2 ff. TVG), die tarifvertragliche Verlängerung der Arbeitszeit (§§ 7, 12 ArbZG)
[...] efugnisse im Bereich der Betriebsverfassung (Zugangsrecht zum Betrieb, § 2
[...] ahlen und Wahlanfechtung, §§ 14 Abs. 5, 8, 17 Abs. 2, 18 Abs. 3, 19 Abs. 2; Einfluss
[...] R, §§ 31, 34 Abs. 2, 35 Abs. 1, 37 Abs. 7 BetrVG; tarifliche Regelung betriebsverfas-
[...] agen, §§ 3, 47 Abs. 4, 55 Abs. 4, 72 Abs. 4, 76 Abs. 8, 86 BetrVG). Im Bereich der Un-
[...] imung ist das Recht zur Einreichung von Wahlvorschlägen bzw. die Entsendung
[...] ertretern zu erwähnen (§ 7 Abs. 2, 4 MitbestG; § 6 Abs. 3 Montan-MitbestG; § 6
[...] itBestErgG). Schließlich ist die Prozessvertretung im arbeitsgerichtlichen Verfah-
[...] g (§ 11 Abs. 1 Satz 2, Abs. 2 Satz 2 ArbGG).

[...] die Verbände aber auch **Funktionen in öffentlich-rechtlichen Einrichtungen** wahr, so **97**
[...] eispielsweise ein Vorschlagsrecht für die Besetzung der Organe der BA zu, § 392 Abs. 1
[...] ne Vielzahl gesetzlicher Vorschriften normiert Rechte der Koalitionen zur Benennung oder
[...] ung von Vertretern in sonstige öffentlich-rechtliche Institutionen. Aus dem Bereich Arbeit
[...] oziales sind die Vorschlagsrechte für Arbeits- und Sozialrichter zu nennen (§§ 16, 20 ArbGG, §§ 13,
[...] SGG), weiter der Tarifausschuss (§ 5 Abs. 1, 5 TVG), die Haupt- und Fachausschüsse zur Festset-
[...] ung von Mindestarbeitsbedingungen (§§ 2, 5, 6 MindArbG), die Heimarbeits- und Entgeltausschüsse
(§§ 5 Abs. 1, 18 HAG) sowie die Massenentlassungsausschüsse (§§ 18, 20 KSchG). Im Bereich der **Wirtschaft** sind die tariffähigen Koalitionen in verschiedenen Verwaltungsräten und Beiräten, so etwa nach § 7 Abs. 1 Nr. 7 des Gesetzes über die Kreditanstalt für Wiederaufbau und nach § 4 Abs. 3 Nr. 6 des Gesetzes über die Statistik für Bundeszwecke, vertreten. Im Hinblick auf die Beamten ist hier der Bundespersonalausschuss nach dem BBG zu erwähnen, im Bereich der **Kultur** sind sie in Rundfunkräten der öffentlich-rechtlichen Rundfunkanstalten und des Fernsehrates des ZDF vertreten, auch besteht nach § 9a Abs. 1 Nr. 7 GjS ein Vorschlagsrecht für die Besetzung der Bundesprüfstelle für jugendgefährdende Schriften. Darüber hinaus kommt den Gewerkschaften und ArbGebVerbänden eine Vielzahl von Anhörungs- und Antragsrechten gegenüber öffentlich-rechtlichen Institutionen zu, so nach dem Bundespersonalvertretungsgesetz, nach dem BetrVG, schließlich ist die Beteiligung bei der Allgemeinverbindlichkeitserklärung nach § 5 Abs. 1 TVG zu erwähnen, weitere Rechte folgen aus § 7 MindArbG, § 11 ArbErfG, §§ 1, 3 Stabilitätsgesetz sowie § 14 Güterkraftverkehrsgesetz.

13. Innere Struktur der Koalitionen. a) Satzungsautonomie. Art. 9 Abs. 3 garantiert den Koalitionen **98** auch die Satzungsautonomie, also die „**Selbstbestimmung über ihre eigene Organisation**, das Verfahren ihrer Willensbildung und die Führung ihrer Geschäfte"[2]. Art. 9 Abs. 1 räumt den Koalitionen wiederum das Recht der Selbstverwaltung im Rahmen der für alle geltenden Gesetze ein. Schranken des Selbstbestimmungsrechts der Koalitionen ergeben sich aus konkurrierenden Grundrechtspositionen anderer Rechtssubjekte[3].

b) Die Mitgliedschaft in den Koalitionen. aa) Erwerb der Mitgliedschaft. Den Koalitionen obliegt es **99** im Rahmen ihrer Satzungsautonomie, Erwerb und Beendigung der Mitgliedschaft selbst zu regeln. Dabei kann die kollektive Koalitionsfreiheit der Koalition mit der individuellen Koalitionsfreiheit eines **aufnahmewilligen ArbN** in Konflikt kommen. Soweit einer tariffähigen Koalition eine Monopolstellung zukommt[4], besteht ein Aufnahmeanspruch, sofern die Organisation nicht besondere Gründe geltend machen kann[5]. Im Einzelfall ist zwischen den konkurrierenden, jeweils aus Art. 9 Abs. 3 folgenden Grundrechtspositionen abzuwägen.

§ 113 Abs. 1 BGB ermöglicht **minderjährigen ArbN**, auch ohne Einwilligung der gesetzlichen Vertreter einer Gewerkschaft beizutreten. Nachdem die Arbeitsbedingungen überwiegend tariflich geregelt **100** sind, und auch nur tarifgebundene, also gewerkschaftlich organisierte ArbN Anspruch auf die tarifvertraglichen Leistungen geltend machen können, ist das Beitrittsrecht notwendiger Annex der den Min-

---

1 BVerfG v. 21.3.1994 – 1 BvR 1485/93, AP Nr. 4a zu § 2 BetrVG 1972; zuvor schon BAG v. 25.3.1992 – 7 ABR 65/90, AP Nr. 4 zu § 2 BetrVG 1972. | 2 BVerfG v. 14.11.1995 – 1 BvR 601/92, E 93, 352; v. 24.2.1999 – 1 BvR 123/93, NZA 1999, 713; BAG v. 19.11.1985 – 1 ABR 37/83, AP Nr. 4 zu § 2 TVG – Tarifzuständigkeit. | 3 BVerfG v. 4.7.1995 – 1 BvR 2/86, 1421/86, 1/87, 2/87, 3/87, 4/87, E 92, 365. | 4 Bejahend in Bezug auf DGB-Gewerkschaften *Zachert*, AR-Blattei SD 1650.1 Rz. 116. | 5 BGH v. 1.10.1984 – II ZR 292/83, NJW 1985, 1214; v. 10.12.1984 – II ZR 91/84, BGHZ 93, 151 = NZA 1985, 540; siehe auch *Gamillscheg*, KollArbR, § 10 2 b; *Kissel*, ArbeitskampfR, § 7 Rz. 4.

derjährigen durch § 113 Abs. 1 BGB eingeräumten Gestaltungsfreiheit in Bezug [...] nis[1]. Es kommt nicht darauf an, ob im konkreten Fall nicht tarifgebundene Arb[...] sind als Gewerkschaftsmitglieder[2].

101   bb) **Rechte und Pflichten des Mitglieds.** Die Mitglieder der Koalitionen haben [...] **Kampfbeschlüsse** ihrer Organisation zu befolgen[3]. Dies gilt freilich nur, wenn jene [...] gesehenen satzungsgemäßen Verfahren ordnungsgemäß zustande gekommen sind.

102   cc) **Beendigung der Mitgliedschaft.** Soweit Mitglieder einer Koalition aus dieser au[...] darf ihr **Kündigungsrecht** nur in Grenzen durch satzungsgemäße Bestimmungen besch[...] Nicht zu beanstanden ist eine Kündigungsfrist von drei Monaten, eine Austrittsfrist von [...] verstößt gegen das Recht auf individuelle Koalitionsfreiheit[4]. Rechtswidrig ist es, für de[...] Austritts die Rückzahlung von Streikunterstützung vorzusehen[5].

103   Die spiegelbildliche Fragestellung zum Aufnahmeanspruch stellt sich beim **Ausschluss**[...] bandsangehörigen. Besitzt die Koalition überragende Bedeutung, ist sie trotz ihrer durch Art.[...] gewährleisteten Autonomie auch beim Ausschluss von Mitgliedern nicht frei[6]. Im Einzelfall b[...] der Abwägung der konkurrierenden Grundrechtspositionen von Verband und Mitglied. Selbst[...] müssen die formalen Voraussetzungen eines Ausschlusses eingehalten werden, so muss die Sa[...] eine entsprechende Grundlage enthalten, weiter muss das satzungsgemäß vorgeschriebene Verfa[...] beachtet werden, welches seinerseits elementaren rechtsstaatlichen Grundlagen entsprechen mus[...]

104   Nachdem der BGH lange Zeit die Auffassung vertreten hatte, dass die **bloße Kandidatur von Gewer**[...] **schaftsmitgliedern auf einer gewerkschaftsfremden Liste** in Konkurrenz zur Gewerkschaftsliste nich[...] zu beanstanden sei, solange sich die Kandidatur nicht über den Wettbewerb um Stimmen hinaus ge- gen die Gewerkschaft richte[8], steht das BVerfG auf dem Standpunkt, dass eine solche BR-Kandidatur auf einer konkurrierenden Liste mit einem Gewerkschaftsausschluss geahndet werden kann. § 20 Abs. 2 BetrVG werde dadurch nicht verletzt[9]. Maßgeblich wird insoweit auf das Postulat einer Ge- schlossenheit der ArbN-Koalition abgestellt[10]. Anerkannt ist weiterhin, dass sich die Gewerkschaften von Mitgliedern trennen können müssen, welche sich aktiv in Parteien betätigen, die fundamental ge- gen die Grundprinzipien der Koalition verstoßen[11].

105   **14. Internationales Koalitionsrecht.** Anwendbarkeit und Aussagegehalt von Art. 9 Abs. 3 sind bei je- dem **Sachverhalt mit Auslandsberührung** im Einzelfall zu ermitteln; eine abstrakte Konkretisierung ist nicht möglich. Entscheidend für den Anwendungswillen der Verfassung bei Auslandsfragen ist ne- ben dem persönlichen und räumlichen Aspekt der Koalitionsfreiheit vor allem das sachliche Moment. Es muss sich insoweit um die Wahrung und Förderung „inländischer" Arbeits- und Wirtschaftsbedin- gungen handeln[12]. Soweit die Ausübung der Koalitionsfreiheit zwangsläufig die Rechtsordnung ande- rer Staaten berührt und widerstreitende Interessen von Trägern des Grundrechts aus Art. 9 Abs. 3 in einem Raum ausgetragen werden, welcher von der deutschen Rechtsordnung nicht mit alleingültigem Anspruch beherrscht wird, ist die Gestaltungsbefugnis des Gesetzgebers größer als bei Regelungen von Rechtsbeziehungen mit inländischem Schwerpunkt. Ungeachtet dessen bleibt der Staat aber ver- pflichtet, den aus Art. 9 Abs. 3 folgenden Gewährleistungen unter den gegebenen Bedingungen die größtmögliche Anwendung zu sichern. Vor diesem Hintergrund wurde Art. 9 Abs. 3 als durch § 21 Abs. 4 Satz 3 FlRG als verletzt angesehen[13].

106   Allerdings hat die **Garantie der Koalitionsfreiheit auf überstaatlicher Ebene** einerseits (Rz. 15 ff.) sowie die Einräumung einer Autonomie der Sozialpartner auf Gemeinschaftsebene durch Art. 139 EGV auf der anderen Seite[14] für die Auslegung des Begriffs der Arbeits- und Wirtschaftsbedingungen in Art. 9 Abs. 3 eine wichtige Konsequenz. Berücksichtigt man diese überstaatlichen Wertungen, so ergibt sich, dass der Schutzbereich der Koalitionsfreiheit sich nicht nur auf die tarifautonome Gestal- tung der Arbeits- und Wirtschaftsbedingungen durch inländische Koalitionen bezieht, sondern auch Gestaltungsformen auf internationaler Ebene vom Garantiegehalt erfasst werden können. Man wird allerdings als Grundvoraussetzung für eine solche Erweiterung des Schutzbereichs von Art. 9 Abs. 3

---

1 LG Düsseldorf v. 10.3.1966 – 15 T 24/66, DB 1966, 587; LG Essen v. 18.3.1965 – 11 T 633/64, NJW 1965, 2302; LG Frankenthal v. 14.3.1966 – 1 T 56/66, DB 1966, 586; MünchKomm/*Schmitt*, § 113 BGB Rz. 24. | 2 LG Frankfurt v. 5.4.1967 – 1 S 471/66, FamRZ 1967, 680. | 3 Dazu für die Arbeitgeberseite instruktiv *G. Löwisch*, ZfA 2002, 552 (554 f.). | 4 BGH v. 4.7.1977 – II ZR 30/76, AP Nr. 25 zu Art. 9 GG; v. 22.9.1980 – II ZR 34/80, AP Nr. 33 zu Art. 9 GG. | 5 ArbG Ahrensburg v. 12.4.1996 – 9 C 128/96, NJW 1996, 2516. | 6 Eingehend hierzu *Gamill-scheg*, KollArbR § 10 2 d; *Kissel*, Arbeitskampfr., § 7 Rz. 6 ff. | 7 BGH v. 27.9.1993 – II ZR 25/93, AP Nr. 70 zu Art. 9 GG; *Zachert*, AR-Blattei SD 1650.1 Rz. 120 f. | 8 BGH v. 13.6.1966 – II ZR 130/64, BGHZ 45, 314 (317 f.); v. 19.10.1987 – II ZR 43/87, BGHZ 102, 265 (277); v. 30.5.1983 – II ZR 138/82, BGHZ 87, 337 (340 f.); v. 27.2.1978 – II ZR 17/77, BGHZ 71, 126 (128 f.). | 9 BVerfG v. 24.2.1999 – 1 BvR 123/93, E 100, 214. | 10 Zum Ganzen auch *Gaumann*, NJW 2002, 2155. | 11 BGH v. 28.9.1972 – II ZR 5/70, AP Nr. 21 zu Art. 9 GG; v. 15.10.1990 – II ZR 55/89, EzA Art. 9 GG Nr. 50; BVerfG v. 21.12.1992 – 1 BvR 1357/90, AP Nr. 61 zu Art. 9 GG. | 12 Vgl. eingehend *Hergenröder*, S. 169 ff.; *Hergenröder*, EAS B 8400 Rz. 78 ff. | 13 BVerfG v. 10.1.1995 – 1 BvF 1/90, E 92, 26; dazu auch *Geffken*, NZA 1995, 504; *Wimmer*, NZA 1995, 250. | 14 *Schwarze*, EAS B 8100 (1997) Rz. 23 ff.

annehmen müssen, dass die entsprechende überstaatliche Regelung zumindest auch „inländische Arbeits- und Wirtschaftsbedingungen" regelt[1].

IV. Tarifautonomie. 1. Sinn der Tarifautonomie. Das Recht der Koalitionen, „autonom" – weitestgehend ohne Einflussnahme des Staates – Arbeitsbedingungen zu regeln, ist durch Art. 9 Abs. 3 als Betätigungsrecht der Koalitionen (Rz. 76) mit Verfassungsrang garantiert[2]. Der kraft dieser Legitimation geschlossene TV stellt ein **arbeitsrechtliches Schutzinstrument** und **Ordnungsmittel** dar. Durch das Verbot, Bedingungen des TV individualvertraglich zum Nachteil des ArbN zu ändern (§ 4 Abs. 3 TVG), wird eine gerechtere Bewertung der Arbeit und der Schutz des ArbN erreicht. Die Wahrnehmung dieses Schutzes wird durch die Freiheit der Koalitionen, TV abzuschließen, ermöglicht.

107

Darüber hinaus erspart der Abschluss oder die Änderung eines TV Einwirkungen auf die Einzelarbeitsverträge. Die Tarifautonomie fungiert als **Gestaltungsmittel allgemeiner Arbeitsbedingungen**. Gewerkschaften und ArbGebVerbände erhalten als sachkundige Parteien die Möglichkeit, eigene Angelegenheiten interessengerecht zu regeln. Von solchen Regelungen sind kraft Tarifgebundenheit oder einzelvertraglicher Bezugnahme zahlreiche Arbeitsverhältnisse betroffen. Der TV als Ergebnis der Wahrnehmung der Tarifautonomie verleiht ihr durch diese Wirkung auch eine erhebliche Ordnungsfunktion[3].

108

Die autonome Wahrnehmung der TV-Freiheit kann jedoch nur gewährleistet werden, wenn den Koalitionen auch Mittel zur Verfügung stehen, die eigenen Ziele und Interessen gegenüber dem sozialen Gegenspieler wirksam durchzusetzen. Tarifautonomie kann nur funktionieren, wenn Gewerkschaften und ArbGebVerbände die Möglichkeit haben, zur Erreichung von Tarifabschlüssen Druck und Gegendruck auszuüben. Als Hilfsmittel der Tarifautonomie ist daher der Arbeitskampf von der Betätigungsfreiheit der Koalitionen umfasst. Ohne eine solche Einwirkungsmöglichkeit wären die TV-Parteien auf „kollektives Betteln"[4] beschränkt. Das Verhältnis von Regelungsbefugnis und Einwirkungsmöglichkeit zur Schaffung von Verhandlungsparität ist somit durch die **Wechselbeziehung von Tarifautonomie und Arbeitskampf** geprägt.

109

2. Reichweite der Tarifautonomie. a) Sachliche Reichweite. Die sachliche Reichweite der Tarifautonomie ergibt sich aus der Verfassung. Art. 9 Abs. 3 gewährt über die individuelle Vertragsfreiheit hinaus den Koalitionen das Recht, durch den **autonomen Abschluss** von TV eine gleichgewichtige Verhandlungssituation zu erreichen[5]. Entgegen der früheren Auffassung des BVerfG[6] beruht diese „Funktion der Koalitionen, in dem von der staatlichen Rechtsetzung freigelassenen Raum das Arbeitsleben ... zu ordnen"[7] nicht auf einer öffentlichen Aufgabe, sondern stellt sich als privatrechtliche Ausübung der Vertragsfreiheit dar[8].

110

Originäre Grenze der Tarifautonomie ist die Zweckbindung des Art. 9 Abs. 3 Satz 1. Insoweit beschränkt sich die Tarifautonomie auf den Bereich der **Arbeits- und Wirtschaftsbedingungen**. Dazu zählen, trotz einiger Abgrenzungsschwierigkeiten (Rz. 40), alle Faktoren, die im Zusammenwirken die Voraussetzungen und Bedingungen abhängiger Arbeit beeinflussen[9]. Auf diesem Gebiet herrscht die besonderer Sachnähe der Koalitionen, aufgrund derer sich der Staat mit dezidierten Regelungen zurückzuhalten hat. Darüber hinausgehende Ziele können daher nicht durch die Tarifautonomie geschützt sein.

111

Die verfassungsrechtliche Garantie zur autonomen Wahrnehmung von Tarifkompetenzen könnte auch die Pflicht eröffnen, von der übertragenen Normsetzungsbefugnis Gebrauch zu machen. Im Schrifttum wird eine solche **Pflicht zur Tarifautonomie** als Geschäftsgrundlage der Betätigungsfreiheit eingeordnet[10]. Trotz der weitreichenden sozialen Bedeutung stellt Art. 9 Abs. 3 ein Freiheitsrecht dar. Den TV-Parteien wird nicht die Aufgabe übertragen, Arbeitsbedingungen zu gestalten, sondern die auf die Regelungswirkung bezogene Rechtsetzungsbefugnis[11]. Daraus resultiert kein Normsetzungsmonopol[12]. Würden die TV-Parteien ihrer Verantwortung nicht nachkommen, entstünde somit kein Rechtsetzungsvakuum, da die Kompetenz weiterhin beim Staat liegt (Art. 74 Abs. 1 Nr. 12 GG). Auch das spricht dafür, keine Pflicht der Tarifparteien anzunehmen, sondern lediglich die Gewährleistung der Freiheit, Arbeitsbedingungen durch Verhandlungen und TV-Schlüsse unabhängig zu regeln[13].

112

---

1 Dazu näher *Hergenröder*, EAS B 8400 Rz. 83 ff.; *Schwarze*, EAS B 8100 (1997) Rz. 93 ff. | 2 BVerfG v. 14.4.1964 – 2 BvR 69/62, E 17, 319 (333 f.); v. 26.5.1970 – 2 BvR 664/65, E 28, 295 (305); v. 24.5.1977 – 2 BvL 11/74, E 44, 322 (342); v. 26.6.1991 – 1 BvR 779/85, E 84, 212 (229); einschr. BVerfG v. 17.2.1981 – 2 BvR 384/78, E 57, 220 (247). Aus dem Schrifttum *Seiter*, Streikrecht, S. 110; *Konzen*, AcP 177 (1977), 473 (513). | 3 Zu Erosionserscheinungen der Tarifautonomie Britz/*Volkmann*, Tarifautonomie in Deutschland und Europa, 2003, S. 12 ff. | 4 BAG v. 12.9.1984 – 1 AZR 342/83, AP Nr. 81 zu Art. 9 GG – Arbeitskampf; v. 12.3.1985 – 1 AZR 636/82, AP Nr. 1 zu Art. 9 GG – Arbeitskampf. | 5 BVerfG v. 26.6.1991 – 1 BvR 779/85, E 84, 212; v. 4.7.1995 – 1 BvR 2/86, 1421/86, 1 – 4/87, E 92, 365 (394 f.). | 6 BVerfG v. 26.5.1970 – 2 BvR 664/65, E 28, 295. | 7 BAG (GS) v. 29.11.1967 – GS 1/67, AP Nr. 13 zu Art. 9 GG. | 8 *Kissel*, ArbeitskampfR, § 8 Rz. 16. | 9 BAG v. 28.6.2001 – 6 AZR 114/00, AP Nr. 24 zu § 611 BGB – Arbeitszeit; *Gamillscheg*, KollArbR I, § 7 III 3; *Henssler*, ZfA 1998, 1 (21); *Kissel*, ArbeitskampfR, § 4 Rz. 28; *Säcker/Oetker*, Grundlagen und Grenzen der Tarifautonomie. S. 39; *Söllner*, NZA 2000, Beil. zu Heft 24, 33 f. | 10 *Gamillscheg*, KollArbR, § 7 II 1 e. | 11 MünchArbR/*Löwisch/Rieble*, § 253 Rz. 27. | 12 BVerfG v. 24.4.1996 – 1 BvR 712/96, E 94, 268. | 13 So auch BVerfG v. 19.10.1966 – 1 BvL 24/65, E 20, 312 (320).

GG Art. 9 Rz. 113

113 Die Entscheidung zum Abschluss eines TV und somit über die Wahrnehmung der Tarifautonomie im konkreten Fall stellt eine **verbandsinterne Entscheidung** dar, auf die der Staat unmittelbar keinen Einfluss nehmen darf. Eine Kontrolle von Tarifforderungen ist nur im Rahmen der Überprüfung drohender Arbeitskampfmaßnahmen möglich[1], auch ein rechtlich durchsetzbarer Verhandlungsanspruch wird von der Rspr. abgelehnt[2]. Insoweit stellt die Abschlussfreiheit eine ungestörte Wahrnehmung der mitgliedschaftlichen Interessen sicher.

114 Der so geschaffene Gestaltungsspielraum kann nach gefestigter Rspr. jedoch nur **tariffähigen Koalitionen** zustehen, welche diesen auch effektiv nutzen und die ihnen übertragene Verantwortung angemessen wahrnehmen können. Insoweit wurden vom BAG besonders bei der Auslegung des Gewerkschaftsbegriffes nach § 2 Abs. 1 TVG neben den allgemeinen Koalitionsmerkmalen weitere Voraussetzungen aufgestellt[3] (Rz. 48 ff.). Diese Rspr. hat das BVerfG gebilligt[4], wobei es letztendlich von einer verfassungsrechtlich notwendigen Begrenzung ausgeht[5]. Bei ArbGebVerbänden ist die Tariffähigkeit schon aus dem Umkehrschluss aus § 2 Abs. 1 TVG abzuleiten; wenn einzelne ArbGeb tariffähig sind, muss dies auch für deren Zusammenschlüsse gelten (vgl. Rz. 54).

115 b) **Personelle Reichweite.** Die personelle Reichweite der Tarifautonomie bezieht sich im Grundsatz als **Teil der Betätigungsfreiheit der Koalitionen** auf deren Mitglieder. Die kollektive Koalitionsfreiheit als Verstärkung der individuellen Koalitionsfreiheit wird daher auf personeller Ebene durch mitgliedschaftliche Legitimation begrenzt[6].

116 Darüber hinaus könnte jedoch aus der Konkretisierung der Tarifautonomie durch das TVG (Rz. 79) eine **Ausdehnung der personellen Reichweite** folgen. Gem. § 3 Abs. 2 TVG gelten Rechtsnormen des TV über betriebliche und betriebsverfassungsrechtliche Fragen für alle Betriebe tarifgebundener ArbGeb. Eine betriebseinheitliche Anwendung der getroffenen Vereinbarungen stellt jedoch keine Ausweitung der Regelungsbefugnis in Bezug auf Außenseiter dar, sondern eine gebotene Unterstützung der Durchführbarkeit der getroffenen Regelungen. Indes sind sowohl der verfassungsrechtliche Rahmen als auch die erforderlichen Voraussetzungen insoweit umstritten[7]. So wird angeführt, dass der Gesetzgeber nicht gehindert sei, durch das TVG die Tarifparteien aufgrund ihrer tatsächlichen Stellung für eigene Zwecke in Dienst zu nehmen, ihnen also über die Betriebsnormen Regelungskompetenz in Bezug auf Außenseiter zuzubilligen. Dies habe mit der verfassungsrechtlichen Garantie der Tarifautonomie nichts zu tun[8].

117 c) **Unmittelbare Wirkung.** Die Tarifautonomie bedarf jedoch einer **einfachgesetzlichen Ausgestaltung**, um die Vereinbarungen der Tarifparteien auch im Rechtsverkehr zu schützen[9]. Dieser Schutz wird durch die unmittelbare und zwingende Wirkung nach §§ 1 Abs. 1, 4 Abs. 1 TVG und den Vorrang des TV vor BV nach § 77 Abs. 3 BetrVG erreicht[10]. Insoweit ist sichergestellt, dass den Vereinbarungen der TV-Parteien sowohl gegenüber den Arbeitsvertragsparteien als auch den Betriebsparteien umfassende Rechtswirkung zukommt.

118 Die Ausnahmen von den oben genannten Vorschriften, die eine Auflockerung der zwingenden Wirkung mit Einverständnis der TV-Parteien zulassen, gewährleisten das erforderliche Maß an Flexibilität und Zukunftsoffenheit von tarifvertraglichen Regelungen. Das in § 4 Abs. 3 TVG verankerte **Günstigkeitsprinzip** ist eine am Zweck des ArbN-Schutzes ausgerichtete Maßnahme zur Ermöglichung günstigerer individualvertraglicher Abreden. Insoweit stellt die Vorschrift eine gesetzliche Öffnungsklausel und einen legislativen Eingriff in die Tarifautonomie dar[11]. Die Tarifautonomie erlangt damit die Funktion, Regelungen über Mindestarbeitsbedingungen herbeizuführen, ohne die darüber hinausgehende individualvertragliche Ausgestaltung des Arbeitsverhältnisses zu blockieren.

---

1 BVerfG v. 26.6.1991 – 1 BvR 779/85, E 84, 212 (231); BAG v. 3.4.1990 – 1 AZR 123/89, AP Nr. 56 zu Art. 9 GG. |2 BAG v. 2.8.1963 – 1 AZR 9/63, AP Nr. 5 zu Art. 9 GG; v. 10.6.1965 – 5 AZR 432/64, AP Nr. 13 zu § 9 TVG; v. 14.7.1981 – 1 AZR 159/78, AP Nr. 1 zu § 1 TVG – Verhandlungspflicht; v. 19.6.1984 – 1 AZR 361/82, AP Nr. 3 zu § 1 TVG – Verhandlungspflicht; v. 14.2.1989 – 1 AZR 142/88, AP Nr. 52 zu Art. 9 GG; siehe auch BVerfG v. 20.10.1982 – 1 BvR 1423/81, AP Nr. 2 zu § 1 TVG – Verhandlungspflicht; MünchArbR/*Löwisch/Rieble*, § 246 Rz. 98; aA etwa *Gamillscheg*, KollArbR, § 7 4 a; *Mayer-Maly*, RdA 1966, 201; *Mayer-Maly*, FS Molitor, 1988, S. 239 (243); *Seiter*, FS zum 125-jährigen Bestehen der Juristische Gesellschaft Berlin, 1984, S. 729 ff. |3 BAG v. 15.11.1963 – 1 ABR 5/63, AP Nr. 14 zu § 2 TVG; v. 10.9.1985 – 1 ABR 32/83, E 49, 322 = AP Nr. 34 zu § 2 TVG; v. 25.11.1986 – 1 ABR 22/85, AP Nr. 36 zu § 2 TVG. |4 BVerfG v. 6.5.1964 – 1 BvR 79/62, E 18, 18; v. 20.10.1981 – 1 BvR 404/78, E 58, 233. |5 BVerfG v. 24.2.1999 – 1 BvR 123/93, E 100, 214. |6 BVerfG v. 14.6.1983 – 2 BvR 488/80, E 64, 208; MünchArbR/*Löwisch/Rieble*, Rz. 86; *Waltermann*, ZfA 2000, 53 (61). |7 Vgl. MünchArbR/*Löwisch/Rieble*, § 246 Rz. 34 mit Nachw. für die von ihnen nicht vertretene hM. Eingehend hierzu *Ingelfinger*, Arbeitsplatzgestaltung durch Betriebsnormen, 1996, S. 161 ff., 199 ff. |8 *Dieterich*, FS Wiedemann, 2002, S. 229 (231), ErfK/*Dieterich*, Art. 9 GG Rz. 58. |9 Siehe BVerfG v. 24.5.1977 – 2 BvL 11/74, E 44, 322 (340 f.); BAG v. 20.4.1999 – 1 ABR 72/98, AP Nr. 89 zu Art. 9 GG; ErfK/*Dieterich*, Art. 9 GG Rz. 59; *Dieterich*, RdA 2002, 1 (12, 16). |10 Die Normativität der tariflichen Vereinbarungen hält Britz/*Volkmann*, Tarifautonomie in Deutschland und Europa, 2003, S. 27 f., für verfassungsrechtlich unverzichtbar. |11 *Kissel*, ArbeitskampfR, § 10 Rz. 30. Zum Verhältnis Günstigkeitsprinzip – Tarifautonomie näher ErfK/*Dieterich*, Art. 9 GG Rz. 62 mwN.

Fraglich ist, ob aus der Tarifautonomie selbst **Vorgaben für den Günstigkeitsvergleich im Einzelfall** zu entnehmen sind. Das BAG[1] stellt für den Charakter der Günstigkeit zum einen auf den Standpunkt eines objektiven Betrachters ab, nicht also auf die subjektive Meinung der Beteiligten. Zum anderen ist ein Gruppenvergleich vorzunehmen, bei dem zusammengehörige Regelungen in Arbeits- und TV in ihrer Gesamtheit gegeneinander abzuwägen sind (§ 4 TVG Rz. 29 ff.). Stimmen im Schrifttum wollen demgegenüber auch Aspekte der Beschäftigungssicherung in den Günstigkeitsvergleich einbeziehen und damit etwa untertarifliche Leistungen rechtfertigen[2]. Die Gegenmeinung[3] sieht in solchen Vorschlägen die Funktionsfähigkeit der Tarifautonomie im Kern getroffen.

119

Richtigerweise wird man die Frage **nicht losgelöst vom Inhalt des TV** beantworten dürfen. Wird das Arbeitsplatzrisiko von den Tarifparteien etwa durch Kündigungsausschlüsse selbst thematisiert, besteht keinerlei Veranlassung, entsprechende arbeitsvertragliche Gestaltungsformen nicht in den Günstigkeitsvergleich mit einzubeziehen. Ob darüber hinaus die Berücksichtigung von Arbeitsplatzgarantien vor dem Hintergrund des Art. 9 Abs. 3 Bedenken im Hinblick auf die Repräsentationsfunktion der Koalitionen weckt, wird man nur im Einzelfall entscheiden können.

120

d) Verhältnis von tariflicher und betrieblicher Normsetzung. Tarifrecht und Betriebsverfassung stehen sich **grundsätzlich getrennt** gegenüber. Während vom TV nur die Tarifgebundenen (§ 4 TVG) betroffen sind, gilt die betriebliche Regelung für alle ArbN des Betriebes (§ 77 Abs. 4 BetrVG). Sowohl TV als auch Vereinbarungen der Betriebsverfassung gelten zwingend und unmittelbar. Obwohl die §§ 77 Abs. 3, 87 Abs. 1 BetrVG einen Tarifvorrang festschreiben, bedarf es einer Abgrenzung der Kompetenzen. Leitprinzip muss insoweit Art. 9 Abs. 3 sein. Während die Tarifautonomie durch Art. 9 Abs. 3 verfassungsrechtlich gewährleistet wird, genießt die Betriebsautonomie keinen Grundrechtsschutz[4].

121

Daraus folgt der im BetrVG geregelte Tarifvorrang[5] als Grundsatzentscheidung des Gesetzgebers. Die §§ 77 Abs. 3, 87 Abs. 1 BetrVG dienen dem **Schutz des freiwilligen kollektiven Verbundes** vor den normativen Regelungen der betriebsverfassungsrechtlichen Zwangsgemeinschaft und gewährleisten die in Art. 9 Abs. 3 verankerte Tarifautonomie[6]. Bei konkurrierenden kollektiven Regelungen findet daher das Günstigkeitsprinzip zu Lasten der tarifvertraglichen Regelung keine Anwendung.

122

Diese hergebrachte Rspr. ist erheblichen Angriffen ausgesetzt[7]. Vor allem unter dem Aspekt der **Flexibilisierung** wird ein Abrücken vom System des Flächentarifvertrages hin zu Regelungen mit größerer Betriebsnähe angestrebt. Abzuwarten bleibt welche Auswirkungen diese Diskussion auf die – bis jetzt eindeutige – Gesetzeslage haben wird.

123

Eine andere **Kollisionsquelle** stellt § 1 Abs. 1 TVG dar. Die Norm erklärt auch betriebliche und betriebsverfassungsrechtliche Fragen zum tarifvertraglichen Regelungsziel. Zu klären ist, ob durch Wahrnehmung der Tarifautonomie auch die Mitbestimmungsbefugnisse des BR verändert werden können. Gegen die Meinung[8], dass insoweit die Regelungsbefugnisse der TV-Parteien auf alle Betriebsangehörigen ausgeweitet würden und den Hinweis auf den zwingenden Charakter des BetrVG, welches nicht durch privatautonomen TV modifiziert werden dürfe, hat sich eine befürwortende Rspr. des BAG etabliert. Danach ist zwar ein gesetzlicher Ausschluss der Mitbestimmungserweiterung durchaus zulässig[9], in der Entscheidung zum „*Leber/Rüthers*-Kompromiss" hat das BAG aber auch klargestellt, dass es sich bei § 1 Abs. 1 TVG um geltendes Recht handle und eine tarifvertragliche Regelung betriebsverfassungsrechtlicher Fragen danach möglich sei[10]. Im der Folge wurde dieser Grundsatz bestätigt, jedoch auch differenzierter entschieden[11].

124

e) Art. 9 Abs. 3 als Grenze der Delegationsbefugnis der Tarifparteien auf die Betriebspartner. Mit **tarifvertraglichen Öffnungsklauseln** können die TV-Parteien im TV festhalten, dass von bestimmten getroffenen tariflichen Regelungen auf Betriebsebene abgewichen werden kann. Insoweit setzen die TV-Parteien keine zwingende Tarifnorm, sondern dispositives Recht.

125

---

1 BAG v. 20.4.1999 – 1 ABR 72/98, AP Nr. 89 zu Art. 9 GG. | 2 Siehe etwa *Buchner*, NZA 1999, 897, 907 f.; *Lesch*, DB 2000, 322 (324 f.); *Picker*, NZA 2002, 761 (766 ff.). Für verfassungsrechtlich geboten halten dies *Freihube*, DB 2000, 1022; *Niebler/Schmiedl*, BB 2001, 1631 (1635). | 3 ErfK/*Dieterich*, Art. 9 GG Rz. 64; *Dieterich*, RdA 2002, 1 (14 f.); *Söllner*, NZA 2000, Beil. Heft 24, S. 33. | 4 BAG v. 17.11.1998 – 1 ABR 12/98, AP Nr. 79 zu § 87 BetrVG 1972 – Arbeitszeit. | 5 BAG v. 22.6.1993 – 1 ABR 62/92, AP Nr. 22 zu § 23 BetrVG 1972. | 6 BAG v. 24.2.1987 – 1 ABR 18/58, AP Nr. 21 zu § 77 BetrVG 1972; v. 3.12.1991 – GS 2/90, AP Nr. 51 zu § 87 BetrVG 1972 – Lohngestaltung. | 7 Dazu näher *Däubler*, NZA 1996, 225; *Hanau*, RdA 1998, 65; *Picker*, Die Tarifautonomie in der deutschen Arbeitsverfassung, S. 55 ff.; *Schaub*, NZA 1998, 616; *Stein*, RdA 2000, 129. | 8 Zum Streitstand Wiedemann/*Oetker*, TVG, § 1 Rz. 589 ff. mwN; eingehend zum Problemkreis *Spilger*, Tarifvertragliches Betriebsverfassungsrecht, 1988, passim. | 9 BAG v. 15.7.1986 – 1 AZR 654/84, AP Nr. 1 zu Art. 3 LPVG Bayern. | 10 BAG v. 18.8.1987 – 1 ABR 30/86, AP Nr. 23 zu § 77 BetrVG 1972. | 11 BAG v. 11.11.1998 – 4 AZR 40/97, AP Nr. 18 zu § 50 BetrVG 1972 (*Jacobs*): keine Änderung der gesetzlichen Kompetenzaufteilung zwischen Gesamtbetriebs- und Betriebsrat; v. 9.6.1999 – 7 ABR 66/97, AP Nr. 66 zu § 40 BetrVG 1972: keine tarifvertragliche Beschränkung der Rechte aus § 40 Abs. 2 BetrVG; v. 21.6.2000 – 4 AZR 379/99, AP Nr. 21 zu § 102 BetrVG 1972: Mitwirkung des § 102 BetrVG kann erweitert werden.

126 Durch einen Verzicht auf zwingende eigene inhaltliche Regelungen kommt es zu einer **Delegation** der durch die Tarifautonomie zugesicherten Rechte an die Betriebspartner[1]. Die Zulässigkeit solcher Vereinbarungen ergibt sich aus der inhaltlichen Freiheit der TV-Parteien. Da jedoch nur den tariffähigen Koalitionen das Betätigungsrecht der Tarifautonomie zusteht, stellt sich die Frage, in welchem Rahmen die Tarifparteien ihre Befugnisse auf die Betriebspartner delegieren dürfen. Dazu müssen die verschiedenen Möglichkeiten tarifvertraglicher Öffnungsklauseln ins Auge gefasst werden.

127 **aa) Allgemeine Öffnungsklauseln.** Teilweise werden sog. allgemeine Öffnungsklauseln gefordert. Diese enthalten die **allgemein gültige Zulassung**, tarifvertragliche Regelungen auf betrieblicher Ebene durch BV zu modifizieren, ohne dass dafür bestimmte tatbestandliche Voraussetzungen vereinbart werden.

128 Nach einer im Schrifttum vertretenen Ansicht sind solche Vereinbarungen als **Verzicht der Tarifparteien auf ihre Normsetzungsprärogative** zulässig. Art. 9 Abs. 3 gewährleiste die selbständige Auswahl der Mittel zur Wahrung der Arbeits- und Wirtschaftsbedingungen. Eine Rechtspflicht der Koalitionen zur aktiven Wahrnehmung ihrer Normsetzungskompetenz bestehe nicht[2].

129 Andererseits wird vertreten, dass solch weite Öffnungsklauseln gegen die Tarifautonomie verstoßen. Das Recht, die Arbeits- und Wirtschaftsbedingungen zu ordnen, stehe den Koalitionen zu. Daraus folge auch der **Vorrang des TV** vor der betrieblichen Rechtsetzung. Eine zu weite Delegation der Gestaltungsbefugnisse auf die Betriebspartner sei jedoch nicht Ausfluss der inhaltlichen Freiheit der TV-Parteien, sondern gefährde vielmehr den verfassungsrechtlich geschützten Vorrang der tarifautonom vereinbarten Regelungen[3]. Die durch allgemeine Öffnungsklauseln erfolgte Übertragung der Entscheidungsbefugnis auf die Betriebspartner sei daher abzulehnen.

130 Letzterer Auffassung wird man zuzustimmen haben: Die Delegation der Normsetzungsmacht des Staates auf die Tarifparteien berechtigt diese nicht ohne weiteres dazu, die ihnen übertragenen Kompetenzen **unbesehen und ohne präzisierende Vorgaben ihrerseits an die Betriebspartner weiterzugeben**. Für eine so geartete „Subdelegation" von Normsetzungsmacht kann Art. 9 Abs. 3 nicht ins Feld geführt werden. Die Vorschrift geht gerade von einer Regelung der Arbeits- und Wirtschaftsbedingungen durch die Koalitionen selbst aus und gerade daher rührt deren verfassungsrechtlich privilegierte Rechtsstellung gegenüber dem Staat. Garantiert wird „eine Ordnung des Wirtschaftslebens, bei welcher der Staat seine Zuständigkeit zur Rechtsetzung weit zurückgenommen und die Bestimmung über die regelungsbedürftigen Einzelheiten des Arbeitsvertrages grundsätzlich den Koalitionen überlassen hat"[4]; den Koalitionen also – nicht den Betriebsparteien! Dass es den Koalitionen selbstredend überlassen bleibt, ob sie sich einer Thematik überhaupt annehmen[5], führt im genannten Zusammenhang zu keinem anderen Ergebnis.

131 **bb) Sonstige Öffnungsklauseln.** Praxisrelevanz erlangen indes die sonstigen **Formen von Öffnungsklauseln**. Deren Zulässigkeit als Ausfluss der inhaltlichen Freiheit der TV-Parteien steht im Grundsatz außer Frage. Dessen ungeachtet eröffnet sich insoweit ein anderes Problem, nämlich im Hinblick auf die **negative Koalitionsfreiheit der Außenseiter**. Die tariflichen Regelungen treffen grundsätzlich nur die tarifgebundenen ArbN. Bei einer tarifvertraglichen Öffnungsklausel wird jedoch die Sperrwirkung des § 77 Abs. 3 BetrVG aufgehoben und die betroffene Thematik einer Regelung durch die Betriebspartner zugänglich gemacht. Die geschlossenen BV finden auch auf die Arbeitsverhältnisse der Außenseiter Anwendung[6], obwohl eine Kompetenz der Betriebspartner durch § 77 Abs. 3 BetrVG an sich ausgeschlossen war. Dies ist nach der Rspr. jedoch zulässig, da letztendlich die uneingeschränkte betriebliche Regelungsautonomie wieder hergestellt wird und auch bei der BV gegenüber individuellen Abreden das Günstigkeitsprinzip Anwendung findet. Einer betrieblichen Regelung durch die Betriebspartner seien alle ArbN des Betriebes ausgesetzt, insoweit werde die Rechtsstellung der Außenseiter nicht verschlechtert[7].

132 **3. Grenzen der Tarifautonomie.** Eine beliebige Regelung der unterschiedlichsten Gegenstände durch die TV-Parteien ist nicht möglich. **Der Tarifautonomie sind vielmehr verschiedene Grenzen gesetzt.** Diese Grenzen müssen oft auf den einzelnen Sachverhalt bezogen erörtert werden und sind mitnichten klar und deutlich gezeichnet. Durch den unmittelbaren Einfluss auf die oben dargestellte Reichweite der Tarifautonomie kommt der Bestimmung der einzuhaltenden Grenzen, gerade aufgrund der wirtschaftspolitischen Bedeutung der tarifautonomen Regelungen, ein hoher Stellenwert in Rspr. und Lit. zu.

133 **a) Recht der EG.** Auch für die TV-Parteien beanspruchen die Normen des Gemeinschaftsrechts Geltung[8]. Einschlägig ist hier insb. das **Prinzip der Entgeltgleichheit** aus Art. 141 Abs. 1 EGV in Verbindung mit der Richtlinie 75/117/EWG[9] (Art. 3 Rz. 93). Der Begriff des Entgeltes in Art. 141 Abs. 2 EGV

---

1 HM, vgl. *Kissel*, ArbeitskampfR, § 12 Rz. 22; aA GK-BetrVG/*Kreutz*, § 77 Rz. 156; *Picker*, Tarifautonomie, S. 58 f. | 2 Dazu GK-BetrVG/*Kreutz*, § 77 Rz. 156. | 3 *Henssler*, ZfA 1994, 487 (498). | 4 BVerfG v. 24.5.1977 – 2 BvL 11/74, E 44, 322 (340 f.). | 5 Siehe nur *Gamillscheg*, KollArbR, § 7 II 1 e mwN. | 6 BAG v. 18.8.1987 – 1 ABR 30/86, AP Nr. 23 zu § 77 BetrVG 1972. | 7 Zum Streitstand *Gaumann/Schafft*, NZA 1998, 176. | 8 *Wiedemann*, TVG, Einl. Rz. 151 ff. mwN. | 9 RL 75/117/EWG vom 10.2.1975 zum Grundsatz des gleichen Entgelts für Männer und Frauen, Abl. EG 1975 Nr. L 45/19.

ist weit zu verstehen und umfasst alle Arten der vom ArbGeb aufgrund des Dienstverhältnisses gewährten Vergünstigungen. Anwendung findet dieses Entgeltgleichheitsgebot auch auf die mittelbare Diskriminierung wegen des Geschlechts. Diese liegt vor, wenn von der getroffenen Regelung trotz gleicher Anwendung auf Männer und Frauen faktisch ein Geschlecht stärker betroffen ist als das andere und dies nicht durch andere Faktoren gerechtfertigt ist (Art. 3 Rz. 99 ff.)[1].

Der EuGH bejaht den **Vorrang des Gemeinschaftsrechts gegenüber TV** in ständiger Rspr.[2]. Dabei wird den Tarifparteien im Verhältnis zum staatlichen Gesetzgeber keine Sonderstellung eingeräumt. Der den Koalitionen von der deutschen Rechtsordnung im Hinblick auf die Tarifautonomie zugestandene Gestaltungs- und Beurteilungsspielraum etwa im Hinblick auf den Gleichheitssatz (Art. 3 Rz. 35 ff.) findet in der EuGH-Judikatur keine Entsprechung[3]. **134**

b) **Verfassung.** Die Begrenzung der Tarifautonomie durch kollidierendes Verfassungsrecht wirft die Frage nach der **Grundrechtsbindung der TV-Parteien auf** (siehe auch Art. 3 Rz. 35 ff. zum Gleichheitssatz). Obschon die Koalitionen beim Abschluss von TV kollektive Privatautonomie ausüben, ging der traditionelle Ansatz des BAG dahin, eine unmittelbare Grundrechtsbindung der Tarifparteien zu bejahen[4], da es sich bei der Tarifautonomie um staatliche delegierte Normsetzungsmacht handele. **135**

Nach einem neueren Ansatz ist die **Tarifautonomie privatautonom legitimiert.** Durch den Verbandsbeitritt beschränken die Mitglieder als Grundrechtsträger selbst ihre ihnen durch das Grundgesetz gewährten Freiheiten, insb. die Vertrags- und die Berufsfreiheit[5]. Damit liege keine Gesetzgebung iSv. Art. 1 Abs. 3 vor, es komme nur eine mittelbare Grundrechtsbindung in Betracht. Das bundesverfassungsgerichtliche Gebot vom Schutzauftrag der Grundrechte verpflichte den Staat, die Durchsetzung der Grundrechte auch im privatrechtlichen Bereich zu gewährleisten[6]. Dies führt dazu, dass die Gerichte auch bei der Anwendung der letztendlich privatautonom herbeigeführten TV grundrechtliche Kollisionen überprüfen müssen. **136**

Im Ergebnis wird zwischen Art. 3 und den Freiheitsrechten zu unterscheiden sein. Bezüglich der **Gleichheitskontrolle** von TV ist eine Überprüfung ohne weiteres geboten. Entgegen der früheren Auffassung des BAG[7] muss sich der sachlich vernünftige Grund für eine Ungleichbehandlung aus dem Regelungszusammenhang des betreffenden TV ergeben und darf nicht lediglich unter koalitionsspezifischen Gesichtspunkten nicht willkürlich sein[8]. Insoweit wird die Tarifautonomie unmittelbar von Art. 3 begrenzt (vgl. Art. 3 Rz. 59 ff.)[9]. Auch in der Rspr. des BAG betreffen die meisten verfassungsrechtlichen Entscheidungen die Vereinbarkeit von TV mit dem Gleichheitssatz. **137**

Weniger klar scheint die Grenzziehung bei den **Freiheitsgrundrechten** zu verlaufen. Insoweit kollidieren vor allem die individuelle Berufsfreiheit aus Art. 12 Abs. 1 und die Tarifautonomie. Hier gehen verschiedene Entscheidungen des BAG entgegen der hergebrachten Rspr. nicht von einer unmittelbaren Grundrechtsbindung aus[10]. Richtigerweise wird man den Tarifparteien jedenfalls einen weiten Regelungsspielraum zuzubilligen haben[11] (Art. 12 Rz. 56 ff.). **138**

Die widerstreitenden dogmatischen Ansichten spielen jedoch in der **tariflichen Praxis** nur eine untergeordnete Rolle. Was den Kontrollmaßstab im Hinblick auf die Überprüfung in Bezug auf Gleichheitsverstöße betrifft, besteht im Ergebnis Einigkeit. Aber auch die Freiheitsgrundrechte richten sich an die staatliche Gewalt. Neben den Abwehrrechten der Bürger begründen sie auch Schutzpflichten. Eine Durchsetzung der Grundrechte muss daher auch in entsprechenden Privatrechtsverhältnissen gewährleistet sein. Die Gerichte als staatliche Grundrechtsadressaten gem. Art. 1 Abs. 3 haben daher bei der Anwendung und Auslegung von TV als Ergebnis kollektiv ausgeübter Privatautonomie die Ver- **139**

---

1 BAG v. 5.3.1997 – 7 AZR 581/92, AP Nr. 123 zu § 37 BetrVG 1972. | 2 EuGH v. 15.12.1994 – Rs. C 399/92 (*Helmig ua.*), EAS C EG-Vertrag Art. 119 Nr. 35 = AP Nr. 7 zu § 611 BGB – Teilzeit; v. 13.2.1996 – Rs. C-342/93 (*Gillespie*), EAS C EG-Vertrag Art. 119 Nr. 38 = AP Nr. 74 zu Art. 119 EWG-Vertrag; v. 15.1.1998 – Rs. C-15/96 (*Schöning-Kougebetopoulou*), EAS C EG-Vertrag Art. 48 Nr. 93 = AP Nr. 1 zu Art. 48 EG-Vertrag. | 3 *Wiedemann*, TVG, Einl. Rz. 155. | 4 BAG seit 15.1.1955 – 1 AZR 305/54, AP Nr. 4 zu Art. 3 GG; v. 23.1.1992 – 2 AZR 470/91, AP Nr. 37 zu § 622 BGB; v. 4.4.2000 – 3 AZR 729/98, AP Nr. 2 zu § 1 TVG – Gleichbehandlung; v. 28.6.2001 – 6 AZR 114/00, AP Nr. 24 zu § 611 BGB – Arbeitszeit; so auch *Löwisch*, SAE 2001, 295. | 5 BAG v. 25.2.1998 – 7 AZR 641/96, AP Nr. 11 zu § 1 TVG – Tarifverträge: Luftfahrt; v. 11.3.1998 – 7 AZR 700/96, AP Nr. 12 zu § 1 TVG – Tarifverträge: Luftfahrt; ErfK/*Dieterich*, Einl. GG Rz. 47 ff., 64, 67. Kritisch dazu *Söllner*, NZA 2000, Beil. 24, 33 (41); *Waltermann*, ZfA 2000, 53 (75 f.). | 6 So auch BAG v. 25.2.1998 – 7 AZR 641/96, AP Nr. 11 zu § 1 TVG – Tarifverträge: Luftfahrt. | 7 BAG v. 30.8.2000 – 4 AZR 563/99, AP Nr. 12 zu § 1 TVG – Bezugnahme auf Tarifvertrag (Herausnahme von Werkstudenten aus dem persönlichen Geltungsbereich eines Tarifvertrages, dazu kritisch *Löwisch*, SAE 2001, 295); Bezug nehmend auf BAG v. 4.4.2001 – 4 AZR 232/00, AP Nr. 2 zu § 12 DienstVO – ev. Kirche. | 8 *Löwisch*, SAE 2001, 289 (295 f.). | 9 BAG v. 4.4.2000 – 3 AZR 729/98, AP Nr. 2 zu § 1 TVG – Gleichbehandlung; v. 31.7.2002 – 7 AZR 140/01, AP Nr. 14 zu § 1 TVG – Tarifverträge: Luftfahrt; *Löwisch/Rieble*, § 1 TVG Rz. 182. | 10 BAG v. 11.3.1998 – 7 AZR 700/96, AP Nr. 12 zu § 1 TVG – Tarifverträge: Luftfahrt; v. 25.2.1998 – 7 AZR 641/96, AP Nr. 11 zu § 1 TVG – Tarifverträge: Luftfahrt; v. 4.4 2000 – 3 AZR 729/98, AP Nr. 2 zu § 1 TVG – Gleichbehandlung; v. 24.4.2001 – 3 AZR 329/00, AP Nr. 2 zu § 1 TVG – Gleichbehandlung; ebenso *Dieterich*, FS Wiedemann, 2002, S. 229 ff.; MünchArbR/*Richardi*, § 10 Rz. 22 ff.; *Schliemann*, ZTR 2000, 198. | 11 ErfK/*Dieterich*, Art. 12 GG Rz. 42; *Löwisch/Rieble*, § 1 TVG Rz. 56 f.; *Stein*, AR-Blattei SD 830 Rz. 587.

einbarkeit mit den Grundrechten zu überprüfen[1]. Insoweit ist von einer mittelbaren Grundrechtsbindung der TV-Parteien auszugehen (siehe auch TVG, Einl. Rz. 16).

140 **c) Einfache Gesetze.** Als vorbehaltlos gewährtes Grundrecht können der Tarifautonomie als Ausfluss der Koalitionsbetätigungsgarantie nur zur Wahrung verfassungsrechtlich geschützter Güter Schranken gesetzt werden. Nun bedarf die Tarifautonomie aber der **gesetzlichen Ausgestaltung** als Funktionsvoraussetzung (Rz. 117). Hält sich das solchermaßen konkretisierende Gesetz unter Wahrung des Schutzbereiches an Art. 9 Abs. 3, sind dagegen verstoßende TV unwirksam[2]. Eine entsprechende Norm stellt das TVG dar. Mit diesem ist der Gesetzgeber seiner Ausgestaltungspflicht nachgekommen. Hat der Staat für bestimmte Bereiche von seiner Normsetzungsbefugnis keinen konkretisierenden Gebrauch gemacht, müssen entstehende Probleme richterrechtlich entschieden werden. Insoweit treffen die Gerichte vergleichbare Ausgestaltungsaufgaben wie die Gesetzgebung.

141 Neben der Ausgestaltung der Tarifautonomie selbst wirkt der Gesetzgeber **auch durch Regelungen von Arbeits- und Wirtschaftsbedingungen auf die Autonomie der Tarifparteien ein**. Sofern es um den Schutz von Gemeinwohlbelangen mit Verfassungsrang geht, können auch Fragen geregelt werden, die Gegenstand von TV sein können[3]. Diese Einschränkungen müssen im Rahmen der Verhältnismäßigkeit erfolgen. Die Befristung der Arbeitsverhältnisse wissenschaftlicher Mitarbeiter nach dem HRG wurde mit der Wissenschaftsfreiheit gerechtfertigt[4], vor allem Gesetze mit beschäftigungspolitischer Zielsetzung wurden unter Heranziehung des Sozialstaatsprinzips als verhältnismäßig gekennzeichnet[5]. Die bereits bezüglich der negativen Koalitionsfreiheit (Rz. 71) besprochenen Tariftreueregelungen entfalten ihre eigentliche Brisanz erst im Rahmen eines Eingriffes in die Tarifautonomie[6]. In den vorhandenen und diskutierten Regelungen wird bezüglich der zur Tariftreue zu verpflichtenden Adressaten nicht unterschieden, ob diese bereits anderweitig an TV gebunden sind. Dies wird man als Eingriff in die Tarifautonomie zu werten haben[7]. Des Weiteren erfolgt keine Beteiligung der TV-Parteien[8]. Auch muss dieser Eingriff im Rahmen der Verhältnismäßigkeit erfolgen. Tragende Rechtfertigungsgründe konnten in der Lit. noch nicht dargelegt werden. Auch insoweit bleibt das Judikat des BVerfG abzuwarten.

142 **d) Gemeinwohlbindung.** Die Ordnungsfunktion der tarifautonomen Regelungen, die übergreifende Reichweite des TV und eine gesamtwirtschaftliche Verantwortung der TV-Parteien führen zu der verbreiteten Annahme, dass die **Tarifautonomie durch Aspekte des Gemeinwohls begrenzt werden könne**[9]. Die Rspr.[10] nimmt vor allem im Zusammenhang mit Arbeitskämpfen (Rz. 276) eine Gemeinwohlbindung der TV-Parteien an. Schon die Grundüberlegung kann jedoch jedenfalls in Bezug auf die Tarifautonomie nicht überzeugen. „Gemeinwohl" versagt als Definition einer justiziablen Grenze. Hierbei handelt es sich um einen höchst unbestimmten Wert, der von vielerlei Faktoren abhängig ist. Eine positive Bestimmung des Gemeinwohlbegriffes ist in einer pluralistischen Demokratie weitestgehend unmöglich[11]. Die Gemeinwohlverträglichkeit tariflicher Normsetzung kann nicht durch richterliche Kontrolle erfolgen, die rechtspolitische Bewertung von Tarifergebnissen ist der arbeitsgerichtlichen Überprüfung entzogen[12].

143 Vielmehr **bedarf es einer gesetzgeberischen Regelung, in welcher sich die jeweiligen Inhalte des Gemeinwohls niederschlagen**. Insoweit handelt es sich um eine legislative Ausgestaltung oder eine Einschränkung der Tarifautonomie. Eine Wahrung des Gemeinwohles soll nach dem Grundkonzept der Tarifautonomie durch das antagonistische Zusammenwirken der Sozialpartner erreicht werden[13]. Eine ohne staatliche Direktiven anzunehmende Pflicht zur Orientierung am Gemeinwohl widerspräche jedoch der Tarifautonomie. Gerade bei Interessenkonflikten der TV-Parteien kommt es immer wieder zu Verhandlungsergebnissen oder Kompromissen, welche gerade nicht am Wohle der Allgemeinheit ausgerichtet sind, sondern sich vielmehr auf die mitgliedschaftlichen Interessen der TV-Parteien beziehen. Eine verpflichtende Gemeinwohlbindung der TV-Parteien würde sich jedenfalls ohne legislative oder richterrechtliche Vorgaben[14] als Eingriff in die Tarifautonomie darstellen, welcher die angestrebte Vertragsparität auf kollektiver Ebene letztendlich gravierend beeinträchtigen würde.

---

1 BAG v. 11.3.1998 – 7 AZR 700/96, AP Nr. 12 zu § 1 TVG – Tarifverträge: Luftfahrt; v. 25.2.1998 – 7 AZR 641/96, AP Nr. 11 zu § 1 TVG – Tarifverträge: Luftfahrt. | 2 BAG v. 25.4.1979 – 4 AZR 791/77, AP Nr. 49 zu § 611 BGB – Dienstordnungsangestellte; v. 26.9.1984 – 4 AZR 343/83, AP Nr. 21 zu § 1 TVG. | 3 BAG v. 26.9.2001 – 5 AZR 539/00, AP Nr. 55 zu § 4 EntgeltFG; *Löwisch*, ZIP 2001, 1565 f. | 4 BVerfG v. 24.4.1996 – 1 BvR 712/86, E 94, 268. | 5 BVerfG v. 27.4.1999 – 1 BvR 2203/93, E 100, 271; v. 3.4.2001 – 1 BvL 32/97, AP Nr. 2 zu § 10 BUrlG Kur. | 6 *Löwisch*, DB 2001, 1090 (1092); *Kämmerer/Thüsing*, ZIP 2002, 559 (601 f.); *Seifert*, ZfA 2001, 1 (17 f.); *Scholz*, RdA 2001, 193 (196). | 7 *Seifert*, ZfA 2001, 1 (19 ff.); *Löwisch*, DB 2001, 1090 (1092); aA *Schwab*, NZA 2001, 701 (705); *Kempen*, FS Däubler, 2000, S. 503 (518): Entsprechende Tariftreueverlangen erfüllten gerade die Schutzpflicht der Tarifautonomie. | 8 *Kämmerer/Thüsing*, ZIP 2002, 596 (602). | 9 *Gamillscheg*, KollArbR § 7 III 1; *Seiter*, Streikrecht, S. 542 ff.; *Zöllner/Loritz*, § 38 V. Eingehend zum Ganzen *Wiedemann*, TVG, Einl. Rz. 345 ff. mwN. | 10 BAG v. 21.4.1971 – GS 1/68, AP Nr. 43 zu Art. 9 GG – Arbeitskampf; so auch BVerfG v. 18.12.1974 – 1 BvR 430/65 und 259/66, E 38, 281 (303). | 11 Vgl. ErfK/*Dieterich*, Art. 9 GG Rz. 78; *Hufen* NJW 1994, 2918; *Picker*, ZfA 1986, 199 (229 ff.); *Plander*, ArbuR 1986, 65 (75); krit. auch Britz/Volkmann, Tarifautonomie in Deutschland und Europa, 2003, S. 10 f. | 12 ErfK/*Dieterich*, Art. 9 GG Rz. 78; *Dieterich*, RdA 2002, 1 (10 f.); *Henssler*, ZfA 1998, 1 (21 f.); MünchArbR/*Richardi*, § 240 Rz. 30. | 13 ErfK/*Dieterich*, Art. 9 GG Rz. 77; MünchArbR/*Richardi*, § 240 Rz. 29. | 14 Siehe näher *Wiedemann*, TVG, Einl. Rz. 352.

4. Tarifkontrolle und Durchsetzung. Aus der verfassungsrechtlichen Gewährleistung der Tarifautonomie folgt zwangsläufig die gebotene **Zurückhaltung bei der gerichtlichen Kontrolle von TV**. Ein Verhandlungsanspruch zwischen den Tarifgegnern wird ohne ausdrückliche vertragliche Regelung abgelehnt, auch die Besetzung der Verhandlungskommissionen unterliegt nicht der gerichtlichen Nachprüfung (Rz. 113). Die Einhaltung der oben genannten rechtlichen Grenzen wird in vollem Umfang kontrolliert, die Zweckmäßigkeit der Regelung wird hingegen nicht geprüft[1]. Sowohl auf der Stufe der Entscheidungsfindung als auch bei der Kontrolle des Verhandlungsergebnisses soll damit eine Tarifzensur vermieden werden. 144

Individualvertraglich kann der **ArbN** die durch wirksam geschlossenen TV zustande gekommenen Rechte gerichtlich geltend machen. Des Weiteren können die **TV-Parteien** die gegenseitige Durchführung des TV als vertragliche Nebenpflicht fordern (§ 1 TVG Rz. 69 ff.). TV-Parteien haben auch für tarifvertragskonformes Verhalten ihrer Mitglieder zu sorgen. Dieser Anspruch kann von der anderen Partei im Wege der Einwirkungsklage geltend gemacht werden. Ohne konkrete Festlegung der Art der Einwirkung ist diese Klage als Leistungsklage zulässig, das zu wählende Mittel muss nicht mit angegeben werden, um die erforderliche Bestimmtheit festzulegen (§ 1 TVG Rz. 69). Allein die Forderung der Einwirkung auf die Mitglieder genügt. 145

V. Arbeitskampf. 1. Begriff und Arten des Arbeitskampfes. Nach dem **weiten Arbeitskampfbegriff** der hM[2] liegt ein Arbeitskampf vor, wenn die Kampfparteien mittels kollektiver Maßnahmen die Arbeitsbeziehungen stören, um ein bestimmtes Ziel zu erreichen. Zu den Kampfparteien wiederum zählen ArbGeb und ArbN sowie deren Koalitionen. Nachdem jede kollektive Maßnahme zur Störung der Arbeitsbeziehungen als Kampfmittel anzusehen ist, gehören zu diesen Streik, Aussperrung und Boykott, aber auch die kollektive Ausübung von Individualrechten[3]. Insbesondere beim Streik existiert eine Vielzahl unterschiedlichster Formen, zu nennen sind namentlich Bummelstreiks, Flächenstreiks, rollierende Streiks, Schwerpunktstreiks, Teilstreiks, Warnstreiks und Wellenstreiks. Zu den Kampfmitteln zählen weiter sonstige Aktionsformen wie Urabstimmungen[4] (Rz. 287), Blockaden und Betriebsbesetzungen, zudem wird man bestimmte kampfrechtliche Gestaltungsrechte einzelner ArbGeb und ArbN unter den Kampfmittelbegriff zu subsumieren haben. 146

Nach der **organisatorischen Trägerschaft** ist zu unterscheiden zwischen Arbeitskämpfen, welche von einem ArbGebVerband oder einer Gewerkschaft geführt werden sowie sog. „wilden" Arbeitskämpfen, hinter denen keine tariffähigen Koalitionen stehen. Daneben gibt es „Anschlussstreiks" bzw. „Anschlussaussperrungen", also Kampfmaßnahmen von Außenseitern, die ohne mitgliedschaftlichen Zwang Kampfbeschlüsse der Verbände befolgen. 147

Die **Zielsetzung des Arbeitskampfes** kann arbeitsrechtlicher, politischer oder wirtschaftlicher Natur sein. Schließlich ist noch zwischen Angriffs- und Abwehrkämpfen sowie Haupt- oder Nebenarbeitskämpfen (Sympathie-, Solidaritäts-, Unterstützungsarbeitskämpfen) zu differenzieren. 148

2. Rechtsgrundlagen des Arbeitskampfrechts. a) Koalitionsbetätigungsgarantie. Rspr.[5] und hM in der Lit.[6] sehen heute als zentrale Norm des Arbeitskampfrechts Art. 9 Abs. 3 an. Das Grundgesetz bezieht zur Frage der **Zulässigkeit des Arbeitskampfes** als Mittel zur kollektiven Wahrnehmung von ArbN- und ArbGebInteressen allerdings nicht ausdrücklich Stellung. Zwar war die verfassungsrechtliche Absicherung des Streikrechts Gegenstand der Beratungen des parlamentarischen Rates. Eine Einigung über eine entsprechende normative Regelung kam aber nicht zustande[7]. Demzufolge ist im Grundgesetz der Bundesrepublik Deutschland der Arbeitskampf nur gegen Notstandsmaßnahmen durch den im Jahre 1968 eingefügten Satz 3 des Art. 9 Abs. 3 ausdrücklich geschützt. Entgegen Stimmen im Schrifttum[8] hat man im Hinblick auf die Entstehungsgeschichte des Art. 9 Abs. 3 Satz 3 und die diesbezüglichen Erörterungen im Parlament eine ausdrückliche Garantie des Arbeitskampfes bzw. einzelner Kampfformen durch die Verfassung selbst abzulehnen. Ebenso wenig wie der Verfassungsgeber von 1949 in Art. 9 Abs. 3 hat auch der Notstandsgesetzgeber von 1968 mit der Einführung des Satzes 3 eine Aussage über die grundgesetzliche Absicherung des Arbeitskampfes treffen wollen[9]. 149

---

1 Kissel, ArbeitskampfR, § 10 Rz. 51 ff. |2 Brox/Rüthers/Brox, Rz. 17; Seiter, Streikrecht, S. 568 ff.; Zöllner/Loritz, § 39 V. |3 Kissel, ArbeitskampfR, § 14 Rz. 19 f.; MünchArbR/Otto, § 281 Rz. 1. AA bezüglich der gemeinsamen Wahrnehmung arbeitsvertraglicher Rechte ErfK/Dieterich, Art. 9 GG Rz. 91. |4 BAG v. 31.10.1958 – 1 AZR 632/57, BAGE 6, 321 = AP Nr. 2 zu § 1 TVG – Friedenspflicht; Seiter, Streikrecht, S. 516. |5 Vgl. nur BVerfG v. 26.6.1991 – 1 BvR 779/85, E 84, 212 (231); v. 2.3.1993 – 1 BvR 1213/85, v. 2.3.1993 – 1 BvR 1213/85, E 88, 103; v. 4.7.1995 – 1 BvF 2/86; 1, 2, 3, 4/87 und 1 BvR 1421/89, E 92, 365; siehe auch schon BAG v. 10.6.1980 – 1 AZR 822/79, 1 AZR 168/79, E 33, 140; 185 = AP Nr. 64, 65 zu Art. 9 GG – Arbeitskampf. |6 Brox/Rüthers/Rüthers, Rz. 78 f.; Konzen, FS 50 Jahre BAG, 2004, S. 514 (518 ff.); Scholz/Konzen, Die Aussperrung im System von Arbeitsverfassung und kollektivem Arbeitsrecht, 1980, S. 54 ff. |7 Zur Entstehungsgeschichte näher Brox/Rüthers/Rüthers, Rz. 80; Seiter, Streikrecht, S. 63 f. |8 So etwa Lerche, Verfassungsrechtliche Zentralfragen des Arbeitskampfes, 1968, S. 89; Müller, ArbRGw 10 (1969), 152; Rüthers, BB 1968, 1949 f. |9 BAG v. 9.7.1968 – 1 ABR 2/67, AP Nr. 25 zu § 2 TVG; Seiter, Streikrecht, S. 71 ff.; Scholz, Koalitionsfreiheit als Verfassungsproblem, 1971, S. 39.

150 Nachdem Koalitionsfreiheit und Tarifautonomie für sich besehen noch keinen **autonomen Auseinandersetzungsprozess** gewährleisten können und wenn man weiter in Betracht zieht, dass staatlicher Zwang zur Erreichung eines Tarifabschlusses nicht zulässig ist, müssen den Koalitionen Mittel zur Verfügung stehen, um den sozialen Gegenspieler dazu zu bringen, eine Kollektivvereinbarung zu unterzeichnen. Grundvoraussetzung des Funktionierens der Tarifautonomie ist die Fähigkeit von Gewerkschaften und ArbGebVerbänden, zur Erreichung von Tarifabschlüssen Druck und Gegendruck auszuüben (Rz. 48). Der Arbeitskampf ist also Hilfsmittel der Tarifautonomie, die ohne das konfliktentscheidende Kampfmittelinstrumentarium als Ultima Ratio nicht funktionsfähig wäre[1]. Die verfassungsrechtliche Garantie der Tarifauseinandersetzung muss sich daher auf die Mittel zur Durchführung dieser Auseinandersetzung erstrecken.

151 b) **Überstaatliche Regelungen.** Mit Fragen des Arbeitskampfes[2] und insb. der Koalitionsfreiheit befassen sich **im Arbeitsvölkerrecht** Art. 23 Abs. 4 der Deklaration der allgemeinen Menschenrechte vom 10.12.1948[3], Art. 8 des Internationalen Paktes über wirtschaftliche, soziale und kulturelle Rechte vom 19.12.1966[4] und Art. 22 des Internationalen Paktes über bürgerliche und politische Rechte vom 16.12.1966[5]. Nach ganz hM[6] stellt Art. 23 Abs. 4 der Deklaration der allgemeinen Menschenrechte nur eine rechtliche Empfehlung dar, es handelt sich also lediglich um eine „Proklamation gemeinsamer Richtlinien". Unstreitig verpflichten die beiden UN-Pakte dagegen den nationalen Gesetzgeber dazu, seine Normen an das Arbeitsvölkerrecht insoweit anzugleichen[7]. Umstritten ist, ob Art. 8 des Sozialpaktes und Art. 22 des politischen Paktes dem einzelnen Bürger einklagbare, subjektive Rechte einräumen, also im Verhältnis Staat-Bürger Wirkung entfalten. Während für den Sozialpakt allgemein eine solche innerstaatliche Anwendbarkeit abgelehnt wird, soll einer Meinung im Schrifttum zufolge Art. 8 des Paktes den innerstaatlichen Richter unmittelbar binden, also den betroffenen Bürger bzw. der betroffenen Koalition eine Rechtsposition einräumen[8]. Demgegenüber stellt der politische Pakt nach der ganz überwiegenden Meinung in seiner Gesamtheit unmittelbar geltendes Recht in den Unterzeichnerstaaten dar, seine Bestimmungen räumen dem Begünstigten subjektive Rechte ein[9].

152 Auch mehrere Abkommen und Empfehlungen der **Internationalen Arbeitsorganisation** regeln Koalitionsfreiheit und Streikrecht. Zu nennen sind insb. das Abkommen Nr. 87 v. 9.7.1948[10] sowie das Abkommen Nr. 98 v. 1.7.1949[11]. Beide IAO-Abkommen begründen als völkerrechtliche Verträge die Pflicht der Staaten, ihre Normen entsprechend anzupassen. Individualrechte räumen sie demgegenüber nicht ein. Zwar ist im Schrifttum umstritten, ob die genannten IAO-Abkommen eine Arbeitskampfgarantie enthalten, die mit der Überwachung der Einhaltung der Bestimmungen der IAO-Abkommen in den Vertragsstaaten befassten Gremien gehen aber in ihrer ständigen Rechtspraxis von einer Gewährleistung von Kampfmaßnahmen, insb. des Streikrechts, aus[12]. Allerdings fehlt diesen Institutionen die Kompetenz zur verbindlichen Auslegung[13].

153 Aus dem Recht des **Europarates** sind für Arbeitskämpfe Art. 11 EMRK[14] sowie Teil II Art. 5 iVm. Art. 6 Abs. 4 der Europäischen Sozialcharta[15] von Bedeutung. Während im Hinblick auf Art. 11 EMRK umstritten ist, ob die Vorschrift eine Arbeitskampfrechtsgewährleistung enthält[16], garantiert die Sozialcharta ausdrücklich das Streikrecht (dazu noch Rz. 261 f.). Obwohl die Aussperrung nicht ausdrücklich genannt wird, wird davon ausgegangen, dass auch sie als Kampfmittel der ArbGebSeite von Teil II Art. 6 Abs. 4 ESC umfasst wird[17]. Im Gegensatz zu Art. 11 EMRK, der in der Bundesrepublik unmittelbar geltendes Recht im Range eines einfachen Gesetzes ist, enthält die Sozialcharta nach hM nur eine völkerrechtliche Staatsverpflichtung, die nationalen Rechtsnormen an den Standard der Charta anzupassen[18].

154 Anders als die bislang erörterten Abkommen enthalten die **Verträge der Europäischen Gemeinschaft** keine Bestimmungen, die unmittelbar die Koalitionsfreiheit oder gar das Recht auf Arbeitskampf betreffen[19]. Im Gegenteil bestimmt Art. 137 Abs. 6 EGV ausdrücklich, dass der EG auf dem Gebiete des Streikrechts sowie des Aussperrungsrechts keinerlei Rechtsetzungskompetenzen zukom-

---

1 *Seiter*, NJW 1980, 1905 (1906); *Söllner*, RdA 1980, 14 (19). | **2** Zum Folgenden eingehend *Hergenröder*, S. 84 ff.; *Hergenröder*, EAS B 8400 Rz. 5 ff. | **3** UN Doc. A/811. | **4** In Kraft getreten am 3.1.1976, BGBl. 1973 II, S. 1569. | **5** In Kraft getreten am 23.3.1976, BGBl. 1973 II, S. 1534 ff.; vgl. *Goose*, NJW 1974, 1305. | **6** *Beyerlin* in Koalitionsfreiheit, Teil 2, S. 1156; *Gitter*, ZfA 1971, 127 (132). | **7** *Beyerlin* in Koalitionsfreiheit, Teil 2, S. 1161 (1169 f.); *Echterhölter*, BB 1973, 1595 f. | **8** Dazu *Hergenröder*, EAS B 8400 Rz. 8 ff. mwN. | **9** *Beyerlin* in Koalitionsfreiheit, Teil 2, S. 1161 (1171 f.). | **10** BGBl. 1956 II, S. 2000 ff., in der Bundesrepublik Deutschland in Kraft seit 20.3.1958. | **11** BGBl. 1955 II, S. 122 ff., in der Bundesrepublik Deutschland in Kraft seit 8.6.1957. | **12** ILO, Freedom of Association and Collective Bargaining, Report III (4 B), ILC, 69th session, 1983, S. 62 ff., Nr. 199 ff. | **13** ErfK/*Dieterich*, Art. 9 GG Rz. 105; aA *Däubler*, FS 100 Jahre Arbeitsgerichtsbarkeit, 1994, S. 619 (629). | **14** BGBl. 1952 II, S. 686, 953, in der Bundesrepublik Deutschland in Kraft seit 3.9.1953. | **15** BGBl. 1964 II, S. 12, 61 ff., in der Bundesrepublik Deutschland in Kraft seit 26.2.1965. | **16** Bejahend insbes. weite Kreise des Schrifttums, so etwa Brox/Rüthers/*Rüthers* Rz. 127; *Gitter*, ZfA 1971, 127 (133); verneinend EuGHMR v. 6.2.1976 – 4/1974/15/20 (Folke Schmidt und Hans Dahlström), EAS C EMRK Art. 11 Nr. 3 Rz. 3, 36. | **17** Siehe Brox/Rüthers/*Rüthers* Rz. 124; *Kitz* in Koalitionsfreiheit, Teil 2, S. 1094 f. | **18** Brox/Rüthers/*Rüthers*, Rz. 124; *Kitz*, in: Koalitionsfreiheit, Teil 2, S. 1091 ff.; *Konzen*, JZ 1986, 157 (162); *Seiter*, Streikrecht, S. 137 mwN. | **19** Eingehend hierzu *Hergenröder*, EAS B 8400 Rz. 21 ff

men. Demgegenüber ist der Arbeitskampf in der Gemeinschaftscharta der sozialen Grundrechte der ArbN v. 9.12.1989 verankert[1], ebenso findet sich seine Gewährleistung in Art. 28 der Charta der Grundrechte der EU vom 7.12.2000[2]. Beiden Rechtsakten fehlt allerdings die unmittelbare innerstaatliche Anwendbarkeit, so dass die praktische Bedeutung dieser Arbeitskampfgarantien gegenwärtig fraglich ist[3] Darüber hinaus schützen Art. 7 Abs. 4 und Art. 8 der EG-VO Nr. 1612/68[4] die Koalitionsfreiheit der Wanderarbeitnehmer. Soweit Art. 8 der VO von „der Ausübung gewerkschaftlicher Rechte" spricht, wird man hierunter auch die Teilnahme von ausländischen Staatsangehörigen an Arbeitskämpfen im Gaststaat fassen müssen. Insoweit statuiert die Vorschrift also ein Diskriminierungsverbot[5].

Festzuhalten ist, dass der Gewährleistungsinhalt des europäischen und internationalen Arbeitsrechts gegenwärtig **nicht über Art. 9 Abs. 3 hinausgeht**[6]. Soweit internationale Abkommen Staatenverpflichtungen begründen, wird man richtiger Ansicht nach allerdings nicht nur den Gesetzgeber, sondern auch den rechtsschöpfenden Richter an die entsprechenden Dokumente binden müssen[7]. Da Arbeitskampfrecht nahezu völlig Richterrecht ist (Rz. 85 ff., 164), ist diese Aussage auch durchaus von Bedeutung. Allerdings darf nicht verkannt werden, dass die entsprechenden Vertragswerke aufgrund ihres Kompromisscharakters häufig sehr unbestimmt sind. Dies ruft die Gefahr einer gewissen Beliebigkeit der auf diese Art und Weise hervorgebrachten Ergebnisse hervor[8]. 155

c) Einfachgesetzliche Regelungen. Nur **vereinzelte Teilaspekte des Arbeitskampfes** werden von einfachgesetzlichen Regelungen normiert. So statuieren etwa § 74 Abs. 2 Satz 1 BetrVG und § 66 Abs. 2 Satz 2, 3 BPersVG ein Kampfverbot im Bereich der Betriebsverfassung sowie der Personalvertretung. § 25 KSchG bestimmt, dass bei Kampfkündigungen des ArbGeb das Kündigungsschutzgesetz zugunsten der ArbN nicht eingreift. Den Rechtsweg zur Arbeitsgerichtsbarkeit bei kampfweisen Auseinandersetzungen eröffnet § 2 Abs. 1 Nr. 2 ArbGG. §§ 36 Abs. 3, 146 SGB III konkretisieren die Neutralitätspflicht der BA. Einen Wiedereinstellungsanspruch schwerbehinderter regelt § 91 Abs. 6 SGB IX für den Fall kampfweiser Entlassungen. § 11 Abs. 5 AÜG wiederum billigt einem LeihArbN ein Arbeitsverweigerungsrecht zu, sofern er bei einem Entleiher tätig werden soll, der durch einen Arbeitskampf unmittelbar betroffen ist. Auf sein Arbeitsverweigerungsrecht ist der betreffende LeihArbN hinzuweisen. Schließlich ordnet § 192 Abs. 1 Nr. 1 SGB V an, dass die Mitgliedschaft Versicherungspflichtiger in der Krankenkasse erhalten bleibt, solange sie sich in einem rechtmäßigen Arbeitskampf befinden. Von einer gesetzlichen Gesamtregelung des Arbeitskampfes kann also keine Rede sein. 156

Über die jeweilige Einzelaussage hinaus lässt sich den einschlägigen Gesetzesbestimmungen aber immerhin entnehmen, dass der Gesetzgeber entweder den Begriff „Arbeitskampf", unter dem auch die Aussperrung zu verstehen ist oder, wie in § 91 Abs. 6 SGB IX, sogar die Begriffe „Streik" und „Aussperrung" verwendet. Gesetzestexte, welche noch aus der Weimarer Zeit oder den Anfängen der Bundesrepublik Deutschlands stammen, wurden wortgleich aufrechterhalten, um zu dokumentieren, **dass der Gesetzgeber an dem diffizilen Kräfteverhältnis nichts ändern wollte.** Darüber hinaus setzen die Bestimmungen notwendig voraus, dass die Aussperrung – sogar in ihrer lösenden Form (Rz. 235) – zulässig ist. Sonst wäre die Rechtsfolgenregelung nicht sinnvoll. Daraus ergibt sich, dass der Inhalt der Parität vom einfachen Gesetzgeber in Übereinstimmung mit Art. 9 Abs. 3 ausgefüllt worden ist, und zwar iSd. strengen formalen Rechtsgleichheit. 157

d) Länderverfassungen. Die Länderverfassungen enthalten zT **ausdrückliche Streikgarantien**, vgl. etwa Art. 29 Abs. 4 Hessische Verfassung, Art. 18 Abs. 3 Berliner Verfassung, Art. 51 Abs. 3 Bremische Verfassung, Art. 66 Abs. 2 Verfassung von Rh.-Pf., Art. 56 Abs. 2 Saarländische Verfassung. Darüber hinaus bestimmt Art. 29 Abs. 5 der Hessischen Verfassung: „Die Aussperrung ist rechtswidrig". Dem Landesverfassungsrecht kommt freilich keine praktische Bedeutung zu. Gemäß Art. 31 GG gilt Landesrecht nur insoweit, als Bundesrecht nichts anderes bestimmt. Nachdem die Aussperrung nach der Rspr. des BAG unter gewissen Voraussetzungen rechtmäßig ist und Richterrecht zum Bundesrecht Teil des Bundesrechts ist[9], wird das hessische Aussperrungsverbot von der bundesarbeitsgerichtlichen Gewährleistung der Aussperrung verdrängt. 158

e) Kollektivvertragliche Arbeitskampfordnungen. aa) Tarifautonome Regelungen. Das BAG hat die Tarifparteien mehrfach aufgefordert, **tarifvertragliche Arbeitskampfordnungen** zu schaffen, ohne allerdings die Grenzen der solchermaßen eingeräumten Vereinbarungsbefugnis abzustecken[10]. Im Grundsatz steht damit fest, dass zumindest in gewissem Umfang das Arbeitskampfrecht zur Disposi- 159

---
[1] KOM (89) S. 248 endg.; abgedr. in EAS A 1500. | [2] Abl. EG Nr. C 364 v. 18.12.2000, S. 1; abgedr. in EAS A 1510. | [3] Dazu näher *Däubler*, ArbuR 2001, 380 (383); *Weiss*, ArbuR 2001, 374 (377). | [4] Abl. EG Nr. C 257 v. 19.10.1968, S. 2; abgedr. in EAS A 2000. | [5] Siehe auch EuGH v. 28.10.1975 – Rs. 36/75 (*Rutili*), Slg. 1975, 1219 = EuR 1976, 242. | [6] Siehe aber in Bezug auf transnationale Arbeitskämpfe *Hergenröder*, EAS B 8400 Rz. 84 f. | [7] Zur ESC als Auslegungshilfe insoweit BAG v. 12.9.1984 – 1 AZR 342/83, E 46, 322 = AP Nr. 81 zu Art. 9 GG – Arbeitskampf; *Franzen* EzA Art. 9 GG – Arbeitskampf Nr. 134, S. 21 (24 f.); *MünchArbR/Löwisch/Rieble*, § 242 Rz. 75; *MünchArbR/Otto*, § 284 Rz. 54, jeweils mwN. | [8] Siehe nur *Gamillscheg*, KollArbR, § 1 III 1 a (1). | [9] BAG v. 10.6.1980 – 1 AZR 822/79, AP Nr. 64 zu Art. 9 GG – Arbeitskampf. | [10] BAG (GS) v. 21.4.1971 – GS 1/68, AP Nr. 43 zu Art. 9 GG – Arbeitskampf; BAG v. 10.6.1980 – 1 AZR 822/79, AP Nr. 64 zu Art. 9 GG – Arbeitskampf.

GG Art. 9 Rz. 160   Vereinigungsfreiheit

tion der Tarifparteien steht, es sich also nicht zur Gänze um ius cogens handelt. In der Praxis hat dies insb. in Bezug auf Abkommen über die Friedenspflicht sowie über Schlichtungsfragen Relevanz gewonnen. Weiter sind Abmachungen über Erhaltungsmaßnahmen für bestreikte Betriebe, Kampfverbote für lebenswichtige Versorgungsbetriebe, bestimmte Kampfformen und Kampfziele, Streikposten und Schadensbegrenzungsmaßnahmen denkbar[1].

160   **bb) BV.** Weitgehend ungeklärt ist, ob und inwieweit auch in BV **Fragen des Arbeitskampfrechts geregelt werden können.** Diskutiert wird in erster Linie die damit verwandte Frage nach den Beteiligungsrechten des BR im Arbeitskampf (Rz. 325 f.). Klargestellt hat das BAG, dass die MitbestR des BR im Arbeitskampf eingeschränkt sind, soweit die Beteiligung des BR die Freiheit des ArbGeb, Arbeitskampfmaßnahmen zu ergreifen oder Folgen eines Arbeitskampfes zu begegnen, unmittelbar beeinträchtigen würde. Dies folge aus der Chancengleichheit als Funktionsvoraussetzung der Tarifautonomie. Keiner Einschränkung der Beteiligungsrechte bedürfe es indes, wenn die entsprechenden Maßnahmen des ArbGeb mit der Kampfabwehr nichts zu tun hätten und keine Wirkungen auf das Kampfgeschehen entfalteten[2].

161   Relevant geworden ist die Frage nach der Zulässigkeit betrieblicher Arbeitskampfregelungen bisher[3] bei **BV über Gleitzeitregelungen**[4], **Notstands- und Erhaltungsarbeiten**[5], **Anwesenheitsprämien**[6] sowie **Maßregelungsverboten**[7]. Im Hinblick auf Gleitzeitregelungen hält das BAG freiwillige BV für zulässig, ob dagegen der BR eine entsprechende Gleitzeitvereinbarung aufgrund bestehender MitbestR nach § 87 Abs. 1 Nr. 2 und 3 BetrVG über die Einigungsstelle durchsetzen kann, wurde ausdrücklich offen gelassen[8].

162   Richtigerweise wird man zunächst danach zu differenzieren haben, ob es sich um BV mit nicht beabsichtigter Auswirkung auf Arbeitskämpfe handelt, solche mit Geltung für Zeiten ohne Bezug zum Arbeitskampf und für Zeiten des Arbeitskampfes sowie schließlich solche mit Regelungen speziell über Arbeitskämpfe[9]. Ausgangspunkt jeglicher Argumentation muss die Feststellung sein, dass dem **BR keine Rechte aus Art. 9 Abs. 3** zustehen, er ist Repräsentant der Gesamtbelegschaft und damit auch der Außenseiter. Legislatorischer Hintergrund von § 74 Abs. 2 Satz 1 BetrVG ist weiter, dass der BR bei Arbeitskämpfen seine Stellung als Repräsentant aller Belegschaftsmitglieder wahren muss und die Grenzen seiner Legitimation nicht überschreiten darf[10]. Schon aus der Hierarchie der Rechtsquellen folgt, dass entsprechende BV damit an Art. 9 Abs. 3 zu messen sind. Zwar besteht grundsätzlich keine unmittelbare Bindung der BV an die Grundrechte[11], dies spielt in Bezug auf die Koalitionsfreiheit aber wegen der in Satz 2 angeordneten Drittwirkung (Rz. 91 ff.) keine Rolle.

163   Nachdem Tarifautonomie das Bestehen von Kampf- bzw. Verhandlungsparität zwischen den beteiligten Parteien voraussetzt (Rz. 166), **müssen entsprechende Vereinbarungen der Betriebsparteien mit diesem obersten Grundsatz des Arbeitskampfrechts vereinbar** sein. Dies gilt insb., wenn betriebliche Vereinbarungen ihrem Gegenstand nach eine abstrakte Regel für zukünftige Arbeitskämpfe aufstellen; es also nicht mehr – wie etwa bei Maßregelungsverboten oder Vereinbarungen über Erhaltungsarbeiten – darum geht, eine konkrete Arbeitskampfmaßnahme des ArbGeb bzw. deren Folgen in Bezug auf Beteiligungsrechte des BR zu regeln oder wenn bei Abschluss der BV der Arbeitskampfbezug nicht offensichtlich war. Entsprechende BV werden damit regelmäßig in die Gestaltungsbefugnis des einzelnen ArbGeb im Arbeitskampf bzw. in diejenige der Verbände eingreifen und damit Bedenken im Hinblick auf Art. 9 Abs. 3 wecken[12].

164   **f) Arbeitskampf und Richterrechtsordnung.** Die fehlende gesetzliche Regelung des Arbeitskampfrechts und die damit verbundene vom BVerfG[13] gebilligte **Ersatzgesetzgebung des BAG** (Rz. 86) beru-

---

1 *Wiedemann*, TVG, § 1 Rz. 742; siehe auch *Konzen*, ZfA 1980, 77 ff. | 2 BAG v. 30.8.1994 – 1 ABR 10/94, AP Nr. 132 zu Art. 9 GG – Arbeitskampf. | 3 Rechtsprechungsüberblick bei *Maulshagen*, Betriebliche Arbeitskampfregelungen, 2003, S. 34 ff. | 4 LAG Frankfurt/M. v. 3.10.1984 – 2 Sa 310/84, DB 1986, 178; BAG v. 30.8.1994 – 1 ABR 10/94, AP Nr. 132 zu Art. 9 GG – Arbeitskampf; v. 30.8.1994 – 1 AZR 765/93, AP Nr. 131 zu Art. 9 GG – Arbeitskampf. | 5 BVerfG v. 19.2.1975 – 1 BvR 418/71, E 38, 386 (395 f.); BAG (GS) v. 21.4.1971 – GS 1/68, AP Nr. 43 zu Art. 9 GG – Arbeitskampf; v. 14.2.1978 – 1 AZR 154/76, AP Nr. 57 zu Art. 9 GG – Arbeitskampf; LAG Frankfurt/M. v. 22.4.1969 – 5 Sa 627/68, AP Nr. 40 zu Art. 9 GG – Arbeitskampf; LAG Nds. v. 1.2.1980 – 10 Sa 110/79, AP Nr. 69 zu Art. 9 GG – Arbeitskampf. | 6 BAG v. 31.10.1995 – 1 AZR 217/95, AP Nr. 140 zu Art. 9 GG – Arbeitskampf; LAG Nürnberg v. 6.2.1995 – 7 Sa 785/93, LAGE Art. 9 GG – Arbeitskampf Nr. 56. | 7 LAG Frankfurt/M. v. 3.10.1984 – 2 Sa 310/84, DB 1986, 178. | 8 BAG v. 30.8.1994 – 1 ABR 10/94, AP Nr. 132 zu Art. 9 GG – Arbeitskampf; dazu *Hergenröder*, SAE 1996, 326. | 9 So die Einteilung bei *Maulshagen*, Betriebliche Arbeitskampfregelungen, 2003, S. 76 ff. | 10 *Schulin*, Mitbestimmung im Arbeitskampf, in: Lieb/v. Stebut/Zöllner (Hrsg.), Arbeitskampfrecht, 1990, S. 191 ff. | 11 BVerfG v. 23.4.1986 – 2 BvR 487/80, E 73, 261 (268 f.); ErfK/*Dieterich*, Art. 3 GG Rz. 29; GK-BetrVG/*Kreutz*, § 77 Rz. 293; *Stein*, AR-Blattei SD 830 Rz. 658. | 12 Siehe auch schon *Hergenröder*, SAE 1996, 326 ff. Anders aber *Maulshagen*, Betriebliche Arbeitskampfregelungen, 2003, S. 282 ff., die eine verfassungskonforme Einschränkung des BetrVG durch Richterrecht zum Arbeitskampf mit dem Gewaltenteilungsgrundsatz für nicht vereinbar hält. Anderes gelte nur, wenn die Gerichte nicht mehr in der Lage seien, die Verhandlungsfähigkeit der Tarifparteien im Rahmen der Arbeitskampfrechtsordnung sicherzustellen. | 13 BVerfG v. 26.6.1991 – 1 BvR 779/85, E 84, 212 (226 f.). Zum Problemkreis *Konzen*, FS 50 Jahre BAG, 2004, S. 513 (514 ff).

hen vor allem auf der Tatsache, dass das an sich zur Entscheidung berufene Parlament einer solchen Kodifikation bewusst aus dem Wege gegangen ist. Maßgeblich hierfür sind vor allem zwei Gesichtspunkte: Zum einen sind die Hauptbetroffenen selbst, nämlich ArbGebVerbände und Gewerkschaften, an einer Kodifizierung nicht interessiert[1], zum anderen ist die Wahrscheinlichkeit, einen breiten gesellschaftlichen Konsens zu einer bestimmten gesetzlichen Regelung des Arbeitskampfrechts zu finden, äußerst gering[2]. Dies erklärt, warum Arbeitskampfrecht seit jeher weitgehend Richterrecht ist. Faktisch wird man festzuhalten haben, dass zwar eine gesetzliche Regelung des Arbeitskampfrechts grundsätzlich notwendig wäre, die gesetzgeberische Tätigkeit des BAG aber jedenfalls nicht gegen das Rechtsstaatsprinzip verstößt (Rz. 88).

3. Allgemeine Grundsätze des Arbeitskampfrechts. a) Grundsatz der freien Kampfmittelwahl. Eines der **zentralen Prinzipien des Arbeitskampfrechts** ist der Grundsatz der freien Wahl der Kampfmittel[3]. Nach dem Großen Senat des BAG[4] beruht die freie Wahl der Kampfmittel auf den Grundsätzen des freiheitlichen und sozialen Rechtsstaates (Art. 18, 20, 21, 28), insb. der allgemeinen Entfaltungsfreiheit (Art. 2 Abs. 1) sowie dem Gesamtzusammenhang der wirtschafts- und sozialverfassungsrechtlichen Grundprinzipien. Teilweise wird der Grundsatz der freien Kampfmittelwahl auch unmittelbar in Art. 9 Abs. 3 verortet[5]. Ob dieser Grundsatz den Kampfparteien lediglich die Freiheit in der Auswahl aus den historisch überkommenen Kampfmitteln (Grundsatz der freien Typenauswahl) zubilligt[6] oder er darüber hinaus die Möglichkeit zur Bildung neuer Arbeitskampfformen erfasst (Grundsatz der freien Typenbildung)[7], ist umstritten, aber im letzteren Sinne zu entscheiden. Jedenfalls obliegt es den beiden Seiten, die freie Wahl der Kampftaktik, dh. die Art und Weise des Kampfmitteleinsatzes selbst zu bestimmen. Insoweit kommt es darauf an, Kampfmittel so einzusetzen, dass mit möglichst geringem Aufwand eine maximale Wirkung erreicht wird[8]. Klarzustellen ist, dass durch den Grundsatz der freien Kampfmittelwahl nicht die Auswahl rechtlich unzulässiger Kampfmittel gestattet ist; nur von der Arbeitskampfrechtsordnung gebilligte Kampfformen dürfen gewählt werden[9]. 165

b) Grundsatz der Verhandlungsparität. Oberstes Prinzip des Arbeitskampfrechts ist der Grundsatz der Verhandlungsparität (Kampfparität, Waffengleichheit), welcher unmittelbar aus Art. 9 Abs. 3 folgt. Die erforderlichen Kampfmittel sind an diesem Grundsatz auszurichten. Insoweit sind verschiedene Paritätsmodelle zu unterscheiden: Der Rspr. von RG und RAG lag ein **formelles ("liberales") Verständnis von Parität** zugrunde. Streik und Aussperrung wurden als gleichwertige Waffen verstanden und bei gesetzlichen oder richterrechtlichen Regelungen möglichst gleich behandelt[10]. Charakteristisch für das formelle Paritätsverständnis ist, dass Paritätsüberlegungen auf die Ebene der Kampfmittel beschränkt werden, die Parität auf Verhandlungsebene, also die Herstellung oder Erhaltung annähernd gleichgewichtiger Verhandlungschancen, bleibt grundsätzlich unbedacht. Im Vordergrund stand die Kampfparität ("Waffengleichheit"), nicht die Verhandlungsparität und damit auch nicht die Berücksichtigung der tatsächlichen Kräfteverhältnisse. Dieses formelle Paritätsverständnis ist inzwischen auf nahezu allgemeine Ablehnung gestoßen[11]. 166

Durchgesetzt hat sich in Rspr. und Lit. ein sog. **materielles Paritätsverständnis**, dieses beruht auf der Unterscheidung von Kampfparität und Verhandlungsparität[12]. Entscheidend ist danach, dass auf Verhandlungsebene möglichst gleiche Verhandlungschancen bestehen. Nach diesem Konzept dürfen typische Ungleichgewichte in den Kräfteverhältnissen über das Kampfmittelsystem ausgeglichen werden. Man verlangt im Prinzip ein „tatsächliches Gleichgewicht der sozialen Gegenspieler" als Leitbild der Ausgestaltung des Arbeitskampfrechts, und zwar auf Verhandlungsebene[13]. Das BSG bezeichnet diese Konzeption als „fördernde Neutralität"[14]: Dem Staat werde das „Recht zuerkannt, Regelungen zu treffen, durch die ausgeglichene Verhältnisse der Tarifpartner untereinander (Kampfparität) garantiert sind". Im Ergebnis besteht Einigkeit darüber, dass die grundgesetzlich gewährleistete Tarifautonomie gleichwertige Verhandlungschancen voraussetzt und dass dem Arbeitskampfrecht als Institution die Aufgabe zufällt, dieses Gleichgewicht der Kräfte herzustellen[15]. Deutlich wird, dass die Ausgestaltung des Arbeitskampfes das entscheidende Mittel ist, um die Richtigkeitsgewähr der Tarif- 167

---

1 *Raiser*, JZ 1989, 405 (407 f.); *Seiter*, RdA 1986, 165 (174 f.). | 2 Siehe nur *Dieterich*, RdA 1978, 329 (335); *Richardi*, RdA 1986, 146 (150); *Zöllner*, DB 1985, 2450 (2452 f.). | 3 *Gamillscheg*, KollArbR I, § 21 I; MünchArbR/*Otto*, § 284 Rz. 26; *Zöllner/Loritz*, § 40 VI 5; aA *Reuter*, FS Wiese, 1998, S. 427 (433). | 4 BAG (GS) v. 28.1.1955 – GS 1/54, AP Nr. 1 zu Art. 9 GG – Arbeitskampf (unter II 1). | 5 *Däubler/Bieback*, ArbeitskampfR, Rz. 318; KassArbRHdb/*Kalb*, 8.2. Rz. 39; *Kalb*, ArbeitskampfR, Rz. 43; *Löwisch/Rieble*, 170.1 Rz. 60; aA MünchArbR/*Otto*, § 284 Rz. 26, § 286 Rz. 30. | 6 So *Gamillscheg*, KollArbR I, § 21 I; *Konzen*, DB 1990, Beil. 6, S. 8; *Lieb*, ZfA 1982, 113 (138 ff.). | 7 So *Däubler/Bieback*, ArbeitskampfR Rz. 320 ff.; KassArbRHdb/*Kalb*, 8.2. Rz. 39; *Zöllner/Loritz*, § 40 VI 5 a). | 8 BAG v. 21.6.1988 – 1 AZR 651/86, AP Nr. 108 zu Art. 9 GG – Arbeitskampf (A I 4); *Löwisch/Rieble*, 170.2 Rz. 254; *Seiter*, Streikrecht, S. 541. | 9 *Löwisch/Rieble*, 170.2 Rz. 253 ff.; MünchArbR/*Otto*, § 284 Rz. 26; *Seiter*, Streikrecht, S. 143; aA etwa *Däubler/Bieback*, ArbeitskampfR, Rz. 321 ff. | 10 Nachw. aus der Rspr. bei *Seiter*, Streikrecht, S. 157 f. | 11 BAG v. 10.6.1980 – 1 AZR 822/79, AP Nr. 64 zu Art. 9 GG – Arbeitskampf mwN. | 12 Richtungsweisend *Rüthers*, Jura 1970, 85 (102 ff.). | 13 So BAG v. 10.6.1980 – 1 AZR 822/79, AP Nr. 64 zu Art. 9 GG – Arbeitskampf. | 14 BSG v. 9.9.1975 – 7 RAr 5/73, AP Nr. 1 zu § 116 AFG. | 15 BAG v. 10.6.1980 – 1 AZR 822/79, AP Nr. 64 zu Art. 9 GG – Arbeitskampf; *Konzen* FS 50 Jahre BAG, 2004, S. 513 (529 ff.).

autonomie (die Verhandlungsparität) zu gewährleisten. Die vertragliche Richtigkeitsgewähr ist die Zielvorstellung der Verhandlungsparität und damit auch der Kampfparität.

168 Von der Leitvorstellung der Verhandlungsparität darf nicht mehr erwartet werden, als sie zu leisten im Stande ist und leisten soll. Deshalb hat die Rspr. die Parität auch nur mit „annäherndem" Kräftegleichgewicht und ähnlichen Ausdrücken umschrieben[1]. Darüber hinaus hat die Rspr. weitere Präzisierungen vorgenommen: Sie hat es zu Recht abgelehnt, mit den Vertretern einer **sog. Gesamtparität** sämtliche Machtfaktoren in die Beurteilung des Kräftegleichgewichts aufzunehmen[2]. Zu berücksichtigen sind nur solche Faktoren, die im Hinblick auf die Durchsetzung von TV Bedeutung erlangen können (tarifvertragsbezogene Parität). Das BAG hat es auf der anderen Seite abgelehnt, den Paritätsmaßstab beim konkreten Arbeitskampf heranzuziehen. Die Funktion des Maßstabs erschöpfe sich in der **abstrakten, typisierenden Beurteilung von Kampfmitteln und Kampfgrenzen**[3]. Das BAG hat damit die öffentlich-rechtliche Funktion des Paritätsgrundsatzes (bei der Rechtsfortbildung) zutreffend erkannt. Dementsprechend ist Bezugspunkt der Prüfung, ob ein bestimmtes Kampfmittel erforderlich ist, um eine gleichgewichtige Auseinandersetzung zu gewährleisten, die Verhandlungsparität[4].

169 c) **Grundsatz der Verhältnismäßigkeit im weiteren Sinne (Übermaßverbot)**. Ist eine Kampfmaßnahme vor dem Hintergrund der Kampfparität erforderlich, so darf sie darüber hinaus nicht gegen den Grundsatz der Verhältnismäßigkeit verstoßen[5]. Art. 9 Abs. 3 gewährleistet nur solche Koalitionsbetätigungen, die **geeignet und erforderlich** sind, um den Koalitionszweck wirksam verfolgen zu können. Überdies dürfen sie den Kampfgegner nicht unverhältnismäßig schädigen, müssen also auch **proportional** sein. Insoweit „erforderliche" Kampfmittel sind den Tarifparteien vom Gesetzgeber bzw. vom rechtsfortbildenden Richter zur Verfügung zu stellen. Da es sich insoweit um eine Grundrechtskonkretisierung handelt, spricht man vom öffentlich-rechtlichen Übermaßverbot. Dieses ist also Leitlinie für die Installation des Kampfmittelsystems schlechthin[6]. Davon zu trennen ist das privatrechtliche Übermaßverbot, welches sich unmittelbar an die Kampfparteien richtet und von ihnen fordert, nur geeignete und erforderliche Kampfmaßnahmen einzusetzen, die überdies proportional sind, also den Gegner nicht unverhältnismäßig schädigen[7]. Eine verbreitete Meinung will dieses privatrechtliche Übermaßverbot allerdings nicht anerkennen[8]. Das privatrechtliche Übermaßverbot ist Rechtsausübungsschranke im Einzelfall.

170 **Bezugspunkt des Übermaßverbots ist die Verhandlungsparität**. Das heißt, das jeweils verwendete Kampfmittel muss geeignet, erforderlich und proportional sein, um Verhandlungsparität zwischen den Tarifparteien herzustellen.

171 d) **Grundsatz der staatlichen Neutralität**. Die Staatsneutralität im Arbeitskampf folgt unmittelbar aus der Wertentscheidung der Verfassung, deren freiheitliche Ordnung die **generelle staatliche Lohnregelung durch Zwangsschlichtung verwirft**[9]. Vielmehr garantiert Art. 9 Abs. 3 „eine Ordnung des Wirtschaftslebens, bei welcher der Staat seine Zuständigkeit zur Rechtsetzung weit zurückgenommen und die Bestimmung über die regelungsbedürftigen Einzelheiten des Arbeitsvertrages grundsätzlich den Koalitionen überlassen hat"[10]. Das BVerfG führt insoweit an, dass den Koalitionen die im öffentlichen Interesse liegende Aufgabe übertragen ist, die materiellen Arbeitsbedingungen in einem von staatlicher Rechtsetzung freigelassenen Raum in eigener Verantwortung und im Wesentlichen ohne staatliche Einflussnahme durch Kollektivvereinbarungen zu ordnen. Die Festlegung der Arbeits- und Wirtschaftsbedingungen durch TV wird von der grundgesetzlichen Ordnung also den Gewerkschaften und ArbGebVerbänden überlassen. Demnach gewährleistet Art. 9 Abs. 3 ein autonomes Handlungssystem außerhalb staatlicher Ordnung. Die Koalitionsfreiheit ist Mittel der Privatautonomie, sie dient der Durchsetzung von Gruppeninteressen innerhalb der Gesellschaft.

172 Seinen **gesetzlichen Niederschlag** hat der Grundsatz der staatlichen Neutralität in den §§ 36 Abs. 3 SGB III sowie 146 SGB III gefunden. Der BA ist es untersagt, durch Arbeitsvermittlung und Leistungen in Arbeitskämpfe einzugreifen (Rz. 331 ff.). Als Ausdruck passiver Neutralität lässt sich auch § 25 KSchG begreifen, wonach Kampfkündigungen nicht am Maßstab des KSchG zu messen sind. Die aus Gründen des ArbN-Schutzes vorgesehenen Schranken der Kündigungsbefugnis des ArbGeb sollen im Arbeitskampf nicht gelten, weil sonst die Kräfteverhältnisse zu Lasten der ArbGebSeite verschoben werden könnten. Neutralitätswahrende Eingriffe beruhen aber nicht nur auf Gesetz, sondern auch auf Richterrecht. Als Beispiel kann hier die Einschränkung der betriebsverfassungsrechtlichen MitbestR bei kampfbezogenen Maßnahmen des ArbGeb genannt werden[11].

---

[1] BAG v. 10.6.1980 – 1 AZR 822/79, AP Nr. 64 zu Art. 9 GG – Arbeitskampf. |[2] BAG v. 10.6.1980 – 1 AZR 822/79, AP Nr. 64 zu Art. 9 GG – Arbeitskampf. |[3] BAG v. 10.6.1980 – 1 AZR 822/79, AP Nr. 64 zu Art. 9 GG – Arbeitskampf. |[4] BAG v. 12.3.1985 – 1 AZR 636/82, AP Nr. 84 zu Art. 9 GG – Arbeitskampf. |[5] Grundl. BAG v. 10.6.1980 – 1 AZR 822/79, AP Nr. 64 zu Art. 9 GG – Arbeitskampf; ferner v. 11.5.1993 – 1 AZR 649/92, AP Nr. 63 zu § 1 FeiertagslohnzahlungsG. |[6] Zum Ganzen ausf. *Seiter*, Streikrecht, S. 148 ff.; siehe auch *Konzen*, FS 50 Jahre BAG, 2004, S. 513 (531 ff.); *Preis*, FS Dieterich, 1999, S. 429 (437 f.). |[7] Dazu näher *Seiter*, Streikrecht, S. 150 ff. |[8] Vgl. etwa *Säcker*, GewMH 1972, 287 (297); *Pfarr/Brandt*, ArbuR 1981, 325 ff. |[9] Brox/Rüthers/*Rüthers*, Rz. 85; *Löwisch/Rieble*, 170.1 Rz. 9 ff. |[10] BVerfG v. 24.5.1977 – 2 BvL 11/74, E 44, 322 (340 f.). |[11] *Seiter*, Staatsneutralität, S. 2.

Die arbeitskampfrechtliche Neutralitätspflicht trifft nach alledem nicht nur Gesetzgeber und rechts- **173**
fortbildenden Richter, sondern auch die Exekutive. Das BSG differenziert darüber hinaus zwischen einer **„erhöhten (passiven) Neutralitätspflicht"** und einer **„fördernden Neutralität"**[1]. Unter der passiven Neutralitätsverpflichtung versteht das BSG, dass der BA kein Spielraum für wertende Regelungen bei der Ausfüllung der entsprechenden sozialversicherungsrechtlichen Tatbestände zustehen darf[2]. Die BA als Mittler zwischen ArbGeb- und ArbN-Interessen soll also aus dem arbeitskampfrechtlichen Interessenkonflikt herausgehalten werden. § 146 Abs. 1 Satz 1 SGB III sagt darüber hinaus, dass durch die Gewährung von Alg nicht in Arbeitskämpfe eingegriffen werden darf. Passive Neutralität in diesem Sinne hat zur Folge, dass der Staat die bestehenden Kräfteverhältnisse der sozialen Gegenspieler im Arbeitskampf zu respektieren hat[3]. Es darf also auch dann nicht mit entlastenden Regelungen oder staatlichen Leistungen zugunsten einer Partei eingegriffen werden, wenn zwischen den Kampfparteien keine Parität besteht.

e) **Grundsatz der Solidarität.** Insbesondere im Zusammenhang mit der **Verweigerung von Streik-** **174**
arbeit (Rz. 206) stellt sich die Frage, ob ein wie auch immer geartetes „Solidaritätsprinzip" anzuerkennen ist, welches es beispielsweise ArbN unmöglich macht, den streikenden Kollegen dadurch in den Rücken zu fallen, dass sie bislang von diesen verrichtete Arbeiten nunmehr auf Anweisung des Arb-Geb erledigen. Insoweit ist festzuhalten, dass nach der Rspr.[4] sowie Stimmen in der Lit.[5] der Solidaritätsgedanke ungeeignet ist, um als Rechtsprinzip anerkannt zu werden.

4. Arbeitskampf und Zivilrechtsdogmatik. a) Die kollektivrechtliche Einheitstheorie des BAG. Das **175**
BAG hat mit dem Arbeitskampfrecht einen „**Sonderrechtskreis**"[6] eigener Art geschaffen. Durften bis zur Grundsatzentscheidung des Großen Senats v. 28.1.1955[7] Kampfmaßnahmen zulässigerweise nur unter der Voraussetzung einer vorherigen Kündigung durchgeführt werden – nämlich als „Kündigungsstreik" bzw. „Kündigungsaussperrung" –, so modifizierte das BAG diese Sichtweise durch seine kollektivrechtliche Einheitstheorie, welche sich in drei Thesen zusammenfassen lässt[8]: Danach ist der Streik eine einheitliche kollektive Handlung (1); diese einheitliche Handlung kann nur einheitlich rechtmäßig oder rechtswidrig sein (2); maßgeblich für diese Bewertung ist das kollektive Recht (3). Der gewerkschaftlich beschlossene und durchgeführte legitime Streik berechtigte also den ArbGeb nicht mehr zur fristlosen Kündigung einzelner ArbN wegen Vertragsbruchs[9]. Der Arbeitskampf als „einheitlicher" Lebenssachverhalt konnte fürderhin bei kollektivrechtlicher Zulässigkeit nicht individualvertraglich als Verletzung des Einzelarbeitsvertrages angesehen werden. Die Streikteilnahme des einzelnen ArbN tritt hinter den Kollektivakt „Streik", der sich aus allen Arbeitsniederlegungen zusammensetzt, zurück[10]. Die Prüfung, ob die Arbeitsniederlegung eines ArbN einen Vertragsbruch oder eine unerlaubte Handlung gegenüber seinem ArbGeb darstellt, hängt damit zunächst vom kollektiven Rechtskreis ab.

b) **Der Arbeitskampf im deliktischen Haftungssystem.** Nach der Arbeitskampfkonzeption des **176**
BAG[11] stehen dem **Kollektivhandeln im Arbeitskampf** nur die besonderen (tarifvertraglichen) und die allgemeinen (deliktsrechtlichen) kollektiven Verhaltenspflichten entgegen. Nach dem BAG[12] stellt der Streik einen Eingriff in das Recht zum eingerichteten und ausgeübten Gewerbebetrieb dar; offen ist dabei, ob der Verletzungstatbestand die Rechtswidrigkeit indiziert[13] oder diese gesondert festzustellen ist[14]. Nach beiden Auffassungen ergibt sich die Rechtmäßigkeit oder Rechtswidrigkeit einer Arbeitskampfmaßnahme aber nicht aus dem Deliktsrecht. Vielmehr werden die „normalen" zivilrechtlichen Grundsätze insoweit durch die Anerkennung von Koalitionsfreiheit und Tarifautonomie außer Kraft gesetzt; der Arbeitskampf als bewusste und gezielte Schädigung des sozialen Gegenspielers zieht keine schadensrechtlichen (und vertraglichen) Konsequenzen nach sich, solange er sich an die von der Rspr. aufgestellten Rahmenbedingungen hält[15]. Wann ein Delikt (und damit eine Arbeitsvertragsverletzung) vorliegt, entscheiden zunächst die kollektiven Kriterien; die dem kollektiven Rechts-

---

1 BSG v. 9.9.1975 – 7 RAr 5/73, E 40, 190 (197 f.) = AP Nr. 1 zu § 116 AFG; zum Ganzen näher *Seiter*, Staatsneutralität, S. 5 ff. | 2 BSG v. 9.9.1975 – 7 RAr 5/73, E 40, 190 (198). | 3 Siehe schon *Seiter*, Arbeitskampfparität und Übermaßverbot, 1979, S. 15 ff. (18). | 4 Vor allem im Bereich der Lohnverweigerung nach der Arbeitskampfrisikolehre hat eine Abkehr vom Solidaritätsprinzip als Rechtsgrundlage stattgefunden, grundl. BAG v. 22.12.1980 – 1 ABR 2/79, AP Nr. 70 zu Art. 9 GG – Arbeitskampf; Ansätze schon in BAG v. 7.11.1975 – 5 AZR 61/75, AP Nr. 30 zu § 615 BGB – Betriebsrisiko. | 5 Siehe etwa *Biedenkopf*, Die Betriebsrisikolehre als Beispiel richterlicher Rechtsfortbildung, 1970, S. 70 ff.; *Kalb*, Rechtsgrundlage und Reichweite der Betriebsrisikolehre, 1986, S. 70 ff.; *Seiter*, Arbeitskampfparität und Übermaßverbot, 1979, S. 49 mwN. | 6 Vgl. nur *Richardi*, ZfA 1985, 101 (102 f.); *Richardi*, JZ 1985, 410 (419); siehe auch *Konzen*, FS 50 Jahre BAG, 2004, S. 513 (514 ff.). | 7 BAG (GS) v. 28.1.1955 – GS 1/54, AP Nr. 1 zu Art. 9 GG – Arbeitskampf. | 8 *Seiter*, Streikrecht, S. 19; vgl. ferner Brox/Rüthers/*Brox*, Rz. 334 f. | 9 BAG (GS) v. 28.1.1955 – GS 1/54, AP Nr. 1 zu Art. 9 GG – Arbeitskampf. | 10 BAG (GS) v. 28.1.1955 – GS 1/54, AP Nr. 1 zu Art. 9 GG – Arbeitskampf. | 11 Grundl. BAG (GS) v. 28.1.1955 – GS 1/54, AP Nr. 1 zu Art. 9 GG – Arbeitskampf; vgl. dazu näher Brox/Rüthers/*Brox*, Rz. 337 ff.; *Kalb*, ArbeitskampfR, S. 129 f., Rz. 275 ff. | 12 BAG (GS) v. 28.1.1955 – GS 1/54, AP Nr. 1 zu Art. 9 GG – Arbeitskampf; v. 20.12.1963 – 1 AZR 428/62, AP Nr. 32 zu Art. 9 GG – Arbeitskampf; v. 21.3.1978 – 1 AZR 11/76, AP Nr. 62 zu Art. 9 GG – Arbeitskampf. | 13 So etwa *Lieb*, ZfA 1982, 113 (121 f.); vgl. auch schon *Bötticher*, BB 1957, 621 (623). | 14 So Brox/Rüthers/*Brox*, Rz. 335; *Zöllner/Loritz*, Arbeitsrecht, § 40 IV. | 15 Dazu umfassend *Seiter*, Streikrecht, S. 443 ff.; vgl. auch *Nipperdey*, NJW 1967, 1985 (1993).

kreis angehörenden Normen überlagern die an sich zur Regelung von Leistungsstörungen und unerlaubten Handlungen berufenen Vorschriften des BGB. Insofern ist der Arbeitsvertrag als konstituierendes Element des Arbeitsverhältnisses nicht die einzige Einbruchstelle des kollektiven Arbeitsrechts. Auch die Wertungen des Deliktsrechts werden durch die kollektivistischen Bestimmungsgründe des Einzelarbeitsverhältnisses modifiziert[1].

177 c) **Kritik an der „kollektivrechtlichen Einheitslehre".** Die kollektivrechtliche Einheitslehre des BAG hat in der Lit.[2] vor allem unter zwei Gesichtspunkten Kritik erfahren. Zum einen führt diese Rspr. zu **Abgrenzungsschwierigkeiten und Wertungswidersprüchen im Hinblick auf verbandsfreie Kampfmaßnahmen**, insb. hinsichtlich der kollektiven Ausübung von Individualrechten. Der zweite schwerwiegende Einwand ist rechtsdogmatischer Natur. Für die Beurteilung der Rechtmäßigkeit eines Arbeitskampfes bedient sich das BAG nicht des zivilrechtlichen Haftungssystems. Vielmehr werden die Grundsätze der Zivilrechtsdogmatik durch eine spezifische arbeitskampfrechtliche Risikozuordnung ersetzt. Insbesondere wird allen zivilrechtlichen Grundsätzen zuwider die Verletzung des Arbeitsvertrages von der Einordnung eines bestimmten Verhaltens als Delikt abhängig gemacht. Das Recht der Leistungsstörungen hat seine Bedeutung zugunsten des von der Rspr. etablierten Sonderrechtskreises verloren.

178 5. **Richterrechtlich anerkannte (privilegierte) Kampfrechte der ArbN-Seite zur Durchsetzung tarifvertraglicher Regelungsziele.** a) **Streikrecht.** aa) **Begriff und Arten.** Der Streik ist das althergebrachte **Hauptdruckmittel der ArbN-Seite im Arbeitskampf.** Er liegt vor, wenn eine Mehrzahl von ArbN gegen den Willen des ArbGeb planmäßig und gemeinsam gänzlich oder teilweise ohne vorherige Kündigung die Arbeit einstellt, um ein bestimmtes Ziel zu erreichen. Regelmäßig wird der Streik Angriffscharakter haben und eröffnet damit den Arbeitskampf, er ist aber auch als Abwehrmittel gegen eine vorhergehende Aussperrung der ArbGebSeite denkbar.

179 Beim **verbandsgetragenen Streik** obliegt die Leitung des Kampfmittels einer Gewerkschaft, der nicht gewerkschaftliche („wilde") Streik wird ohne oder gar gegen den Willen der Gewerkschaft durchgeführt. Während bei Vollstreiks alle organisierten ArbN des Tarifgebiets oder alle ArbN eines Betriebes die Arbeit niederlegen, zeichnen sich Teil- oder Schwerpunktstreiks dadurch aus, dass nur ein Teil der Arbeitnehmerschaft auf Betriebs- bzw. Verbandsebene streikt. In der Praxis kommen darüber hinaus eine Vielzahl von Streikformen vor, so etwa Bummelstreiks, Nadelstichstreiks, rollierende Streiks, Stotterstreiks sowie Wellenstreiks. Das Kampfziel kann dabei entweder arbeitsrechtlicher oder politischer Natur sein. Weiter ist nach dem Grad der Selbständigkeit zu differenzieren: Während der Hauptstreik der Durchsetzung eigener Zielsetzungen dient, wird mit dem Sympathie- oder Solidaritätsstreik kein eigenes Kampfziel verfolgt. Vielmehr dienen entsprechende Unterstützungskampfmaßnahmen der Druckverstärkung zugunsten eines außerhalb des Tarifgebiets stattfindenden Hauptarbeitskampfes.

180 Dabei obliegt es der kampfführenden Gewerkschaft im Rahmen der Freiheit der Kampfmittelwahl, welche Streikform sie wählt. Ausschlaggebend hierfür werden regelmäßig taktische Überlegungen sein. So kommen Streikformen vor, bei denen die Arbeitsleistung nicht ganz verweigert wird, sondern die ArbN **den Weisungen des ArbGeb nur teilweise** nachkommen (Weigerung, nur bestimmte Arbeiten nicht zu leisten)[3]. Allerdings kann die Grenze von der Nichtleistung zur Schlechtleistung in entsprechenden Fällen fließend sein (Singen mit halber Stimme, Befüllen von Bierkrügen nur zur Hälfte), was unter dem Gesichtspunkt der Rechtmäßigkeit entsprechender Maßnahmen von Bedeutung ist.

181 Von diesen Fällen der offenen Leistungsbeschränkung sind Kampfformen zu trennen, die sich durch eine **verdeckte Leistungsbeschränkung** auszeichnen[4]. Umstritten sind vor allem die Zulässigkeit von Bummelstreiks[5] sowie der im Öffentlichen Dienst praktizierte Dienst nach Vorschrift[6].

182 bb) **Grundsätzliche Zulässigkeit und Rechtsgrundlage.** Das BAG lässt sich bei der **Ausgestaltung des Kampfmittelsystems** von der Frage leiten, welche Kampfmaßnahme unter dem Gesichtspunkt der Erforderlichkeit für die Herstellung bzw. Erhaltung der Verhandlungsparität zwischen den Tarifparteien notwendig ist. Im Streikrecht sieht das BAG[7] einen notwendigen Bestandteil der freiheitlichen Kampf- und Ausgleichsordnung, welche durch Art. 9 Abs. 3 gewährleistet ist. Ohne das Druckmittel des Streiks soll die Tarifautonomie nicht wirksam werden können. Den Gewerkschaften wird also vom BAG die Angreiferrolle zugestanden, was einer verfassungsrechtlichen Vorabgarantie des Streikrechts gleichkommt, vor deren Hintergrund das Recht zur Aussperrung überhaupt erst legitimiert werden muss[8].

---

1 Zur dogmengeschichtlichen Entwicklung *Seiter*, Streikrecht, S. 443 ff. | 2 Grundl. *Seiter*, Streikrecht, S. 19 ff.; vgl. auch *Richardi*, ZfA 1985, 101 (107 ff.). | 3 Siehe auch ErfK/*Dieterich*, Art. 9 GG Rz. 268; MünchArbR/*Otto*, § 286 Rz. 54. | 4 So die Differenzierung bei ErfK/*Dieterich*, Art. 9 GG Rz. 268 f. | 5 Für rechtswidrig halten Bummelstreiks BGH v. 31.1.1978 – VI ZR 32/77, BGHZ 70, 277 = AP Nr. 61 zu Art. 9 GG – Arbeitskampf; ErfK/*Dieterich*, Art. 9 GG Rz. 269; MünchArbR/*Otto*, § 286 Rz. 53. AA *Däubler*, ArbeitskampfR, Rz. 1445, 1456; *Löwisch/Rieble*, 170.2 Rz. 256. | 6 Diff. ErfK/*Dieterich*, Art. 9 GG Rz. 270, der diese Kampfform jedenfalls dann für rechtmäßig hält, wenn klare Anweisungen wörtlich genommen werden, obschon dies zu einer Verzögerung des Arbeitsablaufs führt. | 7 BAG v. 10.6.1980 – 1 AZR 822/79, AP Nr. 64 zu Art. 9 GG – Arbeitskampf. | 8 Siehe *Konzen*, SAE 1986, 57; *Seiter*, AfP 1985, 186 (188 f.).

Der rechtmäßige Streik ist nach geltendem Richterrecht auch **grundsätzlich verhältnismäßig**[1]. Insbesondere kommt eine quantitative Begrenzung bei Angriffsstreiks etwa in Form von Teilnehmerquoten nicht in Betracht[2]. Aus der Freiheit der Wahl der Kampfmittel und der Kampftaktik folgt daraus das Recht der angreifenden Gewerkschaft, die ihrer Ansicht nach angemessene Streikform zu wählen[3]. 183

cc) **Gewerkschaftliche Organisation.** Grundvoraussetzung für die Anerkennung des Streiks durch die Rspr. ist, dass er von einer Gewerkschaft, also einer tariffähigen Koalition (Rz. 48 ff.) geführt wird[4]. Die **alleinige Privilegierung des gewerkschaftlichen Streiks** lässt sich schon daraus ableiten, dass der Arbeitskampf Hilfsmittel der Tarifautonomie ist und nur Gewerkschaften bzw. deren Spitzenorganisationen nach § 2 TVG als TV-Parteien für die ArbGebSeite in Betracht kommen. Entscheidend ist, dass der Streikaufruf von dem nach der Gewerkschaftssatzung zuständigen Organ erlassen wurde[5], wobei dieses freilich die Befugnis zum Streikaufruf in Bezug auf die Modalitäten delegieren kann. Beim Aufruf zum Streik handelt es sich zumindest um eine rechtsgeschäftsähnliche Handlung, so dass er der ArbGebSeite zugehen muss. Insoweit lässt sich auch das ultima-ratio-Prinzip ins Feld führen[6]. 184

Klargestellt werden muss, von wem der Beschluss stammt, wer damit angesprochen wird, um welche Kampfmaßnahme es geht und wann die Maßnahmen beginnen bzw. enden sollen. **Regeln über die Art der Bekanntmachung bzw. die Möglichkeit der Kenntnisnahme** existieren nicht. Sogar eine Verlautbarung über die Medien soll unter bestimmten Umständen in Betracht kommen[7]. Ob eine rückwirkende Heilung bei Bekanntmachungsfehlern in Betracht kommt, ist umstritten[8], dürfte aber wohl nur im Hinblick auf die relevante Fragestellung entschieden werden können[9]. 185

Liegt keine gewerkschaftliche Organisation im genannten Sinne vor, spricht man auch von einem grundsätzlich rechtswidrigen[10] „wilden" Streik. Eine gewerkschaftliche Führung im genannten Sinne liegt auch dann nicht vor, wenn in Betrieben die Arbeit niedergelegt wird, in denen nicht zum Streik aufgerufen wurde. Die wild streikenden ArbN bilden selbst keine Koalition iSd. Art. 9 Abs. 3 dar, da sie keinen auf längere Zeit angelegten Zusammenschluss darstellen (Rz. 34). „Wilde" Streiks können allerdings durch empfangsbedürftige Erklärung der jeweiligen tarifzuständigen Gewerkschaft gegenüber dem bekämpften ArbGeb oder ArbGebVerband nachträglich übernommen werden[11], was die rückwirkende Beseitigung der Rechtswidrigkeit entsprechend § 184 Abs. 1 BGB nach sich zieht. Voraussetzung hierfür ist allerdings, dass der „wilde" Streik als gewerkschaftlich geführter rechtmäßig gewesen wäre, weiter darf er noch nicht beendet sein. Auch muss der Übernahmezeitpunkt erklärt werden[12]. Das Übernahmerecht der Gewerkschaft ist dabei im Zusammenhang mit deren Konfliktlösungsfunktion zu sehen. 186

Umgekehrt dürfen bei entsprechendem Aufruf neben den organisierten ArbN auch die **Außenseiter** dem gewerkschaftlichen Appell zur Niederlegung der Arbeit folgen und streiken[13]. Das BAG hatte das Streikrecht der Außenseiter mit der nicht unzweifelhaften Überlegung begründet, dass ansonsten in Branchen mit geringem gewerkschaftlichen Organisationsgrad die Erfolgsaussichten des Arbeitskampfs in Frage gestellt wären. Nach dem BVerfG[14] ist demgegenüber im Kampfbündnis eines Außenseiters mit einem tariffähigen Verband eine Vereinigung iSd. Art. 9 Abs. 3 zu sehen, sofern es um den Abschluss eines TV im Interesse des jeweiligen Außenseiters geht. Ausreichend sei insoweit die generelle Vereinbarung der Verbandstarifverträge in den Arbeitsverträgen. 187

dd) **Kampfgegner.** Sofern die kampfführende Gewerkschaft einen **Verbandstarifvertrag** erstrebt, ist Kampfgegner der tarifzuständige ArbGebVerband. Die Betriebe verbandsangehöriger ArbGeb können jederzeit ganz oder teilweise bestreikt werden. Soweit eine Allgemeinverbindlicherklärung zu erwarten steht oder der TV in einem nicht dem Verband angehörigen Unternehmen angewendet wird, hält die hM[15] auch die Bestreikung des Außenseiterarbeitgebers für zulässig. Das BAG[16] hat sich für die Zuläs- 188

---

[1] BAG v. 10.6.1980 – 1 AZR 822/79, AP Nr. 64 zu Art. 9 GG – Arbeitskampf. | [2] Best. BVerfG v. 26.6.1991 – 1 BvR 779/85, E 84, 212 (231). | [3] Brox/Rüthers/*Rüthers*, Rz. 207. | [4] BAG v. 7.6.1988 – 1 AZR 372/86, AP Nr. 106 zu Art. 9 GG – Arbeitskampf. | [5] *Kissel*, ArbeitskampfR, § 42 Rz. 2 ff. | [6] BAG v. 23.10.1996 – 1 AZR 269/96, AP Nr. 146 zu Art. 9 GG – Arbeitskampf; *Kissel*, ArbeitskampfR, § 42 Rz. 15; MünchArbR/*Otto*, § 285 Rz. 115; vgl. auch *Seiter*, Streikrecht, S. 249 ff. | [7] BAG v. 23.10.1996 – 1 AZR 269/96, AP Nr. 146 zu Art. 9 GG – Arbeitskampf. Zum Problem der Kenntnisnahme in diesem Fall *Otto*, EzA Art. 9 GG – Arbeitskampf unter I 2 b. | [8] Verneinend MünchArbR/*Otto*, § 285 Rz. 116; bejahend *Löwisch*, AR-Blattei ES 170.1 Nr. 42 unter 3. | [9] Siehe auch ErfK/*Dieterich*, Art. 9 GG Rz. 134. | [10] BAG v. 7.6.1988 – 1 AZR 372/86, AP Nr. 106 zu Art. 9 GG – Arbeitskampf; v. 31.10.1995 – 1 AZR 217/95, AP Nr. 140 zu Art. 9 GG – Arbeitskampf. | [11] BAG v. 20.12.1963 – 1 AZR 428/62, AP Nr. 32 zu Art. 9 GG – Arbeitskampf. | [12] BAG v. 31.10.1995 – 1 AZR 217/95, AP Nr. 140 zu Art. 9 GG – Arbeitskampf. | [13] BAG (GS) v. 21.4.1971 – GS 1/68, AP Nr. 43 zu Art. 9 GG – Arbeitskampf; Brox/Rüthers/*Brox*, Rz. 289; *Gamillscheg*, KollArbR, § 21 II 4 b) (1); *Löwisch/Rieble*, 170.2 Rz. 85 ff. | [14] BVerfG v. 26.6.1991 – 1 BvR 779/85, E 84, 212 (222, 225 f.); siehe nunmehr auch BAG v. 22.3.1994 – 1 AZR 622/93, AP Nr. 130 zu Art. 9 GG – Arbeitskampf. | [15] *Gamillscheg*, KollArbR, § 21 II 5 b; *Konzen*, SAE 1991, 335 (343); *Lembke*, Die Arbeitskampfbeteiligung von Außenseitern, 1999, S. 144 ff., 164, 170); MünchArbR/*Otto*, § 285 Rz. 68; *Seiter*, EzA Art. 9 GG – Arbeitskampf Nr. 21; aA *Lieb*, FS Kissel, 1994, S. 653 (661 ff.); *Thüsing*, Der Außenseiter im Arbeitskampf, 1996, S. 133 ff.; diff. *Häuser*, FS Kissel, 1994, S. 297 (316 ff.); *Rieble*, EzA Art. 9 GG – Arbeitskampf Nr. 98, S. 9 (16 f.). | [16] BAG v. 18.2.2003 – 1 AZR 142/02, AP Nr. 163 zu Art. 9 GG Arbeitskampf (*Thüsing*); tendenziell auch schon BAG v. 9.4.1991 – 1 AZR 332/90, AP Nr. 116 zu Art. 9 GG – Arbeitskampf. Zu undifferenziert allerdings BGH v. 19.1.1978 – II ZR 192/76, AP Nr. 56 zu Art. 9 GG – Arbeitskampf.

sigkeit eines entsprechenden Vorgehens der Gewerkschaft jedenfalls dann ausgesprochen, wenn ein mit dem Außenseiterarbeitgeber abgeschlossenes ungekündigtes FirmenTV keine eigenständigen inhaltlichen Regelungen enthält, sondern lediglich auf die jeweils geltenden Verbandstarifverträge verweist. Gesehen werden muss, dass damit die Grenzen zum Sympathiearbeitskampf (Rz. 270 f.) verwischt werden.

189 Beim Arbeitskampf um einen **FirmenTV** ist Kampfgegner der tarifschließende Einzelarbeitgeber. Gehört dieser keinem ArbGebVerband an oder handelt es sich um eine OT-Mitgliedschaft[1] (Rz. 59), stellen sich keine weiteren Probleme. Fraglich ist, ob auch ein Verbandsmitglied mit dem Ziel eines FirmenTV bestreikt werden darf. Die hM[2] lässt dies zu, nachdem die Tariffähigkeit des ArbGeb trotz der Verbandsmitgliedschaft erhalten bleibt. Ein entsprechendes Verbot in der Satzung des ArbGebVerbandes hat nur vereinsinterne Bedeutung. Allerdings kann die Friedenspflicht aus einem Verbandstarifvertrag dem Arbeitskampf gegen ein Mitglied entgegenstehen. Ist eine bestimmte Materie im Verbandstarifvertrag geregelt oder war sie Gegenstand der Tarifverhandlungen, ist ein Streik mit einer entsprechenden Zielsetzung grundsätzlich rechtswidrig[3]. Etwas anderes gilt, wenn der Verbandstarifvertrag eine Öffnungsklausel enthält. Ob auch die Tatsache, dass ein Unternehmen seit langem vom Verbandstarif abweichende FirmenTV schließt, eine Ausnahme rechtfertigen kann[4], erscheint eher fraglich, da es dem Mitglied aufgrund Art. 9 Abs. 3 jederzeit freistehen muss, sich unter den Schutz des Verbandes zu begeben.

190 ee) **Rechtsfolgen für das Einzelarbeitsverhältnis. (1) Ausübung eines subjektiv-privaten Gestaltungsrechts.** Der von einem rechtmäßigen Streikbeschluss erfasste ArbN hat das Recht, diesem zu folgen. Mit der Erklärung, seinerseits streiken zu wollen, übt er privatrechtsdogmatisch ein subjektiv-privates Gestaltungsrecht[5] aus, **mittels dessen die hauptsächlichen Rechte und Pflichten aus dem bestehenden Arbeitsverhältnis suspendiert werden**[6]. Die Suspendierungswirkung trifft die Arbeitspflicht und die damit korrespondierende Lohnzahlungspflicht. Das Arbeitsverhältnis selbst bleibt in seinem Bestand unverändert bestehen. Dabei braucht die Streikteilnahme nicht ausdrücklich gegenüber dem ArbGeb kundgetan zu werden, Nichterscheinen am Arbeitsplatz reicht als konkludente Manifestation aus[7]. Einer Klarstellung bedarf es allerdings dann, wenn etwa urlaubs- oder krankheitsbedingt ohnedies keine Arbeitspflicht besteht. Gleiches gilt, wenn die Arbeitsleistung wie bei Monteuren oder Fahrpersonal außerhalb des Betriebes zu erbringen ist, der ArbGeb also nicht ohne weiteres erkennen kann, dass gestreikt wird[8]. Will ein ArbN seinen Arbeitsplatz verlassen, um zu streiken, muss er bei Existenz eines betrieblichen Zeiterfassungssystems ausstempeln[9].

191 Streiken dürfen **alle Beschäftigten, die dazu aufgerufen wurden**, also auch die leitenden Angestellten; die Auszubildenden dann, wenn es um ihre Arbeitsbedingungen geht[10]. Wegen § 12a TVG steht auch arbeitnehmerähnlichen Personen ein Streikrecht zu[11].

192 (2) **Lohnanspruch.** Der selbst am Streik teilnehmende ArbN hat keinen Lohnanspruch. Der Lohnanspruch entfällt, streng streikbedingt, nur dann, **wenn der Arbeitsausfall allein auf der Streikteilnahme beruht**. Für die Höhe des Entgeltausfalls ist die Dauer des Streiks maßgeblich. Soweit es sich um Leistungen nach wiederkehrenden Zeitabschnitten handelt, ist eine Berechnung auf der Grundlage der regelmäßigen Arbeitszeit vorzunehmen. In Bezug auf Gleitzeitkonten kann auch ein durch Streikteilnahme entstandener Rückstand durch Guthaben auf dem Gleitzeitkonto ausgeglichen oder die Streikzeit im Folgemonat nachgeholt werden. Diese Verrechnung verlagert den Verlust des Vergütungsanspruches lediglich auf eine andere Ebene und hat nach der Rspr. keinen Einfluss auf die Arbeitskampfparität[12], da der ArbN auf jeden Fall unbezahlte Arbeitszeit einsetzen muss (siehe auch Rz. 161).

193 (3) **Urlaub.** Was das Verhältnis von Urlaub und Streik anbelangt, **ist auf den Zeitpunkt der Urlaubsgewährung abzustellen**. Beantragt ein ArbN während der Streikbeteiligung Urlaub, so braucht ihn der ArbGeb nicht zu gewähren. Da das Arbeitsverhältnis suspendiert ist, scheidet eine Urlaubsgewährung aus[13]. Zur Gewährung des Urlaubs müsste der ArbN seine Streikbeteiligung aufgeben und den Willen zur Erfüllung seiner Arbeitspflicht mitteilen[14]. Eine solche individualrechtliche Beendigungserklärung

---

1 Siehe auch MünchArbR/*Otto*, § 285 Rz. 144. | 2 BAG v. 10.12.2002 – 1 AZR 96/02, AP Nr. 162 zu Art. 9 GG – Arbeitskampf (*Thüsing*); siehe auch schon BAG v. 25.9.1996 – 1 ABR 4/96, AP Nr. 10 zu § 2 TVG – Tarifzuständigkeit; vgl. ferner *Gamillscheg*, KollArbR, § 21 II 5 c; *Jacobs*, ZTR 2001, 249 (250 f.); Wiedemann/*Oetker*, § 2 Rz. 131; MünchArbR/*Otto*, § 285 Rz. 66; aA LAG Schl.-Holst. v. 25.11.1999 – 4 Sa 584/99, AP Nr. 157 zu Art. 9 GG – Arbeitskampf; Brox/Rüthers/*Rüthers*, Rz. 137; *Buchner*, RdA 2003, 363 (365); Hanau/*Thüsing*, ZTR 2002, 506 (509 f.). | 3 BAG v. 10.12.2002 – 1 AZR 96/02, AP Nr. 162 zu Art. 9 GG – Arbeitskampf (*Thüsing*). | 4 So ErfK/*Dieterich*, Art. 9 GG Rz. 163. | 5 Grundl. *Seiter*, Streikrecht, S. 271. | 6 St. Rspr. BAG v. 22.3.1994 – 1 AZR 622/93, AP Nr. 130 zu Art. 9 GG – Arbeitskampf; v. 20.12.1995 – 10 AZR 742/94, AP Nr. 141 zu Art 9 GG – Arbeitskampf. | 7 BAG v. 15.1.1991 – 1 AZR 178/90, AP Nr. 114 zu Art. 9 GG – Arbeitskampf. | 8 ErfK/*Dieterich*, Art. 9 GG Rz. 167. | 9 ArbG Herford v. 30.10.2003 – 1 Ca 912/02, DB 2003, 2494 = BB 2003, 2574. | 10 BAG v. 30.8.1994 – 1 AZR 765/93, AP Nr. 131 zu Art. 9 GG – Arbeitskampf. | 11 ErfK/*Dieterich*, Art. 9 GG Rz. 158. | 12 BAG v. 30.8.1994 – 1 ABR 10/94, AP Nr. 132 zu Art. 9 GG – Arbeitskampf; *Hergenröder*, SAE 1996, 326. | 13 BAG v. 15.6.1964 – 1 AZR 356/63, AP Nr. 35 zu Art. 9 GG – Arbeitskampf; *Kissel*, ArbeitskampfR, § 46 Rz. 45. | 14 BAG v. 24.9.1996 – 9 AZR 364/95, AP Nr. 22 zu § 7 BUrlG.

darf jedoch nicht schon im Urlaubsantrag gesehen werden. Lehnt der ArbN diesen nach § 7 Abs. 1 BUrlG ab, so wäre der ArbN zur Erbringung der Arbeitsleistung verpflichtet, da er nicht mehr am Streik teilnimmt[1].

Wurde der Urlaub bereits **vor Streikbeginn** genehmigt und angetreten, so hat der Streik auf die Zahlung des Urlaubsentgelts keine Auswirkungen. Durch den Urlaub ist der ArbN von der Erbringung seiner Arbeitsleistung befreit. Der ArbGeb kann auch nicht unter Berufung auf das Arbeitskampfrisiko die Zahlung des Urlaubsentgeltes verweigern, wenn der Betrieb stillgelegt wird. Mangels Leistungspflicht liegt auch keine Leistungsstörung vor[2]. Ebenso ist der ArbN, dessen Urlaub bereits genehmigt wurde, berechtigt, diesen auch anzutreten. Keine Rolle kann die Überlegung spielen, dass sich der ArbN am Streik beteiligt hätte (zB aufgrund einer engagierten Mitwirkung im Vorfeld des Streiks), wenn er nicht in Urlaub gehen würde. 194

Will sich der **beurlaubte ArbN am Streik beteiligen**, muss er sich dem Streik durch Erklärung gegenüber dem ArbGeb anschließen. Eine solche einseitige Änderung der Urlaubsbewilligung muss im Hinblick auf Art. 9 Abs. 3 Satz 1 möglich sein, damit der ArbN sein Recht zum Streik wahrnehmen kann[3]. Die Erklärung kann auch konkludent ergehen, wenn sich der beurlaubte ArbN für den ArbGeb erkennbar aktiv am Streik beteiligt. Bloßes Fernbleiben vom Arbeitsplatz reicht hier nicht aus. Schließt sich der ArbN dem Streik an, endet seine urlaubsbedingte Arbeitsfreistellung. Den restlichen Urlaub kann er dann zu einer anderen Zeit nehmen[4]. 195

Die Wartezeit des § 4 BUrlG wird durch den Streik nicht unterbrochen, da sie nur an das Bestehen des Arbeitsverhältnisses anknüpft[5]. Die Streikteilnahme kann sich jedoch auf die Höhe des **Urlaubsentgeltes** gem. § 11 BUrlG auswirken. Nimmt der ArbN an einem Streik teil und kann seinen Urlaub daher nicht wahrnehmen, richtet sich die Übertragung des Urlaubsanspruches auf das nächste Kalenderjahr nach § 7 Abs. 3 BUrlG, der Streik stellt insb. keinen dringenden in der Person des ArbN liegenden Rechtfertigungsgrund für eine solche Übertragung dar[6]. Durch die Suspendierung des Arbeitsverhältnisses während des Streiks wird auch der Verfall von Urlaubsansprüchen nicht ausgeschlossen[7]. Schadensersatz wegen des Verfalls hat der ArbGeb nur zu leisten, wenn er sich im Verzug befunden hatte[8]. 196

(4) **Krankheit.** Erkrankt ein ArbN während der Streikteilnahme, hat er grundsätzlich **keinen Anspruch aus § 3 Abs. 1 EFZG**. Die Arbeitsleistung entfällt nicht wegen der Arbeitsunfähigkeit aufgrund der Krankheit, vielmehr ist die Pflicht zur Arbeitsleistung bereits wegen des Streiks suspendiert. Er kann jedoch seine Teilnahme am Streik beenden, wodurch der ArbGeb zur Entgeltfortzahlung verpflichtet wird[9]. Beginnt ein Streik während der Erkrankung des ArbN, bleibt sein Entgeltfortzahlungsanspruch gegen den ArbGeb ebenfalls bestehen. Jedoch kann sich der ArbN dem Streik anschließen (vgl. Rz. 190), was zu einem Wegfall des Anspruchs aus § 3 EFZG führt[10]. 197

Darüber hinaus entfällt der Entgeltfortzahlungsanspruch, wenn der ArbN aufgrund des Arbeitskampfes nicht mehr beschäftigt werden kann, es finden die Grundsätze der Arbeitskampfrisikolehre (Rz. 215) Anwendung. Gleiches gilt, wenn der ArbGeb von seinem Stillegungsrecht (Rz. 211) Gebrauch macht[11]. Die streikbedingte Stillegung des Betriebes ist auch bei der Berechnung der **Sechs-Wochen-Frist des § 3 Abs. 1 EFZG zu beachten**. Eine Verlängerung der Frist um die Streiktage findet nicht statt[12]. 198

(5) **Mutterschaftsentgelt.** Für den Anspruch aus § 11 MuSchG gelten diese Grundsätze entsprechend, ein Anspruch besteht nicht, wenn die Nichtleistung nicht ausschließlich auf einem Beschäftigungsverbot besteht[13]. Dies ist bei einer Streikteilnahme der Fall. 199

(6) **Feiertage.** Nach dem Lohnausfallprinzip hat der ArbGeb gem. § 2 Abs. 1 EFZG für gesetzliche Feiertage den üblichen Lohn zu zahlen, wenn die Arbeitszeit infolge des Feiertages ausfällt. Fällt die Arbeitszeit aufgrund des Arbeitskampfes aus, ist ein solcher Anspruch nicht gegeben[14]. Der Anspruch auf Feiertagslohn besteht jedoch, wenn der Arbeitskampf unmittelbar nach einem Feiertag beginnt oder vorher endet[15]. Die gezielte Aussparung eines Feiertages stellt nach der zutreffenden Rspr. des BAG[16] jedoch keine wirksame Unterbrechung des Arbeitskampfes dar. 200

---

1 LAG Nürnberg v. 25.1.1995 – 4 Sa 1118/93, NZA 1995, 854; GK-BUrlG/*Bleistein*, § 1 Rz. 147 ff. | 2 BAG v. 9.2.1982 – 1 AZR 567/79, AP Nr. 16 zu § 11 BUrlG. | 3 Vgl. BAG v. 24.9.1996 – 9 AZR 364/95, AP Nr. 22 zu § 7 BUrlG. | 4 Brox/Rüthers/*Brox*, Rz. 304; *Gamillscheg*, KollArbR I, § 25 I 2 c (2); *Pieper*, ArbuR 1989, 221 (223); *Seiter*, Streikrecht, S. 302; aA *Kissel*, ArbeitskampfR, Rz. 52. | 5 BAG v. 28.1.1982 – 6 AZR 571/79, AP Nr. 11 zu § 3 BUrlG. | 6 LAG Nürnberg v. 25.1.1995 – 4 Sa 1118/93, NZA 1995, 854. | 7 ErfK/*Dieterich*, Art. 9 GG Rz. 203. | 8 BAG v. 24.9.1996 – 9 AZR 364/95, AP Nr. 22 zu § 7 BUrlG. | 9 BAG v. 15.1.1991 – 1 AZR 178/90, AP Nr. 114 zu Art. 9 GG – Arbeitskampf; *Seiter*, Streikrecht, S. 310. | 10 BAG v. 1.10.1991 – 1 AZR 147/91, AP Nr. 121 zu Art. 9 GG – Arbeitskampf. | 11 *Kissel*, ArbeitskampfR, § 46 Rz. 18. | 12 BAG v. 8.3.1973 – 5 AZR 491/72, AP Nr. 29 zu § 1 LFZG; aA mwN *Kissel*, ArbeitskampfR, § 46 Rz. 20. | 13 BAG v. 5.7.1995 – 5 AZR 135/94, AP Nr. 7 zu § 3 MuSchG. | 14 BAG v. 11.5.1993 – 1 AZR 649/92, AP Nr. 63 zu § 1 FeiertagslohnzahlungsG; v. 23.10.1996 – 1 AZR 269/96, AP Nr. 146 zu Art. 9 GG – Arbeitskampf. | 15 BAG v. 11.5.1993 – 1 AZR 649/92, AP Nr. 63 zu § 1 FeiertagslohnzahlungsG. | 16 BAG v. 1.3.1995 – 1 AZR 786/94, AP Nr. 68 zu § 1 FeiertagslohnzahlungsG; *Kissel*, ArbeitskampfR, § 46 Rz. 24 ff.

201 (7) **Zulagen.** Bei Zulagen und Zuschlägen ist danach zu differenzieren, ob an **die tatsächlich erbrachte Leistung, an die Zeiten der Arbeitspflicht oder an die Betriebszugehörigkeit** angeknüpft wird. Allgemeine Zulagen und Zuschläge sind regelmäßig an die unmittelbare Arbeitsleistung gebunden und entfallen bei einer Streikteilnahme[1]. Dies gilt insb. auch für sog. Anwesenheitsprämien[2]. Ausnahmen bilden lediglich die tarifvertraglich oder durch BV festgelegten jährlichen Gratifikationen. Diese knüpfen regelmäßig an das bestehende Arbeitsverhältnis an, welches durch die Streikteilnahme nicht betroffen wird[3]. Soweit indes Zeiten eines „ruhenden Arbeitsverhältnisses" ausdrücklich als anspruchsverringernd gelten, gilt dies auch für Fehlzeiten anlässlich eines Streiks, eine unzulässige Maßregelung ist darin nicht zu sehen[4].

202 (8) **Beihilfen im Krankheitsfall.** Soweit für den Anspruch auf Beihilfe keine über das Bestehen des Arbeitsverhältnisses hinausgehenden Voraussetzungen bestehen, bleibt er auch für Streikzeiten bestehen[5]. Ist jedoch eine Gleichstellung mit den „im Dienst befindlichen Beamten" vorgesehen, entfällt der Anspruch, da der Streikende nicht „im Dienst" ist[6].

203 (9) **Entgeltanspruch während Freistellungszeiten.** Wurde ein ArbN vor Streikbeginn für eine **Schulungsveranstaltung** nach § 37 Abs. 6 BetrVG freigestellt, so verliert er seinen Entgeltfortzahlungsanspruch für diesen Zeitraum nicht alleine dadurch, dass während dieser Zeit der Betrieb bestreikt wird. Ob er sich am Streik beteiligte hätte, wenn von der Arbeitspflicht befreit gewesen wäre, ist unerheblich[7]. Gleiches gilt für eine Arbeitsfreistellung nach § 15a BAT[8].

204 ff) **Beendigung des Streiks.** Zu differenzieren ist zwischen der Beendigung des Streiks als Kollektivakt und der Beendigung der Streikteilnahme durch den einzelnen ArbN. Den Streik insgesamt kann nur die kampfführende Gewerkschaft endgültig oder vorübergehend[9] beenden, der entsprechende Beschluss muss für die ArbGebSeite klar erkennbar sein (siehe schon Rz. 185) und gilt für alle Streikteilnehmer[10]. Demgegenüber kann das einzelne Gewerkschaftsmitglied jederzeit während des Arbeitskampfes die Arbeit wieder aufnehmen.

205 b) **Recht zur Abkehr.** Sofern ArbN suspendierend ausgesperrt sind, billigt ihnen die Rspr.[11] das Recht zur „Abkehr" zu. Durch einseitige empfangsbedürftige Willenserklärung gegenüber dem ArbGeb kann das durch die Aussperrung suspendierte Arbeitsverhältnis **fristlos gelöst** werden. Die Abkehr hat die Wirkung einer außerordentlichen Kündigung und ist auch ein Gestaltungsrecht, setzt allerdings keinen wichtigen Grund voraus. Der aussperrende ArbGeb riskiert also, bewährte Arbeitskräfte sofort zu verlieren.

206 c) **Verweigerung von Streikarbeit.** Im Ergebnis besteht in Rspr.[12] und Lit.[13] Übereinstimmung darüber, dass die Leistung sog. **„direkter" Streikarbeit** verweigert werden kann. Hierunter sind solche Verrichtungen zu subsumieren, welche bisher von Streikenden besorgt worden waren und nunmehr wegen des Arbeitskampfes anderen ArbN vom ArbGeb übertragen werden. Demgegenüber spricht man von „indirekter", nicht zur Arbeitsverweigerung berechtigender Streikarbeit, wenn es sich lediglich um eine Fortsetzung bisher geleisteter Arbeiten handelt, zu denen die Vorarbeiten von anderen als den bisherigen, nunmehr streikenden ArbN erbracht worden waren[14].

207 Umstritten ist allerdings, worin die **Rechtsgrundlage** für die Verweigerung von Streikarbeit zu erblicken ist: Einer Auffassung nach[15] stellt die Verweigerung von Streikarbeit nichts anderes als die Geltendmachung eines Zurückbehaltungsrechts wegen Unzumutbarkeit der aufgetragenen Arbeit nach § 275 Abs. 3 BGB dar. Der Lohnanspruch bliebe damit gem. § 615 BGB erhalten, ausschlaggebend für die Berechtigung zur Ablehnung der geforderten Arbeitsleistung wäre das Solidaritätsprinzip, welches es den ArbN unmöglich machte, ihren streikenden Kollegen in den Rücken zu fallen. Die Verweigerung von Streikarbeit wäre damit rechtsdogmatisch ausschließlich der Individualrechtsebene zuzurechnen. Hieran würde sich nichts ändern, wenn mehrere ArbN (kollektiv) die ihnen angetragene Streikarbeit zurückwiesen[16].

---

1 ErfK/*Dieterich*, Art. 9 GG Rz. 195. | 2 BAG v. 31.10.1995 – 1 AZR 217/95, AP Nr. 140 zu Art. 9 GG – Arbeitskampf. | 3 BAG v. 5.8.1992 – 10 AZR 88/90, AP Nr. 143 zu § 611 BGB – Gratifikation; v. 11.10.1995 – 10 AZR 985/94, AP Nr. 133 zu § 1 TVG – Tarifverträge: Metallindustrie Nr. 133. | 4 BAG v. 3.8.1999 – 1 AZR 735/98, AP Nr. 156 zu Art. 9 GG – Arbeitskampf. | 5 BAG v. 5.11.1992 – 6 AZR 311/91, AP Nr. 7 zu § 40 BAT. | 6 BAG v. 5.11.1992 – 6 AZR 311/91, AP Nr. 7 zu § 40 BAT; dazu krit. ErfK/*Dieterich*, Art. 9 GG Rz. 199. | 7 BAG v. 15.1.1991 – 1 AZR 178/90, AP Nr. 114 zu Art. 9 GG – Arbeitskampf. | 8 BAG v. 7.4.1992 – 1 AZR 377/91, AP Nr. 122 zu Art. 9 GG – Arbeitskampf. | 9 BAG v. 1.3.1995 – 1 AZR 786/94, AP Nr. 68 zu § 1 FeiertagslohnzahlungsG. | 10 BAG v. 1.10.1991 – 1 AZR 147/91, AP Nr. 121 zu Art. 9 GG – Arbeitskampf. | 11 BAG (GS) v. 21.4.1971 – GS 1/68, AP Nr. 43 zu Art. 9 GG – Arbeitskampf; vgl. näher *Kissel*, ArbeitskampfR, § 46 Rz. 110, § 57 Rz. 8; *Seiter*, Streikrecht, S. 275 f. | 12 BAG v. 25.7.1957 – 1 AZR 194/56, AP Nr. 3 zu § 615 BGB – Betriebsrisiko. | 13 KassHbArbR/*Kalb*, 8,2 Rz. 171; *Kissel*, ArbeitskampfR, § 42 Rz. 91; MünchArbR/*Otto*, § 287 Rz. 22; *Seiter*, Streikrecht, S. 431 mit Fn. 11. | 14 *Löwisch/Rieble*, 170.2 Rz. 339; *Zöllner/Loritz*, § 41 VIII. | 15 So schon *Kastel*, Arbeitsrecht, 3. Aufl. 1928, S. 111; *Lieb*, ZfA 1982, 113 (161); *Rüthers*, ZfA 1972, 403 (425). | 16 Siehe nur *Rüthers*, ZfA 1972, 403 (425): „Kollektivrechtliche Bündelung der individualrechtlichen Streikarbeitsverweigerung"; vgl. weiter *Seiter*, Streikrecht, S. 432 f.

Demgegenüber will die Gegenmeinung[1] die Verweigerung von Streikarbeit den weiteren Formen von Unterstützungskampfmaßnahmen im Hinblick auf die Rechtsgrundlage gleichstellen, betont also den **kollektiven Aspekt** des Arbeitskampfes. Im Gegensatz zum „echten" Sympathiestreik (Rz. 270) wäre allerdings der bestreikte ArbGeb in der Lage, die Forderung der ArbN zu erfüllen, nämlich die Anordnung von Streikarbeit zu unterlassen. Anders als bei der individualrechtlichen Begründung der Zulässigkeit der Verweigerung von Streikarbeit müsste freilich bei Zubilligung eines entsprechenden – nicht an die Zustimmung der kampfführenden Gewerkschaft gebundenen – suspendierenden Gestaltungsrechts der Vergütungsanspruch der betreffenden ArbN entfallen.

6. Reaktionsmöglichkeiten der ArbGebSeite. a) Durchhaltetaktik. Der bestreikte ArbGeb kann zunächst versuchen, der Arbeitsniederlegung mit einer Durchhaltetaktik zu begegnen und den Betriebsablauf mit Hilfe der nicht streikenden ArbN aufrechtzuerhalten. Nachdem durch das Streikrecht die Hauptleistungspflichten aus dem Arbeitsverhältnis suspendiert werden (Rz. 190), **entfällt der Entgeltanspruch der Streikenden**. Auf der anderen Seite bleibt der ArbGeb zur Zahlung des Lohnes verpflichtet, sofern Arbeitswillige auch tatsächlich beschäftigt werden können.

Vielfach wird es freilich in seinem Interesse sein, für die Weiterarbeit **zusätzliche Prämien und Leistungen** zu gewähren. Dies ist ohne weiteres dann möglich und stellt keinen Verstoß gegen § 612a BGB dar, wenn mit den Zusatzzahlungen besondere Erschwernisse abgegolten werden sollen, die durch den Streik für die Arbeitswilligen entstehen. Allerdings müssen diese Belastungen erheblich sein und über das normale Maß hinausgehen, welches mit jeder Streikarbeit verbunden ist[2]. Über diesen Sonderfall hinaus hatte sich das BAG zunächst ablehnend gegenüber der Zulässigkeit der Zahlung von weiteren Arbeitsprämien geäußert[3]. Zwischenzeitlich erkennt es die Zahlung von Streikbruchprämien vor dem Hintergrund des Grundsatzes der freien Kampfmittelwahl als zulässiges Arbeitskampfmittel an[4]. Ein Verstoß gegen Art. 9 Abs. 3 Satz 2 liege jedenfalls dann nicht vor, wenn die entsprechende Zuwendung unterschiedslos allen ArbN angeboten werde. Die notwendige Begrenzung dieses Kampfmittels sei über den Grundsatz der Verhältnismäßigkeit zu gewährleisten. Damit entsprechende Prämien als Arbeitskampfmittel anerkannt werden können, wird man aber zu verlangen haben, dass sie vom ArbGeb als solches kenntlich gemacht werden, also vor Erbringung der Arbeitsleistung ausgelobt werden[5]. Liegt ein Verstoß gegen § 612a BGB vor, ist die Zuwendung auch an diejenigen zu erbringen, die gestreikt haben[6].

b) Recht zur Stilllegung des Betriebes. Beim Streik ist der ArbGeb nicht verpflichtet, seinen Betrieb oder Betriebsteil soweit wie möglich aufrecht zu erhalten. Das BAG[7] billigt ihm das Recht zu, **sich dem gewerkschaftlichen Streik zu beugen und seinen Betrieb stillzulegen**. Mit seinem Stilllegungsbeschluss suspendiert der ArbGeb die beiderseitigen Hauptpflichten aus dem Arbeitsverhältnis, was zur Folge hat, dass auch arbeitswillige ArbN ihren Lohnanspruch verlieren. Der ArbGeb braucht seine Stilllegungserklärung nicht nachträglich zu begründen und zu rechtfertigen. Ob er also beim Vorliegen der Voraussetzungen im Übrigen von seinem Stilllegungsrecht Gebrauch macht oder nicht, ist gerichtlicher Nachprüfung damit entzogen. Es kommt nicht darauf an, ob dem ArbGeb die Heranziehung der Arbeitswilligen möglich und zumutbar ist.

Das Stilllegungsrecht besteht indes nur im **Rahmen des gewerkschaftlichen Streikbeschlusses**. Das bedeutet, dass es für das Bestehen dieses Rechts unschädlich ist, dass tatsächlich nicht vom Streikaufruf Betroffene vom ArbGeb beschäftigt werden. Um die Suspendierungswirkung herbeizuführen, bedarf es der Erklärung gegenüber den von der Stilllegung betroffenen ArbN. Für nicht erforderlich, aber auch nicht ausreichend hält das BAG eine entsprechende Willensäußerung gegenüber der kampfführenden Gewerkschaft. Dies soll daraus folgen, dass es sich um keine „Arbeitskampfmaßnahme" handelt. Das BAG lässt es zu, dass eine solche Erklärung „stillschweigend" erfolgt. Ausreichend ist, dass „das gesamte Verhalten des ArbGeb hinreichend deutlich macht, dass er sich dem Streik beugen und den Betrieb deshalb nicht weiterführen will"[8].

Das Stilllegungsrecht ist im Schrifttum heftiger Kritik ausgesetzt[9]. Nachdem die Stilllegung faktisch in erster Linie die Außenseiter trifft, handelt es sich quasi um eine „**Selektivsuspendierung**" der Nichtorgani-

---

1 *Birk*, Unterstützungskampfmaßnahmen, S. 120 ff.; *Germelmann*, Streikrecht, S. 46. |2 BAG v. 28.7.1992 – 1 AZR 87/92, AP Nr. 123 zu Art. 9 GG – Arbeitskampf. |3 BAG v. 11.8.1992 – 1 AZR 103/92, AP Nr. 124 zu Art. 9 GG – Arbeitskampf. |4 BAG v. 13.7.1993 – 1 AZR 676/92, AP Nr. 127 zu Art. 9 GG – Arbeitskampf. |5 BAG v. 11.8.1992 – 1 AZR 103/92, AP Nr. 124 zu Art. 9 GG – Arbeitskampf; *Kissel*, ArbeitskampfR, § 42 Rz. 126. |6 BAG v. 11.8.1992 – 1 AZR 103/92, AP Nr. 124 zu Art. 9 GG – Arbeitskampf; v. 13.7.1993 – 1 AZR 676/92, AP Nr. 127 zu Art. 9 GG – Arbeitskampf. |7 BAG v. 22.3.1994 – 1 AZR 622/93, AP Nr. 130 zu Art. 9 GG – Arbeitskampf; v. 31.1.1995 – 1 AZR 142/94, AP Nr. 135 zu Art. 9 GG – Arbeitskampf. |8 BAG v. 11.7.1995 – 1 AZR 63/95 und 1 AZR 161/95, AP Nr. 138, 139 zu Art. 9 GG – Arbeitskampf = EzA Art. 9 GG – Arbeitskampf Nr. 121, 122 (*Hergenröder*). |9 *Konzen*, FS 50 Jahre BAG, 2004, S. 513 (550 f.); *Konzen*, AP Nr. 137–139 zu Art. 9 GG – Arbeitskampf; *Lieb*, SAE 1995, 257; *Lieb*, SAE 1996, 182; *Löwisch*, FS Gitter, 1995, 533; *Oetker*, AP Nr. 130 zu Art. 9 GG – Arbeitskampf; *Rieble*, SAE 1996, 227, (232 ff.); *Thüsing*, DB 1995, 2607; aA ErfK/*Dieterich*, Art. 9 GG Rz. 214.

GG Art. 9 Rz. 214   Vereinigungsfreiheit

sierten. Bedenkt man, dass das BAG die Selektivaussperrung der Organisierten mit Art. 9 Abs. 3 für unvereinbar hält (Rz. 224), so kann man in der Tat entsprechende verfassungsrechtliche Bedenken hegen.

214 Soweit allerdings der ArbGeb den ArbN zuvor die Weiterbeschäftigung zugesichert hatte, scheidet ein Stilllegungsrecht aus. Indes sind an eine solche Zusicherung strenge Anforderungen zu stellen. Demgegenüber billigt das BAG dem bestreikten ArbGeb das Stilllegungsrecht auch dann zu, wenn er an der Weiterführung des Betriebes durch **rechtswidrige Kampfmaßnahmen** wie etwa eine Blockade der Zugänge der Streikposten gehindert wird. Eine Verpflichtung des ArbGeb, sich zugunsten der Arbeitswilligen gegen rechtswidrige Streiks zur Wehr zu setzen, sieht das BAG nicht[1]. Das Stilllegungsrecht besteht nicht nur gegenüber Streiks, man wird es auf andere Kampfformen der ArbN-Seite wie Boykottaufrufe zu erstrecken haben.

215 **c) Lohnverweigerungsrecht nach der Arbeitskampfrisikolehre.** Sowohl im **mittelbar als auch im unmittelbar kampfbetroffenen Betrieb** ist der ArbGeb zur Lohnverweigerung nach der Arbeitskampfrisikolehre berechtigt, wenn er ohne eigenes Verschulden arbeitskampfbedingt seine Produktion einstellen muss, sei es, dass die benötigten Rohstoffe nicht mehr geliefert werden, oder aber eine Weiterproduktion deshalb nicht sinnvoll ist, weil die Abnehmer in einen Arbeitskampf verwickelt sind. Seit der Entscheidung des Reichsgerichts im „Kieler Straßenbahnfall"[2] war das Recht des ArbGeb zur Lohnverweigerung bei Verwirklichung von Arbeitskampfrisiken im Grundsatz anerkannt. Das Lohnverweigerungsrecht nach der Arbeitskampfrisikolehre hat man richtigerweise als subjektiv-privates Gestaltungsrecht zu begreifen[3]. Das BAG[4] hat sich von den früher im Vordergrund stehenden Prämissen der Sphärentheorie sowie des Solidaritätsgedankens abgewandt und das Recht des ArbGeb zur Lohnverweigerung ausschließlich mit dem Gedanken der Kampfparität begründet.

216 Genau dieser Gesichtspunkt ist für das BAG auch entscheidend, was den Umfang und das räumliche Ausmaß anbelangt, innerhalb welchem der ArbGeb zur Lohnverweigerung berechtigt ist. Treffend wird die Rspr. von *Seiter*[5] als **„Dreizonenmodell"** wiedergegeben: Die erste Zone bildet dabei der räumliche und fachliche Geltungsbereich des umkämpften TV. Hier steht sowohl unmittelbar als auch mittelbar kampfbetroffenen ArbGeb ein Lohnverweigerungsrecht zu, sofern ihnen die Beschäftigung arbeitswilliger ArbN unmöglich oder unzumutbar ist. Außerhalb dieser ersten Zone besteht ein Lohnverweigerungsrecht bei Drittbetroffenheit dann, wenn bei typisierender Betrachtung ansonsten die Fernwirkungen des Arbeitskampfes unmittelbar oder mittelbar zu einer Beeinträchtigung des Verhandlungsgleichgewichts im Tarifgebiet führen würden[6]. Diese „zweite Zone" zeichnet sich durch koalitionspolitische Verbindungen sowie wirtschaftliche Abhängigkeiten aus, wie sie etwa in einem Konzernunternehmen oder innerhalb derselben Branche gegeben sind. In der „dritten Zone" schließlich entfällt ein Lohnverweigerungsrecht des ArbGeb. Trotz kausal kampfbedingten Arbeitsausfall lassen sich bei der Weiterzahlung des Entgelts keine Paritätsbeeinträchtigungen im Tarifgebiet feststellen, so dass es bei den allgemeinen Grundsätzen des Betriebs- und Wirtschaftsrisikos bleibt.

217 Für den Sonderfall eines **Wellenstreiks** hat das BAG[7] weiter gehend judiziert, dass die ArbN-Seite auch das Entgeltrisiko insoweit tragen muss, als die Unmöglichkeit oder Unzumutbarkeit ihrer Beschäftigung in einem engen zeitlichen und organisatorischen Zusammenhang zu einer Abwehrmaßnahme steht, die der ArbGeb als unbedingt erforderlich ansehen durfte. Dies ist etwa dann der Fall, wenn der ArbGeb die Produktion mittels Aushilfskräften oder einer Fremdvergabe von Aufträgen aufrechterhalten hat und die Streikenden die Arbeit nunmehr überraschend wieder anbieten.

218 Das Lohnverweigerungsrecht nach der Arbeitskampfrisikolehre ist nicht davon abhängig, **ob der Streik rechtmäßig oder rechtswidrig ist**[8]. Ebenso wenig kommt es darauf an, ob die Kampfbetroffenheit auf einem Streik, einer Aussperrung oder einem sonstigen Kampfmittel beruht[9]. Voraussetzung für die Zubilligung des Lohnverweigerungsrechts ist allerdings, dass die Beschäftigung arbeitswilliger ArbN ohne Vertretenmüssen des ArbGeb unmöglich bzw. wirtschaftlich sinnlos ist. Weiter muss der Arbeitskampf kausal für die Unmöglichkeit der Beschäftigung sein. Das Lohnverweigerungsrecht besteht auch gegenüber den Außenseitern[10].

---

1 BAG v. 11.7.1995 – 1 AZR 63/95, unter III 2b; vgl. auch *Lieb*, SAE 1996, 182 (188). |2 RG v. 6.2.1923 – III 93/22, RGZ 106, 272 ff. |3 AA insoweit etwa *Lieb*, NZA 1990, 239, wonach es sich um ein individualrechtliches Institut handele, das seine Rechtfertigung über eine teleologische Reduktion des § 615 BGB im Zusammenhang mit einer beim Betriebsrisiko unmittelbaren und beim Wirtschaftsrisiko analogen Anwendung des § 323 BGB aF erfahre. |4 BAG v. 22.12.1980 – 1 ABR 2/79 und 1 ABR 76/79, AP Nr. 70, 71 zu Art. 9 GG – Arbeitskampf. |5 Nach *Seiter*, DB 1981, 578 (587); *Seiter*, Staatliche Neutralität im Arbeitskampf, S. 8 f. |6 BAG v. 22.12.1980 – 1 ABR 2/79, AP Nr. 70 zu Art. 9 GG – Arbeitskampf; *Löwisch/Bittner*, 170.3.2 Rz. 36 ff. |7 BAG v. 12.11.1996 – 1 AZR 364/96, AP Nr. 147 zu Art. 9 GG – Arbeitskampf; v. 17.2.1998 – 1 AZR 386/97, AP Nr. 152 zu Art. 9 GG – Arbeitskampf = SAE 1999, 51 (*Hergenröder*). Eingehend hierzu *Auktor*, Der Wellenstreik im System des Arbeitsrechts, 2002, S. 80 ff.; *Platow*, JbArbR 37 (2000), 73 (80 ff.). |8 BAG v. 11.7.1995 – 1 AZR 161/95, AP Nr. 139 zu Art. 9 GG – Arbeitskampf = EzA Art. 9 GG – Arbeitskampf Nr. 122 (*Hergenröder*); siehe zuvor noch BAG v. 22.12.1980 – 1 ABR 2/79 und 1 ABR 76/79, E 34, 331 (340); 355 (362) = AP Nr. 70, 71 zu Art. 9 GG – Arbeitskampf, wo noch von „legitimen" Streiks und Abwehraussperrungen die Rede war. |9 BAG v. 22.10.1986 – 5 AZR 550/85, AP Nr. 4 zu § 14 MuSchG 1968. |10 *Zöllner/Loritz*, § 18 V 2 a.

Vereinigungsfreiheit   Rz. 225 **Art. 9 GG**

Nach dem BAG darf sich der ArbGeb bei einer **streikbedingten Verringerung des Personalbedarfs** in aller Regel nicht darauf beschränken, dessen Umfang bekannt zu geben und den ArbN dann die Auswahl derjenigen zu überlassen, die zur Arbeit herangezogen werden sollen. Vielmehr muss er auch in dieser Situation sein Direktionsrecht ausüben und die benötigten ArbN selbst aussuchen[1]. 219

d) Suspendierende Abwehraussperrung. aa) Grundsätzliche Zulässigkeit und Rechtsgrundlage. Unter einer Aussperrung versteht man die von einem oder mehreren ArbGeb **planmäßig und willentlich erfolgte Arbeitsausschließung der ArbN** zur Erreichung eines Zieles ohne vorherige Kündigung. Mit der Verweigerung der Beschäftigung geht regelmäßig auch die Einstellung der Lohnzahlung einher, begrifflich zwingend ist dies jedoch nicht[2]. Während eine Mindermeinung in der Lit. die Aussperrung für verfassungswidrig hält, da sie sich gegen die Koalitionsbetätigungsfreiheit der ArbN richte[3], anerkennt die hM[4] die Aussperrung als zulässiges Kampfmittel. Diese Wertung findet in einer Vielzahl arbeitsrechtlicher Normen ihre Entsprechung, in welchen von „Arbeitskampf" und eben nicht nur von „Streik" die Rede ist (vgl. § 2 Abs. 1 Nr. 2 ArbGG, § 74 Abs. 2 BetrVG, § 66 Abs. 2 BPersVG, Art. 1 § 11 Abs. 5 AÜG, § 25 KSchG). § 91 Abs. 6 SGB IX spricht sogar ausdrücklich von Streiks und Aussperrungen. 220

Die Abwehraussperrung setzt schon begrifflich einen (Angriffs)Streik voraus, auf den die ArbGeb-Seite ihrerseits mit Arbeitsausschließungen reagiert. Das BAG sieht diese Aussperrungsform unter bestimmten Voraussetzungen **aus Gründen der Parität und im Rahmen der Verhältnismäßigkeit – gerade zur Abwehr begrenzter Teilstreiks – als gewährleistet** an. Ihre Funktion besteht darin, ein kampftaktisch erzieltes Verhandlungsübergewicht der Gewerkschaften zu kompensieren, also Verhandlungsparität wieder herzustellen. Damit gründet sich die Aussperrungsbefugnis auf die Tarifautonomie, die durch Art. 9 Abs. 3 gewährleistet ist und in den Einzelheiten durch das TVG geregelt wird. Ein generelles Aussperrungsverbot würde zur Störung der Verhandlungsparität führen und wäre deshalb mit den tragenden Grundsätzen des Tarifrechts unvereinbar. Das BVerfG[5] hat diese Sichtweise ausdrücklich bestätigt. 221

bb) Ausübung durch einseitige, empfangsbedürftige Willenserklärung. Voraussetzung des Eintritts der Suspendierungswirkung ist die **Erklärung der Aussperrung in hinreichend klarer Form** durch den einzelnen ArbGeb[6]. Die Erklärung kann auch konkludent erfolgen, allerdings muss für die ArbN-Seite schon wegen ihrer Reaktionsmöglichkeiten eindeutig erkennbar sein, dass es sich um eine Kampfmaßnahme handelt[7]. Bei der Verbandsaussperrung muss der ArbGeb deshalb darauf hinweisen, dass er einem Beschluss seiner Koalition Folge leistet, es sei denn, die Mitwirkung des ArbGebVerbandes ergibt sich aus den Umständen[8]. 222

Erklärungsempfänger ist der einzelne ArbN, in dessen Arbeitsverhältnis gestaltend eingegriffen wird. Das BAG lässt aber die Abgabe der Aussperrungserklärung gegenüber bevollmächtigten Streikleitungen zu[9]. Für das Wirksamwerden der Aussperrungserklärung sind im Übrigen die §§ 130 ff. BGB maßgeblich. 223

Ausgesperrt werden können **nicht nur die Gewerkschaftsmitglieder, sondern auch die Außenseiter**[10]. Im Gegenteil ist nach der Rspr. die gezielte Arbeitsausschließung nur der Organisierten eine unzulässige Selektivaussperrung[11]. Demgegenüber kann die Aussperrung auf die Streikenden beschränkt werden[12]. Suspendierend ausgesperrt werden dürfen auch BR-Mitglieder[13], Erkrankte[14], Schwangere[15] und Schwerbehinderte[16]. 224

Das **Ende der Aussperrung** muss von dem kampfführenden ArbGebVerband bzw. dem im Kampf um einen FirmenTV stehenden Einzelarbeitgeber in hinreichend klarer Form erklärt werden. Wie beim Streik dem einzelnen ArbN steht es einem Verbandsmitglied freilich jederzeit offen, den Aussperrungsbeschluss der ArbGebKoalition nicht mehr zu befolgen und die Aussperrung zurückzunehmen (siehe aber Rz. 351). Mit dem Ende der Kampfmaßnahme endet die Suspendierungswirkung, die ArbN sind zur Wiederaufnahme der Arbeit verpflichtet. 225

---

1 BAG v. 17.2.1998 – 1 AZR 386/97, AP Nr. 152 zu Art. 9 GG – Arbeitskampf = SAE 1999, 51 (*Hergenröder*). |2 Brox/Rüthers/*Brox*, Rz. 45; *Seiter*, Streikrecht, S. 277. |3 Däubler/Wolter, ArbeitskampfR, Rz. 871 ff., 918 ff. |4 Birk/Konzen/Löwisch/Raiser/Seiter, S. 17; *Seiter*, Streikrecht, S. 314 ff. |5 BVerfG v. 26.6.1991 – 1 BvR 779/85, E 84, 212. |6 BAG v. 26.10.1971 – 1 AZR 113/68, AP Nr. 44 zu Art. 9 GG – Arbeitskampf; *Löwisch/Krauß*, 170.3.1 Rz. 5; *Seiter*, Streikrecht, S. 351 ff. |7 BAG v. 27.6.1995 – 1 AZR 1016/94, AP Nr. 137 zu Art. 9 GG – Arbeitskampf; v. 31.10.1995 – 1 AZR 217/95, AP Nr. 140 zu Art. 9 GG – Arbeitskampf. |8 Siehe nur BAG v. 31.10.1995 – 1 AZR 217/95, AP Nr. 140 zu Art. 9 GG – Arbeitskampf; öffentliche Ankündigung von Aussperrungen für den Fall von Kurzstreiks. |9 BAG v. 26.10.1971 – 1 AZR 113/68, AP Nr. 44 zu Art. 9 GG – Arbeitskampf; dazu krit. *Seiter*, Streikrecht, S. 353. |10 BAG v. 21.4.1971 – GS 1/68, AP Nr. 43 zu Art. 9 GG – Arbeitskampf; MünchArbR/*Otto*, § 285 Rz. 59. |11 BAG v. 10.6.1980 – 1 AZR 331/79, AP Nr. 66 zu Art. 9 GG – Arbeitskampf. |12 BAG v. 11.8.1992 – 1 AZR 103/92, AP Nr. 124 zu Art. 9 GG – Arbeitskampf. Ebenso im Rahmen der Verhältnismäßigkeit LAG Hamm v. 14.11.2001 – 18 Sa 530/01, AP Nr. 159 zu Art. 9 GG Arbeitskampf. |13 BAG v. 25.10.1988 – 1 AZR 368/87, AP Nr. 110 zu Art. 9 GG – Arbeitskampf. |14 BAG v. 7.6.1988 – 1 AZR 597/86, AP Nr. 107 zu Art. 9 GG – Arbeitskampf. |15 BAG v. 22.10.1986 – 5 AZR 550/85, AP Nr. 4 zu § 14 MuSchG 1968. |16 BAG v. 7.6.1988 – 1 AZR 597/86, AP Nr. 107 zu Art. 9 GG – Arbeitskampf.

226 cc) **Grenzen.** Die Aussperrung unterliegt Außen- und Innengrenzen. Nach der Arbeitskampfkonzeption des BAG ist das **Tarifgebiet grundsätzlich Außengrenze** des Kampfgebietes, weil der räumliche und fachliche Geltungsbereich eines TV auf beiden Seiten den Mitgliederbestand der unmittelbaren Verhandlungspartner und damit einen wesentlichen Faktor des Kräfteverhältnisses bestimme. Jedenfalls bei Schwerpunktstreiks innerhalb des Tarifgebietes sind daher Abwehraussperrungen räumlich auf dieses zu beschränken. Soweit Kampfmaßnahmen diese Außengrenze überschreiten, werden sie vom BAG als regelmäßig nicht erforderlich angesehen, um das Verhandlungsgleichgewicht wieder herzustellen. Insoweit liege ein Verstoß gegen das Übermaßverbot vor[1]. Sympathieaussperrungen sind damit als kampfgebietsausweitende Maßnahmen regelmäßig rechtswidrig[2]. Unbeachtlich sind insoweit die konjunkturelle Lage sowie die Konkurrenzsituation. Sie seien einer generalisierenden Betrachtung nicht zugänglich.

227 Die Begrenzung des Arbeitskampfes auf das Tarifgebiet ermöglicht nach Auffassung des BAG[3] „noch kein abgestuftes Kampfmittelsystem, wie es die Proportionalität im Rahmen des Übermaßverbotes gebietet". Gradmesser dieser Verhältnismäßigkeitsprüfung im engeren Sinne soll das Verhältnis zwischen Streikenden und nach dem Verbandsbeschluss auszusperrenden ArbN sein[4]. Danach gilt als Innengrenze der Aussperrung ein **Quotenmodell**: Werden durch einen Streikbeschluss weniger als ein Viertel der ArbN des Tarifgebiets zur Arbeitsniederlegung aufgefordert, ist eine Ausdehnung um 25 % der tarifbetroffenen ArbN durch Aussperrung nicht unproportional. Ruft die Gewerkschaft mehr als ein Viertel der ArbN des Tarifgebiets zum Streik auf, darf nur bis zur Höchstgrenze von 50 % der tarifbetroffenen ArbN ausgesperrt werden. Darüber hinaus soll eine Aussperrung regelmäßig unverhältnismäßig sein.

228 Im Schrifttum ist diese **Arbeitskampfarithmetik** des BAG heftig kritisiert worden[5]. In der Tat kann man schon aus methodischen Gründen erhebliche Bedenken an der richterlichen Festsetzung von Zahlenschlüsseln ohne nähere empirische Grundlage hegen[6]. Allerdings ist gegenwärtig unklar, ob das BAG an den skizzierten Quoten überhaupt noch festhält[7], außer Frage steht, dass es sich nur um Indizwerte handeln kann, die bei besonderen Fallgestaltungen der Modifikation bedürfen.

229 e) **Einzelaussperrung.** Denkbar sind auch Aussperrungen von einzelnen ArbGeb außerhalb oder sogar gegen den Willen des Verbandes.

230 aa) **Anschlussaussperrung.** So hat die sog. Anschlussaussperrung mit der Verbandsaussperrung gemein, dass sie der Verbreiterung der Kampffront und damit der Intensivierung des Drucks auf den Kampfgegner dient. Allerdings wird sie von **Außenseitern** und eben nicht von Mitgliedern des kämpfenden Verbandes durchgeführt. Das BVerfG[8] anerkennt die Anschlussaussperrung gleichwohl als koalitionsgemäße Betätigung iSd. Art. 9 Abs. 3 Satz 1, sofern das Kampfmittel als Reaktion auf gewerkschaftliche Teil- und Schwerpunktstreiks erklärt wird. Dieser Rspr. liegt die Überlegung zugrunde, dass das Kampfbündnis eines Außenseiters mit einem tariffähigen ArbGebVerband eine Vereinigung iSd. Art. 9 Abs. 3 darstellt, sofern es dem Abschluss eines TV im Interesse des Außenseiters dient. Ausreichend ist insoweit die generelle Vereinbarung der Verbandstarifverträge in den Arbeitsverträgen.

231 bb) **Aussperrung um einen FirmenTV.** Nachdem § 2 Abs. 1 TVG auch den einzelnen ArbGeb für tariffähig erklärt, kann es auch in der Auseinandersetzung um einen FirmenTV zu Aussperrungen kommen. Nachdem Art. 9 Abs. 3 nur von „Vereinigungen" zur Wahrung und Förderung der Arbeits- und Wirtschaftsbedingungen, also von den Koalitionen, nämlich ArbGebVerbänden und Gewerkschaften spricht, stellt sich bei Einzelaussperrungen um einen FirmenTV wiederum die Frage der Rechtsgrundlage. Das BAG[9] stützte das Recht des um einen FirmenTV angegangenen Außenseiterarbeitgebers zur Aussperrung als Abwehrmaßnahme gegen gewerkschaftliche Streiks auf „das geltende Tarifrecht". Ergänzend wird auf diejenigen Vorschriften des Bundesrechts verwiesen, in welchen die Zulässigkeit der Aussperrung vorausgesetzt wird.

---

1 BAG v. 10.6.1980 – 1 AZR 822/79, AP Nr. 64 zu Art. 9 GG – Arbeitskampf. | 2 Zu möglichen Ausnahmen *Kalb*, ArbeitskampfR, Rz. 174 ff.; *Lieb*, DB 1984, Beil. 12, S. 6 f.; *Seiter*, RdA 1981, 65 (85). | 3 BAG v. 10.6.1980 – 1 AZR 822/79, 1 AZR 168/79, AP Nr. 64, 65 zu Art. 9 GG – Arbeitskampf. Krit. *Konzen*, FS 50 Jahre BAG, 2004, S. 513 (533 ff.). | 4 BAG v. 12.3.1985 – 1 AZR 636/82, AP Nr. 84 zu Art. 9 GG – Arbeitskampf; v. 7.6.1988 – 1 AZR 597/86, AP Nr. 107 zu Art. 9 GG – Arbeitskampf. | 5 Brox/Rüthers/*Rüthers*, Rz. 212 f.; *Hanau*, AfP 1980, 126 ff.; *Konzen*, AfP 1984, 1 ff.; *Lieb*, DB 1980, 2188 ff.; *Otto*, RdA 1981, 285 ff.; *Seiter*, RdA 1981, 65 ff. | 6 *Hergenröder*, Zivilprozessuale Grundlagen richterlicher Rechtsfortbildung, 1995, S. 329 ff. | 7 So wurden die Kampfquoten in der Folgeentscheidung BAG v. 12.3.1985 – 1 AZR 636/82, AP Nr. 84 zu Art. 9 GG – Arbeitskampf, die *denselben* Arbeitskampf wie in den Urteilen vom 10.6.1980 betraf, nicht mehr zur Beurteilung der in Frage stehenden Aussperrung herangezogen. Und auch in den Judikaten v. 31.5.1988 – 1 AZR 192/87, AP Nr. 57 zu § 1 Feiertagslohnzahlungsg und v. 7.6.1988 – 1 AZR 597/86, AP Nr. 107 zu Art. 9 GG – Arbeitskampf, ließ der Erste Senat nicht erkennen, ob die zahlenmäßige Beschränkung der Aussperrung noch „geltendes Recht sei". In dem zweitgenannten Urteil findet sich lediglich der Hinweis, dass der Senat Bedenken habe, ob an den Maßstäben der Entscheidung vom 10.6.1980 noch festzuhalten sei. | 8 BVerfG v. 26.6.1991 – 1 BvR 779/85, E 84, 212 (225 f.). Krit. *Konzen*, SAE 1991, 335 (341). | 9 BAG v. 11.8.1992 – 1 AZR 103/92, AP Nr. 124 zu Art. 9 GG – Arbeitskampf; vgl. auch BAG v. 26.4.1988 – 1 AZR 399/86, AP Nr. 101 zu Art. 9 GG – Arbeitskampf; v. 27.6.1995 – 1 AZR 1016/94, AP Nr. 137 zu Art. 9 GG – Arbeitskampf.

Im Schrifttum wird mit unterschiedlicher Begründung[1] die **verfassungsrechtliche Verankerung** auch des Aussperrungsrechts des einzelnen ArbGeb um einen FirmenTV bejaht. Dem wird man zuzustimmen haben. Bereits im Urteil vom 14.7.1981[2] hat das BAG nämlich klargestellt, dass die Tariffähigkeit des einzelnen ArbGeb zum Kernbereich seiner Betätigungsfreiheit aus Art. 9 Abs. 3 gehöre und der einzelne ArbGeb zwar keine Koalition sei, als TV-Partei gegenüber dem Tarifgegner aber die gleichen Rechte haben müsse wie ein ArbGebVerband. Der verfassungsrechtlich geschützte Kernbereich der koalitionsgemäßen Betätigung einer Gewerkschaft gegenüber dem einzelnen ArbGeb sei daher nicht anders zu bestimmen als gegenüber einer Vereinigung von ArbGeb. Das BVerfG selbst[3] hatte schon früher ausgeführt, die Ausdehnung der Tariffähigkeit auf den einzelnen ArbGeb begünstige den Abschluss von TV und diene damit mittelbar der Koalitionsfreiheit. Wenn dem aber so ist, so genießt der einzelne ArbGeb bei der kampfweisen Auseinandersetzung um einen FirmenTV den Schutz des Art. 9 Abs. 3. Auch nach Aufgabe der KernbereichsRspr. durch das BVerfG (Rz. 83) zählen Kampfmaßnahmen, die erforderlich sind, um eine funktionierende Tarifautonomie zu gewährleisten, zum Schutzbereich des Art. 9 Abs. 3[4]. Dies ist nur konsequent, setzt Tarifautonomie doch das Bestehen von Vertrags- bzw. Verhandlungsparität zwischen den beteiligten Parteien voraus. Hält man also mit dem BAG die Einzelaussperrung zur Herstellung von Verhandlungsparität grundsätzlich für erforderlich, dann unterliegt sie folgerichtig der koalitionsrechtlichen Betätigungsgarantie. 232

Einigkeit dürfte darin bestehen, dass die für die Verbandsaussperrung vom BAG aufgestellten **Kampfquoten** für die Einzelaussperrung eines ArbGeb um einen FirmenTV nicht gelten können. Auf der anderen Seite gilt auch hier der Grundsatz der Proportionalität. Das BAG hat es jedenfalls für unverhältnismäßig gehalten, wenn mit einer Abwehraussperrung von 13,25 Stunden auf einen halbstündigen Streik reagiert wird[5]. Angesichts der Tatsache, dass beim Kampf um einen FirmenTV ein unbestreitbar vorhandenes Übergewicht der kampfführenden Gewerkschaft gegenüber dem Außenseiter-ArbGeb gegeben ist, hat das BAG aber ebenso klargestellt, dass jedenfalls länger ausgesperrt werden dürfe als zuvor gestreikt wurde. Letztendlich läuft alles auf eine Abwägung im Einzelfall hinaus. 233

cc) **Wilde Aussperrung.** Rechtswidrig ist dagegen die sog. wilde Aussperrung. Entsprechende Kampfmittel verbandsangehöriger ArbGeb ohne bzw. gegen den Willen ihrer Koalition können nicht anders behandelt werden als nicht gewerkschaftlich organisierte Streiks[6]. Auch hier kann der zuständige ArbGebVerband aber den Arbeitskampf rückwirkend übernehmen. 234

f) **Lösende Abwehraussperrung.** Die lösende Aussperrung führt zur **Beendigung des Arbeitsverhältnisses**, nach Kampfbeendigung besteht eine grundsätzliche Wiedereinstellungspflicht hinsichtlich der lösend ausgesperrten ArbN. Das BAG[7] hat in Ausnahmefällen die Aussperrung auch mit Lösungswirkung für zulässig erklärt, so als Abwehrmittel gegen rechtswidrige Streiks bzw. bei Sachverhalten, in welchen der ArbGeb zur Fortsetzung des Betriebs während eines Streiks Rationalisierungen und eine anderweitige Besetzung der Arbeitsplätze vornehmen will. Legt man zugrunde, dass angesichts der Vorabgarantie des Streiks (Rz. 182) die Aussperrung unter dem Gesichtspunkt der Erforderlichkeit zur Herstellung von Kampfparität erst gerechtfertigt werden muss, so wird eine lösende Aussperrung regelmäßig gegen den Verhältnismäßigkeitsgrundsatz verstoßen[8]. Zulässig kann sie nur da sein, wo die Suspendierungswirkung in Bezug auf die Arbeitsverhältnisse nicht mehr ausreicht, um einen paritätischen Auseinandersetzungsprozess zu gewährleisten[9]. 235

g) **Einzellösungsrecht des ArbGeb.** Fällt im Rahmen eines Arbeitskampfes ein Arbeitsplatz weg, so stellt sich die Frage, ob der ArbGeb kündigen muss oder aber das Arbeitsverhältnis mit **sofortiger Wirkung lösen kann**[10]. Das entsprechende Einzellösungsrecht des ArbGeb wäre als Pendant zum Abkehrrecht des ArbN (Rz. 205) zu sehen. Das BAG hat sich unklar ausgedrückt, richtigerweise wird man hier den ArbGeb auf die betriebsbedingte Kündigung verweisen müssen. Allerdings wäre dann zu verlangen, dass entsprechende Fälle von § 25 KSchG erfasst werden, um ein wirksames Mittel zu gewährleisten. Dies wird allerdings überwiegend abgelehnt. 236

---

1 Vgl. nur *Konzen*, AcP 177 (1977), 473 (506 mit Fn. 203); *Konzen*, SAE 1991, 335 (342); Brox/Rüthers/*Rüthers*, Rz. 91; *Seiter*, Streikrecht, S. 90 ff.; *Seiter*, AfP 1985, 186 (188); zum Streitstand eingehend *Hergenröder*, SAE 1993, 57 (61 ff.). | 2 BAG v. 14.7.1981 – 1 AZR 159/78, AP Nr. 1 zu § 1 TVG – Verhandlungspflicht (*Wiedemann*). | 3 BVerfG v. 19.10.1966 – 1 BvL 24/65, E 20, 312 (318). | 4 BVerfG v. 26.6.1991 – 1 BvR 779/85, E 84, 212 (LS 2, 225). | 5 BAG v. 11.8.1992 – 1 AZR 103/92, AP Nr. 124 zu Art. 9 GG – Arbeitskampf; ein Verhältnis von 9:1 hätte das BAG akzeptiert (unter I 3 e). Für die Zulässigkeit einer einstündigen Aussperrung gegenüber einem ⅓stündigen Streik LAG Hamm v. 14.11.2001 – 18 Sa 530/01, AP Nr. 159 zu Art. 9 GG – Arbeitskampf. | 6 BAG v. 31.10.1995 – 1 AZR 217/95, AP Nr. 140 zu Art. 9 GG – Arbeitskampf; LAG Hamm v. 21.8.1980 – 8 Sa 66/80, EzA Art. 9 GG – Arbeitskampf Nr. 41; *Kalb*, ArbeitskampfR, Rz. 186; *Löwisch/Rieble*, 170.2 Rz. 82; *Seiter*, Streikrecht, S. 340. | 7 BAG (GS) v. 21.4.1971 – GS 1/68, AP Nr. 43 zu Art. 9 GG – Arbeitskampf; vgl. auch *Löwisch/Rieble*, 170.2 Rz. 235 ff. | 8 *Gamillscheg*, KollArbR, § 21 III 6 d; MünchArbR/*Otto*, § 285 Rz. 132 f. Eingehend hierzu auch *Kissel*, ArbeitskampfR, § 52 Rz. 6 ff. | 9 Vgl. *Kalb*, ArbeitskampfR, Rz. 258; Brox/Rüthers/*Rüthers*, Rz. 205 f.; *Seiter*, Streikrecht, S. 361 ff. | 10 BAG (GS) v. 21.4.1971 – GS 1/68, AP Nr. 43 zu Art. 9 GG – Arbeitskampf; *Zöllner/Loritz*, § 41 III.

237 **h) Aussperrung zur Abwehr rechtswidriger Kampfmaßnahmen.** Das BAG hat es der ArbGebSeite freigestellt, auf unzulässige Kampfmaßnahmen der Gegenseite mit einer Aussperrung zu antworten[1]. Sogar ArbN, welche sich an den rechtswidrigen Kampfmaßnahmen nicht beteiligen, sollen ausgesperrt werden dürfen. Dies folge daraus, dass der ArbGeb **beim rechtswidrigen Streik nicht schlechter stehen dürfe als bei einem rechtmäßigen Ausstand**. Diese Rspr. hat im Schrifttum vor dem Hintergrund Zustimmung erfahren, dass prozessuale Rechtsbehelfe bzw. individualrechtliche Reaktionen des betroffenen ArbGeb gegenüber rechtswidrigen Streiks nicht ausreichend seien[2]. Nach der Gegenmeinung liegt schon kein tariflich regelbares Ziel vor, sondern ein Rechtsstreit, der von den Gerichten auszutragen sei[3].

238 **i) Angriffsaussperrung.** Regelmäßig wird die Aussperrung als Abwehrkampfmittel eingesetzt, sie ist aber auch als Angriffsaussperrung **ohne vorhergehende Kampfmaßnahme der ArbN** denkbar. Die hM grenzt dabei beide Aussperrungsformen allein nach der zeitlichen Folge der Kampfmaßnahmen ab[4]. Die Gegenmeinung stellt darauf ab, ob mit dem Kampfmittel eigene Zielsetzungen verfolgt werden[5]. Vergegenwärtigt man sich die typische Arbeitskampfsituation, so erscheint es allerdings richtiger, darauf abzustellen, ob sich die ArbGebSeite auf ein bloßes Bestreiten der gewerkschaftlichen Forderungen beschränkt, oder aber eigene, unter das Tarifniveau gehende Vorstellungen verfolgt. Das alleinige Abstellen auf den zeitlichen Rahmen erscheint jedenfalls nicht als gerechtfertigt. Darauf hinzuweisen ist, dass konjunkturell bedingt die Angriffsaussperrung in den letzten Jahrzehnten in Deutschland praktisch keine Rolle mehr gespielt hat.

239 Jedenfalls muss der ArbGebSeite unter dem Gesichtspunkt einer funktionsfähigen Tarifautonomie bei einer einschneidenden Verschlechterung der wirtschaftlichen Lage die Notwendigkeit eingeräumt werden, mittels der Angriffsaussperrung den **Abbau tariflicher Leistungen** im Interesse der Erhaltung des Unternehmens und damit der Arbeitsplätze durchzusetzen. Das BAG hatte die Angriffsaussperrung zunächst noch ausdrücklich anerkannt[6], später die Frage aber offen gelassen[7]. Im Schrifttum wird ihre grundsätzliche Zulässigkeit ganz überwiegend bejaht[8]. Wie schon bei der lösenden Aussperrung sind allerdings auch hier die Verhältnismäßigkeit und damit die Erforderlichkeit dieser Kampfmaßnahme zu prüfen. Nachdem sich freilich die Änderungskündigung im Nachwirkungsstadium eines TV nach § 4 Abs. 5 TVG in der Praxis als wenig tauglich erwiesen hat, um die Arbeitsbedingungen anzupassen, mag bei einer entsprechenden konjunkturellen Lage der Angriffsaussperrung ein Anwendungsspielraum verbleiben[9].

240 **7. Boykott. a) Begriff und Systematik.** Unter den Begriff des „Boykotts" subsumiert man die **Verhängung einer Sperre über den Boykottierten**, welche dessen Aussperrung vom Verkehr mit anderen Personen bezweckt. Auf den Boykottierten soll durch die Verhinderung von Rechtsgeschäften Druck dahingehend ausgeübt werden, dass er eine bestimmte Maßnahme vornimmt oder unterlässt. Wesensmerkmal des Boykotts ist, dass an einen größeren Personenkreis die Aufforderung gerichtet wird (Verruf), geschäftliche Beziehungen als Konsument von Ware und Arbeit mit dem Boykottierten (Verrufenen) zu unterlassen. Im Arbeitskampfrecht stellt der Boykott die Ächtung der Gegenpartei durch ArbGeb oder ArbN dar, welche es ablehnen, mit dem Boykottierten in Beziehung zu treten und die, um ein bestimmtes Kampfziel zu erreichen, Dritte auffordern, sich an dieser Ächtung zu beteiligen[10]. Ziel des Boykotts ist also die Abschottung des Kampfgegners vom geschäftlichen Verkehr.

241 Der arbeitsrechtliche Boykott kann im Kampfmittelsystem auf eine lange Tradition zurückblicken. In früherer Zeit war insb. die **Zuzugssperre** von Bedeutung, wonach im Ausstand befindliche ArbN ihre Kollegen aufforderten, mit dem bestreikten ArbGeb keine neuen Arbeitsverträge abzuschließen, umgekehrt versuchte die ArbGebSeite über „schwarze Listen", die anderweitige Einstellung Streikender zu verhindern. Durch die Einführung suspendierender Kampfrechte hat der Boykott in neuerer Zeit an Bedeutung verloren. Regelmäßig ist er nur noch Nebenkampfmittel zu Streik und Aussperrung. Klarzustellen ist allerdings schon an dieser Stelle, dass die Rechtmäßigkeit des Boykotts unabhängig vom Hauptkampfmittel festzustellen ist[11].

242 Umstritten ist die Einordnung des Boykotts in das arbeitskampfrechtliche System, insb. das **Verhältnis zu Streik und Aussperrung.** Es stellt sich die Frage, ob der Boykott als dritte, eigenständige Kampf-

---

[1] BAG v. 25.1.1963 – 1 AZR 288/62, AP Nr. 24 zu Art. 9 GG – Arbeitskampf; v. 21.4.1971 – GS 1/68, AP Nr. 43 zu Art. 9 GG – Arbeitskampf; v. 14.2.1978 – 1 AZR 76/76, AP Nr. 58 zu Art. 9 GG – Arbeitskampf. | [2] *Löwisch/Rieble*, 170.2 Rz. 102 ff., die dem BAG allerdings nur in der ersten Aussage folgen; siehe ferner *Loritz*, in: Lieb/v. Stebut/Zöllner, S. 119, 129 f. | [3] *Brox/Rüthers/Brox*, Rz. 341; ErfK/*Dieterich*, Art. 9 GG Rz. 239; *Seiter*, Streikrecht, S. 372 ff. | [4] *Birk/Konzen/Löwisch/Raiser/Seiter*, S. 78; *Brox/Rüthers/Brox*, Rz. 57; *Kalb*, ArbeitskampfR, Rz. 27; *Seiter*, Streikrecht, S. 336 f. | [5] Siehe etwa MünchArbR/*Otto*, § 286 Rz. 67, 69 ff. | [6] BAG (GS) v. 28.1.1955 – GS 1/54, AP Nr. 1 zu Art. 9 GG – Arbeitskampf. | [7] BAG v. 10.6.1980 – 1 AZR 822/79, AP Nr. 64 zu Art. 9 GG – Arbeitskampf. | [8] *Kalb*, ArbeitskampfR, Rz. 178 ff.; *Löwisch/Rieble*, 170.1 Rz. 52 ff.; Brox/Rüthers/*Rüthers*, Rz. 186 f. | [9] So im Erg. auch ErfK/*Dieterich*, Art. 9 GG Rz. 243. | [10] *Birk*, ArbuR 1974, 289 (297 f.); *Seiter*, Arbeitskampfparität, S. 28. | [11] Diff. *Konzen*, FS Molitor, 1988, S. 181 (182).

form neben Streik und Aussperrung einzuordnen ist[1] oder Streik und Aussperrung nur besondere Formen des arbeitsrechtlichen Boykotts sind[2]. Ebenso umstritten ist, ob die Herbeiführung der Sperre über den Boykottierten auch im Wege eines Sympathiearbeitskampfes zulässig ist bzw. ob ein entsprechendes Verhalten überhaupt unter den Boykottbegriff subsumiert werden kann. Während die Rspr.[3] sowie Stimmen in der Lit.[4] von einem Boykott ausgehen, sieht die Gegenmeinung[5] in Arbeitsniederlegungen von ArbN, die selbst in keinerlei Vertragsbeziehungen zu solchermaßen „Boykottierten" stehen, keinen Boykotttatbestand. Der „Verruf" ist demnach ein schlichter Aufruf zum Unterstützungsarbeitskampf (Rz. 270).

Teilweise wird diesbezüglich auch zwischen **Boykott im „weiteren" und im „engeren" Sinne** differenziert: Während letzterer Begriff nur die Unterlassung von Vertragsschlüssen umfasst, bezeichnet der weitere Boykottbegriff alle Formen der Meidung des rechtsgeschäftlichen Verkehrs sowie den Aufruf hierzu. Neben dem Boykott im „engeren" Sinne sind auch Streik und Aussperrung durch nur zeitweise Entziehung der vertraglich geschuldeten Hauptleistung Bestandteil des Boykotts im „weiteren" Sinne[6]. Festzuhalten ist jedenfalls, dass aus dem Dreiparteienverhältnis beim Boykott ieS ein Vierparteienverhältnis beim Boykott im weiteren Sinne wird, da nunmehr der jeweilige Gegner des Unterstützungsarbeitskampfes ebenfalls in die Auseinandersetzung mit einbezogen wird. **243**

b) Rechtmäßigkeit. Der Boykott ist als zulässiges Mittel des Arbeitskampfes in Rspr.[7] und Lit.[8] allgemein anerkannt, wobei allerdings der Verhältnismäßigkeitsgrundsatz zu beachten ist. Vom BAG wird er als **„geschichtlich überkommene Arbeitskampfmaßnahme"**, die innerhalb der von der Rechtsordnung gewährleisteten Arbeitskampffreiheit nicht ausgeschlossen sei, bezeichnet[9]. Richtigerweise wird man im Hinblick auf den gegenwärtigen Rechtszustand allerdings differenzieren müssen: Im Grundsatz unstreitig zulässig ist der Boykott im engeren Sinne, also die tatsächliche Herbeiführung der Sperre durch einen Zuzugs- oder Wirtschaftsboykott. Als noch offen muss dagegen die Frage bezeichnet werden, ob einem (Boykott-)Aufruf zu Sympathiekampfmaßnahmen die gleiche Bewertung zuteil wird. Im Hinblick auf die neuere Rspr. des BAG zur Rechtmäßigkeit des Sympathiestreiks (Rz. 270) wird man solche Boykotts im weiteren Sinne ebenfalls auf Ausnahmetatbestände begrenzen müssen. **244**

Der Boykott besteht aus **zwei Teilakten**: Dem Verrufsakt sowie den auf diesen hin durchgeführten Sperrmaßnahmen der Adressaten. Zwar werden beide Teilakte begrifflich zu einem einheitlichen sozialen Geschehen „Boykott" zusammengefasst, rechtlich besehen handelt es sich aber um zwei selbständige Kampfhandlungen. So ist schon der Verruf als solcher durchaus geeignet, den Kampfgegner zum Einlenken zu zwingen, ohne dass es überhaupt der Herbeiführung der Sperre durch die Adressaten bedarf[10]. **245**

c) Akzessorietät. Umstritten ist, ob zwischen Verruf und Herbeiführung der Sperre Akzessorietät dergestalt besteht, dass die Rechtswidrigkeit der Durchführungsmaßnahmen auch zur Rechtswidrigkeit des Boykottaufrufs führt[11]. Richtigerweise gilt Folgendes: **Verruf und tatsächliche Herbeiführung der Sperre** sind zwei voneinander unabhängige und damit selbständig zu beurteilende Teilakte des Boykotts. Allerdings hängt die Rechtmäßigkeit des Aufrufs zum Boykott bzw. zum Sympathiearbeitskampf von der rechtlichen Zulässigkeit derjenigen Handlungen ab, zu denen aufgerufen wird. Erklärt die Rechtsordnung die Durchführungsaktion für rechtswidrig, kann die Drohung mit dieser oder der Aufruf zu dieser nicht rechtmäßig sein. Auf der anderen Seite ist zu berücksichtigen, dass das, was den Adressaten des Verrufs im Rahmen der Privatautonomie freisteht, nämlich den Boykottierten zu sperren, mit ihm also keine Vertragsbeziehungen einzugehen, als Aufforderung hierzu im Rahmen des geltenden Rechts missbilligt werden bzw. gar spezialgesetzlich verboten sein kann. **246**

Getrennt beurteilt werden muss aber die Frage, ob einzelne, im Rahmen des Boykotts auftretende **rechtswidrige Aktionen** dem Verrufer auch dann zugerechnet werden können, wenn er selbst diese Durchführungshandlungen gar nicht gewollt hat. Insoweit geht es freilich um das allgemeine Problem, inwieweit der Anstifter für den Erfolg seines Tuns auch dann zu haften hat, wenn die Ausführungshandlungen den beabsichtigten Rahmen überschreiten. Insbesondere das Verschulden des Verrufers ist in diesen Fällen besonders sorgfältig zu prüfen[12]. **247**

---

1 So etwa *Binkert*, Gewerkschaftliche Boykottmaßnahmen im System des Arbeitskampfrechts, 1981, S. 176 ff.; Brox/Rüthers/*Brox*, Rz. 66. |2 Dazu eingehend *Seiter*, Arbeitskampfparität, S. 36 ff. |3 BAG v. 19.10.1976 – 1 AZR 611/75, AP Nr. 6 zu § 1 TVG – Form; weitere Nachw. bei *Hergenröder*, S. 333. |4 *Däubler/Bieback*, ArbeitskampfR, Rz. 400; *Binkert*, Gewerkschaftliche Boykottmaßnahmen im System des Arbeitskampfrechts, 1981, S. 178 ff.; *Birk*, Unterstützungskampfmaßnahmen, S. 23 f. |5 *Seiter*, Arbeitskampfparität, S. 27 ff., 30 ff. |6 *Seiter*, Arbeitskampfparität, S. 37. |7 BAG v. 19.10.1976 – 1 AZR 611/75, AP Nr. 6 zu § 1 TVG – Form. |8 *Däubler/Bieback*, ArbeitskampfR, Rz. 369; *Birk*, Unterstützungskampfmaßnahmen, S. 99 f.; Brox/Rüthers/*Brox* Rz. 65 ff.; *Kalb*, ArbeitskampfR, Rz. 191; *Seiter*, Arbeitskampfparität, S. 45. |9 BAG v. 19.10.1976 – 1 AZR 611/75, AP Nr. 6 zu § 1 TVG – Form. |10 *Binkert*, Gewerkschaftliche Boykottmaßnahmen im System des Arbeitskampfrechts, 1981, S. 180; *Seiter*, Arbeitskampfparität, S. 38. |11 Abl. *Binkert*, Gewerkschaftliche Boykottmaßnahmen im System des Arbeitskampfrechts, 1981, S. 177 ff.; *Birk*, Unterstützungskampfmaßnahmen, S. 101 ff. |12 *Birk*, Unterstützungskampfmaßnahmen, S. 111 f.

248 **8. Druckausübung zur Durchsetzung einzelvertraglicher Regelungsziele außerhalb der Verbände. a) Massenänderungskündigung des ArbGeb.** Durch den Ausspruch einer Massenänderungskündigung kann der ArbGeb, auch ohne in einer Koalition organisiert zu sein, kollektiven Druck ausüben. Die Änderungskündigung stellt ein **individualrechtliches Gestaltungselement** dar. Nach der überwiegenden Meinung in Rspr.[1] und Lit.[2] ist auch die Massenänderungskündigung als individualvertragliche Maßnahme zu sehen. Da es sich somit nicht um eine Arbeitskampfmaßnahme iSd. § 25 KSchG handelt, findet auf solche Kündigungen der gesamte Kündigungsschutz Anwendung. Werden Individualrechte gebündelt ausgeübt, reicht dies nicht aus, um eine kollektivrechtliche Zulässigkeitsbetrachtung durchzuführen. Allerdings kommt eine solche Kündigung nur im Hinblick auf den Abbau übertariflicher Leistungen in Betracht.

249 **b) Massenänderungskündigung der ArbN.** Bei der kollektiven Änderungskündigung durch die ArbN stellt sich das Problem, dass durch das koordinierte Zusammenwirken der verschiedenen ArbN die **gemeinsame Ausübung eines Individualrechtes Arbeitskampfcharakter** gewinnt. Während der ArbGeb ein ihm in jedem einzelnen Vertragsverhältnis zustehendes Recht geltend macht, müssen die ArbN gebündelt zusammenwirken. Das BAG jedenfalls hat die gebündelte Änderungskündigung von 29 Estrichlegern als Arbeitskampfmaßnahme eingeordnet[3].

250 Im Schrifttum besteht jedoch überwiegend Einigkeit, dass der ArbN ihm selbst zustehende Rechte **auch gebündelt mit anderen ArbN geltend machen darf**. Auch hier wird der Schwerpunkt auf den individualvertraglichen Charakter der Änderungskündigung gelegt[4]. Davon abgesehen verstößt ein Verband gegen seine Friedenspflicht, wenn er zur Massenänderungskündigung tarifvertraglich geregelter Ziele aufruft[5]. Für den einzelnen ArbN kann dies jedoch nicht gelten[6].

251 **c) Problem des „wilden Streiks" bzw. der „wilden Aussperrung"**[7]. Bei einem **wilden Streik** handelt es sich um eine Arbeitskampfmaßnahme außerhalb einer Gewerkschaft. Die zusammengeschlossenen ArbN erklären den Streik ohne gewerkschaftliche Organisation. Eine solche Betätigung ohne Mitwirkung einer Koalition kann nicht von der Vereinigungsfreiheit des Art. 9 Abs. 3 gedeckt sein, nicht zuletzt auch deshalb, weil wegen des fehlenden organisierten Anspruchspartners keine Konfliktlösungsfunktion besteht (Rz. 184). Der Abschluss eines TV ist mangels tariffähiger Koalition als Gegenspieler nicht möglich.

252 Aus dieser Konfliktlösungsfunktion ergibt sich aber auch die Möglichkeit der **rückwirkenden Übernahme** durch die Gewerkschaft. Nach der Übernahme steht ein tariffähiger Verhandlungspartner zur Verfügung, der Abschluss eines TV um den Konflikt zu beenden ist möglich. Eine solche Übernahme kann jedoch nur zulässig sein, wenn der Streik noch nicht beendet und als gewerkschaftlich geführter Streik rechtmäßig ist (vgl. schon Rz. 186).

253 Ähnliches gilt auch für die **wilde Aussperrung**. Wird der Arbeitskampf von einem ArbGebVerband geführt, können die einzelnen ArbGeb ohne Verbandsbeschluss keine zulässigen Aussperrungen erklären. Auch hier ist eine Konfliktlösung nur zwischen den Verbänden möglich. Als Ausnahme hiervon gelten Fälle, in denen der ArbGeb durch parallel abzuschließende Haustarifverträge als tariffähige Person angesprochen ist (vgl. schon Rz. 231).

254 **9. Gemeinsam ausgeübtes Zurückbehaltungsrecht bei Pflichtverletzungen des ArbGeb.** Die kollektive Ausübung von Zurückbehaltungsrechten ist von der Durchführung eines Streiks nicht immer zu unterscheiden. In beiden Fällen kommt es zu Arbeitsniederlegungen. Auch für das Arbeitsverhältnis ist die Anwendung von Zurückbehaltungsrechten anerkannt[8]. Schuldrechtliche Grundlage dafür sind die §§ 273, 320 BGB. In den meisten Fällen bezieht sich das BAG auf die Geltendmachung des § 273 BGB. Ein solches Zurückbehaltungsrecht muss ausdrücklich erklärt werden (Einrede, vgl. § 274 Abs. 1 BGB). Bei Anwendung des § 320 BGB ist eine solche Geltendmachung entbehrlich, die Nichtleistung der Arbeitserbringung ist schon bei objektiver Vorliegen der Voraussetzungen legitimiert[9]. Die Ausübung eines Zurückbehaltungsrechtes nach § 320 BGB ist bzgl. des Arbeitslohnes wegen § 614 BGB nur für die vergangene Lohnperiode möglich.

255 Besteht ein individualvertraglicher Grund für die Zurückbehaltung der Leistung, so kann diese – **auch mit gewerkschaftlicher Unterstützung – kollektiv verweigert** werden, es ist jedoch jedes geltend

---

1 BAG (GS) v. 28.1.1955 – GS 1/54, AP Nr. 1 zu Art. 9 GG – Arbeitskampf; BAG v. 1.2.1957 – 1 AZR 521/54, AP Nr. 4 zu § 56 BetrVG. | 2 *Kissel*, ArbeitskampfR, § 62 Rz. 22 mwN. | 3 BAG v. 28.4.1966 – 2 AZR 176/65, AP Nr. 37 zu Art. 9 GG – Arbeitskampf. | 4 MünchArbR/*Otto*, § 286 Rz. 121 ff.; *Gamillscheg*, KollArbR I, § 21 II 2 a; *Löwisch/Rieble*, 170.2 Rz. 303; *Zöllner/Loritz*, § 40 III 3; aA *Hueck/Nipperdey*, II/2, 1016 f., 1021 f.; *Hanau/Adomeit*, Rz. 284. | 5 *Kissel*, ArbeitskampfR, § 61 Rz. 50; KassArbRHdb/*Kalb*, 8.2 Rz. 251; *Gamillscheg*, KollArbR I, § 22 II 5 a; Brox/Rüthers/*Brox*, Rz. 565. | 6 *Kissel*, ArbeitskampfR, § 61 Rz. 47; Brox/Rüthers/*Brox*, Rz. 568; *Seiter*, Streikrecht, S. 415; ErfK/*Dieterich*, Art. 9 GG Rz. 278; aA *Zöllner/Loritz*, § 40 V 2a; MünchArbR/*Otto* § 286 Rz. 126; *Lieb*, Arbeitsrecht, Rz. 702. | 7 Dazu *Löwisch/Rieble*, 170.2 Rz. 65 ff. | 8 BAG v. 20.12.1963 – 1 AZR 428/62, AP Nr. 32 zu Art. 9 GG – Arbeitskampf. | 9 Palandt/*Heinrichs*, § 320 BGB Rz. 12; *Kissel*, ArbeitskampfR, § 61 Rz. 15.

gemachte Zurückbehaltungsrecht einzeln zu begutachten[1]. Zur Abgrenzung vom Streik bedarf es nach dem BAG allerdings einer **ausdrücklichen Erklärung** des ArbN, dass er sich auf ein Zurückbehaltungsrecht stütze[2]. In der Lit. wird dem nicht gefolgt[3] oder zwischen § 320 BGB und § 273 BGB unterschieden. Entfällt die Leistungspflicht ipso iure, sei keine Anzeige beim ArbGeb erforderlich. In den Fällen des § 273 BGB sei der Grund und die Ausübung eines Zurückbehaltungsrechtes schon wegen § 273 Abs. 3 BGB (Einrede durch Sicherheitsleistung) zu nennen[4].

Letztendlich muss der Gläubiger wissen, warum der Schuldner die Leistung verweigert, vor allem zur Unterscheidung vom Streik bedarf es einer **Erklärung gegenüber dem ArbGeb**[5], die Qualifikation der getroffenen Maßnahme kann nicht allein einer ex post-Betrachtung im gerichtlichen Verfahren verbleiben. Folge einer berechtigten Ausübung des Zurückbehaltungsrechtes durch den ArbN ist der Annahmeverzug des ArbGeb. Der Lohnanspruch des ArbN bleibt gem. § 615 BGB bestehen. Besteht das Zurückbehaltungsrecht nicht, verletzt der ArbN seinen Arbeitsvertrag und verliert seinen Lohnanspruch. 256

Geht man davon aus, dass die ArbN die Ausübung eines Zurückbehaltungsrechts erkennbar anzeigen müssen, kommt ein **Zurückbehaltungsrecht nach erklärtem Streik** nicht in Betracht[6]. Eine solche Arbeitsniederlegung würde dann einen rechtswidrigen wilden Streik (Rz. 251) darstellen. Gehen die ArbN irrtümlich vom Vorliegen der Voraussetzungen eines Zurückbehaltungsrechts aus und erklären auch die Wahrnehmung dieses Zurückbehaltungsrechts, ist dies individualvertraglich zu bewerten. Sanktionen wegen eines wilden Streiks dürften dann regelmäßig schon deshalb ausscheiden, weil die ArbN wegen eines **Rechtsirrtums** (Rz. 298) kein Verschulden trifft. Bei Verletzung **betriebsverfassungsrechtlicher Pflichten** ohne individualrechtlichen Bezug ist ein Zurückbehaltungsrecht der ArbN zu verneinen[7]. 257

10. Grenzen des Arbeitskampfes. a) Zulässigkeit der Begrenzung allgemein. aa) Schranken aus dem Grundgesetz. Auch der Arbeitskampf muss sich in die Schranken der Verfassung weisen lassen. Die Verortung in Art. 9 Abs. 3 und die Gewährleistung zur Regelung der Arbeits- und Wirtschaftsbedingungen lässt erkennen, dass es um die Durchsetzung tariflicher Regelungen geht[8]. Dies führt zu der schon aus der Koalitionsfreiheit selbst folgenden immanenten Schranke, dass **alleinige Zielsetzung eines zulässigen Arbeitskampfes nur ein TV sein kann**[9]. Der Arbeitskampf ist Annex der Tarifautonomie, folglich darf er sich auch nur gegen einen tarifzuständigen Vertragspartner richten. 258

Fraglich ist das Verhältnis der Koalitionsfreiheit der in kirchlichen Einrichtungen Beschäftigten **zum Selbstbestimmungsrecht der Religionsgemeinschaften** nach Art. 140 GG iVm. Art. 137 Abs. 3 WRV. Die wohl hM[10] verneint die Zulässigkeit von Arbeitskampfmaßnahmen gegen kirchliche Einrichtungen mit der Begründung, das kirchliche Selbstbestimmungsrecht schütze nicht nur die Wortverkündung, sondern auch die karitative Tätigkeit. Im Übrigen stehe der Kirche schon aus ihrem Selbstverständnis heraus das Kampfmittel der Aussperrung nicht zur Verfügung, auch sei mit dem religiösen Auftrag eine nach dem Wettbewerbsprinzip organisierte Dienstverfassung unvereinbar. Nach der Gegenmeinung bedeutet die Unterwerfung der Religionsgemeinschaften unter das staatliche Arbeitsrecht die Geltung und damit den Vorrang des Art. 9 Abs. 3[11]. 259

Über das Arbeitskampfziel hinaus kann der Arbeitskampf mit den **Grundrechten Dritter** kollidieren. Auch hier ist eine interessengerechte Lösung im Wege der praktischen Konkordanz zu finden. Schon deshalb bedarf es iSd. **verfassungsrechtlichen Übermaßverbotes** einer Arbeitskampfmaßnahme, die innerhalb ihrer Funktion, wirtschaftlichen Druck zur Lösung eines Tarifkonfliktes auszuüben, geeignet, erforderlich und verhältnismäßig ist (siehe schon Rz. 169). 260

bb) Art. 31 Europäische Sozialcharta. Teil II Art. 6 Nr. 4 ESC enthält eine Bestimmung über das Recht auf Kollektivverhandlungen (Rz. 153). Gem. Teil III Art. 31 Abs. 1 ESC ist eine **Einschränkung dieser Rechte** nur zulässig, wenn „diese gesetzlich vorgeschrieben und in einer demokratischen Gesellschaft zum Schutze der Rechte und Freiheiten anderer oder zum Schutz der öffentlichen Sicherheit und Ordnung, der Sicherheit des Staates, der Volksgesundheit und der Sittlichkeit notwendig sind". Die Einhaltung der ESC wird durch einen Sachverständigenausschuss des Europarates überwacht. Dessen Spruchpraxis läuft in einigen Punkten dem deutschen Arbeitskampfrecht zuwider[12]. So er- 261

---

1 BAG v. 14.2.1978 – 1 AZR 76/76, AP Nr. 58 zu Art. 9 GG – Arbeitskampf; MünchArbR/*Otto*, § 286 Rz. 130; *Seiter*, Streikrecht S. 430 ff. | 2 BAG v. 20.12.1963 – 1 AZR 428/62, AP Nr. 32 zu Art. 9 GG – Arbeitskampf; leichte Einschränkung in BAG v. 14.2.1978 – 1 AZR 76/76, AP Nr. 58 zu Art. 9 GG – Arbeitskampf: wesentliche Erkennbarkeit reiche aus. |3 *Gamillscheg*, KollArbR, § 22 III 6 d; vgl. auch Brox/Rüthers/*Brox*, Rz. 606. |4 MünchArbR/*Otto*, § 286 Rz. 141. | 5 *Kissel*, ArbeitskampfR, § 61 Rz. 15 ff. | 6 AA MünchArbR/*Otto*, § 286 Rz. 141; *Walker*, NZA 1993, 767 (773). | 7 BAG v. 14.2.1978 – 1 AZR 76/76, AP Nr. 58 zu Art. 9 GG – Arbeitskampf; MünchArbR/*Otto*, § 286 Rz. 135; im Ergebnis auch Brox/Rüthers/*Brox*, Rz. 602; *Gamillscheg*, KollArbR I, § 22 III 6 a 2). |8 BVerfG v. 26.6.1991 – 1 BvR 779/85, BE 84, 212. |9 BAG (GS) v. 21.4.1971 – GS 1/68, AP Nr. 43 zu Art. 9 GG – Arbeitskampf; v. 5.3.1985 – 1 AZR 468/83, AP Nr. 85 zu Art. 9 GG – Arbeitskampf; MünchArbR/*Otto*, § 285 Rz. 2. |10 Vgl. nur *Richardi*, Arbeitsrecht in der Kirche, 3. Aufl. 2000, S. 139 mwN in Fn. 31. |11 Siehe dazu etwa *Gamillscheg*, KollArbR, § 3 3 k mwN; *Kühling*, ArbuR 2001, 241 (243 ff.). |12 Vgl. *Franzen*, EzA Art. 9 GG – Arbeitskampf Nr. 134, S. 21 (33); *Kissel*, ArbeitskampfR, § 20 Rz. 35; MünchArbR/*Otto*, § 284 Rz. 54.

kennt der Ausschuss auch nichtorganisierten ArbN ein Streikrecht zu, dies führt zu einer Legitimation des wilden Streiks, des Weiteren wird auch eine Arbeitsniederlegung zur Durchsetzung außertariflicher Regelungsziele für rechtmäßig gehalten. Ferner sieht der Sachverständigenausschuss in dem grundsätzlichen Verbot des Beamtenstreiks einen Verstoß gegen Teil II Art. 6 Abs. 4 ESC. Damit ist fraglich ob die dem zuwiderlaufende Ausgestaltung des deutschen Arbeitskampfrechts eine unzulässige Begrenzung der in Teil II Art. 6 Abs. 4 ESC geregelten Rechte darstellt.

262 Die hiermit aufgeworfene **Frage der Verbindlichkeit der ESC** wird heftig diskutiert. Weder das BVerfG[1] noch das BAG[2] haben dazu abschließend entschieden. In der Lit. werden die unterschiedlichsten Ansätze vertreten[3]. Solange es keine gesetzliche Regelung des Arbeitskampfrechts gibt, müssen sich die Gerichte auch an die ESC halten. Allerdings gewinnt die Vorschrift lediglich als Auslegungshilfe Bedeutung, die Spruchpraxis des Sachverständigenausschusses kann nicht zu einer authentischen Interpretation der Europäischen Sozialcharta herangezogen werden. Folgen jedoch weitere **Empfehlungen des Ministerkomitees** des Europarates, wie die zum Streik für außertarifliche Regelungsziele[4] nach Teil IV Art. 29 ESC, stellt dies eine authentische Interpretation der ESC dar[5]. Einzige Möglichkeit der Bundesregierung[6], auf die Rspr. des BAG Einfluss zu nehmen[7], wäre ein Gesetzentwurf, welcher dem Inhalt der Empfehlungen entspricht. Die weitere Entwicklung bleibt abzuwarten.

263 **b) Einzelne Schranken. aa) Verbot nicht erforderlicher Kampfmaßnahmen.** Arbeitskämpfe haben weitreichende Konsequenzen auch über die beteiligten Koalitionen hinaus. Das BAG hat Arbeitskämpfe daher als unerwünscht bezeichnet, „da sie volkswirtschaftliche Schäden mit sich bringen und den im Interesse der Gesamtheit liegenden sozialen Frieden beeinträchtigen". Als Hilfsmittel der Tarifautonomie sind Arbeitskämpfe notwendig, jedoch dürfen sie nur die Ultima Ratio sein. Das **Ultima-Ratio-Prinzip** prägt die ständige Rspr. des BAG und kann als Kern des Verhältnismäßigkeitsgrundsatzes angesehen werden[8]. Die Erforderlichkeit eines Arbeitskampfmittels ist demnach erst gegeben, wenn alle Verhandlungs- und Verständigungsmöglichkeiten ausgeschöpft sind. Dies ist der Fall wenn die Verhandlungen endgültig gescheitert sind. Die Feststellung dieses Zeitpunktes liegt in den Händen der TV-Parteien und ist nicht immer eindeutig möglich.

264 Das Für und Wider des Ultima-ratio-Prinzips wird vor allem am Problem des **Warnstreiks** diskutiert. Bei diesen ruft die Gewerkschaft bereits vor dem Scheitern der Verhandlungen zu kurzfristigen Arbeitsniederlegungen auf. In den ersten drei Warnstreikentscheidungen[9] hatte das BAG Kurzzeitstreiks bis zu drei Stunden aus dem Anwendungsbereich des Ultima-Ratio-Prinzips herausgenommen. Faktisch wurden diese Streiks privilegiert, obwohl sie durch die Taktik der „neuen Beweglichkeit" ebenso empfindlichen Druck ausübten wie „normale" Erzwingungsstreiks. Nach heftiger Kritik in der Lit. hat das BAG diese Privilegierung unter Modifikation des Ultima-ratio-Prinzips ausdrücklich aufgegeben[10]. Nunmehr sieht die Rspr. in der Durchführung von Kurzzeitstreiks die Feststellung der Gewerkschaft, dass die Verhandlungen gescheitert sind. Im Schrifttum wird eine solche konkludente Erklärung des Scheiterns kritisch betrachtet. Wenn man den Warnstreik als „normalen" Streik werte, bedürfe es auch eines förmlichen Streikaufrufs, die dann erforderliche Erklärung stünde damit einer konkludenten Handlung der Gewerkschaft entgegen[11]. Richtigerweise wird man jedenfalls verlangen müssen, dass vor Streikbeginn wenigstens einmal verhandelt wurde, allerdings auch nur dann, wenn die erhobenen Forderungen von der Gegenseite nicht von vornherein und vollständig abgelehnt worden waren[12].

265 **bb) Verbot des Einsatzes unlauterer Kampfmittel.** Die gezielte Einsetzung unlauterer Kampfmittel ist verboten. Hierbei ist jedoch das Verhältnis von Arbeitskampf und Strafrecht zu beachten (Rz. 341 ff.). Als strafbare Handlungen im Verlauf eines Arbeitskampfes kommen vor allem Körperverletzung (§ 223 StGB), Nötigung (§ 240 StGB) oder Beleidigungen (§ 185 StGB) durch Streikposten in

---

1 BVerfG v. 20.10.1981 – 1 BvR 404/78, E 58, 233; v. 2.3.1993 – 1 BvR 1213/85, – 1 BvR 1213/85, E 88, 103. |**2** BAG v. 10.6.1980 – 1 AZR 822/79, AP Nr. 64 zu Art. 9 GG – Arbeitskampf; v. 12.9.1984 – 1 AZR 342/83, AP Nr. 81 zu Art. 9 GG; v. 10.12.2002 – 1 AZR 96/02, AP Nr. 162 zu Art. 9 GG – Arbeitskampf; dazu *Franzen*, EzA Art. 9 GG – Arbeitskampf Nr. 134, S. 21 (33 f.). |**3** Vgl. dazu nur *Kissel*, ArbeitskampfR, § 20 Rz. 12 ff. |**4** Empfehlung vom 2.3.1998, ArbuR 1998, 154 f. |**5** *Kissel*, ArbeitskampfR, § 20 Rz. 33; *Löwisch/Rieble*, 170.1 Rz. 109; MünchArbR/*Otto*, § 284 Rz. 54. |**6** Diese hat die Empfehlung abgelehnt und keinen Handlungsbedarf gesehen, BT-Drs. 13/11415 v. 3.9.1998, S. 17 f. |**7** Zur legislativen Korrektur von Richterrecht *Hergenröder*, Zivilprozessuale Grundlagen richterlicher Rechtsfortbildung, 1995, S. 198 f. |**8** Zweifelnd im Hinblick auf die Vereinbarkeit mit Art. 31 ESC BAG v. 12.9.1984 – 1 AZR 342/83, AP Nr. 81 zu Art. 9 GG – Arbeitskampf. Dagegen *Kissel*, ArbeitskampfR, § 30 Rz. 5; *Konzen*, JZ 1986, 157 (162) mit der Begründung, das Ultima-ratio-Prinzip habe seine Grundlage in der Verfassung und stehe damit über der ESC. |**9** BAG v. 17.12.1976 – 1 AZR 605/75, AP Nr. 51 zu Art. 9 GG – Arbeitskampf; v. 12.9.1984 – 1 AZR 342/83, AP Nr. 81 zu Art. 9 GG – Arbeitskampf; v. 29.1.1985 – 1 AZR 179/84, AP Nr. 83 zu Art. 9 GG – Arbeitskampf. Eingehend hierzu *Seiter*, Die Warnstreikentscheidungen des Bundesarbeitsgerichts, 1986, S. 61 ff. |**10** BAG v. 21.6.1988 – 1 AZR 651/86, AP Nr. 108 zu Art. 9 GG – Arbeitskampf. |**11** Vgl. näher *Gamillscheg*, KollArbR § 24 III 3 d; *Konzen*, FS 50 Jahre BAG, 2004, S. 513 (541 ff.); MünchArbR/*Otto*, § 285 Rz. 103. |**12** Siehe auch BAG v. 9.4.1991 – 1 AZR 332/90, AP Nr. 116 zu Art. 9 GG – Arbeitskampf; ErfK/*Dieterich*, Art. 9 GG Rz. 127.

Frage. Die **gezielte kampftaktische Einbeziehung strafrechtlicher Handlungen** der Mitglieder durch den Verband führt zur Rechtswidrigkeit des Arbeitskampfes[1]. Eine **Duldung strafbarer Handlungen** führt jedoch erst zur Rechtswidrigkeit des Arbeitskampfes, wenn sich diese häufen und das Gesamtbild des Arbeitskampfes prägen[2].

Des Weiteren müssen **Betriebsbesetzungen (Art. 14 Rz. 38) und Betriebsblockaden** grundsätzlich als unlautere und verbotene Arbeitskampfmaßnahmen angesehen werden. Diskutiert wird die Zulässigkeit entsprechender Kampfmittel vor dem Hintergrund, dass die Gewerkschaften ihrer bedürfen, um in bestimmten branchentypischen Einzelfällen Kampfparität herstellen zu können[3]. So ist es etwa in der Druckindustrie durch Auslieferung sog. Notexemplare üblich, das Erscheinen der Publikationen in reduzierter Form zu ermöglichen. Entsprechende Überlegungen können jedoch nur in ganz engen Grenzen Anwendung finden. Letztendlich können dadurch die Eingriffe in die Grundrechte der ArbGeb aus Art. 13, 14 GG jedenfalls gegenwärtig nicht gerechtfertigt werden. Darüber hinaus stellt die Betriebsbesetzung tatbestandlich einen Hausfriedensbruch dar und begründet Unterlassungs- und Schadensersatzansprüche der ArbGeb. Die Gewährleistung des Arbeitskampfmittels der Betriebsbesetzung durch Art. 9 Abs. 3 ist daher nach hM nicht gegeben[4]. Gleiches gilt auch für die Betriebsblockade, bei der die streikenden ArbN den Zugang zum Betrieb von außen verhindern um Streikbrecherarbeit, Aus- und Anlieferungen zu unterbrechen[5]. Auch die Rspr. hat sich ablehnend geäußert[6]

266

cc) Verbot des Kampfes um unwirksame Regelungsziele. Ziele, die nicht wirksam zwischen den Parteien vereinbart werden können, dürfen auch nicht mit dem von Art. 9 Abs. 3 geschützten Arbeitskampf durchgesetzt werden. So kann etwa ein auf die Vereinbarung von **Differenzierungsklauseln** (Rz. 68) gerichteter Arbeitskampf nicht unter dem Schutz des Art. 9 Abs. 3 stehen. Rechtswidrig ist ein Streik, mit welchem die Transformation eines tariflichen Kündigungsschutzes in die Arbeitsverträge durchgesetzt werden soll[7]. Gleiches gilt für die Forderung, der ArbGeb müsse im ArbGebVerband bleiben[8]. Dieselbe Konsequenz hat das LAG Hamm[9] in Bezug auf die streikweise Durchsetzung einer **Standortsicherungsklausel** gezogen. Der ArbGeb könnte daher Schadensersatz- und Unterlassungsansprüche geltend machen. In der Lit. werden solche Standortsicherungsvereinbarungen jedoch auch als regelbare Ziele eingeordnet[10]. Entsprechende unzulässige Zielsetzungen werden jedoch in den seltensten Fällen das alleinige Ziel eines Arbeitskampfes darstellen. Es stellt sich mithin die Frage nach den Rechtsfolgen für den gesamten Arbeitskampf (Rz. 279).

267

dd) Verbot des Kampfes um Ziele, die nicht unter Einsatz von Druck durchgesetzt werden dürfen. § 74 Abs. 2 Satz 1 BetrVG verbietet die Anwendung von Arbeitskampfmaßnahmen zwischen ArbGeb und BR. Der Abschluss einer BV kann mit den im BetrVG genannten Mitteln durchgesetzt werden. Eine auf den Abschluss einer BV gerichtete Druckausübung durch Arbeitskampfmittel ist unzulässig. Das Gleiche gilt für die Erzwingung der Entlassung einzelner ArbN durch Arbeitskampfmaßnahmen.

268

ee) Verbot der Existenzvernichtung des Gegners. Arbeitskämpfe, welche die Vernichtung des Gegners zum Ziel haben, sind unzulässig. Sie stellen unverhältnismäßige Eingriffe in Art. 14 GG bei Gefährdung des Betriebes und Art. 9 Abs. 3 bei Gefährdung des Verbandes dar. Darüber hinaus ist ein solcher Arbeitskampf rechtsmissbräuchlich und deshalb sittenwidrig[11]. Eine **Existenzgefährdung** kann jedoch noch nicht zur Unzulässigkeit von Arbeitskämpfen führen. Die Gefährdung eines Betriebes durch die Durchführung von Arbeitskampfmaßnahmen könnte letztendlich immer angenommen werden. Dem Arbeitskampf als Druckmittel ist eine gewisse Schädigung des Gegners immanent. Würde man die Zulässigkeit von potentiell existenzgefährdenden Arbeitskampfmaßnahmen verneinen, würde dies die Möglichkeiten der TV-Parteien erheblich minimieren. Konkret auftretenden Problemen der Existenzgefährdung muss im Rahmen von Erhaltungsarbeiten entgegengewirkt werden.

269

ff) Verbot des Kampfes um unbeeinflussbare Ziele. (1) Sympathiekampfmaßnahmen. Arbeitskämpfe zur Unterstützung von „Hauptarbeitskämpfen" ohne eigenes Regelungsziel nennt man Sympathie-, Solidaritäts- oder Unterstützungsarbeitskämpfe[12]. Praktische Bedeutung hat der

270

---

1 *Seiter*, Streikrecht, S. 525. | 2 *Gamillscheg*, KollArbR I, § 23 II 3 b). Siehe auch BAG v. 21.6.1988 – 1 AZR 651/86, E 58, 364 = AP Nr. 108 zu Art. 9 GG – Arbeitskampf. | 3 Vgl. *Treber*, Aktiv produktionsbehindernde Maßnahmen, 1996, S. 461 ff. | 4 *Gamillscheg*, KollArbR I, § 21 V; *Kissel*, ArbeitskampfR, § 61 Rz. 57 ff.; MünchArbR/*Otto*, § 286 Rz. 58 ff. | 5 *Hergenröder*, EzA GG Art. 9 – Arbeitskampf Nr. 121 unter V 1; *Konzen*, EzA GG Art. 9 – Arbeitskampf Nr. 75 unter B; *Löwisch/Krauß*, DB 1995, 1330; *Löwisch/Rieble*, 170.2, Rz. 324. | 6 BAG v. 14.2.1978 – 1 AZR 76/76, AP Nr. 58 zu Art. 9 GG – Arbeitskampf; v. 21.6.1988 – 1 AZR 651/86, AP Nr. 108 zu Art. 9 GG – Arbeitskampf; v. 11.7.1995 – 1 AZR 63/95, AP Nr. 138 zu Art. 9 GG – Arbeitskampf. | 7 BAG v. 10.12.2002 – 1 AZR 96/02, AP Nr. 162 zu Art. 9 GG – Arbeitskampf. | 8 BAG v. 10.12.2002 – 1 AZR 96/02, AP Nr. 162 zu Art. 9 GG – Arbeitskampf. | 9 LAG Hamm v. 31.5.2000 – 18 Sa 858/00, AP Nr. 158 zu Art. 9 GG – Arbeitskampf; anders in Bezug auf das „Wie" der Betriebsänderung LAG Schl.-Holst. v. 27.3.2003 – 5 Sa 137/03, DB 2003, 1336; dazu krit. *Rolfs/Clemens*, DB 2003, 1678 (1680). | 10 *Wolter*, RdA 2002, 218 (226). | 11 BAG (GS) v. 21.4.1971 – GS 1/68, AP Nr. 43 zu Art. 9 GG – Arbeitskampf; v. 30.3.1982 – 1 AZR 265/80, AP Nr. 74 zu Art. 9 GG – Arbeitskampf *(von Stebut)*; v. 11.5.1993 – 1 AZR 649/92, AP Nr. 63 zu § 1 FeiertagslohnzahlungsG; *Gamillscheg*, KollArbR § 24 V 2. a) mwN; *Kissel*, ArbeitskampfR, § 29 Rz. 22; MünchArbR/*Otto*, § 285 Rz. 124. | 12 Stimmen im Schrifttum wollen Unterstützungskampfmaßnahmen der Arbeitnehmerseite begrifflich weiter ausdifferenzieren. So muss nach *Birk*, S. 23 ff., zwischen Solidaritätsstreik, Streik im Drittinteresse, Ver-

GG Art. 9 Rz. 271 Vereinigungsfreiheit

Sympathiearbeitskampf insb. dann erlangt, wenn es sich um kleine Betriebe oder bestimmte Branchen handelte, für welche ein TV abgeschlossen werden sollte und sich die ArbN-Seite aufgrund der konkreten gewerkschaftlichen Organisationsstruktur dabei Problemen ausgesetzt sah. Ein weiteres Anwendungsfeld für Unterstützungskampfmaßnahmen ist gegeben, wenn die ArbGebSeite in besonderem Maße einem Streik standhalten kann[1]. Obschon entsprechende Kampfmaßnahmen nicht gegen die relative Friedenspflicht verstoßen[2], sind sie **grundsätzlich als unzulässig anzusehen**, da der tatsächlich bestreikte ArbGeb in der Regel keine Einflussmöglichkeit auf den Verlauf des Hauptarbeitskampfes hat[3]. Die Gegenansicht[4] stützt ihre Überzeugung von der Zulässigkeit des Sympathiearbeitskampfes neben kampftaktischen Überlegungen auf überstaatliches Recht, insb. die Europäische Sozialcharta und das ILO-Abkommen Nr. 87 (Rz. 152 f.), des Weiteren wird auf einen allgemeinen Solidaritätsgedanken abgehoben.

271 Von der grundsätzlichen Unzulässigkeit des Sympathiearbeitskampfes werden jedoch **Ausnahmen** gemacht[5]. Übernimmt ein ArbGeb außerhalb des umkämpften Tarifgebietes einverständlich (!) die Produktion eines bestreikten ArbGeb, um dessen Lieferverpflichtungen zu erfüllen, so soll dieser Neutralitätsverletzung von der betroffenen Belegschaft mit einem Sympathiestreik begegnet werden können. Man spricht insoweit von sog. „Neutralitätsstreiks" zur Verhinderung von Streikarbeit. Des Weiteren könnte die wirtschaftliche (Konzern) oder verbandsmäßige Verflechtung einen Sympathiearbeitskampf rechtfertigen. Die Grenzen können hier aber wohl nicht eindeutig gezogen werden[6]. Eine sinnvolle Druckausübung ist darüber hinaus nur dann gewährleistet, wenn die Betriebsabläufe empfindlich gestört werden können. Beim Vertretensein mehrerer Gewerkschaften im Betrieb könnte sich so ein Sympathiestreik begründen lassen. Das dahinter stehende Problem der inkongruenten Tarifzuständigkeit[7] hat sich allerdings nicht zuletzt durch den Konzentrationsprozess in der deutschen Gewerkschaftslandschaft entschärft.

272 **(2) Politische Arbeitskampfmaßnahmen.** Politische Arbeitskampfmaßnahmen richten sich vornehmlich auf die **allgemeinpolitische Gestaltung**. Die benannten Ziele können nur vom Gesetzgeber, durch gerichtliche Entscheidungen oder durch Verwaltungshandeln verwirklicht werden[8], der Abschluss eines TV wird vom Kampfgegner erst gar nicht verlangt. Entsprechende Arbeitskämpfe finden damit nicht in den Grenzen des Art. 9 Abs. 3 statt, des Weiteren haben die Betroffenen keine Einwirkungsmöglichkeit auf die angegangenen Institutionen. Der politische Streik ist daher nach nahezu einhelliger Auffassung als unzulässiges Arbeitskampfmittel zu werten[9].

273 **(3) Demonstrationsarbeitskämpfe.** Des Weiteren können **gebündelte Meinungsäußerungen** unter Hinweis auf bestehende Missstände auch keine sog. Demonstrationsarbeitskämpfe rechtfertigen[10]. Wie beim politischen Streik fehlt es auch hier am tarifvertraglichen Regelungsziel.

274 **gg) Verbot von Kampfmaßnahmen, die unbeteiligte Dritte unverhältnismäßig hart treffen.** Arbeitskämpfe finden nicht in einem gesellschaftlichen Vakuum statt, sondern betreffen auch immer, mehr oder minder stark, die **Rechte und Interessen Dritter**. Ein gegenüber dem Kampfgegner geführter rechtmäßiger Arbeitskampf kann jedoch nicht schon durch die Beeinträchtigung von Drittinteressen als rechtswidrig gekennzeichnet werden. Vor allem im Bereich des öffentlichen Dienstes sind häufig die Gebiete der sog. **Daseinsvorsorge** betroffen[11]. Stimmen im Schrifttum halten auch hier einen Arbeitskampf für zulässig, Extremsituationen sollen über den Notdienst entschärft werden[12]. Dem wird entgegengehalten, dass gerade die existenziellen Bedürfnisse Dritter nicht tangiert werden dürfen[13], überdies würden die betroffenen Bürger von den Streikenden als „Geiseln" benutzt, um dadurch indirekt psychologischen Druck auf den ArbGeb auszuüben[14]. Denn die Arbeitskampfmaßnahmen träfen

---

breiterung der Kampffront, Unterstützungsarbeitskampf gegen denselben ArbGeb und gemeinschaftlicher gewerkschaftlicher Zuständigkeit unterschieden werden. Anders *Berger-Delhey*, ZTR 1989, 349, 351, der keinen Unterschied zwischen der Bezeichnung Sympathie- bzw. Solidaritätsstreik machen will. *Preis*, EzA Art. 9 GG - Arbeitskampf Nr. 73 bevorzugt die allgemeinere Bezeichnung „Unterstützungsstreik"; wieder anders *Mayer-Maly*, SAE 1988, 310. | [1] Däubler/*Bieback*, Rz. 371. | [2] BAG v. 21.12.1982 – 1 AZR 411/80, AP Nr. 76 zu Art. 9 GG – Arbeitskampf. | [3] So die Rspr. seit BAG v. 5.3.1985 – 1 AZR 468/83, AP Nr. 85 zu Art. 9 GG – Arbeitskampf; vgl. ferner v. 12.1.1988 – 1 AZR 219/86, AP Nr. 90 zu Art. 9 GG – Arbeitskampf; ebenso Brox/Rüthers/*Rüthers*, Rz. 138; *Konzen*, FS 50 Jahre BAG 2004, S. 513 (546 ff.). | [4] Vgl. etwa *Wohlgemuth*, ArbuR 1980, 33, 37; *Plander*, ZTR 1989, 135, 138. | [5] Vgl. BAG v. 5.3.1985 – 1 AZR 468/83, AP Nr. 85 zu Art. 9 GG – Arbeitskampf. | [6] Vgl. näher MünchArbR/*Otto*, § 286 Rz. 45 ff. | [7] Hierzu *Konzen*, DB 1990, Beil. 6, S. 1; *Lieb*, RdA 1991, 145. | [8] Wie die Arbeitsniederlegung gegen den IRAK-Krieg, zu der die DGB-Mitgliedsgewerkschaften am 12.3.2003 aufgerufen hatten, gezeigt hat, kann sogar ein Verhalten einer ausländischen Staatsgewalt verlangt werden. | [9] ArbG Hagen v. 23.1.1991 – 1 Ca 66/87, AP Nr. 118 zu Art. 9 GG – Arbeitskampf; ErfK/*Dieterich*, Art. 9 GG Rz. 114; MünchArbR/*Otto*, § 285 Rz. 37 ff. | [10] BAG v. 23.10.1984 – 1 AZR 126/81, AP Nr. 82 zu Art. 9 GG – Arbeitskampf; ErfK/*Dieterich*, Art. 9 GG Rz. 117. | [11] Empirische Daten bei *Lieb*, Der Arbeitskampf im öffentlichen Dienst, 2003, S. 276 ff.; *Scherer*, Grenzen des Streikrechts in den Arbeitsbereichen der Daseinsvorsorge, 2000, S. 21 ff. | [12] *Däubler*, ArbeitskampfR, S. 232. | [13] In diesem Sinne mit Modifikationen im Einzelnen Brox/Rüthers/*Schlüter*, Rz. 539; KassHbArbR/*Kalb*, 6.2 Rz. 144 f., 140; *Löwisch/Krauß*, 170.9 Rz. 21 ff.; *Seiter*, Streikrecht, S. 553; Zöllner/*Loritz*, § 40 VI 7. | [14] Siehe nur *Lieb*, Der Arbeitskampf im öffentlichen Dienst, 2003, S. 276 ff.; *Scherer*, Grenzen des Streikrechts in den Arbeitsbereichen der Daseinsvorsorge, 2000, S. 36.

in erster Linie die Bürger, denen ein Ausweichen auf andere Anbieter im Bereich der Daseinsvorsorge kaum möglich sei.

Durch die fortlaufende Privatisierung ehemals traditioneller Bereiche der Daseinsvorsorge ist die dargestellte Frage jedoch losgelöst vom öffentlichen Dienst zu betrachten. Eine umfassende Schaffung **arbeitskampfneutraler Bereiche** bei Tangierung elementarer Drittinteressen ist vor dem Hintergrund des Art. 9 Abs. 3 nicht legitimierbar. Das BAG verlangt von den Tarifparteien daher, dass diese selbst durch die Herausnahme für die Allgemeinheit lebensnotwendiger Betriebe aus dem Arbeitskampf sowie die Organisation von Notdienstarbeiten ein Mindestmaß an existenzieller Versorgung gewährleisten. Dies gebiete schon der Grundsatz der Verhältnismäßigkeit[1]. Weiter gehend hielt allerdings der BGH[2] einen Fluglotsenstreik für rechtswidrig und sogar sittenwidrig, weil Unbeteiligte weit über das mit Streiks sonst verbundene Maß belastet wurden. Richtigerweise wird man auftretende Probleme nach den allgemeinen Grundsätzen (Rz. 260) zu lösen haben: Sind verfassungsrechtlich geschützte Positionen Dritter wie etwa das Recht auf körperliche Unversehrtheit und Leben betroffen, sind die konkurrierenden Grundrechte im Wege der praktischen Konkordanz gegeneinander abzuwägen. Insoweit bedarf es einer genauen Einzelfallbetrachtung[3]. 275

hh) Gesamtwirtschaftliches Gleichgewicht. Darüber hinaus ist die Beachtung des gesamtwirtschaftlichen Gleichgewichts bei der Durchführung von Arbeitskämpfen nicht zu fordern[4]. Lediglich im Rahmen einer **Gemeinwohlbindung** des Arbeitskampfes können konkrete gemeinwirtschaftliche Auswirkungen des Arbeitskampfes Beachtung finden. Im Gegensatz zur Tarifautonomie (Rz. 142 f.) muss sich die Durchführung des Arbeitskampfes am Gemeinwohl messen lassen[5]. Rechtsfolge dessen kann jedoch nicht die umfassende Unzulässigkeit des Arbeitskampfes sein. Auch hier muss im Wege der praktischen Konkordanz ein angemessener Ausgleich stattfinden. Insoweit kann es lediglich zu einer interessengerechten Einschränkung von Arbeitskampfmaßnahmen kommen[6]. 276

ii) Kampfbeschränkungen durch die Tarifautonomie. Als Hilfsmittel der Tarifautonomie ergeben sich für den Arbeitskampf gewisse Einschränkungen direkt aus der gesetzlichen Ausgestaltung und den Grundsätzen der Tarifautonomie selbst (siehe schon Rz. 111). 277

(1) Tarifvertragliches Regelungsziel. Das Ziel eines Arbeitskampfes muss der Regelung in einem TV zugänglich sein. Arbeitskämpfe sind das Instrument zur Durchsetzung tariflicher Regelungen[7] und finden nach ständiger Rspr. des BAG auch in diesem Rahmen ihre Grenze[8]. Diese Tarifbezogenheit des Arbeitskampfes bedeutet zugleich, dass Arbeitskämpfe nur zur Durchsetzung oder Abwehr tarifvertraglich regelbarer Gegenstände zulässig sind (Rz. 184). Arbeitskämpfe mit anderer Zielsetzung stehen somit nicht unter dem kollektivrechtlichen Schutz des Art. 9 Abs. 3[9]. 278

Nach der Rspr. des BAG muss für die Beurteilung der Rechtmäßigkeit eines Arbeitskampfes bei **mehreren Kampfzielen** festgestellt werden, welches Hauptziel den Arbeitskampf prägt[10]. Nach anderer Ansicht trägt die Gewerkschaft auch das Risiko rechtswidriger Nebenziele, der Arbeitskampf um mehrere Kampfziele ist rechtswidrig, wenn nur ein einziges Kampfziel rechtswidrig ist („Rühreitheorie")[11]. Neben der möglichen Rechtfertigung unzulässiger Arbeitskampfziele durch ein zulässiges Hauptziel spricht auch die schwierige Differenzierung in Haupt- und Nebenziele sowie die Aufspaltung eines Arbeitskampfes um einen TV in unterschiedlich zu betrachtende Tarifziele gegen die Geprägetheorie. 279

(2) Erkämpfbarkeit schuldrechtlicher Vereinbarungen. Auch die schuldrechtlichen Vereinbarungen eines TV sind nach hM grundsätzlich erkämpfbar, **wenn sie zum Bereich der Arbeits- und Wirtschaftsbedingungen gehören**[12]. Darunter fallen Wiedereinstellungsgebote, schuldrechtliche Maßregelungsverbote etc. Einschränkend wird vertreten, dass nur solche schuldrechtlichen Regelungen erkämpfbar seien, die zumindest einen „mittelbaren Bezug zu Tarifnormen" hätten, also in erster Linie „Tarifnormen ersetzende Regelungen" bzw. diesen „dienende Regelungen"[13]. Feststeht aber, dass jedenfalls solche Regelungen, die als Tarifnormen unzulässig wären, nicht über den Umweg über den schuldrechtlichen Teil faktisch erzwungen werden dürfen[14]. 280

---

1 BAG v. 21.4.1971 – GS 1/68, AP Nr. 43 zu Art. 9 GG – Arbeitskampf (unter III A). | 2 BGH v. 31.1.1977 – VI ZR 32/77, AP Nr. 61 zu Art. 9 GG – Arbeitskampf. | 3 Vgl. *Lieb*, Der Arbeitskampf im öffentlichen Dienst, 2003, S. 453 ff.; *Scherer*, Grenzen des Streikrechts in den Arbeitsbereichen der Daseinsvorsorge, 2000, S. 119 ff. | 4 *Kissel*, ArbeitskampfR, § 27 Rz. 3. | 5 BAG (GS) v. 21.4.1971 – GS 1/68, AP Nr. 43 zu Art. 9 GG – Arbeitskampf. | 6 Vgl. dazu *Kissel*, ArbeitskampfR, § 27. | 7 BVerfG v. 26.6.1991 – 1 BvR 779/85, E 84, 212. | 8 Vgl. BAG v. 5.3.1985 – 1 AZR 468/83, AP Nr. 85 zu Art. 9 GG – Arbeitskampf; so auch die hM im Schrifttum Brox/Rüthers/*Rüthers*, Rz. 138; *Löwisch*/*Rieble*, 170.1 Rz. 45; KassHbArbR/*Kalb*, 6.2 Rz. 96. | 9 BAG (GS) v. 21.4.1971 – GS 1/68, AP Nr. 43 zu Art. 9 GG – Arbeitskampf; MünchArbR/*Otto*, § 285 Rz. 2; *Gamillscheg*, KollArbR I, § 22 I 4); *Kissel*, ArbeitskampfR, § 24 Rz. 15. | 10 BAG v. 4.5.1955 – 1 AZR 493/54, AP Nr. 2 zu Art. 9 GG – Arbeitskampf; v. 10.12.2002 – 1 AZR 96/02, AP Nr. 162 zu Art. 9 GG – Arbeitskampf (unter I 4). | 11 Vgl. *Kissel*, ArbeitskampfR, § 24 Rz. 11; *Löwisch*/*Rieble*, 170.2 Rz. 32; MünchArbR/*Otto*, § 285 Rz. 24; *Seiter*, Streikrecht S. 495; vermittelnd *Gamillscheg*, KollArbR I, § 22 II a (3). | 12 *Gamillscheg*, KollArbR I, § 22 I 3 b) mwN; MünchArbR/*Otto*, § 285 Rz. 18; aA *Mayer-Maly*, BB 1965, 829 (833). | 13 MünchArbR/*Löwisch*/*Rieble*, § 253 Rz. 39, 42. | 14 MünchArbR/*Löwisch*/*Rieble*, § 278 Rz. 6 ff.; MünchArbR/*Otto*, § 285 Rz. 21.

281 Darüber hinaus ist die Vereinbarungsmacht der Tarifparteien für den schuldrechtlichen Teil durch die Vertragsfreiheit praktisch unbegrenzt (§ 1 TVG Rz. 72 ff.). Es können auch sog. **außertarifliche Regelungen** getroffen werden. Darunter sind Regelungen zu verstehen, welche über den Rahmen der Arbeits- und Wirtschaftsbedingungen hinausgehen. Diese Regelungen sind jedoch nicht durch zulässige Arbeitskampfmaßnahmen durchzusetzen[1]. Darunter fällt zB die Verpflichtung, eine Betriebsgründung im Ausland zu unterlassen[2]. Ein Arbeitskampf, der auf die schuldrechtliche Regelung eines solchen Sachverhalts gerichtet ist, untersteht nicht dem Schutz des Art. 9 Abs. 3 und ist daher rechtswidrig. Selbst wenn man aber entsprechende Kampfziele noch als durch Art. 9 Abs. 3 als erfasst ansieht, wären Kampfmaßnahmen wegen der konkurrierenden Grundrechtspositionen der Gegenseite aus Art. 12, 14 GG ausgeschlossen.

282 (3) **Tariffähige Koalition.** Aus diesen Grundsätzen folgt auch, dass sich der Arbeitskampf auf ArbN-Seite gegen eine tariffähige Koalition richten und von einer tariffähigen Koalition ausgehen muss. Bestreikt werden kann auch der Außenseiterarbeitgeber mit dem Ziel eines FirmenTV bzw. unter bestimmten Voraussetzungen auch im Rahmen eines Verbandsarbeitskampfes (Rz. 188). Auf Seiten der ArbN besteht daher ein „gewerkschaftliches Streikmonopol"[3]. Nicht durch die Gewerkschaft geführte Kampfmaßnahmen stellen einen „wilden Streik" dar, und sind als solche rechtswidrig (Rz. 251). Sie können jedoch durch die Gewerkschaft übernommen werden und sind dann als von Anfang an koalitionsgetragen anzusehen[4]. Auf der ArbGebSeite ist zwischen Verbands- und FirmenTV zu unterscheiden. Wird ein Arbeitskampf von der ArbGebSeite geführt, ist der einzelne ArbGeb nur für den Abschluss eines FirmenTV zuständig. Auch die Übernahme einer nicht verbandsgetragenen Aussperrung durch die ArbGebKoalition muss möglich sein (Rz. 253).

283 (4) **Grundsatz der Tarifeinheit und Arbeitskampf.** Der Grundsatz der Tarifeinheit (§ 4 TVG Rz. 72) kann Streiks nicht entgegenstehen und zwar unabhängig davon, ob man ihn für verfassungsgemäß erachtet (Rz. 77)[5]. Die Koalitionsbetätigungsgarantie des Art. 9 Abs. 3 kann durch einen entsprechenden einfachrechtlichen Grundsatz nicht eingeschränkt werden, auch der Verhältnismäßigkeitsgrundsatz greift nicht ein. Denn an der Wirksamkeit des entsprechenden TV besteht kein Zweifel. Zwar ist in engen Grenzen denkbar, dass das Prinzip der Tarifeinheit dazu führt, dass ein erkämpfter TV von vornherein nicht zur Anwendung kommt. Indes ist der Anwendungsvorrang nur betriebsbezogen, mithin kann jederzeit eine Bezugnahme bei Außenseiterunternehmen erfolgen. Weiter steht nicht fest, ob der vorrangige TV Bestand haben wird. Soweit freilich nur für ausgesuchte ArbN-Gruppen Tarifziele durchgesetzt werden sollen („Funktionseliten"[6]), stellt sich das Problem der Tarifeinheit wegen des Spezialitätsgrundsatzes regelmäßig ohnedies nicht.

284 (5) **Arbeitskämpfe zur Durchsetzung von Rechtsansprüchen.** Arbeitskämpfe sind auf den Abschluss von TV zu richten, **es geht um die Gestaltung künftigen Rechts.** Arbeitskämpfe zur Durchsetzung bestehender Rechte sind rechtswidrig[7]. Streiks mit dem Ziel der Wiedereinstellung gekündigter ArbN, der Rücknahme eines Ersetzungsantrags nach § 103 Abs. 2 BetrVG oder der Klärung von Rechtsfragen sind daher unzulässig, insoweit ist der Rechtsweg einzuschlagen. Während für den Neuabschluss eines wirksam gekündigten TV gestreikt werden darf, ist die Wirksamkeit der Kündigung gerichtlich zu überprüfen. Einzige Ausnahme von diesem Grundsatz ist der Abwehrkampf gegen unzulässige Kampfmaßnahmen. Hier kann die betroffene Gegenseite nach der Rspr. neben prozessualen Rechtsbehelfen auch das kollektive Mittel des Arbeitskampfes verwenden (Rz. 235)[8].

285 (6) **Einhaltung der tariflichen Friedenspflicht.** Die Ordnungs- und Befriedungsfunktion der Tarifautonomie wird durch die tarifvertragliche Friedenspflicht ermöglicht und begründet. Jeder TV eröffnet für die Parteien eine **relative Friedenspflicht**. Danach ist beiden Tarifparteien untersagt, während eines geltenden TV Arbeitskampfmaßnahmen bezüglich im TV geregelter Arbeits- und Wirtschaftsbedingungen durchzuführen. Neben dieser **Unterlassungspflicht** trifft die TV-Parteien darüber hinaus eine **Handlungspflicht** bei Friedenspflichtverstößen ihrer Mitglieder, danach ist ihnen die Auszahlung von Streik- oder Gemaßregeltenunterstützung untersagt. Auch das Mittel der Massenänderungskündigung oder sonstige Maßnahmen anstelle eines Arbeitskampfes unterliegen während der laufenden Friedenspflicht einem **Substitutionsverbot**. Eine **absolute Friedenspflicht** schließt dagegen jeden Arbeitskampf zwischen den TV-Parteien aus und kann nur ausdrücklich vereinbart werden.

286 (7) **Einhaltung verfahrensmäßiger Voraussetzungen.** Darüber hinaus müssen für einen rechtmäßigen Arbeitskampf einige verfahrensmäßige Voraussetzungen eingehalten werden. Wegen der erhebli-

---

1 MünchArbR/*Otto*, § 285 Rz. 18. | 2 Auch aus Anlass einer Standortverlagerung ins Ausland geforderte exorbitant lange Kündigungsfristen können mit der Unternehmensautonomie in Konflikt geraten, vgl. *Rolfs/Clemens*, DB 2003, 1678 (1680 f.) gegen LAG Schl.-Holst. v. 27.3.2003 – 5 Sa 137/03, DB 2003, 1336. | 3 BAG v. 7.6.1988 – 1 AZR 372/86, AP Nr. 106 zu Art. 9 GG – Arbeitskampf. | 4 BAG v. 20.12.1963 – 1 AZR 428/68, AP Nr. 32 zu Art. 9 GG – Arbeitskampf; v. 31.10.1995 – 1 AZR 217/95, AP Nr. 140 zu Art. 9 GG – Arbeitskampf; zur Frage der Rückwirkung *Löwisch/Rieble*, 170.2 Rz. 72 ff.; *Konzen*, ZfA 1970, 159 (181 ff.). | 5 Zum Streik der Lokführer LAG Hess. v. 2.5.2003 – 9 Sa Ga 638/03, BB 2003, 1231. | 6 Dazu *Rieble*, BB 2003, 1227 ff. | 7 BAG v. 14.2.1978 – 1 AZR 76/76, AP Nr. 58 zu Art. 9 GG – Arbeitskampf. | 8 Vgl. *Löwisch/Rieble*, 170.2 Rz. 100 ff.; aA ErfK/*Dieterich*, Art. 9 GG Rz. 238 f.; jeweils mwN.

chen Rechtswirkung auf Beteiligte, Gegner und Dritte müssen Beginn, Ende, Umfang und die beteiligten Koalitionen erkennbar sein. Daraus ergibt sich die Notwendigkeit eines **Arbeitskampfbeschlusses** des zuständigen Verbandsorgans[1]. Dieser Kampfbeschluss muss im Interesse der Arbeitskampfgegner, aber auch der eigenen Verbandsmitglieder bekannt gegeben werden, insoweit wird die Möglichkeit der Kenntnisnahme als ausreichend angesehen (siehe schon Rz. 185). Eine genaue Ankündigung der gewählten Kampfmaßnahmen ist selbstredend nicht notwendig[2].

Ob dieser Erklärung eine **Urabstimmung** vorausgehen muss, wird unterschiedlich beurteilt. Weder aus Art. 9 Abs. 3 noch aus der historischen Betrachtung oder der erforderlichen demokratischen Binnenstruktur der Koalition ergibt sich eine solche Pflicht zur konkreten Meinungsbestimmung der Mitglieder. Auch bei Heranziehung des Ultima-Ratio-Prinzips und des Verhältnismäßigkeitsgedankens lässt sich eine zwingende Klärung der Arbeitskampfbereitschaft innerhalb des Verbandes nicht begründen. Sieht man in der Urabstimmung eine Kampfmaßnahme[3], folgt dieses Ergebnis schon aus dem Grundsatz der freien Wahl der Kampfmittel (Rz. 165). Teilweise wird ihr Erfordernis jedoch als satzungsmäßige Beschränkung der Vertretungsmacht angesehen. Eine solche Beschränkung iSd. § 26 Abs. 2 Satz 2 BGB bedarf aber der ausdrücklichen und eindeutigen Regelung in der Satzung[4]. Wenigstens der rechtsgeschäftsähnliche Charakter des Streikaufrufs würde dann die Unwirksamkeit des auch im Außenverhältnis erforderlichen Streikaufrufs begründen können[5]. Von diesem Sonderfall einmal abgesehen, ist mit der herrschenden Meinung davon auszugehen, dass für die Zulässigkeit eines Streiks keine Urabstimmung erforderlich ist[6]. 287

Das Fehlen der satzungsgemäß vorgeschriebenen Urabstimmung hat also **keine Außenwirkung** (**relative Rechtswidrigkeit**). Bei einem satzungswidrigen Streik muss aber der ArbN dem Streikaufruf der Gewerkschaft nicht folgen, er handelt dann nicht verbandswidrig[7]. Diese Rechtsfolge betrifft freilich nur das Innenverhältnis des Mitglieds zu seiner Koalition. 288

(8) Räumlicher und fachlicher Geltungsbereich des umkämpften TV. Der funktionelle Zusammenhang von TV und Arbeitskampf rechtfertigt grundsätzlich auch eine **Beschränkung des Einsatzes von Kampfmitteln auf den räumlichen und fachlichen Geltungsbereich eines TV**[8]. Eine Beschränkung lediglich aufgrund der Tarifzuständigkeit[9] kann demgegenüber angesichts der gewerkschaftlichen Konzentration von Tarifzuständigkeiten in *ver.di* nicht uneingeschränkt überzeugen. Wenn man freilich die Möglichkeit eines Sympathiearbeitskampfes bejaht (Rz. 270 f.), kommt auch ein rechtmäßiger Streik außerhalb der oben genannten Grenzen in Betracht. Dies gilt insb. bei konzernbezogenen Sachverhalten, welche Arbeitskampfmaßnahmen in anderen Gebieten zur Wahrung der Arbeitskampfparität erforderlich machen. 289

jj) Pflicht zu Erhaltungs- und Notdienstarbeiten. Die Begrenzung des Arbeitskampfes durch das Verbot der Existenzvernichtung (Rz. 269) und der unverhältnismäßigen Schädigung Dritter (Rz. 274 f.) macht es erforderlich, **bestimmte Arbeiten trotz des Arbeitskampfes durchzuführen**. Dazu gehört zum einen die Erhaltung der Betriebsbasis zur Fortführung der Arbeit nach Ende des Arbeitskampfes (sog. Erhaltungsarbeiten). Zum anderen bedarf es der Fortsetzung existentieller Dienste auch während eines Arbeitskampfes (sog. Notdienstarbeiten). 290

Erhaltungsarbeiten erhalten und sichern die Existenz des Betriebs[10], ihre Notwendigkeit ist im Ergebnis von Rspr., Lehre und den Sozialpartnern anerkannt[11]. Strittig sind in der Praxis allerdings häufig die Art der zur Erhaltung erforderlichen Arbeit und deren nähere Bestimmung, soweit sie nicht aufgrund öffentlich-rechtlicher Vorschriften geboten und konkretisiert sind[12]. Durch Erhaltungsarbeit soll die sächliche Basis des Betriebs während des Arbeitskampfs gesichert werden, die wirtschaftlichen Nachteile in Folge des Streiks gehören nicht zu den zu verhindernden Schäden[13]. Was jeweils zu den Erhaltungsarbeiten zu zählen hat, richtet sich nach den betrieblich-organisatorischen Gegebenheiten des Einzelfalls, kann sich also im Laufe des Arbeitskampfes ändern[14]. Klassische Beispiele für 291

---

1 BAG v. 31.10.1995 – 1 AZR 217/95, AP Nr. 140 zu Art. 9 GG – Arbeitskampf. | 2 LAG Nds. v. 1.2.1980 – 10 Sa 110/79, AP Nr. 69 zu Art. 9 GG – Arbeitskampf. | 3 BAG v. 31.10.1958 – 1 AZR 632/57, BAGE 6, 321 = AP Nr. 2 zu § 1 TVG – Friedenspflicht; *Seiter*, Streikrecht, S. 516. | 4 Siehe hierzu *Löwisch/Rieble*, 170.2 Rz. 68, 132; MünchArbR/*Otto*, § 285 Rz. 10. | 5 Zweifelnd aber *Kissel*, ArbeitskampfR, § 40 Rz. 20. | 6 *Birk*, Rechtmäßigkeit gewerkschaftlicher Unterstützungsmaßnahmen, S. 103; Brox/Rüthers/*Schlüter*, Rz. 489; *Lieb*, ArbR, Rz. 599; *Kissel*, ArbeitskampfR, § 40 Rz. 17, 19; *Löwisch/Rieble*, 170.2 Rz. 130; *Seiter*, Streikrecht, S. 509 mwN. | 7 *Kissel*, ArbeitskampfR, § 40 Rz. 18. | 8 BAG v. 10.6.1980 – 1 AZR 822/79, 1 AZR 168/79, AP Nr. 64; 65 zu Art. 9 GG – Arbeitskampf; Brox/Rüthers/*Rüthers*, Rz. 146, 204; *Gamillscheg*, KollArbR I, § 20 IV 5 a); MünchArbR/*Otto*, § 285 Rz. 161; aA *Eichmanns*, RdA 1977, 135 (140); *Seiter*, Arbeitskampfparität, S. 51. | 9 *Löwisch/Rieble*, 170.2 Rz. 142. | 10 BAG v. 30.3.1982 – 1 AZR 265/80, AP Nr. 74 zu Art. 9 GG – Arbeitskampf (*von Stebut*). | 11 BAG v. 14.12.1993 – 1 AZR 550/93, AP Nr. 129 zu Art. 9 GG – Arbeitskampf; Brox/Rüthers/*Brox*, Rz. 349; *Heckelmann*, Erhaltungsarbeiten im Arbeitskampf, 1984, S. 8; *Oetker*, Die Durchführung von Not- und Erhaltungsarbeiten bei Arbeitskämpfen, 1984, S. 3 ff. | 12 ErfK/*Dieterich*, Art. 9 GG Rz. 179. | 13 BAG v. 30.3.1982 – 1 AZR 265/80, AP Nr. 74 zu Art. 9 GG – Arbeitskampf (*von Stebut*); v. 31.1.1995 – 1 AZR 142/94, AP Nr. 135 zu Art. 9 GG – Arbeitskampf; *Heckelmann*, Erhaltungsarbeiten im Arbeitskampf, 1984, S. 19; *Oetker*, Die Durchführung von Not- und Erhaltungsarbeiten bei Arbeitskämpfen, 1984, S. 15. | 14 *Oetker*, Die Durchführung von Not- und Erhaltungsarbeiten bei Arbeitskämpfen, 1984, S. 15.

notwendige Erhaltungsarbeiten sind die Beschickung von Hochöfen, der Schutz überflutungsgefährdeter Bergwerke oder Maßnahmen in der Viehwirtschaft. Hierher gehört auch das Verladen oder Verarbeiten verderblicher Waren, soweit es sich nicht um arbeitskampfimmanente Schäden handelt. In Betracht kann auch die eingeschränkte Weiterproduktion kommen, sofern diese aus betrieblich-technischen Gründen erforderlich ist.

292 **Notdienstarbeiten** sind dagegen auf die existentiellen Lebensverhältnisse Dritter ausgerichtet. Aus der Gemeinwohlbindung des Arbeitskampfes ergibt sich die Verpflichtung, auch während des Arbeitskampfes die erforderlichen Dienste vorzuhalten. Das Recht zur koalitionsgemäßen Betätigung aus Art. 9 Abs. 3 hat hinter den konkurrierenden Grundrechtspositionen der Betroffenen zurückzutreten. Auch hier ist vor allem die Konkretisierung der erforderlichen Lebensnotwendigkeiten schwierig[1], die Notwendigkeit an sich jedoch allgemein anerkannt[2]. Zu nennen ist insb. die ärztliche Versorgung der Bevölkerung.

293 Regelmäßig ist die tatsächliche Ausgestaltung und Abwicklung von Erhaltungs- und Notdienstarbeiten schon vorher in **vertraglichen Abreden** zwischen den Tarifparteien geregelt, oder wird aus Anlass eines Arbeitskampfes vereinbart, etwa zwischen der örtlichen Streikleitung und dem ArbGeb, teilweise auch unter Beteiligung des BR. In Bezug auf die einzelnen ArbN stellt eine solche Vereinbarung eine Beschränkung des Streikaufrufs dar, die durch den ArbGeb konkretisiert wird. Sie sind dann zur Ableistung der Arbeiten arbeitsvertraglich verpflichtet, wobei ihre Auswahl nach sachlichen, arbeitsplatzbezogenen Gesichtspunkten vorzunehmen ist[3].

294 Fehlen solche Vereinbarungen oder kann keine rechtzeitige Einigung der Kampfparteien gefunden werden, ist fraglich, wer die konkrete Ausführung der Erhaltungsarbeiten festlegen darf. Hier beanspruchen sowohl die Gewerkschaften als auch die ArbGeb das **Ausgestaltungsrecht** für sich. In der Lit. überwiegen die Argumente für die Zuständigkeit des ArbGeb[4]. Durch die genaue Kenntnis der betrieblichen Situation kann der ArbGeb in der Regel schnellere Maßnahmen treffen; in Verbindung mit dem arbeitsvertraglichen Direktionsrecht ergibt sich eine praktikable Einwirkungsmöglichkeit. Die erforderlichen Einschränkungen ergeben sich aus der Verpflichtung des ArbGeb, seine Entscheidung über die zu leistenden Arbeiten nach „billigem Ermessen" iSd. § 315 BGB zu treffen. Danach ist der ArbGeb etwa verpflichtet, zunächst arbeitswillige ArbN einzusetzen[5] Neueinstellungen muss er jedoch nicht vornehmen. Eine Beschränkung nur auf gewerkschaftlich oder nicht organisierte ArbN ist unzulässig.

295 **11. Rechtsfolgen unzulässiger Arbeitskämpfe.** Während durch zulässige Arbeitskampfmaßnahmen die Pflichten aus dem Arbeitsverhältnis suspendiert werden, richten sich die Rechtsfolgen eines unzulässigen Arbeitskampfes **nach der jeweiligen verletzten Rechtsnorm**. Insoweit kann eine verfassungswidrige, betriebsverfassungswidrige, strafbare, beamtenrechtswidrige, friedenspflichtwidrige, verbandswidrige, arbeitsvertragswidrige und/oder deliktische Kampfmaßnahme vorliegen.

296 **a) Folgen für die Arbeitsvertragsparteien. aa) Der rechtswidrige Streik.** Jede Verweigerung der vertraglich geschuldeten Leistung greift uns **verletzend in bestehende Rechte und Rechtsverhältnisse ein**. Dies gilt auch in der arbeitsvertraglichen Beziehung zwischen ArbGeb und ArbN. Handelt es sich jedoch um einen rechtmäßigen Streik, liegt kein Verstoß gegen vertragliche Pflichten vor, die Hauptpflichten aus dem Arbeitsverhältnis werden durch die Ausübung des subjektiv-privaten Gestaltungsrechts Streik suspendiert (Rz. 190). Für die rechtswidrige Arbeitsniederlegung besteht eine solche Privilegierungswirkung indes nicht.

297 Der weiter bestehende **Anspruch auf Arbeitsleistung** des ArbGeb aus § 611 BGB ist eine nicht vertretbare Handlung und gem. § 888 Abs. 3 ZPO nicht vollstreckbar, so dass eine Klage auf Erfüllung wenig Sinn macht. Es kann allerdings bei weiter andauernder Leistungsverweigerung eine Entschädigung iSd. § 61 Abs. 2 ArbGG zugesprochen werden. Aufgrund der Unmöglichkeit der Erbringung der Leistung verliert der ArbN gem. § 326 Abs. 1 BGB seinen Lohnanspruch, genauso wie Entgeltfortzahlungsansprüche, Zuschläge etc. Das zum rechtmäßigen Streik Gesagte gilt insoweit entsprechend (Rz. 192).

298 Des Weiteren kann sich der ArbN wegen **Unmöglichkeit schadensersatzpflichtig** machen, §§ 280 Abs. 1, Abs. 3; 283; 275 BGB. Durch den Fixschuldcharakter der Arbeitsleistung wird diese unmöglich, wenn der ArbN aufgrund eines Streiks die Arbeit niederlegt. In § 280 Abs. 1 Satz 2 BGB wird

---

[1] Einzelbeispiele bei *Kissel*, ArbeitskampfR, § 43 Rz. 126 ff.; *Oetker*, Die Durchführung von Not- und Erhaltungsarbeiten bei Arbeitskämpfen, 1984, S. 42 ff. | [2] BAG v. 31.1.1995 – 1 AZR 142/94, AP Nr. 135 zu Art. 9 GG – Arbeitskampf; *Oetker*, Die Durchführung von Not- und Erhaltungsarbeiten bei Arbeitskämpfen, 1984, S. 38 ff. | [3] BAG v. 31.1.1995 – 1 AZR 142/94, AP Nr. 135 zu Art. 9 GG – Arbeitskampf; LAG Hamm v. 16.7.1993 – 18 Sa 201/93, NZA 1994, 430. | [4] *Kissel*, ArbeitskampfR, § 43 Rz. 101 ff.; ErfK/*Dieterich*, Art. 9 GG Rz. 182. Diff. *Oetker*, Die Durchführung von Not- und Erhaltungsarbeiten bei Arbeitskämpfen, 1984, S. 76, 80: Im Falle des Streiks sei alleine anordnungsbefugt die kampfführende Gewerkschaft, im Falle der Aussperrung liege die Anordnungskompetenz beim Arbeitgeber. | [5] *Löwisch/Mikosch*, ZfA 1978, 153 (162); *Heckelmann*, Erhaltungsarbeiten im Arbeitskampf, 1984, S. 23.

grundsätzlich vom Vertretenmüssen des Schuldners ausgegangen. Gem. § 619a BGB trägt diese Beweislast jedoch der ArbGeb. In diesem Zusammenhang stellt sich auch die Frage eines Rechtsirrtums des ArbN hinsichtlich der Rechtswidrigkeit des Streiks. Nach der Rspr. des BAG eröffnet die gewerkschaftliche Durchführung eines Streiks die **Vermutung seiner Rechtmäßigkeit**[1] oder zumindest die **fehlende Erkennbarkeit der Rechtswidrigkeit**[2]. Weitere Nachforschungen des ArbN vor Befolgung des Streikaufrufs sind ohne Vorliegen besonderer Umstände nicht erforderlich. In den meisten Fällen ist ein Schadensersatzanspruch des ArbGeb daher mangels Vertretenmüssens zu verneinen[3].

Hat der ArbN über die reine Arbeitsverweigerung hinaus Rechte des ArbGeb beeinträchtigt, kommt ein Schadensersatzanspruch aus § 280 Abs. 1 BGB wegen **positiver Vertragsverletzung** in Betracht. 299

Darüber hinaus können sich auch **deliktische Ansprüche** des ArbGeb ergeben. Nach der Rspr. des BAG stellt ein rechtswidriger Streik einen Eingriff in das durch § 823 BGB geschützte Recht am eingerichteten und ausgeübten Gewerbebetrieb dar. Bezüglich des oben dargestellten Verschuldenszusammenhangs trifft die Verantwortlichkeit den ArbN aber auch nur bei einer bereits ergangenen einstweiligen Verfügung oder offensichtlicher Rechtswidrigkeit des Arbeitskampfes, also etwa einem politischen Streik. Ein solcher deliktischer Anspruch wird von einem Großteil der Lit.[4] anerkannt, jedoch ist fraglich ob sich aus der reinen Streikteilnahme des ArbN neben einer Verletzung des Arbeitsvertrages auch noch eine deliktische Handlung konstruieren lässt[5]. Weitere Deliktsansprüche können sich aus § 823 Abs. 2 in Verbindung mit einem Schutzgesetz oder § 826 BGB[6] ergeben. 300

Dem ArbGeb steht gegen den ArbN ein **Unterlassungsanspruch** zu[7]. Diesen kann er sowohl auf eine Verletzung des Arbeitsvertrages als auch auf eine unerlaubte Handlung des ArbN stützen. 301

Letztendlich kann der ArbGeb dem ArbN wegen der Vertragsverletzung ggf. auch **ordentlich verhaltensbedingt oder außerordentlich kündigen**. Dabei ist das Kündigungsschutzgesetz bzw. sind die Tatbestandsvoraussetzungen des § 626 BGB zu beachten. § 25 KSchG findet mangels inneren Arbeitskampfbezuges keine Anwendung[8]. Neben der Frage der Notwendigkeit einer Abmahnung[9] stellt sich damit die Frage, wie die Abwägung der Interessen der Parteien im Einzelfall ausfällt. Zu berücksichtigen sind hier insb. einerseits der Grad der Beteiligung des ArbN an der Arbeitsniederlegung sowie die Erkennbarkeit der Rechtswidrigkeit[10], andererseits ein etwaiges eigenes rechtswidriges Verhalten des ArbGeb im Verlaufe des Arbeitskampfes[10]. Bei „bloßer Streikteilnahme" kann der Gesichtspunkt der Solidarität für den ArbN sprechen[11]. 302

bb) Die rechtswidrige Aussperrung. Auch die rechtswidrige Aussperrung durch den ArbGeb stellt eine **ungerechtfertigte Verletzung** arbeitsvertraglicher Pflichten dar. Aufgrund des Annahmeverzugs des ArbGeb besteht ein Anspruch auf Arbeitslohn aus § 615 BGB. Darüber hinaus hat der ArbN nach herrschender Meinung einen Anspruch auf tatsächliche Beschäftigung, ferner steht ihm ein Unterlassungsanspruch zu[12]. 303

Den ArbGeb treffen auch **Schadensersatzansprüche** aufgrund der Vertragsverletzung. Ist dem ArbN infolge der Nichtbeschäftigung ein Schaden (Berufssportler/Künstler) entstanden, kann er diesen gem. § 280 Abs. 1 BGB geltend machen. Des Weiteren kann jeder ArbN die Verzugszinsen für den gesamten Bruttobetrag[13] gem. §§ 286, 288 BGB verlangen. 304

Auch dem ArbN steht das **Recht zur Kündigung** des Arbeitsverhältnisses zu[14]. Ein durch eine außerordentliche Kündigung iSd. § 626 BGB erlittener Schaden kann über § 628 Abs. 2 BGB geltend gemacht werden. 305

b) Folgen für die Verbände. aa) Der rechtswidrige Streik. Wird aufgrund des Drucks eines rechtswidrigen Streiks ein TV abgeschlossen, eröffnet sich unter Umständen die Möglichkeit dessen **Anfechtung wegen Drohung gem. § 123 Abs. 1 BGB**. Während das Tatbestandsmerkmal der Drohung ohne weiteres erfüllt ist, bedarf es zur Bejahung der Widerrechtlichkeit eines eindeutigen Verstoßes gegen die Arbeitskampfrechtsordnung[15]. 306

---

1 BAG v. 19.6.1973 – 1 AZR 521/72, AP Nr. 47 zu Art. 9 GG – Arbeitskampf. | 2 BAG v. 29.11.1983 – 1 AZR 469/82, AP Nr. 78 zu § 626 BGB; siehe auch BAG v. 14.2.1978 – 1 AZR 76/76, AP Nr. 58 zu Art. 9 GG – Arbeitskampf. | 3 Zur Annahme eines unverschuldeten Rechtsirrtums durch die Rspr. krit. *Kliemt/Vollstädt*, NZA 2003, 357 (361 ff.). | 4 Brox/Rüthers/Brox, Rz. 335; *Hanau/Adomeit*, ArbeitsR, Rz. 323; *Kissel*, ArbeitskampfR, § 47 Rz. 35. | 5 *Löwisch/Krauß*, 170.3.3 Rz. 62; *MünchArbR/Otto*, § 289 Rz. 40. | 6 So der BGH v. 31.1.1977 – VI ZR 32/77, AP Nr. 61 zu Art. 9 GG – Arbeitskampf, im Fall des Fluglotsenstreiks. | 7 BAG v. 27.6.1989 – 1 AZR 404/88, AP Nr. 113 zu Art 9 GG – Arbeitskampf; *Kissel*, ArbeitskampfR, § 47 Rz. 67. | 8 *Kissel*, ArbeitskampfR, § 47 Rz. 77. | 9 *Kissel*, ArbeitskampfR, § 47 Rz. 77. | 10 ErfK/*Dieterich*, Art. 9 GG Rz. 227. | 11 Siehe nur BAG v. 14.2.1978 – 1 AZR 76/76, AP Nr. 58 zu Art. 9 GG – Arbeitskampf; BAG v. 29.11.1983 – 1 AZR 469/82, AP Nr. 78 zu § 626 BGB. | 12 *Kissel*, ArbeitskampfR, § 58 Rz. 4, 6. | 13 BAG (GS) v. 7.3.2001 – GS 1/99, AP Nr. 4 zu § 288 BGB = AR-Blattei ES 1860 Nr. 20 (*Hergenröder*); aA *Löwisch*, RdA 2002, 182. | 14 *Kissel*, ArbeitskampfR, § 58 Rz. 7. | 15 BAG v. 20.11.1969 – 2 AZR 51/69, AP Nr. 16 zu § 123 BGB; *Löwisch/Krauß*, 170.3.3 Rz. 3 f.

GG Art. 9 Rz. 307 Vereinigungsfreiheit

307 Gegen einen rechtswidrigen Streik hat der ArbGebVerband einen **Unterlassungsanspruch**. Soweit noch Friedenspflicht besteht, folgt dieser aus dem zugrunde liegenden TV bzw. aus einer entsprechenden vertraglichen Vereinbarung. Darüber hinaus billigt das BAG auch der ArbGebKoalition selbst einen Anspruch aus §§ 1004, 823 Abs. 1 BGB iVm Art. 9 Abs. 3 zu. Verletztes Rechtsgut ist das Koalitionsbetätigungsrecht, das auch gegenüber dem sozialen Gegenspieler geschützt ist[1]. Bei Vorliegen eines rechtlichen Interesses ist auch an einen vorbeugenden Unterlassungsanspruch zu denken. Nach der Rspr. des BAG kann der ArbGebVerband darüber hinaus zur Abwehr eines rechtswidrigen Streiks ebenfalls zu **Arbeitskampfmaßnahmen** greifen (Rz. 235).

308 Bei Friedenspflichtverletzungen kann dem ArbGebVerband ein **Schadensersatzanspruch** gem. § 280 Abs. 1 BGB wegen positiver Vertragsverletzung des TV zustehen. Des Weiteren können sich Schadensersatzansprüche aus § 823 Abs. 1 i. V. mit Art. 9 Abs. 3 ergeben. Ein Schadensersatzanspruch über § 823 Abs. 2 BGB kommt vor allem in Verbindung mit strafrechtlichen Normen als Schutzgesetzen in Frage (§§ 240, 253 StGB). Voraussetzung ist jeweils, dass der Verband auch tatsächlich einen Schaden erlitten hat.

309 Da die genannten Schadensersatzansprüche an ein Verschulden geknüpft sind, stellt sich häufig die Frage eines **schuldausschließenden Rechtsirrtums der kampfführenden Gewerkschaft**. Zwischenzeitlich steht das BAG auf dem Standpunkt, dass bei unsicherer Rechtslage einer Gewerkschaft grundsätzlich nicht zugemutet werden könne, zur Durchsetzung ihrer Forderungen ohne weiteres auf Arbeitskampfmaßnahmen zu verzichten[2]. Insoweit ist zu berücksichtigen, dass oft erst Jahre nach einem Streik oder einer Aussperrung eine höchstrichterliche Entscheidung zur Zulässigkeit der entsprechenden Kampfmaßnahme ergeht. Allerdings darf bei unsicherer Rechtslage vom Mittel des Streiks nur Gebrauch gemacht werden, wenn für die Zulässigkeit der tariflichen Regelung sehr beachtliche Gründe sprechen und weiter eine Klärung der Rechtslage anders nicht zu erreichen ist[3].

310 Ein – ggf. vorbeugender[4] – Unterlassungsanspruch steht auch **dem rechtswidrig bestreikten ArbGeb selbst** zu. Der ArbGeb kann diesen auf die Schutzwirkung der zwischen den TV-Parteien bestehenden Friedenspflicht[5] bzw. §§ 1004, 823 Abs. 1 BGB iVm. dem Recht am eingerichteten und ausgeübten Gewerbebetrieb stützen[6]. Darüber hinaus kommen auch aus §§ 823 Abs. 2 iVm. Schutzgesetzen, 824 und 826 BGB Unterlassungsansprüche in Betracht.

311 Dem **einzelnen ArbGeb** kann weiter ein Schadensersatzanspruch gegen die Gewerkschaft zustehen, sei es aus § 280 Abs. 1 BGB wegen Verletzung der in einem TV vereinbarten Friedenspflicht[7], sei es aus § 823 Abs. 1 BGB iVm. dem Recht am eingerichteten und ausgeübten Gewerbebetrieb, sei es aus § 823 Abs. 2 BGB iVm. Schutzgesetzen. Voraussetzung für die Haftung ist jedoch das Vertretenmüssen der Gewerkschaft. Auch hier ist an einen unverschuldeten Rechtsirrtum zu denken (Rz. 309).

312 Der **personelle Haftungsumfang der Gewerkschaft** umfasst ihre Organe nach § 31 BGB. Für Verrichtungsgehilfen (Streikposten) gilt § 831 BGB und die Haftung für Erfüllungsgehilfen folgt aus § 278 BGB.

313 **bb) Die rechtswidrige Aussperrung.** Der Gewerkschaft stehen ebenfalls die zwischen den Verbänden beim rechtswidrigen Streik gegebenen Schadensersatzansprüche zu (Rz. 308).

314 Die Gewerkschaft, deren Mitglieder ausgesperrt werden, hat ein Hauptinteresse an der Beendigung der rechtswidrigen Aussperrung. Insoweit kann sie einen **Unterlassungsanspruch** geltend machen. Dieser kann sich auf die Verletzung der Friedenspflicht des TV stützen und stellt damit einen vertraglichen Unterlassungsanspruch dar. Er ist jedoch praktisch nicht relevant, da Angriffsaussperrungen fast nie vorkommen. Darüber hinaus wird vom BAG ein deliktischer Unterlassungsanspruch aus §§ 1004, 823 Abs. 1 BGB i. V. mit Art. 9 Abs. 3 anerkannt (Rz. 307).

315 **c) Einzelprobleme. aa) Gesamthandlung – Einzelhandlung.** Strafbare Handlungen Einzelner beeinträchtigen die Rechtmäßigkeit des Streiks nur, wenn die Gewerkschaft ein solches Vorgehen wissentlich in ihre Arbeitskampftaktik einbezogen hat bzw. sich die Straftaten so häufen, dass das Bild des Ganzen davon geprägt wird[8]. Die Gewerkschaft ist zum Einschreiten gegen strafbare Handlungen ihrer Mitglieder verpflichtet, wenn solche Verstöße bereits absehbar waren[9]. Außerhalb dieses Rahmens kann die kollektive Rechtmäßigkeit nicht von strafrechtlichen Verfehlungen Einzelner betroffen werden.

---

1 BAG v. 26.4.1988 – 1 AZR 399/86, AP Nr. 101 zu Art. 9 GG – Arbeitskampf; v. 27.6.1989 – 1 AZR 404/88, AP Nr. 113 zu Art 9 GG – Arbeitskampf. | 2 BAG v. 21.3.1978 – 1 AZR 11/76, AP Nr. 62 zu Art. 9 GG – Arbeitskampf; anders noch BAG v. 31.10.1958 – 1 AZR 632/57, AP Nr. 2 zu § 1 TVG – Friedenspflicht und v. 20.12.1963 – 1 AZR 429/62, AP Nr. 33 zu Art. 9 GG – Arbeitskampf. Zum Ganzen eingehend *Kissel*, ArbeitskampfR, § 15 ff. | 3 BAG v. 10.12.2002 – 1 AZR 96/02, DB 2003, 1116 (1120). | 4 ErfK/*Dieterich*, Art. 9 GG Rz. 218. | 5 Str., wie hier ErfK/*Dieterich*, Art. 9 GG Rz. 219; *Gamillscheg*, KollArbR, § 22 II 3 a; *Löwisch/Krauß*, 170.3.3 Rz. 13; aA Brox/Rüthers/*Rüthers*, Rz. 220; MünchArbR/*Otto*, § 289 Rz. 4. | 6 BAG v. 12.9.1984 – 1 AZR 342/83, AP Nr. 81 zu Art. 9 GG – Arbeitskampf; v. 9.4.1991 – 1 AZR 332/90, AP Nr. 116 zu Art. 9 GG – Arbeitskampf. | 7 Anders für *den Fall* einer in einem Schlichtungsabkommen besonders vereinbarten Friedenspflicht BAG v. 31.10.1958 – 1 AZR 632/57, AP Nr. 2 zu § 1 TVG – Friedenspflicht. | 8 LAG Köln v. 2.7.1984 – 9 Sa 602/84, EzA Art. 9 GG – Arbeitskampf Nr. 53; *Kissel*, ArbeitskampfR, § 34 Rz. 28; *Seiter*, Streikrecht, S. 526. | 9 *Kissel*, ArbeitskampfR, § 34 Rz. 28; *Seiter*, Streikrecht, S. 525.

bb) Gesamtschuldnerische Haftung des ArbN. Während bei deliktischen Schadensersatzansprüchen die **gesamtschuldnerische Haftung** schon aus §§ 830, 840 BGB folgt[1], ist für eine gesamtschuldnerische Haftung der ArbN im vertraglichen Bereich ein höherer Begründungsaufwand nötig. Nach der hM in Rspr. und Lehre haften die ArbN für die durch einen rechtswidrigen Streik begangenen Vertragsverletzungen gesamtschuldnerisch[2]. Die Zulässigkeit einer gesamtschuldnerischen Haftung wird mit der **gemeinsamen Schadenszufügung** durch die rechtswidrig streikenden ArbN gerechtfertigt[3]. Im Ergebnis kann sich der ArbGeb wegen des entstandenen Schadens an einen einzelnen, besonders vermögenden, ArbN halten.

cc) Begrenzung des Schadensumfangs durch Kündigung. Des Weiteren wird angeregt, die Haftung der ArbN zeitlich auf die für sie geltende **Kündigungsfrist** zu beschränken[4]. Dies ist nach der Rspr. des BAG wohl nicht möglich[5].

d) Arbeitsvertragliche und tarifliche Disposition der Rechtsfolgen. Die oben aufgezeigten Ansprüche und Rechtsfolgen eines Arbeitskampfes unterliegen **im Rahmen des zwingenden Rechts und der guten Sitten iSd. § 138 BGB** der Disposition der Vertragsparteien. Es ist daher möglich und üblich, nach dem Ende eines Arbeitskampfes sog. „Maßregelungsverbote" zu vereinbaren. Damit sollen über den Arbeitskampf hinausgehende Konflikte zwischen den TV-Parteien und vor allem den ArbGeb und ArbN verhindert werden.

Der **Ausgleich durch den Streik verlorener Lohnansprüche**[6] kann nur ausdrücklich vereinbart werden; dies gilt auch für den Verzicht auf Ansprüche aus Arbeitskampfexzessen[7]. Regelmäßig schaffen solche Vereinbarungen Wiedereinstellungsansprüche, den Verzicht auf Kündigungen und Schadensersatz. Unmittelbare Wirkung entfalten die Regelungen nur im Verhältnis der Tarifschließenden. Der Schutz der ArbN (um den es in den meisten Fällen geht), lässt sich nur durch schuldrechtliche Regelungen erreichen. Eine normativ wirkende Beschränkung der Ansprüche würde einen Vertrag zu Lasten Dritter darstellen und muss daher mit der hM[8] abgelehnt werden.

12. Arbeitskampf im öffentlichen Dienst. a) Beamte. Nach der gefestigten und st. Rspr. des BVerfG, des BAG, des BVerwG und des BGH ist es Beamten durch die nach Art. 33 Abs. 5 GG maßgeblichen hergebrachten Grundsätze des Berufsbeamtentums **verfassungsrechtlich verboten zu streiken**[9]. Aus den gleichen Gründen ist eine Aussperrung von Beamten unzulässig. Dagegen dürfen Beamte außerhalb der Dienstzeit als Beauftragte ihrer Gewerkschaft zu zulässigen Streiks von ArbN aufrufen und sich auch an der Organisation beteiligen[10]. Als Reaktion auf einen unzulässigen Beamtenstreik bleiben dem Dienstherrn die Mittel des Beamtenrechts, eine Abwehraussperrung kommt nicht in Betracht[11].

Der **Einsatz von Beamten auf einem arbeitskampfbedingt unbesetzten Arbeitsplatz** durch den nicht unmittelbar beteiligten Dienstherrn kollidiert mit der staatlichen Neutralitätspflicht. Wird der Dienstherr unmittelbar bestreikt, ist die Anordnung von Streikarbeit durch Einsatz nicht streikender Beamter gegen deren Willen unzulässig. Insoweit hält das BVerfG eine entsprechende gesetzliche Regelung für erforderlich, jedenfalls kraft Richterrechts könne wegen der Wesentlichkeitstheorie (Rz. 88) eine entsprechende Rechtsregel nicht aufgestellt werden[12]. Dienstbereite Beamte dürfen entsprechend beschäftigt werden.

b) ArbN im öffentlichen Dienst. Arbeiter und Angestellte des öffentlichen Dienstes dürfen wie andere ArbN grundsätzlich streiken. Für sie gilt das allgemeine Arbeitsrecht und damit auch die Rechte aus Art. 9 Abs. 3. Da sich die Tätigkeiten des öffentlichen Dienstes jedoch häufig auf Bereiche der Daseinsvorsorge erstreckt, werden Arbeitskämpfe durch Gemeinwohlbelange begrenzt[13]. (Rz. 274 f.).

---

1 BAG v. 20.12.1963 – 1 AZR 428/62, AP Nr. 32 zu Art. 9 GG – Arbeitskampf. | 2 BAG v. 17.12.1958 – 1 AZR 349/57, AP Nr. 3 zu § 1 TVG – Friedenspflicht; v. 20.12.1963 – 1 AZR 428/62, AP Nr. 32 zu Art. 9 GG – Arbeitskampf; v. 7.6.1988 – 1 AZR 372/86, AP Nr. 106 zu Art. 9 GG – Arbeitskampf; *Kissel*, ArbeitskampfR, § 47 Rz. 48; *Löwisch/Krauß*, 170.3.1 Rz. 53; *Weitnauer*, DB 1970, 1687 (1689); aA *Gamillscheg*, KollArbR I, § 26 I 5 e) (1); Brox/Rüthers/*Brox*, Rz. 333; *Seiter*, Streikrecht, S. 470 ff.; MünchArbR/*Otto*, § 289 Rz. 39. | 3 *Löwisch/Krauß*, 170.3.1 Rz. 53. | 4 *Hanau*, Die Kausalität der Pflichtwidrigkeit, 1971, S. 157 ff.; *Seiter*, Streikrecht, S. 474 ff. Siehe auch *Löwisch/Krauß*, 170.3.1 Rz. 55. | 5 BAG v. 17.12.1958 – 1 AZR 349/57, AP Nr. 3 zu § 1 TVG – Friedenspflicht; v. 20.12.1963 – 1 AZR 428/62, AP Nr. 32 zu Art. 9 GG – Arbeitskampf. | 6 BAG v. 17.6.1997 – 1 AZR 674/96, AP Nr. 150 zu Art. 9 GG – Arbeitskampf. | 7 BAG v. 8.11.1988 – 1 AZR 417/86, AP Nr. 111 zu Art. 9 GG – Arbeitskampf. | 8 BAG v. 8.11.1988 – 1 AZR 417/86, AP Nr. 111 zu Art. 9 GG – Arbeitskampf; *Kissel*, ArbeitskampfR, § 46 Rz. 81; *Konzen*, ZfA 1980, 77 (114); *Seiter*, Streikrecht, S. 531 f.; *Reuter*, ZfA 1990, 535 ff.; aA *Gamillscheg*, KollArbR I, § 26 V d). | 9 BVerfG v. 18.11.1954 – 1 BvR 629/52, E 4, 96; BVerwG v. 10.5.1984 – 2 C 18.82, AP Nr. 87 zu Art. 9 GG; BGH v. 16.6.1977 – III ZR 179/75, AP Nr. 53 zu Art. 9 GG – Arbeitskampf; BAG v. 10.9.1985 – 1 AZR 262/84, AP Nr. 86 zu Art. 9 GG – Arbeitskampf. | 10 *Löwisch/Krauß*, 170.9 Rz. 4. | 11 *Kissel*, ArbeitskampfR, § 53 Rz. 57. | 12 BVerfG v. 2.3.1993 – 1 BvR 1213/85, 1 BvR 1213/85, E 88, 103; anders noch BAG v. 10.9.1985 – 1 AZR 262/84, AP Nr. 86 zu Art. 9 GG – Arbeitskampf; BVerwG v. 10.5.1984 – 2 C 18.82, AP Nr. 87 zu Art. 9 GG. Zum Ganzen *Kissel*, ArbeitskampfR, § 34 Rz. 52 ff. | 13 Zu den betroffenen Bereichen näher *Lieb*, Der Arbeitskampf im öffentlichen Dienst, 2003, S. 465 ff.

323 **13. Arbeitskampf in der Betriebs- Personal- und Unternehmensverfassung. a) Arbeitskampf in der Betriebsverfassung.** Das Verhältnis von ArbGeb und BR beruht gem. § 2 Abs. 1 BetrVG auf **vertrauensvoller Zusammenarbeit** zum Wohl der ArbN und des Betriebs. Dagegen ist der Arbeitskampf von einem Interessengegensatz geprägt. Arbeitskampf und Betriebsverfassung stehen sich somit als zwei unterschiedliche und unabhängige Regelungskomplexe gegenüber. Tatsächlich bestehen zwischen Arbeitskampf und Betriebsverfassung jedoch zahlreiche Verzahnungen und Überschneidungen. So werden im Arbeitskampf auch Interessen des Betriebs und des BR betroffen, darüber hinaus haben die Gewerkschaften in den Gremien der Betriebsverfassung häufig einen sehr hohen Organisationsgrad. Eine Ordnung dieser doppelfunktionellen Spannungslage versuchen § 2 Abs. 1 BetrVG und § 74 Abs. 2 Satz 1 BetrVG.

324 **aa) Betriebliche Friedenspflicht.** Gemäß § 74 Abs. 2 Satz 1 BetrVG sind Maßnahmen des Arbeitskampfes zwischen ArbGeb und BR verboten. Insoweit besteht eine **absolute Friedenspflicht** der Betriebspartner. Darüber hinaus wird häufig auch eine mit § 77 Abs. 3 BetrVG vergleichbare Schutzfunktion in Bezug auf die Kompetenzen der TV-Parteien angeführt. Sowohl ArbGeb als auch BR sind zur Regelung von Differenzen auf die betriebsverfassungsrechtliche Zwangsschlichtung verwiesen. Der Einsatz von Arbeitskampfmitteln zwischen den Betriebsparteien ist untersagt. Diese Verpflichtung trifft auch die einzelnen BR-Mitglieder[1]. Diese können jedoch als ArbN an einem Arbeitskampf teilnehmen[2], solange sie nicht ihr BR-Mandat für den Arbeitskampf missbrauchen[3]. Eine lösende Aussperrung der BR-Mitglieder ist jedoch wegen ihres Sonderkündigungsschutzes nicht möglich[4].

325 **bb) Beteiligungsrechte im Arbeitskampf.** Während des Arbeitskampfes bleibt der BR im Amt. Eine ausdrückliche Begrenzung der Kompetenzen des BR im Falle eines Arbeitskampfes ist im BetrVG nicht geregelt[5]. Insoweit stehen dem BR auch während Streik und Aussperrung die Rechte der Betriebsverfassung zu. Besteht bei den während des Arbeitskampfes durchgeführten Maßnahmen kein Arbeitskampfbezug, ist der BR uneingeschränkt zu beteiligen[6]. In unmittelbar kampfbetroffenen Betrieben muss die Mitbest. des BR im Interesse der Kampfparität aber dann entfallen, wenn einzelne Maßnahmen des ArbGeb arbeitskampfbedingt sind und auf diesen einwirken. Der ArbGeb muss die Kampfmittel autonom festlegen können. Die MitbestR des BR treten für die Zeit des Arbeitskampfes zurück[7]. Dies setzt freilich voraus, dass die Kampfmaßnahmen der ArbGebSeite rechtmäßig sind[8].

326 In **mittelbar vom Arbeitskampf betroffenen** Betrieben stellt sich die Frage der Mitbest. bei der Einführung von Kurzarbeit. Nach der Rspr. kommt hier ein Mitbestimmungsausschluss im Interesse der Kampfparität nicht in Frage, vielmehr ist zwischen dem „ob" der Maßnahme und dem „wie" der Durchführung zu unterscheiden. Der ArbGeb muss frei in seiner Entscheidung sein, ob er auf die Fernwirkungen des Arbeitskampfes reagieren will. Die konkrete Durchführung der Kurzarbeit unterliegt jedoch der betriebsverfassungsrechtlichen Mitbest.[9] Anderes gilt nur, wenn die arbeitskampfbedingte Störung so unvermittelt und unvermeidbar eintritt, dass es zu einer innerbetrieblichen Automatik kommt, also eine Konkretisierung der Arbeitskampffolgen durch den ArbGeb erst gar nicht möglich ist[10].

327 **cc) Einzelfälle.** Bei **personellen Einzelmaßnahmen** ist die Mitbest. des BR im Wege der teleologischen Reduktion während des Arbeitskampfes einzuschränken. Nur bezüglich arbeitskampfbedingter **Einstellungen**, **Versetzungen** und (soweit zulässig) **Kündigungen** bestehen die MitbestR nicht. Kündigungen ohne Arbeitskampfbezug unterliegen der Beteiligung des BR[11]. Werden nur Teile der Belegschaft ausgesperrt, unterliegt die entsprechende Kennzeichnung der **Werksausweise** nicht der Mitbest.[12] Werden für arbeitswillige ArbN **Überstunden** angeordnet, besteht kein MitbestR nach § 87 Abs. 1 Nr. 3 BetrVG[13]. Ebensowenig hat der BR beim Einsatz von **Streikbrechern** mitzubestimmen. Allerdings billigt das BAG[14] dem BR auch während des Arbeitskampfes den **Unterrichtungsanspruch** nach § 80 Abs. 2 Satz 1 BetrVG zu. Es obliegt aber dem ArbGeb, wie kurzfristig vorweg er den BR über geplante Maßnahmen informiert. **Betriebsversammlungen** können auch während eines Arbeitskampfes im Betrieb abgehalten werden. Das Verbot des § 74 Abs. 2 Satz 1 BetrVG ist zu beachten. Der Anspruch auf Vergütung nach § 44 BetrVG besteht auch für teilnehmende ArbN die sich im Streik befin-

---

1 BVerfG v. 28.4.1976 – 1 BvR 71/73, E 42, 133; BAG v. 5.12.1975 – 1 AZR 94/74, AP Nr. 1 zu § 87 BetrVG 1972 – Betriebsbuße; v. 21.2.1978 – 1 ABR 54/76, AP Nr. 1 zu § 74 BetrVG 1972. |2 *Löwisch/Rieble*, 170.2 Rz. 277 ff. |3 *Kissel*, ArbeitskampfR, § 36 Rz. 19 ff., 24. |4 BVerfG v. 19.2.1975 – 1 BvR 418/71, E 38, 386; BAG v. 21.4.1971 – GS 1/68, AP Nr. 43 zu Art. 9 GG – Arbeitskampf; v. 25.10.1988 – 1 AZR 368/87, AP Nr. 110 zu Art. 9 GG – Arbeitskampf. |5 BAG v. 5.5.1987 – 1 AZR 292/85, AP Nr. 4 zu § 44 BetrVG 1972. |6 BAG v. 22.12.1980 – 1 ABR 2/79, AP Nr. 70 zu Art. 9 GG – Arbeitskampf; ErfK/*Kania* § 74 BetrVG Rz. 14; *Seiter*, Streikrecht, S. 371. |7 BAG v. 22.12.1980 – 1 ABR 2/79, AP Nr. 70 zu Art. 9 GG – Arbeitskampf; v. 5.5.1987 – 1 AZR 292/85, AP Nr. 4 zu § 44 BetrVG 1972. |8 ErfK/*Dieterich*, Art. 9 GG Rz. 265. |9 BAG v. 22.12.1980 – 1 ABR 2/79, AP Nr. 70 zu Art. 9 GG – Arbeitskampf; v. 22.12.1980 – 1 ABR 76/79, AP Nr. 71 zu Art. 9 GG – Arbeitskampf. |10 BAG v. 22.12.1980 – 1 ABR 76/79, AP Nr. 71 zu Art. 9 GG – Arbeitskampf. |11 BAG v. 6.3.1979 – 1 AZR 866/77, AP Nr. 20 zu § 102 BetrVG. |12 BAG v. 16.12.1986 – 1 ABR 35/85, AP Nr. 13 zu § 87 BetrVG 1972 – Ordnung des Betriebes. |13 BAG v. 5.5.1987 – 1 AZR 292/85, AP Nr. 4 zu § 44 BetrVG 1972. |14 BAG v. 10.12.2002 – 1 ABR 7/02, AP Nr. 59 zu § 80 BetrVG 1972; dazu *Hergenröder*, SAE 2003, 348; *Kissel*, ArbeitskampfR, § 36 Rz. 85.

den[1]. Eine Beeinträchtigung der Kampfparität ist nicht gegeben, wenn es sich um eine sachliche Informationsveranstaltung handelt.

b) Dienststellenverfassung und Arbeitskampf. Das Personalvertretungsrecht korrespondiert mit dem BetrVG, es handelt sich um die Interessenvertretung im öffentlichen Dienst. Während eine generelle Vergleichbarkeit nicht gegeben ist, überschneiden sich die Regelungen bzgl. der Arbeitskämpfe. Insoweit ergeben sich aus dem Gebot der **vertrauensvollen Zusammenarbeit** des § 2 Abs. 1 BPersVG auch bezüglich des Arbeitskampfes die oben dargestellten Verpflichtungen[2]. Flankierend ist auch die **absolute Friedenspflicht** in § 66 Abs. 1 Satz 2 BPersVG ausgestaltet. Ebenso entsteht bei der Teilnahme an **Personalversammlungen** während des Streiks ein Vergütungsanspruch nach § 50 Abs. 1 BPersVG.

c) Arbeitskampf in der Unternehmensverfassung. Für die **Unternehmensmitbestimmung in gesellschaftsrechtlichen Organen** sind keine vergleichbaren Vorschriften vorhanden. Auch hier können die schon skizzierten Interessenkonflikte (Rz. 323) während eines Arbeitskampfes entstehen. Von der Lit. wird daher eine Reduktion der Informations- und Beratungsrechte im Lichte des Art. 9 Abs. 3 Satz 1 gefordert. Insoweit ist für beschränkende Maßnahmen auf die Umstände des Einzelfalles abzustellen[3].

14. Arbeitskampf und Sozialrecht. a) Sozialhilferecht. Nach § 11 Abs. 1 Satz 1 BSHG hat derjenige Anspruch auf **Hilfe zum Lebensunterhalt**, der seinen notwendigen Lebensunterhalt nicht oder nicht ausreichend aus eigenen Kräften und Mitteln beschaffen kann. Dies gilt auch dann, wenn die Einkommenslosigkeit unmittelbare oder mittelbare Folge eines Arbeitskampfes ist. Damit steht auch das Gebot der staatlichen Neutralität einer Gewährung von Sozialhilfe nicht entgegen[4]. Anders als das SGB III kennt das BSHG keine Neutralitätsregelung. Unter dem Gesichtspunkt von Art. 9 Abs. 3 bestehen dagegen keine Bedenken, da eine Verschiebung der Gewichtsverhältnisse zu Lasten der ArbGebSeite durch Leistungen der Sozialhilfe nicht zu befürchten steht.

b) Arbeitsförderung. aa) Arbeitsvermittlung. Nach § 320 Abs. 5 SGB III sind bei Ausbruch und Beendigung eines Arbeitskampfes die ArbGeb verpflichtet, dem für den Betrieb zuständigen AA **schriftlich Anzeige zu machen**. Ist eine Anzeige über den Ausbruch eines Arbeitskampfes erfolgt, so hat die BA in dem durch den Arbeitskampf unmittelbar betroffenen Betrieb Arbeit nur dann zu vermitteln, wenn der Arbeitsuchende und der ArbGeb dies trotz eines Hinweises der BA auf den Arbeitskampf verlangen, § 36 Abs. 3 SGB III.

Vermittelt die BA in Unkenntnis des Arbeitskampfes einen Arbeitsuchenden auf einen durch den Arbeitskampf frei gewordenen Arbeitsplatz, liegt für die Dauer des Arbeitskampfes ein **wichtiger Grund** iSd. § 144 Abs. 1 SGB III vor. Der Arbeitsuchende kann die angebotene Arbeit ablehnen, solange der Arbeitskampf andauert, ohne dass er eine Sperrzeit zu befürchten hätte[5]. Ob ArbGeb und ArbN mittelbar vom Arbeitskampf betroffener Betriebe von der Vorschrift des § 36 Abs. 3 SGB III erfasst werden, ist umstritten[6].

bb) Staatliche Lohnersatzleistungen. Als Ausdruck der Neutralitätspflicht der BA bestimmt § 146 Abs. 1 SGB III, dass durch die Zahlung von Alg nicht in Arbeitskämpfe eingegriffen werden darf. Für den Fall der **unmittelbaren Beteiligung eines ArbN an einem inländischen Arbeitskampf**[7] sieht § 146 Abs. 2 SGB III das Ruhen der Leistungsgewährung bis zur Beendigung der Auseinandersetzung vor.

Ein Anspruch auf Alg entfällt demgegenüber bei lediglich **mittelbarer Kampfbetroffenheit** nur unter den Voraussetzungen des § 146 Abs. 3 SGB III. Danach ruht der Anspruch auf Alg bis zur Beendigung des Arbeitskampfes nur, wenn der Betrieb, in dem der Arbl. zuletzt beschäftigt war, dem räumlichen und fachlichen Geltungsbereich des umkämpften TV zuzuordnen ist (§ 146 Abs. 3 Satz 1 Nr. 1 SGB III) oder nicht dem räumlichen, aber dem fachlichen Geltungsbereich des umkämpften TV zuzuordnen ist und im räumlichen Geltungsbereich des TV, welchem der Betrieb zuzuordnen ist, eine Forderung erhoben worden ist, die einer Hauptforderung des Arbeitskampfes nach Art und Umstand gleich ist, ohne mit ihr übereinstimmen zu müssen und das Arbeitskampfergebnis aller Voraussicht nach in dem räumlichen Geltungsbereich des nicht umkämpften TV im Wesentlichen übernommen wird (§ 146 Abs. 3 Satz 1 Nr. 2 SGB III). Eine Forderung ist nach § 146 Abs. 3 Satz 2 SGB III erhoben, wenn sie von der zur Entscheidung berufenen Stelle beschlossen worden ist oder aufgrund des Verhaltens der TV-Partei im Zusammenhang mit dem angestrebten Abschluss des TV als beschlossen anzusehen ist. Der Entzug der Leistungen ist nach § 146 Abs. 3 Satz 3 SGB III darüber hinaus davon abhängig, dass die umkämpften oder geforderten Arbeitsbedingungen nach Abschluss eines entsprechenden TV für den betreffenden ArbN gelten oder auf ihn angewendet würden. Die Bestimmung wurde vom BVerfG aus-

---

1 BAG v. 5.5.1987 – 1 AZR 292/85, AP Nr. 4 zu § 44 BetrVG 1972; aA *Löwisch/Rumler*, 170.4 Rz. 20 ff. | 2 *Rieger*, Bundespersonalvertretungsgesetz, 3. Aufl., 2000, § 66 Abs. 2. | 3 *Gamillscheg*, KollArbR I, § 28 2 e; *Zöllner/Loritz*, § 39 VII 2; aA *Kissel*, ArbeitskampfR, § 36 Rz. 25. | 4 *Seiter*, Staatsneutralität, S. 147 f. | 5 *Löwisch/Bittner*, 170.5 Rz. 39 f. | 6 Unter Hinweis auf Abs. 3 verneinend *Löwisch/Bittner*, 170.5 Rz. 41; Nachw. zur Gegenmeinung bei MünchArbR/*Otto*, § 282 Rz. 86 mit Fn. 189. | 7 Dazu *Hergenröder*, S. 322 ff.; *Seiter*, Staatsneutralität, S. 237 ff.

drücklich für verfassungsgemäß erklärt[1]. Außerhalb des räumlichen und fachlichen Geltungsbereichs des umkämpften TV besteht dagegen immer ein Anspruch auf Gewährung der Leistungen.

335 Die Voraussetzungen für die Gewährung von **Alg** sind in § 117 SGB III abschließend geregelt. Wichtigstes Tatbestandsmerkmal der Vorschrift ist das Vorliegen von „Arbeitslosigkeit" iSv. § 118 SGB III. Am Arbeitskampf beteiligte ArbN sind immer „arbeitslos", obwohl ihre Arbeitsverhältnisse nur suspendiert sind[2]. Eine solche Beteiligung am Arbeitskampf ist wiederum dann gegeben, wenn die betreffenden ArbN selbst streiken oder ausgesperrt sind, und zwar gleichgültig, ob innerhalb des Kampfgebietes oder im Wege eines Sympathiestreiks oder einer Sympathieaussperrung außerhalb des Geltungsbereichs des umkämpften TV. Demgegenüber sind ArbN, die wegen mittelbarer Auswirkungen eines Arbeitskampfes nicht beschäftigt werden können, regelmäßig nicht „arbeitslos". Nachdem ihr Beschäftigungsverhältnis fortbesteht, richten sich ihre Ansprüche in erster Linie auf Kug (§ 169 SGB III).

336 Gemäß § 174 SGB III gelten die Vorschriften über das Ruhen des Anspruchs auf Alg bei Arbeitskämpfen entsprechend für den Anspruch auf **Kurzarbeitergeld**, soweit der Arbeitsausfall Folge eines inländischen Arbeitskampfes ist, an welchem der ArbN nicht beteiligt ist. Durch die gesetzliche Verweisung in § 214 Abs. 1 Nr. 4 SGB III darf auch durch die Leistung von **Winterausfallgeld** nicht in Arbeitskämpfe eingegriffen werden.

337 Im Zusammenhang mit mittelbar kampfbetroffenen ArbN ist aber die Verzahnung des § 146 Abs. 3 SGB III mit den **Grundsätzen der Arbeitskampfrisikolehre** (Rz. 215) zu beachten. Ein Anspruch der mittelbar kampfbetroffenen ArbN auf staatliche Lohnersatzleistungen kommt nur dann in Betracht, wenn die allgemeine Gefahrtragungsregel des § 615 BGB von den Grundsätzen des Arbeitskampfrisikos überlagert wird oder die Betriebsparteien anlässlich des Arbeitskampfes einverständlich Kurzarbeit vereinbart haben[3]. Erst wenn der Lohnanspruch entfällt, ist die Leistungspflicht der BA in Erwägung zu ziehen. Und diese Leistungspflicht wird durch § 146 Abs. 3 SGB III entsprechend dem Neutralitätsgebot des Staates weiter eingeschränkt.

338 c) **Krankenversicherung, Pflegeversicherung.** Gem. § 192 Abs. 1 Nr. 1 SGB V bleibt das Versicherungsverhältnis bei einem rechtmäßigen Arbeitskampf **auch ohne Beitragsleistung bestehen**[4]. Dies gilt durch den Verweis in § 49 Abs. 2 Satz 1 SGB XI auch für die soziale Pflegeversicherung. Bei der Beteiligung an einem rechtswidrigen Streik endet die Mitgliedschaft entgegen § 192 Abs. 1 Nr. 1, Alt. 1 SGB V aF sofort mit Beginn des rechtswidrigen Streiks. Es bleibt lediglich der Schutz der Auslauffrist des § 19 Abs. 2 SGB V. Darüber hinaus kann sich der ArbN auch freiwillig weiterversichern. Die Mitgliedschaft wird auch nicht betroffen, wenn iSd. § 192 Abs. 1 Nr. 2 SGB V bereits ein Anspruch auf Krankengeld besteht[5].

339 d) **RV.** Der Bestand des Versicherungsverhältnisses der unmittelbar kampfbetroffenen ArbN wird nicht betroffen. Es tritt lediglich eine Suspendierung ein. Mangels eines Entgeltanspruchs besteht für die Zeit des Arbeitskampfes jedoch **keine Versicherungspflicht** im Rahmen des § 1 Nr. 1 SGB VI, diese Zeit wird daher nicht als **Wartezeit** iSd. §§ 50 ff. SGB VI angerechnet. Eine freiwillige Weiterversicherung ist jedoch möglich[6].

340 e) **Gesetzliche Unfallversicherung.** Der Schutz der gesetzlichen Unfallversicherung gilt gem. §§ 7, 8 SGB VII nur für Unfälle von ArbN bei den versicherten Tätigkeiten. Während des Arbeitskampfes besteht daher **kein Unfallversicherungsschutz** für ArbN[7]. Dies gilt naturgemäß nicht, wenn es im Rahmen von erforderlichen Erhaltungs- oder Notdienstarbeiten zu Unfällen kommt.

341 15. **Arbeitskampf und öffentliche Ordnung. a) Arbeitskampf und Strafrecht.** Zu unterscheiden ist die Verwirklichung von Straftatbeständen durch den Arbeitskampf einerseits sowie die Strafbarkeit einzelner Arbeitskampfmittel andererseits.

342 **aa) Arbeitskampf als Straftat.** Schon der Arbeitskampf an sich kann bestimmte Straftatbestände erfüllen. Sowohl Nötigung als auch Erpressung werden in Betracht gezogen. Für die **Bejahung des § 240 StGB** bedarf es einer Veranlassung zu einer Handlung, Duldung oder Unterlassung durch Anwendung von Gewalt oder Drohung mit einem empfindlichen Übel. Allein die Nichterfüllung der arbeitsvertraglichen Pflichten kann jedoch, nach Ablehnung des psychischen Gewaltbegriffes durch das BVerfG[8], noch keine Gewalt iSd. § 240 StGB darstellen. Beim Einsatz planmäßiger Gewalt zur Durchführung des Arbeitskampfes (Stürmung von Verbandsbüros, Entfernung von Streikposten durch

---

1 BVerfG v. 4.7.1995 – 1 BvF 2/86; 1, 2, 3, 4/87 und 1 BvR 1421/86, E 92, 365. | 2 *Seiter*, Staatsneutralität, S. 152 ff.; *Löwisch/Bittner*, 170.5 Rz. 57. | 3 Siehe *Seiter*, Staatsneutralität, S. 146. | 4 MünchArbR/*Otto*, § 292 Rz. 2. | 5 Vgl. MünchArbR/*Otto*, § 292 Rz. 18. | 6 Näher dazu *Löwisch/Bittner*, 170.5 Rz. 24 ff. | 7 *Brox/Rüthers/Jülicher*, Rz. 824; *Löwisch/Bittner*, 170.5 Rz. 34 unter Hinweis darauf, dass Streikhelfer über die Berufsgenossenschaft der streikführenden Gewerkschaft versichert sein können. Versicherungsschutz für Wegeunfälle bei Warnstreiks hält MünchArbR/*Otto*, § 292 Rz. 5 für denkbar. | 8 BVerfG v. 10.1.1995 – 1 BvR 718, 719, 722, 723/89, E 95, 1.

Schlägertrupps, gewaltsame Hinderung Arbeitswilliger, das Gelände zu betreten) ist der Tatbestand der Nötigung mit Gewalt erfüllt.

Eine **Drohung mit einem empfindlichen Übel** ist durch das in Aussicht stellen erheblicher wirtschaftlicher Nachteile auch beim Arbeitskampf zu bejahen. Neben der Tatbestandsmäßigkeit ist jedoch auch die Rechtswidrigkeit der Nötigung gesondert festzustellen. Insoweit muss der Arbeitskampf „verwerflich" sein. Ein verwerfliches Mittel kann bei der gezielten Planung von strafbaren Handlungen bejaht werden. Verwerfliche Zwecke sind nicht schon durch die Verfolgung arbeitsrechtlich unzulässiger Kampfziele anzunehmen. Das Ziel muss vielmehr in besonderer Weise zu missbilligen sein. 343

Eine **Erpressung** ist darüber hinaus bei Arbeitskämpfen um vermögenswerte Arbeitsbedingungen möglich, wenn der nötigende Arbeitskampf dadurch auf eine Vermögensverfügung gerichtet ist. 344

Einen Sonderstatus nehmen **Arbeitskämpfe um politische Zielsetzungen** ein. Hier könnte bei Vorliegen der tatbestandlichen Merkmale eine Bestrafung nach §§ 81, 82 StGB (Hochverrat)[1] sowie § 105 StGB (Nötigung von Verfassungsorganen)[2] erfolgen. 345

bb) Straftaten im Rahmen von Arbeitskämpfen. Auch bei der Durchführung von Arbeitskämpfen kann es zum Einsatz strafbarer Handlungen kommen. Hier sind **neben der Nötigung besonders Körperverletzungs- und Beleidigungsdelikte sowie Sachbeschädigungen** durch Streikposten bzw. durch den Werkschutz des ArbGeb zu beachten. Darüber hinaus können Handlungen bei Arbeitskämpfen auch den Tatbestand des Landfriedensbruchs iSd. § 125 StGB verwirklichen bzw. einen Hausfriedensbruch zu Lasten des ArbGeb darstellen. 346

Eine **Rechtfertigung der Straftaten** durch den Arbeitskampf kann nicht angenommen werden, Art. 9 Abs. 3 schützt insoweit nur Maßnahmen innerhalb der Strafrechtsordnung. 347

b) Arbeitskampf und Polizeirecht. Der Arbeitskampf muss sich im Rahmen der **öffentlichen Sicherheit und Ordnung** halten. Bei Gefährdung zentraler Rechtsgüter wie Leben, Gesundheit, Freiheit, Ehre, Eigentum und Vermögen des Einzelnen, sowie der Unversehrtheit der Rechtsordnung, der staatlichen Einrichtungen oder der Gesamtheit der ungeschriebenen Regeln, die nach den herrschenden Anschauungen zum geordneten Zusammenleben in einem Gebiet unerlässlich sind, können die Ordnungsbehörden zur Gefahrenabwehr einschreiten. Nach dem Opportunitätsprinzip steht es im pflichtgemäßen Ermessen der Polizei, gegen solche Gefährdungen vorzugehen. Bei besonders schweren Verstößen kann es jedoch zu einer Ermessensreduzierung auf null kommen, welche eine Pflicht zum Einschreiten begründet. Ein Anspruch des Einzelnen auf ermessensfehlerfreie Entscheidung ist zu bejahen, wenn die betroffene Rechtsvorschrift auch subjektive Interessen schützt[3]. Unterbleibt ein gebotenes Einschreiten der Polizei, kann dies Amtshaftungsansprüche begründen. 348

16. Arbeitskampf und internes Verbandsrecht. a) Entscheidung über Arbeitskampfmaßnahmen. Die entscheidungsbefugten Gremien der Verbände sind in den Satzungen bezeichnet. Die Entscheidung über Kampfmaßnahmen wird vom **Vorstand der jeweiligen Gewerkschaft oder des ArbGebVerbandes** getroffen. Dieser Entscheidung geht in den meisten Fällen auf Gewerkschaftsseite eine Mehrheitsentscheidung in Form der Urabstimmung voraus. Dabei handelt es sich um verbandsrechtliche Formalien, eine zwingende Erforderlichkeit der Urabstimmung im Verhältnis zur Gegenseite ist nicht anzunehmen (Rz. 287 f.). Auf der ArbGebSeite wird eine stärkere Beteiligung der Mitglieder durch Mitentscheidung größerer Ausschüsse erreicht. 349

b) Unterstützungsleistungen. Nach der Satzung zahlen die **Gewerkschaften** für den Fall von Streik oder Aussperrung freiwillige Unterstützungsleistungen. In der Regel geschieht dies unter Abtretung der Ansprüche gegen den ArbGeb. Auf ArbGebSeite sind Unterstützungsfonds eingerichtet, aus denen den Mitgliedern die laufenden Kosten ersetzt werden. Der durch den Produktionsausfall entstandene Schaden wird nur in Sonderfällen übernommen, so etwa bei besonders langen Streiks oder Existenzgefährdung des Betriebs[4]. 350

c) Pflicht zur Befolgung von Kampfbeschlüssen. Durch die Koalitionssatzung wird den Mitgliedern in der Regel eine **Folgepflicht** auferlegt[5]. Danach müssen die Kampfbeschlüsse des Verbandes auch durch das Mitglied vollzogen werden. Eine solche Verpflichtung kann nur bei rechtmäßigen Arbeitskampfmaßnahmen anzunehmen sein. Darüber hinaus muss der Kampfbeschluss auch formal satzungsgemäß erfolgt sein. Ein Verstoß gegen diese Folgepflicht kann mit den Mitteln der Vereinsgewalt *geahndet* werden. Dazu ist in den Satzungen häufig die Rückerstattung der Unterstützungszahlungen oder der Ausschluss aus dem Verband vorgesehen. 351

17. Arbeitskampf und Prozess. a) Rechtsweg. § 2 Abs. 1 Nr. 2 ArbGG eröffnet für bürgerliche Rechtsstreitigkeiten zwischen tariffähigen Parteien oder diesen und Dritten aus unerlaubter Handlung den Rechtsweg zur Arbeitsgerichtsbarkeit, soweit es sich um **Maßnahmen zum Zwecke des Arbeitskamp-** 352

---

1 BGH v. 4.6.1955 – StE 1/52, AP Nr. 1 zu § 80 StGB. | 2 Vgl. *Löwisch/Krauß*, 170.10 Rz. 19. | 3 *Götz*, Allgemeines Polizei- und Ordnungsrecht, Rz. 275. | 4 *Löwisch*, AcP 174 (1974), 217 ff. | 5 *Löwisch/Rieble*, 170.6 Rz. 25; aA *Seiter*, Streikrecht, S. 104 ff.

GG Art. 9 Rz. 353   Vereinigungsfreiheit

fes oder um Fragen der Vereinigungsfreiheit handelt. Der Begriff der unerlaubten Handlung ist wie bei § 32 ZPO weit auszulegen[1]. Dabei handelt es sich nicht nur um unter § 823 BGB zu subsumierende Verhaltensweisen, sondern jede Handlung, die sich als Maßnahme des Arbeitskampfes oder der Betätigung der Koalition als rechtswidrig erweisen kann, kommt in Betracht. Darüber hinaus muss diese unerlaubte Handlung zum Zwecke des Arbeitskampfes begangen worden sein. Darunter ist ein Verhalten zu verstehen, welches darauf abzielt, den Ausgang des Arbeitskampfes zu beeinflussen[2]. Insoweit hängt die Zuständigkeit des ArbG nicht davon ab, dass Kampfmaßnahmen gerade um Arbeits- und Wirtschaftsbedingungen geführt werden.

353   Nach hM ist § 2 Abs. 1 Nr. 2 ArbGG auf den **politischen Streik** nicht anwendbar[3]. Wenn man den Arbeitskampfzweck jedoch in dem genannten Rahmen weit auslegt, spricht vieles dafür, letztendlich alle Streitigkeiten aus Arbeitskämpfen vor den ArbG zu verhandeln[4].

354   **b) Einstweilige Verfügungen gegen Kampfmaßnahmen.** § 62 Abs. 2 ArbGG verweist bezüglich der einstweiligen Verfügung auf § 935 ff. ZPO. Speziellere Regelungen sind im ArbGG nicht vorgesehen. De lege lata ist auch im arbeitsgerichtlichen Verfahren eine einstweilige Verfügung in der Form der Sicherungsverfügung (§ 935 ZPO) oder der Leistungsverfügung (§ 940 ZPO) zulässig. Auch im Falle des Unterlassungsanspruchs handelt es sich im Ergebnis um eine **Leistungsverfügung**, da sie jedenfalls zur zeitweisen Erfüllung des Anspruchs führt[5]. Bei der Formulierung des Antrags ist zu beachten, dass dem Bestimmtheitsgebot des § 253 Abs. 2 Nr. 2 ZPO Rechnung getragen wird[6].

355   Praktisch nimmt die einstweilige Verfügung bzgl. der Unterlassung ganzer Arbeitskämpfe die **Hauptsacheentscheidung** vorweg[7]. Hat der Arbeitskampfgegner mit einem solchen Antrag Erfolg, scheitert der konkret angestrengte Arbeitskampf meist endgültig[8]. Im Lichte des Art. 9 Abs. 3 ist daher zu beachten, dass solche einstweiligen Verfügungen, je nach Umfang des Antrags, die Arbeitskampfmöglichkeiten der zukünftigen TV-Parteien erheblich einschränken können[9]. Darüber hinaus muss es den Koalitionen auch erlaubt sein, arbeitskampfrechtliches Neuland zu betreten, ohne durch einstweilige Verfügungen daran gehindert zu werden. Hieraus wird teilweise geschlossen, dass eine einstweilige Verfügung nur zulässig ist, wenn die Rechtswidrigkeit des Streiks ohne rechtsfortbildende Erwägungen feststellbar ist[10]. Ungeachtet verschiedener Reformvorschläge ist im Ergebnis gleichwohl auch im Arbeitskampf von der Zulässigkeit einstweiliger Verfügungen auszugehen. Anders ist ein **effektiver Rechtsschutz** nicht zu gewährleisten[11].

356   Die Abwägung der Konsequenzen einer Entscheidung ist bei der Feststellung des **Verfügungsgrundes** zu treffen. In einer Gesamtbewertung der tatsächlichen Situation muss unter Beachtung der Befriedigungswirkung einer Entscheidung geklärt werden, ob die einstweilige Verfügung zur Abwendung wesentlicher Nachteile nötig erscheint. Je mehr die Kampfführung der Gewerkschaft betroffen ist, desto schwerer muss der mit dem Streik verbundene Nachteil für den ArbGeb sein[12].

357   Darüber hinaus ist die besondere Entscheidungssituation im einstweiligen Rechtsschutzverfahren zu beachten, neben der **fehlenden Möglichkeit einer höchstrichterlichen Klärung** der geltend gemachten Ansprüche (§ 72 Abs. 4 ArbGG) muss die gesamte Entscheidung unter Zeitdruck und oft erschwerten Prozessbedingungen getroffen werden. Daher wird für die Feststellung des Verfügungsanspruches teilweise die offensichtliche Rechtswidrigkeit der angegangenen Maßnahme gefordert[13]. Das Vertreten divergierender Rechtsauffassungen darf jedoch nicht zum Scheitern des Antrags führen. Eine solche Einschränkung ist daher im Interesse effektiven Rechtsschutzes zu verneinen[14].

---

1 BAG v. 10.9.1985 – 1 AZR 262/84, AP Nr. 86 zu Art. 9 GG – Arbeitskampf; GMPM/*Matthes*, § 2 ArbGG Rz. 33 f. | 2 MünchArbR/*Brehm*, § 389 Rz. 23; *Kissel*, ArbeitskampfR, § 63 Rz. 10. | 3 BGH v. 29.9.1954 – VI ZR 232/53, AP Nr. 2 zu § 2 ArbGG; MünchArbR/*Brehm*, § 389 Rz. 23; Brox/Rüthers/*Brox*, Rz. 718; *Hueck/Nipperdey*, Bd. II § 17 II 3 c; aA GMPM/*Matthes*, § 2 ArbGG Rz. 36; *Kissel*, GVG § 13 Rz. 143; *Kissel*, ArbeitskampfR, § 63 Rz. 11. | 4 So schon Brox/Rüthers/*Brox*, Rz. 718 aE. | 5 Vgl. LAG München v. 19.12.1979 – 9 Sa 1015/79, EzA Art. 9 GG – Arbeitskampf Nr. 35; *Löwisch/Krauß*, 170.3.3 Rz. 78; MünchArbR/*Otto*, § 293 Rz. 29. | 6 Vgl. etwa LAG Hess. v. 2.5.2003 – 9 Sa Ga 638/03, BB 2003, 1229: „sonstige Arbeitskampfmaßnahmen". | 7 Zur Frage, ob das Gericht bei einem Unterlassungsantrag nur einen Teil zusprechen kann, *Backsmeier*, Das „minus" beim unterlassungsrechtlichen Globalantrag, 2000, S. 21 ff., 93 ff., 120 ff.; *Loritz*, ZfA 1985, 185 ff. | 8 *Isenhardt*, FS Stahlhacke, 1995 S. 195 (200); *Kissel*, ArbeitskampfR, § 65 Rz. 12; *Walker*, ZfA 1995, 191. | 9 *Henniges*, Einstweiliger Rechtsschutz gegen gewerkschaftliche Streiks?, 1987, S. 22 ff.; MünchArbR/*Otto*, § 293 Rz. 27. | 10 So ErfK/*Dieterich*, Art. 9 GG Rz. 223 mwN. | 11 So auch die hM: BAG v. 21.3.1978 – 1 AZR 11/76, AP Nr. 62 zu Art. 9 GG – Arbeitskampf; LAG Schl.-Holst. v. 25.11.1999 – 4 Sa 584/99, LAGE Art. 9 GG – Arbeitskampf Nr. 68 a; LAG Hamm v. 31.5.2000 – 18 Sa 658/00, AP Nr. 158 zu Art. 9 GG – Arbeitskampf; LAG Hess. v. 2.5.2003 – 9 Sa Ga 638/03, BB 2003, 1229; *Heckelmann*, ArbuR 1970, 166 (170); Brox/Rüthers/*Brox*, Rz. 765; *Löwisch/Krauß*, 170.3.3 Rz. 78; aA *Blanke*, NZA 1988 Beil. 2 S. 15 (16); *Birk*, ArbuR 1974, 289. | 12 ErfK/*Dieterich*, Art. 9 GG Rz. 224; GMPM/*Germelmann*, § 62 ArbGG Rz. 91; MünchArbR/*Otto*, § 293 Rz. 32 f.; siehe auch LAG Köln v. 14.6.1996 – 4 Sa 177/96, LAGE Art. 9 GG – Arbeitskampf Nr. 63; LAG Hess. v. 2.5.2003 – 9 Sa Ga 638/03, BB 2003, 1229. | 13 *Dorndorf/Weiss*, Warnstreiks und vorbeugender Rechtsschutz gegen Streiks, 1983 S. 56 f.; *Hessel*, Einstweilige Verfügung bei Arbeitskämpfen?, DB 1967, 2071 f. | 14 *Kissel*, ArbeitskampfR, § 65 Rz. 28; MünchArbR/*Otto*, § 293 Rz. 31.

c) Rechtsschutz über die Gewährung von Leistungen nach dem SGB III. Die Entscheidung über das Vorliegen der Voraussetzungen des § 146 Abs. 3 Satz 1 Nr. 2a und b SGB III trifft der **Neutralitätsausschuss**, §§ 146 Abs. 5, 393 SGB III. Aufgrund der allgemeinen Bedeutung der Rechtsfragen entscheidet gem. § 146 Abs. 6 Satz 4 SGB III das BSG im ersten und letzten Rechtszug über Klagen der Fachspitzenverbände der an einem Arbeitskampf beteiligten Parteien gegen eine Entscheidung des Neutralitätsausschusses nach § 146 Abs. 5 SGB III. Dies gilt auch in Bezug auf den Erlass einstweiliger Anordnungen, § 146 Abs. 6 Satz 6 SGB III.

18. Europäisches und Internationales Arbeitskampfrecht. a) EG-Grundfreiheiten und Arbeitskampf. Arbeitskampfmaßnahmen etwa im Transportgewerbe können zu einer vorübergehenden **Beeinträchtigung des Handels zwischen den Mitgliedstaaten** führen. Nach der Rspr. des EuGH[1] verstößt ein Staat gegen seine Verpflichtungen aus Art. 28 iVm. 10 EG (ex-Art. 30 iVm. Art. 5 EGV), wenn er es versäumt, alle erforderlichen und angemessenen Maßnahmen zu ergreifen, damit der freie Warenverkehr nicht durch Handlungen von Privatpersonen beeinträchtigt werde. Eine Ausnahme macht der EuGH nur für den Fall, dass das Tätigwerden für den Mitgliedstaat Folgen für die öffentliche Ordnung hätte, die er mit seinen Mitteln nicht bewältigen könnte.

Einer Auffassung im Schrifttum nach kommt bei der Abwägung zwischen der Ausübung des kraft nationalen Verfassungsrechts garantierten Streikrechts einerseits sowie der **gemeinschaftsrechtlich gewährleisteten Waren- und Personenverkehrsfreiheit** anderseits den EG-Grundfreiheiten der Vorrang zu[2]. Der Mitgliedstaat bzw. die Kommission seien als Schutzpflichtadressaten insoweit zum Einschreiten verpflichtet. Umgekehrt wurde darauf hingewiesen, dass die Grundfreiheiten des EG-Vertrages keinen höheren Rang hätten als die zu den allgemeinen Rechtsgrundsätzen zählenden Grund- und Menschenrechte[3]. Dies bedeute, dass Einschränkungen des freien Warenverkehrs immer dann hinzunehmen seien, wenn sich die Akteure im Rahmen des von der Gemeinschaft akzeptierten Streikrechts bewegten. Probleme begännen erst, wenn sich die Maßnahmen gezielt gegen Importe aus anderen Mitgliedstaaten bzw. gegen die Tätigkeit von dort kommenden Personen richteten.

Soweit es um das Verhältnis der **deutschen Arbeitskampfrechtsordnung zu den EG-Grundfreiheiten** geht, kann festgehalten werden, dass Konflikte jedenfalls gegenwärtig kaum ersichtlich sind. Nachdem schon die Blockade der Zufahrten zum Betrieb des bekämpften ArbGeb vom BAG als rechtswidrig erachtet wird (Rz. 266), muss dies erst recht für das Unpassierbarmachen öffentlicher Straßen gelten. Art. 9 Abs. 3 rechtfertigt keine unerlaubten oder gar strafbaren Handlungen, wobei Verbotsnormen freilich wiederum ihrerseits im Lichte der Verfassung auszulegen sind. Sollte in Bezug auf *an sich* rechtmäßige Kampfmaßnahmen aber ein entsprechender Konflikt mit den Grundfreiheiten drohen – theoretisch denkbar wäre dies im Hinblick auf das Kampfmittel des Boykotts (Rz. 240 ff.) –, wird diesem durch gemeinschaftsrechtskonforme[4] richterliche Weiterbildung des deutschen Arbeitskampfrechts Rechnung zu tragen sein.

b) Die kollisionsrechtliche Behandlung des Arbeitskampfes. Fast ausschließlich finden Arbeitskämpfe im rein nationalen Bereich statt und auch dort nur auf begrenztem Gebiet. Gemeinschaftliche Aktionen von Gewerkschaften auf europäischer bzw. internationaler Ebene sind eher selten, kommen aber gleichwohl vor[5]. Insoweit stellt sich die Frage, wie Rechtmäßigkeit, individualrechtliche Folgen und eventuelle Haftungsfragen von Arbeitskämpfen mit Auslandsberührung[6] zu beurteilen sind. Welche Rechtsordnung insoweit zur Entscheidung berufen ist, richtet sich nach den Grundsätzen **des Internationalen Privatrechts**[7]. Drei Fallgruppen hat man zu unterscheiden[8]: Kampfmaßnahmen deutscher Arbeitskampfparteien im Ausland sowie ausländischer Arbeitskampfparteien im In- und Ausland, die Einbeziehung ausländischer Arbeitskampfparteien in nationale Arbeitskämpfe sowie Arbeitskämpfe auf internationaler Ebene etwa zur Durchsetzung eines internationalen TV[9].

Richtigerweise wird man kollisionsrechtlich auf den **Schwerpunkt der Arbeitskampfmaßnahmen** abzustellen haben. Danach ist diejenige Rechtsordnung anwendbar, deren Arbeits- und Wirtschaftsordnung der Sachverhalt zuzurechnen ist, wobei sämtliche kollektiven und individuellen Anknüpfungs-

---

1 EuGH v. 9.12.1997 – Rs. C-265/95 (*Kommission/Frankreich*), EuZW 1998, 84; zum Ganzen eingehend *Hergenröder*, EAS B 8400 Rz. 62 ff. |2 So *Meier*, EuZW 1998, 87; *Sczekalla*, DVBl.1998, 219 (223 f.); siehe auch *Meurer*, EWS 1998, 196 (199: „Ein Streikrecht nach französischem Arbeitsrecht berechtigt nicht dazu, derart die Zirkulation von Waren aus anderen Mitgliedstaaten in andere Mitgliedstaaten zu behindern"). |3 *Däubler*, FS Hanau, 1999, S. 489 (500). |4 Dazu eingehend *Franzen*, Privatrechtsangleichung durch die Europäische Gemeinschaft, 1999, S. 299 ff.; vgl. auch *Wißmann*, RdA 1999, 152 (155). |5 Aus jüngerer Zeit ist zu nennen der europaweite Warnstreik zum Standortsicherungsvertrag für die Werke von General Motors-Europe am 25.1.2001, dazu *Röper*, EuroAS 5/2001, 87 ff. |6 Zum Kriterium der Auslandsberührung eingehend *Hergenröder*, S. 117 ff. |7 Dazu eingehend *Hergenröder*, Der Arbeitskampf mit Auslandsberührung, passim; *Hergenröder*, in: Löwisch (Hrsg.), 170.8, Rz. 26 ff.; *Junker*, Internationales Arbeitsrecht im Konzern, 1992, S. 465 ff.; MünchArbR/*Otto*, § 285 Rz. 231 ff.; jeweils mwN. |8 *Hergenröder*, S. 134 f.; MünchArbR/*Otto*, § 285 Rz. 232. |9 Dazu näher *Hergenröder*, S. 393 ff.; *Hergenröder*, AR-Blattei SD 170.8 (2000), Rz. 83 ff.; zur Frage der Durchsetzbarkeit von Vereinbarungen nach Art. 139 Abs. 2 1. Alt. EGV *Hergenröder*, EAS B 8400 Rz. 45 ff.

gesichtspunkte heranzuziehen sind[1]. Dem so ermittelten Arbeitskampfstatut unterfallen nicht nur die Rechtmäßigkeitsvoraussetzungen kampfweiser Auseinandersetzungen, sondern auch deren einzelvertragliche und deliktische Rechtsfolgen. Bei der Anwendung ausländischen Arbeitskampfrechts bleibt für den inländischen Rechtsanwender stets die Vereinbarkeit des gefundenen Ergebnisses mit dem nationalen ordre public (Art. 6 EGBGB) zu prüfen[2]. Überdies kommt eine Sonderanknüpfung nationalen Rechts nach Art. 34 EGBGB in Betracht[3]. Hängt die Zulässigkeit einer inländischen Arbeitskampfmaßnahme von der rechtlichen Beurteilung eines ausländischen Arbeitskampfes ab (Akzessorietät), so entscheidet über Letzteren die anwendbare ausländische Rechtsordnung[4].

364 c) **Arbeitskampf um einen internationalen TV**[5]. Grundvoraussetzung eines entsprechenden Arbeitskampfes wäre die Rechtmäßigkeit dieses Kampfziels. Gegenwärtig sind **entsprechende Kollektivvereinbarungen innerstaatlich nur mit schuldrechtlicher bzw. mittelbarer Wirkung denkbar**[6]. Keine Bedenken bestehen gegen einen „europäischen" TV jedenfalls dann, wenn er aus einem Bündel gleich lautender nationaler Kollektivvereinbarungen bestünde. Praktisch wäre dies dergestalt denkbar, dass sich die Sozialpartner auf überstaatlicher Ebene einigen und das entsprechende Vertragsmuster dann ihren nationalen Verbandsmitgliedern zur Annahme empfehlen. Kampfmaßnahmen auf nationaler Ebene liefen dann nach den normalen einzelstaatlichen Regeln ab, Probleme träten nur dann auf, wenn die Beendigung von Streiks und Aussperrungen nicht nur an das Nachgeben des jeweils eigenen nationalen Gegners geknüpft wäre, sondern an das Einlenken von ausländischen gegnerischen Verbänden in deren Tarifgebieten[7].

365 Entsprechende Arbeitskampfmaßnahmen werden insb. auch nicht durch **Art. 139 EGV ausgeschlossen**, da die Vorschrift den hier interessierenden Typus europäischer TV nicht erfasst[8]. Indes ist mit entsprechenden Kollektivvereinbarungen eine Vielzahl von Problemen verbunden, die noch der Klärung harren. Erwähnt seien hier nur die Frage der Mächtigkeit eines überstaatlichen Zusammenschlusses von ArbN sowie die entsprechenden Arbeitskämpfen zugrunde liegende Paritätskonzeption[9]. Insoweit bleibt die weitere Entwicklung abzuwarten.

366 **VI. Schlichtungsrecht. 1. Begriff und Funktion der Schlichtung.** Die Schlichtung dient zur Überwindung eines tarifvertragslosen Zustands etwa nach Auslaufen oder Kündigung eines TV sowie zur Vermeidung bzw. Beendung von Arbeitskämpfen. Grundsätzlich ist es im Interesse aller Beteiligten, Regelungsfragen ohne kosten- und aufwandsintensive Arbeitskampfmaßnahmen zu klären. Der Schlichtung kommt insoweit eine **Regelungsaufgabe** zu. Der verbindlich ergangene Schlichtungsspruch hat die Wirkung eines TV[10]. Im von § 4 Abs. 1 TVG vorgegebenen Rahmen entfaltet auch der Schlichtungsspruch Rechtsnormwirkung. Insoweit handelt es sich auch um eine **rechtsgestalterische Tätigkeit**.

367 Im Verlauf des **Schlichtungsverfahrens** können sich die Beteiligten entweder gemeinsam auf einen Kompromiss einigen oder das Schlichtungsverfahren wird durch einen Schlichtungsspruch beendet (Rz. 374 f.). Letztendlich stellt das Schlichtungsverfahren ein Hilfsmittel zum Erreichen vertraglicher Regelungen dar. Darin ist auch eine wirkungsvolle Alternative zum Arbeitskampf zu sehen. Ein gesetzliches Schlichtungsverfahren ist jedoch keine Rechtmäßigkeitsvoraussetzung eines Arbeitskampfes.

368 **2. Grundlagen des Schlichtungsrechts.** Die vertragliche Vereinbarkeit von Schlichtungsabkommen ist **Ausfluss der verfassungsrechtlich gewährleisteten Tarifautonomie**. Neben der Gewährleistung von Arbeitskampfmitteln ist durch Art. 9 Abs. 3 auch die gemeinsame Gestaltung durch Einigung und Zusammenwirken zu schützen. Diesem Grundgedanken entspricht das Schlichtungsverfahren.

369 Teil II Art. 6 Nr. 3 ESC (siehe auch Rz. 15, 153) verpflichtet die Vertragsparteien ausdrücklich, „die Einrichtung und die Benutzung geeigneter Vermittlungs- und freiwilliger Schlichtungsverfahren zur Beilegung von Arbeitsstreitigkeiten zu fördern". Auch Nr. 13 der Gemeinschaftscharta der Sozialen Grundrechte der ArbN vom 9.12.1989 (Rz. 17, 154) dient der Erleichterung einer arbeitskampffreien Einigung durch Vermittlungs-, Schlichtungs- und Schiedsverfahren. Ein über die Gewährleistung des

---

1 *Hergenröder*, S. 204 ff., 213 ff.; *Hergenröder*, AR-Blattei SD 170.8 (2000), Rz. 37 ff.; jeweils mwN auch zur Gegenmeinung. | 2 *Hergenröder*, S. 252 ff.; *Hergenröder*, AR-Blattei SD 170.8 (2000), Rz. 52 ff.; *Junker*, Internationales Arbeitsrecht im Konzern, 1992, S. 315 ff.; MünchArbR/*Otto*, § 286 Rz. 251. | 3 Dazu näher *Hergenröder*, S. 252 ff.; *Hergenröder*, AR-Blattei SD 170.8 (2000), Rz. 56 ff.; *Junker*, Internationales Arbeitsrecht im Konzern, 1992, S. 283 ff.; MünchArbR/*Otto*, § 286 Rz. 252. | 4 *Hergenröder*, S. 286 ff.; *Hergenröder*, AR-Blattei SD 170.8 (2000), Rz. 63 ff. | 5 Dazu eingehend *Hergenröder*, EAS B 8400 Rz. 94 ff.; *Hergenröder*, AR-Blattei SD 1550.15 (2004) Rz. 128 ff. mwN; *Junker*, Internationales Arbeitsrecht im Konzern, 1992, S. 496 ff. | 6 *Buchner*, RdA 1993, 193 (200); *Konzen*, EuZW 1995, 39 (47); *Schwarze*, EAS B 8100 (1997) Rz. 23 ff. | 7 Vgl. näher *Hergenröder*, in: Heinemann (Hrsg.), Das kollektive Arbeitsrecht in der Europäischen Gemeinschaft, 1991, S. 49 (82 f.); *Hergenröder*, in: Löwisch, 170.8, Rz. 84 f. | 8 *Däubler*, FS Hanau, 1999, 489 (496); *Heinze*, ZfA 1997, 505 (510 f.); *Höland*, ZIAS 1995, 425 (434); *Konzen*, EuZW 1995, 39 (47); *Schwarze*, EAS B 8100 (1997) Rz. 5, 24. AA etwa *Karthaus*, ArbuR 1997, S. 221. | 9 Dazu nur *Hergenröder*, EAS B 8400 Rz. 96 ff.; *Hergenröder*, AR-Blattei SD 170.8 Rz. 83 ff.; *Hergenröder*, AR-Blattei SD 1550.15 (2004) Rz. 152 f.; *Junker*, Internationales Arbeitsrecht im Konzern, 1992, S. 445 ff.; jeweils mwN. | 10 *Kissel*, ArbeitskampfR, § 69 Rz. 48; MünchArbR/*Otto*, § 296 Rz. 29.

Art. 9 Abs. 3 hinausgehender Inhalt kommt diesen Vorschriften im Bereich des Schlichtungsrechts allerdings nicht zu.

Mit dem Schutz der Tarifautonomie und dem Gebot staatlicher Neutralität wäre die Zulässigkeit **staatlicher Zwangsschlichtung** nicht zu vereinbaren[1]. Ein solches Vorgehen würde dem Staat erlauben, aktiv in Regelungsstreitigkeiten der TV-Parteien eingreifen zu können. Ausnahmen werden in bestimmten Extremsituationen befürwortet, bei denen überragend wichtige Gemeinschaftsgüter gefährdet sind. Dazu gibt es mannigfaltige Lösungs- und Abgrenzungsmodelle[2]. 370

3. Staatliche Schlichtung. a) Schlichtung nach dem KRG Nr. 35[3]. Das Kontrollratsgesetz von 1946 ermöglicht es **den Ländern, Schlichtungsstellen einzurichten**. Diese Stellen beraten über Fragen der Arbeitsbeziehungen mit ArbGeb und ArbN oder deren Organisationen. Auf den Arbeitskampf können diese Stellen durch Mustervorschläge und Vermittlungsgespräche einwirken. Dies ist auch außerhalb des förmlichen Schlichtungsverfahrens im freien Schiedsverfahren möglich. Das Verfahren findet vor Schiedsausschüssen bei den Landesarbeitsbehörden statt, wenn beide Parteien die Streitigkeit vorlegen oder die eine Partei der Vorlage der anderen Partei zustimmt. Eine Zwangsschlichtung ist somit nicht vorgesehen, jedoch kann das ultima-ratio-Prinzip dafür herangezogen werden, dass sich der Tarifgegner auf eine angetragene Schlichtung einlassen muss, bevor Arbeitskampfmittel ergriffen werden dürfen[4]. Das Verfahren endet mit einer Einigung der Parteien oder dem Schiedsspruch der Schlichtungsstelle. Auch dieser Spruch ist nur nach Annahme bzw. Unterwerfung der Tarifgegner verbindlich. 371

b) **Schlichtung nach der Landesschlichtungsordnung Baden**[5]. Das Schlichtungsverfahren nach der Landesschlichtungsordnung Baden umfasst im Gegensatz zum KRG Nr. 35 nicht auch Arbeitsstreitigkeiten, sondern nur Konflikte bei der Gesamtvereinbarungen, **im Ergebnis also Tarifstreitigkeiten**. Das Verfahren kann auf Antrag nur einer Partei und bei wesentlicher öffentlicher Bedeutung auch von Amts wegen eingeleitet werden (§ 12 LSchlO). Eine bindende Wirkung des Schiedsspruchs ist auch hier nur unter bestimmten Voraussetzungen (Rz. 374) gegeben. 372

Die **praktische Bedeutung dieser staatlichen Schlichtungsmöglichkeiten ist eher gering**. Diskutiert wird unter dem Stichwort „obligatorisches Schlichtungsverfahren", ob der Gesetzgeber ein Schlichtungsverfahren einführen kann, auf das sich die TV-Parteien generell oder auf Antrag einer Partei einlassen müssen, bzw. ob die TV-Parteien dazu verpflichtet sind, ein freiwilliges Schlichtungsverfahren zu vereinbaren, um die Gefahr von Arbeitskämpfen zu verringern. Diese Maßnahme erscheint zumindest vor dem Hintergrund der Tarifautonomie als verfassungsrechtlich fragwürdig und ist daher nur bei einer Gefährdung überragend wichtiger Rechtsgüter zu rechtfertigen[6]. 373

4. **Vertragliche Schlichtung**. Arbeitskämpfe sind für beide Tarifparteien unerwünscht und mit Nachteilen verbunden. Aus diesem Grund werden ad hoc oder vorbeugend vertraglich vereinbarte Schlichtungsverfahren durchgeführt. Diese autonomen Schlichtungsabkommen sind TV und bedürfen als solche der Schriftform. Bei der **einfachen Schlichtung** können sich die Parteien der Schlichtung bedienen, ohne dass ein Zwang besteht. Bei vorgesehenem **Schlichtungszwang** sind die Parteien verpflichtet, auf Antrag des Gegners ein Schlichtungsverfahren durchzuführen, darüber hinaus kann auch eine **Zwangsschlichtung** vereinbart werden, welche eine verbindliche Entscheidung durch die Schlichtungsinstanz erfordert. Diese Verfahren enden mit einer gemeinsamen Einigung oder dem Spruch des Schlichtungsorgans. Die Verbindlichkeit dieses Spruchs hängt von der Ausgestaltung des Verfahrens ab. Während sich die Parteien regelmäßig im Voraus dem Spruch unterwerfen oder diesen nachträglich annehmen, kann auch die verbindliche Wirkung des Schlichterspruchs vereinbart werden. 374

Haben sich die TV-Parteien dem Schlichterspruch unterworfen, gehören Streitigkeiten gem. § 2 Abs. 1 Nr. 1 ArbGG vor die ArbG[7]. In Betracht kommt eine **Inzidentkontrolle** des verbindlichen Schlichtungsspruchs im Individualprozess oder die **Feststellungsklage** der Verbände über das Bestehen oder Nichtbestehen des durch den Schlichtungsspruch gestalteten Rechtsverhältnisses[8]. Eine Aufhebungsklage nach § 110 ArbGG kommt mangels Entscheidung eines Rechtsstreits nicht in Frage. 375

Art. 12 [Berufsfreiheit]

(1) Alle Deutschen haben das Recht, Beruf, Arbeitsplatz und Ausbildungsstätte frei zu wählen. Die Berufsausübung kann durch Gesetz oder auf Grund eines Gesetzes geregelt werden.

(2) Niemand darf zu einer bestimmten Arbeit gezwungen werden, außer im Rahmen einer herkömmlichen allgemeinen, für alle gleichen öffentlichen Dienstleistungspflicht.

(3) Zwangsarbeit ist nur bei einer gerichtlich angeordneten Freiheitsentziehung zulässig.

---

[1] Siehe Brox/Rüthers/*Brox*, Rz. 706; *Löwisch/Rieble* 170.1 Rz. 32; MünchArbR/*Otto*, § 296 Rz. 14; *Zachert*, ZRP 1976, 185 (186). | [2] Vgl. MünchArbR/*Otto*, § 296 Rz. 15 ff. | [3] Vgl. *Lembke*, RdA 2000, 223 ff. | [4] *Löwisch/Rieble*, 170.1 Rz. 74. | [5] *Arnold*, RdA 1996, 356 ff. | [6] Dazu MünchArbR/*Otto*, § 296 Rz. 31. | [7] *Kissel*, ArbeitskampfR, § 69 Rz. 58; MünchArbR/*Otto*, § 296 Rz. 47. | [8] *Kissel*, ArbeitskampfR, § 69 Rz. 58.

GG Art. 12 Rz. 1 Berufsfreiheit

I. Berufsfreiheit 1	cc) Werbebeschränkungen und
1. Bedeutung und Konkurrenzen 1	Sozietätsverbote 49
a) Allgemeine Bedeutung 1	dd) Mitbestimmung 50
b) Berufswahl und Berufsausübung . . 5	ee) Bildung 51
c) Verhältnis zu anderen Grundrechten . 6	ff) Sozialleistungen 53
2. Gewährleistungsinhalt 8	gg) Ehrenamtliche Tätigkeiten 55
a) Schutzbereich 8	b) Tarifverträge 56
b) Geschützte Tätigkeit 12	c) Betriebsverfassung 62
c) Grundrechtsadressaten 15	d) Arbeitsverträge 65
d) Grundrechtsträgerschaft und Gemein-	e) Kündigungsfreiheit und Kündigungs-
schaftsrecht 16	schutz 73
3. Beeinträchtigung/Verletzung 21	f) Scheinselbständigkeit 80
a) Eingriff 21	g) Öffentlicher Dienst 82
b) Einzelfälle 23	6. Rechtsfolgen eines Verstoßes 85
4. Rechtfertigung 25	**II. Ausbildungsfreiheit** 86
a) Gesetzliche Grundlagen gemäß	1. Bedeutung und Abgrenzung 86
Abs. 1 Satz 2 25	2. Schutzbereich 87
b) Anforderungen an die gesetzliche Grund-	3. Beeinträchtigung 88
lage 26	**III. Arbeitszwang und Zwangsarbeit**
c) Stufenlehre 33	(Abs. 2 und 3) 90
d) Kollidierendes Verfassungsrecht . . . 39	1. Bedeutung und Abgrenzung 90
5. Auswirkungen 41	2. Schutzbereich und Beeinträchtigung . 92
a) Gesetze 41	a) Schutzbereich 92
aa) Abschlussfreiheit 42	b) Rechtfertigung 93
bb) Arbeitnehmerschutz 45	

Lit.: *Badura*, Arbeit als Beruf (Art. 12 Abs. 1 GG), FS Herschel, 1982, S. 21; *Bryde*, Artikel 12 Grundgesetz – Freiheit des Berufs und Grundrecht der Arbeit, NJW 1984, 2177; *Gusy*, Arbeitszwang – Zwangsarbeit – Strafvollzug – BVerfGE 74, 102, JuS 1989, 710; *Hergenröder*, Kündigung und Kündigungsschutz im Lichte der Verfassung, ZfA 2002, 355; *Lerche*, Zur Bindung der Tarifnormen an Grundrechte, insbesondere an das Grundrecht der Berufsfreiheit, FS Steindorff, 1990, S. 897; *C. J. Müller*, Die Berufsfreiheit des Arbeitgebers, 1996; *Oetker*, Der arbeitsrechtliche Bestandsschutz unter dem Firmament der Grundrechtsordnung, 1996; *Oetker*, Arbeitsrechtlicher Bestandsschutz und Grundrechtsordnung, RdA 1997, 9; *Papier*, Art. 12 – Freiheit des Berufs und Grundrecht der Arbeit, DVBl. 1984, 801; *Papier*, Arbeitsmarkt und Verfassung, RdA 2000, 1; *Pietzcker*, Art. 12 GG – Freiheit des Berufs und Grundrecht der Arbeit, NVwZ 1984, 550; *Riedel*, Das Grundrecht der Berufsfreiheit im Arbeitsrecht, Diss. Würzburg 1987; *Scholz*, Die Berufsfreiheit als Grundlage und Grenze arbeitsrechtlicher Regelungssysteme, ZfA 1981, 265; *Söllner*, Die Bedeutung des Art. 12 GG für das Arbeitsrecht, ArbuR 1991, 45; *Stadler*, Die Berufsfreiheit in der europäischen Gemeinschaft, 1980; *Waltermann*, Berufsfreiheit im Alter, 1989; *Waltermann*, Freiheit der Arbeitsplatzwahl (Art. 12 Abs. 1 GG) – Grundrecht der Arbeitnehmer, DVBl. 1989, 699; *Wendt*, Berufsfreiheit als Grundrecht der Arbeit, DÖV 1984, 601; *Wunderlich*, Das Grundrecht der Berufsfreiheit im Europäischen Gemeinschaftsrecht, 2000.

1   **I. Berufsfreiheit. 1. Bedeutung und Konkurrenzen. a) Allgemeine Bedeutung.** Art. 12 kommt im Arbeitsrecht überragende Bedeutung zu, nachdem es sich um *die* zentrale **Grundsatznorm für das Arbeits- und Wirtschaftsleben** handelt. Art. 12 Abs. 1 GG ist das Hauptgrundrecht der freien wirtschaftlichen Betätigung, geschützt wird die selbständige und die unselbständige Erbringung der Arbeitsleistung. Neben Art. 12 tritt Art. 14 in diesem Zusammenhang in den Hintergrund[1]. Während sich zunächst die meisten Entscheidungen des BVerfG auf Fragen der selbständigen Arbeit bezogen, gilt heute Art. 12 als das „Grundrecht der Arbeit". Es ist anerkannt, dass Art. 12 den klassischen Bereich vertraglich vereinbarter (unselbständiger) Arbeitsleistung umfasst[2]. Dass das BAG bei seinen Entscheidungen in der Regel das einfache Recht und nicht direkt Art. 12 anwendet, resultiert aus der Aufgabe der Fachgerichte, den Grundrechten im einfachen Recht Geltung zu verschaffen und widerspricht nicht der arbeitsrechtlichen Bedeutung der Berufsfreiheit[3].

2   Es gibt **kein Grundrecht auf Arbeit** und Art. 12 begründet keinen Anspruch auf Bereitstellung eines Arbeitsplatzes eigener Wahl[4]. Auch enthält das Grundrecht keine (absolute) Bestandsgarantie und schützt nicht unmittelbar vor Arbeitsplatzverlust[5]. Doch ist ein Recht auf Arbeit eine verfassungsrechtliche Staatszielbestimmung und es besteht eine Verpflichtung des Staates zu arbeitsmarktpoliti-

---

[1] BVerfG v. 18.12.1985 – 1 BvR 143/83, NJW 1986, 1601 (1601); v. 6.10.1987 – 1 BvR 1086, 1468, 1623/82, E 77, 84 (117 f.); *Müller*, Die Berufsfreiheit des Arbeitgebers, S. 2; *Scholz*, ZfA 1981, 265 (266). |[2] *Bryde*, NJW 84, 2177 (2178); ErfK/*Dieterich*, Art. 12 GG Rz. 1; *Papier* DVBl. 1984, 801 (810); *Säcker/Oetker*, Grundlagen und Grenzen der Tarifautonomie, 1992, S. 254; *Stein*, AR-Blattei SD 830 Rz. 501; *Waltermann*, Berufsfreiheit im Alter, S. 80 f.; *Wunderlich*, Das Grundrecht der Berufsfreiheit im EG-Recht, S. 27. |[3] *Bryde*, NJW 84, 2177 (2178); ErfK/*Dieterich*, Art. 12 GG Rz. 3. |[4] von Münch/Kunig/*Gubelt*, Art. 12 GG Rz. 1. |[5] BVerfG v. 21.2.1995 – 1 BvR 1397/93, E 92, 140; v. 10.3.1992 – 1 BvR 454, 470, 602, 616, 905, 939-955, 957-963, 1228, 1315-1318, 1453/91, E 85, 360 (373); *Badura*, RdA 1999, 8 (10); ErfK/*Dieterich*, Art. 12 GG Rz. 5; von Münch/Kunig/*Gubelt*, Art. 12 GG Rz. 25; *Oetker*, RdA 1997, 9 (14); *Papier*, DVBl. 1984, 801 (810); *Papier*, RdA 2000, 1 (2); *Stein*, AR-Blattei SD 830 Rz. 505.

scher Aktivität (Art. 109 Abs. 2). Einige Landesverfassungen gehen hier weiter[1]. Insbesondere verpflichtet Art. 12 in Verbindung mit dem Sozialstaatsprinzip, gegen die Arbeitslosigkeit vorzugehen[2]. Art. 12 steht in engem Zusammenhang mit der Persönlichkeit des Menschen[3].

Wie alle Grundrechte ist auch Art. 12 in erster Linie **Abwehrrecht** gegen den Staat[4]. Doch gefährden gerade im Bereich der abhängigen Arbeit vor allem private Träger wirtschaftlicher und sozialer Macht die Berufsfreiheit[5]. Bedeutsam wird hier die – grundsätzlich allen Grundrechten immanente – Schutzfunktion, dh. die aus Art. 12 erwachsenden (Schutz-)Pflichten des Staates. Dieser muss tätig werden, wenn die Berufsfreiheit durch die Privatautonomie gravierend beschränkt wird und die Betreffenden ihre Berufsfreiheit nicht alleine wahrnehmen können[6]. Insbesondere muss der Staat für einen gewissen Kündigungs- bzw. Bestandsschutz für den Arbeitsplatz sorgen, obwohl jeder Bestandsschutz die Berufsfreiheit des ArbGeb berührt und ggf. sogar als Zugangshindernis für andere Arbeitsplatzbewerber wirkt[7]. Aber nicht nur die ArbN, sondern auch die ArbGeb fallen in den Schutzbereich und auch ihre Interessen an berufsgrundrechtlicher Freiheit müssen berücksichtigt werden. Staatliche Aufgabe ist es, beides in ein ausgeglichenes Verhältnis zu bringen[8].

Außerdem enthält Art. 12 eine „verfassungsrechtliche Grundentscheidung" im Sinne einer **objektiven Wertordnung**[9]. Und das BVerfG hat aus Art. 12 ein Teilhaberecht abgeleitet[10]. Weiterhin ist die Berufsfreiheit bei der Auslegung und Anwendung privatrechtlicher Vorschriften zu beachten. Bei der Ausgestaltung der Privatrechtsordnung müssen die Grundrechte im Wege der sog. mittelbaren Drittwirkung über die Generalklauseln und bei der Interpretation unbestimmter Rechtsbegriffe angewendet werden[11]. Diese Meinung liegt auch der Rspr. des BAG zugrunde[12].

b) **Berufswahl und Berufsausübung.** Art. 12 Abs. 1 enthält ein **einheitliches Grundrecht**, das die Freiheit der Wahl und der Ausübung von erwerbsbezogenen Tätigkeiten im Ganzen schützt. Dies hat das BVerfG schon im Apotheken-Urteil klargestellt. Denn obwohl der Wortlaut des Art. 12 zwischen Wahl und Ausübung unterscheidet, kann zwischen diesen zwei Entscheidungsstadien grundsätzlich nicht so klar getrennt werden, dass jede von ihnen nur eine bestimmte zeitliche Phase des Berufslebens bezeichnet, die sich mit der anderen nicht überschnitte. Die beiden Begriffe erfassen den einheitlichen Komplex „berufliche Betätigung" von verschiedenen Blickwinkeln her[13]. Von der Berufsfreiheit im engeren Sinne zu unterscheiden ist jedoch der Bereich der beruflichen Ausbildung[14].

c) **Verhältnis zu anderen Grundrechten. Konkurrenz** besteht zu Art. 2 Abs. 1, zu Art. 14, zu Art. 33 und auch zu Art. 4, 5 und 11. Gegenüber der durch Art. 2 Abs. 1 geschützten Handlungsfreiheit ist Art. 12 lex specialis, sofern die Berufsfreiheit beeinträchtigt ist[15]. Als Rechtsgrundlage des allgemeinen Persönlichkeitsrechts bleibt Art. 2 Abs. 1 neben Art. 12 Abs. 1 jedoch wirksam. Art. 12 konkretisiert das Grundrecht auf freie Entfaltung der Persönlichkeit im Bereich der individuellen Leistung und Existenzerhaltung[16]. So hat auch der Große Senat des BAG die rechtsfortbildende Schöpfung eines Beschäftigungsanspruchs mit dem grundrechtlich garantierten Persönlichkeitsschutz und nicht mit der Berufsfreiheit begründet[17].

---

1 ErfK/*Dieterich*, Art. 12 GG Rz. 5; *Neuhausen*, Verzicht eines Arbeitnehmers auf Kündigungsschutz, 1993, S. 45; *Papier*, RdA 2000, 1 (2 f.). | 2 Jarass/Pieroth/*Jarass*, Art. 12 GG Rz. 17. | 3 BVerfG v. 11.6.1958 – 1 BvR 596/56, AP Nr. 13 zu Art. 12 GG; Dreier/*Wieland*, Art. 12 GG Rz. 43; *Wunderlich*, Das Grundrecht der Berufsfreiheit im EG-Recht, S. 26. | 4 *Canaris*, JuS 1989, 161 (161); von Münch/Kunig/*Gubelt*, Art. 12 GG Rz. 2a; *Müller*, Die Berufsfreiheit des Arbeitgebers, S. 70; *Waltermann*, Berufsfreiheit im Alter, S. 83; Dreier/*Wieland*, Art. 12 GG Rz. 67. | 5 *Waltermann*, Berufsfreiheit im Alter, S. 84. | 6 BVerfG v. 7.2.1990 – 1 BvR 26/84, E 81, 242 (254 f.); v. 15.7.1998 – 1 BvR 1554/89, 963, 964/94, E 98, 365 (395); ErfK/*Dieterich*, Art. 12 GG Rz. 4; Jarass/Pieroth/*Jarass*, Art. 12 GG Rz. 18; *Löwisch*, ZfA 1996, 293 (295); von Münch/Kunig/*Gubelt*, Art. 12 GG Rz. 2a. | 7 BVerfG v. 21.2.1985 – 1 BvR 1397/93, E 92, 140 (150); v. 21.2.1995 – 1 BvR 1397/93, E 92, 140; v. 27.1.1998 – 1 BvL 15/87, E 97, 169 (176); ErfK/*Dieterich*, Art. 12 GG Rz. 20; Jarass/Pieroth/*Jarass*, Art. 12 GG Rz. 18; *Hergenröder*, ZfA 2002, 355 (372 f.); *Oetker*, RdA 1997, 9 (14). | 8 ErfK/*Dieterich*, Art. 12 GG Rz. 20; *Papier*, RdA 2000, 1 (4). | 9 BVerfG v. 11.6.1963 – 1 BvR 156/63, E 16, 286 (319); v. 27.1.1998 – 1 BvL 15/87, E 97, 169 (176); Jarass/Pieroth/*Jarass*, Art. 12 GG Rz. 2; *Müller*, Die Berufsfreiheit des Arbeitgebers, S. 70; *Papier*, RdA 2000, 1 (4). | 10 BVerfG v. 18.7.1972, E 33, 303; ErfK/*Dieterich*, Art. 12 GG Rz. 4; *Stein*, AR-Blattei SD 830 Rz. 502. | 11 Grundl. das „Lüth-Urteil" des BVerfG v. 15.1.1958 – 1 BvR 400/51, E 7, 198 (206); siehe ferner BVerfG v. 21.2.1985 – 1 BvR 1397/93, E 92, 140 (153); v. 8.7.1997 – 1 BvR 1243/95, E 96, 152 (164); BGH v. 28.4.1986 – II ZR 254/85, NJW 86, 2944 f.; *Waltermann*, Berufsfreiheit im Alter, S. 84. | 12 BAG v. 20.12.1984 – 2 AZR 436/83, AP Nr. 27 zu § 611 BGB – Direktionsrecht; *Neuhausen*, Verzicht eines Arbeitnehmers auf Kündigungsschutz, 1993, S. 44; *Papier*, RdA 2000, 1. | 13 BVerfG v. 11.6.1958 – 1 BvR 596/56, E 7, 377 (400 ff.); v. 26.2.1997 – 1 BvR 1864/94 u. 1102/95, E 95, 193 (214); ErfK/*Dieterich*, Art. 12 GG Rz. 199; *Müller*, Die Berufsfreiheit des Arbeitgebers, S. 1; Dreier/*Wieland*, Art. 12 GG Rz. 56. | 14 Jarass/Pieroth/*Jarass*, Art. 12 GG Rz. 1. | 15 BVerfG v. 21.10.1981 – 1 BvR 52/81, E 58, 358 (363); v. 31.10.1984 – 1 BvR 35, 356, 794/82, E 68, 193 (216, 223 f.); v. 14.5.1985 – 1 BvR 449, 523, 700, 728/82, E 70, 1 (32); v. 6.10.1987 – 1 BvR 1086, 1468, 1623/82, E 77, 84 (118); v. 15.12.1987 – 1 BvR 563/85, 582/85, 974/86, E 77, 308 (339); Jarass/Pieroth/*Jarass*, Art. 12 GG Rz. 3; von Münch/Kunig/*Gubelt*, Art. 12 GG Rz. 93. | 16 BVerfG v. 18.6.1980 – 1 BvR 697/77, E 54, 301 (313); ErfK/*Dieterich*, Art. 12 GG Rz. 15; Jarass/Pieroth/*Jarass*, Art. 12 GG Rz. 2; *Müller*, Die Berufsfreiheit des Arbeitgebers, S. 8. | 17 BAG v. 27.2.1985 – GS 1/84, AP Nr. 14 zu § 611 BGB – Beschäftigungspflicht; ErfK/*Dieterich*, Art. 12 GG Rz. 15.

GG Art. 12 Rz. 7

7 Art. 4, 5 sind neben Art. 12 in Idealkonkurrenz anzuwenden, wenn der Regelungsbereich sich auf beide Grundrechte erstreckt. Ist dagegen die Zielsetzung einer Maßnahme nur oder ganz überwiegend auf einen Schutzbereich gerichtet, beurteilt sich die Rechtmäßigkeit der Maßnahme allein nach dem betreffenden Grundrecht, der Gewährleistungsinhalt des anderen Grundrechts ist daneben zu berücksichtigen[1]. Bei der Abgrenzung zu **Art. 14** kommt es vor allem darauf an, ob es um den Erwerb oder das Erworbene geht. Nach dem BVerfG schützt Art. 12 den Erwerb und Art. 14 das Erworbene[2]. Es gilt die Meistbetroffenheitsregel[3]. **Art. 33 Abs. 2** ist parallel anzuwenden (im Einzelnen str.) und **Art. 33 Abs. 5** modifiziert Art. 12[4].

8 **2. Gewährleistungsinhalt. a) Schutzbereich.** Art. 12 sichert „die Freiheit des Bürgers, grundsätzlich jede Tätigkeit, für die er sich geeignet glaubt, als Beruf zu ergreifen, dh. zur Grundlage seiner Lebensführung zu machen"[5]. **Beruf** ist jede Tätigkeit, die in ideeller wie in materieller Hinsicht der Schaffung und Erhaltung einer Lebensgrundlage dient[6]. Ob die Tätigkeit selbständig oder unselbständig ausgeübt wird, ist unbeachtlich, Art. 12 schützt beides gleichermaßen[7].

9 Auch Tätigkeiten im **öffentlichen Dienst** sind Berufe iSd. Art. 12, wobei Art. 33 hinzuzuziehen ist[8]. Nach dem BVerfG sollen auch für dem öffentlichen Dienst ähnliche Berufe Sonderregelungen in Anlehnung an Art. 33 möglich sein. Die Anforderungen an die nach Art. 12 Abs. 1 Satz 2 gebotene gesetzliche Regelung sind für alle Bereiche die Gleichen[9]. In der Lit. wird demgegenüber vertreten, die „staatlich gebundenen Berufe" ausschließlich unter Art. 12 fallen zu lassen[10].

10 Umstritten ist, ob die Tätigkeit **dauerhaft** sein muss. Nach der Rspr. muss die Tätigkeit nachhaltig sein und über einen einmaligen Erwerbsakt hinausgehen. Nebentätigkeiten (insb. die von Beamten) sollen dementsprechend nur dort Art. 2 Abs. 1 geschützt werden[11]. Dies wird in der Lit. angezweifelt. Zumindest sollten jedenfalls die Anforderungen nicht zu hoch sein und Nebentätigkeiten, Doppel- und Nebenberufe, Ferien- und Aushilfsjobs sowie Beschäftigungsverhältnisse auf Probe unter Art. 12 fallen. Denn auch eine zusätzliche Erwerbsmöglichkeit trägt zur Schaffung und Erhaltung des Lebensunterhalts bei (dies soll auch für Beamte gelten)[12].

11 Dies entspricht der allgemeinen Vorgehensweise, den Begriff des Berufs generell **weit auszulegen**[13]. Berufe iSd. Art. 12 sind auch Tätigkeiten, die über die typischen, traditionell oder rechtlich fixierten Berufsbilder hinausgehen. Ein Berufserfindungsrecht besteht jedoch wohl nicht und der Gesetzgeber hat das Recht, **Typisierungen** vorzunehmen[14]. Ebenfalls umstritten ist, ob es sich um eine erlaubte bzw. sittliche Tätigkeit handeln muss. Diese Frage betrifft jedoch die Schranken des Schutzbereichs und nicht den Schutzbereich selbst. Der Gesetzgeber darf nicht durch bestimmte Berufsverbote den Schutzbereich der Berufsfreiheit einengen[15].

12 **b) Geschützte Tätigkeit.** Die Berufsfreiheit schützt die freie **Wahl eines Berufs** und die freie **Wahl eines Arbeitsplatzes**. Die Arbeitsplatzwahl ist der Berufswahl nachgeordnet und konkretisiert diese. Geschützt ist die Befugnis, einen konkreten Arbeitsplatz in dem gewählten Beruf nach eigener Wahl anzunehmen und beizubehalten. Für abhängig Beschäftigte bedeutet dies vor allem die freie Wahl des Vertragspartners (Vertragsfreiheit) mit allen dazu notwendigen Voraussetzungen, insb. den Zutritt zum Arbeitsmarkt. Arbeitsplatz ist sowohl der räumliche Ort, dh. die Stelle, an welcher der Beruf ausgeübt wird, als auch das gesamte berufliche Umfeld der Betätigung und der Aufgabenkreis. Der Begriff „Arbeitsplatz" ist nicht im arbeitsrechtlichen Sinne zu verstehen, sondern umfasst jede Arbeitsmög-

---

[1] BVerfG v. 10.3.1992 – 1 BvR 454, 470, 602, 616, 905, 939–955, 957–963, 1228, 1315–1318, 1453/91, E 85, 360 (382); zum Ganzen näher *von Münch/Kunig/Gubelt*, Art. 12 GG Rz. 95; *Dreier/Wieland*, Art. 12 GG Rz. 171. | [2] BVerfG v. 16.3.1971 – 1 BvR 52, 665, 667, 754/66, E 30, 292 (335); v. 24.4.1991- 1 BvR 1341/90, E 84, 133 (157); *von Münch/Kunig/Gubelt*, Art. 12 GG Rz. 98. | [3] ErfK/*Dieterich*, Art. 12 GG Rz. 14. | [4] Jarass/Pieroth/*Jarass*, Art. 12 GG Rz. 3. | [5] BVerfG v. 11.6.1958 – 1 BvR 596/56, E 7, 377 (397); v. 16.3.1971 – 1 BvR 52, 665, 667, 754/66, E 30, 292 (334); v. 1.3.1979 – 1 BvR 532/77, 533/77, 419/78, 1 BvL 21/78, E 50, 290; v. 18.6.1980 – 1 BvR 697/77, E 54, 301 (313); von Münch/Kunig/*Gubelt*, Art. 12 GG Rz. 8; *Wunderlich*, Das Grundrecht der Berufsfreiheit im EG-Recht, S. 26. | [6] BVerfG v. 17.2.1998 – 1 BvF 1/91, E 97, 228 (252). | [7] BVerfG v. 11.6.1958 – 1 BvR 596/56, E 7, 377 (398 f.); v. 18.6.1980 – 1 BvR 697/77, E 54, 301 (322); *Badura*, RdA 1999, 8 (10); von Münch/Kunig/*Gubelt*, Art. 12 GG Rz. 17; *Papier*, RdA 2000, 1 (2); *Dreier/Wieland*, Art. 12 GG Rz. 48. | [8] BVerfG v. 11.6.1958 – 1 BvR 596/56, E 7, 377 (397); v. 1.7.1986 – 1 BvL 26/83, E 73, 301 (315); v. 24.4.1991- 1 BvR 1341/90, E 84, 133 (146); v. 21.2.1995 – BVerwG 2 C 37. 78, E 60, 254 (255 f.). | [9] Jarass/Pieroth/*Jarass*, Art. 12 GG Rz. 5; *Dreier/Wieland*, Art. 12 GG Rz. 49 f.; ErfK/*Dieterich*, Art. 12 GG Rz. 6. | [10] *Dreier/Wieland*, Art. 12 GG Rz. 52 f.; *Wunderlich*, Das Grundrecht der Berufsfreiheit im EG-Recht, S. 33. | [11] BVerfG v. 25.11.1980 – 2 BvL 7, 8, 9/76, E 55, 207 (238); v. 17.2.1998 – 1 BvF 1/91, E 97, 228 (253); BVerwG v. 23.8.1994 – 1 C 18.91, E 96, 293 (296 f.); BVerwG v. 26.6.1980 – BVerwG 2 C 37. 78, E 60, 254 (255 f.). | [12] Jarass/Pieroth/*Jarass*, Art. 12 GG Rz. 5; *Dreier/Wieland*, Art. 12 GG Rz. 49 f.; ErfK/*Dieterich*, Art. 12 GG Rz. 6. | [13] BVerfG v. 11.6.1958 – 1 BvR 596/56, E 7, 377; v. 21.2.1962 – 1 BvR 198/57, E 14, 19 (22); v. 28.11.1984 – 1 BvL 13/81, E 68, 272 (281); *Wunderlich*, Das Grundrecht der Berufsfreiheit im EG-Recht, S. 26. | [14] BVerfG v. 13.2.1964 – 1 BvL 17/61, 2 BvR 494/60, 128/61, E 17, 232 (241 f.); v. 18.6.1980 – 1 BvR 697/77, E 54, 301; *Müller*, Die Berufsfreiheit des Beamten, S. 9 f.; *Dreier/Wieland*, Art. 12 GG Rz. 43 ff. | [15] BVerwG v. 4.11.1965 – BVerwG I C 6.63, AP Nr. 36 zu Art. 12 GG; ErfK/*Dieterich*, Art. 12 GG Rz. 6; Jarass/Pieroth/*Jarass*, Art. 12 GG Rz. 7; *Dreier/Wieland*, Art. 12 GG Rz. 51; *Wunderlich*, Das Grundrecht der Berufsfreiheit im EG-Recht, S. 31. AA BVerwG v. 23.8.1994 – 1 C 18. 91, E 96, 293 (296 f.).

lichkeit unabhängig von der Vertragsform (Werk-, Dienst- oder Arbeitsvertrag)[1]. Mit der Wahlfreiheit ist weder ein Anspruch auf Bereitstellung eines Arbeitsplatzes eigener Wahl und auch keine Bestandsgarantie für den einmal gewählten Arbeitsplatz verbunden. Es gibt auch keinen unmittelbaren Schutz gegen den Arbeitsplatzverlust aufgrund privater Dispositionen[2].

Unter die Berufswahlfreiheit fällt auch die Entscheidung, überhaupt einen Beruf zu ergreifen oder aber darauf zu verzichten bzw. den Beruf aufzugeben. Geschützt ist also gleichermaßen die **negative Berufsfreiheit**[3]. Damit ist aber nicht verbunden, dass der Staat derartige Entscheidungen finanziell unterstützen muss[4]. Weiterhin umfasst die Berufswahlfreiheit die Kombination verschiedener Berufe sowie den Berufswechsel. **13**

Neben der Berufswahl wird auch die **Ausübung des Berufs** geschützt. Dies meint die gesamte berufliche Tätigkeit[5], insb. Form, Mittel und Umfang sowie Inhalt der Betätigung, die Beschäftigung von Personen, die berufliche Werbung, das Führen einer beruflichen Bezeichnung und auch die Unternehmerfreiheit. Obwohl die Unternehmerfreiheit nicht ausdrücklich gewährleistet wird, sieht sie das BVerfG als einen Teilbereich der Berufsfreiheit. Die Unternehmerfreiheit wird dabei insb. als Gründungs- und Führungsfreiheit verstanden, sofern die Tätigkeiten die allgemeinen Voraussetzungen der Berufsfreiheit erfüllen. Entsprechend fallen darunter die Organisationsfreiheit, die Dispositionsfreiheit, die Produktionsfreiheit, die Preisfreiheit und die Vertragsfreiheit[6]. Weiterer geschützter Teilbereich ist die Wettbewerbsfreiheit (str.)[7]. Dabei können wettbewerbsrelevante Tatsachen, die nicht direkt die Tätigkeit des Unternehmers betreffen, auch unter Art. 14 fallen[8]. Die allgemeinen Gegebenheiten des Arbeitsmarktes fallen nicht in den Schutzbereich der Berufsfreiheit[9]. **14**

c) **Grundrechtsadressaten.** Nach Art. 1 Abs. 3 ist die **gesamte öffentliche Gewalt** unmittelbar an die Grundrechte und somit an Art. 12 gebunden. Auch für den Privatrechtsgesetzgeber gilt nichts anderes[10]. Außerdem haben (zumindest) über die zivilrechtlichen Generalklauseln auch die TV-Parteien die Grundrechte zu beachten (mittelbare Drittwirkung)[11]. Für den normativen Teil eines TV folgt die Grundrechtsbindung nach teilweise vertretener Ansicht schon aus dem Rechtsnormcharakter dieser Regelungen (dazu näher Art. 3 Rz. 37 ff.)[12]. BV sind über § 75 Abs. 1 und 2 BetrVG mittelbar an die Grundrechte gebunden[13]. **15**

d) **Grundrechtsträgerschaft und Gemeinschaftsrecht.** Träger des Art. 12 sind alle **Deutschen** iSd. Art. 116. Problematisch ist jedoch, ob nicht auch **EU-Ausländer** zu den Grundrechtsträgern gehören müssten. Der EuGH betrachtet die Berufsfreiheit jedenfalls als einen allgemeinen Grundsatz des Gemeinschaftsrechts[14]. Die Berufsfreiheit besteht somit auch als Gemeinschaftsgrundrecht und den EU-Ausländern muss in diesem Bereich der gleiche Schutz gewährt werden wie den Deutschen[15]. Umstritten ist, auf welchem dogmatischen Weg dies erfolgen soll[16]. Zum einen wird vertreten, die EU-Bürger in den Schutzbereich des Art. 12 aufzunehmen und Deutschen als Inhaber der Berufsfreiheit gleichzustellen[17]. Diese Vorgehensweise widerspricht dem Wortlaut des Art. 12 und der Verfassung. Der Wortlaut muss aber die Grenze jeglicher Auslegung bleiben. Für EU-Ausländer kann insoweit nichts anderes gelten als für andere Ausländer und Staatenlose. **16**

Deshalb können (auch) die EU-Ausländer nur durch Art. 2 Abs. 1 geschützt werden, ihnen muss aber eine den Deutschen **vergleichbare Rechtsstellung** eingeräumt werden. Dies ist auch ohne weiteres möglich. Soweit nämlich das Diskriminierungsverbot des Gemeinschaftsrechts reicht, haben EU-Bürger durch Art. 2 Abs. 1 bei Beruf, Arbeit und Ausbildung den gleichen Schutz wie Deutsche[18]. Andere **17**

---

1 BVerfG v. 24.4.1991- 1 BvR 1341/90, E 84, 133 (146); *Badura*, RdA 1999, 8 (10); *Dreier/Wieland*, Art. 12 GG Rz. 51; ErfK/*Dieterich*, Art. 12 GG Rz. 11. |2 BVerfG v. 24.4.1991- 1 BvR 1341/90, E 84, 133 (146); v. 10.3.1992 – 1 BvR 454, 470, 602, 616, 905, 939–955, 957–963, 1128, 1315–1318, 1453/91, E 85, 360 (373); v. 21.2.1995 – 1 BvR 1397/93, E 92, 140; v. 27.1.1998 – 1 BvL 15/87, E 97, 169 (175); *Badura*, RdA 1999, 8 (10); *Papier*, RdA 2000, 1 (2). |3 BVerfG v. 14.11.1984 – 1 BvR 1642/82, E 68, 256 (267); v. 21.10.1981 – 1 BvR/81, E 58, 358 (364). |4 ErfK/*Dieterich*, Art. 12 GG Rz. 10. |5 ErfK/*Dieterich*, Art. 12 GG Rz. 9. |6 BVerfG v. 1.3.1979 – 1 BvR 532/77, 533/77, 419/78, 1 BvL 21/78, E 50, 290 (363); *Dreier/Wieland*, Art. 12 GG Rz. 61 mwN; *Wunderlich*, Das Grundrecht der Berufsfreiheit im EG-Recht, S. 28; diff. dazu *Beuthien*, ZfA 1988, 1 (1 ff.). |7 BVerfG v. 8.2.1972 – 1 BvR 170/71, E 32, 311 (317); v. 12.10.1977 – 1 BvR 217, 216/75, E 46, 120 (137); Jarass/Pieroth/*Jarass*, Art. 12 GG Rz. 2. |8 *Wunderlich*, Das Grundrecht der Berufsfreiheit im EG-Recht, S. 29. |9 ErfK/*Dieterich*, Art. 12 GG Rz. 7. |10 *Canaris*, JuS 1989, 161 (162); *Hergenröder*, ZfA 2002, 355 (367). |11 *Wiedemann*, TVG, Einl. Rz. 198 ff. mwN. |12 *Säcker/Oetker*, Grundlagen und Grenzen der Tarifautonomie, 1992, S. 242 ff. mwN.; zum Ganzen auch MünchArbR/*Richardi*, § 10 Rz. 22 ff. |13 *Löwisch/Kaiser/Löwisch*, § 75 BetrVG Rz. 1, § 77 BetrVG Rz. 25. |14 EuGH v. 14.5.1974 (*Nold*) – Rs. 4/73, Slg. 1974, 491 = EAS EG-Vertrag Art. 164 Nr. 5, Tz. 14; v. 8.10.1986 (*Keller*) – Rs. 234/85, Slg. 1986. 2897 = EAS EG-Vertrag Art. 164 Nr. 10, Tz. 8; v. 15.10.1987 (*Heylens*) – Rs. 222/86, Slg. 1987, 4097 = EAS EG-Vertrag Art. 48 Nr. 40 (LS), Tz. 14. Auch Art. 15 der (rechtlich unverbindlichen) Charta der Grundrechte der Europäischen Union (vom 7.12.2000, ABl. EG Nr. C 364 v. 18.12.2000, S. 1) gewährleistet die Berufsfreiheit neben der in Art. 16 garantierten Unternehmerischen Freiheit. |15 Sachs/*Tettinger*, Art. 12 GG Rz. 18 ff.; *Stadler*, Die Berufsfreiheit in der Europäischen Gemeinschaft, S. 1; *Wunderlich*, Das Grundrecht der Berufsfreiheit im EG-Recht, S. 25. |16 Zum Ganzen *Bauer/Kahl*, JZ 1995, 1077 ff. |17 ErfK/*Dieterich*, Art. 12 GG Rz. 12; Jarass/Pieroth/*Jarass*, Art. 12 GG Rz. 10. |18 Dreier/*Wieland*, Art. 12 GG Rz. 66; Sachs/*Tettinger*, Art. 12 GG Rz. 19 f.

GG Art. 12 Rz. 18   Berufsfreiheit

Ausländer werden im Bereich der Freiheit von Beruf, Arbeit und Ausbildung – wenngleich weniger intensiv – (nur) durch Art. 2 Abs. 1 geschützt[1].

18 Für **Strafgefangene** ist Abs. 3 lex specialis. Auch **arbeitnehmerähnliche Personen** genießen den Schutz des Art. 12[2]. Entsprechend der Tatsache, dass selbständige und abhängige Tätigkeiten geschützt werden, gehören neben ArbN alle Selbständigen in den Schutzbereich[3]. Der Schutz des Art. 12 greift ein, wenn ihre Privatautonomie bedroht ist.

19 Zudem fallen gemäß Art. 19 Abs. 3 auch **inländische juristische Personen** und Personenvereinigungen des Privatrechts unter den Schutz der Berufsfreiheit. Voraussetzung ist dabei, dass die Führung eines Geschäftsbetriebs zu ihren satzungsmäßigen Zwecken gehört oder sie einer Erwerbstätigkeit nachgehen, die ebenso von einer natürlichen Person ausgeübt werden könnte[4]. Dabei zählen auch Handels-, offene Handels- und Kommanditgesellschaften dazu, obwohl die zivilrechtliche Terminologie hier abweichend ist[5]. Zusätzlich hat das BVerfG Berufsorganisationen als Träger der Berufsfreiheit anerkannt. Dabei soll es sogar unbeachtlich sein, wenn sie Körperschaften des öffentlichen Rechts sind[6]. ArbGebVerbände und Gewerkschaften fallen unter Art. 2 Abs. 1 und nicht unter Art. 12 Abs. 1, da sie keinen Beruf ausüben[7].

20 Streng genommen ist es missverständlich, **ArbGeb und ArbN als Grundrechtsträger** zu bezeichnen (so aber das BVerfG[8]), ebenso wie der Begriff des „Arbeitgebers" nicht mit „Unternehmer" gleichgesetzt werden darf[9]. Die Begriffe „Arbeitgeber" und „Arbeitnehmer" drücken nur eine arbeitsvertragliche Stellung aus und sind eine bestimmte Form der Berufsausübung, aber kein Beruf. Die Arbeitsvertragsfreiheit ist Teil der Berufsfreiheit[10]. Entsprechendes gilt für die Unternehmerstellung und die dazugehörige Unternehmerfreiheit[11].

21 **3. Beeinträchtigung/Verletzung. a) Eingriff.** Die Berufsfreiheit kann unmittelbar, aber auch mittelbar beeinträchtigt werden. Art. 12 schützt vor allen Maßnahmen, welche die **Wahlfreiheit** beschränken[12]. Regelungen mit direktem Berufsbezug beeinträchtigen die Berufsfreiheit unmittelbar[13]. Eingriffe, die nicht primär auf die Regelung eines Berufes abzielen, können die Berufsfreiheit mittelbar beeinträchtigen. Voraussetzung ist dabei, dass ihre Auswirkungen von einigem Gewicht sind und sie „zumindest eine objektiv berufsregelnde Tendenz haben"[14]. Jedenfalls bei Steuern und Abgaben wird dies kaum der Fall sein[15]. Auf der anderen Seite stand Art. 12 Abs. 1 im Vordergrund der Beurteilung der Erstattungspflichten des ArbGeb nach § 128 AFG (§ 148 SGB III)[16]. Zudem können Beeinträchtigungen auch von Realakten (zB durch Öffentlichkeitsarbeit) oder von Verwaltungsvorschriften ausgehen. Voraussetzung ist auch hier eine objektiv berufsregelnde Tendenz[17].

22 Die (zwingenden) **Vorschriften des Arbeitsrechts** haben regelmäßig berufsregelnde Tendenz, wobei sich grundsätzlich Beeinträchtigungen für ArbGeb und ArbN gleichermaßen – auch durch ein und dieselbe gesetzliche oder tarifvertragliche Regelung – ergeben können[18]. Derartige Regelungen sind nicht grenzenlos möglich. Die Verfassung gibt den gebotenen Mindestschutz (Untermaßverbot) und die maximal zulässige Freiheitsbeschränkung (Übermaßverbot) vor[19]. Dabei ist es Sache des einfachen Gesetzgebers sowie der grundgesetzkonkretisierenden Rspr., die Grundrechtspositionen im Einzelfall zu einem sachgemäßen Ausgleich zu bringen.

23 **b) Einzelfälle. Beeinträchtigungen** ergeben sich, wenn der Staat den Einzelnen an der Aufnahme einer konkreten Beschäftigungsmöglichkeit hindert, ihn zur Annahme eines bestimmten Arbeitsplatzes

---

1 BVerfG v. 10.5.1988 – 1 BvR 482/84 und 1166/85, E 78, 179 (196 f.). | 2 ErfK/*Dieterich*, Art. 12 GG Rz. 38; *Oetker*, FS 50 Jahre Arbeitsgerichtsbarkeit Rheinland-Pfalz, 1999, 311 (320 f.). | 3 ErfK/*Dieterich*, Art. 12 GG Rz. 7. | 4 BVerfG v. 16.3.1971 – 1 BvR 52, 665, 667, 754/66, E 30, 292 (312); v. 1.3.1979 – 1 BvR 532/77, 533/77, 419/78, 1 BvL 21/78, E 50, 290 (363); v. 4.12.1979 – 2 BvR 64/78 u. 460/79, E 53, 1 (13); v. 10.1983 – 2 BvR 298/81, E 65, 196 (209 f.); v. 17.2.1998 – 1 BvF 1/91, E 97, 228 (253); Dreier/*Wieland*, Art. 12 GG Rz. 64. | 5 *Wunderlich*, Das Grundrecht der Berufsfreiheit im EG-Recht, S. 34. | 6 BVerfG v. 14.5.1985 – 1 BvR 449, 523, 700, 728/82, E 70, 1 (15 ff.). | 7 BVerfG v. 26.5.1981 – 1 BvR 56–58/78, E 57, 139 (158); *Müller*, Die Berufsfreiheit des Arbeitgebers, S. 19. | 8 BVerfG v. 26.5.1981 – 1 BvR 56–58/78, E 57, 139 (158); v. 15.12.1987 – 1 BvR 563/85, 582/85, 974/86, E 77, 308 (332) = AP Nr. 62 zu Art. 12 GG – Arbeitnehmerweiterbildung. | 9 *Müller*, Die Berufsfreiheit des Arbeitgebers, S. 16. | 10 BVerfG v. 7.2.1990 – 1 BvR 26/84, E 81, 242 (255); ErfK/*Dieterich*, Art. 12 GG Rz. 14; *Müller*, Die Berufsfreiheit des Arbeitgebers, S. 15, 30 ff.; *Stein*, AR-Blattei SD 830 Rz. 515. | 11 BVerfG v. 1.3.1979 – 1 BvR 532/77, 533/77, 419/78, 1 BvL 21/78, E 50, 290; BAG v. 3.4.1990 – 1 AZR 123/89, AP Nr. 56 zu Art. 9 GG; ErfK/*Dieterich*, Art. 12 GG Rz. 14; *Stein*, AR-Blattei SD 830 Rz. 516. | 12 BVerfG v. 10.3.1992 – 1 BvR 454, 470, 602, 616, 905, 939–955, 957–963, 1128, 1315–1318, 1453/91, E 85, 360 (373). | 13 BVerfG v. 30.10.1961 – 1 BvR 833/59, E 13, 181 (185 f.); v. 12.6.1990 – 1 BvR 355/86, E 82, 209 (223). | 14 BVerfG v. 3.11.1982 – 1 BvL 4/78, E 61, 291 (308); v. 19.6.1985 – 1 BvL 57/79, E 70, 191 (214); v. 8.4.1997 – 1 BvR 48/94, E 95, 267 (302); v. 17.2.1998 – 1 BvF 1/91, E 97, 228 (254); ErfK/*Dieterich*, Art. 12 GG Rz. 18; Dreier/*Wieland*, Art. 12 GG Rz. 79. | 15 BVerfG v. 29.11.1989, E 81, 108, 121 f.; ErfK/*Dieterich*, Art. 12 GG Rz. 18. AA von Münch/Kunig/*Gubelt*, Art. 12 GG Rz. 43. | 16 BVerfG v. 23.1.1990, E 81, 156, 188; v. 10.11.1998, E 99, 202. Siehe auch ErfK/*Dieterich*, Art. 12 GG Rz. 18. | 17 BVerwG v. 6.11.1986 – BVerwG 3 C 72.84, E 75, 109 (115); Dreier/*Wieland*, Art. 12 GG Rz. 82. | 18 *Säcker/Oetker*, Grundlagen und Grenzen der Tarifautonomie, 1992, S. 255; *Stein*, AR-Blattei SD 830 Rz. 524. | 19 BVerfG v. 23.1.1990 – 1 BvL 44/86, 48/87, E 81, 156 (200); ErfK/*Dieterich*, Art. 12 GG Rz. 21; *Stein*, AR-Blattei SD 830 Rz. 527.

zwingt, die Aufgabe eines Arbeitsplatzes verlangt oder ihn daran hindert[1]. Arbeitsrechtliche Vorschriften beschränken zumeist die Berufsfreiheit des ArbGeb. So wird er beispielsweise gehindert, andere Vertragsgestaltungen, andere betriebliche Organisationsstrukturen oder eine andere Art der Unternehmensführung zu wählen oder auch sein Direktionsrecht beliebig einzusetzen[2]. Einschränkungen für die ArbN ergeben sich ua. aus Vorgaben des ArbZG, Beschäftigungsverboten (siehe § 3 und § 4 MuSchG) und gesetzlichen Formen und Fristen[3]. Auch Besetzungsregeln und Einstellungsrichtlinien, die unmittelbar in den Wettbewerb um vorhandene Arbeitsplätze eingreifen, tangieren die Berufsfreiheit[4]. Die Berufsfreiheit des ArbN ist aber auch dann beeinträchtigt, wenn das soziale Übergewicht des ArbGeb bei Abschluss des Arbeitsvertrags und der vertraglichen Regelung von Arbeitsbedingungen unkontrolliert zur Durchsetzung einseitiger Interessenwahrnehmung genutzt werden kann[5].

Im Schrifttum wird diskutiert, ob der gesetzliche Kündigungsschutz als **Marktzutrittsschranke für Arbeitsuchende** fungiert, also deren Rechte aus Art. 12 Abs. 1 GG berührt[6]. Indes wird man erst bei einer Überdehnung des Bestandsschutzes einen unverhältnismäßigen Eingriff in die Arbeitsplatzwahlfreiheit der Arbeitsuchenden annehmen können. Demgemäß verletzt der gegenwärtige Kündigungsschutz nicht die Berufsfreiheit potentieller Arbeitsplatzbewerber, die auf frei werdende Stellen hoffen[7]. Staatliche Maßnahmen der Arbeitsmarktpolitik berühren Art. 12 nicht[8]. 24

4. Rechtfertigung. a) Gesetzliche Grundlagen gemäß Abs. 1 Satz 2. Gemäß Abs. 1 Satz 2 kann „die Berufsausübung durch Gesetz oder auf Grund eines Gesetzes geregelt werden". Doch betrachten Rspr. und Lehre die Berufsfreiheit als **einheitliches Grundrecht** und beziehen deshalb den (Gesetzes)Vorbehalt – entgegen seinem Wortlaut – nicht nur auf die Berufsausübung, sondern auf die gesamte Berufsfreiheit. Eine klare Grenzziehung zwischen den einzelnen Garantien sei nicht möglich[9]. Eingriffe können daher mit entsprechender gesetzlicher Grundlage im gesamten Schutzbereich der Berufsfreiheit verfassungsmäßig sein. Doch sind die Anforderungen an die Verhältnismäßigkeit unterschiedlich, sie sind bei der Berufs- und Arbeitsplatzwahl höher als bei der Ausübung[10]. 25

b) Anforderungen an die gesetzliche Grundlage. Grundsätzlich ist für jede Einschränkung ein formelles Gesetz erforderlich[11]. Das Parlament muss die **wesentlichen Fragen** selbst regeln (Parlamentsvorbehalt) und das einschränkende Gesetz muss hinreichend bestimmt sein[12]. Neben förmlichen Gesetzen können aber auch berufsregelnde Rechtsverordnungen Eingriffsgrundlage sein, wenn sie sich auf eine ausreichende Ermächtigung iSv. Art. 80 stützen können, da sie „aufgrund eines Gesetzes" ergehen. Inhalt, Zweck und Ausmaß der Ermächtigung müssen bestimmt sein[13]. Zudem sind Eingriffe durch vorkonstitutionelles Gewohnheitsrecht oder – in bestimmten Grenzen – aufgrund autonomen Satzungsrechts von Berufsverbänden möglich. Insbesondere können die Berufskammern Einzelheiten der Berufsregelung durch Satzung regeln[14]. Hingegen reichen Standesrichtlinien allein nicht aus[15]. Und auch Verwaltungsvorschriften genügen in der Regel nicht[16]. 26

Umstritten ist, ob auch **Richterrecht** mit berufsregelnder Wirkung verfassungsmäßig ist[17]. Dafür spricht, dass es im Berufsrecht viele konkretisierungsbedürftige Generalklauseln gibt und diesbezügliche Gerichtsentscheidungen auch „auf Grund eines Gesetzes" ergehen. Somit kann die Berufsfreiheit im Rahmen der herkömmlichen Rspr. eingeschränkt werden[18]. 27

Problematisch ist, ob **Verbandstarifverträge** als Eingriffsermächtigung genügen. Sie sind keine formellen Gesetze und auch die Tatsache, dass § 4 TVG zur Vereinbarung unmittelbar und zwingend geltender Regelungen ermächtigt, kann darüber nicht hinweghelfen[19]. Dennoch ist der ArbGeb wie durch ein Gesetz verpflichtet[20] und TV sollen berufsregelnd wirken können. Wie die berufsregelnde Wirkung 28

---

[1] *Badura*, RdA 1999, 8 (10); ErfK/*Dieterich*, Art. 12 GG Rz. 11; *Papier*, RdA 2000, 1 (2); Dreier/*Wieland*, Art. 12 GG Rz. 84. | [2] ErfK/*Dieterich*, Art. 12 GG Rz. 19; *Säcker/Oetker*, Grundlagen und Grenzen der Tarifautonomie, 1992, S. 255. | [3] ErfK/*Dieterich*, Art. 12 GG Rz. 19; *Löwisch* ZfA 96, 293 (296 ff.). | [4] ErfK/*Dieterich*, Art. 12 GG Rz. 11; *Stein*, AR-Blattei SD 830 Rz. 511. | [5] ErfK/*Dieterich*, Art. 12 GG Rz. 20; Sachs/*Tettinger*, Art. 12 GG Rz. 79. | [6] *Oetker*, RdA 1997, 9 (20 f.); *Papier*, RdA 2000, 1 (4); *Reuter*, RdA 1978, 344; *Zöllner*, 52. DJT, 1978, D 16, 113 ff. | [7] ErfK/*Dieterich*, Art. 12 GG Rz. 11; *Hergenröder*, ZfA 2002, 355 (360 f.); *Stein*, AR-Blattei SD 830 Rz. 510. | [8] ErfK/*Dieterich*, Art. 12 GG Rz. 11. | [9] BVerfG v. 11.6.1958 – 1 BvR 596/56, E 7, 377 (401 f.); v. 1.7.1980 – 1 BvR 247/75, E 54, 237 (246); v. 24.4.1991 – 1 BvR 1341/90, E 84, 133 (148); v. 10.3.1992 – 1 BvR 454, 470, 602, 616, 905, 939–955, 957–963, 1128, 1315–1318, 1453/91, E 85, 360 (373); BGH v. 16.7.1962 – AnwZ (B) 9/62, AP Nr. 27 zu Art. 12 GG; ErfK/*Dieterich*, Art. 12 GG Rz. 22; Dreier/*Wieland*, Art. 12 GG Rz. 57. | [10] BVerfG v. 21.2.1995 – 1 BvR 1397/93, E 92, 140; Jarass/Pieroth/*Jarass*, Art. 12 GG Rz. 19; Dreier/*Wieland*, Art. 12 GG Rz. 57. | [11] BVerwG v. 11.11.1993 – 3 C 45.91, E 94, 269 (277); *Stein*, AR-Blattei SD 830 Rz. 530; *Wunderlich*, Das Grundrecht der Berufsfreiheit im EG-Recht, S. 137. | [12] BVerfG v. 27.1.1976 – 1 BvR 2325/73, E 41, 251 (265). | [13] BVerfG v. 12.10.1977 – 1 BvR 217, 216/75, E 46, 120 (139); v. 8.11.1983 – 1 BvR 1249/81, E 65, 248 (258); *Stein*, AR-Blattei SD 830 Rz. 531; *Wunderlich*, Das Grundrecht der Berufsfreiheit im EG-Recht, S. 138. | [14] BVerfG v. 21.6.1989 – 1 BvR 32/87, E 80, 257 (268); *Wunderlich*, Das Grundrecht der Berufsfreiheit im EG-Recht, S. 137 f. | [15] BVerfG v. 20.4.1982 – 1 BvR 522/78, E 60, 215, 229; Sachs/*Tettinger*, Art. 12 GG Rz. 96. | [16] BVerwG v. 6.11.1986 – 3 C 72/84, NVwZ 1987, 315, 316. | [17] Verneinend von Münch/Kunig/*Gubelt*, Art. 12 GG Rz. 70. Zweifelnd auch Sachs/*Tettinger*, Art. 12 GG Rz. 95. | [18] BVerfG v. 4.7.1989 – 1 BvR 1460/85, 1239/87, E 80, 269 (279) = NJW 89, 2611; ErfK/*Dieterich*, Art. 12 GG Rz. 23; *Stein*, AR-Blattei SD 830 Rz. 531. | [19] *Stein*, AR-Blattei SD 830 Rz. 532 f. AA etwa *Kempen* in: Kempen/Zachert, Grundlagen Rz. 190. Siehe auch *Waltermann*, RdA 1990, 138, 142 f. | [20] *Müller*, Die Berufsfreiheit des Arbeitgebers, S. 109.

zu legitimieren ist, ist umstritten[1]. Für diejenigen Autoren, welche von einer unmittelbaren Grundrechtswirkung ausgehen[2], ergibt sich die Legitimation zur Berufsregelung daraus, dass sie TV wie Gesetze behandeln. Dementsprechend können TV die Berufsfreiheit unter den Voraussetzungen der Drei-Stufenlehre einschränken. Das BVerfG hat dies etwas eingeschränkt und entschieden, dass Koalitionen ebenso wie die öffentlich-rechtlichen Berufsorganisationen nur befugt sind, Berufsausübungsregelungen und keine statusbildenden Berufswahlregelungen zu erlassen[3]. Nach der Gegenmeinung ergibt sich die Legitimation aus der privatautonomen Beitrittserklärung der Verbandsmitglieder, die als (inhaltlich begrenzte) Unterwerfung unter bestehendes und zukünftiges TV-Recht anzusehen ist. Die Arbeitsvertragspartei ist der Koalition freiwillig beigetreten und muss sich deshalb gewisse Einschränkungen ihrer Berufsfreiheit gefallen lassen. Doch ist diese Unterwerfung nicht grenzenlos. Werden die Verbandsmitglieder unzumutbar eingeengt, muss ihnen der Staat helfend zur Seite stehen. Dabei gelten (zumindest) die Grundsätze der mittelbaren Drittwirkung[4].

29 **Firmen- bzw. Haustarifverträge** wird man wie Individualverträge und BV zu behandeln haben. Wie bei der Inhaltskontrolle von Arbeitsverträgen muss die schwächere Partei – hier der ArbGeb – geschützt werden. Aufgabe des Staates bzw. der Rspr. ist umso mehr die Herstellung von Verhandlungs- und Kampfparität[5].

30 Nach Ansicht des BVerfG sind **Allgemeinverbindlichkeitserklärungen** „ausreichend demokratisch legitimiert". Die Allgemeinverbindlichkeitserklärung ist im Verhältnis zu den nicht tarifgebundenen ArbN ein Rechtsetzungsakt eigener Art zwischen autonomer Regelung und staatlicher Rechtsetzung, der seine eigenständige Grundlage in Art. 9 Abs. 3 findet und nicht an Art. 80 gemessen werden kann. Die für allgemeinverbindlich erklärten Tarifnormen unterliegen der Bindung an die Grundrechte nach Art. 1 Abs. 3. Bei der Normsetzung durch die TV-Parteien handelt es sich um Gesetzgebung im materiellen Sinn[6].

31 Bei **BV** bzw. Sozialplänen ist der ArbGeb direkt beteiligt. Sie kommen wie ein „normaler" Vertrag durch beiderseitige Einigung zustande. Die Verpflichtungen des ArbGeb bestehen also nicht, weil er durch Verbandsbeitritt normunterworfen ist, sondern weil er seine Privatautonomie ausgenutzt und sich vertraglich gebunden hat. Die Situation ist hier die Gleiche wie bei Individualverträgen. Somit muss bei Auslegung und Anwendung von betrieblichen Vorschriften die Ausstrahlungswirkung der Grundrechte schützend beachtet werden. Diese Ansicht teilt auch das BVerfG[7].

32 Anders sieht es jedoch aus, wenn die BV nicht auf vertraglicher Einigung, sondern auf einem Spruch der **Einigungsstelle** beruht. Denn die Einigungsstelle kann dem ArbGeb eine betriebliche Regelung aufzwingen. Im Schrifttum wird deshalb vertreten, dass die Bindung an die Grundrechte in diesem Falle unmittelbar aus Art. 1 Abs. 3 folge[8]. Soweit das ArbG im Beschlussverfahren eine entsprechende Regelung treffen kann, an die der ArbGeb gebunden ist, ist dem ohne weiteres zuzustimmen[9]. Davon einmal abgesehen, müssen aber auch bei Einschaltung der Einigungsstelle die Grundsätze der mittelbaren Drittwirkung gelten[10]. Dass die BV auf einem Einigungsstellenspruch beruht, kann der Regelung keinen neuen Rechtscharakter geben[11].

33 c) **Stufenlehre.** Jede Beeinträchtigung der Berufsfreiheit muss **verhältnismäßig** sein[12]. Dabei müssen die Gründe für die Beeinträchtigung umso schwerer wiegen, je intensiver die Berufsfreiheit eingeschränkt wird, und desto strenger ist auch die Verhältnismäßigkeitsprüfung des BVerfG. Grundsätzlich ist das BVerfG allerdings zurückhaltend, wenn es gesetzgeberische Ziele, Lagebeurteilungen und Prognosen bewertet, wobei der Gestaltungsspielraum bei der Verfolgung wirtschafts-, arbeitsmarkt- und sozialpolitischer Ziele besonders weit ist. Auf dem Gebiet der Arbeitsmarkt-, Sozial- und Wirtschaftsordnung gebühre dem Gesetzgeber ein besonders weitgehender Einschätzungs- und Prognosespielraum. Bei der Regelung von wirtschaftlichen Sachverhalten ist der Gesetzgeber naturgemäß

---

[1] Siehe auch *Wiedemann*, TVG, Einl. Rz. 311, wo erwogen wird, der durch Art. 9 Abs. 3 GG eingeräumten Tarifautonomie dadurch Rechnung zu tragen, dass die Gestaltung der Arbeits- und Wirtschaftsbedingungen regelmäßig im Vorhof des Art. 12 GG nur als Ausgestaltung angesprochen werde, die noch keinen Eingriff in das Grundrecht enthalte und deshalb generell keiner Rechtfertigung bedürfe. *Wiedemann* räumt allerdings selbst ein, dass dieser Ansatz bislang in Rspr. und Schrifttum keinen Anklang finde. |2 *Müller*, Die Berufsfreiheit des Arbeitgebers, S. 109 mwN; *Säcker/Oetker*, Grundlagen und Grenzen der Tarifautonomie, 1992, S. 242; *Waltermann*, Berufsfreiheit im Alter, S. 91. |3 BVerfG v. 9.5.1972 – 1 BvR 518/62 u. 308/64, E 33, 125 (157 ff.); *Müller*, Die Berufsfreiheit des Arbeitgebers, S. 109. |4 ErfK/*Dieterich*, Art. 12 GG Rz. 24; *Müller*, Die Berufsfreiheit des Arbeitgebers, S. 109 f., 113 ff.; *Jarass*, NZA 1990, 505 (508 f.); *Stein*, AR-Blattei SD 830 Rz. 534; modifizierend *Löwisch*, ZfA 1996, 293 (300). |5 *Müller*, Die Berufsfreiheit des Arbeitgebers, S. 115 f. |6 BVerfG v. 24.5.1977, 2 BvL 11/74, E 44, 322; v. 15.7.1980, 1 BvR 24/74, 439/79, E 55, 7 – allerdings jeweils ohne Prüfung am Maßstab des Art. 12; *Jarass*, NZA 1990, 505 (508 f.); *Stein*, AR-Blattei SD 830 Rz. 534. |7 BVerfG v. 23.4.1986 – 2 BvR 487/80, E 73, 261 (269); *Canaris*, JuS 1989, 161 (166); *Jarass*, NZA 1990, 505 (509); *Müller*, Die Berufsfreiheit des Arbeitgebers, S. 108 f. |8 *Canaris*, JuS 1989, 161 (167); MünchArbR/*Richardi*, Bd. I, § 10 Rz. 35. |9 MünchArbR/*Richardi*, Bd. I, § 10 Rz. 35. |10 So auch BAG v. 27.5.1986, AP Nr. 15 zu § 87 BetrVG 1972 – Überwachung. |11 *Müller*, Die Berufsfreiheit des Arbeitgebers, S. 120 f. |12 BVerfG v. 14.7.1987 – 1 BvR 362/79, E 76, 196 (207); v. 14.3.1989 – 1 BvR 1033/82 u. 174/84, E 80, 1 (24); v. 22.5.1996 – 1 BvR 744/88, 66/89, 1519/97, E 94, 372 (389 f.).

auf Prognosen angewiesen. Noch weiter ist der Gestaltungsspielraum, wenn die Regelung keinen unmittelbar berufsregelnden Charakter hat. Gesichtspunkte der Zweckmäßigkeit dürfen im Vordergrund stehen[1]. Um die Eingriffsintensität bzw. die Anforderungen an die Verhältnismäßigkeit prüfen zu können, hat das BVerfG die sog. „Stufenlehre" entwickelt[2]. Sie sei das Ergebnis einer strikten Anwendung des Verhältnismäßigkeitsprinzips[3]. Die Stufenlehre unterscheidet drei Arten von Beeinträchtigungen der Berufsfreiheit.

Auf der ersten Stufe stehen die (**subjektiven und objektiven**) **Berufsausübungsbeschränkungen**, welche die Wahl des Berufs nicht beeinflussen und bei denen daher die Beeinträchtigung der Berufsfreiheit relativ gering ist. Hierher gehören beispielsweise Anordnungen über die Produktqualität und Werbebeschränkungen[4]. Reine Berufsausübungsbeschränkungen können durch jede vernünftige Erwägung des Gemeinwohls gerechtfertigt werden[5], dabei dürfen auch Zweckmäßigkeitserwägungen im Vordergrund stehen[6]. Der Gestaltungsspielraum hinsichtlich der Festlegung arbeits- sozial- und wirtschaftspolitischer Ziele ist besonders weit[7]. **34**

Die zweite Stufe bilden die **subjektiven Berufswahlbeschränkungen**, bei denen ein mittleres Beeinträchtigungsniveau besteht. Sie beeinflussen die Berufswahl anhand persönlicher Eigenschaften, Fähigkeiten, erworbener Abschlüsse oder erbrachter Leistungen[8]. Sie sind zum Schutz wichtiger Gemeinschaftsgüter zulässig[9]. **35**

Auf der letzten Stufe liegen die **objektiven Berufswahlbeschränkungen**. Durch sie wird die Berufsfreiheit am stärksten beeinträchtigt. Sie beeinflussen die Berufswahl anhand objektiver Kriterien, die weder mit den Eigenschaften und Qualifikationen des Betroffenen zu tun haben, noch von ihm beeinflusst werden können. Ein typischer Fall sind Bedürfnisprüfungen[10]. Deshalb sind sie „nur unter strengen Voraussetzungen zum Schutz besonders wichtiger Gemeinschaftsgüter und unter strikter Beachtung des Grundsatzes der Verhältnismäßigkeit statthaft"[11]. Art. 12 Abs. 1 schließt eine (bedarfsorientierte) Berufslenkung aus[12]. Manchmal können Übergangs- und Härteausgleichsregelungen geboten sein[13]. **36**

Doch sind die drei Stufen der „Stufentheorie" nicht mehr als eine **Richtschnur**. Es hat sich nämlich gezeigt, dass drei Stufen nicht ausreichen, um die vielen staatlichen Interventionsmöglichkeiten zu erfassen und Eingriffsintensitäten zuverlässig messen zu können. Oft kann wegen des weiten Berufsbegriffs zwischen den Stufen gar nicht klar getrennt werden. So können Regeln der Berufsausübung beispielsweise wie Zugangsvoraussetzungen wirken[14]. Qualitative Besetzungsregelungen belegen die Vielschichtigkeit der Maßnahmen. Richtiger Auffassung nach begründen sie aus ArbN-Sicht Berufszulassungsbeschränkungen und aus ArbGebSicht Berufsausübungsbeschränkungen, da sie Einstellungsvorgaben machen, ähnlich wirken Personenauswahlrichtlinien[15]. **37**

Deshalb arbeitet das BVerfG heute nicht mehr ausschließlich mit den drei Stufen, sondern berücksichtigt die tatsächlichen Auswirkungen einer Maßnahme für die Normadressaten und nimmt eine differenzierende Gesamtabwägung vor[16]. Außerdem bewirkt der große **Gestaltungsspielraum im Arbeitsrecht**, dass die gerichtliche Nachprüfbarkeit auf die Vertretbarkeitskontrolle beschränkt ist[17]. **38**

---

1 BVerfG v. 27.1.1965 – 2 BvR 213, 715/58 u. 66/60, E 18, 315 (331); v. 18.12.1968 – 1 BvL 5, 14/64, 5, 11, 12/65, E 25, 1 (19); v. 16.3.1971 – 1 BvR 52/665, 667, 754/66, E 30, 292 (317); v. 25.10.1977 – 1 BvR 173/75, E 46, 246 (256 f.); v. 22.5.1979 – 1 BvL 9/75, E 51, 193 (208); v. 6.10.1987 – 1 BvR 1086, 1468, 1623/82, E 77, 84 (106); v. 15.12.1987 – 1 BvR 563/85, 582/85, 974/86, E 77, 308 (332); v. 23.1.1990 – 1 BvL 44/86, 48/87, E 81, 156 (189); v. 7.2.1990 – 1 BvR 26/84, E 81, 242 (255); ErfK/*Dieterich*, Art. 12 GG Rz. 25; *Oetker*, RdA 1997, 9 (15); *Wunderlich*, Das Grundrecht der Berufsfreiheit im EG-Recht, S. 141 f. |2 BVerfG v. 18.12.1968 – 1 BvL 5, 14/64, 5, 11, 12/65, E 25, 1 (11 f.); Jarass/Pieroth/*Jarass*, Art. 12 GG Rz. 23 ff.; *Pieroth/Schlink*, Rz. 846. |3 BVerfG v. 17.7.1961 – 1 BvL 44/55, E 13, 97 (104); v. 18.12.1968 – 1 BvL 5, 14/64, 5, 11, 12/65, E 25, 1 (12); v. 18.6.1980 – 1 BvR 697/77, E 54, 301 (313); *Wunderlich*, Das Grundrecht der Berufsfreiheit im EG-Recht, S. 140. |4 BVerfG v. 10.12.1975 – 1 BvR 118/71, E 40, 371 (382); v. 20.4.1982 – 1 BvR 522/78, E 60, 215 (229). |5 BVerfG v. 11.6.1958 – 1 BvR 596/56, E 7, 377 (405 ff.); v. 4.10.1983 – 1 BvR 1633, 1549/82, E 65, 116 (125); v. 14.5.1985 – 1 BvR 449, 523, 700, 728/82, E 70, 1 (28); v. 10.5.1988 – 1 BvR 111/77, E 78, 155 (162). |6 BVerfG v. 15.12.1987 – 1 BvR 563/85, 582/85, 974/86, E 77, 308 (332). |7 BVerfG v. 23.1.1990 – 1 BvL 44786, 48/87, E 81, 156 (189). |8 BVerfG v. 11.6.1958 – 1 BvR 596/56, E 7, 377; v. 16.6.1959 – 1 BvR 71/57, E 9, 338 (345). |9 BVerfG v. 18.6.1980 – 1 BvR 697/77, E 54, 301 (315); v. 17.7.1961 – 1 BvL 44/55, E 13, 97 (107); v. 12.3.1985 – 1 BvR 25/45, 52/83, E 69, 209 (218). |10 Dreier/*Wieland*, Art. 12 GG Rz. 70. |11 BVerfG v. 11.6.1958 – 1 BvR 596/56, E 7, 377; v. 18.6.1980 – 1 BvR 697/77, E 54, 301 (314 f.); v. 27.1.1982 – 1 BvR 807/80, E 59, 302 (315 f.); v. 8.3.1983 – 1 BvR 1078/80, E 63, 266 (286); v. 29.10.1997 – 1 BvR 780/87, E 97, 12 (26). |12 *Papier*, RdA 2000, 1 (6). |13 BVerfG v. 15.2.1967 – 1 BvR 569, 589/62, E 21, 173 (183); v. 8.2.1977 – 1 BvF 1/76, 1 BvL 7, 8/75, 1 BvR 239/75, 92, 103–114, 115, 140–143, 187–76, E 43, 291 (378); v. 18.6.1980 – 1 BvR 697/77, E 54, 301 (331); v. 4.10.1983 – 1 BvR 1633, 1549/82, E 65, 116 (127); *Wunderlich*, Das Grundrecht der Berufsfreiheit im EG-Recht, S. 141 f. |14 BVerfG v. 23.3.1960 – BvR 216/51, E 11, 30; v. 4.11.1992 – 1 BvR 79/85, 643/89, 238, 1258/90 ua., E 87, 287 = NJW 1993, 317 (318). |15 *Säcker/Oetker*, Grundlagen und Grenzen der Tarifautonomie, 1992, S. 256 mwN. |16 BVerfG v. 23.3.1960 – BvR 216/51, E 11, 30 (42); ErfK/*Dieterich*, Art. 12 GG Rz. 27; Sachs/*Tettinger*, Art. 12 GG Rz. 109 ff.; Dreier/*Wieland*, Art. 12 GG Rz. 105 ff.; *Wunderlich*, Das Grundrecht der Berufsfreiheit im EG-Recht, S. 140. |17 ErfK/*Dieterich*, Art. 12 GG Rz. 25; *Stein*, AR-Blattei SD 830 Rz. 536.

39 **d) Kollidierendes Verfassungsrecht.** Ebenso wie andere Grundrechte kann auch Art. 12 durch (kollidierendes) Verfassungsrecht **beschränkt** werden[1]. So enthält Art. 48 Schutzvorschriften für Abgeordnete, an die auch private ArbGeb gebunden sind. Ebenso ist der Mutterschutz aus Art. 6 zu berücksichtigen[2]. Weiterhin schützt Art. 140 iVm Art. 139 WRV den Sonntag und staatlich anerkannte Feiertage als Tage, an denen grundsätzlich nicht gearbeitet werden darf. Dadurch wird die Berufsfreiheit beider Arbeitsvertragsparteien eingeschränkt[3]. Für den öffentlichen Dienst bildet Art. 33 eine zusätzliche Schranke, indem die Möglichkeit zu Sonderregelungen eröffnet wird.

40 Die Schutzfunktion anderer Grundrechte ist jedoch keine weitere Schranke. Die daraus entstehende Kollision müssen Gesetzgeber und Rspr. im Wege praktischer Konkordanz auflösen[4]. So ist auch der Konflikt zwischen der **Berufsfreiheit des ArbN und des ArbGeb** im Wege der praktischen Konkordanz auszugleichen[5]. Zu berücksichtigen sein kann auch **Art. 5**[6].

41 **5. Auswirkungen. a) Gesetze.** Alle **Normen des Arbeitsrechts** müssen sich an Art. 12 messen lassen und müssen den Anforderungen der Stufenlehre entsprechen.

42 **aa) Abschlussfreiheit.** Wichtiger Inhalt der Berufsfreiheit des ArbGeb ist seine Abschlussfreiheit, dh. die Freiheit zu entscheiden, ob und mit wem er **Arbeitsverträge** abschließen will. In diese Freiheit greifen eine Reihe von Vorschriften und Grundsätzen des Arbeitsrechts ein. So bestehen Verfahrensvorschriften, Vorgaben für das Auswahlermessen, Abschlussverbote und sogar Übernahmepflichten oder kollektivrechtliche Mitbestimmungsmöglichkeiten wie zB §§ 75, 78a, 95, BetrVG, § 10 AÜG, §§ 611a, 613a Abs. 1 BGB[7]. Dennoch sind diese Regelungen durch „vernünftige Erwägungen des Gemeinwohls" gerechtfertigt und halten sich im Rahmen des Übermaßverbots, zumal der Gesetzgeber hier einen weiten Gestaltungsfreiraum hat[8].

43 Problematisch sind in diesem Zusammenhang echte individualrechtliche **Kontrahierungszwänge**, deren Verfassungsmäßigkeit umstritten ist. Für manche Autoren sind sie generell verfassungswidrig[9]. Andere halten sie als Sanktion bei Verstößen gegen Diskriminierungsverbote des Art. 3 Abs. 2 und 3 für geboten[10], wollen sie zur Sicherung verfassungsrechtlicher Grundsatzentscheidungen (zB Art. 3 Abs. 2, 3; Art. 5 Abs. 1; Art. 9 Abs. 3) im Rahmen der Verhältnismäßigkeit zulassen[11] oder erkennen überhaupt nur sachbezogene Gründe bei der Einstellungsentscheidung an[12]. Für die Möglichkeit von Kontrahierungszwängen spricht, dass der Gesetzgeber das Untermaßverbot zu Lasten diskriminierter Bewerber oder Bewerberinnen verletzen würde, wenn er keinen Abschlusszwang vorsehen und auch ansonsten keine anderen wirkungsvollen Sanktionen (insb. Schadensersatzansprüche) schaffen würde. Die Rspr. muss die ihr gebotenen Instrumente nutzen[13].

44 Somit ist zwar ein genereller Abschlusszwang (auch aus der Sicht des ArbN) verfassungswidrig, ein Abschlusszwang für schutzbedürftige ArbN unter gewissen Voraussetzungen jedoch wohl als zulässig zu erachten[14]. Immer ist eine **gesetzliche Grundlage** erforderlich.

45 **bb) ArbN-Schutz.** Auch Schutzvorschriften zugunsten der ArbN müssen im Rahmen des durch Art. 12 Erlaubten bleiben, da sie in die Berufsfreiheit des ArbGeb eingreifen. Zulässig sind Vorschriften zur **Arbeitszeit**. Sie halten sich im Rahmen des Gemeinwohls, da sie dem Schutz der ArbN gegen übermäßige Ausnutzung ihrer Arbeitskraft und Erhaltung ihrer Gesundheit dienen und den ArbGeb nicht übermäßig belasten[15]. Somit ist auch das Nachtbackverbot sowie das Ausfahr- und Sonntagsbackverbot für Bäckereien und Konditoreien als Berufsausübungsregelung zulässig[16].

46 Ebenso ist das **Verleihverbot** für ArbN im Baubereich rechtmäßig. Die Entscheidung, ein Arbeitsverhältnis als Leiharbeiter aufzunehmen ist kein Akt der Berufswahl. Dieselbe Tätigkeit kann auch als Direktangestellter im Baubereich ausgeübt werden. Ebenso wenig betroffen ist die Arbeitsplatzwahl[17]. Weiter ist die in § 1a AEntG geregelte **Bürgenhaftung des Bauunternehmers** mit Art. 12 Abs. 1 vereinbar, in Betracht kommt allerdings ein Verstoß gegen Art. 49 EG[18].

47 Auch zulässig ist das **Mutterschaftsgeld**. Zwar ist die Berufsfreiheit des ArbGeb durch die Verpflichtung zur Zahlung von Mutterschaftsgeld nach § 14 Abs. 1 Satz 1 MuSchG berührt, doch ist dies durch Gründe des Allgemeinwohls gerechtfertigt. Der Schutz der Mutter ist schon aufgrund Art. 6 Abs. 4

---

1 *Stein*, AR-Blattei SD 830 Rz. 538. | 2 *Preis*, NZA 1997, 1256 (1257). | 3 Jarass/Pieroth/*Jarass*, Art. 12 GG Rz. 36. | 4 ErfK/*Dieterich*, Art. 12 GG Rz. 28. | 5 BVerfG v. 27.1.1998 – 1 BvL 15/87, E 97, 169 (176). | 6 BVerfG v. 13.1.1982 – 1 BvR 848/77 ua., E 59, 231 ff. | 7 *Hillgruber*, ZRP 95, 6 (7); *Stein*, AR-Blattei SD 830 Rz. 539 ff. Speziell zu § 613a BGB *Hergenröder*, AR-Blattei SD 500 Rz. 90 ff. | 8 ErfK/*Dieterich*, Art. 12 GG Rz. 29; *Otto*, Personale Freiheit und soziale Bindung, § 2, S. 13 ff.; *Stein*, AR-Blattei SD 830 Rz. 539. | 9 MünchArbR/*Buchner*, Bd. 1, § 36 Rz. 43; so wohl auch *Hillgruber*, ZRP 95, 6 (9). | 10 *Hanau*, FS Kahn-Freund, 1980, 457 (470). | 11 ErfK/*Dieterich*, Art. 12 GG Rz. 30; *Stein*, AR-Blattei SD 830 Rz. 540. | 12 *Gamillscheg*, FS Weber, 1974, 793 (802). | 13 BVerfG v. 16.11.1993 – 1 BvR 258/86, E 89, 276; ErfK/*Dieterich*, Art. 12 GG Rz. 30; *Stein*, AR-Blattei SD 830 Rz. 541. | 14 *Papier*, RdA 2000, 1 (4). | 15 BVerfG v. 3.5.1967 – 2 BvR 134/63, E 22, 1 (20 f.). | 16 BVerfG v. 17.11.1992 – 1 BvR 168, 1509/89 u. 639/90, E 87, 363 (368 ff.). | 17 BVerfG v. 6.10.1987 – 1 BvR 1086, 1468, 1623/82, E 77, 84 (116 f.); *Hantl-Unthan*, AR-Blattei SD 1840 Rz. 204; *von Münch/Kunig/Gubelt*, Art. 12 GG Rz. 51. | 18 BAG v. 6.11.2002 – 5 AZR 617/01 (A), AP Nr. 1 zu § 1a AEntG.

...ütter sind vor Überforderung und Gesundheitsschäden zu bewahren[1]. In seiner ...estaltung der Zuschusspflicht des ArbGeb sieht das BVerfG jedoch einen Widerspruch zu dem Gleichberechtigungsgebot gem. Art. 3 Abs. 2 ergebenden Schutzauftrag, ...ktische Diskriminierungen zu beseitigen. Bis zum 31.12.2005 muss der Gesetzgeber eine Neu...g treffen, bis dahin bleibt es beim gegenwärtigen Rechtszustand[2].

Weiterhin ...gsmäßig ist die **Kleinbetriebsklausel** des KSchG[3]. Nach § 23 Abs. 1 Satz 2 KSchG gilt der Kü...schutz des KSchG nicht für Kleinbetriebe. Damit wird der Bestandsschutz und somit die ...rundlage für diese ArbN besonders gefährdet, was jedoch durch die besondere Interessenla... im Kleinbetrieb gerechtfertigt ist. Der gleichwohl durch die zivilrechtlichen Generalklauseln d... § 242 BGB vermittelte verfassungsrechtlich gebotene Kündigungsschutz[4] ist umso wichtiger die mit der Kleinbetriebsklausel geschützten Grundrechtspositionen im Einzelfall sch... Es geht vor allem darum, ArbN vor willkürlichen oder auf sachfremden Motiven ...digungen zu schützen, zB vor Diskriminierungen iSv. Art. 3 Abs. 3 GG[5]. 48

...fall...hränkungen und **Sozietätsverbote**. An Art. 12 sind auch Werbebeschränkungen und ...bote zu messen. Sozietätsverbote, Werbeverbote in gewissem Rahmen und Regelungen ...usätzlicher Berufsbezeichnungen sind Berufsausübungsbeschränkungen, die aus Gründen ...inwohls zulässig und zumutbar sein können, wie zB für Steuerberater. Hier sollen besondere ...sgründe in den Berufsstand geschaffen werden[6]. Zulässig ist auch das Verbot einer Sozietät ...ien einem Anwaltsnotar und einem Wirtschaftsprüfer, um Unabhängigkeit und Unparteilichkeit ... Notare zu gewährleisten[7]. 49

...st. Ebenso beschränkt die **Mitbest. auf Unternehmensebene** die Unternehmerfreiheit nicht ...äßig, da sie durch Allgemeinwohlbelange gedeckt ist. Wegen der Größe der Unternehmen ...tgehend der personale Bezug und Unternehmen können nur mit Hilfe der ArbN funktionie... 50

ee) **Bildung**. Auch die Entgeltfortzahlungspflicht für **Bildungsurlaub** ist in gewissem Maße zulässig. Zwar ist die Berufsausübung der ArbGeb dadurch berührt, dass ihnen zusätzliche Freistellungs- und Kostenlasten aufgebürdet werden, doch bleiben sie im Rahmen der zulässigen Berufsausübungsregelungen. Die Freistellung und die Kosten für den ArbGeb liegen im Interesse des Allgemeinwohls. Es muss die zumutbare Möglichkeit für ArbN bestehen, sich weiterzubilden und damit sich den Entwicklungen auf dem Arbeitsmarkt und der Gesellschaft anzupassen. Den Interessen des ArbGeb ist dadurch Rechnung zu tragen, dass die Bildungstage begrenzt sind und ihre zeitliche Lage mit den betrieblichen Belangen in Einklang stehen muss[9]. 51

Mit Art. 12 Abs. 1 Satz 2 ist allerdings eine gesetzliche Regelung nicht vereinbar, welche den ArbGeb Entgeltfortzahlungspflichten für den **Zusatzurlaub** pädagogischer Mitarbeiter auferlegt, ohne zugleich Ausgleichsmöglichkeiten vorzusehen[10]. 52

ff) **Sozialleistungen**. Der **Verfall betrieblicher Versorgungsanwartschaften** kann unzulässig sein. In der Regel wird der ArbN nicht in der Lage sein – trotz eigentlich freier Vertragsgestaltung – Vereinbarungen über die Aufrechterhaltung von Versorgungsanwartschaften bei vorzeitigem Ausscheiden privatautonom auszuhandeln und mitzugestalten. Hier schützt ihn Art. 12 vor einem Verfall von betrieblichen Versorgungsanwartschaften, soweit dadurch die freie Wahl eines anderen Arbeitsplatzes in unverhältnismäßiger Weise eingeschränkt wird und er faktisch an einer Beendigung des Arbeitsverhältnisses gehindert wird[11]. 53

Hingegen ist die Überbürdung des **Alg** auf den ArbGeb bei älteren ArbN nur zulässig, soweit ihn eine besondere Verantwortung für die Arbeitslosigkeit trifft[12]. Andererseits ist die Pflichtmitgliedschaft in den Sozialkassen des Baugewerbes keine Berufsregelung, da eine objektiv berufsregelnde Tendenz fehlt. Die Zahlungspflichten beschränken weder unmittelbar den Zugang zu einer Tätigkeit im Bausektor, noch berühren sie mittelbar die Ausübung einer dortigen Tätigkeit. Zulässig sind damit Urlaubskassen, Zusatzversorgungskassen und Lohnausgleichskassen[13]. Ebenfalls unzulässig ist die Verpflichtung zu übermäßigen Sozialleistungen[14]. 54

---

1 BAG v. 1.11.1995 – 5 AZR 273/94, E 81, 222 (225 ff.). | 2 BVerfG v. 18.11.2003 – 1 BvR 302/96, NZA 2004, 33. | 3 BVerfG v. 27.1.1998 – 1 BvL 15/87, E 97, 169 (177 ff.); BAG v. 19.4.1990, AP Nr. 8 zu § 23 KSchG 1969; v. 21.2.2001 – 2 AZR 15/00, AP Nr. 12 zu § 242 BGB – Kündigung; *Urban*, Der Kündigungsschutz außerhalb des Kündigungsschutzgesetzes, 2001, S. 78 ff. | 4 *Oetker*, ArbuR 1997, 41, 52; *Otto*, RdA 2002, 103 (104 ff.); *Otto*, FS Wiese, 1998, 353 ff.; *Stein*, AR-Blattei SD 830 Rz. 568; *Urban*, Der Kündigungsschutz außerhalb des Kündigungsschutzgesetzes, 2001, S. 212 ff. | 5 BAG v. 21.2.2001 – 2 AZR 15/00, AP Nr. 12 zu § 242 BGB – Kündigung; *Hergenröder*, ZfA 2002, 355 (379 f.). | 6 BVerfG v. 20.4.1982 – 1 BvR 522/78, E 60, 215 (229). | 7 BVerfG v. 1.7.1980 – 1 BvR 247/75, E 54, 237 (249). | 8 BVerfG v. 1.3.1979 – 1 BvR 532/77, 533/77, 419/78, 1 BvL 21/78, E 50, 290; *Stein*, AR-Blattei SD 830 Rz. 580. | 9 BVerfG v. 15.12.1987 – 1 BvR 563/85, 582/85, 974/86, E 77, 308 (332 ff.). | 10 BVerfG v. 15.12.1987 – 1 BvR 563/85, 582/85, 974/86, E 77, 308 (336 ff.). – § 3 Abs. 1 Hessisches Gesetz über den Anspruch auf Bildungsurlaub. | 11 BVerfG v. 15.7.1998 – 1 BvR 1554/89, 963, 964/94, E 98, 365 (395 ff.). | 12 BVerfG v. 23.1.1990 – 1 BvL 44/86, 48/87, E 81, 156 (188 ff.). | 13 BVerfG v. 15.7.1980, 1 BvR 24/74, 439/79, E 55, 7 (10 f., 25 ff.); ErfK/*Dieterich*, Art. 12 GG Rz. 18. | 14 BVerfG v. 23.1.1990 – 1 BvL 44/86, 48/87, E 81, 156 (197 ff.).

55 **gg) Ehrenamtliche Tätigkeiten.** Unzulässig ist es, dem ArbGeb die Zahlung des Arbeitsentgelts während eines Sonderurlaubs für ehrenamtliche Tätigkeiten im Bereich der Jugendarbeit aufzuerlegen. Denkbar wäre aber zB eine Sozialkasse aller ArbGeb für diese Kosten. Die Freistellung für die Tätigkeit in der Jugendarbeit ist hingegen zulässig. Zwar berührt sie die Berufsfreiheit des ArbGeb, doch ist der Eingriff durch Belange des Gemeinwohls gerechtfertigt. Denn ehrenamtliche Tätigkeiten im Bereich der Jugendpflege sind zu fördern[1]. Nicht mehr mit der Berufsfreiheit vereinbar ist auch die Pflicht zur **unentgeltlichen Kurzberichterstattung** bei berufsmäßig durchgeführten Tagungen. Sie beeinträchtigt die berufliche Dispositionsfreiheit des Ereignisveranstalters[2].

56 **b) TV.** Im Zusammenhang mit Art. 12 steht auch die Frage nach der Reichweite der TV (Art. 9 Rz. 110 ff.). Art. 9 Abs. 3 gibt den Koalitionen das Recht, die „Arbeits- und Wirtschaftsbedingungen" zu regeln und überträgt ihnen damit zugleich die Befugnis, die Berufsfreiheit der Tarifparteien auszugestalten. Eben jene Berufsfreiheit bildet aber aus Sicht der Grundrechtsträger (unterworfene und Außenseiter) auch das Gegengewicht hierzu und verhindert eine zu weitgehende Einschränkung der grundrechtlich geschützten Rechtsstellung von ArbGeb und ArbN durch tarifliche Regelungsmacht. Art. 12 ist hier auch Schutznorm gegenüber der Privatautonomie der Tarifparteien[3]. Somit beschränkt Art. 12 einerseits den Gestaltungsspielraum der TV-Parteien, andererseits stehen Koalitions- und Berufsfreiheit in funktionalem Zusammenhang. Die Koalitionsfreiheit ist auch ein Mittel zur Realisierung der Berufsfreiheit[4]. Im Ergebnis muss ein Ausgleich gefunden werden zwischen dem Interesse des ArbGeb an einem großen unternehmerischen Autonomiebereich, dem Interesse der ArbN an einer kollektivfreien Individualsphäre sowie der Tarifautonomie.

57 Um die **Grenze der Tarifautonomie** abzustecken, ist auf die Begriffe „Arbeits- und Wirtschaftsbedingungen" in Art. 9 Abs. 3 (Art. 9 Rz. 38 ff.) abzustellen: Dort wird bestimmt, was als koalitionsmäßige Betätigung gelten und Gegenstand tariflicher Regelungen sein kann. An diese Vorgaben muss sich ein TV halten. Es kommt zunächst nicht auf iSd. Art. 12 rechtfertigende Gemeinwohlbelange an. Doch soll zusätzlich zu der Grenze des Art. 9 Abs. 3 aus Art. 12 innerhalb des Bereichs der Arbeits- und Wirtschaftsbedingungen ein kollektivfreier Bereich folgen[5]. Eine klare Grenzziehung ist schwierig, wenn nicht sogar unmöglich und wohl nur anhand konkreter Fälle vorzunehmen[6]. Der überwiegenden Meinung entspricht es, den TV-Parteien einen weiten Regelungsbereich zuzubilligen[7]. Einige Autoren wollen – vor allem zum Schutze der Unternehmerfreiheit – weiter gehende Einschränkungen der Tarifautonomie zulassen[8].

58 In jedem Fall unzulässig sind jedenfalls Tarifregelungen, die außerordentliche **Kündigungen** aus wichtigem Grund verbieten[9]. Die ordentliche Kündigung hingegen kann durch Tarifnormen untersagt werden, weil die Möglichkeit der außerordentlichen Kündigung fortbesteht (str.)[10]. Es ist in TV durchaus üblich, betriebsbedingte Kündigungen ab einem bestimmten Alter und/oder einer bestimmten Betriebszugehörigkeitsdauer auszuschließen bzw. an die Zustimmung des BR zu knüpfen[11]. Der Bestandsschutz obliegt der Regelungsautonomie der Tarifparteien[12].

59 Zulässig sind grundsätzlich auch **Altersgrenzenregelungen**[13]. Indes ist eine Altersgrenzenregelung nicht durch Einführung pauschaler Vorschriften möglich, sondern muss – um als subjektive Zulassungsvoraussetzung gerechtfertigt zu sein – die Besonderheiten des konkreten Berufs und die Leistungsfähigkeit des ArbN beachten, was auch aus dem engen Zusammenhang mit dem Persönlichkeitsrecht folgt. Eine gesetzliche Zwangspensionierung verstößt gegen Art. 12[14]. Regelmäßig wirksam ist eine tarifliche Regelung, welche die Beendigung des Arbeitsverhältnisses bei Bewilligung einer Rente wegen **Berufsunfähigkeit** vorsieht. Allerdings endet das Arbeitsverhältnis dann nicht, wenn der ArbN auf seinem bisherigen oder einem anderen freien Arbeitsplatz weiterbeschäftigt werden kann und er

---

1 BVerfG v. 11.2.1992 – 1 BvR 890/84 u. 74/87, E 85, 226 (233 ff.); BAG v. 3.8.1989 – 8 AZR 335/87, AP Nr. 4 zu § 7 BildungsurlaubsG NRW. | 2 BVerfG v. 17.2.1998 – 1 BvF 1/91, E 97, 228 (253 f.). | 3 *Säcker/Oetker*, Grundlagen und Grenzen der Tarifautonomie, 1992, S. 251. | 4 BVerfG v. 24.5.1977 – 2 BvL 11/74, E 44, 322 (341); *Säcker/Oetker*, Grundlagen und Grenzen der Tarifautonomie, 1992, S. 251 f. | 5 Siehe näher *Beuthien*, ZfA 1984, 1 ff.; *Gamillscheg*, Kollektives Arbeitsrecht I, S. 339 ff.; MünchArbR/*Löwisch/Rieble*, Bd. 3, § 259 Rz. 61 ff.; *Wiedemann*, RdA 1986, 231 ff. | 6 ErfK/*Dieterich*, Art. 12 GG Rz. 41, 43; *Müller*, Die Berufsfreiheit des Arbeitgebers, S. 111. | 7 ErfK/*Dieterich*, Art. 12 GG Rz. 42; *Löwisch/Rieble*, § 1 TVG Rz. 56 f.; *Stein*, AR-Blattei SD 830 Rz. 587. | 8 *Beuthien*, ZfA 1988, 1 (2); MünchArbR/*Löwisch/Rieble*, Bd. 3, § 259 Rz. 61 ff.; *Säcker/Oetker*, Grundlagen und Grenzen der Tarifautonomie, 1992, S. 285 ff.; *Wiedemann*, RdA 1986, 231 ff. Zurückhaltend ErfK/*Dieterich*, Art. 12 GG Rz. 43. | 9 *Hergenröder*, ZfA 2002, 355 (373); *Stein*, AR-Blattei SD 830 Rz. 587. | 10 BAG v. 28.3.1985 – 2 AZR 113/84, AP Nr. 86 zu § 626 BGB; v. 5.2.1998 – 2 AZR 227/97, AP Nr. 143 zu § 626 BGB; ErfK/*Dieterich*, Art. 12 GG Rz. 43; *Säcker/Oetker*, Grundlagen und Grenzen der Tarifautonomie, 1992, S. 319. | 11 BAG v. 21.6.2000 – 4 AZR 379/99, AP Nr. 121 zu § 102 BetrVG 1972; *Oetker*, RdA 1997, 9 (13). | 12 *Säcker/Oetker*, Grundlagen u. Grenzen der Tarifautonomie, 1992, S. 251. | 13 BAG v. 25.3.1971 – 2 AZR 185/70, AP Nr. 5 zu § 57 BetrVG – für (Gesamt)Betriebsvereinbarung; v. 6.3.1986 – 2 AZR 262/85, AP Nr. 1 zu § 620 BGB – *Altersgrenze*; v. 12.7.1988 – 1 ABR 85/86, AP Nr. 54 zu § 99 BetrVG 1972; v. 12.2.1992 – 7 AZR 100/91, AP Nr. 5 zu § 620 BGB – Altersgrenze; v. 25.2.1998 – 7 AZR 641/96, AP Nr. 11 zu § 1 TVG – Tarifverträge: Luftfahrt; v. 27.11.2002 – 7 AZR 414/01, AP Nr. 21 zu § 620 BGB – Altersgrenze; *Waltermann*, Berufsfreiheit im Alter, S. 78; *Wiedemann*, TVG, Einl. Rz. 325. | 14 *Linnenkohl/Rauschenberg/Schmidt*, BB 1984, 603 (607 f.).

noch vor Zustellung des Rentenbescheids die Weiterbeschäftigung verlangt[1]. Auch **Rückzahlungsklauseln** sind unbedenklich, sofern sie verhältnismäßig sind[2]. So ist eine Rückzahlungsklausel unwirksam, wenn sie sich auf Umzugskosten bezieht, die durch eine Versetzung aus dienstlichen Gründen veranlasst worden waren, da darin eine unzulässige Kündigungserschwerung liegt[3].

Zudem können TV in gewissem Rahmen Kriterien für die **Besetzung von Arbeitsplätzen** festlegen[4]. So verstoßen qualitative Besetzungsklauseln nicht gegen Art. 12, wenn sie eine Berufsgruppe schützen sollen, deren Qualifikationen aufgrund neuer Technologien überflüssig zu werden droht. Der Schutz muss jedoch in der Regel zeitlich befristet sein und Außenseiter dürfen nicht völlig ausgeschlossen werden[5]. Quantitative Besetzungsklauseln sind dagegen unzulässig, wenn sie dem ArbGeb die Einstellung nicht benötigter Arbeitskräfte vorschreiben[6]. 60

Grundsätzlich denkbar sind auch Regelungen zur Lage der **Arbeitszeit**[7]. Die tarifliche Regelung von Zeitzuschlägen innerhalb eines Personalbemessungssystems verstößt nicht gegen die Unternehmerfreiheit. Es handelt sich um tariflich regelbare „Arbeits- und Wirtschaftsbedingungen"[8]. Durch TV können auch die Beteiligungsrechte des BR jedenfalls in gewissem Rahmen erweitert werden[9]. 61

c) **Betriebsverfassung.** Auch die **betriebliche Mitbest.** greift in die Berufsfreiheit – des ArbGeb – ein, wenn die ArbN an Entscheidungen der Betriebsorganisation, der Personalwirtschaft und der Unternehmensführung beteiligt sind. Dennoch soll dies durch den „sozialen Bezug" und die „soziale Funktion" des Unternehmerberufs grundsätzlich gerechtfertigt sein. Ein Unternehmen könne nämlich nur mit Hilfe anderer betrieben werden, die ihrerseits durch Art. 12 geschützt sind[10]. Es gibt es keinen Grundsatz der Mitbestimmungsfreiheit unternehmerischer Entscheidungen[11]. Doch dürfen Regelungen nicht gegen das Übermaßverbot verstoßen, wobei dessen Reichweite noch ungeklärt ist. Das BVerfG hat in seinem Mitbestimmungsurteil nicht einmal einen „unantastbaren Kernbereich" (mitbestimmungsfreien Bereich) festgelegt[12], sondern nur über die Eingriffsintensität des MitbestG referiert, um die Entscheidungserheblichkeit zu klären[13]. Auch die Rspr. des BAG setzt der Mitbest. keine klaren Grenzen. Doch hat es anerkannt, dass die betriebliche Mitbest. auch Fragen von großer unternehmerischer Bedeutung betreffen kann[14]. 62

Demnach müssen die ArbG bei der **Auslegung der einzelnen Mitbestimmungstatbestände** darauf achten, dass der Grundsatz der Verhältnismäßigkeit nicht verletzt wird. Eine gesetzliche Regelung, welche für unternehmerische Entscheidungen keinen angemessenen Spielraum lässt, ist im Zweifel unverhältnismäßig, die unternehmerische Entscheidungsfreiheit – insb. in wirtschaftlichen Angelegenheiten – darf nicht völlig eingeschränkt sein[15]. 63

Das gilt auch für die Regelungen durch zwingende Sprüche von **Einigungsstellen**[16]. Die Einschaltung einer Einigungsstelle als solche ist jedoch zulässig. Art. 12 lässt Raum, um durch Einschaltung einer Einigungsstelle nach § 76 Abs. 5 BetrVG eine Konkordanz der Berufsfreiheit von ArbGeb und ArbN herzustellen[17]. 64

d) **Arbeitsverträge.** Bei der Anwendung des Arbeitsrechts hat Art. 12 Ausstrahlungswirkung (insb. über §§ 138, 242, 315 BGB). Dies ist insb. bei der **richterlichen Inhaltskontrolle**[18] von Arbeitsverträgen bedeutsam geworden. Hintergrund dieser Angemessenheitskontrolle ist die vom BVerfG postulierte 65

---

1 BAG v. 31.7.2002 – 7 AZR 118/01, AP Nr. 19 zu § 620 BGB – Altersgrenze. | 2 BVerfG v. 21.6.1989 – 1 BvR 32/87, E 80, 257 (263); BAG v. 21.3.1973 – 4 AZR 187/72, AP Nr. 4 zu § 44 BAT; ErfK/*Dieterich*, Einl. GG Rz. 56, Art. 12 Rz. 42. | 3 BAG v. 21.3.1973 – 4 AZR 187/72, AP Nr. 4 zu § 44 BAT. | 4 BAG v. 13.9.1983 – 1 ABR 69/81, AP Nr. 1 zu § 1 TVG – Tarifverträge: Druckindustrie; v. 26.4.1990 – 1 ABR 84/87, AP Nr. 57 zu Art. 9 GG; v. 22.1.1991 – 1 ABR 19/90, AP Nr. 67 zu Art. 12 GG. Diff. *Ingelfinger*, Arbeitsplatzgestaltung durch Betriebsnormen, 1996, S. 233 ff., 246 f. | 5 Eingehend *Wiedemann*, TVG, Einl. Rz. 326 ff.; *Schleusener*, Die Zulässigkeit qualitativer Besetzungsregeln in Tarifverträgen, 1997, S. 131 ff. | 6 *Löwisch*, ZfA 1996, 293 (314); *Säcker/Oetker*, Grundlagen u. Grenzen der Tarifautonomie, 1992, S. 319. | 7 Dazu *Wiedemann*, TVG, Einl. Rz. 323 f. | 8 BAG v. 3.4.1990 – 1 AZR 123/89, AP Nr. 56 zu Art. 9 GG. | 9 Siehe Löwisch/Kaiser/*Löwisch*, § 87 BetrVG Rz. 11, vor § 92 Rz. 2, vor § 106 Rz. 3, § 118 Rz. 3; *Spilger*, Tarifvertragliches Betriebsverfassungsrecht, 1988, S. 25 ff., 211 ff. | 10 BVerfG v. 1.3.1979 – 1 BvR 532/77, 533/77, 419/78, 1 BvL 21/78, E 50, 290 (365); ErfK/*Dieterich*, Art. 12 GG Rz. 39; *Stein*, AR-Blattei SD 830 Rz. 580. | 11 BVerfG v. 18.12.1985 – 1 BvR 143/83, AP Nr. 15 zu § 87 BetrVG 1972 – Arbeitszeit; *Stein*, AR-Blattei SD 830 Rz. 584. | 12 So aber *Beuthien* ZfA 1988, 1 (2). | 13 ErfK/*Dieterich*, Art. 12 GG Rz. 39; *Müller*, Die Berufsfreiheit des Arbeitgebers, S. 214. | 14 BAG v. 31.8.1982 – 1 ABR 27/80, AP Nr. 8 zu § 87 BetrVG 1972 – Arbeitszeit (regelmäßige Arbeitszeit in einem Kaufhaus); v. 4.3.1986 – 1 ABR 15/84, AP Nr. 3 zu § 87 BetrVG 1972 – Kurzarbeit (Initiativrecht des Betriebsrats zur Einführung von Kurzarbeit). Die Verfassungsbeschwerde gegen den Kaufhaus-Beschluss wurde nicht angenommen, BVerfG v. 18.12.1985 – 1 BvR 143/83, AP Nr. 15 zu § 87 BetrVG 1972 – Arbeitszeit; siehe auch ErfK/*Dieterich*, Art. 12 GG Rz. 40. | 15 BAG v. 16.12.1986 – 1 ABR 26/85, AP Nr. 8 zu § 87 BetrVG 1972 – Prämie; *Säcker/Oetker*, Grundlagen der Tarifautonomie, 1992, S. 318; *Stein*, AR-Blattei SD 830 Rz. 581; wohl aA *Däubler*, Tarifvertragsrecht, Rz. 1110 ff. | 16 ErfK/*Dieterich*, Art. 12 GG Rz. 39; *Müller*, Die Berufsfreiheit des Arbeitgebers, S. 215 ff.; *Papier*, RdA 1989, 137, 143; *Stein*, AR-Blattei SD 830 Rz. 582. | 17 BVerfG v. 18.12.1985 – 1 BvR 143/83, AP Nr. 15 zu § 87 BetrVG 1972 – Arbeitszeit; v. 18.10.1986 – 1 BvR 1426/83, NJW 1988, 1135 (1135). | 18 Dazu grundl. *Fastrich*, Richterliche Inhaltskontrolle im Privatrecht, 1992, S. 159 ff.; *Preis*, Grundfragen der Vertragsgestaltung im Arbeitsrecht, 1993, S. 149 ff.

„strukturelle Unterlegenheit" einer Vertragspartei, die durch das Recht kompensiert werden müsse[1]. Dabei hat sich verbreitet die Meinung durchgesetzt, im Verhältnis ArbGeb – ArbN liege generell ein solches strukturelles Ungleichgewicht vor, welches die richterliche Inhaltskontrolle jedenfalls bei vorformulierten Vertragsbedingungen erfordere[2].

66 Ein richterlicher Eingriff in einen Vertrag ist dabei ein **Grundrechtseingriff** in die Vertrags- und in die Berufsfreiheit sowohl des ArbGeb als auch des ArbN. Grundsätzlich muss das Gericht die im Rahmen der Privatautonomie getroffenen Regelungen respektieren. Die Vertragsfreiheit von ArbGeb und ArbN zum Abschluss arbeitsvertraglicher Vereinbarungen ist durch Art. 2, 12 geschützt. In der Praxis wird jedoch der Vertragsinhalt regelmäßig nicht individuell ausgehandelt, sondern vom ArbGeb jedenfalls weitgehend vorgegeben[3]. Diese ungleiche Verhandlungsstärke und insb. einseitig und übermäßig stark belastende Vertragsinhalte zu Lasten des unterlegenen Teils sollen deshalb nach der Rspr. des BVerfG (und des BAG) zumindest im Rahmen der Generalklauseln ausgeglichen werden. Dies fordere auch die Schutzpflicht der Grundrechte. Eine gerichtliche Korrektur von Vertragsbedingungen kann geboten sein[4].

67 Nach der Rspr. trägt im Übrigen der ArbGeb die **Beweislast** dafür, dass es sich um eine nicht paritätsgestörte Individualabrede handelt. Dabei reicht schon das Vorliegen einer bestimmten vertraglichen Klausel aus, um eine Vermutung dafür zu begründen, dass die Rspr. einschreiten muss, um das durch Art. 12 GG geschützte Recht auf freie Wahl des Arbeitsplatzes, aber auch auf Aufgabe eines Arbeitsplatzes für den ArbN durchzusetzen[5].

68 Durch das Schuldrechtsmodernisierungsgesetz wurde das AGBGB, welches nach seinem § 23 Abs. 1 nicht auf Arbeitsverträge anwendbar war, in die §§ 305 ff. BGB integriert. Nach § 310 Abs. 4 BGB findet nunmehr das **Recht der Allgemeinen Geschäftsbedingungen** auch auf Arbeitsverträge Anwendung, wobei jedoch die im Arbeitsrecht geltenden Besonderheiten angemessen zu berücksichtigen sind[6]. Echte Individualabreden unterliegen allerdings nach wie vor nicht der Anwendung der §§ 305 ff. BGB[7]. Soweit die Schutzgebotsfunktion der Grundrechte dies im Einzelfall gebietet, ist dadurch eine Inhaltskontrolle nicht ausgeschlossen[8].

69 Das BAG hat schon früher arbeitsvertragliche Regelungen überprüft und korrigiert, und dazu häufig Art. 12 herangezogen, auch wenn die Begründung nicht immer einheitlich war[9]. Besondere Bedeutung hat die Berufsfreiheit im Zusammenhang mit **der Beendigung** von arbeitsrechtlichen Verträgen. Art. 12 Abs. 1 gebietet, dass man sich aus einer langfristigen vertraglichen Bindung wieder lösen kann und dadurch keine unangemessenen Nachteile entstehen. Somit beruft sich das BAG vor allem auf die Ausstrahlungswirkung des Art. 12, wenn es um Kündigungserschwerungen für den ArbN geht. Diese wurden in Rückzahlungsklauseln[10], aber auch in nachvertraglichen Wettbewerbsverboten[11], insb. Karenzentschädigungen gesehen[12].

70 Eine (freiwillige) **Beschränkung der Kündigungsmöglichkeiten** ist nur rechtmäßig, wenn sie dem ArbN unter Berücksichtigung des Einzelfalls nach Treu und Glauben zumutbar ist und vom Standpunkt eines verständigen Betrachters einem begründeten und zu billigendem Interesse des ArbGeb entspricht[13]. Demnach ist beispielsweise eine Rückzahlungspflicht von Weiterbildungskosten nur zulässig, wenn die erworbenen Kenntnisse und Fähigkeiten auch außerhalb des Betriebs verwertet und zum beruflichen Aufstieg führen können, nicht jedoch wenn es um nur innerbetrieblichen Nutzen geht[14]. Ausbildungskosten können zurückverlangt werden, wenn der ArbN das Arbeitsverhältnis vor Ablauf einer bestimmten Frist beendet. Richtschnur ist eine Bindung von 3 Jahren. Außerdem muss der ArbN eine angemessene Gegenleistung erhalten, dh. eine Ausbildung, die ihm auf dem allgemeinen Arbeitsmarkt berufliche Möglichkeiten eröffnet[15].

---

1 BVerfG v. 7.2.1990 – 1 BvR 26/84, E 81, 242 (254 f.); v. 19.10.1993 – 1 BvR 567/89, E 89, 214. |2 Vgl. näher *Dieterich*, RdA 1995, 129, 135; *Fastrich*, RdA 1997, 65, 75 ff.; *Stein*, AR-Blattei SD 830 Rz. 547 f.; *Wolf*, RdA 1988, 270, 272. |3 ErfK/*Dieterich*, Art. 12 GG Rz. 31. |4 BVerfG v. 7.2.1990 – 1 BvR 26/84, E 81, 242 (254 f.); v. 19.10.1993 – 1 BvR 567/89, E 89, 214; BAG v. 16.3.1994 – 5 AZR 339/92, AP Nr. 18 zu § 611 BGB – Ausbildungsbeihilfe; *Badura*, RdA 1999, 8 (10); ErfK/*Dieterich*, Art. 12 GG Rz. 31; *Müller*, Die Berufsfreiheit des Arbeitgebers, S. 80, 83. |5 Siehe BAG v. 16.3.1994 – 5 AZR 339/92, AP Nr. 18 zu § 611 BGB – Ausbildungsbeihilfe; v. 21.11.2001 – 5 AZR 158/00, AR-Blattei ES 1340 Nr. 18 mit Anm. *Hergenröder*; *Stein*, AR-Blattei SD 830 Rz. 548. |6 Dazu näher Dauner-Lieb/Heidel/Lepa/Ring/*Hennrichs*, § 310 BGB Rz. 17 ff.; *Gotthardt*, Schuldrechtsreform, Rz. 209 ff. |7 *Gotthardt*, Schuldrechtsreform, Rz. 220. |8 *Thüsing*, NZA 2002, 594 f.; AA insoweit *Gotthardt*, Schuldrechtsreform, Rz. 220. Siehe hierzu aber auch schon *Dieterich*, RdA 1995, 129 (135); *Fastrich*, RdA 1995, 65 (75). |9 *Müller*, Die Berufsfreiheit des Arbeitgebers, S. 4; *Preis*, Grundfragen der Vertragsgestaltung im Arbeitsrecht, S. 149 ff.; *Stein*, AR-Blattei SD 830 Rz. 550 ff. |10 BAG v. 11.4.1990 – 5 AZR 308/89, AP Nr. 14 zu § 611 BGB – Ausbildungsbeihilfe; ErfK/*Dieterich*, Art. 12 GG Rz. 32; *Stein*, AR-Blattei SD 830 Rz. 550. |11 BVerfG v. 13.9.1969 – 3 AZR 138/68, AP Nr. 24 zu § 611 BGB – Konkurrenzklausel; v. 16.10.1980 – 3 AZR 202/79, E 34, 220 (224); v. 7.2.1990 – 1 BvR 26/84, E 81, 242 (260 ff.); BGH v. 28.4.86 – II ZR 254/85, AP Nr. 57 zu Art. 12 GG; *Canaris*, JuS 1989, 161 (164). |12 *Scholz*, ZfA 1981, 265, (272). |13 BAG v. 29.6.1962 – 1 AZR 343/61, AP Nr. 25 zu Art. 12 GG; v. 24.2.1975 – 5 AZR 235/74, AP Nr. 50 zu Art. 12 GG. |14 BAG v. 16.3.1994 – 5 AZR 339/92, AP Nr. 18 zu § 611 BGB – Ausbildungsbeihilfe; v. 21.11.2001 – 5 AZR 158/00, AR-Blattei ES 1340 Nr. 18 mit Anm. *Hergenröder*. |15 BAG v. 18.8.1976 – 5 AZR 399/75, AP Nr. 3 zu § 611 BGB – Ausbildungsbeihilfe; v. 23.2.1983 – 5 AZR 531/80, AP Nr. 6 zu § 611 BGB – Ausbildungsbeihilfe.

Demgemäß sind auch **Wettbewerbsverbote** (zB § 90a HGB) nur in gewissem Rahmen zulässig. Denn obwohl der (frühere) ArbGeb ein berechtigtes Interesse an einer derartigen Abrede haben kann, ist die Berufsfreiheit des betroffenen Handelsvertreters ähnlich einer Berufswahlbeschränkung eingeengt und seine Existenzgrundlage bedroht, wenn er zwei Jahre nicht in seiner Branche arbeiten darf. Voraussetzungen einer rechtmäßigen Wettbewerbsabrede sind: Schriftform; begrenzte Dauer und in begrenztem Gebiet, sowie eine Entschädigung, die ausnahmsweise entfallen kann, nicht jedoch generell bei einer außerordentlichen Kündigung[1]. Auch das entschädigungslose Wettbewerbsverbot unter der Voraussetzung, dass der ArbN eine Tätigkeit außerhalb von Europa angenommen hat (vgl. § 75b Satz 1 HGB aF) verstößt gegen Art. 12[2]. 71

Nebentätigkeitsverbote sind nur wirksam, soweit berechtigte Interessen des ArbGeb bestehen[3]. Ebenso dürfen dem ArbN **Haftungsrisiken** nur begrenzt auferlegt werden. Jedenfalls darf bei weitgehend fremdbestimmter Arbeit kein krasses Missverhältnis zwischen Schadensrisiko und Einkommen bestehen[4]. Außerdem verstoßen **Transferentschädigungen** im Bereich des Berufssports (meist Fußball) gegen Art. 12, wenn sie einem Berufsverbot gleichkommen. Doch ist in diesem Bereich noch vieles ungeklärt[5]. Für den grenzüberschreitenden Transfer in Europa gilt auch Art. 39 (ex Art. 48) EGV[6]. Demgegenüber wurden **Verfallklauseln** in Versorgungszusagen nicht an Art. 12 gemessen[7]. 72

e) **Kündigungsfreiheit und Kündigungsschutz.** Besonders große Bedeutung hat Art. 12 für den arbeitsrechtlichen Kündigungsschutz. Die Rspr. sieht in Art. 12 (in Verbindung mit dem Sozialstaatsprinzip) die **verfassungsrechtliche Grundlage des Kündigungsschutzes** und entsprechender Umgehungsverbote. Art. 12 Abs. 1 gewährt einen gewissen Bestandsschutz des Arbeitsverhältnisses und damit ein Mindestmaß an Kündigungsschutz[8]. Bei Kündigungsfragen sind beide Vertragsparteien im Schutzbereich der Berufsfreiheit und es ist sowohl die Abwehr- als auch die Schutzfunktion der Berufsfreiheit betroffen. Aus der Sicht der ArbGeb darf es keine unbegrenzte und übermäßige Bindung an einmal begründete Arbeitsverhältnisse geben und aus der Sicht der ArbN muss ein gewisser Bestandsschutz bestehen. Dieser Konflikt ist im Wege praktischer Konkordanz zu lösen[9]. 73

Für den Bereich des KSchG (und sonstigen Kündigungsschutzrechts) ist allgemein anerkannt, dass es den Inhalt des Art. 12 ausreichend berücksichtigt und damit der Staat obliegenden Schutzpflicht ausreichend gerecht wird[10]. Weder das Übermaßverbot noch das Untermaßverbot wird durch die gesetzlichen Regelungen verletzt[11]. Dabei ist das geltende Recht des Kündigungsschutzes in seiner konkreten Ausgestaltung nicht verfassungsrechtlich geboten. Eine Überschreitung des Mindestmaßes stellt zB § 102 BetrVG dar[12]. 74

Dass der **Bestandsschutz des KSchG** das Recht der ArbGeb auf freie unternehmerische Tätigkeit in Verbindung mit dem Recht am eingerichteten und ausgeübten Gewerbebetrieb (Art. 2 Abs. 1, Art. 12 Abs. 1, Art. 14 Abs. 1) berührt, ist mit den Belangen des Gemeinwohls im Rahmen der Drei-Stufentheorie gerechtfertigt. Nicht mehr gerechtfertigt wäre es, wenn dem ArbGeb jegliche Lösung von einem Arbeitsverhältnis untersagt wäre[13]. Der ArbN ist nicht dadurch in seiner Berufsfreiheit verletzt, dass ihm überhaupt gekündigt werden kann[14]. Somit hat die Berufsfreiheit bei der Anwendung des KSchG in der Regel keine Bedeutung mehr[15]. 75

---

1 BVerfG v. 7.2.1990 – 1 BvR 26/84, E 81, 242 (252 ff.); *Hergenröder*, AR-Blattei SD 880.3 Rz. 98. | 2 BAG v. 16.10.1980 – 3 AZR 202/79, AP Nr. 15 zu § 75b HGB. | 3 BAG v. 18.11.1988 – 8 AZR 12/86, AP Nr. 3 zu § 611 BGB – Doppelarbeitsverhältnis; *Stein*, AR-Blattei SD 830 Rz. 553. | 4 BAG v. 12.6.1992 – GS 1/89, AP Nr. 101 zu § 611 BGB – Haftung des Arbeitnehmers; v. 27.9.1994 – GS 1/89, AP Nr. 103 zu § 611 BGB – Haftung des Arbeitnehmers. | 5 BAG v. 15.11.1989 – 5 AZR 590/88, AP Nr. 6 zu § 611 BGB – Berufssport mit Anm. *Däubler*; LAG Berlin v. 21.6.1979 – 4 Sa 127/78, AP Nr. 3 zu § 611 BGB – Berufssport; ErfK/*Dieterich*, Art. 12 GG Rz. 33; MünchArbR/*Gitter*, Bd. 2, § 195 Rz. 96; *Stein*, AR-Blattei SD 830 Rz. 554 ff. Eingehend zum Problemkreis *Arens/Scheffer*, AR-Blattei SD 1480.2 Rz. 257 ff., 277 ff. | 6 EuGH v. 15.12.1995 – Rs. C 415/93, AP Nr. 10 zu § 611 BGB – Berufssport (*Bosman*); *Arens/Scheffer*, AR-Blattei SD 1480.2 Rz. 303 ff.; ErfK/*Dieterich*, Art. 12 GG Rz. 33; *Stein*, AR-Blattei SD 830 Rz. 557. | 7 BAG v. 10.3.1973 – 3 AZR 278/71, AP Nr. 156 zu § 242 BGB – Ruhegehalt; *Stein*, AR-Blattei SD 830 Rz. 551. | 8 BVerfG v. 13.1.1982 – 1 BvR 848/77 ua., E 59, 231 ff.; BAG v. 14.9.1994 – 2 AZR 164/94, AP Nr. 24 zu § 626 BGB – Verdacht strafbarer Handlung; *Lakies*, DB 1997, 1078 (1078); *Hergenröder*, ZfA 2002, 355 (359 f.); *Oetker*, RdA 1997, 9 (10); *Otto*, JZ 1998 (852); *Preis*, NZA 1997, 1256 (1257); *Scholz* ZfA 1981, 265 (281 f.). | 9 *Badura*, RdA 1999, 8 (10 f.); *Preis*, NZA 1997, 1256 (1257); *Stein*, AR-Blattei SD 830 Rz. 558. | 10 BVerfG v. 24.4.1991 – 1 BvR 1341/90, E 84, 133 (147); v. 27.1.1998 – 1 BvL 22/93, E 97, 186. Siehe zur betriebsbedingten Kündigung insoweit *Thum*, Betriebsbedingte Kündigung und unternehmerische Entscheidungsfreiheit, 2002, S. 5 ff. Zurückhaltend insoweit aber *Stein*, AR-Blattei SD 830 Rz. 560 f. | 11 BVerfG v. 24.4.1991- 1 BvR 1341/90, E 84, 133 (147); v. 21.2.1995 – 1 BvR 1397/93, E 92, 140; v. 27.1.1998 – 1 BvL 15/87, E 97, 169. | 12 *Oetker*, RdA 1997, 9 (18). | 13 *Hergenröder*, ZfA 2002, 355 (374); *Neuhausen*, Der im Voraus erklärte Verzicht eines Arbeitnehmers auf Kündigungsschutz, 1993, S. 46 f. | 14 BVerfG v. 24.4.1991 – 1 BvR 1341/90, E 84, 133 (146); v. 27.1.1998 – 1 BvL 15/87, E 97, 169 (173); BAG v. 23.9.1976 – 2 AZR 309/75, AP Nr. 1 zu § 1 KSchG 1969 – Wartezeit; v. 20.7.1977 – 4 AZR 142/76, AP Nr. 3 zu Art. 33 Abs. 2 GG. | 15 Zu verfassungsrechtlichen Bedenken in Bezug auf die Rspr. des BAG zur betriebsbedingten Kündigung *Stein*, AR-Blattei SD 830 Rz. 564; *Stein*, BB 2000, 457.

76 Anders gestaltet sich die Lage **außerhalb des KSchG**[1]. Hier müssen die ArbG die Generalklauseln verfassungskonform auslegen und anwenden, um ein Mindestmaß an Kündigungsschutz zu gewährleisten[2]. Dabei ist zu beachten, dass die Kündigungsfreiheit einerseits selbst durch Art. 2 Abs. 1 und Art. 12 Abs. 1 als Teil der Vertragsfreiheit geschützt ist und andererseits schwerwiegende Ungleichgewichtslagen nicht zugelassen werden dürfen. Sowohl ein Übermaß an Kündigungsschutz zu Lasten des ArbGeb, als auch ein Untermaß zu Lasten des ArbN sind mit dem Grundgesetz unvereinbar. Es muss ein Mittelweg gefunden werden, der die gegenläufigen Grundrechtspositionen ausgleicht. Gründe die mit dem Arbeitsverhältnis nichts zu tun haben, dürfen dabei nicht berücksichtigt werden[3]. Die Anwendung der Generalklauseln darf jedoch nicht dazu führen, dass der Schutz außerhalb des gesetzlichen Kündigungsschutzes genau derselbe ist wie nach dem KSchG[4].

77 Diese Grundsätze sind auch bei der Auslegung des **§ 626 Abs. 1 BGB** zu berücksichtigen[5]. Die Möglichkeit zur außerordentlichen Kündigung muss (beiden Seiten) immer erhalten bleiben, unzumutbare Arbeitsverhältnisse aufrechtzuerhalten verstößt gegen Art. 12[6]. Dem steht nicht entgegen, dass die Kündigungsmöglichkeit von der Zustimmung Dritter abhängig gemacht wird, wie zB bei der Kündigung von Behinderten oder Schwangeren und gemäß § 103 BetrVG bei BR-Mitgliedern. Jedoch kann eine Pflicht zur Zustimmung bestehen[7]. Das BAG hat auf diesem Wege den Tatbestand der Verdachtskündigung eingegrenzt[8], bei Fehlgehen der Prognose einer betriebsbedingten Kündigung einen Wiedereinstellungsanspruch zugebilligt[9] und die Schutzfunktion des Art. 12 bei der Kontrolle befristeter Arbeitsverträge berücksichtigt[10].

78 Problematisch sind besonders **betriebsbedingte Kündigungen** außerhalb des KSchG. In der Regel sind sie als freie Unternehmerentscheidung unangreifbar. Dem ArbGeb muss die Möglichkeit erhalten bleiben, sein Unternehmen aufzugeben. Dazu muss er wirksam kündigen können. Er muss aber auch über die Größe seines Unternehmens entscheiden können. Wird jedoch nicht der gesamte Betrieb geschlossen, ist die Frage nach der Auswahl der zu kündigenden ArbN zu beantworten. Zum einen wird bei derartigen Auswahlentscheidung der Gleichheitssatz (Art. 3 Abs. 1) berührt, weshalb sie nach § 242 iVm § 315 BGB nicht willkürlich sein dürfen[11]. Doch auch der durch Art. 12 gewährleistete Mindestschutz beeinflusst den Grundsatz von Treu und Glauben. Die Auswahlentscheidung muss wenigstens erkennen lassen, dass die Belange besonders schutzbedürftiger ArbN nicht völlig unberücksichtigt geblieben sind[12]. Das BVerfG verlangt diese besondere Berücksichtigung bei Schwangeren und Müttern nach der Entbindung[13], Schwerbehinderten[14], älteren ArbN, Alleinerziehenden[15] und ArbN mit langer Betriebszugehörigkeit[16].

79 Außerdem muss die **Darlegungs- und Beweislastverteilung** mit der Schutzwirkung des Art. 12 vereinbar sein, dh. eine abgestufte Verteilung der Last ist geboten[17].

80 f) **Scheinselbständigkeit.** Das Vorliegen eines **Arbeitsverhältnisses** und damit die Anwendbarkeit des gesamten Arbeitsrechts hängen insb. davon ab, ob unselbständige Arbeit erbracht wird. Dabei sind die tatsächlichen Verhältnisse maßgebend[18]. Die Bezeichnung als „freier Mitarbeiter" in einem Vertrag ist nicht ausschlaggebend, sondern hat allenfalls Indizwirkung[19]. Für die Beurteilung, ob ein Arbeitsverhältnis vorliegt, kommt es vor allem auf die persönliche Abhängigkeit an. Und zusätzlich werden auch die Vermutungsregeln des § 7 Abs. 4 SGB IV für das Arbeitsrecht immer bedeutsamer[20]. Liegen die Voraussetzung eines Arbeitsverhältnisses vor, muss der ArbN in den Schutz des Arbeitsrechts kommen. Dies entspricht auch dem Gemeinwohlinteresse. Die Berufsfreiheit des ArbGeb rechtfertigt insb. nicht die Einstellung von ArbN unter dem Deckmantel der freien Mitarbeit mit dem Argument, ein solches Vorgehen sei seine Art der Unternehmensführung.

---

1 Dazu eingehend *Urban*, Der Kündigungsschutz außerhalb des Kündigungsschutzgesetzes, 2001, S. 77 ff. | 2 BVerfG v. 21.2.1995 – 1 BvR 1397/93, E 92, 140; v. 27.1.1998 – 1 BvL 15/87, E 97, 169; v. 19.3.1998 – 1 BvR 10/97, NZA 1998, 587 f.; *Badura*, RdA 1999, 8 (11); *Lakies*, DB 1997, 1078 (1081); *Oetker*, RdA 1997, 9 (17); *Otto*, JZ 1998, 852 (854 f.). | 3 BVerfG v. 24.4.1991 – 1 BvR 1341/90, E 84, 133; v. 27.1.1998 – 1 BvL 15/87, E 97, 169 (176 f.); *Oetker*, RdA 97, 9 ff. | 4 *Badura*, RdA 1999, 8 (11); *Papier*, RdA 2000, 1 (5). | 5 *Preis*, NZA 1997, 1256 (1257). | 6 *Hergenröder*, ZfA 2002, 355 (373); *Papier*, RdA 2000, 1 (4); *Preis*, NZA 1997, 1256 (1260). | 7 *Hergenröder*, ZfA 2002, 355 (373); *Oetker*, RdA 1997, 9 (12). | 8 BAG v. 14.9.1994 – 2 AZR 164/96, AP Nr. 24 zu § 626 BGB – Verdacht strafbarer Handlung; ErfK/*Dieterich*, Art. 12 GG Rz. 34. | 9 BAG v. 27.2.1997 – 2 AZR 160/96, AP Nr. 1 zu § 1 KSchG 1969 – Wiedereinstellung; ErfK/*Dieterich*, Art. 12 GG Rz. 34. Eingehend *Westera*, Der Wiedereinstellungsanspruch nach wirksamer Kündigung, 2001, S. 32 ff. | 10 ErfK/*Dieterich*, Art. 12 GG Rz. 34; *Schmidt*, FS Dieterich, 1999, S. 585. | 11 BAG v. 19.1.1995 – 8 AZR 914/93, AP Nr. 12 zu § 13 Einigungsvertrag. | 12 BAG v. 21.1.2001 – 2 AZR 15/00; AP Nr. 12 zu § 242 BGB – Kündigung; *Hergenröder*, ZfA 2002, 355 (380); *Kiel/Koch*, Die betriebsbedingte Kündigung, 2000, Rz. 12; *Lakies*, DB 97, 1987 (1082); *Stein*, AR-Blattei SD 830 Rz. 568. | 13 BVerfG v. 24.4.1991 – BvR 1341/90, E 84, 133 (155). | 14 BVerfG v. 24.4.1991 – 1 BvR 1341/90, E 84, 133 (154). | 15 BVerfG v. 24.4.1991 – 1 BvR 1341/90, E 84, 133 (154). | 16 BVerfG v. 27.1.1998 – 1 BvL 15/87, E 97, 169 (179); ErfK/*Dieterich*, Art. 12 GG Rz. 37; *Stein*, AR-Blattei SD 830 Rz. 570. | 17 BVerfG v. 27.1.1998 – 1 BvL 15/87, E 97, 169 (179); ErfK/*Dieterich*, Art. 12 GG Rz. 36; *Lakies*, DB 1997, 1078 (1082); *Stein*, AR-Blattei SD 830 Rz. 576 f. | 18 BAG v. 19.11.1997 – 5 AZR 653/96, AP Nr. 90 zu § 611 BGB – Abhängigkeit, st. Rspr.; *Papier*, RdA 2000, 1 (5). | 19 Dazu näher *Henrici*, Der rechtliche Schutz für Scheinselbständige, 2002, S. 35 ff., 65 ff. | 20 *Papier*, RdA 2000, 1 (5). Eingehend *Henrici*, Der rechtliche Schutz für Scheinselbständige, 2002, S. 173 ff.

Besonderheiten ergeben sich für den Bereich der **Medien**. Hier muss Art. 5 Berücksichtigung finden. Dementsprechend haben insb. programmgestaltende Mitarbeiter von Rundfunk- und Fernsehanstalten kein Recht auf unbefristete Anstellung, soweit die verfassungsrechtlich geschützte Position des ArbGeb dies hindert[1], vgl. nunmehr auch § 14 Abs. 1 Nr. 4 TzBfG[2] **81**

g) **Öffentlicher Dienst.** Für Berufe des öffentlichen Dienstes eröffnet Art. 33 die Möglichkeit zu **Sonderregelungen**. Ähnliches soll nach teilweise vertretener Ansicht für staatlich gebundene Berufe gelten. Nach dem BVerfG fordert Art. 33 umso mehr Beachtung, je näher der Beruf dem öffentlichen Dienst ist. Der Gewährleistungsinhalt von Art. 12 bleibt unberührt[3]. Geht es also um die Auslegung von arbeitsrechtlichen Kündigungsvorschriften im öffentlichen Dienst, müssen die Gerichte auch den Schutz aus Art. 12 beachten[4]. **82**

Mithin darf man etwa das im Einigungsvertrag vorgesehene **Sonderkündigungsrecht** für ArbN im öffentlichen Dienst nicht zu extensiv verstehen. So dürfen zwar nach Art. 33 bestimmte Eignungsanforderungen erwartet werden, wozu auch die Verfassungstreue gehört. Doch kann diese ehemaligen Angestellten des öffentlichen Dienstes in der DDR nicht automatisch abgesprochen werden, auch wenn sie parteipolitisch tätig waren[5]. Nach Art. 38 Abs. 2 Satz 3 Einigungsvertrag sind die Länder in die Rechte und Pflichten der DDR aus den Arbeitsverträgen eingetreten. Teilweise wurden die Arbeitsverträge jedoch befristet. Damit wurde mit ähnlicher Wirkung wie mit einer objektiven Zulassungsvoraussetzung in die Berufsfreiheit eingegriffen. Dies muss strengen Verhältnismäßigkeitsgesichtspunkten entsprechen und im Interesse gewichtiger Gemeinschaftsgüter liegen. Das ist der Fall, wenn die Arbeitsplätze wegen Neuordnung und Verbesserung wegfallen werden. Berücksichtigt werden müssen allerdings die Belange von besonders schutzwürdigen ArbN, wie zB Schwerbehinderten, älteren ArbN, Schwangeren und Alleinerziehenden[6]. **83**

Obwohl der Staat als **öffentlicher ArbGeb** dem privaten ArbGeb grundsätzlich gleichgestellt sein soll, können Gesetzgeber und Tarifparteien das Arbeitsschutzniveau im öffentlichen Dienst erhöhen, da materielle Grundrechtspositionen des ArbGeb nicht berücksichtigt werden müssen[7]. **84**

6. Rechtsfolgen eines Verstoßes. Grundsätzlich ist eine Vorschrift, die **gegen Art. 12 verstößt**, nichtig. Ausnahmsweise kann eine bloße Verfassungswidrigkeitserklärung verbunden mit einer befristeten Nachbesserungspflicht ausgesprochen werden, wenn mehrere Möglichkeiten zur Verfügung stehen, um Verfassungskonformität herzustellen. Dies ist auch im Bereich der Berufsfreiheit der Fall, weil der Gesetzgeber die Verbesserung des Schutzes der Berufsfreiheit auf verschiedene Weise erreichen kann[8]. Bis zur Herstellung eines verfassungsmäßigen Zustands durch den Gesetzgeber reduzieren sich die Befugnisse der Behörden und Gerichte auf das, was im konkreten Fall für die geordnete Weiterführung eines funktionsfähigen Betriebs unerlässlich ist[9]. **85**

II. Ausbildungsfreiheit. 1. Bedeutung und Abgrenzung. Art. 12 Abs. 1 schützt die gesamte **Freiheit der beruflichen Ausbildung**. Auch die Ausbildungsfreiheit wird über den Wortlaut hinaus generell als Abwehrrecht[10] gegen Freiheitsbeschränkungen im Ausbildungswesen verstanden und enthält ein Recht auf sachgerechte Teilhabe an staatlichen Ausbildungseinrichtungen[11]. Bei nicht berufsbezogener Ausbildung kommt Art. 2 Abs. 1 zur Anwendung[12]. **86**

2. Schutzbereich. Die Berufsfreiheit erfasst nur **berufsbezogene Ausbildungsstätten**, dh. Einrichtungen, die Kenntnisse und Fähigkeiten für einen oder mehrere Berufe vermitteln und damit über das Angebot der allgemeinen Bildung hinausgehen (Hochschulen, Fachhochschulen, staatliche Vorbereitungsdienste, betriebliche und überbetriebliche Ausbildungslehrgänge, Lehrstellen, Sprachschulen, Stellen des Zweiten Bildungswegs)[13]. Geschützt ist in der Praxis in erster Linie der Eintritt in eine Ausbildungsstätte, erfasst werden aber auch in diesem Rahmen notwendig werdende Tätigkeiten[14]. Grundrechtsträger sind alle Deutschen. Nicht geschützt sind die Träger der Ausbildungsstätten[15]. **87**

---

1 BAG v. 30.11.1994 – 5 AZR 704/93, AP Nr. 74 zu § 611 BGB – Abhängigkeit; *Löwisch*, Befristete Vertragsverhältnisse programmgestaltender Mitarbeiter der Rundfunkanstalten, 1983, S. 16. | 2 Vgl. BT-Drs. 14/4374, S. 19; APS/*Backhaus*, TzBfG, § 14 Rz. 43. | 3 BVerfG v. 11.6.1958 – 1 BvR 596/56, E 7, 377; v. 1.7.1980 – 1 BvR 247/75, E 54, 237 (250); v. 24.4.1991 – 1 BvR 1341/90, E 84, 133 (147); Jarass/Pieroth/*Jarass*, Art. 12 GG Rz. 51 f. | 4 BVerfG v. 21.2.1995 – 1 BvR 1397/93, E 92, 140. | 5 BVerfG v. 21.2.1995 – 1 BvR 1397/93, E 92, 140 (153 ff.). | 6 BVerfG v. 10.3.1992 – 1 BvR 454, 470, 602, 616, 905, 939–955, 957–963, 1128, 1315–1318, 1453/91, E 85, 360 (373 ff.). | 7 BVerfG v. 15.7.1998 – 1 BvR 1554/89, 963, 964/94, E 98, 365 (400); *Papier*, RdA 2000, 1 (5). | 8 BVerfG v. 3.6.1980 – 1 BvR 967, 937, 737/78, E 54, 173 (202); v. 15.12.1987 – 1 BvR 563/85, 582/85, 974/86, E 77, 308 (337); v. 7.2.90 – 1 BvR 26/84, E 81, 242 (263); v. 15.7.1998 – 1 BvR 1554/89, 963, 964/94, E 98, 365 (402); Jarass/Pieroth/*Jarass*, Art. 12 GG Rz. 2; *Oetker*, RdA 1997, 9 (17 f.). | 9 BVerfG v. 27.1.1976 – 1 BvR 2325/73, E 41, 251 (267). | 10 BVerfG v. 18.7.1972 – 1 BvL 32/70, 25/71, E 33, 303 (329). | 11 Jarass/Pieroth/*Jarass*, Art. 12 GG Rz. 54, 59; Dreier/*Wieland*, Art. 12 GG Rz. 54. | 12 Jarass/Pieroth/*Jarass*, Art. 12 GG Rz. 54. | 13 ErfK/ *Dieterich*, Art. 12 GG Rz. 8; Jarass/Pieroth/*Jarass*, Art. 12 GG Rz. 55; von Münch/Kunig/*Gubelt*, Art. 12 GG Rz. 26; Dreier/*Wieland*, Art. 12 GG Rz. 55. | 14 Jarass/Pieroth/*Jarass*, Art. 12 GG Rz. 56; Dreier/*Wieland*, Art. 12 GG Rz. 60. | 15 Jarass/Pieroth/*Jarass*, Art. 12 GG Rz. 57.

88 **3. Beeinträchtigung.** Die Ausbildungsfreiheit aus Art. 12 wird durch jede **belastende Regelung** beeinträchtigt, die unmittelbar die geschützte Tätigkeit in einer Ausbildungsstätte betrifft. Darüber hinaus stellen auch sonstige Maßnahmen eine Beeinträchtigung dar, wenn sie berufsbezogen belastend sind und den weiteren Berufs- und Lebensweg des Betroffenen beeinflussen[1]. Dabei gilt der Vorbehalt des Abs. 1 Satz 2 auch im Ausbildungsbereich, insb. müssen Eingriffe also verhältnismäßig sein, sie dürfen nicht der Berufslenkung dienen[2].

89 Wie in die Berufsfreiheit im engeren Sinne stellen sich Eingriffe in die Ausbildungsfreiheit als objektive und subjektive Zulassungsschranken, Ausübungsregelungen, mittelbare Beeinträchtigungen und Realakte dar. Klassisches Beispiel ist der sog. **numerus clausus**[3].

90 **III. Arbeitszwang und Zwangsarbeit (Abs. 2 und 3). 1. Bedeutung und Abgrenzung.** Abs. 2 und Abs. 3 enthalten ein **einheitliches Grundrecht** (str.), das den Grundsatz der Menschenwürde konkretisiert[4]. Erklärtes Ziel des Verfassungsgebers war es, eine Herabwürdigung der Person durch Anwendung bestimmter Methoden des Arbeitseinsatzes, wie sie in totalitär beherrschten Staaten üblich sind, auszuschließen. Deshalb wurde jeglicher Zwang zur Arbeit grundsätzlich untersagt[5].

91 Im Verhältnis zu Abs. 1 besteht Idealkonkurrenz, sofern beide Vorschriften eingreifen[6]. Sofern nach Art. 12 Abs. 3 Zwangsarbeit ausnahmsweise zulässig ist, liegt kein Verstoß gegen Art. 4 EMRK vor, denn das dort normierte Verbot der Zwangsarbeit greift nicht bei Verbüßung einer gerichtlich angeordneten Freiheitsstrafe, Art. 4 Abs. 3a EMRK.

92 **2. Schutzbereich und Beeinträchtigung. a) Schutzbereich. Arbeitszwang** ist die einseitige Verpflichtung zu einer selbständigen Arbeit, die der Erfüllung rechtlicher Pflichten des Staates dienen soll, und die Menschenwürde verletzt. Dabei muss der Staat mit hoheitlichen Mitteln gewirkt und dem Grundrechtsträger persönlich Nachteile angedroht haben. Das Grundrecht schützt nur vor Zwang zu einer bestimmten Arbeit[7]. **Zwangsarbeit** ist die Pflicht zur Bereitstellung der gesamten Arbeitskraft für grundsätzlich unbegrenzte Tätigkeiten und zur Herbeiführung eines bestimmten Erfolgs (str.), zB Arbeitslager, geschlossene Arbeitseinheiten[8]. Träger des Grundrechts ist jedermann[9].

93 **b) Rechtfertigung. Herkömmliche Dienstpflichten**, die auf einer formell-gesetzlichen Ermächtigung beruhen, sind unter bestimmten Voraussetzungen zulässig[10]. Ebenso zulässig ist die Verleihung staatlicher Ehrenämter, wenn auch hier zum Teil auf Art. 33 abgestellt wird[11]. Problematisch ist die grundsätzliche Arbeitspflicht bzw. die Heranziehung von Sozialhilfeempfängern zu gemeinnütziger Arbeit nach §§ 18, 19 BSHG. Doch fehlt hier entweder das Merkmal „für staatliche Zwecke", ist diese Regelung ein Problem der negativen Berufsfreiheit nach Abs. 1 oder ist zumindest gerechtfertigt.

94 Nicht verboten ist die Inanspruchnahme der Banken zum Abzug der **Kapitalertragssteuer**, die Heranziehung der ArbGeb beim **LStAbzug**, bei der Abführung von SozV-Beiträgen, dies alles fällt unter Abs. 1[12]. Zudem lässt Abs. 3 ausdrücklich gerichtlich angeordnete Zwangsarbeit als Folge einer begangenen Straftat zu[13]. Dies gilt insb. zur Erziehung von Jugendlichen[14].

95 Unzulässig ist im Hinblick auf Art. 12 Abs. 1 der Arbeitszwang als **Mittel der Arbeitsdisziplin**, im Hinblick auf Art. 9 Abs. 3 der Arbeitszwang als **Sanktion für die Teilnahme an einem Streik**[15].

Art. 14 [Eigentum, Erbrecht und Enteignung]

(1) Das Eigentum und das Erbrecht werden gewährleistet. Inhalt und Schranken werden durch die Gesetze bestimmt.

(2) Eigentum verpflichtet. Sein Gebrauch soll zugleich dem Wohle der Allgemeinheit dienen.

(3) Eine Enteignung ist nur zum Wohle der Allgemeinheit zulässig. Sie darf nur durch Gesetz oder auf Grund eines Gesetzes erfolgen, das Art und Ausmaß der Entschädigung regelt. Die Entschädigung ist unter gerechter Abwägung der Interessen der Allgemeinheit und der Beteiligten zu bestimmen. Wegen der Höhe der Entschädigung steht im Streitfalle der Rechtsweg vor den ordentlichen Gerichten offen.

---

1 BVerfG v. 20.10.1981 – 1 BvR 640/80, E 58, 257 (273); Jarass/Pieroth/*Jarass*, Art. 12 GG Rz. 58. | 2 BVerfG v. 18.7.1972 – 1 BvL 32/70, 25/71, E 33, 303 (336); Jarass/Pieroth/*Jarass*, Art. 12 GG Rz. 61, 63. | 3 BVerfG v. 18.7.1972 – 1 BvL 32/70, 25/71, E 33, 303; Dreier/*Wieland*, Art. 12 GG Rz. 85. | 4 BVerfG v. 13.1.1987 – 2 BvR 209/84, E 74, 102 (120); Jarass/Pieroth/*Jarass*, Art. 12 GG Rz. 70. | 5 BVerfG v. 13.1.1987 – 2 BvR 209/84, E 74, 102. | 6 BVerfG v. 13.1.1987 – 2 BvR 209/84, E 74, 102 (120 f.); Jarass/Pieroth/*Jarass*, Art. 12 GG Rz. 71. | 7 *Gusy*, JuS 1989, 710 (712); Dreier/*Wieland*, Art. 12 GG Rz. 62. | 8 *Gusy*, JuS 1989, 710 (714); Dreier/*Wieland*, Art. 12 GG Rz. 63. | 9 Jarass/Pieroth/*Jarass*, Art. 12 GG Rz. 74. | 10 BVerfG v. 13.1.1987 – 2 BvR 209/84, E 74, 102 (118); *Gusy*, JuS 1989, 710 (713); Jarass/Pieroth/*Jarass*, Art. 12 GG Rz. 75. | 11 *Gusy*, JuS 1989, 710 (713). | 12 BVerfG v. 29.11.1967 – 1 BvR 175/66, E 22, 380 (383), v. 13.1.1987 – 2 BvR 209/84, E 74, 102 (119 f.); Dreier/*Wieland*, Art. 12 GG Rz. 86. | 13 BVerfG v. 13.1.1987 – 2 BvR 209/84, E 74, 102; Jarass/Pieroth/*Jarass*, Art. 12 GG Rz. 76. | 14 Dreier/*Wieland*, Art. 12 GG Rz. 86. | 15 BVerfG v. 13.1.1987 – 2 BvR 209/84, E 74, 102 (121 f.); Jarass/Pieroth/*Jarass*, Art. 12 GG Rz. 76.

I. Eigentumsgarantie ... 1	ff) Arbeitnehmerschutz ... 40
1. Bedeutung ... 1	c) Eigentumspositionen der Arbeitnehmer ... 42
2. Normstruktur und Besonderheiten ... 7	aa) Überblick ... 42
3. Konkurrenzen ... 9	bb) (Öffentlich-rechtliche) Versorgungs-
4. Eigentum im internationalen Recht ... 14	ansprüche und Anwartschaften ... 44
II. Anwendungsbereich ... 16	cc) Arbeitsplatz ... 54
1. Schutzbereich ... 16	dd) Sonstige Rechte ... 57
a) Eigentum im verfassungsrechtlichen Sinne ... 16	2. Grundrechtsadressaten ... 58
b) Eigentumspositionen des Arbeitgebers ... 18	3. Grundrechtsträger ... 60
aa) Produktion ... 19	**III. Beeinträchtigungen** ... 61
bb) Eingerichteter und ausgeübter Gewerbebetrieb ... 23	**IV. Inhaltsbestimmung und Schrankensetzung** ... 63
cc) Betriebsgeheimnisse ... 32	1. Abgrenzung der Inhalts- und Schrankenbestimmung ... 63
dd) Anteilseigentum ... 34	2. Grenzen der Beschränkbarkeit ... 66
ee) Eigentum und Koalitionsfreiheit ... 36	**V. Enteignung** ... 69

Lit.: *Beuthien*, Die Unternehmensautonomie im Zugriff des Arbeitsrechts, ZfA 1988, 1; *Böhmer*, Grundfragen der verfassungsrechtlichen Gewährleistung des Eigentums in der Rechtsprechung des Bundesverfassungsgerichts, NJW 1988, 2561; *Herzog*, Verfassungsrechtliche Aspekte des Sozialrechts, NZA 1989, 1; *Isensee/Lecheler* (Hrsg.), Freiheit und Eigentum – FS für Walter Leisner, 1999; *Leisner* (Hrsg. Isensee), Eigentum, 1996; *Leisner*, Verfassungsschranken der Unternehmensbelastung, NJW 1996, 1511; *Scholz*, Verdeckt Verfassungsneues zur Mitbestimmung?, NJW 1986, 1587; *Wolff*, Der verfassungsrechtliche Schutz der Betriebs- und Geschäftsgeheimnisse, NJW 1997, 98.

I. Eigentumsgarantie. 1. Bedeutung. Das BVerfG sieht die Eigentumsgarantie als „ein **elementares Grundrecht**", das eine „Wertentscheidung von besonderer Bedeutung für den sozialen Rechtsstaat" beinhaltet[1]. Es wird jedoch nicht einheitlich beurteilt, inwieweit daraus – bzw. aus dem Grundgesetz überhaupt – wirtschaftsrechtliche Vorgaben abzuleiten sind. Im Ergebnis wird man festzuhalten haben, dass das Grundgesetz zwar wirtschaftspolitisch „neutral", aber auch nicht völlig inhalts- und entscheidungslos ist[2]. Denn einerseits ist das Grundgesetz in Fragen der Wirtschaftsverfassung und Wirtschaftsgestaltung weitgehend zurückhaltend. Es legt sich nicht auf eine bestimmte Wirtschaftsordnung fest, sondern überlässt deren Gestaltung – in den Grenzen des verfassungsrechtlich Zulässigen – dem Gesetzgeber. Hingegen tendiert das Grundgesetz andererseits zu einer marktmäßigen und wettbewerblich organisierten Wirtschaftsordnung, indem es mit Art. 14 auch das unternehmerische Eigentum und dessen ökonomische Verfügbarkeit gewährleistet. Aus diesem Grund spricht das BVerfG auch nicht von einer Wirtschaftsverfassung, sondern nur von einem Wirtschaftssystem oder der momentanen Wirtschafts- und Sozialordnung. Dabei bleibt immer gegenwärtig, dass dieses System nicht das einzig mögliche ist, sondern theoretisch jederzeit in ein anderes System umgewandelt werden könnte, soweit das die Grundrechte zulassen[3].

Die **bestehende Wirtschaftsordnung** ist im Zusammenhang mit allen – neben Art. 14 Abs. 1 – wirtschaftlich relevanten Grundrechtsgewährleistungen, der Rechts- und Sozialstaatlichkeit, dem Prinzip der Sozialbindung aus Art. 14 Abs. 2 und dem Enteignungsvorbehalt in Art. 14 Abs. 3 sowie Art. 15 zu sehen[4]. Die Eigentumsgarantie steht in enger Beziehung zu der persönlichen Freiheit, einschließlich der wirtschaftlichen Betätigungsfreiheit. Sie soll dem Träger des Grundrechts eine eigenverantwortliche Gestaltung seines Lebens sichern. Hierbei ist es unerheblich, ob es sich um den privaten oder wirtschaftlichen Bereich handelt[5]. Damit ist das verfassungsrechtlich geschützte Eigentum durch Privatnützigkeit und Verfügungsbefugnis gekennzeichnet[6]. Privatnützig bedeutet dabei die Zuordnung zu einem Rechtsträger, der das Eigentum als Grundlage privater Initiative und im eigenverantwortlichen Interesse nutzen soll. Die grundsätzliche Verfügungsbefugnis ist davon nicht immer deutlich abgrenzbar[7].

---

[1] BVerfG v. 7.8.1962 – 1 BvL 16/60, E 14, 263 (277); v. 18.12.1968 – 1 BvR 638, 673/64 u. 200, 238, 249/65, E 24, 367 (389); v. 28.2.1980 – 1 BvL 17/77, 7, 9, 14, 15, 16, 37, 64, 74, 78, 100/78, 5, 16/79 u. 1 BvR 807/78, E 53, 257 (290); ErfK/*Dieterich*, Art. 14 GG Rz. 1; Jarass/Pieroth/*Jarass*, Art. 14 GG Rz. 1; Sachs/*Wendt*, Art. 14 GG Rz. 4. | [2] BVerfG v. 1.3.1979 – 1 BvR 532/77, 533/77, 419/78, 1 BvL 21/78, E 50, 290 (338); ErfK/*Dieterich*, Art. 14 GG Rz. 1; MünchArbR/*Richardi*, Bd. 1, § 9 Rz. 14. | [3] Zur Bedeutung des Vertrages über die Schaffung einer Währungs-, Wirtschafts- und Sozialunion näher von Münch/Kunig/*Bryde*, Art. 14 GG Rz. 2a. | [4] BVerfG v. 7.8.1962 – 1 BvL 16/60, E 14, 263 (275); von Münch/Kunig/*Bryde*, Art. 14 GG Rz. 3; ErfK/*Dieterich*, Art. 14 GG Rz. 1; *Leisner*, Eigentum, S. 725 f.; Sachs/*Wendt*, Art. 14 GG Rz. 4, 7 f. mwN. | [5] BVerfG v. 18.12.1968 – 1 BvR 638, 673/64 u. 200, 238, 249/65, E 24, 367 (389); v. 7.7.1971 – 1 BvR 765/66, E 31, 229 (239); v. 1.3.1979 – 1 BvR 532/77, 533/77, 419/78, 1 BvL 21/78, E 50, 290; v. 22.5.1979 – 1 BvL 9/75, E 51, 193 (218); v. 8.3.1988 – 1 BvR 1092/84, E 78, 58 (73). | [6] BVerfG v. 18.12.1968 – 1 BvR 638, 673/64 u. 200, 238, 249/65, E 24, 367 (390); v. 7.7.1971 – 1 BvR 765/66, E 31, 229 (240); v. 4.12.1985 – 1 BvL 23/84 u. 1/85; 1 BvR 439, 652/84 u. 1/85 (240); Sachs/*Wendt*, Art. 14 GG Rz. 5. | [7] BVerfG v. 7.7.1971 – 1 BvR 765/66, E 31, 229 (240); v. 8.7.1976 – 1 BvL 19 u. 20/75, 1 BvR 148/75, E 42, 263 (294); v. 1.3.1979 – 1 BvR 532/77, 533/77, 419/78, 1 BvL 21/78, E 50, 290; v. 4.12.1985 – 1 BvL 23/84 u. 1/85, 1 BvR 439, 652/84, E 71, 230 (246).

3   Art. 14 enthält in erster Linie ein **subjektiv-öffentliches Abwehrrecht** gegen staatliche Eingriffe und darüber hinaus nach hM eine Einrichtungs- und Institutsgarantie für das Privateigentum[1]. Die Institutsgarantie sichert einen Grundbestand an subjektiven Privatrechten, die das Eigentum iSd. Art. 14 bezeichnen und Möglichkeit zur individuellen Mitgestaltung der Sozial- und Wirtschaftsordnung geben. Außerdem enthält Art. 14 einen Auftrag an den Gesetzgeber, Inhalt und Schranken des Eigentums zu bestimmen (Abs. 1 Satz 2)[2]. Dabei ist der Gesetzgeber verpflichtet, das Eigentum als Rechtsinstitut normativ so auszugestalten, dass seine Kernelemente (Privatnützigkeit und Verfügungsbefugnis) zur Geltung kommen. Die inhaltsbestimmenden Rechte müssen selbstredend ihrerseits verfassungskonform sein (Wechselwirkung)[3]. Zugleich soll der Gebrauch des Eigentums dem Allgemeinwohl dienen (Art. 14 Abs. 2 Satz 2). Das Allgemeinwohl ist also Grund und Grenze für die Beschränkung eines Eigentümers[4].

4   Die konkrete Reichweite des Schutzes durch die Eigentumsgarantie ergibt sich also aus der **Inhalts- und Schrankenbestimmung durch den Gesetzgeber**; erst Normen des einfachen Rechts schaffen den Schutzbereich des Art. 14[5]. Art. 14 Abs. 1 Satz 1 ist damit Transformationsnorm. Über sie bekommen private Rechte auch im Verfassungsrecht Tatbestandswirkung und gelten dann nicht nur gegenüber Privaten, sondern schützen auch gegenüber dem Staat[6]. Eine gewohnheitsrechtliche Erweiterung der Eigentumsbefugnisse kann zwar möglich sein, fällt wohl aber nicht automatisch in den Schutzbereich des Art. 14[7]. Der Einzelne hat einen Anspruch darauf, dass die verfassungsrechtlichen Vorgaben beachtet werden[8].

5   Art. 14 Abs. 1 Satz 1 gewährleistet das **Privateigentum**, also sowohl als Rechtsinstitut als auch in seiner konkreten Form beim einzelnen Eigentümer[9]. Außerdem können aus Art. 14 Schutz- und Förderpflichten abgeleitet werden, etwa für eine gleichmäßige Vermögenslage zu sorgen[10]. Und durch die Heranziehung des Art. 14 für den Schutz von sozialversicherungsrechtlichen Positionen besteht ein unverbindliches Teilhaberecht an staatlicher Leistung[11]. Des Weiteren hat Art. 14 Ausstrahlungswirkungen, die bei der Anwendung privatrechtlicher Vorschriften beachtet werden muss[12].

6   Auch im **Arbeitsrecht** sind sowohl Inhalt und Schranken als auch die Bestandsgarantie – unter Berücksichtigung der Sozialbindung des Eigentums – durch die Gesetze zu bestimmen. Das Arbeitsrecht konkretisiert die Sozialbindung, ohne den ArbN ein Nutzungsrecht am ArbGebEigentum zu gewähren[13]. Dennoch ist die Eigentumsgarantie für arbeitsrechtliche Fragen im Allgemeinen kein Prüfungsmaßstab, da Art. 14 nur das Erworbene, nicht aber den Erwerb – der unter Art. 12 fällt – schützt. Somit fallen insb. Fragen und Streitigkeiten bezüglich des Arbeitsplatzes der ArbN aus dem Bereich des Art. 14 heraus (vgl. Art. 12 Rz. 12 ff.)[14]. Art. 14 wird von der Rspr. selbst nicht als Prüfungsmaßstab herangezogen, wenn es um gesetzliche Einschränkungen von ArbGebBefugnissen geht. Im Schrifttum wird dies teilweise mit der Begründung angezweifelt, letztendlich seien die ArbGebBefugnisse auch auf das Eigentum an Produktionsmitteln zurückzuführen, was den Anwendungsbereich des Art. 14 eröffnen müsste[15].

7   **2. Normstruktur und Besonderheiten.** Die Normstruktur des Art. 14 weist gegenüber anderen Freiheitsrechten Besonderheiten auf. Sein Schutzgegenstand muss nämlich zunächst **normativ geschaffen** werden und erst das einfache Recht formuliert, was verfassungsrechtlich abgesichert wird (Rz. 4)[16]. Weitere Besonderheit ist die Drittgerichtetheit des Eigentums. Sie unterscheidet die Eigentumsgarantie von anderen Freiheitsrechten, die primär gegen den Staat gerichtet sind. Das Eigentum stellt Zurechnungsbeziehungen zwischen Rechtsträgern und Gegenständen her und begründet Rechte des Eigentümers gegen andere Rechtsträger[17]. Doch ist diese Wirkung der „normalen" Schutzwirkung und dem objektivrechtlichen Gehalt ähnlich[18].

8   Zudem ist Art. 14 das einzige Grundrecht, dessen Schrankenvorbehalt durch die **Betonung der Gemeinwohlbindung** und damit durch Bezugnahme auf die Sozialstaatlichkeit formuliert ist. Aber auch

---

1 Jarass/Pieroth/*Jarass*, Art. 14 GG Rz. 4; Dreier/*Wieland*, Art. 14 GG Rz. 117; Sachs/*Wendt*, Art. 14 GG Rz. 9 ff. | 2 BVerfG v. 18.12.1968 – 1 BvR 638, 673/64 u. 200, 238, 249/65, E 24, 367 (389); Sachs/*Wendt*, Art. 14 GG Rz. 7 u. 54. | 3 BVerfG v. 7.7.1971 – 1 BvR 765/66, E 31, 229 (240); ErfK/*Dieterich*, Art. 14 GG Rz. 2; Dreier/*Wieland*, Art. 14 GG Rz. 24. | 4 BVerfG v. 15.1.1969 – 1 BvL 3/66, E 25, 112 (118); v. 1.3.1979 – 1 BvR 532/77, 533/77, 419/78, 1 BvL 21/78, E 50, 290; v. 4.12.1985 – 1 BvL 23/84 u. 1/85, 1 BvR 439, 652/84, E 71, 230 (246). | 5 BVerfG v. 1.3.1979 – 1 BvR 532/77, 533/77, 419/78, 1 BvL 21/78, E 50, 290; v. 15.7.1981 – 1 BvL 77/78, E 58, 300 (330 ff.). | 6 Sachs/*Wendt*, Art. 14 GG Rz. 21 ff. | 7 BVerfG v. 7.7.1971 – 1 BvR 765/66, E 31, 229 (237). | 8 *Gallwas*, Grundrechte, Rz. 538. | 9 BVerfG v. 18.12.1968 – 1 BvR 638, 673/64 und 200, 238, 249/65, E 24, 367 (389); *Böhmer*, NJW 1988, 2561 (2563). | 10 Jarass/Pieroth/*Jarass*, Art. 14 GG Rz. 29. | 11 *Papier*, FS Leisner, 1999, S. 721 (724). | 12 Jarass/Pieroth/*Jarass*, Art. 14 GG Rz. 29; Sachs/*Wendt*, Art. 14 GG Rz. 15. | 13 MünchArbR/*Richardi*, Bd. 1, § 10 Rz. 62. Siehe auch LAG Berlin v. 15.1.2002 – 12 Sa 2251/01, ZIP 2002, 1546: Die Sozialbindung des Eigentums hindert den Arbeitgeber nicht, einen Betrieb zu schließen und deshalb die Arbeitsverhältnisse der Beschäftigten zu kündigen. Den gebotenen arbeitsrechtlichen Interessenausgleich regelt § 112 BetrVG. | 14 BVerfG v. 24.4.1991 – 1 BvR 1341/90, E 84, 133 (157); siehe auch *Hergenröder*, ZfA 2002, 355 (362 f.). | 15 So etwa *Beuthien*, ZfA 1988, 1 (2); dagegen *Söllner*, NZA 1992, 721 (730). | 16 *Böhmer*, NJW 1988, 2561 (2562); ErfK/*Dieterich*, Art. 14 GG Rz. 2. | 17 *Böhmer*, NJW 1988, 2561 (2566); *Gallwas*, Grundrechte, Rz. 529. | 18 ErfK/*Dieterich*, Art. 14 GG Rz. 2.

insoweit kann ein Vergleich mit anderen Grundrechten mit Gesetzesvorbehalt vorgenommen werden. Denn die anderen Freiheitsgrundrechte sind ebenfalls gemeinschaftsgebunden. Die Notwendigkeit der besonderen Betonung der Gemeinwohlbindung bei Art. 14 resultiert nur daraus, dass der Inhalt des Eigentums erst bestimmt werden muss, wofür gerade auch die Gemeinwohlbindung maßgebend sein soll[1].

3. Konkurrenzen. Überschneidungen mit **Schutzbereichen anderer Grundrechte** sind häufig und vielfältig. Vor allem überschneidet sich der Schutzbereich der Eigentumsgarantie mit der Handlungsfreiheit. Dies liegt auch nahe, da die durch Art. 14 geschützten Vermögensrechte häufig bei der Ausübung von Freiheitsrechten eingesetzt werden und geschützte Rechtspositionen oft die materielle Grundlage der Freiheitsausübung bilden. Beispielhaft ist hier das Eigentum an Produktionsmitteln, das Grundlage der Ausübung der Berufsfreiheit ist oder die Führung von Presseunternehmen, wo es zu Konflikten bezüglich des Eigentums an Urheberrechten kommt[2]. Zunächst ist danach zu unterscheiden, welcher Schutzbereich am meisten betroffen ist. Steht in dem betreffenden Fall die Ausübung des Freiheitsrechts im Vordergrund, ist dieses anzuwenden. Hingegen kommt Art. 14 zum Tragen, wenn der geldwerte Aspekt überwiegt[3].

Problematisch ist die Abgrenzung zur **Berufsfreiheit** aus Art. 12. Das Verhältnis zwischen Art. 14 und Art. 12 ist noch nicht abschließend geklärt. Das BVerfG tendiert dazu, keine Unterschiede zu anderen Grundrechten zu machen und beide Schutzbereiche voneinander abzugrenzen[4]. Faustformel des BVerfG für eine Abgrenzung ist dabei, dass Art. 12 den Erwerb und Art. 14 das Erworbene schützt (Art. 12 Rz. 7)[5].

Dagegen nehmen Stimmen im Schrifttum **Idealkonkurrenz** an. Der Grund dafür liegt darin, dass auch beide Grundrechte gleichermaßen tangiert sein können, wenn das Eigentum die Basis der Berufsausübung bildet. Derjenige, dessen Eigentum entzogen wird, kann dadurch auch in seiner Berufsfreiheit beschränkt werden. Und zudem ist eine zulässige Berufsausübungsregelung oft auch eine zulässige Eigentumsbeschränkung. In diesen Fällen soll eine Prüfung am Maßstab beider Grundrechte zu erfolgen haben[6].

Dementsprechend wird vertreten, dass gerade die **Unternehmerfreiheit** nicht nur in den Schutzbereich des Art. 12, sondern in gleicher Weise oder sogar vorrangig in den Bereich des Art. 14 fallen müsse. Denn für die ArbGeb gehe es bei ihrer unternehmerischen Betätigung vor allem um die privatnützige Verwendung der Betriebsmittel[7]. Dagegen bleibt das BVerfG der Ansicht, dass aus Art. 14 kein übergreifender Schutz ökonomisch sinnvoller und rentabler Eigentumsnutzung und unternehmerischer Dispositionsbefugnis folgt[8]. Einen umfassenden Schutzbereich „Wirtschaftsfreiheit", der gleichermaßen von Art. 2, 12 und 14 erfasst würde, gibt es jedoch ebenso wenig wie eine entsprechend auf Art. 12, 14 und 9 Abs. 1 fußende „Unternehmerfreiheit"[9].

Für **Beamte** hat Art. 33 Abs. 5 Vorrang[10]. **Art. 1** und **Art. 2 Abs. 1** sind in der Regel subsidiär, doch kann es zu Zuordnungsproblemen bei den Immaterialgüterrechten kommen, bei denen Persönlichkeits- und Vermögenselemente zusammentreffen. Denkbar sind auch Überschneidungen mit Art. 4, Art. 13 und Art. 5 Abs. 1 Satz 2[11].

4. Eigentum in internationalen Recht. Das Recht auf Eigentum ist auch im internationalen Recht anerkannt. Dort ist es in zahlreichen Erklärungen und Konventionen gewährleistet, wie beispielsweise in Art. 17 Abs. 1 der **Allgemeinen Menschenrechtskonvention** und im Zusatzprotokoll zur EMRK, auf das sich auch der EuGH bezieht[12]. Und nach ständiger Rspr. des EuGH[13] zählt das Eigentum zu den von der Gemeinschaftsrechtsordnung geschützten Grundrechten, wobei der Eigentumsschutz auf Gemeinschaftsebene jedoch tendenziell weniger weit reicht als im Grundgesetz[14]. Dem Verhältnismäßigkeitsgrundsatz entsprechende Einschränkungen im Allgemeinwohlinteresse sind auch nach Gemeinschaftsrecht zulässig. Somit kann die Ausübung des Eigentumsrechts beispielsweise im Rahmen einer gemeinsamen Marktorganisation eingeschränkt werden.

Auf gemeinschaftsrechtlicher Ebene ist auch der **Bestand eines Betriebs** geschützt, sowie mit dem Unternehmen eng verbundene Vermögensrechte, nicht jedoch bloße kaufmännische Interessen und

---

1 ErfK/*Dieterich*, Art. 14 GG Rz. 3. | 2 ErfK/*Dieterich*, Art. 14 GG Rz. 9; Jarass/Pieroth/*Jarass*, Art. 14 GG Rz. 5. | 3 ErfK/*Dieterich*, Art. 14 GG Rz. 9; Jarass/Pieroth/*Jarass*, Art. 14 GG Rz. 5. | 4 Sachs/*Wendt*, Art. 14 GG Rz. 186. | 5 BVerfG v. 24.4.1991 – 1 BvR 1341/90, E 84, 133 (157); ErfK/*Dieterich*, Art. 12 GG Rz. 16. | 6 *Leisner*, Eigentum, S. 191; Sachs/*Wendt*, Art. 14 GG Rz. 186. | 7 *Beuthien*, ZfA 1988, 1 (1 f.). | 8 BVerfG v. 18.12.1985 – 1 BvR 143/83, AP Nr. 15 zu § 87 BetrVG 1972 – Arbeitszeit; v. 6.10.1987 – 1 BvR 1086, 1468, 1623/82, E 77, 84 (118); *Söllner*, NZA 1992, 721 (731); aA *Scholz*, NJW 1986, 1587 ff. | 9 Dreier/*Wieland*, Art. 14 GG Rz. 153; so aber *Beuthien*, ZfA 1988, 1 (1 f.). | 10 BVerfG v. 30.9.1987 – 2 BvR 933/82, E 76, 256 (294); Sachs/*Wendt*, Art. 14 GG Rz. 186. | 11 Sachs/*Wendt*, Art. 14 GG Rz. 185. | 12 von Münch/Kunig/*Bryde*, Art. 14 GG Rz. 5b; Dreier/*Wieland*, Art. 14 GG Rz. 15 f. | 13 EuGH v. 13.12.1979 (*Hauer*) – Rs. 44/79, Slg. 1979, 3727 = EAS EG-Vertrag Art. 164 Nr. 9, Tz. 17 ff. | 14 *Streinz*, Bundesverfassungsrechtlicher Grundrechtsschutz und Europäisches Gemeinschaftsrecht, 1989, 408; Dreier/*Wieland*, Art. 14 GG Rz. 17; tendenziell anders aber von Münch/Kunig/*Bryde*, Art. 14 GG Rz. 5b.

Aussichten oder ein Recht an einem Marktanteil[1]. Die mitgliedstaatlichen Eigentumsordnungen sind im Übrigen vom Gemeinschaftsrecht deutlich beeinflusst[2].

16 II. Anwendungsbereich. 1. Schutzbereich. a) Eigentum im verfassungsrechtlichen Sinne. Verfassungsrechtlich geschütztes Eigentum ist mehr als Eigentum im bürgerlichen Recht, also insb. mehr als Sacheigentum iSd. § 903 BGB[3]. Unter dem Schutz des Art. 14 Abs. 1 steht jedes vermögenswerte Recht. Voraussetzung ist nur, dass das Recht seinem Inhaber von der Rechtsordnung ebenso ausschließlich wie Eigentum an einer Sache zur privaten Nutzung und eigener Verfügung zugeordnet ist. Ausschlaggebend ist mithin die Privatnützigkeit eines vermögenswerten Rechts. Dabei ist es unbeachtlich, ob es sich um ein absolutes Recht oder eine bloße Forderung handelt[4].

17 Doch gilt dies nicht für das Vermögen als solches, denn Art. 14 schützt nur eigentumsfähige Positionen in ihrem konkreten, gesetzlich ausgestalteten Bestand (**konkrete Rechtspositionen**)[5]. Von Art. 14 erfasst werden Innehabung, Nutzung und Verfügung („Haben" und „Ausnutzendürfen")[6]. Der Eigentumserwerb gehört nicht dazu[7]. Außerdem können Entziehungen und Beeinträchtigungen als Enteignung (Abs. 3) oder Vergesellschaftung (Art. 15 GG) gerechtfertigt sein[8].

18 b) **Eigentumspositionen des ArbGeb.** Die Eigentumsgarantie ist (neben der Berufsfreiheit aus Art. 12 Abs. 1) besonders für die ArbGebSeite von Bedeutung[9].

19 aa) **Produktion.** Dadurch dass zu den schutzfähigen Rechtspositionen **alle vermögenswerten Rechte** gehören, die das bürgerliche Recht einem privaten Rechtsträger als Eigentum zuordnet, ist auch das Eigentum an materiellen und immateriellen Produktionsmitteln (zB Rohstoffe und Halbfertigprodukte), die im Betrieb organisatorisch zusammengefasst werden, geschützt. Art. 14 gewährleistet die Privatnützigkeit des Eigentums an Produktionsmitteln[10]. Das gilt auch für das Eigentum der Unternehmensträger (Aktien, Rechte als Mitglied einer Gesamthandgemeinschaft[11]), Rechte an Warenzeichen[12] und andere[13]. Insoweit erscheint die Frage diskussionswürdig, ob gesetzliche Regelungen, welche den Einsatz von Produktionsmitteln einschränken (wie zB das Ladenschlussgesetz, das Verbot der Sonn-, Feiertags- und Nachtarbeit), neben Art. 12 auch an Art. 14 zu messen sind (vgl. Rz. 40 f.)[14].

20 Des Weiteren ordnet die Rechtsordnung dem ArbGeb in der Regel auch die **Produktionsergebnisse** zu, die somit in den Schutzbereich der Eigentumsgarantie fallen. Dem ArbGeb gehört sowohl das Arbeitsergebnis als auch das Recht am Arbeitsergebnis. Dieses Ergebnis entspricht dem arbeitsvertraglichen Austauschgedanken. Der ArbGeb zahlt Arbeitslohn, für welchen der ArbN die Arbeitsleistung erbringt. In Bezug auf das Sacheigentum an neuen Sachen folgt dies auch schon aus der Anwendung des § 950 BGB, bei dem der ArbGeb einhellig als „Hersteller" angesehen wird[15]. Diese Grundsätze gelten auch für ArbN-Erfindungen, so dass der ArbGeb Eigentum auch beispielsweise an Mustern, Modellen und Zeichnungen erwirbt. Einschränkungen sind möglich[16].

21 Anders gelagert ist die Situation bei **Immaterialgüterrechten** wie insb. **Urheberrechten.** Diese stehen dem ArbN zu („Schöpferprinzip"). Somit können Sacheigentum und Urheberrecht am arbeitsvertraglich geschuldeten Werk eines angestellten Urhebers auseinander fallen. Doch bestehen grundsätzlich Nutzungsgewährungspflichten des Urhebers gegenüber dem ArbGeb[17].

22 Auch die **Festsetzung von Betriebsgrößen** oder **Begünstigungen** durch den Gesetzgeber können den Unternehmer neben Art. 12 in Art. 14 beeinträchtigen, wenn nämlich der Inhaber gezwungen wäre seinen Betrieb zu verkleinern, um in den Genuss von Fördermitteln zu kommen. Hingegen gewährt Art. 14 kein Recht auf Eigentumszuerwerb, so dass Art. 14 nicht betroffen ist, wenn Betriebe nicht größer werden dürfen[18].

23 bb) **Eingerichteter und ausgeübter Gewerbebetrieb.** Umstritten ist, ob das Unternehmen als „eingerichteter und ausgeübter Gewerbebetrieb", wie er iSd. Zivilrechtsprechung als „sonstiges Recht" des § 823 Abs. 1 BGB anerkannt ist, unter die Eigentumsgarantie des Art. 14 fällt. Zunächst war das BVerfG der Ansicht, dass der Gewerbebetrieb als Sach- und Rechtsgesamtheit dem reinen Sacheigentum gleich-

---

1 EuGH v. 5.10.1994 – Rs. C-280/93 (*Bundesrepublik Deutschland/Rat*), Slg. 1994, I-4973 = NJW 1995, 945 (948); Sachs/*Wendt*, Art. 14 GG Rz. 20 a ff. mN; Dreier/*Wieland*, Art. 14 GG Rz. 17. | 2 Dreier/*Wieland*, Art. 14 GG Rz. 18. | 3 von Münch/Kunig/*Bryde*, Art. 14 GG Rz. 11. | 4 BVerfG v. 7.7.1971 – 1 BvR 765/66, E 31, 229; v. 19.6.1985 – 1 BvL 75/79, E 70, 191 (199); v. 4.12.1985, 1 BvL 23/84 u. 1/85, 1 BvR 439, 652/84, E 71, 248 (246); v. 9.1.1991 – 1 BvR 929/89, E 83, 201 (208 ff.); v. 27.4.1999 – 1 BvR 1613/94, E 100, 289 (301); ErfK/*Dieterich*, Art. 14 GG Rz. 4; *Hesse*, Grundzüge des VerfR, Rz. 444; *Stein*, AR-Blattei SD 830 Rz. 600; Sachs/*Wendt*, Art. 14 GG Rz. 21 ff.; Dreier/*Wieland*, Art. 14 GG Rz. 40; zum ganzen *Böhmer*, NJW 1988, 2561 (2566). | 5 von Münch/Kunig/*Bryde*, Art. 14 GG Rz. 23; Jarass/Pieroth/*Jarass*, Art. 14 GG Rz. 6: Sachs/*Wendt*, Art. 14 GG Rz. 38. | 6 Jarass/Pieroth/*Jarass*, Art. 14 GG Rz. 6; Sachs/*Wendt*, Art. 14 GG Rz. 41. | 7 Sachs/*Wendt*, Art. 14 GG Rz. 43. | 8 *Hesse*, Grundzüge des VerfR, Rz. 446. | 9 MünchArbR/*Richardi*, Bd. 1, § 10 Rz. 62. | 10 MünchArbR/*Richardi*, Bd. 1, § 10 Rz. 62. | 11 BVerfG v. 18.12.1968 – 1 BvR 638, 673/64 und 200, 238, 249/65, E 24, 367 (384). | 12 BVerfG v. 22.5.1979 – 1 BvL 9/75, E 51, 193 (216 ff.). | 13 Sachs/*Wendt*, Art. 14 GG Rz. 24 mN; *Söllner*, NZA 1992, 721 (731). | 14 *Söllner*, NZA 1992, 721 (731). | 15 MünchArbR/*Sack*, Bd. 1, § 98 Rz. 1 f. | 16 MünchArbR/*Sack*, Bd. 1, § 98 Rz. 5 f. mwN. | 17 MünchArbR/*Sack*, Bd. 1, § 100 Rz. 32 ff.; § 98 Rz. 11 ff. | 18 *Leisner*, Eigentum, S. 794 f.

gestellt werden kann und somit in den Schutzbereich des Art. 14 fällt[1]. Später hat das BVerfG seine Rspr. geändert. Es hat die Anwendbarkeit von Art. 14 bis heute offen gelassen und dabei sogar Zweifel an einer Einbeziehung in den Schutzbereich geäußert[2]. Außerdem hat das BVerfG bestehende Geschäftsverbindungen, einen erworbenen Kundenstamm oder die Marktstellung eines Unternehmens als bloße Chancen und tatsächliche Gegebenheiten, innerhalb deren ein Unternehmer tätig wird, sowie jenseits der Vermögenssphäre eines Unternehmens bestehende Rechte oder Interessen, ausdrücklich aus dem Schutzbereich des Art. 14 ausgeschlossen[3].

Grundlage der Argumentation war, dass Art. 14 das Eigentum so schützt, wie es das **bürgerliche Recht** und **die gesellschaftlichen Anschauungen geformt** haben. Verfassungsrechtlich gewährleistet werden kann nur, was die Rechtsordnung als einzelnes Vermögensrecht anerkennt, nicht aber das Vermögen als solches. Zum Vermögen als solchem zählen aber auch Interessen, Chancen und Verdienstmöglichkeiten[4], wie zB die Erhaltung oder Wiederherstellung möglichst optimaler Absatzchancen für Erzeugnisse[5]. 24

Dennoch wird die Anwendbarkeit des Art. 14 auf den eingerichteten und ausgeübten Gewerbebetrieb – wenn auch mit Einschränkungen – weithin bejaht[6]. Für die grundsätzliche Einbeziehung des eingerichteten und ausgeübten Gewerbebetriebs in den Schutzbereich des Art. 14 ist anzuführen, dass das Recht am eingerichteten und ausgeübten Gewerbebetrieb zu den „sonstigen Rechten" iSd. § 823 Abs. 1 BGB gezählt wird. Es wurde als Auffangrecht durch richterliche Ausfüllung des unbestimmten Begriffs „sonstiges Recht" entwickelt und gehört zu den – als Eigentum geschützten – Rechten des Privatrechts. Das Recht bezieht sich auf die Sach- und Rechtsgesamtheit eines wirtschaftlichen Unternehmens. Die Unterschutzstellung des eingerichteten und ausgeübten Gewerbebetriebs berücksichtigt, dass die Grundlage des Betriebsinhabers, auf die er sein unternehmerisches Handeln und damit auch seine Lebensgrundlage stützt, die in sich geschlossene Wirtschaftskörper des Unternehmens in seiner ökonomischen Funktion ist. Dies kann nicht mit den einzelnen Eigentumspositionen, die in dem Betrieb stecken, gleichgesetzt werden. Der Wert der Gesamtheit „Gewerbebetrieb" geht über den Wert der einzelnen, zum Betrieb gehörenden Güter, weit hinaus. Dieser Umstand darf nicht übergangen werden und hat auch – wenn nicht sogar besonders – für das Verfassungsrecht zu gelten[7]. Die Schutzwirkung der Eigentumsgarantie muss über den Schutz der ohnehin gewährleisteten Einzelrechte hinausgehen[8]. 25

Gerade im Arbeitsrecht ist zudem der **Betrieb** als gefestigte Position anerkannt. Nach st. Rspr. des BAG ist ein Betrieb diejenige organisatorische Einheit, mittels welcher der Unternehmer allein oder in Gemeinschaft mit seinen Mitarbeitern mit sächlichen und immateriellen Mitteln bestimmte arbeitstechnische Zwecke fortgesetzt verfolgt, die sich nicht in der Befriedigung von Eigenbedarf erschöpfen[9]. Insoweit kann nicht davon gesprochen werden, der Begriff des (Gewerbe)Betriebs sei nicht verfestigt genug. Eine Einbeziehung des Gewerbebetriebs in den Schutzbereich des Art. 14 erscheint mithin angebracht. 26

Die Aufnahme in den Gewährleistungsinhalt der Eigentumsgarantie ist auch vor dem Hintergrund zu sehen, dass das BVerfG den Gesetzgeber mittlerweile auf das Schutzbedürfnis von Betrieben hingewiesen hat, auch wenn dabei nicht ausdrücklich auf Art. 14 Bezug genommen wurde. Doch scheint es dem BVerfG um die Erhaltung des Gewebebetriebs als **wirtschaftliche Einheit** zu gehen. Das BVerfG hat insoweit ausgeführt, dass der Gesetzgeber bei der Steuergesetzgebung berücksichtigen muss, dass „die Existenz von bestimmten Betrieben – insb. von mittelständischen Unternehmen – durch zusätzliche finanzielle Belastungen gefährdet werden kann. Derartige Betriebe, die durch ihre Widmung für einen konkreten Zweck verselbständigt und als wirtschaftlich zusammengehörige Funktionseinheit organisiert sind, sind in besonderer Weise gemeinwohlgebunden und gemeinwohlverpflichtet: Sie unterliegen als Garant von Produktivität und Arbeitsplätzen insb. durch Verpflichtungen gegenüber den ArbN, durch das Betriebsverfassungsrecht, das Wirtschaftsverwaltungsrecht und durch die langfristigen Investitionen einer gesteigerten rechtlichen Bindung". Jene habe zur Folge, dass die – im zur Entscheidung stehenden Fall – durch die Erbschaftssteuer erfasste finanzielle Leistungsfähigkeit des 27

---

1 BVerfG v. 30.4.1952 – 1 BvR 14, 25, 167/52, E 1, 264 (277 f.). | 2 BVerfG v. 25.1.1984 – 1 BvR 272/81, E 66, 116 (145); v. 22.5.1979 – 1 BvL 9/75, E 51, 193 (221 f.); ähnlich BVerfG v. 6.1.1987 – 1 BvR 1086, 1468, 1623/82, E 77, 84 (118). Zum Ganzen von Münch/Kunig/*Bryde*, Art. 14 GG Rz. 18. | 3 BVerfG v. 8.6.1977 – 2 BvR 499/74 u. 1042/75, E 45, 142 (173); v. 22.5.1979 – 1 BvL 9/75, E 51, 193 (218); v. 25.1.1984 – 1 BvR 272/81, E 66, 116 (145 f.); v. 18.12.1985 – 1 BvR 143/83, NJW 1986, 1601 (1601); aA bezüglich Kundenstamm zB BVerwG v. 27.5.1981 – 7 C 34.77, E 62, 224 (226 ff.). | 4 BVerfG v. 19.10.1983 – 2 BvR 298/81, E 65, 196 (209). Dazu aber auch von Münch/Kunig/*Bryde*, Art. 14 GG Rz. 21. | 5 BVerfG v. 23.1.1990 – 1 BvR 306/86, E 81, 208 (227 f.). | 6 BGH v. 28.1.1957 – III ZR 141/55, BGHZ 23, 157 (162 f.); BVerwG v. 27.5.1981 – 7 C 34.77, E 62, 224 (226); v. 4.4.1983 – 4 C 76.80, E 67, 93 (96); zum Ganzen Jarass/Pieroth/*Jarass*, Art. 14 GG Rz. 19; Bonner Kommentar/*Kimminich*, Art. 14 GG Rz. 77 ff.; *Leisner*, Eigentum, S. 127 f.; Sachs/*Wendt*, Art. 14 GG Rz. 26. | 7 Vgl. dazu aber auch von Münch/Kunig/*Bryde*, Art. 14 GG Rz. 18 ff. | 8 BGH v. 7.6.1990 – III ZR 74/88, BGHZ 111, 349 (356); Sachs/*Wendt*, Art. 14 GG Rz. 26, 67. | 9 BAG v. 23.9.1982 – 6 ABR 42/81, AP Nr. 3 zu § 4 BetrVG; v. 25.9.1986 – 6 ABR 68/84, AP Nr. 7 zu § 1 BetrVG 1972; Hromadka/Maschmann, ArbR, Bd. 2, § 16 Rz. 54.

Erben nicht seinem durch den Erbfall erworbenen Vermögenszuwachs entspreche. Die Verfügbarkeit über den Betrieb und einzelne dem Betrieb zugehörige Wirtschaftsgüter sei beschränkter als bei betrieblich ungebundenem Vermögen[1].

28 Allerdings gibt es Gegenstimmen. Aus ihrer Sicht spricht gegen eine Einbeziehung vor allem, dass es aus verfassungsrechtlicher Sicht an einer entsprechenden **Inhaltsbestimmung des Eigentums** durch den Gesetzgeber fehle. Es gäbe keine gesetzliche Grundlage. Die ausschließlich im Richterrecht (des Zivilrechts) liegende Basis des Rechts am eingerichteten und ausgeübten Gewerbebetrieb könne verfassungsrechtlich nicht genügen. Für eine verfassungsrechtliche Anerkennung müsse der Begriff „eingerichteter und ausgeübter Gewerbebetriebs" noch weiter verfestigt werden. Bis jetzt gäbe es nur einen Sammelbegriff für wirtschaftlich verbundene Betriebsmittel, Rechte, Chancen und faktische Gegebenheiten und kein konkretes Rechtsinstitut „Unternehmen". Und dabei seien gerade das Vermögen und die Erwerbschancen vom BVerfG definitiv aus dem Schutzbereich ausgeschlossen worden. Außerdem falle die unternehmerische Tätigkeit einschließlich ihrer Funktionsvoraussetzungen unter den Schutz des Art. 12[2].

29 Die **Erforderlichkeit der Abgrenzung von Art. 14 und Art. 12** wird jedoch auch von Befürwortern der Einbeziehung des Gewerbebetriebs in den Bereich des Art. 14 kaum bestritten. Es ist weithin anerkannt, dass die Grenze zu Art. 12 beachtet werden muss, weil Art. 14 nur Bestandsschutz, nicht aber Erwerbsschutz bietet. Geschützt ist „nur das Recht auf Fortsetzung des Betriebs im bisherigen Umfang nach den schon getroffenen betrieblichen Maßnahmen"[3]; also allein der konkrete Bestand eines Betriebs (bzw. überhaupt nur entstandene Positionen)[4].

30 Deshalb sind bloße **Gewinnchancen, Zukunftshoffnungen**, nicht gesicherte Erwartungen auf den Fortbestand eines Vertragsverhältnisses, Verdienstmöglichkeiten sowie Lagevorteile, innerhalb deren der Unternehmer seine Tätigkeit entfaltet, nicht von Art. 14 umfasst[5]. Dies gilt jedenfalls, soweit sie sich aus dem bloßen Fortbestand einer günstigen Gesetzeslage ergeben und „keinen Bezug zu einem bestimmten einzelnen Gewerbebetrieb haben". Und es ändert sich auch nichts, wenn sie für das Unternehmen und seine Rentabilität von erheblicher Bedeutung sind oder die Folge einer bestimmten Rechtslage darstellen. Der Schutz des Gewerbebetriebs darf nicht weiter reichen als der seiner wirtschaftlichen Grundlage[6]. Rechtlichen Schutz könnten derartige Gegebenheiten und Vorteile nur ausnahmsweise erlangen, wenn der Betriebsinhaber auf deren Bestand vertrauen durfte[7].

31 Weitgehend unbestritten ist, dass Art. 14 nicht vor **Konkurrenz** (auch nicht seitens der öffentlichen Hand) schützt[8]. Außerdem ist nur der berechtigte Betrieb geschützt; Genehmigungen müssen eingeholt werden[9]. Nicht einheitlich wird dagegen beurteilt, ob die Einführung eines Anschluss- und Benutzungszwangs Art. 14 berührt. Dies soll jedenfalls nicht der Fall sein, wenn er bei Errichtung des Betriebs bereits möglich war[10]. Ein Eingriff in die Substanz der Sach- und Rechtsgesamtheit „Gewerbebetrieb" kann immer ein Eingriff in Art. 14 sein[11]. Das Recht am eingerichteten und ausgeübten Gewerbebetrieb kommt auch freien Berufen zugute[12].

32 cc) **Betriebsgeheimnisse**. Umstritten ist, wie Betriebs- und Geschäftsgeheimnisse grundrechtlich gesichert werden sollen. „Betriebs- und Geschäftsgeheimnisse sind Tatsachen, die nur einem beschränkten Personenkreis bekannt sind, mit einem Geschäft zusammenhängen und an **deren Geheimhaltung der Unternehmer ein berechtigtes wirtschaftliches Interesse** hat"[13]. Manche Autoren wollen insoweit die Eigentumsgarantie heranziehen. Dafür werden vielfältige Begründungen gegeben; so zB die große wirtschaftliche Bedeutung der Betriebs- und Geschäftsgeheimnisse für die Unternehmen, ihre den Immaterialgüterrechten vergleichbare Funktion, ihre Anerkennung durch die Rechtsordnung in § 30 VwVfG, § 17 UWG und § 203 StGB, sowie ihr Charakter als „geronnene wirtschaftliche Leistung"[14].

33 Andere sehen in der Einbeziehung in Art. 14 mit Recht eine **problematische Aufweichung** des Eigentumsbegriffs und eine Grenzverwischung zu Art. 12. Betriebs- und Geschäftsgeheimnisse vermitteln gerade kein absolutes Recht auf Benutzung, wie das beispielsweise bei Immaterialgüterrechten der Fall ist. Sie sind dem Berechtigten nicht wie Urheber- bzw. Patentrechte zugeordnet. Und es besteht

---

1 BVerfG v. 22.6.1995 – 2 BvR 552/91, E 93, 165 (175 f.). | **2** ErfK/*Dieterich*, Art. 14 GG Rz. 5; Dreier/*Wieland*, Art. 14 GG Rz. 44; siehe auch von Münch/Kunig/*Bryde*, Art. 14 GG Rz. 18 ff. | **3** BGH v. 18.9.1986 – III ZR 83/85, BGHZ 98, 341 (351). | **4** BVerfG v. 26.5.1993 – 1 BvR 208/93, E 89, 1 (7) zum Mietrecht. | **5** Siehe aber auch von Münch/Kunig/*Bryde*, Art. 14 GG Rz. 21, der insoweit auf Art. 12 verweist. | **6** BVerfG v. 15.7.1981 – 1 BvL 77/78, E 58, 300 (353); v. 18.5.1988 – 2 BvR 579/84, E 78, 205 (211); v. 26.5.1993 – 1 BvR 208/93, E 89, 1 (7); BVerwG v. 4.4.1983 – 4 C 76. 80, E 67, 93 (96); Jarass/Pieroth/*Jarass*, Art. 14 GG Rz. 19 mwN; Sachs/*Wendt*, Art. 14 GG Rz. 44 mwN, 47 f. | **7** Sachs/*Wendt*, Art. 14 GG Rz. 47 f. | **8** BVerwG v. 22.2.1972 – I C 24. 69, E 39, 329 (337). | **9** BVerwG v. 1.12.1982 – 7 C 100. 79, E 66, 301 (303 ff.); Jarass/Pieroth/*Jarass*, Art. 14 GG Rz. 10. | **10** BVerwG v. 27.5.1981 – 7 C 34.77, E 62, 224 (226); Jarass/Pieroth/*Jarass*, Art. 14 GG Rz. 23; aA Sachs/*Wendt*, Art. 14 GG Rz. 50. | **11** BVerfG v. 29.11.1961 – 1 BvR 148/57, E 13, 225, (229 f.); BVerwG v. 22.4.1994 – BVerwG 8 C 29. 92, E 95, 341 (348); Jarass/Pieroth/*Jarass*, Art. 14 GG Rz. 19 mwN. | **12** BGH v. 4.6.1981 – III ZR 31/80, BGHZ 81, 21 (33). | **13** Schönke/Schröder/*Lenckner*, 26. Aufl. 2001, § 203 StGB Rz. 11. | **14** Zum Ganzen näher *Wolff*, NJW 1997, 98 (99 mwN).

keine Pflicht aus Art. 14, alle Vermögensgüter, die auf eigener Leistung beruhen und vor strafrechtlicher Verletzung geschützt sind, als verfassungsrechtlich geschütztes Eigentum anzuerkennen[1].

dd) Anteilseigentum. Gesellschaftsrechtliche Anteile (Aktien) an Unternehmen sind von der Eigentumsgarantie mitumfasst[2]. Sie fallen in den von Art. 14 geschützten Bereich, da sie dem Aktionär neben Mitgliedschaftsrechten auch **vermögensrechtliche Ansprüche** auf Gewinnbeteiligung gewähren und insofern gesellschaftsrechtlich vermitteltes Eigentum sind, das als Vermögensrecht den Schutz des Art. 14 genießt[3]. Doch sind dabei der besondere soziale Bezug und die soziale Funktion zu beachten. Denn das Anteilseigentum ist in seinem mitgliedschaftsrechtlichen und seinem vermögensrechtlichen Element gesellschaftsrechtlich vermitteltes Eigentum. Nutzungen und Verfügungen wirken nicht nur für den Eigentümer, sondern berühren die Belange Dritter. Dementsprechend hat der Gesetzgeber das Gesellschaftsrecht ausgestaltet und die Rechte des Anteilseigners so bestimmt und beschränkt, dass er sein Eigentum zumeist nicht unmittelbar nutzen bzw. die mit dem Eigentum verbundenen Verfügungsbefugnisse nicht unbeschränkt wahrnehmen kann. Genutzt werden kann nur der Vermögenswert[4].

Mit der „bedeutenden sozialen Funktion" und dem „weittragenden sozialen Bezug" des Anteilseigentums argumentiert das BVerfG vor allem im Mitbestimmungsurteil und rechtfertigt so die weitreichenden **MitbestR der ArbN-Seite**. Das MitbestG wird als zulässige Inhalts- und Schrankenbestimmung iSd. Art. 14 interpretiert. Denn um das Anteilseigentum nutzen zu können, ist die Hilfe der ArbN notwendig und deren Grundrechtssphäre wird durch die Ausübung der eigentümerischen Verfügungsbefugnisse berührt. Dennoch dürfen MitbestR nicht dazu führen, dass gegen den Willen der Anteilseigner entschieden wird[5].

ee) Eigentum und Koalitionsfreiheit. Probleme entstehen, wenn der Eigentumsschutz durch Rechtsgrundsätze des Arbeitsrechts berührt oder sogar überlagert wird. Das ist zB im **Arbeitskampfrecht** der Fall, welches eine Konkordanz von Art. 14 Abs. 1 und Art. 9 Abs. 3 erfordert[6]. Zwar ist die Koalitions- bzw. Gewerkschaftsfreiheit nicht nur ein Gegenrecht zum Privateigentum, sondern in gewissem Sinne auch Eigentumsgarantie, da eine übermäßige Belastung der privaten Eigentumsordnung den Gewerkschaften die Grundlage ihrer Tätigkeiten entzöge[7]. Doch beeinträchtigen gerade Arbeitskampfmaßnahmen in der Regel das Eigentum des ArbGeb und sind deshalb nicht unbegrenzt möglich.

Dementsprechend war schon früh einhellig anerkannt, dass **bewusste Sachbeschädigung** von Arbeitsmitteln, Arbeitsgegenständen und Arbeitsprodukten kein zulässiges Arbeitskampfmittel ist[8]. Darüber hinaus können während eines Arbeitskampfes Erhaltungs- sowie Notstandsarbeiten geboten sein. Dabei wirkt der Notdienst (Art. 9 Rz. 290 ff.) als Beschränkung der Streikfreiheit des Art. 9 Abs. 3 zugunsten des Eigentums (Art. 14) und bzw. oder anderer höherrangiger Rechtsgüter Dritter[9]. Gerechtfertigt wird die Beschränkung der Koalitionsfreiheit damit, dass schon die streikbedingte Stilllegung der Produktion bei manchen Anlagen und Verfahrensabläufen zu irreparablen Sachschäden führen kann. Eine Freiheit darf aber nie soweit gehen, dass sie eine andere grundrechtlich geschützte Position verdrängt. Insbesondere darf die Existenz eines Betriebs nicht gefährdet werden[10].

Stimmen im Schrifttum zufolge sollen **Betriebsbesetzungen** (Art. 9 Rz. 266) und ihre rechtliche Begrenzung keine Fragen des Eigentumsschutzes, sondern der Berufsfreiheit sein[11]. Dem kann nicht zugestimmt werden. Richtigerweise wird man insoweit die Schutzbereiche von Art. 9 Abs. 3 sowie Art. 12, 14 gegeneinander abzuwägen haben. So begrenzt das Eigentumsrecht des ArbGeb auch das Recht der ArbN, sich im Betrieb aufzuhalten. Den ArbN steht selbst dann kein Verweilrecht im Betrieb zu, wenn sie sich im Arbeitskampf befinden. Insbesondere hat die ArbN-Seite kein entgegenstehendes Recht am Arbeitsplatz (siehe unten Rz. 56). Das Aufenthaltsrecht der ArbN endet immer mit Beendigung des Arbeitsverhältnisses, ihnen steht nur noch die Zeit zu, die sie zum Packen oder für sonstige notwendige Verrichtungen brauchen[12].

Fragen der Kollision des Eigentumsschutzes aus Art. 14 und der Koalitionsfreiheit aus Art. 9 Abs. 3 können auch außerhalb des Arbeitskampfes auftreten. So kann sich die Frage stellen, ob die Koalitionsbetätigungsgarantie dem ArbGeb als Eigentümer der Betriebsmittel **Duldungspflichten gemäß**

---

1 ErfK/*Dieterich*, Art. 14 GG Rz. 6; *Stein*, AR-Blattei SD 830 Rz. 604 f.; *Wolff*, NJW 1997, 98 (100 mN). |2 BVerfG v. 1.3.1979 – 1 BvR 532/77, 533/77, 419/78, 1 BvL 21/78, E 50, 290 (341); v. 27.4.1999 – 1 BvR 1613/94, E 100, 289 (301 f.); *Leisner*, Eigentum, S. 130. |3 BVerfG v. 7.8.1962 – 1 BvL 16/60, E 14, 263 (276 f.). |4 BVerfG v. 1.3.1979 – 1 BvR 532/77, 533/77, 419/78, 1 BvL 21/78, BVerfGE 50, 290 (341 ff.); Dreier/*Wieland*, Art. 14 GG Rz. 41. |5 BVerfG v. 1.3.1979 – 1 BvR 532/77, 533/77, 419/78, 1 BvL 21/78, E 50, 290 = AP Nr. 1 zu § 1 MitbestG; Sachs/*Wendt*, Art. 14 GG Rz. 118 f.; dagegen *Leisner*, Eigentum, S. 130 ff. |6 ErfK/*Dieterich*, Art. 14 GG Rz. 20. |7 *Leisner*, Eigentum, S. 62. |8 *Däubler*, Arbeitskampfrecht, 2. Aufl., 1987, Rz. 1483 f.; *Seiter*, Streikrecht und Aussperrungsrecht, 1975, S. 143. |9 *Däubler*, Arbeitskampfrecht, 2. Aufl., 1987, Rz. 224 ff.; *Hromadka*/*Maschmann*, ArbR, Bd. 2, § 14 Rz. 90; Schönke/Schröder/*Lenckner*, 26. Aufl. 2001, § 123 StGB Rz. 33; MünchArbR/*Otto*, Bd. 3, § 285 Rz. 138 ff. |10 *Däubler*, Arbeitskampfrecht, 2. Aufl., 1987, Rz. 224; ErfK/*Schlachter*, Art. 9 GG Rz. 164 ff. |11 ErfK/*Dieterich*, Art. 14 GG Rz. 20; *Stein*, AR-Blattei SD 830 Rz. 623. |12 Leipziger Kommentar zum StGB/*Schäfer*, 10 Aufl., 1988, § 123 Rz. 70.

§ 1004 Abs. 2 BGB aufzwingt. Dies könnte beispielsweise bei gewerkschaftlichen Werbemaßnahmen im Betrieb (Anschlägen am schwarzen Brett, Aufnähern und Buttons an der Dienstkleidung) und Veranstaltungen in den Räumlichkeiten des Betriebs der Fall sein[1] (vgl. näher Art. 9 Rz. 80 ff.).

40 **ff) ArbN-Schutz.** Die Nutzungsmöglichkeiten des ArbGeb werden auch durch **Sicherheitsvorschriften** eingeschränkt. Nachdem es sich insoweit regelmäßig um Eingriffe in die von Art. 12 geschützte unternehmerische Berufsfreiheit handeln wird, sind sie dann nicht an Art. 14 zu messen[2]. Dementsprechend betreffen auch Arbeitszeitregelungen – wie beispielsweise das Ladenschlussgesetz – nicht das Eigentum am Betrieb, sondern die unternehmerische Betätigung. Dem ArbGeb wird nämlich untersagt, die Arbeitsleistung von ArbN zu einem bestimmten Zeitpunkt zu verlangen. Dieses Recht folgt aber nicht aus dem Eigentum, sondern aus dem Arbeitsvertrag. Keinesfalls handelt es sich um einen Eingriff in die Substanz des Betriebs[3]. Ebenso betreffen Fälle der Einschränkung der Möglichkeit zur Leiharbeitnehmerbeschäftigung nicht die Eigentumsgarantie[4].

41 Doch ist die genannte Sichtweise nicht unbestritten. Denn die Eigentumsgarantie und die Berufsfreiheit stehen in engem Zusammenhang und eine strikte Trennung dürfte nicht immer möglich sein. Ob Art. 14 unter dem Gesichtspunkt „Eigentum an Produktionsmitteln bzw. Recht am eingerichteten und ausgeübten Gewerbebetrieb" für die Beurteilung von **Arbeitsschutz- und Arbeitszeitregelungen**, wie auch der Mitbest. heranzuziehen ist, bleibt weiterhin diskussionswürdig[5].

42 **c) Eigentumspositionen der ArbN. aa) Überblick.** Auch für die ArbN sind Inhaltsbestimmung und Schutz ihrer Eigentumspositionen zunächst Aufgaben des allgemeinen Zivilrechts. Doch liegen für sie besonders wichtige Eigentumspositionen im Arbeitsrecht (zB **Lohn- und betriebliche Versorgungsansprüche**)[6]. Entsprechende Rechte haben die Aufgabe der Existenzsicherung übernommen und sind zumeist an die Stelle von Sacheigentum getreten. Da Eigentum im verfassungsrechtlichen Sinne auch andere private Rechte als Sacheigentum umfasst (vgl. Rz. 16 f.), fallen derartige Vermögenspositionen unter Art. 14. Das gilt auch für vermögenswerte (subjektiv-)öffentliche Rechte, wie zB SozV-Ansprüche, Anwartschaften auf Renten und Alg[7]. Denn die Eigentumsgarantie gewährleistet den Erhalt des konkreten, durch Arbeit und Leistung erworbenen Bestands an vermögenswerten Gütern[8]. Allerdings fallen Versorgungsbezüge als öffentlich-rechtliche vermögensrechtliche Ansprüche, die ihre Grundlage in einem öffentlich-rechtlichen Dienstverhältnis haben, unter Art. 33 Abs. 5 als lex specialis[9].

43 Außerdem ist der Schutz von Eigentumspositionen der ArbN nicht unbegrenzt. Ihm steht in der Regel die **Erhaltung des Betriebs** entgegen[10]. Mit dieser Feststellung korrespondierend steht die Höhe der gesetzlichen Personalzusatzkosten in der Diskussion. Es stellt sich nämlich die Frage, ob insoweit nicht schon die Grenze der Belastbarkeit überschritten und die Wettbewerbsfähigkeit der Wirtschaft gefährdet ist[11]. Gegenwärtig wird man dies aber wohl nicht sagen können.

44 **bb) (Öffentlich-rechtliche) Versorgungsansprüche und Anwartschaften.** In der Regel besitzen **arbeitsvertragliche Sonder- bzw. Zusatzansprüche** – ebenso wie Versorgungsansprüche – einen Vermögenswert[12]. Somit könnte ein Abbau derartiger Abmachungen schon am Bestandsschutz des Art. 14 scheitern. Dies wird jedoch in Rspr. und Lit. nicht einheitlich beurteilt. Unbestritten sind allerdings „bereits entstandene, aus dem Arbeitsverhältnis herausgetretene Individualansprüche der ArbN" geschützt[13]. Insoweit wird freilich nicht immer ausdrücklich auf Art. 14 rekurriert, nachdem deren Schutz als selbstverständlich angenommen wird.

45 Fraglich ist jedoch die Einbeziehung von **Anwartschaften auf künftig fällig werdende Leistungen** in den Schutzbereich des Art. 14. Ein Rückgriff auf Art. 14 könnte hier daran scheitern, dass er nur eine Bestands-, jedoch keine Erwerbsgarantie darstellt. Zur Lösung dieser Problematik wäre eine Übertragung der Grundsätze vom eingerichteten und ausgeübten Gewerbebetrieb auf das Arbeitsverhältnis denkbar. Für ihn gilt unbestritten, dass bloße Chancen und Erwartungen eines Gewerbebetriebs nicht schutzwürdig sind. Hingegen kann der schon eingerichtete und ausgeübte Gewerbebetrieb geschützt sein (str.; vgl. oben Rz. 23 ff.). Gegen die Einbeziehung künftiger Leistungen spricht, dass ihr Entstehen ungewiss ist (ebenso wie bloße Erwerbschancen des Betriebs); Änderungen müssen möglich bleiben. Andererseits kann derartigen Leistungen nicht jeglicher wirtschaftliche Wert abgestritten wer-

---

1 BVerfG v. 21.11.1980 – 1 BvR 589/79, AP Nr. 30 a zu Art. 9 GG; BAG v. 8.12.1978 – 1 AZR 303/77, AP Nr. 28 zu Art. 9 GG (*Konzen*); v. 23.2.1979 – 1 AZR 172/78, AP Nr. 30 zu Art. 9 GG; siehe ferner *Stein*, AR-Blattei SD 830 Rz. 624 ff. | 2 ErfK/*Dieterich*, Art. 14 GG Rz. 19. | 3 BVerfG v. 29.11.1961 – 1 BvR 148/57, E 13, 225 (229 f.); v. 18.12.1985 – 1 BvR 143/83, AP Nr. 15 zu § 87 BetrVG 1972 – Arbeitszeit; *Söllner*, NZA 1992, 721 (731); aA *Scholz*, NJW 1986, 1587 ff. | 4 BVerfG v. 6.10.1987 – 1 BvR 1086, 1468, 1623/82, E 77, 84 (118). | 5 Eingehend dazu *Scholz*, NJW 1986, 1587 ff. | 6 *Däubler*, AuR 1984, 1, 7; *Hesse*, Grundzüge des Verfassungsrechts, Rz. 444; *Stein*, AR-Blattei SD 830 Rz. 627. | 7 BVerfG v. 28.2.1980 – 1 BvL 17/77, 7, 9, 14, 15, 16, 37, 64, 74, 78, 100/78, 5, 16/79 u. 1 BvR 807/78, E 53, 257 (290); v. 16.7.1985 – 1 BvL 5/80, 1 BvR 1023, 1052/83 u. 1227/84, E 69, 272 (303); BAG v. 12.3.1996 – 3 AZR 963/94, AP Nr. 1 zu § 3 RuhegeldG Hamburg; *Hesse*, Grundzüge des VerfR, Rz. 444; Sachs/*Wendt*, Art. 14 GG Rz. 34 mN; dagegen *Herzog*, NZA 89, 1 (3). | 8 BVerfG v. 7.7.1971 – 1 BvR 765/66, E 31, 229 (239). | 9 BVerfG v. 30.9.1987 – 2 BvR 933/82, E 76, 256 (294). | 10 *Gamillscheg*, Die Grundrechte im Arbeitsrecht, S. 70. | 11 *Leisner*, NJW 1996, 1511 ff. | 12 Vgl. BVerfG v. 28.2.1980 – 1 BvL 17/77, 7, 9, 14, 15, 16, 37, 64, 74, 78, 100/78, 5, 16/79 u. 1 BvR 807/78, E 53, 257 (292). | 13 Siehe auch ErfK/*Dieterich*, Art. 14 GG Rz. 22.

den. Ihrem Grunde nach bestehen sie ja bereits[1]. In diese Richtung geht auch die Rspr. des BAG, wobei Gegenstand der Beurteilung zumeist Fragen der RV waren. Dabei unterscheidet das BAG grundsätzlich zwischen dem bereits erdienten und dem noch nicht erdienten Teil eines Versorgungsrechts. Ersterer verdiene den Schutz durch die Eigentumsgarantie.

Doch wurde der Schutz aus Art. 14 zunächst auf **unverfallbare Versorgungsanwartschaften** beschränkt. Hat ein ArbN die erwartete Betriebstreue erbracht und sein aktives Arbeitsleben beendet, so hat er seine Versorgungsanwartschaft in vollem Umfang erdient. Die Versorgungsansprüche sind bereits fällig und der Bestandsschutz ist gegeben. Hierüber besteht – wie schon angesprochen – kein Streit[2]. Anders ist die Situation der aktiven ArbN. Um einen vollen Rentenanspruch zu erwerben, müssen sie noch bis zum Versorgungsfall weiterarbeiten. Dennoch steht ihnen eine stetig anwachsende Anwartschaft zu, die im Verhältnis der insgesamt erwarteten Betriebszugehörigkeit zur bereits geleisteten Dienstzeit immer weiter erdient wird. In diesem Verhältnis wächst also auch der Schutz durch die Eigentumsgarantie, der sich immer auf den erdienten Teil der Anwartschaft erstreckt. Kürzungen sind hier nur begrenzt möglich. Der noch nicht erdiente Teil des Versorgungsanspruchs ist hingegen wenig geschützt[3]. Diese Grundsätze können auch auf andere Sozialleistungen übertragen werden. Auch diese Ansprüche werden im Verhältnis zur bereits erbrachten Betriebstreue erdient, so dass ihr Bestandsschutz proportional ansteigt. Änderungen sind auch dort nicht grenzenlos zulässig[4]. 46

Größere Probleme bereitet jedoch der Schutz für eine in Zukunft zu erwartende **verfallbare Anwartschaft**. Im Ergebnis müssen auch für diese Fälle prinzipiell dieselben Grundsätze gelten wie für die unverfallbaren Anwartschaften, wenn auch mit minderem Bestandsschutz. Denn selbst dann, wenn die Wartezeit noch nicht erfüllt ist und noch kein effektiver Versicherungsschutz eingreift, liegt ein konkreter Vermögenswert vor, der unter Art. 14 fallen muss[5]. Dementsprechend billigt das BVerfG Ansprüchen aus Versicherungsrenten schon dann Bestandsschutz zu, wenn die Wartezeit noch nicht vollständig abgelaufen ist[6]. Diese Rspr. wird man auf andere betriebliche Sozialleistungen übertragen können. Daraus folgt dann ein gewisser Bestandsschutz beispielsweise auch für Jubiläumsgratifikationen, Weihnachtsgeld und betriebliche Versorgungszusagen[7]. Anders als das BVerfG verlangt das BAG zumindest den Ablauf der Wartezeit, bevor es eine schutzwürdige, gefestigte Rechtsposition anerkennt. Sobald die Wartezeit verstrichen ist, sei aber auch die arbeitsrechtliche Zusatzversorgung durch Arbeitsleistung erdient und keine bloße Ermessensentscheidung mehr, so dass der Schutzbereich des Art. 14 eröffnet ist. Regelungen im Rahmen des Abs. 2 bleiben dennoch möglich[8]. 47

Allerdings hat das BVerfG weitere Voraussetzungen entwickelt, die **vermögenswerte öffentlich-rechtliche Ansprüche** und **Anwartschaften** wie sozialversicherungsrechtliche Positionen erfüllen müssen, um den Schutz von Art. 14 genießen zu können[9]. Das BVerfG billigt ihnen Eigentumsschutz nur dann zu, wenn sie eine vermögensrechtliche Position darstellen, die nach Art eines Ausschließlichkeitsrechts dem Rechtsträger als privatnützig zugeordnet ist, also dem Eigentum entspricht. Zudem müssen sie auf eigenen Leistungen des Berechtigten beruhen und der Existenzsicherung dienen[10]. In der Lit. wird gerade das Merkmal der „Existenzsicherung" angezweifelt. Denn darin liege eigentlich der Grund der Einbeziehung in den Schutzbereich und kein Abgrenzungstatbestand[11]. Diskussionswürdig ist auch die Frage, ob Schutzobjekt der im konkreten Versicherungsfall entstehende Leistungsanspruch oder der allgemein bestehende Versicherungsschutz ist[12]. 48

Wegen Fehlen des Merkmals „auf eigener Leistung beruhen" genießen reine **Fürsorgeleistungen** des Staates keinen Eigentumsschutz. Das Gleiche gilt für Rechtspositionen, über die deren Inhaber nicht verfügen kann[13]. Hinterbliebenenrenten gelten beispielsweise als vorwiegend fürsorgerisch motiviert[14]. Hingegen schadet es sozialversicherungsrechtlichen Ansprüchen im Allgemeinen nicht, dass sie auch mit staatlichen Zuschüssen finanziert werden. Sie sind sogar dann durch Art. 14 geschützt, wenn die staatlichen Zuschüsse den Beitragsanteil übersteigen. Geschützt ist der gesamte Rentenanspruch oder die Anwartschaft, mitsamt den Teilen, die nicht auf eigener Leistung beruhen. Ebenso 49

---

1 *Däubler*, AuR 1984, 1 (7 f.). | 2 Siehe auch *Stein*, AR-Blattei SD 830 Rz. 628. | 3 BAG v. 17.1.1980 – 3 AZR 456/78, AP Nr. 185 zu § 242 BGB – Ruhegehalt; v. 16.9.1986 – GS 1/82, AP Nr. 17 zu § 77 BetrVG; v. 21.8.1980 – 3 AZR 143/80, AP Nr. 7 zu § 1 BetrAVG – Wartezeit. Siehe auch *Däubler*, AuR 1984, 1 (7 ff.); *Stein*, AR-Blattei SD 830 Rz. 630. Siehe auch von Münch/Kunig/*Bryde*, Art. 14 GG Rz. 26 mwN. | 4 BAG v. 16.9.1986 – GS 1/82, AP Nr. 17 zu § 77 BetrVG. | 5 Vgl. auch ErfK/*Dieterich*, Art. 14 GG Rz. 22. | 6 Insoweit ist aber festzustellen, dass das BVerfG (v. 15.7.1998 – 1 BvR 1554/89, 963, 964/94, E 98, 365) zwar § 18 BetrAVG für verfassungswidrig erklärt hat, dies aber allein mit Art. 3 und Art. 12 begründete; siehe auch ErfK/*Dieterich*, Art. 14 GG Rz. 22. | 7 BVerfG v. 28.2.1980 – 1 BvL 17/77, 7, 9, 14, 15, 16, 37, 64, 74, 78, 100/78, 5, 16/79 u. 1 BvR 807/78, E 53, 257 (289 ff.); *Däubler*, AuR 1984, 1 (8 mwN). | 8 BAG v. 12.3.1996 – 3 AZR 963/94, AP Nr. 1 zu § 3 RuhegeldG Hamburg. | 9 Dazu auch ErfK/*Dieterich*, Art. 14 GG Rz. 7. | 10 BVerfG v. 20.6.1978 – 2 BvR 71/76, E 48, 403 (412 f.); v. 28.2.1980 – 1 BvL 17/77, 7,9,14, 15, 16, 37, 64, 74, 72, 100/78, 5, 16/79 u. 1 BvR 807/78, E 53, 257 (292); v. 16.7.1985 – 1 BvL 5/80, 1 BvR 1023, 1052/83 u. 1227/84, E 69, 272 (300 ff.); v. 18.2.1998 – 1 BvR 1318, 1418/86, E 97, 271 (284); Jarass/Pieroth/*Jarass*, Art. 14 GG Rz. 11; Dreier/*Wieland*, Art. 14 GG Rz. 54. | 11 *Herzog*, NZA 1989, 1 (3). | 12 *Herzog*, NZA 1989, 1 (3). | 13 ErfK/*Dieterich*, Art. 14 GG Rz. 7; Dreier/*Wieland*, Art. 14 GG Rz. 53. | 14 BVerfG v. 20.6.1978 – 2 BvR 71/76, E 48, 403 (413); v. 16.7.1985 – 1 BvL 5/80, 1 BvR 1023, 1052/83 u. 1227/84, E 69, 272 (300 f.); v. 18. 2.1998 – 1 BvR 1318, 1418/86, E 97, 271 (284 ff.); Jarass/Pieroth/*Jarass*, Art. 14 GG Rz. 11.

werden die ArbGebAnteile zur gesetzlichen Renten- und Krankenversicherung den eigentumsrelevanten Eigenleistungen des ArbN zugerechnet. Der Eigentumsschutz ist jedoch umso stärker, je höher der eigene Anteil ist[1].

50 Als von Art. 14 umfasst gelten auch Anwartschaften auf **Arbeitslosengeld**[2] sowie auf **Erwerbsunfähigkeitsrenten**[3]. Dem **betrieblichen Altersruhegeld** wird ebenfalls Entgeltcharakter beigemessen[4]. Und auch für die in der ehemaligen DDR erworbenen Ansprüche gelten die genannten Grundsätze. Der Einigungsvertrag hat in der DDR erworbene Rentenanwartschaften denjenigen der alten Bundesländer gleichgestellt und ihnen damit den Schutz des Art. 14 verschafft[5]. Hingegen hat das BVerfG bei Ansprüchen auf Kug Zweifel geäußert, ob sie nach Voraussetzung und Zweck als eigentumsähnliche Rechtsposition gelten können[6]. Bezüglich vermögensrechtlicher Ansprüche von Angehörigen des öffentlichen Dienstes, die sich aus einem öffentlich-rechtlichen Dienstverhältnis ergeben, und die deshalb unter Art. 33 Abs. 5 fallen sollen, soll der Schutz aus Art. 33 dem Schutz des Art. 14 entsprechen[7].

51 Trotz allem sind Änderungen bei der Gewährung von **Versicherungs-, Sozial- und sonstigen Leistungen** nicht völlig ausgeschlossen. Dem Bestandsschutz stehen die Interessen des ArbGeb bzw. des Betriebs, aber auch der anderen ArbN – die ihren Arbeitsplatz bedroht sehen – entgegen. Hier hat ein Ausgleich im Wege der praktischen Konkordanz zu erfolgen. Eingriffe in den Schutzbereich des Art. 14 können erforderlich werden, wenn das Unternehmen in gravierenden wirtschaftlichen Schwierigkeiten steckt. Zur Rettung eines Betriebes oder zumindest dessen ordnungsgemäßer Abwicklung kann beispielsweise ein Verzicht auf Weihnachtsgeld oder Jubiläumssonderzuwendungen geboten sein oder sogar eine Neuregelung von Versorgungsanwartschaften vorgenommen werden[8]. Auch gewährleistet das Grundgesetz keinen unbegrenzten Bestandsschutz der Versorgungsanwartschaften im Insolvenzfall[9].

52 Außerdem kann der Gesetzgeber seinen **Gestaltungsspielraum** aus Abs. 1 Satz 2 zur Inhalts- und Schrankenbestimmung ausnutzen. Dabei ist es zulässig, den Bestandsschutz der zukünftig zu erwartenden Leistungen an Obergrenzen zu knüpfen bzw. von Anrechnungsvorbehalten sowie Widerrufs- oder Ablösungstatbeständen abhängig zu machen, auch wenn dadurch die Versorgungsrechte eingeschränkt werden. Dies rechtfertigt ein ausgewogener Ausgleich zwischen den Belangen der Allgemeinheit und den Individualinteressen. Dabei ist der Schutz umso größer, je mehr es sich um bereits erdiente wirtschaftliche Werte handelt[10].

53 Doch ist der Gesetzgeber trotz eines weiten Gestaltungsspielraums auf dem Gebiet der wirtschaftlichen Angelegenheiten nicht völlig frei. Dies hat im Zusammenhang mit den **Personalzusatzkosten** besondere Bedeutung. Hier setzen vor allem die wirtschaftlichen Grundrechte wie gerade Art. 14 Grenzen. Dabei ergibt sich eine verfassungsrechtliche Belastungsgrenze nicht nur für Steuern, sondern auch für Sozialabgaben und Personalzusatzkosten. Wo genau die Grenze der Belastbarkeit liegt, kann jedoch schwer festgelegt werden. Eine Existenzgefährdung für die betroffenen Betriebe ist jedenfalls immer unzulässig. Von den auferlegten Geldleistungspflichten darf keine Erdrosselungswirkung ausgehen[11].

54 cc) **Arbeitsplatz**. Auch die zivilrechtlichen Institute **Werk-, Dienst- und Arbeitsvertrag** – und damit ua. die Begründungsmöglichkeit von Lohnforderungen – werden in ihrem Kern durch Art. 14 institutionell gewährleistet[12]. Somit könnte möglicherweise ein entschädigungsloser Verlust des Arbeitsplatzes vorliegen, wenn einem ArbN ohne soziale Rechtfertigung gekündigt wird. Dennoch ist der Schutzbereich des Art. 14 in diesen Fällen erst gar nicht betroffen, womit Art. 14 als Prüfungsmaßstab für den Erhalt von Arbeitsplätzen ausscheidet. Denn dabei geht es um den Erwerb einer Eigentumsposition (Arbeitsentgelt), der von Art. 12 erfasst wird. Art. 14 schützt (nur) das Erworbene, also die Ergebnisse geleisteter Arbeit[13].

55 Dementsprechend besteht auch keine generelle **Abfindungspflicht** als Ausgleich für jeglichen Arbeitsplatzverlust. Eine eigentumsähnliche Rechtsposition ist allerdings der durch die §§ 9, 10 KSchG vorgesehene Abfindungsanspruch, den das Gericht bei rechtswidrigen Kündigungen auf Antrag festsetzen kann. Die Abfindung ist gesetzlicher Wertersatz für den nicht mehr zumutbar anzutretenden

---

1 BVerfG v. 1.7.1981 – 1 BvR 874/77, 322, 324, 472, 543, 694, 753, 754/78, 1 BvL 33/80, 10, 11/81, E 58, 81 (109); v. 16.7.1985 – 1 BvL 5/80, 1 BvR 1023, 1052/83 u. 1227/84, E 69, 272 (301); Sachs/*Wendt*, Art. 14 GG Rz. 28 ff.; Dreier/*Wieland*, Art. 14 GG Rz. 54. | 2 BVerfG v. 10.2.1987 – 1 BvL 15/83, E 74, 203 (213 ff.). | 3 BVerfG v. 8.4.1987 – 1 BvR 564, 684, 877, 886, 1134, 1636, 1711/84, E 75, 78 (96 f.). | 4 BVerfG v. 19.10.1983 – 2 BvR 298/81, E 65, 196 (213). | 5 BVerfG v. 28.4.1999 – 1 BvL 32/95, 1 BvR 2105/95, E 100, 1 (33 ff.). | 6 BVerfG v. 4.7.1995 – 1 BvF 2/86 u. 1, 2, 3, 4/87 u. 1 BvR 1421/86, E 92, 365 (405 f.); dazu auch *Däubler*, Arbeitskampfrecht, Rz. 830a ff.; ErfK/*Dieterich*, Art. 14 GG Rz. 7. | 7 BVerfG v. 12.3.1975 – 2 BvL 10/74, E 39, 196 (200); v. 10.4.1984 – 2 BvL 19/82, E 67, 1 (14); v. 30.9.1987 – 2 BvR 933/82, E 76, 256 (294); Jarass/Pieroth/*Jarass*, Art. 14 GG Rz. 14. | 8 BAG v. 16.9.1986 – GS 1/82, AP Nr. 17 zu § 77 BetrVG; v. 12.3.1996 – 3 AZR 963/94, AP Nr. 1 zu § 3 RuhegeldG Hamburg; *Gamillscheg*, Die Grundrechte im Arbeitsrecht, S. 70. | 9 BAG v. 4.4.2000 – 3 AZR 458/98, AP Nr. 32 zu § 2 BetrAVG. | 10 BAG v. 12.3.1996 – 3 AZR 963/94, AP Nr. 1 zu § 3 RuhegeldG Hamburg; Däubler, AuR 1984, 1 (9); Herzog, NZA 1989, 1 (3 f.). | 11 BVerfG v. 19.10.1983 – 2 BvR 298/81, E 65, 196 (207); *Leisner*, NJW 1996, 1511 (1513, 1515); ausf. *Leisner*, Eigentum, S. 799 ff. | 12 Sachs/*Wendt*, Art. 14 GG Rz. 64. | 13 BVerfG v. 24.4.1991 – 1 BvR 1341/90, E 84, 133 (146 ff.); *Lakies*, DB 1997, 1078 (1079); *Stein*, AR-Blattei SD 830 Rz. 632.

...ArbN Genugtuung für erlittenes Unrecht verschaffen. Er ist vom ArbN erar-
... Eigentumsschutz¹. Aus diesem Grund war auch seine Anrechnung auf das
... vorsah, verfassungsrechtlich nicht unbedenklich². Auch der Abfindungs-
...KSchG ist eine eigentumsähnliche Rechtsposition. Der ArbN kann jedoch
...utz für seinen Arbeitsplatz beanspruchen. Es entspricht dem Gestaltungs-
...rs, wenn er anstelle des Bestandsschutzes einen Abfindungsanspruch tre-
... Enteignung³.

... hinaus die Frage, ob der einzelne ArbN eine eigentumsähnliche Rechtsposi- **56**
...also ein **Recht am Arbeitsplatz**. Auch hier muss zunächst betont werden, dass
... Erhalts der Arbeitsplätze unter dem Gesichtspunkt des Art. 12 GG würdigt⁴.
...s der verfassungsgerichtlichen Rspr. zum Mietrecht, wo ja die Formel vom „Mie-
... wurde⁵, entsprechende Schlüsse auch für das Arbeitsrecht ziehen⁶. Insoweit
...ass sich die im Rahmen des Art. 14 GG geforderte Zuordnung aus der Bedeu-
...he der Arbeitsplatz für den Einzelnen habe – also parallel zum entsprechenden
...g. Dem „Mieter-Eigentümer" entspräche also der „Arbeitnehmer-Eigentümer"!
... die Frage zuletzt offen gelassen hat, so kommt eine solche eigentumsähnliche
... Betracht. Dies ergibt sich aus der Systematik des Eigentumsschutzes im Dauer-
...rbindung mit der Rspr. des BVerfG zum Schutz des Arbeitsplatzes. Künftige An-
...einen Eigentumsschutz, die Freiheit der Wahl des Arbeitsplatzes schützt nicht den
... Arbeitsplatz⁸.

...ge Rechte. Nach Meinung der Rspr. und hM fällt auch das **Urheberrecht** unter Art. 14 (vgl. **57**
... es um die wirtschaftliche Verwertung geistiger Leistung geht. Aufgrund der Eigentums-
... hat der Urheber grundsätzlich einen Anspruch darauf, dass ihm der wirtschaftliche Nutzen
...r Arbeit zugeordnet wird⁹.

2. Grundrechtsadressaten. Gemäß Art. 1 Abs. 3 ist die **gesamte öffentliche Gewalt** unmittelbar an **58**
die Grundrechte und somit an Art. 14 gebunden. Auch für den Privatrechtsgesetzgeber gilt nichts
anderes. Darüber hinaus haben auch die TV-Parteien die Grundrechte (zumindest) über die zivilrechtlichen Generalklauseln zu beachten (siehe Art. 3 Rz. 37 ff.). Die Fachgerichte müssen bei der
Auslegung und Anwendung von Gesetzen, welche Inhalt und Schranken von Eigentumspositionen
bestimmen, die Grundsätze des Art. 14 beachten und Ergebnisse vermeiden, die zu übermäßigen
Beschränkungen führen¹⁰.

Aber es ist nicht die spezifische Funktion des **Arbeitsrechts**, Eigentumspositionen auszugestalten **59**
und zu schützen, vielmehr geht es darum, die Freiheit beruflicher Betätigung für ArbN und ArbGeb zu
sichern und deren grundsätzliche Interessen zum Ausgleich zu bringen. Art 14 umfasst nur den konkreten Bestand an Eigentumspositionen. Die arbeitsrechtliche Relevanz der Eigentumsgarantie resultiert daraus, dass es das Ziel der Berufsausübung ist, Eigentumspositionen zu schaffen¹¹.

3. Grundrechtsträger. Grundrechtsträger sind alle **natürlichen Personen**, sowie gemäß Art. 19 Abs. 3 **60**
inländische juristische Personen und Personenvereinigungen. Hingegen fallen ausländische juristische Personen nicht in den personellen Schutzbereich der Eigentumsgarantie. Hier hilft nur Art. 3
Abs. 1. Ebenfalls genießen juristische Personen des öffentlichen Rechts grundsätzlich keinen Eigentumsschutz, dennoch wurde die Grundrechtsfähigkeit von Handwerksinnungen¹² bejaht¹³.

III. Beeinträchtigungen. Beeinträchtigungen können sich für das Eigentum aus unterschiedlichen **61**
Regelungen ergeben. Insbesondere können **Normen** (auf entsprechender gesetzlicher Ermächtigung
also auch Rechtsverordnungen und Satzungen¹⁴) **als Inhalts- und Schrankenbestimmungen** das Eigentum beeinträchtigen. Des Weiteren können Beschränkungen von Einzelfallregelungen ohne Enteig-
nungscharakter, die eine Eigentumsposition entziehen bzw. deren Nutzung, Verfügung oder Verwertung einer rechtlichen Beschränkung unterwerfen, oder von einer Enteignung ausgehen. Und darüber
hinaus können auch faktische oder indirekte Einwirkungen das Eigentum beeinflussen¹⁵.

---

1 *Hergenröder*, ZfA 2002, 355 (363). | 2 ErfK/*Dieterich*, Art. 14 GG Rz. 23; *Stein*, AR-Blattei SD 830 Rz. 633.
| 3 BAG v. 16.5.1984 – 7 AZR 280/82, AP Nr. 12 zu § 9 KSchG 1969; Jarass/Pieroth/*Jarass*, Art. 14 GG Rz. 57.
| 4 BVerfG v. 24.4.1991 – 1 BvR 1341/90, E 84, 133 (146 ff.). | 5 Die Bindung des Wohnungseigentümers durch
ein soziales Mietrecht schafft auch auf Seiten des Mieters eine durch Art. 14 GG geschützte Rechtsposition,
vgl. BVerfG v. 26.5.1993, E 89, 1 (5 ff.); von Münch/Kunig/*Bryde*, Art. 14 GG Rz. 14, 66; eingehend dazu *Sonnen-
schein*, NJW 1993, 161 mwN. | 6 Zum Ganzen *Schmidt-Preuß*, AG 1996, 1 (3 ff.). | 7 BAG v. 4.6.1998 – 8 AZR
786/96, AP Nr. 7 zu § 823 BGB zur Frage eines Rechts am Arbeitsplatz als absolutes Recht iSd. § 823 Abs. 1
BGB. | 8 So im Ergebnis auch ErfK/*Dieterich*, Art. 14 GG Rz. 22. | 9 BVerfG v. 7.7.1971 – 1 BvR 765/66, E 31,
229 (238 f., 243). | 10 BVerfG v. 14.2.1989 – 1 BvR 1131/87, E 79, 283 (289 f.); v. 1.2.1989 – 1 BvR 308, 326, 356/88,
E 79, 292 (301 ff.); v. 10.3.1989 – 1 BvR 558/89, E 81, 29 (31 ff.); ErfK/*Dieterich*, Art. 14 GG Rz. 13. | 11 ErfK/*Die-
terich*, Art. 14 GG Rz. 18. | 12 BVerfG v. 14.5.1985 – 1 BvR 449, 523, 700, 728/82, E 70, 1 (20). | 13 ErfK/*Diete-
rich*, Art. 14 GG Rz. 8; Jarass/Pieroth/*Jarass*, Art. 14 GG Rz. 24 f.; Sachs/*Wendt*, Art. 14 GG Rz. 16 ff.
| 14 BVerfG v. 10.7.1958 – 1 BvF 1/58, E 8, 71 (79). | 15 Jarass/Pieroth/*Jarass*, Art. 14 GG Rz. 26 f.; Sachs/*Wendt*,
Art. 14 GG Rz. 52 mN.

62 Auf die Abgrenzung kommt es aber für die Annahme einer **Beeinträchtigung** n[...]. Die Differenzierung wird erst im Rahmen der Rechtfertigung bzw. der Schranken[...]

63 **IV. Inhaltsbestimmung und Schrankensetzung. 1. Abgrenzung der Inhalts- und** [...]**mung.** Das Eigentum ist das wichtigste Rechtsinstitut zur Abgrenzung privater V[...] und bedarf deshalb besonders der **Ausgestaltung durch die Rechtsordnung.** De[...] Art. 14 Abs. 1 Satz 2 die Ermächtigung an den Gesetzgeber, Inhalt und Schranken d[...] bestimmen[2]. Dabei handelt es sich grundsätzlich um zwei gesetzgeberische Aufgaben, [...] schiedliche Ziele haben, sich aber hinsichtlich ihrer Konsequenzen kaum trennen lassen[...]

64 **Inhaltsbestimmung** ist die generelle und abstrakte Festlegung von Rechten und Pflicht[...] Gesetzgeber hinsichtlich solcher Rechtsgüter, die als Eigentum iSd. Verfassung zu verste[...] len; sie ist zukunftsgerichtet[3].

65 Demgegenüber setzen **Schrankennormen** eine Eigentumsposition voraus und beschrä[...] durch Handlungs-, Duldungs- und Unterlassungspflichten, um entgegenstehende Rechtspo[...] und Interessen auszugleichen[4]. Im Schrifttum wird diskutiert, ob diese Unterscheidung pra[...] Bedeutung hat und sich daraus im Streitfall ein unterschiedliches Prüfungsprogramm und Erg[...] ergibt[5]. Jedenfalls ist der Gesetzgeber weder bei der Inhalts- noch bei der Schrankenbestimmu[...] lig frei. Wo die Grenze verläuft, ist eine allein praktisch bedeutsame Frage[6].

66 **2. Grenzen der Beschränkbarkeit.** Zunächst scheint der Wortlaut der Regelungsbefugnis dem G[...] setzgeber keine Schranken zu setzen. Dennoch ist die Legislative nicht gänzlich frei. Allerdings b[...] steht ein **weiter Gestaltungsspielraum**[7]. Grundsätzlich ist die Regelungsbefugnis des Gesetzgebers umso weiter, je mehr das Eigentumsobjekt in einem sozialen Bezug und einer sozialen Funktion steht[8]. Es kommt also nicht nur auf die Intensität der Beschränkung und das Gewicht der angestrebten Ziele, sondern auch darauf an, welche Bedeutung das Eigentumsrecht für die betroffenen Grundrechtsträger und Dritte hat[9].

67 Das BVerfG unterscheidet auch nicht zwischen Inhalts- und Schrankenbestimmung, sondern nimmt immer eine **Abwägung** vor, die sich nach der jeweils umstrittenen Rechtsposition richtet. Belange der Allgemeinheit und Individualinteressen müssen in ein ausgewogenes Verhältnis gebracht werden. Der Gesetzgeber muss bei der Inhalts- und Schrankenbestimmung das Sozialmodell verwirklichen, dessen normative Elemente sich einerseits aus der grundgesetzlichen Anerkennung des Privateigentums und dessen Bestandsgarantie durch Abs. 1 und andererseits aus der verbindlichen Richtschnur des Sozialgebots des Abs. 2 ergeben[10].

68 Außerdem muss jede Inhalts- und Schrankenbestimmung dem Grundsatz der **Verhältnismäßigkeit** genügen, dh. die betreffende Regelung muss geeignet und erforderlich sein. Und die Belastung des Eigentümers muss in einem angemessenen Verhältnis zu den mit der Regelung verfolgten Interessen stehen[11]. Zudem dürfen keine anderen Grundrechte verletzt werden[12]. Manchmal kann ein finanzieller Ausgleich geboten sein[13]. Ein hoher sozialer Bezug besteht beispielsweise beim Eigentum an Produktionsmitteln, da es Macht über Dritte verleiht[14] und bei (Renten)Versicherungsansprüchen und -anwartschaften, so dass die Bedeutung für die Solidargemeinschaft berücksichtigt werden muss. Deshalb rechtfertigt das Ziel, die Leistungsfähigkeit des Systems zu sichern, weitgehende Einschränkungen[15]. Auch sonstige Eingriffe in die Eigentumsgarantie müssen diesen Grundsätzen entsprechen[16].

---

1 Jarass/Pieroth/*Jarass*, Art. 14 GG Rz. 26. | **2** BVerfG v. 7.8.1962 – 1 BvL 16/60, E 14, 263 (277 f.); von Münch/Kunig/*Bryde*, Art. 14 GG Rz. 50. | **3** BVerfG v. 12.3.1986 – 1 BvL 81/79, E 72, 66 (76); ErfK/*Dieterich*, Art. 14 GG Rz. 10; Sachs/*Wendt*, Art. 14 GG Rz. 55. | **4** ErfK/*Dieterich*, Art. 14 GG Rz. 10; Sachs/*Wendt*, Art. 14 GG Rz. 55. | **5** Dagegen Dreier/*Wieland*, Art. 14 GG Rz. 68; zum Ganzen Bonner Kommentar/*Kimminich*, Art. 14 GG Rz. 133 ff. | **6** ErfK/*Dieterich*, Art. 14 GG Rz. 10. | **7** BVerfG v. 7.8.1962 – 1 BvL 16/60, E 14, 263 (277 f.); v. 12.1.1967 – 1 BvR 169/63, E 21, 73 (82 f.); BVerwG v. 27.5.1981 – 7 C 34.77, E 62, 224 (228); von Münch/Kunig/*Bryde*, Art. 14 GG Rz. 50. | **8** BVerfG v. 12.1.1967 – 1 BvR 169/63, E 21, 73 (83); v. 1.3.1979 – 1 BvR 532/77, 533/77, 419/78, 1 BvL 21/78, E 50, 290; ähnlich BVerfG v. 7.7.1971 – 1 BvR 765/66, E 31, 229 (242). | **9** BVerfG v. 14.7.1981 – 1 BvR 24/78, E 58, 137 (147 ff.); Sachs/*Wendt*, Art. 14 GG Rz. 111. | **10** BVerfG v. 7.8.1962 – 1 BvL 16/60, E 14, 263 (277 f.); v. 12.1.1967 – 1 BvR 169/63, E 21, 73 (82 ff.); v. 1.3.1979 – 1 BvR 532/77, 533/77, 419/78, 1 BvL 21/78, E 50, 290; v. 12.6.1979 – 1 BvL 19/76, E 52, 1 (29); v. 1.7.1981 – 1 BvR 874/77, 322, 324, 472, 543, 694, 752, 753, 754/78, 1 BvL 33/80, 10, 11/81, E 58, 81 (114); v. 4.12.1985 – 1 BvL 23/84 u. 1/85; 1 BvR 439, 652/84, E 71, 230 (246 f.); v. 12.3.1986 – 1 BvL 81/79, E 72, 66 (77 f.); v. 10.2.1987 – 1 BvL 15/83, E 74, 203 (214); v. 8.4.1987 – 1 BvR 564, 684, 877, 886, 1134, 1636, 1711/84, E 75, 78 (97); v. 23.1.1990 – 1 BvR 306/86, E 81, 208 (220); Jarass/Pieroth/*Jarass*, Art. 14 GG Rz. 32 f. | **11** BVerfG v. 15.7.1987 – 1 BvR 488, 1220, 628, 1278/86, 1 BvL 11/86, E 76, 220 (238); v. 26.4.1995 – 1 BvL 19/94 u. 1 BvR 1454/94, E 92, 262 (273); Jarass/Pieroth/*Jarass*, Art. 14 GG Rz. 32 f. | **12** BVerfG v. 12.1.1967 – 1 BvR 169/63, E 21, 73 (82 f.); Jarass/Pieroth/*Jarass*, Art. 14 GG Rz. 41. | **13** Jarass/Pieroth/*Jarass*, Art. 14 GG Rz. 42. | **14** BVerfG v. 1.3.1979 – 1 BvR 532/77, 533/77, 419/78, 1 BvL 21/78, E 50, 290; Jarass/Pieroth/*Jarass*, Art. 14 GG Rz. 37. | **15** BVerfG v. 28.2.1980 – 1 BvL 17/77, 7, 9, 14, 15, 16, 37, 64, 74, 78, 100/78, 5, 16/79 u. 1 BvR 807/78, E 53, 257 (292 ff.); v. 1.7.1981 – 1 BvR 874/77, 1 BvL 33/80, E 58, 81 (119); ErfK/*Dieterich*, Art. 14 GG Rz. 12. | **16** Näher dazu Jarass/Pieroth/*Jarass*, Art. 14 GG Rz. 43 ff.

V. Enteignung nach Abs. 1 Satz 1, Abs. 3 (Eigentumsbeeinträchtigung)

Von der ...eschränkung des Eigentums durch Inhalts- und Schrankenbestimmungen 69
nach ...bs. 2 ist die Enteignung zu trennen. Sie stellt eine **besonders schwere Eigen-**
...ar und ist nur unter den strengen Voraussetzungen des Abs. 3 zulässig[1].

...n Inhalts- und Schrankenbestimmung und Enteignung wird oft nach dem Ab- 70
...schädigungslose) Sozialbindung oder (entschädigungspflichtige) Enteignung
...terscheidet sich die Enteignung von der Inhaltsbestimmung des Eigentums
...griffsintensität, sondern vor allem durch ihren Zweck. Sie dient nicht dem gene-
...äufiger Interessen, um sie in ein ausgewogenes Verhältnis zu bringen, sondern
...etzung des einen Interesses auf Kosten eines anderen[3]. Dem entspricht eine
...Form des Interessenausgleichs: „Die Bestandsgarantie des Art. 14 Abs. 1 Satz 1
...siger Enteignung in eine Eigentumswertgarantie"[4].

...gibt es allerdings **keine Legaldefinition**. Nach der Rspr. des BVerfG ist eine Enteig- 71
... oder teilweise Entziehung konkreter subjektiver Eigentumspositionen iSv. Art. 14
...er Erfüllung bestimmter öffentlicher Aufgaben[5]. Diese können auch mittelbar mit
...nehmen angestrebt werden[6]. Somit kann die Enteignung aufgrund ihres Zwecks
...gungspflicht aus Abs. 3 Satz 2 auch nicht als Instrument der sozialen Umverteilung
...echte eingesetzt werden. Da sie nur zur Erfüllung bestimmter öffentlicher Aufgaben
...ie nicht dem sozialpolitischen Ziel einer Vermögensumschichtung dienen[7].

...eitsrecht spielen die weitreichenden Rechtsprobleme der Enteignung (zB Rechtsgrund- 72
...le und materielle Voraussetzungen, Entschädigung, Rückübereignung) jedoch keine Rolle.

---

1 Jarass/Pieroth/*Jarass*, Art. 14 GG Rz. 61. | **2** *Böhmer*, NJW 1988, 2561 (2567). | **3** Sachs/*Wendt*, Art. 14 GG Rz. 77. | **4** BVerfG v. 10.3.1981 – 1 RvR 92, 96/71, E 56, 249 (260 f.); ErfK/*Dieterich*, Art. 14 GG Rz. 15. | **5** BVerfG v. 19.6.1985 – 1 BvL 1046/85, E 70, 191 (199); v. 12.3.1986 – 1 BvL 81/79, E 72, 66 (76); v. 30.11.1988 – 1 BvR 1301/84, E 79, 174 (191); ähnlich BVerfG v. 18.12.1968 – 1 BvR 638, 673/64 u. 200, 238, 249/65, E 24, 367 (394). | **6** BVerfG v. 24.3.1987 – 1 BvR 1046/85, E 74, 264 (280). | **7** ErfK/*Dieterich*, Art. 14 GG Rz. 16; Bonner Kommentar/*Kimminich*, Art. 14 Rz. 184 f.

Handelsgesetzbuch

vom 10.5.1897 (RGBl. S. 219),
zuletzt geändert durch Gesetz vom 24.8.2002 (BGBl. I S. 3412)

– Auszug –

Vorbemerkungen vor § 59

Lit.: Siehe Literatur zu § 59.

1   **I. Normengeschichte.** Der sechste Abschnitt des ersten Buches („Handelsstand") des Handelsgesetzbuchs (HGB) vom 10.5.1897[1] regelt das **Recht der „Handlungsgehilfen und Handlungslehrlinge"**. §§ 59 ff. HGB gehen auf die Regelungen des Allgemeinen Deutschen Handelsgesetzbuches (ADHGB) von 1861 zurück, welches die Rechtsverhältnisse der „Handlungsgehülfen" in den Art. 57–65 geregelt hatte. Die Vorschriften des sechsten Abschnitts waren bei In-Kraft-Treten des HGB von großer Bedeutung. Damals gab es noch kein kodifiziertes Arbeitsrecht, selbst die (rudimentären) arbeitsrechtlichen Vorschriften des BGB (§§ 611 ff.) waren noch nicht in Kraft. Zwar waren die arbeitsrechtlichen Regelungen des HGB von Anfang an lückenhaft[2]. Immerhin waren aber doch zentrale arbeitsrechtliche Fragen wie Gehaltszahlung, Kündigung, Zeugnis, Konkurrenztätigkeit, Arbeitsschutz etc. geregelt.

2   **II. Bedeutung.** Im Laufe der Zeit haben die arbeitsrechtlichen Regeln des sechsten Abschnittes des HGB erheblich **an Bedeutung verloren**. Das Konzept eines segmentierten Arbeitsrechts (für kaufmännische Angestellte im HGB, für technische Angesellte in der GewO, für alle übrigen ArbN in §§ 611 ff. BGB) hat sich nicht bewährt und ist im Laufe der Zeit stillschweigend aufgegeben worden. Die meisten arbeitsrechtlichen Normen finden sich heute in Einzelgesetzen, die für alle ArbN unterschiedslos gelten. Demzufolge sind im Laufe der Zeit diverse Vorschriften aus den §§ 59 ff. aufgehoben worden, sofern sie mit spezialgesetzlichen Regelungen oder den arbeitsrechtlichen Regelungen des BGB in Widerspruch standen (zB die §§ 63, 66 bis 73 sowie 76 bis 82). Soweit die arbeitsrechtlichen Regelungen des HGB in Kraft geblieben sind, haben sie überwiegend nur noch sehr begrenzte oder gar keine Bedeutung. Bezeichnender Ausdruck dafür war Anlage 1 zum Deutsch-Deutschen Einigungsvertrag vom 31.8.1990[3], wonach die §§ 62 Abs. 2 bis 4, 63, 64, 73, 75 Abs. 3, 75b Satz 2 und 83 in den neuen Bundesländern nicht für anwendbar erklärt wurden.

3   Ganz anders verlief die Entwicklung hinsichtlich der Regelungen zum **gesetzlichen und nachvertraglichen Wettbewerbsverbot** (§§ 60, 74 ff.) sowie zu **Provisionsvereinbarungen** (§ 65 iVm. §§ 87 ff.). Diese Regelungskomplexe sind bis heute nicht spezialgesetzlich geregelt worden, auch im subsidiär geltenden Arbeitsrecht des BGB (zur Subsidiarität s. Art. 2 Abs. 1 EGHGB) findet sich dazu keine Regelung. Statt dessen wendet die Rspr. diese Regelungen über den Bereich der kaufmännischen Angestellten hinaus mittlerweile für alle ArbN (auch zum Beispiel technische Angestellte oder gewerbliche ArbN) an[4]. Die Bedeutung dieser Vorschriften ist also heute größer als bei In-Kraft-Treten des HGB.

4   Die **Handelsrechtsreform im Jahre 1998** hat die Überarbeitung der arbeitsrechtlichen Vorschriften des HGB bewusst ausgeklammert. Der Gesetzgeber hielt diese Vorschriften zwar durchweg für reformbedürftig. Ihre Überarbeitung lasse sich aber sinnvollerweise nur im Rahmen einer umfassenden Neu-Kodifikation des Arbeitsvertragsrechts bewerkstelligen und solle deshalb dieser vorbehalten bleiben[5]. Dass bislang alle Ansätze für eine Gesamtkodifikation des Arbeitsrechts trotz diverser verfassungsrechtlicher Aufträge gescheitert sind, steht auf einem anderen Blatt.

5   **III. Geltungsbereich.** Abzugrenzen ist der in den §§ 59 ff. geregelte kaufmännische Angestellte („Handlungsgehilfe") vom **Handelsvertreter**, der in den §§ 84 ff. geregelt ist. Die Abgrenzung zwischen kaufmännischen Angestellten und Handelsvertretern ist identisch mit der allgemeinen Abgrenzung zwischen ArbN und Selbständigen, deshalb kann insoweit auf die Kommentierung vor § 611 BGB verwiesen werden.

6   Die Vorschriften des sechsten Abschnitts gelten nach der gesetzlichen Konzeption ausschließlich für „Handlungsgehilfen", also für kaufmännische Angestellte. Gemäß § 83 sollte es hinsichtlich **anderer ArbN**, die in einem Handelsgewerbe tätig sind, bei den allgemeinen arbeitsrechtlichen Vorschriften bleiben. Dies betraf insb. die im kaufmännischen Betrieb tätigen Arbeiter und technischen Angestell-

---

[1] RGBl. S. 219. | [2] v. Hoyningen-Huene, vor § 59 HGB Rz. 1. | [3] B, Kapitel III BGBl. II, S. 959. | [4] Vgl. zu §§ 74 ff. HGB, BAG v. 13.9.1969 – 3 AZR 138/68, AP Nr. 24 zu § 611 BGB – Konkurrenzklausel. | [5] BR- Drs. 340/97, S. 45.

ten. Diese Einschränkung ist heute bedeutungslos, und konsequenterweise ist auch § 83 in den neuen Bundesländern nicht in Kraft gesetzt worden.

IV. TV. Besondere TV für kaufmännische Angestellte gibt es nicht. Die TV-Praxis in Deutschland folgt traditionell dem „Industrieverbandsprinzip", wonach TV jeweils für alle ArbN einer Branche abgeschlossen werden. Solche TV erfassen typischerweise alle kaufmännischen, technischen und sonstigen Angestellten und Arbeiter eines tarifgebundenen Unternehmens, und differenzieren nicht zwischen kaufmännischen Angestellten und sonstigen ArbN. Es gibt deshalb keine tarifvertraglichen Besonderheiten für kaufmännische Angestellte.

V. Drittbeziehungen (§§ 75f–h). Ein Fremdkörper innerhalb des sechsten Abschnitts sind die §§ 75f, g und h. Sie regeln nicht das unmittelbare Rechtsverhältnis zwischen ArbGeb und ArbN, sondern **Drittbeziehungen**. Während § 75f das Verhältnis zwischen mehreren ArbGeb betrifft, regeln §§ 75g und h die Vertretungsmacht des Handlungsgehilfen gegenüber Dritten.

59 [Handlungsgehilfe]

Wer in einem Handelsgewerbe zur Leistung kaufmännischer Dienste gegen Entgelt angestellt ist (Handlungsgehilfe), hat, soweit nicht besondere Vereinbarungen über die Art und den Umfang seiner Dienstleistungen oder über die ihm zukommende Vergütung getroffen sind, die dem Ortsgebrauch entsprechenden Dienste zu leisten sowie die dem Ortsgebrauch entsprechende Vergütung zu beanspruchen. In Ermangelung eines Ortsgebrauchs gelten die den Umständen nach angemessenen Leistungen als vereinbart.

Lit.: *van der Borght*, Das Recht des Handlungsgehilfen, 1909; *Bundfuss*, Handlungs- und Gewerbegehilfen, 1938; *Feiler*, Die arbeitsrechtliche Stellung des Handlungsgehilfen unter besonderer Berücksichtigung der Gesetzesnovellen von 1969, 1982; *Frantzen*, Die neue arbeitsrechtliche Gesetzgebung und ihre Bedeutung für den Handlungsgehilfen, 1930; *v. Hoyningen-Huene*, Die kaufmännischen Hilfspersonen, 1996; *Horrwitz*, Das Recht der Handlungsgehilfen und Handlungslehrlinge, 2. Aufl. 1905; *Ide*, Das Kaufmännische Arbeits-, Angestellten- und Berufsausbildungsverhältnis, 1991; *Klein*, Leitende Angestellte im Außendienst von Großunternehmen, 1983; *Krall*, Die Einordnung der Handlungsgehilfen unter dem Geltungsbereich des neuen Arbeitsrechts, 1928; *Küstner/Thume*, Handbuch zum gesamten Außendienstrechts, Band 3, 2. Aufl. 1998; *Moers*, Die Handlungsgehilfen auf Provisionsbasis, 1976; *Ramrath*, Entwicklung des Rechts der Handlungsgehilfen von den Kodifikationen bis zum Entwurf eines Arbeitsvertragsgesetzes, in Festgabe für Otto Sandrock, 1995, S. 255; *Tibertius*, Der Arbeitsvertrag des Kaufmännischen Angestellten in rechtlicher und soziologischer Darstellung unter besonderer Berücksichtigung des Tarif- und Schlichtungswesens, 1930; *Unbescheid*, Das Handlungsgehülfenverhältnis, 1909; *Wagner*, Die Besonderheiten beim Arbeitsverhältnis des Handlungsgehilfen, 1992; *Zitte*, Der Handlungsgehilfe, 1910.

I. Normengeschichte, Bedeutung. § 59 geht auf § 57 ADHGB zurück. § 59 hat zwei Funktionen. Zum einen definiert die Vorschrift den „Handlungsgehilfen", zum anderen enthält sie subsidiäre Regelungen zur Art der geschuldeten Dienste sowie zur Vergütung.

II. Handlungsgehilfe. Die Definition des „Handlungsgehilfen" ist mittlerweile **ohne Bedeutung**, da die Rspr. flächendeckend für alle Arten von ArbN gleiche Regelungen anwendet. Dies hat (zum Beispiel bei §§ 60, 74 ff.) zu einer Ausdehnung der handelsrechtlichen Vorschriften auf alle ArbN geführt. Umgekehrt werden mittlerweile alle im HGB nicht geregelten Rechtsfragen des Anstellungsverhältnisses von Handlungsgehilfen durch Normen anderer Arbeitsgesetze geregelt, und zwar auch für Handlungsgehilfen (siehe vor § 59 Rz. 2 ff.).

Handlungsgehilfe ist nur, wer in einem „**Handelsgewerbe**" angestellt ist. Der ArbGeb muss also Kaufmann nach §§ 1 ff. HGB sein. Handlungsgehilfe ist nur derjenige ArbN eines Kaufmanns, der „kaufmännische Dienste" zu leisten hat. Der Begriff „Handlungsgehilfe" ist also identisch mit dem „**kaufmännischen Angestellten**". In Abgrenzung zum Arbeiter muss die **geistige Arbeit überwiegen**. Maßgeblich ist die Verkehrsanschauung, die sich häufig aus TV ableiten lässt[1]. Die Unterscheidung zwischen Angestellten und Arbeitern ist geprägt von der Abgrenzung in der gesetzlichen SozV, diese Abgrenzung ist aber für § 59 nicht maßgeblich[2].

III. Umfang der Dienstleistungspflicht. Hinsichtlich des Umfangs der geschuldeten Dienste verweist § 59 HGB zunächst auf den **Arbeitsvertrag**. Sofern ein solcher keine besonderen Vereinbarungen enthält (was nach dem In-Kraft-Treten des NachwG nicht mehr zulässig ist), schuldet der Handlungsgehilfe „die dem Ortsgebrauch entsprechenden Dienste". Maßgeblich ist insoweit die Auffassung des Handelsverkehrs am Ort der Betriebsstätte, insoweit kann auf Auskünfte der zuständigen IHK zurückgegriffen werden[3]. Lässt sich zur Bestimmung der Dienstpflichten ein Ortsgebrauch nicht feststellen, so hat der kaufmännische Angestellte nach § 59 Satz 2 „angemessene" Dienstleistungen zu erbringen. Diese Formulierung bedeutet nicht, dass der ArbGeb das Recht hätte, den Inhalt der Leistungspflicht

---

1 BAG v. 29.11.1958 – 2 AZR 245/58. | 2 BAG v. 29.11.1958 – 2 AZR 245/58. | 3 *v. Hoyningen-Huene*, § 59 HGB Rz. 170; Heymann/*Henssler*, § 59 HGB Rz. 52.

einseitig nach § 315 BGB festzulegen. Vielmehr gilt das als vereinbart, was üblicherweise in vergleichbaren Positionen als Dienst zu leisten ist[1]. Das allgemeine arbeitsrechtliche Weisungsrecht (siehe die Erläuterungen zu § 611 BGB und § 106 GewO) bleibt allerdings von § 59 Satz 2 unberührt.

5   **IV. Vergütungsanspruch.** Hinsichtlich der Vergütung regelt § 59, dass mangels besonderer Vereinbarung Anspruch auf die **dem Ortsgebrauch entsprechende Vergütung** besteht. Daraus wird geschlossen, dass der Begriff des Handlungsgehilfen des § 59 voraussetzt, dass **gegen Entgelt** gearbeitet wird. Unentgeltliche Tätigkeit fällt damit nicht unter die §§ 59 ff. Allerdings können dann die allgemeinen arbeitsrechtlichen Regelungen gelten, weil die Zahlung von Entgelt nach herrschender Auffassung nicht konstitutives Merkmal eines Arbeitsverhältnisses ist[2].

6   Will sich der Handlungsgehilfe auf § 59 berufen und die ortsübliche Vergütung geltend machen, muss er **beweisen**, dass keine ausdrückliche Vereinbarung über die Vergütungshöhe getroffen war[3]. Ein wichtiges Indiz für die ortsübliche Vergütung sind **TV**[4]. Dabei darf allerdings nicht nur auf den tariflichen Grundlohn abgestellt werden, sondern auch auf die Summe der tariflichen Leistungen[5]. Zahlen ortsansässige vergleichbare ArbGeb mehr als die tariflich vorgesehene Vergütung (zum Beispiel an Standorten mit hohem Abwerbedruck), ist diese übertarifliche Vergütung „ortsüblich". Bei Zuweisung einer anderen Tätigkeit aufgrund des arbeitsrechtlichen Weisungsrechts kann eventuell eine andere Vergütung „ortsüblich" werden. Die Auffangregel des § 612 BGB (Anspruch auf taxmäßige Vergütung bei Fehlen einer vertraglichen Regelung) ist enger als § 59, weil nicht auf die Ortsüblichkeit abgestellt wird. Im Bereich des § 59 ist deshalb § 612 BGB nicht anwendbar[6]. Lässt sich eine ortsübliche Vergütung nicht feststellen, ist nach § 59 Satz 2 die „angemessene" Vergütung geschuldet (vgl. die Erläuterungen zu § 612 BGB).

60 *[Gesetzliches Wettbewerbsverbot]*

(1) Der Handlungsgehilfe darf ohne Einwilligung des Prinzipals weder ein Handelsgewerbe betreiben noch in dem Handelszweige des Prinzipals auf eigene oder fremde Rechnung Geschäfte machen.

(2) Die Einwilligung zum Betrieb eines Handelsgewerbes gilt als erteilt, wenn dem Prinzipal bei der Anstellung des Gehilfen bekannt ist, dass er das Gewerbe betreibt, und der Prinzipal die Aufgabe des Betriebs nicht ausdrücklich vereinbart.

Lit.: *Bauer/Diller*, Wettbewerbsverbote, 3. Aufl. 2002, *Buchner*, Das Wettbewerbsverbot während der Dauer des Arbeitsverhältnisses, Schriften zur AR-Blattei, Neue Folge Bd. 2, 1995; *Gaul D.*, Die Kennzeichnung des unerlaubten Wettbewerbs bei arbeitsrechtlichen Wettbewerbsbeschränkungen, BB 1984, 346; *Glöckner*, Nebentätigkeitsverbote im Individualarbeitsrecht, 1993; *Grunsky*, Wettbewerbsverbote für Arbeitnehmer, 2. Aufl. 1987; *Hohn*, Wettbewerbsverbot mit Arbeitnehmern und Handelsvertretern, DB 1971, 94; *Kempen/Kreuder*, Nebentätigkeit und arbeitsrechtliches Wettbewerbsverbot bei verkürzter Arbeitszeit, AuR 1994, 218; *Kunz*, Betriebs- und Geschäftsgeheimnisse und Wettbewerbsverbot während der Dauer und nach Beendigung des Anstellungsverhältnisses, DB 1993, 2482; *Röhsler/Borrmann*, Wettbewerbsbeschränkungen für Arbeitnehmer und Handelsvertreter, 1981; *Weisemann/Schrader*, Wettbewerbsverbote während der Dauer und nach Beendigung eines Arbeitsverhältnisses, DB 1980, Beil. 4.

1   **I. Bedeutung.** § 60 ist (neben §§ 74 ff.) die heute wichtigste arbeitsrechtliche Vorschrift des HGB. Die ständige Rspr. wendet die Vorschrift über den Kreis der Handlungsgehilfen hinaus auf **alle ArbN** an[7], wobei die Rspr. sich allerdings nicht ausdrücklich auf § 60 analog beruft, sondern entsprechende Grundsätze aus den auf §§ 241, 242 BGB beruhenden arbeitsvertraglichen Nebenpflichten herleitet.

2   § 60 HGB enthält **kein generelles Nebentätigkeitsverbot**. Ganz im Gegenteil folgt aus Art. 12 GG, dass der ArbGeb grundsätzlich dem ArbN nicht pauschal sämtliche Nebentätigkeiten verbieten kann (sofern diese nicht die Arbeitsfähigkeit des ArbN zu stark beeinträchtigen). § 60 bezweckt nur die Vermeidung von **Interessenkollisionen**[8]. Soweit Nebentätigkeiten von den speziellen Verboten des § 60 nicht erfasst werden, richtet sich ihre Zulässigkeit nach allgemeinem Arbeitsrecht (s. die Erläuterungen zu § 611 BGB). Eine Nebentätigkeit, die nicht unter § 60 fällt, ist also nicht per se zulässig.

3   § 60 ist im Zusammenhang mit § 61 zu sehen. § 60 regelt den **Inhalt** des Verbots, § 61 die **Folgen von Verstößen**.

4   **II. „Prinzipal".** § 60 spricht in der altmodischen Sprache des vorvorigen Jahrhunderts vom „Prinzipal", damit ist der **vertragliche ArbGeb** gemeint. Vertraglicher ArbGeb kann entweder eine Handelsgesellschaft oder aber ein Einzelkaufmann sein. Soweit das HGB den Begriff des „Prinzipals" in Bezug

---

1 *v. Hoyningen-Huene*, § 59 HGB Rz. 171. | 2 *Heymann/Henssler*, § 59 HGB Rz. 18; *v. Hoyningen-Huene*, § 59 HGB Rz. 269. | 3 *Heymann/Henssler*, § 59 HGB Rz. 103; RG v. 4.4.1922 – IV 1285, RGZ 21, 57, 46. | 4 BAG v. 26.9.1990 – 5 AZR 112/90, DB 1991, 391. | 5 ArbG Essen v. 1.2.1977 – 6 Ca 3134/76, BB 1978, 255. | 6 *Heymann/Henssler*, § 59 HGB Rz. 103; zur Ortsüblichkeit s. auch *Gumpert*, BB 1978, 265. | 7 Seit BAG v. 17.10.1969 – 3 AZR 442/68, AP Nr. 7 zu § 611 BGB – Treuepflicht; vgl. BAG v. 21.10.1970 – 3 AZR 479/69, AP Nr. 13 zu § 242 BGB – Auskunftspflicht. | 8 BAG v. 5.5.1970 – 3 AZR 384/69, AP Nr. 4 zu § 60 HGB; BAG v. 3.5.1983 – 3 AZR 62/81, AP Nr. 10 zu § 60 HGB.

auf bestimmte Verhaltenspflichten verwendet, treffen diese Pflichten bei einer Handelsgesellschaft deren **Organe** (Geschäftsführer, Vorstand etc.).

§ 60 ist **kein Verbotsgesetz** iSv. § 134 BGB, so dass sämtliche verbotswidrig durchgeführten Rechtsgeschäfte des Handlungsgehilfen wirksam sind. 5

III. Zeitlicher Anwendungsbereich. Das Konkurrenzverbot des § 60 gilt für die **Dauer des Arbeitsverhältnisses**. Danach gelten die §§ 74 ff. Da eine **Freistellung** den rechtlichen Bestand des Arbeitsverhältnisses unberührt lässt, gilt auch während der Freistellungszeit § 60, nicht §§ 74 ff.[1]. Dass im Fall einer Freistellung der ArbN die Obliegenheit hat, gem. § 615 Satz 2 BGB eine anderweitige Tätigkeit aufzunehmen, ändert an der Geltung des § 60 nichts. Der ArbN muss sich also auf konkurrenzfreie Tätigkeiten beschränken[2]. 6

Das gesetzliche Wettbewerbsverbot des § 60 gilt erst ab Beginn der Tätigkeit (**Arbeitsaufnahme**). Wird der Arbeitsvertrag vorher geschlossen, gilt das Wettbewerbsverbot aus § 60 in der Zeit bis zur Arbeitsaufnahme nicht, allerdings kann die allgemeine Treuepflicht Wettbewerbshandlungen des ArbN entgegenstehen. Ob der ArbN den Dienst antritt oder (unter **Vertragsbruch**) die Aufnahme des Dienstes verweigert, ist für das In-Kraft-Treten des gesetzlichen Wettbewerbsverbotes aus § 60 HGB unerheblich. 7

Kündigt der ArbGeb wegen Vertragsverletzung **fristlos**, so kann aus § 628 Abs. 2 BGB die Pflicht des ArbN folgen, sich bis zum nächsten ordentlichen Kündigungstermin entsprechend § 60 einer Konkurrenztätigkeit zu enthalten[3]. 8

Besondere Probleme entstehen, wenn eine **arbeitgeberseitige Kündigung unwirksam** ist. Akzeptiert der ArbN die unwirksame Kündigung, kann § 60 ab dem Beendigungszeitpunkt nicht mehr gelten[4]. Wehrt sich dagegen der ArbN durch Kündigungsschutzklage, so verhält er sich widersprüchlich, wenn er gleichzeitig gegen § 60 verstößt. Ebenso widersprüchlich handelt allerdings auch der ArbGeb, wenn er sich einerseits auf die Beendigung des Arbeitsverhältnisses beruft, andererseits aber den ArbN an § 60 festhalten will. Das BAG hat in einer umstrittenen Entscheidung vom 25.4.1991[5] die Auffassung vertreten, der Anspruch aus § 60 bestehe für die Dauer des Kündigungsschutzverfahrens fort. Verstoße der ArbN dagegen, könne der ArbGeb mit einer neuen fristlosen Kündigung reagieren. Nach einer vermittelnden Auffassung[6] soll der ArbGeb die Unterlassung von Wettbewerbshandlungen bis zum rechtskräftigen Abschluss des Kündigungsschutzverfahrens nur dann fordern können, wenn er dem ArbN gleichzeitig eine monatliche Entschädigung mindestens in Höhe der gesetzlichen Mindest-Karenzentschädigung gem. § 74 Abs. 2 anbietet. Stelle sich dann später heraus, dass die Kündigung unwirksam war, könne der ArbGeb die Zahlungen mit der dann geschuldeten Vergütungsfortzahlung verrechnen. 9

Während des **Ruhestands** gilt § 60 nicht, auch wenn eine Betriebsrente gezahlt wird[7]. 10

Besondere Probleme entstehen bei **Teilzeitarbeit**. Der ArbN hat ein durch Art. 12 GG geschütztes Interesse an der vollen wirtschaftlichen Verwertung seiner Arbeitskraft. Allerdings kann dies nicht bedeuten, dass der TeilzeitArbN beliebig weitere konkurrierende Teilzeitarbeitsverhältnisse eingehen und in der gleichen Branche als „Diener zweier Herren" agieren dürfte. § 60 wird im Teilzeitarbeitsverhältnis nicht per se hinfällig, allerdings kann die Besonderheit des Teilzeitverhältnisses eine großzügige Anwendung von § 60 bedingen[8]. 11

IV. Reichweite des Verbots. Inhaltlich enthält § 60 zwei verschiedene Verbote. Zum einen ist der Betrieb eines jeglichen **Handelsgewerbes** verboten, zum anderen das **Geschäftemachen** im Handelszweig des Prinzipals. Zu den Rechtsfolgen von Verstößen gegen § 60 s. die Erläuterungen zu § 61. 12

1. Betrieb eines anderen Handelsgewerbes. a) Verfassungskonforme Einschränkung (Konkurrenzschutz). Das allgemeine Verbot, neben dem Arbeitsverhältnis zum Prinzipal jedwedes andere Handelsgewerbe zu betreiben, ist nach einhelliger Auffassung **mit der Berufsfreiheit des Art. 12 GG unvereinbar**. Deshalb muss unstreitig diese Alternative des § 60 **verfassungskonform** dahingehend **ausgelegt** werden, dass der Betrieb eines Handelsgewerbes durch den Handlungsgehilfen nur dann verboten ist, wenn es ein Handelsgewerbe **im Handelszweig des ArbGeb** ist und deshalb eine Schädigungsgefahr besteht[9]. Alle anderen Handelsgewerbe kann der Handlungsgehilfe ohne Verstoß gegen § 60 betreiben. 13

b) Handelsgewerbe. Das „Handelsgewerbe" ist in § 1 Abs. 2 HGB definiert. Danach ist Handelsgewerbe jeder Gewerbebetrieb, sofern er nach Art oder Umfang einen kaufmännischen Geschäftsbetrieb erfordert. Der kaufmännische Geschäftsbetrieb ist gekennzeichnet durch kaufmännische Buchführung und 14

---

1 BGH v. 16.11.1954 – I ZR 180/53, AP Nr. 1 zu § 60 HGB; Heymann/*Henssler*, § 60 HGB Rz. 6; BAG v. 3.6.1958 – 2 AZR 406/55, AP Nr. 9 zu § 59 HGB. | 2 Streitig, einschr. v. Hoyningen/Huene, § 60 HGB Rz. 15; Heymann/*Henssler*, § 60 HGB Rz. 7. | 3 BAG v. 9.5.1975 – 3 AZR 352/74, AP Nr. 8 zu § 628 BGB. | 4 Heymann/*Henssler*, § 60 HGB Rz. 8. | 5 BAG v. 25.4.1991 – 2 AZR 624/90, AP Nr. 104 zu § 626 BGB. | 6 LAG Köln v. 4.7.1995, AP Nr. 9 zu § 75 HGB; zust. *Hoß*, DB 1997, 1818. | 7 v. Hoyningen-Huene, § 60 HGB Rz. 23. | 8 Ausf. *Kempen/Kreuder*, AuR 1994, 218 ff. | 9 BAG v. 25.5.1970 – 3 AZR 384/69, AP Nr. 4 zu § 60 HGB; BAG v. 7.9.1972 – 2 AZR 486/71, AP Nr. 7 zu § 60 HGB; BAG v. 3.5.1983 – 2 AZR 62/81, AP Nr. 10 zu § 60 HGB.

Bilanzierung sowie kaufmännische Bezeichnung[1]. Maßgeblich ist stets das Gesamtbild[2]. Nach der Rspr.[3] ist regelmäßig ein mindestens sechsstelliger Jahresumsatz erforderlich. Auf die Art des Gewerbes (Branche, Art der Tätigkeit) kommt es seit der grundlegenden Änderung der §§ 1 ff. durch das Handelsrechtsreformgesetz vom 22.6.1998[4] nicht mehr an.

15 c) **Betreiben/Verbreitung.** § 60 verbietet den „**Betrieb**" des anderweitigen Handelsgewerbes. Dieses Merkmal bereitet erhebliche Abgrenzungsschwierigkeiten. Einigkeit besteht noch darin, dass § 60 sowohl die **einzelkaufmännische** Tätigkeit als auch die Tätigkeit als persönlich haftender **Gesellschafter einer oHG oder KG** sowie die Tätigkeit als **Vertretungsorgan einer juristischen Person** verbietet[5]. Dagegen soll eine nur **kapitalmäßige Beteiligung** (Aktionär, stiller Gesellschafter, Kommanditist) von § 60 nicht erfasst sein[6], weil der Handlungsgehilfe auf die Entscheidungen des Unternehmens keinen Einfluss habe. Das überzeugt nicht. Richtigerweise kann ein „Betreiben" je nach den Umständen auch hier vorliegen, insb. bei entsprechender Regelung der Stimm- und Geschäftsführungsbefugnis im Gesellschaftsvertrag. Unabhängig davon kann die finanzielle Beteiligung an einem anderen Unternehmen als „Geschäftemachen" iSv. Abs. 1 Alt. 2 (s. Rz. 21 ff.) angesehen werden[7].

16 In der Praxis von Bedeutung ist die Abgrenzung zwischen dem tatsächlichen „Betreiben" eines Handelsgewerbes von **zulässigen Vorbereitungshandlungen.** Nach einhelliger Auffassung bedeutet § 60 nicht, dass der Handlungsgehilfe während der Dauer des Arbeitsverhältnisses keine Vorbereitungshandlungen für eine erst nach Ende des Arbeitsverhältnisses beginnende Konkurrenztätigkeit treffen darf. Die Einzelheiten sind streitig. Ohne weiteres zulässig ist der **Abschluss vorbereitender Verträge**, solange noch keine werbende Tätigkeit entfaltet wird. So darf der Handlungsgehilfe beispielsweise **Geschäftsräume** mieten[8], **Vorstellungsgespräche** bei Konkurrenzunternehmen durchführen[9], die **Berufszulassung** betreiben[10], **Waren kaufen oder Mitarbeiter anwerben**[11]. Zulässig ist auch der **Abschluss eines GmbH-Vertrages** nebst **Eintragung ins Handelsregister**[12], der **Abschluss eines Franchisevertrags**[13] oder der Eintrag eines **Warenzeichens**[14]. Zulässig sein müssen auch das **Einholen von Geschäftsinformationen, Messebesuche, Kreditaufnahme** etc. Entscheidend ist jeweils die aktuelle Interessengefährdung aus Sicht des ArbGeb[15]. Die Grenze des Erlaubten wird allerdings überschritten, wenn der Handlungsgehilfe während des Arbeitsverhältnisses bereits für sein künftiges Unternehmen **wirbt**[16] oder konkret versucht, **Kunden des ArbGeb abzuwerben**[17].

17 Das Verbot des Betreibens eines Handelsgewerbes verbietet auch den Betrieb durch **Bevollmächtigte** oder **Treuhänder (Strohmann)**[18]. Ob der Handlungsgehilfe das Handelsgewerbe für **eigene oder fremde Rechnung** führt, ist unerheblich[19].

18 d) **Konkurrenzsituation.** Wann im Einzelfall eine konkurrierende gewerbliche Tätigkeit vorliegt, ist außerordentlich schwer zu bestimmen. Maßgeblich ist – in Anlehnung an die Fusionskontrolle des GWB – der **relevante Markt**. So kann beispielsweise ein Konkurrenzverhältnis zwischen einem Groß- und einem Einzelhändler regelmäßig nicht vorliegen. Soweit es um Herstellung und Vertrieb technisch verschiedener Produkte geht, kann durchaus ein Konkurrenzverhältnis vorliegen, wenn die verschiedenen Produkte am Markt substituierbar sind, was insb. für Vertriebsmitarbeiter von Bedeutung ist[20]. Von besonderen Ausnahmen abgesehen wird ein Konkurrenzverhältnis auch nicht dadurch ausgeschlossen, dass beide Unternehmen in verschiedenen Preissegmenten tätig sind, ihre Marktbekanntheit unterschiedlich ist oder sie in unterschiedlichem Umfang Eigenherstellung betreiben oder zukaufen[21].

19 Ändert sich der Geschäftsgegenstand des ArbGeb während des Arbeitsverhältnisses, kommt es immer auf den **aktuellen Stand** an. Eine ursprünglich zulässige Nebentätigkeit kann also im Laufe der Zeit unzulässig werden (zu beachten ist allerdings Abs. 2!)[22]. Ein genereller Bestandsschutz zugunsten des Handlungsgehilfen kommt nicht in Betracht[23]. Im Einzelfall kann aber Rücksichtnahme des ArbGeb geboten sein, insb. wenn der ArbN erhebliche Investitionen in seine Nebentätigkeit getätigt hat. Wurde im Arbeitsvertrag vorsorglich vereinbart, dass eine (bei Vertragsschluss nicht konkurrierende) Nebentätigkeit ausdrücklich erlaubt sein sollte, und wird diese Nebentätigkeit durch Veränderungen im Tätigkeitsfeld des Unternehmens nachträglich zu einer Konkurrenztätigkeit, bleibt der ArbGeb an die vertragliche Gestattung gebunden. Allerdings kommt eine Änderungskündigung in Be-

---

1 *Baumbach/Hopt*, § 1 HGB Rz. 23. | 2 BGH v. 28.4.1960 – II ZR 239/58, BB 1960, 917; OLG Stuttgart v. 15.10.1973 – 8 W 169/83, OLGZ 74, 132. | 3 Beispiele bei *Baumbach/Hopt*, § 1 HGB Rz. 24. | 4 BGBl. I S. 1474. | 5 BAG v. 15.2.1962 – 5 AZR 79/61, AP Nr. 1 zu § 61 HGB. | 6 *v. Hoyningen-Huene*, § 60 HGB Rz. 36. | 7 *v. Hoyningen-Huene*, § 60 HGB Rz. 36. | 8 BAG v. 30.1.1963 – 2 AZR 319/62, AP Nr. 3 zu § 60 HGB. | 9 *Grunsky*, S. 17. | 10 BAG v. 13.6.1958 – 1 AZR 491/57, BB 1958, 877. | 11 BAG v. 12.5.1972 – 3 AZR 401/71, AP Nr. 6 zu § 60 HGB; LAG Kiel v. 24.1.1956 – 2 Sa 224/55, AP Nr. 2 zu § 60 HGB. | 12 BAG v. 7.9.1972 – 2 AZR 486/71, AP Nr. 7 zu § 60 HGB; LAG Kiel v. 24.1.1956 – 2 Sa 224/55, AP Nr. 2 zu § 60 HGB. | 13 BAG v. 30.5.1978 – 2 AZR 598/76, AP Nr. 8 zu § 60 HGB. | 14 BAG v. 13.6.1958 – 1 AZR 491/57, BB 1958, 877. | 15 *Heymann/Henssler*, § 60 HGB Rz. 14. | 16 *Röhsler/Borrmann*, S. 32; *Staub/Konzen/Weber*, § 60 HGB Rz. 17. | 17 BAG v. 24.4.1970 – 3 AZR 324/69, AP Nr. 5 zu § 60 HGB; LAG Hamm, v. 24.8.1971– 3 Sa 334/71, DB 1971, 2515. | 18 *Staub/Konzen/Weber*, § 60 HGB Rz. 11; *Heymann/Henssler*, § 60 HGB Rz. 11; *v. Hoyningen-Huene*, § 60 HGB Rz. 34. | 19 *Staub/Konzen/Weber*, § 60 HGB Rz. 11; *Heymann/Henssler*, § 60 HGB Rz. 11; *v. Hoyningen-Huene*, § 60 HGB Rz. 34. | 20 LAG Hess. v. 10.2.1997 – 10 Sa GA 2269/96, LAGE § 74a HGB Nr. 1. | 21 Ausf. *Bauer/Diller*, Rz. 123 ff. | 22 *Heymann/Henssler*, § 50 HGB Rz. 16. | 23 So aber *Schaub*, ArbRHdb, § 57 Rz. 4.

tracht, wenn die Fortführung der Nebentätigkeit eine ernsthafte Gefährdung für den ArbGeb wäre. Die dargelegten Grundsätze für die Maßgeblichkeit nachträglicher Änderungen gelten auch beim **Betriebsübergang**. Wird beispielsweise im Zuge des Betriebsübergangs der Betrieb in eine größere betriebliche Einheit überführt, erstreckt sich das gesetzliche Verbot aus § 60 auch auf die neu hinzugekommenen Geschäftszweige, was dazu führen kann, dass der Handlungsgehilfe ein bislang zulässiges Gewerbe aufgeben muss[1].

2. Verbot des Geschäftemachens. Nach der 2. Alternative von § 60 Abs. 1 darf der Handlungsgehilfe auch nicht „für eigene oder fremde Rechnung Geschäfte machen". Das Verbot erfasst die Tätigkeit **im eigenen wie im fremden Namen**. Der Handlungsgehilfe darf also insb. nicht als ArbN, Handlungsgehilfe oÄ für ein Konkurrenzunternehmen tätig werden[2]. Auch das Handeln durch Strohmänner ist verboten[3].

a) Geschäftemachen. Der Begriff des Geschäftemachens muss vor dem Hintergrund des Normzwecks gesehen werden. Voraussetzung ist, dass ArbGeb und Handlungsgehilfe als Wettbewerber auftreten. Daran fehlt es einerseits, wenn der Handlungsgehilfe dem ArbGeb als **Abnehmer oder Anbieter** gegenübertritt[4]. Andererseits reicht **nicht jede Aktivität** zugunsten eines Wettbewerbers. Erforderlich ist eine echte Teilnahme am Geschäftsverkehr mit Gewinnerzielungsabsicht[5]. Nicht erfasst ist deshalb eine Tätigkeit, die nur der **Befriedigung privater Bedürfnisse** dient (der Angestellte eines Autohauses verkauft seinen Privat-Pkw). Ebenso wenig untersagt sind Tätigkeiten für ein Konkurrenzunternehmen ohne **spekulativ-unternehmerische Komponente**. So verstößt nicht gegen § 60, wer im Rahmen einer Nebentätigkeit für ein Konkurrenzunternehmen lediglich **Schreib- oder Buchhaltungsarbeiten** durchführt. Im Einzelnen kann die Abgrenzung allerdings schwierig sein. So darf der oben zitierte Verkäufer in einem Autohaus sicherlich nicht als Nebentätigkeit Verkäufer eines anderen Autohauses sein, jedoch für das andere Autohaus Autos reparieren. Ein Grenzfall wäre aber die – ansonsten für unproblematisch gehaltene – Übernahme von Buchhaltungsarbeiten bei der Konkurrenz, da dadurch die Gefährdung von Geschäftsgeheimnissen nicht ausgeschlossen wäre. Maßgeblich sind immer die Besonderheiten des Einzelfalls. Auch das Gewähren eines **Kredits** an einen Wettbewerber kann unter § 60 fallen[6].

Auf die **Intensität** der Geschäfte kommt es nicht an[7]. Da § 60 bereits die bloße Gefährdung der Geschäftsinteressen des ArbGeb ausschließen will, nicht erst deren tatsächliche Beeinträchtigung, ist auch das bloße **Vorbereiten der Vermittlung und des Abschlusses von Geschäften** untersagt[8]. So verbietet § 60 beispielsweise das Vorfühlen bei Kunden zum Zwecke eines späteren Geschäftsabschlusses[9], die Unterstützung vertragsbrüchiger Kollegen bei Konkurrenztätigkeiten[10], der Eintritt in eine konkurrierende Gesellschaft[11], der Versuch, dem ArbGeb Geschäftsverbindungen abzuwerben[12] sowie allgemein das Anbieten von Diensten und Leistungen gegenüber Dritten im Handelszweig des ArbGeb[13].

Der Begriff des „Geschäftemachens" setzt zwar **Gewinnerzielungsabsicht** voraus. Nicht erforderlich ist aber, dass die Geschäfte erfolgreich sind und der Handlungsgehilfe daraus tatsächlich einen Gewinn zieht. Die Gewinnerzielungsabsicht braucht auch nicht unmittelbar zu sein. Deshalb fallen auch solche Geschäfte unter § 60, deren wirtschaftlicher Erfolg sich allenfalls **nach dem Ende des Arbeitsverhältnisses** einstellen kann (zB der Einkauf von Waren für einen später zu eröffnenden Konkurrenzbetrieb)[14].

b) Konkurrenzsituation. Die zweite Alternative des § 60 Abs. 1 erfasst ausdrücklich nur das Geschäftemachen „im Handelszweig des ArbGeb". Insoweit gilt das oben zur ersten Alternative Gesagte (Rz. 18 ff.) entsprechend. Ein **konzerndimensionaler Schutz** ist mit § 60 grundsätzlich nicht verbunden, so dass es dem Handlungsgehilfen nicht verboten ist, Geschäfte im Handelszweig eines mit dem ArbGeb verbundenen anderen Unternehmens zu tätigen[15]. Ein konzerndimensionaler Schutz wird auch nicht dadurch bewirkt, dass sonst enge Verflechtungen oder gar im qualifiziert-faktischer Konzern bestehen[16]. Keine Bedenken bestehen dagegen, wenn das Verbot aus § 60 durch vertragliche Vereinbarung auf Konzernunternehmen erweitert wird, sofern dafür ein betriebliches Bedürfnis besteht.

V. Einwilligung des ArbGeb. Das gesetzliche Wettbewerbsverbot aus § 60 ist **abdingbar**. Deshalb ist es (in den Grenzen des Art. 12 GG!) durchaus möglich, § 60 zu Ungunsten des ArbN zu **verschärfen**. Andererseits ist ohne Weiteres möglich, dass der ArbGeb auf § 60 ganz **verzichtet** oder dem ArbN **generell oder im Einzelfall** die Konkurrenztätigkeit erlaubt (dies folgt schon aus § 60 Abs. 2). Beweispflichtig

---

1 Siehe im einzelnen *Hoyningen-Huene*, § 60 HGB Rz. 53. | 2 Heymann/*Henssler*, § 60 HGB Rz. 12. | 3 Heymann/*Henssler*, § 60 HGB Rz. 19. | 4 BAG v. 3.5.1983 – AZR 62/81, BAGE 42, 329, BAG v. 3.5.1983 – 3 AZR 62/81, AP Nr. 10 unter B.II.2.c) d.Gr.; *Grunsky*, S. 7. | 5 BAG v. 15.2.1962 – 5 AZR 79/61, AP Nr. 1 zu § 61 HGB; BAG v. 24.4.1970 – 3 AZR 324/69, AP Nr. 5 zu § 60 HGB. | 6 RG v. 21.7.1937 – V 44/37, JW 1937, 2654. | 7 BAG v. 30.1.1963 – 2 AZR 319/62, AP Nr. 3 zu § 60 HGB. | 8 BAHG v. 30.1.1963 – 2 AZR 319/62, AP Nr. 3 zu § 60 HGB; BAG v. 24.4.1970 – 3 AZR 324/69, AP Nr. 5 zu § 60 HGB; BAG v. 12.5.1972 – 3 AZR 401/71, AP Nr. 6 zu § 60 HGB; BAG v. 15.2.1962 – 5 AZR 79/61, AP Nr. 1 zu § 61 HGB; *Röhsler/Borrmann*, S. 33. | 9 LAG Hess. v. 14.1.1969 – 5 Ta BV 3/68, BB 1970, 709. | 10 BAG v. 16.1.1975 – 3 AZR 72/74, AP Nr. 8 zu § 60 HGB. | 11 BAG v. 15.2.1962 – 5 AZR 79/61, AP Nr. 1 zu § 61 HGB. | 12 BAG v. 30.1.1963 – 2 AZR 319/62, AP Nr. 3 zu § 60 HGB. | 13 BAG v. 18.4.1984 – 4 AZR 427/2, AP Nr. 8 zu § 611 BGB – Treuepflicht. | 14 Heymann/*Henssler*, § 60 Rz. 18. | 15 BAG v. 24.6.1966 – 3 AZR 501/65, AP Nr. 2 zu § 74a HGB – Speiseeis; die Einzelheiten sind außerordentlich umstritten, ausf. zu der parallelen Problematik bei nachvertraglichen Wettbewerbsverboten *Bauer/Diller*, Rz. 129 ff. | 16 *v. Hoyningen-Huene*, § 60 HGB Rz. 43.

für eine solche Erlaubnis ist der ArbN, möglich ist sowohl die **(vorherige) Einwilligung** als auch die **(nachträgliche) Genehmigung**, wobei allerdings der ArbN das Genehmigungsrisiko trägt[1]. Eine unwiderruflich erklärte Zustimmung kann nur durch Änderungskündigung oder einvernehmlich beseitigt werden, es sei denn, der ArbGeb hat sich ausdrücklich den einseitigen Widerruf vorbehalten[2]. Die Genehmigung der Konkurrenztätigkeit kann auch konkludent (stillschweigend) erklärt werden. Eine solche stillschweigende Genehmigung kann beispielsweise darin liegen, dass der ArbGeb gegen eine ihm bekannte Konkurrenztätigkeit längere Zeit nicht einschreitet[3]. Die Genehmigung eines einzigen Geschäfts bedeutet regelmäßig nicht eine generelle Einwilligung in jedwede Konkurrenztätigkeit[4], ebenso wenig wie das Verbot der Konkurrenztätigkeit während der Arbeitszeit bedeutet, dass außerhalb der Arbeitszeit Konkurrenztätigkeit zulässig wäre[5].

26 Nach **Abs. 2** gilt die Einwilligung zum Betrieb eines Handelsgewerbes als erteilt, wenn der Unternehmer **bei Abschluss des Arbeitsvertrages** von einem bestehenden anderweitigen Handelsgewerbe weiß, aber dessen Aufgabe nicht ausdrücklich vertraglich vereinbart. Abs. 2 enthält also eine Fiktion, Schweigen gilt hier als Einwilligung. Die Fiktion tritt nur dann nicht ein, wenn die Aufgabe des Handelsgewerbes tatsächlich **vereinbart** wurde, ein bloßer **Widerspruch** oder Protest des ArbGeb reicht also nicht[6]. Abs. 2 gilt auch nicht für das **Geschäftemachen iSd. ersten Alternative** des Abs. 1[7]. Die Fiktion des § 60 Abs. 2 deckt allerdings nur Art und Umfang des konkurrierenden Handelsgewerbes, wie es sich für den Unternehmer bei Vertragsschluss darstellt. Stellt sich nachträglich heraus, dass Art und Umfang des Handelsgewerbes anders als angenommen waren oder verändern sich Art oder Umfang des Handelsgewerbes nachträglich, kann der ArbN sich auf die Fiktion des § 60 Abs. 2 nicht berufen.

61 [Verletzung des Wettbewerbsverbots]
(1) Verletzt der Handlungsgehilfe die ihm nach § 60 obliegende Verpflichtung, so kann der Prinzipal Schadensersatz fordern; er kann stattdessen verlangen, dass der Handlungsgehilfe die für eigene Rechnung gemachten Geschäfte als für Rechnung des Prinzipals eingegangen gelten lasse und die aus Geschäften für fremde Rechnung bezogene Vergütung herausgebe oder seinen Anspruch auf die Vergütung abtrete.

(2) Die Ansprüche verjähren in drei Monaten von dem Zeitpunkt an, in welchem der Prinzipal Kenntnis von dem Abschlusse des Geschäfts erlangt; sie verjähren ohne Rücksicht auf diese Kenntnis in fünf Jahren von dem Abschlusse des Geschäfts an.

Lit.: Siehe Literatur zu § 60.

1 **I. Bedeutung der Norm.** § 61 regelt die Folgen von **Verstößen gegen § 60**, sowohl im Hinblick auf den verbotenen Betrieb eines konkurrierenden Handelsgewerbes (§ 60 Abs. 1 Alt. 1) als auch im Hinblick auf verbotenes Geschäftemachen (§ 60 Abs. 1 Alt. 2). Die in § 61 geregelten Rechtsfolgen (Schadensersatz und Eintrittsrecht) sind **nicht abschließend**, daneben stehen die sich aus dem allgemeinen Schuldrecht ergebenden weiteren Sanktionen. § 61 Abs. 2 regelt die **Verjährung** von Ansprüchen aufgrund von Verstößen gegen § 60; die außerordentlich kurze Verjährungsfrist von drei Monaten wird in der Praxis häufig übersehen und ist eine **klassische Regressfalle** für Anwälte.

2 **II. Geltungsbereich.** Umstritten ist der Geltungsbereich des § 61. Während das Konkurrenzverbot des § 60 allgemein auf **alle ArbN** angewendet wird (dort allerdings aus §§ 241, 242 BGB abgeleitet wird, s. § 60 Rz. 1), sollen nach der Rspr. die besonderen Rechtsfolgen des § 61 (und dann auch die kurze Verjährung des Abs. 2) nicht für alle ArbN gelten, sondern nur für Handlungsgehilfen[8]. Ebenso wenig sollen die besonderen Rechtsfolgen des § 61 bei Verstößen gegen ein nachvertragliches Wettbewerbsverbot (gem. §§ 74 ff.) gelten[9]. Sachliche Gründe gegen eine analoge Anwendung des § 61 auf alle ArbN sind jedoch nicht ersichtlich, die angeordneten Rechtsfolgen erscheinen für alle ArbN angemessen[10]. Möglicherweise rühren die Bedenken der Rspr. daher, dass man die (versteckte) Verjährungsvorschrift des § 61 Abs. 2 nicht auf alle ArbN anwenden will. Die Frage der analogen Anwendbarkeit des § 61 auf alle ArbN spielt für den **Schadensersatzanspruch** keine Rolle (abgesehen von der Verjährung), weil sich ein Schadensersatzanspruch regelmäßig auch aus dem BGB (§ 280) ergeben würde. Wichtig ist diese Frage jedoch bzgl. der **Gewinnherausgabe** („Eintrittsrecht"), weil entsprechende Rechtsfolgen sonst nur aus § 687 Abs. 2 BGB ergeben können, wobei die Voraussetzungen des § 687 Abs. 2 BGB enger sind[11].

3 **III. Verschulden.** Nach herrschender Auffassung setzen die Ansprüche aus § 61 **Verschulden** des Handlungsgehilfen voraus, obwohl dies dem Wortlaut der Norm nicht zu entnehmen ist. Für den Scha-

---
1 BAG v. 16.6.1976 – 3 AZR 73/5, AP Nr. 8 zu § 611 BGB – Treuepflicht. | 2 Dazu RG v. 29.10.1896 – VI.167/96, RGZ 38, 18. | 3 *v. Hoyningen-Huene*, § 60 HGB Rz. 26. | 4 *Grunsky*, S. 30. | 5 BAG v. 12.5.1972 – 3 AZR 401/71, AP Nr. 6 zu § 60 HGB; RG v. 7.10.1924 – VII.887/23, RGZ 109, 55. | 6 *Heymann/Henssler*, § 60 HGB Rz. 24. | 7 *Heymann/Henssler*, § 60 HGB Rz. 23. | 8 LAG Berlin v. 17.2.1970 – 4 (5) Sa 115/67, BB 1970, 1215; wohl auch BAG v. 21.10.1970 – 3 AZR 479/69, AP Nr. 13 zu § 242 BGB – Auskunftspflicht. | 9 *Bauer/Diller*, Rz. 665 mwN. | 10 *v. Hoyningen-Huene*, § 61 HGB Rz. 5; *Röhsler/Borrmann*, S. 65; *Staub/Konzen/Weber*, § 61 HGB Rz. 21 f. | 11 Ausf. *v. Hoyningen-Huene*, § 61 HGB Rz. 5 f.

denersatzanspruch leuchtet das Verschuldenserfordernis unmittelbar ein, da Schadenersatzansprüche (von der Gefährdungshaftung abgesehen) stets Verschulden voraussetzen. Es ist nicht anzunehmen, dass der Gesetzgeber für die Schadenersatzpflicht andere Voraussetzungen aufstellen wollte als für das „Eintrittsrecht", so dass auch dafür Verschulden Voraussetzung ist[1]. Ein Verschulden kann insb. dann fehlen, wenn der Handlungsgehilfe irrtümlich von einer wirksamen Einwilligung ausging oder sich über den Umfang der Geschäftstätigkeit seines Dienstherrn nicht im Klaren war.

Nach den allgemeinen schuldrechtlichen Regeln (§ 280 BGB) läge die **Beweislast** für das Verschulden beim Handlungsgehilfen, dieser müsste das Nicht-Vertreten-Müssen beweisen. Dem steht allerdings § 619a BGB entgegen, wonach bei Schadenersatzansprüchen im Rahmen eines Arbeitsverhältnisses der ArbGeb die Beweislast für das Verschulden des ArbN trägt. Richtigerweise wird man hier **nach Sphären differenzieren** müssen. Hat der Wettbewerbsverstoß mit der betrieblichen Sphäre des Unternehmens (die die Rechtfertigung für die besondere Beweislastregel des § 619a BGB bildet) nichts zu tun, trifft den ArbN die Beweislast nach § 280 BGB. Das ist etwa der Fall, wenn der ArbN geltend macht, er sei irrtümlich von der Wirksamkeit einer Einwilligungserklärung ausgegangen. Hängt dagegen der Verstoß mit der betrieblichen Sphäre des ArbGeb zusammen (hat sich zB der ArbN über den Umfang des Geschäftsbetriebs des ArbGeb geirrt), greift die besondere Beweislastverteilung des § 619a BGB zu Lasten des ArbGeb[2].

IV. Weiter gehende Ansprüche. Neben den in § 61 geregelten Ansprüchen auf Schadenersatz und Gewinnherausgabe löst der Verstoß gegen § 60 zunächst **Unterlassungsansprüche** aus[3]. Voraussetzung eines Unterlassungsanspruchs ist, dass der Verstoß entweder noch andauert oder aber eine Wiederholungsgefahr besteht, wobei ein einmaliger Verstoß typischerweise die Wiederholungsgefahr indiziert. Der Anspruch wird regelmäßig durch **einstweilige Verfügung** durchgesetzt[4]. Daneben kommt auch eine verhaltensbedingte **Kündigung** (§ 1 KSchG) in Betracht, ggf. auch eine fristlose Kündigung aus wichtigem Grund[5]. Bei schweren Verstößen ist die Kündigung auch ohne vorherige Abmahnung zulässig.

Nicht möglich ist dagegen eine **Gehaltskürzung** für die Zeit des Verstoßes gegen das Wettbewerbsverbot[6]. Verbreitet – und im Rahmen der allgemeinen Regeln möglich – ist allerdings die Vereinbarung einer **Vertragsstrafe**[7].

V. Wahlrecht des ArbGeb/Auskunftsanspruch. § 61 Abs. 1 gibt dem ArbGeb ausdrücklich ein Wahlrecht zwischen Schadenersatz und Eintrittsrecht. Daraus folgt, dass beide Rechtsbehelfe **nicht kumulativ** geltend gemacht werden können. Das Wahlrecht muss der ArbGeb durch einseitige Willenserklärung ausüben, die nicht widerruflich ist[8]. Das Wahlrecht kann außergerichtlich, aber auch durch Erhebung einer entsprechenden Klage ausgeübt werden.

Nach herrschender Auffassung ist § 264 Abs. 4 BGB auf das Wahlrecht des ArbGeb nicht anwendbar. Der Handlungsgehilfe hat also nicht die Möglichkeit, den ArbGeb zur Vornahme seiner Wahl **aufzufordern** mit der Folge, dass mangels Ausübung des Wahlrechts dieses auf den Handlungsgehilfen übergehen würde[9].

Nach der Rspr. des BAG[10] kann das Wahlrecht des § 61 nur **einheitlich** für die gesamte vertragswidrige Tätigkeit ausgeübt werden. Das ist für eine Konkurrenztätigkeit, die sich als Einheit darstellt, sicherlich richtig. Wenn beispielsweise der Handlungsgehilfe als angestellter Handlungsreisender für ein Konkurrenzunternehmen tätig geworden ist, dann kann der ArbGeb sicherlich nicht hinsichtlich einiger Monate (oder Wochen oder Tage!) Schadenersatz geltend machen, hinsichtlich anderer Zeiträume dagegen das Eintrittsrecht ausüben. Soweit es jedoch um **vereinzeltes „Geschäftemachen"**[11] geht, ist kein Grund ersichtlich, vom ArbGeb eine einheitliche Wahl zu fordern. Ist beispielsweise der Handlungsgehilfe anderweitig als Handelsvertreter tätig geworden und hat er in dieser Eigenschaft verschiedene Geschäfte getätigt, so kann der ArbGeb durchaus hinsichtlich einzelner Geschäfte sein Eintrittsrecht ausüben, hinsichtlich der übrigen dagegen Schadenersatz fordern[12]. Maßgeblich für die Abgrenzung sind immer die Umstände des Einzelfalls.

Zur Vorbereitung der Ausübung des Wahlrechts steht dem ArbGeb ein Anspruch auf **Auskunft und Rechnungslegung** zu[13]. Dieser Auskunftsanspruch ergibt sich aus §§ 241, 242 BGB. Der Auskunftsanspruch besteht allerdings nur, wenn begründeter Anlass zu der Vermutung besteht, der Handlungsgehilfe habe gegen § 60 HGB verstoßen[14]. Der Auskunftsanspruch kann mit einem Anspruch auf Rech-

---

1 v. Hoyningen-Huene, § 61 HGB. Rz. 8; Heymann/Henssler, § 61 HGB Rz. 4. | 2 Siehe iE Bauer/Diller, Rz. 623 ff. | 3 BAG v. 17.10.1969 – 3 AZR 442/68, AP Nr. 7 zu § 611 BGB – Treuepflicht; LAG Köln v. 14.11.1989 – 11 Sa 930/89, LAGE § 611 BGB – Treuepflicht Nr. 1; Heymann/Henssler, § 61 HGB Rz. 16. | 4 LAG Hamm v. 7.4.1983 – 8 Ta 41/83, EzA § 935 ZPO Nr. 1. | 5 § 626 BGB, s. dort. | 6 BGH v. 19.10.1987 – II ZR 97/87, BB 1988, 88; v. Hoyningen-Huene, § 61 HGB Rz. 60. | 7 Umfassend dazu Bauer/Diller, Rz. 631 ff. | 8 § 263 Abs. 1 BGB. | 9 Statt aller v. Hoyningen-Huene, § 61 HGB Rz. 2; Staub/Konzen/Weber, § 61 HGB Rz. 5; Röhsler/Borrmann, S. 50. | 10 BAG v. 15.2.1962 – 5 AZR 79/61, AP Nr. 1 zu § 61 HGB. | 11 § 60 Abs. 1 Alt. 2. | 12 Ebenso v. Hoyningen-Huene, § 61 Rz. 3; Grunsky, S. 34. | 13 BAG v. 22.4.1967 – 3 AZR 347/66, AP Nr. 12 und BAG v. 21.10.1970 – 3 AZR 479/69, AP Nr. 13 zu § 242 BGB – Auskunftspflicht; BAG v. 16.6.1976 – 3 AZR 73/5, AP Nr. 8 zu § 611 BGB – Treuepflicht. | 14 BAG v. 12.5.1972 – 3 AZR 401/71, AP Nr. 6 zu § 60 HGB.

nungslegung (§ 259 BGB) verbunden werden[1]. Der Handlungsgehilfe muss alle Umstände mitteilen, die für den Schadenersatzanspruch bzw. das Eintrittsrecht relevant sein können, dies umfasst insb. auch die erzielten oder beabsichtigten Preise, Margen und Gewinne[2]. Das Auskunftsrecht geht nicht verloren, wenn der ArbGeb bereits zwischen Schadenersatz und Eintrittsrecht gewählt hat[3], so dass der ArbGeb beispielsweise Auskunft/Rechnungslegung und Schadenersatz gemeinsam im Wege der Stufenklage nach § 254 ZPO geltend machen kann, ebenso Auskunft/Rechnungslegung und Eintritt/ Gewinnherausgabe.

11 **VI. Schadenersatz.** Hinsichtlich des Schadenersatzanspruchs gelten im Rahmen des § 61 keine Besonderheiten. Es gelten die §§ 249 ff. BGB, so dass neben dem tatsächlich entstandenen Schaden auch Ersatz des **entgangenen Gewinns** (§ 252 BGB) verlangt werden kann. Maßgeblich ist dabei nicht der Gewinn, den der Handlungsgehilfe tatsächlich erzielt hat, sondern der hypothetische Gewinn, den der ArbGeb bei Vornahme des gleichen Geschäfts erzielt hätte (der höher oder niedriger sein kann)[4].

12 Verwertet der Handlungsgehilfe unerlaubt geistiges Eigentum seines Dienstherrn, kann der Schaden im Wege der „**Lizenzanalogie**" berechnet werden[5]. Der ArbGeb kann also diejenigen Lizenzgebühren verlangen, die er bei einer vertraglichen Lizenzvergabe erzielt hätte, wodurch die Darlegung des entgangenen Gewinns entbehrlich wird.

13 Erstattungsfähig sind auch Aufwendungen, die der ArbGeb zur **Aufdeckung** von Art und Umfang der Pflichtverletzung gemacht hat. Dies kann zB die Kosten einer externen Revision oder Detektivkosten umfassen, aber auch die Mehrarbeit anderer Mitarbeiter[6].

14 Im Übrigen ist bei der Bemessung des Schadenersatzes auch die oft übersehene Vorschrift des § 287 ZPO anwendbar, wonach das Gericht notfalls den Schaden **schätzen** muss. Die Möglichkeit der Schadenschätzung ist deshalb von besonderer Bedeutung, weil die **Darlegungs- und Beweislast** für den entstandenen Schaden der ArbGeb trägt. Im Hinblick auf entgangenen Gewinn kommt dem ArbGeb zwar die Beweiserleichterung des § 252 Satz 2 BGB zugute. Macht der ArbGeb entgangenen Gewinn geltend, muss er allerdings nachweisen, dass er bei vertragswidrigem Verhalten des Handlungsgehilfen das Geschäft selber hätte abschließen können[7]. Kann der ArbGeb dies nicht darlegen, kann er statt Schadenersatz das Eintrittsrecht ausüben[8]. Von vornherein ausgeschlossen ist ein Anspruch des ArbGeb auf entgangenen Gewinn, wenn er von dem verbotswidrigen Geschäft des Handlungsgehilfen keine Kenntnis erlangt hätte, wenn dieser sich korrekt verhalten hätte[9].

15 Der Schadenersatzanspruch kann mit Ersatzansprüchen aus § 826 BGB oder § 1 UWG zusammentreffen, wobei zu beachten ist, dass die kurze Verjährung des Abs. 2 auch für solche konkurrierenden Ansprüche gilt (s. unten). Während sich der Schadenersatzanspruch nach § 61 nur gegen den Handlungsgehilfen richtet, kommen Schadenersatzansprüche nach § 826 BGB oder § 1 UWG auch **gegenüber Dritten** in Betracht (zB dem ArbGeb, bei dem der Handlungsgehilfe die verbotswidrige Nebentätigkeit ausgeübt hat, und der die Verbotswidrigkeit kannte).

16 **VII. Eintrittsrecht. 1. Allgemeines.** Das „Eintrittsrecht" (Abs. 1 Alt. 2) ist rechtlich gesehen alles andere als ein Eintrittsrecht. Es ist nämlich gerade nicht so, dass der ArbGeb in irgendeiner Weise verlangen könnte, Partei **eines Rechtsgeschäfts** zu werden, welches der Handlungsgehilfe verbotswidrig abgeschlossen hat. Vielmehr bleiben alle vom Handlungsgehilfen verbotswidrig abgeschlossenen Rechtsgeschäfte **zivilrechtlich unverändert**. Dies gilt unabhängig davon, ob der Handlungsgehilfe auf eigene oder auf fremde Rechnung gehandelt hat. Hat er auf eigene Rechnung gehandelt (zB als Handelsvertreter), wird weder die Rechtsbeziehung zwischen dem Handlungsgehilfen/Handelsvertreter und dem Unternehmer noch die Rechtsbeziehung zwischen dem Unternehmer und dem Kunden tangiert. Gleiches gilt, wenn der Handlungsgehilfe auf fremde Rechnung tätig geworden ist, also etwa durch Geschäftsabschlüsse im Rahmen einer angestellten Nebentätigkeit. Auch hier bleibt das Rechtsverhältnis zwischen Handlungsgehilfen und Nebentätigkeits-ArbGeb ebenso unberührt wie das Rechtsverhältnis zwischen dem Nebentätigkeits-ArbGeb und dessen Geschäftskunden.

17 Die Bedeutung des „Eintrittsrechts" liegt darin, dass der ArbGeb die beim Handlungsgehilfen entstandenen **Vermögensvorteile abschöpfen** kann. Er hat also keine Schwierigkeiten bei der Schadensberechnung mehr (s.o.). Außerdem wird es häufig vorkommen, dass der beim Handlungsgehilfen entstandene Gewinn höher ist als der beim ArbGeb entstandene Schaden oder der Gewinn, den der ArbGeb bei Selbstausführung erzielt hätte. Von Bedeutung ist weiter, dass die Geltendmachung des Eintrittsrechts – anders als der Schadenersatzanspruch – nicht die Darlegung voraussetzt, dass der Geschäftsherr bei korrektem Verhalten des Handlungsgehilfen das Geschäft selbst hätte abschließen können.

---

1 BAG v. 22.4.1967 – 3 AZR 347/66, AP Nr. 12 zu § 242 BGB – Auskunftspflicht. | 2 BAG v. 12.5.1972 – 3 ARZ 401/71, AP Nr. 6 zu § 60 HGB. | 3 BAG v. 4.6.1969 – 5 AZR 459/68, AP Nr. 14 zu § 611 BGB – Lohnanspruch. | 4 v. Hoyningen-Huene, § 71 HGB Rz. 10. | 5 BAG v. 24.6.1986 – 3 AZR 486/84, AP Nr. 4 zu § 611 BGB – Betriebsgeheimnis. | 6 BAG v. 24.4.1970 – 3 AZR 324/69, AP Nr. 5 zu § 60; Grunsky, S. 32; v. Hoyningen-Huene, § 61 HGB Rz. 11. | 7 v. Hoyningen-Huene, § 61 HGB Rz. 13. | 8 RG v. 7.10.1924 – VII.887/23, RGZ 109, 355. | 9 Heymann/Henssler, § 61 HGB Rz. 5.

Entgegen der missverständlichen Formulierung von § 61 Abs. 1 Alt. 2 bezieht sich das Eintrittsrecht nicht nur auf Verstöße gem. § 60 Abs. 1 Alt. 2 (**Geschäftemachen**), sondern auch auf die 1. Alternative (Betreiben eines **konkurrierenden Handelsgewerbes**). 18

2. Tätigkeit auf eigene Rechnung. Soweit der Handlungsgehilfe auf eigene Rechnung tätig geworden ist, hat der ArbGeb Anspruch auf **Herausgabe des erzielten Gewinns** oder (bei noch nicht ausgeführtem Geschäft) auf Abtretung des Vergütungsanspruchs nebst der zum Beweis der Forderung dienenden Urkunden (§ 402 BGB). Die Geltendmachung des Herausgabeanspruchs lässt die Leistungspflichten des Handlungsgehilfen aus dem verbotswidrigen Geschäft gegenüber dem Vertragspartner unberührt. Die Abtretung des Vergütungsanspruchs bzw. der Anspruch auf Herausgabe der Vergütung kann allerdings nur gegen **Ersatz der Aufwendungen** erfolgen, bei bereits ausgeführtem Geschäft richtet sich der Anspruch auf Herausgabe des Gewinns (Vergütung abzgl. Aufwendungen, vgl. § 670 BGB)[1]. Allerdings hat der Handlungsgehilfe nach richtiger Auffassung **keinen Anspruch** darauf, dass ihm eine **Vergütung** (Unternehmerlohn) verbleibt[2]. Der ArbGeb wiederum hat keinen Anspruch darauf, das der Handlungsgehilfe ein **angefangenes Geschäft** zu Ende führt oder gar weitere gleichartige Geschäfte eingeht[3], auf jeden Fall hätte der Handlungsgehilfe ein Kündigungsrecht gem. § 671 Abs. 2 BGB. 19

Hat der ArbN verbotswidrig ein konkurrierendes Handelsgewerbe betrieben, steht dem ArbGeb das Eintrittsrecht nicht hinsichtlich aller Geschäfte dieses Handelsgewerbes zu, so dass nicht schlicht der Gesamtgewinn des Konkurrenzunternehmens abgeschöpft werden kann. Vielmehr bezieht sich das Eintritts- bzw. Abschöpfungsrecht nur auf **diejenigen Geschäfte** des Handelsgewerbes, die für den ArbGeb „konkurrierend" sind. Hat beispielsweise der Mitarbeiter eines Autohauses verbotswidrig ein Konkurrenzunternehmen eröffnet, welches neben Autos auch Motorräder verkauft, dann kann der ArbGeb nur die Erträge aus Autoverkäufen herausverlangen, nicht aber aus Motorradverkäufen[4]. 20

3. Eintritt in eine Gesellschaft. Ist der Handlungsgehilfe verbotswidrig in eine konkurrierende Gesellschaft eingetreten, kann wegen der Höchstpersönlichkeit der Gesellschafterstellung und des Schutzes der übrigen Gesellschafter der ArbGeb **nicht** verlangen, anstelle des Handlungsgehilfen **in die Gesellschaft eintreten** zu dürfen. Ebenso wenig kann er die Abtretung von Geschäftsanteilen verlangen[5]. Unzutreffend ist allerdings die Auffassung des BAG, der ArbGeb könne auch nicht die **Herausgabe des Gewinnanteils** verlangen[6]. Die Auffassung des BAG, ein Anspruch auf Herausgabe des Gewinnanteils sei eine wesentliche Umgestaltung der Gesellschafterstellung, die von § 61 Abs. 1 nicht mehr gedeckt sei, überzeugt nicht. Wenn der Beitritt zur Gesellschaft als solche ein verbotenes Geschäft darstellt, dann ist der Gewinnanspruch unmittelbar der durch das verbotene Geschäft erzielte Vermögensvorteil. Auch wird die Rechtsstellung der übrigen Gesellschafter durch die Herausgabe des Gewinnanspruchs nicht beeinträchtigt[7]. Nichts anderes gilt, wenn der Handlungsgehilfe verbotswidrig eine Ein-Mann-Gesellschaft gründet. Auch hier kann der ArbGeb zwar die Gewinnansprüche fordern, nicht aber die Gesellschaft selbst übernehmen oder in sie als Gesellschafter eintreten[8]. 21

4. Tätigkeit auf fremde Rechnung. Hat der Handlungsgehilfe für fremde Rechnung Geschäfte abgeschlossen, richtet sich der Anspruch aus § 61 Abs. 1 auf **Herausgabe** der beim Handlungsgehilfen eintretenden finanziellen Vorteile (**Provisionen**). Soweit der Handlungsgehilfe die Ansprüche noch nicht realisiert hat, kann der ArbGeb Abtretung der Ansprüche (zB der Provisionsansprüche) verlangen. Entsprechendes gilt für Lohn- und Gehaltsansprüche aus einer verbotswidrigen **konkurrierenden Nebentätigkeit**. 22

VIII. Verjährung (Abs. 2). Eine klassische Haftungsfalle ist die kurze dreimonatige Verjährung, die Abs. 2 für die Ansprüche auf Schadenersatz und Eintritt vorsieht. Hintergrund der kurzen Verjährung ist das Bedürfnis, **Streitigkeiten** während eines bestehenden Arbeitsverhältnisses möglichst **rasch zu erledigen**, um das Arbeitsverhältnis nicht durch langandauernde Ungewissheiten zu belasten. Außerdem wird durch die kurze Verjährung der Streit darüber vermieden, ob in einer vorübergehenden Tolerierung von Konkurrenztätigkeit eine stillschweigende Einwilligung zu sehen ist (s. § 60 Rz. 25 ff.). 23

Nach herrschender Auffassung gilt die kurze Verjährungsfrist entgegen dem missverständlichen Wortlaut des Abs. 2 nicht nur für die in Abs. 1 geregelten Schadenersatz- und Eintrittsansprüche. Vielmehr soll die Frist **auch für konkurrierende Schadenersatzansprüche** aus allgemeinen schuldrechtlichen Vorschriften (§§ 280, 823, 826 BGB, § 1 UWG) gelten und darüber hinaus auch für Ansprüche auf **Auskunft** und **Rechnungslegung**[9]. Der Text des § 61 Abs. 2, der ausschließlich auf das Geschäftemachen iSd. Abs. 1 Alt. 2 abstellt, wird allgemein als Redaktionsversehen angesehen[10]. Umstritten ist, ob die kurze dreimonatige Verjährung auch für **Unterlassungsansprüche** gilt. Das BAG hat dies verneint[11]. Im 24

---

1 Unzutr. Heymann/*Henssler*, § 61 HGB Rz. 15, wonach der Handlungsgehilfe einen Anspruch gegen den Arbeitgeber auf Freistellung von den Ansprüchen des Geschäftsgegners habe. |2 Heymann/*Henssler*, § 61 HGB Rz. 15; unklar *v. Hoyningen-Huene*, § 61 HGB Rz. 17. |3 Zweifelnd Heymann/*Henssler*, § 61 HGB Rz. 9. |4 Ähnlich *v. Hoyningen-Huene*, § 61 HGB Rz. 26. |5 Statt aller *Grunsky*, S. 35; Staub/Konzen/Weber, § 61 HGB Rz. 17; BAG v. 15.2.1962 – 5 AZR 79/61, AP Nr. 1 zu § 61 HGB. |6 BAG AP Nr. 1 zu § 61 HGB. |7 Zutr. *v. Hoyningen-Huene*, § 61 HGB Rz. 19 mit Hinweis auf die BGH-Rspr. zu § 113 HGB. |8 Schaub, ArbRHdb, § 57 IV.3. |9 BAG v. 28.1.1986 – 3 AZR 449/84, NJW 1986, 2527. |10 RG v. 1.5.1906 – III 473/05, RGZ 63, 253. |11 BAG v. 16.1.1975 – 3 AZR 72/74, AP Nr. 8 zu § 60 HGB m. abl. Anm. *Beuthien/Janzen*.

Hinblick auf Sinn und Zweck der kurzen Verjährung erscheint dagegen die Auffassung der ganz herrschenden Meinung zutreffend, wonach auch Unterlassungsansprüche unter die kurze Verjährung des § 61 Abs. 2 HGB fallen[1].

25 Die Dreimonatsfrist läuft **ab Kenntnis** des ArbGeb vom Abschluss des verbotenen Geschäfts, auch wenn dessen näherer Inhalt nicht bekannt ist. Hat der Handlungsgehilfe mehrere verbotswidrige Geschäfte getätigt, so läuft die Verjährungsfrist für jedes Geschäft selbständig, keineswegs setzt die Kenntnis eines Geschäfts die Verjährungsfrist auch für die anderen in Lauf.

26 Betreibt der Handlungsgehilfe verbotswidrig ein **Handelsgewerbe**, so reicht für den Verjährungsbeginn die Kenntnis vom Betrieb selbst, die Kenntnis einzelner Geschäfte ist nicht erforderlich[2]. Dies ist gerechtfertigt, da der ArbGeb **Stufenklage** mit Auskunftsbegehren erheben kann und dadurch die Verjährungsunterbrechung eintritt[3]. Deswegen hat die Stufenklage im Rahmen von §§ 60, 61 außerordentlich hohe Bedeutung, sie vermeidet zuverlässig sämtliche Haftungsrisiken. Zulässig ist eine Stufenklage dahingehend, dass (auf der zweiten Stufe) nach erfolgter Auskunftserteilung der Beklagte entweder zu Schadenersatz oder zu Gewinnherausgabe (Eintritt) zu verurteilen ist, je nach Wahl des Klägers.

27 Zu beachten ist, dass für den Beginn der kurzen dreimonatigen Verjährung Kenntnis erforderlich ist, **Kennenmüssen** reicht **nicht**. Allerdings muss der ArbGeb sich Kenntnis seiner Organe (inkl. der Prokuristen) zurechnen lassen. Die Zurechnung ergreift auch diejenigen Personen, die zur Aufsicht über den Handlungsgehilfen bevollmächtigt waren[4]. Nicht übertragbar erscheint dagegen die Rspr. des BAG zur Ausschlussfrist des § 626 Abs. 2 BGB, wonach der ArbGeb sich auch die Kenntnis solcher Personen zurechnen lassen muss, von denen nach ihrer Stellung im Betrieb oder den Umständen des Einzelfalls zu erwarten ist, sie würden die Vertreter des Unternehmens unterrichten[5]. Noch weniger kommt es in Betracht, unter dem Gesichtspunkt des Organisationsverschuldens dem ArbGeb die Berufung auf fehlende Kenntnis zu verweigern, wenn der Betrieb so schlecht organisiert war, dass Verstöße nicht aufgefallen sind, die in einem ordentlich geführten Betrieb aufgefallen wären[6].

28 Die besondere Verjährungsregelung des § 61 HGB **geht den allgemeinen Regeln** des BGB zur Verjährung vor. Dies gilt nicht nur für die gegenüber § 195 BGB kürzere Verjährungsfrist bei Kenntnis, sondern auch für die gegenüber § 199 BGB kürzere Frist bei Unkenntnis (fünf statt zehn Jahre).

29 Die **hilfsweise** geltende **fünfjährige Verjährungsfrist** gilt jeweils vom Abschluss der einzelnen Geschäfte an. Bei unerlaubtem Betrieb eines Konkurrenzgewerbes ist streitig, ob auf die Einzelgeschäfte oder auf die Aufnahme des Gewerbes abzustellen ist, Letzteres erscheint zutreffend[7]. Die Berechnung der Verjährungsfrist erfolgt gem. §§ 187 ff. BGB.

62 *[Fürsorgepflicht des Arbeitgebers]*

(1) Der Prinzipal ist verpflichtet, die Geschäftsräume und die für den Geschäftsbetrieb bestimmten Vorrichtungen und Gerätschaften so einzurichten und zu unterhalten, auch den Geschäftsbetrieb und die Arbeitszeit so zu regeln, dass der Handlungsgehilfe gegen eine Gefährdung seiner Gesundheit, soweit die Natur des Betriebs es gestattet, geschützt und die Aufrechterhaltung der guten Sitten und des Anstandes gesichert ist.

(2) Ist der Handlungsgehilfe in die häusliche Gemeinschaft aufgenommen, so hat der Prinzipal in Ansehung des Wohn- und Schlafraums, der Verpflegung sowie der Arbeits- und Erholungszeit diejenigen Einrichtungen und Anordnungen zu treffen, welche mit Rücksicht auf die Gesundheit, die Sittlichkeit und die Religion des Handlungsgehilfen erforderlich sind.

(3) Erfüllt die Prinzipal die ihm in Ansehung des Lebens und der Gesundheit des Handlungsgehilfen obliegenden Verpflichtungen nicht, so finden auf seine Verpflichtung zum Schadensersatze die für unerlaubte Handlungen geltenden Vorschriften der §§ 842 bis 846 des Bürgerlichen Gesetzbuchs entsprechende Anwendung.

(4) Die dem Prinzipal hiernach obliegenden Verpflichtungen können nicht im Voraus durch Vertrag aufgehoben oder beschränkt werden.

Lit.: *Bulla*, Die Sorgepflicht des Arbeitgebers um eingebrachtes Arbeitnehmereigentum, RdA 1950, 88; *Groß*, Arbeitsschutz und Arbeitsverhältnis, AuR 1955, 75; *Herschel*, Die rechtliche Bedeutung schutzgesetzlicher Vorschriften im Arbeitsrecht, RdA 1964, 7, 44; *Wlotzke*, Technischer Arbeitsschutz im Spannungsverhältnis von Arbeits- und Wirtschaftsrecht, RdA 1992, 85.

---

1 Statt aller *Grunsky*, S. 43; *v. Hoyningen-Huene*, § 61 HGB Rz. 29; *Heymann/Henssler*, § 61 HGB Rz. 17. | 2 RG v. 1.5.1906 – III 473/05, RGZ 63, 255; *v. Hoyningen-Huene*, § 61 HGB Rz. 33; aA *Heymann/Henssler*, § 61 HGB Rz. 21. | 3 BAG v. 28.1.1986 – 3 AZR 449/84, BB 1986, 1296; BAG v. 28.1.1986 – 3 AZR 449/84, AP Nr. 2 zu § 61 HGB. | 4 *v. Hoyningen-Huene*, § 61 HGB Rz. 32. | 5 AA *v. Hoyningen-Huene*, § 61 HGB Rz. 32. | 6 Anders vor allem *v. Hoyningen-Huene*, § 61 HGB Rz. 32. | 7 *v. Hoyningen-Huene*, § 61 HGB Rz. 34 gegen Heymann/Henssler, § 61 HGB Rz. 21.

§ 62 entspricht den im Wesentlichen **inhaltsgleichen Bestimmungen der §§ 618, 619 BGB**, so dass weitgehend auf die dortige Kommentierung verwiesen werden kann. Überdies sind die Schutzpflichten des § 62 inzwischen von einem extrem ausdifferenzierten **öffentlich-rechtlichen Arbeitsschutzrecht** überlagert, jedenfalls im Bereich des allgemeinen Arbeitsschutzes nach Abs. 1. Der in Abs. 2 geregelte Sonderfall, dass der Handlungsgehilfe in die häusliche Gemeinschaft des Prinzipals aufgenommen ist, ist durch das öffentlich-rechtliche Arbeitsschutzrecht nicht geregelt, kommt aber heutzutage praktisch nicht mehr vor. Die Vorschrift ist deshalb weitgehend gegenstandslos, Abs. 2–4 sind in den neuen Bundesländern ohnehin nicht in Kraft getreten[1]. Soweit es um die Aufnahme von Handlungsgehilfen in die häusliche Gemeinschaft des Prinzipals geht, ist § 62 Abs. 2 Schutzgesetz zugunsten der Familienangehörigen des Handlungsgehilfen[2]. Eine „Aufnahme in die häusliche Gemeinschaft" liegt allerdings nicht nur dann vor, wenn der Handlungsgehilfe mit dem ArbGeb unter einem Dach lebt. Erfasst werden auch Sammelunterkünfte mehrerer ArbN, zB in einem **Wohnheim**[3]. Bei einer Unterbringung in einer Werkswohnung gilt allerdings das allgemeine Mietrecht[4].

Soweit Abs. 3 bei Nichterfüllung der Verpflichtungen aus den Abs. 1 und 2 auf die Schadensersatzansprüche aus unerlaubter Handlung des Bürgerlichen Rechts verweist, handelt es sich nach herrschender Auffassung um eine Rechtsfolgenverweisung[5]. Die Schadenersatzpflicht ist **verschuldensabhängig**, § 62 kann also nicht im Sinne einer Gefährdungshaftung verstanden werden[6]. Der ArbGeb haftet für Erfüllungsgehilfen gem. § 278 BGB. In der Praxis hat der Schadenersatzanspruch wegen des **Haftungsprivilegs** des § 104 SGB VII (früher § 636 RVO) **keine Bedeutung**, soweit die Pflichtverletzung zu Personenschäden (einschließlich Schmerzensgeld) geführt hat. Nur für Sachschäden (zB zerstörte Kleidung oder Beschädigung eingebrachter Gegenstände) hat der Schadenersatzanspruch aus § 62 HGB, §§ 618, 619 BGB eigenständige Bedeutung.

63 (aufgehoben)

64 [Gehaltszahlung]
Die Zahlung des dem Handlungsgehilfen zukommenden Gehalts hat am Schlusse jedes Monats zu erfolgen. Eine Vereinbarung, nach der die Zahlung des Gehalts später erfolgen soll, ist nichtig.

Lit.: Siehe Literatur zu § 59.

§ 64 regelt die Fälligkeit des Gehalts abweichend von **§ 614 BGB**. Wie nach § 614 BGB ist der Handlungsgehilfe grundsätzlich vorleistungspflichtig, § 64 verbietet jedoch (anders als § 614 Satz 2 BGB) längere Gehaltsabschnitte als einen Monat. In den neuen Bundesländern ist § 64 nicht in Kraft gesetzt worden, dort gilt ausschließlich § 614 BGB (Einigungsvertrag Anlage 1 Kapital VIII Sachgebiet A Abschnitt III Nr. 2).

Die Vorschrift gilt nur für **feste Gehaltsbestandteile** wie den laufenden Lohn sowie garantierte Mindestprovisionen oder garantierte Tantiemen, nicht dagegen für variable Bezüge, freiwillige Gratifikationen, Sachbezüge etc.[7]. Bei unregelmäßigen Bezügen oder Bezügen in wechselnder Höhe ergibt sich aus § 64 auch keine Pflicht zur Zahlung monatlicher Abschläge[8].

§ 64 knüpft die Lohnzahlungspflicht nicht an das Ende des Kalendermonats. Vielmehr ist vom **Beginn des Arbeitsverhältnisses** an zu rechnen. Heutzutage üblich (und ohne weiteres zulässig) ist die Gehaltszahlung am Ende des Kalendermonats. Diese Praxis verstößt nicht gegen § 64, weil dadurch der Zeitpunkt der ersten Fälligkeit vorverlegt wird[9]. Bei Beendigung des Arbeitsverhältnisses ist die (anteilige) Vergütung sofort fällig (§ 614 Satz 1 BGB).

Über die Modalitäten der Zahlung sagt § 64 nichts. Das bedeutet aber nicht, dass mangels ausdrücklicher abweichender Regelung immer Barzahlung erforderlich wäre. Vielmehr kann heute **bargeldlose Überweisung** stets als stillschweigend vereinbart gelten, Ausnahmen wird man nur in besonderen Fällen anerkennen können.

Auszahlungsort ist die Niederlassung des ArbGeb, in welcher der Handlungsgehilfe tätig ist[10]. Bei bargeldloser Lohnzahlung gilt § 270 Abs. 4 BGB, so dass die Zahlung noch **rechtzeitig** erfolgt, wenn der ArbGeb den Überweisungsauftrag am Monatsende erteilt, das Gehalt aber erst während der ersten Tage des Folgemonats beim ArbN eintrifft[11].

---

1 Anl. I Kap III Sachgebiet D III Nr. 1 Einigungsvertrag v. 31.8.1990. BGBl. II, 959. | 2 RG v. 9.12.1904 – II 61/04, RGZ 59, 283, 285. | 3 BAG v. 8.6.1955 – 2 AZR 200/54, AP Nr. 1 zu § 618 BGB. | 4 *v. Hoyningen-Huene*, § 62 HGB Rz. 31. | 5 *v. Hoyningen-Huene*, § 62 HGB Rz. 36. | 6 BAG v. 10.11.1961 – GS 1/60, AP Nr. 2 zu § 611 BGB – Gefährdungshaftung. | 7 *Heymann/Henssler*, § 64 HGB Rz. 2; *v. Hoyningen-Huene*, § 64 HGB Rz. 3. | 8 *Heymann/Henssler*, § 64 HGB Rz. 2. | 9 *Heymann/Henssler*, § 64 HGB Rz. 3. | 10 *v. Hoyningen-Huene*, § 64 HGB Rz. 5. | 11 *v. Hoyningen-Huene*, § 64 HGB Rz. 5.

6 § 64 Satz 2 verbietet Vereinbarungen zu Lasten des ArbN, wonach die Zahlung des Gehalts später als am Monatsende erfolgen soll. Dies schließt eine **Stundung** (ArbN-Darlehen) bereits fällig gewordenen Gehalts nicht aus[1], dagegen ist eine im Vorhinein vereinbarte Stundung unwirksam.

65 [Provision]

Ist bedungen, dass der Handlungsgehilfe für Geschäfte, die von ihm geschlossen oder vermittelt werden, Provision erhalten solle, so sind die für die Handelsvertreter geltenden Vorschriften des § 87 Abs. 1 und 3 sowie der §§ 87a bis 87c anzuwenden.

Lit.: *Heuking*, Provisionen als Entgelt iSv. § 87 Abs. 1 Nr. 11 BetrVG, DB 1982, 279; *Hoffmann*, Aktuelle Fragen zum Provisionsanspruch der Angestellten im Versicherungsaußendienst, DB 1977, 770; *Seiffert*, Der Angestellte mit Provisionsbezahlung, DB 1979, 2034; *Küstner/Thume*, Handbuch des gesamten Außendienstrechts, Bd. 3, 2. Aufl. 1998; *Lieb*, Problematik der Provisionsfortzahlung im Urlaubs-, Krankheits- und Feiertagsfall, DB 1976, 2207; *Westhoff*, Die Fortzahlung der Provision bei Krankheit, Urlaub und den anderen Fällen der Arbeitsverhinderung, NZA 1986, Beilage 3.

1 **I. Bedeutung der Norm.** Die Vorschrift des § 65 ist außerordentlich wichtig. Sie führt aber in der Praxis ein **Schattendasein** und ist vielfach unbekannt. Die im Jahr 1953 neugefasste Vorschrift gilt nach einhelliger Auffassung für **alle ArbN** (nicht nur kaufmännische Angestellte)[2]. Sinn der Vorschrift ist, den Provisionsanspruch der ArbN dem der selbständigen Handelsvertreter (§§ 84 ff.) anzugleichen. Durch die Verweisung auf §§ 87 Abs. 1 **und** 3 (nicht: 1 bis 3!), 87a bis c werden die für Handelsvertreter geltenden Vorschriften über Voraussetzungen, Fälligkeit, Höhe und Abrechnung der Provision auch bei ArbN angewendet[3]. Nicht anwendbar sind dagegen die für Handelsvertreter geltenden Vorschriften über die Ausstattung mit Unterlagen und Mitteilungspflichten (§ 86a), der Bezirksschutz (§ 87 Abs. 2), die Inkassoprovision (§ 87 Abs. 4), die Verjährung (§ 88) und vor allem der Ausgleichsanspruch nach Vertragsbeendigung (§ 89b).

2 **II. Provisionsanspruch.** § 65 gibt selbst **keinen Anspruch auf Provision**, sondern setzt voraus, dass ein Provisionsanspruch vertraglich vereinbart wurde. Ohne entsprechende vertragliche Vereinbarung hat der Handlungsgehilfe deshalb keinen Provisionsanspruch. Das gilt auch dann, wenn die Vermittlung oder der Abschluss von Geschäften teilweise oder sogar ganz zu seinen arbeitsvertraglichen Aufgaben gehört (zB beim angestellten Handlungsreisenden). Allerdings muss eine Provisionsabrede nicht ausdrücklich getroffen werden, sie kann sich im Einzelfall auch aus besonderen Umständen (insb. der Üblichkeit) stillschweigend ergeben. Wird dem Handlungsgehilfen **vertretungsweise** die Aufgabe eines provisionsberechtigten Handelsvertreters oder Handlungsgehilfen zugewiesen, so gilt damit eine vergleichbare Provisionsregelung als vereinbart[4].

3 **III. Begriff der Provision.** Bei der Frage, ob eine Provision iSd. § 65 vereinbart ist, kommt es allein auf den materiellen Inhalt der Vergütungsabrede an, nicht auf die Bezeichnung der Vergütungsbestandteile. Begriffe wie „Provision", „Umsatzbeteiligung", „Umsatzprämie", „Bonus", „Tantieme" etc. werden in der Praxis für die verschiedensten Gehaltsbestandteile verwendet. Das Wesen der Provision iSd. § 65 ist die Beteiligung **an persönlichen Umsätzen**, dh. an den persönlich vom Handlungsgehilfen vermittelten oder abgeschlossenen einzelnen Geschäften. Ebenfalls als „Provision" iSd. § 65 werden **Umsatzboni** oder **Umsatzprämien** angesehen, die nicht von den einzelnen Geschäften des Handlungsgehilfen abhängen, sondern vom Gesamtvolumen seines Umsatzes in einem bestimmten Zeitraum[5]. Nicht unter § 65 fallen dagegen Umsatzbeteiligungen, die nicht am persönlichen Umsatz des Handlungsgehilfen anknüpfen, sondern am **Gesamtumsatz des Unternehmens**. Noch nicht entschieden ist, ob § 65 zumindest dann anwendbar ist, wenn Sondervergütungen an die Umsätze einer **kleinen Mitarbeitergruppe** (Gruppenprovision) anknüpfen. Nicht unter § 65 fallen **Tantiemen**, die am **Gewinn** des Unternehmens oder einer als Profitcenter geführten Abteilung anknüpfen statt am Umsatz. Ebenso nicht von § 65 erfasst werden Entgeltabreden, die nicht am Umsatz anknüpfen, sondern an der **persönlichen Gesamtleistung** (Leistungsboni, Prämien etc.)[6].

4 Zulässig und verbreitet sind **Widerrufsvorbehalte** hinsichtlich Provisionsregelungen. Solche Widerrufsvorbehalte werden von der Rspr. akzeptiert, wenn die Provisionsansprüche nicht mehr als 20 bis max. 30 % der Gesamtvergütung ausmachen[7]. Häufig werden Provisionsvereinbarungen auch mit einem einseitigen **Änderungsvorbehalt** seitens des ArbGeb versehen. Dafür besteht ein berechtigtes Bedürfnis, weil sich Marktverhältnisse, Produkte, Preise und Margen häufig so schnell verändern, dass die ursprüngliche Provisionsregelung nicht mehr angemessen ist. Widerrufs- oder Änderungsvorbehalte darf der ArbGeb nur im Rahmen **billigen Ermessens** gem. § 315 BGB ausüben.

---

1 Heymann/*Henssler*, § 64 HGB Rz. 11. | 2 Statt aller *Staub/Konzen/Weber*, § 65 HGB Rz. 5; *v. Hoyningen-Huene*, § 65 HGB Rz. 2; Heymann/*Henssler*, § 65 HGB Rz. 7. | 3 Die Vorschriften der §§ 87–87c HGB sind im Anschluss an die Kommentierung zu § 83 HGB abgedr. | 4 BAG v. 30.6.1960 – 5 AZR 48/59, AP Nr. 13 zu § 63 HGB. | 5 BAG v. 13.12.1965 – 3 AZR 446/64, AP Nr. 3 zu § 65 HGB. | 6 Vgl. BAG v. 13.3.1984 – 1 ABR 57/82, AP Nr. 4 zu § 87 BetrVG – Provision; *v. Hoyningen-Huene*, § 65 HGB Rz. 6. | 7 Vgl. BAG v. 21.4.1993 – 7 AZR 297/92, BB 1994, 432 f.

Arbeitsvertragliche Provisionszusagen finden sich in der Praxis in verschiedener Form. Zulässig, aber nicht verbreitet sind Abreden, wonach die Provisionen die **einzige Vergütung** des angestellten Handlungsreisenden sein sollen. Solche Vereinbarungen sind nur wirksam, wenn es dem Handlungsgehilfen möglich ist, durch vollen Einsatz seiner Arbeitskraft ein ausreichendes Einkommen zu erzielen, die Beweislast trägt der Handlungsgehilfe[1]. Typischerweise wird die Provision **zusätzlich zu einem monatlichen Fixum** vereinbart. Gilt ein **TV** und schreibt dieser ein monatliches Mindestentgelt vor, so kann dieses Mindestentgelt durch ein für sich genommen zu niedriges Fixum und die Provisionseinnahmen abgedeckt werden. Unterschreiten jedoch Fixum und Provision zusammen die tarifliche Mindestvergütung, so muss der ArbGeb aufstocken. In Höhe der Differenz zwischen dem vertraglich vereinbarten Fixum und der tariflichen Mindestvergütung entsteht also eine Garantieprovision[2].

Ist vertraglich eine bestimmte monatliche **Mindesteinnahme** an Provisionen **garantiert**, dürfen verschiedene Garantiezeiträume nicht miteinander verrechnet werden. Ist beispielsweise eine monatliche Provision von 2.000 Euro garantiert und erzielt der Handlungsreisende im Monat Januar 1.500 Euro, im Februar dagegen 2.500 Euro, so muss der ArbGeb die Januar-Provision auf die garantierten 2.000 Euro aufstocken, während der Handlungsreisende im Februar die erarbeiteten 2.500 Euro erhält.

IV. Verweisung auf §§ 87 ff. 1. Allgemeines. Ist eine Provision vereinbart, sind zunächst die **arbeitsvertraglichen Vereinbarungen** maßgeblich. Die von § 65 in Bezug genommenen Vorschriften der §§ 87 ff. gelten nur **subsidiär**. Zu beachten ist allerdings, dass § 65 selbst **nicht abdingbar** ist. Soweit also § 65 auf Normen des § 87 ff. verweist und diese unabdingbar sind, gelten sie wie beim Handelsvertreter auch für den angestellten Handlungsreisenden zwingend. Diese Unabdingbarkeit besteht gem. § 87a Abs. 5 für § 87 Abs. 2 Halbs. 1 sowie die Abs. 3 und 4, sowie gem. § 87c Abs. 5 für § 87c Abs. 1 bis 4. Abdingbar sind dagegen § 87, § 87b sowie § 87a Abs. 1. Unabhängig davon gelten auch beim angestellten Handlungsreisenden die Grundsätze der **arbeitsvertraglichen Inhaltskontrolle**. Auch soweit die §§ 87 ff. abdingbar sind, kann also nicht eine den angestellten Handlungsreisenden grob benachteiligende Regelung zulässig sein.

2. Bezirksschutz. § 65 nimmt nur § 87 Abs. 1 und 3 in Bezug, nicht aber die Bezirksschutzregelung des § 87 Abs. 2. Dies bedeutet aber nur, dass die Zuweisung eines Bezirks beim angestellten Handlungsreisenden **nicht automatisch** den **Anspruch auf Bezirksschutz/Bezirksprovision** auslöst. Eine solche Bezirksprovision kann aber ausdrücklich vereinbart werden[3]. Zusammen mit anderen Anhaltspunkten kann die Zuweisung eines bestimmten Bezirks ein wichtiges Indiz dafür sein, dass eine Provisionierung auf Bezirksbasis erfolgen sollte[4]. Die gleichen Grundsätze gelten für die ebenfalls nicht von § 65 in Bezug genommene Inkassoprovision nach § 87 Abs. 4.

3. Entstehen des Provisionsanspruchs. Entsprechend § 87 Abs. 1 entsteht der Provisionsanspruch für die während des Anstellungsverhältnisses abgeschlossenen oder vermittelten Geschäfte. Im Rahmen eines **Konzerns** kann eine Provisionsabrede dahingehend auszulegen sein, dass der Provisionsanspruch auch für solche Geschäfte entsteht, die der Handlungsgehilfe zugunsten von Konzernunternehmen vermittelt oder abschließt[5]. Besteht die Aufgabe des Handlungsgehilfen nicht im Abschluss von Geschäften, sondern in deren **Vermittlung**, so reicht es aus, wenn der Handlungsgehilfe das Zustandekommen des Geschäfts nur mitveranlasst hat, auch wenn zusätzliche Bemühungen des ArbGeb oder anderer Mitarbeiter notwendig waren[6]. Die Abgrenzung kann im Einzelfall außerordentlich schwierig sein.

Häufiger Streitpunkt ist das Entstehen des Provisionsanspruchs bei Geschäften, die entweder bereits **vor Tätigkeitsaufnahme** des Handlungsgehilfen eingeleitet waren oder erst **nach seinem Ausscheiden** abgeschlossen werden. Ersteren Fall regelt § 87 Abs. 1 Satz 2, wonach kein Anspruch auf Provision besteht, wenn die Provision nach § 87 Abs. 3 dem Vorgänger zusteht, weil er das Geschäft abschlussreif vorbereitet hat. Ist das Geschäft dagegen erst nach Beendigung des Anstellungsverhältnisses abgeschlossen worden, so steht dem ausgeschiedenen Handlungsgehilfen die Provision gem. § 87 Abs. 3 zu, wenn er das Geschäft angebahnt hat und es innerhalb einer angemessenen Frist nach Vertragsende abgeschlossen worden ist. Zwar ist § 87 Abs. 3 nicht kraft Gesetzes unabdingbar. Die Rspr. stellt an eine vertragliche Abrede, die den nachwirkenden Provisionsanspruch aus § 87 Abs. 3 ausschließt, jedoch sehr hohe Anforderungen. Zum einen muss ein solcher Ausschluss klar und eindeutig vereinbart sein. Zum anderen ist wegen der Unanwendbarkeit des Ausgleichsanspruchs (§ 89b) auf Handlungsgehilfen eine andere Kompensation oder eine sonstige ausgleichende Regelung zu fordern[7], außerdem sind sachliche Gründe für die Abbedingung notwendig[8].

---

1 Vgl. BAG v. 25.3.1976 – 3 AZR 331/75, AP Nr. 9 zu § 65 HGB; v. 3.1.1986 – 9 Sa 65/86, AP Nr. 14 zu § 65 HGB. | 2 BAG v. 29.10.1986 – 4 AZR 643/85, DB 1987, 1257. | 3 BAG v. 13.12.1965 – 3 AZR 291/75, AP Nr. 3 zu § 65 HGB. | 4 BAG v. 13.12.1965 – 3 AZR 446/84, AP Nr. 3 zu § 65 HGB. | 5 BAG v. 20.5.1976 – 3 AZR 291/75, AP Nr. 10 zu § 65 HGB. | 6 BAG v. 4.11.1968 – 3 AZR 276/67, AP Nr. 5 zu § 65 HGB. | 7 v. *Hoyningen-Huene*, § 65 HGB Rz. 36; Heymann/*Henssler*, § 65 HGB Rz. 12. | 8 BAG v. 4.7.1972 – 3 AZR 477/71, AP Nr. 6 zu § 65 HGB; BAG v. 20.7.1973 – 3 AZR 359/72, AP Nr. 7 zu § 65 HGB.

11 Gemäß dem (unabdingbaren) § 87a Abs. 3 behält der Handlungsgehilfe den Provisionsanspruch, wenn das abgeschlossene Geschäft vom Unternehmer **nicht durchgeführt** wird, es sei denn, dies beruht auf Umständen, die vom Unternehmer nicht zu vertreten sind[1]. Deshalb ist eine Vereinbarung unwirksam, wonach Provisionen nur für tatsächlich ausgeführte Geschäfte gezahlt werden sollen. Allein die Tatsache, dass der Dritte versucht, von dem Geschäft loszukommen, bedeutet noch keine Unzumutbarkeit der Ausführung iSd. § 87 Abs. 3 Satz 2, lässt also den Provisionsanspruch des Handlungsgehilfen noch nicht entfallen. Gegebenenfalls trifft den ArbGeb sogar eine Nachbearbeitungspflicht[2]. Arbeitsrechtlich problematisch ist auch die **Rückforderung** bereits empfangener Provisionen, wenn der **Dritte nicht leistet** (§ 87a Abs. 2). Insoweit bestehen im Hinblick auf die fehlende Unternehmereigenschaft des Handlungsgehilfen Bedenken, sofern die Rückbelastung erhebliche Beträge ausmacht[3]. In jedem Fall ist zu beachten, dass durch eine Verrechnung von Rückzahlungsansprüchen die zugunsten des ArbN geltenden Pfändungsfreigrenzen (§§ 850 ff. ZPO) nicht unterschritten werden dürfen. Nach der Rspr. darf die Verrechnung von Rückzahlungsansprüchen auch nicht dazu führen, dass das zugesagte Fixgehalt unterschritten wird[4].

12 Hinsichtlich der weiteren Einzelheiten der §§ 87, 87a bis c wird auf die einschlägigen Kommentierungen des HGB verwiesen.

13 **4. Verjährung, Ausschlussfristen.** Die vierjährige **Verjährungsfrist** des § 88 für Handelsvertreter gilt für angestellte Handlungsgehilfen nicht, hier bleibt es bei den allgemeinen Verjährungsregeln des BGB (§§ 194 ff.). Die Verjährung des § 195 ff. BGB wird durch Geltendmachung des Abrechnungsanspruchs nach § 87c nicht unterbrochen. Können die Ansprüche mangels Abrechnung noch nicht beziffert werden, so kommt eine Verjährungsunterbrechung durch Stufenklage in Betracht[5].

14 Sämtliche Ansprüche im Zusammenhang mit dem Provisionsanspruch unterliegen **tariflichen Ausschlussfristen**, dies gilt auch für die Ansprüche auf Abrechnung gem. § 87c[6]. Die Geltendmachung des Abrechnungsanspruchs unterbricht nicht die Ausschlussfrist hinsichtlich der Provisionsansprüche. Verzögert der ArbGeb die Abrechnung der Ansprüche, kann er sich aber nach Treu und Glauben (§ 242 BGB) auf die Ausschlussfrist nicht berufen[7]. Die Verzögerung der Abrechnung hemmt den Lauf der Ausschlussfrist hinsichtlich der Zahlungsansprüche, sofern der ArbN die Abrechnung braucht, um die Zahlungsansprüche geltend machen zu können. Teilt der ArbGeb in der Abrechnung die Provisionsforderungen summenmäßig mit, so gilt dies als „Selbstmahnung"; der vom ArbGeb selbst ausgewiesene Betrag muss also vom ArbN nicht erneut geltend gemacht werden, um Ausschlussfristen zu unterbrechen[8].

15 **5. Sonstiges.** Besondere Probleme bereitet der Provisionsanspruch, soweit der ArbGeb **Entgeltfortzahlung** schuldet (zB bei Krankheit, im Urlaub oder an Feiertagen). Insoweit wird auf die Kommentierungen des EFZG und des BUrlG verwiesen. Provisionssysteme unterliegen der Mitbest. des BR nach §§ 87 Abs. 1 Nr. 10 BetrVG. Ob auch Nr. 11 BetrVG tangiert ist, ist streitig[9]. Insoweit wird auf die Kommentierung des BetrVG verwiesen.

66–73 (aufgehoben)

74 [Nachvertragliches Wettbewerbsverbot]
(1) Eine Vereinbarung zwischen dem Prinzipal und dem Handlungsgehilfen, die den Gehilfen für die Zeit nach Beendigung des Dienstverhältnisses in seiner gewerblichen Tätigkeit beschränkt (Wettbewerbverbot), bedarf der Schriftform und der Aushändigung einer vom Prinzipal unterzeichneten, die vereinbarten Bestimmungen enthaltenden Urkunde an den Gehilfen.

(2) Das Wettbewerbverbot ist nur verbindlich, wenn sich der Prinzipal verpflichtet, für die Dauer des Verbots eine Entschädigung zu zahlen, die für jedes Jahr des Verbots mindestens die Hälfte der von dem Handlungsgehilfen zuletzt bezogenen vertragsmäßigen Leistungen erreicht.

I. Bedeutung der Norm 1	V. Geltungsbereich der §§ 74 ff. 9
II. Tarifliche Wettbewerbverbote 4	1. Persönlicher Geltungsbereich 9
III. Nachvertragliche Treuepflicht 5	2. Zeitlicher Geltungsbereich 12
IV. Vertragliche Vereinbarung 6	3. Rechtswahl 14

---

1 Vgl. BAG v. 14.11.1966 – 3 AZR 158/66, AP Nr. 4 zu § 65 HGB zum Fall der Unternehmensveräußerung. |2 BAG v. 25.10.1967 – 3 AZR 453/66, BAGE 20, 123. |3 Ausf. dazu BAG v. 22.9.1975 – 3 AZR 114/75, AP Nr. 8 zu § 65 HGB; BAG v. 25.3.1976 – 3 AZR 331/75 AP Nr. 9 zu § 65 HGB. |4 *v. Hoyningen-Huene*, § 65 HGB Rz. 19. |5 BAG v. 30.4.1971 – 3 AZR 198/70, BB 1971, 1563. |6 BAG v. 27.11.1984 – 3 AZR 596/82, DB 1985, 2154. |7 BAG v. 10.8.1967 – 3 AZR 221/66, AP Nr. 37; BAG v. 18.1.1969 – 3 AZR 451/67, AP Nr. 41; BAG v. 27.11.1984 – 3 AZR 596/82, AP Nr. 89; BAG v. 8.8.1985 – 2 AZR 459/84, AP Nr. 94 zu § 4 TVG – Ausschlussfrist. |8 BAG v. 21.4.1993 – 5 AZR 399/2, AP Nr. 124 zu § 4 TVG – Ausschlussfrist. |9 BAG v. 21.4.1983 – 5 AZR 399/92, AP Nr. 4 zu § 87 BetrVG – Provision.

VI. Rechtsmängel von Wettbewerbsverboten	15	XIV. Karenzentschädigung (Abs. 2)	72
1. Systematik	15	1. Allgemeines	72
2. Nichtigkeit/Unwirksamkeit	16	2. Berechung der Karenzentschädigung	76
3. Unverbindlichkeit	18	a) Einzubeziehende Vergütungsbestandteile	76
4. Teilweise Unverbindlichkeit	24	b) Berechnungsmethode	84
5. Streitigkeiten	26	3. Abgeltung der Karenzentschädigung durch andere Bezüge	88
VII. Form des § 74 Abs. 1	27	4. Person des Zahlungspflichtigen	89
1. Schriftform	28	5. Zusage der Karenzentschädigung	90
2. Aushändigung der Urkunde	32	6. Auszahlung der Karenzentschädigung	98
3. Rechtsfolgen	34	XV. Bedingte Wettbewerbsverbote	104
4. Verpfändung des Ehrenworts (§ 74a Abs. 2)	36	1. Allgemeines	104
VIII. Inhalt von Wettbewerbsverboten	37	2. Abhängigkeit vom Willen des Arbeitgebers	105
1. Allgemeines	37	3. Abhängigkeit vom Willen des Arbeitnehmers	106
2. Auslegung	38	4. (Zulässige) objektive Bedingungen	107
3. Verbotene Tätigkeiten	39	XVI. Verletzung des Wettbewerbsverbots	109
4. Räumlicher Geltungsbereich	50	1. Allgemeines	109
5. Zeitliche Dauer	51	2. Auskunftsanspruch	110
IX. Beschränkungen außerhalb der §§ 74 ff.	52	3. Unterlassungsansprüche	112
1. Bagatellbeschränkungen	52	4. Wegfall der Entschädigungspflicht	116
2. Mandantenschutzklauseln	53	5. Zurückbehaltungsrecht	117
3. Mandantenübernahmeklauseln	54	6. Schadenersatz	118
4. Geheimhaltungsklauseln	55	7. Rücktritt	119
5. Indirekte Wettbewerbsverbote	56	8. Verjährung, Ausschlussfristen	120
X. Rechtliche Grenzen von Wettbewerbsverboten außerhalb §§ 74 ff.	57	XVII. Übergang des Wettbewerbsverbots auf Dritte	121
XI. Anspruch auf Abschluss eines nachvertraglichen Wettbewerbsverbots	59	XVIII. Wettbewerbsverbot in der Insolvenz	124
XII. Inkrafttreten des Wettbewerbsverbots	60	XIX. Sozialversicherungsrecht	125
XIII. Wegfall des Wettbewerbsverbots	66	XX. Steuerrecht	127
1. Äußere Umstände	66		
2. Vertragliche Aufhebung	69		

Lit.: *Achterberg*, Das nachvertragliche Wettbewerbsverbot in verfassungsrechtlicher Sicht, JZ 1975, 713; *Bauer*, Wettbewerbsverbote und Kündigung von Arbeitsverhältnissen, DB 1979, 500; *Bauer*, Aktuelle Probleme des nachvertraglichen Wettbewerbsverbotes, NZA Beil. 3/1991, S. 27; *Bauer/Diller*, Indirekte Wettbewerbsverbote, DB 1995, 426; *Bauer/Diller*, Karenzentschädigung und bedingte Wettbewerbsverbote bei Organmitgliedern, BB 1995, 1134; *Bauer/Diller*, Zulässige und unzulässige Bedingungen in Wettbewerbsverboten, DB 1997, 94; *Bauer/Diller*, Wechselwirkungen zwischen Wettbewerbstätigkeit, Ruhestand und betrieblicher Altersversorgung, BB 1997, 990; *Bauer/Diller*, Wettbewerbsverbote, 3. Aufl. 2002; *Bauer/Hahn*, Anrechnung und Erstattung von Arbeitslosengeld bei nachvertraglichen Wettbewerbsverboten, DB 1991, 2591; *Beise*, Die Pflicht des Arbeitgebers zur Erstattung von Arbeitslosengeld bei nachvertraglicher Wettbewerbsabrede, DB 1987, 1251; *Beise*, Erstattung von Arbeitslosengeld bei nachvertraglicher Wettbewerbsabrede, DB 1990, 1037; *Bengelsdorf*, Auskunft und Nachweis über anderweitiges Einkommen bei Wettbewerbsverbot, BB 1979, 1150; *Bengelsdorf*, Karenzentschädigung und Studium, BB 19983, 905; *Bengelsdorf*, Der Anspruch auf Karenzentschädigung – Entstehung, Verjährung, Verfall –, DB 1985, 1585; *Bengelsdorf*, Berücksichtigung und Vergütungen für Arbeitnehmererfindungen und Verbesserungsvorschläge bei der Karenzentschädigung gem. § 74 Abs. 2 HGB?, DB 1989, 1024; *Bengelsdorf*, Das örtlich zuständige Gericht bei Streitigkeiten aus einem nachvertraglichen Wettbewerbsverbot, DB 1992, 1340; *Bohn*, Konkurrenztätigkeit während des Ruhestandes, DB 1967, 641; *Bohnenberg*, Das nachvertragliche Wettbewerbsverbot des Handlungsgehilfen im Konkurs- und Vergleichsverfahren, KTS 1969, 129; *Bossmann*, Die Auswirkungen des Betriebsübergangs nach § 613a BGB auf die Wettbewerbsverbote der Arbeitnehmer, 1993; *Brinkmann*, Die Verfallsklausel des § 75 HGB in Wettbewerbsabreden mit Handlungsgehilfen, RdAW 1970, 39; *Bruckner*, Nachvertragliche Wettbewerbsverbote zwischen Rechtsanwälten, 1987; *Brune*, Bedingte Wettbewerbsverbote für Arbeitnehmer, 1989; *Buchner*, Wettbewerbsverbote während und nach Beendigung des Arbeitsverhältnisses, Schriften zur AR-Blattei Neue Folge Bd. 2, 1995; *Büsken*, Mandantenschutzklausel, Mandantenübernahmeklausel, MDR 1985, 898; *Chung*, Wettbewerbsregelungen im Tarifvertrag, Diss. Tübingen, 1987; *Dombrowski/Zettelmeyer*, Die Wertermittlung der Nutzungsvorteile von Firmenwagen im Rahmen der Karenzentschädigung nach § 74 Abs. 2 HGB, NZA 1995, 155; *Dorndorf*, Freie Arbeitsplatzwahl und Recht am Arbeitsergebnis, 1979; *Durchlaub*, Inhalt und Umfang der Auskunftspflicht des früheren Arbeitnehmers bei Karenzentschädigung, B 1976, 232; *Ebert*, Nachvertragliches Wettbewerbsverbot – Berechnung der Karenzentschädigung, FA 1999, 346; *Fischer*, Vorstellungen zur gesetzlichen Neuregelung des vertraglichen Wettbewerbsverbots, DB 1971, 1255; *Flatten*, Nachvertragliche Wettbewerbsverbote aus Unternehmersicht, ZIP 1999, 1701; *Gagel*, Arbeitsförderungsgesetz, Loseblatt; *Gamerschlag*, Nochmals: Nachvertragliches Wettbewerbsverbot und Karenzentschädigung, NJW 1989, 2870; *Gamillscheg*, Gedanken zur Neuregelung der Wettbewerbsvereinbarung, RdA 1975, 13; *Gaul B.*, Der erfolgreiche Schutz von Betriebs- und Geschäftsgeheimnissen, 1994; *Gaul, B.*, Neues zum nachvertraglichen Wettbewerbsverbot, DB 1995, 874; *Gaul, D.*, Wechselbeziehungen zwischen betrieblicher Altersversorgung und Wettbewerbsverbot, BB 1980, 57; *Gaul, D.*, Kennzeichnung des unerlaubten Wettbewerbs bei arbeitsrechtlichen Wettbewerbsbeschränkungen, BB 1984, 346; *Gaul, D.*, Die Abgrenzung nachvertraglicher Geheimhaltungsverpflichtungen gegenüber vertraglichen Wettbewerbsbeschränkungen, ZIP 1988, 689; *Gaul, D.*, Auswirkungen des rechtsgeschäftlich begründeten Betriebsübergangs auf nachwirkende Wettbewerbsvereinbarungen und Geheimhaltungspflichten,

NZA 1989, 697; *Gaul, D.*, Die nachvertragliche Geheimhaltungspflicht eines ausgeschiedenen Arbeitnehmers, NZA 1988, 225; *Görg*, Nachträgliche Geltungshindernisse und Leistungsstörungen bei Wettbewerbsvereinbarungen für die Zeit nach der Beendigung des Arbeitsverhältnisses, 1969; *Götz*, Nachvertraglicher Wettbewerb und Ruhegeld, Festschrift für Gerhard Schiedermair, 1976, S. 203; *Grunsky*, Das bedingte Wettbewerbsverbot, Festschrift 25 Jahre BAG, 1979, S. 153; *Grunsky*, Das nachvertragliche Wettbewerbsverbot §§ 74 ff. HGB als gegenseitiger Vertrag, Festschrift für Alfed Söllner, 1990, S. 41; *Grunsky*, Voraussetzungen einer Entschädigungszusage nach § 74 Abs. 1 HGB, NZA 1988, 713; *Grunsky*, Wettbewerbsverbote für Arbeitnehmer, RWS-Skript 104, 2. Aufl. 1987; *Gumpert*, Was ist auf die Karenzentschädigung bei Wettbewerbsvereinbarungen mit Arbeitnehmern anzurechnen?, BB 1970, 890; *Heinze*, Zur gesetzlichen Neuregelung der Wettbewerbsverbotsklausel im deutschen Arbeitsrecht, BB 1973, 1262; *Herschel*, Allgemeinverbindlicherklärung von Wettbewerbsregeln, DB 1978, 1017; *Heymann (zit. Heymann/Bearbeiter)*, Handelsgesetzbuch, 2. Aufl. 1995; *Hofmann*, Wettbewerbsabreden mit technischen Angestellten, NJW 1969, 1985; *Hohn*, Wettbewerbsverbote mit Arbeitnehmern und Handelsvertretern, DB 1971, 94; *Hoppe*, Der Begriff der Böswilligkeit in § 74c HGB, RdA 1966, 51; *v. Hoyningen-Huene*, Die kaufmännischen Hilfspersonen, 1996; *Kablitz*, Die analoge Anwendung der §§ 74 ff. HGB auf Wettbewerbsverbote mit technischen Angestellten und gewerblichen Arbeitern, Diss. Gießen, 1971; *Kopp*, Fehler in nachvertraglichen Wettbewerbsverboten mit Arbeitnehmern, BB 1977, 1406; *Kracht*, Wettbewerbsverbote für Arbeitnehmer im Konzern und bei Kooperationen, BB 1970, 584; *Küstner/v. Manteuffel*, Wettbewerbsverbote ohne Entschädigungspflicht des Unternehmers, BB 1987, 413; *Kunz*, Betriebs- und Geschäftsgeheimnisse und Wettbewerbsverbot während der Dauer und nach Beendigung des Anstellungsverhältnisses, DB 1993, 2483; *Lahusen*, Aktuelle Rechtsprechung zum nachvertraglichen Wettbewerbsverbot, NZA 1985, 802; *Laue*, Die Wettbewerbsklausel bei anfechtbaren und nichtigen Arbeitsverträgen, ZHR 107, 131; *Löffl*, Die Behandlung unzulässiger Wettbewerbsverbote, 1968; *Löwe*, Der Interessenausgleich zwischen Arbeitgeber und Arbeitnehmer beim nachvertraglichen Wettbewerbsverbot, 1988; *v. Maltzahn*, Wettbewerbsrechtliche Probleme bei Arbeitsplatzwechsel, GRUR 1991, 788; *Manger*, Das nachvertragliche Wettbewerbsverbot des GmbH-Geschäftsführers, GmbHR 2001, 89; *Martens*, Konzerndimensionaler Wettbewerbsschutz, Festschrift für Wilhelm Herschel, 1982, S. 237; *Mes*, Arbeitsplatzwechsel und Geheimnisschutz, GRUR 1979, 584; *Michalski/Römermann*, Wettbewerbsbeschränkungen zwischen Rechtsanwälten, ZIP 1994, 433; *Mölling*, Geheimnisschutzklausel und nachvertragliche Wettbewerbsverbote, Diss. Bielefeld, 1992; *Mössner*, Rückzahlung der Karenzentschädigung, RdA 1969, 111; *Molkenbur*, Pflicht zur Geheimniswahrung nach Ende des Arbeitsverhältnisses, DB 1990, 1996; *Moritz*, Der synallagmatische Charakter des Wettbewerbsverbots, AuR 1975, 363; *Nägele*, Die Wettbewerbsabrede beim Betriebsinhaberwechsel, BB 1989, 1480; *Pichler*, Die Karenzentschädigung im Steuerrecht, RWP 1989, 1185 Sg 5.2; *Plett/Welling*, Wirksamkeitsvoraussetzung des nachvertraglichen Wettbewerbsverbotes, DB 1986, 2282; *Pulte*, Wettbewerbsvereinbarungen, BB 1982, 1183; *Reinfeld*, Das nachvertragliche Wettbewerbsverbot im Arbeits- und Wirtschaftsrecht, 1993; *Röhsler/Borrmann*, Wettbewerbsbeschränkungen für Arbeitnehmer und Handelsvertreter, 1981; *Römermann*, Nachvertragliche Wettbewerbsverbote bei Freiberuflern, BB 1998, 1489; *Schaub*, Einschränkung der Wettbewerbstätigkeit eines Ruhegeldberechtigten, BB 972, 223; *Schaub*, Wettbewerbsbeschränkungen nach Beendigung des Arbeitsverhältnisses nach dem jetzigen Stand der Rechtsprechung, vor allem des Bundesarbeitsgerichts, RdA 1971, 268; *Schroeter*, Ist eine Karenzentschädigung bei der Beitragsberechnung unter dem flexiblen Altersgeld zu berücksichtigen?, BB 1979, 1407; *Schütze*, Zur Anrechnung anderweitigen Arbeitseinkommens auf die Karenzentschädigung, DB 1971, 918; *Schwabe*, Verfassungswidrigkeit von Wettbewerbsverboten, JZ 1976, 439; *Schwedes*, Vertragliche Wettbewerbsbeschränkungen für die Zeit nach Beendigung des Arbeitsverhältnisses, 1990; *Stefan*, Bedingte Wettbewerbsverbote und Karenzzahlungsanspruch von Ruheständlern, BB 1980, 685; *Thamm*, Die rechtliche Bedeutung des Begriffs „Kundenschutz", BB 1995, 790; *Weisemann/Schrader*, Wettbewerbsverbote während der Dauer und bei Beendigung eines Arbeitsverhältnisses, DB Beil. 4/1980; *Wertheimer*, Abhängigkeit der Karenzentschädigungspflicht von Abschlusszeitpunkt des nachvertraglichen Wettbewerbsverbots, BB 1996, 1714; *Wertheimer*, Bezahlte Karenz oder entschädigungslose Wettbewerbsenthaltung des ausgeschiedenen Arbeitnehmers, BB 1999, 1600; *Wertheimer*, Nachvertragliche Wettbewerbsverbote bei Arbeitsverhältnissen, 1998; *Wertheimer*, Wirksamkeit nachvertraglicher Wettbewerbsverbote bei nicht kündigungsbedingter Beendigung des Arbeitsverhältnisses, NZA 1997, 522; *Westhoff*, Wirtschaftliche und verfassungsrechtliche Legitimität von Wettbewerbsverboten, RdA 1976, 353; *Westfelhaus*, Ermittlung von Karenzentschädigung bei der Gründung eines Gewerbebetriebes durch den Berechtigten, DB 1975, 1185; *Winterstein*, Nachvertragliches Wettbewerbsverbot und Karenzentschädigung, NJW 1989, 1463.

1 **I. Bedeutung der Norm.** Im Gegensatz zu § 60 regeln die §§ 74 ff. nicht die Wettbewerbstätigkeit während der Dauer des Arbeitsverhältnisses, sondern in der Zeit **nach dessen Beendigung**. Nach §§ 74 ff. bestehen für die Zeit nach Beendigung des Arbeitsverhältnisses grundsätzlich **keine gesetzlichen Beschränkungen** der Berufstätigkeit des ausgeschiedenen ArbN. Solche Beschränkungen können aber nach §§ 74 ff. durch gesonderte **vertragliche Vereinbarung** („Wettbewerbsverbot", „Wettbewerbsabrede", „Wettbewerbsklausel", „Konkurrenzklausel" etc.) geschaffen werden, wobei die Zusage einer **Karenzentschädigung von mindestens 50 %** der letzten Bezüge Wirksamkeitsvoraussetzung einer solchen Vereinbarung ist (§ 74 Abs. 2).

2 Bereits vor **In-Kraft-Treten des HGB** war in der Rspr. des Reichsgerichts anerkannt, dass vertragliche Abreden über Einschränkungen einer nachvertraglichen Wettbewerbstätigkeit nicht grenzlos zulässig sind[1]. Die Regelungen des HGB beschränkten sich zunächst darauf, inhaltliche Grenzen für vertragliche Wettbewerbsverbote aufzustellen. Durch die HGB-Novelle von 1914[2] wurde dann die Wirksamkeit von Wettbewerbsverboten von der Zusage einer mindestens 50 %igen Karenzentschädigung abhängig gemacht. Im Zuge der Euro-Einführung wurden per **1.1.2002** einige veraltete Regelungen aus

---

1 Seit RG v. 22.4.1983 – I 18/93, RGZ 31, 100. |2 RGBl. 1914, S. 209.

dem Katalog der §§ 74 ff. gestrichen, die teilweise schon vorher vom BVerfG für verfassungswidrig und nicht mehr anwendbar erklärt worden waren. Die vom BVerfG für verfassungswidrig erklärten Vorschriften waren in den neuen Bundesländern ohnehin nicht in Kraft getreten[1].

In der Praxis fällt der Umgang mit den §§ 74 ff. nicht leicht. Die gesetzliche Regelung ist so **unübersichtlich**, dass viele **Gestaltungsmöglichkeiten nicht genutzt** werden (insb. der gesetzestechnisch völlig verunglückte § 75 wird in der Praxis häufig vernachlässigt, auch vom Verzichtsrecht nach § 75a wird viel zu selten Gebrauch gemacht). **3**

II. Tarifliche Wettbewerbsverbote. Allgemein wird angenommen, dass nachvertragliche Wettbewerbsverbote flächendeckend durch TV eingeführt werden könnten[2]. Solche TV sind jedoch bislang nicht bekannt geworden. Abzulehnen ist die vereinzelt vertretene Auffassung, wonach durch TV zuungunsten der ArbN von den §§ 74 ff. **abgewichen** werden könne[3]. TV, die zuungunsten der ArbN von §§ 74 ff. abweichen, sind allerdings ebenfalls nie bekannt geworden. Ohne weiteres zulässig sind dagegen TV, die von den §§ 74 ff. **zugunsten der ArbN abweichen** (vgl. etwa § 6 des Bundes-MTV für Akademiker der chemischen Industrie). TV können auch den Abschluss von Wettbewerbsverboten untersagen[4]. Ob durch BV Wettbewerbsverbote begründet werden können, ist höchst zweifelhaft[5]. **4**

III. Nachvertragliche Treuepflicht. Ist vertraglich kein nachvertragliches Wettbewerbsverbot vereinbart worden, so unterliegt der ausgeschiedene ArbN grundsätzlich **keinen Beschränkungen** seiner beruflichen Tätigkeit. Zwar ist er aufgrund der nachvertraglichen Treuepflicht daran gehindert, sein beim bisherigen ArbGeb erlangtes Wissen ohne Grund preiszugeben oder an die Konkurrenz zu verkaufen. Die Nutzung der erworbenen Kenntnisse und Fähigkeiten im Rahmen **einer neuen Berufstätigkeit** sind dagegen einschränkungslos gestattet, dies folgt schon aus **Art. 12 GG**. Die Rspr. hat es seit jeher abgelehnt, dem ArbN unter dem Gesichtspunkt der **nachvertraglichen Treupflicht** oder nach § 242 BGB Beschränkungen seiner beruflichen Betätigung aufzuerlegen. Dies wird zutreffend damit begründet, dass es der ArbGeb in der Hand hätte, den ArbN durch ein ausdrückliches nachvertragliches Wettbewerbsverbot zu binden, dann aber eine 50 %ige Karenzentschädigung zahlen müsste. Wenn dem ArbGeb dies zu teuer ist, muss er die nachvertragliche Konkurrenztätigkeit durch den ausgeschiedenen ArbN grundsätzlich akzeptieren[6]. Nur in einzelnen besonders gelagerten **Sonderfällen** hat der BGH ausgeschiedenen ArbN eine Konkurrenztätigkeit unter Berufung auf § 1 UWG verwehrt[7]. Ein ArbN unterliegt bei seinen nachvertraglichen Aktivitäten auch dann keinen Beschränkungen aufgrund der nachvertraglichen Treuepflicht, wenn er in den **Ruhestand** wechselt und/oder **Betriebsrente** erhält[8]. Ebenso wenig kann ihm wegen Konkurrenztätigkeit die Betriebsrente gekürzt oder entzogen werden, sofern dies nicht vereinbart wurde. Auch die Zahlung eines **Übergangsgelds** verbietet keine Konkurrenztätigkeit[9]. **5**

IV. Vertragliche Vereinbarung. Wettbewerbsverbote bedürfen grundsätzlich einer **klaren** vertraglichen Vereinbarung. Bei der Verwendung von Musterarbeitsverträgen wird mitunter nicht klargestellt, ob ein formularmäßig vorgesehenes Verbot gelten soll oder nicht. Hier gilt zugunsten des ArbN die Unklarheitenregel des § 305c Abs. 3 BGB, so dass das (im Zweifel belastende) Wettbewerbsverbot nicht als vereinbart gilt. **6**

Ist der zugrunde liegende **Arbeitsvertrag unwirksam**, ist hinsichtlich der Wirksamkeit des Wettbewerbsverbots zu differenzieren[10]. Ist der ArbN nicht geschäftsfähig, wird auch das Wettbewerbsverbot nicht wirksam. Hat dagegen der ArbGeb den Vertrag wegen Irrtum, Täuschung oder Drohung angefochten, so wird man dem ArbGeb ein Wahlrecht einräumen müssen, ob die Anfechtung auch das Wettbewerbsverbot ergreifen soll oder nicht. Umgekehrt führt die Nichtigkeit des Wettbewerbsverbots nach der Konzeption der §§ 74 ff. nicht zur Nichtigkeit des gesamten Arbeitsvertrages[11]. **7**

Der arbeitsrechtliche **Gleichbehandlungsgrundsatz** verpflichtet den ArbGeb nicht, mit allen Mitarbeitern einer bestimmten Berufsgruppe oder einer Hierarchiestufe flächendeckend Wettbewerbsverbote abzuschließen. Es bleibt dem ArbGeb unbenommen, die potentielle Gefährlichkeit des ausgeschiedenen ArbN individuell zu beurteilen und sich durch die Vereinbarung von Wettbewerbsverboten zu schützen. Der Gleichbehandlungsgrundsatz kommt allerdings hinsichtlich der **Konditionen** in Betracht, insb. der Höhe der Karenzentschädigung. **8**

---

1 Einigungsvertrag Anlage I Kapitel III Sachgebiet D III Nr. 1, BGBl. 1990, 959. | **2** *Bauer/Diller*, Rz. 15 mwN. | **3** Offen gelassen v. BAG v. 12.11.1971 – 3 AZR 116/71, AP Nr. 28 zu § 74 HGB. | **4** *Hiekel* in Tschöpe, Arbeitsrecht, 2 F Rz. 1 mit Hinweis auf den Tarifvertrag für die Beschäftigten bei öffentlich bestellten Vermessungsingenieuren v. 23.4.1993. | **5** Vgl. LAG Hamm v. 2.4.1965 – 4 Sa 85/65, BB 1965, 988; ausf. *Bauer/Diller*, Rz. 18. | **6** Grundl. BAG v. 15.6.1993 – 9 AZR 558/091, AP Nr. 40 zu § 611 BGB – Konkurrenzklausel „Titandioxid"; zur Wettbewerbssituation während eines schwebenden Kündigungsschutzverfahrens siehe § 60 Rz. 9. | **7** BGH v. 21.12.1962 – I ZR 47/61, BGHZ 38, 391 „Industrieböden"; v. 24.2.1994 – I ZR 74/92, DB 1994, 1134 „Sistierung von Aufträgen"; v. 6.11.1963 – I b ZR 41/62, GRUR 1964, 215 „Milchfahrer". | **8** BAG v. 15.6.1993 – 9 AZR 558/91, AP Nr. 40 zu § 611 BGB – Konkurrenzklausel „Titandioxid". | **9** LAG Nds. v. 11.9.1992 – 15 Sa 219/92. | **10** Ausf. *Bauer/Diller*, Rz. 38. | **11** *Bauer/Diller*, Rz. 40.

9 **V. Geltungsbereich der §§ 74 ff. 1. Persönlicher Geltungsbereich.** Die Rspr. hatte seit jeher die §§ 74 ff. auf **alle ArbN** angewendet, nicht nur auf Handlungsgehilfen[1]. Die Geltung der §§ 74 ff. für alle ArbN ist nunmehr in § 110 GewO ausdrücklich geregelt. Der ursprünglich für technische Angestellte geltende § 133f GewO ist inzwischen aufgehoben. §§ 74 ff. gelten auch für **leitende Angestellte**[2], für Prokuristen[3] und für geringfügig am Kapital beteiligte ArbN[4]. Die Geltung für vertretungsberechtigte **Organmitglieder** (GmbH-Geschäftsführer, AG-Vorstände) ist dagegen heftig umstritten. Der BGH wendet die §§ 74 ff. auf diese Personengruppe nicht unmittelbar an, lässt aber in die Prüfung der Sittenwidrigkeit nach § 138 BGB in erheblichem Umfang die Wertung der §§ 74 ff. einfließen. Außerdem sind nach der Rspr. das Verzichtsrecht aus § 75a sowie die Lösungsrechte nach § 75 auch auf Organmitglieder anwendbar[5]. Für **freie Mitarbeiter** gelten die §§ 74 ff. nicht unmittelbar, allerdings sind – wie bei Organmitgliedern – bei der Prüfung der Sittenwidrigkeit gemäß § 138 BGB die Wertungen der §§ 74 ff. zu beachten. Je stärker der freie Mitarbeiter wirtschaftlich und/oder sozial abhängig ist, desto näher liegt die unmittelbare Anwendung der §§ 74 ff.[6]. Insbesondere kann die Zusage einer Karenzentschädigung Wirksamkeitsvoraussetzung sein. Im Übrigen ist stets sorgfältig zu prüfen, ob der „freie Mitarbeiter" nicht in Wahrheit ArbN ist. Auch bei **Heimarbeitern** kommt die entsprechende Anwendung der §§ 74 ff. in Betracht[7].

10 Ist das Wettbewerbsverbot mit einem ArbN wegen Verstoßes gegen die §§ 74 ff. unwirksam oder unverbindlich, so wird es bei **nachträglichem Aufrücken** in eine Organstellung oder bei anschließender Tätigkeit als freier Mitarbeiter grundsätzlich nicht wirksam[8]. Das gilt auch dann, wenn ein entsprechendes Verbot gemäß § 138 BGB mit einem Organmitglied oder freien Mitarbeiter wirksam gewesen wäre. Denn die Sittenwidrigkeit einer Regelung muss sich grundsätzlich nach dem Zeitpunkt des Abschlusses des Rechtsgeschäfts richten[9]. **Wechselt** umgekehrt ein Organmitglied **in ein Arbeitsverhältnis**, so wird ein mit dem Organmitglied ursprünglich wirksam vereinbartes Wettbewerbsverbot, welches die Grenzen der §§ 74 ff. nicht einhält, mit dem Wechsel in das Arbeitsverhältnis automatisch unwirksam, da ansonsten das gesetzgeberische Ziel der §§ 74 ff. nicht erreicht werden könnte[10]. Allerdings bleibt das ursprüngliche Wettbewerbsverbot nach dem Überwechseln in das Arbeitsverhältnis noch solange in Kraft, wie es gegolten hätte, wenn das Organmitglied stattdessen ausgeschieden wäre[11].

11 Nach allgemeinen Grundsätzen ohne weiteres zulässig sind entschädigungslose Wettbewerbsverbote zulasten des **Verkäufers eines Unternehmens** oder eines **ausscheidenden Gesellschafters**. Solche Regelungen unterliegen grundsätzlich nicht den §§ 74 ff., insb. ist die Zahlung einer Karenzentschädigung nicht erforderlich. Bei solchen Vereinbarungen droht allerdings eine Umgehung (§ 75d) der §§ 74 ff., wenn wirtschaftlich das Anstellungsverhältnis des veräußernden/ausscheidenden Gesellschafters im Vordergrund stand[12].

12 **2. Zeitlicher Geltungsbereich.** Ein Wettbewerbsverbot unterliegt auch dann den §§ 74 ff., wenn zum Zeitpunkt seines Abschlusses das Arbeitsverhältnis **noch nicht besteht** oder noch gar nicht vereinbart ist[13]. Die §§ 74 ff. gelten stets, wenn das Wettbewerbsverbot **während des Arbeitsverhältnisses** vereinbart wird. Auch für Wettbewerbsverbote in **Aufhebungsverträgen** wendet die Rspr. §§ 74 ff. an[14]. Dabei soll es egal sein, ob der Aufhebungsvertrag das Arbeitsverhältnis erst in der Zukunft, mit sofortiger Wirkung oder mit Rückwirkung beendet[15]. Mangels entsprechender ausdrücklicher Regelung kann eine im Aufhebungsvertrag zugesagte Abfindung auch nicht in eine Karenzentschädigung umgedeutet werden[16]. Unanwendbar sind die §§ 74 ff. dagegen, wenn auf **Wunsch des ArbN** das Arbeitsverhältnis **vorzeitig beendet** wird, das frei werdende Gehalt als Abfindung gezahlt wird und die (entschädigungslose) Wettbewerbsenthaltsamkeit nur bis zu dem Zeitpunkt vereinbart wird, an dem der ArbN sonst frühestmöglich hätte ausscheiden können. Denn dann entspricht das nachvertragliche Wettbewerbsverbot nur dem gesetzlichen Verbot aus § 60, welches ohne die vorzeitige Vertragsbeendigung bestanden hätte[17].

13 Unanwendbar sind die §§ 74 ff. dagegen, wenn das Wettbewerbsverbot erst **nach Beendigung des Arbeitsverhältnisses** vereinbart wird. Das Gleiche gilt, wenn der ArbN sich im Ruhestand befindet. Allerdings sind auch dann die allgemeinen Grenzen des § 138 BGB zu beachten, so dass auch ohne Geltung

---

1 Grundl. BAG v. 13.9.1969 – 3 AZR 138/68, AP Nr. 24 zu § 611 BGB – Konkurrenzklausel. | 2 LAG Nürnberg v. 21.7.1994 – 5 Sa 391/84. | 3 OLG Karlsruhe v. 30.9.1986 – 8 U 127/86, BB 1986, 2365. | 4 BAG v. 18.8.1997 – 9 AZB 15/97, AP Nr. 70 zu § 74 HGB. | 5 Ausf. zur ganzen Problematik *Bauer/Diller*, GmbHR 1999, 885. | 6 Ausf. dazu OLG Köln v. 22.2.1967 – 6 U 138/66, OLGZ 67, 394; OLG München v. 22.1.1997 – 7 U 4756/96, GmbHR 1997, 310; LG Frankfurt v. 13.1.1992 – 2/21 O 311/91, NJW-RR 1993, 803; BAG v. 21.1.1997 – 9 AZR 778/95, AP Nr. 44 zu § 611 BGB – Konkurrenzklausel. | 7 MünchArbR/*Wank*, § 130 Rz. 5; *v. Hoyningen-Huene*, § 61 HGB Rz. 8, § 74 HGB Rz. 8. | 8 OLG Koblenz v. 1.8.1985 – 6 U 618/85, WM 1985, 1484; wohl auch OLG Celle v. 21.9.1979 – 3 U 197/79, GmbHR 1980, 32. | 9 BGH v. 14.7.1952 – IV ZR 1/52, BGHZ 7, 111; BGH NJW 1989, 1277. | 10 BAG v. 28.1.1966 – 3 AZR 374/65, AP Nr. 18 zu § 74 HGB unter III 3c d.Gr. | 11 *Bauer/Diller*, Rz. 782. | 12 Vgl. BAG v. 18.8.1997 – 9 AZB 15/97, AP Nr. 70 zu § 74 HGB zum entschädigungslosen Wettbewerbsverbot im Anteilskaufvertrag eines Gesellschafters, wo ein nur 1 %iger Gesellschaftsanteil für einen symbolischen Kaufpreis veräußert wurde; auch zum Problem *Schnelle*, GmbHR 2000, 599. | 13 *Wertheimer*, BB 1996, 1715. | 14 BAG v. 3.5.1994 – 9 AZR 606/92, AP Nr. 65 zu § 74 HGB. | 15 Diff. insoweit *Bauer/Diller*, Rz. 52 ff. | 16 Dazu BAG v. 3.5.1994 – 9 AZR 606/92, AP Nr. 65 zu § 74 HGB. | 17 Ausf. *Bauer/Diller*, Rz. 55 a.

der §§ 74 ff. insb. die Vereinbarung länger dauernder entschädigungsloser Wettbewerbsverbote unzulässig sein kann[1].

3. Rechtswahl. Die §§ 74 ff. gelten immer, wenn das Arbeitsverhältnis deutschem Recht unterliegt. Bei einem in Deutschland tätigen ArbN kann regelmäßig wegen **Art. 30 EGBGB** nicht die Geltung ausländischen Rechts vereinbart werden. Eine **Teilrechtswahl** dahingehend, dass nur für das Wettbewerbsverbot ausländisches Recht gelten soll, erscheint grundsätzlich nicht möglich. Dies hat Bedeutung erlangt bei Aktienoptionsprogrammen in internationalen Konzernen, bei denen das Optionsprogramm Wettbewerbseinschränkungen vorsieht und dem Recht der ausländischen Muttergesellschaft unterliegen soll[2].

VI. Rechtsmängel von Wettbewerbsverboten. 1. Systematik. Die §§ 74 ff. enthalten verschiedene Grenzen für Wettbewerbsverbote. Dabei sind die Rechtsfolgen von Verstößen sehr unterschiedlich formuliert. So ist von „Unwirksamkeit" (§ 75 Abs. 1), „Nichtigkeit" (§ 74a Abs. 2 aF) oder „Unverbindlichkeit" (§ 74 Abs. 2, § 74a Abs. 1) die Rede. Rspr. und Lit. haben von Anfang an die Auffassung vertreten, der Gesetzgeber habe nicht zufällig verschiedene Formulierungen gewählt. So hat sich im Laufe der Zeit ein Sanktionensystem entwickelt, welches **drei grundlegend verschiedene Sanktionen** unterscheidet, nämlich **Nichtigkeit/Unwirksamkeit**, **Unverbindlichkeit** und **teilweise Unverbindlichkeit**. Welche Rechtsfolge eingreift, richtet sich danach, gegen welche Norm der §§ 74 ff. verstoßen wurde.

2. Nichtigkeit/Unwirksamkeit. Nichtigkeit liegt in folgenden Fällen vor:

- Fehlende Form nach § 74 Abs. 1 (Schriftform und Aushändigung einer Urkunde)
- Fehlen einer Karenzentschädigung (nicht: zu niedrige Karenzentschädigung!), siehe Rz. 96
- Minderjährigkeit (§ 74a Abs. 2)
- Wettbewerbsverbot mit Auszubildenden, Volontären, Praktikanten etc. (§ 75 Abs. 1 Satz 1)
- Verpfändung des Ehrenworts (§ 74a Abs. 2 Satz 1)
- Verpflichtung Dritter (§ 74a Abs. 2 Satz 2)
- Verstoß gegen § 9 Ziffer 5 AÜG (Vereinbarung mit einem LeihArbN, wonach dieser nach Ende des Arbeitsverhältnisses mit dem Verleiher kein Arbeitsverhältnis mit einem Entleiher eingehen darf)
- Sonstige Nichtigkeitsgründe nach § 134 BGB.

Auf die Nichtigkeit des Wettbewerbsverbots können sich grundsätzlich **beide Teile** berufen. Eine irgendwie geartete Erklärung ist nicht erforderlich, um die Wirkung der Unwirksamkeit/Nichtigkeit herbeizuführen. Eine einseitige **Heilung** (etwa durch nachträgliche Zusage einer Karenzentschädigung) ist nicht möglich. Auf die Nichtigkeit können sich die Parteien auch dann berufen, wenn sie die Unwirksamkeit des Wettbewerbsverbots längere Zeit nicht bemerkt haben. Die Nichtigkeit gilt auch für ein bereits ganz oder teilweise durchgeführtes Wettbewerbsverbot, es ist dann gemäß § 812 BGB ganz oder teilweise rückabzuwickeln[3].

3. Unverbindlichkeit. Unverbindlich ist ein Wettbewerbsverbot in folgenden Fällen:

- Zu geringe Karenzentschädigung (§ 74 Abs. 2)
- Vollständig fehlendes geschäftliches Interesse des ArbGeb (§ 74a Abs. 1 Satz 1)
- Unbillige Erschwerung des beruflichen Fortkommens (§ 74a Abs. 1 Satz 2)
- Bedingtes Wettbewerbsverbot (siehe dazu Rz. 104 ff.)
- Ausschluss der Lösungsrechte nach § 75 Abs. 1 Satz 2 HGB.

Bei einem unverbindlichen Wettbewerbsverbot liegen alle Trümpfe beim ArbN. Er kann **wählen**, ob er das **Verbot einhält** und die Karenzentschädigung erhalten will, oder ob er (dann selbstverständlich ohne Karenzentschädigung) **sich von dem Verbot lösen** will. Dieses Wahlrecht ist zwar nirgendwo in den §§ 74 ff. ausdrücklich angelegt, die Rspr. schließt dies aber aus dem Begriff „Unverbindlichkeit".

Ursprünglich hatte die Rspr. gefordert, dass der ArbN das Wahlrecht **im Moment seines Ausscheidens** ausüben müsse. Von diesem Erfordernis hat sich die Rspr. jedoch im Laufe der Zeit stillschweigend entfernt. Nach der neueren Rspr.[4] kommt es ausschließlich darauf an, wie der ArbN sich nach seinem Ausscheiden **verhält**. Nimmt er eine konkurrierende Tätigkeit auf, so wird dies als Ausübung des Wahlrechts dahingehend verstanden, dass er das Wettbewerbsverbot nicht einhalten will. Hält er sich dagegen an das Wettbewerbsverbot (zB durch Arbeitslosmeldung oder durch Aufnahme einer nicht-konkurrierenden Tätigkeit), wird dies so betrachtet, als habe der ArbN sich ausdrücklich für die Einhaltung des Wettbewerbsverbots entschieden.

---

[1] Vgl. LAG München v. 12.2.1986 – 5 Sa 539/85, DB 1986, 2191. | [2] Ausf. dazu *Bauer/Diller*, Rz. 61b; *Fischer*, DB 1999, 1702. | [3] *Bauer/Diller*, Rz. 67 f. | [4] Grundl. BAG v. 22.5.1990 – 3 AZR 647/88, AP Nr. 60 zu § 74 HGB.

21 Dem ArbN muss man die Möglichkeit zubilligen, sein Verhalten nachträglich wieder zu **ändern** und damit auch sein Wahlrecht neu auszuüben[1]. Hält der ArbN das Verbot zunächst ein, entscheidet sich dann aber später dagegen, behält er also die Karenzentschädigung für die Zeit, in der er das Verbot eingehalten hatte[2]. Hat der ArbN dagegen sein Wahlrecht durch **ausdrückliche Erklärung** ausgeübt, bleibt er an die Erklärung gebunden und kann sie später nicht mehr ändern[3].

22 Der ArbGeb hat die Möglichkeit, entsprechend § 264 Abs. 2 Satz 1 BGB den ArbN zur **Ausübung seines Wahlrechts** aufzufordern, dies kann auch schon während des Laufs des Arbeitsverhältnisses erfolgen. Übt der ArbN dann das Wahlrecht nicht innerhalb einer angemessenen Frist (drei Wochen) aus, so geht das Wahlrecht gemäß § 264 Abs. 2 BGB auf den ArbGeb über[4].

23 Ist das Wettbewerbsverbot wegen einer **zu niedrigen Karenzentschädigung** unverbindlich, so kann der ArbN, der sich für die Einhaltung des Verbots entscheidet, nur die vertraglich vereinbarte (zu niedrige) Vergütung verlangen, nicht die von § 74 Abs. 2 vorgeschriebene 50 %ige Vergütung[5].

24 **4. Teilweise Unverbindlichkeit.** Teilweise Unverbindlichkeit ordnet das Gesetz in folgenden Fällen an:

- Mangelndes berechtigtes geschäftliches Interesse des Dienstherrn (§ 74a Abs. 1 Satz 1)
- Unbillige Beschränkung des Fortkommens des ArbN (§ 74a Abs. 1 Satz 2)
- Überschreitung der maximalen Bindungsdauer von zwei Jahren (§ 74a Abs. 1 Satz 3).

25 In den genannten Fällen bleibt das Wettbewerbsverbot **insoweit wirksam** und verbindlich, wie es den Grenzen des § 74a entspricht. Es wird also **nicht insgesamt** nichtig oder unverbindlich. Allerdings kommt hinsichtlich des überschießenden Teils des Verbots nicht automatisch ein Wahlrecht des ArbN in Betracht. Insbesondere bei Verstößen gegen § 74a Abs. 1 Satz 1 und 2, wenn das Verbot teilweise nicht von einem berechtigten geschäftlichen Interesse des Dienstherrn gedeckt ist oder den ArbN teilweise unbillig behindert, kommt ein Wahlrecht nicht in Betracht. Denn das Verbot bleibt ja im Rahmen des Zulässigen bestehen, und der ArbN kann auch die volle zugesagte Karenzentschädigung verlangen. Hier entspricht also die vom Gesetz angeordnete teilweise Unverbindlichkeit einer Teilnichtigkeit, verbunden mit der Umkehr der Vermutung des § 139 BGB[6]. Bedeutung hat das Wahlrecht allerdings, wenn das Verbot für **länger als zwei Jahre** vereinbart wurde. Der ArbN kann dann wählen, ob er es auch für die längere Zeit einhält (und dann entsprechend länger die Karenzentschädigung bekommt).

26 **5. Streitigkeiten.** Ist zwischen den Parteien die Wirksamkeit/Verbindlichkeit streitig, wird dies häufig **inzidenter** im Zusammenhang mit einer Klage auf Wettbewerbsunterlassung beziehungsweise auf Karenzentschädigung geklärt. Die Parteien können aber auch – schon vor Beendigung des Arbeitsverhältnisses – die Frage im Wege einer **allgemeinen Feststellungsklage** nach § 265 ZPO klären lassen. Bei einem bereits beendeten Arbeitsverhältnis kann auch ein neuer ArbGeb Feststellungsklage gegen den alten ArbGeb erheben, wenn der alte ArbGeb von ihm verlangt, den ArbN nicht weiter zu beschäftigen[7]. Der **Streitwert** solcher Feststellungsklagen bemisst sich nach einhelliger Ansicht nach der Höhe der zugesagten Karenzentschädigung[8].

27 **VII. Form des § 74 Abs. 1.** Gemäß § 74 Abs. 1 bedarf ein Wettbewerbsverbot zu seiner Wirksamkeit der Einhaltung **zweier verschiedener Formvorschriften** (was in der Praxis häufig übersehen wird). Zum einen setzt das Wettbewerbsverbot **Schriftform** (§ 126 BGB) voraus. Unabhängig davon verlangt § 74 Abs. 1 aber zusätzlich, dass der ArbN vom ArbGeb **unterzeichnete Urkunde** ausgehändigt bekommt, die die Bestimmungen des Wettbewerbsverbots enthält. Die Form des § 74 Abs. 1 gilt nicht nur für die ursprüngliche Vereinbarung des Wettbewerbsverbots, sondern auch für jede **spätere Änderung**.

28 **1. Schriftform.** Die Schriftform hat zum einen Warnfunktion, vor allem aber **Dokumentationsfunktion**, weil das Wettbewerbsverbot oft erst Jahrzehnte nach seiner Vereinbarung aktuell wird.

29 Für die Schriftform gilt **§ 126 BGB**. Notwendig ist deshalb die schriftliche Fixierung der Vertragsklauseln sowie die **Unterschriften** beider Parteien. **Bestätigungsschreiben** reichen ebenso wenig wie **Faxe** oder **fotokopierte** oder **eingescannte Unterschriften**[9]. Nach In-Kraft-Treten des Signaturgesetzes kommt für den Abschluss des Wettbewerbsverbots auch **elektronische Form** nach §§ 126a, b BGB in Betracht. Sind die auf Seiten des ArbGeb handelnden Personen nur **gesamtgeschäftsführungsbefugt**, so bedarf die Vereinbarung des Wettbewerbsverbots zweier Unterschriften. Unterschreibt nur ein Gesamtgeschäftsführer/Gesamtprokurist, so muss aus der Urkunde ausdrücklich hervorgehen, dass er auch den anderen vertreten will, sonst ist das Verbot unwirksam, eine nachträgliche Genehmigung scheidet aus[10].

---

1 Offen gelassen im BAG v. 22.5.1990 – 3 AZR 647/88, AP Nr. 60 zu § 74 HGB; siehe auch BAG v. 24.4.1980 – 3 AZR 1047/77, AP Nr. 37 zu § 74 HGB. | 2 BAG v. 24.4.1980 – 3 AZR 647/88, AP Nr. 37 zu § 74 HGB. | 3 Ausf. zum Ganzen *Bauer/Diller*, Rz. 71 ff. | 4 BAG v. 22.5.1990 – 3 AZR 647/88, AP Nr. 60 zu § 74 HGB. | 5 BAG AP Nr. 10 zu § 74 HGB; BAG v. 5.8.1966 – 3 AZR 154/66; zuletzt jedoch offen gelassen im Urteil v. 9.1.1990 – 3 AZR 110/88, AP Nr. 59 zu § 74 HGB. | 6 *Bauer/Diller*, Rz. 85. | 7 BAG v. 18.8.1997 – 9 AZB 15/97, AP Nr. 70 zu § 74 HGB. | 8 LAG Hamm v. 23.12.1980 – 8 Ta 148/80, LAGE § 61 ArbGG Nr. 4. | 9 BAG v. 23.6.1994, BAGE 14, 143; BGH v. 28.1.1993 – IX ZR 259/91, NJW 1993, 1126. | 10 Sächsisches LAG v. 10.3.1998 – 9 Sa 1296/97.

§ 74 Abs. 1 verlangt **nicht**, dass das Wettbewerbsverbot in einer **gesonderten Urkunde** vereinbart wird. Es kann auch im Rahmen eines (auch umfangreichen) Arbeitsvertrages vereinbart werden. Getrennte Unterzeichnung ist nicht erforderlich, auch keine drucktechnische Hervorhebung. Das Verbot darf allerdings nicht bewusst im Vertrag „**versteckt**" werden, insb. durch eine irreführende Überschrift[1], weil sonst eine „überraschende Klausel" iSv. § 305c BGB vorliegt. Wird das Wettbewerbsverbot in einer **Anlage** zum Arbeitsvertrag vereinbart, muss diese entweder selbst unterschrieben oder aber fest mit dem unterschriebenen Hauptvertrag verbunden sein[2].

Wegen der Dokumentationsfunktion muss die Schriftform grundsätzlich alle zum Wettbewerbsverbot gehörenden Bestimmungen erfassen, eine Fixierung nur der Hauptpflichten reicht nicht[3]. Sind einzelne **Nebenabreden** nicht formwirksam vereinbart worden, so wird jedoch nicht automatisch das ganze Wettbewerbsverbot unwirksam. Vielmehr kommt es gemäß § 139 BGB darauf an, ob die Parteien das Verbot auch ohne die betreffende Nebenabrede vereinbart hätten.

2. Aushändigung einer Urkunde. § 74 Abs. 2 fordert neben der gesetzlichen Schriftform (§ 126 BGB) zusätzlich noch die Aushändigung einer Urkunde an den ArbN, die die Bestimmungen des Wettbewerbsverbots wiedergibt und vom ArbGeb unterschrieben ist. Die Urkunde muss die **Originalunterschrift** des ArbGeb tragen, **Fotokopie** und **Fax** reicht nicht (siehe Rz. 29). Wegen der Informationsfunktion des § 74 Abs. 2 müssen **alle Nebenabreden** in der Urkunde enthalten sein, nicht nur die wichtigsten Vereinbarungen. Wortgleiche Wiederholung ist allerdings nicht erforderlich[4]. Die dem ArbN ausgehändigte Urkunde kann, muss aber nicht gleichzeitig diejenige Urkunde sein, mit der das Schriftformerfordernis erfüllt wurde. Ist das Wettbewerbsverbot im Arbeitsvertrag enthalten, reicht die Überlassung eines (original unterschriebenen) Vertragsexemplars.

Die Aushändigung der Urkunde erfordert, dass dem ArbN die Urkunde **auf Dauer überlassen** wird. Übergabe mit anschließender Hinterlegung reicht nicht[5]. Die Übergabe der Urkunde muss **unverzüglich im Zusammenhang mit dem Vertragsschluss** erfolgen. Eine dem ArbN später angebotene Urkunde kann er zurückweisen, das Verbot wird dann nicht mehr wirksam. In der verspäteten Entgegennahme liegt nur dann ein Einverständnis mit dem Wirksamwerden des Wettbewerbsverbots, wenn der ArbN sich dieser Bedeutung der Entgegennahme bewusst war[6].

3. Rechtsfolgen. Wurde die Form nicht eingehalten, ist das Verbot gemäß § 125 BGB **nichtig**. Für ein Wahlrecht des ArbN ist kein Raum.

Auf die Einhaltung der **Schriftform** können sich grundsätzlich **beide Vertragsparteien** berufen, da das Schriftformerfordernis beide schützt. Die Beweislast für die Einhaltung der Form trägt die Partei, die sich auf die Wirksamkeit des Verbots beruft. Anders ist es hinsichtlich der **Aushändigung der unterschriebenen Urkunde**. Dieser Teil des Formerfordernisses schützt **nur den ArbN**, so dass sich auch nur der ArbN auf die Verletzung dieser Formvorschrift berufen kann[7]. Es ist deshalb für den ArbGeb wichtig, sich den Erhalt der unterschriebenen Urkunde **dokumentieren** zu lassen. Nicht möglich wegen § 309 Ziffer 12 BGB ist die formularmäßige Bestätigung innerhalb des Arbeitsvertrages, eine unterschriebene Urkunde erhalten zu haben.

4. Verpfändung des Ehrenworts (§ 74a Abs. 2). Mittlerweile ohne Bedeutung ist die anachronistische Vorschrift des § 74a Abs. 2 Satz 1 Alt. 2, wonach das Wettbewerbsverbot unwirksam ist, wenn der ArbN das Verbot nicht nur schriftlich eingeht, sondern zusätzlich für die Einhaltung auch sein Ehrenwort verpfändet. Hintergrund der Vorschrift ist die Auffassung, die Verpfändung der Ehre für eine vermögensrechtliche Verpflichtung sei **unsittlich**. Bietet der ArbN sein Ehrenwort an, sollte der ArbGeb dies also **unverzüglich schriftlich zurückweisen**.

VIII. Inhalt von Wettbewerbsverboten. 1. Allgemeines. § 74 Abs. 1 definiert das Wettbewerbsverbot als eine Vereinbarung, die den ArbN „**in seiner gewerblichen Tätigkeit**" beschränkt. Dies ist insoweit irreführend, als man mit dem Betrieb eines „Gewerbes" regelmäßig eine selbständige Tätigkeit verbindet. §§ 74 ff. verbieten aber selbstverständlich auch die Aufnahme einer **nicht-selbständigen** Tätigkeit, insb. die Eingehung eines Arbeitsverhältnisses. §§ 74 ff. gelten ohne weiteres auch für **freie Berufe**, obwohl diese nach allgemeiner Anschauung kein „Gewerbe" betreiben[8]. Deshalb ist § 74 so zu verstehen, dass die Vorschrift **jede Vereinbarung** erfasst, die geeignet ist, den **ArbN in seiner beruflichen Betätigung und in seinem Fortkommen zu behindern**[9].

2. Auslegung. Hinsichtlich der Auslegung von Wettbewerbsverboten stand die Rspr. zunächst auf dem Standpunkt, Wettbewerbsverbote seien nicht weiter, aber auch nicht enger auszulegen als andere Willenserklärungen[10]. Nunmehr vertritt das BAG[11] die Auffassung, es sei **Sache des ArbGeb**, das Ver-

---

1 BAG v. 29.11.1995 – 5 AZR 447/94, AP Nr. 1 zu § 3 AGBG. | 2 BAG v. 30.10.1984 – 3 AZR 213/82, AP Nr. 46 zu § 74 HGB. | 3 BAG v. 14.8.1975 – 3 AZR 333/74, AP Nr. 35 zu § 74 HGB. | 4 *Bauer/Diller*, Rz. 101. | 5 LAG Nürnberg v. 21.7.1994 – 5 Sa 391/94, NZA 1995, 532. | 6 LAG Nürnberg v. 27.7.1994 – 5 Sa 391/94, NZA 1995, 532. | 7 *Bauer/Diller*, Rz. 108 ff. | 8 BAG v. 30.9.1969 – 3 AZR 138/68, AP Nr. 24 zu § 611 BGB – Konkurrenzklausel. | 9 *Bauer/Diller*, Rz. 117. | 10 BAG v. 30.4.1965 – 3 AZR 366/63, AP Nr. 17 zu § 133f GewO. | 11 BAG v. 5.9.1995 – 9 AZR 718/93, AP Nr. 67 zu § 74 HGB.

bot eindeutig und unmissverständlich zu formulieren. In Anlehnung an den früheren § 5 AGBG sei **im Zweifel** ein Wettbewerbsverbot **zu Lasten des ArbGeb** auszulegen[1]. Nach Öffnung des AGB-Rechts für Arbeitsverhältnisse durch die seit 1.1.2002 geltende Schuldrechtsreform (§§ 305 ff. BGB) gilt – zumindest bei vorformulierten Wettbewerbsverboten – nunmehr unmittelbar die Unklarheitenregel des § 305c BGB, die ebenfalls eine Auslegung zu Lasten des ArbGeb vorschreibt.

39   **3. Verbotene Tätigkeiten.** Wettbewerbsverbote verbieten dem ArbN lediglich eine Konkurrenz-„Tätigkeit". Rechtsgeschäfte mit der Konkurrenz darf er deshalb abschließen, sobald **keine Tätigkeit** entfaltet wird. So kann der ArbN der Konkurrenz trotz Wettbewerbsverbots beispielsweise eine nach dem Ausscheiden gemachte Erfindung übertragen oder ein Grundstück verpachten. Auch in einer bloßen **Bewerbung** liegt noch keine „Tätigkeit"[2]. Da es nur auf faktisches Tätigwerden ankommt, ist das Wettbewerbsverbot auch dann verletzt, wenn der ArbN über einen **Strohmann** tätig wird[3]. Ein Wettbewerbsverbot erfasst auch **unentgeltliche** Tätigkeiten oder eine Tätigkeit im Wege der **AÜ**[4].

40   In der Praxis unterscheidet man vor allem **tätigkeitsbezogene** und **unternehmensbezogene** Wettbewerbsverbote. Ein tätigkeitsbezogenes Wettbewerbsverbot verbietet dem ArbN nur eine bestimmte Art von Tätigkeit, beispielsweise „Vertriebsaktivitäten für Luftfrachtunternehmen". Unternehmensbezogene Wettbewerbsverbote dagegen verbieten dem ArbN eine Tätigkeit für namentlich aufgezählte oder durch die Angabe der Branche definierte Unternehmen, also zB „jegliche Tätigkeit für ein Luftfrachtunternehmen". Für das Unternehmen regelmäßig **vorteilhafter** sind **unternehmensbezogen** formulierte Wettbewerbsverbote, insb. bei Unternehmen mit einer breiten Produktpalette. Ein tätigkeitsbezogen formuliertes Wettbewerbsverbot hat für den ArbGeb den Nachteil, dass er kaum kontrollieren kann, in welcher Funktion der ArbN in dem neuen Unternehmen tätig ist. Ein unternehmensbezogen formuliertes Verbot hingegen untersagt dem Mitarbeiter die Tätigkeit für ein Konkurrenzunternehmen auch dann, wenn er dort (angeblich) in einer **ganz anderen Position** tätig wird[5]. Außerdem haben tätigkeitsbezogene Wettbewerbsverbote den Nachteil, dass sie Veränderungen im Berufsweg des Mitarbeiters nicht nachzeichnen und deswegen häufig im Laufe der Zeit den Mitarbeiter für die „falsche" Tätigkeit sperren. Je nach Formulierung kann die **Abgrenzung** zwischen tätigkeits- und unternehmensbezogenen Wettbewerbsverboten schwierig sein[6]. Die Umdeutung eines lückenhaft gewordenen tätigkeitsbezogenen Wettbewerbsverbots in ein unternehmensbezogenes Verbot hat das LAG Frankfurt[7] ausdrücklich abgelehnt mit der Begründung, der ArbGeb habe mit der Vereinbarung eines nur tätigkeitsbezogenen Wettbewerbsverbots bewusst in Kauf genommen, dass der ArbN für einen Wettbewerber tätig werden dürfe, sofern er nur dort in einer anderen Sparte als bei seinem alten ArbGeb tätig werde.

41   Das allgemeine Verbot, „**Konkurrenz zu machen**", verbietet im Zweifel nur eine selbständige Tätigkeit[8]. Ist dagegen dem ArbN ausdrücklich die **Eingehung eines Anstellungsverhältnisses** mit der Konkurrenz verboten, schließt dies eine selbständige Betätigung im Zweifel nicht aus[9]. Umfassend geschützt ist der ArbGeb, wenn er dem ArbN pauschal die „**Tätigkeit für ein Konkurrenzunternehmen**" untersagt, weil dies sowohl die unselbständige als auch die selbständige Tätigkeit erfasst[10].

42   Ist dem ArbN der „**Eintritt in ein Konkurrenzunternehmen**" oder die Beteiligung daran untersagt, so erstreckt sich das Verbot im Zweifel auch auf die **Gründung** eines Konkurrenzunternehmens[11]. Andererseits ist von einem Verbot einer „**direkten oder indirekten Beteiligung**" regelmäßig auch der Eintritt in ein Konkurrenzunternehmen als ArbN erfasst[12]. Ein Konkurrenzunternehmen darf dann auch nicht durch Darlehen oder Bürgschaften unterstützt werden[13]. Unklar sind die häufig anzutreffenden Formulierungen, wonach dem ArbN sowohl die „**unmittelbare**" als auch die „**mittelbare**" Tätigkeit für ein Konkurrenzunternehmen untersagt sein soll. Gemeint ist wohl, dass der ArbN nicht durch Strohmänner tätig werden darf. Zum anderen kann das Verbot der „mittelbaren" Tätigkeit auch so verstanden werden, dass der ArbN nicht zu einem Zulieferer oder Kunden wechseln darf. Die Einzelheiten sind jedoch immer durch Auslegung zu ermitteln.

43   Mitunter wird dem ArbN pauschal **jegliche anderweitige Tätigkeit** verboten, ohne dass ausdrücklich auf eine Konkurrenzsituation abgestellt wird. Hier ist im Zweifel anzunehmen, dass die Parteien nur eine Konkurrenztätigkeit verbieten wollten[14].

---

1 Ebenso BAG v. 21.1.1997 – 9 AZR 778/95, AP Nr. 44 zu § 611 BGB – Konkurrenzklausel; ähnlich bereits OLG Frankfurt v. 6.12.1972 – 6 U 152/71, DB 1973, 139; LAG Hamburg v. 20.9.1968 – 1 Sa 106/68, BB 1969, 362. |2 OLG Nürnberg v. 23.9.1960 – 4 U 172/60, BB 1961, 729. Zur Vorbereitung einer späteren Konkurrenztätigkeit s. § 60 Rz. 16 ff. |3 LAG BW v. 30.11.1961 – Sa 70/61, AR-Blattei ES Nr. 16/1830; BGH v. 6.7.1970 – II ZR 18/69, BB 1970, 1374; OLG Celle v. 29.1.1971 – 13 U 45/66, DB 1971, 865; LG Ellwangen v. 7.4.1995 – 3 O 108/95. |4 LAG BW v. 31.7.1968 – 7 Sa 64/68, AR Blattei ES 61/1830 und v. 28.2.1986 – 13 Sa 64/68, NZA 1986, 641. |5 BAG v. 16.12.1968 – 3 AZR 435/67, AP Nr. 21 zu § 133f GewO; ausf. LAG Frankfurt v. 10.2.1997 – 10 Sa GA 2269/96, LAGE § 74a HGB Nr. 1. |6 BAG v. 30.1.1970 – 3 AZR 348/69, AP Nr. 24 zu § 133f GewO. |7 LAG Frankfurt v. 10.2.1997 – 10 Sa GA 2269/96, LAGE § 74a HGB Nr. 1. |8 *Röhsler/Borrmann*, S. 79. |9 OLG Frankfurt v. 6.12.1972 – 6 U 152/71, DB 1973, 139; LAG Hamburg v. 20.9.1968 – 1 Sa 106/68, BB 1969, 362. \10 *Bauer/Diller*, Rz. 122. |11 *Staub/Konzen/Weber*, § 74 HGB Rz. 9. |12 *Staub/Konzen/Weber*, § 74 HGB Rz. 10. |13 *Staub/Konzen/Weber*, § 74 HGB Rz. 10. |14 AA LAG Düsseldorf v. 28.8.1996 – 4 Sa 792/96, LAGE § 74 HGB Nr. 15, welches das Verbot für insgesamt unbestimmt und nichtig ansah.

Schwierigkeiten bereitet oft die Feststellung, **welche Unternehmen** als „**Konkurrenzunternehmen**" 44
anzusehen sind. Maßgeblich ist hier – ähnlich wie im Kartellrecht – der **relevante Markt**. Es kommt
also darauf an, ob auf dem betreffenden Markt dieselben Nachfrager bezüglich derselben Güter oder
Dienstleistungen auftreten. Deshalb kann ein Konkurrenzverhältnis zB zwischen einem Groß- und einem Einzelhändler fehlen[1]. Dies kann jedoch nicht gelten, wenn das vom einzelnen ArbN ausgehende
Gefährdungspotential unabhängig von den Handelsstufen ist, was zB bei technischen Mitarbeitern
der Fall sein kann. Bei **technisch verschiedenen Produkten** kann gleichwohl ein Konkurrenzverhältnis
bestehen, wenn die verschiedenen Produkte am Markt substituierbar sind, was insb. für Vertriebsmitarbeiter von Bedeutung ist[2]. Auch unterschiedliche Preissegmente, unterschiedliche Marktbekanntheit oder unterschiedliche Fertigungstiefen schließen ein Konkurrenzverhältnis nicht aus. Maßgeblich
sind stets die Umstände des Einzelfalls, wobei das Schutzinteresse des ArbGeb, der schließlich mit der
50 %igen Karenzentschädigung einen hohen Preis zahlt, maßgeblich zu berücksichtigen ist[3].

Wird dem ArbN generell die Tätigkeit für ein Konkurrenzunternehmen untersagt, so darf er eine neue 45
Tätigkeit auch dann nicht aufnehmen, wenn sich die **Geschäftsgegenstände** beider Unternehmen **nur
zu einem kleinen Teil überschneiden**, das BAG hat bereits eine Überschneidung von 10 % als ausreichend angesehen[4]. Der ArbN muss es hinnehmen, wenn sich die **Produktpalette** seines (bisherigen)
ArbGeb während des Dienstverhältnisses oder auch noch nach seinem Ausscheiden **ändert**. Gegebenenfalls muss der ArbN eine zunächst zulässigerweise aufgenommene andere Stelle wieder aufgeben[5].

Im Zusammenhang mit §§ 74 ff. ist regelmäßig von „Wettbewerbsverboten" oder „Konkurrenzklau- 46
seln" die Rede. §§ 74 ff. stehen aber nicht Verboten entgegen, die dem ArbN nicht (nur) den Wechsel zu
einem Konkurrenzunternehmen untersagen, sondern (auch) den **Wechsel zu einem Kunden, Zulieferer oder Abnehmer**, da dies häufig für den ArbGeb besonders gefährlich ist. Allerdings muss ein solches Wettbewerbsverbot eindeutig formuliert sein[6].

Besondere Probleme in der Praxis wirft die Frage des **konzerndimensionalen Schutzes** auf. Dem ArbN 47
kann ausdrücklich untersagt werden, in ein Unternehmen einzutreten, welches mit einem Unternehmen
in Konkurrenz steht, das mit dem VertragsArbGeb konzernrechtlich verflochten ist. Ebenfalls zulässig
ist die (kumulative) Bestimmung, wonach dem ArbN auch die Tätigkeit für ein Unternehmen untersagt
wird, welches konzernverbunden ist mit einem Unternehmen, welches mit dem VertragsArbGeb in Konkurrenz steht. Fehlen solche ausdrücklichen Erstreckungen (die allerdings immer an § 74a Abs. 1 Satz 1
zu messen sind, vgl. dort!), ist eine Frage des Einzelfalls, ob stillschweigend eine Erweiterung des Wettbewerbsverbots um einen Konzernbezug gewollt war[7].

Problematisch sind Klauseln, in denen sich der ArbGeb vorbehält, die genaue **Reichweite des Wett-** 48
bewerbsverbots erst beim Ausscheiden festzulegen. Solche Klauseln sind insgesamt unzulässig, wenn
der ArbGeb damit die Möglichkeit haben soll, das Verbot zu Lasten des ArbN festzulegen oder zu erweitern; in diesem Fall ist das gesamte Wettbewerbsverbot unverbindlich. Zulässig sind aber Präzisierungsklauseln, wenn sie nur dazu dienen, ein ursprünglich weit formuliertes Verbot **zugunsten des
ArbN** einzuschränken[8]. Allerdings muss nach dem Wortlaut der Klausel eindeutig sein, dass eine Beschränkung der Reichweite des Verbots den Anspruch auf Karenzentschädigung nicht einschränken
oder ganz entfallen lassen soll; ansonsten liegt ein unzulässiges bedingtes Wettbewerbsverbot vor[9]. In
jedem Fall hat der ArbN bei Ausscheiden nach §§ 241, 242 BGB einen **Anspruch** gegen den ArbGeb **auf
Mitteilung**, welche genaue sachliche Reichweite das Verbot hat[10].

Zur Einbeziehung von **Dritten** in das Wettbewerbsverbot s. § 74a Rz. 22 ff. 49

4. Räumlicher Geltungsbereich. Ein Wettbewerbsverbot sollte immer regeln, für welches räumliche Ge- 50
biet es gelten soll. Fehlt es daran, so gilt das Verbot (vorbehaltlich § 74a Abs. 1 Satz 1!) **unbeschränkt**,
also weltweit. Ist eine regionale Begrenzung vorgesehen, so verletzt der ArbN das Verbot, wenn er eine
Tätigkeit bei einem außerhalb des Verbotsgebiets ansässigen ArbGeb annimmt, faktisch jedoch im Verbotsgebiet tätig wird. Andererseits ist die Tätigkeit im verbotenen Gebiet zulässig, wenn sie sich lediglich außerhalb des verbotenen Gebiets auswirkt[11]. Ein vor 1990 für das Gebiet der BRD vereinbartes
Wettbewerbsverbot erstreckt sich auch auf die neuen Bundesländer[12]. Ein Verbot für alle „EG-Staaten"
ist dynamisch zu verstehen, erstreckt sich also auch auf später beigetretene Staaten.

5. Zeitliche Dauer. Mitunter fehlt eine ausdrückliche Festlegung, für welche Zeitdauer das Verbot 51
gelten soll. Es gilt dann mangels anderer Anhaltspunkte die gesetzliche Höchstfrist von **zwei Jahren**

---

1 Heymann/*Henssler*, § 74 HGB Rz. 44; Staub/*Konzen/Weber*, § 74 HGB Rz. 4. | 2 LAG Frankfurt v. 10.2.1997 – 10 Sa GA 2269/96, LAGE § 74a HGB Nr. 1. | 3 Zu den Einzelheiten *Bauer/Diller*, Rz. 123 ff. | 4 BAG v. 16.12.1968 – 3 AZR 434/67, AP Nr. 21 zu § 133f GewO. | 5 *Bauer/Diller*, Rz. 125. | 6 BAG v. 21.1.1997 – 9 AZR 778/95, AP Nr. 44 zu § 611 BGB – Konkurrenzklausel; ausf. *Bauer/Diller*, Rz. 128a. | 7 Grundsätzlich abl. BAG v. 24.6.1966 – 3 AZR 501/65, AP Nr. 2 zu § 74a HGB – Speiseeis; ausf. *Bauer/Diller*, Rz. 129 ff. | 8 BAG v. 30.4.1971 – 3 AZR 259/70, AP Nr. 2 zu § 340 BGB. | 9 BAG v. 5.9.1995 – 9 AZR 718/93, AP Nr. 67 zu § 74 HGB; s. Rz. 104 ff. | 10 *Bauer/Diller*, Rz. 142 b. | 11 *Grüll/Janert*, S. 46 f.; Heymann/*Henssler*, § 74 HGB Rz. 45; *Bauer/Diller*, Rz. 136. | 12 LAG Berlin v. 23.6.1991 – 9 Sa 7/91, NZA 1991, 674.

(§ 74a Abs. 1 Satz 3), weil dies der üblichen Praxis entspricht[1]. Soll das Wettbewerbsverbot für die Dauer von zwei Jahren „nach Kündigung" gelten, so ist auf die rechtliche Beendigung des Arbeitsverhältnisses abzustellen[2]. Unwirksam sind Wettbewerbsverbote, deren Dauer in das Ermessen des ArbGeb gestellt sein soll[3].

52 **IX. Beschränkungen außerhalb der §§ 74 ff. 1. Bagatellbeschränkungen.** Umstritten ist, ob §§ 74 ff. auch dann gelten, wenn dem ArbN nur marginale Beschränkungen auferlegt werden, die ihn in seinem beruflichen Fortkommen praktisch nicht behindern. Nach seinem Wortlaut gilt § 74 Abs. 1 uneingeschränkt. Das BAG hat dagegen erwogen, §§ 74 ff. bei absoluten Bagatellfällen nicht anzuwenden[4]. Bedeutung hat dies insb. für Verbote, die dem ArbN nur die Tätigkeit in einem **extrem schmalen Segment** verbieten, aber auch bei reinen **Abwerbeverboten** (Abwerbung ehemaliger Kollegen und/oder Abwerbung von Kunden)[5].

53 **2. Mandantenschutzklauseln. Abwerbeverbote** dergestalt, dass der ausgeschiedene Mitarbeiter nicht aktiv Kunden seines bisherigen ArbGeb umwerben darf, fallen ohne weiteres unter § 74 ff. (sofern man nicht von einem Bagatellfall ausgeht, s. oben). Dies gilt allerdings nicht im Bereich der **freien Berufe**, in denen schon das Standesrecht ein solches Abwerben verbietet[6]. Allgemeine Mandantenschutzklauseln, nach denen nicht nur das gezielte Abwerben, sondern schlechthin jede Betreuung von Mandanten des früheren ArbGeb verboten ist, fallen – auch bei freien Berufen – dagegen ohne weiteres unter §§ 74 ff.[7]. Bei Freiberuflern ersetzt auch die Gegenseitigkeit des Mandantenschutzes die Karenzentschädigung nicht.

54 **3. Mandantenübernahmeklauseln.** Streitig ist die Behandlung von Mandantenübernahmeklauseln, die in **freien Berufen** weit verbreitet sind. Danach darf der ausgeschiedene Mitarbeiter zwar Mandanten des früheren ArbGeb betreuen, hat dafür aber einen gewissen **Honoraranteil** abzuführen. Nach herrschender Auffassung sind solche Klauseln zulässig und fallen nicht unter die §§ 74 ff., wenn der abzuführende Honoraranteil nicht so hoch ist, dass die Bearbeitung solcher Mandate nicht mehr lohnt[8].

55 **4. Geheimhaltungsklauseln.** Schwierig ist die Abgrenzung von (entschädigungslos zulässigen) Geheimhaltungsklauseln und entschädigungspflichtigen (§ 74 Abs. 2) Wettbewerbsverboten. Die **Rspr.**[9] ist in sich **widersprüchlich**[10]. Ohne weiteres zulässig sind Geheimhaltungsklauseln, die dem ArbN die Verwertung von betrieblich erworbenem Know-how **außerhalb eines neuen Anstellungsverhältnisses** verwehren, also etwa durch den Verkauf der Geheimnisse an die Konkurrenz. Dagegen kommt es nicht in Betracht, dem ArbN die Eingehung einer neuen Stelle zu verwehren[11], auch wenn sich dabei nicht vermeiden lässt, dass der ArbN dort die beim alten ArbGeb erworbenen betrieblichen Kenntnisse verwertet. Die Einzelheiten sind sehr streitig. Auf jeden Fall unter §§ 74 ff. fallen Vereinbarungen, nach denen der ArbN in der Zeit nach seinem Ausscheiden alle Forschungsergebnisse bzw. Erfindungen seinem früheren ArbGeb anzudienen hat[12].

56 **5. Indirekte Wettbewerbsverbote.** In der Praxis zunehmend zu beobachten sind sog. „indirekte Wettbewerbsverbote"[13]. Darunter versteht man Vereinbarungen, die **keine erzwingbare Pflicht** des ArbN zur Unterlassung von Wettbewerb vorsehen, jedoch durch die Inaussichtstellung von Vorteilen oder die Androhung von Nachteilen faktischen Druck auf den ArbN ausüben, eine Konkurrenztätigkeit zu unterlassen[14]. Nichts einzuwenden ist gegen Vereinbarungen, wonach der ArbN eine **Prämie**, eine Verbesserung seiner Betriebsrente oder andere **Vorteile** erhalten soll, wenn er nach seinem Ausscheiden keine Konkurrenz macht. Hier sind §§ 74 ff. nicht einschlägig. Anders ist es dagegen, wenn der ArbN während des Arbeitsverhältnisses Leistungen erhält, die er später im Fall einer Konkurrenztätigkeit **zurückzahlen** soll[15]. Eine unzulässige Umgehung der §§ 74 ff. liegt auch vor, wenn das Arbeitsverhältnis durch Aufhebungsvertrag beendet wird und der Aufhebungsvertrag (oder die Zahlung der Abfindung) unter der Bedingung steht, dass der ArbN nicht zur Konkurrenz wechselt[16].

57 **X. Rechtliche Grenzen von Wettbewerbsverboten außerhalb §§ 74 ff.** Vereinzelt ist die Auffassung vertreten worden, nachvertragliche Wettbewerbsverbote zwischen Rechtsanwälten verstießen gegen § 3 BRAO[17]. Das ist unzutreffend, da kein Mandant Anspruch darauf hat, dass ein bestimmter Anwalt für ihn tätig wird[18]. Keine über §§ 74 ff. hinausgehenden Grenzen ergeben sich auch aus dem allgemeinen Kartellverbot des § 1 GWB. Zwar mag ein nachvertragliches Wettbewerbsverbot, welches dem ausgeschiedenen ArbN die Gründung eines Konkurrenzunternehmens untersagt, im Einzelfall eine spürbare Marktauswir-

---

1 *Hiekel* in Tschöpe, Arbeitsrecht, 2 F Rz. 24. | 2 *Bauer/Diller*, Rz. 136 a. | 3 *Bauer/Diller*, Rz. 136 b. | 4 V. 19.2.1959, AP Nr. 10 zu § 74 HGB unter II.3.a) der Gründe; offen gelassen in BAG v. 15.12.1987 – 3 AZR 474/86, AP Nr. 5 zu § 611 BGB – Betriebsgeheimnis unter I.1.b) d.Gr. | 5 *Bauer/Diller*, Rz. 146 f. | 6 BAG v. 16.7.1971 – 3 AZR 384/70, AP Nr. 25 zu § 611 BGB – Konkurrenzklausel unter II.4. d.Gr. | 7 BAG v. 16.7.1971 – 3 AZR 384/70, AP Nr. 25 zu § 611 BGB – Konkurrenzklausel; LAG BW v. 14.3.1985 – 7 Sa 107/84, EWiR § 611 BGB 7/85, S. 851. | 8 BGH v. 9.5.1968 – II ZR 158/66, NJW 1968, 1717; ausf. *Bauer/Diller*, Rz. 170 ff.; aA LAG Düsseldorf v. 28.6.2001 – 11 Sa 532/01. | 9 BAG v. 16.3.1982 – 3 AZR 83/79, AP Nr. 1 zu § 611 BGB – Betriebsgeheimnis „Thrombosol" einerseits; BAG v. 15.12.1987 – 3 AZR 474/86, AP Nr. 5 zu § 611 BGB – Betriebsgeheimnis „Pieroth" andererseits. | 10 Ausf. dazu *Wertheimer*, BB 1999, 1600; *Bauer/Diller*, Rz. 151 ff. | 11 Art. 12 GG! | 12 BAG v. 9.3.1993 – 9 AZR 390/91. | 13 Ausf. *Bauer/Diller*, DB 1995, 426. | 14 Dazu gehören auch die bekannten Mandantenübernahmeklauseln s.o. Rz. 54. | 15 Ausf. *Bauer/Diller*, DB 1995, 426. | 16 LAG Bremen v. 25.2.1994 – 4 Sa 309/93, LAGE § 74 HGB Nr. 9; LAG BW v. 21.1.1993 – 13 Sa 114/91. | 17 ZB LAG BW v. 14.3.1985 – 7 Sa 1007/84, AnwBl 1987, 142. | 18 Vgl. *Michalski/Römermann*, ZIP 1994, 442 mwN; *Bauer/Diller*, Rz. 235c, f.

kung haben. Die Grenzen des Kartellverbots sind jedoch nicht enger als die der §§ 74 ff.[1]. Regelmäßig nicht einschlägig ist auch § 138 BGB. Ein Wettbewerbsverbot, welches nach seinem Inhalt sittenwidrig ist, verstößt ohnehin gegen die §§ 74 ff., insb. § 74a Abs. 1 Satz 1 und 2. Nach einhelliger Auffassung sind Wettbewerbsverbote, die die Grenzen der §§ 74 ff. einhalten, auch keine unzulässige **Einschränkung der freien Berufswahl** aus Art. 12 GG[2]. Grenzüberschreitende Wettbewerbsverbote verstoßen auch nicht gegen die **Freizügigkeitsgarantien des EG-Vertrages**, insb. Art. 51 (früher 48) EG.

§ 9 Ziffer 5 AÜG verbietet Vereinbarungen, die einem LeihArbN untersagen, mit einem Entleiher nach Beendigung des Arbeitsverhältnisses mit dem Verleiher ein Arbeitsverhältnis einzugehen. Die Vorschrift kann nicht dadurch umgangen werden, dass eine Vertragsstrafe vereinbart wird oder beim Wechsel zu einem Entleiherbetrieb eine beim Ausscheiden gezahlte Abfindung zurückzuzahlen ist[3]. Für Auszubildende sind zusätzlich die Grenzen der §§ 5, 19 BBiG zu beachten. 58

XI. Anspruch auf Abschluss eines nachvertraglichen Wettbewerbsverbots. Die Vereinbarung eines nachvertraglichen Wettbewerbsverbots ist grundsätzlich **Verhandlungssache**. Der ArbGeb hat keinen Anspruch darauf, dass der ArbN einem solchen Verbot zustimmt, weder bei der Einstellung noch später während des Laufs des Arbeitsverhältnisses. Das gilt auch dann, wenn zunächst ein unwirksames oder unverbindliches Verbot vereinbart wurde; der ArbN muss an der **Heilung** nicht mitwirken, selbst dann nicht, wenn der Arbeitsvertrag (oder eine gesondert vereinbarte Wettbewerbsabrede) eine **salvatorische Klausel** vorsieht[4]. Ein Anspruch auf Abschluss eines Wettbewerbsverbots ergibt sich auch nicht aus einem veränderten Schutzbedürfnis des ArbGeb. Allerdings kann der ArbGeb eine **Beförderung** davon abhängig machen, dass der ArbN ein Wettbewerbsverbot unterzeichnet[5]. Zulässig sind aber **Vorverträge** auf den Abschluss eines Wettbewerbsverbots. Dadurch darf allerdings keine unbegrenzte Bindung des ArbN entstehen, weil sonst ein unzulässiges „bedingtes Wettbewerbsverbot" (s. Rz. 104 ff.) entsteht. 59

XII. In-Kraft-Treten des Wettbewerbsverbots. Das Wettbewerbsverbot tritt mit der **rechtlichen Beendigung** des Arbeitsverhältnisses in Kraft. Unerheblich ist, auf welche Weise das Arbeitsverhältnis endet, also durch **Kündigung, Aufhebungsvertrag, Auflösungsurteil, Anfechtung des Arbeitsvertrages** etc. Wettbewerbsverbote, die nur bei bestimmten Beendigungstatbeständen (zB arbeitnehmerseitige Kündigung) gelten sollen, sind regelmäßig unverbindlich (bedingtes Wettbewerbsverbot, s. Rz. 104 ff. sowie § 75 Rz. 36 ff.). 60

Bei **Freistellung** läuft das Wettbewerbsverbot nicht bereits ab der Freistellung, sondern erst ab der rechtlichen Beendigung des Arbeitsverhältnisses[6]. Während der Freistellungsperiode gilt aber § 60 HGB. Geht eine Freistellungsphase einem zweijährigen Wettbewerbsverbot voran, ist die zusätzliche Höchstdauer gem. § 74a Abs. 1 Satz 3 HGB nicht überschritten. Allerdings kann dann eine unbillige Fortkommenserschwerung gem. § 74a Abs. 1 Satz 2 vorliegen (s. Rz. 74a Rz. 15). 61

Hat eine der Parteien **unwirksam gekündigt**, so beginnt das Wettbewerbsverbot gleichwohl zu laufen, wenn beide Parteien die Kündigung trotz ihrer Unwirksamkeit akzeptieren. Erhebt der ArbN jedoch gegen eine unwirksame ArbGebKündigung **Kündigungsschutzklage**, so beginnt die Zweijahresfrist im Fall einer (freiwilligen oder gerichtlich angeordneten) vorläufigen Weiterbeschäftigung erst mit dem Ende der tatsächlichen Beschäftigung[7]. Wird der ArbN dagegen nicht weiterbeschäftigt und endet das Arbeitsverhältnis (zB durch gerichtliches Auflösungsurteil nach §§ 9, 10 KSchG oder durch Vergleich) zu einem späteren Zeitpunkt, rechnet die Zweijahresfrist ab dem Ende der tatsächlichen Beschäftigung[8]. 62

Tritt der ArbN das Arbeitsverhältnis **nicht an**, ergibt sich regelmäßig im Wege ergänzender Vertragsauslegung, dass das Verbot nicht in Kraft treten soll[9]. Ist jedoch der ArbN bereits vor Dienstantritt mit schutzwürdigen Geschäftsgeheimnissen in Berührung gekommen, kann je nach den Umständen des Einzelfalls das Wettbewerbsverbot gelten[10]. Von den Umständen des Einzelfalls hängt das In-Kraft-Treten des Wettbewerbsverbots auch ab, wenn das Arbeitsverhältnis vor Dienstantritt vom ArbGeb zu einem Zeitpunkt nach Dienstantritt gekündigt und der ArbN sofort freigestellt wird[11]. 63

Das Wettbewerbsverbot beginnt auch dann zu laufen, wenn das Arbeitsverhältnis noch während der **Probezeit** beendet wird[12]. Allerdings kann ausdrücklich vereinbart werden, dass das Wettbewerbsverbot erst ab dem Ende der Probezeit gelten soll[13]. 64

Endet das Arbeitsverhältnis, schließt sich aber eine **anderweitige Tätigkeit** (zB als freier Mitarbeiter) **für das gleiche Unternehmen** an, kann die ergänzende Vertragsauslegung ergeben, dass das Wettbewerbs- 65

---

1 Ausf. *Bauer/Diller*, Rz. 235 e. |2 St. Rspr. seit BAG v. 21.2.1957 – 2 AZR 301/56, AP Nr. 3 zu § 133f GewO; zuletzt v. 29.4.1966 – 3 AZR 460/65, AP Nr. 21 zu § 611 BGB – Konkurrenzklausel. |3 Dazu LAG Köln v. 7.5. und 22.8.1984, EzAÜG Bd. II, Nr. 152b und 156a. |4 *Bauer/Diller*, Rz. 353. |5 *Bauer/Diller*, Rz. 349 f. |6 BAG v. 16.1.1970 – 3 AZR 429/68, AP Nr. 4 zu § 74a HGB. |7 *Grunsky*, S. 99; *Bauer/Diller*, Rz. 477. |8 *Grunsky*, S. 99; *Bauer/Diller*, Rz. 477. |9 BAG v. 3.2.1987 – 3 AZR 523/85, AP Nr. 54 zu § 74 BGB. |10 BAG v. 3.2.1987 – 3 AZR 523/85, AP Nr. 54 zu § 74 BGB; aA LAG Köln v. 31.10.1990 – 5 Sa 715/90, LAGE § 74 HGB Nr. 4. |11 BAG v. 26.5.1992 – 9 AZR 27/91, AP Nr. 63 zu § 74 HGB; vgl. auch BAG v. 19.5.1983 – 2 AZR 171/81, AP Nr. 25 zu § 123 BGB; zum Ganzen auch *Buchner*, Anm. zu BAG v. 26.5.1992 – 9 AZR 27/91, AR-Blattei ES 1830, Nr. 167. |12 BAG v. 24.4.1970 – 3 AZR 328/69, AP Nr. 25 zu § 75 HGB; v. 10.5.1971 – 3 AZR 126/70, BB 1971, 1196; v. 2.8.1971, AP Nr. 25 zu § 615 BGB. |13 BAG v. 24.4.1970 – 3 AZR 328/69, AP Nr. 25 zu § 74 HGB unter I.2.a) d.Gr.

verbot bestehen bleibt, aber erst mit Beendigung des freien Mitarbeiterverhältnisses zu laufen beginnt[1]. Ähnliches gilt bei einem konzerninternen Wechsel des ArbN[2].

66 **XIII. Wegfall des Wettbewerbsverbots. 1. Äußere Umstände.** Ein Wettbewerbsverbot gilt grundsätzlich unabhängig davon, ob der ArbN dadurch überhaupt **behindert**[3] wird und ob es ihm überhaupt **objektiv möglich** ist, seinem früheren ArbGeb Konkurrenz zu machen[4] (zB wegen Betriebsaufgabe oder den Gegebenheiten des Marktes). Dem ArbN wird die Leistung nicht unmöglich, weil ihm nur ein Unterlassen obliegt. Einer Unterlassungspflicht kann man auch dann nachkommen, wenn überhaupt keine Möglichkeit der Zuwiderhandlung besteht. Allerdings fehlt bei Unmöglichkeit der Konkurrenztätigkeit regelmäßig das berechtigte geschäftliche Interesse des ArbGeb gem. § 74a Abs. 1 HGB, so dass das Wettbewerbsverbot für den ArbN unverbindlich wird (s. § 74a Rz. 8).

67 Das Wettbewerbsverbot gilt auch dann, wenn es dem ArbN **subjektiv unmöglich** ist, Konkurrenztätigkeit zu machen, etwa wegen **Arbeitsunfähigkeit**[5], **Berufswechsel, Schwangerschaft**[6], **Erziehungsurlaub**[7], **Aufnahme einer Ausbildung**[8] oder **Wehrdienst**[9]. Dies ergibt sich aus § 74c Abs. 1 Satz 3 HGB, wonach der Anspruch auf Karenzentschädigung während Verbüßung einer Freiheitsstrafe entfällt. Im Umkehrschluss daraus folgt, dass bei anderen persönlichen Hinderungsgründen die Entschädigungspflicht bestehen bleiben soll[10].

68 Das Wettbewerbsverbot erlischt grundsätzlich auch dann nicht, wenn der ArbN in (gesetzliche oder betriebliche) **Rente** geht[11]. Allerdings kann das Erreichen der Altersgrenze als objektive Bedingung vereinbart werden (s. Rz. 107 f.). **Stirbt** der ArbN, erlischt das Wettbewerbsverbot. Die Erben sind an das Verbot in keiner Weise gebunden, können also auch die Karenzentschädigung nicht mehr in Anspruch nehmen[12]. Vor dem Tod entstandene wechselseitige Ansprüche (Karenzentschädigung, Vertragsstrafe) gehen allerdings auf die Erben über[13].

69 **2. Vertragliche Aufhebung.** Das nachvertragliche Wettbewerbsverbot kann grundsätzlich einvernehmlich aufgehoben werden, und zwar auch **mündlich**[14]. Die Form des § 74 Abs. 1 braucht also bei einer Aufhebung nicht eingehalten zu werden.

70 In einer **Ausgleichsquittung** liegt regelmäßig keine wirksame Aufhebung eines Wettbewerbsverbots[15]. Anders ist es bei **Ausgleichs- und Erledigungsklauseln in Aufhebungsverträgen**. Ob solche Klauseln ein nachvertragliches Wettbewerbsverbot erfassen, hängt von allen Umständen des Einzelfalls ab, insb. von der Formulierung der Erledigungsklausel, von vorangegangenen Verhandlungen, von der wechselseitigen Interessenlage sowie vom wechselseitigen Kenntnisstand der Parteien[16].

71 In Betracht kommt auch eine **konkludente** Aufhebung von Wettbewerbsverboten. In der einvernehmlichen Beendigung des Arbeitsverhältnisses liegt eine solche konkludente Aufhebung eines Wettbewerbsverbots allerdings nicht[17]. Dagegen kommt eine konkludente Aufhebung eines Wettbewerbsverbots in Betracht, wenn der ArbN in Kenntnis des ArbGeb zur Konkurrenz wechselt und dieser nicht reagiert[18]. Nicht möglich ist die Beseitigung von Wettbewerbsverboten durch **Änderungskündigung**, hier sind die Lösungsmöglichkeiten der §§ 75, 75a HGB abschließend[19].

72 **XIV. Karenzentschädigung (Abs. 2). 1. Allgemeines.** Nach § 74 Abs. 2 ist das Wettbewerbsverbot nur verbindlich, wenn der ArbGeb sich verpflichtet, für die Dauer des Verbots eine Entschädigung von mindestens der Hälfte der zuletzt bezogenen vertragsmäßigen Leistungen zu zahlen. Die Regelung in Abs. 2 wird ergänzt durch § 74b, der Einzelheiten der **Berechnung** sowie **monatliche Fälligkeit** vorschreibt. § 74c regelt die **Anrechnung anderweitigen Erwerbs**.

73 Die Untergrenze von 50 % ist unabhängig davon, wie weitreichend das Verbot ist. Auch wenn das Verbot den ArbN nur unwesentlich behindert, müssen mindestens 50 % gezahlt werden, eine Zusage von genau 50 % reicht aus. Bei besonders weitreichenden Verboten ist wegen § 74a Abs. 1 Satz 2 eine höhere Karenzentschädigung erforderlich, damit das Verbot nicht unverbindlich wird.

---

1 BAG v. 16.1.1970 – 3 AZR 429/68, AP Nr. 4 zu § 74a HGB m. Anm. *Hofmann*; ausf. *Bauer/Diller*, Rz. 482 ff. |2 *Bauer/Diller*, Rz. 485. |3 BAG v. 19.5.1983 – 2 AZR 171/81, AP Nr. 25 zu § 123 BGB unter B.I.4. d.Gr. |4 BAG v. 2.8.1971 – 3 AZR 12/71, AP Nr. 27 zu § 74 HGB; v. 13.2.1996 – 9 AZR 931/94, AP Nr. 18 zu § 74c HGB. |5 BAG v. 13.11.1975 – 3 AZR 38/85, AP Nr. 7 zu § 74c HGB. |6 LAG BW v. 4.11.1997 – 7 Sa 29/97. |7 LAG Düsseldorf v. 4.3.1997 – 3 Sa 1644/96, NZA-RR 1998, 58. |8 BAG v. 2.12.1968 – 3 AZR 402/67, AP Nr. 3 zu § 74a HGB; v. 8.2. – 3 AZR 519/73 und 9.8.1974, AP Nr. 4, 5 zu § 74c HGB; v. 13.2.1996 – 9 AZR 931/94, AP Nr. 18 zu § 74c HGB. |9 *Bauer/Diller*, Rz. 489. |10 BAG v. 13.11.1975 – 3 AZR 38/75, AP Nr. 7 zu § 74c HGB. |11 BAG v. 26.2.1985 – 3 AZR 162/84, AP Nr. 30 zu § 611 BGB – Konkurrenzklausel; v. 3.7.1970 – 3 AZR 96/89, AP Nr. 61 zu § 74 HGB. |12 *Grunsky*, S. 19; *Heymann/Henssler*, § 74 HGB Rz. 38. |13 *Heymann/Henssler*, § 74 HGB Rz. 38. |14 BAG v. 10.1.1989 – 3 AZR 460/87, AP Nr. 57 zu § 74 HGB. |15 BAG v. 20.10.1981 – 3 AZR 1013/78, AP Nr. 39 zu § 74 HGB. |16 Ausf. *Bauer/Diller*, Rz. 496; dazu BAG v. 31.7.2002 – 10 AZR 513/01, BB 2003, 106; LAG Hamm v. 23.9.1992 – 15 Sa 462/92; LAG Köln v. 17.1.1990 – 7 Sa 1052/89; OLG Köln v. 25.3.1997 – 22 U 225/96, BB 1997, 1328. |17 BAG v. 26.9.1963, AP Nr. 1 zu § 75 HGB; LAG BW v. 22.9.1995, NZA-RR 1996, 163. |18 LAG BW v. 22.9.1995 – 5 Sa 28/95, NZA-RR 1996, 163. |19 *Bauer/Diller*, Rz. 500a.

In der Praxis macht nicht nur die **korrekte Berechnung** der Karenzentschädigung **erhebliche Schwierigkeiten**. In mehr als der Hälfte der Fälle, die dem Praktiker begegnen, ist die **Zusage der Entschädigung** so unglücklich formuliert, dass sie den Anforderungen der §§ 74 Abs. 2 bzw. 74b nicht genügt. **74**

Zu beachten ist, dass § 74 Abs. 2 nicht anordnet, dass durch Vereinbarung eines Wettbewerbsverbots ein Anspruch auf 50 %ige Karenzentschädigung entsteht. Anders als der für Handelsvertreter geltende § 90a kennt § 74 Abs. 2 **keinen gesetzlichen Entschädigungsanspruch**. Vielmehr ist die Zusage einer ausreichenden Entschädigung **Wirksamkeitsvoraussetzung** des Wettbewerbsverbots. **75**

2. Berechnung der Karenzentschädigung. a) Einzubeziehende Vergütungsbestandteile. In die Berechnung fließen nur Leistungen aus dem beendeten Arbeitsverhältnis ein, nicht Einkünfte aus **Nebentätigkeiten** oder **früheren Arbeitsverhältnissen**. **76**

Zu den „vertragsmäßigen Leistungen", anhand derer die Karenzentschädigung berechnet wird, gehören **sämtliche Geld- und Sachleistungen**, also auch Sonderleistungen jeder Art wie **Dienstwagen, Werkswohnungen** sowie **variable Gehaltsbestandteile** wie **Tantiemen, Boni** oder **Gratifikationen, Zulagen, Prämien, vermögenswirksame Leistungen**[1], **freie Kost** und **Wohnung** etc. Alles, was steuerrechtlich als **geldwerter Vorteil** angesehen wird, ist im Rahmen von § 74 Abs. 2 zu berücksichtigen. **77**

In die Berechnung einzubeziehen sind auch alle „**freiwilligen" Sozialleistungen**. Lediglich völlig freiwillige Einmalzahlungen aus besonderen sozialen Erwägungen heraus können außer Betracht bleiben[2]. Sobald dagegen der ArbGeb planmäßig Sozialleistungen erbringt (zB **Geburts- oder Heiratsbeihilfen, Jubiläumsgaben** etc.), sind diese einzubeziehen. Unerheblich ist, ob auf die Leistungen des ArbGeb ein **Rechtsanspruch** besteht oder ob der ArbGeb die Leistungen freiwillig erbringt[3]. **78**

Umstritten ist, ob **Erfindervergütungen** in die Berechnung einzubeziehen sind[4]. Nicht einzubeziehen sind erworbene Ansprüche auf **betrAV**, wohl aber die Beiträge für **Gehaltsumwandlungsversicherungen** (§ 1a BetrAVG), die durch Umwandlung von vereinbartem Gehalt finanziert werden[5]. **Urlaubsgeld** ist anzusetzen, nicht dagegen **Urlaubsabgeltung**[6]. **Abfindungen** bleiben grundsätzlich außer Betracht[7], weil sie keine Gegenleistung für die Dienste sind, sondern Entschädigung für den Verlust des Arbeitsplatzes[8]. Ausdrücklich außer Betracht bleiben auch **Spesen** und **sonstige Aufwandsentschädigungen** (§ 74b Abs. 3). **Pauschalierte Spesen**, die eine verdeckte Vergütung darstellen („Vertrauensspesen"), sind dagegen anzusetzen[9]. Dagegen bleiben nach § 74b Abs. 3 HGB auch **Trennungsentschädigungen** sowie **Teuerungszuschläge** bei Auslandsarbeiten außer Betracht[10]. **79**

Die Werte von **Sachleistungen** sind in die Berechnung der Karenzentschädigung einzubeziehen. Bei der Nutzung eines **Dienstwagens** ist streitig, mit welchem Wert er anzusetzen ist[11]. Auch **Mitarbeiterbeteiligungen** müssen bei der Berechnung der Karenzentschädigung einbezogen werden, etwa die Übertragung von GmbH-Anteilen, der verbilligte Erwerb von Belegschaftsaktien oder Aktienoptionen. Die Einzelheiten der Berechnung sind außerordentlich problematisch[12]. **80**

Bei der Berechnung nach § 74 Abs. 2 ist grundsätzlich von den **Bruttobezügen** auszugehen, **Werbungskosten** bleiben unberücksichtigt[13]. Nicht anzusetzen sind die **ArbGebAnteile** zur gesetzlichen Renten- und Krankenversicherung[14], wohl aber die **ArbN-Anteile**[15]. **81**

Realisiert der ArbN vertragliche Ansprüche nicht oder verliert er sie durch **Verjährung, Verwirkung, Aufrechnung** etc., sind sie gleichwohl in die Berechnung einzubeziehen. **82**

Gewährt der ArbGeb auch **nach Beendigung des Arbeitsverhältnisses** weiter Leistungen (zB Weiterführung einer Direktversicherung, Weiternutzung von Dienstwohnung oder Dienstwagen), sind die Leistungen gleichwohl die Berechnung der Karenzentschädigung einzubeziehen. Eine andere Frage ist, ob die Weitergewährung der Leistungen auf die geschuldete Karenzentschädigung angerechnet werden kann[16]. **83**

b) Berechnungsmethode. Die korrekte Berechnung der Karenzentschädigung ist **außerordentlich kompliziert**. Je nach Art der einzubeziehenden Vergütungsbestandteile sind **zwei verschiedene Berechnungsmethoden** anzuwenden. Hinsichtlich der Festbezüge kommt es allein auf den **letzten Monatsbezug** an, die Gehaltsentwicklung in der Zeit davor bleibt außer Betracht. Dagegen sieht § 74b Abs. 2 für Einmalzahlungen und variable Gehaltsbestandteile (zB Boni, Tantiemen, Provisionen) vor, dass der **Durchschnitt der letzten drei Jahre** anzusetzen ist. **84**

Mit den „**zuletzt bezogenen" Leistungen** stellt das Gesetz auf den letzten Zeitraum ab, der der Lohnbzw. Gehaltsberechnung zugrunde liegt. Bei einem Wochenlohn ist also der Lohn der letzten Woche **85**

---

1 *Bengelsdorf*, DB 1989, 1025. | 2 BAG v. 16.11.1973 – 3 AZR 61/73, AP Nr. 34 zu § 74 HGB unter I.3.b) d.Gr. | 3 BAG v. 16.11.1973 – 3 AZR 61/73, AP Nr. 34 zu § 74 HGB unter Aufgabe der früheren entgegenstehenden Rspr. | 4 Ausf. *Bengelsdorf*, DB 1989, 1026; *Bauer/Diller*, Rz. 243. | 5 Ausf. *Bauer/Diller*, Rz. 244 f. | 6 *Bauer/Diller*, Rz. 245a. | 7 *Bauer/Diller*, Rz. 246. | 8 Vgl. *Bengelsdorf*, DB 1989, 1025. | 9 *Bauer/Diller*, Rz. 247; dazu LAG Köln v. 29.10.1997 – 2 Sa 794/97, LAGE § 74c HGB Nr. 6. | 10 *Grunsky*, S. 69; *Gaul*, S. 186. | 11 Umfassend *Bauer/Diller*, Rz. 252; das BAG hat im Urteil v. 17.6.1997 – 9 AZR 801/95, AP Nr. 2 zu § 74b HGB die Frage offen gelassen. | 12 Ausf. *Bauer/Diller*, Rz. 254 a. | 13 *Bauer/Diller*, Rz. 249. | 14 BAG v. 21.7.1981 – 3 AZR 666/78, AP Nr. 40 zu § 74 HGB. | 15 *Bauer/Diller*, Rz. 251. | 16 S. Rz. 88, ausf. *Bauer/Diller*, Rz. 256a.

vor dem Ausscheiden maßgeblich, bei monatlicher Gehaltszahlung das Gehalt des letzten Monats[1]. Mit § 74 Abs. 2 unvereinbar ist eine Entschädigungszusage, wonach der ArbGeb die Hälfte der Festbezüge **"im Durchschnitt der letzten drei Jahre"** erhalten soll[2], weil sich dann Gehaltserhöhungen im Lauf der letzten drei Jahre nur anteilig auf die Höhe der Karenzentschädigung auswirken.

86 Eine Anpassung der Karenzentschädigung anhand der **Preissteigerungsindizes** scheidet wegen des klaren Wortlauts von § 74 Abs. 2 HGB aus[3]. Auch **Tariferhöhungen**, die erst nach dem Ausscheiden wirksam werden, bleiben grundsätzlich unberücksichtigt, während Tariferhöhungen im letzten Monat vor dem Ausscheiden voll durchschlagen[4]. Scheidet der ArbN in einem **Zeitpunkt** aus, in dem er **keine Vergütung bezieht** (Wehrdienst, Elternzeit, unbezahlte Freistellung, Langzeiterkrankung), muss entsprechend § 11 Abs. 1 Satz 3 BUrlG, § 11 Abs. 2 Satz 2 MuSchG und § 131 SGB III auf die letzten vor dem vergütungslosen Zeitraum bezogenen Leistungen abgestellt werden. Bei Reduzierung der Vergütung aus besonderen Anlässen (zB **Kurzarbeit**) muss die Karenzentschädigung aus dem ungekürzten Gehalt berechnet werden.

87 Bei **Teilzeitbeschäftigung** ist nach dem klaren Wortlaut des § 74 Abs. 2 die Karenzentschädigung anhand des Teilzeitverdienstes zu berechen, obwohl das Wettbewerbsverbot die Aufnahme einer Vollzeittätigkeit verbietet[5]. In Betracht kommt hier aber eine unbillige Behinderung des Fortkommens nach § 74a Abs. 1 Satz 2 HGB. Bei **Wechsel von Vollzeit auf Teilzeit** innerhalb der letzten drei Jahre vor dem Ausscheiden kann anhand § 74b Abs. 2 gequotelt werden, das Gleiche gilt bei Wechsel auf ATZ[6].

88 **3. Abgeltung der Karenzentschädigung durch andere Bezüge.** Die Zahlung einer **Abfindung**, eines **Übergangsgelds** oder einer **Betriebsrente** ersetzt grundsätzlich nicht die geschuldete Karenzentschädigung. Allerdings kann der ArbGeb in gewissem Umfang zur Vermeidung von Doppelzahlungen Verrechnungen vertraglich vorsehen[7]. Mit § 74 Abs. 2 unvereinbar sind Vereinbarungen, nach denen die Karenzentschädigung nicht in Geld gezahlt werden soll, sondern durch **Sachleistungen** (zB Weitergewährung von Dienstwagen, Dienstwohnung etc.) abgegolten sein soll. Entsprechende ausdrückliche Abgeltungsvereinbarungen können allerdings nach Beendigung des Arbeitsverhältnisses geschlossen werden, da dann §§ 74 ff. nicht mehr gelten[8].

89 **4. Person des Zahlungspflichtigen.** Die Karenzentschädigung schuldet stets der ArbGeb, auf eine Verpflichtung **Dritter** braucht der ArbN sich nicht einzulassen[9], es sei denn, es handelt sich um eine solvente **Konzernobergesellschaft**[10]. Unproblematisch ist selbstverständlich die Mitverpflichtung Dritter neben dem ArbGeb.

90 **5. Zusage der Karenzentschädigung.** Nach der Konzeption des § 74 Abs. 2 setzt die Wirksamkeit eines Wettbewerbsverbots voraus, dass eine Karenzentschädigung in ausreichender Höhe zugesagt war. Fehlt eine solche Zusage, kann der ArbGeb das Verbot **nicht** durch eine spätere einseitige Zusage oder durch Zahlung eines entsprechenden Betrages **heilen**[11].

91 In der Praxis scheitern Wettbewerbsverbote sehr häufig daran, dass eine eindeutige und § 74 Abs. 2 genügende Entschädigungszusage fehlt. Nach der Rspr. des BAG[12] muss die Vereinbarung über ein nachvertragliches Wettbewerbsverbot **so eindeutig** formuliert sein, dass aus Sicht des ArbN **kein vernünftiger Zweifel** über den Anspruch auf Karenzentschädigung bestehen kann. Der sicherste Weg ist es, sich bei der Formulierung **genau an den Text des § 74 Abs. 2 zu halten**. Lautet die Zusage durch unkritisches Abschreiben aus § 74 Abs. 2 auf „**mindestens**" 50 % der Bezüge, sind 50 % geschuldet. Die Zusage einer „**angemessenen** Entschädigung" reicht nicht. Der Vorbehalt, wonach sich die Höhe der zugesagten Entschädigung bei schlechter wirtschaftlicher Lage des Unternehmens verringern soll, macht die Zusage unwirksam[13].

92 Wird nicht ausdrücklich eine Karenzentschädigung zugesagt, sondern nur **auf die gesetzlichen Bestimmungen der §§ 74 ff. verwiesen**, liegt nach richtiger Auffassung[14] keine wirksame Entschädigungszusage vor, so dass das Wettbewerbsverbot unwirksam ist. Ausreichend soll dagegen eine pauschale Verweisung auf die §§ **74 und 74c** sein, da diese beiden Normen speziell die Höhe der Entschädigung regeln[15]. Gegen die Auffassung des BAG spricht allerdings, dass es nicht nur um ein Auslegungsproblem geht, sondern auch um ein Formproblem. Stets ausreichend sind Wettbewerbsverbote, die ausdrücklich eine Karenzentschädigung zusagen, und nur hinsichtlich der Höhe auf die §§ 74 ff. verweisen. Solche Klauseln sind dahingehend zu verstehen, dass die 50 %ige Mindestentschädigung zugesagt ist.

---

1 *Staub/Konzen/Weber*, § 74b HGB Rz. 8, 15; Heymann/*Henssler*, § 74b HGB Rz. 2. | 2 BAG v. 5.8.1966 – 3 AZR 154/66, AP Nr. 19 zu § 74 HGB. | 3 *Bauer/Diller*, Rz. 261; ArbG Lübeck v. 6.5.1976 – 1 Ca 337/76, BB 1976, 1320. | 4 *Bauer/Diller*, Rz. 262. | 5 *Bauer/Diller*, Rz. 264. | 6 *Bauer/Diller*, Rz. 264. | 7 BAG v. 26.2.1985 – 3 AZR 162/84, AP Nr. 30 zu § 611 BGB – Konkurrenzklausel, ausf. *Bauer/Diller*, Rz. 277. | 8 *Bauer/Diller*, Rz. 279. | 9 Heymann/*Henssler*, § 74b HGB Rz. 29. | 10 *Grunsky*, S. 96; *Staub/Konzen/Weber*, § 74b HGB Rz. 27; v. Hoyningen-Huene, § 74 HGB Rz. 42. | 11 *Bauer/Diller*, Rz. 284. | 12 BAG v. 5.9.1995 – 9 AZR 718/93, AP Nr. 67 zu § 74 HGB. | 13 *Bauer/Diller*, Rz. 285. | 14 LAG Bremen v. 4.5.1966 – 1 Sa 83/66, DB 1966, 1440; aA LAG Köln v. 18.4.1984 – 7 Sa 1183/83, NZA 1984, 91; LAG Hamm v. 12.4.1988 – 15 Sa 1925/87. | 15 BAG v. 14.8.1975 – 3 AZR 333/74, AP Nr. 35 zu § 74 HGB; kritisch *Buchner*, Rz. C 286.

Fehlt eine ausdrückliche Entschädigungszusage, ist das Wettbewerbsverbot unwirksam, auch **salvatorische Klauseln** helfen dem ArbGeb nicht weiter[1]. Die Zusage einer Karenzentschädigung ist nur dann ausreichend, wenn sie **vorbehaltlos** erfolgt, ansonsten entsteht ein bedingtes Wettbewerbsverbot (s. Rz. 104 ff.). 93

Häufig wird zwar ausdrücklich eine Karenzentschädigung zugesagt, jedoch **nicht in ausreichender Höhe**. So reicht zB die häufig anzutreffende Zusage von „50 % **des Festgehalts**" nicht, wenn der ArbN irgendwelche anderen Leistungen (VWL, Dienstwagen, Weihnachtsgeld etc.) erhält. Nicht ausreichend ist auch eine Entschädigungszusage, die nicht auf die letzte Vergütung abstellt, sondern auf die **Durchschnittsvergütung eines längeren Zeitraums**[2]. Lautet die Zusage auf 50 % der „**regelmäßigen Monatsbezüge**", „**des Gehalts**" oder „**der Jahresbezüge**", so ist im Einzelfall zu prüfen, ob variable Gehaltsbestandteile ausgenommen sein sollten, dann ist das Wettbewerbsverbot unverbindlich (das Gleiche gilt für eine Zusage über „**die Hälfte der zuletzt erhaltenen Monatsbezüge**"[3] oder „**die Hälfte der monatlich zuletzt bezogenen Bezüge**")[4]. 94

Eine Entschädigungszusage, die variable Bezüge ausblendet, ist auch dann unzureichend und führt zur Unverbindlichkeit eines Wettbewerbsverbots, wenn die variablen Gehaltsbestandteile (Gewinnbeteiligung, Bonus etc.) zuletzt **tatsächlich nicht angefallen sind**[5]. Hat der ArbGeb einen **Fixbetrag** als Entschädigung zugesagt, ist das Verbot nur verbindlich, wenn der Fixbetrag auch im Ausscheidenszeitpunkt noch mindestens 50 % der Gesamtbezüge ausmacht[6]. 95

Ist **überhaupt keine** Karenzentschädigung zugesagt, ist das Verbot **nichtig**[7]. Ist dagegen eine **zu niedrige** Karenzentschädigung zugesagt, ist das Verbot unverbindlich mit der Folge, dass der ArbN **wählen** kann, ob er das Verbot gegen Zahlung der (niedrigen) Entschädigung einhalten oder aber das Verbot (dann ohne Entschädigungszahlung) ignorieren will. Der ArbN hat aber keinen Anspruch darauf, dass der ArbGeb die Entschädigungszusage auf die gesetzlich vorgesehenen 50 % aufstockt, auch dann nicht, wenn im Verbot ergänzend auf §§ 74 ff. verwiesen wurde[8]. 96

Zu einer **zu weitgehenden Anrechnung** von anderweitigem Erwerb s. 74c Rz. 24 ff. 97

6. Auszahlung der Karenzentschädigung. Die Fälligkeit der Entschädigungsraten regelt § 74b Abs. 1 (siehe dort). Gemäß § 850 Abs. 3a ZPO gelten für die Karenzentschädigung die allgemeinen **Pfändungsbeschränkungen** für Arbeitslohn, insb. die Pfändungsgrenzen des § 850c ZPO. Deshalb ist im Rahmen der Pfändungsgrenzen auch die Abtretung des Entschädigungsanspruchs nicht zulässig[9], das Gleiche gilt für die Aufrechnung[10]. 98

„Das Stammrecht" auf Karenzentschädigung **verjährt** nicht, die einzelnen Raten verjähren nach § 195 BGB in drei Jahren, wobei die Verjährung mit dem Schluss des Kalenderjahres beginnt, in dem die jeweilige Rate fällig geworden ist (§ 199 Abs. 1 Nr. 1 BGB). Bei Unkenntnis des Anspruchs gilt hilfsweise die zehnjährige Verjährungsfrist des § 199 Abs. 4 BGB. 99

Je nach Wortlaut, Sinn und Zweck einer tariflichen oder einzelvertraglichen **Ausschlussfrist** kann diese auch die Karenzentschädigung erfassen[11]. Eine Ausschlussfrist gilt aber dann nicht für die Karenzentschädigung, wenn die Ausschlussfrist im Arbeitsvertrag steht und dieser nicht der Form des § 74 Abs. 1 genügt[12]. Streitig ist, ob die Ausschlussfrist durch einmalige Geltendmachung gewahrt wird, oder ob jede Monatsrate getrennt geltend gemacht werden muss[13]. 100

Da die Fälligkeit der Karenzentschädigung kalendermäßig bestimmt ist, gerät der ArbGeb **ohne Mahnung in Zahlungsverzug**[14]. Der ArbN kann daher Verzugszinsen nach § 288 BGB verlangen. Nach richtiger Auffassung[15] gilt für den Verzugszins § 288 Abs. 1 und nicht Abs. 2, so dass der ArbN nur Zins in Höhe von 5 %-**Punkten über dem Basis-Zinssatz** geltend machen kann. 101

Da das Wettbewerbsverbot ein gegenseitiger Vertrag iSd. §§ 320 ff. BGB ist[16], kann der ArbN bei **Zahlungsverzug** des ArbGeb diesem eine angemessene Frist setzen und nach Fristablauf **zurücktreten** (§ 323 Abs. 1 BGB). Schadensersatzansprüche werden durch den Rücktritt nicht ausgeschlossen (§ 325 BGB). 102

---

1 *Bauer/Diller*, Rz. 293. | 2 BAG v. 5.8.1966 – 3 AZR 154/66, AP Nr. 19 zu § 74 HGB; LAG Frankfurt v. 12.6.1995 – 10 Sa 1159/94; dazu *Gamerschlag*, NJW 1989, 2870. | 3 BAG v. 9.1.1990 – 3 AZR 110/88, AP Nr. 59 zu § 74 HGB. | 4 LAG Frankfurt v. 5.3.1990 – 10/2 Sa 1114/89, LAGE § 74 HGB Nr. 5 und v. 10.2.1997 – 10 Sa GA 2269/96, LAGE § 74a HGB Nr. 1. | 5 BAG v. 14.7.1981 – 3 AZR 414/80, AP Nr. 38 zu § 74 HGB; LAG Frankfurt v. 5.3.1990 – 10/2 Sa 1114/89, LAGE § 74 HGB Nr. 5. | 6 Vgl. BAG v. 13.10.1960 – 5 AZR 104/59, AP Nr. 17 zu § 74 HGB und v. 14.7.1981 – 3 AZR 414/80, AP Nr. 38 zu § 74 HGB. | 7 BAG v. 13.9.1979 – 3 AZR 138/68, AP Nr. 24 zu § 611 BGB – Konkurrenzklausel unter II.3. d.Gr., v. 18.1.2000 – 9 AZR 929/98, nv. | 8 BAG v. 5.9.1995 – 9 AZR 718/93, AP Nr. 67 zu § 74 HGB unter II.2.b)bb) d.Gr. | 9 *Grüll/Janert*, S. 64. | 10 Ausf. *Bauer/Diller*, Rz. 505. | 11 Ausf. *Bengelsdorf*, DB 1985, 1589 ff.; BAG v. 24.4.1970 – 3 AZR 328/69, AP Nr. 25 zu § 74 HGB; BAG v. 18.12.1984 – 3 AZR 383/82, AP Nr. 87 zu § 4 TVG – Ausschlussfristen; BAG v. 17.6.1997 – 9 AZR 801/95, AP Nr. 2 zu § 74b HGB. | 12 *Bauer/Diller*, Rz. 507. | 13 Dazu *Bauer/Diller*, Rz. 507a; *Bengelsdorf*, DB 1985, 1582. | 14 *Buchner*, Rz. C 390; *Bauer/Diller*, Rz. 508. | 15 *Bauer/Diller*, NJW 2002, 1610. | 16 OLG Rostock v. 9.6.1994 – 1 U 40/94, NJW-RR 1995, 173; ausf. *Grunsky*, FS Söllner, S. 41 ff.; BAG v. 20.10.1960 – 5 AZR 470/59 und v. 5.8.1968 – 3 AZR 128/67, AP Nr. 16, 24 zu § 74 HGB.

103 Die Karenzentschädigung unterliegt **keiner Umsatzsteuer**, auch wenn der ArbN mittlerweile selbständig tätig ist[1]. Die Karenzentschädigung wird bei Nichtzahlung vor dem **ArbG** eingeklagt (§ 2 Abs. 1 Ziff. 3 c ArbGG). Örtlich zuständig ist nach § 13 das ArbG am Sitz des ArbGeb, daneben gemäß § 29 ZPO auch das ArbG des letzten Arbeitsorts. Klage auf zukünftige Raten kann nicht erhoben werden, allerdings ist insoweit eine Feststellungsklage zulässig, jedenfalls so lange der mögliche anderweitige Verdienst noch nicht feststeht[2]. Als **Streitwert** wird regelmäßig die Summe der Entschädigungsraten angesetzt[3].

104 **XV. Bedingte Wettbewerbsverbote. 1. Allgemeines.** Bedingte Wettbewerbsverbote sind ein **Massenphänomen**[4]. Als „bedingte Wettbewerbsverbote" bezeichnet man solche, bei denen sich der ArbGeb durch bestimmte Vorbehalte oder Einschränkungen letztlich entschädigungsfrei die Entscheidung vorbehält, ob er ein Wettbewerbsverbot in Anspruch nehmen will oder nicht[5]. Terminologisch ist der Begriff „bedingtes Wettbewerbsverbot" falsch (zumal nichts gegen Wettbewerbsverbote einzuwenden ist, die mit **objektiven** Bedingungen verknüpft sind, siehe Rz. 107 ff.). Bei den üblicherweise als „bedingte Wettbewerbsverbote" bezeichneten Fallgestaltungen, die die Rspr. als unzulässig ansieht, geht es in Wahrheit um „Potestativ-Bedingungen", also um **Optionen** bzw. **Rücktrittsvorbehalte des ArbGeb**. Verbote, die auf diese Weise ausgestaltet sind, behandelt die Rspr. als **unverbindlich** (siehe Rz. 18 ff.). Das Gleiche gilt für Wettbewerbsverbote, deren Wirksamkeit von einem bestimmten Verhalten des ArbN abhängen soll (dazu Rz. 106 ff.).

105 **2. Abhängigkeit vom Willen des ArbGeb.** Die Rspr. hat in folgenden Fällen ein unverbindliches „bedingtes Wettbewerbsverbot" angenommen:

- Der ArbN verpflichtet sich in einem **Vorvertrag**, auf Wunsch des ArbGeb später ein Wettbewerbsverbot zu vereinbaren. Solche Vorverträge sind nur dann zulässig, wenn vereinbart ist, dass vom Vorvertrag nicht mehr Gebrauch gemacht werden kann, wenn eine der beiden Seiten **bereits eine Kündigung ausgesprochen** hat[6]. Lässt sich der ArbN gleichwohl nach Ausspruch einer Kündigung noch auf ein Wettbewerbsverbot ein, ist dieses wirksam. Ist dagegen der Vorvertrag zeitlich nicht befristet und macht der ArbGeb davon keinen Gebrauch, ist fraglich, ob der ArbN einseitig ein Wahlrecht dahingehend ausüben kann, dass ein entschädigungspflichtiges Verbot als vereinbart gelten soll[7].

- Im Wettbewerbsverbot ist eine Entschädigung nur für den Fall zugesagt, dass das Unternehmen das Verbot „**in Anspruch nimmt**"[8], „**die Einhaltung der Wettbewerbsklausel verlangt**" oder „**fordert**"[9].

- Der ArbGeb behält sich im Arbeitsvertrag die Möglichkeit vor, den Mitarbeiter zu Wettbewerbsenthaltsamkeit „**zu verpflichten**", ihm gegenüber ein Wettbewerbsverbot „**auszusprechen**"[10] oder ihm ein solches „**aufzuerlegen**".

- Im Wettbewerbsverbot behält sich der ArbGeb die Möglichkeit vor, den ArbN **freizugeben**. Zulässig sind solche Freigabeklauseln nur dann, wenn klargestellt wird, dass durch eine Freigabe die Pflicht zur Zahlung der Karenzentschädigung nicht entfallen soll. Bei tätigkeits- oder unternehmensbezogenen Wettbewerbsverboten ist in der Regel zu vermuten, dass nach dem Willen des ArbGeb bei Freigabe die Entschädigungspflicht entfallen soll[11]. Dagegen kann bei einer Mandantenschutzklausel die Auslegung ergeben, dass ein Freigabevorbehalt hinsichtlich einzelner Kunden/Mandanten den Anspruch auf Karenzentschädigung nicht erfassen soll. Dann ist die Klausel zulässig und das Verbot bleibt verbindlich[12].

- Im Wettbewerbsverbot behält der ArbGeb sich vor, über § 75a hinaus (siehe dort) **auch nach dem Ende des Arbeitsverhältnisses** noch auf das Wettbewerbsverbot zu **verzichten**[13]. Ist dagegen entsprechend § 75a ein vertragliches Verzichtsrecht auf die Dauer des Arbeitsverhältnisses beschränkt, und soll nach der Vereinbarung die Entschädigungspflicht entgegen § 75a sofort und nicht erst nach einem Jahr entfallen, ist das Wettbewerbsverbot nicht unverbindlich. An die Stelle der unzulässigen Verzichtsklausel tritt die gesetzliche Verzichtsklausel des § 75a, so dass die Entschädigung nach Ausspruch eines Verzichts noch für ein Jahr zu zahlen ist[14].

106 **3. Abhängigkeit vom Willen des ArbN.** Ein unverbindliches „bedingtes Wettbewerbsverbot" (siehe Rz. 18 ff.) ist in folgenden Fällen anzunehmen, in denen das In-Kraft-Treten (und damit die Entschädigungspflicht!) von einem bestimmten Verhalten des ArbN abhängen soll:

---

1 *Bauer/Diller*, Rz. 510; offen gelassen von LAG Hamm v. 1.7.1987 – 15 Sa 237/87, LAGE § 74 HGB Nr. 3. | 2 BAG v. 10.5.1971 – 3 AZR 126/70, AP Nr. 6 zu § 628 BGB unter II.3.b) d.Gr.; vgl. auch *Bauer/Diller*, Rz. 510 b. | 3 ArbG Stuttgart v. 14.8.1996 – 3 Ca 2420/96. | 4 *Grunsky*, S. 73, „Dauerbrenner". | 5 Ausf. *Bauer/Diller*, DB 1997, 94 ff. | 6 BAG v. 18.4.1969 – 3 AZR 154/68, AP Nr. 22 zu § 133f GewO. | 7 Ausf. *Bauer/Diller*, Rz. 318 ff. | 8 BAG v. 2.5.1970 – 3 AZR 134/69, AP Nr. 26 zu § 74 HGB. | 9 LAG BW v. 12.7.1963 – 7 Sa 45/63 AP Nr. 2 zu § 75a HGB. | 10 BAG v. 13.5.1986 – 3 AZR 85/85, AP Nr. 51 zu § 74 HGB. | 11 BAG v. 18.11.1967 – 3 AZR 471/66, AP Nr. 21 zu § 74 HGB; v. 4.6.1985 – 3 AZR 265/83, AP Nr. 50 zu § 74 HGB; LAG Düsseldorf v. 3.8.1993 – 8 Sa 787/93, LAGE § 74 HGB Nr. 8; BAG v. 5.9.1995 – 9 AZR 718/93, AP Nr. 67 zu § 74 HGB unter II.2.b)bb) d.Gr. | 12 BAG v. 27.9.1988 – 3 AZR 59/87, AP Nr. 35 zu § 611 BGB – Konkurrenzklausel; LAG München v. 19.8.1986 – 4 Sa 298/85, NZA 1987, 600. | 13 BAG v. 19.1.1978 – 3 AZR 573/77, AP Nr. 36 zu § 74 HGB; v. 2.8.1971 – 3 AZR 12/71, AP Nr. 27 zu § 74 HGB; siehe auch BAG v. 5.9.1995 – 9 AZR 718/93, AP Nr. 67 zu § 74 HGB. | 14 *Bauer/Diller*, Rz. 337.

- Das Wettbewerbsverbot soll entfallen, wenn der ArbN „**in den Ruhestand tritt**" oder „**sich zur Ruhe setzt**"[1]. Zulässig sind Altersklauseln nur dann, wenn sie an ein bestimmtes Lebensjahr anknüpfen statt an berufliche Entscheidungen des ArbN.
- Das Wettbewerbsverbot soll entfallen, wenn der ArbN „**den Beruf wechselt**" oder „**eine Stelle bei einem Konkurrenten im Ausland antritt**"[2].
- Das Wettbewerbsverbot soll nur gelten, wenn der ArbN **selbst kündigt** oder eine **arbeitgeberseitige Kündigung verschuldet** hat (s. § 75 Rz. 36 ff.).

4. (Zulässige) objektive Bedingungen. Nichts einzuwenden ist dagegen, wenn die Wirksamkeit des Wettbewerbsverbots an objektive **aufschiebende** Bedingungen geknüpft wird, zB 107

- Erreichen oder Innehaben einer bestimmten Position
- Überschreiten einer bestimmten Gehaltsgrenze
- Berührung mit bestimmten technischen Geheimnissen oder Verfahren
- Arbeit an bestimmten Projekten
- Vollendung einer bestimmten Dienstzeit, Ablauf der Probezeit, tatsächlicher Dienstantritt[3].

In Betracht kommen aber auch (zulässige) **auflösende** Bedingungen, zB 108

- Verlassen einer bestimmten Abteilung
- Überschreiten einer bestimmten Altersgrenze
- Erwerb von Ansprüchen auf Berufs- oder Erwerbsunfähigkeitsrente.

XVI. Verletzung des Wettbewerbsverbots. 1. Allgemeines. Bei Verletzung des Wettbewerbsverbots durch den ArbN hat der ArbGeb verschiedene **Reaktionsmöglichkeiten**, nämlich 109

- Auskunftsanspruch
- Unterlassungsklage/Unterlassungsverfügung
- Einstellung der Entschädigungszahlungen/Zurückbehaltungsrecht
- Schadenersatz
- Rücktritt
- Vertragsstrafe (siehe dazu § 75c).

2. Auskunftsanspruch. Besteht die Vermutung, dass der ArbN sich nicht an das Wettbewerbsverbot hält, kann der ArbGeb Auskunft darüber verlangen, ob und ggf. welche beruflichen Aktivitäten der ArbN entwickelt bzw. entwickelt hat[4]. Ein **hinreichender Verletzungsverdacht** kann zB aus einmaligen Verstößen oder aus dem Bestreiten der Wirksamkeit des Wettbewerbsverbots resultieren[5]. 110

Bei unselbständiger Beschäftigung muss der ArbN den **neuen ArbGeb** und die **ausgeübte Tätigkeit** nennen[6]. Bei einer selbständigen Betätigung richtet sich der Auskunftsanspruch auf **Art und Umfang der getätigten Geschäfte**[7], bei Mandantenschutzklauseln auf den **Namen der betreuten Mandanten**[8]. Die Auskunft kann nicht unter Berufung auf standesrechtliche Verschwiegenheitspflichten verweigert werden[9]. Besteht Grund zur Annahme, die Auskunft sei unrichtig oder unvollständig, kann nicht Ergänzung der Auskunft verlangt werden, sondern gemäß § 259 Abs. 2 BGB die Abgabe einer **eidesstattlichen Versicherung**[10]. In Betracht kommt eine **Stufenklage** auf Auskunft und Schadenersatz/Vertragsstrafe[11]. 111

3. Unterlassungsansprüche. Verletzt der ArbN das Wettbewerbsverbot, kann der ArbGeb ihn auf Unterlassung in Anspruch nehmen. Gemäß § 2 Abs. 1 Ziff. 3 c ArbGG sind die **ArbG** zuständig, der ArbGeb hat die Wahl zwischen dem Gericht am Sitz des ArbGeb (§ 13 ZPO) und dem Ort der letzten Arbeitsleistung (§ 29 ZPO)[12]. Der Gerichtsstand der unerlaubten Handlung am Ort der Verletzung gemäß § 32 ZPO besteht nicht[13]. 112

Bei Erhebung der Unterlassungsklage ist darauf zu achten, dass kein unzulässiger **Globalantrag** gestellt wird[14], außerdem muss hinreichend verdeutlicht werden, für welche Unternehmen der ArbN auf 113

---

1 *Bauer/Diller*, Rz. 339; anders möglicherweise BAG v. 30.10.1984 – 3 AZR 123/82, AP Nr. 46 zu § 74 HGB; v. 26.2.1985 – 3 AZR 162/84, AP Nr. 30 zu § 611 BGB – Konkurrenzklausel. | 2 *Bauer/Diller*, Rz. 341 ff. | 3 *Bauer/Diller*, Rz. 345 ff. | 4 BAG v. 22.4.1967 – 3 AZR 347/66, AP Nr. 12 zu § 242 BGB – Auskunftspflicht; v. 5.8.1968 – 3 AZR 128/67, AP Nr. 24 zu § 74 HGB. | 5 BAG v. 22.4.1967 – 3 AZR 347/66, AP Nr. 12 zu § 242 BGB – Auskunftspflicht unter II.5. d.Gr. | 6 *v. Hoyningen-Huene*, § 74 HGB Rz. 56. | 7 *Buchner*, Rz. C 498. | 8 BAG v. 27.9.1988 – 3 AZR 59/87, AP Nr. 35 zu § 611 BGB – Konkurrenzklausel; LAG München v. 19.8.1986 – 4 Sa 298/85, DB 1987, 1444. | 9 BAG v. 27.9.1998 – 3 AZR 59/87, AP Nr. 35 zu § 611 BGB – Konkurrenzklausel. | 10 BAG v. 26.11.1971 – 3 AZR 220/71, AP Nr. 26 zu § 611 BGB – Konkurrenzklausel unter III.1. d.Gr. | 11 BAG v. 5.8.1968 – 3 AZR 128/67, AP Nr. 24 zu § 74 HGB. | 12 Ausf. *Bengelsdorf*, DB 1992, 1342 ff. | 13 *Bengelsdorf*, DB 1992, 1342 ff. | 14 BAG v. 15.6.1993 – 9 AZR 558/91, AP Nr. 40 zu § 611 BGB – Konkurrenzklausel unter I.2.a) d.Gr.

Unterlassung in Anspruch genommen wird (Unterlassung der Tätigkeit „für Konkurrenzunternehmen" reicht nicht[1]). Bei selbständiger Tätigkeit des ArbN kann die Klage auf Schließung des verbotswidrigen Betriebs und Löschung im Handelsregister gerichtet werden[2]. Die Unterlassung ist auf die **Laufzeit des Wettbewerbsverbots** zu begrenzen, zweckmäßigerweise wird der Antrag sofort mit der Androhung der in § 890 ZPO vorgesehenen **Zwangsmittel** verbunden. Läuft das Wettbewerbsverbot noch vor der rechtskräftigen Entscheidung über die Unterlassungsklage ab, muss der ArbGeb das Verfahren für erledigt erklären und auf eine Feststellungsklage überwechseln[3]. Die Unterlassungsklage kann auch schon vor Beendigung des Arbeitsverhältnisses erhoben werden, zB wenn der ArbN ankündigt, sich nicht an das Verbot halten zu wollen[4]. Als Streitwert ist regelmäßig die Summe der Entschädigungsraten anzusetzen[5]. Der Unterlassungstitel wird nach § 890 ZPO durch Androhung, Festsetzung und Beitreibung von Ordnungsgeld bis zu 250.000 Euro **vollstreckt**[6], das erstinstanzliche Urteil ist gemäß § 62 Abs. 1 ArbGG ohne Sicherheitsleistung vorläufig vollstreckbar.

114 Ist der ArbN **verbotswidrig ein neues Arbeitsverhältnis eingegangen**, muss er seine Tätigkeit sofort einstellen, wodurch dort sein Vergütungsanspruch gemäß § 323 BGB entfällt. Hat der ArbN das Wettbewerbsverbot seinem neuen ArbGeb verschwiegen, kommt eine fristlose Kündigung in Betracht. Unterlassungsansprüche können sich auch **gegen den neuen ArbGeb** richten, wenn sich die verbotswidrige Beschäftigung des ArbN als ein wettbewerbswidriges Ausnutzen fremden Vertragsbruchs nach §§ 1, 13 Abs. 2 UWG darstellt, oder der neue ArbGeb dem Verstoß gegen das Wettbewerbsverbot Vorschub geleistet hat, zB durch die Übernahme einer Vertragsstrafe[7]. Sagt der neue ArbGeb dem ArbN zu, ihn von einer Vertragsstrafe und/oder Schadensersatzansprüchen **freizustellen**, kann die Zusage sittenwidrig und damit unwirksam (§ 138 BGB) sein[8].

115 Üblicherweise wird der Unterlassungsanspruch wegen Eilbedürftigkeit mit **einstweiliger Verfügung** geltend gemacht[9]. Wegen der Endgültigkeit der Verfügung sind an den Verfügungsgrund allerdings hohe Anforderungen zu stellen. Die bloße Tatsache, dass eine Verletzung droht, reicht nicht, so lange der ArbGeb nicht **konkret drohende Nachteile** aufzeigt[10].

116 4. Wegfall der Entschädigungspflicht. Verstößt der ArbN gegen das Verbot, entfällt **automatisch** nach §§ 320 ff. BGB die Entschädigungspflicht[11]. Wurde die Entschädigung als Einmalbetrag gezahlt, kann sie entsprechend **zurückgefordert** werden[12]. Der Wegfall der Entschädigungspflicht tritt auch bei nur geringfügigen Wettbewerbsverstößen ein[13]. Hat der ArbGeb bereits gezahlt, kann er nach § 812 BGB die Zahlungen für den Zeitraum des Verstoßes zurückfordern[14]. Verhält der ArbN sich nach dem Verstoß wieder vertragstreu, lebt die Pflicht zur Zahlung der Karenzentschädigung für die Zeit nach dem Verstoß wieder auf[15].

117 5. Zurückbehaltungsrecht. Da bei Verstößen ohnehin der Entschädigungsanspruch nach § 320 BGB entfällt (siehe Rz. 116), hat die Einrede des nicht erfüllten Vertrages aus § 320 BGB keine eigenständige Bedeutung[16].

118 6. Schadenersatz. Verstößt der ArbN gegen das Wettbewerbsverbot, ist er nach § 280 BGB schadenersatzpflichtig. Die Grundsätze der **Haftungsmilderung** im Arbeitsverhältnis greifen ebenso wenig[17] wie die **Beweislastumkehr** des § 619a BGB[18]. Notfalls hat das Gericht gemäß § 287 Abs. 1 ZPO den Schaden zu **schätzen**. Hat der ArbN verbotswidrig ein Betriebsgeheimnis verwertet, kann der Schaden im Wege der „Lizenzanalogie" berechnet werden[19]. Nicht entsprechend anwendbar ist § 61 Abs. 1, wonach Gewinne abgeschöpft werden können; eine **Gewinnabschöpfung** kann aber durch entsprechend formulierte Vertragsstrafen erreicht werden. Ist das Verbot so formuliert, dass es auch konzernverbundene Unternehmen schützt, können diese eigene Schadenersatzansprüche nach den Grundsätzen des Vertrags zu Gunsten Dritter geltend machen[20].

119 7. Rücktritt. Verstößt der ArbN gegen das Wettbewerbsverbot, so kann der ArbGeb nach § 323 Abs. 5 BGB vom Verbot zurücktreten, wenn er **an der weiteren Einhaltung des Verbots kein Interesse mehr** hat. Dies ist beispielsweise der Fall, wenn der ArbGeb befürchten muss, dass bereits alle wichtigen Geheimnisse verraten sind. Liegen dagegen die Voraussetzungen des § 323 Abs. 5 BGB nicht vor, muss der ArbGeb gemäß § 323 Abs. 1, 2 BGB dem ArbN eine **Frist setzen**. Verhält sich der ArbN bei Fristablauf noch nicht wieder vertragstreu, kann der ArbGeb zurücktreten. Aber auch wenn der ArbN sich

---

1 Siehe iE *Bauer/Diller*, Rz. 598 ff. | 2 *Bauer/Diller*, Rz. 598 a. | 3 BAG v. 30.4.1965 – 3 AZR 366/63, AP Nr. 17 zu § 133 f GewO; v. 28.11.1966 – 3 AZR 203/66, AP Nr. 1 zu § 268 ZPO. | 4 Heymann/*Henssler*, § 74 HGB Rz. 39. | 5 Statt aller LAG Düsseldorf v. 8.11.1984 – 7 Ta 242/84, JurBüro 1985, 763. | 6 Statt aller *Grunsky*, S. 126. | 7 *Bauer/Diller*, Rz. 614. | 8 BAG v. 22.4.1981 – 5 AZR 3/79. | 9 Statt aller LAG Frankfurt v. 24.7.1956 – IV LAB 63/56, BB 1956, 853 und v. 16.2.1962 – 5 Sa 8/62, 1962, 922; LAG BW v.7.9.1967 – 7 Ta 8/67, BB 1967, 1426 und v. 24.11.1967 – 7 Sa 106/67, 1968, 708; ausf. *Heinze*, RdA 1986, 280. | 10 LAG BW v. 7.9.1967 – 7 Ta 8/67, BB 1967, 1426 und v. 24.11.1967 – 7 Sa 106/67, BB 1968, 708. | 11 BAG v. 5.8.1968 – 3 AZR 128/67, AP Nr. 24 zu § 74 HGB unter III.1. d.Gr. | 12 BAG v. 5.8.1968 – 3 AZR 128/67, AP Nr. 24 zu § 74 HGB unter III.4. d.Gr. | 13 *Grunsky*, S. 127. | 14 BAG v. 5.8.1968 – 3 AZR 128/67, AP Nr. 24 zu § 74 HGB unter III.1. d.Gr. | 15 BAG v. 10.9.1985 – 3 AZR 490/83, AP Nr. 49 zu § 74 HGB. | 16 *Bauer/Diller*, Rz. 621. | 17 *Gaul*, S. 200. | 18 Ausf. dazu *Bauer/Diller*, NJW 2002, 1611. | 19 BAG v. 24.6.1986 – 3 AZR 486/84, AP Nr. 4 zu § 611 BGB – Betriebsgeheimnis. | 20 *Bauer/Diller*, Rz. 666.

wieder vertragstreu verhält, kann gleichwohl ein Rücktritt nach § 323 BGB in Betracht kommen, wenn **besondere Umstände** vorliegen, die unter **Abwägung der beiderseitigen Interessen** einen sofortigen Rücktritt rechtfertigen. Das kann zB der Fall sein, wenn der ArbN erklärt, er werde bei nächster Gelegenheit das Wettbewerbsverbot wieder verletzen, oder bestimmte andere Anhaltspunkte die Gefahr einer ständigen Wiederholung nahe legen. In solchen Fällen kommt überdies eine außerordentliche Kündigung des Verbots nach § 314 BGB in Betracht[1].

8. Verjährung, Ausschlussfristen. Alle Ansprüche des ArbGeb wegen Verletzung des Wettbewerbsverbots unterliegen der **dreijährigen** Verjährung nach §§ 195, 199 BGB, die kurze dreimonatige Verjährung des § 61 Abs. 2 gilt nicht[2]. 120

XVII. Übergang des Wettbewerbsverbots auf Dritte. 1. Betriebsübergang. Nach ganz herrschender Meinung[3] geht zusammen mit einem **noch bestehenden** Arbeitsverhältnis auch ein nachvertragliches Wettbewerbsverbot über, egal ob es im Arbeitsvertrag enthalten oder separat vereinbart worden ist. Ist allerdings der ArbN im Moment des Betriebsübergangs **bereits ausgeschieden**, hat also das Wettbewerbsverbot bereits zu laufen begonnen, geht es nicht entsprechend § 613a BGB auf den Erwerber über[4]. 121

Im Falle eines Betriebsübergangs während des noch bestehenden Arbeitsverhältnisses ist der ArbN nach seinem Ausscheiden nur dem **Erwerber** gegenüber zur Wettbewerbsunterlassung verpflichtet, nicht mehr dem Veräußerer. Sowohl bei tätigkeitsbezogenen als auch bei unternehmensbezogenen Wettbewerbsverboten (s. Rz. 40 ff.) **ändert sich der Inhalt des Verbots** entsprechend, wobei aber im Einzelnen schwierige Auslegungsfragen entstehen können[5]. Für das **berechtigte geschäftliche Interesse** (§ 74a Abs. 1 Satz 1) kommt es nur auf das Interesse des Erwerbers an, nicht auf das des Veräußerers[6]. Widerspricht der ArbN dem Übergang seines Arbeitsverhältnisses, bleibt sein Arbeitsverhältnis mitsamt dem Wettbewerbsverbot bei seinem alten ArbGeb. Dieser kann regelmäßig betriebsbedingt kündigen. Für das Wettbewerbsverbot wird regelmäßig das berechtigte geschäftliche Interesse nach § 74a Abs. 1 Satz 1 entfallen sein, so dass der ArbN sich davon lösen kann[7]. Besondere Probleme entstehen bei Umwandlungen (Spaltung, Verschmelzungen etc.)[8]. 122

Nicht möglich ist eine **Abtretung** des Unterlassungsanspruchs an Dritte, dies folgt aus § 399 BGB. Zulässig ist die **Übertragung** des Wettbewerbsverbots auf einen anderen ArbGeb im Wege einer (grundsätzlich formfreien) **dreiseitigen** Vereinbarung[9]. 123

XVIII. Wettbewerbsverbot in der Insolvenz. Nach § 103 InsO hat der Insolvenzverwalter ein **Wahlrecht**, ob er die Erfüllung des Wettbewerbsverbots verlangt oder ablehnt. Dieses Wahlrecht ist unabhängig davon, ob bei Eröffnung des Verfahrens das Verbot bereits läuft oder ob erst der Verwalter das Arbeitsverhältnis beendet. Entscheidet sich der Insolvenzverwalter für die Fortführung des Wettbewerbsverbots, sind die nach Eröffnung des Verfahrens fällig werdenden Entschädigungsraten **Masseverbindlichkeiten** gemäß § 55 InsO. Wird die vorhandene Masse voraussichtlich zur Erfüllung der Ansprüche auf Karenzentschädigung nicht ausreichen, wird man dem ArbN ein außerordentliches Kündigungsrecht zubilligen müssen[10]. Lehnt der Verwalter in Ausübung seines Wahlrechts die Erfüllung des Wettbewerbsverbots ab, so hat der ArbN einen Schadenersatzanspruch. Für die Ausübung des Wahlrechts des Verwalters läuft keine Frist, der ArbN kann jedoch den Verwalter zur Ausübung seines Wahlrechts auffordern[11]. 124

XIX. SozV-Recht. Die Karenzentschädigung gehört nicht zum Arbeitsentgelt, löst also **keine Sozialabgaben** aus[12]. 125

Trotz Wettbewerbsverbots hat der ArbN Anspruch auf **ungekürztes Alg.** Weder fehlt es an der Verfügbarkeit nach §§ 118, 119 SGB III, noch kommt eine Anrechnung der Karenzentschädigung nach § 141 SGB III in Betracht, weil das Verbot keine „Beschäftigung" ist[13]. Auch eine Anrechnung nach § 143a SGB III scheidet aus. Eine **Erstattungspflicht** des ArbGeb **für Arbeitslosengeld** gibt es seit 1.1.2004 nicht mehr (früher § 128a AFG bzw § 148 SGB III). 126

XX. Steuerrecht. Die Karenzentschädigung stellt Einkünfte aus nicht-selbständiger Tätigkeit dar, sie ist deshalb wie Arbeitsentgelt zu versteuern und unterliegt der **LSt**[14]. **Umsatzsteuer** fällt nicht an, selbst wenn der ArbN sich selbständig macht[15]. Eine Steuerbefreiung nach § 3 Nr. 9 EStG kommt nicht in Betracht[16]. Dagegen kann der **ermäßigte Steuersatz** nach §§ 24, 34 EStG eingreifen, wenn die Entschädigung zusammengefasst innerhalb eines Kalenderjahres gezahlt wird. Das Gleiche gilt, wenn der ArbN gegen Zahlung einer Entschädigung das Verbot aufhebt[17]. 127

---

1 Ausf. *Bauer/Diller*, NJW 2002, 1612. | 2 *Bauer/Diller*, NJW 2002, 1610. | 3 *Bauer/Diller*, Rz. 669; *Grunsky*, S. 139; *Buchner*, Rz. C 435 ff.; *Grüll/Janert*, S. 82; *Gaul*, S. 145; ausf. *Bossmann*, S. 144 ff.; aA *Nägele*, BB 1989, 1481. | 4 LAG Frankfurt v. 3.5.1993 – 10 Sa Ga 345/93, NZA 1994, 1033; *Gaul*, S. 147; *Heymann/Henssler*, § 74 HGB Rz. 37; *v. Hoyningen-Huene*, § 74 HGB Rz. 77. | 5 Ausf. *Bauer/Diller*, Rz. 673. | 6 *Bauer/Diller*, Rz. 676. | 7 *Bauer/Diller*, Rz. 682. | 8 Dazu ausf. *Bauer/Diller*, Rz. 687b ff. | 9 BAG v. 28.1.1966 – 3 AZR 347/65, AP Nr. 74 unter II. 4. d.Gr.; v. 24.10.1972 – 3 AZR 102/72, AP Nr. 31 zu § 74 HGB. | 10 *Grunsky*, S. 136. | 11 Ausf. *Bauer/Diller*, Rz. 691 ff. | 12 *Schroeter*, BBG 1979, 1407; *Bauer/Diller*, Rz. 783. | 13 BAG v. 25.6.1985 – 3 AZR 305/83, AP Nr. 11 zu § 74c HGB unter II. 2 c (2). d.Gr. | 14 LAG Hamm v. 1.7.1987 – 15 Sa 237/87, LAGE § 74 HGB Nr. 3. | 15 *Bauer/Diller*, Rz. 798. | 16 FG Rh.-Pf. v. 26.1.1984, EzA § 3 EStG Nr. 2. | 17 Ausf. *Bauer/Diller*, Rz. 800 ff.

74a *[Unverbindliches Verbot]*
(1) Das Wettbewerbverbot ist insoweit unverbindlich, als es nicht zum Schutze eines berechtigten geschäftlichen Interesses des Prinzipals dient. Es ist ferner unverbindlich, soweit es unter Berücksichtigung der gewährten Entschädigung nach Ort, Zeit oder Gegenstand eine unbillige Erschwerung des Fortkommens des Gehilfen enthält. Das Verbot kann nicht auf einen Zeitraum von mehr als zwei Jahren von der Beendigung des Dienstverhältnisses an erstreckt werden.

(2) Das Verbot ist nichtig, wenn der Gehilfe zur Zeit des Abschlusses minderjährig ist oder wenn sich der Prinzipal die Erfüllung auf Ehrenwort oder unter ähnlichen Versicherungen versprechen lässt. Nichtig ist auch die Vereinbarung, durch die ein Dritter an Stelle des Gehilfen die Verpflichtung übernimmt, dass sich der Gehilfe nach der Beendigung des Dienstverhältnisses in seiner gewerblichen Tätigkeit beschränken werde.

(3) Unberührt bleiben die Vorschriften des § 138 des Bürgerlichen Gesetzbuchs über die Nichtigkeit von Rechtsgeschäften, die gegen die guten Sitten verstoßen.

Lit.: Siehe Literatur zu § 74.

1 **I. Allgemeines.** Die ursprünglich in Abs. 2 Satz 1 enthaltene Sonderregel für Minderbesoldete ist per 1.1.2002 entfallen[1], nachdem die Verfassungsmäßigkeit der Vorschrift ohnehin umstritten war[2].

2 **II. Berechtigtes geschäftliches Interesse/unbillige Fortkommenserschwerung (Abs. 1 Satz 1 und 2). 1. Systematik.** Die Grenzen des § 74a Abs. 1 werden **häufig übersehen**. Vielen Wettbewerbsverboten fehlt entweder das berechtigte geschäftliche Interesse iSv. Satz 1 oder sie stellen eine unbillige Erschwerung des Fortkommens des ArbN nach Satz 2 dar. In beiden Fällen ordnet das Gesetz **Unverbindlichkeit** an. Ist das Verbot **insgesamt** nicht von einem berechtigten Interesse gedeckt, hat der ArbN ein **Wahlrecht**, ob er es (gegen Zahlung der Karenzentschädigung) einhält oder sich von dem Verbot löst (s. im Einzelnen § 74 Rz. 18 ff.). Ist das Verbot dagegen nur **teilweise** nicht vom berechtigten geschäftlichen Interesse des ArbGeb gedeckt, wird der ArbN insoweit automatisch frei, behält aber Zug um Zug gegen Einhaltung des Wettbewerbsverbots im Übrigen den vollen Anspruch auf Entschädigung[3]. Bewirkt das Verbot dagegen eine unbillige Fortkommenserschwerung, ist es insgesamt unverbindlich.

3 Richtigerweise ist ein nachvertragliches Wettbewerbsverbot nicht alternativ an Satz 1 und Satz 2 zu messen. Vielmehr ist **zweistufig** zu prüfen. Zunächst ist gemäß Satz 1 festzustellen, inwieweit das Wettbewerbsverbot vom berechtigten geschäftlichen Interesse gedeckt ist. Gegenstand der anschließenden Prüfung nach Satz 2 ist dann das Wettbewerbsverbot nur in demjenigen Umfang, in dem es von Satz 1 gedeckt ist[4].

4 **2. Berechtigtes geschäftliches Interesse des ArbGeb.** Die Bestimmung des „berechtigten geschäftlichen Interesses" ist in der Praxis außerordentlich schwierig. Es handelt sich um einen unbestimmten Rechtsbegriff, der von den Gerichten voll überprüft werden kann. Das berechtigte geschäftliche Interesse muss sowohl sachlich als auch örtlich und zeitlich bestehen. Liegt ein berechtigtes geschäftliches Interesse vor, ist es unschädlich, wenn der ArbGeb daneben noch andere Interessen verfolgt[5].

5 **a) Sachliche Reichweite.** Ein Wettbewerbsverbot ist nur dann verbindlich, wenn eine **finale Beziehung** zwischen der früheren Tätigkeit des ArbN und dem untersagten Wettbewerb besteht[6]. Mittlerweile erkennt die Rspr. nur noch zwei legitime Gründe für Wettbewerbsverbote an, nämlich zum einen den **Schutz von Geschäftsgeheimnissen**, zum anderen den **Schutz vor Einbruch des ausgeschiedenen Mitarbeiters in Kunden- oder Lieferantenkreise**. Dementsprechend finden sich Wettbewerbsverbote in der Praxis am häufigsten bei Geheimnisträgern und bei Vertriebsmitarbeitern. Nicht von § 74a Abs. 1 Satz 1 gedeckt sind Wettbewerbsverbote, mittels derer der ausgeschiedene Mitarbeiter lediglich im **Kampf um künftige Kunden** ausgeschaltet werden soll[7]. Unverbindlich ist auch ein Verbot, welches nicht dem Schutz des ArbGeb, sondern der **Schwächung eines bestimmten Konkurrenten** dient[8]. Nicht schützenswert ist auch der Wunsch des ArbGeb, einen qualifizierten Mitarbeiter **für die Konkurrenz zu sperren**[9]. Eine kurze Laufzeit des Wettbewerbsverbots (drei oder sechs Monate) kann dafür sprechen, dass es dem ArbGeb lediglich darum geht, dem ArbN (unzulässigerweise) einen Arbeitsplatzwechsel zu erschweren.

6 Die Prüfung des berechtigten geschäftlichen Interesses hat jeweils einzelfallbezogen zu erfolgen. Bei **freien Berufen** reicht regelmäßig eine Mandanten- bzw. Kundenschutzklausel aus, ein generelles Niederlassungsverbot ist meist unverbindlich[10]. Ähnliches gilt für **Vertriebsmitarbeiter**. Hier ist ein voll-

---

1 BGBl. 2000 I, S. 1983. | 2 Ausf. *Bauer/Diller*, Rz. 359 ff. | 3 BAG v. 2.2.1968 – 3 AZR 462/66, AP Nr. 22 zu § 74 HGB; v. 16.12.1968 – 3 AZR 434/67, AP Nr. 21 zu § 133f GewO. | 4 *Bauer/Diller*, Rz. 228a. | 5 BAG v. 16.12.1968 – 3 AZR 435/67, AP Nr. 21 zu § 133f GewO unter 5. d.Gr. | 6 BAG v. 21.3.1964 – 5 AZR 232/63, AP Nr. 15 zu § 133f GewO; v. 22.11.1965 – 3 AZR 130/65, AP Nr. 1 zu § 611 BGB – Abwerbung; v. 24.6.1966 – 3 AZR 501/65, AP Nr. 2 zu § 74a HGB; v. 9.9.1968 – 3 AZR 188/67, AP Nr. 22 zu § 611 BGB – Konkurrenzklausel; zuletzt v. 1.8.1995 – 9 AZR 884/93, AP Nr. 5 zu § 74a HGB. | 7 BAG v. 21.3.1964 – 5 AZR 232/63, AP Nr. 5 zu § 133f GewO. | 8 BAG v. 22.11.1965 – 3 AZR 130/65, AP Nr. 1 zu § 6 StGB – Abwerbung unter II. 2. b d.Gr. | 9 Ausf. BAG v. 1.8.1995 – 9 AZR 884/93, AP Nr. 5 zu § 74a HGB. | 10 *v. Hoyningen-Huene*, § 74 HGB Rz. 12; *Michalski/Römermann*, ZIP 1994, 440; siehe auch BGH, NJW 1997, 3089.

Unverbindliches Verbot   Rz. 15 § 74a HGB

ständiges Tätigkeitsverbot nur dann gerechtfertigt, wenn es um den Schutz von Geschäftsgeheimnissen geht. Will der ArbGeb sich dagegen nur vor einem Einbruch in seine Kunden- bzw. Lieferantenkreise schützen, reicht eine Kundenschutzklausel[1]. Bei **gewerblichen ArbN** fehlt das berechtigte geschäftliche Interesse regelmäßig, das Gleiche gilt in **Branchen ohne Betriebs- oder Geschäftsgeheimnisse**[2].

Unternehmensbezogene Wettbewerbsverbote (dazu § 74 Rz. 40 ff.) sind zumindest bei **Führungskräften** regelmäßig vom berechtigten geschäftlichen Interesse gedeckt, obwohl sie den ArbN auch für ganz andere Tätigkeiten sperren, als er bei seinen alten ArbGeb ausgeübt hat. Entscheidend ist hier die fehlende Kontrollmöglichkeit des ArbGeb, aber auch der stets drohende Verrat von Geschäftsgeheimnissen[3]. Bei **konzernweiten Verboten** (siehe § 74 Rz. 47 f.) kann das berechtigte geschäftliche Interesse für die Sperrung zugunsten einzelner Konzernunternehmen fehlen[4]. 7

Verkauft der ArbGeb den Geschäftsbetrieb oder **schließt** er **den Betrieb**, entfällt das berechtigte Interesse. Das Gleiche gilt, wenn der ArbGeb praktisch keine Konkurrenz mehr hat[5]. Das berechtigte geschäftliche Interesse kann auch dann fehlen, wenn der ArbN entgegen den ursprünglichen Erwartungen **nicht** mit Betriebs- oder Geschäftsgeheimnissen **in Berührung gekommen** ist. Das kann beispielsweise der Fall sein, wenn das Arbeitsverhältnis nur sehr kurz gedauert hat[6]. 8

b) Örtliche Reichweite. Das Wettbewerbsverbot darf nur auf dasjenige Gebiet erstreckt werden, in dem dem ArbGeb tatsächlich Konkurrenz droht. Während bei Massendienstleistungen (zB freie Berufe) dieses Gebiet regelmäßig sehr klein sein wird, kommt bei hochspezialisierten Dienstleistungen oder in technischen Bereichen auch eine Erstreckung auf das **Ausland** oder gar die **ganze Welt** in Betracht[7]. 9

c) Zeitliche Reichweite. Angesichts der gesetzlich normierten Höchstdauer von zwei Jahren (Abs. 1 Satz 3) wird es nur selten vorkommen, dass ein Wettbewerbsverbot in zeitlicher Hinsicht die Grenzen des § 74a Abs. 1 Satz 1 überschreitet. In Betracht kommt dies aber bei sehr **kurzlebigen Produkten**. 10

d) Maßgeblicher Zeitpunkt. § 74a Abs. 1 Satz 1 ist grundsätzlich **dynamisch**. Es kommt nicht auf die Umstände bei Vereinbarung des Wettbewerbsverbots an, sondern beim **Ausscheiden**. Ein Verbot, bei dem zum Zeitpunkt seiner Vereinbarung das berechtigte geschäftliche Interesse vorliegt, kann also aufgrund späterer Umstände unverbindlich werden, wenn das Interesse wegfällt. Umgekehrt kann ein Verbot, welches zunächst mangels eines berechtigten geschäftlichen Interesses unverbindlich war, durch spätere Umstände verbindlich werden[8]. Zu Gunsten des ArbN sind sogar Veränderungen zu berücksichtigen, die erst **während des Laufs des Wettbewerbsverbots** eintreten (zB Schließung des Betriebs des ArbGeb), das Verbot wird dann ex nunc (nicht: ex tunc!) unverbindlich[9]. Zulasten des ArbN können dagegen spätere Änderungen nicht mehr berücksichtigt werden[10]. 11

e) Darlegungs- und Beweislast. § 74a Abs. 1 Satz 1 ist eine rechtshindernde Einwendung, für die grundsätzlich der **ArbN** darlegungs- und beweispflichtig ist[11]. 12

3. Unbillige Erschwerung des Fortkommens des ArbN (§ 74a Abs. 1 Satz 2). § 74a Abs. 1 Satz 2 stellt auf die Wechselwirkung zwischen **vier verschiedenen Faktoren** ab, nämlich (1.) der Höhe der Entschädigung sowie (2.) Ort, (3.) Zeit und (4.) Gegenstand des Wettbewerbsverbots. Nach richtiger Auffassung[12] ist aber zusätzlich die sich aus den vier genannten Faktoren ergebende Beschränkung des ArbN **abzuwägen** gegen die berechtigten geschäftlichen Interessen des **ArbGeb**. 13

Da zwischen den in die Betrachtung einzubeziehenden Kriterien eine **Wechselwirkung** besteht, können allgemeine Grundsätze kaum aufgestellt werden. Eine örtlich und sachlich umfassende Bindung des ArbN ist jedenfalls für kurze Zeit hinzunehmen[13]. In der heutigen Zeit nicht mehr überzeugend ist die Auffassung von *Buchner*[14], wonach ein Wettbewerbsverbot stets unbillig ist, wenn es die Berufsausübung in Deutschland schlechthin vereitelt. Richtigerweise wird man zumindest bei **Spitzenkräften** den Zwang zum Berufswechsel oder zur Auswanderung in andere deutschsprachige Länder noch für hinnehmbar halten müssen. Bei **Vertriebsmitarbeitern** ist es regelmäßig nicht unbillig, ihnen eine Vertriebstätigkeit in ihrem bisherigen Produktsegment zu verbieten, da bei Vertriebsmitarbeitern ein Branchenwechsel in der Regel zumutbar ist. 14

Die Unbilligkeit eines Wettbewerbsverbots kann sich daraus ergeben, dass ihm eine **lange Freistellungsperiode** vorangeht[15]. **Unternehmensbezogene** Wettbewerbsverbote sind bei Führungskräften regelmäßig 15

---

1 OLG Hamm v. 11.1.1988 – 8 U 142/87, GmbHR 1988, 345; ausf. *Bauer/Diller*, Rz. 199. | 2 Vgl. BAG v. 21.3.1964 – 5 AZR 232/63, AP Nr. 15 zu § 133f GewO betreffend eine Fahrschule. | 3 BAG v. 16.12.1968 – 3 AZR 434/67, AP Nr. 21 zu § 133f GewO; BAG v. 30.1.1970, AP Nr. 24 zu § 133f GewO. | 4 Ausf. *Bauer/Diller*, Rz. 205. | 5 BAG v. 2.8.1971 – 3 AZR 121/71, AP Nr. 25 zu § 615 BGB. | 6 BAG v. 1.8.1995 – 9 AZR 884/93, AP Nr. 5 zu § 74a HGB; BAG v. 25.4.1989 – 3 AZR 35/88, AP Nr. 7 zu § 611 BGB – Betriebsgeheimnis. Zum In-Kraft-Treten eines Wettbewerbsverbots trotz fehlendem Dienstantritt oder Ausscheiden in der Probezeit siehe § 74 Rz. 62 f. | 7 BAG v. 30.1.1970 – 3 AZR 348/69, AP Nr. 24 zu § 133f GewO unter II. d.Gr. | 8 BAG v. 28.1.1966 – 3 AZR 374/65, AP Nr. 18 zu § 74a HGB unter II. 3. c d.Gr. | 9 BAG v. 28.1.1966 – 3 AZR 374/65, AP Nr. 18 zu § 74 HGB unter III. 3. c d.Gr. | 10 Ausf. *Bauer/Diller*, Rz. 215 ff. | 11 *Buchner*, Rz. C 259; *Grüll/Janert*, S. 45; *Staub/Konzen/Weber*, § 74a HGB Rz. 3. | 12 *Bauer/Diller*, Rz. 225; *Buchner*, Rz. C 261; *Grüll/Janert*, S. 45 ff. | 13 BAG v. 4.10.1958 – 2 AZR 200/55, AP Nr. 7 zu Art. 12 GG. | 14 *Buchner*, Rz. C 264. | 15 Vgl. BGH v. 29.3.1995 – VIII ZR 102/94, BGHZ 129, 186 zu Handelsvertretern.

von § 74a Abs. 1 Satz 2 gedeckt, bei Nicht-Führungskräften ist dies jedoch problematisch[1]. Hat der ArbGeb die Zahlung einer Entschädigung in Höhe der **vollen** Bezüge zugesagt, so ist eine weitgehende Beschränkung des beruflichen Fortkommens akzeptabel, die bei Zahlung nur der 50 %igen Mindestkarenzentschädigung zweifelhaft wäre. Unbillig kann auch die Sperrung eines **teilzeitbeschäftigten** Mitarbeiters (mit entsprechend niedriger Karenzentschädigung) für eine Vollzeittätigkeit sein[2]. Ergibt sich die Unverbindlichkeit des Wettbewerbsverbots nach § 74a Abs. 1 Satz 2 aus der Abwägung zwischen Bindungswirkung und Höhe der Entschädigung, kann der ArbGeb das Verbot **nicht** nachträglich durch Zusage einer höheren Entschädigung **heilen**[3].

16 Zur Beweislast sowie zum maßgeblichen Zeitpunkt siehe Rz. 11 ff. entsprechend.

17 **III. Höchstdauer von zwei Jahren (Abs. 1 Satz 3).** Satz 3 konkretisiert Satz 2: Jenseits der Zwei-Jahres-Grenze wird unwiderleglich vermutet, dass das Verbot das Fortkommen des ArbN unbillig erschwert[4]. Die zwei Jahre zählen ab dem Ende des Dienstverhältnisses, nicht schon ab einer vorangegangenen **Freistellung**. Die Zweijahresfrist kann nicht dadurch verlängert werden, dass der ArbN nur während bestimmter **Zeitspannen** gesperrt sein soll (zB während jährlicher Messen oder bei Saisonbetrieben)[5]. Zeiträume, in denen die Einhaltung des Verbots unmöglich war (zB wegen Krankheit etc.) verlängern die Zweijahresfrist nicht. Lässt sich der ArbN nach Beendigung des Arbeitsverhältnisses auf eine Verlängerung des Zweijahreszeitraums ein, ist dagegen nichts einzuwenden, da nach Beendigung des Arbeitsverhältnisses die Schutzvorschriften der §§ 74 ff. nicht mehr gelten (siehe § 74 Rz. 12 f.). Allerdings ist stets die Grenze des § 138 BGB (vgl. Abs. 3) zu beachten.

18 Ist das Verbot für länger als zwei Jahre vereinbart worden, so ist es nur **insoweit** unverbindlich, als es die zulässige Höchstdauer überschreitet[6]. Der ArbN kann bis zum Ablauf des zweiten Jahres abwarten und sich dann entscheiden, ob er (gegen Weiterzahlung der Entschädigung) das Verbot auch für die darüber hinausgehende Zeit einhalten will oder nicht[7].

19 **IV. Wettbewerbsverbot mit Minderjährigen (Abs. 2 Satz 1 Alt. 1).** Abs. 2 Satz 1 stellt ausdrücklich auf den Zeitpunkt des „Abschlusses" des Verbots ab, gilt also auch dann, wenn das Verbot erst nach Eintritt der Volljährigkeit beginnt[8]. Rechtsfolge ist **Nichtigkeit** (nicht Unverbindlichkeit oder schwebende Unwirksamkeit). Deshalb kann der Minderjährige § 108 Abs. 3 BGB nicht nach Eintritt der Volljährigkeit genehmigen[9]. Möglich ist aber eine (formwirksame!) Bestätigung nach § 141 BGB. Nach einhelliger Ansicht gilt Abs. 2 Satz 1 auch für Wettbewerbsverbote, welche die gesetzlichen Vertreter des Volljährigen durch Einwilligung oder nachträgliche Genehmigung nach §§ 183, 184 BGB eingehen[10]. Das Gleiche gilt, wenn die Eltern als gesetzliche Vertreter das Wettbewerbsverbot selbst abschließen. § 74a Abs. 2 Satz 1 gilt auch dann, wenn der Minderjährige gemäß § 113 BGB allgemein für alle Angelegenheiten aus dem Dienst- oder Arbeitsverhältnis unbeschränkt geschäftsfähig ist[11]. Neben Abs. 2 Satz 1 sind auch die Beschränkungen der §§ 5, 19 BBiG zu beachten.

20 **V. Verpfändung des Ehrenworts (Abs. 2 Satz 1 Alt. 2).** Siehe die Erläuterungen bei § 74 Rz. 36.

21 **VI. Verpflichtung eines Dritten (Abs. 2 Satz 2).** Die Vorschrift dient dem **Umgehungsschutz**. Es sollen sich nicht anstelle des ArbN nahe stehende Dritte (zB Ehegatten, Eltern, Geschwister) verpflichten. Ob der Dritte die Wettbewerbsunterlassung „garantiert" oder nur die Beeinflussung des ArbN verspricht, ist unerheblich[12]. Die Vorschrift gilt allerdings nur dann, wenn sich der Dritte **anstelle** des ArbN verpflichtet, die Vereinbarung mit dem Dritten also die unmittelbare Vereinbarung eines Wettbewerbsverbots mit dem ArbN **ersetzt**. Ist dagegen ein unmittelbares Wettbewerbsverbot mit dem ArbN vereinbart, werden verstärkende Abreden mit Dritten (zB Bürgschaftsübernahme, Vertragsstrafe, Garantieerklärungen) nicht von § 74a Abs. 2 Satz 2 erfasst[13].

22 Verpflichtet sich ein Dritter **unmittelbar selbst** gegenüber dem ArbGeb zur Wettbewerbsunterlassung, greift Abs. 2 Satz 2 nicht. Sofern an einer solchen Gestaltung ein berechtigtes geschäftliches Interesse besteht, ist dagegen nichts einzuwenden (zB Vereinbarung eines Verbots mit der Ehefrau des ausgeschiedenen ArbN, um Strohmanntätigkeiten zu vermeiden). Nur unter Beachtung der §§ 74 ff. zulässig ist dagegen die Vereinbarung eines Wettbewerbsverbots mit dem neu gegründeten Unternehmen des ausgeschiedenen ArbN, da sonst eine Umgehung der §§ 74 ff. droht[14].

23 § 74a Abs. 2 Satz 2 verbietet nicht die Vereinbarung von Wettbewerbsverboten mit **ArbN eines Subunternehmers**, allerdings gelten hier die §§ 74 ff. entsprechend[15]. Das Gleiche gilt für Vereinbarungen zwischen dem ArbN und **Geschäftspartnern des ArbGeb**, wonach der ArbN diesen keinen Wettbewerb machen darf[16].

---

1 BAG v. 16.12.1968 – 3 AZR 434/67 und 30.1.1970 – 3 AZR 348/69, AP Nr. 21, 24 zu § 133f GewO. | 2 *Bauer/Diller*, Rz. 228. | 3 *Buchner*, Rz. C 277; *Grunsky*, S. 97. | 4 *Grunsky*, S. 98; *Buchner*, Rz. C 266. | 5 *v. Hoyningen-Huene*, § 90a HGB Rz. 18. | 6 BAG v. 2.12.1966 – 3 AZR 235/66, AP Nr. 18 zu § 133f GewO unter III. 3. d. Gr.; v. 19.5.1983 – 2 AZR 171/81, BB 1984, 533. | 7 LAG Düsseldorf v. 4.3.1987, NZA-RR 1988, 58. | 8 *Buchner*, Rz. C 218, *Grunsky*, S. 53. | 9 *Röhsler/Borrmann*, S. 101; *Gaul*, S. 169. | 10 BAG v. 20.4.1964 – 5 AZR 278/63, AP Nr. 17 zu § 90a HGB; *Buchner*, Rz. C 217; *Grunsky*, S. 53. | 11 *Bauer/Diller*, Rz. 365. | 12 *Heymann/Henssler*, § 74a HGB Rz. 21. | 13 *Röhsler/Borrmann*, S. 102; *Heymann/Henssler*, § 74a HGB Rz. 30; *Bauer/Diller*, Rz. 166. | 14 OLG Köln v. 3.12.1993 – 6 U 140/93, BB 1994, 1503. | 15 OLG Stuttgart v. 14.8.1970 – 2 U 13/70, BB 1970, 1176. | 16 *Heymann/Henssler*, § 74 HGB Rz. 1.

VII. Sittenwidrigkeit (Abs. 3). Abs. 3 stellt klar, dass ein Wettbewerbsverbot unabhängig von den Grenzen des Abs. 1 gemäß § 138 BGB sittenwidrig und damit nichtig sein kann. Da Fragen des Verbotsinhalts durch Abs. 1 umfassend und restriktiv geregelt werden, wird sich eine Sittenwidrigkeit allenfalls aus den **Begleitumständen** ergeben können (Ausbeutung einer Zwangslage oder Ausnutzung der Unerfahrenheit, des Mangels an Urteilsvermögen oder einer erheblichen Willensschwäche)[1].

74b [Zahlung der Entschädigung]

(1) Die nach § 74 Abs. 2 dem Handlungsgehilfen zu gewährende Entschädigung ist am Schlusse jedes Monats zu zahlen.

(2) Soweit die dem Gehilfen zustehenden vertragsmäßigen Leistungen in einer Provision oder in anderen wechselnden Bezügen bestehen, sind sie bei der Berechnung der Entschädigung nach dem Durchschnitt der letzten drei Jahre in Ansatz zu bringen. Hat die für die Bezüge bei der Beendigung des Dienstverhältnisses maßgebende Vertragsbestimmung noch nicht drei Jahre bestanden, so erfolgt der Ansatz nach dem Durchschnitt des Zeitraums, für den die Bestimmungen in Kraft war.

(3) Soweit Bezüge zum Ersatze besonderer Auslagen dienen sollen, die infolge der Dienstleistung entstehen, bleiben sie außer Ansatz.

Lit.: Siehe Literatur zu § 74.

I. Zahlungszeitpunkt/Fälligkeit (Abs. 1). Nach Abs. 1 ist die Karenzentschädigung grundsätzlich am Schluss jedes Monats zu zahlen. Nicht zulässig ist es deshalb, die Entschädigung bereits **während des Arbeitsverhältnisses** durch eine besondere Zulage abzugelten[2]. Das Gleiche gilt, wenn noch während des Arbeitsverhältnisses die volle Karenzentschädigung als **Einmalbetrag** im Voraus gezahlt wird[3]. Erst wenn das Wettbewerbsverbot in Kraft getreten ist, kann – abweichend von der gesetzlich vorgesehenen monatlichen Zahlungsweise – die Auszahlung der Gesamtentschädigung als Einmalbetrag erfolgen[4]. Streitig ist, ob in solchen Fällen eine Abzinsung zulässig ist, die dazu führt, dass der Abfindungsbetrag nominal unter der 50 %-Grenze des § 74 Abs. 2 liegt[5].

Nicht möglich ist es, die Karenzentschädigung zeitlich auf einen längeren Zeitraum als zwei Jahre zu **strecken** oder die Entschädigung als Einmalzahlung erst mit dem Ende des Wettbewerbsverbots fließen zu lassen (selbst wenn der Zinsnachteil ausgeglichen würde)[6].

Ist entgegen Abs. 1 die Zahlung der Entschädigung bereits **während des Arbeitsverhältnisses** vorgesehen, ist das Verbot insgesamt unverbindlich (s. § 74 Rz. 96). Ist dagegen **innerhalb des Verbotszeitraums** die Fälligkeit zulasten des ArbN abweichend von Abs. 1 geregelt worden, bleibt das Verbot insgesamt wirksam, lediglich die Fälligkeitsregel wird unwirksam mit der Folge, dass die gesetzliche Fälligkeitsregel des Abs. 1 gilt[7].

Abs. 1 gilt unabhängig davon, ob während des Arbeitsverhältnisses **vor- oder nachschüssige Lohnzahlung** vereinbart war[8]. Mit dem „Monatsende" soll nach zweifelhafter Ansicht[9] nicht das Ende des Kalendermonats gemeint sein, vielmehr sei von der Beendigung des Dienstverhältnisses zu rechnen. Dementsprechend würden bei einer fristlosen Kündigung zur Monatsmitte die Entschädigungsraten auch jeweils zur Mitte der Folgemonate fällig. Für den ArbN günstigere Fälligkeiten können ohne weiteres vereinbart werden.

II. Berechnung der Entschädigung bei variablen Bezügen (Abs. 2). Abs. 2 enthält **systemwidrig** ergänzende Regeln für die Berechnung der Karenzentschädigung, diese Regeln hätten zu § 74 Abs. 2 gehört. Für variable Vergütungsbestandteile wird geregelt, dass grundsätzlich der Schnitt der letzten drei Jahre vor dem Ausscheiden zugrunde zu legen ist. Zu beachten ist, dass bei einem ArbN mit variablen Gehaltsbestandteilen **nicht die gesamte Karenzentschädigung** nach dem Schnitt der letzten drei Jahre zu berechnen ist. Vielmehr bleibt es für alle nicht-variablen Leistungen bei § 74 Abs. 2, wonach der letzte Monatsbezug maßgeblich ist. Die Berechnung nach dem dreijährigen Durchschnitt gilt also immer nur für die variablen Bestandteile selbst. Zur endgültigen Ermittlung der Karenzentschädigung sind also die sich aus festen Vergütungsbestandteilen nach § 74 Abs. 2 ergebenden Teile der Karenzentschädigung mit den sich aus variablen Bezügen nach § 74b Abs. 2 ergebenden Teilen der Entschädigung zu addieren, eine außerordentliche fehlerträchtige Berechnungsmethode.

1. Variable Vergütungsbestandteile. Als Beispiel für von Abs. 2 erfasste variable Vergütungsbestandteile nennt das Gesetz die Provision. Nach der Definition des BAG[10] sollen unter Abs. 2 alle Einkom-

---

1 Siehe *Bauer/Diller*, Rz. 235 f. | 2 BAG v. 14.7.1981 – 3 AZR 414/80, AP Nr. 38 zu § 74 HGB. | 3 LAG Düsseldorf v. 19.2.1976 – 3 Sa 943/75, DB 1976, 1113. | 4 *Grunsky*, S. 89; *Bauer/Diller*, Rz. 282. | 5 Bejahend *Küstner/Thume*, Rz. 1019; *Heymann/Henssler*, § 74b HGB Rz. 8; verneinend *Grunsky*, S. 89; *Staub/Konzen/Weber*, § 74 HGB Rz. 10. | 6 *Bauer/Diller*, Rz. 281. | 7 *Bauer/Diller*, Rz. 314. | 8 *Grunsky*, S. 89. | 9 *Heymann/Henssler*, § 74b HGB Rz. 8; *Küstner/Thume*, Rz. 1018. | 10 BAG v. 5.8.1966 – 3 AZR 235/66, AP Nr. 19 zu § 74 HGB unter 2.

mensarten fallen, die „**von ständig wechselnden äußeren Umständen abhängen**". Dies betrifft zwei verschiedene Vergütungsarten, nämlich Vergütungen, die entweder

- nicht in jedem Bezugszeitraum anfallen oder
- zwar in jedem Bezugszeitraum anfallen, aber jeweils in unterschiedlicher Höhe.

7   Unregelmäßig anfallende Vergütungsbestandteile sind zB **Gratifikation**, **Jahrestantieme**, **Jahresbonus**, **Treueprämie**, **Jubiläumszuwendung**, **Urlaubsgeld**, **Belegschaftsaktien**, **Rechte auf vergünstigten Bezug von Produkten des Unternehmens** wie zB Jahreswagen.

8   Ein **Weihnachtsgeld/13. Gehalt** fällt nur dann unter Abs. 2, wenn es in wechselnder Höhe gezahlt wird, unter Widerrufsvorbehalt steht oder mit Verfall- oder Rückzahlungsklauseln versehen ist. Ist das Weihnachtsgeld/13. Gehalt dagegen unbedingt zugesagt und wird es bei Ausscheiden pro rata temporis gezahlt, ist Abs. 2 nicht einschlägig. Das Weihnachtsgeld/13. Gehalt ist dann auf die monatliche Festvergütung umzulegen und bei der Berechnung der Karenzentschädigung nach § 74 Abs. 2 anzusetzen.

9   Nach Abs. 2 kommt es auf den Durchschnitt der letzten drei Jahre an. Gemeint sind nicht drei Kalenderjahre, sondern **36 Monate** (nicht: Kalendermonate)[1]. Dabei kommt es nicht auf die Fälligkeit an, sondern auf den **Bezugszeitraum**[2]. Scheidet beispielsweise der ArbN zum 31.12.2004 aus, so sind die für die Jahre 2002, 2003 und 2004 geschuldeten Jahrestantiemen unabhängig davon anzusetzen, ob sie bereits gezahlt sind, wann sie gezahlt wurden und ob sie zB erst nach dem Ausscheiden gezahlt werden. Nicht einzubeziehen ist dagegen die in 2002 für 2001 gezahlte Jahrestantieme.

10 Soll nach den vertraglichen Vereinbarungen der **Anspruch** auf Sonderzahlungen **entfallen**, falls das Arbeitsverhältnis zum Auszahlungszeitpunkt bereits beendet oder zumindest gekündigt ist, ist dies bei der Berechnung der Entschädigung hinzunehmen, eine Aufstockung kommt nicht in Betracht[3].

11 Vergütungsbestandteile, die zwar regelmäßig anfallen, aber jeweils in **unterschiedlicher Höhe**, sind zB **Provisionen**, **Überstundenvergütungen**[4], **Leistungszulagen**, **Akkordmehrverdienste** etc. Auch hier kommt es nur auf das Entstehen des Anspruchs an, nicht auf die Fälligkeit, so dass zB ein Provisionsanspruch zu berücksichtigen ist, wenn der Abschluss des Geschäfts in den dreijährigen Bezugszeitraum fiel, auch wenn die Provision erst nach dem Ausscheiden fällig wird[5].

12 Stehen variable Vergütungsbestandteile im Moment des Ausscheidens noch nicht fest (was zB bei Jahrestantiemen vorkommen kann), muss die Höhe der Entschädigung **geschätzt** werden. Sobald die Ansprüche summenmäßig feststehen, muss zurück- oder nachgezahlt werden[6].

13 Hat der Anspruch auf den variablen Vergütungsbestandteil weniger als drei Jahre bestanden, ist nur der entsprechende kürzere Zeitraum maßgeblich (Abs. 2 Satz 2). Dabei macht die **Abgrenzung** zwischen **wechselnder Höhe** und **geändertem Berechnungsmodus** erhebliche Schwierigkeiten. Ändern sich beispielsweise Provisionsstaffeln geringfügig, ist regelmäßig nicht von einer neuen Zusage auszugehen, so dass der Dreijahreszeitraum nicht unterbrochen wird. Ähnliches gilt bei einer Änderung der Geld- oder Zeitfaktoren beim Akkord. Erst bei einer grundlegenden Änderung der Bemessungsgrößen oder Berechnungsfaktoren wird man von einer neuen „Vertragsbestimmung" iSv. Abs. 2 Satz 1 ausgehen müssen mit der Folge, dass eine neue Dreijahresfrist in Lauf gesetzt wird. Dagegen beginnt eine neue Dreijahresfrist, wenn sich eine Gewinn- oder Umsatzbeteiligung nominal erhöht[7].

14 2. Berücksichtigung von Auslagenersatz bei der Berechnung der Karenzentschädigung (Abs. 3). Auch diese Vorschrift betrifft die Berechnung der Karenzentschädigung und hätte deshalb zu § 74 Abs. 2 gehört. Zu den Einzelheiten siehe § 74 Rz. 79.

74c [Anrechnung anderweitigen Erwerbs]

(1) Der Handlungsgehilfe muss sich auf die fällige Entschädigung anrechnen lassen, was er während des Zeitraums, für den die Entschädigung gezahlt wird, durch anderweitige Verwertung seiner Arbeitskraft erwirbt oder zu erwerben böswillig unterlässt, soweit die Entschädigung unter Hinzurechnung dieses Betrags den Betrag der zuletzt von ihm bezogenen vertragsmäßigen Leistungen um mehr als ein Zehntel übersteigen würde. Ist der Gehilfe durch das Wettbewerbverbot gezwungen worden, seinen Wohnsitz zu verlegen, so tritt an die Stelle des Betrags von einem Zehntel der Betrag von einem Viertel. Für die Dauer der Verbüßung einer Freiheitsstrafe kann der Gehilfe eine Entschädigung nicht verlangen.

---

1 *Bauer/Diller*, Rz. 266. | 2 BAG v. 9.1.1990 – 3 AZR 110/88, AP Nr. 59 zu § 74 HGB in Abweichung von der früheren Rspr. | 3 BAG v. 18.10.1976 – 3 AZR 376/75, AP Nr. 1 zu § 74b HGB; ausf. zu der ganzen Problematik *Bauer/Diller*, Rz. 268 ff. | 4 BAG v. 10.5.1971 – 3 AZR 126/70, AP Nr. 6 zu § 628 BGB. | 5 *Grunsky*, S. 70; die ältere Rspr. des BAG v. 20.4.1967 – 3 AZR 314/66, AP Nr. 20 zu § 74 HGB ist durch die Entscheidung v. 9.1.1990 – 3 AZR 100/88, AP Nr. 59 zu § 74 HGB überholt. | 6 BAG v. 2.6.1987 – 3 AZR 626/85, AP Nr. 13 zu § 74c HGB unter III. 1. c d.Gr. zum Parallelproblem bei der Anrechnung anderweitigen Erwerbs. | 7 GK-HGB/*Etzel*, §§ 74–75d HGB Rz. 46.

(2) Der Gehilfe ist verpflichtet, dem Prinzipal auf Erfordern über die Höhe seines Erwerbes Auskunft zu erteilen.

Lit.: Siehe Literatur zu § 74.

I. Allgemeines. Die Anrechnungsvorschrift entspricht einem allgemein anerkannten **Billigkeitsgebot**[1] und ist im Übrigen Ausdruck des allgemeinen **Bereicherungsverbots**[2]. Die Anrechnung gilt kraft Gesetzes, setzt also nicht voraus, dass die Anrechenbarkeit anderweitiger Einkommens im Wettbewerbsverbot ausdrücklich vereinbart wurde. § 74c beschränkt den ArbGeb nicht auf eine „Verrechnung" im engeren Sinne dahingehend, dass anderweitiger Erwerb nur bei der Auszahlung der Karenzentschädigung abgezogen werden dürfte. Hat der ArbGeb die Entschädigung zunächst ausgezahlt und erfährt er erst später von anrechenbarem Erwerbs, so kann er die Überzahlung nach § 812 BGB **zurückfordern**. Eine allgemeine Erledigungsklausel in einem Aufhebungsvertrag steht der Anrechnung nicht entgegen[3]. Die Anrechnung anderweitigen Erwerbs setzt keine Erklärung des ArbGeb voraus, vielmehr vermindert sich die Karenzentschädigung **automatisch** um den anrechenbaren Betrag.

II. Anrechnungsgrenzen. 1. Regelfall: 110 %. Im Regelfall beginnt die Anrechnung, wenn Karenzentschädigung und Hinzuverdienst 110 % der früheren Bezüge übersteigen. Die 110 %- Grenze gilt unabhängig davon, wie hoch die zugesagte Entschädigung ist. Sie gilt auch, wenn der ArbGeb mehr als 50 % zugesagt hat, was für den ArbN nachteilig sein kann.

In der betrieblichen Praxis wird die Karenzentschädigung häufig nach der Faustformel „**alte Bezüge plus 10 % abzüglich neue Bezüge**" berechnet[4]. Genau genommen ist wie folgt zu rechnen:

(1)	Letzter Monatsverdienst vor dem Ausscheiden	12.000,00 Euro
(2)	50 %ige Entschädigung, also	6.000,00 Euro
(3)	Erwerb beim neuen ArbGeb	10.000,00 Euro
(4)	Die Summe aus (2) und (3) ergibt	16.000,00 Euro
(5)	110 % von (1) sind	13.200,00 Euro
(6)	Die Differenz von (4) und (5) ergibt den auf die Karenzentschädigung anzurechnenden Betrag von	2.800,00 Euro
(7)	Die Karenzentschädigung beträgt also die Differenz von (2) und (6), also	3.200,00 Euro

Die Anrechnung ist **monatlich** zu berechnen. Die anderweitigen Bezüge werden also nicht gleichmäßig auf den ganzen Verbotszeitraum umgelegt (anders als nach § 615 BGB!)[5]. Ebenso wie bei der Berechnung der Karenzentschädigung (s. § 74b Rz. 9) sind Zahlungen grundsätzlich den **Bezugszeiträumen zuzuordnen**, für die sie gezahlt werden, ohne dass es auf die Fälligkeit ankäme[6]. Das für den Monat Juni geschuldete Gehalt ist deshalb auch dann mit der Juni-Karenzentschädigung zu verrechnen, wenn das Gehalt bereits vorschüssig im Mai oder verspätet erst im Juli gezahlt wird.

§ 74b Abs. 2 ist bei der Anrechnung nach § 74c nicht anwendbar. Für die Anrechnung variabler Vergütungen ist deshalb **nicht der Durchschnitt von 36 Monaten** anzusetzen. Stattdessen sind die Zahlungen auf den Zeitraum umzulegen, für den sie gezahlt werden (so sind zB Weihnachtsgelder oder Jahrestantiemen grundsätzlich zu zwölfteln)[7]. Stehen die anderweitigen Einkünfte zunächst noch nicht fest, müssen **Abschläge** gezahlt werden[8].

Anderweitige Einkünfte in ständig wechselnder Höhe sind nach der neueren Rspr. des BAG[9] grundsätzlich **jährlich** zu ermitteln und mit der Jahreskarenzentschädigung zu verrechnen, wobei es wiederum jeweils auf den **Bezugszeitraum** ankommt. Eine Umlage anderweitiger Einkünfte auf das gesamte Jahr kommt aber dann nicht in Betracht, wenn der ArbN nur in einigen Monaten überhaupt Einkünfte erzielt hat.

Hat der ArbN sich selbständig gemacht, muss er im Rahmen seiner **Auskunftspflicht** (Abs. 2, s. Rz. 26 ff.) vorläufige Ergebnisse angeben, die Einzelheiten beurteilen sich im Einzelfall nach Treu und Glauben[10]. Aufgrund der vorläufigen Angaben des ArbN muss der ArbGeb monatlich einen vorläufigen Anrechnungsbetrag ermitteln und entsprechende **Abschläge** zahlen. Am Endes des einjährigen Ausgleichszeitraums ist auf Jahresbasis zu saldieren und anschließend nach- bzw. zurückzuzahlen[11].

---

1 BAG v. 18.11.1967 – 3 AZR 471/66, AP Nr. 21 zu § 74 HGB. | 2 BAG v. 17.12.1993 – 3 AZR 283/73, AP Nr. 2 zu § 74c HGB unter II. 3. a d.Gr. | 3 LG Freiburg v. 23.1.1998 – 12 O 142/97. | 4 *Grüll/Janert*, S. 58. | 5 BAG v. 29.7.1993 – 2 AZR 110/93, DB 1993, 2437 unter II. 1c d.Gr.; v. 16.5.1969 – 3 AZR 137/68, AP Nr. 23 zu § 133f GewO; anders noch BAG v. 23.1.1967 – 3 AZR 253/66, AP Nr. 1 zu § 74c HGB. | 6 *Staub/Konzen/Weber*, § 74c HGB Rz. 4. | 7 BAG v. 2.6.1987 – 3 AZR 626/85, AP Nr. 13 zu § 74c HGB unter III. 1.b d.Gr. | 8 *Bauer/Diller*, Rz. 563. | 9 BAG v. 2.6.1987 – 3 AZR 626/85, AP Nr. 13 zu § 74c HGB mit umfassenden Nachweisen. | 10 BAG v. 2.6.1987 – 3 AZR 626/85, AP Nr. 13 zu § 74c HGB unter III. 2.a d.Gr. | 11 BAG v. 2.6.1987 – 3 AZR 626/85, AP Nr. 13 zu § 74c HGB unter III. 1.c d.Gr.

8 Nimmt ein früherer **teilzeitbeschäftigter** ArbN nach seinem Ausscheiden eine Vollzeittätigkeit auf, so ist ein anderweitiges Einkommen nur ratierlich gekürzt anzurechnen[1]. Anders herum scheidet bei Aufnahme einer Teilzeitbeschäftigung durch einen früher vollzeittätigen ArbN eine Hochrechnung der erzielten Einkünfte zum Zwecke der Anrechnung aus[2].

9 **2. Erhöhte Anrechnungsgrenze von 125 % bei Wohnsitzverlegung.** Die erhöhte Anrechnungsgrenze von 125 % soll die Mehraufwendungen ausgleichen, die der ArbN durch einen Wohnsitzwechsel erleidet. Zugleich soll ein **Anreiz für den ArbN** geschaffen werden, sich nach einer neuen Arbeit umzusehen, anstatt von der Karenzentschädigung zu leben[3].

10 Zieht der ArbN **erst nach einiger Zeit** um, gilt die erhöhte Anrechnungsgrenze rückwirkend für den gesamten Karenzzeitraum. Die erhöhte Anrechnungsgrenze gilt nur dann, wenn der **Lebensmittelpunkt der Familie verlegt** wird. Die Begründung eines zweiten Wohnsitzes reicht nicht, sofern nicht die Familie nachgeholt wird[4]. Die 125 %-Grenze gilt auch dann (rückwirkend), wenn der ArbN zunächst am Ort eine konkurrenzfreie Stelle antritt, dann aber von seinem ArbGeb nach auswärts versetzt wird[5].

11 Die 125 %-Grenze gilt nur, wenn das Wettbewerbsverbot **ursächlich** für den Umzug war. Daran fehlt es, wenn der ArbN an seinem bisherigen Wohnort sowie im unmittelbaren Einzugsbereich auch ohne das Wettbewerbsverbot keine passende Stelle gefunden hätte[6]. Die Ursächlichkeit des Umzugs ist beispielsweise zu bejahen, wenn der ArbN glaubhaft vorträgt, dass er sich ohne das Wettbewerbsverbot an seinem bisherigen Wohnort in seiner bisherigen Branche selbständig gemacht hätte[7]. Grundsätzlich reicht es aus, dass der ArbN vernünftige Gründe für die Annahme der neuen auswärtigen Stelle hatte[8]. Für die Ursächlichkeit des Wettbewerbsverbots für den Umzug ist grundsätzlich der **ArbN beweispflichtig**[9]. Es kommt ein Anscheinsbeweis in Betracht. Den Anscheinsbeweis für die Ursächlichkeit des Umzugs kann der ArbN regelmäßig dadurch führen, dass er auf für ihn gesperrte Konkurrenzunternehmen an seinem bisherigen Wohnort verweist. Er muss sich dort nicht vergeblich beworben haben[10].

12 Welche **Entfernung** zwischen altem und neuem Wohnsitz liegt, ist unerheblich. Je kürzer die Strecke ist, desto schwieriger ist allerdings die Beweisführung, dass der Umzug wegen des Wettbewerbsverbots erfolgt ist.

13 **III. Anzurechnende Einkünfte.** Anzurechnen sind alle Einkünfte, die aus der **Verwertung der Arbeitskraft** resultieren, unabhängig davon, ob der ausgeschiedene ArbN wiederum als ArbN tätig wird oder als Organmitglied, Gesellschafter, Selbständiger etc.[11]. **Anrechnungsfrei** sind dagegen **Unterhaltsleistungen** oder **Einkünfte aus Kapitalvermögen** oder **Vermietung und Verpachtung**[12]. Besondere Probleme entstehen, wenn der ArbN nach seinem Ausscheiden eine Gesellschaft gründet oder in eine solche als **Gesellschafter** eintritt und dort eine Kapitaleinlage erbringt. Dann ist nur derjenige Teil der aus der Gesellschafterstellung fließenden Gewinne anrechenbar, der „Gegenleistung" für die Tätigkeit ist, was zu fast unlösbaren Abgrenzungsproblemen führt[13].

14 Nicht anrechenbar sind nachlaufende **Einkünfte aus dem beendeten Arbeitsverhältnis** (Gehaltsrückstände, Urlaubsabgeltung, Tantiemen, Abfindungen etc.). Gewährt der ArbGeb auch nach Beendigung des Arbeitsverhältnisses weiter einzelne Leistungen (Überlassung einer Dienstwohnung etc.), kann – nachträglich! – die Anrechnung dieser Leistungen auf die Karenzentschädigung vereinbart werden[14]. Bezieht der ArbN nach seinem Ausscheiden **Betriebsrenten**, **Wartegelder** oder vertragliche **Übergangsgelder**, sind diese grundsätzlich nicht anrechenbar[15].

15 Nimmt der ArbN nach seinem Ausscheiden eine neue **unselbständige Beschäftigung** auf, so gilt das Prinzip der „**Gleichheit von Berechnung und Anrechnung**"[16]. Alle vom alten ArbGeb gewährten Leistungen, die in die Berechnung der Karenzentschädigung einfließen (s. § 74 Rz. 76 ff.), werden auch auf die Karenzentschädigung angerechnet. Erhöhen sich die anrechenbaren Leistungen (zB durch **Tariferhöhungen**), kann zum Ausgleich nicht die Karenzentschädigung erhöht oder die Anrechnungsmöglichkeit eingeschränkt werden[17]. Anderweitige Arbeitsvergütung ist immer mit dem **Brutto** anzusetzen, **Werbungskosten** dürfen nicht abgezogen werden[18]. Wird der ausgeschiedene ArbN als **Beamter** tätig, sind aus seinen Bezügen Sozialzuwendungen aufgrund des Fürsorgeprinzips herauszurechnen[19].

---

1 LAG Köln v. 2.10.1986 – 10 Sa 647/86, LAGE § 74c HGB Nr. 1. | 2 *Bauer/Diller*, Rz. 566. | 3 BAG v. 7.5.1988 – 3 AZR 482/86 und 23.2.1999 – 9 AZR 739/97, AP Nr. 14, 20 zu § 74c HGB. | 4 *Grüll/Janert*, S. 57; *Bauer/Diller*, Rz. 514. | 5 BAG v. 8.11.1994 – 9 AZR 4/93, AP Nr. 17 zu § 74c HGB. | 6 BAG v. 23.2.1982 – 3 AZR 676/79 und v. 10.9.1985 – 3 AZR 31/84, AP Nr. 9, 12 zu § 74c HGB. | 7 LAG Köln v. 29.10.1997 – 2 Sa 794/97, LAGE § 74c HGB Nr. 6. | 8 BAG v. 17.12.1973 – 3 AZR 283/73, AP Nr. 2 zu § 74c HGB. | 9 *Grüll/Janert*, S. 57; *Grunsky*, S. 84. | 10 BAG v. 8.11.1994 – 9 AZR 4/93, AP Nr. 17 zu § 74c HGB. | 11 BAG v. 25.2.1975 3 AZR 148/74 und 13.11.1975 – 3 AUR 38/75, AP Nr. 6, 7 zu § 74c HGB. | 12 BAG v. 20.4.1967 – 3 AZR 314/66, AP Nr. 20 zu § 74 HGB. | 13 BAG v. 20.4.1967 – 3 AZR 314/66, AP Nr. 20 zu § 74 HGB; ausf. *Bengelsdorf*, DB 1979, 115. | 14 *Bauer/Diller*, Rz. 519. | 15 OLG Stuttgart v. 18.5.1979 – 6 U 158/78, BB 80, 527; *Grüll/Janert*, S. 54; siehe auch BAG v. 26.2.1985 – 3 AZR 162/84, AP Nr. 30 zu § 611 BGB – Konkurrenzklausel. | 16 BAG v. 16.11.1973 – 3 AZR 61/73, AP Nr. 34 zu § 74 HGB; v. 9.1.1990 – 3 AZR 110/88, AP Nr. 59 zu § 74 HGB. | 17 *Bauer/Diller*, Rz. 521; aA *Grunsky*, S. 86. | 18 BAG v. 16.5.1969 – 3 AZR 137/68, AP Nr. 23 zu § 133f GewO. | 19 LAG BW v. 10.11.1970 – 4 Sa 85/96, DB 1971, 245.

Macht der ArbN sich **selbständig**, sind nicht die Einnahmen anzurechnen, sondern die **Gewinne** (nach Abzug der Betriebsausgaben)[1], maßgeblich ist das Ergebnis vor Steuern[2]. Bei Selbständigkeit erfolgt die Anrechnung auf Jahresbasis, und zwar zum Ende des jeweiligen Geschäftsjahres (s. Rz. 4 ff.). **16**

Nicht möglich ist die Anrechnung von **Nebeneinkünften**, die der ArbN bereits neben der früheren Beschäftigung erzielt hatte[3]. Nach Auffassung des BAG scheidet die Anrechnung sogar schon dann aus, wenn der ArbN die Nebentätigkeit zwar noch nicht neben seinem alten Arbeitsverhältnis ausgeübt hat, ihm dies jedoch möglich gewesen wäre[4]. **Gelegenheitsgeschäfte** sollen stets anrechnungsfrei bleiben[5]. **17**

Arbeitslosengeld ist auch nach der per 1.1.2004 erfolgten Streichung des § 148 SGB III anzurechnen, denn die Anrechenbarkeit hatte die Rspr. bereits vor In-Kraft-Treten des § 148 Abs. 1 SGB III anerkannt[6]. Nicht anrechenbar sind dagegen die **Sozialabgaben**, die die BA für den Arbl. zahlt[7]. Nach richtiger Auffassung kann das Alg bei der Anrechnung nur mit dem tatsächlich netto ausgezahlten Betrag angesetzt werden, eine Umrechnung in ein fiktives Brutto kommt nicht in Betracht[8]. Für die Anrechnung von Alg gilt nach richtiger Auffassung die 110 %-Grenze (bei Wohnsitzwechsel 125 %-Grenze)[9]. Die abweichende Auffassung des BGH (volle Anrechnung)[10] beruht auf der Tatsache, dass § 74c bei Geschäftsführern nicht unmittelbar gilt[11]. **18**

Gesetzliche SozV-Renten sind unstreitig nicht auf die Karenzentschädigung anrechenbar[12]; ebenso wenig das sozialversicherungsrechtliche Übergangsgeld (jetzt §§ 20 ff. SGB VI)[13]. Bei anderen Leistungen mit Lohnersatzcharakter wie zB Kug[14], Krankengeld[15] oder Insolvenzgeld[16] ist dagegen eine Anrechnung gerechtfertigt. Streitig ist die Anrechenbarkeit von Unterhaltsgeld (§ 153 SGB III)[17]. **19**

Nicht anrechenbar sind **ersparte Aufwendungen** (Fahrtkosten, Arbeitsmittel, Kinderbetreuung)[18]. Verzichtet der ArbN darauf, ihm zustehende streitige Ansprüche **einzuklagen**, sind sie nicht als anderweitiger Erwerb anrechenbar. In Betracht kommt allenfalls ein böswilliges Unterlassen[19]. **20**

IV. Böswilliges Unterlassen. Die Anrechnung böswillig unterlassenen Erwerbs kommt in Betracht, wenn der ArbN entweder **überhaupt nicht** oder aber mit einer **geringeren** als der eigentlich erzielbaren **Vergütung** arbeitet. Für die „Böswilligkeit" kommt es auf eine **Interessenabwägung** an. Dabei steht die in Art. 12 Abs. 1 GG gewährleistete Freiheit der Arbeitsplatzwahl im Vordergrund. Der ArbN darf **seine Interessen an die erste Stelle** setzen, und braucht seinen Berufsweg nicht an den finanziellen Interessen seines früheren ArbGeb auszurichten. An den Begriff der Böswilligkeit sind deshalb strenge Anforderungen zu stellen[20]. Sie kommt nur dann in Betracht, wenn der ArbN ohne hinreichenden sachlichen Grund seine Interessen vor die Interessen seines früheren ArbGeb setzt[21]. Grundsätzlich nicht böswillig ist die Aufnahme eines **Studiums**, es sei denn es ist ersichtlich nicht erfolgsprechend oder offensichtlich planlos[22]. Ebenfalls grundsätzlich nicht böswillig ist der **Aufbau einer selbständigen Existenz**, selbst wenn in der Startphase hohe Verluste anfallen[23]. Böswillig handelt allerdings der ArbN, wenn er dafür sorgt, dass eigentlich sofort realisierbare Gewinne erst nach Ablauf der ersten zwei Jahre entstehen[24]. Böswillig handelt der ArbN auch, wenn er sich **nicht arbeitslos meldet** und dadurch kein Alg bezieht. Dagegen kann bei unterlassener Arbeitslosenmeldung nicht vermutet werden, dass das AA dem ArbN eine bestimmte Stelle hätte vermitteln können, so dass dem ArbN nicht eine fiktive Vergütung als böswillig unterlassener Erwerb angerechnet werden kann[25]. **21**

Böswillig handelt der ArbN auch dann nicht, wenn er ein **Angebot** seines alten ArbGeb **zur Weiterarbeit** ausschlägt, egal ob er dafür sachliche Gründe hatte[26]. Ebenso wenig liegt böswilliges Unterlassen vor, wenn eine ArbN-in nach der Geburt eines Kindes keine Erwerbstätigkeit mehr aufnimmt, sondern in **Elternzeit** geht[27]. Auch die Inanspruchnahme **vorgezogener Rente** ist nicht böswillig[28]. **22**

---

1 Statt aller: *Grüll/Janert*, S. 54. | 2 *Röhsler/Borrmann*, S. 89. | 3 Heymann/*Henssler*, § 74 HGB Rz. 7. | 4 BAG v. 16.5.1969 – 3 AZR 137/68, AP Nr. 23 zu § 133 FGO; vgl. auch LAG Nürnberg v. 9.4.1987 – 5 Sa 104/84, LAGE § 74 HGB Nr. 2. | 5 *Durchlaub*, BB 1976, 232 mwN. | 6 BAG v. 25.6.1985 – 3 AZR 305/83, AP Nr. 11 zu § 74c HGB. | 7 *Bauer/Diller*, Rz. 5334; BAG v. 27.11.1991 – 4 AZR 211/91, AP Nr. 22 zu § 4 TVG – Nachwirkung unter III 2. d.Gr.; LAG BW v. 22.9.1995 – 5 Sa 28/1990. | 8 BAG v. 27.11.1991 – 4 AZR 211/91, AP Nr. 22 zu § 4 TVG – Nachwirkung unter III. 2. d.Gr. | 9 BAG v. 22.5.1990 – 3 AZR 373/88, AP Nr. 19 zu § 74c HGB. | 10 BAG v. 15.4.1991 – II ZR 214/89, DB 1991, 1508. | 11 Ausf. zum Ganzen *Bauer/Hahn*, DB 1991, 2592. | 12 BAG v. 30.10.1984 – 3 AZR 213/82, AP Nr. 46 zu § 74 HGB. | 13 BAG v. 7.11.1989 – 3 AZR 796/87, AP Nr. 15 zu § 74c HGB. | 14 Heymann/*Henssler*, § 74c Rz. 5. | 15 *Röhsler/Borrmann*, S. 92; *Löwe*, S. 118 f. | 16 *Bauer/Diller*, Rz. 545. | 17 ArbG Ludwigshafen v. 29.3.1976 – 7 Ca 1990/75, DB 1976, 1162 gegen ArbG Mannheim v. 24.3.1975 – 4 Ca 80/85, DB 1976, 107. | 18 *Bauer/Diller*, Rz. 546. | 19 LAG Frankfurt v. 18.9.1995 – 14 Sa 1128/94, NZA-RR 1996, 445. | 20 *Grüll/Janert*, S. 61. | 21 BAG v. 23.1.1967 – 3 AZR 253/66, AP Nr. 1 zu § 74 HGB. | 22 BAG v. 8.2.1974 – 3 AZR 519/73 und 9.8.1974 – 3 AZR 350/73, AP Nr. 4, 5 zu §74c HGB, zuletzt BAG v. 13.2.1996 – 9 AZR 931/94, AP Nr. 18 zu § 74c HGB. | 23 BAG v. 8.2.1974 – 3 AZR 519/73 und 2.6.1987 – 3 AZR 626/85, AP Nr. 4, 13 zu § 74c HGB. | 24 *Grüll/Janert*, S. 61; kritisch LAG Nürnberg v. 9.4.1987 – 5 Sa 104/84, LAGE § 74c HGB Nr. 2. | 25 LG Frankfurt v. 20.4.1994 – 3/8 O 150/93, GmbHR 1994, 803; siehe auch BAG v. 16.5.2000 – 9 AZR 203/99, NZA 2001, 26. | 26 BAG v. 18.10.1976 – 3 AZR 376/75, AP Nr. 1 zu § 74b HGB; v. 3.7.1990 – 3 AZR 96/89, AP Nr. 61 zu § 74 HGB. | 27 BAG v. 24.10.1972 – 3 AZR 102/72, AP Nr. 31 zu § 74 HGB. | 28 BAG v. 3.7.1990 – 3 AZR 96/89, AP Nr. 61 zu § 74 HGB.

23 **V. Beweislast.** Grundsätzlich trifft den **ArbGeb** die Beweislast dafür, dass der ArbN anderweitige Einkünfte hatte oder anderweitigen Erwerb böswillig unterlassen hat[1]. Allerdings kommt durchaus ein **Anscheinsbeweis** in Betracht, etwa wenn der ArbN sich mit untertariflicher Bezahlung zufrieden gibt[2]. Das Gleiche gilt, wenn der ArbN ohne ersichtlichen Grund seine neue Arbeit aufgibt und eine erheblich geringer bezahlte gleichwertige Stelle bei einem anderen ArbGeb aufnimmt, weil dann zu vermuten ist, dass die Einkommenseinbuße nach Ablauf der zweijährigen Karenzzeit durch großzügige Ausgleichszahlungen kompensiert wird. Die bloße Darlegung, die **Bewerbungsaktivitäten** des ArbN seien **zu gering** gewesen, führt nicht dazu, dass der ArbN sich fiktiven Erwerb anrechnen lassen müsste[3]. Denn nichts spricht dafür, dass der ArbN bestimmte offene Stellen im Falle einer Bewerbung tatsächlich bekommen hätte[4].

24 **VI. Abweichende Vereinbarungen.** Da § 74c gem. § 75d **unabdingbar** ist, kann die gesetzliche Anrechnungsregel des § 74c **nicht zu Lasten des ArbN** verschärft werden. Unzulässig sind deshalb Klauseln, wonach die Karenzentschädigung maximal den Differenzbetrag zwischen altem und neuem Einkommen betragen darf[5] oder sogar der ArbN jeglichen anderweitigen Verdienst angerechnet bekommen soll[6]. Von § 74c kann auch dann nicht zu Lasten des ArbGeb abgewichen werden, wenn eine höhere als die 50 %ige Mindestkarenzentschädigung gezahlt wird[7]. Ebenso unzulässig sind Regelungen, wonach bei einem bestimmten Verhalten des ArbN ein bestimmter pauschalierter fiktiver anderweitiger Erwerb angerechnet werden soll[8]. Ist eine über § 74c HGB hinausgehende Anrechnung anderweitigen Erwerbs vereinbart worden (zB volle Anrechnung ohne Rücksicht auf die 110 %-Grenze) so ist nach richtiger Auffassung das Verbot **insgesamt unverbindlich**[9].

25 Ohne weiteres zulässig ist dagegen ein Abweichen von § 74c **zugunsten des ArbN**. So kann der ArbGeb (zB aus Vereinfachungsgründen) pauschal auf die Anrechnung **verzichten**. Wird die gesamte Karenzentschädigung bei Ausscheiden des ArbN als Einmalzahlung gezahlt, ohne dass der ArbGeb sich ausdrücklich eine Rückforderung für den Fall anderweitigen Erwerbs vorbehält, kann dies als Verzicht auf die Anrechnung angesehen werden[10]. Ein Verzicht auf die Anrechnung anderweitigen Erwerbs liegt im Zweifel aber nicht in einer Ausgleichsklausel[11].

26 **VII. Auskunfts- und Nachweisanspruch.** Nach § 74c Abs. 2 muss der ArbN dem ArbGeb auf Anforderung über die Höhe des Erwerbs Auskunft erteilen. Dies gleicht die Beweislastverteilung, wonach der ArbGeb beweispflichtig ist, teilweise aus. Nach richtiger Auffassung gilt die Auskunftspflicht nicht nur für tatsächlich **erzielte Einkünfte**, sondern auch für **böswillig unterlassenen Erwerb**[12].

27 Das Gesetz regelt nicht, **wann** und **wie oft** Auskunft gegeben werden muss. Die Auskunftspflicht kann vorab vertraglich konkretisiert werden[13], ansonsten ist von **quartalsweiser** Auskunftspflicht auszugehen. Liegen die anderweitigen Einkünfte unter der Anrechnungsgrenze, brauchen keine bestimmten Zahlen genannt zu werden, es sei denn der ArbGeb verlangt konkrete Nachweise[14].

28 Die Auskunft muss vollständig, klar und überprüfbar erteilt werden, deshalb ist **schriftliche** Form erforderlich[15]. **Freiberufler** können die Auskunft nicht unter Hinweis auf ihre Verschwiegenheitspflicht nach Standesrecht oder wegen § 203 StGB verweigern[16].

29 Nach einhelliger Ansicht wäre die Auskunftspflicht unvollständig, wenn der ArbGeb nicht **konkrete Nachweise** verlangen könnte[17], wobei sich der Umfang jeweils nach § 242 BGB bestimmt[18]. Dabei ist das Interesse des ArbGeb an der Prüfung der gegebenen Auskünfte abzuwägen gegen Gesichtspunkte des Datenschutzes und der Gefährdung der geschäftlichen Interessen und der Geschäftsgeheimnisse des ArbN, insb. wenn sich dieser eine selbständige Existenz aufgebaut hat[19]. Hat der ArbN eine nicht-selbständige Beschäftigung aufgenommen, muss er **Lohn- bzw. Gehaltsabrechnungen** oder die LStKarte vorlegen und **den Namen seines neuen ArbGeb** mitteilen[20]. Hat der ArbN sich selbständig gemacht, ist streitig, ob die Vorlage des **EStBescheides** reicht[21] oder ob **Bilanz und Gewinn- und Verlustrechnung** vorgelegt werden müssen[22]. Richtig ist Letzteres, wobei bei Gefährdung von Geschäftsgeheimnissen die

---

1 BAG v. 23.1.1967 – 3 AZR 253/66, AP Nr. 1 zu § 74c HGB; v. 13.2.1996 – 9 AZR 931/94, AP Nr. 18 zu § 74c HGB. |2 *Bauer/Diller*, Rz. 558. |3 LG Frankfurt v. 20.4.1994 – 3/8 O 150/93, GmbHR 1994, 803. |4 BAG v. 13.2.1996 – 9 AZR 931/94, AP Nr. 18 zu § 74c HGB. |5 LAG Hamm v. 12.3.1980 – 15 Sa 6/80, DB 1980, 1125. |6 BAG v. 25.6.1985 – 3 AZR 305/83, AP Nr. 11 zu § 74c HGB. |7 *Bauer/Diller*, Rz. 568a. |8 *Bauer/Diller*, Rz. 557. |9 LAG BW v. 21.4.1961 – 6 Sa 14/61 und 22.1.1968 – 7 Sa 94/67, AR-Blattei ES Nr. 19 und 56/1830; LAG Hamm v. 12.3.1980 – 15 Sa 6/80, DB 1980, 1125; *Grunsky*, S. 66; *Buchner*, Rz. C 290; anders möglicherweise BAG v. 25.6.1985 – 3 AZR 305/83, AP Nr. 11 zu § 74c HGB unter I. 1. d.Gr. |10 LAG Hamm v. 19.2.1992 – 15 Sa 1728/91, LAGE § 74c HGB Nr. 4; vgl. auch BAG v. 5.8.1968 – 3 AZR 128/67, AP Nr. 24 zu § 74 HGB. |11 Offen gelassen v. BAG v. 12.1.1978 – 3 AZR 57/76, AP Nr. 8 zu § 74c HGB unter 3. d.Gr. |12 *Bauer/Diller*, Rz. 569. |13 *Bauer/Diller*, Rz. 75. |14 *Bengelsdorf*, BB 1979, 1152. |15 *Gaul*, S. 132; *Heymann/Henssler*, § 74c HGB Rz. 23. |16 BAG v. 27.9.1988 – 3 AZR 59/87, AP Nr. 35 zu § 611 BGB – Konkurrenzklausel. |17 BAG v. 25.2.1975 – 3 AZR 148/74, AP Nr. 6 zu § 74c HGB. |18 BAG v. 25.2.1975 – 3 AZR 148/74, AP Nr. 6 zu § 74c HGB unter II. 1. d.Gr. |19 BAG v. 25.2.1975 – 3 AZR 148/74, AP Nr. 6 zu § 74c HGB. |20 BAG v. 25.2.1975 – 3 AZR 148/74, AP Nr. 6 zu § 74c HGB unter II. 2. d.Gr. |21 BAG v. 25.2.1975 – 3 AZR 148/74, AP Nr. 6 zu § 74c HGB unter II. 2. d.Gr. |22 LAG Kiel v. 5.11.1957 – 3 Sa 183/57, BB 1957, 1275; *Durchlaub*, BB 1976, 233.

Prüfung der Bilanz und der Gewinn- und Verlustrechnung nur durch einen unabhängigen Dritten (etwa einen vereidigten Buchprüfer oder Wirtschaftsprüfer) erfolgen darf[1].

Die Auskunfts- und Nachweispflicht ist **einklagbar** und kann nach § 888 ZPO vollstreckt werden[2]. Bis die Auskunft erteilt ist, kann der ArbGeb die Zahlung der Entschädigung nach § 273 BGB (nicht: 320 BGB) **verweigern**[3]. Eine Zug-um-Zug-Verurteilung des ArbGeb nach § 274 BGB scheidet aus[4]. 30

Bestehen Zweifel an der Richtigkeit der erteilten Auskünfte, kann der ArbGeb die Abgabe einer **eidesstattlichen Versicherung** in entsprechender Anwendung von §§ 259, 260 BGB verlangen[5]. 31

VIII. Verbüßung einer Freiheitsstrafe (Abs. 1 Satz 3). Nach Abs. 1 Satz 3 entfällt der Anspruch auf Karenzentschädigung während der Verbüßung einer **Freiheitsstrafe. Offener Vollzug**, der auch aus der Haft heraus eine Konkurrenztätigkeit ermöglicht, war dem Gesetzgeber bei Erlass der Vorschrift nicht bekannt. Richtigerweise muss der ArbN auch während der Haft an das Wettbewerbsverbot gebunden bleiben, wenn er im offenen Vollzug ist. Er muss dann aber entgegen § 74c Abs. 1 Satz 3 Karenzentschädigung erhalten[6]. 32

75 [Unwirksamwerden des Verbots]

(1) Löst der Gehilfe das Dienstverhältnis gemäß den Vorschriften der §§ 70 und 71[7] wegen vertragswidrigen Verhaltens des Prinzipals auf, so wird das Wettbewerbverbot unwirksam, wenn der Gehilfe vor Ablauf eines Monats nach der Kündigung schriftlich erklärt, dass er sich an die Vereinbarung nicht gebunden erachte.

(2) In gleicher Weise wird das Wettbewerbverbot unwirksam, wenn der Prinzipal das Dienstverhältnis kündigt, es sei denn, dass für die Kündigung ein erheblicher Anlass in der Person des Gehilfen vorliegt oder dass sich der Prinzipal bei der Kündigung bereit erklärt, während der Dauer der Beschränkung dem Gehilfen die vollen zuletzt von ihm bezogenen vertragsmäßigen Leistungen zu gewähren. Im letzteren Falle finden die Vorschriften des § 74b entsprechende Anwendung.

(3) Löst der Prinzipal das Dienstverhältnis gemäß den Vorschriften der §§ 70 und 72 wegen vertragswidrigen Verhaltens des Gehilfen auf, so hat der Gehilfe keinen Anspruch auf die Entschädigung[8].

Lit.: Siehe Literatur zu § 74.

I. Allgemeines. § 75 ist **gesetzestechnisch völlig verunglückt**, durch schlichtes Lesen des Gesetzestextes erschließt sich der Regelungsinhalt nicht. Deshalb werden in der Praxis die **vielfältigen taktischen Möglichkeiten**, die § 75 bietet, von ArbN und ArbGeb nur sehr selten genutzt. Erschwert wird das Verständnis der Vorschrift dadurch, dass das BAG § 75 **Abs. 3** (Rechte des ArbGeb bei fristloser arbeitgeberseitiger Kündigung) für **verfassungswidrig** und unanwendbar erklärt und die entstandene Lücke durch Rechtsfortbildung (Analogie zu Abs. 1) geschlossen hat[9]. 1

Wettbewerbsverbote treten grundsätzlich unabhängig davon in Kraft, ob das Arbeitsverhältnis durch Aufhebungsvertrag, arbeitgeberseitige oder arbeitnehmerseitige Kündigung, ordentliche oder außerordentliche Kündigung endet. Diesen Grundsatz durchbricht § 75, indem er **bei bestimmen Auflösungstatbeständen** dem ArbN oder dem ArbGeb die Möglichkeit gibt, sich binnen eines Monats nach der Kündigung vom Wettbewerbsverbot zu **lösen**. Bei außerordentlicher **Kündigung** hat jeweils **der andere Vertragsteil** ein Lösungsrecht. Bei Vorliegen eines wichtigen Grundes ist das Vertrauensverhältnis zwischen den Parteien so stark gestört, dass dem anderen Teil nicht zugemutet werden soll, gegen seinen Willen über das Arbeitsverhältnis hinaus an vertragliche Vereinbarungen mit der anderen Partei gebunden zu sein. Endet dagegen das Arbeitsverhältnis durch **ordentliche Kündigung**, differenziert § 75 danach, wer gekündigt hat. Kündigt der ArbN ordentlich, bleibt es beim Wettbewerbsverbot, § 75 sieht für diesen Fall für beide Parteien kein Lösungsrecht vor. Anders ist es bei ordentlicher Kündigung seitens des **ArbGeb**. Hier hat der **ArbN ein Lösungsrecht**, sofern die Kündigung nicht wegen erheblicher Gründe in seiner Person erfolgte. 2

Ein Wegfall des Wettbewerbsverbots nach § 75 setzt immer voraus, dass eine **ausdrückliche Lösungserklärung** abgegeben wird. Ist das der Fall, **erlischt das Wettbewerbsverbot sofort**. Die in § 75a angeordnete Weiterzahlung der Karenzentschädigung für ein Jahr gilt nur für den dort geregelten Fall des Verzichts und ist auf § 75 nicht übertragbar. 3

II. Außerordentliche Kündigung des ArbN (Abs. 1). 1. Voraussetzungen. Kündigt der ArbN das Arbeitsverhältnis aus wichtigem Grund außerordentlich, hat er hinsichtlich des Wettbewerbsverbots ein Wahl- 4

---

1 LAG Schl.-Holst. v. 8.11.1977 – 1 Sa 512/77; *Bengelsdorf*, BB 1979, 1152. | 2 BAG v. 13.11.1975 – 3 AZR 38/75, AP Nr. 7 zu § 74c HGB. | 3 Heymann/*Henssler*, § 74c HGB Rz. 20; *Bauer/Diller*, Rz. 579 ff. | 4 BAG v. 12.1.1978 – 3 AZR 57/76, AP Nr. 8 zu § 74c HGB. | 5 BAG v. 25.2.1976 – 3 AZR 148/74, AP Nr. 6 zu § 74c HGB unter II 1. d.Gr.; LAG Hamm v. 28.1.1974 – 2 Sa 832/73, DB 1974, 972; *Bauer/Diller*, Rz. 583. | 6 *Grunsky*, FS Söllner, S. 46 f.; zum Weiterbestehen der Entschädigungspflicht in anderen Fällen der persönlichen Verhinderung siehe § 74 Rz. 66 ff. | 7 §§ 70, 71 aufgehoben durch das 1. ArbRBereinigungsG v. 14.8.1969 (BGBl I S. 1106) mit Wirkung ab 31.8.1969. | 8 Gemäß BAG, Urt. v. 23.2.1977 – 3 AZR 620/75, BB 1977, 847 verstößt § 75 Abs. 3 gegen Art. 3 GG und ist daher nichtig. | 9 BAG, Urt. v. 23.2.1977 – 3 AZR 620/75, BB 1977, 847.

recht. Er kann sich durch schriftliche Erklärung **binnen eines Monats** nach Kündigung von dem Verbot lossagen. Tut er dies nicht, bleibt das Wettbewerbsverbot voll wirksam und tritt mit Vertragsende in Kraft.

5 Hinsichtlich der Kündigung verweist Abs. 1 noch auf die alten Kündigungsbestimmungen der §§ 70 und 71; diese Vorschriften sind im Jahr 1969 aufgehoben worden, maßgeblich ist jetzt § 626 **BGB**. Abs. 1 setzt aber nicht nur einen Kündigungsgrund nach § 626 BGB voraus, sondern darüber hinaus auch **vertragswidriges Verhalten** des ArbGeb. Kündigungsgründe aus der Sphäre des ArbN (besondere berufliche anderweitige Chancen, Gewissenskonflikte, Unmöglichkeit der weiteren Leistung wegen familiärer Verpflichtung etc.) führen also nicht zum Lösungsrecht des Abs. 1, ebenso wenig wie eine Sonderkündigung nach § 113 InsO[1]. Umstritten ist, ob „vertragswidriges Verhalten" des ArbGeb **Verschulden** voraussetzt. Entsprechend der neuen Fassung des § 90a Abs. 3 ist dies zu bejahen[2].

6 Probleme entstehen, wenn der ArbN fristlos kündigt, **ohne ausreichende Kündigungsgründe** zu haben. Findet der ArbGeb sich gleichwohl mit dem Ausscheiden des ArbN ab, bedeutet dies nicht, dass dem ArbN dann auch das Lösungsrecht aus Abs. 1 zusteht[3], selbst wenn der ArbGeb dem Ausscheiden des ArbN ausdrücklich zustimmt.

7 Liegen **ausreichende Gründe** für eine fristlose Kündigung des ArbN vor, erklärt er jedoch nur eine **ordentliche Kündigung** oder wird ein **Aufhebungsvertrag** abgeschlossen, besteht das Lösungsrecht aus Abs. 1 gleichwohl[4]. Allerdings muss sich der ArbN in solchen Fällen ausdrücklich bei Ausspruch der ordentlichen Kündigung oder beim Abschluss des Aufhebungsvertrags die **Rechte** aus Abs. 1 **vorbehalten**[5]. Beim Abschluss eines **Aufhebungsvertrags** ist allerdings stets zu prüfen, ob die Parteien nach Sinn und Zweck des Aufhebungsvertrags eine spätere Lösungserklärung nach Abs. 1 nicht ausschließen wollten[6].

8 Ist der ArbN wegen Vorliegens wichtiger Gründe zwar zur außerordentlichen Kündigung berechtigt, lässt er jedoch die **Zweiwochenfrist** des § **626 Abs. 2 BGB** verstreichen, bevor er an den ArbGeb wegen einer Vertragsbeendigung herantritt oder eine fristlose oder ordentliche Kündigung ausspricht, verliert er das Lösungsrecht aus Abs. 1[7].

9 **2. Berechnung der Monatsfrist.** Die Monatsfrist des Abs. 1 läuft ab **Zugang der Kündigung**, nicht ab Beendigung des Arbeitsverhältnisses. Spricht also der ArbN statt der möglichen fristlosen Kündigung eine ordentliche Kündigung aus oder wird ein Aufhebungsvertrag abgeschlossen, endet die Monatsfrist je nach Dauer der Kündigungsfrist bzw. nach dem gewählten Beendigungszeitpunkt vor, mit oder nach Beendigung des Arbeitsverhältnisses[8]. Tritt der ArbN innerhalb der Zweiwochenfrist des § 626 Abs. 2 BGB an den ArbGeb wegen der Vertragsbeendigung heran, kommt es aber erst danach zum Abschluss eines **Aufhebungsvertrags**, läuft die Monatsfrist nach Abs. 1 ab dem Zeitpunkt, in dem der Kündigungsgrund geltend gemacht wurde, nicht erst ab der Unterzeichnung des Aufhebungsvertrags[9].

10 Kommt es zum Streit über die Wirksamkeit einer vom ArbN erklärten außerordentlichen Kündigung und wird dieser Streit später durch **Vergleich** (Aufhebungsvertrag, Prozessvergleich etc.) beigelegt, so läuft die Monatsfrist schon ab Erklärung der Kündigung, nicht erst ab Vergleichsschluss[10]. Nach richtiger Auffassung gilt dies unabhängig davon, ob der Aufhebungsvertrag konstitutiv oder lediglich deklaratorisch („Abwicklungsvertrag")[11] ist[12].

11 **3. Form.** Für die Lösungserklärung sieht das Gesetz **Schriftform** vor. Es gelten deshalb die strengen Anforderungen des § 126 BGB, so dass insb. mündliche Erklärungen ebenso wenig ausreichen wie Übermittlung per **Fax**[13].

12 **4. Rechtsfolgen.** Hat der ArbN sich innerhalb der Monatsfrist bis zur Abgabe der Lösungserklärung an das Wettbewerbsverbot gehalten, steht ihm für diese Zeit Karenzentschädigung zu[14]. Hat er in dieser Zeit dagegen Wettbewerb gemacht, bleibt dies folgenlos, weil der Lösungserklärung insoweit **Rückwirkung** beizulegen ist[15]. Der ArbN kann allerdings die Lösungserklärung nicht mit Wirkung für die Zukunft abgeben, um in der Zwischenzeit die Karenzentschädigung zu bekommen[16].

13 Gibt der ArbN die Lösungserklärung erst nach Ablauf der Monatsfrist ab, so kann sie **umgedeutet** werden in ein Angebot auf einvernehmliche Aufhebung des Wettbewerbsverbots. Das Schweigen des ArbGeb gilt allerdings grundsätzlich nicht als Zustimmung[17]. Allerdings kann die Einstellung der Entschädigungszahlungen als eine Zustimmung zur Aufhebung gewertet werden[18].

---

1 Heymann/*Henssler*, § 75 HGB Rz. 9; *v. Hoyningen-Huene*, § 75 HGB Rz. 4. | 2 AA zB *v. Hoyningen-Huene*, § 75 HGB Rz. 5. | 3 BAG v. 24.9.1965 – 3 AZR 223/65, AP Nr. 3 zu § 75 HGB; *Grunsky*, S. 110. | 4 BAG v. 26.9.1963 – 5 AZR 2/63, AP Nr. 1 zu § 75 HGB. | 5 *Röhsler/Borrmann*, S. 118; vgl. auch BAG v. 2.12.1963 – 5 AZR 496/62, AP Nr. 2 zu § 75 HGB. | 6 Ausf. *Wertheimer*, NZA 1997, 522; Heymann/*Henssler*, § 75 HGB Rz. 22; *v. Hoyningen-Huene*, § 75 HGB Rz. 22. | 7 *Röhsler/Borrmann*, S. 118; *Staub/Konzen/Weber*, § 75 HGB Rz. 10; ausf. *Bauer/Diller*, Rz. 426 ff. | 8 Ausf. *Bauer/Diller*, Rz. 430. | 9 *Röhsler/Borrmann*, S. 118; *Bauer/Diller*, Rz. 430 a. | 10 BAG v. 26.1.1973 – 3 AZR 233/72, AP 4 zu § 75 HGB. | 11 Dazu *Hümmerich*, NZA 1994, 200. | 12 LAG BW v. 30.8.1978 – 3 Sa 66/78. | 13 *Bauer/Diller*, Rz. 432. | 14 *Bauer/Diller*, Rz. 433; aA wohl Heymann/*Henssler*, § 75 HGB Rz. 13. | 15 *Bauer/Diller*, Rz. 433; aA wohl *v. Hoyningen-Huene*, § 75 HGB Rz. 12. | 16 *Bauer/Diller*, Rz. 430; aA *Küstner/Thume*, Rz. 1078. | 17 BGH v. 17.5.1962 – VII ZR 232/60, DB 1962, 1272; *Bauer*, DB 1979, 500; *Staub/Konzen/Weber*, § 75 HGB Rz. 13. | 18 *Bauer/Diller*, Rz. 434.

Neben die Lösung vom Wettbewerbsverbot nach Abs. 1 tritt ein **Schadenersatzanspruch** nach § 628 **Abs. 2 BGB**. Je nach den Umständen kann der ArbN deshalb die ihm aufgrund der Lösung entgehende Karenzentschädigung als Schaden gemäß § 628 Abs. 2 BGB ersetzt verlangen[1]. Allerdings muss sich der ArbN auf den Schadenersatz den Vorteil anrechnen lassen, dass er nicht mehr zur Wettbewerbsunterlassung verpflichtet ist, wodurch schwierige Berechnungsfragen entstehen.

III. Ordentliche Kündigung des ArbGeb (Abs. 2). Ein Lösungsrecht sieht das Gesetz nur bei **arbeitgeberseitiger** ordentlicher Kündigung vor, **nicht** bei **arbeitnehmerseitiger**. Bei arbeitgeberseitiger Kündigung kann sich der ArbN unter bestimmten Voraussetzungen vom Verbot durch Erklärung lösen. Das Lösungsrecht kann der ArbGeb durch Zusage einer erhöhten Entschädigung abwenden, von dieser Möglichkeit wird aber in der Praxis so gut wie nie Gebrauch gemacht.

1. Ordentliche Kündigung. Voraussetzung des Lösungsrechts nach Abs. 2 ist eine ordentliche Kündigung des ArbGeb, dazu zählt auch die Kündigung durch den Insolvenzverwalter nach § 113 InsO[2]. Das Gleiche gilt für die außerordentliche Kündigung eines vertraglich oder tariflich **unkündbaren** Mitarbeiters, der kein vertragswidriges Verhalten zugrunde liegt[3]. Spricht dagegen der ArbGeb eine ordentliche Kündigung aus, obwohl **Gründe für eine fristlose Kündigung** nach § 626 BGB vorgelegen hätten, ist Abs. 3 einschlägig, nicht Abs. 2. Ein auf Veranlassung des ArbGeb abgeschlossener **Aufhebungsvertrag** steht der ordentlichen Kündigung nach Abs. 2 gleich[4], allerdings ist im Einzelfall zu prüfen, ob je nach der Formulierung des Aufhebungsvertrags das Lösungsrecht nicht ausgeschlossen sein sollte. Abs. 2 ist ebenfalls anzuwenden bei Auslaufen eines **bedingten** oder **befristeten** Arbeitsverhältnisses[5]. Endet das Arbeitsverhältnis wegen einer nicht angenommenen **Änderungskündigung**, so ist dem ArbN das Wahlrecht des Abs. 2 nur dann zuzubilligen, wenn das Änderungsangebot sozial nicht gerechtfertigt war[6].

Unerheblich ist, ob die vom ArbGeb erklärte ordentliche Kündigung **wirksam** war. Das Lösungsrecht aus Abs. 2 besteht deshalb auch dann, wenn der ArbN eine unwirksame arbeitgeberseitige Kündigung hinnimmt. Der ArbGeb darf keinen Vorteil daraus haben, dass er unwirksam gekündigt hat.

2. Erheblicher Anlass in der Person des ArbN. Der Begriff „erheblicher Anlass in der Person" passt nicht zu der Systematik des § 1 KSchG, der zwischen personen-, verhaltens- und betriebsbedingten Kündigungen differenziert. Unstreitig ist, dass eine **personen-** oder **verhaltensbedingte** Kündigung iSv. § 1 KSchG regelmäßig ausreicht[7]. Ein **Verschulden** des ArbN ist nicht erforderlich, so dass zB auch unverschuldete Krankheit das Lösungsrecht des Abs. 2 ausschließt. Die Verwendung des Wortes „erheblich" bedeutet nicht, dass die Kündigungsgründe ein Gewicht haben müssen, das über die Anforderungen des § 1 KSchG hinausgeht[8]. Umgekehrt setzt der Wegfall des Lösungsrechts aus Abs. 1 voraus, dass die personen- oder verhaltensbedingten Gründe so schwerwiegend sind, dass sie für § 1 KSchG ausreichen, so dass insb. bei verhaltensbedingten Kündigungen regelmäßig vorherige Abmahnungen erforderlich sind[9]. Maßgeblich sind immer die tatsächlichen Kündigungsgründe, nicht die offiziell verlautbarten, so dass auch bei einer zur Schonung des ArbN als „betriebsbedingt" deklarierten Kündigung das Lösungsrecht nach Abs. 1 entfallen kann, wenn in Wahrheit personen- oder verhaltensbedingte Gründe die Kündigung ausgelöst haben[10].

Eine **betriebsbedingte** Kündigung beruht grundsätzlich nie auf „erheblichem Anlass in der Person des ArbN", selbst wenn eine ungünstige Sozialauswahl den Ausschlag gegeben hat oder eine Weiterbeschäftigung auf einem anderen Arbeitsplatz wegen fehlender persönlicher Qualifikation ausscheidet[11]. Bei betriebsbedingten Kündigungen besteht deshalb stets das Lösungsrecht nach Abs. 2.

3. Beweislast. Aus der negativen Formulierung des Gesetzes („es sei denn") folgt, dass der personen- oder verhaltensbedingte Kündigungsgrund eine **Einwendung des ArbGeb** darstellt, so dass diesen die Beweislast dafür trifft[12]. Gelingt dem ArbGeb der Beweis nicht, dass solche Gründe vorlagen, hat der ArbN das Lösungsrecht des Abs. 2. Wegen dieser Beweislastverteilung ist es für den ArbGeb gefährlich, zur Schonung des ArbN personen- oder verhaltensbedingte Gründe in einer **BR-Anhörung**, im **Kündigungsschreiben**, in **Aufhebungsverträgen** oder in **Zeugnissen** hinter betriebsbedingten Gründen zu **verstecken**.

Eine **Verfristung der Kündigungsschutzklage** nach §§ 4, 7 KSchG bei einer auf personen- oder verhaltensbedingte Gründe gestützten Kündigung bedeutet nicht, dass diese Gründe als gegeben zu unterstellen wären mit der Folge, dass das Lösungsrecht nach Abs. 2 verloren ginge. Vielmehr kommt es immer auf die tatsächliche Rechtslage an. Erklärt der ArbGeb die **Rücknahme einer Kündigung**, verliert der ArbN das Lösungsrecht des Abs. 2 nicht dadurch, dass er das Angebot zur Fortsetzung des *Arbeitsverhältnisses* ablehnt[13].

---

1 BAG v. 23.2.1977 – 3 AZR 620/75, AP 6 zu § 75 HGB unter I. 2. d d.Gr. (zu Abs. 3). | 2 GK-HGB/*Etzel*, §§ 74–75b Rz. 79. | 3 *Staub/Konzen/Weber*, § 75 HGB Rz. 20. | 4 *Staub/Konzen/Weber*, § 75 HGB Rz. 8; *Bauer/Diller*, Rz. 452. | 5 *Bauer/Diller*, Rz. 452. | 6 *Bauer/Diller*, Rz. 452; zu Auflösungsanträgen nach § 9 KSchG ausf. *Wertheimer*, NZA 1997, 523. | 7 *Röhsler/Borrmann*, S. 121; *Buchner*, Rz. C 420. | 8 *Bauer/Diller*, Rz. 454; aA *Grunsky*, S. 111. | 9 *Bauer/Diller*, Rz. 454. | 10 *Bauer/Diller*, Rz. 454. | 11 *Bauer/Diller*, Rz. 454. | 12 *Heymann/Henssler*, § 75 Rz. 15; *Bauer/Diller*, Rz. 455. | 13 LAG Nürnberg v. 23.9.1992 – 4 (2) Sa 417/91, LAGE § 75 HGB Nr. 1.

22 **4. Angebot erhöhter Karenzentschädigung.** Hat der ArbGeb gekündigt, ohne dass erhebliche personen- oder verhaltensbedingte Gründe vorlagen, kann er das Lösungsrecht des ArbN nach Abs. 2 dadurch abwenden, dass er bei Ausspruch der Kündigung die Weiterzahlung der **vollen Bezüge** (anstelle einer niedrigeren Karenzentschädigung) **anbietet**. Die dogmatische Frage, ob es sich bei der Weiterzahlung um eine 100 %ige Karenzentschädigung oder um die Weiterzahlung der ursprünglichen Bezüge handelt, ist für die Lösung konkreter Rechtsfragen unerheblich.

23 Die Abwendung des arbeitnehmerseitigen Lösungsrechts setzt voraus, dass der ArbGeb den ersten Schritt tut und das Angebot erhöhter Karenzentschädigung **zusammen mit der Kündigung** macht. Der ArbGeb kann nicht abwarten, ob der ArbN die Lösung erklärt, um dann ggf. das Lösungsrecht durch Zahlung der vollen Karenzentschädigung abzuwenden. Eine einmal angebotene volle Entschädigung kann der ArbGeb **nicht widerrufen**. Er hat allenfalls die Möglichkeit, zwischen der Abgabe der Erklärung und dem Ende des Arbeitsverhältnisses noch einen Verzicht nach § 75a zu erklären mit der Folge, dass die Entschädigungspflicht nach einem Jahr endet.

24 Das Angebot der erhöhten Karenzentschädigung muss dem ArbN spätestens zusammen mit der Kündigung zugehen. Für das Angebot sieht das Gesetz (systemwidrig) **keine Schriftform** vor. Allerdings trifft den ArbGeb die Beweislast dafür, dass die Zusage erfolgt ist. Die Zusage kann vorsorglich unter der Bedingung erfolgen, dass die Voraussetzungen des Abs. 2 überhaupt vorliegen, was in der Praxis dringend zu empfehlen ist[1].

25 Die erhöhte Karenzentschädigung **berechnet** sich gemäß der Verweisung in Abs. 2 Satz 2 nach § 74b. Es gelten also die allgemeinen Regeln. Nach richtiger Ansicht muss sich der ArbN auch auf die erhöhte Karenzentschädigung nach § 74c **anderweitige Bezüge anrechnen** lassen, obwohl Abs. 2 Satz 2 nicht auf § 74c verweist[2]. Die 110 %-Grenze des § 74c verschiebt sich auch nicht nach oben[3].

26 Waren von vorneherein 100 % der Bezüge als Karenzentschädigung zugesagt, steht dem ArbN **in keinem Fall** das Lösungsrecht gemäß Abs. 2 zu[4]. Das Lösungsrecht besteht auch dann nicht, wenn der ArbGeb die zugesagte erhöhte Karenzentschädigung tatsächlich später nicht zahlt, der ArbN ist hier auf die allgemeinen Rechtsbehelfe (insb. § 323 BGB) angewiesen (s. § 74 Rz. 101 ff.).

27 Das Angebot erhöhter Entschädigung nimmt dem ArbN nur das Lösungsrecht des Abs. 2, heilt aber nicht **sonstige Mängel** des Wettbewerbsverbots, insb. wird ein unverbindliches Wettverbot (s. § 74 Rz. 18 ff.) dadurch nicht verbindlich[5].

28 **5. Lösungserklärung des ArbN.** Oft übersehen wird, dass das Wettbewerbsverbot bei Vorliegen der Voraussetzungen des Abs. 2 **nicht von selbst entfällt**, sondern dass wegen der Verweisung auf Abs. 1 („in gleicher Weise") eine **schriftliche Lösungserklärung** des ArbN binnen Monatsfrist erforderlich ist. Die rechtsirrige Mitteilung an den ArbGeb, wegen Vorliegens der Voraussetzungen des Abs. 2 sei das Wettbewerbsverbot automatisch entfallen, kann nicht in eine Lösungserklärung umgedeutet werden[6].

29 **IV. Außerordentliche arbeitgeberseitige Kündigung.** § 75 Abs. 3 sieht vor, dass bei außerordentlicher Kündigung des ArbGeb das Verbot bestehen bleiben, der ArbN aber den Karenzentschädigungsanspruch verlieren soll. Das BAG hat die Vorschrift für **verfassungswidrig** und nichtig erklärt, da sie ohne sachlichen Grund den ArbN (vgl. Abs. 1) schlechter stellte als den ArbGeb[7]. Die entstandene Lücke hat das BAG durch **Analogie zu Abs. 1** geschlossen[8]. Der ArbGeb kann sich bei Ausspruch einer fristlosen Kündigung also **binnen Monatsfrist** durch **schriftliche Erklärung** vom Wettbewerbsverbot lösen.

30 In den **neuen Bundesländern** ist § 75 Abs. 3 nicht in Kraft getreten, die von der Rspr. entwickelte Analogie zu Abs. 1 gilt aber auch dort uneingeschränkt[9], zumal mittlerweile auch die Parallelregelung für das Wettbewerbsverbot des selbständigen Handelsvertreters in § 90a Abs. 3 entsprechend neu gefasst wurde.

31 Eine außerordentliche Kündigung des ArbGeb reicht nicht in jedem Falle für ein Lösungsrecht nach Abs. 3, Abs. 1 aus. Vielmehr ist **vertragswidriges** Verhalten erforderlich, was **Verschulden** voraussetzt[10]. Ob die Kündigung **wirksam** ist oder nicht, spielt für das Lösungsrecht keine Rolle, solange das vertragswidrige Verhalten vorlag und der ArbN die Kündigung hingenommen hat und aus dem Arbeitsverhältnis ausgeschieden ist. Auf eine eventuelle Unwirksamkeit der Kündigung wegen Formfehlern (zB § 102 BetrVG) kommt es nicht an[11]. Nimmt dagegen der ArbN eine fristlose Kündigung wegen angeblichen vertragswidrigen Verhaltens hin, ohne dass dieses Verhalten tatsächlich vorlag, hat der ArbGeb kein Lösungsrecht[12].

32 Ähnlich wie bei Abs. 1 und 2 besteht das Lösungsrecht des ArbGeb auch dann, wenn er eigentlich zum Ausspruch einer außerordentlichen Kündigung wegen vertragswidrigen Verhaltens berechtigt gewesen wäre, aber **stattdessen ordentlich kündigt** oder einen **Aufhebungsvertrag** schließt[13]. Allerdings

---

1 *Bauer/Diller*, Rz. 461. | 2 *Bauer/Diller*, Rz. 462; *Grüll/Janert*, S. 71; *Röhsler/Borrmann*, S. 121; *Buchner*, Rz. C 422. | 3 *Bauer/Diller*, Rz. 462. | 4 *Bauer/Diller*, Rz. 463; *Grüll/Janert*, S. 71. | 5 *Bauer/Diller*, Rz. 465. | 6 LAG BW v. 30.8.1978 – 3 SA 66/78. Zu Einzelheiten der Schriftform, zum Inhalt der Erklärung wie zur Fristberechnung s. Rz. 9 ff. | 7 BAG v. 23.2.1977 – 3 AZR 620/75, AP Nr. 6 zu § 75 HGB. | 8 BAG v. 23.2.1977 – 3 AZR 620/75, AP Nr. 6 zu § 75 HGB; v. 19.5.1998 – 9 AZR 327/96, DB 1999, 437. | 9 *Bauer/Diller*, Rz. 438. | 10 *Bauer/Diller*, Rz. 440. | 11 *Bauer/Diller*, Rz. 443. | 12 *Bauer/Diller*, Rz. 442. | 13 Statt aller BAG v. 2.12.1963 – 5 AZR 496/62, AP Nr. 2 zu § 75 HGB und v. 24.4.1970 – 3 AZR 328/69, AP 25 zu § 74 HGB.

muss (wie bei Abs. 1) der ArbGeb innerhalb der Zweiwochenfrist des § 626 Abs. 2 BGB den ArbN darauf hinweisen, dass die ordentliche Kündigung bzw. die angestrebte Vertragsauflösung wegen des vertragswidrigen Verhaltens betrieben wird. Nicht erforderlich ist, dass der ArbGeb innerhalb der Zweiwochenfrist alle formellen Voraussetzungen für eine wirksame außerordentliche Kündigung schafft[1].

Die Analogie von Abs. 1 erfasst auch das **Formerfordernis** für die Lösungserklärung. Sie muss also schriftlich erfolgen. Wird zuerst gekündigt und dann ein Aufhebungsvertrag abgeschlossen, beginnt die Monatsfrist bereits mit der Kündigung. Ist dagegen dem Aufhebungsvertrag keine Kündigung vorangegangen, so beginnt die Monatsfrist bereits in dem Moment, in dem der ArbGeb sich auf die Vertragsverletzung beruft und dem ArbN die Aufhebung des Arbeitsverhältnisses anträgt. Der ArbGeb kann das Lösungsrecht aus Abs. 3, 1 auch dann noch ausüben, wenn der ArbN bereits aus anderen Gründen ausgeschieden ist und erst danach sein vertragswidriges Verhalten bekannt wird. — 33

Eine **formunwirksame** oder **verspätete** Lösungserklärung kann in das Angebot zur Aufhebung des Wettbewerbsverbots umgedeutet werden. Schweigen gilt allerdings nur in Ausnahmefällen als Einverständnis, etwa wenn der ArbN auf die Lösungserklärung hin zur Konkurrenz wechselt. — 34

Die Ausübung des Lösungsrechts durch den ArbGeb schließt weiter gehende Schadenersatzansprüche nach § 628 Abs. 2 BGB nicht aus[2]. Da nach § 249 BGB Naturalrestitution verlangt werden kann, hat der ArbN bei Vorliegen der Voraussetzungen des § 628 BGB bis zum nächsten ordentlichen Kündigungstermin **entschädigungslos** Wettbewerb zu **unterlassen**[3]. — 35

V. Abweichende vertragliche Vereinbarungen. 1. Wettbewerbsverbote nur für bestimmte Beendigungstatbestände. Nach ständiger Rspr.[4] sind Wettbewerbsverbote **unverbindlich**, die nur in bestimmten Fällen der Beendigung des Arbeitsverhältnisses gelten sollen. Dies gilt insb. für die verbreiteten Verbote, die nur im Falle einer **arbeitnehmerseitigen Kündigung** gelten sollen. Der ArbN hat bei solchen Klauseln ein Wahlrecht. Er kann im Fall der Eigenkündigung wählen, ob er sich an das Verbot halten und die Karenzentschädigung erhalten oder sich vom Verbot lösen will. Dieses Wahlrecht hat er aber auch dann, wenn das Arbeitsverhältnis auf andere Weise (insb. durch arbeitgeberseitige Kündigung) endet, obwohl für diesen Fall eigentlich gar keine Entschädigung zugesagt war[5]. — 36

2. Sonstige abweichende Vereinbarungen. Unproblematisch zulässig ist eine **Erweiterung der Lösungsrechte** des ArbN (zB auch bei einer personen- oder verhaltensbedingten ordentlichen Kündigung). Nichts einzuwenden ist gegen Wettbewerbsverbote, bei denen die **Höhe** der Entschädigung davon **abhängig** sein soll, auf welche Weise das Arbeitsverhältnis endet, solange in jedem Fall mindestens 50 % zugesagt sind. Unverbindlich sind die (früher in Anlehnung an Abs. 3 häufigen) Wettbewerbsverbote, nach denen im Fall einer außerordentlichen Kündigung des ArbGeb der Entschädigungsanspruch entfallen soll[6]. — 37

§ 75a [Verzicht des Prinzipals]

Der Prinzipal kann vor der Beendigung des Dienstverhältnisses durch schriftliche Erklärung auf das Wettbewerbverbot mit der Wirkung verzichten, dass er mit dem Ablauf eines Jahres seit der Erklärung von der Verpflichtung zur Zahlung der Entschädigung frei wird.

Lit.: Siehe Literatur zu § 74.

I. Allgemeines. Die Vorschrift soll dem ArbGeb ermöglichen, sich unter angemessener Wahrung der Interessen des ArbN vom Wettbewerbsverbot zu lösen, wenn sein **Interesse** daran **entfallen** ist. Besondere Bedeutung hat das Verzichtsrecht, wenn der ArbGeb feststellt, dass das Wettbewerbsverbot **unverbindlich** (geworden) ist; das Verzichtsrecht ist nicht auf verbindliche Wettbewerbsverbote beschränkt[7]. Ein rechtzeitiger Verzicht nimmt dem ArbN das ansonsten bei unverbindlichen Verboten bestehende Wahlrecht (s. § 74 Rz. 18 ff.) aus der Hand. — 1

Der Verzicht nach § 75a beendet mit **sofortiger Wirkung** die Pflicht des ArbN, keinen Wettbewerb zu machen[8]. Die Entschädigungspflicht dagegen entfällt **erst ein Jahr** nach Abgabe der Erklärung. Der Umfang der Entschädigungspflicht hängt deshalb davon ab, wann der Verzicht erklärt wird. Bei einem Verzicht mehr als ein Jahr vor Beendigung des Arbeitsverhältnisses wird überhaupt keine Karenzentschädigung fällig, wobei der ArbN selbstverständlich bis zur Beendigung des Arbeitsverhältnisses noch an das gesetzliche Wettbewerbsverbot des § 60 gebunden bleibt. Wird der Verzicht ein halbes Jahr vor Beendigung des Arbeitsverhältnisses erklärt, so ist der ArbN noch für das halbe Jahr bis zur Beendigung des Arbeitsverhältnisses an § 60 gebunden. In dieser Zeit erhält er sein normales Gehalt, — 2

---

1 Bauer/Diller, Rz. 444 ff.; aA Röhsler/Borrmann, S. 120 f. | 2 BAG v. 23.2.1977 – 3 AZR 620/75, AP 6 zu § 75 HGB unter I. 2. d d.Gr. | 3 Streitig, vgl. Bauer/Diller, Rz. 448; Staub/Konzen/Weber, § 75 HGB Rz. 19. | 4 BAG v. 14.7.1981 – 3 AZR 515/78, AP Nr. 8 zu § 75 unter II. 2, 3 d.Gr.; v. 10.12.1985 – 3 AZR 242/84, AP Nr. 31 zu § 6f BGB – Konkurrenzklausel. | 5 Ausf. Bauer/Diller, Rz. 472. | 6 BAG v. 25.6.1985 – 3 AZR 305/83, AP Nr. 11 zu § 74c HGB unter I. 2. d.Gr. | 7 BAG v. 19.1.1978 – 3 AZR 573/77, AP Nr. 36 zu § 74 HGB. | 8 BAG v. 17.2.1987 – 3 AZR 59/86, AP Nr. 4 zu § 75a HGB.

3 Das Verzichtsrecht nach § 75a gilt auch, wenn der ArbN vorher nach § 75 Abs. 2 die **erhöhte 100 %ige Karenzentschädigung** angeboten hat[1]. Endet das Arbeitsverhältnis durch **Aufhebungsvertrag**, ist sorgfältig zu prüfen, ob nach den Umständen des Einzelfalles durch den Aufhebungsvertrag das **Verzichtsrecht** nach § 75a **ausgeschlossen** sein sollte. Ist das der Fall, kann der ArbGeb in der Zeit zwischen Abschluss des Aufhebungsvertrags und dem Ende des Arbeitsverhältnisses den Verzicht nicht mehr erklären.

4 Als einseitiges Gestaltungsrecht ist der Verzicht nach § 75a **unwiderruflich**[2]. Eine „Rücknahme"-Erklärung des ArbGeb kann allenfalls umgedeutet werden in ein Angebot auf Neubegründung eines Wettbewerbsverbots, wobei es vom Zeitpunkt abhängt, ob dabei die Form des § 74 Abs. 1 einzuhalten wäre[3].

5 **II. Zeitpunkt des Verzichts.** Der Verzicht kann bereits **vor Beginn** des Arbeitsverhältnisses erklärt werden[4]. Spätest möglicher Zeitpunkt ist der **letzte Tag des Arbeitsverhältnisses**, wobei es auf den Zugang ankommt. Eine **Freistellung** bedeutet nicht, dass der Verzicht vor Beginn der Freistellung erklärt werden müsste.

6 Bei **fristloser** Kündigung muss der Verzicht spätestens **zusammen mit der Kündigung** ausgesprochen werden. Vom Ausspruch einer ordentlichen Kündigung ist das Verzichtsrecht unabhängig, der Verzicht kann also vor, zusammen mit oder nach der ordentlichen Kündigung ausgesprochen werden[5].

7 Soll nach dem Wortlaut des Verbots das Verzichtsrecht auch noch **nach Beendigung** des Arbeitsverhältnisses ausgeübt werden können, liegt ein **unverbindliches „bedingtes Wettbewerbsverbot"** vor (s. § 74 Rz. 104 ff.).

8 Erklärt der ArbGeb erst **nach Beendigung** des Arbeitsverhältnisses den Verzicht, kann dies umgedeutet werden in ein Angebot, die Wettbewerbsklausel einvernehmlich aufzuheben. Schweigen kann allerdings nicht als Zustimmung gedeutet werden. Stets möglich ist nach Beendigung des Arbeitsverhältnisses allerdings ein einseitiger **Verzicht** des ArbGeb **außerhalb von § 75a** (§ 397 BGB). Ein solcher einseitiger Verzicht auf den vertraglichen Unterlassungsanspruch bringt dann zwar die Entschädigungspflicht nicht zum Erlöschen (auch nicht nach Ablauf eines Jahres). Gleichwohl kann ein solcher Verzicht für den ArbGeb **sinnvoll** sein. Zum einen beseitigt er die Erstattungspflicht für Alg nach § 148 SGB III[6]. Zum anderen kann bei einem für den ArbGeb wertlos gewordenen Verbot ein Verzicht dazu führen, dass der ArbN in seinen angestammten Beruf zurückkehren und dort einen höheren anderweitigen Verdienst erzielen kann, was dann durch Anrechnung nach § 74c die Entschädigungspflicht des ArbGeb mindert.

9 **III. Form und Inhalt des Verzichts.** Das Gesetz schreibt **Schriftform** vor (§ 126 BGB), so dass insb. ein mündlicher Verzicht ebenso wenig wirksam ist wie ein Verzicht per **Fax**. Die Verzichtserklärung unterliegt als einseitige Willenserklärung der **Zurückweisung nach § 174 BGB**, so dass bei Verzichtserklärungen durch Vertreter auf ordnungsgemäße Dokumentation der Vollmacht geachtet werden muss.

10 Der Verzicht nach § 75a ist ein einseitiges Gestaltungsrecht und deshalb grundsätzlich **bedingungsfeindlich**[7]. Ein Verzicht unter irgendwelchen **Vorbehalten** ist deshalb unwirksam. Unschädlich ist allerdings, wenn in der Verzichtserklärung zugleich auf die allgemeine nachvertragliche Verschwiegenheitspflicht hingewiesen wird[8]. Der Verzicht ist einseitige Willenserklärung und bedarf deshalb keiner **Zustimmung des ArbN**. Stimmt der ArbN trotzdem mündlich oder schriftlich ausdrücklich zu, kann dies nicht in eine Zustimmung zur einvernehmlichen Aufhebung des Wettbewerbsverbots mit sofortigem Wegfall der Karenzentschädigung umgedeutet werden[9].

11 Der Verzicht braucht nicht ausdrücklich als „Verzicht" deklariert zu werden. Die Erklärung des ArbGeb, er wolle den ArbN vom Wettbewerbsverbot „**entbinden**", „das Wettbewerbsverbot **kündigen**" oder von ihm „**zurücktreten**" bzw. sich „von ihm **lossagen**" oder „**lösen**", reicht aus. Ein Verzicht nach § 75a ist allerdings dann unwirksam, wenn auf die Pflicht zur Wettbewerbsunterlassung **nicht** mit **sofortiger Wirkung** verzichtet wird, sondern nach dem Wortlaut der Verzichtserklärung entgegen § 75a der ArbN ebenfalls erst nach zwölf Monaten frei werden soll. Das Gleiche gilt, wenn nach dem Wortlaut der Verzichtserklärung die Pflicht zur Weiterzahlung der Entschädigung für zwölf Monate davon abhängen soll, ob der ArbN Konkurrenz macht[10]. Ebenfalls unwirksam ist eine Verzichtserklärung, wenn nach ihrem Inhalt entgegen § 75a die **Entschädigungspflicht sofort entfallen** soll[11]. Fraglich ist allerdings, ob solche Vorbehalte die Verzichtserklärung insgesamt unwirksam machen, oder ob der Verzicht wirksam bleibt, aber die Entschädigungspflicht gemäß § 75a erst nach einem Jahr entfällt.

---

1 Staub/Konzen/Weber, § 75a HGB Rz. 5. | 2 Bauer/Diller, Rz. 391; offen gelassen v. BAG v. 13.4.1978 – 3 AZR 822/76, AP Nr. 7 zu § 75 HGB unter II. 3. a d.Gr. | 3 Bauer/Diller, Rz. 392. | 4 Bauer/Diller, Rz. 376. | 5 BAG v. 17.2.1987 – 3 AZR 59/86, AP Nr. 4 zu § 75a HGB. | 6 Bauer/Diller, Rz. 791 ff. | 7 BGH v. 28.1.1981 – IV b ZR 581/80, BGHZ 79, 265. | 8 Bauer/Diller, Rz. 383. | 9 BAG v. 19.10.1982 – 3 AZR 28/80. | 10 Ausf. Bauer/Diller, Rz. 383. | 11 BAG v. 13.4.1978 – 3 AZR 822/76, AP Nr. 7 zu § 75 HGB.

In einer **Ausgleichsquittung** oder **Erledigungsklausel**, nach der alle gegenseitigen Rechte und Pflichten erledigt sein sollen, liegt regelmäßig keine Verzichtserklärung nach § 75a[1]. Eine **Änderungskündigung**, mit der dem ArbN die Fortsetzung des Arbeitsverhältnisses ohne Wettbewerbsverbot angeboten wird, kann nicht in eine Verzichtserklärung nach § 75a umgedeutet werden[2]. Auch eine arbeitgeberseitige **Lösungserklärung nach § 75 Abs. 3, 1**, die wegen Fehlens der Voraussetzungen des § 75 unwirksam ist, kann (wegen der verschiedenen Rechtsfolgen) nicht ohne weiteres in eine Verzichtserklärung nach § 75a umgedeutet werden[3]. 12

Gegen einen **Teilverzicht** unter Fortzahlung der vollen vereinbarten Karenzentschädigung ist nichts einzuwenden. Ein solcher Teilverzicht kann in Betracht kommen, um entweder die Erstattungspflicht nach § 148 SGB III zu vermeiden (zB Beschränkung des Verbots auf selbständige Tätigkeit[4]), zum anderen kann durch einen Teilverzicht der ArbN möglicherweise höheres anderweitiges Einkommen erzielen, welches dann gemäß § 74c angerechnet werden kann. Nicht möglich ist der Verzicht auf einen **Teil der Laufzeit** des Verbots[5]. Zulässig ist der Verzicht dahingehend, dass die Verzichtswirkung nicht sofort, sondern erst zu einem **späteren Zeitpunkt** eintreten soll, solange dieser Zeitpunkt nicht nach Beendigung des Arbeitsverhältnisses liegt[6]. 13

IV. Rechtsfolgen. Immer wieder übersehen wird, dass § 75a den Wegfall der Wettbewerbsunterlassungspflicht anders regelt als den Wegfall der Pflicht zur Entschädigungszahlung. Während nach § 75a die Pflicht zur Wettbewerbsunterlassung **sofort** erlischt, läuft die Entschädigung erst **zwölf Monate** später aus. Der Entschädigungsanspruch ist unabhängig davon, wie der ArbN sich verhält. Der Entschädigungsanspruch besteht also auch dann, wenn der ArbN **zur Konkurrenz wechselt**[7]. War das Wettbewerbsverbot für **weniger als ein Jahr** vereinbart worden, endet die Entschädigungspflicht selbstverständlich mit dem Ende des vereinbarten Verbots, nicht erst mit dem Ende des Jahreszeitraums nach § 75a. Auf die nach § 75a fortzuzahlende Karenzentschädigung ist anderweitiger Erwerb nach § 74c anrechenbar[8]. 14

Hat der ArbGeb nach § 75a verzichtet, kann er **später** bei Ausspruch einer **fristlosen Kündigung** die sofortige Lösung nach § 75 Abs. 3, 1 (mit dem Vorteil des sofortigen Wegfalls der Entschädigungspflicht) noch erklären. Nach der neueren Rspr. des BAG[9] ist sogar nach vorherigem Verzicht nach § 75a eine ausdrückliche Lösungserklärung nach § 75 Abs. 3, 1 nicht mehr erforderlich, die Entschädigungspflicht entfällt **automatisch**. Erklärt der ArbGeb bei einer fristlosen Kündigung statt der Lösung nach § 75 Abs. 3, 1 den Verzicht nach § 75a, so ist sorgfältig zu prüfen, was gewollt war, da der Verzicht nach § 75a wegen der weiterlaufenden Entschädigungspflicht ungünstiger ist[10]. 15

V. Auskunftpflicht. Fragt der ArbN gegen Ende des Arbeitsverhältnisses **beim ArbGeb** an, ob dieser sein Verzichtsrecht aus § 75a ausüben werde, **braucht** der ArbGeb **nicht zu antworten**. Tut er es gleichwohl, ist er an seine Antwort gebunden[11]. 16

Ebenso wenig muss der ArbN **Anfragen des ArbGeb** beantworten[12]. Ein **Recht zu lügen** hat der ArbN allerdings nicht. Im Fall der Lüge kann er sich schadenersatzpflichtig machen, und der ArbGeb kann dann den Schadenersatzanspruch gegen die Karenzentschädigung aufrechnen[13]. 17

Eine Auskunftspflicht des ArbN kann auch **nicht vertraglich vereinbart** werden[14]. Solche Auskunftsklauseln (nicht zu verwechseln mit der zulässigen Verpflichtung zur Auskunft über anderweitigen Erwerb!) benachteiligen den ArbN unangemessen. Denn das Verzichtsrecht nach § 75a soll nur dazu dienen, dem ArbGeb die Lösung von einem wertlos gewordenen Verbot zu ermöglichen. Sie soll dem ArbGeb dagegen nicht eine Möglichkeit geben, sich vom Wettbewerbsverbot zu lösen, wenn er erfahren hat, dass der ausscheidende ArbN eine konkurrenzfreie Tätigkeit aufnehmen wird[15]. Erteilt der ArbN gleichwohl Auskunft (egal ob aufgrund einer vertraglichen Verpflichtung oder aufgrund einer entsprechenden Anfrage des ArbGeb), so verstößt der ArbGeb gegen Treu und Glauben (§ 242 BGB), wenn er aufgrund der Auskunft den Verzicht erklärt. Der Verzicht ist deshalb unwirksam[16]. Erfährt der ArbGeb dagegen **zufällig** von den Berufsplänen des ArbN, kann er ohne weiteres darauf mit einem Verzicht nach § 75a reagieren[17]. 18

75b (aufgehoben)

§ 75b sah vor, dass ein Wettbewerbsverbot auch ohne Entschädigung möglich sein sollte, wenn der ArbN für eine **Tätigkeit außerhalb Europas** eingestellt worden war oder zur Gruppe der „**Hochbesolde-** 1

---

1 BAG v. 20.10.1981 – 3 AZR 1013/78, BB 1982, 861. | 2 BAG v. 9.10.1985 – 3 AZR 490/83, AP Nr. 49 zu § 74 HGB unter II. 2. d.Gr. | 3 *Bauer/Diller*, Rz. 386. | 4 Siehe *Bauer/Diller*, Rz. 791. | 5 *v. Hoyningen-Huene*, vor § 75 HGB Rz. 2, *Bauer/Diller*, Rz. 388. | 6 *Küstner/Thume*, 1054; *Bauer/Diller*, Rz. 389. | 7 LAG BW v. 4.11.1997 – 7 Sa 29/97. | 8 *Bauer/Diller*, Rz. 396. | 9 BAG v. 17.2.1987 – 3 AZR 59/86, AP Nr. 4 zu § 75a HGB. | 10 Dazu LG Stuttgart v. 1.12.1995 – 2 KfH O 110/95. | 11 *Bauer/Diller*, Rz. 400. | 12 BAG v. 2.12.1968 – 3 AZR 402/67, AP Nr. 3 zu § 74a HGB. | 13 LAG Hamm v. 19.5.1994 – 16 (10) Sa 1545/93, LAGE § 794 ZPO Nr. 7; *Bauer/Diller*, Rz. 406. | 14 BAG v. 2.12.1968 – 3 AZR 402/67, AP Nr. 3 zu § 74a HGB; v. 26.10.1978 – 3 AZR 649/77, AP Nr. 3 zu § 75a HGB. | 15 BAG v. 2.12.1968 – 3 AZR 402/67, AP Nr. 3 zu § 74a HGB. | 16 BAG v. 26.10.1978 – 3 AZR 649/77, AP Nr. 3 zu § 75a HGB. | 17 *Röhsler/Borrmann*, S. 123; *Bauer/Diller*, Rz. 405.

ten" gehörte. Nachdem das BAG diese Vorschriften für verfassungswidrig erklärt hatte[1] und sie in den neuen Bundesländern nicht in Kraft getreten waren, hat der Gesetzgeber sie per 1.1.2002 aufgehoben[2].

75c *[Vertragsstrafe]* (1) Hat der Handlungsgehilfe für den Fall, dass er die in der Vereinbarung übernommene Verpflichtung nicht erfüllt, eine Strafe versprochen, so kann der Prinzipal Ansprüche nur nach Maßgabe der Vorschriften des § 340 des Bürgerlichen Gesetzbuchs geltend machen. Die Vorschriften des Bürgerlichen Gesetzbuchs über die Herabsetzung einer unverhältnismäßig hohen Vertragsstrafe bleiben unberührt.

(2) Ist die Verbindlichkeit der Vereinbarung nicht davon abhängig, dass sich der Prinzipal zur Zahlung einer Entschädigung an den Gehilfen verpflichtet, so kann der Prinzipal, wenn sich der Gehilfe einer Vertragsstrafe der durch Absatz 1 bezeichneten Art unterworfen hat, nur die verwirkte Strafe verlangen; der Anspruch auf Erfüllung oder auf Ersatz eines weiteren Schadens ist ausgeschlossen.

Lit.: Siehe Literatur zu § 74.

1 **I. Allgemeines.** Da bei Verstößen des ArbN gegen das Wettbewerbsverbot ein Schadenersatzanspruch oft kaum zu berechnen ist, und viele ArbN das Risiko einer Unterlassungsverfügung (s. § 74 Rz. 112 ff.) in Kauf nehmen, ist die Vereinbarung einer Vertragsstrafe für den ArbGeb **unabdingbar**. Wettbewerbsverbote ohne Vertragsstrafe erweisen sich in der Praxis regelmäßig als **wertlos**[3].

2 Eine gezahlte Vertragsstrafe kann unter Umständen als **Werbungskosten** abgesetzt werden[4].

3 Abs. 1 verweist für die Vereinbarung einer Vertragsstrafe auf die **Vorschriften des BGB**, insb. auf § 340. Satz 2 stellt klar, dass auch die Regeln des BGB über die Herabsetzung unverhältnismäßig hoher Vertragsstrafen anwendbar sind. **Gegenstandslos** ist **Abs. 2**, da mittlerweile alle gesetzlichen Vorschriften, nach denen ausnahmsweise ein Wettbewerbsverbot nicht von der Zahlung einer Karenzentschädigung abhängen sollte, entfallen sind (zB § 75b, § 75 Abs. 3).

4 **II. Zulässigkeit von Vertragsstrafen.** Nach allgemeinen Grundsätzen sind im Arbeitsrecht Vertragsstrafen nur zulässig, wenn der ArbGeb ein **berechtigtes Interesse** daran hat[5]. Dieses Interesse liegt bei einem Wettbewerbsverbot regelmäßig vor. Die Vertragsstrafe zur Sicherung eines Wettbewerbsverbots unterliegt dem **Formzwang** des § 74 Abs. 1[6]. Trotz §§ 305 ff. BGB können Vertragsstrafen zur Sicherung eines Wettbewerbsverbots auch in **Formulararbeitsverträgen** vereinbart werden[7]. Vertragsstrafen in Wettbewerbsverboten mit **Auszubildenden** sind wegen § 5 Abs. 2 BBiG unwirksam.

5 Gemäß § 344 BGB ist das Vertragsstrafeversprechen unwirksam, wenn das Wettbewerbsverbot **unwirksam** oder **unverbindlich** ist. Entscheidet sich allerdings der ArbN bei einem unverbindlichen Verbot für dessen Einhaltung (s. § 74 Rz. 18 ff.), wird damit auch das Vertragsstrafeversprechen wirksam mit der Folge, dass bei späteren Verstößen die Vertragsstrafe verwirkt ist[8].

6 **III. Höhe der Vertragsstrafe, Herabsetzung.** Als Vertragsstrafe kann eine **bestimmte Summe** oder ein **Vielfaches des letzten Monatsverdienstes** vereinbart werden. Die Höhe der Vertragsstrafe kann auch nach den Bezügen aus einem verbotswidrig eingegangenen neuen Arbeitsverhältnis bemessen werden[9].

7 Ist eine Vertragsstrafe von „bis zu x Euro" vereinbart[10], ist nicht § 315 BGB einschlägig. Vielmehr ist stets die Höchststrafe verwirkt, sofern nicht eine Herabsetzung nach § 343 BGB angebracht ist (dazu sogleich)[11]. Die Bestimmung der Vertragsstrafe kann in das **Ermessen eines Dritten** gestellt werden, nicht jedoch in das Ermessen eines **Gerichts**[12].

8 Gemäß § 75c Abs. 1 Satz 2 gilt § 343 BGB. Nach dieser Vorschrift kann eine verwirkte Vertragsstrafe, wenn sie unverhältnismäßig hoch ist, **auf Antrag** des Schuldners durch Urteil **auf einen angemessenen Betrag herabgesetzt** werden. Diese Vorschrift ist erstaunlicherweise weithin **unbekannt**. Viele ArbN akzeptieren hohe Vertragsstrafen in dem Glauben, das Vertragsstrafeversprechen sei sittenwidrig und damit insgesamt nichtig. Tatsächlich ist § 343 BGB eine Sonderregelung zu § 138 BGB, so dass eine vollständige Nichtigkeit allenfalls bei „exorbitant hohen" Vertragsstrafen in Betracht kommt[13].

9 Die Gerichte machen häufig **vorschnell** von der Herabsetzungsmöglichkeit des § 343 BGB Gebrauch, obwohl nur eine ausreichend hohe Vertragsstrafe ausreichenden Druck auf den ArbN ausübt (zumal

---

[1] BAG v. 16.10.1980 – 3 AZR 202/79, AP Nr. 15 zu § 75b HGB bzw. v. 2.10.1975 – 3 AZR 28/75, AP Nr. 14 zu § 75b HGB. [2] Zur früheren Rechtslage *Bauer/Diller*, Rz. 354 ff. [3] Allgemein zu den Rechtsfolgen von Verstößen des Arbeitnehmers s. § 74 Rz. 109 ff. [4] FG Münster v. 2.7.1981 – I 6182/80 E, EFG 1982, 181; *Bauer/Diller*, Rz. 633. [5] BAG v. 23.5.1984 – 4 AZR 129/82, AP Nr. 9 zu § 339 BGB. [6] *Staub/Konzen/Weber*, § 75c HGB Rz. 2; *Bauer/Diller*, Rz. 633. [7] Ausf. *Bauer/Diller*, NJW 2002, 1614. [8] *Bauer/Diller*, Rz. 634. [9] *Bauer/Diller*, Rz. 638. [10] BAG v. 25.9.1980 – 3 AZR 133/80, AP Nr. 7 zu § 339 BGB; v. 5.2.1986 – 5 AZR 564/84, AP Nr. 12 zu § 339 BGB unter B I. 6. c d.Gr. [11] *Bauer/Diller*, Rz. 636. [12] BAG v. 25.9.1980 – 3 AZR 133/80, AP Nr. 7 zu § 339 BGB. [13] LAG Köln v. 26.9.1989 – 3 Sa 332/89, DB 1989, 2619; aA LAG BW v. 14.5.1963 – 7 Sa 24/63, AP Nr. 2 zu § 339 BGB.

vielfach der neue ArbGeb die Vertragsstrafe ganz oder zum Teil übernimmt)[1]. Richtigerweise ist auch gegen Vertragsstrafen in Höhe von einem **Jahresverdienst** nichts einzuwenden, die Vertragsstrafe kann im Einzelfall auch durchaus höher als die gesamte zu zahlende Karenzentschädigung sein[2].

Bei der Herabsetzungsentscheidung hat das Gericht alle **Umstände des Einzelfalles** zu beachten[3], erforderlich ist eine **Interessenabwägung**. Einzubeziehen sind insb. folgende Gesichtspunkte: **10**

- Art und Umfang des berechtigten geschäftlichen Interesses des ArbGeb (§ 74a Abs. 1 Satz 1),
- Umfang der Beeinträchtigung der beruflichen Entwicklung des ArbN (§ 74a Abs. 1 Satz 2),
- die beabsichtigte Abschreckungswirkung[4],
- die Höhe des eingetretenen oder des theoretisch möglichen Schadens[5], das Fehlen eines feststellbaren Schadens rechtfertigt für sich allein die Herabsetzung der Vertragsstrafe noch nicht[6],
- die Schwere des Verschuldens[7],
- die wirtschaftliche Situation der Beteiligten[8],
- die beabsichtigte Abschreckungswirkung[9] und
- die Funktion der Vertragsstrafe als Druck- und Sicherungsmittel[10].

Die **Beweislast** für die Umstände, wegen derer die Herabsetzung der Vertragsstrafe begehrt wird, trägt der **ArbN**[11]. Maßgeblicher Zeitpunkt für die Beurteilung der Gesamtumstände ist nicht der Zeitpunkt des Verstoßes, sondern der **Zeitpunkt** der erstmaligen **Geltendmachung** der Vertragsstrafe[12]. Deshalb kann der ArbN nicht schon im Vorfeld eines möglichen Verstoßes eine gerichtliche Herabsetzungsentscheidung erwirken[13]. Ist die Vertragsstrafe **bereits gezahlt**, ist nach § 343 Abs. 1 Satz 3 BGB die Herabsetzung nicht mehr möglich. Hat sich der ArbN nach seinem Ausscheiden als **Kaufmann** selbständig gemacht, schließen die §§ 348, 351 HGB die Herabsetzung der Vertragsstrafe nicht aus, da maßgeblicher Zeitpunkt der Moment des Vertragsschlusses ist[14]. **11**

Nach § 343 BGB setzt die Herabsetzung der Vertragsstrafe einen „**Antrag**" des ArbN voraus. Der Antrag kann aber auch als **prozessuale Einrede** erhoben werden. Dazu reicht jede Anregung aus, die erkennen lässt, dass der Schuldner ganz oder teilweise von der Vertragsstrafe loskommen will, weil er sie als unangemessen hoch oder drückend empfindet[15]. Der ArbN muss **nicht beziffern**, um welchen Betrag er die Herabsetzung der Strafe begehrt. **12**

IV. Verwirkung der Vertragsstrafe. Entgegen § 339 BGB ist nach einhelliger Ansicht die Vertragsstrafe nur verwirkt, wenn der ArbN **schuldhaft** gehandelt hat[16]. Die Beweislastregel des **§ 619a BGB** gilt nicht, so dass der ArbN beweisen muss, dass er nicht schuldhaft gehandelt hat[17]. Die Beweislast für den Verstoß gegen das Wettbewerbsverbot trägt dagegen der ArbGeb (§ 345 Satz 2 BGB). Die Verwirkung der Vertragsstrafe knüpft allein an die Verletzung des Verbots an, unabhängig davon, ob ein Schaden entstanden ist[18]. **13**

Üblicherweise wird die Vertragsstrafe „**für jeden Fall der Zuwiderhandlung**" vereinbart, wobei für den Fall des verbotswidrigen Eingehung eines neuen Arbeitsverhältnisses jeder Monat als getrennte Zuwiderhandlung gelten sollen. Solche Klauseln sind zulässig und sind sinnvoll. Denn ansonsten stellen sich außerordentlich schwierige Auslegungsprobleme, weil gemäß § 340 BGB neben einer für die Fall der Nichterfüllung vorgesehenen Vertragsstrafe grundsätzlich nicht mehr die Erfüllung verlangt werden kann. Bei einer Vertragsstrafenregelung, die ausdrücklich für jeden Fall der Zuwiderhandlung (oder bei Dauerverstößen für jeden Monat des Verstoßes) gelten soll, ist klar, dass der ArbGeb gemäß § 340 BGB den **Unterlassungsanspruch** für diejenigen Zeiten **behält**, auf die sich die verwirkte Vertragsstrafe nicht bezieht[19]. Dieses Wahlrecht entsteht jedes Mal neu ohne Rücksicht darauf, wie der ArbGeb bei früheren Verstößen reagiert hat[20]. Das Wahlrecht des ArbGeb zwischen Erfüllung und Strafe erlischt nach § 340 BGB erst bei Annahme der Erfüllung, vorher kann er also von einer zunächst verlangten Erfüllung noch auf das Strafverlangen überwechseln[21]. **14**

---

1 Dazu *Heinze*, NZA 1994, 251; BAG v. 21.5.1971 – 3 AZR 359/70, AP Nr. 1 zu § 75c HGB unter 2. a d.Gr. | 2 BAG v. 23.1.1967 – 3 AZR 253/66, AP Nr. 1 zu § 74c HGB; v. 21.5.1971 3 AZR 359/80, AP Nr. 1 zu § 75c HGB unter 2. b d.Gr.; vgl. auch BAG v. 30.4.1971 – 3 AZR 259/70, AP Nr. 2 zu § 340 BGB. | 3 Grundl. BAG v. 26.9.1963 – 5 AZR 61/63, AP Nr. 1 zu § 74a HGB. | 4 *Röhsler/Borrmann*, S. 136. | 5 BAG v. 25.10.1994 – 9 AZR 265/93. | 6 RG v. 28.10.1921 – III 107/21, RGZ 103, 99; LAG BW v. 14.5.1963 – 7 Sa 24/63, AP Nr. 2 zu § 339 BGB. | 7 *Röhsler/Borrmann*, S. 136. | 8 *Röhsler/Borrmann*, S. 136. | 9 *Röhsler/Borrmann*, S. 136. | 10 BGH v. 7.10.1982 – IZR 120/80, NJW 1983, 941, 942. | 11 BGH v. 13.3.1953 – 1 ZR 136/52, GRUR 1953, 262, 264; LAG BW v. 14.5.1963 – 7 Sa 24/63, AP Nr. 2 zu § 339 BGB. | 12 *Bauer/Diller*, Rz. 645. | 13 RG v. 14.3.1913 – 407/12 III, JW 1913, 604. | 14 BGH v. 13.2.1952 – II ZR 91/51, BGHZ 5, 133, 136. | 15 BGH v. 10.5.1968 – IV ZR 56168, NJW 1968, 1624. | 16 *Bauer/Diller*, Rz. 648. | 17 Ausf. *Bauer/Diller*, NJW 2002, 1611. | 18 RG v. 21.10.1921 – III 107/21, RGZ 103, 99; BGH v. 11.7.1974 – II ZR 1/73, BGHZ 63, 62. | 19 BAG v. 30.4.1971 – 3 AZR 259/70, AP Nr. 2 zu § 340 BGB unter II. 1.c d.Gr.; v. 26.1.1973 – 3 AZR 233/72, AP Nr. 4 zu § 75 HGB. | 20 BAG v. 30.4.1971 – 3 AZR 259/70, AP Nr. 2 zu § 340 BGB unter II. 1.c d.Gr. | 21 *Bauer/Diller*, Rz. 654.

15 Ist die Vertragsstrafe „für jeden Fall der Zuwiderhandlung" versprochen, ohne dass das Problem möglicher Dauerverstöße geregelt wurde, so ist eine Frage der **Auslegung**, ob bei einem **Dauerverstoß** die Vertragsstrafe nur einmal oder jeden Monat fällig werden soll. Dies hängt insb. von der Höhe der Vertragsstrafe ab[1], wobei dies zugleich Auswirkungen darauf hat, ob neben der Vertragsstrafe noch Unterlassung verlangt werden kann (s.o.). Ohne entsprechende ausdrückliche Regelung ist eine Vertragsstrafe bei einem nur vorübergehenden Verstoß **im Zweifel in vollem Umfang** verwirkt, nicht nur pro rata temporis[2]. Stellt der ArbN eine verbotswidrige Tätigkeit wieder ein, nimmt dafür aber eine andere verbotswidrige Tätigkeit auf, liegen zwei getrennte Verstöße vor[3]. Das wiederholte Verhandeln und die spätere Durchführung eines verbotenen Auftrags ist allerdings als einheitlicher Verstoß zu sehen[4], ebenso die wiederholte Beratung eines gesperrten Kunden[5].

16 Unzulässig ist es, wenn der ArbGeb Verstöße des ArbN klaglos hinnimmt, um durch **„Sammeln" von Vertragsstrafen** einen wirtschaftlich existenzbedrohenden Gesamtanspruch geltend machen zu können[6]; hier käme auch eine Herabsetzung der Vertragsstrafe nach § 343 BGB in Betracht.

17 Erfüllungsort für den Anspruch auf Vertragsstrafe ist der Gleiche wie bei den sonstigen Ansprüchen des ArbGeb wegen Verletzung des Verbots (s. § 74 Rz. 112).

18 V. Weiter gehender Schadenersatz. Die Geltendmachung der Vertragsstrafe schließt nach § 340 Abs. 2 Satz 2 BGB die Geltendmachung eines weiter gehenden Schadens nicht aus, ein entsprechender ausdrücklicher Vorbehalt in der Wettbewerbsklausel ist nicht erforderlich. Den weiter gehenden Schaden kann der ArbN gleichzeitig mit der Vertragsstrafe oder nachträglich geltend machen. Die Vertragsstrafe ist auf den tatsächlich entstandenen Schaden **anzurechnen**, abweichende Regeln sind unzulässig, schon wegen §§ 75c, d[7].

19 VI. Verfallklausel. Häufig wird neben oder anstelle einer Vertragsstrafe vereinbart, dass im Falle eines Verstoßes gegen das Wettbewerbsverbot ansonsten bestehende Ansprüche des ArbN verfallen sollen. Dies betrifft zB den Verlust oder die Kürzung einer **Betriebsrente** oder eines **Übergangsgeldes**, sofortige **Rückzahlung eines ArbN-Darlehens**, Verlust eines **Wohnrechts** etc. Solche Verfallklauseln sind wie Vertragsstrafen zu behandeln, es gelten die §§ 339 ff. BGB[8]. So kommt beispielsweise eine Herabsetzung/Milderung nach § 343 BGB in Betracht, und nach Geltendmachung des Verfalls kann nicht mehr Erfüllung geltend gemacht werden (§ 340 Abs. 1 Satz 2 BGB). Zu Klauseln, die dem ArbN Wettbewerbstätigkeiten nicht verbieten, sondern nur im Falle einer Wettbewerbstätigkeit den Verlust bestimmter Vorteile vorsehen, s. § 74 Rz. 56 ff.

20 Verfallklauseln sind grundsätzlich **zulässig**. Problematisch sind sie nur, soweit es um den Verfall/Widerruf von **Betriebsrenten** geht. Wegen der **Unverfallbarkeit** (jetzt § 1b BetrAVG) kann die Kürzung einer Betriebsrente nur für den Fall vereinbart werden, dass wegen der Schwere des Verstoßes der ArbGeb schon nach allgemeinen Rechtsgrundsätzen zum (ganzen oder teilweisen) Widerruf der Betriebsrente berechtigt wäre[9]. Etwas anderes gilt nur dann, wenn **anlässlich des Ausscheidens** im Zusammenhang mit dem Wettbewerbsverbot die Betriebsrente um einen bestimmten Betrag erhöht wird und sich der Verfall nur auf diesen Erhöhungsbetrag bezieht[10].

21 Von der Betriebsrente zu unterscheiden ist das **Übergangsgeld**, welches der ArbGeb zur Überbrückung der Zeit zwischen dem Ausscheiden und dem Erreichen der Altersgrenze zahlt. Da dieses nicht unter das BetrAVG fällt, ist insoweit eine Verfallklausel zulässig[11].

75d [Unabdingbarkeit]

Auf eine Vereinbarung, durch die von den Vorschriften der §§ 74 bis 75c zum Nachteil des Handlungsgehilfen abgewichen wird, kann sich der Prinzipal nicht berufen. Das gilt auch von Vereinbarungen, die bezwecken, die gesetzlichen Vorschriften über das Mindestmaß der Entschädigung durch Verrechnungen oder auf sonstige Weise zu umgehen.

Lit.: Siehe Literatur zu § 74.

1 Das Umgehungsverbot des § 75d hat in der Rspr. seit jeher eine große Rolle gespielt. So hat sich beispielsweise die Rspr. zu „bedingten Wettbewerbsverboten" ganz maßgeblich auf § 75d gestützt (s. § 74 Rz. 104 ff.). Auch bei „indirekten Wettbewerbsverboten" (s. § 74 Rz. 56 ff.) sowie bei Wettbewerbsverboten, die nur bei bestimmten Beendigungstatbeständen gelten sollen (s. § 75 Rz. 36 ff.) spielt das Umgehungsverbot eine

---

1 BAG v. 26.9.1963 – 5 AZR 2/63, AP Nr. 1 zu § 75 HGB. | 2 BAG v. 30.4.1971 – 3 AZR 259/70, AP Nr. 2 zu § 340 BGB. | 3 BAG v. 26.1.1973 – 3 AZR 233/72, AP Nr. 4 zu § 75 HGB. | 4 BAG v. 11.3.1968 – 3 AZR 337/67, AP Nr. 23 zu § 74 HGB unter III. d.Gr. | 5 BAG v. 26.11.1971 – 3 AZR 220/71, AP Nr. 26 zu § 611 BGB – Konkurrenzklausel unter III. 1.c d.Gr. | 6 Bauer/Diller, Rz. 651 b; dazu BGH v. 18.9.1997 – I ZR 71/95, DB 1998, 819. | 7 BGH v. 27.11.1974 – VIII ZR 9/73, BGHZ 63, 256. | 8 BGH, NJW 1960, 1568; BGH, NJW-RR 1991, 1050. | 9 BAG v. 3.4.1990 – 3 AZR 211/89, AP Nr. 9 zu § 1 BetrAVG – Treuebruch unter II. 1. der Gründe; v. 15.6.1993 – 9 AZR 558/91, AP Nr. 40 zu § 611 BGB – Konkurrenzklausel unter I. 3. d.Gr. | 10 Ausf. Bauer/Diller, Rz. 660. | 11 BGH v. 3.7.2000 – II ZR 381/98, NZA 2001, 612.

Rolle. Satz 2 verbietet ausdrücklich die Umgehung der Entschädigungspflicht durch Verrechnung, was zB die Gewährung von Sachleistungen (s. § 74 Rz. 88) oder die Abgeltung der Entschädigung durch eine laufende Zulage während des Arbeitsverhältnisses (s. § 74b Rz. 2 ff.) unzulässig macht.

75e (aufgehoben)

75f [Sperrabrede unter Arbeitgebern]

Im Falle einer Vereinbarung, durch die sich ein Prinzipal einem anderen Prinzipal gegenüber verpflichtet, einen Handlungsgehilfen, der bei diesem im Dienst ist oder gewesen ist, nicht oder nur unter bestimmten Voraussetzungen anzustellen, steht beiden Teilen der Rücktritt frei. Aus der Vereinbarung findet weder Klage noch Einrede statt.

Lit.: *Salje*, Individualarbeitsrecht und Kartellverbot, ZfA 1991, 653; *Weiland*, Zur Durchsetzbarkeit vertraglicher Abwerbungsverbote, BB 1976, 1179.

I. Bedeutung. Das Verbot des § 75f dient dem Schutz der ArbN. Ihr **Recht auf freie Wahl des Arbeitsplatzes** (Art. 12 GG) soll nicht durch Abreden zwischen Unternehmen unterlaufen werden. Die Existenz von § 75f ist **weitgehend unbekannt**, vielfach werden Sperrklauseln zwischen Unternehmen in Unkenntnis der Vorschrift vereinbart. 1

§ 75f erfasst anders als die §§ 74 ff. nicht wettbewerbsbeschränkende Abreden zwischen ArbGeb und ArbN, sondern wettbewerbsbeschränkende Abreden zwischen **zwei ArbGeb** (Unternehmen). Im Zusammenhang mit solchen Abreden ist in der Lit. oft von „**geheimen Wettbewerbsverboten**" die Rede. Dies beruht darauf, dass Sperrabreden zwischen ArbGeb häufig den ArbN nicht bekannt sind. § 75f gilt aber selbstverständlich unabhängig davon, ob es sich um geheime (zB Kartell-)Abreden oder um offen kommunizierte Vereinbarungen (zB im Zusammenhang mit Unternehmenskaufverträgen) handelt. 2

In der Praxis sind gegen § 75f verstoßende Vereinbarungen in verschiedener Form anzutreffen. Zum einen will § 75f dem Entstehen „**schwarzer Listen**" von nicht-einzustellenden ArbN (zB gewerkschaftliche Aktivisten, politische Radikale etc.) entgegenwirken. Des Weiteren sollen (unabhängig vom allgemeinen Kartellverbot des § 1 GWB) Absprachen zwischen Unternehmen verhindert werden, die das Ziel haben, sich **nicht gegenseitig Arbeitskräfte abzuwerben** oder diese nicht zu günstigeren Bedingungen einzustellen. So berichtet *v. Hoyningen-Huene*[1] von Sperrabreden zwischen **Kaufhausunternehmen**, in denen vereinbart wurde, dass Verkäuferinnen nicht ohne Beteiligung des bisherigen ArbGeb oder nur zum gleichen Gehalt eingestellt werden dürfen. Besondere Bedeutung hat § 75f, wenn ArbN eines Unternehmens Auftragsarbeiten in den Räumen eines anderen Unternehmens erledigen, weil hier besondere Abwerbungsgefahren drohen. Typischer Fall sind **Software-Dienstleistungsunternehmen**, die ihre Mitarbeiter zu Projektarbeiten in andere Unternehmen entsenden. Die Auftraggeber haben häufig ein Interesse daran, qualifizierte Mitarbeiter des Dienstleisters abzuwerben und bei sich selbst anzustellen. Deshalb sehen die Dienstleistungsverträge zwischen den Unternehmen häufig Verbote vor, wonach der Auftraggeber die Mitarbeiter des Softwaredienstleisters nicht abwerben und einstellen darf. Solche Vereinbarungen scheitern an § 75f. In **Joint-Venture-Verträgen** wird häufig vorgesehen, dass die Parteien sich wechselseitig keine Mitarbeiter abwerben und einstellen dürfen. Brisant sind in der Praxis die Fälle, in denen bei der **Vorbereitung eines Unternehmenskaufs** der potentielle Erwerber in engen persönlichen Kontakt zu Schlüsselkräften des zu erwerbenden Unternehmens gerät. Hier entsteht häufig erheblicher Abwerbungsdruck. Häufig versucht das Zielunternehmen, sich in einen vorbereitenden „Letter of Intent" durch Abwerbe- und Anstellungsverbote zu Lasten des potentiellen Erwerbers zu schützen, was aber mit § 75f unvereinbar ist. 3

II. Anwendungsbereich. § 75f erfasst nicht nur absolute Verbote, wechselseitig Mitarbeiter einzustellen. Erfasst sind auch Abreden, wonach die Einstellung **nur unter bestimmten Voraussetzungen** (zum Beispiel nur mit einem bestimmten Gehalt) erfolgen sollen[2]. Als „bestimmte Voraussetzung" gilt auch die **Zustimmung des alten ArbGeb**, so dass unter § 75f auch Absprachen zwischen Unternehmen fallen, wonach das eine Arbeitnehmer des anderen nicht ohne Zustimmung des anderen Unternehmers einstellt. § 75f gilt unabhängig davon, ob die Unternehmen **wechselseitig** die Einstellung unterlassen sollen oder die Abrede nur zugunsten eines der beiden Vertragsteile gilt. Ebenfalls unerheblich ist, ob für die Sperrabrede ein **Entgelt** bezahlt wird. 4

Fraglich ist, ob § 75f auch für bloße **Abwerbungsverbote** gilt[3]. Abwerbungsverbote verbieten lediglich eine Initiative des potentiellen neuen ArbGeb, lassen jedoch die Einstellung zu, wenn die Initiative vom ArbN ausging. Versteht man § 75f als Norm zur Aufrechterhaltung der Garantie auf freie Arbeitsplatzwahl aus Art. 12 GG, so besteht kein Anlass, § 75f auf Abwerbeverbote anzuwenden. Denn die freie Arbeits- 5

---

1 § 75f Rz. 1. | 2 BGH v. 13.10.1972 – I ZR 188/71, AP Nr. 1 zu § 75f HGB. | 3 Ausf. *Weiland*, BB 1976, 1179.

platzwahl ist auch dann garantiert, wenn der ArbN sich selbst um einen neuen Arbeitsplatz kümmern muss und nur seine unmittelbare Ansprache durch den potentiellen neuen ArbGeb ausgeschlossen ist[1].

6 Ebenso wie §§ 74 ff. ist § 75f auf **alle Arbeitsverhältnisse** anwendbar. Die Vorschrift gilt also zwischen nicht-kaufmännischen ArbGeb ebenso wie zwischen kaufmännischen, und für nicht-kaufmännische ArbN ebenso wie für Handlungsgehilfen[2]. § 75f gilt auch für entsprechende Vereinbarungen zwischen **Mehrheiten von ArbGeb**, Konzernen und **Verbänden**[3]. Für Sperrklauseln zwischen Leiharbeitsunternehmen und Entleiherunternehmen gelten die Sondervorschriften des **§ 9 AÜG** (siehe dort).

7 § 75f greift auch dann, wenn das andere Unternehmen den ausgeschiedenen ArbN nicht als ArbN einstellt, sondern als selbständigen Unternehmer beschäftigt. § 75f gilt auch für diesbezügliche Sperrabreden[4]. Dies hat Bedeutung in den oben geschilderten Software-Dienstleistungs-Fällen. Hier kann wegen § 75f wieder die Einstellung des ArbN als ArbN noch seine selbständige Beschäftigung als freier Mitarbeiter etc. untersagt werden.

8 **III. Rechtsfolgen.** Zu beachten ist, dass § 75f **kein gesetzliches Verbot** iSv. § 134 BGB enthält. Die gegen § 75f verstoßende vertragliche Regelung ist also nicht nichtig. Vielmehr bestimmt § 75f nur, dass beiden Teilen der Rücktritt frei steht und aus der Vereinbarung weder Klage noch Einrede stattfindet. Die besondere Rechtsfolgenregelung des § 75f wird allerdings verdrängt, wenn aus anderen Gründen die gegen § 75f verstoßende Vereinbarung nichtig iSv. § 134 BGB ist. Dass kommt insb. in Betracht, wenn Absprachen zwischen der ArbGeb der Kartellierung des Arbeitsmarktes dienen und deshalb gegen das allgemeine **Kartellverbot des GWB** verstoßen. Die oben erwähnten „schwarzen Listen" zum Abdrängen unliebsamer ArbN in die Arbeitslosigkeit können sittenwidrig und damit nichtig nach § 138 BGB sein. Nach richtiger Auffassung liegt **Sittenwidrigkeit** und damit Nichtigkeit nach § 138 BGB auch dann vor, wenn sich alle oder jedenfalls die wichtigsten potentiellen ArbGeb eines oder mehrer ArbN an der Sperrabrede beteiligen, so dass für den/die betroffenen ArbN praktisch ein Berufsverbot entsteht[5].

9 Soweit die Sperrabrede nicht schon aus anderen Gründen nichtig ist, gibt § 75f beiden Parteien ein **Rücktrittsrecht**. Die Ausübung des Rücktrittsrechts setzt keine Gründe voraus, und es muss keine Frist eingehalten werden. Der Rücktritt kann nach Sinn und Zweck der Norm keine vertraglichen Schadenersatzansprüche des anderen Vertragsteils auslösen[6]. In Betracht kommen allenfalls deliktische Schadenersatzansprüche, wie zum Beispiel im Zuge von Verhandlungen über einen Unternehmenskauf (siehe oben) das potenzielle Zielunternehmen im Vertrauen auf die Wirksamkeit der Sperrabrede sensible Daten und Informationen über Führungskräfte an den potentiellen Erwerber weitergegeben hat und dieser unter rechtsmissbräuchlicher Ausnutzung dieser Informationen sodann den Rücktritt nach § 75f erklärt und die Führungskräfte abwirbt oder gar zum Vertragsbruch verleitet[7]. Das Rücktrittsrecht kann vertraglich nicht **ausgeschlossen** werden, auch kann die Erfüllung der Sperrabrede nicht durch **Vertragsstrafe** erzwungen werden.

10 Wenn § 75f nur ein Rücktrittsrecht vorsieht, folgt daraus, dass die Parteien die wechselseitigen Verpflichtungen **wirksam erfüllen können**, wenn kein Rücktritt erklärt wird. Dabei verwendet der Gesetzgeber den Begriff des „Rücktritts" wohl untechnisch. Es scheint kaum denkbar, dass im Falle eines Rücktritts die Vereinbarung für die Vergangenheit rückabzuwickeln wäre. Vielmehr ist § 75f so zu verstehen, dass bei Ausübung des Rücktritts die Wirkung der Sperrabrede nur für die Zukunft entfällt, während sie **für die Vergangenheit bestehen** bleibt. Folglich muss weder ein bereits gezahltes Entgelt für die in der Vergangenheit liegenden Zeiträume zurückgezahlt werden, noch muss gemäß § 812 BGB der Wert des Abwerbe- und Einstellungsverzichts herausgegeben werden (wie sollte man den auch berechnen?).

11 Für die mittelbar betroffenen ArbN besteht **kein Unterlassungsanspruch**, sie können auch nicht die Ausübung des Rücktrittsrechts durch eine der Parteien verlangen[8]. Allenfalls theoretisch denkbar sind Schadenersatzansprüche gegen die beteiligten ArbGeb gemäß § 826 BGB wegen Beeinträchtigung der freien Arbeitsplatzwahl. Ansprüche aus Verschulden bei Vertragsschluss (§ 241 Abs. 2 BGB) gegen den potentiellen neuen ArbGeb, der unter Berufung einer Sperrabrede die Einstellung verweigert, kommen grundsätzlich nicht in Betracht, da weder ein Vertrauenstatbestand geschaffen wird noch ein allgemeines Recht auf Einstellung bei einem bestimmten ArbGeb existiert[9].

75g *[Vermittlungsgehilfe]*

§ 55 Abs. 4 gilt auch für einen Handlungsgehilfen, der damit betraut ist, außerhalb des Betriebes des Prinzipals für diesen Geschäfte zu vermitteln. Eine Beschränkung dieser Rechte braucht ein Dritter gegen sich nur gelten zu lassen, wenn er sie kannte oder kennen musste.

---

1 Offen gelassen v. BGH v. 13.10.1972 – I ZR 88/71, AP Nr. 1 zu § 75f HGB. | 2 Einhellige Auffassung, BGH v. 30.4.1974 – VI ZR 153/72, NJW 1974, 1282; BGH v. 27.9.1983 – VI ZR 294/81, AP Nr. 2 zu § 75f HGB. | 3 BGH v. 13.10.1972, AP Nr. 1 zu § 75f HGB. | 4 BGH v. 27.9.1983 – VI ZR 294/81, AP Nr. 2 zu § 75f HGB. | 5 *v. Hoyningen-Huene*, § 75f HGB Rz. 8; *Heymann-Henssler*, § 75f HGB Rz. 5. | 6 *v. Hoyningen-Huene*, § 75 HGB Rz. 6; offen gelassen von BGH v. 13.10.1972 – I ZR 88/71, AP Nr. 1 § 75f HGB. | 7 *Heymann-Henssler*, § 75f HGB Rz. 8. | 8 *Heymann-Henssler*, § 75f HGB Rz. 7. | 9 So schon RAG v. 2.5.1928 – RAG 4/28, RAGE 2, 1 (4).

Unkenntnis des Mangels der Vertretungsmacht   Rz. 3 § 75h HGB

§ 55 (4)

Sie (Handlungsbevollmächtigte, dA) gelten als ermächtigt, die Anzeige von Mängeln einer Ware, die Erklärung, dass eine Ware zur Verfügung gestellt werde, sowie ähnliche Erklärungen, durch die ein Dritter seine Rechte aus mangelhafter Leistung geltend macht oder sich vorbehält, entgegenzunehmen; sie können die dem Unternehmer (Prinzipal) zustehenden Rechte auf Sicherung des Beweises geltend machen.

§ 75g gehört systematisch **nicht zum Arbeitsrecht** im eigentlichen Sinne, sondern zum **Handelsrecht**. Geregelt wird nicht das Rechtsverhältnis zwischen ArbGeb und Handlungsgehilfen, sondern das Rechtsverhältnis zwischen ArbGeb und dessen Geschäftskunden. Die Vorschrift wurde anlässlich der Reform des Handelsvertreterrechts im Jahre 1953[1] eingefügt. Sie gibt dem im Außendienst tätigen Vermittlungsgehilfen im Verhältnis zu Dritten eine beschränkte **passive** (zum Beispiel betreffend Entgegennahme von Mängelanzeigen) und **aktive** (Beweissicherung) **Vertretungsmacht**. Die Vorschrift dient der Rechtssicherheit. Beschränkungen der Vertretungsmacht des im Außendienst tätigen Handlungsgehilfen in Abweichung von §§ 75g, 55 Abs. 4 braucht der Dritte nur gegen sich gelten zu lassen, wenn er sie kennt oder kennen musste. Ansonsten geht den Dritten die Ausgestaltung des Innenverhältnisses zwischen ArbGeb und Handlungsgehilfen nichts an. 1

Zu beachten ist der eingeschränkte Anwendungsbereich der Vorschrift. Zunächst gilt § 75g **nur für Handlungsgehilfen**, nicht dagegen für nicht-kaufmännische ArbN, da es sich um eine Sonderregel des Handelsrechts handelt[2]. Außerhalb des Handelsrechts kommen allenfalls die Grundsätze über Anscheins- und Duldungsvollmacht in Betracht. Weiter ist zu beachten, dass § 75g ausschließlich für **Vermittlungsgehilfen** gilt, deren Aufgabe es ist, Geschäftsabschlüsse zu vermitteln. Sind Handlungsgehilfen dagegen mit dem **Abschluss** von Geschäften betraut, gilt unmittelbar der gesamte § 55 (nicht nur Abs. 4). 2

§ 75g gilt auch nur für Handlungsgehilfen, die **außerhalb des Betriebs** tätig werden. Insoweit ist nur entscheidend, welche Tätigkeit der Handlungsgehilfe nach dem **Inhalt seines Arbeitsvertrages** schuldet. Ist er vertraglich zur Vermittlungstätigkeit außerhalb des Betriebs (im Außendienst), verpflichtet, so gilt § 75g auch, wenn er ein einzelnes Geschäft in den Räumen des Unternehmens vermittelt. Ist dagegen vertraglich eine Innendiensttätigkeit geschuldet, greift § 75g auch dann nicht, wenn der Handlungsgehilfe ausnahmsweise ein einzelnes Geschäft außerhalb der Geschäftsräume abschließt. Die Geschäftsräume einer Zweigniederlassung gehören zum Betrieb[3]. 3

Im Hinblick auf den Umfang der Vertretungsmacht im Einzelnen nach § 55 Abs. 4 wird auf die allgemeinen Kommentierungen zum HGB verwiesen. 4

75h *[Unkenntnis des Mangels der Vertretungsmacht]*

(1) Hat ein Handlungsgehilfe, der nur mit der Vermittlung von Geschäften außerhalb des Betriebes des Prinzipals betraut ist, ein Geschäft im Namen des Prinzipals abgeschlossen, und war dem Dritten der Mangel der Vertretungsmacht nicht bekannt, so gilt das Geschäft als von dem Prinzipal genehmigt, wenn dieser dem Dritten gegenüber nicht unverzüglich das Geschäft ablehnt, nachdem er von dem Handlungsgehilfen oder dem Dritten über Abschluss und wesentlichen Inhalt benachrichtigt worden ist.

(2) Das Gleiche gilt, wenn ein Handlungsgehilfe, der mit dem Abschluss von Geschäften betraut ist, ein Geschäft im Namen des Prinzipals abgeschlossen hat, zu dessen Abschluss er nicht bevollmächtigt ist.

Ebenso wie § 75g gehört § 75h nicht zum Arbeitsrecht im engeren Sinne, sondern zum Handelsrecht. Die Vorschrift betrifft wie § 75g nur das Verhältnis zwischen ArbGeb und dessen Geschäftspartner. Die Vorschrift betrifft die **Vertretung ohne Vertretungsmacht**. Sie ordnet an, dass abweichend von § 177 BGB keine ausdrückliche Genehmigung des Geschäfts durch den Unternehmer erforderlich ist, sondern mangels unverzüglicher Ablehnung des Unternehmers das Geschäft kraft **Genehmigungsfiktion** wirksam wird (vgl. § 91a für Handelsvertreter). 1

Abs. 1 ergreift Fälle, in den ein Handelsvertreter **nur zur Vermittlung** bevollmächtigt ist, jedoch über die Vermittlung hinaus das Geschäft gleich abschließt. § 75h gilt nur für solche Vermittlungsgehilfen, die mit der Vermittlung von Geschäften **außerhalb des Betriebes** (also im Außendienst) beauftragt sind. Beim Geschäftsabschluss im Innendienst gilt § 56. 2

Abs. 2 gilt anders als Abs. 1 nicht für Vermittlungsgehilfen, sondern für **Abschlussgehilfen**, die also zum Abschluss von Geschäften bevollmächtigt sind. Abs. 2 regelt den Fall der Vollmachtsüberschreitung insoweit, als der Abschlussgehilfe **einzelne Abschlüsse** tätigt, die **außerhalb seiner Vollmacht** liegen (zum Beispiel hinsichtlich der Konditionen, der Mengen oder der Art der Produkte). Anders als Abs. 1 gilt Abs. 2 unabhängig davon, ob der Handlungsgehilfe im Innen- oder im Außendienst tätig wird. Hinsichtlich der (nur für das Handelsrecht bedeutsamen) Einzelheiten wird auf die allgemeinen Kommentierungen zu § 75h und § 91a verwiesen. 3

---

1 BGBl. I S. 771. | 2 *v. Hoyningen-Huene*, § 75g HGB Rz. 4. | 3 *v. Hoyningen-Huene*, § 75g HGB Rz. 6.

Diller

76–82 (aufgehoben)

82a *[Wettbewerbsverbot des Volontärs]* Auf Wettbewerbsverbote gegenüber Personen, die, ohne als Lehrlinge angenommen zu sein, zum Zwecke ihrer Ausbildung unentgeltlich mit kaufmännischen Diensten beschäftigt werden (Volontäre), finden die für Handlungsgehilfen geltenden Vorschriften insoweit Anwendung, als sie nicht auf das dem Gehilfen zustehende Entgelt Bezug nehmen.

1   Nach zutreffender Auffassung ist § 82a durch §§ 19, 5 BBiG gegenstandslos geworden[1]. In den neuen Bundesländern war § 82a ohnehin nicht in Kraft getreten[2].

83 *[Andere Arbeitnehmer]* Hinsichtlich der Personen, welche in dem Betrieb eines Handelsgewerbes andere als kaufmännische Dienste leisten, bewendet es bei den für das Arbeitsverhältnis dieser Personen geltenden Vorschriften.

1   Da die Aufspaltung des ArbN-Begriffs in einzelne Gruppen (s. Einleitung vor § 59 Rz. 2 ff.) überholt ist, hat die Vorschrift **keine praktische Funktion** mehr. Sie ist dementsprechend in den neuen Bundesländern nicht in Kraft gesetzt worden.

Siebenter Abschnitt. Handelsvertreter

87 *[Provisionspflichtige Geschäfte]*
(1) Der Handelsvertreter hat Anspruch auf Provision für alle während des Vertragsverhältnisses abgeschlossenen Geschäfte, die auf seine Tätigkeit zurückzuführen sind oder mit Dritten abgeschlossen werden, die er als Kunden für Geschäfte der gleichen Art geworben hat. Ein Anspruch auf Provision besteht für ihn nicht, wenn und soweit die Provision nach Absatz 3 dem ausgeschiedenen Handelsvertreter zusteht.

(2) Ist dem Handelsvertreter ein bestimmter Bezirk oder ein bestimmter Kundenkreis zugewiesen, so hat er Anspruch auf Provision auch für die Geschäfte, die ohne seine Mitwirkung mit Personen seines Bezirks oder seines Kundenkreises während des Vertragsverhältnisses abgeschlossen sind. Dies gilt nicht, wenn und soweit die Provision nach Absatz 3 dem ausgeschiedenen Handelsvertreter zusteht.

(3) Für ein Geschäft, das erst nach Beendigung des Vertragsverhältnisses abgeschlossen ist, hat der Handelsvertreter Anspruch auf Provision nur, wenn

1. er das Geschäft vermittelt hat oder es eingeleitet und so vorbereitet hat, dass der Abschluss überwiegend auf seine Tätigkeit zurückzuführen ist, und das Geschäft innerhalb einer angemessenen Frist nach Beendigung des Vertragsverhältnisses abgeschlossen worden ist oder

2. vor Beendigung des Vertragsverhältnisses das Angebot des Dritten zum Abschluss eines Geschäfts, für das der Handelsvertreter nach Absatz 1 Satz 1 oder Absatz 2 Satz 1 Anspruch auf Provision hat, dem Handelsvertreter oder dem Unternehmer zugegangen ist.

Der Anspruch auf Provision aus Satz 1 steht dem nachfolgenden Handelsvertreter anteilig zu, wenn wegen besonderer Umstände eine Teilung der Provision der Billigkeit entspricht.

(4) Neben dem Anspruch auf Provision für abgeschlossene Geschäfte hat der Handelsvertreter Anspruch auf Inkassoprovision für die von ihm auftragsgemäß eingezogenen Beträge.

87a *[Fälligkeit der Provision]*
(1) Der Handelsvertreter hat Anspruch auf Provision, sobald und soweit der Unternehmer das Geschäft ausgeführt hat. Eine abweichende Vereinbarung kann getroffen werden, jedoch hat der Handelsvertreter mit der Ausführung des Geschäfts durch den Unternehmer Anspruch auf einen angemessenen Vorschuss, der spätestens am letzten Tag des folgenden Monats fällig ist. Unabhängig von einer Vereinbarung hat jedoch der Handelsvertreter Anspruch auf Provision, sobald und soweit der Dritte das Geschäft ausgeführt hat.

(2) Steht fest, dass der Dritte nicht leistet, so entfällt der Anspruch auf Provision; bereits empfangene Beträge sind zurückzugewähren.

---

1 Dazu *Bauer/Diller*, Rz. 370. | 2 Anl. I Kap. III Sachgebiet D III Nr. 1 zum Einigungsvertrag vom 31.8.1990, BGBl II 959.

(3) Der Handelsvertreter hat auch dann einen Anspruch auf Provision, wenn feststeht, dass der Unternehmer das Geschäft ganz oder teilweise nicht oder nicht so ausführt, wie es abgeschlossen worden ist. Der Anspruch entfällt im Falle der Nichtausführung, wenn und soweit diese auf Umständen beruht, die vom Unternehmer nicht zu vertreten sind.

(4) Der Anspruch auf Provision wird am letzten Tag des Monats fällig, in dem nach § 87c Abs. 1 über den Anspruch abzurechnen ist.

(5) Von Absatz 2 erster Halbsatz, Absätzen 3 und 4 abweichende, für den Handelsvertreter nachteilige Vereinbarungen sind unwirksam.

87b [Höhe der Provision]

(1) Ist die Höhe der Provision nicht bestimmt, so ist der übliche Satz als vereinbart anzusehen.

(2) Die Provision ist von dem Entgelt zu berechnen, das der Dritte oder der Unternehmer zu leisten hat. Nachlässe bei Barzahlung sind nicht abzuziehen; dasselbe gilt für Nebenkosten, namentlich für Fracht, Verpackung, Zoll, Steuern, es sei denn, dass die Nebenkosten dem Dritten besonders in Rechnung gestellt sind. Die Umsatzsteuer, die lediglich auf Grund der steuerrechtlichen Vorschriften in der Rechnung gesondert ausgewiesen ist, gilt nicht als besonders in Rechnung gestellt.

(3) Bei Gebrauchsüberlassungs- und Nutzungsverträgen von bestimmter Dauer ist die Provision vom Entgelt für die Vertragsdauer zu berechnen. Bei unbestimmter Dauer ist die Provision vom Entgelt bis zu dem Zeitpunkt zu berechnen, zu dem erstmals von dem Dritten gekündigt werden kann; der Handelsvertreter hat Anspruch auf weitere entsprechend berechnete Provisionen, wenn der Vertrag fortbesteht.

87c [Abrechnung über die Provision]

(1) Der Unternehmer hat über die Provision, auf die der Handelsvertreter Anspruch hat, monatlich abzurechnen; der Abrechnungszeitraum kann auf höchstens drei Monate erstreckt werden. Die Abrechnung hat unverzüglich, spätestens bis zum Ende des nächsten Monats, zu erfolgen.

(2) Der Handelsvertreter kann bei der Abrechnung einen Buchauszug über alle Geschäfte verlangen, für die ihm nach § 87 Provision gebührt.

(3) Der Handelsvertreter kann außerdem Mitteilung über alle Umstände verlangen, die für den Provisionsanspruch, seine Fälligkeit und seine Berechnung wesentlich sind.

(4) Wird der Buchauszug verweigert oder bestehen begründete Zweifel an der Richtigkeit oder Vollständigkeit der Abrechnung oder des Buchauszuges, so kann der Handelsvertreter verlangen, dass nach Wahl des Unternehmers entweder ihm oder einem von ihm zu bestimmenden Wirtschaftsprüfer oder vereidigten Buchsachverständigen Einsicht in die Geschäftsbücher oder die sonstigen Urkunden so weit gewährt wird, wie dies zur Feststellung der Richtigkeit oder Vollständigkeit der Abrechnung oder des Buchauszuges erforderlich ist.

(5) Diese Rechte des Handelsvertreters können nicht ausgeschlossen oder beschränkt werden.

Insolvenzordnung (InsO)

vom 5.10.1994 (BGBl. I S. 2866), zuletzt geändert durch Gesetz vom 24.12.2003 (BGBl. I S. 3002)

– Auszug –

Vorbemerkung

1 Die am 1.1.1999 in Kraft getretene Insolvenzordnung (Art. 110 Abs. 1 EGInsO) hat die Konkurs-, Vergleichs- und Gesamtvollstreckungsordnung sowie im Bereich der Betriebsverfassung das Sozialplankonkursgesetz ersetzt. Bereits zum 1.10.1996 waren durch Art. 6 des Arbeitsrechtlichen Beschäftigungsförderungsgesetzes (v. 25.9.1996, BGBl. I S. 1476) die §§ 113, 120 bis 122 und 125 bis 128 InsO vorzeitig in Kraft gesetzt worden.

113 *Kündigung eines Dienstverhältnisses*

Ein Dienstverhältnis, bei dem der Schuldner der Dienstberechtigte ist, kann vom Insolvenzverwalter und vom anderen Teil ohne Rücksicht auf eine vereinbarte Vertragsdauer oder einen vereinbarten Ausschluss des Rechts zur ordentlichen Kündigung gekündigt werden. Die Kündigungsfrist beträgt drei Monate zum Monatsende, wenn nicht eine kürzere Frist maßgeblich ist. Kündigt der Verwalter, so kann der andere Teil wegen der vorzeitigen Beendigung des Dienstverhältnisses als Insolvenzgläubiger Schadenersatz verlangen.

1 **1. Allgemeines.** § 113 enthält in Abs. 1 eine Nachfolgeregelung zu § 22 KO[1]. Die Bestimmung ist im Zusammenhang mit § 108 Abs. 1 Satz 1 zu sehen, wonach Dienstverhältnisse durch die Insolvenzeröffnung nicht beendet werden, sondern mit Wirkung für und gegen die Insolvenzmasse fortbestehen. Das Recht zur **außerordentlichen Kündigung** aus wichtigem Grund wird durch § 113 nicht berührt. Die Eröffnung des Insolvenzverfahrens stellt als solche allerdings keinen wichtigen Grund idS dar[2].

2 § 113 entbindet nicht von der **Beachtung gesetzlicher Kündigungsschutzbestimmungen**, so dass neben den Regeln des KSchG[3] insb. die Formvorschrift des § 623 BGB sowie ein etwa bestehender Sonderkündigungsschutz (etwa § 18 BErzGG, § 9 MuSchG, §§ 85 ff. SGB IX, § 15 KSchG, § 613a Abs. 4 BGB, § 2 ArbPlSchG, §§ 78 Abs. 1 Nr. 1, 15a ZDG) zu beachten sind. Unberührt bleibt auch die Notwendigkeit der **Anhörung des BR** bzw. des SprAu (§ 102 BetrVG, § 31 Abs. 2 SprAuG). **Sonstige Erschwerungen der ordentlichen Kündigung** werden durch Abs. 1 Satz 1 ebenfalls nicht beseitigt, so dass insb. ein tarifvertraglich oder gemäß § 102 Abs. 6 BetrVG zugunsten des BR vereinbartes Zustimmungserfordernis auch in der Insolvenz zu beachten ist[4]. Zur Wirksamkeit einer Kündigung wegen Betriebsstilllegung benötigt der Insolvenzverwalter die Zustimmung der Gläubigerversammlung oder des Gläubigerausschusses nicht, und zwar weder zur Kündigung noch zur Stilllegung[5]. Voraussetzung für die Anwendbarkeit des § 113 ist ein **eröffnetes Insolvenzverfahren**, so dass die Vorschrift nicht für Kündigungen durch den **vorläufigen Insolvenzverwalter** gilt[6].

3 **2. Kündigungsrecht nach Abs. 1. a) Anwendungsbereich.** Die Bestimmung erfasst **nicht nur Arbeitsverhältnisse**, sondern **alle Dienstverhältnisse**, bei denen der Insolvenzschuldner Dienstberechtigter ist. § 113 gilt insb. auch für Dienstverhältnisse mit Organmitgliedern juristischer Personen sowie mit arbeitnehmerähnlichen Personen. Zwar zählen **Berufsausbildungsverhältnisse** ebenfalls zu den Dienstverhältnissen, doch steht einer Anwendung des § 113 auf sie entgegen, dass sie gemäß § 15 Abs. 2 BBiG nach Ablauf der Probezeit vom Dienstgeber nur noch außerordentlich aus wichtigem Grund kündbar sind[7]. Ein wichtiger Grund kann darin liegen, dass der Ausbildungszweck nicht mehr erreicht werden kann[8].

4 § 113 findet auf alle Arten ordentlicher Kündigungen Anwendung und gilt daher **sowohl für Beendigungs- als auch für Änderungskündigungen**[9]. Auf welchen Grund die Kündigung gestützt wird, spielt keine Rolle[10]. Gleichgültig ist ferner, von welcher Seite die Kündigung ausgesprochen wird, so dass

---

1 Begr. RegE zu § 127, BT-Drs. 12/2443, S. 148. |2 BAG v. 25.10.1968 – 2 AZR 23/68, AP Nr. 1 zu § 22 KO. |3 Vgl. dazu BAG v. 5.12.2002 – 2 AZR 571/01, AP Nr. 125 zu § 1 KSchG 1969 – Betriebsbedingte Kündigung. |4 So BAG v. 19.1.2000 – 4 AZR 911/98, nv.; aA LAG BW v. 9.11.1998 – 15 Sa 87/98, LAGE § 113 InsO Nr. 6 (Vorinstanz); wie das BAG KR/*Weigand*, §§ 113, 120 ff. InsO Rz. 42. |5 LAG Köln v. 5.7.2002 – 4 (6) Sa 161/02, BB 2002, 2675. |6 KDZ/*Däubler*, § 113 InsO Rz. 4; Nerlich/Römermann/*Hamacher*, § 113 InsO Rz. 21; ErfK/*Müller-Glöge*, § 113 InsO Rz. 8; aA *Caspers*, Rz. 519 ff.; Kübler/Prütting/*Moll*, § 113 InsO Rz. 26; siehe zur arbeitsrechtlichen Stellung *des Insolvenzverwalters allgemein* FA 1999, 40. |7 Nerlich/Römermann/*Hamacher*, § 113 InsO Rz. 43 ff.; *Lohkemper*, KTS 1996, 1, 10; ErfK/*Müller-Glöge*, § 113 InsO Rz. 6. |8 KDZ/*Däubler*, § 113 InsO Rz. 11; KR/*Weigand*, §§ 113, 120 ff. InsO Rz. 55 ff. |9 KDZ/*Däubler*, § 113 InsO Rz. 7; *Heinze*, NZA 1999, 57, 58; *Lakies*, BB 1998, 2638, 2640; Kübler/Prütting/*Moll*, § 113 InsO Rz. 35. |10 KDZ/*Däubler*, § 113 InsO Rz. 7.

auch der Dienstnehmer in jedem Fall mit der Frist des Satz 2 kündigen kann[1]. § 113 verlangt nicht, dass die Kündigung unverzüglich nach Insolvenzeröffnung ausgesprochen wird[2]. Die Vorschrift ist auch auf sog. **Nachkündigungen** des Insolvenzverwalters anzuwenden, mit denen dieser angesichts Satz 2 im Einzelfall zu einer früheren Beendigung des Arbeitsverhältnisses als durch eine bereits vor Insolvenzeröffnung mit langer Frist ausgesprochene Kündigung gelangen kann[3].

Uneinigkeit besteht darüber, ob § 113 auch die Kündigung **noch nicht in Vollzug gesetzter Dienstverhältnisse** betrifft oder ob insoweit das Wahlrecht des Insolvenzverwalters nach § 103 eingreift. Anders als noch § 22 KO („angetretenes Dienstverhältnis") verlangt § 113 nur den Bestand eines Dienstverhältnisses, der bereits ab Vertragsschluss gegeben ist. Es dürfte daher davon auszugehen sein, dass § 113 bereits vor Antritt der Dienstleistung anzuwenden ist[4]. Die Kündigungsfrist beginnt in solchen Fällen selbst dann mit Zugang der Kündigung zu laufen, wenn die Auslegung des Dienstvertrags zu dem Ergebnis eines Ausschlusses der Kündbarkeit vor Dienstantritt führen sollte[5]. Begründet der Insolvenzverwalter **neue Dienstverhältnisse** mit Wirkung für die Masse, ist die Anwendbarkeit des § 113 umstritten[6]. 5

b) **Ordentliche Kündbarkeit und Höchstkündigungsfrist.** § 113 enthält zwei strikt zu unterscheidende Elemente. Während Satz 1 nur grundsätzlich die ordentliche Kündbarkeit des Dienstverhältnisses herbeiführt, regelt Satz 2 die in einem ordentlich kündbaren Dienstverhältnis geltende Höchstkündigungsfrist[7]. 6

Satz 1 ordnet an, dass ein Dienstverhältnis, bei dem der Insolvenzschuldner Dienstberechtigter ist, von beiden Vertragsteilen ungeachtet der **vereinbarten Vertragsdauer** oder eines **vereinbarten Ausschlusses des ordentlichen Kündigungsrechts** ordentlich gekündigt werden kann. Angesprochen sind damit insb. **befristete** und **auflösend bedingte Arbeitsverhältnisse**, sofern deren ordentliche Kündbarkeit nicht einzelvertraglich oder im anwendbaren TV vorgesehen ist (§§ 15 Abs. 3, 21 TzBfG)[8]. Ein vereinbarter Ausschluss der ordentlichen Kündigung kann sowohl auf Einzelvertrag als auch auf BV oder TV beruhen. Gegen die Verdrängung eines **tariflichen Ausschlusses der ordentlichen Kündigung** werden verschiedentlich **verfassungsrechtliche Bedenken** erhoben[9]. Das BAG hat indes die Verfassungsmäßigkeit der Bestimmung auch insoweit ausdrücklich bejaht[10]. 7

Ist das Dienstverhältnis – ggf. nach Satz 1 – ordentlich kündbar, **ergibt sich die einzuhaltende Kündigungsfrist aus Satz 2.** Beträgt die gesetzlich, tarif- oder einzelvertraglich bzw. in einer BV vorgesehene Kündigungsfrist weniger als drei Monate zum Monatsende, ist sie ohne weiteres maßgeblich. Ist sie länger, so gilt die **Höchstkündigungsfrist** von drei Monaten zum Monatsende. Dabei hat jeweils eine konkrete Betrachtung zu erfolgen, so dass auch der Kündigungstermin zu berücksichtigen ist[11]. Ist etwa eine Kündigungsfrist von sechs Wochen zum Quartalsende vereinbart und ist die zum nächsten Quartalsende bestehende Kündigungsmöglichkeit soeben verstrichen, so kann fünf Wochen vor Quartalsende mit der Frist des Satz 2 gekündigt werden. Unklar ist die in den Fällen eines vereinbarten Ausschlusses des **ordentlichen Kündigungsrechts** einzuhaltende Frist. Nach Ansicht des BAG ist auch hier die Höchstkündigungsfrist von drei Monaten zum Monatsende maßgeblich und nicht etwa die hypothetische gesetzliche Kündigungsfrist zugrunde zu legen[12]. 8

3. **Schadensersatzpflicht nach Satz 3.** Kündigt der Insolvenzverwalter, so gewährt Abs. 1 Satz 3 dem Dienstverpflichteten einen **Anspruch auf Ersatz des** ihm wegen der vorzeitigen Beendigung des Dienstverhältnisses entstehenden **Schadens**. Der Schadensersatzanspruch zählt nicht zu den Masseschulden iSd. § 55 Abs. 1 Nr. 1, sondern kann nur als **gewöhnliche Insolvenzforderung** (§ 38) geltend gemacht werden. Kommt es durch Satz 2 lediglich zur Abkürzung einer vereinbarten längeren Kündigungsfrist, so ist die Ersatzpflicht nach Satz 3 auf den **Verfrühungsschaden** beschränkt[13], der ggf. nach § 287 ZPO zu 9

---

1 Kübler/Prütting/*Moll*, § 113 InsO Rz. 36. | 2 *Berscheid*, ZInsO 1998, 115, 118. | 3 BAG v. 8.4.2003 – 2 AZR 15/02, AP Nr. 40 zu § 113 BetrVG 1972; v. 22.5.2003 – 2 AZR 255/02, bislang nv; MünchKommInsO/*Löwisch/Caspers*, § 113 Rz. 23; KR/*Weigand*, §§ 113, 120 ff. InsO Rz. 46; LAG Hamm v. 21.10.2001 – 2 Sa 1123/01, ZIP 2002, 1857; aA ArbG Köln 8.12.1998 – 4 (15) Ca 5991/98, NZI 1999, 82. | 4 So *Berscheid*, ZInsO 1998, 115, 116; *Caspers*, Rz. 91 ff.; Nerlich/Römermann/*Hamacher*, § 113 InsO Rz. 8 ff.; ErfK/*Müller-Glöge*, § 113 InsO Rz. 14; KR/*Weigand*, §§ 113, 120 ff. InsO Rz. 18; *Zwanziger*, § 113 InsO Rz. 11; aA *Lohkemper*, KTS 1996, 1, 4. | 5 ErfK/*Müller-Glöge*, § 113 InsO Rz. 14; im Ergebnis auch *Caspers*, Rz. 96 ff.; Nerlich/Römermann/*Hamacher*, § 113 InsO Rz. 11 f.: entsprechende Anwendung. | 6 Dafür *Berscheid*, ZInsO 1998, 115, 117; KR/*Weigand*, §§ 113, 120 ff. InsO Rz. 19 ff.; aA KDZ/*Däubler*, § 113 InsO Rz. 13. | 7 BAG v. 6.7.2000 – 2 AZR 695/99, AP Nr. 6 zu § 113 InsO; *Annuß*, ZInsO 2001, 344, 349; aA etwa *Boemke*, NZI 2001, 460, 462; Kübler/Prütting/*Moll*, § 113 InsO Rz. 47 ff. | 8 S. dazu Annuß/Thüsing/Maschmann, § 15 TzBfG Rz. 10. | 9 KDZ/*Däubler*, § 113 InsO Rz. 29 ff.; *Zwanziger*, BB 1997, 626 Fn. 6; ebenso ArbG Stuttgart 4.8.1997 – 18 Ca 1752/97, EzA § 113 InsO Nr. 3; ArbG Limburg 2.7.1997 – 1 Ca 174/97, EzA § 113 InsO Nr. 2. | 10 BAG v. 16.6.1999 – 4 AZR 191/98, AP Nr. 3 zu § 113 InsO; v. 19.1.2000 – 4 AZR 70/99, AP Nr. 5 zu § 113 InsO. Das BAG hat in seinen zu § 113 InsO ergangenen Entscheidungen v. 8.2.1999 – 1 BvL 25/97, AP Nr. 3 zu § 113 InsO, und v. 21.5.1999 – 1 BvL 22/98, AP Nr. 4 zu § 113 InsO, nicht zu der Sachfrage Stellung genommen. | 11 Nerlich/Römermann/*Hamacher*, § 113 InsO Rz. 88. | 12 BAG v. 3.12.1998 – 2 AZR 425/98, AP Nr. 1 zu § 113 InsO; v. 6.7.2000 – 2 AZR 695/99, AP Nr. 6 zu § 113 InsO; *Annuß*, ZInsO 2001, 344, 349; KDZ/*Däubler*, § 113 InsO Rz. 12; Nerlich/Römermann/*Hamacher*, § 113 InsO Rz. 96; aA *Berscheid*, ZInsO 1998, 115, 122 ff.; *Boemke*, NZI 2001, 460, 462 f.; *Caspers*, Rz. 106 ff.; Kübler/Prütting/*Moll*, § 113 InsO Rz. 47 ff. | 13 KDZ/*Däubler*, § 113 InsO Rz. 27; Nerlich/Römermann/*Hamacher*, § 113 InsO Rz. 251.

schätzen ist. Er kann auch darin liegen, dass eine Anwartschaft auf betrAV wegen der früheren Kündigung nicht mehr unverfallbar wird[1]. Den Dienstverpflichteten trifft eine **Schadensminderungspflicht** nach § 254 Abs. 2 BGB, weshalb sich sein Anspruch reduziert, wenn er die Ausübung einer anderen zumutbaren Tätigkeit unterlässt. Dem Dienstverpflichteten entsteht kein Schaden, soweit er aus einer sonst nicht möglichen anderweitigen Verwertung seiner Dienstleistungskraft Vermögensvorteile erlangt. Ferner hat er sich etwaige Sozialleistungen oder Versorgungsbezüge anrechnen zu lassen[2], wobei hinsichtlich Letzterer § 116 Abs. 1 SGB X zu beachten ist. **Für Mitglieder des Vorstands einer Aktiengesellschaft** wird die Bemessungsgrundlage des Schadensersatzanspruchs durch § 87 Abs. 3 AktG auf die Dauer von zwei Jahren beschränkt. Über die Bemessung des Schadens besteht Unklarheit, wenn ein durch Vereinbarung **ordentlich unkündbares Arbeitsverhältnis** nach Satz 1, 2 gekündigt wird. Manche erblicken den Schaden hier im Verlust des Arbeitsplatzes, dessen Wert „in Anlehnung an die §§ 9, 10 KSchG" zu bestimmen sei[3]. Für die Geltendmachung von Unwirksamkeitsgründen ist die allgemeine Bestimmung des § 4 KSchG zu beachten.

120 Kündigung von Betriebsvereinbarungen

(1) Sind in Betriebsvereinbarungen Leistungen vorgesehen, welche die Insolvenzmasse belasten, so sollen Insolvenzverwalter und Betriebsrat über eine einvernehmliche Herabsetzung der Leistungen beraten. Diese Betriebsvereinbarungen können auch dann mit einer Frist von drei Monaten gekündigt werden, wenn eine längere Frist vereinbart ist.

(2) Unberührt bleibt das Recht, eine Betriebsvereinbarung aus wichtigem Grund ohne Einhaltung einer Kündigungsfrist zu kündigen.

1. Allgemeines. Wie § 120 mittelbar bestätigt, hat die Eröffnung des Insolvenzverfahrens als solche grundsätzlich keinen Einfluss auf Bestand und Inhalt von BV. Daraus resultierende Verpflichtungen des ArbGeb sind nach Insolvenzeröffnung vom Insolvenzverwalter zu erfüllen. Die Beendigung von BV folgt in der Insolvenz den allgemeinen Regeln. § 120 trägt einem in der Insolvenz regelmäßig besonders ausgeprägten Flexibilitätsinteresse Rechnung, um unabhängig vom weiteren Schicksal des Betriebs eine kurzfristige Entlastung der Masse zu ermöglichen und den Betrieb durch die zeitnahe Beseitigung belastender BV veräußerungsfähig zu machen[4].

2. Belastende BV. § 120 Abs. 1 betrifft seinem Wortlaut nach nur **BV**. Einigkeit besteht daher darüber, dass alle BV iSd. § 77 Abs. 2 BetrVG erfasst werden, unabhängig davon, ob sie Fragen der freiwilligen oder erzwingbaren Mitbest. regeln. Die Bestimmung ist auch auf Sozialpläne anwendbar, die früher als drei Monate vor dem Eröffnungsantrag aufgestellt worden sind und deshalb nicht von § 124 erfasst werden[5]. Einigkeit besteht ferner darüber, dass § 120 Abs. 1 sowohl für Betriebs- als auch für **GesamtBV** gilt[6]. Darüber hinaus wird davon ausgegangen, § 120 Abs. 1 finde auch auf **KonzernBV** Anwendung; die Insolvenz beseitige den Konzernbezug, was dazu führe, dass auch insoweit die Betriebspartner in dem insolventen Unternehmen zur eigenen Gestaltung berechtigt seien[7].

Nach überwiegender Ansicht betrifft § 120 Abs. 1 auch die Kündigung von **Regelungsabreden**[8]. Hingegen sollen Richtlinien nach § 28 Abs. 2 SprAuG nach zweifelhafter Ansicht ebenso wenig erfasst sein[9] wie Dienstvereinbarungen, auch wenn die betreffende juristische Person des öffentlichen Rechts ausnahmsweise insolvenzfähig ist[10].

§ 120 setzt voraus, dass die in der BV vorgesehenen Leistungen zu einer **Belastung der Insolvenzmasse** führen. Dies ist unproblematisch dann gegeben, wenn die BV unmittelbare Leistungspflichten des ArbGeb begründet, wobei keine Rolle spielt, ob es sich im Verhältnis zu den einzelnen ArbN um eine direkte Gegenleistung für die erbrachte Arbeitsleistung oder um Nebenleistungen handelt[11]. Ferner zählen dazu auch **Leistungen ohne Entgeltfunktion**, wie etwa der Ersatz von Aufwendungen. Angesichts des masseschützenden Charakters der Bestimmung ist nicht erforderlich, dass die Leistungen direkt den ArbN zufließen. Erfasst werden daher auch sonstige Verpflichtungen des ArbGeb, etwa zum Unterhalt einer Betriebskantine, eines Betriebskindergartens oder sonstiger Sozialeinrichtungen. Erforderlich ist aber, dass die **BV der rechtliche Grund für die Belastung** der Insolvenzmasse ist. Deshalb erscheint es nicht zutreffend, wenn eine Belastung auch in zusätzlichen Freistellungen nach § 38 Abs. 1 Satz 5 BetrVG er-

---

[1] KDZ/*Däubler*, § 113 InsO Rz. 27; *Zwanziger*, § 113 InsO Rz. 23. [2] KDZ/*Däubler*, § 113 InsO Rz. 27; Kübler/Prütting/*Moll*, § 113 InsO Rz. 76. [3] KDZ/*Däubler*, § 113 InsO Rz. 28; HK/*Irschlinger*, § 113 InsO Rz. 16; ErfK/*Müller-Glöge*, § 113 InsO Rz. 32; *Zwanziger*, § 113 InsO Rz. 24; offen gelassen Nerlich/Römermann/*Hamacher*, § 113 InsO Rz. 251; aA *Berscheid*, ZInsO 1998, 159, 165; Kübler/Prütting/*Moll*, § 113 InsO Rz. 78; vgl. in diesem Zusammenhang BAG v. 26.7.2001 – 8 AZR 739/00, AP Nr. 13 zu § 628 BGB. [4] S. Begr. RegE, BT-Drs. 12/2443, 153. [5] *Caspers*, Rz. 485; Kübler/Prütting/*Moll*, § 120 InsO Rz. 16. [6] Nerlich/Römermann/*Hamacher*, § 120 InsO Rz. 23; Kübler/Prütting/*Moll*, § 120 InsO Rz. 12. [7] Kübler/Prütting/*Moll*, § 120 InsO Rz. 13; s. auch MünchKommInsO/Löwisch/*Caspers*, § 120 InsO Rz. 7. [8] Kübler/Prütting/*Moll*, § 120 InsO Rz. 15. [9] MünchKommInsO/Löwisch/*Caspers*, § 120 InsO Rz. 14. [10] MünchKommInsO/Löwisch/*Caspers*, § 120 InsO Rz. 15. [11] Kübler/Prütting/*Moll*, § 120 InsO Rz. 18; aA Nerlich/Römermann/*Hamacher*, § 120 InsO Rz. 25; *Zwanziger*, § 120 Rz. 4: Es seien „nur Sonderleistungen des Arbeitgebers, die über die 'normale' Entlohnung hinausgehen, nach § 120 InsO kündbar".

blickt wird[1]. Da das Gesetz ausdrücklich nur Leistungen betrifft, findet es keine Anwendung auf **belastende Organisationsregeln**[2], die nur zu einer objektiven – oder lediglich subjektiv empfundenen – Erschwerung der betrieblichen Abläufe führen.

Soweit mit Blick auf BV, die nur teilweise Regelungen über belastende Leistungen enthalten, stets eine **Teilkündigung** für zulässig gehalten wird[3], ist dem nicht zu folgen. Vielmehr dürfte davon auszugehen sein, dass – falls nicht die Möglichkeit der Teilkündigung vereinbart ist – solche BV insgesamt von § 120 Abs. 1 erfasst werden[4]. 5

3. Beratungsgebot und Höchstkündigungsfrist. Handelt es sich um belastende BV im vorstehenden Sinne, sollen Insolvenzverwalter und BR über eine **einvernehmliche Herabsetzung** der Leistungen beraten. Dem Wortlaut folgend, erblickt die ganz überwiegende Ansicht hierin lediglich ein **Sollgebot**, dessen Nichtbeachtung ohne Folgen bleibt[5]. Insbesondere ist die Beratung nach überwiegender Ansicht keine Kündigungsvoraussetzung[6]. 6

Die **Höchstkündigungsfrist** ermöglicht beiden Seiten einer BV die ordentliche Kündigung auch dann mit einer der Regelkündigungsfrist des § 77 Abs. 5 BetrVG entsprechenden Frist von drei Monaten, wenn eine längere Frist vereinbart ist. Vereinbarte **kürzere Fristen** bleiben unberührt. Obwohl § 120 Abs. 1 – anders als § 113 – kein Kündigungsrecht zu entnehmen ist, wird vielfach davon ausgegangen, dass die Bestimmung die Kündigung von BV auch dann mit einer Drei-Monats-Frist ermöglicht, wenn die **ordentliche Kündigung** – etwa im Zusammenhang mit einer Befristung – durch Vereinbarung **ausgeschlossen** ist[7]. Unklar ist, ob § 120 Abs. 1 Satz 2 eine Kündigung ohne weiteres auch dann ermöglicht, wenn die Betriebspartner **materielle Kündigungserschwerungen** vorgesehen haben[8]. 7

§ 120 Abs. 1 trifft keine Aussage über die **Kündigungsfolgen**, die daher nach allgemeinen Grundsätzen zu bestimmen sind. Dies bedeutet insb., dass es im Bereich der erzwingbaren Mitbest. gemäß § 77 Abs. 6 BetrVG zu einer **Nachwirkung** kommt, sofern diese nicht durch Vereinbarung der Betriebsparteien ausgeschlossen worden ist[9]. Uneinigkeit besteht darüber, ob das auch in Fällen einer lediglich **vereinbarten Nachwirkung** (siehe dazu allgemein § 77 BetrVG Rz. 45) gilt. Überwiegend wird angenommen, dass die freiwillige Vereinbarung einer Nachwirkung in der Insolvenz unbeachtlich ist[10]. § 120 enthält **keine Ermächtigung für den Eingriff in aktuelle Rechtspositionen der ArbN**. Insoweit gelten vielmehr die allgemeinen Grundsätze (s. § 77 BetrVG Rz. 59 ff.). 8

4. Außerordentliche Kündigung. § 120 Abs. 2 stellt deklaratorisch fest, dass das Recht zur außerordentlichen Kündigung unberührt bleibt. Auch in der Insolvenz gelten die allgemein für die außerordentliche Kündigung von BV maßgeblichen Grundsätze (s. dazu sowie zum Wegfall der Geschäftsgrundlage § 77 BetrVG Rz. 36). 9

121 Betriebsänderungen und Vermittlungsverfahren

Im Insolvenzverfahren über das Vermögen des Unternehmers gilt § 112 Abs. 2 Satz 1 des Betriebsverfassungsgesetzes mit der Maßgabe, dass dem Verfahren vor der Einigungsstelle nur dann ein Vermittlungsversuch vorangeht, wenn der Insolvenzverwalter und der Betriebsrat gemeinsam um eine solche Vermittlung ersuchen.

122 Gerichtliche Zustimmung zur Durchführung einer Betriebsänderung

(1) Ist eine Betriebsänderung geplant und kommt zwischen Insolvenzverwalter und Betriebsrat der Interessenausgleich nach § 112 des Betriebsverfassungsgesetzes nicht innerhalb von drei Wochen nach Verhandlungsbeginn oder schriftlicher Aufforderung zur Aufnahme von Verhandlungen zustande, obwohl der Verwalter den Betriebsrat rechtzeitig und umfassend unterrichtet hat, so kann der Verwalter die Zustimmung des Arbeitsgerichts dazu beantragen, dass die Betriebsänderung durchgeführt wird, ohne dass das Verfahren nach § 112 Abs. 2 des Betriebsverfassungsgesetzes vorangegangen ist. § 113 Abs. 3 des Betriebsverfassungsgesetzes ist insoweit nicht anzuwenden. Unberührt bleibt das Recht des Verwalters, einen Interessenausgleich nach § 125 zustande zu bringen oder einen Feststellungsantrag nach § 126 zu stellen.

---

1 So aber MünchKommInsO/*Löwisch/Caspers*, § 120 Rz. 11. | 2 S. Kübler/Prütting/*Moll*, § 120 InsO Rz. 19. | 3 So FK/*Eisenbeis*, § 120 InsO Rz. 10. | 4 Ebenso Kübler/Prütting/*Moll*, § 120 InsO Rz. 36. | 5 FK/*Eisenbeis*, § 120 InsO Rz. 6 f.; Kübler/Prütting/*Moll*, § 120 InsO Rz. 21 f. | 6 Anders allerdings MünchKommInsO/*Löwisch/Caspers*, § 120 Rz. 20, die analog § 122 Abs. 1 eine auf drei Wochen begrenzte Verhandlungsobliegenheit annehmen; in diese Richtung auch *Zwanziger*, § 120 InsO Rz. 13; dagegen etwa Nerlich/Römermann/*Hamacher*, § 120 InsO Rz. 32; Kübler/Prütting/*Moll*, § 120 InsO Rz. 31. | 7 Nerlich/Römermann/*Hamacher*, § 120 InsO Rz. 37; *Lakies*, RdA 1997, 145, 147; Kübler/Prütting/*Moll*, § 120 InsO Rz. 27; *Schrader*, NZA 1997, 70, 71; aA *Lohkemper*, KTS 1996, 1, 40; *Müller*, NZA 1998, 1315, 1318. | 8 Bejahend etwa Kübler/Prütting/*Moll*, § 120 InsO Rz. 28; siehe auch § 113 Rz. 2. | 9 Nerlich/Römermann/*Hamacher*, § 120 InsO Rz. 39; Kübler/Prütting/*Moll*, § 120 InsO Rz. 37 ff. | 10 MünchKommInsO/*Löwisch/Caspers*, § 120 Rz. 33; Kübler/Prütting/*Moll*, § 120 InsO Rz. 41 ff.; aA *Zwanziger*, § 120 InsO Rz. 10.

(2) Das Gericht erteilt die Zustimmung, wenn die wirtschaftliche Lage des Unternehmens auch unter Berücksichtigung der sozialen Belange der Arbeitnehmer erfordert, dass die Betriebsänderung ohne vorheriges Verfahren nach § 112 Abs. 2 des Betriebsverfassungsgesetzes durchgeführt wird. Die Vorschriften des Arbeitsgerichtsgesetzes über das Beschlussverfahren gelten entsprechend; Beteiligte sind der Insolvenzverwalter und der Betriebsrat. Der Antrag ist nach Maßgabe des § 61 a Abs. 3 bis 6 des Arbeitsgerichtsgesetzes vorrangig zu erledigen.

(3) Gegen den Beschluss des Gerichts findet die Beschwerde an das Landesarbeitsgericht nicht statt. Die Rechtsbeschwerde an das Bundesarbeitsgericht findet statt, wenn sie in dem Beschluss des Arbeitsgerichts zugelassen wird; § 72 Abs. 2 und 3 des Arbeitsgerichtsgesetzes gilt entsprechend. Die Rechtsbeschwerde ist innerhalb eines Monats nach Zustellung der in vollständiger Form abgefassten Entscheidung des Arbeitsgerichts beim Bundesarbeitsgericht einzulegen und zu begründen.

1 **1. Allgemeines.** Da die §§ 111 ff. BetrVG grundsätzlich auch im Insolvenzverfahren Anwendung finden, muss der Insolvenzverwalter, wenn er sich nicht der Gefahr von **Nachteilsausgleichsansprüchen** gemäß § 113 Abs. 3 BetrVG aussetzen will, die im Rang von „echten" Masseverbindlichkeiten iSd. § 55 Abs. 1 Satz 1 Nr. 1 stehen und für die er nach § 60 persönlich einstandspflichtig sein kann[1], vor Durchführung einer Betriebsänderung einen Interessenausgleich mit dem BR iSd. Gesetzes versucht haben. Eine nur geringe Erleichterung bringt insoweit § 121, wonach ein Vermittlungsversuch durch den Vorstand der BA allein dann stattfinden kann, wenn Insolvenzverwalter und BR das übereinstimmend beantragen. Im Gegensatz dazu hält § 122 eine theoretisch wichtige Beschleunigungsmöglichkeit bereit, deren unmittelbare praktische Bedeutung allerdings nicht besonders groß zu sein scheint. § 122 steht selbstständig neben § 158 Abs. 2[2] und findet nur im eröffneten Insolvenzverfahren Anwendung.

2 **2. Drei-Wochen-Frist.** Der Insolvenzverwalter kann die Zustimmung des ArbG zur geplanten Betriebsänderung nur beantragen, wenn innerhalb von drei Wochen nach Verhandlungsbeginn oder schriftlicher Aufforderung zur Aufnahme von Verhandlungen kein Interessenausgleich nach § 112 Abs. 2 BetrVG zustande gekommen ist, obwohl der Verwalter den BR rechtzeitig und umfassend unterrichtet hat. Hierbei handelt es sich um eine **Zulässigkeitsvoraussetzung** des Verfahrens nach § 122, so dass die Frist erst im Zeitpunkt der letzten Anhörung abgelaufen zu sein braucht[3]. Mit dem Erfordernis der rechtzeitigen und umfassenden Unterrichtung knüpft das Gesetz grundsätzlich an § 111 BetrVG an[4] (s. dort Rz. 61). Für die Rechtzeitigkeit muss es aber genügen, wenn die Information des BR zu einem Zeitpunkt erfolgt, in dem die Durchführung eines Interessenausgleichsverfahrens vor einer tatsächlichen Umsetzung der geplanten Betriebsänderung noch möglich ist[5]. Die Voraussetzungen müssen kumulativ vorliegen. **Werden die Verhandlungen ohne vorherige ausreichende Unterrichtung aufgenommen**, beginnt die Dreiwochenfrist erst mit der späteren vollständigen Information. Häufig wird unter Berufung auf die Rspr. des BAG zu § 99 BetrVG auch bei § 122 davon ausgegangen, dass den BR nach dem Grundsatz der vertrauensvollen Zusammenarbeit die Obliegenheit treffe, eine aus seiner Sicht unvollständige Unterrichtung unverzüglich zu rügen und die angeblich fehlenden Informationsgegenstände zu benennen. Die Verletzung dieser **Rügeobliegenheit** führe dazu, dass die Drei-Wochen-Frist ohne weiteres mit Verhandlungsaufnahme bzw. mit Zugang der Aufforderung zur Verhandlungsaufnahme zu laufen beginne[6]. Dies begegnet gewissen Zweifeln. Denn bei § 122 handelt es sich – anders als bei § 99 BetrVG – um eine objektive Verfahrensvoraussetzung. Es liegt daher nahe, dass die Drei-Wochen-Frist in jedem Fall nur dann zu laufen beginnt, wenn der BR tatsächlich ausreichend unterrichtet worden ist.

3 Der **Verhandlungsbeginn** oder die **schriftliche Aufforderung** genügen als solche jeweils nicht, um § 122 Abs. 1 Rechnung zu tragen. Erforderlich ist vielmehr, dass der Insolvenzverwalter mit dem BR innerhalb der Frist ernsthaft verhandelt, sofern dieser dazu bereit ist[7]. Die Verhandlungsaufforderung kann mit der umfassenden Unterrichtung verbunden werden[8]. Dem **Schriftformerfordernis** kommt dabei angesichts seiner Formalisierungsfunktion **konstitutive Bedeutung** zu[9]. Damit ist allerdings noch nichts darüber gesagt, ob an die Schriftform iSd. § 122 die strengen Anforderungen des § 126 BGB zu stellen sind[10] oder ob der Begriff hier eigenständig zu interpretieren ist. Viel spricht dafür, dass hier Gleiches wie bei § 99 BetrVG gilt (vgl. dort Rz. 89).

4 Nach überwiegender Ansicht ist entgegen dem in eine andere Richtung weisenden Wortlaut des § 122 Abs. 1 **nicht erforderlich**, dass die Unterrichtung des BR oder die Aufforderung zu Verhandlungen bzw.

---

1 Vgl. zuletzt BAG v. 18.11.2003 – 1 AZR 30/03, noch nv. | 2 S. näher Kübler/Prütting/*Moll*, § 122 InsO Rz. 34; *Oetker/Friese*, DZWIR 2001, 133, 137 f. | 3 ArbG Lingen 9.7.1999 – 2 BV 4/99, ZIP 1999, 1892, 1895; Kübler/Prütting/*Moll*, § 122 InsO Rz. 25. | 4 ArbG Berlin 26.3.1998 – 2 BV 5735/98, DZWIR 1999, 242, 243; ArbG Lingen 9.7.1999 – 2 BV 4/99, ZIP 1999, 1892, 1895. | 5 So bereits *Annuß*, NZI 1999, 344, 346; FK/*Eisenbeis*, § 122 InsO Rz. 11; aA wohl Smid/*Müller*, § 122 InsO Rz. 9. | 6 ArbG Lingen 9.7.1999 – 2 BV 4/99, ZIP 1999, 1892, 1895; *Oetker/Friese*, DZWIR 2001, 133, 134; Kübler/Prütting/*Moll*, § 122 InsO Rz. 17. | 7 ArbG Lingen 9.7.1999 – 2 BV 4/99, ZIP 1999, 1892, 1895; KDZ/*Däubler*, § 122 InsO Rz. 4; *Lohkemper*, KTS 1996, 1, 18 f.; *Oetker/Friese*, DZWIR 2001, 133, 136; *Rummel*, DB 1997, 774, 775; *Schrader*, NZA 1997, 70, 72; kritisch Nerlich/Römermann/*Hamacher*, § 122 InsO Rz. 17; unklar *Giesen*, ZIP 1998, 142, 144. | 8 *Löwisch*, RdA 1997, 80, 83. | 9 AA FK/*Eisenbeis*, § 122 InsO Rz. 11; *Oetker/Friese*, DZWIR 2001, 133, 136. | 10 So Kübler/Prütting/*Moll*, § 122 InsO Rz. 21.

der Verhandlungsbeginn **nach Insolvenzeröffnung liegen**. Dies gilt auch, soweit es um den Beginn der Drei-Wochen-Frist geht. Der Insolvenzverwalter kann sich deshalb auch auf eine noch vom späteren Insolvenzschuldner oder vom vorläufigen Insolvenzverwalter vorgenommene, zum Fristanlauf führende Information und Verhandlungsaufforderung berufen[1]. Der **Ablauf der Frist** richtet sich nach § 188 Abs. 2 BGB.

3. Materielle Zustimmungsvoraussetzungen. Ist der Antrag an das ArbG zulässig, so erteilt es im Wege einer Gestaltungsentscheidung die Zustimmung zur Durchführung der im Antrag genau bezeichneten Betriebsänderung, wenn „die wirtschaftliche Lage des Unternehmens auch unter Berücksichtigung der sozialen Belange der ArbN" eine Durchführung der Betriebsänderung ohne vollständiges Durchlaufen des Interessenausgleichsverfahrens erfordert. **Streitgegenstand** ist dabei nicht die geplante Betriebsänderung als solche, sondern ihre Eilbedürftigkeit[2]. § 122 Abs. 2 gibt **eine zweistufige Prüfung** vor. Zunächst ist auf die wirtschaftliche Lage des Unternehmens abzustellen, bevor in einem zweiten Schritt die sozialen Belange der ArbN berücksichtigt werden. Der Begriff der **wirtschaftlichen Lage des Unternehmens**[3] ist dabei im Hinblick auf die Besonderheiten der Insolvenz zu interpretieren[4]. Jedenfalls soweit es um die Zerschlagung und Liquidation des Unternehmens geht, besteht Einigkeit darüber, dass die auf den Erhalt der Insolvenzmasse gerichteten Interessen der Gläubiger ausschlaggebend sind[5]. **Wirtschaftlich geboten** ist eine Betriebsänderung daher grundsätzlich dann, wenn sie dazu dient, die Entstehung von weiteren, im Verhältnis zur Gesamtmasse nicht unerheblichen Verlusten zu vermeiden oder zu minimieren[6]. Das kann insb. der Fall sein, soweit der Betrieb nicht produktiv genug ist, seine laufenden Kosten zu decken[7]. Gleiches gilt, wenn die Betriebsänderung Voraussetzung für die Wahrnehmung von Veräußerungschancen ist[8].

Macht es die wirtschaftliche Lage des Unternehmens an sich erforderlich, dass die Betriebsänderung ohne vorheriges Verfahren nach § 112 Abs. 2 BetrVG durchgeführt wird, so ist auf einer **zweiten Stufe** zu prüfen, ob die sozialen Belange der ArbN etwas anderes gebieten. Entscheidend ist insoweit, ob die ArbN-Belange durch die Einhaltung des Verfahrens nach § 112 Abs. 2 BetrVG qualitativ besser gewahrt, mithin sozialverträglichere Lösungen erzielt werden können. Das bloße Interesse an einer Verzögerung der Betriebsänderung ist nicht zu berücksichtigen[9]. Dabei ist davon auszugehen, dass die ArbN-Belange nur in extremen Ausnahmefällen überwiegen können[10]. Im Verfahren hat der **BR** die sozialen Belange der ArbN unter Darstellung möglicher Alternativkonzepte **substantiiert vorzutragen**[11].

4. Das arbeitsgerichtliche Verfahren. Liegen die formalen und materiellen Voraussetzungen des § 122 Abs. 1 und 2 vor, so erteilt das ArbG die Zustimmung zur Betriebsänderung. Sind die Voraussetzungen des § 122 Abs. 2 nicht insgesamt gegeben und ist eine **Aufspaltung der Betriebsänderung** möglich, so kann die Zustimmung auf die Durchführung eines Teils der geplanten Betriebsänderung beschränkt werden[12]. **Beteiligte** des Verfahrens sind nach § 122 Abs. 2 Satz 2 Halbs. 2 nur der Insolvenzverwalter sowie der BR, nicht hingegen die von der geplanten Betriebsänderung betroffenen ArbN[13]. Wird der **Antrag abgewiesen**, so hat der Insolvenzverwalter mit dem BR einen Interessenausgleich unter Beachtung der allgemeinen Anforderungen des § 112 Abs. 2 BetrVG zu versuchen, wenn er Ansprüche der ArbN nach § 113 Abs. 3 BetrVG vermeiden will. Deshalb empfiehlt es sich, das Verfahren nach § 112 Abs. 2 BetrVG vorsorglich neben dem Antrag nach § 121 zu betreiben.

Die Vorschriften über das Beschlussverfahren (§§ 80 ff. ArbGG) gelten gemäß § 122 Abs. 2 Satz 2 Halbs. 1 entsprechend, so dass insb. der in § 83 ArbGG verankerte **Untersuchungsgrundsatz** zu beachten ist. Auch dies zwingt aber nicht zu einer umfassenden Tatsachenermittlung durch das Gericht. Vielmehr ist sie nur insoweit erforderlich, als das Gericht nach dem ihm bekannten Sachverhalt und dem Vorbringen der Beteiligten Anhaltspunkte dafür hat, dass weitere Aufklärung erforderlich ist[14].

§ 122 Abs. 3 zeigt, dass für das Zustimmungsverfahren **grundsätzlich nur eine Instanz** vorgesehen und gegen die Entscheidung des ArbG daher im Regelfall **kein Rechtsmittel** gegeben ist. Nur ausnahmsweise findet die Rechtsbeschwerde zum BAG statt, wenn das ArbG sie in entsprechender Anwendung des § 72 Abs. 2 ArbGG zugelassen hat. Die Frage der **Divergenz** ist dabei auf Entscheidungen anderer ArbG zu

---

1 *Annuß*, NZI 1999, 344, 346; *Berscheid*, InVO 1997, 309, 310; FK/*Eisenbeis*, § 122 InsO Rz. 13; Kübler/Prütting/*Moll*, § 122 InsO Rz. 21 a; aA KDZ/*Däubler*, § 122 InsO Rz. 5; *Oetker/Friese*, DZWIR 2001, 133, 136. | 2 S. die Nachw. bei *Oetker/Friese*, DZWIR 2001, 133, 137. | 3 Es geht also nicht um die wirtschaftliche Lage des Betriebs; zutr. betonen dies *Oetker/Friese*, DZWIR 2001, 133, 137. | 4 Kübler/Prütting/*Moll*, § 122 InsO Rz. 30. | 5 Kübler/Prütting/*Moll*, § 122 InsO Rz. 30; *Oetker/Friese*, DZWIR 2001, 133, 137; zur Frage, ob in Fortführungsfällen ein großzügiger Maßstab anzulegen ist *Annuß*, NZI 1999, 344, 347 (dagegen etwa Kübler/Prütting/*Moll*, § 122 InsO Rz. 30). | 6 ArbG Lingen 9.7.1999 – 2 BV 4/99, ZIP 1999, 1892, 1896; *Annuß*, NZI 1999, 344, 347; *Caspers*, Rz. 413; weit. Nachw. bei *Oetker/Friese*, DZWIR 2001, 133, 137 Fn. 48. | 7 ArbG Lingen 9.7.1999 – 2 BV 4/99, ZIP 1999, 1892, 1896. | 8 KDZ/*Däubler*, § 122 InsO Rz. 6. | 9 ArbG Lingen 9.7.1999 – 2 BV 4/99, ZIP 1999, 1892, 1896; *Caspers*, Rz. 414; Nerlich/Römermann/*Hamacher*, § 122 InsO Rz. 59; Kübler/Prütting/*Moll*, § 122 InsO Rz. 35 a; *Oetker/Friese*, DZWIR 2001, 133, 138. | 10 *Annuß*, NZI 1999, 344, 347; *Caspers*, Rz. 415: „Dem Merkmal 'soziale Belange' der Arbeitnehmer" kommt letztlich nur die Funktion zu, Mißbräuchen durch die Insolvenzverwalter vorzubeugen". | 11 ArbG Lingen 9.7.1999 – 2 BV 4/99, ZIP 1999, 1892, 1896; Kübler/Prütting/*Moll*, § 122 InsO Rz. 36; *Oetker/Friese*, DZWIR 2001, 133, 138. | 12 *Caspers*, Rz. 419; KDZ/*Däubler*, § 122 InsO Rz.10; *Löwisch*, RdA 1997, 80, 86; *Oetker/Friese*, DZWIR 2001, 133, 138. | 13 Insoweit besteht also eine Abweichung zu § 126 InsO. | 14 S. nur ArbG Lingen 9.7.1999 – 2 BV 4/99, ZIP 1999, 1892, 1896.

beziehen[1]. § 122 Abs. 3 Satz 3 enthält eine von den allgemeinen Bestimmungen der § 92 Abs. 2 Satz 1 iVm. § 74 Abs. 1 Satz 1 ArbGG **abweichende Regel über die Einlegung und Begründung** der Rechtsbeschwerde. Gegen die Nichtzulassung durch das ArbG ist eine Beschwerde zum BAG nicht möglich[2].

10   **Rechtsgestaltende Wirkung** entfaltet der Zustimmungsbeschluss erst mit seiner Rechtskraft. Ab diesem Zeitpunkt kann die geplante Betriebsänderung ohne Risiko von Nachteilsausgleichsansprüchen nach § 113 Abs. 3 BetrVG durchgeführt werden. Spätestens dann kommt ein **Unterlassungsanspruch** des BR gegen die Durchführung der Betriebsänderung nicht mehr in Betracht[3].

11   Umstritten ist, ob im Verfahren nach § 122 auch der **Erlass einer einstweiligen Verfügung** möglich ist[4]. Überwiegend wird das bejaht[5], wofür man sich neben der Generalverweisung auf die Vorschriften über das arbeitsgerichtliche Beschlussverfahren auf die im Gesetzgebungsverfahren zu findende ausdrückliche Feststellung stützt, dass „auch im Beschlussverfahren nach § 140 (heute: § 122) der Erlass einer einstweiligen Verfügung zulässig" sei[6]. Einigkeit besteht aber darüber, dass sie an **strenge Voraussetzungen** gebunden ist, da sie zu einer Vorwegnahme der Hauptsache führt[7].

123 Umfang des Sozialplans

(1) In einem Sozialplan, der nach der Eröffnung des Insolvenzverfahrens aufgestellt wird, kann für den Ausgleich oder die Milderung der wirtschaftlichen Nachteile, die den Arbeitnehmern infolge der geplanten Betriebsänderung entstehen, ein Gesamtbetrag von bis zu zweieinhalb Monatsverdiensten (§ 10 Abs. 3 des Kündigungsschutzgesetzes) der von einer Entlassung betroffenen Arbeitnehmer vorgesehen werden.

(2) Die Verbindlichkeiten aus einem solchen Sozialplan sind Masseverbindlichkeiten. Jedoch darf, wenn nicht ein Insolvenzplan zustande kommt, für die Berichtigung von Sozialplanforderungen nicht mehr als ein Drittel der Masse verwendet werden, die ohne einen Sozialplan für die Verteilung an die Insolvenzgläubiger zur Verfügung stünde. Übersteigt der Gesamtbetrag aller Sozialplanforderungen diese Grenze, so sind die einzelnen Forderungen anteilig zu kürzen.

(3) Sooft hinreichende Barmittel in der Masse vorhanden sind, soll der Insolvenzverwalter mit Zustimmung des Insolvenzgerichts Abschlagszahlungen auf die Sozialplanforderungen leisten. Eine Zwangsvollstreckung in die Masse wegen einer Sozialplanforderung ist unzulässig.

124 Sozialplan vor Verfahrenseröffnung

(1) Ein Sozialplan, der vor der Eröffnung des Insolvenzverfahrens, jedoch nicht früher als drei Monate vor dem Eröffnungsantrag aufgestellt worden ist, kann sowohl vom Insolvenzverwalter als auch vom Betriebsrat widerrufen werden.

(2) Wird der Sozialplan widerrufen, so können die Arbeitnehmer, denen Forderungen aus dem Sozialplan zustanden, bei der Aufstellung eines Sozialplans im Insolvenzverfahren berücksichtigt werden.

(3) Leistungen, die ein Arbeitnehmer vor der Eröffnung des Verfahrens auf seine Forderung aus dem widerrufenen Sozialplan erhalten hat, können nicht wegen des Widerrufs zurückgefordert werden. Bei der Aufstellung eines neuen Sozialplans sind derartige Leistungen an einen von einer Entlassung betroffenen Arbeitnehmer bei der Berechnung des Gesamtbetrags der Sozialplanforderungen nach § 123 Abs. 1 bis zur Höhe von zweieinhalb Monatsverdiensten abzusetzen.

1   **1. Allgemeines.** Die InsO knüpft mit §§ 123, 124 **an das allgemeine Sozialplanrecht des BetrVG** an und stellt lediglich besondere Regelungen über die Dotierung und den Rang von in der Insolvenz begründeten Sozialplanansprüchen sowie über die Bestandskraft von insolvenznahen Sozialplänen bereit. Für das **Zustandekommen eines Sozialplans** gilt daher auch in der Insolvenz § 112 BetrVG. Ein Vermittlungsversuch durch den Vorstand der BA findet allerdings gemäß § 121 nur statt, wenn Insolvenzverwalter und BR dies übereinstimmend beantragen. Liegen die Voraussetzungen des § 112 BetrVG vor, kann ein Sozialplan auch im Insolvenzverfahren über die **Einigungsstelle** erzwungen werden. Nicht erforderlich ist, dass Vertreter der Insolvenzgläubiger in die Einigungsstelle berufen werden, da die Berücksichtigung ihrer Interessen bereits durch § 123 gewährleistet ist[8]. Jedoch hat die Einigungsstelle, um sich nicht dem Vorwurf eines Ermessensfehlers auszusetzen, bei bevorstehender Unternehmensliquidation einen vom Gläubigerausschuss entsandten Vertreter zur wirtschaftlichen Vertretbar-

---

1 Kübler/Prütting/*Moll*, § 122 InsO Rz. 40; *Oetker/Friese*, DZWIR 2001, 133, 139; aA *Rummel*, DB 1997, 774, 775, unter Berufung auf den Wortlaut. |2 Vgl. BAG v. 14.8.2001 – 2 ABN 20/01, AP Nr. 44 zu § 72a ArbGG 1979 – Divergenz. |3 Siehe dazu näher Kübler/Prütting/*Moll*, § 122 InsO Rz. 37; zum Problem außerhalb der Insolvenz Richardi/*Richardi/Annuß*, § 111 BetrVG Rz. 166 ff. |4 Dagegen KDZ/*Däubler*, § 122 InsO Rz. 13; *Kocher*, BB 1998, 213; 215 Fn. 34; *Lakies*, RdA 1997, 145, 153; *Schaub*, DB 1999, 217, 226. |5 *Annuß*, NZI 1999, 344, 347; *Caspers*, Rz. 421; *Giesen*, ZIP 1998, 142, 146; *Löwisch*, RdA 1997, 80, 86; Kübler/Prütting/*Moll*, § 122 InsO Rz. 43; *Oetker/Friese*, DZWIR 2001, 133, 139. |6 Begr. Rechtsausschuss, BT-Drs. 12/7302, S. 171. |7 S. näher *Annuß*, NZI 1999, 344, 347; *Oetker/Friese*, DZWIR 2001, 133, 139. |8 BAG v. 6.5.1986 – 1 AZR 553/84, AP Nr. 8 zu § 128 HGB; MünchArbR/*Matthes*, § 363 Rz. 12; *Oetker/Friese*, DZWIR 2001, 265, 268.

keit des Sozialplans anzuhören[1]. Kommt der Sozialplan nicht durch Spruch der Einigungsstelle, sondern durch Einigung der Betriebsparteien zustande, benötigt der Insolvenzverwalter die **Zustimmung des Gläubigerausschusses** bzw. der Gläubigerversammlung (§ 160).

Zweifelhaft ist, ob die §§ 123, 124 nur für Sozialpläne iSd. § 112 BetrVG gelten, also insb. eine Betriebsänderung iSd. § 111 BetrVG erforderlich ist. Diese Frage erhebt sich unabhängig davon, dass ein Insolvenzverwalter, der bei Nichtvorliegen einer Betriebsänderung einen freiwilligen Sozialplan aufstellt, sich angesichts des Gebots der größtmöglichen Gläubigerbefriedigung schadensersatzpflichtig (§ 60) machen kann. Liegt eine Betriebsänderung vor, kann sich aber etwa auch bei Nichtbestehen der Sozialplanpflicht nach § 112a Abs. 2 BetrVG ein freiwilliger Sozialplan empfehlen, wenn dadurch eine für die Masse insgesamt vorteilhafte Beschleunigung des Interessenausgleichs (§ 113 BetrVG!) herbeigeführt werden kann. Die wohl überwiegende, gleichwohl aber zweifelhafte, Ansicht hält die §§ 123, 124 auch auf freiwillige Sozialpläne für anwendbar[2]. Folgt man dem, erscheint es nur folgerichtig, wenn ihre Geltung ferner auf freiwillige Sprecherausschussvereinbarungen (s. §§ 28, 32 SprAuG) mit sozialplanähnlichem Charakter erstreckt wird[3]. 2

Zeitlich sind drei Phasen zu unterscheiden. Ist ein Sozialplan früher als drei Monate vor dem Eröffnungsantrag aufgestellt worden, bindet er den Insolvenzverwalter nach allgemeinen Grundsätzen. Aus ihm resultierende Ansprüche der ArbN sind einfache Insolvenzforderungen gem. § 38. Handelt es sich hingegen um einen bis zu drei Monate vor dem Eröffnungsantrag aufgestellten (sog. insolvenznahen) Sozialplan, besteht ein Widerrufsrecht nach § 124 (s. näher Rz. 11 f.). Nur für nach Insolvenzeröffnung zustande gekommene Sozialpläne gilt die Sonderregelung des § 123 (s. Rz. 4 ff.). 3

2. Sozialplan nach Insolvenzeröffnung. Insolvenzsozialpläne haben sowohl die aus § 112 BetrVG resultierenden als auch die in § 123 verankerten **Sozialplanschranken** zu beachten. 4

Für den vor der Einigungsstelle erzwungenen Sozialplan ergeben sich **Sozialplaninnenschranken** aus § 112 Abs. 5 BetrVG (s. dort Rz. 61 ff.). Eine Modifikation ist allerdings insoweit erforderlich, als in Fällen der Zerschlagung und Liquidation des Unternehmens sowie bei einer übertragenden Sanierung zum Zwecke der anschließenden Liquidation des Insolvenzschuldners nicht die Interessen des Unternehmers, sondern diejenigen der Insolvenzgläubiger in die Abwägung einzustellen sind[4]. Auf die **wirtschaftliche Vertretbarkeit für das Unternehmen** kommt es in der Insolvenz daher nur an, wenn der Abschluss eines Insolvenzplans und die Fortführung des Unternehmensträgers beabsichtigt sind[5]. Auch bei einem frei vereinbarten Sozialplan ist der Insolvenzverwalter angesichts des **Gebots der größtmöglichen Gläubigerbefriedigung** grundsätzlich an die Grenzen des § 112 Abs. 5 BetrVG gebunden[6]. Ausnahmen gelten nur, wenn ausnahmsweise durch eine höhere Sozialplandotierung die Masse insgesamt – etwa wegen einer früher möglichen Durchführung der Betriebsänderung – entlastet wird. 5

§ 123 enthält **zwei Sozialplanaußenschranken.** Nach dessen Abs. 1 beträgt das maximale Volumen eines Insolvenzsozialplans zweieinhalb nach § 10 Abs. 3 KSchG zu berechnende (s. § 10 KSchG Rz. 6 f.) Monatsverdienste der von einer Entlassung betroffenen ArbN[7]. Abzustellen ist dabei auf das **Einkommen jedes einzelnen entlassenen ArbN** und nicht wie auf das Durchschnittseinkommen aller im Betrieb oder Unternehmen beschäftigten ArbN[8]. Probleme können sich ergeben, wenn die zu kündigenden ArbN oder deren Monatseinkommen im Zeitpunkt der Aufstellung des Sozialplans noch nicht feststehen. Um hier eine Überschreitung des Höchstvolumens zu verhindern, kommt man nicht daran vorbei, im Sozialplan nur die Verteilungsrelation festzulegen[9]. **Von einer Entlassung betroffen** sind nicht nur die auf Grund einer betriebsbedingten Kündigung im Rahmen der Betriebsänderung ausscheidenden ArbN. Ihnen stehen solche ArbN gleich, die auf Veranlassung des Insolvenzverwalters einen Aufhebungsvertrag abschließen oder selbst kündigen, um einer betriebsbedingten Kündigung zuvorzukommen[10]. Ist diese Veranlassung durch die Betriebsänderung gegeben, spielt es keine Rolle, 6

---

1 *Annuß*, NZI 1999, 344, 348; *Fitting*, 19. Aufl. 1998, § 1 SozplKonkG; ebenso vor In-Kraft-Treten des Sozialplankonkursgesetzes *Willemsen*, Arbeitnehmerschutz bei Betriebsänderungen im Konkurs, 1980, S. 26 ff.; aA MünchArbR/*Matthes*, § 363 Rz. 12; *Oetker/Friese*, DZWIR 2001, 265, 268. | 2 *Hess*, Insolvenzarbeitsrecht, 2000, § 123 Rz. 11; Kübler/Prütting/*Moll*, §§ 123, 124 InsO Rz. 36; *Zwanziger*: Vor § 123 InsO Rz. 5; aA DKK/*Däubler*, Anh. §§ 111 – 113, § 123 InsO Rz. 26. | 3 *Oetker/Friese*, DZWIR 2001, 265, 268. | 4 *Caspers*, Rz. 464; *Willemsen/Tiesler*, Interessenausgleich und Sozialplan in der Insolvenz, 1995, Rz. 143; aA *v. Hoyningen-Huene*, RdA 1986, 102, 114; anders auch *Oetker/Friese*, DZWIR 2001, 265, 270, nach denen eine Unterschreitung des in § 123 InsO definierten maximalen Sozialplanvolumens „nur dann in Betracht kommt, wenn sich dieses Interessen nicht auf das bloße Befriedigungsinteresse beschränken, sondern auf der Fortführung des Unternehmens gründen". | 5 Ebenso wohl *Fitting*, §§ 112, 112a BetrVG Rz. 202. | 6 *Annuß*, NZA 1999, 344, 348; *Caspers*, Rz. 463; *Willemsen/Tiesler*, Interessenausgleich und Sozialplan in der Insolvenz, 1995, Rz. 121; nicht eindeutig *Oetker/Friese*, DZWIR 2001, 265, 270. | 7 Dies gilt nach überwiegender Ansicht - anders als für die relative Sozialplanschranke des § 123 Abs. 2 Satz 3 - auch dann, wenn der Sozialplan im Rahmen eines Insolvenzplanverfahrens errichtet wird, vgl. nur Nerlich/Römermann/*Hamacher*, § 123 InsO Rz. 28 f. | 8 *Boemke/Tietze*, DB 1999, 1389, 1391; Kübler/Prütting/*Moll*, §§ 123, 124 InsO Rz. 44. | 9 So GK/*Fabricius*, §§ 112, 112a BetrVG Rz. 161 ff.; Nerlich/Römermann/*Hamacher*, § 123 InsO Rz. 18; *Oetker/Friese*, DZWIR 2001, 265, 269; siehe auch den abweichenden Lösungsansatz bei Kübler/Prütting/*Moll*, §§ 123, 124 InsO Rz. 48 mwN. | 10 Vgl. nur BAG v. 19.7.1995 – 10 AZR 885/94, AP Nr. 96 zu § 112 BetrVG 1972; aA *Hess*, NZA 1985, 205, 206.

wenn die ArbN bereits vor der Aufstellung des Sozialplans ausgeschieden sind[1]. Eine **kumulativ zu beachtende relative Sozialplanaußenschranke** ergibt sich aus § 123 Abs. 2 Satz 2.

7   Werden einzelne **ArbN rechtswidrig von Sozialplanleistungen** ausgeschlossen und klagen sie ihre Rechte ein, so ist zweifelhaft, wie daraus resultierende Zahlungspflichten mit Blick auf die Sozialplanschranken zu berücksichtigen sind[2].

8   Eine **Überschreitung** der Sozialplaninnenschranken sowie der absoluten Sozialplanaußenschranken führt grundsätzlich zur Gesamtnichtigkeit des Sozialplans[3], weshalb bei Fehlen einer „Nachbesserungsklausel" ein neuer Sozialplan zu verhandeln ist. Allerdings wird verschiedentlich eine geltungserhaltende Reduktion auf das noch zulässige Maß für möglich gehalten. Sie ist aber jedenfalls dann ausgeschlossen, wenn die Verteilungsgrundsätze nicht erkennbar sind oder durch eine anteilige Kürzung verfälscht würden[4]. Werden die relativen Sozialplanaußenschranken überschritten, ordnet § 123 Abs. 2 Satz 3 ausdrücklich eine anteilige Kürzung der Sozialplanleistungen an. Die relative Außenschranke bildet dabei lediglich eine „Verteilungssperre"[5], so dass der einzelne ArbN die Differenz zu dem ihm gemäß Sozialplan zustehenden vollen Anspruch nach Abschluss des Insolvenzverfahrens weiter verfolgen kann[6].

9   Bei der **Verteilung des Sozialplanvolumens** ist die Zweieinhalbmonatsgrenze nicht zu beachten, so dass einzelne ArbN durchaus einen höheren Betrag erhalten können[7]. Aus dem Gesamtvolumen ist nicht nur der Ausgleich für die entlassenen, sondern auch für die anders als durch Entlassung nachteilig betroffenen ArbN zu erbringen[8], so dass für diese kein besonderer, an die Schranken des § 123 nicht gebundener Sozialplan aufzustellen ist[9].

10 Nach § 123 Abs. 2 Satz 1 sind die aus einem Insolvenzsozialplan resultierenden Verpflichtungen **Masseverbindlichkeiten** (§ 55). Sie bedürfen daher weder der Anmeldung noch der Feststellung im Insolvenzverfahren (§§ 174 ff.). Allerdings ergibt sich aus § 123 Abs. 2 Satz 2, dass es sich um „Masseverbindlichkeiten zweiter Klasse" handelt, da sie erst nach allen übrigen Masseverbindlichkeiten zu befriedigen sind. Sie können daher nicht zur Masseunzulänglichkeit (§ 208 Abs. 1 Satz 1) führen.

11 **3. Insolvenznaher Sozialplan.** Abgesehen davon, dass ein vor Insolvenzeröffnung aufgestellter Sozialplan Gegenstand einer **Insolvenzanfechtung** sein kann[10], gewährt § 124 Abs. 1 sowohl dem Insolvenzverwalter als auch dem BR ein Recht zum Widerruf solcher Sozialpläne, die nicht früher als drei Monate vor dem Eröffnungsantrag (§ 13) aufgestellt worden sind. **Eine Pflicht zum Widerruf** resultiert daraus nicht, kann sich aber aus anderen Gründen ergeben[11]. Die Ausübung des Widerrufsrechts ist weder fristgebunden noch bedarf sie eines sachlichen Grundes[12]. Der Widerruf **beseitigt den Sozialplan mit Rückwirkung** ersatzlos, so dass sämtliche darauf gestützten Ansprüche der ArbN entfallen. Allerdings schließt § 124 Abs. 3 Satz 1 die Rückforderung vor dem Widerruf bereits ausgezahlter Leistungen über den Wortlaut hinaus auch dann aus, wenn die Auszahlung erst nach Insolvenzeröffnung erfolgt ist[13]. Sie sind aber bei der Bestimmung der absoluten Sozialplanaußenschranke nach § 123 Abs. 1 zu berücksichtigen (§ 124 Abs. 3 Satz 2). Wird der Sozialplan widerrufen, so ist ein neuer Sozialplan unter Beachtung des § 123 aufzustellen.

12 **Erfolgt kein Widerruf**, so sind die noch nicht erfüllten Sozialplanansprüche in voller Höhe gewöhnliche Insolvenzforderungen nach § 38. Die Unterlassung des Widerrufs durch den Insolvenzverwalter begründet keine Masseverbindlichkeit gem. § 55 Abs. 1 Nr. 1[14]. Etwas anderes gilt wegen § 55 Abs. 2 für Sozialpläne, die ein „starker" vorläufiger Insolvenzverwalter vor Verfahrenseröffnung abschließt[15].

13 **4. Abschlagszahlungen.** Die in § 124 Abs. 3 vorgesehene Pflicht des Insolvenzverwalters kann zu Konflikten mit der Pflicht zur Beachtung der relativen Sozialplanaußenschranke gemäß § 123 Abs. 2 Satz 2 führen, weshalb der Insolvenzverwalter die Leistungen zurückhaltend gewähren wird. Vorsorglich

---

1 *Boemke/Tietze*, DB 1999, 1389, 1391; Kübler/Prütting/*Moll*, §§ 123, 124 InsO Rz. 43. | 2 Siehe dazu *Boemke/Tietze*, DB 1999, 1389, 1393; *Oetker/Friese*, DZWIR 2001, 265, 272. | 3 Vgl. für die Innenschranken *Willemsen*, Arbeitnehmerschutz bei Betriebsänderungen im Konkurs, 1980, S. 220; *Hess/Weis/Wienberg*, Insolvenzrecht, 1997, Rz. 995; für die absoluten Außenschranken BT-Drs. 10/2129, S. 7; *Boemke/Tietze*, DB 1999, 1398, 1392; *Oetker/Friese*, DZWIR 2001, 265, 271. | 4 S. näher *Annuß*, NZI 1999, 344, 350; *Boemke/Tietze*, DB 1999, 1389, 1392; *Oetker/Friese*, DZWIR 2001, 265, 271. | 5 *Oetker/Friese*, DZWIR 2001, 265, 273. | 6 S. näher *Annuß*, NZI 1999, 344, 351. | 7 Vgl. Begr. RegE zu § 141 InsO, BT-Drs. 12/2443, S. 154. | 8 *Caspers*, Rz. 435; GK/*Fabricius*, §§ 112, 112a Rz. 161 ff.; *Oetker/Friese*, DZWIR 2001, 265, 271; aA wohl *Fitting*, §§ 112, 112a BetrVG Rz. 211. | 9 So aber DKK/*Däubler*, Anh. §§ 111 – 113, § 123 InsO Rz. 22; Kübler/Prütting/*Moll*, §§ 123, 124 InsO Rz. 32. | 10 Nachweise bei Richardi/*Annuß*, Anhang zu § 113 BetrVG Rz. 10. | 11 FK/*Eisenbeis*, § 124 InsO Rz. 6; s. dazu auch Kübler/Prütting/*Moll*, §§ 123, 124 InsO Rz. 92; für den Insolvenzverwalter kann sich bei unterbliebenem Widerruf eine Schadensersatzpflicht nach § 60 InsO ergeben; Nerlich/Römermann/*Hamacher*, § 124 InsO Rz. 10. | 12 FK/*Eisenbeis*, § 124 InsO Rz. 5; Kübler/Prütting/*Moll*, §§ 123, 124 InsO Rz. 94; nach LAG Köln v. 17.10.2002 – 5 (4) TaBV 44/02, AP Nr. 1 zu § 124 InsO, kann der BR nach Insolvenzeröffnung wirksam auf den Widerruf verzichten. | 13 Im Ergebnis ebenso Nerlich/Römermann/*Hamacher*, § 124 InsO Rz. 18; Kübler/Prütting/*Moll*, §§ 123, 124 InsO Rz. 95; Begr. RegE zu § 142, BT-Drs. 12/2443, S. 155; aA wohl *Caspers*, Rz. 483; *Oetker/Friese*, DZWIR 2001, 265, 276. | 14 BAG v. 31.7.2002 – 10 AZR 275/01, NZA 2002, 1332; *Boemke/Tietze*, DB 1999, 1389, 1394; *Oetker/Friese*, DZWIR 2001, 265, 276 mwN; aA *Lakies*, BB 1999, 206, 210. | 15 BAG v. 31.7.2002 – 10 AZR 275/01, NZA 2002, 1332.

wird er dabei eine Rückzahlungsklausel für den Fall vereinbaren, dass die Leistung zu einer Überschreitung der Grenze des § 123 Abs. 2 Satz 2 führt[1]. Das Vollstreckungsverbot in § 123 Abs. 3 Satz 2 ist angesichts des prinzipiellen Charakters der Sozialplanverbindlichkeiten als Masseschulden erforderlich.

125 *Interessenausgleich und Kündigungsschutz*

(1) Ist eine Betriebsänderung (§ 111 des Betriebsverfassungsgesetzes) geplant und kommt zwischen Insolvenzverwalter und Betriebsrat ein Interessenausgleich zustande, in dem die Arbeitnehmer, denen gekündigt werden soll, namentlich bezeichnet sind, so ist § 1 des Kündigungsschutzgesetzes mit folgenden Maßgaben anzuwenden:

1. es wird vermutet, dass die Kündigung der Arbeitsverhältnisse der bezeichneten Arbeitnehmer durch dringende betriebliche Erfordernisse, die einer Weiterbeschäftigung in diesem Betrieb oder einer Weiterbeschäftigung zu unveränderten Arbeitsbedingungen entgegenstehen, bedingt ist;
2. die soziale Auswahl der Arbeitnehmer kann nur im Hinblick auf die Dauer der Betriebszugehörigkeit, das Lebensalter und die Unterhaltspflichten und auch insoweit nur auf grobe Fehlerhaftigkeit nachgeprüft werden; sie ist nicht als grob fehlerhaft anzusehen, wenn eine ausgewogene Personalstruktur erhalten oder geschaffen wird.

Satz 1 gilt nicht, soweit sich die Sachlage nach Zustandekommen des Interessenausgleichs wesentlich geändert hat.

(2) Der Interessenausgleich nach Absatz 1 ersetzt die Stellungnahme des Betriebsrats nach § 17 Abs. 3 Satz 2 des Kündigungsschutzgesetzes.

1. Tatbestand des § 125 Abs. 1. § 125 enthält eine – nach erneuter Anfügung des § 1 Abs. 5 KSchG nur noch geringfügige – Modifikation des § 1 KSchG, die dem Insolvenzverwalter die zügige Durchführung einer Betriebsänderung ermöglichen soll[2]. Dem **vorläufigen Insolvenzverwalter** (§ 22 InsO) stehen die Möglichkeiten des § 125 nicht zur Verfügung, und zwar auch dann nicht, wenn dem Schuldner ein allgemeines Verfügungsverbot auferlegt worden ist.

Erforderlich ist in jedem Falle eine **geplante Betriebsänderung** iSd. § 111 BetrVG. Liegen dessen Voraussetzungen nicht vor, können die Wirkungen des § 125 auch nicht durch einen freiwilligen Interessenausgleich herbeigeführt werden[3]. Unschädlich ist es, wenn die ursprünglich konkret geplante Betriebsänderung in den Verhandlungen mit dem BR unter die Schwelle des § 111 BetrVG herabgedrückt wird[4]. Der Interessenausgleich kann auch eine Betriebsänderung betreffen, die nur im Falle von Widersprüchen gegen den Übergang von Arbeitsverhältnissen gemäß § 613a BGB in Form des dann notwendigen Personalabbaus durchgeführt werden soll[5]. Erforderlich ist allerdings, dass die anstehende Betriebsänderung bereits in ihren Einzelheiten feststeht[6].

Der **Begriff des Interessenausgleichs** in § 125 verweist auf § 112 BetrVG[7], so dass insb. das **Schriftformerfordernis** des § 112 Abs. 1 Satz 1 BetrVG auch hinsichtlich der Namensliste zu beachten ist. Zu beachten ist also, dass Interessenausgleich und Namensliste eine Urkundeneinheit bilden. Dafür soll es genügen, wenn im Interessenausgleich auf die Namensliste Bezug genommen wird und sie im Zeitpunkt der Unterzeichnung fest (etwa durch Heftklammer) mit dem Interessenausgleich verbunden ist, so dass eine Lösung „nur durch Gewaltanwendung (Lösen der Heftklammer)"[8] möglich ist. Eine gesonderte Unterschrift unter der Namensliste sei dann entbehrlich[9]. Ausreichend ist auch, wenn sich trotz fehlender körperlicher Verbindung die Urkundeneinheit zweifelsfrei aus der äußeren Gestaltung sowie dem inhaltlichen Zusammenhang entnehmen lässt[10]; in diesem Fall ist aber die Abschlussfunktion der Unterschrift unentbehrlich[11]. Die Schriftform wird nicht gewahrt durch einen einseitigen Hinweis im Interessenausgleich auf die Namensliste oder durch die bloße Verwahrung von Interessenausgleich und Namensliste im selben Ordner, „weil die Namensliste unter solchen Umständen problemlos ausgetauscht werden könnte"[12]. Aus der Verweisung des Gesetzes auf den allgemeinen Begriff des Interessenausgleichs folgt, dass § 125 in **Tendenzbetrieben** nicht anzuwenden ist (§ 118 Abs. 2 BetrVG)[13].

---

[1] *Annuß*, NZI 1999, 344, 350; Kübler/Prütting/*Moll*, §§ 123, 124 InsO Rz. 85. | [2] Vgl. Begr. RegE zu § 128, BT-Drs. 12/2443, S. 149. | [3] BAG v. 16.5.2002 – 8 AZR 319/01, DB 2002, 2552; FK/*Eisenbeis*, § 125 InsO Rz. 2; Nerlich/Römermann/*Hamacher*, § 125 InsO Rz. 9; *Hohenstatt*, NZA 1998, 846, 851; *Oetker/Friese*, DZWIR 2001, 177 mwN; aA *Kappenhagen*, NZA 1998, 968 ff., zu § 1 Abs. 5 KSchG aF. | [4] *Heinze*, NZA 1999, 57, 59. | [5] BAG v. 24.2.2000 – 8 AZR 180/99, AP Nr. 7 zu § 1 KSchG 1969 – Namensliste. | [6] Zur Unwirksamkeit eines „vorsorglichen" Interessenausgleichs § 112 BetrVG Rz. 8. | [7] *Giesen*, ZIP 1998, 46, 50; *Lakies*, RdA 1997, 145, 150; Kübler/Prütting/*Moll*, § 125 InsO Rz. 20; KR/*Weigand*, § 125 InsO Rz. 6; aA ErfK/*Ascheid*, § 125 InsO Rz. 2; *Kania*, DStR 1996, 832, 834; *Schrader*, NZA 1997, 70, 73; *Warrikoff*, BB 1994, 2338, 2341; vgl. auch Begr. Rechtsausschuss zu § 143 a, BT-Drs. 12/7302, S. 171. | [8] BAG v. 7.5.1998 – 2 AZR 55/98 – AP Nr. 1 zu § 1 KSchG 1969 – Namensliste. | [9] BAG v. 7.5.1998 – 2 AZR 55/98 – AP Nr. 1 zu § 1 KSchG 1969 – Namensliste. | [10] BAG v. 7.5.1998 – 2 AZR 55/98 – AP Nr. 1 zu § 1 KSchG 1969 – Namensliste; v. 20.5.1999 – 2 AZR 278/98, ZInsO 2000, 351; siehe auch BGH v. 24.9.1997 – XII ZR 234/95, NJW 1998, 58; v. 30.6.1999 – XII ZR 55/97, NJW 1999, 2591. | [11] AA offenbar LAG Schl.-Holst. v. 22.4.1998 – 2 Sa 556/97, LAGE § 1 KSchG – Interessenausgleich Nr. 5. | [12] BAG v. 20.5.1999 – 2 AZR 278/98, ZInsO 2000, 351; siehe allgemein zum Schriftformerfordernis beim Interessenausgleich § 112 BetrVG Rz. 12. | [13] Im Ergebnis ebenso KDZ/*Däubler*, § 125 InsO Rz. 7.

4 Zulässig ist eine **Beschränkung des Interessenausgleichs auf den Inhalt des § 125**. Deshalb müssen nicht notwendig neben der Namensliste auch Regelungen über das „Ob" und „Wie" der Betriebsänderung getroffen werden[1]. Sehen allerdings die Betriebsparteien mit der Aufstellung der Namensliste das Interessenausgleichsverfahren noch nicht als insgesamt abgeschlossen an, so ist – unbeschadet der Wirkung des § 125 – vor Umsetzung der Betriebsänderung die Herbeiführung eines Interessenausgleichs weiterhin zu versuchen oder das Verfahren nach § 122 durchzuführen (s. § 122 Abs. 1 Satz 3), um der Nachteilsausgleichspflicht (§ 113 Abs. 3 BetrVG) zu entgehen. Möglich ist auch die Ergänzung eines über die Durchführung der Betriebsänderung bereits zustande gekommenen Interessenausgleichs um eine Regelung iSd. § 125 Abs. 1, und zwar auch, wenn mit der Betriebsänderung bereits begonnen wurde[2]. Dafür genügt es, wenn die Namensliste unterschrieben und in ihr auf den Interessenausgleich Bezug genommen wird; eine besondere körperliche Verbindung mit dem im Übrigen fortbestehenden Interessenausgleich ist dann nicht erforderlich[3]. Die Möglichkeit der Aufstellung eines Interessenausgleichs iSd. § 125 wird nicht dadurch ausgeschlossen, dass bereits ein Verfahren nach § 126 eingeleitet worden ist[4].

5 Da **Interessenausgleich und Sozialplan** ohnehin **materiell abzugrenzen** sind, spielt es keine Rolle, wenn die Benennung der zu kündigenden ArbN in einem mit „Sozialplan" überschriebenen Dokument erfolgt[5]. Der Sache nach handelt es sich allerdings auch insoweit stets um eine Interessenausgleichsregelung, weshalb sie nicht durch Spruch der Einigungsstelle erzwungen werden kann[6].

6 § 125 InsO betrifft nur betriebsbedingte Kündigungen, die im **Rahmen der geplanten Betriebsänderung** ausgesprochen werden[7], was im Streitfalle der Insolvenzverwalter darlegen und beweisen muss[8]. Weiterhin regelt § 125 nur die Kündigung solcher ArbN, die vom BR repräsentiert werden, weshalb sich sein Anwendungsbereich insb. nicht auf leitende Angestellte iSd. § 5 Abs. 3 BetrVG erstreckt. Für diese ist auch keine freiwillige Aufstellung eines Interessenausgleichs durch den **SprAu** mit der Wirkung des § 125 Abs. 1 möglich. § 125 gilt sowohl für Beendigungs- als auch für Änderungskündigungen[9], wobei die Art der gegenüber den einzelnen ArbN jeweils auszusprechenden Kündigung im Interessenausgleich anzugeben ist, sofern sich nicht aus den Umständen ergibt, dass es nur zu Beendigungskündigungen kommen wird. Bei Änderungskündigungen sind die Änderungen der Arbeitsbedingungen im Interessenausgleich genau zu beschreiben[10]. Lässt sich die Kündigungsart dem Interessenausgleich nicht entnehmen, entfaltet er insoweit nicht die Wirkung nach Abs. 1[11]. Die Wirkung der Namensliste betrifft nur solche Kündigungen, die im Zeitpunkt der Aufstellung des Interessenausgleichs mit Namensliste noch bevorstehen, wobei es nicht auf den Zugang, sondern auf den Ausspruch der Kündigung ankommt[12].

7 § 125 verlangt die **namentliche Bezeichnung** der für Kündigungen vorgesehenen ArbN. Dafür genügt eine Nennung des Nachnamens oder eines betriebsüblichen Kosenamens, wenn keine Verwechslungsgefahr besteht[13]. Angesichts des eindeutigen Wortlauts ist eine andere als namentliche Individualisierung – etwa nach Betriebsabteilungen, Arbeitsgruppen oder Personalnummern oder die Aufstellung einer Negativliste der im Betrieb verbleibenden ArbN – nicht ausreichend[14]. Eine (zweifelhafte) Ausnahme wird für den Fall der Stilllegung des gesamten Betriebs gemacht, da hier ohnehin alle ArbN betroffen würden[15]. Über die namentliche Bezeichnung hinaus braucht der Interessenausgleich keine Angaben zu enthalten, so dass insb. eine Darstellung der Sozialauswahlkriterien[16] sowie der Kündigungsfristen und Kündigungstermine nicht erforderlich ist.

---

1 AA offenbar Kübler/Prütting/*Moll*, § 125 InsO Rz. 28; wie hier *Caspers*, Rz. 427; FK/*Eisenbeis*, § 125 InsO Rz. 3; im Ergebnis auch *Schrader*, NZA 1997, 70, 73. |2 Kübler/Prütting/*Moll*, § 125 InsO Rz. 35a; HK/*Irschlinger*, § 125 InsO Rz. 9. |3 Vgl. näher MünchKommBGB/*Einsele*, § 126 Rz. 8. |4 Nerlich/Römermann/*Hamacher*, § 126 InsO Rz. 35; *Lakies*, RdA 1997, 145, 152; Kübler/Prütting/*Moll*, § 126 InsO Rz. 42; aA KDZ/*Däubler*, § 125 InsO Rz. 4: „Hat er den Antrag nach § 126 einmal gestellt, kommt kein Interessenausgleich nach § 125 mehr in Betracht"; *Zwanziger*, § 125 Rz. 7; zu den Folgen für das Verfahren nach § 126 InsO s. dort Rz. 2. |5 Ebenso FK/*Eisenbeis*, § 125 InsO Rz. 4; *Hess*, § 125 Rz. 14; Kübler/Prütting/*Moll*, § 125 InsO Rz. 28; aA KDZ/*Däubler*, § 125 InsO Rz. 9; *Lakies*, BB 1999, 206, 207; KR/*Weigand*, § 125 InsO Rz. 13. |6 ErfK/*Ascheid*, § 125 InsO Rz. 2; Kübler/Prütting/*Moll*, § 125 InsO Rz. 28. Zur Frage, ob nur Kündigungen im Geltungsbereich des KSchG erfasst werden Kübler/Prütting/*Moll*, § 128 InsO Rz. 33. |7 *Caspers*, Rz. 168; *Hohenstatt*, NZA 1998, 846, 851 f.; aA *Ettwig*, Betriebsbedingte Kündigung in der Insolvenz, 2000, S. 87 f. |8 *Berscheid*, MDR 2000, 216, 217; *Oetker/Friese*, DZWIR 2001, 177, 179. |9 *Lakies*, RdA 1997, 147, 149; *Schrader*, NZA 1997, 70, 74. |10 Ebenso Nerlich/Römermann/*Hamacher*, § 125 InsO Rz. 28; Kübler/Prütting/*Moll*, § 125 InsO Rz. 30. |11 Ebenso *Oetker/Friese*, DZWIR 2001, 177, 180; zu der Frage, inwieweit das Auswirkungen auf die Überprüfbarkeit der sonstigen im Interessenausgleich vorgesehenen Kündigungen hat, Rz. 13. |12 Ebenso KDZ/*Däubler*, § 125 InsO Rz. 13; *Oetker/Friese*, DZWIR 2001, 177, 178; aA *Nagel*, Die Stellung der Arbeitnehmer im neuen Insolvenzrecht, 1999, S. 49: Bereits gekündigte ArbN können noch in die Vereinbarung einbezogen werden. |13 AA KDZ/*Däubler*, § 125 InsO Rz. 10; *Oetker/Friese*, DZWIR 2001, 177, 179; Kübler/Prütting/*Moll*, § 125 InsO Rz. 25, die jeweils eine Bezeichnung nach Vor- und Familiennamen verlangen. |14 *Caspers*, Rz. 167; FK/*Eisenbeis*, § 125 InsO Rz. 13; *Zwanziger*, AuR 1997, 427; anders für den Fall der Schließung des gesamten Betriebs Kübler/Prütting/*Moll*, § 125 InsO Rz. 27; diff. KR/*Weigand*, § 125 InsO Rz. 13. |15 Kübler/Prütting/*Moll*, § 125 InsO Rz. 27; *Oetker/Friese*, DZWIR 2001, 177, 179. |16 So aber *Berscheid*, MDR 1998, 942, 945; *Lakies*, RdA 1997, 145, 149; wie hier Nerlich/Römermann/*Hamacher*, § 125 InsO Rz. 27; Kübler/Prütting/*Moll*, § 125 InsO Rz. 31; *Oetker/Friese*, DZWIR 2001, 177, 180.

2. Rechtliche Wirkungen eines Interessenausgleichs mit Namensliste. a) Vermutung der Betriebsbedingtheit der Kündigung. § 125 Abs. 1 Satz 1 Nr. 1 vermutet einen betriebsbedingten Kündigungsgrund (§ 292 ZPO), so dass der Insolvenzverwalter nur das Vorliegen einer geplanten Betriebsänderung iSd. § 111 BetrVG sowie die namentliche Bezeichnung des Klägers im Interessenausgleich darzulegen und zu beweisen hat[1]. Nach Ansicht des BAG spricht eine Vermutung dafür, dass der BR-Vorsitzende bei der Unterzeichnung des Interessenausgleichs aufgrund und im Rahmen eines ordnungsgemäßen Beschlusses gehandelt hat. Soweit die Vermutung des § 125 Abs. 1 Nr. 1 reicht, obliegt dem ArbN der **Beweis des Gegenteils**. Er hat deshalb darzulegen und zu beweisen, dass die Beschäftigungsmöglichkeit für ihn nicht weggefallen ist[2].

Zweifelhaft ist, ob das Fehlen einer **Weiterbeschäftigungsmöglichkeit** nur im selben Betrieb[3] oder auch in einem anderen Betrieb desselben Unternehmens bzw. ausnahmsweise des Konzerns vermutet wird[4]. Angesichts des Wortlauts[5] sowie des grundsätzlich auf den Betrieb beschränkten Zuständigkeitsbereichs des BR[6] scheint vordergründig viel für die erste Ansicht zu sprechen. Blickt man allerdings auf das in der Entstehungsgeschichte deutlich zum Ausdruck gelangte Ziel der Norm, „die *soziale Rechtfertigung* der Kündigungen nur noch in Ausnahmefällen in Frage zu stellen"[7], so spricht – bei Zugrundelegung der Kündigungsrechtsprechung des BAG im Übrigen – viel für die zweite Ansicht, zumal der BR seine Unterschrift vom Nachweis jeweils fehlender Weiterbeschäftigungsmöglichkeiten außerhalb des Betriebs abhängig machen kann. Der Wortlaut steht nicht entgegen, da nicht zuletzt § 126 Abs. 1 Satz 2 zu entnehmen ist, dass der Gesetzgeber der InsO den Unterschied zwischen Unternehmen und Betrieb nicht strikt beachtet hat[8].

b) Beschränkte Überprüfung der Sozialauswahl. Nach § 125 Abs. 1 Satz 1 Nr. 2 ist die gerichtliche Überprüfung der Sozialauswahl auf die **drei Kriterien**: Betriebszugehörigkeit, Lebensalter und Unterhaltspflichten beschränkt. Daraus ist zu ersehen, dass auch bei der Auswahl der zu kündigenden ArbN die Berücksichtigung weiterer Umstände nicht erforderlich ist[9]. Sie ist nach hM aber auch nicht ausgeschlossen. Zu beachten ist jedoch, dass bei der gerichtlichen Überprüfung nur die in § 125 Abs. 1 Satz 1 Nr. 2 genannten Kriterien betrachtet werden. Andere als die dort genannten Umstände können daher im Rahmen der Sozialauswahl nur berücksichtigt werden, soweit die allein anhand der drei gesetzlichen Kriterien zu beurteilende Auswahlentscheidung dadurch nicht grob fehlerhaft wird[10]. Nach Ansicht des BAG betrifft die Beschränkung der gerichtlichen Überprüfbarkeit nicht allein die Gewichtung der drei Sozialkriterien, sondern auch die Festlegung der auswahlrelevanten **Vergleichsgruppe**[11]. Ob Gleiches auch hinsichtlich **entgegenstehender betrieblicher Belange** iSd. § 1 Abs. 3 Satz 2 KSchG gilt, ist bislang nicht abschließend entschieden, wird aber von der wohl überwiegenden Ansicht bejaht[12].

Grob fehlerhaft ist die Sozialauswahl nach Ansicht des BAG, wenn die Gewichtung der Kriterien jede Ausgewogenheit vermissen lässt[13]. Dies ist nicht nur dann der Fall, wenn ein Kriterium überhaupt nicht

---

1 BAG v. 7.5.1998 – 2 AZR 55/98, AP Nr. 1 zu § 1 KSchG 1969 – Namensliste. | 2 BAG v. 7.5.1998 – 2 AZR 536/97, AP Nr. 94 zu § 1 KSchG 1969 – Betriebsbedingte Kündigung; v. 24.2.2000 – 8 AZR 180/99, AP Nr. 7 zu § 1 KSchG 1969 – Namensliste. Das BAG ist also nicht der Ansicht gefolgt, wonach § 125 Abs. 1 Nr. 1 die Darlegungspflicht des Insolvenzverwalters unberührt lassen und nur die Beweislast betreffen soll; so *Zwanziger*, § 125 InsO Rz. 19. | 3 So ErfK/*Ascheid*, § 125 InsO Rz. 5; *Fischermeier*, NZA 1997, 1089, 1096; wohl auch *Hohenstatt*, NZA 1998, 846, 851; nach st. Rspr. des BAG steht auch die Möglichkeit der Weiterbeschäftigung in einem anderen Betrieb des Unternehmens (bzw. ausnahmsweise des Konzerns) grds. der Wirksamkeit einer Kündigung entgegen; vgl. § 1 KSchG Rz. 277 f. | 4 So *Caspers*, Rz. 171; *Lakies*, BB 1999, 206, 207 f.; *Kübler/Prütting/Moll*, § 125 InsO Rz. 36. | 5 Vgl. insoweit die abweichende Formulierung in § 1 Abs. 5 KSchG. | 6 Fehlerhaft ist es freilich, deshalb eine Zuständigkeit des GesamtBR annehmen zu wollen (in diese Richtung *Nerlich/Römermann/Hamacher*, § 125 InsO Rz. 41); denn Anknüpfungspunkt für § 125 ist die beteiligungspflichtige Betriebsänderung iSd. § 111 BetrVG. Bleibt sie auf einen Betrieb beschränkt, ist für eine originäre Zuständigkeit des GesamtBR kein Raum. | 7 Begr. RegE zu § 128, BT-Drs. 12/2443, S. 149; Hervorhebung hier. | 8 In der Praxis wird dieser Streit freilich keine besondere Rolle spielen. Denn selbst wenn man annimmt, dass die Vermutung sich nicht auch auf die Unmöglichkeit der Weiterbeschäftigung des jeweiligen Betriebs erstreckt, bewendet es dabei, dass der ArbGeb das Vorhandensein eines anderweitigen Arbeitsplatzes nur zu bestreiten braucht. Dann ist es Sache des ArbN darzulegen, wie er sich seine Weiterbeschäftigung vorstellt; s. nur BAG v. 7.5.1998 – 2 AZR 536/97, AP Nr. 94 zu § 1 KSchG 1969 – Betriebsbedingte Kündigung. | 9 Anders ErfK/*Ascheid*, § 125 InsO Rz. 5; wie hier KDZ/*Däubler*, § 125 InsO Rz. 17; insbesondere ist – auch bei Schwerbehinderten (vgl. dazu ausf. *Bütefisch*, Die Sozialauswahl, S. 443 ff.) – kein Rückgriff auf verfassungsrechtliche Wertungen erforderlich; hingegen verlangt § 1 Abs. 3 KSchG ausdrücklich die Berücksichtigung einer etwaigen Schwerbehinderung. | 10 Ebenso *Bütefisch*, Die Sozialauswahl, S. 451; *Kübler/Prütting/Moll*, § 125 InsO Rz. 48. | 11 BAG v. 7.5.1998 – 2 AZR 536/97, AP Nr. 94 zu § 1 KSchG 1969 – Betriebsbedingte Kündigung; v. 21.1.1999 – 2 AZR 624/98, AP Nr. 3 zu § 1 KSchG 1969 – Namensliste; zust. LAG Nds. v. 12.4.2002 – 3 Sa 1638/01 NZI 2002, 570; *Caspers*, Rz. 187 ff.; *Hohenstatt*, NZA 1998, 846, 852; aA etwa LAG Düsseldorf v. 4.3.1998 – 12 (17) Sa 2125/97, LAGE § 1 KSchG – Interessenausgleich Nr. 3; *Stahlhacke/Preis*, WiB 1996, 1025, 1032; *Bütefisch*, Die Sozialauswahl, S. 454 ff. m. zahlr. wN. | 12 *Caspers*, Rz. 202; KDZ/*Däubler*, § 125 InsO Rz. 19; APS/*Dörner*, § 125 InsO Rz. 13 (unter unzutreffender Berufung auf das BAG); *Giesen*, ZfA 1997, 145, 174; *Hohenstatt*, NZA 1998, 846, 852; *Löwisch*, RdA 1997, 80, 81; *Zwanziger*, § 125 InsO Rz. 29; aA *Bütefisch*, Die Sozialauswahl, S. 455. | 13 BAG v. 21.1.1999 – 2 AZR 624/98, AP Nr. 3 zu § 1 KSchG 1969 – Namensliste; v. 2.12.1999 – 2 AZR 757/98, AP Nr. 45 zu § 1 KSchG 1969 – Soziale Auswahl.

berücksichtigt wird, sondern allgemein, wenn „ein ins Auge springender, schwerer Fehler"[1] vorliegt. Dieser nicht weiter konkretisierbare Maßstab ist auch anzuwenden, soweit es um die Bestimmung der Vergleichsgruppe oder die Herausnahme einzelner ArbN aus der Sozialauswahl nach § 1 Abs. 3 Satz 2 KSchG geht.

12 Nach § 125 Abs. 1 Satz 1 Nr. 2, Halbs. 2 ist eine Kündigung nicht als grob fehlerhaft anzusehen, wenn eine **ausgewogene Personalstruktur** erhalten oder – insoweit anders als § 1 Abs. 5 KSchG – geschaffen wird. Gemeint ist damit, dass eine Kündigung wirksam ist, wenn sie zur Erhaltung oder Schaffung einer ausgewogenen Personalstruktur erforderlich ist[2]. Dabei müssen die Kündigungen final auf dieses Ziel ausgerichtet sein[3]. In der Sache handelt es sich um einen über § 1 Abs. 3 Satz 2 KSchG hinausgehenden[4] Sonderfall der Anerkennung berechtigter betrieblicher Bedürfnisse[5]. Der **Bezugspunkt für die Beurteilung der Ausgewogenheit** ist alles andere als klar. Einigkeit besteht darin, dass insoweit auf das Lebensalter der ArbN abgestellt werden kann[6]. Zulässig sei es daher, dass die Betriebsparteien im Interessenausgleich mehrere Altersgruppen bilden und festlegen, wie viele ArbN in jeder dieser Gruppen zu entlassen sind. Die Sozialauswahl soll sich dann auf die Angehörigen der jeweiligen Gruppe beschränken[7]. Während teilweise davon ausgegangen wird, dass ein berechtigtes Interesse des ArbGeb an einer bestimmten **Personalstruktur hinsichtlich anderer Merkmale als dem Lebensalter** nicht anzuerkennen sei[8], ist der wohl überwiegenden Ansicht an, dass verschiedenste Bezugspunkte, wie Leistungsfähigkeit, krankheitsbedingte Fehlzeiten, Berufsstand, Vertragstreue, Behinderung oder Geschlecht in Betracht kommen[9]. Da einschlägige Entscheidungen des BAG fehlen, ist aber Vorsicht geboten. Denn es dürfte davon auszugehen sein, dass die Frage, ob das von den Betriebsparteien gewählte Konzept zu einer ausgewogenen Personalstruktur führt, **gerichtlich voll** und nicht nur auf grobe Fehlerhaftigkeit **überprüfbar** ist[10]. Auch ein Beurteilungsspielraum wird den Betriebsparteien insoweit nicht einzuräumen sein[11]. Auf Basis dieser Annahme prüft das Gericht nach, ob die erstrebte Personalstruktur – gemessen an den vom Insolvenzverwalter verfolgten unternehmerischen und betrieblichen Zielen – ausgewogen ist. **Kollidieren sonstige berechtigte betriebliche Interessen** iSd. § 1 Abs. 3 Satz 2 KSchG **mit dem Ziel der ausgewogenen Personalstruktur** und kann ihnen durch die Weiterbeschäftigung verschiedener, zu unterschiedlichen Gruppen gehörenden ArbN Rechnung getragen werden, so ist zwischen ihnen ohne Rücksicht auf die Gruppenzugehörigkeit nach den Grundsätzen der Sozialauswahl zu entscheiden. Nicht erforderlich ist, dass eine in jeder Hinsicht ausgewogene Personalstruktur geschaffen wird, sondern es genügt jede Verbesserung in diese Richtung. Daraus ergibt sich zugleich, dass der Anwendungsbereich der Vorschrift nicht auf Massenentlassungen beschränkt ist[12].

13 **3. Wesentliche Änderung der Sachlage.** § 125 Abs. 1 Satz 2 macht deutlich, dass nicht jede Änderung der Sachlage nach Zustandekommen des Interessenausgleichs die Wirkungen nach Satz 1 beseitigt[13]. Das Gesetz schweigt jedoch zu der Frage, wie die Wesentlichkeit zu bestimmen ist[14]. Die ganz herrschende Meinung bezieht sie auf die dem Interessenausgleich zugrunde liegende Betriebsänderung in ihrer Gesamtheit[15] und nimmt an, es müsse sich um einen **Wegfall der Geschäftsgrundlage** des Interessenausgleichs handeln[16]. Dem wird man in Anbetracht dessen, dass im Organisationsbereich jede und nicht nur eine gravierende Abweichung von einem Interessenausgleich als „neue Betriebsänderung" erscheint und daher die Beteiligungsrechte nach §§ 111 f. erneut auslöst[17], kaum folgen können. Richtig dürfte es sein, nicht die Betriebsänderung, sondern die Normwirkung des § 125 Abs. 1 Satz 1 als Bezugspunkt der Beurteilung zu wählen. Zu fragen ist daher, ob der Interessenausgleich infolge nach seinem Abschluss eingetretener Veränderungen nicht mehr in der Lage ist, die Rechtsfolgenanordnungen in § 125 Abs. 1 Satz 1 zu tragen. Schon der Wortlaut („soweit") zeigt dabei an, dass es nicht lediglich um solche Fälle geht, in denen der Interessenausgleich insgesamt seine Bedeutung verliert[18], sondern hinsichtlich jedes einzelnen ArbN zu fragen ist, inwieweit die Rechtsfolgen des § 125 Abs. 1 Satz 1 noch eingreifen können[19]. Werden

---

1 Kübler/Prütting/*Moll*, § 125 InsO Rz. 62. | 2 In der Sache wesentlich weiter KR/*Weigand*, § 125 InsO Rz. 24: „Insofern sind Kündigungen, die zur Erhaltung oder Schaffung einer ausgewogenen Personalstruktur *beitragen*, zulässig" (Hervorhebung hier). | 3 ErfK/*Ascheid*, § 125 InsO Rz. 9. | 4 § 1 Abs. 3 Satz 2 KSchG gestattet lediglich die *Erhaltung* einer ausgewogenen bzw. der im Betrieb vorhandenen Personalstruktur; vgl. dazu ausf. *Bütefisch*, Die Sozialauswahl, S. 324 ff. | 5 LAG Hamm v. 28.5.1998 – 8 Sa 76/98, LAGE § 125 InsO Nr. 1; Kübler/Prütting/*Moll*, § 125 InsO Rz. 57. | 6 Siehe nur Nerlich/Römermann/*Hamacher*, § 125 InsO Rz. 56; Kübler/Prütting/*Moll*, § 125 InsO Rz. 59. | 7 MünchArbR/*Berkowsky*, § 133 Rz. 41 f.; KR/*Weigand*, § 125 InsO Rz. 30. | 8 So zu § 1 Abs. 3 Satz 2 KSchG aF; *Preis*, NZA 1997, 1073, 1084. | 9 Vgl. nur *Bütefisch*, Die Sozialauswahl, S. 462 f.; KR/*Weigand*, § 125 InsO Rz. 31 ff. | 10 MünchArbR/*Berkowsky*, § 133 Rz. 44; *Bütefisch*, Die Sozialauswahl, S. 471; *Zwanziger*, AuR 1997, 427, 431; aA *Schrader*, NZA 1997, 70, 74; vgl. weiterhin die Darstellung des Streitstandes bei *Zinecker*, Der Insolvenzverwalter als Arbeitgeber, 2001, S. 99 f. | 11 AA MünchAbR/*Berkowsky*, § 133 Rz. 43. | 12 *Linck*, AR-Blattei SD 1020.1.2. Rz. 89; KR/*Weigand*, § 125 InsO Rz. 28; aA *Preis*, NZA 1997, 1073, 1084. | 13 Das Wort „wesentlich" wurde erst im Rechtsausschuss eingefügt; s. BT-Drs. 12/7302, S. 172 (zu § 143 a Abs. 1). | 14 Auch die Materialien führen nicht weiter. Dort findet sich allein die Feststellung, dass es sich um eine „gravierende" Änderung der Sachlage handeln müsse (BT-Drs. 12/7302, S. 172), ohne Anhaltspunkt für den insoweit anzulegenden Maßstab zu liefern. | 15 S. nur LAG Köln v. 1.8.1997 – 11 Sa 355/97, LAGE § 1 KSchG – Interessenausgleich Nr. 1; ErfK/*Ascheid*, § 125 InsO Rz. 10; *Caspers*, Rz. 208; *Lakies*, RdA 1997, 145, 151; Kübler/Prütting/*Moll*, § 125 InsO Rz. 68; KR/*Weigand*, § 125 InsO Rz. 37. | 16 ErfK/*Ascheid*, § 125 InsO Rz. 10; *Bader*, NZA 1996, 1125, 1133; *Bütefisch*, Die Sozialauswahl, S. 471 f.; *Giesen*, ZfA 1997, 145, 176 f.; Kübler/Prütting/*Moll*, § 125 InsO Rz. 68. | 17 S. dazu Richardi/*Richardi*/*Annuß*, § 113 BetrVG Rz. 10. | 18 So aber Kübler/Prütting/*Moll*, § 125 InsO Rz. 70. | 19 Im Ergebnis ebenso *Bütefisch*, Die Sozialauswahl, S. 473 f.; anders etwa Oetker/*Friese*, DZWIR 2001, 177, 182.

beispielsweise einige der in der Namensliste bezeichneten ArbN nicht entlassen, so passt die Beschränkung der Prüfungsmaßstabs zwar weiterhin, soweit es um das Verhältnis der gekündigten ArbN zu den nicht auf der Liste stehenden sonstigen ArbN des Betriebs geht. Etwas anderes gilt hingegen für das Verhältnis der in der Namensliste aufgeführten ArbN zueinander. Unter ihnen ist nach den allgemeinen Grundsätzen der Sozialauswahl[1] ohne Beschränkung auf die drei in Nr. 2 genannten Sozialkriterien[2] und ohne die dort enthaltene Privilegierung auszuwählen. Etwas anderes gilt allerdings, wenn im Interessenausgleich für diesen Fall Vorsorge getroffen wurde und eine **Reihung der in der Namensliste genannten ArbN** erfolgt ist[3]. Auch dann ist aber jeweils zu prüfen, ob diese Regelung im Interessenausgleich für die konkret vorliegende Abweichung gelten soll. Angesichts seines Zwecks wird § 125 Abs. 1 Satz 1 überwiegend dahin verstanden, dass er nur solche Veränderungen betrifft, die zwar nach Abschluss des Interessenausgleichs, aber **vor Ausspruch der Kündigung** eingetreten sind[4]. Bei danach liegenden Veränderungen komme nur ein **Wiedereinstellungsanspruch** in Betracht[5].

4. BR-Anhörung, Massenentlassungsanzeige. Die Erstellung eines Interessenausgleichs mit Namensliste entbindet den ArbGeb nicht von der Pflicht zur **Anhörung des BR** gemäß § 102 BetrVG im Hinblick auf jede einzelne Kündigung[6]. Allerdings ist zu beachten, dass es nach Ansicht des BAG im Verfahren des § 102 BetrVG keiner weiteren Darlegung der Kündigungsgründe durch den ArbGeb mehr bedarf, wenn der BR bei Einleitung des Verfahrens bereits über den erforderlichen Kenntnisstand verfügt, um zu der konkret beabsichtigten Kündigung eine sachgerechte Stellungnahme abgeben zu können[7]. Daher brauche der ArbGeb die dem BR aus den Verhandlungen über den Interessenausgleich mit Namensliste bekannten Tatsachen im Anhörungsverfahren nicht erneut vorzutragen[8]. Dabei ist es auch möglich, das Anhörungsverfahren nach § 102 BetrVG im Zusammenhang mit dem Interessenausgleichverfahren durchzuführen[9]. Ein Widerspruch gegen die Kündigung von in der Namensliste aufgeführten ArbN soll dem BR grundsätzlich nicht gestattet sein[10]. 14

Nach Abs. 2 ersetzt der Interessenausgleich gemäß Abs. 1 bei einer **Massenentlassung** die Stellungnahme des BR nach § 17 Abs. 3 Satz 2 KSchG. Es genügt daher, wenn der vom ArbGeb zu erstattenden Massenentlassungsanzeige der Interessenausgleich beigefügt wird. 15

5. Verhältnis zum KSchG. Auch wenn ein ArbN in einer Namensliste iSd. § 125 namentlich bezeichnet worden ist, kann er im Kündigungsschutzprozess gemäß § 1 Abs. 3 Satz 1 Halbs. 2 KSchG verlangen, dass der ArbGeb die Gründe angibt, die zu der getroffenen sozialen Auswahl geführt haben. Dazu gehören auch betriebliche Interessen, die zur Herausnahme vergleichbarer ArbN aus der Sozialauswahl geführt haben. Kommt der ArbGeb seiner daraus resultierenden Darlegungspflicht nicht nach, ist die Kündigung nach Auffassung des BAG ohne weiteres als sozialwidrig anzusehen[11]. Nicht abschließend geklärt ist bisher das Verhältnis eines Interessenausgleichs mit Namensliste zu einer **allgemeinen Auswahlrichtlinie** iSd. **§ 95 BetrVG**[12]. Gesetzliche Bestimmungen über einen **Sonderkündigungsschutz** (§ 15 KSchG, § 9 MuSchG, § 18 BErzGG) stehen neben § 125 und werden daher durch die namentliche Nennung im Interessenausgleich nicht berührt (s. aber § 89 Abs. 3 Nr. 1 SGB IX für schwerbehinderte Menschen). 16

126 *Beschlussverfahren zum Kündigungsschutz*
(1) Hat der Betrieb keinen Betriebsrat oder kommt aus anderen Gründen innerhalb von drei Wochen nach Verhandlungsbeginn oder schriftlicher Aufforderung zur Aufnahme von Verhandlungen ein Interessenausgleich nach § 125 Abs. 1 nicht zustande, obwohl der Verwalter den Betriebsrat rechtzeitig und umfassend unterrichtet hat, so kann der Insolvenzverwalter beim Arbeitsgericht beantragen festzustellen, dass die Kündigung der Arbeitsverhältnisse bestimmter, im Antrag bezeichneter Arbeitnehmer durch dringende betriebliche Erfordernisse bedingt und sozial gerechtfertigt ist. Die soziale Auswahl der Arbeitnehmer kann nur im Hinblick auf die Dauer der Betriebszugehörigkeit, das Lebensalter und die Unterhaltspflichten nachgeprüft werden.

(2) Die Vorschriften des Arbeitsgerichtsgesetzes über das Beschlussverfahren gelten entsprechend; Beteiligte sind der Insolvenzverwalter, der Betriebsrat und die bezeichneten Arbeitnehmer, soweit sie nicht mit der Beendigung der Arbeitsverhältnisse oder mit den geänderten Arbeitsbedingungen einverstanden sind. § 122 Abs. 2 Satz 3, Abs. 3 gilt entsprechend.

---

1 Ebenso *Bütefisch*, Die Sozialauswahl, S. 474. | 2 Insoweit anderer Ansicht *Bütefisch*, Die Sozialauswahl, S. 474, die jedoch nicht zu erklären vermag, weshalb in der Insolvenz dann nicht generell ihre Beschränkung auf die drei Kriterien notwendig sein sollte, was aber in der Konsequenz ihres Ansatzes läge. | 3 KDZ/*Däubler*, § 125 InsO Rz. 29. | 4 ArbG Aachen 6.8.1999 – 6 Ca 64/99, LAGE § 113 InsO Nr. 7; etwas anderes ArbG Berlin 16.4.1997 – 69 Ca 49520/96, DB 1997, 1517 (Zugang); ErfK/*Ascheid*, § 125 InsO Rz. 10; *Caspers*, Rz. 209; Kübler/Prütting/*Moll*, § 125 InsO Rz. 73 ff.; anders Oetker/*Friese*, DZWIR 2001, 177, 183. | 5 *Caspers*, Rz. 211 ff. | 6 BAG v. 20.5.1999 – 2 AZR 148/99, AP Nr. 4 zu § 1 KSchG 1969 – Namensliste mwN; aA *Giesen*, ZfA 1997, 145, 175. | 7 BAG v. 20.5.1999 – 2 AZR 532/98, AP Nr. 5 zu § 1 KSchG 1969 – Namensliste. | 8 BAG v. 20.5.1999 – 2 AZR 532/98, AP Nr. 5 zu § 1 KSchG 1969 – Namensliste. | 9 LAG Düsseldorf v. 9.10.1997 – 13 Sa 996/97, DB 1998, 926; KR/*Weigand*, § 125 InsO Rz. 40. | 10 LAG Hamm v. 28.5.1998 – 8 Sa 76/98, LAGE § 125 InsO Nr. 1. | 11 BAG v. 10.2.1999 – 2 AZR 716/98, AP Nr. 40 zu § 1 KSchG 1969 – Soziale Auswahl. | 12 S. dazu *Bütefisch*, Die Sozialauswahl, S. 442.

(3) Für die Kosten, die den Beteiligten im Verfahren des ersten Rechtszugs entstehen, gilt § 12a Abs. 1 Satz 1 und 2 des Arbeitsgerichtsgesetzes entsprechend. Im Verfahren vor dem Bundesarbeitsgericht gelten die Vorschriften der Zivilprozessordnung über die Erstattung der Kosten des Rechtsstreits entsprechend.

1. Allgemeines. § 126 ermöglicht dem Insolvenzverwalter, die soziale Rechtfertigung betriebsbedingter Beendigungs- wie Änderungskündigungen in einem **einheitlichen Beschlussverfahren** mit der Bindungswirkung des § 127 Abs. 2 feststellen zu lassen. Keine Rolle spielt, ob die Kündigungen bereits erfolgt sind oder erst während des Verfahrens bzw. nach dessen Abschluss ausgesprochen werden sollen[1]. Das Verfahren steht in Betrieben mit BR neben demjenigen nach § 122, kann aber zur Vermeidung von Zeitverlusten gleichzeitig mit diesem anhängig gemacht werden[2]. Unklarheit besteht darüber, ob § 126 nur anwendbar ist, wenn die Kündigungen durch eine den Begriff der Betriebsänderung iSd. § 111 BetrVG erfüllende Maßnahme in einem Unternehmen mit mehr als 20 ArbN veranlasst sind[3]. Im Übrigen soll die Vorschrift nach wohl überwiegender Ansicht nur solche Arbeitsverhältnisse erfassen, die unter das KSchG fallen[4]. Nach Ansicht des LAG München ist vom Anwendungsbereich der Bestimmung „zumindest im Weg teleologischer Reduktion der Fall auszunehmen, dass lediglich ein einziger ArbN durch den Insolvenzverwalter gekündigt werden soll bzw. zum Zeitpunkt der Einleitung des Verfahrens gem. § 126 Abs. 1 InsO lediglich eine einzige Kündigung streitig ist"[5].

2. Verfahrensvoraussetzungen. Abgesehen von den Fällen des Nichtbestehens eines BR[6], in denen das Verfahren sogleich eingeleitet werden kann, ist erforderlich, dass **innerhalb von drei Wochen nach Verhandlungsbeginn** oder einer entsprechenden Aufforderung **kein Interessenausgleich** nach § 125 Abs. 1 zustande gekommen ist, obwohl der Verwalter den BR rechtzeitig und umfassend unterrichtet hat. Insoweit gilt Gleiches wie bei § 122 (s. § 122 Rz. 2 f.). Dem Verstreichen der Frist steht es nicht gleich, wenn die Verhandlungen bereits vor Ablauf der Frist „endgültig gescheitert" sind[7]. Gelingt während eines bereits eingeleiteten Verfahrens doch noch ein Interessenausgleich nach § 125, so wird es unzulässig, soweit die Regelungswirkung des Interessenausgleichs reicht[8]. Ist nach den Vorstellungen der Betriebspartner im Interessenausgleich Einigkeit über die gesamte Betriebsänderung erzielt worden, so kann der Insolvenzverwalter keine Kündigungen über § 126 „nachschieben"[9]. Die **Sperrwirkung gilt allerdings nicht**, soweit es sich um eine neue, nicht dem Interessenausgleich zugrunde liegende Betriebsänderung handelt[10]. Im Übrigen wird angenommen, dass bei einem **Teilinteressenausgleich** das Verfahren nach § 126 insoweit nicht ausgeschlossen ist, wie zwischen Insolvenzverwalter und BR keine Einigung erzielt werden konnte[11].

3. Durchführung des Verfahrens. Im Antrag hat der Insolvenzverwalter die betroffenen ArbN so genau zu bezeichnen, dass ein objektiver Betrachter allein daraus zweifelsfrei entnehmen kann, wer gemeint ist. Möglich ist auch die Stellung von **Hilfsanträgen** für den Fall, dass die Kündigung Einzelner im Hauptantrag bezeichneter Personen nicht sozial gerechtfertigt ist[12]. Im Antrag ist klarzustellen, ob es beim jeweiligen ArbN um eine **Beendigungs- oder Änderungskündigung** geht. Darüber hinaus ist der Kündigungstermin zu nennen. Soweit es sich um Änderungskündigungen handelt, ist auch die Änderung der Arbeitsbedingungen im Antrag zu bezeichnen[13]. Zweifelhaft ist die Zulässigkeit sog. „**Tabellenanträge**", in denen eine Reihenfolge der zu kündigenden ArbN festgelegt ist[14].

Verfahrensbeteiligte sind der Insolvenzverwalter (zur Beteiligung des Betriebserwerbers s. § 128 Abs. 1 Satz 2), soweit vorhanden der BR und die im Antrag bezeichneten ArbN, falls sie nicht ihr **Einverständnis** mit der Kündigung erklärt haben. Ein solches ist nur anzunehmen, wenn der ArbN mit Blick auf den ihm im Einzelnen bekannten Kündigungssachverhalt mit bürgerlichrechtlich bindender Wirkung erklärt, er werde gegen die Kündigung nicht vorgehen[15]. Erfolgt die Einverständniserklärung während des Verfahrens, verliert der ArbN die Beteiligtenstellung[16].

---

1 BAG v. 29.6.2000 – 8 ABR 44/99, AP Nr. 2 zu § 126 InsO. | 2 ErfK/*Ascheid*, § 126 InsO Rz. 2; Kübler/Prütting/*Moll*, § 126 InsO Rz. 39. | 3 IdS Nerlich/Römermann/*Hamacher*, § 126 InsO Rz. 9; HK/*Irschlinger*, § 126 InsO Rz. 9; Kübler/Prütting/*Moll*, § 126 InsO Rz. 11 ff. Nach der Gegenansicht soll § 126 auch für alle betriebsbedingten Kündigungen gelten, für die ein Interessenausgleich – aus welchen rechtlichen Gründen auch immer – nicht möglich ist; so etwa ErfK/*Ascheid*, § 126 InsO Rz. 1; *Caspers*, Rz. 235 ff.; *Lakies*, RdA 1997, 145, 151; *Löwisch*, RdA 1997, 80, 85; KR/*Weigand*, § 126 InsO Rz. 3. | 4 MünchArbR/*Berkowsky*, § 133 Rz. 46; KDZ/*Däubler*, § 126 InsO Rz. 8; *Heinze*, NZA 1999, 57, 61; aA Kübler/Prütting/*Moll*, § 128 InsO Rz. 34. | 5 LAG München v. 2.1.2003 – 4 Ta 292/02, ZInsO 2003, 339. | 6 Bzw. der Nichterfüllung der Voraussetzungen des § 111 BetrVG aus anderen Gründen, sofern man der entsprechenden Ansicht folgt. | 7 So aber KDZ/*Däubler*, § 126 InsO Rz. 5; *Zwanziger*, § 126 InsO Rz. 11. | 8 Nerlich/Römermann/*Hamacher*, § 126 InsO Rz. 35; Kübler/Prütting/*Moll*, § 126 InsO Rz. 42; aA *Rummel*, DB 1997, 774, 776, der ein Verfahren nach § 16 generell auch dann für zulässig hält, „wenn der Betriebsrat lediglich in einer bestimmten Anzahl von Fällen der Aufnahme der zu kündigenden Arbeitnehmer in den Interessenausgleich zugestimmt hat". | 9 BAG v. 20.1.2000 – 2 ABR 30/99, AP Nr. 1 zu § 126 InsO. | 10 BAG v. 20.1.2000 – 2 ABR 30/99, AP Nr. 1 zu § 126 InsO. | 11 Kübler/Prütting/*Moll*, § 126 InsO Rz. 41; offen gelassen BAG v. 20.1.2000 – 2 ABR 30/99, AP Nr. 1 zu § 126 InsO. | 12 KDZ/*Däubler*, § 126 InsO Rz. 11; Kübler/Prütting/*Moll*, § 126 InsO Rz. 23. | 13 Kübler/Prütting/*Moll*, § 126 InsO Rz. 21. | 14 Dafür *Heinze*, NZA 1999, 57, 61; KR/*Weigand*, § 126 InsO Rz. 13; dagegen Kübler/Prütting/*Moll*, § 126 InsO Rz. 38. | 15 *Caspers*, Rz. 250 ff.; Nerlich/Römermann/*Hamacher*, § 126 InsO Rz. 21. | 16 Nerlich/Römermann/*Hamacher*, § 126 InsO Rz. 23.

Das ArbG entscheidet darüber, ob die Kündigungen **sozial gerechtfertigt** sind. Es hat daher neben der Kündigungsbefugnis[1] zu prüfen, ob die Kündigungen durch dringende betriebliche Erfordernisse bedingt und ob die Grundsätze der Sozialauswahl eingehalten worden sind. Dabei wird auch beurteilt, ob die Herausnahme einzelner ArbN aus der Sozialauswahl nach § 1 Abs. 3 Satz 2 KSchG zulässig ist[2]. Eine Vermutung der Betriebsbedingtheit oder Beschränkung der gerichtlichen Überprüfung wie bei § 125 Abs. 1 kommt dem Insolvenzverwalter insoweit nicht zugute[3], wobei die allgemeinen Grundsätze über die Beweislast gelten[4]. Maßgeblicher Beurteilungszeitpunkt ist der Schluss der mündlichen Anhörung, für bereits vorher erfolgte Kündigungen der Zeitpunkt ihres Zugangs[5]. Zu beachten ist, dass die Regeln des Beschlussverfahrens entsprechend anzuwenden sind. Es gilt daher der **Untersuchungsgrundsatz**[6], so dass auch nicht benannte Zeugen gehört werden können. Auch hier besteht aber Antragsbindung, weshalb das Gericht nicht auf eigene Initiative Einzelne im Antrag genannte ArbN durch andere ersetzen kann[7]. **Andere Unwirksamkeitsgründe** als die Sozialwidrigkeit (etwa Verstöße gegen § 102 BetrVG, §§ 85 ff. SGB IX, § 9 MuSchG, § 18 BErzGG) werden im Verfahren nach § 126 nicht geprüft. Insoweit entfaltet eine Feststellung daher auch keine Bindungswirkung iSd. § 127 Abs. 1.

4. Rechtsmittel und Kosten. Aus der Verweisung auf § 122 Abs. 3 folgt, dass gegen den Beschluss des ArbG keine Beschwerde an das LAG stattfindet und er deshalb grundsätzlich sofort rechtskräftig ist[8]. Ausnahmsweise findet eine Rechtsbeschwerde zum BAG statt, wenn sie im Beschluss des ArbG zugelassen wird (§ 122 Abs. 3 Satz 2). Ist dies nicht der Fall, besteht **keine Möglichkeit der Nichtzulassungsbeschwerde**[9]. Wird die Rechtsbeschwerde zugelassen, ist das BAG daran gebunden[10]. Jeder der beteiligten ArbN kann selbstständig Rechtsbeschwerde einlegen. Versäumt er dies, tritt jeweils ihm gegenüber Rechtskraft ein[11].

Gerichtskosten werden für das Verfahren gemäß § 12 Abs. 5 ArbGG nicht erhoben. Für das Verfahren vor dem ArbG gilt § 12a Abs. 1 Satz 1, 2 ArbGG entsprechend, so dass eine Kostenerstattung nicht stattfindet und jeder Beteiligte seine Kosten selbst trägt. Im Rechtsbeschwerdeverfahren trägt der Unterliegende auch die Kosten des Obsiegenden (Abs. 3 Satz 2). Der BR hat in jedem Fall hinsichtlich der ihm entstehenden Kosten einen Erstattungsanspruch gegen den Insolvenzverwalter nach § 40 BetrVG. Nach ganz überwiegender Ansicht ist der **Gegenstandswert** gemäß § 12 Abs. 7 ArbGG zu berechnen[12].

127 Klage des Arbeitnehmers

(1) Kündigt der Insolvenzverwalter einem Arbeitnehmer, der in dem Antrag nach § 126 Abs. 1 bezeichnet ist, und erhebt der Arbeitnehmer Klage auf Feststellung, dass das Arbeitsverhältnis durch die Kündigung nicht aufgelöst oder die Änderung der Arbeitsbedingungen sozial ungerechtfertigt ist, so ist die rechtskräftige Entscheidung im Verfahren nach § 126 für die Parteien bindend. Dies gilt nicht, soweit sich die Sachlage nach dem Schluss der letzten mündlichen Verhandlung wesentlich geändert hat.

(2) Hat der Arbeitnehmer schon vor der Rechtskraft der Entscheidung im Verfahren nach § 126 Klage erhoben, so ist die Verhandlung über die Klage auf Antrag des Verwalters bis zu diesem Zeitpunkt auszusetzen.

1. Bindungswirkung. Die Vorschrift ergänzt die Bestimmung des § 126 und ordnet die **bindende Wirkung** der in einem danach durchgeführten Verfahren für individuelle Kündigungsschutzverfahren an. Wird einem Antrag nach § 126 entsprochen, so wird damit allein die **soziale Rechtfertigung** der Kündigung festgestellt, weshalb auch die Reichweite der Bindungswirkung hierauf beschränkt ist. Andere Unwirksamkeitsgründe können nach den für sie jeweils einschlägigen Regeln geltend gemacht werden. Ein Beschluss gemäß § 126 führt daher nicht bereits zur Unzulässigkeit einer späteren Kündigungsschutzklage, sondern ist erst im Rahmen der Begründetheitsprüfung zu berücksichtigen. Im Falle der **Abweisung des vom Insolvenzverwalter gestellten Antrags** als unbegründet geht die überwiegende Ansicht davon aus, dass damit gleichzeitig die mangelnde soziale Rechtfertigung der Kündigung und folglich deren Unwirksamkeit festgestellt sei[13]. Wird der Antrag als unzulässig abgewiesen, entfaltet er keinerlei Bindungswirkung[14]. Für die Bindungswirkung reicht die formale Beteiligtenstellung des ArbN

---

1 Dazu BAG v. 29.6.2000 – 8 ABR 44/99, AP Nr. 2 zu § 126 InsO. |2 ErfK/*Ascheid*, § 126 InsO Rz. 3; KDZ/*Däubler*, § 126 InsO Rz. 21; aA *Lakies*, RdA 1997, 145, 151. |3 Einhellige Meinung ErfK/*Ascheid*, § 126 InsO Rz. 3; *Caspers*, Rz. 247; Kübler/Prütting/*Moll*, § 126 InsO Rz. 29. |4 *Caspers*, Rz. 247; Kübler/Prütting/*Moll*, § 126 InsO Rz. 27. |5 *Caspers*, Rz. 279; Nerlich/Römermann/*Hamacher*, § 126 InsO Rz. 49 f. |6 ErfK/*Ascheid*, § 126 InsO Rz. 9. |7 BAG v. 29.6.2000 – 8 ABR 44/99, AP Nr. 2 zu § 126 InsO; KDZ/*Däubler*, § 126 InsO Rz. 22; Nerlich/Römermann/*Hamacher*, § 126 InsO Rz. 38. |8 BAG v. 14.8.2001 – 2 ABN 20/01, AP Nr. 44 zu § 72a ArbGG 1979 – Divergenz. |9 BAG v. 14.8.2001 – 2 ABN 20/01, AP Nr. 44 zu § 72a ArbGG 1979 – Divergenz, mwN. |10 BAG v. 29.6.2000 – 8 ABR 44/99, AP Nr. 2 zu § 126 InsO. |11 BAG v. 29.6.2000 – 8 ABR 44/99, AP Nr. 2 zu § 126 InsO. |12 So etwa ErfK/*Ascheid*, § 126 InsO Rz. 12; KDZ/*Däubler*, § 126 InsO Rz. 30; *Lakies*, RdA 1997, 145, 154; Kübler/Prütting/*Moll*, § 126 InsO Rz. 52; *Zwanziger*, § 126 InsO Rz. 36; aA *Müller*, NZA 1998, 1315, 1321: § 8 Abs. 2 Satz 2 BRAGO. |13 ErfK/*Ascheid*, § 127 InsO Rz. 2; KDZ/*Däubler*, § 127 InsO Rz. 1; Nerlich/Römermann/*Hamacher*, § 127 InsO Rz. 4; aA Kübler/Prütting/*Moll*, § 127 InsO Rz. 22. |14 *Giesen*, ZIP 1998, 46, 54; Nerlich/Römermann/*Hamacher*, § 127 InsO Rz. 5.

InsO § 127 Rz. 2

nicht aus, sondern es ist darüber hinaus erforderlich, dass er **tatsächlich ordnungsgemäß beteiligt worden** ist[1]. Sie greift daher insb. nicht im Verhältnis zu ArbN ein, die wegen ihres Einverständnisses mit der Kündigung bei Abschluss des Verfahrens nach § 126 nicht mehr an ihm beteiligt waren[2].

2. Wesentliche Änderung der Sachlage. Nach Abs. 1 Satz 2 entfällt die Bindungswirkung, „soweit sich die Sachlage nach dem Schluss der letzten mündlichen Verhandlung wesentlich geändert hat". **Der Wortlaut ist zu weit geraten** und hat erkennbar allein jene Kündigungen im Auge, die den ArbN erst nach Abschluss des Verfahrens gemäß § 126 zugehen. Er passt ersichtlich nicht für frühere Kündigungen, da ihre soziale Rechtfertigung auch im Verfahren des § 126 nach den Verhältnissen im Zeitpunkt des Kündigungszugangs zu beurteilen ist (s. § 126 Rz. 5). Mit Blick auf diese kommt daher im Falle wesentlicher nachträglicher Änderungen allenfalls ein **Wiedereinstellungsanspruch** nach den vom BAG entwickelten Grundsätzen in Betracht[3].

Der Begriff der **wesentlichen Änderung der Sachlage** wird hier überwiegend ebenso wie bei § 125 verstanden (s. dort Rz. 13), weshalb es sich um eine „breite, grundlegende Änderung"[4] handeln müsse[5]. Dem wird man indes kaum folgen können, da es bei Abs. 1 Satz 1 um die Bindungswirkung in einem nachfolgenden Individualprozess geht und deshalb entscheidend darauf abzustellen ist, ob sich insoweit die Sachlage wesentlich geändert hat (s. näher bereits § 125 Rz. 13). Vielmehr dürfte davon auszugehen sein, dass eine wesentliche Änderung immer dann vorliegt, wenn die veränderte Tatsachenbasis zu einer veränderten Beurteilung der sozialen Rechtfertigung der Kündigung führt[6].

3. Aussetzung des Verfahrens. Erhebt der ArbN vor der Rechtskraft der Entscheidung nach § 126 eine Kündigungsschutzklage, so ist sie zwar zulässig, aber nach Abs. 2 auf Antrag des Verwalters auszusetzen. **Ein Ermessensspielraum des Gerichts besteht** insoweit anders als bei § 148 ZPO **nicht**. Nichts anderes gilt, wenn die Kündigungsschutzklage bei Einleitung des Verfahrens nach § 126 bereits erhoben und noch anhängig war[7]. Umstritten ist, ob das ArbG daneben nach § 148 ZPO auch dann aussetzen kann, wenn der Insolvenzverwalter keinen Aussetzungsantrag gestellt hat[8]. Aus dem klaren Wortlaut ist jedenfalls zu erkennen, dass dem Insolvenzverwalter hier ein Entscheidungsermessen eingeräumt ist[9]. Stellt er den Antrag nicht, ist daher eine Beendigung des individuellen Kündigungsverfahrens möglich, das dann von einer insoweit abweichenden nachträglichen Entscheidung gemäß § 126 nicht mehr berührt wird[10].

128 *Betriebsveräußerung*

(1) Die Anwendung der §§ 125 bis 127 wird nicht dadurch ausgeschlossen, dass die Betriebsänderung, die dem Interessenausgleich oder dem Feststellungsantrag zugrunde liegt, erst nach einer Betriebsveräußerung durchgeführt werden soll. An dem Verfahren nach § 126 ist der Erwerber des Betriebs beteiligt.

(2) Im Falle eines Betriebsübergangs erstreckt sich die Vermutung nach § 125 Abs. 1 Satz 1 Nr. 1 oder die gerichtliche Feststellung nach § 126 Abs. 1 Satz 1 auch darauf, dass die Kündigung der Arbeitsverhältnisse nicht wegen des Betriebsübergangs erfolgt.

Nach der Begründung des Regierungsentwurfs trägt die Bestimmung dem Umstand Rechnung, dass gerade in Fällen, in denen „eine Betriebsveräußerung geplant ist, bei der der Betrieb auf die Erfordernisse des Erwerbers umgestellt werden und ein Teil der Arbeitsplätze wegfallen", ein besonderes Bedürfnis für eine schnelle Klärung von Kündigungsstreitigkeiten bestehe[11]. § 128 will daher bereits dem Insolvenzverwalter eine Klärung der Wirksamkeit betriebsbedingter Kündigungen ermöglichen, auch wenn die Betriebsänderung erst vom Betriebserwerber durchgeführt werden soll[12]. Angesichts dieser Entstehungsgeschichte wird überwiegend angenommen, § 128 stelle die Zulässigkeit einer **„Kündigung auf Erwerberkonzept"**[13] klar[14]. Das hat allerdings kaum noch praktische Bedeutung, nachdem das BAG die Zulässigkeit einer solchen Kündigung prinzipiell anerkannt hat[15].

---

1 ErfK/*Ascheid*, § 127 InsO Rz. 2; Kübler/Prütting/*Moll*, § 127 InsO Rz. 20. | 2 Wie hier *Caspers*, Rz. 272 ff.; Nerlich/Römermann/*Hamacher*, § 127 InsO Rz. 6; aA ErfK/*Ascheid*, § 127 InsO Rz. 2; APS/*Dörner*, InsO Rz. 29; *Löwisch*, RdA 1997, 80, 85. | 3 *Caspers*, Rz. 280; Kübler/Prütting/*Moll*, § 127 InsO Rz. 31. | 4 Kübler/Prütting/*Moll*, § 127 InsO Rz. 34. | 5 Ebenso ErfK/*Ascheid*, § 127 InsO Rz. 6; KR/*Weigand*, § 127 InsO Rz. 3; im Ergebnis auch Nerlich/Römermann/*Hamacher*, § 127 InsO Rz. 8 f., auch wenn er der Ansicht ist, die Definition könne nicht ohne weiteres aus § 125 übernommen werden. | 6 Im Ergebnis ebenso *Zwanziger*, § 127 Rz. 3. | 7 ErfK/*Ascheid*, § 127 InsO Rz. 4; KDZ/*Däubler*, § 127 InsO Rz. 6. | 8 Dafür Nerlich/Römermann/*Hamacher*, § 127 InsO Rz. 15; dagegen Kübler/Prütting/*Moll*, § 127 InsO Rz. 37 f. | 9 *Giesen*, ZIP 1998, 46, 54. | 10 ErfK/*Ascheid*, § 127 InsO Rz. 5; Nerlich/Römermann/*Hamacher*, § 127 InsO Rz. 14; aA *Zwanziger*, § 127 InsO Rz. 11, nach dessen Ansicht „immer dann, wenn beide nebeneinander laufen, das Beschlussverfahren vorgehen soll" und bei bereits rechtskräftig entschiedenem Individualverfahren nach § 580 Nr. 6 ZPO in Betracht komme. | 11 Begr. RegE zu § 131, BT-Drs. 12/2443, S. 150. | 12 Begr. RegE zu § 131, BT-Drs. 12/2443, S. 150. | 13 S. dazu allgemein § 613a BGB Rz. 314; Staudinger/*Richardi*/*Annuß*, § 613a BGB Rz. 248 ff. | 14 Nerlich/Römermann/*Hamacher*, § 128 InsO Rz. 65; Kübler/Prütting/*Moll*, § 128 InsO Rz. 22. | 15 BAG v. 20.3.2003 – 8 AZR 97/02, AP Nr. 250 zu § 613a BGB.

§ 128 erstreckt nur die Rechtsfolgen der §§ 125 bis 127 auch auf den Erwerber, ermöglicht es diesem aber nicht, die entsprechenden Verfahren nach dem Betriebserwerb selbst durchzuführen[1]. Mit Rücksicht darauf, dass nach überwiegender Ansicht für die Zulässigkeit eines Verfahrens nach § 126 keine Betriebsänderung iSd. § 111 BetrVG vorliegen muss (s. § 126 Rz. 1 Fn. 3), wird teilweise der **Begriff der Betriebsänderung** in Abs. 1 Satz 1 allgemein iSv. „betrieblicher Maßnahme" verstanden[2]. Überwiegend wird im Übrigen davon ausgegangen, dass § 128 nicht nur im Falle der Veräußerung eines gesamten Betriebs, sondern ebenso anzuwenden ist, wenn es nur um die Veräußerung eines **Betriebsteils** geht[3].

Teilweise wird vertreten, § 128 finde nur Anwendung auf solche Konstellationen, in denen bereits ein Konzept des Erwerbers den Gegenstand der Verhandlungen nach § 125 bzw. des Verfahrens nach § 126 gebildet habe, weshalb die §§ 126, 127 allein zugunsten solcher Erwerber wirkten, die bereits am Beschlussverfahren nach § 126 beteiligt waren[4]. Nach anderer Ansicht werden auch solche Fälle erfasst, „in denen der Insolvenzverwalter zunächst eine eigene Betriebsänderung plant, im Nachhinein aber ein Erwerber den Betrieb übernimmt, der die Planungen des Insolvenzverwalters nicht ändert, sondern realisiert"[5].

Unklar ist, wie der Begriff des „**Erwerbers des Betriebs**" iSd. Abs. 1 Satz 2 zu verstehen ist. Einige nehmen an, dass darunter jeweils nur ein einziger Interessent verstanden werden könne, dessen Erwerbsabsicht rechtlich abgesichert sei[6]. Andere zählen dazu jeden Interessenten, „mit dem der Insolvenzverwalter in Verhandlungen steht und in dessen Interesse der Insolvenzverwalter das Beschlussverfahren betreibt", wobei es sich auch um mehrere Personen handeln könne[7].

Gemäß Abs. 2 erstreckt sich die Feststellung nach § 126 Abs. 1 Satz 1 auch darauf, dass die Kündigung der Arbeitsverhältnisse **nicht wegen des Betriebsübergangs** erfolgt ist. Selbständige Bedeutung hat dies nur, soweit man in den Anwendungsbereich des § 126 auch solche Arbeitsverhältnisse einbezieht, die nicht dem KSchG unterliegen (s. dazu § 126 Rz. 1 Fn. 4). Die Aussagen in Abs. 2 zu § 125 Abs. 1 Satz 1 Nr. 1 sind ohne sachliche Bedeutung, da der ArbN schon nach allgemeinen Grundsätzen darzulegen und zu beweisen hat, dass die Kündigung wegen eines Betriebsübergangs erfolgt ist[8]. In jedem Fall wird durch sie für den Anwendungsbereich des Abs. 2 klargestellt, dass jene Ansicht, die in § 613a Abs. 4 eine Vermutung zum Nachteil des ArbGeb „hineinlesen" will[9], mit dem Gesetz nicht vereinbar ist[10].

---

[1] So aber KDZ/*Däubler*, § 128 InsO Rz. 2 ff.; wie hier *Caspers*, Rz. 304; Nerlich/Römermann/*Hamacher*, § 128 InsO Rz. 64; *Lakies*, RdA 1997, 145, 155. | [2] *Caspers*, Rz. 301; dagegen ErfK/*Ascheid*, § 128 InsO Rz. 1; Kübler/Prütting/*Moll*, § 128 InsO Rz. 19. | [3] Nerlich/Römermann/*Hamacher*, § 128 InsO Rz. 63; *Zwanziger*, § 128 InsO Rz. 4; aA KDZ/*Däubler*, § 128 InsO Rz. 6. | [4] So Nerlich/Römermann/*Hamacher*, § 128 InsO Rz. 69 ff. | [5] Kübler/Prütting/*Moll*, § 128 InsO Rz. 23. | [6] Nerlich/Römermann/*Hamacher*, § 128 InsO Rz. 72. | [7] Kübler/Prütting/*Moll*, § 126 InsO Rz. 24. | [8] Ebenso ErfK/*Ascheid*, § 128 InsO Rz. 2. | [9] S. etwa *v. Alvensleben*, Die Rechte der Arbeitnehmer bei Betriebsübergang im Europäischen Gemeinschaftsrecht, 1992, S. 315. | [10] Ebenso *Lohkemper*, KTS 1996, 1, 30; s. dazu ausf. *Caspers*, Rz. 306 ff.

Gesetz zum Schutze der arbeitenden Jugend
(Jugendarbeitsschutzgesetz – JArbSchG)

vom 12.4.1976 (BGBl. I S. 965),
zuletzt geändert durch Gesetz vom 27.12.2003 (BGBl. I S. 3007)

Lit.: *Bachmann/Lührs*, Handbuch des Jugendarbeitsschutzrechts, 9. Aufl. 1997; *Eichler/Oestreicher/Decker*, Jugendarbeitsschutzgesetz, Stand 2000 (eingestellt); *Gröninger/Gehring*, Jugendarbeitsschutzgesetz, Stand 2004; *Kufer*; Jugendarbeitsschutz, AR-Blattei SD Nr. 930, Stand Oktober 2000; *Kollmer*, Kinderarbeitsschutz-VO, AR-Blattei SD Nr. 945, Stand November 1998; *Lorenz*, Jugendarbeitsschutzgesetz, 1997; *Molitor/Volmer/Germelmann*, Jugendarbeitsschutzgesetz, 3. Aufl. 1986; *Schoden*, Jugendarbeitsschutzgesetz, 5. Aufl. 2004; *Taubert*, Jugend und Arbeit. Rechte und Pflichten als Minderjährige(r) in der Arbeitswelt, 1995; *Weber*, Jugendarbeitsschutzgesetz, 10. Aufl. 2000; *Zmarzlik/Anzinger*, Jugendarbeitsschutzgesetz, 5. Aufl. 1998.

Erster Abschnitt. Allgemeine Vorschriften

1 *Geltungsbereich*
(1) Dieses Gesetz gilt für die Beschäftigung von Personen, die noch nicht 18 Jahre alt sind,

1. in der Berufsausbildung,
2. als Arbeitnehmer oder Heimarbeiter,
3. mit sonstigen Dienstleistungen, die der Arbeitsleistung von Arbeitnehmern oder Heimarbeitern ähnlich sind,
4. in einem der Berufsausbildung ähnlichen Ausbildungsverhältnis.

(2) Dieses Gesetz gilt nicht

1. für geringfügige Hilfeleistungen, soweit sie gelegentlich
   a) aus Gefälligkeit,
   b) auf Grund familienrechtlicher Vorschriften,
   c) in Einrichtungen der Jugendhilfe,
   d) in Einrichtungen zur Eingliederung Behinderter erbracht werden,
2. für die Beschäftigung durch die Personensorgeberechtigten im Familienhaushalt.

1 **I. Normzweck.** Die Vorschrift bestimmt den Geltungsbereich des Gesetzes. Dieser ist weit gesteckt, da das JArbSchG umfassend die Gesundheit und Entwicklung des Minderjährigen in der Arbeitswelt schützen will.

2 **II. Geltungsbereich. 1. Persönlicher.** Das Gesetz erfasst auf der Seite der Beschäftigten alle Personen, die noch nicht 18 Jahre alt sind (unten § 2); für den Anwendungsbereich von § 9 Abs. 1 Nr. 1 und § 19 (§ 19 Abs. 2 Nr. 3) wird diese Altersgrenze sogar überschritten. Zum Kreis der beschäftigenden Personen vgl. unten § 3.

3 **2) Sachlicher.** Erfasst wird jede Beschäftigung eines Minderjährigen, sofern sie unter die Nr. 1 bis 4 fällt. Unter Beschäftigung wird eine Tätigkeit in persönlicher Abhängigkeit, also eine **weisungsgebundene, fremdbestimmte Tätigkeit** verstanden[1]. Auf die Art oder Bezeichnung des Rechtsverhältnisses kommt es nicht an. Die Tätigkeit muss jedoch (auch) für einen anderen erfolgen. Nicht in den Anwendungsbereich fallen daher Tätigkeiten als Selbständiger[2] (zB Musiker, Künstler) oder die Erledigung eigener, selbst gewählter Aufgaben. Auch die rein schulische (Berufs-)Ausbildung ist keine Beschäftigung iSd. Gesetzes. Öffentlich-rechtliche Beschäftigungsverhältnisse werden nur erfasst, soweit das Gesetz dies vorsieht, wie zB in § 62.

4 Keine persönliche Abhängigkeit iSd. Gesetzes liegt vor, wenn der Minderjährige aufgrund und im Rahmen einer Vereinsmitgliedschaft tätig wird. Anders ist es, wenn der typische Rahmen der Vereinstätigkeit überschritten wird[3]. Im Bereich karitativer und religiöser Betätigung ist das sich aus Art. 140 GG iVm. Art. 137 Abs. 3 WRV ergebende Selbstbestimmungsrecht der Kirchen sowie die Religionsausübungsfreiheit gem. Art. 4 Abs. 2 GG zu beachten. Auf die Teilnahme an liturgischen Handlungen ist

---

[1] *Molitor/Volmer/Germelmann*, § 1 JArbSchG Rz. 17.   [2] Zur Verfassungsmäßigkeit *Zmarzlik/Anzinger*, § 1 JArbSchG Rz. 7.   [3] Vgl. OVG Münster v. 6.5.1985 – 12 A 2097/83, NJW 1987, 1443 f.: Regelmäßige Mitwirkung eines Chorvereins bei Opern und Konzerten. Allgemein Erman/*Edenfeld*, § 611 BGB Rz. 20. Vgl. auch § 2 Abs. 1 Nr. 4, 5 KindArbSchV, v. 23.6.1998 (BGBl. I S. 1508).

Geltungsbereich   Rz. 12 § 1 JArbSchG

das JArbSchG daher nicht anwendbar[1]. Anders ist es für durch die Kirchen organisierte karitative Betätigungen[2].

a) Fallgruppen. In der Berufsausbildung (Nr. 1). Das JArbSchG gilt für die Beschäftigung in allen anerkannten Ausbildungsberufen; diese sind in einem Verzeichnis aufgeführt, welches durch das Bundesinstitut für Berufsbildung jährlich herausgegeben wird[3]. Keine Anwendung findet das JArbSchG im Rahmen der rein schulischen Berufsausbildung (Rz. 3). 5

Als ArbN oder Heimarbeiter (Nr. 2). Das JArbSchG ist anzuwenden, wenn der Minderjährige als ArbN (dazu Vor § 611 BGB Rz. 19 ff.) oder als Heimarbeiter tätig wird. Als Heimarbeiter ist gem. § 2 Abs. 1 HAG anzusehen, wer in selbstgewählter Arbeitsstätte im Auftrag von Gewerbetreibenden oder Zwischenmeistern erwerbsmäßig arbeitet, jedoch die Verwertung der Arbeitsergebnisse dem unmittelbar oder mittelbar Gewerbetreibenden überlässt. 6

Mit sonstigen, ähnlichen Dienstleistungen (Nr. 3). Ein Arbeitsverhältnis mag im Einzelfall, zB wegen der Möglichkeit freier Zeiteinteilung[4] durch den Minderjährigen (Austragen von Reklamesendungen, Pflege von Tieren), abzulehnen sein. Für derartige Fälle dehnt Nr. 3 den Anwendungsbereich des Gesetzes mit dem Ziel aus, jede Form abhängiger Beschäftigung von Minderjährigen zu erfassen[5]. Dienstleistungen sind ähnlich, wenn die Arbeitsleitung in abhängiger Stellung auf Weisung eines anderen erbracht wird, wenn Arbeit im wirtschaftlichen Sinn geleistet wird, die dem zugute kommt, der die Weisungen erteilt und eine feste, einem Arbeitsvertrag vergleichbare Bindung zu dem Weisungsgeber besteht[6]. Abzustellen ist auf das tatsächliche Erscheinungsbild, nicht auf die rechtliche Bezeichnung des Rechtsverhältnisses. 7

In ähnlichen Ausbildungsverhältnissen (Nr. 4). Nr. 4 erfasst Ausbildungsverhältnisse mit betrieblichen, nicht mit schulischen Ausbildungsgängen. Ein solches Verhältnis kann bestehen zu Praktikanten, Volontären, Minderjährigen im Rahmen der beruflichen Fortbildung oder Umschulung nach § 1 Abs. 3 und 4 BBiG, Minderjährigen, die in Berufsbildungswerken, Berufsförderungswerken und Werkstätten für Behinderte beschäftigt sind, Schülern während des sog. Betriebspraktikums im Rahmen der schulischen Ausbildung (vgl. § 5 Abs. 2 Nr. 2) oder in der über das Praktikum hinausgehenden sog. Schnupperlehre[7]. 8

b) Ausnahmen. Beschäftigungsverhältnisse nach Abs. 1 unterfallen nicht dem JArbSchG, wenn eine der Ausnahmen nach Abs. 2 eingreift. 9

aa) Gelegentliche, geringfügige Hilfeleistungen (Nr. 1). Unter Hilfeleistung wird eine unterstützende Tätigkeit für eine andere, hilfebedürftige Person verstanden; der Begriff ist also enger als der der „Arbeit"[8]. Die Tätigkeit ist geringfügig, wenn sie den Minderjährigen nach seinem Entwicklungsstand zeitlich und kräftemäßig wenig beansprucht[9]. Um eine gelegentliche Hilfeleistung handelt es sich, wenn die Tätigkeit nicht regelmäßig, also nur hin und wieder, aufgrund eines besonderen Anlasses hin erfolgt. Eine regelmäßige Arbeitsbereitschaft, die nur hin und wieder zur Tätigkeit führt, ist mehr als eine gelegentliche Hilfeleistung[10].

Aus Gefälligkeit (Nr. 1a) erfolgt eine Hilfeleistung, wenn sie nach den Gesamtumständen, insb. wegen ihrer Unentgeltlichkeit, als uneigennützig zu beurteilen ist. Eine kleinere Belohnung schließt die Uneigennützigkeit nicht aus. 10

Aufgrund familienrechtlicher Vorschriften (Nr. 1b). Gemeint sind insb. Hilfeleistungen aufgrund von § 1619 BGB, nach dem ein Kind, solange es dem elterlichen Hausstand angehört und von den Eltern erzogen oder unterhalten wird, verpflichtet ist, nach seinen Kräften und in einer seiner Lebensstellung entsprechenden Weise den Eltern in ihrem Hauswesen und Geschäft Dienste zu leisten. Unter „Geschäft" ist jede selbständig ausgeübte Erwerbstätigkeit zu verstehen, auch in der Landwirtschaft (vgl. auch unten Rz. 14) und im freien Beruf[11]. Im Übrigen kommt die (sehr beschränkte) Pflicht zur Mitarbeit des Ehegatten[12], die gegenseitige Unterhaltspflicht der Ehegatten nach § 1360 BGB und die Unterhaltspflicht von Verwandten gem. § 1612 Abs. 1 Satz 2 BGB als familienrechtliche Vorschriften in Betracht. 11

In Einrichtungen der Jugendhilfe (Nr. 1c). Hierunter sind sämtliche Einrichtungen[13] nach dem SGB VIII zu verstehen, in denen die Erziehungsaufgabe durch Dritte übernommen wird (insb. § 23 Tageseinrichtungen, § 23 Tagespflege, § 32 Tagesgruppe, § 34 Heimerziehung). Die Beschäftigung von Min- 12

---

1 *Zmarzlik/Anzinger*, § 1 JArbSchG Rz. 46 f. | 2 Vgl. § 2 Abs. 1 Nr. 5 KindArbSchV, v. 23.6.1998 (BGBl. I S. 1508). | 3 Vgl. im Internet unter http://www.bibb.de. | 4 Erman/*Edenfeld*, § 611 BGB Rz. 59. | 5 BT-Drs. 7/2305 S. 26. | 6 Ähnlich *Zmarzlik/Anzinger*, § 1 JArbSchG Rz. 20; *Molitor/Volmer/Germelmann*, § 1 JArbSchG Rz. 46. Zum ehrenamtlichen Einsatz von Jugendlichen in der Notfallrettung *Fehn/Selen*, MedR 2002, 449. | 7 OLG Hamm v. 14.8.1987 – 6 Ss Owi445/86, AiB 1989, 267. | 8 BT-Drs. 3/1816 S. 17. | 9 *Zmarzlik/Anzinger*, § 1 JArbSchG Rz. 31. | 10 OLG Hamm 28.2.1978 – 4 Ss OWi 444/78, OLGSt zu § 1 JArbSchG. | 11 MünchKomm/*v. Sachsen Gesaphe*, § 1619 BGB Rz. 18. | 12 MünchKomm/*Wacke*, § 1356 BGB Rz. 19 ff. Der die Mitarbeitspflicht konstituierende § 1356 Abs. 2 BGB aF wurde mit dem Ersten Gesetz zur Reform des Ehe- und Familienrechts vom 14.6.1976 (BGBl. I S. 1421) abgeschafft. | 13 Zum Einrichtungsbegriff MünchKomm/*Strick*, § 4 SGB VIII Rz. 6.

derjährigen außerhalb des JArbSchG in solchen Einrichtungen ist damit wesentlich beschränkter als die Beschäftigung durch den Personensorgeberechtigten im Familienhaushalt nach Nr. 2 (Rz. 14).

13 **In Einrichtungen zur Eingliederung Behinderter (Nr. 1d).** Dazu zählen insb. Tageseinrichtungen, teilstationäre Einrichtungen, Anstalten, Heime oder Werkstätten für Behinderte (insb. § 35a Abs. 2 Nr. 2, 4 SGB VIII, §§ 40 Abs. 1 Satz 1 Nr. 7, 43 Abs. 1 Satz 1 BSHG, §§ 55 Abs. 2 Nr. 6, 41, 136 ff. SGB IX).

14 **bb) Beschäftigung durch den Personensorgeberechtigten im Familienhaushalt (Nr. 2).** Das JArbSchG stellt sich dem Erziehungsprimat der Eltern aus Art. 6 Abs. 2 Satz 1 GG nicht entgegen. Die Beschäftigung im Haushalt ist Teil der Erziehung durch die Eltern, die durch das JArbSchG nicht beeinflusst werden soll. Grenzen werden der Erziehungsautonomie durch das Familienrecht, insb. durch § 1619 BGB (Rz. 11) und § 1618a BGB gezogen. Nach den Gesetzgebungsmaterialien soll unter Familienhaushalt „Haus und Hof", also auch der landwirtschaftliche Betrieb verstanden werden[1]. Die Privilegierung gilt für die personensorgeberechtigten Eltern bzw. den personensorgeberechtigten Elternteil (§§ 1626, 1626a, 1631, 1671 ff. BGB) oder sonstige Personensorgeberechtigte (zB § 1800 BGB Vormund). Ein sog. „kleines Personensorgerecht", welches sich auf Angelegenheiten des täglichen Lebens erstreckt, sieht § 1687b Abs. 1 BGB für den Stiefelternteil und § 9 Lebenspartnerschaftsgesetz für den gleichgeschlechtlichen Lebenspartner vor. Da Nr. 2 aber nicht nur geringfügige, gelegentliche Mitarbeit im Haushalt, sondern die ggf. dauerhafte und umfangreichere Beschäftigung im Familienhaushalt erfasst, dürften Personen, welchen nur ein „kleines Sorgerecht" zusteht, nicht mehr von der Regelung erfasst sein.

15 **III. Kollisionsrecht.** Das JArbSchG ist grundsätzlich dem öffentlichen Recht zuzuordnen. Für Sachverhalte mit Auslandsberührung gilt daher das Territorialitätsprinzip. Das JArbSchG findet also auf jede Beschäftigung eines Minderjährigen innerhalb des Gebiets der Bundesrepublik Deutschland Anwendung; auf die Staatsangehörigkeit, den Wohnsitz oder gewöhnlichen Aufenthalt des Minderjährigen kommt es nicht an.

16 Wird ein Jugendlicher im **Ausland beschäftigt**, findet das JArbSchG grundsätzlich keine Anwendung. Einzelnen Normen des JArbSchG können aber gem. Art. 34 EGBGB Anwendung beanspruchen (IAR Rz. 32 ff.). Daneben können die Normen des JArbSchG auch privatrechtlich (insbes. für die Bestimmung der Leistungspflichten der Parteien) von Bedeutung sein (IAR Rz. 39). In diesem Rahmen können einzelne Vorschriften des JArbSchG auch Anwendung finden, wenn das Arbeitsverhältnis dem deutschen Recht unterliegt: So können entsprechende Normen des JArbSchG anwendbar sein, wenn der Minderjährige lediglich vorübergehend ins Ausland entsandt wurde (IAR Rz. 19 f.) oder die Vertragsparteien die Anwendung deutschen Rechts wirksam vereinbart haben (IAR Rz. 11 ff.). Der Anwendung des deutschen Rechts werden dabei jedoch auch durch Art. 32 Abs. 2 EGBGB Grenzen gezogen (Int. Arbeitsrecht Rz. 39). Für die Binnenschifffahrt vgl. § 20 Rz. 2.

2 *Kind, Jugendlicher*
(1) Kind im Sinne dieses Gesetzes ist, wer noch nicht 15 Jahre alt ist.
(2) Jugendlicher im Sinne dieses Gesetzes ist, wer 15, aber noch nicht 18 Jahre alt ist.
(3) Auf Jugendliche, die der Vollzeitschulpflicht unterliegen, finden die für Kinder geltenden Vorschriften Anwendung.

1 **I. Begriffsbestimmung.** Abs. 1 und 2 enthalten die Definitionen der Begriffe Kind und Jugendlicher. Die genaue Berechnung des Lebensalters erfolgt nach den §§ 186 ff. BGB. Zu einem Irrtum des ArbGeb über das Alter des Beschäftigten §§ 58 bis 60 Rz. 4.

2 **II. Jugendliche während der Vollzeitschulpflicht.** Die ausnahmslose Erstreckung der Regelungen zugunsten von Kindern iSd. Abs. 1 auf vollzeitschulpflichtige Kinder dient dem Ziel, eine gesundheitsschädliche Doppelbelastung durch Schule und Erwerbsarbeit zu verhindern. Vollzeitschulpflichtig ist, wer seinen Wohnsitz oder seinen gewöhnlichen Aufenthalt in der Bundesrepublik Deutschland hat; die Länge der Vollzeitschulpflicht ist in den Schul- bzw. Schulpflichtgesetzen der Länder geregelt. Sie beginnt einheitlich mit dem 6. Lebensjahr und endet nach 9 Schuljahren, bzw. in Berlin, Brandenburg, Bremen, Sachsen-Anhalt und Nordrhein-Westfalen nach 10 Schuljahren, und zwar am Tag der Übergabe des Abschlusszeugnisses[2]. Mit dieser Vorschrift genügt das Gesetz den Anforderungen des Art. 32 Abs. 2 der EU-Grundrechtscharta v. 7.12.2000[3].

3 *Arbeitgeber*
Arbeitgeber im Sinne dieses Gesetzes ist, wer ein Kind oder einen Jugendlichen gemäß § 1 beschäftigt.

1 **I. Begriffsbestimmung.** ArbGeb iSd. Norm ist derjenige, zu dessen Gunsten und unter dessen Leitung die Beschäftigung iSd. § 1 ausgeübt wird. Der Begriff des ArbGeb ist weit auszulegen und die mit der

---

1 BT-Drs. 7/4544 S. 4. | 2 *Zmarzlik/Anzinger*, § 2 JArbSchG Rz. 16. | 3 ABl. EG 2000 C-364/1.

ArbGebStellung verbundenen Rechte und Pflichten können auf verschiedene Personen verteilt sein[1]. Auf die Unternehmensinhaberschaft oder eine eigene Gewinnerziehungsabsicht kommt es nicht an. ArbGeb können also auch die Eltern, der Heimleiter, der Betriebsleiter oder der Ausbilder sein. Auf die Unternehmensinhaberschaft kommt es allerdings bei den Zahlungs- und Leistungspflichten nach §§ 9 Abs. 3, 10 Abs. 2 Satz 2, 19 Abs. 1 und 4, 30, 43 an.

II. Sonderfälle. Bei den mittelbaren Arbeitsverhältnissen (Vor § 611 BGB Rz. 116) ist ArbGeb iSd. Norm in der Regel der unmittelbare ArbGeb[2]. Bei Leiharbeitsverhältnissen ist der Verleiher ArbGeb; der Entleiher ist gem. § 10 Abs. 6 AÜG jedoch – unbeschadet der Pflichten des Verleihers – zur Einhaltung arbeitsschutzrechtlicher Vorschriften verpflichtet. ArbGeb nach dem Heimarbeitsgesetz ist der Auftraggeber und ggf. der Zwischenmeister (§§ 1 Abs. 2 a), d), 2 Abs. 3 HAG).

4 *Arbeitszeit*

(1) Tägliche Arbeitszeit ist die Zeit vom Beginn bis zum Ende der täglichen Beschäftigung ohne die Ruhepausen (§ 11).

(2) Schichtzeit ist die tägliche Arbeitszeit unter Hinzurechnung der Ruhepausen (§ 11).

(3) Im Bergbau unter Tage gilt die Schichtzeit als Arbeitszeit. Sie wird gerechnet vom Betreten des Förderkorbes bei der Einfahrt bis zum Verlassen des Förderkorbes bei der Ausfahrt oder vom Eintritt des einzelnen Beschäftigten in das Stollenmundloch bis zu seinem Wiederaustritt.

(4) Für die Berechnung der wöchentlichen Arbeitszeit ist als Woche die Zeit von Montag bis einschließlich Sonntag zugrunde zu legen. Die Arbeitszeit, die an einem Werktag infolge eines gesetzlichen Feiertags ausfällt, wird auf die wöchentliche Arbeitszeit angerechnet.

(5) Wird ein Kind oder ein Jugendlicher von mehreren Arbeitgebern beschäftigt, so werden die Arbeits- und Schichtzeiten sowie die Arbeitstage zusammengerechnet.

I. Normzweck. Die Norm regelt zugunsten des geschützten Personenkreises zwingend die Voraussetzungen für die Bestimmung der Arbeitszeit. Ihre Geltung erstreckt sich auf alle Normen des JArbSchG. Sämtliche Regelungen der Arbeitszeit des JArbSchG gehen denen des ArbZG vor (§ 18 Abs. 2 ArbZG).

II. Arbeitszeit (Abs. 1). Von der Arbeitszeit werden außer den Ruhepausen sämtliche Zeiten der Beschäftigung iSd. § 1 Abs. 1 erfasst, dazu gehören auch Vorbereitungshandlungen (zB Anlegen von Schutzkleidung) und Abschlussarbeiten. Betriebsbedingte Wegezeiten[3] fallen in die Arbeitszeit, nicht aber der Weg zum Betrieb und zurück oder der Weg zur Berufsschule. Zeiten, in denen der Minderjährige ausgebildet wird, auch wenn die Ausbildung in reinen Unterrichtsveranstaltungen besteht, sind Arbeitszeit[4]. Dies gilt jedoch nicht für vom ArbGeb angebotene über die Ausbildung hinausgehende Unterrichtsveranstaltungen, für deren Besuch sich der Minderjährige freiwillig entscheiden kann (zB Sprachkurse). Der Berufsschulunterricht gehört nicht zur Arbeitszeit, wird aber nach §§ 9, 10 auf diese angerechnet. Zeiten der Arbeitsbereitschaft und des Bereitschaftsdienstes gehören zur Arbeitszeit[5]; für Minderjährige sollte dasselbe für die bloße Rufbereitschaft (§ 2 ArbZG Rz. 5) angenommen werden[6].

III. Schichtzeiten (Abs. 2). Bei der Berechnung von Schichtzeiten werden die Ruhepausen mitgerechnet; das gilt auch für mehrstündige Pausen, während derer der Minderjährige die Arbeitsstätte verlassen darf[7].

IV. Bergbau (Abs. 3). Für den Bergbau wird die Arbeitszeit mit der Schichtzeit gleichgesetzt.

V. Wöchentliche Arbeitszeit (Abs. 4). Die Norm setzt den Rahmen für die Berechnung der wöchentlichen Arbeitszeit nach § 8. Nach Satz 2 wird die Arbeitszeit, die an einem Feiertag normalerweise angefallen wäre, zur wöchentlichen Arbeitszeit hinzugerechnet. Entgegen dem Wortlaut gilt dies auch für Feiertage, die auf einen Sonntag fallen[8]. Voraussetzung ist, dass der Feiertag die einzige Ursache für den Arbeitsausfall ist (anders zB bei Streik, Freistellung usw.). Hinzuzurechnen ist nur die Arbeitszeit, die tatsächlich ausgefallen ist (zB bei Kurzarbeit). Zur Anrechnung von Berufsschultagen, die auf einen Feiertag fallen, § 9 Rz. 4.

VI. Mehrere ArbGeb. Ist der Minderjährige bei mehreren ArbGeb beschäftigt, werden die Arbeitszeiten, Schichtzeiten und die Arbeitstage zusammengerechnet. Bei grober Überschreitung der Höchstarbeitszeit kann das zweite Beschäftigungsverhältnis nichtig sein[9], bei geringerer Überschreitung besteht, *soweit die zulässige Arbeitszeit überschritten ist*, ein Beschäftigungsverbot. Die Weisung des Zweiten ArbGeb, die Arbeit fortzuführen, ist gem. § 134 BGB nichtig; d.h., der Minderjährige muss ihr

---

1 OLG Köln v. 23.12.1983 – 1 Ss 368/83, NStZ 1984, 460. | 2 *Zmarzlik/Anzinger*, § 3 JArbSchG Rz. 11. | 3 BayObLG München 23.3.1992 – 3 ObOWi 18/92, NZA 1992, 811; LAG Köln 18.9.1998 – 12 Sa 549/98, AuR 1999, 52 (zu § 7 BBiG). | 4 VG Saarbrücken 15.1.1979 – 5 K 264/77, EzB VwGO § 40 Nr. 11. | 5 Vgl. zuletzt EuGH v. 9.9.2003 – Rs. C-151/02, BB 2003, 2063 m. Anm. *Franzen* sowie § 2 ArbZG Rz. 6. | 6 Ebenso *Zmarzlik/Anzinger*, § 4 JArbSchG Rz. 956; anders *Molitor/Volmer/Germelmann*, § 4 JArbSchG Rz. 14. | 7 BayObLG München 28.1.1982 – 3 ObOWi 213/81, AP Nr. 1 zu § 4 JArbSchG. | 8 *Molitor/Volmer/Germelmann*, § 4 JArbSchG Rz. 35. | 9 BAG 19.6.1959 – 1 AZR 565/57, BAG AP Nr. 1 zu § 611 BGB – Doppelarbeitsverhältnis.

nicht nachkommen[1]. Erbringt der Minderjährige die Arbeitsleistung, bleibt sein Vergütungsanspruch unberührt. Die Verantwortung für einen Verstoß gegen die Schutzvorschriften des JArbSchG trägt also regelmäßig der ArbGeb, der das Beschäftigungsverhältnis in der zeitlichen Reihenfolge als Zweiter begründet hat. Ist ein Minderjähriger bei mehreren ArbGeb mit Arbeiten beschäftigt, auf die jeweils unterschiedliche Schutzvorschriften Anwendung finden, so gelten grundsätzlich die Schutzvorschriften für die Arbeit, mit denen der Minderjährige überwiegend beschäftigt ist.

Zweiter Abschnitt. Beschäftigung von Kindern

5 *Verbot der Beschäftigung von Kindern*
(1) Die Beschäftigung von Kindern (§ 2 Abs. 1) ist verboten.

(2) Das Verbot des Absatzes 1 gilt nicht für die Beschäftigung von Kindern

1. zum Zwecke der Beschäftigungs- und Arbeitstherapie,
2. im Rahmen des Betriebspraktikums während der Vollzeitschulpflicht,
3. in Erfüllung einer richterlichen Weisung.

Auf die Beschäftigung finden § 7 Satz 1 Nr. 2 und die §§ 9 bis 46 entsprechende Anwendung.

(3) Das Verbot des Absatzes gilt ferner nicht für die Beschäftigung von Kindern über 13 Jahre mit Einwilligung der Personensorgeberechtigten, soweit die Beschäftigung leicht und für Kinder geeignet ist. Die Beschäftigung ist leicht, wenn sie auf Grund ihrer Beschaffenheit und der besonderen Bedingungen, unter denen sie ausgeführt wird,

1. die Sicherheit, Gesundheit und Entwicklung der Kinder,
2. ihren Schulbesuch, ihre Beteiligung an Maßnahmen zur Berufswahlvorbereitung oder Berufsausbildung, die von der zuständigen Stelle anerkannt sind, und
3. ihre Fähigkeit, dem Unterricht mit Nutzen zu folgen,

nicht nachteilig beeinflusst. Die Kinder dürfen nicht mehr als zwei Stunden täglich, in landwirtschaftlichen Familienbetrieben nicht mehr als drei Stunden täglich, nicht zwischen 18 und 8 Uhr, nicht vor dem Schulunterricht und nicht während des Schulunterrichts beschäftigt werden. Auf die Beschäftigung finden die §§ 15 bis 31 entsprechende Anwendung.

(4) Das Verbot des Absatzes 1 gilt ferner nicht für die Beschäftigung von Jugendlichen (§ 2 Abs. 3) während der Schulferien für höchstens vier Wochen im Kalenderjahr. Auf die Beschäftigung finden die §§ 8 bis 31 entsprechende Anwendung.

(4a) Die Bundesregierung hat durch Rechtsverordnung mit Zustimmung des Bundesrates die Beschäftigung nach Absatz 3 näher zu bestimmen.

(4b) Der Arbeitgeber unterrichtet die Personensorgeberechtigten der von ihm beschäftigten Kinder über mögliche Gefahren sowie über alle zu ihrer Sicherheit und ihrem Gesundheitsschutz getroffenen Maßnahmen.

(5) Für Veranstaltungen kann die Aufsichtsbehörde Ausnahmen gemäß § 6 bewilligen.

1   I. **Verbot der Beschäftigung von Kindern (Abs. 1).** Ziel der Regelung ist es, Kinder iSd. § 2 Abs. 1 (und vollzeitschulpflichtige Jugendliche, vgl. § 2 Abs. 3) vor Gefahren für ihre Gesundheit, ihre Entwicklung und ihre schulische Ausbildung zu schützen, die aus einer Beschäftigung resultieren können. Das Verbot der Kinderarbeit in Abs. 1 kann mit dem Erziehungsprimat der Eltern aus Art. 6 Abs. 2 Satz 1 GG kollidieren. Durch die Beschränkungen des Anwendungsbereichs insb. in § 1 Abs. 2 Nr. 1 b) und Nr. 2 hat das Gesetz jedoch einen typisierenden, verfassungskonformen Ausgleich zwischen dem Grundrecht der Eltern und dem Anspruch des Kindes auf staatlichen Schutz aus Art. 6 Abs. 2, Art. 1 Abs. 1, Art. 2 Abs. 2 GG[2] gefunden. Mit der Regelung entspricht der Gesetzgeber Art. 1 Abs. 1 der Richtlinie Nr. 94/33/EG vom 22. 6. 1994 über den Jugendarbeitsschutz[3].

2   Die Norm stellt ein Verbotsgesetz iSd. § 134 BGB dar; ein entsprechender Arbeitsvertrag ist nichtig (vgl. auch § 4 Rz. 6). Hinsichtlich der **Rechtsfolgen** gelten jedoch die Grundsätze über das faktische Arbeitsverhältnis, dh. eine Rückabwicklung der erbrachten Leistungen findet nicht statt (§ 611 BGB Rz. 82, 84). Vielmehr ist für die geleistete Arbeit die vereinbarte Vergütung zu zahlen. Die Nichtigkeitswirkung tritt ex nunc ein. Ist zwischenzeitlich die Beschäftigung wegen des Überschreitens der entscheidenden Altersgrenzen zulässig geworden, bleibt der Vertrag wirksam[4]. Die Beschäftigungsverbote sollen den Minderjährigen nur schützen, nicht aber zum Verlust eines Arbeitsverhältnisses führen, das mittlerweile zulässig ist.

---

1 MünchArb/*Blomeyer* § 49 Rz. 59; *Henssler*; AcP 190 (1990), 538, 565. Für die Annahme eines Leistungsverweigerungsrechts (so *Zmarzlik/Anzinger* § 4 Rz. 38) ist kein Raum. |2 Dazu MünchKomm/*Strick*, § 1 SGB VIII Rz. 5. |3 ABl. EG 1994 L-216/12; abgedr. auch bei *Zmarzlik/Anzinger* Anh. 10. |4 Vgl. Erman/*Edenfeld*, § 611 Rz. 268.

Behördliche Ausnahmen für Veranstaltungen § 6 JArbSchG

II. Ausnahmen für alle Kinder (Abs. 2). Die in Abs. 2 aufgeführten Ausnahmevorschriften sind im Einklang mit der Jugendarbeitsschutzrichtlinie (Rz. 1) auszulegen. Ist die Beschäftigung nach Satz 1 zulässig, ist Satz 2 zu beachten. Nach § 7 Satz 1 Nr. 2 muss die Beschäftigung leicht und für das Kind geeignet sein. Ferner sind die §§ 9 bis 46 entsprechend anzuwenden.

1. Beschäftigungs- und Arbeitstherapie (Satz 1 Nr. 1). Die Beschäftigung zu Therapiezwecken ist zulässig, wenn sie mit dem Ziel der Heilung eines therapiebedürftigen Kindes erfolgt. Eine solche Beschäftigung ist kein Arbeitsverhältnis iSd. Art. 2 Abs. 1 der Jugendarbeitsschutzrichtlinie (Rz. 1).

2. Betriebspraktikum (Satz 1 Nr. 2). Unter einem Betriebspraktikum wird eine Veranstaltung der Schule verstanden, die in der Regel 3 bis 4 Monate dauert. Eine darüber hinausgehende Probearbeit („Schnupperlehre") ist nicht zulässig[1]. Da Art. 4 Abs. 2 b) der Jugendarbeitsschutzrichtlinie (Rz. 1) ein Betriebspraktikum erst ab dem 14. Lebensjahr zulässt, ist der Anwendungsbereich der Vorschrift in richtlinienkonformer Auslegung (EAR Vorb. Rz. 18 f.) auf diese Altersgruppe zu reduzieren[2].

3. Richterliche Weisung (Satz 1 Nr. 3). In Betracht kommen Weisungen des Jugendrichters nach §§ 10 Abs. 1 Satz 3 Nr. 4, 23 JGG, § 21 Abs. 6 des Gesetzes über die Verbreitung jugendgefährdender Schriften und Medieninhalte[3], die ab dem 14. Lebensjahr ergehen können (§ 1 Abs. 2 JGG). Durch Weisung des Richters, Arbeitsleistungen zu erbringen, entsteht in der Regel ein Arbeitsverhältnis iSd. Jugendarbeitsschutzrichtlinie (Rz. 1). Diese enthält jedoch keine der deutschen Regelung entsprechende Ausnahmevorschrift. Eine sich an Art. 4 Abs. 2 c) der Richtlinie orientierende Auslegung (EAR Vorb. Rz. 18 f.) der §§ 10 Abs. 1 Satz 3 Nr. 4, 23 JGG, § 21 Abs. 6 des Gesetzes über die Verbreitung jugendgefährdender Schriften und Medieninhalte ergibt daher, dass sich richterliche Weisungen für Kinder bis zum 15. Lebensjahr im Rahmen der Abs. 3 bis 4a halten müssen, wobei die Einwilligung des Personensorgeberechtigten entfällt.

III. Ausnahmen für Kinder ab 13 Jahren (Abs. 3 und 4a). Kinder über 13 Jahren können mit Einwilligung des Personensorgeberechtigten (§ 1 Rz. 14) beschäftigt werden, wenn die Beschäftigung leicht und für Kinder geeignet ist. Dabei sind die Beschränkungen des Satzes 2 Nr. 1 bis 3 zu beachten. In Ausführung der Bestimmung des Abs. 4a ist dazu die KinderarbeitsschutzVO ergangen, die die zulässigen Beschäftigungen in § 2 festlegt[4]. Nach Satz 2 Nr. 3 darf die schulische Ausbildung des Kindes durch die Beschäftigung keinesfalls leiden. Daher ist die Beschäftigung von schulschwachen Kindern in der Regel unzulässig. In Satz 3 sind die zeitlichen Beschränkungen geregelt. Nach Satz 4 iVm. § 15 darf auch diese Beschäftigung nur an fünf Tagen in der Woche erfolgen. Im Übrigen sind die §§ 16 bis 31 entsprechend anzuwenden.

IV. Beschäftigung während der Schulferien (Abs. 4). Die Regelung gilt für vollzeitschulpflichtige Jugendliche (§ 2 Nr. 3). Diesen soll ein Ferienjob von maximal 4 Wochen ermöglicht werden. Nach § 15 sind dies 20 Tage im Kalenderjahr, die auf die Ferienzeiten verteilt werden können.

V. Unterrichtung der Personensorgeberechtigten (Abs. 5). Nach § 28a hat der ArbGeb die Gefährdung Jugendlicher vor der Beschäftigung zu beurteilen. Bei Kindern und vollzeitschulpflichtigen Jugendlichen muss er die Personensorgeberechtigten (§ 1 Rz. 14) über diese Gefahren sowie über die zur Sicherheit und Gesundheit getroffenen Maßnahmen unterrichten. Zur inhaltlichen Ausgestaltung einer solchen Unterrichtung unten §§ 28a, 29 Rz. 1.

VI. Veranstaltungen (Abs. 6). Die behördliche Genehmigung von Beschäftigung bei Veranstaltungen richtet sich nach § 6.

§ 6 Behördliche Ausnahmen für Veranstaltungen

(1) Die Aufsichtsbehörde kann auf Antrag bewilligen, dass

1. bei Theatervorstellungen Kinder über sechs Jahre bis zu vier Stunden täglich in der Zeit von 10 bis 23 Uhr,

2. bei Musikaufführungen und anderen Aufführungen, bei Werbeveranstaltungen sowie bei Aufnahmen im Rundfunk (Hörfunk und Fernsehen), auf Ton- und Bildträgern sowie bei Film- und Fotoaufnahmen

   a) Kinder über drei bis sechs Jahre bis zu zwei Stunden täglich in der Zeit von 8 bis 17 Uhr,

   b) Kinder über sechs Jahre bis zu drei Stunden täglich in der Zeit von 8 bis 22 Uhr

gestaltend mitwirken und an den erforderliche Proben teilnehmen. Eine Ausnahme darf nicht bewilligt werden *für die Mitwirkung* in Kabaretts, Tanzlokalen und ähnlichen Betrieben sowie auf Vergnügungsparks, Kirmessen, Jahrmärkten und bei ähnlichen Veranstaltungen, Schaustellungen oder Darbietungen.

---

[1] *Zmarzlik/Anzinger*, § 5 JArbSchG Rz. 14 f. | [2] ErfK/*Schlachter*, § 5 JArbSchG Rz. 4. | [3] BGBl. I 1997 S. 1870. | [4] Verordnung über den Kinderarbeitsschutz (Kinderarbeitsschutzverordnung) v. 23.6.1998 (BGBl. I S. 1508, näher *Dembkowsky*, NJW 1998, 3540; *Kollmer*, NZA 1998, 1268; *Anzinger*, BB 1998, 1843), abgdr. im Anschluss an Rz. 10.

JArbSchG § 6 Rz. 1   Behördliche Ausnahmen für Veranstaltungen

(2) **Die Aufsichtsbehörde darf nach Anhörung des zuständigen Jugendamtes die Beschäftigung nur bewilligen, wenn**

1. **die Personensorgeberechtigten in die Beschäftigung schriftlich eingewilligt haben,**
2. **der Aufsichtsbehörde eine nicht länger als vor drei Monaten ausgestellte ärztliche Bescheinigung vorgelegt wird, nach der gesundheitliche Bedenken gegen die Beschäftigung nicht bestehen,**
3. **die erforderlichen Vorkehrungen und Maßnahmen zum Schutze des Kindes gegen Gefahren für Leben und Gesundheit sowie zur Vermeidung einer Beeinträchtigung der körperlichen oder seelisch-geistigen Entwicklung getroffen sind,**
4. **Betreuung und Beaufsichtigung des Kindes bei der Beschäftigung sichergestellt sind,**
5. **nach Beendigung der Beschäftigung eine ununterbrochene Freizeit von mindestens 14 Stunden eingehalten wird,**
6. **das Fortkommen in der Schule nicht beeinträchtigt wird.**

(3) **Die Aufsichtsbehörde bestimmt,**

1. **wie lange, zu welcher Zeit und an welchem Tage das Kind beschäftigt werden darf,**
2. **Dauer und Lage der Ruhepausen,**
3. **die Höchstdauer des täglichen Aufenthalts an der Beschäftigungsstätte.**

(4) **Die Entscheidung der Aufsichtsbehörde ist dem Arbeitgeber schriftlich bekannt zu geben. Er darf das Kind erst nach Empfang des Bewilligungsbescheides beschäftigen.**

1   **I. Normzweck.** Bestimmte Veranstaltungen machen die Mitwirkung von Kindern erforderlich. Zu diesem Zweck sieht § 6 entgegen § 5 Abs. 1 die Möglichkeit der Beschäftigung nach behördlicher Bewilligung vor. Erforderlich ist die Mitwirkung in der Regel nur, wenn das Kind einen gestaltenden Beitrag (zB als Sänger, Statist) leistet. Eine Bewilligung ist nicht erforderlich, wenn die Mitwirkung keine Beschäftigung iSd. § 1 darstellt (zB Mitwirkung im Rahmen einer Vereinstätigkeit, vgl. § 1 Rz. 4). Zuständige Aufsichtsbehörde ist entsprechend den Landesgesetzen das Gewerbeaufsichtsamt oder das Arbeitsschutzamt. Örtlich zuständig ist die Behörde, in deren Bezirk sich der Betriebssitz des Veranstalters befindet (§ 3 Abs. 1 Nr. 2 VwVfG)[1].

2   **II. Bewilligungsfähige Veranstaltungen (Abs. 1).** Unter Theateraufführungen iSv. Satz 1 Nr. 1 werden auch rein konzertante Aufführungen verstanden. Zu den „anderen Aufführungen" nach Satz 1 Nr. 2 gehören zB Ballettvorführungen, Puppenspiele, Modeschauen usw. Die Bewilligung soll in der Regel für nicht mehr als 30 Tage im Jahr erteilt werden[2].

3   **III. Voraussetzungen, Festlegung und Bekanntgabe der Bewilligung (Abs. 2, 3 und 4).** Die Voraussetzungen sind in Abs. 2 abschließend aufgezählt. Die Betreuung und Beaufsichtigung des Kindes bei der Beschäftigung erfasst auch den Weg zu und von dem Beschäftigungsort. Bei der Bewilligung und Festlegung des zeitlichen Umfangs der zulässigen Mitwirkung (Abs. 3) hat die Aufsichtsbehörde einen Ermessensspielraum; die Bewilligung ist ein Verwaltungsakt. Eine Beschäftigung ohne oder vor dem Zugang (Abs. 4) des Bewilligungsbescheides stellt eine Straftat oder Ordnungswidrigkeit nach §§ 58 Abs. 1 Nr. 2, Abs. 3 bis 6, 59 Abs. 1 Nr. 1 dar.

§ 7 Beschäftigung von nicht vollzeitschulpflichtigen Kindern

Kinder, die der Vollzeitschulpflicht nicht mehr unterliegen, dürfen

1. **im Berufsausbildungsverhältnis,**
2. **außerhalb eines Berufsausbildungsverhältnisses nur mit leichten und für sie geeigneten Tätigkeiten bis zu sieben Stunden täglich und 35 Stunden wöchentlich**

beschäftigt werden. Auf die Beschäftigung finden die §§ 8 bis 46 entsprechend Anwendung.

1   **I. Normzweck.** Die Norm ermöglicht es Kindern, die vor Erreichen des 15. Lebensjahres die Schule beendet haben, eine Berufsausbildung zu beginnen (Satz 1 Nr. 1) oder eine sonstige Beschäftigung (Satz 1 Nr. 2) aufzunehmen.

2   **II. Beschäftigung nicht mehr vollzeitschulpflichtiger Kinder.** Zur Dauer der Vollzeitschulpflicht § 2 Rz. 2. Auf die Beschäftigung finden die §§ 8 bis 46 Anwendung. Im Einzelnen ist zu prüfen, ob die Vorschrift mit diesen Verweisungen den Anforderungen der Jugendarbeitsschutzrichtlinie (§ 5 Rz. 1) genügt. Nicht richtlinienkonform (EAR Vorb. Rz. 13 ff.) ist der Verweis in Satz 2 auf die §§ 13 und 14 Abs. 1, da diese Art. 9 Abs. 1 Nr. a) und Art. 10 Abs. 1 Nr. a) der Jugendarbeitsschutzrichtlinie nicht genügen[3].

---

[1] *Zmarzlik/Anzinger*, § 6 JArbSchG Rz. 30.   [2] BT-Drs. 7/2305 S. 28.   [3] ErfK/*Schlachter*, § 7 JArbSchG Rz. 1.

Dritter Abschnitt. Beschäftigung Jugendlicher

Erster Titel. Arbeitszeit und Freizeit

§ 8 *Dauer der Arbeitszeit*

(1) Jugendliche dürfen nicht mehr als acht Stunden täglich und nicht mehr als 40 Stunden wöchentlich beschäftigt werden.

(2) Wenn in Verbindung mit Feiertagen an Werktagen nicht gearbeitet wird, damit die Beschäftigten eine längere zusammenhängende Freizeit haben, so darf die ausfallende Arbeitszeit auf die Werktage von fünf zusammenhängenden, die Ausfalltage einschließenden Wochen nur dergestalt verteilt werden, dass die Wochenarbeitszeit im Durchschnitt dieser fünf Wochen 40 Stunden nicht überschreitet. Die tägliche Arbeitszeit darf hierbei achteinhalb Stunden nicht überschreiten.

(2a) Wenn an einzelnen Werktagen die Arbeitszeit auf weniger als acht Stunden verkürzt ist, können Jugendliche an den übrigen Werktagen derselben Woche achteinhalb Stunden beschäftigt werden.

(3) In der Landwirtschaft dürfen Jugendliche über 16 Jahre während der Erntezeit nicht mehr als neun Stunden täglich und nicht mehr als 85 Stunden in der Doppelwoche beschäftigt werden.

I. Normzweck. Die Norm enthält ein Beschäftigungsverbot; abweichende Vereinbarungen sind gem. § 134 BGB nichtig (vgl. § 5 Rz. 2). Einer Weisung des ArbGeb, die Arbeit fortzuführen, braucht der Jugendliche nicht nachzukommen. In Notfällen ist Mehrarbeit zulässig, § 21 Abs. 1. § 21a Abs. 1 Nr. 1 lässt kollektivvertragliche Abweichungen zu. § 8 ist ein Schutzgesetz gem. § 823 Abs. 2 BGB. Verstöße stellen eine Ordnungswidrigkeit oder Straftat nach § 58 Abs. 1 Nr. 5, Abs. 3 bis 6 dar. **1**

II. Tägliche und wöchentliche Arbeitszeit (Abs. 1). Auf die zulässige Arbeitszeit von 8 Stunden täglich und 40 Stunden wöchentlich wird die Zeit der Teilnahme am Berufsschulunterricht, an Prüfungen und an außerbetrieblichen Ausbildungsmaßnahmen nach Maßgabe der §§ 9 Abs. 2, 10 Abs. 2 Satz 1 angerechnet. Zur Lage der Arbeitszeit vgl. §§ 15 bis 18. Zur Berechnung der Arbeitszeit vgl. § 4. **2**

III. Freizeit in Verbindung mit Feiertagen (Abs. 2). Die Grenzen von Abs. 1 dürfen nach Maßgabe des Abs. 2 überschritten werden, um dem Jugendlichen eine zusammenhängende Freizeit zu ermöglichen. Die Beschränkung auf eine Arbeitszeit von maximal 8½ Arbeitsstunden täglich führt dazu, dass nur 1,5 Arbeitstage vor- oder nachgearbeitet werden können. **3**

IV. Abweichende Verteilung der Arbeitszeit (Abs. 2a). Die Zulassung einer Arbeitszeit von 8 ½ täglich Arbeitsstunden mit dem Zweck einer Verkürzung der Arbeitszeit an einem anderen Tag (insb. Freitag) ermöglicht die Anpassung an die Arbeitszeiten der Erwachsenen und erleichtert die beschränkte Einführung von Gleitzeit auch für Jugendliche. Kollektivvertraglich ist eine maximale Arbeitszeit von 9 Arbeitsstunden täglich vereinbar, § 21 Abs. 1 Nr. 1. **4**

V. Beschäftigung in der Landwirtschaft (Abs. 3). Weiter gehende Erleichterungen sind zugunsten der Landwirtschaft[1] zulässig. **5**

§ 9 *Berufsschule*

(1) Der Arbeitgeber hat den Jugendlichen für die Teilnahme am Berufsschulunterricht freizustellen. Er darf den Jugendlichen nicht beschäftigen

1. vor einem vor 9 Uhr beginnenden Unterricht; dies gilt auch für Personen, die über 18 Jahre alt und noch berufsschulpflichtig sind,
2. an einem Berufsschultag mit mehr als fünf Unterrichtsstunden von mindestens je 45 Minuten, einmal in der Woche,
3. in Berufsschulwochen mit einem planmäßigen Blockunterricht von mindestens 25 Stunden an mindestens fünf Tagen; zusätzliche betriebliche Ausbildungsveranstaltungen bis zu zwei Stunden wöchentlich sind zulässig.

(2) Auf die Arbeitszeit werden angerechnet

1. Berufsschultage nach Absatz 1 Nr. 2 mit acht Stunden,
2. Berufsschulwochen nach Absatz 1 Nr. 3 mit 40 Stunden,
3. im Übrigen die Unterrichtszeit einschließlich der Pausen.

(3) Ein Entgeltausfall darf durch den Besuch der Berufsschule nicht eintreten.

---

[1] Zum Begriff *Molitor/Volmer/Germelmann*, § 5 JArbSchG Rz. 21 ff.

JArbSchG § 9 Rz. 1 — Berufsschule

1 **I. Freistellung durch den ArbGeb (Abs. 1).** Abs. 1 konstituiert einen Freistellungsanspruch und ein Beschäftigungsverbot von Jugendlichen für den Zeitraum der Teilnahme am Berufsschulunterricht. Einen dem Satz 1 entsprechenden **Freistellungsanspruch** des (auch volljährigen) Auszubildenden gegenüber seinem Ausbilder enthält § 7 BBiG. Der Freistellungsanspruch bezieht sich auf die gesamte Teilnahme am Unterricht, dh. für die Zeit während der ersten und der letzten Unterrichtsstunde, auch wenn zwischen diesen eine Freistunde liegt. Der Freistellungsanspruch erstreckt sich auf Wegezeiten von und zur Schule[1], auf zur Erholung und zur Einnahme von Mahlzeiten erforderliche Zeiten und auf Zeiten der Teilnahme an für den Jugendlichen verbindlichen Schulveranstaltungen. Er erstreckt sich nicht auf die für die Erledigung von Hausaufgaben erforderliche Zeit. Freizustellen ist der Jugendliche auch von der betrieblichen Ausbildung, wenn diese zeitlich mit dem Berufsschulunterricht kollidiert[2]. Verstöße stellen Ordnungswidrigkeiten oder Straftaten nach § 58 Abs. 1 Nr. 6, Abs. 3 bis 6 dar.

2 **II. Das Beschäftigungsverbot** (vgl. § 5 Rz. 2) des Satzes 2 gilt auch, wenn der ArbGeb den Verdacht hat, der Jugendliche werde dem Unterricht fernbleiben[3]. Der Ausbilder ist nach § 6 Abs. 1 Nr. 4 BBiG ohnehin verpflichtet, den Auszubildenden zum Besuch der Berufsschule anzuhalten. Das Beschäftigungsverbot entfällt auch nicht dadurch, dass besondere betriebliche Umstände die Beschäftigung dringend erforderlich machen (vgl. § 21).

3 Das Beschäftigungsverbot in Nr. 1 gilt auch, wenn der Unterricht vor 9 Uhr entfällt, dies dem Jugendlichen jedoch nicht rechtzeitig bekannt gemacht wurde. Für das Beschäftigungsverbot in Nr. 2 kommt es darauf an, ob tatsächlich mehr als 5 Unterrichtsstunden stattgefunden haben. Nr. 3 bezieht sich auf Blockunterricht von mindestens 25 Stunden an 5 Tagen. Hierbei sei auf den planmäßigen, nicht auf den tatsächlich stattgefundenen Unterricht abzustellen[4].

4 **III. Anrechnung auf die Arbeitszeit (Abs. 2).** Nach dieser Regelung wird die Unterrichtszeit auf die Arbeitszeit angerechnet. Die Beschäftigungszeit innerhalb der Woche ist entsprechend zu verringern. Die Vorschrift gilt für die Berechnung der gesetzlichen Arbeitszeit, nicht für tarifliche oder betriebliche Regelungen[5]. Eine Anrechnung erfolgt nicht, wenn der Jugendliche dem Unterricht ferngeblieben ist. Angerechnet werden jedoch Freistunden und ausgefallener Unterricht, wenn der Ausfall dem Jugendlichen nicht rechtzeitig bekannt gegeben wurde. Zu Wegezeiten vgl. § 4 Rz. 2. Eine Anrechnung nach Nr. 1 findet auch statt, wenn der Berufsschultag auf einen Feiertag fällt und die Voraussetzungen des Abs. 1 Nr. 2 erfüllt sind.

5 Da die Vorschrift gem. §§ 1 Abs. 1 Nr. 1, 2 Abs. 2 auf volljährige Auszubildende keine Anwendung findet, fehlt für diesen Personenkreis eine Anrechnungsvorschrift. Daher kann für solche Auszubildenden die Summe der Berufsschulzeiten und der betrieblichen Ausbildungszeiten kalenderwöchentlich größer sein als die regelmäßige tarifliche wöchentliche Ausbildungszeit[6].

6 **IV. Kein Entgeltausfall (Abs. 3).** Zweck der Regelung ist es, dem Jugendlichen keinen Anreiz zu bieten, den Unterricht zu versäumen. Für (auch erwachsene) Auszubildende gilt § 12 BBiG. Nach dem Lohnausfallprinzip ist dem Jugendlichen der Lohn zu zahlen, den der ArbGeb schulden würde, wenn der Jugendliche statt des Besuchs der Berufsschule gearbeitet hätte. Zu vergüten sind damit idR die Zeiten der Freistellung nach Abs. 1, insb. auch die Wegezeiten[7]. Die Regelung enthält keinen Anspruch auf Kostenerstattung, etwa für Fahrtkosten oder Schulmittelkosten.

10 Prüfungen und außerbetriebliche Ausbildungsmaßnahmen

(1) Der Arbeitgeber hat den Jugendlichen

1. für die Teilnahme an Prüfungen und Ausbildungsmaßnahmen, die auf Grund öffentlich-rechtlicher oder vertraglicher Bestimmungen außerhalb der Ausbildungsstätte durchzuführen sind,

2. an dem Arbeitstag, der der schriftlichen Abschlussprüfung unmittelbar vorangeht,

freizustellen.

(2) Auf die Arbeitszeit werden angerechnet

1. die Freistellung nach Absatz 1 Nr. 1 mit der Zeit der Teilnahme einschließlich der Pausen,

2. die Freistellung nach Absatz 1 Nr. 2 mit acht Stunden.

Ein Entgeltausfall darf nicht eintreten.

1 **I. Freistellung für Prüfungen (Abs. 1).** Mit Prüfungen iSd. Abs. 1 sind insb. Prüfungen im Rahmen der Berufsbildung nach dem BBiG gemeint. Für Prüfungen im Rahmen des Berufsschulunterrichts gilt

---

[1] BAG v. 26.3.2001 – 5 AZR 413/99, AP Nr. 1 zu § 7 BBiG. [2] BAG v. 26.3.2001 – 5 AZR 413/99, AP Nr. 1 zu § 7 BBiG. [3] Im Ergebnis ebenso *Molitor/Volmer/Germelmann*, § 9 JArbSchG Rz. 8, 17a. [4] Einschr. LAG Bremen v. 9.3.1984 – 1 Sa 130/83, EzB JArbSchG § 9 Nr. 8. Umfassend *Molitor/Volmer/Germelmann*, § 9 JArbSchG Rz. 24 ff. [5] BAG v. 27.5.1992 – 5 AZR 252/91, AP Nr. 1 zu § 8 JArbSchG; LAG BW v. 28.6.1989 – 3 (5) Sa 39/89, ZTR 1989, 408. [6] BAG v. 13.2.2003 – 6 AZR 537/01, AP Nr. 2 zu § 7 BBiG. [7] LAG Köln v. 18.9.1998 – 12 Sa 549/98, AiB 1999, 52 (zu § 7 BBiG).

§ 9. Zu den Ausbildungsmaßnahmen nach Nr. 1 zählen auch zusätzliche Maßnahmen, die freiwillig vereinbart wurden. Abschlussprüfungen nach Nr. 2 sind solche nach § 34 BBiG; auf mündliche Abschlussprüfungen ist die Vorschrift analog anzuwenden[1]. Besteht am Tage vor der Prüfung ohnehin keine Arbeitspflicht, entfällt der Freistellungsanspruch. Für erwachsene Auszubildende gilt § 7 BBiG. Verstöße stellen Ordnungswidrigkeiten oder Straftaten nach § 58 Abs. 1 Nr. 7, Abs. 3 bis 6 dar.

II. Anrechnung auf die Arbeitszeit; kein Entgeltausfall (Abs. 2). Zur Zeit der Teilnahme nach Satz 1 Nr. 1 gehört die Zeit von der Ankunft des Jugendlichen an bis zur ausdrücklichen Entlassung. Anzurechnen sind auch Prüfungen, die an arbeitsfreien Tagen durchgeführt werden[2]. Für eine analoge Anwendung der Obergrenze von 8 Stunden für die Anrechnung aus § 9 Abs. 2 Nr. 1 auf die Anrechnung von Prüfungen nach Nr. 1[3] besteht kein ausreichender Grund. Zum Entgeltausfall vgl. § 9 Rz. 5.

11 *Ruhepausen, Aufenthaltsräume*
(1) Jugendlichen müssen im Voraus feststehende Ruhepausen von angemessener Dauer gewährt werden. Die Ruhepausen müssen mindestens betragen
1. 30 Minuten bei einer Arbeitszeit von mehr als viereinhalb bis zu sechs Stunden,
2. 60 Minuten bei einer Arbeitszeit von mehr als sechs Stunden.
Als Ruhepause gilt nur eine Arbeitsunterbrechung von mindestens 15 Minuten.

(2) Die Ruhepausen müssen in angemessener zeitlicher Lage gewährt werden, frühestens eine Stunde nach Beginn und spätestens eine Stunde vor Ende der Arbeitszeit. Länger als viereinhalb Stunden hintereinander dürfen Jugendliche nicht ohne Ruhepause beschäftigt werden.

(3) Der Aufenthalt während der Ruhepausen in Arbeitsräumen darf den Jugendlichen nur gestattet werden, wenn die Arbeit in diesen Räumen während dieser Zeit eingestellt ist und auch sonst die notwendige Erholung nicht beeinträchtigt wird.

(4) Absatz 3 gilt nicht für den Bergbau unter Tage.

I. Ruhepausen (Abs. 1 und 2). Unter Ruhepausen sind im Voraus festgelegte Unterbrechungen der Arbeitszeit, in denen der ArbN weder Arbeit zu leisten noch sich dazu bereitzuhalten hat, zu verstehen[4]. Die Festlegung im Voraus darf nur entfallen, wenn sie wegen der Besonderheiten des Arbeitsablaufs nicht möglich ist. Die Pausenzeit muss dem Jugendlichen zur freien Verfügung stehen; er kann das Betriebsgelände verlassen. Der Hin- und Rückweg zur Berufsschule ist folglich keine Ruhepause iSd. Norm. Die in § 9 Abs. 2 Nr. 3 angeordnete Anrechnung der Unterrichtszeit auf die Arbeitszeit führt dazu, dass die Unterrichtszeit und auch die in ihr gewährten Pausen im Rahmen der Absätze 1 und 2 berücksichtigt werden müssen[5]. Hinsichtlich der Höchstdauer von Ruhepausen ergeben sich die Grenzen aus § 12. Für Abs. 1 Satz 2 und Abs. 2 lässt § 21a Abs. 1 Nr. 2 abweichende kollektivvertragliche Regelungen zu. Verstöße stellen Ordnungswidrigkeiten oder Straftaten nach § 58 Abs. 1 Nr. 8, Abs. 3 bis 6 dar.

II. Aufenthalt während der Ruhepausen (Abs. 3 und 4). Nach § 29 Abs. 1 der ArbStättV hat ein ArbGeb einen leicht erreichbaren Pausenraum zur Verfügung zu stellen, wenn er mehr als 10 ArbN beschäftigt oder wenn gesundheitliche Gründe oder die Art der ausgeübten Tätigkeit dies erfordern. Nach Abs. 3 muss er ebenfalls einen Pausenraum einrichten, wenn er nicht bereit ist, die Arbeit in den Arbeitsräumen während der Pausen der Jugendlichen völlig einzustellen. Der ArbGeb hat die Jugendlichen ggf. gegen ihren Willen zu veranlassen, den Pausenraum aufzusuchen. Ein Verstoß gegen Abs. 3 stellt eine Ordnungswidrigkeit nach § 59 Abs. 1 Nr. 2 dar. Für den Bergbau unter Tage sieht Abs. 4 eine Privilegierung vor.

12 *Schichtzeit*
Bei der Beschäftigung Jugendlicher darf die Schichtzeit (§ 4 Abs. 2) 10 Stunden, im Bergbau unter Tage 8 Stunden, im Gaststättengewerbe, in der Landwirtschaft, in der Tierhaltung, auf Bau- und Montagestellen 11 Stunden nicht überschreiten.

I. Zulässige Höchstdauer. Mit der Regelung soll die Anwesenheitszeit am Arbeitsplatz auf die maximal zulässige Schichtzeit von 10 Stunden begrenzt werden, um dem Jugendlichen eine ununterbrochene Freizeit von mindestens 14 Stunden täglich zu gewähren. Nach § 4 Abs. 2 ist Schichtzeit die Arbeitszeit einschließlich der Ruhepausen nach § 11. Sonstige Unterbrechungen, die keine Ruhepausen iSd. § 12 sind[6] und/oder *nicht als Arbeitszeit* gelten, werden auf die Schichtzeit angerechnet. Zeiten der Teilnahme am Berufsschulunterricht usw. werden nach Maßgabe der §§ 9, 10 hinzugerechnet. Hinsichtlich der Wegezeiten vgl. § 4 Rz. 2. Abweichende kollektivvertragliche Regelungen sind nach § 21a Abs. 1 Nr. 3 möglich. Verstöße stellen Ordnungswidrigkeiten oder Straftaten nach § 58 Abs. 1 Nr. 9, Abs. 3 bis 6 dar.

---

1 *Zmarzlik/Anzinger*, § 10 JArbSchG Rz. 16. | 2 *Zmarzlik/Anzinger*, § 10 JArbSchG Rz. 24. | 3 Dafür *Zmarzlik/Anzinger*, § 10 JArbSchG Rz. 26. | 4 BAG v. 23.9.1992 – 4 AZR 562/91, AP Nr. 6 zu § 3 AZO Kr. | 5 *Zmarzlik/Anzinger*, § 11 JArbSchG Rz. 15. | 6 BayObLG München 28.1.1982 – 3 ObOWi 213/81, AP Nr. 1 zu § 4 JArbSchG.

JArbSchG § 12 Rz. 2   Schichtzeit

2   **II. Besondere Schichtzeiten.** Hinsichtlich des Bergbaus vgl. auch § 4 Abs. 3. Die Privilegierung für das Gaststättengewerbe gilt auch für Hilfs- und Nebenbetriebe sowie für nichtgewerbliche Schank- und Speisewirtschaften zB in Kantinen[1]. Vgl. auch §§ 14 Abs. 2 Nr. 1 und 2, 16 Abs. 2 Nr. 6, 17 Abs. 2 Satz 1 Nr. 8. Die Privilegierung erstreckt sich auf die Landwirtschaft (vgl. auch §§ 14 Abs. 2 Nr. 3, 16 Abs. 2 Nr. 4, 17 Abs. 2 Satz 1 Nr. 2), Tierhaltung (vgl. auch §§ 16 Abs. 2 Nr. 4, 17 Abs. 2 Satz 1 Nr. 2) und auf Bau- und Montagestellen. Für die Binnenschifffahrt gilt § 20 Nr. 1.

13   *Tägliche Freizeit*

Nach Beendigung der täglichen Arbeitszeit dürfen Jugendliche nicht vor Ablauf einer ununterbrochenen Freizeit von mindestens 12 Stunden beschäftigt werden.

1   **I. Beschäftigungsverbot.** Aus der Norm resultiert ein Beschäftigungsverbot (vgl. § 5 Abs. 2), dass sich auf die Zeit zwischen Arbeitsende und Arbeitsbeginn erstreckt. Freizeit bedeutet das Freisein von Arbeit (vgl. § 4 Rz. 2). Hinsichtlich der Lage der Freizeit ist § 14 zu beachten. Verstöße stellen Ordnungswidrigkeiten oder Straftaten nach § 58 Abs. 1 Nr. 10, Abs. 3 bis 6 dar. Vor einem Berufsschultag ist § 14 Abs. 4 zu beachten.

2   **II. Ausnahmen.** Eine Privilegierung besteht für die Binnenschifffahrt, § 20 Nr. 2. Eine Verschärfung sieht § 14 Abs. 7 vor.

14   *Nachtruhe*

(1) Jugendliche dürfen nur in der Zeit von 6 bis 20 Uhr beschäftigt werden.

(2) Jugendliche über 16 Jahre dürfen

1. im Gaststätten- und Schaustellergewerbe bis 22 Uhr,

2. in mehrschichtigen Betrieben bis 23 Uhr,

3. in der Landwirtschaft ab 5 Uhr oder bis 21 Uhr,

4. in Bäckereien und Konditoreien ab 5 Uhr

beschäftigt werden.

(3) Jugendliche über 17 Jahre dürfen in Bäckereien ab 4 Uhr beschäftigt werden.

(4) An dem einem Berufsschultag unmittelbar vorangehenden Tag dürfen Jugendliche auch nach Absatz 2 Nr. 1 bis 3 nicht nach 20 Uhr beschäftigt werden, wenn der Berufsschulunterricht am Berufsschultag vor 9 Uhr beginnt.

(5) Nach vorheriger Anzeige an die Aufsichtsbehörde dürfen in Betrieben, in denen die übliche Arbeitszeit aus verkehrstechnischen Gründen nach 20 Uhr endet, Jugendliche bis 21 Uhr beschäftigt werden, soweit sie hierdurch unnötige Wartezeiten vermeiden können. Nach vorheriger Anzeige an die Aufsichtsbehörde dürfen ferner in mehrschichtigen Betrieben Jugendliche über 16 Jahre ab 5.30 Uhr oder bis 23.30 Uhr beschäftigt werden, soweit sie hierdurch unnötige Wartezeiten vermeiden können.

(6) Die Aufsichtsbehörde kann bewilligen, dass Jugendliche in Betrieben, in denen die Beschäftigten in außergewöhnlichem Grade der Einwirkung von Hitze ausgesetzt sind, in der warmen Jahreszeit ab 5 Uhr beschäftigt werden.

(7) Die Aufsichtsbehörde kann auf Antrag bewilligen, dass Jugendliche

bei Musikaufführungen, Theatervorstellungen und anderen Aufführungen,

bei Aufnahmen im Rundfunk (Hörfunk und Fernsehen), auf Ton- und Bildträger sowie bei Film- und Fotoaufnahmen

bis 23 Uhr gestaltend mitwirken. Eine Ausnahme darf nicht bewilligt werden für Veranstaltungen, Schaustellungen oder Darbietungen, bei denen die Anwesenheit Jugendlicher nach den Vorschriften des Gesetzes zum Schutze der Jugend in der Öffentlichkeit nicht gestattet werden darf. Nach Beendigung der Tätigkeit dürfen Jugendliche nicht vor Ablauf einer ununterbrochenen Freizeit von mindestens 14 Stunden beschäftigt werden.

1   **I. Nachtarbeitsverbot (Abs. 1).** Die Regelung normiert ein Beschäftigungsverbot (vgl. § 5 Rz. 2), um die Nachtruhe von Jugendlichen zu gewährleisten. Verstöße stellen Ordnungswidrigkeiten oder Straftaten nach § 58 Abs. 1 Nr. 11, Abs. 3 bis 6 dar.

2   **II. Ausnahmen (Abs. 2 bis 4).** Die Ausnahme in Abs. 2 bezieht sich auf besondere Wirtschaftszweige. Die Beschäftigung ist auch hier nur zulässig, wenn gesundheitliche Risiken nicht bestehen (§§ 39 Abs. 2, 40). Abs. 2 Nr. 2 findet nur Anwendung, wenn der Jugendliche selbst einen mehrschichtigen Arbeitsplatz innehat. *Die Beschäftigung nach Abs. 2 Nr. 3 kann alternativ ab 5 oder bis 21 Uhr erfolgen.*

---

[1] *Zmarzlik/Anzinger,* § 12 JArbSchG Rz. 12.

Samstagsruhe **§ 16 JArbSchG**

Die Ausnahme in Abs. 3 gilt auch, wenn in der Bäckerei auch Konditorwaren hergestellt werden, der Jugendliche aber bis 5 Uhr lediglich mit der Herstellung von Backwaren beschäftigt ist[1].   3

Das Verbot der Beschäftigung nach 20 Uhr vor einem Berufsschultag (Abs. 3) erstreckt sich auch auf die Beschäftigung nach Abs. 2 Nr. 1 bis 3, nicht aber auf die Ausnahme in Abs. 5[2]. Einen etwaigen Entgeltausfall kann der Jugendliche nach § 9 Abs. 3 geltend machen.   4

III. Ausnahme nach Anzeige an die Aufsichtsbehörde (Abs. 5). Diese Ausnahme wurde geschaffen, um der vielfachen Praxis zu entsprechen, Arbeitsbeginn und Arbeitsende nach dem Fahrplan öffentlicher Verkehrsmittel, von Werksbussen oder Fahrgemeinschaften auszurichten. Die Nutzung dieser Verkehrsmittel soll den Jugendlichen ermöglicht werden, sofern ihnen dadurch unnötige Wartezeiten erspart bleiben. Als unnötig gelten Wartezeiten, in denen der Jugendliche lediglich auf die Fahrgelegenheit wartet. Auch Wartezeiten von weniger als 30 Minuten sind zu berücksichtigen[3]. Auf die Stellungnahme der Aufsichtsbehörde muss der ArbGeb nicht warten.   5

IV. Ausnahme nach Bewilligung durch die Aufsichtsbehörde (Abs. 6 und 7). Der Antrag auf eine Bewilligung nach Abs. 6 und 7 sollte begründet werden. Die Bewilligung ist eine Ermessensentscheidung nach § 54. Die Ausnahme in Abs. 6 gilt insb. für sog. Hitzebetriebe (zB Stahlwerke, Glashütten). Ausnahmen können auch für Betriebsteile bewilligt werden. Unter „warmer Jahreszeit" ist die Zeit von Mai/Juni bis August/September zu verstehen. Es ist nicht erforderlich, dass der Jugendliche selbst der Hitze ausgesetzt ist; organisatorische Schwierigkeiten durch unterschiedlichen Arbeitsbeginn genügen.   6

Zu Ausnahmen für besondere Veranstaltungen nach Abs. 7 vgl. die entsprechenden Ausführungen zu § 6 Rz. 1 und 2. Das in Abs. 7 Satz 2 genannte JÖSchG wurd aufgehoben und durch das JuSchG ersetzt[4]. Veranstaltungen nach Abs. 7 Satz 2 sind solche in Räumlichkeiten nach § 4 Abs. 3, 5, 6, 11 JuSchG (zB Veranstaltungen in Nachtclubs, Spielhallen).   7

15 *Fünf-Tage-Woche*
Jugendliche dürfen nur an fünf Tagen in der Woche beschäftigt werden. Die beiden wöchentlichen Ruhetage sollen nach Möglichkeit aufeinander folgen.

Satz 1 enthält ein **Beschäftigungsverbot** (vgl. § 5 Rz. 2), von dem durch kollektive Vereinbarung abgewichen werden kann, § 21a Abs. 1 Nr. 5. Die Woche berechnet sich gem. § 4 Abs. 4 Satz 1. Die Rechtsfolgen des Beschäftigungsverbots treffen den ArbGeb des später geschlossenen Beschäftigungsverhältnisses (§ 4 Rz. 6)[5]. Die Teilnahme am Berufsschulunterricht und Prüfungen außerhalb der Ausbildungsstelle (§ 10 Abs. 1 Nr. 1) stellen keine Beschäftigung iSd. Norm dar. Für eine Beschäftigung durch eine Ausbildungsmaßnahme iSd. § 10 Abs. 1 Nr. 1 gilt das jedoch nicht (vgl. auch § 16 Abs. 3). Verstöße stellen Ordnungswidrigkeiten oder Straftaten nach § 58 Abs. 1 Nr. 12, Abs. 3 bis 6 dar.   1

Satz 2 enthält eine Sollvorschrift; die Festlegung von zwei auseinanderliegenden Ruhetagen ist daher nur möglich, wenn **dringende betriebliche Gründe** bestehen[6]. Aufgrund der §§ 16, 17 liegen die beiden freien Tage in der Regel am Wochenende. Zur Anrechnung von Feiertagen vgl. § 16 Rz. 6.   2

16 *Samstagsruhe*
(1) An Samstagen dürfen Jugendliche nicht beschäftigt werden.

(2) Zulässig ist die Beschäftigung Jugendlicher an Samstagen nur

1. in Krankenanstalten sowie in Alten, Pflege- und Kinderheimen,
2. in offenen Verkaufsstellen, in Betrieben mit offenen Verkaufsstellen, in Bäckereien und Konditoreien, im Friseurhandwerk und im Marktverkehr,
3. im Verkehrswesen,
4. in der Landwirtschaft und Tierhaltung.
5. im Familienhaushalt,
6. im Gaststätten- und Schaustellergewerbe,
7. bei Musikaufführungen, Theatervorstellungen und anderen Aufführungen, bei Aufnahmen im Rundfunk (Hörfunk und Fernsehen), auf Ton- und Bildträger sowie bei Film- und Fotoaufnahmen,
8. bei außerbetrieblichen Ausbildungsmaßnahmen,
9. beim Sport,
10. im ärztlichen Notdienst,

---

1 *Zmarzlik/Anzinger*, § 14 JArbSchG Rz. 19. | 2 *Zmarzlik/Anzinger*, § 14 JArbSchG Rz. 24, 27. | 3 *Zmarzlik/Anzinger*, § 14 JArbSchG Rz. 31. | 4 V. 23.7.2002, BGBl. I S. 2730. Vgl. § 22 unter Rz. 2. | 5 *Zmarzlik/Anzinger*, § 15 JArbSchG Rz. 11. | 6 *Taubert*, BB 1997, 575, 576.

11. in Reparaturwerkstätten für Kraftfahrzeuge.

Mindestens zwei Samstage im Monat sollen beschäftigungsfrei bleiben.

(3) Werden Jugendliche am Samstag beschäftigt, ist ihnen die Fünf-Tage-Woche (§ 15) durch Freistellung an einem anderen berufsschulfreien Arbeitstag derselben Woche sicherzustellen. In Betrieben mit einem Betriebsruhetag in der Woche kann die Freistellung auch an diesem Tage erfolgen, wenn die Jugendlichen an diesem Tage keinen Berufsschulunterricht haben.

(4) Können Jugendliche in den Fällen des Absatzes 2 Nr. 2 am Samstag nicht acht Stunden beschäftigt werden, kann der Unterschied zwischen der tatsächlichen und der nach § 8 Abs. 1 höchstzulässigen Arbeitszeit an dem Tage bis 13 Uhr ausgeglichen werden, an dem die Jugendlichen nach Absatz 3 Satz 1 freizustellen sind.

1 **I. Beschäftigungsverbot (Abs. 1).** Die Vorschrift normiert ein Beschäftigungsverbot (vgl. § 5 Rz. 2), von dem durch kollektive Vereinbarung abgewichen werden kann, § 21a Abs. 1 Nr. 4, 5. In Verbindung mit den §§ 17, 15 führt sie in der Regel zu einem beschäftigungsfreien Wochenende des Jugendlichen. Keine Beschäftigung iSd. Norm ist der Besuch der Berufsschule und die Teilnahme an Prüfungen. Verstöße können als Ordnungswidrigkeiten oder Straftaten nach § 58 Abs. 1 Nr. 13, Abs. 3 bis 6 geahndet werden.

2 **II. Ausnahmen (Abs. 2).** Die Aufzählung in Satz 1 ist abschließend und eng auszulegen[1]. Die Beschäftigungsfreiheit an zwei Samstagen im Monat nach Satz 2 ist eine Sollvorschrift, die im Rahmen der Fürsorgepflicht des ArbGeb und der Ausübung seines Direktionsrechts (§ 315 Abs. 1 BGB) relevant ist.

3 Unter Verkaufsstellen nach Satz 1 Nr. 2 werden dem Verkauf von Waren dienende Stellen iSd. § 1 LSchlG verstanden. Betriebe mit offenen Verkaufsstellen sind solche, in denen die zum Verkauf stehenden Waren selbst hergestellt oder bearbeitet werden (zB Metzgereien, Schneidereien). Unter Marktverkehr wird auch der Betrieb von Messen und Ausstellungen verstanden (vgl. §§ 64 ff. GewO).

4 Im Verkehrswesen iSd. Satz 1 **Nr. 3** sind Betriebe tätig, die Personen, Waren oder Nachrichten befördern. Auch Neben- und Hilfsbetriebe sind erfasst, wenn sie für das reibungslose Funktionieren der Verkehrsbetriebe erforderlich sind[2].

5 Mit der Beschäftigung im Familienhaushalt gem. Satz 1 Nr. 5 ist die Beschäftigung zB als Kindermädchen gemeint, nicht die durch den Personensorgeberechtigten (vgl. § 1 Abs. 2 Nr. 2). Unter außerbetrieblichen Ausbildungsmaßnahmen gem. Satz 1 **Nr. 8** sind solche nach § 10 Abs. 1 Nr. 1 zu verstehen. Bei der Teilnahme an Sportveranstaltungen nach Satz 1 **Nr. 9** ist zunächst zu prüfen, ob diese in den Anwendungsbereich des Gesetzes fällt (vgl. § 1 Rz. 3, 4).

6 **III. Freistellung an einem anderen Tag (Abs. 3).** Wird der Jugendliche an einem Samstag beschäftigt, ist er dafür an einem anderen, berufsschulfreien Arbeitstag freizustellen. Dies gilt auch, wenn der Beschäftigungszeitraum am Samstag nur sehr kurz ist. Eine Freistellung an einem Werktag, auf den ein Feiertag fällt, genügt nicht[3]. Die Freistellung kann auch an einem Samstag, Sonn- oder Feiertag erfolgen, wenn dieser Tag gem. §§ 16 Abs. 2 Satz 1, 17 Abs. 2 Satz 1, 18 Abs. 2 für den Jugendlichen ein Arbeitstag ist[4]. Ist dies nicht der Fall, muss die Freistellung in der vorausgehende Arbeitswoche zwischen Montag und Freitag erfolgen. Auch wenn der ArbGeb die Freistellung nicht gewährt, braucht der Jugendliche die Arbeit nicht aufzunehmen (§ 5 Rz. 2). Nach Satz 2 kann auch an einem berufsschulfreien Betriebsruhetag freigestellt werden, auch wenn auf diesen Betriebsruhetag ein Feiertag fällt[5].

7 **IV. Freistellung in den Fällen des Abs. 2 Satz 1 Nr. 2 (Abs. 4).** Eine Privilegierung gilt für Betriebe in den Wirtschaftsbereichen gem. Abs. 2 Satz 1 Nr. 2, weil diese durch die Regelungen des Ladenschlussgesetzes zusätzlich eingeschränkt sind. Mit dieser Regelung wird im Ergebnis die 6-Tage-Woche mit einem Arbeitstag bis 13:00 ermöglicht.

17 Sonntagsruhe

(1) An Sonntagen dürfen Jugendliche nicht beschäftigt werden.

(2) Zulässig ist die Beschäftigung Jugendlicher an Sonntagen nur

1. in Krankenanstalten sowie in Alten-, Pflege- und Kinderheimen,

2. in der Landwirtschaft und Tierhaltung mit Arbeiten, die auch an Sonn- und Feiertagen naturnotwendig vorgenommen werden müssen,

3. im Familienhaushalt, wenn der Jugendliche in die häusliche Gemeinschaft aufgenommen ist,

4. im Schaustellergewerbe,

---

1 OLG Karlsruhe v. 14.1.1983 – 3 Ss 132/82, AP Nr. 1 zu § 16 JArbSchG. Zum Einsatz von Jugendlichen bei Inventuren *Wenzel*, DB 2001, 1613 | 2 OLG Karlsruhe v. 14.1.1983 – 3 Ss 132/82, AP Nr. 1 zu § 16 JArbSchG betr. Reparaturwerkstatt. | 3 BayObLG München v. 21.2.1983 – ObOWi 14/83, AP Nr. 2 zu § 16 JArbSchG. | 4 *Zmarzlik/Anzinger*, § 16 JArbSchG Rz. 47. | 5 *Zmarzlik/Anzinger*, § 16 JArbSchG Rz. 54.

§ 19 JArbSchG

..., Theatervorstellungen und anderen Aufführungen sowie bei Direktsendun... ...funk und Fernsehen),

5. bei Musikauf... gen im Run...
6. beim Sp... ...be.
7. im ärz... ...soll, mindestens zwei Sonntage im Monat müssen beschäftigungsfrei bleiben.
8. im ...che am Sonntag beschäftigt, ist ihnen die Fünf-Tage-Woche (§ 15) durch Freistel-...n berufsschulfreien Arbeitstag derselben Woche sicherzustellen. In Betrieben Je...ahetag in der Woche kann die Freistellung auch an diesem Tage erfolgen, wenn die ...em Tage keinen Berufsschulunterricht haben.

...verbot (Abs. 1). Die Vorschrift stellt ein Beschäftigungsverbot (vgl. § 5 Rz. 2) dar, von ...e Vereinbarung abgewichen werden kann, § 21a Abs. 1 Nr. 5, 6. Verstöße stellen Ord- ...oder Straftaten nach § 58 Abs. 1 Nr. 14, Abs. 3 bis 6 dar. **1**

...Abs. 2). Die Aufzählung in Satz 1 ist abschließend und eng auszulegen, vgl. insoweit ...Beschäftigungsfreiheit an zwei Sonntagen im Monat nach Satz 2 ist im Gegensatz zu ...zwingend. **2**

...ng an einem anderen Tag (Abs. 3). Die Vorschrift entspricht § 16 Abs. 3, vgl. dort Rz. 6. **3**

Feiertagsruhe

(1) Am 24. und 31. Dezember nach 14 Uhr und an gesetzlichen Feiertagen dürfen Jugendliche nicht beschäftigt werden.

(2) Zulässig ist die Beschäftigung Jugendlicher an gesetzlichen Feiertagen in den Fällen des § 17 Abs. 2, ausgenommen am 25. Dezember, am 1. Januar, am ersten Osterfeiertag und am 1. Mai.

(3) Für die Beschäftigung an einem gesetzlichen Feiertag, der auf einen Werktag fällt, ist der Jugendliche an einem anderen berufsschulfreien Arbeitstag derselben oder der folgenden Woche freizustellen. In Betrieben mit einem Betriebsruhetag in der Woche kann die Freistellung auch an diesem Tage erfolgen, wenn die Jugendlichen an diesem Tage keinen Berufsschulunterricht haben.

I. Beschäftigungsverbot (Abs. 1). Die Vorschrift begründet ein weiteres Beschäftigungsverbot (vgl. § 5 Rz. 2). Die gesetzlichen Feiertage werden durch den Landesgesetzgeber bestimmt (vgl. § 2 EFZG Rz. 10 ff.). Durch kollektive Vereinbarung kann lediglich im Rahmen des § 21a Abs. 1 Nr. 5 abgewichen werden. Verstöße können als Ordnungswidrigkeiten oder Straftaten nach § 58 Abs. 1 Nr. 15, Abs. 3 bis 6 geahndet werden. **1**

II. Ausnahmen (Abs. 2). Die Beschäftigung an den in der Norm nicht genannten Feiertagen ist unter denselben Voraussetzungen wie die Sonntagsarbeit zulässig. Fällt der Feiertag auf einen Samstag, gehen die §§ 18 Abs. 2, 17 Abs. 2 der Norm des § 16 Abs. 2 als Spezialvorschriften vor. **2**

III. Freistellung an einem anderen Tag (Abs. 3). Der Freistellungsanspruch entspricht im Grundsatz denen aus §§ 16 Abs. 3 und 17 Abs. 3, vgl. also § 16 Rz. 6. Fällt der gesetzliche Feiertag auf einen Sonntag ergibt sich der Freistellungsanspruch aus § 17 Abs. 3. Werktag ist auch der Samstag. Fällt der Feiertag auf einen Samstag, gilt § 18 Abs. 3 als speziellere Regelung vor § 16 Abs. 3[1]. **3**

19 Urlaub

(1) Der Arbeitgeber hat Jugendlichen für jedes Kalenderjahr einen bezahlten Erholungsurlaub zu gewähren.

(2) Der Urlaub beträgt jährlich

1. mindestens 30 Werktage, wenn der Jugendliche zu Beginn des Kalenderjahres noch nicht 16 Jahre alt ist,
2. mindestens 27 Werktage, wenn der Jugendliche zu Beginn des Kalenderjahres noch nicht 17 Jahre alt ist,
3. mindestens 25 Werktage, wenn der Jugendliche zu Beginn des Kalenderjahres noch nicht 18 Jahre alt ist.

Jugendliche, die im Bergbau unter Tage beschäftigt werden, erhalten in jeder Altersgruppe einen zusätzlichen Urlaub von drei Werktagen.

---

[1] So auch *Molitor/Volmer/Germelmann*, § 18 JArbSchG Rz. 22. Anders *Zmarzlik/Anzinger*, § 18 JArbSchG Rz. 16: Jugendlicher habe beide Ansprüche.

JArbSchG § 19 Rz. 1

(3) Der Urlaub soll Berufsschülern in der Zeit der Berufsschulferien gegebe[n ...]
nicht in den Berufsschulferien gegeben wird, ist für jeden Berufsschultag, an de[m ...]
während des Urlaubs besucht wird, ein weiterer Urlaubstag zu gewähren.

(4) Im Übrigen gelten für den Urlaub der Jugendlichen § 3 Abs. 2, §§ 4 bis 12 und § [... Bun]
desurlaubsgesetzes. Der Auftraggeber oder Zwischenmeister hat jedoch abweiche[nd ...]
des Bundesurlaubsgesetzes den jugendlichen Heimarbeitern für jedes Kalenderjahr [einen]
Erholungsurlaub entsprechend Absatz 2 zu gewähren; das Urlaubsentgelt der jugen[dlichen Heim]
arbeiter beträgt bei einem Urlaub von 30 Werktagen 11,6 vom Hundert, bei einem Urlaub [von ... Werk]
tagen 10,3 vom Hundert und bei einem Urlaub von 25 Werktagen 9,5 vom Hundert.

1 **I. Urlaubsanspruch (Abs. 1, 2).** Der Urlaubsanspruch Jugendlicher wird abweichend vo[m]
BUrlG privilegiert geregelt, um dem besonderen Schutzbedürfnis Jugendlicher zu entspr[echen und]
ihnen den Übergang in die Arbeitswelt zu erleichtern. Die Norm ist nicht dem öffentlichen Re[cht zuzuord]
ordnen, da sie auf keiner Seite einen Träger hoheitlicher Gewalt berechtigt oder verpflichtet[1]. V[erstöße]
stellen Ordnungswidrigkeiten oder Straftaten nach § 58 Abs. 1 Nr. 16, Abs. 3 bis 6 dar.

2 **1. Persönlicher Anwendungsbereich.** Die Norm findet auf **Jugendliche** (§ 2 Abs. 2) Anwendung[. Sie]
gilt darüber hinaus gem. Abs. 2 Satz 1 Nr. 3 für Erwachsene, wenn sie zu Beginn des Kalenderja[hres]
noch nicht 18 Jahre alt sind. Auf **Kinder** kann die Norm gem. § 5 Abs. 2 Satz 2, Abs. 3 Satz 4, Ab[s. 4]
Satz 2 Anwendung finden. Ob im Rahmen unzulässiger Kinderarbeit Urlaubsansprüche im Rahme[n]
eines faktischen Arbeitsverhältnisses bestehen[2], kann dahinstehen, da das Arbeitsverhältnis jede[n]
falls abzubrechen ist. Aus der Unwirksamkeit dürfen dem Kind keine Nachteile erwachsen, da die Beschäftigungsverbote dem Schutz der Kinder dienen. Wären bei Rechtswirksamkeit des Arbeitsverhältnisses dem Kind Ansprüche auf Urlaub entstanden, ist der Urlaub gem. Abs. 4 Satz 1, § 7 Abs. 4 BUrlG
analog abzugelten bzw. das Kind durch einen Schadensersatzanspruch in Geld[3] zu entschädigen; Naturalrestitution scheidet nach § 251 Abs. 1, Alt. 1 BGB aus. Wurde der Urlaub gewährt, sind weder Vergütung noch Urlaubsgeld zurückzugewähren (vgl. oben § 5 Rz. 2).

3 **2. Dauer des Urlaubs.** Die Dauer des Urlaubs wird in Werktagen (vgl. § 3 Abs. 2 BUrlG) angegeben. Da
Jugendliche in der Regel (§ 15) nur fünf Arbeitstage in der Woche haben, ist zur Bestimmung der Anzahl der freien Arbeitstage eine Umrechnung erforderlich. Demgemäß stehen einem Jugendlichen bis
zum 16. Lebensjahr 25 Arbeitstage, bis zum 17. Lebensjahr 22,5 Arbeitstage und bis zum 18. Lebensjahr 20,83 freie Arbeitstage zu. Die Aufrundungsregelung des § 5 Abs. 2 BUrlG ist nicht heranzuziehen,
da sie nur auf Teilurlaub Anwendung findet[4]. Im Bergbau beschäftigte Jugendliche erhalten nach
Satz 2 weitere 2,5 Arbeitstage Urlaub.

4 **II. Berufsschüler (Abs. 3).** Nach Satz 1 soll Berufsschülern der Urlaub in den Schulferien gewährt werden. Als Sollvorschrift ist die Regelung im Rahmen der Fürsorgepflicht des ArbGeb und bei der Ausübung seines Direktionsrechts (§ 315 Abs. 1 BGB) relevant. Eine Gewährung außerhalb der Schulferien
kommt nur im Ausnahmefall in Betracht. Wird der Urlaub außerhalb der Ferien gewährt, ist es dem Arb-
Geb rechtlich nicht möglich, den Jugendlichen an den Berufsschultagen von der Teilnahme am Unterricht „zu beurlauben". Für diesen Tag besteht also daher ursprüngliche Urlaubsanspruch fort. Satz 2 hat
insoweit nur klarstellenden Charakter[5]. Der Erfüllungsanspruch aus Satz 2 besteht daher auch, wenn
der Jugendliche dem Unterricht ferngeblieben ist[6], sofern er nicht von der Schulpflicht befreit wurde.

5 **III. Anwendung des BUrlG (Abs. 4).** In Satz 1 werden beinahe sämtliche Regelungen des BUrlG für
anwendbar erklärt. Für die Gewährung des Urlaubs gilt § 7 Abs. 1 BUrlG. Die zeitliche Festlegung erfolgt also durch den ArbGeb (vgl. § 7 BUrlG Rz. 13 ff.). Da nicht auf § 13 Abs. 1 und 2 BUrlG verwiesen
wird, kann durch TV nicht zuungunsten von Jugendlichen von der gesetzlichen Lage abgewichen werden. Über die Verweisung hinaus gelten auch besondere Schutzvorschriften, zB §§ 124 (Mehrarbeit), 125
(Zusatzurlaub) SGB IX. Für **jugendliche Heimarbeiter** gilt Abs. 4 Satz 1, § 12 BUrlG. Satz 2 weicht von
dieser Regelung zugunsten der Jugendlichen ab.

20 Binnenschifffahrt
In der Binnenschifffahrt gelten folgende Abweichungen:

1. Abweichend von § 12 darf die Schichtzeit Jugendlicher über 16 Jahre während der Fahrt bis auf 14
Stunden täglich ausgedehnt werden, wenn ihre Arbeitszeit sechs Stunden täglich nicht überschrei-

---

1 Anders *Molitor/Volmer/Germelmann*, § 19 JArbSchG Rz. 36. Wie hier ErfK/*Dörner*, § 19 JArbSchG Rz. 2.
|2 Dafür *Leinemann/Linck*, BUrlG, 2. Aufl. 2001, Teil II A. JArbSchG Rz. 5; dagegen *Zmarzlik/Anzinger*, § 19
JArbSchG Rz. 6. |3 Die Fallgestaltung ist parallel zu derjenigen, in der Urlaub wegen Beendigung des Ar-
beitsverhältnisses nicht mehr genommen werden kann, vgl. § 7 BUrlG Rz. 93 ff.; *Leinemann/Linck*, BUrlG, 2.
Aufl. 2001, § 7 BUrlG Rz. 166. Anspruchsgrundlage kann auch § 823 Abs. 2 BGB sein, vgl. ErfK/*Dörner*, § 19
JArbSchG Rz. 4. |4 *Leinemann/Linck*, § 7 BUrlG Rz. 8; dagegen *Zmarzlik/Anzinger*, § 19 JArbSchG Rz. 14.
|5 ErfK/*Dörner*, § 19 JArbSchG Rz. 14. |6 ErfK/*Dörner*, § 19 JArbSchG Rz. 15. Anders *Zmarzlik/Anzinger*,
§ 19 JArbSchG Rz. 23: Kein Urlaubstag nach Satz 2 bei „Schwänzen".

tet. Ihre tägliche Freizeit kann abweichend von § 13 der Ausdehnung der Schichtzeit entsprechend bis auf 10 Stunden verkürzt werden.

2. Abweichend von § 14 Abs. 1 dürfen Jugendliche über 16 Jahre während der Fahrt bis 22 Uhr beschäftigt werden.

3. Abweichend von §§ 15, 16 Abs. 1, § 17 Abs. 1 und § 18 Abs. 1 dürfen Jugendliche an jedem Tag der Woche beschäftigt werden, jedoch nicht am 24. Dezember, an den Weihnachtsfeiertagen, am 31. Dezember, am 1. Januar, an den Osterfeiertagen und am 1. Mai. Für die Beschäftigung an einem Samstag, Sonntag und an einem gesetzlichen Feiertag, der auf einen Werktag fällt, ist ihnen je ein freier Tag zu gewähren. Diese freien Tage sind den Jugendlichen in Verbindung mit anderen freien Tagen zu gewähren, spätestens, wenn ihnen 10 freie Tage zustehen.

I. Normzweck. Durch die Regelung soll den speziellen Anforderungen der Binnenschifffahrt entsprochen werden; sie gilt daher nur für die Beschäftigung auf einem Schiff. Für die Binnenfischerei gelten die Regelungen über die Landwirtschaft. Die Norm findet auch auf die Hochsee- und Küstenschifffahrt keine Anwendung; für diese gilt das Seemannsgesetz, vgl. auch § 61. Die Regelung ist abschießend. Verstöße können als Ordnungswidrigkeiten oder Straftaten nach § 58 Abs. 1 Nr. 9, 10, 11, 13, 14 oder 15, Abs. 3 bis 6 geahndet werden.

II. Kollisionsrecht. Für das JArbSchG gilt das Territorialitätsprinzip (§ 1 Rz. 15). Das JArbSchG findet also Anwendung, solange das (deutsche oder ausländische) Binnenschiff ein Gewässer in der Bundesrepublik Deutschland befährt. Auf die Eintragung im Schiffsregister usw. kommt es nicht an. Beim Befahren von Grenzflüssen sind binationale Abkommen zu beachten[1].

21 *Ausnahmen in besonderen Fällen*

(1) Die §§ 8 und 11 bis 18 finden keine Anwendung auf die Beschäftigung Jugendlicher mit vorübergehenden und unaufschiebbaren Arbeiten in Notfällen, soweit erwachsene Beschäftigte nicht zur Verfügung stehen.

(2) Wird in den Fällen des Absatzes 1 über die Arbeitszeit des § 8 hinaus Mehrarbeit geleistet, so ist sie durch entsprechende Verkürzung der Arbeitszeit innerhalb der folgenden drei Wochen auszugleichen.

(3) (aufgehoben)

I. Ausnahmen in Notfällen (Abs. 1). Von den Anforderungen der §§ 8 und 11 bis 18 kann in Notfällen abgesehen werden. Die Norm ist eng auszulegen und begründet keine Leistungspflicht des Jugendlichen. Diese ergibt sich nur aus dem Arbeitsvertrag bzw. einer entsprechenden Nebenpflicht. Über die Norm hinaus (zB im Falle des Einsatzes von Kindern) kann ein Verstoß gegen die Normen des JArbSchG nach § 16 OWiG und § 34 StGB gerechtfertigt sein.

Ein **Notfall** ist ein für den Betrieb widriges, ungewöhnliches und unvorhergesehenes und vom Willen des Betroffenen unabhängiges, plötzlich eintretendes Ereignis, das die Gefahr eines unverhältnismäßigen Schadens mit sich bringt[2]. Beispiele können sein: Feuer, Explosionen, Deich- und Rohrbrüche, Stromausfall, Maschinenausfall, Hauseinsturz, Todesfälle, Naturereignisse wie Wirbelsturm, Blitzschlag, Sturmflut, Erdbeben, Überschwemmungen. Kein Notfall besteht, soweit die Gefahr voraussehbar war und der ArbGeb ihr arbeitsorganisatorisch hätte begegnen können, zB beim Ausfall von Arbeitskräften infolge Krankheit, langsam ansteigendem Hochwasser, vorhersehbarem Maschinenausfall.

Eine **vorübergehende** Tätigkeit soll maximal einen Tag umfassen. Sie ist **unaufschiebbar**, wenn sie notwendig ist, um drohende Gefahren abzuwehren. Insgesamt ist eine Güterabwägung nach den Maßstäben des Verhältnismäßigkeitsgrundsatzes (Geeignetheit, Erforderlichkeit, Angemessenheit) der Tätigkeit des Jugendlichen vorzunehmen.

II. Ausgleich (Abs. 2). Leistet der Jugendliche aufgrund des Notfalls Mehrarbeit, ist diese durch eine entsprechende Arbeitszeitvergütung innerhalb der nächsten drei Wochen auszugleichen. Mehrarbeit wird in der Arbeitszeit geleistet, welche über die in § 8 festgesetzte höchstzulässige Arbeitszeit hinausgeht. Die Frist kann aus Gründen, die in der Person des Jugendlichen liegen, verlängert werden. Der Ausgleichszeitraum beginnt mit der Woche, die auf die Beendigung der Tätigkeit folgt (§ 4 Abs. 1). Eine Mehrarbeitsvergütung sieht das Gesetz nicht vor.

21a *Abweichende Regelungen*

(1) In einem Tarifvertrag oder auf Grund eines Tarifvertrages in einer Betriebsvereinbarung kann zugelassen werden,

1. abweichend von den §§ 8, 15, 16 Abs. 3 und 4, § 17 Abs. 3 und § 18 Abs. 3 die Arbeitszeit bis zu neun Stunden täglich, 44 Stunden wöchentlich und bis zu fünfeinhalb Tagen in der Woche anders zu vertei-

---

[1] Vgl. dazu *Zmarzlik/Anzinger*, § 20 JArbSchG Rz. 8. | [2] OLG Hamburg v. 24.10.1962 – 1 Ss 90/62, DB 1963, 208.

len, jedoch nur unter Einhaltung einer durchschnittlichen Wochenarbeitszeit von 40 Stunden in einem Ausgleichszeitraum von zwei Monaten,

2. abweichend von § 11 Abs. 1 Satz 2 Nr. 2 und Abs. 2 die Ruhepausen bis zu 15 Minuten zu kürzen und die Lage der Pausen anders zu bestimmen,

3. abweichend von § 12 die Schichtzeit mit Ausnahme des Bergbaus unter Tage bis zu einer Stunde täglich zu verlängern,

4. abweichend von § 16 Abs. 1 und 2 Jugendliche an 26 Samstagen im Jahr oder an jedem Samstag zu beschäftigen, wenn stattdessen der Jugendliche an einem anderen Werktag derselben Woche von der Beschäftigung freigestellt wird,

5. abweichend von den §§ 15, 16 Abs. 3 und 4, § 17 Abs. 3 und § 18 Abs. 3 Jugendliche bei einer Beschäftigung an einem Samstag oder an einem Sonn- oder Feiertag unter vier Stunden an einem anderen Arbeitstag derselben oder der folgenden Woche vor- oder nachmittags von der Beschäftigung freizustellen,

6. abweichend von § 17 Abs. 2 Satz 2 Jugendliche im Gaststätten- und Schaustellergewerbe sowie in der Landwirtschaft während der Saison oder der Erntezeit an drei Sonntagen im Monat zu beschäftigen.

(2) Im Geltungsbereich eines Tarifvertrages nach Absatz 1 kann die abweichende tarifvertragliche Regelung im Betrieb eines nicht tarifgebundenen Arbeitgebers durch Betriebsvereinbarung oder, wenn ein Betriebsrat nicht besteht, durch schriftliche Vereinbarung zwischen dem Arbeitgeber und dem Jugendlichen übernommen werden.

(3) Die Kirchen und die öffentlich-rechtlichen Religionsgesellschaften können die in Absatz 1 genannten Abweichungen in ihren Regelungen vorsehen.

1 I. **Abweichungen durch oder aufgrund von TV (Abs. 1).** Durch die Vorschrift wird der Jugendarbeitsschutz in einem gewissen Rahmen in die Hände der Tarifparteien gelegt, die schneller und unter Berücksichtigung regionaler und branchenspezifischer Umstände Regelungen schaffen können. Mit den Regelungen in Abs. 1 werden die meisten arbeitzeitlichen Regelungen der §§ 8 bis 18 tarifdispositiv gestellt. Die durch die Tarifnormen entstehenden Arbeitspflichten gelten in der Regel gem. §§ 3 Abs. 2, 4 Abs. 1 Satz 2 TVG auch für Jugendliche des Betriebs, die nicht oder anders organisiert sind, da die Tarifnorm in diesem Fall den Charakter einer Betriebsnorm hat[1].

2 Durch die Bestimmung in **Nr. 1** werden Regelungen ermöglicht, die eine Beschäftigung Jugendlicher bis zu 9 Stunden täglich und 44 Stunden wöchentlich vorsehen. Ein solcher Arbeitszeitumfang steht jedoch nicht mit Art. 8 Abs. 2 der Jugendarbeitsschutzrichtlinie (§ 5 Rz. 1) in Einklang. Art. 8 Abs. 5 Satz 1 der Richtlinie sieht jedoch vor, dass von Abs. 2 durch eine Rechtsvorschrift abgewichen werden kann, wenn dies durch objektive Gründe gerechtfertigt ist. Die richtlinienkonforme Auslegung (Europ. Arbeitsrecht Vorb. Rz. 18 f.) führt demnach dazu, dass eine entsprechende Regelung durch oder aufgrund eines TV zulässig ist, wenn sie durch solche objektiven Gründe getragen wird. Ein derartiger Grund besteht, wenn die Regelung es den Jugendlichen ermöglichen soll, in eingeschränktem Umfang an einem Gleitzeitsystem teilzunehmen[2]. Hinsichtlich der übrigen Bestimmungen wird auf die Kommentierung zu §§ 11, 12, 15 bis 18 verwiesen.

3 II. **Übernahme tarifvertraglicher Abweichungen (Abs. 2).** Im Geltungsbereich des TV kann ein nicht tarifgebundener ArbGeb die nach Abs. 1 geschaffene Regelung durch BV oder, soweit ein BR nicht besteht, durch eine schriftliche Vereinbarung mit dem Jugendlichen übernehmen. Die abweichende Regelung muss **insgesamt** übernommen werden, da sie regelmäßig nur als Ganzes die vom Gesetzgeber erwartete ausgewogene Regelung enthält[3]. Die übernommene Regelung muss in der Betriebs- bzw. Einzelvereinbarung genannt werden.

4 III. **Kirchenrechtliche Regelungen (Abs. 3).** Zur Teilnahme Jugendlicher an von der Kirche organisierten Tätigkeiten vgl. bereits § 1 Rz. 4. Soweit das JArbSchG Anwendung findet, berücksichtigt Abs. 3 die arbeitsrechtliche Regelungsautonomie der Kirchen und der öffentlich-rechtlichen Religionsgemeinschaften gem. Art. 140 GG iVm. Art. 137 Abs. 3 WRV, indem ihnen die den Tarifparteien aus Abs. 1 zustehenden Regelungsbefugnisse eingeräumt werden.

5 IV. **Verstöße** gegen die abweichende Tarifnorm, Betriebs- oder Einzelvereinbarung werden wie ein Verstoß gegen die Grundnorm behandelt.

21b *Ermächtigung*

Das Bundesministerium für Wirtschaft und Arbeit kann im Interesse der Berufsausbildung oder der Zusammenarbeit von Jugendlichen und Erwachsenen durch Rechtsverordnung mit Zustimmung des Bundesrates Ausnahmen von den Vorschriften

---

1 Vgl. *Wiedemann*, TVG, § 1 Rz. 563, 573 ff., 581 ff., 584 ff., § 3 Rz. 127 ff., § 4 Rz. 316; aA *Kempen/Zachert*, TVG, § 3 Rz. 13. |2 So auch ErfK/*Schlachter*, § 21a JArbSchG Rz. 4; anders *M. Schmidt*, BB 1998, 1362, 1363. |3 *Zmarzlik/Anzinger*, § 21a JArbSchG Rz. 34 mwN.

1. des § 8, der §§ 11 und 12. der §§ 15 und 16, des § 17 Abs. 2 und 3 sowie des § 18 Abs. 3 im Rahmen des § 21a Abs. 1,
2. des § 14, jedoch nicht vor 5 Uhr und nicht nach 23 Uhr, sowie
3. des § 17 Abs. 1 und § 18 Abs. 1 an höchstens 26 Sonn- und Feiertagen im Jahr

zulassen, soweit eine Beeinträchtigung der Gesundheit oder der körperlichen oder seelisch-geistigen Entwicklung der Jugendlichen nicht zu befürchten ist.

I. Normzweck. Die Norm enthält eine Ermächtigungsgrundlage für Rechtsverordnungen, in denen im Interesse der Berufsausbildung oder der Zusammenarbeit mit Erwachsenen von den in Nr. 1 bis 3 genannten Schutzvorschriften des JArbSchG abwichen wird. Die Abweichungen können nur für ganze Beschäftigungsbereiche erfolgen. **1**

II. Abweichungen nach Nr. 1 können mit tarifvertraglichen Abweichungen nach § 21a Abs. 1 kollidieren. Nach dem Subsidiaritätsprinzip kann das BMWA eine VO nach Nr. 1 erst erlassen, wenn feststeht, dass die Tarifparteien nicht in der Lage sind, die ihnen übertragene Aufgabe, das Arbeitsleben der Jugendlichen sinnvoll zu ordnen, zu erfüllen, und der Schutz der Jugendlichen oder ein sonstiges öffentliches Interesse ein staatliches Eingreifen erfordert[1]. **2**

III. Verstöße gegen die Rechtsverordnung werden wie ein Verstoß gegen die Grundnorm behandelt. **3**

Zweiter Titel. Beschäftigungsverbote und -beschränkungen

22 *Gefährliche Arbeiten*
(1) Jugendliche dürfen nicht beschäftigt werden

1. mit Arbeiten, die ihre physische oder psychische Leistungsfähigkeit übersteigen,
2. mit Arbeiten, bei denen sie sittlichen Gefahren ausgesetzt sind,
3. mit Arbeiten, die mit Unfallgefahren verbunden sind, von denen anzunehmen ist, dass Jugendliche sie wegen mangelnden Sicherheitsbewusstseins oder mangelnder Erfahrung nicht erkennen oder nicht abwenden können,
4. mit Arbeiten, bei denen ihre Gesundheit durch außergewöhnliche Hitze oder Kälte oder starke Nässe gefährdet wird,
5. mit Arbeiten, bei denen sie schädlichen Einwirkungen von Lärm, Erschütterungen oder Strahlen ausgesetzt sind,
6. mit Arbeiten, bei denen sie schädlichen Einwirkungen von Gefahrstoffen im Sinne des Chemikaliengesetzes ausgesetzt sind,
7. mit Arbeiten, bei denen sie schädlichen Einwirkungen von biologischen Arbeitsstoffen im Sinne der Richtlinie 90/679/EWG des Rates vom 26. November 1990 zum Schutze der Arbeitnehmer gegen Gefährdung durch biologische Arbeitsstoffe bei der Arbeit ausgesetzt sind.

(2) Absatz 1 Nr. 3 bis 7 gilt nicht für die Beschäftigung Jugendlicher, soweit
1. dies zur Erreichung ihres Ausbildungszieles erforderlich ist,
2. ihr Schutz durch die Aufsicht eines Fachkundigen gewährleistet ist und
3. der Luftgrenzwert bei gefährlichen Stoffen (Absatz 1 Nr. 6) unterschritten wird.

Satz 1 findet keine Anwendung auf den absichtlichen Umgang mit biologischen Arbeitsstoffen der Gruppen 3 und 4 im Sinne der Richtlinie 90/679/EWG des Rates vom 26. November 1990 zum Schutze der Arbeitnehmer gegen Gefährdung durch biologische Arbeitsstoffe bei der Arbeit.

(3) Werden Jugendliche in einem Betrieb beschäftigt, für den ein Betriebsarzt oder eine Fachkraft für Arbeitssicherheit verpflichtet ist, muss ihre betriebsärztliche oder sicherheitstechnische Betreuung sichergestellt sein.

I. Beschäftigungsverbote (Abs. 1). Abs. 1 enthält unterschiedliche Beschäftigungsverbote, durch welche Jugendliche vor gesundheitlichen und sittlichen Gefahren geschützt werden sollen. Verstöße stellen Ordnungswidrigkeiten oder Straftaten nach § 58 Abs. 1 Nr. 18, Abs. 3 bis 6 dar. Daneben kommen Schadensersatzansprüche des Jugendlichen gem. § 280 bzw. § 823 Abs. 1 und 2 BGB in Betracht[2]. **1**

Im Rahmen der **Nr. 1** ist auf die individuelle Leistungsfähigkeit des Jugendlichen abzustellen. Verboten sind beispielsweise Heben, Tragen und Bewegen schwerer Lasten, dauerndes Stehen erfordernde Arbei- **2**

---

1 Vgl. BVerfG v. 24.5.1977 – 2 BvL 11/74, BVerfGE 44, 322, 342 zur Allgemeinverbindlicherklärung. Wie hier *Zmarzlik/Anzinger*, § 21b JArbSchG Rz. 9. Anders *Molitor/Volmer/Germelmann*, § 21b JArbSchG Rz. 11 f.
| 2 Vgl. LAG BW v. 7.12.1994 – 2 Sa 14/93, nv.

ten, erzwungene Körperhaltung, hohe gleichmäßige Dauerleistung[1]. Vgl. auch §§ 23, 24. Zur Beurteilung sittlicher Gefahren in **Nr. 2** ist dagegen ein objektiver Maßstab anzulegen, welcher sich aus dem StGB und dem Jugendschutzgesetz[2] ergeben kann. Unfallgefahren nach **Nr. 3** bestehen idR nicht, soweit sicherheitstechnische Vorschriften beachtet werden. Allgemein kommt es auf die Umstände im konkreten Betrieb[3] und auf den konkreten Jugendlichen an (zB besondere Waghalsigkeit). Als Beispiele für außergewöhnliche Hitze, Kälte oder starke Nässe nach **Nr. 4** kommen das Arbeiten in Gießereien, in der Nähe von Kühlräumen[4] oder Tiefbauarbeiten in Betracht.

3 Schädliche Einwirkungen nach **Nr. 5 bis 7** sind insb. anzunehmen, wenn bestimmte Grenzwerte überschritten werden. Hinsichtlich der Einwirkungen nach **Nr. 5** ist insb. die ArbStättVO, die StrahlenschutzVO[5], und die RöntgenVO[6] zu beachten. Die Gefahrstoffe iSd. ChemikalienG[7] nach **Nr. 6** umfassen giftige, Krebs erregende, erbgutverändernde, fortpflanzungsgefährdende oder Stoffe, die den Menschen in sonstiger Weise chronisch schädigen. Dies ergibt sich aus den Anforderungen, welche Art. 7 Abs. 2 Satz 1 b), Satz 2 der Jugendarbeitsschutzrichtlinie (§ 5 Rz. 1) stellt. Im Anhang zu dieser Richtlinie werden unter I. 3. die chemischen Gefahrstoffe näher konkretisiert. Eine weitere Konkretisierung sollte durch Rechtsverordnung gem. § 26 Nr. 2 erfolgen. Die biologischen Arbeitsstoffe iSd. **Nr. 7** werden durch die Richtlinie 90/679/EWG des Rates vom 26.11.1990[8] näher bestimmt.

4 **II. Ausnahmen (Abs. 2 und 3).** Ausnahmen sind nur zulässig, wenn der Jugendliche in einem Ausbildungsverhältnis steht und die Außerachtlassung des Beschäftigungsverbots zur Erreichung des Ausbildungsziels erforderlich ist. Die notwendige Aufsicht eines Fachkundigen nach Satz 1 Nr. 2 erfordert keine permanente Anwesenheit. Zur Betreuung nach Abs. 3 vgl. §§ 2, 5 ASiG. Der Luftgrenzwert nach Abs. 2 Satz 1 Nr. 3 ist gem. § 3 der GefstoffVO[9] sowie die Technischen Regeln zur GefstoffVO[10] zu bestimmen.

23 Akkordarbeit; tempoabhängige Arbeiten

(1) Jugendliche dürfen nicht beschäftigt werden

1. mit Akkordarbeit und sonstigen Arbeiten, bei denen durch ein gesteigertes Arbeitstempo ein höheres Entgelt erzielt werden kann,

2. in einer Arbeitsgruppe mit erwachsenen Arbeitnehmern, die mit Arbeiten nach Nummer 1 beschäftigt werden,

3. mit Arbeiten, bei denen ihr Arbeitstempo nicht nur gelegentlich vorgeschrieben, vorgegeben oder auf andere Weise erzwungen wird.

(2) Absatz 1 Nr. 2 gilt nicht für die Beschäftigung Jugendlicher,

1. soweit dies zur Erreichung ihres Ausbildungszieles erforderlich ist oder

2. wenn sie eine Berufsausbildung für diese Beschäftigung abgeschlossen haben

und ihr Schutz durch die Aufsicht eines Fachkundigen gewährleistet ist.

1 **I. Beschäftigungsverbot (Abs. 1).** Die Vorschrift enthält Beschäftigungsverbote, insb. für die Akkordarbeit und ähnliche Arbeiten. Verstöße stellen eine Ordnungswidrigkeit oder Straftat nach § 58 Abs. 1 Nr. 19, Abs. 3 bis 6 dar. Unter Akkordarbeit nach **Nr. 1** ist jede Arbeit zu verstehen, bei der die Vergütung nicht ausschließlich nach der Dauer der Arbeit – Stunden, Tage, Wochen, Monate – sondern allein oder ergänzend nach dem erzielten Arbeitsergebnis bemessen wird. Das Verbot richtet sich gegen die Entlohnungsform, nicht gegen die Art der Tätigkeit[11]. Unter „sonstigen Arbeiten" werden vor allem Tätigkeiten verstanden, für die Quantitätsprämien gezahlt werden[12]. Es genügt, wenn die Aussicht auf den Prämienanteil einen spürbaren Anreiz für die Steigerung des Arbeitstempos bietet. Unter **Nr. 2** ist die Beschäftigung in einer Akkordgruppe zu verstehen. Tempoabhängige Arbeiten nach **Nr. 3** sind insb. Fließbandarbeiten und andere Tätigkeiten, bei denen der Jugendliche unter Zeitdruck arbeitet.

2 **II. Ausnahmen (Abs. 2).** Unter den Voraussetzungen der Nr. 1 und 2 ist lediglich die Arbeit des Jugendlichen in einer Akkordgruppe Erwachsener ArbN gestattet, in der Jugendliche selbst nicht tempoabhängige Arbeiten verrichtet. Weitere Ausnahmen können nach § 27 Abs. 3 durch die Aufsichtsbehörde bewilligt werden.

---

[1] BT-Drs. 7/2305 S. 32. |[2] Gesetz v. 23.7.2002, BGBl. I 2002 S. 2730, in Kraft seit 1.4.2003. Das Gesetz ersetzt das Gesetz über die Verbreitung jugendgefährdender Schriften und Medieninhalte, BGBl. I 1997 S. 1870, und das Gesetz zum Schutz der Jugend in der Öffentlichkeit, BGBl. I 1985 S. 425. |[3] Vgl. OLG Karlsruhe 20.11.1984 – 4 Ss 114/84, JR 1985, 479 betr. Müllwerker. |[4] LAG BW v. 7.12.1994 – 2 Sa 14/93, nv., betr. Fleischfachverkäuferin. |[5] V. 20.7.2001, BGBl. I S. 1714. |[6] IdF der Bekanntmachung v. 30.4.2003, BGBl. I S. 605. |[7] IdF der Bekanntmachung v. 20.6.2002, BGBl. I S. 2090. |[8] ABl. EG 1990 L-374/1. |[9] IdF der Bekanntmachung v. 15.11.1999, BGBl. I S. 2233. |[10] Vgl. im Internet das Bundesamt für Arbeitsschutz und Arbeitsmedizin: www.baua.de/prax/ags/. |[11] OLG Düsseldorf v. 28.1.1986 – 5 Ss (OWi) 74/85, GewArch 1986, 167. |[12] *Zmarzlik/Anzinger*, § 23 JArbSchG Rz. 4 f.

24 Arbeiten unter Tage

(1) Jugendliche dürfen nicht mit Arbeiten unter Tage beschäftigt werden.

(2) Absatz 1 gilt nicht für die Beschäftigung Jugendlicher über 16 Jahre,

1. soweit dies zur Erreichung ihres Ausbildungszieles erforderlich ist,
2. wenn sie eine Berufsausbildung für die Beschäftigung unter Tage abgeschlossen haben oder
3. wenn sie an einer von der Bergbehörde genehmigten Ausbildungsmaßnahme für Bergjungarbeiter teilnehmen oder teilgenommen haben

und ihr Schutz durch die Aufsicht eines Fachkundigen gewährleistet ist.

I. Beschäftigungsverbot (Abs. 1). Mit der Vorschrift wird den Anforderungen des (von der Bundesrepublik nicht ratifizierten) Übereinkommens Nr. 123 und der Empfehlung Nr. 124 der Internationalen Arbeitsorganisation über das Mindestalter für die Zulassung zu Untertagearbeiten in Bergwerken[1] entsprochen. Das Verbot ist nicht auf den Bergbau unter Tage beschränkt. Verstöße können als Ordnungswidrigkeiten oder Straftaten nach § 58 Abs. 1 Nr. 20, Abs. 3 bis 6 geahndet werden. **1**

II. Ausnahmen (Abs. 2). Die Ausnahmeregelung ermöglicht insb. die Ausbildung zum bzw. Tätigkeit als Bergjungarbeiter. **2**

25 Verbot der Beschäftigung durch bestimmte Personen

(1) Personen, die

1. wegen eines Verbrechens zu einer Freiheitsstrafe von mindestens zwei Jahren,
2. wegen einer vorsätzlichen Straftat, die sie unter Verletzung der ihnen als Arbeitgeber, Ausbildender oder Ausbilder obliegenden Pflichten zum Nachteil von Kindern oder Jugendlichen begangen haben, zu einer Freiheitsstrafe von mehr als drei Monaten,
3. wegen einer Straftat nach den §§ 109h, 171, 174 bis 174c, 176 bis 181a, 182 bis 184e, 225 des Strafgesetzbuches,
4. wegen einer Straftat nach dem Betäubungsmittelgesetz oder
5. wegen einer Straftat nach dem Jugendschutzgesetz oder nach dem Gesetz über die Verbreitung jugendgefährdender Schriften wenigstens zweimal

rechtskräftig verurteilt worden sind, dürfen Jugendliche nicht beschäftigen sowie im Rahmen eines Rechtsverhältnisses im Sinne des § 1 nicht beaufsichtigen, nicht anweisen, nicht ausbilden und nicht mit der Beaufsichtigung, Anweisung oder Ausbildung von Jugendlichen beauftragt werden. Eine Verurteilung bleibt außer Betracht, wenn seit dem Tage ihrer Rechtskraft fünf Jahre verstrichen sind. Die Zeit, in welcher der Täter auf behördliche Anordnung in einer Anstalt verwahrt worden ist, wird nicht eingerechnet.

(2) Das Verbot des Absatzes 1 Satz 1 gilt auch für Personen, gegen die wegen einer Ordnungswidrigkeit nach § 58 Abs. 1 bis 4 wenigstens dreimal eine Geldbuße rechtskräftig festgesetzt worden ist. Eine Geldbuße bleibt außer Betracht, wenn seit dem Tage ihrer rechtskräftigen Festsetzung fünf Jahre verstrichen sind.

(3) Das Verbot des Absatzes 1 und 2 gilt nicht für die Beschäftigung durch die Personensorgeberechtigten.

I. Beschäftigungsverbote. Der Gesetzgeber hält Personen, welche die Voraussetzungen der Abs. 1 und 2 erfüllen, generell für nicht geeignet, Jugendliche zu beschäftigen, anzuweisen, zu beaufsichtigen oder auszubilden. Für ältere Auszubildende wird das Verbot ergänzt duch § 20 BBiG. Das Beschäftigungsverbot wird im Bundeszentralregister eingetragen. Verstöße stellen eine Ordnungswidrigkeit oder Straftat nach § 58 Abs. 2 bis 6 dar. **1**

1. Straftaten (Abs. 1). Zum Verbrechensbegriff gem. Satz 1 Nr. 1 vgl. § 12 Abs. 1 StGB. Bei den Straftaten nach Satz 1 Nr. 3 bis 5 kommt es auf das Strafmaß nicht an. Für die Beschäftigung nach Satz 1 ist auf den weiten ArbGebBegriff des § 3 abzustellen. Ist der Jugendliche ArbN einer OHG, besteht das Beschäftigungsverbot schon, wenn nur ein Gesellschafter nach Satz 1 vorbestraft ist; es genügt die Möglichkeit der Kontaktaufnahme[2]. **2**

2. Ordnungswidrigkeiten (Abs. 2). Das Verbot kommt erst zur Anwendung, wenn der dritte Bußgeldbescheid rechtskräftig geworden ist und seit dem Eintritt der Rechtskraft des ersten Bescheids noch nicht 5 Jahre vergangen sind. **3**

II. Ausnahmen (Abs. 3). Für die Beschäftigung durch den Personensorgeberechtigten vgl. zunächst § 1 Rz. 14. Findet das JArbSchG auf die Beschäftigung keine Anwendung, kann ein Verbot nur nach § 1666 BGB ausgesprochen werden. **4**

---

[1] BT-Drs. V/1253 S. 2, V/1253 S. 17. | [2] OLG Celle v. 1.7.1963 – 3 Ws (B) 6/63, AP Nr. 1 zu § 39 JArbSchG.

§ 26 Ermächtigungen

26 *Ermächtigungen*
Das Bundesministerium für Wirtschaft und Arbeit kann zum Schutze der Jugendlichen gegen Gefahren für Leben und Gesundheit sowie zur Vermeidung einer Beeinträchtigung der körperlichen oder seelisch-geistigen Entwicklung durch Rechtsverordnung mit Zustimmung des Bundesrates

1. die für Kinder, die der Vollzeitschulpflicht nicht mehr unterliegen, geeigneten und leichten Tätigkeiten nach § 7 Satz 1 Nr. 2 und die Arbeiten nach § 22 Abs. 1 und den §§ 23 und 24 näher bestimmen,

2. über die Beschäftigungsverbote in den § 22 bis 25 hinaus die Beschäftigung Jugendlicher in bestimmten Betriebsarten oder mit bestimmten Arbeiten verbieten oder beschränken, wenn sie bei diesen Arbeiten infolge ihres Entwicklungsstandes in besonderem Maße Gefahren ausgesetzt sind oder wenn das Verbot oder die Beschränkung der Beschäftigung infolge der technischen Entwicklung oder neuer arbeitsmedizinischer oder sicherheitstechnischer Erkenntnisse notwendig ist.

1 **I. Normzweck.** Die Norm enthält eine Ermächtigungsgrundlage für Rechtsverordnungen, durch welche die Tätigkeiten nach Nr. 1 konkretisiert und die Beschäftigungsverbote nach Nr. 2 verschärft werden können.

2 **II. Erlassene Rechtsverordnungen.** Nach § 37 Abs. 2 JArbSchG v. 9.8.1960 wurde § 9 der DruckluftVO[1] und die VO über das Verbot der Beschäftigung von Personen unter 18 Jahren mit sittlich gefährdenden Tätigkeiten[2] erlassen. Gem. § 72 Abs. 3 sind diese VO weiterhin in Kraft.

3 **III. Verstöße** gegen die Rechtsverordnungen nach Nr. 1 werden wie ein Verstoß gegen die Grundnorm behandelt. Für Verstöße gegen eine Rechtsverordnung nach Nr. 2 gilt § 58 Abs. 1 Nr. 26a).

27 *Behördliche Anordnungen und Ausnahmen*
(1) Die Aufsichtsbehörde kann in Einzelfällen feststellen, ob eine Arbeit unter die Beschäftigungsverbote oder -beschränkungen der §§ 22 bis 24 oder einer Rechtsverordnung nach § 26 fällt. Sie kann in Einzelfällen die Beschäftigung Jugendlicher mit bestimmten Arbeiten über die Beschäftigungsverbote und -beschränkungen der §§ 22 bis 24 und einer Rechtsverordnung nach § 26 hinaus verbieten oder beschränken, wenn diese Arbeiten mit Gefahren für Leben, Gesundheit oder für die körperliche oder seelisch-geistige Entwicklung der Jugendlichen verbunden sind.

(2) Die zuständige Behörde kann

1. den Personen, die die Pflichten, die ihnen kraft Gesetzes zugunsten der von ihnen beschäftigten, beaufsichtigten, angewiesenen oder auszubildenden Kinder und Jugendlichen obliegen, wiederholt oder gröblich verletzt haben,

2. den Personen, gegen die Tatsachen vorliegen, die sie in sittlicher Beziehung zur Beschäftigung, Beaufsichtigung, Anweisung oder Ausbildung von Kindern und Jugendlichen ungeeignet erscheinen lassen,

verbieten, Kinder und Jugendliche zu beschäftigen oder im Rahmen eines Rechtsverhältnisses im Sinne des § 1 zu beaufsichtigen, anzuweisen oder auszubilden.

(3) Die Aufsichtsbehörde kann auf Antrag Ausnahmen von § 23 Abs. 1 Nr. 2 und 3 für Jugendliche über 16 Jahre bewilligen,

1. wenn die Art der Arbeit oder das Arbeitstempo eine Beeinträchtigung der Gesundheit oder der körperlichen oder seelisch-geistigen Entwicklung des Jugendlichen nicht befürchten lassen und

2. wenn eine nicht länger als vor drei Monaten ausgestellte ärztliche Bescheinigung vorgelegt wird, nach der gesundheitliche Bedenken gegen die Beschäftigung nicht bestehen.

1 **I. Beschäftigungsverbot in Einzelfällen (Abs. 1).** Die zuständige Aufsichtsbehörde (vgl. § 6 Rz. 1) kann in Einzelfällen durch Verwaltungsakt die Beschäftigungsverbote nach §§ 22 bis 24 und 26 konkretisieren. Der Verwaltungsakt kann sich auch auf ein Beschäftigungsverbot für mehrere Jugendliche in einem bestimmten Betrieb bei einer bestimmten Tätigkeit beziehen[3].

2 **II. Beschäftigungsverbot für bestimmte Personen (Art. 2).** Durch diese Vorschrift wird § 25 und § 24 BBiG ergänzt und erweitert. Das Verbot kann auf unbestimmte Dauer verhängt werden, ist jedoch von der Behörde zu überprüfen, wenn über den Betroffenen längere Zeit nichts Nachteiliges bekannt wird[4]. Das Verbot wird im Bundeszentralregister eingetragen.

3 **III. Ausnahmebewilligung (Abs. 3).** Die Ausnahmebewilligung ist ein Verwaltungsakt, der im Ermessen der Behörde steht. Auf den Erlass der Bewilligung besteht also auch dann kein Rechtsanspruch, wenn die Voraussetzungen nach Nr. 1 und 2 vorliegen[5].

---

[1] V. 4.10.1972, BGBl. I S. 1909, geändert durch VO v. 19.6.1997, BGBl. I S. 1384. [2] V. 3.4.1964, BGBl. I S. 262, geändert durch VO v. 8.10.1986, BGBl. I S. 1634. [3] OVG Münster 12.10.1965 – II A 476/64, AP Nr. 1 zu § 37 JArbSchG. Es handelt sich dann um eine Allgemeinverfügung nach § 35 Satz 2 VwVfG. [4] BVerwG v. 14.12.1972 – V C 47/72, BVerwGE 41, 286. [5] BVerwG v. 8.7.1964 – V C 126/62, AP Nr. 1 zu § 38 JArbSchG.

Dritter Titel. Sonstige Pflichten des Arbeitgebers

28 *Menschengerechte Gestaltung der Arbeit*
(1) Der Arbeitgeber hat bei der Einrichtung und der Unterhaltung der Arbeitsstätte einschließlich der Maschinen, Werkzeuge und Geräte und bei der Regelung der Beschäftigung die Vorkehrungen und Maßnahmen zu treffen, die zum Schutze der Jugendlichen gegen Gefahren für Leben und Gesundheit sowie zur Vermeidung einer Beeinträchtigung der körperlichen oder seelisch-geistigen Entwicklung der Jugendlichen erforderlich sind. Hierbei sind das mangelnde Sicherheitsbewusstsein, die mangelnde Erfahrung und der Entwicklungsstand der Jugendlichen zu berücksichtigen und die allgemein anerkannten sicherheitstechnischen und arbeitsmedizinischen Regeln sowie die sonstigen gesicherten arbeitswissenschaftlichen Erkenntnisse zu beachten.

(2) Das Bundesministerium für Wirtschaft und Arbeit kann durch Rechtsverordnung mit Zustimmung des Bundesrates bestimmen, welche Vorkehrungen und Maßnahmen der Arbeitgeber zur Erfüllung der sich aus Absatz 1 ergebenden Pflichten zu treffen hat.

(3) Die Aufsichtsbehörde kann in Einzelfällen anordnen, welche Vorkehrungen und Maßnahmen zur Durchführung des Absatzes 1 oder einer vom Bundesministerium für Wirtschaft und Arbeit gemäß Absatz 2 erlassenen Verordnung zu treffen sind.

I. Normzweck. Die Vorschrift verpflichtet den ArbGeb zum Schutze der Gesundheit und der körperlichen und geistigen Entwicklung des Jugendlichen die erforderlichen Maßnahmen zur Sicherung der Arbeitsstätte zu treffen. Unter Arbeitsstätte ist dabei jeder Ort zu verstehen, an dem der Jugendliche tätig wird, dazu gehören auch die Sanitärräume usw. Unter den sicherheitstechnischen und arbeitsmedizinischen Regeln sowie arbeitswissenschaftlichen Erkenntnissen sind zB DIN- oder ISO-Normen, die Unfallverhütungsvorschriften der Berufsgenossenschaften sowie ua. die Verzeichnisse A und B[1], welche zum Geräte- und Produktsicherheitsgesetz[2] erlassen wurden[3]. Neben der Norm findet das ArbSchG Anwendung. 1

II. Durchführungsvorschriften. Rechtsverordnungen aufgrund von Abs. 2 sind bisher nicht ergangen. Zu den Anordnungen nach Abs. 3 vgl. entsprechend § 27 Rz. 1. 2

28a *Beurteilung der Arbeitsbedingungen*
Vor Beginn der Beschäftigung Jugendlicher und bei wesentlicher Änderung der Arbeitsbedingungen hat der Arbeitgeber die mit der Beschäftigung verbundenen Gefährdungen Jugendlicher zu beurteilen. Im Übrigen gelten die Vorschriften des Arbeitsschutzgesetzes.

29 *Unterweisung über Gefahren*
(1) Der Arbeitgeber hat die Jugendlichen vor Beginn der Beschäftigung und bei wesentlicher Änderung der Arbeitsbedingungen über die Unfall- und Gesundheitsgefahren, denen sie bei der Beschäftigung ausgesetzt sind, sowie über die Einrichtungen und Maßnahmen zur Abwendung dieser Gefahren zu unterweisen. Er hat die Jugendlichen vor der erstmaligen Beschäftigung an Maschinen oder gefährlichen Arbeitsstellen oder mit Arbeiten, bei denen sie mit gesundheitsgefährdenden Stoffen in Berührung kommen, über die besonderen Gefahren dieser Arbeiten sowie über das bei ihrer Verrichtung erforderliche Verhalten zu unterweisen.

(2) Die Unterweisungen sind in angemessenen Zeitabständen, mindestens aber halbjährlich, zu wiederholen.

(3) Der Arbeitgeber beteiligt die Betriebsärzte und die Fachkräfte für Arbeitssicherheit an der Planung, Durchführung und Überwachung der für die Sicherheit und den Gesundheitsschutz bei der Beschäftigung Jugendlicher geltenden Vorschriften.

I. Beurteilung der Arbeitsbedingungen (§ 28a). Die Vorschrift verfolgt das Ziel, den ArbGeb zu einer genauen Prüfung der möglichen Gefährdungen Jugendlicher zu veranlassen, um damit die in § 29 vorgesehene Unterrichtung des Jugendlichen zu vorzubereiten. Eine solche Beurteilungspflicht enthält auch § 5 Abs. 1 ArbSchG, zur Dokumentationspflicht vgl. § 6 ArbSchG. Praktische Hinweise finden sich bei *Haase-Rieger*, AiB 1997, 334, sowie in den Gemeinsamen Grundsätzen zur Erstellung von Handlungshilfen zur Gefährdungsbeurteilung nach dem Arbeitsschutzgesetz[4]. 1

II. Unterweisung über Gefahren (§ 29). Die Unterweisung hat vor Beginn der Beschäftigung zu erfolgen und ist gem. Abs. 2 in bestimmten Zeitabständen zu wiederholen. Die Unterweisung kann in Grup- 2

---

1 Verzeichnisse A und B v. 31.7.2003, BArbBl. 9/2003, S. 49 ff. und S. 75 ff. Diese und weitere Verzeichnisse im Internet unter www.baua.de/prax/geraete/. | 2 V. 6.1.2004, BGBl. I S. 2. | 3 Weiterführend *Zmarzlik/Anzinger*, § 28 JArbSchG Rz. 9 f. | 4 V. 1.9.1997, BArbBl. 11/97 S. 74.

pen erfolgen; eine bloße schriftliche Unterweisung genügt nicht. Erforderlich sind mündliche Erläuterungen und praktische Vorführungen. Der ArbGeb kann mit der Unterweisung andere Personen beauftragen, jedoch müssen diese mit den konkreten Verhältnissen im Betrieb vertraut sein.

30 Häusliche Gemeinschaft

(1) Hat der Arbeitgeber einen Jugendlichen in die häusliche Gemeinschaft aufgenommen, so muss er

1. ihm eine Unterkunft zur Verfügung stellen und dafür sorgen, dass sie so beschaffen, ausgestattet und belegt ist und so benutzt wird, dass die Gesundheit des Jugendlichen nicht beeinträchtigt wird, und
2. ihm bei einer Erkrankung, jedoch nicht über die Beendigung der Beschäftigung hinaus, die erforderliche Pflege und ärztliche Behandlung zuteil werden lassen, soweit diese nicht von einem Sozialversicherungsträger geleistet wird.

(2) Die Aufsichtsbehörde kann im Einzelfall anordnen, welchen Anforderungen die Unterkunft (Absatz 1 Nr. 1) und die Pflege bei Erkrankungen (Absatz 1 Nr. 2) genügen müssen.

1 **I. Aufnahme in die häusliche Gemeinschaft (Abs. 1).** Eine Aufnahme in die häusliche Gemeinschaft liegt vor, wenn der Jugendliche in den Familienhaushalt so aufgenommen ist, dass dieser zu seinem persönlichen Lebensmittelpunkt wird. Zu der Verpflichtung nach **Nr. 1** gehört auch die angemessene Verpflegung des Jugendlichen. Die Verpflichtung in **Nr. 2** zur Krankenpflege geht inhaltlich und zeitlich über § 617 BGB hinaus. Der ArbGeb trägt sämtliche Kosten zur Erfüllung seiner Verpflichtung, sofern diese nicht von einem SozV-Träger übernommen werden. Er ist ggf. zur Vorleistung verpflichtet. Die Fortzahlung des Entgelts gem. § 3 EFZG, § 12 Abs. 1 Satz 2 BBiG kann gem. § 617 Abs. 1 Satz 3 BGB analog angerechnet werden.

2 **II. Anordnungen (Abs. 2).** Die zuständige Aufsichtsbehörde (vgl. § 6 Rz. 1) kann in Einzelfällen durch Verwaltungsakt die Verpflichtungen des ArbGeb nach Abs. 1 konkretisieren.

31 Züchtigungsverbot; Verbot der Abgabe von Alkohol und Tabak

(1) Wer Jugendliche beschäftigt oder im Rahmen eines Rechtsverhältnisses im Sinne des § 1 beaufsichtigt, anweist oder ausbildet, darf sie nicht körperlich züchtigen.

(2) Wer Jugendliche beschäftigt, muss sie vor körperlicher Züchtigung und Misshandlung und vor sittlicher Gefährdung durch andere bei ihm Beschäftigte und durch Mitglieder seines Haushalts an der Arbeitsstätte und in seinem Hause schützen. Er darf Jugendlichen unter 16 Jahren keine alkoholischen Getränke und Tabakwaren, Jugendlichen über 16 Jahre keinen Branntwein geben.

1 **I. Züchtigungsverbot (Abs. 1).** Verboten ist die körperliche Züchtigung. Ist der ArbGeb personensorgeberechtigt, gilt § 1631 Abs. 2 BGB. Eine verbale Einwirkung oder leichte körperliche Berührung ist keine Züchtigung. Verstöße sind strafbar gem. §§ 223 ff. StGB. Daneben kommen Schadensersatzansprüche des Jugendlichen gem. §§ 280, 823 Abs. 1 und 2, 253 Abs. 2 BGB in Betracht.

2 **II. Schutzgebote (Abs. 2 Satz 1).** Schutz muss auch vor Misshandlungen gewährt werden. Darunter ist jede üble, unangemessene Behandlung, die das Wohlbefinden oder die körperliche Unversehrtheit nicht unerheblich beeinträchtigt, zu verstehen. Der Schutz vor sittlicher Gefährdung bedeutet, dass der Jugendliche nicht zusammen mit Personen beschäftigt werden darf, die wegen sittlicher Verfehlungen eine Gefahr darstellen können[1]. Stehen keine anderen Mittel zur Beseitigung der Gefahr zur Verfügung, muss er dem Jugendlichen kündigen[2]. Verstöße gegen Abs. 2 Satz 1 können als Straftat des ArbGeb durch Unterlassen insb. gem. §§ 223 ff., 13 StGB zu bewerten sein, da die Norm eine Garantenstellung des ArbGeb begründet. Schadensersatzansprüche kommen gem. §§ 280, 278 BGB, § 823 (Organisationsverschulden) und § 831 BGB in Betracht.

3 **III. Verbot der Abgabe von Alkohol und Tabak (Abs. 2 Satz 2).** Das Verbot richtet sich an den ArbGeb. Gestattet dieser einem Dritten zB in der Werkskantine Alkohol und Tabak zu verkaufen, muss er sicher stellen, dass ein Verkauf an Jugendliche nur in den Grenzen des Abs. 2 Satz 2 erfolgt. Die bloße Anbringung eines Schildes genügt nicht. Verstöße stellen Ordnungswidrigkeiten oder Straftaten gem. § 58 Abs. 1 Nr. 21, Abs. 3 bis 6 dar.

---

1 Vgl. BVerwG v. 12.3.1965 – VII C 175/63, AP Nr. 3 zu § 20 HandwO. | 2 *Zmarzlik/Anzinger*, § 31 JArbSchG Rz. 8.

Vierter Titel. Gesundheitliche Betreuung

32 *Erstuntersuchung*
(1) Ein Jugendlicher, der in das Berufsleben eintritt, darf nur beschäftigt werden, wenn

1. er innerhalb der letzten vierzehn Monate von einem Arzt untersucht worden ist (Erstuntersuchung) und

2. dem Arbeitgeber eine von diesem Arzt ausgestellte Bescheinigung vorliegt.

(2) Absatz 1 gilt nicht für eine nur geringfügige oder eine nicht länger als zwei Monate dauernde Beschäftigung mit leichten Arbeiten, von denen keine gesundheitlichen Nachteile für den Jugendlichen zu befürchten sind.

33 *Erste Nachuntersuchung*
(1) Ein Jahr nach Aufnahme der ersten Beschäftigung hat sich der Arbeitgeber die Bescheinigung eines Arztes darüber vorlegen zu lassen, dass der Jugendliche nachuntersucht worden ist (erste Nachuntersuchung). Die Nachuntersuchung darf nicht länger als drei Monate zurückliegen. Der Arbeitgeber soll den Jugendlichen neun Monate nach Aufnahme der ersten Beschäftigung nachdrücklich auf den Zeitpunkt, bis zu dem der Jugendliche ihm die ärztliche Bescheinigung nach Satz 1 vorzulegen hat, hinweisen und ihn auffordern, die Nachuntersuchung bis dahin durchführen zu lassen.

(2) Legt der Jugendliche die Bescheinigung nicht nach Ablauf eines Jahres vor, hat ihn der Arbeitgeber innerhalb eines Monats unter Hinweis auf das Beschäftigungsverbot nach Absatz 3 schriftlich aufzufordern, ihm die Bescheinigung vorzulegen. Je eine Durchschrift des Aufforderungsschreibens hat der Arbeitgeber dem Personensorgeberechtigten und dem Betriebs- oder Personalrat zuzusenden.

(3) Der Jugendliche darf nach Ablauf von 14 Monaten nach Aufnahme der ersten Beschäftigung nicht weiterbeschäftigt werden, solange er die Bescheinigung nicht vorgelegt hat.

34 *Weitere Nachuntersuchungen*
Nach Ablauf jedes weiteren Jahres nach der ersten Nachuntersuchung kann sich der Jugendliche erneut nachuntersuchen lassen (weitere Nachuntersuchungen). Der Arbeitgeber soll ihn auf diese Möglichkeit rechtzeitig hinweisen und darauf hinwirken, dass der Jugendliche ihm die Bescheinigung über die weitere Nachuntersuchung vorlegt.

35 *Außerordentliche Nachuntersuchung*
(1) Der Arzt soll eine außerordentliche Nachuntersuchung anordnen, wenn eine Untersuchung ergibt, dass

1. ein Jugendlicher hinter dem seinem Alter entsprechenden Entwicklungsstand zurückgeblieben ist,

2. gesundheitliche Schwächen oder Schäden vorhanden sind,

3. die Auswirkungen der Beschäftigung auf die Gesundheit oder Entwicklung des Jugendlichen noch nicht zu übersehen sind.

(2) Die in § 33 Abs. 1 festgelegten Fristen werden durch die Anordnung einer außerordentlichen Nachuntersuchung nicht berührt.

36 *Ärztliche Untersuchungen und Wechsel des Arbeitgebers*
Wechselt der Jugendliche den Arbeitgeber, so darf ihn der neue Arbeitgeber erst beschäftigen, wenn ihm die Bescheinigung über die Erstuntersuchung (§ 32 Abs. 1) und, falls seit der Aufnahme der Beschäftigung ein Jahr vergangen ist, die Bescheinigung über die erste Nachuntersuchung (§ 33) vorliegen.

37 *Inhalt und Durchführung der ärztlichen Untersuchungen*
(1) Die ärztlichen Untersuchungen haben sich auf den Gesundheits- und Entwicklungsstand und die körperliche Beschaffenheit, die Nachuntersuchungen außerdem auf die Auswirkungen der Beschäftigung auf Gesundheit und Entwicklung des Jugendlichen zu erstrecken.

(2) Der Arzt hat unter Berücksichtigung der Krankheitsvorgeschichte des Jugendlichen auf Grund der Untersuchungen zu beurteilen,

1. ob die Gesundheit oder die Entwicklung des Jugendlichen durch die Ausführung bestimmter Arbeiten oder durch die Beschäftigung während bestimmter Zeiten gefährdet wird,

2. ob besondere der Gesundheit dienende Maßnahmen erforderlich sind,

3. ob eine außerordentliche Nachuntersuchung (§ 35 Abs. 1) erforderlich ist.

(3) Der Arzt hat schriftlich festzuhalten:

1. den Untersuchungsbefund,

2. die Arbeiten, durch deren Ausführung er die Gesundheit oder die Entwicklung des Jugendlichen für gefährdet hält,

3. die besonderen der Gesundheit dienenden Maßnahmen,

4. die Anordnung einer außerordentliche Nachuntersuchung (§ 35 Abs. 1).

38 *Ergänzungsuntersuchung*
Kann der Arzt den Gesundheits- und Entwicklungsstand des Jugendlichen nur beurteilen, wenn das Ergebnis einer Ergänzungsuntersuchung durch einen anderen Arzt oder einen Zahnarzt vorliegt, so hat er die Ergänzungsuntersuchung zu veranlassen und ihre Notwendigkeit schriftlich zu begründen.

39 *Mitteilung, Bescheinigung*
(1) Der Arzt hat dem Personensorgeberechtigten schriftlich mitzuteilen:

1. das wesentliche Ergebnis der Untersuchung,

2. die Arbeiten, durch deren Ausführung er die Gesundheit oder die Entwicklung des Jugendlichen für gefährdet hält,

3. die besonderen der Gesundheit dienenden Maßnahmen,

4. die Anordnung einer außerordentlichen Nachuntersuchung (§ 35 Abs. 1).

(2) Der Arzt hat eine für den Arbeitgeber bestimmte Bescheinigung darüber auszustellen, dass die Untersuchung stattgefunden hat und darin die Arbeiten zu vermerken, durch deren Ausführung er die Gesundheit oder die Entwicklung des Jugendlichen für gefährdet hält.

40 *Bescheinigung mit Gefährdungsvermerk*
(1) Enthält die Bescheinigung des Arztes (§ 39 Abs. 2) einen Vermerk über Arbeiten, durch deren Ausführung er die Gesundheit oder die Entwicklung des Jugendlichen für gefährdet hält, so darf der Jugendliche mit solchen Arbeiten nicht beschäftigt werden.

(2) Die Aufsichtsbehörde kann die Beschäftigung des Jugendlichen mit den in der Bescheinigung des Arztes (§ 39 Abs. 2) vermerkten Arbeiten im Einvernehmen mit einem Arzt zulassen und die Zulassung mit Auflagen verbinden.

41 *Aufbewahren der ärztlichen Bescheinigungen*
(1) Der Arbeitgeber hat die ärztlichen Bescheinigungen bis zur Beendigung der Beschäftigung, längstens jedoch bis zur Vollendung des 18. Lebensjahres des Jugendlichen aufzubewahren und der Aufsichtsbehörde sowie der Berufsgenossenschaft auf Verlangen zur Einsicht vorzulegen oder einzusenden.

(2) Scheidet der Jugendliche aus dem Beschäftigungsverhältnis aus, so hat ihm der Arbeitgeber die Bescheinigungen auszuhändigen.

42 *Eingreifen der Aufsichtsbehörde*
Die Aufsichtsbehörde hat, wenn die dem Jugendlichen übertragenen Arbeiten Gefahren für seine Gesundheit befürchten lassen, dies dem Personensorgeberechtigten und dem Arbeitgeber mitzuteilen und den Jugendlichen aufzufordern, sich durch einen von ihr ermächtigten Arzt untersuchen zu lassen.

43 *Freistellung für Untersuchungen*
Der Arbeitgeber hat den Jugendlichen für die Durchführung der ärztlichen Untersuchungen nach diesem Abschnitt freizustellen. Ein Entgeltausfall darf hierdurch nicht eintreten.

44 *Kosten der Untersuchungen*
Die Kosten der Untersuchungen trägt das Land.

45 Gegenseitige Unterrichtung der Ärzte

(1) Die Ärzte, die Untersuchungen nach diesem Abschnitt vorgenommen haben, müssen, wenn der Personensorgeberechtigte und der Jugendliche damit einverstanden sind,

1. dem staatlichen Gewerbearzt,

2. dem Arzt, der einen Jugendlichen nach diesem Abschnitt nachuntersucht,

auf Verlangen die Aufzeichnungen über die Untersuchungsbefunde zur Einsicht aushändigen.

(2) Unter den Voraussetzungen des Absatzes 1 kann der Amtsarzt des Gesundheitsamtes einem Arzt, der einen Jugendlichen nach diesem Abschnitt untersucht, Einsicht in andere in seiner Dienststelle vorhandene Unterlagen über Gesundheit und Entwicklung des Jugendlichen gewähren.

46 Ermächtigungen

(1) Das Bundesministerium für Wirtschaft und Arbeit kann zum Zwecke einer gleichmäßigen und wirksamen gesundheitlichen Betreuung durch Rechtsverordnung mit Zustimmung des Bundesrates Vorschriften über die Durchführung der ärztlichen Untersuchungen und über die für die Aufzeichnungen der Untersuchungsbefunde, die Bescheinigungen und Mitteilungen zu verwendenden Vordrucke erlassen.

(2) Die Landesregierung kann durch Rechtsverordnung

1. zur Vermeidung von mehreren Untersuchungen innerhalb eines kurzen Zeitraumes aus verschiedenen Anlässen bestimmen, dass die Untersuchungen nach den §§ 32 bis 34 zusammen mit Untersuchungen nach anderen Vorschriften durchzuführen sind, und hierbei von der Frist des § 32 Abs. 1 Nr. 1 bis zu drei Monaten abweichen,

2. zur Vereinfachung der Abrechnung

   a) Pauschbeträge für die Kosten der ärztlichen Untersuchungen im Rahmen der geltenden Gebührenordnungen festsetzen,

   b) Vorschriften über die Erstattung der Kosten beim Zusammentreffen mehrerer Untersuchungen nach Nummer 1 erlassen.

I. Normzweck. Die §§ 32 bis 46 haben insb. den Zweck, Gesundheitsschäden durch Berufsarbeit zu vermeiden. Dazu ist es erforderlich, den individuellen Gesundheitszustand und den körperlichen Entwicklungsstand des Jugendlichen durch einen Arzt feststellen zu lassen. Es werden aber auch allgemeine gesundheitspflegerische Ziele verfolgt (§§ 37, 38). Die §§ 32 bis 46 stellen zwingendes Gesetzesrecht dar. Hinsichtlich der Untersuchungen findet die JugendarbeitsschutzuntersuchungsVO Anwendung[1].

II. Erstuntersuchung (§ 32). Abs. 1 der Norm begründet ein Beschäftigungsverbot. Verstöße stellen Ordnungswidrigkeiten oder Straftaten gem. § 58 Abs. 1 Nr. 22, Abs. 3 bis 6 dar. Ohne Vorlage der Bescheinigung ist der Arbeitsvertrag gem. § 134 BGB nichtig; es gelten die Grundsätze über das faktische Arbeitsverhältnis. Wird die Bescheinigung nachgereicht, wird der Arbeitsvertrag wirksam (vgl. § 5 Rz. 2)[2]. Ärzte iSd. Norm sind Personen, die eine Approbation oder Bestallung als Arzt besitzen. Der Jugendliche kann den Arzt frei wählen; an Weisungen des ArbGeb ist er nicht gebunden. Die Verpflichtung, sich untersuchen zu lassen, ergibt sich als Nebenpflicht aus dem Arbeitsvertrag, nicht aus § 32.

Abs. 2 lässt Ausnahmen von der Untersuchungspflicht zu. Um eine geringfügige Beschäftigung handelt es sich, wenn sie den Jugendlichen unter Berücksichtigung seines Alters und seines Entwicklungsstandes nicht nennenswert beansprucht. Dies ist zB bei der Beschäftigung einer 17-jährigen Schülerin mit Verkaufstätigkeit in einem Blumen-Obstgeschäft mit einer wöchentlichen Arbeitszeit unter 10 Stunden, die auf mehrere Tage verteilt ist, in aller Regel anzunehmen[3]. Unter leichten Arbeiten sind daneben beispielsweise das Austragen von Zeitungen, kurze Statistenrollen im Theater zu verstehen. Auch die geringfügige Beschäftigung darf nur mit leichten Arbeiten erfolgen.

III. Erste Nachuntersuchung (§ 33). Die sich aus Abs. 1 ergebene Pflicht zur Nachuntersuchung bezweckt, die gesundheitlichen Auswirkungen der Tätigkeit auf den Jugendlichen festzustellen, um diesen bei seiner Berufswahl zu unterstützen. Die Untersuchung muss zwischen dem 9. und dem 12. Beschäftigungsmonat erfolgen. Unterbleibt sie, besteht nach Abs. 3 ab dem 14. Beschäftigungsmonat ein Beschäftigungsverbot (oben Rz. 2). Verstöße hiergegen werden als Ordnungswidrigkeiten oder Straftaten gem. § 58 Abs. 1 Nr. 23, Abs. 3 bis 6 geahndet.

Erfolgt die Untersuchung nicht, hat eine Aufforderung nach Abs. 2 zu ergehen, die auch an den Personensorgeberechtigten (vgl. § 1 Rz. 14) und den BR oder Personalrat zu senden ist. Ein Verstoß kann ein Bußgeld nach § 59 Abs. 1 Nr. 4 nach sich ziehen. Legt der Jugendliche die Bescheinigung weiterhin nicht vor, ist der ArbGeb in der Regel zur Kündigung berechtigt[4].

---

1 V. 16.10.1990, BGBl. I S. 2221. | 2 Anders BAG 22.2.1972 – 2 AZR 205/71, AP Nr. 1 zu § 15 BBiG (§§ 308, 309 BGB aF). | 3 BayObLG München v. 11.1.1983 – 3 Ob OWi 164/82, AP Nr. 1 zu § 32 JArbSchG. | 4 *Molitor/Volmer/Germelmann*, § 33 JArbSchG Rz. 33.

6 IV. **Weitere Nachuntersuchungen (§ 34).** Die Vorschrift ermöglicht dem Jugendlichen jährlich kosten- und lohnausfallfrei (§§ 44, 45) weitere Nachuntersuchungen.

7 V. **Außerordentliche Nachuntersuchung (§ 35).** § 35 normiert eine Verpflichtung des Arztes zu zusätzlichen Untersuchungen unter den Voraussetzungen von Abs. 1 Nr. 1 bis 3. Die Anordnung durch den Arzt ist für den Jugendlichen nicht gem. § 35 verpflichtend; die Verpflichtung zur Untersuchung ergibt sich jedoch als Nebenpflicht aus dem Arbeitsvertrag. Verletzt der Jugendliche die Pflicht, können zudem eventuelle Schadensersatzansprüche des Jugendlichen gem. § 254 BGB gekürzt werden. Das Ergebnis der Untersuchung ist dem (§ 1 Rz. 14) Personensorgeberechtigten (§ 39 Abs. 1), nicht aber dem ArbGeb mitzuteilen. Unabhängig von der Fristenregelung des Abs. 2 ersetzt die Nachuntersuchung nach § 35 die erste Nachuntersuchung, wenn sie in die Fristen des § 33 fällt[1].

8 VI. **Wechsel des ArbGeb (§ 36).** § 36 begründet ein Beschäftigungsverbot (Rz. 2) beim neuen ArbGeb, wenn die genannten Bescheinigungen bei Beginn der Beschäftigung nicht vorliegen. Der Jugendliche kann gem. § 41 Abs. 2 die Herausgabe der Bescheinigungen beim alten ArbGeb verlangen. Verstöße stellen Ordnungswidrigkeiten oder Straftaten gem. § 58 Abs. 1 Nr. 24, Abs. 3 bis 6 dar. Kein Wechsel des ArbGeb iSd. § 36 liegt bei einem Betriebsübergang gem. § 613a BGB oder § 1922 BGB vor.

9 VII. **Inhalt und Durchführung der ärztlichen Untersuchung (§ 37).** Die Regelung wird durch die JugendarbeitsschutzuntersuchungsVO (Rz. 1) näher konkretisiert. Zur Beschaffung der Erhebungsbogen- und Untersuchungsbogenvordrucke in den einzelnen Bundesländern *Zmarzlik/Anzinger*, § 37 Rz. 9 f. Das Untersuchungsergebnis wird nur dem Personensorgeberechtigten (§ 1 Rz. 14) mitgeteilt (§ 39 Abs. 1).

10 VIII. **Ergänzungsuntersuchung (§ 38).** Es handelt sich um eine Teilkörperuntersuchung. Hinsichtlich der Verpflichtung des Jugendlichen zur Durchführung der Untersuchung vgl. Rz. 7. Ohne die Ergänzungsuntersuchung kann er Arzt zudem die jeweilige Bescheinigung nicht ausstellen.

11 IX. **Mitteilung, Bescheinigung (§ 39).** Eine Mitteilung über das Ergebnis der Untersuchung erfolgt gem. § 39 Abs. 1 an den Personensorgeberechtigten (vgl. § 1 Rz. 14). Die Bescheinigung für den ArbGeb darf keine über Abs. 2 hinausgehenden Informationen enthalten.

12 X. **Bescheinigung mit Gefährdungsvermerk (§ 40).** Abs. 1 begründet ein Beschäftigungsverbot (Rz. 2), welches erst mit Volljährigkeit des Beschäftigten erlischt. Verstöße werden als Ordnungswidrigkeiten oder Straftaten gem. § 58 Abs. 1 Nr. 25 (vgl. auch Nr. 28), Abs. 3 bis 6 geahndet. Der Gefährdungsvermerk ist kein Verwaltungsakt. Der Jugendliche kann sich allenfalls um eine Zulassung nach Abs. 2 bemühen oder versuchen, eine Bescheinigung ohne Gefährdungsvermerk durch einen anderen Arzt zu erlangen. Bei Vorlage dieser Bescheinigung erlischt das Beschäftigungsverbot. Die Zulassung nach Abs. 2 kann auch im Einvernehmen mit einem anderen Arzt erfolgen. Gegen einen ablehnenden Bescheid, kann der Verwaltungsrechtsweg beschritten werden.

13 XI. **Aufbewahrungspflicht (§ 41).** Die Aufbewahrungspflicht besteht bis zur Volljährigkeit; danach hat der ArbGeb die Bescheinigungen an den Beschäftigten herauszugeben. Gegen den Herausgabeanspruch nach Abs. 2 kann der ArbGeb kein Zurückbehaltungsrecht geltend machen (vgl. entsprechend § 109 GewO Rz. 15). Bei einem Verstoß kann ein Bußgeld gem. § 59 Abs. 1 Nr. 5 verhängt werden.

14 XII. **Eingreifen der Aufsichtsbehörde (§ 42).** Die Befugnisse nach § 42 bestehen für die Aufsichtsbehörde erst, wenn die gesetzlich vorgeschriebenen Untersuchungen durchgeführt wurden und dennoch Gefahren für die Gesundheit des Jugendlichen bestehen. Für die Untersuchung nach § 42 besteht keine freie Arztwahl. Der Jugendliche ist zur Untersuchung verpflichtet (vgl. Rz. 7).

15 XIII. **Freistellung für Untersuchungen (§ 43).** Satz 1 begründet einen Freistellungsanspruch für sämtliche Untersuchungen mit Ausnahme der Erstuntersuchung, welche vor Beginn der Beschäftigung erfolgt. Die Freistellung erfolgt durch den ArbGeb; ein Recht, der Arbeit ohne weiteres fern zu bleiben, besteht nicht. Der Arztbesuch wird nicht auf die höchstzulässige Arbeitszeit gem. § 8 angerechnet. Der Jugendliche ist jedoch nicht zur Nacharbeit verpflichtet. Bei einem Verstoß kann ein Bußgeld gem. § 59 Abs. 1 Nr. 6 verhängt werden. Zur Lohnausfallerstattung nach Satz 2 vgl. § 9 Rz. 5.

16 XIV. **Kosten der Untersuchungen (§ 44).** Der Anspruch gem. § 44 steht dem Arzt gegenüber dem Land zu. Voraussetzung ist, dass der Jugendliche einen Berechtigungsschein nach § 2 JugendarbeitsschutzuntersuchungsVO[2] (Rz. 1) vorlegt.

17 XV. **Gegenseitige Unterrichtung der Ärzte (§ 45).** Abs. 1 normiert eine Verpflichtung der Ärzte, die die Untersuchungen durchgeführt haben, die Untersuchungsbefunde zur Einsicht auszuhändigen. Die Einsicht in Befunde des Amtsarztes nach Abs. 2 steht in dessen Ermessen.

18 XVI. **Ermächtigungen (§ 46).** Nach Abs. 1 der Norm ist die JugendarbeitsschutzuntersuchungsVO (Rz. 1) ergangen. Zu den VO der Länder zur Koppelung von Untersuchungen vgl. *Zmarzlik/Anzinger*, § 46 Rz. 7 ff.

---

1 *Zmarzlik/Anzinger*, § 35 JArbSchG Rz. 6. | 2 Zu den nach Landesrecht zuständigen Stellen *Zmarzlik/Anzinger*, § 44 JArbSchG Rz. 4.

Vierter Abschnitt. Durchführung des Gesetzes

Erster Titel. Aushänge und Verzeichnisse

47 *Bekanntgabe des Gesetzes und der Aufsichtsbehörde*
Arbeitgeber, die regelmäßig mindestens einen Jugendlichen beschäftigen, haben einen Abdruck dieses Gesetzes und die Anschrift der zuständigen Aufsichtsbehörde an geeigneter Stelle im Betrieb zur Einsicht auszulegen oder auszuhängen.

48 *Aushang über Arbeitszeit und Pausen*
Arbeitgeber, die regelmäßig mindestens drei Jugendliche beschäftigen, haben einen Aushang über Beginn und Ende der regelmäßigen täglichen Arbeitszeit und der Pausen der Jugendlichen an geeigneter Stelle im Betrieb anzubringen.

49 *Verzeichnisse der Jugendlichen*
Arbeitgeber haben Verzeichnisse der bei ihnen beschäftigten Jugendlichen unter Angabe des Vor- und Familiennamens, des Geburtsdatums und der Wohnanschrift zu führen, in denen das Datum des Beginns der Beschäftigung bei ihnen, bei einer Beschäftigung unter Tage auch das Datum des Beginns dieser Beschäftigung, enthalten ist.

50 *Auskunft; Vorlage der Verzeichnisse*
(1) Der Arbeitgeber ist verpflichtet, der Aufsichtsbehörde auf Verlangen
1. die zur Erfüllung ihrer Aufgaben erforderlichen Angaben wahrheitsgemäß und vollständig zu machen,
2. die Verzeichnisse gemäß § 49, die Unterlagen, aus denen Name, Beschäftigungsart und -zeiten der Jugendlichen sowie Lohn- und Gehaltszahlungen ersichtlich sind, und alle sonstigen Unterlagen, die sich auf die nach Nummer 1 zu machenden Angaben beziehen, zur Einsicht vorzulegen oder einzusenden.

(2) Die Verzeichnisse und Unterlagen sind mindestens bis zum Ablauf von zwei Jahren nach der letzten Eintragung aufzubewahren.

I. Normzweck. Die Vorschriften dienen dem Zweck, Jugendliche über ihre Rechte nach diesem Gesetz zu informieren und die Wahrnehmung dieser Rechte zu fördern. 1

II. Bekanntgabe des Gesetzes und der Aufsichtsbehörde (§ 47). Es ist das Gesetz in der jeweils gültigen Fassung auszuhängen. Geeignet ist eine Stelle, an der der Jugendliche ohne Schwierigkeiten den Text zur Kenntnis nehmen kann; für einen Aufenthaltsraum des ArbGeb oder von Vorgesetzen gilt dies nicht[1]. Bei der Beschäftigung Jugendlicher, die der deutschen Sprache nicht mächtig sind, kann sich aus der Fürsorgepflicht des ArbGeb die Verpflichtung ergeben, den Text in deren Muttersprache auszuhängen. Übersetzungen des Gesetzes können bei den Berufsgenossenschaften, den Gewerkschaften oder der Aufsichtsbehörde erhältlich sein. Die zuständige Aufsichtsbehörde ergibt sich gem. § 51 (dort Rz. 1). Ein Verstoß gegen die Vorschrift kann zu einem Bußgeld nach § 59 Abs. 1 Nr. 7 führen. 2

III. Aushang über Arbeitszeiten und Pausen (§ 48). Durch die Vorschrift soll die Durchsetzung der §§ 8, 11 Abs. 1 und 2, 13 bis 18 sichergestellt werden. Wird im Betrieb die Arbeitszeit von Tag zu Tag oder Woche zu Woche neu festgelegt, braucht kein Aushang zu erfolgen[2]. Eine Aushangpflicht besteht jedoch bei vorübergehenden Änderungen, die eine gewisse Zeit andauern, zB Kurzarbeit[3]. Ein Verstoß stellt eine Ordnungswidrigkeit nach § 59 Abs. 1 Nr. 8 dar. 3

IV. Verzeichnisse der Jugendlichen (§ 49). Das Verzeichnis soll die Aufsichtsbehörde gem. § 51 bei der Durchführung ihrer Aufgaben unterstützen. Ein Einsichtsrecht hat gem. § 80 Abs. 2 Satz 2 Halbs. 1 BetrVG auch der BR bzw. gem. § 70 Abs. 2 BetrVG die Jugendvertretung. Ein Verstoß gegen die Vorschrift kann zu einem Bußgeld nach § 59 Abs. 1 Nr. 9 führen. 4

V. Auskunft und Vorlage des Verzeichnisses (§ 50). Abs. 1 Nr. 1 normiert eine umfassende Auskunftspflicht des ArbGeb. „Sonstige Unterlagen" nach Abs. 1 Nr. 2 sind zB Stempelkarten, Lohnlisten, Briefwechsel mit der Berufsschule. Die Aufsichtsbehörde kann die Originalunterlagen verlangen. Sie hat ein Wahlrecht zwischen der Einsichtnahme und der Zusendung. Fertigt der ArbGeb Fotokopien an, ist er zur Tragung der Kosten nicht verpflichtet. Er hat jedoch die Kosten der Übersendung zu tragen. 5

---

1 *Zmarzlik/Anzinger*, § 47 JArbSchG Rz. 9. | 2 *Zmarzlik/Anzinger*, § 48 JArbSchG Rz. 6. | 3 ErfK/*Schlachter*, § 48 JArbSchG Rz. 3; anders *Zmarzlik/Anzinger*, § 48 JArbSchG Rz. 5.

Unterlagen, die der ArbGeb zur Führung des Betriebes benötigt, hat die Behörde umgehend zurückzusenden. Die Art und Weise der Aufbewahrung nach Abs. 2 ist dem ArbGeb freigestellt. Ein Verstoß stellt eine Ordnungswidrigkeit nach § 59 Abs. 1 Nr. 10 dar.

Zweiter Titel. Aufsicht

51 *Aufsichtsbehörde; Besichtigungsrechte und Berichtspflicht*
(1) Die Aufsicht über die Ausführung dieses Gesetzes und der auf Grund dieses Gesetzes erlassenen Rechtsverordnungen obliegt der nach Landesrecht zuständigen Behörde (Aufsichtsbehörde). Die Landesregierung kann durch Rechtsverordnung die Aufsicht über die Ausführung dieser Vorschriften in Familienhaushalten auf gelegentliche Prüfungen beschränken.

(2) Die Beauftragten der Aufsichtsbehörde sind berechtigt, die Arbeitsstätten während der üblichen Betriebs- und Arbeitszeit zu betreten und zu besichtigen; außerhalb dieser Zeit oder wenn sich die Arbeitsstätten in einer Wohnung befinden, dürfen sie nur zur Verhütung von dringenden Gefahren für die öffentliche Sicherheit und Ordnung betreten und besichtigt werden. Der Arbeitgeber hat das Betreten und Besichtigen der Arbeitsstätten zu gestatten. Das Grundrecht der Unverletzlichkeit der Wohnung (Artikel 13 des Grundgesetzes) wird insoweit eingeschränkt.

(3) Die Aufsichtsbehörden haben im Rahmen der Jahresberichte nach § 139 b Abs. 3 der Gewerbeordnung über ihre Aufsichtstätigkeit gemäß Absatz 1 zu berichten.

52 *Unterrichtung über Lohnsteuerkarten an Kinder*
Über die Ausstellung von Lohnsteuerkarten an Kinder im Sinne des § 2 Abs. 1 und 3 ist die Aufsichtsbehörde durch die ausstellende Behörde zu unterrichten.

53 *Mitteilung über Verstöße*
Die Aufsichtsbehörde teilt schwerwiegende Verstöße gegen die Vorschriften dieses Gesetzes oder gegen die auf Grund dieses Gesetzes erlassenen Rechtsverordnungen der nach dem Berufsbildungsgesetz oder der Handwerksordnung zuständigen Stelle mit. Die zuständige Agentur für Arbeit erhält eine Durchschrift dieser Mitteilung.

54 *Ausnahmebewilligung*
(1) Ausnahmen, die die Aufsichtsbehörde nach diesem Gesetz oder den auf Grund dieses Gesetzes erlassenen Rechtsverordnungen bewilligen kann, sind zu befristen. Die Ausnahmebewilligungen können

1. mit einer Bedingung erlassen werden,
2. mit einer Auflage oder mit einem Vorbehalt der nachträglichen Aufnahme, Änderung oder Ergänzung einer Auflage verbunden werden und
3. jederzeit widerrufen werden.

(2) Ausnahmen können nur für einzelne Beschäftigte, einzelne Betriebe oder einzelne Teile des Betriebs bewilligt werden.

(3) Ist eine Ausnahme für einen Betrieb oder einen Teil des Betriebs bewilligt worden, so hat der Arbeitgeber hierüber an geeigneter Stelle im Betrieb einen Aushang anzubringen.

1 **I. Aufsichtsbehörde; Besichtigungsrecht und Berichtspflicht (§ 51).** Als zuständige Aufsichtsbehörde[1] wurde von den meisten Ländern gem. Abs. 1 das Gewerbeaufsichtsamt bestimmt. Aufsichtsbehörde ist in Brandenburg, Hamburg und Thüringen das Amt für Arbeitsschutz, in Berlin das Landesamt für Arbeitsschutz und technische Sicherheit und in Hessen das Staatliche Amt für Arbeitsschutz und Sicherheitstechnik. Für bergbauliche Betriebe wurden in allen Bundesländer die Bergämter als Aufsichtsbehörden bestimmt. Die örtliche Zuständigkeit ergibt sich aus den VwVfG der Länder (§ 3). Gegen Maßnahmen der Aufsichtsbehörde ist der Verwaltungsrechtsweg eröffnet.

2 Gem. Abs. 2 haben die Beauftragten der Aufsichtsbehörde das Recht, die Arbeitsstätte des Kindes oder Jugendlichen zu besichtigen. Die Üblichkeit der Betriebs- oder Arbeitszeit richtet sich nach den Verhältnissen in dem zu besichtigenden Betriebs. Eine vorherige Ankündigung ist weder zweckmäßig noch vorgesehen. Der ArbGeb erhält nach der Besichtigung in der Regel ein Besichtigungsschreiben, in welchem etwaige Verstöße oder Mängel festgehalten sind.

---

[1] Eine Zusammenstellung mit Adressmaterial findet sich bei *Zmarzlik/Anzinger*, § 47 JArBSchG Rz. 11 f.

Der gem. Abs. 3 vorzulegende Bericht wird veröffentlicht und dem jeweiligen Landtag vorgelegt (vgl. auch § 57 Abs. 3).

II. Unterrichtung über LStKarten an Kinder (§ 52). Zweck des § 52 ist es, die Durchsetzung des Verbots der Kinderarbeit zu unterstützen. Die Verpflichtung obliegt der Behörde, welche die LStKarten ausstellt (vgl. § 39 EStG). Soweit Schüler ohne LStKarte beschäftigt werden dürfen, wird der Gesetzeszweck verfehlt[1].

III. Mitteilung über Verstöße (§ 53). Durch die Mitteilung an die zuständige Stelle (vgl. §§ 73 bis 75, 79, 84, 84a, 87, 89, 91, 93, 97 BBiG, § 41a HandwO) nach Satz 1 soll der Erlass eines Ausbildungsverbots gem. §§ 23, 24 BBiG ermöglicht werden. Die Durchschrift an das AA soll eine Vermittlung des Jugendlichen an entsprechende ArbGeb verhindern. Schwerwiegende Verstöße sind in der Regel solche, welche gem. § 58 mit Strafe oder Bußgeld geahndet werden.

IV. Ausnahmebewilligungen (§ 54). Ausnahmebewilligungen sind zulässig gem. §§ 6, 14 Abs. 6 und 7, 27 Abs. 3, 40 Abs. 2. Ein wiederholte Befristung ist unzulässig, wenn sie dem Zweck des Abs. 1 Satz 1 zuwiderläuft. Eine Bewilligung ohne Befristung ist nichtig[2]. Die Bestimmung einer Bedingung oder Auflage nach Abs. 1 Satz 2 Nr. 1 und 2 steht im Ermessen der Behörde. Der Widerruf nach Abs. 1 Satz 2 Nr. 3 setzt einen rechtmäßigen Verwaltungsakt voraus; er ist nicht an weitere Voraussetzungen gebunden, vgl. § 49 Abs. 2 Satz 1 Nr. 1 VwVfG (Land). Die Entscheidung über den Widerruf erfolgt nach pflichtgemäßem Ermessen. Eine rechtswidrige Ausnahmebewilligung kann gem. § 48 Abs. 1 Satz 1, Abs. 3 bis 4 VwVfG (Land) zurückgenommen werden. Ein Ausgleichsanspruch gem. §§ 48 Abs. 3, 49 Abs. 6 VwVfG (Land) wird in der Regel nicht bestehen, da das Vertrauen auf den Bestand einer Ausnahmebewilligung wegen § 54 Abs. 1 Satz 2 Nr. 3 nicht schützenswert ist. Gem. Abs. 2 erfolgt die Ausnahmebewilligung nur für den Einzelfall. Sie ist gem. Abs. 3 im Betrieb auszuhängen.

Dritter Titel. Ausschüsse für Jugendarbeitsschutz

55 *Bildung des Landesausschusses für Jugendarbeitsschutz*
(1) Bei der von der Landesregierung bestimmten obersten Landesbehörde wird ein Landesausschuss für Jugendarbeitsschutz gebildet.

(2) Dem Landesausschuss gehören als Mitglieder an:

1. je sechs Vertreter der Arbeitgeber und der Arbeitnehmer,

2. ein Vertreter des Landesjugendringes,

3. ein von der Bundesagentur für Arbeit benannter Vertreter und je ein Vertreter des Landesjugendamtes, der für das Gesundheitswesen zuständigen obersten Landesbehörde und der für die berufsbildenden Schulen zuständigen obersten Landesbehörde und

4. ein Arzt.

(3) Die Mitglieder des Landesausschusses werden von der von der Landesregierung bestimmten obersten Landesbehörde berufen, die Vertreter der Arbeitgeber und Arbeitnehmer auf Vorschlag der auf Landesebene bestehenden Arbeitgeberverbände und Gewerkschaften, der Arzt auf Vorschlag der Landesärztekammer, die übrigen Vertreter auf Vorschlag der in Absatz 2 Nr. 2 und 3 genannten Stellen.

(4) Die Tätigkeit im Landesausschuss ist ehrenamtlich. Für bare Auslagen und für Entgeltausfall ist, soweit eine Entschädigung nicht von anderer Seite gewährt wird, eine angemessene Entschädigung zu zahlen, deren Höhe nach Landesrecht oder von der von der Landesregierung bestimmten obersten Landesbehörde festgesetzt wird.

(5) Die Mitglieder können nach Anhören der an ihrer Berufung beteiligten Stellen aus wichtigem Grund abberufen werden.

(6) Die Mitglieder haben Stellvertreter. Die Absätze 2 bis 5 gelten für die Stellvertreter entsprechend.

(7) Der Landesausschuss wählt aus seiner Mitte einen Vorsitzenden und dessen Stellvertreter. Der Vorsitzende und sein Stellvertreter sollen nicht derselben Mitgliedergruppe angehören.

(8) Der Landesausschuss gibt sich eine Geschäftsordnung. Die Geschäftsordnung kann die Bildung von Unterausschüssen vorsehen und bestimmen, dass ihnen ausnahmsweise nicht nur Mitglieder des Landesausschusses angehören. Absatz 4 Satz 2 gilt für die Unterausschüsse hinsichtlich der Entschädigung entsprechend. An den Sitzungen des Landesausschusses und der Unterausschüsse können Vertreter der beteiligten obersten Landesbehörden teilnehmen.

---

[1] ErfK/*Schlachter*, §§ 55–57 JArbSchG Rz. 5; *Düwell*, NZA 2001, 308, 309 f. | [2] *Zmarzlik/Anzinger*, § 54 JArbSchG Rz. 5.

56 *Bildung des Ausschusses für Jugendarbeitsschutz bei der Aufsichtsbehörde*
(1) Bei der Aufsichtsbehörde wird ein Ausschuss für Jugendarbeitsschutz gebildet. In Städten, in denen mehrere Aufsichtsbehörden ihren Sitz haben, wird ein gemeinsamer Ausschuss für Jugendarbeitsschutz gebildet. In Ländern, in denen nicht mehr als zwei Aufsichtsbehörden eingerichtet sind, übernimmt der Landesausschuss für Jugendarbeitsschutz die Aufgaben dieses Ausschusses.

(2) Dem Ausschuss gehören als Mitglieder an:

1. je sechs Vertreter der Arbeitgeber und der Arbeitnehmer,
2. ein Vertreter des im Bezirk der Aufsichtsbehörde wirkenden Jugendringes,
3. je ein Vertreter eines Arbeits-, Jugend- und Gesundheitsamtes,
4. ein Arzt und ein Lehrer an einer berufsbildenden Schule.

(3) Die Mitglieder des Jugendarbeitsschutzausschusses werden von der Aufsichtsbehörde berufen, die Vertreter der Arbeitgeber und Arbeitnehmer auf Vorschlag der im Aufsichtsbezirk bestehenden Arbeitgeberverbände und Gewerkschaften, der Arzt auf Vorschlag der Ärztekammer, der Lehrer auf Vorschlag der nach Landesrecht zuständigen Behörde, die übrigen Vertreter auf Vorschlag der in Absatz 2 Nr. 2 und 3 genannten Stellen. § 55 Abs. 4 bis 8 gilt mit der Maßgabe entsprechend, dass die Entschädigung von der Aufsichtsbehörde mit Genehmigung der von der Landesregierung bestimmten obersten Landesbehörde festgesetzt wird.

57 *Aufgaben der Ausschüsse*
(1) Der Landesausschuss berät die oberste Landesbehörde in allen allgemeinen Angelegenheiten des Jugendarbeitsschutzes und macht Vorschläge für die Durchführung dieses Gesetzes. Er klärt über Inhalt und Ziel des Jugendarbeitsschutzes auf.

(2) Die oberste Landesbehörde beteiligt den Landesausschuss in Angelegenheiten von besonderer Bedeutung, insbesondere vor Erlass von Rechtsvorschriften zur Durchführung dieses Gesetzes.

(3) Der Landesausschuss hat über seine Tätigkeit im Zusammenhang mit dem Bericht der Aufsichtsbehörden nach § 51 Abs. 3 zu berichten.

(4) Der Ausschuss für Jugendarbeitsschutz bei der Aufsichtsbehörde berät diese in allen allgemeinen Angelegenheiten des Jugendarbeitsschutzes und macht dem Landesausschuss Vorschläge für die Durchführung dieses Gesetzes. Er klärt über Inhalt und Ziel des Jugendarbeitsschutzes auf.

1 **I. Landesausschuss für Jugendarbeit (§ 55).** Der Landesausschuss für Jugendarbeit soll die oberste Landesbehörde mit dem Ziel der besseren Durchsetzung des Gesetzes in der Praxis beraten. Die Landesregierungen haben bestimmt, dass der Landesausschuss für Jugendarbeit bei der für den Arbeitsschutz zuständigen obersten Landesbehörde angesiedelt ist[1]. Die Berufung der 18 Mitglieder nach Abs. 3 erfolgt durch die oberste Landesbehörde.

Auf die ehrenamtliche Tätigkeit (Abs. 4 Satz 1) finden die §§ 81 bis 87 VwVfG (Land) keine Anwendung, da diese sich nur auf Tätigkeiten im Verwaltungsverfahren nach § 9 VwVfG (Land) beziehen. Das Ausschussmitglied hat gegenüber seinem ArbGeb einen Anspruch auf Freistellung für die Ausschussarbeit gem. § 616 BGB.

Die Abberufung gem. Abs. 5 ist eine Ermessensentscheidung. Daneben kann das Ausschussmitglied das Mandat niederlegen. Durch eine Zurücknahme der Benennung der entsendenden Stelle (Abs. 3) erlischt das Mandat nicht. Das Mandat kann durch die oberste Landesbehörde im Rahmen pflichtgemäßen Ermessens befristet werden[2].

2 **II. Ausschuss für Jugendarbeitsschutz bei der Aufsichtsbehörde (§ 56).** Der Ausschuss für Jugendarbeitsschutz nach dieser Vorschrift soll die Aufsichtsbehörde beraten. Bei seiner Zusammensetzung sollen Praxisnähe und die Vertrautheit mit den örtlichen wirtschaftlichen Verhältnissen Berücksichtigung finden. Der Lehrer einer berufsbildenden Schule nach Abs. 2 Nr. 4 ist als pädagogischer Fachmann, nicht als Interessenvertreter der Schulen hinzuzuziehen.

3 **III. Aufgaben der Ausschüsse (§ 57).** Die Aufgaben des Landesausschusses nach Abs. 1 kann dieser von sich aus oder auf Anregung der obersten Landesbehörde ergreifen. Allgemeine Angelegenheiten sind zB der Erlass von Rechtsverordnungen und Richtlinien, Aufklärungsaktionen. Nicht dazu gehören Maßnahmen zur Durchsetzung des Gesetzes im Einzelfall. Der Ausschuss ist zu eigener, aktiver Aufklärungstätigkeit nach Abs. 1 Satz 2 verpflichtet.

4 Angelegenheiten von besonderer Bedeutung nach Abs. 2 sind solche, die wesentlichen Einfluss auf die nähere Ausgestaltung des Jugendarbeitsschutzes haben, insb. der Erlass von Verwaltungsvorschriften

---

1 Im Einzelnen *Zmarzlik/Anzinger*, § 55 JArbSchG Rz. 6. | 2 *Zmarzlik/Anzinger*, § 55 JArbSchG Rz. 15; aA *Schoden*, § 55 Rz. 18 (Befristung durch Geschäftsordnung des Ausschusses, Abs. 8).

und die Vorbereitung von Gesetzesinitiativen. Der Tätigkeitsbericht nach Abs. 3 wird zusammen mit dem Jahresbericht der Aufsichtsbehörden nach § 51 Abs. 3 veröffentlicht.

Die Ausschüsse bei der Aufsichtsbehörde haben entsprechende Aufgaben wie der Landesausschuss nach Abs. 1. 5

Fünfter Abschnitt. Straf- und Bußgeldvorschriften

58 *Bußgeld- und Strafvorschriften*
(1) Ordnungswidrig handelt, wer als Arbeitgeber vorsätzlich oder fahrlässig

1. entgegen § 5 Abs. 1, auch in Verbindung mit § 2 Abs. 3, ein Kind oder einen Jugendlichen, der der Vollzeitschulpflicht unterliegt, beschäftigt,
2. entgegen § 5 Abs. 3 Satz 1 oder Satz 3, jeweils auch in Verbindung mit § 2 Abs. 3, ein Kind über 13 Jahre oder einen Jugendlichen, der der Vollzeitschulpflicht unterliegt, in anderer als der zugelassenen Weise beschäftigt,
3. (aufgehoben)
4. entgegen § 7 Satz 1 Nr. 2, auch in Verbindung mit einer Rechtsverordnung nach § 26 Nr. 1, ein Kind, das der Vollzeitschulpflicht nicht mehr unterliegt, in anderer als der zugelassenen Weise beschäftigt,
5. entgegen § 8 einen Jugendlichen über die zulässige Dauer der Arbeitszeit hinaus beschäftigt,
6. entgegen § 9 Abs. 1 oder 4 in Verbindung mit Absatz 1 eine dort bezeichnete Person an Berufsschultagen oder in Berufsschulwochen nicht freistellt,
7. entgegen § 10 Abs. 1 einen Jugendlichen für die Teilnahme an Prüfungen oder Ausbildungsmaßnahmen oder an dem Arbeitstag, der der schriftlichen Abschlussprüfung unmittelbar vorangeht, nicht freistellt,
8. entgegen § 11 Abs. 1 oder 2 Ruhepausen nicht, nicht mit der vorgeschriebenen Mindestdauer oder nicht in der vorgeschriebenen zeitlichen Lage gewährt,
9. entgegen § 12 einen Jugendlichen über die zulässige Schichtzeit hinaus beschäftigt,
10. entgegen § 13 die Mindestfreizeit nicht gewährt,
11. entgegen § 14 Abs. 1 einen Jugendlichen außerhalb der Zeit von 6 bis 20 Uhr oder entgegen § 14 Abs. 7 Satz 3 vor Ablauf der Mindestfreizeit beschäftigt,
12. entgegen § 15 einen Jugendlichen an mehr als fünf Tagen in der Woche beschäftigt,
13. entgegen § 16 Abs. 1 einen Jugendlichen an Samstagen beschäftigt oder entgegen § 16 Abs. 3 Satz 1 den Jugendlichen nicht freistellt,
14. entgegen § 17 Abs. 1 einen Jugendlichen an Sonntagen beschäftigt oder entgegen § 17 Abs. 2 Satz 2 Halbsatz 2 oder Abs. 3 Satz 1 den Jugendlichen nicht freistellt,
15. entgegen § 18 Abs. 1 einen Jugendlichen am 24. oder 31. Dezember nach 14 Uhr oder an gesetzlichen Feiertagen beschäftigt oder entgegen § 18 Abs. 3 nicht freistellt,
16. entgegen § 19 Abs. 1, auch in Verbindung mit Abs. 2 Satz 1 oder 2, oder entgegen § 19 Abs. 3 Satz 1 oder Abs. 4 Satz 2 Urlaub nicht oder nicht mit der vorgeschriebenen Dauer gewährt,
17. entgegen § 21 Abs. 2 die geleistete Mehrarbeit durch Verkürzung der Arbeitszeit nicht ausgleicht,
18. entgegen § 22 Abs. 1, auch in Verbindung mit einer Rechtsverordnung nach § 26 Nr. 1, einen Jugendlichen mit den dort genannten Arbeiten beschäftigt,
19. entgegen § 23 Abs. 1, auch in Verbindung mit einer Rechtsverordnung nach § 26 Nr. 1, einen Jugendlichen mit Arbeiten mit Lohnanreiz, in einer Arbeitsgruppe mit Erwachsenen, deren Entgelt vom Ergebnis ihrer Arbeit abhängt, oder mit tempoabhängigen Arbeiten beschäftigt,
20. entgegen § 24 Abs. 1, auch in Verbindung mit einer Rechtsverordnung nach § 26 Nr. 1, einen Jugendlichen mit Arbeiten unter Tage beschäftigt,
21. entgegen § 31 Abs. 2 Satz 2 einem Jugendlichen für seine Altersstufe nicht zulässige Getränke oder Tabakwaren gibt,
22. entgegen § 32 Abs. 1 einen Jugendlichen ohne ärztliche Bescheinigung über die Erstuntersuchung beschäftigt,
23. entgegen § 33 Abs. 3 einen Jugendlichen ohne ärztliche Bescheinigung über die erste Nachuntersuchung weiterbeschäftigt,
24. entgegen § 36 einen Jugendlichen ohne Vorlage der erforderlichen ärztlichen Bescheinigungen beschäftigt,

25. entgegen § 40 Abs. 1 einen Jugendlichen mit Arbeiten beschäftigt, durch deren Ausführung der Arzt nach der von ihm erteilten Bescheinigung die Gesundheit oder die Entwicklung des Jugendlichen für gefährdet hält,

26. einer Rechtsverordnung nach

   a) § 26 Nr. 20 oder

   b) § 28 Abs. 2

   zuwiderhandelt, soweit sie für einen bestimmten Tatbestand auf diese Bußgeldvorschrift verweist,

27. einer vollziehbaren Anordnung der Aufsichtsbehörde nach § 6 Abs. 3, § 27 Abs. 1 Satz 2 oder Abs. 2, § 28 Abs. 3 oder § 30 Abs. 2 zuwiderhandelt,

28. einer vollziehbaren Auflage der Aufsichtsbehörde nach § 6 Abs. 1, § 14 Abs. 7, § 27 Abs. 3 oder § 40 Abs. 2, jeweils in Verbindung mit § 54 Abs. 1, zuwiderhandelt,

29. einer vollziehbaren Anordnung oder Auflage der Aufsichtsbehörde auf Grund einer Rechtsverordnung nach § 26 Nr. 2 oder § 28 Abs. 2 zuwiderhandelt, soweit die Rechtsverordnung für einen bestimmten Tatbestand auf die Bußgeldvorschrift verweist.

(2) Ordnungswidrig handelt, wer vorsätzlich oder fahrlässig entgegen § 25 Abs. 1 Satz 1 oder Abs. 2 Satz 1 einen Jugendlichen beschäftigt, beaufsichtigt, anweist oder ausbildet, obwohl ihm dies verboten ist, oder einen anderen, dem dies verboten ist, mit der Beaufsichtigung, Anweisung oder Ausbildung eines Jugendlichen beauftragt.

(3) Absatz 1 Nr. 4, 6 bis 29 und Absatz 2 gelten auch für die Beschäftigung von Kindern (§ 2 Abs. 1) oder Jugendlichen, die der Vollzeitschulpflicht unterliegen (§ 2 Abs. 3), nach § 5 Abs. 2 Absatz 1 Nr. 6 bis 29 und Absatz 2 gelten auch für die Beschäftigung von Kindern, die der Vollzeitschulpflicht nicht mehr unterliegen, nach § 7.

(4) Die Ordnungswidrigkeit kann mit einer Geldbuße bis zu fünfzehntausend Euro geahndet werden.

(5) Wer vorsätzlich eine in Absatz 1, 2 oder 3 bezeichnete Handlung begeht und dadurch ein Kind, einen Jugendlichen oder im Falle des Absatzes 1 Nr. 6 eine Person, die noch nicht 21 Jahre alt ist, in ihrer Gesundheit oder Arbeitskraft gefährdet, wird mit Freiheitsstrafe bis zu einem Jahr oder mit Geldstrafe bestraft. Ebenso wird bestraft, wer eine in Absatz 1, 2 oder 3 bezeichnete Handlung beharrlich wiederholt.

(6) Wer in den Fällen des Absatzes 5 Satz 1 die Gefahr fahrlässig verursacht, wird mit Freiheitsstrafe bis zu sechs Monaten oder mit Geldstrafe bis zu einhundertachtzig Tagessätzen bestraft.

59 *Bußgeldvorschriften*

(1) Ordnungswidrig handelt, wer als Arbeitgeber vorsätzlich oder fahrlässig

1. entgegen § 6 Abs. 4 Satz 2 ein Kind vor Erhalt des Bewilligungsbescheides beschäftigt,

2. entgegen § 11 Abs. 3 den Aufenthalt in Arbeitsräumen gestattet,

3. entgegen § 29 einen Jugendlichen über Gefahren nicht, nicht richtig oder nicht rechtzeitig unterweist,

4. entgegen § 33 Abs. 2 Satz 1 einen Jugendlichen nicht oder nicht rechtzeitig zur Vorlage einer ärztlichen Bescheinigung auffordert,

5. entgegen § 41 die ärztliche Bescheinigung nicht aufbewahrt, vorlegt, einsendet oder aushändigt,

6. entgegen § 43 Satz 1 einen Jugendlichen für ärztliche Untersuchungen nicht freistellt,

7. entgegen § 47 einen Abdruck des Gesetzes oder die Anschrift der zuständigen Aufsichtsbehörde nicht auslegt oder aushängt,

8. entgegen § 48 Arbeitszeit und Pausen nicht oder nicht in der vorgeschriebenen Weise aushängt,

9. entgegen § 49 ein Verzeichnis nicht oder nicht in der vorgeschriebenen Weise führt,

10. entgegen § 50 Abs. 1 Angaben nicht, nicht richtig oder nicht vollständig macht oder Verzeichnisse oder Unterlagen nicht vorlegt oder einsendet oder entgegen § 50 Abs. 2 Verzeichnisse oder Unterlagen nicht oder nicht vorschriftsmäßig aufbewahrt,

11. entgegen § 51 Abs. 2 Satz 2 das Betreten oder Besichtigen der Arbeitsstätten nicht gestattet,

12. entgegen § 54 Abs. 3 einen Aushang nicht anbringt.

(2) Absatz 1 Nr. 2 bis 6 gilt auch für die Beschäftigung von Kindern (§ 2 Abs. 1 und 3) nach § 5 Abs. 2 Satz 1.

(3) Die Ordnungswidrigkeit kann mit einer Geldbuße bis zu zweitausendfünfhundert Euro geahndet werden.

Schlussvorschriften §§ 61–62 JArbSchG

60 *Verwaltungsvorschriften für die Verfolgung und Ahndung von Ordnungswidrigkeiten*
Der Bundesminister für Arbeit und Sozialordnung kann mit Zustimmung des Bundesrates allgemeine Verwaltungsvorschriften für die Verfolgung und Ahndung von Ordnungswidrigkeiten nach §§ 58 und 59 durch die Verwaltungsbehörde (§ 35 des Gesetzes über Ordnungswidrigkeiten) und über die Erteilung einer Verwarnung (§§ 56, 58 Abs. 2 des Gesetzes über Ordnungswidrigkeiten) wegen einer Ordnungswidrigkeit nach §§ 58 und 59 erlassen.

I. Normzweck. Durch die §§ 58 bis 60 soll die Durchsetzung des Gesetzes in der Praxis gefördert werden. Dem ArbGeb soll durch die Verhängung von Bußgeldern deutlich gemacht werden, dass die Vorschriften des Gesetzes strikt einzuhalten sind. Es sollen zudem die wirtschaftlichen Vorteile abgeschöpft werden, welche der ArbGeb mit der rechtswidrigen Beschäftigung von Kindern und Jugendlichen erzielen kann. 1

II. Bußgeld- und Strafvorschriften (§§ 58, 59). Die Norm enthält Tatbestände, die abhängig von der Schwere ihrer Begehung als Ordnungswidrigkeiten oder Straftaten verfolgt werden. 2

1. Täter nach Abs. 1 und 3 ist der ArbGeb. Zum Begriff des ArbGeb vgl. § 3. Ist ArbGeb eine juristische Person, eine Personenhandelsgesellschaft oder eine nicht geschäftsfähige natürliche Person gilt § 14 Abs. 1 StGB bzw. § 9 Abs. 1 OWiG, dh. als Täter kommt der Vertreter in Betracht. Durch § 14 Abs. 2 StGB, § 9 Abs. 2 OWiG kann Täter darüber hinaus eine beauftragte Person sein, wenn sie mit der Leitung des Betriebs, eines Betriebsteils oder mit der Erfüllung bestimmter Pflichten beauftragt ist. 3

2. Irrtum über das Alter des Beschäftigten. Hält der ArbGeb den Beschäftigten irrig für älter, so dass ein Verstoß gegen die Vorschriften des Gesetzes ausgeschlossen wäre, liegt ein Tatbestandsirrtum nach § 16 Abs. 1 StGB, § 11 Abs. 1 OWiG vor. Bei der Beweiswürdigung ist jedoch zu berücksichtigen, dass sich der ArbGeb auf die Angaben einer Person, welche nach ihrem äußeren Erscheinungsbild oder nach sonstigen Umständen (zB Schulpflicht) in den Anwendungsbereich der Vorschriften des JArbSchG fallen könnte, nicht verlassen darf, zumal sich das Alter durch Vorlage des Personalausweises unschwer ermitteln lässt[1]. 4

3. Irrtum über die Vorschriften des JArbSchG. Irrt sich der ArbGeb über die Grenzen der Verbotstatbestände des Gesetzes, liegt ein Verbotsirrtum gem. § 17 StGB, § 11 Abs. 2 OWiG vor. Der ArbGeb handelt dann nicht schuldhaft, wenn der Verbotsirrtum unvermeidbar war. Ein Irrtum über die Vorschriften des JArbSchG ist aber in der Regel vermeidbar. In diesem Fall kommt nur eine Milderung der Strafe nach § 49 Abs. 1 StGB bzw. eine Berücksichtigung des Irrtums bei der Bemessung des Bußgelds in Betracht. 5

4. Ordnungswidrigkeiten. Sie sind in § 58 Abs. 1 bis 4, § 59 abschließend aufgezählt. Die Ordnungswidrigkeiten nach § 59 werden vom Gesetzgeber als weniger schwerwiegend eingestuft. 6

5. Straftaten nach § 58 Abs. 5 und 6 setzen voraus, dass der Verstoß gegen die Vorschriften des Gesetzes vorsätzlich erfolgt. Eine Gesundheitsgefährdung nach Abs. 5 Satz 1 setzt die Wahrscheinlichkeit des Eintritt eines nicht unerheblichen Schadens an der Gesundheit oder Arbeitskraft voraus. Unter Arbeitskraft ist die von Natur aus vorhandene oder durch Ausbildung oder Übung erwerbende bzw. zu erwerbende Fähigkeit, Arbeit zu leisten, zu verstehen[2]. Um einen beharrliche Wiederholung der Verstöße handelt es sich, wenn die erneute Zuwiderhandlung eine so rechtsfeindliche Einstellung gegen die betreffende Vorschrift erkennen lässt, dass eine Ahndung mit den Mitteln des Strafrechts gerechtfertigt erscheint[3]. Für die Straftat nach Abs. 6 genügt die fahrlässige Verursachung der Gefahr. 7

III. Verwaltungsvorschriften (§ 60). Eine Verwaltungsvorschrift durch das Bundesministerium für Arbeit und Wirtschaft (die fehlende Korrektur der Bezeichnung des Ministeriums durch Art. 181 der Achten ZuständigkeitsanpassungsVO v. 25.11.03, BGBl. I 2304, 2325, ist ein Redaktionsversehen) ist bisher noch nicht ergangen. Gem. Art. 83 GG sind die Länder damit weiterhin zur Ausführung des Gesetzes ermächtigt. Der Länderausschuss für Arbeitsschutz und Sicherheitstechnik (LASI) hat Richtlinien für die Verfolgung und Ahndung von Zuwiderhandlungen iSd. Jugendarbeitsschutzgesetzes vom 17.9.1997 beschlossen, die bundeseinheitlich angewandt werden sollen[4]. Diese Richtlinien enthalten auch einen Bußgeldkatalog. 8

Sechster Abschnitt. Schlussvorschriften

61 *Beschäftigung von Jugendlichen auf Kauffahrteischiffen*
(1) Für die Beschäftigung von Jugendlichen auf Kauffahrteischiffen als Besatzungsmitglieder im Sinne des § 3 des Seemannsgesetzes gilt an Stelle dieses Gesetzes das Seemannsgesetz mit den nachfolgenden Änderungen.

(2) Das Seemannsgesetz wird wie folgt geändert: (vom Abdruck wurde abgesehen).

---

[1] Vgl. BayObLG München v. 11.11.1981 – 3 Ob OWi 186/81, AP Nr. 1 zu § 5 JArbSchG. | [2] *Zmarzlik/Anzinger*, § 58 JArbSchG Rz. 14. | [3] BT-Drs. 7/626, S. 14. | [4] Vgl. zB die Verwaltungsvorschrift zur Verfolgung und Ahndung von Zuwiderhandlung iSd. Jugendarbeitsschutzgesetzes und des Fahrpersonalgesetzes des Ministeriums für Soziales, Familie und Gesundheit Thüringen vom 17.12.1999, ThürStAnz Nr. 3/2000 S. 154.

62 *Beschäftigung im Vollzug einer Freiheitsentziehung*

(1) Die Vorschriften dieses Gesetzes gelten für die Beschäftigung Jugendlicher (§ 2 Abs. 2) im Vollzuge einer gerichtlich angeordneten Freiheitsentziehung entsprechend, soweit es sich nicht nur um gelegentliche, geringfügige Hilfeleistungen handelt und soweit in den Absätzen 2 bis 4 nichts anderes bestimmt ist.

(2) Im Vollzug einer gerichtlich angeordneten Freiheitsentziehung finden § 19, §§ 47 bis 50 keine Anwendung.

(3) Die §§ 13, 14, 15, 16, 17 und 18 Abs. 1 und 2 gelten im Vollzug einer gerichtlich angeordneten Freiheitsentziehung nicht für die Beschäftigung jugendlicher Anstaltsinsassen mit der Zubereitung und Ausgabe der Anstaltsverpflegung.

(4) § 18 Abs. 1 und 2 gilt nicht für die Beschäftigung jugendlicher Anstaltsinsassen in landwirtschaftlichen Betrieben der Vollzugsanstalten mit Arbeiten, die auch an Sonn- und Feiertagen naturnotwendig vorgenommen werden müssen.

1 **I. Beschäftigung von Jugendlichen auf Kauffahrteischiffen (§ 61).** Für die Besatzungsmitglieder eines Kauffahrteischiffes sollen möglichst einheitliche Regelungen gelten. Aus diesem Grund wurde der Anwendungsbereich des JArbSchG eingeschränkt. Kauffahrteischiffe sind in der Regel Handelsschiffe, dh. Seeschiffe, die dem Erwerb durch die Seefahrt dienen. Die Vorschriften des Seemannsgesetzes[1] gelten nur für Schiffe, die die Bundesflagge führen. Besatzungsmitglieder nach § 3 Seemannsgesetz sind Schiffsoffiziere, sonstige Angestellte und Schiffsleute, dh. Personen, die zum Reeder in einem sog. Heuerverhältnis stehen. Für Jugendliche, auf die dies nicht zutrifft, findet das JArbSchG Anwendung (vgl. § 103 Abs. 2 Seemannsgesetz), zB für auf dem Schiff tätige Friseure, Kellner oder Verkäufer.

2 **II. Beschäftigung in Vollzug einer Freiheitsentziehung (§ 62).** Mit der Vorschrift soll die sinngemäße Übertragung der für private Beschäftigungsverhältnisse geschaffenen Vorschriften des JArbSchG auf die öffentlich-rechtlichen Gewaltverhältnisse in Strafvollzugsanstalten erreicht werden.

63–70 *(Änderung von Gesetzen und Verordnungen)*

71 *Berlin-Klausel* **(gegenstandslos)**

72 *In-Kraft-Treten*

(1) Dieses Gesetz tritt am 1. Mai 1976 in Kraft.

(2) Zum gleichen Zeitpunkt treten außer Kraft: (vom Abdruck wurde abgesehen).

(3) Die auf Grund des § 37 Abs. 2 und des § 53 des Jugendarbeitsschutzgesetzes vom 9. August 1960, des § 20 Abs. 1 des Jugendschutzgesetzes vom 30. April 1938 und des § 120e der Gewerbeordnung erlassenen Vorschriften bleiben unberührt. Sie können, soweit sie den Geltungsbereich dieses Gesetzes betreffen, durch Rechtsverordnungen auf Grund des § 26 oder des § 46 geändert oder aufgehoben werden.

(4) Vorschriften in Rechtsverordnungen, die durch § 69 dieses Gesetzes geändert werden, können vom Bundesministerium für Arbeit und Wirtschaft im Rahmen der bestehenden Ermächtigungen geändert und aufgehoben werden.

(5) Verweisungen auf Vorschriften des Jugendarbeitsschutzgesetzes vom 9. August 1960 gelten als Verweisungen auf die entsprechenden Vorschriften dieses Gesetzes oder der auf Grund dieses Gesetzes erlassenen Rechtsverordnungen.

---

1 V. 26.7.1957, BGBl. II S. 713, zuletzt geändert durch Gesetz v. 23.3.2002, BGBl. I S. 1163.

Kündigungsschutzgesetz (KSchG)

in der Fassung der Bekanntmachung vom 25.8.1969 (BGBl. I S. 1317),
zuletzt geändert durch Gesetz vom 23.4.2004 (BGBl. I S. 602)

Erster Teil. Allgemeine Vorschriften

Vorbemerkung vor § 1

I. Entstehung und Entwicklung ... 1	VII. Kündigungsschutz in besonderen Betrieben ... 35
II. Grundrechtlicher Rahmen ... 7	1. Grundsatz ... 35
III. Der Kündigungsschutz außerhalb des KSchG ... 14	2. Schifffahrt- und Luftverkehr ... 36
1. Gesetzlicher Schutz ... 14	3. Alliierte Streitkräfte ... 37
2. Autonomer Schutz ... 19	4. Kirchen ... 39
IV. Konzeption des Kündigungsschutzes im KSchG ... 21	5. Tendenzunternehmen ... 41
V. Zwingende Geltung, Verzicht und Ausgleichsquittung ... 24	VIII. Kündigungsschutz in besonderen Rechtslagen (insbesondere Insolvenz) ... 42
VI. Internationaler Geltungsbereich ... 31	IX. Vertragspflichtverletzung durch rechtsunwirksame Kündigung ... 45
1. Objektive Anknüpfung ... 32	
2. Rechtswahl ... 33	

I. Entstehung und Entwicklung. Das KSchG beschränkt die Kündigungsfreiheit des ArbGeb und damit die **Vertragsfreiheit**. Die historische Entwicklung im 19. Jahrhundert hatte unter der Geltung nahezu reiner Vertragsfreiheit zu krassen Missständen auf Seiten der abhängig Beschäftigten geführt. Es zeigte sich, dass die für die Ordnungsfunktion des freien Vertragsschlusses erforderliche strukturelle Chancengleichheit der Vertragsparteien typischerweise beim Abschluss des Arbeitsvertrages fehlt. Hinzu trat die soziale und volkswirtschaftliche Bedeutung des Arbeitsverhältnisses: Es bildet für die ArbN und ihre unterhaltsberechtigten Angehörigen, also für den weitaus größten Teil der Bevölkerung, die lebenslange **Existenzgrundlage**. Staatliche Eingriffe in die Vertragsfreiheit wurden daher zum Schutz des ArbN und zur Stabilisierung seiner Existenzgrundlage notwendig[1]. Die Rechtfertigung dieser Beschränkung der Vertragsfreiheit wird für die heutigen Verhältnisse neuerdings gelegentlich in Frage gestellt[2] und in einem überzogenen Kündigungsschutz ein Einstellungshindernis gesehen[3]. Tatsächlich besteht ein Schutzbedürfnis auch heute, wobei man über das erforderliche Maß streiten mag[4]. 1

Einen ersten allgemeinen, nicht auf besondere Personen oder bloße Kündigungsfristen beschränkten Kündigungsschutz brachte nach dem 1. Weltkrieg das **Betriebsrätegesetz** vom 4.2.1920[5] für Betriebe mit mindestens 20 ArbN. Bei Unterstützung durch den BR konnten der ArbN oder der BR im Falle einer Kündigung, die eine unbillige Härte darstellte, an der der ArbGeb aber festhielt, eine materielle Entschädigung für den ArbN einklagen[6]. In der Zeit des Nationalsozialismus räumte das Gesetz zur Ordnung der nationalen Arbeit (**AOG**) vom 20.1.1934[7] dem ArbN einen ähnlichen individuellen Schutz vor Kündigungen ein, der auf Betriebe mit mindestens 10 ArbN erweitert war. An die Stelle der kollektiven Beteiligungsrechte trat das „Führerprinzip". Das AOG wurde durch die Militärregierung erst mWz. 1.1.1947 aufgehoben[8]. Nach dem 2. Weltkrieg bildete sich zunächst in den **Besatzungszonen** ein regional unterschiedliches Kündigungsschutzrecht heraus. Soweit ein Schutz vor Kündigungen nicht eigens regelt war (so zB in der Britischen Besatzungszone), gewährte die Rspr. einen gewissen, konturenlosen Schutz über die §§ 138, 242 BGB[9]. 2

Diesen Zustand beendete das am 14.8.1951 in Kraft getretene erste Kündigungsschutzgesetz vom 10.8.1951 (**KSchG 1951**)[10]. Es beruhte im Wesentlichen auf einem gemeinsamen Gesetzesvorschlag von ArbGebVerbänden und Gewerkschaften, dem sog. Hattenheimer Entwurf vom 13.1.1950[11], der 3

---

1 Vgl. APS/*Preis*, Grundlagen A Rz. 1 ff.; *Göller*, Die Geschichte des Kündigungsschutzrechts in Deutschland, Diss. 1974, S. 34, 43 f. | 2 Vgl. *Reuter*, FS 25 Jahre BAG 1979, S. 405 (424 ff.); *Rüthers*, NJW 1998, 1433; MünchKomm/*Schwerdtner*, § 622 BGB Anh. Rz.; siehe auch v. Hoyningen-Huene/Linck/v. Hoyningen-Huene, Einl. KSchG Rz. 10 ff. mwN. | 3 *Rüthers*, NJW 2002, 1601 ff.; *Rüthers*, NJW 2003, 546 ff.; *Adomeit*, NJW 1998, 2951; *Buchner*, NZA 2002, 533 ff.; *Bauer*, NZA 2002, 529 ff.; dagegen aus empirischer Sicht *Bielinski/Hartmann/Pfarr/Seifert*, AuR 2003, 81 ff. | 4 BVerfG v. 27.1.1998 – 1 BvL 15/87 u. 1 BvL 22/93, EzA § 23 KSchG Nr. 17 u. 18; BVerfG v. 19.10.1993 – 1 BvR 567/89, AP Nr. 35 zu Art. 3 GG; BVerfG v. 7.2.1990 – 1 BvR 26/84, AP Nr. 65 zu Art. 12 GG; APS/*Preis*, Grundlagen B Rz. 29 ff. mwN; zusammenfassend *Preis*, RdA 2003 65 ff. | 5 RGBl. I S. 147. | 6 Vgl. hierzu näher v. Hoyningen-Huene/Linck/v. Hoyningen-Huene, Einl. KSchG Rz. 19 f. | 7 RGBl. I S. 45. | 8 v. Hoyningen-Huene/Linck/v. Hoyningen-Huene, Einl. KSchG Rz. 23, 24. | 9 v. Hoyningen-Huene/Linck/v. Hoyningen-Huene, Einl. KSchG Rz. 24–25. | 10 BGBl. I S. 499. | 11 RdA 1950, 63.

Grundlage wurde für den Regierungsentwurf[1]. Das Kündigungsschutzgesetz 1951 führte den Begriff der sozial ungerechtfertigten Kündigung ein und beschränkte die Ausnahme von seinem Geltungsbereich auf Kleinbetriebe mit bis zu 5 ArbN. Wesentliche Änderungen des KSchG 1951 brachte das 1. Arbeitsrechtsbereinigungsgesetz vom 14.8.1969[2], das eine Reihe von Vorschriften inhaltlich modifizierte und die §§ 2 und 8 neu einfügte[3]. Hierdurch änderte sich die Paragraphenfolge. Das Gesetz wurde am 25.8.1969 neu gefasst[4] und wird zur Unterscheidung auch „**KSchG 1969**" zitiert. Dies ist bei Heranziehung älterer Entscheidungen zu beachten. In der weiteren Folge erlebte das KSchG 1969 mehrfache **Änderungen**: 1972 führte der Erlass des BetrVG vom 15.1.1972 zu einer Verzahnung von kollektivem und individuellem Kündigungsschutz (vgl. § 1 Abs. 2 Satz 2 KSchG einerseits und § 102 Abs. 3 Nr. 2 – 5 BetrVG andererseits); weiter wurde der Kündigungsschutz für Funktionsträger in der Betriebsverfassung verbessert (§ 15). 1974 traten entsprechende Regelungen im Hinblick auf das BPersVG vom 15.3.1974 in Kraft[5]. 1976 entfiel die bis dahin in § 1 geregelte Mindestaltersgrenze für den Kündigungsschutz von (zuletzt) 18 Jahren[6]. 1978 passte der Gesetzgeber die Vorschriften über Massenentlassungen (§§ 17 ff.) dem geänderten EG-Recht an[7].

4 Mit dem **Beitritt** der ehemaligen DDR am 3.10.1990 trat gemäß Art. 8 des Einigungsvertrages[8] das KSchG ohne Änderungen auch in den neuen Bundesländern in Kraft. Für den öffentlichen Dienst der neuen Bundesländer begründete der Einigungsvertrag aber gleichzeitig in seiner Anlage I Kapitel XIX Sachgebiet A Abschnitt III Nr. 1 Abs. 4 und 5 ein Sonderkündigungsrecht der öffentlichen ArbGeb. Die dort für eine ordentliche Kündigung geregelten besonderen Kündigungstatbestände (Abs. 4) galten nur befristet in der Zeit vom 3.10.1990 – 31.12.1993 und haben heute keine Bedeutung mehr[9]; die in Abs. 5 geregelten besonderen Gründe für eine außerordentliche Kündigung gelten dagegen unbefristet, haben inzwischen aber stark an praktischer Bedeutung verloren.

5 Das arbeitsrechtliche **Beschäftigungsförderungsgesetz** vom 25.9.1996[10] erweiterte den Ausschluss von Kleinbetrieben aus dem Geltungsbereich des KSchG in § 23 auf Betriebe mit bis zu 10 ArbN, brachte Änderungen bei der Sozialauswahl gemäß § 1 Abs. 3 und Erleichterungen für betriebsbedingte Kündigungen in besonderen Fallgestaltungen gemäß § 1 Abs. 4 und 5. Diese Rechtslage galt nur für Kündigungen, die in der Zeit vom 1.10.1996 – 31.12.1998 dem ArbN zugingen[11]. Artikel 6 des Gesetzes zu Korrekturen in der SozV und zur Sicherung der ArbN-Rechte vom 19.12.1998 (sog. **Korrekturengesetz**)[12] stellte mit Wirkung zum 1.1.1999 ohne Übergangsregelung im Wesentlichen wieder den früheren Rechtszustand her. Die Beschränkung der gerichtlichen Überprüfung einer sozialen Auswahl aufgrund von betrieblichen oder tariflichen Auswahlrichtlinien gemäß § 1 Abs. 4 Satz 1 aF blieb jedoch mit Modifikationen erhalten[13].

6 Mit dem Gesetz zu Reformen am Arbeitsmarkt vom 24.12.2003[14] (**Arbeitsmarktreformgesetz**) kehrte der Gesetzgeber mWz. 1.1.2004 nahezu vollständig wieder zu den Erleichterungen des Beschäftigungsförderungsgesetzes vom 25.9.1996 für betriebsbedingte Kündigungen zurück (§ 1 Abs. 3, 4 u. 5); außerdem schuf er in § 1a für den Fall der betriebsbedingten Kündigung eine Abfindungsalternative zum Kündigungsschutzprozess, erstreckte die Klagefrist des § 4 Satz 1 auf sämtliche Unwirksamkeitsgründe aller Arten von schriftlichen Kündigungen und erhöhte die Anwendungsschwelle des KSchG in § 23 Abs. 1 wieder auf zehn ArbN unter weitgehender Wahrung des kündigungsrechtlichen Besitzstandes für die Beschäftigten in Kleinbetrieben mit mehr als fünf und bis zu zehn ArbN, deren Arbeitsverhältnis vor dem 1.1.2004 begonnen hat.

7 **II. Grundrechtlicher Rahmen.** Das Kündigungsschutzrecht steht im Spannungsfeld widerstreitender Grundrechtspositionen von ArbGeb und ArbN[15]. Das Interesse des **ArbGeb** ist auf Kündigungsfreiheit gerichtet. Diese ist Teil der durch Art. 2 GG geschützten Vertragsfreiheit[16]. Im Bereich der Berufsausübung wird Art. 2 durch das speziellere Grundrecht der **Berufsfreiheit** in Art. 12 GG verdrängt[17]. Kündigungsfreiheit bringt in Wettbewerb sowie wirtschaftlichen und sonstigen Wechselfällen größere Beweglichkeit. Ein übermäßiger Kündigungsschutz für ArbN würde unzulässig in die Berufsfreiheit des Arb-

---

1 RdA 1951, 61. | 2 BGBl. I S. 1106. | 3 Näher zu den inhaltl. Änderungen v. Hoyningen-Huene/Linck/*v. Hoyningen-Huene*, Einl. KSchG Rz. 36 f. | 4 BGBl. I S. 1317. | 5 Näher zu den vorgenannten Änderungen v. Hoyningen-Huene/Linck/*v. Hoyningen-Huene*, Einl. KSchG Rz. 41 f. | 6 1. Gesetz zur Änderung des KSchG vom 5.7.1976, BGBl. I S. 1769. | 7 2. Gesetz zur Änderung des KSchG vom 27.4.1978, BGBl. I S. 550; vgl. näher hierzu Kittner/Däubler/Zwanziger/*Kittner*, Einl., Grundlagen Rz. 27. | 8 Vertrag zwischen der Bundesrepublik Deutschland und der Deutschen Demokratischen Republik über die Herstellung der Einheit Deutschlands – Einigungsvertrag – vom 31.8.1990, BGBl. II S. 889. | 9 Sie verdrängten als lex specialis in ihrem Anwendungsbereich teilweise § 1 KSchG, BAG v. 24.9.1992 – 8 AZR 557/91, AP Nr. 3 zu Einigungsvertrag Anlage I Kapitel XIX mit insoweit zust. Anm. *v. Hoyningen-Huene*; vgl. näher zu den Kündigungsgründen des Abs. 4 KR/*Etzel*, 4. Aufl., § 1 KSchG Rz. 640–677 sowie v. Hoyningen-Huene/Linck/*v. Hoyningen-Huene*, Einl. KSchG Rz. 75a–75m. | 10 BGBl. I S. 1476. | 11 Vgl. zu dieser Rechtslage HK/*Dorndorf*, § 1 KSchG Anh. 3. | 12 BGBl. I S. 3843. | 13 Vgl. zum sog. Korrekturengesetz *Preis*, RdA 1999, 311 sowie *Lakies*, NJ 1999, 74. | 14 BGBl. I S. 3002. | 15 Instruktiv BVerfG v. 30.7.2003 – 1 BvR 792/03, NJW 2003, 2815 (Kündigung einer Verkäuferin wegen Tragens eines islamischen Kopftuchs). | 16 BVerfG v. 12.11.1958 – 2 BvL 4/56 ua., E 8, 274 (328); BVerfG v. 19.10.1983 – 2 BvR 298/81, AP Nr. 2 zu § 1 BetrAVG – Unterstützungskassen. | 17 BVerfG v. 15.12.1987 – 1 BvR 563/85 ua., AP Nr. 62 zu Art. 12 GG.

Geb eingreifen (sog. Übermaßverbot, siehe näher hierzu Art. 12 GG Rz. 73 ff.). Diese umfasst die Gründung und Führung von Unternehmen (Unternehmerfreiheit) und schließt die Disposition über die benötigte Anzahl von Arbeitskräften zur Verfolgung der unternehmerischen Ziele ein[1]. Der Schutz gilt auch der Tätigkeit von Großunternehmen und Konzernen[2].

Der Schutz des **Eigentums** durch Art. 14 GG ist berührt, soweit nicht nur die unternehmerische Handlungsfreiheit, dh. die Chance auf Erwerb, betroffen ist, sondern die Beibehaltung und Verwendung des (rechtlich verfestigt) Erworbenen[3]. Ob dazu auch das Unternehmen oder der „eingerichtete und ausgeübte Gewerbebetrieb" als solche gehören, ist bislang vom BVerfG nicht entschieden und im Übrigen streitig (vgl. näher hierzu Art. 14 GG Rz. 23 ff.). Zum geschützten Eigentum gehören jedenfalls die einzelnen materiellen und immateriellen Betriebs- und Produktionsmittel. Erst wenn eine übermäßige Vertragsbindung der im Betrieb beschäftigten ArbN diese Rechtspositionen ausnahmsweise in ihrer Substanz nachhaltig beeinträchtigt, kann ein Eingriff in das Grundrecht aus Art. 14 GG vorliegen[4]. **8**

Das Interesse des **ArbN** ist auf Bestandsschutz für sein Arbeitsverhältnis gerichtet. Seine persönliche Arbeitskraft ist naturgemäß begrenzt, bildet aber regelmäßig die Grundlage für seine wirtschaftliche und soziale Existenz und die seiner unterhaltsberechtigten Angehörigen. In Zeiten hoher Arbeitslosigkeit wie auch in vorgerücktem Lebensalter steigt sein Schutzbedürfnis. Das **Bestandsschutzinteresse** des ArbN fällt ebenso in den Schutzbereich des Art. 12 GG. Das Grundrecht schützt als „Beruf" jede Tätigkeit, die der Schaffung und Erhaltung einer Lebensgrundlage dient[5], in ihrer konkreten Ausübungsform („Arbeitsplatz"). Geschützt ist somit auch die berufliche Betätigung in der konkreten Form der abhängigen Arbeit[6]. Art. 12 GG schützt nur **Deutsche**, Ausländer erlangen über Art. 2 Abs. 1 GG als sog. „Auffanggrundrecht" einen ähnlichen, aber etwas abgeschwächten Schutz[7]. EG-Ausländer sind über Art. 2 Abs. 1 GG Deutschen praktisch gleichgestellt, weil der EuGH die Berufsfreiheit als einen allgemeinen Grundsatz des Gemeinschaftsrechts betrachtet[8]. **9**

Art. 12 GG begründet ua. das Freiheitsrecht, einen Arbeitsplatz, dh. jede konkrete Form einer Berufsausübung, nach eigener Wahl anzunehmen, beizubehalten oder aufzugeben[9]. Der Schutz richtet sich nicht nur gegen staatliche Eingriffe, sondern begründet insb. auch die **Schutzpflicht** für den Staat, eine aktive Teilhabe an der Freiheit zur Berufsausübung zu gewährleisten, wo diese signifikant durch sonstige Umstände bedroht ist[10]. Für das Arbeitsverhältnis und speziell den Arbeitsplatzschutz ergibt sich daraus die Pflicht des Gesetzgebers, einen wirksamen Mindestschutz gegenüber arbeitgeberseitigen Kündigungen zur Verfügung zu stellen (Untermaßverbot)[11]. Art. 12 GG begründet indessen weder einen Anspruch auf Bereitstellung eines Arbeitsplatzes eigener Wahl noch eine Bestandsgarantie für die Beibehaltung eines Arbeitsplatzes[12]. Zwischen Über- und Untermaßverbot steht dem Gesetzgeber ein weiter Beurteilungs- und Gestaltungsspielraum zur Verfügung[13]. In seiner derzeitigen Form hält sich das KSchG in diesem Rahmen[14]. **10**

Allerdings hat das BVerfG die **Herausnahme der Kleinbetriebe** mit seinerzeit bis zu fünf ArbN aus dem Geltungsbereich des KSchG (§ 23) ua. nur deshalb als mit Art. 12 GG vereinbar angesehen, weil auch außerhalb des KSchG über die §§ 138, 242 BGB ein durch Art. 12 GG gebotener Mindestschutz gewährleistet sei[15]. Dessen Inhalt bleibt freilich unklar. Willkürliche, evident unsachliche oder diskriminierende Gründe werden danach der Wirksamkeit einer Kündigung entgegenstehen; die Darlegungs- und Beweislast für solche Gründe darf den ArbN nicht vor unüberwindbare Hindernisse stellen und ist abgestuft zu verteilen[16]. Ferner hat die **Auswahl** „betriebsbedingt" zu entlassender ArbN auch außerhalb des KSchG gemäß §§ 242, 315 BGB willkürfrei zu erfolgen[17]. Insbesondere darf ein durch langjährige Mitarbeit erdientes Vertrauen bei der Auswahlentscheidung nicht bedeutungslos sein[18]. Aus dem **11**

---

1 BVerfG v. 1.3.1979 – 1 BvR 532/77, AP Nr. 1 zu § 1 MitbestG; v. 27.1.1998 – 1 BvL 15/87, AP Nr. 17 zu § 23 KSchG 1969; v. 27.1.1998, 1 BvL 15/87, E 97, 169 (176); BAG v. 3.4.1990 – 1 AZR 123/89, AP Nr. 56 zu Art. 9 GG. | 2 BVerfG 1.3.1979 – 1 BvR 532/77 ua., E 50, 290 (363 f.) = AP Nr. 1 zu § 1 MitbestG. | 3 BVerfG v. 10.3.1992 – 1 BvR 454/91, AP Nr. 1 zu Art. 38 EinigungsV; v. 5.5.1993 – 1 BvR 345/83, E 88, 366, 377. | 4 Vgl. auch ErfK/*Dieterich*, Art. 14 GG Rz. 19 f.; *Kiel/Koch*, Rz. 3; APS/*Preis*, Grundlagen A Rz. 31. | 5 BVerfG v. 11.6.1958 – 1 BvR 596/56, E 7, 377, 397; v. 18.6.1980 – 1 BvR 697/77, E 54, 301 (313); v. 13.1.1982 – 1 BvR 848/77, AP Nr. 1 zu Art. 5 GG – Rundfunkfreiheit. | 6 BVerfG v. 24.4.1991 – 1 BvR 1341/90, AP Nr. 70 zu Art. 12 GG. | 7 BVerfG v. 15.1.2002 – BvR 1783/99, E 104, 337 (346); v. 10.5.1988 – 1 BvR 482/84, E 78, 179, 196 f. | 8 EuGH v. 14.5.1974 – 4/73 („Nold"), Slg. 1974, 491 = EAS EG-Vertrag Art. 164 Nr. 5 Tz. 14; ErfK/*Dieterich*, Art. 12 GG Rz. 1. | 9 BVerfG v. 24.4.1991 – 1 BvR 1341/90, AP Nr. 70 zu Art. 12 GG. | 10 BVerfG v. 24.4.1991 – 1 BvR 1341/90, AP Nr. 70 zu Art. 12 GG. | 11 BVerfG v. 24.4.1991 – 1 BvR 1342/90, AP Nr. 70 zu Art. 12 GG; v. 21.2.1995 – 1 BvR 1397/93, E 92, 140 (153); v. 27.1.1998 – 1 BvL 15/87, AP Nr. 17 zu § 23 KSchG 1969. | 12 BVerfG v. 21.2.1995 – 1 BvR 1397/93, EZA Art. 20 EinigungsV Nr. 44. | 13 BVerfG v. 17.11.1992 – 1 BvR 168/89, E 87, 363, 383; v. 7.2.1990 – 1 BvR 26/84, AP Nr. 65 zu Art. 12 GG. | 14 BVerfG v. 27.1.1998 – 1 BvL 15/87, AP Nr. 17 zu § 23 KSchG 1969; v. 21.2.1995 – 1 BvR 1397/93, E 92, 140 (153). | 15 BVerfG v. 27.1.1998 – 1 BvL 15/87, AP Nr. 17 zu § 23 KSchG 1969; zum Einfluss des Grundrechts auf die Auslegung des Begriffs des Kleinbetriebes iSv. § 23 vgl. § 23 Rz. 10. | 16 BVerfG v. 27.1.1998 – 1 BvL 15/87, AP Nr. 17 zu § 23 KSchG 1969. | 17 So im Zusammenhang mit den Sonderkündigungstatbeständen des EinigungsV BAG v. 19.1.1995 – 8 AZR 914/93, AP Nr. 12 zu Art. 13 EinigungsV. | 18 BVerfG v. 27.1.1998 – 1 BvL 15/87, AP Nr. 17 zu § 23 KSchG 1969; s. hierzu *Hanau*, FS Dieterich 1999, S. 201; BAG v. 21.2.2001 – 2 AZR 15/00, RdA 2002, 99 m. Anm. *Otto*; krit. aus dogmatischer Sicht *Annuß*, BB 2001, 1898.

Vorbringen des ArbN muss sich hierbei ergeben, dass er mit den nicht gekündigten ArbN „auf den ersten Blick" vergleichbar ist[1]. Auch ohne Geltung eines Sonderkündigungsschutzes gebietet das GG bei derartigen Auswahlentscheidungen eine besondere Rücksichtnahme auf werdende Mütter, Schwerbehinderte, ältere ArbN und Alleinerziehende[2].

12 Neben dem allgemeinen Spannungsfeld des Art. 12 GG enthält das Grundgesetz eine Reihe unmittelbarer **Schutznormen** mit zT direkter privatrechtlicher Wirkung für Kündigungen, so das Diskriminierungsverbot in Art. 3 Abs. 3 GG, den Schutz gewerkschaftlicher Betätigung in Art. 9 Abs. 3 Satz 2 GG, den Mutterschutz in Art. 6 Abs. 4 GG, den Schutz von Bundestagsabgeordneten in Art. 48 Abs. 2 GG. Verfassungsrechtlich besonders geschützt ist das Selbstbestimmungsrecht der **Kirchen** gemäß Art. 4, 140 GG iVm. Art. 136 f. WRV. Dies wirkt sich bei der kündigungsrechtlichen Bewertung von Verstößen gegen kirchliche Glaubensregeln und Pflichten aus (siehe Rz. 39 f. sowie § 1 Rz. 228). Zu **Tendenzunternehmen**, insb. Rundfunk und Presse (Art. 5 Abs. 1 Satz 2 GG), vgl. Rz. 41.

13 Bei der Bewertung von verhaltens- und personenbedingten Kündigungsgründen ist weiterhin die **Ausstrahlungswirkung** der Grundrechte zu beachten, so der Freiheit der Meinungsäußerung (Art. 5 Abs. 1 Satz 1 GG) und des Gewissens und der Religionsausübung (Art. 4 Abs. 1 GG)[3], des Schutzes der Familie (Art. 6 Abs. 1 GG), des Petitionsrechts (Art. 17 GG)[4]. Diese Grundrechte entfalten nach hM keine unmittelbare Drittwirkung gegenüber Privaten, haben aber Bedeutung im Privatrecht über die Auslegung unbestimmter Rechtsbegriffe, insb. der zivilrechtlichen Generalklauseln, und gewähren hier Schutz gegen Grundrechtsverletzungen durch andere Grundrechtsträger[5]. Der in Art. 3 GG wurzelnde arbeitsrechtliche **Gleichbehandlungsgrundsatz** wird vom BAG nicht unmittelbar auf das Kündigungsrecht des ArbGeb angewendet, so dass er nicht die Grundlage eines sonstigen Unwirksamkeitsgrundes iSv. § 13 Abs. 3 bilden kann. Dies sei mit der im Kündigungsrecht gebotenen Einzelfallabwägung unvereinbar. Die Behandlung gleich oder ähnlich liegender Kündigungssachverhalte durch den ArbGeb (auch in der Vergangenheit) ist aber im Rahmen der Interessenabwägung zu berücksichtigen, so etwa bei einer „herausgreifenden Kündigung"[6].

14 **III. Der Kündigungsschutz außerhalb des KSchG. 1. Gesetzlicher Schutz.** Der gesetzliche Kündigungsschutz ist in eine Vielzahl von Einzelvorschriften zersplittert. Eine Systematik fehlt. Von Form- und Fristerfordernissen abgesehen schützt das Gesetz im Wesentlichen auf vier unterschiedlichen Wegen vor Kündigungen; liegen die jeweiligen Voraussetzungen vor, greifen die Schutzregelungen nebeneinander ein **(Mehrfachschutz)**.

15 (1) Vorbeugenden Schutz vor dem Ausspruch einer Kündigung bezweckt die zwingend vorgesehene Einbeziehung von bestehenden **ArbN-Vertretungen** (BR: § 102 f. BetrVG; Personalvertretung: §§ 72, 79, 108 Abs. 2 BPersVG bzw. die jeweiligen Landespersonalvertretungsgesetze). Die Missachtung des Beteiligungsrechts führt zur Unwirksamkeit der Kündigung (§ 102 Abs. 1 Satz 3 BetrVG, §§ 79 Abs. 4, 108 Abs. 2 BPersVG).

16 (2) Prinzipiell für alle Arbeitsverhältnisse gewähren im Einzelfall die Generalklauseln des Zivilrechts Kündigungsschutz (sog. **„Kündigungsschutz 2. Klasse"**)[7]. Vor sittenwidrigen, willkürlichen und diskriminierenden Kündigungen bieten unter Einbeziehung der Wertentscheidungen des GG die §§ 138, 242 BGB Schutz. Von Bedeutung hierfür ist insb. die Entscheidung des BVerfG v. 27.1.1998[8] zum Ausschluss der Kleinbetriebe aus dem Geltungsbereich des KSchG (vgl. dazu näher oben Rz. 11). Im Einzelnen zu treu- und sittenwidrigen Kündigungen siehe § 13 Rz. 19 u. 24 f. Ferner zu beachten sind die allgemeinen Diskriminierungsverbote, so etwa Art. 3 Abs. 3, 9 Abs. 3 Satz 2 GG, §§ 611a, 612a BGB, § 75 Abs. 1 BetrVG, §§ 4 Abs. 1 u. 2, 5 TzBfG, § 4 Abs. 3 BeschSchG ua. Vor Kündigungen wegen eines Betriebsübergangs oder einer Umwandlung schützen §§ 613a Abs. 4 BGB, 323 Abs. 1 UmwG.

17 (3) Dem Schutz bestimmter, besonders schutzwürdiger Personengruppen (sog. **Sonderkündigungsschutz**) dient eine Vielzahl von Einzelgesetzen. Diese verlangen entweder eine vorherige behördliche Genehmigung der Kündigung oder sie schließen generell eine ordentliche Kündigung aus oder gewähren Schutz durch Diskriminierungs- und Benachteiligungsverbote. Der **vorherigen behördlichen Erlaubnis** (Verbot mit Erlaubnisvorbehalt) bedürfen ordentliche wie außerordentliche Kündigungen nach § 9 MuSchG (Mutterschutz), § 18 BErzGG (Elternzeit), §§ 85 f. SGB IX (Schutz schwerbehinderter Menschen) und den Bergmannsversorgungsscheingesetzen NRW, Niedersachsen und Saarland.

---

1 BAG v. 6.2.2003 – 2 AZR 672/01, AP Nr. 30 zu § 23 KSchG 1969. | 2 BVerfG v. 24.4.91 – 1 BvR 1342/90, AP Nr. 70 zu Art. 12 GG. | 3 BAG v. 10.10.2002 – 2 AZR 472/01, AP Nr. 44 zu § 1 KSchG 1969 – Verhaltensbedingte Kündigung (Kündigung einer Verkäuferin wegen Tragens eines islamischen Kopftuchs); best. durch BVerfG v. 30.7.2003 – 1 BvR 792/03, NJW 2003, 2815 f. (instruktiv zum grundrechtlichen Spannungsverhältnis im Arbeitsverhältnis). | 4 BVerfG v. 2.7.2001 – 1 BvR 2049/00, AP Nr. 170 zu § 626 BGB; *Müller*, NZA 2002, 424 (430 f.). | 5 BVerfG v. 15.7.1998 – 1 BvR 1554/89 ua., AP Nr. 26 zu § 18 BetrAVG v. 19.10.1993 – 1 BvR 567/89 ua., AP Nr. 35 zu Art. 2 GG; v. 7.2.1990 – 1 BvR 26/84, AP Nr. 65 zu Art. 12 GG; v. 28.4.1976 – 1 BvR 71/73, AP Nr. 2 zu § 74 BetrVG; *Canaris*, AcP 184 (1984), 201 ff.; *Fastrich*, RdA 1997, 65 ff. | 6 BAG v. 22.2.1979 – 2 AZR 115/78, DB 1979, 1659; v. 28.4.1982 – 7 AZR 1139/79, AP Nr. 3 zu § 2 KSchG 1969; für unmittelbare Anwendung des Gleichbehandlungsgrundsatzes, insb. außerhalb des KSchG, *Preis* in Stahlhacke/Preis/Vossen, Rz. 319 ff. | 7 Kittner/Däubler/Zwanziger/*Däubler*, § 242 BGB Rz. 24. | 8 BVerfG v. 27.1.1998 – 1 BvL 15/87, AP Nr. 17 zu § 23 KSchG.

Die **ordentliche Kündigung** ist **ausgeschlossen** bei Mitgliedern der ArbN-Vertretungen und sonstigen Funktionsträgern, § 15 KSchG, § 47 BPersVG, § 96 Abs. 3 SGB IX, § 29a HAG; Immissionsschutz- und Störfallbeauftragten, §§ 58 Abs. 2, 58d BImSchG; Abgeordneten, § 2 Abs. 3 Satz 2 AbgG; Auszubildenden nach der Probezeit, § 15 Abs. 2 BBiG und Wehr- und Zivildienstleistenden, § 2 Abs. 1 ArbPlSchG, § 78 ZDG, § 2 Abs. 1 Satz 1 EignungsÜG. **Diskriminierungs- und Benachteiligungsverbote** schützen vor Kündigungen nicht schlechthin, sondern nur soweit diese wegen des geschützten Status oder der geschützten Tätigkeit ausgesprochen werden. Hierher gehören: § 78 BetrVG (BR-Mitglieder), § 2 Abs. 3 Satz 1 AbgG (Abgeordnete), §§ 58, 58d BImSchG (Immissionsschutz und Störfallbeauftragte), § 36 Abs. 3 BDatSchG (Datenschutzbeauftragte), §§ 26 ArbGG, 20 SGG (ehrenamtliche Richter), § 26 MitbestG, § 76 Abs. 2 BetrVG 1952 iVm. § 78 BetrVG 1972 (ArbN-Vertreter im Aufsichtsrat), § 22 Abs. 3 SGB VII (Sicherheitsbeauftragte) und § 2 Abs. 3 SprAuG (Mitglieder des Sprecherausschusses).

(4) Das **KSchG** gewährleistet einen „**allgemeinen Kündigungsschutz**" und füllt so die verbleibende Lücke: Es schützt vor ordentlichen Kündigungen, soweit diese „sozial ungerechtfertigt" sind; damit geht es weit über den Schutz der Generalklauseln der §§ 138, 242 BGB hinaus. Es schützt alle Arbeitsverhältnisse nach Ablauf von 6 Monaten (§ 1 Abs. 1) und außerhalb der sog. Kleinbetriebe (§ 23 Abs. 1) und damit nicht nur besondere Personengruppen. Der allgemeine Kündigungsschutz des KSchG ist somit das Herzstück des Kündigungsschutzrechts und steht im Zentrum der Kündigungsschutzpraxis und der rechtspolitischen Diskussion[1]. **18**

2. **Autonomer Schutz.** Der gesetzliche Kündigungsschutz wird ergänzt durch den **kollektiv- und einzelvertraglichen Kündigungsschutz**. Die vertragliche Erweiterung des Kündigungsschutzes ist verfassungsrechtlich unbedenklich, solange dem ArbGeb die Lösung eines unzumutbar gewordenen Arbeitsverhältnisses durch außerordentliche Kündigung (§ 626 BGB) möglich bleibt[2]. Gelegentlich sind arbeitsvertragliche (vgl. hierzu Rz. 20), häufig tarifvertragliche Regelungen anzutreffen. Auch Dienst- oder BV sind möglich, soweit entsprechende tarifliche Regelungen nicht üblich sind (§ 77 Abs. 3 BetrVG). Inhaltlich im Vordergrund des **tariflichen Kündigungsschutzes** stehen der generelle oder teilweise Ausschluss der ordentlichen Kündigung bei älteren ArbN[3] (**Unkündbarkeit**, vgl. hierzu näher § 1 Rz. 41 u. 343 ff.) oder der befristete Ausschluss der ordentlichen betriebsbedingten Kündigung als Ausgleich für eine befristete Verkürzung der Wochenarbeitszeit ohne Lohnausgleich zur **Arbeitsplatzsicherung**[4]. Ein Verstoß gegen derartige Schutzbestimmungen macht die Kündigung nicht sozialwidrig, sondern gemäß § 134 BGB unwirksam. Die Klagefrist des § 4 Satz 1 ist bei Zugang der (schriftlichen) Kündigung nach dem 31.12.2003 generell zu beachten; für früher zugegangene Kündigungen gilt bei Verletzung tariflicher Kündigungsschutznormen dagegen nur die Verwirkungsgrenze (vgl. dazu § 7 Rz. 4). Im Zweifel ist bei tariflichem Kündigungsschutz die ordentliche Änderungskündigung mit ausgeschlossen[5]. Es stellt keine **Umgehung** des Schutzes dar, wenn die Kündigung unmittelbar vor seinem Einsetzen ausgesprochen wird. Maßgeblich ist der Zugangszeitpunkt. Wird sie in diesem Fall aber nicht zum nächstmöglichen Termin erklärt, kann sie wegen objektiv funktionswidriger Umgehung des tariflichen Kündigungsschutzes unwirksam sein[6]. Zu weiteren Einzelheiten siehe § 13 Rz. 26. **Weitere Fälle** des tariflichen Kündigungsschutzes: Rationalisierungsschutzabkommen[7], Wegfall bzw. Verkürzung der sechsmonatigen Wartezeit des § 1 Abs. 1[8]; Erstreckung des KSchG auf Kleinbetriebe[9]; Kündigungsschutz für gewerkschaftliche Vertrauensleute (str.)[10]. Eine Erweiterung des Kündigungsschutzes durch **BV** ist außerhalb der Tarifsperre des § 77 Abs. 3 BetrVG im gleichen Umfang wie durch TV möglich[11]. Zudem gestattet es § 102 Abs. 6 BetrVG, durch BV die ordentliche Kündigung von der Zustimmung des BR abhängig zu machen. **19**

Die **einzelvertragliche** Erweiterung des Kündigungsschutzes ist zumindest im gleichen Maße zulässig. Zum Verzicht auf die Wartezeit des § 1 bzw. zur Vereinbarung der Anrechnung früherer Beschäftigungszeiten auf sie vgl. näher § 1 Rz. 9 u. 18. Ein beiderseitiger vertraglicher Ausschluss der ordentlichen Kündigung liegt in der Abrede einer **Befristung**, sofern nicht das Recht dazu einzelvertraglich oder im anwendbaren TV vereinbart ist, § 15 Abs. 3 TzBfG. Die (ordentliche) **Kündigung vor Dienstantritt** kann einzelvertraglich – auch stillschweigend – ausgeschlossen sein. Für eine Auslegung des **20**

---

1 Vgl. *Franz*, ZfA 1994, 439 f.; APS/*Preis*, Grundlagen B Rz. 29 ff. mwN; *Zöllner*, Gutachten D für den 52. DJT, Bd. 1, 1978, S. 119 f.; *Zöllner*, Arbeitsrecht und Marktwirtschaft, ZfA 1994, 423 f.; v. Hoyningen-Huene/Linck/ v. Hoyningen-Huene, Einl. KSchG Rz. 63 ff.; Kittner/Däubler/Zwanziger/*Kittner*, Einl. Rz. 920 ff. | 2 BAG v. 18.12.1961 u. v. 8.8.1963 – 5 AZR 404/61 u. 5 AZR 395/62, AP Nr. 1 u. 2 zu § 626 BGB – Kündigungserschwerung; v. 6.11.1956 – 3 AZR 42/55, AP Nr. 14 zu § 626 BGB; KR/*Fischermeier*, § 626 BGB Rz. 57 ff., 64 ff.; *Löwisch*, § 1 KSchG Rz. 92. | 3 BAG v. 28.2.1990 – 2 AZR 425/89, DB 1990, 2609; v. 9.9.1992 – 2 AZR 190/92, AP Nr. 3 zu § 626 BGB – Krankheit; v. 4.2.1993 – 2 AZR 469/92, EZA § 626 BGB nF Nr. 144. | 4 Vgl. BAG v. 28.6.2001 – 6 AZR 114/00, NZA 2002, 331 ff. (ArbeitsplatzsicherungsTV Schulen Sa.-Anh.). | 5 BAG v. 10.3.1982 – 4 AZR 158/79, AP Nr. 2 zu § 2 KSchG 1969. | 6 BAG v. 16.10.1997 – 7 AZR 204/87, AP Nr. 2 zu § 53 BAT. | 7 BAG v. 13.6.1996 – 2 AZR 547/95, AP Nr. 21 zu § 1 TVG – Tarifverträge: Lufthansa. | 8 BAG v. 14.5.1987 – 2 AZR 380/86, DB 1987, 2575; v. 13.6.1996 – 2 AZR 547/95, AP Nr. 21 zu § 1 TVG – Tarifverträge: Lufthansa; einen generellen Verzicht auf die Wartezeit im Tarifvertrag hält *Löwisch*, DB 1998, 877 (881) für unzulässig; aA zu Recht *Preis*, NZA 1997, 1256 (1259). | 9 BAG v. 28.2.1990 – 2 AZR 425/89, DB 1990, 2609; eine generelle tarifliche Erstreckung auf Kleinbetriebe für unzulässig hält *Löwisch*, Vorb. zu § 1 KSchG Rz. 92. | 10 APS/*Preis*, Grundlagen J Rz. 15 mwN; eine BAG-Entscheidung fehlt bislang. | 11 *Kania/Kramer*, RdA 1995, 287 (290).

Vertrages idS bedarf es besonderer Anhaltspunkte¹, anderenfalls ist die Kündigung vor Dienstantritt zulässig. Der BR ist anzuhören². Ob in diesem Fall die Kündigungsfrist ab Zugang der Kündigung oder ab vorgesehenem Vertragsbeginn läuft, ist wiederum eine Frage der Auslegung³. Die Kündigungsfrist soll in erster Linie dem Vertragspartner Zeit geben, sich auf die neue Lage einzustellen; ihr Zweck besteht – ohne besondere Anhaltspunkte – nicht darin, eine bestimmte Mindestarbeitsleistung zu sichern. Deshalb wird die Frist im Zweifel mit Zugang der Kündigung zu laufen beginnen⁴.

21 **IV. Konzeption des Kündigungsschutzes im KSchG.** Das KSchG enthält **drei** voneinander nahezu unabhängige **Schutzregelungen**: Den allgemeinen Kündigungsschutz im 1. Abschnitt (§§ 1–14), den Kündigungsschutz im Rahmen der Betriebsverfassung und Personalvertretung (2. Abschnitt, §§ 15–16) und die besonderen Modalitäten für anzeigepflichtige Massenentlassungen (3. Abschnitt, §§ 17–22); Letztere dienen vor allem arbeitsmarktpolitischen Zwecken. Schwerpunkt des Gesetzes ist der **allgemeine Kündigungsschutz**. Er dient dem Individualschutz des einzelnen ArbN vor ordentlicher Kündigung (einschließlich Änderungskündigung, § 2). Das Recht zur außerordentlichen Kündigung (§ 626 BGB) bleibt – von Modifikationen in § 13 Abs. 1 abgesehen – grundsätzlich unberührt (§ 13 Abs. 1 Satz 1). Das KSchG unterzieht die ordentliche Kündigung des ArbGeb einer nachträglichen Rechtskontrolle⁵. Die Initiative hierfür obliegt dem ArbN und ist fristgebunden. Maßstab ist – neben etwaigen sonstigen Unwirksamkeitsgründen – die **soziale Rechtfertigung** gemäß § 1. Von der Rechtskontrolle auf soziale Rechtfertigung nimmt das Gesetz zwei wichtige Bereiche aus: Die sechsmonatige **Wartezeit** bis zum Einsetzen des Kündigungsschutzes (§ 1 Abs. 1, vgl. näher § 1 Rz. 7 ff.) und insgesamt die Arbeitsverhältnisse in **Kleinbetrieben** (§ 23 Abs. 1, vgl. dort). In den ausgenommenen Bereichen besteht Schutz nur nach den sonstigen Kündigungsschutzbestimmungen (siehe oben Rz. 14 ff. u. 19 ff.).

22 Zugleich begrenzt das KSchG das Recht, die Unwirksamkeit einer Kündigung geltend zu machen, durch Errichtung einer **Klagefrist**: Der ArbN muss die Feststellungsklage nach § 4 Satz 1 innerhalb von 3 Wochen nach Zugang der schriftlichen Kündigung erheben. Versäumt er die Frist, gilt die Kündigung als von Anfang an rechtswirksam (§ 7). Nur in den engen Grenzen der §§ 5 und 6 ist eine verspätete Klage möglich. Wegen dieser Fiktion ist eine sozialwidrige oder aus sonstigen Gründen rechtsunwirksame Kündigung stets bis zum Fristablauf bzw. bis zur rechtskräftigen Entscheidung über die Kündigungsschutzklage nur schwebend unwirksam (schon wegen der Möglichkeit der Klagerücknahme, § 269 Abs. 3 Satz 1 Halbs. § 7 ZPO iVm. § 7). Die Klagefrist gilt für alle Arten von (schriftlichen) Kündigungen (außerordentliche Kündigungen, § 13 Abs. 1 Satz 2, oder Änderungskündigungen, §§ 2, 4 Satz 2) sowie – bei Kündigungszugang nach dem 31.12.2003 – für **alle Unwirksamkeitsgründe**, nicht nur für die Sozialwidrigkeit; sie gilt auch während der Wartezeit sowie in Kleinbetrieben, für die § 23 Abs. 1 Satz 2 nF insoweit keine Ausnahme mehr statuiert. Bei Zugang der Kündigung vor dem 1.1.2004 galt die Klagefrist (außerhalb der Insolvenz, § 113 Abs. 2 InsO aF) erst nach Ablauf der Wartezeit und nur für die Geltendmachung der Sozialwidrigkeit gemäß §§ 4, 7, 13 Abs. 3 aF; im Übrigen war die Grenze der Verwirkung zu beachten. Diese Grenze gilt nach wie vor für mündliche und andere nicht **formwirksame Kündigungen**, die von der Klagefrist des § 4 Satz 1 nF nicht erfasst werden. Vgl. näher die Erl. zu § 4.

23 Das KSchG zielt auf **Bestandsschutz** für das Arbeitsverhältnis. Dieses besteht infolge der Unwirksamkeit der Kündigung fort, die Vergütung ist vom ArbGeb nach Maßgabe von § 615 BGB, § 11 nachzuzahlen. In engen Grenzen ermöglicht § 9 eine gerichtliche Auflösung des sozial ungerechtfertigt gekündigten Arbeitsverhältnisses gegen Zahlung einer Abfindung. Eine Sonderstellung haben insoweit nur die leitenden Angestellten iSv. § 14 Abs. 2 Satz 1, von denen sich der ArbGeb stets gegen Zahlung einer Abfindung trennen kann (§ 14 Abs. 2 Satz 2, vgl. näher dort Rz. 8 ff.). Für nach dem 31.12.2003 zugegangene betriebsbedingte Kündigungen sieht § 1a zudem als Alternative zum Kündigungsschutzprozess eine Abfindungsregelung vor, die aber – ähnlich wie beim Abwicklungsvertrag – beiderseitiger Mitwirkung bedarf. In der **Praxis** des Kündigungsschutzes kommt es nur in einer sehr geringen Anzahl von Kündigungsfällen zu einer Fortsetzung des Arbeitsverhältnisses⁶. Kritiker sprechen daher auch von einem „Abfindungsgesetz"⁷. Die sichernde Wirkung des Gesetzes dürfte sich aber weniger in den ausgesprochenen Kündigungen und ihrem Schicksal als in den nicht ausgesprochenen Kündigungen zeigen, deren Anzahl im Dunkeln liegt.

24 **V. Zwingende Geltung, Verzicht und Ausgleichsquittung.** Der Schutz des KSchG wirkt zu Gunsten des ArbN zwingend. Günstigere, den Kündigungsschutz erweiternde Regelungen sind ohne weiteres zulässig (siehe oben Rz. 19 f.). Zum Nachteil des ArbN vom KSchG **abweichende Vereinbarungen** sind dagegen generell nichtig, sofern sie im Vorhinein für eine erst noch auszusprechende Kündigung des ArbGeb getroffen werden und nicht der Sache nach einen (ohne weiteres zulässigen) Aufhebungsver-

---

1 BAG v. 2.11.1978 – 2 AZR 74/77, AP Nr. 3 zu § 620 BGB (*M. Wolf*); v. 9.5.1985 – 2 AZR 372/84, AP Nr. 4 zu § 620 BGB (Verzicht auf Probezeit; Vertragsstrafenabrede etc.). |2 Hess. LAG v. 31.5.1985 – 13 Sa 833/84, DB 1985, 2689. |3 BAG v. 9.5.1985 – 2 AZR 372/84, AP Nr. 4 zu § 620 BGB; vgl. eingehend *Joussen*, NZA 2002, 1177 ff. |4 Ebenso *Joussen*, NZA 2002, 1177 ff.; zurückhaltender BAG v. 9.5.1985 – 2 AZR 372/84, AP Nr. 4 zu § 620 BGB. |5 BAG v. 26.5.1977 – 2 AZR 632/76, AP Nr. 5 zu § 611 BGB – Beschäftigungspflicht. |6 *Falke/Höland/Rhode/Zimmermann*, RdA 1981, 300 ff. |7 Nachw. bei APS/*Preis*, Grundlagen B Rz. 27.

trag beinhalten[1]. Das gilt für einzelvertragliche, betriebliche und tarifvertragliche Kündigungsbeschränkungen gleichermaßen[2]. Unzulässig ist nicht nur der Ausschluss, sondern jede Beschränkung des Kündigungsschutzes. **Beispiele:** Verlängerung der sechsmonatigen Wartezeit des § 1 Abs. 1; Sozialplanabfindung unter der Voraussetzung des Verzichts auf Kündigungsschutzklage[3]; Höchst- oder Mindestaltersgrenzen für den Kündigungsschutz; von § 1 Abs. 3 abweichende tarifliche oder betriebliche Auswahlrichtlinien[4] (für diese hat sich die Gestaltungsfreiheit allerdings durch § 1 Abs. 4 erweitert); bedingter Aufhebungsvertrag für den Fall verspäteter Rückkehr aus dem Urlaub[5]; Vereinbarung konkreter „absoluter" Kündigungsgründe[6].

Der Ausschluss ordentlicher Kündigungen gegenüber älteren ArbN in TV (sog. **Unkündbarkeit**) ist als Erweiterung des Kündigungsschutzes der betroffenen ArbN grundsätzlich zulässig. Wirkt er sich aber bei betriebsbedingten Kündigungen im Rahmen der Sozialauswahl lediglich verdrängend zu Lasten der ungeschützten ArbN aus, könnte dies gegen § 1 Abs. 3 verstoßen. Die Frage ist sehr streitig (vgl. näher hierzu § 1 Rz. 343 ff.). Die ohne sachlichen Grund erfolgte einzelvertragliche Einräumung der Unkündbarkeit in Ansehung konkret bevorstehender betriebsbedingter Kündigungen dürfte idR eine unzulässige Umgehung der Sozialauswahl darstellen[7]. Gemäß § 3 BetrVG können vom Betrieb **abweichende Organisationseinheiten** für die Betriebsverfassung gebildet werden. Sie führen, wenn sie auf TV oder BV beruhen, gemäß § 3 Abs. 5 Satz 1 BetrVG zur Fiktion eines entsprechenden abweichenden Betriebes iSd. Betriebsverfassung. Ob dieser Betrieb auch für die Sozialauswahl nach § 1 Abs. 3 maßgeblich ist oder ob darin eine Abweichung von zwingenden Regelungen des KSchG liegt, ist ungeklärt[8]. Der vom ArbN geäußerte **Wunsch**, gekündigt zu werden, kann als vorheriger Verzicht auf den Kündigungsschutz grundsätzlich keine Wirkung entfalten. Denkbar ist unter Umständen eine Auslegung als Aufhebungsvertrag (vgl. aber § 623 BGB: Schriftform) mit gleichzeitiger Abrede eines Scheingeschäfts (§ 117 BGB). Bei ernsthafter und nachhaltiger Aufforderung zur Kündigung kann eine spätere Kündigungsschutzklage auch rechtsmissbräuchlich sein[9]. 25

Nach Ausspruch der Kündigung ist der Verzicht auf Kündigungsschutz und Klageerhebung zulässig. Der ArbN könnte ebenso die Klagefrist verstreichen lassen oder einen Aufhebungsvertrag schließen. Der Verzicht kann bereits nach Zugang der Kündigung wirksam erklärt werden. Der ArbN braucht nicht den Ablauf der Klagefrist des § 4 abzuwarten[10]. Ein **wirksamer Verzicht** führt zur Beendigung des Arbeitsverhältnisses und zur Unbegründetheit einer Kündigungsschutzklage[11]. Der Verzicht kann das materielle Schutzrecht oder das Klagerecht (ggf. als Klagerücknahmeversprechen) betreffen. Er kann eigenständig oder in einem Aufhebungs- bzw. Abwicklungsvertrag oder Vergleich geregelt sein. Der Verzicht ist **grundsätzlich formfrei** (§ 397 BGB); handelt es sich bei der Vereinbarung aber der Sache nach um einen Auflösungsvertrag, gilt § 623 BGB. Bei mündlicher Kündigung und gleichzeitigem mündlichen Klageverzicht kann eine Umgehung von § 623 BGB vorliegen. Der Verzicht muss **unmissverständlich** und **eindeutig** zum Ausdruck kommen[12]. In der bloßen wortlosen Hinnahme einer Kündigung liegt niemals ein Verzicht. Folgende Floskeln hat das BAG als Verzicht auf den Kündigungsschutz **nicht anerkannt:** 26

- „Mein Arbeitsverhältnis ist mit dem ... beendet. Es bestehen nunmehr keinerlei Rechte aus dem Arbeitsverhältnis"[13]. 27
- „Ich erkläre hiermit, keine Rechte aus dem Arbeitsverhältnis und seiner Beendigung zu haben"[14].

Als unmissverständlichen Verzicht auf Kündigungsschutz **anerkannt** hat die Rspr.[15]:

---

1 BAG v. 19.12.1974 – 2 AZR 565/73, AP Nr. 3 zu § 620 BGB – Bedingung; v. 11.3.1976 – 2 AZR 43/75, AP Nr. 1 zu § 95 BetrVG 1972. | 2 BAG v. 11.3.1976 – 2 AZR 43/75, AP Nr. 1 zu § 95 BetrVG 1972. | 3 BAG v. 20.12.1983 – 1 AZR 442/82, AP Nr. 17 zu § 112 BetrVG 1972. | 4 BAG v. 11.3.1976 – 2 AZR 43/75, AP Nr. 1 zu § 95 BetrVG 1972. | 5 BAG v. 19.12.1974 – 2 AZR 565/73, AP Nr. 3 zu § 620 BGB – Bedingung. | 6 BAG v. 11.3.1976 – 2 AZR 43/75, AP Nr. 1 zu § 95 BetrVG 1972; solche Abreden können freilich für die Bestimmung von Inhalt und Gewicht der Vertragspflichten und damit mittelbar auch für die soziale Rechtfertigung einer entsprechenden Kündigung Bedeutung haben. Ähnlich v. Hoyningen-Huene/Linck, § 1 KSchG Rz. 8: Einfluss auf Interessenabwägung. „Absolute" Kündigungsgründe finden sich nur in § 64 Abs. 1 SeemG. | 7 Ebenso HaKo/Fiebig, § 1 KSchG Rz. 11; KR/Etzel, § 1 KSchG Rz. 680; Preis in Stahlhacke/Preis/Vossen, Rz. 662. | 8 Der Betrieb iSd. KSchG muss nicht stets deckungsgleich mit dem Betrieb iSd. BetrVG sein, vgl. BAG v. 21.6.1995 – 2 AZR 693/94, AP Nr. 16 zu § 1 BetrVG 1972; v. 20.8.1998 – 2 AZR 84/98 zu II 2 a cc d.Gr., DB 1999, 320; LAG Sa.-Anh. v. 11.1.2000 – 8 Sa 449/98, nv. (juris); ebenso Preis in Stahlhacke/Preis/Vossen, Rz. 887 f.; Preis, Der Betriebsbegriff im KSchG, in Henssler/Moll (Hrsg.), Kündigung und Kündigungsschutz in der betrieblichen Praxis, 2000, S. 1 (54 ff.); v. Hoyningen-Huene/Linck/v. Hoyningen-Huene, § 23 BGB Anh. Rz. 3 ff.; aA Kania/Gilberg, NZA 2000, 678 f. | 9 LAG Köln v. 24.10.1990 – 7 Sa 638/90, LAGE § 242 BGB – Prozessverwirkung Nr. 4; LAG Berlin v. 31.10.1988 – 9 Sa 72/88, LAGE § 9 MuSchG Nr. 9; LAG Köln v. 11.1.1984 – 7 Sa 1094/83, DB 84, 1150; teilweise anders LAG Hess. v. 24.6.1987 – 13 Sa 1194/86, LAGE § 4 KSchG – Verzicht Nr. 1. | 10 BAG v. 3.5.1979 – 2 AZR 679/77, AP Nr. 6 zu § 4 KSchG 1969; aA MünchKomm/Schwerdtner, § 622 BGB Anh. Rz. 162 sowie Herschel, Anm. zu BAG AP Nr. 4 zu § 4 KSchG 1969. | 11 KR/Friedrich, § 4 KSchG Rz. 312. | 12 BAG v. 3.5.1979 – 2 AZR 679/77, AP Nr. 6 zu § 4 KSchG 1969. | 13 BAG v. 29.6.1978 – 2 AZR 681/76, AP Nr. 5 zu § 4 KSchG 1969. | 14 BAG v. 3.5.1979 – 2 AZR 679/77, AP Nr. 6 zu § 4 KSchG 1969 und Aufgabe früherer Rspr. v. 25.9.1969 – 2 AZR 524/68, AP Nr. 36 zu § 3 KSchG. | 15 Vgl. weitere Beispiele aus der Rspr. KR/Friedrich, § 4 KSchG Rz. 308 ff.

- „Gegen die Kündigung werden von mir keine Einwendungen erhoben"[1].
- „Von meinem Recht, das Fortbestehen des Arbeitsverhältnisses geltend zu machen, nehme ich Abstand"[2].
- „Ich erhebe gegen die Kündigung keine Einwendungen und werde mein Recht, das Fortbestehen des Arbeitsverhältnisses geltend zu machen, nicht wahrnehmen oder eine mit diesem Ziel bereits erhobene Klage nicht mehr durchführen"[3].

28 Besonderes gilt für den Verzicht auf Kündigungsschutz in sog. **Ausgleichsquittungen**. Das sind vom ArbGeb vorformulierte Erklärungen, die dem ArbN bei Aushändigung der Arbeitspapiere oder Auszahlung restlicher Vergütung abverlangt werden. Auf die Quittierung einer in Empfang genommenen Leistung besteht ein Rechtsanspruch (§ 368 Satz 1 BGB). Verweigert der Gläubiger die Quittung, steht dem Schuldner ein Zurückbehaltungsrecht zu[4]. Die Ausgleichsquittung beinhaltet dagegen zusätzlich ein negatives Schuldanerkenntnis oder einen Verzicht auf etwaige Rechte. Hierauf besteht grundsätzlich kein Rechtsanspruch. In der **Vergangenheit** hat das BAG den Verzicht auf Kündigungsschutz in einer Ausgleichsquittung grundsätzlich für rechtswirksam gehalten, sofern der Verzicht in der Urkunde selbst unmissverständlich zum Ausdruck kam (siehe oben Rz. 26 f.)[5]. Dies stieß auf Widerspruch, da eine solche Verknüpfung als überraschende Klausel iSv. § 3 AGBG, der nach seinem Rechtsgedanken auf das Arbeitsverhältnis anzuwenden sei, nicht Vertragsbestandteil werden könne[6]. Zum Teil wurde eine gesonderte Urkunde oder doch eine gesonderte Unterschrift oder zumindest eine drucktechnische Hervorhebung gefordert[7]. Gegenüber ausländischen ArbN, der die deutschen Sprache nicht hinreichend mächtig sind, ist aus dem Gesichtspunkt der Fürsorge mit Recht eine Obliegenheit zur Übersetzung in die Muttersprache angenommen worden[8].

29 Mit In-Kraft-Treten der **Schuldrechtsreform** am 1.1.2002 findet gemäß § 310 Abs. 4 BGB der in das BGB transponierte Schutz vor **allgemeinen Geschäftsbedingungen** (§§ 305–310 BGB) auch auf Arbeitsverträge mit der Maßgabe Anwendung, dass die im Arbeitsrecht geltenden Besonderheiten angemessen zu berücksichtigen sind (vgl. auch die Erl. zu §§ 305–310 BGB). Für vor dem 1.1.2002 geschlossene Arbeitsverträge gilt das erst ab dem 1.1.2003 (Art. 229 § 5 EGBGB). Zu den Arbeitsverträgen iSd. § 310 Abs. 4 BGB gehören auch Aufhebungsverträge und Ausgleichsquittungen (als actus contrarii)[9]. Danach wird der formularmäßige Verzicht auf Kündigungsschutz in einer Ausgleichsquittung als überraschende Klausel gemäß § 305c Abs. 1 BGB[10] und als Treu und Glauben widersprechende unangemessene Benachteiligung iSv. § 307 Abs. 1 Satz 1 BGB[11] in Zukunft regelmäßig unwirksam sein[12]. Arbeitsverträge und damit Aufhebungsverträge und Ausgleichsquittungen dürften auch der **erweiterten Vertragskontrolle** des § 310 Abs. 3 Nr. 2 BGB für einseitig vorformulierte Individualabreden unterliegen. Zwar handelt es sich nach richtiger Auffassung nicht um Verbraucherverträge iSd. Eingangssatzes des § 310 Abs. 3 BGB[13]. Allerdings spricht viel für eine entsprechende Anwendung des § 310 Abs. 3 BGB wegen der hier vergleichbaren Interessenlage von ArbN und Verbraucher[14].

30 Dagegen unterfallen Arbeitsvertrag, Aufhebungsvertrag und Ausgleichsquittung nicht den Regelungen über „besondere Vertriebsformen" und sind damit **keine Haustürgeschäfte** iSv. § 312 Abs. 1 Satz 1 BGB. Sie werden nicht in einer für das abzuschließende Rechtsgeschäft atypischen Umgebung abgeschlossen. Ein gesetzliches Widerrufsrecht (§§ 312 Abs. 1 Satz 1, 355 BGB) besteht daher nicht[15]. Im Einzelfall kann hier aber eine unangemessene Bedrängung auch unterhalb der Schwelle des § 123 BGB vertragliche Nebenpflichten (§ 242 BGB) verletzen. Vergleiche im Übrigen zur Ausgleichsquittung und ihrer Anfechtung § 611 BGB Rz. 420 ff.

31 **VI. Internationaler Geltungsbereich.** Maßgeblich sind die **Art. 27–34 EGBGB** (vgl. näher hierzu IAR/EAR Art. 27–34 EGBGB). Der allgemeine Kündigungsschutz der §§ 1–14 ist einerseits weder interna-

---

[1] BAG v. 6.4.1977 – 4 AZR 721/75, AP Nr. 4 zu § 4 KSchG 1969. | [2] BAG v. 29.6.1978 – 2 AZR 681/76, AP Nr. 5 zu § 4 KSchG 1969. | [3] BAG v. 20.6.1985 – 2 AZR 427/84, AP Nr. 33 zu § 112 BetrVG 1972. | [4] RG 82, 27. | [5] BAG v. 20.8.1980 – 5 AZR 759/78, AP Nr. 3 zu § 9 LohnFG. | [6] KR/*Friedrich*, § 4 KSchG Rz. 308; *v. Hoyningen-Huene/Linck*, § 1 KSchG Rz. 16 f.; HaKo/*Fiebig*, § 1 KSchG Rz. 19 mwN. | [7] LAG Berlin v. 18.1.1993 – 12 Sa 120/92, LAGE § 4 KSchG – Ausgleichsquittung Nr. 3; zur Einbeziehung einer Verfallklausel in den Arbeitsvertrag ähnlich BAG v. 29.11.1995 – 5 AZR 447/94, AP Nr. 1 zu § 3 AGBG. | [8] LAG Hamm v. 12.4.1984 – 6 Sa 1717/83, LAGE § 4 KSchG – Ausgleichsquittung Nr. 1. | [9] Ebenso *Henssler*, RdA 2002, 129 (139). | [10] Vgl. auch *Lingemann*, NZA 2002, 181 (186). | [11] Ebenso G. *Reinecke*, DB 2002, 583 (586); *Preis* in Stahlhacke/Preis/Vossen, Rz. 1255. | [12] Dies bereits nach bisheriger Rechtslage fordernd B. *Preis*, AuR 1979, 97; vgl. aber LAG MV v. 29.1.2003 – 2 Sa 492/02, nv. (juris). | [13] Aus dem zu weit geratenen Verbraucherbegriff in § 13 BGB ist durch teleologische Reduktion der ArbN als Partei des Arbeitsverhältnisses auszunehmen; das gilt nicht für den erhöhten Zins in § 288 Abs. 2 BGB, der nach dem Willen des Gesetzgebers nur den Geschäftsverkehr nebst öffentlicher Hand treffen soll; ebenso ua. *Henssler*, RdA 2002, 129 (133 ff.); ähnlich *Bauer/Kock*, DB 2002, 42 (46); *Lingemann*, NZA 2002, 181 (184); aA *Däubler*, NZA 2001, 1329 (1332); G. *Reinecke*, DB 2002, 583 (587); *Gotthardt*, Arbeitsrecht nach der Schuldrechtsreform, S. 75 ff. | [14] So für § 310 Abs. 3 Nr. 1 BGB auch *Henssler*, RdA 2002, 129 (135). | [15] Ganz hM: BAG v. 27.11.2003 – 2 AZR 177/03; LAG MV v. 29.1.2003 – 2 Sa 492/02, nv. (juris); LAG Hamm v. 1.4.2003 – 19 Sa 1901/02, NZA-RR 2003, 401; aA *Däubler*, NZA 2001, 1329 (1332).

tional zwingend iSv. Art. 6 EGBGB (ordre public) oder Art. 34 EGBGB[1] noch andererseits territorial begrenzt. Für den **betrieblichen Geltungsbereich** des § 23 KSchG muss nach hM die entsprechende Mindestzahl an ArbN innerhalb der Bundesrepublik Deutschland beschäftigt sein[2]. Als vertragliche Regelung über das Erlöschen des Arbeitsverhältnisses (Art. 32 EGBGB) unterliegt der Kündigungsschutz dem Arbeitsvertragsstatut und ist gemäß Art. 27 Abs. 3, 30 EGBGB einer (stark) beschränkten Rechtswahl zugänglich[3].

1. Objektive Anknüpfung. Ohne Rechtswahl ist in Fällen mit Auslandsberührung der allgemeine Kündigungsschutz der §§ 1–14 gemäß Art. 30 Abs. 2 EGBGB anzuwenden, wenn (Nr. 1) der **Ort der Arbeitsleistung** gewöhnlich in der BRD liegt[4]. Bsp.: Ausländer arbeitet in Deutschland; ausländischer ArbGeb hat rechtlich unselbständige Niederlassung in Deutschland; für ArbN bei den in Deutschland stationierten alliierten Streitkräften gilt das Zusatzabkommen vom 3.8.1959[5] zum NATO-Truppenstatut vom 19.1.1951[6], siehe hierzu näher Rz. 37 f. Bei nur vorübergehender **Entsendung** in einen anderen Staat bleibt der gewöhnliche Arbeitsort entscheidend. Die zeitliche Grenze ist nach den Umständen des konkreten Falles zu bestimmen[7]. Eine Jahre zurückliegende Vereinbarung über eine bloße Rückkehrmöglichkeit soll nicht ohne weiteres genügen[8]. Auch bei nur vorübergehender Entsendung kann eine aus sonstigen Umständen sich ergebende Verbindung zum Entsendestaat als engere Beziehung maßgeblich bleiben (siehe unten Rz. 33). Ist die Arbeit gewöhnlich nicht in ein und demselben Staat zu erbringen, kommt es gemäß Nr. 2 darauf an, ob sich die **Niederlassung**, die den ArbN eingestellt hat, in Deutschland befindet[9]. Arbeitsort und Niederlassung sind schließlich nicht maßgeblich, wenn **sonstige Umstände** für Arbeitsvertrag und Arbeitsverhältnis eine noch engere Verbindung zu einem Staat begründen; dann ist diese entscheidend (§ 30 Abs. 2 aE EGBGB)[10]. 32

2. Rechtswahl. Eine Rechtswahl ist grundsätzlich auch **ohne Auslandsbezug** möglich. In diesem Fall darf sie gem. Art. 27 Abs. 3 EGBGB „zwingende Bestimmungen" des ansonsten anzuwendenden Rechts nicht berühren. Zu den zwingenden Bestimmungen iSd. Art. 27 Abs. 3 EGBGB zählt der allgemeine Kündigungsschutz in §§ 1–14. Er kann daher ohne tatsächlichen Auslandsbezug (wofür eine bloße internationale Gerichtsstandsvereinbarung nicht genügt) nicht abbedungen werden[11]. Besteht ein **tatsächlicher Auslandsbezug**, woran keine strengen Anforderungen zu stellen sind (es genügt zB unterschiedliche Staatsangehörigkeit der Vertragsparteien, ausländischer Arbeitsort, ausländischer Betriebssitz des ArbGeb mit Bezug zum Arbeitsverhältnis)[12], ist eine Rechtswahl gemäß Art. 30 Abs. 1 EGBGB in erweitertem Maße zulässig. Allerdings darf dem ArbN nicht der „Schutz entzogen" werden, der ihm durch die zwingenden Bestimmungen des ohne Rechtswahl anzuwendenden Rechts gewährt wird (Art. 30 Abs. 1 EGBGB). Hierzu gehört auch der allgemeine Kündigungsschutz der §§ 1–14. Der Schutz wird nicht „entzogen", wenn das gewählte Recht in einem **Günstigkeitsvergleich** mit dem sonst anzuwendenden Recht nicht ungünstiger ist. Maßgeblich ist ein Sachgruppenvergleich[13]. Die Wahl eines anderen als des nach objektiver Anknüpfung anzuwendenden Rechts führt daher regelmäßig zu einem „Mischrecht". 33

Gem. Art. 34 EGBGB sind durch Rechtswahl **nicht abdingbar** die Bestimmungen des deutschen Rechts, die unabhängig vom anzuwendenden Vertragsrecht den Sachverhalt zwingend regeln (sog. Eingriffsnormen)[14]. Hierzu gehören der Kündigungsschutz für Funktionsträger gemäß §§ 15, 16[15] sowie der 34

---

1 HM: BAG v. 20.7.1967 – 2 AZR 372/66, AP Nr. 10 IPR-AR (*Gamillscheg*); v. 24.8.1989 – 2 AZR 3/89, AP Nr. 30 IPR-AR; v. 29.10.1992 – 2 AZR 267/92, AP Nr. 31 zu IPR-AR; aA *Birk*, RdA 1989, 201 (207); *Däubler*, RiW 1987, 249 (255). |2 KR/*Weigand*, § 23 KSchG Rz. 19 mwN; LAG Hamm v. 5.4.1989 – 2 (13) Sa 1280/88, LAGE § 23 KSchG Nr. 4; LAG Köln v. 27.5.1994 – 4 Sa 1212/93, LAGE § 23 KSchG Nr. 10; Hess. LAG v. 18.12.1979 – 7 Sa 607/79, NJW 1980, 2664; bei gemeinsamem Betrieb zählt ein im Ausland gelegener Betriebsteil nicht mit: BAG v. 9.10.1997 – 2 AZR 64/97, EzA § 23 KSchG Nr. 16; v. 7.11.1996 – 2 AZR 648/95, nv. (juris). |3 International zwingend, aber auf deutsches Territorium begrenzt sind dagegen gemäß Art. 34 EGBGB die im öffentlichen Interesse stehenden Schutzbestimmungen des MuSchG (BAG v. 24.8.1989 – 2 AZR 3/89, AP Nr. 30 IPR-AR; v. 12.12.2001 – 5 AZR 255/00, NZA 2002, 734 ff.) und des Schwerbehindertenrechts (BAG v. 10.12.1964 – 2 AZR 369/63, AP Nr. 4 zu § 1 SchwBeschG). |4 Entscheidend ist der Ort der tatsächlichen Ausführung der Arbeit; die bloße organisatorische Zuordnung zu einer Niederlassung begründet noch nicht den Ort der Arbeitsleistung iSv. § 30 Abs. 2 Nr. 1 EGBGB. Auf die Niederlassung kommt es gem. Nr. 2 erst an, wenn die Arbeit gewöhnlich nicht in ein und demselben Staat zu erbringen ist: So instruktiv zum Fall einer Flugbegleiterin im internationalen Flugverkehr BAG v. 12.12.2001 – 5 AZR 255/00, NZA 2002, 734 ff. |5 BGBl. 1961 II, S. 1218. |6 BGBl. II S. 1190. |7 BAG v. 25.4.1978 – 6 ABR 2/77, AP Nr. 16 zu IPR-AR zur früheren Rechtslage. |8 BAG v. 7.12.1989 – 2 AZR 228/89, AP Nr. 27 zu IPR-AR m. Anm. *Lorenz*. |9 Instruktives Bsp.: BAG v. 12.12.2001 – 5 AZR 255/00, NZA 2002, 734 ff. (Flugbegleiterin im internationalen Flugverkehr). |10 Bsp.: Amerikanischer Flugpilot wird von amerikanischer Fluglinie mit typisch amerikanischem Vertrag ausschließlich auf innerdeutschen Fluglinien eingesetzt: Es gilt amerikanisches Vertrags- und Kündigungsrecht, BAG v. 24.8.1989 – 2 AZR 3/89, NZA 1990, 841. |11 *Birk*, RdA 1989, 201; ErfK/*Schlachter*, EGBGB Rz. 15. |12 Vgl. auch ErfK/*Schlachter*, EGBGB Rz. 15. |13 *Gamillscheg*, ZFA 1983, 307, 388; *Birk*, RdA 1989, 201; siehe auch § 4 TVG Rz. 30; wohl überholt: BAG v. 10.4.1975 – 2 AZR 128/74, AP Nr. 12 zu IPR-AR, wonach der fehlende Kündigungsschutz des amerikanischen Arbeitsrechts durch höhere Löhne ausgeglichen werde; vgl. auch Kittner/Däubler/Zwanziger/*Däubler*, Einl. Rz. 921. |14 Zum nötigen Ausmaß des Inlandsbezugs für die Geltung zwingender Eingriffsnormen iSd. Art. 34 EGBGB vgl. BAG v. 12.12.2001 – 5 AZR 255/00, NZA 2002, 734 ff. (Flugbegleiterin) unter B II 2 c d.Gr. u. *Schlachter*, NZA 2000, 57 (61). |15 BAG v. 9.11.1977 – 5 AZR 132/76, AP Nr. 13 zu IPR-AR.

Massenentlassungsschutz der §§ 17 ff[1]. Der Geltungsbereich dieser Bestimmungen ist zugleich territorial grundsätzlich auf Deutschland begrenzt[2]. **Der internationale Gerichtsstand** richtet sich nach den Vorschriften der ZPO über die örtliche Zuständigkeit[3] und – für Angehörige der EU-Mitgliedsstaaten untereinander – nach dem Europäischen Gerichtsstands- und Vollstreckungsübereinkommen (EuGVÜ)[4]. Der deutschen Gerichtsbarkeit entzogen sind Kündigungsschutzklagen deutscher Angestellter ausländischer Botschaften und Konsulate, sofern den Angestellten hoheitliche Befugnisse übertragen sind (§ 20 Abs. 2 GVG)[5]. Vergleiche näher zur internationalen Zuständigkeit § 1 ArbGG Rz. 9.

35 **VII. Kündigungsschutz in besonderen Betrieben. 1. Grundsatz.** Das KSchG gilt grundsätzlich für **alle Betriebe und Verwaltungen** des privaten und öffentlichen Rechts (§ 23 Abs. 1 Satz 1). Einschränkungen bestehen für den 3. Abschnitt (Massenentlassungsschutz, §§ 17–22) gemäß §§ 17 Abs. 1 Satz 1 Nr. 1, 22 und 23 Abs. 2. Vom allgemeinen Kündigungsschutz der §§ 1–14 generell ausgenommen (mit Ausnahme der Regelungen über die Klagefrist) sind Kleinbetriebe (§ 23 Abs. 1 Sätze 2–4; siehe näher dort Rz. 7 ff.). Gar kein Betrieb iSd. Gesetzes ist der private Haushalt.

36 **2. Schifffahrt und Luftverkehr.** Für Schifffahrt und Luftverkehr gelten gemäß § 24 Besonderheiten. Näheres siehe dort.

37 **3. Alliierte Streitkräfte.** Besonderheiten gelten für die **zivilen ArbN** bei den alliierten Streitkräften. Nach dem Zusatzabkommen vom 3.8.1959[6] zum NATO-Truppenstatut vom 19.1.1951 (NTS)[7] idF des Änderungsabkommens vom 18.3.1993[8] (im Folgenden ZA NTS) gilt im Wesentlichen deutsches Arbeitsrecht (Art. 56 Abs. 1a ZA NTS). Vertragspartner der Zivilbeschäftigten ist der Entsendestaat; seine Vertreter üben das Kündigungsrecht aus[9]. Klagen gegen den ArbGeb sind gemäß Art. 56 Abs. 8 ZA NTS gegen die **BRD als Prozessstandschafterin** zu richten und unterliegen der deutschen Gerichtsbarkeit. Eine direkte Klage gegen den Entsendestaat ist damit unzulässig. Sie wahrt auch nicht die Klagefrist des § 4[10]. In der Regel wird eine Berichtigung der Parteibezeichnung ausscheiden und ein Parteiwechsel vorliegen[11].

38 Nicht der deutschen Gerichtsbarkeit unterliegt gemäß Art. 1 Abs. 1 (b) NTS das von den gewöhnlichen Zivilbeschäftigten zu unterscheidende sog. „zivile Gefolge", also das der Truppe „folgende" Zivilpersonal, das seinen gewöhnlichen Aufenthaltsort nicht in der BRD hat[12]. Für diesen Personenkreis gilt das Recht des Entsendestaates. Für die Zivilbeschäftigten gilt das KSchG[13]. Ausgenommen sind die Vorschriften über Massenentlassungen gemäß § 23 Abs. 2. Besondere Rücksichtspflichten erwachsen dem ArbN aus der militärischen Aufgabenstellung des ArbGeb (zB Geheimhaltung). Eine Auflösung des Arbeitsverhältnisses gemäß § 9 Abs. 1 Satz 2 kann der ArbGeb – im Rechtsstreit die BRD als Prozessstandschafterin – darauf stützen, dass der Fortsetzung des Arbeitsverhältnisses besonders schutzwürdige militärische Interessen entgegenstehen (Art. 56 Abs. 2a ZA NTS). Im Bestreitensfall genügt Glaubhaftmachung in nicht öffentlicher Verhandlung[14]. Der vorläufige **Weiterbeschäftigungsanspruch** während des Kündigungsschutzprozesses ist seit Wegfall des Abs. 1c von Art. 56 ZA NTS mWz. 29.3.1998 durchsetzbar[15]. Im Übrigen werden die Arbeitsbedingungen durch den TV AL II geregelt.

39 **4. Kirchen**[16]. Art. 140 GG iVm. Art. 137 Abs. 3 WRV gewährt den Kirchen- und Religionsgemeinschaften das Recht, ihre Angelegenheiten in autonomer **Selbstbestimmung** zu verwalten. Hiervon mit umfasst sind ihre karitativen und erzieherischen Einrichtungen unabhängig von deren Rechtsform[17] (vgl. näher zur Abgrenzung § 118 BetrVG). Staatliche Gesetze dürfen das Selbstbestimmungsrecht nur beschränken, soweit sie für alle gelten (Art. 137 Abs. 3 WRV). Gehen die Kirchen zur Erfüllung ihrer Aufgaben Arbeitsverhältnisse ein[18] (vgl. zur Abgrenzung von karitativ oder religiös geprägten Dienstleis-

---

1 BAG v. 7.12.1989 – 2 AZR 228/89, AP Nr. 27 zu IPR-AR. | 2 Anders uU für §§ 15, 16 bei „Ausstrahlung", BAG v. 7.12.1989 – 2 AZR 228/89, AP Nr. 27 IPR-AR; vgl. auch BAG v. 12.12.2001 – 5 AZR 255/00, NZA 2002, 734 ff. | 3 Zum Gerichtsstand des Vermögens gem. § 23 Satz 1 Alt. 1 ZPO vgl. BAG v. 17.7.1997 – 8 AZR 328/95, AP Nr. 13 zu § 38 ZPO – Internationale Zuständigkeit; BGH v. 12.11.1990 – II ZR 249/89, NJW-RR 1991, 423 (425). | 4 EuGVÜ v. 27.9.1968, BGBl. II 1972, S. 773; konsolidierte Fassung in ABl. EG v. 26.1.1998, C 27/3 ff.; vgl. BAG v. 26.2.1985 – 3 AZR 1/83, AP Nr. 23 zu IPR-arbeitsrecht; v. 3.5.1995 – 5 AZR 15/94, AP Nr. 32 zu IPR-Arbeitsrecht. | 5 BAG v. 25.10.2001 – 2 AZR 501/00, BB 2002, 787; v. 23.11.2000 – 2 AZR 490/99, AP Nr. 2 zu § 20 GVG. | 6 BGBl. II 1961, S. 1218. | 7 BGBl. II S. 1190. | 8 BGBl. II 1994, S. 2598. | 9 BAG v. 14.1.1993 – 2 AZR 387/92, NZA 1993, 981 ff. mwN. | 10 ArbG Berlin v. 10.3.1988 – 19 Ca 128/87, DB 1988, 1608. | 11 LAG Rh.-Pf. v. 27.4.1990 – 9 Ta 65/90, NZA 1991, 613; APS/*Dörner*, Art. 56 ZA NTS Rz. 17; vgl. aber zur Auslegung des Klagebegehrens auch im Hinblick auf die beklagte Partei BAG v. 15.3.2001 – 2 AZR 141/00, EZA § 4 KSchG nF Nr. 61; BAG v. 17.1.2002 – 2 AZR 57/01, BAGReport 2002, 321. | 12 Vgl. hierzu BAG v. 28.5.2002 – 1 ABR 35/01, AP Nr. 23 zu Art. 56 ZA-NATO-Truppenstatut; näher Kittner/Däubler/Zwanziger/*Däubler*, Art. 56 NATO-ZusAbk Rz. 3. | 13 BAG v. 9.12.1971 – 2 AZR 118/71, AP Nr. 3 zu NATO-ZA; v. 21.5.1970 – 2 AZR 294/69, AP Nr. 11 zu § 15 KSchG; v. 3.7.1969 – 2 AZR 424/68, AP Nr. 1 zu § 46 TV AL II. | 14 Vgl. auch Kittner/Däubler/Zwanziger/*Däubler*, Art. 56 NATO-ZusAbk Rz. 15; KR/*Weigand*, Art. 56 NATO-ZusAbk Rz. 34. | 15 Zur Vollstreckbarkeit bei NATO-Truppen allg. vgl. BAG v. 15.5.1991 – 5 AZR 115/90, NZA 1992, 43. | 16 Vgl. grundl. *Richardi*, Arbeitsrecht in der Kirche; MünchArbR/*Richardi*, § 185 Rz. 1 ff. | 17 BAG v. 25.4.1978 – 1 AZR 70/76, EzA § 1 KSchG – Tendenzbetrieb Nr. 4 (Kindergarten); v. 31.10.1984 – 7 AZR 232/83, EzA § 1 KSchG – Tendenzbetrieb Nr. 16 (Bekenntnisschule); BVerfG v. 17.2.1981 – 2 BvR 384/78, EzA Art. 9 GG Nr. 32. | 18 Die evangelische und die katholische Kirche gehören mit ihren Einrichtungen zu den nach der Anzahl der ArbN größten ArbGeb in Deutschland.

tungen Vorb. vor § 611 BGB Rz. 35 ff.), sind sie grundsätzlich an die allgemeinen Vorschriften des Arbeitsrechts gebunden. Dazu gehört auch das KSchG. Aus dem Selbstbestimmungsrecht der Kirchen leitet das BVerfG die Befugnis ab, die **kirchlichen Grundpflichten** und damit Inhalt und Grad der geforderten Loyalität der ArbN nach eigenem Selbstverständnis verbindlich festzulegen. Hierzu gehört die Bestimmung dessen, was „die Glaubwürdigkeit der Kirche und ihrer Verkündung erfordert", was „spezifisch kirchliche Aufgaben" sind, was „Nähe" zu ihnen bedeutet und was als schwerer Verstoß gegen die „wesentlichen Grundsätze der Glaubens- und Sittenlehre" anzusehen ist. Diesen Schutz genießen nur die generellen und für ihren Bereich allgemein gültigen Festlegungen einer Kirche und nicht etwa beliebige Regelungen und Vorgaben eines konkreten kirchlichen ArbGeb[1].

Eine **Begrenzung** erfährt das Selbstbestimmungsrecht insoweit durch die Grundprinzipien der Rechtsordnung, das allgemeine Willkürverbot, die guten Sitten (§ 138 BGB) und den ordre public (Art. 6 EGBGB)[2]. Auch sonst bleiben die kündigungsrechtlichen Vorschriften und Grundsätze anwendbar. Die staatlichen Gerichte prüfen, ob der behauptete Loyalitätsverstoß tatsächlich vorliegt. Ferner ist eine Interessenabwägung nicht ausgeschlossen; kirchliche Selbstbestimmung schafft keine absoluten Kündigungsgründe[3]. Doch sind die kirchlichen Vorgaben zu Inhalt und Grad der geforderten Loyalität mit Blick auf das grundrechtlich geschützte Selbstbestimmungsrecht zu würdigen. Auch ist die Nähe zum kirchlichen Verkündungsauftrag (Tendenzträgereigenschaft) in Betracht zu ziehen. Im Einzelfall kann ein besonderes Bestandsschutzinteresse des ArbN (Art. 12 GG) im Rahmen der Abwägung den Vorrang verdienen[4]. Zu **Einzelheiten** kirchentypischer Loyalitätskonflikte (zB Kirchenaustritt, Schwangerschaftsabbruch, künstliche Befruchtung, Ehebruch, Zölibatsverletzung, homosexuelle Praxis etc.) siehe § 1 Rz. 228. **40**

5. Tendenzunternehmen. Grundrechtlichen **Tendenzschutz** für die Verfolgung ihrer jeweiligen geistig-ideellen Zielsetzung genießen Betriebe, die unmittelbar und überwiegend politischen, koalitionspolitischen, konfessionellen, karitativen, erzieherischen, wissenschaftlichen oder künstlerischen Bestimmungen oder Zwecken der Berichterstattung und Meinungsäußerung dienen. Zur Abgrenzung solcher Betriebe vgl. näher die Erl. zu § 118 BetrVG[5]. Das KSchG findet Anwendung. Der Tendenzschutz hat allerdings zur Folge, dass die ArbN im inner- wie außerdienstlichen Bereich nicht gegen die vom ArbGeb vorgegebene Tendenz verstoßen dürfen. Diese Verpflichtung trifft insb. als sog. **Tendenzträger** die ArbN, die maßgeblich an der Verwirklichung der geistig-ideellen Zielsetzung mitzuwirken haben. Beispiele: Redakteure einer Tageszeitung[6]; Angestellte bei Caritas mit karitativen Aufgaben[7]; keine Tendenzträger sind etwa Schreib-, Handwerks- und Reinigungskräfte. Ob ein Verstoß gegen die Tendenzwahrungspflicht oder aber gegen eine sonstige Pflicht vorliegt, hat das Gericht zu beurteilen[8]. **41**

VIII. Kündigungsschutz in besonderen Rechtslagen (insb. Insolvenz). Die Eröffnung des **Insolvenzverfahrens** über das Vermögen des ArbGeb hat keine unmittelbare Auswirkung auf den Bestand der Arbeitsverhältnisse. Die Rechte und Pflichten des ArbGeb gehen einschließlich der Kündigungsbefugnis gemäß § 80 InsO auf den Insolvenzverwalter über. Auch der vorläufige Insolvenzverwalter ist kündigungsberechtigt, sofern ein allgemeines Verfügungsverbot für den Gemeinschuldner erlassen wurde (§§ 21 Abs. 2 Nr. 2 Alt. 1, 22 Abs. 1 InsO)[9]. Hat das Insolvenzgericht lediglich einen Zustimmungsvorbehalt nach der 2. Alt. des § 21 Abs. 2 Nr. 2 InsO angeordnet, bedarf die Kündigung durch den Insolvenzschuldner der Zustimmung des vorläufigen Insolvenzverwalters; ohne deren Vorlage kann der gekündigte ArbN die Kündigung gemäß §§ 111 Satz 2, 182 Abs. 3 BGB (unverzüglich) zurückweisen[10]. **42**

Kündigungen durch den Verwalter unterliegen dem gesetzlichen **Kündigungsschutz**. Sie bedürfen der sozialen Rechtfertigung gemäß § 1[11]. Hierfür genügt die Insolvenz als solche nicht (vgl. § 1 Rz. 311). Auch gilt der besondere Kündigungsschutz der §§ 15, 16 sowie der Massenentlassungsschutz der §§ 17 ff. sowie der sonstige Sonderkündigungsschutz. Kündigungsschutzklagen sind in der Insolvenz gegen den Insolvenzverwalter als Partei kraft Amtes zu richten. Eine nach Eröffnung des Insolvenzverfahrens gegen den Insolvenzschuldner erhobene Klage wahrt nicht die Klagefrist des § 4; uU kommt eine Rubrumsberichtigung in Betracht[12]. Für Kündigungen im Insolvenzverfahren gelten folgende **Besonderheiten**: § 113 Satz 1 InsO begründet ein Sonderkündigungsrecht bei vertraglichem, auch tarifvertraglichem[13] Ausschluss der ordentlichen Kündigung. Der gesetzliche Kündigungsschutz bleibt **43**

---

1 BVerfG v. 4.6.1985 – 2 BvR 1703/83 ua., AP Nr. 24 zu Art. 140 GG unter Aufhebung zweier BAG-Urteile, die den Grad der geschuldeten Loyalität gemäß der kirchlichen Funktion selbst beurteilten: BAG v. 21.10.1982 – 2 AZR 591/80, AP Nr. 14 zu § 140 GG und v. 22.3.1984 – 7 AZR 249/81, AP Nr. 16 zu Art. 140 GG; krit. zur Rspr. des BVerfG *Czermak*, PersR 1995, 458; ArbG Münster v. 3.9.1986 – 4 Ca 194/86, BB 1987, 128 (130). | 2 BVerfG v. 4.6.1985 – 2 BvR 1703/83, AP Nr. 24 zu Art. 140 GG. | 3 *Dütz*, NJW 1990, 2031. | 4 Ebenso ErfK/*Dieterich*, Art. 4 GG Rz. 44. | 5 Vgl. auch BAG v. 6.12.1979 – 2 AZR 1055/77, EzA § 1 KSchG – Tendenzbetrieb Nr. 5 (Gewerkschaften); v. 7.4.1981 – 1 ABR 62/78, EzA § 118 BetrVG 1972 Nr. 25 (Privatschulen, nicht aber reine Sprachschulen ohne erzieherischen Auftrag). | 6 BAG v. 19.5.1981 – 1 ABR 39/79, EzA § 118 BetrVG 1972 Nr. 30. | 7 BAG v. 14.10.1980 – 1 AZR 1274/79, EzA § 1 KSchG – Tendenzbetrieb Nr. 10. | 8 LAG Düsseldorf v. 23.11.1995 – 5 Sa 947/95, DB 1996 (943). | 9 Vgl. BAG v. 17.9.1974 – 1 AZR 16/74, EzA § 113 BetrVG 1972 Nr. 1; BAG v. 29.6.2000 – 8 ABR 44/99, EzA § 126 InsO Nr. 2 unter IV 2 a d.Gr. | 10 BAG v. 10.10.2002 – 2 AZR 532/01, AP Nr. 1 zu § 21 InsO. | 11 BAG v. 16.9.1982 – 2 AZR 271/80, AP Nr. 4 zu § 22 KO. | 12 BAG v. 17.1.2002 – 2 AZR 57/01, EzA § 4 nF KSchG Nr. 62; v. 18.4.2002 – 8 AZR 346/01, NZA 2002, 1207 ff. (bei der Klage beigefügtem Kündigungsschreiben des Insolvenzverwalters). | 13 BVerfG v. 21.5.1999 – 1 BvL 22/98, NZA 1999, 923; BAG v. 19.1.2000 – 4 AZR 70/99, BB 2000, 1096.

aber bestehen. § 113 Satz 2 InsO bringt eine abgekürzte Kündigungsfrist von 3 Monaten. Mit dieser Frist kann der Insolvenzverwalter auch (erneut) kündigen, wenn er zuvor als vorläufiger Insolvenzverwalter mit längerer Frist aus im Wesentlichen gleichen Gründen gekündigt hatte[1]. Für Kündigungen des Insolvenzverwalters mit Zugang bis zum 31.12.2003 statuierte § 113 Abs. 2 aF eine absolute Klagefrist von 3 Wochen für die Geltendmachung jeder Form der Unwirksamkeit; für spätere Kündigungen gilt dies jetzt allgemein gemäß § 4. Schließlich sehen die §§ 120 ff. InsO Besonderheiten für einen abgekürzten Interessenausgleich, Verkürzung des Kündigungsschutzes durch Erstellung von Namenslisten (§ 125 Abs. 1 InsO) und ein besonderes Beschlussverfahren zum Kündigungsschutz (sog. Sammelklage § 126 Abs. 1 InsO) vor. Zu näheren Einzelheiten siehe jeweils dort.

44 Das KSchG gilt grundsätzlich auch im **Arbeitskampf**. Gemäß § 25 findet es allerdings keine Anwendung auf „Kündigungen und Entlassungen, die lediglich als Maßnahmen in wirtschaftlichen Kämpfen zwischen ArbGeb und ArbN vorgenommen werden". Zu näheren Einzelheiten siehe dort. Ein **faktisches Arbeitsverhältnis** besteht, wenn der Arbeitsvertrag sich nachträglich etwa gemäß §§ 134, 138 BGB als nichtig erweist (Einzelheiten siehe § 611 BGB Rz. 80 ff.). Die Parteien haben hier ein jederzeitiges, weder fristnoch formgebundenes Lossagungsrecht, das dem KSchG nicht unterfällt[2]. Soweit gemäß § 100 Abs. 3 BetrVG **vorläufige personelle Maßnahmen** zwei Wochen nach Rechtskraft einer gerichtlichen Entscheidung „enden" bzw. „nicht aufrecht erhalten werden" dürfen, liegt darin entgegen einer verbreiteten Meinung keine rechtsgestaltende Entscheidung, die das Arbeitsverhältnis enden lässt[3]. Das folgt schon aus der durch die Gerichtsentscheidung nicht ausgeschlossenen Möglichkeit, den ArbN in einem anderen Betrieb einzusetzen. Gemäß § 100 Abs. 3 BetrVG erlischt lediglich die betriebsverfassungsrechtliche Zulässigkeit der konkreten Maßnahme; der vorläufig eingestellte ArbN darf nicht mehr in diesem Betrieb in der vorgesehenen Weise beschäftigt werden. Hält der ArbGeb die personelle Maßnahme betriebsverfassungswidrig aufrecht, beschäftigt er den eingestellten ArbN also weiter, kann er gemäß § 101 BetrVG durch Zwangsgeld zur Aufhebung der Maßnahme angehalten werden. Will der ArbGeb nicht nur die vorgesehene Beschäftigung des ArbN, sondern auch das Arbeitsverhältnis mit ihm insgesamt beenden, muss er in jedem Fall kündigen. Auf die Kündigung finden das KSchG sowie der sonstige Kündigungsschutz grundsätzlich Anwendung. Ebenfalls dem KSchG und den sonstigen Kündigungsschutzbestimmungen unterliegt eine **Kündigung auf Verlangen des BR** gemäß § 104 BetrVG. Weigert sich der ArbGeb und wird ihm auf Antrag des BR durch Beschluss des ArbG die Kündigung aufgegeben, wirkt diese Entscheidung allerdings im nachfolgenden Kündigungsschutzprozess präjudiziell. Da der ArbN im Beschlussverfahren zu beteiligen ist, kann er im späteren Kündigungsschutzprozess zu seiner Entlastung nur noch Umstände darlegen, die nach dem Schluss der Anhörung im Beschlussverfahren entstanden oder ihm bekannt geworden sind. Zu näheren Einzelheiten vgl. die Erl. zu § 104 BetrVG.

45 **IX. Vertragspflichtverletzung durch rechtsunwirksame Kündigung.** Nach hM soll in jeder rechtsunwirksamen Kündigung zugleich ein Verstoß gegen die vertragliche Nebenpflicht zur Leistungstreue (**Leistungstreuepflicht**, § 242 BGB) liegen, der Schadensersatzansprüche auslösen kann (aus § 280 BGB nF, früher pVV)[4]. Ein entschuldbarer Rechtsirrtum kommt nach der Rspr. des BGH nur in engen Grenzen in Betracht[5]. Entgegen der hM liegt allein im Ausspruch einer unwirksamen Kündigung ohne Hinzutreten weiterer Umstände **keine Vertragspflichtverletzung**. Kündigungsschutzbestimmungen begründen keine unmittelbaren Leistungstreuepflichten, sie sind „pflichtenneutral". Sie wirken wie Obliegenheiten durch ihre Unwirksamkeitssanktion. Das ist offenkundig etwa bei Formverstößen. Aber auch § 1 begründet für sich keine Vertragspflicht, sozialwidrige Kündigungen zu unterlassen. Eine Pflichtverletzung liegt aber im Ausspruch einer wissentlich rechtsunwirksamen Kündigung, ebenso wohl auch im leichtfertigen Ausspruch einer evident unwirksamen Kündigung. Hier fehlt ein schutzwürdiges Interesse des Kündigenden, welches das Leistungstreueinteresse des Gekündigten überwiegt. Praktisch spielt die Frage eines **Schadensersatzanspruchs** wegen rechtswidriger Kündigung nur eine geringe Rolle, weil es regelmäßig am Schaden fehlt. Der ArbN kann nach dem KSchG die Unwirksamkeit der Kündigung geltend machen und so seine Vergütungsansprüche erhalten (§ 615 BGB, § 11)[6]. Versäumt er die Klagefrist des § 4, entfällt wegen § 7 rückwirkend eine in der unwirksamen Kündigung ggf. liegende Vertragspflichtverletzung. Kommt es gemäß §§ 9, 10 zur Auflösung des Ar-

---

1 BAG v. 22.5.2003 – 2 AZR 255/02, AP Nr. 12 zu § 113 InsO. | 2 BAG v. 16.9.1982 – 2 AZR 271/80, EzA § 123 BGB Nr. 22; v. 25.4.1963 – 5 AZR 398/62, AP Nr. 3 zu § 611 BGB – faktisches Arbeitsverhältnis; v. 15.11.1957 – 1 AZR 189/57, AP Nr. 2 zu § 125 BGB; KR/*Etzel*, § 1 KSchG Rz. 47. | 3 So aber *Fitting*, § 100 BetrVG Rz. 18; KR/*Etzel*, § 1 KSchG Rz. 178; wie hier ErfK/*Kania*, § 100 BetrVG Rz. 9; *Löwisch*, § 1 KSchG Rz. 57; HK/*Dorndorf*, § 1 KSchG Rz. 138. | 4 BGH v. 14.1.1988 – IX ZR 265/86, NJW 1988, 1268 f. zum Mietvertrag; zust. Palandt/*Heinrichs*, 61. Aufl., Erg.-Bd., § 280 BGB Rz. 26; zum Arbeitsvertrag ErfK/*Ascheid*, § 1 KSchG Rz. 23 (allerdings einschr. in Bezug auf das Verschulden); aA zum Mietvertrag *Klinkhammer*, NJW 97, 221 ff. mwN u. zum Arbeitsvertrag wie hier Staudinger/*Löwisch*, vor §§ 275 ff. BGB Rz. 32; *Löwisch*, § 1 KSchG Rz. 105. | 5 St. Rspr., BGH v. 11.1.1984 – VIII ZR 255/82, BGHZ 89, 301; v. 14.6.1994 – XI ZR 210/93, NJW 94, 2754 (2755); Palandt/*Heinrichs*, 61. Aufl., Erg.-Bd., § 276 BGB Rz. 22 mwN; deutlich weiter aber BAG v. 13.6.2002 – 2 AZR 391/02, AP Nr. 97 zu § 615 BGB (bei objektiv zweifelhafter Rechtslage und sorgfältiger Prüfung). | 6 Zur Frage der Verzinsung, insbesondere des Vertretenmüssens iSv. § 286 Abs. 4 BGB vgl. BAG v. 13.6.2002 – 2 AZR 391/01, AP Nr. 97 zu § 615 BGB und v. 22.3.2001 – 8 AZR 536/00, EzBAT § 8 BAT – Schadensersatzpflicht des ArbGeb Nr. 31 (entschuldigender Rechtsirrtum).

beitsvertrages gegen Zahlung einer **Abfindung**, ist damit nach der Rspr. des BAG ein Schadensersatzanspruch für entgangenes Arbeitsentgelt nach dem Auflösungszeitpunkt ausgeschlossen[1].

Schadensersatzansprüche aus **Delikt** wegen rechtswidriger Kündigung scheiden idR aus. Es fehlt an der Rechtsgutverletzung iSv. § 823 Abs. 1 BGB. Auch ist § 1 kein Schutzgesetz iSv. § 823 Abs. 2 BGB, weil der allgemeine Kündigungsschutz – im Gegensatz etwa zu § 9 Abs. 1 MuSchG[2] oder § 2 BeschSchG[3] – allein die Vertragsbeziehung als solche schützt. Eine Delikthaftung würde hier die Entscheidung des Gesetzgebers gegen eine allgemeine Haftung für Vermögensschäden unterlaufen[4]. Deliktische Ansprüche können ausnahmsweise bestehen, wenn die Kündigung das **Persönlichkeitsrecht** des Gekündigten verletzt (§ 823 Abs. 1 BGB) oder eine sittenwidrige vorsätzliche Schädigung darstellt (§ 826 BGB). Eine schwere rechtswidrige und schuldhafte Verletzung des Persönlichkeitsrechts kann ausnahmsweise im Arbeitsverhältnis einen Anspruch auf **Schmerzensgeld** entsprechend § 847 BGB aF begründen[5]. Daran ändert dessen Streichung sowie die Einfügung des § 253 Abs. 2 BGB nF mWv. 1.8.2002[6] nichts, da der Geldersatzanspruch bei Verletzung des Persönlichkeitsrechts ein auf Art. 1 Abs. 1, 2 Abs. 1 GG gestützter Rechtsbehelf eigener Art ist[7].

46

Erster Abschnitt. Allgemeiner Kündigungsschutz

1 *Sozial ungerechtfertigte Kündigungen*

(1) Die Kündigung des Arbeitsverhältnisses gegenüber einem Arbeitnehmer, dessen Arbeitsverhältnis in demselben Betrieb oder Unternehmen ohne Unterbrechung länger als sechs Monate bestanden hat, ist rechtsunwirksam, wenn sie sozial ungerechtfertigt ist.

(2) Sozial ungerechtfertigt ist die Kündigung, wenn sie nicht durch Gründe, die in der Person oder in dem Verhalten des Arbeitnehmers liegen, oder durch dringende betriebliche Erfordernisse, die einer Weiterbeschäftigung des Arbeitnehmers in diesem Betrieb entgegenstehen, bedingt ist. Die Kündigung ist auch sozial ungerechtfertigt, wenn

1. in Betrieben des privaten Rechts

   a) die Kündigung gegen eine Richtlinie nach § 95 des Betriebsverfassungsgesetzes verstößt,

   b) der Arbeitnehmer an einem anderen Arbeitsplatz in demselben Betrieb oder in einem anderen Betrieb des Unternehmens weiterbeschäftigt werden kann

   und der Betriebsrat oder eine andere nach dem Betriebsverfassungsgesetz insoweit zuständige Vertretung der Arbeitnehmer aus einer dieser Gründe der Kündigung innerhalb der Frist des § 102 Abs. 2 Satz 1 des Betriebsverfassungsgesetzes schriftlich widersprochen hat,

2. in Betrieben und Verwaltungen des öffentlichen Rechts

   a) die Kündigung gegen eine Richtlinie über die personelle Auswahl bei Kündigungen verstößt,

   b) der Arbeitnehmer an einem anderen Arbeitsplatz in derselben Dienststelle oder in einer anderen Dienststelle desselben Verwaltungszweiges an demselben Dienstort einschließlich seines Einzugsgebietes weiterbeschäftigt werden kann

   und die zuständige Personalvertretung aus einem dieser Gründe fristgerecht gegen die Kündigung Einwendungen erhoben hat, es sei denn, dass die Stufenvertretung in der Verhandlung mit der übergeordneten Dienststelle die Einwendungen nicht aufrechterhalten hat.

Satz 2 gilt entsprechend, wenn die Weiterbeschäftigung des Arbeitnehmers nach zumutbaren Umschulungs- oder Fortbildungsmaßnahmen oder eine Weiterbeschäftigung des Arbeitnehmers unter geänderten Arbeitsbedingungen möglich ist und der Arbeitnehmer sein Einverständnis hiermit erklärt hat. Der Arbeitgeber hat die Tatsachen zu beweisen, die die Kündigung bedingen.

(3) Ist einem Arbeitnehmer aus dringenden betrieblichen Erfordernissen im Sinne des Absatzes 2 gekündigt worden, so ist die Kündigung trotzdem sozial ungerechtfertigt, wenn der Arbeitgeber bei der Auswahl des Arbeitnehmers die Dauer der Betriebszugehörigkeit, das Lebensalter, die Unterhaltspflichten und die Schwerbehinderung des Arbeitnehmers nicht oder nicht ausreichend berücksichtigt hat; auf Verlangen des Arbeitnehmers hat der Arbeitgeber dem Arbeitnehmer die Gründe

---

1 BAG v. 22.4.1971 – 2 AZR 205/70, EZA § 7 KSchG Nr. 6; v. 15.2.1973 – 2 AZR 16/72, EZA § 9 KSchG nF Nr. 1; v. 16.5.1984 – 7 AZR 280/82, NZA 1985, 60; aA *Herschel*, Anm. AP Nr. 24 zu § 7 KSchG; zu Schadensersatz wegen Auflösungsverschuldens vgl. BAG v. 26.7.2001 – 8 AZR 739/00, NZA 2002, 325 ff. | 2 Vgl. Küttner/*Reinecke*, Personalbuch 2000, Mutterschutz Rz. 2; *Zmarzlik/Zipperer/Viethen*, MuSchG, 8. Aufl., Rz. 50. | 3 APS/*Preis*, § 4 BeschSchG Rz. 14. | 4 HM: ErfK/*Ascheid*, § 1 KSchG Rz. 23; *v. Hoyningen-Huene/Linck*, § 1 KSchG Rz. 19; LAG Köln v. 23.2.1988 – 1 Sa 1094/87, NZA 1988, 548; vgl. auch BGH v. 8.6.1976 – VI ZR 50/75, BGHZ 66, 388 (390) sowie BAG v. 17.4.2002 – 5 AZR 89/01, AP Nr. 6 zu § 2 NachwG. | 5 BAG v. 21.2.1979 – 5 AZR 568/77, AP Nr. 13 zu § 847 BGB m. Anm. *Wiese*. | 6 Zweites Schadensersatzrechtsänderungsg v. 19.7.2002, BGBl I S. 2674; vgl. dazu *Wagner*, NJW 2002, 2049 ff. | 7 So Begr. des Gesetzentwurfs der BReg., BT-Drs. 14/7752, S. 25; BGH v. 15.11.1994 – VI ZR 56/94, NJW 1995, 861; *Wagner*, NJW 2002, 2049 (2056 f.).

KSchG § 1 — Sozial ungerechtfertigte Kündigungen

anzugeben, die zu der getroffenen sozialen Auswahl geführt haben. In die soziale Auswahl nach Satz 1 sind Arbeitnehmer nicht einzubeziehen, deren Weiterbeschäftigung, insbesondere wegen ihrer Kenntnisse, Fähigkeiten und Leistungen oder zur Sicherung einer ausgewogenen Personalstruktur des Betriebes, im berechtigten betrieblichen Interesse liegt. Der Arbeitnehmer hat die Tatsachen zu beweisen, die die Kündigung als sozial ungerechtfertigt im Sinne des Satzes 1 erscheinen lassen.

(4) Ist in einem Tarifvertrag, in einer Betriebsvereinbarung nach § 95 des Betriebsverfassungsgesetzes oder in einer entsprechenden Richtlinie nach den Personalvertretungsgesetzen festgelegt, wie die sozialen Gesichtspunkte nach Absatz 3 Satz 1 im Verhältnis zueinander zu bewerten sind, so kann die Bewertung nur auf grobe Fehlerhaftigkeit überprüft werden.

(5) Sind bei einer Kündigung auf Grund einer Betriebsänderung nach § 111 des Betriebsverfassungsgesetzes die Arbeitnehmer, denen gekündigt werden soll, in einem Interessenausgleich zwischen Arbeitgeber und Betriebsrat namentlich bezeichnet, so wird vermutet, dass die Kündigung durch dringende betriebliche Erfordernisse im Sinne des Absatzes 2 bedingt ist. Die soziale Auswahl der Arbeitnehmer kann nur auf grobe Fehlerhaftigkeit überprüft werden. Die Sätze 1 und 2 gelten nicht, soweit sich die Sachlage nach Zustandekommen des Interessenausgleichs wesentlich geändert hat. Der Interessenausgleich nach Satz 1 ersetzt die Stellungnahme des Betriebsrates nach § 17 Abs. 3 Satz 2.

§ 1 Abs. 3 bis 5 KSchG in der bis zum 31.12.2003 geltenden Fassung:

(3) Ist einem Arbeitnehmer aus dringenden betrieblichen Erfordernissen im Sinne des Absatzes 2 gekündigt worden, so ist die Kündigung trotzdem sozial ungerechtfertigt, wenn der Arbeitgeber bei der Auswahl des Arbeitnehmers soziale Gesichtspunkte nicht oder nicht ausreichend berücksichtigt hat; auf Verlangen des Arbeitnehmers hat der Arbeitgeber dem Arbeitnehmer die Gründe anzugeben, die zu der getroffenen sozialen Auswahl geführt haben. Satz 1 gilt nicht, wenn betriebstechnische, wirtschaftliche oder sonstige berechtigte betriebliche Bedürfnisse die Weiterbeschäftigung eines oder mehrerer bestimmter Arbeitnehmer bedingen und damit der Auswahl nach sozialen Gesichtspunkten entgegenstehen. Der Arbeitnehmer hat die Tatsachen zu beweisen, die die Kündigung als sozial ungerechtfertigt im Sinne des Satzes 1 erscheinen lassen.

(4) Ist in einem Tarifvertrag, in einer Betriebsvereinbarung nach § 95 des Betriebsverfassungsgesetzes oder in einer entsprechenden Richtlinie nach den Personalvertretungsgesetzen festgelegt, welche sozialen Gesichtspunkte nach Absatz 3 Satz 1 zu berücksichtigen sind und wie diese Gesichtspunkte im Verhältnis zueinander zu bewerten sind, so kann die soziale Auswahl der Arbeitnehmer nur auf grobe Fehlerhaftigkeit überprüft werden.

I. Allgemeine Hinweise 1
II. Voraussetzungen des Kündigungsschutzes . . . 2
  1. Arbeitnehmer 3
    a) Begriff 3
    b) Grundsatz und Ausnahmen 4
    c) Besondere Arbeitsverhältnisse 5
  2. Wartezeit 7
    a) Zweck und Bedeutung 7
    b) Abweichende Vereinbarungen 9
    c) Arbeitsverhältnis 10
    d) Zugehörigkeit zu demselben Betrieb oder Unternehmen 11
    e) Ununterbrochener Bestand 14
    f) Berechnung der 6-Monatsfrist 19
  3. Ordentliche Kündigung des Arbeitgebers . . 21
    a) Ordentliche Kündigung als Voraussetzung des Kündigungsschutzes und des Kündigungsschutzprozesses 21
    b) Ordentliche Kündigung als Rechtsgeschäft . 24
      aa) Inhalt der Kündigungserklärung . . . 25
      bb) Ort, Zeit und Form der Kündigung . . 28
      cc) Vertretung 30
      dd) Zugang 34
      ee) Kündigungsschutzrechtliche Wirksamkeitsvoraussetzungen 35
      ff) Umdeutung 36
      gg) Beseitigung der Kündigung 38
    c) Kündigungsschutz und sonstige Beendigungstatbestände 39
      aa) Eigenkündigung 39
      bb) Außerordentliche Kündigung 40
      cc) Teilkündigung und Widerruf 42
      dd) Nichtigkeit und Anfechtung 43
      ee) Aufhebungsvertrag 45
      ff) Befristung und Bedingung 46
      gg) Suspendierung 47
      hh) Faktische Beendigung; Wegfall der Geschäftsgrundlage 48
      ii) Weitere Tatbestände 49
  4. Kein Kleinbetrieb 50
  5. Darlegungs- und Beweislast 51
    a) Arbeitsverhältnis 52
    b) Wartezeit 53
    c) Ordentliche Kündigung des Arbeitgebers . 54
III. Allgemeines zur Sozialwidrigkeit 55
  1. Überblick 55
  2. Allgemeine Merkmale des Kündigungsgrundes 58
    a) Objektives Bestehen des Grundes bei Zugang der Kündigung 59
    b) Störung des Vertragsverhältnisses 60
    c) Zukunftsbezogenheit 61
    d) Ultima Ratio 63
    e) Interessenabwägung 64
    f) Abgrenzung zur außerordentlichen Kündigung 66
  3. Konkurrenz der Kündigungstatbestände . . . 68
    a) Mehrere Sachverhalte 69
    b) „Gemischte" Sachverhalte 70
  4. Gleichbehandlung 71
  5. Verzeihung, Verzicht, Verwirkung 72
  6. Beurteilungszeitpunkt 73
  7. Wiedereinstellungsanspruch 75
    a) Prognoserisiko 75
    b) Rechtsgrundlage 76
    c) Voraussetzungen 77

aa) Beendigung des Arbeitsverhältnisses durch Kündigung des Arbeitgebers	78
bb) Anwendung des KSchG	79
cc) Nachträglicher Wegfall des Kündigungsgrundes innerhalb der Kündigungsfrist	80
dd) Keine anderweitige Disposition des Arbeitgebers	83
d) Rechtsfolgen	84
aa) Weiterbeschäftigungsanspruch	84
bb) Informationsanspruch	85
e) Darlegungs- und Beweislast	86
f) Prozessuales	87
8. Nachschieben von Kündigungsgründen	88
a) Grundsatz	88
b) Grenzen des Nachschiebens	89
aa) Verwirkung gemäß § 626 Abs. 2 BGB	89
bb) Kollektivrechtliche Grenzen	90
cc) Prozessrechtliche Grenzen	91
IV. Personenbedingte Kündigung	**92**
1. Überblick	92
a) Gesetzliche Grundlage	92
b) Begriffsbestimmung	93
aa) Definition	93
bb) Fehlende Fähigkeit oder Eignung	94
2. Allgemeine Grundsätze	95
a) Ursache der Leistungsstörung	95
b) Verantwortlichkeit für die Leistungsstörung/Verschulden	96
c) Abmahnung	97
d) Weiterbeschäftigungsmöglichkeit	99
e) Sozialauswahl	100
f) Beurteilungszeitpunkt	101
3. Prüfungsschema bei der personenbedingten Kündigung	102
a) Überblick	102
b) Die Prüfungsschritte im Einzelnen	103
4. Einzelfälle (alphabetisch) Übersicht siehe dort	117
5. Wiedereinstellungsanspruch	166
6. Beteiligung des Betriebsrats bzw. des Personalrats	167
7. Darlegungs- und Beweislast/Prozessuales	168
a) Verhalten vor Ausspruch der Kündigung	168
b) Darlegungs- und Beweislast im Kündigungsschutzprozess	169
aa) Negative Prognose	170
bb) Erhebliche Beeinträchtigung betrieblicher Interessen	173
cc) Interessenabwägung	174
dd) Weiterbeschäftigungsmöglichkeit	175
V. Verhaltensbedingte Kündigung	**176**
1. Überblick	176
2. Der Tatbestand: Schuldhafte Vertragspflichtverletzung	178
a) Vertragspflichtverletzung	179
b) Steuerbares Verhalten	181
c) Grenzfälle	182
3. Negative Zukunftsprognose	184
4. Die Kündigung als letztes Mittel	185
5. Vorherige Abmahnung	186
a) Abmahnung und Kündigung	186
aa) Grundsatz: Abmahnung erforderlich	186
bb) Ausnahme: Abmahnung entbehrlich	187
cc) Erfordernis weiterer Abmahnungen	189
b) Voraussetzungen einer wirksamen Abmahnung	193
aa) Grundlagen	193
bb) Inhaltliche Gestaltung	194
cc) Verhältnismäßigkeit zwischen Vertragspflichtverletzung und Abmahnung	197
dd) Wirksamer Ausspruch der Abmahnung	198
c) Rechtswirkungen der Abmahnung	201
d) Rechtsschutz gegen Abmahnungen	202
aa) Gegendarstellung	203
bb) Beschwerde	204
cc) Entfernungsanspruch	205
6. Interessenabwägung	208
7. Beweislast	211
8. Einzelfälle (alphabetisch) Übersicht siehe dort	213
VI. Betriebsbedingte Kündigung	**255**
1. Überblick	255
2. Dringende betriebliche Erfordernisse	257
a) „Betriebliche" Erfordernisse	257
aa) Sphäre des Arbeitgebers	257
bb) Betriebsbezogenheit	258
cc) Inner- und außerbetriebliche Ursachen	260
dd) Die „eigentlichen" betrieblichen Erfordernisse	261
(1) Wegfall des Beschäftigungsbedarfs	262
(2) Änderung des Beschäftigungsbedarfs	263
(3) Betriebliche Erfordernisse bei unverändertem Beschäftigungsbedarf	265
b) Betriebliche Erfordernisse aufgrund unternehmerischer Entscheidung	266
aa) Unternehmerische Entscheidung und KSchG	266
bb) Abgrenzung der Unternehmerentscheidung von der Kündigung	268
c) Ultima Ratio	272
d) Keine anderweitige Weiterbeschäftigung	274
aa) Freier Arbeitsplatz	275
bb) Art des Arbeitsplatzes	276
cc) Betrieb – Unternehmen – Konzern	277
dd) Zustimmung des Betriebsrates	279
ee) Zumutbare Umschulungs- und Fortbildungsmaßnahmen	280
ff) Besonderheiten bei der Weiterbeschäftigung zu geänderten Bedingungen	281
gg) Konkurrenz um freie Arbeitsplätze	283
hh) Darlegungs- und Beweislast bei anderweitiger Weiterbeschäftigung	284
e) Dringlichkeit und Interessenabwägung	285
f) Beurteilungszeitpunkt	289
g) Darlegungs- und Beweislast	290
h) Einzelfälle	293
aa) Wegfall des Beschäftigungsbedarfs	294
(1) Auftragsmangel/Umsatzrückgang	294
(2) Ausgliederung und Verlagerung von Arbeiten	296
(3) Betriebsstilllegung	300
(4) Betriebsübergang	305
(5) Drittmittel	310
(6) Insolvenz	311
(7) Öffentlicher Dienst	312
(8) Rationalisierung	314
(9) Unrentabilität, Gewinnverfall, Verlust	318
bb) Änderung des Beschäftigungsbedarfs	319
(1) Änderung von Art und Ort der Arbeit	321
(2) Änderung der Arbeitszeit	323
cc) Betriebsbedingte Kündigung bei unverändertem Beschäftigungsbedarf	326
3. Soziale Auswahl	327
a) Überblick	327
b) Bildung der Auswahlgruppe	333
aa) Betriebsbezogenheit der Sozialauswahl	333
bb) Von der Sozialauswahl generell ausgenommene Arbeitnehmer	339
(1) Arbeitnehmer ohne Kündigungsschutz	339

(2) Ausschluss der ordentlichen Kündigung durch Gesetz 340	aa) Allgemeines 391
(3) Behördliche Zustimmung 341	bb) Berechtigte betriebliche Interessen . . 392
(4) Ausschluss der ordentlichen Kündigung durch Tarifvertrag und Arbeitsvertrag 343	cc) Einzelfälle berechtigter betrieblicher Interessen 395
(5) Befristet beschäftigte Arbeitnehmer 349	dd) Ausgewogene Personalstruktur 399
(6) Ruhende Arbeitsverhältnisse 350	ee) Rechtslage bis zum 31.12.2003 405
(7) Vorläufig weiterbeschäftigte Arbeitnehmer 351	e) Auswahlrichtlinien (Abs. 4) 406
	aa) Allgemeines 406
cc) Vergleichbarkeit 352	bb) Wirksame Auswahlrichtlinie 407
(1) Gleiche betriebliche Ebene 355	cc) Beschränkte Überprüfbarkeit 412
(2) Austauschbarkeit 356	dd) Darlegungs- und Beweislast in Abs. 4 . 416
(3) Keine Vertragsänderung 360	ee) Rechtslage bis zum 31.12.2003 417
c) Die vier sozialen Gesichtspunkte und ihre Bewertung 367	f) Interessenausgleich mit Namensliste 418
	aa) Allgemeines 418
aa) Allgemeines 367	bb) Voraussetzungen 420
bb) Betriebszugehörigkeit 371	cc) Rechtsfolgen für die soziale Rechtfertigung 427
cc) Lebensalter 372	
dd) Unterhaltspflichten 374	dd) Betriebsratsbeteiligung bei Kündigung aufgrund Namensliste 431
ee) Schwerbehinderung 378	
ff) Sonstige Kriterien? 381	ee) Änderung der Umstände, § 1 Abs. 5 Satz 3 434
gg) Beurteilungsspielraum 385	
hh) Punktetabellen 387	ff) Darlegungs- und Beweislast bei Abs. 5 . 436
ii) Rechtslage bis zum 31.12.2003 390	g) Auskunftspflicht 438
d) Nichteinbeziehung von Arbeitnehmern in die Sozialauswahl (Abs. 3 Satz 2) 391	h) Darlegungs- und Beweislast für die Sozialauswahl 440
	4. Widerspruchstatbestände (§ 1 Abs. 2 Satz 2 und 3) 446

1 I. Allgemeine Hinweise. Die Kommentierung hat in erster Linie die zum 1.1.2004 in Kraft getretene **aktuelle Fassung** des Gesetzes zum Gegenstand[1]. Sie ist maßgeblich für Kündigungen, die nach dem 31.12.2003 zugehen. Für frühere Kündigungen gilt das KSchG in der bisherigen Fassung[2]. Diese unterscheidet sich bei § 1 in der Sozialauswahl gemäß Abs. 3–5. Im jeweiligen Zusammenhang ist im Anschluss an die aktuelle Fassung **auch die bisherige Fassung** kommentiert, soweit sie abweicht. Folgende allgemeine Fragen zum KSchG behandelt die **Vorbemerkung vor § 1**:

- Entstehung und Entwicklung
- Grundrechtlicher Rahmen
- Kündigungsschutz außerhalb des KSchG
- Konzeption des Kündigungsschutzes im KSchG
- Zwingende Geltung, Verzicht und Ausgleichsquittung
- Internationaler Geltungsbereich
- Kündigungsschutz in besonderen Betrieben
- Kündigungsschutz in besonderen Rechtslagen (insb. Insolvenz)
- Vertragspflichtverletzung durch rechtsunwirksame Kündigung

2 II. Voraussetzungen des Kündigungsschutzes. § 1 schützt ArbN (1) nach zurückgelegter Wartezeit von 6 Monaten (2) vor ordentlichen Kündigungen des ArbGeb (3) außerhalb von Kleinbetrieben iSv. § 23 Abs. 1 (4). Alle **vier Voraussetzungen** müssen erfüllt sein. Weitere Einschränkungen ergeben sich aus den §§ 14, 23–25. Zur Darlegungs- und Beweislast für die Voraussetzungen des Kündigungsschutzes siehe Rz. 51 ff.

3 1. ArbN. a) Begriff. Das Kündigungsschutzgesetz schützt nur ArbN. Es gilt nicht für sonstige Rechtsverhältnisse, auch nicht für sog. arbeitnehmerähnliche Personen. Maßgeblich ist der **allgemeine ArbN-Begriff** des Arbeitsrechts, wie ihn Rspr. und Lehre entwickelt haben. Ein eigenständiger ArbN-Begriff für den Kündigungsschutz besteht nicht. Zur Bestimmung und Abgrenzung von anderen Rechtsverhältnissen siehe daher näher Vorb. vor § 611 BGB Rz. 19 ff.

4 b) Grundsatz und Ausnahmen. Grundsätzlich steht der allgemeine Kündigungsschutz **allen ArbN** zu. Auf die nähere Ausgestaltung des Arbeitsverhältnisses kommt es nicht an. Kündigungsschutz genießen daher Teilzeitbeschäftigte unabhängig vom Umfang ihrer Arbeitszeit einschließlich der geringfügig Beschäftigten iSv. § 8 Abs. 1 Nr. 1 SGB IV[3] und der ArbN in Arbeitsplatzteilung iSv. § 13 TzBfG; ebenso Mehrfachbeschäftigte[4], auch in nebenberuflicher Tätigkeit[5]; bei Doppelarbeitsverhältnissen

---

[1] KSchG idF des Gesetzes zu Reformen am Arbeitsmarkt v. 24.12.2003, BGBl. I S. 3002. | [2] KSchG idF des sog. Korrekturengesetzes v. 19.12.1998, BGBl. I S. 3843. | [3] BAG v. 13.3.1987 – 7 AZR 724/85, AP Nr. 37 zu § 1 KSchG 1969 – Betriebsbedingte Kündigung. | [4] BAG v. 9.6.1983 – 2 AZR 494/81, BB 1984, 143. | [5] BAG v. 16.3.1972 – 5 AZR 460/71, AP Nr. 10 zu § 611 BGB – Lehrer, Dozenten.

zu mehreren ArbGeb (zB Gesamthafengesellschaft und Einzelhafen) besteht Kündigungsschutz für jedes Arbeitsverhältnis[1]; ferner schützt das KSchG ArbN in befristeten Arbeitsverhältnissen vor vorzeitiger Kündigung, sofern die Wartezeit erfüllt ist (und ein Recht zu vorzeitiger Kündigung vereinbart wurde, § 15 Abs. 3 TzBfG); weiterhin leitende Angestellte (§ 14 Abs. 2 Satz 1), deren Arbeitsverhältnisse allerdings erleichtert gegen Zahlung einer Abfindung aufgelöst werden können (§§ 14 Abs. 2 Satz 2, 9 Abs. 1 Satz 2); Lebensalter (Rentner, Jugendliche) und Nationalität des ArbN sind grundsätzlich unerheblich (zur Frage fehlender Arbeitserlaubnis siehe Rz. 124). **Ausgenommen** vom Kündigungsschutz sind **gesetzliche Vertreter** juristischer Personen und Vertreter von Personengesamtheiten nach Maßgabe des § 14 Abs. 1. Das gilt auch, wenn sie ausnahmsweise ArbN sind[2]. Zur Frage, ob etwa beim beruflichen Aufstieg eines ArbN in die Stellung eines Vertretungsorgans des ArbGeb neben dem Anstellungsverhältnis ein ruhendes Arbeitsverhältnis fortbestehen kann, das weiterhin dem Kündigungsschutz unterliegt, vgl. § 14 Rz. 6. Kein Kündigungsschutz besteht auch in faktischen oder fehlerhaften (etwa gemäß § 134, 138 BGB nichtigen) Arbeitsverhältnissen; hier können sich beide Seiten jederzeit lossagen, vgl. Rz. 43.

c) Besondere Arbeitsverhältnisse. Auszubildende sind zwar ebenfalls ArbN[3], jedenfalls sind die für den Arbeitsvertrag geltenden Rechtsvorschriften und -grundsätze gemäß § 3 Abs. 2 BBiG auf den Berufsausbildungsvertrag anzuwenden, soweit sich aus seinem Wesen und Zweck sowie dem BBiG nichts anderes ergibt. Der allgemeine Kündigungsschutz der §§ 1 ff. geht hier jedoch ins Leere, da gemäß §§ 13 Satz 2, 15 Abs. 2 Nr. 1 BBiG das Berufsausbildungsverhältnis nach Ablauf der Probezeit von längstens 3 Monaten durch den Auszubildenden nur noch aus wichtigem Grund gekündigt werden kann[4]. Die dreiwöchige **Klagefrist** nach § 13 Abs. 1 Satz 2, § 4 Satz 1 findet bei außerordentlichen Kündigungen durch den Ausbildenden keine Anwendung, wenn ein **Schlichtungsausschuss** iSv. § 111 Abs. 2 Satz 1 ArbGG zur Beilegung von Streitigkeiten aus bestehenden Berufsausbildungsverhältnissen gebildet ist. In diesem Fall ist dessen vorherige Anrufung unverzichtbare Zulässigkeitsvoraussetzung für eine Klage, § 111 Abs. 2 Satz 5 ArbGG[5]. Die Klagefrist des § 4 greift nicht ein, auch nicht entsprechend für die Anrufung des Schlichtungsausschusses, die bis zur Grenze der Verwirkung möglich ist[6]. An dieser Rspr. dürfte sich durch die erweiterte Bedeutung der Klagefrist für alle Unwirksamkeitsgründe aller Kündigungen in §§ 4, 7, 13 Abs. 1 Satz 2, 23 Abs. 1 Satz 2 nF nichts ändern, da die hierfür maßgebliche Unvereinbarkeit der jeweiligen Fristen- und Verfahrensregeln fortbesteht. Nach ergangenem Spruch des Ausschusses gilt die zweiwöchige rein prozessuale Klagefrist des § 111 Abs. 2 Satz 3 ArbGG. Besteht **kein Schlichtungsausschuss**, gilt die dreiwöchige Klagefrist gemäß §§ 13 Abs. 1 Satz 2, 4 Satz 1[7]; nachdem die Klagefrist in § 4 nicht mehr allein für die Geltendmachung der Sozialwidrigkeit bzw. Unbegründetheit, sondern auch für sonstige Unwirksamkeitsgründe gilt, wird es nicht mehr darauf ankommen, dass das Ausbildungsverhältnis bei Zugang der Kündigung länger als sechs Monate bestanden hat[8]. Zu weiteren Einzelheiten vgl. die Erl. zu § 111 ArbGG u. § 15 BBiG. Für **Volontäre**, **Praktikanten** und **Anlernlinge**, die nicht in einem Berufsausbildungsverhältnis iSv. § 1 Abs. 2 BBiG stehen, bei denen der Erwerb beruflicher Kenntnisse, Fähigkeiten und Erfahrungen gleichwohl zuvorderst Vertragsgegenstand ist, gilt gemäß § 19 BBiG Entsprechendes wie beim Berufsausbildungsverhältnis. Steht der Ausbildungszweck nicht im Vordergrund, gilt ausschließlich allgemeines Arbeitsrecht und damit auch das KSchG[9]. **Studienpraktikanten**, die zur Ableistung des Praktikums innerhalb des Studiums in ein privatrechtliches Rechtsverhältnis zum Betriebsinhaber treten, sind ArbN iSd. KSchG und genießen Kündigungsschutz[10], ebenso berufliche Rehabilitanden iSd. früheren § 56 AFG, die eine „echte" betriebspraktische Ausbildung erhalten[11].

Sog. **Dienstordnungsangestellte** der Krankenkassen sind ArbN. Soweit ihr Arbeitsverhältnis durch Kündigung beendet werden soll, gilt das KSchG. Daneben besteht die Möglichkeit zu ihrer „Entlassung" gemäß der auf Grundlage der früheren §§ 351, 352 RVO erlassenen Dienstordnung. Die Entlassung ent-

---

1 BAG v. 30.5.1985 – 2 AZR 321/84, AP Nr. 24 zu § 1 KSchG 1969 – Betriebsbedingte Kündigung. | 2 BAG v. 17.1.2002 – 2 AZR 719/00, NZA 2002, 854 ff. zum Leiter des Eigenbetriebs einer bayerischen Gemeinde mit beschränkter gesetzlicher Vertretungsmacht. | 3 HM: BAG vom 12.6.1986 – 6 ABR 8/83, AP Nr. 33 zu § 5 BetrVG 1972; MünchArbR/*Richardi*, § 27 Rz. 25. | 4 Bei einem Wechsel des Ausbildungsberufs bei demselben Ausbildenden ist gem. § 13 BBiG erneut eine Probezeit zu vereinbaren; eine Probezeitkündigung gem. § 15 Abs. 1 BBiG wird ihm auch dann zulässig sein, wenn die Ausbildungszeit in beiden Ausbildungsverhältnissen sechs Monate überschreitet. Das Gleiche gilt, wenn dem Ausbildungsverhältnis ein Arbeitsverhältnis vorgeschaltet war. Die §§ 13, 15 Abs. 1 BBiG gehen gem. § 3 Abs. 2 BBiG dem allgemeinen Kündigungsschutz vor. |5 *BAG v. 17.6.1998 – 2 AZR 741/97, EzB § 15 Abs. 3 BBiG Nr. 37*. | 6 BAG v. 13.4.1989 – 2 AZR 441/88, AP Nr. 21 zu § 4 KSchG 1969 m. krit. Anm. *Natzel*; aA GMPM/*Prütting*, § 111 ArbGG Rz. 22 ff. mwN. | 7 BAG v. 26.1.1999 – 2 AZR 134/98, DB 1999, 1408; krit. HK/*Dorndorf*, § 13 KSchG Rz. 34–30. | 8 *Richardi*, NZA 2003, 764 f.; anders nach bisheriger Rechtslage gemäß st. Rspr: BAG v. 27.1.1955 – 2 AZR 418/54, AP Nr. 5 zu § 11 KSchG; v. 18.7.1972 – 2 AZR 415/71, EzA § 626 BGB nF Nr. 22; krit. *A. Hueck* in Anm. zu AP Nr. 5 zu § 11 KSchG; vgl. auch KR/*Friedrich*, § 13 KSchG Rz. 29 f. mwN. |9 Vgl. KR/*Weigand*, § 14, 15 BBiG Rz. 13. |10 BAG v. 30.10.1991 – 7 ABR 11/91, AP Nr. 2 zu § 5 BetrVG 1972 – Ausbildung; v. 18.11.1999 – 2 AZR 89/99, AP Nr. 11 zu § 1 KSchG 1969 – Wartezeit. |11 BAG v. 21.7.1993 – 7 ABR 35/92, AP Nr. 8 zu § 5 BetrVG 1972 – Ausbildung u. v. 26.1.1994 – 7 ABR 13/92, AP Nr. 54 zu § 5 BetrVG 1972 – im Gegensatz zur Ausbildung in reinen Ausbildungsbetrieben und Berufsbildungswerken.

stammt dem Beamtenrecht (Disziplinarrecht) und hat Sanktionscharakter. Auf sie ist das KSchG nicht anzuwenden[1]. Bei der Anwendung des KSchG auf **Gruppenarbeitsverhältnisse** in Form der sog. Eigengruppe sind Besonderheiten zu beachten. Die Eigengruppe ist im Gegensatz zur Betriebsgruppe (einer vom ArbGeb kraft Direktionsrechts zu gemeinsamer Arbeitsleistung gebildeten ArbN-Gruppe, zB Putzkolonne) ein aus eigener Initiative gebildeter Zusammenschluss von ArbN zu gemeinsamer Arbeitsleistung, die dem ArbGeb als solche angeboten wird (zB Maurer- oder Putzerkolonnen, Musikkapellen, Hausmeisterehepaare). Eine Kündigung ist hier nur gegenüber der **gesamten Gruppe** möglich, wofür allerdings ein Kündigungsgrund in der Person oder dem Verhalten nur eines der Gruppenmitglieder genügen kann[2]. Besteht nur in der Person eines Gruppenmitglieds ein besonderer Kündigungsschutz, wird dieser in der Regel auf die Gruppe durchschlagen[3]. Nicht zu einer Eigengruppe führt die bloße Arbeitsplatzteilung (Jobsharing), schon wegen der Entkoppelung der Arbeitsverhältnisse durch § 13 Abs. 2 Satz 1 TzBfG. Zu kündigungsrechtlichen Besonderheiten kann auch ein einheitliches Arbeitsverhältnis eines ArbN mit **mehreren ArbGeb** führen. Erforderlich ist ein rechtlicher Zusammenhang zwischen den jeweiligen Arbeitsverträgen[4]. In einem **mittelbaren Arbeitsverhältnis** wird ein ArbN von einem Mittelsmann, der seinerseits selbst ArbN eines Dritten ist, beschäftigt, indem er unmittelbar mit Wissen des Dritten für diesen arbeitet[5]. Beispiel: Rundfunkanstalt – Orchesterleiter – Musiker[6]. Solche Fälle sind selten, da die Berechtigung zum Einsatz eigener ArbN nach der Rspr. ein starkes Indiz gegen die Annahme eines Arbeitsverhältnisses zwischen Mittelsmann und Drittem ist[7] und die Begründung eines mittelbaren Arbeitsverhältnisses zur Vermeidung von Gesetzesumgehungen idR eines sachlichen Grundes bedarf[8]. Die Kündigungsschutzklage ist gegen den jeweiligen Vertragspartner zu richten[9], außer im Falle einer rechtsmissbräuchlichen Gestaltung[10]. Kündigungsgründe aus dem einen Arbeitsverhältnis können hier auch für das andere Arbeitsverhältnis von Bedeutung sein.

7 2. **Wartezeit. a) Zweck und Bedeutung.** Der Schutz vor sozialwidrigen Kündigungen setzt gemäß § 1 voraus, dass das Arbeitsverhältnis **bei Zugang** der Kündigung in demselben Betrieb oder Unternehmen ohne Unterbrechung **länger als 6 Monate** bestanden hat. Unerheblich ist, wann die Kündigungsfrist abläuft (der sog. Kündigungstermin). Zweck der sog. Wartezeit ist es, dem ArbGeb Gelegenheit zu geben, den ArbN zunächst kennen zu lernen, ohne durch das Verbot sozial ungerechtfertigter Kündigungen gleich gebunden zu sein[11]. Auch im öffentlichen Dienst wird der ArbGeb durch Art. 33 Abs. 2 GG nicht in dem Recht beschränkt, während der Wartezeit die Eignung, Befähigung und fachliche Leistung des neu eingestellten ArbN frei zu überprüfen[12]. Dem Erprobungszweck der Wartezeit steht nicht entgegen, dass für ihre Erfüllung allein der rechtliche Bestand des Arbeitsverhältnisses maßgeblich ist und nicht die Dauer der tatsächlichen Beschäftigung (vgl. hierzu unten Rz. 14 ff.)[13]; das Gesetz stellt hier lediglich aus Gründen der Rechtssicherheit auf die klarere Frist des Bestandes des Arbeitsverhältnisses ab[14]. Die **Vereitelung des Erprobungszwecks** (etwa wegen längerer Erkrankung des ArbN) hat keine automatische Verlängerung der Wartezeit zur Folge. Möglich ist eine Kündigung vor Ablauf der Probezeit und die Vereinbarung einer anschließenden angemessenen Probezeitbefristung (vgl. hierzu näher § 14 TzBfG Rz.39)[15]. Dem ArbGeb steht es frei, vor Ablauf der Wartezeit zu kündigen; die Kündigung bedarf dann nicht der sozialen Rechtfertigung. Setzt der ArbGeb das Arbeitsverhältnis über den Ablauf der Wartezeit hinaus ohne weiteres fort, besteht unabhängig von einer tatsächlichen Erprobung Kündigungsschutz. Eine Schwangerschaft während der Wartezeit kann so wegen der Beschäftigungsverbote der §§ 3, 4, 6 MuSchG und des Kündigungsverbotes des § 9 MuSchG den Erprobungszweck vereiteln und in den Genuss des allgemeinen Kündigungsschutzes führen.

8 Für **außerordentliche Kündigungen** mit Zugang nach dem 31.12.2003 hat die Wartezeit aufgrund der Neufassung des Gesetzes keine Bedeutung mehr; die Klagefrist des § 4 Satz 1 gilt schlechthin und damit auch für Klagen gegen (schriftliche) außerordentliche Kündigungen während der Probezeit, § 13 Abs. 1

---

1 BAG v. 25.2.1998 – 2 AZR 256/97, AP Nr. 69 zu § 611 BGB – Dienstordnungsangestellte. |2 BAG v. 21.10.1971 – 2 AZR 17/71, AP Nr. 1 zu § 611 BGB – Gruppenarbeitsverhältnis (*Hanau*). |3 BAG v. 21.10.1971 – 2 AZR 17/71, AP Nr. 1 zu § 611 BGB – Gruppenarbeitsverhältnis (*Hanau*); anders bei bloßer Hilfstätigkeit der geschützten Person BAG v. 17.5.1962 – 2 AZR 354/60, AP Nr. 2 zu § 620 BGB – Bedingung (*A. Hueck*); aA auch KR/*Etzel*, § 1 KSchG Rz. 55 f. |4 BAG v. 27.3.1981 – 7 AZR 523/78, AP Nr. 1 zu § 611 BGB – Arbeitgebergruppe (*Wiedemann*); v. 9.9.1982 – 2 AZR 553/80, AP Nr. 1 zu § 611 BGB – Hausmeister; vgl. auch v. 21.1.1999 – 2 AZR 648/97, AP Nr. 9 zu § 1 KSchG 1969 – Konzern. |5 BAG v. 21.2.1990 – 5 AZR 182/89, AP Nr. 57 zu § 611 BGB – Abhängigkeit. |6 BAG v. 9.4.1957 – 3 AZR 435/54, AP Nr. 2 zu § 611 BGB – mittelbares Arbeitsverhältnis. |7 BAG v. 27.6.2001 – 5 AZR 561/99, AP Nr. 6 zu § 611 BGB – Arbeitnehmerähnlichkeit; v. 12.12.2002 – 5 AZR 253/00, DB 2002, 1610 f. |8 BAG v. 20.7.1982 – 3 AZR 446/80, AP Nr. 5 zu § 611 BGB – mittelbares Arbeitsverhältnis. |9 BAG v. 9.4.1957 – 3 AZR 435/54, AP Nr. 2 zu § 611 BGB – mittelbares Arbeitsverhältnis. |10 BAG v. 21.2.1990 – 5 AZR 182/89, AP Nr. 57 zu § 611 BGB – Abhängigkeit. |11 BAG v. 15.3.1978 – 5 AZR 831/76, AP Nr. 45 zu § 620 BGB – befristeter Arbeitsvertrag. |12 BAG v. 1.7.1999 – 2 AZR 926/98, AP Nr. 10 zu § 242 BGB – Kündigung. |13 St. Rspr.: BAG v. 6.12.1976 – 2 AZR 470/75, AP Nr. 2 zu § 1 KSchG 1969 – Wartezeit; v. 16.3.1989 – 2 AZR 407/88, AP Nr. 6 zu § 1 KSchG 1969 – Wartezeit. |14 Vor In-Kraft-Treten des Ersten Arbeitsrechtsbereinigungs G am 1.9.1969 verlangte § 1 eine sechsmonatige ununterbrochene Beschäftigung; krit. zur Frage *des Gesetzeszwecks nach der Neuregelung* BAG v. 23.9.1976 – 2 AZR 309/75, AP Nr. 1 zu § 1 KSchG 1969 – Wartezeit; BAG v. 12.2.1981 – 2 AZR 1108/78, AP Nr. 1 zu § 5 BAT. |15 Ebenso die Kündigung oder einvernehmliche Aufhebung mit verlängerter Frist zur Bewährung und ggf. Wiedereinstellung, vgl. BAG v. 7.3.2002 – 2 AZR 93/01 nv. (juris), vgl. auch unten Rz. 20 aE.

Satz 2[1]. Bei früheren außerordentlichen Kündigungen galt dagegen nach der Rspr. zum bisherigen Recht die dreiwöchige Klagefrist des § 4 Satz 1, auf die § 13 Abs. 1 Satz 2 verweist, nur für außerordentliche Kündigungen, die nach erfüllter Wartezeit zugehen[2] (vgl. auch § 4 Rz. 4). Die Erfüllung der Wartezeit hat **keine Bedeutung** für die Frage, ob eine ordentliche Kündigung aus **sonstigen Gründen unwirksam** ist. Der ArbGeb hat während der Wartezeit somit einen etwaigen gesetzlichen Sonderkündigungsschutz zu beachten (§ 9 MuSchG, § 15 Abs. 2 BBiG, § 2 ArbPlSchG; beim Kündigungsschutz schwerbehinderter Menschen gilt allerdings gemäß § 90 Abs. 1 Nr. 1 SGB IX ebenfalls eine 6-Monats-Frist). Die Kündigung kann wegen Gesetzes- oder Sittenverstoßes gemäß §§ 134, 138 BGB oder wegen Treuwidrigkeit (§ 242 BGB) unwirksam sein (vgl. näher § 13 Rz. 19 u. 24 f.). BR und Personalvertretung sind vor Kündigungen in der Wartezeit zu beteiligen. Tarifvertragliche Beschränkungen des Rechts zur betriebsbedingten Kündigung (Rationalisierungs- oder Arbeitsplatzsicherungsabkommen) gelten ebenfalls – bei Vorliegen der jeweiligen Voraussetzung – im Zweifel unabhängig von der Erfüllung der Wartezeit[3].

b) Abweichende Vereinbarungen. Die Wartezeit hat zum Schutz der ArbN **einseitig zwingenden Charakter**. Sie kann weder durch Arbeitsvertrag noch durch TV verlängert werden. Eine entsprechende Vereinbarung ist unwirksam mit der Folge, dass der Kündigungsschutz nach 6 Monaten einsetzt[4]. Unzulässig ist es ebenso, statt auf den rechtlichen Bestand des Arbeitsverhältnisses auf die tatsächliche Beschäftigungsdauer abzustellen[5]. Vgl. hierzu näher Vorbem. vor § 1 Rz. 18 ff. Abweichungen **zu Gunsten des ArbN**, etwa Verkürzung oder völliger Verzicht auf die Wartezeit, sind zulässig[6]. Eine solche Vereinbarung kann auch stillschweigend getroffen werden. Ein Verzicht auf die Wartezeit liegt noch nicht vor, wenn der ArbGeb in einer Stellenanzeige oder im Einstellungsgespräch von einer „Dauerstellung" spricht[7]; anders, wenn der ArbN bei seiner Einstellung hervorhebt, dass er eine unkündbare Dauerstellung aufgebe und Wert auf eine Lebens- oder Dauerstellung lege, und der ArbGeb hierzu schweigt[8]. Aus dem Arbeitsvertrag kann sich eine ausdrückliche oder stillschweigende Vereinbarung über die **Anrechnung** früherer Beschäftigungszeiten ergeben. Stellt ein Saisonbetrieb die früheren ArbN zu Saisonbeginn immer wieder ein, kann die Auslegung der Vereinbarung ergeben, dass die Wartezeit ungeachtet der rechtlichen Unterbrechungen der Arbeitsverhältnisse berechnet werden soll[9]. Gelegentlich bestehen entsprechende **Tarifregelungen**; soweit darin die Betriebszugehörigkeit näher bestimmt wird, ist jeweils zu prüfen, ob davon die Wartezeit des § 1 betroffen ist[10].

c) Arbeitsverhältnis. Auf die Wartezeit sind **ausschließlich** Zeiten anzurechnen, die in einem Arbeitsverhältnis zurückgelegt wurden. Hierzu zählt eine Ausbildungszeit[11], ebenso die Zeit eines betrieblichen Praktikums, sofern es im Rahmen eines Arbeitsverhältnisses absolviert wird[12]. Die Beschäftigung im Rahmen einer Arbeitsbeschaffungsmaßnahme gem. §§ 260 ff. SGB III erfolgt idR in einem (befristeten) Arbeitsverhältnis und ist auf ein sich anschließendes weiteres Arbeitsverhältnis anzurechnen[13], ebenso die in einem sog. faktischen Arbeitsverhältnis[14]. Keine Anrechnung finden Zeiten aus **anders gearteten Rechtsverhältnissen**, so als Beamter, freier Mitarbeiter, Organ bzw. gesetzlicher Vertreter des ArbGeb oder als LeihArbN beim Entleiher[15]. Ebenso bleiben unberücksichtigt Zeiten der Eingliederung eines Arbl. gemäß §§ 229 ff. SGB III[16]. Die Zeit eines Arbeitsverhältnisses ist grundsätzlich unabhängig von seiner konkreten **Ausgestaltung** anzurechnen. Die Wartezeit verlängert sich daher nicht, wenn sie in Teilzeitbeschäftigung – gleich welchen Umfangs – erbracht wird[17]. Ferner ist unerheblich, in welchem Status (Arbeiter/Angestellter) der ArbN stand[18] oder ob die Wartezeit auf der Grundlage eines

---

1 *Richardi*, NZA 2003, 764 ff.; § 13 Abs. 1 Satz 2 verweist außerdem nicht auf § 4 Satz 4, so dass die Klagefrist gegen außerordentliche Kündigungen stets mit deren Zugang läuft, auch wenn eine etwa erforderliche behördliche Zustimmung dem ArbN noch nicht bekannt gegeben wurde. |2 BAG v. 27.1.1955 – 2 AZR 418/54, AP Nr. 5 zu § 11 KSchG; v. 17.8.1972 – 2 AZR 415/71, EzA § 626 BGB nF Nr. 22; krit. A. *Hueck*, Anm. zu AP Nr. 5 zu § 11 KSchG (1951); *Löwisch*, KSchG, 7. Aufl., § 1 Rz. 4; vgl. auch KR/*Friedrich*, § 13 KSchG Rz. 29 f. mwN. |3 BAG v. 13.6.1996 – 2 AZR 547/95, EzA TVG § 4 – Luftfahrt Nr. 2. |4 BAG v. 15.8.1984 – 7 AZR 228/82, AP Nr. 8 zu § 1 KSchG 1969. |5 KR/*Etzel*, § 1 KSchG Rz. 94. |6 BAG v. 14.5.1987 – 2 AZR 380/86, AP Nr. 5 zu § 1 KSchG 1969 – Wartezeit; v. 28.2.1990 – 2 AZR 425/89, AP Nr. 8 zu § 1 KSchG 1969 – Wartezeit; einschr. für Verzicht durch Tarifvertrag *Löwisch*, DB 1998, 877 (881); aA zu Recht *Preis*, NZA 1997, 1256 (1259). |7 BAG v. 8.6.1972 – 2 AZR 285/71, AP Nr. 1 zu § 1 KSchG 1969 (*Konzen*). |8 BAG v. 18.2.1967 – 2 AZR 114/66, AP Nr. 81 zu § 1 KSchG (*A. Hueck*). |9 v. *Hoyningen-Huene/Linck*, § 1 KSchG Rz. 87. |10 Bejahend BAG v. 14.5.1987 – 2 AZR 386/86, AP Nr. 5 zu § 1 KSchG 1969 – Wartezeit – zu einem Tarifvertrag des Garten-, Landschafts- und Sportplatzbaus; verneinend für einen Tarifvertrag des Bewachungsgewerbes BAG v. 28.2.1990 – 2 AZR 426/89, AP Nr. 8 zu § 1 KSchG 1969 – Wartezeit – und für den öffentlichen Dienst (§ 19 BAT/BAT-O) BAG v. 20.8.1998 – 2 AZR 83/98, AP Nr. 10 zu § 1 KSchG 1969 – Wartezeit – und BAG v. 16.3.2000 – 2 AZR 828/98, AP Nr. 2 zu 67 LPVG Sa.-Anh. |11 BAG v. 23.9.1976 – 2 AZR 309/75, AP Nr. 1 zu § 1 KSchG 1969 – Wartezeit (*G. Hueck*). |12 BAG v. 18.11.1999 – 2 AZR 89/99, AP Nr. 11 zu § 1 KSchG 1969 – Wartezeit. |13 BAG v. 12.2.1981 – 2 AZR 1108/78, AP Nr. 1 zu § 5 BAT (zu §§ 91 ff. AFG). |14 v. *Hoyningen-Huene/Linck*, § 1 KSchG Rz. 77a; HaKo/*Gallner*, § 1 KSchG Rz. 77 f. |15 Fehlt dem Verleiher die gem. § 1 Abs. 1 AÜG erforderliche Erlaubnis oder entfällt sie während der Leihe, fingieren §§ 9 Satz 1, 10 Abs. 1 Satz 1 Halbs. 2 AÜG ein Arbeitsverhältnis zwischen LeihArbN und Entleiher ab dem Zeitpunkt der vorgesehenen Arbeitsaufnahme bzw. des (späteren) Wegfalls der Erlaubnis; die Wartezeit läuft erst ab diesen Zeitpunkten; ebenso HaKo/*Gallner*, § 1 KSchG Rz. 81. |16 BAG v. 17.5.2001 – 2 AZR 10/00, AP Nr. 14 zu § 1 KSchG 1969 – Wartezeit. |17 BAG v. 21.12.1967 – 2 AZR 2/67, AP Nr. 1 zu § 1 KSchG (1951) – Wartezeit. |18 BAG v. 23.9.1976 – 2 AZR 309/75, AP Nr. 1 zu § 1 KSchG 1969 – Wartezeit (*G. Hueck*).

oder mehrerer, aneinander anschließender befristeter Arbeitsverträge zurückgelegt wurde. Schließlich betrifft § 1 Abs. 1 zunächst nur Zeiten „des" Arbeitsverhältnisses, also **desselben Rechtsverhältnisses** zweier bestimmter Vertragsparteien[1]. Ein Wechsel des ArbGeb, der zu einem neuen Rechtsverhältnis führt, unterbricht daher grundsätzlich die Wartezeit. Zur Ausnahme bei kurzer rechtlicher Unterbrechung zwischen zwei Arbeitsverhältnissen derselben Vertragsparteien vgl. Rz. 16 ff.[2]. Dagegen findet in den Fällen der Rechtsnachfolge der bloße Eintritt einer neuen Vertragspartei in ein ansonsten fortbestehendes identisches Rechtsverhältnis statt, so insb. bei Gesamtrechtsnachfolge und Betriebsübergang. Hier ist der Wechsel des ArbGeb unschädlich (vgl. Rz. 12).

11 d) **Zugehörigkeit zu demselben Betrieb oder Unternehmen.** Es genügt nicht, dass das (identische) Arbeitsverhältnis länger als sechs Monate existiert, es muss (zusätzlich) auch „in demselben Betrieb oder Unternehmen" bestanden haben. Das Unternehmen ist der weitere **Begriff.** Während der Betrieb einem oder mehreren arbeitstechnischen Zwecken dient (vgl. näher § 23 Rz. 3), stellt das Unternehmen die einheitliche und organisierte Zusammenfassung der hinter den arbeitstechnischen Zwecken eines oder mehrerer Betriebe verfolgten wirtschaftlichen oder ideellen Zwecke des Rechtsträgers dar[3]. Ein Betriebswechsel innerhalb desselben Unternehmens ist somit möglich und für die Wartezeit unschädlich. Umgekehrt schadet (theoretisch) auch ein Unternehmenswechsel nicht, wenn der ArbN demselben Betrieb weiter angehört, dieser also gleichzeitig einem anderen Unternehmen des ArbGeb zugeordnet wird. IdR führt ein ArbGeb nur ein Unternehmen. Bei einer Handelsgesellschaft ist das ausnahmslos und zwingend der Fall. Nach hM kann eine natürliche Person ausnahmsweise **Rechtsträger mehrerer Unternehmen** sein[4]. In diesen Fällen unterbricht ein Wechsel des Unternehmens auch die Wartezeit, wenn nicht zugleich mit dem ArbN auch der bisherige Beschäftigungsbetrieb dem anderen Unternehmen zugeordnet wird. Eine im Privathaushalt des ArbGeb etwa zurückgelegte Beschäftigungszeit ist daher nicht ohne weiteres gem. § 1 als Betriebs- oder Unternehmenszugehörigkeit in seinem Unternehmen anzurechnen. Ähnlich unterscheidet das Gesetz für den öffentlichen Dienst, wenn es in § 1 Abs. 2 Satz 2 Nr. 2b den Verwaltungszweig (zB Arbeits-, Finanz-, Justizverwaltung) – und nicht den Dienstherrn – mit dem Unternehmen in Nr. 1b gleichsetzt. Ob allerdings auch hier ein Wechsel des Verwaltungszweigs die Wartezeit unterbricht, erscheint fraglich. Jedoch wird in diesen Fällen der Identität des ArbGeb regelmäßig die Vertragsauslegung zu einer ausdrücklichen oder konkludenten **Anrechnungsvereinbarung** bezüglich der früheren Zeiten auf die Wartefrist führen[5]. Das gilt insb. bei Vereinbarung eines unternehmensübergreifenden Direktionsrechts. Ggf. kann Anlass zur Prüfung rechtsmissbräuchlicher Vereitelung des Kündigungsschutzes bestehen[6].

12 Im Falle einer **Rechtsnachfolge** beim Rechtsträger des Betriebs oder Unternehmens bleibt die beim Vorgänger zurückgelegte Wartezeit erhalten. Der Rechtsnachfolger tritt in die Rechte und Pflichten des fortbestehenden identischen Arbeitsverhältnisses ein. Sowohl Gesamtrechtsnachfolge (Erbfolge auf ArbGebSeite, §§ 1922, 1967 BGB; Verschmelzung von Kapitalgesellschaften, §§ 339 ff. AktG; Umwandlung durch Verschmelzung, Spaltung oder Vermögensübertragung, §§ 322 ff. UmwG) als auch Einzelrechtsnachfolge des Betriebs- oder Betriebsteilserwerbers gem. § 613a Abs. 1 BGB führen zu einem bloßen Austausch des Vertragspartners auf ArbGebSeite und berühren den Inhalt des ansonsten unveränderten Arbeitsverhältnisses nicht. Sie sind daher für die Zurücklegung der Wartezeit grundsätzlich unschädlich[7]. Wird gem. § 613a BGB nur ein **Betriebsteil** übertragen und beim Erwerber in einen vorhandenen Betrieb integriert und aufgelöst, erfordert es der Rechtsgedanke des § 613a BGB, dem ArbN auch hier die zurückgelegte Wartezeit zu erhalten. Er ist so zu stellen, als habe nicht nur der ArbGeb, sondern auch das Unternehmen nicht gewechselt[8]. Das gilt auch, wenn er zuvor einem anderen als dem übertragenen Betriebsteil angehörte; die Zugehörigkeit bestand zu dem gesamten Betrieb und galt für alle seine Teile. Im Falle einer **Unternehmensfusion** sind die zuvor in den Einzelunternehmen zurückgelegten Zeiten anzurechnen, unabhängig davon, in welchem Betrieb oder Unternehmensteil der ArbN nach der Fusion weiter tätig wird[9]. Im umgekehrten Fall einer **Unternehmensspaltung** ist die zuvor zurückgelegte Wartezeit im abgespaltenen Unternehmensteil ebenfalls anzurechnen, auch hier unabhängig davon, in welchem Unternehmensteil der ArbN nach der Spaltung weiterbeschäftigt wird[10]. Zusätzlich schützt den ArbN bei Spaltung und Teilübertragung im Rahmen einer Unternehmensumwandlung § 323 Abs. 1 UmwG (vgl. näher

---

1 Ebenso wie § 622 Abs. 2 BGB, § 4 BUrlG. | **2** Auf die Identität von Rechtsverhältnis und ArbGeb verzichtet BAG v. 27.6.2002 – 2 AZR 270/01, BB 2003, 583 ff., sofern der Betrieb identisch bleibt, und begründet dies mit dem Schutzzweck des § 613a BGB (der ArbN war kurz vor dem Betriebsübergang ausgeschieden und alsbald vom Erwerber wieder eingestellt worden). | **3** HK/*Dorndorf*, § 1 KSchG Rz. 68 mwN. | **4** *Windbichler*, Arbeitsrecht im Konzern, 1989, S. 294, 296 mwN; *v. Hoyningen-Huene/Linck*, § 1 KSchG Rz. 73; ErfK/*Ascheid*, § 1 KSchG Rz. 88; HaKo/*Gallner*, § 1 KSchG Rz. 61; aA HK/*Dorndorf*, § 1 KSchG Rz. 73. | **5** KR/*Etzel*, § 1 KSchG Rz. 146; HaKo/*Gallner*, § 1 KSchG Rz. 61; *v. Hoyningen-Huene/Linck*, § 1 KSchG Rz. 74. | **6** Vgl. etwa HaKo/*Gallner*, § 1 KSchG Rz. 61. | **7** BAG v. 27.6.2002 – 2 AZR 270/01, BB 2003, 583 ff.; ebenso für die Anrechnung von Ruhegeldanwartschaften im Falle eines Betriebsübergangs gem. § 613a BGB BAG v. 8.2.1983 – 3 AZR 229/81, AP Nr. 35 zu § 613a BGB; Kittner/Däubler/Zwanziger/*Kittner*, § 1 KSchG Rz. 27; HK/*Dorndorf*, § 1 KSchG Rz. 78 ff.; *v. Hoyningen-Huene/Linck*, § 1 KSchG Rz. 75 ff.; HaKo/*Gallner*, § 1 KSchG Rz. 63 f.; | **8** Im Ergebnis ebenso ErfK/*Ascheid*, § 1 KSchG Rz. 89. | **9** *Löwisch*, § 1 KSchG Rz. 40; HaKo/*Gallner*, § 1 KSchG Rz. 64; *v. Hoyningen-Huene/Linck*, § 1 KSchG Rz. 72a. | **10** *Löwisch*, § 1 KSchG Rz. 40; HaKo/*Gallner*, § 1 KSchG Rz. 65; *v. Hoyningen-Huene/Linck*, § 1 KSchG Rz. 72.

dort). Zeiten, die weder im selben Betrieb/Unternehmen noch beim selben ArbGeb bzw. seinem Rechtsvorgänger zurückgelegt wurden, werden von § 1 nicht erfasst.

Das gilt nach hM auch für Zeiten bei einer **anderen Konzerngesellschaft**[1]. Hier endet der Rechtsbereich des ArbGeb, ohne dass eine besondere Zurechnungsvorschrift wie in den Fällen der Rechtsnachfolge existiert. Das entspricht der ebenfalls auf das Unternehmen beschränkten Pflicht des ArbGeb zur Weiterbeschäftigung des ArbN auf freien Arbeitsplätzen gem. § 1 Abs. 2 Satz 2[2] (vgl. hierzu unten Rz. 274 ff.). Dennoch kann sich bei einem Wechsel der Konzerngesellschaft nach hM aus der Auslegung des Arbeitsvertrages eine **Anrechnungsvereinbarung** ergeben. Erfolgt der Wechsel – wie in der Regel – einvernehmlich, dh. dreiseitig, müssten schon besondere Anhaltspunkte dafür bestehen, dass der ArbN in dem anderen Konzernunternehmen mit der Wartezeit wieder bei „null" anfangen soll[3]. Das gilt jedenfalls bei **konzernweiten Versetzungsklauseln** im Arbeitsvertrag. Besteht das Arbeitsverhältnis zur einstellenden Konzerngesellschaft fort, wird die im Wege der Abordnung, Leihe oder eines Doppelarbeitsverhältnisses bei einer anderen Konzerngesellschaft erbrachte Tätigkeitszeit zugleich auch als im Einstellungsunternehmen erbracht anzusehen sein, da sie (auch) auf der zu dessen Rechtsträger bestehenden Vertragsbindung beruht[4]. Anders liegt es, wenn der ArbN aus eigener Initiative und ohne Einflussnahme des ArbGeb dort ausscheidet und zu einer anderen Konzerngesellschaft wechselt. Hier bedürfte es besonderer Anhaltspunkte für eine Anrechnungsvereinbarung mit dem neuen ArbGeb[5]. 13

e) **Ununterbrochener Bestand.** Das Arbeitsverhältnis muss während der Wartezeit „ohne Unterbrechung" bestehen. Maßgeblich ist der rechtliche Bestand[6]. **Tatsächliche Unterbrechungen** der Beschäftigung sind unschädlich, solange das Arbeitsverhältnis fortbesteht. Krankheit, Urlaub, Freistellungen, Mutterschutz etc. hindern damit den Lauf der Wartezeit nicht[7], ebenso wenig Streik und suspendierende Aussperrung[8]. Eine Änderung der Arbeitsbedingungen – ob einvernehmlich oder durch Änderungskündigung – unterbricht das Arbeitsverhältnis nicht, ebenso nicht unentschuldigtes Fehlen[9]. Hat der ArbN etwa wegen Erkrankung oder Schwangerschaft während der Wartezeit gar nicht gearbeitet, kann er sich dennoch auf ihren Ablauf berufen[10]. Kraft ausdrücklicher **gesetzlicher Regelung** sind die nachfolgenden Zeiten auf die Betriebszugehörigkeit und somit auch auf die Wartezeit anzurechnen (zumal ohnehin in den meisten der genannten Fälle das Arbeitsverhältnis rechtlich nicht unterbrochen ist): 14

- Zeiten des **Grundwehrdienstes** oder einer Wehrübung (§ 6 Abs. 2 Satz 1 Halbs. 1 ArbPlSchG für Zeiten nach Abschluss der Ausbildung; § 10 ArbPlSchG für freiwillige Wehrübungen bis zur Dauer von 6 Wochen je Kalenderjahr). Für Angehörige eines EU-Mitgliedsstaates sind die für deutsche ArbN geltenden Kündigungsschutzbestimmungen entsprechend anzuwenden (Art. 7 EWG-VO 1612/68[11], geändert durch EWG-VO 312/76[12]). Dies gilt nicht für ArbN anderer ausländischer Staaten[13]. Haben solche ArbN einen verkürzten Wehrdienst abzuleisten, kann dies auch in fortbestehendem Arbeitsverhältnis erfolgen, zumal für den ArbN gem. § 275 Abs. 3 BGB ein Recht zur Verweigerung der Arbeitsleistung bestehen kann; dann ist die Zeit anzurechnen[14]. 15

- Zeiten des Wehrdienstes als **Soldat auf Zeit** bis zur Dauer von 2 Jahren (§ 16a Abs. 1 ArbPlSchG)[15].

- Zeiten einer **Eignungsübung** bis zur Dauer von 4 Monaten (§ 1 EigÜbG iVm. § 8 VO EigÜbG).

- Zeiten des **Zivildienstes** (§ 78 ZDG)

- Zeiten der Heranziehung zum **Luftschutzdienst** oder zu Luftschutzübungen (§ 13 ZivilSchG)

- Zeiten der rechtlichen Unterbrechung (!) sowie der vorausgegangenen Beschäftigungszeiten eines Arbeitsverhältnisses bei Eigenkündigung einer Frau während der **Schwangerschaft** und anschlie-

---

1 BAG v. 29.4.1999 – 2 AZR 352/98, AP Nr. 21 zu § 23 KSchG 1969 (betr. Konzernholding); KR/*Etzel*, § 1 KSchG Rz. 146; *Wiedemann/Strohn*, Anm. zu BAG v. 18.10.1976, AP Nr. 3 zu § 1 KSchG – Betriebsbedingte Kündigung; HaKo/*Gallner*, § 1 KSchG Rz. 61; HK/*Dorndorf*, § 1 KSchG Rz. 74 ff. |2 BAG v. 14.10.1982 – AZR 568/80, AP Nr. 1 zu § 1 KSchG 1969 – Konzern (*Wiedemann*); v. 21.2.2001 – 2 AZR 579/99, AP Nr. 32 zu § 611 BGB – Kirchendienst (betr. Kirchengemeinde); v. 29.4.1999 – 2 AZR 352/98, AP Nr. 21 zu § 23 KSchG 1969 (betr. Konzernholding). |3 So im Ergebnis auch KR/*Etzel*, § 1 KSchG Rz. 118; *v. Hoyningen-Huene/Linck*, § 1 KSchG Rz. 74; zurückhaltend HaKo/*Gallner*, § 1 KSchG Rz. 61. |4 *v. Hoyningen-Huene/Linck*, § 1 KSchG Rz. 74; KR/*Etzel*, § 1 KSchG Rz. 118; ähnlich HaKo/*Gallner*, § 1 KSchG Rz. 61; für das Arbeitsverhältnis mit einem herrschenden Konzernunternehmen wollen *Etzel* (aaO Rz. 145) und *Gallner* (aaO Rz. 62) die Tätigkeitszeiten bei 100-prozentigen Tochtergesellschaften ebenfalls unmittelbar über § 1 anrechnen. |5 Ebenso HaKo/*Gallner*, § 1 KSchG Rz. 61. |6 Das Erste Arbeitsrechtsbereinigungsg hat mWv. 1.9.1969 die frühere Rechtslage geändert, wonach die tatsächliche Beschäftigung maßgeblich war. |7 Allg. Meinung, vgl. etwa *v. Hoyningen-Huene/Linck*, § 1 KSchG Rz. 80; HaKo/*Gallner*, § 1 KSchG Rz. 82. |8 *v. Hoyningen-Huene/Linck*, § 1 KSchG Rz. 80; HK/*Dorndorf*, § 1 KSchG Rz. 97. |9 Nimmt der ArbN die Tätigkeit unentschuldigt gar nicht erst auf, soll die Frist nach hM aber nicht zu laufen beginnen; vgl. näher unten Rz. 19. |10 AA KR/*Etzel*, § 1 KSchG Rz. 115 („treuwidrig"). |11 Vom 15.10.1968, ABl. L 257/1. |12 Vom 9.2.1976, ABl. L 39/2. |13 BAG v. 22.12.1982 – 2 AZR 282/82, AP Nr. 23 zu § 123 BGB; v. 20.5.1988 – 2 AZR 682/87, AP Nr. 9 zu § 1 KSchG 1969 – Personenbedingte Kündigung (*Rüthers, Henssler, Kohte*). |14 BAG v. 7.9.1983 – 7 AZR 433/82, AP Nr. 7 zu § 1 KSchG 1969 – Verhaltensbedingte Kündigung (*Ortlepp*) für den auf 2 Monate verkürzten Wehrdienst eines türkischen ArbN. |15 Vgl. BAG v. 30.1.1985 – 7 AZR 414/82, AP Nr. 5 zu § 8 Soldatenversorgungsgesetz.

ßender Wiedereinstellung binnen eines Jahres (§ 10 Abs. 2 MuSchG), sofern kein anderweitiges Arbeitsverhältnis zwischenzeitlich eingegangen wurde.

16 Nach der **Rspr.** sind darüber hinaus die Beschäftigungszeiten aus einem früheren Arbeitsverhältnis derselben Vertragsparteien trotz rechtlicher Unterbrechung in den folgenden Fällen auf die Wartezeit des § 1 anzurechnen: Schließt ein Arbeitsverhältnis **ohne zeitliche Unterbrechung** an ein früheres an, wird der Ablauf der Wartezeit nicht unterbrochen[1]. Das gilt auch bei einer Änderung der Tätigkeit[2]. Unschädlich für den Lauf der Wartezeit ist auch die unmittelbare Aneinanderreihung mehrerer befristeter Arbeitsverträge, auch mit unterschiedlichen Arbeitsbedingungen[3]. Eines zusätzlichen sachlichen Zusammenhangs der Arbeitsverhältnisse bedarf es nicht[4]; der ArbGeb kann sein Erprobungsinteresse bei geänderten Arbeitsbedingungen durch eine Befristung wahren. Auch bei **kurzer zeitlicher und rechtlicher Unterbrechung** rechnet die Rspr. entgegen dem Gesetzeswortlaut auf die Wartezeit Zeiten eines früheren Arbeitsverhältnisses mit demselben ArbGeb an, wenn das neue Arbeitsverhältnis in einem engen sachlichen Zusammenhang mit dem früheren steht. Das BAG hat dies mit der notwendigen einheitlichen Auslegung gleichartiger Rechtsbegriffe begründet (so der Betriebszugehörigkeit in § 4 BUrlG, im früheren § 2 AngKSchG und in § 622 Abs. 2 BGB) und hält daran in ständiger Rspr. fest[5]. Im Falle eines Betriebsübergangs nach § 613a BGB kann trotz Unterbrechung so auch eine beim Veräußerer zurückgelegte Zeit beim Erwerber, der den ArbN wiedereingestellt hat, anzurechnen sein[6]. Die Anrechnung des Unterbrechungszeitraumes scheidet hingegen grundsätzlich aus[7] (Ausnahme: § 10 Abs. 2 MuSchG).

17 Die zeitliche Unterbrechung zwischen den Arbeitsverhältnissen darf nur kurz sein. Starre Grenzen lassen sich nicht festlegen, es geht um einen Zeitraum von Tagen oder **maximal wenigen Wochen**. Je länger der Zeitraum, desto stärker muss der innere Zusammenhang der Arbeitsverhältnisse sein. Dabei kommt es insb. auf Anlass und Dauer der Unterbrechung sowie auf die Art der Weiterbeschäftigung an[8]. Eine Anlehnung an die im früheren § 1 Abs. 2 BeschFG gesetzlich geregelte Unterbrechungszeit zwischen zwei befristeten Arbeitsverhältnissen (vier Monate) scheidet wegen der unterschiedlichen Gesetzeszwecke aus[9], ebenso an die entsprechende Regelung des § 14 Abs. 3 Satz 3 TzBfG (6 Monate) oder an § 9 Nr. 3 AÜG (3 Monate). **Abgelehnt** hat die Rspr. eine Zusammenrechnung bei einer Unterbrechungsdauer von einem Monat und 10 Tagen[10] sowie anderthalb Monaten[11], einem Monat und 23 Tagen[12], zwei Monaten[13], zwei ⅔ Monaten[14] und knapp vier Monaten[15]. **Bejaht** wurde die Zusammenrechnung im Falle eines Lehrers bei einer Unterbrechungszeit von 6 ½ Wochen zur Überbrückung der Sommerferien und anschließender – bereits vorgesehener – Wiedereinstellung durch dieselbe Anstellungsbehörde[16]. Wurde das erste Arbeitsverhältnis auf Initiative des ArbN aufgelöst, scheidet regelmäßig eine gesetzliche Anrechnung der darin zurückgelegten Wartezeit im Folgearbeitsverhältnis aus.

18 Den Vertragsparteien steht es frei, über den vorstehenden Umfang hinaus Beschäftigungszeiten aus früheren Arbeitsverhältnissen – auch stillschweigend[17] – durch eine **Anrechnungsvereinbarung** einzubeziehen. Auch tarifvertragliche Regelungen über die Dauer der Betriebszugehörigkeit können für die Berechnung der Wartezeit von Bedeutung sein, wenn dies die Auslegung ergibt (vgl. dazu auch oben Rz. 9 aE). Die im öffentlichen Dienst in § 19 BAT bzw. BAT-O geregelte Beschäftigungsdienstzeit, die auch Beschäftigungszeiten aus einem früheren Arbeitsverhältnis mit demselben ArbGeb nach einer Unterbrechungszeit umfassen kann, ist allerdings für die Berechnung der Wartezeit nicht maßgeblich; es bleibt hier bei der Regelung des § 1 Abs. 1[18].

19 f) **Berechnung der Sechs-Monats-Frist.** Das Arbeitsverhältnis muss bei Zugang der Kündigung länger als 6 Monate bestanden haben. **Fristbeginn** ist der Zeitpunkt seines rechtlichen Beginns. Das ist nicht notwendig der Zeitpunkt des Vertragsschlusses oder der tatsächlichen oder vorgesehenen Ar-

---

1 BAG v. 29.3.1976 – 2 AZR 307/75, AP Nr. 1 zu § 1 KSchG 1969 – Wartezeit. | 2 BAG v. 29.3.1976 – 2 AZR 307/75, AP Nr. 1 zu § 1 KSchG 1969 – Wartezeit; v. Hoyningen-Huene/Linck, § 1 KSchG Rz. 82; aA für eine völlig anders geartete Tätigkeit ohne jeden Zusammenhang zur bisherigen Löwisch, § 1 KSchG Rz. 37. | 3 BAG v. 12.2.1981 – 2 AZR 1108/78, AP Nr. 1 zu § 5 BAT. | 4 So aber wohl Löwisch, § 1 KSchG Rz. 37; wie hier KR/Etzel, § 1 KSchG Rz. 114; HK/Dorndorf, § 1 KSchG Rz. 100; Kittner/Däubler/Zwanziger/Kittner, § 1 KSchG Rz. 22. | 5 Grundl. BAG v. 23.9.1976 – 2 AZR 309/75, AP Nr. 1 zu § 1 KSchG 1969 – Wartezeit; v. 6.12.1976 – 2 AZR 470/75, AP Nr. 2 zu § 1 KSchG 1969 – Wartezeit; zuletzt BAG v. 20.8.1998 – 2 AZR 76/98 und 2 AZR 83/98, AP 9 und 10 zu § 1 KSchG 1969 – Wartezeit; v. 9.8.2000 – 7 AZR 339/99, RzK I 4 d Nr. 24. | 6 BAG v. 27.6.2002 – 2 AZR 270/01, BB 2003, 583 ff., sofern der Betrieb identisch bleibt, begründet mit dem Schutzzweck des § 613a BGB (der ArbN war kurz vor dem Betriebsübergang ausgeschieden und alsbald vom Erwerber wieder eingestellt worden). | 7 LAG BW v. 17.2.1988 – 2 Sa 92/87, LAGE § 1 KSchG Nr. 7; KR/Etzel, § 1 KSchG Rz. 110; Preis in Stahlhacke/Preis/Vossen, Rz. 911 mwN; aA APS/Dörner, § 1 KSchG Rz. 45. | 8 BAG v. 20.8.1998 – 2 AZR 76/98, AP Nr. 9 zu § 1 KSchG 1969 – Wartezeit. | 9 BAG v. 10.5.1989 – 7 AZR 450/88, NZA 1990, 221. | 10 BAG v. 15.12.1983 – 2 AZR 166/82, nv. (juris). | 11 BAG v. 22.5.2003 – 2 AZR 426/02, AP Nr. 18 zu § 1 KSchG 1969 – Wartezeit. | 12 BAG v. 20.8.1998 – 2 AZR 83/98, AP 10 zu § 1 KSchG 1969 – Wartezeit. | 13 BAG v. 10.5.1989 – 7 AZR 450/88, AP Nr. 7 zu § 1 KSchG 1969 – Wartezeit. | 14 BAG v. 11.11.1982 – 2 AZR 552/81, AP Nr. 71 zu § 620 BGB – befristeter Arbeitsvertrag. | 15 BAG v. 9.8.2000 – 7 AZR 339/99, RzK I 4 d Nr. 24. | 16 BAG v. 20.8.1998 – 2 AZR 76/98, AP Nr. 9 zu § 1 KSchG 1969 – Wartezeit. | 17 Etwa bei regelmäßiger Wiedereinstellung von Saisonkräften, vgl. v. Hoyningen-Huene/Linck, § 1 KSchG Rz. 87; ErfK/Ascheid, § 1 KSchG Rz. 73. | 18 BAG v. 20.8.1998 – 2 AZR 83/98, AP Nr. 10 zu § 1 KSchG 1969 – Wartezeit; v. 16.3.2000 – 2 AZR 828/98, AP Nr. 2 zu § 67 LPVG Sa.-Anh.

beitsaufnahme[1]. § 1 Abs. 1 stellt für die Wartezeit nur auf den rechtlichen Bestand des Arbeitsverhältnisses und somit auf den Tag ab, an dem es nach dem Willen der Vertragsparteien beginnen soll. Vereinbaren die Parteien zB, dass das Arbeitsverhältnis am 1.6. beginnen soll, und ist dies ein Sonntag, läuft die Wartezeit ohne Rücksicht auf den Zeitpunkt des Vertragsschlusses und der vorgesehenen oder tatsächlichen Arbeitsaufnahme ab dem 1.6. Unerheblich ist, ob sich der vertraglich vorgesehene Zeitpunkt der Arbeitsaufnahme durch Krankheit des ArbN oder durch Annahmeverzug des ArbGeb verzögert[2]. Nimmt der ArbN schuldhaft die Arbeit nicht auf, kann die Berufung auf den Beginn des Fristlaufes uU rechtsmissbräuchlich sein[3]. Der erste Tag des Arbeitsverhältnisses wird gemäß § 187 Abs. 2 BGB als **erster Tag der Frist mitgerechnet**, wenn – wie idR – der Vertrag zeitlich vor dem Tag des vorgesehenen Vertragsbeginns abgeschlossen wurde[4]. Ist das Arbeitsverhältnis vertraglich „zum" 1.6. begründet, kann darin unabhängig vom Zeitpunkt des Vertragsschlusses die (zulässige) Vereinbarung liegen, dass die sechsmonatige Wartezeit ab Beginn dieses Tages laufen soll[5]. Wird das Arbeitsverhältnis im Verlaufe eines Tages mit sofortiger Wirkung begründet (ad-hoc-Einstellung), ist nach der Verkehrsanschauung dieser Tag gemäß § 187 Abs. 2 BGB mitzurechnen, wenn die Vertragsparteien sich vor Beginn der betriebsüblichen Arbeitszeit über die Arbeitsaufnahme zu diesem Zeitpunkt verständigt haben, auch wenn sie erst im Verlaufe des Tages den Vertrag „endgültig" schließen[6]. In den (seltenen) verbleibenden Fällen berechnet sich der Beginn der Frist nach § 187 Abs. 1 BGB.

Das **Fristende** bestimmt sich nach § 188 Abs. 2 BGB. Läuft die Wartezeit zB ab dem 1.6., endet sie mit Ablauf des 30.11.; Kündigungsschutz besteht dann bei allen Kündigungen, die nach dem 30.11. zugehen. Früher zugehende Kündigungen unterfallen nicht dem Kündigungsschutz, unabhängig vom Ablauf der Kündigungsfrist, der sog. Kündigungstermin. Der ArbGeb kann daher noch am letzten Tag der Wartezeit kündigen[7]. In der bloßen Ausschöpfung der Wartefrist, also einer Kündigung kurz vor Fristablauf, liegt **kein Rechtsmissbrauch**. Das gilt auch, wenn die Kündigung zum vorgesehenen Beendigungstermin noch nach Ablauf der Wartezeit rechtzeitig hätte ausgesprochen werden können[8]. Eine rechtsmissbräuchliche Vereitelung des Kündigungsschutzes kann vorliegen, wenn die vor Ablauf der Wartezeit ausgesprochene Kündigung nicht zum nächstmöglichen Beendigungstermin nach Ablauf der Wartezeit (zB Monatsende, Quartalsende), sondern erst zu einem späteren ausgesprochen wird. Hier kann das KSchG in entsprechender Anwendung von § 162 BGB Geltung erlangen[9]. Gibt der ArbGeb dem ArbN nach nicht bestandener Probezeit eine Chance, indem er statt mit kurzer Probezeitfrist mit „überschaubarer, längerer Kündigungsfrist" kündigt und für den Fall der Bewährung Wiedereinstellung zusagt, wird darin idR keine rechtsmissbräuchliche Vereitelung des Kündigungsschutzes liegen[10]. 20

3. Ordentliche Kündigung des ArbGeb. a) Ordentliche Kündigung als Voraussetzung des Kündigungsschutzes und des Kündigungsschutzprozesses. Gegenstand des allgemeinen Kündigungsschutzes der §§ 1–14 ist allein die ordentliche Kündigung des ArbGeb einschließlich der ordentlichen Änderungskündigung (§ 2). Das Recht zur außerordentlichen Kündigung bleibt gemäß § 13 Abs. 1 Satz 1 grundsätzlich unberührt. Im Falle der Umdeutung einer außerordentlichen in eine ordentliche Kündigung (vgl. hierzu 13 Rz. 13) unterliegt diese als solche ebenfalls dem Kündigungsschutz. Das Gleiche gilt für eine vorsorgliche ordentliche Kündigung. Für die Prüfung auf soziale Rechtfertigung ist unerheblich, ob die Kündigung außerdem aus **sonstigen Gründen rechtsunwirksam** ist. Die unterschiedlichen Kündigungsschutzregelungen bestehen nebeneinander[11]. Schon nach bisheriger Rechtslage, dh. bei Kündigungen mit Zugang bis um 31.12.2003, war dem Kündigungsschutzantrag nach § 4 Satz 1 aF sowohl bei sozialwidriger als auch bei sonstigen Gründen unwirksamer Kündigung stattzugeben[12]. Nach **§ 4 Satz 1 nF** ist der punktuelle Streitgegenstand ohnehin die richtige Klageart für alle Unwirksamkeitsgründe (zB §§ 134, 138, 174, 242, 612a BGB, §§ 85 ff. SGB IX, § 9 MuSchG, § 102 Abs. 1 Satz 3 BetrVG etc.) und für Vertretungsmängel. Für formunwirksame Kündigungen (§ 623 BGB) gilt § 4 Satz 1 nicht, da die Frist an eine schriftliche Kündigung anknüpft. 21

---

1 Auf die vorgesehene Arbeitsaufnahme abstellend KR/*Etzel*, § 1 KSchG Rz. 99. | 2 *v. Hoyningen-Huene/Linck*, § 1 KSchG Rz. 77; KR/*Etzel*, § 1 KSchG Rz. 106, 109; *Löwisch*, § 1 KSchG Rz. 49. | 3 *v. Hoyningen-Huene/Linck*, § 1 KSchG Rz. 77; ErfK/*Ascheid*, § 1 KSchG Rz. 70; *Preis* in Stahlhacke/Preis/Vossen, Rz. 904. | 4 BAG v. 2.11.1978 – 2 AZR 74/77, DB 1979, 1086; BAG v. 27.6.2002 – 2 AZR 382/01, AP Nr. 22 zu § 620 BGB – Probearbeitsverhältnis. | 5 BAG v. 27.6.2002 – 2 AZR 382/01, AP Nr. 22 zu § 620 BGB – Probearbeitsverhältnis. | 6 BAG v. 27.6.2002 – 2 AZR 382/01, AP Nr. 22 zu § 620 BGB – Probearbeitsverhältnis. | 7 BAG v. 16.6.1976 – 3 AZR 73/75, AP Nr. 8 zu § 611 BGB – Treuepflicht; v. 28.9.1998 – 2 AZR 2/77, AP Nr. 19 zu § 102 BetrVG 1972; v. 18.8.1982 – 7 AZR 437/80, AP Nr. 24 zu § 102 BetrVG 1972. | 8 BAG v. 18.8.1982 – 7 AZR 437/80, AP 24 zu § 102 BetrVG 1972. | 9 BAG v. 18.8.1982 – 7 AZR 437/80, AP Nr. 24 zu § 102 BetrVG 1972; v. 5.3.1987 – 2 AZR 187/86 nv. (juris); *Löwisch*, § 1 KSchG Rz. 45; ErfK/*Ascheid*, § 1 KSchG Rz. 92; anders KR/*Etzel*, § 1 KSchG Rz. 103: § 242 BGB; zur Kündigung kurz vor Einsetzen eines tariflichen Kündigungsschutzes BAG v. 12.12.1996 – 2 AZR 7/96, EzA § 1 KSchG – Krankheit Nr. 41 („Rechtsprinzip des § 162 BGB") u. v. 16.10.1987 – 7 AZR 204/87, AP Nr. 2 zu § 53 BAT (*Clemens*) („Umgehung"). | 10 BAG v. 7.3.2002 – 2 AZR 93/01, DB 2002, 1997 f. | 11 AllgM, vgl. etwa HK/*Dorndorf*, § 13 KSchG Rz. 104; HaKo/*Pfeiffer*, § 13 KSchG Rz. 63 ff.; gemäß § 13 Abs. 3 finden die Vorschriften des 1. Abschnitts des KSchG auf Kündigungen, die bereits aus anderen als den in § 1 Abs. 2 und 3 bezeichneten Gründen unwirksam sind, nur „im Übrigen" keine Anwendung. | 12 Schon aus Gründen der Prozessökonomie; vgl. auch BAG v. 30.4.1987 – 2 AZR 302/86, nv. (juris); *v. Hoyningen-Huene/Linck*, § 1 KSchG Rz. 99; *Löwisch*, § 1 KSchG Rz. 55; KR/*Etzel*, § 1 KSchG Rz. 158.

22 Für den **Auflösungsantrag nach § 9** ist allerdings nach alter wie neuer Rechtslage[1] zu unterscheiden: Der Auflösungsantrag gemäß § 9 Abs. 1 setzt gemäß § 13 Abs. 3 grundsätzlich voraus, dass die Kündigung nicht aus einem sonstigen Grund unwirksam und ihre Sozialwidrigkeit gemäß § 4 Satz 1 aF festgestellt ist. Das erfordert nach hM stets eine sozialwidrige Kündigung. Beim Auflösungsantrag des **ArbN** nach § 9 Abs. 1 Satz 1 kann aber entgegen § 13 Abs. 3 die Kündigung auch aus sonstigen Gründen rechtsunwirksam sein; denn es wäre widersinnig, dem ArbN dieses Recht nur deshalb zu nehmen, weil die Kündigung des ArbGeb nicht nur sozialwidrig, sondern auch aus anderem Grund rechtswidrig ist[2]. Das gilt nicht, wo die sonstige Unwirksamkeit gerade den Schutz des ArbGeb bezweckt. Hier kann er sich gegenüber dem Auflösungsantrag des ArbN auf sonstige Unwirksamkeitsgründe für die Kündigung berufen, so bei Geschäftsunfähigkeit, § 105 Abs. 1 BGB, bei wirksamer Anfechtung der eigenen Kündigung, §§ 123, 142 BGB, ebenso bei fehlendem Zugang der Kündigung – arg. § 130 Abs. 1 Satz 2 BGB – und bei fehlender Zurechenbarkeit fremden Vertreterhandelns. Der Auflösungsantrag des **ArbGeb** gemäß § 9 Abs. 1 Satz 2 scheidet dagegen gemäß § 13 Abs. 3 generell aus, wenn seine Kündigung nicht nur sozialwidrig, sondern auch sonst rechtsunwirksam ist. Für lediglich aus sonstigen Gründen unwirksame Kündigungen räumt das Gesetz dem ArbGeb ein Auflösungsrecht nicht ein. Es wäre auch hier widersinnig und ein Verstoß gegen § 13 Abs. 3, es dem ArbGeb nur deshalb zuzugestehen, weil seine Kündigung obendrein noch sozialwidrig ist (ganz hM). Das gilt hier für alle Unwirksamkeitsgründe[3].

23 Hat der ArbGeb gar **keine Kündigung** ausgesprochen, etwa weil seine Erklärung objektiv einen anderen Inhalt hat (bloße Kündigungsandrohung, Suspendierung, Änderungsangebot, Angebot eines Aufhebungsvertrages oder auch Anfechtung), dann fehlt es am punktuellen Prüfungsgegenstand iSd. §§ 1, 4 überhaupt. Das KSchG findet keine Anwendung. Der ArbN hat (ggf. hilfsweise) gemäß § 256 Abs. 1 ZPO seine Klage auf Feststellung zu richten, dass das Arbeitsverhältnis fortbestehe. Das Gericht hat hierauf gem. § 139 ZPO hinzuweisen; zumeist wird das Klagebegehren idS auch auslegbar sein.

24 b) **Ordentliche Kündigung als Rechtsgeschäft.** Die nachfolgend dargestellten **Wirksamkeitsvoraussetzungen einer Kündigung** als Rechtsgeschäft sind nicht als Voraussetzungen für die Anwendung des KSchG zu verstehen. Das KSchG kann auch auf Kündigungen Anwendung finden, die nicht rechtswirksam erklärt oder aus sonstigen Gründen unwirksam sind (vgl. oben Rz. 21).

25 aa) **Inhalt der Kündigungserklärung.** Die Kündigung ist eine einseitige empfangsbedürftige Willenserklärung mit dem **rechtsgestaltenden Inhalt**, ein Dauerschuldverhältnis für die Zukunft zu beenden. Aus ihrer einseitig rechtsgestaltenden Wirkung leitet die Rspr. die Grundsätze der Klarheit und Eindeutigkeit sowie der Bedingungsfeindlichkeit der Kündigung ab. Der Kündigende muss den eigenen rechtsgeschäftlichen Beendigungswillen **unmissverständlich** zum Ausdruck bringen. Die Auslegung seiner Erklärung erfolgt gemäß §§ 133, 157 BGB aus der Sicht eines objektiv urteilenden Erklärungsempfängers nach Treu und Glauben unter Berücksichtigung der Verkehrssitte[4]. Das Wort „Kündigung" braucht nicht verwendet zu werden. Auch die Begriffe Aufhebung, Rücktritt, Anfechtung, Beendigung etc. können als Kündigung auszulegen sein, wenn der einseitige, auf die Zukunft gerichtete Beendigungswille aus den Gesamtumständen hinreichend erkennbar ist[5]. **Keine Kündigung** stellt die Mitteilung dar, einen befristeten Vertrag nicht verlängern zu wollen[6], ebenso wenig die Äußerung des ArbGeb, der ArbN habe die Arbeit eingestellt und er – der ArbGeb – betrachte deshalb das Arbeitsverhältnis als beendet[7], sofern nicht aus sonstigen Umständen auf einen eigenen, auf die Beendigung des Arbeitsverhältnisses gerichteten rechtsgeschäftlichen Gestaltungswillen des ArbGeb geschlossen werden kann. Auch die schriftliche „Bitte" des ArbGeb, der ArbN möge sich ab einem bestimmten Tag arbeitslos melden und werde wieder beschäftigt, wenn die Auftragslage besser sei, beinhaltet im Zweifel keine Kündigung[8].

26 Als einseitige Gestaltungserklärung ist die Kündigung grundsätzlich **bedingungsfeindlich**. Der Empfänger darf über die Rechtswirkung der Kündigung auf sein Schuldverhältnis nicht im Ungewissen gelassen werden. Eine bedingte Kündigung ist daher rechtsunwirksam (etwa: „Wenn Sie nach Ihrem Urlaub nicht pünktlich den Dienst antreten, sind Sie entlassen."). Auch die Verbindung mit einer auflösenden Bedingung führt zu Unwirksamkeit der Kündigung (etwa: „Die Kündigung wird bei Neubeauftragung unserer Firma gegenstandslos.")[9]. Auch die bedingte Kündigung unterfällt dem **Schutz des KSchG**, dh. sie kann zusätzlich wegen Sozialwidrigkeit unwirksam sein und den ArbN nach Maßgabe des § 9 Abs. 1

---

1 So ausdrücklich der Änderungsantrag der Fraktionen SPD und Bündnis 90/DIE GRÜNEN v. 23.9.2003, Ausschuss-Drs. 15 (9) 637, S. 2, auf den die Beibehaltung des § 13 Abs. 3 zurückgeht. | 2 BAG v. 29.1.1981 – 2 AZR 1055/78 und v. 20.3.1997 – 8 AZR 769/95, AP Nr. 6 u. Nr. 30 zu § 9 KSchG 1969. | 3 AA BAG v. 10.11.1994 – 2 AZR 207/94, AP Nr. 24 zu § 9 KSchG 1969 für ein allein den Schutz des ArbGeb dienendes Genehmigungserfordernis; dagegen zu Recht *v. Hoyningen-Huene/Linck*, § 9 KSchG Rz. 15a ff.; Bader/Bram/Dörner/Wenzel/*Bader*, § 9 KSchG Rz. 4; *Löwisch*, § 9 KSchG Rz. 45. | 4 BAG v. 19.6.1980 – 2 AZR 660/78, AP Nr. 55 zu § 620 BGB – befristeter Arbeitsvertrag. | 5 ErfK/*Müller-Glöge*, § 620 BGB Rz. 18. | 6 BAG v. 15.3.1978 – 5 AZR 831/76, AP Nr. 45 zu § 620 BGB – befristeter Arbeitsvertrag. | 7 LAG Nürnberg v. 8.2.1994 – 2 Sa 766/93, NZA 1995, 174. | 8 LAG Hamm v. 7.7.1994 – 8 Ta 303/94, LAGE § 620 BGB – Kündigungserklärung Nr. 3. | 9 BAG v. 15.3.2002 – 2 AZR 705/99, AP Nr. 26 zu § 620 BGB – Bedingung: Insofern bedenklich, als hier eine Auslegung oder zumindest Umdeutung als unbedingte Kündigung mit bedingter Wiedereinstellungszusage möglich und diese Kündigung auf ihre soziale Rechtfertigung zu prüfen gewesen wäre. Der Unterschied zeigt sich zB bei Versäumung der Klagefrist nach § 4 aF: Die unbedingte Kündigung wäre dann wirksam!

Satz 1 zur Auflösung des Arbeitsverhältnisses gegen Zahlung einer Abfindung berechtigen. Denn die Bedingungsfeindlichkeit der Kündigung schützt nicht den Erklärenden, sondern ausschließlich den Erklärungsempfänger (vgl. auch oben Rz. 12). Keine bedingte Kündigung idS und somit ohne weiteres zulässig ist die sog. **vorsorgliche Kündigung**[1]. Sie wird für den Fall ausgesprochen, dass das Arbeitsverhältnis nicht bereits aufgrund eines anderen Beendigungstatbestandes (etwa außerordentlicher Kündigung, Befristung) gleichzeitig oder früher endet. Damit ist sie nicht iSv. § 158 BGB bedingt[2], da sie nicht von einem künftigen ungewissen Ereignis abhängt, sondern von der bei ihrem Zugang bereits objektiv bestehenden Rechtslage (zulässige sog. Rechtsbedingung)[3]. Die vorsorgliche Kündigung wird nach der Terminologie des BAG „gegenstandslos", wenn das Arbeitsverhältnis aufgrund des anderen Auflösungstatbestandes endet. Werden im selben Rechtsstreit sowohl die vorsorgliche Kündigung als auch der andere, gleich- oder vorzeitige Beendigungstatbestand angegriffen, braucht über den Antrag zur vorsorglichen Kündigung nur entschieden zu werden, wenn dem anderen Antrag stattgegeben wird[4]; es handelt sich im Zweifel um einen sog. unechten Eventualantrag[5]. Wird die vorsorgliche Kündigung dagegen in einem gesonderten Rechtsstreit angegriffen, ist die Klage als unbegründet abzuweisen, wenn die anderweitige Beendigung rechtskräftig feststeht[6]. Eine Ausnahme vom Grundsatz der Bedingungsfeindlichkeit der Kündigung gilt für die sog. **Potestativbedingung**. Bei ihr hängt der Bedingungseintritt ausschließlich vom Willen des Kündigungsadressaten ab, der somit nicht vor einer Ungewissheit der Rechtslage geschützt zu werden braucht[7]. Die **Änderungskündigung** gemäß § 2 ist ein gesetzlich geregelter Fall der zulässigen Potestativbedingung (etwa: „Für den Fall, dass Sie mit dem Änderungsangebot nicht einverstanden sind, kündige ich hiermit."). Unverzichtbar ist aber auch bei der Änderungskündigung, dass der Beendigungswille des Kündigenden für den Fall des Bedingungseintritts (der Nichtannahme des Änderungsangebotes) unmissverständlich deutlich wird. Bei einer nur als „Änderungskündigung" überschriebenen Erklärung, die ansonsten allein das Änderungsangebot zum Inhalt hat, ist das nicht ohne weiteres der Fall[8]. Lediglich die Ankündigung einer Änderungskündigung stellt die Mitteilung dar, dass „im Falle einer Ablehnung des Änderungsangebotes die Beendigungskündigung unvermeidlich" sei[9].

Im Unterschied zur außerordentlichen Kündigung ist die **ordentliche Kündigung** der gesetzlich oder vertraglich vorgesehene „gewöhnliche" Weg zur einseitigen Beendigung des Dauerschuldverhältnisses. Sie ist gem. § 622 BGB grundsätzlich fristgebunden (vgl. näher zu den **Kündigungsfristen** die Erl. zu § 622 BGB). Durch TV können die ansonsten zwingenden gesetzlichen Kündigungsfristen bis zur Fristlosigkeit abgekürzt werden (§ 622 Abs. 4 Satz 1 BGB). Dadurch ändert sich nicht ihr Charakter als ordentliche Kündigung, dh. sie unterliegt der Rechtskontrolle des § 1, sofern die weiteren Voraussetzungen (Wartezeit, Mindestbeschäftigtenzahl) erfüllt sind; BR bzw. Personalvertretung sind entsprechend dem für ordentliche Kündigungen geltenden Verfahren zu beteiligen. Eine ordentliche Kündigung ist auch die fristlos mögliche Probezeitkündigung nach § 15 Abs. 1 BBiG (sie unterliegt freilich nicht dem allgemeinen Kündigungsschutz). Gelten nach Gesetz oder TV in besonderen Lagen **verkürzte Kündigungsfristen** (zB für die Insolvenz gemäß § 113 Satz 2 InsO oder für saison- oder witterungsbedingte Kündigungen nach manchen TV), handelt es sich doch um ordentliche Kündigungen, auf die der Kündigungsschutz Anwendung findet. Schließt ein TV die ordentliche Kündigung aus und macht davon wiederum eine Ausnahme für bestimmte Fallgestaltungen (zB Betriebsschließungen), so handelt es sich auch dabei um ordentliche Kündigungen[10]. Eine „**fristlose**" Kündigung ist im Regelfall eine außerordentliche Kündigung, sofern nicht ausnahmsweise die Möglichkeit zu einer entfristeten ordentlichen Kündigung besteht. Umgekehrt soll eine „außerordentliche" Kündigung das Arbeitsverhältnis im Zweifel fristlos mit ihrem Zugang beenden. Sie kann aber auch mit einer sog. Auslauffrist erklärt werden. Dabei muss der Kündigende deutlich machen, dass trotz der Auslauffrist außerordentlich gekündigt werden soll[11]. Lassen weder die Kündigungserklärung noch die Umstände erkennen, ob die Kündigung ordentlich oder außerordentlich ausgesprochen ist (etwa: „Hiermit kündige ich das Arbeitsverhältnis"), wird die Kündigung **im Zweifel als ordentliche** zu verstehen sein und gilt zum nächstzulässigen Termin[12]. Eine „fristgerechte" Kündigung „zum 1. Januar" des Folgejahres kann als Kündigung zum 31.12. des laufenden Jahres auszulegen sein, wenn eine Kündigung nur zum Monatsende ausgesprochen werden kann[13]. Enthält eine Kündigung widersprüchliche Bestimmungen über den Zeitpunkt der beabsichtigten Beendigung des Arbeitsverhältnisses, die aus der Sicht des Erklärungsempfängers nicht aufklärbar sind, verstößt sie gegen den Grundsatz der Bestimmtheit und Eindeutigkeit einer Gestaltungserklärung und ist insgesamt unwirksam[14].

---

1 BAG v. 12.10.1954 – 2 AZR 36/53, AP Nr. 5 zu § 3 KSchG. | 2 BAG v. 12.10.1954 – 2 AZR 36/53, AP Nr. 5 zu § 3 KSchG. | 3 BAG v. 16.1.1987 – 7 AZR 546/85, nv. (juris). | 4 BAG v. 23.9.1999 – 8 AZR 650/98, nv. (juris). | 5 So auch *Vossen* in Stahlhacke/Preis/Vossen, Rz. 1875; KR/*Friedrich*, § 4 KSchG Rz. 137. | 6 BAG v. 16.1.1987 – 7 AZR 546/85, nv. (juris). | 7 BAG v. 27.6.1968 – 2 AZR 329/67, AP Nr. 1 zu § 626 BGB – Bedingung. | 8 Ähnlich: ArbG Solingen v. 10.5.1977 – 1 Ca 1005/76, AuR 1979, 27 für die bloße Mitteilung, dass „die Akkordsätze gekündigt und um 20 % gesenkt werden"; *Löwisch*, § 2 KSchG Rz. 5. | 9 LAG Hess. v. 9.4.1990 – 10/2 Sa 475/89, AuR 1991, 152 (L); HK/*Weller/Hauck*, § 2 KSchG Rz. 11. | 10 *Löwisch*, § 1 KSchG Rz. 53. | 11 BAG v. 12.9.1974 – 2 AZR 535/73, AP Nr. 1 zu § 44 TVAL II; v. 14.7.1960 – 2 AZR 64/59, AP Nr. 13 zu § 123 BGB (*A. Hueck*); KR/*Fischermeier*, § 626 BGB Rz. 30 mwN. | 12 BAG v. 18.4.1985 – 2 AZR 197/84, AP Nr. 20 zu § 622 BGB. | 13 BAG v. 25.9.2002 – 10 AZR 7/02, DB 2003, 156 f.; LAG Köln v. 26.10.2001 – 11 Sa 832/01, LAGReport 2002, 305 f. | 14 BAG v. 21.10.1981 – 2 AZR 407/79, nv.

28 **bb) Ort, Zeit und Form der Kündigung.** Die Kündigung kann grundsätzlich zu jeder Zeit und an jedem Ort erklärt werden[1], somit auch während des Urlaubs, der Krankheit sowie an Sonn- und Feiertagen (zum Zugang vgl. Rz. 34). Nur ganz ausnahmsweise kann eine sog. **ungehörige Kündigung**, die zur Unzeit ausgesprochen wird und den ArbN gerade wegen des Kündigungszeitpunkts besonders belastet, treuwidrig (§ 242 BGB) und damit rechtswidrig sein, wenn der ArbGeb absichtlich oder unter Missachtung der persönlichen Belange des ArbN den belastenden Zeitpunkt wählt[2]. In besonders krassen Fällen soll eine Kündigung zur Unzeit auch sittenwidrig sein können[3]. Eine Kündigung nach Vertragsschluss, aber **vor Dienstantritt** ist grundsätzlich zulässig. Sie kann jedoch vertraglich ausgeschlossen sein, was auch ohne ausdrückliche Abrede aus der Auslegung des Arbeitsvertrages folgen kann (vgl. näher Vorb. vor § 1 Rz. 20). Seit In-Kraft-Treten von § 623 BGB am 1.5.2000 bedarf jede Kündigung eines Dienst- und Arbeitsverhältnisses ausnahmslos der **Schriftform**; anderenfalls ist sie nichtig, § 125 BGB. Die elektronische Form ist ausgeschlossen (§ 623 Halbs. 2 BGB). Zu den Einzelheiten des Formerfordernisses und der Geltendmachung etwaiger Formmängel vgl. die Erl. zu § 4 und § 623 BGB. Zudem verlangen § 15 Abs. 3 BBiG für die Kündigung eines Berufsausbildungsverhältnisses nach Ablauf der Probezeit und § 9 Abs. 3 Satz 2 MuSchG für die behördlich erlaubte Kündigung während des Mutterschutzes Schriftform sowie außerdem die Angabe der Kündigungsgründe. Die früher notwendige Prüfung tarif- und einzelvertraglicher Schriftformklauseln auf konstitutive oder nur deklaratorische Bedeutung ist durch § 623 BGB entfallen.

29 Die **Angabe von Kündigungsgründen** in der Kündigungserklärung ist gesetzlich grundsätzlich nicht geboten. Dies gilt auch für die außerordentliche Kündigung (§ 623 Abs. 2 Satz 3 BGB). Eine Sonderregelung besteht nur für die Kündigung von Berufsausbildungsverhältnissen nach Ablauf der Probezeit gem. § 15 Abs. 3 BBiG sowie im Mutterschutz gem. § 9 Abs. 3 Satz 2 MuSchG (idF v. 1.3.1997) nach Zustimmung der zuständigen obersten Landesbehörde. Das Gleiche gilt, wenn im **Tarif- oder Einzelvertrag** die Angabe von Gründen in der Kündigung gefordert ist und die Auslegung ergibt, dass dies nicht nur klarstellende und beweissichernde, sondern konstitutive Bedeutung für die Kündigung hat[4]. In diesen Fällen müssen die Kündigungsgründe im Kündigungsschreiben jedenfalls so genau bezeichnet sein, dass im Prozess nicht ernsthaft streitig werden kann, auf welchen Lebenssachverhalt die Kündigung gestützt war; allein die Bezugnahme auf ein inhaltlich nicht näher umschriebenes Gespräch reicht dafür nicht[5]. Die Angabe von Gründen in der Kündigungserklärung als Wirksamkeitsvoraussetzung ist zu unterscheiden von der Frage, ob der ArbGeb dem ArbN **Auskunft** über die Kündigungsgründe schuldet. Eine Auskunftspflicht über die Kündigungsgründe ist gesetzlich in § 626 Abs. 2 Satz 3 BGB für die außerordentliche Kündigung und in § 1 Abs. 3 Satz 1 Halbs. 2 in Bezug auf die Gründe der Sozialauswahl statuiert, jeweils allerdings nur auf Verlangen des ArbN. Sie soll darüber hinaus gem. § 242 BGB auch bei der ordentlichen Kündigung in Bezug auf die Kündigungsgründe bestehen, sofern diese der sozialen Rechtfertigung bedürfen oder konkrete Anhaltspunkte für gesetzwidrige Gründe (§§ 134, 138, 242, 612a BGB etc.) bestehen und der ArbN jeweils die Auskunft zur Prüfung der Erfolgsaussichten einer Kündigungsschutzklage verlangt[6]. Eine Verletzung der Auskunftspflicht kann Schadensersatzansprüche begründen (etwa Kosten eines vergeblichen Kündigungsschutzprozesses)[7].

30 **cc) Vertretung.** Rechtsgeschäftliche Vertretung bei Ausspruch der Kündigung ist auf der **Erklärungswie auf der Empfängerseite** zulässig (§ 164 Abs. 1 und 3 BGB). Kein Fall der Vertretung ist das Handeln des Insolvenzverwalters, Testamentsvollstreckers oder Nachlassverwalters, die aus eigenem Recht kündigen können. **Vertretung ohne Vertretungsmacht** scheidet bei der Kündigung gemäß § 180 Satz 1 BGB grundsätzlich aus. Als einseitiges Rechtsgeschäft, das rechtsgestaltend auf das Vertragsverhältnis einwirkt, darf die Wirksamkeit der Kündigung nicht in der Schwebe oder auch nur für den Empfänger im Ungewissen bleiben. Hat der Kündigungsempfänger aber nicht bei Vornahme des Rechtsgeschäfts, dh. unverzüglich[8], die vom Vertreter behauptete Vertretungsmacht beanstandet oder ist er damit einverstanden gewesen, dass der Vertreter ohne Vertretungsmacht handelt, kann der Vertretene gemäß § 180 Satz 2 BGB das Rechtsgeschäft noch mit Rückwirkung genehmigen. Fordert ihn der Erklärungsgegner hierzu auf, muss die Genehmigung gemäß § 177 Abs. 2 BGB binnen zwei Wochen erklärt werden, anderenfalls gilt sie als verweigert. Die Genehmigung einer außerordentlichen Kündigung kann nur innerhalb der zweiwöchigen Ausschlussfrist des § 626 Abs. 2 BGB erfolgen[9].

31 Gemäß § 174 BGB ist – praktisch wichtig – die Kündigung selbst eines bevollmächtigten Vertreters nichtig (und bedarf der Neuvornahme), wenn dieser **keine Vollmachtsurkunde** (im Original)[10] vorlegt

---

1 BAG v. 14.11.1984 – 7 AZR 174/83, AP Nr. 88 zu § 626 BGB: Heiliger Abend. | 2 BAG v. 5.4.2001 – 2 AZR 185/00, EzA § 242 BGB – Kündigung Nr. 3 (Todesfall); v. 14.11.1984 – 7 AZR 174/83, AP Nr. 88 zu § 626 BGB (Heiliger Abend); jeweils v. BAG nicht beanstandet. | 3 BAG v. 5.4.2001 – 2 AZR 185/00, EzA § 242 BGB – Kündigung. Nr. 3, unter II 4 d.Gr. | 4 BAG v. 25.8.1977 – 3 AZR 705/75 u. v. 10.2.1999 – 2 AZR 176/98, AP Nr. 1 u. Nr. 2 zu § 54 BMT-G II. | 5 BAG v. 10.2.1999 – 2 AZR 176/98, AP Nr. 2 zu § 54 BMT-G II. | 6 So *Löwisch*, § 1 KSchG Rz. 60; *Löwisch*, DB 1975, 349 (354); nicht so weit gehen KR/*Etzel*, § 1 KSchG Rz. 681 und *v. Hoyningen-Huene/Linck*, § 1 KSchG Rz. 162 f. | 7 BAG v. 21.3.1959 – 2 AZR 450/58, AP Nr. 55 zu § 1 KSchG. | 8 *Palandt/Heinrichs*, § 174 BGB Rz. 1. | 9 BAG v. 26.3.1986 – 7 AZR 585/84, AP Nr. 2 zu § 180 BGB; v. 4.2.1987 – 7 AZR 583/85, AP Nr. 3 zu § 180 BGB. | 10 Unzureichend ist beglaubigte Abschrift: BGH v. 4.2.1981 – VIII ZR 313/79, AP Nr. 5 zu § 174 BGB; *Lohr*, MDR 2000, 620.

und der Kündigungsempfänger die Kündigung aus diesem Grund unverzüglich zurückweist. Die Zurückweisung hat **unverzüglich** iSv. § 121 BGB zu erfolgen. Dem Erklärungsempfänger sind eine Bedenkzeit sowie die Möglichkeit, kurzfristig Rechtsrat einzuholen, zuzubilligen. Eine Zurückweisung binnen einer Woche wird idR noch rechtzeitig sein [1]. Eine Frist von 2 Wochen dürfte unter besonderen Umständen das Äußerste sein [2]. Nach Ablauf von 3 Wochen ist eine Zurückweisung in jedem Fall zu spät [3]. Die Zurückweisung muss „**aus diesem Grund**" erfolgen. Das braucht nicht ausdrücklich zu geschehen, sondern kann sich aus den Umständen ergeben, solange es nur eindeutig ist [4]. Soll die Zurückweisung durch einen Bevollmächtigten erfolgen, kann sie (als geschäftsähnliche Handlung) ihrerseits unter den Voraussetzungen des § 174 BGB zurückgewiesen werden [5]. Die **Zurückweisung ist ausgeschlossen**, wenn der Vertretene den Erklärungsgegner von der Bevollmächtigung in Kenntnis gesetzt hat, § 174 Satz 2 BGB. Kenntniserlangung auf sonstige Weise genügt nicht. Es steht aber einer Mitteilung iSv. § 174 Satz 2 BGB gleich, wenn der Vertretene den Vertreter erkennbar in eine Stellung berufen hat, die üblicherweise mit einer Kündigungsvollmacht verbunden ist [6]. Das ist bei einem Leiter der Personalabteilung idR anzunehmen [7], auch wenn er im Innenverhältnis Beschränkungen unterliegt [8]; bejaht auch für den Niederlassungsleiter eines Transportunternehmens [9]; **anders dagegen** idR bei einem Sachbearbeiter in der Personalabteilung [10] und – je nach den konkreten Umständen – dem Referatsleiter einer Polizeiverwaltungsbehörde [11]; verneint auch für den kaufmännischen Leiter der Niederlassung eines Automobilherstellers [12]. Lässt sich ein Insolvenzverwalter durch einen assoziierten Rechtsanwalt seiner Kanzlei vertreten, muss dieser eine Vollmacht vorlegen wie bei der Vertretung jeder anderen Partei [13].

Der **Prokurist** bedarf bei ordnungsgemäßer Eintragung und Bekanntmachung der Prokura im Handelsregister keines Vollmachtsnachweises, selbst wenn er ohne Zusatz (ppa.) zeichnet [14]. Gesamtprokuristen und entsprechend GmbH-Geschäftsführer, die nur **gesamtvertretungsberechtigt** sind, haben grundsätzlich gemeinschaftlich zu zeichnen oder der Vornahme des Rechtsgeschäfts durch den anderen zuzustimmen; das kann durch interne, formlose Bevollmächtigung bzw. Ermächtigung geschehen [15]. Wird das nicht nach außen durch Mitteilung an den Erklärungsempfänger oder durch Vorlage der Vollmachtsurkunde dokumentiert, droht Zurückweisung gemäß § 174 BGB [16]. Nachträgliche Genehmigung der Kündigung ist, sofern diese nicht gemäß § 174 BGB zurückgewiesen wurde, gemäß § 180 Satz 2 BGB in Grenzen möglich (vgl. hierzu oben Rz. 30). **Minderjährige** sind in einem Arbeitsverhältnis, zu dessen Eingehung ihre gesetzlichen Vertreter sie gemäß § 113 BGB ermächtigt haben, grundsätzlich aktiv wie passiv kündigungsberechtigt. Kein Arbeitsverhältnis iSv. § 113 BGB ist nach hM wegen seiner besonderen Bedeutung für den Berufsweg des Jugendlichen das Berufsausbildungsverhältnis; es kann daher nur von und gegenüber den gesetzlichen Vertretern des Jugendlichen gekündigt werden [17]. Regelungen in einer **Gemeindeordnung**, wonach die Kündigungsschreiben der Unterschrift bestimmter Personen und ggf. der Beifügung eines Dienstsiegels bedarf, dienen zum Schutz der Gemeinde der Legitimation des Erklärenden; sie sind daher keine Formvorschriften iSv. § 125 BGB, sondern Vertretungsregelungen [18]. Fehlt das Dienstsiegel, kann der Empfänger die Kündigung gemäß § 174 BGB zurückweisen [19].

Die sog. **Schriftsatzkündigung durch den Prozessbevollmächtigten** bereitet Probleme im Hinblick auf Vertretungsmacht, Formwahrung und Zugang. Alle Fragen sind für die Wirksamkeit der Kündigung von entscheidender Bedeutung. Die **Prozessvollmacht** gem. § 81 ZPO [20] berechtigt im Kündigungsrechtsstreit nach § 4 oder § 13 Abs. 1 regelmäßig nicht zum Ausspruch oder zur Entgegennahme weiterer Kündigungen, da diese nicht „den Rechtsstreit betreffen"; Streitgegenstand ist hier nur die Auflösung des Arbeitsverhältnisses durch eine bestimmte Kündigung (sog. punktueller Streitgegen-

---

1 BAG v. 30.5.1978 – 2 AZR 633/76, AP Nr. 2 zu § 174 BGB; v. 31.8.1979 – 7 AZR 674/77, AP Nr. 3 zu § 174 BGB. |2 LAG Düsseldorf v. 22.2.1995 – 4 Sa 1817/94, LAGE § 174 BGB Nr. 7; dem zuneigend BAG v. 11.3.1999 – 2 AZR 427/98, AP Nr. 150 zu § 626 BGB; die Beurteilung eines Zeitraums von neun Tagen als verspätet durch das Berufungsgericht hat das BAG revisionsrechtlich nicht beanstandet: BAG v. 5.4.2001 – 2 AZR 159/00, AP Nr. 171 zu § 626 BGB. |3 BAG v. 11.3.1999 – 2 AZR 427/98, AP Nr. 150 zu § 626 BGB. |4 Wohl zu streng BAG v. 18.12.1980 – 2 AZR 980/78, AP Nr. 4 zu § 174 BGB mit insoweit Bedenken äußernder Anmerkung *G. Hueck*; krit. auch *Beitzke*, SAE 1981, 170. |5 ErfK/*Müller-Glöge*, § 620 BGB Rz. 23. |6 BAG v. 29.10.1992 – 2 AZR 460/92, AP Nr. 10 zu § 174 BGB; v. 22.1.1998 – 2 AZR 267/97, AP Nr. 11 zu § 174 BGB. |7 BAG v. 30.5.1972 – 2 AZR 298/71, AP Nr. 1 zu § 174 BGB; v. 29.10.1992 – 2 AZR 460/92, AP Nr. 10 zu § 174 BGB; v. 22.1.1998 – 2 AZR 267/97, AP Nr. 11 zu § 174 BGB. |8 BAG v. 29.10.1992 – 2 AZR 460/92, AP Nr. 10 zu § 174 BGB. |9 Hess. LAG v. 20.6.2000 – 9 Sa 1899/99, LAGE § 174 BGB Nr. 11. |10 BAG v. 30.5.1978 – 2 AZR 633/76, AP Nr. 2 zu § 174 BGB; vgl. aber BAG v. 29.6.1989 – 2 AZR 482/88, AP Nr. 7 zu § 174 BGB. |11 BAG v. 20.8.1997 – 2 AZR 518/96, AP Nr. 11 zu § 620 BGB – Kündigungserklärung. |12 Hess. LAG v. 4.9.1997 – 3 Sa 1360/96, NZA-RR 1998, 396. |13 BAG v. 18.4.2002 – 8 AZR 346/01, NZA 2002, 1207; LAG Köln v. 31.8.2000 – 6 Sa 862/00, LAGE § 174 BGB Nr. 12. |14 BAG v. 11.7.1991 – 2 AZR 107/91, AP Nr. 9 zu § 174 BGB. |15 BAG v. 18.12.1980 – 2 AZR 980/78, AP Nr. 4 zu § 174 BGB. |16 BAG v. 18.12.1980 – 2 AZR 980/78, AP Nr. 4 zu § 174 BGB. |17 LAG Schl.-Holst. v. 22.12.1982 – 2 Sa 270/82, EzB BGB § 113 Nr. 2; LAG Nürnberg v. 21.6.1994 – 2 (4) Sa 510/91, LAGE § 15 BBiG Nr. 8; KR/*Weigand*, §§ 14, 15 BBiG Rz. 110 mwN; *Söllner*, Anm. zu BAG v. 25.11.1974 in EzA § 15 BBiG Nr. 3; offen gelassen in BAG v. 25.11.1976 – 2 AZR 75/75, AP Nr. 4 zu § 15 BBiG. |18 BAG v. 29.6.1986 – 7 AZR 180/87, AP Nr. 6 zu § 174 BGB. |19 Andererseits schließt die Beifügung eines Dienstsiegels eine Zurückweisung gem. § 174 BGB noch nicht aus, da sie für sich nicht die Vertretungsmacht des Erklärenden belegt: BAG v. 20.8.1997 – 2 AZR 518/96, AP Nr. 11 zu § 620 BGB – Kündigungserklärung. |20 § 81 ZPO umschreibt den gesetzlich festgelegten Umfang; zu einer erweiterten sog. Einheitsvollmacht vgl. LAG Düsseldorf v. 13.1.1999 – 12 Sa 1810/98, ZInsO 1999, 544.

stand, vgl. hierzu näher § 4 Rz. 49). Eine Schriftsatzkündigung des Prozessbevollmächtigten des Arb-Geb kann daher gem. § 174 bzw. § 180 BGB zurückgewiesen werden, wenn nicht eine besondere Vollmacht erteilt und beigefügt ist. Entsprechend muss die Kündigung auf der Empfängerseite dem ArbN selbst zugehen, um die Klagefrist des § 4 in Gang zu setzen[1]. Abweichend hiervon soll die Vollmacht für eine Kündigungsschutzklage nach § 4 (sowie nach § 13 Abs. 1) zum Ausspruch einer Wiederholungskündigung aufgrund desselben Kündigungssachverhalts berechtigen[2]. Hat der ArbN dagegen **allgemeine Feststellungsklage** nach § 256 ZPO erhoben, erfasst diese nach Auffassung des BAG auch nachfolgende Kündigungen während des Rechtsstreits[3]. Die Vollmacht im Umfang des § 81 ZPO berechtigt den Prozessbevollmächtigten demgemäß zur Entgegennahme solcher Kündigungen[4]. Damit ist ihr Zugang erfolgt und die Klagefrist des § 4 in Gang gesetzt. Ebenso berechtigt die Vollmacht in diesem Fall zum Ausspruch weiterer Kündigungen[5]. Gleichwohl ist zur Vermeidung einer **Zurückweisung** gem. § 174 BGB auch bei der allgemeinen Feststellungsklage geboten, einer Prozesskündigung die Vollmacht im Original beizufügen. Das Prozessrecht schließt die Vollmachtsrüge nicht aus (§§ 80, 88 ZPO). Die Bestellung des Prozessbevollmächtigten im Rechtsstreit wird auch bei Beifügung einer Vollmacht für das Gericht weder als Vorlage einer Vollmachtsurkunde iSv. § 174 Satz 1 BGB noch als In-Kenntnis-Setzen des Prozessgegners von der Bevollmächtigung durch den Vollmachtgeber gem. § 174 Satz 2 BGB angesehen werden können[6]. Soweit vertreten wird, dass § 174 BGB im Rahmen des gesetzlichen Umfangs einer Prozessvollmacht nach § 81 ZPO nicht anwendbar sei[7], kann dies nur für unmittelbare Prozesshandlungen gelten; anderenfalls wäre der Empfänger der Kündigung entgegen § 174 BGB nicht in der Lage, sofortige Gewissheit über ihre Wirksamkeit und damit über das Fortbestehen seines Vertrages zu erlangen. Auch die Schriftsatzkündigung muss dem Empfänger **formgerecht zugehen**, §§ 130, 623 BGB[8]. Der Zugang einer beglaubigten Abschrift wahrt die Schriftform nur, wenn der Beglaubigungsvermerk von dem Bevollmächtigten eigenhändig unterzeichnet ist[9].

34 **dd) Zugang.** Nach § 130 Abs. 1 Satz 1 BGB wird die Kündigung als **empfangsbedürftige Willenserklärung** mit ihrem Zugang beim Empfänger wirksam. Hat der Empfänger einen Empfangsvertreter bestellt, ist der Zugang bei diesem maßgeblich. Zur Frage, ob der Prozessbevollmächtigte Empfangsvertreter oder nur Empfangsbote ist, vgl. oben Rz. 33. Bis zu ihrem Zugang kann der Kündigende seine Erklärung widerrufen, § 130 Abs. 1 Satz 2 BGB. Die Kündigung ist dem Empfänger zugegangen, wenn sie so in seinen Machtbereich gelangt ist, dass er unter gewöhnlichen Umständen von ihr Kenntnis nehmen kann (vgl. näher § 4 Rz. 27). Die Kündigung eines **Minderjährigen**, der zur Eingehung eines Arbeitsverhältnisses von seinen gesetzlichen Vertretern ermächtigt wurde, erfolgt dem Minderjährigen gegenüber. Das gilt nach herrschender Meinung nicht im Berufsausbildungsverhältnis (vgl. Rz. 32).

35 **ee) Kündigungsschutzrechtliche Wirksamkeitsvoraussetzungen.** Besteht ein **BR** oder eine **Personalvertretung**, bedarf die Kündigung zum vorbeugenden Schutz des ArbN zwingend deren vorheriger Beteiligung (§ 102 BetrVG, §§ 72, 79, 108 Abs. 2 BPersVG iVm. den jeweiligen Personalvertretungsgesetzen der Länder). Eine ohne Beteiligung der ArbN-Vertretung ausgesprochene Kündigung ist unheilbar unwirksam (§ 102 Abs. 1 Satz 3 BetrVG, §§ 79 Abs. 4, 108 Abs. 2 BPersVG). Das Gleiche gilt bei nicht ordnungsgemäß durchgeführter Beteiligung. Die Beteiligungspflicht ist für ordentliche und außerordentliche Kündigung idR unterschiedlich ausgestaltet. Sie gilt jeweils auch für die Änderungskündigung[10]. Zu den näheren Einzelheiten der ordnungsgemäßen Beteiligung einer ArbN-Vertretung vor Ausspruch der Kündigung vgl. die Erl. zu § 102 BetrVG[11]. Der vorherigen **Zustimmung einer Behörde** bedarf die Kündigung von Schwerbehinderten (§§ 85 ff. SGB IX), Frauen im Mutterschutz (§ 9 Abs. 3 MuSchG) und Eltern in der Elternzeit (§ 18 BErzGG). Fehlende Zustimmung macht die Kündigung unheilbar nichtig; sie bedarf der Neuvornahme. Im Übrigen ist der gesamte allgemeine und besondere gesetzliche (vgl. Vorb. vor § 1 Rz. 14 ff.) sowie der autonome Kündigungsschutz (vgl. Vorb. vor § 1 Rz. 19 ff.) zu beachten. Ein Verstoß gegen die jeweiligen zwingenden Schutzregelungen führt idR zur Unwirksamkeit der Kündigung.

36 **ff) Umdeutung.** Ist die Kündigung rechtsunwirksam, so gilt sie gemäß § 140 BGB als ein anderes Rechtsgeschäft, sofern sie dessen Erfordernissen entspricht und anzunehmen ist, dass der Kündi-

---

[1] *Preis* in Stahlhacke/Preis/Vossen verlangt wegen der „Verpackung" der Kündigung im Schriftsatz darüber hinaus positive Kenntnisnahme; dagegen KR/*Fischermeier*, § 626 BGB Rz. 194. [2] BAG v. 10.8.1977 – 5 AZR 394/76, EzA § 81 ZPO Nr. 1; krit. *Rimmelspacher* in Anm. AP Nr. 2 zu § 81 ZPO. [3] BAG v. 21.1.1988 – 2 AZR 581/86, AP Nr. 19 zu § 4 KSchG 1969; best. durch BAG v. 13.3.1997 – 2 AZR 512/96, AP Nr. 38 zu § 4 KSchG 1969; dies gilt nur für den Zeitraum bis zur letzten mündlichen Verhandlung in den Tatsacheninstanzen. [4] BAG v. 21.1.1988 – 2 AZR 581/86, AP Nr. 19 zu § 4 KSchG 1969; bestätigt durch BAG v. 13.3.1997 – 2 AZR 512/96, AP Nr. 38 zu § 4 KSchG 1969; KR/*Fischermeier*, § 626 BGB Rz. 195. [5] KR/*Fischermeier*, § 626 BGB Rz. 195. [6] *Rimmelspacher*, Anm. zu BAG v. 10.8.1977 – 5 AZR 394/76, AP Nr. 2 zu § 81 ZPO. [7] *Rimmelspacher*, Anm. zu BAG v. 10.8.1977 – 5 AZR 394/76, AP Nr. 2 zu § 81 ZPO. [8] LAG Düsseldorf v. 23.2.1978 – 3 Sa 630/77, EzA § 125 BGB Nr. 4. [9] BGH v. 4.7.1986 – V ZR 41/86, NJW-RR 1987, 395; LAG Nds. v. 30.11.2001 – 10 Sa 1046/01, NZA-RR 2002, 240; KR/*Spilger*, § 623 BGB Rz. 22; ErfK/*Müller-Glöge*, § 623 BGB Rz. 22; enger *Preis* in Stahlhacke/Preis/Vossen, Rz. 199 (Verfasser des Schriftsatzes und Beglaubiger personengleich). [10] Bei der Änderungskündigung kann zusätzlich der Beteiligungstatbestand der Versetzung (§§ 99, 95 Abs. 3 BetrVG, 75 Abs. 1 BPersVG oder einer Umgruppierung vorliegen. [11] Zur Beteiligung der Personalvertretung nach dem BPersVG vgl. KR/*Etzel*, §§ 72, 79, 108 Abs. 2 BPersVG sowie die Kommentierungen zu den jeweiligen Personalvertretungsgesetzen der Länder.

gende die Geltung des anderen Rechtsgeschäfts bei Kenntnis der Unwirksamkeit der Kündigung gewollt hätte. Die Umdeutung tritt kraft Gesetzes ein und ist bei entsprechender Tatsachengrundlage im Rechtsstreit zu berücksichtigen, ohne dass sich eine Partei darauf berufen muss[1]. Das Ersatzgeschäft darf in seinen rechtlichen Wirkungen nicht weiterreichen als das unwirksame[2], wohl aber weniger weit, sofern es den mit dem unwirksamen Rechtsgeschäft erstrebten wirtschaftlichen Erfolg im Wesentlichen erreicht[3]. Danach kommt als **Ersatzgeschäft für eine ordentliche Kündigung** im Wesentlichen nur das Angebot zum Abschluss eines entsprechenden Aufhebungsvertrages in Betracht, vgl. dazu – auch im Hinblick auf die Form des § 623 BGB – sowie zur Frage der Annahme eines solchen Angebotes näher Anhang § 9 Rz. 4. Die Umdeutung der ordentlichen Kündigung in eine Anfechtung, eine außerordentliche Kündigung oder eine Änderungskündigung scheidet grundsätzlich aus, da diese Rechtsgeschäfte in ihren rechtlichen Wirkungen weiter reichen. Nach der Rspr. des BAG soll auch die Umdeutung der ordentlichen Kündigung eines tariflich unkündbaren ArbN in eine **außerordentliche Kündigung mit sozialer Auslauffrist** ausscheiden[4]. Das erscheint bedenklich, da die Wirkungen der außerordentlichen Kündigung mit sozialer Auslauffrist nicht weiter reichen als die der ordentlichen Kündigung[5]. Zu beachten ist allerdings die Kündigungserklärungsfrist des § 626 Abs. 2 BGB. Die Beteiligung des BR oder der Personalvertretung hat in diesen Fällen ohnehin nach den Regeln für eine ordentliche Kündigung zu erfolgen[6].

Als **Ersatzgeschäft einer außerordentlichen Kündigung** kommt grundsätzlich die ordentliche Kündigung in Betracht, soweit nicht die Beteiligungsrechte von Betriebsrat/Personalvertretung oder behördliche Zustimmungserfordernisse übergangen werden (vgl. hierzu § 13 Rz. 13 ff.); die Umdeutung der außerordentlichen Kündigung, die auf Täuschung oder Drohung gestützt ist, in eine Anfechtung kann ausnahmsweise erfolgen (str.)[7] (vgl. hierzu sowie zur Frage der umgekehrten Umdeutung § 626 BGB Rz. 454 ff.). Zur Umdeutung der außerordentlichen Kündigung in einen Aufhebungsvertrag vgl. § 626 BGB Rz. 454 ff. Ebenso wie die ordentliche kann auch die außerordentliche Kündigung nicht in eine **Änderungskündigung** umgedeutet werden. Dabei handelt es sich zwar um eine kündigungsrechtlich weniger einschneidende Maßnahme, doch werden ihre rechtlichen Wirkungen für den ArbGeb (Änderungsangebot) von der bloßen Beendigungskündigung nicht umfasst. Zur Umdeutung einer (un)wirksamen Änderungskündigung in einen (vorbehaltenen) Widerruf oder eine arbeitsvertragliche Weisung vgl. näher § 2 Rz. 13 f. u. 42.

gg) Beseitigung der Kündigung. Für die einseitige Beseitigung oder Rückgängigmachung einer wirksamen Kündigung bestehen enge Grenzen. Nach ihrem Zugang kann sie nicht mehr einseitig widerrufen werden (§ 130 Abs. 1 Satz 2 BGB). Die danach unwirksame einseitige **Rücknahme** der Kündigung ist regelmäßig als Angebot zu einer (ggf. rückwirkenden) Fortsetzung des alten, unter Umständen auch zur Begründung eines neuen Arbeitsverhältnisses auszulegen, vgl. näher zur Rücknahme sowie ihrer Auswirkung auf einen Kündigungsschutzprozess § 4 Rz. 44 ff. Neben der einvernehmlichen Aufhebung der Wirkung einer Kündigung kommt ansonsten nur ihre Anfechtung in Betracht (§§ 119, 123 BGB).

c) Kündigungsschutz und sonstige Beendigungstatbestände. aa) Eigenkündigung. Keine Anwendung findet der Kündigungsschutz auf Eigenkündigungen des ArbN, selbst wenn sie vom ArbGeb veranlasst sind[8]. Hat außer dem ArbGeb auch der ArbN seinerseits zum gleichen oder einem früheren Termin gekündigt und steht die Wirksamkeit dieser Eigenkündigung fest, kann das Feststellungsinteresse für eine Kündigungsschutzklage nach § 4 fehlen[9]. Die ordentliche Eigenkündigung des ArbN kann nur aus den allgemeinen Unwirksamkeitsgründen wie Anfechtung und Nichtigkeit (Form, § 623 BGB) unwirksam sein. Die außerordentliche Eigenkündigung des ArbN bedarf dagegen – wie die des ArbGeb – zu ihrer Wirksamkeit gemäß § 626 BGB eines wichtigen Grundes; fehlt es daran, ist sie regelmäßig in eine ordentliche Kündigung umzudeuten. Zum Lossagungsrecht des ArbN nach § 12 Satz 1, bei dem es sich um ein Sonderkündigungsrecht handelt, vgl. näher dort.

bb) Außerordentliche Kündigung. Kein Gegenstand des Kündigungsschutzes der §§ 1–14 ist grundsätzlich auch die außerordentliche Kündigung, § 13 Abs. 1 Satz 1 (vgl. zur Unterscheidung oben Rz. 27). Maßstab für ihre Rechtmäßigkeit ist der wichtige Grund (§ 626 BGB), nicht die soziale Rechtfertigung iSv. § 1. Fehlt der wichtige Grund, wovon auch bei Versäumung der Erklärungsfrist des § 626 Abs. 2 BGB auszugehen ist, kommt die Umdeutung gem. § 140 BGB in eine ordentliche Kündigung in

---

1 BAG v. 15.11.2001 – 2 AZR 310/00, AP Nr. 13 zu § 140 BGB; *Molkenbur/Krasshöfer-Pidde*, RdA 1989, 337 ff. | 2 BGH v. 15.12.1955 – II ZR 204/54, BGHZ 19, 269 (275); v. 14.5.1956 – II ZR 229/54, BGHZ 20, 363 (370); BGH LM Nr. 4 zu § 140 BGB. | 3 BGH v. 21.3.1977 – II ZR 96/75, BGHZ 68, 204 (206). | 4 BAG v. 12.9.1974 – 2 AZR 535/73, AP Nr. 1 zu § 44 TVAL II; v. 16.11.1979 – 2 AZR 1053/77, AP Nr. 1 zu § 154 BGB. | 5 Dass der Verstoß gegen das tarifliche Kündigungsverbot nach der Umdeutung als „sonstiger Unwirksamkeitsgrund" entfällt, ist keine Frage der Reichweite des Rechtsgeschäfts; so aber BAG v. 12.9.1974 – 2 AZR 535/73, AP Nr. 1 zu § 44 TVAL II. Die Unwirksamkeit soll gerade durch die Umdeutung überwunden werden; die Erwägung des BAG stellt damit den Zweck des § 140 BGB, der auf Verwirklichung des Parteiwillens zielt, auf den Kopf. Auch die Schriftform (§ 623 BGB) ist gewahrt. | 6 BAG v. 5.2.1998 – 2 AZR 227/97, AP Nr. 143 zu § 626 BGB. | 7 Bejaht v. LAG Sa.-Anh. v. 14.3.1995 – 8 Sa 712/94, nv.; ebenso ErfK/*Müller-Glöge*, § 620 BGB Rz. 59. | 8 In diesem Fall zählen sie allerdings bei der Zahl der Entlassungen mit, die gemäß § 17 Abs. 1 Satz 2 eine Anzeigepflicht gegenüber dem Arbeitsamt auslösen kann. | 9 BAG v. 11.2.1981 – 7 AZR 12/79, AP Nr. 8 zu § 4 KSchG 1969 (*M. Wolf*).

Betracht (vgl. oben Rz. 37). Diese unterliegt dem allgemeinen Kündigungsschutz. Für die (schriftliche) außerordentliche Kündigung gilt gemäß § 13 Abs. 1 Satz 2 die **dreiwöchige Klagefrist** des § 4 Satz 1. Wird sie versäumt und kommt auch eine verspätete Klage gemäß §§ 5, 6 nicht in Betracht, gilt die außerordentliche Kündigung gemäß §§ 7, 13 Abs. 1 Satz 2 als von Anfang an in jeder Hinsicht rechtswirksam. Für bis zum 31.12.2003 zugegangene Kündigungen (vgl. Rz. 1) galt das nur in Bezug auf den wichtigen Grund iSv. § 626 Abs. 1 BGB einschließlich der Wahrung der Kündigungserklärungsfrist des § 626 Abs. 2 BGB[1]; sog. sonstige Unwirksamkeitsgründe iSv. § 13 Abs. 3 konnten dagegen – wie auch heute noch die Formunwirksamkeit – innerhalb der Verwirkungsgrenzen geltend gemacht werden. Wird die Klagefrist gewahrt und fehlt ein wichtiger Grund, kann der ArbN (nicht der ArbGeb) die gerichtliche Auflösung des Arbeitsverhältnisses gegen Zahlung einer angemessenen Abfindung beantragen, wenn ihm die Fortsetzung des Arbeitsverhältnisses nicht zuzumuten ist (§ 13 Abs. 1 Satz 3); dies gilt nach alter wie neuer Rechtslage.

41 Hat ein Tarif- oder Arbeitsvertrag die **ordentliche Kündigung ausgeschlossen**, ist eine dennoch ausgesprochene ordentliche Kündigung nicht sozialwidrig, sondern – unabhängig von Wartezeit und Betriebsgröße – aus sonstigen Gründen unwirksam (§ 7). Doch kann gerade die aus dem Ausschluss des ordentlichen Kündigungsrechts folgende lange Bindungsdauer ausnahmsweise eine außerordentliche Kündigung rechtfertigen, da ein langdauerndes sinnentleertes Arbeitsverhältnis idR unzumutbar ist. Das gilt insb. für Kündigungsgründe mit Dauerwirkung (Betriebsschließung[2], dauernde Arbeitsunfähigkeit[3]), kommt aber auch für verhaltensbedingte Gründe in Betracht[4]. In einem solchen Fall ist hypothetisch zu prüfen, ob ohne den Ausschluss nur eine ordentliche Kündigung gemäß § 1 gerechtfertigt gewesen wäre. Ist das der Fall, darf der ArbGeb die außerordentliche Kündigung nur **wie eine ordentliche** erklären; anderenfalls würde sich der Ausschluss der ordentlichen Kündigung in diesen Fällen zum Nachteil des eigentlich geschützten ArbN kehren. Die außerordentliche Kündigung ist daher mit einer der ordentlichen Kündigung entsprechenden **Auslauffrist** auszusprechen[5]. Dabei ist deutlich zu machen, dass es sich um eine außerordentliche Kündigung handelt[6]. Außerdem sind der BR bzw. die Personalvertretung und sonstige ggf. einzubeziehende Stellen (etwa Integrationsamt) entsprechend dem Verfahren bei ordentlicher Kündigung zu beteiligen. Ggf. ist entsprechend § 1 Abs. 3 eine Sozialauswahl durchzuführen[7]. Eine **Umdeutung** der außerordentlichen Kündigung in eine solche mit Auslauffrist scheidet aus, wenn der BR der außerordentlichen Kündigung nicht ausdrücklich zugestimmt hat[8] oder – bei Schwerbehinderung – das Integrationsamt zustimmen muss[9]. Wegen der schwer abschätzbaren Grenze zwischen der verhaltensbedingten außerordentlichen und ordentlichen Kündigung empfiehlt es sich hier, den Weg der außerordentlichen Kündigung mit Auslauffrist zumindest hilfsweise zu gehen.

42 **cc) Teilkündigung und Widerruf.** Während die Änderungskündigung das Arbeitsverhältnis in seinem ganzen Bestand in Frage stellt, um auf diesem Weg beliebige Änderungen des Vertrages durchzusetzen, soll die **Teilkündigung** unter Aufrechterhaltung des Arbeitsvertrages im Übrigen nur einzelne Teile des Vertrages beseitigen[10]. Die Teilkündigung ist gesetzlich nicht vorgesehen. Ist das Recht zur Teilkündigung nicht vertraglich vereinbart, hat eine dennoch ausgesprochene Teilkündigung keine Rechtswirkung (pacta sunt servanda). Der geänderte Vertragsinhalt hätte keine Grundlage mehr im übereinstimmenden Parteiwillen. Die Teilkündigung ist daher grundsätzlich unzulässig[11]. Ein Recht zur Teilkündigung kann in engen Grenzen **vereinbart werden**. Es kann sich auch aus der Auslegung des Vertrages ergeben[12]. Es darf aber nicht zu einer Veränderung des Gesamtgefüges von Leistung und Gegenleistung berechtigen, die sich als Aushöhlung oder Umgehung des zwingenden Kündigungsschutzes (§§ 1, 2) darstellt. Das ist der Fall, wenn der Kernbereich der wechselseitigen Hauptleistungspflichten betroffen ist[13]. Zulässig kann die Vereinbarung eines Teilkündigungsrechts etwa bei mehreren **lose zusammengesetzten Verträgen** sein, deren gesonderte Lösung das Ge-

---

1 BAG v. 8.6.1972 – 2 AZR 336/71, AP Nr. 1 zu § 13 KSchG 1969. | 2 BAG v. 28.3.1985 – 2 AZR 113/84, NZA 1985, 559; v. 6.3.1986 – 2 ABR 15/85, DB 1986, 2605; zum tariflichen Kündigungsschutz nach §§ 53 Abs. 3, 55 BAT vgl. auch BAG v. 27.6.2002 – 2 AZR 367/01, DB 2003, 102 f. | 3 BAG v. 4.2.1993 – 2 AZR 469/92, EZA § 626 BGB nF Nr. 144; v. 18.10.2000 – 2 AZR 627/99, EZA § 626 BGB – Krankheit Nr. 3; KR/*Fischermeier*, § 626 BGB Rz. 132. | 4 BAG v. 11.3.1999 – 2 AZR 427/98, AP Nr. 150 zu § 626 BGB (Primatenforscher); v. 21.6.2001 – 2 AZR 325/00, EZA § 626 BGB nF Nr. 189 (Steuerhinterziehung einer Finanzamtsangestellten); v. 15.11.2001 – 2 AZR 605/00, AP Nr. 175 zu § 626 BGB (Geschenkannahme durch Mitarbeiter eines Hochbauamtes). | 5 St. Rspr., vgl. etwa BAG v. 18.10.2000 – 2 AZR 627/99, EZA § 626 BGB – Krankheit Nr. 3. | 6 BAG v. 12.9.1974 – 2 AZR 535/73, AP Nr. 1 zu § 44 TVAL II; v. 14.7.1960 – 2 AZR 64/59, AP Nr. 13 zu § 123 BGB (*A. Hueck*); KR/*Fischermeier*, § 626 BGB Rz. 30 mwN. | 7 BAG v. 5.2.1998 – 2 AZR 227/97, BAGE 88, 10 (22); wegen dieses Zwittercharakters wurde diese Form der Kündigung auch „Orlando-Kündigung" genannt, vgl. *Bröhl*, FS Schaub, 1998, S. 55 (72); vgl. näher zu dieser Kündigungsform *Quecke*, ZTR 2003, 6 ff. | 8 BAG v. 5.2.1998 – 2 AZR 227/97, BAGE 88, 10 (22). | 9 HM, vgl. APS/*Vossen*, § 21 SchwbG Rz. 23 f. mwN. | 10 BAG v. 7.10.1982 – 2 AZR 455/80, AP Nr. 5 zu § 620 BGB – Teilkündigung; v. 14.11.1990 – 5 AZR 509/89, AP Nr. 25 zu § 611 BGB – Arzt-Krankenhaus-Vertrag. | 11 BAG v. 7.10.1982 – 2 AZR 455/80, AP Nr. 5 zu § 620 BGB – Teilkündigung; v. 25.2.1988 – 2 AZR 346/87, AP Nr. 18 zu § 611 BGB – Arzt-Krankenhaus-Vertrag; v. 23.8.1989 – 5 AZR 569/88, NZA 1990, 91; kritisch insoweit *Preis* in Stahlhacke/Preis/Vossen, Rz. 253 (554 f.). | 12 BAG v. 4.2.1958 – 3 AZR 110/55, AP Nr. 1 zu § 620 BGB – Teilkündigung (*A. Hueck*). | 13 BAG v. 12.12.1984 – 7 AZR 509/83, AP Nr. 6 zu § 2 KSchG 1969; v. 14.11.1990 – 5 AZR 509/89, AP Nr. 25 zu § 611 BGB – Arzt-Krankenhaus-Vertrag.

füge von Leistung und Gegenleistung der übrigen Teilverträge nicht wesentlich berührt[1]. Eine danach ausnahmsweise zulässige Teilkündigung ist nicht mehr auf ihre soziale Rechtfertigung gemäß § 1, 2 zu prüfen. Stellt sie sich faktisch als einseitige Leistungsbestimmung dar, handelt es sich in Wahrheit um einen Widerrufsvorbehalt, der gemäß § 315 BGB nur in den Grenzen billigen Ermessens ausgeübt werden kann[2]. Einer Beteiligung von BR oder Personalrat bedarf es bei einer ausnahmsweise zulässigen Teilkündigung nicht[3]. Haben die Parteien einer Seite das Recht zur einseitigen Änderung einzelner Vertragsbedingungen eingeräumt, handelt es sich unabhängig von der gewählten Bezeichnung um eine von vornherein nur unter **Widerrufsvorbehalt** zugesagte Leistung[4] oder ein einseitiges Leistungsbestimmungsrecht iSv. § 315 BGB. Die Vereinbarung darf nicht zu einer Umgehung des KSchG, insb. des Inhaltsschutzes in § 2 oder der Kündigungsfristen führen[5]. Das ist der Fall, wenn wesentliche Elemente des Arbeitsvertrages einer einseitigen Änderung unterliegen sollen, durch deren Widerruf das Gleichgewicht von Leistung und Gegenleistung grundlegend gestört würde[6]. Bei zulässiger Vereinbarung unterliegt die Ausübung des Widerrufsrechts nicht dem KSchG, muss aber billigem Ermessen entsprechen (§ 315 BGB)[7].

dd) Nichtigkeit und Anfechtung. Erweist sich ein Arbeitsvertrag insgesamt als **nichtig**[8] (vgl. dazu näher § 611 BGB Rz. 70 ff.), kann sich hierauf jede Partei jederzeit berufen. Diese form- und fristlose sog. **Lossagung** ist keine Kündigung, das KSchG und die sonstigen Kündigungsbestimmungen sind nicht anzuwenden[9]. Wurde das Arbeitsverhältnis bereits in Vollzug gesetzt, hat der ArbN also gearbeitet, wirkt die Lossagung vom nichtigen Arbeitsvertrag wegen die Schwierigkeit einer Rückabwicklung idR nur ex nunc bzw. frühestens ab dem Zeitpunkt, ab dem das Arbeitsverhältnis zuletzt „außer Funktion" gesetzt" worden ist[10]. Für die Dauer des Vollzuges eines nichtigen Arbeitsverhältnisses besteht ein sog. faktisches oder fehlerhaftes Arbeitsverhältnis (vgl. näher § 611 BGB Rz. 80 ff.). Entsprechendes gilt für die **Anfechtung** gemäß §§ 119, 123 BGB. Sie wirkt abweichend von § 142 BGB nicht zurück, soweit das Arbeitsverhältnis in Vollzug gesetzt worden ist. War es zuletzt wieder „außer Funktion" gesetzt worden, wirkt die Anfechtung auf diesen Zeitpunkt zurück[11], im Falle einer Arbeitsunfähigkeit auf den Zeitpunkt des Beginns der Krankheit[12]. Sind Anfechtung und **außerordentliche Kündigung** damit in ihrer Wirkung auf den Bestand des Arbeitsverhältnisses einander angenähert, **unterscheiden** sie sich doch in ihren Voraussetzungen wesentlich: Für die Anfechtungsgründe sind die Verhältnisse im Zeitpunkt der Abgabe der angefochtenen Willenserklärung maßgeblich (Irrtum, Täuschung, Drohung). Die Kündigungsgründe beurteilen sich dagegen nach den Verhältnissen im Zeitpunkt des Ausspruchs der Kündigung und sind zukunftsbezogen (Prognoseprinzip, vgl. näher Rz. 62). Auf die Anfechtung finden die Kündigungsschutzbestimmungen (KSchG, § 9 MuSchG etc.) grundsätzlich keine Anwendung; BR oder Personalvertretung sind nicht zu beteiligen[13]. Die dreiwöchige Klagefrist des § 4 ist auf eine allgemeine Feststellungsklage gemäß § 256 ZPO nach Anfechtung des Arbeitsvertrages auch nicht analog anzuwenden[14]; das gilt auch nach Erstreckung der Klagefrist auf alle Unwirksamkeitsgründe einer Kündigung. Das Klagerecht kann aber verwirken (vgl. näher § 7 Rz. 4).

Die **Frist zur Anfechtung** nach § 123 BGB beträgt gem. § 124 BGB grundsätzlich ein Jahr ab Entdeckung der Täuschung bzw. Beendigung der Zwangslage[15]. Die Irrtumsanfechtung nach § 119 BGB hat gemäß § 121 Abs. 1 BGB unverzüglich zu erfolgen, was nach Ansicht des BAG mit Blick auf § 626 Abs. 2 BGB bedeutet, dass sie spätestens innerhalb einer Frist von zwei Wochen nach Kenntnis der für die Anfechtung maßgeblichen Tatsachen erfolgen muss[16]. Das gilt auch für nachgeschobene neue Anfechtungs-

---

1 BAG v. 8.11.1957 – 1 AZR 123/56, AP Nr. 2 zu § 242 BGB – Betriebliche Übung (*R. Denecke*); v. 14.11.1990 – 5 AZR 509/89, AP Nr. 25 zu § 611 BGB – Arzt-Krankenhaus-Vertrag – betreffend Zusatzregelung für Nebenkosten im Chefarztvertrag; zur Kündigung einer eigenständigen Nebenabrede über Bereitschaftsdienst vgl. BAG v. 15.2.1990 – 6 AZR 386/88, EzA BGB § 622 – Teilkündigung Nr. 1; zur Lösung der Vereinbarung über eine Dienstwohnung siehe BAG v. 23.8.1989 – 5 AZR 569/88, NZA 1990, 91; krit. hierzu *Preis* in Stahlhacke/Preis/Vossen Rz. 254 mwN; kein Teilkündigungsrecht für Hausmeisterwohnung: LAG Rh.-Pf. v. 14.7.1992 – 5 Sa 155/92, EzBAT § 65 BAT Nr. 6. | 2 BAG v. 7.10.1982 – 2 AZR 455/80, AP Nr. 5 zu § 620 BGB – Teilkündigung (*M. Wolf*); v. 25.2.1988 – 2 AZR 346/87, AP Nr. 18 zu § 611 BGB – Arzt-Krankenhaus-Vertrag. | 3 Ganz hM, vgl. KR/*Etzel*, § 102 BetrVG Rz. 37 mwN. | 4 BAG v. 7.10.1982 – 2 AZR 455/80, AP Nr. 5 zu § 620 BGB – Teilkündigung. | 5 BAG v. 13.5.1987 – 5 AZR 125/86, AP Nr. 4 zu § 305 BGB – Billigkeitskontrolle. | 6 ErfK/*Müller-Glöge*, § 620 BGB Rz. 46. | 7 BAG v. 15.11.1995 – 2 AZR 521/95, NZA 1996, 603 f. zum Entzug einer mit außertariflicher Zulage entgoltenen Zusatzaufgabe; v. 7.10.1982 – 2 AZR 455/80, AP Nr. 5 zu § 620 BGB – Teilkündigung. | 8 Vgl. etwa BAG v. 27.11.1956 – 1 AZR 540/55, AP Nr. 2 zu § 4 MuSchG (*Bulla*); v. 8.9.1988 – 2 AZR 102/88, AP Nr. 1 zu § 8 MuSchG 1968 (*Fastrich*); v. 4.12.1959 – 3 RK 52/56, AP Nr. 2 zu § 611 BGB – Doppelarbeitsverhältnis; BGH v. 18.7.1980 – 2 StR 348/80, AP Nr. 4 zu § 138 StGB (zur Ausübung der Prostitution im Bordell; wohl gesetzlich überholt durch ProstG). | 9 KR/*Etzel*, § 1 KSchG Rz. 47; HaKo/*Gallner*, § 1 KSchG Rz. 35; *Preis* in Stahlhacke/Preis/Vossen, Rz. 146. | 10 BAG v. 5.12.1957 – 1 AZR 594/56, EzA § 123 BGB Nr. 1; v. 16.9.1982 – 2 AZR 228/80, AP Nr. 24 zu § 123 BGB; v. 29.8.1984 – 7 AZR 34/83, AP Nr. 27 zu § 123 BGB. | 11 BAG v. 5.12.1957 – 1 AZR 594/56, EzA § 123 BGB Nr. 1; v. 16.9.1982 – 2 AZR 228/80, AP Nr. 27 zu § 123 BGB. | 12 BAG v. 3.12.1998 – 2 AZR 754/97, AP Nr. 49 zu § 123 BGB. | 13 HM, *Preis* in Stahlhacke/Preis/Vossen, Rz. 148; *Fitting*, § 102 BetrVG Rz. 15; KR/*Etzel*, § 102 BetrVG Rz. 42; krit. DKK/*Kittner*, § 102 BetrVG Rz. 21. | 14 HM, *Preis* in Stahlhacke/Preis/Vossen, Rz. 148; HaKo/*Gallner*, § 1 KSchG Rz. 126. | 15 BAG v. 19.5.1983 – 2 AZR 171/81, AP Nr. 25 zu § 123 BGB; *Preis* in Stahlhacke/Preis/Vossen, Rz. 146. | 16 BAG v. 14.12.1979 – 7 AZR 38/78, AP Nr. 4 zu § 119 BGB; aA *Picker*, ZfA 1981, 1 (108 ff.).

gründe¹. Das Anfechtungsrecht gemäß §§ 119, 123 BGB kann verwirken, wenn der Anfechtungsgrund im Zeitpunkt der Anfechtungserklärung seine Bedeutung für die weitere Durchführung des Arbeitsverhältnisses bereits verloren hatte². Wirken die Anfechtungsgründe iSv. § 123 BGB auch in die Zukunft „stark nach", kann der ArbGeb anstelle einer Anfechtung **wahlweise auch kündigen**. Dann hat er sämtliche Kündigungsschutzbestimmungen zu beachten³. Zur Auslegung einer Erklärung als Anfechtung oder außerordentliche Kündigung sowie zur Möglichkeit einer Umdeutung vgl. § 626 BGB Rz. 30 ff.

45 **ee) Aufhebungsvertrag.** Auf den Aufhebungsvertrag (Schriftform, § 623 BGB) und die Geltendmachung seiner Unwirksamkeit findet das KSchG wie alle übrigen Kündigungsschutzbestimmungen **grundsätzlich keine Anwendung**. Die Klagefrist des § 4 Satz 1 gilt für eine auf Feststellung des Fortbestandes des Arbeitsverhältnisses gerichtete Klage nicht. Erklärt sich der ArbN unter dem Eindruck einer vom ArbGeb beabsichtigten Kündigung zur einvernehmlichen Aufhebung des Arbeitsverhältnisses bereit, zählt sein Ausscheiden bei der für die Anzeigepflicht gemäß § 17 Abs. 1 maßgeblichen Zahl der Entlassungen mit⁴. Der ArbN kann seine Einwilligung in einen Aufhebungsvertrag wegen widerrechtlicher Drohung des ArbGeb mit einer Kündigung **anfechten** (§ 123 BGB), wenn ein verständiger ArbGeb in gleicher Lage eine Kündigung nicht ernsthaft in Erwägung gezogen hätte⁵. Bei dieser Abwägung ist die angedrohte Kündigung nicht anhand der Kündigungsschutzgesetze auf ihre hypothetische Wirksamkeit zu prüfen; widerrechtlich ist die Drohung mit einer Kündigung erst, wenn sie bei verständiger Würdigung aller Umstände mit hoher Wahrscheinlichkeit einer arbeitsgerichtlichen Prüfung nicht standhalten würde⁶. Vgl. näher zum Aufhebungsvertrag und seiner Anfechtung im Anhang zu § 9.

46 **ff) Befristung und Bedingung. Befristete Arbeitsverhältnisse** enden mit Ablauf der vereinbarten Zeit (§ 15 Abs. 1 TzBfG) oder mit Erreichen ihren Zweckes und rechtzeitiger schriftlicher Unterrichtung hierüber (§ 15 Abs. 2 TzBfG). **Auflösend bedingte Arbeitsverhältnisse** enden mit dem Eintritt der Bedingung sowie rechtzeitiger schriftlicher Unterrichtung hierüber (§§ 21, 15 Abs. 2 TzBfG). Das KSchG sowie alle übrigen Kündigungsschutzbestimmungen sind auf diese Tatbestände nicht anzuwenden. Das gilt auch dort, wo der ArbGeb aufgrund tarifvertraglicher Regelung eine sog. Nichtverlängerungsmitteilung abgeben muss, um eine Anschlussbefristung zu verhindern⁷. Zu den Voraussetzungen für die wirksame Vereinbarung einer Befristung (ua. Schriftform) und die Geltendmachung ihrer Unwirksamkeit (Klagefrist) siehe näher §§ 14–21 TzBfG. Wird das befristete oder auflösend bedingte Arbeitsverhältnis außerordentlich oder ordentlich **gekündigt** (das Recht zur ordentlichen Kündigung muss gemäß § 15 Abs. 3 TzBfG vertraglich vereinbart oder nach Maßgabe des § 16 TzBfG infolge Unwirksamkeit der Befristung/Bedingung eröffnet sein), unterliegt diese Kündigung grundsätzlich den Bestimmungen des KSchG und des sonstigen Kündigungsschutzes. Die Mitteilung des ArbGeb, ein befristet abgeschlossener Arbeitsvertrag solle nicht verlängert werden, ist idR keine Kündigung⁸. Das Gleiche gilt für die Ablehnung der Weiterbeschäftigung unter Hinweis auf die Befristung⁹. Auch die schriftliche Mitteilung gemäß § 15 Abs. 2 TzBfG über den Zeitpunkt der Zweckerreichung oder den Eintritt der auflösenden Bedingung (§ 21 TzBfG) ist nicht darauf gerichtet, das Arbeitsverhältnis durch rechtsgestaltende Willenserklärung zu beenden. Sie kann daher ohne weitere Anhaltspunkte nicht als Kündigung ausgelegt werden¹⁰.

47 **gg) Suspendierung.** Die einseitige Suspendierung von der Arbeitspflicht beinhaltet **keine Kündigung**, das Arbeitsverhältnis besteht fort. Die Suspendierung zielt auf das vollständige oder teilweise Ruhen der Rechte und Pflichten aus dem Arbeitsverhältnis. Auch wenn sie sich nur auf die Arbeitspflicht des ArbN beschränkt und die Vergütungspflicht des ArbGeb nicht berührt, bedarf sie doch eines billigenswerten Grundes¹¹. Solche Gründe können insb. in der Gefahr von Schädigungen oder schwerwiegenden Pflichtverletzungen im Falle der Weiterbeschäftigung liegen. Nur unter ganz besonderen Umständen, nämlich wenn für den ArbGeb jede weitere Annahme der Arbeitsleistung unzumutbar wäre, kann mit der Suspendierung auch zugleich die Vergütungspflicht entfallen. Die einvernehmliche Suspendierung der beiderseitigen Hauptpflichten führt in der Regel zu einem ruhenden Arbeitsverhältnis; sie kann auch konkludent vereinbart werden¹². Die Vereinbarung im Arbeitsvertrag, dass der ArbGeb den ArbN nach Ausspruch einer Kündigung für die Kündigungsfrist von der Arbeitsleistung unter Fortzahlung der Bezüge freistellen kann, ist rechtlich nicht zu beanstanden¹³.

---

1 BAG v. 21.1.1981 – 7 AZR 1093/78, AP Nr. 5 zu § 119 BGB. | 2 BAG v. 18.9.1987 – 7 AZR 507/86, AP Nr. 32 zu § 123 BGB: Die bei Vertragsschluss verschwiegene und noch anzutretende Freiheitsstrafe stellte bei Anfechtung des Vertrages wegen des zwischenzeitlichen erlangten Freigängerstatus kein Hindernis mehr dar. | 3 BAG v. 14.12.1979 – 7 AZR 38/78, AP Nr. 4 zu § 119 BGB. | 4 BAG v. 13.11.1996 – 10 AZR 340/96, AP Nr. 4 zu § 620 BGB – Aufhebungsvertrag; v. 11.3.1999 – 2 AZR 461/98, AP Nr. 12 zu § 17 KSchG 1969. | 5 BAG v. 16.1.1992 – 2 AZR 412/91, EzA § 123 BGB Nr. 36; v. 30.9.1993 – 2 AZR 268/93, AP Nr. 37 zu § 123 BGB. | 6 BAG v. 12.8.1999 – 2 AZR 832/98, AP Nr. 51 zu § 123 BGB. | 7 BAG v. 23.10.1991 – 7 AZR 56/91, AP Nr. 45 zu § 611 BGB – Bühnenengagementsvertrag. | 8 BAG v. 15.3.1978 – 5 AZR 831/76, AP Nr. 45 zu § 620 BGB – Befristeter Arbeitsvertrag. | 9 BAG v. 26.4.1979 – 2 AZR 431/77, AP Nr. 47 zu § 620 BGB – Befristeter Arbeitsvertrag. | 10 KR/*Lipke/Bader*, § 15 TzBfG Rz. 10 mwN (bloße geschäftsähnliche Handlung). | 11 BAG v. 15.6.1972 – 2 AZR 345/71, AP Nr. 7 zu § 628 BGB; BAG GS v. 27.2.1985 – GS 1/84, AP Nr. 14 zu § 611 BGB – Beschäftigungspflicht (*Gamillscheg*). | 12 BAG v. 9.8.1995 – 10 AZR 539/94, AP Nr. 181 zu § 611 BGB – Gratifikation. | 13 Ebenso ErfK/*Müller-Glöge*, § 620 BGB Rz. 39.

hh) Faktische Beendigung; Wegfall der Geschäftsgrundlage. Die **faktische Beendigung** des Arbeitsverhältnisses kann als stillschweigende, formlose Aufhebungsvereinbarung zu verstehen sein. Die Geltendmachung ihrer Unwirksamkeit (§ 623 BGB) kann uU wegen Rechtsmissbrauchs[1] oder Verwirkung[2] scheitern. Fehlt es an einer Aufhebungsvereinbarung, etwa weil die Fortsetzung des Vollzuges des Arbeitsverhältnisses durch bloße äußere Umstände gehindert wurde (zB Inhaftierung), endet das Arbeitsverhältnis zunächst nicht. Es kann dem ArbN nach (längerem) Zeitablauf aber verwehrt sein, sich auf den Fortbestand des Arbeitsverhältnisses zu berufen[3]. Unter außergewöhnlichen Umständen kann das Arbeitsverhältnis durch faktische Beendigung ohne Kündigung oder Aufhebungsvertrag nach den Grundsätzen des **Wegfalls der Geschäftsgrundlage** sein Ende finden: Die Rspr. hat dies bei umstürzenden äußeren Ereignissen (Krieg oÄ) in engen Grenzen in Betracht gezogen[4]. Von derartigen Extremfällen abgesehen verdrängt das Recht zur Kündigung grundsätzlich die Regeln über den Wegfall der Geschäftsgrundlage[5]. § 313 Abs. 3 Satz 2 BGB nF bestätigt dies jetzt ausdrücklich.

ii) Weitere Tatbestände. Arbeitskampfmaßnahmen, die auf die Lösung des Arbeitsverhältnisses gerichtet sind, stellen keine Kündigung dar und unterliegen nicht den Kündigungsschutzbestimmungen[6]. Zu Kündigungen in Arbeitskämpfen vgl. die Erläuterungen zu § 25. Soweit gemäß § 100 Abs. 3 BetrVG **vorläufige personelle Maßnahmen** zwei Wochen nach Rechtskraft einer gerichtlichen Entscheidung „enden" bzw. „nicht aufrecht erhalten werden" dürfen, liegt darin entgegen einer verbreiteten Meinung keine rechtsgestaltende Entscheidung, die das Arbeitsverhältnis enden lässt (vgl. näher Vorb. vor § 1 Rz. 44)[7]. Zur Beendigung des Arbeitsverhältnisses bedarf es einer Kündigung. Ebenfalls dem KSchG und den sonstigen Kündigungsschutzbestimmungen unterliegt eine **Kündigung auf Verlangen des BR** gemäß § 104 BetrVG. Zu näheren Einzelheiten vgl. die Erl. zu § 104 BetrVG.

4. Kein Kleinbetrieb. Gemäß § 23 Abs. 1 Satz 2 u. 3 gilt seit dem 1.1.2004 der allgemeine Kündigungsschutz nicht für Betriebe und Verwaltungen, in denen idR **mehr als zehn ArbN** beschäftigt werden. Der nach der bisherigen Rechtslage bestehende **kündigungsrechtliche Besitzstand** für die Beschäftigten in Kleinbetrieben mit mehr als fünf und bis zu zehn ArbN, deren Arbeitsverhältnis vor dem 1.1.2004 begonnen hat, bleibt erhalten. Die Ausnahme für Kleinbetriebe soll ArbGeb von der Belastung des Kündigungsschutzes freistellen, die weniger leistungsfähig sind und wegen der engen persönlichen Zusammenarbeit eine größere Flexibilität bei der Auflösung eines Arbeitsverhältnisses benötigen[8]. Von der Ausnahme ausgenommen und damit wieder allgemein gültig sind gemäß § 23 Abs. 1 Satz 2 u. 3 die Regelungen über die Klagefrist (§§ 4–7, 13 Abs. 1 Satz 1). Zu den näheren Einzelheiten wie Berechnung der ArbN-Zahl, Bezug des Schwellenwertes auf den Betrieb oder das Unternehmen sowie Verteilung der Darlegungs- und Beweislast siehe näher die Erläuterung zu § 23.

5. Darlegungs- und Beweislast. Grundsätzlich hat der **ArbN** alle Tatsachen darzulegen und zu beweisen, die Voraussetzungen sind für die Anwendung des allgemeinen Kündigungsschutzes auf die streitgegenständliche Kündigung. Die Darlegungslast kann im Einzelfall abgestuft verteilt sein, je nachdem wie substantiiert die Gegenseite ihrer Erklärungspflicht aus § 138 ZPO nachkommt. Zur Darlegungs- und Beweislast für die als Einwendung konzipierte Herausnahme der **Kleinbetriebe** aus dem Geltungsbereich des allgemeinen Kündigungsschutzes in § 23 Abs. 1 siehe die Erläuterung zu § 23.

a) Arbeitsverhältnis. Der ArbN hat die Begründung eines Arbeitsverhältnisses darzulegen und zu beweisen. Hierzu gehören auch die Tatsachen, die eine rechtliche **Einordnung der Rechtsbeziehung** als Arbeitsverhältnis bedingen. Die Anforderungen an die Substantiierungslast – auch für das Bestreiten des ArbGeb (§ 138 ZPO) – können in den Grenzbereichen dieses unbestimmten Rechtsbegriffs hoch sein.

b) Wartezeit. Der ArbN hat im Weiteren zunächst nur darzulegen und zu beweisen, dass das Arbeitsverhältnis länger als 6 Monate vor Zugang der Kündigung **begründet** wurde. Damit spricht regelmäßig eine tatsächliche Vermutung dafür, dass das als Dauerschuldverhältnis angelegte Arbeitsverhältnis durchgehend bis zum Zeitpunkt des Kündigungszugangs fortbestanden hat[9]. Sodann ist es Sache des ArbGeb, einen **Beendigungstatbestand** für das vor mehr als 6 Monaten begründete Arbeitsverhältnis darzulegen und zu beweisen[10]. Das gilt auch bei Berufung auf eine Befristung[11]. Gelingt ihm dies, obliegt es wiederum dem ArbN, die Tatsachen vorzutragen, die entweder

---

1 *Preis/Gotthardt*, NZA 2000, 348 (354). | 2 BAG v. 2.12.1999 – 8 AZR 890/98, AP Nr. 6 zu § 242 BGB – Prozessverwirkung. | 3 BAG v. 24.8.1995 – 8 AZR 134/94, AP Nr. 17 zu § 242 BGB – Geschäftsgrundlage. | 4 BAG v. 3.10.1961 – 3 AZR 138/60, AP Nr. 4 zu § 242 BGB – Geschäftsgrundlage; v. 12.3.1963 – 3 AZR 60/63, AP Nr. 5 zu § 242 BGB – Geschäftsgrundlage; v. 24.8.1995 – 8 AZR 134/94, AP Nr. 17 zu § 242 BGB – Geschäftsgrundlage. | 5 BAG v. 9.2.1995 – 2 AZR 389/94, EzA § 1 KSchG – Personenbedingte Kündigung Nr. 12. | 6 BAG GS v. 21.4.1971 – GS 1/68, AP Nr. 43 zu Art. 9 GG: Kollektivrechtlicher Lösungstatbestand eigener Art. | 7 So aber *Fitting*, § 100 BetrVG Rz. 18; KR/*Etzel* § 1 KSchG Rz. 178; wie hier ErfK/*Kania*, § 100 BetrVG Rz. 9; *Löwisch*, § 1 KSchG Rz. 57; HK/*Dorndorf*, § 1 KSchG Rz. 138. | 8 BVerfG v. 27.1.1998 – 1 BvL 15/87, AP Nr. 17 zu § 23 KSchG 1969. | 9 Das BAG stellt allerdings nicht auf eine tatsächliche Vermutung, sondern darauf ab, dass der Beendigungstatbestand eine „rechtsvernichtende Einwendung" und damit vom Gegner zu beweisen sei (BAG v. 16.3.1989 – 2 AZR 407/88, AP Nr. 6 zu § 1 KSchG 1969 – Wartezeit). Das erscheint zweifelhaft, da das Arbeitsverhältnis nicht mit einem einmal begründeten und grundsätzlich immer währenden Recht gleichgesetzt werden kann. | 10 BAG v. 16.3.1989 – 2 AZR 407/88, AP Nr. 6 zu § 1 KSchG 1969 – Wartezeit. | 11 BAG v. 12.10.1994 – 7 AZR 745/93, AP Nr. 165 zu § 620 BGB – Befristeter Arbeitsvertrag.

- einen **engen sachlichen Zusammenhang** zwischen dem beendeten und dem nachfolgenden (und gekündigten Arbeitsverhältnis) begründen, der eine Zusammenrechnung der Beschäftigungszeiten gemäß § 1 ermöglicht (vgl. oben Rz. 16)[1], oder

- den Schluss auf eine ausdrücklich oder konkludente **Anrechnungsvereinbarung** zulassen (vgl. oben Rz. 9)[2].

Ebenso hat der ArbN ggf. die Abrede eines vollständigen oder teilweisen **Verzichts** auf die Zurücklegung der Wartezeit zu beweisen.

54 **c) Ordentliche Kündigung des ArbGeb.** Die gemäß § 4 zu treffende Feststellung, dass das Arbeitsverhältnis durch die Kündigung nicht aufgelöst ist, setzt die Erklärung einer ordentlichen Kündigung voraus (vgl. oben Rz. 21). Für die **Kündigungserklärung** ist daher grundsätzlich der ArbN darlegungs- und beweispflichtig[3]. Ist fraglich, ob die Erklärung als Kündigung zu verstehen oder überhaupt zugegangen ist, berühmt sich der ArbGeb aber gleichwohl der Beendigung des Arbeitsverhältnisses durch eine solche Erklärung, sollte der ArbN zur Vermeidung unnötiger Beweisschwierigkeiten (ggf. hilfsweise) allgemeine Feststellungsklage auf Fortbestehen des Arbeitsverhältnisses gemäß § 256 ZPO erheben. Hier trägt der ArbGeb die Darlegungslast für alle Tatsachen, aus denen die Beendigung des Arbeitsverhältnisses folgen soll[4].

55 **III. Allgemeines zur Sozialwidrigkeit. 1. Überblick.** Die **Dreiteilung** aller denkbaren sozial rechtfertigenden Kündigungsgründe in § 1 Abs. 2 KSchG in personen-, verhaltens- und betriebsbedingte unterscheidet nach Verantwortungs- bzw. Zurechnungssphären für den Kündigungsgrund. Dieser Binnendifferenzierung[5] liegt die Erkenntnis zugrunde, dass es für die soziale Rechtfertigung einer Kündigung einen Unterschied macht, ob dieselbe betriebliche Störung – etwa ein mehrwöchiger Arbeitsausfall – auf unentschuldigtem Fernbleiben von der Arbeit (verhaltensbedingt), auf Krankheit (personenbedingt) oder auf Mangel an Aufträgen (betriebsbedingt) beruht. Bei personen- und verhaltensbedingter Kündigung verlangt das Gesetz zur sozialen Rechtfertigung nur, dass sie durch entsprechende „Gründe bedingt" ist. Weder erläutert es die Gründe näher, noch kennzeichnet es die **unterschiedlichen Anforderungen** an die jeweilige Kategorie des Kündigungsgrundes. Es beschränkt sich auf die bloße Unterscheidung und überlässt die nähere Bestimmung der Rspr. Bei Gründen aus der eigenen Sphäre des ArbGeb wird das Gesetz deutlicher und verlangt für ihre soziale Rechtfertigung nicht bloß „betriebliche Gründe", sondern „dringende betriebliche Erfordernisse" und zusätzlich eine Sozialauswahl (§ 1 Abs. 3).

56 In Abs. 2 Sätze 2 und 3 hat der Gesetzgeber nachträglich sog. **absolute Gründe**[6] der Sozialwidrigkeit eingefügt. Sie setzen einen vom Gericht zu prüfenden wirksamen Widerspruch der ArbN-Vertretung gegen die Kündigung voraus, der auf bestimmte Widerspruchsgründe des § 102 Abs. 3 BetrVG gestützt ist (Verstoß gegen Richtlinie nach § 95 BetrVG; anderweitige Weiterbeschäftigungsmöglichkeit, ggf. nach zumutbarer Umschulung oder unter geänderten Arbeitsbedingungen). Die praktische Bedeutung dieser Sozialwidrigkeitsgründe ist gering. Bereits vor In-Kraft-Treten von Abs. 2 Satz 2 und 3 war anerkannt, dass – auch ohne Widerspruch des BR – eine Kündigung bei Vorliegen der angeführten Widerspruchsgründe unter Beachtung des Verhältnismäßigkeitsgrundsatzes gemäß Abs. 2 Satz 1 sozial ungerechtfertigt ist[7]. Vgl. näher zu den absoluten Kündigungsgründen unten Rz. 446 f.

57 Die eigenartige **Normstruktur** mit ihrer dreifachen Verneinung (rechtsunwirksam – sozial ungerechtfertigt – nicht bedingt) hat vor allem rechtstechnische Gründe. Das gilt auch für den Begriff „sozial ungerechtfertigt", der in erster Linie der Unterscheidung von sozialwidrigen und aus sonstigen Gründen unwirksamen Kündigungen durch das KSchG dient[8]. Mit Blick auf die nur unvollständige und rudimentäre Konkretisierung in Abs. 2 und 3 kann dem Tatbestandsmerkmal „sozial ungerechtfertigt" immerhin der Hinweis auf den das Arbeitsrecht und insb. das Kündigungsschutzrecht bestimmenden Sozialbezug entnommen werden[9]. Die in Abs. 2 und 3 enthaltenen bzw. von der Rspr. zur näheren Konkretisierung entwickelten unbestimmten Rechtsbegriffe werden **revisionsgerichtlich** nur beschränkt daraufhin überprüft, ob das Berufungsgericht die Rechtsbegriffe verkannt hat, ob die Unterordnung des Sachverhaltes unter die Vorschrift des § 1 Denkgesetzen oder Erfahrungsregeln widerspricht und ob die ggf. erforderliche Interessenabwägung alle wesentlichen Umstände berücksichtigt, insb. ob sie widerspruchsfrei oder offensichtlich fehlerhaft ist[10].

---

1 Ebenso KR/*Etzel*, § 1 KSchG Rz. 129 ff.; HaKo/*Gallner*, § 1 KSchG Rz. 132; teilw. anders offenbar HK/*Dorndorf*, § 1 KSchG Rz. 156. | 2 KR/*Etzel*, § 1 KSchG Rz. 129 ff.; HaKo/*Gallner*, § 1 KSchG Rz. 132. | 3 HK/*Dorndorf*, § 1 KSchG Rz. 157; KR/*Etzel*, § 1 KSchG Rz. 159; nach HaKo/*Gallner*, § 1 KSchG Rz. 135, 136 gilt dies nur für die Abgabe der Kündigungserklärung, nicht aber für ihren Zugang. | 4 HK/*Dorndorf*, § 1 KSchG Rz. 157; KR/*Etzel*, § 1 KSchG Rz. 159; HaKo/*Gallner*, § 1 KSchG Rz. 135; ohne Unterscheidung nach dem Streitgegenstand v. Hoyningen-Huene/*Linck*, § 1 KSchG Rz. 98b. | 5 Darum geht in erster Linie, nicht um einen Numerus clausus zur Außenabgrenzung; so aber wohl *Löwisch*, § 1 KSchG Rz. 60. | 6 BAG v. 13.9.1973 – 2 AZR 601/72, AP Nr. 2 zu § 1 KSchG 1969 (G. *Hueck*). | 7 BAG v. 13.9.1973 – 2 AZR 601/72, AP Nr. 2 zu § 1 KSchG 1969 (G. *Hueck*); v. 17.5.1984 – 2 AZR 109/83, NZA 1985, 489; st. Rspr. | 8 BAG v. 20.1.1961 – 2 AZR 495/59, AP Nr. 7 zu § 1 KSchG (1951) – Betriebsbedingte Kündigung; *Preis* in Stahlhacke/Preis/Vossen, Rz. 915 f. | 9 Ebenso ErfK/*Ascheid*, § 1 KSchG Rz. 109. | 10 BAG v. 12.8.1976 – 2 AZR 237/75, AP Nr. 3 zu § 1 KSchG 1969; v. 17.10.1980 – 7 AZR 675/78, AP Nr. 10 zu § 1 KSchG 1969 – Betriebsbedingte Kündigung; st. Rspr.

2. Allgemeine Merkmale des Kündigungsgrundes. Der sozial rechtfertigende Kündigungsgrund erfordert ein **Lösungsinteresse** des ArbGeb, das das Bestandsschutzinteresse des ArbN überwiegt. Daraus ergeben sich die von der Rspr. entwickelten nachfolgenden allgemeinen Anforderungen an den Kündigungsgrund.

a) Objektives Bestehen des Grundes bei Zugang der Kündigung. Rein subjektive Einschätzungen des ArbGeb können ein sozial rechtfertigendes Lösungsinteresse für eine Kündigung nicht begründen. Nur ein **objektiv vorhandener Kündigungsgrund** vermag das Bestandsschutzinteresse des ArbN hinter das Kündigungsinteresse des ArbGeb zurücktreten zu lassen. In diesem Sinne ist die Formel der Rspr. vom „verständig urteilenden ArbGeb"[1] zu verstehen und zu beachten[2]. Zwar bestehen auch geistige Vorstellungen objektiv, wie etwa ein Verdacht. Um eine Kündigung sozial zu rechtfertigen, genügt aber auch für den Verdacht nicht jede irgendwie geartete innere Vorstellung, so ausgeprägt sie auch sein mag. Erforderlich ist ein für den objektiven Betrachter dringender und auf tatsächlichen Anhaltspunkten beruhender Verdacht[3]. An der für die soziale Rechtfertigung einer Kündigung erforderlichen Objektivität des Grundes fehlt es auch, wenn die Parteien im Arbeitsvertrag **Kündigungsgründe „vereinbaren"**. Solche Gründe rechtfertigen eine Kündigung nur, wenn sie auch der Beurteilung eines objektiven Betrachters standhalten. Freilich kommt einer solchen Abrede für die Bestimmung von Inhalt und Gewicht der Vertragspflichten und damit mittelbar auch für die soziale Rechtfertigung einer Kündigung Bedeutung zu[4]. Objektivität idS bedeutet **keine schematische Einheitsbeurteilung** typischer Kündigungssachverhalte. Die Berücksichtigung der jeweiligen Umstände des Einzelfalles ist auch bei objektiver Betrachtung unverzichtbar. Dieselbe Pflichtverletzung kann hier eine Kündigung rechtfertigen, an anderer Stelle aufgrund besonderer Umstände dagegen nicht ausreichen[5]. Der Grund muss nicht Anlass für die Kündigung gewesen zu sein. Der ArbGeb braucht bei ihrem Ausspruch noch keine Kenntnis von ihm gehabt zu haben. Es genügt, dass bei Zugang der Kündigung der **Grund objektiv bestand** und der ArbGeb sich später im Rechtsstreit darauf beruft (sog. Nachschieben von Kündigungsgründen, su. Rz. 88 ff.). Das soll bei der Verdachtskündigung sogar dann gelten, wenn der Verdacht beim ArbGeb überhaupt erst nachträglich entstandenen ist, sofern sich nur die nachträglich bekannt gewordenen, den Verdacht begründenden Tatsachen vor Ausspruch der Kündigung ereignet haben[6].

b) Störung des Vertragsverhältnisses. Der Kündigungsgrund muss einen Bezug zum Arbeitsvertrag aufweisen, wenn er das Lösungsinteresse des ArbGeb sozial rechtfertigen soll. Erforderlich ist eine konkrete Störung bzw. **Beeinträchtigung des Arbeitsverhältnisses**[7]. Es bedarf nicht notwendig einer konkreten Betriebsablaufstörung[8]. Eine kündigungsrelevante Beeinträchtigung des Arbeitsverhältnisses liegt schon in der bloßen Verletzung von Vertragspflichten. Haben diese außerdem betriebliche Störungen zur Folge, erhöht sich allerdings das Kündigungsinteresse des ArbGeb, der Kündigungsgrund erhält mehr Gewicht[9]. Nicht vertragsbezogen und damit kündigungsrechtlich grundsätzlich irrelevant sind Gründe, die sich nicht auf die Erfüllung von Vertragspflichten auswirken. Zu beachten ist aber der in einem Dauerschuldverhältnis stark erweiterte Kreis von **Nebenleistungs- und Verhaltenspflichten** (vgl. hierzu näher § 611 BGB Rz. 347 ff.). Exemplarisch gilt das für das an sich der Privatsphäre zugeordnete außerdienstliche Verhalten des ArbN. Wirkt es sich störend auf den Betriebsablauf aus[10], kann eine Pflicht oder Obliegenheit zu angepasstem Verhalten bestehen (so etwa im öffentlichen Dienst; durchzechte Nacht mit Folgen für die Leistungsfähigkeit etc). Keinen Vertragsbezug haben idR etwa allgemeinpolitische Gründe (Kündigung, um Arbeitslose einstellen zu können) oder rein der Privatsphäre zuzurechnende Umstände (etwa die sexuelle Orientierung eines ArbN[11], Ehe-

---

1 BAG v. 7.12.1988 – 7 AZR 122/88, AP Nr. 26 zu § 1 KSchG – Verhaltensbedingte Kündigung; BAG v. 21.5.1992 – 2 AZR 10/92, AP Nr. 29 zu § 1 KSchG 1969 – Verhaltensbedingte Kündigung (*Kraft*). | 2 Bei diesem Verständnis ist die Formel auch nicht „inhaltsleer", wie *Preis*, DB 1990, 631 und ErfK/*Ascheid*, § 1 KSchG Rz. 120 kritisieren; wie hier auch *Löwisch*, § 1 KSchG Rz. 68. | 3 St. Rspr., BAG v. 4.11.1957 – 2 AZR Nr. 39 zu § 1 KSchG (1951); v. 13.9.1995 – 2 AZR 587/94, AP Nr. 25 zu § 626 BGB – Verdacht strafbarer Handlung; vgl. auch *Quecke*, NZA 1999, 1247 (1248). | 4 Ebenso im Ergebnis v. *Hoyningen-Huene/Linck*, § 1 KSchG Rz. 8. | 5 Etwa bei Duldung gleichartigen Fehlverhaltens durch den ArbGeb in der Vergangenheit: BAG v. 22.2.1979 – 2 AZR 115/78, DB 1979, 1659 = BB 1979, 1347. | 6 BAG v. 13.9.1995 – 2 AZR 587/94, AP Nr. 25 zu § 626 BGB – Verdacht strafbarer Handlung unter II 5 d.Gr.; ebenso KR/*Fischermeier*, § 626 BGB Rz. 216; bedenklich im Hinblick auf die unverzichtbaren vergeblichen Aufklärungsbemühungen vor der Verdachtskündigung. | 7 BAG v. 30.4.1987 – 2 AZR 184/86, AP Nr. 42 zu § 1 KSchG 1969 – Betriebsbedingte Kündigung; v. 17.3.1988 – 2 AZR 576/87, AP Nr. 99 zu § 626 BGB; v. 16.2.1989 – 2 AZR 299/88, AP Nr. 10 zu § 1 KSchG 1969 – Krankheit (*Preis*); v. 17.1.1991 – 2 AZR 375/90, AP Nr. 25 zu § 1 KSchG 1969 – Verhaltensbedingte Kündigung (*Rüthers/Franke*); ErfK/*Ascheid*, § 1 KSchG Rz. 114 f. mwN. | 8 So zunächst irreführend BAG v. 7.12.1988 – 7 AZR 122/88, AP Nr. 26 zu § 1 KSchG 1969 – Verhaltensbedingte Kündigung unter II 3 d.Gr.; aufgegeben in BAG v. 17.1.1991 – 2 AZR 375/90, AP Nr. 25 zu § 1 KSchG 1969 – Verhaltensbedingte Kündigung; seitdem st. Rspr., vgl. etwa BAG v. 16.8.1991 – 2 AZR 604/90, AP Nr. 27 zu § 1 KSchG 1969 – Verhaltensbedingte Kündigung (*Rüthers/Müller*). | 9 BAG v. 17.1.1991 – 2 AZR 375/90, AP Nr. 25 zu § 1 KSchG 1969 – Verhaltensbedingte Kündigung (*Rüthers/Franke*). | 10 Hier kommt es in der Tat auf die Betriebsstörung an, da diese erst die Vertragspflicht oder Obliegenheit begründet. | 11 BAG v. 23.6.1994 – 2 AZR 617/93, AP Nr. 9 zu § 242 BGB – Kündigung (v. *Hoyningen-Huene*): Sittenwidrig; vgl. aber BAG v. 30.6.1983 – 2 AZR 524/81, AP Nr. 15 zu Art. 140 GG (*Richardi*): Kündigung eines ArbN des Diakonischen Werkes wegen außerdienstlicher homosexueller Praxis nach Abmahnung; insoweit zu Recht krit. v. *Hoyningen-Huene/Linck*, § 1 KSchG Rz. 258.

schließung, Partnerwahl, ungewöhnlicher Lebenswandel[1]). Vertragsbezug können auch **vor Beginn des Arbeitsverhältnisses** liegende, dem ArbGeb bei der Einstellung nicht bekannte Umstände oder Ereignisse haben, wenn sie das Vertrauen des ArbGeb in die Zuverlässigkeit und Redlichkeit des ArbN zerstören und deshalb einen Grund zur Kündigung darstellen. In Betracht kommt insoweit auch eine außerordentliche Kündigung[2]. Bei einem **Gruppenarbeitsverhältnis** begründet ein nur in einer Person bestehender Kündigungsgrund wegen der vertraglichen, schicksalhaften Verbundenheit idR zugleich für alle beteiligten ArbN den erforderlichen Vertragsbezug.

61 c) **Zukunftsbezogenheit.** Die Kündigung dient nicht dem Ausgleich von Störungen und Beeinträchtigungen in der Vergangenheit; sie hat **keine Sanktionsfunktion** und bezweckt auch keinen Schadensausgleich. Die Lösung des Vertragsverhältnisses soll den ArbGeb vor weiteren, zukünftigen Beeinträchtigungen seiner Rechtssphäre bewahren[3]. Erforderlich ist daher, dass solche zukünftigen Beeinträchtigungen zu besorgen sind; auch § 626 Abs. 1 BGB stellt auf die Unzumutbarkeit der Fortsetzung des Arbeitsverhältnisses ab. Für die **personen- und betriebsbedingten** Kündigungsgründe ist das unumstritten: Weder eine Erkrankung noch ein Auftragsmangel in der Vergangenheit vermögen eine Kündigung sozial zu rechtfertigen, wenn bei Ausspruch der Kündigung erkennbar ist, dass nach Ablauf der Kündigungsfrist der ArbN genesen bzw. die Auftragsbücher gefüllt sein werden. Es gilt im Grundsatz auch für die **verhaltensbedingte** Kündigung. Auch sie hat keinen Strafcharakter[4]. Maßgeblich ist daher auch hier allein, ob die verhaltensbedingten Gründe einer Fortsetzung des Arbeitsverhältnisses entgegenstehen. Die Unzumutbarkeit der Fortsetzung leitet sich hier aber in stärkerem Maße aus Vorgängen in der Vergangenheit ab als bei der personen- und betriebsbedingten Kündigung. Zu eng ist es, die Unzumutbarkeit für den ArbGeb allein aus einer Wiederholungsgefahr für weitere Vertragspflichtverletzungen herleiten zu wollen[5]. Vgl. näher zur Zukunftsbezogenheit der verhaltensbedingten Kündigung unten Rz. 184.

62 Die Feststellung, dass nach Ablauf der Kündigungsfrist zukünftige Beeinträchtigungen des Vertragsverhältnisses zu besorgen sind, die eine Kündigung zu rechtfertigen vermögen, ist im Zeitpunkt des Zugangs der Kündigung zu treffen (vgl. dazu Rz. 73 f.). Sie bedarf daher einer Prognose (sog. **negative Zukunftsprognose**). Das hierfür benötigte Maß an Gewissheit erfordert mehr als nur überwiegende Wahrscheinlichkeit, nämlich eine an Sicherheit grenzende Wahrscheinlichkeit[6]. Dabei dürfen die Anforderungen nicht überspannt werden; es genügt, wenn nach menschlichem Ermessen vernünftige Zweifel schweigen[7]. Im Bereich der verhaltensbedingten Gründe bereitet die **tatsächliche Feststellung** der negativen Prognose meist keine besondere Schwierigkeit, da sie sich ganz wesentlich auf feststellbare Vorgänge in der Vergangenheit gründet (Vertragspflichtverletzung, Abmahnung, erneute Pflichtverletzung). Wird eine betriebsbedingte Kündigung auf eine noch umzusetzende unternehmerische Entscheidung, etwa zur Betriebsstilllegung, gestützt, braucht diese grundsätzlich bei Zugang der Kündigung noch nicht vollzogen zu sein. Festzustellen ist jedoch, dass die Entscheidung tatsächlich getroffen und ihre Umsetzung ernstlich gewollt ist[8]. Darüber hinaus verlangt die Rspr., dass die unternehmerische Entscheidung zum Zeitpunkt des Zugangs der Kündigung bereits greifbare Formen angenommen hat und eine vernünftige betriebswirtschaftliche Betrachtung die Prognose rechtfertigt, dass bis zum Auslaufen der Kündigungsfrist der ArbN entbehrt werden kann[9]. Zur problematischen Prognosestellung bei krankheitsbedingter Kündigung vgl. unten Rz. 103 ff.

63 d) **Ultima Ratio.** Der Grund vermag eine Kündigung nur dann sozial zu rechtfertigen, wenn kein milderes Mittel zu seiner Behebung zur Verfügung steht. Eine ordentliche wie außerordentliche Kündigung kommt nach der Rspr. stets erst als **letztes Mittel** (Ultima Ratio) in Betracht[10]. Dies wird in § 1 Abs. 2 Satz 1 eher dürftig mit dem Wort „bedingt" angedeutet, in den später eingefügten Sätzen 2 und

---

1 ArbG Passau v. 11.12.1997 – 2 Ca 711/97 D, NZA 1998, 427 zur Veröffentlichung „softpornografischer" Fotografien einer Büroangestellten in der Zeitschrift „Praline". |2 BAG v. 5.4.2001 – 2 AZR 159/00, AP Nr. 171 zu § 626 BGB; v. 17.8.1972 – 2 AZR 415/71, BAGE 24, 401; LAG Köln v. 28.3.2001 – 8 Sa 405/00, NZA-RR 2002, 85 ff. (Pflichtverletzung beim Vorarbeiter eines Konzerns). |3 BAG v. 17.3.1988 – 2 AZR 576/87, AP Nr. 99 zu § 626 BGB (*Kraft/Raab/Willemsen*); BVerfG v. 21.2.1995 – 1 BvR 1397/93, NZA 1995, 619; *Preis* in Stahlhacke/Preis/Vossen, Rz. 920 f.; *v. Hoyningen/Linck*, § 1 KSchG Rz. 126; Kittner/Däubler/Zwanziger/*Kittner*, § 1 KSchG Rz. 47; einschr. für die verhaltensbedingte Kündigung *Löwisch*, § 1 KSchG Rz. 99 („Wiederherstellung der Kündigungsfreiheit"). |4 BAG v. 26.1.1995 – 2 AZR 649/94, BB 1995, 1089 = NZA 1995, 1028; v. 10.11.1988 – 2 AZR 215/88, AP Nr. 3 zu § 1 KSchG 1969 – Abmahnung; v. 26.1.1995 – 2 AZR 649/94, AP Nr. 34 zu § 1 KSchG 1969 – Verhaltensbedingte Kündigung (*Fleck*). |5 So aber formal, wenn auch die Wiederholungsgefahr praktisch fingierend BAG v. 17.1.1991 – 2 AZR 375/90, AP Nr. 25 zu § 1 KSchG 1969 – Verhaltensbedingte Kündigung (*Rüthers/Franke*); *Preis* in Stahlhacke/Preis/Vossen, Rz. 1180; *Löwisch*, § 1 KSchG Rz. 99, geht von einer Art Verwirkung des Kündigungsschutzes aus; ähnlich *Kraft*, ZfA 1994, 463 (475). |6 Ausf. HK/*Dorndorf*, § 1 KSchG Rz. 308 ff. (316); *v. Hoyningen-Huene/Linck*, § 1 KSchG Rz. 133; HaKo/*Pfeiffer*, § 1 KSchG Rz. 141. |7 So *v. Hoyningen-Huene/Linck*, § 1 KSchG Rz. 133. |8 BAG v. 17.6.1999 – 2 AZR 522/98, AP Nr. 102 zu § 1 KSchG – Betriebsbedingte Kündigung (*Ehmann/Grebber*) unter II 1 c d.Gr.; v. 12.4.2002 – 2 AZR 256/01, NZA 2002, 1205 unter II 2 d.Gr. |9 BAG v. 19.6.1991 – 2 AZR 127/91, AP Nr. 53 zu § 1 KSchG 1969 – Betriebsbedingte Kündigung; v. 18.1.2001 – 2 AZR 514/99, AP Nr. 115 zu § 1 KSchG 1969 – Betriebsbedingte Kündigung. |10 Grundl. BAG v. 30.5.1978 – 2 AZR 630/76, AP Nr. 70 zu § 626 BGB (*Hueck*); v. 26.1.1995 – 2 AZR 649/94, AP Nr. 34 zu § 1 KSchG 1969 – Verhaltensbedingte Kündigung (*Fleck*).

3 kommt es dagegen klar zum Ausdruck. Diese Beschränkung des Kündigungsrechts ist Ausfluss des den Grundrechten immanenten **Verhältnismäßigkeitsgrundsatzes**, wonach eine Rechtsbeeinträchtigung nur zulässig ist, wenn sie zur Erreichung ihres Zwecks erforderlich, dh. geeignet sowie – bei mehreren zur Verfügung stehenden Mitteln – am wenigsten belastend ist (Verhältnismäßigkeit iSd. Ultima Ratio). In das Verhältnis privater Grundrechtsträger untereinander findet der Grundsatz Eingang über die Auslegung unbestimmter Rechtsbegriffe, insb. die zivilrechtlichen Generalklauseln (vgl. oben Vorb. vor § 1 Rz. 11 ff.). Im Schutzbereich des Art. 12 GG hat der Gesetzgeber dem Verhältnismäßigkeitsgrundsatz in § 1 ein im Vergleich zur Generalklausel des § 242 BGB signifikant stärkeres Gewicht beigemessen und dies jüngst an anderer Stelle bestätigt (§ 2 Abs. 2 SGB III in der Fassung vom 20.12.2001)[1]. Bei allen Kündigungsarten ist daher stets zu prüfen, ob eine **anderweitige Weiterbeschäftigung** möglich und zumutbar ist, bei der die Störung des Arbeitsverhältnisses nicht mehr auftritt (Versetzung auf einen freien Arbeitsplatz, bei dem etwa eine spezifische Konfliktsituation mit Kollegen nicht besteht oder gesundheitliche Beeinträchtigungen die Arbeitsleistung nicht behindern oder das Beschäftigungsbedürfnis nicht entfallen ist). Die Prüfung, ob eine anderweitige Weiterbeschäftigung möglich ist, erstreckt sich über den Betrieb hinaus auf das gesamte Unternehmen (§ 1 Abs. 2 Satz 2), nicht aber auf den Konzern[2]. Ein milderes Mittel gegenüber einer Beendigungskündigung ist auch die **Änderungskündigung**[3], sofern die Möglichkeit für ein entsprechendes Angebot besteht. Vgl. näher zur anderweitigen Weiterbeschäftigung unten Rz. 274. Im Bereich der verhaltensbedingten Kündigung ist insb. stets die Möglichkeit einer **Abmahnung** zu prüfen[4]. Vgl. näher hierzu unten Rz. 186 ff.

e) **Interessenabwägung.** Erfüllt ein Kündigungsgrund die vorgenannten Merkmale (Objektivität, Vertragsbezogenheit, Zukunftsbezogenheit, kein milderes Mittel), ist damit noch nichts über das **Gewicht des Grundes** gesagt, das zu verlangen ist, damit letztlich das Lösungsinteresse des ArbGeb das Bestandsschutzinteresse des ArbN insgesamt überwiegt. Erst diese Abwägung entscheidet, ob der Grund eine Kündigung sozial zu rechtfertigen vermag. Maßgeblich sind die jeweiligen Umstände des Einzelfalls. Absolute Kündigungsgründe bestehen nicht[5]. Eine Abwägung der Interessen ist **unverzichtbar**. Ob ein Arbeitsverhältnis aufgelöst werden kann, weil ein ArbN etwa trotz Abmahnung erneut einige Minuten zu spät zur Arbeit erscheint oder weil seine Eignung und Befähigung nicht zufrieden stellen oder weil für ihn vorübergehend kein Beschäftigungsbedarf besteht, entscheidet sich jeweils erst aufgrund einer Abwägung von Lösungsinteresse des ArbGeb und Bestandsschutzinteresse des ArbN. Es ist zu fragen, ob für die soziale Rechtfertigung einer Kündigung jede leichte Beeinträchtigung der Vertragsinteressen des ArbGeb genügt oder dem ArbGeb in Anbetracht des Bestandsschutzinteresses des ArbN gewisse Belastungen zuzumuten sind[6]. Das Gesetz selbst besagt hierzu nicht viel. Für die **personen- und verhaltensbedingte Kündigung** verlangt es schlicht „Gründe", für die betriebsbedingte dagegen – zweifach gesteigert – „dringende Erfordernisse". Im Umkehrschluss folgt daraus, dass die der Sphäre des ArbN entstammenden personen- und verhaltensbedingten Gründe eine Kündigung nicht „dringend erforderlich" machen müssen, hier also ein geringeres Lösungsinteresse auf Seiten des ArbGeb zur sozialen Rechtfertigung einer Kündigung ausreicht. Ausreichendes Gewicht für eine sozial gerechtfertigte Kündigung haben aber auch hier nur erhebliche Vertragsstörungen[7].

Nach allgemeiner Meinung ist bei der Abwägung des Gewichts personen- und verhaltensbedingter Gründe auch das **individuelle Maß** der Bestandsschutzinteressen des ArbN (Alter, Betriebszugehörigkeit etc.) zu berücksichtigen[9]. Dabei haben allgemeine Billigkeitserwägungen ohne Bezug zu Kündigungsgrund oder Arbeitsverhältnis außer Betracht zu bleiben[9]. Welche Interessen zu berücksichtigen sind und welches Gewicht sie erlangen können, hängt maßgeblich vom Kündigungsgrund ab und wird dort jeweils dargestellt[10]. Die Abstufung zwischen „Gründen" und „dringenden Erfordernissen" betrifft nicht in erster Linie die Frage, ob eine Kündigung nur als **letztes Mittel** in Betracht kommt; dies ist nach ständiger Rspr. des BAG in allen drei Kategorien der Kündigung stets zu beachten (vgl. oben Rz. 63). Die Abstufung zielt auf das Gewicht des Kündigungsgrundes[11]. Verlangt das Gesetz damit für die **betriebsbedingte Kündigung** ein gesteigertes Lösungsinteresse des ArbGeb, setzt die Feststellung

---

1 Vgl. zur umstrittenen Frage einer unmittelbaren kündigungsrechtlichen Bedeutung von § 2 Abs. 2 SGB III *v. Hoyningen-Huene/Linck*, § 1 KSchG Rz. 139a und *Preis* in Stahlhacke/Preis/Vossen, Rz. 919, jeweils mwN. |2 BAG v. 14.10.1982 – 2 AZR 568/82, NJW 1984, 381; v. 22.5.1986 – 2 AZR 612/85, NZA 1987, 125. |3 BAG v. 27.9.1984 – 2 AZR 62/83, AP Nr. 8 zu § 2 KSchG 1969. |4 St. Rspr., BAG v. 17.2.1994 – 2 AZR 616/93, BB 1994, 1148. |5 Vgl. HK/*Dorndorf*, § 1 KSchG Rz. 512 u. 705; anders nur im SeemG. |6 Es geht also nicht darum, dass „trotz Vorliegens eines Kündigungsgrundes" das Bestandsschutzinteresse noch einmal in die Waagschale gelegt wird (so aber *Löwisch*, § 1 KSchG Rz. 61). |7 APS/*Dörner*, § 1 KSchG Rz. 64; *v. Hoyningen-Huene/Linck*, § 1 KSchG Rz. 127 ff. mwN. |8 St. Rspr., BAG v. 20.10.1954 – 1 AZR 193/54, AP Nr. 6 zu § 1 KSchG (*A. Hueck*); v. 7.3.1980 – 7 AZR 1093/77, AP Nr. 9 zu § 1 KSchG 1969 – Betriebsbedingte Kündigung; v. 20.1.2000 – 2 AZR 378/99, AP Nr. 38 zu § 1 KSchG 1969 – Krankheit; HK/*Dorndorf*, § 1 KSchG Rz. 283 ff.; *Preis* in Stahlhacke/Preis/Vossen, Rz. 922. |9 *Preis* in Stahlhacke/Preis/Vossen, Rz. 922. |10 Bei verhaltens- und krankheitsbedingten Kündigung zB sind im Rahmen der Interessenabwägung die Schwerbehinderung und die Unterhaltspflichten des ArbN von den Gerichten stets mitzuberücksichtigen, BAG v. 20.1.2000 – 2 AZR 378/99, AP Nr. 38 zu § 1 KSchG – Krankheit. |11 *Preis* in Stahlhacke/Preis/Vossen, Rz. 950 ff.; aA *Löwisch*, § 1 KSchG Rz. 259, 265 („Dringlichkeit als Ausdruck des Ultima-ratio-Grundsatzes").

66 **f) Abgrenzung zur außerordentlichen Kündigung.** Die außerordentliche Kündigung gem. § 626 BGB erfordert einen **wichtigen Grund**, der eine Fortsetzung des Arbeitsverhältnisses bis zum Ablauf der Kündigungsfrist bzw. bis zum nächstmöglichen Beendigungstermin unzumutbar macht. Sie unterscheidet sich von der sozial gerechtfertigten ordentlichen Kündigung durch die Schwere und Intensität der erforderlichen Vertragsstörung[2], dh. im Rahmen der **Interessenabwägung**. Der wichtige Grund für die außerordentliche Kündigung etwa einer Führungskraft wegen Loyalitätsverstoßes fehlt nicht deshalb, weil für den ArbGeb die Möglichkeit der Freistellung unter Fortzahlung der Bezüge bis zum Ablauf einer ordentlichen Kündigungsfrist besteht[3]. Nähere **Abgrenzungskriterien** lassen sich nicht aufstellen. Es kommt auf die umfassende Berücksichtigung aller Umstände und die Abwägung der beiderseitigen Interessen an (§ 626 Abs. 1 BGB). Wegen der geforderten Schwere und Intensität der Vertragsstörung kommen als wichtige Gründe zumeist vorsätzliche Vertragspflichtverletzungen in Betracht. Personenbedingte Gründe für eine außerordentliche Kündigung sind nicht grundsätzlich ausgeschlossen, sondern eine Frage der Interessenabwägung im Einzelfall[4], während betriebsbedingte Gründe für eine außerordentliche Kündigung regelmäßig ausscheiden, da der ArbGeb das Wirtschafts- und Betriebsrisiko nicht auf den ArbN verlagern kann[5]. **Lange Kündigungsfristen** können sich beim wichtigen Grund im Einzelfall zum Nachteil des eigentlich geschützten ArbN auswirken, wenn nämlich die Fortsetzung des Arbeitsverhältnisses bis zum Ablauf der ordentlichen Kündigungsfrist gerade wegen deren Länge dem ArbGeb nicht zugemutet werden kann. Dies dürfte bei der idR nur einige Monate umfassenden Spannbreite der Kündigungsfristen aber eher selten auftreten und ist deshalb hinzunehmen[6].

67 Ist die **ordentliche Kündigung** tariflich oder einzelvertraglich **ausgeschlossen**, so ist gemäß § 626 Abs. 1 BGB die dauerhafte Fortsetzung des Arbeitsverhältnisses auf ihre Unzumutbarkeit zu prüfen. Insbesondere bei Dauertatbeständen wie Betriebsschließung[7] oder dauerhafter Arbeitsunfähigkeit[8], aber auch bei verhaltensbedingten Gründen[9] wird hier gerade wegen der besonders langen Bindungsdauer relativ häufig eine außerordentliche Kündigung in Betracht kommen, wo – nach hypothetischer Prüfung – ohne den Ausschluss der ordentlichen Kündigung nur eine ordentliche Kündigung sozial gerechtfertigt gewesen wäre. Die ordentliche Kündigung lässt sich daher nur scheinbar ganz ausschließen[10]. Damit sich der Schutz in diesen Fällen **nicht zum Nachteil** des eigentlich geschützten ArbN auswirkt, korrigiert die Rspr. das Ergebnis auf der Rechtsfolgeseite, indem sie den eigentlich geschützten ArbN in Bezug auf Kündigungsfrist, Beteiligung der ArbN-Vertretung und ggf. behördliche Zustimmungsverfahren wie bei einer ordentlichen Kündigung behandelt (vgl. näher oben Rz. 41). Abweichend hiervon beurteilt das BAG den gesetzlichen Ausschluss der ordentlichen Kündigung für **Funktionsträger** in der Betriebsverfassung nach § 15. Hier ist für die Prüfung der Unzumutbarkeit einer Fortsetzung des Arbeitsverhältnisses nicht auf die zu erwartende, oft langjährige Dauer des weiteren Kündigungsschutzes und damit des Arbeitsverhältnisses abzustellen, sondern auf die fiktive Kündigungsfrist. Hierdurch erhöht sich der Kündigungsschutz der Funktionsträger[11].

68 **3. Konkurrenz der Kündigungstatbestände.** Die Dreiteilung der Kündigungsgründe in § 1 Abs. 2 dient der **Binnendifferenzierung** der denkbaren Kündigungsgründe in Verantwortungs- bzw. Zurechnungssphären (vgl. Rz. 55). Folge sind unterschiedliche Tatbestandsmerkmale der drei Kündigungsgründe, die teils gesetzlich vorgegeben, teils von der Rspr. entwickelt wurden. Die Einhaltung dieser Unterscheidung ist zur Vermeidung eines konturenlosen Billigkeitsrechts unverzichtbar. Die Prüfung eines Kündigungssachverhaltes auf soziale Rechtfertigung muss daher durch Subsumtion unter einen der drei Kündigungstatbestände des § 1 Abs. 2 erfolgen (sog. alternative Gesetzeskonkurrenz[12]).

---

1 BAG v. 30.4.1987 – 2 AZR 184/86, NZA 1987, 776. | 2 BAG v. 18.2.1993 – 2 AZR 526/92, AP Nr. 35 zu § 15 KSchG 1969; Staudinger/*Preis*, § 626 BGB Rz. 83 f.; *v. Hoyningen-Huene/Linck*, § 1 KSchG Rz. 124 f., beide mwN; abweichend *Ascheid*, KSchR, 1993, Rz. 128 ff., der für die außerordentliche Kündigung eine vorsätzliche, „den Vertrag negierende Haltung" verlangt. | 3 BAG v. 11.3.1999 – 2 AZR 507/98, AP Nr. 149 zu § 626 BGB; aA LAG Düsseldorf v. 5.6.1998 – 11 Sa 2062/97, LAGE § 626 BGB Nr. 120. | 4 *Preis* in Stahlhacke/Preis/Vossen, Rz. 746 ff.; KR/*Fischermeier*, § 626 BGB Rz. 132, beide mwN. | 5 BAG v. 28.9.1972 – 2 AZR 506/71, EzA § 626 BGB Nr. 17; v. 28.3.1985 – 2 AZR 113/84, AP Nr. 86 zu § 626 BGB (*Herschel*); *Preis* in Stahlhacke/Preis/Vossen, Rz. 767 mwN. | 6 BAG v. 15.11.2001 – 2 AZR 605/00, AP Nr. 175 zu § 626 BGB. | 7 BAG v. 28.3.1985 – 2 AZR 113/94, NZA 1985, 559; v. 6.3.1986 – 2 ABR 15/85, DB 1986, 2605. | 8 BAG v. 4.2.1993 – 2 AZR 469/92, EzA § 626 BGB nF Nr. 114; v. 18.10.2000 – 2 AZR 627/99, EzA § 626 BGB – Krankheit Nr. 3. | 9 BAG v. 11.3.1999 – 2 AZR 427/98, AP Nr. 150 zu § 626 BGB; v. 21.6.2001 – 2 AZR 325/00, EzA § 626 BGB nF Nr. 189; v. 15.11.2001 – 2 AZR 605/00, AP Nr. 175 zu § 626 BGB. | 10 Vgl. *Quecke*, ZTR 2003, 6 ff. | 11 BAG v. 10.2.1999 – 2 ABR 31/98, AP Nr. 42 zu § 15 KSchG 1969. | 12 BAG v. 31.1.1996 – 2 AZR 158/95, AP Nr. 13 zu § 626 BGB – Druckkündigung; *Preis* in Stahlhacke/Preis/Vossen, Rz. 924 ff.; *Löwisch*, § 1 KSchG Rz. 71 ff.; HK/*Dorndorf*, § 1 KSchG Rz. 336 ff.; ErfK/*Ascheid*, § 1 KSchG Rz. 162; *Rüthers/Henssler*, ZfA 1988, 31 (36 ff.).

a) Mehrere Sachverhalte. Wird eine Kündigung auf verschiedene Lebenssachverhalte gestützt, die **denselben Kündigungstatbestand** des § 1 Abs. 2 betreffen, entspricht es ständiger Rspr. des BAG, dass die durch die verschiedenen Sachverhalte verursachten Beeinträchtigungen des Arbeitsverhältnisses – sofern sie nicht bereits für sich die Kündigung rechtfertigen – in einer Gesamtbetrachtung zu würdigen sind, wenn sie sich wie die „Glieder einer Kette" zusammenfassen lassen[1]. Auch im Rahmen desselben Kündigungstatbestandes ist bei einer Gesamtbetrachtung danach Vorsicht geboten, da sich das festzustellende Gewicht des Kündigungsgrundes nicht immer durch bloße „Addition" ermitteln lässt (etwa: Häufige Verspätung + fahrlässig verursachter Sachschaden?). Es dürfte auf den „gemeinsamen Nenner", das verbindende Element ankommen. Betreffen die verschiedenen Kündigungssachverhalte **verschiedene Kündigungstatbestände** des § 1 Abs. 2, und rechtfertigt jeder für sich die Kündigung nicht, scheidet nach dem Grundsatz der alternativen Gesetzeskonkurrenz (vgl. oben Rz. 68) eine Gesamtbetrachtung aus[2]. Zwar hat das BAG ausgeführt, dass „im Wege einer einheitlichen Betrachtungsweise" zu prüfen sei, „ob die einzelnen Kündigungsgründe in ihrer Gesamtheit die Umstände darstellen, die bei verständiger Würdigung in Abwägung der Interessen der Vertragsparteien und des Betriebes die Kündigung als billigenswert und angemessen erscheinen lassen"[3]. Doch handelte es sich dabei nach den gerichtlichen Feststellungen ausnahmslos um vorwerfbare Pflichtverletzungen und damit um verhaltensbedingte Gründe[4]. Allerdings wird vertreten, dass bei **Zusammentreffen verhaltens- und personenbedingter Sachverhalte** eine Gesamtbetrachtung gerechtfertigt sei („Addition"), da beide aus der Sphäre des ArbN rühren[5]. Das ist in dieser Allgemeinheit abzulehnen, weil es zu einer Aufgabe der – ohnehin unbestimmten – Merkmale der einzelnen Kündigungstatbestände des § 1 Abs. 2 und letztlich zu Rechtsunsicherheit führt[6]. Bei einer teilweise auf unentschuldigtes Fehlen und teilweise auf Krankheit gestützten Kündigung können die Fehlzeiten schon deshalb nicht pauschal in einer Gesamtbetrachtung zusammengefasst werden, weil die Voraussetzungen für die Feststellung einer negativen Zukunftsprognose unterschiedlich sind. Liegt hier aber jeweils für sich die negative Prognose vor, kann bei der Interessenabwägung nicht die identische Beeinträchtigung der Vertragsinteressen durch den anderen Kündigungsgrund ausgeblendet werden[7].

b) „Gemischte" Sachverhalte. Der Grundsatz der alternativen Gesetzeskonkurrenz (vgl. oben Rz. 68) schließt es nicht aus, denselben Lebenssachverhalt nacheinander **an allen drei Kündigungstatbeständen zu messen**. Es ist auch möglich, dass derselbe Lebenssachverhalt die Voraussetzungen verschiedener Kündigungstatbestände erfüllt und eine Kündigung daher unter mehreren Aspekten sozial rechtfertigt. Führt etwa der Pilot eines Passagierflugzeuges nach Abmahnung erneut einen Sturzflug durch, um den Fluggästen „etwas zu bieten", rechtfertigt der Sachverhalt sowohl eine verhaltens- als auch eine personen-, nämlich eignungsbedingte Kündigung[8]. Daraus folgt **keine beliebige Zuordnung** des Lebenssachverhalts unter die Kündigungstatbestände des § 1 Abs. 2. Wegen der unterschiedlichen Anforderungen der drei Tatbestände kommt es gerade in Grenzfällen entscheidend darauf an, anhand der von der Rspr. entwickelten Merkmale die für den jeweiligen Kündigungsgrund maßgeblichen Gesichtspunkte in dem Lebenssachverhalt zu erkennen[9], auch und gerade weil ein Kündigungssachverhalt unter jedem Aspekt geprüft werden kann[10]. Es ist genau zu unterscheiden, worin etwa beim Abkehrwillen als Kündigungsgrund[11], bei der grundlosen Zurückweisung eines Bauarbeiters durch den libyschen Auftraggeber[12] oder der fehlenden Lehrbefähigung eines Lehrers[13] die personen-, verhaltens- oder betriebsbedingten Aspekte bestehen[14]. Doch kann die Rspr. bei der **Einordnung von Grenzfällen** unter die Kün-

---

[1] BAG v. 22.7.1982 – 2 AZR 30/81, AP Nr. 5 zu § 1 KSchG 1969 – Verhaltensbedingte Kündigung, das allerdings missverständlich allgemein auf eine „einheitliche Betrachtungsweise" und die „Gesamtheit der Umstände" abstellt, tatsächlich aber nur vorwerfbare Vertragspflichtverletzungen zu beurteilen hatte (Bummelei, Alkoholverstöße, Schlechtleistung); v. 10.4.1975 – 2 AZR 113/74, AP Nr. 7 zu § 626 BGB – Ausschlussfrist; v. 10.12.1992 – 2 ABR 32/92, AP Nr. 4 zu § 87 ArbGG 1979; v. 20.11.1997 – 2 AZR 643/96, AP Nr. 43 zu § 1 KSchG 1969; zust. insoweit auch HK/*Dorndorf*, § 1 KSchG Rz. 328 ff. | [2] Ganz hM, HK/*Dorndorf*, § 1 KSchG Rz. 228 ff., *Löwisch*, § 1 KSchG Rz. 71; KR/*Etzel*, § 1 KSchG Rz. 259; *Preis* in Stahlhacke/Preis/Vossen, Rz. 926; ErfK/*Ascheid*, § 1 KSchG Rz. 162. | [3] BAG v. 22.7.1982 – 2 AZR 30/81, AP Nr. 5 zu § 1 KSchG 1969 – Verhaltensbedingte Kündigung. | [4] Ebenso in den weiteren Entscheidungen BAG v. 10.4.1975 – 2 AZR 113/74, AP Nr. 7 zu § 626 BGB – Ausschlussfrist; v. 10.12.1992 – 2 ABR 32/92, AP Nr. 4 zu § 87 ArbGG 1979; v. 20.11.1997 – 2 AZR 643/96, AP Nr. 43 zu § 1 KSchG 1969. | [5] *v. Hoyningen-Huene/Linck*, § 1 KSchG Rz. 169 f.; KR/*Etzel*, § 1 KSchG Rz. 259; einschr. *Löwisch*, § 1 KSchG Rz. 72, für den Fall, dass die unterschiedlichen Kündigungsgründe gleichgerichtet das Vertragsgleichgewicht stören. | [6] So auch *Preis* in Stahlhacke/Preis/Vossen, Rz. 926 f.; HK/*Dorndorf*, § 1 KSchG Rz. 331. | [7] Insoweit kann *Löwisch*, § 1 KSchG Rz. 72, gefolgt werden. | [8] Ebenso BAG v. 10.10.2002 – 2 AZR 472/01, AP Nr. 44 zu § 1 KSchG 1969 – Verhaltensbedingte Kündigung (Kündigung einer Verkäuferin wegen Tragens eines islamischen Kopftuches). | [9] So richtig BAG v. 17.5.1984 – 2 AZR 109/83, AP Nr. 21 zu § 1 KSchG 1969 – Betriebsbedingte Kündigung; v. 21.11.1985 – 2 AZR 21/85, AP Nr. 12 zu § 1 KSchG 1969; v. 13.3.1987 – 7 AZR 724/85, AP Nr. 37 zu § 1 KSchG 1969 – Betriebsbedingte Kündigung; v. 6.11.1997 – 2 AZR 94/97, NZA 1998, 143. | [10] *Löwisch*, § 1 KSchG Rz. 73; *Preis* in Stahlhacke/Preis/Vossen, Rz. 925 ä; *Rüthers/Henssler*, ZfA 1988, 31 (42 f.); ErfK/*Ascheid*, § 1 KSchG Rz. 163; HK/*Dorndorf*, § 1 KSchG Rz. 340. | [11] BAG v. 22.10.1964 – 2 AZR 515/63, DB 1965, 38. | [12] BAG v. 19.6.1986 – 2 AZR 563/86, NZA 1997, 21. | [13] BAG v. 17.5.1984 – 2 AZR 109/83, NZA 1985, 489. | [14] Weitere Bsp. aus der Rspr.: Führungsmängel eines Konzertmeisters, BAG v. 29.7.1976 – 3 AZR 50/75, BB 1976, 1560; Betriebsstörung durch übermäßige Lohnpfändung, BAG v. 4.11.1981 – 7 AZR 264/77, BB 1982, 556; schwere Beleidigung von ArbGeb und Kollegen durch verschuldensunfähig erkrankten ArbN, BAG v. 22.1.1999 – 2 AZR 665/98, AP Nr. 151 zu § 626 BGB.

digungstatbestände des § 1 Abs. 2 nicht immer gefolgt werden[1]. Das BAG stellt auf die „letzte und eigentliche" Ursache der Störung ab[2]. Auf die zeitlich letzte Ursache kommt es aber nicht an, dies ist vom Zufall abhängig. Maßgeblich ist, welchem der Kündigungstatbestände des § 1 Abs. 2 die jeweilige **Störquelle** zuzuordnen ist. Ist etwa die gehörerkrankte schwerbehinderte Presserin nach Zusammenlegung von Presserei und Schweißerei wegen der damit verbundenen Lärmentwicklung aus gesundheitlichen Gründen nicht mehr in der Lage, ihre ansonsten unveränderte Arbeit zu verrichten, liegt nicht deshalb ein betriebsbedingter Kündigungsgrund vor, weil zunächst die Gehörerkrankung bestand und erst danach die Zusammenlegung von Presserei und Schweißerei erfolgte[3]. Richtigerweise handelt es sich um eine personenbedingte Kündigung, weil für die ArbN-in auch nach der betrieblichen Änderung noch vertragsgemäße Arbeit vorhanden war; ihr Einsatz scheiterte allein an ihrer außergewöhnlichen Gesundheitskonstitution[4].

71 **4. Gleichbehandlung.** Der arbeitsrechtliche Gleichbehandlungsgrundsatz (vgl. dazu näher § 611 BGB Rz. 181 ff.) hat im Kündigungsrecht nur eine **sehr eingeschränkte Bedeutung**. Das BAG lehnt es unter Hinweis auf das Gebot der Einzelfallprüfung ab, das Kündigungsrecht der Pflicht zur Gleichbehandlung zu unterwerfen. Die Unwirksamkeit einer Kündigung lässt sich danach nicht unmittelbar aus einer Verletzung des Gleichbehandlungsgrundsatzes herleiten. Ein sonstiger Unwirksamkeitsgrund iSv. § 13 Abs. 3 besteht nicht[5]. Eine unterschiedliche Behandlung wirklich vergleichbarer Kündigungssachverhalte durch den ArbGeb kann aber bei der Prüfung eines sozial rechtfertigenden oder wichtigen Grundes im Rahmen der **Interessenabwägung** mittelbar von Bedeutung sein. Sie kann Rückschlüsse darauf zulassen, welche Bedeutung der ArbGeb selber der Beeinträchtigung seiner Vertragsinteressen beimisst und welches Gewicht sein Lösungsinteresse damit hat. Das gilt auch – weiter gehend als beim Gleichbehandlungsgrundsatz – für den Umgang mit vergleichbaren Fällen in der Vergangenheit. Bei der sog. **herausgreifenden Kündigung** eines ArbN aus einer Gruppe gleich belasteter ArbN wird der ArbGeb daher die unterschiedliche Behandlung rechtfertigen müssen. Anderenfalls fällt die Interessenabwägung zu seinen Lasten aus. Möglicherweise besteht zudem – auch außerhalb des Geltungsbereichs des KSchG – ein Verstoß gegen ein Diskriminierungsverbot (etwa §§ 75 Abs. 1, 78 Satz 2 BetrVG)[6]. Die **Auswahl** betriebsbedingt zu kündigender ArbN nach sozialen Gesichtspunkten gemäß § 1 Abs. 3 wirkt wie ein gesetzlich konkretisiertes Gleichbehandlungsgebot. Auch außerhalb des Geltungsbereichs des KSchG hat die Auswahl willkürfrei und unter Berücksichtigung besonderer Schutzbedürftigkeit im Lichte des Art. 12 GG zu erfolgen[7].

72 **5. Verzeihung, Verzicht, Verwirkung.** Der ArbGeb ist **grundsätzlich frei** darin, von einem einmal entstandenen Kündigungsrecht Gebrauch zu machen oder davon abzusehen. In Kenntnis des Kündigungsgrundes kann er überdies ohne Schranken rechtsverbindlich auf die Ausübung des konkreten Kündigungsrechts verzichten[8]. Der Verzicht auf die Ausübung eines Gestaltungsrechts ist einseitig möglich[9] und wird als empfangsbedürftige Willenserklärung mit dem Zugang beim ArbN wirksam (§ 130 BGB). Grundsätzlich sind an die Feststellung eines rechtsgeschäftlichen Verzichtswillens strenge Anforderungen zu stellen; er ist nicht zu vermuten[10]. Der ArbGeb verzichtet konkludent auf sein Kündigungsrecht, wenn er die ihm bekannten Kündigungsgründe zum Gegenstand einer **Abmahnung** oder Rüge macht. Eine spätere Kündigung kann er dann nicht allein auf diese Gründe stützen. Doch kann er bei späterem Hinzutreten oder Bekanntwerden weiterer kündigungserheblicher Gründe hierauf unterstützend zurückgreifen[11]. Erklärt der ArbGeb vor Ablauf der Ausschlussfrist des § 626 Abs. 2 BGB eine ordentliche Kündigung, wird darin entsprechend der Verzicht auf das Recht zur au-

---

1 Vgl. etwa BAG v. 17.5.1984 – 2 AZR 109/83, NZA 1985, 489 (Lehrer ohne Lehrbefähigung: Betriebsbedingt); v. 22.1.1999 – 2 AZR 665/98, AP Nr. 151 zu § 626 BGB (fortgesetzte Beleidigung durch schuldunfähigen ArbN: Verhaltensbedingt); v. 4.6.1997 – 2 AZR 526/96, AP Nr. 137 zu § 626 BGB (*Felderhoff*) (hochgradige Alkoholisierung eines U-Bahnführers beim Führen seines privaten Kfz mit Unfallfolge: Personenbedingt mit Abmahnerfordernis!); v. 20.11.1997 – 2 AZR 643/96, AP Nr. 43 zu § 1 KSchG 1969 (außerdienstliche Straftaten einer Schreibkraft im öffentlichen Dienst: Wohl zutr. verhaltensbedingt wegen § 8 BAT). |2 BAG v. 6.11.1997 – 2 AZR 94/97, NZA 1998, 143. |3 So aber BAG v. 6.11.1997 – 2 AZR 94/97, NZA 1998, 143; zust. HK/*Dorndorf*, § 1 KSchG Rz. 338a ff.; *Löwisch*, § 1 KSchG Rz. 75. |4 IdS auch *Preis* in Stahlhacke/Preis/Vossen, Rz. 928. |5 BAG v. 14.10.1965 – 2 AZR 455/64, AP Nr. 27 zu § 66 BetrVG 1952; v. 21.10.1969 – 1 AZR 93/68, EzA § 626 BGB nF Nr. 1; v. 25.3.1976 – 2 AZR 163/75 AP Nr. 6 zu § 103 BetrVG 1972; v. 22.2.1979 – 2 AZR 115/78, EzA § 103 BetrVG 1972 Nr. 23; ebenso *Ascheid*, KSchR, 1993, Rz. 16; MünchArbR/*Richardi*, § 14 Rz. 19 ff.; *Löwisch*, § 1 KSchG Rz. 79; krit. *Preis*, Prinzipien, S. 375 ff.; *Otto*, Personale Freiheit und soziale Bindung, 1978, S. 60 ff.; *Buchner*, RdA 1970, 225 (227). |6 BAG v. 14.10.1965 – 2 AZR 455/64, AP Nr. 27 zu § 66 BetrVG 1952; v. 21.10.1969 – 1 AZR 93/68, EzA § 626 BGB nF Nr. 1; v. 25.3.1976 – 2 AZR 163/75, AP Nr. 6 zu § 103 BetrVG 1972; v. 22.2.1979 – 2 AZR 115/78, EzA § 103 BetrVG 1972 Nr. 23; ebenso *Ascheid*, KSchR, 1993, Rz. 16; MünchArbR/*Richardi*, § 14 Rz. 19 ff.; *Löwisch*, § 1 KSchG Rz. 79; krit. *Preis*, Prinzipien, S. 375 ff.; *Otto*, Personale Freiheit und soziale Bindung, 1978, S. 60 ff.; *Buchner*, RdA 1970, 225 (227), *Preis* in Stahlhacke/Preis/Vossen, Rz. 319 ff. (322). |7 BVerfG v. 24.4.1991 – 1 BvR 1341/90, AP Nr. 70 zu Art. 12 GG; v. 27.1.1998 – 1 BvL 15/87, AP Nr. 17 zu § 23 KSchG 1969; BAG v. 19.1.1995 – 8 AZR 914/93, AP Nr. 12 zu Art. 13 Einigungsvertrag; v. 21.2.2001 – 2 AZR 15/00, AP Nr. 12 zu § 242 BGB – Kündigung; krit. hierzu aus dogmatischer Sicht *Annuß*, DB 2001, 1898. |8 BAG v. 10.11.1988 – 2 AZR 215/88, AP Nr. 3 zu § 1 KSchG 1969 – Abmahnung. |9 Palandt/*Heinrichs*, § 397 BGB Rz. 1. |10 BGH v. 20.12.1983 – VI ZR 19/82, NJW 1984, 1346. |11 St. Rspr., BAG v. 31.7.1986 – 2 AZR 559/85, nv. (juris); v. 10.11.1988 – 2 AZR 215/88, AP Nr. 3 zu § 1 KSchG 1969 – Abmahnung.

ßerordentlichen Kündigung liegen[1]. Ob neben dem Verzicht auf das Kündigungsrecht auch die **Verzeihung** des Kündigungsgrundes eine eigenständige rechtliche Bedeutung hat[2], ist zweifelhaft[3]. Eine Verzeihung des Kündigungsgrundes, die ohne rechtsgeschäftlichen Verzichtswillen erfolgt, wird man unter dem Gesichtspunkt des Vertrauensschutzes (widersprüchliches Verhalten, § 242 BGB) würdigen müssen[4]. Das Recht, auf einen Kündigungsgrund mit einer Kündigung zu reagieren, unterliegt nicht der Verjährung. Auch gilt für die ordentliche Kündigung die Kündigungserklärungsfrist des § 626 Abs. 2 BGB nicht entsprechend[5]. Doch kann das Kündigungsrecht gem. § 242 BGB **verwirken**. Im Geltungsbereich des KSchG ist das Kündigungsrecht an einen Kündigungsgrund gebunden. Ist seit Verwirklichung des Grundes beträchtliche Zeit verstrichen (Zeitmoment) und hat der ArbGeb beim ArbN den Eindruck erweckt, er werde nicht mehr kündigen, und hat schließlich der ArbN sich darauf eingestellt (Umstandsmoment), ist das Recht zur Kündigung wegen dieses Grundes verwirkt[6]. Eine Verwirkung wird idR erst nach Verstreichen **mehrerer Wochen oder Monate** in Betracht kommen. Maßgeblich ist die Zeit seit Kenntniserlangung durch den ArbGeb. Die Rspr. zur Verwirkung des Klagerechts (vgl. hierzu unten § 7 Rz. 4) lässt sich nur bedingt auf die Verwirkung des Kündigungsrechts übertragen. Das Zeitmoment ist abhängig vom Umstandsmoment. Die weitere vorbehaltlose Zusammenarbeit von ArbGeb und ArbN (Umstandsmoment) kann aber für die Frage der Begründung eines Vertrauenstatbestandes nicht ohne weiteres gleichgesetzt werden mit der Nichterhebung einer Klage.

6. Beurteilungszeitpunkt. Die Kündigung wird wirksam mit ihrem Zugang, § 130 Abs. 1 Satz 1 BGB. Maßgeblich für die Beurteilung der sozialen Rechtfertigung einer Kündigung ist daher die Sachlage im **Zeitpunkt ihres Zugangs**[7]. Nachträglich entstandene Tatsachen haben grundsätzlich keinen Einfluss auf die Wirksamkeit der Kündigung[8]. Rechtfertigen sie eine Kündigung, kann der ArbGeb darauf nur eine weitere, noch auszusprechende Kündigung stützen. Lassen sie umgekehrt den Kündigungsgrund für eine bereits ausgesprochene Kündigung nachträglich entfallen, berührt das die Rechtswirksamkeit der Kündigung idR ebenfalls nicht. In Ausnahmefällen kann ein Wiedereinstellungsanspruch entstehen (vgl. hierzu unten Rz. 75 ff.). Da es für die soziale Rechtfertigung einer Kündigung auf die **objektive Sachlage** ankommt (vgl. näher oben Rz. 59), sind sämtliche Tatsachen zu berücksichtigen, die vor Zugang der Kündigung bereits verwirklicht waren. Werden sie dem ArbGeb erst nachträglich bekannt oder bewertet er sie erst nachträglich als kündigungsrelevant, kann er sie grundsätzlich „nachschieben". Das gilt auch für den Verdacht als Grund einer Kündigung, die zunächst auf die Tatverwirklichung gestützt wurde, sofern die sonstigen Voraussetzungen der Verdachtskündigung erfüllt sind (insb. vorherige Anhörung des ArbN sowie Dringlichkeit und Gewicht des Verdachts); die ursprüngliche Überzeugung von der Tatverwirklichung umschließt insoweit auch den Verdacht[9]. Vgl. zum Nachschieben von Kündigungsgründen und seinen Grenzen, insb. im Hinblick auf die vorherige Beteiligung einer ArbN-Vertretung, unten Rz. 88 ff.

Die für den Kündigungsgrund erforderlichen Prognosetatsachen müssen bei Zugang der Kündigung bestehen. **Nachträglich entstandene Tatsachen** können zur Bestätigung oder Entkräftung der Prognose nur herangezogen werden, soweit sie Rückschlüsse darauf zulassen, dass prognoserelevante Tatsachen bereits bei Zugang der Kündigung objektiv existiert haben. Entsprechend ist im Bereich der **krankheitsbedingten Kündigung** für die negative Prognose danach zu unterscheiden, ob später bekannt gewordene Tatsachen über die Gesundheitsentwicklung den Rückschluss darauf zulassen, dass bereits bei Zugang der Kündigung objektiv prognoserelevante Tatsachen vorgelegen hatten, oder ob sie einen neuen, unvorhersehbaren Kausalverlauf darstellen. Keinesfalls kann die spätere Entwicklung unbesehen als Bestätigung oder Korrektur der Prognose herangezogen werden[10]. Besonderheiten gelten für die **Verdachtskündigung**. Zwar stellt das BAG für die Beurteilung ihrer sozialen Rechtfertigung im Grundsatz ebenfalls auf den Zeitpunkt ihres Zugangs ab. Doch gestattet es dem

---

1 St. Rspr., BAG v. 31.7.1986 – 2 AZR 559/85, nv. (juris); v. 10.11.1988 – 2 AZR 215/88, AP Nr. 3 zu § 1 KSchG 1969 – Abmahnung. | 2 So HK/*Dorndorf*, § 1 KSchG Rz. 323; ErfK/*Ascheid*, § 1 KSchG Rz. 165. | 3 Abl. *Löwisch*, § 1 KSchG Rz. 88. | 4 Ebenso HK/*Dorndorf*, § 1 KSchG Rz. 323; abzulehnen ErfK/*Ascheid*, § 1 KSchG Rz. 165, wonach die Verzeihung den Kündigungsgrund sozusagen ungeschehen mache; der Kündigungsvorbehalt wird trotz der Verzeihung etwa im Wiederholungsfall Bedeutung erlangen können. | 5 AllgM, vgl. *Löwisch*, § 1 KSchG Rz. 90. | 6 BAG v. 28.5.1998 – 2 AZR 615/97, AP Nr. 48 zu § 2 KSchG 1969 (*Löwisch*); v. 28.2.1990 – 7 AZR 143/89, NZA 1990, 746. | 7 Das gilt grds. auch für die Rechtslage. Allerdings sind nachträgliche Änderungen der Rechtslage – bis zum Zeitpunkt der letzten mündlichen Verhandlung in der Revisionsinstanz – zu berücksichtigen, sofern sie ausnahmsweise Rückwirkung auf den Zeitpunkt der Tatbestandsverwirklichung (hier also des Zugangs der Kündigung) beanspruchen (BGH v. 21.2.1962 – VI ZR 144/60, NJW 1962, 961 f.; BAG v. 26.11.1955 – 2 AZR 209/55, AP Nr. 4 zu § 52 RegelungsG). | 8 BAG v. 29.3.1960 – 2 AZR 568/58, AP Nr. 7 zu § 7 KSchG; v. 15.8.1984 – 7 AZR 536/82, AP Nr. 16 zu § 1 KSchG 1969 – Krankheit; v. 29.7.1993 – 2 AZR 155/93, AP Nr. 27 zu § 1 KSchG 1969 – Krankheit; v. 27.2.1997 – 2 AZR 160/96, AP Nr. 1 zu § 1 KSchG 1969 – Wiedereinstellung; v. 29.4.1999 – 2 AZR 431/98, AP Nr. 36 zu § 1 KSchG 1969 – Krankheit. | 9 BAG v. 3.4.1986 – 2 AZR 324/85 u. v. 20.8.1997 – 2 AZR 620/96, AP Nr. 18 u. 27 zu § 626 BGB – Verdacht strafbarer Handlung. | 10 BAG v. 29.4.1999 – 2 AZR 431/98, AP Nr. 36 zu § 1 KSchG – Krankheit; v. 9.4.1987 – 2 AZR 210/86, AP Nr. 18 zu § 1 KSchG 1969 – Krankheit; *Preis* in Stahlhacke/Preis/Vossen, Rz. 1226; ErfK/*Ascheid*, § 1 KSchG Rz. 195 ff.; diff. HK/*Weller/Dorndorf*, § 1 KSchG Rz. 389 ff.; aA noch BAG v. 10.11.1983 – 2 AZR 291/82, AP Nr. 11 zu § 1 KSchG 1969 – Krankheit.

ArbN als Ausgleich für die Anknüpfung der sozialen Rechtfertigung an einen bloßen Verdacht, sich nachträglich von dem Verdacht zu „reinigen"[1]. Wird der Verdacht – auch aufgrund nachträglicher Tatsachen – ausgeräumt, schließt das BAG daraus, dass er von Anfang an nicht bestanden habe. Die Kündigung ist dann sozial ungerechtfertigt und unwirksam[2]. Nach rechtskräftigem Abschluss des Kündigungsschutzprozesses kommt aus nachwirkender Fürsorge ein Wiedereinstellungsanspruch bei späterer Rehabilitierung in Betracht (vgl. unten Rz. 82)[3]. Zum Problem des Beurteilungszeitpunkts bei der **betriebsbedingten Kündigung** vgl. dort Rz. 289.

75 **7. Wiedereinstellungsanspruch. a) Prognoserisiko.** Der sozial rechtfertigende Kündigungsgrund steht der künftigen Fortsetzung des Arbeitsverhältnisses entgegen und ist immer **zukunftsbezogen** (siehe oben Rz. 61 f.). Andererseits ist für die Beurteilung der Wirksamkeit einer Kündigung stets der Zeitpunkt ihres Zugangs maßgeblich, § 130 Abs. 1 BGB (vgl. oben Rz. 73 f.). Das Risiko, dass sich die objektiv nach menschlichem Ermessen erstellte Prognose nachträglich als falsch herausstellt, trifft damit den gekündigten ArbN. Erweist sich die **Prognose alsbald** als **fehlerhaft** und hat der ArbGeb noch nicht anderweitig disponiert, erscheint es im Lichte von Art. 12 GG nicht gerechtfertigt, den ArbN das Prognoserisiko tragen zu lassen. Letztlich liegt nicht in der Prognose der sozial rechtfertigende Kündigungsgrund, sondern in der prognostizierten Vertragsstörung. Die Prognose ist nur das „technische Hilfsmittel", um die Rechtmäßigkeit einer Kündigung bereits bei ihrem Zugang beurteilen zu können. Stellt sich die Prognose nachträglich als falsch heraus, fehlt es daher am Kündigungsgrund überhaupt. Zeigt sich dies zeitnah und stehen die Gesichtspunkte der Klarheit und Rechtssicherheit sowie des Vertrauensschutzes nicht entgegen, fehlt es an jeder Rechtfertigung dafür, den ArbN dennoch mit dem Prognoserisiko zu belasten. Hier ist eine **verfassungskonforme Verteilung** des Prognoserisikos geboten[4]. Die ursprünglich wirksame Kündigung kann allerdings wegen des Gebots der Rechtsklarheit und Bedingungsfeindlichkeit einer Kündigung nicht nachträglich unwirksam werden[5]. Die Rspr. und das ganz überwiegende Schrifttum gewähren dem ArbN daher einen Wiedereinstellungsanspruch[6]. Dessen Rechtsgrundlage sowie seine Voraussetzungen und Rechtsfolgen sind in ihren Einzelheiten noch nicht hinreichend geklärt.

76 **b) Rechtsgrundlage.** Die Rechtsgrundlage des Wiedereinstellungsanspruchs ist **umstritten**. Der 2. Senat des BAG hat sich insoweit bislang nicht festgelegt[7]. Der 8. Senat hat im Zusammenhang mit einem nach Ausspruch der Kündigung erfolgenden Betriebsübergang zunächst auf eine EU-richtlinienkonforme Auslegung des § 613a BGB abgestellt[8]. Der 7. Senat leitet den Anspruch in einer Grundsatzentscheidung aus einer vertraglichen Nebenpflicht des ArbGeb ab[9]. In der Lit. wird eine Vielzahl dogmatischer Begründungen erwogen[10]. Der hier vertretene Ansatz einer verfassungskonformen Verteilung des Prognoserisikos (vgl. Rz. 75 aE) sieht den Wiedereinstellungsanspruch als Korrektiv des kündigungsrechtlichen Prognoseprinzips. Es handelt sich danach um eine dem gesetzlichen System des Kündigungsrechts immanente richterrechtliche Rechtsfortbildung im Lichte von Art. 12 GG[11].

77 **c) Voraussetzungen.** Der Wiedereinstellungsanspruch hat im Wesentlichen **vier Voraussetzungen**:

- Beendigung des Arbeitsverhältnisses durch wirksame ArbGebKündigung (aa)
- Erfordernis eines Grundes für die Kündigung (idR also Anwendbarkeit des KSchG) (bb)

---

1 BAG v. 4.6.1964 – 2 AZR 310/63, AP Nr. 13 zu § 626 BGB – Verdacht strafbarer Handlung (*A. Hueck*); v. 18.11.1999 – 2 AZR 743/98, AP Nr. 32 zu § 626 BGB – Verdacht strafbarer Handlung. | 2 BAG v. 4.6.1964 – 2 AZR 310/63 u. v. 30.4.1987 – 2 AZR 283/86, AP Nr. 13 und 19 zu § 626 BGB – Verdacht strafbarer Handlung; v. 14.9.1994 – 2 AZR 164/94, AP Nr. 24 zu § 626 BGB – Verdacht strafbarer Handlung; KR/*Fischermeier*, § 626 BGB Rz. 233; HK/*Dorndorf*, § 1 KSchG Rz. 849; aA (idR nur Wiedereinstellungsanspruch) *Ascheid*, KSchR, 1993, Rz. 165; *v. Hoyningen-Huene/Linck*, § 1 KSchG Rz. 266; *Löwisch*, § 1 KSchG Rz. 225; KR/*Etzel*, § 1 KSchG Rz. 509. | 3 BAG v. 20.8.1997 – 2 AZR 620/96, AP Nr. 24 zu § 626 BGB – Verdacht strafbarer Handlung. | 4 So auch *Raab*, RdA 2000, 147 (152); *Raab*, RdA 2001, 248 (250); *Elz*, Der Wiedereinstellungsanspruch des Arbeitnehmers nach Wegfall des Kündigungsgrundes, 2002, S. 59 ff.; KR/*Etzel*, § 1 KSchG Rz. 729. | 5 BAG v. 27.2.1958 – 2 AZR 445/55, AP Nr. 1 zu § 1 KSchG – Betriebsbedingte Kündigung; v. 27.2.1997 – 2 AZR 160/96, AP Nr. 1 zu § 1 KSchG 1969 – Wiedereinstellungsanspruch; v. 29.4.1999 – 2 AZR 431/98, AP Nr. 36 zu § 1 KSchG 1969 – Krankheit; anders die bisherige Rspr. allerdings bei der Verdachtskündigung, wenn der Verdacht im Laufe des Kündigungsprozesses bis zum Schluss der mündlichen Verhandlung entfällt (Rehabilitationsinteresse): BAG v. 4.6.1964 – 2 AZR 310/63, AP Nr. 13 zu § 626 BGB – Verdacht strafbarer Handlung; v. 18.11.1999 – 2 AZR 743/98, AP Nr. 32 zu § 626 BGB – Verdacht strafbarer Handlung; für wirksame Kündigung und Wiedereinstellungsanspruch auch insoweit BGH v. 13.7.1956 – VI ZR 88/55, AP Nr. 2 zu § 611 BGB – Fürsorgepflicht. | 6 BAG v. 27.2.1958 – 2 AZR 445/55, AP Nr. 1 zu § 1 KSchG – Betriebsbedingte Kündigung; v. 27.2.1997 – 2 AZR 160/96, AP Nr. 1 zu § 1 KSchG 1969 – Wiedereinstellungsanspruch; v. 29.4.1999 – 2 AZR 431/98, AP Nr. 36 zu § 1 KSchG 1969 – Krankheit; KR/*Etzel*, § 1 KSchG Rz. 729 ff. mwN. | 7 BAG v. 27.2.1997 – 2 AZR 160/96, AP Nr. 1 zu § 1 KSchG 1969 – Wiedereinstellung. | 8 BAG v. 13.11.1997 – 8 AZR 295/95, AP Nr. 169 zu § 613a BGB; zust. *Hanau*, ZIP 1999, 324 f. | 9 BAG v. 28.6.2000 – 7 AZR 904/98, AP Nr. 6 zu § 1 KSchG 1969 – Wiedereinstellung; krit. hierzu LAG Berlin v. 18.6.2002 – 12 Sa 2413/01, NZA-RR 2003, 66 ff. | 10 Vgl. die Nachw. bei *Elz*, Der Wiedereinstellungsanspruch des Arbeitnehmers nach Wegfall des Kündigungsgrundes, 2002, S. 31 ff. | 11 Ebenso *Raab*, RdA 2000, 147 (152); *Raab*, RdA 2001, 248 (259); *Elz*, Der Wiedereinstellungsanspruch des Arbeitnehmers nach Wegfall des Kündigungsgrundes, 2002, S. 59 ff.; KR/*Etzel*, § 1 KSchG Rz. 729 ff.

- Änderung der Prognose noch innerhalb der Kündigungsfrist (positive Zukunftsprognose) (cc)
- Keine anderweitigen Dispositionen des ArbGeb (Vertrauensschutz) (dd)

aa) Beendigung des Arbeitsverhältnisses durch Kündigung des ArbGeb. Das Arbeitsverhältnis muss durch **wirksame Kündigung** beendet, dh. eine Kündigungsschutzklage rechtskräftig abgewiesen, gar nicht erst erhoben oder zurückgenommen worden sein. Ein schwebender Kündigungsschutzprozess ist vorgreiflich, da die Wiedereinstellung ein beendetes Arbeitsverhältnis voraussetzt. Ein Wiedereinstellungsantrag kann hilfsweise mit einem Kündigungsschutz- oder allgemeinen Feststellungsantrag verbunden werden[1]. Haben die Parteien anstelle einer Kündigung einen **Aufhebungsvertrag** oder nach einer Kündigung einen **Abfindungsvergleich** geschlossen, kommt es zu deren Wirksamkeit auf eine Prognose nicht an. Ein Wiedereinstellungsanspruch kann hier allenfalls nach den Grundsätzen des Wegfalls der Geschäftsgrundlage im Wege einer Vertragsanpassung (§ 313 Abs. 1 BGB) entstehen. Möglich ist auch ein Rücktritt (§ 313 Abs. 3 BGB). Der nachträgliche Wegfall des Kündigungsgrundes führt aber idR nicht zum Wegfall der Geschäftsgrundlage oder gem. § 779 BGB zur Unwirksamkeit des Vergleichs, sondern nur dann, wenn das Festhalten an ihm für eine Partei unzumutbar ist, was insb. bei Vereinbarung einer Abfindungszahlung kaum in Betracht kommt[2]. Bei der Auswahlentscheidung über die wiedereinzustellenden ArbN kann der ArbGeb außerdem berücksichtigen, dass er mit einem ArbN einen Abfindungsvergleich geschlossen hat[3]. Entfällt bei einem ursprünglich wirksam **befristeten Arbeitsvertrag** nachträglich der die Befristung rechtfertigende sachliche Grund, so besteht grundsätzlich kein Anspruch des ArbN auf Wiedereinstellung nach Ablauf der Kündigungsfrist, sofern nicht tarif- oder einzelvertraglich etwas anderes vereinbart ist[4]. Eines sachlichen Grundes und damit einer Prognose bedarf hier nur die Befristungsabrede selbst, nicht aber die spätere Beendigung des Arbeitsverhältnisses. Dabei genügt schon die Prognose selbst als sachlich rechtfertigender Grund, um eine objektive Umgehung des Kündigungsschutzes auszuschließen. Sie ist hier nicht bloß „technisches Hilfsmittel", sondern dafür ausreichend. Ob sie sich nachher als zutreffend erweist, ist daher unerheblich[5]. Wird ein ArbN durch den ArbGeb unter Hinweis auf eine drohende betriebsbedingte Kündigung zur **Eigenkündigung** veranlasst und erweist sich die Prognose des ArbGeb nachträglich als falsch, kommt ein Wiedereinstellungsanspruch nicht in Betracht[6]. Mit der Eigenkündigung macht der ArbN zwar die Prognose des ArbGeb mittelbar zum Motiv seines Handelns; doch bedarf die Eigenkündigung selbst zu ihrer Wirksamkeit keiner negativen Zukunftsprognose und damit auch nicht des Korrektivs eines Wiedereinstellungsanspruchs[7].

bb) Anwendbarkeit des KSchG. Ein Prognoserisiko entsteht grundsätzlich nur dort, wo das Gesetz einen **Kündigungsgrund** verlangt. Der Wiedereinstellungsanspruch setzt daher idR die Anwendbarkeit des KSchG voraus[8]. Auch die außerordentliche Kündigung bedarf eines Grundes und damit einer Prognose. Erweist sich die Prognose innerhalb der (fiktiven) Kündigungsfrist als falsch, besteht ein Anspruch auf Wiedereinstellung[9], der aber außerhalb des KSchG nur bis zum Ablauf der Kündigungsfrist reicht. Entfällt hier der Kündigungsgrund später, scheidet eine Wiedereinstellung schon deshalb aus[10].

cc) Nachträglicher Wegfall des Kündigungsgrundes innerhalb der Kündigungsfrist. Die Prognose muss bei Zugang der Kündigung den Anforderungen genügt haben (vgl. oben Rz. 73 f.) und sich **erst nachträglich als unzutreffend** erweisen; bei ursprünglich unzureichender Prognose kommt nur fristgerechte Kündigungsschutzklage in Betracht. Der Nichteintritt des Kündigungsgrundes muss feststehen. Zum sozial rechtfertigenden Kündigungsgrund gehört nach dem Ultima-Ratio-Grundsatz auch die fehlende Möglichkeit einer anderweitigen Weiterbeschäftigung, bei der mit weiteren Vertragsstörungen nicht zu rechnen ist (vgl. oben Rz. 63). Die Wiedereinstellungspflicht kann daher nicht nur bei Wegfall des „eigentlichen" Kündigungsgrundes entstehen, sondern weiter gehend auch in den Fällen, in denen sich nachträglich eine anderweitige Beschäftigungsmöglichkeit auf einem unvorhergesehen frei werdenden oder neu geschaffenen Arbeitsplatz ergibt, auf dem der ArbGeb den ArbN ohne Änderung des Arbeitsvertrages umsetzen könnte[11]. Die nachträgliche Möglichkeit der Weiterbeschäftigung zu geänderten Arbeitsbedingungen begründet den Wiedereinstellungsanspruch dagegen nicht, obwohl sie den Grund für eine Beendi-

---

1 *Oetker*, ZIP 2000, 643 (652). | 2 BAG v. 28.6.2000 – 7 AZR 904/98, AP Nr. 6 zu § 1 KSchG 1969 – Wiedereinstellung; v. 10.12.1998 – 8 AZR 324/97, AP Nr. 185 zu § 613a BGB; weiter gehend aber BAG v. 27.2.1997 – 2 AZR 160/96 u. v. 4.12.1997 – 2 AZR 140/97, AP Nr. 1 u. 4 zu § 1 KSchG 1969 – Wiedereinstellung. | 3 BAG v. 28.6.2000 – 7 AZR 904/98, AP Nr. 6 zu § 1 KSchG 1969 – Wiedereinstellung. | 4 BAG v. 20.2.2002 – 7 AZR 600/00, AP Nr. 11 zu § 1 KSchG 1969 – Wiedereinstellung. | 5 Im Ergebnis ebenso, aber vom Standpunkt einer vertraglichen Nebenabrede ausgehend BAG v. 20.2.2002 – 7 AZR 600/00, AP Nr. 11 zu § 1 KSchG 1969 – Wiedereinstellung. | 6 Bei *arglistiger Täuschung* und rechtswidriger Drohung gilt § 123 BGB. | 7 Ebenso *Elz*, Der Wiedereinstellungsanspruch des Arbeitnehmers nach Wegfall des Kündigungsgrundes, 2002, S. 100 f.; aA *Hambitzer*, Der Wiedereinstellungsanspruch des Arbeitnehmers nach wirksamer Kündigung, 1987, S 96 f.; *Nägele*, BB 1998, 1686 (1687). | 8 Hess. LAG v. 7.3.2000 – 9 Sa 1077/99, ZInsO 2000, 625; APS/Kiel, § 1 KSchG Rz. 787 mwN. | 9 Dieses unbezweifelbare Ergebnis lässt sich kaum mit einer vertraglichen Nebenpflicht (so der 7. Senat), aber zwanglos mit einer gesetzesimmanenten Korrektur des Prognoserisikos begründen. | 10 Denkbar ist allerdings nach Ausspruch einer Verdachtskündigung ein Ausgleich für die grundlos entfallene Kündigungsfrist aus dem Gesichtspunkt der Rehabilitierung bzw. Wiedergutmachung. | 11 So für den Fall der betriebsbedingten Kündigung BAG v. 28.6.2000 – 7 AZR 904/98, AP Nr. 6 zu § 1 KSchG 1969 – Wiedereinstellung; aA *Raab*, RdA 2000, 147 (154).

gungskündigung ebenso entfallen lässt; dies ist aus Gründen der Rechtsklarheit geboten. Ob der prognostizierte Grund nicht eingetreten ist, beurteilt sich im Übrigen jeweils nach seiner Eigenart.

81 Der **Zeitpunkt der Prognoseänderung** ist umstritten. Nach einer Entscheidung des BAG muss der Nichteintritt des prognostizierten Kündigungsgrundes grundsätzlich noch innerhalb der Kündigungsfrist feststehen, anderenfalls scheidet ein Wiedereinstellungsanspruch aus[1]. Dem ist schon aus Gründen der Rechtssicherheit und Rechtsklarheit zuzustimmen. Auch eine grundrechtskonforme Verteilung des Prognoserisikos verlangt keine spätere Zäsur. Dabei genügt es, wenn vor Ablauf der Kündigungsfrist feststeht, dass die zur Kündigung führende Vertragsstörung so kurzfristig entfallen sein wird, dass ein Kündigungsgrund nicht mehr gegeben ist[2]. Das kann auch nach Ablauf der Kündigungsfrist sein. Eine **Ausnahme** soll gelten für den Fall einer etappenweisen Entlassung, die auf einheitlichem ArbGebEntschluss beruht[3], sowie uU für den Fall eines Betriebsübergangs nach Ablauf der Kündigungsfrist[4]. Eine Ausnahme macht die ganz hM auch im Falle der Verdachtskündigung wegen des hier anzuerkennenden besonderen Wiedergutmachungsinteresses[5].

82 Bei **verhaltensbedingten** Kündigungsgründen wird ein Wiedereinstellungsanspruch kaum je in Betracht kommen. Die Gründe, die hier einer Fortsetzung des Arbeitsverhältnisses entgegenstehen, haben regelmäßig ihre Wurzeln in der Vergangenheit und können nachträglich kaum mehr entfallen. Will der ArbN geltend machen, dass die Gründe von Anfang an nicht bestanden haben, muss er dies im Kündigungsschutzprozess tun. Für die Kündigung wegen **Krankheit** hat das BAG die Frage eines Wiedereinstellungsanspruchs bislang ausdrücklich offen gelassen[6]. Abgelehnt hat es einen Wiedereinstellungsanspruch, wenn die „nachträgliche überraschende grundlegende Besserung" des Gesundheitszustandes erst nach Ablauf der Kündigungsfrist eingetreten ist[7]. Auch genügt nicht eine Erschütterung der negativen Gesundheitsprognose, sondern es bedarf einer positiven Prognose. Im Falle einer Alkoholabhängigkeit genügt die Teilnahme an einer Entziehungskur dafür nicht[8]. Damit scheidet in diesen Fällen ein Wiedereinstellungsanspruch wohl insgesamt aus. Allgemein dürfte eine grundlegende Prognoseänderung innerhalb der Kündigungsfrist bei krankheitsbedingter Kündigung nur selten auftreten. Anerkannt ist ein Anspruch auf Wiedereinstellung in dem Sonderfall einer **Verdachtskündigung**, wenn sich nachträglich die Unschuld des ArbN herausstellt oder zumindest Umstände bekannt werden, die den Verdacht beseitigen[9]. Allein ein Freispruch aus Mangel an Beweisen oder die Einstellung des staatsanwaltschaftlichen Ermittlungsverfahrens gem. § 170 Abs. 2 StPO genügt dafür nicht[10]. Wegen der gesteigerten nachwirkenden Fürsorgepflicht (Rehabilitations- oder Wiedergutmachungsinteresse) sind nach einer Verdachtskündigung idR aber auch Entlastungstatsachen zu berücksichtigen, die erst nach Ablauf der Kündigungsfrist zutage treten[11]. Bei anhängigem Kündigungsschutzprozess soll die Beseitigung des Verdachts bis zum Schluss der mündlichen Verhandlung in der Tatsacheninstanz die Kündigung sogar (rückwirkend) unwirksam machen[12]. Dem **betriebsbedingt** gekündigten ArbN kann nach mittlerweile ständiger Rspr. des BAG ein Wiedereinstellungsanspruch ausnahmsweise zustehen, wenn sich noch innerhalb der Kündigungsfrist unvorhergesehen eine Möglichkeit zur Weiterbeschäftigung herausstellt[13]. Das ist nicht nur dann anzunehmen, wenn wider Erwarten der bisherige Arbeitsplatz des ArbN doch erhalten bleibt, sondern auch in den Fällen, in denen sich innerhalb der Kündigungsfrist eine anderweitige Beschäftigungsmöglichkeit auf einem unvorhergesehen frei werdenden oder neu geschaffenen Arbeitsplatz ergibt, auf dem der ArbGeb den ArbN ohne Änderung des Arbeitsvertrages

---

1 BAG v. 28.6.2000 – 7 AZR 904/98, AP Nr. 6 zu § 1 KSchG 1969 – Wiedereinstellung; offen gelassen bislang vom 2. Senat, BAG v. 4.12.1997 – 2 AZR 140/97, AP Nr. 4 zu § 1 KSchG 1969 – Wiedereinstellung („zeitlich begrenzt"); anders der 8. Senat für den Betriebsübernehmer, wenn ein unvorhergesehener Betriebsübergang erst nach Ablauf der Kündigungsfrist zustande kommt BAG v. 13.11.1997 – 8 AZR 295/95, AP Nr. 169 zu § 613a BGB u. v. 12.11.1998 – 8 AZR 265/97, AP Nr. 5 zu § 1 KSchG 1969 – Wiedereinstellung; vgl. auch *Löwisch*, § 1 KSchG Rz. 83. |2 *Beckschulze*, DB 1998, 417 (418); *Elz*, Der Wiedereinstellungsanspruch des Arbeitnehmers nach Wegfall des Kündigungsgrundes, 2002, S. 114. |3 KR/*Etzel*, § 1 KSchG Rz. 737; *Raab*, RdA 2000, 215. |4 So bei Übernahme der Hauptbelegschaft BAG v. 13.11.1997 – 8 AZR 295/95, AP Nr. 169 zu § 613a BGB. |5 BAG v. 4.6.1964 – 2 AZR 310/63, EzA § 626 BGB Nr. 5; v. 14.9.1994 – 2 AZR 164/94, EzA § 626 BGB – Verdacht strafbarer Handlung; *Preis* in Stahlhacke/Preis/Vossen, Rz. 766 mwN. |6 BAG v. 17.6.1999 – 2 AZR 639/98, AP Nr. 37 zu § 1 KSchG 1969 – Krankheit; v. 27.6.2001 – 7 AZR 662/99, AP Nr. 10 zu § 1 KSchG 1969 – Wiedereinstellung; abl. LAG Berlin v. 18.6.2002 – 12 Sa 2413/01, NZA-RR 2003, 66 ff.; befürwortend dagegen *Löwisch*, § 1 KSchG Rz. 81. |7 BAG v. 27.6.2001 – 7 AZR 662/99, AP Nr. 10 zu § 1 KSchG 1969 – Wiedereinstellung. |8 BAG v. 17.6.1999 – 2 AZR 639/98, AP Nr. 37 zu § 1 KSchG 1969 – Krankheit. |9 BAG v. 20.8.1997 – 2 AZR 620/96, AP Nr. 27 zu § 626 BGB – Verdacht strafbarer Handlung; v. 14.12.1956 – 1 AZR 29/55, AP Nr. 3 zu § 611 BGB – Fürsorgepflicht. |10 BAG v. 20.8.1997 – 2 AZR 620/96, AP Nr. 27 zu § 626 BGB – Verdacht strafbarer Handlung. |11 BAG v. 4.6.1964 – 2 AZR 310/63, EzA § 626 BGB Nr. 5; v. 14.9.1994 – 2 AZR 164/94, EzA § 626 BGB – Verdacht strafbarer Handlung. |12 BAG v. 4.6.1964 – 2 AZR 310/63, AP Nr. 13 zu § 626 BGB – Verdacht strafbarer Handlung; v. 18.11.1999 – 2 AZR 743/98, AP Nr. 32 zu § 626 BGB – Verdacht strafbarer Handlung; für wirksame Kündigung und Wiedereinstellungsanspruch insoweit BGH v. 13.7.1956 – VI ZR 88/55, AP Nr. 2 zu § 611 BGB – Fürsorgepflicht – sowie die hM in der Lit., vgl. *Preis* in Stahlhacke/Preis/Vossen, Rz. 766 mwN. |13 BAG v. 27.2.1958 – 2 AZR 445/55, AP Nr. 1 zu § 1 KSchG – Betriebsbedingte Kündigung; v. 27.2.1997 – 2 AZR 160/96, AP Nr. 1 zu § 1 KSchG 1969 – Wiedereinstellungsanspruch; v. 28.6.2000 – 7 AZR 904/98, AP Nr. 6 zu § 1 KSchG 1969 – Wiedereinstellung mwN, auch zum ganz überwiegend zust. Schrifttum.

umsetzen könnte¹. Dies wird auch dann gelten, wenn ein sozial schwächerer, aufgrund der Sozialauswahl nicht gekündigter ArbN nachträglich ausscheidet.

dd) Keine anderweitige Disposition des ArbGeb. Der Wiedereinstellungsanspruch wird aus Gründen des **Vertrauensschutzes** begrenzt durch entgegenstehende berechtigte Interessen des ArbGeb. Hat der ArbGeb in gutem Glauben bereits anderweitige Dispositionen getroffen, insb. den unvorhergesehen frei gewordenen Arbeitsplatz mit einem anderen ArbN besetzt, erlischt der Anspruch². Zu berücksichtigen sind auch zwischenzeitliche unternehmerische Entscheidungen des ArbGeb, die einer Wiedereinstellung des ArbN entgegenstehen oder sie unzumutbar machen. Dies gilt nicht, wenn der ArbGeb den Anspruch treuwidrig vereitelt (§ 162 BGB), etwa indem er pflichtwidrig über die Wiedereinstellungsmöglichkeit nicht unterrichtet (vgl. Rz. 85) oder ein begründetes Wiedereinstellungsverlangen übergeht und die Stelle anderweitig besetzt³. 83

d) Rechtsfolgen. aa) Weiterbeschäftigungsanspruch. Der Anspruch ist gerichtet auf Wiedereinstellung. Nach wirksamer Kündigung bedarf es des **Neuabschlusses eines Arbeitsvertrages**⁴. Der Inhalt des Vertrages ist ansonsten unverändert; ein Anspruch auf Abschluss eines beliebigen anderen Vertrages besteht nicht. Die bestehenden Rechtspositionen und Vordienstzeiten aus dem alten Arbeitsverhältnis bleiben erhalten⁵. Der Anspruch auf Neuabschluss des Vertrages, dh. auf Annahme eines entsprechenden Angebotes des ArbN, wird frühestens mit Zugang des Angebotes beim ArbGeb fällig. IdR wird eine angemessene Prüffrist hinzutreten, insb. wenn der ArbGeb eine Auswahlentscheidung zu treffen hat. Bei der **Auswahl** eines wieder einzustellenden ArbN aus mehreren Bewerbern darf der ArbGeb nicht willkürlich vorgehen, sondern hat anhand betrieblicher Belange und sozialer Gesichtspunkte eine den §§ 242, 315 BGB genügende Auswahlentscheidung zu treffen⁶. Eine Auswahl allein anhand der Kriterien des § 1 Abs. 3 lehnt das BAG ab. 84

bb) Informationsanspruch. Der ArbGeb kann aus **Treu und Glauben** (§ 242 BGB) zusätzlich verpflichtet sein, die entlassenen ArbN über die sich ergebende Wiedereinstellungsmöglichkeit zu informieren. Gegebenenfalls wird er eine angemessene Erklärungsfrist setzen müssen. Inhalt und Umfang der Informationspflicht bestimmen sich nach den Umständen des Einzelfalles⁷. Eine Informationspflicht wird im Rahmen des Zumutbaren anzunehmen sein, wenn anderenfalls der Wiedereinstellungsanspruch vereitelt würde. Beruht der Wegfall des Kündigungsgrundes darauf, dass der ArbGeb an seiner eigenen unternehmerischen Entscheidung nicht mehr festhält, dürften gesteigerte Pflichten bestehen. 85

e) Darlegungs- und Beweislast. Die Darlegungs- und Beweislast für den Wiedereinstellungsanspruch trägt grundsätzlich der **ArbN**⁸. Dazu gehört in erster Linie der nachträgliche Wegfall der negativen Zukunftsprognose. Da sich dieser Sachvortrag auf Umstände aus der Sphäre des ArbGeb bezieht, dürfen die Anforderungen nicht überspannt werden; der ArbGeb hat gem. § 138 Abs. 2 ZPO substantiiert zu bestreiten (sog. abgestufte Darlegungslast)⁹. Der **ArbGeb** hat dagegen eine etwaige anderweitige Disposition über den Arbeitsplatz oder eine sonstige Unzumutbarkeit der Wiedereinstellung darzulegen und zu beweisen¹⁰. 86

f) Prozessuales. Die Klage ist auf Verurteilung zur Annahme des in der Klage enthaltenen Angebotes auf Abschluss eines Arbeitsvertrages und damit auf **Abgabe einer Willenserklärung** zu richten¹¹. Sie betrifft einen anderen Streitgegenstand als die Kündigungsschutzklage. Eine Auslegung bzw. Umdeutung des Kündigungsschutzantrages in einen Wiedereinstellungsantrag im dargelegten Sinne nimmt das BAG nicht vor¹². Allerdings ist ein Hinweis gemäß § 139 ZPO geboten. Da die Bedingungen des Angebotes mit den bisherigen Arbeitsbedingungen übereinstimmen müssen, ist die Bestimmtheit des Klagebegehrens gewährleistet. Die **Angabe eines Zeitpunktes** für den Beginn des neuen Arbeitsverhältnisses soll die Klage unbegründet machen, soweit dieser vor dem Zeitpunkt des Eintritts der Rechtskraft des Urteils liegt (§ 894 Abs. 1 Satz 1 ZPO)¹³. In diesem Fall würde sich die Verurteilung auf Abschluss eines zT in der Vergangenheit liegenden Vertrages, dh. mittelbar auf eine unmögliche Leistung richten. Dies führe gem. § 306 BGB aF zur Nichtigkeit. Für die Vergangenheit könne der ArbN nur Schadensersatz beanspruchen. An dieser Rspr. kann jedenfalls nach der Schuldrechtsreform nicht unverändert festgehalten werden, da gemäß § 311a Abs. 1 BGB nF die anfängliche Unmöglichkeit einer Leistung der 87

---

1 So für den Fall der betriebsbedingten Kündigung BAG v. 28.6.2000 – 7 AZR 904/98, AP Nr. 6 zu § 1 KSchG 1969 – Wiedereinstellung; aA *Raab*, RdA 2000, 147 (154). | 2 BAG v. 27.2.1997 – 2 AZR 160/96, BAGE 85, 194; v. 28.6.2000 – 7 AZR 904/98, AP Nr. 6 zu § 1 KSchG 1969 – Wiedereinstellung. | 3 BAG v. 28.2.2000 – 7 AZR 904/98, AP Nr. 6 zu § 1 KSchG 1969 – Wiedereinstellung. | 4 BAG v. 29.4.1998 – 2 AZR 431/98 u. v. 17.6.1999 – 2 AZR 639/98, AP Nr. 37 u. 38 zu § 1 KSchG 1969 – Krankheit; zT wird angenommen, dass er uU auf „Fortsetzung" des Arbeitsverhältnisses gerichtet sei, so LAG Köln v. 10.1.1989 – 4/2 Sa 860/88, LAGE § 611 BGB – Einstellungsanspruch Nr. 1. | 5 HM, *Raab*, RdA 2000, 147 (157); *Oetker*, ZIP 2000, 1787 (1788); *Otto*, FS Kraft, S. 451 (451). | 6 BAG v. 4.12.1997 – 2 AZR 140/97 v. u. 28.6.2000 – 7 AZR 904/98, AP Nr. 4 und Nr. 6 zu § 1 KSchG 1969 Wiedereinstellung. | 7 BAG v. 28.6.2000 – 7 AZR 904/98, AP Nr. 6 zu § 1 KSchG 1969 – Wiedereinstellung; aA *Löwisch*, § 1 KSchG Rz. 263. | 8 BAG v. 17.6.1999 – 2 AZR 639/98, BAGE 92, 96. | 9 HM, APS/*Kiel*, § 1 KSchG Rz. 803; *Ziemann*, MDR 1999, 716 (721) jeweils mwN. | 10 *Oetker*, ZIP 2000, 643 (653); *Ziemann*, MDR 1999, 716 (721). | 11 BAG v. 6.8.1997 – 7 AZR 557/96 u. v. 28.6.2000 – 7 AZR 904/98, AP Nr. 2 und Nr. 6 zu § 1 KSchG 1969 – Wiedereinstellung. | 12 Anders nur für einen Sonderfall BAG v. 27.2.1997 – 2 AZR 160/96, AP Nr. 1 zu § 1 KSchG 1969 – Wiedereinstellung. | 13 BAG v. 28.6.2000 – 7 AZR 904/98, AP Nr. 6 zu § 1 KSchG 1969 – Wiedereinstellung.

Wirksamkeit des Vertrages nicht mehr entgegensteht. Nach dem Grundsatz der Vertragsfreiheit ist es möglich, wirksam einen **Arbeitsvertrag mit Rückwirkung** abzuschließen[1]. Die Abwicklung für die Vergangenheit erfolgt – wie auch sonst bei nicht erbrachter Arbeitsleistung – nach den Regeln der §§ 293 ff., 275 Abs. 1, 615 BGB. Der Vertrag ist schon deshalb auch für den vergangenen Zeitraum nicht ohne Inhalt. Dann aber ist kein Grund ersichtlich, warum dem Gläubiger wegen schlichter Leistungsverweigerung des Schuldners die noch mögliche und sinnvolle Erfüllung seines Anspruchs auf Vertragsschluss mW auf den Zeitpunkt der Fälligkeit versagt werden soll[2]. Kaum zu bewältigende Fragen des Schadensrechts (etwa in steuer- und sozialversicherungsrechtlicher Hinsicht) ließen sich zudem vermeiden.

88 **8. Nachschieben von Kündigungsgründen. a) Grundsatz.** Für die soziale Rechtfertigung der Kündigung kommt es auf die objektive Sachlage im Zeitpunkt ihres Zugangs an (vgl. oben Rz. 59). Daraus folgt der Grundsatz, dass es **kündigungsrechtlich zulässig** ist, im Kündigungsschutzprozess Kündigungsgründe nachzuschieben, die bei Ausspruch der Kündigung bereits bestanden haben[3]. Es besteht kein Begründungszwang für die Kündigungserklärung. Selbst wenn bestimmte Gründe angegeben werden, können grundsätzlich unbeschränkt andere Gründe zur Stützung der Kündigung nachgeschoben werden[4]. Ggf. entstehen Schadensersatzpflichten (vgl. oben Rz. 29). Kündigungsrechtlich ist es auch grundsätzlich zulässig, eine zunächst mit der Tatbegehung begründete Kündigung nachträglich auf den **Verdacht** der Tat zu stützen[5]. Voraussetzung ist, dass sich der ArbGeb hierauf beruft und auch die weiteren Tatbestandsmerkmale der Verdachtskündigung erfüllt sind (insb. Anhörung des ArbN sowie Dringlichkeit und Gewicht des Verdachts). Erweist sich umgekehrt bei einer zunächst auf den Verdacht gestützten Kündigung nachträglich die Tatbegehung, bedarf es keines Nachschiebens. Denn die Verdachtskündigung umfasst ohne weiteres die Tatkündigung (arg. a maiore ad minus)[6]. Darüber hinaus hält es das BAG für möglich, einen überhaupt erst **nachträglich entstandenen** Verdacht als Kündigungsgrund nachzuschieben, sofern sich die nachträglich bekannt gewordenen Tatsachen vor Ausspruch der Kündigung ereignet haben[7]. Das erscheint jedenfalls wegen der fehlenden vergeblichen Aufklärungsbemühungen des ArbGeb bedenklich.

89 **b) Grenzen des Nachschiebens. aa) Verwirkung gemäß § 626 Abs. 2 BGB.** Gemäß § 626 Abs. 2 BGB kann die außerordentliche Kündigung nur **innerhalb von zwei Wochen** ab dem Zeitpunkt erfolgen, ab dem der Kündigungsberechtigte von den für die Kündigung maßgeblichen Tatsachen Kenntnis erlangt hat. Wurde die Kenntnis von den bereits vor Ausspruch der Kündigung bestehenden Gründen erst nach ihrem Ausspruch erlangt (die Kündigung also zunächst auf andere Gründe gestützt), brauchen die neuen Gründe nicht binnen zwei Wochen im Prozess nachgeschoben zu werden. Die Kündigung ist hier sogar vor Kenntniserlangung von den Gründen erfolgt und somit dem Zweck des § 626 Abs. 2 BGB Genüge getan. Ein Begründungszwang für die Kündigung besteht nicht bzw. nur nach Maßgabe des Prozessrechts (vgl. dazu unten Rz. 91)[8]. Waren die anderweitigen Kündigungsgründe dagegen schon **vor Ausspruch** der außerordentlichen Kündigung **bekannt**, können sie zu deren Begründung grundsätzlich nur herangezogen werden, wenn die Kündigung innerhalb der Frist von zwei Wochen nach ihrer Kenntnisnahme erfolgte (§ 626 Abs. 2 BGB). Ausnahmsweise sind länger bekannte Kündigungsgründe zu beachten und können daher auch nachgeschoben werden, wenn sich die späteren, nicht gemäß § 626 Abs. 2 BGB verwirkten Kündigungsgründe wie ein weiteres und letztes „Glied in der Kette" dieser Gründe darstellen[9].

90 **bb) Kollektivrechtliche Grenzen.** In Betrieben und Verwaltungen mit **ArbN-Vertretungen** sind diese vor ordentlichen wie außerordentlichen Kündigungen zu beteiligen (§ 102 BetrVG; §§ 72, 79, 108 Abs. 2 BPersVG). Insbesondere sind sie über die Gründe einer Kündigung zu unterrichten. Eine ohne ordnungsgemäße Beteiligung erfolgte Kündigung ist unwirksam. Schiebt der ArbGeb im Rechtsstreit neue Gründe nach, zu denen er die ArbN-Vertretung nicht zuvor beteiligt hat, ist die Kündigung zwar nicht gem. § 102 Abs. 1 BetrVG, § 108 Abs. 2 BPersVG unwirksam, sofern die Beteiligung hinsichtlich der sonstigen Gründe ordnungsgemäß erfolgte. Die Kündigung kann in diesem Fall aber nicht auf die nachgeschobenen Gründe gestützt werden[10]. Neue Gründe sind dabei zu unterscheiden von bloßer

---

1 Die Möglichkeit zur rückwirkenden Änderung des Arbeitsvertrages bejaht grundsätzlich BAG v. 24.9.2003 – 5 AZR 282/02, AP Nr. 3 zu § 151 BGB. |2 So aber zum BGB aF BAG v. 28.6.2000 – 7 AZR 904/98, AP Nr. 6 zu § 1 KSchG 1969 – Wiedereinstellung, das sich auf Entscheidungen zur anders gelagerten Frage tarifvertraglicher Einstellungsansprüche für ein befristetes Anschlussarbeitsverhältnis bezieht; krit. auch *Oetker*, ZIP 2000, 643 (653). |3 BAG v. 11.4.1985 – 2 AZR 239/84, AP Nr. 39 zu § 102 BetrVG, 1972 (*Kraft*); v. 4.6.1997 – 2 AZR 362/96, AP Nr. 5 zu § 626 BGB – Nachschieben von Kündigungsgründen. |4 *Preis* in Stahlhacke/Preis/Vossen, Rz. 602. |5 BAG v. 20.8.1997 – 2 AZR 620/96, AP Nr. 27 zu § 626 BGB – Verdacht strafbarer Handlung; v. 3.4.1986 – 2 AZR 324/85, AP Nr. 18 zu § 626 BGB – Verdacht strafbarer Handlung. |6 So wohl auch BAG v. 14.9.1994 – 2 AZR 164/94, EzA § 626 BGB – Verdacht strafbarer Handlung Nr. 5; v. 13.9.1995 – 2 AZR 587/95, AP Nr. 25 zu § 626 BGB – Verdacht strafbarer Handlung; *Preis* in Stahlhacke/Preis/Vossen, Rz. 757. |7 BAG v. 13.9.1995 – 2 AZR 587/94, AP Nr. 25 zu § 626 BGB – Verdacht strafbarer Handlung, unter II 5 d.Gr.; zust. KR/*Fischermeier*, § 626 BGB Rz. 216. |8 BAG v. 4.6.1997 – 2 AZR 362/96, AP Nr. 5 zu § 626 BGB – Nachschieben von Kündigungsgründen. |9 BAG v. 10.4.1975 – 2 AZR 113/74, AP Nr. 7 zu § 626 BGB – Ausschlussfrist (*Herschel*); v. 16.6.1976 – 3 AZR 1/75, EzA § 626 BGB nF Nr. 47; KR/*Fischermeier*, § 626 BGB Rz. 187; aA *Preis* in Stahlhacke/Preis/Vossen, Rz. 605. |10 St. Rspr., BAG v. 3.4.1986 – 2 AZR 324/85, AP Nr. 18 zu § 626 BGB – Verdacht strafbarer Handlung.

nachträglicher Konkretisierung der bisherigen Gründe; diese ist zulässig[1]. Eine **Nachholung der Beteiligung** kommt nach der Rspr. nur in engen Grenzen in Betracht: Waren dem ArbGeb die nachzuschiebenden Gründe vor Ausspruch der Kündigung bekannt, scheidet eine nachträgliche Beteiligung der ArbN-Vertretung zu diesen Gründen generell aus. Das gilt auch, wenn der ArbGeb die Kündigung zunächst tatsächlich nicht auf die Gründe stützen wollte, es sich aber später anders überlegt. Denn der Zweck der Beteiligung, der ArbN-Vertretung Gelegenheit zur Einwirkung auf den Kündigungsentschluss im Hinblick auf die bekannten Gründe zu geben, ist nicht mehr erreichbar[2]. Die ArbN-Vertretung ist hier zu einer neuen, noch auszusprechenden Kündigung zu beteiligen. Waren dem ArbGeb bei Ausspruch der Kündigung die nachzuschiebenden **Gründe noch unbekannt**, können sie im Rechtsstreit nach vorheriger Beteiligung der ArbN-Vertretung nachgeschoben werden[3]. Der ArbGeb hat seine nachträgliche Kenntniserlangung im Prozess darzulegen und zu beweisen.

cc) **Prozessrechtliche Grenzen.** Neue Kündigungsgründe sind **neue Tatsachen** und können im Rechtsstreit nur bis zum Schluss der mündlichen Verhandlung in der Berufungsinstanz vorgetragen werden. Zu beachten sind die besondere Prozessförderungspflicht im Kündigungsschutzverfahren (§ 61a Abs. 5 ArbGG) sowie die Regelungen über die Zulassung neuer Angriffs- und Verteidigungsmittel im Berufungsverfahren (§ 67 ArbGG). Nähere Einzelheiten vgl. jeweils dort. 91

IV. Personenbedingte Kündigung. 1. Überblick. a) Gesetzliche Grundlage. Gemäß § 1 Abs. 2 Satz 1 ist eine Kündigung sozial ungerechtfertigt, wenn sie nicht durch Gründe, die in der Person des ArbN liegen, bedingt ist. Liegen solche Gründe vor, ist die Kündigung gemäß § 1 Abs. 2 Satz 2 Nr. 1b dennoch sozial ungerechtfertigt, wenn der ArbN an einem anderen Arbeitsplatz in demselben Betrieb oder in einem anderen Betrieb des Unternehmens weiterbeschäftigt werden kann. Für den öffentlichen Dienst gilt Entsprechendes, vgl. § 1 Abs. 2 Satz 2 Nr. 2b. (Zur Frage der Notwendigkeit eines Widerspruchs des Betriebs- bzw. Personalrates gemäß § 1 Abs. 2 Satz 2, s. Rz. 446.) Sozial ungerechtfertigt ist die Kündigung ferner trotz Vorliegens personenbedingter Gründe, wenn die Weiterbeschäftigung des ArbN nach zumutbaren Umschulungs- oder Fortbildungsmaßnahmen oder eine Weiterbeschäftigung des ArbN unter geänderten Arbeitsbedingungen möglich ist und der ArbN sein Einverständnis hiermit erklärt hat, vgl. § 1 Abs. 2 Satz 3. 92

b) **Begriffsbestimmung. aa)** Eine **Definition** des personenbedingten Kündigungsgrundes enthält das Gesetz ebenso wenig wie für die anderen in § 1 Abs. 2 genannten Kündigungsgründe. Allerdings ergibt sich aus der im Gesetz genannten verhaltensbedingten Kündigung, dass der Grund für eine personenbedingte Kündigung zwar in der Person des ArbN, nicht aber in dessen Verhalten liegen muss. Die Störung der Vertragserfüllung basiert demnach bei der personenbedingten Kündigung auf persönlichen Voraussetzungen und Verhältnissen des ArbN. So kommen insb. dessen schlechter Gesundheitszustand, mangelnde Eignung, fehlende Fähigkeiten oder Kenntnisse sowie die Interessen des Betriebes erheblich beeinträchtigende persönliche Verbindungen des ArbN zu einer anderen (natürlichen oder juristischen) Person als personenbedingter Kündigungsgrund in Betracht. Es müssen also Störungen sein, die durch die persönlichen Verhältnisse und Eigenschaften des ArbN verursacht werden, mithin aus der persönlichen Sphäre des ArbN stammen[4]. 93

bb) **Fehlende Fähigkeit oder Eignung.** Eine personenbedingte Kündigung kommt dabei stets nur in Betracht, wenn die **Fähigkeit oder Eignung** des ArbN **zur ordnungsgemäßen Erfüllung der vertraglich geschuldeten Arbeitsleistung** zum Zeitpunkt des Kündigungsausspruchs nicht nur vorübergehend ganz oder teilweise **fehlen**[5]. Hierdurch muss das Austauschverhältnis des Arbeitsvertrages nachhaltig, also in erheblichem Umfang gestört sein. Dies ist nicht bereits bei jedem Leistungsdefizit im Vergleich zu anderen ArbN mit vergleichbaren Arbeitsaufgaben anzunehmen. Vielmehr muss eine **erhebliche Differenz** zwischen dem durchschnittlichen arbeitsplatzbezogenen Anforderungsprofil und dem persönlichen Leistungsprofil des ArbN auszumachen sein. Diese Störung kann auf **objektiven** Eignungsmängeln beruhen, zB fehlendes Gesundheitszeugnis eines in der Gastronomie beschäftigten ArbN, Verlust des Führerscheins oder der Fahrerlaubnis eines Kraftfahrers, Versagung der Arbeitserlaubnis eines ausländischen ArbN. Eine kündigungsrelevante Störung des Arbeitsverhältnisses kann aber auch durch **subjektive**, unmittelbar in der Person des ArbN begründete Leistungsdefizite verursacht werden, die auf fehlender körperlicher, geistiger, fachlicher oder charakterlicher Eignung beruhen. Derartige subjektive Leistungsmängel bedürfen, insb. wenn sie nur das individuelle Leistungsniveau des ArbN betreffen, einer genauen Darlegung des ArbGeb darüber, welche konkreten Umständen ein ob- 94

---

1 BAG v. 27.2.1997 – 2 AZR 302/96, AP Nr. 36 zu § 1 KSchG 1969 – Verhaltensbedingte Kündigung. | 2 BAG v. 29.1.1980 – 6 AZR 1148/78, nv.; v. 1.4.1981 – 7 AZR 1003/78, AP Nr. 23 zu § 302 BetrVG 1972 (*G. Hueck*); v. 11.4.1985 – 2 AZR 239/84, AP Nr. 39 zu § 102 BetrVG 1972 (*Kraft*); v. 2.4.1987 – 2 AZR 418/86, EzA § 626 BGB nF Nr. 108; v. 26.9.1991 – 2 AZR 132/91, AP Nr. 28 zu § 1 KSchG – Krankheit; insofern zweifelhaft, als die Kündigung bereits (aus anderen Gründen) ausgesprochen worden ist und die Mitteilung weiterer Gründe kaum zu ihrem Unterbleiben beitragen können. | 3 BAG v. 11.4.1985 – 2 AZR 239/84, AP Nr. 39 zu § 102 BetrVG 1972 (*Kraft*), st. Rspr. | 4 BAG v. 13.3.1987 – 7 AZR 724/85, EzA Nr. 44 zu § 1 KSchG – Betriebsbedingte Kündigung = NZA 1987, 629. | 5 BAG v. 20.5.1988 – 2 AZR 682/87, NZA 1989, 464; v. 10.10.2002 – 2 AZR 472/01, NZA 2003, 483.

jektiv feststellbares erhebliches Leistungsdefizit verursachen. Immer darf eine solche Leistungsminderung nicht auf einem steuerbaren, insb. schuldhaften Verhalten des ArbN beruhen, denn dann ist nur eine verhaltensbedingte Kündigung möglich (s. Rz. 181).

95 **2. Allgemeine Grundsätze. a) Ursache der Leistungsstörung.** Die Ursache für das Fehlen der persönlichen Eignung oder Fähigkeit zur Leistungserbringung spielt für die Feststellung, ob ein personenbedingter Kündigungsgrund vorliegt, grundsätzlich keine Rolle. Es ist danach bei der Prüfung zunächst unerheblich, ob der ArbN die geschuldete Arbeitsleistung, ohne dies steuern zu können nicht erbringen kann, er seine Fähigkeit und Eignung durch Eigeninitiative, zB durch Ablegung von Prüfungen, den Besuch von Fortbildungsveranstaltungen oder Ähnlichem aufrechterhalten oder wiedererlangen könnte oder er ohne zu verschulden, zB aus Gewissensgründen die geforderte Arbeitsleistung nicht zu erbringen vermag. Hierdurch unterscheidet sich die personenbedingte wesentlich von der verhaltensbedingten Kündigung. Bei Letzterer ist gerade die durch den ArbN durch sein Verhalten schuldhaft verursachte Leistungsstörung der Kündigungsgrund. Wohingegen bei der personenbedingten Kündigung, die ganz oder teilweise fehlende Leistungsfähigkeit an sich den Kündigungsgrund darstellt, worauf diese auch immer zurückzuführen ist. Welche Umstände die fehlende persönliche Eignung oder Fähigkeit des ArbN herbeigeführt haben, kann aber im Rahmen der anzustellenden **Interessenabwägung** Gewicht erlangen und dadurch zur Sozialwidrigkeit der Kündigung führen. Ist zB eine fehlende Qualifikation des ArbN durch dessen Lern- und Fortbildungsbereitschaft zu beheben, die der ArbN jedoch trotz Hinweises bzw. Abmahnung (s. hierzu Rz. 97) nicht zeigt, kann dies bei der Interessenabwägung zu Lasten des ArbN gehen. Ein auf unzureichende Sicherheitsvorkehrungen des ArbGeb zurückzuführender Arbeitsunfall, der die Arbeitsunfähigkeit verursacht hat, führt demgegenüber zu einer strengeren Abwägung der ArbGebInteressen. Das Gleiche gilt für die Verursachung des Kündigungsgrundes durch arbeitsplatzbedingte Verschleißerscheinungen des ArbN. Erst im Rahmen der Interessenabwägung und nicht bei der Feststellung des Kündigungsgrundes als solchem werden somit Umstände, die die fehlende Eignung oder Fähigkeit des ArbN verursacht haben, in die Prüfung der Sozialwidrigkeit der Kündigung einbezogen. Hier wird sodann maßgeblich, ob eine etwa vorhandene Ursache für die Leistungsstörung aus der Sphäre des ArbGeb oder derjenigen des ArbN stammt.

96 **b) Verantwortlichkeit für die Leistungsstörung/Verschulden.** Ein Verschulden des ArbN bzw. des ArbGeb an dem Eintritt der mangelnden Fähigkeit des ArbN zur ordnungsgemäßen Vertragserfüllung ist für die Feststellung des Kündigungsgrundes grundsätzlich unerheblich. Allerdings ist ein eventuelles Verschulden bzw. eine Verantwortlichkeit für die eingetretene Leistungsstörung bei der durchzuführenden Interessenabwägung zu Lasten der jeweiligen Arbeitsvertragspartei zu berücksichtigen.

97 **c) Abmahnung.** Die Abgrenzungsprobleme zur verhaltensbedingten Kündigung zeigen sich insb. bei der Frage, ob auch vor Ausspruch einer personenbedingten Kündigung möglicherweise eine Abmahnung erforderlich ist. Die überwiegenden Gründe für die fehlende Eignung oder Befähigung des ArbN, die vertraglich geschuldete Arbeitsleistung zu erbringen, sind darauf zurückzuführen, dass der ArbN die Arbeitsleistung nicht erbringen kann. Damit sind personenbedingte Kündigungsgründe einer Abmahnung an sich nicht zugänglich, da eine Abmahnung die zur Kündigung berechtigenden Ursachen nicht zu beeinflussen vermag. Eine vorhergehende Abmahnung ist deshalb bei einer personenbedingten Kündigung in der Regel nicht erforderlich. Dies erklärt sich aus der Funktion einer Abmahnung. Diese soll dem ArbN deutlich machen, dass der ArbGeb die eingetretene Leistungsstörung nicht weiter hinzunehmen bereit ist. Hierdurch soll der ArbN gewarnt und insb. veranlasst werden, zukünftig derartige Leistungsstörungen zu unterlassen, um den Bestand des Arbeitsverhältnisses nicht zu gefährden. Ist jedoch der ArbN gar nicht in der Lage, die Ursachen für seine fehlende Eignung und Fähigkeit zur Leistungserbringung zu beeinflussen, kann eine Abmahnung diese Funktion nicht erfüllen. Im Übrigen bringt der ArbGeb durch eine Abmahnung regelmäßig zum Ausdruck, dass er ein vertragswidriges, wenn auch nicht unbedingt schuldhaftes Verhalten des ArbN missbilligt. Dies ist jedoch bei einer personenbedingten Kündigung verfehlt[1], da der personenbedingte Kündigungsgrund gerade nicht durch ein vertragswidriges Verhalten des ArbN geschaffen wird. Ein solches ist vielmehr Gegenstand der verhaltensbedingten Kündigung, die regelmäßig erst nach Ausspruch einer vergleichbare Verhaltensweisen betreffenden Abmahnung zulässig ist (zum Abmahnerfordernis vor Ausspruch einer verhaltensbedingten Kündigung siehe Rz. 186).

98 Wenn aber der Verlust der zu fordernden Eignung oder Fähigkeit zur Leistungserfüllung **ausnahmsweise** auf einem **steuerbaren Verhalten** des ArbN beruht, wird teilweise auch bei der personenbedingten Kündigung der Ausspruch einer vorherigen Abmahnung für notwendig gehalten[2]. Dies wird mit dem Grundsatz der Verhältnismäßigkeit begründet, führt aber zu vermeidbaren Abgrenzungsschwierigkeiten zur verhaltensbedingten Kündigung. Kann der ArbN zB seine fehlende Eignung oder Fähigkeit durch Qualifizierungs- oder Fortbildungsmaßnahmen wiedererlangen, soll der ArbGeb verpflichtet sein, den ArbN durch

---

[1] APS/*Dörner*, § 1 KSchG Rz. 132.   [2] BAG v. 4.6.1997 – 2 AZR 526/96, EzA Nr. 168 zu § 626 BGB nF = NZA 1997, 1281; v. 15.8.1984 – 7 AZR 228/82, AP Nr. 8 zu § 1 KSchG 1969 = NJW 1985, 2158; aA *Stahlhacke/Preis/Vossen*, Rz. 725; APS/*Dörner*, § 1 KSchG Rz. 120.

den Ausspruch einer Abmahnung darauf hinzuweisen, dass ohne die entsprechende Eigeninitiative des ArbN wegen dessen fehlender Eignung und Fähigkeit eine personenbedingte Kündigung droht[1]. Dies scheint verfehlt, schließlich verhält sich auch ein ArbN, der eine Fortbildungschance zur Sicherung seines Arbeitsplatzes nicht ergreift, in der Regel nicht vertragswidrig. Ist ein ArbN arbeitsvertraglich zur Fortbildung verpflichtet, deren Ableistung er verweigert, kommt ohnehin nur eine verhaltensbedingte Kündigung in Betracht, wenn diese mit der Weigerung des ArbN begründet wird. Auch ein vom ArbN beeinflussbares genesungswidriges Verhalten führt nicht dazu, dass vor Ausspruch der wegen Krankheit, also aus personenbedingtem Grund erfolgenden Kündigung eine vorhergehende Abmahnung erforderlich wird. Ein solches Verhalten kann bei der Interessenabwägung ausreichend berücksichtigt werden. Stellt das genesungswidrige Verhalten selbst den Kündigungsgrund dar, muss der ArbGeb eine verhaltensbedingte Kündigung aussprechen; dieser hat dann in der Regel eine Abmahnung voranzugehen. **Für die Praxis** bedeutet diese von der Rspr. nicht eindeutige Trennung zwischen verhaltens- und personenbedingter Kündigung hinsichtlich des Abmahnerfordernisses, dass ein ArbGeb bei steuerbaren, behebbaren Eignungsmängeln des ArbN diesen vor Ausspruch einer Kündigung zumindest durch konkrete Hinweise, wenn nicht gar durch eine Abmahnung darauf aufmerksam machen sollte, dass für den Fall, dass der ArbN die Eignungsmängel nicht abstellt, eine personenbedingte Kündigung bevorsteht.

d) Weiterbeschäftigungsmöglichkeit. Bei der personenbedingten Kündigung darf keine Weiterbeschäftigungsmöglichkeit des ArbN auf einem anderen **freien Arbeitsplatz** bestehen, auf dem die fehlende Eignung oder Fähigkeit des ArbN gar nicht oder kaum ins Gewicht fällt. Als frei sind alle Arbeitsplätze anzusehen, die zum Zeitpunkt der Kündigung nicht besetzt sind oder bei Ablauf der Kündigungsfrist nicht (mehr) besetzt sein werden. Der ArbGeb ist also nicht verpflichtet, einen leidensgerechten Arbeitsplatz für den ArbN durch **Freikündigung** zu schaffen. Allerdings kann sich der ArbGeb nicht damit begnügen, lediglich das Fehlen eines anderweitigen freien Arbeitsplatzes festzustellen. Als milderes Mittel gegenüber der Kündigung hat der ArbGeb vorab zu prüfen, ob er im Wege der Umorganisation des Personaleinsatzes durch Wahrnehmung seines **Direktionsrechts** unter Einhaltung des § 315 BGB gegenüber einem anderen ArbN einen leidensgerechten Arbeitsplatz freimachen kann. Durch eine derartige Maßnahme verhält sich der ArbGeb auch gegenüber dem bisherigen Arbeitsplatzinhaber vertragsgerecht und greift in dessen Rechtsposition in zulässiger Weise ein, so dass dieser die hierdurch bedingte Veränderung seiner tatsächlichen Arbeitsbedingungen hinnehmen muss. Soweit eine solche Maßnahme gegenüber dem an sich nicht betroffenen, anderen ArbN eine Versetzung iSv. §§ 95 Abs. 3, 99 Abs. 1 BetrVG darstellt, muss sich der ArbGeb um die Zustimmung des BR bemühen. Dem ArbGeb ist allerdings die Durchführung eines Zustimmungsersetzungsverfahrens gemäß § 99 Abs. 4 BetrVG in der Regel nicht zumutbar. Wenn der BR dem Versetzungsantrag nicht zustimmt, darf sich der ArbGeb also grundsätzlich darauf berufen, dass eine mildere Maßnahme als die personenbedingte Kündigung gegenüber dem betroffenen ArbN nicht zur Verfügung steht[2].

e) Sozialauswahl. Eine direkte Anwendung von § 1 Abs. 3 auf die personenbedingte Kündigung kommt schon wegen des Wortlauts der Bestimmung nicht in Betracht. Eine entsprechende Anwendung ist ebenfalls ausgeschlossen. Das Erfordernis der Sozialauswahl bei betriebsbedingten Kündigungen stellt eine gesetzliche Ausnahme von dem Grundsatz dar, dass der allgemeine Kündigungsschutz arbeitsvertragsbezogen ausgestaltet ist, eine Beendigung des Arbeitsverhältnisses also nur aus Gründen in Betracht kommt, die das Verhältnis zwischen ArbGeb und dem einzelnen ArbN betreffen. Bei personen- oder verhaltensbedingten Kündigungen steht der zu kündigende ArbN alleine bereits aufgrund der kündigungsrelevanten fehlenden Eignung oder des zur Kündigung führenden Fehlverhaltens fest, weshalb eine Auswahlentscheidung zur personellen Konkretisierung des zu kündigenden ArbN nicht erforderlich ist. Würde man auch in diesen Fällen den ArbGeb zu einer Austauschkündigung berechtigen oder verpflichten, würde in die vertraglich begründete Rechtsposition eines anderen ArbN eingegriffen, ohne dass dieser hierfür persönlich einen Grund gesetzt hat. Das aber ist jedenfalls ohne eine ausdrückliche gesetzliche Anordnung nicht möglich[3].

f) Beurteilungszeitpunkt. Maßgeblicher Zeitpunkt für die Feststellung der sozialen Rechtfertigung der personenbedingten Kündigung ist der Zeitpunkt des **Zugangs der Kündigung**. Die zu diesem Zeitpunkt herrschenden tatsächlichen objektiven Verhältnisse sind der Prüfung der Sozialwidrigkeit der Kündigung zugrunde zu legen. Ohne Bedeutung ist deshalb, ob der ArbN die Fähigkeit und Eignung nie besessen hat oder sie (wieder) erlangen kann. Ein (unerwartet) positiver Krankheitsverlauf nach Ausspruch der Kündigung ist also ebenso unmaßgeblich, wie eine etwa während des Prozesses abgelegte *Eignungsprüfung*, sofern mit dieser Entwicklung nicht bereits zum Zeitpunkt des Zugangs der Kündigung gerechnet werden konnte. Nach Zugang der Kündigung eintretende Ereignisse, die auf neu entstehenden Geschehensabläufen beruhen, sind damit grundsätzlich nicht zu berücksichtigen. Zeigt sich der ArbN beispielsweise erst infolge des Kündigungsausspruchs therapiebereit oder lässt er

---

[1] BAG v. 15.8.1984 – 7 AZR 228/82, AP Nr. 8 zu § 1 KSchG 1969 = NJW 1985, 2158; v. 7.12.2000 – 2 AZR 459/99, AP Nr. 23 zu § 1 KSchG 1969 – personenbedingte Kündigung; KR/*Fischermeier*, § 626 BGB Rz. 282; aA APS/*Dörner*, § 1 KSchG Rz. 131.   [2] BAG v. 29.1.1997 – 2 AZR 9/96, AP Nr. 32 zu § 1 KSchG 1969 – Krankheit = NZA 1997, 709.   [3] BAG v. 29.1.1997 – 2 AZR 9/96, AP Nr. 32 zu § 1 KSchG 1969 – Krankheit = NZA 1997, 709.

nun doch eine Operation durchführen, nachdem er diese Maßnahmen zuvor abgelehnt hatte, setzt der ArbN hiermit einen neuen Kausalverlauf in Gang, der auf die ursprüngliche Kündigungsberechtigung des ArbGeb keinen Einfluss hat[1].

102 **3. Prüfungsschema bei der personenbedingten Kündigung. a) Überblick.** Die Überprüfung der Sozialwidrigkeit einer personenbedingten Kündigung hat in **drei Stufen** zu erfolgen. Zunächst ist festzustellen, ob Mängel in der persönlichen Eignung oder Fähigkeit des ArbN zur ordnungsgemäßen Leistungserfüllung nachhaltig im Sinne einer **negativen Prognose** über den Ablauf der Kündigungsfrist hinaus zu erwarten sind (**1. Stufe**). Die im Rahmen der negativen Prognose festgestellten zu erwartenden Störungen des Arbeitsverhältnisses müssen zu einer **erheblichen Beeinträchtigung betrieblicher Interessen** führen, mit der in Zukunft zu rechnen ist (**2. Stufe**). Diese beiden Elemente bilden zusammen den Kündigungsgrund[2]. Sodann ist mit Hilfe einer einzelfallbezogenen **Interessenabwägung** zu klären, ob unter Berücksichtigung der wechselseitigen Interessen dem ArbGeb die Fortsetzung des Arbeitsverhältnisses nicht weiter zumutbar ist (**3. Stufe**). Bei einzelnen personenbedingten Kündigungsgründen, insb. bei der krankheitsbedingten Kündigung sind bei dieser Prüfung Besonderheiten zu beachten, die bei den betreffenden Kündigungsgründen behandelt werden.

103 **b) Die Prüfungsschritte im Einzelnen. aa) 1. Stufe: Negative Prognose der fehlenden Fähigkeit oder Eignung des ArbN.** Zum Zeitpunkt des Ausspruchs der Kündigung muss die durch objektive Tatsachen begründete ernsthafte Besorgnis weiterer Störungen des Arbeitsverhältnisses aufgrund der fehlenden Eignung oder Fähigkeit des ArbN bestehen (**Prognose-Prinzip**). Danach muss anhand objektiver Tatsachen ermittelt werden, ob mit einer alsbaldigen Herstellung bzw. Wiedererlangung der persönlichen Eignung und Fähigkeit des ArbN zur ordnungsgemäßen Erbringung der geschuldeten Arbeitsleistung zu rechnen ist. Es kommt also darauf an, dass die in der Person des ArbN begründeten Störungen des Arbeitsverhältnisses (auch) zukünftig zu erwarten sind, wobei die **objektiven Tatsachen und Umstände zum Zeitpunkt der Kündigung**[3] und nicht die subjektiven Vorstellungen und Erwartungen des ArbGeb oder des ArbN maßgeblich sind.

104 Je nach Ursache für die fehlende Eignung oder Fähigkeit des ArbN, seine vertraglichen Arbeitspflichten zu erfüllen, kann sich die negative Prognose bereits aus der Art des Mangels selbst ergeben. Dies ist insb. bei **objektiven Eignungsmängeln** der Fall, zB bei rechtskräftig oder sonst endgültig feststehendem Verlust der Arbeitserlaubnis[4] (s. Rz. 124). Dies kann auch zutreffen, wenn dem ArbN eine zur Erfüllung der arbeitsvertraglich geschuldeten Leistung erforderliche fachliche Qualifikation fehlt, er sie verliert oder nicht erwirbt, zB Führerscheinentzug, Nichtbestehen notwendiger Prüfungs- oder Berufsabschlüsse. Eine derartige tatsächliche Verhinderung des ArbN zur Leistungserfüllung kann aber auch aus der ernsthaften Weigerung des ArbN folgen, die geschuldete Arbeitsleistung zukünftig zu erbringen, zB aus Gewissensgründen (s. Rz. 133). In diesen Fällen ist davon auszugehen, dass die fehlende Fähigkeit oder Eignung des ArbN auch zukünftig zu Störungen des Arbeitsverhältnisses führen werden, so dass die negative Prognose feststeht.

105 Hingegen bedarf die Feststellung einer negativen Prognose bei **subjektiven Eignungsmängeln**, zB einer auf häufige Kurzerkrankungen gestützten Kündigung in der Regel einer genauen Betrachtung und damit substantiierten Darlegung der die einzelnen Störungen jeweils herbeiführenden Umstände. Grund der Kündigung sind nicht die bisher aufgetretenen Störungen oder der Eignungs- bzw. Gesundheitszustand zum Zeitpunkt der Kündigung, sondern die zu diesem Zeitpunkt in Zukunft zu erwartende Entwicklung der persönlichen Eignung; bei der krankheitsbedingten Kündigung insb. der zu erwartende Krankheitsverlauf. Den Umständen, auf denen die negative Prognose beruht, muss danach zumindest eine **Wiederholungsgefahr** innewohnen. Auf einmalige Ursachen oder Ereignisse zurückzuführende in der Vergangenheit aufgetretene vorübergehende Fehlzeiten, wie zB Unfall, Mandeloperation, ausgeheilte Krankheiten oÄ. rechtfertigen deshalb in der Regel keine negative Prognose. Dies folgt daraus, dass die bisherigen, das konkrete Arbeitsverhältnis störenden Geschehensabläufe lediglich tatsächliche Anhaltspunkte für die zu erwartende Entwicklung bieten und nicht selbst Kündigungsgrund sind. Ihnen kann allerdings **Indizwirkung** für eine negative Prognose zukommen, und zwar dann, wenn die festgestellten Ursachen der Eignungsmängel erwarten lassen, dass sie dauerhaft oder jedenfalls auch in absehbarer Zukunft entsprechende Störungen herbeiführen werden. Die Zuverlässigkeit der negativen Prognose hängt damit wesentlich davon ab, wie genau die Hintergründe und Ursachen für die bisherigen Störungen des Arbeitsverhältnisses beleuchtet und berücksichtigt werden (können). Im Interesse des ArbGeb, der die negative Prognose darzulegen und ggf. zu beweisen hat (zur Darlegungs- und Beweislast siehe Rz. 170), ist es daher, die Art, die Dauer und die Häufigkeit der bisherigen Ausfallzeiten bzw. Leistungsdefizite sowie deren Ursachen bereits vor Ausspruch der Kündigung zu erforschen. Zwar ist er nicht verpflichtet, derartige Erkundigungen einzuholen[5]. Je ge-

---

1 BAG v. 6.9.1989 – 2 AZR 118/89, AP Nr. 22 zu § 1 KSchG 1969 – Krankheit = NZA 1990, 305. |2 BAG v. 29.7.1993 – 2 AZR 155/93, AP Nr. 27 zu § 1 KSchG 1969 – Krankheit = NZA 1994, 67; v. 6.9.1989 – 2 AZR 224/89, AP Nr. 23 zu § 1 KSchG 1969 – Krankheit = NZA 1990, 434. |3 BAG v. 12.4.2002 – 2 AZR 148/01, NZA 2002, 1081. |4 BAG v. 7.2.1990 – 2 AZR 359/89, AP Nr. 14 zu § 1 KSchG 1969 – Personenbedingte Kündigung = NZA 1991, 341. |5 BAG v. 15.8.1984 – 7 AZR 536/82, AP Nr. 16 zu § 1 KSchG 1969 – Krankheit = NJW 1985, 2783.

nauer ihm die Umstände der aufgetretenen Störungen jedoch bekannt sind, umso substantiierter ist er in der Lage, die von ihm aufgestellte negative Prognose hinsichtlich der in Zukunft zu erwartenden Störungen im Prozess darzulegen und zu rechtfertigen. Allerdings besteht grundsätzlich **keine vorprozessuale Mitwirkungspflicht** des ArbN[1]. Der ArbN ist deshalb vor Ausspruch der Kündigung in der Regel nicht zu Auskünften und bei der krankheitsbedingten Kündigung nicht zur Entbindung seiner Ärzte von der Schweigepflicht verpflichtet[2].

bb) 2. Stufe: Erhebliche Beeinträchtigung betrieblicher Interessen. Die so festgestellte negative Prognose kann eine personenbedingte Kündigung nur rechtfertigen, wenn die zukünftig für das Arbeitsverhältnis zu erwartenden Störungen zu einer erheblichen Beeinträchtigung betrieblicher Interessen führen. Die Beeinträchtigung der betrieblichen Interessen ist **Teil des Kündigungsgrundes**[3]. Es kommen insoweit **erhebliche Betriebsablaufstörungen**, aber auch **erhebliche wirtschaftliche Beeinträchtigungen betrieblicher Interessen** in Betracht. Für die Frage, ob erhebliche Betriebsablaufstörungen oder erhebliche wirtschaftliche Beeinträchtigungen betrieblicher Interessen in Zukunft zu befürchten sind, ist auf die künftig zu erwartenden Auswirkungen der fehlenden Eignung oder Fähigkeit des ArbN zur Erfüllung der geschuldeten Arbeitsleistung abzustellen. Sowohl der Eintritt von erheblichen Betriebsablaufstörungen als auch die Feststellung erheblicher wirtschaftlicher Belastungen des ArbGeb hängen wesentlich von der **Position des** zu kündigenden **ArbN** im Betrieb oder Unternehmen ab. Eine besondere Qualifikation des ArbN kann zB dazu führen, dass Ersatzpersonal nicht oder jedenfalls nicht nur vorübergehend beschafft werden kann.

Als **Betriebsablaufstörungen** wegen (wiederholter) Ausfallzeiten des ArbN kommen insb. ein Stillstand von Maschinen und sonstige Störungen des Arbeitsablaufs, wie Produktionsausfälle oder Produktionsstillstände in Betracht. Auch kann der Rückgang der Produktion wegen erst einzuarbeitenden Ersatzpersonals oder aufgrund des Abzugs von an sich benötigten Arbeitskräften aus anderen Arbeitsbereichen entstehen. Ferner sind Störungen infolge nicht beschaffbaren Ersatzpersonals und/oder durch wiederkehrende Überlastung des verbliebenen Personals denkbar. Ebenso kommen Folgen nicht eingehaltener Liefertermine, zB die Verärgerung von Kunden oder gar der Verlust von Kundenaufträgen in Betracht. Ausfallzeiten des ArbN können außerdem die Verringerung von Abnahmemengen durch Produktionsausfälle und damit Störungen der Lieferantenverträge bedingen. Behauptet der ArbGeb zB eine qualifizierte, eine Einarbeitungszeit von einem halben bis einem Jahr erfordernde Tätigkeit des ausfallenden ArbN, die deshalb von Aushilfskräften nicht erledigt werden könne, so dass Ausfallzeiten nur durch Umsetzungsmaßnahmen ausgeglichen werden könnten, muss der ArbGeb konkret darstellen, welche Umsetzungsmaßnahmen tatsächlich vorgenommen wurden. Ferner ist darzulegen, ob die ergriffenen Maßnahmen mit Ableistung von Mehrarbeit, etwa auch durch das in den von der Umsetzung betroffenen anderen Arbeitsbereichen verbliebene Personal, und insoweit mit einer Überlastung dieses Personals verbunden sind[4]. Zu beachten ist, dass erhebliche Betriebsablaufstörungen bereits bei jährlichen Ausfallzeiten von weniger als sechs Wochen (Entgeltfortzahlungszeitraum) vorliegen können[5].

Solche Betriebsablaufstörungen sind aber nur dann als Kündigungsgrund geeignet, wenn sie nicht durch mögliche **Überbrückungsmaßnahmen** vermieden werden können. Hierzu gehören Maßnahmen, die anlässlich des konkreten Ausfalls des ArbN ergriffen werden, zB die Neueinstellung einer Aushilfskraftkraft, die Umorganisation des Arbeitsablaufs, der Einsatz eines ArbN aus einer vorgehaltenen Personalreserve (Springer). Werden auf diese Weise Ausfälle tatsächlich überbrückt, so liegt bereits objektiv keine erhebliche Beeinträchtigung betrieblicher Interessen und damit kein zur Kündigung geeigneter Grund vor. Allerdings ist zB bei häufigen Kurzerkrankungen die Verpflichtung zur Einstellung von Aushilfskräften eingeschränkt, da deren Einsatz nicht kalkulierbar ist[6]. Eine mögliche Überbrückungsmaßnahme ist auch die Prüfung der **Umsetzungsmöglichkeit** des betroffenen ArbN selbst. Können dessen Fehlzeiten durch die Versetzung auf einen anderen freien Arbeitsplatz erheblich reduziert oder gar vermieden werden oder tritt der konkrete Eignungsmangel nur auf dem von ihm besetzten, nicht aber auf einem anderen freien Arbeitsplatz auf, auf dem er eingesetzt werden könnte, kann es an einer durch seine Person herbeigeführten erheblichen Beeinträchtigung betrieblicher Interessen fehlen[7]. Zur Vermeidung einer außerordentlichen Kündigung, insb. bei einer solchen wegen verminderter Leistungsfähigkeit eines älteren ArbN, kann auch die Umgestaltung des Arbeitsplatzes in Betracht kommen[8]. Insbesondere wenn der ArbN krankheitsbedingt auf Dauer nicht mehr in der Lage ist, die geschuldete Arbeit auf seinem bisherigen Arbeitsplatz zu leisten, so ist er zur Vermeidung einer Kündigung auf einem leidensgerechten Arbeitsplatz im Betrieb oder Unternehmen weiter zu beschäftigen, falls ein solch gleichwertiger oder jedenfalls zumutbarer Arbeitsplatz frei und der ArbN für die dort zu leistende Arbeit geeignet ist. Gegebenenfalls hat der ArbGeb einen solchen Arbeitsplatz durch Aus-

---

1 BAG v. 25.11.1982 – 2 AZR 140/81, AP Nr. 7 zu § 1 KSchG 1969 – Krankheit = NJW 1983, 2897. | 2 BAG v. 12.4.2002 – 2 AZR 148/01, NZA 2002, 1081. | 3 BAG v. 29.7.1993 – 2 AZR 155/93, AP Nr. 27 zu § 1 KSchG 1969 – Krankheit = NZA 1994, 67; v. 6.9.1989 – 2 AZR 224/89, AP Nr. 23 zu § 1 KSchG 1969 – Krankheit = NZA 1990, 434. | 4 BAG v. 7.12.1989 – 2 AZR 225/89, EzA Nr. 30 zu § 1 KSchG – Krankheit. | 5 BAG v. 7.12.1989 – 2 AZR 225/89, EzA Nr. 30 zu § 1 KSchG – Krankheit. | 6 BAG v. 16.2.1989 – 2 AZR 299/88, AP Nr. 20 zu § 1 KSchG 1969 – Krankheit = NZA 1989, 923. | 7 BAG v. 20.5.1988 – 2 AZR 682/87, AP Nr. 9 zu § 1 KSchG 1969 – Personenbedingte Kündigung = NZA 1989 464. | 8 BAG v. 12.7.1995 – 2 AZR 762/94, NZA 1995, 1100 = DB 1995, 2617.

109 übung seines Direktionsrechts frei zu machen und sich um die eventuell notwendige Zustimmung des BR zu bemühen. Zu einer weiter gehenden Umorganisation oder zur Durchführung eines Zustimmungsersetzungsverfahrens gemäß § 99 Abs. 4 BetrVG ist der ArbGeb dagegen nicht verpflichtet[1].

109 Zweifelhaft erscheint, ob ein ArbGeb im Kündigungsschutzprozess eines ArbN, dessen Ausfall durch Springer ausgeglichen werden könnte, unabhängig davon, ob er eine die durchschnittlichen Fehlzeiten von ArbN ausgleichende **Personalreserve** tatsächlich vorhält, so zu stellen ist, als wäre ihm diese Überbrückungsart möglich[2]. Teilweise wird sogar erörtert, dass diese Personalreserve nicht nur der durchschnittlichen Krankheitsquote entsprechen dürfe, sondern auch andere zu erwartende Abwesenheitszeiten, zB solche durch (ausländischen) Wehrdienst verursachte, berücksichtigen müsse[3]. Das bedeutete, dass jede durch den zumutbaren Einsatz von Springern überbrückbare Fehlzeit von ArbN unabhängig davon, ob der ArbGeb solche Springer beschäftigt, keine erheblichen Beeinträchtigungen betrieblicher Interessen nach sich ziehen könnte. Wie sich der ArbGeb jedoch entscheidet, ob er überhaupt eine Personalreserve vorhält bzw. auf welchen Prozentsatz er diese bemisst, stellt eine freie Unternehmerentscheidung dar, die nur einer beschränkten Kontrolle durch die Gerichte unterliegt, ob sie offenbar unsachlich, unvernünftig oder willkürlich ist[4]. Es würde einen indirekten Eingriff in die unternehmerische Gestaltungsfreiheit darstellen, wollte man dem ArbGeb, der keine Personalreserve vorhält, eine krankheitsbedingte Kündigung aufgrund erheblicher Entgeltfortzahlungskosten grundsätzlich verwehren, während man bei dem ArbGeb, der eine noch so geringe Personalreserve vorhält, die Kündigung allein aufgrund der Entgeltfortzahlungskosten zulässt und sogar noch bei der Interessenabwägung die Personalreserve zu seinen Gunsten berücksichtigt[5].

110 Die Beantwortung der Frage, ob erhebliche **wirtschaftliche Beeinträchtigungen** betrieblicher Interessen zu befürchten sind, hängt davon ab, welche Kostenbelastungen der ArbGeb durch die in der Person des ArbN begründeten Störungen des Arbeitsverhältnisses in Zukunft zu besorgen hat[6]. Von einer erheblichen wirtschaftlichen Belastung des ArbGeb ist auszugehen, wenn zB infolge immer neuer beträchtlicher krankheitsbedingter Fehlzeiten des ArbN und entsprechender Mehraufwendungen für die Beschäftigung von Aushilfskräften zu rechnen ist. Auch allein die zu erwartende wirtschaftliche Belastung mit außergewöhnliche hohen Entgeltfortzahlungskosten, die jährlich jeweils für einen Zeitraum von mehr als sechs Wochen aufzuwenden sind, kann einen zur sozialen Rechtfertigung der Kündigung geeigneten Grund darstellen. Es ist nicht erforderlich, dass neben derartigen Entgeltfortzahlungskosten weitere Belastungen des ArbGeb, wie etwa Betriebsablaufstörungen oder Vorhaltekosten für eine Personalreserve entstehen. Auch wenn sie fehlen, können allein die Entgeltfortzahlungskosten zu einer wirtschaftlichen Belastung des ArbGeb werden, die dieser billigerweise nicht mehr hinzunehmen hat[7]. Dabei ist nur auf die Kosten des Arbeitsverhältnisses und nicht auf die Gesamtbelastung des Betriebes mit Entgeltfortzahlungskosten abzustellen[8].

111 Ist eine festgestellte Beeinträchtigung betrieblicher Interessen mit Überbrückungs- oder Umsetzungsmaßnahmen nicht zu vermeiden, so gehört ebenfalls noch zum Kündigungsgrund, dass die Störung **erheblich** ist. Nicht jede Beeinträchtigung betrieblicher Belange durch die in Zukunft zu erwartenden Störungen des Arbeitsverhältnisses aufgrund der fehlenden Eignung und Fähigkeit des ArbN kann eine personenbedingte Kündigung rechtfertigen, da sonst der Verhältnismäßigkeitsgrundsatz verletzt wird. So können nur schwerwiegende Störungen des Betriebsablaufs bzw. negative wirtschaftliche Auswirkungen von beachtlichem Gewicht kündigungsrelevant werden.

112 **cc) 3. Stufe: Interessenabwägung.** Die soziale Rechtfertigung einer personenbedingten Kündigung setzt in der dritten Stufe voraus, dass die festgestellten, infolge der negativen Prognose zukünftig zu erwartenden erheblichen Beeinträchtigungen betrieblicher Belange wirtschaftlicher oder sonstiger Art zu einer **billigerweise nicht mehr hinzunehmenden Belastung** des ArbGeb führen[9]. Ob eine derartige erhebliche Äquivalenzstörung des Arbeitsverhältnisses vorliegt, ist im Rahmen einer auf den **Einzelfall** bezogenen, die jeweiligen besonderen Interessen der Parteien berücksichtigenden Interessenabwägung zu beurteilen. Die im konkreten Fall in Betracht kommenden Umstände sind zu berücksichtigen und gegeneinander abzuwägen. Maßgeblich sind in erster Linie arbeitsplatzbezogene Kriterien. Erst wenn der Kündigungsgrund feststeht, also tatsächlich von einer negativen Prognose auszugehen ist und durch die in Zukunft zu erwartenden Fehlzeiten bzw. sonstigen Störungen des Arbeitsverhältnisses erhebliche Betriebsablaufstörungen oder erhebliche wirtschaftliche Belastungen des ArbGeb zu besorgen sind, ist in der dritten Stufe bei der Interessenabwägung zu prüfen, ob dem ArbGeb weiter

---

1 BAG v. 29.1.1997 – 2 AZR 9/96, AP Nr. 32 zu § 1 KSchG – Krankheit = NZA 1997, 709. | 2 So *Dörner*/APS § 1 KSchG Rz. 155. | 3 *Kohte*, Anm. zu BAG v. 20.5.1988 – 2 AZR 682/87 in AP Nr. 9 zu § 1 KSchG – Personenbedingte Kündigung. | 4 *Stahlhacke/Preis/Vossen*, Rz. 626. | 5 BAG v. 29.7.1993 – 2 AZR 155/93, NZA 1994, 67 = DB 1993, 2439. | 6 BAG v. 7.12.1989 – 2 AZR 225/89, EzA Nr. 30 zu § 1 KSchG – Krankheit. | 7 BAG v. 29.7.1993 – 2 AZR 155/93, NZA 1994, 67 = DB 1993, 2439; v. 5.7.1990 – 2 AZR 154/90, AP Nr. 26 zu § 1 KSchG 1969 – Krankheit = NZA 1991, 185. | 8 BAG v. 7.11.1985 – 2 AZR 657/84, NZA 1986, 359 = NJW 1986, 2392; v. 15.2.1984 – 2 AZR 573/82, NZA 1984, 86 = NJW 1984, 2655. | 9 BAG v. 12.4.2002 – 2 AZR 148/01, NZA 2002, 1081; v. 29.4.1999 – 2 AZR 431/98, AP Nr. 36 zu § 1 KSchG 1969 – Krankheit = NZA 1999, 978; v. 21.5.1992 – 2 AZR 399/91, AP Nr. 30 zu § 1 KSchG – Krankheit = NZA 1993, 497.

gehende Überbrückungsmaßnahmen zumutbar sind[1]. Es gibt **keinen abgeschlossenen Kriterienkatalog**. Ebensowenig ist ein bestimmtes Ausmaß an Fehlzeiten immer geeignet, die Fortsetzung des Arbeitsverhältnisses für den ArbGeb unzumutbar erscheinen zu lassen. Viele Kriterien können je nach Sachlage zugunsten des ArbGeb oder zugunsten des ArbN zu berücksichtigen sein, ohne für sich alleine in jedem Fall ein Abwägungskriterium darzustellen. Die Relevanz eines Abwägungskriterium resultiert vielmehr aus den konkreten Umständen des jeweiligen Arbeitsverhältnisses.

Abwägungskriterien sind zum Beispiel: Dauer des Arbeitsverhältnisses: Je länger das Arbeitsverhältnis ohne Störungen bestanden hat, umso strenger hat die Abwägung der ArbGebInteressen gegenüber dem Bestandsschutzinteresse des ArbN zu erfolgen. Eine lange Dauer des Beschäftigungsverhältnisses kann insb. dazu führen, dass der ArbGeb über einen längeren Zeitraum geeignete und zumutbare Überbrückungsmaßnahmen hinzunehmen hat[2]. Hingegen kann eine kurze Dauer des Arbeitsverhältnisses auch bei verhältnismäßig geringen Belastungen der ArbGebInteressen eine Kündigung rechtfertigen. Ein **ungestörter Verlauf** des Arbeitsverhältnisses liegt nicht schon dann vor, wenn der ArbN im Jahr nicht länger als sechs Wochen arbeitsunfähig erkrankt gewesen ist[3].

Alter des ArbN: Das verhältnismäßig hohe Alter eines ArbN kann bei einem schon lang währenden Arbeitsverhältnis dem ArbGeb eine größere Rücksichtnahme abverlangen, wohingegen es bei einem relativ kurzen Arbeitsverhältnis für sich alleine kein wesentliches Kriterium sein dürfte. Andererseits kann ein niedriges Lebensalter gerade für erhebliche in der Zukunft weiter zu erwartende Ausfallzeiten sprechen, so dass es zu Lasten des ArbN berücksichtigt werden kann[4]. **Soziale Schutzbedürftigkeit des ArbN:** Hier sind der Familienstand, die Unterhaltspflichten oder auch eine bestehende Schwerbehinderung des ArbN von Bedeutung. Ebenso können schlechte Chancen auf dem Arbeitsmarkt zu Gunsten des ArbN einzubeziehen sein. **Besonderer Kündigungsschutz:** Bei einem aufgrund tarifvertraglicher oder einzelvertraglicher Bestimmungen ordentlich unkündbaren ArbN ist bei der Interessenabwägung dessen besonderer Kündigungsschutz zusätzlich zu seinen Gunsten zu berücksichtigen. Um in einem solchen Fall eine außerordentliche Kündigung ohne Einhaltung der einer (fiktiven) ordentlichen Kündigungsfrist entsprechenden Auslauffrist gerechtfertigt erscheinen zu lassen, bedarf es der Erwartung besonders gravierender Beeinträchtigungen der betrieblichen Interessen des ArbGeb, zB durch massive Betriebsablaufstörungen oder erhebliche weitere Entgeltfortzahlungskosten, die bei Beachtung der Frist eintreten würden. Andernfalls dürfte die Einhaltung der Auslauffrist dem ArbGeb billigerweise zuzumuten sein[5].

Ursache der Störung: Die Ursache für die eingetretene Störung des Arbeitsverhältnisses kann je nach Sachlage zu Gunsten der einen oder anderen Arbeitsvertragspartei zu berücksichtigen sein. Beruht etwa ein Unfall, der zum Ausfall des ArbN führt, auf unvorsichtigem Verhalten oder gar Verschulden des ArbN, wird dies zu seinen Lasten gehen. Dies gilt auch für **genesungswidriges** oder gesundheitsschädliches **Verhalten**. Andererseits ist an die Sozialwidrigkeit der Kündigung ein strenger Maßstab anzulegen, wenn ein Betriebsunfall beispielsweise auf Unterlassung von Unfallschutzmaßnahmen oder die Umgehung von Unfallschutzvorschriften zurückzuführen ist. Betriebliche Besonderheiten, wie etwa ein immissionsbelasteter Arbeitsplatz, können eine Rolle spielen, wobei allerdings eine besondere gesundheitliche Veranlagung des ArbN im Falle ihrer (Mit-)Ursächlichkeit ebenfalls in die Abwägung einzubeziehen ist[6]. **Personaleinsatzprobleme:** Fehlende oder wesentlich erschwerte Planungsmöglichkeit, Probleme in der Zusammenarbeit der Kollegen des betroffenen ArbN oder die Unzumutbarkeit der weiteren Überlastung anderer ArbN sind aufseiten des ArbGeb zu berücksichtigen.

Belastbarkeit des ArbGeb: Die weitere wirtschaftliche Belastbarkeit des ArbGeb hängt wesentlich von der Größe des Betriebes ab. Aber auch bei der Bewertung der Unzumutbarkeit weiterer Betriebsablaufstörungen kann die Betriebsgröße eine Rolle spielen. **Vorhaltekosten:** Hält der ArbGeb eine die durchschnittliche Ausfallzeit vergleichbarer ArbN ausgleichende **Personalreserve** vor, sind die hierfür aufzuwendenden Vorhaltekosten zugunsten des ArbGeb bei der Interessenabwägung zu berücksichtigen[7]. **Zumutbarkeit weiterer Überbrückungsmaßnahmen:** Weitere Überbrückungsmaßnahmen können insb. dann zumutbar sein, wenn mit der Wiedererlangung der Eignung und Fähigkeit des ArbN zur Erfüllung der geschuldeten Arbeitsleistung in absehbarer Zeit zu rechnen ist. Andererseits kann auch bei den an die Interessenabwägung nach Betriebsunfällen zu stellenden strengen Maßstäben eine Verpflichtung des ArbGeb zur Beschäftigung des ArbN mit unproduktiver Tätigkeit nicht verlangt werden kann[8].

---

1 BAG v. 16.2.1989 – 2 AZR 299/88, AP Nr. 20 zu § 1 KSchG 1969 – Krankheit = NZA 1989, 923. |2 BAG v. 22.2.1980 – 7 AZR 295/78, AP Nr. 6 zu § 1 KSchG 1969 – Krankheit = DB 1980, 1446. |3 BAG v. 6.9.1989 – 2 AZR 224/89, AP Nr. 23 zu § 1 KSchG 1969 – Krankheit = NZA 1990, 434. |4 BAG v. 17.6.1999 – 2 AZR 639/98, AP Nr. 37 zu § 1 KSchG 1969 – Krankheit = NZA 1999, 1328; v. 6.9.1989 – 2 AZR 19/89, AP Nr. 21 zu § 1 KSchG 1969 – Krankheit = NZA 1990, 307. |5 BAG v. 18.10.2000 – 2 AZR 627/99, NZA 2001, 219. |6 BAG v. 5.7.1990 AP Nr. 26 zu § 1 KSchG 1969 – Krankheit = NZA 1991, 185. |7 BAG v. 29.7.1993 – 2 AZR 155/93, NZA 1994, 67. |8 LAG Düsseldorf v. 17.10.1972 – 11 Sa 593/72, DB 1973, 2307.

117 4. Einzelfälle (alphabetisch)

Aids	118	Kündigung wegen lang andauernder, dauernder Erkrankung und ungewisser Dauer der Erkrankung	147
Alkohol- und Drogensucht	119		
Alter und Rentenalter	123	Kündigung wegen krankheitsbedingter Minderung der Leistungsfähigkeit	152
Arbeitserlaubnis	124		
Beschäftigungsverbot	125	Kur	155
Druckkündigung	126	Öffentlicher Dienst	156
Eheschließung und Ehescheidung	127	Persönliche und familiäre Verhältnisse	157
Ehrenamt und Nebentätigkeit	128	Politische Betätigung	158
Erwerbs- und Berufsunfähigkeit	129	Schulden und Lohnpfändungen	159
Fahrerlaubnis	130	Sicherheitsbedenken	160
Fluglizenz	131	Straf- und Untersuchungshaft	161
Geschäfts- und Betriebsgeheimnisse	132	Straftat	162
Gewissenskonflikt	133	Tendenzbetrieb	163
Kirche und Religionsausübung	134	Verdachtskündigung	164
Krankheit	136	Wehrdienst	165
Kündigung wegen häufiger Kurzerkrankungen	142		

118 ● **Aids.** Die **Infektion** mit dem HIV-Virus beeinträchtigt den ArbN in der Regel nicht in seiner Eignung oder Fähigkeit, die arbeitsvertraglich geschuldete Arbeitsleistung zu erbringen, so dass sie an sich keinen personenbedingten Kündigungsgrund darstellen kann. Eine allein wegen des Bekanntwerdens der Infektion ausgesprochene Kündigung kann treuwidrig iS von § 242 BGB sein, da sie den ArbN bewusst wegen eines Umstands benachteiligt, der das Arbeitsverhältnis (noch) nicht beeinträchtigt[1]. Besteht allerdings aufgrund der Art der geschuldeten Tätigkeit eine Gefahr Dritter, sich ebenfalls zu infizieren, kann die Infektion als solche eine personenbedingte Kündigung rechtfertigen. Ebenso kann es sich verhalten, wenn der infizierte ArbN Verhaltensweisen zeigt, die zur Störung des Arbeitsverhältnisses führen, zB Selbstmordversuch mit anschließender Arbeitsunfähigkeit. In diesem Fall nimmt der ArbGeb nicht nur die Infektion, sondern weitere Umstände als Kündigungsgrund in Anspruch, die die Kündigung sozial rechtfertigen können, ohne dass sie treuwidrig erscheint[2]. Führt die Infektion mit dem HIV-Virus jedoch zu Krankheitssymptomen und dadurch verursachten Arbeitsunfähigkeitszeiten, gelten die Grundsätze der krankheitsbedingten Kündigung, wobei je nach Situation der Erkrankung eine Kündigung wegen häufiger Kurzerkrankungen bzw. eine solche wegen lang anhaltender oder dauernder Erkrankung in Betracht kommt (s. dort, Rz. 136 ff.). Für die Feststellung einer negativen Gesundheitsprognose ist bei Aids zu beachten, dass ersten Krankheitszeichen in der Regel eine lange beschwerdefreie Zeit folgt. Erst die zweite Phase der Erkrankung, das sog. ARC (Aids Related Complex)-Stadium führt zu jahrelang sich hinziehenden, unspezifischen Beschwerden wie Müdigkeit, Abgeschlagenheit, Konzentrationsverlust, Nervenlähmungen, unerklärlichem Fieber und Durchfällen. Hierdurch bedingte häufige und wechselnde Ausfallzeiten können bei Vorliegen der sonstigen Voraussetzungen (negative Prognose, erhebliche Beeinträchtigung betrieblicher Interessen, deren Hinnahme dem ArbGeb billigerweise unter Berücksichtigung der Umstände des Einzelfalls nicht weiter zumutbar ist) eine personenbedingte Kündigung sozial rechtfertigen. Bei einer Infektionskrankheit wie Aids kann darüber hinaus eine **Druckkündigung** (s. Rz. 126) in Betracht kommen[3]. Da der ArbN alleine durch seine Infektionskrankheit noch keinen zur personenbedingten Kündigung rechtfertigenden Grund setzt, ist bei Auftreten einer Drucksituation hier in besonderem Maße vom ArbGeb zu verlangen, alle Möglichkeiten zu ergreifen, um eine solche Kündigung zu vermeiden[4]. Etwa dadurch, dass er die Belegschaft durch Aufklärung von der nahezu ausgeschlossenen Infektionsgefahr zu überzeugen versucht. Auch hat er zu prüfen, ob der betroffene oder die den Druck ausübenden ArbN umgesetzt werden können oder eine sonstige der Druckentlastung dienende Organisationsänderung vorgenommen werden kann. Ein ArbGeb, der die Drucksituation selbst herbeiführt, indem er die Belegschaft über eine bisher unbekannte Aids-Infektion eines Mitarbeiters unterrichtet, wird die selbst geschaffene Drucksituation nicht zur Begründung einer Kündigung des infizierten ArbN heranziehen können[5].

119 ● **Alkohol- und Drogensucht. Grundsätzliches.** Die Kündigung wegen Alkoholsucht ist nach den für die **krankheitsbedingte Kündigung** geltenden Grundsätzen zu beurteilen[6]. Hat die Alkohol- oder Drogensucht nämlich das Stadium einer Krankheit erreicht, kann dem alkohol- oder drogenabhängigen ArbN, der Arbeitsvertragspflichten verletzt, die auf seiner Abhängigkeit beruhen, indem er zB während der Arbeit Alkohol zu sich nimmt, infolge dieser Abhängigkeit zum Zeitpunkt der Pflichtverletzung kein Schuldvorwurf gemacht werden. Eine verhaltensbedingte Kündigung wegen Pflichtverletzungen, die auf Alkoholabhängigkeit beruhen, wäre daher in der Regel schon mangels Verschuldens

---

1 APS/*Dörner*, § 1 KSchG Rz. 225, KR/*Etzel*, § 1 KSchG Rz. 282; BAG v. 16.12.1989 – 2 AZR 347/88, AP Nr. 46 zu § 138 BGB = NZA 1989, 962. | 2 BAG v. 16.2.1989 – 2 AZR 347/88, AP Nr. 46 zu § 138 BGB = NZA 1989, 962 die Entscheidung betrifft allerdings einen Fall, in dem der ArbN noch keinen Kündigungsschutz genoss. | 3 ArbG Berlin v. 16.6.1987 – 24 Ca 319/86, NZA 1987, 637; KR/*Etzel*, § 1 KSchG Rz. 283. | 4 APS/*Dörner*, § 1 KSchG Rz. 227. | 5 BAG v. 26.1.1962 – AZR 244/61, AP Nr. 8 zu § 626 BGB – Druckkündigung = DB 1962, 744. | 6 BAG v. 13.12.1990 – 2 AZR 336/90, EzA Nr. 33 zu § 1 KSchG – Krankheit; v. 9.4.1987 – 2 AZR 210/86, NZA 1987, 811.

des ArbN sozial ungerechtfertigt. Eine verhaltensbedingte Kündigung könnte allenfalls darauf gestützt werden, der ArbN habe seine – sich negativ auf das Arbeitsverhältnis auswirkende – Alkoholabhängigkeit schuldhaft herbeigeführt. Demgegenüber kommt es bei der krankheitsbedingten Kündigung auf die Frage, wer die Krankheit bzw. hier die Abhängigkeit verschuldet hat, grundsätzlich nicht an. Bei der krankheitsbedingten Kündigung ist nur im Rahmen der Interessenabwägung auf die Ursache und auf eine womögliche schuldhafte Herbeiführung der Krankheit einzugehen. Eine **krankhafte Alkoholsucht** liegt vor, wenn der gewohnheitsmäßige, übermäßige Alkoholgenuss trotz besserer Einsicht nicht aufgegeben oder reduziert werden kann. Wesentliche Merkmale dieser Erkrankung sind die physische und psychische Abhängigkeit vom Alkohol sowie der Verlust der Selbstkontrolle[1]. Im Falle der Unzulässigkeit einer ordentlichen Kündigung infolge tarifvertraglicher Vorschriften kommt ausnahmsweise auch eine außerordentliche krankheitsbedingte Kündigung wegen Alkoholismus in Betracht. Diese Kündigung ist allerdings sodann mit sozialer Auslauffrist auszusprechen. Die Prüfung in drei Stufen (negative Prognose, erhebliche Beeinträchtigung betrieblicher Interessen, Interessenabwägung) muss in diesem Fall den hohen Anforderungen Rechnung tragen, die an eine außerordentliche Kündigung zu stellen sind[2].

Prüfungsschema. Danach hat auch die Überprüfung einer wegen Alkohol- oder Drogensucht ausgesprochenen krankheitsbedingten Kündigung in **drei Stufen** zu erfolgen: **1. Stufe: Negative Prognose.** Auch die soziale Rechtfertigung einer wegen Alkohol- oder Drogensucht ausgesprochenen Kündigung setzt in der ersten Stufe eine negative Prognose hinsichtlich des voraussichtlichen weiteren Krankheitsverlaufs voraus. Bei einer Suchtkrankheit sind an die negative Gesundheitsprognose je nach Art und Bedeutung der Aufgaben des ArbN im Betrieb unter Umständen geringere Anforderungen zu stellen[3]. Ist der ArbN **im Zeitpunkt der Kündigung nicht therapiebereit**, ist ohne weiteres von einer negativen Gesundheitsprognose auszugehen, da angenommen werden kann, dass der ArbN in absehbarer Zeit nicht geheilt sein wird[4]. Eine erst nach Ausspruch der Kündigung geäußerte Therapiebereitschaft bzw. durchgeführte Therapie setzt einen neuen Kausalverlauf in Gang, der die ursprüngliche negative Prognose nicht fehlerhaft erscheinen lässt. **In der Praxis** empfiehlt es sich für den ArbGeb, vor Ausspruch der Kündigung ein klärendes Gespräch mit dem ArbN zu führen. Zwar ist er hierzu nicht verpflichtet; der ArbGeb, der wegen Alkoholmissbrauchs im Betrieb eine verhaltensbedingte Kündigung ausspricht, läuft aber Gefahr, dass sich der ArbN im Laufe des Prozesses auf eine bestehende Alkoholsucht beruft oder im Falle einer krankheitsbedingten Kündigung behauptet, er hätte sich im Falle eines derartigen Aufklärungsgesprächs zur Durchführung einer Therapie entschlossen. Hat der ArbGeb vor Ausspruch der Kündigung **Anhaltspunkte für eine bestehende Alkoholsucht**, muss er dem ArbN nach dem Grundsatz der Verhältnismäßigkeit zuvor die Chance zu einer Entziehungskur oder sonstigen geeigneten Therapiemaßnahmen bieten[5]. Erklärt sich der ArbN bis zum Ausspruch der Kündigung **therapie- bzw. rehabilitationsbereit**, muss der ArbGeb den Erfolg einer derartigen Maßnahme in der Regel abwarten. Etwas anders gilt, wenn der ArbN erst kürzlich eine derartige Maßnahme schuldhaft vorzeitig abgebrochen oder eine solche Maßnahme nur zeitweilig Erfolg hatte, ohne dass inzwischen Umstände auszumachen sind, die für die Annahme einer größeren Einsicht des ArbN in die Notwendigkeit einer Therapie sprechen. Entsprechendes gilt, wenn Veränderungen der Umstände, die zur Sucht beigetragen haben, eingetreten sind. In diesem Zusammenhang, insb. im Falle eines Rückfalls ist auch die Art und Dauer der vorgesehenen Maßnahme von Bedeutung. War der ArbN bisher nur zur kurzfristigen stationären Entgiftung bereit und erklärt er jetzt (vor Ausspruch der Kündigung) seine Bereitschaft, an einer Entziehungskur teilzunehmen, ist ihm Gelegenheit zu geben, seine Fähigkeit zur störungsfreien Erbringung der Arbeitsleistung auf diese Weise wieder herzustellen. Dem ArbGeb kann nicht vorgeschrieben werden, auf welche Weise er eine bestehende Alkoholisierung nachweist. Wegen des Eingriffs in sein Persönlichkeitsrecht und seine körperliche Unversehrtheit muss der ArbN in der Regel von sich aus die Durchführung eines Alkoholtests anbieten, wenn er einen aufgrund objektiver Anhaltspunkte bestehenden Verdacht einer Alkoholisierung im Dienst entkräften möchte[6]. Dies begründet sich auch darin, dass ein solcher Test nicht nur zur Entlastung, sondern auch zur Bestätigung des Alkoholgenusses und zur Feststellung des Alkoholisierungsgrades führen kann.

2. Stufe: Erhebliche Beeinträchtigung der betrieblichen Interessen. Hier gelten im Wesentlichen die bei der krankheitsbedingten Kündigung dargestellten Grundsätze (s. Rz. 144, 150). Eine erhebliche Beeinträchtigung betrieblicher Belange kann bei einer Suchterkrankung insb. daraus resultieren, dass der ArbN auf seinem Arbeitsplatz nicht mehr einsetzbar ist. Etwa weil die Tätigkeit des ArbN mit einer Selbstgefährdung oder einer Gefährdung Dritter verbunden ist und der ArbGeb nicht darauf vertrauen kann, dass der ArbN nüchtern ist[7]. Auch bei einer Suchterkrankung ist von einer gravieren-

---

1 BAG v. 1.6.1983 – 5 AZR 536/80, AP § 1 LohnFG Nr. 52 = NJW 1983, 2695. | 2 BAG v. 9.7.1998 – 2 AZR 201/98 nv.; v. 16.9.1999 – 2 AZR 123/99, NZA 2000, 141. | 3 BAG v. 9.4.1987 – 2 AZR 210/86, AP Nr. 18 zu § 1 KSchG 1969 – Krankheit = NZA 1987, 811; v. 17.6.1999 – 2 AZR 639/98, NZA 1999, 1328; v. 16.9.1999 – 2 AZR 123/99, NZA 2000, 141; aA APS/*Dörner*, § 1 KSchG Rz. 233; MünchArbR/*Berkowsky* § 132 Rz. 76. | 4 BAG v. 9.4.1987 – 2 AZR 210/86, NZA 1987, 811. | 5 BAG v. 17.6.1999 – 2 AZR 639/98, AP Nr. 37 zu § 1 KSchG 1969 – Krankheit = NZA 1999, 1328. | 6 BAG v. 16.9.1999 – 2 AZR 123/99, AP Nr. 21 zu § 1 KSchG 1969 – Personenbedingte Kündigung = NZA 2000, 141. | 7 BAG v. 13.12.1990 – 2 AZR 336/90, EzA Nr. 33 zu § 1 KSchG – Krankheit.

den Äquivalenzstörung auszugehen, wenn für die Zukunft mit immer neuen, außergewöhnlich hohen Entgeltfortzahlungskosten zu rechnen ist, die pro Jahr für einen Zeitraum von mehr als sechs Wochen aufzuwenden sind[1]. Bei Vorliegen zwingender betrieblicher Auswirkungen kann es dem ArbGeb unzumutbar sein, das Arbeitsverhältnis bis zum Erfolg einer Therapie fortzusetzen. Dies ist der Fall, wenn Überbrückungsmaßnahmen aufgrund der Tätigkeit des ArbN nicht möglich sind, zB wenn der Einsatz von Springern oder die Einstellung und Einarbeitung zusätzlicher Hilfskräfte auf Zeit nicht möglich ist, der Arbeitsplatz aber besetzt werden muss[2].

122   **3. Stufe: Interessenabwägung.** Ein verhältnismäßig niedriges Lebensalter kann bei einer wegen Alkoholsucht ausgesprochenen krankheitsbedingten Kündigung zugunsten des ArbGeb berücksichtigt werden, da wegen der negativen Prognose auf nicht absehbare Zeit mit erheblichen krankheitsbedingten Ausfällen und Entgeltfortzahlungskosten zu rechnen ist[3]. Bei einer krankheitsbedingten Kündigung, also auch derjenigen wegen krankhafter Alkohol- oder Drogensucht sind im Rahmen der Interessenabwägung die Schwerbehinderung und die Unterhaltspflichten des ArbN mit zu berücksichtigen[4]. Im Übrigen gelten die Grundsätze der Interessenabwägung jeder personenbedingten Kündigung (s. Rz. 112)

123   ● **Alter und Rentenalter.** Das Alter des ArbN kann alleine keine personenbedingte Kündigung rechtfertigen. Insbesondere ist die Erreichung des 65. Lebensjahres kein in der Person des ArbN liegender Kündigungsgrund[5]. Ebensowenig stellt die Möglichkeit des ArbN, Altersrente oder ATZ in Anspruch zu nehmen, allein einen zur Kündigung berechtigenden Grund dar. Nur wenn eine deutliche **altersbedingte Minderung der Leistungsfähigkeit** in qualitativer oder quantitativer Hinsicht im Verhältnis zu vergleichbaren ArbN objektiv feststellbar eintritt und dies zu erheblichen Beeinträchtigungen der betrieblichen Interessen führt, kann eine Kündigung sozial gerechtfertigt sein. Nicht ausreichend ist jedoch der normale altersbedingte Leistungsabfall eines ArbN, diesen hat der ArbGeb hinzunehmen[6]. Bei der **Interessenabwägung** ist das Alter des ArbN insb. bei einer langen Betriebszugehörigkeit zugunsten des ArbN zu berücksichtigen. Bei einem älteren ArbN hat der ArbGeb unter Umständen auch längere altersbedingte Ausfallzeiten hinzunehmen als bei einem jüngeren ArbN. Hingegen birgt ein niedriges Lebensalter insb. bei ungewissem Krankheitsverlauf ein größeres Risiko ständig erneut anfallender Entgeltfortzahlungskosten, so dass dies zu Lasten des jüngeren ArbN in die Interessenabwägung einfließen kann.

124   ● **Arbeitserlaubnis.** Bei der sozialen Rechtfertigung einer wegen Fehlens der Arbeitserlaubnis ausgesprochenen Kündigung ist zu unterscheiden, ob die Arbeitserlaubnis bereits rechtskräftig versagt ist oder das Verfahren über die Versagung der Arbeitserlaubnis noch nicht abgeschlossen ist. Ist einem ausländischen ArbN die nach § 284 Abs. 1 SGB III (früher: § 19 Abs. 1 AFG) erforderliche Arbeitserlaubnis **rechtskräftig versagt** worden, so ist eine ordentliche Kündigung regelmäßig sozial gerechtfertigt, weil der ArbN infolge des Beschäftigungsverbots zur Leistung der vertraglich geschuldeten Dienste dauernd außerstande ist. Ist hingegen über die von dem ausländischen ArbN beantragte Arbeitserlaubnis noch nicht rechtskräftig entschieden, so ist für die soziale Rechtfertigung einer wegen des Fehlens dieser Erlaubnis ausgesprochenen Kündigung auf Folgendes abzustellen: War für den ArbGeb bei objektiver Beurteilung im Zeitpunkt des Zugangs der Kündigung mit der Erteilung der Erlaubnis in absehbarer Zeit nicht zu rechnen und konnte der Arbeitsplatz für den ArbN ohne erhebliche betriebliche Beeinträchtigungen nicht offen gehalten werden, kann eine Kündigung gerechtfertigt sein. Die Prüfung der Erfolgsaussichten für die Erteilung einer Arbeitserlaubnis ist nur unter dem Gesichtspunkt vorzunehmen, ob im Zeitpunkt der Kündigung die gegebenen Umstände offensichtlich für oder gegen die Erteilung sprechen oder die Entscheidung von einer eingehenden Wertung durch die zuständigen Behörden bzw. Gerichte abhängt und deshalb mit einem Verfahren von nicht absehbarer Dauer zu rechnen ist[7].

125   ● **Beschäftigungsverbot.** Fehlt einem ArbN eine zur Ausübung des Berufes notwendige (behördliche) Erlaubnis oder verliert er diese während des Arbeitsverhältnisses, resultiert hieraus für den ArbGeb regelmäßig ein gesetzliches Beschäftigungsverbot dieses ArbN auf dem vereinbarten Arbeitsplatz, zB Gesundheitszeugnis, Arbeitserlaubnis (s. Rz. 124), Fluglizenz (s. Rz. 131), Führerschein (s. *Fahrerlaubnis*, Rz. 130). Besteht keine anderweitige Beschäftigungsmöglichkeit für den ArbN, liegt regelmäßig ein personenbedingter Kündigungsgrund vor, da dem ArbN die notwendige Eignung zur Ausübung der vertraglich vereinbarten Arbeitsleistung fehlt. Gleiches gilt bei dem Verlust polizeilicher Befugnisse[8], zB als Wachmann oder Flugleiter tätig werden zu können.

126   ● **Druckkündigung.** Eine Druckkündigung liegt vor, wenn der ArbGeb einem ArbN kündigt, weil auf ihn durch Dritte in der Weise Druck ausgeübt wird, dass er seiner Entschlussfreiheit weitgehend be-

---

[1] BAG v. 29.7.1993 – 2 AZR 155/93, AP Nr. 27 zu § 1 KSchG 1969 – Krankheit = NZA 1994, 67.   [2] LAG Hamm v. 2.5.1986 – 16 Sa 1987/85, LAGE Nr. 4 § 1 KSchG – Personenbedingte Kündigung; APS/*Dörner*, § 1 KSchG Rz. 235.   [3] BAG v. 17.6.1999 – 2 AZR 639/98, AP Nr. 37 zu § 1 KSchG 1969 – Krankheit = NZA 1999, 1328; v. 6.9.1989 – 2 AZR 19/89, AP Nr. 21 zu § 1 KSchG 1969 – Krankheit = NZA 1990, 307.   [4] BAG v. 20.1.2000 – 2 AZR 378/99, AP Nr. 38 zu § 1 KSchG 1969 – Krankheit = NZA 2000, 768.   [5] BAG v. 28.9.1961 – 2 AZR 428/60, AP Nr. 1 zu § 1 KSchG – Personenbedingte Kündigung = DB 1961, 1651.   [6] BAG v. 20.11.1987 – 2 AZR 284/86, AP Nr. 2 zu § 620 BGB – Altersgrenze = NZA 1988, 617; v. 6.7.1977 – 4 AZR 116/75, nv. (juris).   [7] BAG v. 7.2.1990 – 2 AZR 359/89, AP Nr. 14 § 1 KSchG 1969 – Personenbedingte Kündigung = NZA 1991, 341.   [8] BAG v. 18.3.1981 – 5 AZR 1096/78, AP Nr. 2 zu § 611 BGB – Arbeitsleistung; v. 23.9.1983 – 7 AZR 85/82, nv.

raubt wird. Einen derartigen Druck können die Belegschaft, der Betriebs- bzw. Personalrat oder auch Geschäftspartner verursachen, wenn sie zB als Kunden mit dem Abbruch von Geschäftsbeziehungen oder als ArbN mit dem Ausspruch von Eigenkündigungen drohen. Als personenbedingte Kündigung kommt eine solche Druckkündigung in Betracht, wenn das Entlassungsbegehren durch einen personenbedingten Grund, den der betroffene ArbN setzt, **gerechtfertigt** ist. Dies kann der Fall sein, wenn der Druck wegen fehlender fachlicher oder persönlicher Eignung des ArbN ausgeübt wird, zB wegen fehlender Führungsqualität[1]. Fehlt es jedoch in Wirklichkeit an einem Kündigungsgrund, darf der ArbGeb den auf ihn ausgeübten Druck nicht zum Ausspruch einer Kündigung nutzen, ohne zuvor alle Möglichkeiten ergriffen zu haben, um dem Druck entgegenzuwirken und den drohenden Schaden zu vermeiden, zB durch Aufklärung oder Umsetzung. Erst wenn er dem ausgeübten Druck trotz intensiver Bemühungen nicht mehr mit rechtlichen Mitteln begegnen kann und die Kündigung das praktisch einzige in Betracht kommende Mittel ist, um den Schaden abzuwenden, kann der ArbGeb kündigen[2]. Auf eine Drucksituation, die der ArbGeb durch eigenes, ihm vorwerfbares Verhalten herbeigeführt hat, kann er sich nicht berufen[3].

- **Eheschließung und Ehescheidung.** Sog. **Zölibatsklauseln** sind in der Regel wegen Verstoßes gegen Art. 6 Abs. 1 GG unwirksam, da eine Eheschließung und auch eine Ehescheidung an sich ein Arbeitsverhältnis nicht beeinträchtigen[4]. Etwas anderes gilt, wenn das Arbeitsverhältnis konkret beeinträchtigt wird, zB im Rahmen von Sicherheitsbedenken oder im kirchlichen Bereich (s. dort Rz. 160 bzw. Rz. 134). Auseinandersetzungen im Zusammenhang mit dem Scheitern einer Ehe können das für die Fortsetzung eines **Arbeitsverhältnisses zwischen Ehegatten** notwendige Vertrauen zerstören. Je nach den Umständen des Einzelfalls können daraus Gründe im Verhalten oder in der Person des ArbN erwachsen, die eine verhaltensbedingte bzw. personenbedingte Kündigung sozial rechtfertigen. Allerdings muss eine zerrüttete Ehe nicht in jedem Fall Auswirkungen auf das Arbeitsverhältnis zwischen den Eheleuten bzw. das Arbeitsverhältnis zwischen einem Ehegatten und dem Unternehmen, in dem der andere Ehegatte ArbGebFunktionen wahrnimmt, haben. Ohne konkrete, vom ArbGeb im Einzelnen darzulegende, nachteilige Auswirkungen auf das Arbeitsverhältnis ist die Zerrüttung bzw. das Scheitern der Ehe für die Frage der sozialen Rechtfertigung der Kündigung ohne Belang[5]. Nur wenn sich die ehelichen Auseinandersetzungen nach den tatsächlichen Umständen des Einzelfalls dergestalt auf das Arbeitsverhältnis auswirken, dass der ArbGeb nachvollziehbare Gründe zu der Annahme hat, der ArbN werde seine arbeitsvertraglichen Pflichten nicht mit der geschuldeten Sorgfalt und Loyalität erfüllen bzw. es werde im Arbeitsverhältnis zu einer Fortsetzung der ehelichen Streitigkeiten und damit zu einer Störung des Betriebsfriedens kommen, kann eine Kündigung sozial gerechtfertigt sein. 127

- **Ehrenamt und Nebentätigkeit.** Die Ausübung eines Ehrenamtes oder einer Nebentätigkeit durch den ArbN können einen personenbedingten Kündigungsgrund allenfalls dann bilden, wenn sich eine solche Tätigkeit durch konkret feststellbare Störungen negativ auf das Arbeitsverhältnis, insb. die darauf beruhenden **Loyalitätspflichten** in der Weise auswirkt, dass die persönliche Eignung des ArbN zur Vertragserfüllung zweifelhaft wird. Übt ein Beamter eine Nebentätigkeit aus, kann eine personenbedingte Kündigung dieses Arbeitsverhältnisses nicht darauf gestützt werden, der ArbN sei als Beamter wirtschaftlich und sozial abgesichert[6]. Denn aus seiner Beamtenstellung resultiert keine Störung des Nebentätigkeitsarbeitsverhältnisses, sie tangiert die Eignung und Fähigkeit des ArbN nicht, seine dort geschuldete Arbeitsleistung zu erbringen. 128

- **Erwerbs- und Berufsunfähigkeit.** Die nur befristete Gewährung einer Erwerbsunfähigkeitsrente und das aus diesem Grund in § 59 Abs. 1 BAT vorgesehene Ruhen des Arbeitsverhältnisses schließen eine Kündigung wegen dauerhafter Arbeitsunfähigkeit des ArbN nicht aus[7]. Allerdings ist auch im Falle der vollen Erwerbsunfähigkeit nicht notwendigerweise von einer das Arbeitsverhältnis beeinträchtigenden Arbeitsunfähigkeit auszugehen. Denn gemäß § 43 Abs. 2 SGB VI ist Erwerbsunfähigkeit bereits anzunehmen, wenn der ArbN nicht mindestens drei Stunden täglich unter üblichen Bedingungen des Arbeitsmarktes erwerbstätig sein kann. Die teilweise oder volle Erwerbsunfähigkeit kann danach den personenbedingten Kündigungsgrund nicht alleine begründen, sondern nur die tatsächliche krankheitsbedingte Leistungsminderung und die sich daraus für das Arbeitsverhältnis ergebenden konkreten negativen Folgen. Damit sind die Grundsätze der krankheitsbedingten Kündigung anzuwenden. 129

- **Fahrerlaubnis.** Bei einem als Kraftfahrer beschäftigten ArbN kann der Entzug der Fahrerlaubnis einen personenbedingten Kündigungsgrund darstellen[8]. Der Verlust des Führerscheins führt zu einem Beschäftigungsverbot, das den ArbGeb hindert, den ArbN weiter als Kraftfahrer einzusetzen. Trifft ein ArbGeb die unternehmerische Entscheidung, als Beifahrer nur solche ArbN einzusetzen, die über eine 130

---

1 BAG v. 31.1.1996 – 2 AZR 158/95, AP 13 zu § 626 BGB – Druckkündigung = NZA 1996, 581. | 2 BAG v. 19.6.1986 – 2 AZR 563/85, DB 1986, 2498. | 3 BAG v. 26.1.1962 – AZR 244/61, AP Nr. 8 zu § 626 BGB – Druckkündigung = DB 1962, 744. | 4 BAG v. 10.5.1957 – 1 AZR 249/56, AP Nr. 1 zu Art. 6 Abs. 1 GG – Ehe und Familie, DB 1957, 482, 993. | 5 BAG v. 9.2.1995 – 2 AZR 389/94, NZA 1996, 249. | 6 BAG v. 13.3.1987- 7 AZR 724/85, AP Nr. 37 zu § 1 KSchG 1969 – Betriebsbedingte Kündigung = NZA 1987, 629. | 7 BAG v. 3.12.1998 – 2 AZR 773/97, AP Nr. 33 zu § 1 KSchG 1969 – Krankheit = NZA 1999, 440 = DB 1999, 589. | 8 BAG v. 30.5.1978 – 2 AZR 630/76, AP Nr. 70 zu § 626 BGB, DB 1978, 1790.

entsprechende Fahrerlaubnis verfügen, kann der Verlust des Führerscheins oder der Fahrerlaubnis auch bei einem als Beifahrer beschäftigten ArbN die personenbedingte Kündigung rechtfertigen[1]. Gleiches kann für eine Betriebsfahrberechtigung gelten, die ein Betrieb von Kraftfahrtunternehmen im Personenbeförderungsverkehr ihren ArbN nach einer allgemeinen Dienstanweisung erteilt[2].

131 ● **Fluglizenz.** Hat ein ArbN durch eine nicht bestandene Prüfung die für die Ausübung seiner Tätigkeit erforderliche Lizenz verloren, so ist dieser Umstand an sich geeignet, eine personenbedingte Kündigung zu rechtfertigen, da dem ArbN dadurch das Erbringen seiner vertraglich geschuldeten Arbeitsleistung rechtlich unmöglich wird. Dies setzt voraus, dass im Zeitpunkt des Zugangs der Kündigung weder mit der Erneuerung der Erlaubnis in absehbarer Zeit zu rechnen ist noch eine Weiterbeschäftigung zu geänderten Arbeitsbedingungen möglich war[3]. Vor Ausspruch einer Kündigung muss der ArbGeb dem ArbN Gelegenheit geben, die Prüfung zu wiederholen, wenn mit deren Bestehen durch den ArbN in absehbarer Zeit zu rechnen ist. Gegebenfalls hat er den ArbN sogar darauf zu verweisen. Andernfalls läuft der ArbGeb Gefahr, dass die Kündigung nicht als mildestes Mittel (Ultima Ratio) der möglichen Reaktionen des ArbGeb auf das Nichtbestehen der Prüfung zu bewerten ist[4]. Es gelten die Grundsätze über die abgestufte Darlegungs- und Beweislast bei Entschuldigungs- und Rechtfertigungsvorbringen des ArbN. Bringt der ArbN durch Benennung konkreter Anhaltspunkte vor, die Nichtverlängerung der Verkehrsflugzeugführerlizenz sei auf überspannte Checkanforderungen zurückzuführen und nicht durch fliegerische Leistungsmängel verursacht, hat der ArbGeb diese Behauptung zu widerlegen[5]. Dies spielt insb. bei internen Prüfungen des ArbGeb eine Rolle; ist aber weniger von Bedeutung, wenn es sich um amtliche, vom ArbGeb in ihren Inhalten nicht zu beeinflussende Prüfungen handelt.

132 ● **Geschäfts- und Betriebsgeheimnisse.** Der Verrat von Geschäfts- oder Betriebsgeheimnissen stellt einen Fall der verhaltensbedingten Kündigung dar. Allerdings kann bei Bekleidung einer Vertrauensposition wie bei sonstigen Sicherheitsbedenken (s. Rz. 160) eine personenbedingte Kündigung in Betracht kommen, wenn konkrete Anhaltspunkte für eine fehlende Eignung und darauf beruhende Störungen des Arbeitsverhältnisses vorliegen, zB aufgrund persönlicher Beziehungen zu einer dritten Person oder einem Konkurrenzunternehmen.

133 ● **Gewissenskonflikt.** Subjektive Leistungsmängel des ArbN können dadurch verursacht werden, dass der ArbN sich aus einer ernsthaften Gewissensentscheidung heraus nicht in der Lage sieht, die von ihm geforderte Arbeitsleistung zu erbringen. Ein vom ArbGeb hinzunehmender und vom ArbN konkret darzulegender Gewissenskonflikt liegt allerdings nur vor, wenn vom ArbN eine nach dem Arbeitsvertrag und den betrieblichen Besonderheiten an sich nicht zu erwartende Arbeitsleistung verlangt wird. Hierfür ist maßgeblich, ob der ArbN bereits bei Abschluss des Arbeitsvertrages mit der Übertragung der geforderten Arbeitsaufgaben rechnen musste. Liegt ein zu respektierender Gewissenskonflikt und damit ein Leistungsverweigerungsrecht des ArbN vor, darf der ArbGeb vom ArbN die unzumutbare Tätigkeit nicht verlangen. Bestehen keine anderweitigen Beschäftigungsmöglichkeiten für den ArbN kann hieraus ein personenbedingter Kündigungsgrund entstehen[6]. (s. auch *Religionsausübung* Rz. 135). Im Falle der unberechtigten Arbeitsverweigerung aufgrund Gewissensnot kommt eine verhaltensbedingte Kündigung in Betracht. In der Interessenabwägung einer wegen eines zu respektierenden Gewissenskonflikts ausgesprochenen personenbedingten Kündigung ist die Glaubens-, Gewissens- und Bekenntnisfreiheit des ArbN nach Art. 4 Abs. 1 und 2 GG einzubeziehen[7].

134 ● **Kirche und Religionsausübung.** Das verfassungsrechtlich (Art. 140 GG iVm. Art. 137 Abs. 3 WRV) garantierte Recht der **Kirche** und sonstiger Religionsgemeinschaften auf Selbstbestimmung und Selbstordnung ist bei der Prüfung der sozialen Rechtfertigung der Kündigung eines ihrer ArbN zu berücksichtigen. Welche kirchlichen Grundverpflichtungen als Gegenstand des Arbeitsverhältnisses bedeutsam sein können, richtet sich nach den von der verfassten Kirche anerkannten Maßstäben. Es kommt dabei weder auf die Auffassung der einzelnen betroffenen kirchlichen Einrichtungen noch auf diejenige breiter Kreise unter Kirchenmitgliedern oder gar einzelner bestimmter Tendenzen verbundener Mitarbeiter an. Die ArbG haben die vorgegebenen kirchlichen Maßstäbe für die Bewertung vertraglicher Loyalitätspflichten zugrunde zu legen, soweit die Verfassung das Recht der Kirchen anerkennt, hierüber selbst zu befinden. Es bleibt danach grundsätzlich den verfassten Kirchen überlassen, verbindlich zu bestimmen, was die Glaubwürdigkeit der Kirche und ihrer Verkündigung erfordert, was spezifisch kirchliche Aufgaben sind, was Nähe zu ihnen bedeutet, welches die wesentlichen Grundsätze der Glaubenslehre und Sittenlehre sind und was als – ggf. schwerer – Verstoß gegen diese anzusehen ist. Auch die Entscheidung darüber, ob und wie innerhalb der im kirchlichen Dienst tätigen Mitarbeiter eine Abstufung von Loyalitätspflichten eingreifen soll, ist grundsätzlich eine dem kirchlichen Selbstbestimmungsrecht unterliegende Angelegen-

---

1 BAG v. 16.8.1990 – 2 AZR 526/96, nv. (juris). | 2 BAG v. 25.4.1996 – 2 AZR 74/95, AP Nr. 18 § 1 KSchG 1969 – Personenbedingte Kündigung = NZA 1996, 1201. | 3 BAG v. 31.1.1996 – 2 AZR 68/95, AP Nr. 17 § 1 KSchG 1969 – Personenbedingte Kündigung = NZA 1996, 819. | 4 BAG v. 7.12.2000 – 2 AZR 459/99, AP Nr. 23 § 1 KSchG *1969 – Personenbedingte Kündigung*; v. 7.12.2000 – 2 AZR 460/99, AP Nr. 24 § 1 KSchG 1969 – Personenbedingte Kündigung. | 5 BAG v. 31.1.1996 – 2 AZR 68/95, AP Nr. 17 § 1 KSchG 1969 – Personenbedingte Kündigung = NZA 1996, 819. | 6 BAG v. 24.5.1989 – 2 AZR 285/88, NZA 1990, 144. | 7 BAG v. 21.2.2001 – 2 AZR 139/00, NZA 2001, 1136; BVerfG v. 7.3.2002 – 1 BvR 1962/01, NZA 2002, 609.

heit[1]. Liegt danach eine Verletzung von Loyalitätspflichten vor, so ist die weitere Frage, ob sie eine Kündigung des kirchlichen Arbeitsverhältnisses sachlich rechtfertigt, nach den kündigungsschutzrechtlichen Vorschriften der §§ 1 KSchG, 626 BGB zu beantworten. Einer bei einem katholischen Missionsgymnasium beschäftigten katholischen Lehrerin kann aus personenbedingten Gründen gekündigt werden, wenn sie einen geschiedenen Mann heiratet. Zur Beurteilung der sozialen Rechtfertigung einer derartigen Kündigung bedarf es allerdings einer an den Besonderheiten des Einzelfalls orientierten umfassenden Interessenabwägung, in deren Rahmen das verfassungsrechtlich verbürgte Selbstordnungs- und Selbstverwaltungsrecht der Kirche (Art. 140 GG iVm. Art. 137 Abs. 3 WRV) gegenüber den Grundrechten des ArbN (zB Art. 6 Abs. 1 GG) abzuwägen ist[2]. Der Austritt aus der katholischen Kirche kann bei einem in einem katholischen Krankenhaus beschäftigten Arzt einen personenbedingten Grund iS des § 1 Abs. 2 für eine ordentliche Kündigung darstellen. Dies gilt auch für einen Assistenzarzt, sofern er seine ärztlichen Aufgaben unmittelbar am Patienten ausübt. Denn die mit ärztlichen und pflegerischen Aufgaben beschäftigten Mitarbeiter eines kirchlichen Krankenhauses gehören grundsätzlich zu solchen Mitarbeitern, die durch ihre vertragliche Arbeitsleistung Funktionen der Kirche im karitativen Bereich wahrnehmen[3]. Eine ArbN-in in einem evangelischen Kindergarten, die in der Öffentlichkeit werbend für eine andere Glaubensgemeinschaft (hier: Universale Kirche/Bruderschaft der Menschheit) auftritt und deren von den Glaubenssätzen der evangelischen Kirche erheblich abweichende Lehre verbreitet, biete regelmäßig keine hinreichende Gewähr mehr dafür, dass sie der arbeitsvertraglich übernommenen Verpflichtung zur Loyalität gegenüber der evangelischen Kirche nachkommt[4]. Art 5 Abs. 1 der Grundordnung der Katholischen Kirche, wonach bei Verstößen gegen Loyalitätsobliegenheiten ein klärendes Gespräch zu führen ist, enthält eine den ArbGeb bindende Verfahrensnorm[5]. Hat sich ein ArbGeb selbst gebunden, bei bestimmten Verhaltensverstößen vor Ausspruch einer Kündigung zunächst mit dem ArbN ein klärendes Gespräch zu führen, so verstößt eine Kündigung, die der ArbGeb ausspricht, ohne ein solches Gespräch zu führen, regelmäßig gegen den Verhältnismäßigkeitsgrundsatz und ist deshalb sozialwidrig[6].

135 Ein ArbN verzichtet mit Abschluss des Arbeitsvertrages nicht auf sein verfassungsrechtlich in Art. 4 Abs. 1 und 2 GG gesichertes Grundrecht auf **Religionsausübung**. Allerdings ist ein ArbGeb nicht verpflichtet, Gebetspausen eines muslimischen ArbN hinzunehmen, wenn hierdurch betriebliche Störungen verursacht werden[7]. Sofern durch die Gebetsausübung die persönliche Eignung des ArbN zur Erbringung der geschuldeten Arbeitsleistung fehlt und hierdurch erhebliche, auch bei größtmöglicher zumutbarer Anstrengung des ArbGeb nicht vermeidbare Betriebsstörungen eintreten, kann eine personenbedingte Kündigung in Frage kommen. Ein ArbN kann aufgrund von fundamentalen, unüberwindbaren Glaubenshindernissen die Fähigkeit oder Eignung verlieren, die unmittelbar vertraglich geschuldete Arbeitsleistung überhaupt zu erbringen. Dies ist bei einer ein islamisches Kopftuch tragenden Verkäuferin in einem Warenhaus nicht ohne weiteres anzunehmen[8].

136 • **Krankheit. Überblick.** Die auf Krankheit beruhende personenbedingte Kündigung kann wegen **häufiger Kurzerkrankungen**, wegen **lang anhaltender** oder **dauernder Erkrankung** oder auch wegen **krankheitsbedingter Minderung der Leistungsfähigkeit** gerechtfertigt sein, wenn diese zu einer erheblichen Beeinträchtigung betrieblicher Interessen führen und die Interessenabwägung ergibt, dass die (auch) zukünftig zu erwartenden Störungen dem ArbGeb nicht weiter zumutbar sind. Der arbeitsrechtliche **Krankheitsbegriff** folgt dem medizinischen. Danach liegt eine Krankheit vor, wenn ein regelwidriger physischer oder psychischer Zustand die Notwendigkeit einer Heilbehandlung auslöst[9]. Fehlt dem Gericht die notwendige Fachkenntnis, ob ein bestimmtes Leiden die ungestörte Erfüllung der geschuldeten Arbeitsleistung zur Folge hat, muss in der Regel das Gutachten eines Arbeitsmediziners eingeholt werden[10].

137 Die Erkrankung als solche stellt keinen Kündigungsgrund dar. Nur wenn sich ein Krankheitszustand auf die nach dem Arbeitsvertrag zu erbringende Arbeitsleistung negativ auswirkt und zu erwarten ist, dass sich dies in absehbarer Zeit nicht ändern wird (**1. Stufe**: Negative Gesundheitsprognose), kann er zur Grundlage einer krankheitsbedingten Kündigung werden. Ebenso wie bei jeder anderen personenbedingten Kündigung ist zweite Voraussetzung einer wegen Krankheit ausgesprochenen Kündigung, dass die für die Zukunft prognostizierten Fehlzeiten bzw. die zu erwartenden sonstigen Störungen zu einer erheblichen Beeinträchtigung der betrieblichen Interessen (**2. Stufe**) führen. Im Anschluss hieran ist drittens im Rahmen einer umfassenden Interessenabwägung (**3. Stufe**) zu prüfen, ob die festgestellten, durch die Krankheit des ArbN verursachten erheblichen Beeinträchtigungen betrieblicher Belange zu einer dem ArbGeb billigerweise nicht mehr zumutbaren betrieblichen und wirtschaftli-

---

[1] BVerfG v. 4.6.1985 – 2 BvR 1703/83, AP Nr. 24 zu Art. 140 GG = DB 1985, 2103. | [2] BAG v. 31.10.1984 – 7 AZR 232/83, AP Nr. 20 zu Art. 140 GG = NZA 1985, 215; v. 25.5.1988 – 7 AZR 506/87, AP Nr. 36 zu Art. 140 GG. | [3] BAG v. 12.12.1984 – 7 AZR 418/83, AP Nr. 21 zu Art. 140 GG = DB 1985, 1647. | [4] BAG v. 21.2.2001 – 2 AZR 139/00, NZA 2001, 1136; BVerfG v. 7.3.2002 – 1 BvR 1962/01, NZA 2002, 609. | [5] BAG v. 16.9.1999 – 2 AZR 712/98, AP Nr. 1 zu ART. 4 GrO – Kath. Kirche. | [6] BAG 24.4.1996 – 2 AZR 74/95 (Betriebsfahrerlaubnis betreffend), nv. (juris). | [7] LAG Hamm v. 18.1.2002 – 5 Sa 1782/01, NZA 2002, 675. | [8] BAG v. 10.10.2002 – 2 AZR 472/01, NZA 2003, 483. | [9] BAG v. 5.4.1976 – 5 AZR 397/75, AP Nr. 40 zu § 1 LohnFG = DB 1976, 1386; v. 25.6.1981 – 6 AZR 940/78, AP Nr. 52 zu § 616 BGB = NJW 1982, 712. | [10] BAG v. 28.2.1990 – 2 AZR 401/89, AP Nr. 25 zu § 1 KSchG 1969 – Krankheit = NZA 1990, 727.

chen Belastung führen[1], die nicht durch weitere zumutbare Überbrückungsmaßnahmen vermieden werden kann. Allein mit dem Hinweis auf den Umfang der krankheitsbedingten Ausfälle des ArbN (im entschiedenen Fall ca. 1/3 der Jahresarbeitszeit) und die geringe Größe eines Betriebes lässt sich das Vorliegen eines personenbedingten Kündigungsgrundes nicht begründen[2]. Ebenso wenig gibt es **feste Grenzwerte** an krankheitsbedingten Ausfalltagen oder auch an aufzuwendenden Entgeltfortzahlungskosten, mit denen eine Kündigung allein begründet werden könnte[3]. Vielmehr muss die Rechtfertigung der Kündigung immer anhand der dreistufigen Prüfung unter Berücksichtigung der Besonderheiten des Einzelfalls untersucht werden. Etwas eingeschränkt gilt dies allerdings bei feststehender dauernder Unmöglichkeit der Leistungserbringung (s. dauernde Erkrankung Rz. 147). Soweit keine anders lautenden tariflichen Normen auf das Arbeitsverhältnis Anwendung finden, die eine Kündigung des Arbeitsverhältnisses während einer Erkrankung verbieten, hindert eine Erkrankung weder den Ausspruch einer Kündigung noch hat sie Einfluss auf den Lauf der Kündigungsfrist. Der ArbN ist nicht verpflichtet, den ArbGeb von sich aus über Art und Verlauf seiner Krankheit zu informieren. Weigert er sich vorprozessual, die ihn behandelnden Ärzte von der Schweigepflicht zu entbinden, kann er dennoch im Kündigungsschutzprozess die negative Gesundheitsprognose unter Bezugnahme auf ein ärztliches Zeugnis bestreiten[4]. Die fehlende Benachrichtigung des ArbGeb durch den ArbN spricht ebenso wenig gegen die Sozialwidrigkeit wie die **unterlassene Erkundigung** des ArbGeb nach den Fortschritten der Genesung bereits zur Sozialwidrigkeit der Kündigung führt[5].

138 Auch bei der krankheitsbedingten Kündigung ist **maßgeblicher Beurteilungszeitpunkt** für die Rechtmäßigkeit einer Kündigung der Zeitpunkt des Zugangs der Kündigung[6]. Maßgebliche Beurteilungsgrundlage sind danach die zu diesem Zeitpunkt herrschenden objektiven Verhältnisse. Eine etwaige Prognosekorrektur bzw. -bestätigung kann in die Prüfung nur insoweit einbezogen werden, als sie auf Umständen beruht, die bereits zum Kündigungszeitpunkt objektiv vorlagen bzw. angelegt waren. Nachträglich eintretende Umstände, insb. solche, die einen neuen Kausalverlauf in der Entwicklung der Erkrankung des ArbN in Gang setzen, sind danach in die Prüfung nicht einzubeziehen. Unerheblich ist deshalb, ob der neue Kausalverlauf durch subjektiv vom ArbN beeinflussbare Umstände ausgelöst wurde, wie zB eine vom ArbN zuvor abgelehnte Operation bzw. Therapie oder eine Änderung der Lebensführung[7], oder durch außerhalb seines Einflussbereichs liegende Umstände, wie zB die Entwicklung oder das Bekanntwerden einer neuen Heilmethode oder die Anwendung eines schon bekannten, aber vom behandelnden Arzt nicht erwogenen Heilmittels erst nach Ausspruch der Kündigung[8].

139 Bei der Prüfung der **erheblichen Beeinträchtigung betrieblicher Interessen** (2. Stufe) aufgrund der festgestellten negativen Gesundheitsprognose kommt der Unterscheidung, ob die negative Prognose auf häufigen Kurzerkrankungen, auf lang anhaltender bzw. dauernder Arbeitsunfähigkeit oder auf krankheitsbedingter Minderung der Leistungsfähigkeit des ArbN beruht, wesentliche Bedeutung zu. Die jeweils hieraus folgenden betrieblichen Auswirkungen sind in der Regel unterschiedlich (s. Rz. 144, 150, 153). Unabhängig von einer eventuellen betrieblichen Ursache für die Erkrankung des ArbN ist nach dem Grundsatz der Verhältnismäßigkeit zu prüfen, ob durch eine **Umsetzung** des ArbN auf einen anderen freien Arbeitsplatz die betrieblichen Beeinträchtigungen vermieden werden können[9].

140 Eine Kündigung wegen Krankheit ist nur dann sozial gerechtfertigt, wenn die **Interessenabwägung** (3. Stufe) ergibt, dass der ArbGeb die infolge der negativen Gesundheitsprognose zu erwartenden erheblichen betrieblichen Beeinträchtigungen billigerweise nicht weiter hinzunehmen hat und weitere Überbrückungsmaßnahmen zur Erhaltung des Arbeitsplatzes des arbeitsunfähigen ArbN nicht mehr möglich oder zumutbar sind[10]. Wie bei jeder personenbedingten Kündigung sind auch bei der krankheitsbedingten Kündigung für die Interessenabwägung die konkreten Umstände des Einzelfalls maßgeblich (s. Rz. 112). Bei einer krankheitsbedingten Kündigung ist im Rahmen der Interessenabwägung eine besondere **soziale Schutzbedürftigkeit** des ArbN, zB eine bestehende Schwerbehinderung oder auch Unterhaltspflichten des ArbN mit zu berücksichtigen[11]. Ein **genesungswidriges Verhalten** des ArbN kann ebenso wie ein eventuelles Verschulden des ArbN an der Erkrankung oder der Herbeiführung eines Unfalls zu seinen Lasten anzurechnen sein. Eine eventuelle **betriebliche Ursache** der Erkrankung eines ArbN ist bei der Interessenabwägung in der Regel zugunsten des ArbN einzubeziehen[12]. Etwa wenn die konkreten Arbeitsplatzbedingungen die Erkrankung oder die schwindende Leistungsfähigkeit herbeigeführt haben, zB permanenter Aufenthalt in gesundheitsbeeinträchtigender

---

1 BAG v. 29.7.1993 – 2 AZR 155/93, AP Nr. 27 zu § 1 KSchG 1969 = NZA 1994, 67. |2 BAG v. 17.6.1999 – 2 AZR 574/98, nv. (juris). |3 BAG v. 6.9.1989 – 2 AZR 224/89, AP Nr. 23 zu § 1 KSchG 1969 – Krankheit = NZA 1990, 434. |4 BAG v. 12.4.2002 – 2 AZR 148/01, NZA 2002, 1081. |5 BAG v. 25.11.1982 – 2 AZR 140/81, AP Nr. 7 zu § 1 KSchG 1969 – Krankheit = DB 1983, 1047. |6 BAG v. 29.4.1999 – 2 AZR 431/98, AP Nr. 36 zu § 1 KSchG 1969 – Krankheit = NZA 1999, 978. |7 BAG v. 6.9.1989 – 2 AZR 118/89, AP Nr. 22 zu § 1 KSchG 1969 – Krankheit = NZA 1990, 305. |8 BAG v. 21.2.2001 – 2 AZR 558/99, NZA 2001, 1071. |9 BAG v. 20.5.1988 – 2 AZR 682/87, AP Nr. 9 zu § 1 KSchG 1969 – Personenbedingte Kündigung = NZA 1989, 464. |10 BAG v. 20.10.1983 – 2 AZR 286/82, nv.; v. 16.2.1989 – 2 AZR 299/88, NZA 1989, 923. |11 BAG v. 20.1.2000 – 2 AZR 378/99, AP Nr. 38 zu § 1 KSchG 1969 – Krankheit = NZA 2000, 768. |12 BAG v. 6.9.1989 – 2 AZR 118/89, AP Nr. 22 zu § 1 KSchG 1969 – Krankheit = NZA 1990, 305.

Umgebung oder jahrelange schwere körperliche Arbeit. Wenn jedoch betriebliche Verhältnisse (zB Staubluft) nicht die alleinige und primäre Ursache für krankheitsbedingte Fehlzeiten sind, sondern sich nur in Verbindung mit einer besonderen Veranlagung des ArbN (zB erhöhte Reizbarkeit des Bronchialsystems) auswirken können, sind sie zwar für die Interessenabwägung bei einer krankheitsbedingten Kündigung nicht unerheblich, ob einer möglichen Mitursächlichkeit betrieblicher Ursachen bei einer solchen Konstellation jedoch entscheidendes Gewicht beizumessen ist, hängt von den Umständen des Einzelfalls ab[1].

Bei einem Ausschluss der ordentlichen Kündigung aufgrund tarifvertraglicher Vorschriften kann in eng begrenzten Ausnahmefällen eine krankheitsbedingte **außerordentliche Kündigung** in Betracht kommen, die dann allerdings mit einer der ordentlichen Kündigungsfrist entsprechenden sozialen Auslauffrist auszusprechen ist[2]. Auch können häufige langfristige Erkrankungen einen wichtigen Grund für eine außerordentliche Kündigung darstellen. Allerdings ist die Fortsetzung des Arbeitsverhältnisses mit einem nicht gegen ordentliche Kündigungen geschützten ArbN bei einer krankheitsbedingten Kündigung regelmäßig bis zum Ablauf der ordentlichen Kündigungsfrist zumutbar, zumal der ArbGeb gewöhnlich bereits von seiner Entgeltfortzahlungspflicht befreit ist[3]. **141**

– **Kündigung wegen häufiger Kurzerkrankungen. (1) Negative Gesundheitsprognose.** Die soziale Rechtfertigung einer wegen häufiger Kurzerkrankungen ausgesprochenen krankheitsbedingten Kündigung bedarf zunächst der Feststellung einer negativen Gesundheitsprognose hinsichtlich der in Zukunft zu erwartenden Fehlzeiten des ArbN. Im Zeitpunkt der Kündigung müssen objektive Tatsachen vorliegen, die die ernste Besorgnis auch in Zukunft auftretender weiterer Erkrankungen des ArbN im bisherigen, zumindest in erheblichem Umfang rechtfertigen[4]. Hierbei können häufige Kurzerkrankungen in der Vergangenheit für einen entsprechenden Krankheitsverlauf in der Zukunft sprechen (**Indizwirkung**). Voraussetzung ist allerdings, dass die Ursachen der bisherigen Kurzerkrankungen eine Wiederholungsgefahr in sich tragen. Auf welchen **Zeitraum** in der Vergangenheit abzustellen ist, lässt sich nicht generell sagen, da dies wesentlich von der bisherigen Dauer des Arbeitsverhältnisses abhängt. Bei einem von Beginn an durch häufige Erkrankungen des ArbN gestörten Arbeitsverhältnis wird eher von einem repräsentativen Ergebnis auszugehen sein als bei einem über Jahre hinweg zunächst störungsfrei verlaufenen Arbeitsverhältnis. Häufige Kurzerkrankungen über einen längeren Zeitraum von **etwa zwei bis drei Jahren** werden jedoch eine sichere Gesundheitsprognose zulassen[5]. Die notwendige **Dauer der künftig zu erwartenden Ausfallzeiten** für die soziale Rechtfertigung einer derartigen Kündigung kann ebenfalls nicht generell bestimmt werden. Der Umfang der hinzunehmenden bzw. nicht weiter zumutbaren Fehlzeiten hängt von den zu befürchtenden betrieblichen Beeinträchtigungen sowie der anschließend vorzunehmenden Interessenabwägung ab. Die vom ArbN ausgeübte Position im Betrieb spielt dabei folglich eine wesentliche Rolle. Bestimmten **Ursachen für vorübergehende Fehlzeiten** der Vergangenheit muss bereits aufgrund ihrer Eigenart die Eignung für eine auf sie aufbauende Gesundheitsprognose abgesprochen werden. Auf einmaligen Ursachen beruhende Fehltage können eine negative Zukunftsprognose nicht rechtfertigen[6]. Hierunter fallen alle Erkrankungen, denen ihrer Natur nach oder aufgrund ihrer Entstehung keine Aussagekraft für eine **Wiederholungsgefahr** beizumessen ist. Dazu gehören in erster Linie Unfälle, auch Betriebsunfälle, soweit es sich nach ihrer Entstehung um einmalige Ereignisse handelt, sowie sonstige offenkundig einmalige Gesundheitsschäden sowie ausgeheilte Erkrankungen[7]. Die bisherigen krankheitsbedingten Fehlzeiten sind deshalb auf ihre einzelnen Ursachen hin zu untersuchen. Nur wenn die Arbeitsunfähigkeitszeiten auf Gründen beruhen, die auch in Zukunft erhebliche Fehlzeiten erwarten lassen, können sie eine negative Gesundheitsprognose aufgrund häufiger Kurzerkrankungen begründen. Jedoch kann aus der Häufigkeit der auf Unfall beruhenden Fehlzeiten, besonders wenn sie auf regelmäßiger oder häufiger Sportausübung oder bestimmten anderen Freizeitaktivitäten beruhen, im Rahmen des auszuübenden richterlichen Ermessens nach § 286 ZPO auch geschlossen werden, dass der ArbN für diese Aktivitäten entweder besonders verletzungsanfällig oder bei ihrer Ausübung besonders unvorsichtig ist[8]. **142**

Kennt der ArbGeb die Ursachen der einzelnen Krankheitszeiten des ArbN nicht, genügt er seiner **Darlegungslast** zunächst, in dem er die Fehlzeiten im Einzelnen nach Datum und jeweiliger Dauer in ihrer zeitlichen Abfolge benennt. Trägt der ArbGeb ihm bekannte Ursachen der Erkrankung vor, muss seine Darlegung auch den Vortrag umfassen, weshalb diesen Erkrankungen Indizwirkung für die zukünftige Entwicklung der Ausfallzeiten des ArbN zukommt. Im Rahmen seiner **prozessualen Mitwirkungspflicht** nach § 138 Abs. 2 ZPO obliegt es sodann dem ArbN, darzulegen, weshalb die Besorgnis **143**

---

1 BAG v. 5.7.1990 – 2 AZR 154/90, DB 1990, 2274 = NZA 1991, 185. |2 BAG v. 12.7.1995 – 2 AZR 762/94, AP Nr. 7 zu § 626 BGB – Krankheit = NZA 1995, 1100; v. 9.9.1992 – 2 AZR 190/92, AP Nr. 3 zu § 626 BGB – Krankheit = NZA 1993, 598; v. 18.10.2000 – 2 AZR 627/99, NZA 2001, 219; v. 18.1.2001 – 2 AZR 616/99, NZA 2002, 455; v. 15.11.2001 – 2 AZR 605/00, ZTR 2002, 339. |3 BAG v. 18.10.2000 – 2 AZR 627/99, NZA 2001, 219; v. 15.3.2001 – 2 AZR 624/99, NZA-RR 2002, 20. |4 BAG v. 6.9.1989 – 2 AZR 19/89, AP Nr. 21 zu § 1 KSchG 1969 – Krankheit = NZA 1990, 307; v. 17.6.1999 – 2 AZR 639/98, AP Nr. 37 zu § 1 KSchG 1969 – Krankheit = NZA 1999, 1328. |5 BAG v. 18.5.1993 – 2 AZR 598/92, nv. (juris). |6 BAG v. 14.1.1993 – 2 AZR 343/92, NZA 1994, 309. |7 BAG v. 6.9.1989 – 2 AZR 19/89, AP Nr. 21 zu § 1 KSchG 1969 – Krankheit = NZA 1990, 307; v. 7.12.1989 – 2 AZR 225/89, EzA Nr. 30 zu § 1 KSchG – Krankheit. |8 BAG v. 2.11.1989 – 2 AZR 335/89, nv. (juris).

weiterer Erkrankungen unberechtigt sein soll. Dieser Mitwirkungspflicht genügt er schon dann, wenn er die Behauptungen des ArbGeb bestreitet und seine Ärzte von der Schweigepflicht entbindet. Dies gilt allerdings nur dann, wenn darin die Darlegung liegt, seine Ärzte hätten ihm gegenüber die künftige gesundheitliche Entwicklung bereits tatsächlich positiv beurteilt. Andernfalls tritt er nur einen unzulässigen Ausforschungsbeweis an, der einem unsubstantiierten Bestreiten des Vortrags des ArbGeb gleichkommt[1]. In diesem Fall ist der ArbN so zu behandeln, als hätte er zu den dargelegten Fehlzeiten nichts vorgetragen. Die Behauptungen des ArbGeb gelten dann als zugestanden. Trägt der ArbN selbst konkrete Umstände, wie die Krankheitsursachen vor, so müssen diese geeignet sein, die **Indizwirkung** der bisherigen Fehlzeiten zu **erschüttern**[2]. Dies kann einerseits dadurch geschehen, dass der ArbN die Gründe für die fehlende Wiederholungsgefahr vorträgt, zB durch Benennung der Umstände, aus denen sich ergibt, dass eine Erkrankung ausgeheilt ist, aber auch durch konkrete Darlegung, welche der genannten Fehlzeiten auf welche einmaligen Ursachen zurückzuführen sind. **Sodann hat der ArbGeb** die vom ArbN bestrittenen Krankheitsursachen bzw. die Umstände **zu beweisen**, aus denen sich die vom ArbN erschütterte Indizwirkung doch ergibt. Hierfür ist er in der Regel darauf angewiesen, dass der ArbN die zum Beweis genannten Ärzte als Zeugen von der Schweigepflicht entbindet bzw. sich einer Sachverständigenbegutachtung unterzieht. Verweigert der ArbN diese Maßnahmen, vereitelt er die Beweisführung durch den ArbGeb, so dass die Indizwirkung anzunehmen ist. Von dem Ergebnis der Beweisaufnahme hängt dann ab, ob eine ausreichende Anzahl an Fehlzeiten bestehen bleibt, aus denen eine negative Gesundheitsprognose für die Zukunft herzuleiten ist.

144 **(2) Erhebliche Beeinträchtigung betrieblicher Interessen bei häufigen Kurzerkrankungen.** Grundlage der Prüfung, ob häufige Kurzerkrankungen eines ArbN zu einer erheblichen Beeinträchtigung betrieblicher Interessen führen, sind allein die aufgrund der festgestellten negativen Prognose auch in Zukunft zu erwartenden Fehlzeiten des ArbN. **Betriebsablaufstörungen:** Für die Frage, ob erhebliche **Betriebsablaufstörungen** in Zukunft zu befürchten sind, ist unmaßgeblich, ob der gesetzliche Mindestzeitrahmen von sechs Wochen Entgeltfortzahlungspflicht im Jahr überschritten worden ist[3]. Dieses Mindestmaß gilt nur für die wirtschaftliche Belastung durch Entgeltfortzahlungskosten. Störungen des Betriebsablaufs können selbst bei jährlichen Ausfallzeiten von weniger als sechs Wochen erheblich sein[4]. Andererseits führen deutlich überdurchschnittliche Fehlzeiten eines ArbN bei Vorhalten einer an der durchschnittlichen Fehlzeitenquote ausgerichteten **Personalreserve** durch den ArbGeb nicht notwendigerweise zu Betriebsablaufstörungen. Das hängt vielmehr davon ab, ob während der jeweiligen Fehlzeiten tatsächlich Springer zur Verfügung standen, etwa deshalb, weil zu dieser Zeit im Übrigen die Fehlzeitenquote unter dem betrieblichen Durchschnitt lag und Springer frei waren. Das ist nicht von vornherein ausgeschlossen, weil die Personalreserve an den auf Erfahrungsregeln beruhenden Durchschnittswerten ausgerichtet ist und mit ihr damit auch überdurchschnittliche Ausfallzeiten einzelner ArbN ausgeglichen werden. Betriebsablaufstörungen sind auch bei der krankheitsbedingten Kündigung nur dann als Kündigungsgrund geeignet, wenn sie nicht durch mögliche **Überbrückungsmaßnahmen** vermieden werden können. Hierzu gehören Maßnahmen, die anlässlich des konkreten Ausfalls eines ArbN ergriffen werden, wie die Neueinstellung einer Arbeitskraft, aber auch der Einsatz eines ArbN aus einer vorgehaltenen Personalreserve (Springer). Werden auf diese Weise Ausfälle tatsächlich überbrückt, so liegt bereits objektiv keine erhebliche Betriebsablaufstörung und damit insoweit kein zur Kündigung geeigneter Grund vor. Die Möglichkeit der Einstellung von Aushilfskräften ist allerdings bei Kurzerkrankungen gegenüber lang anhaltenden Arbeitsunfähigkeitszeiten eingeschränkt[5].

145 **Erhebliche Beeinträchtigung der wirtschaftlichen Interessen des ArbGeb:** Wie bei jeder personenbedingten Kündigung kann auch die erhebliche Beeinträchtigung der wirtschaftlichen Interessen des ArbGeb die Kündigung wegen häufiger Kurzerkrankungen rechtfertigen. Hierher gehören insb. außergewöhnlich hohe **Entgeltfortzahlungskosten**. Diese können die Interessen des ArbGeb erheblich beeinträchtigen, wenn durch sie das Austauschverhältnis auf unbestimmte Zeit schwerwiegend gestört wird. Von einer gravierenden Äquivalenzstörung ist in aller Regel auszugehen, wenn für die Zukunft mit immer neuen, außergewöhnlich hohen Entgeltfortzahlungskosten zu rechnen ist, die pro Jahr für einen Zeitraum von mehr als sechs Wochen aufzuwenden sind[6]. Dies gilt auch dann, wenn der ArbGeb Betriebsablaufstörungen nicht vorträgt und keine Personalreserve vorhält[7]. Das bedeutet: Hohe Entgeltfortzahlungskosten können nicht nur in Verbindung mit Störungen des Betriebsablaufes bei krankheitsbedingten Fehlzeiten zu einer unzumutbaren Belastung des ArbGeb führen[8]. Für die Beurteilung der Frage, ob Entgeltfortzahlungskosten eine Kündigung rechtfertigen, ist auf die Kosten des Arbeitsverhältnisses abzustellen. Der Vergleich mit Entgeltfortzahlungskosten, die der ArbGeb für ArbN mit vergleich-

---

1 BAG v. 6.9.1989 – 2 AZR 19/89, AP Nr. 21 zu § 1 KSchG 1969 – Krankheit = NZA 1990, 307. | 2 BAG v. 7.11.2002 – 2 AZR 599/01, NZA 2003, 816 = DB 2003, 724. | 3 BAG 6.9.1989 – 2 AZR 224/89, AP Nr. 23 zu § 1 KSchG 1969 – Krankheit = NZA 1990, 434. | 4 BAG v. 7.12.1989 – 2 AZR 225/89, EzA Nr. 30 zu § 1 KSchG – Krankheit. | 5 BAG v. 25.4.1985 – 2 AZR 127/84, nv. (juris); v. 23.6.1983 – 2 AZR 15/82, DB 1983, 2524. | 6 BAG v. 17.6.1999 – 2 AZR 639/98, AP Nr. 37 zu § 1 KSchG 1969 – Krankheit = NZA 1999, 1328; v. 29.7.1993 – 2 AZR 155/93, AP Nr. 27 zu § 1 KSchG 1969 – Krankheit = DB 1993, 2439. | 7 BAG v. 5.7.1990 – 2 AZR 154/90, AP Nr. 26 zu § 1 KSchG 1969 – Krankheit; v. 29.7.1993 – 2 AZR 155/93, DB 1993, 2439. | 8 BAG v. 16.2.1989 – 2 AZR 299/88, AP Nr. 20 zu § 1 KSchG 1969 – Krankheit = NZA 1989, 923.

barer Tätigkeit unter ähnlichen Bedingungen aufzuwenden hat, erlangt insb. dann Bedeutung, wenn auch die vergleichbaren ArbN überdurchschnittliche Entgeltfortzahlungskosten verusachen[1]. Maßgeblich sind allein die Entgeltfortzahlungskosten, die aufgrund der im Rahmen der negativen Gesundheitsprognose ermittelten Ausfallzeiten in Zukunft zu erwarten sind. Danach bleiben bei der Berechnung der **prognoserelevanten Kosten** diejenigen außer Betracht, die der ArbGeb für einmalige Erkrankungen, deren Wiederholung nicht zu besorgen ist, in der Vergangenheit aufgewendet hat[2]. Ferner müssen auch die Ausfallzeiten unberücksichtigt bleiben, für die keine Entgeltfortzahlungspflicht besteht, weil die einzelne Krankheit den Zeitraum von sechs Wochen überschritten hat, für den nach dem gesetzlichen Vorschriften das Arbeitsentgelt fortzuzahlen ist. Denn dieser Zeitraum ist für die wirtschaftliche Belastung des ArbGeb mit Entgeltfortzahlungskosten irrelevant[3]. Hält ein ArbGeb eine nach anerkannten betriebswirtschaftlichen Regeln bemessene **Personalreserve** vor, liegt eine unzumutbare wirtschaftliche Belastung des ArbGeb bereits vor, wenn noch erhebliche Entgeltfortzahlungskosten hinzutreten[4]. Sieht ein TV eine über die gesetzliche Entgeltfortzahlungsfrist hinausgehende Zahlungspflicht des ArbGeb vor (zB Zuschuss zum Krankengeld), kann daraus allein nicht gefolgert werden, dass auch krankheitsbedingte Ausfallzeiten des ArbN, die sechs Wochen im Jahr übersteigen, grundsätzlich nicht geeignet sind, eine ordentliche Kündigung sozial zu rechtfertigen. Etwas anderes gilt allenfalls dann, wenn den tarifvertraglichen Bestimmungen zu entnehmen ist, dass ein verbesserter Kündigungsschutz gewährt werden soll[5]. Die Berücksichtigung der Entgeltfortzahlungskosten für die Kündigung stellt keinen Wertungswiderspruch und keinen Verstoß gegen das Maßregelungsverbot dar[6]. Wenn aufgrund der negativen Prognose über den künftigen Krankheitsverlauf sowie erheblicher und unzumutbarer wirtschaftlicher Belastungen eine Kündigung nach § 1 KSchG sozial gerechtfertigt ist, dann greift auch das Maßregelungsverbot des § 612a BGB nicht. Eine erhebliche Beeinträchtigung wirtschaftlicher Interessen des ArbGeb kann ferner durch Kosten der Überbrückung von Betriebsablaufstörungen verursacht werden. Etwa durch unverhältnismäßig hohe **Kosten für Aushilfen**, insb. wenn diese trotz einer vorhandenen, an sich ausreichend bemessenen Personalreserve aufzuwenden sind.

(3) **Interessenabwägung bei häufigen Kurzerkrankungen.** Wie bei jeder krankheitsbedingten Kündigung sind bei der Interessenabwägung insb. betriebliche Ursachen für die häufigen Krankheitszeiten zu Lasten des ArbGeb zu berücksichtigen. Häufige Fehlzeiten eines ArbN muss der ArbGeb unter Umständen auch dann verstärkt hinnehmen, wenn vergleichbare ArbN ebenfalls erhöhte Fehlzeiten aufweisen. Eine solche Konstellation deutet auf eine betriebliche Ursache für die häufigen Erkrankungen der ArbN hin. Beruhen häufige Kurzerkrankungen hingegen auf besonderen Verhaltensweisen oder Veranlagungen des ArbN, zB außergewöhnliche sportliche Betätigung, erhöhte Verletzungsanfälligkeit, übermäßige Beanspruchung durch Nebentätigkeiten, sind diese zu Lasten des ArbN in die Interessenabwägung einzubeziehen (s. auch Rz. 112). 146

– **Kündigung wegen lang andauernder, dauernder Erkrankung und ungewisser Dauer der Erkrankung.** 147
(1) **Negative Gesundheitsprognose.** Auch die ordentliche Kündigung aus Anlass einer Langzeiterkrankung ist erst dann sozial gerechtfertigt, wenn eine negative Prognose hinsichtlich der voraussichtlichen weiteren Dauer der Arbeitsunfähigkeit vorliegt[7]. Hierfür ist nicht in erster Linie der Gesundheitszustand des ArbN zum Zeitpunkt des Ausspruchs der Kündigung, sondern der zu erwartende weitere Krankheitsverlauf maßgeblich. Für die negative Prognose muss danach festgestellt werden, ob für die Zukunft aufgrund objektiver Umstände mit einer lang anhaltenden, dauernden oder zumindest auf absehbare Zeit ungewissen Dauer der Arbeitsunfähigkeit zu rechnen ist. Allerdings ist hierfür eine bestimmte Dauer der Erkrankung in der Vergangenheit in der Regel unmaßgeblich, denn daraus folgt nicht zwangsläufig ein weiteres Anhalten der Arbeitsunfähigkeit. Andererseits kann einer zum Zeitpunkt der Kündigung bereits über einen längeren Zeitraum bestehenden Arbeitsunfähigkeit eine Indizwirkung für die Zukunft beizumessen sein. Auch bei verhältnismäßig kurzer Dauer der Erkrankung vor Ausspruch der Kündigung kann eine negative Prognose aufgrund der Art der Erkrankung, zB schwere Verletzungen aufgrund eines Unfalls, gerechtfertigt sein, sofern sie dem ArbN die geschuldete Arbeitsleistung voraussichtlich auf lange Zeit oder auf Dauer unmöglich macht. Deshalb muss vor Ausspruch einer auf eine zu erwartende langandauernde Erkrankung gestützten Kündigung der sechswöchige Zeitraum der Entgeltfortzahlung nach § 3 EFZG nicht in jedem Fall abgewartet werden[8]. Der dauernden Leistungsunfähigkeit steht die **Ungewissheit der Wiederherstellung** der Arbeitsfähigkeit gleich, wenn in den **nächsten 24 Monaten** mit einer anderen Prognose nicht gerechnet werden kann. In diesen Prognosezeitraum sind die vor Ausspruch der Kündigung liegenden Krankheitszeiten nicht einzubeziehen[9].

---

1 BAG v. 10.5.1990 – 2 AZR 580/89, EzA Nr. 31 zu § 1 KSchG – Krankheit. | 2 BAG 6.9.1989 – 2 AZR 19/89, AP Nr. 21 zu § 1 KSchG 1969 – Krankheit = NZA 1990, 307. | 3 BAG v. 7.12.1989 – 2 AZR 225/89, EzA Nr. 30 zu § 1 KSchG – Krankheit. | 4 BAG v. 16.2.1989 – 2 AZR 299/88, AP Nr. 20 zu § 1 KSchG 1969 – Krankheit = NZA 1989, 923; v. 6.9.1989 – 2 AZR 19/89, AP Nr. 21 zu § 1 KSchG 1969 – Krankheit = NZA 1990, 307. | 5 Offen gelassen BAG v. 6.9.1989 – 2 AZR 224/89, AP Nr. 23 zu § 1 KSchG 1969 – Krankheit = NZA 1990, 434. | 6 BAG v. 16.2.1989 – 2 AZR 299/88, NZA 1989, 923. | 7 BAG v. 29.4.1999 – 2 AZR 431/98, AP Nr. 36 zu § 1 KSchG 1969 – Krankheit = DB 1999, 1861 = NZA 1999, 978. | 8 APS/*Dörner*, § 1 KSchG Rz. 145. | 9 BAG v. 12.4.2002 – 2 AZR 148/01, NZA 2002, 1081; v. 29.4.1999 – 2 AZR 431/98, AP Nr. 36 zu § 1 KSchG 1969 – Krankheit = NZA 1999, 978.

148 **Maßgebliche Beurteilungsgrundlage** für die Rechtmäßigkeit einer derartigen Kündigung sind wiederum die objektiven Verhältnisse im Zeitpunkt des Zugangs der Kündigungserklärung. Die objektiven Kriterien, nach denen der ArbGeb seine Zukunftsprognose zur weiteren Dauer der Arbeitsunfähigkeit des ArbN anzustellen hat, müssen deshalb beim Zugang der Kündigungserklärung vorliegen[1]. Die spätere tatsächliche Entwicklung einer Erkrankung kann weder zur Bestätigung noch zur Korrektur der Prognose verwertet werden[2]. Hiervon zu unterscheiden ist eine im Prozess erfolgende Korrektur der Beurteilung der negativen Prognose aufgrund von Umständen der Erkrankung des ArbN, die bereits zum Zeitpunkt der Kündigung bestanden. Der ArbGeb braucht die Erfolgsaussichten einer möglichen, aber mit einem erheblichen Risiko behafteten Operation jedenfalls dann nicht in seine Prognose über die weitere Dauer der Arbeitsunfähigkeit einzubeziehen, wenn der ArbN sich auch nach mehrmonatiger Bedenkzeit noch unentschlossen zeigt, ob er sich der Operation unterziehen soll[3].

149 Der ArbGeb trägt die **Darlegungs- und Beweislast** für die negative Gesundheitsprognose. Der ArbN kann die durch den ArbGeb zunächst darzulegende negative Prognose durch substantiierten Vortrag erschüttern. Hierzu muss er vortragen, aufgrund welcher konkret zu benennenden Umstände, zB wegen einer bestimmten bereits begonnenen Behandlungsweise, Kur oder Therapie, mit der alsbaldigen Wiederherstellung seiner Leistungsfähigkeit zur Erbringung der geschuldeten Arbeitsleistung zu rechnen ist. Ohne einen entsprechenden Vortrag zu begründen, reicht danach die bloße Behauptung einer Heilungschance nicht aus[4]. Im Falle des substantiierten Bestreitens der negativen Gesundheitsprognose durch den ArbN muss der ArbGeb den Beweis für die Richtigkeit der von ihm behaupteten Prognose führen. Auch bei der langandauernden Erkrankung ist der ArbN nicht im Vorfeld der Kündigung zu Auskünften über den zu erwartenden Krankheitsverlauf oder zur Begutachtung durch einen Sachverständigen verpflichtet[5]. Auch wenn der ArbN vor Ausspruch der Kündigung die Entbindung seiner Ärzte von der Schweigepflicht verweigert hat, kann er im Kündigungsschutzprozess die negative Prognose unter Bezugnahme auf ärztliches Zeugnis bestreiten[6].

150 **(2) Erhebliche Beeinträchtigung betrieblicher Interessen bei langandauernder, dauernder bzw. ungewisser Dauer der Erkrankung.** Steht zum Zeitpunkt der Kündigung fest, dass der ArbN in Zukunft die geschuldete Arbeitsleistung überhaupt nicht mehr erbringen kann, so ist schon aus diesem Grund das Arbeitsverhältnis auf Dauer ganz erheblich gestört, so dass bei krankheitsbedingter dauernder Leistungsunfähigkeit in aller Regel ohne weiteres von einer erheblichen Beeinträchtigung der betrieblichen Interessen auszugehen ist[7]. Die auf das jeweilige Arbeitsverhältnis bezogene, erhebliche betriebliche Beeinträchtigung besteht darin, dass der ArbGeb damit rechnen muss, der ArbN werde auf Dauer außerstande sein, die von ihm geschuldete Arbeitsleistung zu erbringen. In diesem Fall liegt die erhebliche betriebliche Beeinträchtigung darin, dass der ArbGeb auf unabsehbare Zeit gehindert ist, sein Direktionsrecht auszuüben. Eine irgendwie geartete Planung des Einsatzes des betroffenen ArbN ist ebenso wenig möglich wie der von Vertretungskräften. Der ArbGeb kann nicht gehindert werden, für die Tätigkeit des ArbN auf Dauer einen anderen ArbN einzusetzen[8]. Eine lang anhaltende Erkrankung vermag eine Kündigung ohne Rücksicht auf zusätzliche wirtschaftliche Belastungen des ArbGeb bereits dann sozial zu rechtfertigen, wenn im Zeitpunkt der Kündigung die Wiederherstellung der Arbeitsfähigkeit völlig ungewiss ist und die Krankheit bereits längere Zeit (im entschiedenen Fall: 1 1/2 Jahre) angedauert hat. Ist zum Zeitpunkt der Kündigung die Wiederherstellung der Arbeitsunfähigkeit noch völlig ungewiss, so kann diese Ungewissheit wie eine feststehende dauernde Arbeitsunfähigkeit zu erheblichen Beeinträchtigungen betrieblicher Interessen führen[9]. Dem auf gesundheitlichen Gründen beruhenden dauernden Unvermögen des ArbN, die geschuldete Arbeitsleistung zu erbringen, ist die **Ungewissheit**, wann der ArbN hierzu wieder in der Lage sein wird, gleichzustellen. Denn dann ist der ArbGeb in einer dem Fall der feststehenden Leistungsunfähigkeit vergleichbaren Lage. Dies gilt insb. dann, wenn zum Zeitpunkt des Kündigungszugangs aufgrund objektiver Umstände mit einer Arbeitsunfähigkeit auf nicht absehbare Zeit zu rechnen ist und gerade diese Ungewissheit zu unzumutbaren betrieblichen oder wirtschaftlichen Belastungen führt[10]. Die Ungewissheit der Wiederherstellung der Arbeitsfähigkeit steht einer krankheitsbedingten dauernden Leistungsunfähigkeit dann gleich, wenn in den nächsten 24 Monaten mit einer anderen Prognose nicht gerechnet werden kann[11]. Denn für die betrieblichen Beeinträchtigungen kommt es auf den künftigen Handlungsspielraum des ArbGeb im Zeitpunkt der Kündigung an. Für den Zeitraum von 24 Monaten kann er befristet eine Ersatzkraft einstellen und damit die betrieblichen Beeinträchtigungen überbrücken[12].

151 **(3) Interessenabwägung bei langandauernder Erkrankung.** Die dauernde Leistungsunfähigkeit des ArbN führt in der Regel zu einer für den ArbGeb nicht mehr tragbaren betrieblichen Beeinträchtigung[13].

---

1 BAG v. 15.8.1984 – 7 AZR 536/82, NZA 1985, 357 = DB 1985, 976. | 2 BAG v. 12.4.2002 – 2 AZR 148/01, NZA 2002, 1081. | 3 BAG v. 15.8.1984 – 7 AZR 536/82, NZA 1985, 357 = DB 1985, 976. | 4 BAG v. 19.5.1993 – 2 AZR 539/92, nv. (juris). | 5 APS/*Dörner*, § 1 KSchG Rz. 143; aA KR/*Etzel*, § 1 KSchG Rz. 367. | 6 BAG v. 12.4.2002 – 2 AZR 148/01, NZA 2002, 1081. | 7 BAG v. 29.4.1999 – 2 AZR 431/98, AP Nr. 36 zu § 1 KSchG 1969 – Krankheit = DB 1999, 1861. | 8 BAG v. 21.5.1992 – 2 AZR 399/91, NZA 1993, 497 = DB 1993, 1292. | 9 BAG v. 21.5.1992 – 2 AZR 399/91, NZA 1993, 497 = DB 1993, 1292. | 10 BAG v. 25.11.1982 – 2 AZR 140/81, AP Nr. 7 zu § 1 KSchG 1969 – Krankheit = DB 1983, 1047. | 11 BAG v. 12.4.2002 – 2 AZR 148/01, NZA 2002, 1081. | 12 BAG v. 29.4.1999 – 2 AZR 431/98, abl. APS/*Dörner*, § 1 KSchG Rz. 195. | 13 BAG v. 21.5.1992 – 2 AZR 399/91, NZA 1993, 497; v. 30.1.1986 – 2 AZR 668/84, NZA 1987, 555.

Allerdings hat auch bei der dauernden Arbeitsunfähigkeit des ArbN dann eine strengere Abwägung der ArbGebInteressen stattzufinden, wenn betriebliche Umstände für die Erkrankung des ArbN verantwortlich sind. Beruht die Erkrankung des ArbN auf einem **Betriebsunfall** sind an die Interessenabwägung strengere Anforderungen zu stellen. Hier ist insb. von Bedeutung, ob der ArbGeb oder der ArbN für den Betriebsunfall verantwortlich ist. Gegebenfalls sind dem ArbGeb weiter gehendere Überbrückungsmaßnahmen oder Umsetzungsmaßnahmen zumutbar, um dem ArbN eine seine Verletzungen berücksichtigende Beschäftigung zu sichern, zB durch die Schaffung eines leidensgerechten Arbeitsplatzes durch dessen zumutbare Umgestaltung als Teilzeitarbeitsplatz oder auch in technischer Hinsicht. Zu den vom ArbGeb in Erwägung zu ziehenden Überbrückungsmaßnahmen gehört unter Umständen auch die Einstellung einer Aushilfskraft auf unbestimmte Zeit. Der ArbGeb hat konkret darzulegen, weshalb ggf. die Einstellung einer Aushilfskraft nicht möglich oder nicht zumutbar sein soll[1]. (s. auch Rz. 112)

– **Kündigung wegen krankheitsbedingter Minderung der Leistungsfähigkeit. (1) Negative Gesundheitsprognose.** Die krankheitsbedingte Minderung der Leistungsfähigkeit kann einen in der Person des ArbN liegenden Kündigungsgrund darstellen, wenn sie zu einer erheblichen Beeinträchtigung betrieblicher Interessen führt[2]. Die negative Gesundheitsprognose muss sich in dieser Fallkonstellation darauf beziehen, dass auch in Zukunft eine erhebliche Minderung der Leistungsfähigkeit zu besorgen ist, zB eine um 1/3 gegenüber der Normalleistung verminderte Arbeitsleistung. Die Feststellung der negativen Prognose setzt somit voraus, dass zum Zeitpunkt der Kündigung ein objektiv messbarer erheblicher Leistungsabfall in quantitativer oder qualitativer Hinsicht besteht. Den normalen altersbedingten Leistungsabfall eines ArbN hat der ArbGeb hinzunehmen[3]. Andererseits kann von einer Leistungsminderung nicht mehr die Rede sein, wenn der ArbN im Betrieb überhaupt nicht mehr sinnvoll eingesetzt werden kann[4]. Eine „Kündigung aus Fürsorge" ist auch dann nicht ohne weiteres möglich, wenn ein arbeitsmedizinisches Gutachten dem ArbN empfiehlt, zur Vermeidung einer Verschlechterung seines Gesundheitszustandes die vertraglich geschuldete Arbeitsleistung nicht weiter zu erbringen[5]. Es kommt vielmehr auf das Verhalten des ArbN und die tatsächlichen Auswirkungen auf das Arbeitsverhältnis an[6]. 152

(2) Erhebliche Beeinträchtigung betrieblicher Interessen bei krankheitsbedingter Minderung der Leistungsfähigkeit. Bei einer in Zukunft zu erwartenden krankheitsbedingten Leistungsminderung des ArbN, wird die erhebliche Beeinträchtigung betrieblicher Interessen in der Regel wirtschaftlicher Natur sein. Ein ArbGeb, der befürchten muss, der ArbN werde in Zukunft infolge seiner gesundheitlichen Beeinträchtigung nur einen Bruchteil der üblichen Leistung erbringen, wird den ArbN im Leistungslohn nicht einsetzen können. Der Zahlung des vollen Zeitlohns steht keine nach betriebswirtschaftlichen und arbeitswissenschaftlichen Grundsätzen ausgerichtete adäquate Arbeitsleistung gegenüber. Da die Beeinträchtigung betrieblicher Interessen erheblich sein muss, genügt nicht jede geringfügige Minderleistung. Das BAG hat eine Minderleistung für ausreichend angesehen, die dazu führte, dass der ArbGeb für ⅓ des vollen Zeitlohns keine Gegenleistung erhielt[7]. 153

(3) Interessenabwägung bei der krankheitsbedingten Minderung der Leistungsfähigkeit. Bei einer Kündigung wegen Minderung der Leistungsfähigkeit wird der ArbGeb vor allem bei älteren ArbN zu prüfen, ob der Leistungsminderung nicht durch organisatorische Maßnahmen (Änderung des Arbeitsablaufs, Umgestaltung des Arbeitsplatzes, Umverteilung der Aufgaben) begegnet werden kann[8]. Die weitere Zumutbarkeit derartiger Maßnahmen ist bei der Interessenabwägung besonders zu berücksichtigen (s. auch Rz. 112). 154

● **Kur.** Durch einen Kuraufenthalt, den der ArbN zur Besserung oder Wiedererlangung seiner Arbeitsfähigkeit unternimmt, setzt der ArbN keinen eine personenbedingte Kündigung rechtfertigenden Grund. Dies folgt schon aus der durch die Kur gerade beabsichtigten Verbesserung der Gesundheitsprognose. Insbesondere eine im Anschluss an eine langdauernde Erkrankung durchgeführte Kur des ArbN, die nach ärztlicher Erkenntnis mit Aussicht auf Wiederherstellung der Erwerbsfähigkeit angetreten wird, verpflichtet den ArbGeb in der Regel, den Erfolg dieser Kur vor Ausspruch einer Kündigung abzuwarten. Dies gilt insb. auch bei einer Entziehungskur wegen Alkohol- oder Drogensucht (s. dort Rz. 119). 155

● **Öffentlicher Dienst.** Ein im öffentlichen Dienst beschäftigter Angestellter hat auch außerhalb des Dienstes die Rechtsordnung zu wahren. Zur politischen Betätigung eines im öffentlichen Dienst Beschäftigten siehe dort Rz. 158. Außerdienstlich begangene Straftaten sind jedenfalls dann zur Rechtfertigung einer Kündigung geeignet, wenn sie ein gewisses Gewicht haben[9]. Dabei ist die Reaktionsbefugnis des öffentlichen ArbGeb auf außerdienstliche Straftaten nicht auf solche Verhaltensweisen *des ArbN beschränkt*, die ihrer Art nach geeignet sind, das Vertrauen des ArbGeb in die konkrete Arbeitsleistung zu erschüttern. Die Tauglichkeit von Angestellten im öffentlichen Dienst zur Erbringung 156

---

1 BAG v. 25.11.1982 – 2 AZR 140/81, AP Nr. 7 § 1 KSchG 1969 – Krankheit = DB 1983, 1047. | 2 BAG v. 26.9.1991 – 2 AZR 132/91, NZA 1992, 1073; v. 11.12.2003 – 2 AZR 667/02, AuA 2004, 44. | 3 BAG v. 20.11.1987 – 2 AZR 284/86, AP Nr. 2 zu § 620 – Altersgrenze = NZA 1988, 617. | 4 BAG v. 18.1.2001 – 2 AZR 616/99, NZA 2002, 455. | 5 KR/*Etzel*, § 1 KSchG Rz. 379. | 6 Zur eventuellen Schadenersatzpflicht des ArbGeb: BAG v. 13.12.2001 – 8 AZR 131/01, DB 2002, 1508. | 7 BAG v. 26.9.1991 – 2 AZR 132/91, NZA 1992, 1073. | 8 BAG v. 12.7.1995 – 2 AZR 762/94, AP Nr. 7 zu § 626 BGB – Krankheit = DB 1995, 2617. | 9 BAG v. 8.6.2000 – 2 AZR 638/99, AP Nr. 163 zu § 626 BGB = NZA 2000, 1282.

ihrer Arbeitsleistung kann nicht nur durch Störungen des Vertrauensverhältnisses zwischen den Arbeitsvertragsparteien selbst beeinträchtigt werden. Vielmehr kommt es, da sie als Repräsentanten des Staates gegenüber der Öffentlichkeit auftreten – abhängig von der konkreten Dienstfunktion – auch auf ihr Ansehen in der Öffentlichkeit an[1]. Begeht ein im öffentlichen Dienst Beschäftigter ein vorsätzliches Tötungsdelikt, so ist es dem öffentlichen ArbGeb in der Regel unzumutbar, ihn weiter zu beschäftigen, ohne dass eine konkret messbare Ansehensschädigung nachgewiesen werden müsste[2]. Eine kündigungsrelevante Beeinträchtigung des Ansehens der öffentlichen Verwaltung wird auch bei einem Angestellten der Finanzbehörde, der eine Steuerhinterziehung in erheblichem Umfang begangen hat, bejaht, und zwar unabhängig von einer geschehenen Selbstanzeige gemäß § 371 AO[3].

157 ● **Persönliche und familiäre Verhältnisse.** Besondere persönliche oder familiäre Beziehungen des ArbN zu Dritten stellen für sich alleine keinen die personenbedingte Kündigung rechtfertigenden Grund dar. Vielmehr müssen auch hier konkrete Beeinträchtigungen des Arbeitsverhältnisses dargelegt werden, aufgrund derer die fehlende persönliche Eignung des ArbN zur ordnungsgemäßen insb. loyalen Erbringung der Arbeitsleistung für die Zukunft zu besorgen ist. So folgt aus dem Wechsel des Lebenspartners zu einem Konkurrenzunternehmen und dessen dortige leitende Stellung ohne konkrete negative Auswirkungen auf das Arbeitsverhältnis des verbleibenden ArbN kein personenbedingter Kündigungsgrund[4]. Ein in der Person des ArbN liegender Grund kann aber die Unmöglichkeit der Einhaltung betrieblicher Arbeitszeiten aufgrund der Betreuung Angehöriger darstellen oder die hierauf beruhende fehlende Möglichkeit des ArbN, eine Vollzeitstelle zu bekleiden, wenn eine Teilzeitbeschäftigung nicht möglich ist.

158 ● **Politische Betätigung.** Einen personenbedingten Kündigungsgrund wegen fehlender Eignung aufgrund von Zweifeln an der Erfüllung der einfachen **politischen Loyalitätspflicht** eines im öffentlichen Dienst tätigen ArbN stellt eine politische Betätigung nur dar, wenn sie in die Dienststelle hineinwirkt und entweder die allgemeine Aufgabenstellung des öffentlichen ArbGeb oder das konkrete Arbeitsgebiet des ArbN berührt. So können insb. die bei einem Lehrer aufgrund vergangener oder gegenwärtiger politischer Betätigung bestehenden Zweifel an seiner Einstellung zu einem freiheitlichen und demokratischen Rechtsstaat dessen persönliche Eignung für die geschuldete Lehrtätigkeit in Frage stellen. Die bei jeder personenbedingten Kündigung festzustellende negative Prognose zum Zeitpunkt des Kündigungsausspruchs muss insb. bei vergangener politischer Aktivität des Lehrers (zB herausgehobene parteipolitische Tätigkeit für die SED) die Prüfung einer eventuellen Änderung der politischen Einstellung umfassen[5]. So kann das Verhalten eines ArbN nach der Wende (auch eines früheren Mitarbeiters des Ministeriums für Staatssicherheit der DDR) bei konkreter Würdigung seiner Persönlichkeit und Betätigung dazu führen, dass Zweifel an seiner persönlichen Eignung für die geschuldete Tätigkeit nicht mehr bestehen bzw. aufrechterhalten werden können[6]. Liegen Indizien für die fehlende Bereitschaft des ArbN zur Verfassungstreue vor, hat nicht der ArbN diese zu entkräften, sondern der ArbGeb muss durch den Vortrag konkreter Umstände diese Indizien personalisieren und verstärken, so dass sie die Feststellung der fehlenden Eignung (Verfassungstreue) rechtfertigen. Derartige Umstände können sich aus dem bisherigen dienstlichen oder außerdienstlichen Verhalten des ArbN sowie insb. aus seinem durch Anhörung zu ermittelnden Verfassungsverständnis ergeben[7]. (s. auch Sicherheitsbedenken Rz. 160) Auch in der Privatwirtschaft sind Arbeitsplätze denkbar, bei denen eine frühere Tätigkeit des Einzustellenden bzw. ArbN für das Ministerium für Staatssicherheit der DDR gravierende Eignungsmängel erkennen lässt[8].

159 ● **Schulden und Lohnpfändungen.** Die nicht durch eine persönliche Notlage verursachten hohen Schulden eines in einer Vertrauensstellung beschäftigten ArbN können einen personenbedingten Kündigungsgrund darstellen, wenn sie in relativ kurzer Zeit zu häufigen Lohnpfändungen führen und sich aus der Art und Höhe der Schulden ergibt, dass der ArbN voraussichtlich noch längere Zeit in ungeordneten Verhältnissen leben wird. Bei Vorliegen dieser Voraussetzungen fehlt es in der Regel an der persönlichen Eignung des ArbN für die ihm übertragene Vertrauensstellung[9]. Bei der Interessenabwägung können auf der ArbGebSeite insb. die Größe und Struktur des Betriebes, die Art und das Ausmaß des Arbeitsaufwandes, die Gefahr von Drittschuldnerklagen und auf der ArbN-Seite die Anzahl der Lohnpfändungen, Dauer der Betriebszugehörigkeit, Lebensalter, Unterhaltspflichten, Wiedereinstellungschancen des ArbN, Vorliegen einer finanziellen Notlage zu berücksichtigen sein[10].

---

1 BAG v. 20.11.1997 – 2 AZR 643/96, AP Nr. 43 zu § 1 KSchG 1969 = NZA 1998, 323; v. 8.6.2000 – 2 AZR 638/99, NZA 2000, 1282; v. 21.6.2001 – 2 AZR 325/00, NZA 2002, 1030. |2 BAG v. 8.6.2000 – 2 AZR 638/99, AP Nr. 163 zu § 626 BGB = NZA 2000, 1282. |3 BAG v. 21.6.2001 – 2 AZR 325/00, NZA 2002, 1030. |4 LAG Hamm v. 29.1.1997 – 14 Sa 1862/96, NZA 1999, 656. |5 BVerfG v. 8.7.1997 – 1 BvR 1243/95, NZA 1997, 932 = EzA Nr. 58 zu Art. 20 Einigungsv. |6 BAG v. 13.3.1997 – 2 AZR 506/96, nv. (juris). |7 BAG v. 28.9.1989 – 2 AZR 317/86, AP Nr. 12 § 1 KSchG 1969 - Personenbedingte Kündigung, abgedr. in AP Nr. 24 § 1 KSchG 1969 – Verhaltensbedingte Kündigung = NJW 1990, 1196. |8 BAG v. 25.10.2001 – 2 AZR 559/00, NZA 2002, 639 (zur sog. Fragebogenlüge). |9 BAG v. 29.8.1980 – 7 AZR 726/77, nv. (juris); v. 15.10.1992 – 2 AZR 188/92, EzA Nr. 45 zu § 1 KSchG – Verhaltensbedingte Kündigung. |10 BAG v. 4.11.1981 – 7 AZR 264/79, AP Nr. 4 zu § 1 KSchG 1969 – Verhaltensbedingte Kündigung = DB 1982, 498.

● **Sicherheitsbedenken.** Sicherheitsbedenken gegenüber dem ArbN, die sich aus der vom ArbGeb vermuteten fehlenden Verfassungstreue ergeben, sind von diesem unter Berücksichtigung der dem ArbN obliegenden politischen Treuepflicht bezogen auf sein Tätigkeitsgebiet und den behördlichen Aufgabenbereich konkret unter Anführung greifbarer Tatsachen darzulegen[1]. Es müssen also tatsächlich Umstände vorgebracht werden, aus denen die Sicherheitsbedenken hergeleitet werden. Das Gericht hat sodann zu entscheiden, ob wegen des vorgetragenen Sachverhalts und der sich daraus ergebenden Sicherheitsbedenken die Kündigung sozial gerechtfertigt ist[2]. Eine personenbedingte Kündigung kann zB bei einer Schreibkraft im Bundesministerium der Verteidigung wegen Sicherheitsbedenken gerechtfertigt sein, wenn deren hohe Verschuldung, die teilweise auf rechtskräftig verurteilte Straftaten im Vermögensbereich zurückzuführen ist, erst auf längere Sicht wird getilgt werden können[3]. 160

● **Straf- und Untersuchungshaft.** Die soziale Rechtfertigung einer ordentlichen Kündigung wegen Inhaftierung, auch derjenigen wegen Untersuchungshaft, hängt von der (voraussichtlichen) Dauer der Haft sowie insb. der Art und dem Ausmaß der betrieblichen Auswirkungen der Arbeitsverhinderung ab[4]. Die haftbedingte Arbeitsverhinderung rechtfertigt alleine nicht die personenbedingte Kündigung; sie muss vielmehr das Arbeitsverhältnis konkret – über die bloße Abwesenheit des ArbN hinaus – in einer dem ArbGeb nicht zumutbaren Weise beeinträchtigen[5]. Eine bestimmte Dauer der Haft ist dafür nicht allein maßgebliches Kriterium, diese verursacht nur ggf. besondere betriebliche Beeinträchtigungen. Befindet sich der ArbN in Untersuchungshaft und hat die Hauptverhandlung noch nicht begonnen, kommt als Kündigungsgrund auch die Ungewissheit über die Rückkehr des ArbN oder zumindest deren Zeitpunkt in Betracht[6]. Kriterien für die Art und das Ausmaß der betrieblichen Beeinträchtigungen durch die Haft sind etwa bereits eingetretene und insb. in Zukunft zu erwartende Betriebsstörungen, wie Schichtausfälle, Schwierigkeiten bei der Beschaffung einer Aushilfskraft oder deren notwendige Ausbildung, entstandene oder zu erwartende Schäden, möglicherweise auch immaterieller Art durch etwa eingetretenen Ansehensverlust, die Notwendigkeit der dauernden Einstellung einer Ersatzkraft. Da der ArbGeb den durch die Haft an der Erfüllung der Arbeitsleistung verhinderten ArbN nicht vergüten muss, wird er wirtschaftlich nicht belastet. Er wird daher zumutbare Überbrückungsmaßnahmen auszunutzen haben. Allerdings ist im Rahmen der Interessenabwägung zu berücksichtigen, dass der ArbN seine Leistungsverhinderung in der Regel zu vertreten hat. 161

● **Straftat.** Eine personenbedingte Kündigung wegen einer Straftat kommt nur für solche Straftaten in Betracht, die **außerdienstlich** begangen werden. Eine im Betrieb verübte Straftat stellt eine Verletzung der arbeitsvertraglichen Pflichten des ArbN dar, so dass sie eine verhaltensbedingte Kündigung rechtfertigen kann (s. Rz. 243). Außerdienstliches Verhalten des ArbN, insb. eines, mit dem der ArbN eine Straftat verwirklicht, rechtfertigt nur dann eine Kündigung, wenn durch die Tat das Arbeitsverhältnis konkret berührt wird. Durch eine solche Straftat muss die **Eignung** des ArbN für die vertraglich geschuldete Arbeitsleistung in Frage stehen, dann kann eine personenbedingte Kündigung gerechtfertigt sein. (s. *Öffentlicher Dienst* Rz. 156) **Beispiele**, bei denen ein derartiger Eignungsmangel in Betracht kommt: Ladendiebstahl zu Lasten einer Konzernschwester des ArbGeb[7] oder von einer bei der Staatsanwaltschaft beschäftigten Gerichtshelferin[8]; Vermögensdelikt eines bei einer Bank beschäftigten Kassierers; Steuerhinterziehung einer Angestellten der Finanzbehörde, und zwar unabhängig von einer geschehenen Selbstanzeige gemäß § 371 AO[9]; Verkehrsdelikte bei Berufskraftfahrern, insb. Trunkenheitsfahrt[10], auch eines U-Bahn-Zugführers[11] oder eines Leiters eine Kfz-Prüfstelle mit anschließender Unfallflucht[12]. 162

● **Tendenzbetrieb.** Soweit ein ArbN als sog. Tendenzträger aufgrund seiner konkret geschuldeten Arbeitsleistung an der Verwirklichung der geistig-ideellen Ziele des Tendenzunternehmens mitzuwirken hat, ist er grundsätzlich zur Loyalität gegenüber seinem ArbGeb auch hinsichtlich dessen Zielsetzung verpflichtet. Ein Loyalitätskonflikt ist nicht nur im kirchlichen Bereich (s. Rz. 134), sondern auch in Unternehmen bestimmter politischer, karikativer, erzieherischer, wissenschaftlicher oder künstlerischer Bestimmung möglich. Eine personenbedingte Kündigung kann jedoch auch in diesem Fall nur gerechtfertigt sein, wenn der ArbN etwa durch eine der Tendenz entgegenstehende politische Betätigung das Arbeitsverhältnis konkret stört, zB durch die Zugehörigkeit zu oder gar öffentliche Propaganda zu Gunsten einer rechts- oder linksradikalen Partei seitens eines verantwortlichen Redakteurs, der damit die Glaubwürdigkeit einer Zeitung mit entgegengesetzter Tendenz nachhaltig in Frage stellt[13]. 163

---

1 BAG v. 20.7.1989 – 2 AZR 114/87, AP Nr. 2 § 1 KSchG 1969 – Sicherheitsbedenken = NZA 1990, 614. | 2 BAG v. 21.3.1996 – 2 AZR 479/95, nv. (juris). | 3 LAG Köln v. 9.5.1996 – 10 Sa 22/96, ZTR 1997,188. | 4 BAG v. 20.11.1997 – 2 AZR 805/96, nv. (juris); v. 22.9.1994 – 2 AZR 719/93, AP Nr. 25 § 1 KSchG 1969 = NZA 1995, 119. | 5 BAG v. 22.9.1994 – 2 AZR 719/93, AP Nr. 25 § 1 KSchG 1969 = NZA 1995, 119; v. 15.11.1984 – 2 AZR 613/83, AP Nr. 87 § 626 BGB = NZA 1985, 661. | 6 BAG v. 22.9.1994 – 2 AZR 719/93, AP Nr. 25 § 1 KSchG 1969 = NZA 1995, 119. | 7 BAG v. 20.9.1984 – 2 AZR 233/83, AP Nr. 13 zu § 1 KSchG 1969 – Verhaltensbedingte Kündigung = NZA 1985, 285. | 8 LAG Frankfurt v. 4.7.1985 – 12 Sa 1329/84, LAGE Nr. 22 zu § 626 BGB. | 9 BAG v. 21.6.2001 – 2 AZR 325/00, NZA 2002, 1030. | 10 BAG v. 22.8.1963 – 2 AZR 114/63, AP Nr. 51 zu § 626 BGB = DB 1963, 1580. | 11 BAG v. 4.6.1997 – 2 AZR 526/96, AP Nr. 137 zu § 626 BGB = NZA 1997, 1281. | 12 LAG Köln v. 25.8.1988 – 8 Sa 1334/87, LAGE Nr. 34 zu § 626 BGB. | 13 MünchArbR/*Rüthers*, § 194 Rz. 77.

164 • **Verdachtskündigung.** Durch den gegen einen ArbN bestehenden dringenden Verdacht, eine Straftat begangen zu haben, kann dessen **Eignung**, die vertraglich geschuldete Arbeitsleistung zu erbringen, beeinträchtigt sein. Auch hier wird allgemein – wie bei der erwiesenen Straftat – zwischen außerhalb und innerhalb des dienstlichen Bereichs gezeigtem Verhalten des ArbN unterschieden, mit dem der dringende Verdacht, eine Straftat verübt zu haben, begründet wird. Da die Verdachtskündigung regelmäßig einen schwerwiegenden Vorwurf enthält, der den Ausspruch einer außerordentlichen Kündigung rechtfertigen kann, wird auf die unter § 626 BGB dargestellten Grundsätze der außerordentlichen Verdachtskündigung verwiesen (s. § 626 BGB Rz. 173 ff.). Allerdings handelt es sich bei einer Verdachtskündigung tatsächlich unabhängig davon, ob außerdienstliches oder innerdienstliches Verhalten des ArbN den dringenden Verdacht auslöst, an sich um eine personenbedingte Kündigung. Denn der schwerwiegende Verdacht eines (nicht erwiesenen) strafbaren bzw. vertragswidrigen Verhaltens zerstört bei dieser Kündigungsart das für die Fortsetzung des Arbeitsverhältnisses erforderliche Vertrauen. Der Verdacht einer strafbaren Handlung stellt gegenüber dem Vorwurf, der ArbN habe die Tat begangen, einen eigenständigen Kündigungsgrund dar[1]. Der durch bestimmte objektive, zum Zeitpunkt der Kündigung vorliegende Indiztatsachen begründete Verdacht zerstört das für die Aufrechterhaltung des Arbeitsverhältnisses erforderliche **Vertrauen** in die Eignung des ArbN, die vertraglich geschuldete Arbeitsleistung zu erbringen. Der Verdacht einer schwerwiegenden strafbaren Handlung ist grundsätzlich auch dann geeignet, dem ArbGeb die Fortsetzung des Arbeitsverhältnisses für die Dauer einer längeren Frist unzumutbar zu machen, wenn der ArbN bereits von der Arbeitspflicht freigestellt ist. Die unwiderrufliche **Freistellung** des ArbN ist allerdings bei der Interessenabwägung zu berücksichtigen[2]. Auch vor Beginn des Arbeitsverhältnisses liegende, dem ArbGeb bei der Einstellung nicht bekannte Umstände oder Ereignisse können das Vertrauen des ArbGeb in die Zuverlässigkeit und Redlichkeit des ArbN zerstören[3]. Soweit der dringende Tatverdacht außerdienstliches Verhalten des ArbN betrifft, ist für die hierauf gestützte Kündigung wiederum Voraussetzung, dass durch den gegen den ArbN bestehenden Verdacht das Arbeitsverhältnis beeinträchtigt und damit seine Eignung zur ordnungsgemäßen Erbringung der Arbeitsleistung zweifelhaft wird. Dies wird bei einem als Bankkassierer tätigen ArbN, gegen den sich der Verdacht des Bankeinbruchs in eine fremde Bank richtet, in Betracht kommen[4]. Ähnliches wird für den Verdacht der Untreue oder Unterschlagung gegen einen nebenberuflich als Vermögensberater oder Versicherungsvertreter tätigen Bankangestellten gelten oder des gegen einen angestellten Arzt gerichteten Verdachts der unterlassenen Hilfeleistung mit gravierenden Folgen für den Verletzten.

165 • **Wehrdienst.** Gemäß § 2 ArbPlSchG genießen deutsche ArbN von der Zustellung des Einberufungsbescheids bis zur Beendigung des Grundwehrdienstes sowie während einer Wehrübung Kündigungsschutz. Dieser Schutz kommt auch Staatsangehörigen der Mitgliedsstaaten der EU zu (§ 2 ArbPlSchG). Nicht anwendbar ist der Schutz des ArbPlSchG jedoch auf **Angehörige von** Staaten, die **nicht EU-Mitglieder** sind. Da sich jedoch auch der ausländische ArbN in einer von ihm nicht zu vertretenden Kollision zwischen Arbeitspflicht und der seinem Heimatland gegenüber bestehenden öffentlichrechtlichen Wehrdienstpflicht befindet, ist ihm bei verhältnismäßig kurzfristiger Wehrdienstverpflichtung das Recht einzuräumen, der Arbeit fernzubleiben, ohne damit vertragsbrüchig zu werden. Dieses **Leistungsverweigerungsrecht** besteht jedoch nur für eine Dauer von **längstens zwei Monaten**. Es gilt aber auch für eine derart kurze Dauer nicht absolut und schließt deshalb die soziale Rechtfertigung einer personenbedingten Kündigung nicht grundsätzlich aus. Vielmehr müssen sich Umfang und Grenzen an den Interessen der Vertragsparteien ausrichten. Wenn der wehrdienstbedingte Arbeitsausfall des ArbN verhältnismäßig kurz ist, kann die Interessenabwägung jedoch nur bei Vorliegen schwerwiegender Umstände zu Gunsten des ArbGeb ausfallen[5]. Solche Umstände können allerdings nur bei einer erheblichen Bedeutung der Arbeitsleistung für den geordneten Betriebsablauf sowie einer durch den Arbeitsausfall bedingten und durch zumutbare Maßnahmen nicht überbrückbaren **Zwangslage** des ArbGeb angenommen werden. Demgegenüber kann sich ein nicht einem EU-Staat angehörender ArbN hinsichtlich seiner Arbeitspflicht nicht auf ein Leistungsverweigerungsrecht berufen, wenn er in seinem Heimatland eine Wehrpflicht von mehr als zwei Monaten abzuleisten hat[6]. In diesem Fall kann eine personenbedingte Kündigung sozial gerechtfertigt sein, wenn der wehrdienstbedingte Ausfall des ArbN zu einer erheblichen Beeinträchtigung der betrieblichen Interessen führt und nicht durch zumutbare personelle oder organisatorische Maßnahmen zu überbrücken ist. Da eine eventuelle Weiterbeschäftigungsmöglichkeit des ArbN unternehmensbezogen zu untersuchen ist, muss ein ArbGeb, insb. wenn er im Unternehmen Arbeitsplatzabbau plant oder durchführt, prüfen, ob er durch eine befristete Versetzung eines anderen ArbN des Unternehmens die Weiterbeschäftigung des ausländischen Wehrdienstpflichtigen gewährleisten kann[7].

166 **5. Wiedereinstellungsanspruch.** Ob bei einer personenbedingten und im Besonderen bei einer krankheitsbedingten Kündigung die Möglichkeit eines Wiedereinstellungsanspruchs (zu dessen Grundsätzen s. Rz. 75) bejaht werden kann, obwohl der Kündigungsgrund der Sphäre des ArbN entstammt, ist

---

1 BAG v. 5.4.2001 – 2 AZR 217/00, nv. (juris). |2 BAG v. 5.4.2001 – 2 AZR 217/00, nv. (juris). |3 BAG v. 21.2.2001 – 2 AZR 139/00, NZA 2001, 1136 (eine außerordentliche verhaltensbedingte Kündigung betreffend). |4 KR/*Etzel*, § 1 KSchG Rz. 392. |5 BAG v. 20.5.1988 – 2 AZR 682/87, NZA 1989, 464. |6 BAG v. 20.5.1988 – 2 AZR 682/87, NZA 1989, 464. |7 BAG v. 20.5.1988 – 2 AZR 682/87, NZA 1989, 464.

zweifelhaft¹. Denn Voraussetzung eines Wiedereinstellungsanspruchs ist, dass sich zwischen dem Ausspruch der Kündigung und dem Ablauf der Kündigungsfrist unvorhergesehen eine Weiterbeschäftigungsmöglichkeit ergibt und der Wiedereinstellung keine berechtigten Interessen des ArbGeb, insb. wegen zwischenzeitlicher anderweitiger Dispositionen entgegenstehen. Ein Wiedereinstellungsanspruch kann deshalb jedenfalls nur dann in Betracht kommen, wenn eine positive Prognose hinsichtlich der zunächst als fehlend oder mangelhaft angenommenen Eignung und Fähigkeit des ArbN zur Erbringung der Arbeitsleistung vor Ablauf der Kündigungsfrist feststeht². Für die Begründung eines Wiedereinstellungsanspruchs nach einer wirksamen krankheitsbedingten Kündigung genügt es deshalb nicht, dass der hierfür darlegungs- und beweispflichtige ArbN Tatsachen vorträgt, die die negative Gesundheitsprognose erschüttern; vielmehr wird ein Wiedereinstellungsanspruch allenfalls dann möglich, wenn nach dem Vorbringen des ArbN von einer positiven Gesundheitsprognose auszugehen ist, die Besorgnis der wiederholten Erkrankung also ausgeräumt ist. Diese Veränderung ist zwingende Voraussetzung für einen Wiedereinstellungsanspruch, weil andernfalls dem ArbGeb die Annahme des Vertragsangebots auf Abschluss eines Arbeitsvertrages zu den bisherigen Bedingungen des durch die wirksame Kündigung an sich aufgelösten Arbeitsverhältnisses nicht zumutbar ist³.

6. Beteiligung des BR bzw. des Personalrats. Für die Beteiligung des Betriebs- bzw. Personalrats vor Ausspruch der personenbedingten Kündigung gelten die bei der Erörterung des Anhörungsverfahrens nach § 102 BetrVG dargelegten Grundsätze. Eine Kündigung ist danach nicht erst dann unwirksam, wenn die Unterrichtung der Mitarbeitervertretung ganz unterblieben ist, sondern bereits dann, wenn der ArbGeb seiner Unterrichtungspflicht nicht richtig, insb. nicht ausführlich genug nachkommt. Der ArbGeb hat dem Betriebs- bzw. Personalrat grundsätzlich die Personalien des zu kündigenden ArbN, dessen Beschäftigungsdauer, die Kündigungsart sowie die aus seiner Sicht tragenden Kündigungsgründe (**sog. subjektive Determination**) umfassend mitzuteilen. Durch die seitens des ArbGeb erteilten Informationen muss die ArbN-Vertretung ohne eigene Nachforschungen selbst die Stichhaltigkeit der Kündigungsgründe prüfen können und in der Lage sein, sich ein Bild zu machen. Der ArbGeb genügt daher der ihm obliegenden Mitteilungspflicht nicht, wenn er den Kündigungssachverhalt nur pauschal, schlagwort- oder stichwortartig umschreibt oder lediglich ein Werturteil abgibt, ohne die für seine Bewertung maßgeblichen Tatsachen mitzuteilen⁴. Der Grundsatz der vertrauensvollen Zusammenarbeit gebietet es dem ArbGeb im Anhörungsverfahren nach § 102 BetrVG, dem BR Informationen zu geben bzw. nicht vorzuenthalten, ohne die bei ihm ein falsches Bild über den Kündigungssachverhalt entstehen. Eine bewusst und gewollt unrichtige Mitteilung der für den Kündigungsentschluss des ArbGeb maßgeblichen Kündigungsgründe führt zu einem fehlerhaften und damit unwirksamen Anhörungsverfahren⁵. Bei einer Kündigung wegen **häufiger Kurzerkrankungen** hat der ArbGeb dem BR nicht nur die bisherigen Fehlzeiten und die Art der Erkrankungen (soweit ihm bekannt) im Einzelnen mitzuteilen, sondern auch die Betriebsbeeinträchtigungen, die infolge der Fehlzeiten entstanden sind und mit denen er noch rechnet⁶. An die Mitteilungspflicht des ArbGeb gegenüber dem BR sind allerdings hinsichtlich der wirtschaftlichen und betrieblichen Belastungen keine so strengen Anforderungen zu stellen, wie an seine Darlegungslast im Kündigungsschutzprozess. Sie kann sogar entbehrlich sein, wenn der BR oder der Betriebsratsvorsitzende die Folgen wiederholter Fehlzeiten genau kennen⁷. Auch bei der personenbedingten Kündigung gilt, dass der ArbGeb ihm bekannte, dem BR aber nicht mitgeteilte **Kündigungsgründe** auch dann nicht zur Rechtfertigung der Kündigung **nachschieben** kann, wenn der BR der Kündigung aufgrund der mitgeteilten Gründe zugestimmt hat⁸. Da eine **außerordentliche Kündigung** wegen krankheitsbedingter Fehlzeiten in der Regel nur in Betracht kommt, wenn eine ordentliche Kündigung tariflich oder vertraglich ausgeschlossen ist, ist die Umdeutung einer derartigen außerordentlichen fristlosen Kündigung in eine außerordentliche Kündigung mit der notwendigen Auslauffrist grundsätzlich nur möglich, wenn eine Beteiligung des Betriebs- bzw. Personalrats nach den für eine ordentliche Kündigung geltenden Bestimmungen erfolgt ist⁹. Dies beruht darauf, dass bei einer solchen außerordentlichen Kündigung zur Vermeidung eines Wertungswiderspruchs grundsätzlich eine der ordentlichen Kündigungsfrist entsprechende Auslauffrist einzuhalten ist. Es gelten die Grundsätze der **abgestuften Darlegungslast**. Hat der ArbGeb die Beteiligung des Betriebs-/Personalrats im Prozess hinreichend konkret dargelegt, ist es Aufgabe des ArbN, deutlich zu machen, welche der Angaben er aus welchem Grund weiterhin bestreiten will. Nur hinsichtlich der außerhalb seiner Wahrnehmung liegenden Umstände kann er sich auf Nichtwissen berufen¹⁰.

7. Darlegungs- und Beweislast/Prozessuales. a) Verhalten vor Ausspruch der Kündigung. Grundsätzlich ist der ArbN vor Ausspruch der Kündigung dem ArbGeb nicht zu Auskünften oder – bei der krankheitsbedingten Kündigung – zur Entbindung seiner Ärzte von der Schweigepflicht verpflichtet. Der

---

1 Bejahend: *Berkowsky*, Die personen- und verhaltensbedingte Kündigung, § 34 Rz. 17. | 2 BAG v. 27.6.2001 – 7 AZR 662/99, ZTR 2002, 91. | 3 BAG v. 17.6.1999 – 2 AZR 639/98, AP Nr. 37 zu § 1 KSchG 1969 – Krankheit = NZA 1999, 1328; KR/*Etzel*, § 1 KSchG Rz. 739. | 4 BAG v. 21.6.2001 – 2 AZR 30/00. | 5 BAG v. 31.5.1990 – 2 AZR 78/89, nv. (juris). | 6 BAG v. 7.11.2002 – 2 AZR 493/01, Der PR 2003, 451. | 7 BAG v. 24.11.1983 – 2 AZR 347/82, AP Nr. 30 zu § 102 BetrVG 1972 = DB 1984, 1149. | 8 BAG v. 26.9.1991 – 2 AZR 132/91, AP Nr. 28 zu § 1 KSchG – Krankheit = DB 1992, 2196. | 9 BAG v. 18.12.2000 – 2 AZR 627/99, NZA 2001, 219. | 10 BAG v. 18.1.2001 – 2 AZR 616/99, NZA 2002, 455 = DB 2002, 100.

ArbN, der auf entsprechende Ansinnen des ArbGeb nicht reagiert, verliert im Prozess in der Regel nicht das Recht, sich auf Fehler in der Einschätzung der durch den ArbGeb behaupteten negative Prognose hinsichtlich des zu erwartenden weiteren Verlaufs seiner Eignung und Fähigkeit zur Erfüllung der vertraglichen Pflichten zu berufen. Insbesondere ist ein solches Verhalten in der Regel nicht als treuwidrig gemäß § 242 BGB anzusehen[1]. Dies folgt daraus, dass der ArbGeb einem solchen Verhalten nicht schutzlos gegenüber steht. Einerseits kann er entsprechende Verpflichtungen mit dem ArbN vertraglich vereinbaren, so dass bei Verletzung dieser Pflicht nach Abmahnung eine verhaltensbedingte Kündigung in Betracht kommen kann. Andererseits verliert der ArbGeb im Prozess durch das Verhalten des ArbN keine Rechtsposition, da im Prozess immer die objektiven Umstände zum Zeitpunkt des Ausspruchs der Kündigung maßgeblich sind. Der ArbN, der rechtswidrig und schuldhaft eine Fehleinschätzung des Prozessrisikos beim ArbGeb herbeiführt, kann diesem gegenüber allerdings zum Ersatz des entstandenen Schadens (vergeblich aufgewandte Rechtsverfolgungskosten) verpflichtet sein[2].

169 **b) Darlegungs- und Beweislast im Kündigungsschutzprozess.** Der ArbGeb ist letztlich darlegungs- und beweispflichtig für die soziale Rechtfertigung und das Fehlen sonstiger Unwirksamkeitsgründe der von ihm ausgesprochenen Kündigung. Deshalb hat der ArbGeb den Kündigungsgrund, der aus der negativen Prognose und der erheblichen Beeinträchtigung betrieblicher Interessen besteht, sowie die hierauf beruhende, im Rahmen der Interessenabwägung festzustellende Unzumutbarkeit der Fortsetzung des Arbeitsverhältnisses substantiiert darzulegen und im Bestreitensfall zu beweisen. Ebenso trägt er die Beweislast für die ordnungsgemäße Beteiligung des Betriebs-/Personalrats vor Ausspruch der Kündigung.

170 **aa) Negative Prognose.** Der ArbGeb hat die Umstände, aus denen sich die negativer Prognose hinsichtlich der auch in Zukunft zu erwartenden fehlenden Eignung und Fähigkeit des ArbN zur Erfüllung der geschuldeten Arbeitsleistung ergibt, konkret darzulegen und zu beweisen. Obwohl der ArbGeb für die **negative Gesundheitsprognose** gemäß § 1 Abs. 2 Satz 4 beweispflichtig ist, ist seine Behauptungslast abgestuft. Krankheitsbedingte Fehlzeiten in der Vergangenheit sind für die Vortragslast insoweit bedeutsam, als sie die Gefahr künftiger Erkrankungen indizieren können, wenn dem nicht die objektiven Verhältnisse bei Zugang der Kündigung entgegenstehen[3]. Neben der Art und Dauer der bisherigen Fehlzeiten hat der ArbGeb die Umstände vorzutragen, aus denen sich die Erwartung weiterer Arbeitsausfälle des ArbN im bisherigen Umfang ergibt. Durch den Hinweis auf eine bestimmte Krankheitsquote genügt der ArbGeb selbst dann nicht der ihm obliegenden Darlegungslast, wenn die Krankheitsquote des gekündigten ArbN ganz erheblich von der im Betrieb üblichen Krankheitsquote abweicht[4]. Treten während eines Zeitraums von drei Jahren jährlich mehrere Kurzerkrankungen auf, sprechen diese für ein entsprechendes künftiges Erscheinungsbild. Der ArbGeb darf sich in einer derartigen Gestaltung zunächst darauf beschränken, die Fehlzeiten in der Vergangenheit darzulegen und zu behaupten, in Zukunft seien Krankheitszeiten in entsprechendem Umfang zu erwarten[5]. Ein kürzerer Beobachtungszeitraum wird nur in Ausnahmefällen die Annahme einer negativen Gesundheitsprognose bei häufigen Kurzerkrankungen rechtfertigen.

171 Der ArbN ist sodann gemäß § 138 Abs. 2 ZPO gehalten vorzutragen, weshalb (bei Zugang der Kündigung) trotz der aufgetretenen Fehlzeiten mit seiner baldigen oder bereits erfolgten Gesundung zu rechnen war[6] oder weitere Kurzerkrankungen nicht oder in geringerem Umfang zu erwarten sind. Der ArbN genügt seiner **prozessualen Mitwirkungspflicht** bei unzureichender ärztlicher Aufklärung oder fehlender Kenntnis von seinem Gesundheitszustand bzw. deren Entwicklung grundsätzlich schon dann, wenn er die Behauptung des ArbGeb bestreitet und die behandelnden Ärzte von der Schweigepflicht entbindet[7]. Allerdings muss darin die Darstellung liegen, die Ärzte hätten die künftige gesundheitliche Entwicklung ihm gegenüber als günstig beurteilt. Unsubstantiiert ist die Einlassung des ArbN dagegen dann, wenn die Berufung auf die behandelnden Ärzte erkennen lässt, dass sich auch der ArbN erst durch das Zeugnis die fehlende Kenntnis über den weiteren Verlauf seiner Erkrankung verschaffen will[8]. Trägt er selbst konkrete Umstände, wie Krankheitsursachen vor, so müssen diese geeignet sein, die Indizwirkung der bisherigen Fehlzeiten zu erschüttern; er muss jedoch nicht den Gegenbeweis führen, dass nicht mit weiteren künftigen Erkrankungen zu rechnen sei[9]. Die prozessuale Mitwirkungspflicht des ArbN wird insb. dann bedeutsam, wenn er die Wiederholungsgefahr der in der Vergangenheit aufgetretenen Fehlzeiten erschüttern will. Beruhen einzelne Fehlzeiten der Vergangenheit auf Einzelereignissen, wie Unfällen oder Erkrankungen ohne Wiederholungsgefahr (zB

---

1 BAG v. 12.4.2002 – 2 AZR 148/01, NZA 2002, 1081. |2 BAG v. 12.4.2002 – 2 AZR 148/01, NZA 2002, 1081 (offen gelassen). |3 BAG v. 17.6.1999 – 2 AZR 639/98, AP Nr. 37 zu § 1 KSchG 1969 – Krankheit; v. 23.6.1983 – 2 AZR 15/82, AP Nr. 10 zu § 1 KSchG 1969 – Krankheit = DB 1983, 2524. |4 BAG v. 2.11.1983 – 7 AZR 272/82, DB 1984, 831 = BB 1984,1165. |5 BAG v. 17.6.1999 – 2 AZR 639/98, AP Nr. 37 zu § 1 KSchG 1969 – Krankheit; v. 16.2.1989 – 2 AZR 299/88, AP Nr. 20 zu § 1 KSchG 1969 – Krankheit; v. 6.9.1989 – 2 AZR 19/89, AP Nr. 21 zu § 1 KSchG 1969 – Krankheit. |6 BAG v. 17.6.1999 – 2 AZR 639/98, AP Nr. 37 zu § 1 KSchG 1969 – Krankheit; v. 6.9.1989 2 AZR 19/89, AP Nr. 21 zu § 1 KSchG 1969 – Krankheit. |7 BAG v. 25.4.1985 – 2 AZR 127/84, nv.; v. 23.6.1983 – 2 AZR 15/82, DB 1983, 2524 = NJW 1984,1836. |8 BAG v. 17.6.1999 – 2 AZR 639/98, AP Nr. 37 zu § 1 KSchG 1969 – Krankheit; v. 6.9.1989 – 2 AZR 19/89, AP Nr. 21 zu § 1 KSchG 1969 – Krankheit. |9 BAG v. 6.9.1989 – 2 AZR 19/89, AP Nr. 21 zu § 1 KSchG 1969 – Krankheit = DB 1990, 429.

Zahnextraktion, ausgeheilter Knochenbruch), ist es im dringenden Interesse des ArbN, die Art dieser Erkrankungen unter Nennung der auf sie entfallenden Fehlzeiten genau zu bezeichnen. Er kann mit diesem Vortrag die Indizwirkung der Erkrankungen in der Vergangenheit für die künftig zu erwartende negative Gesundheitsentwicklung erschüttern. Die **Entbindung von der Schweigepflicht** kann auch Zeugen, der Gegenpartei oder dem Gericht gegenüber erklärt werden. Da es sich bei den Daten, die der Schweigepflicht unterliegen, um geheim zu haltende Angelegenheiten höchstpersönlicher Art handelt, muss nur sichergestellt sein, dass die Befreiungserklärung von dem Rechtsträger selbst ausgeht. Sie kann deshalb grundsätzlich auch durch einen Prozessbevollmächtigten erfolgen und sogar schon in der Benennung einer der in § 383 Nr. 6 ZPO bezeichneten Personen als Zeuge zu sehen sein[1]. Unterlässt der ArbN eine substantiierte Auseinandersetzung mit dem Vortrag des ArbGeb zur negativen Prognose hinsichtlich des Besorgnis seiner zukünftig fehlenden Eignung und Fähigkeit oder verweigert er bei der krankheitsbedingten Kündigung die Entbindung seiner Ärzte von der Schweigepflicht, gilt der Vortrag des ArbGeb als zugestanden (§ 138 Abs. 3 ZPO)[2].

Erschüttert der ArbN hingegen die negative Prognose durch seine Darlegungen, hat der ArbGeb die Berechtigung der von ihm behaupteten, durch entsprechende substantiierte Einlassung auf den ArbN-Vortrag ggf. zu konkretisierende Besorgnis der in Zukunft zu erwartenden fehlenden Eignung oder Fähigkeit des ArbN zu beweisen. Stellt sich durch eine Beweisaufnahme heraus, dass ein vorprozessual erstelltes Gutachten zu Unrecht von einer zum Zeitpunkt des Kündigungsausspruchs bestehenden negativen Gesundheitsprognose ausgegangen ist, ist die negative Prognose widerlegt, sofern auch das neue Gutachten lediglich auf den zu diesem Zeitpunkt herrschenden objektiven Umständen basiert. Dies gilt auch für ein Gutachten, das der ArbGeb vor Ausspruch einer Kündigung wegen darin festgestellter fehlender Eignung eines mit der Personenbeförderung beauftragten Kraftfahrers eingeholt hat und dessen Richtigkeit durch ein gerichtlich eingeholtes Gutachten erschüttert wird. Für die Unwirksamkeit der Kündigung wegen der nicht bewiesenen negativen Prognose ist nicht erforderlich, dass das gerichtliche Gutachten die Eignung des ArbN positiv feststellt[3].

bb) **Erhebliche Beeinträchtigung betrieblicher Interessen.** Für die infolge der festgestellten negativen Prognose zu erwartenden erheblichen Beeinträchtigungen betrieblicher Belange durch unzumutbare Betriebsablaufstörungen oder wirtschaftliche Belastungen ist der ArbGeb darlegungs- und beweispflichtig. Er hat die negativen betrieblichen Auswirkungen der fehlenden Eignung und Fähigkeit des ArbN, die geschuldete Arbeitsleistung zu erbringen, konkret darzulegen. Jede pauschalierte Darstellung ist unzureichend, da der ArbGeb aufgrund seiner Sachnähe zu detaillierter Darlegung der bereits eingetretenen und in Zukunft zu erwartenden Beeinträchtigungen in der Lage ist. Betriebsablaufstörungen sind danach konkret nach ihrer Art, Dauer und Auswirkung nach sowie hinsichtlich der Unmöglichkeit ihrer Vermeidbarkeit zu bezeichnen. Erhebliche wirtschaftliche Belastungen, zB durch Entgeltfortzahlungskosten sind ihrer Ursache und Höhe nach konkret darzulegen und zu beweisen.

cc) **Interessenabwägung.** Auch hinsichtlich der Interessenabwägung trifft den ArbGeb die volle Darlegungs- und Beweislast. Er hat alle Umstände vorzutragen, die die Fortsetzung des Arbeitsverhältnisses für ihn billigerweise nicht zumutbar erscheinen lassen. Trägt der ArbN für ihn günstige, dem ArbGeb bisher unbekannte Umstände vor, hat der ArbGeb diese Umstände ggf. zu widerlegen[4]. Im Rahmen der **Interessenabwägung** einer krankheitsbedingten Kündigung ist von erheblicher Bedeutung, dass die Krankheit des ArbN nicht auf betriebliche Ursachen zurückzuführen ist. Der ArbGeb trägt die Darlegungs- und Beweislast dafür, dass ein solcher vom ArbN behaupteter ursächlicher Zusammenhang nicht besteht. Der ArbGeb genügt seiner Darlegungslast zunächst, wenn er die betriebliche Tätigkeit des ArbN vorträgt und einen ursächlichen Zusammenhang mit den Fehlzeiten bestreitet. Der ArbN muss dann gemäß § 138 Abs. 2 ZPO dartun, weshalb der ursächliche Zusammenhang bestehen soll[5]. Er genügt dieser prozessualen Mitwirkungspflicht, wenn er für seine Behauptung die behandelnden Ärzte von der Schweigepflicht entbindet. Erst nach einem solchen Vortrag des ArbN ist es Sache des ArbGeb, die fehlende Ursächlichkeit näher darzulegen und sodann zu beweisen. Das Gericht muss zur Klärung dieses streitigen Sachverhalts die angebotenen Beweise erheben und ggf. Sachverständigengutachten einholen. Es darf nicht ohne weitere Aufklärung und Begründung davon ausgehen, ein ursächlicher Zusammenhang sei nicht auszuschließen und deshalb zu Lasten des ArbGeb zu berücksichtigen[6].

dd) **Weiterbeschäftigungsmöglichkeit.** Die fehlende Weiterbeschäftigungsmöglichkeit zu anderen Bedingungen hat der ArbGeb darzulegen und zu beweisen. Allerdings gilt auch insoweit der Grundsatz der *abgestuften Darlegungs- und Beweislast*. Das bedeutet, dass der ArbGeb seinen Vortrag zunächst darauf beschränken kann, die Weiterbeschäftigung des ArbN zu den bisherigen Bedingungen führe zu erheblichen betrieblichen Beeinträchtigungen. Sollte dies zutreffen, hängt es von dem weiteren Vorbringen des ArbN ab, ob die Möglichkeit der Weiterbeschäftigung zu anderen Bedingungen

---

1 BAG v. 12.1.1995 – 2 AZR 366/94, nv. (juris). | 2 BAG v. 6.9.1989 – 2 AZR 19/89, AP Nr. 21 zu § 1 KSchG 1969 – Krankheit = DB 1990, 429. | 3 LAG Köln v. 9.2.2000 – 3 Sa 942/99, NZA 2001, 34. | 4 BAG v. 6.9.1989 – 2 AZR 19/89, AP Nr. 21 zu § 1 KSchG 1969 – Krankheit = DB 1990, 429. | 5 BAG v.13.6.1996 – 2 AZR 497/95, nv. (juris). | 6 BAG v. 6.9.1989 – 2 AZR 118/89, AP Nr. 22 zu § 1 KSchG 1969 – Krankheit = DB 1990, 431.

geprüft wird. Denn der ArbN hat nun zunächst vorzutragen, wie er sich eine Weiterbeschäftigung vorstellt. Es genügt nicht, dass er lediglich behauptet, eine Weiterbeschäftigung sei möglich, ohne konkrete Vorstellungen über die Art und Weise der von ihm für möglich gehaltenen Weiterbeschäftigung zu äußern. Sodann hat der ArbGeb substantiiert darzulegen, warum eine Weiterbeschäftigung entgegen der Behauptung des ArbN nicht möglich ist. Dies hat der ArbGeb ggf. zu beweisen.

176 **V. Verhaltensbedingte Kündigung. 1. Überblick.** Eine Kündigung ist gem. § 1 Abs. 2 Satz 1 auch sozial gerechtfertigt, wenn sie durch Gründe in dem Verhalten des ArbN bedingt ist. Das **Gesetz** unterscheidet damit bei den arbeitnehmerbezogenen Kündigungsgründen nach Verhaltens- und Personenbedingtheit. Deren weitere Konkretisierung sowie die Entwicklung von Kriterien für ihre Unterscheidung überlässt es der Rspr. Es müssen die von der **Rspr.** anerkannten allgemeinen Tatbestandsmerkmale des sozial rechtfertigenden Grundes (vgl. oben Rz. 55) jeweils verwirklicht sein. Die Frage des ausreichenden Lösungsinteresses ist im Einzelfall in einer Interessenabwägung zu entscheiden. Insoweit lassen sich kaum allgemeine Aussagen machen. Nach einer sehr vagen Formel sollen solche im Verhalten des ArbN liegende Umstände eine verhaltensbedingte Kündigung rechtfertigen, die einen „ruhig und verständig urteilenden ArbGeb in Abwägung der Interessen der Vertragsparteien und des Betriebes die Kündigung als billigenswert und angemessen erscheinen lassen"[1]. In dieser Lage trägt eine vorsichtige, nicht schematische Orientierung an den von der Rspr. typisierend gebildeten Fallgruppen zur Rechtssicherheit bei (vgl. unten Rz. 213 ff.).

177 Das BAG hat zur weiteren Konkretisierung des verhaltensbedingten Kündigungsgrundes – und ebenso des wichtigen Grundes iSv. § 626 BGB – eine **zweistufige Prüfung** entwickelt[2]: Auf der ersten Stufe prüft es, ob das beanstandete Verhalten an sich geeignet ist, einen Kündigungsgrund abzugeben. Auf der zweiten Stufe schließt sich eine umfassende Abwägung der beiderseitigen Interessen anhand der konkreten Umstände des Einzelfalles an. Der Wert dieses **Prüfungsschemas** ist **umstritten**[3]. Einen „Kündigungsgrund an sich" gibt es nicht. Gemeint sein kann daher nur, auf der ersten Stufe zu prüfen, ob ein Grund vorliegt, der die Einzelnen von der Rspr. anerkannten Tatbestandsmerkmale erfüllt (Vertragspflichtverletzung durch steuerbares Verhalten, Zukunftsbezogenheit, kein milderes Mittel), und auf der zweiten Stufe, ob dessen Gewicht ein überwiegendes Lösungsinteresse des ArbGeb begründet (Interessenabwägung, vgl. Rz. 208 f.). So verstanden trägt die zweistufige Prüfung zu einer rationaleren Bewertung verhaltensbedingter Kündigungsgründe bei, weil sie die letztlich entscheidende und nur schwer objektivierbare Interessenabwägung von vorgelagerten Fragen entlastet.

178 **2. Der Tatbestand: Schuldhafte Vertragspflichtverletzung.** Eine nähere Bestimmung des verhaltensbedingten Grundes enthält das Gesetz nicht. Rspr. und Rechtswissenschaft haben seine spezifischen Tatbestandsmerkmale insb. aus der **Unterscheidung von der personenbedingten Kündigung** entwickelt. Der Sinn der Abgrenzung der verhaltensbedingten von den personenbedingten Kündigungsgründen wird allgemein darin gesehen, dass das Verhalten steuerbar ist. Verursacht ein solches Verhalten Vertragsstörungen, wird es idR spätestens deshalb zugleich pflichtwidrig sein. Die verhaltensbedingte Kündigung erfordert daher eine **Vertragspflichtverletzung durch steuerbares Verhalten**. Erst diese Zuspitzung rechtfertigt die pauschale Trennung von personen- und verhaltensbedingten Gründen[4]. In aller Regel wird eine Vertragspflichtverletzung durch steuerbares Verhalten auch schuldhaft pflichtwidrig sein. Wo dies ausnahmsweise nicht der Fall ist (zB entschuldbarer Verbotsirrtum), wird es regelmäßig schon an der negativen Zukunftsprognose, spätestens aber im Rahmen der Interessenabwägung am überwiegenden Lösungsinteresse des ArbGeb fehlen. Fehlt es überhaupt an der Steuerbarkeit des Verhaltens, etwa weil sich der ArbN krankheitsbedingt nicht anders verhalten konnte, handelt es sich um eine personenbedingte Kündigung[5].

179 **a) Vertragspflichtverletzung.** Die verhaltensbedingte Kündigung erfordert nach heute übereinstimmender Auffassung **ohne Ausnahme** eine rechtswidrige Vertragspflichtverletzung. Ein Verhalten des ArbN, das nicht vertragswidrig ist, kann schlechterdings kein verhaltensbedingter Kündigungsgrund sein[6]. Die Vertragspflichtverletzung muss objektiv bei Zugang der Kündigung verwirklicht sein; ob der ArbGeb zu diesem Zeitpunkt bereits Kenntnis von ihr hatte, ist unerheblich (vgl. oben Rz. 59). Der Arbeitsvertrag regelt den **Inhalt der Vertragspflichten**. Seine Hauptpflicht, die Arbeitsleistung, kann der ArbN durch Nichterfüllung (etwa unentschuldigtes Fehlen)[7] oder durch Schlechterfüllung (etwa

---

1 BAG v. 21.11.1996 – 2 AZR 357/95, AP Nr. 130 zu § 626 BGB; v. 26.1.1995 – 2 AZR 649/94, AP Nr. 34 zu § 1 KSchG 1969 – Verhaltensbedingte Kündigung. | 2 BAG v. 20.9.1984 – 2 AZR 233/83, v. 13.3.1987 – 7 AZR 601/85 u. v. 17.1.1991 – 2 AZR 375/90, AP Nr. 13, 18 u. 25 zu § 1 KSchG 1969 – Verhaltensbedingte Kündigung. | 3 Krit. etwa *Preis*, Prinzipien, S. 479; *Wank*, RdA 1993, 79 (84); zust. HK/*Dorndorf*, § 1 KSchG Rz. 498 ff. | 4 BAG v. 24.5.1989 – 2 AZR 285/88, AP Nr. 1 zu § 611 BGB – Gewissensfreiheit (*Wiedemann* u. *Arnold*). | 5 Abw. BAG v. 21.1.1999 – 2 AZR 665/98, AP Nr. 151 zu § 626 BGB (*v. Hoyningen-Huene*), das „ausnahmsweise" auch schuldloses, im konkreten Fall nicht steuerbares Handeln genügen lässt; dagegen zu Recht *Löwisch*, § 1 KSchG Rz. 94; *Ascheid*, KSchR, Rz. 430; *Rost*, Verhaltensbedingte Kündigung, in Henssler/Moll (Hrsg.), Kündigung und Kündigungsschutz in der betrieblichen Praxis, 2000, S. 38 Rz. 10; *Preis* in Stahlhacke/Preis/Vossen, Rz. 1168; *Quecke*, ZTR 2003, 6 ff. (8 f.); im Ergebnis auch steuerbares Verhalten fordernd *v. Hoyningen-Huene*, Anm. zu AP Nr. 151 zu § 626 BGB. | 6 BAG v. 14.2.1996 – 2 AZR 274/95, AP 26 zu § 626 BGB – Verdacht strafbarer Handlung. | 7 BAG v. 17.3.1988 – 2 AZR 576/87, AP Nr. 99 zu § 626 BGB.

unsorgfältige oder fehlerhafte Arbeit) verletzen. Darüber hinaus bestehen eine Vielzahl von Nebenpflichten, die teils im Gesetz (zB Anzeige- und Nachweispflicht bei Krankheit, § 5 EFZG), teils ausdrücklich im Vertrag (zB Genehmigungspflicht für Nebentätigkeit) und zu einem großen Teil stillschweigend in der allgemeinen arbeitsvertraglichen Treuepflicht begründet sind (vgl. hierzu näher § 611 BGB Rz. 347 ff.). Bei den ausdrücklich vereinbarten Nebenpflichten ist zu prüfen, ob sie wirksam vereinbart sind (§ 310 Abs. 4 Satz 2 BGB) und nicht gegen höherrangiges Recht verstoßen. Keine Verletzung von Vertragspflichten betrifft der Vorwurf, der ArbN habe nicht den erwarteten, vertraglich aber nicht geschuldeten **Leistungserfolg** (etwa bestimmte Verkaufsergebnisse) erreicht. Es gibt auch keinen Beweis des ersten Anscheins, dass aus einem unzureichenden Leistungserfolg auf eine entsprechende Verletzung vertraglicher Leistungspflichten geschlossen werden kann. Kündigungsrelevant sind vielmehr nur konkrete Pflichtverletzungen[1]. Es bedarf nicht notwendig einer konkreten **Betriebsablaufstörung**[2]. Der Kündigungsgrund muss einen Bezug zum Arbeitsvertrag aufweisen; erforderlich ist eine Störung bzw. Beeinträchtigung des Arbeitsverhältnisses[3]. Die Verletzung von Vertragspflichten stellt stets eine kündigungsrelevante Beeinträchtigung des Arbeitsverhältnisses dar. Hat sie außerdem betriebliche Störungen zur Folge, ist dies in der Interessenabwägung zu berücksichtigen. Das Kündigungsinteresse des ArbGeb erhöht sich, der Kündigungsgrund erhält mehr Gewicht[4].

Für das **außerdienstliche Verhalten** gilt grundsätzlich, dass der ArbN in seiner privaten Lebensführung frei ist. Alkoholgenuss in der Freizeit, exzessives Nachtleben oder das Betreiben gefährlicher Sportarten verletzen für sich idR nicht Vertragspflichten, ebenso wenig außerdienstliche Straftaten, die den ArbGeb weder direkt noch indirekt schädigen. Das außerdienstliche Verhalten kann allerdings die persönliche Eignung des ArbN für die vertragliche Tätigkeit in Frage stellen und deshalb einen personenbedingten Kündigungsgrund bilden[5]. Außerdienstliches Verhalten des ArbN kann eine verhaltensbedingte Kündigung dann rechtfertigen, wenn es sich konkret **nachteilig auf das Arbeitsverhältnis oder den Betriebsablauf**[6] auswirkt und der ArbN dadurch gegen vertragliche Nebenpflichten verstößt. In Betracht kommen zB Unterlassung von Konkurrenztätigkeit (Wettbewerbsverbot, § 60 HGB); Unterlassung geschäftsschädigender Äußerungen gegenüber Dritten; Pflicht zu genesungsförderndem Verhalten[7]; im öffentlichen Dienst bestehen gesteigerte Anforderungen an das außerdienstliche Verhalten (§ 8 BAT), so zur Unterlassung von Straftaten[8] oder verfassungsfeindlicher Betätigung eines Lehrers[9]; in sog. Tendenzunternehmen, zB Kirchen, können im außerdienstlichen Bereich gesteigerte Verhaltensanforderungen an Sittlichkeit und Loyalität bestehen[10]. Auch **vorvertragliches Verhalten** kann eine Vertragspflichtverletzung beinhalten. So werden Loyalitätsverstöße eines Angestellten in gehobener Stellung beim Vorarbeitgeber auf ein Folgearbeitsverhältnis im Konzern durchschlagen, wenn die Konzernzugehörigkeit im Folgearbeitsverhältnis Anrechnung findet und so zur Unkündbarkeit des ArbN führt[11]. Pflichtverletzungen bei Eingehung des Arbeitsverhältnisses, etwa Verstöße gegen die Offenbarungspflicht, können eine verhaltensbedingte Kündigung rechtfertigen (vgl. unten Rz. 237). Verletzen **BR-Mitglieder** oder andere Funktionsträger in der betrieblichen Mitbest. Pflichten aus dem BetrVG, liegt darin allein keine Verletzung des Arbeitsvertrags. Sie können – ggf. nach Androhung – gemäß § 23 BetrVG ihres Amtes enthoben werden. Eine verhaltensbedingte Kündigung ist nur gerechtfertigt, wenn zugleich arbeitsvertragliche Pflichten verletzt werden (zB Entfernung vom Arbeitsplatz, ohne dass dies für BR-Aufgaben erforderlich war)[12]. In Betracht kommt – ggf. nach Abmahnung – nur eine außerordentliche Kündigung gem. § 15; Näheres vgl. dort.

---

1 BAG v. 11.12.2003 – 2 AZR 667/02; LAG Hamm – 19 (11) 1167/02, LAG Report 2003, 184 ff.; LAG Düsseldorf v. 19.12.1990 – 4 Sa 1442/90, BB 1991, 911. | 2 So aber zunächst irreführend BAG v. 7.12.1988 – 7 AZR 122/88, AP Nr. 26 zu § 1 KSchG 1969 – Verhaltensbedingte Kündigung unter II 3 d.Gr.; aufgegeben in BAG v. 17.1.1991 – 2 AZR 375/90, AP Nr. 25 zu § 1 KSchG 1969 – Verhaltensbedingte Kündigung; seitdem st. Rspr., vgl. etwa BAG v. 16.8.1991 – 2 AZR 604/90, AP Nr. 27 zu § 1 KSchG 1969 – Verhaltensbedingte Kündigung (*Rüthers/Müller*). | 3 BAG v. 30.4.1987 – 2 AZR 184/86, AP Nr. 42 zu § 1 KSchG 1969 – Betriebsbedingte Kündigung; v. 17.3.1988 – 2 AZR 576/87, AP Nr. 99 zu § 626 BGB; v. 16.2.1989 – 2 AZR 299/88, AP Nr. 10 zu § 1 KSchG 1969 – Krankheit (*Preis*); v. 17.1.1991 – 2 AZR 375/90, AP Nr. 25 zu § 1 KSchG 1969 – Verhaltensbedingte Kündigung (*Rüthers/Franke*); ErfK/*Ascheid*, § 1 KSchG Rz. 114 f. mwN. | 4 BAG v. 17.1.1991 – 2 AZR 375/90, AP Nr. 25 zu § 1 KSchG 1969 – Verhaltensbedingte Kündigung (*Rüthers/Franke*); v. 7.12.1988 – 7 AZR 122/88, AP Nr. 26 zu § 1 KSchG 1969 – Verhaltensbedingte Kündigung. | 5 BAG v. 29.8.1980 – 7 AZR 726/77 nv. (juris) (außerdienstliches Vermögensdelikt bzw. zerrüttete Vermögensverhältnisse eines Angestellten in Vertrauensstellung); v. 4.6.1997 – 2 AZR 526/96, NZA 1997, 1281 (private Trunkenheitsfahrt mit Führerscheinentzug eines U-Bahnfahrers). | 6 Bei außerdienstlichem Verhalten kommt es auf die Betriebsstörung an, da erst sie die Verhaltenspflicht oder Obliegenheit auslöst. | 7 BAG v. 26.8.1993 – 2 AZR 154/93, BB 1994, 142 = DB 1993, 2534; v. 13.11.1979 – 6 AZR 934/77, AP Nr. 5 zu § 1 KSchG 1969 – Krankheit (*Herschel*). | 8 Wegen §§ 6, 8 BAT verhaltensbedingt BAG v. 20.11.1997 – 2 AZR 642/96, AP Nr. 43 zu § 1 KSchG 1969; aA *Preis* in Stahlhacke/Preis/Vossen, Rz. 927. | 9 BAG v. 13.10.1988 – 6 AZR 144/85, BB 1988, 2109 = NJW 1989, 2562. | 10 BAG v. 21.2.2001 – 2 AZR 139/00, AP Nr. 29 zu § 611 BGB – Kirchendienst; bei einem Mitarbeiter der evangelischen Kirche, dessen außerdienstliche Lebensführung als Homosexueller den Grundsätzen der Kirche widersprach, hat das BAG eine vorherige Abmahnung vor Ausspruch der Kündigung für grundsätzlich erforderlich gehalten: BAG v. 30.6.1984 – 2 AZR 524/81, NJW 1984, 1917; für eine Einordnung allenfalls als personenbedingter Grund *v. Hoyningen-Huene/Linck*, § 1 KSchG Rz. 258. | 11 LAG Köln v. 28.3.2001 – 8 Sa 405/00, NZA-RR 2002, 85 ff.; vgl. auch BAG v. 5.4.2001 – 2 AZR 159/00, AP Nr. 171 zu § 626 BGB; v. 17.8.1972 – 2 AZR 415/71, BAGE 24, 401. | 12 BAG v. 31.8.1994 – 7 AZR 893/93, NZA 1995, 225.

KSchG § 1 Rz. 181 — Sozial ungerechtfertigte Kündigungen

181 **b) Steuerbares Verhalten.** Wesentliches **Unterscheidungsmerkmal** des verhaltensbedingten vom personenbedingten Grund ist die Anknüpfung an ein **grundsätzlich steuerbares Verhalten** des ArbN. Der ArbN muss daher allgemein schuldfähig sein, damit sein Verhalten den Maßstäben der verhaltensbedingten Kündigung unterworfen ist. Bei Schuldunfähigkeit kommt nur eine personenbedingte Kündigung in Betracht[1]. Die Steuerbarkeit des Verhaltens ist **ausnahmslos** Voraussetzung der verhaltensbedingten Kündigung[2]. Eine Abmahnung ist nur bei steuerbarem Verhalten ein geeignetes Mittel zur Beseitigung der Störung[3], bei fehlender Steuerbarkeit finden dagegen die in Bezug auf die Interessenabwägung strengeren Anforderungen der personenbedingten Kündigung Anwendung[4]. Die verhaltensbedingte Kündigung erfordert darüber hinaus regelmäßig zu ihrer sozialen Rechtfertigung **Verschulden** iSv. § 276 BGB, also in Bezug auf die konkrete Pflichtverletzung. Fahrlässigkeit genügt grundsätzlich. Der Grad des Verschuldens spielt erst im Rahmen der Prognose und der Interessenabwägung eine entscheidende Rolle. Je stärker das Verschulden, umso eher ist eine verhaltensbedingte Kündigung gerechtfertigt. Ein **Irrtum** über vertragliche Verhaltenspflichten ist schuldhaft und die Zuwiderhandlung ist damit kündigungsrelevant, wenn der ArbN bei Anwendung der erforderlichen Sorgfalt den Irrtum hätte erkennen können[5]. Daran kann es etwa bei einem rechtswidrigen, aber gewerkschaftlich geführten Streik fehlen[6]. Zum Rechtsirrtum bei beharrlicher Arbeitsverweigerung vgl. unten Rz. 223. Eines Verschuldens idS bedarf es dagegen nicht zur **Unterscheidung** der verhaltens- von der personenbedingten Kündigung. Befindet sich der ArbN etwa in einem entschuldigenden Irrtum über seine Vertragspflichten (zB bei der Teilnahme an einem Streik, dessen Rechtswidrigkeit er selbst nicht erkennen konnte[7]), mag zwar eine Kündigung sozial ungerechtfertigt sein[8]; dies gilt schon wegen der auf Grund des Irrtums fehlenden negativen Zukunftsprognose. Der Sachverhalt fällt aber nicht in die Kategorie der personenbedingten Kündigung, solange er auf steuerbarem Verhalten beruht.

182 **c) Grenzfälle.** Die Prüfung, welcher **Kategorie von Kündigungsgründen** ein Sachverhalt zuzuordnen ist (vgl. hierzu oben Rz. 70), kann auch in Bezug auf verhaltensbedingte Gründe mitunter Schwierigkeiten bereiten. Verursachen etwa **zahlreiche Lohnpfändungen** bei einem ArbN wegen des beträchtlichen Arbeitsaufwands in der Personalabteilung des ArbGeb wesentliche Störungen im Arbeitsablauf[9], dürfte ein verhaltensbedingter Kündigungsgrund in Betracht kommen, wenn der ArbN im Zeitpunkt der Kündigung seine Vermögensverhältnisse noch gestalten und die betrieblichen Störungen abbauen kann. War der ArbN dagegen bereits hoffnungslos überschuldet, sind die strengeren Voraussetzungen der personenbedingten Kündigung zu prüfen. Eine Abmahnung ist problematisch, weil sie eine Pflichtverletzung voraussetzt, wird hier aber doch einer Kündigung voraus zu gehen haben[10]. Ähnlich liegt es bei Vertragsstörungen im Zusammenhang mit **Alkoholgenuss**. Beruhen sie nicht auf Alkoholabhängigkeit, kommt – in der Regel nach erfolgloser Abmahnung – eine verhaltensbedingte Kündigung in Betracht[11]. Dagegen ist Alkoholabhängigkeit nach der Rspr. des BAG eine Krankheit im medizinischen Sinne[12] (vgl. näher oben Rz. 119 sowie unten Rz. 215). Eine Kündigung wegen Pflichtverletzungen, die auf Alkoholabhängigkeit beruhen, ist idR nicht verhaltensbedingt, weil dem ArbN im Zeitpunkt der Pflichtverletzung kein Schuldvorwurf zu machen ist[13]. Es finden die strengeren Voraussetzungen der personenbedingten Kündigung Anwendung. Das gilt aber nicht ausnahmslos. Die gegen Arbeitskollegen gerichtete **Beschaffungskriminalität** eines Suchtkranken etwa wird idR zumindest auf noch steuerbarem Verhalten beruhen und daher schuldhaft sein und einen verhaltensbedingten Grund darstellen[14]. Eine aufgrund

---

1 BAG v. 21.11.1996 – 2 AZR 357/95, AP Nr. 130 zu § 626 BGB (*Bernstein*); *Löwisch*, § 1 KSchG Rz. 94; ErfK/*Ascheid*, § 1 KSchG Rz. 286; *Preis* in Stahlhacke/Preis/Vossen, Rz. 1168 mwN; v. *Hoyningen-Huene/Linck*, § 1 KSchG Rz. 279; HK/*Dorndorf*, § 1 KSchG Rz. 526 ff.; *Rost*, Verhaltensbedingte Kündigung, in Henssler/Moll (Hrsg.), Kündigung und Kündigungsschutz in der betrieblichen Praxis, 2000, S. 38 Rz. 8, 10; abw. MünchArbR/*Berkowsky*, § 137 Rz. 32 ff. (37) und KR/*Etzel*, § 1 KSchG Rz. 396, 400. |2 Str., wie hier *Löwisch*, § 1 KSchG Rz. 94; ErfK/*Ascheid*, § 1 KSchG Rz. 286; *Preis* in Stahlhacke/Preis/Vossen, Rz. 1168 mwN; v. *Hoyningen-Huene/Linck*, § 1 KSchG Rz. 279; HK/*Dorndorf*, § 1 KSchG Rz. 526 ff.; *Rost*, Verhaltensbedingte Kündigung, in Henssler/Moll (Hrsg.), Kündigung und Kündigungsschutz in der betrieblichen Praxis, 2000, S. 38 Rz. 8, 10; *Quecke*, ZTR 2003, 6 ff. (8 f.); aA für Ausnahmefälle BAG v. 21.1.1999 – 2 AZR 665/98, AP 151 zu § 626 BGB; MünchArbR/*Berkowsky*, § 137 Rz. 32 ff. (37); KR/*Etzel*, § 1 KSchG Rz. 396, 400; Kasseler Kommentar/*Isenhardt*, § 626 BGB Rz. 497. |3 So zutr. *Preis* in Stahlhacke/Preis/Vossen, Rz. 1190 mwN; aA ErfK/*Etzel*, § 1 KSchG Rz. 269. |4 *Preis* in Stahlhacke/Preis/Vossen, Rz. 1200 ff. mwN; einschr. KR/*Etzel*, § 1 KSchG Rz. 273. |5 BAG v. 12.4.1973 – 2 AZR 291/72, AP Nr. 24 zu § 611 BGB – Direktionsrecht; v. 29.11.1983 – 1 AZR 469/82, AP Nr. 78 zu § 626 BGB. |6 BAG 12.1.1988 – 1 AZR 219/86, BB 1988, 978. |7 BAG 12.1.1988 – 1 AZR 219/86, BB 1988, 978. |8 Im Gegensatz zu einer Abmahnung: BAG 12.1.1988 – 1 AZR 219/86, BB 1988, 978. |9 BAG v. 4.11.1981 – 7 AZR 264/79, AP Nr. 4 zu § 1 KSchG 1969 – Verhaltensbedingte Kündigung (v. *Hoyningen-Huene*); eine solche Störung kann natürlich allenfalls in ganz besonderen Ausnahmefällen eine Kündigung sozial rechtfertigen. |10 AA BAG v. 4.11.1981 – 7 AZR 264/79, AP Nr. 4 zu § 1 KSchG 1969 – Verhaltensbedingte Kündigung; wie hier v. *Hoyningen-Huene* in Anm. zum AP-Abdruck. |11 BAG v. 22.7.1982 – 2 AZR 30/81, AP Nr. 5 zu § 1 KSchG 1969 – Verhaltensbedingte Kündigung, zu III 3 b d.Gr.; v. 26.1.1995 – 2 AZR 649/94, AP Nr. 34 zu § 1 KSchG 1969 – Verhaltensbedingte Kündigung (*Fleck*); *Künzl*, BB 1993, 1581, 1586 mwN. |12 BAG v. 15.3.1979 – 2 AZR 329/77, nv., zu III 2 d.Gr.; v. 9.4.1987 – 2 AZR 210/86, AP Nr. 18 zu § 1 KSchG 1969 – Krankheit; v. 13.12.1990 – 2 AZR 336/90, EzA § 1 KSchG – Krankheit Nr. 33; v. 1.6.1983 – 5 AZR 536/80, AP Nr. 52 zu § 1 LohnFG; *Willemsen/Brune*, DB 1988, 2304 ff. |13 Eingehend BAG v. 9.4.1987 – 2 AZR 210/86, AP Nr. 18 zu § 1 KSchG 1969 – Krankheit. |14 Im Ergebnis wie hier LAG Köln v. 12.3.2002 – 1 Sa 1354/01, NZA-RR 2002, 519 f., das jedoch ohne Not auf das Verschuldensmerkmal bei der verhaltensbedingten Kündigung verzichtet.

der Suchterkrankung strafrechtlich verminderte Schuldfähigkeit ist nicht gleichzusetzen mit dem Fehlen jeder willentlichen Steuerung. Dass die Sucht eine Krankheit ist, bedeutet nicht, dass das gesamte suchtbezogene Verhalten einer willentlichen Beeinflussung entzogen wäre. Es handelt sich bei suchtbedingten Pflichtverstößen häufig um „gemischte" Sachverhalte, die sowohl personen- als auch verhaltensbedingte Aspekte aufweisen und bei derartig erheblicher Pflichtverletzung idR der verhaltensbedingten Kündigung zuzuordnen sind.

183 Ähnlich ist allgemein zwischen **Leistungs- und Eignungsmängeln** zu unterscheiden. Es kommt darauf an, ob die konkrete Vertragspflichtverletzung unmittelbar auf steuerbarem Verhalten beruht. Vor der Kündigung eines Konzertmeisters wegen fehlender Führungseigenschaften verlangt das BAG eine vorherige Abmahnung[1], desgleichen vor der Kündigung eines Orchestermusikers wegen Eignungsmängeln im subjektiv künstlerischen Bereich[2]. Abmahnen lassen sich hier allerdings nur in der konkreten Situation vermeidbare Führungs- bzw. Kunstfehler oder aber Verstöße gegen vorausgegangene Weiterbildungs- und Übungspflichten, nicht dagegen fehlende Eignung. Der Unterschied wird sich häufig erst nach einer vergeblichen Abmahnung zeigen. Beeinträchtigt der ArbN durch seinen Lebenswandel die Genesung von einer **Krankheit** nachhaltig, verstößt er gegen die vertragliche Nebenpflicht, sich so zu verhalten, dass er möglichst bald wieder gesund wird, und alles zu unterlassen, was seine Genesung verzögern könnte[3]. Dieser Pflichtverstoß kann im Einzelfall sogar zu einer außerordentlichen Kündigung ohne vorherige Abmahnung berechtigen[4]. Die Abgrenzung von personen- und verhaltensbedingtem Grund erfolgt auch bei der Leistungsverweigerung aus **Gewissensgründen oder religiöser Überzeugung** danach, ob der ArbN aufgrund fundamentaler, unüberwindbarer Gewissens- oder Glaubenshindernisse seine Fähigkeit und Eignung verliert, die geschuldete Arbeitsleistung zu erbringen[5]; solche Hindernisse stehen der kündigungsrechtlichen Einordnung der Leistungsverweigerung unter das Tatbestandsmerkmal des steuerbaren Verhaltens entgegen. Der **Abkehrwille** des ArbN stellt schon deshalb keinen verhaltensbedingten Kündigungsgrund dar, weil es an einer Vertragspflichtverletzung fehlt; wo er ausnahmsweise eine Kündigung rechtfertigen soll, handelt es sich möglicherweise um einen betriebsbedingten Grund[6]. Die fortgesetzte Beleidigung von ArbGeb und Kollegen durch einen **schuldunfähigen ArbN** kann richtigerweise nur der personenbedingten Kündigung zugeordnet werden, sofern die konkrete Vertragsstörung auf nicht steuerbarem Verhalten beruht[7]. Weitere Grenzfälle sind in ihrer Einordnung durch die Rspr. umstritten (vgl. oben Rz. 70).

184 3. **Negative Zukunftsprognose.** Die verhaltensbedingte Kündigung hat **keinen Strafcharakter** (vgl. oben Rz. 61)[8]. Maßgeblich ist daher auch hier allein, ob die verhaltensbedingten Gründe einer Fortsetzung des Arbeitsverhältnisses entgegenstehen. Die Zukunftsgerichtetheit des Kündigungsgrundes ist ausdrücklich in § 626 Abs. 1 BGB, dessen Hauptanwendungsfälle verhaltensbedingte Gründe sind, normiert. Die aus einer schuldhaften Vertragspflichtverletzung zu besorgende **künftige Vertragsstörung** liegt idR darin, dass mit weiteren Vertragsverletzungen zu rechnen ist (Wiederholungsgefahr) oder wegen der Art und Schwere des Vertragsverstoßes das Vertrauen in künftiges vertragstreues und loyales Verhalten des Mitarbeiters zerstört ist. Die Besorgnis künftiger Vertragsstörungen darf nicht zu eng auf eine Wiederholungsgefahr eingegrenzt werden[9]; es genügt, dass sich das vorangegangene Ereignis in irgendeiner Weise auch künftig belastend auf das Arbeitsverhältnis auswirkt[10]. Die tatsächliche **Feststellung** der negativen Zukunftsprognose leitet sich bei dem verhaltensbedingten Grund in stärkerem Maße aus Vorgängen in der Vergangenheit ab als bei personen- und betriebsbedingten Gründen. Neben Art und Schwere der Pflichtverletzungen, insb. dem Grad des Verschuldens[11], können ihre Häufigkeit und ggf. eine oder mehrere vergebliche Abmahnungen[12] von Bedeutung sein. Insbesondere Verstöße im Vertrauensbereich zwischen ArbGeb und ArbN führen häufig zu einer negativen Prognose. Eine negative Prognose entfällt, wenn die Pflichtverletzung des ArbN in einer spe-

---

1 BAG v. 29.7.1976 – 3 AZR 50/75, DB 1976, 2356. |2 BAG v. 15.8.1984 – 7 AZR 228/82, NJW 1985, 2158. |3 Hier geht es nur um Verhaltensweisen, die offenkundig und jedem einleuchtend der Genesung abträglich sind. Im Übrigen ist der Arbeitnehmer in seiner Entscheidung frei, welche Verhaltensweisen und medizinischen Behandlungsmethoden er für geeignet und vertretbar hält. |4 BAG v. 26.8.1993 – 2 AZR 154/93, BB 1994, 142. |5 BAG v. 24.5.1989 – 2 AZR 285/88, BAGE 62, 59; v. 10.10.2002 – 2 AZR 472/01, AP Nr. 44 zu § 1 KSchG 1969 – Verhaltensbedingte Kündigung. |6 So BAG v. 22.10.1964 – 2 AZR 515/63, DB 1965, 38. |7 AA aber BAG v. 22.1.1999 – 2 AZR 665/98, AP Nr. 151 zu § 626 BGB (verhaltensbedingt); ebenso BAG v. 16.2.1989 – 2 AZR 287/88, nv. (juris) (beide Entscheidungen ergingen zu fristlosen Kündigungen von ArbN, die sich später auf Psychosen beriefen); wie hier *Preis* in Stahlhacke/Preis/Vossen, Rz. 1168; KR/*Fischermeier* § 626 BGB Rz. 139; *Löwisch*, § 1 KSchG Rz. 94; HK/*Dorndorf*, § 1 KSchG Rz. 531; APS/*Dörner*, § 1 KSchG Rz. 75; *Quecke*, ZTR 2003, 6 ff. (8 f.). |8 BAG v. 26.1.1995 – 2 AZR 649/94, NZA 1995, 1028; v. 10.11.1988 – 2 AZR 215/88, AP Nr. 3 zu § 1 KSchG 1969 – Abmahnung; v. 26.1.1995 – 2 AZR 649/94, AP Nr. 34 zu § 1 KSchG 1969 – Verhaltensbedingte Kündigung (*Fleck*). |9 So aber formal, wenn auch die Wiederholungsgefahr praktisch fingierend BAG v. 17.1.1991 – 2 AZR 375/90, AP Nr. 25 zu § 1 KSchG 1969 – Verhaltensbedingte Kündigung (*Rüthers/Franke*); *Preis* in Stahlhacke/Preis/Vossen, Rz. 1180; *Löwisch*, § 1 KSchG Rz. 99, geht von einer Art Verwirkung des Kündigungsschutzes aus; ähnlich *Kraft*, ZfA 1994, 463 (475). |10 *Rost*, Verhaltensbedingte Kündigung, in Henssler/Moll (Hrsg.), Kündigung und Kündigungsschutz in der betrieblichen Praxis, 2000, S. 40 Rz. 15. |11 BAG v. 26.1.1995 – 2 AZR 649/94, AP Nr. 34 zu § 1 KSchG 1969 – Verhaltensbedingte Kündigung; v. 21.11.1996 – 2 AZR 357/95, AP Nr. 130 zu § 626 BGB. |12 BAG v. 26.1.1995 – 2 AZR 649/94, AP Nr. 34 zu § 1 KSchG 1969 – Verhaltensbedingte Kündigung.

zifischen, arbeitsplatzbezogenen Schlechtleistung bestand und weitere Störungen nach Versetzung in einen anderen Arbeitsbereich ausgeschlossen sind[1].

185 **4. Kündigung als letztes Mittel.** Die Kündigungsgründe „bedingen" eine sozial gerechtfertigte Kündigung nur, wenn die Kündigung notwendig ist. Sie muss das unabweisbar letzte Mittel zur Vermeidung der zu besorgenden Vertragsstörung sein (Ultima Ratio). Solange geeignete **mildere Mittel** zur Verfügung stehen, verstößt eine Kündigung gegen den Verhältnismäßigkeitsgrundsatz und ist sozial ungerechtfertigt (vgl. oben Rz. 63). Typisches milderes Mittel bei verhaltensbedingten Vertragsstörungen ist die **Abmahnung**, die das Verhalten beanstandet und für den Wiederholungsfall arbeitsrechtliche Konsequenzen androht. Vgl. zur Abmahnung sogleich Rz. 186 ff. Ein milderes Mittel liegt auch in einer **anderweitigen Weiterbeschäftigungsmöglichkeit**, bei der mit weiteren Vertragsstörungen nicht zu rechnen ist. Hierfür kommt nur ein freier Arbeitsplatz[2] bei gleichen oder schlechteren, grundsätzlich nicht besseren[3] Arbeitsbedingungen in Betracht. Der ArbN muss für den freien Arbeitsplatz geeignet sein. Je nach der Vertragslage kann die anderweitige Weiterbeschäftigung durch Versetzung oder Änderungskündigung[4] herbeigeführt werden. Bei verhaltensbedingten Vertragsverstößen setzt eine anderweitige Weiterbeschäftigung voraus, dass die **Pflichtverstöße arbeitsplatzbezogen** waren und auf dem anderen Arbeitsplatz nicht zu erwarten sind[5]. Das wird nur selten der Fall sein, so bei leichteren Tätlichkeiten zwischen zwei verfeindeten ArbN, wenn für einen von ihnen ein anderweitiger geeigneter Arbeitsplatz vorhanden ist[6]. Ist wegen der Schwere oder der Art des Pflichtverstoßes auch auf anderen Arbeitsplätzen mit künftigem Fehlverhalten zu rechnen, scheidet die Möglichkeit idR aus[7], so zB bei wiederholter Verletzung eines Alkoholverbotes, ständiger Unpünktlichkeit, Vorlage gefälschter Arbeitsbescheinigungen oder Diebstahl des Kassierers.

186 **5. Vorherige Abmahnung. a) Abmahnung und Kündigung. aa) Grundsatz: Abmahnung erforderlich.** Eine Abmahnung ist im Verhältnis zur Kündigung ein milderes Mittel und deshalb erforderlich, soweit sie zur **Vermeidung künftiger Vertragsstörungen** geeignet ist. Das ist grundsätzlich der Fall, wenn die Vertragsstörung auf steuerbarem, willentlich beeinflussbarem Verhalten des ArbN beruht, also im Bereich der verhaltensbedingten Kündigung. Einer vorherigen Abmahnung bedarf es grundsätzlich bei allen durch gehörige Sorgfalt und Anspannung der Kräfte vermeidbaren Vertragsstörungen. Die Abmahnung ist zur Beseitigung der Störung regelmäßig geeignet im sog. **Leistungsbereich**, also bei Verletzung der Arbeitspflicht. Nach neuerer Rspr. gilt dies grundsätzlich auch für Störungen im **Vertrauensbereich**[8]. Die frühere Unterscheidung nach Störbereichen, wonach im Vertrauensbereich eine Abmahnung grundsätzlich entbehrlich und nur ausnahmsweise erforderlich war[9], hat das BAG aufgegeben. Das Erfordernis einer Abmahnung ist daher vor jeder Kündigung zu prüfen, die wegen eines steuerbaren Verhaltens des ArbN ausgesprochen werden soll. Ist die abgemahnte Vertragspflichtverletzung subjektiv nicht vorwerfbar, dh. der konkrete **Pflichtverstoß unverschuldet**, ist eine Abmahnung vor Ausspruch einer Kündigung erst recht erforderlich, sofern der ArbN sein beanstandetes Verhalten nur überhaupt steuern kann. Einer Prognose für künftiges Fehlverhalten fehlt hier ohne Abmahnung die Grundlage; so zB bei der Teilnahme des ArbN an einem Streik, dessen Rechtswidrigkeit er selbst nicht erkennen konnte[10]. Eine Abmahnung erfordert demgemäß kein schuldhaftes Verhalten[11]. Sie wirkt zwar belastend auf das Arbeitsverhältnis, enthält aber selbst keine Sanktion. Der ArbGeb übt sein vertragliches Gläubigerrecht aus, indem er den ArbN auf die Verletzung seiner vertraglichen Pflichten hinweist, und schützt sich mit der Kündigungsandrohung für den Wiederholungsfall vor künftigen Störungen. Zur Unverhältnismäßigkeit einer Abmahnung vgl. unten Rz. 197. Hat ein ArbN **keinen Kündigungsschutz**, weil er entweder noch keine sechs Monate (Wartezeit, § 1) oder in einem Kleinbetrieb beschäftigt ist (§ 23 Abs. 1), so bedarf eine ordentliche Kündigung idR keiner vorherigen Abmahnung[12]. Dem ArbGeb ist es aber unbenommen, auch hier eine Abmahnung auszusprechen, wenn er sich nicht sogleich vom ArbN trennen will.

187 **bb) Ausnahme: Abmahnung entbehrlich.** Auch vor einer verhaltensbedingten Kündigung ist die Abmahnung entbehrlich, wo sie zur Beseitigung der Störung nicht geeignet ist. Das ist insb. bei **schweren Pflichtverletzungen** anzunehmen, deren Rechtswidrigkeit den ArbN ohne weiteres erkennbar und deren Hinnahme durch den ArbGeb offensichtlich ausgeschlossen ist. Dem (verständigen) ArbN muss bewusst sein, dass er seinen Arbeitsplatz aufs Spiel setzt[13]. Entbehrlich ist die Abmahnung weiterhin,

---

1 BAG v. 9.3.1995 – 2 AZR 461/94, NZA 1995, 678. | 2 BAG v. 3.2.1977 – 2 AZR 476/75, NJW 1977, 1846. | 3 BAG v. 29.3.1990 – 2 AZR 396/89, NJW 1991, 587. | 4 BAG v. 27.9.1984 – 2 AZR 62/83, AP Nr. 8 zu § 2 KSchG 1969. | 5 BAG v. 16.1.1997 – 2 AZR 98/96, nv. (juris); v. 9.3.1995 – 2 AZR 461/94, NZA 1995, 678; v. 31.3.1993 – 2 AZR 492/92, AP Nr. 32 zu § 626 BGB – Ausschlussfrist; v. 22.7.1982 – 2 AZR 30/81, AP Nr. 5 zu § 1 KSchG 1969 – Verhaltensbedingte Kündigung. | 6 BAG v. 9.3.1995 – 2 AZR 461/94, NZA 1995, 678. | 7 BAG v. 31.3.1993 – 2 AZR 492/92, AP Nr. 32 zu § 626 BGB – Ausschlussfrist; v. 27.9.1984 – 2 AZR 62/83, AP Nr. 8 zu § 2 KSchG 1969. | 8 Grundl. BAG v. 4.6.1997 – 2 AZR 526/96, AP Nr. 137 zu § 626 BGB (*Felderhoff*). | 9 Etwa BAG v. 30.11.1978 – 2 AZR 145/77, AP Nr. 1 zu § 64 SeemG. | 10 BAG v. 12.1.1988 – 1 AZR 219/86, DB 1988, 1270. | 11 BAG v. 12.1.1988 – 1 AZR 219/86, DB 1988, 1270; v. 10.11.1993 – 7 AZR 682/92, BB 1994, 1290; v. 30.3.1982 – 1 AZR 265/80, BB 1983, 766. | 12 BAG v. 21.2.2001 – 2 AZR 579/99, NZA 2001, 951. | 13 BAG v. 10.2.1999 – 2 ABR 31/98, AP Nr. 42 zu § 15 KSchG 1969; v. 12.7.1984 – 2 AZR 320/83, BB 1985, 1599; *Rost*, Die verhaltensbedingte Kündigung, in Henssler/Moll (Hrsg.), Kündigung und Kündigungsschutz in der betrieblichen Praxis, 2000, S. 41 Rz. 19.

wenn der ArbN etwa in Kenntnis der Vertragswidrigkeit seines Verhaltens daran **hartnäckig und uneinsichtig** festhält; damit gibt er zu erkennen, dass er auch zukünftig nicht bereit ist, sich vertragstreu zu verhalten[1], und zwar auch um den Preis der Kündigung nicht[2]. Hier ist eine Abmahnung weder zur Vermeidung künftiger Störungen geeignet noch ist sie für eine negative Zukunftsprognose erforderlich. Bloße Vermutungen genügen insoweit aber nicht[3]. Beispiele aus dem sog. **Leistungsbereich**: Hartnäckige Weigerung, eine bestimmte Tätigkeit zu einem bestimmten Zeitpunkt an einem bestimmten Ort entsprechend der vertraglichen Verpflichtung zu verrichten[4] (hier wird freilich die Hartnäckigkeit zumeist erst durch eine vergebliche vorherige Abmahnung offenbar); mehrtägiges unentschuldigtes Fehlen[5] (im Ruhrbergbau regelmäßig drei Tage); eigenmächtige Urlaubsverlängerung; mehrfache grob fahrlässige Pflichtverletzung mit erheblicher Schadensfolge[6]; vorsätzliche Missachtung von Arbeitsschutzvorschriften bei besonderer Gefährdung anderer Personen.

Berührt die Pflichtverletzung den **Vertrauensbereich**, dh. das Vertrauen des ArbGeb in die Loyalität und Ehrlichkeit des ArbN[7], so ist eine Abmahnung grundsätzlich ebenfalls erforderlich[8], insb. dann, wenn der ArbN mit vertretbaren Gründen, etwa aufgrund einer unklaren Regelung oder Anweisung, annehmen konnte, sein Verhalten sei nicht vertragswidrig oder werde vom ArbGeb zumindest nicht als ein erhebliches, den Bestand des Arbeitsverhältnisses gefährdendes Verhalten angesehen[9] oder wenn aus sonstigen Gründen eine Wiederherstellung des Vertrauens erwartet werden kann[10]. Das ist nicht der Fall, wo es um **schwere Pflichtverletzungen** geht, deren Rechtswidrigkeit dem ArbN ohne weiteres erkennbar und deren Hinnahme durch den ArbGeb offensichtlich ausgeschlossen ist und bei denen dem ArbN bewusst sein muss, dass er seinen Arbeitsplatz aufs Spiel setzt[11]. **Straftaten** zu Lasten des ArbGeb oder der Kollegen[12] rechtfertigen hiernach grundsätzlich auch ohne vorherige Abmahnung eine Kündigung. Nur unter besonderen Umständen kann bei Kleinstdiebstählen ausnahmsweise eine Abmahnung erforderlich sein, wenn der Diebstahl keinen typischen kriminellen Charakter hatte, so bei dem Verzehr eines Bienenstichs durch Konditoreifachkraft[13]. Entbehrlich wird eine Abmahnung regelmäßig auch sein bei Vortäuschen einer Krankheit, Fälschen einer Arbeitsunfähigkeitsbescheinigung, Manipulationen bei der Arbeitszeiterfassung zur Erlangung einer unberechtigten Zeitgutschrift. Bei Beleidigungen, Tätlichkeiten und sexueller Belästigung von Mitarbeitern kommt es dagegen auf die Umstände des Einzelfalles, insb. die Schwere der Verfehlung an.

cc) Erfordernis weiterer Abmahnungen. War der ArbN bereits abgemahnt, bleibt doch zu prüfen, ob es einer weiteren Abmahnung bedarf. Denn die Abmahnung ist **kein formelles Erfordernis**, sondern Ausfluss des kündigungsrechtlichen Ultima-ratio-Grundsatzes. Es ist zu fragen, ob trotz der vorausgegangenen eine erneute Abmahnung noch ein geeignetes milderes Mittel zur Vermeidung weiterer kündigungsrelevanter Vertragsstörungen ist. Entscheidende Gesichtspunkte sind insoweit:

- Gleichartigkeit des abgemahnten Vertragsverstoßes;
- Wirkkraft der früheren Abmahnung;
- Gewicht des abgemahnten und des neuerlichen Vertragsverstoßes.

Die Abmahnung hat für eine nachfolgende Kündigung idR nur dann Bedeutung, wenn sie ein **gleichartiges Fehlverhalten** betrifft wie der Kündigungsvorwurf selbst (einschlägige Abmahnung). Abmahnung und Kündigungsgrund müssen in einem inneren Zusammenhang stehen[14]. Die Warnung der Abmahnung reicht nur soweit, wie dem ArbN klargemacht worden ist, welches konkrete Verhalten beanstandet wurde und worauf er zukünftig zu achten hat. Bei der Frage, welche Sachverhalte vergleichbar sind, darf **kein allzu enger Maßstab** angelegt werden. Die Pflichtverstöße müssen nicht identisch sein, es genügt, wenn sie auf einer Ebene liegen. Das ist etwa der Fall, wenn der ArbN wegen Unpünktlichkeit abgemahnt wurde und die Kündigung erfolgt, weil er einen Tag unentschuldigt der Arbeit ferngeblieben ist. Das Gleiche gilt

---

1 BAG v. 4.6.1997 – 2 AZR 526/96, AP Nr. 137 zu § 626 BGB (*Felderhoff*). | 2 BAG v. 18.5.1994 – 2 AZR 626/93, NZA 1995, 65. | 3 BAG v. 17.2.1994 – 2 ABR 616/93, AP Nr. 116 zu § 626 BGB. | 4 BAG v. 18.5.1994 – 2 AZR 320/83, 626/93, NZA 1995, 65. | 5 BAG v. 17.1.1991 – 2 AZR 375/90, AP Nr. 25 zu § 1 KSchG 1969 – Verhaltensbedingte Kündigung. | 6 Sehr weitgehend LAG Köln v. 26.8.1986 – 1 Sa 525/86, LAGE § 611 BGB – Abmahnung Nr. 4 (außerordentliche Kündigung ohne Abmahnung bei mit mittlerer Fahrlässigkeit verursachtem Verkehrsunfall mit erheblichem Schaden). | 7 LAG Köln v. 10.6.1994 – 13 Sa 228/94, NZA 1995, 792. | 8 BAG v. 4.6.1997 – 2 AZR 526/96, NZA 1997, 1281. | 9 BAG v. 13.12.1984 – 2 AZR 454/83, BB 1985, 1069. | 10 BAG v. 4.6.1997 – 2 AZR 526/96, NZA 1997, 1281; im Hinblick auf die Beweislast gem. § 1 Abs. 2 Satz 4 müsste es heißen: „.... es sei denn, dass eine Wiederherstellung des Vertrauens nicht erwartet werden kann", vgl. HK/*Dorndorf*, § 1 KSchG Rz. 605. | 11 BAG v. 10.2.1999 – 2 ABR 31/98, AP Nr. 42 zu § 15 KSchG 1969; BAG v. 12.7.1984 – 2 AZR 320/83, AP Nr. 32 zu § 102 BetrVG 1972; *Rost*, Die verhaltensbedingte Kündigung, in Henssler/Moll (Hrsg.), Kündigung und Kündigungsschutz in der betrieblichen Praxis, 2000, S. 41 Rz. 19. | 12 BAG v. 12.7.1984 – 2 AZR 320/83, AP Nr. 32 zu § 102 BetrVG 1972 (grobe Beleidigung und Schlag ins Gesicht ohne Provokation); LAG Köln v. 12.3.2002 – 1 Sa 1354/01, NZA-RR 2002, 519 f. (Diebstahl; Beschaffungskriminalität). | 13 BAG v. 17.5.1984 – 2 AZR 3/83, NZA 1985, 91; vgl. auch BAG v. 13.12.1984 – 2 AZR 454/83, AP Nr. 81 zu § 626 BGB (Wegnahme von 20 l Dieselkraftstoff bei 13-jähriger Betriebszugehörigkeit: keine Abmahnung, uU aber nur fristgerechte Kündigung); v. 11.12.2003 – 2 AZR 36/03 (Diebstahl abgeschriebener Ware durch Verkäuferin); vgl. auch unten Einzelfälle, Stichwort: „Straftaten", 243. | 14 BAG v. 16.1.1992 – 2 AZR 412/91, NZA 1992, 1023; v. 10.12.1992 – 2 ABR 32/92, AP Nr. 4 zu § 87 ArbGG 1979.

KSchG § 1 Rz. 191　　　　　　　　　　　　　　　Sozial ungerechtfertigte Kündigungen

für verspätete Arbeitsaufnahme oder vorzeitiges Verlassen des Arbeitsplatzes und Kartenspielen während der Arbeit. Auf einer Ebene liegen auch unentschuldigtes Fehlen einerseits sowie verspätete Krankmeldung andererseits[1], wohl aber nicht mehr verspätete Übersendung der Arbeitsunfähigkeitsbescheinigung. IdR **nicht vergleichbar** sind auch Schlechtleistungen einerseits und Arbeitszeitverstöße andererseits sowie insb. Pflichtverletzungen im Leistungsbereich und solche im Vertrauensbereich[2]. Keine ausreichende Vergleichbarkeit begründet schon der gemeinsame Vorwurf der Unzuverlässigkeit[3]. Jedoch kann eine Vielzahl ungleichartiger Pflichtverletzungen uU das allgemeine Urteil der Unzuverlässigkeit und damit eine Kündigung rechtfertigen[4] (vgl. auch oben Rz. 69).

191 Eine lange zurückliegende einschlägige Abmahnung kann durch bloßen Zeitablauf ihre **Wirkkraft** verlieren. Feste **zeitliche Grenzen** hierfür (bspw. ein, zwei oder drei Jahre) lassen sich nicht allgemein bestimmen. Es kommt auf die Umstände an, insb. die Art und Schwere des abgemahnten Pflichtverstoßes und das Verhalten des ArbN wie auch des ArbGeb nach der Abmahnung[5]. Eine ursprünglich ausreichende Abmahnung kann ihre Bedeutung verlieren, wenn aufgrund des eingetretenen Zeitablaufs oder aufgrund neuer Umstände (zB einer späteren unklaren Reaktion des ArbGeb auf ähnliche Pflichtverletzungen anderer ArbN) der ArbN wieder im Ungewissen sein konnte, was der ArbGeb von ihm erwartet oder wie er auf eine etwaige Pflichtverletzung reagieren werde[6]. Abgeschwächte Wirkung wird auch eine Abmahnung haben, die zwar selbst noch nicht lange zurückliegt, aber ein schon längere Zeit **zurückliegendes Fehlverhalten** beanstandet[7]. Die Warnung ist eindringlicher, wenn sie in nahem zeitlichen Zusammenhang mit dem Verstoß erfolgt. **Zahlreiche folgenlose Abmahnungen** wegen gleichartiger Pflichtverletzungen können die Warnfunktion der Abmahnung ebenfalls abschwächen. Der ArbGeb muss dann die letzte Abmahnung vor Ausspruch der Kündigung besonders eindringlich gestalten, um dem ArbN klar zu machen, dass weitere derartige Pflichtverletzungen nunmehr wirklich zum Ausspruch einer Kündigung führen werden[8].

192 Eine **vorweggenommene Abmahnung**, die – etwa am „Schwarzen Brett" oder im Arbeitsvertrag – vorbeugend für ein näher bezeichnetes Fehlverhalten eine Kündigung androht, hat nicht die Wirkung einer gewöhnlichen Abmahnung. Sie wendet sich an alle ArbN ohne Unterschied und führt dem betroffenen ArbN nicht ein eigenes Fehlverhalten vor Augen. Ihr fehlt die typische zugespitzte Warnwirkung der Abmahnung. Dennoch konkretisiert die vorweggenommene Abmahnung die Vertragspflichten des ArbN und verleiht ihnen Gewicht und Nachdruck. Je nach der Art des Pflichtverstoßes und den konkreten Umständen des Einzelfalles wird sie daher kündigungsrechtliche Bedeutung erlangen, eine Abmahnung bei späterer Zuwiderhandlung aber wohl nur ausnahmsweise entbehrlich machen[9]. In besonderen Fällen ist dem abgemahnten ArbN in ausreichender **Anpassungszeitraum** einzuräumen, wenn die Beanstandung in einem nicht ohne weiteres und jederzeit von heute auf morgen abstellbaren Leistungsmangel besteht. Hier sind ausreichend Zeit und Gelegenheit zu gewähren, das beanstandete Verhalten abzustellen, so etwa bei Beanstandung mangelnden Führungsverhaltens[10] oder der (künstlerischen) Qualität der Leistungsergebnisse[11]. Tritt nach einschlägiger Abmahnung ein Wiederholungsfall auf, ist damit eine Kündigung noch nicht in jedem Fall begründet. **Kleinere Pflichtverletzungen**, etwa Nachlässigkeiten ohne nennenswerte betriebliche Auswirkungen (kleinere Unpünktlichkeiten oder verspätete Übersendung einer Arbeitsunfähigkeitsbescheinigung), erfordern ggf. mehrere Abmahnungen, bevor im Wiederholungsfalle eine Kündigung sozial gerechtfertigt ist. Es handelt sich insoweit um eine Interessenabwägung; daher sind alle Umstände zu würdigen, insb. das Gewicht der Pflichtverletzung und die inzwischen verstrichene Zeit, in der sich der ArbN ggf. vertragstreu verhalten hat. Eine hartnäckige Missachtung auch unbedeutenderer Vertragspflichten braucht der ArbGeb nicht hinzunehmen. Auch darf nicht durch zahlreiche folgenlose einschlägige Abmahnungen die Ernsthaftigkeit der Warnung in Frage gestellt werden[12].

193 b) **Voraussetzungen einer wirksamen Abmahnung. aa) Grundlagen.** Eine gesetzliche Definition der Abmahnung fehlt. Nach ihrer kündigungsrechtlichen Herkunft hat die Abmahnung zugleich **Rüge- und Warnfunktion.** Der ArbGeb muss in einer für den ArbN hinreichend deutlich erkennbaren Art und Weise Pflichtverstöße beanstanden und damit den Hinweis verbinden, dass im Wiederholungsfalle der Inhalt oder der Bestand des Arbeitsverhältnisses gefährdet ist[13]. Hinzu tritt bei schriftlichen Abmahnungen, die zu den Personalakten genommen werden, die Dokumentation des Pflichtverstoßes (Dokumentationsfunktion). Sind die Merkmale der Rüge und der Warnung erfüllt, handelt es sich um

---

1 LAG Berlin v. 5.12.1995 – 12 Sa 111/95, LAGE § 1 KSchG – Verhaltensbedingte Kündigung Nr. 52.　|2 Vgl. auch HK/*Dorndorf*, § 1 KSchG Rz. 653 ff.　|3 BAG v. 27.2.1985 – 7 AZR 525/83, nv. (juris).　|4 LAG Rh.-Pf. v. 5.11.1982 – 6 Sa 549/82, DB 1983, 1554 (L).　|5 BAG v. 18.11.1986 – 7 AZR 674/84, AP Nr. 17 zu § 1 KSchG 1969 – Verhaltensbedingte Kündigung; v. 27.1.1988 – 5 AZR 604/86, ZTR 1988, 309.　|6 BAG v. 18.11.1986 – 7 AZR 674/84, AP Nr. 17 zu § 1 KSchG 1969 – Verhaltensbedingte Kündigung.　|7 Das Abmahnrecht unterliegt als vertragliches Rügerecht weder tarifvertraglichen Verfalls- noch vertraglichen Verjährungsfristen, BAG v. 14.12.1994 – 5 AZR 137/94, NZA 1995, 676.　|8 BAG v. 15.11.2001 – 2 AZR 609/00, AP Nr. 4 zu § 1 KSchG 1969 – Abmahnung; krit. hierzu *Kammerer*, BB 2002, 1747 ff.　|9 Zu weitgehend LAG Hamm v. 16.12.1982 – 10 Sa 965/82, BB 1983, 1601.　|10 Vgl. etwa BAG v. 29.7.1976 – 3 AZR 50/75, DB 1976, 2356.　|11 Vgl. etwa BAG v. 15.8.1984 – 7 AZR 228/82, NJW 1985, 2158.　|12 BAG v. 15.11.2001 – 2 AZR 609/00, AP Nr. 4 zu § 1 KSchG 1969 – Abmahnung; krit. hierzu *Kammerer*, BB 2002, 1747 ff.　|13 BAG v. 18.1.1980 – 7 AZR 75/78, DB 1980, 1351.

eine Abmahnung im kündigungsrechtlichen Sinne. Die **Bezeichnung** als „Abmahnung" oder als „Ermahnung" oder „Rüge" ist dann unerheblich. Fehlt andererseits der warnende Hinweis auf den Bestand des Arbeitsverhältnisses, so handelt es sich nicht um eine Abmahnung im kündigungsrechtlichen Sinne, auch wenn sie als solche bezeichnet ist. Verwarnung und Verweis sind Begriffe aus **Betriebsbußenregelungen**. Die Betriebsbuße unterscheidet sich von der Abmahnung, da sie über den Zweck der Abmahnung hinaus das beanstandete Verhalten des ArbN ahndet und somit Strafcharakter hat. Sie setzt einen Verstoß gegen die kollektive betriebliche oder dienstliche Ordnung voraus und unterliegt gemäß § 87 Abs. 1 Nr. 1 BetrVG der Mitbest. des BR. Der ArbGeb ist aber nicht gehindert, einen solchen Verstoß – soweit er zugleich arbeitsvertragliche Pflichten verletzt – mit einer mitbestimmungsfreien Abmahnung zu belegen[1]. Der **Rechtscharakter** der Abmahnung als einseitiges empfangsbedürftiges Rechtsgeschäft[2] oder geschäftsähnliche Handlung[3] ist umstritten.

bb) Inhaltliche Gestaltung. Die Abmahnung erfordert eine **konkrete Rüge**, die dem ArbN klar und deutlich vor Augen führt, welches Verhalten beanstandet wird. Allgemeine Hinweise (zB „schlechte Arbeitsmoral", „unzureichende Leistungen" oder „flegelhaftes Verhalten") genügen nicht. Fügt der ArbGeb eine **rechtliche Würdigung** hinzu, darf sie nicht fehlerhaft sein und den Vorwurf dadurch schwerwiegender darstellen, als er tatsächlich ist. Gegenstand der Rüge muss ein **tatsächlicher Vertragsverstoß** sein. Einer sog. vorweggenommenen Abmahnung am „Schwarzen Brett" oder im Arbeitsvertrag kommt daher nur eine eingeschränkte kündigungsrechtliche Bedeutung zu, ihr fehlt die typische zugespitzte Warnwirkung (vgl. oben Rz. 192). Die Abmahnung kann auch **mehrere Verstöße** rügen, die voneinander unabhängig sind. Dabei ist jedoch zu beachten, dass das Abmahnschreiben schon dann vollständig aus der Personalakte entfernt werden muss, wenn nur eine dieser Rügen nicht zutrifft[4]. Das gilt auch für den Vorwurf eines „zum wiederholten Male" gezeigten Verhaltens, wenn der Beweis für den früheren Verstoß nicht geführt werden kann. Der ArbGeb ist allerdings in diesen Fällen berechtigt, nachfolgend eine Abmahnung auszusprechen, die sich auf den zutreffenden Vorwurf beschränkt. Unverzichtbarer Bestandteil einer Abmahnung ist die **Warnung**, dass im Wiederholungsfall das unveränderte Fortbestehen des Arbeitsverhältnisses gefährdet ist (Warnfunktion). Die Warnung erfordert nicht, dass bestimmte kündigungsrechtliche Maßnahmen (zB ordentliche oder außerordentliche Kündigung) angedroht werden. Sie muss dem ArbN aber unmissverständlich deutlich machen, dass im Wiederholungsfall der Inhalt oder der Bestand des Arbeitsverhältnisses gefährdet ist[5]. Unzureichend dürften folgende Formulierungen sein[6]:

- Wir machen Sie darauf aufmerksam, dass wir dieses Fehlverhalten nicht länger hinnehmen werden.
- Bitte bemühen Sie sich, künftig pünktlich am Arbeitsplatz zu erscheinen.
- Wir weisen Sie ausdrücklich darauf hin, dass wir von Ihnen eine Steigerung Ihrer Arbeitsleistungen erwarten.
- Wir raten Ihnen in Ihrem eigenen Interesse dringend, künftig unsere Anordnungen und Hinweise in diesem Schreiben zu befolgen.

Unzureichend dürfte auch der Hinweis des ArbGeb sein, dass er sich **arbeitsrechtliche Konsequenzen** vorbehalte. Je nach den Umständen des Einzelfalles könnten solche Konsequenzen auch darin bestehen, dass der ArbGeb den Lohn für versäumte Arbeitszeit einbehält. In jedem Falle ausreichend ist der Hinweis, dass im Wiederholungsfall eine Kündigung (gleich welcher Art) droht. Alle Merkmale einer ordnungsgemäßen Abmahnung kann auch eine **frühere Kündigung** erfüllen, wenn der Kündigungssachverhalt feststeht und die Kündigung aus anderen Gründen, zB wegen fehlender Abmahnung, für sozialwidrig erachtet worden ist[7]. Enthält die Abmahnung **keine ausreichende Warnung** für den Wiederholungsfall, so bleibt doch die Rüge. Der ArbN kann in einem Wiederholungsfall jedenfalls nicht mehr damit gehört werden, er sei nicht darüber im Klaren gewesen zu sein, dass der ArbGeb sein Verhalten für vertragswidrig hält. Enthält die Abmahnung ein **Unwerturteil** über die Person des ArbN und nicht nur über sein Verhalten, so könnte darin eine Sanktion liegen, die den Charakter einer Betriebsbuße annimmt und dann mitbestimmungspflichtig ist. Ein persönlicher Angriff oder überhaupt ein Missgriff im Tonfall können zudem eine rechtswidrige Verletzung des Persönlichkeitsrechts des ArbN oder des Arbeitsvertrages darstellen, auch wenn die Abmahnung im Übrigen zu Recht ergangen ist.

cc) Verhältnismäßigkeit zwischen Vertragspflichtverletzung und Abmahnung. Auch das Abmahnungsrecht wird nach Treu und Glauben (§ 242 BGB) durch den Grundsatz der Verhältnismäßigkeit in der Ausprägung des **Übermaßverbots** begrenzt[8]. Danach ist die Ausübung eines Rechts unzulässig, wenn sie der Gegenseite unverhältnismäßig große Nachteile zufügt und andere, weniger schwerwiegende Maßnahmen möglich sind, die den Interessen des Berechtigten ebenso gut Rechnung tragen und ihm zumut-

---

1 BAG v. 30.1.1979 – 1 AZR 342/76, DB 1979, 1511; v. 7.11.1979 – 5 AZR 962/77, BB 1980, 414. | 2 BAG v. 9.8.1984 – 2 AZR 400/83, AP Nr. 12 zu § 1 KSchG 1969 – Verhaltensbedingte Kündigung; *Löwisch*, § 1 KSchG Rz. 111. | 3 BAG v. 21.5.1992 – 2 AZR 551/91, DB 1992, 2143. | 4 BAG v. 13.3.1991 – 5 AZR 133/90, BB 1991, 1926. | 5 BAG v. 18.1.1980 – 7 AZR 75/78, DB 1980, 1351. | 6 Nach *Beckerle/Schuster*, Die Abmahnung, 5. Aufl., S. 70–71. | 7 BAG v. 31.8.1989 – 2 AZR 13/89, NZA 1990, 433; ebenso die Einleitung eines Zustimmungsersetzungsverfahrens nach § 103 BetrVG, BAG v. 15.11.2001 – 2 AZR 609/00, AP Nr. 4 zu § 1 KSchG 1969 – Abmahnung. | 8 BAG v. 13.11.1991 – 5 AZR 74/91, BB 1992, 781.

bar sind. Erweist sich eine zu den Personalakten genommene Abmahnung wegen der Geringfügigkeit der Vertragspflichtverletzung, etwa bei einmaliger Verspätung um fünf Minuten oder Verteilung gewerkschaftlichen Werbematerials während der Arbeitszeit[1], als Verstoß gegen das Übermaßverbot, ist sie rechtswidrig (Schikane). Unerheblich ist aber, ob das abgemahnte Fehlverhalten als Grundlage für eine Kündigung im **Wiederholungsfall** ausreicht. Diese Prüfung bleibt dem nachfolgenden Rechtsstreit über die Kündigung vorbehalten. Eine Abmahnung ist daher nicht schon deshalb unverhältnismäßig, weil auch im Falle einer einmaligen Wiederholung des Fehlverhaltens eine Kündigung noch nicht begründet wäre[2]. Eine Abmahnung setzt außerdem **kein Verschulden** voraus (vgl. oben Rz. 186). Die Ausübung des Direktionsrechts gem. § 315 BGB nach billigem Ermessen belässt dem ArbGeb bei der Wahl zwischen einer **Versetzung** aus verhaltensbedingten Gründen und einer Abmahnung (etwa bei Spannungen zwischen ArbN) einen Entscheidungsspielraum. Eine Abmahnung kann uU einschneidender wirken als eine Umsetzung[3]. Andererseits kann die gem. § 315 BGB gebotene Interessenabwägung ergeben, dass der ArbGeb den ArbN zunächst vergeblich abgemahnt haben muss, bevor er ihn im Rahmen seines Direktionsrechts wegen Leistungsmängeln an einen anderen Dienstort versetzen kann[4].

198   dd) **Wirksamer Ausspruch der Abmahnung. Abmahnungsberechtigt** auf Seiten des ArbGeb sind nach hM nicht nur kündigungsberechtigte Personen[5], sondern alle anweisungsberechtigten Mitarbeiter, die also nach ihrer Aufgabenstellung befugt sind, dem abgemahnten ArbN Anweisungen hinsichtlich Ort, Zeit sowie Art und Weise der vertraglich geschuldeten Arbeitsleistung zu erteilen[6]. Doch empfiehlt sich in der betrieblichen Praxis eine Beschränkung der Abmahnbefugnis auf einen bestimmten Kreis von Führungskräften. Eine allgemeine Pflicht des ArbGeb zur **Anhörung des ArbN** vor Ausspruch einer Abmahnung besteht nicht. Im öffentlichen Dienst ist der Angestellte vor Aufnahme „von Beschwerden und Behauptungen tatsächlicher Art, die für ihn ungünstig sind oder ihm nachteilig werden können", in die Personalakte anzuhören (§ 13 Abs. 2 BAT). Hier ist eine Abmahnung auf Verlangen des ArbN aus der Personalakte zu entfernen, wenn sie ohne seine vorherige Anhörung zur Personalakte gelangt ist. Dennoch behält sie die Warnwirkung für eine verhaltensbedingte Kündigung, da § 13 Abs. 2 BAT allein den Schutz der Personalakte bezweckt[7].

199   Bei Abmahnungen besteht kein Beteiligungsrecht des BR[8]. Mit der Abmahnung macht der ArbGeb von seinem vertraglichen Rügerecht Gebrauch. Unerheblich ist, ob die gerügte Vertragsverletzung zugleich gegen die betriebliche Ordnung verstößt. Es besteht kein Informationsanspruch[9]. Demgemäß kann der BR auch nicht die Vorlage der Abmahnung oder einer Kopie verlangen[10]. In der betrieblichen Praxis wird der BR jedoch häufig vom Ausspruch einer Abmahnung unterrichtet. Eine andere Frage ist es, ob der BR vor Ausspruch einer verhaltensbedingten Kündigung über etwaige Abmahnungen zu unterrichten ist. Das ist der Fall, wenn der ArbGeb sich zur Begründung der Kündigung im Prozess auf die Abmahnungen stützen will. Durch **freiwillige BV** kann ein Beteiligungsrecht des BR begründet werden. Eine solche Regelung ist weder gegen den Willen des BR noch gegen den Willen des ArbGeb durch den Spruch der Einigungsstelle möglich[11]. Will der ArbGeb über die individualrechtliche Abmahnung hinaus einen Pflichtverstoß des ArbN ahnden, indem er ihn etwa mit einer disziplinarähnlichen Maßnahme belegt („strenger Verweis" oder gar Geldbuße), so handelt es sich um eine **Betriebsbuße**, die gemäß § 87 Abs. 1 Nr. 1 BetrVG der Mitbest. des BR bedarf. Die Abmahnung droht Konsequenzen an, die Betriebsbuße stellt bereits selbst eine Sanktion dar. Eine solche Sanktion unterliegt gem. § 87 Abs. 1 Nr. 1 BetrVG der Mitbest. des BR[12]. Das gilt für die Aufstellung einer Betriebsbußenordnung wie für die Verhängung einer Betriebsbuße im Einzelfall. Eine ohne Beteiligung des BR verhängte Betriebsbuße ist unwirksam[13]. Einige **Landespersonalvertretungsgesetze** schreiben vor Ausspruch der Abmahnung die Anhörung des Personalrates vor[14]. Unterbleibt die Anhörung, so ist die Abmahnung jedenfalls aus der Personalakte zu entfernen; sie kann ggf. nach vorheriger Anhörung des Personalrates erneut ausgesprochen werden. Eine ohne gesetzlich vorgesehene Beteiligung des Personalrats ausgesprochene Abmahnung entfaltet keine kündigungsrechtliche Warnwirkung. Die Rügefunktion, die den ArbN auf die Einhaltung der arbeitsvertraglichen Pflichten hinweist, dürfte dagegen erhalten bleiben[15]. Die **Schwerbehindertenvertretung** ist gem. § 95 Abs. 2 SGB IX zu beteiligen (str.). Die Verletzung dieser Beteiligungspflicht hat keine Auswirkungen auf die Rechtmäßigkeit der Maßnahme, hier der Abmahnung[16].

---

1 BAG v. 13.11.1991 – 5 AZR 74/91, BB 1992, 781. | 2 BAG v. 13.11.1991 – 5 AZR 74/91, BB 1992, 781. | 3 BAG v. 24.4.1996 – 5 AZR 1031/94, DB 1996, 1931. | 4 BAG v. 30.10.1985 – 7 AZR 216/83, DB 1986, 2188. | 5 So *Pauly*, NZA 1995, 449 (452); *Adam*, DB 1996, 476. | 6 BAG v. 18.1.1980 – 7 AZR 75/78, DB 1980, 1351; v. 5.7.1990 – 2 AZR 8/90, NZA 1991, 667; v. 15.7.1992 – 7 AZR 466/91, AP Nr. 9 zu § 611 BGB – Abmahnung. | 7 BAG v. 21.5.1992 – 2 AZR 551/91, DB 1992, 2143. | 8 BAG v. 17.10.1989 – 1 ABR 100/88, NZA 1990, 193. | 9 LAG Schl.-Holst. v. 27.5.1983 – 3 (4) TaBV 31/82, BB 1983, 1282; aA *Pfarr*, AuR 1976, 198. | 10 AA LAG Nds. v. 24.2.1984 – 3 TaBV 9/83, AuR 1985, 99. | 11 BAG v. 30.8.1995 – 1 ABR 4/95, NZA 1996, 218. | 12 Hess. LAG v. 18.10.1988 – 5 TaBV 168/87, NZA 1989, 273 (betriebliche Regelung einer automatischen Beförderungssperre für ein Jahr ohne Prüfung des Einzelfalls für den Fall einer Abmahnung). | 13 BAG v. 17.10.1989 – 1 ABR 100/88, NZA 1990, 193. | 14 ZB § 74 LPVG NW, § 67 Abs. 2 LPVG Sa.-Anh.; § 80 Abs. 3 Satz 1 Saarl. LPVG; § 78 Abs. 2 Nr. 14 LPVG Rh.-Pf. 1992 enthält sogar ein volles Mitbestimmungsrecht des Personalrats bei schriftlichen Abmahnungen. | 15 LAG Köln v. 28.3.1988 – 5 Sa 90/88, LAGE Nr. 10 zu § 611 BGB – Abmahnung. | 16 BAG v. 28.7.1983 – 2 AZR 122/82, DB 1984, 133.

Die Abmahnung bedarf **keiner Schriftform**. Sie kann mündlich, auch fernmündlich ausgesprochen werden. Die Schriftform empfiehlt sich jedoch schon zur Dokumentation des Vorgangs. Im Kündigungsschutzprozess lassen sich Inhalt und Zugang der Abmahnung leichter beweisen. Eine schriftliche Abmahnung erzeugt zudem idR eine nachhaltigere Wirkung als eine nur mündliche. Es gibt **keine Regelausschlussfrist**, in der ein vertragliches Rügerecht, also hier die Abmahnung, ausgeübt werden muss. Aus der Warnfunktion einer Abmahnung lässt sich keine zeitliche Begrenzung des Abmahnrechts ableiten, wohl aber eine Abschwächung ihrer Warnwirkung durch die Zwischenzeit, in der der ArbN sich vertragstreu verhalten hat[1]. Auch ist das Recht, vom Vertragspartner eines Dauerschuldverhältnisses für die Zukunft ein vertragstreues Verhalten zu verlangen, eine – selbstverständliche – dauernde Befugnis des Gläubigers und kein Anspruch, der tarifvertraglichen Verfallfristen unterliegt[2]. Aus dem gleichen Grund darf der ArbGeb einen ArbN wegen eines Sachverhalts abmahnen, der Gegenstand einer **früheren Kündigung** war, die in einem vorausgegangenen Kündigungsschutzprozess etwa wegen fehlender Abmahnung als unzureichend befunden wurde. Ein Verbrauch des Abmahnrechts ist nicht eingetreten[3]. Alle Merkmale einer ordnungsgemäßen Abmahnung kann hier auch die frühere Kündigung jedenfalls dann selbst erfüllen, wenn der Kündigungssachverhalt feststeht[4]. Die Abmahnung bedarf als empfangsbedürftige Erklärung des **Zugangs** beim Abmahnungsgegner (§ 130 BGB). Zur Wirksamkeit einer Abmahnung ist nach hM über ihren Zugang hinaus grundsätzlich **Kenntnisnahme** des Empfängers von ihrem Inhalt erforderlich. Nur der positive Kenntnis vermag die Abmahnung ihre kündigungsrechtliche Hinweis- und Warnfunktion zu erfüllen[5]. Die Berufung auf die fehlende oder verspätete Kenntnisnahme vom Inhalt einer Abmahnung kann rechtsmissbräuchlich sein, wenn sich der ArbN nicht innerhalb angemessener Frist um die Kenntnisnahme bemüht. Muss ein ausländischer ArbN zB wegen eines vorausgegangenen Pflichtverstoßes mit einer Abmahnung rechnen, so wird er entweder bei Übergabe der in deutscher Sprache abgefassten Abmahnung auf seine fehlende Sprachkenntnis hinweisen müssen oder seinerseits unverzüglich für eine Übersetzung Sorge zu tragen haben[6].

c) **Rechtswirkungen der Abmahnung.** Die Abmahnung hat in erster Linie tatsächliche Wirkungen. Als **Vertragsrüge** stellt sie zunächst klar, dass der ArbGeb an den bisherigen vertraglichen Rechten und Pflichten festhält, und verhindert damit eine schleichende Vertragsänderung. Die schriftliche Abmahnung in der Personalakte **dokumentiert** den Pflichtverstoß des ArbN, was für spätere Personalentscheidungen von Bedeutung sein kann. Schließlich hat die der Abmahnung anhaftende **Warnwirkung** vor allem Bedeutung für eine nachfolgende Kündigung. Sie kann bei erneutem Verstoß die negative Zukunftsprognose begründen, dass mit weiteren Vertragsstörungen zu rechnen ist und diese durch eine nochmalige Abmahnung nicht vermieden werden können (vgl. oben Rz. 186 ff.). Mit der Abmahnung **verzichtet** der ArbGeb nach hM außerdem stillschweigend auf eine Kündigung wegen der Gründe, die Gegenstand der Abmahnung sind. Er kann eine spätere Kündigung deswegen nicht allein auf die abgemahnten Gründe stützen, sondern hierauf nur dann unterstützend zurückgreifen, wenn weitere kündigungsrechtlich erhebliche Umstände eintreten oder ihm nachträglich bekannt werden[7]. Sein Kündigungsrecht ist insoweit verbraucht. Eine in den Personalakten befindliche und vom ArbN nicht angegriffene Abmahnung erbringt in einem nachfolgenden Kündigungsschutzprozess **keinen Beweis** für die darin gerügte Vertragspflichtverletzung[8]. Der ArbN ist daher nicht gehalten, gegen eine Abmahnung vorzugehen. Veranlasst er den ArbGeb arglistig, auf die Unstreitigkeit des abgemahnten Sachverhalts zu vertrauen und Beweismittel nicht aufzubewahren, so darf dem ArbGeb hierdurch nach Treu und Glauben kein Rechtsnachteil entstehen. Das bloße Untätigbleiben des ArbN stellt jedoch noch kein unredliches Verhalten dar. Eine aus der Personalakte zu entfernende Abmahnung kann idR nicht als mündliche Abmahnung **kündigungsrechtliche Restwirkung** behalten[9]. Es ist jedoch zu unterscheiden: War die Abmahnung aus der Personalakte zu entfernen, weil der Vorwurf in tatsächlicher Hinsicht unbegründet war, so behält die Abmahnung allenfalls insoweit eine Restwirkung, als in ihr auf die Einhaltung konkreter Vertragspflichten hingewiesen wurde. Der ArbN wird nach Entfernung aus der Personalakte nicht damit gehört werden können, dass er sich über diese Vertragspflichten nicht im Klaren gewesen sei; die Warnwirkung entfällt jedoch. Das Gleiche dürfte gelten, wenn die Abmahnung wegen unterbliebener Anhörung des Personalrats aus der Personalakte zu entfernen ist (vgl. oben Rz. 199). War die Abmahnung zu entfernen, weil die gemäß § 13 Abs. 2 BAT gebotene Anhörung des ArbN unterblieben ist, so behält sie ausnahmsweise als mündliche Abmahnung ihre volle Wirkung, da sie nur formell unwirksam ist (vgl. oben Rz. 198)[10].

d) **Rechtsschutz gegen Abmahnungen.** Der ArbN kann auf **dreierlei Weise** gegen eine Abmahnung vorgehen, nämlich im Wege einer Gegendarstellung, einer Beschwerde und einer Klage auf Entfernung der Abmahnung aus der Personalakte. Er ist dazu – auch zur Vermeidung von Rechtsnachteilen – aber

---

1 BAG v. 15.1.1986 – 5 AZR 70/84, DB 1986, 1075. | 2 BAG v. 14.12.1994 – 5 AZR 137/94, NZA 1995, 676. | 3 BAG v. 7.9.1988 – 5 AZR 625/87, DB 1989, 284. | 4 BAG v. 31.8.1989 – 2 AZR 13/89, NZA 1990, 433; aA Kittner/Däubler/Zwanziger/*Kittner*, KSchR, Einl. Rz. 121. | 5 BAG v. 9.8.1994 – 2 AZR 400/83, NZA 1985, 124; aA Löwisch, § 1 KSchG Rz. 111. | 6 BAG v. 9.8.1994 – 2 AZR 400/83, NZA 1985, 124. | 7 BAG v. 10.11.1988 – 2 AZR 215/88, BB 1989, 1483. | 8 BAG v. 13.3.1987 – 7 AZR 601/85, BB 1987, 1741. | 9 BAG v. 5.8.1992 – 5 AZR 531/91, ZTR 1993, 120, unter 1.b) d.Gr. | 10 BAG v. 21.5.1992 – 2 AZR 551/91, DB 1992, 2143.

nicht gehalten. Eine unbeanstandete Abmahnung erbringt allein noch keinen Beweis für den abgemahnten Vertragsverstoß[1].

203 **aa) Gegendarstellung.** Auf Verlangen des ArbN muss der ArbGeb eine Gegendarstellung zur Abmahnung **in die Personalakten** aufnehmen, § 83 Abs. 2 BetrVG. Der Anspruch besteht auch für leitende Angestellte und ArbN in Betrieben ohne BR. Im öffentlichen Dienst folgt ein gleich lautender Anspruch aus § 13 Abs. 2 BAT. Danach ist der Angestellte vor Aufnahme „von Beschwerden und Behauptungen tatsächlicher Art, die für ihn ungünstig sind oder ihm nachteilig werden können", in die Personalakte anzuhören. Seine Äußerung ist zu den Personalakten zu nehmen. Die Gegendarstellung kann die Abmahnung in tatsächlicher, rechtlicher oder formeller Hinsicht beanstanden, insb. Entlastungstatsachen vorbringen, die den Vorwurf in milderem Licht erscheinen lassen. Der ArbGeb muss die Gegendarstellung grundsätzlich auch in die Personalakte aufnehmen, wenn er sie für unzutreffend hält.

204 **bb) Beschwerde.** Nach § 84 Abs. 1 BetrVG hat der ArbN das Recht zur Beschwerde bei seinem **Vorgesetzten.** Er kann hierzu ein Mitglied des BR hinzuziehen. Der ArbGeb hat den ArbN über seine Beschwerde zu bescheiden und, soweit er sie für berechtigt hält, ihr abzuhelfen. Dem ArbN dürfen wegen der Beschwerde keine Nachteile entstehen (§ 84 Abs. 3 BetrVG). Der ArbN kann sich auch gemäß § 85 BetrVG mit seiner Beschwerde an den **BR**[2] oder einen etwa besonders gebildeten Ausschuss wenden. BR oder Ausschuss müssen sich mit der Beschwerde befassen. Zweckmäßigerweise hören sie den Beschwerdeführer vor Beschlussfassung an. Wird die Beschwerde für berechtigt erachtet, hat der BR seinerseits beim ArbGeb auf Abhilfe hinzuwirken. Einigen sich ArbGeb und BR in der folgenden Verhandlung über die Berechtigung der Abmahnung nicht, so kann der BR nicht die Einigungsstelle anrufen, da es um einen Rechtsanspruch des ArbN auf Entfernung der Abmahnung aus der Personalakte geht (§ 85 Abs. 2 Satz 3 BetrVG). Ein entsprechender Antrag an das ArbG auf Einrichtung einer Einigungsstelle gemäß § 98 ArbGG dürfte wegen offensichtlicher Unzuständigkeit der Einigungsstelle aussichtslos sein[3].

205 **cc) Entfernungsanspruch.** Der ArbN hat einen Rechtsanspruch auf Entfernung rechtswidriger Abmahnungen aus der Personalakte. Sie verletzen sowohl sein allgemeines **Persönlichkeitsrecht** in Bezug auf Ansehen, soziale Geltung und berufliches Fortkommen als auch sein Recht auf ungestörte Durchführung des Arbeitsvertrages[4]. Auch rechtmäßige Abmahnungen sollen nach Ablauf ihrer Wirkungszeit aus der Personalakte zu entfernen sein[5]. Die Abmahnung ist in **folgenden Fällen** aus der Personalakte zu entfernen:

- Der mit der Abmahnung gerügte Sachverhalt trifft ganz oder teilweise nicht zu[6];
- der zutreffende Sachverhalt stellt keine Vertragspflichtverletzung dar oder jedenfalls nicht eine so weitreichende, wie sie gerügt wurde;
- die gemäß § 13 Abs. 2 BAT vorgeschriebene Anhörung des betroffenen ArbN ist unterblieben (nur im Geltungsbereich des BAT)[7];
- die nach einem Landespersonalvertretungsgesetz vorgeschriebene vorherige Anhörung des Personalrats ist unterblieben[8];
- die Abmahnung stellt aufgrund besonderer Umstände eine mitbestimmungspflichtige Betriebsbuße dar, ohne dass das Mitbestimmungsverfahren eingehalten wurde[9];
- die ansonsten zutreffende Abmahnung wird in ehrverletzender Form erteilt;
- die ansonsten rechtmäßige Abmahnung hat durch Zeitablauf ihre Wirkung verloren[10].

206 Die Abmahnung ist **vollständig und ersatzlos** aus der Personalakte zu entfernen. Ein etwaiges Leerblatt in der Personalakte darf keinen Hinweis auf die entfernte Abmahnung aufweisen. Die Ablage der Abmahnung in einer Nebenakte zur Personalakte ist unzulässig. **Nach Beendigung des Arbeitsverhält-**

---

1 BAG v. 13.3.1987 – 7 AZR 601/85, BB 1987, 1741. | 2 Für den öffentlichen Dienst enthalten die meisten Personalvertretungsgesetze ebenfalls die Bestimmung, dass der Personalrat bei einer Beschwerde, die er für berechtigt hält, durch Verhandlung mit der Leitung der Dienststelle auf ihre Erledigung hinzuwirken hat. | 3 LAG Rh.-Pf. v. 17.1.1985 – 5 TaBV 36/84, NZA 1985, 190; LAG Hamm v. 16.4.1986 – 12 TaBV 170/85, BB 1986, 1359; LAG Berlin v. 19.8.1988 – 2 TaBV 4/88, BB 1988, 2040 (L); aA LAG Köln v. 16.11.1984 – 7 TaBV 40/84, NZA 1985, 191; LAG Hamburg v. 10.7.1985 – 8 TaBV 11/85, BB 1985, 1729. | 4 BAG v. 27.11.1985 – 5 AZR 101/84, NZA 1986, 227; BAG v. 18.1.1996 – 6 AZR 314/95, ZTR 1996, 475; st. Rspr. | 5 BAG v. 27.1.1988 – 5 AZR 604/86, ZTR 1988, 309; BAG v. 13.4.1988 – 5 AZR 537/86, BAG v. 551/91, DB 1992, 2143. | 8 LAG Köln v. 28.3.1988 – 5 Sa 90/88, LAGE Nr. 10 zu § 611 BGB – Fürsorgepflicht (*Conze*); BAG v. 14.12.1994 – 5 AZR 137/94, AP Nr. 15 zu § 611 BGB – Abmahnung; die Voraussetzungen eines solchen Anspruchs sind allerdings völlig unklar; krit. auch *v. Hoyningen-Huene/Linck*, § 1 KSchG Rz. 300 mwN; MünchArbR/*Berkowsky*, § 137 Rz. 392. | 6 BAG v. 27.11.1985 – 5 AZR 101/84, NZA 1986, 227; BAG v. 18.1.1996 – 6 AZR 314/95, ZTR 1996, 475; st. Rspr. | 7 BAG v. 21.5.1992 – 2 AZR 551/91, DB 1992, 2143. | 8 LAG Köln v. 28.3.1988 – 5 Sa 90/88, LAGE Nr. 10 zu § 611 BGB – Abmahnung. | 9 Hess. LAG v. 18.10.1988 – 5 TaBV 168/87, NZA 1989, 273 (betriebliche Regelung einer automatischen Beförderungssperre für ein Jahr ohne Prüfung des Einzelfalls für den Fall einer Abmahnung. | 10 BAG v. 14.12.1994 – 5 AZR 137/94, AP Nr. 15 zu § 611 BGB – Abmahnung; die Voraussetzungen eines solchen Anspruchs sind unklar; krit. auch *v. Hoyningen-Huene/Linck*, § 1 KSchG Rz. 300 mwN; MünchArbR/*Berkowsky*, § 137 Rz. 392.

nisses hat der ArbN regelmäßig keinen Anspruch mehr auf die Entfernung einer zu Unrecht erteilten Abmahnung aus der Personalakte. Es fehlt an einer Rechtsbeeinträchtigung. Ausnahmsweise kann der Anspruch in diesem Fall jedoch gegeben sein, wenn objektive Anhaltspunkte dafür bestehen, dass die Abmahnung dem ArbN auch nach Beendigung seines Arbeitsverhältnisses noch schaden kann. Das ist regelmäßig bei einem ArbGebWechsel im öffentlichen Dienst der Fall, weil hier die Personalakte „wandert"[1]. Der Anspruch auf Entfernung einer Abmahnung aus der Personalakte kann nicht verfallen[2]. Zwar handelt es sich um einen Anspruch aus dem Arbeitsverhältnis im Sinne **tarifvertraglicher Ausschlussfristen**. Solange sich aber die rechtswidrige Abmahnung in der Personalakte befindet, verletzt sie den ArbN fortlaufend in seinen Rechten. Der Anspruch auf ihre Entfernung entsteht daher immer neu. Enthält eine mündliche Abmahnung unrichtige Tatsachenbehauptungen, so kann der ArbN in engen Grenzen vom ArbGeb den **Widerruf**[3] solcher Behauptungen oder die Erklärung verlangen, dass die Behauptung nicht aufrechterhalten werde. Ein solcher Anspruch kann auch nach Entfernung einer schriftlichen Abmahnung aus der Personalakte geltend gemacht werden[4]. Im ersten Fall ist vom ArbN die Unwahrheit der Tatsachenbehauptung zu beweisen, im zweiten Fall verschiebt sich die Beweislast zum ArbGeb. Voraussetzung ist jeweils, dass die widerrechtliche Abmahnung eine fortwirkende Störung des Arbeitsverhältnisses oder des Persönlichkeitsrechts des ArbN darstellt und der Widerruf zur Beseitigung der Störung geeignet ist. Beides wird in der Praxis nur selten vorkommen[5].

Die **Klage** ist auf Entfernung der Abmahnung aus der Personalakte zu richten. Es handelt sich um eine Leistungsklage. Eine auf Feststellung der Unwirksamkeit einer Abmahnung gerichtete Klage ist unzulässig[6]. Die **Beweislast** für die Tatsachen, aus denen die Vertragspflichtverletzung des ArbN folgt, trägt im Kündigungsschutzprozess gem. § 1 Abs. 2 Satz 4 der ArbGeb[7]. Dies gilt auch im Abmahnungsprozess[8]. Wendet der ArbN Rechtfertigungsgründe ein (zB: Er sei deshalb verspätet am Arbeitsplatz erschienen, weil er sich um sein plötzlich erkranktes minderjähriges Kind habe kümmern müssen), so muss er sie im Einzelnen konkret darlegen. Sodann hat der ArbGeb zu beweisen, dass der Rechtfertigungsgrund in Wahrheit nicht bestanden hat[9]. Nach Beendigung des Arbeitsverhältnisses kann ein Entfernungsanspruch gegeben sein, wenn objektive Anhaltspunkte dafür bestehen, dass die Abmahnung dem ArbN auch noch nach Beendigung des Arbeitsverhältnisses schaden kann. Dafür ist der ArbN darlegungs- und beweispflichtig[10]. Die Vereinbarung in einem **Prozessvergleich**, dass eine Abmahnung nach Ablauf einer bestimmten Frist seit ihrer Erteilung aus der Personalakte zu entfernen ist, beinhaltet im Zweifel keine Anerkennung der Begründetheit der Abmahnung. In einem späteren Kündigungsschutzprozess kann daher das Fehlverhalten, das der Abmahnung zugrunde lag, noch bestritten werden[11]. Umgekehrt wird ein solcher Vergleich nicht so zu verstehen sein, dass nach Entfernung der Abmahnung aus der Personalakte feststeht, dass die Abmahnung unberechtigt gewesen ist und dem ArbN im Falle eines nachfolgenden erneuten Vertragsverstoßes der frühere nicht mehr vorgehalten werden könnte. Im Zweifel dürfte die Vereinbarung dahin auszulegen sein, dass die Parteien die Berechtigung der Abmahnung nicht vollständig klären wollten, sondern lediglich die Beseitigung ihrer kündigungsrechtlichen Wirkung und die Bereinigung der Personalakte nach Fristablauf bezweckten (Beseitigung der Warn- und Dokumentationsfunktion). Einschlägige Rspr. hierzu fehlt bislang. Bei dem Streit über die Entfernung einer Abmahnung aus der Personalakte wird die Höhe des **Streitwertes** regelmäßig mit einem Monatsverdienst, bei mehreren Abmahnungen im selben Rechtsstreit mit maximal zwei Monatsverdiensten anzusetzen sein[12]. Es handelt sich um eine vermögensrechtliche Streitigkeit, da die Androhung einer Kündigung das Arbeitsverhältnis insgesamt betrifft.

6. Interessenabwägung. Ist eine Vertragspflichtverletzung „an sich" für eine Kündigung geeignet (vgl. oben Rz. 177), bedarf es abschließend in einer umfassenden Interessenabwägung der Prüfung, ob der Grund **ausreichendes Gewicht** hat, damit das Lösungsinteresse des ArbGeb das Bestandsschutzinteresse des ArbN insgesamt überwiegt (vgl. oben Rz. 64). Zugleich soll damit eine schematische Betrachtungsweise verhindert und die Besonderheit des jeweiligen Einzelfalles gewürdigt werden[13]. Nach der in der Rspr. in gewissen Variationen verwendeten **Formel** ist eine verhaltensbedingte Kündigung nur auf Grund solcher Tatsachen gerechtfertigt, die einem verständig urteilenden ArbGeb bei gewissenhafter Abwägung der beiderseitigen Interessen eine Kündigung als billigenswert und angemessen erscheinen

---

1 BAG v. 14.9.1994 – 5 AZR 632/93, NZA 1995, 220. | 2 BAG v. 14.12.1994 – 5 AZR 137/94, NZA 1995, 676. | 3 Zur Auslegung eines Antrages auf „Entfernung aus der Personalakte und Rücknahme" vgl. LAG Sa.-Anh. v. 19.12.2001 – 3 Sa 479/01, nv. | 4 BAG v. 15.4.1999 – 7 AZR 716/97, AP Nr. 22 zu § 611 BGB – Abmahnung. | 5 BAG v. 15.4.1999 – 7 AZR 716/97, AP Nr. 22 zu § 611 BGB – Abmahnung; vgl. auch LAG Sa.-Anh. v. 19.12.2001 – 3 Sa 479/01, nv.; *Schunck*, NZA 1993, 828 (831). | 6 BAG v. 17.10.1989 – 1 ABR 100/88, NZA 1990, 193. | 7 Hess. LAG v. 31.10.1986 – 13 Sa 613/86, LAGE § 611 BGB – Abmahnung Nr. 5; allg.M, vgl. *v. Hoyningen-Huene/Linck*, § 1 KSchG Rz. 303 f. | 8 Indirekt BAG v. 27.11.1985 – 5 AZR 101/84, AP Nr. 93 zu § 611 BGB – Fürsorgepflicht unter III 2 d.Gr.; LAG Bremen v. 6.3.1992 – 4 Sa 295/91, LAGE § 611 BGB – Abmahnung Nr. 31; *v. Hoyningen-Huene/Linck*, § 1 KSchG Rz. 303 f.; HaKo/*Fiebig*, § 1 KSchG Rz. 281. | 9 LAG Bremen v. 6.3.1992 – 4 Sa 295/91, LAGE § 611 BGB – Abmahnung Nr. 31. | 10 BAG v. 14.9.1994 – 5 AZR 632/93, AP Nr. 13 zu § 611 BGB – Abmahnung. | 11 LAG Hamm v. 5.2.1990 – 2 Sa 1487/89, NZA 1990, 540. | 12 LAG Schl.-Holst. v. 7.6.1995 – 1 Ta 63/95, BB 1995, 1596; LAG Hamm v. 16.8.1989 – 2 Sa 308/89, DB 1989, 2032; der Abstand zur „Deckelung" des Wertes von Bestandsstreitigkeiten in § 12 Abs. 7 ArbGG muss gewahrt bleiben. | 13 Vgl. KR/*Etzel*, § 1 KSchG Rz. 410.

lassen[1]. Es gilt ein objektiver Maßstab, nicht die subjektive Sicht des jeweiligen ArbGeb[2]. Die auf Seiten des ArbGeb zu fordernden Vertrags- und Interessenbeeinträchtigungen brauchen dabei idR nicht das Ausmaß wie bei der personenbedingten Kündigung zu erreichen, da es der ArbN selbst in der Hand hat, sich vertragsgetreu zu verhalten[3]. Sie bedürfen aber in Anbetracht des allgemeinen Bestandsschutzinteresses des ArbN (vgl. oben Vorb. vor § 1 Rz. 9 f.) stets einer gewissen Erheblichkeit[4].

209 Auf Seiten des **ArbGeb** wird das Lösungsinteresse maßgeblich von dem Gewicht der Vertragspflichtverletzung bestimmt. Dieses richtet sich nach der Bedeutung der verletzten Pflicht für das Arbeitsverhältnis, der Intensität der Pflichtverletzung in Bezug auf Beharrlichkeit und Häufigkeit[5] sowie dem Grad des Verschuldens[6]. Dabei ist ein etwaiges Mitverschulden des ArbGeb zu berücksichtigen. Konkrete **Betriebsablaufstörungen oder Schäden** sind zwar nicht notwendige Voraussetzung einer verhaltensbedingten Kündigung[7]; auch die folgenlose Verletzung von Vertragspflichten kann für sich eine Kündigung rechtfertigen, etwa bei beharrlicher Missachtung[8]. Der Eintritt konkreter betrieblicher Störungen oder Schäden ist aber in der Interessenabwägung zu berücksichtigen. Das Kündigungsinteresse des ArbGeb erhöht sich, der Kündigungsgrund erhält mehr Gewicht[9]. Das gilt in gleichem Maße für Störungen des Betriebsfriedens[10], der Arbeitsdisziplin[11] und den Eintritt von Ruf- und Vermögensschäden[12]. Die Höhe eines fahrlässig verursachten Schadens ist von Bedeutung, soweit sie auf erhöhtes Verschulden schließen lässt oder die Gefahr künftiger hoher Schäden zu besorgen ist.

210 Das allgemeine Bestandschutzinteresse eines **ArbN** mit Kündigungsschutz erfordert bereits eine gewisse Mindesterheblichkeit des Kündigungsgrundes[13]. Es kann sich aufgrund individueller Umstände auf Seiten des ArbN erhöhen. Gegenüber verhaltensbedingten und damit verschuldeten Gründen sind der Rücksichtnahme jedoch Grenzen gesetzt. Mit zunehmendem Gewicht der Gründe, insb. zunehmendem Verschulden, müssen besondere Bestandsschutzinteressen des ArbN zurücktreten[14]. In erster Linie zu berücksichtigen ist die Dauer der – ungestörten – **Betriebszugehörigkeit**[15]. Mit der Dauer wächst das schon angesichts der allgemeinen menschlichen Unzulänglichkeit bis zu einem gewissen Grad hinzunehmende Risiko eines Fehlers und damit auch einer Pflichtverletzung; zugleich steigert sich bei beanstandungsfreiem Verlauf die Intensität der wechselseitigen Bindung. Bei Straftaten zu Lasten des ArbGeb kann die Dauer der Betriebszugehörigkeit aber nur in engen Grenzen zu Gunsten des ArbN ins Gewicht fallen[16]. Nach der Rspr. des BAG kommt dem bloßen **Lebensalter** bei der verhaltensbedingten Kündigung idR nur eine untergeordnete Rolle zu[17]. Allgemein erhöht sich mit zunehmendem Alter das Schutzbedürfnis des zu seinem Lebensunterhalt auf Arbeit angewiesenen ArbN wegen der verstärkt drohenden Arbeitslosigkeit[18]; signifikant gesteigerte Rücksichtnahme darauf dürfte der ArbGeb bei verhaltensbedingten und damit verschuldensabhängigen Gründen idR aber nur dann schulden, wenn diese mit dem Lebensalter zusammenhängen. Auch **Unterhaltspflichten** haben Bezug zum Arbeitsverhältnis, es bildet für sie die wirtschaftliche Grundlage. Allgemein sind sie bei der Interessenabwägung von größerem Gewicht, wenn sie mit dem verhaltensbedingten Kündigungsgrund in Zusammenhang stehen[19]. Dass der ArbN mit der Eingehung des Arbeitsverhältnisses idR für den ArbGeb erkennbar gerade auch den Zweck verfolgt, seine Unterhaltspflichten erfüllen zu können, tritt dagegen in den Hintergrund, wenn der ArbN gewichtige Pflichten aus dem Arbeitsvertrag trotz Abmahnung wiederholt vorsätzlich verletzt[20]; in diesem Fall können die Unterhaltspflichten des ArbN bei der Interessenabwägung kaum von Gewicht und im Extremfall sogar völlig vernachläs-

---

[1] BAG v. 22.7.1982 – 2 AZR 30/81, AP Nr. 5 zu § 1 KSchG – Verhaltensbedingte Kündigung (*Otto*); v. 7.12.1988 – 7 AZR 122/88, EzA § 1 KSchG – Verhaltensbedingte Kündigung Nr. 26 (*Rüthers*); v. 21.11.1996 – 2 AZR 357/95, AP Nr. 130 zu § 626 BGB (*Bernstein*). | [2] BAG v. 21.11.1996 – 2 AZR 357/95, AP Nr. 130 zu § 626 BGB (*Bernstein*); v. 21.5.1992 – 2 AZR 10/92, AP Nr. 29 zu § 1 KSchG – Verhaltensbedingte Kündigung. | [3] Ebenso *v. Hoyningen-Huene/Linck*, § 1 KSchG Rz. 277. | [4] Ebenso *v. Hoyningen-Huene/Linck*, § 1 KSchG Rz. 127 ff. mwN. | [5] BAG v. 21.1.1999 – 2 AZR 665/98, AP Nr. 151 zu § 626 BGB (*v. Hoyningen-Huene*). | [6] BAG v. 25.4.1991 – 2 AZR 624/90, AP Nr. 104 zu § 626 BGB; KR/*Fischermeier*, § 626 BGB Rz. 242 ff. mwN. | [7] So aber zunächst irreführend BAG v. 7.12.1988 – 7 AZR 122/88, AP Nr. 26 zu § 1 KSchG 1969 – Verhaltensbedingte Kündigung unter II 3 d.Gr.; aufgegeben in BAG v. 17.1.1991 – 2 AZR 375/90, AP Nr. 25 zu § 1 KSchG 1969 – Verhaltensbedingte Kündigung; seitdem st. Rspr., vgl. etwa BAG v. 16.8.1991 – 2 AZR 604/90, AP Nr. 27 zu § 1 KSchG 1969 – Verhaltensbedingte Kündigung (*Rüthers/Müller*). | [8] BAG v. 17.1.1991 – 2 AZR 375/90, AP Nr. 25 zu § 1 KSchG 1969 – Verhaltensbedingte Kündigung. | [9] BAG v. 17.1.1991 – 2 AZR 375/90, AP Nr. 25 zu § 1 KSchG 1969 – Verhaltensbedingte Kündigung (*Rüthers/Franke*); v. 7.12.1988 – 7 AZR 122/88, AP Nr. 26 zu § 1 KSchG 1969 – Verhaltensbedingte Kündigung. | [10] BAG v. 17.1.1991 – 2 AZR 375/90, AP Nr. 25 zu § 1 KSchG 1969 – Verhaltensbedingte Kündigung; v. 17.3.1988 – 2 AZR 576/87, AP Nr. 99 zu § 626 BGB. | [11] *Bitter/Kiel*, RdA 1995, 26 (33). | [12] BAG v. 17.1.1991 – 2 AZR 375/90, AP Nr. 25 zu § 1 KSchG 1969 – Verhaltensbedingte Kündigung (*Rüthers/Franke*). | [13] HM, vgl. *v. Hoyningen-Huene/Linck*, § 1 KSchG Rz. 127 ff. mwN. | [14] BAG v. 25.4.1991 – 2 AZR 624/90, AP Nr. 104 zu § 626 BGB; KR/*Fischermeier*, § 626 BGB Rz. 242 ff. mwN. | [15] BAG v. 13.12.1984 – 2 AZR 454/83, AP Nr. 81 zu § 626 BGB; v. 31.3.1993 – 2 AZR 492/92, AP Nr. 32 zu § 626 BGB – Ausschlussfrist; v. 30.9.1993 – 2 AZR 188/93, EzA § 626 BGB Nr. 152. | [16] BAG v. 13.12.1984 – 2 AZR 454/83, AP Nr. 81 zu § 626 BGB (Entwendung von 20 l Dieselkraftstoff bei 13-jähriger beanstandungsfreier Betriebszugehörigkeit uU nur ordentliche Kündigung). | [17] BAG v. 5.4.2001 – 2 AZR 159/00, AP Nr. 171 zu § 626 BGB. | [18] BAG v. 11.3.1999 – 2 AZR 507/98, AP Nr. 149 zu § 626 BGB. | [19] Vgl. BAG v. 2.3.1989 – 2 AZR 280/88, AP Nr. 101 zu § 626 BGB; *Bitter/Kiel*, RdA 1995, 33. | [20] BAG v. 2.3.1989 – 2 AZR 280/88, AP Nr. 101 zu § 626 BGB.

sigbar sein[1]. Zur **Abgrenzung** der ordentlichen verhaltensbedingten Kündigung von der außerordentlichen Kündigung vgl. oben Rz. 66.

7. Beweislast. Der ArbGeb trägt im Kündigungsschutzprozess gem. § 1 Abs. 2 Satz 4 die Beweislast für die Tatsachen, aus denen die schuldhafte Vertragspflichtverletzung des ArbN, die negative Zukunftsprognose und das überwiegende Lösungsinteresse des ArbGeb im Rahmen der Interessenabwägung folgen[2]. Es bedarf eines konkreten Tatsachenvortrags. Pauschale Werturteile und schlagwortartige Angaben genügen nicht (zB „ständige Schlechtleistungen", „ständige Störung des Betriebsfriedens", „gravierende Leistungsmängel"). Will sich der ArbGeb auf eine vorausgegangene **Abmahnung** berufen, so hat er im Prozess die Abmahnung selbst nach Inhalt, Zeit und Ort und – im Bestreitensfalle – die ihr zugrunde liegende Pflichtverletzung darzulegen und zu beweisen[3]. Eine in den Personalakten befindliche und vom ArbN nicht angegriffene Abmahnung erbringt in einem nachfolgenden Kündigungsschutzprozess keinen Beweis für die darin gerügte Vertragspflichtverletzung[4]. Bei der **anderweitigen Weiterbeschäftigungsmöglichkeit** (vgl. oben Rz. 185) gilt eine abgestufte Darlegungslast. Mit der Darlegung des Kündigungsgrundes hat der ArbGeb idR zumindest stillschweigend das Bestehen einer solchen Möglichkeit in Abrede gestellt. Es ist daher Sache des ArbN vorzutragen, wie er sich eine andere, weitere Vertragsstörungen vermeidende Beschäftigung vorstellt. Sodann hat der ArbGeb das Fehlen einer solchen Möglichkeit im Einzelnen darzulegen und zu beweisen[5]. Der ArbGeb braucht nicht von vorn herein alle denkbaren **Rechtfertigungsgründe** auszuschließen. Wendet der ArbN Rechtfertigungsgründe ein (zB: Er sei deshalb verspätet am Arbeitsplatz erschienen, weil er sich um sein plötzlich erkranktes minderjähriges Kind habe kümmern müssen; ein Fernbleiben vom Arbeitsplatz sei genehmigt worden[6]), so muss er sie im Rahmen seines Bestreitens gem. § 138 Abs. 2 ZPO im einzelnen konkret darlegen. Sodann hat der ArbGeb zu beweisen, dass der Rechtfertigungsgrund in Wahrheit nicht bestanden hat. Denn es fehlt bereits an einer Vertragspflichtverletzung, wenn das Verhalten des ArbN nach den konkreten Umständen erlaubt war[7].

Beruft sich der ArbN gegenüber dem Vorwurf des unentschuldigten Fehlens ohne ärztliches Attest auf eine **Krankheit**, so hat er vorzutragen, welche tatsächlichen physischen oder psychischen Hinderungsgründe vorgelegen haben und wo er sich zum fraglichen Zeitpunkt aufgehalten hat[8]. Der ArbGeb hat das zu widerlegen. Legt der ArbN ein **ärztliches Attest** vor, so begründet dieses in der Regel den Beweis für die Tatsache der arbeitsunfähigen Erkrankung. Ein solches Attest hat einen hohen Beweiswert, da es der gesetzlich vorgesehene und wichtigste Beweis für die Tatsache der krankheitsbedingten Arbeitsunfähigkeit ist. Bezweifelt der ArbGeb die Arbeitsunfähigkeit, beruft er sich insb. darauf, der ArbN habe den Arzt getäuscht oder der Arzt habe den Begriff der krankheitsbedingten Arbeitsunfähigkeit verkannt, dann muss er die Umstände, die gegen die Arbeitsunfähigkeit sprechen, näher darlegen und notfalls beweisen, um dadurch die Beweiskraft des Attestes zu erschüttern[9]. Gelingt ihm das, so tritt hinsichtlich der Behauptungs- und Beweislast wieder derselbe Zustand an, wie er vor Vorlage des Attestes bestand. Der **ArbN** hat nunmehr angesichts der Umstände, die gegen eine Arbeitsunfähigkeit sprechen, weiter zu substantiieren, welche Krankheiten vorgelegen haben, welche gesundheitlichen Einschränkungen bestanden haben, welche Verhaltensmaßregeln der Arzt gegeben hat, welche Medikamente zB bewirkt haben, dass zwar noch nicht die geschuldete Arbeit, wohl aber anderweitige Tätigkeiten verrichtet werden konnten. Ggf. hat er die behandelnden Ärzte von ihrer Schweigepflicht zu entbinden. Sodann muss der **ArbGeb** aufgrund der ihm obliegenden Beweislast den konkreten Sachvortrag des ArbN widerlegen[10]. Auch ist zu prüfen, ob die Umstände, die den Beweiswert des ärztlichen Attests erschüttern, nicht als so gravierend anzusehen sind, dass sie ein starkes Indiz für die Behauptung des ArbGeb darstellen, die Krankheit sei nur vorgetäuscht gewesen, so dass der ArbN dieses Indiz entkräften muss[11].

8. Einzelfälle (alphabetisch). Die nachfolgende Auflistung enthält typische Fälle verhaltensbedingter Vertragsstörungen und ihre kündigungsrechtlichen Konsequenzen (Abmahnung, ordentliche Kündigung, außerordentliche Kündigung). Sie beruht auf der hierzu ergangenen Rspr. Dabei ist unbedingt zu beachten, dass es sich um Einzelfälle handelt, die nicht schematisch mit anderen Sachverhalten gleichgesetzt werden können. Sie bieten nur eine erste Orientierung.

---

1 BAG v. 27.2.1997 – 2 AZR 302/96, AP Nr. 36 zu § 1 KSchG – Verhaltensbedingte Kündigung; v. 16.3.2000 – 2 AZR 75/99, AP Nr. 114 zu § 102 BetrVG (bei eigenmächtiger Urlaubnahme „allenfalls marginale Bedeutung"). | 2 Hess. LAG v. 31.10.1986 – 13 Sa 613/86, LAGE § 611 BGB – Abmahnung Nr. 5; allg.M, vgl. *v. Hoynigen-Huene/Linck*, § 1 KSchG Rz. 303 f. | 3 Hess. LAG v. 31.10.1986 – 13 Sa 613/86, LAGE § 611 BGB – Abmahnung Nr. 5; allg. Meinung, vgl. *v. Hoynigen-Huene/Linck*, § 1 KSchG Rz. 303 f. | 4 BAG v. 13.3.1987 – 7 AZR 601/85, BB 1987, 1741 = DB 1987, 1495. | 5 BAG v. 7.2.1991 – 2 AZR 205/90, EzA § 1 KSchG – Personenbedingte Kündigung. | 6 BAG v. 26.8.1993 – 2 AZR 154/93, AP Nr. 112 zu § 126 BGB (*Berning*); | 7 BAG v. 26.8.1993 – 2 AZR 154/93, AP Nr. 112 zu § 126 BGB (*Berning*); v. 6.8.1987 – 2 AZR 226/87, AP Nr. 97 zu § 626 BGB (*Baumgärtel*); Entsprechendes gilt für die Widerlegung einer näher behaupteten Notwehrlage bei Tätlichkeiten, BAG v. 31.5.1990 – 2 AZR 535/89, nv. (juris). | 8 BAG v. 26.8.1993 – 2 AZR 154/93, AP Nr. 112 zu § 126 BGB (*Berning*). | 9 BAG v. 26.8.1993 – 2 AZR 154/93, AP Nr. 112 zu § 126 BGB (*Berning*). | 10 BAG v. 26.8.1993 – 2 AZR 154/93, AP Nr. 112 zu § 126 BGB (*Berning*). | 11 BAG v. 26.8.1993 – 2 AZR 154/93, AP Nr. 112 zu § 126 BGB (*Berning*).

Abkehrwille	214	Nachweispflichten siehe *Krankheit*	232
Abwerbung siehe *Treuepflicht*	248	Nebentätigkeit	236
Alkohol und Drogen	215	Offenbarungspflicht	237
Anzeigen	219	Öffentlicher Dienst siehe *Außerdienstliches Verhalten*	225
Arbeitskampf	222		
Arbeitsschutz siehe *Anzeige, Arbeitsverweigerung, Unfallschutz*	219, 223, 252	Pfändung siehe *Schulden*	241
		Politik siehe *Meinungsäußerung*	235
Arbeitsverweigerung	223	Rauchverbot	238
Ausländerfeindliches Verhalten siehe *Beleidigung*	229	Schlechtleistung	239
Außerdienstliches Verhalten	225	Schmiergeld siehe *Treuepflicht*	248
Beleidigung	229	Schulden	241
Bestechung siehe *Treuepflicht*	248	Sexuelle Belästigung	242
Betriebsfrieden siehe *Beleidigung*	229	Spesen siehe *Straftaten*	243
Denunziation siehe *Anzeige*	219	Straftaten	243
Drogen siehe *Alkohol*	215	Streik siehe *Arbeitskampf*	222
Eigentumsdelikte siehe *Außerdienstliches Verhalten*	225	Tätlichkeiten siehe *Beleidigung*	229
		Telefonieren und Internet	247
Internet siehe *Telefonieren*	247	Treuepflicht	248
Kirche siehe *Außerdienstliches Verhalten*	225	Überstunden siehe *Arbeitsverweigerung*	223
Konkurrenz siehe *Treuepflicht*	248	Unentschudligtes Fehlen	251
Kraftfahrer	231	Unfallschutz	252
Krankheit und Vertragspflichten	232	Unpünktlichkeit siehe *Unentschuldigtes Fehlen*	251
Lohnpfändung siehe *Schulden*	241	Urlaub	253
Manko siehe *Schlechtleistung*	239	Verdacht	254
Meinungsäußerung	235	Verschwiegenheit siehe *Treuepflicht*	248
Minderleistung siehe *Schlechtleistung*	239	Wettbewerb siehe *Treuepflicht*	248

214 ● **Abkehrwille.** Dem ArbN steht es frei, sein Arbeitsverhältnis aufzulösen. Darin liegt grundsätzlich kein kündigungsrelevantes Verhalten. Abkehr und Abkehrwille stellen **keine Vertragspflichtverletzungen** dar, so dass es schon deshalb an einem verhaltensbedingten Kündigungsgrund fehlt. Wo er unter ganz besonderen Umständen eine Kündigung rechtfertigen soll, handelt es sich möglicherweise um einen betriebsbedingten Grund[1] (vgl. auch Rz. 326). Zu Pflichtverletzungen des ArbN im Zusammenhang mit seinem Ausscheiden, etwa vertragswidriger Vorbereitung von Konkurrenztätigkeit, Verrat von Betriebsgeheimnissen oder Abwerbung von Arbeitskollegen, vgl. jeweils dort.

215 ● **Alkohol und Drogen.** Die kündigungsrechtliche Beurteilung von alkoholbedingtem Fehlverhalten des ArbN bedarf zunächst im Einzelfall der **Abgrenzung**, ob verhaltensbedingte Gründe vorliegen oder ob die strengen Maßstäbe einer personenbedingten Kündigung aus Krankheitsgründen anzuwenden sind (vgl. auch oben Rz. 182). Nach der Rspr. des BAG ist **Alkoholabhängigkeit** eine Krankheit im medizinischen Sinne[2]. Von krankhaftem Alkoholismus ist auszugehen, wenn infolge psychischer und physischer Abhängigkeit Gewohnheits- und übermäßiger Alkoholgenuss trotz besserer Einsicht nicht aufgegeben oder reduziert werden kann[3]. Eine verhaltensbedingte Kündigung wegen Pflichtverletzungen, die auf Alkoholabhängigkeit beruhen, ist idR sozialwidrig, weil dem ArbN im Zeitpunkt der Pflichtverletzung kein Schuldvorwurf zu machen ist[4]. Vgl. im Übrigen zur personenbedingten Kündigung wegen Alkoholabhängigkeit oben Rz. 119. Die Entscheidung des ArbN, nach einer erfolgreichen Entziehungskur die zunächst aufgenommenen Besuche in einer Selbsthilfegruppe von **anonymen Alkoholikern** abzubrechen, weil er sich hiermit überfordert fühlt, gehört zum privaten Lebensbereich. Hiermit verletzt er keine Haupt- oder Nebenpflichten aus dem Arbeitsverhältnis. Selbst wenn er dem ArbGeb, der einen solchen Besuch einer Selbsthilfegruppe verlangt, vortäuscht, er setze diese Besuche fort, rechtfertigt dies keine ordentliche verhaltensbedingte Kündigung[5]. Häufig besteht auch bei Alkoholabhängigkeit eine **Reststeuerungsfähigkeit**, die den betroffenen ArbN für sein Handeln verantwortlich sein lässt. In einem solchen Fall kann unter Umständen auch ein alkoholabhängiger ArbN im Falle alkoholbedingter Pflichtverletzungen abgemahnt oder ggf. gekündigt werden[6]. Die gegen Arbeitskollegen gerichtete Beschaffungskriminalität eines Suchtkranken etwa wird idR zumindest auf noch steuerbarem Verhalten beruhen und daher schuldhaft sein und einen verhaltensbedingten Grund darstellen[7] (vgl. oben Rz. 182).

216 Besteht dagegen **keine Alkoholabhängigkeit**, kann Alkoholgenuss bzw. Alkoholisierung im Betrieb vertragliche Nebenpflichten verletzen und daher – idR nach erfolgloser Abmahnung[8] – eine verhaltensbedingte Kündigung rechtfertigen[9]. Ohne ein (absolutes) betriebliches Alkoholverbot wird grundsätzlich

---

1 So BAG v. 22.10.1964 – 2 AZR 515/63, DB 1965, 38. | 2 BAG v. 9.4.1987 – 2 AZR 210/86, AP Nr. 18 zu § 1 KSchG 1969 – Krankheit; v. 13.12.1990 – 2 AZR 336/90, EzA § 1 KSchG – Krankheit Nr. 33; v. 1.6.1983 – 5 AZR 536/80, AP Nr. 52 zu § 1 LohnFG; Willemsen/Brune, DB 1988, 2304 ff. | 3 BAG v. 1.6.1983 – 5 AZR 536/80, AP Nr. 52 zu § 1 LohnFG. | 4 BAG v. 9.4.1987 – 2 AZR 210/86, AP Nr. 18 zu § 1 KSchG 1969 – Krankheit. | 5 LAG Düsseldorf v. 25.2.1997 – 8 Sa 167/96, LAGE § 1 KSchG – Verhaltensbedingte Kündigung Nr. 57. | 6 BAG v. 30.9.1993 – 2 AZR 188/93, EzA § 626 BGB nF Nr. 152. | 7 Im Ergebnis wie hier LAG Köln v. 12.3.2002 – 1 Sa 1354/01, NZA-RR 2002, 519 f. (Spielsucht), das jedoch ohne Not auf das Verschuldensmerkmal bei der verhaltensbedingten Kündigung verzichtet. | 8 LAG Hess. v. 20.3.1986 – 12 Sa 182/85 u. LAG Hamm v. 15.12.1989 – 18 Sa 814/89, LAGE § 1 KSchG – Verhaltensbedingte Kündigung Nr. 9 u. 26. | 9 BAG v. 22.7.1982 – 2 AZR 30/81, AP Nr. 5 zu § 1 KSchG 1969 – Verhaltensbedingte Kündigung; v. 26.1.1995 – 2 AZR 649/94, EzA § 1 KSchG – Verhaltensbedingte Kündigung Nr. 46.

nur ein geringer Alkoholkonsum erlaubt sein (zB das Glas Sekt bei der Beförderungsfeier, ein Glas Bier in der Pause)[1]. Der ArbN darf sich durch Alkoholgenuss nicht in einen Zustand versetzen, in dem er sich oder andere gefährden oder seine vertraglichen Pflichten nicht mehr erfüllen kann (vgl. auch die Unfallverhütungsvorschrift in § 38 Abs. 1 VBG I). Für leitende Angestellte und Repräsentanten können gesteigerte Anforderungen bestehen. Der ArbN hat die Pflicht, seine Arbeitsfähigkeit auch nicht durch **privaten Alkoholgenuss** zu beeinträchtigen[2]. Auf strafrechtliche Promillegrenzen kommt es ebenso wenig an[3] wie darauf, ob der ArbN alkoholisiert zur Arbeit erscheint oder erst im Betrieb alkoholische Getränke zu sich nimmt. Bei Tätigkeiten im **sicherheitsrelevanten Bereich** kann die Pflicht, die Arbeitsfähigkeit nicht durch Alkoholgenuss zu beeinträchtigen, schon bei sehr geringen Alkoholmengen verletzt sein[4]. Das gilt insb. bei Tätigkeiten, die mit einer besonderen Unfallgefahr verbunden sind. Zuwiderhandlung sind hier besonders schwerwiegend und können uU auch ohne vorherige Abmahnung eine (auch außerordentliche) Kündigung rechtfertigen[5]. Beispiele: Kraftfahrer[6] (siehe auch dort), Kranführer, Lokführer, Chirurg, Pilot.

Die Übertretung eines allgemeinen **betrieblichen Alkoholverbotes** kann nach Abmahnung eine Kündigung rechtfertigen[7]. Der ArbGeb ist im Allgemeinen berechtigt, für den Betrieb und die betrieblichen Tätigkeiten ein Alkoholverbot zu verhängen. Dem BR steht gemäß § 87 Abs. 1 Nr. 1 BetrVG ein MitbestR zu. Ist der Genuss von Alkohol lediglich während der Arbeitszeit untersagt und im Übrigen nur verboten, sich vor Beginn der Arbeit oder in den Pausenzeiten in einen Zustand zu versetzen, in dem man sich selbst oder andere ArbN gefährdet oder seine Pflichten aus dem Arbeitsverhältnis nicht erfüllen kann, handelt es sich um ein sog. relatives Alkoholverbot. Es entspricht weitgehend der allgemeinen arbeitsvertraglichen Nebenpflicht, insb. bleibt es erlaubt, in den Pausenzeiten in Maßen alkoholische Getränke zu sich zu nehmen[8]. Ein **absolutes Alkoholverbot** untersagt Alkoholgenuss und Alkoholisierung im Betrieb vollständig. Es regelt nicht unmittelbar die zu erbringende Arbeitsleistung, sondern dient einer vorbeugenden Gefahrenabwehr und damit der Verhütung von Dienst- und Arbeitsunfällen. Damit betrifft es – auch bei Kraftfahrern – die Frage der Ordnung im Betrieb bzw. der Dienststelle, das Verhalten der Beschäftigten bzw. der ArbN, nicht aber das Arbeitsverhalten, und unterliegt der Mitbest. nach § 87 Abs. 1 Nr. 1 BetrVG und § 75 Abs. 3 Nr. 15 BPersVG[9]. 217

Im Kündigungsrechtsstreit muss der ArbGeb den Alkoholverstoß **darlegen und beweisen**. Hierzu gehört ggfs. auch, dass durch Alkoholisierung des ArbN ein erhöhtes Unfallrisiko besteht oder die vertraglichen Arbeitspflichten nicht mehr ordnungsgemäß erfüllt werden können. Der ArbN ist nicht verpflichtet, sich auf Veranlassung des ArbGeb einer Blut- oder Atemalkoholanalyse (Alkomat) zu unterziehen. Der ArbGeb muss dann den Nachweis der Alkoholisierung anhand der typischen Alkoholbegleiterscheinungen führen (Fahne, lallende Sprache, schwankender Gang etc.). Bestreitet der ArbN seine Alkoholisierung, so hat ihm der ArbGeb zur Entlastung einen **Alkomattest** anzubieten, sofern er über die technischen Voraussetzungen hierzu verfügt[10]. Will sich der ArbN bei einem aufgrund objektiver Anhaltspunkte bestehenden Verdacht einer Alkoholisierung im Dienst mit Hilfe eines Alkoholtests entlasten, muss er idR einen entsprechenden Wunsch von sich aus – schon wegen des damit verbundenen Eingriffs in sein Persönlichkeitsrecht – an den ArbGeb herantragen[11]. Ein ArbN ist regelmäßig nicht verpflichtet, im laufenden Arbeitsverhältnis **routinemäßigen Blutuntersuchungen** auf Alkohol- oder Drogenabhängigkeit zuzustimmen[12]. Einer solchen Untersuchung muss sich der ArbN nur unterziehen, wenn hinreichend sichere tatsächliche Anhaltspunkte bestehen, die einen derartigen Eignungsmangel als nahe liegend erscheinen lassen. Liegen diese Voraussetzungen nicht vor, braucht der ArbN einer entsprechenden Aufforderung nicht Folge zu leisten[13]. Wirkt ein Heimerzieher trotz des im Heim bestehenden generellen Drogenverbots an dem **Cannabisverbrauch** eines der ihm anvertrauten Heiminsassen mit, so ist dies als wichtiger Grund zur außerordentlichen Kündigung nach § 626 BGB an sich geeignet[14]. 218

● **Anzeigen.** In der Anzeige gegen seinen ArbGeb oder einen seiner Repräsentanten kann **eine erhebliche Verletzung einer arbeitsvertraglichen Nebenpflicht** durch den ArbN liegen, die den betroffenen ArbGeb zu einer Kündigung berechtigen kann. Dies kommt insb. dann in Betracht, wenn eine vom 219

---

1 Weiter gehend – bis zu feststellbaren Ausfallerscheinungen – bei „branchenüblichem" Alkoholgenuss LAG Köln v. 11.9.1987 – 9 Sa 222/87, LAGE § 1 KSchG – Verhaltensbedingte Kündigung Nr. 14. | 2 BAG v. 26.1.1995 – 2 AZR 649/94, EzA § 1 KSchG – Verhaltensbedingte Kündigung Nr. 46; *Künzl*, BB 1993, 1581 (1586). | 3 BAG v. 26.1.1995 – 2 AZR 649/94, EzA § 1 KSchG – Verhaltensbedingte Kündigung Nr. 46. | 4 BAG v. 26.1.1995 – 2 AZR 649/94, EzA § 1 KSchG – Verhaltensbedingte Kündigung Nr. 46; *Künzl*, BB 1993, 1581. | 5 LAG Hamm v. 23.8.1990 – 16 Sa 293/90, LAGE § 626 BGB Nr. 52. | 6 Vgl. zu Gabelstaplerfahrern BAG v. 23.9.1986 – 1 AZR 83/85, AP Nr. 20 zu § 75 BPersVG. | 7 BAG v. 26.1.1995 – 2 AZR 649/94, AP Nr. 34 zu § 1 KSchG 1969 – Verhaltensbedingte Kündigung; LAG Berlin v. 1.6.1985 – 9 Sa 29/85, LAG Köln v. 11.9.1987 – 9 Sa 222/87, LAG Hamm v. 15.12.1989 – 18 Sa 814/89 u. v. 11.11.1996 – 10 Sa 1789/95, LAGE § 1 KSchG – Verhaltensbedingte Kündigung Nr. 4, 14, 26 u. 56; LAG Hamm v. 23.8.1990 – 16 Sa 293/90, AuR 1991, 380. | 8 BAG v. 26.1.1995 – 2 AZR 649/94, EzA § 1 KSchG – Verhaltensbedingte Kündigung Nr. 46. | 9 BAG v. 23.9.1986 – 1 AZR 83/85, AP Nr. 20 zu § 75 BPersVG. | 10 BAG v. 26.1.1995 – 2 AZR 649/94, EzA § 1 KSchG – Verhaltensbedingte Kündigung Nr. 46. | 11 BAG v. 16.9.1999 – 2 AZR 123/99, AP Nr. 159 zu § 626 BGB (*Fleck*). | 12 BAG v. 12.8.1999 – 2 AZR 55/99, AP Nr. 41 zu § 1 KSchG – Verhaltensbedingte Kündigung. | 13 BAG v. 12.8.1999 – 2 AZR 55/99, AP Nr. 41 zu § 1 KSchG – Verhaltensbedingte Kündigung; vgl. BVerfGE 89, 69 (85 f.) zu der Anforderung eines medizinisch-psychologischen Gutachtens über die Eignung zum Führen von Kraftfahrzeugen nach einmaligem Haschischkonsum des Betreffenden. | 14 BAG v. 18.10.2000 – 2 AZR 131/00, AP Nr. 169 zu § 626 BGB.

ArbN veranlasste Strafanzeige wissentlich unwahre oder leichtfertig falsche Angaben enthält oder wenn sie in Schädigungsabsicht bzw. aus Rache erfolgt. Je nach den Umständen kann dies auch der Fall sein, wenn der ArbN nicht vorab eine innerbetriebliche Klärung versucht hat. Ein solcher Versuch kann dem ArbN insb. bei Fehlverhalten anderer Betriebsangehöriger, das sich gegen den ArbGeb selbst richtet, zumutbar sein, wenn er bei objektiver Betrachtung erwarten kann, der von ihm informierte ArbGeb werde der Beschwerde nachgehen. In einem solchen Fall steht dem möglichen Vorrang einer innerbetrieblichen Klärung nicht die grundrechtlich geschützte Wahrnehmung staatsbürgerlicher Rechte bei Erstattung einer Anzeige entgegen[1]. Die **Wahrnehmung staatsbürgerlicher Rechte** bei Erstattung einer Strafanzeige ist nach neuerer Rspr. des BVerfG grundrechtlich geschützt. Sie kann im Regelfall aus rechtsstaatlichen Gründen eine (fristlose) Kündigung des Arbeitsverhältnisses nicht rechtfertigen, soweit nicht wissentlich unwahre oder leichtfertig falsche Angaben gemacht werden[2]. Bei lediglich haltlosen Vorwürfen aus verwerflichen Motiven wird eine (auch außerordentliche) Kündigung gerechtfertigt sein. Sagt ein ArbN von sich aus vor der Staatsanwaltschaft aus und übergibt aus eigenem Antrieb Unterlagen, ist zu beachten, dass es sich dabei um die Wahrnehmung staatsbürgerlicher Rechte in einem Strafverfahren handelt (Art. 2, 17 GG)[3].

220 Die **bisherige** Rspr[4]. gab der Loyalitätspflicht des ArbN stärkeres Gewicht als seinen staatsbürgerlichen Rechten in einem Ermittlungsverfahren, wozu auch das Anzeigerecht gehört. Die Erstattung von Anzeigen wird trotz „abnehmender Tendenz" der Anforderungen an die Loyalitätspflicht des ArbN[5] bis heute als unfreundlicher, feindlicher Akt angesehen, der nur bei berechtigtem Eigeninteresse oder erheblichem öffentlichen Interesse und grundsätzlich nur nach dem Versuch innerbetrieblicher Abhilfe in Betracht kommt[6]. Die nachfolgend wiedergegebene Rspr. steht unter dem Vorbehalt eines Anschauungswandels. Bestehen im Betrieb Missstände oder Rechtsverstöße, so ist der ArbN vor Einschaltung außerbetrieblicher Stellen regelmäßig gehalten, sich zunächst **innerbetrieblich um Abhilfe** zu bemühen[7], wie § 21 Abs. 6 GefStoffVO bei Gesundheitsgefährdung am Arbeitsplatz ausdrücklich vorsieht. Erreicht der ArbN auf diesem Wege keine Abhilfe, so kann er außerbetriebliche Stellen angehen, wenn dies in Wahrnehmung berechtigter Interessen geschieht. Stellt etwa ein Lkw-Fahrer seinen LKW aufgrund konkreter Zweifel an dessen Verkehrstüchtigkeit der Polizei zur Überprüfung vor, nachdem er den ArbGeb zuvor vergeblich zur Behebung des Mangels aufgefordert hatte, verletzt er keine Vertragspflichten[8]. Bei ArbN des **öffentlichen Dienstes** stellt es keinen verhaltensbedingten Kündigungsgrund dar, wenn sie vom Petitionsrecht (Art. 17 GG) Gebrauch machen und auf Missstände in ihrem Amt hinweisen[9]. Ein ArbN, dem die **Verantwortung für die Sicherheit** von betrieblichen Einrichtungen übertragen ist, hat das Recht, Bedenken gegen den sicheren Zustand solcher Einrichtungen bei allen zuständigen Stellen in der gehörigen Form zu erheben. Er hat ferner Anspruch darauf, dass diese Bedenken, soweit das möglich ist, widerlegt werden. Erst wenn die Zweifel des ArbN nach objektiven Maßstäben ausgeräumt sein müssen, kann die Fortsetzung seiner Kritik als Grund für eine ordentliche Kündigung in Betracht kommen[10].

221 Eine Anzeige des ArbN gegen seinen objektiv rechtmäßig handelnden ArbGeb bei einer zuständigen Stelle kann für sich eine außerordentliche Kündigung rechtfertigen, wenn **völlig haltlose und unfundierte Vorwürfe** in einer zudem nach Art und Inhalt erheblich zu missbilligenden Beschwerde aus einer verwerflichen Motivation (Rache, Schädigungsabsicht) erhoben werden[11]. Eine vom ArbN gegen den ArbGeb erstattete Anzeige (hier wegen Steuerhinterziehung) kann einen wichtigen Grund zur außerordentlichen Kündigung darstellen. Will der ArbN den ArbGeb „fertig machen", so kann eine Mitteilung an das FA vom Vorliegen einer strafbaren Handlung auch bei gleichzeitiger Selbstanzeige uU nicht als **Wahrnehmung berechtigter Interessen** anerkannt werden[12]. Das Gleiche gilt idR, wenn der ArbN den ArbGeb gegenüber der **Presse anschwärzt**. Setzt ein Bankangestellter in leitender Position den ArbGeb durch die Androhung von Presseveröffentlichungen („Dinge im Zusammenhang mit Luxemburg") mit dem Ziel unter Druck, von arbeitsrechtlichen Sanktionen – wie Versetzung und Kün-

---

1 BAG v. 3.7.2003 – 2 AZR 235/02, NZA 2004, 427. | 2 BVerfG v. 2.7.2001 – 1 BvR 2049/00, AP Nr. 170 zu § 626 BGB („Whistleblowing") unter II 1 b bb d.Gr.; vgl. dazu *Müller*, NZA 2002, 424 ff.; *Deiseroth*, AuR 2002, 161 ff. | 3 BVerfG v. 2.7.2001 – 1 BvR 2049/00, AP Nr. 170 zu § 626 BGB („Whistleblowing") unter II 1 b bb d.Gr. (fristlose Kündigung eines langjährig beschäftigter ArbN, der in einem Ermittlungsverfahrens gegen seine ArbGeb bereitwillig Auskünfte erteilt und auf Aufforderung hin umfangreiche selbst gesammelte Unterlagen überreicht hat; das Ermittlungsverfahren wurde nachfolgend gemäß § 170 Abs. 2 StPO eingestellt, zT mangels Beweisbarkeit, zT wegen Verjährung der Vorwürfe). | 4 Vgl. zuletzt noch BAG v. 11.3.1999 – 2 AZR 507/98, BB 1999, 1166. | 5 *Müller*, NZA 2002, 424 (432 ff.) mwN; *Deiseroth*, AuR 2002, 161 (166). | 6 Vgl. KR/*Fischermeier*, § 626 BGB Rz. 408 mwN; *Müller*, NZA 2002, 424 (432 ff.). | 7 LAG BW v. 7.2.1987 – 7 (13) Sa 95/86, NZA 1987, 756. | 8 LAG Köln v. 23.2.1996 – 11 (13) Sa 976/95, LAGE § 626 BGB Nr. 94. | 9 BAG v. 18.6.1970 – 2 AZR 369/69, AP Nr. 82 zu § 1 KSchG. | 10 BAG v. 14.12.1972 – 2 AZR 115/72, AP Nr. 8 zu § 1 KSchG 1969 – Verhaltensbedingte Kündigung; vgl. auch LAG Hamm v. 12.11.1990 – 19 (16) Sa 6/90, LAGE § 626 BGB Nr. 54; vgl. aber auch BAG v. 4.7.1991 – 2 AZR 80/91 nv. (juris); LAG BW v. 20.10.1976 – 6 Sa 51/76, EzA Nr. 8 zu § 1 KSchG – Verhaltensbedingte Kündigung. | 11 BAG v. 5.2.1959 – 2 AZR 90/56, AP Nr. 2 zu § 70 HGB; LAG Hess. v. 12.2.1987 – 12 Sa 1249/86, LAGE § 626 BGB Nr. 28; weiter gehend LAG Hess. v. 14.2.1991 – 12 Sa 846/90, NZA 1992, 124 („leichtfertige" Anzeige). | 12 BAG v. 4.7.1991 – 2 AZR 80/91, nv. (juris) (der ArbN hätte wohl vor der Selbstanzeige den ArbGeb informieren müssen).

digung – Abstand zu nehmen, liegt darin ein schwerer Vertragsverstoß, der auch ohne Abmahnung eine Kündigung begründen kann[1]. Der wesentliche Grund dürfte hier nicht so sehr in dem angedrohten Anschwärzen selbst als vielmehr in der (strafbaren) Nötigung liegen.

- **Arbeitskampf.** Die Teilnahme an einem rechtmäßigen Streik stellt keine Vertragspflichtverletzung dar und kann daher nicht zu einer Kündigung führen[2]. Die Teilnahme an einem **rechtswidrigen Streik** kann unter Umständen eine – auch außerordentliche – Kündigung rechtfertigen, wenn sich der ArbN der Rechtswidrigkeit bewusst war[3]. Hat er sie dagegen nicht gekannt, etwa bei einem von der Gewerkschaft geführtem Streik, wird eine Kündigung nicht in Betracht kommen[4]. Folgt der ArbN einem Streikaufruf der Gewerkschaft, obwohl der ArbGeb zutreffend auf die Rechtswidrigkeit des Streiks hingewiesen hat, handelt er grundsätzlich auf eigene Gefahr. Die Rspr. berücksichtigt aber zu seinen Gunsten mildernd den psychologischen Druck, unter dem er ggf. durch die Einforderung seiner Solidarität stand[5]. Dies mildert sein Verschulden und damit das Gewicht des Kündigungsgrundes. Kommt es bei einem – auch rechtmäßigen – Streik zu **Übergriffen** (Sachschäden, Beleidigungen), kann eine (ggf. außerordentliche) Kündigung gerechtfertigt sein. 222

- **Arbeitsverweigerung.** Die **beharrliche Weigerung**, trotz Drohung mit einer Kündigung eine vertraglich geschuldete und angewiesene Arbeit zu leisten, kann eine ordentliche oder außerordentliche Kündigung rechtfertigen[6]. Beharrlichkeit liegt nur bei bewusster und nachhaltiger Weigerung vor und ist idR gegeben, wenn der ArbN trotz Abmahnung an seiner Haltung festhält. Arbeiten, die er **vertraglich nicht schuldet**, braucht der ArbN nicht zu leisten, es sei denn, es liegt ein Notfall vor (Brand, Überschwemmung etc.)[7]. Der Inhalt der Arbeitspflicht ergibt sich unter Berücksichtigung der Verkehrssitte aus dem Arbeitsvertrag und ggfs. aus TV oder BV[8]. Ein **Irrtum** über seine Arbeitspflicht entschuldigt den ArbN bei beharrlicher Weigerung nur, wenn er nach sorgfältiger Erkundigung und Prüfung der Rechtslage die Überzeugung gewinnen durfte, zur Arbeit nicht verpflichtet zu sein[9]. Zur Leistung von **Überstunden** ist der ArbN außer in Notfällen nur verpflichtet, wenn für ihre Anordnung eine besondere vertragliche oder tarifvertragliche Rechtsgrundlage besteht und die gesetzlich zulässigen Höchstarbeitszeiten nicht überschritten werden[10] (vgl. auch § 611 BGB Rz. 314 f.). Die Anordnung von Überstunden muss zudem gem. § 315 BGB billigem Ermessen entsprechen, woran es bei kurzfristigem Anfall und privaten Hinderungsgründen (Kinderbetreuung) fehlen kann. Ebenso ist der ArbN berechtigt, verbotene Sonntagsarbeit zu verweigern[11]. In Betrieben mit BR ist dessen vorherige Zustimmung Wirksamkeitsvoraussetzung für die Anordnung der Überstunden (§ 87 Abs. 1 Nr. 3 BetrVG)[12]. Einer vertragsgemäßen Versetzung unter **Verletzung des MitbestR** des BR aus § 99 BetrVG braucht der ArbN nicht nachzukommen, da das Beteiligungsrecht auch zu seinem Schutz besteht (§ 99 Abs. 2 Nr. 4 BetrVG)[13]. Dagegen kann die fehlende Zustimmung des BR zur (Wieder-)Einstellung des ArbN für diesen ein Leistungsverweigerungsrecht nur dann zu begründen, wenn der BR sich auf die Verletzung seines MitbestR beruft und die Aufhebung der Einstellung verlangt[14]. 223

Dem ArbN kann ausnahmsweise auch ein **Leistungsverweigerungsrecht** (§ 273 BGB) zur Seite stehen. So kann er bestimmte Tätigkeiten ggf. unter Berufung auf **Glaubens- oder Gewissensfreiheit** verweigern (zB den Druck von kriegsverherrlichenden Schriften)[15]; es kann sich dann auch um einen personenbedingten Sachverhalt handeln, vgl. hierzu oben Rz. 133 u. 183. Ein muslimischer ArbN wird unter Berücksichtigung der betrieblichen Belange wegen seiner Grundrechte aus Art. 4 Abs. 1 und 2 GG gemäß § 616 BGB seinen Arbeitsplatz zur Abhaltung kurzzeitiger Gebete nicht ohne Rücksprache mit seinem Vorgesetzten auch über den genauen Zeitpunkt innerhalb des vom Glauben vorgegebenen Zeitraums verlassen dürfen[16]. Das Tragen eines „islamischen Kopftuchs" aus religiöser Überzeugung fällt in den Schutzbereich der grundrechtlich geschützten Glaubensfreiheit. Da auch die unternehmerische Betätigungsfreiheit grundrechtlichen Schutz genießt, ist zwischen beiden Positionen ein möglichst weitgehender Ausgleich zu suchen. Die bloße Befürchtung, dass es bei der Beschäftigung einer Verkäuferin mit Kopftuch in einem Kaufhaus notwendigerweise zu erheblichen wirtschaftlichen Beeinträchtigungen des Unternehmens etwa durch negative Reaktionen von Kunden kommt, genügt dabei 224

---

1 BAG v. 11.3.1999 – 2 AZR 507/98, AP Nr. 149 zu § 626 BGB. | 2 BAG v. 17.12.1976 – 1 AZR 605/75, AP Nr. 51 zu Art. 9 GG Arbeitskampf. | 3 BAG v. 14.2.1978 – 1 AZR 76/76, AP Nr. 58 zu Art. 9 GG; v. 14.2.1978 – 1 AZR 103/76, AP Nr. 59 zu Art 9 GG; v. 29.11.1983 – 1 AZR 469/82, NZA 1984, 34. | 4 BAG v. 12.1.1988 – 1 AZR 219/86, BB 1988, 978. | 5 BAG v. 14.2.1978 – 1 AZR 103/76, AP Nr. 59 zu Art. 9 GG. | 6 BAG v. 21.5.1992 – 2 AZR 10/92, EzA § 1 KSchG – Verhaltensbedingte Kündigung Nr. 43 (*Kraft*). | 7 BAG v. 12.4.1973 – 2 AZR 291/72, BB 1973, 1356 = DB 1973, 1904. | 8 Vgl. etwa zur Weigerung eines Hausmeisters mit dem erlernten Beruf Elektromonteur, turnusmäßige Überprüfungen ortsveränderlicher elektrischer Geräte vorzunehmen LAG Sa.-Anh. v. 25.6.2002 – 8 Sa 845/01 (juris). | 9 BAG v. 14.10.1960 – 1 AZR 254/58, BB 1961, 178; v. 29.11.1983 – 1 AZR 469/82, AP Nr. 78 zu § 626 BGB (*Herschel*); LAG Berlin v. 6.12.1993 – 9 SA 12/93, LAGE § 1 KSchG – Verhaltensbedingte Kündigung Nr. 42 (beide zum Streik). | 10 LAG Hess. v. 21.3.1986 – 13 Sa 1250/85, LAGE § 626 BGB Nr. 25; LAG Köln v. 27.4.1999 – 13 Sa 1380/98, LAGE § 626 BGB Nr. 126 (*Adam*). | 11 LAG Düsseldorf v. 21.1.1964 – 8 Sa 438/63, BB 1964, 515 = DB 1964, 628. | 12 HM, vgl. *Fitting*, § 87 Rz. 571 mwN. | 13 BAG v. 30.9.1993 – 2 AZR 283/93, AP Nr. 33 zu § 2 KSchG 1969 (*Wlotzke*); v. 26.1.1988 – 1 AZR 531/86, AP Nr. 50 zu § 99 BetrVG 1972; aA v. *Hoyningen-Huene/Linck*, § 1 KSchG Rz. 318 ff. | 14 BAG v. 5.4.2001 – 2 AZR 580/99, NZA 2001, 893. | 15 BAG v. 20.12.1984 – 2 AZR 436/83, BB 1986, 385; v. 24.5.1989 – 2 AZR 285/88, BB 1990, 212. | 16 LAG Hamm v. 26.2.2002 – 5 Sa 1582/01, AP Nr. 3 zu § 611 BGB – Gewissensfreiheit.

nicht. Dem ArbGeb ist idR zuzumuten abzuwarten, ob sich die Befürchtungen realisieren und ob dann etwaigen Störungen nicht auf andere Weise als durch Kündigung zu begegnen ist[1]. Eine ArbN-in kann sich gegenüber der bestehenden Arbeitspflicht auf eine **Pflichtenkollision** wegen der Personensorge für ihr Kind (§ 1627 BGB) und damit ein Leistungsverweigerungsrecht (§§ 273, 320 BGB) oder eine Unmöglichkeit bzw. Unzumutbarkeit der Arbeitsleistung (§ 275 Abs. 3 BGB) nur berufen, wenn unabhängig von der in jedem Fall notwendigen Abwägung der zu berücksichtigenden schutzwürdigen Interessen beider Parteien überhaupt eine unverschuldete Zwangslage vorliegt[2]. Ein **Zurückbehaltungsrecht** an der Arbeitsleistung kommt weiter in Betracht, wenn der ArbGeb seinerseits nicht nur unwesentlich im **Lohnrückstand**[3] ist oder **Arbeitsschutzbestimmungen** nicht einhält. § 21 Abs. 6 Satz 2 GefStoffVO gibt dem ArbN ein besonderes Leistungsverweigerungsrecht, wenn an seinem Arbeitsplatz infolge Überschreitung von Belastungsgrenzen unmittelbare Gefahr für Leben und Gesundheit besteht; ergänzend greift § 273 BGB iVm. sonstigen Schutzvorschriften ein[4].

225 • **Außerdienstliches Verhalten**[5]. In der Gestaltung seiner privaten Lebensführung ist der ArbN grundsätzlich frei, solange sich sein privates Verhalten nicht **störend auf das Vertragsverhältnis auswirkt**[6] (zB bei unzureichender Arbeitsleistung nach durchzechter Nacht oder bei Konkurrenztätigkeit). Außerdienstliches Verhalten kann einen Kündigungsgrund darstellen, wenn es nachhaltig auf das Arbeitsverhältnis einwirkt und betriebliche Interessen verletzt. Da eine verhaltensbedingte Kündigung ausnahmslos die Verletzung von Vertragspflichten erfordert (vgl. oben Rz. 179), müssen sich diese ausnahmsweise auf den außerdienstlichen Bereich erstrecken. Wo das nicht der Fall ist, kann ein personenbedingter Grund vorliegen. Hat das Privatleben keine Auswirkungen auf das Arbeitsverhältnis, sind arbeitsvertragliche Pflichten nicht berührt, verhaltensbedingte Kündigungsgründe scheiden aus: So besteht grundsätzlich keine Vertragspflicht zu einem „**gesitteten Lebenswandel**". Intime, auch außereheliche Beziehungen zwischen Mitarbeitern berühren das Arbeitsverhältnis nur dann, wenn die Arbeitsleistung oder die betriebliche Ordnung oder Zusammenarbeit konkret beeinträchtigt werden; im Verhältnis zwischen Vorgesetzten und Auszubildenden oder jugendlichen ArbN sind allerdings Vertragspflichten berührt; eine verhaltensbedingte Kündigung kann daher gerechtfertigt sein[7].

226 Außerdienstliche Pflichten sind von der **vertraglichen Aufgabe und Stellung** abhängig. Zahlreiche Spielbankbesuche des Zweigstellenleiters einer Bank verletzen grundsätzlich keine Vertragspflichten[8]; drohende Spielsucht oder Vermögensverfall können hier personenbedingte Gründe darstellen. Keine Vertragspflichten verletzen dürfte auch die Veröffentlichung „softpornografischer" Fotografien einer Büroangestellten[9]. Besteht die Tätigkeit einer Angestellten in der Betreuung und psychologischen Beratung von Menschen in akuten Krisensituationen, so stellt die Mitgliedschaft und aktive Betätigung in der Scientology-Organisation einen Grund für eine außerordentliche Kündigung dar[10]. **Straftaten**, die außerhalb des Arbeitsverhältnisses zu Lasten Dritter begangen werden, können kündigungsrelevant werden, wenn sie die Eignung des ArbN für die vertraglich geschuldete Tätigkeit in Frage stellen, etwa bei Führerscheinentzug des U-Bahnführers infolge einer privaten Trunkenheitsfahrt[11] oder bei Vermögensdelikten eines ArbN in besonderem Vertrauensverhältnis. Hierbei handelt es sich uU um personenbedingte Kündigungsgründe (vgl. näher oben Rz. 180). Der **Ladendiebstahl einer Bankangestellten** zu Lasten eines Warenkaufhauses, das mit der Bank in einem Konzernverbund steht, verletzt noch keine Vertragspflichten. Waren der Angestellten besondere Rabattbedingungen für den Einkauf bei dem Warenkaufhaus eingeräumt, folgen daraus Obhuts- und Interessenwahrungspflichten gegenüber diesem Konzernunternehmen. Dann stellt sich der Diebstahl eine Vertragspflichtverletzung dar, die grundsätzlich eine verhaltensbedingte Kündigung rechtfertigen kann[12]. Ansonsten kommt nur eine personenbedingte Kündigung in Betracht, wenn das Verhalten nachhaltige Zweifel an der Eignung der ArbN-in für ihre Banktätigkeit begründet.

227 Im **öffentlichen Dienst** besteht gem. § 8 Abs. 1 Satz 1 BAT die Verpflichtung des ArbN, auch durch seine private Lebensführung dem Ansehen des öffentlichen Dienstes nicht zu schaden. Zwar kann er sein Privatleben nach seinen Vorstellungen gestalten; doch hat er die ungeschriebenen Anstandsgesetze zu beachten und darf nicht gröblich dagegen verstoßen[13]. Nach zutreffender Auffassung des BAG verletzen insb. **außerdienstliche Straftaten** eines ArbN im öffentlichen Dienst daher Vertrags-

---

1 BAG v. 10.10.2002 – 2 AZR 472/01, AP Nr. 44 zu § 1 KSchG 1969 – Verhaltensbedingte Kündigung; bestätigt durch BVerfG v. 30.7.2003 – 1 BvR 792/03, NJW 2003, 2815. | 2 BAG v. 21.5.1992 – 2 AZR 10/92, EzA § 1 KSchG – Verhaltensbedingte Kündigung Nr. 43 (*Kraft*). | 3 BAG v. 9.5.1996 – 2 AZR 387/95, AP Nr. 5 zu § 273 BGB. | 4 BAG v. 19.7.1997 – 5 AZR 982/94, EzA § 618 BGB Nr. 13 zu baurechtlichen Asbestrichtlinien mwN. | 5 Zu außerdienstlichem Verhalten vgl. auch oben Rz. 180 sowie § 611 BGB Rz. 376 f. | 6 BAG v. 24.9.1987 – 2 AZR 26/87, AP Nr. 19 zu § 1 KSchG 1969 – Verhaltensbedingte Kündigung – spricht die Bereiche der Leistung, der betrieblichen Verbundenheit aller Mitarbeiter, des personalen Vertrauens und des Unternehmens an. | 7 Vgl. *v. Hoyningen-Huene/Linck*, § 1 KSchG Rz. 323 mwN. | 8 LAG Hamm v. 14.1.1998 – 3 Sa 1087/97, LAGE § 626 BGB Nr. 119. | 9 In der Zeitschrift „Praline", ArbG Passau v. 11.12.1997 – 2 Ca 711/97 D, NZA 1998, 427 (anders aber, wenn es sich um eine Repräsentantin des Unternehmens handelt). | 10 LAG Berlin v. 11.6.1997 – 13 Sa 19/97, LAGE § 626 BGB Nr. 112. | 11 BAG v. 4.6.1997 – 2 AZR 526/96, NZA 1997, 1281. | 12 BAG v. 20.9.1984 – 2 AZR 233/83, BB 1985, 1198. | 13 BAG v. 20.11.1997 – 2 AZR 643/96, AP Nr. 43 zu § 1 KSchG 1969; *Scheuring*, ZTR 1999, 337.

pflichten[1]. Zugleich kann auch die persönliche Eignung und damit ein personenbedingter Grund betroffen sein. **Beispiele** außerdienstlicher Pflichtverstöße im öffentlichen Dienst: Verbreitung ausländerfeindlicher Pamphlete[2]; außerdienstliche Betrügereien einer Schreibkraft im öffentlichen Dienst[3]; vorsätzliches Tötungsdelikt mit Freiheitsstrafe auf Bewährung[4]; Bewährungshelferin, die einen nicht aus dem Hafturlaub zurückgekehrten Häftling für ein Wochenende in ihre Wohnung aufnimmt (mit intimen Beziehungen)[5]; Bewerbungsgespräche für den öffentlichen Dienst außerhalb der Dienstzeit in Saunabetrieb[6]; Ladendiebstahl einer Gerichtshelferin bei der Staatsanwaltschaft[7]; Steuerhinterziehung einer Finanzamtsangestellten[8].

Aus dem Selbstbestimmungsrecht der **Kirchen** gem. Art. 140 GG iVm. Art. 136 WRV leitet das BVerfG die Befugnis ab, die kirchlichen Grundpflichten und damit Inhalt und Grad der geforderten Loyalität der ArbN nach eigenem Selbstverständnis verbindlich festzulegen[9] (vgl. dazu näher Vor § 1 Rz. 39 f.). Häufig handelt es sich bei Loyalitätskonflikten um personenbedingte Gründe im Grenzbereich zu verhaltensbedingten. Bei der gebotenen Interessenabwägung[10] ist die Nähe des ArbN zum Verkündungsauftrag (Tendenznähe) zu berücksichtigen[11]. Die nach Art. 5 Abs. 1 der **Grundordnung der katholischen Kirche**[12] bestehende Verpflichtung, bei Verstößen gegen Loyalitätsobliegenheiten vor Ausspruch einer Kündigung mit dem kirchlichen Mitarbeiter ein Beratungsgespräch bzw. ein „klärendes Gespräch" zu führen, enthält eine bindende Verfahrensnorm[13]. Kündigt der hieran gebundene ArbGeb ohne ein solches Gespräch, führt dies regelmäßig zu Sozialwidrigkeit der Kündigung[14]. Eine **Erzieherin** in einem evangelischen Kindergarten, die in der Öffentlichkeit werbend für eine andere Glaubensgemeinschaft auftritt und deren von den Glaubenssätzen der evangelischen Kirche erheblich abweichende Lehre verbreitet, bietet regelmäßig keine hinreichende Gewähr mehr dafür, dass sie der arbeitsvertraglich übernommenen Verpflichtung zur Loyalität gegenüber der evangelischen Kirche nachkommt. Ein solches Verhalten kann eine außerordentliche Kündigung rechtfertigen[15]. Weitere **Beispiele**[16] kirchentypischer Loyalitätskonflikte: Kirchenaustritt[17], Eintritt eines Arztes in kath. Krankenhaus für legalen Schwangerschaftsabbruch[18], künstliche Befruchtung durch Chefarzt in kath. Krankenhaus vor Klärung ihrer kirchenrechtlichen Zulässigkeit (Abmahnung)[19], Ehebruch und Zölibatsverletzung (zB Eheschließung eines ArbN der katholischen Kirche mit katholisch getrautem geschiedenen Partner)[20], Kündigung eines ArbN des Diakonischen Werkes wegen außerdienstlicher homosexueller Praxis nach Abmahnung[21]. Zu **sonstigen außerdienstlichen Vertragsverletzungen** vgl. die Stichworte *Schulden* (Lohnpfändung), *Treuepflicht* (Wettbewerb, Konkurrenz), *Straftaten, Alkohol*. 228

• **Beleidigung, Tätlichkeiten.** Beleidigungen, die zu einer **erheblichen Ehrverletzung**[22] eines Vorgesetzten oder des ArbGeb führen, können eine Kündigung, in schweren Fällen auch eine außerordentliche Kündigung rechtfertigen. Einer Abmahnung bedarf es nicht, wenn das Vertrauensverhältnis durch die Beleidigung so stark belastet ist, dass eine weitere Zusammenarbeit unzumutbar erscheint. Es sind aber die gesamten Umstände wie Gesprächssituation, Ernsthaftigkeit, üblicher Umgangston etc. zu berücksichtigen[23]. Ist der ArbN seinerseits zu der beleidigenden Äußerung provoziert worden, erscheint sein Verhalten in milderem Licht[24]. Von der Beleidigung ist die **sachliche Kritik** zu unterscheiden (vgl. auch unten Rz. 235). Sie fällt grundsätzlich in den Schutzbereich der Meinungsäußerungsfreiheit (Art. 5 Abs. 1 229

---

1 BAG v. 20.11.1997 – 2 AZR 643/96, AP Nr. 43 zu § 1 KSchG 1969. | 2 BAG v. 14.2.1996 – 2 AZR, AP Nr. 26 zu § 626 BGB – Verdacht strafbarer Handlung. | 3 BAG v. 20.11.1997 – 2 AZR 643/96, AP Nr. 43 zu § 1 KSchG 1969; vgl. auch LAG Berlin v. 27.9.1982 – 9 Sa 52/82, LAGE § 626-BGB Nr. 14. | 4 BAG v. 8.6.2000 – 2 AZR, 638/99, AP Nr. 163 zu § 626 BGB. | 5 LAG Sachs. v. 17.12.1997 – 2 Sa 648/97, LAGE § 1 KSchG – Verhaltensbedingte Kündigung Nr. 61. | 6 LAG Berlin v. 15.8.1989 – 13 Sa 50/89, LAGE § 1 KSchG – Verhaltensbedingte Kündigung Nr. 24. | 7 LAG Hess. v. 4.7.1985 – 12 Sa 1329/84, LAGE § 626 BGB Nr. 22 (außerordentliche Kündigung). | 8 BAG v. 21.6.2001 – 2 AZR 325/00, AP Nr. 5 zu § 54 BAT. | 9 BVerfG v. 4.6.1985 – 2 BvR 1703/83 ua., AP Nr. 24 zu Art. 140 GG unter Aufhebung zweier BAG-Urteile, die den Grad der geschuldeten Loyalität gemäß der jeweiligen Funktion selbst bestimmten: BAG v. 21.10.1982 – 2 AZR 591/80, AP Nr. 12 zu § 140 GG und v. 23.3.1984 – 7 AZR 249/81, AP Nr. 16 zu Art. 140 GG; krit. zur Rspr. des BVerfG *Czermak*, PersR 1995, 458; ArbG Münster v. 3.9.1986 – 4 Ca 194/86, BB 1987, 128 (130). | 10 Das kirchliche Selbstbestimmungsrecht schafft keine „absoluten" Kündigungsgründe: BAG v. 4.3.1980 – 1 AZR 125/78, AP Nr. 3 zu Art. 140 GG; *Dütz*, NJW 1990, 2031. | 11 KR/*Etzel*, § 1 KSchG Rz. 74. | 12 GrO für den kirchlichen Dienst im Rahmen kirchlicher Arbeitsverhältnisse vom 22.9.1993. | 13 BAG v.16.9.1999 – 2 AZR 712/98, AP Nr. 1 zu § 4 GrO kath. Kirche (*Thüsing*). | 14 BAG v. 25.4.1996 – 2 AZR 74/95, AP Nr. 18 zu § 1 KSchG – Personenbedingte Kündigung. | 15 BAG v. 21.2.2001 – 2 AZR 139/00, AP Nr. 29 zu § 611 BGB – Kirchendienst. | 16 Vgl. auch KR/*Etzel*, § 1 KSchG Rz. 74 u. 298 ff. | 17 BAG v. 4.3.1980 – 1 AZR 1151/78 u. v. 23.3.1984 – 7 AZR 249/81, AP Nr. 4 u. 16 zu Art. 140 GG; v. 16.9.1999 – 2 AZR 712/99, AP Nr. 1 zu Art. 4 GrO kath. Kirche. | 18 BAG v. 15.1.1986 – 7 AZR 545/85, nv. (juris). | 19 BAG v. 7.10.1993 – 2 AZR 226/93, AP Nr. 114 zu § 626 BGB. | 20 BAG v. 4.3.1980 – 1 AZR 125/78, AP Nr. 3 zu Art. 140 GG; v. 31.10.1984 – 7 AZR 232/83, EzA § 1 KSchG – Tendenzbetrieb Nr. 16; v. 25.5.1988 – 7 AZR 506/87, nv. (juris); v. 14.10.1980 – 1 AZR 1274/79, EzA § 1 KSchG – Tendenzbetrieb Nr. 10 (neue Eheschließung einer kath. getrauten Angestellten der Caritas zu Lebzeiten ihres geschiedenen Ehegatten); v. 24.4.1997 – 2 AZR 268/96, AP Nr. 27 zu § 611 BGB – Kirchendienst, Ehebruch eines leitenden Mitglieds der Mormonenkirche (außerordentliche Kündigung). | 21 BAG v. 26.6.1983 – 2 AZR 524/81, AP Nr. 15 zu Art. 140 GG (*Richardi*); insoweit zu Recht krit. *v. Hoyningen-Huene/Linck*, § 1 KSchG Rz. 258. | 22 Eingehend dazu Schmitz-Scholemann, BB 2000, 926 ff. | 23 BAG v. 6.2.1997 – 2 AZR 38/96, nv. (juris) (Bezeichnung des Arbeitgebers als „Betrüger, Gauner und Halsabschneider" auf Belegschaftsversammlung). | 24 BAG v. 3.2.1982 – 7 AZR 907/79, BB 1983, 1215; LAG Berlin v. 17.11.1980 – 9 Sa 69/80, AP Nr. 72 zu § 626 BGB.

Satz 1 GG), auch wenn sie in polemischer und verletzender Form vorgebracht wird. Erst Schmähkritik und Formalbeleidigungen sind ausgenommen[1]. Entsprechendes gilt für bewusst wahrheitswidrig aufgestellte ehrverletzende Tatsachenbehauptungen, etwa wenn sie den Tatbestand einer üblen Nachrede ausfüllen. Die Meinungsäußerungsfreiheit wird im Übrigen nicht schrankenlos gewährt, sondern ist insb. durch das Recht der persönlichen Ehre gem. Art. 5 Abs. 2 GG beschränkt und muss in ein ausgeglichenes Verhältnis mit diesem gebracht werden[2]. Nach einer Entscheidung des BAG soll die Grenze zur Störung des **Betriebsfriedens** überschritten sein, wenn der ArbGeb auf einer Betriebsversammlung mit den Vorwürfen der Gemeinheit, Schikane und Günstlingswirtschaft konfrontiert wird[3].

230 Abfällige, selbst unwahre Äußerungen über den ArbGeb oder Vorgesetzte in einem **kollegialen Gespräch**, rechtfertigen in der Regel eine Kündigung nicht, wenn der ArbN nach den Umständen nicht mit ihrer Verbreitung rechnen musste[4]. UU kann allerdings den Denunzianten eine Kündigung treffen, wenn sein Verhalten nachhaltig den Betriebsfrieden beeinträchtigt, insb. eine Zusammenarbeit mit ihm abgelehnt wird[5]. Das Gleiche gilt, wenn unberechtigt schwerwiegende Vorwürfe gegen Mitarbeiter im Betrieb erhoben werden[6]. Beleidigungen von **Arbeitskollegen** können eine Kündigung rechtfertigen, wenn hierdurch das Betriebsklima nachhaltig belastet wird, insb. wenn diese sich weigern, mit dem ArbN weiterhin zusammenzuarbeiten[7]. Auch hier sind Provokationen mildernd zu berücksichtigen, etwa bei Bezeichnung des Personalsachbearbeiters einer Gemeinde durch eine Gemeindearbeiterin als „blöder Sack", wenn der Sachbearbeiter der ArbN-in zu Unrecht Vorwürfe gemacht und sie darüber hinaus mit unsachgemäßen Äußerungen provoziert hat[8]. **Ausländerfeindliche** oder antisemitische Äußerungen können eine ordentliche oder außerordentliche Kündigung nach sich ziehen[9]. **Tätlichkeiten** gegen ArbGeb oder Vorgesetzten rechtfertigen regelmäßig eine außerordentliche Kündigung, es sei denn, es liegt eine erhebliche Provokation oder eine Notwehrlage vor. Der tätliche Angriff auf **Arbeitskollegen** ist stets eine schwerwiegende Verletzung vertraglicher Nebenpflichten und nur bei Notwehr gerechtfertigt[10]. Er kann ohne vorherige Abmahnung eine außerordentliche Kündigung zur Folge haben[11]. Zu berücksichtigen sind auch hier vorausgegangene Provokationen. Bei leichteren Vorfällen genügt uU die Versetzung auf einen anderen freien Arbeitsplatz oder aber auch eine bloße Abmahnung[12]. Ggf. können auch beide Kontrahenten entlassen werden.

231 • **Kraftfahrer.** Ein Kraftfahrer muss bei seiner **Einstellung** eine bestehende Trunksucht oder den Entzug seines Führerscheines ungefragt offenbaren. Andernfalls kann der ArbGeb den Arbeitsvertrag anfechten oder fristlos kündigen[13]. Der **Führerscheinentzug** rechtfertigt zunächst eine personenbedingte Kündigung, wenn eine anderweitige Beschäftigungsmöglichkeit nicht besteht[14]. Der ArbGeb gerät in diesem Fall nicht in Annahmeverzug. Das gilt grundsätzlich auch für den vorläufigen Entzug der Fahrerlaubnis. Hier ist allerdings besonders sorgfältig die Möglichkeit einer Überbrückungsbeschäftigung zu prüfen (vgl. auch oben Rz. 185). Der Führerscheinentzug eines Berufskraftfahrers kann uU ein wichtiger Grund zur **außerordentlichen Kündigung** sein, wenn er auf einer außerhalb des Arbeitsvertrags im Zustand der Trunkenheit durchgeführten Privatfahrt beruht[15]. Gleiches gilt, wenn das Führen eines Kraftfahrzeuges zwar nicht die alleinige, jedoch eine wesentliche Verpflichtung aus dem Arbeitsvertrag darstellt, weil die Haupttätigkeit ohne Firmenfahrzeug nicht ausgeübt werden kann[16]. Das BAG hat hierin einen personenbedingten Grund zur außerordentlichen Kündigung gesehen[17]. Zu bedenken ist auch eine Vertragspflicht, für die Erhaltung der Fahrerlaubnis Sorge zu tragen. Auch ohne Führerscheinentzug begründet **Trunkenheit am Steuer** außerhalb des Dienstes erhebliche Zweifel an der Eignung für die Tätigkeit als Kraftfahrer. Bei mehrjähriger beanstandungsfreier Beschäftigung eines U-Bahnfahrers rechtfertigt der Entzug des – dienstlich nicht benötigten – Führerscheins aufgrund einer einmaligen außerdienstlichen Alkoholfahrt die Kündigung ohne vorausgegangene Abmahnung dann nicht, wenn für eine Alkoholanfälligkeit ansonsten keine Hinweise bestehen[18]. Trunkenheit am Steuer **während des**

---

1 BVerfG 16.10.1998 – 1 BvR 1685/92, AP Nr. 24 zu § 611 BGB – Abmahnung (Leserbrief einer Gemeindeangestellten über die Person des Bürgermeisters in Tageszeitung). | 2 BAG v. 17.2.2000 – 2 AZR 927/98, nv. (juris). | 3 BAG v. 22.10.1964 – 2 AZR479/63, AP Nr. 4 zu § 1 KSchG – Verhaltensbedingte Kündigung (*Herschel*). | 4 BAG v. 30.11.1972 – 2 AZR 79/72, AP Nr. 66 zu § 626 BGB; v. 17.2.2000 – 2 AZR 927/98, nv. (juris). | 5 BAG v. 21.10.1965 – 2 AZR 2/65, BB 1966, 124. | 6 LAG Rh.-Pf. v. 16.2.1996 – 10 Sa 1090/95, NZA RR 1997, 169. | 7 BAG v. 15.12.1977 – 3 AZR 186/76, AP Nr. 69 zu § 626 BGB. | 8 LAG Köln v. 7.12.1995 – 10 Sa 717/95, BB 1996, 1225 (lediglich Abmahnung). | 9 BVerfG 2.1.1995 – 1 BvR 320/94, AP Nr. 53 zu Art. 103 GG; BAG v. 14.2 1996 – 2 AZR, AP Nr. 26 zu § 626 BGB – Verdacht strafbarer Handlung; v. 1.7.1999 – 2 AZR 676/98, AP Nr. 11 zu § 15 BBiG („Arbeit macht frei – Türkei schönes Land"); LAG Hamm v. 11.11.1994 – 10 (19) Sa 100/94, LAGE § 626 BGB Nr. 82; LAG Köln v. 11.8.1995 – 12 Sa 426/95, LAGE § 15 BBiG Nr. 40; vgl. ausf. *Schmitz-Scholemann*, BB 2000, 926 ff. | 10 BAG v. 12.3.1987 – 2 AZR 176/86, DB 1988, 976 = DB 1988, 658; v. 30.9.1993 – 2 AZR 188/93, EzA § 626 BGB nF Nr. 152. | 11 BAG v. 12.7.1984 – 2 AZR 320/83, AP Nr. 32 zu § 102 BetrVG 1972. | 12 BAG v. 9.3.1995 – 2 AZR 461/94, NZA 1995, 678. | 13 BAG v. 20.5.1999 – 2 AZR 320/98, AP Nr. 50 zu § 123 BGB (Anfechtung); ArbG Kiel v. 21.1.1982 – 2c Ca 2062/81, BB 1982, 804. | 14 BAG v. 30.5.1978 – 2 AZR 630/76, AP Nr. 70 zu § 626 BGB; v. 14.2.1991 – 2 AZR 525/90 (v. juris); v. 25.4.1996 – 2 AZR 74/95, NZA 1996, 1201. | 15 BAG v. 14.2.1991 – 2 AZR 525/90, nv. (juris). | 16 BAG v. 14.2.1991 – 2 AZR 525/90, nv. (juris); auch zur Frage, ob der ArbGeb den Einsatz der Ehefrau des ArbN als Fahrerin des Firmenwagens akzeptieren muss. | 17 BAG v. 12.1.1956 – 2 AZR 117/54, BB 1956, 175; v. 22.8.1963 – 2 AZR 114/63, AP Nr. 51 zu § 626 BGB; v. 14.2.1991 – 2 AZR 525/90, nv. (juris). | 18 BAG v. 4.6.1997 – 2 AZR 526/96, NZA 1997, 1281.

- **Krankheit und Vertragspflichten.** Die Krankheit selbst kann allenfalls eine personenbedingte Kündigung begründen (vgl. hierzu oben Rz. 136). Es besteht aber eine Reihe **krankheitsbezogener Pflichten**, deren Verletzung je nach Art und Umständen eine verhaltensbedingte Kündigung rechtfertigen kann. Gemäß § 5 Abs. 1 EFZG ist der ArbN verpflichtet, die Arbeitsunfähigkeit und deren voraussichtliche Dauer dem ArbGeb unverzüglich anzuzeigen (Anzeigepflicht). Dauert die Arbeitsunfähigkeit länger als drei Kalendertage, so hat der ArbN spätestens am darauf folgenden Arbeitstag eine ärztliche Arbeitsunfähigkeitsbescheinigung vorzulegen (Nachweispflicht). Weiterhin obliegt dem erkrankten ArbN die Pflicht zu einem genesungsfördernden Verhalten[2]. Die wiederholte Verletzung der **Anzeigepflicht** kann nach ein- oder mehrmaliger Abmahnung eine ordentliche Kündigung rechtfertigen[3], und zwar auch dann, wenn es dadurch nicht zu einer Störung der Arbeitsorganisation oder des Betriebsfriedens gekommen ist[4]. Der Eintritt solcher Störungen ist in der Interessenabwägung zu Lasten des ArbN zu berücksichtigen. Eine außerordentliche Kündigung ohne vorausgegangene Abmahnung hat das BAG ausnahmsweise bei einem leitenden Angestellten anerkannt, der dringende betriebliche Dispositionen zu treffen hatte und ohne jede Krankmeldung der Arbeit fern blieb[5]. Unverzügliche Krankmeldung bedeutet, dass der ArbGeb ohne schuldhaftes Zögern (§ 121 BGB), dh. in aller Regel telefonisch, in Kenntnis gesetzt wird, um seine Dispositionen treffen zu können. Zu bedenken ist dabei, ob der ArbN gesundheitlich und nach seinen Verhältnissen hierzu auch in der Lage war.

Der ArbGeb ist berechtigt, die Fortzahlung des Arbeitsentgelts zu verweigern, solange der ArbN seiner **Nachweispflicht** nicht nachkommt (§ 7 Abs. 1 Nr. 1 EFZG). Gelingt es dem ArbN, einen Nachweis für seine Erkrankung auf andere Weise zu führen als durch Vorlage eines ärztlichen Attestes, so ist der ArbGeb zur Entgeltfortzahlung verpflichtet. Gleichwohl verletzt der ArbN seine Nachweispflicht, wenn er ein ärztliches Attest nicht vorlegt. Wiederholte Verstöße können nach Abmahnung auch insoweit eine Kündigung rechtfertigen[6], ausnahmsweise unter erschwerenden Umständen auch eine außerordentliche Kündigung[7]. Anzeige- und Nachweispflichten gelten auch für **Folgeerkrankungen**, und zwar auch über die Dauer von sechs Wochen hinaus (vgl. die Erl. zu § 5 EFZG). Lehnt es der ArbN ab, sich auf Verlangen der Krankenkasse einer gutachterlichen Untersuchung des **Sozialmedizinischen Dienstes** zu unterziehen (§ 275 SGB V), so wird dies idR ein (dauerhaftes) Leistungsverweigerungsrecht für den ArbGeb und die Krankenkasse begründen. Ist er tarifvertraglich verpflichtet, sich der ärztlichen Untersuchung zu unterziehen, kann er im Weigerungsfall nach Abmahnung gekündigt werden[8]. Der ArbN ist weiterhin verpflichtet, im Falle einer krankheitsbedingten Arbeitsunfähigkeit nach Möglichkeit für eine **baldige Genesung** Sorge zu tragen. Grob gesundheitswidrige Verhaltensweisen, die den Heilungsprozess verzögern, stellen Vertragspflichtverletzungen dar, die nach Abmahnung eine Kündigung rechtfertigen können (zB Nebentätigkeiten, ggf. sportliche Betätigungen, Feiern)[9]. Extrem genesungswidrige Verhaltensweisen (zB Vollzeit-Nebentätigkeit während Nachtschicht) dürften allerdings ein starkes Indiz dafür sein, dass in Wahrheit eine Erkrankung nicht vorgelegen hat, sondern nur vorgetäuscht wurde[10].

Das **Vortäuschen** einer Krankheit stellt in der Regel einen strafbaren Betrug und stets einen Sachverhalt dar, der an sich für eine außerordentliche Kündigung ohne vorherige Abmahnung geeignet ist[11]. Schwierig ist hier allerdings für den ArbGeb die Beweislage. Indizien für ein Vortäuschen der Krankheit können in ihrer Ankündigung, in vorausgegangenen betrieblichen Auseinandersetzungen und unliebsamen Weisungen des ArbGeb sowie in dem Verhalten des ArbN während der Arbeitsunfähigkeitszeit selbst liegen (Feier, Sport, Nebentätigkeit). Es muss allerdings stets die Art der jeweiligen Erkrankung berücksichtigt werden. Der ArbGeb schuldet im Kündigungsschutzprozess den **Nachweis** für die Feststellung, dass die Krankheit nur vorgetäuscht war. Legt der ArbN ein ordnungsgemäß ausgestelltes ärztliches Attest vor, so hat dies grundsätzlich einen hohen Beweiswert und erbringt im Regelfall den Beweis für die Arbeitsunfähigkeit[12]. Allein die Häufigkeit und Regelmäßigkeit von ordnungsgemäß

---

1 BAG v. 22.8.1963 – 2 AZR 114/63, AP Nr. 51 zu § 626 BGB; v. 30.5.1978 – 2 AZR 630/76, AP Nr. 70 zu § 626 BGB. |2 BAG v. 26.8.1993 – 2 AZR 154/93, AP Nr. 112 zu § 626 BGB (*Berning*). |3 BAG v. 23.9.1992 – 2 AZR 199/92, EzA § 1 KSchG – Verhaltensbedingte Kündigung Nr. 44. |4 BAG v. 16.8.1991 – 2 AZR 604/90, AP Nr. 27 zu § 1 KSchG 1969 – Verhaltensbedingte Kündigung. |5 BAG v. 30.1.1976 – 2 AZR 518/74, BB 1976, 696 = DB 1976, 1067. |6 BAG v. 16.8.1991 – 2 AZR 604/90, AP Nr. 27 zu § 1 KSchG 1969 – Verhaltensbedingte Kündigung; LAG Köln v. 22.6.1995 – 5 Sa 250/95, BB 1996, 596. |7 BAG v. 15.1.1986 – 7 AZR 128/83, AP Nr. 93 zu § 626 BGB. |8 BAG v. 6.11.1997 – 2 AZR 801/96, AP Nr. 142 zu § 626 BGB; v. 7 11.2002 – 2 AZR 475/01; weiter gehend LAG Düsseldorf v. 8.4.1993 – 12 Sa 74/93, LAGE § 615 BGB Nr. 39 (Treu und Glauben). |9 BAG v. 26.8.1993 – 2 AZR 154/93, AP Nr. 112 zu § 626 BGB (*Berning*); v. 13.11.1979 – 6 AZR 934/77, AP Nr. 5 zu § 1 KSchG 1969 – Krankheit (*Herschel*) (Nebentätigkeit); LAG Hamm v. 11.5.1982 – 13 Sa 85/82, EzA § 1 KSchG – Krankheit Nr. 9 (Casino-Besuch); LAG Nds. v. 1.9.1983 – 11 Sa 20/83, BB 1984, 1233 (Linienrichter beim Fußball); LAG Hamm v. 28.5.1998 – 4 Sa 1550/97, LAGE § 1 KSchG – Verhaltensbedingte Kündigung Nr. 69 (Vollzeittätigkeit hinter der Theke in der Gaststätte des Ehepartners); LAG Köln v. 9.10.1998 – 11 Sa 400/98, LAGE § 1 KSchG – Verhaltensbedingte Kündigung Nr. 73 (Hilfe bei Wohnungsrenovierung). |10 BAG v. 26.8.1993 – 2 AZR 154/93, AP Nr. 112 zu § 626 BGB (*Berning*). |11 BAG v. 26.8.1993 – 2 AZR 154/93, AP Nr. 112 zu § 626 BGB (*Berning*). |12 BAG v. 15.7.1992 – 5 AZR 312/91, BB 1992, 2222 = NZA 1993, 23.

attestierten und vom ArbGeb durch Gewährung vom Lohnfortzahlung anerkannten **Urlaubserkrankungen** eines Gastarbeiters lassen ohne eine Auswertung der den Attesten im Einzelnen zugrunde liegenden Befunde sowie der durchgeführten Behandlungsmaßnahmen noch keine zuverlässigen Rückschlüsse zu[1]. Gelingt dem ArbGeb jedoch beispielsweise der Nachweis, dass ein Reisebürokaufmann während der Krankschreibung Bausparverträge und Versicherungen vermittelt, so kann eine Kündigung gerechtfertigt sein[2]. Vgl. näher zur Beweislastverteilung bei Zweifeln an einer Erkrankung bzw. an einem Attest oben Rz. 212. Schließlich kann die bloße **Androhung einer Krankmeldung**, die ohne jedes Krankheitsanzeichen lediglich zur Durchsetzung einer verweigerten Urlaubsverlängerung erfolgt, bereits für sich genommen Grund zur außerordentlichen Kündigung ohne vorherige Abmahnung sein[3]. In diesem Verhalten liegt eine erhebliche Verletzung arbeitsvertraglichen Rücksichtnahmepflichten und damit bereits eine konkrete Störung des Arbeitsverhältnisses. Die Vorlage einer Arbeitsunfähigkeitsbescheinigung im Nachhinein ändert daran nichts[4].

235 ● **Meinungsäußerung.** Meinungsäußerungen im Betrieb unterliegen dem Schutz des **Art. 5 Abs. 1 Satz 1 GG**. Sachliche Kritik, politische Anschauungen und die Mitgliedschaft in einer Partei oder Gewerkschaft rechtfertigen daher grundsätzlich eine Kündigung nicht[5]. Etwas anderes kann bei provokativer Meinungskundgabe gelten, die den Betriebsfrieden konkret stört[6]. Sachliche Kritik fällt auch dann in den Schutzbereich des Art. 5 GG, wenn sie in polemischer und verletzender Form vorgebracht wird. Erst **Schmähkritik und Formalbeleidigungen** sind ausgenommen (vgl. dazu oben Rz. 229)[7]. Nach einer Entscheidung des BAG soll die Grenze zur Ehrverletzung und Störung des Betriebsfriedens überschritten sein, wenn der ArbGeb auf einer Betriebsversammlung mit den Vorwürfen der Gemeinheit, Schikane und Günstlingswirtschaft konfrontiert wird[8]. Bei Verbreitung **neonazistischer Thesen** gegenüber den Auszubildenden eines Betriebes kommt eine außerordentliche Kündigung ohne vorherige Abmahnung in Betracht[9], ebenso bei der Anbringung eines gut sichtbaren Hitlerbildes im Büro[10]. Das Tragen parteipolitischer Plaketten kann nach Abmahnung eine Kündigung rechtfertigen, wenn es aufgrund ihres besonders provokanten Inhalts oder aufgrund sonstiger besonderer Umstände zu betrieblichen Störungen führt[11].

236 ● **Nebentätigkeit**[12], auch in einem weiteren Arbeitsverhältnis, ist **grundsätzlich zulässig**, soweit sie die Arbeitskraft des ArbN im Hauptarbeitsverhältnis nicht beeinträchtigt oder unzulässiger Wettbewerb ausgeübt wird[13]. Eine Vertragspflichtverletzung liegt in einer Nebentätigkeit, die dem ArbGeb Konkurrenz macht[14] (vgl. dazu näher unten Rz. 249) oder die wegen ihrer besonderen Belastungen im Hauptarbeitsverhältnis geschuldete Arbeitskraft des ArbN beeinträchtigt. In diesen Fällen muss der ArbN dem ArbGeb die Nebentätigkeit außerdem anzeigen[15]. **Verbote und Genehmigungsvorbehalte** in Arbeitsverträgen bedürfen im Lichte von Art. 12 GG eines berechtigten Interesses des ArbGeb. Dieses ist insb. anzunehmen, soweit die Nebentätigkeit die Arbeitskraft des ArbN im Hauptarbeitsverhältnis zu beeinträchtigen droht oder unzulässiger Wettbewerb ausgeübt wird[16]. **Beispiele** zulässiger Nebentätigkeitsbeschränkung: DGB-Rechtsschutzsekretär und Nebentätigkeit als Rechtsanwalt[17]; Busfahrer und Nebentätigkeit als Kraftfahrer[18]; Krankenpfleger und Nebentätigkeit als Bestatter[19]; Hörfunksprecher und Nebentätigkeit bei Wettbewerber[20]. **Weiter gehende Verbote** oder Genehmigungsvorbehalte in Arbeitsverträgen wurden von der Rspr. grundrechtskonform (Art. 12 GG) auf solche Nebentätigkeiten begrenzt, an deren Unterlassung der ArbGeb ein berechtigtes Interesse hatte[21]. Ob an dieser geltungserhaltenden Reduktion im Hinblick auf § 306 Abs. 2 BGB festgehalten werden kann, erscheint zweifelhaft. Ob die Einführung von generellen Regeln zur Ausübung von Nebentätigkeiten der Mitbest. des BR nach § 87 Abs. 1 Nr. 1 BetrVG unterliegt, hat das BAG bislang offen gelassen[22]. Soweit ein **Genehmigungsvorbehalt** wirksam vereinbart ist (§§ 306 Abs. 2, 310 Abs. 4 BGB), stellt es eine Vertragspflichtverletzung dar, wenn der ArbN eine an sich genehmigungsfähige Tätigkeit ohne Einholung der Genehmigung verrichtet. Nach Abmahnung kommt eine Kündigung in Betracht[23]. Die vorgenannten Verstöße können in

---

1 LAG Düsseldorf v. 15.1.1986 – 6 Sa 1446/85, DB 1986, 1180; anders bei weiter gehenden Anhaltspunkten LAG Düsseldorf v. 3.6.1981 – 22 Sa 203/81, DB 1981, 1731. | 2 BAG v. 13.11.1979 – 6 AZR 934/77, BB 1980, 836 = DB 1980, 741. | 3 BAG v. 5.11.1992 – 2 AZR 147/92, AP Nr. 2 zu § 626 BGB – Krankheit. | 4 BAG v. 5.11.1992 – 2 AZR 147/92, AP Nr. 2 zu § 626 BGB – Krankheit. | 5 BAG v. 22.10.1964 – 2 AZR 479/63, AP Nr. 4 zu § 1 KSchG – Verhaltensbedingte Kündigung. | 6 BAG v. 9.12.1982 – 2 AZR 620/80, AP Nr. 73 zu § 626 BGB; v. 26.5.1977 – 2 AZR 632/76, AP Nr. 5 zu § 611 BGB – Beschäftigungspflicht. | 7 BVerfG v. 16.10.1998 – 1 BvR 1685/92, AP Nr. 24 zu § 611 BGB – Abmahnung (Leserbrief einer Gemeindeangestellten über die Person des Bürgermeisters in Tageszeitung). | 8 BAG v. 22.10.1964 – 2 AZR479/63, AP Nr. 4 zu § 1 KSchG – Verhaltensbedingte Kündigung (*Herschel*). | 9 LAG Köln v. 11.8.1995 – 12 Sa 426/95, LAGE § 15 BBiG Nr. 10. | 10 ArbG Frankfurt/M. v. 28.1.1993 – 2 Ca 238/92, AuR 1993, 415. | 11 BAG v. 9.12.1982 – 2 AZR 620/80, DB 1983, 2578 (Anti-Strauß-Plakette). | 12 Vgl. zur Nebentätigkeit auch § 611 BGB Rz. 368 ff. | 13 BAG v. 3.12.1970 – 2 AZR 110/70, AP Nr. 60 zu § 626 BGB; v. 26.8.1976 – 2 AZR 377/75, AP Nr. 68 zu § 626 BGB. | 14 BAG v. 15.3.1990 – 2 AZR 484/89, nv. (juris). | 15 BAG v. 18.1.1996 – 6 AZR 314/95, AP Nr. 25 zu § 242 BGB – Auskunftspflicht. | 16 BAG v. 3.12.1970 – 2 AZR 110/70, AP Nr. 60 zu § 626 BGB; v. 26.8.1976 – 2 AZR 377/75, AP Nr. 68 zu § 626 BGB. | 17 BAG v. 21.9.1999 – 9 AZR 759/98, AP Nr. 6 zu § 611 BGB – Nebentätigkeit. | 18 BAG v. 26.6.2001 – 9 AZR 343/00, NZA 2002, 98. | 19 BAG v. 28.2.2002 – 6 AZR 357/01, AP Nr. 1 zu § 5 AVR Caritasverband. | 20 BAG v. 24.6.1999 – 6 AZR 605/97, AP Nr. 5 zu § 611 BGB – Nebentätigkeit (*Wank*). | 21 BAG v. 3.12.1970 – 2 AZR 110/70, AP Nr. 60 zu § 626 BGB; v. 26.8.1976 – 2 AZR 377/75, AP Nr. 68 zu § 626 BGB; für Betriebsvereinbarungen BAG v. 15.3.1990 – 2 AZR 484/89, nv. (juris). | 22 BAG v. 28.5.2002 – 1 ABR 32/01, NZA 2003, 166 ff. | 23 LAG Berlin v. 25.1.1988 – 9 Sa 108/87, LAGE § 4 ArbGG 1979 Nr. 18; BAG v. 20.5.1988 – 2 AZN 153/88, nv. (juris).

der Regel nach Abmahnung, in schwerwiegenden, insb. Wettbewerbsinteressen berührenden Fällen allerdings auch ohne Abmahnung zur Kündigung berechtigen[1].

● **Offenbarungspflicht**[2]. Der ArbGeb darf den Bewerber bei der Einstellung nach **Vorstrafen** fragen, soweit die Art des zu besetzenden Arbeitsplatzes dies erfordert[3]. Die wahrheitswidrige Beantwortung einer zulässigen Frage kann eine verhaltensbedingte Kündigung begründen[4]. Bei der Prüfung der Eignung des Bewerbers für die geschuldete Tätigkeit kann es je nach den Umständen (zB Einstellung in den Polizeivollzugsdienst) zulässig sein, dass der ArbGeb den Bewerber auch nach **laufenden Ermittlungsverfahren** fragt bzw. verpflichtet, während eines längeren Bewerbungsverfahrens anhängig werdende einschlägige Ermittlungsverfahren nachträglich mitzuteilen. Die wahrheitswidrige Beantwortung einer danach zulässigen Frage nach Vorstrafen und laufenden Ermittlungsverfahren bzw. die pflichtwidrige Unterlassung der nachträglichen Mitteilung eines Ermittlungsverfahrens rechtfertigen unter den Voraussetzungen der §§ 123, 124 BGB die Anfechtung des Arbeitsvertrags[5]. Fragen nach einer früheren Tätigkeit für das **Ministerium für Staatssicherheit** der ehemaligen DDR (MfS) im Personalfragebogen und im Antrag auf Anerkennung von Vordienstzeiten sind zulässig und wahrheitsgemäß zu beantworten[6]. Eine vorsätzliche Falschbeantwortung der Frage bewirkt eine konkrete Störung des Arbeitsverhältnisses im Vertrauensbereich[7], rechtfertigt für sich aber nicht ohne weiteres eine Kündigung. Entscheidend sind die Umstände des Einzelfalles, insb. wie lange die Tätigkeit zurückliegt und wie schwerwiegend sie war[8]. 237

● **Rauchverbot.** Verstößt ein ArbN trotz wiederholter Abmahnungen erneut gegen ein im Betrieb zwingend vorgeschriebenes Rauchverbot, kann eine Kündigung auch bei langjähriger Betriebszugehörigkeit sozial gerechtfertigt sein[9]. 238

● **Schlechtleistung, Minderleistung**[10]. Das Maß der vom ArbN geschuldeten **Arbeitskraft** bestimmt sich im Hinblick auf § 613 BGB und das Fehlen von Gewährleistungsregeln nach seiner individuellen Leistungsfähigkeit[11]. Er ist verpflichtet, innerhalb der vereinbarten Arbeitszeit die Leistung zu erbringen, die er bei normaler Anspannung seiner Fähigkeiten auf Dauer ohne gesundheitliche Schäden verrichten kann. Erbringt ein ArbN diese Leistung, verletzt er auch dann nicht seine Arbeitspflicht, wenn die Leistung hinter der betrieblichen **Durchschnittsleistung** zurückbleibt. Eine Kündigung wegen schuldhafter Minderleistung setzt die Feststellung voraus, dass der ArbN hinter seiner individuellen Normalleistung zurückbleibt. Bleibt die Leistung längerfristig erheblich hinter der betrieblichen Durchschnittsleistung zurück, liegt darin ein Indiz für vertragswidrige Minderleistung. Legt der ArbGeb dies im Prozess dar, so muss der ArbN erläutern, warum er trotz unterdurchschnittlicher Leistungen seine Leistungsfähigkeit ausschöpft[12]. Nach hM schuldet der ArbN keine Arbeitsleistung „mittlerer Art und Güte" (§ 243 Abs. 1 BGB). Bleibt er aber auch bei gehöriger Anspannung seiner individuellen Kräfte erheblich hinter einem objektiv zu erwartenden „**Normalmaß**" zurück, so kann dies auf einem Eignungsmangel beruhen, der eine personenbedingte Kündigung rechtfertigen kann[13]. Für die Feststellung verminderter Leistungsfähigkeit genügt nicht allein der Hinweis auf eine im Verhältnis zu den übrigen ArbN unterdurchschnittliche Leistung. Denn in einer sehr guten Gruppe ist schon der gute ArbN unterdurchschnittlich[14]. Wegen der schwierigen Abgrenzung zwischen verhaltens- und personenbedingten Sachverhalten ist dem ArbN idR mit einer **Abmahnung** ausreichend Gelegenheit zu geben, seine Leistung anzupassen[15]. Im Rahmen der Interessenabwägung ist zugunsten des ArbN zu berücksichtigen, wenn er nach jahrelanger ordnungsgemäßer Arbeitsleistung altersbedingt zurückstecken muss. 239

Schuldhafte Schlechtleistungen, die Schäden beim ArbGeb verursachen, können idR erst nach Abmahnung eine ordentliche Kündigung rechtfertigen. Das gilt auch bei fahrlässig verursachten großen Schäden[16]. Hier wird es jedoch entscheidend auf den Verschuldensgrad ankommen. Wiederholte hohe Mankobeträge, die ein ArbN fahrlässig verursacht, können nach Abmahnung eine ordentliche Kündigung rechtfertigen[17]. Bei vorsätzlicher Schadenszufügung ist idR die außerordentliche Kündigung 240

---

1 BAG v. 3.12.1970 – 2 AZR 110/70, AP Nr. 60 zu § 626 BGB; BAG v. 26.8.1976 – 2 AZR 377/75, AP Nr. 68 zu § 626 BGB; LAG BW v. 8.5.1970 – 4 Sa 15/70, DB 1970, 2452. | 2 Vgl. zur Offenbarungspflicht auch § 611 BGB Rz. 11. | 3 St. Rspr. seit BAG v. 5.12.1957 – 1 AZR 594/56, AP Nr. 2 zu § 123 BGB. | 4 BAG v. 15.1.1970 – 2 AZR 64/69, AP Nr. 7 zu § 1 KSchG – Verhaltensbedingte Kündigung (*Herschel*). | 5 BAG v. 20.5.1999 – 2 AZR 320/98, AP Nr. 50 zu § 123 BGB. | 6 BVerfG v. 8.7.1997 – 1 BvR 2111/94 ua., AP Nr. 39 zu Art. 2 GG; BAG v. 26.8.1993 – 8 AZR 561/92, AP Nr. 8 zu Art. 20 Einigungsvertrag. | 7 BAG v. 20.8.1998 – 2 AZR 736/97, ZTR 1998, 565. | 8 BAG v. 4.12.1997 – 2 AZR 750/96, NZA 1998, 474; v. 18.10.2000 – 2 AZR 369/99, nv. (juris). | 9 LAG Düsseldorf v. 17.6.1997 – 16 Sa 346/97, LAGE § 1 KSchG – Verhaltensbedingte Kündigung Nr. 58 (hier: Frischfleischverarbeitungsbetrieb). | 10 Vgl. zu Umfang und Güte der geschuldeten Arbeitsleistung auch § 611 BGB Rz. 299 ff. | 11 BAG v. 17.3.1988 – 2 AZR 576/87, AP Nr. 99 zu § 626 BGB. | 12 BAG v. 11.12.2003 – 2 AZR 667/02, Pressemitt. 82/03; v. 21.5.1992 – 2 AZR 551/91, BB 1992, 2079 (gutachterlich tätiger Arzt mit nur halb so vielen Gutachten wie seine Kollegen bei absteigender Tendenz). | 13 BAG v. 26.9.1991 – 2 AZR, AP Nr. 28 zu § 1 KSchG 1969 – Krankheit (⅔ der Normalleistung). | 14 BAG v. 22.7.1982 – 2 AZR 30/81, AP Nr. 5 zu § 1 KSchG 1969 – Verhaltensbedingte Kündigung. | 15 BAG v. 27.9.1976 – 3 AZR 50/75, DB 1976, 2356. | 16 LAG Köln v. 2.7.1987 – 3/7 Sa 113/87, LAGE § 626 BGB Nr. 32. | 17 BAG v. 17.4.1956 – 2 AZR 340/55, AP Nr. 8 zu § 626 BGB.

ohne vorherige Abmahnung gerechtfertigt[1]. Bei leitenden Angestellten oder besonders **verantwortungsvoller Tätigkeit** (Pilot, Chirurg) kann allerdings auch ohne einen Schadenseintritt ein einmaliges Versagen eine Kündigung rechtfertigen, wenn dieses berechtigte Zweifel an der Eignung des ArbN für die verantwortungsvolle Tätigkeit begründet[2]. Die Kündigung eines Lehrers, der im Schulunterricht Menschen verachtende Witze über den Holocaust erzählt, bedarf auch als verhaltensbedingte idR keiner vorherigen Abmahnung[3].

241 ● **Schulden.** Die privaten finanziellen Verhältnisse des ArbN können grundsätzlich eine verhaltensbedingte Kündigung nicht rechtfertigen. Bei einem Angestellten in **besonderer Vertrauensstellung**, der über erhebliche Vermögenswerte disponieren kann, kommt im Falle völliger Überschuldung eine personenbedingte Kündigung in Betracht[4]. Führen die privaten finanziellen Verhältnisse des ArbN zu **zahlreichen Lohnpfändungen** durch seine Gläubiger, so kann dies nur in ganz seltenen Ausnahmefällen eine Kündigung rechtfertigen, etwa wenn die Pfändungen zu nachhaltigen und wesentlichen Störungen im Verwaltungsablauf des ArbGeb als Drittschuldner führen, die nicht länger hinzunehmen sind. Weitere Voraussetzung ist nach richtiger Auffassung eine vorausgegangene Abmahnung[5] (vgl. auch oben Rz. 182).

242 ● **Sexuelle Belästigung.** Sexuelle Belästigung am Arbeitsplatz ist jedes **vorsätzliche, sexuell bestimmte Verhalten**, das die Würde von Beschäftigten am Arbeitsplatz verletzt. Dazu gehören neben strafbaren Handlungen sexuelle Handlungen und Aufforderungen dazu, sexuell bestimmte körperliche Berührungen, Bemerkungen sexuellen Inhalts sowie das Zeigen und sichtbare Anbringen von pornografischen Darstellungen, die von den Betroffenen erkennbar abgelehnt werden (§ 2 Abs. 2 BeschSchG). Sexuelle Belästigungen im Betrieb verletzen arbeitsvertragliche Pflichten. Der ArbGeb ist gem. § 4 BeschSchG seinerseits verpflichtet, darauf angemessen, dh. unter Beachtung des **Verhältnismäßigkeitsgrundsatzes** zu reagieren. Sein Kündigungsrecht wird hierdurch nicht erweitert[6]. Es kann je nach den Umständen eine ordentliche oder außerordentliche Kündigung gerechtfertigt sein. In leichteren Fällen wird zunächst eine Abmahnung erfolgen müssen, ggf. eine Versetzung auf einen anderen Arbeitsplatz (§ 4 BeschSchG). Maßgeblich ist die **Intensität der Belästigung**, ggf. ihre Häufigkeit und die Reaktion der Betroffenen. Eine massive Belästigung dürfte auch bei einmaligem Vorfall eine Kündigung rechtfertigen[7]. Sexuelle Belästigungen von Auszubildenden durch den Ausbilder wiegen besonders schwer[8]. Der BR kann gem. § 98 Abs. 2 BetrVG die Abberufung des Ausbilders verlangen und gem. Abs. 5 gerichtlich durchsetzen. Die Abberufung ist von der Kündigung zu unterscheiden. Die Betroffenen haben das Recht, sich zu **beschweren**, ohne dass ihnen hieraus Nachteile entstehen dürfen. Die wahrheitswidrige Behauptung einer sexuellen Belästigung durch einen Vorgesetzten kann jedoch ihrerseits eine Kündigung rechtfertigen; das setzt voraus, dass die Wahrheitswidrigkeit vom ArbGeb bewiesen wird[9].

243 ● **Straftaten.** Straftaten **innerhalb des Arbeitsverhältnisses** rechtfertigen regelmäßig auch ohne Abmahnung eine außerordentliche oder ordentliche Kündigung. Dies gilt sowohl für Straftaten gegen den ArbGeb als auch gegen Kollegen oder Vertragspartner des ArbGeb[10]. Denn in allen Fällen werden Vertragspflichten gegenüber dem ArbGeb verletzt. Dies kann im Einzelfall auch bei einer Straftat gegenüber einem Konzernunternehmen der Fall sein, wenn gegenüber diesem Unternehmen Interessenwahrungs- und Rücksichtnahmepflichten begründet worden waren (vgl. oben Rz. 226). Insbesondere **Vermögensdelikte** zu Lasten des ArbGeb rechtfertigen idR ohne vorherige Abmahnung die außerordentliche Kündigung. Das gilt grundsätzlich auch für die Entwendung oder Unterschlagung nur geringwertiger Sachen. Einen „Freibrief" für Vermögensdelikte bis zu einer bestimmten Höchstgrenze erkennt die Rspr. grundsätzlich nicht an[11]. Hiervon abgesehen ist jedoch bei **Bagatelldelikten** durchaus der Einzelfall zu würdigen: Es ist zu unterscheiden, ob die Straftat starken kriminellen Einschlag hat oder sonst eindeutig und grob vertragswidrig war (Griff in die Kasse), oder ob es sich um einen Gelegenheitsübertritt handelte, bei dem nach Ausspruch einer Abmahnung durchaus mit der Wiederherstellung des Vertrauens gerechnet werden kann. Bei einer Buffetkraft in einem großen Kaufhaus, die erstmalig bei unberechtigtem Verzehr eines Stückes **Bienenstichs** im Wert von 1 DM erwischt wurde, hat das BAG die Kündigung ohne vorherige Abmahnung für möglich gehalten und den Rechtsstreit zur Durchführung einer Interessenabwägung an die Vorinstanz zurückverwiesen[12]. Nach den ge-

---

1 LAG Sachs. v. 25.6.1996 – 9 Sa 257/96, LAGE § 626 BGB Nr. 102 (Vertriebsmitarbeiter, der die eigenen Produkte gegenüber einem Kunden kritisiert, ein Konkurrenzprodukt empfiehlt und den Kontakt zum Konkurrenzunternehmen herstellt). | 2 LAG Berlin v. 11.6.1990 – 9 Sa 30/90, LAGE § 626 BGB Nr. 46. | 3 BAG v. 5.11.1992 – 2 AZR 287/92, AuR 1993, 124 ff. (die Frage der pädagogischen Eignung hat das BAG offen gelassen). | 4 BAG v. 29.8.1980 – 7 AZR 726/77, nv. (juris). | 5 AA BAG v. 4.11.1981 – 7 AZR 264/77, BB 1982, 556; wie hier *v. Hoyningen-Huene/Linck*, § 1 KSchG Rz. 343 ff. mwN. | 6 BAG v. 8.6.2000 – 2 ABR 1/00, EzA § 15 KSchG nF Nr. 50. | 7 LAG Hamm v. 22.10.1996 – 6 Sa 730/96, DB 1997, 482; LAG Hess. v. 20.8.1995 – 3 Sa 636/94, nv. (Griff an die Brust); LAG Hamm v. 10.3.1999 – 18 Sa 2328/98, NZA-RR 1999, 623 ff. (Aufforderung zu sexuellen Handlungen iVm. Drohbriefen an die Privatanschrift). | 8 BAG v. 9.1.1986 – 2 AZR 24/85, AP Nr. 20 zu § 626 BGB – Ausschlussfrist. | 9 LAG Rh.-Pf. v. 16.2.1996 – 10 Sa 1090/95, NZA-RR 1997, 169. | 10 BAG v. 17.5.1984 – 2 AZR 3/83, DB 1984, 2702; LAG Nürnberg v. 29.8.1985 – 1 Sa 4/85, LAGE § 626 BGB Nr. 24. | 11 BAG v. 17.5.1984 – 2 AZR 3/83, DB 1984, 2702; LAG Nürnberg v. 29.8.1985 – 1 Sa 4/85, LAGE § 626 BGB Nr. 24. | 12 BAG v. 17.5.1984 – 2 AZR 3/83, DB 1984, 2702; LAG Nürnberg v. 29.8.1985 – 1 Sa 4/85, LAGE § 626 BGB Nr. 24.

samten Umständen hatte das Verhalten aber keinen so eindeutig kriminellen oder grob vertragswidrigen Charakter hatte, dass eine Abmahnung entbehrlich gewesen wäre[1]. Ebensowenig ist eine verhaltensbedingte Kündigung gerechtfertigt, wenn eine Krankenschwester aus dem Medikamentenschrank des Krankenhauses zehn Tabletten eines Beruhigungsmittels entwendet und anschließend damit einen Suizidversuch unternimmt[2].

Auch der gegen den ArbN gerichtete dringende **Verdacht** eines Eigentums- oder Vermögensdelikts zum Nachteil des ArbGeb ist an sich geeignet, eine außerordentliche Kündigung zu rechtfertigen. Dies gilt grundsätzlich auch bei geringwertigen Gegenständen. Erschwerend wirkt sich aus, wenn das Delikt unter Verletzung konkreter vertraglicher Obhutspflichten verübt wird[3]. Vgl. näher zur Verdachtskündigung § 626 BGB Rz. 173 ff. Eine **heimliche Videoüberwachung** stellt ein Eingriff in das allgemeine Persönlichkeitsrecht des ArbN. Ein Beweisverwertungsverbot folgt daraus nicht, wenn der Verdacht konkret ist, weniger einschneidende Aufklärungsmittel ausgeschöpft sind und die Maßnahme insgesamt nicht unverhältnismäßig ist[4]. Straftaten zu Lasten des ArbGeb begründen im Rahmen der **Interessenabwägung** ein so starkes Lösungsinteresse, dass individuelle Bestandsschutzinteressen des ArbN idR nur eine untergeordnete Bedeutung erlangen können[5]. Gleichwohl ist in die Interessenabwägung die Dauer der Betriebszugehörigkeit des ArbN auch dann einzubeziehen, wenn es um die Frage einer ordentlichen statt einer außerordentlichen Kündigung wegen Diebstahls zum Nachteil des ArbGeb geht[6]. 244

Auch bei einem **Spesenbetrug** sind stets alle Umstände abzuwägen. Eine grob aufgerundete Kilometerangabe bei Abrechnung von Fahrtkosten etwa wird idR zunächst nur zu einer Abmahnung führen können. Das gilt jedenfalls dann, wenn der ArbGeb eine derartige Abrechnungspraxis längere Zeit unbeanstandet hingenommen hat. Schwerer wiegt es, wenn Spesen insgesamt vorgetäuscht werden, die gar nicht entstanden sind. Hier kann bei einem ArbN in besonderer Vertrauensstellung eine sofortige fristlose Entlassung ohne Abmahnung gerechtfertigt sein[7]. Umgekehrt kann bei einem langjährig beanstandungsfrei beschäftigten ArbN die Kündigung wegen Spesenbetrugs unwirksam sein, wenn dieser den einmaligen Verstoß zugegeben und den Schaden wieder gutgemacht hat und aus seinem gesamten Verhalten hervorgeht, dass eine weitere Verfehlung nicht wieder vorkommen wird[8]. Der Missbrauch von **Stempeluhren** zur Erlangung eines unberechtigten Arbeitszeitguthabens stellt einen schweren Verstoß gegen die Vertragspflichten und in der Regel auch einen Betrugsversuch dar. Wer die Stempeluhr von einem Arbeitskollegen bedienen lässt, um den ArbGeb über den Umfang seiner tatsächlich erbrachten Arbeitsleistung zu täuschen, kann in der Regel fristlos entlassen werden[9]. Wer Zeitangaben auf der Stempelkarte verändert, um zusätzliche Arbeitszeit vorzutäuschen, begeht ein Urkundsdelikt und setzt sich regelmäßig einer fristlosen Entlassung ohne vorherige Abmahnung aus[10]. Entsprechendes gilt für den Missbrauch sonstiger Zeiterfassungseinrichtungen[11]. 245

Straftaten **außerhalb des Arbeitsverhältnisses** stellen im Allgemeinen keine Vertragspflichtverletzung dar. Sie können jedoch als personenbedingter Kündigungsgrund Bedeutung gewinnen. So können bei leitenden Angestellten oder sonstigen ArbN in besonderer Vertrauensstellung außerdienstliche Straftaten je nach den Umständen die Eignung des ArbN in Frage stellen. Nach § 25 JArbSchG etwa dürfen mit der Beaufsichtigung Jugendlicher solche Personen nicht beschäftigt werden, die wegen bestimmter Straftaten verurteilt worden sind. Lehrer und Erzieher, die wegen Körperverletzungs- oder Sittlichkeitsdelikten verurteilt worden sind, können entlassen werden[12]. Allgemein sind im **öffentlichen Dienst** strengere Anforderungen zu stellen, weil dort gem. § 8 BAT besondere Anforderungen an das außerdienstliche Verhalten bestehen (vgl. näher oben Rz. 227). 246

● **Telefonieren und Internet.** Deklariert der ArbN **private Telefongespräche** auf einer digitalen Telefonnebenstellenanlage entgegen betrieblicher Regelung fälschlich durch Vorwahl bestimmter Ziffern als vom ArbGeb zu zahlende Dienstgespräche, so liegt darin eine Vertragspflichtverletzung, die den Vertrauensbereich, also Loyalität und Ehrlichkeit des ArbN berührt. Dieses Verhalten ist an sich geeignet, eine – auch außerordentliche – Kündigung zu begründen. Im Rahmen der umfassenden Interessenabwägung wird es entscheidend auf das Ausmaß der Verfehlung sowie auch auf die Dauer der Be- 247

---

1 Zur Frage einer Abmahnung bei Diebstahl abgeschriebener Ware durch eine Verkäuferin BAG v. 11.12.2003 – 2 AZR 36/03. |2 LAG Sa.-Anh. v. 14.1.2003 – 8 Sa 341/02 (juris). |3 BAG v. 12.8.1999 – 2 AZR 923/98, AP Nr. 28 zu § 626 BGB – Verdacht strafbarer Handlungen, unter II 2 b d.Gr. |4 BAG v. 27.3.2003 – 2 AZR 51/02, NZA 2003, 1193. |5 BAG v. 25.4.1991 – 2 AZR 624/90, AP Nr. 104 zu § 626 BGB; KR/*Fischermeier*, § 626 BGB Rz. 242 ff. mwN. |6 BAG v. 13.12.1984 – 2 AZR 454/83, AP Nr. 81 zu § 626 BGB (Entwendung von 20 Liter Dieselkraftstoff durch Bauarbeiter nach 13-jähriger, unbeanstandeter Betriebszugehörigkeit); v. 27.3.2003 – 2 AZR 51/02, NZA 2003, 1193 (Wegnahme abgeschriebener Ware). |7 BAG v. 2.6.1960 – 2 AZR 91/58, DB 1960, 1012. |8 LAG Hess. v. 5.7.1988 – 5 Sa 585/88, BB 1988, 2178. |9 BAG v. 27.1.1977 – 2 ABR 77/76, DB 1977, 869; zu einem Ausnahmefall vgl. LAG Sa.-Anh. v. 11.3.1997 – 8 Sa 723/96, nv. (juris): Der ArbN war nach Rücksprache mit den zuständigen Stellen zu Hause geblieben, um Überstunden abzufeiern; die von ihm veranlasste Betätigung der Stempeluhr durch einen Kollegen diente unzweifelhaft der Erlangung einer Arbeitszeitgutschrift, die dem ArbN zustand. |10 LAG Hamm v. 20.2.1986 – 4 Sa 1288/85, DB 1986, 1338. |11 BAG v. 13.8.1987 – 2 AZR 629/86, nv. (juris); BAG v. 12.8.1999 – 2 AZR 832/98, AP Nr. 51 zu § 123 BGB. |12 LAG Berlin v. 15.12.1989 – 2 Sa 29/89, BB 1990, 286.

triebszugehörigkeit ankommen[1]. Gelegentliche Falschdeklarierungen machen eine **Abmahnung** auch dann nicht in jedem Fall entbehrlich, wenn sie nicht auf Versehen beruhen[2]. Das gilt auch für übermäßige Nutzung grundsätzlich gestatteter Privatgespräche über den Dienstapparat. Nutzt der ArbN das **Internet** entgegen einem ausdrücklichen Verbot des ArbGeb für private Zwecke, so stellt dies eine arbeitsvertragliche Pflichtverletzung dar, die eine Kündigung des Arbeitsverhältnisses grundsätzlich rechtfertigen kann. Hat der ArbGeb hingegen die private Nutzung genehmigt oder über einen längeren Zeitraum hinweg widerspruchslos geduldet, wird eine Vertragspflichtverletzung nur vorliegen, wenn die Nutzung in einem Ausmaß erfolgt, von dem der ArbN nicht mehr annehmen durfte, dass sie noch vom Einverständnis des ArbGeb gedeckt sei. Eine Abmahnung ist hier nur ausnahmsweise entbehrlich[3]. Lädt ein ArbN während der Arbeitszeit **pornografisches Bildmaterial** aus dem Internet, das er auf Datenträgern des ArbGeb speichert, und nutzt er den Internet-Zugang zum Einrichten einer Web-Page sexuellen Inhalts, rechtfertigt dies ohne vorherige Abmahnung eine außerordentliche Kündigung[4].

248 • **Treuepflicht**[5]. Den ArbN hat die **berechtigten Interessen des ArbGeb** so zu wahren, wie dies von ihm unter Berücksichtigung seiner Stellung im Betrieb, seiner eigenen Interessen und der Interessen der anderen ArbN des Betriebes nach Treu und Glauben billigerweise verlangt werden kann. Hieraus folgt eine Reihe von Einzelpflichten, deren Verletzung kündigungsrechtliche Folgen haben kann. Der ArbN ist verpflichtet, **Betriebs- und Geschäftsgeheimnisse** zu wahren, an deren Geheimhaltung ein berechtigtes betriebliches Interesse besteht[6]. BR-Mitglieder unterliegen zusätzlich der besonderen Schweigepflicht aus § 79 BetrVG. Betriebs- oder Geschäftsgeheimnis ist jede im Zusammenhang mit einem Betrieb stehende Tatsache, die nicht offenkundig, sondern nur einem eng begrenzten Personenkreis bekannt ist und nach dem Willen des Betriebsinhabers aufgrund eines **berechtigten wirtschaftlichen Interesses** geheim gehalten werden soll[7]. Die Verletzung der Schweigepflicht kann je nach den Umständen eine ordentliche oder außerordentliche Kündigung rechtfertigen[8]. **Geschäftsschädigendes Verhalten**, insb. kreditgefährdende Äußerungen, die ohne berechtigtes Eigeninteresse oder gar wahrheitswidrig in Schädigungsabsicht gegenüber Dritten getätigt werden, berechtigen regelmäßig zur außerordentlichen Kündigung[9]. Ein Vertriebsmitarbeiter, der die eigenen Produkte gegenüber einem Kunden kritisiert, ein Konkurrenzprodukt empfiehlt und den Kontakt zum Konkurrenzunternehmen herstellt, kann uU ohne Abmahnung fristlos entlassen werden[10].

249 Während des Arbeitsverhältnisses ist der ArbN gem. § 60 HGB, § 113 GewO verpflichtet, jeglichen **Wettbewerb** zu Lasten seines ArbGeb zu unterlassen[11]. Bei Zuwiderhandlung kann eine fristlose Kündigung gerechtfertigt sein[12]. Untersagt ist sowohl eigener Wettbewerb[13] als auch Unterstützung fremden Wettbewerbs[14]; auch die Beteiligung am Unternehmen eines Wettbewerbers kann uU gegen das Wettbewerbsverbot verstoßen[15]. Bloße **Vorbereitungshandlungen** für die Aufnahme des Geschäftsbetriebes wie Anmietung von Geschäftsräumen, Begründung von Arbeitsverhältnissen etc. fallen noch nicht unter das Wettbewerbsverbot[16]. Der ArbN darf aber nicht bei den Kunden des ArbGeb „vorfühlen" oder auf Arbeitskollegen ernsthaft einwirken, um sie abzuwerben. Beides kann idR eine außerordentliche Kündigung ohne vorherige Abmahnung rechtfertigen. Die **Abwerbung** von Kollegen rechtfertigt allerdings nur unter besonderen Umständen die außerordentliche oder ordentliche verhaltensbedingte Kündigung des abwerbenden ArbN. Zum Begriff der Abwerbung gehört, dass auf den ArbN mit einer gewissen Ernsthaftigkeit und Beharrlichkeit eingewirkt wird mit dem Ziel, ihn zur Aufgabe des einen zwecks Begründung eines neuen Arbeitsverhältnisses zu bewegen. Das gemeinsame Pläneschmieden von ArbN, von denen der eine sich selbständig machen will unter Einbeziehung von Kollegen, stellt im Lichte von Art. 2, 5 Abs. 1 u. 12 GG nicht in jedem Fall eine Treuepflichtverletzung dar[17]. Anders liegt es bei der Abwerbung von Kunden. Während eines **Kündigungsschutzprozesses** besteht regelmäßig Unklarheit über den Fortbestand des Arbeitsverhältnisses und damit des Wettbewerbsverbotes. Erweist sich die Kündigung später als unwirksam, so wird ein etwaiger zwischenzeitlicher Wettbewerbsverstoß des ArbN nur dann Vertragspflichten verletzt haben, wenn dadurch in substanzielle Interessen des ArbGeb schädigend eingegriffen wurde. Die Berufung des ArbGeb auf einen bloßen formellen Wettbewerbsverstoß wäre angesichts seines eigenen Verhaltens (Kündigung) unzulässig[18].

---

1 LAG Sa.-Anh. v. 23.11.1999 – 8 TaBV 6/99, LAGE § 103 BetrVG Nr. 15; LAG Köln v. 4.11.1999 – 6 Sa 493/99, nv. (juris). | 2 LAG Nds. 13.1.1998 – 13 Sa 1235/97, BB 1998, 1112. | 3 ArbG Wesel v. 21.3.2001 – 5 Ca 4021/00, NZA 2001, 786 (Nutzungsdauer von 80–100 Stunden innerhalb eines Jahres); ArbG Hannover v. 1.12.2000 – 1 Ca 504/00 B, NZA 2001, 1022; *Ernst*, NZA 2002, 585 (590). | 4 ArbG Hannover v. 1.12.2000 – 1 Ca 504/00 B, NZA 2001, 1022. | 5 Vgl. zur Treuepflicht auch § 611 BGB Rz. 347 ff. | 6 BAG v. 26.9.1990 – 2 AZR, 602/89, nv. (juris). | 7 BAG v. 26.2.1987 – 6 ABR 46/84, AP Nr. 2 zu § 79 BetrVG 1972 (*Teplitzky*). | 8 BAG v. 4.4.1974 – 2 AZR 452/73, BB 1974, 739. | 9 LAG BW v. 27.11.1967 – 4 Sa 107/67, DB 1968, 359, 491. | 10 LAG Sachs. v. 25.6.1996 – 9 Sa 257/96, LAGE § 626 BGB Nr. 102. | 11 BAG v. 17.10.1969 – 3 AZR 442/68, AP Nr. 7 zu § 611 BGB – Treuepflicht (*Canaris*). | 12 BAG v. 6.8.1987 – 2 AZR 226/87, BB 1988, 487; v. 16.8.1990 – 2 AZR 113/90, NZA 1991, 141. | 13 BAG v. 16.8.1990 – 2 AZR 113/90, NZA 1991, 141. | 14 BAG v. 21.11.1996 – 2 AZR 852/95, EzA § 60 HGB Nr. 13; v. 23.4.1998 – 2 AZR 442/97, nv. (juris). | 15 LAG Hess. v. 28.4.1998 – 9 Sa 2007/97, BB 1998, 1899 m. abl. Anm. *Hohmeister*. | 16 BAG v. 31.1.1996 – 2 AZR 68/95, NZA 1996, 819. | 17 LAG Rh.-Pf. v. 7.2.1992 – 6 Sa 528/91, NZA 1993, 265 f. | 18 Vgl. hierzu aber BAG v. 25.4.1991 – 2 AZR 624/90, BB 1992, 72.

Die Annahme von **Schmiergeld** kann grundsätzlich eine fristlose Kündigung rechtfertigen. Sie zerstört das Vertrauen in die Zuverlässigkeit und Redlichkeit des ArbN[1]. Das Schmiergeld dient dazu, das Verhalten des ArbN zugunsten des Dritten und zum Nachteil des ArbGeb zu beeinflussen. Es kommt nicht darauf an, ob der ArbN tatsächlich zum Schaden des ArbGeb gehandelt hat[2]. Wer zB für betriebliche Bestellungen zuständig ist und einen Lieferanten veranlasst, an ihn privat Ware im Wert von 300 DM ohne Bezahlung zu liefern, kann fristlos entlassen werden[3]. Der mehrfache Verstoß eines Angestellten im öffentlichen Dienst gegen das Verbot, ohne Zustimmung des ArbGeb Belohnungen oder Geschenke in Bezug auf seine dienstliche Tätigkeit anzunehmen (§ 10 BAT), ist an sich geeignet, einen wichtigen Grund zur außerordentlichen Kündigung darzustellen[4]. Das außerdienstliche Verhalten eines ArbN (Forderung und Kassierung einer „**Vermittlungsprovision**" für die Einstellung eines ArbN), das weder zur konkreten Beeinträchtigung des Arbeitsverhältnisses noch zur „konkreten Gefährdung" im Vertrauensbereich führt, ist nicht geeignet, einen Grund im Verhalten des ArbN zu bilden[5]. Keine Pflichtverletzung stellt die Annahme üblicher **Gelegenheitsgeschenke** dar, wobei die Abgrenzung zum Schmiergeld unter Berücksichtigung der Branchengepflogenheiten nach Treu und Glauben zu erfolgen hat (übliche Gelegenheitsgeschenke sind – je nach den Umständen – beispielsweise Taschenkalender, Kugelschreiber, Flasche Sekt etc.). Auch die **aktive Bestechung** eines potentiellen Kunden des ArbGeb kann uU eine Kündigung rechtfertigen. Sie erfolgt allerdings regelmäßig im Interesse des ArbGeb. Gleichwohl stellt sie eine Straftat gemäß § 12 UWG dar. Freilich ist stets zu prüfen, ob der ArbGeb das Handeln des ArbN, das in seinem Interesse erfolgte, nicht gekannt und geduldet hat.

● **Unentschuldigtes Fehlen.** Unbefugtes Fernbleiben von der Arbeit kann – je nach den Umständen – eine ordentliche oder außerordentliche Kündigung rechtfertigen[6]. Eine **dreitägige unentschuldigte Fehlzeit** kann eine außerordentliche Kündigung nach sich ziehen. Kürzere Fehlzeiten, die einmalig auftreten und keine besonderen betrieblichen Schwierigkeiten verursachen, bedürfen vor Ausspruch der Kündigung einer Abmahnung. Häufige **Unpünktlichkeit** kann nach mehrfacher Abmahnung eine ordentliche oder außerordentliche Kündigung rechtfertigen. Ebenso kann das Verlassen des Arbeitsplatzes vor Arbeitsende oder das Überziehen der Pausen nach – ggf. mehrfacher – vergeblichen Abmahnungen Grund für eine ordentliche Kündigung sein[7]. Für die **Prognose** künftiger Unpünktlichkeit kommt es auf die Umstände des Einzelfalls an, insb. die Ursache und Häufigkeit der bisherigen Verspätungen sowie die Anzahl der Abmahnungen[8]. Ob die Unpünktlichkeit eine betriebliche Störung verursacht hat, ist nur im Rahmen der Interessenabwägung von Bedeutung (vgl. oben Rz. 179) und jedenfalls dann unerheblich, wenn das Verhalten des ArbN schon als beharrliche Pflichtverletzung anzusehen ist[9]. Ein einschlägig abgemahnter ArbN wird gegen künftige Verspätungen erhöhte Vorsorge zu treffen haben[10].

● **Unfallschutz.** Der Verstoß gegen Arbeitsschutzbestimmungen kann – je nach den Umständen – mit oder ohne Abmahnung eine ordentliche oder auch außerordentliche Kündigung rechtfertigen. Es kommt hier entscheidend darauf an, welche **Gefahr** bei einem Verstoß droht. Nicht maßgeblich ist, ob die Gefahr sich verwirklicht hat. Ein Verstoß gegen das Rauchverbot untertage dürfte wegen der besonderen Gefahr für eine Vielzahl von Bergleuten eine außerordentliche Kündigung ohne vorherige Abmahnung rechtfertigen[11]. Demgegenüber bedarf es grundsätzlich einer einschlägigen vorausgegangenen Abmahnung, wenn der ArbN entlassen werden soll, weil er vorschriftswidrig einen **Schutzhelm** nicht trägt. Insoweit dürfte auch eine sog. vorweggenommene Abmahnung am „Schwarzen Brett", die sich an alle ArbN wendet, nicht die ausreichende Zuspitzung und Intensität haben, um eine Abmahnung bei einmaligem Verstoß entbehrlich zu machen (siehe hierzu näher oben Rz. 192).

● **Urlaub.** Der Urlaub ist stets **vom ArbGeb zu gewähren**. Weigert sich der ArbGeb rechtswidrig, den Urlaub zu gewähren, so kann sich der ArbN an den BR wenden (§§ 85, 87 Abs. 1 Nr. 5 BetrVG) oder er muss gerichtliche Hilfe in Anspruch nehmen (Klage, einstweilige Verfügung). Ein Recht zur „Selbstbeurlaubung" steht ihm nicht zu. Der **eigenmächtige Antritt** eines vom ArbGeb abgelehnten Urlaubs rechtfertigt in der Regel eine außerordentliche Kündigung ohne vorherige Abmahnung, wenn der ArbGeb den Urlaub zu Recht abgelehnt hat[12]. Eine rechtswidrige Ablehnung ist zu gunsten des ArbN im Rahmen der Interessenabwägung zu berücksichtigen, so dass im Einzelfall eine außerordentliche oder auch ordentliche Kündigung unbegründet sein kann[13]. Das Gleiche gilt, wenn der ArbN das Arbeitsverhältnis gekündigt hat und den Resturlaub in der Kündigungsfrist nehmen will, der ArbGeb jedoch ohne Gründe die Urlaubsgewährung verweigert. Im Kündigungsschutzprozess ist der **ArbGeb beweispflichtig** dafür, dass der Urlaub nicht genehmigt, sondern verweigert worden ist. Es gilt aber eine abge-

---

1 LAG Düsseldorf v. 12.8.1980 – 8 Sa 235/80, LAGE § 626 Nr. 8. | 2 BAG v. 15.11.1995 – 2 AZR 974/94, AP Nr. 73 zu § 102 BetrVG 1972. | 3 LAG Schl.-Holst. v. 6.5.1996 – TaBV 14/96, LAGE § 626 BGB Nr. 5. | 4 BAG v. 15.11.2001 – 2 AZR 605/00, AP Nr. 175 zu § 626 BGB. | 5 BAG v. 24.9.1987 – 2 AZR 26/87, BB 1988, 1466. | 6 BAG v. 17.1.1991 – 2 AZR 375/90, DB 1991, 1637. | 7 BAG v. 23.9.1992 – 2 AZR 199/92, AP Nr. 44 zu § 1 KSchG – Verhaltensbedingte Kündigung. | 8 BAG v. 17.1.1991 – 2 AZR 375/90, BB 1991, 1051. | 9 BAG v. 17.1.1991 – 2 AZR 375/90, BB 1991, 1051. | 10 BAG v. 27.2.1997 – 2 AZR 302/96, NZA 1997, 761. | 11 Brandgefahr: LAG BW v. 23.10.1951 – I Sa 118/51, DB 1952, 232; LAG München v. 18.1.1961 – 5 Sa 233/60 N, BB 1961, 1325. | 12 BAG v. 20.1.1994 – 2 AZR 521/93, NZA 1994, 548. | 13 BAG v. 20.1.1994 – 2 AZR 521/93, NZA 1994, 548.

stufte Darlegungslast. Behauptet der ArbGeb unentschuldigtes Fehlen, muss der ArbN im Einzelnen die Urlaubsbewilligung darlegen; sodann hat der ArbGeb sie zu widerlegen. Auch die **eigenmächtige Überschreitung** des bewilligten Urlaubs ohne Rechtfertigungs- oder Entschuldigungsgrund (zB Fluglotsenstreik am Urlaubsort) kann eine außerordentliche Kündigung rechtfertigen. Dies hängt davon ab, ob die Überschreitung erheblich ist oder aus sonstigen Gründen eine beharrliche Arbeitsverweigerung darstellt[1]. Eine Überschreitung für ein bis zwei Tage wird nur unter solchen besonderen Umständen eine außerordentliche Kündigung ohne vorherige Abmahnung rechtfertigen. Bei **Erkrankung am Urlaubsort** werden die durch ärztliches Zeugnis nachgewiesenen Tage der Arbeitsunfähigkeit auf den Jahresurlaub nicht angerechnet (§ 9 BUrlG). Der bewilligte Urlaub verlängert sich dadurch allerdings nicht um die Krankheitstage. Vielmehr hat der ArbN nach Ablauf des Urlaubs- bzw. Krankheitszeitraums die Arbeit anzutreten oder ggf. eine Verlängerungsbewilligung einzuholen[2].

254 ● **Verdacht.** Zum Verdacht als Kündigungsgrund s.o. Rz. 164 sowie eingehend § 626 Rz. 173 ff.

255 **VI. Betriebsbedingte Kündigung. 1. Überblick.** Gemäß § 1 Abs. 2 ist eine Kündigung auch sozial gerechtfertigt, wenn sie „durch **dringende betriebliche Erfordernisse**, die einer Weiterbeschäftigung des ArbN in diesem Betrieb entgegenstehen, bedingt ist". Es muss nicht nur eine Weiterbeschäftigung des ArbN im bisherigen Tätigkeitsbereich ausscheiden, sondern auch eine anderweitige Weiterbeschäftigung zu gleichen oder geänderten Bedingungen, ggf. nach zumutbaren Umschulungs- oder Fortbildungsmaßnahmen. Auch dann ist die Kündigung gemäß § 1 Abs. 3 Satz 1 noch sozial ungerechtfertigt und damit unwirksam, wenn nicht alle vergleichbaren ArbN gekündigt werden und der ArbGeb bei der Auswahl der zu Kündigenden soziale Gesichtspunkte nicht ausreichend beachtet hat (**Sozialauswahl**). Die betriebsbedingte Kündigung ist danach in **drei Schritten** zu prüfen:

(1) Kann der ArbN in seinem alten Tätigkeitsbereich nicht mehr weiterbeschäftigt werden?

(2) Besteht eine anderweitige freie Beschäftigungsmöglichkeit, auch zu geänderten Arbeitsbedingungen (ggf. nach Umschulung/Fortbildung)?

(3) Wenn die Zahl der vergleichbaren ArbN die Zahl der zu kündigenden übersteigt: Wem ist nach den Grundsätzen der Sozialauswahl zu kündigen?

256 Die betriebsbedingte Kündigung steht in besonderer Weise im Spannungsfeld **widerstreitender Grundrechtsinteressen.** Art. 12 GG schützt die „Unternehmerfreiheit", dh. die freie Gründung und Führung von Unternehmen. Zugleich fällt in den Schutzbereich des Grundrechts auch das Bestandsschutzinteresse des ArbN, das einen wirksamen Mindestschutz gegen arbeitgeberseitige Kündigungen erfordert (vgl. dazu näher Vorb. vor § 1 Rz. 7 ff.). Das Tatbestandsmerkmal „dringende betriebliche Erfordernisse" und das Gebot der Sozialauswahl bezwecken den Ausgleich dieser Interessen.

257 **2. Dringende betriebliche Erfordernisse. a) „Betriebliche" Erfordernisse. aa) Sphäre des ArbGeb.** In **Abgrenzung** zu personen- und verhaltensbedingten Gründen aus der Sphäre des ArbN stammen betriebsbedingte Gründe aus der Sphäre des ArbGeb. Auch Gründe aus der Sphäre des ArbN haben „Betriebsbezug", dh. sie rechtfertigen eine Kündigung idR erst, wenn sie sich störend auf den Betrieb auswirken. Maßgeblich für die Abgrenzung ist, in wessen Sphäre die Störung ihren Kern hat, wem sie also bei wertender Betrachtung zuzuordnen ist. In Grenzfällen bereitet die Zuordnung Probleme. Die **Drohung der Belegschaft** mit Arbeitsniederlegung und Abwanderung für den Fall, dass der ArbGeb nicht einen bestimmten ArbN entlässt, ist dem ArbN zuzurechnen, wenn er sie mit seiner Person oder seinem Verhalten veranlasst hat und dies bei wertender Betrachtung seiner Sphäre zuzuordnen ist. Beruht die Drohung dagegen bspw. auf ausländerfeindlicher Gesinnung, kann ihr Ursprung nicht dem ausländischen ArbN, sondern nur den Kollegen zugerechnet werden. Dies fällt hier in die Sphäre des ArbGeb, da es seine Vertragspartner sind. Der ArbGeb muss alle Mittel – bis hin zur Entlassung – ausschöpfen, um sich schützend vor den betroffenen ArbN zu stellen. Eine Kündigung dieses ArbN verstieße gegen Art. 3 Abs. 1 Satz 1 GG und § 75 Abs. 1 Satz 1 BetrVG. Nur ganz ausnahmsweise wird der ArbGeb dem grundlosen Druck von dritter Seite nachgeben dürfen, um schwere Schäden vom Betrieb abzuwenden. Eine solche Kündigung fällt bei wertender Betrachtung in die betriebliche Sphäre des ArbGeb[3]. Vgl. zu weiteren Grenzfällen oben Rz. 68 ff. und unten Rz. 326.

258 **bb) Betriebsbezogenheit.** Nicht jeder Umstand aus der Sphäre des ArbGeb ist schon **betrieblicher Art**. Rein außerbetriebliche Gründe scheiden ebenso aus wie solche Gründe, die nur für einen Betriebsteil von Bedeutung sind, der ArbN etwa in einem anderen Betriebsteil weiterbeschäftigt werden kann. Auf die Verhältnisse einer Abteilung kommt es nicht an[4]. Umgekehrt fehlt allgemein arbeitsmarkt- und beschäftigungspolitischen Motiven der erforderliche Betriebsbezug, etwa wenn der ArbGeb anstelle der eigenen ArbN arbeitslose Jugendliche oder Schwerbehinderte einstellen will[5]. Auch wirtschaftli-

---

1 LAG Düsseldorf v. 29.4.1981 – 22 Sa 82/81, LAGE § 626 BGB Nr. 12. | 2 LAG Schl.-Holst. v. 9.2.1988 – 1 Sa 814/87, LAGE § 626 BGB Nr. 36. | 3 BAG v. 19.6.1986 – 2 AZR 563/86, AP Nr. 33 zu § 1 KSchG 1969 – Betriebsbedingte Kündigung (*Gamillscheg*) (grundlose Zurückweisung eines Bauarbeiters auf libyscher Baustelle mit Boykottdrohung). | 4 BAG v. 11.10.1989 – 2 AZR 61/89, DB 1990, 2024; v. 10.11.1994 – 2 AZR 242/94, NZA 1995, 566; v. 15.12.1994 – 2 AZR 327/94, NZA 1995, 521. | 5 BAG v. 13.3.1987 – 7 AZR 724/85, NZA 1987, 629.

Der **Betrieb iSd. KSchG** ist grundsätzlich identisch mit dem Betrieb iSv. § 1 BetrVG (vgl. näher dort). **259**
Das gilt aber nicht ausnahmslos. Für das KSchG stellt das BAG entscheidend darauf ab, ob ein einheitlicher organisatorischer Leitungsapparat besteht. Die bundesweit verstreuten Filialen eines zentral gelenkten Unternehmens können so einen einheitlichen Betrieb iSd. KSchG bilden[1]. Gem. § 3 BetrVG können **abweichende betriebsverfassungsrechtliche Strukturen** geschaffen werden. Gem. § 4 Satz 1 Nr. 1 BetrVG gelten darüber hinaus eigentlich unselbständige, einer einheitlichen Leitung unterstehende Betriebsteile schon dann als selbständige und damit betriebsratsfähige Betriebe, wenn sie sich nur räumlich weit entfernt vom Hauptbetrieb befinden (§ 4 Satz 1 Nr. 1 BetrVG). Bei einheitlicher Leitung besteht hier ein Betrieb iSd. KSchG, so dass die Schließung einer Betriebsstätte auch für die ArbN der anderen Betriebsstätten mit eigenem BR ein „betriebliches" Erfordernis zur Kündigung darstellt (im Wege der sozialen Auswahl, vgl. unten Rz. 336)[2]. Mehrere rechtlich selbständige Unternehmen können einen **gemeinsamen Betrieb** bilden. Voraussetzung ist eine zumindest stillschweigende Vereinbarung über eine einheitliche Organisation und Leitung insb. in personellen und sozialen Angelegenheiten[3]. Hierfür spricht unter den Voraussetzungen des § 1 Abs. 2 BetrVG eine Vermutung (vgl. näher dort), die auch kündigungsrechtlich maßgeblich sein dürfte. Für das KSchG kommt es auf die Verhältnisse in dem gemeinsamen Betrieb an. Solange dort eine Weiterbeschäftigungsmöglichkeit besteht, scheidet eine betriebsbedingte Kündigung aus. Unerheblich ist, ob diese Beschäftigungsmöglichkeit intern einem anderen ArbGeb zugeordnet ist[4]. Zur sozialen Auswahl in diesen Fällen vgl. Rz. 336.

cc) **Inner- und außerbetriebliche Ursachen.** Einer **klareren Erfassung** der betriebsbedingten Kündigungsgründe dient die Unterscheidung nach ihren Ursachen. Zu den außerbetrieblichen Ursachen gehören zB Rohstoffmangel, Umsatz- oder Auftragsrückgang, zu den innerbetrieblichen Ursachen dagegen gestaltende Maßnahmen des ArbGeb, wie etwa Fremdvergabe einer bislang betrieblich verrichteten Tätigkeit (zB Gebäudereinigung), Stilllegung des Betriebes oder Rationalisierung[5]. Eigentliches betriebliches Erfordernis für eine Kündigung ist in allen diesen Fällen der Personalüberhang mit seiner Kostenbelastung[6]. Doch schärft die Unterscheidung von inner- und außerbetrieblichen Ursachen den Blick dafür, den Personalüberhang festzustellen. Nimmt etwa ein Kaufhaus den andauernden Rückgang des Umsatzes zum Anlass, die Lebensmittelabteilung zu schließen, ist der (außerbetriebliche) Umsatzrückgang nur **Motiv** für die Schließung der Abteilung. Für den Personalüberhang ist die Schließung selbst die entscheidende (innerbetriebliche) Ursache. Entschließt sich der ArbGeb dagegen nicht zur Änderung seines Konzepts (hier: Teilstilllegung), sondern zur Reduzierung des Personals entsprechend dem Umsatzrückgang, ergibt sich ein Personalüberhang ausschließlich durch die Auswirkung des (außerbetrieblichen) Umsatzrückgangs auf den Personalbedarf; diese ist vom ArbGeb im Kündigungsschutzprozess im Einzelnen darzulegen[7]. In der Praxis **treffen** inner- und außerbetriebliche Umstände häufig **zusammen**, etwa wenn ein dauerhafter Umsatzrückgang die Beschäftigungsmöglichkeit für 1,5 ArbN entfallen lässt, der ArbGeb zwei ArbN kündigt und die verbleibende Arbeitsmenge innerbetrieblich neu verteilt (durch Leistungsverdichtung). Der Wegfall von zwei Arbeitsplätzen folgt hier erst aus dem Rückgang der Arbeitsmenge und der Neuverteilung der verbliebenen Arbeit. Der ArbGeb hat beides im Einzelnen darzulegen und kann sich nicht lediglich auf eine „gestaltende" innerbetriebliche Entscheidung zum Abbau von zwei Arbeitsplätzen zurückziehen[8]. **260**

dd) **Die „eigentlichen" betrieblichen Erfordernisse.** Bei der **Einteilung** betrieblicher Erfordernisse sind auch Kündigungsgründe ins Auge zu fassen, die in der Regel nur Anlass für eine Änderungskündigung geben. Auch sie bedürfen gem. § 2 Satz 1 iVm. § 1 Abs. 2 eines „dringenden betrieblichen Erfordernisses". Der Wegfall des Beschäftigungsbedarfs ist der mit Abstand praktisch wichtigste betriebsbedingte Kündigungsgrund. Hinzu treten die Änderung des Beschäftigungsbedarfs sowie ausnahmsweise Gründe bei unverändertem Beschäftigungsbedarf. **261**

(1) **Wegfall des Beschäftigungsbedarfs.** Der Wegfall des Beschäftigungsbedarfs führt zu einem Personalüberhang. Er bildet den **Hauptfall** eines betrieblichen Erfordernisses[9]. Sein Abbau zielt auf Entlastung des Betriebes von Kosten für eine nicht benötigte Gegenleistung, da für den ArbN keine Arbeit vorhanden ist. Das Arbeitsverhältnis ist auf den Austausch von Leistungen gerichtet, mit dem Be- **262**

---

1 BAG v. 18.1.1990 – 2 AZR 355/89, DB 1991, 500; v. 29.5.1991 – 7 ABR 54/90, BB 1991, 2373. | 2 BAG v. 26.6.1995 – 2 AZR 693/94, EzA § 23 KSchG Nr. 14; v. 20.8.1998 – 2 AZR 84/98, NZA 1999, 255 unter II 2a) cc) d.Gr.; ähnlich auch LAG Sa.-Anh. v. 11.1.2000 – 8 Sa 449/99, nv. (juris); zust. *Preis* in Stahlhacke/Preis/Vossen, Rz. 888; aA *Kania/Gilberg*, NZA 2000, 678 ff. | 3 BAG v. 18.1.1990 – 2 AZR 355/89, BB 1990, 2050. | 4 BAG v. 18.1.1990 – 2 AZR 355/89, BB 1990, 2050. | 5 St. Rspr., vgl. BAG v. 13.3.1987 – 7 AZR 724/85, BB 1987, 1320 = NZA 1987, 629; v. 26.9.1996 – 2 AZR 200/96, BB 1997, 260 = NZA 1997, 202; v. 30.5.1985 – 2 AZR 321/84, NZA 1986, 155; KR/*Etzel*, § 1 KSchG, Rz. 517 ff. mwN. | 6 Vgl. *Quecke*, NZA 1999, 1247 ff. | 7 BAG v. 15.6.1989 – 2 AZR 600/88, NZA 1990, 65; das BAG spricht hier irreführend von „selbstbindender Unternehmerentscheidung"; dazu kritisch HK/*Dorndorf*, § 1 KSchG Rz. 861. | 8 BAG v. 17.6.1999 – 2 AZR 141/99, AP Nr. 101 zu § 1 KSchG 1969 – Betriebsbedingte Kündigung (*Ehmann*; *Krebber*); *Quecke*, NZA 1999, 1247 (1249); *Junker*, EWiR 1999, 1179. | 9 Vgl. etwa BAG v. 7.12.1978 – 2 AZR 155/77, BB 1980, 1103; v. 30.5.1985 – 2 AZR 321/84, DB 1986, 232.

schäftigungsbedarf ist seine Grundlage entfallen. Die Entlastung von solchen Kosten stellt daher stets ein betriebliches Erfordernis dar und in aller Regel auch ein dringendes (vgl. dazu unten Rz. 285 ff.). Der **Personalüberhang** besteht in der Differenz zwischen Personalbestand und Personalbedarf. Der Personalbedarf bildet sich aus den Faktoren Arbeitsmenge und Arbeitsverteilung. Diese bestimmen zugleich über die sog. Arbeitsdichte (Arbeitsmenge pro Zeiteinheit pro Kopf). Ein Personalüberhang kann durch außerbetriebliche Gründe oder durch innerbetriebliche Maßnahmen des ArbGeb entstehen (vgl. oben Rz. 260). Durch den Überhang an Arbeitskräften entfällt unmittelbar oder mittelbar (über die Sozialauswahl) das Bedürfnis zur Weiterbeschäftigung eines oder mehrerer ArbN[1]. Dabei ist nicht auf einen „bestimmten räumlich fixierten Arbeitsplatz" abzustellen, weil Art und Ort der Tätigkeit eines ArbN oft wechseln und es wegen des Gebotes der sozialen Auswahl nach § 1 Abs. 3 KSchG bei mehreren vergleichbaren Arbeitsplätzen kündigungsrechtlich unerheblich ist, welcher bestimmte Arbeitsplatz entbehrlich geworden ist[2].

263 **(2) Änderung des Beschäftigungsbedarfs.** Die Änderung des Beschäftigungsbedarfs führt wie sein ersatzloser Wegfall dazu, dass der ArbGeb bei unverändertem Fortbestehen des Arbeitsverhältnisses Entgelt für eine **nicht benötigte Leistung** zu zahlen hätte. Sein Arbeitsbedarf stimmt nicht mehr mit der vertraglich gebundenen Arbeitsleistung überein. Doch geht es nicht um eine Verringerung des Personalbedarfs, sondern um eine inhaltliche Änderung der benötigten Arbeitsleistung. Unterscheiden sich alte und neue Tätigkeiten nicht wesentlich, kann uU eine gesteigerte Verpflichtung des ArbGeb entstehen, dem ArbN die geänderte Tätigkeit auch bei Umwandlung in eine Beförderungsstelle anzubieten[3] (vgl. hierzu unten Rz. 276). Auch kann eine gesteigerte Verpflichtung zur Umschulung des betroffenen ArbN bestehen[4]. Die Änderung des Beschäftigungsbedarfs kann auf außerbetrieblichen Gründen oder innerbetrieblichen Maßnahmen des ArbGeb beruhen (vgl. oben Rz. 260). Sie kann hinsichtlich Art, Ort oder Zeit der Arbeitsleistung eintreten.

264 Die **Bedarfsänderung** muss von der Kündigung losgelöst, ihr sozusagen vorgelagert sein. Es kommt darauf an, das genau zu erfassen. In der bloßen Entscheidung für eine Kündigung oder einen anderen Vertragsinhalt liegt noch kein der Kündigung vorgelagerter Umstand, der den betrieblichen Beschäftigungsbedarf ändert. Kündigt der ArbGeb etwa einer Vollzeitkraft unter gleichzeitigem Angebot einer Halbtagsstelle, weil er zukünftig nur noch **Halbtagskräfte** einsetzen und demgemäß noch eine weitere Halbtagskraft einstellen will, folgt daraus nicht ohne weiteres ein geändertes Beschäftigungsbedarf. Das BAG prüft hier, ob der ArbGeb eine freie unternehmerische „Organisationsentscheidung" getroffen hat, für bestimmte Arbeiten nur noch Halbtagskräfte vorzusehen[5]. Eine gestaltende unternehmerische Maßnahme, die den Beschäftigungsbedarf ändert, ist zB anzunehmen, wenn die Halbtagskräfte gleichzeitig arbeiten sollen, etwa wegen des besonderen Geschäftsanfalls um diese Tageszeit. Ist Derartiges nicht der Fall, ist ein geänderter Bedarf und damit ein betriebliches Erfordernis nicht ersichtlich[6]. Vgl. hierzu auch § 2 Rz. 17.

265 **(3) Betriebliche Erfordernisse bei unverändertem Beschäftigungsbedarf.** Bei unverändertem Beschäftigungsbedarf können betriebliche Erfordernisse nur ausnahmsweise bestehen. Die ArbN werden hier unverändert für die vertraglich vereinbarten Tätigkeiten benötigt. Hauptfall ist die Änderungskündigung zur **Entgeltkürzung.** Ein (dringendes) betriebliches Erfordernis, das der Weiterbeschäftigung zu unveränderten Bedingungen entgegensteht und so die Entgeltkürzung bedingt, kann nicht in der bloßen Entlastung von Kosten liegen; diese ist der ArbGeb vertraglich eingegangen. Auch Gewinnverfall oder Verluste werden nicht genügen. Sie fallen idR in den alleinigen Risikobereich des ArbGeb. Vielmehr wird die Grundlage des Arbeitsverhältnisses, der betriebliche Beschäftigungsbedarf, bei unveränderter Fortsetzung des Arbeitsverhältnisses ernstlich bedroht sein müssen[7]. Vgl. näher zu den (streitigen) Einzelheiten § 2 Rz. 17. Unter ganz besonderen Umständen soll auch die eindeutig und ernsthaft erklärte Absicht eines ArbN, bei nächster Gelegenheit den Arbeitsplatz wechseln zu wollen (sog. **Abkehrwille**), trotz unverändertem (sogar dringendem) Beschäftigungsbedarf eine betriebsbedingte Kündigung rechtfertigen, so wenn der abkehrwillige ArbN eine hochspezialisierte oder sonst besonders qualifizierte, für den Betrieb wichtige Tätigkeit ausübt und auf dem Arbeitsmarkt eine sonst schwer zu findende Ersatzkraft gerade zu haben ist[8]. Das BAG hat den Sachverhalt zutreffend als betriebsbedingt eingeordnet. Es treffen zwei Ursachen zusammen, nämlich der nicht zu beanstandende und vertragsgemäße Abkehrwille des ArbN und die betriebliche Abhängigkeit von der Fachkraft, der durch Bindung eines Ersatzmannes Rechnung getragen werden könnte. Bei wertender Betrachtung liegt der Kündigungsgrund angesichts der Kündigungsfreiheit des ArbN hier in der besonderen betrieblichen Notlage und der sich bietenden Chance[9]. Zur **Druckkündigung** vgl. oben Rz. 257.

---

1 BAG v. 1.7.1976 – 2 AZR 322/75, EzA § 1 KSchG – Betriebsbedingte Kündigung Nr. 4; v. 16.9.1982 – 2 AZR 271/80, EzA § 1 KSchG – Betriebsbedingte Kündigung Nr. 18. | 2 BAG v. 30.5.1985 – 2 AZR 321/84, DB 1986, 232. | 3 BAG v. 10.11.1994 – 2 AZR 242/94, NZA 1995, 566. | 4 BAG v. 7.5.1968 – 1 AZR 407/67, DB 1968, 1319 (Umschulung eines Piloten von Propeller- auf Düsenflugzeuge). | 5 BAG v. 3.12.1998 – 2 AZR 341/98, BB 1999, 847. | 6 BAG v. 12.8.1999 – 2 AZR 12/99, NZA 2000, 30 unter II 2 b d.Gr. | 7 BAG v. 12.11.1998 – 2 AZR 91/98, NZA 1999, 471. | 8 BAG v. 22.10.1964 – 2 AZR 515/63, DB 1965, 38. | 9 Es handelt sich um einen eher theoretischen Ausnahmefall, der kaum jemals überhaupt eine Kündigung rechtfertigen dürfte.

b) Betriebliche Erfordernisse aufgrund unternehmerischer Entscheidung. aa) Unternehmerische **266**
Freiheit und Kündigungsschutzgesetz. Ein betriebliches Erfordernis für eine Kündigung entsteht idR durch einen **gestaltenden Eingriff** des ArbGeb in Art und Umfang der betrieblichen Tätigkeit und ihre Organisation, so bei der Stilllegung eines Betriebes, der Rationalisierung oder der Fremdvergabe betrieblicher Tätigkeiten, aber auch bei der Einführung von Schichtarbeit oder Samstagsarbeit etc. Das KSchG verlangt erst für die Kündigung selbst ein dringendes betriebliches Erfordernis. In seiner Entscheidung über **Art und Umfang der betrieblichen Tätigkeit sowie ihre innerbetriebliche Organisation** schränkt es den ArbGeb dagegen grundsätzlich nicht ein. Er trägt auch allein das wirtschaftliche Risiko[1]. Die vorgenannte Entscheidung darf nicht verwechselt werden mit einer bloßen Entscheidung, den **Personalbestand auf Dauer zu reduzieren**. Entgegen einer verbreiteten Ansicht lässt eine solche Entscheidung für sich Beschäftigungsbedarf nicht entfallen[2]. Wenn gesagt wird, dass der ArbGeb über das personelle Konzept und damit über Stärke und Zusammensetzung der Belegschaft frei entscheide[3], kann damit nur ein unternehmerisches Konzept im vorgenannten Sinne gemeint sein, aus dem sich der jeweilige Personalbedarf tatsächlich ergibt[4]. Das Konzept muss sich auf die betrieblich benötigte Arbeitsmenge und/oder ihre Verteilung beziehen[5]. Das personelle Konzept kann auch in einer **Verdichtung der Arbeitsleistung** (Arbeitsmenge pro Zeiteinheit pro Kopf) bestehen, wenn das Konzept durchführbar ist[6]. Darin liegt kein Eingriff in den Vertragsinhalt der betroffenen Arbeitsverhältnisse, solange keine überobligationsmäßige Leistung verlangt wird[7]; das Ziel könnte ebenso über den Weg der „natürlichen Fluktuation" erreicht werden. Im **öffentlichen Dienst** stellen Stellenstreichungen in einem Haushaltsplan ebenso wie das Anbringen eines kw-Vermerks („künftig wegfallend") an einer Personalstelle eine von den Gerichten nicht nachprüfbare Entscheidung dar, dass die bezeichnete Stelle für die einzelne Dienststelle entbehrlich ist. Dies setzt eine nach sachlichen Merkmalen genau bestimmte Stelle voraus, weil andernfalls nicht festgestellt werden kann, ob im konkreten Fall der ausgesprochenen Kündigung ein dringendes betriebliches Erfordernis bzw. mangelnder Bedarf zugrunde liegt[8].

Unternehmerische Entscheidungen im og. Sinne unterliegen nach hM grundsätzlich nicht **gericht-** **267**
licher Kontrolle anhand des KSchG auf ihre Notwendigkeit und Zweckmäßigkeit. Das Merkmal des dringenden betrieblichen Erfordernisses gilt nicht der unternehmerischen Entscheidung, sondern erst der Kündigung. Soweit unternehmerische Entscheidungen Vorgaben schaffen, die eine Kündigung dringend erforderlich machen, ist das grundsätzlich hinzunehmen. Deshalb kann idR nicht geprüft werden, ob der Nutzen des neuen Konzepts in einem – noch angemessenen – vertretbaren Verhältnis zu den Nachteilen für den betroffenen ArbN steht[9]. Von den ArbG voll nachzuprüfen ist dagegen, ob eine unternehmerische Entscheidung tatsächlich vorliegt und durch ihre Umsetzung das Beschäftigungsbedürfnis für einzelne ArbN entfallen ist[10]. Ebenfalls gerichtlicher Überprüfung unterliegt die Frage, ob das unternehmerische Konzept gegen andere zwingende Rechtsvorschriften verstößt, etwa § 4 Abs. 1 TzBfG[11] oder zwingend geltende TV[12]. Gleichfalls der gerichtlichen Kontrolle unterliegt die Frage, ob die unternehmerische Entscheidung offenbar **unsachlich, unvernünftig oder willkürlich** ist[13]. Gemeint sind im Wesentlichen die Fälle, in denen die Kündigung nicht durch die Betriebsänderung, sondern die Betriebsänderung durch den Wunsch des ArbGeb bedingt ist, sich von missliebigen ArbN zu trennen[14]. Rechtsmissbrauch idS hat das BAG erstmals angenommen bei der Entscheidung eines ArbGeb, einen Betriebsteil durch eine noch zu gründende, finanziell, wirtschaftlich und organisatorisch in sein Unternehmen voll eingegliederte Organgesellschaft mit von dieser neu einzustellenden ArbN betreiben zu lassen[15]. Der ArbN hat die Umstände darzulegen und im Streitfall zu beweisen, aus denen sich ergeben soll, dass die getroffene innerbetriebliche Strukturmaßnahme offensichtlich unsachlich, unvernünftig oder willkürlich ist[16].

---

1 St. Rspr., BAG v. 26.9.1996 – 2 AZR 200/96, BB 1997, 260; v. 29.3.1990 – 2 AZR 361/89, NZA 1991, 181; v. 7.12.1978 – 2 AZR 155/77, BB 1980, 1103. | 2 So aber – missverständlich – BAG v. 17.6.1999 – 2 AZR 141/99 u. 522/98, AP Nr. 101 u. Nr. 102 zu § 1 KSchG – Betriebsbedingte Kündigung; vgl. zur Kritik unten Rz. 270. | 3 BAG v. 24.4.1997 – 2 AZR 352/96, AP Nr. 42 zu § 2 KSchG 1969. | 4 BAG v. 24.4.1997 – 2 AZR 352/96, AP Nr. 42 zu § 2 KSchG 1969 unter II 2 a d.Gr.; *Löwisch*, § 1 KSchG Rz. 252. | 5 Vgl. *Quecke*, NZA 1999, 1247 ff. | 6 BAG v. 24.4.1997 – 2 AZR 352/96, AP Nr. 42 zu § 2 KSchG 1969; *Preis* in Stahlhacke/Preis/Vossen, Rz. 933; *Löwisch*, § 1 KSchG Rz. 253; *Quecke*, NZA 1999, 1247 (1250 f.). | 7 *Quecke*, NZA 1999, 1247 (1251); *Löwisch*, § 1 KSchG Rz. 253; aA *Preis*, NZA 1995, 241 (246 f.). | 8 BAG GS v. 28.11.1956 – GS 3/56, AP Nr. 20 zu § 1 KSchG, zu III 2 d.Gr.; BAG v. 18.11.1999 – 2 AZR 77/99, AP Nr. 55 zu § 2 KSchG 1969. | 9 BAG v. 27.9.2001 – 2 AZR 246/00, EzA § 2 KSchG Nr. 41; aA *Preis*, NZA 1995, 241 (248 ff.), der „triftige Gründe" für die Unternehmerentscheidung fordert; krit. ebenfalls *Kühling*, AuR 2003, 92 ff.; *Stein*, BB 2000, 457; *Colneric*, Betriebsbedingte Kündigungen im Widerstreit, Schriftenreihe der Otto-Brenner-Stiftung, 1997 S. 11 ff. (33 ff.). | 10 St. Rspr., BAG v. 26.9.1996 – 2 AZR 200/96, BB 1997, 260. | 11 BAG v. 24.4.1997 – 2 AZR 352/96, AP Nr. 42 zu § 2 KSchG 1969 (zu § 2 BeschFG). | 12 BAG v. 18.12.1997 – 2 AZR 709/96, NZA 1998, 304; v. 10.2.1999 – 2 AZR 422/98, NZA 1999, 657; v. 17.6.1999 – 2 AZR 456/98, AP Nr. 103 zu § 1 KSchG 1969 – Betriebsbedingte Kündigung. | 13 St. Rspr., BAG v. 26.9.1996 – 2 AZR 200/96, BB 1997, 260; v. 29.3.1990 – 2 AZR 361/89, NZA 1991, 181; v. 7.12.1978 – 2 AZR 155/77, BB 1980, 1103. | 14 BAG v. 24.10.1979 – 2 AZR 940/77, AP Nr. 8 zu § 1 KSchG 1969 – Betriebsbedingte Kündigung; das ist an sich ein Fall der Umgehung. | 15 BAG v. 26.9.2002 – 2 AZR 636/01, AP Nr. 124 zu § 1 KSchG 1969 – Betriebsbedingte Kündigung; krit. dazu *Annuß*, NZA 2003, 783 u. *Adomeit*, SAE 2003, 237. | 16 BAG v. 27.9.2001 – 2 AZR 246/00, EzA § 2 KSchG Nr. 41.

268 bb) Abgrenzung der Unternehmerentscheidung von der Kündigung. Kündigung und Unternehmerentscheidung sind sorgfältig zu **unterscheiden**[1]. Die Kündigung bedarf eines dringenden betrieblichen Erfordernisses, die unternehmerische Entscheidung nicht. Kündigt etwa eine städtische **Musikschule** ihren Musiklehrern, um diese künftig als freie Mitarbeiter einzusetzen, weil die weitere Finanzierung der Schule ungeklärt ist, liegt allein in der „Ungeklärtheit" der Finanzierung kein dringendes betriebliches Erfordernis. In der bloßen Umstellung der Vertragsverhältnisse der angestellten Musikschullehrer auf freie Mitarbeit sah das BAG mit Recht ebenfalls keinen Kündigungsgrund. Es fehlt an der organisatorischen Maßnahme, die den Bedarf an betrieblicher Arbeitsleistung entfallen lässt und nur noch freie Mitarbeit erfordert. Die Art der betrieblichen Tätigkeit hat sich nicht geändert[2]. Anders liegt es, wenn der ArbGeb die bislang von ArbN verrichtete Außendiensttätigkeit (Gruppenleitertätigkeit als **„weight-watcher"**) im Rahmen eines „Partnerkonzepts" künftig nur noch selbständig unternehmerisch tätigen Personen überträgt, die in der Gestaltung ihrer Arbeitszeit, der Wahl des näheren Arbeitsortes und der Art und Weise ihrer Tätigkeit im Rahmen eines allgemeinen Konzepts weitgehend frei sind, die Tätigkeit allerdings persönlich erbringen müssen, wobei sie nach eigenem Gutdünken Hilfskräfte hinzuziehen können[3]. Das Partnerkonzept erschöpfte sich nicht in der bloßen „Umbenennung" einer ansonsten unveränderten Tätigkeit, sondern führte auch inhaltlich zum Wegfall des Bedarfs an weisungsgebundener Arbeitsleistung, an deren Stelle freie unternehmerische Tätigkeit trat. Darin liegt eine dem Kündigungsausspruch vorgelagerte unternehmerische Entscheidung[4]. Freilich ist sorgfältig zu prüfen, ob es sich nicht lediglich um sog. **Scheinselbständigkeit** handelt.

269 **LeihArbN** verrichten dagegen weisungsgebundene Tätigkeiten wie ArbN. Entschließt sich der ArbGeb, ArbN durch Leiharbeiter zu ersetzen, werden dadurch keine betrieblichen Vorgaben geschaffen, die den Bedarf an Arbeitsleistung entfallen ließen und einen Personalüberhang erzeugten. Es handelt sich um eine bloße Auswechslung der Vertragsart und damit um eine unzulässige Austauschkündigung[5]. Führt der ArbGeb ohne Not **Kurzarbeit**[6] nicht ein, obwohl die Voraussetzungen bestehen (insb. vorübergehender Arbeitsmangel sowie individual- und kollektivrechtliche Zulässigkeit), verzichtet er auf ein milderes Mittel, das dem betrieblichen Erfordernis, nämlich dem Kostendruck für die Dauer des Arbeitsmangels, ebenso Rechnung tragen könnte (vgl. auch unten Rz. 272)[7]. Er kann sich nicht auf eine freie Unternehmerentscheidung berufen, wenn er stattdessen wegen Arbeitsmangels[8] kündigt. Das BAG nimmt einen Vorrang der Kurzarbeit allerdings nur an, wenn der BR von seinem Initiativrecht gem. § 87 Abs. 1 Nr. 3 BetrVG Gebrauch macht[9]. Weigert sich der BR, Kurzarbeit einzuführen, braucht der ArbGeb ein Einigungsstellenverfahren nicht zu betreiben[10]. Bei der Umwandlung von Vollzeit- in **Halbtagsstellen**[11] (vgl. oben Rz. 264) lässt sich eine gestaltende unternehmerische Maßnahme, die die Kündigung erforderlich macht, zB dann annehmen, wenn die Halbtagskräfte gleichzeitig arbeiten sollen, etwa wegen des besonderen Geschäftsanfalls um diese Tageszeit. Ist das nicht der Fall, ist ein Kündigungsgrund nicht ersichtlich. Der bloße Wille zur Vertragsänderung stellt ebenso wenig wie die Kündigung selbst eine unternehmerische Organisationsentscheidung dar, die eine (Änderungs-)Kündigung betrieblich erforderlich machen könnte[12]. Vgl. zur Sozialauswahl in solchen Fällen Rz. 397 ff.

270 Der bloße **Entschluss zum Abbau von Arbeitsplätzen** lässt als solcher noch keinen Beschäftigungsbedarf entfallen. Allerdings hat das BAG in neuerer Rspr. vertreten, dass die Entscheidung des ArbGeb, Personal auf Dauer zu reduzieren, als freie unternehmerische Maßnahme zum Wegfall von Arbeitsplätzen führe und den entsprechenden Beschäftigungsbedarf entfallen lasse. Zur Überprüfung auf Willkür sei eine solche Unternehmerentscheidung aber hinsichtlich ihrer organisatorischen Durchführbarkeit und ihrer Dauerhaftigkeit zu „verdeutlichen"[13]. Das ist zumindest missverständlich (vgl. auch oben Rz. 266): Die organisatorische Durchführbarkeit des Arbeitsplatzabbaus ist **keine Frage der Willkür**, sondern des Kündigungsgrundes selbst (Wegfall des Beschäftigungsbedarfs). Der ArbGeb muss daher genau darlegen und ggf. beweisen, welche Arbeitsmenge aufgrund der Auftragslage zu erwarten ist und wie sie auf die verbleibenden ArbN verteilt werden soll[14]. Er kann sich nicht auf eine

---

1 St. Rspr., vgl. BAG v. 12.4.2001 – 2 AZR 740/00, nv. (juris); v. 17.6.1999 – 2 AZR 141/99, AP Nr. 101 zu § 1 KSchG 1969 – Betriebsbedingte Kündigung. | 2 BAG v. 20.2.1986 – 2 AZR 212/85, BB 1986, 2129. | 3 BAG v. 9.5.1996 – 2 AZR 438/95, NZA 1996, 1145. | 4 Dadurch unterscheidet sich der Fall vom Musiklehrerfall; krit. aber *Preis*, NZA 1999, 1073 (1079); einer Änderungskündigung mit dem Angebot freier Mitarbeit bedarf es nicht, vgl. BAG v. 21.2.2002 – 2 AZR 556/00, DB 2002, 2276. | 5 BAG v. 26.9.1996 – 2 AZR 200/96, NZA 1997, 202 (Crewing); LAG Bremen v. 2.12.1997 – 1 (2) Sa 340/96, ZIP 1998, 572 (Leiharbeit); *Mummenhoff*, SAE 2002, 47 (50 f.). | 6 Kug. nach Maßgabe der §§ 169 ff. SGB III. | 7 Ebenso *Preis*, DB 1988, 1391; KR/*Etzel*, § 1 KSchG Rz. 531mwN. | 8 Anders bei Stilllegung; das soll auch gelten, wenn der ArbGeb sich vorbehält, den Stilllegungsbeschluss bei einer Änderung der Verhältnisse zu revidieren, BAG v. 27.2.1987 – 7 AZR 652/85, NZA 1987, 700. | 9 BAG v. 4.3.1986 – 1 ABR 15/84, DB 1986, 1395; v. 11.9.1986 – 2 AZR 564/85, BB 1987, 1882 (unter I, 4c d.Gr.). | 10 So auch im Ergebnis KR/*Etzel*, § 1 KSchG Rz. 531; *Preis* in Stahlhacke/Preis/Vossen, Rz. 1021. | 11 Vgl. BAG v. 3.12.1998 – 2 AZR 341/98, BB 1999, 847. | 12 BAG v. 12.8.1999 – 2 AZR 12/99, NZA 2000, 30; im Hinblick auf § 8 Abs. 2 u. 4 TzBfG fordert BAG v. 18.2.2003 – 9 AZR 164/02, DB 2003, 2443 ff. auch für § 1 Abs. 2 eine Interessenabwägung zwischen den Gründen für die unternehmerische Organisationsentscheidung und den Belangen des ArbN (unter B III 5 d.Gr.). | 13 BAG v. 17.6.1999 – 2 AZR 456/98, 522/98 und 141/99, NZA 1999, 1095, 1098 und 1157 mwN. | 14 *Quecke*, NZA 1999, 1247 ff.; *Quecke*, DB 2000, 2429; *Zepter*, DB 2000, 474; *Franzen*, NZA

schlichte „unternehmerische Entscheidung zum Abbau von Arbeitsplätzen" zurückziehen[1]. Für den Fall, dass die Organisationsentscheidung des ArbGeb und sein Kündigungsentschluss ohne nähere Konkretisierung „praktisch deckungsgleich" sind, verlangt das BAG jetzt auch zur Darlegung des **Kündigungsgrundes** konkreten Sachvortrag, in welchem Umfang die Arbeiten zukünftig im Vergleich zum bisherigen Zustand entfallen und wie sich die Organisationsentscheidung auswirkt[2].

Die **Darlegung** der Verteilung der verbleibenden Arbeit auf die verbleibenden Arbeitskräfte bereitet im Rechtstreit häufig Schwierigkeiten. Sie wird vom ArbGeb oft nur aufgrund von kaum objektivierbaren Erfahrungswerten anhand einiger äußerer Anhaltspunkte „geschätzt". Diese Einschätzung ist dem Gericht so plausibel zu machen, dass es den Wegfall des Beschäftigungsbedarfs feststellen kann. Hierzu bedarf es nicht stets einer detaillierten Darlegung der Arbeitsverteilung „bis zum letzten Handgriff"[3]. Entschließt sich zB der Träger einer Vielzahl von **Kinderbetreuungseinrichtungen**, seinen Personalbestand entsprechend einem geänderten landesgesetzlichen Mindestpersonalschlüssel zu senken, bedarf es im Rechtsstreit zur Darstellung des hieraus folgenden Personalüberhangs idR keiner näheren Darlegung von organisatorischer Durchführbarkeit und Dauerhaftigkeit der Maßnahme, solange der ArbN nicht seinerseits aufzeigt, warum die Personalreduzierung gemäß der landesrechtlichen Vorgabe ausnahmsweise nicht durchführbar ist[4]. 271

c) **Ultima Ratio.** Gibt es außer einer Kündigung andere, für den ArbN mildere Möglichkeiten, um dem betrieblichen Missstand abzuhelfen, dann ist die Kündigung eben nicht das **letzte Mittel** (Ultima Ratio) und damit auch nicht durch „dringende Erfordernisse bedingt". Das gilt insb. im Hinblick auf § 2 SGB III: Danach soll der ArbGeb vorrangig durch betriebliche Maßnahmen die Inanspruchnahme von Leistungen der Arbeitsförderung sowie Entlassungen von ArbN vermeiden. Eine Beendigungskündigung wegen Rückgangs bzw. Wegfalls des Beschäftigungsbedarfs kann uU durch den **Abbau von Überstunden** vermieden werden, wenn dadurch im Einzelfall ein sinnvoller Arbeitsplatz ausgefüllt wird[5]. Erst recht kann der Abbau etwaiger dauerhafter **Leiharbeit** im Betrieb einen Personalüberhang beseitigen und die Kündigung überflüssig machen[6]. Die Entscheidung des ArbGeb für den Einsatz von LeihArbN anstelle eigener ArbN stellt keine unternehmerische Maßnahme dar, die den Bedarf an weisungsgebundener Tätigkeit entfallen ließe[7] (siehe dazu näher oben Rz. 269). Hierdurch unterscheidet sie sich von der Fremdvergabe betrieblicher Tätigkeiten an selbständige Dritte. **Kurzarbeit** gem. § 87 Abs. 1 Nr. 3 BetrVG entlastet den ArbGeb von den Lohnkosten während der Zeit des Arbeitsmangels und bildet damit ein milderes Mittel im Vergleich zur Kündigung wegen Arbeitsmangels (vgl. auch oben Rz. 269). Das BAG lehnt einen Vorrang der Kurzarbeit ab, wenn der BR nicht von seinem Initiativrecht Gebrauch macht[8]. Kurzarbeit ist nur bei vorübergehendem Arbeitsmangel sowie individual- und kollektivrechtlicher Zulässigkeit ein geeignetes milderes Mittel[9]. Der ArbGeb ist kündigungsrechtlich nicht gehalten, Kurzarbeit gegen den BR über die Einigungsstelle durchzusetzen[10]. Geht es nicht um vorübergehenden Arbeitsmangel, sondern um eine dauerhafte Betriebseinschränkung aufgrund unternehmerischer Entscheidung, stellt Kurzarbeit kein geeignetes milderes Mittel dar[11]. Eine solche Entscheidung kann auch nach Einführung von Kurzarbeit noch getroffen werden[12]. 272

Eine **allgemeine Arbeitszeitverkürzung** durch eine Vielzahl von Änderungskündigungen anstelle einiger weniger Beendigungskündigungen stellt kein milderes Mittel dar[13]. Bevor ein ArbGeb wegen anhaltender Verluste zur Erhaltung des Betriebes **Entgeltkürzungen** durchsetzen kann, wird er alle sonstigen Möglichkeiten zur Kostensenkung ausschöpfen müssen (Sanierungsplan, vgl. näher § 2 Rz. 17)[14]. 273

2001, 805 (810); *Henssler*, Unternehmerische Entscheidungsfreiheit, in Henssler/Moll (Hrsg.), Kündigung und Kündigungsschutz in der betrieblichen Praxis, 2000, S. 99 Rz. 18 f.; *Lakies*, NJ 1999, 666; *Rommé/Pauker*, NZA-RR 2000, 281 (287); aA *Singer/v. Finckenstein*, SAE 2000, 282 (285); *Bitter*, DB 2000, 1760 ff. |1 BAG v. 17.6.1999 – 2 AZR 141/99, NZA 1999, 1157; aA *Rieble* in Anm. zu EzA § 1 KSchG – Betriebsbedingte Kündigung, Nr. 101 und 102. |2 BAG v. 12.4.2002 – 2 AZR 740/00, nv. (juris); entgegen dem missverständlichen Leitsatz unterscheidet das BAG hier genau zwischen unternehmerischer Organisationsentscheidung und Kündigung: Der Rückgang des Arbeitsanfalls oder die Neuverteilung der Arbeit durch Leistungsverdichtung sind der Kündigung gedanklich vorgelagert und nicht mit ihr „deckungsgleich". |3 Instruktiv LAG Düsseldorf v. 7.5.2003 – 12 Sa 1437/02, LAG Report 2003, 267 ff. |4 LAG Sa.-Anh. v. 16.5.2000 – 8 (10) Sa 991/99, LAGE § 1 KSchG – Betriebsbedingte Kündigung Nr. 56a; ebenso jetzt BAG v. 22.5.2003 – 2 AZR 326/02, ZTR 2003, 521 (zum Sächs. KindertagesstättenG). |5 Vgl. *Preis* in Stahlhacke/Preis/Vossen, Rz. 1023 mwN. |6 HK/*Weller/Dorndorf*, § 1 KSchG Rz. 940; *Preis* in Stahlhacke/Preis/Vossen, Rz. 1023; jetzt auch ErfK/*Ascheid*, § 1 KSchG Rz. 449; abweichend *v. Hoyningen-Huene/Linck*, § 1 KSchG Rz. 396 und *Löwisch*, § 1 KSchG Rz. 269 („hinzunehmende unternehmerische Entscheidung"), die übersehen, dass mit der Entscheidung für den – auch dauerhaften – Einsatz von Leiharbeitnehmern nur eine Entscheidung über die Vertragsart getroffen ist und keine Entscheidung, die den Bedarf an weisungsgebundener Arbeit entfallen ließe. |7 BAG v. 26.9.1996 – 2 AZR 200/96, NZA 1997, 202 (Crewing); LAG Bremen v. 2.12.1997 – 1 (2) Sa 340/96, ZIP 1998, 572 (Leiharbeit); *Mummenhoff*, SAE 2002, 47 (50). |8 BAG v. 4.3.1986 – 1 ABR 15/84, DB 1986, 1395; BAG v. 11.9.1986 – 2 AZR 564/85, BB 1987, 1882 unter I, 4c d.Gr. |9 LAG Hamm v. 15.12.1982 – 12 Sa 993/82, DB 1983, 506. |10 So auch im Ergebnis KR/*Etzel*, § 1 KSchG Rz. 531; *Preis* in Stahlhacke/Preis/Vossen, Rz. 1021. |11 BAG v. 26.9.1997 – 2 AZR 494/96, NZA 1997, 1286. |12 LAG Schl.-Holst. v. 29.9.1988 – 4 Sa 367/88, NZA 1989, 275. |13 BAG v. 19.5.1993 – 2 AZR 584/92, AP Nr. 31 zu § 2 KSchG 1969; LAG Hamm v. 15.12.1982 – 12 Sa 993/82, DB 1983, 506. |14 BAG v. 11.10.1989 – 2 AZR 375/88, RzK I, 7b Nr. 9; v. 20.8.1998 – 2 AZR 84/98, BB 1999, 320.

Die Möglichkeit einer anderweitigen Beschäftigung – auch zu geänderten Bedingungen – geht einer Beendigungskündigung als milderes Mittel immer vor (vgl. hierzu sogleich Rz. 274 ff.). Ist der ArbN **tariflich unkündbar**, kommt eine außerordentliche Kündigung aus betriebsbedingten Gründen ausnahmsweise dann in Betracht, wenn für den ArbN bis zum Erreichen der Altersgrenze keine Beschäftigungsmöglichkeit mehr besteht und für den ArbGeb die Fortsetzung eines solchen sinnentleerten Arbeitsverhältnisses unzumutbar ist. Dabei gilt ein strenger Prüfungsmaßstab, insb. haben betriebliche Umorganisationen und gesteigerte Umschulungsanstrengungen zur Vermeidung der Kündigung Vorrang. Im Kündigungsschutzprozess hat der ArbGeb die Unmöglichkeit oder Unzumutbarkeit solcher Maßnahmen als Teil des Kündigungsgrundes darzulegen[1]. Die außerordentliche Kündigung ist in jeder Hinsicht wie eine ordentliche auszusprechen (vgl. oben Rz. 41).

274 d) **Keine anderweitige Weiterbeschäftigung.** Das betriebliche Erfordernis muss einer Weiterbeschäftigung des ArbN **nicht nur in seinem alten Tätigkeitsbereich**, sondern „in diesem Betrieb entgegenstehen", und zwar zu unveränderten oder zu geänderten Bedingungen. Andernfalls hätten Versetzung oder Änderungskündigung als mildere Mittel Vorrang[2].

275 aa) **Freier Arbeitsplatz.** Die anderweitige Weiterbeschäftigung betrifft nur freie Arbeitsplätze[3]. Es geht an dieser Stelle **nicht um eine Verdrängung** im Rahmen der sozialen Auswahl (vgl. dazu unten Rz. 327 ff.), sondern um die Vermeidung einer Beendigungskündigung überhaupt. Das ist nur möglich, soweit ein freier Arbeitsplatz zur Verfügung steht. Der ArbGeb ist nicht verpflichtet, einen neuen Arbeitsplatz zu schaffen, den er nicht benötigt. Als freie Arbeitsplätze für eine anderweitige Weiterbeschäftigung kommen solche in Betracht, bei denen im **Zeitpunkt des Zugangs** der Kündigung bereits feststeht, dass sie bei Ablauf der Kündigungsfrist oder in absehbarer Zeit danach frei sein werden, sofern dem ArbGeb die **Überbrückung** dieses Zeitraums zumutbar ist. Zumutbar ist jedenfalls ein Zeitraum, den ein anderer Stelleninhaber zur Einarbeitung benötigen würde[4]. Bei Bemessung der Zumutbarkeit wird ua. die Dauer der Betriebszugehörigkeit von Bedeutung sein (vgl. unten Rz. 287). Der ArbGeb hat die Möglichkeit einer anderweitigen Weiterbeschäftigung zu berücksichtigen, sobald er vom Wegfall des bisherigen Arbeitsplatzes des ArbN **Kenntnis** erlangt und eine Kündigung in Erwägung zieht. Er darf dann nicht mehr durch Neueinstellungen vollendete Tatsachen schaffen und so eine gegebene Weiterbeschäftigungsmöglichkeit vereiteln[5]. War bei Zugang der Kündigung eine Weiterbeschäftigungsmöglichkeit nicht absehbar, ergibt sie sich aber nachträglich vor Ablauf der Kündigungsfrist, bleibt die Kündigung wirksam. In Betracht kommt nur ein Wiedereinstellungsanspruch (siehe oben Rz. 75 ff.). Frei ist nach hM auch ein Arbeitsplatz, auf dem **LeihArbN** beschäftigt werden. Hier besteht kein Arbeitsverhältnis zum ArbGeb, das Leihverhältnis kann kurzfristig beendet werden[6]. Zu prüfen ist aber, ob eine dauerhafte Beschäftigung auf diesem Arbeitsplatz möglich ist. Vgl. auch oben Rz. 269 u. 272.

276 bb) **Art des Arbeitsplatzes.** In Betracht kommen nur **geeignete Arbeitsplätze**, die vom ArbN ausgefüllt werden können. Entscheidend sind das Anforderungsprofil des Arbeitsplatzes und die Eignung des ArbN. Zuschnitt, Anforderungsprofil und erforderliche Qualifikation bestimmt der ArbGeb in freier unternehmerischer Entscheidung[7]. Die Entscheidungsfreiheit ist beschränkt durch den Ultima-Ratio-Grundsatz, wonach der bisherige Arbeitsplatzinhaber im Rahmen des Möglichen und Zumutbaren weiter zu beschäftigen ist[8]. Der Gefahr einer missbräuchlichen Gestaltung des Anforderungsprofils, etwa um die Weiterbeschäftigung bestimmter ArbN auf freien Arbeitsplätzen zu verhindern, ist nach der Rspr. mit einer Kontrolle der unternehmerischen Entscheidung auf Willkür zu begegnen (siehe oben Rz. 267)[9]. Grundsätzlich scheiden freie **Beförderungsstellen** als Weiterbeschäftigungsmöglichkeiten aus. Der Schutz des KSchG geht nicht über den vom ArbN erreichten „Besitzstand" hinaus. Fällt der alte Arbeitsplatz aber nicht ersatzlos weg, sondern wird vom ArbGeb lediglich dahin umgestaltet, dass neben den nach wie vor im Wesentlichen unveränderten Arbeiten einige zusätzliche qualifiziertere Tätigkeiten anfallen, kann der ArbN ausnahmsweise auch dann Weiterbeschäftigung auf diesem Arbeitsplatz verlangen, wenn es sich nunmehr um eine Beförderungsstelle handelt. Voraussetzung ist, dass er für die Tätigkeit gemäß den vom ArbGeb festgelegten Anforderungen geeignet

---

1 BAG v. 8.4.2003 – 2 AZR 355/02, BB 2003, 2130 ff.; v. 27.6.2002 – 2 AZR 367/01, DB 2003, 102 ff. (zu §§ 53, 55 BAT). |2 BAG v. 27.9.1984 – 2 AZR 62/83, BB 1985, 1130; v. 29.1.1997 – 2 AZR 49/96, AuR 1997, 166. |3 BAG v. 15.12.1994 – 2 AZR 320/94, BB 1995, 930; v. 15.12.1994 – 2 AZR 324/94, AP Nr. 77 zu § 1 KSchG 1969 – Betriebsbedingte Kündigung; v. 12.11.1997 – 7 ABR 73/96 und 7 ABR 63/96, DB 1998, 720 und DB 1998, 1423. |4 BAG v. 15.12.1994 – 2 AZR 327/94, DB 1995, 979; v. 29.3.1990 – 2 AZR 369/89, NZA 1991, 181. |5 Vgl. zu einer ähnlichen Sachlage BAG v. 10.11.1994 – 2 AZR 242/94, NZA 1995, 566; LAG Berlin v. 29.8.1988 – 12 Sa 40/88, DB 1988, 2264; enger *Löwisch*, § 1 KSchG Rz. 271. |6 So auch HK/*Dorndorf*, § 1 KSchG Rz. 910; *Preis* in Stahlhacke/Preis/Vossen, Rz. 1023; ErfK/*Ascheid*, § 1 KSchG Rz. 449; aA *Löwisch*, § 1 KSchG Rz. 269; im umgekehrten Fall der Entlassung zur Einführung von Leiharbeit liegt eine unzulässige Austauschkündigung: BAG v. 26.9.1996 – 2 AZR 200/96, NZA 1997, 202 (Crewing); LAG Bremen v. 2.12.1997 – 1 (2) Sa 340/96, ZIP 1998, 572 (Leiharbeit). |7 BAG v. 7.2.1991 – 2 AZR 205/90, NZA 1991, 806; v. 10.11.1994 – 2 AZR 242/94, NZA 1995, 566; v. 7.11.1996 – 2 AZR 811/95, BB 1997, 895. |8 BAG v. 10.11.1994 – 2 AZR 242/94, NZA 1995, 566; v. 30.8.1995 – 1 ABR 11/95, AP Nr. 5 zu § 99 BetrVG – Versetzung – unter III 3 b d.Gr. |9 BAG v. 27.9.2001 – 2 AZR 246/00, EzA § 1 KSchG – Betriebsbedingte Kündigung Nr. 114; *Quecke*, NZA 1999, 1247 (1250 ff.) und unten Rz. 314.

ist[1]. Nach Ansicht des BAG kommen nur solche Arbeitsplätze in Betracht, die auch dem ArbN **zumutbar** sind[2]. Vgl. hierzu näher Rz. 282.

cc) Betrieb – Unternehmen – Konzern. Es genügt, dass sich der freie Arbeitsplatz in einem anderen Betrieb des Unternehmens befindet. Die Möglichkeit der Weiterbeschäftigung ist **unternehmensbezogen** zu prüfen. Das stellt § 1 Abs. 2 Satz 2 Nr. 1a ausdrücklich klar (auf den dort erwähnten Widerspruch des BR kommt es nicht an, siehe unten Rz. 446)[3]. Der Unternehmensbezug hier entspricht der Regelung bei der Wartezeit (vgl. oben Rz. 11), während die Sozialauswahl grundsätzlich betriebsbezogen erfolgt (vgl. aber Rz. 283). Findet deutsches Recht auf das Arbeitsverhältnis Anwendung, kann sich der ArbN auch auf einen freien Arbeitsplatz in einem ausländischen Betrieb des Unternehmens berufen. Im öffentlichen Dienst erstreckt sich die Weiterbeschäftigungspflicht auf andere Dienststellen des Dienstherrn im selben Verwaltungszweig am Dienstort einschließlich seines Einzugsbereichs (§ 1 Abs. 2 Satz 2 Nr. 2 b)[4]. Bei einem **Gemeinschaftsbetrieb** mehrerer Unternehmen (vgl. Rz. 259, 336) kommt jede Weiterbeschäftigungsmöglichkeit in diesem Betrieb in Betracht, auch so weit sie einem anderen ArbGeb zugeordnet ist[5]. Über den Gemeinschaftsbetrieb hinaus besteht Unternehmensbezug nur zum eigenen ArbGeb. Für eine Erstreckung auf die anderen beteiligten Unternehmen über den Gemeinschaftsbetrieb hinaus fehlt eine rechtliche Grundlage[6]. Eine Ausnahme vom Grundsatz des Unternehmensbezugs macht § 323 Abs. 1 UmwG, wonach sich bei **Aufspaltung und Teilübertragung** von Unternehmen die kündigungsrechtliche Stellung der ArbN für die Dauer von zwei Jahren nicht verschlechtert. Hierdurch wird den ArbN in den Teileinheiten die Berufung auf freie Arbeitsplätze im Altunternehmen eröffnet[7]. 277

Eine Weiterbeschäftigungsmöglichkeit außerhalb des Unternehmens des ArbGeb, etwa im **Konzern**, führt regelmäßig nicht zur Sozialwidrigkeit einer betriebsbedingten Kündigung analog § 1 Abs. 2 Satz 2 Nr. 1b, wenn der ArbGeb keine hinreichenden rechtlichen oder tatsächlichen Möglichkeiten hat, bei dem Drittunternehmen die Weiterbeschäftigung des ArbN durchzusetzen[8]. Ausnahmen hiervon sind denkbar, wenn der ArbGeb selbst das herrschende Unternehmen des Konzerns ist[9], die Arbeitspflicht vertraglich auf den Konzern erstreckt wurde[10] oder die unveränderten Tätigkeiten nur auf ein anderes Konzernunternehmen verlagert werden sollen[11]. Vgl. auch zur Anrechnung von Vordienstzeiten im Konzern Rz. 13. 278

dd) Zustimmung der ArbN-Vertretung. Die Weiterbeschäftigung auf einem anderen Arbeitsplatz im Betrieb stellt idR eine **Versetzung** iSv. § 95 Abs. 3 BetrVG dar und bedarf gem. § 99 BetrVG der Zustimmung des BR[12] (ähnlich § 75 Abs. 1 Nr. 2 u. 3 BPersVG). Wird ein ArbN auf Dauer in einen anderen Betrieb des ArbGeb versetzt, bedarf es neben der Zustimmung des BR des aufnehmenden Betriebes auch der Zustimmung des BR des abgebenden Betriebes, wenn der ArbN mit der Versetzung nicht einverstanden ist; bei freiem Einverständnis entfällt das Beteiligungsrecht des abgebenden BR[13]. Für die Wahrnehmung dieser MitbestR ist nicht der GesamtBR zuständig. Dies gilt auch dann, wenn der ArbGeb eine Reihe von Versetzungen in einer sog. Personalrunde zusammenfasst und deshalb mehrere BR betroffen sind[14]. Bei formell wirksamer **Zustimmungsverweigerung** des BR ist der ArbGeb nicht gezwungen, ein Zustimmungsersetzungsverfahren zu betreiben[15]. Er kann im Kündigungsschutzprozess vorbringen, dass eine Versetzungsmöglichkeit wegen begründeter Zustimmungsverweigerung des BR nicht bestehe[16]. Das soll auch gelten, wenn der ArbGeb die Zustimmung des BR erst gar nicht beantragt hat[17]. Beantragt der ArbGeb dagegen gem. § 99 Abs. 4 BetrVG die Ersetzung der Zustimmung beim ArbG und lehnt das Gericht dies rechtskräftig ab, scheidet die Weiterbeschäftigungsmöglichkeit endgültig aus. 279

ee) Zumutbare Umschulungs- und Fortbildungsmaßnahmen. Die Kündigung ist auch sozialwidrig, wenn die Weiterbeschäftigung des ArbN nach zumutbaren Umschulungs- oder Fortbildungsmaßnahmen[18] möglich ist (vgl. § 2 Abs. 2 Satz 3, der auch ohne Widerspruch des BR greift[19]). **Voraussetzung** ist, dass bei Ausspruch der Kündigung ein entsprechender anderweitiger Arbeitsplatz frei oder mit hinreichender Sicherheit voraussehbar ist, dass nach Abschluss der Maßnahmen eine Beschäftigungs- 280

---

1 BAG v. 10.11.1994 – 2 AZR 242/94, NZA 1995, 566. | 2 BAG v. 7.5.1968 – 1 AZR 407/67, DB 1968, 1319; krit. insoweit *Löwisch*, § 1 KSchG Rz. 274. | 3 BAG v. 14.10.1982 – 2 AZR 568/82, DB 1983, 2635; v. 22.5.1986 – 2 AZR 612/85, NZA 1987, 125. | 4 BAG v. 6.2.1997 – 2 AZR 50/96, nv. (juris). | 5 BAG v. 5.5.1994 – 2 AZR 917/93, NZA 1994, 1023. | 6 AA *Däubler*, FS Zimmer, S. 19 ff. (36). | 7 Str., wie hier *Löwisch*, § 1 KSchG Rz. 278 mwN. | 8 BAG v. 14.10.1982 – 2 AZR 568/82, DB 1983, 2635; v. 22.5.1986 – 2 AZR 612/85, NZA 1987, 125; v. 27.11.1991 – 2 AZR 255/91, AP Nr. 6 zu § 1 KSchG 1969 – Konzern (*Windbichler*). | 9 BAG v. 18.10.1976 – 3 AZR 576/75, BB 1977, 246. | 10 BAG v. 14.10.1982 – 2 AZR 568/82, DB 1983, 2635; v. 27.11.1991 – 2 AZR 255/91, AP Nr. 6 zu § 1 KSchG 1969 – Konzern; v. 21.1.1999 – 2 AZR 648/97, AP Nr. 9 zu § 1 KSchG 1969 – Konzern. | 11 Vgl. auch Anm. von *Wiedemann* zu BAG AP Nr. 1 zu § 1 KSchG 1969 – Konzern; *Windbichler*, SAE 84, 145. | 12 BAG v. 8.8.1989 – 1 ABR 63/88, NZA 1990, 198. | 13 BAG v. 20.9.1990 – 1 ABR 37/90, NZA 1991, 195. | 14 BAG v. 26.1.1993 – 1 ABR 303/92, AP Nr. 102 zu § 99 BetrVG 1972. | 15 Anders uU bei Schwerbehinderung im Hinblick auf den besonderen Beschäftigungsanspruch aus § 81 Abs. 4 SGB IX, BAG v. 3.12.2002 – 9 AZR 481/01, AP Nr. 2 zu § 81 SGB IX. | 16 BAG v. 29.1.1997 – 2 AZR 9/96, NZA 1997, 709 (sofern die Zustimmung nicht selbst treuwidrig vereitelt hat, etwa wegen fehlender oder geforderter innerbetrieblichen Ausschreibung). | 17 BAG v. 13.9.1973 – 2 AZR 601/72, BB 1973, 1635; kritisch zu dieser hypothetischen Beurteilung HK/*Weller/Dorndorf*, § 1 KSchG Rz. 930; *Preis* in Stahlhacke/Preis/Vossen, Rz. 1005 Fn. 282; vgl. auch BAG v. 29.1.1997 – 2 AZR 9/96, NZA 1997, 709. | 18 Vgl. §§ 1, 46, 47 BBiG. | 19 BAG v. 14.10.1982 – 2 AZR 568/82, DB 1983, 2635; v. 22.5.1986 – 2 AZR 612/85, NZA 1987, 125.

möglichkeit aufgrund der durch die Fortbildung oder Umschulung erworbenen Qualifikation besteht[1]. Was dem ArbGeb **zumutbar** ist, hängt von einer sorgfältigen Abwägung aller Umstände ab, neben Erfolgsaussichten, Kosten und Dauer der Maßnahme (uU bis zu 6 Monaten), wirtschaftlicher Belastbarkeit des ArbGeb[2] insb. auch von der Beschäftigungsdauer des ArbN[3], aber auch – negativ – von seinem Alter[4]. Von Bedeutung ist auch die arbeitsvertraglich vereinbarte Tätigkeit; eine Ausbildung zu höherwertiger Tätigkeit ist grundsätzlich nicht geboten[5]. Erforderlich ist das Einverständnis des ArbN und ggf. des BR gem. § 98 Abs. 3 BetrVG. Das BAG hat so die betriebsbedingte Kündigung eines **Piloten** für Propellerflugzeuge wegen Umstellung des Flugzeugparks auf Düsenjets abgelehnt, da der ArbN vertraglich nicht nur auf Propellermaschinen einsetzbar war und die Umstellung des Flugzeugparks bei seiner Einstellung bereits abgesehen werden konnte. Dem ArbGeb sei unter diesem Umständen die Umschulung des Piloten zuzumuten[6].

281 **ff) Besonderheiten bei der Weiterbeschäftigung zu geänderten Arbeitsbedingungen.** Bestehen Weiterbeschäftigungsmöglichkeiten sowohl zu unveränderten als auch zu geänderten Bedingungen, haben Erstere als **mildere Mittel** Vorrang. Kann der ArbN nur zu geänderten Bedingungen weiterbeschäftigt werden, hat dies Vorrang vor einer Beendigungskündigung. Der ArbGeb kann eine entsprechende Änderungskündigung aussprechen oder dem ArbN vor Ausspruch einer Kündigung zunächst die Weiterbeschäftigung zu geänderten Bedingungen von sich aus anbieten. Bei einem **Änderungsangebot vor Beendigungskündigung** hat der ArbGeb deutlich zu machen, dass bei Ablehnung des Änderungsangebotes eine Beendigungskündigung droht. Willigt der ArbN in die Änderung der Arbeitsbedingungen vorbehaltlos ein, gelten die neuen Bedingungen. Lehnt der ArbN das Angebot ab oder äußert er sich nicht rechtzeitig innerhalb einer einzuräumenden angemessenen Bedenkzeit (bei ordentlicher Kündigung idR eine Woche, bei außerordentlicher Kündigung „unverzüglich"), kann der ArbGeb eine Beendigungskündigung aussprechen[7]. Der ArbN kann dann im Prozess nicht einwenden, er hätte auf dem angebotenen, aber nicht akzeptierten Arbeitsplatz weiterbeschäftigt werden können[8]. Die **Ablehnung** des Angebotes durch den ArbN muss so zu verstehen sein, dass auch im Falle einer Änderungskündigung eine Annahme unter Vorbehalt gem. § 2 ausscheidet[9]. Der ArbN kann das Änderungsangebot entsprechend § 2 **unter Vorbehalt** annehmen. In diesem Fall kann der ArbGeb nur die Änderungskündigung aussprechen[10]. Wird später durch Urteil festgestellt, dass die Änderung sozialwidrig ist, muss der ArbGeb den ArbN gemäß § 159 BGB so stellen, wie er stünde, wenn er von vornherein zu den bisherigen Bedingungen weitergearbeitet hätte[11].

282 Macht der ArbGeb dem ArbN **kein Angebot**, obwohl ihm die Weiterbeschäftigung möglich und zumutbar ist, ist eine nachfolgende Beendigungskündigung unwirksam, wenn – so das BAG – der ArbN dem möglichen Änderungsangebot zumindest unter Vorbehalt zugestimmt hätte[12]. Fällt etwa ein Aufgabenbereich nur teilweise fort und will der ArbGeb die verbliebenen Aufgaben im Rahmen einer Halbtagstätigkeit ausführen lassen, so ist eine Beendigungskündigung unwirksam, wenn der ArbGeb dem gekündigten ArbN nicht zuvor erfolglos die Teilzeittätigkeit angeboten hat und davon auszugehen ist, dass der ArbN die Teilzeittätigkeit zumindest unter Vorbehalt übernommen hätte[13]. Der ArbGeb braucht nur **geeignete freie Arbeitsplätze** anzubieten. Beförderungsstellen scheiden idR aus (vgl. dazu oben Rz. 276). Umgekehrt ist der qualifiziertere Mitarbeiter keineswegs für jede einfachere Tätigkeit geeignet, etwa der Prokurist für eine Pförtnertätigkeit. Bei teilweisem Wegfall des Bedarfs kommt das Angebot von Teilzeitarbeit in Betracht[14]. Ob der ArbGeb – so das BAG – nur das anbieten muss, was dem ArbN „zumutbar" ist, erscheint zweifelhaft, weil ein objektiver Maßstab hierfür fehlt[15]. Das Zumutbarkeitskriterium ist aber geeignet, „Phantomargumente" des ArbN im Kündigungsschutzprozess zu entkräften[16]. Ist mit dem anderweitigen Arbeitsplatz nach der bestehenden Vergütungsordnung eine schlechtere Vergütung verbunden, hat der ArbN das hinzunehmen, sofern kein geeigneter freier Arbeitsplatz zu besseren Bedingungen vorhanden ist.

283 **gg) Konkurrenz um freie Arbeitsplätze.** Welchem von mehreren zur Kündigung anstehenden ArbN etwa ein anderweitiger freier Arbeitsplatz anzubieten ist, richtet sich grundsätzlich nach den Kriterien der **Sozialauswahl** (§ 1 Abs. 3). Es findet aber keine gemeinsame Sozialauswahl zwischen solchen

---

1 BAG v. 7.2.1991 – 2 AZR 205/90, NZA 1991, 806. | 2 BAG v. 7.5.1968 – 1 AZR 407/67, DB 1968, 1319. | 3 Vgl. HK/*Dorndorf*, § 1 KSchG Rz. 923 sowie *Preis* in Stahlhacke/Preis/Vossen, Rz. 1018, jeweils mwN. | 4 KR/*Etzel*, § 1 KSchG Rz. 724. | 5 LAG Köln v. 31.5.1989 – 2 Sa 1076/88, DB 1989, 2234. | 6 BAG v. 7.5.1968 – 1 AZR 407/67, DB 1968, 1319. | 7 BAG v. 27.9.1984 – 2 AZR 62/83, BB 1985, 1130; aA LAG MV v. 18.10.2001 – 1 Sa 75/01, nv. (juris). | 8 BAG v. 27.9.1984 – 2 AZR 62/83, BB 1985, 1130. | 9 Ebenso HaKo/*Gallner*, § 1 KSchG Rz. 635. | 10 BAG v. 27.9.1984 – 2 AZR 62/83, BB 1985, 1130. | 11 BAG v. 27.9.1984 – 2 AZR 62/83, BB 1985, 1130; LAG Schl.-Holst. v. 29.4.2002 – 2 Sa 615/01, nv. (juris). | 12 BAG v. 27.9.1984 – 2 AZR 62/83, BB 1985, 1130; krit. zu dieser hypothetischen Prüfung: HK/*Weller/Dorndorf*, § 1 Rz. 919; *Preis* in Stahlhacke/Preis/Vossen, Rz. 1013. | 13 LAG Köln v. 1.2.1995 – 2 Sa 1248/94, LAGE § 1 KSchG – Betriebsbedingte Kündigung Nr. 29. | 14 LAG Düsseldorf v. 6.5.1977 – 16 Sa 173/77, DB 1977, 1370; LAG Köln v. 1.2.1995 – 2 Sa 1248/94, LAGE § 1 KSchG – Betriebsbedingte Kündigung Nr. 29. | 15 Das BAG will auf den sozialen und wirtschaftlichen Status der angebotenen Tätigkeit aus Sicht eines objektiv urteilenden ArbGeb abstellen und als Anhaltspunkte die Kriterien der Anordnung des Verwaltungsrates der BA zu § 121 SGB III heranziehen, BAG v. 27.9.1984 – 2 AZR 62/83, BB 1985, 1130; krit. *Löwisch*, § 1 KSchG Rz. 274. | 16 *Bepler*, AuR 1999, 219 (224), etwa im Falle der Berufung auf eine freie, aber in Wahrheit für den Arbeitnehmer nicht akzeptable Weiterbeschäftigungsmöglichkeit.

ArbN statt, die nur im Wege der Änderungskündigung auf den freien Arbeitsplatz gelangen können, und solchen, die dorthin nur versetzt zu werden brauchen. Letztere haben **Vorrang**. § 1 Abs. 3 verlangt nicht, dass der ArbGeb die Vergleichbarkeit der ArbN erst über eine Änderung ihrer Arbeitsbedingungen herstellt[1] (vgl. unten Rz. 360). Die Grundsätze der Sozialauswahl gelten (mit der vorgenannten Einschränkung) auch, wenn mehrere ArbN eines Betriebes um einen freien Arbeitsplatz in einem **anderen Betrieb** des ArbGeb konkurrieren. Zumindest analog gelten die Grundsätze weiterhin dann, wenn ArbN aus mehreren Betrieben in Wettbewerb um einen freien Arbeitsplatz in einem dritten Betrieb stehen. Konkurrieren schließlich außerdem noch ArbN aus eben diesem Betrieb, deren Arbeitsplätze ebenso weggefallen sind, zusammen mit den anderen um den dort vorhandenen freien Arbeitsplatz, gelangt das BAG auch hier über § 315 BGB (billiges Ermessen) praktisch zu einer Art überbetrieblicher Sozialauswahl[2] (vgl. näher zur sozialen Auswahl in solchen Fällen unten Rz. 334 ff.).

hh) **Darlegungs- und Beweislast bei anderweitiger Weiterbeschäftigung.** Zur Darlegungs- und Beweislast für die Möglichkeit, den ArbN anderweitig weiter zu beschäftigen, su. Rz. 292. **284**

e) **Dringlichkeit und Interessenabwägung.** Die betrieblichen Erfordernisse, die eine Kündigung bedingen, müssen dringend sein. Das Wort „Erfordernisse" im Gegensatz zu dem unmittelbar zuvor im Gesetz verwendeten Wort „Gründe" drückt eine **gesteigerte Notwendigkeit** aus, noch mehr die Wendung „dringende Erfordernisse". Die Bedeutung des Merkmals der Dringlichkeit erschöpft sich nach zutreffender Auffassung nicht in dem Postulat des mildesten Mittels, das auch für die personen- und verhaltensbedingte Kündigung gilt[3]. Das Merkmal stellt erhöhte Anforderungen an das **Gewicht** des Kündigungsgrundes und steigert damit bei Gründen aus der Sphäre des ArbGeb den Bestandsschutz des ArbN[4]. Das ist bei der Interessenabwägung von Bedeutung. Die Bedeutung der Dringlichkeit für das Gewicht des Kündigungsgrundes ist anerkannt etwa in der Rspr. zur **Entgeltkürzung**, die nicht schon bei Unrentabilität nur einer Abteilung oder gar eines Arbeitsplatzes gerechtfertigt ist, sondern erst, wenn die Existenz des Gesamtbetriebes oder einer Abteilung bedroht ist[5]. In den Fällen der Druckkündigung[6] und des Abkehrwillens (vgl. Rz. 257 und Rz. 326) sind entsprechend hohe Anforderungen zu stellen. Dem ArbGeb müssen hier Störungen oder Schäden drohen, die im Betriebsmaßstab erheblich sind. **285**

Da es **keine absoluten Erfordernisse** gibt, bedarf die Feststellung eines dringenden betrieblichen Erfordernisses denknotwendig einer Interessenabwägung. Neben dem allgemeinen Bestandsschutzinteresse des ArbN muss dabei seine individuelle, in den Sozialdaten ausgedrückte Betroffenheit zurücktreten. Das folgt nicht aus § 1 Abs. 3, der lediglich bei Auswahlentscheidungen eingreift und das Verhältnis der ArbN untereinander regelt (sog. ius distributiva), nicht aber das hier maßgebliche Verhältnis von Lösungs- und Bestandsinteresse (ius commutativa). Doch sinkt als notwendige Folge erhöhter Anforderungen an den betriebsbedingten Kündigungsgrund das **relative Gewicht** der individuellen Bestandsschutzinteressen des ArbN. So kann bei endgültigem **Wegfall des Beschäftigungsbedürfnisses** das Lösungsinteresse des ArbGeb durch besondere individuelle Bestandsschutzinteressen des konkret betroffenen ArbN idR nicht mehr aufgewogen werden[7]. Im Gegensatz zu den zuvor genannten Fällen (Rz. 285) benötigt der ArbGeb die Arbeitsleistung des ArbN nicht mehr, er hat lediglich noch die Kosten. Die Grundlage des Arbeitsverhältnisses als Austauschverhältnis, das Beschäftigungsbedarf, ist entfallen. In Abkehr von seiner früheren Rspr. nimmt das BAG seit der Entscheidung vom 30.4.1987 daher zu Recht an, dass sich bei einer „an sich betriebsbedingten Kündigung" (zB Wegfall des Arbeitsplatzes) eine Interessenabwägung nur in seltenen Fällen zu Gunsten des ArbN auswirken kann[8]. **286**

Entfällt der Beschäftigungsbedarf nur **vorübergehend**, weil für den ArbN nach kurzer Übergangszeit eine anderweitige Beschäftigung in Betracht kommt, ist eine Kündigung jedoch nicht ohne weiteres „dringend erforderlich". Die Rspr. orientiert sich hier (zumindest) an dem für die Einarbeitung einer Ersatzkraft erforderlichen Einarbeitungszeitraum[9]. Bei Fortbildungs- oder Umschulungsmaßnahmen sollen uU längere Zeiträume zumutbar sein, obwohl sie zusätzliche Kosten für den ArbGeb verursachen (vgl. oben Rz. 280). In solchen Fällen bedarf es daher bei der Feststellung des dringenden Erfordernisses einer **umfassenden Interessenabwägung**, in der es auf Seiten des ArbN ua. auf die Dauer seiner Betriebszugehörigkeit ankommt[10]. Eine etwaige Unternehmerentscheidung bleibt davon unberührt. Auch bei **witterungsbedingter Arbeitseinstellung** besteht nur ein vorübergehender Personalüberhang. Ob dieser eine Kündigung dringend erforderlich macht, hängt insb. von seiner Dauer und **287**

---

1 BAG v. 17.9.1998 – 2 AZR 725/97, BB 1999, 961. | 2 BAG v. 15.12.1994 – 2 AZR 320/94, NZA 1995, 413; v. 21.9.2000 – 2 AZR 385/99, DB 2001, 1207; die Frage einer analogen Anwendung von § 1 Abs. 3 hat das BAG offen gelassen. | 3 Grundl. BAG v. 30.5.1978 – 2 AZR 630/76, AP Nr. 70 zu § 626 BGB (*Hueck*); v. 26.1.1995 – 2 AZR 649/94, AP Nr. 34 zu § 1 KSchG 1969 – Verhaltensbedingte Kündigung (*Fleck*); das Postulat hat schon in dem Wort „bedingt" seinen Niederschlag im Gesetz gefunden. | 4 Str.; ebenso *Preis* in Stahlhacke/Preis/Vossen, Rz. 950 ff. mwN; aA *Löwisch*, § 1 KSchG Rz. 259, 265. | 5 BAG v. 12.11.1998 – 2 AZR 9198, NZA 1999, 471. | 6 Vgl. etwa *Löwisch*, § 1 KSchG Rz. 323. | 7 Grundl. BAG v. 30.4.1987 – 2 AZR 184/86, AP Nr. 42 zu § 1 KSchG 1969 – Betriebsbedingte Kündigung. | 8 BAG v. 30.4.1987 – 2 AZR 184/86, NZA 1987, 776. | 9 BAG v. 15.12.1994 – 2 AZR 327/94, DB 1995, 979. | 10 *Preis* in Stahlhacke/Preis/Vossen, Rz. 1018; ErfK/*Ascheid*, § 1 KSchG Rz. 568; *Bitter/Kiel*, RdA 1994, 344; *Löwisch*, § 1 KSchG Rz. 287; *Berkowsky*, Betriebsbedingte Kündigung, § 10 Rz. 47 ff.; vgl. auch LAG Hess. v. 19.7.1999 – 16 Sa 1898/98, LAGE § 1 KSchG – Betriebsbedingte Kündigung Nr. 55.

der Anzahl der betroffenen Arbeitsverhältnisse sowie der für sie geltenden Kündigungsfristen ab[1]. Die Dringlichkeit einer Kündigung wegen Personalüberhangs wird anders zu beurteilen sein, wenn ausnahmsweise **keine Personalkosten** anfallen, etwa bei lang andauernder Erkrankung oder Beurlaubung ohne Bezüge, Erziehungsurlaub oder sonstigem Ruhen des Arbeitsverhältnisses[2]. Ein endgültiger Wegfall der Beschäftigungsmöglichkeit (zB Betriebsschließung) rechtfertigt aber auch hier eine betriebsbedingte Kündigung.

288 Die Frage der Dringlichkeit des Kündigungsgrundes stellt sich auch, wenn ein florierendes Unternehmen nach mehrjährigen Rekordgewinnen zur **weiteren Gewinnsteigerung** leistungsverdichtende organisatorische Maßnahmen trifft, um Personalbedarf abzubauen und Kosten zu senken[3]. Die innerbetriebliche Organisation der Arbeit, also auch ihre Verteilung auf die ArbN, stellt kündigungsrechtlich eine hinzunehmende unternehmerische Maßnahme dar. Sie führt zu einem Personalüberhang, sofern die verbleibenden ArbN nicht über das geschuldete Leistungsmaß hinaus in Anspruch genommen werden. Der Personalüberhang hat hier wie auch sonst die Auswirkung, dass Kosten anfallen ohne Gegenleistung und damit die Grundlage des Arbeitsverhältnisses entfällt. Die hM bejaht daher ein Kündigungsrecht[4]. Gleichwohl hat der Gesichtspunkt der **Kostenentlastung** hier nicht das Gewicht wie etwa im Falle einer Sanierung. Der Personalüberhang beruht auf der freien, gerichtlich nur auf Willkür zu prüfenden Organisationsentscheidung des Unternehmers, die ihrerseits nicht äußerer Notwendigkeit, sondern Gewinnstreben entspringt. Darin liegt keine Willkür[5]. Der ArbGeb wird auch nicht dauerhaft ein Arbeitsverhältnis aufrechterhalten müssen, das er nach seinem Konzept nicht benötigt[6]. Das widerspräche dem Austauschcharakter des Arbeitsverhältnisses. Doch wird er ggf. deutlich längere Überbrückungs- und Umschulungszeiten hinzunehmen haben, wenn dies die Möglichkeit zu anderweitiger Weiterbeschäftigung eröffnet[7].

289 f) **Beurteilungszeitpunkt.** Für die Beurteilung der Rechtswirksamkeit der betriebsbedingten Kündigung ist gem. § 130 BGB auf den Zeitpunkt ihres **Zugangs** beim Empfänger abzustellen[8] (vgl. oben Rz. 73). Die ordentliche Kündigung beendet das Arbeitsverhältnis erst zum Ablauf ihrer Frist. Erst dann muss der Beendigungsgrund bestehen. Zudem ist der Beendigungsgrund zukunftsbezogen, dh. er muss einer künftigen Fortsetzung des Arbeitsverhältnisses entgegenstehen (vgl. oben Rz. 61 f.). Um in dieser Lage im Zeitpunkt des Zugangs der Kündigung ihre Wirksamkeit beurteilen zu können, bedarf es einer **Prognose**[9]. **Grundlage** der Prognose können nur bei Zugang der Kündigung existierende Tatsachen sein. Wird die Kündigung auf die künftige Entwicklung der betrieblichen Verhältnisse, etwa eine beabsichtigte Stilllegung gestützt, so kann sie ausgesprochen werden, wenn bei ihrem Zugang über den Stilllegungsentschluss hinaus die betrieblichen Umstände **greifbare Formen** angenommen haben und eine vernünftige, betriebswirtschaftliche Betrachtung die Prognose rechtfertigt, dass bis zum Auslaufen der einzuhaltenden Kündigungsfrist die geplante Maßnahme durchgeführt und der ArbN entbehrlich ist[10]. Die der Prognose zugrunde liegende **Entscheidung** muss bereits endgültig gefallen sein. Eine Kündigung wegen Betriebsschließung ist nicht gerechtfertigt, solange der ArbGeb den Stilllegungsbeschluss lediglich erwägt oder plant, aber noch nicht gefasst hat[11]. Das Gleiche gilt, wenn sich etwa ein Reinigungsunternehmen, dessen noch laufender Reinigungsauftrag nicht verlängert worden ist, an der Neuausschreibung beteiligt und bei Ausspruch der Kündigung die Neuvergabe noch offen ist. Auch der Zwang zur Einhaltung längerer Kündigungsfristen rechtfertigt hier grundsätzlich keine andere Beurteilung[12]. Eine gesellschafts- oder vereinsrechtlich **unwirksame Beschlussfassung** über die Stilllegung steht der Kündigung nicht entgegen, sofern nur im Zeitpunkt ihres Zugangs die Prognose gerechtfertigt ist, dass der Beschäftigungsbedarf bei Ablauf der Kündigungsfrist entfallen sein wird[13]. Dem ArbN kann ausnahmsweise ein **Anspruch auf Wiedereinstellung** zustehen, wenn die kündigungsbegründende Zukunftsprognose noch während des Laufs der Kündigungsfrist entfällt (zB weil es statt der Stilllegung wider Erwarten zu einem Betriebsübergang kommt). Die Kündigung bleibt in diesem Fall wirksam. Vgl. näher zum Wiedereinstellungsanspruch Rz. 75.

---

1 Vgl. auch BAG v. 7.3.1996 – 2 AZR 180/95, BB 1996, 1557. | 2 BAG v. 26.2.1987 – 2 AZR 177/86, NZA 1987, 775; HK/*Dorndorf*, § 1 KSchG Rz. 1051. | 3 Nach ArbG Gelsenkirchen v. 28.10.1997 – 2 Ca 3762/96, NZA 1998, 944. | 4 KR/*Etzel*, § 1 KSchG Rz. 588; v. *Hoyningen-Huene/Linck*, § 1 KSchG Rz. 371c; APS/*Kiel*, § 1 KSchG Rz. 471, alle mwN. | 5 So aber Bader/Brams/Dörner/Wenzel/*Brams*, § 1 KSchG Rz. 263b (Missbrauch). | 6 Vgl. *Quecke*, NZA 1999, 1247 (1251). | 7 Ähnlich, zT weiter gehend (iS einer beschränkten gerichtlichen Kontrolle der unternehmerischen Entscheidung) *Preis* in Stahlhacke/Preis/Vossen, Rz. 950 f.; Kittner/Däubler/Zwanziger/*Kittner*, § 1 KSchG Rz. 341; *Kühling*, AuR 2003, 92 ff. | 8 BAG v. 30.5.1985 – 2 AZR 321/84, AP KSchG 1969 § 1 – Betriebsbedingte Kündigung Nr. 24. | 9 BAG v. 19.6.1991 – 2 AZR 127/91, AP Nr. 53 zu § 1 KSchG 1969 – Betriebsbedingte Kündigung. | 10 St. Rspr., BAG v. 26.6.1975 – 2 AZR 499/74 und v. 19.6.1991 – 2 AZR 127/91, AP Nr. 1 u. 53 zu § 1 KSchG 1969 – Betriebsbedingte Kündigung; v. 11.3.1998 – 2 AZR 414/97, AP Nr. 43 zu § 111 BetrVG 1972; v. 5.4.2001 – 2 AZR 696/99, EzA KSchG § 1 – Betriebsbedingte Kündigung Nr. 110. | 11 BAG v. 10.10.1996 – 2 AZR 477/95, AP Nr. 81 zu § 1 KSchG 1969 – Betriebsbedingte Kündigung. | 12 BAG v. 12.4.2002 – 2 AZR 256/01, NZA 2002, 1205 (unzulässige „Vorratskündigung"); aA für den Fall einer Existenzbedrohung des Unternehmens LAG Sa.-Anh. v. 7.8.2001 – 8 (2) Sa 142/01, DB 2003, 563; vgl. auch BAG v. 27.2.1987 – 2 AZR 652/85, NZA 1987, 700. | 13 BAG v. 5.4.2001 – 2 AZR 696/99, AP Nr. 117 zu § 1 KSchG 1969 – Betriebsbedingte Kündigung.

g) Darlegungs- und Beweislast. Im Kündigungsschutzprozess trägt der **ArbGeb** die Darlegungs- und Beweislast dafür, dass die Kündigung durch dringende betriebliche Erfordernisse bedingt ist, ohne dass eine andere Beschäftigungsmöglichkeit besteht, § 1 Abs. 2 Satz 4[1]. Es genügen grundsätzlich keine pauschalen schlagwortartigen Angaben wie „Umsatzrückgang in Höhe von x %" oder „unternehmerische Entscheidung zum Abbau von x Arbeitsplätzen" (vgl. oben Rz. 270 f. und unten Rz. 315 f.). Der Kündigungsgrund, idR also der Wegfall des Beschäftigungsbedürfnisses, ist schlüssig darzulegen. Die Anforderung an die weitere Darlegung hängt davon ab, wie substantiiert sich der ArbN gem. § 138 Abs. 2 ZPO auf den Vortrag des ArbGeb einlässt. Bei substantiiertem Bestreiten sind sie entsprechend hoch. Die Darlegung wird häufig dadurch erschwert, dass der ArbGeb selbst nur sehr vage Vorstellungen über die konkrete Verteilung der Arbeit hat (vgl. Rz. 271). Bei rein **außerbetrieblichen Umständen** (vgl. hierzu oben Rz. 260) ist dezidiert der Wegfall der auf die gekündigten ArbN entfallenden Arbeitsmenge darzulegen. Nur in Ausnahmefällen wird ein Umsatzrückgang sich direkt proportional zum Rückgang der Arbeitsmenge verhalten (unter Umständen etwa in der Verpackungsabteilung eines Produktionsbetriebes, der nur ein gleichartiges Produkt herstellt, vgl. unten Rz. 294). Zu den vom ArbGeb darzulegenden und zu beweisenden Tatsachen gehören auch die für die Dringlichkeit sprechenden Umstände, etwa warum ein nur kurzfristiger, vorübergehender Arbeitsmangel (zB bei witterungsbedingtem Arbeitsausfall) betrieblich ausnahmsweise nicht überbrückbar ist. Rein **innerbetriebliche Ursachen**, die erst noch betrieblich umzusetzen sind (Stilllegung, Rationalisierung etc.), müssen bei Zugang der Kündigung endgültig beschlossen sein und bereits „greifbare Formen" angenommen haben sowie erwarten lassen, dass bei Ablauf der Kündigungsfrist der Beschäftigungsbedarf entfallen ist (vgl. oben Rz. 289). Verläuft die Umsetzung des unternehmerischen Konzepts sodann planmäßig, lässt dies den Rückschluss zu, dass es bei Zugang der Kündigung von einer betriebswirtschaftlich vernünftigen Prognose getragen und realisierbar gewesen war[2].

Ist bestritten, dass ein **Stilllegungsentschluss** im Kündigungszeitpunkt bereits gefasst war, so muss der ArbGeb substantiiert darlegen, dass und zu welchem Zeitpunkt er diejenigen organisatorischen Maßnahmen geplant hat, die sich rechtlich als Betriebsstilllegung darstellen. Hierzu gehören neben der vollständigen Aufgabe des Betriebszwecks die Einstellung der Betriebstätigkeit (insb. Produktion und Vertrieb) sowie die Auflösung der Betriebseinheit von materiellen, immateriellen und personellen Mitteln[3]. Die Motive des ArbGeb für die gestaltende Maßnahme sind regelmäßig nur im Rahmen der Prüfung auf Willkür oder Umgehung von Bedeutung (Rz. 267). Bestehen die Ursachen in einer **Umorganisation** der Betriebsabläufe, hat der ArbGeb den danach bestehenden Beschäftigungsbedarf, dh. die Verteilung der vorhandenen Arbeitsmenge, genau darzustellen[4]. Bei **gemischt** außer- und innerbetrieblichen Ursachen (zB Umsatzrückgang und gleichzeitiger verdichtender Neuverteilung der Arbeit) hat der ArbGeb beide Ursachen genau darzustellen (vgl. oben Rz. 260). Die Darlegungs- und Beweislast für **Willkür**, also für eine ausnahmsweise offenbar unsachliche, unvernünftige oder willkürliche unternehmerische Entscheidung, trägt hingegen der ArbN[5]. IdR geht das BAG davon aus, dass eine tatsächliche Vermutung für sachliche Gründe der Unternehmerentscheidung spreche[6].

Schließlich hat der ArbGeb auch darzulegen, dass **mildere Mittel** wie Abbau von Überstunden, Einführung von Kurzarbeit[7] etc. nicht in Betracht kamen. Das Gleiche gilt für die fehlende Möglichkeit einer **anderweitigen Weiterbeschäftigung**. In beiden Fällen gilt aber gem. § 138 Abs. 2 ZPO eine abgestufte Darlegungslast. Es genügt zunächst, wenn der ArbGeb pauschal auf die fehlenden Ausweichmöglichkeiten verweist. Ein solcher Hinweis wird idR schon in der Darlegung des Wegfalls des bisherigen Beschäftigungsbedarfs liegen. Es ist dann Sache des ArbN, etwaige Weiterbeschäftigungsmöglichkeiten oder mildere Mittel näher zu spezifizieren. Fehlen ihm nähere Kenntnisse, braucht er nur den Bereich zu bezeichnen, in dem er weiter eingesetzt werden könnte[8]. Sodann hat der ArbGeb genau darzulegen und zu beweisen, dass solche Möglichkeiten nicht bestanden haben[9]. Beruft sich der ArbN zur Unwirksamkeit der Kündigung allein auf § 613a Abs. 4 BGB, hat er dessen Voraussetzungen darzulegen und zu beweisen[10]. Zur Darlegungs- und Beweislast bei Kündigungen gemäß **Interessenausgleich mit Namensliste** nach § 1 Abs. 5 vgl. Rz. 435.

h) Einzelfälle. Die nachfolgende Aufzählung von Einzelfällen aus der Rspr. folgt der oben Rz. 261 ff. gewählten Einteilung der „eigentlichen" Kündigungsgründe in Wegfall und Änderung des Beschäftigungsbedarfs sowie sonstige Gründe bei unverändertem Beschäftigungsbedarf. Dabei werden bewusst auch die typischen Gründe für betriebsbedingte Änderungskündigungen einbezogen. Die Fallbeispiele betreffen den jeweiligen „unmittelbaren" Kündigungsgrund; darüber hinaus ist stets die

---

1 BAG v. 7.12.1978 – 2 AZR 155/77, AP Nr. 6 zu § 1 KSchG 1969 – Betriebsbedingte Kündigung. | 2 LAG Düsseldorf v. 7.5.2003 – 12 Sa 1437/02, LAGE § 1 KSchG – Betriebsbedingte Kündigung Nr. 66. | 3 BAG v. 19.6.1991 – 2 AZR 127/91, BB 1992, 1067. | 4 BAG v. 12.4.2002 – 2 AZR 740/00, EzA § 1 KSchG – Betriebsbedingte Kündigung Nr. 117. | 5 BAG v. 9.5.1996 – 2 AZR 438/95, BB 1996, 2048; v. 27.9.2001 – 2 AZR 246/00, EzA § 2 KSchG Nr. 41. | 6 BAG v. 9.5.1996 – 2 AZR 438/95, BB 1996, 2048. | 7 BAG v. 25.6.1964 – 2 AZR 382/63, DB 1964, 958. | 8 BAG v. 25.2.1988 – 2 AZR 500/87, nv. (juris); v. 27.9.1984 – 2 AZR 62/83, AP Nr. 8 zu § 2 KSchG 1969. | 9 BAG v. 20.1.1994 – 2 AZR 489/93, NZA 1994, 653; v. 24.3.1983 – 2 AZR 21/82, AP Nr. 12 zu § 1 KSchG 1969 – Betriebsbedingte Kündigung. | 10 BAG v. 15.5.1985 – 5 AZR 276/84 u. v. 22.5.1985 – 5 AZR 173/84, AP Nr. 41 u. 43 zu § 613a BGB.

Möglichkeit der Weiterbeschäftigung auf einem anderen freien Arbeitsplatz im Unternehmen zu prüfen (vgl. oben Rz. 274 ff.).

294   **aa) Wegfall des Beschäftigungsbedarfs. (1) Auftragsmangel/Umsatzrückgang.** Beruft sich der ArbGeb allein auf (außerbetrieblichen) Auftragsmangel bzw. Umsatzrückgang, hat er darzulegen, dass dadurch mindestens die der Anzahl der gekündigten ArbN entsprechende **Arbeitsmenge entfallen** ist[1]. Allein die Angabe des Umsatzrückganges genügt idR nicht, um Art und Umfang des verminderten Personalbedarfs für die verschiedenen betrieblichen Tätigkeiten erkennen zu lassen. Es bedarf näherer Darlegung seiner Auswirkungen auf die jeweilige Tätigkeit, dh. der Personalbedarf als das Produkt aus Arbeitsmenge und Arbeitsverteilung ist darzustellen (vgl. oben Rz. 291)[2]. Das ist nur dann ausnahmsweise anders, wenn der Umsatzrückgang direkt und gleichmäßig proportional zu einem Beschäftigungsrückgang führt[3]. Der gekündigte ArbN muss vom Rückgang der Arbeitsmenge betroffen sein; hierfür genügt es grundsätzlich, dass er zum Kreis der in die Sozialauswahl einzubeziehenden ArbN gehört[4]. Auftragsmangel liegt noch nicht vor, wenn sich ein Reinigungsunternehmen, dessen noch laufender **Auftrag nicht verlängert** worden ist, an der Neuausschreibung beteiligt und bei Ausspruch der Kündigung die Neuvergabe noch offen ist. Der Zwang zur Einhaltung längerer Kündigungsfristen rechtfertigt grundsätzlich keine andere Beurteilung[5]. **Material-, Rohstoff- oder Energiemangel** kann ebenfalls Beschäftigungsbedarf entfallen lassen. Unter den hiesigen wirtschaftlichen Verhältnissen wird es sich aber meist nur um eine vorübergehende Lage handeln, eine Kündigung daher nur selten in Betracht kommen. Anders, wenn die Lage zum Anlass einer unternehmerischen Entscheidung (zB Schließung) genommen wird.

295   Sofern ein Umsatz- oder Auftragsrückgang etc. nur **Motiv** für eine unternehmerische Maßnahme ist, die dann ihrerseits den Beschäftigungsbedarf entfallen lässt (etwa eine (Teil-)Stilllegung oder Rationalisierung), kommt es auf die außerbetriebliche Ursache nicht mehr an. Der Kündigungsgrund beurteilt sich ausschließlich nach Maßgabe der unternehmerischen Entscheidung (vgl. jeweils dort). Das gilt uU auch dann, wenn sich der ArbGeb vorbehält, seinen Entschluss bei Änderung der Verhältnisse zu revidieren[6]. Häufig wird zusätzlich zu einem Auftragsrückgang die verbleibende Arbeit neu verteilt (ggf. auch verdichtet); dann ergibt sich der vollständige Personalüberhang erst aus beiden Ursachen. Zur Frage, ob der ArbGeb vor einer Kündigung wegen vorübergehenden Auftragsmangels **Kurzarbeit** einführen muss, siehe oben Rz. 272. Auch nach Einführung von Kurzarbeit können uU Beendigungskündigungen erforderlich werden, etwa wenn unternehmerische Maßnahmen zum endgültigen Wegfall des Beschäftigungsbedarfs führen[7]. Eine allgemeine Arbeitszeitverkürzung anstelle weniger Kündigungen gebietet der Ultima-Ratio-Grundsatz nicht[8].

296   **(2) Ausgliederung und Verlagerung von Arbeiten.** Die Entscheidung, bisher betrieblich verrichtete Arbeiten auf ein **Fremdunternehmen** auszulagern, bedarf keines dringenden Erfordernisses, auch wenn sie zu einem Personalüberhang führt, der seinerseits betriebsbedingte Kündigungen dringend erforderlich macht (vgl. auch Rz. 268). Der Unternehmer kann grundsätzlich ohne Beschränkung durch das KSchG über Art und Umfang der betrieblichen Tätigkeit und ihre innerbetriebliche Organisation entscheiden. **Beispiele** für Ausgliederungen: Vergabe von Wartungsarbeiten[9], Reinigungsarbeiten[10], Tor- und Sicherheitskontrollen[11], Lackierarbeiten in einem Metallbetrieb sowie von Flämmarbeiten an Brammen[13]. Auf den betriebswirtschaftlichen Nutzen kommt es nach hM nicht an[14]. Eine Überprüfung auf Notwendigkeit und Zweckmäßigkeit findet nicht statt. Die Entscheidung des ArbGeb unterliegt aber einer Kontrolle auf **Willkür** und Umgehung (vgl. oben Rz. 267). Der Plan, einen Betriebsteil durch eine noch zu gründende, finanziell, wirtschaftlich und organisatorisch in das Unternehmen voll integrierte Organgesellschaft mit von dieser neu einzustellenden ArbN betreiben zu lassen, rechtfertigt als missbräuchliche Gestaltung keine Kündigung[15].

297   Von der Fremdvergabe betrieblicher Tätigkeit („Outsourcing") ist die **Aufspaltung** eines Unternehmens zu unterscheiden. Hierdurch wird die Grundlage des Arbeitsverhältnisses, der Beschäftigungs-

---

1 BAG v. 11.9.1986 – 2 AZR 564/85, BB 1987, 1882; v. 15.6.1989 – 2 AZR 600/88, BB 1989, 2119. |2 BAG v. 30.5.1985 – 2 AZR 321/84, NZA 1986, 155. |3 BAG v. 15.6.1989 – 2 AZR 600/88, BB 1989, 2119 (werden in der Verpackungsabteilung gleichartige Artikel vor dem Versand verpackt, geht bei Rückgang des Umsatzes für diese Artikel die Arbeit der Abteilung entsprechend zurück). |4 BAG v. 7.12.1978 – 2 AZR 155/77, DB 1979, 650. |5 BAG v. 12.4.2002 – 2 AZR 256/01, NZA 2002, 1205; vgl. aber zu einem Stilllegungsbeschluss unter dem Vorbehalt seiner Revidierung in ähnlicher Lage BAG v. 27.2.1987 – 7 AZR 652/85, NZA 1987, 700. |6 BAG v. 27.2 1987 – 7 AZR 652/85, NZA 1987, 700. |7 BAG v. 17.10.1980 – 7 AZR 675/78, BB 1981, 835; v. 26.6.1997 – 2 AZR 494/96, BB 1997, 2655. |8 BAG v. 19.5.1993 – 2 AZR 584/92, AP Nr. 31 zu § 2 KSchG 1969; LAG Hamm v. 15.12.1982 – 12 Sa 993/82, DB 1983, 506. |9 BAG 10.12.1979 – 7 AZR 595/78, BB 1980, 1163. |10 BAG v. 30.4.1987 – 2 AZR 184/86, BB 19987, 2303; v. 7.3.1980 – 7 AZR 1003/77, AP Nr. 9 zu § 1 KSchG 1969 – Betriebsbedingte Kündigung. |11 BAG v. 5.5.1992 – 1 ABR 78/91, NZA 1992, 1044. |12 BAG v. 6.9.1991 – 1 ABR 45/90, DB 1992, 327. |13 BAG v. 5.3.1991 – 1 ABR 39/90, BB 1991, 1338. |14 BAG v. 30.4.1987 – 2 AZR 184/86, BB 19987, 2303; v. 7.3.1980 – 7 AZR 1003/77, AP Nr. 9 zu § 1 KSchG 1969 – Betriebsbedingte Kündigung; v. 27.9.2001 – 2 AZR 246/00, EzA § 2 KSchG Nr. 41; aA *Preis*, NZA 1995, 241 (248 ff.), der „trifftige Gründe" für die Unternehmerentscheidung fordert. |15 BAG v. 26.9.2002 – 2 AZR 636/01, AP Nr. 124 zu § 1 KSchG 1969 – Betriebsbedingte Kündigung; vgl. auch *Löwisch*, § 1 KSchG Rz. 316.

bedarf des ArbGeb, unmittelbar nicht betroffen. Zusätzlich schützt § 323 Abs. 1 UmwG die kündigungsrechtliche Stellung der ArbN für die Dauer von zwei Jahren. Die Fremdvergabe betrieblicher Tätigkeiten erfüllt als bloße Funktionsnachfolge nicht die Voraussetzungen eines **Betriebsübergangs** gem. § 613a BGB[1]. Anderes kann bei Übernahme der Stammbelegschaft gelten[2]. Mit der Fremdvergabe kann eine Teilbetriebsschließung verbunden sein, die idR eine Betriebsänderung iSv. § 111 BetrVG darstellt, wenn die Entlassungszahlen des § 17 Abs. 1 erreicht werden[3].

Die bloße Umgestaltung und **Verlagerung von Arbeiten** in eine andere Betriebsabteilung rechtfertigt allein keine betriebsbedingten Kündigungen, soweit nach wie vor im Wesentlichen die gleichen Arbeiten zu verrichten und die bisherigen ArbN hierzu persönlich und fachlich geeignet sind. Das gilt selbst dann, wenn es sich bei den neu eingerichteten Arbeitsplätzen um Beförderungsstellen handelt[4]. Soll und kann die Arbeit dagegen von den verbleibenden ArbN miterledigt werden, entfällt entsprechend der Bedarf an Arbeitskräften. In diesem Fall findet zwischen den betroffenen ArbN, die nach der Umgestaltung des Arbeitsablaufs für eine Weiterbeschäftigung persönlich und fachlich geeignet sind, eine Sozialauswahl nach den Grundsätzen des § 1 Abs. 3 statt. Dies kann der ArbGeb nicht dadurch umgehen, dass er zunächst die verbleibenden Arbeitsplätze ohne Beachtung sozialer Gesichtspunkte besetzt und erst danach den nicht übernommenen ArbN kündigt[5]. Diese Grundsätze gelten wegen der unternehmensbezogenen Weiterbeschäftigungspflicht (vgl. oben Rz. 277) auch bei einer Verlagerung von Arbeiten in einen **anderen Betrieb** des Unternehmens[6]. Zur Verlagerung auf ein anderes Konzernunternehmen vgl. oben Rz. 278. Wird das Arbeitsgebiet eines ArbN auf den ArbGeb selbst verlagert (bzw. den persönlich haftenden Gesellschafter), handelt es sich um eine grundsätzlich hinzunehmende unternehmerische Entscheidung, die Beschäftigungsbedarf entfallen lässt[7]. Sie wird jedoch wegen der Gefahr einer Umgehung des Kündigungsschutzes sorgfältig auf ihre dauerhafte Realisierbarkeit zu prüfen sein. Nimmt der ArbGeb einen zurückgehenden Arbeitsanfall zum Anlass, einfachere Tätigkeiten auf qualifizierte ArbN (Facharbeiter) zu übertragen, kann hierdurch der Beschäftigungsbedarf für Hilfsarbeiter (Bauwerker) entfallen[8]. 298

Keine unternehmerische Maßnahme, die den Beschäftigungsbedarf entfallen ließe, stellt die bloße Entscheidung dar, angestellte Musiklehrer einer Musikschule künftig nur noch als **freie Mitarbeiter** zu beschäftigen (vgl. dazu näher oben Rz. 268). Anderes gilt bei Umstellung einer Außendiensttätigkeit von weisungsabhängiger Arbeit auf der Sache nach freie selbständige Tätigkeit im Rahmen eines Partnerkonzepts („weight-watchers", vgl. oben Rz. 268). Dies bedarf allerdings stets sorgfältiger Prüfung im Hinblick auf sog. Scheinselbständigkeit. Der Entschluss, die formale ArbGebStellung aufzugeben und stattdessen **LeihArbN** einzusetzen, ist keine die Kündigung bedingende Unternehmerentscheidung, wenn der Unternehmer gegenüber den Beschäftigten im Wesentlichen weiterhin selbst die für die Durchführung der Arbeit erforderlichen Weisungen erteilt (vgl. näher dazu oben Rz. 269). In einem solchen Fall entfällt nicht die Beschäftigungsmöglichkeit im Betrieb, sondern es werden nur die eigenen Beschäftigten durch ausgeliehene ArbN ersetzt. Eine Kündigung aus diesem Grund ist als „Austauschkündigung" sozial ungerechtfertigt und deshalb unwirksam[9]. 299

(3) **Betriebsstilllegung.** Unter einer Betriebsstilllegung ist die Auflösung der zwischen ArbGeb und ArbN bestehenden **Betriebs- und Produktionsgemeinschaft** zu verstehen, die ihre Veranlassung und zugleich ihren unmittelbaren Ausdruck darin findet, dass der ArbGeb die wirtschaftliche Betätigung in der ernstlichen Absicht einstellt, den bisherigen Betriebszweck dauernd oder für eine ihrer Dauer nach unbestimmte, wirtschaftlich nicht unerhebliche Zeitspanne nicht weiter zu verfolgen[10]. Die Betriebsstilllegung rechtfertigt regelmäßig schon dann eine betriebsbedingte Kündigung, wenn der Unternehmer im Zeitpunkt des Zugangs der Kündigung den **ernsthaften und endgültigen Entschluss** gefasst hat, den Betrieb nicht nur vorübergehend stillzulegen[11]. Das Gleiche gilt für die Stilllegung eines Betriebsteils[12]. Bei alsbaldiger Wiedereröffnung des Betriebes spricht eine tatsächliche Vermutung gegen eine ernsthafte Stilllegungsabsicht[13]. Ein erst nach Zugang der Kündigung gefasster endgültiger Stilllegungsentschluss kann nur eine nachfolgende neue Kündigung rechtfertigen[14]. Der **Grund für den Entschluss** ist unmaßgeblich. Die Ernsthaftigkeit und Endgültigkeit einer Unternehmerentscheidung setzt nicht voraus, dass ihre Verwirklichung dem Wunsch des ArbGeb entspricht. Sieht er sich zu ihr durch Umstände 300

---

1 St. Rspr. des BAG im Anschluss an das Urteil des EuGH vom 11.3.1997 – Rs. C-13/95, EuGHE I 1997, 1259 = DB 1997, 628 f. (Ayse Süzen); vgl. BAG v. 11.12.1997 – 8 AZR 426/94, AP Nr. 171 zu § 613a BGB; v. 16.7.1998 – 8 AZR 77/97, nv. (juris). | 2 BAG v. 22.5.1997 – 8 AZR 101/96, NZA 1997, 1050. | 3 BAG v. 27.6.2002 – 2 AZR 489/01, EzA § 1 KSchG – Betriebsbedingte Kündigung (instruktiv zur Schließung eines Krankenhauslabors und *Fremdvergabe der Laborarbeiten*). | 4 BAG v. 10.11.1994 – 2 AZR 242/94, NZA 1995, 566. | 5 BAG v. 10.11.1994 – 2 AZR 242/94, NZA 1995, 566. | 6 BAG v. 10.11.1994 – 2 AZR 242/94, NZA 1995, 566. | 7 BAG v. 22.3.1990 – 2 AZR 144/89, nv. (juris). | 8 BAG v. 11.6.1986 – 2 AZR 564/85, BB 1987, 1882. | 9 BAG v. 26.9.1996 – 2 AZR 200/96, NZA 1997, 202 (Crewing); LAG Bremen v. 2.12.1997 – 1 (2) Sa 340/96, ZIP 1998, 572 (Leiharbeit). | 10 BAG v. 21.6.2002 – 2 AZR 137/00, AP Nr. 50 zu § 50 KSchG 1969. | 11 BAG v. 27.2.1987 – 7 AZR 652/85, NZA 1987, 700, v. 18.1.2001 – 2 AZR 514/99, AP Nr. 115 zu § 1 KSchG 1969 – Betriebsbedingte Kündigung; zur Stilllegung durch einen Pächter vgl. BAG v. 27.4.1995 – 8 AZR 197/94, EzA § 613a BGB Nr. 126; durch den Mieter eines Einzelhandelsgeschäfts BAG v. 22.5.1997 – 8 AZR 101/96, AP Nr. 154 zu § 613a BGB. | 12 BAG v. 4.12.1997 – 2 AZR 140/97, BB 1998, 1108. | 13 BAG v. 21.6.2002 – 2 AZR 137/00, AP Nr. 50 zu § 15 KSchG 1969. | 14 BAG v. 4.12.1986 – 2 AZR 564/85, BB 1987, 1882.

gezwungen, die er nicht nach seinem Willen gestalten kann, so kann es uU unschädlich sein, wenn er sich vorbehält, seinen Entschluss nicht zu verwirklichen, falls sich die Verhältnisse wider Erwarten anders als bei vernünftiger Betrachtung vorhersehbar entwickeln[1]. Im Übrigen muss sich der ArbGeb an seinem eigenen unternehmerischen Konzept festhalten lassen[2]. Ein **Beschluss der Gesellschafter**, die GmbH zu liquidieren, besagt allein noch nicht, dass auch der Betrieb stillgelegt werden soll. Im Zuge einer Liquidation der Gesellschaft kommt auch eine Veräußerung des Betriebes in Betracht[3]. Die unternehmerische Entscheidung zur Stilllegung des Betriebes einer GmbH kann entsprechende Kündigungen auch dann sozial rechtfertigen, wenn ihr **kein wirksamer Beschluss** der Gesellschafter zugrunde liegt[4].

301 Die **vorübergehende Stilllegung** steht der dauerhaften gleich, wenn sie für einen erheblichen Zeitraum erfolgt (zB knappes Dreivierteljahr[5]). Im Kündigungszeitpunkt muss davon auszugehen sein, dass eine eventuelle Wiederaufnahme der Produktion erst nach einem längeren, wirtschaftlich nicht unerheblichen Zeitraum erfolgen kann, dessen Überbrückung mit weiteren Vergütungszahlungen dem ArbGeb nicht zugemutet werden kann[6]. Dabei wird auch die Möglichkeit der Inanspruchnahme von Kug zu berücksichtigen sein. Im Falle witterungsbedingter vorübergehender Betriebseinstellung kommt es darauf an, ob bei Zugang der Kündigung der Zeitpunkt der Arbeitsaufnahme bereits absehbar und die Überbrückung des Zeitraums unter Berücksichtigung der Kündigungsfrist zumutbar war (vgl. oben Rz. 287). Dabei sind witterungsbedingte Betriebsschließung und etwaiger Auftragsmangel getrennt zu prüfende Gesichtspunkte[7].

302 Der ArbGeb hat noch keinen endgültigen Stilllegungsentschluss gefasst, solange er noch ernsthaft über die **Veräußerung des Betriebes** verhandelt und nur vorsorglich für den Fall des Scheiterns der Verhandlungen kündigt[8]. Der bloße Vorbehalt des Konkursverwalters, eine sich wider Erwarten doch noch bietende Möglichkeit zur Betriebsveräußerung wahrnehmen zu wollen, steht einer ernsthaften und endgültigen Stilllegungsabsicht im Kündigungszeitpunkt aber nicht entgegen[9]. Kommt es trotz endgültiger und ernsthafter Stilllegungsabsicht des ArbGeb nach Ausspruch der Kündigung wider Erwarten doch noch zu einer Fortsetzung des Betriebes[10], etwa weil sich ein Erwerber gefunden hat, können **Wiedereinstellungsansprüche** der gekündigten ArbN gegenüber dem Betriebserwerber entstehen (vgl. oben Rz. 75). Im Zeitpunkt des Zugangs der Kündigung muss die Stilllegung noch nicht durchgeführt sein. Es genügt, wenn sie endgültig beschlossen ist (vgl. oben Rz. 300) und bereits **greifbare Formen** angenommen hat (vgl. Rz. 297). Die „greifbaren Formen" können je nach den Umständen des Einzelfalles die Gründe für die Stilllegungsabsicht oder auch ihre Durchführungsformen betreffen; mit der Durchführung der Stilllegung muss daher nicht notwendig begonnen worden sein[11]. Greifbare Formen liegen dann vor, wenn im Zeitpunkt des Ausspruchs der Kündigung aufgrund einer vernünftigen, betriebswirtschaftlichen Betrachtung davon auszugehen ist, dass mit einiger Sicherheit der Eintritt eines die Entlassung erforderlich machenden betrieblichen Grundes gegeben ist. Das ist der Fall bei dem Entschluss des ArbGeb, ab sofort **keine neuen Aufträge** mehr anzunehmen, allen ArbN zum nächstmöglichen Kündigungstermin zu kündigen, zur Abarbeitung der vorhandenen Aufträge eigene ArbN nur noch während der jeweiligen Kündigungsfristen einzusetzen und so den Betrieb schnellstmöglich stillzulegen[12]. Ein solches Stilllegungskonzept wird nicht dadurch in Frage gestellt, dass es bei der restlichen Abwicklung aufgrund unvorhergesehenen extrem hohen Krankenstandes zum Einsatz von LeihArbN anstelle bereits gekündigter ArbN kommt[13].

303 Eine **anderweitige Weiterbeschäftigung** auf einem freien Arbeitsplatz in einem anderen Betrieb des Unternehmens hat Vorrang vor einer Beendigungskündigung (Rz. 277). Sind bei einer Betriebsstilllegung freie Arbeitsplätze in einem anderen Betrieb des Unternehmens zu besetzen, erfolgt die **Auswahl** der zu kündigenden ArbN gemäß § 1 Abs. 3 KSchG nach sozialen Gesichtspunkten[14] (vgl. näher oben Rz. 283 sowie unten Rz. 334 ff.). Auch bei etappenweiser Stilllegung oder Stilllegung eines Betriebsteils[15] hat jeweils eine betriebsweite Sozialauswahl stattzufinden[16]. Die Stilllegung des Betriebes rechtfertigt die außerordentliche Kündigung von ArbN bei **Ausschluss der ordentlichen Kündigung** durch Tarif- oder Einzelvertrag[17]. Eine solche Kündigung kann nur wie eine ordentliche Kündigung ausgesprochen werden (insb. mit Auslauffrist, vgl. näher oben Rz. 41). Die Betriebsschließung

---

1 BAG v. 27.2.1987 – 7 AZR 652/85, NZA 1987, 700; vgl. aber BAG v. 12.4.2002 – 2 AZR 256/01, NZA 2002, 1205 („unzulässige Vorratskündigung"). | 2 BAG v. 18.1.1990 – 2 AZR 183/89, AP Nr. 27 zu § 2 KSchG 1969. | 3 LAG Sa.-Anh. v. 11.1.2000 – 4 Sa 791/99, nv. | 4 BAG v. 5.4.2001 – 2 AZR 696/99, AP Nr. 117 zu § 1 KSchG 1969 – Betriebsbedingte Kündigung; zur Beschlussfassung eines Vereins vgl. LAG Sa.-Anh. v. 7.8.2001 – 8 (2) Sa 142/01, DB 2003, 563. | 5 BAG v. 27.4.1995 – 8 AZR 200/94, EzA § 1 KSchG – Betriebsbedingte Kündigung Nr. 83; v. 21.6.2002 – 2 AZR 137/00, AP Nr. 50 zu § 15 KSchG 1969. | 6 BAG v. 21.6.2002 – 2 AZR 137/00, AP Nr. 50 zu § 15 KSchG 1969. | 7 BAG v. 7.3.1996 – 2 AZR 180/95, BB 1996, 1557. | 8 BAG v. 10.10.1996 – 2 AZR 477/95, NZA 1997, 251. | 9 BAG v. 7.3.1996 – 2 AZR 298/95, nv. (juris). | 10 BAG v. 28.4.1988 – 2 AZR 623/87, NZA 1989, 265. | 11 BAG v. 19.6.1991 – 2 AZR 127/91, NZA 1991, 891. | 12 BAG v. 18.1.2001 – 2 AZR 514/99, AP Nr. 115 zu § 1 KSchG 1969 – Betriebsbedingte Kündigung. | 13 BAG v. 18.1.2001 – 2 AZR 514/99, AP Nr. 115 zu § 1 KSchG 1969 – Betriebsbedingte Kündigung. | 14 LAG Hamm v. 30.6.1989 – 18 (7) Sa 1639/88, LAGE § 1 KSchG – Soziale Auswahl Nr. 5. | 15 BAG v. 16.9.1982 – 2 AZR 271/80, DB 1983, 504. | 16 LAG Hamm v. 3.4.1987 – 17 Sa 2043/86, NZA 1987, 636. | 17 St. Rspr. seit BAG v. 28.3.1985 – 2 AZR 113/84, NZA 1985, 559; BAG v. 6.3.1986 – 2 ABR 15/85, DB 1986, 2605.

stellt kein dringendes betriebliches Erfordernis für die Kündigung eines ArbN dar, mit dem **Block-ATZ** vereinbart ist und der sich bereits in der **Freistellungsphase** befindet. Der Wegfall aller Beschäftigungsmöglichkeiten erfordert keine Kündigung, wenn der in ATZ befindliche ArbN die geschuldete Arbeitsleistung bereits in vollem Umfang erbracht und der ArbGeb ihn deshalb nicht weiter zu beschäftigen hat. Das gilt auch in der Insolvenz (vgl. unten Rz. 311)[1].

Bei der Stilllegung von Betrieben und Betriebsteilen kommt es zumeist zu Massenentlassungen iSv. § 17. Diese stellen **Betriebsänderungen** iSv. § 111 BetrVG dar, über die der ArbGeb in Unternehmen mit mehr als 20 ArbN gemäß § 112 BetrVG einen Interessenausgleich mit dem BR herbeizuführen versuchen muss (vgl. näher die Erl. dort)[2]. Unterlässt er dies oder weicht er von einem vereinbarten Interessenausgleich ab, drohen Nachteilsausgleichsansprüche der gekündigten ArbN (§ 113 BetrVG). **304**

(4) Betriebsübergang. Eine Kündigung wegen Betriebsübergangs (vgl. zum Begriff näher die Erl. zu § 613a BGB) ist **schlechthin unwirksam**; das Recht zur Kündigung aus anderen Gründen bleibt unberührt (§ 613a Abs. 4 BGB). Das gilt auch in der Insolvenz. § 613a BGB ist ein eigenständiger Unwirksamkeitsgrund. Eine Kündigung wegen Betriebsübergangs ist daher auch unwirksam, wenn das KSchG keine Anwendung findet[3]. Das gilt für die Kündigung des Veräußerers wie die des Erwerbers. Als „sonstiger" Unwirksamkeitsgrund iSv. § 13 Abs. 3 aF konnte die Unwirksamkeit einer solchen Kündigung, die bis zum 31.12.2003 zuging, noch nach Ablauf der dreiwöchigen Klagefrist aus § 4 Satz 1 aF in den Grenzen der Verwirkung geltend gemacht werden. Für spätere Kündigungen gilt die Klagefrist ausnahmslos, §§ 4 Satz 1, 23 Abs. 1 Satz 2 nF. Eine Kündigung „wegen" des Betriebsübergangs iSv. § 613a Abs. 4 BGB liegt vor, wenn dieser zwar nicht der Einzige, aber doch der **ausschlaggebende Beweggrund** ist[4]. Dies hat der ArbN zu beweisen. Hierfür spricht eine tatsächliche Vermutung, wenn die Kündigung äußerlich in zeitlichem und sachlichem Zusammenhang mit einem Betriebsübergang erfolgte. Der ArbGeb muss dann ggf. seine andersartigen Gründe näher vortragen, damit sich der ArbN mit dieser Motivlage auseinander setzen kann[5]. **305**

Eine Kündigung „aus anderen Gründen" ist auch gegeben, wenn der bisherige Betriebsinhaber **Rationalisierungs- oder Teilstilllegungsmaßnahmen** durchführt, auch wenn dies nur geschieht, um die Chancen für eine anschließende Veräußerung zu erhöhen[6]. Voraussetzung ist ein auf die Fortführung des zu übertragenden Betriebes oder Betriebsteils gerichtetes unternehmerisches Konzept sowie der Wegfall des Beschäftigungsbedarfs im Übrigen. Die Kündigung des Veräußerers aufgrund eines **Erwerberkonzepts** verstößt dann nicht gegen § 613a Abs. 4 BGB, wenn ein verbindliches Konzept oder ein Sanierungsplan des Erwerbers vorliegt, dessen Durchführung im Zeitpunkt des Zugangs der Kündigung bereits greifbare Formen angenommen hat[7]. Zumindest in der Insolvenz des Veräußerers kommt es dabei nicht darauf an, ob dieser das Erwerberkonzept ohne die Veräußerung selbst hätte durchführen können[8]. Richtigerweise wird dies auch **außerhalb der Insolvenz** allgemein gelten. § 613a Abs. 4 Satz 2 BGB lässt das Recht zur Kündigung aus anderen Gründen unberührt. Das für die am Betriebsübergang Beteiligten verbindliche Erwerberkonzept ist auch dann wie eine unternehmerische Entscheidung des Veräußerers anzuerkennen, wenn es ausschließlich der Erwerber durchführen kann. Die durch § 613a BGB hergestellte Kontinuität der Arbeitsverhältnisse wirkt sich hier im Sinne einer Einheit von Veräußerer und Erwerber aus; könnte erst der Erwerber kündigen, käme es nur zu einer von § 613a BGB nicht intendierten künstlichen Verlängerung von Arbeitsverhältnissen[9]. Zur Vermeidung von Umgehungsmöglichkeiten muss das Konzept hinreichend konkret sowie rechtsverbindlich – etwa durch einen Vorvertrag[10] – abgesichert sein. Zur Sozialauswahl in diesen Fällen vgl. Rz. 337. **306**

Widerspricht ein ArbN dem Übergang seines Arbeitsverhältnisses gem. § 613a Abs. 6 BGB schriftlich binnen eines Monats nach Unterrichtung, geht es nicht über. Der ArbN muss aber mit einer betriebsbedingten Kündigung des Veräußerers rechnen, wenn dort eine Beschäftigungsmöglichkeit fehlt. Zur Sozialauswahl in diesem Fall vgl. Rz. 338. Vgl. zu Vorstehendem im Einzelnen die **Erl. zu § 613a BGB**, zum Betriebsübergang in der Insolvenz zudem § 128 InsO. Gemäß § 324 UmwG gilt § 613a Abs. 1 und 4 BGB auch bei **Umwandlungen** von Kapitalgesellschaften in Form von Verschmelzung, Spaltung und Vermögensübertragung, sofern in diesem Zuge ein Betrieb oder Betriebsteil auf einen anderen Rechtsträger übergeht. Nach § 323 Abs. 1 UmwG verschlechtert sich die kündigungsrechtliche Stellung des ArbN aufgrund einer Spaltung oder Teilübertragung für die Dauer von zwei Jahren nicht. Vgl. näher jeweils dort. **307**

---

1 BAG v. 5.12.2002 – 2 AZR 571/01, AP Nr. 125 zu § 1 KSchG 1969 – Betriebsbedingte Kündigung. | 2 Zur Frage einer *Betriebsänderung* iSv. § 111 BetrVG instruktiv BAG v. 27.6.2002 – 2 AZR 489/01, EzA § 1 KSchG – Betriebsbedingte Kündigung Nr. 117 (Schließung eines Krankenhauslabors). | 3 BAG v. 31.1.1985 – 2 AZR 530/83, NZA 1985, 593; v. 5.12.1985 – 2 AZR 3/85, BB 1986, 1092. | 4 BAG v. 26.5.1983 – 2 AZR 477/81, BB 1983, 2116 (Kündigung, weil Erwerber den Arbeitnehmer als „zu teuer" abgelehnt hat); v. 18.7.1996 – 8 AZR 127/94, BB 1996, 2350. | 5 BAG v. 3.7.1986 – 2 AZR 68/85, NZA 1987, 123; zur Abgrenzung von Betriebsübergang und Betriebsstilllegung vgl. auch BAG v. 12.2.1987 – 2 AZR 247/86, BB 1987, 2370. | 6 BAG v. 18.7.1996 – 8 AZR 127/94, BB 1996, 2305. | 7 BAG v. 26.5.1983 – 2 AZR 477/81, AP Nr. 34 zu § 613a BGB; v. 18.7.1996 – 8 AZR 127/94, AP Nr. 147 zu § 613a BGB. | 8 BAG v. 20.3.2003 – 8 AZR 97/02, AP Nr. 250 zu § 613a BGB; dazu *Gaul*, DB 2003, 1902 ff.; anders außerhalb der Insolvenz noch BAG v. 26.5.1983 – 2 AZR 477/81, AP Nr. 34 zu § 613a BGB. | 9 Ebenso für „Sanierungsfälle" ErfK/*Preis*, § 613a Rz. 163 ff. (166). | 10 *Willemsen*, ZIP 1983, 414 f.

308 Beruft sich der ArbGeb auf eine **Betriebsstilllegung**, muss er im Zeitpunkt des Zugangs der Kündigung den ernsthaften und endgültigen Entschluss zur Stilllegung gefasst und diese bereits greifbare Formen angenommen haben (vgl. oben Rz. 302). Wird der Betrieb später tatsächlich doch noch veräußert, spricht dies gegen die ursprüngliche Stilllegungsabsicht. Der ArbGeb wird angesichts der nachfolgenden Veräußerung genauestens darzulegen haben, dass er tatsächlich die ernsthafte und endgültige Absicht zur Stilllegung gehabt hatte[1]. Gelingt ihm das, bleibt die Kündigung wirksam, es kommt aber ein Wiedereinstellungsanspruch für die gekündigten ArbN in Betracht (vgl. oben Rz. 75). Der bloße Vorbehalt des Konkursverwalters, eine sich wider Erwarten bietende, zurzeit nicht erkennbare Möglichkeit zur Betriebsveräußerung wahrnehmen zu wollen, steht einer ernsthaften und endgültigen Stilllegungsabsicht im Kündigungszeitpunkt nicht entgegen[2].

309 Bei **Anwendung des KSchG** und fristgerechter Klage muss der ArbGeb die Kündigungsgründe gem. § 1 Abs. 2 Satz 4 **darlegen und beweisen**. Der Betriebsübergang ist kein dringendes betriebliches Erfordernis für eine Kündigung. Er führt weder zu einer Veränderung noch zu einem Wegfall des Beschäftigungsbedarfs. Die Arbeitsverhältnisse gehen mit allen Rechten und Pflichten auf den Erwerber über, § 613a Abs. 1 BGB. Hat der Veräußerer vor dem Betriebsübergang gekündigt, kann die **Kündigungsschutzklage** gegen ihn gerichtet werden. Das gilt auch, wenn der Betrieb zwischen Kündigung und Klageerhebung auf den Erwerber übergegangen ist[3]. Stützt sich die Kündigungsschutzklage gegen den Veräußerer aber allein auf die Behauptung, der Betrieb sei vor der Kündigung auf den Erwerber übergegangen, so führt dies zur Unschlüssigkeit der Klage[4]. Nach dem Betriebsübergang kann die Klage gegen die Kündigung des Veräußerers auch gegen den Erwerber gerichtet werden, wenn der ArbN einen Übergang seines Arbeitsverhältnisses auf den Erwerber geltend macht[5].

310 (5) **Drittmittel.** Der **Entzug oder die Kürzung** von sog. Drittmitteln, mit denen ein Dritter bestimmte Tätigkeiten des ArbGeb (zB im Forschungsbereich) finanziert, stellt für sich keinen betriebsbedingten Kündigungsgrund dar. Er verändert oder verringert selbst nicht den Beschäftigungsbedarf. Das gilt erst recht für die bloße Befürchtung der Streichung von Drittmitteln[7]. Trifft der ArbGeb aber eine unternehmerische Entscheidung, etwa zur Einstellung oder Reduzierung der fraglichen Tätigkeiten, beurteilt sich die Kündigung nach deren Inhalt und kann eine Kündigung rechtfertigen. Es unterliegt auch der freien unternehmerischen Entscheidung, das **Anforderungsprofil** für einen eingerichteten Arbeitsplatz festzulegen (vgl. Rz. 276)[8]. Dies gilt insb., wenn bei drittfinanzierten Arbeitsverträgen das festgelegte Anforderungsprofil den Vorgaben des Drittmittelgebers entspricht. Eine Entgeltreduzierung aus Anlass der Drittmittelkürzung kommt nur unter den von der Rspr. dafür aufgestellten besonderen Voraussetzungen in Betracht (vgl. § 2 Rz. 17).

311 (6) **Insolvenz.** Auch die Kündigung des Insolvenzverwalters gem. § 113 InsO setzt gem. § 1 ein dringendes betriebliches Erfordernis voraus, das einer **Weiterbeschäftigung** des ArbN entgegensteht. Allein das Fehlen hinreichender finanzieller Mittel stellt keinen ausreichenden Kündigungsgrund dar[9]. Die Insolvenz des ArbGeb als solche lässt den Beschäftigungsbedarf nicht entfallen, solange nicht der Verwalter den Betrieb oder Teile davon zB stilllegt oder rationalisiert (siehe dazu jeweils dort). Der Insolvenzverwalter kann sich das verbindliche Rationalisierungskonzept eines Betriebserwerbers zu Eigen machen und darauf eine Kündigung stützen (vgl. dazu näher Rz. 306). Mit der verkürzten Frist des § 113 Satz 2 InsO kann der Insolvenzverwalter auch (erneut) kündigen, wenn er zuvor als **vorläufiger Insolvenzverwalter** mit längerer Frist aus im Wesentlichen gleichen Gründen gekündigt hatte[10]. Der vorläufige Insolvenzverwalter bedarf für eine Betriebsstilllegung gemäß § 22 Abs. 1 Satz 2 Nr. 2 InsO der Zustimmung des Insolvenzgerichts[11]. Selbst die Stilllegung des Betriebes durch den Insolvenzverwalter stellt aber kein dringendes betriebliches Erfordernis für die Kündigung eines ArbN dar, mit dem **Block-ATZ** vereinbart ist und der sich bereits in der **Freistellungsphase** befindet. Der mit einer Betriebsstilllegung verbundene Wegfall aller Beschäftigungsmöglichkeiten erfordert keine Kündigung, wenn der in ATZ befindliche ArbN die geschuldete Arbeitsleistung bereits in vollem Umfang erbracht hat und der ArbGeb ihn deshalb nicht weiterbeschäftigen muss[12]. Vgl. im Übrigen zu den besonderen Kündigungsregelungen für Arbeitsverhältnisse in der Insolvenz den Überblick in Vorb. vor § 1 Rz. 42 f. sowie die Erl. zu §§ 113 ff. InsO.

312 (7) **Öffentlicher Dienst.** Nach der Rspr. des BAG können **Stellenstreichungen** im Haushaltsplan[13] ebenso wie das Anbringen eines konkret (im laufenden Haushaltsjahr) datierten sog. „kw-Vermerks"

---

1 BAG v. 28.4.1988 – 2 AZR 623/87, NZA 1989, 265. | 2 BAG v. 7.3.1996 – 2 AZR 298/95, nv. (juris). | 3 BAG v. 20.3.1997 – 8 AZR 769/95, NZA 1997, 937. | 4 BAG v. 18.4.2002 – 8 AZR 346/01, AP Nr. 232 zu § 613a BGB. | 5 KR/*Pfeiffer*, § 613a BGB, Rz. 205; *Hillebrecht*, NZA 1989, Beilage 4, S. 14 (19). | 6 BAG v. 20.2.1986 – 2 AZR 212/85, NZA 1986, 823; v. 7.11.1996 – 2 AZR 811/95, NZA 1997, 523. | 7 BAG v. 24.8.1989 – 2 AZR 653/88, nv. (juris). | 8 BAG v. 7.11.1996 – 2 AZR 811/95, NZA 1997, 523; v. 10.11.1994 – 2 AZR 242/94, AP Nr. 65 zu § 1 KSchG 1969 – Betriebsbedingte Kündigung. | 9 BAG v. 5.12.2001 – 2 AZR 571/01, AP Nr. 125 zu § 1 KSchG 1969 – Betriebsbedingte Kündigung. | 10 BAG v. 22.5.2003 – 2 AZR 255/02, AP Nr. 12 zu § 113 InsO. | 11 BAG v. 29.6.2000 – 8 ABR 44/99, AP Nr. 2 zu § 126 InsO unter B IV 2 c bb d.Gr. | 12 BAG v. 5.12.2001 – 2 AZR 571/01, AP Nr. 125 zu § 1 KSchG 1969 – Betriebsbedingte Kündigung; krit. *Hanau*, RdA 2003, 230 f. | 13 BAG v. 28.11.1956 – GS 3/56, BAGE 3, 245; v. 21.1.1993 – 2 AZR 330/92, NZA 1993, 1099.

("künftig wegfallend") an einer Personalstelle im Haushaltsplan[1] eine von den Gerichten nicht nachprüfbare Entscheidung darstellen, dass die bezeichnete Stelle für die einzelne Dienststelle entbehrlich ist. Besteht keine anderweitige Weiterbeschäftigungsmöglichkeit, kann eine Kündigung gerechtfertigt sein. Dies setzt eine nach sachlichen Merkmalen genau bestimmte Stelle sowie ein auf den Bedarf der jeweiligen Dienststelle zugeschnittenes **Konzept** der zuständigen Verwaltung voraus, weil anderenfalls nicht festgestellt werden kann, ob im konkreten Fall der ausgesprochenen Kündigung ein dringendes betriebliches Erfordernis zugrunde liegt[2]. Bezeichnet zB ein Haushaltsplan 110 von 204 Arbeiterstellen einer Landesanstalt für Umwelt als zum Ende des Haushaltsjahres „künftig wegfallend", ohne sich mit ihrer Zuordnung zu den Einzelnen im gesamten Land verteilten Standorten näher zu befassen, liegt darin allein noch keine bindende unternehmerische Vorgabe, die den Beschäftigungsbedarf entfallen ließe[3]. Beschließt eine Kommune, den Personalbedarf für **Kindertageseinrichtungen** nach dem Bedarfsschlüssel des LandesKitaG zu berechnen und das Personal entsprechend zu reduzieren, ist eine damit begründete betriebsbedingte Kündigung idR nicht sozialwidrig, sofern keine Anhaltspunkte für fortbestehenden Beschäftigungsbedarf oder eine Überforderung des verbleibenden Personals bestehen[4]. Der Darlegung eines konkreten Konzepts zur Umsetzung der geplanten Maßnahme bedarf es ohne solche Anhaltspunkte nicht.

Die **Streichung einer Halbtagsstelle** im öffentlichen Haushalt sagt für sich genommen noch nichts 313 dazu aus, ob nicht lediglich eine Überkapazität im Umfang einer Halbtagsstelle abgebaut werden soll, so dass dem durch eine entsprechende Änderungskündigung gegenüber einer sozial weniger schutzbedürftigen Vollzeitkraft Rechnung getragen werden könnte[5]. Vgl. zur sozialen Auswahl insoweit unten Rz. 366. Die Umwandlung der Vollzeitstelle einer **Gleichstellungsbeauftragten** durch Gemeinderatsbeschluss in eine halbe Stelle kann eine entsprechende Änderungskündigung sozial rechtfertigen, sofern keine anderweitige Beschäftigungsmöglichkeit besteht[6]. Umgekehrt kann die Verwaltung auch **ohne Stellenplanänderung** ein Konzept zur Einsparung vorhandener Stellen entwickeln und umsetzen (Rationalisierung). Die Streichung einer Stelle im Haushaltsplan ist nicht unabdingbare Voraussetzung einer betriebsbedingten Kündigung im öffentlichen Dienst[7]. Die Organisationsentscheidung des öffentlichen ArbGeb, eine Angestelltenstelle, auf der hoheitliche Aufgaben erledigt werden, in eine **Beamtenstelle** umzuwandeln und mit einem Beamten zu besetzen, kann ein dringendes betriebliches Erfordernis zur Kündigung des bisherigen Stelleninhabers darstellen, wenn dieser die Voraussetzungen für die Übernahme in ein Beamtenverhältnis nicht erfüllt. Erfüllt der bisherige Stelleninhaber jedoch das Anforderungsprofil der neu geschaffenen Beamtenstelle, besteht kein dringendes betriebliches Erfordernis zu seiner Kündigung[8]. Zur Kürzung von Drittmitteln vgl. Rz. 310. Zur eingeschränkten Anzeigepflicht von Massenentlassungen im öffentlichen Dienst vgl. § 23 Abs. 2.

(8) Rationalisierung. Innerbetriebliche Maßnahmen des ArbGeb technischer oder organisatorischer 314 Art, die Beschäftigungsbedarf entfallen lassen, sind sog. **freie unternehmerische Entscheidungen** (vgl. oben Rz. 266 ff.). Auch wenn sie zu einer Verringerung des Personalbedarfs führen, bedürfen sie selbst keines dringenden betrieblichen Erfordernisses. Erst die Kündigung bedarf der sozialen Rechtfertigung[9]. Rationalisierungsmaßnahmen sind nach hM auch nicht darauf zu prüfen, ob die aus ihnen **zu erwartenden Vorteile** (etwa Kostenersparnis) in einem „vernünftigen Verhältnis" zu den Nachteilen für die ArbN stehen[10]. Sie dürfen jedoch, wie jede Rechtshandlung, nicht lediglich eine Schädigung des Vertragspartners zur Folge haben (hier den Verlust des Arbeitsplatzes), sondern müssen grundsätzlich durch schutzwürdige Eigeninteressen gedeckt sein. Anderenfalls wäre die Ausübung des Kündigungsrechts rechtsmissbräuchlich (§ 242 BGB)[11]. Auch kann die unternehmerische Maßnahme der bloßen Umgehung des Kündigungsschutzes dienen[12]. An solche Ausnahmefälle sind strenge Anforderungen zu stellen. Allein die offensichtliche Unzweckmäßigkeit einer Maßnahme soll nach einer Entscheidung des BAG nicht genügen[13] (vgl. zur sog. Willkürkontrolle auch oben Rz. 267). Darlegungs- und beweispflichtig für den Rechtsmissbrauch ist der ArbN[14].

Vom **ArbGeb darzulegen** und zu beweisen ist, ob durch die Rationalisierungsmaßnahme tatsächlich 315 Beschäftigungsbedarf in dem der Personalreduzierung entsprechenden Umfang entfallen ist. Der

---

1 BAG v. 6.9.1978 – 4 AZR 84/77, BB 1979, 424; v. 19.3.1998 – 8 AZR 626/96, NZA 1999, 90; v. 18.11.1999 – 2 AZR 77/99, AP Nr. 55 zu § 2 KSchG 1969; v. 18.11.1999 – 2 AZR 357/99, nv. (juris); vgl. eingehend Lakies, NZA 1997, 745. |2 BAG v. 19.3.1998 – 8 AZR 626/96, NZA 1999, 90; v. 18.11.1999 – 2 AZR 77/99, AP Nr. 55 zu § 2 KSchG 1969; v. 18.11.1999 – 2 AZR 357/99, nv. (juris). |3 BAG v. 19.3.1998 – 8 AZR 626/96, NZA 1999, 90. |4 BAG v. 22.5.2003 – 2 AZR 326/02, ZTR 2003, 521 ff.; LAG Sachs.-Anh. v. 16.5.2000 – 8 (10) Sa 991/99, ZTR 2001, 282 f. |5 BAG v. 12.8.1999 – 2 AZR 12/99, BB 1999, 2509. |6 BAG v. 23.11.2000 – 2 AZR 617/99, AP Nr. 63 zu § 2 KSchG 1969. |7 BAG v. 26.6.1975 – 2 AZR 499/74, AP Nr. 1 zu § 1 KSchG 1969 – Betriebsbedingte Kündigung. |8 BAG v. 21.9.2000 – 2 AZR 440/99, NZA 2001, 255. |9 St. Rspr., BAG v. 26.9.1996 – 2 AZR 200/96, BB 1997, 260; v. 29.3.1990 – 2 AZR 361/89, NZA 1991, 181; v. 7.12.1978 – 2 AZR 155/77, BB 1980, 1103. |10 BAG v. 30.4.1987 – 2 AZR 184/86, NZA 1987, 776; aA Preis, NZA 1995, 248; Kittner/Däubler/Zwanziger/Kittner, § 1 KSchG Rz. 346. |11 Vgl. Palandt/Heinrichs, 61. Aufl., § 242 BGB Rz. 50 ff. mwN. |12 Das BAG spricht auch insoweit von Rechtsmissbrauch, vgl. etwa BAG v. 24.10.1979 – 2 AZR 940/77, AP Nr. 8 zu § 1 KSchG 1969 – Betriebsbedingte Kündigung. |13 BAG v. 30.4.1987 – 2 AZR 184/86, NZA 1987, 776; in dieser Allgemeinheit bedenklich; vgl. auch BAG v. 26.9.2002 – 2 AZR 636/01, AP Nr. 124 zu § 1 KSchG – Betriebsbedingte Kündigung. |14 BAG v. 9.5.1996 – 2 AZR 438/95, BB 1996, 1170, 2048; v. 27.9.2001 – 2 AZR 246/00, EzA § 2 KSchG Nr. 41.

bloße Entschluss, Personal dauerhaft abzubauen und zukünftig die Arbeiten mit weniger Personal zu verrichten, lässt noch keinen Beschäftigungsbedarf entfallen (vgl. oben Rz. 270). Vielmehr sind im Einzelnen die künftig nach den technischen und organisatorischen unternehmerischen Vorgaben zu erwartende Arbeitsmenge und ihre Verteilung auf die ArbN darzustellen (vgl. näher oben Rz. 290)[1].

316 Bei unveränderter Arbeitsmenge kann sich der Personalbedarf reduzieren, wenn der ArbGeb die Arbeit neu verteilt und so durch **Leistungsverdichtung** Personal einspart. Auch darin liegt eine gestaltende unternehmerische Maßnahme, die den Bedarf an benötigter Arbeitszeit und damit an Personal verringert. Sie führt zu einer Kostenentlastung und beruht daher auf schutzwürdigen Eigeninteressen des ArbGeb. Die Grenze bildet erst das von den verbleibenden ArbN geschuldete Leistungsmaß (Arbeitsmenge pro Zeiteinheit pro Kopf)[2]. Die Freiheit zu einer solchen organisatorischen Maßnahme steht nach bisheriger Rspr. grundsätzlich auch dem ArbGeb zu, der schon vor der Rationalisierung glänzende Gewinne erzielt hat (vgl. dazu näher oben Rz. 266 sowie Rz. 288). Gerade bei der Leistungsverdichtung ist der Wegfall des Beschäftigungsbedarfs infolge der **Neuverteilung der Arbeit im Einzelnen darzulegen**. Der Darlegung eines konkreten Konzepts zur Neuverteilung der Arbeit bedarf es ausnahmsweise nicht, wenn sich der Träger einer Kinderbetreuungseinrichtung entschließt, seinen Personalbestand entsprechend einem geänderten **landesrechtlichen Mindestpersonalschlüssel** zu senken und keine Anhaltspunkte für fortbestehenden Beschäftigungsbedarf oder Überforderung des verbleibenden Personals bestehen[3].

317 Zu Rationalisierungsmaßnahmen, die nicht zum Wegfall, sondern zu einer Änderung des Beschäftigungsbedarfs führen, vgl. auch unten Rz. 319. Zu beachten ist, dass für Rationalisierungen häufig **tarifvertragliche Kündigungsbeschränkungen** oder Entgeltsicherungen gelten (vgl. Vorb. vor § 1 Rz. 19). Tariflich „unkündbare" ArbN haben Anspruch auf gesteigerte Weiterbeschäftigungsbemühungen des ArbGeb und können nur ganz ausnahmsweise im Zuge von Rationalisierungsmaßnahmen betriebsbedingt gekündigt werden[4]. Die außerordentliche Kündigung ist dann wie eine ordentliche auszusprechen (vgl. oben Rz. 41).

318 **(9) Unrentabilität; Gewinnverfall; Verlust.** Unrentabilität, Gewinnverfall oder Verluste lassen für sich genommen den **Beschäftigungsbedarf** nicht entfallen und können daher als solche eine Beendigungskündigung nicht sozial rechtfertigen. Sie sind aber häufig Anlass für unternehmerische Maßnahmen, die ihrerseits den Beschäftigungsbedarf verändern (zB Stilllegung, Ausgliederung von Arbeit, Rationalisierung, siehe jeweils dort). Zur Entgeltkürzung wegen anhaltender Verluste siehe § 2 Rz. 17.

319 **bb) Änderung des Beschäftigungsbedarfs.** Hat sich der Beschäftigungsbedarf nicht nach der Menge (vgl. hierzu oben aa) sondern nach **Art, Ort und Zeit** der benötigten Arbeitsleistung geändert und kann der ArbGeb dem nicht mit dem milderen Mittel des Direktionsrechts Rechnung tragen, besteht auch hier ein Erfordernis zur (Änderungs-)Kündigung. Für die unveränderte Fortsetzung der vereinbarten Tätigkeit fehlt der Bedarf, doch benötigt der ArbGeb weiterhin eine zumindest ähnliche, vom Arbeitsvertrag aber nicht mehr umfasste Arbeitsleistung. Wegen der Nähe zwischen altem und neuem Beschäftigungsbedarf ist die Feststellung eines dringenden betrieblichen Erfordernisses hier oft erschwert; auch können den ArbGeb gesteigerte Weiterbeschäftigungspflichten treffen. In den meisten Fällen wird die Änderung des Bedarfs auf **unternehmerischer Entscheidung** beruhen, etwa zur Verlegung des Betriebes, zur Einführung von Schichtarbeit oder zur Änderung der Arbeitsorganisation. Es empfehlen sich drei Prüfungsschritte:

- Zunächst ist die unternehmerische Maßnahme festzustellen, die zur **Änderung des Bedarfs** geführt hat. Sie ist insb. von der Kündigung selbst zu unterscheiden, die nur dem geänderten Bedarf Rechnung tragen soll (vgl. dazu oben Rz. 268).

- Sodann ist zu prüfen, ob es zur Umsetzung der unternehmerischen Entscheidung der Änderungskündigung bedarf, diese also „**letztes Mittel**" zu ihrer Verwirklichung ist und nicht zB die Ausübung des Direktionsrechts genügt (vgl. oben Rz. 272).

- Schließlich ist zu untersuchen, ob die Maßnahme ausnahmsweise **willkürlich** ist (vgl. oben Rz. 267 sowie Rz. 314).

320 Entscheidet sich bspw. der ArbGeb für den Einsatz von **Halbtagskräften**, verändert das allein den Beschäftigungsbedarf noch nicht; die Entscheidung zielt zunächst nur auf einen anderen Vertragsinhalt. Geht sie aber dahin, verstärkt am Vormittag zu arbeiten, liegt ein veränderter Bedarf vor. Eine andere Möglichkeit zur Verwirklichung der unternehmerischen Entscheidung ist nicht ersichtlich. Die

---

1 BAG v. 17.6.1999 – 2 AZR 141/99, NZA 1999, 1098; *Quecke*, NZA 1999, 1247 ff. | 2 BAG v. 24.4.1997 – 2 AZR 352/96, BB 1997, 1950; *Quecke*, NZA 1999, 1247 ff.; HK/*Weller/Dorndorf*, § 1 KSchG Rz. 879 mwN; str. | 3 LAG Sa.-Anh. v. 16.5.2000 – 8 (10) Sa 991/99, ZTR 2001, 282 f.; idS auch BAG v. 22.5.2003 – 2 AZR 326/02, ZTR 2003, 521 ff. | 4 Vgl. BAG v. 8.4.2003 – 2 AZR 355/02, BB 2003, 2130; v. 5.2.1998 – 2 AZR 227/97, EzA § 626 BGB – Unkündbarkeit Nr. 2; v. 17.9.1998 – 2 AZR 419/97, NZA 1999, 258 (Längere Überbrückungs-, Einarbeitungs-, Umschulungszeiten; organisatorische Umstrukturierungen zur Schaffung eines geeigneten, nicht aber eines zusätzlichen Arbeitsplatzes; keine Freikündigung und keine Beförderung).

Entscheidung ist nur auf Rechtsmissbrauch zu prüfen¹. Diesen hat idR der ArbN darzulegen. Daran fehlt es jedenfalls, wenn etwa erhöhter Geschäftsanfall am Vormittag Anlass für die Maßnahme war. Die Änderungskündigung ist in diesem Fall sozial gerechtfertigt².

(1) **Änderung von Art und Ort der Arbeit.** Bei **Umgestaltung und Verlagerung** von Arbeiten in eine andere Betriebsabteilung ist eine Beendigungskündigung der bisher mit diesen Arbeiten beschäftigten ArbN sozial ungerechtfertigt, wenn die ArbN für die im Wesentlichen unveränderten Arbeiten persönlich und fachlich geeignet sind. Das gilt selbst dann, wenn es sich bei den so veränderten Arbeitsplätzen nunmehr um Beförderungsstellen handelt, solange diese nur trotz höherer Bewertung im wesentlichen noch identisch mit den Arbeitsplätzen sind, für die diese ArbN einmal eingestellt worden waren³. Das Gleiche gilt bei Verlagerung der Arbeitsplätze in einen anderen Betrieb des ArbGeb, wobei hier ggf. eine Änderungskündigung wegen der Änderung des vereinbarten Arbeitsortes auszusprechen ist⁴. Entfallen die von einem ArbN bisher verrichteten Arbeiten infolge **technischer Veränderungen** (technisches Zeichnen nach Einführung der CAD-Technik), und fehlt ein freier Arbeitsplatz, auf dem der ArbN ggf. nach zumutbarer Umschulung oder Fortbildung weiterbeschäftigt werden könnte, ist eine betriebsbedingte Beendigungskündigung idR sozial gerechtfertigt⁵. Zur Frage ggf. gesteigerter zumutbarer Umschulungsmaßnahmen vgl. oben Rz. 280⁶.

321

Der ArbGeb kann Zuschnitt und **Anforderungsprofil** der betrieblich benötigten Tätigkeit grundsätzlich frei bestimmen⁷. Eine betriebsbedingte Kündigung wegen geänderter Anforderungen setzt voraus, dass der ArbN zur Ausführung der geänderten Tätigkeit – ggf. nach Umschulung – nicht in der Lage ist. Die Änderungsentscheidung des ArbGeb ist zudem auf Willkür bzw. Umgehung zu prüfen. Zu beachten ist das Zustimmungsrecht des BR nach § 99 BetrVG bei **Versetzungen** iSv. § 95 Abs. 3 BetrVG in Unternehmen mit mehr als 20 ArbN. Fehlt die Zustimmung, ist eine Änderungskündigung deshalb nicht unwirksam. Der ArbGeb kann dem ArbN die geänderte Tätigkeit solange nicht wirksam zuweisen, bis das Verfahren nach § 99 BetrVG durchgeführt ist; bis dahin muss er ihn im alten Arbeitsbereich einsetzen⁸. Zur Zustimmungsverweigerung vgl. oben Rz. 279.

322

(2) **Änderung der Arbeitszeit.** Eine Änderung der vertraglich vereinbarten Arbeitszeit kann dringend betrieblich erforderlich sein, wenn nur auf diesem Wege ein **geändertes unternehmerisches Konzept** der betrieblichen Tätigkeit umgesetzt werden kann. Dabei ist das MitbestR des BR aus § 87 Abs. 1 Nr. 2 und 3 BetrVG zu beachten⁹. Auch ist zu prüfen, ob die geänderten Arbeitszeiten nicht kraft Weisung des ArbGeb durchgesetzt werden können, da es dann für eine Vertragsänderung keine Rechtfertigung gäbe. Die Bestimmung der Lage der Arbeitszeit unterliegt weitgehend dem Weisungsrecht des ArbGeb (vgl. § 611 BGB Rz. 310 ff.). Schließlich darf die Kündigung nicht der Durchsetzung von Verstößen gegen zwingendes Tarifrecht oder Gesetz dienen. Die Einführung von **Samstagsarbeit** stellt eine unternehmerische Entscheidung dar, die den Beschäftigungsbedarf verändert. Sie ist gem. § 87 Abs. 1 Nr. 2 BetrVG mitbestimmungspflichtig. Eine Änderungskündigung kann sozial ungerechtfertigt sein, wenn sie der Umsetzung einer tarifwidrigen Arbeitszeitgestaltung dient¹⁰. Ist das Änderungsangebot selbst tarifwidrig, kann die Kündigung nicht nur sozialwidrig, sondern wegen Verstoßes gegen den TV (§ 4 Abs. 3 TVG) insgesamt gem. §§ 134 bzw. 138 BGB unwirksam sein. Das konnte gem. § 4 Satz 1 aF auch außerhalb der dreiwöchigen Klagefrist sowie außerhalb des KSchG geltend gemacht werden¹¹. Für nach dem 31.12.2003 zugegangene Änderungskündigungen ist die Klagefrist gemäß §§ 4 Satz 1, 23 Abs. 1 Satz 2 nF stets zu beachten.

323

Die Einführung eines **Mehrschichtsystems** anstelle des bisherigen Einschichtsystems sowie die Bildung fester Arbeitsgruppen stellen grundsätzlich bindende organisatorische Maßnahmen des ArbGeb dar, die den Beschäftigungsbedarf verändern. Die Änderungskündigung gegenüber einem ArbN, der an dem Schichtsystem aus besonderen persönlichen Gründen nicht teilnehmen will, mit dem Ziel, die geänderten Arbeitszeiten (Schichtzeiten) durchzusetzen, ist aber dann nicht dringend erforderlich,

324

---

1 Neuerdings verlangt BAG v. 18.2.2003 – 9 AZR 164/02, DB 2003, 2443 ff. eine Interessenabwägung zwischen dem Gewicht der für die unternehmerische Entscheidung sprechenden Gründe und den Belangen des ArbN (unter B III 5 d.Gr.); es bleibt abzuwarten, ob der Kündigungssenat dem folgt. | 2 Vgl. zur organisatorischen Entscheidung des ArbGeb für Teilzeit- bzw. Vollzeitarbeit BAG v. 12.8.1999 – 2 AZR 12/99, BB 1999, 2509; v. 3.12.1998 – 2 AZR 341/98, BB 1999, 847; v. 19.5.1993 – 2 AZR 584/92, NZA 1993, 1075. | 3 BAG v. 10.11.1994 – 2 AZR 242/94, NZA 1995, 566. | 4 BAG v. 5.10.1995 – 2 AZR 269/95, NZA 1996, 524; zur Verlagerung von Tätigkeiten im Konzern vgl. *Wiedemann*, Anm. zu BAG AP Nr. 1 zu § 1 KSchG 1969 – Konzern – u. *Windbichler*, SAE 84, 145. | 5 BAG v. 27.1.1997 – 2 AZR 49/96, AuR 1997, 166. | 6 BAG v. 7.5.1968 – 1 AZR 407/67, DB 1968, 1319. | 7 BAG v. 7.11.1996 – 2 AZR 811/95, NZA 1997, 253; v. 10.11.1994 – 2 AZR 242/94, NZA 1995, 566; v. 21.9.2000 – 2 AZR 440/99, AP Nr. 112 zu § 1 KSchG – Betriebsbedingte Kündigung. | 8 BAG v. 30.9.1993 – 2 AZR 283/93, BB 1994, 426; v. 26.5.1988 – 1 ABR 18/87, NZA 1989, 438; v. 27.3.1980 – 2 AZR 506/78, BB 1980, 1267. | 9 Eine Verletzung des Mitbestimmungsrechts aus § 87 BetrVG berührt anders als beim Anhörungsrecht nach § 102 BetrVG die Wirksamkeit der Änderungskündigung selbst nicht, wohl aber deren praktische Umsetzung, BAG v. 17.6.1998 – 2 AZR 336/97, NZA 1998, 1225 (str.). | 10 BAG v. 18.12.1997 – 2 AZR 709/96, NZA 1998, 304 (Versetzung eines ArbN, der an einer tarifwidrigen Samstagsarbeitsregelung nicht teilnehmen wollte, in einen anderen Betrieb). | 11 BAG v. 10.2.1999 – 2 AZR 422/98, BB 1999, 1063; hierzu eingehend *Quecke*, NZA 2001, 812; abweichend ErfK/ *Ascheid*, § 1 KSchG Rz. 431.

wenn der ArbGeb das Mehrschichtsystem auch ohne diesen ArbN einführen kann, etwa weil ein anderer Freiwilliger zur Verfügung steht[1]. Verrichten die ArbN bestimmte Arbeiten aufgrund von besonderen Vereinbarungen bislang außerhalb der regulären Arbeitszeit in **Überstunden**, so rechtfertigt die organisatorische Entscheidung des ArbGeb, diese Arbeiten künftig in die reguläre Arbeitszeit zu verlegen, eine entsprechende Änderungskündigung, sofern dadurch das Maß der geschuldeten Arbeitsleistung (Arbeitsmenge pro Zeiteinheit pro Kopf) nicht überschritten wird[2]. Der Abbau von Überstunden unterliegt überdies nicht der Mitbest. des BR nach § 87 Abs. 1 Nr. 3 BetrVG[3].

325 Ein Änderungsangebot zur Lage der Arbeitszeit einer **teilzeitbeschäftigten ArbN-in**, das im Verhältnis zu Vollzeitbeschäftigten gegen § 2 BeschFG verstößt, führt zur Sozialwidrigkeit der entsprechenden Änderungskündigung[4]. Die Umwandlung einer Halbtagsstelle in eine Ganztagstätigkeit kann eine Beendigungskündigung rechtfertigen, wenn der ArbN zu eine Ganztagstätigkeit nicht bereit ist (auch nicht unter Vorbehalt, vgl. oben Rz. 281). Voraussetzung ist, dass der ArbGeb die angestrebte ganztägige Tätigkeit nur auf diese Weise und nicht etwa durch den Einsatz anderer ArbN verwirklichen kann. Die bloße Entscheidung für einen geänderten Vertragsinhalt begründet kein dringendes betriebliches Erfordernis[5].

326 cc) **Betriebsbedingte Kündigung bei unverändertem Beschäftigungsbedarf.** Bei unverändertem Beschäftigungsbedarf kann eine betriebsbedingte Kündigung nur in engen Grenzen anerkannt werden. Sie zielt hier auf eine Kürzung des Entgelts oder auf einen Austausch des ArbN. Vgl. zur **Entgeltkürzung** näher § 2 Rz. 17, zur sog. **Druckkündigung** oben Rz. 257. Der bloße **Abkehrwille** des ArbN, also die Absicht, das Arbeitsverhältnis demnächst zu beenden, verletzt keine Vertragspflichten. Er kann daher allenfalls als betriebsbedingter Grund in Betracht kommen (vgl. zur Abgrenzung oben Rz. 265). Das soll möglich sein, wenn der ArbN gegenüber dem ArbGeb seinen Abkehrwillen deutlich geäußert und der ArbGeb gerade Gelegenheit zur Einstellung einer sonst nur schwer zu findenden Ersatzkraft hat[6]. Doch wird der ArbGeb vor Ausspruch der Kündigung eine Klärung herbeiführen müssen, wobei auch die Möglichkeit eines vertraglichen Ausschlusses des Kündigungsrechts für bestimmte Zeit bei gleichzeitiger Vertragsstrafenbewehrung in Betracht zu ziehen ist. Zu Vertragspflichtverletzungen im Zusammenhang mit dem Ausscheiden, insb. Wettbewerb, vgl. Rz. 249.

327 3. **Soziale Auswahl. a) Überblick.** Liegen dringende betriebliche Erfordernisse vor, so ist eine betriebsbedingte Kündigung gemäß § 1 Abs. 3 Satz 1 dennoch **sozial ungerechtfertigt**, wenn der ArbGeb bei der Auswahl des ArbN soziale Gesichtspunkte nicht oder nicht ausreichend berücksichtigt hat. Es geht nicht um das „Ob" der Kündigung, sondern um die Frage, wen sie trifft. § 1 Abs. 3 verhindert eine willkürliche Auswahl der zu Kündigenden durch den ArbGeb und verteilt die Kündigungen und ihre Lasten in erster Linie nach sozialer Schutzbedürftigkeit, im Einzelfall ergänzt durch betriebliche Belange. Für Kündigungen mit Zugang nach dem 31.12.2003 ist die am 1.1.2004 in Kraft getretene **Neufassung** des § 1 maßgeblich, die an den bereits in der Zeit vom 1.10.1996 bis zum 31.12.1998 geltenden Rechtszustand (im Folgenden: KSchG 1996) anknüpft[7]. Die dazu in Rspr. und Lit. gewonnenen Erkenntnisse können auf die Neuregelung übertragen werden. Maßgeblich ist die im Zeitpunkt des Zugangs der Kündigung jeweils geltende Fassung[8]. Die Neuregelung des § 1 unterscheidet sich in vier Punkten von der abgelösten Gesetzesfassung:

- Die bei der Sozialauswahl gemäß § 1 Abs. 3 Satz 1 zu berücksichtigenden sozialen Gesichtspunkte wurden auf die vier Merkmale Betriebszugehörigkeit, Lebensalter, Unterhaltspflichten und Schwerbehinderung begrenzt.

- Die Regelung über Ausnahmen von der Sozialauswahl gemäß § 1 Abs. 3 Satz 2 wurde „zur Erhaltung der Leistungsfähigkeit des Betriebes präzisiert"[9] („berechtigte betriebliche Interessen").

- § 1 Abs. 4 nF begrenzt die eingeschränkte gerichtliche Überprüfung von tariflichen und betrieblichen Auswahlrichtlinien auf die darin erfolgte Bewertung, wie die (drei) sozialen Gesichtspunkte nach Abs. 3 Satz 1 im Verhältnis zueinander zu bewerten sind.

- Neu eingefügt ist (wieder) § 1 Abs. 5, der die gerichtliche Überprüfbarkeit von Kündigungen solcher ArbN stark eingeschränkt, die in einem Interessenausgleich mit Namensliste benannt sind.

328 Gegenstand der Kommentierung ist in erster Linie die Neufassung, doch wird im jeweiligen Zusammenhang anschließend auch die bisherige Rechtslage dargestellt (der Gesetzeswortlaut nach alter

---

1 BAG v. 18.1.1990 – 2 AZR 183/89, NZA 1990, 734. | 2 BAG v. 16.1.1997 – 2 AZR 240/96, RzK I, 7a Nr. 37. | 3 BAG v. 25.10.1977 – 1 AZR 452/74, AP Nr. 1 zu § 87 BetrVG – Arbeitszeit. | 4 BAG v. 24.4.1997 – 2 AZR 352/96, AP Nr. 42 zu § 2 KSchG 1969. | 5 BAG v. 12.8.1999 – 2 AZR 12/99, NZA 2000, 30; eine Interessenabwägung fordernd BAG v. 18.2.2003 – 9 AZR 164/02, DB 2003, 2443 ff. (unter B III 5 d.Gr.). | 6 BAG v. 22.10.1964 – 2 AZR 515/63, AP Nr. 16 zu § 1 KSchG Betriebsbedingte Kündigung. | 7 Vgl. Rz. 1 sowie Vorbem. vor § 1 Rz. 6; in Abs. 3 Satz 1 ist allerdings als zusätzlicher sozialer Gesichtspunkt die Schwerbehinderung eines ArbN aufgenommen worden. | 8 BAG v. 21.1.1999 – 2 AZR 624/98, NZA 1999, 866 (zum Übergang auf das am 1.10.1996 in Kraft getretene Arbeitsrechtliche Beschäftigungsförderungsgesetz v. 25.9.1996 = KSchG 1996). | 9 So die Begründung des Entwurfs in BT-Drs. 15/1204 v. 24.6.2003, S. 15.

Fassung ist eingangs im Anschluss an die Neufassung *kursiv* abgedruckt). Die soziale Auswahl erfolgt nach alter wie neuer Regelung[1] in **drei Schritten:**

(1) Zunächst ist die **Auswahlgruppe** der ArbN zu bilden, die für eine Sozialauswahl in Betracht kommen. In diesen Kreis können jeweils nur solche ArbN gelangen, deren Kündigung dem jeweiligen betrieblichen Erfordernis Rechnung tragen könnte. Ist etwa ein Arbeitsplatz für einen Maurer entfallen, können nicht Buchhalter in die soziale Auswahl gelangen, da ihr Ausscheiden an dem Personalüberhang bei den Maurern nichts ändern könnte. Ist auch ein Arbeitsplatz für einen Buchhalter entfallen, handelt es sich um ein anderes betriebliches Erfordernis; hierfür findet eine gesonderte Sozialauswahl statt.

(2) Aus der Auswahlgruppe sind sodann unter „ausreichender" Berücksichtigung der **sozialen Gesichtspunkte** Betriebszugehörigkeit, Lebensalter, Unterhaltspflichten und Schwerbehinderung die zu Kündigenden in der dem jeweiligen dringenden betrieblichen Erfordernis entsprechenden Anzahl auszuwählen (§ 1 Abs. 3 Satz 1). Insbesondere ist das Verhältnis der vier sozialen Kriterien zueinander zu gewichten. Sind solche Festlegungen in einem TV oder einer BV (Auswahlrichtlinie nach § 95 BetrVG) getroffen, kann die Bewertung nur auf grobe Fehlerhaftigkeit geprüft werden (§ 1 Abs. 4).

(3) Schließlich ist zu prüfen, ob von den so ausgewählten Betroffenen[2] ArbN nicht einzubeziehen sind, deren Weiterbeschäftigung gemäß § 1 Abs. 3 Satz 2 im **berechtigten betrieblichen Interesse** liegt. In diesem Fall trifft die Kündigung den in der Reihenfolge gemäß (2) nächsten ArbN.

Im **Kündigungsschutzprozess** spielt die Frage der Sozialauswahl idR eine ebenso wichtige Rolle wie die des dringenden betrieblichen Erfordernisses. Sie wird nur auf Rüge des ArbN hin geprüft. Voraussetzung einer Auswahl ist, dass die Anzahl der erforderlichen Kündigungen geringer ist als die Anzahl der für sie in Betracht kommenden ArbN. Eine Sozialauswahl findet daher auch bei einer Betriebsstilllegung statt, die in Etappen erfolgt[3]. Maßgeblich sind die objektiven Umstände im Zeitpunkt des Zugangs der Kündigung, nicht die subjektiven Überlegungen des ArbGeb. Problematisch ist die Rechtsfolge fehlerhafter Sozialauswahl bei **Massenentlassungen** (vgl. dazu auch Rz. 398 ff.). Nach ganz hM sollen sich alle sozial schwächeren gekündigten ArbN in ihrem jeweiligen individuellen Kündigungsschutzprozess auf einen einzigen Auswahlfehler berufen können. Es kann dann wegen dieses einen Fehlers eine Vielzahl von Kündigungen unwirksam sein[4]. Das Ergebnis ist unangemessen. Zudem fehlt es an der **Kausalität der fehlerhaften Sozialauswahl** für diese Kündigung. Sozialwidrigkeit wegen fehlerhafter Sozialauswahl kann grundsätzlich nur die Kündigung solcher ArbN sein, die nach objektiv ausreichender Sozialauswahl nicht hätten gekündigt werden dürfen. Ob diese ArbN später Kündigungsschutzklage erheben, ist für die übrigen Gekündigten unerheblich, da sich die Wirksamkeit ihrer Kündigungen nach ihrem Zugangszeitpunkt bestimmt. Die Gefahr unterschiedlicher bzw. widersprüchlicher Beurteilung der „ausreichenden" Sozialauswahl in den jeweiligen Kündigungsschutzprozessen ist (als geringeres Übel) hinzunehmen[5]. Zur Rüge der fehlerhaften Sozialauswahl gehört somit nach hier vertretener Auffassung stets die Darlegung, dass der gekündigte ArbN bei zutreffender Sozialauswahl **auch unter Berücksichtigung der übrigen gekündigten ArbN** nicht hätte gekündigt werden dürfen[6]. Besonderheiten für die soziale Auswahl bestehen bei Betriebsänderungen in der **Insolvenz** gem. §§ 125 ff. InsO (vgl. näher dort).

b) **Bildung der Auswahlgruppe. aa) Betriebsbezogenheit der Sozialauswahl.** Im Gegensatz zur unternehmensbezogenen Weiterbeschäftigungspflicht (vgl. oben Rz. 277) ist die Verdrängung anderer ArbN im Rahmen der sozialen Auswahl grundsätzlich **auf den Betrieb beschränkt**[7]. Für die Sozialauswahl ist es idR unerheblich, ob in einem anderen Betrieb des ArbGeb ein weniger schutzwürdiger vergleichbarer Mitarbeiter arbeitet. Wäre der Arbeitsplatz dort allerdings frei, käme keine Beendigungskündigung, sondern (je nach Vertragslage) nur eine Versetzung oder Änderungskündigung in Betracht (vgl. Rz. 274 ff.). Die Entscheidung, welcher ArbN auf den freien Arbeitsplatz wechselt, erfolgt im Falle einer Änderungskündigung nach sozialer Auswahl gemäß § 1 Abs. 3[8]; bei „betriebsbedingter Versetzung" dürfte analog § 315 BGB (billiges Ermessen) eine entsprechende Auswahlentscheidung zu treffen sein.

Um eine Frage der **überbetrieblichen Konkurrenz um freie Arbeitsplätze** handelt es sich dagegen, wenn in mehreren Betrieben des ArbGeb gleichzeitig eine Anzahl vergleichbarer Arbeitsplätze entfällt, während in einem dieser Betriebe oder in einem weiteren Betrieb des ArbGeb eine geringere An-

---

1 BAG v. 12.4.2002 – 2 AZR 706/00, NZA 2003, 42 ff.; *Willemsen/Annuß*, NJW 2004, 177 (178); ebenso zum KSchG 1996 *Löwisch*, NZA 1996, 1009 (1010); *Preis*, NZA 1997, 1073 (1082 ff.); HK/*Dorndorf*, 4. Aufl., Anh. 3 zu § 1 Rz. *1097* ff.*; aA zum KSchG 1996 *Bader*, NZA 1996, 1125 (1129); *v. Hoyningen-Huene/Linck*, DB 1997, 41, 42 f.; KR/*Etzel*, § 1 KSchG Rz. 628 sowie in den 5. Aufl. Rz. 641 ff. |2 Ebenso *Willemsen/Annuß*, NJW 2004, 177 (178). |3 BAG v. 16.9.1982 – 2 AZR 271/80, AP Nr. 4 zu § 22 KO (*Herschel*). |4 BAG v. 18.10.1984 – 2 AZR 543/83, BB 1985, 1263; v. 25.4.1985 – 2 AZR 140/84, NZA 1986, 64; wegen dieser als unangemessen empfundenen Rechtsfolge hat das BAG erwogen, dem ArbGeb eine nachträgliche Korrektur durch Kündigung der zu Unrecht übergangenen ArbN zu gestatten; das ist abzulehnen. |5 Für die Unwirksamkeit nur einer Kündigung in diesem Fall auch *Bütefisch*, Die Sozialauswahl, 2000, S. 354 ff.; idS auch ErfK/*Ascheid*, § 1 KSchG Rz. 470, allerdings nur für den Fall, dass alle fehlerhaft gekündigten ArbN klagen. |6 Ebenso *Bütefisch*, Die Sozialauswahl, 2000, S. 354 ff. mwN. |7 St. Rspr., BAG v. 17.9.1998 – 2 AZR 725/97, BB 1999, 961; v. 5.5.1994 – 2 AZR 917/93, NZA 1994, 1023. |8 BAG v. 10.11.1994 – 2 AZR 242/94, NZA 1995, 566; v. 15.12.1994 – 2 AZR 320/94, BB 1995, 930.

zahl entsprechender Arbeitsplätze frei ist. Hier kann die Auswahl für die freien Arbeitsplätze nur betriebsübergreifend erfolgen, da wegen der unternehmensbezogenen Weiterbeschäftigungspflicht alle vergleichbaren ArbN der Betriebe, in denen Arbeitsplätze entfallen sind, in die Auswahl für die freien Arbeitsplätze einzubeziehen sind[1]. Führt die unternehmensbezogene Weiterbeschäftigungspflicht (vgl. Rz. 277) dazu, dass mehrere ArbN aus verschiedenen Betrieben eines Unternehmens um denselben Arbeitsplatz in einem der Betriebe konkurrieren, so hat der ArbGeb bei seiner Entscheidung über die Besetzung dieses Arbeitsplatzes die sozialen Belange der betroffenen ArbN „zumindest" nach § 315 BGB zu berücksichtigen[2].

335 Die überbetriebliche Auswahl beschränkt sich auf die Auswahl für die **freien Arbeitsplätze**. Sie erstreckt sich nicht überhaupt auf die Auswahl der zu kündigenden ArbN, da sonst in einem Betrieb uU mehr ArbN zu Kündigung anstehen könnten als dort Arbeitsplätze entfallen sind. Dann würde es an einem „betrieblichen" Erfordernis für diese Kündigungen fehlen. Die betriebsübergreifende Sozialauswahl für die freien Arbeitsplätze erfolgt demnach erst aus dem Kreis der ArbN, die zuvor entsprechend dem jeweiligen betrieblichen Erfordernis **nach betrieblicher Auswahl** zur Kündigung anstanden. Die **Vergleichbarkeit** fehlt dabei zwischen solchen ArbN, die nur im Wege der Änderungskündigung auf den freien Arbeitsplatz gelangen können, und solchen, die dorthin nur versetzt zu werden brauchen. Letztere haben Vorrang. Vom ArbGeb ist nicht zu verlangen, dass er die Vergleichbarkeit der ArbN erst über eine Änderung von Arbeitsbedingungen herstellt[3] (vgl. unten Rz. 360 ff.). Umgekehrt darf der ArbGeb die Sozialauswahl nicht dadurch umgehen, dass er zunächst die freien Arbeitsplätze ohne Beachtung sozialer Gesichtspunkte besetzt und erst danach den nicht übernommenen ArbN kündigt[4].

336 Die Sozialauswahl erstreckt sich auf den **gesamten Betrieb**. Eine Beschränkung auf eine Abteilung scheidet aus, sofern es im Betrieb noch vergleichbare ArbN gibt. Die Sozialauswahl zielt nicht nur auf die zufällig unmittelbar vom Wegfall der Arbeit betroffenen, sondern auf alle mit ihnen vergleichbaren ArbN des Betriebes. Zu den daraus folgenden Problemen bei Massenkündigungen vgl. Rz. 398 ff. Zum Betriebsbegriff vgl. oben Rz. 259. Auch räumlich weit **entfernte Betriebsteile** können einen einheitlichen Betrieb iSd. KSchG bilden. Dies gilt uU auch dann, wenn sie jeweils als selbständige betriebsratsfähige Betriebe iSv. § 4 Satz 1 Nr. 1 BetrVG gelten (vgl. auch Rz. 259). Die räumliche Entfernung hat für den Betrieb iSd. KSchG nur untergeordnete Bedeutung. Hier kommt es in erster Linie auf die einheitliche organisatorische Leitung an[5]. Danach besteht ein einheitlicher Betrieb iSd. KSchG, wenn in den einzelnen Niederlassungen eines Unternehmens wegen der räumlich weiten Entfernung zwar jeweils BR bestehen, personelle und soziale Entscheidungen aber einheitlich getroffen werden. Grundsätzlich hat hier eine gemeinsame Sozialauswahl zwischen allen vergleichbaren Beschäftigten der Standorte stattzufinden (vgl. aber unten Rz. 361)[6]. Unterhalten mehrere Unternehmen einen **gemeinsamen Betrieb** (vgl. dazu oben Rz. 259 und Rz. 277), sind die vergleichbaren ArbN des gesamten Betriebes in die Sozialauswahl einzubeziehen[7]. Wird der gemeinsame Betrieb aufgelöst und einer der ehemaligen Betriebsteile später stillgelegt, entfällt eine gemeinsame Sozialauswahl[8].

337 Bei Kündigungen, die im Zusammenhang mit einem **Betriebsübergang** aus anderen Gründen iSv. § 613a Abs. 4 Satz 2 BGB ausgesprochen werden[9] (vgl. dazu oben Rz. 305 ff.), ist für die Bestimmung des maßgeblichen Betriebs zu unterscheiden. Kündigt der **Veräußerer** vor Übergang, erstreckt sich die Auswahl grundsätzlich auf den Betrieb in seiner bisherigen Form, auch wenn nur ein Betriebsteil übertragen werden soll[10]. Kündigt der Veräußerer noch vor dem Übergang gemäß einem Konzept des Erwerbers (vgl. Rz. 306), hat er die Sozialauswahl so durchzuführen, wie es dem Erwerber nach dessen Konzept obläge[11]. Das folgt aus der Anerkennung des (verbindlichen) Erwerberkonzepts als Kündigungsgrund für den Veräußerer. Bei Kündigung durch den **Erwerber** erstreckt sich die Sozialauswahl auf den Betrieb, wie er nach dem Übergang besteht. Führt der Erwerber den Betrieb oder Betriebsteil eigenständig weiter, beschränkt sie sich darauf; vereinigt er ihn mit einem anderen Betrieb, sind bei nachfolgenden Kündigungen gemäß § 1 Abs. 3 alle ArbN des dann maßgeblichen vereinigten Betriebes unter Beachtung ihrer bisherigen jeweiligen Betriebszugehörigkeit einzubeziehen; auf den früheren Betrieb kommt es nicht mehr an[12]. Das gilt auch im Falle der **Umwandlung** nach § 323 Abs. 1 UmwG[13] (vgl. näher die Erl. dort).

---

1 BAG v. 15.12.1994 – 2 AZR 320/94, BB 1995, 930; das BAG gelangt hier über den Weg des billigen Ermessens gemäß § 315 BGB zu einer „Quasi-Sozialauswahl". |2 BAG v. 21.9.2000 – 2 AZR 385/99, DB 2001, 1207; v. 15.12.1994 – 2 AZR 320/94, BB 1995, 930. |3 BAG v. 17.9.1998 – 2 AZR 725/97, BB 1999, 961. |4 BAG v. 10.11.1994 – 2 AZR 242/94, NZA 1995, 566. |5 BAG v. 21.6.1995 – 2 AZR 693/94, AP Nr. 16 zu § 1 BetrVG 1972; v. 20.8.1998 – 2 AZR 84/98, BB 1999, 320 zu II, 2 a) cc) d.Gr.; LAG Sa.-Anh. v. 11.1.2000 – 8 Sa 449/99, NZA-RR 2001, 81; *Preis* in Stahlhacke/Preis/Vossen, Rz. 888; aA *Kania/Gilberg*, NZA 2000, 678 ff. |6 LAG Sa.-Anh. v. 11.1.2000 – 8 Sa 449/99, NZA-RR 2001, 81. |7 BAG v. 5.5.1994 – 2 AZR 917/93, BB 1994, 1644. |8 BAG v. 13.9.1995 – 2 AZR 954/94, DB 1996, 330. |9 BAG v. 26.5.1983 – 2 AZR 477/81, BB 1983, 2116. |10 So auch ErfK/*Preis*, § 613a Rz. 168. |11 *Loritz*, RdA 1997, 65 (84); HK/*Dorndorf*, § 1 KSchG Rz. 1036; ErfK/*Preis*, § 613a BGB Rz. 168. |12 HK/*Dorndorf*, § 1 KSchG Rz. 1038 mwN; das gilt nicht nur für den Fall der Eingliederung eines übernommenen Betriebsteils beim Erwerber, sondern ebenso bei Eingliederung eines übernommenen Gesamtbetriebs, da § 1 Abs. 3 auf den jeweiligen Betrieb abstellt; aA insoweit ErfK/*Preis*, § 613a BGB Rz. 168. |13 Str.; wie hier etwa KR/*Friedrich*, §§ 322, 323, 324 UmwG Rz. 42; *Willemsen*, NZA 1996, 791 (798); ErfK/*Ascheid*, § 1 KSchG Rz. 479; aA etwa *Bachner*, NJW 1995, 2881 (2884).

Sozial ungerechtfertigte Kündigungen   Rz. 343 § 1 KSchG

Widerspricht ein ArbN einem Teil-Betriebsübergang gem. § 613a Abs. 6 BGB, findet bei fehlendem 338
Beschäftigungsbedarf eine soziale Auswahl unter den im Restbetrieb verbliebenen vergleichbaren
ArbN statt, auch wenn sie vom Betriebsübergang nicht betroffen sind. Der widersprechende ArbN
kann damit einen sozial stärkeren ArbN verdrängen, der nicht durch § 613a BGB gesichert ist und seinen Arbeitsplatz ersatzlos verliert. Doch sind die Gründe für den Widerspruch des ArbN bei der sozialen Auswahl zu berücksichtigen. Ist nach dem unternehmerischen Konzept des Erwerbers zB mit dem
baldigen Wegfall des übergegangenen Arbeitsplatzes und einer Kündigung zu rechnen, wird der widersprechende ArbN einen nach üblichem Maßstab sozial stärkeren Kollegen verdrängen können. Ohne
solche Gründe könnte er nur einen erheblich weniger schutzwürdigen Kollegen verdrängen[1].

bb) Von der Sozialauswahl generell ausgenommene ArbN. (1) ArbN ohne Kündigungsschutz. Die Sozi- 339
alauswahl erstreckt sich nicht auf ArbN, die noch keinen Kündigungsschutz genießen, also noch **keine
sechs Monate** beschäftigt sind (§ 1). Anderenfalls würden diese ArbN entgegen der gesetzlichen Wertung
bei betriebsbedingten Kündigungen in den Kündigungsschutz einbezogen. Sie sind daher grundsätzlich
unabhängig von ihren Sozialdaten vor den vergleichbaren ArbN mit Kündigungsschutz zu kündigen[2], sofern nicht gemäß § 1 Abs. 3 Satz 2 ihre Weiterbeschäftigung im berechtigten betrieblichen Interesse liegt[3].

(2) Ausschluss der ordentlichen Kündigung durch Gesetz. Nicht einzubeziehen in die Sozialauswahl 340
sind weiter solche ArbN, deren ordentliche Kündigung durch besondere gesetzliche Regelung ausgeschlossen ist (vgl. Vorb. vor § 1 Rz. 17). Sie können **nur aus wichtigem Grund** außerordentlich gekündigt werden. Dies wirkt sich zu Lasten der ungeschützten ArbN aus, da sich der Auswahlkreis auf sie
verengt. Das besondere Schutzgesetz nimmt in Kauf, dass damit ggf. abweichend von § 1 Abs. 3 ein
sozial schutzbedürftigerer ArbN durch den privilegierten ArbN verdrängt wird[4]. Zu den Ausnahmefällen, in denen auch diesem Personenkreis aus betriebsbedingten Gründen gekündigt werden kann, vgl.
oben Rz. 41 und die Erl. zu § 15 Abs. 4 u. 5.

(3) Behördliche Zustimmung. Einen Sonderfall bilden die ArbN, deren Kündigung der vorherigen 341
Zustimmung einer Behörde bedarf, also:

- **Frauen** während der **Schwangerschaft** und bis zum Ablauf von vier Monaten nach der Entbindung
  (§ 9 MuSchG); die Erlaubnis wird hier nur „in besonderen Fällen ausnahmsweise" erteilt, § 9 Abs. 3
  MuSchG.

- **Mütter und Väter** in der **Elternzeit**; auch hier wird die Erlaubnis nur „in besonderen Fällen ausnahmsweise" erteilt, § 18 Abs. 1 BErzGG.

- **Schwerbehinderte Menschen** (§§ 85 ff. SGB IX); hier ist die Zustimmung der Behörde bei Stilllegung und wesentlicher Einschränkung von Betrieben nach näherer Maßgabe des § 89 SGB IX obligatorisch zu erteilen, wenn eine anderweitige Weiterbeschäftigung nicht möglich ist. Ansonsten
  hat das Integrationsamt nach pflichtgemäßem Ermessen zu entscheiden. Die Zustimmung zur außerordentlichen Kündigung soll gemäß § 91 Abs. 4 SGB IX erteilt werden, wenn der Kündigungsgrund nicht im Zusammenhang mit der Behinderung steht. Die außerordentliche Kündigung scheidet bei betriebsbedingten Gründen aus; bei tariflicher Unkündbarkeit ist die außerordentliche Kündigung auch vor dem Integrationsamt wie eine ordentliche zu betreiben (vgl. Rz. 41).

- Inhaber von **Bergmannsversorgungsscheinen** in NRW, Niedersachsen und dem Saarland.

Diese ArbN sind jedenfalls dann in die soziale Auswahl einzubeziehen, wenn die jeweilige **Zustim-** 342
mung der Behörde vorliegt. Im Rahmen der Auswahl kann dann ihrer besonderen Schutzbedürftigkeit Rechnung getragen werden. Liegt die Zustimmung nicht vor, sind sie nicht in die Sozialauswahl
einzubeziehen, bleiben also privilegiert. Auch eine Verpflichtung zur Einholung der Zustimmung zur
Kündigung besteht nach hM nicht[5].

(4) Ausschluss der ordentlichen Kündigung durch TV und Arbeitsvertrag. Sehr umstritten ist die 343
Frage, ob ArbN, die tarifvertraglich oder einzelvertraglich nur noch aus wichtigem Grund gekündigt
werden können (sog. **Unkündbare**), von der Sozialauswahl zu Lasten der übrigen ArbN ausgenommen
sind. Bis heute fehlt eine ausdrückliche Entscheidung des BAG hierzu[6]. Nach wohl noch hM bleiben
diese ArbN von der Sozialauswahl verschont mit der Folge, dass an ihrer Stelle ungeschützte ArbN zu

---

1 BAG v. 18.3.1999 – 8 AZR 190/98, NZA 1999, 870. |2 St. Rspr. seit BAG v. 25.4.1985 – 2 AZR 140/84, NZA 1986,
64. |3 IdS BAG v. 25.4.1985 – 2 AZR 140/84, NZA 1986, 64 zu § 1 Abs. 3 Satz 2 aF; zust. die hM in der Lit., vgl.
KR/*Etzel*, § 1 KSchG Rz. 636 u. v. Hoyningen-Huene/Linck, § 1 KSchG Rz. 460, jeweils mwN; an dieser Rechtslage hat die Neufassung des § 1 Abs. 3 Satz 2 mWz. 1.1.2004 nichts geändert. |4 Allg.M: HK/*Dorndorf*, § 1
KSchG Rz. 1054; KR/*Etzel*, § 1 KSchG Rz. 638; ErfK/*Ascheid*, § 1 KSchG Rz. 471 f. |5 HK/*Dorndorf*, § 1
KSchG Rz. 1053; *Preis* in Stahlhacke/Preis/Vossen, Rz. 1073; KR/*Etzel*, § 1 KSchG Rz. 638; ErfK/*Ascheid*, § 1
KSchG Rz. 472; aA *Bütefisch*, Die Sozialauswahl, 2000, S. 136 f., für schwerbehinderte Arbeitnehmer bei Massenentlassungen, sofern die Pflichtquote des § 71 SGB IX nicht unterschritten wird, an der Ermessen des
Integrationsamtes gem. § 89 Abs. 1 Satz 2 SGB IX beschränkt ist. |6 BAG v. 17.5.1984 – 2 AZR 161/83, AP
Nr. 3 zu § 55 BAT unterstellt allerdings die Wirksamkeit der tariflichen Unkündbarkeit iS einer „Verdrängungsregelungen"; ebenso offenbar BAG v. 17.9.1998 – 2 AZR 419/97, AP Nr. 148 zu § 626 BGB ohne jede Auseinandersetzung mit der Streitfrage (unter II. 5 und 6 d.Gr.).

kündigen sind[1]. Dies wird von einer im Vordringen befindlichen Meinung mit Recht in Frage gestellt[2]. Damit würde im Ergebnis die zwingende Regelung des § 1 Abs. 3 umgangen. Nach dem **Günstigkeitsprinzip** ist es zulässig, den gesetzlichen Kündigungsschutz für ArbN bis zur Grenze des § 626 BGB zu verstärken und sie im Voraus vom Risiko der Kündigung freizustellen. Bei personen- und verhaltensbedingten Kündigungen hat der ArbGeb dann minderschwere Belastungen durch „unkündbare" ArbN bis zur Grenze des wichtigen Grundes hinzunehmen. Geht es bei der betriebsbedingten Kündigung nur um einen einzelnen Arbeitsplatz, ohne dass eine Sozialauswahl in Betracht kommt, liegt auch hier die Belastungsgrenze für den ArbGeb höher[3]. Der so verstandene tarifliche Kündigungsschutz stellt eine im Vergleich zu § 1 Abs. 2 für den ArbN „günstigere" Regelung dar.

344 Bei Auswahlentscheidungen im Zusammenhang mit betriebsbedingten Kündigungen gerät das Günstigkeitsprinzip in Konflikt mit der zwingenden Verteilungsregelung des § 1 Abs. 3. Die noch hM behauptet hier eine **reflexhafte Verdrängungswirkung** der tariflichen Unkündbarkeitsregeln. Da das Gebot der Sozialauswahl nur für die ordentliche Kündigung gelte, die hier ausgeschlossen sei, könne der ArbGeb anstelle des tariflich geschützten ArbN einen nach sozialen Gesichtspunkten schutzwürdigeren ArbN entlassen[4]. Damit wird dem ArbGeb gestattet, seine eigene Verpflichtung aus dem Kündigungsverzicht abzuwälzen. Der eigentlich von ihm zu tragende erweiterte Kündigungsschutz mutiert zur reinen Verdrängungsregelung und bloßen **Umgehung** der Sozialauswahl. Der Charakter der Tarifnorm ändert sich von einer individualrechtlichen Vergünstigung im Verhältnis zwischen den Vertragsparteien hin zu einer privilegierenden Regelung der Lastenverteilung im Verhältnis zu anderen ArbN, in der das Günstigkeitsprinzip keine Berechtigung hat. Der ArbGeb hat hier in Wahrheit nicht auf sein Recht zur ordentlichen Kündigung verzichtet, sondern lediglich zugesagt, dieses Kündigungsrecht zu Lasten eines anderen ArbN auszuüben. In dieser Auslegung verstößt die tarifliche Unkündbarkeit gegen § 1 Abs. 3. Die tariflichen Unkündbarkeitskriterien weisen zT **erhebliche Abweichungen** von den Kriterien der Sozialauswahl nach § 1 Abs. 3 auf[5]. Sie vernachlässigen regelmäßig das unverzichtbare Kriterium der Unterhaltspflichten (Art. 6 GG) und können daher im Einzelfall zu einer Verletzung der zwingenden gesetzlichen Anordnung des § 1 Abs. 3 führen. Das wird offenkundig, wenn sie nicht – wie idR – an Alter und Betriebszugehörigkeit anknüpfen, sondern etwa an eine tarifliche Leistungsbewertung, was nach dem Günstigkeitsprinzip im Verhältnis zwischen ArbGeb und ArbN grundsätzlich zulässig ist.

345 Richtigerweise hat der Verzicht auf das Recht zur ordentlichen Kündigung im Falle einer Sozialauswahl keine andere Wirkung wie auch sonst: Der ArbGeb kann **nur noch aus wichtigem Grund** kündigen. Wäre der geschützte ArbN nach den Regeln der Sozialauswahl von einer betriebsbedingten Kündigung bedroht, darf nicht an seiner Stelle einem anderen, schutzwürdigeren ArbN gekündigt werden. Andererseits ist die tarifliche Unkündbarkeit im Falle einer Sozialauswahl auch nicht wirkungslos[6]. Vielmehr hat der ArbGeb zunächst die individualrechtlich geschuldeten strengeren Anforderungen für eine anderweitige Weiterbeschäftigung der „Unkündbaren" zu erfüllen, wie sie nach ständiger Rspr. auch bei betriebsbedingten Kündigungstatbeständen bestehen, wenn keine Auswahl zu treffen ist. Von einer reflexhaften, dh. unvermeidbaren Verdrängungswirkung der Unkündbarkeit kann also keine Rede sein.

346 Zu den **gesteigerten Pflichten gegenüber „Unkündbaren"** gehören bei betriebsbedingten Tatbeständen längere Überbrückungs-, Einarbeitungs-, Umschulungszeiten, weiterhin organisatorische Umstrukturierungen zur Schaffung eines geeigneten, nicht aber eines zusätzlichen Arbeitsplatzes; ausgeschlossen sind Freikündigung und Beförderung[7]. Auch ist eine Erweiterung des Kreises der mit ihnen vergleichbaren ArbN in Betracht zu ziehen (vgl. Rz. 362). Dies begründet kein berechtigtes betriebliches Interesse für die Nichteinbeziehung der Unkündbaren in die Sozialauswahl gemäß § 1 Abs. 3 Satz 2, da es um eine den ArbGeb treffende Rechtspflicht geht. Scheidet auch danach eine Weiterbeschäftigung aus, kommt in Ausnahmefällen eine Kündigung der „Unkündbaren" aus wichtigem Grund in Betracht (außerordentliche Kündigung mit Auslauffrist, vgl. Rz. 41). Eine ggf. erforderliche Auswahl unter ihnen hat in entsprechender Anwendung von § 1 Abs. 3 zu erfolgen[8].

---

1 Vgl. nur HK/*Dorndorf*, § 1 KSchG Rz. 1055; *Preis* in Stahlhacke/Preis/Vossen, Rz. 1074 mwN; KR/*Etzel*, § 1 KSchG Rz. 639 f.; ErfK/*Ascheid*, § 1 KSchG, Rz. 474 f.: Alle unter Bezugnahme auf *Weller*, RdA 1986, 230 mit dem Argument, der tarifliche Kündigungsschutz stehe nicht in einem Konkurrenzverhältnis zur Sozialauswahl, Auswirkungen insoweit seien als Reflex des individuellen Kündigungsschutzes hinzunehmen. | 2 Vgl. nur *Löwisch*, DB 1998, 877, 880; *Bröhl*, FS Schaub, 1998, S. 55 ff.; *Oetker*, FS Wiese, 1998, S. 333, 341; *Oetker*, ZfA 2001, 287 (322); *v. Hoyningen-Huene/Linck*, § 1 KSchG Rz. 456 ff.; *Linck*, Die soziale Auswahl bei betriebsbedingter Kündigung, 1990, S. 39 f.; *Berkowsky*, Die betriebsbedingte Kündigung, 5. Aufl., § 8 Rz. 95 ff.; *Rieble*, NZA 2003, 1243 f.; vgl. auch ArbG Cottbus v. 17.5.2000 – 6 Ca 38/00, NZA-RR 2000, 580 f. | 3 St. Rspr., vgl. BAG v. 5.2.1998 – 2 AZR 227/97, EzA § 626 BGB – Unkündbarkeit Nr. 2; vgl. auch BAG v. 17.9.1998 – 2 AZR 419/97, NZA 1999, 258: Längere Überbrückungs-, Einarbeitungs-, Umschulungszeiten; organisatorische Umstrukturierungen zur Schaffung eines geeigneten, nicht aber eines zusätzlichen Arbeitsplatzes; keine Freikündigung und keine Beförderung. | 4 *Weller*, RdA 1986, 230. | 5 ZB § 4.4 MTV Metallindustrie Nordbaden: Ab Vollendung des 53. Lebensjahres und drei Jahren Betriebszugehörigkeit (Beispiel nach *Weller*, RdA 1986, 229). | 6 So aber MünchArbR/*Berkowsky*, § 139 Rz. 104; *Rieble*, NZA 2003, 1243 f.; ähnlich *Oetker*, ZfA 2001, 286 (326), der eine teleologischen Restriktion des tariflichen Kündigungsschutzes annimmt. | 7 BAG v. 5.2.1998 – 2 AZR 227/97, EzA § 626 BGB – Unkündbarkeit Nr. 2; v. 17.9.1998 – 2 AZR 419/97, NZA 1999, 258. | 8 BAG v. 5.2.1998 – 2 AZR 227/97, AP Nr. 143 zu § 626 BGB.

Der Fall wird in der **Praxis** nicht häufig auftreten. Denn die Unkündbarkeitsregeln knüpfen idR an Alter und Betriebszugehörigkeit an und dürften daher eher selten von der nach § 1 Abs. 3 gebotenen Auswahl abweichen. Nach Art. 6 Abs. 1 Satz 2 a der sog. **Rahmenrichtlinie** 2000/78/EG v. 27.11.2000[1] bedarf künftig schon die bloße unterschiedliche, ihrem Schutz dienende Behandlung älterer ArbN einer entsprechenden Gestattung durch den nationalen Gesetzgeber. Dies gilt auch für TV. Ein absolutes Kündigungsverbot für ältere ArbN, das ohne Rücksicht auf die soziale Schutzbedürftigkeit jüngerer ArbN eingreift und ihnen die Lasten aufbürdet, wird aber gegen die Rahmenrichtlinie verstoßen[2]. **347**

Auch der **einzelvertragliche Ausschluss** der ordentlichen Kündigung führt nach noch hM grundsätzlich zu einer Verdrängung sozial schutzwürdigerer ArbN. Eine solche Abrede wird allerdings unter dem Gesichtspunkt der Umgehung der Sozialauswahl geprüft, insb. wenn sie in Ansehung konkret bevorstehender Kündigungen erfolgt[3]. Richtigerweise gelten hier die vorstehenden Grundsätze, dh., es findet keine Verdrängung statt. **348**

(5) **Befristet beschäftigte ArbN.** Befristet beschäftigte ArbN, bei denen die Möglichkeit der ordentlichen Kündigung vertraglich nicht gemäß § 15 Abs. 3 TzBfG vereinbart oder gemäß § 16 Satz 2 TzBfG eröffnet ist, sind nach ganz hM ebenfalls zu Lasten kündbarer ArbN **von der Sozialauswahl ausgenommen**[4]. Auch dem kann nicht gefolgt werden. Es gilt das Gleiche wie bei tariflicher Unkündbarkeit: Der ArbGeb hat mit seiner Vertragsgestaltung auf das Recht zur ordentlichen Kündigung verzichtet. Er hat deshalb auch die Lasten aus dieser Vereinbarung zu tragen. Der ArbGeb muss für den Personalabbau den Befristungsablauf abwarten oder die qualifizierten Anforderungen einer Kündigung aus wichtigem Grund erfüllen. Eine Verlagerung des Kündigungsrisikos auf die übrigen ArbN findet nicht statt, zumal der befristet beschäftigte ArbN im Falle seiner Entlassung weniger verliert als der unbefristete. Siehe im Einzelnen oben Rz. 343 ff. **349**

(6) **Ruhende Arbeitsverhältnisse.** Bei ArbN, deren Arbeitsverhältnisse ruhen, ist wie folgt zu unterscheiden: Werden etwa ArbN im Baugewerbe längerfristig für Großbauprojekte zu sog. Arbeitsgemeinschaften (**ARGE**) mehrerer Bauunternehmen abgestellt, begründen sie gem. § 9 BRTV-Bau zu der ARGE ein Arbeitsverhältnis, während ihr Arbeitsverhältnis zum bisherigen ArbGeb ruhend fortbesteht. Fällt bei diesem ein Arbeitsplatz weg, sind sie nicht in die Sozialauswahl einzubeziehen, wenn die Abstellung zur ARGE noch längere Zeit andauert. Durch ihre Kündigung würde der Personalüberhang mit seiner Kostenbelastung beim Bisherigen ArbGeb nicht abgebaut. Ein noch längere Zeit ruhendes Arbeitsverhältnis verursacht keine Kosten, die durch Kündigung eingespart werden könnten[5]. Steht das Ende des Ruhenszeitraums, also die Rückkehr des ArbN in den Betrieb, aber unmittelbar bevor, ist er in die Sozialauswahl einzubeziehen. Dies gilt sinngemäß auch bei **längerfristigen Beurlaubungen.** **350**

(7) **Vorläufig weiterbeschäftigte ArbN.** ArbN, die nach einer vorausgegangenen Kündigung **während des Kündigungsrechtsstreits** gemäß § 102 BetrVG oder aufgrund Urteils bis zur rechtskräftigen Entscheidung vorläufig weiterbeschäftigt werden, sind bei einer in dieser Zeit anstehenden betriebsbedingten Kündigung in die Sozialauswahl einzubeziehen. Ihnen ist dann ggf. erneut zu kündigen[6]. **351**

cc) **Vergleichbarkeit.** Die Vergleichbarkeit unterliegt grundsätzlich der **vollen Rechtskontrolle**, nicht nur der beschränkten Prüfung nach Abs. 3 oder 4 (vgl. dazu näher unten Rz. 385 und Rz. 412 f.); diese bezieht sich nur auf die ausreichende Berücksichtigung der vier sozialen Grunddaten und ihre Gewichtung. Dagegen wird die Vergleichbarkeit beim Interessenausgleich mit Namensliste gemäß § 1 Abs. 5 von der Beschränkung der gerichtlichen Prüfung auf grobe Fehlerhaftigkeit erfasst (vgl. näher unten Rz. 428). Bei **zu enger Gruppenbildung** ist die Kündigung gemäß Abs. 3 sozialwidrig, wenn bei korrekter Grenzziehung ein anderer ArbN hätte ausgewählt werden müssen[7]. Eine **zu weite Gruppenbildung** verstößt dagegen nicht gegen Abs. 3, sondern trägt sogar seinem Zweck verstärkt Rechnung. Sie verletzt aber Abs. 2, da sie sich nicht auf solche ArbN beschränkt, die nach den von der Rspr. für die Vergleichbarkeit entwickelten Kriterien ersetzt werden können. Die Kündigung ist hier nicht mehr allein durch das (lediglich um die gesetzlich vorgeschriebene Sozialauswahl „erweiterte") dringende betriebliche Erfordernis bedingt[8] (vgl. aber unten Rz. 362). Eine zu weite Gruppenbildung kann auch nicht als „günstigere" Regelung im Vergleich zur gesetzlichen anerkannt werden; im Verhältnis der ArbN untereinander greift das Günstigkeitsprinzip nicht. Allerdings gesteht die Rspr. Vergleichsgruppenbildungen in betrieblichen Auswahlrichtlinien eine besondere Richtigkeitsgewähr zu[9]. **352**

---

1 RL 2000/78/EG des Rates zur Festlegung eines allgemeinen Rahmens zur Verwirklichung der Gleichbehandlung in Beschäftigung und Beruf v. 27.11.2000, ABl. EG Nr. L 303/16 v. 2.12.2000; die RL war gemäß Art. 18 Abs. 2 *bis zum 2.12.2003* umzusetzen, in Bezug auf die Alters- und Behinderungsdiskriminierung kann eine Zusatzfrist bis zum 2.12.2006 in Anspruch genommen werden. | 2 Bedenken auch bei *Linsenmaier*, RdA 2003, Sonderbeilage Heft 5, S. 22 (32). | 3 Vgl. ErfK/*Ascheid*, § 1 KSchG Rz. 475 mwN. | 4 HK/*Dorndorf*, § 1 KSchG Rz. 1056 mwN; KR/*Etzel*, § 1 KSchG Rz. 640 a mit einem drastischen Beispiel. | 5 BAG v. 26.2.1987 – 2 AZR 177/86, NZA 1987, 775; HK/*Dorndorf*, § 1 KSchG Rz. 1051 mwN. | 6 HK/*Dorndorf*, § 1 KSchG Rz. 1058; KR/*Etzel*, § 1 KSchG Rz. 642. | 7 Vgl. auch ErfK/*Ascheid*, § 1 KSchG Rz. 535 mwN. | 8 So zutr. ErfK/*Ascheid*, § 1 KSchG Rz. 535. | 9 Schon nach der bis zum 30.9.1996 geltenden Rechtslage bestand für sie ein weiter Beurteilungsspielraum: BAG v. 15.6.1989 – 2 AZR 580/88 u. v. 18.1.1990 – 2 AZR 357/89, AP Nr. 18 u. 19 zu § 1 KSchG 1969 – Soziale Auswahl; vgl. auch BAG v. 5.12.2002 – 2 AZR 549/01, NZA 2003, 791 (793), wonach schon die formlose Abstimmung eines Punkteschemas mit der Arbeitnehmervertretung größere Richtigkeitsgewähr bieten könne.

353 Zur Gruppe der ArbN, die in die Sozialauswahl einzubeziehen sind, gehören zunächst alle ArbN, deren **Tätigkeit unmittelbar entfallen** ist. Werden zB in einem Betrieb die Arbeiten für Hydraulikschlosser idR gleichmäßig verteilt und reduzieren sie sich um 50 %, sind alle Schloßer als Gruppe unmittelbar vom Rückgang des Beschäftigungsbedarfs betroffen. Vergibt der ArbGeb die bislang innerbetrieblich ausgeführte Gebäudereinigung an eine externe Fachfirma, ist jede einzelne Reinigungskraft unmittelbar vom Wegfall des Beschäftigungsbedarfs betroffen (sofern nicht ein Betriebsübergang vorliegt). Über den Kreis der unmittelbar betroffenen ArbN hinaus sind sodann alle ArbN in die Sozialauswahl einzubeziehen, die mit diesen **vergleichbar** sind. Hierzu zählen ArbN mit völlig oder – unter bestimmten Voraussetzungen – teilweise gleichartiger Tätigkeit. Einzubeziehen sind ArbN mit **identischer Tätigkeit**, etwa bei Stilllegung einer von mehreren im Betrieb vorhandenen gleichartigen Maschinen alle ArbN, die an identischen Maschinen arbeiten und deshalb von den unmittelbar betroffenen ersetzt werden können. Der jeweilige Qualifikations- und Ausbildungsstand ist hier wegen der Identität der ausgeübten Tätigkeit ohne Bedeutung[1]. Er kann uU ein berechtigtes betriebliches Interesse iSv. § 1 Abs. 3 Satz 2 darstellen (vgl. dazu unten Rz. 391 ff.).

354 Darüber hinaus sind aber auch solche ArbN in die Sozialauswahl einzubeziehen, die nur teilweise identische oder aber **nur ähnliche Tätigkeiten** ausüben. Diese Erweiterung des Kreises der vergleichbaren ArbN kommt nach der Rspr. des BAG unter **drei Voraussetzungen** in Betracht:

(1) Die einzubeziehenden ArbN müssen der gleichen betrieblichen Ebene angehören,

(2) sie müssen nach ihrer Tätigkeit von den unmittelbar betroffenen ArbN ersetzt werden können (Austauschbarkeit) und

(3) der Austausch muss ohne Änderung des Arbeitsvertrages des unmittelbar betroffenen ArbN im Wege des Direktionsrechts möglich sein.

355 (1) **Gleiche betriebliche Ebene.** Die andersartige Tätigkeit muss gleichwertig sein. Der Vergleich vollzieht sich auf derselben Ebene der Betriebshierarchie (sog. **horizontale Vergleichbarkeit**). ArbN auf höheren oder niedrigeren Hierarchieebenen des Betriebes können in die Sozialauswahl nicht einbezogen werden (sog. vertikale Vergleichbarkeit)[2]. Entfallen zB bei einer Umstrukturierung zwei Sachbearbeiterstellen einer Abteilung und ist gleichzeitig die Stelle des **Abteilungsleiters** neu zu besetzen, so steht es dem ArbGeb frei, die Leitungsaufgabe dem sozial weniger schutzwürdigen Sachbearbeiter zu übertragen und dem schutzwürdigeren zu kündigen[3]. Nach Wegfall der Sachbearbeiterstellen besteht kein Anspruch auf Weiterbeschäftigung auf der freien Beförderungsstelle als Abteilungsleiter; das KSchG schützt nur den erreichten Vertragsbestand (vgl. oben Rz. 276); eine Sozialauswahl im Hinblick auf diese Stelle scheidet daher aus. Nach seiner Beförderung befindet sich der (neue) Abteilungsleiter auf einer anderen Ebene der Betriebshierarchie und ist im Rahmen der Sozialauswahl nicht mehr mit dem anderen Sachbearbeiter vergleichbar. Das Gleiche gilt bei **verschlechterten Arbeitsbedingungen**. Der Facharbeiter, dessen Arbeit entfallen ist, kann nicht den Hilfsarbeiter verdrängen, dessen Tätigkeit noch vorhanden ist. Allerdings kann der ArbGeb die Hilfsarbeitertätigkeiten auf die Facharbeiter verteilen. Dies ist nicht willkürlich oder rechtsmissbräuchlich. Entfällt dadurch der Bedarf für die Beschäftigung eines Hilfsarbeiters, kann dieser gekündigt werden, da er mit dem Facharbeiter nicht vergleichbar ist[4].

356 (2) **Austauschbarkeit.** In die Sozialauswahl einzubeziehen sind nur solche ArbN, deren Tätigkeit der unmittelbar betroffene ArbN aufgrund seiner **Kenntnisse, Fähigkeiten und Ausbildung** übernehmen kann[5]. Denn ohne einen solchen (einseitigen[6]) Austausch könnte die Kündigung eines anderen Beschäftigten den Personalübergang nicht an der Stelle abbauen, an der er besteht. Da die Arbeitsplätze hier nicht identisch sind, ist die Austauschbarkeit in erster Linie anhand des **individuellen Ausbildungs- und Qualifikationsstandes** des ArbN festzustellen. Sind mehrere ArbN unmittelbar betroffen und ist ihr Ausbildungs- und Qualifikationsstand unterschiedlich, variiert uU der Kreis der jeweils einzubeziehenden ArbN entsprechend. Sind **beispielsweise** A und B gelernte Tiefbaufacharbeiter und ist B darüber hinaus auch Hochbaufacharbeiter (Doppelqualifikation) und in beiden Funktionen eingesetzt worden, ist bei Wegfall eines Arbeitsplatz im Tiefbau der Kreis der mit A vergleichbaren ArbN auf die Tiefbaufacharbeiter beschränkt. B könnte hingegen auch auf den etwa sozial weniger schutzwürdigen Hochbaufacharbeiter C verweisen, dessen Tätigkeit er ohne weiteres ausüben könnte. Ist danach B sozial schutzwürdiger als A, muss A gehen. Ist umgekehrt A sozial schutzwürdiger als B, trifft es nicht B, sondern C, obwohl dieser reiner Hochbaufacharbeiter ist und ausschließlich ein Arbeitsplatz für Tiefbaufacharbeiter entfallen ist[7].

---

1 Vgl. etwa KR/*Etzel*, § 1 KSchG, Rz. 618. | 2 St. Rspr., BAG v. 15.6.1989 – 2 AZR 580/88, BB 1990, 351; v. 29.3.1990 – 2 AZR 369/89, NZA 1991, 181; v. 4.2.1993 – 2 AZR 463/92, RZK I 5 d Nr. 31; v. 17.9.1998 – 2 AZR 725/9, NZA 1998, 1332; v. 3.12.1998 – 2 AZR 341/99, BB 1999, 847. | 3 BAG v. 29.3.1990 – 2 AZR 369/89, NZA 1991, 181; ähnlich auch BAG v. 17.9.1998 – 2 AZR 725/97, NZA 1998, 1332. | 4 BAG v. 11.9.1986 – 2 AZR 564/85, DB 1987, 1882. | 5 BAG v. 15.6.1989 – 2 AZR *580/88, BB 1990, 351.* | 6 Die umgekehrte Austauschbarkeit ist hier ohne Belang, da die Arbeit des unmittelbar betroffenen ArbN gerade entfallen ist; vgl. BAG v. 15.6.1989 – 2 AZR 580/88, BB 1990, 351; KR/*Etzel*, § 1 KSchG, Rz. 618; *Löwisch*, § 1 KSchG Rz. 337. | 7 Ähnlich BAG v. 15.6.1989 – 2 AZR 580/88, BB 1990, 351 unter B II 2 e bb) d.Gr.

Allein eine gleiche Berufsausbildung macht ArbN häufig noch nicht austauschbar. Gerade bei qualifizierteren Tätigkeiten mit **hohem Spezialisierungsgrad** wird einem aktuellen Stand an Kenntnissen und Fertigkeiten ausschlaggebende Bedeutung zukommen. Eine kurze **Einarbeitungszeit** von wenigen Wochen (etwa zum Ausgleich eines „aktuellen Routinevorsprungs") steht der Austauschbarkeit zwar nicht entgegen[1]. Doch fehlt sie bei einem Ingenieur, der zur Einarbeitung auf den neuen Arbeitsplatz - insb. im Hinblick auf die dort geforderten CAD- und PC-Kenntnisse - drei Monate benötigt hätte[2]. Umschulungs- oder Fortbildungsmaßnahmen kommen zur bloßen Herstellung der Austauschbarkeit nicht in Betracht (evtl. anders bei tariflich oder einzelvertraglich „unkündbaren" ArbN, vgl. unten Rz. 362). Bei **einfacheren Tätigkeiten** kann schon die Eingruppierung in dieselbe Lohngruppe ausreichendes Anzeichen für Austauschbarkeit sein. Kann ein ArbN etwa eine schon früher einmal ausgeübte einfache Tätigkeit nach kurzer Einarbeitung wieder übernehmen, wofür bei ausgesprochenen Hilfstätigkeiten schon die identische Eingruppierung spricht, ist er mit den dort beschäftigten ArbN vergleichbar[3] (sofern er ohne Änderung seines Arbeitsvertrags dorthin versetzt werden kann, vgl. unten Rz. 360 ff.). In höheren Lohngruppen für qualifizierte und stärker spezialisierte Tätigkeiten kann aber allein aus der gleichen Eingruppierung nicht schon auf Austauschbarkeit geschlossen werden. 357

Gesundheitliche Leistungsmängel, etwa häufig wiederkehrende Erkrankungen, stehen der Austauschbarkeit nicht entgegen. Lassen sie aber die Eignung des ArbN für die andersartige Tätigkeit entfallen, besteht keine Vergleichbarkeit. Kann etwa ein Maschinist, dessen Arbeitsplatz entfallen ist, aus gesundheitlichen Gründen nicht schwer heben, ist er nicht mit einem sozial weniger schutzwürdigen Lagerarbeiter zu vergleichen, der regelmäßig schwere Lasten heben muss. Eine Umgestaltung der Arbeitsplätze im Lager dahin, dass ein ArbN nicht für schwere Lasten zuständig ist, kann vom ArbGeb allein zur Herstellung der Austauschbarkeit nicht verlangt werden (Ausnahmen: § 81 Abs. 4 SGB IX oder uU bei gesteigerter Weiterbeschäftigungspflicht gegenüber „unkündbaren" ArbN[4]). 358

Die Austauschbarkeit kann fehlen, weil mit ihr eine **Versetzung** iSv. § 95 Abs. 3 BetrVG verbunden ist und der BR die gemäß § 99 BetrVG erforderliche Zustimmung rechtswirksam verweigert. Ein gerichtliches Verfahren auf Ersetzung der Zustimmung nach § 99 Abs. 4 BetrVG, nur um die Austauschbarkeit herzustellen, ist dem ArbGeb nicht zuzumuten[5]. 359

(3) Keine Vertragsänderung. Vergleichbar sind nur solche ArbN, deren Tätigkeit den unmittelbar betroffenen ArbN nach ihrem Arbeitsvertrag im Wege des **Direktionsrechts** übertragen werden könnte[6]. Die Sozialauswahl erstreckt sich auf ArbN, deren Arbeit unmittelbar gar nicht entfallen ist nur, soweit sie von den direkt betroffenen ArbN ohne weiteres ersetzt werden können, also austauschbar sind. Daran fehlt es, wenn die Austauschbarkeit erst durch eine Änderung des Arbeitsvertrages des unmittelbar betroffenen ArbN hergestellt werden müsste. Wurde etwa einem ArbN unter Abänderung seines Arbeitsvertrages die **Leitung** eines konkreten Arbeitsbereichs übertragen und kündigt der ArbGeb später betriebsbedingt, weil dieser Arbeitsbereich wegfällt, so sind die ehemals vergleichbaren, ohne Leitungsfunktion auch in anderen Arbeitsbereichen einsetzbaren ArbN idR nicht in die soziale Auswahl einzubeziehen. Das BAG hat daher die anderweitig einsetzbaren Servierinnen eines geschlossenen Gastronomiebereichs nicht in die Sozialauswahl für die weggefallene Stelle der Leiterin einbezogen, da diese erst nach Änderung ihres Arbeitsvertrages wie die Servierinnen hätte eingesetzt werden können[7]. 360

Maßgeblich ist die **Reichweite des Direktionsrechts**. Ein Unternehmen, dessen Niederlassungen trotz weiter räumlicher Entfernung einen einheitlichen Betrieb iSd. KSchG bilden, hat zwar bei Schließung eines Standorts eine einheitliche, betriebsweite Sozialauswahl durchzuführen (siehe oben Rz. 336). Die ArbN der anderen Standorte sind aber nur in die Sozialauswahl einzubeziehen, soweit sie von ArbN des zu schließenden Standorts etwa aufgrund einer Versetzungsklausel ohne Vertragsänderung ersetzt werden können[8]. Kann ein ArbN nach seinem Arbeitsvertrag nur innerhalb eines bestimmten Arbeitsbereichs versetzt werden, so sind bei Wegfall dieses Arbeitsbereichs keine vergleichbaren ArbN anderer Arbeitsbereiche in die Sozialauswahl einzubeziehen[9]. 361

Stehen tariflich oder einzelvertraglich „**unkündbare**" ArbN nach fiktiver Sozialauswahl eigentlich zur Kündigung an (entgegen der noch hM, vgl. oben Rz. 343 ff.), schuldet der ArbGeb ihnen gesteigerte Wei- 362

---

1 BAG v. 15.6.1989 – 2 AZR 580/88, BB 1990; vgl. auch BAG v. 25.4.1985 – 2 AZR 140/84, NZA 1986, 64. | 2 BAG v. 5.5.1994 – 2 AZR 917/93, NZA 1994, 1023; vgl. auch BAG v. 29.3.1990 – 2 AZR 369/89, NZA 1991, 181. | 3 BAG v. 15.6.1989 – 2 AZR 580/88, BB 1990, 351 (Pedalmontage durch Reinigungskraft); vgl. auch BAG v. 25.4.1985 – 2 AZR 140/84, NZA 1986, 64. | 4 Vgl. zu dieser Pflicht BAG v. 5.2.1998 – 2 AZR 227/97, EzA § 626 BGB – Unkündbarkeit Nr. 2; v. 17.9.1998 – 2 AZR 419/97, NZA 1999, 258. | 5 So auch ErfK/Ascheid, § 1 KSchG Rz. 484; Löwisch, § 1 KSchG Rz. 342. | 6 St. Rspr., BAG v. 15.6.1989 – 2 AZR 580/88, NZA 1990, 226; v. 29.3.1990 – 2 AZR 369/89, NZA 1991, 181; v. 17.9.1998 – 2 AZR 725/97, NZA 1998, 1332; v. 3.12.1998 – 2 AZR 341/98, BB 1999, 1847; aA Löwisch, § 1 KSchG Rz. 316; HK/Dorndorf, § 1 KSchG Rz. 1043a. | 7 BAG v. 17.9.1998 – 2 AZR 725/97, NZA 1998, 1332; aA Löwisch, § 1 KSchG Rz. 340. | 8 LAG Sa.-Anh. v. 11.1.2000 – 8 Sa 449/99, NZA-RR 2001, 81. | 9 BAG v. 17.2.2000 – 2 AZR 142/99, AP Nr. 46 zu § 1 KSchG 1969 – Soziale Auswahl; v. 17.9.1998 – 2 AZR 725/97, AP Nr. 36 zu § 1 KSchG 1996; vgl. auch BAG v. 11.9.1986 – 2 AZR 564/85, DB 1987, 1882 (Bauwerker/Baufacharbeiter).

terbeschäftigungsbemühungen (vgl. Rz. 346). Aus dem besonderen Schutz dieser Personengruppe wird eine Erweiterung des Kreises der mit ihnen vergleichbaren ArbN auch auf solche folgen, deren Arbeitsplätze von ihnen erst nach längeren Einarbeitungs- und Umschulungszeiten oder auch erst nach einer Vertragsänderung eingenommen werden könnten. Mit dem Ausschluss der ordentlichen Kündigung trifft den ArbGeb gegenüber den „Unkündbaren" eine gesteigerte Pflicht zur Weiterbeschäftigung[1]. Für die übrigen ArbN stellt sich insoweit die Lage nicht anders dar als bei einer entsprechenden Erweiterung des Direktionsrechts des ArbGeb gegenüber den geschützten ArbN. Es würde so ein sozial stärkerer ArbN gekündigt; die mit dem Austausch der ArbN verbundenen Lasten (Umschulung etc.) und Risiken (Vertragsänderung) hätte bis zur Grenze der Zumutbarkeit der ArbGeb zu tragen, der sie auch vertraglich (durch den Verzicht auf die ordentliche Kündigung) übernommen hat.

363 **Unterschiedliche Arbeitszeiten** können ein Problem für die Austauschbarkeit darstellen. Austauschbarkeit besteht grundsätzlich nicht, wenn erst eine Änderung des Arbeitsvertrages des unmittelbar betroffenen ArbN notwendig ist, um seine Austauschbarkeit herzustellen[2]. Will der ArbGeb lediglich das **Arbeitszeitvolumen** abbauen, stehen unterschiedliche Arbeitszeiten einer Vergleichbarkeit grundsätzlich nicht entgegen. Das Arbeitszeitvolumen ist grundsätzlich nach der Reihenfolge der Sozialauswahl abzubauen. Trifft etwa bei Wegfall einer ganzen Stelle die Sozialauswahl auf eine Teilzeitkraft, ist ihr gegenüber eine Beendigungskündigung auszusprechen und im verbleibenden Volumen dem nächststärkeren ArbN eine Änderungskündigung. Das Gleiche gilt bei Wegfall einer halben Stelle; trifft hier die Sozialauswahl eine Vollzeitkraft, ist ihr eine Änderungskündigung auszusprechen. Das gilt grundsätzlich auch bei vorbehaltloser Ablehnung des Änderungsangebotes. Der ArbGeb ist dann gehalten, eine Teilzeitkraft neu einzustellen[3].

364 **Betriebliche Organisationsentscheidungen** des ArbGeb, die sich auf die vom einzelnen ArbN zu leistende Arbeitszeit auswirken (etwa eine ganztägige Tätigkeit oder nur vormittags, dafür in doppelter Besetzung), sind nach hM nur auf Willkür bzw. Rechtsmissbrauch zu prüfen (vgl. oben Rz. 266 ff.) und können den Kreis der vergleichbaren ArbN entsprechend einschränken[4]. Eine bloße Entscheidung für einen bestimmten Vertragsinhalt ohne Einfluss auf den betrieblichen Bedarf genügt nicht[5]. Geht es um die bloße Reduzierung eines Arbeitszeitvolumens, ohne dass betriebliche Vorgaben eine bestimmte Arbeitszeit erfordern, gilt für Auswahlentscheidungen beim Abbau des Personalbestandes uneingeschränkt § 1 Abs. 3.

365 Keine Frage der Sozialauswahl stellt sich allerdings, wenn der ArbGeb quasi „mit dem Rasenmäher" die Arbeitszeiten sämtlicher vergleichbarer ArbN **gleichmäßig um ein bestimmtes Maß** reduziert (zB um 10 %). Bei entsprechendem Wegfall des Beschäftigungsbedarfs besteht hier für jede einzelne Kündigung ein dringendes betriebliches Erfordernis. Eine Auswahl findet nicht statt; § 1 Abs. 3 gelangt nicht zur Anwendung. Aus der Vorschrift folgt auch kein über ihren unmittelbaren Anwendungsbereich hinauswirkendes Prinzip, wonach sich ein Abbau des Personalbestandes stets nur nach den Kriterien der Sozialauswahl vollziehen dürfte[6]. Kürzt der ArbGeb die Arbeitszeit dagegen **ungleichmäßig**, etwa von zuvor unterschiedlichem Umfang auf ein einheitliches Maß, trifft er gegenüber den einzelnen ArbN unterschiedliche Maßnahmen und wählt damit unweigerlich aus. Fehlt eine anzuerkennende betriebliche Organisationsentscheidung für das angestrebte einheitliche Arbeitszeitvolumen, kommt eine Abweichung von der Sozialauswahl gemäß § 1 Abs. 3 Satz 2 nF nur bei berechtigten betrieblichen Interessen in Betracht; solche liegen nicht schon in dem bloßen – betrieblich nicht veranlassten – Wunsch nach einem bestimmten Arbeitszeitvolumen; der ArbGeb kann insb. nicht seine Vorstellungen von sozialer Gerechtigkeit an die Stelle von § 1 Abs. 3 setzen. Vgl. zur Frage der Arbeitszeit auch oben Rz. 264 und 323 ff.

366 Ist danach zB bei **Wegfall einer halben Stelle** eine Sozialauswahl zwischen einer Ganztags- und einer Halbtagskraft (vormittags) durchzuführen und dabei eine **ganztägige Besetzung** der Stelle zu gewährleisten, müsste bei geringerer Schutzbedürftigkeit der Vollzeitkraft dieser eine Änderungskündigung für Halbtagstätigkeit am Nachmittag ausgesprochen werden. Müsste der ArbGeb bei vorbehaltloser Ablehnung einer solchen Tätigkeit befürchten, auch auf dem Arbeitsmarkt niemanden hierfür zu finden, dürfte ein berechtigtes betriebliches Bedürfnis gemäß § 1 Abs. 3 Satz 2 vorliegen, das die Weiterbeschäftigung der Vollzeitkraft bedingt. Kommt es dem ArbGeb nach seiner Organisationsentscheidung darauf an, **nur vormittags**, dann aber mit zwei Kräften gleichzeitig zu arbeiten, käme in der vorstehenden Kon-

---

1 Längere Überbrückungs-, Einarbeitungs-, Umschulungszeiten; organisatorische Umstrukturierungen zur Schaffung eines geeigneten, nicht aber eines zusätzlichen Arbeitsplatzes; keine Freikündigung und keine Beförderung, vgl. BAG v. 5.2.1998 – 2 AZR 227/97, EzA § 626 BGB – Unkündbarkeit Nr. 2; v. 17.9.1998 – 2 AZR 419/97, NZA 1999, 258. |2 BAG v. 3.12.1998 – 2 AZR 341/98, AP Nr. 39 zu § 1 KSchG 1969 – Soziale Auswahl; v. 10.11.1983 – 2 AZR 317/82, nv. (juris); im Einzelnen streitig, vgl. KR/*Etzel*, § 1 KSchG Rz. 625 ff. mwN; dies ist mit der EG-Gleichbehandlungs-RL 76/207 vereinbar, EuGH v. 26.9.2000 – C 322/98, EuGHE I 2000, 7505. |3 BAG v. 3.12.1998 – 2 AZR 341/98 u. v. 12.8.1999 – 2 AZR 12/99, AP Nr. 39 u. Nr. 44 zu § 1 KSchG 1969 – Soziale Auswahl. |4 BAG v. 3.12.1998 – 2 AZR 341/98 u. v. 12.8.1999 – 2 AZR 12/99, AP Nr. 39 u. Nr. 44 zu § 1 KSchG 1969 – *Soziale Auswahl*. |5 BAG v. 12.8.1999 – 2 AZR 12/99, AP Nr. 44 zu § 1 KSchG 1969 – Soziale Auswahl; v. 19.5.1993 – 2 AZR 584/92, AP Nr. 31 zu § 2 KSchG 1969; v. 18.2.2003 – 9 AZR 164/02, DB 2003, 2443 ff. fordert sogar eine Interessenabwägung. |6 BAG v. 19.5.1993 – 2 AZR 584/92, NZA 1993, 1075.

stellation unabhängig von der sozialen Schutzwürdigkeit nur eine Änderungskündigung gegenüber der Vollzeitkraft in Betracht, da nur dort Nachmittagsarbeit abgebaut werden könnte. Ginge es etwa darum, vertrauliche Aufgaben nur einer Person zu übertragen, bliebe nur die Kündigung gegenüber der Teilzeitkraft, auch wenn sie sozial schutzwürdiger wäre. Eine Änderung ihrer Arbeitszeit auf Vollzeit, um die Vergleichbarkeit mit der anderen Vollzeitkraft herzustellen, braucht der ArbGeb nicht vorzunehmen[1].

c) Die vier sozialen Gesichtspunkte und ihre Bewertung. aa) Allgemeines. Gem. § 1 Abs. 3 Satz 1 in der am 1.1.2004 in Kraft getretenen **Neufassung** (vgl. Rz. 1) hat der ArbGeb bei der Auswahl der zu Kündigenden die Dauer der Betriebszugehörigkeit, das Lebensalter, die Unterhaltspflichten und die Schwerbehinderung des ArbN ausreichend zu berücksichtigen. Anderenfalls ist auch eine ansonsten betriebsbedingte Kündigung sozial ungerechtfertigt. Die Neuregelung begrenzt die Anzahl der zu berücksichtigenden sozialen Gesichtspunkte aus Gründen der Rechtssicherheit[2] auf die vier schon nach bisheriger Rechtslage (vgl. dazu unten Rz. 390) unverzichtbaren Grundkriterien. Mit der **Begrenzung auf vier Kriterien** besteht nach § 1 Abs. 3 weder ein Gebot noch die Notwendigkeit mehr dafür, bei der Auswahl des ArbN sonstige soziale Gesichtspunkte – gleich welcher Art – zu berücksichtigen. Die Rechtsfolge der Vorschrift tritt nur bei unzureichender Berücksichtigung der vier Grunddaten ein. Soweit nach der Begründung des Gesetzesentwurfs „die Beachtung unbilliger Härten im Einzelfall" nicht ausgeschlossen sein soll[3], macht ihre Missachtung nach dem insoweit eindeutigen Gesetzeswortlaut die Kündigung doch nicht sozialwidrig[4]. Zur Frage, ob sonstige soziale Gesichtspunkte berücksichtigt werden dürfen, ohne damit eine ausreichende Berücksichtigung der vier Grunddaten in Frage zu stellen, vgl. unten Rz. 331 ff. 367

Über die **Gewichtung der Grundkriterien** trifft das Gesetz nur die Aussage, dass alle vier ausreichend zu berücksichtigen sind. Damit ist keines allein ausschlaggebend, keines zu vernachlässigen. In der älteren Rspr. wurde der Betriebszugehörigkeit zumeist eine gewisse Priorität eingeräumt, weil sie auch bei der Bemessung der Höhe einer Abfindung gemäß § 10 sowie bei der Dauer der Mindestkündigungsfristen gemäß § 622 BGB ausschlaggebend ist[5]. Doch betreffen diese Normen das Austauschverhältnis zwischen ArbGeb und ArbN, während es in § 1 Abs. 3 Satz 1 um die gerechte Lastenverteilung der ArbN untereinander geht. Für die Frage, welcher ArbN auf seinen Arbeitsplatz am ehesten verzichten kann, haben Lebensalter und Unterhaltspflichten wie auch Schwerbehinderung aber unabweisbare Bedeutung. Das BAG hat daher in jüngerer Zeit mit Recht festgestellt, dass der Betriebszugehörigkeit **keine Priorität** gegenüber Lebensalter und Unterhaltspflichten zukomme[6]. Zugleich hat es abgelehnt, für die Gewichtung dieser drei Grundkriterien abstrakte Vorgaben zu machen; damit würde in den vom Gesetz bewusst eingeräumten Wertungsspielraum des ArbGeb eingegriffen[7]. Das gilt auch für die Schwerbehinderung. Neben der allgemeinen Gewichtung der vier sozialen Gesichtspunkte hängt die Auswahl vor allem von dem **konkreten Ausmaß** ab, in dem sie jeweils verwirklicht sind. Gegenüber einem 32-jährigen ledigen ArbN mit fünf Jahren Betriebszugehörigkeit kann ein 30-jähriger ArbN mit drei Jahren Betriebszugehörigkeit schutzbedürftiger sein, wenn er vier Kinder hat. Eine schematische Betrachtungsweise, wonach die Sozialauswahl stets den ArbN trifft, der zumindest in zwei der drei Regelkriterien weniger schutzwürdig ist, ist daher nicht stets gerechtfertigt. 368

Maßgeblich für die Sozialauswahl sind die **tatsächlichen Grunddaten** der ArbN. Unzureichend ist es, unbesehen die Daten der Personalakten oder LStKarten zugrunde zu legen[8]. Kennt der ArbGeb die konkreten Daten nicht, muss er sich erkundigen (vgl. Rz. 377). Auf pflichtwidrig nicht mitgeteilte Umstände kann sich der ArbN im Rechtsstreit nicht berufen[9]. Der **Datenschutz** steht der für eine Sozialauswahl erforderlichen Erhebung und Verarbeitung von Sozialdaten nicht entgegen. Es handelt sich durchweg um Daten, die im Rahmen der Zweckbestimmung des Arbeitsverhältnisses erhoben werden, § 28 Abs. 1 Nr. 1 BDSG[10]. Die vier sozialen Gesichtspunkte müssen **objektiv bestehen**. Sie können entgegen der hM mit einzelnen ArbN nicht zu Lasten der übrigen „vereinbart" werden (etwa eine längere als die tatsächlich zurückgelegte Betriebszugehörigkeit). Die Tatsache der Vereinbarung ist kein sozialer Gesichtspunkt, die längere Betriebszugehörigkeit existiert in Wirklichkeit nicht. Eine solche Vereinbarung kann aber im Verhältnis zwischen ArbGeb und ArbN Auswirkungen haben, etwa zur Abkürzung der Wartezeit des § 1 oder zur Erlangung einer tariflich geregelten Unkündbarkeit, sofern dies nicht zu Lasten der übrigen ArbN geht[11]. 369

---

1 BAG v. 3.12.1998 – 2 AZR 341/98, BB 1999, 847; vgl. auch BAG v. 24.4.1997 – 2 AZR 352/96, BB 1997, 1950; v. 19.5.1993 – 2 AZR 584/92, NZA 1993, 1075 sowie v. 12.8.1999 – 2 AZR 12/99, BB 1999, 2509 (Streichung einer Halbtagsstelle im Haushaltsplan). |2 Vgl. Begr. des Gesetzentwurfs der Fraktionen SPD und BÜNDNIS 90/DIE GRÜNEN v. 24.6.2003, BT-Drs. 15/1204, S. 15; Entwurf und Begr. sind wortgleich mit dem RegE v. 18.6.2003, BR-Drs. 421/03. |3 Begr. RegE, BR-Drs. 421/03, S. 15. |4 Zutr. *Löwisch*, NZA 2003, 689 (691); *Quecke*, RdA 2004, 86 (87). |5 BAG v. 23.4.1983 – 2 AZR 21/82, BB 1983, 1665; v. 18.10.1984 – 2 AZR 543/83, BB 1985, 1263; v. 18.1.1990 – 2 AZR 357/89, NZA 1990, 729. |6 BAG v. 2.12.1999 – 2 AZR 757/98, AP Nr. 45 zu § 1 KSchG 1969 – Soziale Auswahl – (zum KSchG 1996); bestätigt auch für die nachfolgende Gesetzesfassung durch BAG v. 5.12.2002 – 2 AZR 549/01, NZA 2003, 791 ff. |7 BAG v. 5.12.2002 – 2 AZR 549/01, NZA 2003, 791 ff. |8 KR/*Etzel*, § 1 KSchG Rz. 663; *v. Hoyningen-Huene/Linck*, § 1 KSchG Rz. 465. |9 ErfK/*Ascheid*, § 1 KSchG Rz. 491. |10 BAG v. 23.4.1983 – 2 AZR 21/82, BB 1983, 2057 (*Berkowsky*); KR/*Etzel*, § 1 KSchG Rz. 690 mwN; *Gola/Schomerus*, BDSG, 7. Aufl., § 4 Rz. 9. |11 AA die hM, vgl. KR/*Etzel*, § 1 KSchG Rz. 646 mwN, die solchen Vereinbarungen auch zu Lasten der übrigen Beschäftigten Wirkung zuspricht.

370 Das Gesetz verlangt vom ArbGeb nur eine „ausreichende" Berücksichtigung der vier sozialen Gesichtspunkte (§ 1 Abs. 3 Satz 1) und eröffnet dem ArbGeb damit einen Beurteilungsspielraum (vgl. dazu unten Rz. 385). Ist das Verhältnis der Auswahlgesichtspunkte zueinander in einem TV oder einer BV (bzw. Dienstvereinbarung) festgelegt, kann diese Bewertung gemäß § 1 Abs. 4 nur auf grobe Fehlerhaftigkeit überprüft werden (vgl. dazu unten Rz. 412 ff.). Weiter gehende Beschränkungen der Überprüfbarkeit bestehen bei einem Interessenausgleich mit Namensliste gemäß § 1 Abs. 5 (vgl. Rz. 429) sowie in der Insolvenz gem. §§ 125 f. InsO. Zu beachten sind schließlich ohne Beurteilungsspielraum spezialgesetzliche **Benachteiligungsverbote** in § 2 Abs. 2 ArbPlSchG, § 78 Abs. 1 Nr. 1 ZDG, § 2 Abs. 2 EignungsÜbG, §§ 9 Abs. 2, 13 Abs. 3 ZivilSchG und § 4 Abs. 1 TzBfG.

371 bb) **Betriebszugehörigkeit.** Eine längere Betriebszugehörigkeit und die damit erbrachte Betriebstreue begründen eine **gesteigerte Bindung** der Vertragsparteien[1]. Mit der Dauer der Betriebszugehörigkeit steigt stetig die Schutzwürdigkeit des ArbN. Dem hat der Gesetzgeber Rechnung getragen; die Betriebszugehörigkeit genießt aber gegenüber den beiden anderen Kriterien der Sozialauswahl keine Priorität[2]. Betriebszugehörigkeit ist die Zeit des **rechtlich ununterbrochenen Bestandes** des Arbeitsverhältnisses, gleich in welchem Betrieb des ArbGeb sie zurückgelegt wurde. Ihre Dauer kann nicht zu Lasten anderer ArbN „vereinbart" werden[3] (vgl. oben Rz. 369). Es gelten im Übrigen dieselben Grundsätze wie bei der Berechnung der **Wartezeit** gemäß § 1 Abs. 1 (vgl. Rz. 11 ff u. 14 ff.). Die Beschäftigungszeit iSd. § 19 BAT-O ist daher bspw. nicht mit der Dauer der Betriebszugehörigkeit als Sozialdatum gleichzusetzen[4].

372 cc) **Lebensalter.** Das Lebensalter hat als soziales Kriterium ambivalente Bedeutung[5]. **Arbeits- und Erwerbsfähigkeit** wird vom Alter beeinflusst. Der Arbeitsmarkt spiegelt das wider. Die Chancen der 45-jährigen und älteren ArbN sinken im Allgemeinen stark[6]. Auch sind Menschen dieses Alters idR weniger flexibel als jüngere. Das gilt sowohl für einen Wechsel des Wohnortes und damit des Lebensumfeldes als auch für neue berufliche Herausforderungen. Die soziale Schutzbedürftigkeit eines höheren Lebensalters findet demgemäß in vielen Gesetzen ihren Niederschlag (§ 127 SGB III, § 75 Abs. 1 Satz 2 BetrVG, § 622 Abs. 2 Satz 3 BGB, § 10 Abs. 2 KSchG). Die Schutzwürdigkeit entfällt allerdings bei Erreichen des **65. Lebensjahres** mit Beginn der Altersrente[7]. Die EG-RL 2000/78 v. 27.11.2000[8] steht gemäß Art. 6 Abs. 1 Satz 2 a einzelstaatlichen Regelungen nicht entgegen, die vor einer Diskriminierung wegen höheren Lebensalters schützen oder eine gerechtfertigte Ungleichbehandlung wegen des Alters gesetzlich festlegen[9]. Nach Wegfall des § 41 Abs. 4 Satz 2 SGB VI aF dürfte dies auch für das vorgezogene Altersruhegeld gelten[10]. Dagegen darf die Möglichkeit zur Inanspruchnahme von ATZ-Arbeit gem. § 8 Abs. 1 ATZG bei der Sozialauswahl nicht zum Nachteil des ArbN bewertet werden[11].

373 Wegen der hohen **strukturellen Arbeitslosigkeit** wird die Schutzwürdigkeit eines höheren Lebensalters aber schon vor diesem Zeitpunkt sinken[12]. Wer zB mit 58 Jahren arbeitslos wird, hat heute kaum schlechtere Chancen auf dem Arbeitsmarkt als ein 50-Jähriger, ist aber im Gegensatz zu diesem lückenlos durch Alg und Altersrente (§ 38 SGB VI) abgesichert. Mit der Annäherung an das Rentenalter verringert sich daher die Schutzbedürftigkeit. Die Möglichkeit zur Inanspruchnahme von ATZ darf aber gem. § 8 Abs. 1 ATZG bei der sozialen Auswahl nicht zum Nachteil des ArbN berücksichtigt werden, damit der ArbN sich insoweit frei entscheiden kann. Eine Bewertung des Lebensalters als Auswahlkriterium erscheint danach als sachgerecht, wenn ihm etwa bis zum 35. Lebensjahr nur leicht, dann aber bis etwa zum 53. Lebensjahr stärker ansteigende und anschließend wieder sinkende Bedeutung beigemessen wird.

374 dd) **Unterhaltspflichten.** Die Unterhaltspflichten des ArbN zählen zu den unverzichtbaren Gesichtspunkten der Sozialauswahl. Das Arbeitsverhältnis ist typischerweise **wirtschaftliche Grundlage** des Lebensunterhalts des ArbN wie seiner unterhaltsberechtigten Angehörigen. Eine nachrangige Berücksichtigung der Unterhaltspflichten hinter der Betriebszugehörigkeit und dem Lebensalter lässt sich nicht daraus ableiten, dass die Unterhaltspflichten in den §§ 10 Abs. 2 und 622 Abs. 2 BGB im Gegensatz zu den anderen Kriterien nicht angeführt sind. Dort geht es um das Individualverhältnis zwischen ArbGeb und ArbN, bei der sozialen Auswahl dagegen in erster Linie um das Verhältnis der ArbN untereinander. Hier hat die Zahl der von einem Arbeitseinkommen aufgrund gesetzlicher Unterhaltspflicht abhängigen Personen unbezweifelbares Gewicht[13] (vgl. auch Rz. 368).

---

[1] Vgl. auch BVerfG v. 27.1.1998 – 1 BvL 15/87, BB 1998, 1058 unter B I 3 b) aa) d.Gr. | [2] BAG v. 2.12.1999 – 2 AZR 757/98, AP Nr. 45 zu § 1 KSchG 1969 – Soziale Auswahl – (zum KSchG 1996); bestätigt auch für die nachfolgende Gesetzesfassung durch BAG v. 5.12.2002 – 2 AZR 549/01, NZA 2003, 791 ff. | [3] AA KR/*Etzel*, § 1 KSchG Rz. 646 mwN. | [4] BAG v. 6.2.2003 – 2 AZR 623/01, ZTR 2003, 507 f. | [5] BAG v. 8.8.1985 – 2 AZR 464/84, EzA § 1 KSchG – Soziale Auswahl Nr. 21. | [6] BVerfG v. 27.1.1998 – 1 BvL 15/87, BB 1998, 1058 unter B I 3 b) aa) d.Gr. | [7] HM, vgl. KR/*Etzel*, § 1 KSchG Rz. 658 mwN. | [8] RL zur Verwirklichung der Gleichbehandlung in Beschäftigung und Beruf, ABl. 2000 L 303/16, grds. umzusetzen bis zum 2.12.2003. | [9] *Bauer*, NJW 2001, 2672; *Weber*, AuR 2002, 401 (404); *Löwisch*, NZA 2003, 689 (691); *Linsenmaier*, RdA 2003, Sonderbeilage Heft 5, S. 22 (32). | [10] Str., wie hier HK/*Dorndorf*, § 1 KSchG Rz. 1983; *Löwisch*, § 1 KSchG Rz. 357; aA KR/*Etzel*, § 1 KSchG Rz. 658, alle mwN. | [11] Vgl. hierzu *Stück*, NZA 2000, 749. | [12] Vgl. auch BAG v. 18.1.1990 – 2 AZR 357/89, NZA 1990, 727. | [13] BAG v. 24.3.1983 – 2 AZR 21/82, AP Nr. 12 zu § 1 KSchG 1969 – Betriebsbedingte Kündigung; v. 18.10.1984 – 2 AZR 543/83, NZA 1985, 423; v. 18.1.1990 – 2 AZR 357/89, NZA 1990, 729 (der Heranziehung von Art. 6 Abs. 1 GG bedarf es wohl nicht).

Maßgeblich ist jeweils die **konkrete Belastung** eines ArbN durch gesetzliche Unterhaltspflichten (§§ 1316 ff., 1569 ff. und 1601 ff. BGB)[1]. Die Unterhaltspflicht muss bei Ausspruch der Kündigung bestehen oder sicher abzusehen sein. Ob der ArbN ihr tatsächlich nachkommt, ist unerheblich[2]. Soweit Ehepartner oder Kinder selbst für ihren Unterhalt sorgen, bestehen konkrete Belastungen aus Unterhaltspflichten nicht oder nur eingeschränkt. Daran hat die Neuregelung nichts geändert[3]. Die darin liegende faktische Diskriminierung verheirateter Frauen, die weitaus häufiger als verheiratete Männer **Doppelverdienerinnen** sind, ist wegen der objektiven Unterschiede in der gesetzlichen Unterhaltsbelastung sachlich gerechtfertigt[4]. Hiervon zu unterscheiden ist die Frage, ob ein auf dem Einkommen des Ehegatten gründender **eigener Unterhaltsanspruch** des ArbN etwa im Verhältnis zu einem alleinverdienenden Kollegen nachteilig zu berücksichtigen ist. Eine Pflicht dazu bestand schon nach der vorausgegangenen Fassung des Gesetzes nicht[5]. Nach der Neufassung von Abs. 3 Satz 1 sind ohnehin nur Unterhaltspflichten, nicht auch Ansprüche zu berücksichtigen. 375

Unterhaltsleistungen **außerhalb gesetzlicher Verpflichtung** brauchen nach der Neufassung ebenfalls nicht berücksichtigt zu werden. Sie hatten nach bisheriger Rechtslage allenfalls stark abgeschwächt und auch nur unter ganz besonderen Umständen Bedeutung, etwa bei gesteigerter sittlicher Verpflichtung[6]. Ihre weitere Einbeziehung in die Sozialauswahl stünde dem Zweck der Neuregelung, die Sozialauswahl für den ArbGeb rechtssicherer und berechenbarer zu machen[7], entgegen. Aus dem gleichen Grund wird auch eine Differenzierung der Unterhaltspflichten in „normale" und gesteigerte, etwa wegen besonderer **Pflegebedürftigkeit** des Angehörigen, nicht gefordert. Eine Pflicht zu derart differenzierter Bewertung der drei Grundkriterien widerspräche dem auf Vereinfachung zielenden Gesetzeszweck[8]. Die Möglichkeit dazu ist andererseits aber auch nicht ausgeschlossen (vgl. unten Rz. 382). 376

Der ArbGeb kann sich bei der **Feststellung der Unterhaltspflichten** für die Sozialauswahl nicht unbesehen auf die Personalakten oder auf die begrenzten Informationen der LStKarte verlassen[9]. Die LStKarte gibt nur grob unvollständige Auskunft zu einem Verdienst des Ehepartners; die Anzahl der Kinder ist nicht bei jeder Steuerklasse aus der Karte zu ersehen. Maßgeblich sind die tatsächlichen Verhältnisse. Der ArbGeb muss sich daher über die relevanten Gesichtspunkte bei den ArbN Gewissheit verschaffen. Diese sind an ihre Auskünfte gebunden[10]. 377

ee) Schwerbehinderung. Gemäß Abs. 3 Satz 1 ist als zusätzlicher sozialer Gesichtspunkt **zwingend** die Schwerbehinderung eines ArbN zu berücksichtigen[11]. Schon nach bisheriger Rspr. führte eine Schwerbehinderung zu erhöhter sozialer Schutzbedüftigkeit des ArbN, sofern er überhaupt in die Sozialauswahl einzubeziehen war[12]. Das KSchG 1996 beschränkte sich auf nur drei Grundkriterien. Es war streitig, ob der Ausschluss der Schwerbehinderung aus dem Pflichtkatalog der Sozialauswahlkriterien insb. im Hinblick auf das beschränkte Ermessen des Integrationsamts im Zustimmungsverfahren verfassungsgemäß war[13]. In der Praxis konnte der ArbGeb der Frage aus dem Weg gehen, indem er die Zustimmung des Integrationsamtes nicht einholte und den schwerbehinderten ArbN damit nicht in die Sozialauswahl einbezog; hierzu ist er nach hM nicht gehalten (vgl. oben Rz. 342). Trotz obligatorischer Berücksichtigung der Schwerbehinderung als Pflichtkriterium besteht für den ArbGeb **keine Verpflichtung zur Einbeziehung** des schwerbehinderten ArbN in die Kündigungsauswahl und damit zur Einholung der Zustimmung des Integrationsamtes. An der bisherigen Rechtslage[14] dürfte die Neufassung des Abs. 3 mit der Einbeziehung der Schwerbehinderung in die Auswahlkriterien nichts geändert haben, da die Schwerbehinderung schon damals zu erhöhter sozialer Schutzbedürftigkeit des ArbN geführt hat[15]. Die Einbeziehung schwerbehinderter ArbN in die Sozialauswahl wird daher weiterhin die Ausnahme bleiben. 378

---

1 BAG v. 24.3.1983 – 2 AZR 21/82, AP Nr. 12 zu § 1 KSchG 1969 – Betriebsbedingte Kündigung; v. 8.8.1985 – 2 AZR 464/84, NZA 1986, 679. | 2 *Fischermeier*, NZA 1997, 1089 (1094). | 3 HM, *v. Hoyningen-Huene/Linck*, DB 1997, 41 (42); *Bader*, NZA 1996, 1125 (1128); aA *Fischermeier*, NZA 1997, 1089 (1094), der eigene Einkünfte eines Unterhaltsberechtigten bei der Feststellung von Unterhaltspflichten unberücksichtigt lassen und allein auf die gesetzlich bestehende Pflicht abstellen will. | 4 Vgl. HK/*Dorndorf*, § 1 KSchG Rz. 1076; KR/*Etzel*, § 1 KSchG Rz. 651; *Linck*, Die soziale Auswahl bei betriebsbedingter Kündigung, 1990, S. 94 f.; *Bütefisch*, Die Sozialauswahl, 2000, S. 228 f. | 5 BAG v. 5.12.2002 – 2 AZR 549/01, NZA 2003, 791 ff., unter Hinweis auf Art. 6 Abs. 1 GG; vgl. auch *Fischermeier*, NZA 1997, 1089 (1094) mwN. | 6 LAG Köln v. 7.4.1995 – 13 Sa 1258/94, LAGE § 1 KSchG – Betriebsbedingte Kündigung Nr. 33 (Unterhaltsleistungen an ein Stiefkind). | 7 Vgl. Begr. RegE, BR-Drs. 421/03, S. 14 f. | 8 *Thüsing/Stelljes*, BB 2003, 1673 (1674); *Fischermeier*, NZA 1997, 1089 (1094); aA *von Hoyningen-Huene/Linck*, DB 1997, 41 (42). | 9 So Begr. RegE, BR-Drs. 421/03, S. 14; hM, vgl. KR/*Etzel*, § 1 KSchG Rz. 663; aA *Fischermeier*, NZA 1997, 1089 (1094). | 10 LAG Hamm v. 29.3.1985 – 2 Sa 560/85, LAGE § 1 KSchG – Soziale Auswahl Nr. 1; HK/*Dorndorf*, § 1 KSchG Rz. 1074; KR/*Etzel*, § 1 KSchG Rz. 663; *Preis*, RdA 1999, 311, 317; aA *Fischermeier*, NZA 1997, 1089 (1094): Lohnsteuerkarte genügt idR. | 11 Das Gleiche wird für die Gleichgestellten gemäß § 68 Abs. 3 SGB IX gelten; ebenso *Löwisch*, BB 2004, 154 f.; *Quecke*, RdA 2004, 86 (87 f.). | 12 BAG v. 24.3.1983 – 2 AZR 21/82, AP Nr. 12 zu § 1 KSchG – Betriebsbedingte Kündigung; *Bütefisch*, Die Sozialauswahl, 2000, S. 248 ff. mwN. | 13 Vgl. zum Meinungsstand *Düwell*, DB 2003, 1574 f. | 14 HK/*Dorndorf*, § 1 KSchG Rz. 1053; *Preis* in Stahlhacke/Preis/Vossen, Rz. 1073; KR/*Etzel*, § 1 KSchG Rz. 638; ErfK/*Ascheid*, § 1 KSchG Rz. 472; aA *Bütefisch*, Die Sozialauswahl, 2000, S. 136 f., für schwerbehinderte ArbN bei Massenentlassungen, sofern die Pflichtquote des § 71 SGB IX nicht unterschritten wird, da hier das Ermessen des Integrationsamtes gem. § 89 Abs. 1 Satz 2 SGB IX beschränkt ist. | 15 BAG v. 24.3.1983 – 2 AZR 21/82, AP Nr. 12 zu § 1 KSchG – Betriebsbedingte Kündigung; *Bütefisch*, Die Sozialauswahl, 2000, S. 248 ff. mwN.

379 Hat der ArbGeb **keine Kenntnis** von der Schwerbehinderung des ArbN und kündigt er ihm nach sozialer Auswahl, so ist die Kündigung gemäß §§ 85 ff. SGB IX unwirksam, wenn der ArbN die Feststellung der Schwerbehinderung beim Versorgungsamt bereits vor Zugang der Kündigung beantragt hatte, die Schwerbehinderung zumindest nachträglich mit Rückwirkung festgestellt wird und der ArbN sich – neben fristgerechter Klageerhebung – binnen angemessener Frist, idR spätestens einen Monat nach Zugang der Kündigung, gegenüber dem ArbGeb auf die Schwerbehinderung beruft[1]. Versäumt der ArbN die fristgerechte Berufung auf seine objektiv bestehende Schwerbehinderung, so ist fraglich, ob sie bei der Prüfung der sozialen Rechtfertigung im Rahmen der Sozialauswahl zu berücksichtigen ist.

380 Für die abstrakte **Gewichtung der Schwerbehinderung** im Verhältnis zu den übrigen Sozialdaten gibt es keine Vorgaben (vgl. oben Rz. 368 und unten Rz. 385). Bei der konkreten Gewichtung kommt eine Differenzierung nach ihrem Grad in Betracht (zwischen 50 und 100). Darüber hinaus soll es nach der Rspr. darauf ankommen, in welchem Maß die Arbeitsmarktchancen des ArbN durch die Schwerbehinderung beeinträchtigt sind[2]. In den **ersten sechs Monaten** des Arbeitsverhältnisses besteht für den schwerbehinderten ArbN weder der Sonderkündigungsschutz (§ 90 Abs. 1 Nr. 1 SGB IX) noch der allgemeine Kündigungsschutz (§ 1 Abs. 1); eine Sozialauswahl entfällt, der ArbN ist vorab vor den übrigen vergleichbaren ArbN zu kündigen (vgl. oben Rz. 339).

381 **ff) Sonstige Kriterien?** § 1 Abs. 3 nF verpflichtet den ArbGeb bei der Sozialauswahl auf die vier Grunddaten; das Gesetz enthält aber **keinen Ausschluss** zusätzlicher sozialer Gesichtspunkte, solange die vier Grundkriterien ausreichend berücksichtigt bleiben[3]. Ob Letzteres zutrifft, kann kaum verlässlich bestimmt werden. Die Gesetzesbegründung formuliert daher vorsichtig, dass die Beschränkung auf die obligatorischen Grunddaten „die Beachtung unbilliger Härten im Einzelfall nicht ausschließe"[4]. Dabei könne es nur um Tatsachen gehen, die „in einem unmittelbaren spezifischen Zusammenhang mit den Grunddaten stehen (...) oder sich aus solchen betrieblichen Gegebenheiten herleiten, die evident einsichtig sind"[5]. So soll etwa eine Berufskrankheit oder ein unverschuldeter Arbeitsunfall berücksichtigungsfähig sein[6]. Die – gesetzlich nicht gebotene – Auswahl nach zusätzlichen sozialen Gesichtspunkten birgt die Gefahr, dass die nach dem Gesetz allein maßgeblichen vier Grundkriterien auch unter Beachtung des dem ArbGeb zustehenden **Beurteilungsspielraums** (vgl. Rz. 385) nicht mehr ausreichend berücksichtigt werden. Zu der bis zum 31.12.2003 geltenden Gesetzesfassung hatte sich bereits eine zunehmende Tendenz zur Begrenzung sozialer Auswahlkriterien auf solche mit konkretem Bezug zum Arbeitsverhältnis herausgebildet[7]. Nach der Neuregelung ist für zusätzliche Gesichtspunkte erst recht auf einen unmittelbaren und sozialtypischen Bezug zum Arbeitsverhältnis als wirtschaftlicher und sozialer Existenzgrundlage des ArbN zu achten. Mit diesen Maßgaben werden im Folgenden die **nach bisheriger Gesetzesfassung** zu berücksichtigenden sonstigen sozialen Gesichtspunkte dargestellt.

382 Dauerhafte **Gesundheitsbeeinträchtigungen** stehen in einem sozialtypischen Zusammenhang mit dem Arbeitsverhältnis. Sie können in der Sozialauswahl zugunsten eines ArbN bewertet werden, wenn sie die Erwerbschancen mindern oder im betroffenen Arbeitsverhältnis erlitten wurden[8]. Eine Kündigung in der Mutterschutz- oder Elternzeit bedarf gemäß § 9 MuSchG, § 18 BErzGG der vorherigen Zustimmung der zuständigen Behörde; zu deren Einholung und damit zur Einbeziehung in die Sozialauswahl ist der ArbGeb nicht verpflichtet[9]. Liegt die erforderliche Zustimmung vor, so bildet die Schwangerschaft einen zusätzlich berücksichtigungsfähigen sozialen Gesichtspunkt in der Sozialauswahl[10]. Krankheit oder Pflegebedürftigkeit eines nahen Angehörigen können berücksichtigt werden, sofern sie konkrete wirtschaftliche Belastungen oder Beschränkungen bei der Arbeitsplatzwahl zur Folge haben[11].

383 Der **Doppelverdienst des Ehegatten** kann über die Neutralisierung der Unterhaltspflicht gegenüber diesem Ehegatten hinaus (vgl. oben Rz. 375) nicht zu Lasten des ArbN im Vergleich mit einem alleinverdienenden Kollegen berücksichtigt werden. Der ArbN hat in diesem Fall zwar einen Unterhaltsanspruch gegenüber dem Ehegatten. Dieser Anspruch gründet sich aber auf (veränderliche) Umstände aus dem privaten Umfeld des ArbN, die weder mit dem Arbeitsverhältnis noch mit der Person des ArbN in einem untrennbaren Zusammenhang stehen[12]. Ebenso bleiben **private Umstände** wie Ver-

---

1 BAG v. 11.5.2000 – 2 AZR 276/99, NZA 2000, 1106; bei offenkundiger Schwerbehinderung bedarf es nur fristgerechter Klageerhebung nach § 4 Satz 1 u. 4; vgl. näher die Erl. zu §§ 85 ff. SGB IX. | 2 BAG v. 24.3.1983 – 2 AZR 21/82, AP Nr. 12 zu § 1 KSchG 1969 – Betriebsbedingte Kündigung unter B IV 2 a d.Gr. | 3 Löwisch, NZA 2003, 689 (691); Willemsen/Annuß, NJW 2004, 177 f.; Quecke, RdA 2004, 86 (88); Fischermeier, NZA 1997, 1089 (1094), zum KSchG 1996. | 4 Begr. RegE, BR-Drs. 421/03, S. 15. | 5 Begr. RegE, BR-Drs. 421/03, S. 15. | 6 Vgl. Begr. RegE, BR-Drs. 421/03, S. 15. | 7 Preis, RdA 1999, 311 ff. | 8 BAG v. 24.3.1983 – 2 AZR 21/82, DB 1983, 1822; v. 18.1.1990 – 2 AZR 357/89, NZA 1990, 730; HK/Dorndorf, § 1 KSchG Rz. 1080; ErfK/Ascheid, § 1 KSchG Rz. 498; Kittner, AuR 1997, 182 (186). | 9 HK/Dorndorf, § 1 KSchG Rz. 1053; Preis in Stahlhacke/Preis/Vossen, Rz. 1073; KR/Etzel, § 1 KSchG Rz. 638; ErfK/Ascheid, § 1 KSchG Rz. 472. | 10 BAG v. 24.3.1983 – 2 AZR 21/82, DB 1983, 1822; v. 18.1.1990 – 2 AZR 357/89, NZA 1990, 730; HK/Dorndorf, § 1 KSchG Rz. 1080; ErfK/Ascheid, § 1 KSchG Rz. 498; Kittner, AuR 1997, 182 (186). | 11 Str., wie hier KR/Etzel, § 1 KSchG Rz. 656 mwN; aA HK/Dorndorf, § 1 KSchG Rz. 1087. | 12 HK/Dorndorf, § 1 KSchG Rz. 1086; Preis, RdA 1999, 311 (317 Fn. 79 mwN); ErfK/Ascheid, § 1 KSchG Rz. 499; Löwisch, § 1 KSchG Rz. 360; APS/Kiel, § 1 KSchG Rz. 724 (mittelbare Frauendiskriminierung); KR/Etzel, § 1 KSchG Rz. 659; aA Berkowsky, NJW 1983, 1296; v. Hoyningen-Huene/Linck, § 1 KSchG Rz. 470; unklar BAG v. 8.8.1985 – 2 AZR 464/84, NZA 1986, 679.

mögen, Mieteinkünfte, Erbschaften, Lottogewinn oder Schulden außer Betracht. Ihre Berücksichtigung würde die Sozialauswahl mit praktisch kaum beherrschbaren Risiken belasten und ist auch nicht ihre Aufgabe[1]. Es fehlt an dem sozialtypischen Bezug zum Arbeitsverhältnis. Auch die Belastung eines ArbN mit Grundschulden auf seinem selbstgenutzten Heim kann keine Beachtung finden. Solche Belastungen drücken sich zT schon in den Unterhaltspflichten aus; soweit sie darüber hinausgehen, sind sie der privaten Lebensgestaltung zuzuordnen.

Die allgemeinen **Chancen auf dem Arbeitsmarkt** sind als Auswahlkriterium problematisch. Grundsätzlich besteht ein Sozialbezug zum Arbeitsverhältnis[2]. Da vergleichbare ArbN im Allgemeinen derselben Berufsgruppe angehören werden, unterscheiden sich ihre Chancen insoweit schon kaum. Ein Altersunterschied ist beim Lebensalter berücksichtigt. Zur Bewertung von Gesundheitsbeeinträchtigungen und ähnlichen Beschränkungen vgl. oben Rz. 382. Sonstige Aspekte bei der Vermittelbarkeit müssen, soweit sie nicht ausnahmsweise Bezug zum Arbeitsverhältnis haben, außer Betracht bleiben[3]. Aspekte aus der Interessenssphäre des **ArbGeb** (zB leistungs-, verhaltens- oder personenbedingte Gesichtspunkte) scheiden als zusätzliche soziale Gesichtspunkte aus; zu betrieblichen Bedürfnissen, die gemäß Abs. 3 Satz 2 zur Abweichung von der Sozialauswahl berechtigen können, vgl. unten Rz. 391 ff. 384

gg) Beurteilungsspielraum. Wegen fehlerhafter Sozialauswahl ist die betriebsbedingte Kündigung nur dann sozial ungerechtfertigt, wenn der ArbGeb bei der Auswahl des ArbN die aufgezählten sozialen Gesichtspunkte „**nicht oder nicht ausreichend**" berücksichtigt hat. Damit gesteht das Gesetz dem ArbGeb einen Beurteilungsspielraum zu[4], den die Rspr. nicht mit abstrakten Vorgaben beschränkt[5]. Es wird genügen, wenn der ArbGeb jeden der vier Auswahlgesichtspunkte in so beachtlichem Umfang berücksichtigt, dass er in der Gesamtbewertung zum Tragen kommt und nicht „untergeht". Dabei darf er „Akzente setzen"[6]. Der Beurteilungsspielraum des ArbGeb erlaubt es, neben den vier Grunddaten **sonstige soziale Gesichtspunkte** für die Auswahl heranzuziehen. Dabei darf aber eine ausreichende Berücksichtigung der vier Grunddaten nicht verloren gehen. Vgl. näher oben Rz. 391 ff. 385

Bestehen zwischen zwei ArbN nur **geringfügige Unterschiede** in der sozialen Schutzbedürftigkeit, halten beide Auswahlentscheidungen einer Überprüfung gemäß § 1 Abs. 3 Stand[7]. Die Auswahlentscheidung muss „vertretbar" sein und braucht nicht unbedingt einer gerichtlichen Auswahl zu entsprechen. Es können daher mehrere Entscheidungen sozial gerechtfertigt sein[8]. Wo die **Geringfügigkeitsgrenze** liegt, lässt sich angesichts der Unwägbarkeiten der Kriterien kaum allgemein sagen. „Grobe Fehlerhaftigkeit" iSv. § 1 Abs. 4 liegt nach hM vor, wenn eines der vier Grundkriterien nicht einbezogen wird oder jede Ausgewogenheit in ihrer Gewichtung fehlt[9]. Nicht mehr „ausreichend" iSv. § 1 Abs. 3 ist die Sozialauswahl dagegen bereits dann, wenn der ArbGeb einen im Hinblick auf die vier Grundkriterien deutlich weniger schutzwürdigen vergleichbaren ArbN verschont hat[10]. Zur Frage der abstrakten und konkreten Gewichtung der Grundkriterien vgl. oben Rz. 368. Die Kündigung ist nicht allein deshalb sozial ungerechtfertigt, weil der ArbGeb den sozial stärkeren ArbN aufgrund **fehlerhafter Überlegungen** entlassen hat[11]. Welche Überlegungen der ArbGeb angestellt hat, ist unerheblich. Zu prüfen ist das Ergebnis seiner Auswahl. Eine fehlerhafte Auswahlüberlegung führt nur dann zur Sozialwidrigkeit der Kündigung, wenn sie sich auf das Ergebnis bei noch gesetzeskonformer Abwägung auswirkt. 386

hh) Punktetabellen. Die gerichtliche Überprüfung der sozialen Auswahl bei einer Kündigung aus betriebsbedingten Gründen hat aufgrund der Besonderheiten des **konkreten Einzelfalles** zu erfolgen. Damit war nach bisheriger Rechtslage die Würdigung allein anhand einer Punktetabelle nicht zu vereinbaren[12]. Unerlässlich war, dass die drei Grundkriterien Betriebszugehörigkeit, Alter und Unterhaltspflichten angemessene Berücksichtigung fanden und die besonderen Umstände des Einzelfalles, wozu eine etwaige Schwerbehinderung rechnete, in einer abschließenden individuellen Überprüfung gewürdigt wurden[13]. Insbesondere bei Massenentlassungen waren Punktetabellen so nur ein wichtiges Hilfsmittel des ArbGeb bei der Vorauswahl. 387

Auch nach der zum 1.1.2004 in Kraft getretenen Beschränkung auf vier Sozialdaten wird die individuelle Abschlussprüfung bei Anwendung von Punktetabellen nicht überflüssig[14]. Der ArbGeb braucht zwar sonstige soziale Gesichtspunkte nicht mehr zu berücksichtigen, so dass allein mit ausreichender 388

---

1 HK/*Dorndorf*, § 1 KSchG Rz. 1084 (str.). | 2 BAG v. 24.3.1983 – 2 AZR 21/82, BB 1983, 1665; str., vgl. HK/*Dorndorf*, § 1 KSchG Rz. 1081 mwN. | 3 So auch ErfK/*Ascheid*, § 1 KSchG Rz. 500; aA KR/*Etzel*, § 1 KSchG Rz. 657 mwN. | 4 BAG v. 18.10.1984 – 2 AZR 543/83, NZA 1985, 423; v. 25.4.1985 – 2 AZR 140/84, NZA 1986, 64; v. *13.6.1986* – 7 *AZR 623/84*, BB 1987, 475; v. 18.1.1990 – 2 AZR 357/89, NZA 1990, 729; v. 5.12.2002 – 2 AZR 549/01, NZA 2003, 791 ff. | 5 BAG v. 5.12.2002 – 2 AZR 549/01, NZA 2003, 791 ff. | 6 BAG v. 5.12.2002 – 2 AZR 549/01, NZA 2003, 791 ff. (Unterhaltspflichten; Ehepartner). | 7 BAG v. 18.10.1984 – 2 AZR 543/83, NZA 1985, 423. | 8 BAG v. 5.12.2002 – 2 AZR 549/01, NZA 2003, 791 ff. | 9 BAG v. 2.12.1999 – 2 AZR 757/98, NZA 2000, 531; *Preis*, RdA 1999, 311, 320 mwN. | 10 BAG v. 25.4.1985 – 2 AZR 140/84, NZA 1986, 64; v. 18.10.1984 – 2 AZR 543/83, NZA 1985, 423; abweichend KR/*Etzel*, § 1 KSchG Rz. 669 (gleich bedeutend mit „grob fehlerhaft"). | 11 LAG Köln v. 3.5.2000 – 2 Sa 252/00 u. LAG Nds. v. 11.6.2001 – 5 Sa 1832/00, LAGE § 1 KSchG – Soziale Auswahl Nr. 33 u. Nr. 37; APS/*Kiel*, § 1 KSchG Rz. 776. | 12 BAG v. 24.3.1983 – 2 AZR 21/82, BB 1983, 1665. | 13 BAG v. 18.1.1990 – 2 AZR 357/89, NZA 1990, 729; v. 5.12.2002 – 2 AZR 549/01, NZA 2003, 791 ff. | 14 *Quecke*, RdA 2004, 86 (88); aA KR/*Etzel*, 5. Aufl. § 1 KSchG Rz. 700.

KSchG § 1 Rz. 389   Sozial ungerechtfertigte Kündigungen

Gewichtung der vier Grunddaten idR die sozial schutzwürdigsten ArbN ermittelt werden können. Bei jeder Anwendung eines Schemas können jedoch Grenzfälle auftreten, die bei isolierter Betrachtung zu unangemessen Ergebnissen führen und der Korrektur bedürfen[1] (vgl. das Beispiel Rz. 389). Die Festlegungen in **Auswahlrichtlinien** eines TV, einer BV oder nach einem Personalvertretungsgesetz, wie die sozialen Gesichtspunkte nach Abs. 3 Satz 1 im Verhältnis zueinander zu bewerten sind, unterliegt gemäß § 1 Abs. 4 nur der Prüfung auf grobe Fehlerhaftigkeit (vgl. dazu unten Rz. 412 f.).

389 Eine **Vorauswahl** anhand des nachfolgenden Punkteschemas, das nicht der nur eingeschränkten Prüfung von Auswahlrichtlinien nach § 1 Abs. 4 nF unterlag, hat das BAG für noch geeignet gehalten[2].

Betriebszugehörigkeit	Bis 10 Jahre je Dienstjahr	1 Punkt
	Ab dem 11. Jahr bis maximal zum 55. Lebensjahr je Dienstjahr	2 Punkte
	Maximal	70 Punkte
Lebensalter	Je Lebensjahr bis maximal zum 55. Lebensjahr	1 Punkt
Unterhaltspflichten	Ehepartner	8 Punkte
	Kind	4 Punkte

Ein Grad der Behinderung (GdB) von 50 wurde zusätzlich mit 5 Punkten bewertet (und für jeweils weitere 10 GdB mit einem weiteren Punkt). Das Punkteschema wird der neuen Rechtslage erst recht genügen, aber auch hier (außerhalb von Abs. 4 u. 5) nicht ohne abschließende individuelle Prüfung[3]. Auch das nachfolgende Punkteschema[4] wird der sozialen Auswahl nach Abs. 3 Satz 1 nF genügen, allerdings muss die Schwerbehinderung zumindest in einer abschließenden Einzelfallprüfung ausreichend berücksichtigt werden.

Betriebszugehörigkeit	Je Jahr	3 Punkte
Lebensalter	Je Lebensjahr	1 Punkt
Unterhaltspflichten	Je Person	10 Punkte

390 ii) **Rechtslage bis zum 31.12.2003.** Für Kündigungen, die bis zum 31.12.2003 zugingen, gilt das KSchG idF des sog. Korrekturengesetzes v. 19.12.1998 (vgl. Vorb. vor § 1 Rz. 5). Von der vorstehend unter c) dargestellten Rechtslage der **sozialen Gesichtspunkte und ihrer Bewertung** gemäß § 1 Abs. 3 Satz 1 (Rz. 367–389) unterscheidet es sich allein durch die fehlende Begrenzung der Auswahlgesichtspunkte. Neben Betriebszugehörigkeit, Lebensalter, Unterhaltspflichten und Schwerbehinderung[5] (vgl. hierzu jeweils oben) waren daher grundsätzlich „alle sozial beachtenswerten Umstände" für die Auswahl **obligatorisch** zu berücksichtigen[6]. Doch hatte sich bereits eine zunehmende Tendenz zur Begrenzung sozialer Auswahlkriterien auf solche mit konkretem Bezug zum Arbeitsverhältnis herausgebildet[7]. Zu den Auswahlkriterien vgl. näher oben Rz. 381 ff. (sie können nach der Neuregelung **fakultativ** im Rahmen des Beurteilungsspielraums herangezogen werden). Die fehlende Begrenzung auf vier Kriterien hatte ferner bei Anwendung sog. Punktetabellen für die Sozialauswahl eine abschließende Einzelfallprüfung unerlässlich gemacht (vgl. hierzu oben Rz. 387).

391 d) **Nichteinbeziehung von ArbN in die Sozialauswahl (Abs. 3 Satz 2). aa) Allgemeines.** Nach der am 1.1.2004 in Kraft getretenen **Neuregelung** des § 1 Abs. 3 Satz 2 sind in die Sozialauswahl ArbN nicht einzubeziehen, deren Weiterbeschäftigung, insb. wegen ihrer Kenntnisse, Fähigkeiten und Leistungen oder zur Sicherung einer ausgewogenen Personalstruktur des Betriebes, im berechtigten betrieblichen Interesse liegt. Das entspricht wortgleich der Regelung im KSchG 1996. Maßgeblich für die Anwendung der Neufassung ist der Zeitpunkt des Zugangs der Kündigung[8]. Zur Rechtslage bei Kündigungen mit Zugangszeitpunkt bis zum 31.12.2003 vgl. unten Rz. 405. **Zweck** der Neuregelung ist es nach der Entwurfsbegründung, im Interesse der Erhaltung der Leistungsfähigkeit des Betriebes die betrieblichen

---

1 BAG v. 18.1.1990 – 2 AZR 357/89, AP Nr. 19 zu § 1 KSchG 1969 – Soziale Auswahl. | 2 BAG v. 18.1.1990 – 2 AZR 357/89, NZA 1990, 729; bestätigt durch BAG v. 5.12.2002 – 2 AZR 549/01, NZA 2003, 791 ff.; abl. LAG Nds. v. 11.6.2001 – 5 Sa 1832/00, LAGE § 1 KSchG – Soziale Auswahl Nr. 37; v. Hoyningen-Huene/Linck, DB 1997, 44. | 3 Es erscheint bspw. unangemessen, einen verheirateten ArbN von 50 Jahren mit einem Jahr Betriebszugehörigkeit einem 40-jährigen ledigen ArbN mit 14 Jahren Betriebszugehörigkeit vorzuziehen; vgl. auch v. Hoyningen-Huene/Linck, DB 1997, 41 (44); anders KR/Etzel, § 1 KSchG Rz. 670. | 4 Nach KR/Etzel, § 1 KSchG Rz. 672. | 5 Schon nach bisheriger Rspr. führte eine Schwerbehinderung zu erhöhter sozialer Schutzbedürftigkeit des ArbN, sofern er überhaupt in die Sozialauswahl einzubeziehen war, vgl. BAG v. 24.3.1983 – 2 AZR 21/82, AP Nr. 12 zu § 1 KSchG – Betriebsbedingte Kündigung; Bütefisch, Die Sozialauswahl, 2000, S. 248 ff. mwN. | 6 BAG v. 24.3.1983 – 2 AZR 21/82, AP Nr. 12 zu § 1 KSchG 1969 – Betriebsbedingte Kündigung. | 7 Preis, RdA 1999, 311 ff. | 8 BAG v. 21.1.1999 – 2 AZR 624/98, NZA 1999, 866 (zum Übergang auf das am 1.10.1996 in Kraft getretene Arbeitsrechtliche Beschäftigungsförderungsgesetz v. 25.9.1996 = KSchG 1996).

Erfordernisse gegenüber sozialen Gesichtspunkten stärker zu betonen[1]. Zum **Prüfungsaufbau** war seit dem KSchG 1996 streitig, ob nach Abs. 3 Satz 2 ArbN bereits von vornherein nicht in die Sozialauswahl „einzubeziehen" oder erst nach Bildung einer sozialen Rangfolge wieder davon auszunehmen waren, wie es der bisherigen Rechtslage entsprach. Das BAG hat die Frage im letztgenannten Sinne entschieden, so dass sich die Rechtslage an dieser Stelle nicht geändert hat[2]. Danach ist zunächst eine soziale Reihung unter den vergleichbaren ArbN vorzunehmen, die dann auch maßgeblich ist, wenn für die Nichteinbeziehung nach Abs. 3 Satz 2 aus mehreren ArbN eine Auswahl zu treffen ist[3].

bb) Berechtigte betriebliche Interessen. Zu den „**betrieblichen**" Interessen zählen, wie bei der Vorgängerregelung noch ausdrücklich benannt, sowohl betriebstechnische als auch wirtschaftliche Interessen. Schon die Vorgängerbestimmung fasste beides als „betriebliche" Aspekte auf[4]. Mit der Absicht des Gesetzgebers, gegenüber der abgelösten Regelung betriebliche Interessen zur Erhaltung der Leistungsfähigkeit stärker zu betonen (vgl. Rz. 391), stünde eine Begrenzung auf rein betriebstechnische Interessen in Widerspruch. Das betriebliche Interesse an der Weiterbeschäftigung muss „**berechtigt**" sein. Die Zielsetzung des Gesetzes, die Möglichkeit für eine Herausnahme von ArbN aus der Sozialauswahl zu erweitern, schlägt sich im Wortlaut nieder. Nach bisheriger Regelung mussten „berechtigte" betriebliche Bedürfnisse die Weiterbeschäftigung eines oder mehrerer bestimmter ArbN bedingen und damit einer Sozialauswahl „entgegenstehen". Die Begrenzung auf einzelne ArbN, das Bedingtsein durch Bedürfnisse und das Erfordernis des „Entgegenstehens" sind entfallen. 392

Unverändert ist dagegen das **Regel-Ausnahme-Verhältnis** zwischen dem Grundsatz der Sozialauswahl und der Nichteinbeziehung in die Auswahl[5]. Auch erachtet das Gesetz nicht jedes Interesse des ArbGeb für ausreichend, sondern verlangt „berechtigte". Nach der Rspr. kann die Berechtigung betrieblicher Interessen – wie nach hM schon bisher in Bezug auf betriebliche Bedürfnisse (vgl. Rz. 405) – nur aufgrund einer **Abwägung** mit dem jeweiligen konkreten Schutzinteresse der sozial schwächeren ArbN festgestellt werden. Je schwerer dabei das soziale Interesse wiegt, umso gewichtiger müssen die Gründe für eine Ausklammerung aus der Sozialauswahl sein[6]. Doch werden nach der Neuregelung solche Gründe nicht erst – wie bisher – in Betracht kommen, wenn auf die Weiterbeschäftigung eines ArbN „im Interesse eines geordneten Betriebsablaufs nicht verzichtet werden kann"[7]. Andererseits werden reine **Nützlichkeitserwägungen** nach wie vor nicht ausreichen, sonst könnte sogleich nach Leistung ausgewählt werden, zumal die Neufassung eine Nichteinbeziehung nicht mehr auf „einen oder mehrere bestimmte" ArbN begrenzt. Eine Leistungsauswahl widerspräche dem Regel-Ausnahme-Verhältnis. Würde aber bei Auswahl nach sozialen Gesichtspunkten die **Leistungsfähigkeit des Betriebes** beeinträchtigt, besteht ein berechtigtes betriebliches Interesse für die Ausklammerung von ArbN, deren Weiterbeschäftigung die Leistungsfähigkeit sichern kann[8]. Bei diesem Befund hat sich die Rechtslage mit der Neufassung von Abs. 3 Satz 2 allerdings nur geringfügig geändert[9]. 393

Auf berechtigte betriebliche Interessen, die die Weiterbeschäftigung bestimmter ArbN bedingen, kann sich **nur der ArbGeb** berufen. Sie müssen – im Rahmen des vorgegebenen unternehmerischen Konzepts – objektiv vorteilhaft sein. Dies unterliegt einer gerichtlichen Kontrolle auf Plausibilität[10]. Dem ArbGeb ist insoweit auch kein Beurteilungsspielraum einzuräumen; ob ein Interesse berechtigt ist, ist eine Rechtsfrage[11]. Weder ein ArbN noch das ArbG können bestimmen, was betrieblich von Interesse ist[12]. Hat der ArbGeb aber die Weiterbeschäftigung eines sozial stärkeren ArbN mit einem bestimmten betrieblichen Interesse gerechtfertigt, werden sich in gleicher Lage auch andere ArbN ihm gegenüber auf dieses Bedürfnis berufen können (sog. Selbstbindung)[13]. Hieran hat die Neufassung von Abs. 3 Satz 2 nichts geändert. 394

cc) Einzelfälle berechtigter betrieblicher Interessen. Erhebliche Leistungsunterschiede können zur Erhaltung der Leistungsfähigkeit des Betriebes eine Abweichung von der Sozialauswahl rechtfertigen. Zu beachten ist der Ausnahmecharakter der Regelung. Die Sozialauswahl darf nicht zu einer Leistungsauswahl geraten. Die erheblichen Leistungsunterschiede wie auch ihre Bedeutung für den Betrieb sind vom 395

---

1 So die Begr. des Entwurfs in BT-Drs. 15/1204 v. 24.6.2003, S. 15; ebenso die Begr. zum gleich lautenden KSchG 1996, Begr. RegE, BT-Drs. 13/4612, S. 8 f. | 2 BAG v. 12.4.2002 – 2 AZR 706/00, AP Nr. 56 zu § 1 KSchG 1969 – Soziale Auswahl. | 3 Die Gegenansicht hat hier Abs. 3 Satz 2 analog angewendet, vgl. KR/*Etzel*, 5. Aufl. § 1 KSchG Rz. 650. | 4 Vgl. § 1 Abs. 3 Satz 2 aF: „... und sonstige betriebliche Bedürfnisse ...". | 5 BAG v. 12.4.2002 – 2 AZR 706/00, AP Nr. 56 zu § 1 KSchG 1969 – Soziale Auswahl; *Preis*, NZA 1997, 1073 (1084). | 6 BAG v. 12.4.2002 – 2 AZR 706/00, AP Nr. 56 zu § 1 KSchG 1969 – Soziale Auswahl; *Quecke*, RdA 2004, 86 (88); sehr str., vgl. zuletzt dagegen *Willemsen/Annuß*, NJW 2004, 177 (179); *Bader*, NZA 2004, 65 (73 f.) und *Thüsing/Stelljes*, BB 2003, 1673 (1675): Durch eine solche Abwägung würde die Handhabung der Vorschrift entgegen ihrer Zielsetzung erschwert; der Gefahr eines Leerlaufens der Sozialauswahl sei durch Anerkennung nur solcher Interessen zu begegnen, die in Anbetracht der generellen Bedeutung der Sozialauswahl von „einiger Erheblichkeit" für den Betrieb sind. | 7 So die Rspr. zur früheren Rechtslage, BAG v. 24.3.1983 – 2 AZR 21/82, BB 1983, 1665; v. 18.10.1984 – 2 AZR 543/83, NZA 1985, 423; v. 25.4.1985 – 2 AZR 140/84, NZA 1986, 64. | 8 So die Entwurfsbegründung der Fraktionen SPD und BÜNDNIS 90/DIE GRÜNEN, BT-Drs. 15/1204, S. 15. | 9 Ebenso zum KSchG 1996 *Löwisch*, NZA 1996, 1009 (1011); *Preis*, NJW 1996, 3369 (3371). | 10 Kontrolle nur auf Willkür, *Fischermeier*, NZA 1997, 1089 (1092). | 11 HK/*Dorndorf*, § 1 KSchG Rz. 1106; aA KR/*Etzel*, 5. Aufl., § 1 KSchG Rz. 653. | 12 HM, vgl. HK/*Dorndorf*, § 1 KSchG Rz. 1101 mwN. | 13 HK/*Dorndorf*, § 1 KSchG Rz. 1101 mwN.

ArbGeb im Einzelnen darzulegen und zu beweisen[1]. Anders als nach bisheriger Rechtslage wird die Nichteinbeziehung leistungsstarker ArbN nicht notwendig auf Einzelfälle begrenzt bleiben müssen (etwa bei sonst drohendem Verlust der betrieblichen Leistungsfähigkeit). Doch kann auch ein erheblich leistungsfähigerer ArbN nicht stets gehalten werden. Damit der Grundsatz der Sozialauswahl nicht zur Ausnahme wird, müssen auf dem fortbestehenden Arbeitsplatz die erheblichen Leistungsunterschiede dem Betrieb nicht unerhebliche Vorteile bringen[2]. Die allgemeine Vorteilhaftigkeit höherer Leistungsfähigkeit genügt nicht. Entsprechendes gilt für sog. Leistungsträger sowie für ArbN auf Schlüsselpositionen.

396 **Besondere Kenntnisse, Fähigkeiten** und Qualifikationen werden häufig schon der Vergleichbarkeit der ArbN entgegenstehen (vgl. oben Rz. 356 ff.). Anders, wenn sie für die „reguläre" Arbeitsaufgabe nicht benötigt werden. Sie können dann jedoch gemäß § 1 Abs. 3 Satz 2 zur Herausnahme dieser ArbN aus der Sozialauswahl berechtigen, etwa wenn von Zeit zu Zeit ein betrieblicher Bedarf für diese Fähigkeiten besteht[3], so bei vielseitiger Verwendbarkeit[4] eines ArbN als Springer oder auswärts oder bei Spezialkenntnissen, die nur gelegentlich im Betrieb gefragt sind (zB Fremdsprachen oder EDV-Kenntnisse)[5]. Besondere Kundenkontakte, die mit der Person eines ArbN verknüpft sind und für den Betrieb wirtschaftliche Bedeutung haben, können ebenfalls ein Abweichen von der Sozialauswahl rechtfertigen[6]. Die geplante Übertragung einer **Führungsaufgabe** kann die Herausnahme aus der Sozialauswahl bedingen, wenn sie hinreichend konkret und zeitlich absehbar ist[7]. Für die geplante Übertragung müssen greifbare Anhaltspunkte bestehen, etwa die Entsendung zu Fortbildungen durch den ArbGeb oder die vertretungsweise Übernahme der Aufgaben in der Vergangenheit[8].

397 Häufige **krankheitsbedingte Fehlzeiten** eines ArbN können die Weiterbeschäftigung eines anderen ArbN entgegen der Sozialauswahl gemäß § 1 Abs. 3 Satz 2 grundsätzlich nicht rechtfertigen[9]. Auch nach der Neufassung des Gesetzes findet **keine „Negativ-Auswahl"** statt. Ein berechtigtes betriebliches Interesse mag ausnahmsweise in Betracht kommen, wenn sonst ein weniger krankheitsanfälliger Kollege gekündigt werden müsste und dadurch die betriebliche Leistungsfähigkeit konkret und ernstlich beeinträchtigt würde, weil die verbleibende Tätigkeit aus besonderen Gründen eine gesteigerte Zuverlässigkeit und Präsenz erfordert. Ggf. ist ein häufig erkrankter ArbN für diese Tätigkeit ungeeignet, so dass der dort bisher beschäftigte ArbN nicht zum Kreis der mit dem kränkelnden ArbN vergleichbaren Beschäftigten gehört (vgl. oben Rz. 356 ff.). Auch **Gründe im Verhalten** eines ArbN können in dieser Allgemeinheit kein berechtigtes Interesse für die Weiterbeschäftigung eines anderen entgegen der Sozialauswahl darstellen. Zu erheblichen Leistungsunterschieden, vielseitiger Verwendbarkeit etc. vgl. oben Rz. 395 ff.

398 Die mit jeder sozialen Auswahl bei einer **Massenkündigung** im Rahmen der Stilllegung eines Betriebsteils verbundenen Schwierigkeiten können berechtigte betriebliche Interessen zur Weiterbeschäftigung von ArbN darstellen. Diese Schwierigkeiten erlauben es dem ArbGeb aber nicht, von einer Auswahl nach sozialen Gesichtspunkten völlig abzusehen. Er muss vielmehr darlegen und ggf. unter Beweis stellen, wie viele vergleichbare ArbN zwischen den verschiedenen Betriebsteilen ausgetauscht werden können, ohne dass der ordnungsgemäße Ablauf des Betriebs gestört wird. Die danach aus betrieblichen Gründen nicht austauschbaren ArbN sind in den jeweiligen Betriebsteilen nach sozialen Gesichtspunkten auszuwählen. Unter den übrigen vergleichbaren ArbN ist betriebsweit die Sozialauswahl durchzuführen[10].

399 dd) **Ausgewogene Personalstruktur.** Die Auswahl nach sozialen Gesichtspunkten kann insb. bei Massenentlassungen zu starken **Verzerrungen** der Personalstruktur führen. Ein berechtigtes betriebliches Interesse zur Nichteinbeziehung von ArbN in die Sozialauswahl kann daher gemäß Abs. 3 Satz 2 auch die Sicherung einer ausgewogenen Personalstruktur sein. Sicherung der Personalstruktur bedeutet ihre **Erhaltung**, nicht auch – wie nach § 125 InsO in der Insolvenz – ihre Schaffung[11]. Erhalten werden soll die bisherige Personalstruktur; ob sie tatsächlich „ausgewogen" war, ist unerheblich[12]. Das Gesetz will eine Beeinträchtigung der Leistungsfähigkeit des Betriebes verhindern (vgl. oben Rz. 391); es macht keinen Sinn, dies einem in seiner Personalstruktur bereits angeschlagenen Betrieb zu versagen, zumal sich die Ausgewogenheit einer Personalstruktur nicht abstrakt definieren lässt.

400 Der Begriff „**Personalstruktur**" umfasst nicht nur die Altersstruktur, sondern die Zusammensetzung der Belegschaft nach personalen Merkmalen[13]. In Betracht kommen zB Geschlecht[14], Qualifikation

---

1 BAG v. 24.3.1983 – 2 AZR 21/82, BB 1983, 1665; v. 20.10.1983 – 2 AZR 211/82, BB 1984, 671. | 2 ZB der „Starverkäufer" eines Autohauses; idS auch *Preis* in Stahlhacke/Preis/Vossen, Rz. 1125 f. | 3 BAG v. 25.4.1985 – 2 AZR 140/84, DB 1985, 2205. | 4 Ist sie nicht nur gelegentlich nützlich, sondern mit dem vorgesehenen Einsatz notwendig verbunden, dürfte es bereits an der Vergleichbarkeit der ArbN fehlen. | 5 LAG Hamm v. 5.2.1987 – 10 Sa 1500/86, LAGE § 1 KSchG – Soziale Auswahl Nr. 2. | 6 *Preis*, RdA 1999, 311 (319). | 7 LAG Hamm v. 5.2.1987 – 10 Sa 1500/86, LAGE § 1 KSchG – Soziale Auswahl Nr. 2 – betreffend einen Betriebsmeister in spe. | 8 *Preis*, RdA 1999, 311 (318). | 9 BAG v. 24.3.1983 – 2 AZR 21/82, BB 1983, 1665. | 10 BAG v. 25.4.1985 – 2 AZR 140/84, DB 1985, 2205; LAG Hamm v. 26.9.2001 – 3 Sa 916/01, AP Nr. 40 zu § 95 BetrVG 1972; *Preis* in Stahlhacke/Preis/Vossen, Rz. 1138 f. | 11 Ganz hM, vgl. auch BAG v. 23.11.2000 – 2 AZR 533/99, NZA 2001, 601, unter B III 4 a d.Gr.; *Willemsen/Annuß*, NJW 2004, 177 (179); *Quecke*, RdA 2004, 86 (88); KR/*Etzel*, 5. Aufl., § 1 KSchG Rz. 654 mwN. | 12 HM, KR/*Etzel*, 5. Aufl., § 1 KSchG Rz. 655; *Fischermeier*, NZA 1997, 1089 (1093); aA *Bader*, NZA 1996, 1129. | 13 Insoweit ähnlich KR/*Etzel*, 5. Aufl., § 1 KSchG Rz. 656; zweifelnd *Preis*, NZA 1997, 1073 (1084); *Lakies*, NJ 1997, 124. | 14 Zutr. KR/*Etzel*, 5. Aufl., § 1 KSchG Rz. 663; aA *Preis*, NZA 1997, 1073 (1084); *Fischermeier*, NZA 1997, 1089 (1093).

und Ausbildung. Zu beachten sind Diskriminierungsverbote (etwa Art. 3 Abs. 3, 9 Abs. 3 Satz 2 GG, § 611a BGB). Kein Merkmal der Personalstruktur sind etwa Leistungsstärke, Vertragstreue und Häufigkeit krankheitsbedingter Fehlzeiten[1]. Es handelt sich vielmehr um veränderliche Daten der einzelnen ArbN, die nicht zu der Struktur, dh. dem Gefüge, dem inneren Aufbau oder den anhaftenden Kennzeichen der Belegschaft gehören. Maßgeblich ist die Personalstruktur des Betriebes, nicht des Unternehmens („betriebliche" Interessen). Welche Merkmale er erhalten will, **entscheidet allein der ArbGeb**. Sie müssen – im Rahmen des vorgegebenen unternehmerischen Konzepts – objektiv vorteilhaft sein. Dies unterliegt einer gerichtlichen Kontrolle auf Plausibilität, nicht nur auf Willkür[2].

Voraussetzung für ein berechtigtes betriebliches Interesse iSv. Abs. 3 Satz 2 ist, dass sich die Personalstruktur bei Einhaltung der Grundsätze der Sozialauswahl nachteilig verändern würde. Erforderlich ist ein Vergleich der Struktur in den jeweiligen Auswahlgruppen vor und nach einer (hypothetischen) Sozialauswahl. Regelmäßig wird eine erhebliche Veränderung der Zusammensetzung der Belegschaft nur bei Massenentlassungen iSv. § 17 auftreten. Die nachteiligen Auswirkungen der Veränderung sind konkret aufzuzeigen (etwa absehbare Pensionierungswelle, Verlust von Know-how oder sonstige besondere betriebliche Interessen an der Erhaltung eines bestimmten Personalaufbaus). Die Berechtigung betrieblicher Interessen kann nach der Rspr. grundsätzlich nur aufgrund einer **Abwägung** mit dem jeweiligen konkreten Schutzinteresse des sozial schwächeren ArbN festgestellt werden. Je schwerer dabei das soziale Interesse wiegt, umso gewichtiger müssen die Gründe für eine Ausklammerung aus der Sozialauswahl sein[3]. Die Erhaltung einer Personalstruktur ist idR mit erheblichen Abweichungen von der Sozialauswahl verbunden (vgl. unten Rz. 404). Sie wird daher nur in Betracht kommen, wo eine erhebliche Verzerrung droht. 401

Das mit Abstand wichtigste Strukturmerkmal für Abs. 3 Satz 2 ist das **Alter**. Gerade die Altersstruktur wird durch die Sozialauswahl – etwa bei Massenentlassungen – verzerrt, da die Auswahlkriterien ein höheres Lebensalter begünstigen. Bei anderen Strukturmerkmalen wird eine Veränderung der Ausgewogenheit eher zufällig auftreten. Das BAG hat in der Erhaltung einer ausgewogenen Altersstruktur bei der Entlassung von 66 von 150 Erzieherinnen ein berechtigtes betriebliches Interesse iSv. § 1 Abs. 3 Satz 2 anerkannt, das ein Abweichen von der Sozialauswahl rechtfertigen konnte[4]. Die Diskriminierungs-RL 2000/78 EG[5] steht nicht entgegen, da es nicht um eine Diskriminierung, sondern um die Einschränkung eines besonderen Schutzes geht[6]. Geht es um die Erhaltung der Altersstruktur, ist zur **praktischen Umsetzung** eine Untergliederung der Auswahlgruppen in Altersgruppen sinnvoll. Die vergleichbaren ArbN werden etwa in die Gruppen der bis 30-jährigen, der 31- bis 40-jährigen, der 41- bis 50-jährigen, der 51- bis 60-jährigen und der älter als 60-jährigen eingeteilt[7]. Sodann ist entsprechend der Gesamtkündigungsquote aus den jeweiligen Altersgruppen nach sozialen Gesichtspunkten auszuwählen. 402

Beispiel: Es handelt sich um eine Auswahlgruppe von 50 Erzieherinnen, von denen 20 zu entlassen sind (Quote: 40 %). Damit sind 40 % der ArbN jeder Altersgruppe von Kündigung bedroht. 403

Altersgruppen	Anzahl der ArbN	Kündigungen (40 %)
Bis 30 Jahre	10	4
31 – 40 Jahre	20	8
41 – 50 Jahre	15	6
51 – 60 Jahre	4	~ 2
61 – 65 Jahre	1	~ 0
Gesamt	50	20

Bei diesem Vorgehen bleibt der Altersaufbau im Wesentlichen unverändert. Innerhalb der Altersgruppen ist die jeweilige Anzahl der zu Kündigenden nach sozialen Gesichtspunkten auszuwählen. Es wird deutlich, dass die **Abweichung** von der regulären Sozialauswahl bei diesem Vorgehen erheblich ist, insb. werden die Kriterien Betriebszugehörigkeit und Lebensalter stark vernachlässigt. Dies wird nur bei sonst drohenden erheblichen Verzerrungen des Altersaufbaus mit konkret nachteiligen betrieblichen Folgen gerechtfertigt sein[8]. Erhebliche Bedeutung kommt dabei dem Zuschnitt der Alters- 404

---

[1] So aber KR/*Etzel*, 5. Aufl., § 1 KSchG Rz. 660 ff. | [2] Nach KR/*Etzel*, 5. Aufl., § 1 KSchG Rz. 665 besteht für den ArbGeb ein Beurteilungsspielraum. | [3] BAG v. 12.4.2002 – 2 AZR 706/00, AP Nr. 56 zu § 1 KSchG 1969 – Soziale Auswahl; sehr str., vgl. oben Rz. 393; abzulehnen LAG Düsseldorf v. 17.3.2000 – 9 (6) Sa 84/00, LAGE § 1 KSchG – Soziale Auswahl Nr. 32, wonach der Entschluss des ArbGeb zur Erhaltung der Altersstruktur keiner weiteren Begründung bedürfe. | [4] BAG v. 23.11.2000 – 2 AZR 533/99, AP Nr. 114 zu § 1 KSchG 1969 (*Bütefisch*). | [5] ABl. 2000 I 303/16. | [6] Ebenso im Ergebnis *Bauer*, NJW 2001, 2672 (2674); aA *Weber*, AuR 2002, 401 (404). | [7] Ähnlich BAG v. 23.11.2000 – 2 AZR 533/99, AP Nr. 114 zu § 1 KSchG 1969 (*Bütefisch*); vgl. auch KR/*Etzel*, § 1 KSchG Rz. 678; ErfK/*Ascheid*, § 1 KSchG Rz. 512. | [8] BAG v. 23.11.2000 – 2 AZR 533/99, AP Nr. 114 zu § 1 KSchG 1969 (*Bütefisch*) (66 von 150 Erzieherinnen wurden entlassen); BAG v. 12.4.2002 – 2 AZR 706/00, AP Nr. 56 zu § 1 KSchG 1969 – Soziale Auswahl.

gruppen zu. Er sollte nicht zu grob[1], aber auch nicht zu fein sein[2]. Allgemein gilt: Je größer die Anzahl der Altersgruppen, desto stärker ist die Abweichung von der Sozialauswahl. Eine Aufteilung in Dekaden (wie im Beispiel oben) dürfte idR noch angemessen sein.

405 **ee) Rechtslage bis zum 31.12.2003.** Für Kündigungen, die bis zum 31.12.2003 zugingen, gilt das KSchG idF des sog. Korrekturengesetzes v. 19.12.1998 (vgl. Vorb. vor § 1 Rz. 5). Von der vorstehend unter d) dargestellten Rechtslage der **Nichteinbeziehung von ArbN in die Sozialauswahl** gemäß § 1 Abs. 3 Satz 2 (Rz. 391–404) unterscheidet es sich durch einen enger gefassten Wortlaut. Es musste die Weiterbeschäftigung eines oder mehrerer bestimmter ArbN durch berechtigte betriebliche Bedürfnisse bedingt sein und damit einer Sozialauswahl entgegenstehen. Daraus resultieren nach zutreffender Auffassung aber eher geringfügige Abweichungen gegenüber der Neufassung (vgl. oben Rz. 393). Das BAG hatte einerseits reine Nützlichkeitserwägungen als berechtigtes betriebliches Bedürfnis nicht genügen lassen, verlangte aber andererseits auch nicht (mehr) eine „betriebliche Zwangslage". Maßgeblich sollte sein, ob eine Weiterbeschäftigung **im Interesse eines ordnungsgemäßen Betriebsablaufs erforderlich** ist[3]. Das berechtigte betriebliche Bedürfnis musste einer Sozialauswahl „entgegenstehen" (§ 1 Abs. 3 Satz 2). Das war aufgrund einer **Abwägung** zwischen der sozialen Schutzbedürftigkeit einerseits und dem betrieblichen Bedürfnis andererseits festzustellen. Je größer die soziale Schutzbedürftigkeit, desto höhere Anforderungen galten für das betriebliche Bedürfnis[4]. Der ArbGeb hatte keinen Beurteilungsspielraum. Er bestimmte zwar die betrieblichen Bedürfnisse. Ob sie – unter Respektierung des unternehmerischen Konzepts – berechtigt waren und der Sozialauswahl entgegenstanden, war aber eine gerichtlich voll nachprüfbare Frage[5]. Kamen mehrere ArbN in Betracht, deren Weiterbeschäftigung dem berechtigten betrieblichen Bedürfnis abhelfen könnte, war nach sozialen Gesichtspunkten auszuwählen[6]. Streitig war, ob der ArbGeb zur Erhaltung (nicht Herstellung) einer **ausgewogenen Altersstruktur** von den Grundsätzen der Sozialauswahl abweichen durfte. Die hM hat dies bejaht[7]. Im Übrigen kann auf die vorstehenden Erläuterungen zur Neufassung des Gesetzes und die dort mitgeteilte Rspr. zur bisherigen Fassung verwiesen werden.

406 **e) Auswahlrichtlinien (Abs. 4). aa) Allgemeines.** Die am 1.1.2004 in Kraft getretene Fassung des Abs. 4 kehrt wieder zum Rechtszustand des KSchG 1996 zurück[8]. Zu der vom 1.1.1999 bis zum 31.12.2003 geltenden **Vorgängerfassung** des § 1 Abs. 4 nach dem sog. Korrekturengesetz vgl. Rz. 417. Bis zum 30.9.1996 galten für Auswahlrichtlinien grundsätzlich keine Besonderheiten; die Rspr. gestand ihnen allerdings schon auf damaliger Rechtsgrundlage einen weiten Beurteilungsspielraum zu[9]. Die Neufassung des Abs. 4 findet **Anwendung** auf Kündigungen, die nach dem 31.12.2003 zugehen. Die Auswahlrichtlinie, auf der sie beruhen, kann älter sein. Abs. 4 knüpft an ihr Bestehen für Kündigungen, die nach seinem In-Kraft-Treten am 1.1.2004 wirksam werden, die angeordnete Rechtsfolge[10]. Die **Auslegung** der Norm bereitet Schwierigkeiten. Sie fordert auf der Tatbestandsseite Festlegungen über eine Bewertung in einer Auswahlrichtlinie und ordnet auf der Rechtsfolgeseite eine nur begrenzte Prüfung der Bewertung auf grobe Fehlerhaftigkeit an. Der Bezug zur konkreten Kündigung bleibt unklar, insb. wie die tarifliche Richtlinie für das betroffene Arbeitsverhältnis gelten muss, ob sich mit der Begrenzung des Prüfungsmaßstabs auch materiellrechtlich der Beurteilungsspielraum für die Gestaltung der Richtlinie erweitert hat und ob sich der begrenzte Prüfungsmaßstab auf die Richtlinie oder die – gar nicht erwähnte – Kündigung oder beide bezieht.

407 **bb) Wirksame Auswahlrichtlinie. Voraussetzung** für die Anwendung des § 1 Abs. 4 ist grundsätzlich eine rechtswirksame Richtlinie. Sie muss wirksam zustande gekommen sein und darf nicht gegen zwingende Gesetze, etwa solche zum Schutze vor Diskriminierungen, verstoßen[11]. Abs. 4 regelt nicht den Bezug zur konkreten Kündigung, insb. nicht den Geltungsgrund der Richtlinie. Betriebs- und Dienstvereinbarungen gelten ohne weiteres für die betroffenen Arbeitsverhältnisse. **Tarifliche** Auswahlrichtlinien sind nach hM Betriebsnormen, da sich die Sozialauswahl notwendig auf alle ArbN des Betriebes erstreckt. Sie gelten damit schon dann für alle ArbN des Betriebes, wenn (nur) der ArbGeb tarifgebunden ist (§ 3 Abs. 2 TVG)[12]. Die einzelvertragliche Vereinbarung einer tariflichen Auswahlrichtlinie macht kei-

---

[1] LAG Schl.-Holst. v. 8.7.1994 – 6 Sa 83/94, BB 1995, 2660. | [2] *Preis* in Stahlhacke/Preis/Vossen, Rz. 1143 (mindestens drei, höchstens fünf Gruppen); bedenklich LAG Düsseldorf v. 17.3.2000 – 9 (6) Sa 84/00, LAGE § 1 KSchG – Soziale Auswahl Nr. 32, das eine Einteilung in 5-Jahres-Schritten ohne besondere Begründung des betrieblichen Bedürfnisses noch für vertretbar hält. | [3] BAG v. 24.3.1983 – 2 AZR 21/82, BB 1983, 1665; v. 18.10.1984 – 2 AZR 543/83, NZA 1985, 423; v. 25.4.1985 – 2 AZR 140/84, NZA 1986, 64. | [4] Str.; wie hier LAG Berlin v. 9.5.2003 – 6 Sa 42/03, DB 2003, 1632 f.; HK/*Dorndorf*, § 1 KSchG Rz. 1107 f., aA *Preis*, RdA 1999, 311, 318 mwN; vgl. auch BAG v. 12.4.2002 – 2 AZR 706/00, AP Nr. 56 zu § 1 KSchG 1969 – Soziale Auswahl zum KSchG 1996 unter II 4 b bb d.Gr. | [5] So richtig HK/*Dorndorf*, § 1 KSchG Rz. 1106. | [6] Allg.M, vgl. *Preis* in Stahlhacke/Preis/Vossen, Rz. 1121 mwN. | [7] Vgl. *Preis* in Stahlhacke/Preis/Vossen, Rz. 1140 ff.; ErfK/*Ascheid*, § 1 KSchG Rz. 512; einschr. HK/*Dorndorf*, § 1 KSchG Rz. 1118, alle mwN; vgl. auch BAG v. 23.11.2000 – 2 AZR 533/99, AP Nr. 114 zu § 1 KSchG 1969 (*Bütefisch*). | [8] Die Auswahlrichtlinien in Betrieben ohne Arbeitnehmervertretung aufgrund eines Belegschaftsquorums (§ 1 Abs. 4 Satz 2 KSchG 1996) hat die Neuregelung allerdings nicht mehr aufgegriffen. | [9] BAG v. 15.6.1989 – 2 AZR 580/88 u. v. 18.1.1990 – 2 AZR 357/89, AP Nr. 18 u. 19 zu § 1 KSchG 1969 – Soziale Auswahl. | [10] BAG v. 21.1.1999 – 2 AZR 624/98, NZA 1999, 866 (zum Übergang auf das am 1.10.1996 in Kraft getretene Arbeitsrechtliche Beschäftigungsförderungs G v. 25.9.1996 = KSchG 1996). | [11] *Preis*, RdA 1999, 311 (320 f.) mwN. | [12] *Weller*, RdA 1986, 222 (229); ErfK/*Ascheid*, § 1 KSchG, Rz. 522; eingehend *Bütefisch*, Die soziale Auswahl, 2000, S. 405 f.; aA *Buschmann*, AuR 1996, 285 (288).

nen Sinn. Eine lückenlos für alle ArbN geltende Einbeziehung durch vertragliche Einheitsregelung ist aber denkbar. Keine tarifliche Auswahlrichtlinie ist der tarifvertragliche Ausschluss der ordentlichen Kündigung[1]. Er regelt nicht die Auswahl der zu Kündigenden, sondern nur den Verzicht auf das Recht zur ordentlichen Kündigung. Zu seiner Bedeutung im Rahmen der Sozialauswahl siehe oben Rz. 343 ff.

Für **BV** nach § 95 BetrVG sowie entsprechende Richtlinien nach den Personalvertretungsgesetzen gilt ein Schriftformgebot (vgl. § 77 Abs. 2 Satz 1 BetrVG). Auswahlrichtlinien bedürfen nach § 95 Abs. 1 BetrVG der Zustimmung des BR, im Falle der Nichteinigung kann nur der ArbGeb die Einigungsstelle anrufen. Lediglich in Betrieben mit mehr als 500 ArbN hat auch der BR ein Initiativrecht gemäß § 95 Abs. 2 BetrVG[2]. Ob auch die mit einer kirchlichen Mitarbeitervertretung förmlich vereinbarte Auswahlrichtlinie unter Abs. 4 fällt, hat das BAG offen gelassen[3]; dabei hat es darauf hingewiesen, dass nach Auffassung des Gesetzgebers – wie § 1 Abs. 4 zeige – das mit einer gewählten ArbN-Vertretung abgestimmte Punkteschema größere Gewähr für eine sachlich ausgewogene Berücksichtigung der Sozialdaten biete als eine vom ArbGeb allein aufgestellte Regelung. Der **Interessenausgleich** gemäß § 112 BetrVG ist keine BV; darin enthaltene Bewertungen iSv. § 1 Abs. 4 werden daher nicht unmittelbar erfasst, zumal sie nur für den Einzelfall gelten und daher nach hM keine Auswahlrichtlinien iSv. § 95 BetrVG beinhalten[4]. Doch drängt sich nach dem Normzweck des Abs. 4 eine entsprechende Anwendung auf[5]. Zum Interessenausgleich mit sog. Namensliste gemäß § 1 Abs. 5 vgl. Rz. 418 ff. sowie in der Insolvenz § 125 InsO.

408

Nach ihrem Inhalt muss die Richtlinie eine **Bewertung der vier Auswahlgesichtspunkte** im Verhältnis zueinander enthalten. Dies geschieht idR durch ein Punkteschema. Die Richtlinien können auf eine bloße Vorauswahl zielen[6], nach hM aber auch abschließende Festlegungen treffen[7]. Die Bewertung der Pflichtkriterien des Abs. 3 Satz 1 in ihrem Verhältnis zueinander kann nur auf grobe Fehlerhaftigkeit überprüft werden; darin liegt die Einräumung eines weiten Ermessensspielraums bei der Normsetzung, der über den bisher von der Rspr. zugestandenen Beurteilungsspielraum hinausgeht[8]. Berücksichtigt die Richtlinie neben den vier obligatorischen Kriterien nach Abs. 3 Satz 1 **weitere soziale Gesichtspunkte**, ist das – ebenso wie bei Abs. 3 Satz 1 (vgl. Rz. 381) – grundsätzlich unschädlich. Auch dann liegt noch eine Bewertung der vier Grundkriterien in ihrem Verhältnis zueinander vor[9]. Doch unterliegt nur diese Bewertung dem Privileg des Abs. 4[10]. Ob die vier Grundkriterien bei Heranziehung weiterer Gesichtspunkte überhaupt noch ausreichend berücksichtigt sind (also nicht nur „in ihrem Verhältnis zueinander"), ist unverändert am Maßstab des Abs. 3 Satz 1 zu prüfen. Das Gleiche gilt, wenn die Richtlinie Festlegungen zur Bildung von Auswahlgruppen (**Vergleichbarkeit**) oder zu **berechtigten betrieblichen Interessen** iSv § 1 Abs. 3 Satz 2[11] enthält[12]. Dies betrifft andere Fragen als die Gewichtung der sozialen Auswahlgesichtspunkte[13]. Solche Festlegungen unterliegen grundsätzlich der vollen und nicht nur der eingeschränkten Rechtskontrolle des § 1 Abs. 3 Satz 1[14] (vgl. aber Rz. 413). Für die Gewichtung der vier Grundkriterien in ihrem Verhältnis zueinander verbleibt es dagegen bei dem beschränkten Prüfungsmaßstab des § 1 Abs. 4[15].

409

Tarifliche wie betriebliche Auswahlrichtlinien müssen sich grundsätzlich im zwingend vorgegebenen **gesetzlichen Rahmen** halten. § 1 Abs. 3 Satz 1 geht ihnen als höherrangige Rechtsquelle vor[16]. Doch indem § 1 Abs. 4 als Rechtsfolge kündigungsrechtlich den Prüfungsmaßstab auf grobe Fehlerhaftigkeit reduziert, könnte er zugleich den Beurteilungsspielraum für Auswahlrichtlinien auf der Tatbestandsseite erweitert haben[17]. Die Wirksamkeit der Richtlinie wird zur Entlastung des Kündigungsschutzprozesses von schwer kalkulierbaren Unwägbarkeiten zumindest **kündigungsrechtlich fingiert**. Das gilt auch in Bezug auf eine allgemeine Inhalts- und Billigkeitskontrolle betriebsverfassungsrechtlicher

410

---

1 ErfK/*Ascheid*, § 1 KSchG Rz. 523; *Weller*, RdA 1986, 222 (229). | 2 Gemäß § 118 Abs. 1 BetrVG nicht in Tendenzbetrieben, vgl. ErfK/*Kania*, § 118 Rz. 24. | 3 BAG v. 5.12.2002 – 2 AZR 549/01, NZA 2003, 791 (793), unter B III 2 d.Gr.; bejaht von LAG Nds. v. 11.6.2001 – 5 Sa 1832/00, LAGE § 1 KSchG – Soziale Auswahl Nr. 37. | 4 ErfK/*Kania*, § 95 BetrVG Rz. 4. | 5 I. Erg. ebenso *Preis*, RdA 1999, 311 (320) mwN („Redaktionsversehen des Gesetzgebers"); v. *Hoyningen-Huene/Linck*, § 1 KSchG Rz. 482d; *Kittner*, AuR 1997, 186; APS/*Kiel*, § 1 KSchG Rz. 761; aA KR/*Etzel*, 5. Aufl., § 1 KSchG Rz. 725. | 6 So nach bisheriger Rechtsprechung BAG v. 11.3.1976 – 2 AZR 43/75, BB 1976, 883; v. 20.1.1983 – 2 AZR 211/82, BB 1984, 671; v. 15.6.1989 – 2 AZR 580/88, BB 1990, 143, 351; v. 18.1.1990 – 2 AZR 357/89, NZA 1990, 729. | 7 LAG Düsseldorf v. 17.3.2000 – 9 (6) Sa 84/00, NZA-RR 2000, 421; *Preis*, RdA 1999, 311 (320 f.) mwN; v. *Hoyningen-Huene/Linck*, § 1 KSchG Rz. 482 j; ErfK/*Etzel*, 5.Aufl., § 1 KSchG Rz. 729; aA *Lakies*, NJ 1997, 125. | 8 *Fischermeier*, NZA 1997, 1089 (1096). | 9 ErfK/*Etzel*, 5. Aufl., § 1 KSchG Rz. 728; *Fischermeier*, NZA 1997, 1089 (1096). | 10 So wohl auch *Fischermeier*, NZA 1997, 1089 (1096). | 11 Vgl. den Fall BAG v. 15.6.1989 – 2 AZR 580/88, BB 1990, 143, 351; zur Frage, ob dies Gegenstand der MitbestR nach § 95 BetrVG oder nur freiwilliger Mitbest. ist, vgl. *Weller*, RdA 1986, 222 ff. | 12 Anders als bei Abs. 5, vgl. BAG v. 21.1.1999 – 2 AZR 624/98, DB 1999, 1556; v. 7.5.1998 – 2 AZR 536/97, BB 1998, 1111. | 13 Vgl. *Preis*, RdA 1999, 311 (320); ErfK/*Ascheid*, § 1 KSchG, Rz. 527 u. 535. | 14 *Preis* in Stahlhacke/Preis/Vossen, Rz. 1161; ErfK/*Ascheid*, § 1 KSchG Rz. 526 f. | 15 *Preis* in Stahlhacke/Preis/Vossen, Rz. 1161; ErfK/*Ascheid*, § 1 KSchG Rz. 526 f. | 16 Vgl. für Tarifverträge BAG v. 11.3.1976 – 2 AZR 43/75, BB 1976, 883; für Betriebsvereinbarungen vgl. BAG v. 15.6.1989 – 2 AZR 580/88, BB 1990, 143, 153; v. 18.1.1990 – 2 AZR 357/89, AP Nr. 19 zu § 1 KSchG 1969 – Soziale Auswahl. | 17 So *Preis*, RdA 1999, 311 (320); jetzt wohl auch ErfK/*Ascheid*, § 1 KSchG Rz. 520, zu Abs. 4 aF; aA *Bütefisch*, Die Sozialauswahl, 2000, S. 398 ff.; unklar KR/*Etzel*, § 1 KSchG Rz. 696 f. sowie 5. Aufl., § 1 KSchG Rz. 726 f.

Auswahlrichtlinien[1]. Wortlaut und Systematik sprechen eher gegen eine tarif- und betriebsdispositive Ausgestaltung des Abs. 3 Satz 1 durch Abs. 4[2]. Im Hinblick auf den weiten Beurteilungsspielraum, den die bisherige Rspr. den Tarif- und Betriebsparteien schon im Rahmen von § 1 Abs. 3 zugestanden hatte[3], wird die Frage aber kaum praktisch werden.

411 Verstößt eine Kündigung gegen eine wirksame Auswahlrichtlinie in einer Betriebs- oder Dienstvereinbarung, ist sie gemäß § 1 Abs. 2 Satz 2 Nr. 1a bzw. 2a sozial ungerechtfertigt und damit unwirksam; das gilt nach hM auch ohne Widerspruch des BR[4]. Bei Verstoß gegen eine im Betrieb geltende tarifliche Auswahlrichtlinie ist die Kündigung, sofern die Richtlinie selbst wirksam ist, wegen Verstoßes gegen zwingendes Tarifrecht gemäß 134 BGB unwirksam.

412 **cc) Beschränkte Überprüfbarkeit.** § 1 Abs. 4 bestimmt als Rechtsfolge, dass bei entsprechender Festlegung in einer Richtlinie die **Bewertung der vier sozialen Grunddaten im Verhältnis zueinander** nur auf grobe Fehlerhaftigkeit überprüft werden kann. Nach dem Wortlaut der Norm bezieht sich die beschränkte kündigungsrechtliche Überprüfung auf die Bewertung in der Auswahlrichtlinie. Dadurch wird ihre Anwendung sicherer. Hält sich der ArbGeb an die abschließende Festlegung der nicht grob fehlerhaften Bewertung einer Richtlinie, kann die Bewertung kündigungsrechtlich nicht beanstandet werden[5].

413 Enthält die Richtlinie **weiter gehende Festlegungen**, gilt für diese grundsätzlich der allgemeine Prüfungsmaßstab. Ob die vier Grundkriterien bei Heranziehung weiterer Gesichtspunkte überhaupt noch ausreichend berücksichtigt sind (also nicht nur „in ihrem Verhältnis zueinander"), ist unverändert am Maßstab des Abs. 3 Satz 1 zu prüfen. Für Vergleichsgruppenbildung sowie Nichteinbeziehung von ArbN gemäß Abs. 3 Satz 2 gilt ebenfalls die volle Rechtskontrolle[6]. Doch hat die Rspr. derartigen Festlegungen in Auswahlrichtlinien der Tarif- und Betriebspartner stets eine besondere Richtigkeitsgewähr zuerkannt[7]. Gegenstand der beschränkten gerichtlichen Prüfung sind sämtliche Kündigungen, die von den Festlegungen der Auswahlrichtlinie betroffen sind. Das können auch **Änderungskündigungen** sein, für die § 1 Abs. 4 u. 5 gilt[8]. Dagegen spricht nicht, dass § 2 Satz 1 nur auf § 1 Abs. 2 u. 3 Bezug nimmt, da dies allein zur Bestimmung des Begriffs „sozial ungerechtfertigt" geschieht. Abs. 4 u. 5 enthalten dazu aber keine (abweichenden) Bestimmungen, sondern Regelungen zur Beweislast und zum Prüfungsmaßstab. Demgemäß ist nach allgemeiner Meinung auch der – ebenfalls in § 2 nicht erwähnte – § 1 Abs. 2 Satz 4 auf Änderungskündigungen anzuwenden.

414 „**Grob fehlerhaft**" ist die Bewertung der Grunddaten in ihrem Verhältnis zueinander, wenn sie nicht alle berücksichtigt oder diese „völlig unausgewogen" bewertet[9]. Das wird auch für das hinzukommene Kriterium der Schwerbehinderung gelten. Sind schwerbehinderte ArbN nicht vorhanden oder nicht betroffen, wird die unterbliebene Berücksichtigung dieses singulären Kriteriums der Anwendung von Abs. 4 wohl nicht entgegenstehen. Die Sozialauswahl muss mit einem schweren, ins Auge springenden Fehler belastet sein, der im Hinblick auf die Gerechtigkeitsfunktion der Sozialauswahl nicht mehr hinzunehmen ist. Eine Beschränkung auf die vier Hauptkriterien und ihre angemessene Gewichtung (wie etwa in den Beispielen für Punktetabellen oben Rz. 388 f.) entspricht der gesetzlichen Vorgabe und kann nicht deshalb grob fehlerhaft sein. Auch das Fehlen einer individuellen Abschlussprüfung wird nicht als grob fehlerhaft bewertet werden können[10]. Zur Erleichterung bei der Feststellung der Unterhaltspflichten soll die Auswahlrichtlinie dem ArbGeb auch gestatten können, sich auf die Informationen aus den LStKarten zu beschränken[11]. **Beispiele** aus der Rspr.: Als grob fehlerhaft angesehen wurde die Auswahl eines ArbN mit einer Betriebszugehörigkeit von 22 Jahren, einem Lebensalter von 53 Jahren und Unterhaltspflicht für zwei Kinder gegenüber einem vergleichbaren ArbN mit 15 Jahren Betriebszugehörigkeit, 46 Lebensjahren und ohne Unterhaltspflichten[12]; ebenso die Auswahl eines ArbN mit 14 Jahren längerer Betriebszugehörigkeit und 15 Jahre höherem

---

1 HM, vgl. v. *Hoyningen-Huene/Linck*, DB 1997, 41 (44) mwN; *Bütefisch*, Die Sozialauswahl, 2000, S. 401 ff.; aA *Bader*, NZA 1996, 1125 (1130). | 2 Ebenso *Bütefisch*, Die Sozialauswahl, 2000, S. 399; *Quecke*, RdA 2004, 86 (89). | 3 BAG v. 15.6.1989 – 2 AZR 580/88 u. v. 18.1.1990 – 2 AZR 357/89, AP Nr. 18 u. 19 zu § 1 KSchG 1969 – Soziale Auswahl; v. 5.12.2002 – 2 AZR 549/01, NZA 2003, 791 (793). | 4 LAG Sachs. v. 21.9.2000 – 6 Sa 153/00, NZA-RR 2001, 586; str.; vgl. zum Meinungsstand KR/*Etzel*, § 1 KSchG Rz. 700. | 5 *Fischermeier*, NZA 1997, 1089 (1096); *Löwisch*, § 1 KSchG Rz. 386; ErfK/*Etzel*, 5. Aufl., § 1 KSchG Rz. 729. | 6 KR/*Etzel*, 5. Aufl., § 1 KSchG Rz. 726. | 7 Schon nach der bis zum 30.9.1996 geltenden Rechtslage bestand für sie ein weiter Beurteilungsspielraum: BAG v. 15.6.1989 – 2 AZR 580/88 u. 18.1.1990 – 2 AZR 357/89, AP Nr. 18 u. 19 zu § 1 KSchG 1969 – Soziale Auswahl; vgl. auch BAG v. 5.12.2002 – 2 AZR 549/01, NZA 2003, 791 (793), wonach schon die formlose Abstimmung eines Punkteschemas mit der Arbeitnehmervertretung größere Richtigkeitsgewähr bieten könne. | 8 *Löwisch*, RdA 1997, 80 (81); *Fischermeier*, NZA1997, 1089 (1100); *Zwanziger*, BB 1997, 626 f.; aA *Kittner*, AuR 1997, 182 (190). | 9 So die Gesetzesbegründung zu Abs. 4 aF, vgl. BT-Drs. 14/45 S. 54; vgl. auch zum KSchG 1996 BAG v. 2.12.1999 – 2 AZR 757/98, AP Nr. 45 zu § 1 KSchG – Soziale Auswahl – sowie v. 21.1.1999 – 2 AZR 624/98, NZA 1999, 866. | 10 LAG Düsseldorf v. 17.3.2000 – 9 (6) Sa 84/00, NZA-RR 2000, 421; *Preis*, RdA 1999, 311 (320 f.) mwN; v. *Hoyningen-Huene/Linck*, § 1 KSchG Rz. 482j; ErfK/*Etzel*, 5. Aufl., § 1 KSchG Rz. 729; aA *Lakies*, NJ 1997, 125. | 11 Nur soweit sie überhaupt Auskunft gibt, was in Bezug auf die Kinderzahl (StKl. V) nur beschränkt der Fall ist; vgl. auch BAG v. 21.1.1999 – 2 AZR 624/98, BB 1999, 1556 zu § 1 Abs. 5 aF. | 12 ArbG Gelsenkirchen v. 1.10.1997 – 4 Ca 32/97, AiB 1999, 48.

Lebensalter bei gleicher Unterhaltsbelastung[1] sowie die Auswahl eines ArbN, der bei etwa gleicher Betriebszugehörigkeit und gut vier Jahren[2] geringerem Lebensalter Unterhaltspflichten für drei Familienangehörige hatte, während die Vergleichsperson keinerlei Unterhaltspflichten traf. Dagegen hielt das BAG die Auswahl eines ArbN für nicht grob fehlerhaft bei gleicher Betriebszugehörigkeit und Unterhaltsbelastung und zehn Jahre höherem Lebensalter[3].

Ist die **Auswahlrichtlinie grob fehlerhaft**, muss deshalb die darauf gestützte Auswahlentscheidung nicht in jedem Fall sozialwidrig sein. Die konkrete Auswahlentscheidung kann (zufällig) soziale Gesichtspunkte „ausreichend" iSv. § 1 Abs. 3 Satz 1 berücksichtigen. Das bleibt in diesem Fall zu prüfen[4]. **415**

dd) Darlegungs- und Beweislast in Abs. 4. Der ArbGeb hat die **Voraussetzungen** des § 1 Abs. 4 zu beweisen, wenn er die Rechtsfolge für sich in Anspruch nehmen will. Die Darlegungs- und Beweislast erstreckt sich auf die Existenz einer wirksamen tariflichen oder betrieblichen Auswahlrichtlinie iSv. Abs. 4 sowie ihre Geltung für das Arbeitsverhältnis. Steht die Geltung der Richtlinie fest, gilt für die soziale Auswahl der Prüfungsmaßstab der groben Fehlerhaftigkeit; hierdurch werden die allgemeinen Grundsätze der Verteilung der Darlegungs- und Beweislast bei der Sozialauswahl nicht geändert[5]. Vgl. dazu unten Rz. 440 ff. **416**

ee) Rechtslage bis zum 31.12.2003. Für Kündigungen, die bis zum 31.12.2003 zugingen, gilt § 1 Abs. 4 idF des sog. Korrekturengesetzes v. 19.12.1998 (vgl. Vorb. vor § 1 Rz. 5). Von der vorstehend unter d) dargestellten Rechtslage bei Bestehen einer **tariflichen oder betrieblichen Auswahlrichtlinie** gemäß § 1 Abs. 4 (Rz. 406–416) unterschied sich Abs. 4 aF dadurch, dass die Richtlinien entsprechend der Fassung des damaligen Abs. 3 Satz 1 auf der Tatbestandsseite auch die Festlegung der zu berücksichtigenden sozialen Gesichtspunkte umfassten, nicht nur ihre Bewertung im Verhältnis zueinander. Die Beschränkung der Überprüfung auf grobe Fehlerhaftigkeit bezog sich auf die „soziale Auswahl". Streitig und ungeklärt war, ob damit die **konkrete Auswahlentscheidung** selbst einer beschränkten Überprüfung unterlag. Der Gesetzgeber hatte abweichend von der vorausgegangenen (und heute wieder aktuellen) Fassung des § 1 Abs. 4 Satz 1[6] den Prüfungsmaßstab der groben Fehlerhaftigkeit nicht auf die „Festlegungen" der Richtlinie bezogen, sondern auf die „soziale Auswahl der ArbN". Damit war gerade die Überprüfung der konkreten Auswahl, dh. der Anwendung der Richtlinie gemeint[7]. Die eingeschränkte Überprüfung der Auswahlentscheidung erstreckte sich jedoch auch **auf die Richtlinie selbst**[8]. Denn ein einfacher, nicht grober Fehler der sozialen Auswahl war nach der insoweit eindeutigen Anordnung des Abs. 4 aF kündigungsrechtlich unbeachtlich; die Wirksamkeit der Richtlinie war daher zumindest kündigungsrechtlich zu fingieren (vgl. oben Rz. 410). **Weiter gehende Festlegungen**, etwa zur Bildung von Auswahlgruppen (Vergleichbarkeit) oder zur Erfassung von berechtigten betrieblichen Bedürfnissen, die der Sozialauswahl gemäß § 1 Abs. 3 Satz 2 entgegenstehen[9], fielen nach hM nicht unter das Privileg der beschränkten Überprüfbarkeit[10]. Enthielt die Richtlinie solche Festlegungen neben den Auswahlgesichtspunkten und ihrer Gewichtung, stand das der Anwendung von § 1 Abs. 4 aF in Bezug auf die Festlegung der sozialen Gesichtspunkte und die Bewertung ihres Verhältnisses zueinander nicht entgegen[11]. Die weiter gehenden Festlegungen unterlagen aber der vollen und nicht nur der eingeschränkten Rechtskontrolle[12]. Anders als bei der Namensliste nach Abs. 5 nF, der die Beschränkung der Überprüfung der „sozialen Auswahl der ArbN" nach hM auch auf Vergleichbarkeit und Nichteinbeziehung von ArbN nach Abs. 3 Satz 2 erstreckt (vgl. Rz. 429), bezog sich Abs. 4 aF (ebenso wie Abs. 4 nF) auf der Tatbestandsseite ausdrücklich nur auf bestimmte Festlegungen in Auswahlrichtlinien; das macht nur Sinn, wenn es auf die Rechtsfolgeseite durchschlägt. Vgl. im Übrigen die Erl. zur aktuellen Fassung. **417**

f) Interessenausgleich mit Namensliste. aa) Allgemeines. Mit dem **am 1.1.2004 in Kraft** getretenen Abs. 5 kehrt das Gesetz wieder zum Rechtszustand des KSchG 1996 zurück. In der bis zum 31.12.2003 **418**

---

[1] LAG Düsseldorf v. 25.2.1998 – 17(4) Sa 1788/97, LAGE § 1 KSchG – Interessenausgleich Nr. 9. | [2] LAG Hamm v. 23.4.1998 – 12 Sa 64/98, nv. | [3] BAG v. 21.1.1999 – 2 AZR 624/99, NZA 1999, 866. | [4] LAG Köln v. 3.5.2000 – 2 Sa 252/00 u. LAG Nds. v. 11.6.2001 – 5 Sa 1832/00, LAGE § 1 KSchG – Soziale Auswahl Nr. 33 u. Nr. 37; APS/*Kiel* § 1 KSchG Rz. 776; ErfK/*Ascheid*, § 1 KSchG Rz. 534; *Bader*, NZA 1999, 64 (70). | [5] BAG v. 10.2.1999 – 2 AZR 716/98, NZA 1999, 702 f.; v. 24.2.2000 – 8 AZR 180/99, NZA 2000, 785 unter II 5 b d.Gr.; v. 21.2.2002 – 2 AZR 581/00, EzA § 1 KSchG – Interessenausgleich – Nr. 10 unter B I 5 b d.Gr. | [6] Arbeitsrechtliches BeschäftigungsförderungsG v. 25.9.1996 (BGBl. I S. 1476) = § 1 Abs. 4 KSchG 1996. | [7] Dafür sprach schon der Wortlaut; wie hier auch *v. Hoyningen-Huene/Linck*, § 1 KSchG Rz. 482m ff.; aA *Preis* in Stahlhacke/Preis/Vossen, Rz. 1060 ff.; *Bütefisch*, Die Sozialauswahl, 2000, S. 410 ff.; ErfK/*Ascheid*, § 1 KSchG Rz. 531 ff. (offenbar zT noch zur alten Rechtslage); APS/*Kiel*, § 1 KSchG Rz. 759. Das hier vertretene Ergebnis entspricht auch der hM zu § 1 Abs. 5 KSchG 1996 und nF, wo die Beschränkung der Prüfung auf grobe Fehlerhaftigkeit ebenfalls auf die „soziale Auswahl" bezogen ist (vgl. dazu HK/*Dorndorf*, § 1 KSchG Anh. 3 mwN). | [8] Ebenso *Preis*, RdA 1999, 311, 320; ErfK/*Ascheid*, § 1 KSchG Rz. 532 sowie Rz. 520, beide mwN. | [9] Vgl. den Fall BAG v. 15.6.1989 – 2 AZR 580/88, BB 1990, 143, 351; zur Frage, ob dies Gegenstand des MitbestR nach § 95 BetrVG oder nur freiwilliger Mitbest. ist, vgl. *Weller*, RdA 1986, 222 ff. | [10] Vgl. *Preis*, RdA 1999, 311 (320); ErfK/*Ascheid*, § 1 KSchG, Rz. 527 u. 535; APS/*Kiel*, § 1 KSchG Rz. 759; aA etwa *Löwisch*, BB 1999, 102 (103). | [11] *Preis* in Stahlhacke/Preis/Vossen, Rz. 1161; ErfK/*Ascheid*, § 1 KSchG Rz. 527. | [12] *Preis*, RdA 1999, 311 (320); ErfK/*Ascheid*, § 1 KSchG, Rz. 527 u. 535; APS/*Kiel*, § 1 KSchG Rz. 759; aA etwa *Löwisch*, BB 1999, 102 (103).

geltenden Gesetzesfassung des sog. Korrekturengesetzes (vgl. Vorb. vor § 1 Rz. 5) hatte die Vorschrift keine Entsprechung. Allerdings war zeitgleich mit dem KSchG 1996 am 1.10.1996 die Parallelregelung des § 125 InsO vorzeitig in Kraft gesetzt worden[1], die bis heute fortbesteht. Aus ihrem geringfügig abweichenden Wortlaut ergeben sich Zweifelsfragen in Bezug auf Voraussetzungen und Reichweite der Vermutung in Abs. 5 Satz 1 (vgl. Rz. 428). Einen Interessenausgleich mit namentlicher Zuordnung von ArbN in Fällen der Unternehmensumwandlung sieht § 323 Abs. 2 UmwG vor (vgl. näher dort). **Der zeitliche Anwendungsbereich** des Abs. 5 erstreckt sich auf Kündigungen, die nach dem 31.12.2003 zugehen[2]. Der Interessenausgleich, in dem die gekündigten ArbN namentlich bezeichnet sind, wird bereits vorher abgeschlossen sein können. Seine Wirksamkeit hängt nicht vom In-Kraft-Treten des Abs. 5 ab, eine entsprechende Regelungsbefugnis der Betriebspartner besteht unabhängig von Abs. 5[3]. Die Norm knüpft an das Vorhandensein eines solchen Interessenausgleichs lediglich kündigungsrechtliche Folgen. Dazu genügt es, dass im zeitlichen Geltungsbereich des Abs. 5 der Interessenausgleich besteht und eine Kündigung wirksam wird (§ 130 BGB).

419 Gegen Abs. 5 werden rechtspolitische wie auch **verfassungsrechtliche Bedenken** erhoben. Die Norm enthält für den gekündigten ArbN einschneidende Rechtsfolgen. Insbesondere aufgrund der Vermutung in Satz 1 bleiben ihm im Kündigungsschutzprozess kaum Erfolgschancen[4]. Es ist zu fragen, ob im Lichte von Art. 12 GG der BR zu einem so weitreichenden faktischen Eingriff in die individualrechtliche Stellung des ArbN legitimiert ist; ferner, ob Abs. 5 – außerhalb der Sonderlage der Insolvenz – der aus Art. 12 GG folgenden staatlichen Pflicht zur Gewährleistung eines Mindestbestandsschutzes[5] unter Beachtung des Verhältnismäßigkeitsgrundsatzes noch ausreichend gerecht wird[6].

420 **bb) Voraussetzungen.** Es muss eine **Betriebsänderung** iSv. § 111 BetrVG vorliegen. Ein freiwilliger Interessenausgleich außerhalb des Anwendungsbereichs der §§ 111, 112 BetrVG genügt nicht[7]. Damit ist Abs. 5 im Geltungsbereich der Personalvertretungsgesetze nicht anwendbar (§ 130 BetrVG)[8], ebenso gilt § 118 Abs. 2 BetrVG nicht im Bereich der Kirchen und ihrer karitativen und erzieherischen Einrichtungen. Auch für Tendenzbetriebe gilt Abs. 5 grundsätzlich nicht, da dort nach hM gemäß § 118 Abs. 1 Satz 2 BetrVG der Abschluss eines Interessenausgleichs nicht angestrebt werden muss[9]. Doch wird vertreten, dass bei Verzicht des Tendenzunternehmers auf den Ausschluss des Interessenausgleichs und daraufhin vereinbartem Interessenausgleich mit Namensliste die Wirkung von § 125 InsO bzw. § 1 Abs. 5 eintrete[10]. Ausgeschlossen vom Anwendungsbereich des Abs. 5 sind Kleinunternehmen mit bis zu 20 ArbN (§ 111 Abs. 1 Satz 1 BetrVG) sowie die vom BR nicht repräsentierten leitenden Angestellten (§ 5 Abs. 3 BetrVG).

421 Eine **nur geplante Betriebsänderung genügt nicht.** Abweichend von § 125 InsO[11] verlangt Abs. 5 eine „Kündigung aufgrund einer Betriebsänderung". Es muss sich daher auch nach den Vereinbarungen des Interessenausgleichs noch um eine Betriebsänderung iSd. § 111 BetrVG handeln. Wird die geplante Maßnahme im Zuge der Interessenausgleichsverhandlung auf ein Maß unterhalb der Schwelle der Betriebsänderung reduziert, gelangt Abs. 5 nicht zur Anwendung. Zu den Voraussetzungen einer Betriebsänderung im Einzelnen vgl. die Erl. zu § 111 BetrVG. Die Kündigung muss **„aufgrund"** einer Betriebsänderung ausgesprochen worden sein. Das erfordert schon auf der Tatbestandsseite des Abs. 5 einen Kausalzusammenhang zwischen Betriebsänderung und Kündigung. Dieser ist etwa anzunehmen, wenn die Kündigung ArbN eines zu schließenden oder einzuschränkenden Betriebsteils betrifft und der Interessenausgleich die Kündigung der Betriebsänderung zuordnet. Die Kündigung erfolgt auch dann „aufgrund einer Betriebsänderung" iSv. Abs. 5 Satz 1, wenn sie im Interessenausgleich von dem Widerspruch des ArbN gegen den Übergang seines Arbeitsverhältnisses gemäß § 613a BGB abhängig gemacht wird[12].

422 Umstritten war schon beim KSchG 1996, ob Abs. 5 auch auf **Änderungskündigungen** Anwendung findet[13]. Eine geforderte[14] Klarstellung hat der Gesetzgeber unterlassen. Obwohl Abs. 5 Satz 1 – anders als § 125 Abs. 1 Nr. 1 InsO – eine ausdrückliche Einbeziehung nicht enthält, erfasst auch er Änderungskündigungen. Abs. 5 Satz 1 enthält eine Spezialregelung zur Beweislastverteilung des Abs. 2

---

1 Zunächst nur im Geltungsbereich der früheren Konkursordnung, also in den alten Bundesländern, vgl. Art. 6 des Arbeitsrechtlichen BeschäftigungsförderungsG v. 25.9.1996 (BGBl. I S. 1476); seit dem 1.1.1999 bundesweit, vgl. Art. 110 EGInsO v. 5.10.1994 (BGBl. I S. 2911). | 2 BAG v. 21.1.1999 – 2 AZR 624/98, NZA 1999, 866 (zum Übergang auf das am 1.10.1996 in Kraft getretene Arbeitsrechtliche BeschäftigungsförderungsG v. 25.9.1996 = KSchG 1996). | 3 Der Interessenausgleich mit Namensliste wirkt nach hM nicht normativ, vgl. *Fischermeier*, NZA 1997, 1089 (1097) und die Nachw. bei HK/*Dorndorf*, Anhang 3 zu § 1 KSchG Rz. 1159*. | 4 *Fischermeier*, NZA 1997, 1089 (1096). | 5 BVerfG v. 24.4.1991 – 1 BvR 1342/90, NZA Nr. 70 zu Art. 12 GG; v. 21.2.1995 – 1 BvR 1397/93, E 92, 140 (153); v. 27.1.1998 – 1 BvL 15/87, AP Nr. 17 zu § 23 KSchG 1969. | 6 Ohne Bedenken allerdings BAG v. 7.5.1998 – 2 AZR 536/97, NZA 1998, 933 (936); zweifelnd HK/*Dorndorf*, Anhang § 1 Rz. 1160*; *Preis*, RdA 2003, 65 (75); *Kohte*, BB 1998, 946 (953); anders *Thüsing/Stelljes*, BB 2003, 1673 (1676) (noch im Gestaltungsspielraum des Gesetzgebers). | 7 HM, vgl. *Hohenstatt*, NZA 1998, 846 (851); *Kohte*, BB 1998, 946 (949) mwN. | 8 *Hamer*, PersR 1997, 357. | 9 BAG v. 17.8.1982 – 1 ABR 40/80, AP Nr. 11 zu § 111 BetrVG 1972. | 10 ErfK/*Kania*, § 118 BetrVG Rz. 18. | 11 Vgl. dazu *Moll* in Kübler/Prütting, § 125 InsO Rz. 12. | 12 BAG v. 24.2.2000 – 8 AZR 180/99, NZA 2000, 785 (787). | 13 *Löwisch*, RdA 1997, 80 (81). | 14 *Löwisch*, NZA 2003, 689 (692).

Satz 4, während Abs. 5 Satz 2 lediglich den Prüfungsmaßstab bei der sozialen Auswahl beschränkt. Ebenso wie die allgemeine Regelung zur Beweislastverteilung nach Abs. 2 Satz 4 finden auch die Regelungen des Abs. 5 auf eine Änderungskündigung Anwendung, ohne dass es einer besonderen Bezugnahme bedürfte. Die Frage wird nur von geringer praktischer Bedeutung sein. Denn mit der namentlichen Bezeichnung der zu Kündigenden im Interessenausgleich verlangt Abs. 5 Satz 1 zugleich, die Kündigungsmaßnahme konkret festzulegen; hierzu gehört bei der Änderungskündigung auch der Inhalt des Änderungsangebotes[1].

Abs. 5 verlangt einen **Interessenausgleich**, in dem die zu kündigenden ArbN namentlich bezeichnet sind. Hieraus folgt eine Fülle von Detailfragen. Der Interessenausgleich mit Namensliste muss nach hM bereits vor Ausspruch der Kündigung, dh. nicht nur vor ihrem Zugang, formgültig abgeschlossen worden sein[2]. Für die **Schriftform** des Interessenausgleichs[3] gemäß § 112 Abs. 1, Abs. 3 Satz 3 BetrVG gilt § 126 Abs. 1 BGB. Als Bestandteil des Interessenausgleichs unterliegt die Namensliste ebenfalls dem Schriftformgebot. Die Liste kann mit dem Interessenausgleich eine einheitliche Urkunde bilden, die sich etwa aus einer fortlaufenden Paginierung oder aus dem Textzusammenhang zweifelsfrei ergibt; durch die abschließenden Unterschriften wird sie damit integraler Bestandteil des Interessenausgleichs[4]. Die Namensliste kann auch vom übrigen Interessenausgleich getrennt erstellt werden, muss dann aber gesondert unterzeichnet sein und auf den Interessenausgleich Bezug nehmen oder von ihm in Bezug genommen sein[5]. Wird die Namensliste als nicht unterzeichnete Anlage einem Interessenausgleich angehängt, so muss sie bei dessen Unterzeichnung mit ihm körperlich fest verbunden sein, etwa durch Heftklammer; Büroklammer genügt nicht[6]. Kommt der Interessenausgleich vor der Einigungsstelle zustande, ist er zudem von ihrem Vorsitzenden zu unterzeichnen, § 112 Abs. 3 Satz 3 BetrVG; dies ist Wirksamkeitsvoraussetzung[7]. 423

Streitig ist, ob sich der Interessenausgleich **inhaltlich in der bloßen Namensliste** der zu kündigenden ArbN erschöpfen kann[8]. Nach hM ist der – gesetzlich nicht geregelte – Gegenstand des Interessenausgleichs das „Ob" und „Wie" einer Betriebsänderung. Der Interessenausgleich kann die vom ArbGeb geplanten Maßnahmen ohne Änderung beinhalten, sie modifizieren oder ganz von ihnen absehen. Die Rechtsfolgen des Abs. 5 können nur an eine von den Betriebspartnern gemeinsam zugrunde gelegte Betriebsänderung anknüpfen[9]. Diese muss daher im Interessenausgleich hinreichend klar umrissen sein. Da eine Betriebsänderung auch in einem bloßen Personalabbau bestehen kann[10], wird in solchen Fällen eine bloße Namensliste ausreichen, sofern ihr entnommen werden kann, dass sich der Personalabbau auf die bezeichneten ArbN beschränkt. Eine vorläufige oder nicht abschließende Liste, die lediglich einige zu kündigende ArbN aufführt und keine Aussage über die Frage weiterer Kündigungen enthält, genügt in keinem Fall[11]. Unabhängig davon verlangt Abs. 5 stets eine abschließende, dh. nicht bloß vorläufige Festlegung der zu kündigenden ArbN in dem Interessenausgleich[12]. 424

Der ArbGeb kann von der Kündigung namentlich aufgeführter ArbN absehen (etwa wenn ein anderer, nicht aufgeführter ArbN inzwischen von sich aus ausgeschieden ist). Enthält die Namensliste in diesem Fall keine **soziale Reihenfolge** in der jeweiligen Vergleichsgruppe, kann die Wirkung des Abs. 5 ganz oder teilweise entfallen (vgl. unten Rz. 430). Auch gilt der beschränkte Prüfungsmaßstab nicht für die Frage der Zuordnung der nicht in der Namensliste aufgeführten ArbN zu einer der Vergleichsgruppen, wenn der Interessenausgleich hierzu keine Aussage trifft. Ist die **Namensliste in einem Sozialplan** enthalten, findet Abs. 5 dennoch Anwendung, wenn der Sozialplan der Sache nach – wenn auch unter falscher Bezeichnung – Regelungen über das „Ob" und „Wie" der Betriebsänderung enthält. Die bloße Zuordnung von Abfindungsbeträgen zu namentlich aufgeführten ArbN ohne solche Festlegungen genügt dagegen nicht[13]. Ein nicht freiwillig, sondern durch Spruch der Einigungsstelle zustande gekommener Sozialplan fällt nicht unter Abs. 5[14]. 425

Die **namentliche Bezeichnung** iSv. Abs. 5 Satz 1 muss – zumindest im Zusammenhang mit der umschriebenen Betriebsänderung, einer Berufsangabe oder sonstigen Anhaltspunkten im Interessenausgleich – die zweifelsfreie Identifikation der gemeinten Person ermöglichen. Unter Umständen ist neben dem Nachnamen auch die Angabe des Vornamens oder einer sonstigen Kennzeichnung (junior) erforderlich. Auch Spitznamen sind bei zweifelsfreier Zuordnung unschädlich. Die Angabe einer Abteilung oder Kostenstelle genügt nicht. Eine sog. Negativliste der nicht zu kündigenden ArbN ist unzureichend, da hier nicht allein aus der schriftlichen Urkunde zu entnehmen ist, wem gekündigt werden 426

---

1 Vgl. auch *Moll* in Kübler/Prütting, § 125 InsO Rz. 30; *Quecke*, RdA 2004, 86 (90 f.). | 2 Vgl. *Willemsen/Annuß*, NJW 2004, 177 (180) mwN. | 3 Eingehend hierzu *Kohte*, BB 1998, 946 ff. | 4 BGH v. 24.9.1997 – XII ZR 234/95, BB 1998, 288. | 5 BAG v. 21.2.2002 – 2 AZR 581/00, EzA § 1 KSchG – Interessenausgleich Nr. 10. | 6 BAG v. 7.5.1998 – 2 AZR 55/98, NZA 1998, 1770; v. 6.12.2001 – 2 AZR 422/00, EzA § 1 KSchG – Interessenausgleich Nr. 9. | 7 BAG v. 9.7.1985 – 1 AZR 323/83, AP Nr. 13 zu § 113 BetrVG 1972. | 8 So FrankfKomm/*Eisenbeis*, § 125 InsO Rz. 3; *Schrader*, NZA 1997, 70 (73); *Quecke*, RdA 2004, 86 (91). | 9 BAG v. 24.2.2000 – 8 AZR 180/99, NZA 2000, 785 (787). | 10 BAG v. 21.2.2002 – 2 AZR 581/00, EzA § 1 KSchG – Interessenausgleich Nr. 10. | 11 Ebenso *Moll* in Kübler/Prütting, § 125 InsO Rz. 28. | 12 BAG v. 6.12.2001 – 2 AZR 422/00, EzA § 1 KSchG – Interessenausgleich Nr. 9. | 13 FK-InsO/*Eisenbeis*, § 125 Rz. 4; *Moll* in Kübler/Prütting, § 125 InsO Rz. 28. | 14 KR/*Etzel*, 5. Aufl., § 1 KSchG Rz. 742 d.

soll¹. Aus dem gleichen Grund bedarf es auch bei einer Betriebsstilllegung stets der namentlichen Bezeichnung aller betroffenen ArbN im Interessenausgleich; anderenfalls würde jeder Interessenausgleich bei einer Betriebsschließung die Vermutungswirkung des Abs. 5 Satz 1 bzw. des § 125 Abs. 1 Satz 1 Nr. 1 InsO auslösen². Die Angabe der sozialen Auswahlkriterien und ihrer Bewertung ist nach hM nicht erforderlich³.

427 cc) **Rechtsfolgen für die soziale Rechtfertigung.** Auf der Rechtsfolgeseite stellt Abs. 5 Satz 1 zunächst die **Vermutung** auf, „dass die Kündigung durch dringende betriebliche Erfordernisse iSd. Abs. 2 bedingt ist". Es handelt sich um eine gesetzliche Vermutung iSd. § 292 ZPO, die eine vollständige **Umkehr der Beweislast** bewirkt (lex specialis zu Abs. 2 Satz 4)⁴. Es ist Sache des gekündigten ArbN darzulegen und zu beweisen, dass keine dringenden betrieblichen Erfordernisse für die Kündigung bestehen. Bloße Zweifel genügen nicht. Der ArbGeb braucht zur Rechtfertigung der Kündigung zunächst keine weiteren Tatsachen vorzutragen⁵ (vgl. aber unten Rz. 433). Trägt der ArbN erhebliche Tatsachen vor, wird der ArbGeb schon aus dem Gesichtspunkt der Sachnähe gemäß § 138 Abs. 2 ZPO substantiiert bestreiten müssen⁶.

428 Die **Reichweite der Vermutung** erstreckt sich gemäß dem klaren Wortlaut des Abs. 5 auf das Vorliegen dringender betrieblicher Erfordernisse iSd. Abs. 2, dh. nach zutreffender, aber bestrittener Auffassung auch in Bezug auf das Unternehmen⁷. Das gilt entgegen der hM auch für die Parallelnorm des § 125 Abs. 1 Nr. 1 InsO⁸. Dort wird vermutet, dass die Kündigung durch dringende betriebliche Erfordernisse bedingt ist, die einer Weiterbeschäftigung in diesem Betrieb entgegenstehen. Damit wird der Wortlaut des § 1 Abs. 2 Satz 1 KSchG wiederholt, soweit er die betriebsbedingte Kündigung betrifft. § 1 Abs. 2 Satz 1 umfasst aber über seinen betriebsbezogenen Wortlaut hinaus auch die Weiterbeschäftigung im Unternehmen⁹. Die Unternehmensbezogenheit der Vermutung korrespondiert weiterhin mit dem Widerspruchsrecht des BR nach § 102 Abs. 3 Nr. 3 BetrVG. Schließlich spricht gerade die gleichzeitige Inkraftsetzung der Parallelnormen am 1.10.1996 dafür, dass der eindeutige Wortlaut des Abs. 5 nach dem Willen des zeitnahen Gesetzgebers von 1996 auf die Auslegung des § 125 Abs. 1 Nr. 1 InsO aus dem Jahre 1994¹⁰ ausstrahlt, da die Reichweite der insolvenzrechtlichen Norm nicht hinter derjenigen der allgemeinen Norm zurückbleiben kann¹¹. Diesen Befund hat der Gesetzgeber in der Begründung zu dem Entwurf des § 1 Abs. 5 nF für diese Norm klargestellt¹². Das Gleiche muss gelten für die Vermutung fehlender Weiterbeschäftigungsmöglichkeiten zu **geänderten Arbeitsbedingungen** oder nach zumutbaren **Umschulungs- und Fortbildungsmaßnahmen**¹³. Kommt es zu einem Betriebsübergang, so erstreckt sich die Vermutung aber nicht darauf, dass die Kündigung nicht iSv. § 613a Abs. 4 BGB wegen eines Betriebsübergangs erfolgt sei (arg. e contrario aus § 128 Abs. 2 InsO).

429 Weitere Rechtsfolge der Namensliste ist gemäß Abs. 5 Satz 2, dass „die soziale Auswahl" im Kündigungsschutzprozess nur auf grobe Fehlerhaftigkeit geprüft werden kann. Schon zum KSchG 1996 war streitig, ob sich diese beschränkte Prüfung nur auf die Bewertung der obligatorischen Gesichtspunkte in ihrem Verhältnis zueinander oder auch auf die Vergleichsgruppenbildung sowie auf die berechtigten betrieblichen Interessen iSd. Abs. 3 Satz 2 bezieht. Das BAG hat dies für die Bildung der Vergleichsgruppen bejaht¹⁴, es dabei für Abs. 3 Satz 2 aber ausdrücklich offen gelassen. Nach der Begründung des Gesetzentwurfs erfasst Abs. 5 beide Aspekte der Sozialauswahl und damit die Konkretisierung auf die zu kündigenden Personen in jeder Hinsicht¹⁵. Das erscheint nahe liegend, da Abs. 5 Satz 2 an eine konkrete Namensliste anknüpft. Im Übrigen erstreckt sich nach ständiger Rspr. des BAG auch die Auskunftspflicht des ArbGeb aus Abs. 3 Satz 2 Halbs. 2 über die Gründe, die zu der getroffenen „sozialen Auswahl" geführt haben, auf etwaige betriebliche Interessen iSv. Abs. 3 Satz 2¹⁶.

430 **Kündigt der ArbGeb nicht allen** im Interessenausgleich namentlich bezeichneten ArbN, so gilt die Beschränkung der Auswahlkontrolle auf grobe Fehlerhaftigkeit nach Abs. 5 Satz 2 im Verhältnis dieser

---

1 Ebenso *Moll* in Kübler/Prütting, § 125 InsO Rz. 26; aA ArbG Essen v. 6.5.1997, DB 1998, 1998; KR/*Etzel*, 5. Aufl., § 1 KSchG Rz. 742 c; *Schiefer*, DB 1998, 927. | 2 So aber *Moll* in Kübler/Prütting, § 125 InsO Rz. 27; *Oetker/Friese*, DZWIR 2001, 177 (179). | 3 Vgl. *Moll* in Kübler/Prütting, § 125 InsO Rz. 31 mwN. | 4 BAG v. 7.5.1998 – 2 AZR 536/97, NZA 1998, 933; v. 21.2.2002 – 2 AZR 581/00, EzA § 1 KSchG – Interessenausgleich Nr. 10. | 5 BAG v. 7.5.1998 – 2 AZR 536/97, NZA 1998, 933 (934); aA *Zwanziger*, AuR 1997, 427. | 6 *Lakies*, RdA 1997, 145 (150); *Warrikoff*, BB 1994, 2341; ErfK/*Ascheid*, § 125 InsO Rz. 7. | 7 AA *Kohte*, BB 1998, 946 (950), der eine auf den Betrieb begrenzte Reichweite der Vermutung daraus ableitet, dass in Ermangelung näherer Kenntnisse des BR über die Lage in anderen Betrieben ein sachgerechter Zusammenhang zwischen Vermutungsbasis und Vermutung fehle; dagegen spricht allerdings das Widerspruchsrecht des BR aus § 102 Abs. 3 Nr. 3 BetrVG. | 8 Ebenso *Lakies*, BB 1999, 206 (207); *Moll* in Kübler/Prütting, § 125 InsO Rz. 36; aA ErfK/*Ascheid*, § 125 InsO Rz. 5 mwN; KR/*Etzel*, 5. Aufl., § 1 KSchG Rz. 744 mwN. | 9 Dies gilt seit In-Kraft-Treten der Sätze 2 und 3 des § 1 Abs. 2 KSchG im Jahre 1972, vgl. BAG v. 17.5.1984 – 2 AZR 109/83, NZA 1995, 489. | 10 Vgl. Art. 110 EG InsO vom 5.10.1994 (BGBl. I S. 2911). | 11 Im Ergebnis ebenso *Lakies*, BB 1999, 206 (207 f.); *Moll* in Kübler/Prütting, § 125 InsO Rz. 36. | 12 BT-Drs. 15/1204, S. 22. | 13 AA KR/*Etzel*, 5. Aufl., § 1 KSchG Rz. 744; *Kohte*, BB 1998, 950; *Fischermeier*, NZA 1997, 1089 (1097); wie hier dagegen *Bader*, NZA 1996, 1133; *Gaul*, AuA 1998, 169. | 14 BAG v. 7.5.1998 – 2 AZR 536/97, AP Nr. 94 zu § 1 KSchG 1969 – Betriebsbedingte Kündigung; v. 21.1.1999 – 2 AZR 624/98, AP Nr. 37 zu § 1 KSchG 1969 – Namensliste. | 15 BT-Drs. 15/1204, S. 22; aA zum KSchG 1996 *Kohte*, BB 1998, 946 (950). | 16 BAG v. 10.2.1999 – 2 AZR 716/98, NZA 1999, 702 f.; v. 12.4.2002 – 2 AZR 706/00, AP Nr. 56 zu § 1 KSchG 1969 – Soziale Auswahl.

ArbN untereinander nur, wenn der Interessenausgleich unmissverständlich für die jeweiligen Vergleichsgruppen eine soziale Reihenfolge festgelegt hat. Fehlt sie, gilt insoweit § 1 Abs. 3 Satz 1[1]. Zum Begriff der **groben Fehlerhaftigkeit** vgl. oben Rz. 414.

dd) BR-Beteiligung bei Kündigung aufgrund Namensliste. Gemäß Abs. 5 Satz 4 ersetzt der Interessenausgleich mit Namensliste die **Stellungnahme des BR zur Massenentlassung** nach § 17 Abs. 3 Satz 2. Der ArbGeb hat daher anstelle einer besonderen Stellungnahme des BR den Interessenausgleich mit Namensliste seiner Anzeige an die AA beizufügen. Die **Anhörung des BR vor der Kündigung** nach § 102 BetrVG ist in Abs. 5 Satz 4 nicht erwähnt. Daraus folgert die Rspr. im Umkehrschluss, dass der ArbGeb trotz Erstellung eines Interessenausgleichs mit Namensliste nicht von seiner Anhörungspflicht nach § 102 BetrVG entbunden ist[2]. Die Anhörung des BR muss den Anforderungen des § 102 BetrVG genügen (vgl. näher die Erl. dort). Der Abschluss eines Interessenausgleichs enthebt den ArbGeb nicht von der Pflicht, den BR gemäß § 102 Abs. 1 Satz 2 BetrVG über den Kündigungsgrund zu unterrichten. Hierzu gehören die dringenden betrieblichen Erfordernisse iSd. § 1 Abs. 2 sowie die Sozialauswahl gemäß § 1 Abs. 3. Der Vermutungstatbestand des Abs. 5 Satz 1 ist auf das individualrechtliche Kündigungsschutzverfahren beschränkt und lässt das Anhörungsrecht des BR nach § 102 BetrVG unberührt. 431

Der BR ist daher **nach allgemeinen Grundsätzen** in der Weise zu unterrichten, dass er sich ohne eigene Nachforschungen eine Meinung bilden und Stellung nehmen kann. Hierzu gehören zunächst die Umstände, die den Wegfall des Beschäftigungsbedarfs begründen. Bei Durchführung einer Sozialauswahl hat der ArbGeb außerdem die seiner Ansicht nach maßgeblichen Vergleichsgruppen, die entsprechenden Sozialdaten und seine weiteren Auswahlüberlegungen mitzuteilen. Ohne eine entsprechende Unterrichtung ist die Kündigung somit auch dann gemäß § 102 Abs. 1 Satz 3 BetrVG unwirksam, wenn der ArbN einen vorgelegten Interessenausgleich mit Namensliste „blindlings" unterschreibt[3]. Verfügt der BR bei Einleitung des Anhörungsverfahrens bereits über **Vorkenntnisse**, etwa aus zuvor durchgeführten Interessenausgleichsverhandlungen, bedarf es insoweit keiner erneuten Unterrichtung[4]. Der ArbGeb kann die Anhörung auch mit den Verhandlungen über den Interessenausgleich zeitlich verbinden. Seine Unterrichtungspflicht aus § 102 BetrVG wird hierdurch allerdings nicht berührt. Auch hat er gegenüber dem BR hinreichend deutlich zu machen, dass er – fristauslösend – um Stellungnahme gemäß § 102 BetrVG ersucht[5]. Eine Klarstellung über Durchführung und Abschluss des Anhörungsverfahrens im Interessenausgleich empfiehlt sich. 432

Im Rechtsstreit obliegt dem ArbGeb nach ständiger Rspr. die **Darlegungs- und Beweislast für die ordnungsgemäße Anhörung** des BR[6]. Zwar kann der ArbGeb auf eine vorausgegangene Unterrichtung des BR im Rahmen von Interessenausgleichsverhandlungen verweisen. Im Bestreitensfalle, zulässigerweise mit Nichtwissen (§ 138 Abs. 4 ZPO), hat er diese aber im Einzelnen vorzutragen und unter Beweis zu stellen. Das gilt auch für die Unterrichtung über dringende betriebliche Erfordernisse. Aus der Unterzeichnung des Interessenausgleichs mit Namensliste folgt keine tatsächliche Vermutung für eine ordnungsgemäße Unterrichtung im Anhörungsverfahren. Wenn auch die Unterrichtung des BR durch den ArbGeb nicht denselben Anforderungen genügen muss wie die Darlegung der Kündigungsgründe durch den ArbGeb im Kündigungsschutzprozess[7], bietet doch die dem ArbGeb obliegende Darlegung der ordnungsgemäßen Unterrichtung des BR über die Kündigungsgründe gewisse Ansatzpunkte für die dem ArbN obliegende Widerlegung der Vermutung aus Abs. 5 Satz 1. 433

ee) Änderung der Umstände, § 1 Abs. 5 Satz 3. Weder die Vermutung des Satzes 1 noch die Beschränkung der Auswahlkontrolle auf grobe Fehlerhaftigkeit nach Satz 2 gelten gemäß Abs. 5 Satz 3, soweit sich die Sachlage nach Zustandekommen des Interessenausgleichs wesentlich geändert hat. **Maßgeblicher Zeitpunkt** für die Beurteilung, ob sich die Sachlage nach Zustandekommen des Interessenausgleichs wesentlich geändert hat, ist der Zugang der Kündigung. Bei späteren Änderungen kommt nur ein Wiedereinstellungsanspruch in Betracht[8]. Nach hM erfordert eine wesentliche Veränderung der Sachlage schon auf der Tatbestandsseite des Abs. 5 den **Wegfall der Geschäftsgrundlage** für den Interessenausgleich insgesamt[9]. Dann hätte Abs. 5 Satz 3 rein deklaratorischen Inhalt, da § 313 BGB die Frage inzwischen regelt[10]. Die Gegenmeinung sieht in Abs. 5 Satz 3 auch eine Einschränkung der Rechtsfolgen der Sätze 1 und 2, so dass jede Veränderung der Sachlage wesentlich sein kann, soweit 434

---

1 IdS wohl auch BAG v. 24.2.2000 – 8 AZR 180/99, NZA 2000, 985 (987). | 2 BAG v. 20.5.1999 – 2 AZR 148/99, NZA 1999, 1039 f.; v. 20.5.1999 – 2 AZR 532/98, NZA 1999, 1101 ff.; aA *Giesen*, ZfA 1997, 145 (175). | 3 BAG v. 20.5.1999 – 2 AZR 148/99, NZA 1999, 1039 f. | 4 BAG v. 20.5.1999 – 2 AZR 532/98, NZA 1999, 1101 f. | 5 BAG v. 20.5.1999 – 2 AZR 532/98, NZA 1999, 1101 f. | 6 BAG v. 19.8.1975 – 1 AZR 613/74, BB 1975, 1485, st. Rspr. | 7 BAG v. 24.2.2000 – 8 AZR 180/99, NZA 2000, 785 (789), unter II 6 a d.Gr. | 8 BAG v. 21.2.2001 – 2 AZR 39/00, EzA § 1 KSchG – Interessenausgleich Nr. 8. | 9 LAG Köln v. 1.8.1997 – 11 Sa 355/97, LAGE § 1 KSchG – Interessenausgleich Nr. 1; wohl auch BAG v. 21.2.2001 – 2 AZR 39/00, EzA § 1 KSchG – Interessenausgleich Nr. 8 (unter II 3 d.Gr.); *Bader*, NZA 2004, 65 (75); KR/*Weigand*, § 125 InsO Rz. 37. | 10 Vgl. zur Anwendung der Regeln über den Wegfall der Geschäftsgrundlage auf Kollektivverträge BAG v. 10.8.1994, AP Nr. 86 zu § 112 BetrVG 1972; v. 5.10.2000, AP Nr. 141 zu § 112 BetrVG 1972.

sie die Vermutungswirkung bzw. die Beschränkung des Prüfungsmaßstabes für eine konkrete Kündigung in Frage stellt[1].

435 Richtigerweise wird es neben dem Wegfall der Geschäftsgrundlage **weitere Anwendungsfälle** des Abs. 5 Satz 3 geben. Beispielsweise wird das freiwillige Ausscheiden eines nicht im Interessenausgleich bezeichneten, vergleichbaren ArbN nach Zustandekommen des Interessenausgleichs und vor Zugang der Kündigung die Vermutung des Abs. 5 Satz 1 insoweit entfallen lassen, als damit feststeht, dass für einen der namentlich bezeichneten ArbN die aus der Betriebsänderung folgenden dringenden betrieblichen Erfordernisse entfallen sind. Auch über die Vergleichbarkeit der in der Namensliste aufgeführten ArbN mit dem freiwillig ausgeschiedenen ArbN trifft der Interessenausgleich idR keine Aussage; enthält darüber hinaus die Namensliste keine soziale Reihenfolge der aufgeführten jeweils vergleichbaren ArbN, kann auch für den Vergleich dieser ArbN untereinander keine Beschränkung des Prüfungsmaßstabes eingreifen[2].

436 **ff) Darlegungs- und Beweislast bei Abs. 5.** Die Darlegungs- und Beweislast für die **Vermutungsbasis** des Abs. 5 Satz 1 trägt im Rechtsstreit der ArbGeb. Das gilt für die Betriebsänderung iSd. § 111 BetrVG ebenso wie für den wirksamen Interessenausgleich mit Namensliste, aus dem sich die Zuordnung der Kündigung des ArbN zur Betriebsänderung ergibt[3]. Es gilt weiterhin dafür, dass die Kündigung „aufgrund" der Betriebsänderung ausgesprochen wurde. Betrifft die Kündigung bspw. Beschäftigte, die von der Betriebsänderung, etwa der grundlegenden Änderung der Betriebsanlagen (§ 111 Satz 3 Nr. 4 BetrVG), nicht unmittelbar betroffen sind, ist auch die Kausalverknüpfung zwischen der Kündigung und der Betriebsänderung substantiiert darzulegen. Zur Darlegung des Interessenausgleichs gehört sein formgültiger Abschluss[4]. Ist der Interessenausgleich vom BR-Vorsitzenden unterzeichnet, spricht eine widerlegbare Vermutung dafür, dass der BR einen entsprechenden Beschluss gefasst hat[5].

437 Die Tatsachen, die eine **wesentliche Veränderung der Sachlage** nach Zustandekommen des Interessenausgleichs begründen, stellen nach allgemeinen Grundsätzen eine Einwendung dar. Ihre Rechtsfolge nimmt der ArbN für sich in Anspruch („Sätze 1 und 2 gelten nicht, ..."); daher hat er auch ihre Voraussetzungen darzulegen und zu beweisen. Bei erheblichem Sachvortrag hat der ArbGeb – schon aus dem Gesichtspunkt der Sachnähe – substantiiert zu bestreiten (§ 138 Abs. 2 ZPO). Auf der **Rechtsfolgeseite** vgl. zu den Auswirkungen der Vermutung des Abs. 5 Satz 1 auf die Darlegungs- und Beweislast für die dringenden betrieblichen Erfordernisse oben Rz. 427 f.; zu den Auswirkungen der Beschränkung des Prüfungsmaßstabs in Abs. 5 Satz 2 auf die Darlegungs- und Beweislast der Sozialauswahl vgl. unten Rz. 440 ff.

438 **g) Auskunftspflicht.** Gemäß § 1 Abs. 3 Satz 1 Halbs. 2 ist der ArbGeb **auf Verlangen** des ArbN verpflichtet, diesem die Gründe anzugeben, die zu der getroffenen sozialen Auswahl geführt haben. Der ArbN soll dadurch der Aussichten einer Kündigungsschutzklage im Hinblick auf eine fehlerhafte Sozialauswahl beurteilen können[6]. Dafür trägt der ArbN im Prozess die Beweislast (§ 1 Abs. 3 Satz 4). Dem kann er idR nur nachkommen, wenn der ArbGeb zuvor seiner Auskunftspflicht genügt hat (vgl. zur Darlegungslast im Prozess sogleich Rz. 440 ff.). Das gilt ohne Einschränkung auch bei nur beschränkter gerichtlicher Überprüfbarkeit (grobe Fehlerhaftigkeit) gemäß Abs. 4 u. 5[7]. Die Auskunft ist nach Ausspruch der Kündigung auf Verlangen des ArbN **unverzüglich** zu erteilen[8]. Grundsätzlich kann das mündlich geschehen. Umfangreiche und komplexe Angaben muss der ArbGeb nach Treu und Glauben (§ 242 BGB) aber schriftlich tätigen oder aber sonst eine ausreichende Kenntnisnahme ermöglichen[9].

439 Die Auskunft hat sich auf **alle Gründe** zu erstrecken, die subjektiv beim ArbGeb zu der getroffenen Sozialauswahl geführt haben, idR also die Auswahlkriterien und ihre Gewichtung, die einbezogenen ArbN und ihre Sozialdaten[10]. Ist der ArbGeb aus berechtigten betrieblichen Interessen gemäß § 1 Abs. 3 Satz 2 von der Sozialauswahl abgewichen (vgl. dazu oben Rz. 391 ff.), hat er auch insoweit Auskunft zu geben. Es handelt sich dabei ebenfalls um Gründe, die zu der konkreten Auswahl geführt haben. Ohne diese Angaben könnte der ArbN die Richtigkeit der Auswahl nicht überprüfen[11]. Kommt der ArbGeb seiner Auskunftspflicht schuldhaft nicht oder nicht vollständig bzw. wahrheitsgemäß nach, ist das für die Wirksamkeit der Kündigung grundsätzlich unbeachtlich (vgl. aber zu den prozes-

---

1 *Bütefisch*, Die Betriebsbedingte Kündigung, 2000, S. 474; *Willemsen/Annuß*, NJW 2004, 177 (181); *Quecke*, RdA 2004, 86 (93); *Löwisch*, BB 2004, 154 (156). | 2 *Bütefisch*, Die Betriebsbedingte Kündigung, 2000, S. 474; *Willemsen/Annuß*, NJW 2004, 177 (181); *Quecke*, RdA 2004, 86 (93). | 3 BAG v. 7.5.1998 – 2 AZR 536/97, NZA 1998, 933. | 4 *Musielak*, Grundlagen der Beweislast im Zivilprozess, 1975, S. 310 f., 316 f., 371. | 5 BAG v. 24.2.2000 – 8 AZR 180/99, AP Nr. 7 zu § 1 KSchG 1969 – Namensliste; v. 21.2.2002 – 2 AZR 581/00, EzA § 1 KSchG – Interessenausgleich Nr. 10 unter B I 3 b bb d.Gr.; es dürfte sich um eine tatsächliche Vermutung handeln, die schon bei Erschütterung durch geeigneten Tatsachenvortrag entfällt; ebenso *Kohte*, BB 1998, 946 (950). | 6 BAG v. 24.3.1983 – 2 AZR 21/82, BB 1983, 1665; BAG v. 21.7.1988 – 2 AZR 75/88, BB 1989, 75. | 7 BAG v. 10.2.1999 – 2 AZR 716/98, NZA 1999, 702 f. | 8 Vgl. KR/*Etzel*, § 1 KSchG Rz. 680. | 9 So ArbG Hamburg v. 29.3.1993 – 21 Ca 382/92, RZK I 5 d) Nr. 32; aA KR/*Etzel*, § 1 KSchG Rz. 681. | 10 BAG v. 24.3.1983 – 2 AZR 21/82, BB 1983, 1665; v. 21.7.1988 – 2 AZR 75/88, BB 1989, 75. | 11 BAG v. 10.2.1999 – 2 AZR 716/98, NZA 1999, 702 f.; v. 12.4.2002 – 2 AZR 706/00, AP Nr. 56 zu § 1 KSchG 1969 – Soziale Auswahl; HK/*Dorndorf*, § 1 KSchG Rz. 1170.

sualen Konsequenzen unten Rz. 440 ff.). Der ArbGeb macht sich aber **schadensersatzpflichtig**. Der Schaden kann in den Kosten eines vergeblichen Kündigungsschutzprozesses[1] bestehen; bei arglistiger Täuschung ist auch Schadensersatz für den Verlust des Arbeitsplatzes wegen unterlassener Kündigungsschutzklage denkbar[2].

h) **Darlegungs- und Beweislast für die Sozialauswahl.** Der ArbN hat gemäß § 1 Abs. 3 Satz 4 die Tatsachen zu beweisen, die die Kündigung wegen fehlerhafter Sozialauswahl als sozial ungerechtfertigt erscheinen lassen, dh. die Weiterbeschäftigung eines vergleichbaren, aber sozial deutlich weniger schutzbedürftigen ArbN. Die Darlegungs- und Beweislast wird erleichtert durch den Auskunftsanspruch des ArbN gegen den ArbGeb aus § 1 Abs. 3 Satz 1 Halbs. 2 (vgl. oben Rz. 438 f.). Für die berechtigten betrieblichen Interessen (§ 1 Abs. 3 Satz 2, vgl. Rz. 391 ff.) trägt die Darlegungs- und Beweislast der ArbGeb[3]. Daraus ergibt sich für den „Normalfall" des **Abs. 3** die nachfolgende **abgestufte Darlegungs- und Beweislast**[4]. Sie gilt entsprechend bei nur beschränkter gerichtlicher Überprüfbarkeit der Gewichtung der Auswahlkriterien (**Abs. 4**) bzw. der Sozialauswahl (**Abs. 5**) auf grobe Fehlerhaftigkeit[5]. 440

● Der ArbN hat zunächst die Sozialauswahl als fehlerhaft bzw. grob fehlerhaft zu rügen. Hat er von den maßgeblichen Tatsachen **Kenntnis**, muss er sie substantiiert vortragen und ggf. beweisen. Das soll nach bisheriger Rspr. des BAG die namentliche Bezeichnung des sozial weniger schutzwürdigen Kollegen erfordern[6]. 441

● Hat der ArbN von den maßgeblichen Tatsachen keine Kenntnis, kann er im Prozess von seinem **Auskunftsanspruch** Gebrauch machen. Dann hat der ArbGeb die von ihm subjektiv angestellten Auswahlüberlegungen substantiiert vorzutragen. Hierzu gehören die berechtigten betrieblichen Interessen iSv. Abs. 3 Satz 2, für die der ArbGeb darlegungs- und im Bestreitensfall beweispflichtig ist[7] (also etwa für bestimmte Fähigkeiten von ArbN und deren betriebliche Relevanz). 442

● Kommt der ArbGeb dem **vollständig und schlüssig** nach (wobei der unterschiedliche Beurteilungsspielraum nach den Abs. 3–5 zu beachten ist), ist es wiederum Sache des ArbN, konkret vorzutragen und zu beweisen, warum die Auswahl des ArbGeb fehlerhaft bzw. grob fehlerhaft war, etwa eine vergleichbare Person (nicht nur geringfügig) sozial weniger schutzwürdig bzw. die Auswahl völlig unausgewogen (vgl. Rz. 414) ist[8]. Ergibt der konkrete Vortrag des ArbN dabei, dass **noch weitere ArbN** in die Sozialauswahl einzubeziehen sind, als dies geschehen, muss der ArbGeb gemäß Abs. 3 Satz 1 Halbs. 2 deren Sozialdaten ergänzen. Anderenfalls ist die Behauptung des ArbN, dass die Sozialauswahl fehlerhaft sei, nicht ausreichend bestritten[9]. Das gilt grundsätzlich auch bei nur beschränkter Überprüfbarkeit der Vergleichsgruppenbildung nach Abs. 5[10], sofern dem Vortrag des ArbN eine grob fehlerhafte Vergleichsgruppenbildung durch den ArbGeb zu entnehmen ist. 443

● Erweisen sich bereits die Angaben des ArbGeb als **unschlüssig**, also entsprechen seine Auswahlerwägungen objektiv nicht den gesetzlichen Anforderungen bzw. sind völlig unausgewogen, wird die (grobe) Fehlerhaftigkeit der Sozialauswahl vermutet. Der ArbGeb muss dann ergänzend vortragen und beweisen, warum die Auswahl dennoch im Ergebnis richtig war[11]. 444

● Kommt der ArbGeb hingegen schon von vornherein seiner Auskunftspflicht nicht oder **nicht vollständig** nach und kann der ArbN deshalb seinerseits nicht näher zur Unrichtigkeit der Sozialauswahl vortragen, ist ohne weiteres von fehlerhafter Sozialauswahl auszugehen[12]. Das gilt auch bei nur beschränkter Überprüfbarkeit auf grobe Fehlerhaftigkeit nach Abs. 4 u. 5[13]. 445

4. Widerspruchstatbestände (§ 1 Abs. 2 Satz 2 und 3). Nach Abs. 2 Satz 2 und 3 des § 1 ist die Kündigung „auch" sozial ungerechtfertigt, wenn 446

1. die Kündigung gegen eine Auswahlrichtlinie nach § 95 BetrVG verstößt oder

---

1 Nicht der Kosten eines erstinstanzlichen Prozessbevollmächtigten (§ 12a Abs. 1 ArbGG), BAG v. 30.4.1992 – 8 AZR 288/91, AP Nr. 6 zu § 12a ArbGG; *v. Hoyningen-Huene/Linck*, § 1 KSchG Rz. 491. | 2 Zu eng *v. Hoyningen-Huene/Linck*, § 1 KSchG Rz. 163 und ErfK/*Ascheid*, § 1 KSchG Rz. 113 (nur negatives Interesse). | 3 Allg.M, ErfK/*Ascheid*, § 1 KSchG Rz. 519; *v. Hoyningen-Huene/Linck*, DB 1997, 43. | 4 BAG v. 24.3.1983 – 2 AZR 21/82, BB 1983, 1665; v. 18.10.1984 – 2 AZR 543/83, NZA 1985, 423; v. 8.8.1985 – 2 AZR 464/84, NZA 1986, 679; v. 21.7.1988 – 2 AZR 75/88, BB 1989, 75; v. 15.6.1989 – 2 AZR 580/88, BB 1990, 143, 153. | 5 BAG v. 10.2.1999 – 2 AZR 716/98, NZA 1999, 702 f.; v. 24.2.2000 – 8 AZR 180/99, NZA 2000, 785 unter II 5 b d.Gr.; v. 21.2.2002 – 2 AZR 581/00, EzA § 1 KSchG – Interessenausgleich – Nr. 10 unter B I 5 b d.Gr. | 6 BAG v. 18.10.1984 – 2 AZR 543/83, NZA 1985, 423; v. 24.3.1983 – 2 AZR 21/82, BB 1983, 1665; insoweit aA KR/*Etzel*, § 1 KSchG Rz. 688. | 7 Allg.M, vgl. *v. Hoyningen-Huene/Linck*, DB 1997, 43. | 8 BAG v. 24.2.2000 – 8 AZR 180/99, NZA 2000, 785 unter II 5 c d.Gr. | 9 BAG v. 15.6.1989 – 2 AZR 580/88, BB 1990, 143, 153. | 10 BAG v. 10.2.1999 – 2 AZR 716/98, NZA 1999, 702 f. (zur Herausnahme nach Abs. 3 Satz 2 trotz etwaiger beschränkter Überprüfbarkeit); v. 24.2.2000 – 8 AZR 180/99, NZA 2000, 785 unter II 5 b d.Gr.; v. 21.2.2002 – 2 AZR 581/00, EzA § 1 KSchG – Interessenausgleich – Nr. 10 unter B I 5 b d.Gr. | 11 BAG v. 15.6.1989 – 2 AZR 580/88, BB 1990, 143, 153; v. 18.10.1984 – 2 AZR 543/83, NZA 1985, 423; v. 20.10.1983 – 2 AZR 211/82, BB 1984, 671. | 12 BAG v. 12.4.2002 – 2 AZR 706/00, AP Nr. 56 zu § 1 KSchG 1969 – Soziale Auswahl. | 13 BAG v. 10.2.1999 – 2 AZR 716/98, NZA 1999, 702 f. (zur Herausnahme nach Abs. 3 Satz 2 trotz etwaiger beschränkter Überprüfbarkeit nach Abs. 5); vgl. auch BAG v. 12.4.2002 – 2 AZR 706/00, AP Nr. 56 zu § 1 KSchG 1969 – Soziale Auswahl.

2. der ArbN an einem anderen (freien) Arbeitsplatz in demselben oder einem anderen Betrieb des Unternehmens zu unveränderten oder – bei Einverständnis des ArbN – zu geänderten Arbeitsbedingungen oder nach zumutbaren Umschulungsmaßnahmen weiterbeschäftigt werden kann

und der BR oder Personalrat der Kündigung ordnungsgemäß aus einem dieser Gründe widersprochen hat.

Die Bestimmung knüpft an das (deckungsgleiche) Widerspruchsrecht des BR in **§ 102 BetrVG** an. Die Widerspruchsgründe gelten für alle Kündigungsgründe, haben aber ihren Schwerpunkt bei der betriebsbedingten Kündigung. Die unmittelbare **Bedeutung** der Vorschrift für den Kündigungsschutz des ArbN ist gering: In allen genannten Fällen kann sich der ArbN auch ohne einen Widerspruch[1] des BR oder Personalrats und in Bezug auf einen Weiterbeschäftigungsanspruch auch in Betrieben ohne ArbN-Vertretung auf die Unwirksamkeit berufen. Zum Widerspruchsrecht des BR und seiner ordnungsgemäßen Ausübung vgl. die Erl. zu § 102 BetrVG.

447 Liegt ein form- und fristgerecht erhobener Widerspruch des BR vor und ist er in der Sache berechtigt, ist die Kündigung sozialwidrig. Einer **Interessenabwägung** bedarf es dann nicht mehr („absolute" Sozialwidrigkeit). Abs. 2 Sätze 2 u. 3 bildet keinen sonstigen Unwirksamkeitsgrund iSv. § 13 Abs. 3 und setzt daher fristgemäße Klageerhebung voraus (§ 7). Zur **Weiterbeschäftigungspflicht** des ArbGeb vgl. oben Rz. 274 ff. Der BR muss den anderen Arbeitsplatz in seinem Widerspruch konkret bezeichnen[2]. Hat er geltend gemacht, dass der ArbN zwar nicht auf einem „anderen", doch auf seinem alten Arbeitsplatz weiterbeschäftigt werden könnte, soll darin ein wirksamer Widerspruch nicht liegen[3]. Die **Beweislast** für einen ordnungsgemäßen Widerspruch des BR trägt grundsätzlich der ArbN. Der ArbGeb hat insoweit substantiiert zu bestreiten. Die Darlegungs- und Beweislast dafür, dass der Widerspruch des BR inhaltlich unberechtigt ist, trifft dagegen den ArbGeb[4]. Die Darlegungslast ist abgestuft; der ArbGeb wird sich mit den Gründen des Widerspruchs des BR auseinander zu setzen haben. Das gilt auch, wenn ausnahmsweise ein konzernweiter Weiterbeschäftigungsanspruch geltend gemacht wird[5]. Bei Abweichung von einer Auswahlrichtlinie kann und muss der ArbGeb darlegen und beweisen, dass dies zur Wahrung der gesetzlichen Anforderungen des § 1 Abs. 3 erforderlich war[6].

1a
Abfindungsanspruch bei betriebsbedingter Kündigung

(1) Kündigt der Arbeitgeber wegen dringender betrieblicher Erfordernisse nach § 1 Abs. 2 Satz 1 und erhebt der Arbeitnehmer bis zum Ablauf der Frist des § 4 Satz 1 keine Klage auf Feststellung, dass das Arbeitsverhältnis durch die Kündigung nicht aufgelöst ist, hat der Arbeitnehmer mit dem Ablauf der Kündigungsfrist Anspruch auf eine Abfindung. Der Anspruch setzt den Hinweis des Arbeitgebers in der Kündigungserklärung voraus, dass die Kündigung auf dringende betriebliche Erfordernisse gestützt ist und der Arbeitnehmer bei Verstreichenlassen der Klagefrist die Abfindung beanspruchen kann.

(2) Die Höhe der Abfindung beträgt 0,5 Monatsverdienste für jedes Jahr des Bestehens des Arbeitsverhältnisses. § 10 Abs. 3 gilt entsprechend. Bei der Ermittlung der Dauer des Arbeitsverhältnisses ist ein Zeitraum von mehr als sechs Monaten auf ein volles Jahr aufzurunden.

1 I. **Allgemeines.** § 1a ist am 1.1.2004 **in Kraft getreten**[7]. Er erfasst nur Kündigungen mit Hinweis nach Abs. 1 Satz 2, die nach dem 31.12.2003 zugegangen sind. Abfindungsabreden im Zusammenhang mit früher zugegangenen Kündigungen beurteilen sich allein nach den allgemeinen Regeln des Vertragsrechts. **Normzweck** ist die Erleichterung einer vorgerichtlichen Klärung der Beendigung des Arbeitsverhältnisses bei arbeitgeberseitiger betriebsbedingter Kündigung. Hierzu soll ein einfacher, effizienter und kostengünstiger Weg eröffnet werden[8]. Der ArbGeb ist bei Aufnahme eines entsprechenden Hinweises in das Kündigungsschreiben (Abs. 1 Satz 2) zur Zahlung einer Abfindung verpflichtet, sofern der ArbN die Klagefrist des § 4 Satz 1 verstreichen lässt und damit die Wirkung des § 7 eintreten lässt. Die Höhe der Abfindung ist in Abs. 2 festgelegt.

2 Die Regelung wird zu Recht als **rechtspolitisch verfehlt** kritisiert[9]. Gegen die Akzeptanz der Vorschrift dürfte ua. sprechen, dass bei Zweifeln an der Zahlungswilligkeit des ArbGeb die Kündigungsschutzklage mit der Option eines vollstreckbaren gerichtlichen Vergleichs (§ 794 Abs. 1 Nr. 1 ZPO) vorzugswürdig bleibt. Auch die fehlende insolvenzrechtliche Absicherung des Abfindungsanspruchs nach § 1a als bloße Insolvenzforderung (§§ 38, 108 Abs. 2 InsO) bildet einen Anreiz zur Kündigungsschutzklage, da ein nach Insolvenzeröffnung mit dem Verwalter geschlossener Vergleich eine Masseforderung begrün-

---

[1] BAG v. 17.5.1984 – 2 AZR 109/83, NZA 1985, 489. | [2] BAG v. 11.5.2000 – 2 AZR 54/99, NZA 2000, 1055. | [3] BAG v. 12.5.1985 – 2 AZR 324/84, EzA § 102 BetrVG 1972 Nr. 61; aA KR/*Etzel*, § 1 KSchG Rz. 719 mwN. | [4] BAG v. 20.1.1994 – 2 AZR 489/93, AP Nr. 8 zu § 1 KSchG 1969 – Konzern; v. 24.3.1983 – 2 AZR 21/82, NJW 1984, 78. | [5] BAG v. 20.1.1994 – 2 AZR 489/93, AP Nr. 8 zu § 1 KSchG 1969 – Konzern. | [6] BAG v. 20.10.1983 – 2 AZR 211/82, DB 1984, 563. | [7] Art. 1 des Gesetzes zu Reformen am Arbeitsmarkt v. 24.12.2003, BGBl. I S. 3002. | [8] Begr. des Gesetzentwurfs, BT-Drs. 15/1204, S. 23. | [9] Vgl. *Meinel*, DB 2003, 1438 (1439); *Thüsing*, NJW 2003, 19089 (1990); *Willemsen/Annuß*, NJW 2004, 177 (181); *Preis*, DB 2004, 70 (75); weniger skeptisch *Löwisch*, NZA 2003, 689 (693).

det (§§ 53, 55 Abs. 1 Nr. 1 InsO)[1]. Die Vorschrift ist **rechtstechnisch kaum begreifbar**. Da beide Parteien durch bewusstes oder doch planbares Verhalten an der Entstehung des Abfindungsanspruchs mitwirken, stellt sich die Frage nach der Unterscheidung von einer bloßen vertraglichen Regelung. Unklar ist auch, ob abweichende vertragliche Regelungen beschränkt oder ausgeschlossen werden und in welchem Verhältnis der Abfindungsanspruch nach Abs. 1 Satz 1 zu etwaigen Sozialplanabfindungen steht.

II. Abgrenzung zu rein vertraglichen Gestaltungen. Die tatbestandlichen Voraussetzungen des § 1a unterscheiden sich vom **Aufhebungsvertrag** dadurch, dass die Auflösung des Arbeitsverhältnisses allein durch die arbeitgeberseitige Kündigung und die Fiktion des § 7 eintritt. Vom **Abwicklungsvertrag** unterscheidet sich die Vorschrift, weil der ArbN nicht auf sein Klagerecht verzichtet, sondern bis zum Fristablauf frei bleibt. Doch ließe sich ohne weiteres eine dem § 1a entsprechende privatautonome Regelung denken, etwa die Einigung über eine Abfindungszahlung unter der (Potestativ-)Bedingung, dass der ArbN keine Klage erhebt[2]; ferner das Angebot einer Abfindung im Kündigungsschreiben für den Fall der Nichterhebung der Klage, das der ArbN durch schlüssiges Verhalten (Verstreichenlassen der Klagefrist) annimmt, wobei der ArbGeb auf den Zugang dieser Erklärung gemäß § 151 BGB verzichtet hat[3].

Vor diesem Hintergrund wird der Tatbestand des Abs. 1 zT rein **konsensual gedeutet**, entsprechende Willenserklärungen der Parteien würden, sofern sie nicht ohnehin in dem vom Tatbestand geforderten Verhalten zu sehen seien, gesetzlich zumindest fingiert[4]. Da dieser Weg auch ohne § 1a kraft Vereinbarung gangbar ist (vgl. Rz. 3), erschöpfte sich die Wirkung der Norm in der Festlegung der Abfindungshöhe nach Abs. 2. Ist diese aber – wie nahezu einhellig angenommen wird (vgl. unten Rz. 13) – abdingbar, bliebe allenfalls eine Orientierungsgröße oder eine Auslegungsregel bei Unklarheiten und damit weitgehend ein „rechtliches Nullum"[5].

Die besseren Gründe sprechen für die Annahme eines neuartigen **gesetzlichen Anspruchs**[6]. Dahin deuten bereits Aufbau und Wortlaut der Norm[7]. Auch die Gesetzesbegründung spricht von einem „gesetzlichen Abfindungsanspruch". Da der vom ArbGeb geforderte Hinweis sich inhaltlich mit der ausgelösten Rechtsfolge nahezu deckt und jedenfalls rechtsgeschäftlichen Charakter hat[8], lässt sich § 1a auch als neu geschaffenes einseitiges Verpflichtungsgeschäft deuten[9]. Zwar lässt sich auch das vom ArbN geforderte **Verstreichenlassen der Klagefrist** uU als rechtsgeschäftliche Willenserklärung auslegen, deren Zugang an den Vertragspartner überdies gemäß § 151 BGB verzichtbar ist[10]. Doch verlangt § 1a gerade keine Willensäußerung des ArbN, sondern als bloßen Realakt das faktische Verstreichenlassen der Klagefrist, woran das Gesetz die Rechtsfolgen der §§ 1a und 7 knüpft. Ferner bietet eine konsensuale Deutung der Vorschrift keine Lösung im Falle eines **Verstoßes gegen die Formvorschrift** des Abs. 1 Satz 2. Bei Annahme eines formungültigen einseitigen Rechtsgeschäfts im Rahmen eines gesetzlichen Anspruchs ist die Umdeutung in ein formlos mögliches Angebot auf Abschluss einer Abfindungsvereinbarung offen. Nach der Konsensualtheorie bleibt indessen kein Raum für eine Umdeutung des formunwirksamen Angebots des ArbGeb[11].

Schließlich spricht auch der **sozialrechtliche Hintergrund** für das hier vertretene Verständnis der Norm. Gemäß §§ 144 Abs. 1 Nr. 1, 128 SGB III droht dem ArbN eine Sperrzeit beim Alg, wenn er das Beschäftigungsverhältnis ohne wichtigen Grund „löst". Nach ihrer noch aktuellen Dienstanweisung vermutet die BA einen solchen Lösungssachverhalt, wenn der ArbN – auch ohne vorherige Absprache – das mit einer Kündigung verbundene Abfindungsangebot annimmt und auf die Kündigungsschutzklage verzichtet, obwohl er die Rechtswidrigkeit der Kündigung erkennt[12]. Zwar hat das BSG in jüngster Zeit klargestellt, dass die bloße Hinnahme auch einer offensichtlich rechtswidrigen Kündigung im Hinblick auf eine zugesagte finanzielle Vergünstigung keine Sperrzeit auslöst[13]. Doch besteht bei derartigen Auflösungskonstellationen stets eine gefährliche Nähe zu Sperrzeit auslösenden Absprachen[14]. Hier bietet der mit § 1a eröffnete Weg, das Arbeitsverhältnis ohne jede rechtsgeschäftliche Willenserklärung gegen Zahlung einer Abfindung aufzulösen, in der Tat eine sichere Alternative.

III. Voraussetzungen im Einzelnen. 1. Kündigung. § 1a gilt nur für Kündigungen, die dem **allgemeinen Kündigungsschutz** unterliegen. Gemäß §§ 1 Abs. 1 Satz 1, 23 Abs. 1 Satz 2 findet er daher auf Kündigungen während der Wartezeit oder in Kleinbetrieben keine Anwendung. Nur wenn die Kündigung

---

1 *Preis*, DB 2004, 70 (75 f.); *Löwisch*, NZA 2003, 689 (694). | 2 Ein solches Angebot könnte als rechtlich lediglich vorteilhaft vom ArbN gemäß § 151 BGB stillschweigend angenommen werden. | 3 IdS *Preis*, DB 2004, 70 (71 f.). | 4 So wohl *Preis*, DB 2004, 70 (71 f.); *Löwisch*, NZA 2003, 689 (694); *Thüsing/Stelljes*, BB 2003, 1673 (1677); *Ziemann*, Schriftliche Stellungnahme für die Anhörung im BT-Ausschuss für Wirtschaft und Arbeit, Ausschuss-Drs. 15(9)564, S. 71. | 5 So in der Tat *Preis*, DB 2004, 70 (75). | 6 So *Willemsen/Annuß*, NJW 2004, 177 (182); *Grobys*, DB 2003, 2174; *Maschmann*, AuA 2003, Nr. 10 S. 6 ff.; *Quecke*, RdA 2004, 86 (94 f.); *Bader*, NZA 2004, 65 (70); *Giesen/Besgen*, NJW 2004, 185. | 7 Allg.M, vgl. *Quecke*, RdA 2004, 86 (94); *Löwisch*, NZA 2003, 689 (694); *Grobys*, DB 2003, 2174; *Maschmann*, AuA 2003, Nr. 10 S. 6 (10). | 8 BT-Drs. 15/1204, S. 23 f. | 9 Eine rechtsgeschäftliche Willenserklärung ist auf die (unmittelbare) Herbeiführung einer Rechtswirkung gerichtet, während die geschäftsähnliche Handlung eine auf einen tatsächlichen Erfolg gerichtete Erklärung ist, deren Rechtsfolgen kraft Gesetzes eintreten. | 10 Vgl. *Preis*, DB 2004, 70 (71 f.). | 11 Vgl. näher *Quecke*, RdA 2004, 86 (95). | 12 DA 144.20, Stand 8/2003. | 13 BSG v. 25.4.2002 – B 11 AL 89/01 R, AP Nr. 8 zu § 119 AFG. | 14 *Preis*, DB 2004, 70 (76).

eines Grundes bedarf, macht eine Abfindungsregelung als Alternative zum Kündigungsschutzprozess Sinn. Ohnehin führt die Berechnung der Beschäftigungszeit gemäß Abs. 2 Satz 3 erst nach Ablauf von mehr als sechs Monaten zu einem Anspruch. Entgegen dem zu weit gefassten Wortlaut des § 13 Abs. 3 findet § 1a jedoch auf Kündigungen Anwendung, die bereits aus anderen als den in § 1 Abs. 2 und 3 bezeichneten Gründen rechtsunwirksam sind. Es macht keinen Sinn, eine Vorschrift, welche die gerichtliche Klärung der Wirksamkeit einer arbeitgeberseitigen Kündigung entbehrlich machen will, nur anzuwenden, wenn die Kündigung in bestimmter Hinsicht wirksam ist.

8 Abs. 1 Satz 1 greift seinem Wortlaut nach nur bei Kündigungen **wegen dringender betrieblicher Erfordernisse**. Wie die Gesetzesbegründung hervorhebt[1], sollen dadurch Gründe aus der Sphäre des ArbN, dh. personen- und verhaltensbedingte Gründe, ausgeschieden werden. Ob die betriebsbedingten Gründe die Kündigung sozial rechtfertigen können, ist unerheblich, da die Vorschrift diese Prüfung gerade entbehrlich machen will[2]. Verbindet der ArbGeb eine personen- oder verhaltensbedingte Kündigung mit dem Hinweis nach Satz 2, kann er sich gegenüber dem Abfindungsverlangen des ArbN nach Verstreichenlassen der Klagefrist nicht auf das Fehlen einer betriebsbedingten Kündigung als Anspruchsvoraussetzung des § 1a berufen. Darin läge eine unzulässige Rechtsausübung wegen widersprüchlichen Verhaltens[3]. Die Begrenzung auf Kündigungen aus betriebsbedingten Gründen ist allerdings unverständlich. Der ArbGeb hat es mit dem Hinweis nach Abs. 1 Satz 2 in der Hand, den Abfindungsanspruch auszulösen. Auch bei personen- und verhaltensbedingten Gründen kann hierzu Anlass bestehen[4].

9 Der Abfindungsanspruch setzt eine **ordentliche Kündigung** voraus. Das folgt aus seinem Standort im 1. Abschnitt des KSchG, aus der Beschränkung auf betriebsbedingte Gründe sowie aus dem in Satz 1 angeordneten Entstehungszeitpunkt „mit dem Ablauf der Kündigungsfrist". Dies steht der entsprechenden Anwendung auf außerordentliche Kündigungen mit Auslauffrist bei tariflich unkündbaren ArbN nicht entgegen[5]. § 1a eröffnet einen vereinfachten Weg zur Beendigung des Arbeitsverhältnisses gegen Zahlung einer Abfindung bei betriebsbedingter Kündigung. Zur Vermeidung von Wertungswidersprüchen muss dieser Weg auch den besonders geschützten unkündbaren ArbN offen stehen, wenn sie ausnahmsweise außerordentlich mit Auslauffrist aus betriebsbedingten Gründen gekündigt werden können[6]. § 1a wird auch auf betriebsbedingte **Änderungskündigungen** Anwendung finden[7]. Die Kündigung und der Hinweis nach Abs. 1 Satz 2 werden hier für den Fall der vorbehaltlosen Ablehnung des Änderungsangebots erklärt. Die Ablehnung wird unter Umständen eine Sperrzeit auslösen können (§ 144 Abs. 1 Nr. 1 SGB III).

10 **2. Hinweis gemäß Abs. 1 Satz 2.** Der Abfindungsanspruch erfordert den Hinweis des ArbGeb in der Kündigungserklärung, dass die Kündigung auf dringende betriebliche Erfordernisse gestützt ist und der ArbN bei Verstreichenlassen der Klagefrist die Abfindung beanspruchen kann. Die Anbringung des Hinweises hat **rechtsgeschäftlichen Charakter** und ist zumindest geschäftsähnliche Handlung (vgl. oben Rz. 5). Damit unterliegt sie den allgemeinen Regeln über Geschäftsfähigkeit, Willensmängel, Zugang und Stellvertretung[8]. Ein Widerruf nach Zugang scheidet aus (§ 130 Abs. 1 Satz 2 BGB). Anfechtung ist möglich. Bei hier ausnahmsweise zulässiger Teilanfechtung[9] nur des Abfindungshinweises kann der ArbN innerhalb der Sechs-Monats-Frist des § 5 Abs. 3 Satz 2 nachträgliche Zulassung der Kündigungsschutzklage beantragen; im Übrigen ist die Haftung des Anfechtenden für Vertrauensschäden gemäß § 122 BGB zu beachten.

11 Der Hinweis muss „in" der Kündigungserklärung erfolgen. Es gilt **Schriftform** gemäß §§ 623, 126 BGB. Als Bestandteil der Erklärung wird der Hinweis von der Unterschrift abgedeckt sein müssen. Die Beifügung eines nicht unterzeichneten Formulars sowie ein gesondert erteilter Hinweis genügen nicht, ebenso wenig ein mündlicher Hinweis. Die Regelung bezweckt, dem ArbN als Empfänger der Erklärung Rechtsklarheit und Beweissicherheit als Grundlage für seine Entscheidung zu verschaffen und irrtümliche Erklärungen zu vermeiden[10]. Nach seinem Inhalt muss der Hinweis als Kündigungsgrund dringende betriebliche Erfordernisse angeben, wobei die **Bezeichnung als betriebsbedingt** ausreicht[11]. Die Angabe soll offenbar dem ArbGeb den späteren Einwand gegenüber dem Abfindungsanspruch abschneiden, er hätte nicht aus betriebsbedingten, dh. in seiner Sphäre liegenden Gründen gekündigt (vgl. oben Rz. 8). Einer näheren Begründung der Kündigung bedarf es dagegen nicht[12].

12 Weiterer Bestandteil des Hinweises ist die **Mitteilung**, dass der ArbN bei Verstreichenlassen der Klagefrist die Abfindung beanspruchen kann. Gemeint ist die gesetzliche Abfindung nach Abs. 2. Nicht

---

1 BT-Drs. 15/1204, S. 24. | 2 Ebenso *Grobys*, DB 2003, 2174 (2176); *Preis*, DB 2004, 70 (73); *Quecke*, RdA 2004, 86 (95). | 3 *Palandt/Heinrichs*, § 242 BGB Rz. 55 ff. | 4 So mit Recht *Thüsing/Stelljes*, BB 2003, 1673 (1677). | 5 I. Erg. ebenso *Grobys*, DB 2003, 2174; *Willemsen/Annuß*, NJW 2004, 177 (182); *Preis*, DB 2004, 70 (73). | 6 St. Rspr., vgl. BAG v. 28.3.1985 – 2 AZR 113/84, NZA 1985, 559; v. 27.6.2002 – 2 AZR 367/01, DB 2003, 102. | 7 Ebenso *Maschmann*, AuA 2003, Nr. 10 S. 6 (8). | 8 So auch *Löwisch*, NZA 2003, 689 (694); *Maschmann*, AuA 2003, Nr. 10 S. 6 (10); vgl. aber BAG v. 14.8.2002 – 5 AZR 341/01, NJW 2003, 230 zur nur beschränkten Anwendung der allgemeinen rechtsgeschäftlichen Vorschriften auf geschäftsähnliche Handlungen. | 9 Vgl. zur Frage der Zulässigkeit einer Teilanfechtung MünchKomm/*Mayer-Maly/Busche*, § 143 BGB Rz. 11; BGH v. 5.4.1973 – II ZR 45/71, MDR 1973, 653. | 10 Begr. des Gesetzentwurfs, BT-Drs. 15/1204, S. 24. | 11 Begr. des Gesetzentwurfs, BT-Drs. 15/1204, S. 24. | 12 Begr. des Gesetzentwurfs, BT-Drs. 15/1204, S. 24.

erforderlich ist eine wörtliche Wiedergabe der Formel. Im Zweifel wird – schon wegen der Verbindung mit dem Kündigungsschreiben – ein Hinweis nach § 1a anzunehmen sein. Ein abweichender Erklärungsinhalt muss daher hinreichend deutlich zu Ausdruck kommen. Eine Bezifferung ist nicht erforderlich. Erfolgt sie und weicht sie von der gesetzlichen Höhe ab, ist es eine Frage der Auslegung, ob der ArbGeb einen Hinweis nach Abs. 1 Satz 2, oder ein abweichendes, nicht unter § 1a fallendes Angebot getätigt hat. Es wird auf die Höhe der Abweichung und den sonstigen Inhalt der Erklärung ankommen. Bei fehlenden weiteren Anhaltspunkten für die Annahme eines Hinweises iSv. § 1a dürfte die konkret bezifferte Angabe aber maßgeblich sein; weicht sie von der Höhe des gesetzlichen Abfindungsanspruchs ab, handelt es sich um ein bloßes Vertragsangebot[1].

§ 1a enthält **kein Verbot abweichender vertraglicher Gestaltungen**[2]. Hierfür lässt sich angesichts der Möglichkeit des ArbGeb, auch ohne jede Abfindung betriebsbedingt zu kündigen oder einen Aufhebungsvertrag mit beliebigem Inhalt zu schließen, keine Rechtfertigung finden. Erfüllt der Hinweis des ArbGeb die gesetzlichen Anforderungen an Form oder Inhalt nicht, findet § 1a keine Anwendung. Zu prüfen bleibt ein vertraglicher Anspruch, der durch stillschweigende Annahme des ArbN und Verstreichenlassen der Klagefrist entstehen kann (vgl. oben Rz. 3). Das Gleiche gilt, wenn der Hinweis außerhalb des Anwendungsbereichs des § 1a oder abweichend mit einem anderweitigen Abfindungsangebot ergeht (vgl. hierzu oben Rz. 12). 13

3. Verstreichenlassen der Klagefrist. Das Verstreichenlassen der Klagefrist des § 4 Satz 1 ist nach hier vertretener Auffassung **bloßer Realakt**, der kündigungsrechtlich die Folge des § 7 auslöst (vgl. näher oben Rz. 5). Es ist daher nicht erforderlich, dass der ArbN willentlich die Frist verstreichen lässt. Versehentliche Versäumung löst den Anspruch nach § 1a ebenfalls aus. Fordert man – wie die Vertreter der Konsensualtheorie (vgl. Rz. 4) – eine Annahme des Abfindungsangebotes durch den ArbN, kommt es indessen auf den Annahmewillen an, da § 151 BGB nach hM nur auf den Zugang der Annahmeerklärung, nicht aber auf diese selbst verzichtet[3]. Dies führt zu Anfechtungsproblemen. 14

Erhebt der ArbN fristgerecht Kündigungsschutzklage, entsteht der Anspruch nicht. Das gilt auch bei **späterer Klagerücknahme**. Die Fiktion des § 269 Abs. 3 ZPO, wonach in diesem Fall der Rechtsstreit als nicht anhängig geworden anzusehen ist, hat zwar zur Folge, dass die Kündigung gemäß § 7 als von Anfang an rechtswirksam anzusehen ist. Dies lässt aber nicht rückwirkend den Abfindungsanspruch entstehen. Zweck des § 1a ist es gerade, eine gerichtliche Auseinandersetzung um die Kündigung von vorn herein zu vermeiden. Dieses Ziel ist bereits durch die ursprüngliche Klageerhebung vereitelt. Die Fiktion des § 269 Abs. 3 ZPO ist daher für den Tatbestand des § 1a ohne Bedeutung[4]. Das Gleiche muss gelten für die **verlängerte Anrufungsfrist nach § 6**. Hier stellt der ArbN die Wirksamkeit der Kündigung mit einer anderen Klage als nach § 4 Satz 1 in Frage und kann in unmittelbarer oder analoger Anwendung von § 6 Satz 1 bis zum Schluss der mündlichen Verhandlung 1. Instanz zur Kündigungsschutzklage übergehen. Dies würde den Zweck der Norm, eine vorgerichtliche Klärung herbeizuführen, ebenso vereiteln[5]. 15

Übersehen hat der Gesetzgeber offenbar den Fall der **nachträgliche Zulassung** der Klage gemäß § 5. Der Anspruch kann hier bereits mit Verstreichen von Klage- und Kündigungsfrist entstanden sein. Dadurch hat der ArbN das Recht zur Beantragung der nachträglichen Zulassung noch nicht verloren. Erst das Einfordern und die Annahme der Abfindung können einem nachfolgenden Antrag auf nachträgliche Zulassung der Kündigungsschutzklage entgegenstehen (sei es aus Vertrag, sei es aus Treu und Glauben), sofern nicht die Voraussetzungen für eine Anfechtung gemäß §§ 119 f., 123 BGB vorliegen. Nach seiner **Ratio** wird der Abfindungsanspruch jedoch spätestens mit der nachträglichen Zulassung der Kündigungsschutzklage durch das ArbG rückwirkend entfallen, da der ArbN hinsichtlich der Fiktion des § 7 dann so gestellt ist, als hätte er rechtzeitig Klage erhoben[6]. Nach anderer Ansicht soll der Anspruch bereits mit Eingang des Antrags auf nachträgliche Zulassung (verbunden mit der Kündigungsschutzklage, § 5 Abs. 2 Satz 1) bei Gericht entfallen, da hierdurch bereits eine rein vorgerichtliche Klärung vereitelt wird[7]. Nach der Konsensualtheorie folgt dies aus einer stillschweigend vereinbarten auflösenden Bedingung für den Fall der nachträglichen Zulassung der Klage bzw. deren Beantragung[8], nach hier vertretener Auffassung aus einer teleologischen Reduktion der Norm oder auch aus dem Gesichtspunkt der Zweckverfehlung gemäß § 812 Abs. 1 Satz 2 Alt. 2 BGB. 16

Ist zwischen Zugang der Kündigung und Ablauf ihrer Frist der betriebsbedingte Kündigungsgrund entfallen, kann ein **Wiedereinstellungsanspruch** entstehen (vgl. § 1 Rz. 75 ff.). Im Hinblick auf den Abfindungsanspruch, der nach Verstreichen der Klagefrist und vor Ablauf der Kündigungsfrist bereits als An- 17

---

1 *Bauer/Krieger*, NZA 2004, 77 (78). | 2 HM, vgl. *Löwisch*, NZA 2003, 689 (693); *Thüsing/Stelljes*, BB 2003, 1673 (1677); *Willemsen/Annuß*, NJW 2004, 177 (183); *Quecke*, RdA 2004, 86 (96 f.); *Giesen/Besgen*, NJW 2004, 185 (187); *Grobys*, DB 2003, 2174 (2177); *Maschmann*, AuA 2003, Nr. 10 S. 6 (10); aA wohl *Meinel*, DB 2003, 1438 ff.; unklar *Preis*, DB 2004, 70 (71 f.). | 3 MünchKomm/*Kramer*, § 151 BGB, Rz. 50. | 4 Ebenso *Preis*, DB 2004, 70 (74 f.); *Grobys*, DB 2003, 2174 (2175); vgl. auch LAG Sa.-Anh. v. 17.6.2003 – 8 Sa 614/03, nv. (juris). | 5 Ebenso *Preis*, DB 2004, 70 (75); *Grobys*, DB 2003, 2174 (2175 f.). | 6 IdS *Grobys*, DB 2003, 2174 (2175); *Giesen/Besgen*, NJW 2004, 185 (187); wohl auch *Bader*, NZA 2004, 65 (71). | 7 So *Löwisch*, NZA 2003, 689 (694); *Preis*, DB 2004, 70 (74); *Willemsen/Annuß*, NJW 2004, 177 (182). | 8 *Preis*, DB 2004, 70 (74).

wartschaft bestehen dürfte, wird der Wiedereinstellungsanspruch, sofern er überhaupt noch in Betracht kommt, qualifizierte Anforderungen erfüllen müssen; nach Annahme der Abfindung oder Einfordern des fälligen Anspruchs wird eine Wiedereinstellung regelmäßig ausscheiden[1]. Kommt es zur nahtlosen Wiedereinstellung, ohne dass mit Ablauf der Kündigungsfrist das Arbeitsverhältnis geendet hat, wird der Abfindungsanspruch aus § 1a nicht entstehen (Abs. 1 Satz 1 aE). Kommt es erst nach Ablauf der Kündigungsfrist zur Wiedereinstellung, wird der ArbGeb eine bereits geleistete Abfindung gemäß § 812 Abs. 1 Satz 2 Alt. 2 BGB wegen **Zweckverfehlung** zurückfordern bzw. der Einforderung einer noch nicht geleisteten Abfindung den Einwand der Bereicherung (§ 821 BGB) entgegenhalten können. Denn die Abfindung bezweckt nicht allein die Vermeidung des Streits um die Kündigung, sondern dient außerdem dem Ausgleich und der Milderung der Nachteile aus dem Verlust des Arbeitsplatzes. Dieser Zweck wird bei Wiedereinstellung verfehlt. Vom Standpunkt der Konsensualtheorie gelangt man über den Wegfall der Geschäftsgrundlage gemäß § 313 Abs. 3 Satz 1 BGB zur Anwendung von Rücktrittsrecht[2].

18 Unbeschadet seines Abfindungsanspruchs wird der ArbN berechtigt sein, die Einhaltung einer **zu kurzen Kündigungsfrist** klageweise geltend zu machen. Nach der schon zu § 113 Abs. 2 InsO aF gebildeten hM braucht dafür die Klagefrist nicht gewahrt zu werden[3]. Es handelt sich nicht um eine Umdeutung gemäß § 140 BGB und damit nicht um die Geltendmachung der Unwirksamkeit der ausgesprochenen Kündigung[4]; eine ordentliche Kündigung ist vielmehr regelmäßig dahin auszulegen, dass mit der maßgeblichen Frist, frühestens aber zu dem genannten Termin gekündigt wird[5]. Die Kündigung wird dadurch nicht gemäß § 1a Abs. 1, § 4 Satz 1 in Frage gestellt.

19 **IV. Rechtsfolgen.** Der Anspruch auf Abfindung entsteht gemäß Abs. 1 Satz 1 mit **Ablauf der Kündigungsfrist**, frühestens aber mit Verstreichen der Klagefrist. Beendigungstatbestände, die vor diesem Zeitpunkten eintreten (etwa Tod, außerordentliche Kündigung), verhindern sein Entstehen[6]. Die Rechtsfolge der Norm erschöpft sich in dem Abfindungsanspruch und seiner näheren Ausgestaltung. Sie umfasst insb. keinen Verzicht des ArbN auf eine Kündigungsschutzklage. Er bleibt in seiner Entscheidung insoweit frei (vgl. oben Rz. 14); das gilt auch für einen eventuellen Antrag auf nachträgliche Zulassung (vgl. hierzu Rz. 16).

20 Die **Höhe des Anspruchs** beträgt 0,5 Monatsverdienste für jedes Jahr des Bestehens des Arbeitsverhältnisses (Abs. 2 Satz 1). Ein Zeitraum von mehr als 6 Monaten wird aufgerundet (Abs. 2 Satz 3), ein solcher von bis zu sechs Monaten dementsprechend abgerundet[7]. Für die Feststellung der Dauer des Bestehens des Arbeitsverhältnisses gelten die von der Rspr. zu § 1 Abs. 1 Satz 1 entwickelten Grundsätze (vgl. § 1 Rz. 7 ff.). Zum Begriff des Monatsverdienstes vgl. die Erläuterung zu § 10 Abs. 3, ebenso zur steuerrechtlichen Behandlung der Abfindung. Die **starre Berechnungsformel** für die Abfindung soll die praktische Anwendbarkeit der Norm erhöhen. Sie führt aber zu unangemessenen Ergebnissen bei ArbN mit langer Betriebszugehörigkeit kurz vor dem Rentenalter. Die Anwendung des § 1a ist nicht zwingend (vgl. oben Rz. 13); eine unterschiedliche Behandlung einzelner ArbN bei Kündigungen aus demselben Sachverhalt bedarf nach dem Gleichbehandlungsgrundsatz aber sachlicher Gründe für die Differenzierung.

21 Unklar ist das **Verhältnis zu Sozialplanabfindungen**. Gesetzliche Vorgaben bestehen nicht. Ob die Abfindung nach § 1a und eine etwaige Sozialplanabfindung aufeinander anzurechnen sind, ist daher eine Frage der Auslegung des vom ArbGeb mit seinem Hinweis Gewollten. Im Zweifel wird der ArbGeb, wenn er nach § 1a vorgeht, nicht einen Anspruch auf zusätzliche Abfindung begründen wollen. Zu berücksichtigen ist aber, dass eine Sozialplanabfindung nach der Rspr. des BAG nicht an das Junktim der Unterlassung einer Kündigungsschutzklage gebunden werden darf[8]. Liegt bei Ausspruch der Kündigung bereits ein Sozialplan vor und beschreitet der ArbGeb dennoch den Weg des § 1a, kann darin eine Verletzung seiner Pflicht auf Durchführung des Sozialplanes liegen. Bei **Abweichungen in der Höhe** des vom ArbGeb mit dem Hinweis ausgelösten gesetzlichen Abfindungsanspruchs von einer bereits festgelegten Sozialplanabfindung ist zu unterscheiden: Überschreitet die Höhe des gesetzlichen Abfindungsanspruchs nach Abs. 2 die Sozialplanabfindung, wird diese darin enthalten sein und allein der Mehrbetrag vom Verstreichenlassen der Klagefrist abhängen. Im umgekehrten Fall kann der Anspruch aus § 1a dagegen als zusätzliche, unter den qualifizierten Voraussetzungen dieser Norm zugesagte Abfindung zu verstehen sein. Der Abfindungsanspruch aus einem späteren Sozialplan wird hingegen stets mit dem Abfindungsanspruch aus § 1a zu verrechnen sein, da er keinem weiter gehenden Zweck dient.

---

1 Vgl. BAG v. 28.6.2000 – 7 AZR 904/98, AP Nr. 6 zu § 1 KSchG 1969 – Wiedereinstellung unter II B 3 c aa d.Gr. | 2 *Preis*, DB 2004, 70 (74). | 3 *Schaub*, DB 1999, 217 (220); *Moll* in Kübler/Prütting, § 113 InsO Rz. 88; *Lakies*, BB 1998, 2638 (2641); *Kiel/Koch*, Die betriebsbedingte Kündigung, 2000, Rz. 504; aA ErfK/*Müller-Glöge*, § 113 InsO Rz. 36. | 4 So aber wohl die hM, vgl. ErfK/*Müller-Glöge*, § 622 BGB Rz. 26 mwN; unklar insoweit die Rspr., vgl. BAG v. 18.4.1985 – 2 AZR 197/84, NZA 1986, 229. | 5 Vgl. näher *Quecke*, RdA 2004, 86 (97 f.); idS wohl auch BAG v. 18.4.1985 – 2 AZR 197/84, NZA 1986, 229. | 6 So ausdrücklich die Begr. des Gesetzentwurfs, BT-Drs. 15/1204, S. 24. | 7 Nach der Begr. des Gesetzentwurfs bedurfte es der Aufrundungsregelung des Abs. 2 Satz 3, damit unterjährig beschäftigte Arbeitnehmer nach Ablauf der sechsmonatigen Wartezeit des § 1 Abs. 1 überhaupt eine Abfindung nach § 1a erlangen können (BT-Drs. 15/1204, S. 25). | 8 BAG v. 20.12.1983 – 1 AZR 442/82, AP Nr. 17 zu § 112 BetrVG 1972; lediglich die Fälligkeit kann auf den Zeitpunkt des rechtskräftigen Abschlusses des Kündigungsschutzprozesses verschoben werden.

2 Änderungskündigung

Kündigt der Arbeitgeber das Arbeitsverhältnis und bietet er dem Arbeitnehmer im Zusammenhang mit der Kündigung die Fortsetzung des Arbeitsverhältnisses zu geänderten Arbeitsbedingungen an, so kann der Arbeitnehmer dieses Angebot unter dem Vorbehalt annehmen, dass die Änderung der Arbeitsbedingungen nicht sozial ungerechtfertigt ist (§ 1 Abs. 2 Satz 1 bis 3, Abs. 3 Satz 1 und 2). Diesen Vorbehalt muss der Arbeitnehmer dem Arbeitgeber innerhalb der Kündigungsfrist, spätestens jedoch innerhalb von drei Wochen nach Zugang der Kündigung erklären.

I. Allgemeines. In der heutigen Zeit mit seiner zunehmend wachsenden Flexibilisierung gewinnt die **Anpassung der Arbeitsbedingungen** an veränderte soziale und vor allem wirtschaftliche Umstände eine immer größere Bedeutung. Viele ArbN stehen unter einem ganz erheblichen Kündigungsdruck. Vor dem Hintergrund der zunehmenden Vernichtung von Arbeitsplätzen, etwa aufgrund Produktionsverlagerung ins Ausland sowie anhaltenden Fusionen ziehen ArbN dem gänzlichen Verlust des Arbeitsplatzes grundsätzlich eine Veränderung der Arbeitsbedingungen vor. Diese soll nach dem gesetzgeberischen Willen durch entsprechende arbeitsrechtliche Vorschriften unterstützt werden, die ihrerseits durch richterliche Rechtsfortbildung an sich wirksam unterstützt werden sollen.

Vor diesem Hintergrund gilt: Regelmäßig ist das Arbeitsverhältnis ein auf lange Dauer angelegtes Schuldverhältnis. Es kommt aber vor, dass dieses während seines Bestandes aus der Sicht des ArbGeb jedoch an veränderte Umstände angepasst werden soll. Falls der ArbN mit einer Änderung nicht einverstanden ist und dazu auch die arbeitsvertraglichen einseitigen Weisungsrechte des ArbGeb nicht geeignet sind, bleibt diesem nur die Möglichkeit, eine Änderungskündigung auszusprechen. Wegen der erheblichen Rechtsunsicherheit in Zusammenhang mit dem Ausspruch einer Änderungskündigung ist den ArbGeb in der Vergangenheit angeraten worden, möglichst Beendigungskündigungen auszusprechen, statt auf das mildere Mittel der Änderungskündigung zurückzugreifen[1]. Das BAG sucht in immer schneller aufeinander folgenden Entscheidungen vorsichtig seine Linie und scheint sie – bei mancher Unsicherheit im Einzelnen – allmählich auch zu finden[2].

Zunächst sollte der ArbGeb stets versuchen, mit dem ArbN zu verhandeln, um eine einvernehmliche Änderung der Arbeitsbedingungen ohne das Erfordernis des Ausspruchs einer Änderungskündigung zu erreichen (sog. **Änderungsvereinbarung**). Dabei sind beide Seiten aus unterschiedlichen Gründen gut beraten, im Rahmen einer solchen Vereinbarung nach Lösungsmöglichkeiten zu suchen, die sie aufgrund ihrer privatautonomen Gestaltungsbefugnisse grundsätzlich selbst ausgestalten können, dürfen dabei aber nicht von zwingenden gesetzlichen, tarifvertraglichen oder kollektiv-rechtlichen Vorschriften abweichen. Scheitert das Zustandekommen einer Änderungsvereinbarung, kann der Ausspruch einer Änderungskündigung besonders für den ArbGeb unkalkulierbare Risiken mit sich bringen. Daher wählen ArbGeb nicht selten den Weg der Beendigungskündigung mit dem Ziel, das Arbeitsverhältnis durch Zahlung einer wirtschaftlich kalkulierbaren Abfindung zu beenden. Auch der ArbN hat in dieser Situation häufig das Bedürfnis, das durch die Beendigungskündigung gestörte Arbeitsverhältnis gegen Zahlung einer Abfindung zu beenden und anderweitig ein neues Arbeitsverhältnis einzugehen. Dieses wird aber in der heutigen Zeit zunehmend schwieriger.

Die gesetzliche Regelung in § 2 (**Änderungskündigung**) schützt den Kernbereich des Arbeitsverhältnisses. Dieser darf nicht einseitig betreffend die Arbeitspflichten des ArbN dem Inhalt bzw. dem Umfang nach sich in einer auf die Vergütung auswirkenden Weise – und damit sowohl Leistung als auch Gegenleistung – geändert werden[3]. Dazu bedarf es einer Änderungskündigung, die nicht in erster Linie auf die Beendigung des Arbeitsverhältnisses, sondern auf eine weitere Beschäftigung zu geänderten Bedingungen abzielt. Im Vordergrund steht bei dieser deshalb nicht der Bestandsschutz des Arbeitsverhältnisses, sondern der Vertragsinhaltsschutz[4]. So zB ist eine betriebsbedingte Änderungskündigung dann sozial gerechtfertigt, wenn der ArbGeb sich bei einem an sich anerkennenswerten Anlass darauf beschränkt hat, nur solche Änderungen vorzuschlagen, die der ArbN billigerweise hinnehmen muss[5], die also sozial gerechtfertigt sind. Handelt es sich um mehrere voneinander trennbare verschiedene Arbeitsbedingungen, so muss jede einzelne Änderung im Änderungsangebot des ArbGeb darauf geprüft werden, ob sie sozial gerechtfertigt ist. Das gilt auch dann, wenn der ArbN das Änderungsangebot ablehnt. Zwar wird dann die vom ArbGeb ausgesprochene Änderungskündigung zur Beendigungskündigung. Gleichwohl muss auch hier geprüft werden, ob die angestrebte Änderung der Arbeitsbedingungen den gesetzlichen Voraussetzungen genügt.

Der *dogmatische* Hauptstreit bezüglich des Bestandsschutzes des Arbeitsverhältnisses einerseits und des Vertragsinhaltsschutzes andererseits besteht darin, ob die Kündigung oder die Änderung der Arbeitsbedingungen sozial gerechfertigt sein muss[6]. Der Begriff **Vertragsinhaltsschutz** muss jedoch unabhängig davon im Verhältnis zum Bestandsschutz des Arbeitsverhältnisses gesehen werden. Bei einer Beendigungskündigung geht es in erster Linie um den Bestandsschutz des Arbeitsverhältnisses.

---

[1] So *Preis*, NZA 1995, 241 (249). | [2] *Hromadka*, DB 2002, 1322. | [3] BAG v. 21.4.1993 – 7 AZR 297/92, NZA 1994, 476 = DB 1994, 2400. | [4] BAG v. 25.2.1988 – 2 AZR 611/87, RzK I 7a Nr. 9. | [5] BAG v. 19.5.1993 – 2 AZR 584/92, NZA 1993, 1075. | [6] Vgl. dazu statt aller *Hromadka*, DB 2002, 1322 mwN.

Aus diesem Element besteht die Änderungskündigung ebenfalls. Weiter gehend wird aber bei dieser zusätzlich – und zwar in der Praxis in erster Linie – über die Fortsetzung des Arbeitsverhältnisses zu geänderten Arbeitsbedingungen gestritten. Also steht bei Änderungskündigungen jedenfalls aus der Sicht des ArbN der Schutz des bisherigen Vertragsinhalts im Vordergrund. Dies rechtfertigt die Auffassung, dass § 2 auch dem Vertragsinhaltsschutz dient. So geht es in der Praxis im Rahmen von Änderungskündigungen oder Änderungsvereinbarungen zB um die Art der Tätigkeit, die Arbeitszeit, die Vergütung einschließlich etwaiger Nebenleistungen wie vermögenswirksame Leistungen, Gratifikationen, Fahrtkosten, Leistungen der betrAV, Versicherungsschutz, Dienstwagen oder sonstige geldwerte Vorteile oder etwa um die Anzahl der Urlaubstage, das Verhalten im Krankheitsfalle, Wettbewerbsverbote sowie sonstige vertragliche Bedingungen.

6   Außerdem sind die Bestimmungen des **NachwG** auch bei Vertragsänderungen zu beachten. Danach hat der ArbGeb spätestens einen Monat nach dem vereinbarten Beginn des Arbeitsverhältnisses die wesentlichen Vertragsbedingungen schriftlich niederzulegen, die Niederschrift zu unterzeichnen und dem ArbN auszuhändigen (§ 2 Abs. 1 NachwG). Nach § 3 NachwG gilt dasselbe für die Änderung der wesentlichen Vertragsbedingungen, die ebenfalls spätestens einen Monat nach der Änderung schriftlich mitzuteilen sind. Welche Sanktion bei einem Verstoß gegen diese Verpflichtung des ArbGeb eintritt, regelt das Gesetz nicht. Dies Rechtsfolgen sind in der Lit. umstritten. Dem ArbGeb ist jedoch dringend anzuraten, die Vorschriften des NachwG korrekt zu beachten und bei jedem Neuabschluss, aber auch bei jeder Änderung von Vertragsbedingungen, die wesentlichen Vertragsinhalte in einer von beiden Seiten unterzeichneten Urkunde festzuhalten[1] (vgl. auch die Erl. zum NachwG).

7   Im Rahmen von Änderungskündigungen und Änderungsvereinbarungen ist jetzt auch noch das seit dem 1.1.2002 geltende **Schuldrechtsreformgesetz** zu beachten. Früher war gemäß § 23 AGBG aF das Arbeitsrecht von den Beschränkungen dieses Gesetzes ausdrücklich ausgenommen. Nunmehr gelten die Regelungen der §§ 305 ff. BGB gemäß § 310 Abs. 4 Satz 2 BGB auch für Arbeitsverträge. Nach § 310 Abs. 4 Satz 2 BGB sind die Vorschriften der §§ 305 ff. BGB auch auf Arbeitsverträge anwendbar, wobei „die im Arbeitsrecht geltenden Besonderheiten angemessen zu berücksichtigen" sind. Bei der Anwendung dieser Vorschriften auf Arbeitsverträge sind somit die im Arbeitsrecht geltenden Besonderheiten angemessen zu berücksichtigen und deshalb § 305 Abs. 2 und 3 BGB nicht anzuwenden. Gemäß Satz 3 dieser Bestimmung stehen TV, Betriebs- und Dienstvereinbarungen den Rechtsvorschriften iSd. § 307 Abs. 3 BGB gleich und unterliegen deshalb folglich auch nicht der Inhaltskontrolle durch die vorgenannten Vorschriften[2]. Die künftige richterliche Rechtsfortbildung wird zeigen, welche Gestaltungsfreiheit für den Inhalt von Arbeitsverträgen verbleibt (vgl. auch die Erl. zu §§ 305–310 BGB).

8   Eine Änderungskündigung ist unwirksam, wenn sie zB mit dem Ziel ausgesprochen wird, eine betriebliche Leistung einzustellen, die bereits wegen eines vorbehaltenen Widerrufs hätte entzogen werden können[3]. Hieraus folgt, dass eine Änderungskündigung nur dann rechtswirksam sein kann, wenn der ArbGeb die betreffenden Arbeitsbedingungen nicht durch einseitige Handlung verändern kann, etwa aufgrund Versetzungsklausel oder Widerrufsvorbehalt[4]. Für die Praxis empfiehlt sich in solchen Zweifelsfällen in erster Linie eine **einseitige Leistungsbestimmung** in Verbindung mit einer vorsorglichen Änderungskündigung. Durch einseitige Leistungsbestimmung, etwa durch Ausübung des Direktionsrechts, kann vom ArbGeb eine Anordnung getroffen werden. Eine vorsorgliche Änderungskündigung bedeutet typischerweise, dass sie nur für den Fall Rechtswirkungen entfalten soll, dass die erstrebte Änderung nicht schon aus anderen Rechtsgründen – zB aufgrund Direktionsrecht – folgt. Im Übrigen liegt eine Änderungskündigung iSd. § 2 bereits begrifflich nicht vor, wenn an den Arbeitsbedingungen eines ArbN überhaupt nichts geändert werden soll[5].

9   Eine Änderungskündigung unterliegt außerdem allen **Wirksamkeitsvoraussetzungen einer Beendigungskündigung**. Die Änderungskündigung muss schriftlich erfolgen, § 623 BGB. Sie kann ebenso wie eine einfache Beendigungskündigung nicht per Fax wirksam ausgesprochen werden. Auch mit Blick auf dieses Erfordernis sollte das Änderungsangebot zur Vermeidung von Rechtsnachteilen zudem möglichst so vollständig und umfassend in dem Sinne sein, dass der ArbN es mit einem einfachen „Ja" annehmen kann. Auch bei Änderungsvereinbarungen bedarf es einer vollständigen Einigung über alle zu regelnden Änderungen, zumal Arbeitsverträge häufig vorsehen, dass alle Änderungen der Schriftform bedürfen. Nach wie vor können die Parteien auch beim Fehlen einer solchen Schriftform durch konkludentes Verhalten eine Vertragsänderung bewirken, etwa durch die widerspruchslose Fortsetzung des Arbeitsverhältnisses nach einer vom ArbGeb angekündigten und anschließend vorgenommenen einseitigen Änderung der Arbeitsbedingungen, beispielsweise durch eine Kürzung der Vergütung. Zusammengefasst: Ein umfassendes schriftliches Änderungsangebot vermeidet außergerichtlich und im ArbG-Prozess Rechtsnachteile ebenso wie eine umfassende Änderungsvereinbarung. **Der BR** muss ordnungsgemäß angehört werden, § 102 BetrVG. Anders als bei der Beendigungskündigung muss der zuständige BR ggf. zusätzlich gemäß § 99 BetrVG ordnungsgemäß beteiligt werden (Versetzung und/

---

[1] *Bergwitz*, BB 2001, 2316 ff.   [2] So zutr. *Ziemann*, ArbRB 2001, 46 ff.   [3] BAG v. 9.2.1989 – 6 AZR 11/87, RzK I 7 a Nr. 5c.   [4] Vgl. dazu *Hromadka*, DB 2002, 1322, 1323.   [5] BAG v. 10.12.1975 – 4 AZR 41/75, AP Nr. 90 zu §§ 22, 23 BAT.

Änderungskündigung   Rz. 11 § 2 KSchG

oder Einstellung). Im Übrigen sind vor Kündigungsausspruch die notwendigen Zustimmungen zuvor einzuholen (vgl. § 85 SGB IX, § 9 Abs. 1, 3 MuSchG, § 18 BerzGG, § 15 KSchG). Fehlt es an der Erfüllung dieser zusätzlichen Voraussetzungen, so ist die Kündigung rechtsunwirksam. Denn nur eine wirksame Beendigungskündigung kann, wenn der ArbN die Änderung der Arbeitsbedingungen ablehnt, das Arbeitsverhältnis beenden und nur sie hat dem ArbGeb Gelegenheit zum Abschluss eines geänderten Vertrages geboten[1]. Schließlich sind noch als **allgemeine Rechtsunwirksamkeitsgründe** zu nennen wie Sittenwidrigkeit gemäß § 138 BGB, Unwirksamkeit wegen Verstoß gegen zwingende Rechtsnormen iSv. § 134 BGB zB in Verbindung mit § 4 TVG bei dem Versuch, tariflich gesicherte Leistungen durch eine Änderungskündigung abzubauen.

Die unterschiedlichen Abläufe bei einer Änderungskündigung stellen sich im Rahmen eines **Schaubildes** wie folgt dar: 10

(1) **Arbeitgeber** will Arbeitsvertrag kündigen und Änderung der Arbeitsbedingungen herbeiführen; spricht Änderungskündigung aus. (Zustimmung BR gem. § 99 BetrVG bzw. Arbeitsgericht, wenn es sich betriebsverfassungsrechtlich um eine "Versetzung" bzw. "Einstellung" handelt)	(2) Anhörung des BR nach § 102 und Antrag auf Zustimmung nach § 99 BetrVG (sofern "Versetzung" bzw. "Einstellung" vorliegt)	(3) **Betriebsrat** hört AN, überprüft, berät, beschließt frist- (1 Woche) und formgerecht. (§ 102, ggf. § 99 BetrVG)

(4) **Arbeitnehmer**

akzeptiert Änderungsangebot fristgerecht	akzeptiert Änderungsangebot fristgerecht unter Vorbehalt	lehnt Änderungsangebot ab
JA: Änderungen werden einvernehmlich vorgenommen	**JA, aber:** Arbeitnehmer kann Änderungskündigungsschutzklage erheben (§ 2 KSchG)	**NEIN:** Arbeitnehmer kann Kündigungsschutzklage erheben

(5) **Arbeitsgericht:** Änderungs- bzw. Kündigungsschutzklage

1. Anwendungsbereich. Es ist in der Rspr. seit langem unumstritten, dass eine Änderungskündigung 11
sowohl als **ordentliche** wie auch als **außerordentliche Kündigung** zulässig ist und dass § 2 auf die außerordentliche Änderungskündigung entsprechend anwendbar ist[2]. Denkbar ist folglich auch eine befristete außerordentliche Änderungskündigung aus wichtigem Grund, zB iSd. § 54 BAT[3]. Es ist auch denkbar, dass einem ArbN mit dem Ziel der endgültigen Beendigung des Arbeitsverhältnisses gekündigt wird verbunden mit dem Angebot, ihn als freien Mitarbeiter zu beschäftigen. Eine außerordentliche Änderungskündigung ist nur wie eine ordentliche Änderungskündigung begründet, wenn sie notwendig ist und die neuen Bedingungen für den ArbN zumutbar sind. Das Änderungsangebot muss der

---

1 *Hromadka*, DB 2002, 1322 (1323). | 2 BAG v. 19.6.1986 – 2-AZR 565/85, NZA 1987, 94 = AP Nr. 16 zu § 2 KSchG 1969. | 3 BAG v. 17.5.1984 – 2 AZR 161/83, AP Nr. 3 zu § 55 BAT.

Billigkeit entsprechen. Diese Voraussetzung muss grundsätzlich für jeden einzelnen Änderungsvorschlag erfüllt sein, wenn der ArbGeb den Arbeitsvertrag in mehreren Punkten ändern möchte. Doch kann die Gesamtabwägung der beiderseitigen Interessen ergeben, dass entweder der ArbN eine an sich unzumutbare einzelne Änderung hinnehmen muss oder der ArbGeb eine an sich berechtigte Änderungskündigung nicht durchsetzen kann, weil eine besonders gewichtige einzelne Änderung für den ArbN unannehmbar ist[1].

12 Nicht ohne weiteres zum Anwendungsbereich von Änderungskündigungen gehören Vereinbarungen, die dem ArbGeb das **Recht zur einseitigen Änderung einzelner Arbeitsbedingungen** einräumen. Diese sind grundsätzlich zulässig. Nur wenn wesentliche Elemente des Vertrages der einseitigen Änderung durch den ArbGeb unterliegen und dadurch das bisherige Gleichgewicht des Vertrages, also das Verhältnis von Leistung und Gegenleistung, grundlegend gestört wird, wird die Grenze des gesetzlichen Schutzes anlässlich von Änderungskündigungen überschritten. In der Praxis stützen sich ArbGeb in Zusammenhang mit einseitigen Änderungsmaßnahmen häufig auf ihr (nicht selten nur vermeintliches) allgemeines Direktionsrecht. Im Anschluss daran wird dann über die Grundlagen und die Grenzen dieses Direktionsrechts gestritten. Der frühere dogmatische Streit über die Einordnung dieses Rechtsinstituts hat sich durch das Gesetz zur Änderung der Gewerbeordnung und sonstiger gewerberechtlicher Vorschriften vom 7.6.2002 erledigt. § 106 der neu gefassten GewO enthält eine Legaldefinition des Weisungsrechts des ArbGeb. Danach kann dieser „Inhalt, Ort und Zeit der Arbeitsleistung nach billigem Ermessen näher bestimmen ...". Hierbei hat er aber stets die arbeitsvertraglichen Vereinbarungen sowie die tariflichen und gesetzlichen Vorschriften und auch die Regelungen in etwaigen BV zu beachten. Damit hat sich der Gesetzgeber offenbar der Auffassung des BAG angeschlossen, wonach im Rahmen der Ausübung des Direktionsrechts das billige Ermessen iSv. § 315 BGB einzuhalten ist. Ungeklärt ist aber auch weiterhin, welchen Rechtscharakter die Maßnahme hat, die aufgrund des nunmehr gesetzlich geregelten Direktionsrechts angeordnet wird. Fest steht jedenfalls, dass diese vom ArbN als verbindliche Vorgabe beachtet werden muss, wenn sie nicht offensichtlich rechtsmissbräuchlich oder sonst wie unwirksam ist. Im Übrigen kann das Direktionsrecht zum einen durch Einzelweisung und zum anderen durch kollektive Anweisung an eine Gruppe von Beschäftigten oder gar an alle Beschäftigten ausgeübt werden. Soweit ein kollektiver Bezug vorliegt, sind ggf. **MitbestR des BR** zu beachten, zB gemäß § 87 Abs. 1 Nr. 1 BetrVG, soweit es um Fragen der Ordnung im Betrieb geht.

13 Die Form der Ausübung des Direktionsrechts ist nicht festgelegt. Anweisungen sind auch formlos möglich. Die Ausübung des Direktionsrechts kann der ArbGeb auf Vorgesetzte übertragen. Individualrechtlich können der Ausübung des Direktionsrechts Grenzen gesetzt sein, die unter Umständen nur schwer bestimmt werden können. Einerseits kommen sog. Änderungsvorbehalte, andererseits enge Eingrenzungen durch arbeitsvertragliche Regelungen in Betracht. Diese sind grundsätzlich zulässig. Jedoch darf ein arbeitsvertraglich vereinbartes Direktionsrecht des ArbGeb – wie dargelegt – nicht in den kündigungsschutzrechtlich geschützten Kernbereich des Arbeitsverhältnisses eingreifen. Dementsprechend bestehen keine rechtlichen Bedenken gegen eine arbeitsvertragliche Vereinbarung, wonach sowohl höherwertige als auch nicht so hochwertige Arbeiten zu verrichten sind[2]. Eine objektive Umgehung des gesetzlichen Änderungskündigungsschutzes, die zu der Unwirksamkeit der Befristung einzelner Arbeitsvertragsbedingungen führt, liegt noch nicht bereits in der Befristung einer Provisionszusage, die neben das Tarifgehalt tritt und lediglich 15 % der Gesamtvergütung ausmacht[3]. Sehen die Parteien für den Fall der Änderung gesetzlicher Vorschriften oder der wissenschaftlichen und gesellschaftlichen Entwicklung eine Anpassung vor, die beide Seiten bei Scheitern einer Einigung über die Anpassung zur Kündigung dieses Vertrages unter Einhaltung einer bstimmten Frist berechtigt, so kann darin unter Umständen – jedenfalls im Nebentätigkeitsbereich – die Einräumung eines vertraglichen Bestimmungsrechts bei Änderungen der Geschäftsgrundlage gesehen werden, das an §§ 242, 315 BGB zu messen ist. Die Ausübung dieses Bestimmungsrechts stellt in diesem Falle keine Änderungskündigung dar[4].

14 In all diesen Fällen darf der ArbGeb aufgrund seines allgemeinen Direktions- bzw. Weisungsrechts oder eines Änderungsvorbehalts im Sinne einer Versetzungsklausel oder eines Widerrufsvorbehalts vorgehen, ohne dass es dazu des Ausspruchs einer Änderungskündigung bedarf. Da er im Rahmen der gegebenen Arbeitsbedingungen handelt, sollen diese überhaupt nicht geändert werden, weshalb keine Änderungskündigung iSv. § 2 vorliegt[5]. Der Arbeitsvertrag hat bereits den vom ArbGeb gewünschten Inhalt. Wenn er gleichwohl dem ArbN im Rahmen einer Änderungskündigung die Fortsetzung des Arbeitsverhältnisses zu geänderten Arbeitsbedingungen anbietet, so geht dieses – wie dargelegt – ins Leere, weil die angebotenen Arbeitsbedingungen ohnehin bereits für das Arbeitsverhältnis gelten[6]. Es verstößt gegen den **Grundsatz der Verhältnismäßigkeit**, wenn der ArbGeb wie etwa bei einer widerruf-

---

1 BAG v. 7.6.1973 – 2 AZR 450/72, DB 1973, 1706 = EzA § 626 nF BGB Nr. 29; v. 7.6.1973 – 2 AZR 450/72, NJW 1973, 1819 = DB 1973, 1706. | 2 BAG v. 6.11.1985 – 4 AZR 265/84, AP Nr. 3 zu § 1 TVG - Tarifverträge: Papierindustrie. | 3 BAG v. 21.4.1993 – 7 AZR 297/92, AP Nr. 34 zu § 2 KSchG 1969 = BB 1994, 432 = NZA 1994, 476. | 4 BAG v. 10.12.1992 – 2 AZR 269/92, DB 1993, 1038 = AP Nr. 27 zu § 611 BGB – Arzt-Krankenhaus-Vertrag. | 5 Vgl. BAG v. 10.12.1975 – 4 AZR 41/75, AP Nr. 90 zu §§ 22, 23 BAT. | 6 BAG v. 16.3.1988 – 7 AZR 363/87.

lich gewährten Sozialleistung nicht von dem Widerrufsvorbehalt Gebrauch macht, sondern stattdessen eine Änderungskündigung ausspricht[1]. Voraussetzung ist allerdings ein zulässiger Änderungs- bzw. Widerrufsvorbehalt, der sich häufig in Arbeitsverträgen findet, zB bzgl. PKW-Überlassung, wenn dadurch nicht in den Kernbereich des Arbeitsverhältnisses eingegriffen wird, zB durch Regelungen betreffend den Umfang der Tätigkeit, die Arbeitsvergütung oder die hierarchische Stellung im Unternehmen. **Beispiele** für ohne Ausspruch einer Änderungskündigung zulässige Weisungs- und Direktionsrechte:

- Ein Organisationsplan in seiner jeweils gültigen Fassung wird zum Inhalt des Arbeitsvertrages gemacht.
- Der ArbGeb behält sich vor, die ArbN in all seinen Filialen in der Bundesrepublik Deutschland einzusetzen.
- Die Lage der Arbeitszeit wird jeweils nach betrieblichen Erfordernissen festgelegt, auch der Einsatz im Schichtbetrieb kommt in Betracht.

Die vorgenannten Klauseln halten einer Überprüfung im Rahmen von § 310 Abs. 4 Satz 2 BGB auch nach den §§ **305 ff. BGB** nach allgemeiner Ansicht stand und sind nicht etwa wegen eines Verstoßes gegen § 308 Nr. 4 BGB rechtsunwirksam. Die Grenzen solcher Änderungsvorbehalte können jedoch erreicht sein, wenn durch derartige Klauseln von vornherein in das Verhältnis von Leistung und Gegenleistung eingegriffen wird. So werden in der Praxis häufig Zulagen, Leistungszuschläge, Gratifikationen und sonstige Sonderleistungen unter dem Vorbehalt des Widerrufs vereinbart. Wenn dieser Vorbehalt auch grundsätzlich wirksam ist, darf der ArbGeb von seinem Widerrufsrecht jedoch nur in den Grenzen billigen Ermessens Gebrauch machen, das von den ArbG gemäß bzw. entsprechend § 315 BGB überprüfbar. Im Zweifel ist bei der Ausübung des Widerrufsvorbehalts die ordentliche Kündigungsfrist zu beachten. Dieser Ausübung steht zB entgegen, wenn sich die Tätigkeit über lange Jahre hinweg auf einen bestimmten Aufgabenbereich konkretisiert hat. Nicht vom Direktionsrecht umfasst sind dagegen Änderungen in Zusammenhang mit der dauerhaften Absenkung der Qualität der Arbeitsleistung oder die Übertragung einer Stabsfunktion statt einer zuvor ausgeübten Linienfunktion. Hier bedarf es jeweils des Ausspruchs einer Änderungskündigung. Mithin stellt das Direktionsrecht für den ArbGeb nicht ohne weiteres eine geeignete Rechtsgrundlage für einseitige Änderungen des Arbeitsverhältnisses dar. Aber auch dann, wenn der ArbGeb auf der Grundlage seines Direktionsrechts einseitige Änderungen des Arbeitsverhältnisses vornehmen kann, muss er seit der Geltung des NachwG die Schriftform hinsichtlich der geänderten Kernpunkte des Arbeitsverhältnisses einhalten. Von der Ausübung des Direktionsrechts zu trennen ist Folgendes: Es ist denkbar, dass zunächst einzelvertraglich tarifliche Abgruppierungsschutz- und Verdienstsicherungsnormen vereinbart werden. Durch eine spätere Änderungskündigung, die diese Regelungen nicht berücksichtigt, kann diese Vereinbarung (konkludent) aufgehoben werden[2].

Eine Änderungskündigung genießt aber nur dann den Schutz gemäß § 2, wenn das Arbeitsverhältnis zum einen in demselben Betrieb oder Unternehmen ohne Unterbrechung länger als 6 Monate bestanden hat (§ 1 Abs. 1) und es sich zum anderen nicht um einen sog. „Kleinbetrieb" handelt (vgl. § 23 Abs. 1 Satz 2). Insoweit wird auf die Kommentierungen zu den §§ **1 und 23 KSchG** verwiesen. Hinsichtlich der Verwaltungen eines ausländischen Staates, die in Deutschland die Voraussetzungen des § 23 Abs. 1 erfüllen, wenn nach dem Arbeitsvertrag deutsches Kündigungsrecht anzuwenden ist, wird auf die BAG-Entscheidungen vom 29.10.1998 – 2 AZR 759/97 und 2 AZR 6/98 sowie vom 23.4.1998 – 2 AZR 498/97, AP Nr. 19 zu § 23 KSchG 1969 verwiesen.

Nachfolgend sind von **A bis Z** verschiedene Stichworte in Zusammenhang mit einer Änderungskündigung nebst Fundstellennachweisen aufgelistet: **Arbeitsbedingungen** (vgl. BAG v. 10.12.1975 – 4 AZR 41/75, AP Nr. 90 zu §§ 22, 23 BAT; BAG v. 24.4.1996 – 5 AZR 1032/94, nv.); **Arbeitsbereitschaft** (vgl. BAG v. 12.2.1986 – 7 AZR 358/84, DB 1987, 995 = AP Nr. 7 zu § 15 BAT); **Arbeitsvertrag** (vgl. BAG v. 9.2.1989 – 6 AZR 11/87, nv.; BAG v. 6.11.1985 – 4 AZR 265/84, AP Nr. 3 zu § 1 TVG – TV: Papierindustrie); **Arbeitszeit** (vgl. BAG v. 9.2.1989 – 6 AZR 11/97, nv.; BAG v. 27.6.1985 – 2 AZR 385/84, nv.; BAG v. 12.12.1984 – 7 AZR 509/83, NZA 1985, 321 = DB 1985, 1240); Befristete Änderung der Arbeitszeit (vgl. BAG v. 4.6.2003 – 7 AZR 406/02, BB 2003, 1683; *Erhöhung* (vgl. BAG v. 9.5.1980 – 7 AZR 409/78, nv.); *Reduzierung* (vgl. BAG v. 28.10.1987 – 5 AZR 390/86, nv.; BAG vom 22.5.1985 – 4 AZR 427/83, NZA 1986, 166 = AP Nr. 7 zu § 1 TVG – TV: Bundesbahn; BAG v. 27.6.1985 – 2 AZR 385/84, nv.; BAG v. 31.1.1985 – 2 AZR 393/83, nv.); *Reduzierung wegen Herbeiführung der SozV-Freiheit* (vgl. BAG v. 27.6.1985 – 2 AZR 385/84, nv.); Firmen-TV (vgl. BAG v. 25.10.2000 – 4 AZR 438/99, NZA 2001, 328 = BB 2001, 677); *Aufhebung (konkludent)* (vgl. BAG v. 25.4.2002 – 2 AZR 315/01, nv.); **Ausländischer Staat** (vgl. BAG v. 29.10.1998 – 2 AZR 759/97, nv.; BAG v. 29.10.1998 – 2 AZR 6/98, nv.; BAG v. 23.4.1998 – 2 AZR 489/97, DB 1998, 2167 = NZA 1998, 995); **Befristung** (vgl. BAG v. 8.7.1998 – 7 AZR 245/97, DB 1998, 2472 = NZA 1999, 81; BAG v. 20.11.1997 – 2 AZR 631/96, DB 1998, 2620 = NZA 1998, 813; BAG v. 25.4.1996 – 2 AZR 609/95, DB 1996, 1780 = NZA 1996, 1197;

---

[1] BAG v. 28.4.1982 – 7 AZR 1139/79, NJW 1982, 2687, AP Nr. 3 zu § 2 KSchG 1969. | [2] Vgl. BAG v. 25.4.2002 – 2 AZR 315/01, nv.

BAG v. 21.4.1993 – 7 AZR 297/92, = DB 1994, 2400 = NZA 1994, 476; BAG v. 13.6.1986 – 7 AZR 650/84, DB 1987, 1099 = NZA 1987, 241 und BAG v. 23.1.2002 – 7 AZR 563/00, DB 2002, 1326); **Betriebliche Übung** (vgl. BAG v. 9.2.1989 – 6 AZR 11/87, nv.); **Bestimmungsrecht** (vgl. BAG v. 10.12.1992 – 2 AZR 269/92, DB 1993, 1038 = AP Nr. 27 zu § 611 BGB – Arzt-Krankenhaus-Vertrag); **Beschäftigungsförderungsgesetz** (vgl. BAG v. 12.3.1992 – 6 AZR 311/90, NJW 1993, 348 = NZA 1992, 938); **Chefarzt, Entkoppelung** (vgl. BAG v. 30.5.1980 – 7 AZR 215/78, NJW 1981, 646 = AP Nr. 8 zu § 611 BGB – Arzt-Krankenhausvertrag); **DB TV** (vgl. BAG v. 22.5.1985 – 4 AZR 427/83, NZA 1986, 166 = AP Nr. 7 zu § 1 TVG – TV: Bundesbahn); **Direktionsrecht** (vgl. BAG v. 21.1.1988 – 2 AZR 533/87, nv.; BAG v. 3.7.1986 – 2 AZR 343/85, nv.; BAG v. 9.5.1980 – 7 AZR 409/78, nv.); **DKP** (vgl. BAG v. 20.7.1989 – 2 AZR 114/87, DB 1990, 635 = EzA § 2 KSchG Nr. 11); **Einsatzort/-bezirk** (vgl. BAG v. 19.5.1971 – 5 AZR 368/70, DB 1971, 1824 = AP Nr. 12 zu § 611 BGB – Fleischbeschauer-Dienstverhältnis); **Einheitsregelung** (vgl. BAG v. 17.6.1998 – 2 AZR 336/97, DB 1998, 2170 = NZA 1998, 1225); **Entgeltkürzung** – ggf. aufgrund eines Sanierungsplans – (vgl. BAG v. 20.8.1998 – 2 AZR 84/98, DB 1999, 103 = NZA 1999, 255; BAG v. 30.10.1987 – 2 AZR 659/86, nv.; BAG v. 20.3.1986 – 2 AZR 294/85, NZA 1986, 824 = AP Nr. 14 zu § 2 KSchG 1969; BAG v. 1.7.1999 – 2 AZR 826/98, DB 1999, 2320 = NJW 2000, 756 sowie BAG v. 27.9.2001 – 2 AZR 236/00, nv.); **Ferienüberhang** (vgl. BAG v. 26.1.1995 – 2 AZR 428/94, AP Nr. 37 zu § 2 KSchG 1969 = NZA 1995, 628; BAG v. 26.1.1995 – 2 AZR 371/94, AP Nr. 36 zu § 2 KSchG 1969 = NZA 1995, 626); **Firmen-TV** (vgl. BAG v. 25.10.2000 – 4 AZR 438/99, DB 2001, 547 = NZA 2001, 328; BAG v. 21.2.1991 – 2 AZR 432/90, nv.; BAG v. 12.12.1984 – 7 AZR 509/83, DB 1985, 1240, NZA 1985, 321); **Freizeitausgleich** (vgl. BAG v. 23.11.2000 – 2 AZR 547/99, DB 2001, 1041 = NZA 2001, 492); **Freikündigung** (vgl. BAG v. 28.10.1999 – 2 AZR 437/98, DB 2000, 578 = NZA 2000, 825); **Freier Arbeitsplatz** (vgl. BAG v. 7.11.1985 – 2 AZR 649/84, nv.; BAG v. 27.9.1984 – 2 AZR 62/83, DB 1985, 1186 = NZA 1985, 455); **Freier Mitarbeiter – Weight Watchers –** (vgl. BAG v. 24.1.1985 – 2 AZR 36/84, nv.); **Fortfall Aufgabenbereich (Militarisierung)** (vgl. BAG v. 29.1.1986 – 7 AZR 257/84, NZA 1987, 32 = EzA § 102 BetrVG 1972 Nr. 64); **Grundsatz der Gleichbehandlung** (vgl. BAG v. 28.4.1982 – 7 AZR 1139/79, DB 1982, 1776 = NJW 1982, 2687; BAG v. 20.1.2000 – 2 ABR 40/99, BB 2000, 981 = DB 2000 1666); **Grundsatz der Verhältnismäßigkeit** (vgl. BAG v. 27.9.1984 – 2 AZR 62/83, DB 1985 1186 = NZA 1985, 455); **Gemeindeordnung** (vgl. BAG v. 21.1.1993 – 2 AZR 330/92, NZA 1993, 1099 = AP Nr. 1 zu § 52 MitbestG Schl.-Holst.); **Gleichstellungsbeauftragte** (vgl. BAG v. 23.11.2000 – 2 AZR 617/99, NZA 2001, 500, AP Nr. 64 zu § 1 KSchG 1969); **Höherwertige Tätigkeit – Befristete Übertragung** (vgl. BAG v. 13.6.1986 – 7 AZR 650/84, DB 1987, 1099 = NZA 1987, 241); **Herabgruppierung** (vgl. BAG v. 21.6.1983 – 7 AZR 382/81, nv.; BAG v. 27.5.1983 – 7 AZR 449/81, nv.; BAG v. 16.2.1983 – 7 AZR 73/81, nv.); **Insolvenz** (vgl. Fischer, Die Änderungskündigung in der Insolvenz, NZA 2002, 536); **kw-Vermerk** (vgl. BAG v. 18.11.1999 – 2 AZR 77/99, DB 2000, 883 = NZA 2000 484); **Lenkzeitunterbrechung** (vgl. BAG v. 9.2.1989 – 6 AZR 11/87, nv.); **Massenänderungskündigung** (vgl. BAG v. 2.4.1992 – 2 AZR 481/91, nv.; BAG v. 10.3.1982 – 4 AZR 158/79, DB 1982, 1520 = AP Nr. 2 zu § 2 KSchG 1969); **Mehrarbeit** (vgl. BAG v. 23.11.2000 – 2 AZR 547/99, DB 2001, 1041 = NZA 2001, 492); **Mietzuschuss** (vgl. BAG v. 11.10.1989 – 2 AZR 375/88, nv.); **Nachwirkung** (vgl. BAG v. 27.9.2001 – 2 AZR 236/00, nv.); **Nebenabreden** (vgl. zum Prüfungsmaßstab BAG v. 27.3.2003 – 2 AZR 74/02, NZA 2003, 1029 ff.); **Qualifikation** (vgl. BAG v. 17.5.1984 – 2 AZR 109/83, NZA 1985, 489 = AP Nr. 21 zu § 1 KSchG 1969 – Betriebsbedingte Kündigung); **Rückgruppierung** (vgl. BAG v. 15.3.1991 – 2 AZR 591/90, EzA § 2 KSchG Nr. 17; BAG v. 27.8.1982 – 7 AZR 195/80, nv. und BAG v. 19.3.2003 – 4 AZR 391/02, AP Nr. 4 zu §§ 22, 23 BAT-O); **Rationalisierungsschutz** (vgl. BAG v. 6.5.1980 – 6 AZR 220/78, nv.); **Schwerbehindertenschutz** (vgl. BAG v. 4.7.1979 – 4 AZR 782/77, AP Nr. 25 zu §§ 22, 23 BAT 1975); **Sozialleistung** (vgl. BAG v. 9.2.1989 – 6 AZR 11/87, nv.; BAG v. 28.4.1982 – 7 AZR 1139/79, DB 1982, 1776 = NJW 1982, 2687); **Teilzeit** (vgl. BAG v. 23.11.2000 – 2 AZR 617/99, BB 2001, 990 = NZA 2001, 500); **TV** (vgl. zuletzt etwa BAG v. 7.11.2001 – 4 AZR 724/00, DB 2002, 746); **Überstundenabbau** (vgl. BAG v. 16.1.1997 – 2 AZR 240/96, nv.); **Versetzung** (vgl. BAG v. 15.2.1989 – 7 AZR 210/88, nv.; BAG v. 21.1.1988 – 2 AZR 533/87, nv.); **Vollzeit – Teilzeit** (vgl. BAG v. 23.11.2000 – 2 AZR 617/99, NZA 2001, 500 = AP Nr. 64 zu § 1 KSchG 1969); **Wegfall Aufgaben** (vgl. BAG v. 29.1.1986 – 7 AZR 257/84, NZA 1987, 32 = EzA § 102 BetrVG 1972 Nr. 64); **Weiterbeschäftigung** (vgl. BAG v. 28.3.1985 – 2 AZR 548/83, DB 1985, 2461 = NZA 1985, 709); **Wartezeiten** (vgl. BAG v. 12.2.1986 – 7 AZR 358/84, DB 1987, 995 = AP Nr. 7 zu § 15 BAT); **Widerruf** (vgl. BAG v. 9.2.1989 – 6 AZR 11/87, nv.; BAG v. 31.1.1985 – 2 AZR 393/83, nv.; BAG v. 28.4.1982 – 7 AZR 1139/79, DB 1982 1776 = NJW 1982, 2687); **Zulage** (vgl. BAG v. 11.10.1989 – 2 AZR 61/89, DB 1990, 2024 = NZA 1990, 607); *Streichung von* (vgl. BAG v. 11.11.1993 – 2 AZR 476/93, nv.; BAG v. 11.11.1993 – 2 AZR 454/93, nv.).

18 **2. Kündigungsverbote und -ausschlüsse.** Aufgrund entsprechender Regelungen in einem TV, in einer BV oder im Einzelarbeitsvertrag kann das Kündigungsrecht ausgeschlossen sein, so dass nicht aus betriebsbedingten Gründen gekündigt werden darf. Von einem solchen Kündigungsverbot wird auch die Änderungskündigung erfasst[1]. Folglich sind Änderungskündigungen unwirksam, wenn im Zeitpunkt ihres Zugangs ein Kündigungsverbot bestanden hat. Aber auch dann, wenn kein solches Kündigungsverbot besteht, ist zu prüfen, ob der Änderungskündigung im Zeitpunkt ihres Zugangs sonstige – zB tarifliche – Vorschriften entgegen stehen[2]. Selbst wenn die Arbeitsvertragsparteien nicht tarifgebunden sind, können sie gleichwohl Tarifnormen verbindlich, zB durch arbeitsvertragliche Inbezug-

---

1 BAG v. 27.9.2001 – 6 AZR 404/00, EzA SD 2001 Nr. 25, 9–12. | 2 BAG v. 10.3.1982 – 4 AZR 158/79, NJW 1982, 2839 = AP Nr. 2 zu § 2 KSchG 1969.

nahme, vereinbaren. Ebenso gelten BV gemäß § 77 Abs. 4 BetrVG unmittelbar und zwingend wie Tarifnormen. Hieraus kann sich eine Besserstellung des ArbN ergeben, die zur Folge hat, dass eine Änderungskündigung unwirksam ist und eine Änderungsvereinbarung unwirksam ist. Hierauf kann der ArbN nicht verzichten. Die Befugnis, auf Rechte aus der BV zu verzichten, steht alleine dem BR gegenüber dem ArbGeb – und nicht dem ArbN gegenüber dem ArbGeb – zu (vgl. § 77 Abs. 4 BetrVG).

3. Beendigungskündigung und Änderungskündigung. Hat der ArbGeb dem ArbN statt einer gemäß dem Ultima-ratio-Prinzip erforderlichen Änderungskündigung eine Beendigungskündigung ausgesprochen, so ist davon auszugehen, dass diese sozial ungerechtfertigt ist. Deshalb gerät der ArbGeb regelmäßig in Annahmeverzug, wenn er dem ArbN nicht mehr die ursprünglich geschuldete Arbeit anbietet[1]. Änderungskündigungen haben aber nicht stets Vorrang. Dem Kündigungsschutzgesetz, und zwar insb. auch nicht § 1, kann nicht die Wertung entnommen werden, dass der ArbGeb aufgrund einer Rationalisierungsmaßnahme ohne Rücksicht auf einschlägige Organisationsentscheidungen in jedem Falle anstelle mehrerer Änderungskündigungen eine geringere Anzahl von Beendigungskündigungen aussprechen muss[2]. Während das BAG in seiner Entscheidung vom 27.8.1982 – 7 AZR 195/80 – noch die Frage gestellt hat, ob die Änderungskündigung Vorrang vor der Beendigungskündigung hat, hat es sich bereits in seiner Entscheidung vom 27. September 1984[3] auf den Standpunkt gestellt, dass eine Beendigungskündigung sozial ungerechtfertigt ist, wenn der ArbGeb es unterlassen hat, dem ArbN vor Ausspruch dieser Beendigungskündigung ein mögliches und zumutbares Änderungsangebot zu unterbreiten, dem der ArbN bei einem entsprechenden vor der Kündigung gemachten entsprechenden Vorschlag des ArbGeb zumindest unter Vorbehalt zugestimmt hätte.

Zusammengefasst gilt demgemäß Folgendes: Wenn der ArbGeb die Möglichkeit hat, dem ArbN eine zumutbare anderweitige Beschäftigungsmöglichkeiten anzubieten, dieses aber gleichwohl unterlässt und stattdessen eine Beendigungskündigung ausspricht, besteht für ihn das Risiko, dass diese Beendigungskündigung sozialwidrig ist, weil der betreffende ArbN zu geänderten und ihm zumutbaren Arbeitsbedingungen weiter beschäftigt werden kann; es muss allerdings davon ausgegangen werden können, dass der ArbN ein entsprechendes Angebot auch angenommen hätte. Hat der ArbGeb diesbezüglich keine **Überlegungsfrist von einer Woche** (siehe auch Rz. 30) eingeräumt, geht dieses zu seinen Lasten. Hat er dem ArbN jedoch eine solche Überlegungsfrist eingeräumt und dieser das Angebot unter einem dem § 2 KSchG entsprechenden Vorbehalt angenommen, muss der ArbGeb eine Änderungskündigung aussprechen[4]. Hat der ArbN das Änderungsangebot trotz Einräumung einer Überlegungsfrist von einer Woche jedoch vorbehaltslos und endgültig abgelehnt, so kann der ArbGeb eine Beendigungskündigung aussprechen[5].

Bestehen mehrere verschiedene Möglichkeiten im Betrieb des ArbGeb, das Arbeitsverhältnis zu geänderten Arbeitsbedingungen fortzusetzen und vermag der ArbGeb entsprechend dem Regelfall nicht genau zu beurteilen, welche dieser Möglichkeiten der ArbN vorzieht, so hat er ihm alle zumutbaren Möglichkeiten anzubieten. Auch im Rahmen der Änderungskündigung können verschiedene Angebote zur Fortsetzung des Arbeitsverhältnisses zu geänderten Arbeitsbedingungen unterbreitet werden. Kommt der ArbGeb diesen Anforderungen nicht nach, geht dieses unter Umständen zu seinen Lasten.

II. Begriff und Elemente der Änderungskündigung. 1. Definition, Zielrichtung, Voraussetzungen. Nach § 2 ist Voraussetzung für eine wirksame Änderungskündigung, dass der ArbGeb das Arbeitsverhältnis zum einen kündigt und dem ArbN zum anderen im Zusammenhang mit der Kündigung die Fortsetzung des Arbeitsverhältnisses zu geänderten Arbeitsbedingungen anbietet und somit ein Bezug zum bisherigen Arbeitsvertrag besteht. Die Änderungskündigung richtet sich deshalb – wie dargelegt – nicht in erster Linie auf die Beendigung des Arbeitsverhältnisses, sondern auf eine Weiterbeschäftigung zu geänderten Bedingungen. Im Vordergrund steht also nicht der Bestandsschutz des Arbeitsverhältnisses, sondern der Vertragsinhaltsschutz.

Wenn der ArbGeb dem ArbN jedoch im Zusammenhang mit einer Kündigung nur noch eine **befristete Weiterbeschäftigung** anbietet, so handelt es sich nicht um eine Änderungskündigung, die unter dem Vorbehalt des § 2 Satz 2 angenommen und mit einer Änderungskündigungsschutzklage nach § 4 Satz 2 bekämpft werden kann[6]. Grund ist der Umstand, dass eine Befristung nicht auf ihre soziale Rechtfertigung überprüft werden kann. Ebenso bedarf die Befristung einzelner Vertragsbedingungen eines Sachgrundes jedenfalls dann, wenn sie im Falle der unbefristeten Vereinbarung dem Änderungsschutz nach § 2 unterliegen würden. Auf § 1 BeschFG idF vom 25.9.1996 kann die Befristung einzelner Vertragsbedingungen ebenso wenig gestützt werden wie auf § 14 TzBfG[7]. Davon zu trennen ist die nachträgliche Befristung eines zunächst auf unbestimmte Zeit eingegangenen Arbeitsverhältnisses

---

1 So zutr. BAG v. 27.1.1994 – 2 AZR 584/93, AP Nr. 32 zu § 2 KSchG 1969 = NZA 1994, 840. | 2 BAG v. 19.5.1993 – 2 AZR 584/92, AP Nr. 31 zu § 2 KSchG 1969 = NZA 1993, 1075. | 3 BAG v. 27.9.1984 – 2 AZR 62/83, BB 1985, 1130 = NZA 1985, 455. | 4 BAG v. 27.9.1984 – 2 AZR 62/83, NZA 1985, 455. | 5 BAG v. 27.9.1984 – 2 AZR 62/83, NZA 1985, 455. | 6 BAG v. 17.5.1984 – 2 AZR 109/83, AP Nr. 21 zu § 1 KSchG 1969 – Betriebsbedingte Kündigung = DB 1985, 1190. | 7 BAG v. 23.1.2002 – 7 AZR 563/00, DB 2002, 1326.

im Wege der Änderungskündigung. Die Änderung der Arbeitsbedingungen ist allerdings dann aber unwirksam, wenn die Befristung nicht aus sachlichen Gründen gerechtfertigt ist[1].

24 **2. Beendigungskündigung.** Die Beendigungskündigung ist das erste Element einer wirksamen Änderungskündigung. Sie bedarf nach ganz herrschender Meinung ab dem 1.5.2000 stets der Schriftform gemäß § 623 BGB[2]. Sie muss dem Empfänger – dh. dem ArbN – ordnungsgemäß zugehen. Dies muss im Streitfall von demjenigen, der diese Erklärung abgibt, dargelegt und bewiesen werden. Das Wort „Kündigung" muss nicht unbedingt ausdrücklich verwendet werden. Es muss jedoch aus der Erklärung klar und eindeutig hervorgehen, dass diese auf die Beendigung des Arbeitsverhältnisses zu einem bestimmten Zeitpunkt jedenfalls dann hinzielt, wenn kein Änderungsvertrag zustande kommt. Davon kann nicht ohne weiteres ausgegangen werden, wenn lediglich einzelne Vertragsbedingungen gekündigt werden. Hier kann unter Umständen lediglich von einer unzulässigen sog. „Teilkündigung" auszugehen sein. Zur Vermeidung von Zweifeln bietet sich etwa folgende Formulierung an:

> Hiermit wird das zwischen ihnen und uns/mir bestehende Arbeitsverhältnis im Wege der Beendigungskündigung form- und fristgerecht unter Einhaltung der maßgeblichen Kündigungsfrist aus personen- bzw. verhaltens- bzw. betriebsbedingten Gründen zum ... (Beispiel 31.12.2004) gekündigt. Gleichzeitig bieten wir ihnen/biete ich ihnen die Fortsetzung des Arbeitsverhältnisses ab 1.1.2005 zu folgenden Bedingungen .../zu den Bedingungen des anliegenden Entwurfes eines neuen Arbeitsvertrages an.

25 In Zusammenhang mit dem ersten Element der Änderungskündigung, nämlich der Beendigungskündigung, prüfen die Gerichte für Arbeitssachen nach näherer Maßgabe des Erforderlichkeitsgrundsatzes (Ultima-Ratio-Prinzip), ob das erste Element – die Beendigungskündigung – überhaupt erforderlich war. Auf dieser ersten Prüfungsstufe geht es um das sog. Ob, also um die Methode der Änderungskündigung als Mittel der beabsichtigten Änderung der Arbeitsbedingungen[3].

26 **3. Änderungsangebot.** Dies ist das zweite Element der Änderungskündigung. Sie liegt nach der Legaldefinition in § 2 Satz 2 nur vor, wenn der ArbGeb das Arbeitsverhältnis kündigt (siehe oben Rz. 24) und im Zusammenhang mit dieser Beendigungskündigung dessen Fortsetzung zu geänderten Arbeitsbedingungen anbietet. Die Änderungskündigung ist daher ein aus zwei Willenserklärungen zusammengesetztes einseitiges Rechtsgeschäft. Zur Kündigungserklärung muss deshalb als zweites Element ein bestimmtes bzw. bestimmbares, somit den Voraussetzungen des § 145 BGB entsprechendes Angebot auf Fortsetzung des Arbeitsverhältnisses zu geänderten Bedingungen hinzukommen. Der notwendige **Zusammenhang** zwischen Beendigungskündigung und Änderungsangebot besteht nur dann, wenn das Änderungsangebot spätestens mit dem Zugang der Kündigungserklärung abgegeben wird. In der Praxis wird überwiegend aus gutem Grund von der Möglichkeit Gebrauch gemacht, die Änderungskündigung und die Beendigungskündigung gleichzeitig – in einer Urkunde – auszusprechen. Ein später nach Zugang der Beendigungskündigung unterbreitetes Änderungsangebot ist nicht zu berücksichtigen[4]. Dennoch gebietet es der Schutz des ArbN, ihm die Möglichkeit einzuräumen, hiergegen gerichtlich innerhalb der 3-Wochen-Frist mit dem Antrag nach § 4 Satz 2 vorzugehen, der jedoch in diesem besonderen Fall um einen Antrag gemäß § 256 ZPO ergänzt werden sollte. Wird die Beendigungskündigung, der unzulässigerweise ein Änderungsangebot nachfolgt, nämlich nicht fristgerecht binnen 3 Wochen mit der Änderungskündigungsschutz- bzw. Kündigungsschutzklage angegriffen, so kann die Sozialwidrigkeit einer solchen Beendigungskündigung nicht mehr geltend gemacht werden. Unschädlich ist es, wenn die Beendigungskündigung dem Änderungsangebot zeitlich nachfolgt, zB weil zunächst Verhandlungen mit dem Ziel einer einvernehmlichen Änderung der Vertragsbedingungen geführt werden sollen und der ArbGeb die Beendigungskündigung erst dann aussprechen will, wenn die Verhandlungen gescheitert sind. Nicht einheitlich beurteilt wird die Variante, dass eine Beendigungskündigung ausgesprochen wird und darin ein Änderungsangebot lediglich in Aussicht gestellt wird. Hier kann sich durch Auslegung ergeben, dass überhaupt keine Änderungskündigung, sondern lediglich eine Beendigungskündigung vorliegt.

27 Der in § 2 Satz 1 geforderte „Zusammenhang" zwischen der Beendigungskündigung und dem Änderungsvorschlag des ArbGeb kann auch dadurch hergestellt werden, dass die Kündigung einer **aufschiebenden oder auflösenden Bedingung** unterworfen wird. Zwar ist die Kündigung als einseitiges Rechtsgeschäft grundsätzlich bedingungsfeindlich, denn der Kündigungsempfänger ist der Gestaltungserklärung passiv ausgesetzt und könnte bei einer echten Bedingung keine Klarheit über Ob und Wann der Kündigung erlangen. Wenn aber der Bedingungseintritt lediglich von seinem Verhalten abhängt, bedarf er dieses Schutzes nicht. Kündigungen unter sog. Potestativbedingungen sind daher ohne weiteres wirksam[5].

---

[1] BAG v. 25.4.1996 – 2 AZR 609/95, DB 1996, 1780 = NZA 1996, 1197. |[2] Wallner, Die ordentliche Änderungskündigung des Arbeitgebers, S. 48 mwN. |[3] Vgl. dazu iE Wallner, Die ordentliche Änderungskündigung des Arbeitgebers, S. 60 ff. |[4] BAG v. 17.5.2001 – 2 AZR 460/00, NZA 2002, 54. |[5] Wallner, Die ordentliche Änderungskündigung des Arbeitgebers, S. 29 f.

28 Im Rahmen der Änderungskündigung gibt der ArbGeb gegenüber seinem ArbN ein Änderungsangebot ab. **Drittpersonen** sind daran nicht beteiligt. Deshalb kann auch dann, wenn zwischen zwei juristischen Personen enge Verflechtungen bestehen, weil sie einem Konzern angehören, die eine juristische Person, nämlich die ArbGeb, keine Änderungskündigung mit dem Angebot gegenüber ihrem ArbN aussprechen, mit der anderen juristischen Person einen Arbeitsvertrag abzuschließen.

29 Inhaltlich ist darüber hinaus aber stets zu fordern, dass die geänderten Arbeitsbedingungen in **Bezug zum Inhalt** des bis zum Zeitpunkt der Beendigungskündigung geltenden **Arbeitsvertrages** stehen müssen[1]. Es empfiehlt sich deshalb nicht, die Beendigungskündigung in einer Erklärungsurkunde und das Änderungsangebot in einer anderen Erklärungsurkunde abzugeben. Soll dieser Weg jedoch gleichwohl beschritten werden, muss dafür Sorge getragen werden, dass die Änderungsangebot dem Empfänger, also in der Regel dem ArbN, vor der Beendigungskündigung zugeht. Am einfachsten und sichersten ist es jedoch, wenn sich die Beendigungskündigung und das Änderungsangebot in einer einzigen Erklärungsurkunde befinden und diese dem Erklärungsempfänger, also in der Regel dem ArbN, als ein Schriftstück zugeht. Dies gilt insb. auch mit Blick auf die ordnungsgemäße BR-Anhörung gemäß § 102 BetrVG (siehe unten unter Rz. 72 f.).

30 Schließlich ist in Zusammenhang mit dem Änderungsangebot Folgendes zu beachten: Der ArbGeb muss bereits nach dem Grundsatz der Verhältnismäßigkeit auch vor jeder ordentlichen Beendigungskündigung von sich aus dem ArbN eine beiden Parteien zumutbare Weiterbeschäftigung auf einem freien Arbeitsplatz auch zu geänderten Bedingungen anbieten. Er muss bei den Verhandlungen mit dem ArbN klarstellen, dass bei Ablehnung des Änderungsangebots eine Beendigungskündigung beabsichtigt ist und ihm eine **Überlegungsfrist von einer Woche** einräumen. Dieses Angebot kann der ArbN unter einem dem § 2 entsprechenden Vorbehalt annehmen. Der ArbGeb muss dann eine Änderungskündigung aussprechen. Lehnt der ArbN das Änderungsangebot vorbehaltlos und endgültig ab, so kann der ArbGeb eine Beendigungskündigung aussprechen. Hat der ArbGeb dem ArbN vor Ausspruch einer Beendigungskündigung kein mögliches Änderungsangebot unterbreitet, dann ist die Beendigungskündigung sozial ungerechtfertigt, wenn der ArbN einem vor der Kündigung gemachten entsprechenden Vorschlag zumindest unter Vorbehalt zugestimmt hätte. Hat er nach Ausspruch der Kündigung ein Änderungsangebot des ArbGeb abgelehnt, so bedarf es der tatrichterlichen Würdigung, ob angenommen werden kann, dass er ein entsprechendes Angebot vor Ausspruch der Kündigung unter Vorbehalt angenommen hätte. Die Ablehnung des Änderungsangebots durch den ArbN verwehrt diesem aber nur, den ArbGeb bei einer daraufhin ausgesprochenen Beendigungskündigung auf eine Änderungskündigung mit dem abgelehnten Inhalt zu verweisen. Sie ist jedoch darüber hinaus kein eigenständiger Grund für eine Beendigungskündigung, deren Rechtfertigung sich vielmehr aus § 1 KSchG oder § 626 BGB ergeben muss. Wie bei einer außerordentlichen Beendigungskündigung ist der ArbN zudem auch bei einer ordentlichen Beendigungskündigung nicht daran gehindert, sich auf die Möglichkeit einer Änderungskündigung zu anderen als den vorgeschlagenen Bedingungen zu berufen[2].

31 Ein Änderungsangebot ist gemäß § 2 Satz 1 daran zu messen, ob es durch **Gründe iSv. § 1 Abs. 2** bedingt ist und ob sich der ArbGeb darauf beschränkt hat, nur solche Änderungen vorzunehmen, die der ArbN billigerweise hinnehmen muss. Ein Änderungsangebot muss dem Gleichbehandlungsgrundsatz entsprechen. Sonst ist es nicht hinzunehmen[3]. Nach Zugang einer (außerordentlichen) Änderungskündigung des ArbGeb hat der ArbN unverzüglich zu erklären, ob er das Änderungsangebot ablehnt oder es mit oder ohne den in § 2 bezeichneten Vorbehalt annimmt, weil § 2 auf die außerordentliche Änderungskündigung entsprechend anwendbar ist[4,5]. Nimmt ein ArbN das mit der Änderungskündigung verbundene Änderungsangebot nicht bzw. nicht rechtzeitig an, so handelt er auf eigenes Risiko. Erweist sich die Änderungskündigung nämlich als im Übrigen wirksam und sozial gerechtfertigt, so ist das Arbeitsverhältnis mangels Vorbehaltsannahme beendet. Dementsprechend wird im anschließenden Kündigungsschutzprozesses bei endgültiger Ablehnung des Änderungsangebots nicht mehr im Rahmen einer Änderungskündigungsschutzklage gemäß § 2 darüber gestritten, ob die Änderung der Arbeitsbedingungen sozial ungerechtfertigt ist oder nicht. Vielmehr geht es im Rahmen einer normalen Kündigungsschutzklage nur noch gemäß § 1 um die Frage, ob die Beendigungskündigung sozial gerechtfertigt ist oder nicht. Während also im Rahmen von § 1 nur der Bestand des Arbeitsverhältnisses streitig ist, ist im Rahmen einer Änderungsschutzklage nach § 4 Satz 2 betreffend die Wirksamkeit des vom ArbN nach § 2 erklärten Vorbehalts auch der Inhalt des Arbeitsverhältnisses streitig[6]. Mit anderen Worten: Hat der ArbN das Änderungsangebot des ArbGeb wirksam unter Vorbehalt (§ 2) angenommen, *so geht es nicht um den Bestand des Arbeitsverhältnisses als solchen*, sondern alleine darum, ob die Änderung der Arbeitsbedingungen sozial gerechtfertigt ist oder nicht. Allgemein wird jedoch angenommen, dass die Fassung des Gesetzes nicht so eng aufgefasst werden darf und sich der

---

1 BAG v. 25.2.1988 – 2 AZR 611/87. | 2 BAG v. 27.9.1984 – 2 AZR 62/83, DB 1985, 1186 = NZA 1985, 455. | 3 Vgl. BAG v. 3.7.2003 – 2 AZR 617/02, AP Nr. 74 zu § 2 KSchG 1969. | 4 BAG v. 27.3.1987 – 7 AZR 790/85, DB 1988, 1068 = NZA 1988, 737. | 5 BAG v. 19.6.1986 – 2 AZR 565/85, NZA 1987, 94. | 6 BAG v. 28.3.1985 – 2 AZR 548/83, BB 1985, 2179 = NZA 1985, 709.

Streitgegenstand nicht alleine auf die Sozialwidrigkeit der Änderungskündigung beschränkt, sondern die Wirksamkeit der Änderung der Arbeitsbedingungen Streitgegenstand ist[1].

32 Alleine die **widerspruchslose Weiterarbeit** des ArbN auf dem ihm angebotenen neuen Arbeitsplatz ist jedenfalls in der Regel solange nicht als vorbehaltslose Annahme des Änderungsangebotes und damit als Verzicht auf die Geltendmachung der Unwirksamkeit der Änderungskündigung zu verstehen, wie der ArbN noch rechtzeitig, dh. ohne schuldhaftes Zögern, einen Vorbehalt entsprechend § 2 erklären kann[2]. Demgegenüber kann jedoch in der widerspruchs- und vorbehaltslosen Weiterarbeit zu geänderten Arbeitsbedingungen eine Annahme des Änderungsangebots gesehen werden, wenn sich die neuen Arbeitsbedingungen alsbald auf das Arbeitsverhältnis auswirken[3]. Insoweit kommt allerdings eine Irrtumsanfechtung gemäß § 119 Abs. 1 BGB in Betracht, wenn dem ArbN das Bewusstsein fehlt, dass in einem stillschweigenden Weiterarbeiten seine Einverständniserklärung gesehen werden kann. Eine solche Anfechtung muss dann jedoch unverzüglich iSv. § 121 Abs. 1 BGB erfolgen.

33 Somit gibt es für den ArbN als Empfänger des Änderungsangebots **drei Möglichkeiten**: (1) Er kann es – wie dargelegt – ablehnen. Dadurch wird das Änderungsangebot endgültig wirkungslos. (2) Er kann das Änderungsangebot ohne Vorbehalt annehmen. Dadurch kommt ein Änderungsvertrag nach näherer Maßgabe des Änderungsangebots zustande. Diese Annahme ist nicht an die Frist des § 2 Satz 2 gebunden[4]. (3) Er kann das Änderungsangebot unter dem Vorbehalt annehmen, dass die Änderung der Arbeitsbedingungen nicht sozial ungerechtfertigt ist. Diesen Vorbehalt muss der ArbN dem ArbGeb innerhalb der Kündigungsfrist, spätestens jedoch innerhalb von **drei Wochen nach Zugang** der Kündigung erklären, dh. der Vorbehalt muss dem ArbGeb – und nicht etwa nur dem ArbG – innerhalb von drei Wochen nach Zugang der Kündigung zugehen. Im Gesetz ist keine **Form** für die Vorbehaltserklärung vorgeschrieben. Der Vorbehalt kann deshalb auch mündlich erklärt werden, und zwar sogar durch schlüssiges Verhalten. Trotzdem sollte der ArbN den Vorbehalt zur Vermeidung von Rechtsnachteilen stets schriftlich erklären und dessen Zugang beim ArbGeb ordnungsgemäß nachweisen können. Wird die Vorbehaltserklärung durch den Anwalt des ArbN abgegeben, so sollte dessen Originalvollmacht beigefügt sein. Daneben ist zu beachten, dass außerdem im Falle des § 2 (Änderungskündigung) innerhalb von drei Wochen nach deren Zugang Klage beim ArbG mit dem Antrag auf Feststellung zu erheben ist, dass die Änderung der Arbeitsbedingungen sozial ungerechtfertigt ist (§ 4). Das BAG hat dazu zutreffend ausgeführt: *„Während gemäß § 46 Abs. 2 ArbGG iVm. § 498, § 270 Abs. 3 ZPO die Drei-Wochen-Frist für die Klageerhebung nach § 4 KSchG auch dann gewahrt wird, wenn die Klage zwar vor Fristablauf bei dem Gericht eingereicht worden ist, aber die Zustellung an den Prozessgegner erst danach erfolgt (§ 270 Abs. 3 ZPO: „demnächst"), gilt dies nicht für die Vorbehaltsfrist des § 2 Satz 2 KSchG. Die Annahme einer Änderungskündigung unter Vorbehalt ist vielmehr gegenüber dem Arbeitgeber innerhalb der Kündigungsfrist, spätestens jedoch innerhalb von drei Wochen nach Zugang der Kündigung zu erklären."*[5] Hat der ArbN zwar das mit einer Änderungskündigung verbundene Angebot unter dem Vorbehalt des § 2 angenommen, hat er jedoch die dreiwöchige Klagefrist des § 4 nicht eingehalten, so kann er sich folglich nur noch auf sonstige Unwirksamkeitsgründe (zB § 102 BetrVG) berufen[6]. Ob eine **Ausnahme** von der Einhaltung der dreiwöchigen Frist für die Abgabe der Vorbehaltserklärung zu machen ist, wenn die Kündigungsfrist länger als drei Wochen beträgt, ist fraglich. Dies soll ausnahmsweise der Fall sein, wenn die Vorbehaltserklärung noch vor Ablauf der Kündigungsfrist zusammen mit der innerhalb der Drei-Wochen-Frist eingereichten Klageschrift dem ArbGeb nach Ablauf von drei Wochen zugeht. Dieses lässt sich angesichts des klaren Gesetzeswortlauts von § 2 Satz 2 aber allenfalls dann rechtfertigen, wenn der ArbN nach Ablauf der Kündigungsfrist beispielsweise zu geänderten Bedingungen weiterarbeitet, jedoch Kündigungsschutzklage erhoben hatte und vor diesem Hintergrund die Vorbehaltserklärung als rechtzeitig angesehen werden konnte[7]. Im Falle der Annahme unter Vorbehalt ist problematisch, ob Auflösungsantrag gestellt werden kann[8].

34 Ob die Parteien eine Vereinbarung treffen können, den ArbN nach Ausspruch einer Änderungskündigung bis zur rechtskräftigen Entscheidung zu den ursprünglichen Bedingungen tatsächlich weiterzubeschäftigen, hängt in der Praxis davon ab, ob der ArbGeb dazu bereit ist. Dies dürfte in der Regel nicht der Fall sein. Liegen im Rahmen des Änderungskündigungsrechtsstreits sonstige Unwirksamkeitsgründe vor, wird also nicht nur über die Sozialwidrigkeit gestritten, so kommt ein **Weiterbeschäftigungsanspruch** in Betracht. Dann jedoch, wenn die Parteien im Rahmen einer Änderungsschutzklage nach § 4 Satz 2 um die Wirksamkeit des vom ArbN nach § 2 erklärten Vorbehalts streiten, darf der ArbGeb nicht zur Weiterbeschäftigung des ArbN zu den angefochtenen geänderten Bedingungen verurteilt werden, solange kein der Änderungsschutzklage stattgebendes Urteil vorliegt[9]. Der ArbGeb ist nämlich nicht aufgrund des allgemeinen Beschäftigungsanspruchs verpflichtet, den ArbN vorläufig zu den bisherigen Bedingungen weiterzubeschäftigen. Ein solcher Beschäftigungsanspruch kann aber nach § 102 Abs. 5 BetrVG bestehen, wenn der BR einer mit der Änderung der Arbeitsbedingungen ver-

---

[1] BAG v. 27.6.1985 – 2 AZR 385/84. [2] BAG v. 27.3.1987 – 7 AZR 790/85, BB 1988, 913 = NZA 1988, 737. [3] BAG v. 19.6.1986 – 2 AZR 565/85, NZA 1987, 94. [4] Vgl. BAG v. 6.2.2003 – 2 AZR 674/01, DB 2003, 1178 f. [5] BAG v. 17.6.1998 – 2 AZR 336/97, DB 1998, 2170 = NZA 1998, 1225. [6] BAG v. 28.5.1998 – 2 AZR 615/97, DB 1998, 2168 = NZA 1998, 1167. [7] Vgl. BAG v. 17.6.1998 – 2 AZR 336/97, EZA § 2 KSchG Nr. 30. [8] Vgl. etwa *Müller*, DB 2002, 2597 f. [9] BAG v. 28.3.1985 – 2 AZR 548/83, BB 1985, 2179 = NZA 1985, 709.

bundenen Versetzung oder Umgruppierung widersprochen hat, die Zustimmung nicht ersetzt worden ist und es dem ArbGeb auch verwehrt ist, die Maßnahmen vorläufig durchzuführen[1]. Somit ist der ArbN, wenn er den Vorbehalt erklärt hat, daran bis zum rechtskräftigen Abschluss des Kündigungsschutzverfahrens gebunden.

Geht es um eine **außerordentliche Änderungskündigung**, so hat der ArbN nach deren Zugang unverzüglich zu erklären, ob er das Änderungsangebot ablehnt oder es mit oder ohne den in § 2 bezeichneten Vorbehalt annimmt[2]. Die analoge Anwendung des § 2 auf die außerordentliche Änderungskündigung bedeutet, dass der ArbN die Annahme des Änderungsangebots unter Vorbehalt unverzüglich erklären muss[3]. Er muss sich sozusagen von einem auf den anderen Tag entscheiden, ob er die ihm zugewiesene neue Aufgabe zu den geänderten Vertragsbedingungen jedenfalls zunächst übernimmt oder ob er sich weigert, dieses zu tun. Da insoweit eine Frist von im Regelfall ein bis zwei Tagen diskutiert wird, muss der ArbN sofort reagieren und sich – ggf. nach anwaltlicher Beratung – entscheiden, und zwar wie bei der ordentlichen Änderungskündigung. Er kann das Änderungsangebot ablehnen oder ohne bzw. mit Vorbehalt annehmen. In der Praxis wird die außerordentliche bzw. fristlose Änderungskündigung demgemäß gelegentlich dazu benutzt, um den ArbN unter Entscheidungsdruck zu setzen. 35

4. Abgrenzungsfragen. Im Rahmen der Änderungskündigung stellen sich viele Abgrenzungsfragen. Grundsätzlich ist die Änderungskündigung zB ein geeignetes Gestaltungsmittel zur **Entkoppelung des früher den Krankenhausärzten zugebilligten Liquidationsrechts**. Die Vertragsanpassung (an das neue Krankenhausrecht) kann weiter insb. durch die Ausübung eines vertraglichen Widerrufsvorbehaltes, den Ausspruch einer vertraglich vorgesehenen Teilkündigung, den Abschluss eines Änderungsvertrages und ggf. durch die begründete Geltendmachung des Fortfalls der Geschäftsgrundlage erfolgen. Zum Abschluss eines Änderungsvertrages kann der begünstigte ArbN aufgrund einer in Altverträgen enthaltenen Änderungsklausel verpflichtet sein[4]. 36

Eine Änderungskündigung iSv. § 2 liegt demnach nicht vor, wenn an den Arbeitsbedingungen eines ArbN überhaupt **nichts geändert werden soll**[5] oder wenn die vom ArbGeb mit der Änderungskündigung angebotenen Arbeitsbedingungen bereits für das Arbeitsverhältnis gelten. Dementsprechend folgt aus dem Grundsatz der Verhältnismäßigkeit die Unwirksamkeit einer Änderungskündigung, wenn sie mit dem Ziel ausgesprochen wird, eine betriebliche Sozialleistung einzustellen, die Einstellung aber bereits wegen vorbehaltenen Widerrufs hätte vorgenommen werden können. Erfolgt der Widerruf aber im Zusammenhang mit einer Änderungskündigung und nimmt der ArbN das darin liegende Änderungsangebot unter Vorbehalt an, so ist auch die Änderungskündigung sozial gerechtfertigt, wenn die Ausübung des Widerrufsrechts billigem Ermessen entspricht[6]. Hier stellt sich nur die Frage, wer die Kosten des Rechtsstreits trägt (siehe unten unter Rz. 97 f.). 37

Weiterhin ist die Änderungskündigung abzugrenzen von der nach allgemeiner Auffassung unzulässigen **Teilkündigung**. Eine solche liegt begrifflich vor, wenn der ArbGeb nicht das gesamte Arbeitsverhältnis im Wege der Beendigungskündigung beenden will, sondern seine Kündigungserklärung über sein Direktionsrecht hinausgehend auf einzelne Vertragsbedingungen beschränkt. Die hM geht zutreffend davon aus, dass eine solche Teilkündigung unzulässig ist und deshalb zur Anpassung von Arbeitsbedingungen nicht in Betracht kommt. Davon zu unterscheiden ist eine nur vermeintliche Teilkündigung im Rahmen eines zusammengesetzten Rechtsverhältnisses. Dies kommt etwa vor, wenn dieselben Parteien zum einen einen Arbeitsvertrag und zum anderen zB einen Miet- oder einen Darlehensvertrag abschließen. Wenn die Parteien vereinbart haben, dass die verschiedenen Rechtsgeschäfte selbständig kündbar sind, so bestehen hiergegen keine durchgreifenden Bedenken. Demgemäß ist aber auch eine Vereinbarung der Parteien dergestalt denkbar, dass die verschiedenen Rechtsgeschäfte nicht unabhängig voneinander gekündigt werden dürfen. Soweit es an einer ausdrücklichen Regelung fehlt, muss durch Auslegung ermittelt werden, ob die verschiedenen Rechtsgeschäfte eine Einheit bilden und das eine nicht ohne das andere gekündigt werden darf oder ob dieses nach dem Willen der Parteien möglich sein soll. Die Auslegung kann ergeben, dass die Kündigung nur eines der mehreren Verträge nicht rechtswirksam erfolgen kann. Außerdem kann sich aus TV ein üblicherweise als Teilkündigung bezeichnetes Gestaltungsrecht zur einseitigen Änderung einer Vertragsbedingung unter Aufrechterhaltung des Arbeitsverhältnisses ergeben. 38

Davon wiederum zu trennen ist die Berechtigung zu einem einseitigen **Widerruf eines Zusatzvertrages** zu einem Arbeitsvertrag nur hinsichtlich solcher Abreden, die weder die Arbeitsleistung des ArbN noch die Gegenleistung des ArbGeb betreffen. Bezieht sich der Widerrufsvorbehalt demgegenüber auf *wesentliche Elemente* der beiderseitigen arbeitsvertraglichen Beziehungen, so ist eine gleichwohl abgegebene Widerrufserklärung unter Umständen als unzulässige Teilkündigung anzusehen. 39

---

1 BAG v. 18.1.1990 – 2 AZR 183/89, DB 1990, 1773 = NZA 1990, 734. | 2 BAG v. 27.3.1987 – 7 AZR 790/85, DB 1988, 1068 = NZA 1988, 737. | 3 BAG v. 19.6.1986 – 2 AZR 565/85, DB 1986, 2604 = NZA 1987, 94. | 4 BAG v. 30.5.1980 – 7 AZR 215/78, DB 1980, 1954 = AP Nr. 8 zu § 611 BGB – Arzt-Krankenhaus-Vertrag. | 5 BAG v. 10.12.1975 – 4 AZR 41/75, AP Nr. 90 zu §§ 22, 23 BAT. | 6 BAG v. 15.11.1995 – 2 AZR 521/95, NZA 1996, 603 = AP Nr. 20 zu § 1 TVG – Tarifverträge: Lufthansa.

40 Davon wiederum zu unterscheiden ist der Fall, dass in einem (**Arzt-)Vertrag** die Kostenerstattung für Leistungen des Krankenhauses niedergelegt ist, die der Arzt im Rahmen seiner Privatliquidation in Anspruch nimmt und der Zusatzvertrag nur einen Berechnungsmodus für die Kostenerstattung enthält. Dann kann der Zusatzvertrag selbständig durch Kündigung beendet werden, wenn ein entsprechendes Kündigungsrecht vereinbart wurde. Eine – unzulässige – Teilkündigung liegt hier nicht vor, weil die Grundlage der im Arbeitsvertrag geregelten Kostenerstattung unberührt bleibt[1].

41 Sehen die Parteien eines Arbeitsvertrages für Änderungen gesetzlicher Vorschriften sowie der wissenschaftlichen und gesellschaftlichen Entwicklung eine Anpassung vor, die beide Parteien bei Scheitern einer Einigung über die Anpassung zur Kündigung dieses Vertrages mit einer Frist von sechs Monaten zum Ende des Kalenderjahres berechtigt, so kann darin unter Umständen – jedenfalls im Nebentätigkeitsbereich – die Einräumung eines vertraglichen Bestimmungsrechts bei **Änderungen der Geschäftsgrundlage** gesehen werden, das an §§ 242, 315 BGB zu messen ist. Die Ausübung des Bestimmungsrechts stellt in diesem Falle keine Änderungskündigung dar[2].

42 Eine ordentliche Änderungskündigung ist deshalb wegen Verstoßes gegen den Grundsatz der Verhältnismäßigkeit ohne weiteres sozialwidrig, wenn der ArbGeb die erstrebte Änderung der Arbeitsbedingungen – zB eine Versetzung – durch Ausübung des Direktionsrechts erreichen kann. Denkbar ist es etwa insb. auch, Unterrichtsstunden im Wege des **Direktionsrechts** mit zB bisher 50 Minuten Lehrtätigkeit und 10 Minuten für Elterngespräche, Aufgabenstellung und Auskunftserteilung anders aufzuteilen, indem sich der zeitliche Anteil der Lehrtätigkeit erhöht. Die Änderungskündigung ist folglich zwar sozialwidrig, wenn zB statt einer ohne weiteres zulässigen einseitigen örtlichen Versetzungsmaßnahme eine Änderungskündigung ausgesprochen wird[3]. Zu beachten ist jedoch in diesem Zusammenhang, dass eine unwirksame Änderungskündigung unter Umständen in die wirksame Ausübung des Direktionsrechts umgedeutet werden kann[4].

43 **III. Sozialwidrigkeit der Änderungskündigung. 1. Allgemeines.** Zunächst ist zu prüfen, ob der ArbGeb die erstrebte Änderung der Arbeitsbedingungen nicht durch Ausübung des Direktionsrechts erreichen kann[5]. Dann ist eine ordentliche Änderungskündigung gleichwohl sozialwidrig und damit unwirksam, wenn sie nicht aus dringenden betrieblichen Erfordernissen gerechtfertigt ist oder zB gegen einen TV über Rationalisierungsschutz verstößt[6]. Unterlässt es der ArbGeb weiterhin, dem ArbN zunächst ein mögliches und zumutbares Änderungsangebot zu unterbreiten, so ist die Beendigungskündigung sozial ungerechtfertigt, wenn der ArbN einem vor der Kündigung gemachten entsprechenden Vorschlag zumindest unter Vorbehalt zugestimmt hätte. Die Ablehnung des Änderungsangebotes durch den ArbN verwehrt diesem nur, den ArbGeb bei einer daraufhin ausgesprochenen Beendigungskündigung auf eine Änderungskündigung mit dem abgelehnten Inhalt zu verweisen. Sie ist jedoch darüber hinaus kein eigenständiger Grund für eine Beendigungskündigung, deren Rechtfertigung sich vielmehr aus § 1 KSchG oder § 626 BGB ergeben muss. Wie bei der außerordentlichen Kündigung ist der ArbN zudem auch bei einer ordentlichen Beendigungskündigung nicht daran gehindert, sich auf die Möglichkeit einer Änderungskündigung zu anderen als den vorgeschlagenen Bedingungen zu berufen[7]. In Zusammenhang mit einer etwaigen Schwerbehinderteneigenschaft haben die Gerichte für Arbeitssachen bei der Prüfung der Sozialwidrigkeit einer ordentlichen Kündigung oder des wichtigen Grundes für eine außerordentliche Kündigung die Schwerbehinderteneigenschaft des ArbN ebenso zu berücksichtigen, wie dies im Zustimmungsverfahren beim zuständigen Integrationsamt der Fall wäre. Dies gilt vor allem dann, wenn die Kündigung auf Gründe gestützt wird, die mit der Behinderung in Zusammenhang stehen. Entsprechendes gilt auch bei der Prüfung der Sozialwidrigkeit einer Änderungskündigung[8]. Bei Störungen des Arbeitsverhältnisses im sog. Leistungs- und ggf. auch im Vertrauensbereich ist regelmäßig vor Ausspruch einer Beendigungskündigung eine vergebliche Abmahnung erforderlich. Diese Grundsätze gelten entsprechend für eine ordentliche Änderungskündigung. Folglich muss auch dort eine Abmahnung im Rechtssinne gegeben sein. Diese liegt nur dann vor, wenn der ArbGeb in einer für den ArbN hinreichend deutlich erkennbaren Art und Weise Leistungsmängel beanstandet und damit den Hinweis verbindet, dass im Wiederholungsfalle der Inhalt oder der Bestand des Arbeitsverhältnisses gefährdet sei[9]. Wird demgegenüber etwa eine Betriebsabteilung stillgelegt und kann ein dort beschäftigtes BR-Mitglied nach entsprechender Änderungskündigung zu den im Übrigen unveränderten Bedingungen auf einem freien Arbeitsplatz in einer anderen Betriebsabteilung weiterbeschäftigt werden, so ist der ArbGeb grundsätzlich nicht verpflichtet, einen örtlich näher gelegenen und deshalb das BR-Mitglied weniger belastenden Arbeitsplatz freizukündigen[10].

---

1 BAG v. 14.11.1990 – 5 AZR 509/89, BB 1991, 601 = NZA 1991, 377. | 2 BAG v. 10.12.1992 – 2 AZR 269/92, DB 1993, 1038 = AP Nr. 27 zu § 611 BGB – Arzt-Krankenhaus-Vertrag. | 3 BAG v. 15.2.1989 – 7 AZR 210/88. | 4 Vgl. LAG Berlin v. 29.11.1999 – 9 Sa 1277/99, NZA RR 2000, 131. | 5 BAG v. 28.4.1982 – 7 AZR 1139/79, AP Nr. 3 zu § 2 KSchG 1969 und v. 21.1.1988 – 2 AZR 533/87, nv. | 6 BAG v. 6.5.1980 – 6 AZR 220/78, nv. | 7 BAG v. BAG v. 27.9.1984 – 2 AZR 62/83, DB 1985, 1186 = NZA 1985, 1797. | 8 BAG v. 17.2.1977 – 2 AZR 687/75, DB 1977, 636 = AP Nr. 1 zu § 12 SchwbG. | 9 BAG v. 12.9.1980 – 7 AZR 775/78, nv. | 10 BAG v. 28.10.199 – 2 AZR 437/98, DB 2000, 578 = AP Nr. 44 zu § 15 KSchG 1969.

Entsprechend dem Grundsatz, dass eine betriebsbedingte Änderungskündigung zu ihrer Wirksamkeit nicht nur eines zumutbaren Änderungsangebots bedarf, sondern auch aus einem der in § 1 Abs. 2 genannten Gründen bedingt sein muss, folgt, dass der ArbGeb sich nicht auf dringende betriebliche Erfordernisse berufen kann, wenn ein **anderer freier Arbeitsplatz** zum Zeitpunkt der Kündigung vorhanden war, auf dem der gekündigte ArbN hätte weiterbeschäftigt werden können. Die Möglichkeit, den ArbN in einem anderen Betrieb des Unternehmens oder in einer anderen Dienststelle desselben Verwaltungszweiges an demselben Dienstort einschließlich seines Einzugsgebiets weiterzubeschäftigen, ist bereits nach der Generalklausel des § 1 Abs. 2 Satz 1 zu berücksichtigen. Das gilt allerdings nur dann, wenn der BR bzw. Personalrat einer ordentlichen Kündigung deswegen nicht widersprochen hat. 44

Auch eine objektive **Umgehung des gesetzlichen Änderungskündigungsschutzes**, die zu der Unwirksamkeit der Befristung einzelner Arbeitsvertragsbedingungen führt, kann zur Sozialwidrigkeit der Änderungskündigung führen. Während dazu nicht bereits etwa die Befristung einer Provisionszusage gehört, kann ein Eingriff in den durch die gesetzliche Änderungskündigungsschutzregelung geschützten Kernbereich des Arbeitsverhältnisses darin liegen, dass in die Arbeitspflicht des ArbN ihrem Inhalt und Umfang nach in einer sich unmittelbar auf die Vergütung auswirkenden Weise eingegriffen wird, indem sowohl die Leistung als auch die Gegenleistung geändert werden[1]. So stellt eine arbeitsvertragliche Vereinbarung, die bei arbeitszeitabhängiger Vergütung den ArbGeb berechtigen soll, eine zunächst konkret festgelegte Arbeitszeit später einseitig je nach Bedarf zu reduzieren, eine objektive Umgehung von zwingenden Vorschriften des Kündigungs- und Kündigungsschutzrechts dar und ist deshalb bereits nach § 134 BGB nichtig[2]. Entsprechendes gilt für eine arbeitsvertragliche Vereinbarung, die bei arbeitszeitabhängiger Vergütung den ArbGeb berechtigen soll, die zunächst festgelegte Arbeitszeit später einseitig nach Bedarf zu reduzieren[3]. 45

Hat der ArbGeb dem ArbN statt einer gemäß dem Ultima-Ratio-Prinzip erforderlichen Änderungskündigung eine Beendigungskündigung ausgesprochen, die deshalb sozial ungerechtfertigt ist, so kommt der ArbGeb – jedenfalls im Regelfalle – in **Annahmeverzug**, wenn er dem ArbN nicht die ursprünglich geschuldete Arbeit anbietet[4]. Wenn dagegen ein ArbGeb zB die fahrplanbedingten Lenkunterbrechungen eines Omnibusfahrers in der Vergangenheit bei der Vergütungsberechnung als Arbeitszeit zugrunde gelegt hat, so ist er nicht gehindert, unter Beachtung der MitbestR des BR zukünftig in der Dienstschicht unbezahlte Ruhepausen zu gewähren. Er ist nicht verpflichtet, die dadurch verlängerte Dienstschicht insgesamt als Arbeitszeit zu vergüten[5]. 46

2. Die personen-, verhaltens- und betriebsbedingte ordentliche Änderungskündigung. Wird eine nach § 1 zu beurteilende ordentliche Kündigung mit einem Kündigungssachverhalt begründet, der mehrere in § 1 Abs. 2 Satz 1 geregelte Gründe berührt (sog. Kündigung wegen eines Mischtatbestandes), so richtet sich der Prüfungsmaßstab in erster Linie danach, aus welchem der im Gesetz genannten Bereiche die Störung kommt, die sich auf das Arbeitsverhältnis nachteilig auswirkt[6]. In einem ersten Schritt ist zu prüfen, ob der danach maßgebliche Kündigungsgrund die Änderung der Arbeitsbedingungen rechtfertigt. In einem weiteren zweiten Schritt wird sodann geprüft, ob der Inhalt der beabsichtigten Änderung vom ArbN billigerweise hingenommen werden muss. 47

a) Die personenbedingte Änderungskündigung beruht auf fehlenden persönlichen Eigenschaften und Fähigkeiten des ArbN. Dazu gehören zB mangelnde körperliche bzw. geistige Eignung oder Erkrankungen, die dazu führen, dass die Verwendbarkeit des ArbN erheblich herabgesetzt ist sowie unter Umständen eine altersbedingte Abnahme der Leistungsfähigkeit. 48

Beispiele: (1) Der LKW-Fahrer eines Unternehmens verliert während einer Dienstfahrt bei einem Verkehrsunfall sein Augenlicht völlig. Im Unternehmen steht in der Telefonzentrale ein schlechter dotierter behindertengerechter Arbeitsplatz zur Verfügung, den der ArbN bereits nach kurzer Einarbeitungszeit ausfüllen kann. Eine Änderungskündigung ist geboten und sozial gerechtfertigt. (2) Ein ArbN wird im Rahmen arbeitsvertraglicher Vereinbarungen bei der Bundeswehr im Rahmen des Wachdienstes beschäftigt. Ihm werden die polizeilichen Befugnisse nach § 1 Abs. 2 des Gesetzes über die Anwendung unmittelbaren Zwanges und die Ausübung besonderer Befugnisse durch Soldaten der Bundeswehr und zivile Wachpersonen (UZwGBw) wirksam entzogen. Aufgrund dessen ist der ArbGeb befugt, eine Änderungskündigung auszusprechen, weil der ArbN ohne die Befugnisse seinen Wachdienst nicht mehr ordnungsgemäß versehen kann[7]. 49

b) Verhaltensbedingte Änderungskündigung. Diese liegt vor, wenn das Arbeitsverhältnis durch schuldhaftes Tun oder Unterlassen des ArbN konkret berührt wird, und zwar insb. im Leistungsbereich und im persönlichen Vertrauensbereich. Hinsichtlich der Rechtfertigung einer verhaltensbedingten Änderungskündigung sind nach ganz herrschender Meinung in Rspr. und Lit. in der Regel 50

---

1 BAG v. 21.4.1993 – 7 AZR 297/92, AP Nr. 34 zu § 2 KSchG 1969 = NZA 1994, 476. | 2 BAG v. 28.10.1987 – 5 AZR 390/86, nv. | 3 BAG v. 12.12.1984 – 7 AZR 509/83, DB 1985, 1240, NZA 1985. | 4 BAG v. 27.1.1994 – 2 AZR 584/93, DB 1994, 2401 = AP Nr. 32 zu § 2 KSchG 1969. | 5 BAG v. 9.2.1989 – 6 AZR 11/87, nv. | 6 BAG v. 21.11.1985 – 2 AZR 21/85, DB 1986, 2133 = AP Nr. 12 zu § 1 KSchG 1969. | 7 Nach BAG v. 18.3.1981 – 5 AZR 1096/78, AP Nr. 2 zu § 611 BGB – Arbeitsleistung.

die Grundsätze heranzuziehen, die für die verhaltensbedingte Beendigungskündigung maßgeblich sind. Daher wird auf die Kommentierung zu § 1 KSchG verwiesen.

51 Beispiel: Ein weisungsbefugter und selbst mitarbeitender Kolonnenführer verrichtet seine Tätigkeit im Rahmen der Mitarbeit durchweg fehlerfrei. Die ihm unterstellten sieben ArbN beanstanden aber zu Recht, dass seine Anweisungen regelmäßig fehlerhaft sind und er auf ihre entsprechenden (berechtigten) Hinweise stets lautstark und unsachlich reagiert. Sie wollen deshalb mit ihm nicht länger zusammenarbeiten. Zwei ordnungsgemäße diesbezügliche Abmahnungen der ArbGeb gegenüber dem Kolonnenführer bleiben ohne Erfolg. In seiner und in einer anderen Kolonne ist jeweils ein nur schlechter bezahlter Arbeitsplatz frei. Eine Änderungskündigung ist geboten und sozial gerechtfertigt. Die ArbGeb muss abwägen, ob sie ihr Angebot auf beide oder nur eine Kolonne bezieht.

52 **c) Betriebsbedingte Änderungskündigung und Sozialauswahl.** Hierbei handelt es sich regelmäßig um eine ordentliche Änderungskündigung (Beendigungskündigung und Änderungsangebot) unter Einhaltung der Kündigungsfrist. Als Gründe für die soziale Rechtfertigung einer solchen betriebsbedingten Änderungskündigung kommen zB in Betracht: Auftragsrückgang, Umsatzminderung, Gewinnverfall, Auslaufen einer Drittmittelfinanzierung, Betriebseinschränkungen infolge schlechter wirtschaftlicher Lage sowie wesentliche Störungen des Betriebsfriedens wegen einer Ungleichbehandlung von ArbN[1]. Hinsichtlich der betriebsbedingten Kündigungsgründe wird ebenfalls zunächst auf die Kommentierung zu § 1 Bezug genommen, weil für die betriebsbedingte Änderung in der Regel entsprechendes gilt. Bezüglich verschiedener Einzelfälle einer Änderungskündigung, bei denen Gründe für ein dringendes betriebliches Erfordernis fehlen, wird auf die Entscheidungen des BAG v. 22.1.1981 – 2 AZR 945/78 und v. 6.5.1980 – 6 AZR 220/78 verwiesen.

53 Dementsprechend ist bei der Prüfung, ob ein dringendes betriebliches Erfordernis zu einer Änderung der Arbeitsbedingungen einzelner ArbN besteht, auch nicht nur auf den unselbständigen Betriebsteil abzustellen, in dem der ArbN beschäftigt wird. Die Unrentabilität einer unselbständigen Betriebsabteilung kann lediglich dann ein dringendes betriebliches Erfordernis darstellen, wenn sie auf das wirtschaftliche Ergebnis des **Gesamtbetriebs bzw. Unternehmens** durchschlägt und ohne Anpassung der Personalkosten Beendigungskündigungen nicht zu vermeiden wären. Eine betriebsbedingte Änderungskündigung, die eine sonst erforderlich werdende Beendigungskündigung – zB wegen Stilllegen des Gesamtbetriebs oder einer Betriebsabteilung – vermeidet, ist grundsätzlich möglich. Die Anforderungen an eine solche Änderungskündigung sind aber nicht geringer anzusetzen als die Anforderungen an eine Beendigungskündigung wegen beabsichtigter Teil-Betriebsstilllegung[2].

54 Hinsichtlich der Anforderungen an die **Darlegung eines geplanten Einsparungskonzepts** wird auf BAG v. 12.12.1996 – 2 AZR 879/95, verwiesen. Im Rahmen einer solchen unternehmerischen Organisationsentscheidung lässt sich dem Kündigungsschutzgesetz, insb. dessen § 1 Abs. 2 und 3 nicht die Wertung entnehmen, dass der ArbGeb im Rahmen einer Rationalisierung anstelle mehrerer Änderungskündigungen stets eine geringere Anzahl von Beendigungskündigungen aussprechen muss (siehe Rz. 19)[3].

55 **Organisatorische Unternehmerentscheidungen** (vgl. dazu die Kommentierung zu § 1) werden im Kündigungsrechtsstreit nicht auf ihre Zweckmäßigkeit, sondern nur darauf überprüft, ob sie offenbar unsachlich, unvernünftig oder willkürlich sind (sog. Missbrauchskontrolle)[4]. Die diesbezügliche organisatorische Unternehmerentscheidung wird von den Gerichten für Arbeitssachen nur eingeschränkt überprüft. Sie unterliegt lediglich einer Missbrauchskontrolle. Dies macht es jedoch nicht entbehrlich, gerichtlich zu prüfen, ob die Organisationsänderung eine Beendigungs- oder Änderungskündigung unvermeidbar macht oder ob das geänderte unternehmerische Konzept nicht auch durch andere Maßnahmen verwirklicht werden kann[5]. Weil das Kündigungsschutzgesetz nicht betriebs-, sondern unternehmensbezogen ist, hat sich diese Prüfung nicht auf den Betrieb zu beschränken, sondern auf das gesamte Unternehmen zu erstrecken[6].

56 **Beispiele** für Organisationsentscheidungen im Rahmen von Änderungskündigungen:

- Eine Organisationsentscheidung (Abbau von Überstunden) eines öffentlichen ArbGeb ist sachlich gerechtfertigt, weil die Anordnung bzw. Vereinbarung regelmäßig abzuleistender Überstunden gegen § 17 BMT-G II verstößt und dem im Bereich des öffentlichen Dienstes zu beachtenden Gebot eines wirtschaftlichen und sparsamen Umgangs mit Haushaltsmitteln widerspricht[7].

- Der Entschluss des ArbGeb, die von ihm getragene Musikschule während der allgemeinen Schulferien geschlossen zu halten und außerhalb der Ferien einen gleichmäßigen Unterricht anzubieten, ist eine organisatorische Entscheidung, die im Kündigungsrechtsstreit nicht auf ihre Zweckmäßig-

---

1 BAG v. 28.4.1982 – 7 AZR 1139/79, DB 1982, 1776 = AP Nr. 3 zu § 2 KSchG 1969. | 2 BAG v. 12.11.1998 – 2 AZR 91/98, DB 1999, 536 = NZA 1999, 471. | 3 BAG v. 19.5.1993 – 2 AZR 584/92, DB 1993, 1879 = NZA 1993, 1075. | 4 BAG v. 26.1.1995 – 2 AZR 371/94, BB 1995, 1746 = NZA 1995, 626; vgl. auch BAG v. 29.5.1985 – 7 AZR 248/84. | 5 BAG v. 18.1.1990 – 2 AZR 183/89, DB 1990, 1773 = NZA 1990, 734. | 6 BAG v. 17.5.1984 – 2 AZR 109/83, NZA 1985, 489 = AP Nr. 21 zu § 1 KSchG 1969 – Betriebsbedingte Kündigung. | 7 BAG v. 16.1.1997 – 2 AZR 240/96, nv.

keit, sondern nur darauf überprüft werden kann, ob sie offenbar unsachlich, unvernünftig oder willkürlich ist. (sog. Willkürkontrolle)[1]. Allerdings sind die von einem kommunalen ArbGeb gegenüber den bei ihm beschäftigten Musikschullehrern ausgesprochenen Änderungskündigungen, mit denen zum Abbau des sog. „Ferienüberhangs" die vertraglich vereinbarte Arbeitszeit und die entsprechende Vergütung bei außerhalb der Schulferien unveränderter Zahl der Unterrichtsstunden reduziert werden sollen, in der Regel sozial ungerechtfertigt wegen Verstoß gegen den Grundsatz der Verhältnismäßigkeit, wenn der „Ferienüberhang" auch durch volle Inanspruchnahme der vertraglichen Arbeitsleistung abgebaut werden könnte[2].

- Das dringende Bedürfnis, eine unselbständigen Betriebsabteilung (Werkstatt) wegen hoher Kostenbelastung zu sanieren, begründet allein noch kein dringendes betriebliches Erfordernis für eine Änderungskündigung zum Zwecke der Streichung außertariflicher Zulagen gegenüber in der Werkstatt beschäftigten ArbN. Abzustellen ist vielmehr auf die wirtschaftlichen Verhältnisse im Bereich des Betriebs bzw. Unternehmens[3].

- Eine Herabgruppierung in eine niedrigere Lohngruppe aus betriebsbedingten Gründen ist dann zulässig, wenn der Arbeitsplatz in seiner bisherigen Ausgestaltung weggefallen ist[4].

- Der Fortfall des Aufgabenbereichs eines ArbN liegt im Übrigen auch dann vor, wenn dieser Aufgabenbereich zukünftig von Soldaten wahrgenommen („militarisiert") werden soll[5].

57 Dagegen handelt es sich bei der Streichung eines Mietzuschusses nicht um eine grundsätzliche bindende Unternehmerentscheidung, die von den Gerichten für Arbeitssachen nicht auf ihre Notwendigkeit und Zweckmäßigkeit, sondern nur daraufhin überprüfbar ist, ob sie offenbar unsachlich, unvernünftig oder willkürlich ist[6]. Nichts anderes gilt für den Entschluss des ArbGeb, die Lohnkosten zu senken. Weder sein diesbezüglicher Entschluss noch eine zu diesem Zwecke ausgesprochene Änderungskündigung selbst ist eine im Kündigungsschutzprozess von den Gerichten als vorgegeben hinzunehmende grundsätzlich bindende Unternehmerentscheidung[7]. Hinsichtlich der Anforderungen an die Darlegung dringender betrieblicher Erfordernisse bei einer Änderungskündigung zwecks Streichung bzw. Kürzung einer vereinbarten Zulage vgl. BAG vom 11.11.1993 – 2 AZR 476/93, nv., und – 2 AZR 454/93, nv. Im Übrigen stellt die Gleichbehandlung mit anderen ArbN kein dringendes betriebliches Erfordernis iSv. § 1 Abs. 2 Satz 1 dar, das die Verschlechterung einer arbeitsvertraglichen Vergütungsregelung im Wege der Änderungskündigung bedingen kann[8]. Eine wirksame Änderungskündigung zur Entgeltsenkung kommt jedoch dann in Betracht, wenn der Betrieb ansonsten stillgelegt oder die Belegschaft reduziert werden müsste. Allerdings wird dem ArbGeb in einem solchen Falle ein umfassender Sanierungsplan abverlangt, mit dem alle gegenüber der beabsichtigten Änderungskündigung milderen Mittel ausgelotet und ausgeschöpft werden[9].

58 Im Rahmen der **Verteilung der Arbeitszeit**, die nicht durch Direktionsrecht geändert werden kann, sind dringende betriebliche Erfordernisse und damit die soziale Rechtfertigung für die Änderungskündigung zwar vom ArbGeb darzulegen. Die Gerichte für Arbeitssachen prüfen auch hier jedoch nur, ob diese Maßnahme offenbar unvernünftig oder willkürlich ist, nicht dagegen jedoch die sachliche Rechtfertigung oder Zweckmäßigkeit[10]. Entsprechendes dürfte für andere reine Organisationsänderungen gelten.

59 Schließlich ist ein typischer Beispielsfall für eine betriebsbedingte Änderungskündigung das Vorliegen eines **Arbeitskräfteüberhangs** bzw. die **Verringerung der Arbeitsmenge**. Hier muss wie bei einer entsprechenden betriebsbedingten Beendigungskündigung im Ergebnis vom ArbGeb ganz konkret dargelegt werden, dass eine hinreichende Auftragsmenge (Arbeitsmenge) in Zusammenhang mit der zur Verfügung stehenden Arbeitszeit nicht mehr vorhanden ist. Daraus muss sich ein ganz konkreter Arbeitskräfteüberhang ergeben. Liegt dieser vor, dürften Arbeitskräfte abgebaut werden. Der ArbGeb muss aber nicht zB statt einer Beendigungskündigung mehrere Änderungskündigungen jeweils mit Arbeitszeit-Reduzierungen aussprechen.

60 Das Gebot der ausreichenden Berücksichtigung sozialer Gesichtspunkte bei der Auswahl des zu kündigenden ArbN gilt auch für betriebsbedingte Änderungskündigungen. Für die Frage der in die **Sozialauswahl** einzubeziehenden vergleichbaren ArbN kommt es bei einer Änderungskündigung nicht nur darauf an, ob die betreffenden ArbN nach ihren bisherigen Tätigkeiten miteinander verglichen werden können und damit auf ihren innegehabten Arbeitsplätzen gegeneinander austauschbar waren. Hinzu *kommen muss*, dass diese ArbN auch für die Tätigkeit, die Gegenstand des Änderungsangebots ist, mindestens annähernd gleich geeignet sind. Die Austauschbarkeit muss sich also auch auf den mit

---

1 BAG v. 26.1.1995 – 2 AZR 371/94, NZA 1995, 626 = AP Nr. 36 zu § 2 KSchG 1969; v. 12.12.1986 – 7 AZR 405/85, nv. | 2 BAG v. 26.1.1995 – 2 AZR 428/94, NZA 1995, 269 = AP Nr. 37 zu § 2 KSchG 1969. | 3 BAG v. 11.10.1989 – 2 AZR 61/89, DB 1990, 2024 = NZA 1990, 607. | 4 BAG v. 6.5.1980 – 6 AZR 220/78, nv. | 5 BAG v. 29.1.1986 – 7 AZR 257/84, NZA 1987, 32 = AP Nr. 42 zu § 102 BetrVG 1972. | 6 BAG v. 11.10.1989 – 2 AZR 375/88, nv. | 7 BAG v. 20.3.1986 – 2 AZR 294/85, NZA 1986, 824 = AP Nr. 14 zu § 2 KSchG 1969. | 8 BAG v. 20.1.2000 – 2 ABR 40/99, DB 2000, 1666 = NZA 2000, 592. | 9 Vgl. BAG v. 27.9.2001 – 2 AZR 236/00, NZA 2002, 750 ff. | 10 BAG v. 27.9.2001 – 2 AZR 246/00, EzA § 2 KSchG Nr. 41.

der Änderungskündigung angebotenen Arbeitsplatz beziehen. Mit anderen Worten: Mit einzubeziehen sind sowohl die Belegschaftsmitglieder, die in der bisherigen Position vergleichbar waren als auch diejenigen, die auf der neuen Position vergleichbar werden[1]. Es liegt nur dann eine zutreffende Sozialauswahl vor, wenn der ArbGeb die Frage der Austauschbarkeit auch auf den mit der Änderungskündigung angebotenen Arbeitsplatz bezieht und im Rahmen der sozialen Auswahl darüber hinaus prüft, welcher der vergleichbaren ArbN durch die angebotenen neuen Arbeitsbedingungen schwerer belastet wird als die anderen. Dieser ist bei im Übrigen gleicher Ausgangslage sozial schutzwürdiger. Insoweit können ua. Vorbildung und persönliche Eigenschaften wie Wendigkeit, schnelle Auffassungsgabe, Anpassungsfähigkeit und Gesundheitszustand von Bedeutung sein[2]. Im Rahmen der sozialen Auswahl hat der ArbGeb zwar keinen Ermessens- wohl aber einen Wertungsspielraum. Wird jedoch mehreren ArbN aus dringenden betrieblichen Gründen zur selben Zeit gekündigt, einem vergleichbaren ArbN dagegen nicht, der erheblich weniger hart von der Kündigung betroffen wäre, so können sich alle gekündigten ArbN auf diesen Auswahlfehler mit Erfolg berufen. Unter Umständen kann der ArbGeb aber Auswahlfehler, die ihm insoweit unterlaufen sind, nachträglich korrigieren[3].

61 Sind wegen Wegfalls von qualifizierten Arbeitsplätzen lediglich Änderungskündigungen zum Zwecke der **Herabgruppierung** um eine Vergütungsgruppe erforderlich, dann darf der ArbGeb einen vergleichbaren kündbaren Angestellten jedenfalls nur dann einem unkündbaren vorziehen, wenn ihm die Herabgruppierung des kündbaren ArbN wegen gravierender Leistungsunterschiede unzumutbar ist oder wenn dem unkündbaren Angestellten auch wegen dauernder Leistungsunfähigkeit eine Änderungskündigung ausgesprochen werden könnte[4].

62 Zusammengefasst ergibt sich: Für die Sozialauswahl gilt nach § 2 Abs. 1 auch § 1 Abs. 3. Gegenüber der Beendigungskündigung bestehen deshalb keine Besonderheiten. Nur dann, wenn alle ArbN von Änderungskündigungen betroffen sind, bedarf es keiner Sozialauswahl. Werden Änderungskündigungen aber nur gegenüber einzelnen ArbN ausgesprochen, muss die Sozialauswahl stets nach näherer Maßgabe des § 1 Abs. 3 beachtet werden.

63 **3. Die außerordentliche Änderungskündigung.** Es ist – wie dargelegt – auch denkbar der Fall einer außerordentlichen betriebsbedingten Änderungskündigung mit § 626 BGB als Prüfungsmaßstab[5]. Neben dessen Abs. 1 ist in einem solchen Falle stets die Ausschlussfrist von zwei Wochen des § 626 Abs. 2 BGB zu beachten[6]. Auch bei einer solchen Änderungskündigung gelten grundsätzlich dieselben Voraussetzungen wie bei der Beendigungskündigung als wichtigem Grund. Wie der Prüfungsmaßstab bei der außerordentlichen Änderungskündigung anzulegen ist, ist ebenso wie bei der ordentlichen Änderungskündigung nicht von der Reaktion des ArbN abhängig. Wie bei der Beendigungskündigung kommen auch bei der außerordentlichen Änderungskündigung alle wichtigen Gründe in Frage, und zwar ohne Einschränkungen. Denkbar sind deshalb auch personen-, verhaltens- und betriebsbedingte Kündigungsgründe. Im Rahmen der betriebsbedingten Kündigungsgründe ergeben sich Besonderheiten betreffend den wichtigen Grund iSv. § 626 Abs. 1 BGB. Mehrere Fallgruppen sind hervorzuheben:

- Wenn **kurzfristige Änderungen der Arbeitsbedingungen** unumgänglich sind, jedoch lange tarifliche oder gesetzliche Kündigungsfristen eingehalten werden müssen, wird allgemein anerkannt, dass es Möglichkeiten geben muss, kurzfristig solche Änderungen der Arbeitsbedingungen zu erreichen, um die Existenz des Betriebes nicht zu gefährden.

- Den wegen langer Betriebszugehörigkeit und höheren Lebensalters **nicht mehr ordentlich kündbaren ArbN** kann zur Änderung der Arbeitsbedingungen auch nicht mehr eine Änderungskündigung ausgesprochen werden. Die sog. „Unkündbarkeit" soll diesen ArbN den einmal erreichten Status sichern. Das gilt jedoch nicht, wenn es sich um eine als unabweisbar notwendig erkannte Änderung der Arbeitsbedingungen handelt. Dann ist eine außerordentliche Änderungskündigung auch in solchen Fällen möglich. Zugleich ist zu prüfen, ob die längste gesetzliche oder tarifliche Kündigungsfrist hierbei als Auslauffrist zu beachten ist.

- Weiterhin kommt in Betracht eine außerordentliche Änderungskündigung in Gestalt einer **Massenänderungskündigung** gegenüber BR-Mitgliedern, anderen Amtsträgern und Wahlbewerbern nach § 15 KSchG[7].

64 Bei der nach § 55 Abs. 2 Unterabs. 1 Satz 2, Unterabs. 3 BAT aus dienstlichen Gründen mit einer Frist von sechs Monaten zum Schluss des Kalendervierteljahres zugelassenen Änderungskündigung eines unkündbaren Angestellten zum Zwecke der **Herabgruppierung** um eine Vergütungsgruppe handelt es sich um eine sog. befristete außerordentliche Änderungskündigung aus wichtigem Grund iSv. § 54 BAT, § 626 Abs. 1 BGB.

---

1 Vgl. BAG v. 13.6.1986 – 7 AZR 623/84, AP Nr. 13 zu § 1 KSchG 1969 – soziale Auswahl. | 2 BAG v. 13.6.1986 – 7 AZR 623/84, DB 1987, 335 = NZA 1987, 155. | 3 BAG v. 18.10.1984 – 2 AZR 543/83, DB 1985, 1083 = NZA 1985, 423. | 4 BAG v. 17.5.1984 – 2 AZR 161/83, AP Nr. 3 zu § 55 BAT. | 5 BAG v. 21.6.1995 – 2 ABR 28/94, DB 1995, 2429 = AP Nr. 36 zu § 15 KSchG 1969. | 6 Vgl. dazu im Einzelnen BAG v. 25.3.1976 – 2 AZR 127/75, DB 1976, 1066 = AP Nr. 10 zu § 626 BGB – Ausschlussfrist. | 7 Vgl. BAG v. 21.6.1995 – 2 ABR 28/94, NZA 1995, 1157 ff.

IV. Andere Unwirksamkeitsgründe. Hat der ArbN das mit einer Änderungskündigung verbundene Angebot unter dem Vorbehalt des § 2 angenommen, kann er sich auf sonstige Unwirksamkeitsgründe nunmehr nicht mehr berufen, wenn er die Klage erst nach Ablauf der dreiwöchigen Frist des § 4 erhebt[1]. Ob das KSchG gilt oder nicht, ist hier ohne Bedeutung. Änderungskündigungen sind insb. unwirksam, wenn zB keine ordnungsgemäße Anhörung des BR vorliegt oder im Zeitpunkt des Zugangs der Änderungskündigung ein Kündigungsverbot bestanden hat, etwa aufgrund eines TV[2]. In der Praxis kommen häufig vor TV mit Reduzierung der wöchentlichen Arbeitszeit bei Teillohnausgleich einerseits und partiellem Schutz der ArbN gegen betriebsbedingte Kündigungen während der Laufzeit des TV andererseits[3]. Die ArbN erklären sich zB mit einer Arbeitszeitverkürzung ohne Lohnausgleich einverstanden, während der ArbGeb für eine bestimmte Zeit auf den Ausspruch betriebsbedingter Kündigungen gegenüber diesen ArbN verzichtet. Besteht kein Kündigungsverbot, ist gleichwohl von den Gerichten für Arbeitssachen zu prüfen, ob bei Zugang der Änderungskündigung sonstige tarifliche Vorschriften entgegenstehen. Dabei ist auch zu berücksichtigen, von welchem Zeitpunkt an die vertraglichen Bedingungen geändert werden sollen und ob diese Änderung dann zulässig ist[4].

So ist es denkbar, dass ein TV den ArbGeb berechtigt, ohne Änderung des Arbeitsvertrages bei Erfüllung der tariflichen Erfordernisse den ArbN einseitig eine andere, auch nach einer niedrigeren Lohngruppe zu vergütende Tätigkeit zuzuweisen. Eine solche tarifliche Regelung verstößt nicht gegen höherrangiges staatliches Gesetzesrecht. Allerdings kann es sich insoweit um eine mitbestimmungspflichtige Maßnahme handeln[5]. Bestimmt ein TV, dass sich die Arbeitszeit teilzeitbeschäftigter ArbN nach dem Arbeitsanfall richtet, ohne zugleich eine bestimmte Dauer der Arbeitszeit festzulegen, dann ist eine solche Tarifnorm, soweit sie von der Festlegung einer bestimmten Dauer der Arbeitszeit absieht, nicht wegen Verstoßes gegen zwingende Vorschriften des Kündigungs- und Kündigungsschutzrechtes unwirksam[6].

Es gilt zwar der Grundsatz, dass es dem ArbGeb, der mit einzelnen ArbN einzelvertraglich eine höhere Vergütung vereinbart hat, als sie dem betrieblichen Niveau entspricht, verwehrt ist, unter Berufung auf den Gleichbehandlungsgrundsatz diese höhere Vergütung dem niedrigeren Lohn der übrigen ArbN, mit denen er eine solche höhere Lohnvereinbarung nicht getroffen hat, anzupassen. Gleichwohl ist es aber denkbar, dass mit einer Änderungskündigung in zulässiger Weise das Ziel verfolgt wird, das Entgelt höher bezahlter ArbN auf das Lohnniveau der mit der Mehrzahl der ArbN des Betriebes vereinbarten TV, zB des öffentlichen Dienstes, abzusenken. Dementsprechend ist es beispielsweise möglich, dass ein öffentlicher ArbGeb, der Eingruppierungen nur nach dem kollektiven Recht vornimmt, aber in der Übergangszeit noch eine Höhergruppierung bei einem ArbN vorgenommen hat, gegenüber diesem ArbN eine Änderungskündigung zur Herstellung der tariflichen Vergütung vornimmt. Diese ist im Allgemeinen sozial gerechtfertigt[7].

Denkbar ist außerdem eine Änderungskündigung zwecks Reduzierung einer Halbtagsarbeitszeit entsprechend einer tariflichen Arbeitszeitverkürzung[8]. Durch TV kann dem ArbGeb bereits die Befugnis eingeräumt werden, für bestimmte ArbN-Gruppen die tariflich festgelegte Arbeitszeit zu verkürzen. In diesem Zusammenhang stellt sich allerdings die Frage, ob dem ArbGeb durch TV ein einseitiges Leistungsbestimmungsrecht hinsichtlich der Dauer der Arbeitszeit eingeräumt werden kann[9]. So ist zB jedoch eine Erhöhung von Unterrichtseinheiten im Wege der Änderungskündigung rechtlich nicht möglich, wenn nach dem Arbeitsvertrag die wöchentliche Pflichtstundenzahl unter dem Vorbehalt einer anderweitigen tariflichen Regelung steht[10]. Denkbar ist es auch, dass aufgrund eines TV, zB § 15 Abs. 2 BAT, die regelmäßige Arbeitszeit durch einseitige Anordnung auf 50 Wochenstunden verlängert werden kann[11]. Im Übrigen ist eine Änderungskündigung, die auf einer tarifwidrigen Arbeitszeitgestaltung beruht, sozial ungerechtfertigt gemäß § 2, § 1 Abs. 2[12].

Ein TV kann zulassen, dass eine Beschäftigung mit geringerwertigen Akkordarbeiten als Maschinenhelfer auch dann möglich ist, wenn die überwiegende Tätigkeit des ArbN die eines Maschinenführers nach einer höheren Lohngruppe ist. Allerdings müssen der Tariflohn der höheren Lohngruppe und der Akkordrichtsatz eingehalten sein. Dementsprechend besteht gegen eine arbeitsvertragliche Vereinbarung, nach der der ArbN sowohl Arbeiten als Maschinenführer als auch in geringerem Umfang als Maschinenhelfer zu verrichten hat, keine rechtlichen Bedenken. Liegt eine solche Vereinbarung vor, bedarf es keines Ausspruchs einer Änderungskündigung, sondern nur einer Anweisung des ArbGeb im Rahmen seines Direktionsrechts[13]. Im Übrigen kann eine ordentliche Änderungskündigung bereits deshalb unwirksam sein, weil sie gegen den TV über den Rationalisierungsschutz für Angestellte verstößt[14].

---

1 BAG v. 28.5.1998 – 2 AZR 615/97, DB 1998, 2168 = AP Nr. 48 zu § KSchG 1969 und *Quecke*, NZA 2001, 812 ff. | 2 BAG v. 10.3.1982 – 4 AZR 158/79, DB 1982, 1520 = AP Nr. 2 zu § 2 KSchG 1969. | 3 Vgl. BAG v. 25.10.2000 – 4 AZR 438/99, DB 2001, 547 = NJW 2001, 2348. | 4 BAG v. 10.3.1982 – 4 AZR 158/79, DB 1982, 1520 = AP Nr. 2 zu § 2 KSchG 1969. | 5 BAG v. 22.5.1985 – 4 AZR 427/83, NZA 1986, 166 = AP Nr. 7 zu § 1 TVG – Tarifverträge: Bundesbahn. | 6 BAG v. 12.3.1992 – 6 AZR 311/90, DB 1992, 1785 = NZA 1992, 938. | 7 BAG v. 9.7.1997 – 4 AZR 635/95, DB 1998, 523 = NZA 1998, 494. | 8 BAG v. 14.11.1990 – 5 AZR 464/89, nv. | 9 Vgl. dazu BAG v. 12.12.1984 – 7 AZR 509/83, DB 1985, 1240 = NJW 1985, 357. | 10 BAG v. 9.5.1980 – 7 AZR 409/78, nv. | 11 BAG v. 12.2.1986 – 7 AZR 358/84, DB 1987, 995 = AP Nr. 7 zu § 15 BAT. | 12 BAG v. 18.12.1997 – 2 AZR 709/96, DB 1998, 477 = NZA 1998, 304. | 13 Vgl. dazu BAG v. 6.11.1985 – 4 AZR 265/84, nv. | 14 BAG v. 6.5.1980 – 6 AZR 220/78, nv.

70 Einer Änderungskündigung bedarf es auch nicht, wenn der TV eine Versetzung vorsieht iSd. Zuweisung einer auf Dauer bestimmten Beschäftigung bei einer anderen Dienststelle desselben ArbGeb unter Fortsetzung des bestehenden Arbeitsverhältnisses. Eine solche tarifliche Versetzungsklausel berechtigt nicht zur Zuweisung einer tariflich geringer bewerteten Tätigkeit und zwar selbst dann nicht, wenn die bisher höhere Vergütung fortgezahlt wird. Sie gewährt auch kein Recht zur Änderungskündigung, sondern lediglich ein üblicherweise als zulässige Teilkündigung bezeichnetes Gestaltungsrecht zur einseitigen Änderung, einer Vertragsbedingung (Eingruppierung) unter Aufrechterhaltung des Arbeitsverhältnisses[1].

71 Nimmt der ArbN das mit einer Änderungskündigung verbundene Angebot des bisher tarifgebundenen ArbGeb zur Reduzierung der bisher tariflich gewährleisteten Sonderzahlungen gemäß § 2 Satz 1 unter Vorbehalt an, kommt eine die Nachwirkung nach § 4 Abs. 5 TVG beendende einzelvertragliche anderweitige Abmachung unter der Bedingung zustande, dass sich die Änderung der Arbeitsbedingungen als sozial gerechtfertigt erweist. Abgesehen davon ist es denkbar, dass einzelvertraglich vereinbarte tarifliche Abgruppierungsschutz- und Verdienstsicherungsnormen durch eine Änderungskündigung, die diese Regelungen nicht berücksichtigt, konkludent aufgehoben werden[2].

72 V. BPersVG, BetrVG, §§ 15, 17 KSchG. 1. § 102 BetrVG. Der BR ist vor dem Ausspruch von Änderungskündigungen – ebenso wie bei Beendigungskündigungen – anzuhören. Dabei ist er über das Änderungsangebot zu unterrichten[3]. Die nicht ordnungsgemäße Mitteilung des Änderungsangebots führt gemäß § 102 Abs. 1 Satz 3 zur Rechtsunwirksamkeit der Änderungskündigung[4]. Will der ArbGeb im Wege der Änderungskündigung also die Arbeitsbedingungen einseitig ändern, so hat er dem BR das Änderungsangebot und die Gründe für die beabsichtigte Änderung der Arbeitsbedingungen mitzuteilen sowie dann, wenn er sich eine Beendigungskündigung vorbehalten und dazu eine erneute Anhörung ersparen will, zugleich zu verdeutlichen, dass er im Falle des Ablehnungsänderungsangebotes durch den ArbN eine Beendigungskündigung beabsichtigt. Bleibt für den BR offen, ob die Ablehnung des Änderungsangebotes die Beendigungskündigung zur Folge haben soll, so liegt keine ordnungsgemäße Anhörung des BR iSd. § 102 Abs. 1 BetrVG zu der vom ArbGeb ausgesprochenen Beendigungskündigung vor[5]. Der ArbGeb kann den BR im Übrigen nicht wirksam zu einer Kündigung anhören, ohne bereits einen aktuellen Kündigungsentschluss gefasst zu haben.

73 Hat der ArbGeb den BR nur über eine beabsichtigte Beendigungskündigung unterrichtet und dem ArbN erst nach Durchführung des Anhörungsverfahrens ein Änderungsangebot gemacht sowie diesem gegenüber eine Änderungskündigung ausgesprochen, dürfte von einer nicht ordnungsgemäßen Unterrichtung des BR auszugehen sein[6]. Im Übrigen wird hinsichtlich der Anforderungen an eine ordnungsgemäße BR-Anhörung hinsichtlich des Kündigungsgrundes bzw. der Kündigungsgründe auf die Kommentierung zu § 102 BetrVG verwiesen. Außerdem gehört zur ordnungsgemäßen Anhörung des BR im Falle einer betriebsbedingten Änderungskündigung grundsätzlich auch die Angabe der Kündigungsfristen der betroffenen ArbN, und zwar insb. dann, wenn sich erst daraus die Tragweite der geplanten personellen Maßnahme (zB die Reduzierung des Weihnachtsgeldes), bezogen auf das laufende oder das nachfolgende Kalenderjahr, ermitteln lässt[7]. Jedoch ist die Unterrichtung des Betriebs- bzw. Personalrats über eine beabsichtigte ordentliche Kündigung gemäß § 102 Abs. 1 BetrVG bzw. § 72 BPersVG nicht alleine deshalb fehlerhaft, weil der ArbGeb eine unrichtige Kündigungsfrist oder einen unrichtigen Endtermin angegeben hat, zu dem die Kündigung wirksam werden kann[8]. Bezweckt eine Änderungskündigung eine Umsetzung iSv. § 75 Abs. 1 Nr. 3 BPersVG, so hat die Dienststelle hinsichtlich der Änderungskündigung das Mitwirkungsverfahren und hinsichtlich der Umsetzung das Mitbestimmungsverfahren einzuleiten. Entscheidet der Leiter der obersten Dienststelle im Stufenverfahren statt wie einer von der Beschäftigungsdienststelle beabsichtigten Beendigungskündigung, lediglich eine Änderungskündigung mit dem Ziel einer Umsetzung iSv. § 75 Abs. 1 Nr. 3 BPersVG auszusprechen, so steht das MitbestR bei der Umsetzung der Hauptbetriebsvertretung zu[9]. Haben ArbGeb und BR abweichend von § 102 BetrVG vereinbart, dass Kündigungen der ausdrücklichen Zustimmung des BR bedürfen und dass bei Meinungsverschiedenheiten die Einigungsstelle entscheidet, so kann der ArbGeb seine Mitteilungen zu den Kündigungsgründen auch noch im Verfahren vor der Einigungsstelle vervollständigen[10]. Wird eine Betriebsabteilung stillgelegt und kann ein dort beschäftigtes BR-Mitglied nach entsprechender Änderungskündigung zu im Übrigen unveränderten Bedingungen auf einem freien Arbeitsplatz in einer anderen Betriebsabteilung weiterbeschäftigt werden, so ist der ArbGeb grundsätzlich nicht verpflichtet, einen örtlich näher gelegenen und deshalb das BR-Mitglied weniger belastenden Arbeitsplatz freizukündigen[11].

---

1 Vgl. BAG vom 4.11.1982 – 2 AZR 277/81, nv. | 2 Vgl. BAG v. 25.4.2002 – 2 AZR 315/01, nv. | 3 BAG v. 10.3.1982 – 4 AZR 158/79, DB 1982, 1520 = EzA § 2 KSchG Nr. 4. | 4 BAG v. 3.4.1987 – 7 AZR 66/86, NZA 1988, 37; BAG v. 3.4.1987 – 7 AZR 65/86, nv. | 5 BAG v. 30.11.1989 – 2 AZR 197/89, DB 1990, 993 = NZA 1990, 529. | 6 BAG v. 27.5.1982 – 2 AZR 96/80, BB 1985, 56. | 7 BAG v. 29.3.1990 – 2 AZR 420/89, DB 1990, 2124 = NZA 1990, 894. | 8 BAG v. 29.1.1986 – 7 AZR 257/84, DB 1986, 2549 = NZA 1987, 32. | 9 BAG v. 6.8.2002 – 1 ABR 47/01, nv. | 10 BAG v. 7.12.2000 – 2 AZR 391/99, DB 2001, 1154 = NZA 2001, 495. | 11 BAG v. 28.10.1999 – 2 AZR 437/98, BB 2000, 514 = DB 2000, 578.

2. § 99 BetrVG. Personelle Einzelmaßnahmen iSv. § 99 BetrVG sind mitbestimmungspflichtig, bedürfen also der Zustimmung des BR, dem ein Vetorecht zusteht. Gegebenenfalls kann die Zustimmung des BR durch das ArbG ersetzt werden. 74

Beispiel: Der ArbN A im Unternehmen B soll im Wege der Änderungskündigung von der Niederlassung Hamburg in die Niederlassung München versetzt werden. § 99 BetrVG ist neben § 102 BetrVG (Anhörung des BR Hamburg) zu beachten, und zwar bezogen auf beide BR. Der BR Hamburg ist gemäß § 99 BetrVG wegen Versetzung und der BR München wegen Einstellung zu beteiligen. 75

Eine Änderungskündigung kann auch dann wirksam ausgesprochen werden, wenn die verweigerte Zustimmung des BR zur Versetzung noch nicht durch das ArbG ersetzt worden ist. Es ist Auffassung des BAG, dass § 99 BetrVG gegenüber § 102 BetrVG nicht die speziellere Regelung ist, die § 102 BetrVG verdrängt, wie bereits *Hanau*[1] angenommen hat. Gegen die Annahme eines solchen Spezialitätsverhältnisses spricht schon, dass § 99 BetrVG und § 102 BetrVG in Voraussetzung und Wirkung unterschiedlich sind. Während § 102 BetrVG nur bei Kündigungen des ArbGeb eingreift, ist es für die Anwendung des § 99 BetrVG gar nicht von Belang, ob der beabsichtigten Maßnahme eine Kündigung oder das Einverständnis der Parteien zugrunde liegt oder ob sie auf dem Direktionsrecht des ArbGeb beruht[2]. Das Einverständnis des ArbN macht nur dann das Beteiligungsverfahren nach § 99 BetrVG bezüglich der Versetzung entbehrlich, wenn zB der ArbN diese selbst gewünscht hat oder sie jedenfalls seinen Wünschen und seiner freien Entscheidung entspricht. Für eine derartige Annahme reicht allerdings der Verzicht auf die Klageerhebung gegen eine entsprechende Änderungskündigung noch nicht aus. Grund für den Wegfall des Beteiligungsverfahrens nach § 99 BetrVG ist der Umstand, dass der BR das freiwillige Ausscheiden eines ArbN aus dem Betrieb letztlich nicht verhindern kann. In einem solchen Fall beschränkt sich die Beteiligung des BR des abgebenden Betriebs auf eine Unterrichtung nach § 99 Abs. 1 BetrVG[3]. 76

Der BR kann im Rahmen seiner Rechte nach § 99 BetrVG einerseits und gemäß § 102 BetrVG andererseits durchaus zu unterschiedlichen Entscheidungen kommen, zB der Änderungskündigung nach § 102 BetrVG widersprechen, der Entscheidung des ArbGeb gemäß § 99 BetrVG jedoch zustimmen[4]. Verweigert der BR seine Zustimmung zur Versetzungsabsicht des ArbGeb nach § 99 BetrVG und spricht der ArbGeb gegenüber dem betroffenen ArbGeb gleichwohl die Änderungskündigung aus, die dieser wirksam unter Vorbehalt annimmt, so ergibt sich folgende Fallkonstellation: Die Änderungskündigung ist zwar vom ArbGeb ausgesprochen worden, er kann sie aber nicht umsetzen. Nach herrschender Auffassung[5] ist der hieraus resultierende Konflikt zwischen der möglichen Wirksamkeit der Änderungskündigung und der möglichen Folge, dass sie nach endgültiger Verweigerung der Zustimmung nicht mehr durchgeführt werden kann, in Kauf zu nehmen. 77

Im Übrigen lässt die unterlassene Beteiligung des BR nach § 99 Abs. 1 BetrVG die Wirksamkeit der Änderungskündigung unberührt. 78

3. § 87 Abs. 1 Nr. 10 BetrVG. Die allgemeine Abänderung einer auf vertraglichen Einheitsregelungen beruhenden Auslösung bedarf kollektivrechtlich nach § 87 Abs. 1 Nr. 10 BetrVG der Mitbest. des BR sowie individualrechtlich der Änderungsvereinbarung oder Änderungskündigung. Weder das kollektivrechtliche noch das individualrechtliche Erfordernis ist vorrangig. Eine nicht mitbestimmte, aber sozial gerechtfertigte Änderung der Vertragsbedingungen kann der ArbGeb lediglich nicht durchsetzen, solange die Mitbest. nicht durchgeführt ist[6]. Mithin ist die vorhergehende Mitbest. des BR gemäß § 87 Abs. 1 Nr. 10 BetrVG für die Wirksamkeit der Änderungskündigung nicht erforderlich. Im Falle rechtzeitiger Vorbehaltsannahme gemäß § 2 ist lediglich die Durchsetzung der Änderung davon abhängig, dass die Mitbest. des BR erfolgt ist. Nimmt ein ArbN das mit der Änderungskündigung verbundene Änderungsangebot aber nicht oder nicht rechtzeitig an, so handelt er auf eigenes Risiko. Erweist sich die Änderungskündigung als im Übrigen wirksam bzw. sozial gerechtfertigt, ist das Arbeitsverhältnis mangels Vorbehaltsannahme beendet und infolge dessen wird die Durchsetzung der Mitbest. für diesen ArbN nicht mehr relevant[7]. 79

4. Zuweisung einer Tätigkeit aufgrund TV. Es ist denkbar (siehe oben), dass ein TV den ArbGeb berechtigt, ohne Änderung des Arbeitsvertrages bei Erfüllung der tariflichen Erfordernisse dem ArbN einseitig eine andere, auch nach einer niedrigeren Lohngruppe zu vergütende Tätigkeit zuzuweisen. Diese tarifliche Regelung verstößt nicht gegen vorrangiges staatliches Recht. Von dieser Tarifnorm abweichende einzelvertragliche Vereinbarungen sind rechtlich möglich. Die Zuweisung einer tariflich niedriger zu bewertenden Tätigkeit kann im Bereich des öffentlichen Dienstes mitbestimmungspflichtig iSv. § 75 Abs. 1 Nr. 2 BPersVG erfolgen. Die Verweigerung der Zustimmung der Personalvertretung zu einer solchen Personalmaßnahme ist unbeachtlich, wenn Verweigerungsgründe überhaupt nicht angegeben sind oder bereits nach dem Vorbringen der Personalvertretung das Nichtvorliegen von Verweigerungsgründen iSv. § 77 Abs. 2 BPersVG offensichtlich ist[8]. 80

---

[1] *Hanau*, BB 1972, 455. | [2] BAG v. 3.7.1986 – 2 AZR 343/85, nv. | [3] *Fitting*, § 99 BetrVG Rz. 147 mwN. | [4] Vgl. dazu BAG v. 30.9.1993 – 2 AZR 283/93, NZA 1994, 615 ff. | [5] Vgl. dazu BAG v. 30.9.1993 – 2 AZR 283/93, NZA 1994, 615. | [6] BAG v. 17.6.1998 – 2 AZR 336/97, DB 1998, 2170 = NZA 1998, 1225. | [7] BAG v. 23.11.2000 – 2 AZR 690/99, nv. | [8] BAG v. 22.5.1985 – 4 AZR 427/83, NZA 1986, 166 = AP Nr. 7 zu § 1 TVG – Tarifverträge: Bundesbahn.

81 5. § 15 KSchG. Nach § 15 ist eine ordentliche Kündigung, die gegenüber einem Mitglied des BR oder der Personalvertretung oder einem der sonst geschützten ArbN zum Zweck der Änderung der Arbeitsbedingungen ausgesprochen wird, auch dann unzulässig, wenn gleichzeitig allen anderen ArbN des Betriebes oder einer Betriebsabteilung eine derartige Änderungskündigung (sog. Gruppen- oder Massenänderungskündigung) erklärt wird. Die sich aus § 15 ergebende Unzulässigkeit einer Änderungskündigung ist bei einer Klage gegen eine nach § 2 unter Vorbehalt angenommene Kündigung jedenfalls dann zu berücksichtigen, wenn der ArbN über den nach § 4 Satz 2 vorgesehenen Antrag hinaus auf Feststellung klagt, dass die Änderung der Arbeitsbedingungen in Zusammenhang mit einer bestimmten Änderungskündigung unwirksam ist[1]. Im Übrigen steht dem Mitglied eines Wahlvorstands der besondere Kündigungsschutz des § 15 Abs. 3 Satz 1 iVm. § 103 BetrVG auch dann zu, wenn in dem Betrieb noch kein BR besteht. Hier muss der ArbGeb, bevor er eine außerordentliche Kündigung wirksam aussprechen kann, analog § 103 Abs. 2 BetrVG das Zustimmungsverfahren beim ArbG erfolgreich durchgeführt haben. Das gilt auch für den Fall einer Änderungskündigung, die sich gegen den ArbN als Einzelnen richtet[2].

82 6. § 17 KSchG. Der Massenentlassungsschutz des § 17 gilt nicht für Änderungskündigungen, die von den ArbN unter dem Vorbehalt ihrer sozialen Rechtfertigung angenommen worden sind[3].

83 VI. Insolvenz. Auch im Rahmen einer Insolvenz kommen Änderungskündigungen in Betracht. Diese müssen zunächst durch den Insolvenzverwalter ausgesprochen werden. In der Insolvenz gelten abgekürzte Fristen. In Betracht kommen zum einen außerordentliche fristlose Änderungskündigungen und zum anderen ordentliche Änderungskündigungen. Soweit es sich in diesem Zusammenhang um eine Betriebsänderung handelt, greift § 125 InsO ein. Im Übrigen bedarf es auch in der Insolvenz der Betriebsbedingtheit. Nicht selten versuchen Insolvenzverwalter, das Einkommensniveau der ArbN zugunsten der Überlebensfähigkeit bzw. Veräußerungsfähigkeit des Betriebs abzusenken. Für die Sozialauswahl gelten keine Besonderheiten. Die Änderungskündigung kommt unter Umständen als geeignetes Instrument in Betracht, ArbN aus einem im Insolvenzverfahren sich befindlichen Unternehmen „herauszudingen" und in einer Beschäftigungs- und Qualifizierungsgesellschaft zu „parken"[4]. Schließlich stellt sich im Insolvenzverfahren unter Umständen die Frage, ob der Insolvenzverwalter berechtigt ist, die Änderungskündigung durch die Notwendigkeit der Erfüllung eines bestimmten „quorums" mit der Zustimmung der ArbN zu verbinden. Einerseits ist zu beachten, dass jede Kündigung bedingungsfeindlich ist. Gleichwohl lässt sich mit Fischer[5] die These aufstellen, dass Bedingungen, die nicht am Kündigungsgrund anknüpfen, sondern im Änderungsangebot verankert sind, zulässig sind. Auch im Insolvenzverfahren gilt § 17. Deshalb ist der Insolvenzverwalter verpflichtet, bei einer nach § 17 Abs. 1 gegebenen Anzeigepflichtigkeit die Massenentlassungsanzeige zu erstatten.

84 VII. Prozessuale Fragen. 1. Allgemeines. Bietet der ArbGeb dem ArbN im Zusammenhang mit einer Kündigung nur noch eine befristete Weiterbeschäftigung an, so handelt es sich nicht um eine Änderungskündigung, die unter dem Vorbehalt des § 2 Satz 2 angenommen und mit einer Änderungsschutzklage nach § 4 Satz 2 bekämpft werden kann[6]. Deshalb muss sich der ArbN hier gegen die Beendigungskündigung wenden (vgl. § 4). Außerdem sollte daneben der allgemeine Feststellungsantrag nach § 256 ZPO gestellt werden. Bei der Klage zur Kontrolle der Befristung einzelner Vertragsangebote handelt es sich auch um eine allgemeine Feststellungsklage nach § 256 Abs. 1 ZPO[7]. Wenn der ArbN das mit der Änderungskündigung verbundene Angebot unter dem Vorbehalt des § 2 angenommen hat, kann er sich auf sonstige Unwirksamkeitsgründe – zB gemäß § 102 BetrVG – jetzt nicht mehr berufen, wenn er die Klage nach Ablauf der Frist des § 4 erhebt[8]. Jedoch ist das Rechtsschutzbedürfnis für eine Kündigungsschutzklage fraglich, wenn das Arbeitsverhältnis unter geänderten Arbeitsbedingungen aufgrund Änderungskündigung fortgesetzt wird[9].

85 Im Übrigen gilt Folgendes: Lehnt der ArbN das Änderungsangebot ab, kommt keine Änderungskündigungsschutzklage, sondern nur eine ganz normale Kündigungsschutzklage gegen die in der Änderungskündigung als erstes Element enthaltene Beendigungskündigung in Betracht. Wenn der ArbGeb eine Änderungskündigung ausgesprochen hat und der ArbN dieses Angebot unter dem Vorbehalt angenommen hat, dass die Änderung der Arbeitsbedingungen nicht sozial ungerechtfertigt ist (§ 2), ist in diesem Falle Klage auf Feststellung zu erheben, dass die Änderung der Arbeitsbedingungen sozial ungerechtfertigt ist[10]. Demgemäß ist bei der gerichtlichen Nachprüfung der Wirksamkeit einer vom ArbGeb erklärten Änderungskündigung nicht auf die Frage der Beendigung des Arbeitsverhältnisses, sondern auf das Angebot des ArbGeb abzustellen, das Arbeitsverhältnis unter bestimmten anderen Bedingungen fortzusetzen. Dies gilt auch dann, wenn der ArbN das Angebot ablehnt, sich aber gegen die Wirksamkeit der Beendigungskündigung im Klagewege wendet.

---

1 BAG v. 29.1.1981 – 2 AZR 778/78, DB 1981, 2283 = NJW 1982, 252; bestätigt durch BAG v. 2.4.1992 – 2 AZR 481/91, nv. | 2 BAG v. 12.8.1976 – 2 AZR 303/75, BB 1976, 1415 = EzA § 15 KSchG nF Nr. 9. | 3 BAG v. 10.3.1982 – 4 AZR 158/79, DB 1982, 1520 = EzA § 2 KSchG Nr. 4. | 4 *Fischer*, Die Änderungskündigung in der Insolvenz, NZA 2002, 536 (539). | 5 BAG v. 23.1.2002 – 7 AZR 563/00, nv. | 6 BAG v. 17.5.1984 – 2 AZR 109/83, DB 1985, 1190 = NZA 1985, 489. | 7 BAG v. 23.1.2002 – 7 AZR 563/00, nv. | 8 BAG v. 28.5.1998 – 2 AZR 615/97, DB 1998, 2168 = NZA 1998, 1167. | 9 BAG v. 27.5.1982 – 2 AZR 178/80, nv. | 10 BAG v. 23.1.2002 – 7 AZR 563/00, nv.

Streiten die Parteien aber im Rahmen einer Änderungsschutzklage nach § 4 Satz 2 nur um die Wirksamkeit des vom ArbN nach § 2 erklärten Vorbehalts, so ist nicht nur der Inhalt, sondern der Bestand des Arbeitsverhältnisses im Prozess streitig[1]. Allgemein wird jedoch angenommen, dass die Fassung des Gesetzes nicht so eng aufgefasst werden darf und sich der Streitgegenstand nicht allein auf die Sozialwidrigkeit der Änderungskündigung beschränkt, sondern die Wirksamkeit der Änderung der Arbeitsbedingungen insgesamt Streitgegenstand ist[2]. In der Praxis sollte sich der ArbN auch zur Vermeidung von Rechtsnachteilen vor Klageerhebung eindeutig entscheiden, ob er das Änderungsangebot ablehnt und Kündigungsschutzklage erhebt oder ob er das Änderungsangebot unter Vorbehalt annimmt und Änderungskündigungsschutzklage erhebt. Wird der Vorbehalt nämlich erst nach Klageerhebung erklärt, muss der Antrag (siehe unten unter Rz. 87-89) umgestellt werden. Abgesehen davon kann der ArbGeb aus der vorherigen Erhebung der Kündigungsschutzklage mit dem normalen Feststellungsantrag nur schließen, dass lediglich die Wirksamkeit der Beendigungskündigung angegriffen wird, ohne dass der ArbN den Vorbehalt erklärt hat. Ist diese Klage bereits zugestellt worden, bevor dieser Vorbehalt erklärt worden ist, so ist damit von der Wahlmöglichkeit Gebrauch gemacht und die Änderung der Arbeitsbedingungen endgültig abgelehnt worden. Somit kann der Vorbehalt nur noch zwischen dem Eingang der Klage beim ArbG bis zu deren Zustellung erklärt werden, wobei tunlichst der Klageantrag entsprechend geändert werden sollte.

2. Anträge. Lehnt der ArbN das Änderungsangebot ab und will er sich nur gegen die in der Änderungskündigung enthaltene Beendigungskündigung wenden, so hat dieses mit der dafür vorgesehenen Antragstellung zu geschehen (vgl. die Kommentierungen zu §§ 1, 4). Nimmt der ArbN das Änderungsangebot ohne Vorbehalt an, kommt es regelmäßig nicht zu einer Klage. Wird das Änderungsangebot unter Vorbehalt angenommen, soll jedoch gleichzeitig geltend gemacht werden, dass die Änderungskündigung sozial ungerechtfertigt ist, so muss innerhalb von drei Wochen nach Zugang der Änderungskündigung Klage beim ArbG mit dem dafür gemäß § 4 Satz 2 vorgesehenen Antrag auf Feststellung erhoben werden, dass die Änderung der Arbeitsbedingungen sozial ungerechtfertigt ist. Darüber hinaus kann der ArbN außerdem gemäß § 256 ZPO auf Feststellung klagen, dass die Änderung der Arbeitsbedingungen im Zusammenhang mit einer bestimmten Änderungskündigung unwirksam ist. Ist dies geschehen, so ist auch die sich aus § 15 ergebende Unzulässigkeit einer Änderungskündigung zu berücksichtigen[3]. Wenn ein ArbGeb mit Blick auf die schwierige Abgrenzung zwischen noch zulässiger Ausübung des Direktionsrechts und der Notwendigkeit der Änderungskündigung die Änderungskündigung nur vorsorglich ausspricht und gleichzeitig die Änderung der Arbeitsbedingungen per Direktionsrecht anordnet, muss der ArbN hierauf mit entsprechenden Anträgen reagieren, nämlich erstens dem Antrag auf Feststellung, dass die Änderung der Arbeitsbedingungen per Direktionsrecht unwirksam ist und zweitens dem Antrag festzustellen, dass die Änderung der Arbeitsbedingungen gemäß der vorsorglichen Änderungskündigung sozial ungerechtfertigt ist. Entsprechendes gilt für die Ausübung des Widerrufsrechts.

Im Rahmen der Antragstellung sollte beachtet werden, dass § 4 Satz 2 nur einen Teil der Unwirksamkeitsgründe, nämlich die Sozialwidrigkeit, erfasst. Wenn weitere Unwirksamkeitsgründe geltend gemacht werden und vom Gericht geprüft werden sollen, mag daneben oder stattdessen der weitergehende Antrag nach § 256 ZPO gestellt werden. Gelegentlich wird im Kündigungsschutzprozess darüber gestritten, ob der ArbN das Änderungsangebot des ArbGeb durch eine form- und fristgerechte Erklärung angenommen hat. Dann sollte in erster Linie der Änderungskündigungsschutzantrag und in zweiter Linie hilfsweise der normale Kündigungsschutzantrag gestellt werden. Analog § 6 kann nämlich die hilfsweise Kündigungsschutzklage auch noch erhoben werden, wenn die Drei-Wochen-Frist des § 4 abgelaufen ist. Allerdings muss die Änderungskündigungsschutzklage innerhalb der Drei-Wochen-Frist erhoben worden sein. Dies gilt nur dann nicht, wenn andere Unwirksamkeitsgründe geltend gemacht werden (sollen).

Ob der ArbN daneben im Rahmen einer Änderungskündigungsschutzklage einen Auflösungsantrag stellen kann, wird nicht einheitlich beurteilt. Falls das Änderungsangebot abgelehnt und eine ganz normale Kündigungsschutzklage erhoben worden ist, können beide Seiten unter den Voraussetzungen der §§ 9, 10 Auflösungsantrag stellen. Hat der ArbN das Änderungsangebot des ArbGeb jedoch unter Vorbehalt angenommen, steht nicht der Bestandsschutz des Arbeitsverhältnisses, sondern nur der Vertragsinhaltsschutz im Streit. Das rechtfertigt die Auffassung, dass im Rahmen einer Änderungskündigungsschutzklage der Antrag auf Auflösung des Arbeitsverhältnisses gemäß § 9 Abs. 1 wegen der unter Vorbehalt angenommenen Änderungskündigung abzulehnen ist. Auch eine entsprechende Anwendung des § 9 Abs. 1 kommt nicht in Betracht.

3. Darlegungs- und Beweislast, Verwertungsbeschränkungen. Auch für Änderungskündigungen gilt zunächst einmal der Grundsatz des § 1 Abs. 2 Satz 4, wonach der ArbGeb die Tatsachen zu beweisen hat, die die Kündigung bedingen. Für die rechtzeitige Annahme des Änderungsangebots ohne oder unter Vorbehalt ist jedoch der ArbN ebenso darlegungs- und beweispflichtig wie für die fristgerechte

---

1 BAG v. 28.3.1985 – 2 AZR 548/83, DB 1985, 2461 = NZA 1985, 709. | 2 BAG v. 27.6.1985 – 2 AZR 385/84, nv; vgl. auch BAG v. 21.1.1993, DB 1994, 2553 = NZA 1993, 1099. | 3 BAG v. 29.1.1981 – 2 AZR 778/78, DB 1981, 2283 = AP Nr. 10 zu § 15 KSchG Nr. 26.

Erhebung der Änderungsschutzklage. Durch die rechtzeitige Klageerhebung ist – wie dargelegt – die rechtzeitige Annahme des Änderungsangebots mit oder ohne Vorbehalt keinesfalls gewährleistet. Deshalb sollte einerseits die Klage beim ArbG binnen drei Wochen erhoben und andererseits die Annahmeerklärung mit oder ohne Vorbehalt *direkt* gegenüber dem ArbGeb ebenfalls binnen drei Wochen erfolgen, und zwar nebst ordnungsgemäßem Zugangsnachweis beispielsweise durch Boten, förmliche Zustellung oder Einwurf- bzw. Übergabeeinschreiben. Weiterhin muss der ArbN im Kündigungsprozess darlegen und unter Beweis stellen, dass er einem vor der Beendigungskündigung gemachten entsprechenden Änderungsangebot zumindest unter Vorbehalt zugestimmt hätte[1].

91   Im Rahmen einer betriebsbedingten Änderungskündigung gelten die Grundsätze der **abgestuften Darlegungslast**, wonach der ArbN darzulegen hat, wie er sich eine anderweitige Beschäftigung vorstellt, wenn sein bisheriger Arbeitsplatz tatsächlich weggefallen ist. Sodann muss der ArbGeb eingehend erläutern, aus welchen Gründen eine Umsetzung auf einen entsprechenden freien Arbeitsplatz nicht möglich gewesen ist[2]. Dies gilt insb. auch für anderweitige Beschäftigungsmöglichkeiten, die zu einem geringeren Verdienst führen als die angebotene[3]. Auch im Änderungskündigungsschutzprozess gilt der Grundsatz, dass der ArbGeb sich nur auf diejenigen Gründe berufen kann, die bereits Gegenstand des Anhörungsverfahrens nach § 102 BetrVG waren[4].

92   **4. Weiterbeschäftigung.** Nicht selten wird auch im Änderungskündigungsschutzprozess vom ArbN der allgemeine Weiterbeschäftigungsanspruch geltend gemacht. Wenn dieser aber die Änderungskündigung unter Vorbehalt nach § 2 angenommen hat, so ist der ArbGeb nicht aufgrund des allgemeinen Beschäftigungsanspruchs verpflichtet, den ArbN vorläufig zu den bisherigen Bedingungen weiterzubeschäftigen. Allerdings kann entsprechend § 102 Abs. 5 BetrVG ein solcher Beschäftigungsanspruch dann bestehen, wenn der BR einer mit der Änderung der Arbeitsbedingungen verbundenen Versetzung oder Umgruppierung widersprochen hat, die Zustimmung nicht ersetzt worden ist und es dem ArbGeb auch verwehrt ist, die Maßnahmen vorläufig durchzuführen[5].

93   **5. Rechtsfolgen.** Nimmt der ArbN das Änderungsangebot **ohne Vorbehalt** an, so wird das Arbeitsverhältnis ohne weiteres zu den geänderten Bedingungen fortgesetzt.

94   Lehnt der ArbN das Änderungsangebot **ab** oder nimmt er es nicht rechtzeitig an und klagt er auch nicht gegen die in der Änderungskündigung enthaltene Beendigungskündigung rechtzeitig, so endet das Arbeitsverhältnis entweder mit Ablauf der in der Beendigungskündigung vorgesehenen Frist bzw. bei außerordentlichen Beendigungskündigungen entweder mit deren Zugang oder mit dem Ende der dort vorgesehenen Auslauffrist. Klagt der ArbN dagegen fristgerecht gegen die in der Änderungskündigung enthaltene Beendigungskündigung, so handelt es sich um eine ganz normale Kündigungsschutzklage. Also endet das Arbeitsverhältnis, falls der ArbN in diesem Prozess rechtskräftig unterliegt.

95   Nimmt der ArbN das Änderungsangebot fristgerecht **unter Vorbehalt** an und klagt er dagegen ebenfalls fristgerecht mit dem Antrag nach § 4 Satz 2 KSchG und/oder § 256 ZPO, so steht der Bestand des Arbeitsverhältnisses als solcher nicht in Streit und ist deshalb für den ArbN nicht in Gefahr. Wenn sich im Prozess rechtskräftig erweist, dass die Änderung der Arbeitsbedingungen aufgrund der Änderungskündigung sozial ungerechtfertigt ist, so wird das Arbeitsverhältnis zu den bisherigen Arbeitsbedingungen fortgesetzt. Steht dagegen rechtskräftig fest, dass die Änderungskündigung sozial gerechtfertigt ist, wird das Arbeitsverhältnis nach näherer Maßgabe des Änderungsangebots fortgesetzt.

96   **6. Rücknahme der Änderungskündigung.** Die Rücknahme der Änderungskündigung erfolgt wie bei der Beendigungskündigung durch sog. Aufhebungsvertrag. Eine einseitige Rücknahme durch den ArbGeb ist nicht möglich. Begehrt der ArbN jedoch in dieser Situation die Fortführung des Änderungskündigungsschutzprozesses, so stellt sich die Frage, ob ihm insoweit noch ein Rechtsschutzbedürfnis zur Seite steht[6]. Es spricht jedoch einiges dafür, dem ArbN einen Anspruch darauf zu gewähren, dass die vom ArbGeb nicht wirksam zurückgenommene Änderungskündigung durch entsprechende gerichtliche Feststellungsentscheidung sozusagen wieder aus der Welt geschafft wird. Demgegenüber wird allerdings auch die Meinung vertreten, dass die Klage des ArbN in einem solchen Falle mangels Rechtsschutzbedürfnis kostenpflichtig abzuweisen ist. Haben sich ArbGeb und ArbN materiell über die Rücknahme der Änderungskündigung geeinigt, kommt eine Prozessbeendigung durch übereinstimmende Erledigungserklärungen der Parteien gemäß § 91 a ZPO oder durch Klagerücknahme oder durch Abschluss eines Vergleichs mit dem Inhalt der einvernehmlichen Rücknahme der Änderungskündigung in Betracht.

97   **7. Kosten.** Hinsichtlich der Kosten bestehen grundsätzlich keine Besonderheiten. Einschlägig sind die §§ 91, 92, 97 ZPO. In der 1. Instanz ist jedoch hinsichtlich der Kostenerstattung § 12a ArbGG zu beachten. Das Verhältnis der Änderungskündigungsschutzklage zur Klage auf Weiterbeschäftigung

---

1 BAG v. 27.9.1984 – 2 AZR 62/83, DB 1985, 1186 = NZA 1985, 455. |2 BAG v. 7.11.1985 – 2 AZR 849/84, nv. |3 BAG v. 21.1.1993 – 2 AZR 330/92, NZA 1993, 1099 = AP Nr. 1 zu § 52 MitbestG Schl.-Holst. |4 BAG v. 11.10.1989 – 2 AZR 61/89, DB 1990, 2024 = NZA 1990, 607. |5 BAG v. 18.1.1990 – 2 AZR 183/89, DB 1990, 1773 = NZA 1990, 734; vgl. auch BAG v. 19.12.1991 – 2 AZR 280/91, nv. |6 Vgl. BAG v. 27.5.1982 – 2 AZR 178/80, nv.

dürfte mit ¾ zu ¼ bewertet werden. Besonderheiten ergeben sich allerdings im Rahmen nur vermeintlicher Änderungskündigungen im Rechtssinne und den ins Leere gehenden formell wirksamen Änderungskündigungen. Richtet der ArbGeb eine nur vermeintliche – nämlich nur scheinbare – „Änderungskündigung" im Rechtssinne an den ArbN und soll diese anschließend durch eine entsprechende gerichtliche Feststellungsentscheidung sozusagen wieder aus der Welt geschaffen werden, so gehen die Kosten des dadurch verursachten Rechtsstreits zu Lasten des Veranlassers, also des ArbGeb. Das gilt jedenfalls dann, wenn es unabhängig von den Klageanträgen im Kern alleine darum geht, ob es sich um eine rechtwirksame „Änderungskündigung" im Rechtssinne gehandelt hat oder nicht und dies zu verneinen ist bzw. zu verneinen gewesen wäre[1].

Von der nur vermeintlichen „Änderungskündigung" im Rechtssinne ist die Änderungskündigung zu unterscheiden, die zwar formell in Ordnung und damit eine echte Änderungskündigung im Rechtssinne ist, die jedoch ins Leere geht, weil sie etwa lediglich auf die Erreichung eines Rechtszustandes hinzielt, der ohnehin bereits gilt. Wenn eine solche Änderungskündigung materiell ins Leere geht, so könnte das auch für die dagegen gerichtete Klage gelten, die deshalb kostenpflichtig abzuweisen ist. Dabei ist jedoch Folgendes zu berücksichtigen: Setzt der ArbGeb eine Änderungskündigung betreffend einen ohnehin geltenden Rechtszustand als Verursacher sozusagen in die Welt, so ist sie auf seine Kosten durch entsprechende gerichtliche Entscheidung wieder aus der Welt zu schaffen. Daran ändert nichts der Umstand, dass die Änderungskündigung vom ArbGeb nur vorsorglich ausgesprochen wurde. Gleichwohl muss der ArbN gegen sie zunächst schon zur Wahrung der Klagefrist gerichtlich vorgehen, auch wenn sich später erweist, dass diese Änderungskündigung von Anfang an ins Leere gegangen ist. In einer solchen Fallkonstellation ist es allerdings auch denkbar, die Kosten des Rechtsstreits unter Berücksichtigung des bisherigen Sach- und Streitstandes nach billigem Ermessen unter Heranziehung der §§ 91, 92, 97 ZPO gegeneinander aufzuheben[2]. 98

Über den **Streitwert** bei einer Änderungskündigung lässt sich trefflich streiten. Die Bandbreite der Meinungen ist groß. Zum Teil wird von einem Streitwert von drei Bruttomonatsverdiensten ausgegangen[3]. Das BAG hat sich in seiner Entscheidung vom 23.3.1989[4] auf den Standpunkt gestellt, Rechtsgrundlage für die Bemessung des Gebührenstreitwerts bei einer Änderungsschutzklage seien die §§ 12 ff. GKG, insb. § 17 Abs. 3 GKG iVm. § 3 ZPO. Dementsprechend meint das LAG Hamburg in mehreren Entscheidungen betreffend der Wertberechnung bei einer Änderungskündigungsschutzklage, es sei gemäß § 17 Abs. 3 GKG iVm. § 3 ZPO grundsätzlich vom 3-fachen Jahresbetrag der Differenzwerte zwischen ehemaligen und geänderten Vertragsbedingungen auszugehen. Da die in § 12 Abs. 7 Satz 1 ArbGG genannte Höchstgrenze jedoch niedriger sei, könne der Gegenstandswert dem Wert der Kündigungsschutzklage entsprechend auf 3 Monatsgehälter festgesetzt werden[5]. Die erste Kammer des LAG Sa.-Anh. hat sich in ihrem Beschl. v. 1.2.2000 – 1 Ta 136/99 auf den Standpunkt gestellt, der Gegenstandswert der anwaltlichen Tätigkeit nach § 12 Abs. 7 ArbGG berechne sich unter Heranziehung der entstehenden Gehaltsdifferenz, wenn die Änderungskündigung unter Vorbehalt angenommen worden sei. Habe die Änderungskündigung zusätzlich weitere nachteilige Folgen, könne dies in dem durch § 12 Abs. 7 ArbGG vorgegebenen Rahmen werterhöhend gemäß § 3 ZPO zu berücksichtigen sein. *Germelmann/Matthes/Prütting/Müller-Glöge*[6] sprechen sich demgegenüber für eine pauschalierte Art der Wertberechnung entsprechend den Erfordernissen der Praxis nach einer einheitlichen und einfach zu handhabenden Streitwertfestsetzung aus, die zur Rechtssicherheit und Vorhersehbarkeit der Rechtsanwendung bezüglich der Kosten führe. Damit könne außerdem eine Entlastung der Gerichte bei den Streitwertfestsetzungen erreicht werden. Unter Bezugnahme hierauf kann als Regelwert bei Änderungskündigungen ein Monatsbruttoverdienst in Betracht kommen, wenn nicht davon ausgegangen werden muss, dass es sich um einen besonders schwierigen Prozess handelt oder werterhöhende Umstände vorliegen. Das gilt jedenfalls dann, wenn die dreimonatige Gehaltsdifferenz niedriger ist als ein Monatsbruttoverdienst. Kommt es zu weiteren Änderungskündigungen, so sollte sich der Streitwert für jede weitere Änderungskündigung um jeweils einen halben Monatsbruttoverdienst erhöhen[7]. Dies sollte auch gelten, wenn es sich um eine Änderungskündigung mit gleich bleibender Vergütung handelt. Hat der ArbN das Änderungsangebot des ArbGeb abgelehnt oder seinen Vorbehalt nicht wirksam oder nicht rechtzeitig erklärt und handelt es sich im Gefolge dessen ausschließlich um einen Rechtsstreit über die Beendigungskündigung, so gelten die dort maßgeblichen Grundsätze, so dass dort in der Regel von drei Monatsbruttoverdiensten auszugehen ist. 99

---

1 Vgl. div. diesbezügliche Entscheidungen des LAG Sa.-Anh. v. 23.1.2002 – 4 Sa 829/99, 4 Sa 830/99, 4 Sa 831/99, 4 Sa 860/99, 4 Sa 948/99, nv. | 2 So Beschl. des LAG Sa.-Anh. v. 23.1.2002 – 4 Sa 332/00, nv. | 3 Vgl. etwa LAG Sa.-Anh. v. 6.7.1999 – 5 Ta 101/99, nv. | 4 BAG – 7 AZR 527/85, AP Nr. 1 zu § 17 GKG. | 5 Vgl. LAG Hamburg v. 28.10.1996 – 4 Ta 18/96, LAGE § 12 ArbGG 1979, 110 – Streitwert und LAG Hamburg v. 2.6.1998 – 4 Ta 8/98, BB 1998, 1695; vgl. dazu auch LAG Rh.-Pf. v. 19.3.1999 – 6 Ta 48/99, DB 2000, 152 und LAG Berlin vom 29.5.1998 – 7 Ta 129/97 (Kost), LAGE § 12 ArbGG 1979, 114 – Streitwert. | 6 GMPM, § 12 ArbGG Rz. 112 ff. mwN. | 7 So versch. Beschl. des LAG Sa.-Anh. zB v. 17.7.2000 – 4 Ta 196/99, nv und vom 23.1.2002 – 4 Sa 948/99; 4 Sa 829/99 und 4 Sa 827/99, nv.

3 Kündigungseinspruch

Hält der Arbeitnehmer eine Kündigung für sozial ungerechtfertigt, so kann er binnen einer Woche nach der Kündigung Einspruch beim Betriebsrat einlegen. Erachtet der Betriebsrat den Einspruch für begründet, so hat er zu versuchen, eine Verständigung mit dem Arbeitgeber herbeizuführen. Er hat seine Stellungnahme zu dem Einspruch dem Arbeitnehmer und dem Arbeitgeber auf Verlangen schriftlich mitzuteilen.

1 Dieser Vorschrift kommt in der arbeitsgerichtlichen Praxis keine besondere Bedeutung zu. Dementsprechend ist bereits in der Vergangenheit die Frage gestellt worden, ob diese Vorschrift obsolet ist[1]. Im Übrigen war eine Beteiligung des BR bereits im Betriebsrätegesetz vom 4.2.1920 vorgesehen. Nunmehr ist die Beteiligung des BR bei Kündigungen in den §§ 102, 103 BetrVG angesiedelt. Daraus folgt, dass § 3 jetzt nur noch eine geringe Bedeutung zukommt[2].

2 Der **Anwendungsbereich** des § 3 erstreckt sich nicht auf das Bundespersonalvertretungsgesetz. Dagegen bleibt das Einspruchsverfahren nach § 3 auch dann bestehen, wenn erweiterte Beteiligungsrechte des BR gemäß § 102 Abs. 6 BetrVG aufgrund BV bestehen. Im Übrigen werden von § 3 sowohl Beendigungs- als auch Änderungskündigungen erfasst. Entsprechend dem Wortlaut von § 3 muss es sich jedoch jeweils um Kündigungen handeln, die der ArbN für sozial ungerechtfertigt hält. Dagegen werden sonstige Kündigungen (vgl. dazu § 13) vom Anwendungsbereich des § 3 nicht erfasst. Das gilt mit Blick auf § 13 Abs. 1 Satz 2 auch für außerordentliche Kündigungen. Bei diesen ist für eine Anwendung des § 3 allenfalls dann Raum, wenn Kündigungsgründe iSv. § 1 zugrunde liegen, also etwa einem ordentlich unkündbaren ArbN aus Gründen iSv. § 1 mit Auslauffrist gekündigt wird. Das kann ggf. eine entsprechende Anwendung des § 3 rechtfertigen.

3 Wegen § 14 Abs. 2 Satz 1 gilt § 3 nur für **Arbeitsverhältnisse** zwischen ArbGeb und ArbN, nicht jedoch für die Arbeits- bzw. Dienstverhältnisse von Geschäftsführern, Betriebsleitern und ähnlichen leitenden Angestellten, soweit diese zur selbständigen Einstellung oder Entlassung von ArbN berechtigt sind. Zu diesem Personenkreis gehören ganz unzweifelhaft auch Personalleiter. Für diesen Personenkreis ist der BR nach dem BetrVG nicht zuständig.

4 Jeder ArbN muss an sich wissen, dass die Einlegung des Kündigungseinspruchs nach § 3 keinerlei Einfluss auf den Lauf der **dreiwöchigen Klagefrist** des § 4 hat. Gleichwohl kommt es in der Praxis immer wieder vor, dass ein ArbN zunächst einmal das Ergebnis seines Kündigungseinspruchs nach § 3 abwartet, um erst anschließend Kündigungsschutzklage zu erheben. Ein solcher Irrtum des ArbN rechtfertigt regelmäßig nicht die nachträgliche Zulassung seiner Kündigungsschutzklage nach näherer Maßgabe des § 5. § 4 Abs. 1 Satz 3 bestimmt, dass der ArbN seiner Kündigungsschutzklage die Stellungnahme des BR beifügen soll, falls er Einspruch gemäß § 3 beim BR eingelegt hat. Dies geschieht in der Praxis in aller Regel nicht. Das hat jedoch keinerlei rechtliche Konsequenzen. Im Übrigen hat § 3 ausschließlich individualrechtliche Bedeutung und gilt unabhängig von den betriebsverfassungsrechtlichen Beteiligungsrechten des BR nach §§ 102–103 BetrVG.

5 Für den Kündigungseinspruch nach § 3 gilt keine bestimmte **Form**. Er kann deshalb sowohl mündlich als auch schriftlich erfolgen und bedarf außerdem keinerlei Begründung. Erklärungsempfänger des Kündigungseinspruchs ist der BR. Erklärungen an den BR sind nach dem BetrVG im Regelfalle an dessen Vorsitzenden zu richten. Für § 3 gilt nichts anderes. Übergibt der ArbN den Kündigungseinspruch an ein BR-Mitglied, so ist dieses Empfangsbote. Der Kündigungseinspruch ist dem BR in diesem Falle erst zugegangen, wenn das BR-Mitglied ihn an den BR-Vorsitzenden übergibt. § 3 Satz 1 bestimmt, dass der ArbN den Kündigungseinspruch binnen einer Woche nach der Kündigung einzulegen hat. Nach allgemeiner Auffassung handelt es sich bei dieser Frist nicht um eine Ausschlussfrist. Der BR kann auch einen verspäteten Einspruch entgegennehmen. Tut er dies, darf der ArbGeb die Verhandlungen mit dem BR über den Einspruch nicht allein wegen der Fristversäumnis ablehnen. Sodann hat der BR zunächst durch ordnungsgemäßen Beschluss (vgl. § 33 BetrVG) darüber zu befinden, ob er den Kündigungseinspruch des ArbN für begründet oder für unbegründet erachtet. Erachtet er den Einspruch des ArbN für begründet, so hat er zu versuchen, eine Verständigung mit dem ArbGeb herbeizuführen. In diesem Zusammenhang nimmt der BR ausschließlich eine Vermittlerrolle ein. Er hat insb. nicht die Vollmacht, für den ArbN Vereinbarungen zu schließen. Gegenstand solcher Verhandlungen kann es aber gleichwohl sein, mit dem ArbGeb zu klären, ob dieser zB bereit ist, die Kündigung zurückzunehmen, eine Abfindung bzw. eine höhere Abfindung zu zahlen oder die Kündigungsfrist zu verlängern. Macht der ArbGeb ein entsprechendes Angebot, so ist der BR befugt, dieses als Empfangsbote des ArbN entgegenzunehmen und an diesen weiterzuleiten. An ein solches Angebot ist der ArbGeb gebunden. Es ist ihm verwehrt, sich darauf zu berufen, das Angebot sei nur dem BR gemacht und gegenüber dem ArbN nicht abgegeben worden.

6 Gemäß § 3 Satz 3 hat der **BR** seine Stellungnahme zu dem Einspruch sowohl dem ArbN als auch dem ArbGeb auf Verlangen *schriftlich mitzuteilen*. Nach allgemeiner Ansicht reicht eine einfache Mittei-

---

[1] Vgl. dazu *Moehn*, NZA 1995, 113 und anschl. nochmals *Fischer*, NZA 1995, 1133. | [2] So zutr. KR/*Rost*, § 3 KSchG Rz. 7 mwN.

lung des BR dazu nicht aus. Vielmehr ist eine Begründung der Entscheidung zu verlangen[1]. Hierbei ist der BR nicht an die Stellungnahme gebunden, die er bereits im Beteiligungsverfahren nach den §§ 102, 103 BetrVG abgegeben hat. Er kann insb. neue Umstände berücksichtigen. Hat der BR den ArbN nicht im Rahmen von § 102 Abs. 2 Satz 4 BetrVG angehört, so kann der ArbN über seinen Kündigungseinspruch gemäß § 3 erreichen, dass der BR zu dieser Kündigung schriftlich Stellung nimmt, selbst wenn der BR dieses im Rahmen seiner Beteiligung nach §§ 102, 103 BetrVG gerade nicht beabsichtigte. Wenn der BR allerdings im Rahmen seiner Beteiligung nach §§ 102, 103 BetrVG eine ordnungsgemäße Stellungnahme abgegeben hat und sich auch keine neuen Aspekte ergeben haben, kann es ausreichen, wenn der BR im Rahmen des Kündigungseinspruchs nach § 3 lediglich auf diese von ihm im Beteiligungsverfahren nach §§ 102, 103 BetrVG abgegebene Stellungnahme Bezug nimmt. Die schriftliche Stellungnahme des BR muss auf einem ordnungsgemäßen BR-Beschluss gemäß § 33 BetrVG beruhen. Die Stellungnahme des BR im Rahmen des § 3, dem nur individualrechtliche Bedeutung zukommt, kann im Kündigungsschutzprozess von Bedeutung sein. Die Gerichte für Arbeitssachen sind zwar an die Beurteilung des BR nicht gebunden, allerdings kann mit einer gewissen Wahrscheinlichkeit davon ausgegangen werden, dass der BR im betreffenden Bereich über einen hinreichenden Überblick verfügt, wenn dieser auch nicht überschätzt werden sollte[2].

§ 3 ist **kein Schutzgesetz iSv. § 823 Abs. 2 BGB**. Die Mitglieder des BR machen sich deshalb nicht schadenersatzpflichtig, wenn sie ihre Verpflichtungen im Rahmen des § 3 rechtswidrig und schuldhaft verletzen. Zwar bezweckt § 3 für den ArbN einen Schutz. Das gilt jedoch für das gesamte KSchG. Dementsprechend ist auch anerkannt, dass § 1 kein Schutzgesetz iSv. § 823 BGB ist, sich also der ArbGeb, der eine sozialwidrige Kündigung gegenüber dem ArbN ausspricht, folglich nicht gemäß § 823 Abs. 2 BGB schadenersatzpflichtig macht. Dementsprechend stellt auch die Pflichtverletzung der BR-Mitglieder – der BR selbst ist außerhalb des BetrVG nicht rechtsfähig und kann deshalb gegenüber dem ArbN nicht haften – keinen zum Schadenersatz verpflichtenden Verstoß iSv. § 823 Abs. 2 BGB im Verhältnis zum betreffenden ArbN dar. 7

4 Anrufung des Arbeitsgerichtes

Will ein Arbeitnehmer geltend machen, dass eine Kündigung sozial ungerechtfertigt oder aus anderen Gründen rechtsunwirksam ist, so muss er innerhalb von drei Wochen nach Zugang der schriftlichen Kündigung Klage beim Arbeitsgericht auf Feststellung erheben, dass das Arbeitsverhältnis durch die Kündigung nicht aufgelöst ist. Im Falle des § 2 ist die Klage auf Feststellung zu erheben, dass die Änderung der Arbeitsbedingungen sozial ungerechtfertigt oder aus anderen Gründen rechtsunwirksam ist. Hat der Arbeitnehmer Einspruch beim Betriebsrat eingelegt (§ 3), so soll er der Klage die Stellungnahme des Betriebsrates beifügen. Soweit die Kündigung der Zustimmung einer Behörde bedarf, läuft die Frist zur Anrufung des Arbeitsgerichtes erst von der Bekanntgabe der Entscheidung der Behörde an den Arbeitnehmer ab.

I. Gegenstand und Zweck. § 4 ist mWz. 1.1.2004 neu gefasst worden[3]. Die Neuregelung erstreckt die dreiwöchige Klagefrist des § 4 Satz 1, die bislang nur für die Geltendmachung der Sozialwidrigkeit einer Kündigung bzw. des Fehlens eines wichtigen Grundes galt, für Kündigungen, die nach dem 23.12.2003 zugehen (vgl. aber Rz. 3), auf **alle Unwirksamkeitsgründe** mit Ausnahme des Schriftformmangels. Die bisher schon geltende allgemeine Klagefrist für Kündigungen durch den Insolvenzverwalter in § 113 Abs. 2 InsO entfällt; die Vorschrift wurde aufgehoben[4]. Die Befristung der Klagemöglichkeit nach § 4 hat den **Zweck**, im Interesse von ArbGeb und ArbN so rasch wie möglich in jeder Hinsicht Gewissheit über den Fortbestand oder das Ende des Arbeitsverhältnisses zu erlangen[5]. 1

Sieht der ArbN von der fristgerechten Klageerhebung gegen eine schriftliche Kündigung ab, gilt diese **nach § 7 als von Anfang an rechtswirksam**. Mit dem Ablauf der Frist wird der Mangel der Sozialwidrigkeit oder anderweitigen Rechtsunwirksamkeit geheilt. Das gilt nach § 4 Satz 2 iVm. § 7 in gleicher Weise für die Änderungskündigung. Hat der ArbN gemäß § 3 zunächst Einspruch gegen die Kündigung beim BR eingelegt und hat dieser bereits eine Stellungnahme abgegeben, soll der ArbN seiner Kündigungsschutzklage nach § 4 Satz 3 diese Stellungnahme beifügen. Hängt die Kündigung des Arbeitsverhältnisses von der Zustimmung einer Behörde ab, beginnt die Klagefrist für den ArbN erst mit Bekanntgabe der Entscheidung an ihn, sofern diese nach der Kündigung erfolgt, § 4 Satz 4 (vgl. Rz. 41 ff.). 2

II. Geltungsbereich der Norm. Die Klagefrist des § 4 bezieht sich abweichend von der bis zum 31.12.2003 geltenden Rechtslage auch auf die **Kündigung von Arbeitsverhältnissen in Kleinbetrieben**, auf die nach § 23 Abs. 1 der Erste Abschnitt des Kündigungsschutzgesetzes ansonsten keine Anwendung findet. Sie gilt nunmehr von Beginn des Arbeitsverhältnisses an, dh. auch vor zurückgelegter War- 3

---

[1] KR/*Rost*, § 3 KSchG Rz. 24 und ErfK/*Ascheid*, § 3 KSchG Rz. 4. [2] Vgl. KR/*Rost*, § 3 KSchG Rz. 25.
[3] Art. 1 des Gesetzes zu Reformen am Arbeitsmarkt v. 24.12.2003, BGBl. I S. 3002; vgl. hierzu *Quecke*, RdA 2004, 86 (99 ff.). [4] Art. 4 des Gesetzes zu Reformen am Arbeitsmarkt v. 24.12.2003, BGBl. I S. 3002 (3004).
[5] BAG v. 27.1.1955 – 2 AZR 418/54, AP Nr. 5 zu § 11 KSchG; v. 23.2.1978 – 2 AZR 462/7, AP Nr. 3 zu § 12 SchwbG; v. 14.9.1994 – 2 AZR 182/94, AP Nr. 32 zu § 4 KSchG 1969.

tezeit, da sie nicht mehr allein der Geltendmachung der Sozialwidrigkeit dient. Und sie gilt grundsätzlich für Unwirksamkeitsgründe aller Art (vgl. aber Rz. 5). **Zeitlich** erfasst die Klagefrist nicht nur Kündigungen, die nach dem 31.12.2003 zugehen, sondern mangels Übergangsregelung auch Klageeinreichungen nach dem Stichtag gegen früher zugegangene Kündigungen, soweit diese nicht nach § 7 aF als sozial gerechtfertigt gelten oder wegen Verwirkung des Klagerechts unangreifbar sind; die Klagefrist des § 4 nF lief für solche Kündigungen aber erst ab dem 1.1.2004 und endete somit am 21.1.2004[1]. War die Klagefrist bei einer (schriftlichen) Alt-Kündigung aus § 4 aF oder aus § 113 Abs. 2 InsO aF am 31.12.2003 noch nicht abgelaufen, wird sie unter der Geltung des § 4 nF weiter ablaufen und bei Verstreichen die Folge des § 7 aF auslösen; hiervon nicht erfasste Unwirksamkeitsgründe werden von der Frist des § 4 nF erfasst, die am 21.1.2004 ablief.

4 Die Unwirksamkeit einer **außerordentlichen Kündigung** kann ein ArbN gemäß § 13 Abs. 1 Satz 2 iVm. § 4 nur durch die Erhebung einer Klage innerhalb der Drei-Wochen-Frist geltend machen. Auf den Ablauf der Wartezeit und die Größe des Betriebes kommt es auch hier nicht mehr an[2]. Aufgrund der eindeutigen Regelung in § 4 Satz 2 gilt das für außerordentliche oder ordentliche Änderungskündigungen gleichermaßen.

5 **Keine Anwendung** findet die Klagefrist auf formnichtige Kündigungen (vgl. Rz. 31) und soweit im Streit steht, ob eine Erklärung überhaupt als Kündigung zu verstehen ist[3]. Die Frist greift ferner nicht für Berufsausbildungsverhältnisse, sofern nach § 111 Abs. 2 Satz 5 ArbGG eine Verhandlung vor einem zur Beilegung von Streitigkeiten aus dem Berufsausbildungsverhältnis gebildeten Ausschuss stattfinden muss[4]. Daran hat die neue Rechtslage nichts geändert. Andererseits ist die Klagefrist zu beachten, wo ein solcher Ausschuss nicht gebildet wurde[5]; das gilt jetzt für alle Unwirksamkeitsgründe. Ferner gilt die Klagefrist nach wohl überwiegender, zutreffender Auffassung nicht, wenn ein ArbN nur die Einhaltung der Kündigungsfrist geltend macht; denn dabei geht es idR nicht um die Umdeutung einer unwirksamen Kündigung in ein anderes Rechtsgeschäft nach § 140 BGB, sondern um die bloße Geltendmachung der Rechtsfolgen aus der Kündigung, wie sie bei zutreffender Auslegung zu verstehen ist[6]. Weiterhin dürfte auch das Entlassungshemmnis einer unterlassenen Massenentlassungsanzeige (§ 17) noch nach Ablauf der Klagefrist geltend gemacht werden können[7]. Schließlich wird die Klagefrist des § 4 im Hinblick auf die Wirksamkeitsfiktion des § 7 insoweit einer Einschränkung unterliegen, als die Unwirksamkeit einer Kündigung auf **Schutzvorschriften zugunsten des ArbGeb** beruht, so Vertretungsmängel und Geschäftsunfähigkeit. Der ArbGeb muss sich unabhängig von einer rechtzeitigen Klageerhebung des ArbN auf die Vorschriften der §§ 104 ff., 164 ff. BGB berufen können, soweit sie seinem Schutz dienen[8].

6 Der ArbN muss die Klagefrist nach § 4 nicht einhalten, wenn er die Unwirksamkeit von **sonstigen Maßnahmen** geltend machen will, die der ArbGeb aufgrund seines Direktionsrechts oder besonderer vertraglich eingeräumter Befugnisse trifft. Das gilt insb. für eine Versetzung des ArbN, die Änderung des arbeitsvertraglichen Leistungsinhalts oder die Ausübung eines Widerrufsvorbehalts[9].

7 Der ArbN muss die Klagefrist nach § 4 auch nicht einhalten, wenn er sich darauf berufen will, dass eine **Anfechtung** der dem Arbeitsvertrag zugrunde liegenden Willenserklärung durch den ArbGeb zu Unrecht erfolgt sei[10]. Ebensowenig greift die Regelung des § 4 ein, wenn der ArbGeb ein faktisches Arbeitsverhältnis für beendet erklärt[11].

8 Will ein ArbN, der in einem befristeten Arbeitsverhältnis steht, die **Unwirksamkeit der Befristung** geltend machen, findet zwar § 4 keine Anwendung. Gleichwohl muss auch er innerhalb von 3 Wochen nach dem vereinbarten Ende des befristeten Arbeitsverhältnisses gemäß § 17 TzBfG Klage beim ArbG auf Feststellung erheben, dass sein Arbeitsverhältnis aufgrund der Befristung nicht beendet ist; wegen der Einzelheiten wird auf die Kommentierung zu § 17 TzBfG verwiesen.

9 **III. Kündigungsschutzklage (§ 4 Satz 1).** Ein ArbN, der die Sozialwidrigkeit oder sonstige Rechtsunwirksamkeit einer (schriftlichen) Kündigung seines Arbeitsverhältnisses geltend machen will, muss innerhalb von 3 Wochen beim ArbG auf Feststellung klagen, dass das Arbeitsverhältnis durch die Kündigung nicht aufgelöst ist. Damit schreibt das Gesetz dem ArbN präzise die Klageart, den Klageantrag, die Klagefrist und das zuständige Gericht vor.

---

1 Vgl. *Quecke*, RdA 2004, 86 (99); *Bader*, NZA 2004, 65 (68); vgl. auch zur Einführung der Klagefrist bei Entfristungsklagen durch § 1 Abs. 5 BeschFG v. 25.9.1996 BAG v. 20.1.1999 – 7 AZR 715/97, NZA 1999, 671. | 2 *Richardi*, NZA 2003, 764 ff.; *Quecke*, RdA 2004, 86 (99). | 3 *Quecke*, RdA 2004, 86 (100). | 4 BAG v. 7.5.1990 – 2 AZR 53/90, AP Nr. 23 zu § 4 KSchG 1969. | 5 BAG v. 26.1.1999 – 2 AZR 134/98, DB 1999, 1408; krit. HK/*Dorndorf*, § 13 KSchG Rz. 34-30. | 6 *Quecke*, RdA 2004, 86 (100) mwN. | 7 *Bauer/Krieger*, Kündigungsrecht 2004, S. 156 f.; *Quecke*, RdA 2004, 86 (101). | 8 Das wird nicht für den Arbeitnehmer gelten, der sich etwa auf Vertretungsmängel beruft; aA *Ulrici*, DB 2004, 250 ff.; vgl. auch *Richardi*, NZA 2003, 764 ff. | 9 BAG v. 20.1.1960 – 4 AZR 267/59, AP Nr. 8 zu § 611 BGB – Direktionsrecht; v. 27.3.1980 – 2 AZR 506/78, AP Nr. 26 zu § 611 BGB – Direktionsrecht. | 10 v. *Hoyningen-Huene/Linck*, § 1 KSchG Rz. 104; aA KR/*Friedrich*, § 4 KSchG Rz. 16 a; offen gelassen BAG v. 14.12.1979 – 7 AZR 38/78, AP Nr. 4 zu § 119 BGB. | 11 KR/*Friedrich*, § 4 KSchG Rz. 16 b unter Hinweis auf BAG v. 24.6.1981 – 7 AZR 198/79, nv.; LAG Hamm v. 29.3.1972 – 5 Sa 969/71 – DB 1972, 711.

1. Klageart. Bei der Kündigungsschutzklage handelt es sich um eine **Feststellungsklage**. Sie ist auf die Feststellung der Rechtslage gerichtet, die im Zeitpunkt des Zugangs der Kündigung bestanden hat. Denn nach § 1 Abs. 1 ist eine sozialwidrige Kündigung bereits kraft Gesetzes rechtsunwirksam; das Gleiche gilt für die sonstigen Unwirksamkeitsgründe. Dagegen handelt es sich bei der nach § 4 zur erhebenden Klage nicht um eine Gestaltungsklage. Denn mit dieser Klage soll nicht die Änderung eines bis zum Erlass des gerichtlichen Urteils bestehenden Rechtszustands herbeigeführt werden. Die Kündigung des Arbeitsverhältnisses ist gerade nicht zunächst wirksam, so dass es ihrer Aufhebung durch einen richterlichen Gestaltungsakt bedürfte[1]. 10

Im Rahmen seiner Kündigungsschutzklage muss ein ArbN das besondere **Feststellungsinteresse** gemäß § 256 ZPO nicht im Einzelnen darlegen. Die Notwendigkeit dieser Klage ergibt sich aus der zwingenden Regelung in § 7, nach der bei Ablauf der Klagefrist die Kündigung wirksam wird[2]. Das Feststellungsinteresse des ArbN entfällt auch nicht dadurch, dass er inzwischen ein neues Arbeitsverhältnis eingegangen ist oder sein altes Arbeitsverhältnis keinesfalls fortsetzen will[3]. Ausnahmsweise kann das besondere Feststellungsinteresse des ArbN von vornherein fehlen oder im Verlauf des Kündigungsrechtsstreits entfallen. Das gilt etwa in den Fällen, in denen aufgrund einer Vereinbarung der Arbeitsvertragsparteien oder einer rechtskräftigen Entscheidung des Gerichts feststeht, dass das Arbeitsverhältnis vor oder gleichzeitig mit dem Ablauf der Kündigungsfrist aus einem anderen Grund wirksam beendet worden ist[4]. 11

2. Form und Inhalt der Klage. Ein ArbN kann seine Kündigungsschutzklage sowohl **schriftlich** einreichen als auch zu Protokoll der Geschäftsstelle des ArbG erklären (§§ 46 Abs. 2 ArbGG, 496 ZPO). Die Klage kann auch telegrafisch, fernschriftlich oder durch Telekopie (**Telefax**) eingelegt werden[5]. 12

Die Kündigungsschutzklage muss im Übrigen grundsätzlich von dem ArbN oder seinem Prozessbevollmächtigten **eigenhändig unterschrieben** sein (§§ 253 Abs. 4, 130 Nr. 6 ZPO). Ein Schriftsatz ohne eigenhändige Unterschrift stellt allenfalls einen Klageentwurf dar. Ihm muss für eine ordnungsgemäße Klageerhebung mindestens ein Schriftstück beigefügt werden, aus dem sich ergibt, dass die Klage mit Wissen und Wollen des Verfassers beim Gericht eingegangen ist. Dazu reicht allerdings die vom ArbN unterschriebene Prozessvollmacht nicht aus[6]. Schließlich ist die Kündigungsschutzklage in deutscher Sprache abzufassen, da die Gerichtssprache gemäß § 184 GVG deutsch ist[7]. 13

Als notwendigen **Inhalt der Klageschrift** nach § 253 Abs. 2 ZPO muss der ArbN das angerufene Gericht und die Parteien des Rechtsstreits präzise bezeichnen. Zwar kann der ArbN eine unklare Parteibezeichnung fristwahrend klarstellen. Durch diese in der gerichtlichen Praxis fälschlicherweise als **Berichtigung des Passivrubrums** bezeichnete Möglichkeit kann die Identität der beklagten Partei jedoch nicht geändert werden, indem der falsche Beklagte durch den richtigen ArbGeb ausgewechselt wird[8]. 14

Ferner muss die Klageschrift die bestimmte Angabe des Gegenstandes und des Grundes des erhobenen Anspruchs sowie einen **bestimmten Antrag** enthalten. Zweckmäßigerweise ist der Klageantrag nach § 4 auf die Feststellung zu richten, dass eine bestimmte Kündigung das Arbeitsverhältnis der Parteien nicht aufgelöst hat. Zur Auslegung unklarer Anträge genügt es, wenn in der Klage des ArbN hinreichend deutlich zum Ausdruck kommt, eine bestimmte Kündigung anzugreifen[9]. Während sich die Angabe des Klagegegenstandes aus dem Antrag der Klage ergibt, muss der ArbN zur Angabe des **Klagegrundes** den konkreten Lebenssachverhalt schildern, aus dem er die begehrte Rechtsfolge ableitet. Dazu genügt es, dass sich der ArbN auf die Sozialwidrigkeit oder sonstige Rechtsunwirksamkeit der hinreichend genau bezeichneten Kündigung beruft. Soweit er die Sozialwidrigkeit der Kündigung rügt, muss er außerdem zur Schlüssigkeit – nicht aber zur Zulässigkeit seiner Klage – darlegen, dass der Betrieb seines ArbGeb unter den Geltungsbereich des Kündigungsschutzgesetzes nach § 23 Abs. 1 fällt und dass er selbst zu dem nach § 1 Abs. 1 geschützten Personenkreis gehört[10]. Ob es sich bei der angegriffenen Kündigung um eine ordentliche oder außerordentliche Kündigung handelt, muss der ArbN in der Klageschrift nicht angeben[11]. Ein falsches oder fehlendes Datum der Kündigung in der Klageschrift schadet nicht, soweit sich aus den Umständen zweifelsfrei ermitteln lässt, auf welche konkrete Kündigung die Klage abzielt[12]. 15

Ist die Klage allein auf die **Zahlung einer Abfindung** iSd. §§ 9, 10 gerichtet, kann die Auslegung des Klageantrags dazu führen, dass die Feststellung der Unwirksamkeit der Kündigung gewollt ist[13]. Dagegen genügt ein Klageantrag nicht den Anforderungen des § 4, wenn er lediglich auf die **Leistung fälliger Lohnansprüche** gerichtet ist. In diesem Fall kann der ArbN allerdings in entsprechender Anwendung 16

---

1 BAG GS v. 27.2.1985 – GS 1/84, AP Nr. 14 zu § 611 BGB – Beschäftigungspflicht; KR/*Friedrich*, § 4 KSchG Rz. 17 mwN. | 2 BAG v. 11.2.1981 – 7 AZR 12/79, AP Nr. 8 zu § 4 KSchG 1969. | 3 *Herschel/Löwisch*, § 4 KSchG Rz. 30. | 4 BAG v. 11.2.1981 – 7 AZR 12/79, AP Nr. 8 zu § 4 KSchG 1969; KR/*Friedrich*, § 4 KSchG Rz. 26. | 5 KR/*Friedrich*, § 4 KSchG Rz. 148 mwN. | 6 BAG v. 26.1.1976 – 2 AZR 506/74, AP Nr. 1 zu § 4 KSchG 1969; v. 26.6.1986 – 2 AZR 358/85, AP Nr. 14 zu § 4 KSchG 1969. | 7 BAG v. 17.2.1982 – 7 AZR 846/79, AP Nr. 1 zu § 15 SchwbG. | 8 LAG Berlin v. 18.1.1982 – 9 Sa 98/81, EzA Nr. 21 zu § 4 KSchG nF. | 9 BAG v. 21.5.1981 – 2 AZR 133/79, AP Nr. 7 zu § 4 KSchG 1969. | 10 ErfK/*Ascheid*, § 4 KSchG Rz. 61; vgl. aber § 27 Rz. 17. | 11 BAG v. 11.9.1956 – 3 AZR 163/54, AP Nr. 8 zu § 3 KSchG. | 12 BAG v. 21.5.1981 – 2 AZR 133/79, AP Nr. 7 zu § 4 KSchG 1969. | 13 BAG v. 13.12.1956 – 2 AZR 353/54, AP Nr. 5 zu § 7 KSchG 1951.

von § 6 Satz 1 die Unwirksamkeit der Kündigung noch bis zum Schluss der mündlichen Verhandlung 1. Instanz geltend machen[1]. Ebenso wenig genügt den Anforderungen des § 4 eine Klage des ArbN auf **Weiterbeschäftigung**, weil ein entsprechendes Urteil des Gerichts nicht zwingend die Feststellung der fehlenden sozialen Rechtfertigung einer Kündigung voraussetzt[2]. Da die Kündigungsschutzklage nach § 4 unbedingt erhoben werden muss, genügt eine eventuelle Klageerhebung gegen einen weiteren Beklagten nicht[3]. Dagegen genügt zur Wahrung der Klagefrist die **vorsorgliche Erhebung** einer Klage, etwa durch die Stellung eines Hilfsantrags im Rahmen eines anhängigen Hauptprozesses[4]. Innerhalb der Klagefrist kann die Kündigungsschutzklage auch als Widerklage und noch in der Berufungsinstanz durch Klageänderung oder Klageerweiterung erhoben werden[5].

17 **3. Person des Beklagten.** Bei dem Beklagten im Kündigungsschutzprozess handelt es sich um den **ArbGeb** als den unmittelbaren Vertragspartner des ArbN. Bei sog. mittelbaren Arbeitsverhältnissen (vgl. dazu Vor § 611 BGB Rz. 116 ff.) ist ArbGeb der Mittelsmann[6]. Im Rahmen eines Leiharbeitsverhältnisses oder bei gewerblicher AÜ ist die Kündigungsschutzklage gegen den Verleiher als den ArbGeb des LeihArbN zu richten. Handelt es sich bei dem ArbGeb um eine **juristische Person**, etwa in der Form einer GmbH, einer AG oder eines rechtsfähigen Vereins, ist die Kündigungsschutzklage gegen diese zu richten. Das gilt nach § 50 Abs. 2 ZPO auch für einen nichtrechtsfähigen Verein. In gleicher Weise kann eine Partnergesellschaft als ArbGeb unter ihrem Namen nach § 7 Abs. 2 PartGG verklagt werden. Handelt es sich bei dem ArbGeb um eine **Personengesellschaft** in der Form einer Gesellschaft bürgerlichen Rechts (GbR), einer offenen Handelsgesellschaft (OHG) oder einer Kommanditgesellschaft (KG), ist die Gesellschaft als Vertragspartner des ArbN zu verklagen. Für die OHG und die KG folgt das aus den §§ 124 Abs. 1, 161 Abs. 2 HGB. Für die GbR folgt das aus dem Umstand, dass sie als Außengesellschaft bürgerlichen Rechts rechtsfähig und parteifähig ist[7]. Allerdings steht bei einer OHG und einer GbR nicht in jedem Fall mit Sicherheit fest, dass eine Außengesellschaft mit Gesamthandsvermögen tatsächlich existiert. Daher empfiehlt es sich für den ArbN, die Kündigungsschutzklage neben der Gesellschaft auch gegen die Gesellschafter persönlich zu richten[8]. Das gilt in jedem Fall, wenn mit der Kündigungsschutzklage zugleich eine Leistungsklage auf Lohnzahlung oder auf Zahlung einer Abfindung nach den §§ 9, 10 verbunden wird. Nur auf diese Weise wird eine Zwangsvollstreckung in das Privatvermögen der Gesellschafter nach § 129 Abs. 4 HGB möglich.

18 In der **Praxis** kann die Person des Beklagten häufig nicht ohne weiteres eindeutig bestimmt werden. Bei einer oder mehreren untereinander wirtschaftlich verbundenen Kommanditgesellschaften oder Gesellschaften mit beschränkter Haftung können **Zweifel** darüber entstehen, ob und welche der Gesellschaften, ob die Komplementär-GmbH oder gar ein Geschäftsführer persönlich als ArbGeb anzusehen ist. Ähnliche Zweifel können aufkommen bei einer in Gründung befindlichen Gesellschaft oder bei dem Handeln eines Vertreters des ArbGeb, der seine Vertreterstellung gegenüber dem ArbN nicht zu erkennen gibt. In diesem Fall kann er ggf. selbst als ArbGeb gemäß § 164 Abs. 2 BGB in Anspruch genommen und verklagt werden[9].

Tipp für die Praxis: Der Kündigungsschutzklage ist neben der schriftlichen Kündigungserklärung ein schriftlicher Arbeitsvertrag oder der Nachweis nach dem NachwG sowie ggf. weiterer Schriftverkehr während des Arbeitsverhältnisses beizufügen, der Aufschluss über die Stellung des Beklagten als ArbGeb gibt.

Bei verbleibenden Zweifeln sind die in Betracht kommenden ArbGeb zur Wahrung der Klagefrist gemeinsam als Beklagte in der Kündigungsschutzklage aufzuführen und diese Vorgehensweise in der Klagebegründung zu erläutern.

19 Wird das Arbeitsverhältnis eines ArbN vor einem **Betriebsübergang** iSd. § 613a BGB gekündigt, ist die Kündigungsschutzklage gegen den bisherigen ArbGeb zu richten, da er weiter passivlegitimiert und prozessführungsbefugt bleibt[10]. Ist das Arbeitsverhältnis des ArbN nach einem Betriebsübergang gekündigt worden, ist die Kündigungsschutzklage grundsätzlich gegen den Erwerber des Betriebs zu richten, der die Kündigung ausgesprochen hat. Hat der Veräußerer nach dem Betriebsübergang das Arbeitsverhältnis gekündigt, ist er nur dann für die Kündigungsschutzklage passivlegitimiert und prozessführungsbefugt, wenn der ArbN sich auf seinen Widerspruch gegen den Übergang des Arbeitsverhältnisses beruft[11]. In der Praxis ist es häufig zweifelhaft, ob die tatsächlichen Voraussetzungen für einen Betriebsübergang vorliegen (vgl. die Erl. zu § 613a BGB). Daran ändert auch die in § 613a Abs. 5 BGB vorgesehene Unterrichtungspflicht des ArbGeb nichts, da sie den Übergang eines Betriebs oder Betriebsteils bereits voraussetzt.

---

1 BAG v. 30.11.1961 – 2 AZR 295/61, AP Nr. 3 zu § 5 KSchG 1951. | 2 *Wolf/Pfeiffer*, AuR 1985, 33. | 3 BAG v. 31.3.1993 – 2 AZR 467/92, AP Nr. 27 zu § 4 KSchG 1969. | 4 BAG v. 21.12.1967 – 2 AZR 105/67, AP Nr. 33 zu § 3 KSchG. | 5 BAG v. 10.12.1970 – 2 AZR 82/70, AP Nr. 40 zu § 3 KSchG. | 6 BAG v. 21.2.1990 – 5 AZR 162/89, AP Nr. 57 zu § 611 BGB – Abhängigkeit. | 7 BGH v. 29.1.2001 – II ZR 331/00, AP Nr. 9 zu § 50 ZPO. | 8 KR/*Friedrich*, § 4 KSchG Rz. 94 b. | 9 KR/*Friedrich*, § 4 KSchG Rz. 94 b. | 10 BAG v. 14.2.1978 – 1 AZR 154/76, AP Nr. 60 zu Art. 9 GG – Arbeitskampf; v. 18.3.1999 – 8 AZR 306/98, AP Nr. 44 zu § 4 KSchG 1969; aA bei Klageerhebung nach Betriebsübergang LAG Hamm v.12.12.1996 = LAGE Nr. 60 zu § 613a BGB; RGRK/*Ascheid*, § 613a BGB Rz. 290. | 11 KR/*Friedrich*, § 4 KSchG Rz. 96 d unter Hinweis auf BAG v. 9.10.1997 – 2 AZR 586/96, nv.

Tipp für die Praxis: Bei Unklarheit über einen Betriebsübergang ist die Kündigungsschutzklage im Zweifel gegen den bisherigen ArbGeb zu richten und mit einer allgemeinen Feststellungsklage nach § 256 ZPO gegen den möglichen Betriebserwerber zu verbinden.

4. Zuständiges Gericht. Nach dem Wortlaut des § 4 Satz 1 ist die Klage beim **ArbG** zu erheben. Dazu reicht es aus, wenn die Kündigungsschutzklage am letzten Tag der Frist zu Protokoll der Geschäftsstelle des ArbG erklärt wird oder beim Gericht schriftlich eingeht.

Wird die Klage bei dem **Gericht eines anderen Rechtswegs** erhoben, hat es den Rechtsstreit nach den §§ 48 ArbGG, 17 ff. GVG an das ArbG zu verweisen. Nach § 17b Abs. 1 Satz 2 GVG bleiben alle Wirkungen der Rechtshängigkeit bestehen. Daher wird die Drei-Wochen-Frist auch durch eine Kündigungsschutzklage gewahrt, die rechtzeitig beim SG, beim VerwG, beim AG oder LG eingegangen ist und von dort erst nach Fristablauf an das ArbG verwiesen wird.

Ausnahmsweise ist das ArbG nicht zuständig, wenn TV-Parteien gemäß § 101 Abs. 2 ArbGG für bürgerliche Rechtsstreitigkeiten aus einem Arbeitsverhältnis, das dem TV unterliegt, die Arbeitsgerichtsbarkeit ausgeschlossen und anstelle dessen ein **Schiedsgericht** vorgesehen haben. Das gilt für TV, deren persönlicher Geltungsbereich überwiegend Bühnenkünstler, Filmschaffende, Artisten oder Kapitäne und Besatzungsmitglieder iSd. Seemannsgesetzes umfasst. Zu diesen bürgerlichen Rechtsstreitigkeiten gehören auch Kündigungsschutzklagen. Diese sind innerhalb von 3 Wochen nach Zugang der Kündigung beim Schiedsgericht einzureichen[1]. Wird die Kündigungsschutzklage gleichwohl vor dem ArbG erhoben, kann der ArbGeb die **Einrede** des Bestehens eines Schiedsvertrags erheben. Da die Verweisung des Rechtsstreits in diesem Fall gesetzlich nicht vorgesehen ist, muss die Klage als unzulässig abgewiesen werden. Dem kann der ArbN durch Rücknahme der Klage und Erhebung der Schiedsklage innerhalb einer angemessenen Zeit entgehen[2].

Wird ein **Berufsausbildungsverhältnis** gekündigt und ist gemäß § 111 Abs. 2 Satz 1 ArbGG ein Ausschuss zur Beilegung von Streitigkeiten gebildet, muss sich der Auszubildende zunächst an diesen wenden. Eine Klage- oder Ausschlussfrist muss nicht eingehalten werden (vgl. dazu § 111 ArbGG Rz. 15 ff.). Besteht dagegen ein derartiger Ausschuss nicht, muss der Auszubildende bei Vorliegen der persönlichen und betrieblichen Voraussetzungen des Kündigungsschutzgesetzes seine Kündigungsschutzklage rechtzeitig beim ArbG einreichen[3].

Grundsätzlich ist die Kündigungsschutzklage bei dem örtlich zuständigen ArbG zu erheben. Die **örtliche Zuständigkeit** bestimmt sich nach den §§ 12 bis 27 ZPO. Danach kann die Kündigungsschutzklage auch an dem Gerichtsstand der Niederlassung gemäß § 21 ZPO erhoben werden, wenn der Arbeitsvertrag von der Niederlassung aus oder in der Niederlassung abgeschlossen wurde[4]. Das gilt in gleicher Weise für den Gerichtsstand des Erfüllungsortes nach § 29 ZPO[5]. Darüber hinaus können die **TV-Parteien** nach § 48 Abs. 2 Nr. 1 ArbGG für Streitigkeiten aus Arbeitsverhältnissen, die dem TV unterliegen, ein an sich örtlich unzuständiges Gericht bestimmen. So sieht etwa der Manteltarifvertrag für die DB AG in § 14 Abs. 1 vor, dass für Rechtsstreitigkeiten aus dem Arbeitsverhältnis das ArbG zuständig ist, in dessen Bezirk der Betrieb des ArbN seinen Sitz hat.

5. Frist für die Klageerhebung. Grundsätzlich muss die Kündigungsschutzklage innerhalb einer Frist von **3 Wochen** erhoben werden. Dabei beginnt die Frist mit dem Zugang der schriftlichen Kündigung. Sie zählt zu den empfangsbedürftigen Willenserklärungen, deren Zugang unter Abwesenden in § 130 Abs. 1 Satz 1 BGB ausdrücklich geregelt ist. Für den Zugang einer Erklärung unter Anwesenden gilt § 130 Abs. 1 Satz 1 BGB entsprechend[6]. Nach dieser Bestimmung muss die Erklärung so in den Machtbereich des Empfängers gelangen, dass er unter normalen Verhältnissen von ihr Kenntnis nehmen kann.

a) Zugang der schriftlichen Kündigungserklärung. Nachdem für die Kündigung eines Arbeitsverhältnisses durch § 623 BGB allgemein die Schriftform vorgeschrieben ist, hat die Frage an Bedeutung verloren, ob sie unter Anwesenden oder unter Abwesenden erklärt worden ist. Bei einer **Kündigung unter Anwesenden** konzentriert sich die Frage allein darauf, ob die schriftliche Erklärung ordnungsgemäß übergeben worden ist. Wann der Empfänger den Inhalt dieser Erklärung zur Kenntnis nimmt, spielt für deren Zugang keine Rolle[7].

Für den Zugang einer **Kündigungserklärung unter Abwesenden** kommt es nicht darauf an, wann die Erklärung abgegeben worden ist. Ebensowenig ist maßgeblich, wann der Empfänger die schriftliche Kündigungserklärung liest. Entscheidend ist vielmehr der Zeitpunkt, in dem der Kündigungsempfänger nach dem gewöhnlichen Verlauf der Dinge von der Existenz der Kündigungserklärung Kenntnis erlangen kann. Zur Bestimmung dieses Zeitpunkts kommt es darauf an, welchen Weg der Absender der Kündigungserklärung wählt. Wird die Kündigungserklärung durch einen **Boten** oder durch die **Post** in den Wohnungsbriefkasten eingeworfen, geht sie in dem Zeitpunkt zu, in dem nach den üblichen

---

1 KR/*Friedrich*, § 4 KSchG Rz. 189. | 2 BAG v. 24.9.1970 – 5 AZR 54/70, AP Nr. 37 zu § 3 KSchG. | 3 BAG v. 5.7.1990 – 2 AZR 53/90, AP Nr. 23 zu § 4 KSchG 1969. | 4 KR/*Friedrich*, § 4 KSchG Rz. 174. | 5 KR/*Friedrich*, § 4 KSchG Rz. 175 mwN. | 6 RGRK/*Krüger-Nieland*, § 130 BGB Rz. 30. | 7 *Bader/Bram/Dörner/Wenzel*, § 4 KSchG Rz. 108 c.

Postzustellungszeiten mit einer Leerung zu rechnen ist. Wird das Kündigungsschreiben erst am späten Abend oder in der Nacht durch einen Boten in den Briefkasten geworfen, geht sie erst am nächsten Tag zu[1]. Dieselben Grundsätze gelten auch für einen Geschäftsbriefkasten. Wird das Kündigungsschreiben an ein **Postschließfach** des Empfängers übersandt, geht es in dem Zeitpunkt zu, in dem üblicherweise mit dessen Leerung zu rechnen ist[2]. Hat der Empfänger einen **Nachsendeantrag** gestellt, geht ihm die Kündigungserklärung erst an dem Ort zu, an dem sie ihn tatsächlich bestimmungsgemäß erreicht[3]. Handelt es sich bei dem Kündigungsschreiben um eine **postlagernde Sendung**, geht diese in dem Zeitpunkt zu, in dem sie zur Abholung beim Postamt bereitliegt und mit der Abholung gerechnet werden kann[4]. Wird die Kündigungserklärung per **Einschreiben** übersandt, ist zu unterscheiden: das **Einwurf-Einschreiben** gelangt wie ein normaler Brief in den Briefkasten oder das Postfach des Empfängers. Daher gelten für seinen Zugang dieselben Grundsätze wie bei einem Brief. Allerdings kann der Einwurf in den Briefkasten und das Einlegen in das Postschließfach durch die entsprechende Dokumentation bei der Post nachgewiesen werden. Zweifelhaft erscheint, ob der Beweis des ersten Anscheins für den Zugang der abgesandten Briefsendung spricht[5]. Wird die Kündigungserklärung durch **Übergabe-Einschreiben** versandt, ggf. mit Rückschein, gelten für dessen Zugang die Grundsätze, die in der Rspr. für die ehemalige Form des Einschreibens entwickelt worden sind. Danach ist der Zugang einer eingeschriebenen Sendung erst dann bewirkt, wenn sie dem Empfänger oder einer empfangsberechtigten Person ausgehändigt wird. Erst dadurch gelangt sie in seinen Machtbereich. Hinterlässt die Post lediglich einen Benachrichtigungszettel über die eingeschriebene Sendung, ersetzt dieser nicht den Zugang des Einschreibens selbst[6]. Erteilt der Absender zur Übergabe des Kündigungsschreibens einen **Postzustellungsauftrag**, gilt für den Zugang nichts anderes als für den Zugang einer eingeschriebenen Briefsendung. Hinterlässt die Post beim Adressaten lediglich einen Benachrichtigungszettel über die Hinterlegung der Sendung beim Postamt, gilt die Kündigungserklärung noch nicht als zugestellt. Vielmehr wird die Zustellung erst durch die Abholung der Sendung beim Postamt bewirkt. Eine entsprechende Anwendung des § 132 BGB scheidet aus[7]. Nur bei der Zustellung einer Kündigungserklärung durch Vermittlung eines **Gerichtsvollziehers** bewirkt auch die Ersatzzustellung durch Niederlegung den Zugang gemäß § 132 BGB.

28 Der Zugang eines Kündigungsschreibens wird auch dadurch bewirkt, dass es von einem **Empfangsbevollmächtigten** des Adressaten entgegengenommen wird und dieser die Möglichkeit hat, von dem Schreiben Kenntnis zu nehmen. Dazu gehören der Ehegatte, der Lebenspartner, die Eltern, andere Familienangehörige oder sonstige in der Wohnung des Adressaten lebende Personen wie Hausangestellte oder Zimmervermieter. Denn sie gelten nach der Verkehrsanschauung als ermächtigt, eingehende Post für den Adressaten entgegenzunehmen[8]. Wird das Kündigungsschreiben einem **Rechtsanwalt** übermittelt, kommt es für die Frage des Zugangs darauf an, ob er empfangsbevollmächtigt ist. Die Prozessvollmacht im Zusammenhang mit einer Kündigungsschutzklage ermächtigt den Rechtsanwalt auch zur Entgegenahme aller weiteren Kündigungen. Für deren Zugang kommt es nicht darauf an, in welchem Zeitpunkt der ArbN selbst Kenntnis von ihnen erhält[9].

29 Die **Abwesenheit des Adressaten** wegen eines Urlaubs, eines Krankenhausaufenthalts oder einer Kur steht dem Zugang von schriftlichen Kündigungserklärungen unter seiner gewöhnlichen Anschrift nicht entgegen. Das gilt auch dann, wenn dem Absender bekannt ist, dass der Empfänger während eines Urlaubs verreist ist. Ist der Empfänger in Untersuchungshaft oder Auslieferungshaft genommen worden, kann der Zugang einer Kündigungserklärung gleichwohl unter seiner gewöhnlichen Anschrift bewirkt werden. Dadurch entstehen dem betroffenen ArbN in der Regel keine Nachteile, weil er bei unverschuldeter Säumnis nach § 5 die nachträgliche Zulassung einer Kündigungsschutzklage erreichen kann. In gleicher Weise kann eine ArbN-in die Mitteilung nach § 9 Abs. 1 Satz 1 Halbs. 2 MuSchG über ihre Schwangerschaft gegenüber dem ArbGeb nachholen[10]. Zur nachträglichen Zulassung der Kündigungsschutzklage bei unerkannter Schwangerschaft gemäß § 5 Abs. 1 Satz 2 vgl. dort.

30 Problematisch erscheinen die Fälle der **Annahmeverweigerung** und der **Zugangsvereitelung** durch den Empfänger einer Kündigungserklärung. Weigert sich der Empfänger ohne einen triftigen Grund, ein Kündigungsschreiben entgegenzunehmen, gilt es auch ohne wiederholte Zustellung als zugegangen[11]. Ein **triftiger** Grund für die Annahmeverweigerung kann sich aber aus der mangelhaften Adressierung oder der unzureichenden Frankierung des Schreibens ergeben. Wird das Kündigungsschreiben per Übergabe-Einschreiben versandt und verweigert der Empfänger grundlos die Annahme oder holt er trotz Kenntnis des Benachrichtigungszettels die Einschreibesendung nicht beim Postamt ab, muss er sich so behandeln lassen, als sei ihm die Kündigung zugegangen[12]. Das gilt schließlich auch, wenn der Empfänger seine Familienangehörigen ausdrücklich anweist, die Annahme eingehender

---

1 BAG v. 8.12.1983 – 2 AZR 337/82, AP Nr. 12 zu § 130 BGB. | 2 BAG v. 24.10.1985 – 2 AZR 521/84, AP Nr. 38 zu § 794 ZPO. | 3 LAG Hamm v. 25.2.1988 – 8 Ta 321/88, LAGE Nr. 11 zu § 130 BGB. | 4 Staudinger/*Dilcher*, § 130 BGB Rz. 35. | 5 So AG Paderborn v. 2.8.2000 – 51 C 76/2000 – NJW 2000, 3722. | 6 BAG v. 25.4.1996 – 2 AZR 13/95, AP Nr. 35 zu § 4 KSchG 1969. | 7 BAG v. 30.6.1983 – 2 AZR 10/82, AP Nr. 11 zu § 12 Schwbc. | 8 BAG v. 16.1.1976 – 2 AZR 619/74, AP Nr. 7 zu § 130 BGB. | 9 BAG v. 21.1.1988 – 2 AZR 581/86, AP Nr. 19 zu § 4 KSchG 1969. | 10 BAG v. 16.3.1988 – 7 AZR 587/87, AP Nr. 16 zu § 130 BGB. | 11 LAG Düsseldorf v. 28.6.1974 – 15 Ta 57/74 – DB 1974, 1584. | 12 BAG v. 15.11.1962 – 2 AZR 301/62, AP Nr. 4 zu § 130 BGB.

Postsendungen seines ArbGeb zu verweigern[1]. In diesem Zusammenhang kann für die Praxis dahingestellt bleiben, ob mit der Rspr. auf ein rechtsmissbräuchliches Verhalten des Empfängers oder die Verwirkung seines Klagerechts abzustellen ist oder ob in den Fällen der Zugangsvereitelung der Rechtsgedanke des § 162 BGB heranzuziehen ist[2].

Nach der Einführung der gesetzlichen **Schriftform** für die Kündigung eines Arbeitsverhältnisses gemäß § 623 BGB kann diese nicht mehr durch Telegramm, Fernschreiben, Radiogramm, Telefax, Matrizenabzug, Fotokopie oder E-Mail erklärt werden, da es in diesen Fällen an einer handschriftlichen Unterzeichnung fehlt[3]. Für Klagen gegen derartige wie auch gegen mündlich erklärte Kündigungen gilt die Klagefrist nicht; sie können in den Grenzen der Verwirkung erhoben werden (vgl. näher § 7 Rz. 4). 31

b) Länge der Klagefrist. Für die **Berechnung der Frist** geltend die §§ 187, 193 BGB. Nach § 187 Abs. 1 BGB wird der Tag, an dem die Kündigung dem ArbN zugeht, nicht mitgerechnet. Die Frist endet nach § 188 Abs. 2 BGB 3 Wochen später an dem gleichen Wochentag, an dem die Kündigung zuging. Handelt es sich dabei um einen Samstag, einen Sonntag oder einen staatlich anerkannten Feiertag, endet die Klagefrist gemäß § 193 BGB erst am folgenden Werktag. Wird die Kündigung unzulässigerweise mündlich oder sonst **formunwirksam** erklärt, muss der ArbN die Klagefrist nach § 4 nicht einhalten. Es gilt die Grenze der Verwirkung (vgl. näher § 7 Rz. 4). 32

Die Klagefrist von 3 Wochen ist zwar eine prozessuale Klageerhebungsfrist[4]. An die Versäumung dieser Frist knüpfen sich allerdings **materiell-rechtliche Folgen**. Denn mit dem Ablauf der Klagefrist gilt eine der Sache nach sozial ungerechtfertigte oder aus sonstigen Gründen rechtsunwirksame Kündigung als in jeder Hinsicht rechtswirksam. Damit handelt es sich bei der Erhebung der Kündigungsschutzklage um eine Prozesshandlung mit materiell-rechtlicher Wirkung[5]. 33

Das ArbG muss die Einhaltung der Klagefrist **von Amts wegen** prüfen, auch wenn der ArbGeb sich im Prozess nicht ausdrücklich auf deren Versäumung berufen hat[6]. Die Einhaltung der Drei-Wochen-Frist für die Erhebung der Kündigungsschutzklage ist im Gesetz zwingend vorgeschrieben. Diese Frist kann weder durch eine Vereinbarung der Parteien noch durch eine BV oder durch einen TV verlängert oder verkürzt werden[7]. 34

c) Wahrung der Klagefrist. Für die Wahrung der Klagefrist kommt es auf den Zeitpunkt an, in dem die Klage beim ArbG eingeht. Zwar tritt die **Rechtshängigkeit** einer Klage erst ein, wenn sie dem Beklagten zugestellt wird (§§ 261 Abs. 1, 253 Abs. 1 ZPO). Die Klagefrist nach § 4 ist jedoch bereits gewahrt, wenn sie innerhalb von 3 Wochen beim ArbG eingeht ist und die Klage alsdann dem ArbGeb zugestellt wird gemäß den §§ 46 Abs. 2 ArbGG iVm. 495, 270 Abs. 3 ZPO[8]. Grundsätzlich gilt eine Zustellung als demnächst erfolgt, wenn sie innerhalb einer den jeweiligen Umständen nach angemessenen Frist geschieht. Danach ist eine Zustellung innerhalb von 10 Tagen nach Ablauf der Drei-Wochen-Frist noch ausreichend, selbst wenn der Kläger die Verantwortung für diese Verzögerung trägt[9]. Auch bei Verzögerungen zwischen vierzehn und zwanzig Tagen gilt die Zustellung der Klage noch als demnächst erfolgt[10]. Beruht die Verzögerung der Zustellung nicht auf einem Verschulden des Klägers, stehen selbst längere Zeiträume zwischen Eingang und Zustellung der Klageschrift nicht der Annahme entgegen, diese sei noch demnächst erfolgt[11]. 35

Die Klagefrist wird nicht gewahrt, wenn die Klage zwar rechtzeitig beim ArbG eingeht, die Zustellung an den Beklagten **auf Bitten des Klägers** vorläufig noch nicht erfolgt. Kommt das Gericht dieser Bitte nach, führt das zu einer unangemessenen Verzögerung der Zustellung[12]. Will der Kläger schwebende Vergleichsverhandlungen oder ein lang andauerndes Arbeitsverhältnis nicht mit einem Kündigungsschutzprozess belasten, verbleibt ihm allenfalls die Möglichkeit, das Gericht darum zu bitten, zunächst von der Bestimmung eines Verhandlungstermins abzusehen. Allerdings ist das ArbG nach § 216 Abs. 2 ZPO verpflichtet, unverzüglich einen Verhandlungstermin zu bestimmen und aufgrund der besonderen Prozessförderungspflicht in Kündigungsstreitigkeiten nach § 61a ArbGG eine baldige Klärung der Rechtslage herbeizuführen[13]. 36

IV. Änderungskündigung (§ 4 Satz 2). Auch eine ordentliche oder außerordentliche Änderungskündigung muss innerhalb der Klagefrist des § 4 angegriffen werden. Nur so kann der ArbN vermeiden, dass diese Kündigung nach § 7 als von Anfang an rechtswirksam gilt. Die Erhebung der Kündigungsschutzklage ist notwendig, wenn der ArbN nach Erhalt der Änderungskündigung das Angebot des ArbGeb zur 37

---

[1] BAG v. 11.11.1992 – 2 AZR 328/92, AP Nr. 18 zu § 130 BGB. | [2] KR/*Friedrich*, § 4 KSchG Rz. 126 a. | [3] *Lakies*, BB 2000, 667; *Preis/Gotthardt*, NZA 2000, 351; *Richardi/Annuß*, NJW 2000, 1232. | [4] BAG v. 26.6.1986 – 2 AZR 358/85, AP Nr. 14 zu § 4 KSchG 1969; *Vollkommer*, AcP 161, 332. | [5] *Berkowsky*, NZA 1997, 353. | [6] BAG v. 20.9.1955 – 2 AZR 317/55, AP Nr. 7 zu § 3 KSchG. | [7] KR/*Friedrich*, § 4 KSchG Rz. 138; *v. Hoyningen-Huene/Linck*, § 4 KSchG Rz. 53. | [8] BAG v. 13.7.1989 – 2 AZR 571/88 – RzK I 8 h Nr. 6; BGH v. 13.7.1972 – III ZR 36/70 – DB 1972, 2108. | [9] BAG v. 8.4.1976 – 2 AZR 583/74, AP Nr. 2 zu § 4 KSchG 1969. | [10] BAG v. 13.5.1987 – 5 AZR 106/86, AP Nr. 3 zu § 209 BGB; LAG München v. 12.1.1982 – 4 Ta 145/82 – ZIP 1983, 614. | [11] BAG v. 8.4.1976 – 2 AZR 583/74, AP Nr. 2 zu § 4 KSchG 1969; BGH v. 16.12.1959 – IV ZR 103/59 – BGHZ 31, 342; v. 9.11.1994 – VIII ZR 327/93 – NJW – RR 1995, 254. | [12] KR/*Friedrich*, § 4 KSchG Rz. 144; *v. Hoyningen-Huene/Linck*, § 4 KSchG Rz. 56. | [13] KR/*Friedrich*, § 4 KSchG Rz. 145; *v. Hoyningen-Huene/Linck*, § 4 KSchG Rz. 56.

Änderung der Arbeitsbedingungen **nicht unter dem Vorbehalt** angenommen hat, dass diese Änderungen der Arbeitsbedingungen sozial gerechtfertigt sind. In diesem Fall handelt es sich um eine ganz normale Kündigungsschutzklage. Der Klageantrag ist nach § 4 Satz 1 allein auf die Feststellung zu richten, dass das Arbeitsverhältnis durch die Änderungskündigung nicht aufgelöst ist. Das ArbG hat die Änderungskündigung dann im Hinblick auf alle in Betracht kommenden Unwirksamkeitsgründe hin zu prüfen[1].

38 Hat der ArbN das Angebot des ArbGeb zur Änderung der Arbeitsbedingungen **unter Vorbehalt** angenommen, muss er nach § 4 Satz 2 eine Änderungsschutzklage erheben. Sein Antrag ist dann auf die Feststellung zu richten, dass die Änderung der Arbeitsbedingungen sozial ungerechtfertigt oder aus anderen Gründen rechtsunwirksam ist. Nach dem Wortlaut des § 4 Satz 2 aF beschränkte sich der Streitgegenstand nur auf die Sozialwidrigkeit der Änderung der Arbeitsbedingungen. Gleichwohl war schon damals die generelle Unwirksamkeit der Änderung im Hinblick auf die gebotene Gleichstellung mit der allgemeinen Kündigungsschutzklage als Streitgegenstand anzusehen[2]. Dies hat nach Erstreckung der Klagefrist auf alle Unwirksamkeitsgründe Eingang in den Wortlaut des Klageantrags gefunden.

39 Durch die Annahme der Änderung seiner Arbeitsbedingungen unter Vorbehalt erklärt der ArbN gleichzeitig, das Arbeitsverhältnis mit dem ArbGeb in jedem Fall fortzusetzen. Wenn der ArbGeb danach seine Änderungskündigung zurück nimmt, liegt darin eine Einigung der Arbeitsvertragsparteien auf den ursprünglichen Vertragsinhalt[3]. Erfolgt die **Rücknahme** der Änderungskündigung erst nach Erhebung der Änderungsschutzklage, tritt eine Erledigung des Rechtsstreits in der Hauptsache ein, soweit der ArbGeb nicht ein förmliches Anerkenntnis abgibt. Regelmäßig hat der ArbGeb deswegen die bis dahin angefallenen Kosten des Rechtsstreits zu tragen[4].

40 **V. Stellungnahme des BR (§ 4 Satz 3).** Wenn der ArbN nach § 3 beim BR Einspruch gegen die Kündigung eingelegt hat, soll er nach § 4 Satz 3 die schriftliche Stellungnahme des BR seiner Kündigungsschutzklage beifügen. Ein Verstoß gegen diese Vorschrift hat **keinerlei Folgen**. Er führt weder zur Unzulässigkeit der Kündigungsschutzklage noch hat er Einfluss auf die Wahrung der Klagefrist. Im Übrigen liegt es im eigenen Interesse des ArbN, eine ihm günstige Stellungnahme des BR vorzulegen. Eine ihm ungünstige Stellungnahme wird der ArbGeb seinerseits mit der Klageerwiderung einreichen.

41 **VI. Behördliche Zustimmung zur Kündigung (§ 4 Satz 4).** Das Gesetz verändert den Beginn der Klagefrist, wenn die Kündigung der Zustimmung einer Behörde bedarf. In diesem Fall beginnt die Frist erst in dem Zeitpunkt, in dem die Entscheidung über die Zustimmung dem ArbN bekannt gegeben wird, sofern dies nach Zugang der Kündigung erfolgt. Diese Regelung gilt nach neuerer Rspr. sowohl für die vorherige Einwilligung als auch für die nachträgliche Zustimmung einer Behörde zu einer Kündigung[5]. Wird die Zustimmung der Behörde vor der Kündigung erteilt und dem ArbN bekannt gegeben, besteht allerdings kein Anlass, den Beginn der Klagefrist auf einen Zeitpunkt vor dem Zugang der Kündigung zu verlegen[6]. Der **praktische Anwendungsbereich** dieser Vorschrift ist nach Einführung der allgemeinen Klagefrist des § 4 Satz 1 groß. Er erstreckt sich sowohl auf Kündigungen, zu deren Wirksamkeit eine vorherige Zustimmung einer Behörde erforderlich ist, wie etwa bei Schwangeren nach § 9 MuSchG, bei ArbN in der Elternzeit nach § 18 BErzGG oder bei Schwerbehinderten nach §§ 85, 91 Abs. 1 SGB IX[7], als auch auf Arbeitsverhältnisse der Inhaber von Bergmannsversorgungsscheinen, die nach landesrechtlichen Bestimmungen nur mit nachträglicher Zustimmung einer Zentralstelle ordentlich gekündigt werden können[8]. Nach Landesrecht können die Arbeitsverhältnisse religiös, rassisch oder politisch Verfolgter gleichfalls nur mit nachträglich erteilter Zustimmung gekündigt werden[9].

42 Der Fristbeginn nach Satz 4 ist auch dann maßgeblich, wenn der ArbGeb versehentlich eine erforderliche behördliche Zustimmung gar **nicht eingeholt** hat. Mangels Bekanntgabe einer behördlichen Entscheidung kann die Frist nicht zu laufen beginnen, so dass die Kündigungsschutzklage in den Grenzen der Verwirkung (vgl. § 7 Rz. 4), ausgehend vom Zugang der Kündigung, erhoben werden kann[10]. Die Klagefrist des § 4 wird aber nur dann gemäß Satz 4 an die Bekanntgabe einer behördlichen Entscheidung anknüpfen können, wenn der ArbN selbst mit einer solchen Entscheidung rechnen kann. Ist ihm dagegen bekannt, dass der ArbGeb mangels **Kenntnis von der Zustimmungsbedürftigkeit** der Kündigung die Zustimmung gar nicht beantragt haben kann (etwa bei zunächst unerkannter Schwangerschaft

---

1 BAG v. 29.1.1981 – 2 AZR 778/78, AP Nr. 10 zu § 15 KSchG 1969. | 2 BAG v. 23.3.1983 – 7 AZR 157/81, AP Nr. 1 zu § 6 KSchG 1969. | 3 KR/*Friedrich*, § 4 KSchG Rz. 286; *v. Hoyningen-Huene/Linck*, § 4 KSchG Rz. 45. | 4 KR/*Friedrich*, § 4 KSchG Rz. 287; *v. Hoyningen-Huene/Linck*, § 4 KSchG Rz. 46. | 5 BAG v. 3.7.2003 – 2 AZR 487/02, NZA 2003, 1335; aA KR/*Friedrich*, § 4 KSchG Rz. 197; *v. Hoyningen-Huene/Linck*, § 4 KSchG Rz. 61; die Regelung des § 4 Satz 4 war schon bisher angewendet worden, wenn die Zustimmung einer Behörde vor Ausspruch einer Kündigung erteilt, dem Arbeitnehmer aber erst nach dem Zugang der Kündigung bekannt gemacht wurde: BAG v. 17.2.1982 – 7 AZR 846/79, AP Nr. 1 zu § 15 SchwbG. | 6 KR/*Friedrich*, § 4 KSchG Rz. 197; *v. Hoyningen-Huene/Linck*, § 4 KSchG Rz. 61. | 7 BAG v. 3.7.2003 – 2 AZR 487/02, NZA 2003, 1335; aA KR/*Friedrich*, § 4 KSchG Rz. 202, 207. | 8 Vgl. NRW GVBl. 1983, 635. | 9 BW RegBl. 1947, 101; Berlin GVBl. 1961, 1611. | 10 BAG v. 3.7.2003 – 2 AZR 487/02, NZA 2003, 1335 zur Kündigung eines im Erziehungsurlaub befindlichen Arbeitnehmers durch den Insolvenzverwalter gemäß §§ 113 Abs 2 Satz 2 InsO aF iVm. § 4 Satz 4.

oder bei dem ArbGeb nicht mitgeteilter oder sonst bekannter Schwerbehinderung), bedarf der ArbN nicht des Schutzes des § 4 Satz 4; die Frist läuft daher gemäß § 4 Satz 1 ab Zugang der Kündigung[1].

Besonderheiten gelten nach § 2 Abs. 4 ArbPlSchG und § 78 Abs. 1 Nr. 1 Zivildienstgesetz für **Wehrdienst- und Zivildienstleistende**. Geht ihnen nach der Einberufung zum Wehr- oder Zivildienst oder im Verlauf dieses Dienstes eine Kündigung des Arbeitsverhältnisses zu, beginnt die Klagefrist des § 4 erst zwei Wochen nach Ende des Dienstes. Nach § 24 Abs. 3 beginnt die Klagefrist bei Besatzungsmitgliedern in **Schifffahrt und Luftverkehr** nicht ab Zugang der Kündigung, sondern erst ab Rückkehr zum Sitz des Betriebes. Findet diese Rückkehr an einem anderen Ort im Inland statt, verlängert sich die Klagefrist auf 6 Wochen. 43

VII. Rücknahme der Kündigung. Bei der Kündigung eines Arbeitsverhältnisses handelt es sich um eine **einseitige empfangsbedürftige rechtsgestaltende Willenserklärung**, die gemäß § 130 Abs. 1 Satz 1 BGB im Zeitpunkt des Zugangs wirksam wird. Die Kündigung wird gemäß § 130 Abs. 1 Satz 2 BGB nur dann nicht wirksam, wenn dem ArbN vorher oder gleichzeitig ein Widerruf zugeht. Nach dem Zugang der Kündigung ist deren Rücknahme durch den ArbGeb grundsätzlich nicht mehr möglich, da die Gestaltungswirkung der Kündigung in diesem Zeitpunkt bereits eingetreten ist[2]. 44

Die Rücknahme der Kündigung ist als **Angebot des ArbGeb** zu werten, das Arbeitsverhältnis fortzusetzen. Der gekündigte ArbN kann dieses Angebot annehmen oder ablehnen. Die **Annahme** dieses Angebots kann in der Weise geschehen, dass er – außergerichtlich – die Fortsetzung seines Arbeitsverhältnisses verlangt. Ab diesem Zeitpunkt besteht das Arbeitsverhältnis zu den alten Bedingungen fort[3]. Ist der ArbN mit der Kündigung einverstanden, kann er das in der Rücknahme der Kündigung liegende Angebot des ArbGeb auf Fortsetzung des Arbeitsverhältnisses einfach dadurch **ablehnen**, dass er keine Kündigungsschutzklage erhebt. Nach § 7 ggf. iVm. § 13 gilt die Kündigung nach Ablauf der vorgeschriebenen Klagefrist als von Anfang an wirksam[4]. Erklärt der ArbGeb die Rücknahme seiner Kündigung erst, nachdem der ArbN eine Kündigungsschutzklage erhoben hat, enthält die Rücknahme neben dem Angebot, das Arbeitsverhältnis fortzusetzen, auch eine **Anerkennung des Klageanspruchs**[5]. Will der ArbN das Angebot des ArbGeb auf Fortsetzung des Arbeitsverhältnisses annehmen, kann er unter den Voraussetzungen des § 307 ZPO ein Anerkenntnisurteil beantragen oder aber den Rechtsstreit in der Hauptsache für erledigt erklären. Dagegen liegt allein in der Erhebung der Kündigungsschutzklage keine vorweggenommene (antizipierte) Zustimmung des ArbN zur Rücknahme der Kündigung durch den ArbGeb[6]. Nimmt der ArbN das Angebot des ArbGeb auf Fortsetzung des Arbeitsverhältnisses nicht an, entfällt nicht automatisch das **Rechtsschutzinteresse** an der Fortsetzung des Kündigungsschutzprozesses. Vielmehr verbleibt dem ArbN die Möglichkeit, eine **Auflösung** seines Arbeitsverhältnisses unter Zahlung einer Abfindung nach § 9 zu beantragen[7]. 45

Der ArbN ist nicht gehalten, auf die Rücknahme der Kündigung unverzüglich zu reagieren. Insbesondere liegt in der bloßen **Fortführung des Kündigungsschutzprozesses** ohne unverzüglichen Auflösungsantrag nach § 9 keine stillschweigende Annahme des Angebots auf Fortsetzung des Arbeitsverhältnisses[8]. Letztlich kann der ArbGeb durch eine Rücknahme der Kündigung den ArbN weder daran hindern, einen Antrag auf Auflösung seines Arbeitsverhältnisses gegen Zahlung einer Abfindung gemäß § 9 zu stellen, noch ihm die Möglichkeit nehmen, gemäß § 12 die Fortsetzung der Arbeit zu verweigern, weil er inzwischen ein neues Arbeitsverhältnis eingegangen ist[9]. 46

VIII. Entscheidung des ArbG. Ob es im Kündigungsschutzprozess zu einer Entscheidung des ArbG kommt, hängt von dem Verhalten der Prozessparteien ab. So kann der ArbN seine Kündigungsschutzklage gemäß § 269 Abs. 1 ZPO zurücknehmen, ohne Einwilligung des Beklagten allerdings nur bis zum Beginn der mündlichen Verhandlung. Erfolgt die **Klagerücknahme** nach Ablauf der Klagefrist des § 4, gilt die Kündigung nach § 7 als von Anfang an wirksam. War die Klagefrist noch nicht abgelaufen, ist der ArbN nicht gehindert, erneut Kündigungsschutzklage zu erheben. Erklärt der ArbN den Verzicht auf seinen Feststellungsanspruch nach § 4, ist auf Antrag des ArbGeb die Klage gemäß § 306 ZPO abzuweisen. 47

Auf den im Gesetz verankerten allgemeinen und besonderen Kündigungsschutz kann ein ArbN weder vor Beginn seines Arbeitsverhältnisses noch in dessen Verlauf im Hinblick auf eine künftige Kündigung **verzichten**[10]. Nach dem Zugang einer Kündigung steht es dem ArbN frei, Kündigungsschutzklage zu erheben. Ab diesen Zeitpunkt kann er auch wirksam auf die gerichtliche Geltendmachung des Kündigungsschutzes verzichten, etwa im Rahmen eines Aufhebungsvertrags, eines Vergleichs, ei- 48

---

1 Eingehend *J. Schmidt*, NZA 2004, 79 ff.; ebenso *Preis*, DB 2004, 70 (77). | 2 BAG v. 21.2.1957 – 2 AZR 410/54, AP Nr. 22 zu § 1 KSchG; v. 19.8.1982 – 2 AZR 230/80, AP Nr. 9 zu § 9 KSchG 1969. | 3 KR/*Friedrich*, § 4 KSchG Rz. 58. | 4 v. *Hoyningen-Huene/Linck*, § 4 KSchG Rz. 28. | 5 BAG v. 29.1.1981 – 2 AZR 1055/78, AP Nr. 6 zu § 9 KSchG 1969. | 6 BAG v. 19.8.1982 – 2 AZR 230/80, AP Nr. 9 zu § 9 KSchG 1969. | 7 BAG v. 19.8.1982 – 2 AZR 230/80, AP Nr. 9 zu § 9 KSchG 1969. | 8 v. *Hoyningen-Huene/Linck*, § 4 KSchG Rz. 31; *Knorr/Bichlmeier/Kremhelmer*, Kapitel 11 Rz. 127; *Stahlhacke/Preis/Vossen*, Rz. 131; aA KR/*Friedrich*, § 4 KSchG Rz. 64; Münch-Komm/*Schwerdtner*, 3. Aufl. vor § 620 BGB Rz. 166. | 9 v. *Hoyningen-Huene/Linck*, § 4 KSchG Rz. 32. | 10 BAG v. 6.6.1958 – 1 AZR 514/57, AP Nr. 18 zu § 44 Truppenvertrag.

nes Klageverzichtsvertrags oder eines Klagerücknahmeversprechens. Der ArbN kann einen wirksamen Verzicht auf den Kündigungsschutz auch im Rahmen einer Ausgleichsquittung erklären (vgl. näher Vor § 1 Rz. 28 ff.). Dabei kommt es entscheidend auf deren Wortlaut an, wobei an die Eindeutigkeit der Verzichtserklärung besonders strenge Anforderungen zu stellen sind[1].

49 Erledigt sich der Kündigungsschutzprozess nicht auf andere Weise, prüft das ArbG im Rahmen seiner Entscheidung ausschließlich, ob die in der Kündigungsschutzklage nach § 4 konkret bezeichnete Kündigung das Arbeitsverhältnis zum vorgesehenen Termin aufgelöst hat. Dem liegt der sog. **punktuelle Streitgegenstandsbegriff** zugrunde, der sich auf den Wortlaut des Gesetzes und dessen historische Entwicklung stützen kann[2]. Wird die Kündigungsschutzklage wegen der sozialen Rechtfertigung der Kündigung rechtskräftig abgewiesen, steht damit die Auflösung des Arbeitsverhältnisses durch diese Kündigung fest. Ob es zu einem früheren Zeitpunkt bestanden hat, ist damit allerdings nicht entschieden[3]. Nach der Rechtskraft dieser Entscheidung kann sich der ArbN in einem Folgeprozess nicht auf andere Mängel dieser Kündigung berufen[4]. Auch bei der Versäumung der Klagefrist wird die Kündigungsschutzklage als unbegründet abgewiesen, da sie gemäß § 7 als von Anfang an wirksam gilt[5]. Gibt das Gericht der Kündigungsschutzklage statt, weil es die Kündigung für sozial ungerechtfertigt erachtet, wird damit allein festgestellt, dass das Arbeitsverhältnis durch diese Kündigung nicht aufgelöst ist. Allerdings steht mit dieser Entscheidung zugleich fest, dass zum Zeitpunkt des Zugangs der Kündigung, mindestens aber zum Zeitpunkt des Kündigungstermins ein Arbeitsverhältnis bestanden hat[6]. Grundsätzlich kann ein ArbN neben der Kündigungsschutzklage nach § 4 eine **allgemeine Feststellungsklage** nach § 256 ZPO erheben, wenn er geltend machen will, zu einem bestimmten Zeitpunkt habe ein Arbeitsverhältnis bestanden[7]. Dazu ist allerdings ein besonderes Feststellungsinteresse erforderlich. Es kann sich daraus ergeben, dass der ArbN sich darauf beruft, sein Arbeitsverhältnis sei auch nicht durch andere Beendigungstatbestände wie eine Anfechtung des Arbeitsvertrags oder einen Aufhebungsvertrag beendet worden. Zumindest muss er bis zum Zeitpunkt der letzten mündlichen Verhandlung belegen, dass sich der ArbGeb im Verlauf des Kündigungsschutzprozesses auf weitere Beendigungstatbestände, bspw. auf weitere Kündigungen berufen wird[8]. Aufgrund einer zulässigen Feststellungsklage neben der Kündigungsschutzklage muss das Gericht wegen des erweiterten Streitgegenstands auch darüber entscheiden, ob das Arbeitsverhältnis bis zum Zeitpunkt der letzten mündlichen Verhandlung bestanden hat[9].

50 Wenn der ArbN neben seiner Kündigungsschutzklage auch **Lohnansprüche** geltend machen will, muss er eine entsprechende Leistungsklage erheben. Die Kündigungsschutzklage nach § 4 führt weder zu einer Unterbrechung noch zu einer Hemmung im Hinblick auf die **Verjährung** der Lohnansprüche[10]. Das gilt in gleicher Weise für Ansprüche des ArbN auf Urlaub oder Urlaubsabgeltung[11].

51 Geht es um die Wahrung von tariflichen oder vertraglichen **Ausschlussfristen**, kann auch die Erhebung einer Kündigungsschutzklage zur rechtzeitigen Geltendmachung eines Lohnanspruchs genügen. Das gilt etwa für eine sog. einstufige Ausschlussklausel, nach der Ansprüche innerhalb einer bestimmten Frist geltend zu machen sind, ohne dass daran besondere Formvorschriften geknüpft sind[12]. Müssen die Ansprüche nach dem Wortlaut der Ausschlussklausel schriftlich geltend gemacht werden, genügt dazu zwar die Erhebung der Kündigungsschutzklage. Die Ausschlussfrist wird allerdings nur gewahrt, wenn diese Klage dem ArbGeb rechtzeitig zugestellt wird; § 270 Abs. 3 ZPO gilt nicht. Schreibt die Ausschlussklausel dagegen eine gerichtliche Geltendmachung von Ansprüchen vor, genügt diesen Anforderungen die Erhebung einer Kündigungsschutzklage nicht. Vielmehr muss der ArbN die betreffenden Ansprüche im Rahmen einer besonderen Klage geltend machen[13].

52 Wenn ein ArbN eine Kündigungsschutzklage erhebt, macht er damit grundsätzlich nicht gleichzeitig etwaige **Urlaubs- oder Urlaubsabgeltungsansprüche** geltend. Deren Erlöschen durch Zeitablauf kann er allein durch eine Kündigungsschutzklage nicht verhindern[14]. Um seine Urlaubs- oder Urlaubsabgeltungsansprüche zu sichern, muss er diese zusätzlich und fristgerecht geltend machen, um den ArbGeb ggf. in Verzug zu setzen und sich Schadensersatzansprüche zu sichern (vgl. dazu § 7 BUrlG).

53 **IX. Weiterbeschäftigungsanspruch.** Im Falle eines fristgerechten und ordnungsgemäßen **Widerspruchs von BR oder Personalrat** gegen eine Kündigung steht dem gekündigten ArbN nach Ablauf der Kündi-

---

1 BAG v. 3.5.1979 – 2 AZR 679/77, AP Nr. 6 zu § 4 KSchG 1969. | 2 BAG v. 13.11.1958 – 2 AZR 573/57, AP Nr. 17 zu § 3 KSchG; KR/*Friedrich*, § 4 KSchG Rz. 25 ff. mwN. | 3 BAG v. 15.1.1991 – 1 AZR 95/90, AP Nr. 21 zu § 113 BetrVG 1972. | 4 BAG v. 12.6.1986 – 2 AZR 426/85, AP Nr. 17 zu § 4 KSchG 1969. | 5 BAG v. 26.6.1986 – 2 AZR 358/85, AP Nr. 14 zu § 4 KSchG 1969. | 6 BAG v. 12.1.1977 – 5 AZR 593/75, AP Nr. 3 zu § 4 KSchG 1969; v. 13.3.1997 – 2 AZR 512/96, AP Nr. 38 zu § 4 KSchG 1969; aA v. *Hoyningen-Huene/Linck*, § 4 KSchG Rz. 89 mwN, wonach der Bestand des Arbeitsverhältnisses nur eine Vorfrage für die Entscheidung über die Kündigungsschutzklage ist. | 7 BAG v. 21.1.1988 – 2 AZR 581/86, AP Nr. 19 zu § 4 KSchG 1969. | 8 BAG v. 27.1.1994 – 2 AZR 484/93, AP Nr. 28 zu § 4 KSchG 1969. | 9 KR/*Friedrich*, § 4 KSchG Rz. 238. | 10 BAG v. 7.11.1991 – 2 AZR 159/91, AP Nr. 6 zu § 209 BGB. | 11 BAG v. 21.9.1999 – 9 AZR 705/98, AP Nr. 77 zu § 7 BUrlG – Abgeltung. | 12 BAG v. 9.8.1990 – 2 AZR 579/89, AP Nr. 46 zu § 615 BGB. | 13 BAG v. 13.9.1984 – 6 AZR 379/81, AP Nr. 86 zu § 4 TVG – Ausschlussfristen; v. 9.8.1990 – 2 AZR 579/89 und 21.3.1991 – 2 AZR 577/90, AP Nr. 46 und 49 zu § 615 BGB. | 14 BAG v. 1.12.1983 – 6 AZR 299/80, AP Nr. 15 zu § 7 BUrlG – Abgeltung.

gungsfrist bis zum rechtskräftigen Abschluss des Kündigungsschutzprozesses nach § 102 Abs. 5 BetrVG bzw. § 79 Abs. 2 BPersVG oder den entsprechenden Bestimmungen der Landespersonalvertretungsgesetze ein Anspruch auf Weiterbeschäftigung zu unveränderten Arbeitsbedingungen zu.

Auch unabhängig von einem Widerspruch des BR oder Personalrats kann ein ArbN nach der Rspr. verlangen, vorläufig weiter beschäftigt zu werden (sog. **allgemeiner vorläufiger Weiterbeschäftigungsanspruch**). Für die Dauer eines Kündigungsrechtsstreits besteht dieser Anspruch, wenn die Interessen des ArbN an seiner Weiterbeschäftigung die des ArbGeb an der Nichtbeschäftigung übersteigen oder wenn die Kündigung offensichtlich unwirksam ist[1]. Hat der ArbGeb eine **Änderungskündigung** ausgesprochen, steht dem ArbN ein Anspruch auf vorläufige Weiterbeschäftigung zu den bisherigen Arbeitsbedingungen nur zu, wenn er die Änderung seiner Arbeitsbedingungen nicht unter Vorbehalt angenommen, sondern abgelehnt hat. Denn in diesem Fall geht es in dem Kündigungsrechtsstreit nicht lediglich um den Inhalt des Arbeitsverhältnisses, sondern um dessen Bestand[2]. Hat der ArbN dagegen die Änderungskündigung unter Vorbehalt angenommen, kann er eine vorläufige Weiterbeschäftigung zu den bisherigen Bedingungen nicht verlangen[3]. Ein Anspruch auf vorläufige Weiterbeschäftigung steht dem ArbN auch dann zu, wenn er mit dem ArbGeb darüber streitet, ob sein Arbeitsverhältnis in Folge einer Befristung oder einer auflösenden Bedingung wirksam aufgelöst worden ist oder fortbesteht[4]. 54

Abgesehen von den Fällen einer offensichtlich unwirksamen Kündigung besteht ein **allgemeiner Weiterbeschäftigungsanspruch** des gekündigten ArbN, wenn ein die Unwirksamkeit der Kündigung feststellendes Urteil ergeht und keine besonderen Umstände vorliegen, die ein überwiegendes Interesse des ArbGeb an der Nichtbeschäftigung des ArbN begründen. Dieses Interesse des ArbGeb überwiegt, wenn ihm eine weitere Beschäftigung rechtlich oder tatsächlich nicht möglich ist oder zumindest unzumutbar wäre, wenn er eine weitere nicht offensichtlich unwirksame Kündigung ausgesprochen hat oder wenn er sich auf Umstände berufen kann, die ihn auch zu einer vorläufigen Suspendierung des ArbN berechtigen würden[5]. Sein Interesse an der Nichtbeschäftigung überwiegt auch, wenn er in einem Kündigungsschutzprozess eines leitenden Angestellten zulässigerweise einen Auflösungsantrag gestellt hat[6]. 55

Der Anspruch auf vorläufige Weiterbeschäftigung kann zum Gegenstand einer eigenen Klage gemacht werden. Verbindet der ArbN diesen Anspruch mit seiner Kündigungsschutzklage, handelt es sich bei dem Weiterbeschäftigungsantrag um einen **unechten Hilfsantrag**. Denn er wird nur für den Fall des Obsiegens mit der Kündigungsschutzklage gestellt. In dem Antrag muss der Kläger die Tätigkeit genau umschreiben, die er im Rahmen der vorläufigen Weiterbeschäftigung ausüben will[7]. Treffen die Parteien des Arbeitsverhältnisses eine **Vereinbarung** über die vorläufige Weiterbeschäftigung bis zum Abschluss des Kündigungsrechtsstreits, wird das gekündigte Arbeitsverhältnis auflösend bedingt durch die rechtskräftige Abweisung der Kündigungsschutzklage fortgesetzt. Dem ArbN stehen dann alle Vergütungsansprüche nach den bisherigen Arbeitsvertrag zu einschließlich der gesetzlichen Lohnfortzahlungsansprüche[8]. Geschieht die vorläufige Weiterbeschäftigung nicht freiwillig, sondern zur Abwendung oder auf Grund einer **Zwangsvollstreckung**, und wird die Kündigungsschutzklage rechtskräftig abgewiesen, richten sich die Zahlungsansprüche des ArbN für die erbrachten Arbeitsleistungen nach den Grundsätzen über die ungerechtfertigte Bereicherung. Da dem ArbGeb die Herausgabe der Arbeitsleistung unmöglich ist, hat er gemäß § 818 Abs. 2 BGB deren Wert zu ersetzen[9]. Drohen dem ArbN wegen der unterbleibenden Beschäftigung nach Ablauf der Kündigungsfrist erhebliche Nachteile, kann er einen Anspruch auf vorläufige Weiterbeschäftigung für die Dauer des Kündigungsrechtsstreits auch im Wege einer **einstweiligen Verfügung** geltend machen[10]. 56

5 Zulassung verspäteter Klagen

(1) War ein Arbeitnehmer nach erfolgter Kündigung trotz Anwendung aller ihm nach Lage der Umstände zuzumutenden Sorgfalt verhindert, die Klage innerhalb von 3 Wochen nach Zugang der schriftlichen Kündigung zu erheben, so ist auf seinen Antrag die Klage nachträglich zuzulassen. Gleiches gilt, wenn eine Frau von ihrer Schwangerschaft aus einem von ihr nicht zu vertretenden Grund erst nach Ablauf der Frist des § 4 Satz 1 Kenntnis erlangt.

(2) Mit dem Antrag ist die Klageerhebung zu verbinden; ist die Klage bereits eingereicht, so ist auf sie im Antrag Bezug zu nehmen. Der Antrag muss ferner die Angabe der die nachträgliche Zulassung begründenden Tatsachen und der Mittel für deren Glaubhaftmachung enthalten.

---

1 BAG v. 27.2.1985 – GS 1/84, AP Nr. 14 zu § 611 BGB – Beschäftigungspflicht; v. 26.5.1977 – 2 AZR 632/76, AP Nr. 5 zu § 611 BGB – Beschäftigungspflicht. | **2** KR/*Etzel*, § 102 BetrVG Rz. 272. | **3** BAG v. 18.1.1990 – 2 AZR 183/89, AP Nr. 27 zu § 2 KSchG 1969. | **4** BAG v. 13.6.1985 – 2 AZR 410/84, AP Nr. 19 zu § 611 BGB – Beschäftigungspflicht. | **5** BAG v. 19.12.1985 – 2 AZR 190/85, AP Nr. 17 zu § 611 BGB – Beschäftigungspflicht; LAG Hamburg v. 6.8.1985 – 1 Sa 24/85, LAGE Nr. 7 zu § 611 BGB – Beschäftigungspflicht. | **6** BAG v. 16.11.1995 – 8 AZR 864/93, AP Nr. 54 zu Einigungsvertrag Anlage I Kapitel IXX. | **7** BAG v. 8.4.1988 – 2 AZR 777/87, AP Nr. 4 zu § 611 BGB – Weiterbeschäftigungspflicht. | **8** BAG v. 4.9.1986 – 8 AZR 636/84, AP Nr. 22 zu § 611 BGB – Beschäftigungspflicht; v. 15.1.1986 – 5 AZR 237/84, AP Nr. 66 zu § 1 Lohnfortzahlungsgesetz. | **9** BAG v. 10.3.1987 – 8 AZR 146/84, AP Nr. 1 zu § 611 BGB – Weiterbeschäftigung; v. 12.2.1992 – 5 AZR 297/90, AP Nr. 9 zu § 611 BGB – Weiterbeschäftigung. | **10** KR/*Etzel*, § 102 BetrVG Rz. 289; ErfK/*Ascheid*, § 4 KSchG Rz. 102.

(3) Der Antrag ist nur innerhalb von zwei Wochen nach Behebung des Hindernisses zulässig. Nach Ablauf von sechs Monaten, vom Ende der versäumten Frist an gerechnet, kann der Antrag nicht mehr gestellt werden.

(4) Über den Antrag entscheidet die Kammer durch Beschluss, der ohne mündliche Verhandlung ergehen kann. Gegen diesen ist die sofortige Beschwerde zulässig.

1 **I. Gegenstand und Zweck.** § 5 bringt eine **Ausnahme** zu dem Grundsatz, die Wirksamkeit einer Kündigung möglichst nur kurze Zeit in der Schwebe zu lassen. Seinen Ausdruck findet dieser Grundgedanke in den Regelungen der §§ 4 und 7, wonach eine sozial ungerechtfertigte oder aus anderen Gründen unwirksame (schriftliche) Kündigung als von Anfang an wirksam gilt, wenn der gekündigte ArbN nicht rechtzeitig innerhalb der Drei-Wochen-Frist Kündigungsschutzklage erhebt. Diesen Grundgedanken durchbricht das Gesetz, wenn der ArbN trotz Anwendung aller ihm nach Lage der Umstände zuzumutenden Sorgfalt verhindert war, die Kündigungsschutzklage rechtzeitig zu erheben. In diesem Fall hat er gemäß § 5 die Möglichkeit, die nachträgliche Zulassung seiner Kündigungsschutzklage zu beantragen. Allerdings ist diese nachträgliche Zulassung ihrerseits nur innerhalb bestimmter Fristen zulässig.

2 Die Maßstäbe, nach denen eine verspätete Klage gemäß § 5 nachträglich zuzulassen ist, entsprechen denen bei der **Wiedereinsetzung in den vorigen Stand** nach § 233 ZPO. Die Rspr. und Lit. zu dieser Vorschrift kann daher ohne weiteres zum Vergleich herangezogen werden[1]. Zu berücksichtigen ist dabei jedoch, dass § 5 auf die individuelle Möglichkeit des gekündigten ArbN und seine Sorgfalt bei der Klageerhebung abstellt, während es bei § 233 ZPO lediglich um die bei der Prozessführung allgemein übliche Sorgfalt geht.

3 Die Zulassung einer verspäteten Kündigungsschutzklage betrifft nicht deren Zulässigkeit, sondern die **materiell-rechtlichen Auswirkungen** nach § 7, die eben im Fall der Zulassung nicht eintreten[2]. Bei der nachträglichen Zulassung handelt es sich um einen materiell-rechtlichen Teil des Verfahrens, da es sich auch bei der Klagefrist nach § 4 um eine materiell-rechtliche Ausschlussfrist handelt[3].

4 **II. Schuldlose Verhinderung an rechtzeitiger Klageerhebung (§ 5 Abs. 1).** Die nachträgliche Zulassung einer verspäteten Klage setzt nach § 5 Abs. 1 Satz 1 voraus, dass der ArbN trotz Anwendung aller ihm nach der Lage der Umstände zuzumutenden Sorgfalt verhindert war, die Klage innerhalb von 3 Wochen nach Zugang der Kündigung zu erheben. Nach dem Wortlaut dieser Vorschrift darf den ArbN keinerlei Verschulden treffen, nicht einmal leichte Fahrlässigkeit[4]. Dabei orientiert sich das Gesetz zunächst an einem **subjektiven Sorgfaltsmaßstab**, weil es auf die im Einzelfall gegebenen individuellen Möglichkeiten des ArbN ankommt. Danach darf von einem leitenden Angestellten eine größere Sorgfalt erwartet werden als von einem Hilfsarbeiter[5]. Da das Gesetz gleichzeitig von der Anwendung aller zumutbaren Sorgfalt spricht, schaden dem ArbN bereits leichteste Unsorgfältigkeiten. Denn ihm ist bei einer so wichtigen Angelegenheit wie der Beendigung seines Arbeitsverhältnisses durch eine Kündigung eine gesteigerte Sorgfalt abzuverlangen. Wegen der einzelnen Gründe, die für oder gegen eine nachträgliche Zulassung der Kündigungsschutzklage sprechen, vgl. Rz. 24 ff.

5 Ergänzend zur allgemeinen Klagefrist gilt die Regelung des mWv. 1.1.2004 eingefügten § 5 Abs. 1 Satz 2 für den Fall, dass eine Frau von ihrer **Schwangerschaft** aus einem von ihr nicht zu vertretenden Grund erst nach Ablauf der Frist des § 4 Satz 1 Kenntnis erlangt hat. § 9 Abs. 1 Satz 1 Halbs. 2 MuSchG ermöglicht der Frau in diesem Fall eine unverzügliche verspätete Inkenntnissetzung des ArbGeb. Gemäß § 5 Abs. 1 Satz 2 kann die Frau unter den gleichen Voraussetzungen, aber mit der zweiwöchigen Frist nach Satz 1 den Antrag auf nachträgliche Zulassung stellen. Es handelt sich dabei wohl nicht um einen unter die Generalklausel des § 5 Abs. 1 Satz 1 gehörigen Fall, da die ArbN-in an der rechtzeitigen Klageerhebung nicht gehindert ist, sondern lediglich ihren Kündigungsschutz nicht kennt. Dieser Grund eröffnet im Allgemeinen nicht die nachträgliche Zulassung und hat hier seine Wurzeln in dem Schutzgebot des Art. 6 Abs. 4 GG[6]. Die Klagefrist beginnt hier nicht erst gemäß § 4 Satz 4 mit Bekanntgabe der gar nicht beantragten Zustimmungserklärung der Behörde zu laufen[7], sondern mit Zugang der Kündigung, da die ArbN-in die Bekanntgabe einer Behördenentscheidung nicht erwarten konnte[8].

6 **III. Antrag auf nachträgliche Zulassung der verspäteten Klage (§ 5 Abs. 2).** Die nachträgliche Zulassung der Kündigungsschutzklage geschieht nicht von Amts wegen. Sie setzt einen **Antrag** des ArbN voraus. Er kann schriftlich beim ArbG eingereicht oder mündlich zu Protokoll der Geschäftsstelle erklärt werden. Dabei muss der ArbN die eine nachträgliche Zulassung begründenden Tatsachen und die Mittel für deren Glaubhaftmachung angeben. Gleichzeitig muss er die versäumte Kündigungsschutzklage erheben. War sie schon erhoben, muss er in seinem Antrag nach § 5 auf diese Bezug nehmen. An die Form seines Antrags sind keine hohen Anforderungen zu stellen. Er muss ihn nicht einmal

---

[1] v. Hoyningen-Huene/Linck, § 5 KSchG Rz. 3; KR/Friedrich, § 5 KSchG Rz. 14.   [2] Berkowsky, NZA 1997, 352.   [3] KR/Friedrich, § 5 KSchG Rz. 7; Reinecke, NZA 1985, 244.   [4] v. Hoyningen-Huene/Linck, § 5 KSchG Rz.; KR/Friedrich, § 5 KSchG Rz. 10; ErfK/Ascheid, § 5 KSchG Rz. 2; Bader/Bram/Dörner/Wenzel, § 5 KSchG Rz. 73.   [5] KR/Friedrich, § 5 KSchG Rz. 13 unter Hinweis auf LAG BW v. 18.10.1993 – 9 Ta 26/93, nv.   [6] BVerfG v. 13.11.1979 – 1 BvL 24/77 u. 19/78 u. 38/79, AP Nr. 7 zu § 9 MuSchG 1968.   [7] Vgl. hierzu BAG v. 3.7.2003 – 2 AZR 487/02, BB 2003, 2518.   [8] J. Schmidt, NZA 2004, 79 ff.; Preis, DB 2004, 70 (77).

ausdrücklich erwähnen, solange sich aus seiner Eingabe hinreichend deutlich ergibt, dass er die Zulassung einer verspäteten Kündigungsschutzklage anstrebt[1].

Der Antrag auf nachträgliche Zulassung muss bei dem **zuständigen ArbG** eingereicht werden. Der Eingang bei einem örtlich unzuständigen ArbG genügt, wenn dort die Kündigungsschutzklage schon anhängig ist, gleichzeitig anhängig gemacht wird oder noch anhängig gemacht werden soll. Der Antrag kann dann, wenn die Kündigungsschutzklage dem ArbGeb alsbald zugestellt wird, an das zuständige ArbG verwiesen werden. Das gilt auch, wenn der Antrag nach § 5 bei einem Gericht eines anderen Rechtswegs eingeht und der Rechtsstreit nach alsbaldiger Zustellung der Kündigungsschutzklage an das zuständige ArbG gemäß den §§ 48 ArbGG, 17 ff. GVG verwiesen wird[2]. 7

Der ArbN muss in seinem Antrag nach § 5 Abs. 2 Satz 2 die **Tatsachen** angeben, die eine nachträgliche Zulassung seiner Kündigungsschutzklage begründen. Dabei muss er seine Schuldlosigkeit an der Fristversäumung nach allen Richtungen hin schlüssig dartun[3]. Er muss in allen Einzelheiten darlegen, aufgrund welcher konkreten Umstände er gehindert war, die Kündigungsschutzklage rechtzeitig zu erheben, in welchem Zeitpunkt genau dieses Hindernis behoben war, wann die Klage fertig gestellt wurde, wann und wie sie auf den Weg zum Gericht gebracht wurde und aufgrund welcher konkreten Umstände er an der Verspätung schuldlos gewesen ist[4]. 8

Nach § 5 Abs. 2 Satz 2 muss der ArbN in seinem Antrag auf nachträgliche Zulassung die **Mittel zur Glaubhaftmachung** angeben. Dabei kann es sich um schriftliche Zeugenaussagen, Urkunden, amtliche Auskünfte oder anwaltliche Versicherungen handeln. Zwar können die Mittel der Glaubhaftmachung und die Begründung des Antrags nachgeholt werden, allerdings nur bis zum Ablauf der Antragsfrist. Danach können sie nicht mehr berücksichtigt werden[5], soweit es sich nicht lediglich um bloße Ergänzungen, Konkretisierungen oder die Vervollständigung der vorgetragenen Gründe für die Zulassung und der fristgerecht angegebenen Mittel der Glaubhaftmachung handelt[6]. Insoweit ist das Verfahren über die nachträgliche Zulassung der Kündigungsschutzklage strenger ausgestaltet als das Wiedereinsetzungsverfahren gemäß § 236 Abs. 2 Satz 1 Halbs. 2 ZPO. Ebensowenig wie dort müssen die Mittel zur Glaubhaftmachung allerdings dem Antrag unmittelbar beigefügt werden[7]. 9

IV. Fristen für den Antrag (§ 5 Abs. 3). Der Antrag auf nachträgliche Zulassung einer Kündigungsschutzklage ist fristgebunden. Er muss innerhalb von 2 **Wochen** nach Behebung des Hindernisses, spätestens aber innerhalb von 6 **Monaten** nach Ablauf der Klagefrist gestellt werden gemäß § 5 Abs. 3. Wegen einer Versäumung dieser Fristen gibt es in dem Verfahren über die nachträgliche Zulassung einer Kündigungsschutzklage keine Wiedereinsetzung in den vorigen Stand[8]. Wird nach Ablauf dieser Fristen ein Antrag auf nachträgliche Zulassung gestellt, ist er als unzulässig zu verwerfen. 10

Die Frist von 2 Wochen für den Antrag auf nachträgliche Zulassung **beginnt** in dem Zeitpunkt, in dem das Hindernis behoben ist, das der rechtzeitigen Klageerhebung entgegenstand. Da dieses Hindernis anhand eines subjektiven Beurteilungsmaßstab festzustellen ist, beginnt auch die Antragsfrist in dem Zeitpunkt, in dem der ArbN den Wegfall des Hindernisses für die rechtzeitige Klageerhebung erkannt hat oder bei Aufbietung der ihm zumutbaren Sorgfalt hätte erkennen können. In diesem Fall ist die fortbestehende Unkenntnis nicht mehr unverschuldet[9]. 11

Grundsätzlich ist der Antrag auf nachträgliche Zulassung nach § 5 Abs. 2 **mit der Kündigungsschutzklage zu verbinden**. Gleichwohl kann der ArbN zunächst den Antrag auf nachträgliche Zulassung beim ArbG einreichen und erst später die Kündigungsschutzklage erheben, so lange das innerhalb der zweiwöchigen Frist nach § 5 Abs. 3 geschieht[10]. Obsiegt ein ArbN mit seiner verspäteten Kündigungsschutzklage, weil diese Verspätung übersehen worden ist, und erkennt er nunmehr sein Versäumnis, darf er den Antrag auf nachträgliche Zulassung seiner Kündigungsschutzklage nicht zurückstellen, bis der ArbGeb ein Rechtsmittel eingelegt hat[11]. 12

Da für die Berechnung der Fristen nach § 5 Abs. 3 die allgemeinen Bestimmungen der §§ 187 ff. BGB gelten, wird der Tag, an dem das Hindernis für die Klageerhebung wegfällt, nicht mitgerechnet. Die **Antragsfrist** läuft mit dem Tag nach 2 Wochen ab, der dem Tag entspricht, an dem das Hindernis fortgefallen ist. Entsprechendes gilt für den Ablauf der sechsmonatigen Frist[12]. 13

V. Verfahren und Entscheidung über den Antrag (§ 5 Abs. 4). Über den Antrag auf nachträgliche Zulassung entscheidet das ArbG nach § 5 Abs. 4 durch die **Kammer in voller Besetzung** im Wege eines Beschlusses, der ohne mündliche Verhandlung ergehen kann. Danach ist die Durchführung einer mündlichen Ver- 14

---

1 BAG v. 9.2.1961 – 2 AZR 144/59, AP Nr. 1 zu § 41 VwGO; LAG Berlin v. 11.2.1964 – 3 Ta 6/94, AP Nr. 11 zu § 4 KSchG. | **2** KR/*Friedrich*, § 5 KSchG Rz. 98, 99; *Bader/Bram/Dörner/Wenzel*, § 5 KSchG Rz. 38. | **3** *Wenzel*, MDR 1978, 277. | **4** LAG Frankfurt v. 22.12.1983 – 12 Ta 256/83 – NZA 1984, 40; LAG Köln v. 30.8.1989 – 5 Ta 176/89 – LAGE Nr. 42 zu § 5 KSchG; LAG BW v. 25.11.1954 – 1 Ta 32/54, AP Nr. 6 zu § 4 KSchG 1951. | **5** KR/*Friedrich*, § 5 KSchG Rz. 86. | **6** KR/*Friedrich*, § 5 KSchG Rz. 86. | **7** LAG Berlin v. 20.7.1983 – 9 Ta 6/83 – BB 1984, 885. | **8** BAG v. 16.3.1988 – 7 AZR 587/87, AP Nr. 16 zu § 130 BGB. | **9** LAG Köln v. 8.11.1994 – 6 Ta 209/94 – LAGE Nr. 70 zu § 5 KSchG; LAG Hamm v. 4.11.1996 – 12 Ta 105/96 – LAGE Nr. 81 zu § 5 KSchG. | **10** LAG Düsseldorf v. 31.10.1975 – 16 Ta 41/75 – DB 1976, 106; LAG BW v. 8.3.1988 – 8 Ta 8/88 – LAGE Nr. 37 zu § 5 KSchG. | **11** LAG Hamm v. 5.4.1982 – 8 Ta 61/82 – BB 1982, 1671. | **12** KR/*Friedrich*, § 5 KSchG Rz. 120 und 121.

handlung zwar grundsätzlich freigestellt. Gleichwohl kann der Vorsitzende nicht aufgrund § 53 Abs. 1 Satz 1 ArbGG und auch nicht aufgrund eines übereinstimmenden Antrags beider Parteien nach § 55 Abs. 3 ArbGG die Entscheidung über den Antrag auf nachträgliche Zulassung der Kündigungsschutzklage allein treffen[1]. Bei § 5 Abs. 4 handelt es sich um die speziellere Regelung gegenüber den Vorschriften im ArbGG[2]. Ferner wird in dem Verfahren über die nachträgliche Zulassung eine Entscheidung über die materielle Begründetheit der Kündigungsschutzklage getroffen, bei der nur die vollbesetzte Kammer als gesetzlicher Richter anzusehen ist[3]. Schließlich ist die Übertragung der Entscheidung auf den Kammervorsitzenden auch nach der Begründung des Gesetzes nicht für vertretbar gehalten worden, weil die Zulassung von Kündigungsschutzklagen einen sozialpolitisch außerordentlich wichtigen Bereich betrifft[4].

15 Grundsätzlich hat das ArbG über den Antrag auf nachträgliche Zulassung der Kündigungsschutzklage nur dann zu entscheiden, wenn es die Klage für verspätet hält[5]. Dabei spielt es für die Praxis keine Rolle, ob der Zulassungsantrag als Hilfsantrag oder als bedingter Antrag anzusehen ist. Über ihn darf nur entschieden werden, wenn die innerprozessuale Bedingung, von der er abhängt, eingetreten ist, mithin die Kündigungsschutzklage tatsächlich verspätet war[6].

16 Der Zulassungsantrag ist als **unzulässig** zu verwerfen, wenn er nicht innerhalb der zweiwöchigen Frist gestellt ist, wenn er erst nach Ablauf der sechsmonatigen Frist gestellt wird, wenn er keine Tatsachen enthält, die eine Verspätung der Kündigungsschutzklage entschuldigen können oder wenn in ihm die Mittel der Glaubhaftmachung nicht bezeichnet sind[7]. Der Zulassungsantrag ist als **unbegründet** abzuweisen, wenn die vorgetragenen Tatsachen die Verspätung der Kündigungsschutzklage nicht entschuldigen oder wenn diese Tatsachen nicht glaubhaft erscheinen[8].

17 Im Hinblick auf die **Bindungswirkung** der gerichtlichen Entscheidung ist streitig, ob sich die Prüfung im Rahmen des Verfahrens über die nachträgliche Zulassung der Kündigungsschutzklage **allein auf die Frage des Verschuldens** beschränkt[9]. Nach zutreffender Ansicht muss in diesem Verfahren zumindest auch geprüft werden, ob die Kündigungsschutzklage überhaupt verspätet eingereicht worden ist[10].

18 Allerdings lässt sich die **Verspätung einer Kündigungsschutzklage** erst feststellen, wenn zuvor geprüft worden ist, ob der ArbGeb überhaupt eine Kündigung ausgesprochen hat, wann diese Kündigung dem ArbN zugegangen ist und in welchem Zeitpunkt die Kündigungsschutzklage beim ArbG eingegangen ist. Ohne eine Klärung dieser Fragen würde es sich bei der Entscheidung über den Antrag auf nachträgliche Zulassung der Kündigungsschutzklage möglicherweise nur um ein abstraktes Rechtsgutachten darüber handeln, ob eine hypothetische Versäumung der Klagefrist verschuldet war. Diese Vorfragen müssen deshalb zunächst in dem Hauptsacheverfahren abschließend geklärt werden, bevor das Gericht in die Prüfung einer nachträglichen Zulassung der Kündigungsschutzklage eintreten darf. Erforderlichenfalls ist Beweis zu erheben, ohne dass dem Beweisführer für diese Vorfragen die Erleichterungen des § 5 Abs. 2 Satz 2 zugute kommen können.

19 Gegen den Beschluss des ArbG kann nach § 5 Abs. 4 Satz 2 die **sofortige Beschwerde** binnen einer Notfrist von 2 Wochen seit Zustellung beim LAG oder beim ArbG eingelegt werden. Eine Abhilfeentscheidung des ArbG gemäß § 572 Abs. 1 Satz 1 scheidet auch nach der Neufassung der §§ 567 ff. ZPO aus[11]. Das LAG entscheidet im Wege des Beschlusses durch die Kammer in voller Besetzung (vgl. Rz. 13). Gegen die Entscheidung des LAG findet **keine Rechtsbeschwerde** an das BAG gemäß § 78 Satz 2 ArbGG statt[12].

20 Stellt sich erst in 2. oder 3. Instanz heraus, dass die Kündigungsschutzklage verspätet war, der ArbN aber rechtzeitig einen – hilfsweisen – Antrag auf Zulassung gestellt hatte, muss nach **Zurückverweisung der Hauptsache** in jedem Fall das ArbG über diesen Antrag entscheiden. Dazu kann das Berufungs- oder das Revisionsverfahren nicht ausgesetzt werden[13]. Denn das ArbG bliebe an sein bereits ergangenes Urteil gebunden. Vielmehr ist das Urteil des ArbG aufzuheben und der Rechtsstreit zu erneuten Verhandlung und Entscheidung, insb. über den Antrag auf nachträgliche Zulassung der Kündigungsschutzklage, an das ArbG zurückzuverweisen[14].

21 Entscheidet das ArbG über den Antrag auf nachträgliche Zulassung der Kündigungsschutzklage statt durch einen Beschluss durch ein Urteil oder entscheidet es in einem Urteil einheitlich über die-

---

1 So aber KR/*Friedrich*, § 5 KSchG Rz. 126; *Bader/Bram/Dörner/Wenzel*, § 5 KSchG Rz. 150 b; *Lakies*, BB 2000, 668; aA *Schaub*, § 136 II 4 Rz. 51; *Berkowsky*, NZA 1997, 352. | 2 LAG Frankfurt v. 19.12.1986 – 13 Ta 347/86 – NZA 1987, 536. | 3 BVerfG v. 23.8.1995 – 1 BvR 568/93 – ZIP 1995, 2010; MünchArbR/*Berkowsky*, § 148 Rz. 87. | 4 BT-Drs. XIV/626, S. 12. | 5 BAG v. 28.4.1983 – 2 AZR 438/81, AP Nr. 4 zu § 5 KSchG 1969; v. 5.4.1984 – 2 AZR 67/83, AP Nr. 6 zu § 5 KSchG 1969. | 6 Vgl. die Darstellungen zum Streitstand bei: KR/*Friedrich*, § 5 KSchG Rz. 158; *Bader/Bram/Dörner/Wenzel*, § 3 KSchG Rz. 22 ff. | 7 *Herschel/Löwisch*, § 5 KSchG Rz. 25; *Bader/Bram/Dörner/Wenzel*, § 5 KSchG Rz. 158 und 159. | 8 *Herschel/Löwisch*, § 5 KSchG Rz. 26. | 9 So die hM: vgl. KR/*Friedrich*, § 5 KSchG Rz. 134 mwN. | 10 BAG v. 28.4.1983 – 2 AZR 438/81, AP Nr. 4 zu § 5 KSchG 1969; v. 5.4.1984 – 2 AZR 67/83, AP Nr. 6 zu § 5 KSchG 1969; weiter gehend LAG Hamm v. 7.11.1985 – 8 Ta 34/85 – LAGE Nr. 22 zu § 5 KSchG; LAG Sa.-Anh. v. 24.1.1995 – 2 Ta 173/94 – LAGE Nr. 69 zu § 5 KSchG. | 11 LAG Sa.-Anh. v. 7.8.2003 – 11 Ta 205/03, nv. (juris). | 12 BAG v. 20.8.2002 – 2 AZB 16/02, AP Nr. 14 zu § 5 KSchG 1969. | 13 So aber LAG Berlin v. 23.8.1988 – 3 Sa 43/88 – LAGE Nr. 38 zu § 5 KSchG; LAG Hamm v. 16.11.1989 – 17 Sa 109/89 – LAGE Nr. 44 zu § 5 KSchG. | 14 LAG Hamm v. 11.8.1970 – 3 Sa 361/70 – DB 1970, 1694; LAG Nürnberg v. 29.8.1995 – 2 Sa 203/95, AP Nr. 6 zu § 15 Schwerbehindertengesetz 1986.

sen Antrag und die Kündigungsschutzklage selbst, kann gegen jede dieser Entscheidungen nach dem **Grundsatz der Meistbegünstigung** sowohl Berufung als auch sofortige Beschwerde eingelegt werden. Eine eingelegte Berufung hat das LAG als sofortige Beschwerde zu behandeln und zunächst über den Antrag auf nachträgliche Zulassung durch Beschluss zu entscheiden, ggf. durch Aufhebung des angefochtenen Urteils. Entscheidet auch das LAG einheitlich über den Antrag auf nachträgliche Zulassung und die Kündigungsschutzklage und lässt es darüber hinaus die Revision gegen seine Entscheidung zu, ist diese für das BAG nicht bindend, soweit es um die Zulassung der verspäteten Klage geht[1].

Wird gegen den Beschluss des ArbG im Zulassungsverfahren Beschwerde eingelegt, ist die **Aussetzung des Hauptsacheverfahrens** bis zur Entscheidung über die Beschwerde gemäß § 148 ZPO erforderlich. Sonst besteht die Gefahr, dass ein Urteil des ArbG in der Hauptsache, das vom Beschluss des LAG im Zulassungsverfahren abweicht, trotz Rechtskraft gegenstandslos wird, weil der Beschluss des LAG entsprechend § 280 ZPO eine Bedingung für das Urteil im Kündigungsschutzprozess darstellt[2]. 22

Kann ein ArbN seine Kündigungsschutzklage erst in dem Verfahren vor dem LAG im Wege des **Parteiwechsels** auf der Passivseite gegen seinen „richtigen" ArbGeb richten, muss er auch dort seinen Antrag auf nachträgliche Zulassung der Kündigungsschutzklage anhängig machen. In diesem besonderen Fall hat ausnahmsweise das LAG selbst über den Antrag nach § 5 zu entscheiden[3]. 23

VI. Einzelfälle A–Z. Der ArbGeb ist grundsätzlich nicht verpflichtet, den ArbN im Zusammenhang mit einer Kündigung des Arbeitsverhältnisses auf die Klagefrist hinzuweisen[4]. Veranlasst der ArbGeb jedoch den ArbN arglistig, von der Erhebung einer Kündigungsschutzklage abzusehen, trifft diesen an der Versäumung der Klagefrist keine Schuld[5]. 24

Ist die **Auskunft** einer geeigneten Stelle falsch, an die sich der ArbN wegen der Kündigung wendet, trifft ihn kein Verschulden, wenn er von der Kompetenz des Ratgebers ausgehen durfte[6]. Grundsätzlich ist jede Stelle als geeignet zur Auskunft anzusehen, die über die erforderliche Sachkunde verfügt und unmittelbar zu entsprechenden Auskünften berufen ist. Das gilt etwa für die Rechtsantragstelle des ArbG, einen Rechtsanwalt oder die Rechtsschutzstelle der Gewerkschaft. Ungeeignet zur Auskunft sind dagegen Kanzleimitarbeiter von Gerichten und Anwälten, die Schadensabteilungen von Rechtsschutzversicherungen, die AA oder der BR bzw. Personalrat[7]. 25

Ein **Irrtum** des ArbN oder seine falsche Beurteilung der Erfolgsaussichten einer Kündigungsschutzklage rechtfertigen deren nachträgliche Zulassung nicht. Eine Ausnahme bildet gemäß § 5 Abs. 1 Satz 2 die zunächst unverschuldet nicht erkannte Schwangerschaft einer ArbN-in, wenn die Mitteilung an den ArbGeb unverzüglich gemäß § 9 Abs. 1 Satz 1 Halbs. 2 MuSchG nachgeholt wird (vgl. oben Rz. 5). Zur Frage des Vertretenmüssens der Unkenntnis vgl. die Erl. zu § 9 MuSchG. 26

Die **Krankheit** eines ArbN rechtfertigt allein nicht die Zulassung der Kündigungsschutzklage. Es kommt darauf an, ob ihm die rechtzeitige Klageerhebung wegen der Erkrankung objektiv unmöglich war[8]. Selbst bei einer stationären Krankenhausbehandlung muss der ArbN-in die Möglichkeit in Betracht ziehen, Angehörige oder Bekannte mit der Erhebung der Kündigungsschutzklage zu beauftragen[9]. 27

Will der ArbN seine Kündigungsschutzklage mit der **Post** befördern, muss er sie so rechtzeitig aufgeben, dass sie innerhalb der Regelpostlaufzeiten, auf die der ArbN vertrauen darf, beim Gericht eingeht. Störungen bei der Beförderung oder der Zustellung der Post hat der ArbN nicht zu vertreten[10]. 28

Problematisch können künftig Fälle der **unverschuldeten Unkenntnis**[11] vom Unwirksamkeitsgrund oder gar der nachträglichen Unwirksamkeit werden[12]. Soll der ArbN nicht zur „Klage auf Verdacht" gezwungen werden, wird in solchen Fällen die nachträgliche Zulassung das richtige Mittel sein. 29

Grundsätzlich muss ein ArbN die Kündigungsschutzklage auch während seines **Urlaubs** rechtzeitig erheben. Wird sein Arbeitsverhältnis während des Urlaubs gekündigt, geht ihm das an seine Wohnanschrift gerichtete Kündigungsschreiben zu, auch wenn er verreist ist[13]. Erhält der ArbN jedoch erst nach seiner Rückkehr und nach Ablauf der Klagefrist Kenntnis vom Zugang der Kündigung, kann er erfolgreich die nachträgliche Zulassung der Kündigungsschutzklage beantragen[14]. Kehrt der ArbN 30

---

1 BAG v. 14.10.1982 – 2 AZR 570/80, AP Nr. 2 zu § 72 ArbGG 1979. | 2 *Herschel/Löwisch*, § 5 KSchG Rz. 30; KR/*Friedrich*, § 5 KSchG Rz. 169 ff. | 3 LAG Hamm v. 15.7.1993 – 8 Ta 440/92 – LAGE Nr. 60 zu § 5 KSchG. | 4 BAG v. 26.8.1993 – 2 AZR 376/93, AP Nr. 8 zu § 72 LPVG NW. | 5 LAG Frankfurt v. 17.8.1954 – IV LA-B 28/54 – NJW 1954, 1952; LAG BW v. 26.3.1965 – 4 Ta 3/65 – BB 1965, 669; LAG Köln v. 9.10.2000 – ARSt 2001 164; aA LAG Hamm v. 29.10.1987 – LAGE Nr. 33 zu § 5 KSchG; *v. Hoyningen-Huene/Linck*, § 5 KSchG Rz. 5. | 6 KR/*Friedrich*, § 5 KSchG Rz. 30; *v. Hoyningen-Huene/Linck*, § 5 KSchG Rz. 6. | 7 AA LAG Sachs. v. 27.7.1998 – 6 Ta 273/97 – NZA-RR 1999, 266. | 8 *Schaub*, § 136 II 3 Rz. 44. | 9 LAG Hamm v. 31.1.1990 – 8 Ta 490/89 – LAGE Nr. 45 zu § 5 KSchG; LAG Köln v. 1.9.1993 – 10 Ta 118/93 – LAGE Nr. 62 zu § 5 KSchG. | 10 LAG Nürnberg v. 31.10.1991 – 7 Ta 121/91 – LAGE Nr. 56 zu § 5 KSchG. | 11 *Richardi*, NZA 2003, 764 (766). | 12 BAG v. 17.6.2003 – 2 AZR 245/02, NZA 2003, 1329 (zur Anfechtung eines Zustimmungsbescheides nach § 9 Abs. 3 3 MuSchG); desgleichen bei unterlassener Massenentlassungsanzeige gemäß § 17. | 13 BAG v. 16.3.1988 – 7 AZR 587/87, AP Nr. 16 zu § 130 BGB. | 14 LAG Köln v. 4.3.1996 – 10 Ta 322/95 – LAGE Nr. 75 zu § 4 KSchG.

noch innerhalb der dreiwöchigen Klagefrist aus dem Urlaub zurück, muss er sich unverzüglich beraten lassen und die Klage erheben[1].

31 Das Verschulden seines gesetzlichen **Vertreters** muss sich ein ArbN nach § 51 Abs. 2 ZPO anrechnen lassen[2]. Das Verschulden seines Prozessbevollmächtigten bei der Versäumung der Klagefrist muss sich ein ArbN in unmittelbarer oder entsprechender Anwendung des § 85 Abs. 2 ZPO anrechnen lassen[3]. Jedoch muss sich ein ArbN keinesfalls das Verschulden des Hilfspersonals seines Prozessbevollmächtigten anrechnen lassen, da auf deren Tätigkeit § 85 Abs. 2 ZPO keine Anwendung findet.

6 Verlängerte Anrufungsfrist

Hat ein Arbeitnehmer innerhalb von drei Wochen nach Zugang der schriftlichen Kündigung im Klagewege geltend gemacht, dass eine rechtswirksame Kündigung nicht vorliege, so kann er sich in diesem Verfahren bis zum Schluss der mündlichen Verhandlung erster Instanz zur Begründung der Unwirksamkeit der Kündigung auch auf innerhalb der Klagefrist nicht geltend gemachte Gründe berufen. Das Arbeitsgericht soll ihn hierauf hinweisen.

[Fassung bis zum 31.12.2003]: Hat ein Arbeitnehmer innerhalb von drei Wochen nach Zugang der Kündigung aus anderen als den in § 1 Abs. 2 und 3 bezeichneten Gründen im Klagewege geltend gemacht, dass eine rechtswirksame Kündigung nicht vorliege, so kann er in diesem Verfahren bis zum Schluss der mündlichen Verhandlung erster Instanz auch die Unwirksamkeit der Kündigung gemäß § 1 Abs. 2 und 3 geltend machen. Das Arbeitsgericht soll ihn hierauf hinweisen.

1 **I. Gegenstand und Zweck.** Die am 1.1.2004 in Kraft getretene Neufassung hat **zeitliche Geltung** für alle Kündigungen, die nach dem 31.12.2003 zugehen und darüber hinaus für alle Kündigungsschutzklagen, auf die § 4 nF Anwendung findet (vgl. § 4 Rz. 3). Die Norm steht in engem Zusammenhang mit den Bestimmungen in §§ 4, 5 und 7. Sie gestattet dem ArbN, später als 3 Wochen nach Zugang der schriftlichen Kündigung deren Rechtsunwirksamkeit geltend zu machen. Der häufig nicht rechtskundige ArbN soll seinen Kündigungsschutz nicht verlieren, wenn er nur durch rechtzeitige Anrufung des ArbG genügend klar zum Ausdruck gebracht hat, er wolle die Wirksamkeit der Kündigung bekämpfen[4].

2 Seinem **missglückten**[5] **Wortlaut** nach scheint § 6 nF davon auszugehen, dass sich der ArbN grundsätzlich innerhalb der Klagefrist auf alle Unwirksamkeitsgründe berufen müsse und dies nur ausnahmsweise bis zum Schluss der mündlichen Verhandlung nachgeholt werden könne. Das ist indessen nicht der Fall, wie § 4 Satz 1 unmissverständlich zum Ausdruck bringt, indem er für die rechtzeitige Geltendmachung jedweder Art von Unwirksamkeit lediglich eine rechtzeitige Klageerhebung mit dem dort bezeichneten Antrag verlangt. Ist die Klage erhoben, können daher grundsätzlich alle Einwendungen in den Grenzen des prozessualen Novenrechts (§§ 61a, 67 ArbGG) vorgebracht werden[6]. Das galt auch für § 113 Abs. 2 InsO aF[7]. Bis zur höchstrichterlichen Klärung der Frage empfiehlt es sich, in der Kündigungsschutzklage bspw. auf eine beigefügte Liste aller nur denkbaren in Betracht kommenden Unwirksamkeitsgründe Bezug zu nehmen. Eines schlüssigen Sachvortrags bedarf es zur Fristwahrung in keinem Fall, da nur ein „Berufen" verlangt wird (vgl. zu den Voraussetzungen der fristwahrenden Kündigungsschutzklage § 4 Rz. 9 ff.).

3 **II. Voraussetzungen für eine verlängerte Anrufungsfrist (§ 6 Satz 1).** Um in den Genuss der verlängerten Anrufungsfrist nach § 6 zu kommen, muss der ArbN innerhalb der Frist von 3 Wochen nach Zugang der schriftlichen Kündigung deren Unwirksamkeit im Wege einer **Klage vor dem ArbG** geltend gemacht haben. Ist die Klage erst nach Ablauf dieser Frist erhoben worden, kann der ArbN abweichend von der bis zum 31.12.2003 bestehenden Rechtslage[8] weder die Sozialwidrigkeit noch sonstige Unwirksamkeitsgründe geltend machen. Denn nach Ablauf der Frist gilt die schriftliche Kündigung gemäß § 7 nunmehr in jeder Hinsicht als von Anfang an rechtswirksam. In Betracht kommt allein eine nachträgliche Zulassung der Klage gemäß § 5.

4 Grundsätzlich verlangt § 6 ein aktives gerichtliches Vorgehen des ArbN. Dazu genügt auch die Erhebung einer Widerklage. Dagegen reicht ein bloßes Bestreiten der Wirksamkeit der Kündigung außer-

---

1 v. *Hoyningen-Huene/Linck*, § 5 KSchG Rz. 18. | 2 LAG Frankfurt v. 15.11.1988 – 7 Ta 347/88 – LAGE Nr. 41 zu § 5 KSchG. | 3 v. *Hoyningen-Huene/Linck*, § 5 KSchG Rz. 15; *Bader/Bram/Dörner/Wenzel*, § 5 KSchG Rz. 87; aA KR/*Friedrich*, § 5 KSchG Rz. 70; ErfK/*Ascheid*, § 5 KSchG Rz. 5. | 4 BAG v. 13.8.1987 – 2 AZR 599/86, AP Nr. 3 zu § 6 KSchG 1969. | 5 Ebenso *Bader*, NZA 65 (68). | 6 *Quecke*, RdA 2004, 86 (101 f.); diese können durchaus kürzer sein, so etwa bei Fristsetzung gemäß § 61a Abs. 5 ArbGG. | 7 Str., wie hier LAG Sa.-Anh. v. 8.6.2001 – 2 Sa 138/01, LAGE § 113 InsO Nr. 8 sowie *Moll* in Kübler/Prütting, § 113 InsO Rz. 96 ff. (98); *Quecke*, RdA 2004, 86 (102); aA *Boewer*, RdA 2001, 380 (391); *Schaub*, DB 1999, 224; andere wollten, vom selben Ausgangspunkt ausgehend, § 6 wenigstens analog anwenden, so etwa *Berscheid*, ZInsO, 1998, 167; Kittner/Däubler/Zwanziger/*Däubler*, § 113 InsO Rz. 52; ebenso LAG Hamm, 25.10.2000 – 4 Sa 821/00; unentschieden BAG v. 19.1.2000 – 4 AZR 70/79, NZA 2000, 658. | 8 Vgl. dazu BAG v. 22.11.1956 – 2 AZR 192/54, AP Nr. 8 zu § 4 KSchG.

halb eines Prozesses oder im Rahmen der Erwiderung auf eine ArbGebKlage zum Beispiel auf Herausgabe von Werkzeug nicht aus[1].

1. Erhebung der Klage. Nach dem Wortlaut der Neufassung muss es sich bei der fristgerecht erhobenen Klage um eine **Feststellungsklage** nach § 4 Satz 1 handeln, denn dort ist bestimmt, wie „im Klagewege geltend gemacht (wird), dass eine rechtswirksame Kündigung nicht vorliege". Allerdings genügte nach der bisherigen Fassung auch eine Leistungsklage den Voraussetzungen des § 6, wenn der ArbN aus der Unwirksamkeit der Kündigung Ansprüche auf Lohn oÄ herleitete[2]. Voraussetzung war, dass es dabei um Ansprüche ging, die die Zeiten nach dem Zugang der fristlosen Kündigung oder nach dem Ablauf der Kündigungsfrist bei einer ordentlichen Kündigung betrafen[3]. Eine Klage auf Leistungen aus der Zeit vor der Kündigung eröffnete dagegen selbst dann nicht die verlängerte Anrufungsfrist nach § 6, wenn in der Klage die Unwirksamkeit der Kündigung erwähnt wurde[4]. Danach hätte die Neufassung den eigentlichen Regelungsbereich des § 6 aF, nämlich die verlängerte Anrufung bei Leistungs- und allgemeinen Feststellungsklagen, ersatzlos abgeschafft. Dies war nach der Gesetzesbegründung nicht beabsichtigt[5]. Man wird § 6 nF wohl als insgesamt misslungen ansehen müssen (vgl. auch Rz. 2) und wie bisher auf sonstige Leistungs- und Feststellungsklagen anzuwenden haben, mit denen der ArbN außerhalb der Klage nach § 4 Satz 1 die Unwirksamkeit der Kündigung geltend macht[6].

Die verlängerte Anrufungsfrist nach § 6 kommt auch dann in Betracht, wenn der ArbN zunächst nur innerhalb von drei Wochen eine **Änderungsschutzklage** nach § 4 Satz 2 erhoben hat. Stellt sich im Verlauf dieses Prozesses heraus, dass der ArbN das Änderungsangebot des ArbGeb nicht wirksam unter Vorbehalt angenommen hat, kann er die Sozialwidrigkeit oder sonstige Unwirksamkeit der Kündigung als Beendigungskündigung auch noch zu einem späteren Zeitpunkt geltend machen[7].

Eine verlängerte Anrufung nach § 6 nF kommt nach hier vertretener Auffassung auch dann weiterhin in Betracht, wenn der ArbN zunächst nur innerhalb der Klagefrist nach § 4 einen Antrag auf Erlass einer **einstweiligen** Verfügung erhoben hat, der auf die Fortzahlung des Arbeitentgelts gerichtet ist[8]. Nach hM zu § 6 aF konnte auch die auf Einhaltung der maßgeblichen Kündigungsfrist gerichtete Klage innerhalb der verlängerten Frist mit der Sozialwidrigkeit der Kündigung begründet (aber nicht erweitert) werden[9]; das wird daher ebenfalls für § 6 nF gelten, und zwar für alle Unwirksamkeitsgründe.

2. Begründung der Klage. Für die Anwendung des § 6 aF kam es nicht darauf an, aus welchen anderen Gründen der ArbN die Wirksamkeit der Kündigung zunächst innerhalb der Klagefrist nach § 4 aber ohne den dort vorgeschriebenen Klageantrag angegriffen hat; **alle Unwirksamkeitsgründe** waren geeignet[10]. Für § 6 nF kommt dem Wortlaut nach nur eine rechtzeitige Klageerhebung nach § 4 Satz 1 in Betracht (vgl. Rz. 5). Jede Klage idS führt daher zu einer verlängerten Anrufungsfrist, weil damit ohne weiteres die Unwirksamkeit der Kündigung geltend gemacht wird. Es kommt nicht darauf an, ob und ggf. auf welche Gründe die fristgerechte Klage gestützt wurde. Eine verlängerte Anrufung gemäß § 6 ist stets möglich (dabei geht es allerdings gar nicht um eine verlängerte „Anrufung", nämlich des Gerichts mit einem bestimmten Klageantrag, sondern um eine verlängerte „Berufung", nämlich auf bestimmte Unwirksamkeitsgründe; auch darin wird der Fehlschlag der Neuregelung deutlich).

Die verlängerte Anrufungsfrist nach § 6 kommt auch dann in Betracht, wenn ein ArbN die Unwirksamkeit einer ihm gegenüber erklärten **fristlosen Kündigung** zunächst nur aus anderen Gründen geltend macht, ohne sich für den Fall ihrer Umdeutung auf die Sozialwidrigkeit oder andere spezielle Unwirksamkeitsgründe einer ordentlichen Kündigung zu berufen[11]. Das gilt auch, wenn ein ArbGeb eine außerordentliche und zugleich eine hilfsweise ordentliche Kündigung ausgesprochen hat, der ArbN innerhalb der Klagefrist nach § 4 nur die außerordentliche Kündigung angegriffen hat[12]. Eine verlängerte Anrufungsfrist kommt nur dann nicht in Frage, wenn sich der ArbN mit der bei Unwirksamkeit der außerordentlichen Kündigung im Wege der Umdeutung gewonnenen ordentlichen Kündigung bereits einverstanden erklärt hat[13].

3. Rechtsfolge: Verlängerte „Berufung auf Unwirksamkeitsgründe". Der ArbN kann sich nach dem Wortlaut der Neuregelung bis zum Schluss der mündlichen Verhandlung 1. Instanz auf innerhalb der Klagefrist nicht geltend gemachte Unwirksamkeitsgründe berufen. Entgegen der **amtlichen Überschrift** der Norm geht es somit nicht mehr um die „Anrufung" des Gerichts (mit einem bestimmten Klagebegehren), sondern um ein „Berufen". Berufen bedeutet nicht, schlüssig begründen. Der Wortlaut ist misslungen (vgl. Rz. 5 und Rz. 8). Nach § 6 aF war die Sozialwidrigkeit der Kündigung bis zum

---

1 KR/*Friedrich*, § 6 KSchG Rz. 29; v. Hoyningen-Huene/Linck, § 6 KSchG Rz. 7; *Bader/Bram/Dörner/Wenzel*, § 6 KSchG Rz. 11. | 2 BAG v. 30.11.1961 – 2 AZR 295/61, AP Nr. 3 zu § 5 KSchG. | 3 KR/*Friedrich*, § 6 KSchG Rz. 24. | 4 LAG Hamm v. 2.11.1953 – 3 Ta 88/53, AP 1954 Nr. 91. | 5 BT-Drs. 15/1204, S. 26; allerdings will *Bader*, NZA 2004, 65 (68 f.) die Neuregelung „beim Wort nehmen". | 6 *Quecke*, RdA 2004, 86 (102); so wohl auch *Löwisch*, BB 2004, 154, (160). | 7 BAG v. 23.3.1983 – 7 AZR 157/81, AP Nr. 1 zu § 6 KSchG 1969. | 8 BAG v. 9.11.1967 – 2 AZR 435/66 – BB 1968, 293. | 9 Vgl. KR/*Friedrich*, § 6 KSchG Rz. 12 f. mwN; *Bader/Bram/Dörner/Wenzel*, § 6 KSchG Rz. 23; aA ArbG Hamburg v. 1.3.1957 – 2 Ca 76/56, AP Nr. 2 zu § 5 KSchG. | 10 KR/*Friedrich*, § 6 KSchG Rz. 10 f. | 11 BAG v. 30.11.1961 – 2 AZR 295/61, AP Nr. 3 zu § 5 KSchG. | 12 BAG v. 16.11.1970 – 2 AZR 33/70, AP Nr. 38 zu § 3 KSchG. | 13 BAG v. 13.8.1987 – 2 AZR 599/86, AP Nr. 3 zu § 6 KSchG 1969.

Schluss der mündlichen Verhandlung 1. Instanz geltend zu machen. Handelte es sich dabei um eine allgemeine Feststellungsklage nach § 256 ZPO, diente es zumindest der Verfahrensklarheit, nunmehr den Feststellungsantrag nach § 4 (ggf. zusätzlich) zu stellen. Hatte der ArbN zunächst nur eine Leistungsklage erhoben, musste er bis zum Schluss der mündlichen Verhandlung einen Feststellungsantrag nach § 4 stellen[1]. In diesem Sinne dürfte die Regelung der Neufassung entgegen ihrem Wortlaut weiterhin zu verstehen sein (vgl. Rz. 5).

11 **III. Hinweispflicht (§ 6 Satz 2).** Nach dem Wortlaut von § 6 Satz 2 iVm. Satz 1 nF ist das ArbG verpflichtet, den ArbN, der seine Klage bisher nur auf andere Unwirksamkeitsgründe gestützt hat, auf die Möglichkeit hinzuweisen, sich nunmehr zur Begründung der Unwirksamkeit der Kündigung auch auf innerhalb der Klagefrist nicht geltend gemachte Gründe zu berufen. Dies erscheint im Hinblick auf die richterliche Unparteilichkeit bedenklich, da es weder um einen Hinweis nach § 139 ZPO noch um den Hinweis nach § 6 aF geht, die Sozialwidrigkeit gemäß dem befristeten Klageantrag nach § 4 Satz 1 geltend zu machen. Eine Hinweispflicht darauf, dass der ArbN sich noch auf andere Unwirksamkeitsgründe „berufen" kann (und nicht etwa nur angedeutete Gründe näher spezifiziert), erscheint befremdlich[2]. Der Hinweis nach § 6 Satz 2 aF rechtfertigte sich aus dem – ungewöhnlichen – Erfordernis eines befristeten Klagerechts mit inhaltlich vorgeschriebenem, punktuell begrenztem Streitgegenstand. Die Hinweispflicht wird allerdings voraussetzen, dass nach dem Vorbringen der Prozessparteien **Anhaltspunkte** für solche Unwirksamkeitsgründe der Kündigung bestehen. Verletzt das ArbG seine Hinweispflicht nach § 6 Satz 2, handelt es sich um einen schweren Verfahrensfehler. In diesem Fall muss es dem ArbN möglich sein, sich auch noch bis zum Schluss der mündlichen Verhandlung im Berufungsverfahren auf die Sozialwidrigkeit oder sonstige Unwirksamkeit der Kündigung zu berufen[3]. Anderenfalls bliebe nur die Zurückverweisung des Verfahrens an das ArbG mit der Begründung, das Verbot der Zurückverweisung nach § 68 ArbGG stünde dem nicht entgegen, weil die von § 6 verfolgten Zwecke Vorrang haben[4].

7 Wirksamwerden der Kündigung

Wird die Rechtsunwirksamkeit einer Kündigung nicht rechtzeitig geltend gemacht (§ 4 Satz 1, §§ 5 und 6), so gilt die Kündigung als von Anfang an rechtswirksam; ein vom Arbeitnehmer nach § 2 erklärter Vorbehalt erlischt.

[Fassung bis zum 31.12.2003]: Wird die Rechtsunwirksamkeit einer sozial ungerechtfertigten Kündigung nicht rechtzeitig geltend gemacht (§ 4 Satz 1, §§ 5 und 6), so gilt die Kündigung, wenn sie nicht aus anderem Grunde rechtsunwirksam ist, als von Anfang an rechtswirksam; ein vom Arbeitnehmer nach § 2 erklärter Vorbehalt erlischt.

1 Die Vorschrift des § 7 regelt die **Folgen nicht rechtzeitiger Klageerhebung** und ergänzt auf diese Weise die Vorschriften in den §§ 4, 5 und 6. Der ArbN, der die Unwirksamkeit einer (schriftlichen) Kündigung geltend machen will, muss das innerhalb der Frist des § 4 tun. Was aus der unwirksamen Kündigung wird, wenn der ArbN keine Klage erhebt, ergibt sich erst aus § 7. Die am 1.1.2004 in Kraft getretene Neufassung findet Anwendung, soweit für eine Kündigung die Klagefrist des § 4 nF maßgeblich ist (vgl. § 4 Rz. 3). Für frühere Kündigungen, die nach § 4 aF nur zur Geltendmachung der Sozialwidrigkeit fristgerechter Klage bedurften, fingierte § 7 aF deren Rechtswirksamkeit auch nur insoweit; ihre anderweitige Unwirksamkeit konnte unabhängig von einer Klagefrist in den Grenzen der Verwirkung (vgl. Rz. 4) geltend gemacht werden[5]. War die Klage rechtzeitig erhoben und die Sozialwidrigkeit der Kündigung geltend gemacht worden, wurde diese auch im Hinblick auf alle Übrigen in Betracht kommenden Unwirksamkeitsgründe überprüft[6]. Das gilt nach Vereinheitlichung der Klagefrist grundsätzlich ebenso; allerdings schränkt § 6 nF seinem Wortlaut nach die Berufung auf Unwirksamkeitsgründe zeitlich ein (vgl. näher dort).

2 **Rechtzeitige Geltendmachung** iSv. § 7 kann neben der fristgerechten Klageerhebung innerhalb von 3 Wochen nach § 4 Satz 1 auch durch verspätet erhobene, aber nachträglich zugelassene Klage gemäß § 5 und durch Geltendmachung der Unwirksamkeit einer Kündigung innerhalb der verlängerten Anrufungsfrist nach § 6 erfolgen. Ist die rechtzeitige Geltendmachung versäumt, wird eine (etwaige) Unwirksamkeit der Kündigung gemäß § 7 rückwirkend geheilt[7].

3 Die Rechtsunwirksamkeit einer Kündigung wird trotz rechtzeitig erhobener Kündigungsschutzklage auch durch spätere **Klagerücknahme** gemäß § 269 Abs. 3 ZPO sowie späteren **Klageverzicht** gemäß § 306 ZPO geheilt. Bei einer Klagerücknahme gilt der Rechtsstreit als nicht anhängig geworden. Mit der Klagerücknahme treten die Rechtswirkungen des § 7 rückwirkend auf den Tag des Ausspruchs

---

1 BAG v. 30.11.1961 – 2 AZR 295/61, AP Nr. 3 zu § 5 KSchG. | 2 Vgl. zur – begründeten – Ablehnung eines Richters nach Hinweis auf Verjährung der Klageforderung BGH v. 2.10.2003 – V ZB 22/03, BB 2003, 2595. | 3 *Bader/Bram/Dörner/Wenzel*, § 6 KSchG Rz. 62; ErfK/*Ascheid*, § 6 KSchG Rz. 8; aA KR/*Friedrich*, § 6 KSchG Rz. 38; idS jetzt *Bader*, NZA 2004, 65 (68 f.) *unter Hinweis auf* §§ 520 Abs. 3 Satz 2 Nr. 4, 531 Abs. 2 Nr. 2 ZPO. | 4 So BAG v. 30.11.1961 – 2 AZR 295/61, AP Nr. 3 zu § 5 KSchG. | 5 BAG v. 19.1.1961 – 2 AZR 197/59, AP Nr. 1 zu § 6 KSchG. | 6 ErfK/*Ascheid*, § 7 KSchG Rz. 4. | 7 KR/*Rost*, § 7 KSchG Rz. 2; *Herschel/Löwisch*, § 7 KSchG Rz. 1; *v. Hoyningen-Huene/Linck*, § 7 KSchG Rz. 1.

der Kündigung ein[1]. Neben dem Klageverzicht kann der ArbN auch außerhalb eines Prozesses gegenüber dem ArbGeb eine Erklärung abgeben, durch die er auf den Kündigungsschutz und die Erhebung eine Klage nachträglich verzichtet. Denn er ist grundsätzlich auch nicht daran gehindert, sein Arbeitsverhältnis jederzeit einvernehmlich aufzuheben[2].

Soweit die Geltendmachung der Unwirksamkeit einer Kündigung keiner fristgerechten Klageerhebung bedarf (vgl. die Ausnahmen für § 4 nF dort Rz. 5 sowie die Fälle für § 4 aF oben Rz. 1), kann dies allerdings nicht zeitlich unbegrenzt geschehen. Vielmehr kann das Recht dazu gemäß § 242 BGB verwirken (sog. **Prozessverwirkung**). Das ist anhand aller Umstände des Einzelfalls zu beurteilen. Neben dem Zeitmoment, für das feste Grenzen fehlen, müssen Umstände vorliegen, aufgrund derer der ArbGeb annehmen konnte, der ArbN werde die Kündigung hinnehmen (sog. Umstandsmoment)[3]. Dabei sind Zeit- und Umstandsmoment unabhängig voneinander zu prüfen. Ist bereits das Zeitmoment nicht erfüllt, kommt es auf das Umstandsmoment nicht mehr an. Ist das Zeitmoment erfüllt, kann das Umstandsmoment nicht deshalb verneint werden, weil der ArbGeb vor Ablauf des Zeitmoments über den Arbeitsplatz bereits verfügt hat[4]. Hat der ArbN nach Zeit- und Umstandsmoment die Möglichkeit verwirkt, sich auf Mängel einer Kündigung zu berufen, ist seine Klage als unbegründet abzuweisen[5]. Die Spannbreite des Zeitmoments erstreckt sich nach der Rspr. in Abhängigkeit vom Umstandsmoment auf wenige Wochen bis mehrere Monate[6].

Die Fiktion des § 7 bewirkt grundsätzlich die **Rechtswirksamkeit der Kündigung in jeder Hinsicht**. Dies gilt jedoch nicht, soweit es um Schutzvorschriften geht, auf die sich der ArbGeb beruft (zB Geschäftsunfähigkeit, Vertretungsmängel); der Schutz des ArbGeb kann nicht von einer rechtzeitigen Klageerhebung des ArbN abhängen (vgl. auch § 4 Rz. 5). Im Übrigen wirkt sich die Rechtswirksamkeit der Kündigung nicht nur auf Vergütungsansprüche des ArbN aus. Vielmehr kann sich der ArbN auch in Folgeprozessen mit seinem ArbGeb nicht mehr auf die Unwirksamkeit der Kündigung berufen[7]. Das gilt etwa für die Streitigkeiten über den Verfall einer Vertragsstrafe oder über die Rückzahlung einer Gratifikation. Allerdings beschränkt sich die Fiktion des § 7 in diesem Zusammenhang ausschließlich auf die Tatsache der Beendigung des Arbeitsverhältnisses. Ob die vom ArbGeb behaupteten Kündigungsgründe vorliegen, steht damit noch nicht fest[8].

Bei **Änderungskündigungen** erlischt ein vom ArbN nach § 2 erklärter Vorbehalt gemäß § 7 Halbs. 2, wenn er nicht rechtzeitig innerhalb der dreiwöchigen Klagefrist eine Änderungsschutzklage erhebt. Indem dieser Vorbehalt erlischt, wird die Annahme des Änderungsangebots endgültig wirksam. Mit einer später erhobenen Kündigungsschutzklage kann der ArbN auch nicht mehr sonstige Unwirksamkeitsgründe geltend machen[9].

8 Wiederherstellung der früheren Arbeitsbedingungen
Stellt das Gericht im Falle des § 2 fest, dass die Änderung der Arbeitsbedingungen sozial ungerechtfertigt ist, so gilt die Änderungskündigung als von Anfang an rechtsunwirksam.

Durch § 8 werden die Rechtsfolgen klargestellt, die eintreten, wenn ein ArbN mit seiner Änderungsschutzklage Erfolg hat. In diesem Fall gilt die **Änderungskündigung** als von Anfang an rechtsunwirksam. Allerdings wird um die Beendigung des Arbeitsverhältnisses gar nicht mehr gestritten, wenn der ArbN das Änderungsangebot unter Vorbehalt angenommen hat. Im Streit ist dann ausschließlich das mit der Kündigung verbundene Änderungsangebot. Dessen Annahme unter Vorbehalt stellt eine Annahme des Angebots unter einer auflösenden Bedingung iSd. § 158 BGB dar. Obsiegt der ArbN mit seiner Änderungsschutzklage, tritt diese Bedingung ein. Gemäß § 158 Abs. 2 BGB würde der frühere Zustand grundsätzlich erst mit dem Eintritt dieser auflösenden Bedingung wieder hergestellt werden. Demgegenüber stellt § 8 klar, dass die Annahme des Änderungsangebots durch den ArbN als nicht erfolgt gelten soll. Die rechtliche Bedeutung dieser Vorschrift liegt damit in der Begründung einer Rückwirkung des Bedingungseintritts[10]. Danach muss der ArbGeb den ArbN entsprechend § 159 BGB so stellen, als ob die Änderungskündigung nicht erfolgt wäre und der ArbN von vornherein zu unveränderten Bedingungen gearbeitet hätte.

Nach ihrem Wortlaut erfasst die Regelung in § 8 nur den Fall der **Unwirksamkeit** der Änderung der Arbeitsbedingungen aufgrund ihrer Sozialwidrigkeit. Das Gericht kann die Unwirksamkeit der Änderung der Arbeitsbedingungen aber auch daraus entnehmen, dass der BR zu der Änderungskündigung *nicht ordnungsgemäß* angehört worden ist. Auch in diesen Fällen ist in erweiternder Auslegung des § 8 die Änderungskündigung als von Anfang an rechtsunwirksam anzusehen[11].

---

1 KR/*Rost*, § 7 KSchG Rz. 8. | 2 *Herschel/Löwisch*, § 7 KSchG Rz. 4. | 3 BAG v. 20.5.1988 – 2 AZR 711/87, AP Nr. 5 zu § 242 BGB – Prozessverwirkung. | 4 BAG v. 2.12.1999 – 8 AZR 890/98, AP Nr. 6 zu § 242 BGB – Prozessverwirkung. | 5 KR/*Rost*, § 7 KSchG Rz. 38. | 6 Vgl. die Nachw. bei KR/*Friedrich*, § 13 KSchG Rz. 310. | 7 *Herschel/Löwisch*, § 7 KSchG Rz. 4. | 8 BAG v. 23.5.1984 – 4 AZR 129/82, AP Nr. 9 zu § 339 BGB. | 9 KR/*Rost*, § 7 KSchG Rz. 14 b bis g; ErfK/*Ascheid*, § 7 KSchG Rz. 8; *v. Hoyningen-Huene/Linck*, § 7 KSchG Rz. 8; aA BAG v. 28.5.1998 – 2 AZR 615/97, AP Nr. 48 zu § 2 KSchG 1969. | 10 KR/*Rost*, § 2 KSchG Rz. 58 ErfK/*Ascheid*, § 8 KSchG Rz. 1; *Herschel/Löwisch*, § 8 KSchG Rz. 3. | 11 KR/*Rost*, § 8 KSchG Rz. 8; *Richardi*, ZfA 1971, 101.

3 Grundsätzlich ist der ArbN verpflichtet, zu den geänderten Arbeitsbedingungen tätig zu werden, wenn er die Änderungskündigung unter Vorbehalt angenommen hat[1]. Obsiegt der ArbN mit seiner Änderungsschutzklage, hat der ArbGeb rückwirkend die früheren Arbeitsbedingungen wieder herzustellen. War durch das Änderungsangebot das Arbeitsentgelt verringert worden, hat der ArbN Anspruch auf die Differenz zwischen dem tatsächlich erhaltenen Lohn und dem, den er bei unveränderten Arbeitsbedingungen erhalten hätte. War die Arbeitszeit verkürzt worden, hat der ArbN Anspruch auf Lohnersatz für die Zeit, in der er nicht gemäß seinen ursprünglichen Arbeitsbedingungen eingesetzt wurde. Allerdings muss sich der ArbN anderweitig erzieltes Entgelt anrechnen lassen[2]. Da diese Ansprüche des ArbN erst mit der Rechtskraft der gerichtlichen Entscheidung in dem Änderungsschutzverfahren fällig werden, beginnen in diesem Zeitpunkt auch erst tarifliche Ausschlussfristen und die Verjährung[3]. Schließlich ist die Regelung in § 8 auch im Fall einer außerordentlichen Änderungskündigung entsprechend anwendbar[4].

9 Auflösung des Arbeitsverhältnisses durch Urteil des Gerichts; Abfindung des Arbeitnehmers

(1) Stellt das Gericht fest, dass das Arbeitsverhältnis durch die Kündigung nicht aufgelöst ist, ist jedoch dem Arbeitnehmer die Fortsetzung des Arbeitsverhältnisses nicht zuzumuten, so hat das Gericht auf Antrag des Arbeitnehmers das Arbeitsverhältnis aufzulösen und den Arbeitgeber zur Zahlung einer angemessenen Abfindung zu verurteilen. Die gleiche Entscheidung hat das Gericht auf Antrag des Arbeitgebers zu treffen, wenn Gründe vorliegen, die eine den Betriebszwecken dienliche weitere Zusammenarbeit zwischen Arbeitgeber und Arbeitnehmer nicht erwarten lassen. Arbeitnehmer und Arbeitgeber können den Antrag auf Auflösung des Arbeitsverhältnisses bis zum Schluss der letzten mündlichen Verhandlung in der Berufungsinstanz stellen.

(2) Das Gericht hat für die Auflösung des Arbeitsverhältnisses den Zeitpunkt festzusetzen, an dem es bei sozial gerechtfertigter Kündigung geendet hätte.

1 **I. Gegenstand und Zweck.** Wird im arbeitsgerichtlichen Kündigungsschutzverfahren festgestellt, dass die Kündigung des ArbGeb sozialwidrig war, eröffnet § 9 dem ArbN wie dem ArbGeb die Möglichkeit, das Arbeitsverhältnis durch das Gericht auflösen zu lassen. Allerdings räumt das Kündigungsschutzgesetz im Fall einer sozialwidrigen Kündigung dem Fortbestand des Arbeitsverhältnisses grundsätzlich den Vorrang ein. Es handelt sich mithin bei dem Kündigungsschutzgesetz um ein **Bestandsschutzgesetz** und nicht um ein Abfindungsgesetz[5]. Insoweit unterscheidet sich das Kündigungsschutzgesetz klar von dem Betriebsrätegesetz aus dem Jahr 1920 und dem Gesetz zur Ordnung der nationalen Arbeit aus dem Jahr 1934. Sie räumten dem ArbGeb ein Wahlrecht ein, den ArbN, der im Kündigungsprozess obsiegte, weiter zu beschäftigen oder ihm eine Abfindung zu zahlen.

2 Zwar wird das Bestandsschutzprinzip des Kündigungsschutzgesetzes durch die Möglichkeit einer gerichtlichen Auflösung des Arbeitsverhältnisses durchbrochen. Das Gesetz knüpft diese Möglichkeit in § 9 jedoch an den Antrag einer der Arbeitsvertragsparteien und an das Vorliegen bestimmter **Auflösungsgründe**. Damit kann weder der ArbGeb noch der ArbN beliebig zwischen der Fortsetzung des Arbeitsverhältnisses und seiner Auflösung gegen Abfindungszahlung wählen[6]. Der Auflösungsantrag kann nicht losgelöst von einem Kündigungsschutzprozess geltend gemacht werden[7]. Schließlich rechtfertigt sich die Pflicht zur Zahlung einer angemessenen Abfindung nach § 9 Abs. 1 daraus, dass der ArbN letztlich seinen Arbeitsplatz zu Unrecht verliert[8]. Nach § 9 Abs. 2 wird das Arbeitsverhältnis in dem Zeitpunkt aufgelöst, in dem es bei sozial gerechtfertigter Kündigung geendet hätte. Die Vorschrift ist verfassungsgemäß und verstößt weder gegen den Gleichheitssatz des Art. 3 Abs. 1 GG noch gegen die Eigentumsgarantie des Art. 14 GG oder das Rechtsstaatsprinzip nach Art. 20 Abs. 3 GG[9].

3 **II. Auflösungsantrag.** Die gerichtliche Auflösung des Arbeitsverhältnisses nach § 9 kann nur im Rahmen eines **Kündigungsschutzprozesses** erfolgen. Der Auflösungsantrag des ArbN ist als unzulässig abzuweisen, wenn er nicht gleichzeitig den Feststellungsantrag nach § 4 stellt[10]. Grundsätzlich kann über die Auflösung des Arbeitsverhältnisses und die Wirksamkeit der Kündigung nur eine einheitliche gerichtliche Entscheidung ergehen[11]. Allerdings soll ausnahmsweise der Erlass eines Teil-Anerkenntnisurteils über die Sozialwidrigkeit der Kündigung zulässig sein[12].

4 Grundsätzlich kommt eine gerichtliche Auflösung des Arbeitsverhältnisses nach § 9 nicht in Betracht, wenn ein ArbN eine **Änderungsschutzklage** nach § 4 Abs. 2 erhoben hat. Denn in diesem Fall geht es

---

1 BAG v. 18.1.1990 – 2 AZR 183/89, AP Nr. 27 zu § 2 KSchG 1969. |2 *Herschel/Löwisch*, § 8 KSchG Rz. 5. |3 LAG Thür. v. 18.12.1996 – 7 Ta 43/96 – LAGE Nr. 21 zu § 2 KSchG. |4 KR/*Rost*, § 8 KSchG Rz. 14; *Herschel/Löwisch*, § 8 KSchG Rz. 7. |5 BAG v. 5.11.1964 – 2 AZR 15/64, AP Nr. 20 zu § 7 KSchG 1951; v. 25.10.1989 AP Nr. 36 zu § 611 BGB – Direktionsrecht; kritisch *Willemsen*, NJW 2000, 2779; *Dorndorf*, BB 2000, 1938. |6 KR/*Spilger*, § 9 KSchG Rz. 9. |7 LAG BW v. 3.6.1991 – 7 Sa 16/91 – LAGE Nr. 20 zu § 9 KSchG. |8 BVerfG v. 12.5.1976 – 1 BvR 31/73 – AP Nr. 1 zu § 117 AFG. |9 BAG v. 16.5.1984 – 7 AZR 280/82, AP Nr. 12 zu § 9 KSchG 1969; BVerfG v. 29.1.1990 und 9.2.1990 – 1 BvR 42/82 – und 1 BvR 717/87 – EzA Nr. 34 und 36 zu § 9 KSchG nF. |10 BAG v. 29.5.1959 – AP Nr. 19 zu § 3 KSchG 1951. |11 BAG v. 4.4.1957 – AP Nr. 1 zu § 301 ZPO; v. 9.12.1971 – AP Nr. 3 zu Artikel 56 ZA NATO-Truppenstatut. |12 BAG v. 29.1.1981 – 2 AZR 1055/78, AP Nr. 6 zu § 9 KSchG 1969.

nicht um die Frage, ob das Arbeitsverhältnis durch die Änderungskündigung aufgelöst worden ist oder nicht [1]. Hat der ArbN allerdings das Änderungsangebot des ArbGeb abgelehnt und eine Kündigungsschutzklage nach § 4 Satz 1 erhoben, ist der Bestand des Arbeitsverhältnisses im Streit und der Antrag auf Auflösung dieses Arbeitsverhältnisses zulässig [2]. Streiten die Parteien über die Wirksamkeit einer außerordentlichen Kündigung eines **Ausbildungsverhältnisses**, ist dessen gerichtliche Auflösung gemäß § 9 nicht möglich [3].

Einen Antrag auf Auflösung des Arbeitsverhältnisses kann im Fall einer **ordentlichen Kündigung** sowohl der ArbGeb als auch der ArbN stellen. Streiten die Parteien über die Wirksamkeit einer **außerordentlichen Kündigung**, kann nur der ArbN, nicht dagegen der ArbGeb einen Auflösungsantrag stellen, wie sich aus § 13 Abs. 1 Satz 3 ergibt. Wird der Betrieb des ArbGeb im Verlauf des Kündigungsschutzprozesses veräußert, kann der ArbN einen Auflösungsantrag nur gegenüber dem Betriebserwerber stellen [4].

Da der **ArbN** seinen Auflösungsantrag nur für den Fall stellt, dass er mit seinem Feststellungsantrag nach § 4 erfolgreich ist, handelt es sich um einen sog. **uneigentlichen Eventualantrag** [5]. Dagegen ist der Antrag des **ArbGeb** auf Auflösung des Arbeitsverhältnisses ein **echter Eventualantrag**, der für den Fall gestellt wird, dass sein Antrag auf Abweisung der Feststellungsklage nach § 4 erfolglos bleibt [6]. Ob überhaupt ein Antrag auf Auflösung des Arbeitsverhältnisses vorliegt ist durch Auslegung zu ermitteln. So genügt ein Antrag des ArbN auf Zahlung einer Abfindung, da sie nur in Betracht kommt, wenn das Arbeitsverhältnis gleichzeitig gerichtlich aufgelöst wird [7]. Hat der ArbN dagegen zunächst die Abweisung des arbeitgeberseitigen Auflösungsantrags begehrt und erst im Berufungsverfahren eine höhere als die vom ArbG festgesetzte Abfindung verlangt, liegt darin keineswegs ein eigener Auflösungsantrag des ArbN [8].

Für den **Wortlaut des Antrags** auf Auflösung des Arbeitsverhältnisses nach § 9, der schriftlich, zu Protokoll der Geschäftsstelle oder in der mündlichen Verhandlung gestellt werden kann, ist eine bestimmte Formulierung im Gesetz nicht vorgesehen. Es muss weder die Festsetzung einer Abfindung noch ein bezifferter Betrag neben der Auflösung des Arbeitsverhältnisses beantragt werden [9].

Der Antrag auf Auflösung des Arbeitsverhältnisses nach § 9 kann zugleich mit der Feststellungsklage nach § 4 oder auch noch zu einem späteren Zeitpunkt bis zur **letzten mündlichen Verhandlung in der Berufungsinstanz** gestellt werden. Ob die Gründe für die Auflösung des Arbeitsverhältnisses bereits vorher oder erst in diesem Zeitpunkt vorgelegen haben, ist unerheblich. In der Revisionsinstanz kann der Antrag auf Auflösung des Arbeitsverhältnisses nicht mehr gestellt werden [10]. Bis zum Schluss der letzten mündlichen Verhandlung in der Berufungsinstanz kann der Antrag auf Auflösung des Arbeitsverhältnisses zurückgenommen werden. Daran ändert sich nichts durch eine Entscheidung des ArbG, das dem Auflösungsantrag stattgegeben hat. Denn die Gestaltungswirkung der gerichtlichen Auflösung des Arbeitsverhältnisses tritt erst mit der Rechtskraft des Urteils ein [11]. Allerdings kann ein ArbN keine Berufung gegen ein arbeitsgerichtliches Urteil einlegen, um im Berufungsverfahren erstmals einen Auflösungsantrag zu stellen oder seinen erstinstanzlich gestellten Auflösungsantrag zurück zu nehmen und eine Fortsetzung des Arbeitsverhältnisses zu erreichen [12].

Bei der **Rücknahme der Kündigung** durch den ArbGeb handelt es sich lediglich um ein Angebot an den ArbN, das Arbeitsverhältnis ungekündigt und ununterbrochen fortzusetzen. Der ArbN kann dieses Angebot annehmen. Er kann es aber auch zum Anlass nehmen, die Auflösung seines Arbeitsverhältnisses nach § 9 neben der Entscheidung über die Sozialwidrigkeit der Kündigung zu verlangen [13].

III. Sozialwidrigkeit der Kündigung. Die gerichtliche Auflösung des Arbeitsverhältnisses nach § 9 erfordert wegen § 13 Abs. 3 die **gerichtliche Feststellung**, dass die vom ArbGeb erklärte Kündigung nicht gemäß § 1 sozial gerechtfertigt ist. Ist die Kündigung sozial gerechtfertigt, scheidet eine Auflösung des Arbeitsverhältnisses aus. Dann weist das Gericht die Kündigungsschutzklage des ArbN ab. Ist die Kündigung zwar nicht sozialwidrig, aber aus anderen Gründen unwirksam, scheidet eine Auflösung des Arbeitsverhältnisses gleichfalls aus (§ 13 Abs. 3). Das Gericht gibt vielmehr der Kündigungsschutzklage statt und stellt den Fortbestand des Arbeitsverhältnisses fest. Ausnahmen gelten nach § 13 nur für ungerechtfertigte außerordentliche Kündigungen und sittenwidrige Kündigungen.

War die Kündigung sozialwidrig, kann der **ArbN** trotz § 13 Abs. 3 auch dann die Auflösung seines Arbeitsverhältnisses nach § 9 beantragen, wenn der Wirksamkeit der Kündigung **zusätzlich weitere Gründe** entgegenstanden [14]. In diesem Fall hat die Entscheidung des ArbG über die Sozialwidrigkeit der Kündigung praktisch Vorrang vor der Frage, ob die Kündigung zusätzlich noch aus anderen Gründen unwirksam ist [15] *(vgl. § 1 Rz. 22)*.

---

1 LAG München v. 29.10.1987 – 6 (7) Sa 816/86 – DB 1988, 866. | 2 BAG v. 29.1.1981 – 2 AZR 1055/78, AP Nr. 6 zu § 9 KSchG 1969. | 3 BAG v. 29.11.1984 – AP Nr. 6 zu § 13 KSchG 1969. | 4 BAG v. 20.3.1997 – AP Nr. 30 zu § 9 KSchG 1969. | 5 BAG v. 5.11.1964 – 2 AZR 15/64, AP Nr. 20 zu § 7 KSchG 1951. | 6 BAG v. 4.4.1957 – AP Nr. 1 zu § 301 ZPO. | 7 BAG v. 13.12.1956 – AP Nr. 5 zu § 7 KSchG 1951. | 8 BAG v. 28.1.1961 – AP Nr. 8 zu § 7 KSchG 1951. | 9 KR/*Spilger*, § 9 KSchG Rz. 19; *Herschel/Löwisch*, § 9 KSchG Rz. 19. | 10 ErfK/*Ascheid*, § 9 KSchG Rz. 8. | 11 BAG v. 28.1.1961 – AP Nr. 7 zu § 7 KSchG 1951. | 12 BAG v. 23.6.1993 – 2 AZR 56/93, AP Nr. 23 zu § 9 KSchG 1969. | 13 BAG v. 19.8.1982 – AP Nr. 9 zu § 9 KSchG 1969. | 14 BAG v. 29.1.1981 – 2 AZR 1055/78, AP Nr. 6 zu § 9 KSchG 1969. | 15 BAG v. 26.8.1993 – AP Nr. 113 zu § 626 BGB.

12 Hingegen kann der **ArbGeb**, dessen Kündigung nicht nur sozialwidrig, sondern auch aus anderen Gründen unwirksam ist, gemäß § 13 Abs. 3 die gerichtliche Auflösung des Arbeitsverhältnisses nach § 9 nicht verlangen[1]. Durch die gerichtliche Auflösung des Arbeitsverhältnisses nach § 9 erhält der Arb-Geb die Möglichkeit, gegen Zahlung einer Abfindung das Arbeitsverhältnis zu beenden. Wenn er dieses Arbeitsverhältnis jedoch durch eine von vornherein rechtsunwirksame, weil gesetzwidrige Kündigung beenden wollte, steht ihm diese Vergünstigung nicht zu[2]. Eine Ausnahme ist nur für die Fälle zu machen, in denen die sonstige Unwirksamkeit der Kündigung auf einem Verstoß des ArbGeb gegen eine Norm beruht, die nicht dem Schutz des ArbN dient[3].

13 **IV. Bestand des Arbeitsverhältnisses im Auflösungszeitpunkt.** Eine gerichtliche Auflösung des Arbeitsverhältnisses nach § 9 setzt voraus, dass das Arbeitsverhältnis noch in dem Zeitpunkt besteht, der nach § 9 Abs. 2 für die Auflösung festgesetzt wird[4]. Eine **vorzeitige Beendigung**, etwa in Folge des Todes des ArbN oder des Eintritts einer auflösenden Bedingung, erledigt die Kündigungsschutzklage bereits in der Hauptsache, ohne dass Raum bliebe für eine richterliche Gestaltung nach § 9[5]. Hat das Arbeitsverhältnis aus anderen Gründen nach dem Zeitpunkt geendet, der nach § 9 Abs. 2 festzusetzen ist, aber vor dem Erlass des gerichtlichen Auflösungsurteils, kann dieses noch ergehen, wenn auch auf der Grundlage einer lediglich hypothetischen Prüfung[6].

14 Hat im Verlauf des Kündigungsschutzprozesses ein **Betriebsübergang** stattgefunden, kann der ArbN seinen Auflösungsantrag nach § 9 nur gegenüber dem Betriebserwerber stellen, auf den er den Prozess erstrecken muss[7]. Nur auf diese Weise wird auch dem Betriebserwerber die Möglichkeit eingeräumt, seinerseits einen Auflösungsantrag zu stellen. Ist allen Beteiligten an dem Kündigungsrechtsstreit der Betriebsübergang unbekannt, muss der Betriebserwerber die Rechtsfolgen aus der gerichtlichen Entscheidung einschließlich der Auflösung des Arbeitsverhältnisses gegen sich gelten lassen. Stützt der ArbN die Gründe für seinen Auflösungsantrag allein auf Umstände aus seinem Arbeitsverhältnis bei dem Betriebsveräußerer, muss er dem Übergang seines Arbeitsverhältnisses nach § 613a BGB widersprechen, wenn sein Auflösungsantrag Erfolg haben soll. Allein dadurch ergibt sich auch für den Betriebsveräußerer die Möglichkeit, seinerseits die Auflösung des Arbeitsverhältnisses zu beantragen[8].

15 **V. Auflösungsgrund des ArbN (§ 9 Abs. 1 Satz 1).** Das ArbG hat nach § 9 Abs. 1 Satz 1 das Arbeitsverhältnis nur dann auf Antrag des ArbN aufzulösen, wenn ihm die Fortsetzung dieses Arbeitsverhältnisses nicht zuzumuten ist. Bei der **Unzumutbarkeit der Fortsetzung des Arbeitsverhältnisses** handelt es sich um einen unbestimmten Rechtsbegriff, dessen Voraussetzungen das Gericht in vollem Umfang nachzuprüfen hat[9]. Dabei muss das Gericht alle Umstände zugrunde legen, die bis zum Zeitpunkt der letzten mündlichen Verhandlung über den Auflösungsantrag eingetreten sind[10]. Allerdings müssen die Gründe für die Auflösung des Arbeitsverhältnisses im Zusammenhang mit der Kündigung oder mit dem Kündigungsschutzprozess stehen[11].

16 Der **Beurteilungsmaßstab** für die Unzumutbarkeit der Fortsetzung des Arbeitsverhältnisses gemäß § 9 Abs. 1 Satz 1 ist nicht derselbe wie in § 626 Abs. 1 BGB. Dort beschränkt sich die Frage der Zumutbarkeit der Fortsetzung des Arbeitsverhältnisses auf die Zeit bis zum Ablauf der Kündigungsfrist oder bis zum vereinbarten Ende des Arbeitsverhältnisses. Im Rahmen des § 9 kommt es dagegen darauf an, ob das Arbeitsverhältnis auf unbestimmte Dauer in zumutbarer Weise fortgesetzt werden kann[12]. Danach ist die Fortsetzung des Arbeitsverhältnisses nach § 9 immer dann unzumutbar, wenn dem ArbN ein eigener Grund zur fristlosen Kündigung des Arbeitsverhältnisses nach § 626 BGB zur Seite steht. Darüber hinaus genügen für die Auflösung des Arbeitsverhältnisses aber auch Gründe von geringerem Gewicht.

17 Die Unzumutbarkeit der Fortsetzung des Arbeitsverhältnisses kann sich zunächst aus den **Umständen bei dem Ausspruch der Kündigung** selbst ergeben. Das gilt etwa für beleidigende und ehrverletzende Äußerungen eines ArbGeb anlässlich einer betriebsbedingten Kündigung[13]. Auch eine völlig unberechtigte Suspendierung des ArbN während der Kündigungsfrist kann einen Auflösungsantrag rechtfertigen[14]. Dagegen genügt es für einen begründeten Auflösungsantrag noch nicht, wenn sich lediglich die Tatsachenbehauptungen des ArbGeb zur Begründung seiner Kündigung als unzutreffend oder nicht beweisbar herausstellen[15].

---

1 BAG v. 30.11.1989 – 2 AZR 197/89, AP Nr. 53 zu § 102 BetrVG 1972; v. 21.9.2000 – EzA § 9 KSchG nF Nr. 44; aA KR/*Spilger*, § 9 KSchG Rz. 27 c; *Ascheid*, § 9 KSchG Rz. 806; *Stahlhacke/Preis/Vossen*, Rz. 1194. | 2 BAG v. 9.10.1979 – AP Nr. 4 zu § 9 KSchG 1969. | 3 BAG v. 10.11.1994 – 2 AZR 207/94, AP Nr. 24 zu § 9 KSchG 1969; aA *v. Hoyningen-Huene/Linck*, § 9 KSchG Rz. 9 b; *Bader/Bram/Dörner/Wenzel*, § 9 KSchG Rz. 4; *HWK/Quecke*, § 1 Rz. 22. | 4 BAG v. 15.12.1960 – 2 AZR 79/59, AP Nr. 17 zu § 7 KSchG 1951. | 5 *v. Hoyningen-Huene/Linck*, § 9 KSchG Rz. 31, KR/*Spilger*, § 9 KSchG Rz. 32. | 6 BAG v. 21.1.1965 – AP Nr. 21 zu § 7 KSchG 1951; KR/*Spilger*, § 9 KSchG Rz. 34. | 7 BAG v. 20.3.1997 – AP Nr. 30 zu § 9 KSchG 1969. | 8 KR/*Spilger*, § 9 KSchG Rz. 34; ErfK/*Ascheid*, § 9 KSchG Rz. 11. | 9 BAG v. 25.11.1982 – 2 AZR 21/81, AP Nr. 10 zu § 9 KSchG 1969. | 10 BAG v. 18.1.1962 – AP Nr. 20 zu § 66 BetrVG 1952. | 11 BAG v. 24.9.1992 – 8 AZR 537/91, AP Nr. 3 zu Einigungsvertrag Anlage I Kapitel XIX. | 12 BAG v. 26.11.1981 – 2 AZR 509/79, AP Nr. 8 zu 9 KSchG 1969. | 13 LAG Hamm v. 27.5.1993 – 16 Sa 1612/92 – AuR 1993, 415. | 14 BAG v. 24.9.1992 – 8 AZR 537/91, AP Nr. 3 zu Einigungsvertrag Anlage I Kapitel XIX. | 15 LAG Köln v. 26.1.1995 – 10 Sa 1134/94 – LAGE Nr. 25 zu § 9 KSchG.

Die Unzumutbarkeit der Fortsetzung des Arbeitsverhältnisses iSv. § 9 kann sich auch aus **Umständen** **18**
im Verlauf des weiteren Kündigungsrechtsstreits ergeben. Das gilt etwa für den Fall, dass der ArbGeb in
der mündlichen Verhandlung über die Wirksamkeit einer betriebsbedingten Kündigung den ArbN als
nutzlos bezeichnet und als zu dumm, einen Besen zu halten[1]. Das Verhalten eines Dritten kann der ArbN
nur dann als Auflösungsgrund heranziehen, wenn der ArbGeb es selbst entscheidend veranlasst hat[2]. Die
Unzumutbarkeit der Fortsetzung des Arbeitsverhältnisses kann sich auch daraus ergeben, dass der ArbN
befürchten muss, nach seiner Rückkehr in den Betrieb nicht mehr einwandfrei behandelt zu werden. Das
kann darauf beruhen, dass sich der ArbGeb oder ein Vorgesetzter wegen des verlorenen Prozesses rächen
will, oder darauf, dass es zu Spannungen mit Mitarbeitern kommt, die der ArbN im Kündigungsschutzprozess als sozial weniger schutzbedürftig im Rahmen der sozialen Auswahl benannt hat[3].

Zur Begründung seines Auflösungsantrags kann der ArbN sich nicht darauf berufen, er sei inzwi- **19**
schen ein **neues Arbeitsverhältnis** eingegangen, denn die daraus resultierenden Konsequenzen sind in
§ 12 KSchG abschließend geregelt[4]. Der Auflösungsgrund des ArbN wäre auch dann unbegründet,
wenn er die Umstände, die zur Unzumutbarkeit der Fortsetzung des Arbeitsverhältnisses geführt haben könnten, selbst in treuwidriger Weise herbeigeführt hat[5].

VI. Auflösungsgrund des ArbGeb (§ 9 Abs. 1 Satz 2). Der Auflösungsantrag des ArbGeb ist nach § 9 **20**
Abs. 1 Satz 2 nur begründet, wenn eine den **Betriebszwecken dienliche weitere Zusammenarbeit** zwischen ArbGeb und ArbN **nicht zu erwarten** ist. Dabei sind zwar grundsätzlich strenge Anforderungen zu
stellen, weil das Kündigungsschutzgesetz den ArbN vor einem Verlust des Arbeitsplatzes durch sozialwidrige Kündigungen bewahren will[6]. Gleichwohl müssen die Auflösungsgründe nicht das Gewicht haben, um eine außerordentliche Kündigung oder auch nur eine ordentliche Kündigung zu rechtfertigen[7].

Die Auflösungsgründe können sich aus der **Person oder** aus dem **Verhalten des ArbN** nach der Kündi- **21**
gung ergeben, etwa wenn er den ArbGeb im Rahmen des Kündigungsschutzprozesses beleidigt oder ihn
in der Öffentlichkeit diskreditiert[8]. Es kommt aber nicht darauf an, ob den ArbN an den Auflösungsgründen ein Verschulden trifft[9]. Grundsätzlich kommen wirtschaftliche Schwierigkeiten des ArbGeb oder
andere betriebliche Gegebenheiten, die keinen Bezug zur Person oder zum Verhalten des ArbN haben,
als Auflösungsgrund nicht in Betracht. Allerdings setzt die Regelung eine differenzierende Würdigung
der Betriebszwecke voraus[10]. So kann eine den Betriebszwecken dienliche weitere Zusammenarbeit zu
verneinen sein, wenn der ArbN den Kontakt zum Betrieb und zu seiner Arbeit in einem Umfang verloren
hat, dass er sie auch nach angemessener Einarbeitungszeit nicht mehr sachgerecht erledigen kann[11].

Ist der gekündigte ArbN im Verlauf des Kündigungsschutzprozesses in den **BR oder Personalrat** ge- **22**
wählt worden, kommt eine Auflösung seines Arbeitsverhältnisses nach § 9 nur in Betracht, wenn die
vom ArbGeb vorgebrachten Gründe auch eine außerordentliche Kündigung des Arbeitsverhältnisses
rechtfertigen würden[12]. Auch der ArbGeb kann dem Rechtsgedanken des § 162 BGB zufolge seinen
Auflösungsgrund nicht auf Umstände stützen, die er selbst treuwidrig herbeigeführt hat[13]. Auf das Verhalten Dritter kann sich der ArbGeb zur Begründung seines Auflösungsantrags nur berufen, wenn der
ArbN es durch eigenes Tun entscheidend veranlasst hat. Der Auflösungsgrund kann schließlich auch
in dem prozessualen Verhalten des ArbN bestehen, dem das Verhalten seines Prozessbevollmächtigten grundsätzlich zuzurechnen ist[14]. Im Rahmen seines Auflösungsantrags kann der ArbGeb sich
auch auf Umstände berufen, mit denen er im Kündigungsschutzprozess ausgeschlossen wäre, weil er
sie dem BR im Rahmen der Anhörung nach § 102 BetrVG zuvor nicht mitgeteilt hatte[15].

VII. Beiderseitiger Auflösungsantrag. Stellen beide Parteien im Verlauf des Kündigungsschutzpro- **23**
zesses einen Antrag auf Auflösung des Arbeitsverhältnisses nach § 9, bedarf es **keiner inhaltlichen**
Überprüfung dieser Auflösungsanträge, solange nur die Kündigung zumindest auch sozialwidrig ist[16].
Das ArbG hat nur noch über die Höhe der Abfindung zu entscheiden. Im Übrigen steht es den Parteien
bei einem beiderseitigen Auflösungsantrag frei, sich auf eine vergleichsweise Beendigung des Arbeitsverhältnisses zu einigen. Dem können allerdings die unterschiedlichen Vorstellungen über die Höhe
einer Abfindung entgegenstehen.

---

1 ArbG Dortmund v. 14.8.1990 – 5 Ca 1155/90 – AuR 1991, 120. | 2 BAG v. 14.5.1987 – AP Nr. 18 zu § 9 KSchG 1969. | 3 LAG Köln v. 2.2.1987 – 2 Sa 1265/86 – LAGE Nr. 5 zu § 9 KSchG; LAG Hamm v. 23.5.1975 – 3 Sa 251/75 DB 1975, 1514. | 4 BAG v. 19.10.1972 – AP Nr. 1 zu § 12 KSchG 1969. | 5 BAG v. 24.9.1992 – 8 AZR 537/91, AP Nr. 3 zu Einigungsvertrag Anlage I Kapitel XIX. | 6 BAG v. 16.5.1984 – AP Nr. 12 zu § 9 KSchG 1969. | 7 BAG v. 29.3.1960 – AP Nr. 7 zu § 7 KSchG 1951; v. 30.9.1976 – 2 AZR 402/75, AP Nr. 3 zu § 9 KSchG 1969. | 8 BAG v. *30.6.1959* – AP Nr. 56 zu § 1 KSchG 1951. | 9 BAG v. 14.5.1987 – AP Nr. 18 zu § 9 KSchG 1969. | 10 BVerfG v. 2.2.1990 – 1 BvR 717/87 – EzA Nr. 36 zu § 9 KSchG 1969. | 11 BAG v. 25.11.1982 – AP Nr. 10 zu § 9 KSchG 1969. | 12 BAG v. 7.12.1972 – AP Nr. 1 zu § 9 KSchG 1969. | 13 BAG v. 15.2.1973 – AP Nr. 2 zu § 9 KSchG 1969. | 14 BAG v. 14.5.1987 – AP Nr. 18 zu § 9 KSchG 1969; v. 30.6.1959 – AP Nr. 56 zu § 1 KSchG 1951. | 15 v. *Hoyningen-Huene/Linck*, § 9 KSchG Rz. 45; ErFK/*Ascheid*, § 9 KSchG Rz. 24; *Koller*, SAE 1982, 27; offen gelassen in BAG v. 18.12.1980 – AP Nr. 22 zu § 102 BetrVG 1972; aA KR/*Spilger*, § 9 KSchG Rz. 58 a; KDZ/*Zwanziger*, § 9 KSchG Rz. 23. | 16 BAG v. 29.3.1960 – AP Nr. 7 zu § 7 KSchG 1951, v. *Hoyningen-Huene/Linck*, § 9 KSchG Rz. 47; *Bader/Bram/Dörner/Wenzel*, § 9 KSchG Rz. 21; *Herschel/Löwisch*, § 9 KSchG Rz. 45; offen gelassen in BAG v. 23.6.1993 – 2 AZR 56/93, AP Nr. 23 zu § 9 KSchG 1969; aA KR/*Spilger*, § 9 KSchG Rz. 66; KDZ/*Kittner*, § 9 KSchG Rz. 29.

24 **VIII. Entscheidung des Gerichts (§ 9 Abs. 2).** Nach § 9 Abs. 2 hat das ArbG den **Auflösungszeitpunkt** festzusetzen, in dem das Arbeitsverhältnis bei sozial gerechtfertigter Kündigung geendet hätte. Da es allein auf die einzuhaltende Kündigungsfrist ankommt, hat das Gericht keinerlei Spielraum für Billigkeitserwägungen[1]. Die gestaltende Wirkung der gerichtlichen Entscheidung tritt erst mit Rechtskraft des Urteils ein[2].

25 Entscheidung **ohne Auflösung**: Erweist sich die Kündigung im Verlauf des Kündigungsschutzprozesses als sozial gerechtfertigt, ist der Auflösungsantrag in jedem Fall unbegründet. Die Klage wird insgesamt abgewiesen. Erweist sich die Kündigung zwar als sozialwidrig, der Auflösungsantrag des ArbN jedoch als unbegründet, muss das Gericht feststellen, dass das Arbeitsverhältnis durch die Kündigung nicht aufgelöst worden ist, und im Übrigen die Klage abweisen. Die Entscheidung über den Auflösungsantrag kann erst ergehen, wenn über den Feststellungsantrag hinsichtlich der Unwirksamkeit der Kündigung entschieden ist. Das muss nicht zwangsläufig gleichzeitig geschehen[3].

26 Entscheidung **mit Auflösung**: Haben sowohl der Feststellungsantrag als auch der Auflösungsantrag des ArbN Erfolg, genügt die Feststellung des Gerichts, dass das Arbeitsverhältnis mit Ablauf der Kündigungsfrist aufgelöst wird und der ArbGeb an den ArbN eine Abfindung zu zahlen hat. Die Entscheidung über die Zahlung dieser Abfindung ergeht von Amts wegen und bedarf keines Antrags des ArbN. Stellt er allerdings einen Auflösungsantrag unter der Bedingung, dass ihm eine Abfindung in einer bestimmten Mindesthöhe zu zahlen ist, ist dieser Antrag als unzulässig abzuweisen[4]. Im Übrigen ist das Gericht an bezifferte Anträge der Parteien nicht gebunden. Weicht das Gericht von diesen Anträgen in seinem Urteil ab, ist das im Rahmen der Kostenentscheidung zu berücksichtigen[5].

27 **IX. Verhältnis zu anderen Abfindungsregelungen.** Die Vorschrift des § 9 findet keine Anwendung, wenn ein ArbN die Zahlung einer **Abfindung aus einem Sozialplan** nach § 112 BetrVG oder die Zahlung eines **Nachteilsausgleichs** nach § 113 BetrVG begehrt. Denn in diesen Fällen bedarf es keiner gerichtlichen Auflösung des Arbeitsverhältnisses. Vielmehr gehen die §§ 111 ff. BetrVG von der Wirksamkeit der Kündigung des ArbGeb aus und bezwecken lediglich eine erleichterte Anpassung des ArbN im weiteren Arbeitsleben[6].

28 Danach kann ein ArbN im Zusammenhang mit einer Kündigung seines Arbeitsverhältnisses möglicherweise auf **verschiedenen Wegen** Abfindungsansprüche verfolgen. So kann zweifelhaft sein, ob eine Kündigung dringend betrieblich erforderlich war, ob der ArbN sozial gerecht ausgewählt worden ist und ob der ArbGeb ohne dringenden Grund von einem Interessenausgleich abgewichen ist. In einem derartigen Fall kann das Gericht die Zahlung einer Abfindung nicht alternativ auf § 9 oder auf § 113 BetrVG stützen[7]. Der ArbN wird allerdings in erster Linie die Sozialwidrigkeit der Kündigung geltend machen und ggf. einen Auflösungsantrag nach § 9 stellen und erst hilfsweise für den Fall der sozialen Rechtfertigung der Kündigung eine Abfindung nach § 113 BetrVG verlangen[8]. Ein Zusammentreffen mit dem Abfindungsanspruch aus § 1a scheidet schließlich aus, da § 9 die Geltendmachung der Sozialwidrigkeit der Kündigung voraussetzt und § 1a sie ausschließt.

Anhang § 9: Aufhebungsverträge

Lit.: *Bauer*, Arbeitsrechtliche Aufhebungsverträge, 6. Aufl. 1999; *Bengelsdorf*, Aufhebungsvertrag und Abfindungsvereinbarungen, 3. Aufl. 1999; *Ernst*, Aufhebungsverträge zur Beendigung von Arbeitsverhältnissen, 1993; *Müller*, Arbeitsrechtliche Aufhebungsverträge, 1991; *Weber/Ehrich/Burmester*, Handbuch der arbeitsrechtlichen Aufhebungsverträge, 4. Aufl. 2004; *Welslau/Haupt/Lepsien*, Sozial- und steuerrechtliche Folgen der Beendigung von Arbeitsverhältnissen, 2003.

1 **I. Abschluss.** Ein Aufhebungsvertrag, dh. die Einigung der Arbeitsvertragsparteien über die Beendigung des Arbeitsverhältnisses, kommt wie jeder Vertrag durch Angebot und Annahme zustande, §§ 145 ff. BGB. Der Gesetzgeber verwendet in § 623 BGB den in der Praxis weniger gebräuchlichen Begriff des Auflösungsvertrages, der synonym zu verstehen ist[9].

2 **1. Schriftform.** Bei dem Abschluss eines Aufhebungsvertrages ist seit dem 1.5.2000 gem. § 623 BGB zwingend die Einhaltung der **Schriftform** erforderlich[10]. Diese kann durch notarielle Beurkundung (§ 126 Abs. 4 BGB) oder durch gerichtlichen Vergleich (§ 127a BGB), nicht aber durch die elektronische Form (§ 623 Halbs. 2 BGB) ersetzt werden.

---

1 BAG v. 25.11.1982 – 2 AZR 21/81, AP Nr. 10 zu § 9 KSchG 1969. | 2 BAG v. 28.1.1961 – AP Nr. 8 zu § 7 KSchG 1951. | 3 BAG v. 29.1.1981 – AP Nr. 6 zu § 9 KSchG 1969. | 4 *v. Hoyningen-Huene/Linck*, § 9 KSchG Rz. 57; *Herschel/Löwisch*, § 9 KSchG Rz. 50. | 5 BAG v. 26.6.1986 – AP Nr. 3 zu § 10 KSchG 1969. | 6 BAG v. 31.10.1995 – AP Nr. 29 zu § 72 ArbGG 1979. | 7 *v. Hoeningen-Huene/Linck*, § 9 KSchG Rz. 68; *Herschel/Löwisch*, Rz. 9. | 8 *Herschel/Löwisch*, § 9 KSchG Rz. 10; KR/*Spilger*, § 9 KSchG Rz. 71. | 9 ErfK/*Müller-Glöge*, § 623 BGB Rz. 12. | 10 Gesetz zur Vereinfachung und Beschleunigung des arbeitsgerichtlichen Verfahrens v. 30.3.2000, BGBl. I 2000, S. 333.

Das Formerfordernis erstreckt sich auf den Aufhebungsvertrag in seiner Gesamtheit, dh. alle den Vertragsinhalt wesentlich bestimmenden Abreden, aus denen sich nach dem Willen der Parteien der Aufhebungsvertrag zusammensetzt, zB die Zahlung einer Abfindung, der Verzicht auf weitere Ansprüche, sowie alle späteren Änderungen oder Ergänzungen des Aufhebungsvertrages[1]. Hingegen bedarf die bloße Änderung einzelner Arbeitsbedingungen nicht der Schriftform, da diese Vereinbarungen auf die Fortsetzung des Arbeitsverhältnisses ausgerichtet sind[2]. **3**

Der Aufhebungsvertrag muss von **beiden Vertragsparteien auf derselben Urkunde unterzeichnet** sein, § 126 Abs. 2 Satz 1 BGB. Der Austausch einseitiger Erklärungen ist nicht ausreichend. Ein Aufhebungsvertrag kommt auch nicht dadurch zustande, dass der ArbN die arbeitgeberseitige Kündigung gegenzeichnet. Ebenfalls nicht ausreichend sind sog. Ausgleichsquittungen, die nur vom ArbN unterzeichnet werden, weil die einseitige Unterzeichnung den Anforderungen des § 126 Abs. 2 BGB nicht genügt[3]. Ausreichend ist allerdings, wenn jede Partei die für die andere Seite bestimmte Urkunde unterzeichnet, § 126 Abs. 2 Satz 2 BGB. Rein äußerlich muss die **Einheitlichkeit der Urkunde** feststellbar sein. Eine körperliche Verbindung ist nicht zwingend erforderlich. Die Einheitlichkeit kann sich zweifelsfrei aus fortlaufender Paginierung oder Nummerierung der einzelnen Bestimmungen, der einheitlichen grafischen Gestaltung, dem inhaltlichen Zusammenhang des Textes oder vergleichbaren Merkmalen ergeben[4]. **4**

Wird der Aufhebungsvertrag nicht schriftlich abgeschlossen, ist er gem. § 125 Satz 1 BGB nichtig. Das Arbeitsverhältnis besteht ungekündigt fort. Bereits erbrachte Leistungen sind nach §§ 812 ff. BGB rückabzuwickeln (§ 623 BGB Rz. 49 f.). **5**

Die Formvorschrift des § 623 BGB gilt **nicht** für den Abschluss eines **Abwicklungsvertrages**. Der Abwicklungsvertrag löst das Arbeitsverhältnis gerade nicht auf, sondern regelt lediglich die Modalitäten einer ausgesprochenen Kündigung. Folgeregelungen einer wirksamen Beendigung des Arbeitsverhältnisses werden von § 623 BGB nicht erfasst[5]. Dies erscheint vor allem bei Betrachtung der Folgen eines Verstoßes sinnvoll: Eine etwaige Unwirksamkeit würde lediglich den Abwicklungsvertrag, nicht aber die Kündigung betreffen[6]. Auch eine Vereinbarung über ein **zukünftiges Verhalten** nach Ausspruch einer bevorstehenden Kündigung ist nicht formbedürftig, da das Arbeitsverhältnis in diesem Fall letztendlich durch die Kündigung aufgelöst wird und nicht durch die Vereinbarung der Parteien[7]. Höchstrichterlich entschieden ist die Frage der Formbedürftigkeit von Abwicklungsverträgen jedoch (noch) nicht. Zum Teil wird mit der Begründung zwischen einer wirksamen Kündigung (dann keine Schriftform für den Abwicklungsvertrag erforderlich) und einer unwirksamen Kündigung (dann Schriftform erforderlich) differenziert, dass im letzteren Fall erst der Abwicklungsvereinbarung die auflösende Wirkung zukomme und diese daher formbedürftig sei[8]. Teilweise wird vertreten, dass auch der Abwicklungsvertrag von § 623 BGB erfasst werde[9] bzw. diese Vorschrift auf Abwicklungsverträge analog anzuwenden sei[10]. **6**

Nach **Treu und Glauben** (§ 242 BGB) kann es einer Partei versagt sein, sich auf die Nichteinhaltung der Formvorschrift zu berufen. Voraussetzung ist, dass die Folgen andererseits nicht nur hart, sondern untragbar wären[11]. **7**

2. Konkludente Vereinbarung. Bis zum In-Kraft-Treten des § 623 BGB am 1.5.2000 war die konkludente Aufhebung von Arbeitsverträgen möglich. Dies wurde insb. diskutiert, wenn ein ArbN zum **Organ einer Gesellschaft** berufen bzw. ein **Vorstands-** oder **Geschäftsführer-Dienstvertrag** abgeschlossen wurde. Ob das alte Arbeitsverhältnis ruhte oder beseitigt worden war, wurde nach verschiedenen Auslegungskriterien (zB Änderung der Arbeitsbedingungen, Erhöhung der Vergütung) entschieden[12]. Zuletzt nahm das BAG an, dass im Zweifel das ursprüngliche Arbeitsverhältnis aufgehoben ist. Das BAG wies jedoch bereits darauf hin, dass im Lichte des § 623 BGB eine Neubewertung vorzunehmen sei[13]. **8**

Teilweise wird für die nunmehr geltende Rechtslage vertreten, dass der neue (schriftliche) Dienstvertrag seinerseits das Schriftformerfordernis des § 623 BGB erfüllt und damit das Arbeitsverhältnis aufgehoben sei[14]. Eine gesonderte Klausel im Geschäftsführerdienstvertrag über die Aufhebung der zuvor bestehenden Arbeitsverhältnisses sei nicht erforderlich[15]. Hiergegen wird eingewendet, dass die Formvorschrift gerade dazu diene, Zweifelsfragen über den Bestand des Arbeitsverhältnisses auszuschließen und damit mehr Rechtssicherheit und Schutz vor Übereilung zu bieten[16]. Darüber hinaus wird es für die Annahme eines im Abschluss des Dienstvertrages liegenden Aufhebungsvertrages zumeist an einer ord- **9**

---

1 BGH v. 27.10.1982 – V ZR 136/81, NJW 1983, 565; ErfK/*Müller-Glöge*, § 623 BGB Rz. 23, 27; Staudinger/*Oetker*, § 623 BGB Rz. 62; *Preis/Gotthardt*, NZA 2000, 348, 355; *Caspers*, RdA 2001, 28 (33); *Bauer*, NZA 2002, 169 (170). | 2 ErfK/*Müller-Glöge*, § 623 BGB Rz. 13; *Preis/Gotthardt*, NZA 2000, 348, 355; *Richardi/Annuß*, NJW 2000, 1231 (1233). | 3 *Preis/Gotthardt*, NZA 2000, 348 (355). | 4 BAG v. 7.5.1998 – 2 AZR 55/98, NZA 1998, 1110 (1111 f.). | 5 HM, ErfK/*Müller-Glöge*, § 623 BGB Rz. 14; *Appel/Kaiser*, AuR 2000, 281 (285); *Hümmerich*, NZA 2001, 1280 (1281); *Preis/Gotthardt*, NZA 2000, 348 (354). | 6 *Bauer*, NZA 2002, 169 (170). | 7 ErfK/*Müller-Glöge*, § 623 BGB Rz. 14; *Müller-Glöge/von Senden*, AuArbR 2000, 199 (200). | 8 ErfK/*Müller-Glöge*, § 623 BGB Rz. 14; *Appel/Kaiser*, AuR 2000, 281 (285). | 9 *Richardi*, NZA 2001, 57 (61). | 10 *Schaub*, NZA 2000, 344 (347). | 11 BAG v. 27.3.1987 – 7 AZR 527/85, DB 1987, 1996; *Kliemt*, Formerfordernisse im Arbeitsverhältnis, S. 546 ff. | 12 BAG v. 8.6.2000 – 2 AZR 207/99, NZA 2000, 1013 (1015). | 13 BAG v. 25.4.2002 – 2 AZR 352/01, NZA 2003, 272 (273). | 14 ErfK/*Müller-Glöge*, § 623 BGB Rz. 12 mwN; *Baeck/Hopfner*, DB 2000, 1914 (1915). | 15 *Baeck/Hopfner*, DB 2000, 1914 (1915). | 16 *Fischer*, NJW 2003, 2417 (2418); *Dollmann*, BB 2003, 1838 (1840).

nungsgemäßen Vertretung der Gesellschaft fehlen: Gegenüber Geschäftsführern bzw. Vorständen wird die Gesellschaft idR durch die Gesellschafter bzw. den Aufsichtsrat vertreten. Für den Abschluss von Aufhebungsverträgen mit ArbN sind diese Organe idR nicht zuständig. Ein Arbeitsverhältnis wird daher meist selbst dann nicht wirksam beendet, wenn es im Dienstvertrag ausdrücklich aufgehoben wird[1]. In der Praxis ist daher bei einer „Beförderung" zum Organ dringend zu empfehlen, dass Schicksal des bisherigen Arbeitsvertrages ausdrücklich zu regeln: Entweder sollte ein schriftlicher Aufhebungsvertrag abgeschlossen oder klargestellt werden, dass das bisherige Arbeitsverhältnis ruht[2].

10 **3. Einzelfälle. Minderjährige** können Aufhebungsverträge grundsätzlich nur mit Einwilligung bzw. Genehmigung ihrer gesetzlichen Vertreter abschließen, §§ 107, 108 BGB. Ermächtigt der gesetzliche Vertreter den Minderjährigen, ein Arbeitsverhältnis einzugehen, kann der Minderjährige auch den Aufhebungsvertrag wirksam ohne die Zustimmung des Vertreters abschließen, § 113 Abs. 1 Satz 1 BGB; allerdings ist in der bloßen Mitunterzeichnung des Arbeitsvertrages diese Ermächtigung noch nicht zu sehen[3]. Berufsausbildungsverhältnisse unterfallen nicht § 113 BGB, hier ist stets die Einwilligung des gesetzlichen Vertreters erforderlich[4].

11 Nichtig sind Aufhebungsverträge, die von **Geschäftsunfähigen** sowie von Personen, die im Zustande der Bewusstlosigkeit oder vorübergehender Störung der Geistestätigkeit handeln, abgeschlossen werden, §§ 104, 105 BGB. Dies ist jedenfalls dann der Fall, wenn die freie Willensbildung ausgeschlossen ist, also der Vertragsschließende nicht in der Lage ist, seine Entscheidung von vernünftigen Erwägungen abhängig zu machen[5]. Es genügt nicht eine bloße Willensschwäche oder leichte Beeinflussbarkeit[6] und auch nicht das Unvermögen, den Inhalt und das Wesen der vorgenommenen Handlung zu erkennen[7]. Die **Beweislast** trägt derjenige, der sich auf die fehlende Geschäftsfähigkeit beruft, idR also der ArbN[8].

12 Bei einem Aufhebungsvertrag mit einem **Ausländer** kann eine wirksame Zustimmung zum Aufhebungsvertrag nur dann vorliegen, wenn dieser verstanden hat, dass es sich um einen Aufhebungsvertrag handelt[9].

13 **4. Wirksamkeit.** Aufhebungsverträge sind im Grundsatz ohne besondere Voraussetzungen für beide Seiten verbindlich. **Kündigungsfristen** brauchen nicht eingehalten zu werden. Allerdings können sich bei der Nichteinhaltung der Kündigungsfristen sowohl für den ArbN als auch für den ArbGeb nachteilige sozialversicherungsrechtliche Folgen ergeben (Rz. 48 f.). Vor dem Abschluss des Aufhebungsvertrages braucht auch der **BR nicht gehört** zu werden. Die Zustimmung des BR zu einem Aufhebungsvertrag mit einem BR-Mitglied ist nicht erforderlich. Ebenso wenig müssen **behördliche Genehmigungen**, etwa bei Schwangeren nach § 9 MuSchG oder bei behinderten Menschen nach § 85 ff. SGB IX, eingeholt werden[10].

14 Liegt ein **Betriebsübergang** vor, dürfen die zwingenden Rechtsfolgen des § 613a Abs. 4 Satz 1 BGB durch Abschluss eines Aufhebungsvertrages nicht umgangen werden. Eine Umgehung liegt insb. dann vor, wenn ein ArbN unter Hinweis auf bestehende Arbeitsangebote des Betriebserwerbers veranlasst wird, einem Auflösungsvertrag zuzustimmen, um dann mit dem Betriebserwerber einen neuen Arbeitsvertrag zu veränderten Konditionen abschließen zu können. Ein diesen Zweck verfolgender Aufhebungsvertrag ist gem. § 134 BGB nichtig[11]. Hiervon zu unterscheiden sind zwischen dem ArbN und dem alten oder dem neuen Betriebsinhaber geschlossene Vereinbarungen, die auf ein endgültiges Ausscheiden des ArbN aus dem Betrieb gerichtet sind. Solche Verträge werden von der Rspr. des BAG ohne Rücksicht auf ihre sachliche Berechtigung als wirksam angesehen[12]. Damit trägt die Rspr. dem Umstand Rechnung, dass der ArbN dem Übergang seines Arbeitsverhältnisses auf den Betriebserwerber widersprechen und damit den Eintritt der Rechtsfolgen des § 613a BGB verhindern kann[13].

15 Die mit einem Aufhebungsvertrag bezweckte Entlassung ist – bei Vorliegen der Voraussetzungen einer **Massenentlassung** – gemäß §§ 17, 18 KSchG so lange unwirksam, bis eine formgerechte Massenentlassungsanzeige (§ 17 Abs 3 KSchG) beim AA eingereicht und die Sperrfrist abgelaufen ist bzw. die Zustimmung eingeholt ist[14].

16 Grundsätzlich ist nicht erforderlich, dass der ArbGeb dem ArbN eine **Bedenkzeit** oder ein **Rücktritts- oder Widerrufsrecht** vor Abschluss des Aufhebungsvertrages einräumt oder ihm vor einem beabsichtigten Gespräch über einen Aufhebungsvertrag dessen Thema mitteilt[15]. Abweichendes kann sich aus tarifvertraglichen Regelungen ergeben.

---

1 Zutr. *Fischer*, NJW 2003, 2417 (2419). | 2 Vgl. *Hahn*, GmbHR 2004, 279 ff. | 3 LAG Hamm v. 8.9.1970 – 3 Sa 481/70, DB 1971, 779 (780). AA LAG Bremen v. 15.10.1971 – 1 Sa 90/71, DB 1971, 2318: Auch die ausdrückliche Ermächtigung zum Abschluss eines Arbeitsvertrages umfasst nicht die Ermächtigung zum Abschluss eines Aufhebungsvertrages. | 4 Vgl. *Bauer*, Aufhebungsverträge, Rz. 308. | 5 BAG v. 26.11.1981 – 2 AZR 664/79, nv. | 6 BAG v. 14.2.1996 – 2 AZR 234/95, NZA 1996, 811 (812). | 7 BAG v. 30.1.1986 – 2 AZR 196/85, NZA 1988, 91 (93). | 8 BAG v. 17.2.1994 – 8 AZR 275/92, NZA 1994, 693 (694). | 9 *Weber/Ehrich/Burmester*, Aufhebungsverträge, Teil 1 Rz. 20; *Bengelsdorf*, Aufhebungsverträge, S. 45. | 10 BAG v. 27.3.1958 – 2 AZR 20/56, BB 1958, 593. | 11 BAG v. 28.4.1987 – 3 AZR 75/86, NZA 1988, 198 (199); v. 11.2.1992 – 3 AZR 117/91, NZA 1993, 20 (21). | 12 BAG v. 11.12.1997 – 8 AZR 654/95, NZA 1999, 262 (263). | 13 BAG v. 11.7.1995 – 3 AZR 154/95, NZA 1996, 207 (208). | 14 BAG v. 11.3.1999 – 2 AZR 461/98, NZA 1999, 761 (762). | 15 BAG v. 30.9.1993 – 2 AZR 268/93, NZA 1994, 209 (211); v. 14.2.1996 – 2 AZR 234/95, NZA 1996, 811 (812).

5. Aufklärungs- und Hinweispflichten. Grundsätzlich muss sich jeder ArbN vor dem Abschluss eines Aufhebungsvertrages selbst über die rechtlichen Folgen dieses Schrittes Klarheit verschaffen[1]. Dies gilt insb., wenn die Initiative zur Aufhebung des Arbeitsvertrages von ihm selber ausging[2]. Jeder Vertragspartner hat grundsätzlich selbst für die Wahrnehmung seiner Interessen zu sorgen. Der ArbGeb ist in aller Regel nicht gehalten, von sich aus auf schädliche Folgen von Aufhebungsverträgen hinzuweisen[3].

Bei **Hinzutreten besonderer Umstände** kann ausnahmsweise eine Aufklärungspflicht des ArbGeb bestehen. Diese Aufklärungspflicht resultiert aus § 242 BGB und ist eine Nebenpflicht aus dem Arbeitsverhältnis. Hierbei hat eine **Abwägung** zwischen dem Informationsinteresse des ArbN und der Beratungsmöglichkeit des ArbGeb zu erfolgen[4]. Dabei kommt es ua. darauf an, von wem die Initiative zum Abschluss der Aufhebungsvereinbarung ausgegangen ist und ob der ArbGeb Kenntnis davon hat, dass dem ArbN wesentliche Vermögenseinbußen drohen (zB. Sperrzeit in Bezug auf Alg, Nachteile in Bezug auf Rente oder Zusatzversorgung)[5]. Eine Aufklärung über eine evtl. drohende Sperrfrist nach § 144 SGB III ist erforderlich, wenn der ArbGeb den Abschluss der Aufhebungsvereinbarung veranlasst hat oder erkennt, dass der ArbN sich über die Folgen und die Tragweite seines Handelns im Unklaren ist. Erhöhte Hinweis- und Aufklärungspflichten bestehen, wenn der ArbGeb den Eindruck erweckt, er werde auch, zB bei Abschluss eines neuen Arbeitsvertrages mit einem Tochterunternehmen, die Interessen des ArbN wahrnehmen[6].

Die Schutz- und Fürsorgepflichten dürfen aber **nicht überspannt** werden[7]. Sollte dem ArbGeb zwar ein Hinweis, nicht aber eine inhaltliche Belehrung möglich sein, ist diese auch nicht erforderlich. Vielmehr kann dann wiederum vom ArbN verlangt werden, dass er sich aufgrund des arbeitgeberseitigen Hinweises selbst die notwendigen Informationen verschafft. Ebenso bestehen keine Aufklärungs- und Hinweispflichten, wenn der ArbN **anwaltlich beraten** ist, er bereits über Folgen der Auflösung belehrt ist oder auf eine solche Belehrung ausdrücklich **verzichtet**. Darüber hinaus ist der ArbGeb grundsätzlich nicht verpflichtet, den ArbN von sich aus darüber aufzuklären, dass weitere Entlassungen beabsichtigt sind, die uU zu einer sozialplanpflichtigen Betriebsänderung führen könnten[8].

Sonderregelungen bestehen für Bereiche der betrAV sowie zu der Meldepflicht bei der AA (s. dazu unten, Rz. 54).

Stellt der ArbN ausdrücklich **Fragen** bezüglich der rechtlichen Auswirkungen des Aufhebungsvertrages auf Altersversorgung oder Alg, müssen diese vom ArbGeb wahrheitsgemäß beantwortet werden, soweit er über die entsprechenden Informationen verfügt. Ist der ArbGeb hierzu nicht in der Lage, muss er den ArbN an die zuständige Stelle verweisen. Erteilt der ArbGeb **Auskünfte**, müssen diese **zutreffend** und **vollständig** sein. Ansonsten setzt sich der ArbGeb ebenso einer Schadensersatzpflicht aus, wie bei der Verletzung einer bestehenden Hinweis- und Aufklärungspflicht[9].

Unterlassene, unzutreffende und nur scheinbar vollständige oder sonst irreführende Auskünfte führen nicht zur Unwirksamkeit des Aufhebungsvertrages[10]. Vielmehr ist der ArbGeb bei **Verletzung seiner Hinweis- und Auskunftspflichten** zu **Schadensersatz** nach § 280 BGB verpflichtet[11]. In der Praxis hat sich deshalb die Aufnahme eines Hinweises in den Aufhebungsvertrag eingebürgert, wonach der ArbN selbst verpflichtet ist, bei SozV-Trägern, FA und anderen geeigneten Auskunftsstellen Informationen über die sozialversicherungs- und steuerrechtlichen Folgen eines Aufhebungsvertrages einzuholen. Allerdings reicht ein solcher allgemeiner Hinweis und die bloße Verweisung an eine zur Information berufene Stelle unter Einräumung einer Bedenkzeit uU nicht aus, wenn dem ArbN ein schwerwiegender Vermögensnachteil droht[12]. Ein Schadensersatzanspruch setzt voraus, dass sich der ArbN bei richtiger Auskunft anders entschieden hätte[13]. Dies ist bei Sachverhalten anzunehmen, in denen für den ArbN Handlungsalternativen in Betracht kommen und die vom ArbGeb zumindest mitveranlasste Entscheidung für den ArbN nachteilig war[14]. Aus Treu und Glauben kann sich bei besonderen Erklärungen des ArbGeb vor Abschluss des Aufhebungsvertrages ein Wiedereinstellungsanspruch ergeben[15]. Die **Beweislast** für die behauptete falsche Beratung durch den ArbGeb trägt der ArbN[16].

Unterlässt der ArbGeb eine an sich erforderliche Aufklärung, kann einem Schadensersatzanspruch des ArbN dessen überwiegendes **Mitverschulden** gem. § 254 BGB entgegenstehen, wenn der ArbN zumutbare Maßnahmen zur Abwendung des Schadens unterlässt[17].

---

1 BAG v. 3.7.1990 – 3 AZR 382/89, NZA 1990, 971 (973). | 2 BAG v. 10.3.1988 – 8 AZR 420/85, NZA 1988, 837 (838). | 3 BAG v. 11.12.2001 – 3 AZR 339/00, NZA 2002, 1150 (1152). | 4 BAG v. 17.10.2000 – 3 AZR 605/99, NZA 2001, 206 (207). | 5 BAG v. 17.10.2000 – 3 AZR 605/99, NZA 2001, 206 (207). | 6 BAG v. 17.10.2000 – 3 AZR 605/99, NZA 2001, 206 (207); v. 21.2.2002 – 2 AZR 749/00, BB 2002, 2335 (2337). | 7 BAG v. 11.12.2001 – 3 AZR 339/00, NZA 2002, 1150 (1152). | 8 BAG v. 13.11.1996 – 10 AZR 340/96, NZA 1997, 390 (392). | 9 BAG v. 17.10.2000 – 3 AZR 605/99, NZA 2001, 206 (207); Schulte, ArbRB 2004, 26 ff. | 10 BAG v. 10.3.1988 – 8 AZR 420/85, AP Nr. 99 zu § 611 BGB – Fürsorgepflicht; Bauer, Aufhebungsverträge, Rz. 86. | 11 BAG v. 3.7.1990 – 3 AZR 382/89, NZA 1990, 971 (973). | 12 BAG v. 17.10.2000 – 3 AZR 605/99, NZA 2001, 206 f. zu Nachteilen in Bezug auf Zusatzversorgung im öff. Dienst. | 13 BAG v. 19.8.2003 – 9 AZR 611/02, AP Nr. 20 zu § 1 TVG Tarifverträge: Luftfahrt. | 14 BAG v. 21.11.2000 – 3 AZR 13/00, NZA 2002, 618 (620 f.). | 15 BAG v. 21.2.2002 – 2 AZR 749/00, BB 2002, 2335 (2337). | 16 BAG v. 9.7.1991 – 3 AZR 354/90, nv. | 17 BAG v. 12.12.2002 – 8 AZR 497/01, AP Nr. 25 zu § 611 BGB – Haftung des Arbeitgebers.

24 **II. Anfechtung, Widerruf, Rücktritt.** Der Aufhebungsvertrag unterliegt den allgemeinen Bestimmungen über Willenserklärungen und Verträge des BGB.

25 **1. Anfechtung.** Die Willenserklärungen, die auf den Abschluss eines Aufhebungsvertrages gerichtet sind, sind nach den allgemeinen Regeln der §§ 119 ff. BGB anfechtbar. Die Anfechtung wegen **widerrechtlicher Drohung** (§ 123 BGB) setzt voraus, dass dem ArbN vom ArbGeb widerrechtlich ein künftiges Übel angekündigt wurde, dass den ArbN in eine Zwangslage versetzt hat[1]. Kam der Aufhebungsvertrag aufgrund der Drohung des ArbGeb mit einer außerordentlichen Kündigung zustande, ist eine Anfechtung dann nicht möglich, wenn ein verständiger ArbGeb die Kündigung ernsthaft in Erwägung ziehen durfte; dabei ist nicht erforderlich, dass sich die angekündigte Kündigung, wenn sie ausgesprochen worden wäre, in einem Kündigungsschutzprozess als rechtsbeständig erwiesen hätte[2]. Die für die angedrohte Entlassung herangezogenen Pflichtverletzungen müssen lediglich grundsätzlich geeignet sein, einen Kündigungsgrund abzugeben. Maßgeblich ist der **objektiv mögliche hypothetische Wissensstand** des ArbGeb, der verantwortliche Ermittlungen angestellt hätte. Nicht maßgeblich ist der tatsächliche subjektive Wissensstand des konkreten ArbGeb[3]. Es kommt auch nicht darauf an, ob eine Straftat bewiesen werden kann. Der ArbGeb darf aber durchaus eine Strafanzeige in Erwägung ziehen und diese dem ArbN ankündigen sowie eine außerordentliche Kündigung androhen, wenn eine Straftat konkret das Arbeitsverhältnis berührt[4]; eine wirksame Anfechtung ist in diesem Fall nicht möglich. Dem ArbN ist es – wenn er zu Unrecht verdächtigt werden sollte – zumutbar, diesem Druck standzuhalten[5]. **Widerrechtlich** kann die Drohung mit einer außerordentlichen Kündigung sein, wenn ein vernünftiger ArbGeb aufgrund der Umstände davon ausgehen muss, die angedrohte Kündigung werde einer arbeitsgerichtlichen Nachprüfung wegen Versäumung der Ausschlussfrist gem. § 626 Abs. 2 BGB nicht standhalten[6]. Gleiches gilt, wenn eine erforderliche Abmahnung oder – bei angedrohter Verdachtskündigung – die hierfür erforderliche Aufklärung fehlt. Die **Darlegungs- und Beweislast** für sämtliche Voraussetzungen des Anfechtungstatbestandes, dh. für alle Tatsachen, die die angedrohte Kündigung als widerrechtlich erscheinen lassen, trägt der die Anfechtung erklärende ArbN[7].

26 Das Bestehen von **Sonderkündigungsschutz** führt nicht zur Unwirksamkeit eines Aufhebungsvertrages. Eine Irrtumsanfechtung wegen Unkenntnis einer **Schwangerschaft** bzw. deren mutterschutzrechtlichen Folgen ist nicht möglich[8]. Gleiches gilt für die **Schwerbehinderteneigenschaft**.

27 **2. Widerrufsrecht.** Grundsätzlich besteht kein Recht, den Aufhebungsvertrag zu widerrufen. Allerdings kann ein befristetes Widerrufsrecht bei Abschluss des Aufhebungsvertrages vereinbart werden[9]. Diese Möglichkeit wird zB. bei im Rahmen von Kündigungsschutzprozessen vor Gericht geschlossenen Abwicklungsvereinbarungen genutzt.

28 Zuweilen sehen auch **TV** (zB § 11 Abs. 10 des MTV Einzelhandel-NRW) ein Widerrufsrecht vor. Deren Bedeutung ist gering. Die Widerrufsfrist beginnt unabhängig davon zu laufen, ob der ArbGeb auf das tarifliche Widerrufsrecht hingewiesen hat[10]. Darüber hinaus kann auf ein solches Widerrufsrecht im Aufhebungsvertrag **verzichtet** werden[11].

29 Mit Wirkung zum 1.1.2002 wurden im Zuge der Schuldrechtsreform das HaustürWG und das VerbrKrG in das BGB eingegliedert. Seitdem normiert **§ 312 Abs. 1 BGB** ein unter bestimmten Voraussetzungen bestehendes Widerrufsrecht. Ob dieses Widerrufsrecht auch für Arbeitsverträge eingreift, war zunächst umstritten[12]. In einer **Grundsatzentscheidung** vom 27.11.2003 hat das BAG zu Recht entschieden, dass durch § 312 Abs. 1 BGB **kein gesetzliches Widerrufsrecht bei Aufhebungsverträgen** geschaffen worden ist – auch wenn sie in dem Personalbüro des ArbGeb geschlossen worden sind[13]. Es könne dahinstehen, ob der ArbN Verbraucher iSd. § 13 BGB ist und ein arbeitsrechtlicher Aufhebungsvertrag (ohne Abfindung) eine entgeltliche Leistung zum Vertragsgegenstand habe. Nach der Entstehungsgeschichte der gesetzlichen Systematik sowie nach Sinn und Zweck des § 312 BGB unterfielen derartige Beendigungsvereinbarungen nicht dem Anwendungsbereich der Norm. Sie würden nicht in einer für das abzuschließende Rechtsgeschäft atypischen Umgebung abgeschlossen. Das Personalbüro des ArbGeb sei vielmehr ein Ort, an dem typischerweise arbeitsrechtliche Fragen – vertraglich – geregelt würden. Von einer überraschenden Situation auf Grund des Verhandlungsortes, wie sie dem Widerrufsrecht bei Haustürgeschäften als „besonderer Vertriebsform" zugrunde liegt, könne deshalb keine Rede sein.

---

1 BAG v. 30.9.1993 – 2 AZR 268/93, NZA 1994, 209 (210). | 2 BAG v. 5.12.2002 – 2 AZR 478/01, DB 2003, 1685 (zur Eigenkündigung). | 3 BAG v. 30.1.1986 – 2 AZR 196/85, NZA 1987, 91 (91 f.). | 4 BAG v. 30.1.1986 – 2 AZR 196/85, NZA 1987, 91 (92). | 5 Fallbeispiele, in denen der ArbGeb eine fristlose Kündigung in Erwägung ziehen darf, bei *Weber/Ehrich/Burmester*, Aufhebungsverträge, Teil 1 Rz. 846 m. Rspr.-Nachw. | 6 BAG v. 3.7.2003 – 2 AZR 327/02, nv. | 7 BAG v. 12.8.1999 – 2 AZR 832/98, NZA 2000, 27 (29). | 8 BAG v. 6.2.1992 – 2 AZR 408/91, DB 1992, 1529; v. 16.2.1983 – 7 AZR 134/81, DB 1983, 1663. | 9 ErfK/*Müller-Glöge*, § 620 BGB, Rz. 12. | 10 LAG Köln v. 11.4.1990 – 7 Sa 67/90, BB 1990, 2047. | 11 BAG v. 30.9.1993 – 2 AZR 268/93, NZA 1994, 209 (211). | 12 Pro: ArbG Berlin v. 2.4.2003 – 31 Ca 33694/02, EzA-Schnelldienst 18/2003, S. 5; *Schleusener*, NZA 2002, 949 (952); *Hümmerich/Holthausen*, NZA 2002, 173 (178). Contra: *Weber/Ehrich/Burmester*, Aufhebungsverträge, Teil 1 Rz. 865; *Bauer*, NZA 2002, 169 (171); *Mengel*, DB 2003, 1278 (1280). | 13 BAG v. 27.11.2003 – 2 AZR 177/03.

3. Rücktritt. Der ArbN kann unter den Voraussetzungen des § 323 BGB vom Aufhebungsvertrag zurücktreten. Dies ist beispielsweise der Fall, wenn der ArbGeb mit der Abfindungszahlung in Verzug geraten ist und ihm der ArbN eine Frist zur Leistung oder Nacherfüllung gesetzt hat[1]. Beim Abschluss eines gerichtlichen Vergleichs kann im Einzelfall das Rücktrittsrecht stillschweigend ausgeschlossen sein[2]. **30**

4. Rückabwicklung. Die Rückabwicklung erfolgt bei einem wirksam angefochtenen, widerrufenen oder nichtigen Aufhebungsvertrag nach allgemeinem Bereicherungsrecht. Gezahlte Abfindungen sind zurückzugewähren, es sei denn es wäre ein Fortfall der Bereicherung eingetreten, § 818 Abs. 3 BGB. War dem Leistenden die Formnichtigkeit des Aufhebungsvertrages bekannt, kann er seine Leistung nicht nach § 814 BGB zurückfordern[3]. Ist dem Aufhebungsvertrag keine Kündigung vorausgegangen, besteht das Arbeitsverhältnis zu den ursprünglichen Bedingungen fort. Problematisch ist die Frage, ob der ArbN für nicht geleistete Arbeit Vergütung verlangen kann. **31**

Wird das Arbeitsverhältnis vor dem im Aufhebungsvertrag vereinbarten Ende wirksam **außerordentlich gekündigt**, wird der Aufhebungsvertrag gegenstandslos[4]. Eine vereinbarte Abfindung ist nicht zahlen. **32**

III. Inhalt. Der Aufhebungsvertrag löst das Arbeitsverhältnis zum vereinbarten Zeitpunkt auf. Die Auflösung kann mit sofortiger Wirkung oder für einen zukünftigen Termin vereinbart werden. Die rückwirkende Auflösung ist nur möglich, wenn das Arbeitsverhältnis bereits außer Vollzug gesetzt war[5] oder es vor Aufnahme der Tätigkeit einvernehmlich beendet wird[6]. **33**

1. Grundsätze. Die Parteien sind grundsätzlich frei in den zu treffenden Vereinbarungen. Grenzen für zulässige Regelungen ergeben sich aus dem **Kündigungsschutz**, der nicht umgangen werden darf. Für den Abschluss **aufschiebend bedingter Aufhebungsverträge** ist deshalb im Anwendungsbereich des KSchG genauso wie für auflösend bedingte Arbeitsverträge ein sachlicher Grund erforderlich. Unzulässig ist die Vereinbarung einer Beendigung für den Fall, dass eine bestimmte Quote von Fehltagen überschritten wird[7] oder dass der ArbN nicht rechtzeitig aus dem Urlaub zurückkehrt[8]. Gleiches gilt für eine Beendigung bei erneutem Alkoholkonsum[9]. Zulässig ist es jedoch, bei **Nichtbestehen der Probezeit** anstelle einer Kündigung einen unbedingten Aufhebungsvertrag über eine angemessene Verlängerung des Arbeitsverhältnisses mit bedingter Wiedereinstellungszusage für den Fall der Bewährung des ArbN zu vereinbaren[10]. **34**

2. AGB-Kontrolle. Auf Aufhebungsverträge sind die Vorschriften der **AGB-Kontrolle** gem. § 310 Abs. 4 iVm. §§ 305 ff. BGB anwendbar, wobei die im Arbeitsrecht geltenden Besonderheiten angemessen zu berücksichtigen sind. Zwar bezieht sich § 310 Abs. 4 BGB seinem Wortlaut nach nur auf Arbeitsverträge; jedoch ist die Norm auch auf Aufhebungsverträge als actus contrarius anzuwenden[11]. **35**

Um allgemeine Geschäftsbedingungen („AGB") handelt es sich, wenn der Aufhebungsvertrag für eine Vielzahl von Verträgen vorformuliert und nicht individuell ausgehandelt wird. Dies ist in der Praxis häufig der Fall: Um AGB handelt es sich bereits dann, wenn einzelne Punkte (zB Abfindungshöhe, Beendigungszeitpunkt, Freistellung etc.) ausgehandelt werden, der ArbGeb jedoch zur näheren Ausgestaltung dieses Verhandlungsergebnisses vorformulierte Vertragsbedingungen (zB Mustertextbausteine) verwendet. Ausreichend ist hierbei die Benutzung eines gebräuchlichen Vertragsmusters (zB aus Formularhandbuch), auch wenn es an der Widerholungsabsicht fehlt[12]. Eine echte Individualabrede liegt nur vor, wenn ein wirkliches Aushandeln der gesamten Vertragsformulierung zwischen den Parteien stattfindet; einzelne ausgehandelte Klauseln oder Vereinbarungsbestandteile hindern die Kontrolle im Übrigen nicht[13]. Die vertragswesentlichen Gegenstände eines Aufhebungsvertrages (Abfindungshöhe, Ausscheidenszeitpunkt) sind gem. § 307 Abs. 3 BGB einer Inhaltskontrolle entzogen, da es sich bei der Auflösung des Arbeitsverhältnisses nicht um eine von Rechtsvorschriften abweichende oder ergänzende Regelung handelt[14]. **36**

3. Einzelne Klauseln. Ein Aufhebungsvertrag kann insb. zu folgenden Gesichtspunkten Regelungen enthalten. **37**

a) Art und Zeitpunkt der Beendigung. Neben dem Zeitpunkt der Beendigung wird aufgrund der Voraussetzungen der Steuerbegünstigung nach § 3 Ziffer 9 EStG meist vereinbart, dass das Arbeitsverhältnis auf Veranlassung des ArbGeb aufgelöst worden ist (vgl. Rz. 40). Die früher häufig verwendete Klausel, wonach die Aufhebung zur Vermeidung einer ansonsten unvermeidlichen betriebsbedingten Kündigung erfolgt, ist derzeit ohne Wirkung: Aufgrund der Dienstanweisung der BA zu § 144 SGB III (8/2003) an die örtlichen AA ist der ArbN gehalten, zunächst die Kündigung durch den ArbGeb abzu- **38**

---

[1] *Bauer*, NZA 2002, 169 (170 f.). | [2] LAG Köln v. 5.1.1996 – 4 Sa 909/94, BB 1996, 907. | [3] ErfK/*Müller-Glöge*, § 623 BGB Rz. 27. | [4] Vgl. BAG v. 29.1.1997 – 2 AZR 292/96, NZA 1997, 813 (816 f.). | [5] BAG v. 10.12.1998 – 8 AZR 324/97, NZA 1999, 422 (424). | [6] *Bauer*, Aufhebungsverträge, Rz. 7. | [7] LAG BW v. 15.10.1990 – 15 Sa 92/90, DB 1991, 918. | [8] BAG v. 13.12.1984 – 2 AZR 294/83, NZA 1985, 324 (325). | [9] LAG München v. 29.10.1987 – 4 Sa 783/87, DB 1988, 506. | [10] BAG v. 7.3.2002 – 2 AZR 93/01, DB 2002, 1997 (1998). | [11] ErfK/*Müller-Glöge*, § 620 BGB Rn. 14; *Bauer*, NZA 2002, 169 (172); *Lingemann*, NZA 2002, 181 (183). | [12] Palandt/*Heinrichs*, § 305 BGB Rz. 9. | [13] BGH v. 18.5.1983 – VIII ZR 20/82, NJW 1983, 1603; v. 16.7.1998 – VII ZR 9/97, NJW 1998, 3488. Dies verkennend: *Weber/Ehrich/Burmester*, Aufhebungsverträge, Teil 1 Rz. 809a, die davon ausgehen, dass Aufhebungsverträge idR keine AGB seien, weil sie ausgehandelt würden. | [14] ErfK/*Müller-Glöge*, § 620 BGB Rz. 14; *Lingemann*, NZA 2002, 181 (185).

warten. Geschieht dies nicht, wird beim Abschluss eines Aufhebungsvertrages stets eine Sperrzeit ausgelöst (vgl. im Einzelnen Rz. 49).

39 **b) Freistellung und Urlaub.** Durch eine lediglich widerrufliche Freistellung wird der Urlaubsanspruch nicht erfüllt. Verabreden die Parteien eine unwiderrufliche Freistellung des ArbN von der Arbeitsleistung, ohne dass eine Anrechnung auf Urlaubsansprüche vereinbart wird, ist der Urlaubsanspruch idR noch nicht erfüllt[1]. Dies hat zur Folge, dass der ArbN auch nach monatelanger Freistellung noch Urlaubsabgeltung verlangen kann. Gegebenenfalls ist zu regeln, ob auch Ansprüche aus Arbeitszeitkonten angerechnet werden sollen. Eine in einem Aufhebungsvertrag enthaltene Klausel, nach der alle gegenseitigen Forderungen erledigt sind, bewirkt nicht das Erlöschen des gekürzten Vollurlaubsanspruchs nach § 5 Abs. 1 Buchst. c BUrlG[2]. Ist vertraglich eine Freistellung vereinbart oder sollen mit der Freistellung Urlaubsansprüche des ArbN erfüllt werden, erfolgt keine Anrechnung anderweitigen Erwerbs nach § 615 Satz 2 BGB[3]. Das vertragliche Wettbewerbsverbot nach § 60 HGB bleibt grundsätzlich auch während der Freistellungsphase weiter bestehen[4].

40 **c) Abfindung.** Die Kennzeichnung „brutto=netto" ist ihrerseits nicht eindeutig und ggf. auslegungsbedürftig[5]. Wird lediglich ein Betrag genannt, gilt dieser im Zweifel als Bruttobetrag, so dass der ArbN die LSt trägt[6]. Nach § 3 Nr. 9 EStG sind Abfindungen je nach Alter und Betriebszugehörigkeit bis zur Höhe von **7.200 Euro/9.000 Euro/11.000 Euro** steuerfrei, wenn die Auflösung des Arbeitsverhältnisses vom ArbGeb veranlasst oder gerichtlich ausgesprochen wird (s. im Einzelnen: § 3 Nr. 9 EStG Rz. 26 f.). Dagegen spielt die Form der Beendigung keine Rolle. Es ist daher anzuraten, einen Hinweis in den Aufhebungsvertrag aufzunehmen, auf wessen Veranlassung hin das Arbeitsverhältnis beendet wurde. Vereinbaren die Parteien ausdrücklich, dass der ArbGeb für die Dauer der Arbeitslosigkeit die **Steuern** übernimmt, soweit sie auf ein einzelvertraglich vereinbartes Übergangsgeld anfallen, ist der ArbGeb auch zur Erstattung der progressionsbedingten steuerlichen Mehrbelastung verpflichtet und der ArbN kann vom ArbGeb Zahlung an sich verlangen, wenn er die Steuerschuld bereits getilgt hat[7].

41 Die **Fälligkeit** kann abweichend von der **Entstehung** des Anspruchs vereinbart werden[8]. Wird die Fälligkeit auf den vorgesehenen Beendigungszeitpunkt festgesetzt, ist idR davon auszugehen, dass der Abfindungsanspruch bereits mit Abschluss der Vereinbarung entsteht und auf die **Erben** übergeht, wenn der ArbN vor dem festgelegten Auflösungszeitpunkt verstirbt[9]. Soll das Erleben des vereinbarten Beendigungszeitpunktes Voraussetzung für die Zahlung einer Abfindung sein, ist idR eine ausdrückliche Parteivereinbarung erforderlich. Fehlt eine solche, kann das gleiche Ergebnis aus der im Vertrag verlautbarten Interessenlage folgen[10]. Dies ist insb. angenommen worden, wenn bei einem Frühpensionierungsprogramm die Abfindung vor allem dem Zweck dienen sollte, den Verdienstausfall des ArbN auszugleichen[11].

42 Ein Anspruch auf die Abfindung entsteht nicht, wenn das Arbeitsverhältnis vor dem vereinbarten Beendigungszeitpunkt aus einem anderen Grund, etwa einer **fristlosen Kündigung**, beendet wird[12]. Gleiches gilt für die vorzeitige Beendigung aufgrund Rentengewährung wegen zeitlich nicht befristeter **Erwerbsunfähigkeit**[13].

43 **d) Vorzeitige Beendigung und Gehaltskapitalisierung.** Vereinbaren die Parteien, dass der ArbN die Möglichkeit hat, die Beendigung des Arbeitsverhältnisses vorzuziehen und sich in diesem Fall seine Abfindung aufgrund der Ersparnis weiterer Bruttogehälter erhöht, ist klarzustellen, dass der ArbN lediglich den Zeitpunkt der Beendigung durch einseitige Erklärung vorverlegt und die vorzeitige Beendigung im Interesse des ArbGeb liegt. Ansonsten ist die Steuerbegünstigung der Abfindung gefährdet.

44 **e) Nachvertragliches Wettbewerbsverbot.** Grundsätzlich besteht kein nachvertragliches Wettbewerbsverbot. Ein solches bedarf einer gesonderten Vereinbarungen unter Beachtung der §§ 74 ff. HGB (s. dort). Falls bereits im Arbeitsvertrag eine Vereinbarung gem. §§ 74 ff. HGB getroffen wurde, kann diese jederzeit einvernehmlich aufgehoben werden. Die Karenzentschädigung kann – soweit dies ausdrücklich geregelt wird – auch in der Abfindung enthalten sein. Ob eine allgemeine Erledigungsklausel ein zuvor vereinbartes nachvertragliches Wettbewerbsverbot erfasst, hängt von den Umständen des Einzelfalles ab[14]. Es empfiehlt sich daher eine eindeutige Regelung.

45 **f) Abwicklung des Arbeitsverhältnisses.** Weiter können zB Regelungen über Arbeitspapiere (LStKarte, SozV-Nachweis, Arbeitsbescheinigung, SozV-Ausweis), etwaige Darlehen, rückständige Vergütung, Tantiemen, Provisionen, Gewinnbeteiligungen, Dienstwagen, Werkwohnung, Spesenabrechnung, Erfindun-

---

1 BAG v. 9.6.1998 – 9 AZR 43/97, NZA 1999, 80; v. 31.5.1990 – 8 AZR 132/89, DB 1991, 392. | 2 BAG v. 9.6.1998 – 9 AZR 43/97, NZA 1999, 80. | 3 BAG v. 19.3.2002 – 9 AZR 16/01, EzA Nr. 108 zu § 615 BGB. | 4 BAG v. 30.5.1978 – 2 AZR 598/76, DB 1978, 2177. | 5 BAG v. 21.11.1985, 2 AZR 6/85, RzK I 9j Nr 2; LAG BW v. 14.7.1997 – 11 Sa 132/96, NZA-RR 1998, 56 (57). | 6 BAG v. 27.4.2000 – 9 AZR 754/98, nv. | 7 BAG v. 29.7.2003 – 9 AZR 100/02, NZA 2003, 1276 (1277). | 8 BAG v. 16.5.2000 – 9 AZR 277/99, NZA 2000, 1236. | 9 BAG v. 22.5.2003 – 2 AZR 250/02, vorgesehen für AP Nr. 8 zu § 767 ZPO. | 10 BAG v. 26.8.1997 – 9 AZR 227/96, NZA 1998, 643 (644). | 11 BAG v. 16.5.2000 – 9 AZR 277/99, NZA 2000, 1236. | 12 BAG v. 5.4.2001 – 2 AZR 217/00, NZA 2001, 837 (839). | 13 BAG v. 26.9.2001 – 4 AZR 497/00, NZA 2002, 584 (LS). | 14 BAG v. 19.11.2003 – 10 AZR 174/03, nv.; v. 31.7.2002 – 10 AZR 513/01, NZA 2003, 100 (102); v. 20.10.1981 – 3 AZR 1013/78, DB 1982, 907.

gen, Firmenunterlagen und Schadensersatz aufgenommen werden. Sofern mit zukünftigen Ansprüchen des ArbN Verrechnungen vorgenommen werden, sind die Pfändungsschutzvorschriften gem. §§ 850 ff. ZPO zu beachten. Nach Fälligkeit eines unpfändbaren Anspruchs kann jedoch über diesen verfügt werden[1]. Es ist zulässig, eine **Rückzahlung** eines Überbrückungsgeldes für den Fall zu vereinbaren, dass der ArbGeb nach § 147a SGB III (früher § 128 AFG) in Anspruch genommen wird[2].

g) Zeugnis. Zulässig ist sowohl die deklaratorische Übernahme der Zeugniserteilungspflicht gem. § 109 GewO (s. dort Rz. 2) als auch die Aufnahme bestimmter Bewertungen oder Formulierungen. Mitunter wird sogar der vollständige Zeugnisinhalt vereinbart und der Zeugnisentwurf als Anlage dem Aufhebungsvertrag beigefügt. **46**

h) Ausgleichsklausel. Sofern das Arbeitsverhältnis noch fortdauert, kann eine allgemeine Ausgleichsklausel hinsichtlich ihres Umfangs auslegungsbedürftig sein. Fehlen entsprechende Regelungen, sind von einer allgemeinen Ausgleichsklausel Zeugnisansprüche[3] sowie Ansprüche aus betrieblicher Altersversorgung nicht umfasst[4]. Ist bis zur Beendigung des Arbeitsverhältnisses eine „ordnungsgemäße Abrechnung" vereinbart, ohne dies näher zu beziffern, verliert die Ausgleichsklausel ihre Wirkung. **47**

IV. SozV-Recht. Aufgrund eines Aufhebungsvertrages können sich unterschiedliche sozialversicherungsrechtliche Konsequenzen für ArbN und ArbGeb ergeben. **48**

1. Sperrzeit. Bei einer einvernehmlichen Aufhebung des Arbeitsverhältnisses tritt für den ArbN idR gem. § 144 Abs. 1 Nr. 1 SGB III eine Sperrzeit in Bezug auf das Alg ein. Grund für die Sperrzeit ist, dass der ArbN durch seine Mitwirkung an dem Aufhebungsvertrag selbst für das Lösen des Arbeitsverhältnisses verantwortlich ist und damit ein Tatbestandsmerkmal („Lösung des Beschäftigungsverhältnisses") des § 144 Abs. 1 SGB III erfüllt ist[5]. Gem. § 144 Abs. 1 Halbs. 2 SGB III tritt in diesem Fall eine Sperrzeit nur dann nicht ein, wenn der Arbl. für sein Verhalten einen **wichtigen Grund** hatte. Hierfür genügt es **nicht** allein, dass er dem Ausspruch einer ansonsten **drohenden Kündigung** zuvorkommen will[6]. Wird ein Aufhebungsvertrag geschlossen, der eine Beendigung des Beschäftigungsverhältnisses durch bezahlte Freistellung bis zum Ende des Arbeitsverhältnisses vorsieht, liegt selbst dann noch kein wichtiger Grund vor, wenn durch die Vereinbarung die Lösung des Arbeitsverhältnisses zu dem Zeitpunkt erfolgt, zu dem auch eine rechtmäßige betriebsbedingte Kündigung gedroht hätte[7]. Ein wichtiger Grund ist aber idR gegeben, wenn die **Kündigung objektiv rechtmäßig** gewesen wäre und dem ArbN die Hinnahme der Kündigung **nicht zuzumuten** war[8]. Nicht zumutbar ist das Abwarten der Kündigung, wenn sich für den Arbl. seine **Mitwirkung positiv** auf die weiteren Eingliederungsmöglichkeiten **auswirkt**, etwa dadurch, dass er durch eine einverständliche Lösung des Arbeitsverhältnisses Nachteile vermeiden kann, die sich durch eine Kündigung des ArbGeb für sein berufliches Fortkommen ergeben hätten[9]. Ein wichtiger Grund kann auch vorliegen, wenn ein älterer ArbN in einer krisenhaften Situation des Betriebes einer Auflösung des Arbeitsverhältnisses zustimmt[10]. **49**

Die sperrzeitrechtlichen Auswirkungen eines sog. **Abwicklungsvertrages**[11], in dem die Parteien sich darauf beschränkten, **nach** Ausspruch einer Kündigung lediglich die Folgen des beendeten Beschäftigungsverhältnisses zu regeln (in der Hauptsache Verzicht auf Kündigungsschutzklage und Zahlung einer Abfindung), waren bislang umstritten[12]. Nunmehr hat das BSG mit Urteil v. 18.12.2003[13] klargestellt, dass der ArbN auch durch den Abschluss eines Abwicklungsvertrages, in dem er ausdrücklich oder konkludent auf die Geltendmachung seines Kündigungsschutzes verzichtet, einen wesentlichen Beitrag zur Herbeiführung seiner Beschäftigungslosigkeit leiste. Es komme nicht entscheidend darauf an, ob eine Vereinbarung über die Hinnahme der ArbGebKündigung vor oder nach deren Ausspruch getroffen werde. **IdR liege ein Auflösungstatbestand vor, so dass eine Sperrzeit eintrete.** Das BSG weist aaO allerdings darauf hin, dass **Ausnahmen** dann gelten, wenn die ausgesprochene **Kündigung objektiv rechtmäßig** ist oder vor einem **ArbG** ohne vorherige Absprache ein Vergleich über die Auflösung des Arbeitsverhältnisses zustande kommt. Offen gelassen hat das BSG, ob eine Sperrzeit auch dann nicht eintritt, wenn ein ArbN ohne Vorfeldabsprache eine betriebsbedingte Kündigung, in der ihm ein **Abfindungsangebot nach § 1a** unterbreitet worden ist, lediglich hinnimmt. Richtigerweise dürfte dies zu bejahen sein, weil ansonsten die in § 1a zu Tage tretende gesetzgeberische Grundentscheidung konterkariert würde. **50**

Die Sperrzeit führt zum **Ruhen des Arbeitslosengeldanspruchs** für die **Dauer** von **zwölf Wochen.** Darüber hinaus **verkürzt** sich der Anspruch auf Alg um mindestens ein Viertel der Anspruchsdauer, die dem Arbl. an sich gem. § 127 SGB III zusteht. Die Sperrzeit beginnt mit dem Tag nach dem Ereignis, das die Sperrzeit begründet. Dies ist die Beschäftigungslosigkeit in Folge des Aufhebungsvertrages[14]. Wird der ArbN bis zur Beendigung des Arbeitsverhältnisses beschäftigt, fallen Ende des Arbeitsver- **51**

---

1 BAG v. 18.8.1976 – 5 AZR 95/75, DB 1977, 310, 311. | 2 BAG v. 25.1.2000 – 9 AZR 144/99, NZA 2000, 886 (887). | 3 BAG v. 16.9.1974 – 5 AZR 255/74, NJW 1975, 407 (408). | 4 BAG v. 17.10.2000 – 3 AZR 69/99, NZA 2001, 203 (204). | 5 BSG v. 9.11.1995 – 11 Rar 27/95, NZA-RR 1997, 109 (110). | 6 BSG v. 25.4.2002 – B 11 AL 100/01 R, AuR 2003, 239. | 7 BSG v. 17.10.2002 – B 7 AL 92/01 R, info also 2003, 77. | 8 BSG v. 25.4.2002 – B 11 AL 65/01 R, NZA-RR 2003, 105 (106). | 9 BSG v. 25.4.2002 – B 11 AL 65/01 R, NZA-RR 2003, 105 (106). | 10 BSG v. 29.11.1989 – 7 Rar 86/88, NZA 1990, 628 (630). | 11 *Hümmerich*, NZA 2001, 1280. | 12 Vgl. einerseits *Geiger*, NZA 2003, 838 ff., andererseits *Bauer/Hümmerich*, NZA 2003, 1076 ff. | 13 BSG v. 18.12.2003 – B 11 AL 35/03 R. | 14 BSG v. 25.4.2002 – B 11 AL 65/01 R, NZA-RR 2003, 105 (107).

hältnisses und Beginn der Beschäftigungslosigkeit zusammen. Ist eine Freistellung – ggf. auch unter Fortzahlung des Entgelts – vereinbart, beginnt die Sperrzeit mit deren Beginn, da bereits hierdurch Beschäftigungslosigkeit vorliegt[1]. Die Sperrzeit kann aber frühestens mit dem Abschluss des Aufhebungsvertrages beginnen.

52   **2. Anrechnung von Entlassungsentschädigungen.** Hierzu gehören alle Zahlungen, die in einem ursächlichen Zusammenhang mit der Beendigung des Arbeitsverhältnisses stehen, weil der ArbN sie ohne die Beendigung nicht beanspruchen könnte. Sie sind nach Aufhebung von §§ 115a AFG, 140 SGB III aF **grundsätzlich nicht** auf das Alg anzurechnen. Wird das Arbeitsverhältnis hingegen **ohne Einhaltung der Kündigungsfrist** beendet und erhält der ArbN eine Entlassungsentschädigung bzw. kann diese beanspruchen, **ruht** gem. § 143a SGB III der Anspruch auf Alg bis zu dem Zeitpunkt, zu dem das Arbeitsverhältnis einseitig unter Wahrung der ordentlichen Kündigungsfrist durch den ArbGeb hätte gekündigt werden können. Während dessen besteht auch kein Krankenversicherungsschutz. Der ArbN muss diesen ggf. durch eine freiwillige Weiterversicherung aufrechterhalten. Ist die **ordentliche Kündigung ausgeschlossen**, gilt gem. § 143a Abs. 1 Satz 3 SGB III eine Kündigungsfrist von 18 Monaten. Kann dem Arbl. nur gegen Zahlung einer Entlassungsentschädigung gekündigt werden, gilt eine Kündigungsfrist von zwölf Monaten. Dabei ist die rechtliche Grundlage für die Abfindung unerheblich[2].

53   **3. Ruhen des Arbeitslosengeldanspruchs aus anderen Gründen.** Der Anspruch auf Alg ruht gem. § 143 Abs. 1 SGB III während der Zeit, für die der Arbl. **Arbeitsentgelt** erhält oder zu beanspruchen hat (zB bei Annahmeverzug). Wird in einem Aufhebungsvertrag die Zahlung von **Urlaubsabgeltung** geregelt, so ruht gem. § 143 Abs. 2 SGB III der Anspruch auf Alg für die Zeit des abgegoltenen Urlaubs.

54   **4. Meldepflicht.** Der ArbN hat sich wie bei einer Kündigung gem. § 37b Satz 1 SGB III unverzüglich, also ohne schuldhaftes Zögern persönlich bei der AA arbeitssuchend zu melden. IdR wird die Meldung innerhalb einer Frist von sieben Tagen noch ausreichend sein. Der **ArbGeb** soll ihn gem. § 2 Abs. 2 Satz 2 Nr. 3 SGB III auch bei Abschluss eines Aufhebungsvertrages hierüber sowie über die Notwendigkeit eigener Aktivitäten bei der Suche nach einer anderen Beschäftigung **informieren**. Ob bei Verletzung dieser Verpflichtung der ArbGeb auf Schadensersatz in Anspruch genommen werden kann, ist umstritten. Aus diesem Grunde empfiehlt sich, einen entsprechenden Hinweis bereits in das Kündigungsschreiben oder den Aufhebungsvertrag aufzunehmen.

55   **5. Erstattungsansprüche gegen ArbGeb.** Der ArbGeb kann Erstattungsansprüchen der AA ausgesetzt sein.

56   **a) Gesetzlicher Forderungsübergang.** Wird ein Aufhebungsvertrag geschlossen, **nachdem** der ArbN bereits Alg bzw. andere Sozialleistungen erhalten hat, bestehen uU Erstattungsansprüche der AA gem. § 115 SGB X.

57   **b) Ältere ArbN.** Die Erstattungspflicht des ArbGeb bei **Entlassung älterer ArbN** stellt sich nach dem **Gesetz zu Reformen am Arbeitsmarkt** vom 24.12.2003[3] wie folgt dar:

58   Gem. § 434l Abs. 3 SGB III ist § 147a SGB III in der bis zum **31.12.2003** geltenden Fassung weiterhin anzuwenden, wenn der Anspruch auf Alg bis zu diesem Tag entstanden ist oder wenn der ArbGeb das Arbeitsverhältnis bis zum 26.9.2003 beendet hat. Beendigung ist iSd. Ausspruchs der Kündigung bzw. der Abgabe der zum Aufhebungsvertrag führenden Willenserklärung durch den ArbGeb zu verstehen; ein Ausscheiden aus dem Arbeitsverhältnis ist nicht erforderlich. Nach der **Altregelung** hat der ArbGeb, bei dem der Arbl. in den letzten vier Jahren vor dem Tag der Arbeitslosigkeit mindestens 24 Monate versicherungspflichtig beschäftigt war, grundsätzlich das Alg für die Zeit nach Vollendung des 58. **Lebensjahres** zu erstatten, längstens jedoch für **24 Monate**. Die Erstattungspflicht **entfällt** gem. § 147a Satz 2 SGB III ua., wenn das Arbeitsverhältnis vor Vollendung des 56. Lebensjahres beendet worden ist oder der ArbGeb idR nicht mehr als 20 ArbN ausschließlich der zu ihrer Berufsausbildung Beschäftigten beschäftigt oder der ArbGeb bei Beendigung des Arbeitsverhältnisses berechtigt war, das Arbeitsverhältnis aus wichtigem Grund ohne Einhaltung einer Kündigungsfrist zu kündigen. Zu den Einzelheiten und weiteren Ausnahmefällen vgl. § 147a SGB III, Rz. 25 ff.

59   Für Personen, deren Anspruch auf Alg **nach dem 31.1.2006** entstanden ist (erster Tag der Arbeitslosigkeit), gilt gem. § 434l SGB III die Neuregelung: Deren Anspruchsdauer auf Alg ist von 32 auf maximal 18 Monate verkürzt, § 127 SGB III nF. Eine Erstattungspflicht nach § 147a SGB III, der insoweit ersatzlos aufgehoben ist, besteht für sie nicht.

60   Für ArbN, deren Arbeitsverhältnis nach dem 26.9.2003 beendet worden ist, und deren Anspruch auf **Alg zwischen dem 31.12.2003 und dem 1.2.2006** entstanden ist, gilt § 147a SGB III nF. Hiernach besteht eine Erstattungspflicht bereits für die Zeit ab dem **57. Lebensjahr.** Der maximale Erstattungszeitraum ist auf **32 Monate** verlängert. Die Erstattungspflicht entfällt aufgrund des Alters, wenn das Arbeitsverhältnis vor Vollendung des 55. **Lebensjahres** beendet wurde.

---

[1] BSG v. 25.4.2002 – B 11 AL 65/01 R, NZA-RR 2003, 105 (107). | [2] BSG v. 19.12.2001 – B 11 AL 53/01 R, NZA-RR 2002, 217 (218). | [3] BGBl I 2003, S. 3002 (3004).

c) **Karenzentschädigung.** Die Erstattungspflicht des ArbGeb bei Zahlung einer **Karenzentschädigung** für ein Wettbewerbsverbot nach § 148 SGB III ist durch das Dritte Gesetz zu Reformen am Arbeitsmarkt vom 23.12.2003 aufgehoben worden[1]. Bei vor dem 31.12.2003 geschlossenen Aufhebungsverträgen tritt die Erstattungspflicht nicht ein, wenn der ArbGeb gegenüber dem ArbN auf die Einhaltung des nachvertraglichen Wettbewerbsverbots eindeutig und zweifelsfrei verzichtet hat[2].

61

10 Höhe der Abfindung

(1) Als Abfindung ist ein Betrag bis zu 12 Monatsverdiensten festzusetzen.

(2) Hat der Arbeitnehmer das fünfzigste Lebensjahr vollendet und hat das Arbeitsverhältnis mindestens fünfzehn Jahre bestanden, so ist ein Betrag bis zu fünfzehn Monatsverdiensten, hat der Arbeitnehmer das fünfundfünfzigste Lebensjahr vollendet und hat das Arbeitsverhältnis mindestens zwanzig Jahre bestanden, so ist ein Betrag bis zu achtzehn Monatsverdiensten festzusetzen. Dies gilt nicht, wenn der Arbeitnehmer in dem Zeitpunkt, den das Gericht nach § 9 Abs. 2 für die Auflösung des Arbeitsverhältnisses festsetzt, das in der Vorschrift des Sechsten Buches Sozialgesetzbuch über die Regelaltersrente bezeichnete Lebensalter erreicht hat.

(3) Als Monatsverdienst gilt, was dem Arbeitnehmer bei der für ihn maßgebenden regelmäßigen Arbeitszeit in dem Monat, in dem das Arbeitsverhältnis endet (§ 9 Abs. 2), an Geld und Sachbezügen zusteht.

I. Gegenstand und Zweck. Während § 9 Abs. 1 Satz 1 den Grundsatz der Angemessenheit der Abfindung aufstellt, legt § 10 die **Höchstgrenzen** und die **Bemessungsfaktoren** für eine vom Gericht festzusetzende Abfindung fest. Diese Grenzen und Bemessungsfaktoren gelten nicht für einzelvertragliche Vereinbarungen zwischen ArbGeb und ArbN. Ebenso wenig sind sie bei außergerichtlichen oder gerichtlichen Vergleichen zwingend zu berücksichtigen[3]. Dagegen findet die Bestimmung des § 10 **entsprechende Anwendung** bei der gerichtlichen Auflösung des Arbeitsverhältnisses nach einer unwirksamen außerordentlichen oder einer sittenwidrigen Kündigung gemäß § 13. Darüber hinaus ist die Abfindung nach § 10 zu bemessen, die der ArbGeb nach § 113 Abs. 1 BetrVG zu zahlen hat, wenn er von einem Interessenausgleich über eine geplante Betriebsänderung ohne zwingenden Grund abweicht und hierdurch Entlassungen notwendig werden. Eine derart zu bemessende Abfindung hat der Unternehmer nach § 113 Abs. 3 BetrVG zu zahlen, wenn er eine geplante Betriebsänderung durchführt, ohne über sie einen Interessenausgleich mit dem BR versucht zu haben, und ArbN deswegen entlassen werden oder andere wirtschaftliche Nachteile erleiden. Schließlich nimmt der Abfindungsanspruch nach § 1a in seinem Abs. 2 zur Bestimmung eines Monatsverdienstes auf § 10 Abs. 3 Bezug.

1

II. Höchstgrenze der Abfindung (§ 10 Abs. 1). In § 10 Abs. 1 wird eine Höchstgrenze für die Abfindung festgesetzt, innerhalb derer das Gericht im Einzelfall bei der Auflösung des Arbeitsverhältnisses die Abfindung zu bestimmen hat. Dabei handelt es sich um einen Betrag bis zu 12 Monatsverdiensten. Diese Grenze kann nur im Rahmen von § 10 Abs. 2 überschritten werden[4].

2

III. Bemessungsfaktoren für die Abfindung (§ 10 Abs. 2). Erhöhte Höchstgrenzen gelten nach Abs. 2. Die Abfindung erhöht sich nach Abs. 2 Satz 1 auf 15 Monatsverdienste, wenn der ArbN bereits das 50. Lebensjahr vollendet hat und das Arbeitsverhältnis mindestens 15 Jahre bestanden hat. Hat der ArbN bereits das 55. Lebensjahr vollendet und hat das Arbeitsverhältnis mindestens 20 Jahre bestanden, erhöht sich die Grenze für die Abfindung auf 18 Monatsverdienste. Für die jeweilige Erhöhung der Abfindungsgrenze kommt es darauf an, dass in der Person des ArbN jeweils beide Voraussetzungen nebeneinander vorliegen. Dabei ist der Zeitpunkt maßgeblich, zu dem das Gericht das Arbeitsverhältnis gemäß § 9 Abs. 2 aufzulösen hat. Liegt der Auflösungsentscheidung eine ordentliche Kündigung des ArbGeb zugrunde, handelt es sich um den letzten Tag der Kündigungsfrist. Liegt eine außerordentliche fristlose Kündigung des Arbeitsverhältnisses zugrunde, handelt es sich gemäß § 13 Abs. 1 Satz 4 um den Zeitpunkt, zu dem sie ausgesprochen wurde.

3

Bei der Festsetzung der Abfindung steht dem Gericht ein **Ermessen** zu, da es an die Anträge der Parteien insoweit nicht gebunden ist[5]. Dagegen muss das Gericht die in § 10 festgelegten Höchstgrenzen einhalten. Allerdings muss es nicht eine Abfindung festsetzen, die genau dem Vielfachen eines Monatsverdienstes entspricht. Eine derartige Entscheidung würde keine brauchbare Grundlage für die Vollstreckung bilden. Vielmehr hat das Gericht stets auf eine bestimmte Summe zu erkennen[6].

4

Die Höhe des gerichtlich festzusetzenden Betrages muss sich an den **Zwecken der Abfindung** orientieren. Der ArbN soll mit der Abfindung einen Ausgleich für die Vermögens- und Nichtvermögensschäden erhalten, die ihm aus dem an sich nicht gerechtfertigten Verlust seines Arbeitsplatzes entstehen. Außerdem soll die Abfindung eine Sanktionswirkung entfalten. Denn sie soll den ArbGeb davon abhal-

5

---

[1] BGBl I 2003, S. 2848 (2863). | [2] Weber/Ehrich/Burmester, Aufhebungsverträge, Teil 1 Rz. 723. | [3] Herschel/Löwisch, § 10 KSchG Rz. 1; KDZ/Kittner, § 10 KSchG Rz. 3; KR/Spilger, § 10 KSchG Rz. 9. | [4] Herschel/Löwisch, § 10 KSchG Rz. 1; v. Hoyningen-Huene/Linck, § 10 KSchG Rz. 2; ErfK/Ascheid, § 10 KSchG Rz. 2. | [5] BAG v. 28.11.1968 – AP Nr. 19 zu § 1 KSchG – Betriebsbedingte Kündigung. | [6] Herschel/Löwisch, § 10 KSchG Rz. 10; v. Hoyningen-Huene/Linck, § 10 KSchG Rz. 16.

ten, in Zukunft sozial ungerechtfertigte Kündigungen auszusprechen[1]. Als Bemessungsfaktoren kommen neben dem Monatsverdienst des ArbN nach der gesetzlichen Regelung sein Lebensalter und die Dauer seines Arbeitsverhältnisses in Betracht. Allerdings schließt das Gesetz die Berücksichtigung weiterer Faktoren im Einzelfall nicht aus und gibt auch keine unmittelbare Rangordnung der einzelnen Bemessungsfaktoren vor[2].

6 1. **Monatsverdienst (§ 10 Abs. 3).** Als Monatsverdienst gilt nach § 10 Abs. 3 die Summe aus Geld und Sachbezügen, die der ArbN in dem **letzten Monat seines Arbeitsverhältnisses** verdient hätte. Dabei ist nicht die betriebsübliche Arbeitszeit zu Grunde zu legen, sondern die für den konkreten ArbN maßgebende regelmäßige Arbeitszeit einschließlich etwaiger regelmäßig anfallender Überstunden. Grundsätzlich ist der Monatsverdienst so zu berechnen, als ob der ArbN tatsächlich gearbeitet hätte. Unregelmäßige Schwankungen durch Kurzarbeit, Krankheit, Urlaub oder eine Stilllegung des Betriebs sind nicht zu berücksichtigen. Bei einer Akkordvergütung ist der mutmaßliche Verdienst des ArbN im Auflösungsmonat zu ermitteln[3].

7 Der Monatsverdienst setzt sich zusammen aus **Geld- und Sachbezügen**. Hierzu zählen Grundvergütung und Zuwendungen mit Entgeltcharakter einschließlich der Naturalleistungen, soweit der ArbN diese regelmäßig erhalten hätte. Das schließt Zulagen, Tantiemen, Umsatzbeteiligungen, Jahresabschlussvergütungen, 13. oder 14. Monatsgehälter, Deputate sowie die Überlassung von Wohnraum oder Fahrzeugen ein. Nicht zum regelmäßigen Monatsverdienst gehören dagegen Zuwendungen mit Aufwendungscharakter wie etwa Schmutzzulagen oder Spesen, Zuwendungen mit Gratifikationscharakter wie etwa Jubiläumsgelder, Weihnachtsgratifikationen, Urlaubsgelder und Trinkgelder, da sie dem regelmäßigen Einkommen des ArbN nicht zugerechnet werden können[4].

8 2. **Dauer des Arbeitsverhältnisses.** Für die Berechnung der Dauer des Arbeitsverhältnisses kommt es auf den vom Gericht im Urteil festzusetzenden Auflösungszeitpunkt an[5]. Im Übrigen gelten für die Berechnung nach § 10 Abs. 2 die gleichen Grundsätze wie für die **Berechnung der Wartezeit** nach § 1 Abs. 1[6]. Danach sind Zeiten der beruflichen Ausbildung sowie Praktikanten- und Volontärzeiten mit zu berücksichtigen, soweit sie unmittelbar vor der Begründung des Arbeitsverhältnisses zurückgelegt wurden[7].

9 3. **Lebensalter.** Bei der Bemessung der Abfindung ist darüber hinaus das Lebensalter des ArbN zu berücksichtigen. Denn der Verlust eines Arbeitsplatzes trifft den ArbN in einem fortgeschrittenen Alter härter[8]. Im Übrigen lässt sich bereits aus der gesetzlichen Regelung in § 10 Abs. 2 Satz 1 über die Anhebung der Höchstgrenzen der Abfindung entnehmen, dass es sich bei dem Lebensalter um einen **wesentlichen Bemessungsfaktor** handelt. Andererseits wird die Abfindung geringer ausfallen, wenn der ArbN bereits kurz vor dem Ruhestandsalter steht[9]. Auch dieser Umstand lässt sich unmittelbar dem Gesetz entnehmen, da eine Anhebung der Höchstgrenze nach § 10 Abs. 2 Satz 2 nicht in Betracht kommt, wenn der ArbN in dem Zeitpunkt, in dem sein Arbeitsverhältnis aufgelöst wird, das 65. Lebensjahr bereits erreicht hat.

10 4. **Sonstige Faktoren.** Bei der Bemessung der Abfindung ist zu berücksichtigen, welche **Chancen** der ArbN **auf dem Arbeitsmarkt** hat. Denn die Abfindung soll gerade den Schaden ausgleichen, der dem ArbN durch den Verlust seines Arbeitsplatzes entsteht[10]. Daher wird die Abfindungssumme geringer zu bemessen sein, wenn der ArbN bereits eine neue gleichwertige Stelle gefunden hat. Im Rahmen seiner Ermessensentscheidung kann das Gericht auch **weitere Sozialdaten** des ArbN, wie seinen Familienstand, die Zahl der unterhaltspflichtigen Personen und seinen Gesundheitszustand berücksichtigen[11].

11 Die **wirtschaftliche Situation** des ArbN ist bereits nach den Vorstellungen des Gesetzgebers kein geeignetes Bemessungskriterium für die Höhe der Abfindung[12]. Danach darf dem ArbN kein Nachteil daraus erwachsen, dass er mit seinem früheren Arbeitseinkommen sparsam und vorsorglich umgegangen ist. Berücksichtigungsfähig sind dagegen kündigungsbedingte wirtschaftliche Notlagen des ArbN[13].

12 Bei der Bemessung der Abfindung kann das Gericht auch das **Maß der Sozialwidrigkeit** der Kündigung des Arbeitsverhältnisses berücksichtigen[14]. Ein hohes Maß an Sozialwidrigkeit, das die Festsetzung einer hohen Abfindung rechtfertigt, kann sich daraus ergeben, dass die Kündigungsgründe vollkommen ungeeignet sind, eine Kündigung sozial zu rechtfertigen, oder daraus, dass der ArbGeb bei der Kündigung keinerlei Rücksicht auf soziale Gesichtspunkte genommen hat. Ergibt sich die Sozialwidrigkeit der Kündigung erst im Rahmen der Interessenabwägung, erscheint das Maß der Sozialwidrigkeit so gering, dass auch die Abfindung geringer zu bemessen ist. Das gilt auch, wenn den ArbN ein

---

1 BAG v. 15.2.1973 – 2 AZR 16/72, AP Nr. 2 zu § 9 KSchG 1969. | 2 ErfK/*Ascheid*, § 10 KSchG Rz. 7; KR/*Spilger*, § 10 KSchG Rz. 46. | 3 v. *Hoyningen-Huene/Linck*, § 10 KSchG Rz. 5; KR/*Spilger*, § 10 KSchG Rz. 33. | 4 KR/*Spilger*, § 10 KSchG Rz. 33; v. *Hoyningen-Huene/Linck*, § 10 KSchG Rz. 8; APS/*Biebl*, § 10 KSchG Rz. 18; aA ErfK/*Ascheid*, § 10 KSchG Rz. 3; HK/*Hauck*, § 10 KSchG Rz. 11. | 5 KR/*Spilger*, § 10 KSchG Rz. 36. | 6 BAG v. 26.8.1976 – 2 AZR 377/75, AP Nr. 68 zu § 626 BGB. | 7 KR/*Spilger*, § 10 KSchG Rz. 36. | 8 ErfK/*Ascheid*, § 10 KSchG Rz. 8. | 9 KDZ/*Kittner*, § 10 KSchG Rz. 8. | 10 BAG v. 15.2.1973 – 2 AZR 16/72, AP Nr. 2 zu § 9 KSchG 1969. | 11 BAG v. 25.11.1982 – 2 AZR 21/81, AP Nr. 10 zu § 9 KSchG 1969. | 12 BT-Drs. X/3913, S. 9. | 13 KR/*Spilger*, § 10 KSchG Rz. 53; v. *Hoyningen-Huene/Linck*, § 10 KSchG Rz. 11. | 14 BAG v. 29.3.1960 – 3 AZR 568/58, AP Nr. 7 zu § 7 KSchG.

Verschulden trifft, das zwar die Kündigung nicht rechtfertigt, sie aber in einem milderen Licht erscheinen lässt[1]. Bei der Bemessung der Abfindung kann das Gericht auch berücksichtigen, ob die Gründe für die Auflösung des Arbeitsverhältnisses schuldhaft herbeigeführt worden sind[2]. Dieser Umstand kann allerdings sowohl zu Lasten des ArbN als auch zu Lasten des ArbGeb gehen.

Verliert der ArbN durch die Auflösung seines Arbeitsverhältnisses eine verfallbare **Anwartschaft auf Ruhegeld**, kann diesem Umstand bei der Bemessung der Abfindung ein wesentliches Gewicht zukommen[3]. Dagegen ist die Abfindung geringer zu bemessen, wenn dem ArbN bereits nach seinem Arbeitsvertrag oder einem TV ein Anspruch auf eine Abfindung für den Verlust des Arbeitsplatzes oder auf ein Überbrückungsgeld zustehen[4]. **13**

Auch die **wirtschaftliche Lage des ArbGeb** kann bei der Bemessung der Abfindung berücksichtigt werden. Dabei ist allerdings auf die wirtschaftliche Situation und die Leistungsfähigkeit des Gesamtunternehmens abzustellen, nicht auf die des einzelnen Betriebs. Die Höhe der Abfindung darf nicht zu einer Gefährdung des gesamten Unternehmens und der Arbeitsplätze anderer ArbN führen[5]. Schließlich kann auch der Umstand, dass es sich bei dem Betrieb des ArbGeb lediglich um einen sog. Kleinbetrieb handelt, abfindungsmindernd berücksichtigt werden[6]. **14**

IV. Rechtliche Einordnung des Anspruchs. Bei der Abfindung nach § 10 handelt es sich um eine **Entschädigung** für den Verlust des Arbeitsplatzes, der eingetreten ist, obwohl die Kündigung sozial ungerechtfertigt war. Danach handelt es sich bei dieser Abfindung weder um Arbeitsentgelt noch um einen Ersatz für Arbeitsentgelt[7]. **15**

1. Verhältnis zu anderen Ansprüchen. Aufgrund ihres Entschädigungscharakters schließt eine Abfindung Ansprüche des ArbN auf **Schadensersatz** wegen des Verlustes seines bisherigen Arbeitsplatzes aus. Nicht ausgeschlossen sind dagegen sonstige Schadensersatzansprüche, die mit dem Verlust des Arbeitsplatzes nichts zu tun haben[8]. Das gilt etwa für Schadensersatzansprüche wegen unrichtiger Erteilung von Auskünften, unzutreffender Beurteilungen in Zeugnissen oder der verspäteten Herausgabe von Arbeitspapieren[9]. Auch Ansprüche des ArbN auf Entgelt werden durch seinen Anspruch auf Abfindung nicht beeinträchtigt[10]. **16**

2. Vererbung und Abtretung. Der Anspruch des ArbN auf Zahlung einer Abfindung nach § 10 ist sowohl **abtretbar** als auch **vererblich**. Selbst eine Vorausabtretung ist zulässig[11]. Das gilt jedenfalls für den Abfindungsanspruch, der sich aus der rechtskräftigen Verurteilung ergibt. Er geht allerdings auch dann auf die Erben über, wenn der ArbN vor dem im Urteil festgesetzten Auflösungszeitpunkt verstirbt[12]. Stirbt der ArbN dagegen nach Ablauf der Kündigungsfrist und hatte er zuvor einen Auflösungsantrag gestellt, können die Erben den laufenden Prozess fortführen und die Zahlung der Abfindung verlangen[13]. **17**

3. Pfändung und Insolvenz. Trotz ihres Entschädigungscharakters gehören Abfindungen nach § 10 zum **Arbeitseinkommen** iSv. § 850 ZPO[14]. Da es sich nicht um ein Arbeitseinkommen handelt, das für einen fest umrissenen Zeitraum gezahlt wird, unterliegt die Abfindung nicht dem Pfändungsschutz des § 850c ZPO. Vielmehr handelt es sich um nicht wiederkehrende zahlbare Vergütungen nach § 850i ZPO[15]. Da der Abfindungsanspruch grundsätzlich pfändbar ist, kann der ArbGeb gegen ihn mit Ansprüchen aufrechnen[16]. **18**

Bei dem Anspruch auf Zahlung einer Abfindung nach § 10 handelt es sich um eine **Insolvenzforderung** nach den §§ 38, 108 Abs. 2 InsO. Wird das Arbeitsverhältnis allerdings aufgrund einer vom Insolvenzverwalter erklärten Kündigung nach den §§ 9, 10 aufgelöst, handelt es sich bei dem Anspruch auf Abfindung um eine **Masseverbindlichkeit** nach § 55 Abs. 1 Nr. 1 InsO[17]. **19**

4. Steuer- und SozV-Recht. Innerhalb bestimmter Höchstgrenzen sind die Abfindungen gemäß § 3 Nr. 9 EStG **steuerfrei**, soweit die Abfindung an einen ArbN iSd. Steuerrechts wegen der Auflösung seines Arbeitsverhältnisses gezahlt wird und diese Auflösung vom ArbGeb veranlasst ist[18]. Der Umfang der Steuerbefreiung richtet sich nach dem Lebensalter des ArbN und der Dauer seiner Betriebszugehörigkeit. Die Steuerfreibeträge sind mWv. 1.1.2004 gesenkt worden. Der maßgebliche Wert wird vom Zeitpunkt des Zuflusses abhängen. Der Grundfreibetrag beträgt ab dem 1.1.2004 nur noch 7.200 Euro (bis dahin 8.181 Euro = 16.000 DM). Er erhöht sich auf 9.000 Euro (zuvor 10.226 Euro = 20.000 DM), soweit der ArbN das 50. Lebensjahr vollendet hat und sein Arbeitsverhältnis mindestens 15 Jahre be- **20**

---

1 LAG Schl.-Holst. v. 22.1.1987 – 4 Sa 509/86 – NZA 1987, 601. | 2 BAG v. 15.2.1973 – 2 AZR 16/72, AP Nr. 2 zu § 9 KSchG 1969. | 3 BAG v. 28.11.1968 – 2 AZR 76/68, AP Nr. 19 zu § 1 KSchG – Betriebsbedingte Kündigung. | 4 Herschel/Löwisch, § 10 KSchG Rz. 15. | 5 KR/Spilger, § 10 KSchG Rz. 60; APS/Biebl, § 10 KSchG Rz. 29. | 6 BAG v. 20.11.1997 – 2 AZR 803/96 – RzK I 11 c Nr. 13. | 7 BAG v. 6.12.1984 – 2 AZR 348/81, AP Nr. 14 zu § 61 KO. | 8 BAG v. 22.4.1971 – 2 AZR 205/70, AP Nr. 24 zu § 7 KSchG. | 9 KR/Spilger, § 10 KSchG Rz. 74. | 10 KDZ/Kittner, § 10 KSchG Rz. 35. | 11 Herschel/Löwisch, § 10 KSchG Rz. 33; v. Hoyningen-Huene/Linck, § 10 KSchG Rz. 35. | 12 BAG v. 25.6.1992 – 2 AZR 504/86 – EzA Nr. 23 zu § 9 KSchG 1969. | 13 v. Hoyningen-Huene/Linck, § 10 KSchG Rz. 35; Bader/Bram/Dörner/Wenzel, § 9 KSchG Rz. 38. | 14 BAG v. 12.9.1979 – 4 AZR 420/77, AP Nr. 10 zu § 850 ZPO. | 15 BAG v. 13.11.1991 – 4 AZR 39/91 – RzK I 11 c Nr. 8. | 16 KR/Spilger, § 10 KSchG Rz. 16. | 17 KR/Spilger, § 10 KSchG Rz. 20. | 18 Hümmerich/Spirolke, NZA 1998, 225.

stand. Auf 11.000 Euro (zuvor 12.271 Euro = 24.000 DM) erhöht sich der Betrag, wenn der ArbN das 55. Lebensjahr vollendet hat und sein Arbeitsverhältnis mindestens 20 Jahre bestand. Soweit die Abfindung diese Freibeträge überschreitet, kann sie einem ermäßigten Steuersatz nach den §§ 24, 34 EStG unterliegen (Fünftelungsprinzip). Steuerfrei ist die Abfindung auch dann, wenn sie im Rahmen eines gerichtlichen oder außergerichtlichen Vergleichs vereinbart wird, soweit das Arbeitsverhältnis auf Veranlassung des ArbGeb aufgelöst wird[1]. Das Gleiche gilt für die Abfindung nach § 1a.

21 Überschreitet die Abfindung den Steuerfreibetrag, trifft die **Steuerpflicht** grundsätzlich den **ArbN**. In seiner Entscheidung setzt das Gericht die Abfindungssumme als **Bruttobetrag** fest, da auch bei der Ermittlung der Höchstgrenzen vom Bruttomonatsverdienst des ArbN auszugehen ist. In Abfindungsvereinbarungen oder -vergleichen kann jedoch auch die Zahlung eines Nettobetrags vereinbart werden. Damit ist gleichzeitig die Übernahme anfallender Steuern durch den ArbGeb vereinbart. Die häufig anzutreffende Formel „Brutto = Netto" ist sinnlos. In diesem Fall muss aus anderen Umständen ermittelt werden, was die Parteien damit vereinbart haben[2].

22 Der Abfindungsbetrag nach § 10 stellt **kein versicherungspflichtiges Arbeitsentgelt** dar. Daher sind von der Abfindung keine Beiträge zur SozV zu leisten[3]. Das gilt allerdings nicht, wenn die Abfindung verdeckt rückständiges Arbeitsentgelt enthält[4].

23 **V. Entscheidung des Gerichts.** Das Gericht hat von Amts wegen **ohne bezifferten Antrag** über die Höhe der Abfindung zu entscheiden. Ist gleichwohl vom ArbN ein Mindestbetrag beziffert worden und unterschreitet das Gericht ihn, hat es den ArbN nach § 92 ZPO anteilig an den Kosten zu beteiligen[5]. Daher empfiehlt es sich bereits aus Kostengründen, von einem bezifferten Antrag abzusehen. Im Übrigen kann der ArbN die Entscheidung des Gerichts bereits dann mit einem Rechtsmittel angreifen, wenn der Abfindungsbetrag unterhalb der gesetzlichen Höchstgrenze liegt. Dagegen ist der ArbGeb beschwert, wenn die gerichtliche Festlegung des Abfindungsbetrags seines Erachtens zu hoch ist[6].

11 *Anrechnung auf entgangenen Zwischenverdienst*

Besteht nach der Entscheidung des Gerichts das Arbeitsverhältnis fort, so muss sich der Arbeitnehmer auf das Arbeitsentgelt, das ihm der Arbeitgeber für die Zeit nach der Entlassung schuldet, anrechnen lassen,

1. was er durch anderweitige Arbeit verdient hat,
2. was er hätte verdienen können, wenn er es nicht böswillig unterlassen hätte, eine ihm zumutbare Arbeit anzunehmen,
3. was ihm an öffentlich-rechtlichen Leistungen infolge Arbeitslosigkeit aus der Sozialversicherung, der Arbeitslosenversicherung, der Sicherung des Lebensunterhalts nach dem Zweiten Buch Sozialgesetzbuch oder Sozialhilfe für die Zwischenzeit gezahlt worden ist. Diese Beträge hat der Arbeitgeber der Stelle zu erstatten, die sie geleistet hat.

1 **I. Gegenstand und Zweck.** § 11 legt fest, was sich der ArbN **auf den Zwischenverdienst** anrechnen lassen muss, den der ArbGeb für den Zeitraum zwischen der tatsächlichen Beendigung des Arbeitsverhältnisses und der Wiederaufnahme der Arbeit schuldet. Mit der ausführlichen Anrechnungsbestimmung will das Gesetz dem ArbN nach einer unberechtigten Kündigung in vermögensrechtlicher Hinsicht so stellen, als habe tatsächlich keine Unterbrechung des Arbeitsverhältnisses stattgefunden. Er soll vergütungsmäßig weder besser noch schlechter gestellt sein als bei der ungestörten Durchführung seines Arbeitsverhältnisses.

2 Mit der Vorschrift des § 11 wird die allgemeine Regelung über den Gläubigerverzug im Dienst- und Arbeitsverhältnis in § 615 BGB ergänzt und verändert. Allerdings bildet § 11 ebenso wie § 615 BGB **keine Anspruchsgrundlage** für Vergütungsansprüche des ArbN. Er regelt nicht die Voraussetzungen des Annahmeverzugs, sondern nur einen Teil der Rechtsfolge, indem er den Umfang des anrechenbaren Zwischenverdienstes bestimmt. Gegenüber der allgemeinen Anrechnungsvorschrift des § 615 Satz 2 BGB geht § 11 als Spezialgesetz vor[7]. Die Anspruchsgrundlage für den Nachzahlungsanspruch des ArbN folgt aus den jeweiligen arbeitsvertraglichen, tarifvertraglichen oder gesetzlichen Regelungen über die Vergütungsleistung in Verbindung mit den Vorschriften der §§ 293 ff., 615 Satz 1 BGB über den Annahmeverzug. Während von der allgemeinen Anrechnungsregelung des § 615 Satz 2 BGB durch einzelvertragliche oder kollektivrechtliche Vereinbarungen abgewichen werden kann, ist die Vorschrift des § 11 zwingendes Recht[8].

---

1 BFH v. 10.10.1986 – VI R 178/83 – BB 1987, 457. | 2 LAG BW v. 17.4.1997 – 11 Sa 132/96 – LAGE Nr. 31 zu § 9 KSchG. | 3 BAG v. 9.11.1988 – 4 AZR 433/88, AP Nr. 6 zu 10 KSchG 1969; BSG v. 21.2.1990 – 12 RK 20/88 – EzA Nr. 35 zu 9 nF KSchG. | 4 BSG v. 25.10.1990 – 12 RK 40/89 – EzA Nr. 38 zu § 9 nF KSchG. | 5 BAG v. 26.6.1986 – 2 AZR 522/85, AP Nr. 3 zu § 10 KSchG 1969. | 6 KR/*Spilger*, § 10 KSchG Rz. 69; v. Hoyningen-Huene/Linck, § 10 KSchG Rz. 17. | 7 BAG v. 6.9.1990 – 2 AZR 165/90, AP Nr. 47 zu § 615 BGB. | 8 KR/*Spilger*, § 11 KSchG Rz. 7.

Anrechnung auf entgangenen Zwischenverdienst Rz. 7 § 11 KSchG

Keine Anwendung findet § 11, wenn das Arbeitsverhältnis nach § 9 aufgelöst wird. Wenn sich der ArbGeb bis zum Auflösungszeitpunkt in Annahmeverzug befunden hat, richtet sich die Anrechnung anderweitiger Einkünfte ausschließlich nach § 615 Satz 2 BGB[1]. Ebensowenig findet § 11 Anwendung, wenn der ArbN nach Ablauf der Kündigungsfrist weiter beschäftigt wird[2]. 3

Dagegen findet § 11 **entsprechende Anwendung** für die Fälle einer außerordentlichen Kündigung oder einer sittenwidrigen Kündigung nach § 13. Das gilt gemäß § 12 Satz 5 auch, wenn der ArbN ein neu eingegangenes Arbeitsverhältnis fortsetzen will. Schließlich gilt § 11 entsprechend, wenn die Parteien das Arbeitsverhältnis einvernehmlich fortsetzen, ohne dass es zu einer gerichtlichen Entscheidung oder einer Absprache über Entgeltansprüche gekommen ist[3]. 4

II. Annahmeverzug. Zu den gesetzlichen Voraussetzungen der Anrechnungsbestimmung des § 11 gehört neben der gerichtlichen Feststellung, dass das Arbeitsverhältnis durch die Kündigung des ArbGeb nicht aufgelöst worden ist, der Annahmeverzug des ArbGeb[4]. Die **Voraussetzungen** des Annahmeverzugs richten sich nach den §§ 293 ff. BGB. Danach kann der ArbN für die infolge des Verzugs nicht geleisteten Dienste das Arbeitsentgelt verlangen, ohne zur Nachleistung verpflichtet zu sein. Allerdings kommt der Gläubiger nach § 293 BGB nur in Verzug, wenn er die ihm angebotene Leistung nicht annimmt. Sie muss ihm tatsächlich so angeboten werden, wie sie zu bewirken ist gemäß § 294 BGB. Nach § 295 BGB genügt ein wörtliches Angebot, wenn der ArbGeb dem ArbN erklärt hat, er werde die Leistung nicht annehmen, oder wenn zur Bewirkung der Leistung eine Handlung des ArbGeb erforderlich ist. Ist dafür eine Zeit nach dem Kalender bestimmt, so muss der ArbN auch kein wörtliches Angebot abgeben gemäß § 296 BGB, wenn der ArbGeb die Handlung nicht rechtzeitig vornimmt. Die Mitwirkungshandlung des ArbGeb besteht darin, dem ArbN einen funktionsfähigen Arbeitsplatz zur Verfügung zu stellen und ihm die Arbeit zuzuweisen. Hat er dagegen mit der Kündigung einen entgegengesetzten Willen zu erkennen gegeben, muss er den ArbN zur Arbeit auffordern, wenn er für die Zeit nach der Kündigung nicht in Annahmeverzug geraten will. Weder ein tatsächliches noch ein wörtliches Angebot des ArbN ist somit erforderlich[5]. Ferner setzt der Annahmeverzug des ArbGeb voraus, dass der ArbN für den Zeitraum nach Ablauf der Kündigungsfrist arbeitswillig und arbeitsfähig ist[6]. Allerdings tritt der Annahmeverzug des ArbGeb auch ohne besondere Anzeige der Wiederherstellung der Arbeitsfähigkeit durch den ArbN ein, wenn dieser dem ArbGeb durch Erhebung der Kündigungsschutzklage oder einen sonstigen Widerspruch gegen die Kündigung seine Leistungsbereitschaft deutlich gemacht hat[7]. Der Annahmeverzug endet, wenn der ArbGeb den ArbN zur Wiederaufnahme der geschuldeten Arbeitsleistung auffordert, spätestens mit der vertragsgemäßen Weiterbeschäftigung des ArbN im Anschluss an eine erfolgreiche Kündigungsschutzklage[8]. 5

III. Höhe des Verzugslohns. Die Höhe des Verzugslohns richtet sich nach § 615 Satz 1 BGB. Nach dem **Lohnausfallprinzip** hat der ArbGeb dem ArbN die vereinbarte Vergütung zu zahlen, die dem ArbN beim Fortbestand des Arbeitsverhältnisses zugestanden hätte. Dabei handelt es sich grundsätzlich um einen Bruttobetrag. Neben der Grundvergütung kann der ArbN auch sonstige Leistungen mit Entgeltcharakter beanspruchen, wie Zulagen, Gratifikationen, Umsatzbeteiligungen und Sachbezüge in Höhe des Steuer- und SozV-Werts, nicht aber Leistungen mit Aufwendungscharakter wie Fernauslösungen und Reisekosten[9]. Dabei kommen dem ArbN zwischenzeitlich eingetretene Vergütungserhöhungen ebenso zugute wie er Minderungen des Nachzahlungsanspruchs durch wirksam angeordnete Kurzarbeit gegen sich gelten lassen muss[10]. 6

1. Anrechnung des tatsächlichen anderweitigen Verdienstes (§ 11 Nr. 1). Nach § 11 Nr. 1 muss sich der ArbN auf seinen Nachzahlungsanspruch anrechnen lassen, was er anderweitig verdient hat. Dabei muss es sich gerade um Einkommen handeln, das der ArbN nur dadurch erzielen konnte, dass er die Arbeitsleistung bei seinem ArbGeb nicht erbringen musste[11]. **Nebeneinkünfte**, die der ArbN auch bei tatsächlicher Arbeitsleistung hätte erzielen können, fallen nicht darunter[12]. Der anrechenbare Verdienst muss nicht in Arbeitsentgelt bestehen. Es kann sich auch um Gewinne aus einer selbständigen Tätigkeit oder um den Erlös aus Schwarzarbeit handeln[13]. Während der ArbN zusätzliche Aufwendungen für Werkzeug, Arbeitsmaterial oder Fahrtkosten von dem anrechnungsfähigen anderweitigen Verdienst abziehen kann, muss er sich, anders als nach § 615 Satz 2 BGB, ersparte Aufwendungen für die Anreise zur Arbeitsstätte seines ArbGeb nicht hinzurechnen lassen[14]. 7

---

1 Herschel/Löwisch, § 11 KSchG Rz. 1. | 2 Bader/Bram/Dörner/Wenzel, § 11 KSchG Rz. 3. | 3 BAG v. 17.4.1986 – 2 AZR 308/85, AP Nr. 40 zu § 615 BGB. | 4 KR/Spilger, § 11 KSchG Rz. 8; Bader/Bram/Dörner/Wenzel, § 11 KSchG Rz. 4. | 5 BAG v. 19.4.1990 – 2 AZR 591/89, AP Nr. 45 zu § 615 BGB; v. 24.11.1994 – 2 AZR 179/94, AP Nr. 60 zu § 615 BGB; v. 19.1.1999 – 9 AZR 679/97, AP Nr. 79 zu § 615 BGB. | 6 BAG v. 6.11.1986 – 2 AZR 744/85 – RzK I 3 b Nr. 4; v. 9.8.1984 – 2 AZR 374/83, AP Nr. 34 zu § 615 BGB. | 7 BAG v. 24.11.1994 – 2 AZR 179/84, AP Nr. 60 zu § 615 BGB; aA Bader/Bram/Dörner/Wenzel, § 11 KSchG Rz. 12. | 8 Bader/Bram/Dörner/Wenzel, § 11 KSchG Rz. 15. | 9 KR/Spilger, § 11 KSchG Rz. 36; Bader/Bram/Dörner/Wenzel, § 11 KSchG Rz. 21 bis 24. | 10 BAG v. 7.4.1970 – 2 AZR 201/69, AP 3 zu 615 BGB; v. 1.3.1958 – AP Nr. 1 zu § 9 KSchG; v. 6.9.1990 – 2 AZR 165/90, AP Nr. 47 zu 615 BGB. | 12 BAG v. 14.8.1974 – 5 AZR 497/73, AP Nr. 3 zu § 13 KSchG. | 13 Bader/Bram/Dörner/Wenzel, § 11 KSchG Rz. 30. | 14 v. Hoyningen-Huene/Linck, § 11 KSchG Rz. 18.

8 Der anderweitige Verdienst ist nicht nur auf den Zeitraum, in dem er erzielt wurde, anrechenbar, sondern auf die Vergütung des ArbN für die gesamte Dauer des Annahmeverzugs. Es gilt somit das **Prinzip der Gesamtabrechnung**[1]. Da sich der Umfang der Anrechnung nur nach der beim ArbGeb maßgebenden Arbeitszeit richtet, muss sich ein teilzeitbeschäftigter ArbN auch nur den Verdienst anrechnen lassen, der durch das Freiwerden seiner Arbeitskraft ermöglicht worden ist[2].

9 Grundsätzlich trägt der ArbGeb die **Darlegungs- und Beweislast** für den Umfang der Einnahmen, die der ArbN anderweitig erzielt hat. Allerdings ist der ArbN verpflichtet, dem ArbGeb Auskunft über die Höhe seiner anderweitig erzielten Einnahmen zu erteilen. Geschieht das nicht oder nicht vollständig, kann der ArbGeb bis zur Erteilung der Auskunft ein Leistungsverweigerungsrecht gegenüber dem Verzugslohnanspruch geltend machen[3].

10 **2. Anrechnung des möglichen anderweitigen Verdienstes (§ 11 Nr. 2).** Der ArbN muss sich auf seinen Nachzahlungsanspruch gemäß § 11 Nr. 2 auch das anrechnen lassen, was er hätte verdienen können, wenn er es nicht böswillig unterlassen hätte, eine ihm zumutbare Arbeit anzunehmen. Diese Formulierung unterscheidet sich von der allgemeinen Anrechnungsvorschrift des § 615 Satz 2 BGB durch den Begriff der **Zumutbarkeit**, ohne dass darin ein sachlicher Unterschied zu sehen ist. Vielmehr ist in gleicher Weise anhand von § 242 BGB die Zumutbarkeit der Arbeit anhand der Umstände des Einzelfalles festzustellen, insb. anhand der Wertigkeit der Beschäftigung, der Dauer und der Lage der Arbeitszeit, der Vergütung der Arbeit und ihrer Gefährlichkeit sowie der sonstigen Arbeitsbedingungen und anhand der Person des ArbGeb sowie der Größe seines Betriebs[4].

11 Den Begriff der **Böswilligkeit** verwendet das Gesetz in § 11 Nr. 2 in dem gleichen Sinn wie in § 326 BGB. Danach handelt ein ArbN böswillig, wenn er während des Annahmeverzugs trotz Kenntnis aller Umstände vorsätzlich untätig geblieben ist oder vorsätzlich die Aufnahme der Arbeit verhindert hat. Nicht erforderlich ist eine direkte Absicht des ArbN, dem ArbGeb einen Schaden zuzufügen[5].

12 Grundsätzlich ist der ArbN nicht verpflichtet, sich um einen anderweitigen Dauerarbeitsplatz zu bemühen. Böswilligkeit ist selbst dann nicht anzunehmen, wenn der ArbN es unterlässt, sich bei der Arbeitsverwaltung **arbeitslos zu melden**, da keine gesetzliche Obliegenheit besteht, deren Arbeitsvermittlung in Anspruch zu nehmen[6]. Dem ArbN kann auch keine Böswilligkeit vorgehalten werden, wenn er einen Weiterbeschäftigungstitel 1. Instanz weder vollstreckt noch dessen Vollstreckung androht. Erst wenn der ArbGeb dem ArbN bis zur Rechtskraft des Urteils im Kündigungsschutzprozess ein befristetes Arbeitsverhältnis anbietet, ihn also vor die Wahl der Annahme oder der Ablehnung dieses Angebots stellt, ist in der Ablehnung ein böswilliges Unterlassen anderweitigen Erwerbs zu sehen[7]. Auch ein mehrmonatiger Aufenthalt im Ausland stellt kein böswilliges Unterlassen iSd. § 11 Nr. 2 dar, solange im Inland nicht zumutbare Arbeitsmöglichkeiten vorhanden waren[8].

13 **3. Anrechnung öffentlich-rechtlicher Leistungen (§ 11 Nr. 3).** Soweit der ArbN im Nachzahlungszeitraum öffentlich-rechtliche Leistungen infolge Arbeitslosigkeit erhalten hat, wären diese gemäß § 11 Nr. 3 auf seinen Nachzahlungsanspruch anrechenbar. Dieser Vorschrift kommt indessen praktisch **keine selbständige Bedeutung** mehr zu, da § 115 SGB X einen gesetzlichen Forderungsübergang auf den Leistungsträger anordnet, der die in § 11 Nr. 3 genannten Sozialleistungen erbracht hat. Aufgrund dieses gesetzlichen Forderungsübergangs ist für eine Anrechnung und Erstattung dieser Leistungen, wie sie § 11 Nr. 3 vorsieht, kein Raum[9].

14 Dem ArbGeb steht wegen dieses gesetzlichen Forderungsübergangs **kein Auskunftsanspruch** gegen den ArbN zu über den Umfang und die Höhe der gezahlten öffentlich-rechtlichen Leistungen. Bei der Anrechenbarkeit dieser Leistungen handelt es sich nicht um einen Einwand des ArbGeb gegenüber dem Nachzahlungsanspruch des ArbN, den er darzulegen und zu beweisen hätte. Vielmehr kann sich der ArbGeb damit begnügen, aufgrund des gesetzlichen Forderungsübergangs die Aktivlegitimation des ArbN zu bestreiten, ohne dass er dazu irgendwelche Auskünfte benötigt[10].

---

1 BAG v. 29.7.1993 – 2 AZR 110/93, AP Nr. 52 zu § 615 BGB. | 2 BAG v. 6.9.1990 – 2 AZR 165/90, AP Nr. 47 zu § 615 BGB. | 3 BAG v. 19.7.1978 – 5 AZR 748/77, AP Nr. 16 zu § 242 BGB – Auskunftspflicht; v. 29.7.1993 – 2 AZR 110/93, AP Nr. 52 zu § 615 BGB. | 4 *Bader/Bram/Dörner/Wenzel*, § 11 KSchG Rz. 38; KR/*Spilger*, § 11 KSchG Rz. 42. | 5 BAG v. 18.10.1958 – 2 AZR 291/58, AP Nr. 1 zu § 615 BGB – Böswilligkeit; v. 22.2.2000 – 9 AZR 194/99, AP Nr. 2 zu § 11 KSchG 1969. | 6 BAG v. 16.5.2000 – 9 AZR 203/99, AP Nr. 7 zu § 615 BGB – Böswilligkeit; *Bader/Bram/Dörner/Wenzel*, § 11 KSchG Rz. 41 a; aA KR/*Spilger*, § 11 KSchG Rz. 40; *v. Hoyningen-Huene/Linck*, § 11 KSchG Rz. 16; *Herschel/Löwisch*, § 11 KSchG Rz. 9. | 7 BAG v. 14.11.1985 – 2 AZR 98/94, AP Nr. 39 zu § 615 BGB; v. 22.2.2000 – 9 AZR 194/99, AP Nr. 2 zu § 11 KSchG 1969. | 8 BAG v. 11.7.1985 – 2 AZR 106/84, AP Nr. 35 a zu § 615 BGB. | 9 KR/*Spilger*, § 11 KSchG Rz. 44; ErfK/*Ascheid*, § 11 KSchG Rz. 12; *Bader/Bram/Dörner/Wenzel*, § 11 KSchG Rz. 43. | 10 *Bader/Bram/Dörner/Wenzel*, § 11 Rz. 44; aA *v. Hoyningen-Huene/Linck*, § 11 KSchG Rz. 19; KR/*Spilger*, § 11 KSchG Rz. 48.

12 *Neues Arbeitsverhältnis des Arbeitnehmers; Auflösung des alten Arbeitsverhältnisses*
Besteht nach der Entscheidung des Gerichts das Arbeitsverhältnis fort, ist jedoch der Arbeitnehmer inzwischen ein neues Arbeitsverhältnis eingegangen, so kann er binnen einer Woche nach der Rechtskraft des Urteils durch Erklärung gegenüber dem alten Arbeitgeber die Fortsetzung des Arbeitsverhältnisses bei diesem verweigern. Die Frist wird auch durch eine vor ihrem Ablauf zur Post gegebene schriftliche Erklärung gewahrt. Mit dem Zugang der Erklärung erlischt das Arbeitsverhältnis. Macht der Arbeitnehmer von seinem Verweigerungsrecht Gebrauch, so ist ihm entgangener Verdienst nur für die Zeit zwischen der Entlassung und dem Tag des Eintritts in das neue Arbeitsverhältnis zu gewähren. § 11 findet entsprechende Anwendung.

I. Gegenstand und Zweck. Grundsätzlich befindet sich der ArbN im Verlauf eines Kündigungsschutzprozesses in einer **Interessen- und Pflichtenkollision**. Während er verpflichtet ist, sich um eine zumutbare anderweitige Arbeit zu bemühen, muss er gleichzeitig damit rechnen, bei einem Erfolg seiner Klage die Arbeit bei seinem alten ArbGeb wieder aufnehmen zu müssen. In dieser Situation räumt das Gesetz dem ArbN ein fristgebundes Recht ein, gegenüber dem alten ArbGeb die Fortsetzung des Arbeitsverhältnisses zu verweigern. Dabei handelt es sich nicht bloß um ein Leistungsverweigerungsrecht des ArbN, sondern um ein gesetzlich in besonderer Weise geregeltes Recht des ArbN zur Beendigung des alten, durch die angegriffene Kündigung nicht beendeten Arbeitsverhältnisses, vielfach als Sonderkündigungsrecht bezeichnet[1]. Das Gesetz gewährt dem ArbN in § 12 damit ein **Wahlrecht** zwischen den beiden Arbeitsverhältnissen, bindet dieses Recht aber im Interesse des alten ArbGeb an eine verhältnismäßig kurze Frist.

II. Voraussetzungen des Wahlrechts (§ 12 Satz 1). Das Wahlrecht des ArbN gelangt nach § 12 Satz 1 erst zur **Anwendung**, wenn ein Gericht auf die Kündigungsschutzklage des ArbN nach den §§ 4 oder 13 Abs. 1 Satz 3 feststellt, dass sein Arbeitsverhältnis durch die angegriffene Kündigung nicht aufgelöst worden ist. Dagegen eröffnet eine erfolgreiche Klage nach § 13 Abs. 3 das Wahlrecht nach § 12 nicht[2]. Wird das Arbeitsverhältnis nach den §§ 9 und 10 aufgelöst, verbleibt selbstverständlich für die Ausübung des Wahlrechts nach § 12 kein Raum. Wird dagegen der Antrag des ArbN auf Auflösung seines Arbeitsverhältnisses abgewiesen, steht ihm das Wahlrecht nach § 12 zu[3].

Darüber hinaus setzt das Wahlrecht nach § 12 voraus, dass der ArbN nach dem Zugang der angefochtenen Kündigung und vor Rechtskraft des Urteils in dem Kündigungsschutzprozess ein **neues Arbeitsverhältnis** eingegangen ist. In welchem Zeitpunkt der ArbN seine Arbeit tatsächlich anzutreten hat, ist im Rahmen des § 12 ohne Belang. Das neue Arbeitsverhältnis muss allerdings die Rechtskraft des Urteils in dem Kündigungsschutzverfahren überdauern[4]. Das neue Arbeitsverhältnis iSd. § 12 kann **von jeder Art**, also auch als Probe-, Aushilfs-, Teilzeit- oder Leiharbeitsverhältnis ausgestaltet sein. Es kann sich auch um ein Berufsausbildungsverhältnis handeln und um ein Dienstverhältnis als Geschäftsführer einer GmbH oder als Vorstand einer Aktiengesellschaft[5]. Die Aufnahme einer selbständigen Gewerbeberufstätigkeit löst dagegen ebenso wenig ein Wahlrecht nach § 12 aus wie die kapitalmäßige Beteiligung an einem Wirtschaftsunternehmen[6].

III. Ausübung des Wahlrechts (§ 12 Satz 1 bis 3). Der ArbN muss sich binnen einer Woche entscheiden, ob er sein altes Arbeitsverhältnis fortsetzt oder nicht. Dazu muss er gegenüber seinem alten ArbGeb eine Erklärung abgeben, die gemäß § 623 BGB der **Schriftform** bedarf. Denn diese Erklärung bewirkt wie eine fristlose Kündigung mit ihrem Zugang die sofortige Beendigung des alten Arbeitsverhältnisses. Dabei kommt der Schriftform mindestens ihre Klarstellungs- und Beweisfunktion zu, während es ihrer Warnfunktion nicht mehr bedarf, weil der ArbN bereits das neue Arbeitsverhältnis eingegangen ist[7]. Bei der Erklärungsfrist, die mit der Rechtskraft des Urteils beginnt, handelt es sich um eine materiell-rechtliche Ausschlussfrist, gegen deren Versäumung es keine Wiedereinsetzung in den vorigen Stand gibt[8]. Lässt der ArbN die Frist verstreichen oder gibt er seine Erklärung nicht rechtzeitig ab, erlischt sein Wahlrecht. Er muss sein ursprüngliches Arbeitsverhältnis fortsetzen.

1. Fortsetzung des alten Arbeitsverhältnisses. Will der ArbN trotz der Begründung eines neuen Arbeitsverhältnisses nach einer erfolgreichen Kündigungsschutzklage sein altes Arbeitsverhältnis fortsetzen, muss er dazu keine besondere Erklärung abgeben. Vielmehr kann er sein **Wahlrecht in der Weise ausüben**, dass er die Wochenfrist des § 12 verstreichen lässt. Im Rahmen des neu eingegangenen Arbeitsverhältnisses stehen ihm dagegen kein besonderes Auflösungsrecht und kein Recht zur außer-

---

[1] *KR/Rost*, § 12 KSchG Rz. 2; *v. Hoyningen-Huene/Linck*, § 12 KSchG Rz. 5; *Bader/Bram/Dörner/Wenzel*, § 12 KSchG Rz. 1. [2] *KR/Rost*, § 12 KSchG Rz. 5; *Bader/Bram/Dörner/Wenzel*, § 12 KSchG Rz. 5; aA im Hinblick auf § 12 Satz 4 und 5 KSchG: BAG v. 19.7.1978 – 5 AZR 748/77, AP Nr. 16 zu § 242 BGB – Auskunftspflicht. [3] BAG v. 19.10.1972 – 2 AZR 150/72, AP Nr. 1 zu § 12 KSchG 1969. [4] *KR/Rost*, § 12 KSchG Rz. 11. [5] *KR/Rost*, § 12 KSchG Rz. 8 a; *v. Hoyningen-Huene/Linck*, § 12 KSchG Rz. 2; *ErfK/Ascheid*, § 12 KSchG Rz. 4; aA *Bader/Bram/Dörner/Wenzel*, § 12 KSchG Rz. 10. [6] *v. Hoyningen-Huene/Linck*, § 12 KSchG Rz. 2; *ErfK/Ascheid*, § 12 KSchG Rz. 4; *Bader/Bram/Dörner/Wenzel*, § 12 KSchG Rz. 10; teilweise aA *KR/Rost*, § 12 KSchG Rz. 8 a; *APS/Biebl*, § 12 KSchG Rz. 5; *KDZ/Kittner*, § 12 KSchG Rz. 6; *Knorr/Bichlmeier/Kremhelmer*, Kapitel 11 Rz. 133. [7] *KR/Rost*, § 12 KSchG Rz. 24; aA *Bader/Bram/Dörner/Wenzel*, § 12 KSchG Rz. 17. [8] *KR/Rost*, § 12 KSchG Rz. 25; *ErfK/Ascheid*, § 12 KSchG Rz. 6.

ordentlichen Kündigung zu. Da der ArbN dieses neue Arbeitsverhältnis grundsätzlich nur ordentlich kündigen kann, ist er auch erst nach Ablauf der Kündigungsfrist verpflichtet, bei seinem alten ArbGeb die Arbeit wieder aufzunehmen. Keinesfalls kann der alte ArbGeb eine erneute Kündigung darauf stützen, dass er den ArbN bereits vor Ablauf dieser Kündigungsfrist aus betrieblichen Gründen dringend benötigt[1]. Denn die Arbeitsaufnahme im Rahmen des neuen Arbeitsverhältnisses lag auch im Interesse des alten ArbGeb, der die Situation durch eine ungerechtfertigte Kündigung verursacht hat[2].

6   **2. Beendigung des alten Arbeitsverhältnisses.** Das Arbeitsverhältnis zu dem alten ArbGeb erlischt gemäß § 12 Satz 3 **mit Zugang der Verweigerungserklärung** des ArbN. Allerdings kann sich der ArbN bereits im Verlauf des Kündigungsschutzprozesses vorsorglich schriftlich gemäß § 12 erklären[3]. Denn § 12 Satz 1 bestimmt nur das Ende der Frist, bis zu dem die Erklärung abgegeben werden kann, nicht aber den Beginn dieser Frist. Doch entfaltet diese Erklärung erst **mit Eintritt der Rechtskraft** des Feststellungsurteils ihre Wirkung. Daraus können wegen der zeitlichen Begrenzung der Annahmeverzugsfolgen gemäß § 12 Satz 4 erhebliche Nachteile für den ArbN resultieren[4]. Ist im Zeitpunkt des Zugangs der Verweigerungserklärung die Kündigungsfrist für die vom alten ArbGeb erklärte Kündigung noch nicht abgelaufen, soll das Arbeitsverhältnis entgegen dem Wortlaut des § 12 Satz 3 ausnahmsweise erst in dem Zeitpunkt erlöschen, zu dem auch die Kündigung des ArbGeb wirken sollte[5].

7   Dem ArbN steht es unabhängig von § 12 frei, sein altes Arbeitsverhältnis ordentlich zu kündigen. Aber die Begründung eines neuen Arbeitsverhältnisses ist **kein wichtiger Grund** zur außerordentlichen Kündigung gemäß § 626 Abs. 1 BGB[6].

8   **IV. Vergütungsansprüche (§ 12 Satz 4 und 5).** Wenn der ArbN von seinem Verweigerungsrecht nach § 12 Satz 1 Gebrauch macht, stehen ihm Verzugslohnansprüche nach § 615 BGB nur bis zur Beendigung des alten Arbeitsverhältnisses zu. Hat der ArbN bereits vor der Rechtskraft des Feststellungsurteils eine neue Beschäftigung aufgenommen, **begrenzt § 12 Satz 4 den Verzugslohnanspruch** des ArbN auf die Zeit bis zum Eintritt in das neue Arbeitsverhältnis[7]. Dabei kommt es auf den Tag der Arbeitsaufnahme im Rahmen des neuen Arbeitsverhältnisses an und nicht auf den Abschluss des Arbeitsvertrags, im Gegensatz zu der Regelung in § 12 Satz 1. Auf diese Weise vermeidet das Gesetz eine Verrechnung der Einkünfte des ArbN aus dem alten und aus dem neuen Arbeitsverhältnis, was bei einem niedrigeren Verdienst in dem neuen Arbeitsverhältnis zu Nachteilen für den ArbN führen kann[8].

9   **Keine Begrenzung** der Verzugslohnansprüche nach § 12 Satz 4 tritt ein, wenn der ArbN das alte Arbeitsverhältnis im Wege eines Aufhebungsvertrages oder durch ordentliche Kündigung beendet. In diesen Fällen behält er seinen vollen Anspruch auf Verzugslohn, allerdings unter Berücksichtigung erzielter oder mutmaßlicher Zwischenverdienste nach § 11[9]. Im Übrigen findet § 11 entsprechend Anwendung, soweit es um die Anrechnung von Zwischenverdiensten auf den Nachzahlungsanspruch des ArbN bis zur Beendigung seines alten Arbeitsverhältnisses geht. Das folgt aus § 12 Satz 5.

13 Außerordentliche, sittenwidrige und sonstige Kündigungen

(1) Die Vorschriften über das Recht zur außerordentlichen Kündigung eines Arbeitsverhältnisses werden durch das vorliegende Gesetz nicht berührt. Die Rechtsunwirksamkeit einer außerordentlichen Kündigung kann jedoch nur nach Maßgabe des § 4 Satz 1 und der §§ 5 bis 7 geltend gemacht werden. Stellt das Gericht fest, dass die außerordentliche Kündigung unbegründet ist, ist jedoch dem Arbeitnehmer die Fortsetzung des Arbeitsverhältnisses nicht zuzumuten, so hat auf seinen Antrag das Gericht das Arbeitsverhältnis aufzulösen und den Arbeitgeber zur Zahlung einer angemessenen Abfindung zu verurteilen. Das Gericht hat für die Auflösung des Arbeitsverhältnisses den Zeitpunkt festzulegen, zu dem die außerordentliche Kündigung ausgesprochen wurde. Die Vorschriften der §§ 10 bis 12 gelten entsprechend.

(2) Verstößt eine Kündigung gegen die guten Sitten, so finden die Vorschriften des § 9 Abs. 1 Satz 1 und Abs. 2 und der §§ 10 bis 12 entsprechende Anwendung.

(3) Im Übrigen finden die Vorschriften dieses Abschnitts mit Ausnahme der §§ 4 bis 7 auf eine Kündigung, die bereits aus anderen als den in § 1 Abs. 2 und 3 bezeichneten Gründen rechtsunwirksam ist, keine Anwendung.

[Fassung bis zum 31.12.2003]: § 13 Verhältnis zu sonstigen Kündigungen.

(1) Die Vorschriften über das Recht zur außerordentlichen Kündigung eines Arbeitsverhältnisses werden durch das vorliegende Gesetz nicht berührt. Die Rechtsunwirksamkeit einer außerordentli-

---

1 LAG Köln v. 23.11.1994 – 8 Sa 862/94 – LAGE Nr. 2 zu § 12 KSchG. |2 *Bauer*, BB 1993, 2444. |3 BAG v. 19.10.1972 – 2 AZR 150/72, AP Nr. 1 zu § 12 KSchG 1969. |4 KR/*Rost*, § 12 KSchG Rz. 26; *Bader/Bram/Dörner/Wenzel*, § 12 KSchG Rz. 19. |5 KR/*Rost*, § 12 KSchG Rz. 22; APS/*Biebl*, § 12 KSchG Rz. 12; v. *Hoyningen-Huene/Linck*, § 12 KSchG Rz. 5; aA *Bader/Bram/Dörner/Wenzel*, § 12 KSchG Rz. 16. |6 KR/*Rost*, § 12 KSchG Rz. 28; KDZ/*Kittner*, § 12 KSchG Rz. 15. |7 BAG v. 19.7.1978 – 5 AZR 748/77, AP Nr. 16 zu § 242 BGB Auskunftspflicht. |8 *Bader/Bram/Dörner/Wenzel*, § 12 KSchG Rz. 32; KDZ/*Kittner*, § 12 KSchG Rz. 20. |9 *Bader/Bram/Dörner/Wenzel*, § 12 KSchG Rz. 33.

chen Kündigung kann jedoch nur nach Maßgabe des § 4 Satz 1 und der §§ 5 bis 7 geltend gemacht werden. Stellt das Gericht fest, dass die außerordentliche Kündigung unbegründet ist, ist jedoch dem Arbeitnehmer die Fortsetzung des Arbeitsverhältnisses nicht zuzumuten, so hat auf seinen Antrag das Gericht das Arbeitsverhältnis aufzulösen und den Arbeitgeber zur Zahlung einer angemessenen Abfindung zu verurteilen; die Vorschriften des § 9 Abs. 2 und der §§ 10 bis 12 gelten entsprechend.

(2) Verstößt eine Kündigung gegen die guten Sitten, so kann der Arbeitnehmer ihre Nichtigkeit unabhängig von den Vorschriften dieses Gesetzes geltend machen. Erhebt er innerhalb von drei Wochen nach Zugang der Kündigung Klage auf Feststellung, dass das Arbeitsverhältnis durch die Kündigung nicht aufgelöst ist, so finden die Vorschriften des § 9 Abs. 1 Satz 1 und Abs. 2 und der §§ 10 bis 12 entsprechende Anwendung; die Vorschriften des § 5 über Zulassung verspäteter Klagen und des § 6 über verlängerte Anrufungsfrist gelten gleichfalls entsprechend.

(3) Im Übrigen finden die Vorschriften dieses Abschnitts auf eine Kündigung, die bereits aus anderen als den in § 1 Abs. 2 und 3 bezeichneten Gründen rechtsunwirksam ist, keine Anwendung.

I. Gegenstand und Zweck. Die zum 1.1.2004 geringfügig geänderte Regelung des § 13 erfasst Kündigungen, die wegen sonstiger Mängel, nicht aber wegen ihrer Sozialwidrigkeit unwirksam sind. Gleichzeitig stellt sie die Bedeutung dieser Mängel für den Kündigungsschutz des ArbN fest. Bei der **außerordentlichen Kündigung** schreibt sie in Abs. 1 für die Geltendmachung ihrer Unwirksamkeit die Einhaltung der Klagefrist nach § 4 Satz 1 vor, räumt (nur) dem ArbN ein Auflösungsrecht ein und erklärt weitere Vorschriften des ersten Abschnitts für anwendbar. Für die **sittenwidrige Kündigung** beschränkt sich die Neuregelung in Abs. 2 auf die Einräumung eines Auflösungsrechts für den ArbN; wegen der allgemein gültigen Klagefrist des § 4 nF war die frühere Regelung, die das Auflösungsrecht an die Wahrung der – sonst nicht geltenden – Klagefrist band, entbehrlich. 1

Schließlich nimmt das Gesetz in Abs. 3 Kündigungen, die nicht wegen Sozialwidrigkeit, sondern **aus anderen Gründen rechtsunwirksam** sind, von dem Anwendungsbereich des ersten Abschnitts aus – mit Ausnahme der §§ 4 bis 7, so dass die Klagefrist auch für solche Gründe Geltung behält. Nach dem bis zum 31.12.2003 geltenden Recht konnte eine aus anderen Gründen rechtsunwirksame Kündigung auch noch außerhalb der dreiwöchigen Klagefrist angegriffen werden, soweit das Recht zur Klage nicht verwirkt ist [1]. 2

Dabei war jedoch zu berücksichtigen, dass ein ArbN, der eine Kündigungsschutzklage fristgerecht erhoben hat, auch alle übrigen Unwirksamkeitsgründe im Verlauf des gerichtlichen Verfahrens geltend machen muss, da ein klageabweisendes Urteil das Nichtbestehen des Arbeitsverhältnisses rechtskräftig feststellt [2]. 3

II. Die außerordentliche Kündigung (§ 13 Abs. 1). Seinem Wortlaut nach erfasst § 13 Abs. 1 **jede außerordentliche Kündigung** eines Arbeitsverhältnisses durch einen ArbGeb. Damit erfasst die Regelung zunächst außerordentliche Kündigungen aus wichtigem Grund iSd. § 626 Abs. 1 BGB bzw. im Sinne entsprechender tarifvertraglicher Bestimmungen einschließlich der außerordentlichen Änderungskündigung [3]. Dabei kommt es nicht darauf an, ob die außerordentliche Kündigung fristlos oder unter Einhaltung einer Auslauffrist oder Schonfrist erklärt wird. Entscheidend ist, dass sie als außerordentliche Kündigung ausgesprochen wird [4]. Gleichgültig ist auch, ob die außerordentliche Kündigung im Rahmen eines unbefristeten oder eines befristeten Arbeitsverhältnisses erklärt wird [5]. Auch die außerordentliche Kündigung des Arbeitsvertrags nach Kapitel XIX Sachgebiet A Abschnitt III Nr. 5 Abs. 5 der Anlage I zum Einigungsvertrag wird von § 13 Abs. 1 erfasst [6]. Grundsätzlich gilt § 13 auch für die Kündigung von Berufsausbildungsverhältnissen aus wichtigem Grund gemäß § 15 Abs. 2 BBiG (vgl. zur Klagefrist § 4 Rz. 5 u. 23) [7]. Die Kündigung des Arbeitsverhältnisses durch den Insolvenzverwalter nach § 113 InsO ist keine außerordentliche Kündigung iSd. § 13, da insoweit lediglich besondere Regelungen über die Kündigungsfristen gelten [8]. 4

Schließt ein TV das Recht zur ordentlichen Kündigung aus, während er eine Kündigung aus wichtigem Grunde zulässt, handelt es sich dabei um eine außerordentliche Kündigung iSd. § 13 [9]. Sieht der TV dagegen nur eine Abkürzung der Kündigungsfrist auf null vor, wie es § 622 Abs. 4 Satz 1 BGB grundsätzlich gestattet, wird damit selbst dann keine außerordentliche Kündigung, sondern eine ordentliche Kündigung geregelt, wenn im TV besondere Gründe festgelegt worden sind [10]. 5

---

1 KR/*Friedrich*, § 13 KSchG Rz. 13; *v. Hoyningen-Huene/Linck*, § 13 KSchG Rz. 3. | 2 KR/*Friedrich*, § 13 KSchG Rz. 14; *v. Hoyningen-Huene/Linck*, § 13 KSchG Rz. 5. | 3 BAG v. 19.6.1986 – 2 AZR 565/85, AP Nr. 16 zu § 2 KSchG 1969; aA *Herschel/Löwisch*, § 13 KSchG Rz. 13. | 4 BAG v. 13.1.1982 – 7 AZR 757/79, AP Nr. 2 zu § 620 BGB – Kündigungserklärung. | 5 BAG v. 8.6.1972 – 2 AZR 336/71, AP Nr. 1 zu § 13 KSchG 1969. | 6 BAG v. 11.6.1992 – 8 AZR 474/91, AP Nr. 4 zu Einigungsvertrag Anlage I Kapitel XIX. | 7 BAG v. 5.7.1990 – 2 AZR 53/90, AP Nr. 23 zu § 4 KSchG 1969. | 8 KR/*Friedrich*, § 13 KSchG Rz. 19; *Bader/Bram/Dörner/Wenzel*, § 13 KSchG Rz. 9; *v. Hoyningen-Huene/Linck*, § 1 KSchG Rz. 107 c. | 9 BAG v. 29.8.1991 – 2 AZR 59/91, AP Nr. 58 zu § 102 BetrVG 1972. | 10 *Bader/Bram/Dörner/Wenzel*, § 13 KSchG Rz. 7; aA *v. Hoyningen-Huene/Linck*, § 13 KSchG Rz. 9 unter Berufung auf BAG v. 8.10.1957 – 2 AZR 124/55, AP Nr. 15 zu § 626 BGB.

6 **1. Recht zur außerordentlichen Kündigung (§ 13 Abs. 1 Satz 1).** Das Gesetz trifft in § 13 Abs. 1 Satz 1 bewusst und ausdrücklich **keine Regelung über den wichtigen Grund**, dh. über die Voraussetzungen, unter denen ein Arbeitsverhältnis wirksam außerordentlich gekündigt werden kann. Diese Frage ist ausschließlich anhand von § 626 Abs. 1 BGB, bei Auszubildenden anhand von § 15 Abs. 2 Nr. 1 BBiG und gegenüber den Besatzungsmitgliedern in der Seeschifffahrt nach § 64 SeemG zu bestimmen.

7 **2. Geltendmachung der Unwirksamkeit (§ 13 Abs. 1 Satz 2).** Will ein ArbN die Unwirksamkeit einer außerordentlichen Kündigung geltend machen, muss er gemäß § 13 Abs. 1 Satz 2 iVm. § 4 Satz 1 innerhalb von 3 Wochen nach Zugang der schriftlichen Kündigung **fristgerecht Klage** beim ArbG auf Feststellung erheben, dass das Arbeitsverhältnis durch die außerordentliche Kündigung nicht aufgelöst ist. Für diese Klage ist auch eine nachträgliche Zulassung gemäß § 5 möglich. Schließlich kann der ArbN die Unwirksamkeit der außerordentlichen Kündigung auch im Rahmen der verlängerten Anrufungsfrist des § 6 geltend machen[1]. Versäumt es der ArbN, die Unwirksamkeit der außerordentlichen Kündigung rechtzeitig geltend zu machen, gilt auch die außerordentliche Kündigung nach § 7 in jeder Hinsicht als von Anfang an rechtswirksam, ohne dass es darauf ankommt, ob ein befristetes oder ein unbefristetes Arbeitsverhältnis zu Grunde liegt[2].

8 Grundsätzlich sieht das Gesetz im Fall einer außerordentlichen Kündigung des Arbeitsverhältnisses keinen **Einspruch bei dem BR** iSv. § 3 vor. Gleichwohl ist der ArbN nicht gehindert, sich auch in diesem Fall an den BR zu wenden. Ebenso kann sich auch der BR im Falle einer außerordentlichen Kündigung des Arbeitsverhältnisses um eine Verständigung mit dem ArbGeb bemühen[3].

9 Nach **alter Rechtslage**, dh. bei außerordentlichen Kündigungen mit Zugang vor dem 1.1.2004 (soweit auf sie § 4 nF nicht ausnahmsweise Anwendung findet, vgl. dazu näher § 4 Rz. 3), musste der ArbN nur dann die Klagefrist des § 4 einhalten, wenn er das Fehlen eines wichtigen Grundes für die außerordentliche Kündigung oder die Versäumung der Zwei-Wochen-Frist des § 626 Abs. 2 BGB geltend machen wollte. Alle übrigen Gründe für eine Unwirksamkeit der außerordentlichen Kündigung konnte er unabhängig von der Einhaltung der Klagefrist geltend machen[4].

10 **3. Auflösung des Arbeitsverhältnisses (§ 13 Abs. 1 Satz 3).** Das Gesetz eröffnet im Fall einer außerordentlichen Kündigung gemäß § 13 Abs. 1 Satz 3 **ausschließlich dem ArbN** die Möglichkeit, die gerichtliche Auflösung des Arbeitsverhältnisses zu erreichen. Dazu bedarf es der gerichtlichen Feststellung, dass die außerordentliche Kündigung unbegründet ist, sowie einer Unzumutbarkeit für den ArbN, das Arbeitsverhältnis fortzusetzen, und eines entsprechenden Antrags. Dagegen hat der Gesetzgeber die unberechtigte außerordentliche Kündigung eines ArbGeb als derart gravierend angesehen, dass er ihm nicht die Möglichkeit geben wollte, sich im Wege der Auflösung des Arbeitsverhältnisses von dem ArbN zu trennen[5].

11 Die Unwirksamkeit der außerordentlichen Kündigung muss jedenfalls **auch auf dem Fehlen eines wichtigen Grundes** iSd. § 626 Abs. 1 BGB beruhen, wozu auch die Versäumung der Zwei-Wochen-Frist des § 626 Abs. 2 BGB gehört. Als Auflösungszeitpunkt hat das Gericht gemäß § 13 Abs. 1 Satz 4 nF den Zeitpunkt festzulegen, zu dem die außerordentliche Kündigung ausgesprochen wurde, also dem ArbN zugegangen war oder eine etwaige Auslauf- oder Schonfrist endete; das entspricht der hM zur bisherigen Rechtslage[6].

12 Gemäß § 13 Abs. 1 Satz 5 finden die **§§ 10 bis 12 entsprechende Anwendung**. Danach muss sich der ArbN auch im Fall einer außerordentlichen Kündigung entgangenen Zwischenverdienst gemäß § 11 anrechnen lassen, wenn nach der Entscheidung des Gerichts das Arbeitsverhältnis fortbesteht. Andererseits kann er nach § 12 die Fortsetzung des Arbeitsverhältnisses beim alten ArbGeb verweigern. Die Höhe der Abfindung im Falle einer Auflösung des Arbeitsverhältnisses berechnet sich nach § 10.

13 **4. Umdeutung der außerordentlichen Kündigung.** Erweist sich die vom ArbGeb ausgesprochene außerordentliche Kündigung **im Prozess als unwirksam**, stellt sich die Frage, ob eine Umdeutung nach § 140 BGB in eine andere wirksame Willenserklärung in Betracht kommt. Hat der ArbGeb dagegen das Arbeitsverhältnis sowohl außerordentlich als auch hilfsweise ordentlich gekündigt, muss der ArbN beide Kündigungen mit einer fristgerechten Feststellungsklage gemäß § 4 angreifen, wenn er gegen beide vorgehen will. Das Gericht hat die Wirksamkeit der ordentlichen Kündigung erst zu prüfen, wenn die Unwirksamkeit der außerordentlichen Kündigung feststeht. Erweisen sich beide Kündigungen als unwirksam, steht dem ArbN hinsichtlich der außerordentlichen Kündigung der Auflösungsantrag gemäß § 13 Abs. 1 Satz 3 und hinsichtlich der ordentlichen Kündigung der Auflösungsantrag

---

1 BAG v. 28.6.1973 – 2 AZR 378/72, AP Nr. 2 zu § 13 KSchG 1969. |2 BAG v. 13.4.1967 – 2 AZR 180/66, AP Nr. 10 zu § 11 KSchG. |3 v. *Hoyningen-Huene/Linck*, § 13 KSchG Rz. 16. |4 BAG v. 8.6.1972 – 2 AZR 336/71, AP Nr. 1 zu § 13 KSchG 1969; v. 6.7.1972 – 2 AZR 386/71, AP Nr. 3 zu § 626 BGB – Ausschlussfrist. |5 BAG v. 15.3.1978 – 5 AZR 831/76, AP Nr. 45 zu § 620 BGB – Befristeter Arbeitsvertrag; v. 26.10.1979 – 7 ARZ 752/77, AP Nr. 5 zu § 9 KSchG 1969. |6 BAG v. 22.2.1968 – 5 AZR 278/67, AP Nr. 22 zu § 7 KSchG; v. 9.4.1981 – 6 AZR 78/78, AP Nr. 1 zu § 11 KSchG 1969; KR/*Friedrich*, § 13 KSchG Rz. 67 mwN; aA *Schaub*, § 141 V 2 Rz. 19; MünchArbR/*Berkowsky*, § 150 Rz. 14; HK/*Dorndorf*, § 13 KSchG Rz. 54; LAG Hamm v. 5.12.1996 – 4 Sa 1785/96 – LAGE Nr. 32 zu § 64 ArbGG.

nach § 9 Abs. 1 Satz 1 zu. Dagegen kann der ArbGeb einen Auflösungsantrag ausschließlich hinsichtlich der hilfsweise ausgesprochenen ordentlichen Kündigung stellen[1].

Die Umdeutung einer unwirksamen außerordentlichen Kündigung in ein Angebot des ArbGeb auf Abschluss eines **Aufhebungsvertrags** mit sofortiger Wirkung scheitert daran, dass auch diese Willenserklärung nach § 623 BGB der Schriftform bedarf. Dagegen ist eine Umdeutung in eine **Anfechtungserklärung** nicht ausgeschlossen[2]. 14

Die Umdeutung einer unwirksamen außerordentlichen Kündigung in eine wirksame **ordentliche Kündigung** gemäß § 140 BGB setzt zunächst voraus, dass nicht bereits im Wege der **vorrangigen Auslegung** nach den §§ 133, 157 BGB festgestellt werden kann, ob der ArbGeb zumindest hilfsweise eine ordentliche Kündigung tatsächlich erklärt hat. Die Auslegung geht in jedem Fall der Umdeutung vor[3]. Dabei ist die außerordentliche Kündigung des ArbGeb als einseitige empfangsbedürftige Willenserklärung so auszulegen, wie sie der ArbN als Erklärungsempfänger aufgrund des aus der Erklärung erkennbaren Willens des Kündigenden unter Berücksichtigung der ihm erkennbaren Begleitumstände nach Treu und Glauben vernünftigerweise verstehen konnte[4]. 15

Demgegenüber setzt die Umdeutung gemäß § 140 BGB voraus, dass die außerordentliche Kündigung als das nichtige Rechtsgeschäft den tatsächlichen Erfordernissen und **sämtlichen Wirksamkeitsvoraussetzungen** einer ordentlichen Kündigung als des anderen Rechtsgeschäfts entspricht. So darf die ordentliche Kündigung nicht kraft Arbeitsvertrags, TV oder Gesetzes ausgeschlossen sein. Bedurfte die Kündigung zu ihrer Wirksamkeit einer vorherigen Anhörung des BR nach § 102 Abs. 1 BetrVG oder der Zustimmung des Integrationsamtes nach § 91 SGB IX, kommt eine Umdeutung der unwirksamen außerordentlichen Kündigung nur in Betracht, wenn der BR bzw. das Integrationsamt der außerordentlichen Kündigung ausdrücklich und vorbehaltlos zugestimmt hatten. Wird deren Zustimmung aufgrund des Ablaufs entsprechender Fristen lediglich fingiert, kann die vom ArbGeb erklärte außerordentliche Kündigung nicht in eine ordentliche Kündigung des Arbeitsverhältnisses umgedeutet werden[5]. 16

Darüber hinaus setzt eine Umdeutung gemäß § 140 BGB voraus, dass sie dem **mutmaßlichen Willen** des ArbGeb bei Ausspruch der unwirksamen außerordentlichen Kündigung entsprach und der ArbN diesen hypothetischen Willen des ArbGeb erkennen konnte[6]. Das Gericht kann die Umdeutung nur vornehmen, wenn das tatsächliche Vorbringen des ArbGeb den Schluss zulässt, dass er die Kündigung zumindest als ordentliche zum nächstmöglichen Termin aussprechen wollte[7]. Nur insoweit kann davon gesprochen werden, dass sich der ArbGeb im Rechtsstreit auf die Umdeutung berufen müsse und diese von Amts wegen nicht möglich sei[8]. Der ArbGeb kann die für eine Umdeutung erforderlichen Tatsachen ggf. auch noch in der Berufungsinstanz vortragen. In aller Regel wird eine Umdeutung nicht an einem fehlenden mutmaßlichen Willen des ArbGeb zur Beendigung des Arbeitsverhältnisses unter Einhaltung einer Kündigungsfrist scheitern[9]. 17

Im Übrigen kommt eine Umdeutung der unwirksamen außerordentlichen Kündigung des ArbGeb nur in Betracht, wenn die ordentliche Kündigung des Arbeitsverhältnisses wirksam war. Sie darf insb. nicht sozial ungerechtfertigt sein iSd. § 1. Scheitert die Umdeutung daran, können weder der ArbN noch der ArbGeb die **Auflösung des Arbeitsverhältnisses** nach den §§ 9 Abs. 1 und 13 Abs. 1 Satz 3 beantragen[10]. Gleichwohl wird überwiegend die Möglichkeit angenommen, das Arbeitsverhältnis auch im Hinblick auf eine Umdeutung einer außerordentlichen Kündigung nach den allgemeinen Vorschriften auf Antrag beider Parteien aufzulösen[11]. Dabei wird übersehen, dass die Umdeutung der unwirksamen außerordentlichen Kündigung die Wirksamkeit der ordentlichen Kündigung bereits voraussetzt. Fehlt es an der Wirksamkeit der ordentlichen Kündigung, scheitert bereits die Umdeutung. Damit aber fehlt die Grundlage für die Auflösungsanträge des ArbN oder des ArbGeb. 18

III. Die sittenwidrige Kündigung (§ 13 Abs. 2). Die sittenwidrige Kündigung spielt in der **gerichtlichen Praxis** keine große Rolle[12]. Verstößt eine außerordentliche oder ordentliche Kündigung gegen die guten Sitten, ist sie gemäß § 138 Abs. 1 BGB nichtig. Ist eine Kündigung nach § 1 sozial ungerechtfertigt oder fehlt es an einem wichtigen Grund iSd. § 626 Abs. 1 BGB, besteht kein Bedürfnis, diese Kündigung zusätzlich als sittenwidrig zu qualifizieren[13]. 19

---

1 Bader/Bram/Dörner/Wenzel, § 13 KSchG Rz. 38, 39. | 2 KR/Friedrich, § 13 KSchG Rz. 109 a; ErfK/Müller-Glöge, § 623 BGB Rz. 30; Preis/Gotthardt, NZA 2000, 348. | 3 KR/Friedrich, § 13 KSchG Rz. 76; v. Hoyningen-Huene/Linck, § 13 KSchG Rz. 42; APS/Biebl, § 13 KSchG Rz. 35; Molkenbur/Krasshöfer-Pidde, RdA 1989, 337. | 4 BAG v. 11.6.1959 – 2 AZR 334/57, AP Nr. 1 zu § 130 BGB; v. 2.3.1973 – 3 AZR 265/72, AP Nr. 35 zu § 133 BGB. | 5 KR/Friedrich, § 13 KSchG Rz. 97, 98. | 6 BAG v. 31.3.1993 – 2 AZR 492/92, AP Nr. 32 zu § 626 BGB – Ausschlussfrist. | 7 BAG v. 18.8.1987 – 2 AZR 599/86, AP Nr. 3 zu § 6 KSchG 1969. | 8 BAG v. 14.8.1974, AP Nr. 3 zu § 13 KSchG 1969; v. 18.9.1975 – 2 AZR 311/74, AP Nr. 10 zu § 626 BGB – Druckkündigung. | 9 Bader/Bram/Dörner/Wenzel, § 13 KSchG Rz. 29; APS/Biebl, § 13 KSchG Rz. 37. | 10 Bader/Bram/Dörner/Wenzel, § 13 KSchG Rz. 35, 36; Lipke, BlStSozArbR 1984, 340. | 11 BAG v. 9.10.1979, AP Nr. 5 zu § 9 KSchG 1969; v. 26.8.1993 – 2 AZR 159/93, AP Nr. 113 zu § 626 BGB; KR/Friedrich, § 13 KSchG Rz. 107, 108; v. Hoyningen-Huene/Linck, § 13 KSchG Rz. 51; Herschel/Löwisch, § 13 KSchG Rz. 35. | 12 Einzelne Beispiele bei KR/Friedrich, § 13 KSchG Rz. 141. | 13 ErfK/Ascheid, § 13 KSchG Rz. 21.

20 Die Kündigung eines Arbeitsverhältnisses, die ihrem Inhalt nach an sich wertfrei ist, kann sittenwidrig sein, wenn ihre Gründe oder ihr Motiv, ihr Zweck oder die Umstände, unter denen sie ausgesprochen wurde, den allgemeinen Wertvorstellungen grob widersprechen[1]. Dabei sind an die Sittenwidrigkeit einer Kündigung **strenge Anforderungen** zu stellen. Eine völlig grundlose und selbst eine willkürliche Kündigung sind noch nicht als sittenwidrig zu qualifizieren. Dazu muss die Kündigung auf einem verwerflichen Motiv des ArbGeb beruhen, wie etwa Rachsucht oder Vergeltung. Ferner ist eine Kündigung als sittenwidrig anzusehen, wenn sie darauf beruht, dass sich ein ArbN gewerkschaftlich betätigt hat[2]. Dabei obliegt die Darlegungs- und Beweislast für Tatsachen, aus denen sich die Sittenwidrigkeit der Kündigung ergibt, dem ArbN[3].

21 Ist eine nach dem 31.12.2003 zugegangene Kündigung wegen des Verstoßes gegen die guten Sitten nichtig, kann der ArbN das gemäß den §§ 4 bis 7 nur noch innerhalb der allgemeinen Klagefrist geltend machen. § 13 Abs. 2 gewährt (nur) dem ArbN ein **Auflösungsrecht**, indem er nur auf § 9 Abs. 1 Satz 1 Bezug nimmt; für den Auflösungszeitpunkt verweist er auf § 9 Abs. 2 und damit den Beendigungszeitpunkt bei sozial gerechtfertigter, also fristgerechter Kündigung. Nach alter Rechtslage konnte die Sittenwidrigkeit einer Kündigung unabhängig von den Vorschriften des Kündigungsschutzgesetzes und somit auch außerhalb einer Klagefrist geltend gemacht werden; nur für den Auflösungsantrag musste der ArbN fristgerecht gemäß §§ 4 bis 6 Klage erhoben haben. Nach alter wie neuer Rechtslage finden auf die sittenwidrige Kündigung schließlich die §§ 10 bis 12 entsprechende Anwendung.

22 **IV. Die aus sonstigen Gründen unwirksame Kündigung (§ 13 Abs. 3).** Die Vorschriften der §§ 1 bis 14 finden mit Ausnahme der §§ 4 bis 7 keine Anwendung auf eine nach dem 31.12.2003 zugegangene Kündigung, die nicht wegen des Fehlens eines wichtigen Grundes oder wegen fehlender sozialer Rechtfertigung, sondern aus anderen Gründen unwirksam ist gemäß § 13 Abs. 3. Die Darlegungs- und Beweislast für derartige sonstige Unwirksamkeitsgründe liegt beim ArbN[4]. Die **Klagefrist** der §§ 4 bis 7 ist zu wahren. Bei Kündigungen, die vor dem 1.1.2004 zugegangen sind, konnte der ArbN die Unwirksamkeit aus sonstigen Gründen unabhängig von der Klagefrist des § 4 aF geltend machen, da § 13 Abs. 3 aF den Ersten Abschnitt des KSchG insgesamt für unanwendbar erklärte. Eine Ausnahme dazu bildete die Vorschrift des § 113 Abs. 2 InsO aF. Hiervon abgesehen konnte das Klagerecht des ArbN jedoch verwirken, wenn seit dem Zugang der Kündigung längere Zeit verstrichen war, der ArbGeb auf die Wirksamkeit der ausgesprochenen Kündigung vertraut hat und es für ihn unzumutbar war, sich noch auf einen Kündigungsrechtsstreit einzulassen[5]. Auf Alt-Kündigungen, bei denen das Klagerecht am 31.12.2003 noch nicht verwirkt war, werden §§ 4 Satz 1, 13 Abs. 3 nF aber mit der Maßgabe anzuwenden sein, dass die Klagefrist am 1.1.2004 zu laufen begann und am 21.1.2004 ablief (vgl. § 4 Rz. 3).

23 Macht der ArbN die Unwirksamkeit der Kündigung aus sonstigen Gründen geltend, handelt es sich um eine **allgemeine Feststellungsklage** gemäß § 256 Abs. 1 ZPO. Der ArbN ist jedoch nicht gehindert, sogleich eine Leistungsklage auf Zahlung der Vergütung zu erheben. Ist ihm die Fortsetzung des Arbeitsverhältnisses nicht mehr zuzumuten, kann er seinerseits nach § 626 BGB fristlos kündigen und Schadensersatz verlangen, falls der ArbGeb schuldhaft gehandelt hat[6].

24 **1. Gesetzliche Kündigungsbeschränkungen.** Der praktisch wichtigste Fall einer aus anderen Gründen unwirksamen Kündigung ist der Verstoß gegen ein **gesetzliches Verbot**, der gemäß § 134 BGB die Nichtigkeit der Kündigung zur Folge hat. Ob tatsächlich ein gesetzliches Kündigungsverbot vorliegt, ist der Formulierung des Gesetzes oder seinem Sinn und Zweck zu entnehmen. So kann sich die Unwirksamkeit der Kündigung auch aus der Verletzung von Grundrechten ergeben, die aufgrund ihrer sog. mittelbaren Drittwirkung auf den Privatrechtsverkehr anzuwenden sind[7]. Daneben finden sich gesetzliche Kündigungsverbote in zahlreichen Vorschriften[8].

25 Auch der Verstoß einer Kündigung gegen den Grundsatz von **Treu und Glauben** nach § 242 BGB stellt einen sonstigen Unwirksamkeitsgrund iSd. § 13 Abs. 3 dar. Das setzt allerdings voraus, dass die Kündigung nicht bereits aus Gründen unwirksam ist, die von § 1 erfasst werden[9]. Danach muss die Unwirksamkeit einer Kündigung wegen eines Verstoßes gegen § 242 BGB über das Maß hinaus gehen, das sonst die Sozialwidrigkeit einer Kündigung begründen würde. Das gilt auch für eine Kündigung, auf die das Kündigungsschutzgesetz wegen der nicht erfüllten Wartezeit oder wegen der Kleinbetriebsklausel keine Anwendung findet[10].

26 Die wegen des Verstoßes gegen § 242 BGB sog. Treuwidrigkeit der Kündigung kann sich ergeben aus einem widersprüchlichen Verhalten des ArbGeb oder aus der verletzenden Form, in die der Kündigung

---

1 BAG v. 23.11.1961, AP Nr. 22 zu § 138 BGB; v. 16.2.1989 – 2 AZR 347/88, AP Nr. 46 zu § 138 BGB. | 2 BAG v. 5.3.1987 – 2 AZR 187/86 – RzK I 8 I Nr. 6. | 3 BAG v. 19.7.1973 – 2 AZR 464/72, AP Nr. 32 zu § 138 BGB. | 4 BAG v. 23.6.1994 – 2 AZR 617/93, AP Nr. 9 zu § 242 BGB – Kündigung. | 5 BAG v. 20.5.1988 – 2 AZR 711/87, AP Nr. 5 zu § 242 BGB – Prozessverwirkung. | 6 *v. Hoyningen-Huene/Linck*, § 13 KSchG Rz. 93. | 7 BAG v. 28.9.1972 – 2 AZR 469/71, AP Nr. 2 zu § 134 BGB; BVerfG v. 23.4.1986 – 2 BvR 487/80, AP Nr. 28 zu Art. 2 GG. | 8 Vgl. *KR/Friedrich*, § 13 KSchG Rz. 204 ff. | 9 BAG v. 23.6.1994 – 2 AZR 617/93, AP Nr. 9 zu § 242 BGB – Kündigung; v. 21.2.2001 – 2 AZR 15/00, AP Nr. 12 zu § 242 BGB Kündigung. | 10 *KR/Friedrich*, § 13 KSchG Rz. 234 a; *Bader/Bram/Dörner/Wenzel*, § 13 KSchG Rz. 57.

ausgesprochen wird. Darunter fallen auch Kündigungen, die wegen ihres Zeitpunktes oder des Übergabeortes als ungehörig oder anstößig anzusehen sind[1]. Es handelt sich allerdings nicht allein deswegen um eine **Kündigung zur Unzeit**, weil sie am 24. Dezember eines Jahres zugeht[2]. Das gilt auch für eine Kündigung, die kurz vor Ablauf der Wartezeit des § 1 ausgesprochen wird, es sei denn, der ArbGeb bezweckt damit gerade eine Vereitelung des Kündigungsschutzes[3].

2. Tarifvertragliche Kündigungsbeschränkungen. Die Unwirksamkeit einer Kündigung aus sonstigen Gründen iSd. § 13 Abs. 3 kann sich auch aus tariflichen Vorschriften ergeben, die eine ordentliche Kündigung des Arbeitsverhältnisses ausschließen (sog. **Unkündbarkeit**). Dazu zählen die Bestimmungen in den TV des öffentlichen Dienstes, die nach der Vollendung eines bestimmten Lebensjahres und einer bestimmten Anzahl von Beschäftigungsjahren ausschließlich eine Kündigung aus wichtigem Grund zulassen. Entsprechende Regelungen sind in Rationalisierungsschutzabkommen verschiedener Branchen enthalten. Die Unwirksamkeit einer Kündigung iSd. § 13 Abs. 3 kann sich auch daraus ergeben, dass die im TV vorgesehene Angabe der Kündigungsgründe oder die an eine Zulässigkeit der Kündigung gebundene Zustimmung des BR nicht vorliegt. Die Unwirksamkeit einer Änderungskündigung kann daraus resultieren, dass mit ihr der Abbau tariflich gesicherter Leistungen bezweckt wird. Schließlich kann die Kündigung gegen eine im TV vorgesehene Kündigungsfrist verstoßen. Die Nichteinhaltung einer **tarifvertraglichen Kündigungsfrist** führt indessen ebenso wenig zur Unwirksamkeit der Kündigung wie die Nichteinhaltung der gesetzlichen Kündigungsfrist. Vielmehr ist die Kündigung als unter Einhaltung dieser Frist ausgesprochen anzusehen gemäß § 140 BGB[4]; nach aA folgt dies aus der zutreffenden Auslegung der Kündigungserklärung[5]. 27

3. Arbeitsvertragliche Kündigungsbeschränkungen. Eine Kündigung ist gleichfalls iSv. § 13 Abs. 3 unwirksam, wenn sie gegen einen im Arbeitsvertrag vereinbarten Ausschluss der ordentlichen Kündigung auf Zeit oder auf Dauer verstößt[6]. Der Ausschluss einer Kündigung kann sich auch daraus ergeben, dass die Parteien den Arbeitsvertrag von vornherein befristet abgeschlossen haben. 28

4. Erklärungs- und Willensmängel der Kündigung. Eine Kündigung erweist sich auch dann als aus sonstigen Gründen unwirksam iSd. § 13 Abs. 3, wenn sie unter Verstoß gegen allgemeine **rechtsgeschäftliche Wirksamkeitsvoraussetzungen** erklärt wird. Das gilt etwa für die Kündigung eines Geschäftsunfähigen, die fehlende Zustimmung bei einem nicht voll Geschäftsfähigen, die Kündigung durch einen Vertreter ohne Vertretungsmacht, die fehlende Vorlage einer Vollmachtsurkunde im Fall der Vertretung, eine Kündigung, die auf Willensmängeln iSd. §§ 116 ff. BGB beruht oder bei einem fehlenden Zugang der Kündigung[7]. 29

14 *Angestellte in leitender Stellung*
(1) Die Vorschriften dieses Abschnitts gelten nicht
1. in Betrieben einer juristischen Person für die Mitglieder des Organs, das zur gesetzlichen Vertretung der juristischen Person berufen ist,
2. in Betrieben einer Personengesamtheit für die durch Gesetz, Satzung oder Gesellschaftsvertrag zur Vertretung der Personengesamtheit berufenen Personen.

(2) Auf Geschäftsführer, Betriebsleiter und ähnliche leitende Angestellte, soweit diese zur selbständigen Einstellung oder Entlassung von Arbeitnehmern berechtigt sind, finden die Vorschriften dieses Abschnitts mit Ausnahme des § 3 Anwendung. § 9 Abs. 1 Satz 2 findet mit der Maßgabe Anwendung, dass der Antrag des Arbeitgebers auf Auflösung des Arbeitsverhältnisses keiner Begründung bedarf.

I. Gegenstand und Zweck. Die Vorschrift des § 14 nimmt bestimmte Personen von dem Geltungsbereich des ersten Abschnitts und damit dem allgemeinen Kündigungsschutz aus. Vollständig ausgenommen werden zunächst die unmittelbaren **organschaftlichen Vertreter** von juristischen Personen und Personengesamtheiten. Diese sind regelmäßig ohnehin keine ArbN, weil sie nicht in einem persönlichen Abhängigkeitsverhältnis zu einem ArbGeb stehen. Insoweit hat § 14 nur klarstellende Bedeutung[8]. Für den Kreis der **leitenden Angestellten** nach § 14 Abs. 2, bei denen es sich um ArbN iSd. Arbeitsrechts handelt, gelten die Bestimmungen über den allgemeinen Kündigungsschutz mit Ausnahme des Einspruchs beim BR nach § 3 und der Notwendigkeit einer Begründung des arbeitgeberseitigen Auflösungsrechts nach § 9 Abs. 1 Satz 2. 1

II. Vertreter von juristischen Personen (§ 14 Abs. 1 Nr. 1). § 14 Abs. 1 ist als **negative gesetzliche Fiktion** ausgestaltet[9]. Er nimmt in Nr. 1 die gesetzlichen Vertreter juristischer Personen vom kündigungsrechtlichen Bestands- und Abfindungsschutz aus, weil ihre organschaftliche Stellung sie zum Repräsentanten der juristischen Person macht. Dabei kommt es nicht darauf an, ob ihrer Bestellung als Organ ausnahmsweise ein Arbeitsverhältnis zugrunde liegt. 2

---

1 BAG v. 25.4.2001 – 5 AZR 360/99, AP Nr. 14 zu 242 BGB – Kündigung. | 2 BAG v. 14.11.1984 – 7 ARZ 174/83, AP Nr. 88 zu 626 BGB. | 3 BAG v. 20.9.1957 – 1 AZR 136/56, AP Nr. 34 zu § 1 KSchG. | 4 BAG v. 4.2.1960 – 3 AZR 25/58, AP Nr. 5 zu § 1 KSchG – Betriebsbedingte Kündigung. | 5 *Quecke*, RdA 2004, 86 (97 f.). | 6 BAG v. 28.4.1994 – 2 AZR 730/93, AP Nr. 117 zu 626 BGB. | 7 KR/*Friedrich*, § 13 KSchG Rz. 282 bis 298 a. | 8 BAG v. 28.9.1961 – AP Nr. 1 zu § 1 KSchG – Personenbedingte Kündigung; v. 15.4.1982 – AP Nr. 1 zu § 14 KSchG 1969. | 9 KR/*Rost*, § 14 KSchG Rz. 6.

3 Die **Organvertreter** bei der Aktiengesellschaft sind nach § 78 Abs. 1 AktG die Mitglieder des Vorstands, nicht aber die Mitglieder des Aufsichtsrats einschließlich etwaiger ArbN-Vertreter. Zu den Organvertretern zählen auch die Vorstandsmitglieder einer Genossenschaft nach § 24 Abs. 1 GenG, eines rechtsfähigen Vereins nach § 26 Abs. 2 BGB, die Vorstandsmitglieder einer rechtsfähigen Stiftung nach den §§ 86, 26 Abs. 2 BGB und die Geschäftsführer einer Gesellschaft mit beschränkter Haftung nach § 35 GmbHG. Bei den Organvertretern einer Kommanditgesellschaft auf Aktien handelt es sich um die persönlich haftenden Gesellschafter gemäß den §§ 278 Abs. 2 AktG iVm. 161 Abs. 2, 125 HGB. Bei dem Geschäftsführer einer GmbH & Co. KG, der nicht nur Organvertreter der Komplementär-GmbH ist, sondern zugleich in einem Arbeitsverhältnis zur KG steht, ist auf dieses Arbeitsverhältnis der allgemeine Kündigungsschutz nach dem ersten Abschnitt anwendbar[1].

4 Um Organvertreter iSd. § 14 Abs. 1 Nr. 1 handelt es sich auch bei den nichtbeamteten organschaftlichen Vertretern der **juristischen Personen des öffentlichen Rechts**, wie etwa Gemeinden, Kreisen, Handwerksinnungen oder Berufsgenossenschaften[2].

5 Der Bestellung als Organvertreter einer juristischen Person liegt in aller Regel ein Anstellungsvertrag in der Form eines **Dienstvertrags** zugrunde. Bereits das Selbstverständnis der Organvertreter und derjenigen, die sie berufen, verbietet die Annahme, es handele sich bei den Organvertretern um abhängige weisungsgebundene ArbN. Soweit die Organvertreter Maßnahmen umzusetzen haben, die von den Aufsichtsräten oder Gesellschafts- bzw. Vereinsversammlungen beschlossen wurden, handelt es sich um gesellschaftsrechtliche Weisungen. Von einem Arbeitsverhältnis kann dagegen allenfalls ausgegangen werden, wenn der Organvertreter auch bei seiner Alltagsarbeit im Innenverhältnis gegenüber der Gesellschafterversammlung abhängig und weisungsgebunden ist[3].

6 Unsicher ist die Rechtslage nach wie vor, wenn ein **ArbN einer juristischen Person zum Organvertreter** bestellt wird und im Hinblick auf die Beendigung des Arbeitsverhältnisses keine eindeutigen Erklärungen abgegeben werden. In diesen Fällen ist die Rspr. zunächst davon ausgegangen, das Arbeitsverhältnis ruhe lediglich und lebe wieder auf, wenn die gesellschaftsrechtliche Bestellung des vormaligen ArbN beendet wird[4]. Später ist angenommen worden, im Zweifel werde mit dem Abschluss des Geschäftsführerdienstvertrags das bisherige Arbeitsverhältnis aufgehoben[5]. Diese Annahme wird sich indessen dauerhaft nicht aufrechterhalten lassen, da die Aufhebung eines Arbeitsverhältnisses seit dem 1.5.2000 gemäß § 623 BGB der Schriftform bedarf[6].

7 **III. Vertreter von Personengesamtheiten (§ 14 Abs. 1 Nr. 2).** Von dem Geltungsbereich des allgemeinen Kündigungsschutzes sind nach § 14 Abs. 1 Nr. 2 auch die Personen ausgenommen, die in Betrieben einer Personengesamtheit durch **Gesetz, Satzung oder Gesellschaftsvertrag** zur Vertretung berufen sind. Dabei handelt es sich um die vertretungsberechtigten Gesellschafter einer Gesellschaft des bürgerlichen Rechts gemäß § 705 BGB oder einer offenen Handelsgesellschaft gemäß § 105 HGB, die Komplementäre einer Kommanditgesellschaft gemäß § 161 HGB und die Vorstandsmitglieder eines nicht rechtsfähigen Vereins gemäß § 54 BGB. Nicht unter diese Regelung fallen die nicht zur Vertretung berechtigten Gesellschafter von Personengesellschaften sowie die nicht organschaftlichen Vertreter, wie etwa Prokuristen, Generalbevollmächtigte und Handlungsbevollmächtigte[7].

8 **IV. Leitende Angestellte (§ 14 Abs. 2).** Bei den in § 14 Abs. 2 genannten Personen handelt es sich im Gegensatz zu den organschaftlichen Vertretern um echte ArbN, die vom allgemeinen Kündigungsschutz des ersten Abschnitts nicht ausgenommen sind. Dieser besteht für ihn allerdings weniger in einem Bestandsschutz als viel mehr in einem Abfindungsschutz[8]. Denn der ArbGeb kann die Beendigung des Arbeitsverhältnisses selbst bei einer Sozialwidrigkeit seiner Kündigung durch einen Auflösungsantrag nach § 9 herbeiführen.

9 Der **Begriff** des leitenden Angestellten wird nicht nur in § 14, sondern auch im BetrVG, im Sprecherausschussgesetz und im Mitbestimmungsgesetz verwendet. Der Begriff wird in § 14 Abs. 2 dahingehend konkretisiert, dass es sich um Geschäftsführer, Betriebsleiter oder ähnliche leitende Angestellte handeln muss, soweit diese zur selbständigen Einstellung oder Entlassung von ArbN berechtigt sind. Dabei verwendet das Gesetz den Begriff **Geschäftsführer** nicht im gesellschaftsrechtlichen Sinn. Vielmehr sind Personen gemeint, die leitende unternehmerische Aufgaben wahrnehmen und dabei im kaufmännischen, organisatorischen, technischen oder personellen Bereich die Führung des Unternehmens oder eines Betriebs zu verantworten haben[9]. Bei **Betriebsleitern** iSd. § 14 Abs. 2 handelt es sich um Personen, die einen Betrieb oder den Betriebsteil eines Unternehmens führen[10]. Sie müssen gegenüber den Beschäftigten des

---

1 BAG v. 15.4.1982 – 2 AZR 1101/79, AP Nr. 1 zu § 14 KSchG 1969; aA *v. Hoyningen-Huene/Linck*, § 14 KSchG Rz. 6; *Herschel/Löwisch*, § 14 KSchG Rz. 6. | 2 KR/*Rost*, § 14 KSchG Rz. 7; *v. Hoyningen-Huene/Linck*, § 14 KSchG Rz. 10; HK/*Dorndorf*, § 14 KSchG Rz. 4. | 3 *Bader/Bram/Dörner/Wenzel*, § 14 KSchG Rz. 18. | 4 BAG v. 9.5.1985 – 2 AZR 330/84, AP Nr. 3 zu § 5 ArbGG 1979. | 5 BAG v. 8.6.2000 – 2 AZR 207/99, AP Nr. 49 zu § 5 ArbGG 1979. | 6 *Bader/Bram/Dörner/Wenzel*, § 14 KSchG Rz. 20 a; KR/*Rost*, § 14 KSchG Rz. 6 a. | 7 KR/*Rost*, § 14 KSchG Rz. 18. | 8 KPK/*Bengelsdorf*, § 14 KSchG Rz. 2. | 9 KR/*Rost*, § 14 KSchG Rz. 27; *v. Hoyningen-Huene/Linck*, § 14 KSchG Rz. 14; KDZ/*Kittner*, § 14 KSchG Rz. 19. | 10 BAG v. 28.9.1961 – 2 AZR 428/60, AP Nr. 1 zu § 1 KSchG – Personenbedingte Kündigung.

Betriebs eine Vorgesetztenstellung einnehmen und das Weisungsrecht des ArbGeb ausüben. Eine bloße Aufsichtsfunktion über ArbN oder über den technischen Ablauf des Betriebs genügt nicht. Wird der Betrieb einer Filiale im Wesentlichen von der Zentrale geleitet, ist der Filialleiter noch kein Betriebsleiter iSd. § 14 Abs. 2[1]. Auch die **ähnlichen leitenden Angestellten** iSd. § 14 Abs. 2 müssen eine Vorgesetztenstellung gegenüber den Beschäftigten des Betriebs innehaben und ArbGebFunktionen wie das Weisungsrecht ausüben. Dazu genügt eine bloße Vertrauensstellung allein nicht[2]. Ein Weisungsrecht gegenüber einem kleinen Kreis von Mitarbeitern genügt nicht, vielmehr muss der ähnliche leitende Angestellte eine Führungsaufgabe wahrnehmen, wie etwa ein kaufmännischer oder technischer Leiter, der Leiter einer Rechtsabteilung oder der Regionaldirektor einer Versicherung[3].

Nicht nur die ähnlichen leitenden Angestellten, sondern auch Geschäftsführer und Betriebsleiter iSd. § 14 Abs. 2 müssen zur **selbständigen Einstellung oder Entlassung** von ArbN berechtigt sein[4]. Die Befugnis zur Einstellung oder Entlassung von ArbN muss sowohl im Außen- als auch im Innenverhältnis bestehen. Die Übertragung der Befugnis zur Außenvertretung im Wege der sog. Titularprokura genügt nicht[5]. Die Berechtigung zur selbständigen Einstellung oder Entlassung muss sich nicht auf das gesamte Unternehmen oder den gesamten Betrieb erstrecken. Es reicht aus, wenn sich die Befugnis auf eine Abteilung des Betriebs beschränkt, solange davon eine bedeutende Anzahl von Beschäftigten erfasst wird[6]. Die Selbständigkeit bei der Einstellung oder Entlassung von ArbN setzt ihrerseits **eigenverantwortliches Handeln** des leitenden Angestellten voraus, das nicht von der Zustimmung anderer Personen abhängig ist. Interne Einstellungs- oder Entlassungsrichtlinien, allgemeine arbeitgeberseitige Auswahlregeln sowie die notwendige Rücksprache oder Beratung mit einer anderen Abteilung des Betriebs schränken die Selbständigkeit des leitenden Angestellten nicht ein[7]. Die Tätigkeit des leitenden Angestellten muss durch die unternehmerische Funktion im Rahmen der Einstellung oder Entlassung von ArbN schwerpunktmäßig bestimmt werden[8]. 10

Das **Einspruchsrecht** gegenüber dem BR nach § 3 steht einem leitenden Angestellten iSd. § 14 Abs. 2 nicht zu. Das gilt indessen nur, soweit es sich auch um leitende Angestellte iSd. BetrVG handelt[9]. 11

Die Vorschrift des § 9 Abs. 1 Satz 2 findet gemäß § 14 Abs. 2 Satz 2 nur mit der Maßgabe Anwendung, dass der **Antrag des ArbGeb auf Auflösung** des Arbeitsverhältnisses keiner Begründung bedarf. Danach bedarf es keiner Darlegung des ArbGeb, aus welchen Gründen eine den Betriebszwecken dienliche weitere Zusammenarbeit mit dem leitenden Angestellten nicht mehr erwartet werden kann. Auf diese Weise soll der ArbGeb letztlich die Möglichkeit erhalten, die Beendigung der Vertragsbeziehungen zu erzwingen, wenn das Arbeitsverhältnis mit dem leitenden Angestellten so gestört ist, dass es zu einer Kündigung gekommen ist. Ob tatsächlich das Vertrauensverhältnis gestört oder betriebsbedingte Gründe für die Kündigung vorliegen, spielt im Ergebnis keine Rolle[10]. Allerdings muss das Gericht in jedem Fall zunächst die Sozialwidrigkeit der Kündigung feststellen. Darüberhinaus hat der ArbGeb die vom Gericht festzusetzende Entschädigung nach § 10 zu zahlen. Hat der ArbGeb einen Auflösungsantrag gestellt, ist er zu einer Weiterbeschäftigung des leitenden Angestellten bis zum Ablauf des Kündigungsschutzprozesses nicht verpflichtet[11]. 12

Zweiter Abschnitt. Kündigungsschutz im Rahmen der Betriebsverfassung und Personalvertretung

§ 15 Unzulässigkeit der Kündigung

(1) Die Kündigung eines Mitglieds eines Betriebsrats, einer Jugend- und Auszubildendenvertretung, einer Bordvertretung oder eines Seebetriebsrats ist unzulässig, es sei denn, dass Tatsachen vorliegen, die den Arbeitgeber zur Kündigung aus wichtigem Grund ohne Einhaltung einer Kündigungsfrist berechtigen, und dass die nach § 103 des Betriebsverfassungsgesetzes erforderliche Zustimmung vorliegt oder durch gerichtliche Entscheidung ersetzt ist. Nach Beendigung der Amtszeit ist die Kündigung eines Mitglieds eines Betriebsrats, einer Jugend- und Auszubildendenvertretung oder eines Seebetriebsrats innerhalb eines Jahres, die Kündigung eines Mitglieds einer Bordvertretung innerhalb von sechs Monaten, jeweils vom Zeitpunkt der Beendigung der Amtszeit an gerechnet, unzulässig, es sei denn, dass Tatsachen vorliegen, die den Arbeitgeber zur Kündigung aus wichtigem

---

[1] BAG v. 25.11.1993 – 2 AZR 517/93, AP Nr. 3 zu § 14 KSchG 1969. | [2] BAG v. 28.9.1961 – 2 AZR 428/60, AP Nr. 1 zu § 1 KSchG – Personenbedingte Kündigung. | [3] BAG v. 18.10.2000 – 2 AZR 465/99, AP Nr. 39 zu § 9 KSchG 1969; v. Hoyningen-Huene/Linck, § 14 KSchG Rz. 18; KDZ/Kittner, § 14 KSchG Rz. 20. | [4] BAG v. 18.10.2000 – 2 AZR 465/99, AP Nr. 39 zu § 9 KSchG 1969. | [5] BAG v. 11.3.1982 – 6 AZR 136/79, AP Nr. 28 zu § 5 BetrVG 1972; v. 11.1.1995 – 7 ABR 33/94, AP Nr. 55 zu § 5 BetrVG 1972. | [6] BAG v. 11.3.1982 – 6 AZR 136/79, AP Nr. 28 zu § 5 BetrVG 1972. | [7] KR/Rost, § 14 KSchG Rz. 31; v. Hoyningen-Huene/Linck, § 14 KSchG Rz. 23; Herschel/Löwisch, § 14 KSchG Rz. 16. | [8] BAG v. 18.10.2000 – 2 AZR 465/99, AP Nr. 39 zu § 9 KSchG 1969. | [9] KR/Rost, § 14 KSchG Rz. 36; v. Hoyningen-Huene/Linck, § 14 KSchG Rz. 27. | [10] Bader/Bram/Dörner/Wenzel, § 14 KSchG Rz. 36; v. Hoyningen-Huene/Linck, § 14 KSchG Rz. 28; KDZ/Kittner, § 14 KSchG Rz. 25. | [11] BAG v. 16.11.1995 – 8 AZR 864/93, AP Nr. 54 zu Einigungsvertrag Anlage I Kapitel XIX.

Grund ohne Einhaltung einer Kündigungsfrist berechtigen; dies gilt nicht, wenn die Beendigung der Mitgliedschaft auf einer gerichtlichen Entscheidung beruht.

(2) Die Kündigung eines Mitglieds einer Personalvertretung, einer Jugend- und Auszubildendenvertretung oder einer Jugendvertretung ist unzulässig, es sei denn, dass Tatsachen vorliegen, die den Arbeitgeber zur Kündigung aus wichtigem Grund ohne Einhaltung einer Kündigungsfrist berechtigen, und dass die nach dem Personalvertretungsrecht erforderliche Zustimmung vorliegt oder durch gerichtliche Entscheidung ersetzt ist. Nach Beendigung der Amtszeit der in Satz 1 genannten Personen ist ihre Kündigung innerhalb eines Jahres, vom Zeitpunkt der Beendigung der Amtszeit an gerechnet, unzulässig, es sei denn, dass Tatsachen vorliegen, die den Arbeitgeber zur Kündigung aus wichtigem Grund ohne Einhaltung einer Kündigungsfrist berechtigen; dies gilt nicht, wenn die Beendigung der Mitgliedschaft auf einer gerichtlichen Entscheidung beruht.

(3) Die Kündigung eines Mitglieds eines Wahlvorstands ist vom Zeitpunkt seiner Bestellung an, die Kündigung eines Wahlbewerbers vom Zeitpunkt der Aufstellung des Wahlvorschlags an, jeweils bis zur Bekanntgabe des Wahlergebnisses unzulässig, es sei denn, dass Tatsachen vorliegen, die den Arbeitgeber zur Kündigung aus wichtigem Grund ohne Einhaltung einer Kündigungsfrist berechtigen, und dass die nach § 103 des Betriebsverfassungsgesetzes oder nach dem Personalvertretungsrecht erforderliche Zustimmung vorliegt oder durch eine gerichtliche Entscheidung ersetzt ist. Innerhalb von sechs Monaten nach Bekanntgabe des Wahlergebnisses ist die Kündigung unzulässig, es sei denn, dass Tatsachen vorliegen, die den Arbeitgeber zur Kündigung aus wichtigem Grund ohne Einhaltung einer Kündigungsfrist berechtigen; dies gilt nicht für Mitglieder des Wahlvorstands, wenn dieser durch gerichtliche Entscheidung durch einen anderen Wahlvorstand ersetzt worden ist.

(3a) Die Kündigung eines Arbeitnehmers, der zu einer Betriebs-, Wahl- oder Bordversammlung nach § 17 Abs. 3, § 17a Nr. 3 Satz 2, § 115 Nr. 8 Satz 2 des Betriebsverfassungsgesetzes einlädt oder die Bestellung eines Wahlvorstands nach § 16 Abs. 2 Satz 1, § 17 Abs. 4, § 17a Nr. 4, § 63 Abs. 3, § 115 Abs. 2 Nr. 8 Satz 2 oder § 116 Abs. 2 Nr. 7 Satz 5 des Betriebsverfassungsgesetzes beantragt, ist vom Zeitpunkt der Einladung oder Antragstellung an bis zur Bekanntgabe des Wahlergebnisses unzulässig, es sei denn, dass Tatsachen vorliegen, die den Arbeitgeber zur Kündigung aus wichtigem Grund ohne Einhaltung einer Kündigungsfrist berechtigen; der Kündigungsschutz gilt für die ersten drei in der Einladung oder Antragstellung aufgeführten Arbeitnehmer. Wird ein Betriebsrat, eine Jugend- und Auszubildendenvertretung, eine Bordvertretung oder ein Seebetriebsrat nicht gewählt, besteht der Kündigungsschutz nach Satz 1 vom Zeitpunkt der Einladung oder Antragstellung an drei Monate.

(4) Wird der Betrieb stillgelegt, so ist die Kündigung der in den Absätzen 1 bis 3 genannten Personen frühestens zum Zeitpunkt der Stilllegung zulässig, es sei denn, dass ihre Kündigung zu einem früheren Zeitpunkt durch zwingende betriebliche Erfordernisse bedingt ist.

(5) Wird eine der in den Absätzen 1 bis 3 genannten Personen in einer Betriebsabteilung beschäftigt, die stillgelegt wird, so ist sie in eine andere Betriebsabteilung zu übernehmen. Ist dies aus betrieblichen Gründen nicht möglich, so findet auf ihre Kündigung die Vorschrift des Absatzes 4 über die Kündigung bei Stilllegung des Betriebs sinngemäß Anwendung.

I. Inhalt/Zweck der Vorschrift	1
II. Entstehungsgeschichte	7
III. Der geschützte Personenkreis	13
1. Inhalt § 15 Abs. 1–3a	13
2. Nicht erfasste Personengruppen	16
3. Ersatzmitglieder	18
IV. Inhalt des Schutzes	22
1. Der Sonderkündigungsschutz innerhalb der Amtszeit	22
2. Nach beendeter Amtszeit	36
3. Beschäftigungspflicht vor Zustimmungsersetzung	40
V. Beginn und Ende des Sonderkündigungsschutzes	43
1. Während der Amtszeit	43
a) Zeitpunkt der Kündigung	43
b) Beginn und Ende der Amtszeit	44
aa) Mitglieder des Betriebsrats/Personalrats	44
(1) Beginn	44
(2) Ende	45
bb) Ersatzmitglieder	48
(1) Beginn	48
(2) Ende	54
cc) Wahlvorstand	56
(1) Beginn	56
(2) Ende	58
dd) Wahlbewerber	62
(1) Beginn	62
(2) Ende	64
ee) Initiatoren	67
(1) Beginn	67
(2) Ende	68
2. Der nachwirkende Schutz	71
a) Beurteilungszeitpunkt	71
b) Beginn und Dauer	74
c) Initiatoren	77
d) Ersatzmitglieder	80
3. Verfahrensfragen	85
a) Darlegung der Gründe	85
b) Berufung auf den Sonderkündigungsschutz	87
c) Verhältnis zu sonstigen Regelungen	89
d) Nachträgliche Unzulässigkeit	90
VI. Kündigung nach § 15 Abs. 4 und 5 KSchG	91
1. Rechtliche Qualifikation der Kündigung	91
2. Betriebsstilllegung	95
3. Stilllegung einer Betriebsabteilung	99

I. Inhalt und Zweck der Vorschrift. Geschützt werden durch die Regelung diejenigen Personen, für die die Betriebs- bzw. Personalverfassung besondere Ämter vorsieht, da in deren Ausübung theoretisch eine besondere Contra-Stellung zum ArbGeb auftreten könnte. Erstreckt wird der Schutz

- auf BR/Jugend- und Auszubildenden-Vertreter/Bordvertretungen/See-BR
- Personalratsmitglieder/Jugend-/Auszubildenden-Vertreter oder Jugend-Vertreter nach dem BPersVG
- Wahlvorstände/Wahlbewerber
- Initiatoren einer Betriebsversammlung, Wahlversammlung, Bordversammlung oder solcher, die die Bestellung eines Wahlvorstandes beantragen

Der Schutz zerfällt in zwei Regelungskreise: **Während der Dauer** der Ausübung der Funktion besteht ein doppelter Schutz: Die ordentliche Kündigung ist ausgeschlossen; die außerordentliche Kündigung ist abhängig von der positiven Zustimmung des Betriebs-/Personalrats. Für die sich dem **Ende der Funktionszeit** anschließende „Abkühlungsphase", also im nachwirkenden Kündigungsschutz, reduziert sich der Umfang des Schutzes: Die ordentliche Kündigung bleibt weiterhin ausgeschlossen. Die außerordentliche Kündigung hingegen unterliegt nur noch der Beteiligung des BR nach § 102 BetrVG (bzw. des Personalrats).

Sonderregeln nach § 15 Abs. 4 u. 5 für den Fall der **Betriebs- oder Abteilungsschließung** modifizieren den absoluten Schutz vor ordentlichen Kündigungen.

Nicht aus § 15 direkt ablesbar ist, welche Rechte den stellvertretenden Funktionsträgern zustehen, soweit diese temporär in die Ämter einrücken oder eingerückt waren. Gerade in diesen Konstellationen zeigen sich in der Praxis aber vielfältige Probleme.

Der **Schutz** des im Amt oder der Bewerbung hierum exponierten ArbN ist nur eine Komponente des Zwecks der Vorschrift. Es geht darüber hinaus auch um die Sicherung der **Kontinuität der personellen Zusammensetzung** der gewählten ArbN-Vertretungen, derentwegen zB ein Ausscheiden gewählter BR-Mitglieder „im Interesse einer Aufrechterhaltung einer weitgehend demokratischen Legitimation des BR vermieden werden" müsse[1].

Wie auch sonstige Regelungen des Sonderkündigungsschutzrechts berührt § 15 nicht das Recht des ArbN zum Abschluss von Aufhebungsverträgen. Auch das Recht auf Anfechtung des Arbeitsvertrags wird nicht von § 15 eingeschränkt[2].

II. Entstehungsgeschichte. Das KSchG 1951 (BGBl. I S. 499) gewährte in seinem § 13 nur BR-Mitgliedern während der Amtszeit Schutz vor ordentlichen Kündigungen und ermöglichte bei Betriebs- oder Abteilungsstilllegungen Ausnahmen. Die außerordentliche Kündigung war möglich, wenn ein wichtiger Grund hierfür vorlag.

Die aufgrund des Arbeitsrechtsbereinigungsgesetzes erfolgten Neufassung des KSchG von 1969 (BGBl. I S. 1317) ließ anstelle des § 13 den § 15 treten und beinhaltete als Neuerung lediglich die Einfügung, dass der wichtige Grund „nach § 626 BGB" gegeben sein müsse.

Erst mit dem In-Kraft-Treten des BetrVG vom 15.1.1972 (BGBl. I S. 13) wurde § 15 KSchG auch auf die Jugendvertreter, Bordvertretungen, Seebetriebsräte, Wahlvorstände und Wahlbewerber mit unterschiedlich langen Nachwirkungszeiträumen nach beendeter Amtszeit erstreckt. Neu war hierin auch das Zustimmungserfordernis zur außerordentlichen Kündigung innerhalb der Amtszeit nach § 103 BetrVG.

Weitere Änderungen bedingte das BPersVG vom 15.3.1974 (BGB. I S. 693) aufgrund dessen der jetzige Abs. 2 eingefügt wurde (mit der Folge des Nachrückens der übrigen Absätze). Die im Bereich des öffentlichen Dienstes tätigen Funktionsträger sollten denen der Privatwirtschaft gleichgestellt werden.

An die Stelle der früheren Jugendvertretungen trat aufgrund des Gesetzes über Jugend- und Auszubildendenvertreter vom 13.7.1988 (BGBl. I S. 1034) nunmehr die JAV in Abs. 1 und 2 des § 15 KSchG.

Die Ergänzung durch Abs. 3a schließlich ist Folge der Reform des BetrVG vom 23.7.2001 (BGBl. I S. 1852). Aufgenommen in den Kreis der besonders geschützten Personen sind nunmehr die Initiatoren einer BR-Wahl und zwar sowohl die nach herkömmlichem Verfahren zur erstmaligen Wahl eines BR, wie auch nach dem neuen vereinfachten Wahlverfahren.

III. Der geschützte Personenkreis. 1. Inhalt von § 15 Abs. 1–3a. § 15 führt im Einzelnen als geschützte Personen auf:

- in Abs. 1: Mitglieder des BR, einer JAV, einer Bordvertretung, eines See-BR.
- in Abs. 2: Mitglieder einer Personalvertretung, einer JAV, einer Jugendvertretung. Die Vorschrift deckt sich mit § 47 Abs. 1 BPersVG. Wer durch diese Vorschrift nicht gedeckt ist, unterfällt auch nicht § 15 KSchG[3]

---

1 BAG v. 18.10.2000 – 2 AZR 494/99, AP Nr. 49 zu § 15 KSchG. | 2 BAG v. 10.2.1977 – 2 ABR 80/76, AP Nr. 9 zu § 103 BetrVG 72. | 3 KR/*Etzel*, § 15 KSchG Rz. 12a und §§ 47, 108 BPersVG Rz. 1.

KSchG § 15 Rz. 14   Unzulässigkeit der Kündigung

- in Abs. 3: Mitglieder eines Wahlvorstandes und Wahlbewerbers
- in Abs. 3a: Die ersten drei in der Einladung oder Antragstellung aufgeführten Einladenden zu einer Betriebsversammlung nach § 17 Abs. 3 BetrVG, einer Wahlversammlung nach § 17a Nr. 3 Satz 2, einer Bordversammlung nach § 115 Abs. 2 Nr. 8 Satz 1 BetrVG

oder

Antragsteller für die Bestellung eines Wahlvorstandes zu einer Wiederholungswahl nach § 16 Abs. 2 Satz 1, einer Erstwahl nach § 17 Abs. 4, einer vereinfachten Wahl nach § 17a Nr. 4, einer JAV nach § 63 Abs. 3, einer Bordvertretung nach § 115 Abs. 2 Nr. 8 Satz 2 oder eines SeeBR nach § 116 Abs. 2 Nr. 7 Satz 5 BetrVG.

14   **Verweisungen** auf den Schutz aus § 15 Abs. 2–3a sind enthalten in

- § 96 Abs. 3 SGB IX für Mitglieder der Schwerbehinderten-Vertretung, § 94 Abs. 6 Satz 2 SGB IX für Wahlbewerber um die Schwerbehindertenvertretung
- § 29a HAG in Abs. 1 für BR und Auszubildendenvertreter und Abs. 2 für Wahlvorstände oder Wahlbewerber, die Heimarbeiter sind.

15   Keine Ausnahme gilt von § 15 im Tendenzbetrieb iSv. § 118 BetrVG jedenfalls dann, wenn gegenüber einem Funktionsträger iSv. § 15 Abs. 1–3a, der zwar Tendenzträger ist, aber die Kündigung nicht wegen tendenzbezogener Leistungsmängel erklärt werden soll[1]. Das BAG hat in dieser Entscheidung allerdings offen gelassen, ob im Fall tendenzbezogener schwerer Leistungsmängel dennoch auch ordentlich gekündigt werden dürfe. Dass eine außerordentliche Kündigung in Betracht kommt und bei tendenzbezogenen schweren Fehlern dann ohne Zustimmung nach § 103 BetrVG (wohl aber Mitwirkung nach § 102 BetrVG) ist unstreitig[2].

16   **2. Nicht erfasste Personengruppen.** Nicht geschützt durch § 15 sind Personen, die Mitglieder einer Einigungsstelle, betrieblicher Schlichtungsstellen, des Wirtschaftsausschusses, des SprAu der leitenden Angestellten sind oder ArbN in Aufsichtsräten.

17   Keinen Schutz erreichen außerdem Mitglieder eines Wahlvorstandes, wenn ihre **Wahl** von vorne herein **nichtig** war[3]. Dies gilt auch für die in nichtiger Wahl gewählten BR-Mitglieder[4]. Für Letztere aber kommt der Sonderkündigungsschutz des Wahlbewerbers in Betracht.

18   **3. Ersatzmitglieder.** Mit Ausnahme des § 25 BetrVG gibt es zum Thema Ersatzmitglieder keine gesetzliche Regelung. Dort allerdings ist lediglich geregelt

- **wann** ein Ersatzmitglied zu beanspruchen ist, nämlich bei Ausscheiden eines ordentlichen Mitglieds bzw. dessen zeitweiliger Verhinderung
- **wer** als Ersatzmitglied legitim nachzurücken hat.

Keine Regelung gibt es darüber, ab welchem Zeitpunkt die Ersatzmitgliedschaft beginnt und wann sie endet.

19   Wenn auch kein Zweifel daran besteht, dass während des Vertretungsfalls identischer Schutz, wie dem ordentlichen Mitglied auch dem Ersatzmitglied zusteht[5] und ggf. nachwirkender Kündigungsschutz, bleiben die Einzelfragen der Beantwortung außerhalb des Gesetzes überlassen.

20   Für die in § 15 Abs. 2 angesprochenen Vertreter gilt zu § 31 Abs. 1 Satz 1 BPersVG das Ausgeführte entsprechend.

21   Wer Ersatzmitglied im Einzelfall ist, muss nach § 25 Abs. 2 BetrVG ermittelt werden. Natürlich kann auch das danach zuständige Ersatzmitglied verhindert sein, was dazu führt, dass das nächste zuständige Ersatzmitglied zu ermitteln ist. Eine gewillkürte Reihenfolge ist unzulässig und bewirkt keinen Sonderkündigungsschutz (siehe unten Rz. 80 ff.).

22   **IV. Inhalt des Schutzes. 1. Der Sonderkündigungsschutz innerhalb der Amtszeit.** Im Rahmen des durch § 15 Abs. 1 Satz 1, Abs. 2 Satz 1, Abs. 3 Satz 1, Abs. 3a Satz 1 Halbs. 1 garantierten Sonderkündigungsschutzes innerhalb der jeweiligen Amtszeit ist

- jede ordentliche Kündigung ausgeschlossen
- die außerordentliche Kündigung von der Zustimmung des BR oder Personalrats – oder deren Ersetzung – durch das Gericht abhängig, wobei ersetzende Entscheidungen erst mit deren Rechtskraft wirken[6].

23   Besteht im Betrieb **noch kein BR**, so ist vor dessen Wahl anstatt einer Zustimmung nach § 103 BetrVG die Zustimmungsersetzung durch das Gericht erforderlich. Der Schutzzweck des § 15 KSchG gebietet

---

1 BAG v. 3.11.1982 – 7 AZR 5/81, AP Nr. 12 zu § 15 KSchG 69. | 2 BAG v. 28.8.2003 – 2 ABR 48/02. | 3 BAG v. 7.5.1986 – 2 AZR 349/85, AP Nr. 18 zu § 15 KSchG 69. | 4 BAG v. 27.4.1976 – 1 AZR 482/75, AP Nr. 4 zu § 19 BetrVG 72. | 5 Löwisch, § 15 KSchG Rz. 28. | 6 BAG v. 9.7.1998 – 2 AZR 142/92, AP Nr. 36 zu § 103 BetrVG 72; v. 25.1.1979 – 2 AZR 983/77, AP Nr. 12 zu § 103 BetrVG 72.

es, § 103 BetrVG analog anzuwenden, wenn vor der Erstwahl ein Wahlvorstand oder Wahlbewerber gekündigt werden soll[1].

Besteht der BR **nur aus einer Person** und ist dessen Kündigung beabsichtigt, so ist diese als BR in eigener Sache verhindert[2]; dann ist wiederum analog zu § 103 BetrVG die gerichtliche Ersetzung nötig[3]. Gibt es zu dem Einmann-BR allerdings ein Ersatzmitglied, so hat dieses über den Zustimmungsantrag zu entscheiden[4]. 24

Der Verstoß gegen § 15 Abs. 1–3a bewirkt **Nichtigkeit** iSv. § 134 BGB. Eine Berufung des ArbN auf den Sonderkündigungsschutz ist nicht erforderlich[5] Die Nichtigkeit ist sonstiger Unwirksamkeitsgrund iSv. § 7 und muss nach der Reform durch das Gesetz zu Reformen am Arbeitsmarkt[6] auch innerhalb der Frist des § 4 eingewendet werden. 25

Der Schutz bezieht sich auch auf **Änderungskündigungen**, selbst wenn deren Ziel die Anpassung der Arbeitsbedingungen des Funktionsträgers an die einer Gruppe anderer Angestellter zum Ziel hat[7]. In diesem Fall kann allerdings eine außerordentliche Änderungskündigung aus betriebsbedingten Gründen gerechtfertigt sein, wobei ein wichtiger Grund für eine außerordentliche Änderungskündigung erhebliche Voraussetzungen hat[8]. 26

Soll gegenüber dem Funktionsträger eine außerordentliche Kündigung – mit Zustimmung oder deren Ersetzung – erklärt werden, so ist Voraussetzung iSd. in Betracht kommenden gesetzlichen Vorschriften ein wichtiger Grund für eine Kündigung ohne Einhaltung der maßgeblichen ordentlichen Frist. Abgestellt wird zur Beurteilung der Zumutbarkeitsfrage auf eine fiktive ordentliche Kündigungsfrist, die – gäbe es den Sonderkündigungsschutz nicht – maßgeblich wäre[9]. Anders aber, wenn es um eine außerordentliche betriebsbedingte Änderungskündigung geht: Dann soll die fiktive Frist keine Rolle spielen, weil es nicht um eine Beendigung gehe[10]. 27

Gesetzliche Grundlagen für die außerordentliche Kündigung können sein: § 626 BGB, § 15 BBiG, §§ 64 ff. SeemG, § 2 Abs. 3 ArbPlSchG. Das BAG prüft die **Voraussetzungen des § 626 Abs. 1 BGB** in zwei Stufen 28

- die Geeignetheit des Grundes für die außerordentliche Kündigung an sich

- die Würdigung, ob dem ArbGeb deshalb die Fortsetzung des Arbeitsverhältnisses bis zum Ablauf der fiktiv ordentlichen Frist unter Berücksichtigung aller Umstände des Einzelfalles und unter Abwägung der Interessen beider Vertragsteile zumutbar ist[11]. Inhalt des Interessenausgleichs soll auch ein kollektives Interesse an der Funktionswahrnehmung durch den betreffenden ArbN sein[12].

Das mag im Rahmen einer Kündigung nach § 15 Abs. 4 oder 5 berechtigt sein (siehe dort), kann aber bei der Prüfung der Voraussetzungen der außerordentlichen Kündigung aus wichtigem Grund im bloßen Verhältnis ArbGeb/ArbN keine Berücksichtigung finden. § 78 Abs. 2 BetrVG verbietet nicht nur die Benachteiligung, sondern auch eine Begünstigung des betrieblichen Amtsträgers wegen seiner Tätigkeit. Daraus folgt, dass für die Beurteilung des wichtigen Grundes auf die allgemeinen Beurteilungsmaßstäbe des § 626 Abs. 1 BGB zurückgegriffen werden muss.

Gründe für die außerordentliche Kündigung können im Übrigen nur solche sein, die nicht der Amtsführung des Funktionsträgers entstammen, sondern aus der Vertragserfüllung an sich; Fehler in der Amtsführung ohne Ausstrahlung auf das Arbeitsverhältnis an sich sind über § 320 Abs. 1 BetrVG unter Sanktion gestellt[13].

Für die Abgrenzung, ob ein Vorwurf gegen den ArbN aus der Verletzung arbeitsrechtlicher Pflichten oder aus der Amtstätigkeit stammt und aus einer Konfliktsituation entstanden sein könnte, verlangt das BAG besonders strenge Prüfmaßstäbe[14]. 29

Die außerordentliche Kündigung eines (tarifvertraglich) nicht mehr kündbaren ArbN mit Sonderkündigungsschutz im Amt soll – anders als im Fall des sinnentleerten Arbeitsverhältnisses[15] eines „funktionslosen ArbN" – beim Amtsträger im Interesse der Kontinuität der Amtsführung unzulässig sein. 30

Im Rahmen des Zustimmungsverfahrens vor dem BR ist der betroffene Funktionsträger sowohl an der Abstimmung wie an der Beratung verhindert[16]. 31

---

1 BAG v. 12.8.1976 – 2 AZR 303/75, AP Nr. 2 zu § 15 KSchG 69; KR/*Etzel*, § 103 BetrVG Rz. 54 mwN. | 2 BAG v. 23.8.1984 – 2 AZR 391/83, AP Nr. 17 zu § 15 KSchG 69. | 3 BAG v. 16.12.1982 – 2 AZR 76/81, AP Nr. 13 zu § 15 KSchG 69. | 4 KR/*Etzel*, § 103 BetrVG Rz. 56. | 5 BAG v. 5.9.1986 – 7 AZR 175/85, AP Nr. 26 zu § 15 KSchG 69. | 6 Vom 24.12.2003, BGBl. I S. 3002. | 7 BAG v. 6.3.1986 – 2 ABR 15/85, AP Nr. 19 zu § 15 KSchG 69. | 8 BAG v. 6.3.1986 – 2 ABR 15/85, AP Nr. 19 zu § 15 KSchG 69. | 9 BAG v. 18.2.1993 – 2 AZR 526/92, AP Nr. 35 zu § 15 KSchG 69; v. 10.2.1999 – 2 ABR 31/98, AP Nr. 42 zu § 15 KSchG 69; v. 27.9.2001 – 2 AZR 487/00, NZA 2002 – 815; aA KR/*Etzel*, § 15 KSchG Rz. 22 und 23, wonach auf eine Frist vom Amtszeitende plus ein Jahr Nachwirkung abgestellt werden müsse. | 10 BAG v. 21.6.1995 – 2 AZR 28/94, AP Nr. 36 zu § 15 KSchG 69 mit sehr krit. Anm. von *Preis*. | 11 Zuletzt: BAG v. 12.8.1999 – 2 AZR 923/98, NZA 2000, 421. | 12 *Löwisch*, § 15 KSchG Rz. 44. | 13 KR/*Etzel*, § 15 KSchG Rz. 25. | 14 BAG v. 22.8.1974 – 2 ABR 17/74, AP Nr. 1 zu § 103 BetrVG; v. 16.10.1986 – 2 ABR 71/85, AP Nr. 95 zu § 626 BGB. | 15 BAG v. 9.9.1992 – 2 AZR 190/92, AP Nr. 3 zu § 626 BGB – Krankheit; v. 18.10.2000 – 2 AZR 627/99, AP Nr. 9 zu § 626 BGB – Krankheit. | 16 BAG v. 26.8.1981 – 7 AZR 550/79, AP Nr. 13 zu § 103 BetrVG 72; v. 23.8.1984 – 2 AZR 391/83, AP Nr. 17 zu § 103 BetrVG 72.

32 Will der ArbGeb die Zustimmung des BR zu einer außerordentlichen Kündigung erreichen, muss er dies rechtzeitig beantragen, denn die Frist des § 626 Abs. 2 BGB wird durch das Zustimmungsverfahren nach § 103 BetrVG nicht erstreckt[1]. Der Antrag auf Zustimmungsersetzung muss, wenn erforderlich, innerhalb der 2-Wochen-Frist beim ArbG eingehen. Deshalb ist der BR auch gehalten, seine Entscheidung über den Zustimmungsantrag innerhalb der ihm nach § 102 Abs. 2 Satz 3 BetrVG vorgegebenen Frist (unverzüglich, spätestens innerhalb von 3 Tagen) abzugeben[2].

33 Entscheidet der BR innerhalb dieser Frist nicht, so ist die Ablehnung zu unterstellen und der Weg zum ArbG frei. Ein vor Abgabe einer abschließenden Stellungnahme des BR eingereichter Zustimmungsersetzungsantrag ist unheilbar nichtig[3]. Auch ein vor der Entscheidung des BR gestellter vorsorglicher Ersetzungsantrag ist unzulässig und wird auch nicht durch eine nachfolgende verweigernde Entscheidung zulässig[4].

34 Rechtzeitiges Handeln ist daher zu planen: Spätestens am 10. Tag ab Kenntniserlangung muss der Antrag an den BR gestellt werden. Dann beginnt die 3-Tages-Frist am 11. Tag und endet am 13. Tag (§§ 187 Abs. 1, 188 Abs. 2 BGB), so dass der 14. Tag für die Stellung des Zustimmungsersetzungsantrags bei Gericht verbleibt. Nur ein zulässiger Ersetzungsantrag wahrt die Frist des § 626 Abs. 2 BGB[5].

35 Das Zustimmungsersetzungsverfahren erledigt sich, wenn entweder nachfolgend der BR doch noch zustimmt[6] oder aber der Sonderkündigungsschutz im Amt zwischenzeitlich endet und deshalb das Zustimmungsersetzungserfordernis entfällt[7]. Scheidet zB ein BR-Mitglied während des Ersetzungsverfahrens bei Neuwahl aus dem BR aus, so bedarf es auch keiner erneuten Anhörung des BR, nunmehr nach § 102 BetrVG, sondern die Kündigung kann ausgesprochen werden, aber nur unverzüglich[8]. Das Gebot, unverzüglich zu handeln, wenn das Ersetzungsverfahren nach § 103 Abs. 2 BetrVG rechtskräftig abgeschlossen ist[9], gilt hier in gleicher Weise. Die ständige Kontrolle darüber, ab wann das Zustimmungsersetzungserfordernis aus § 103 Abs. 2 BetrVG entfällt, empfiehlt sich stets – und je länger das Verfahren andauert umso gründlicher.

36 **2. Nach beendeter Amtszeit.** Nach Ende der Amtszeit des Funktionsträgers bleibt auf die Dauer der in § 15 Abs. 1–3a je nach Funktion unterschiedlich lang vorgesehenen „Abkühlungsphase" ein nachwirkender Kündigungsschutz bestehen. In diesem Zeitraum der Nachwirkung bleibt

- die ordentliche Kündigung weiter ausgeschlossen (Ausnahme: § 15 Abs. 4–5)
- für die außerordentliche Kündigung entfällt das Zustimmungserfordernis nach § 103 Abs. 1 und damit das Ersetzungserfordernis nach § 103 Abs. 2.

37 Für die außerordentliche Kündigung im nachwirkenden Kündigungsschutz gelten die „normalen" Maßstäbe wie für jede außerordentliche Kündigung. Hinsichtlich der Beteiligung des BR bleibt es bei der Anwendung von § 102 Abs. 1 und 2 BetrVG.

38 Nach Ablauf des Nachwirkungszeitraums ist auch für die ordentliche Kündigung wieder der „Normalzustand" erreicht. Hier ist der ArbGeb auch nicht gehindert, die Kündigung auf Pflichtverletzungen des ArbN zu stützen, die dieser während der Schutzfrist begangen hat und die nicht im Zusammenhang mit der Amtsführung stehen[10].

39 Eine Nachwirkung tritt nicht ein, wenn ein Schutz überhaupt nicht erreicht wird (hierzu oben unter Rz. 16).

40 **3. Beschäftigungspflicht vor Zustimmung/Zustimmungsersetzung.** Bis zum Vorliegen einer Zustimmung oder Zustimmungsersetzung (Letztere als rechtskräftige gerichtliche Entscheidung) darf eine außerordentliche Kündigung nicht ausgesprochen werden[11]. Der ArbN hat einen Anspruch auf Beschäftigung, den der ArbGeb durch vorläufige Suspendierung nur dann vermeiden kann, wenn der Weiterbeschäftigung überwiegende schutzwürdige Interessen des ArbGeb entgegenstehen, „die eine Verhinderung der Beschäftigung geradezu gebieten"[12]. Geringere Anforderungen, wonach auch dann suspendiert werden dürfe, wenn „den ins Feld geführten Kündigungsgründen einiges Gewicht zukommt"[13] werden den überwiegenden schutzwürdigen Interessen des ArbGeb kaum gerecht[14].

41 Ob die danach evtl. eintretende Berechtigung zur Suspendierung von der Beschäftigungspflicht auch bewirkt, dass Freiheit von der Vergütungspflicht eintritt, wird kontrovers diskutiert. Würde der ArbGeb berechtigt sein, sowohl Arbeitspflicht wie Vergütungspflicht zu suspendieren, so würde im Vorfeld einer

---

[1] BAG v. 18.8.1977 – 2 ABR 19/77, AP Nr. 10 zu § 103 BetrVG 72. [2] BAG v. 18.8.1977 – 2 ABR 19/77, AP Nr. 10 zu § 103 BetrVG 72. [3] BAG v. 1.12.1977 – 2 AZR 426/76, AP Nr. 11 zu § 103 BetrVG 72. [4] BAG v. 7.5.1986 – 2 ABR 27/85, AP Nr. 18 zu § 103 BetrVG 72. [5] BAG v. 24.10.1996 – 2 AZR 3/96, AP Nr. 32 zu § 103 BetrVG. [6] BAG v. 17.9.1981 – 2 AZR 402/79, AP Nr. 14 zu § 103 BetrVG 72. [7] BAG v. 30.5.1978 – 2 AZR 637/76, AP Nr. 4 zu § 15 KSchG 69. [8] BAG v. 8.6.2000 – 2 AZN 276/00, AP Nr. 41 zu § 103 BetrVG. [9] BAG v. 17.9.1981 – 2 AZR 402/79, AP Nr. 14 zu § 103 BetrVG 72. [10] BAG v. 13.6.1996 – 2 AZR 431/95, NZA 1996, 1032. [11] BAG v. 11.11.1976 – 2 AZR 457/75, AP Nr. 8 zu § 103 BetrVG 72. [12] Sächs. LAG v. 14.4.2000 – 3 Sa 298/00, AP Nr. 45 zu § 103 BetrVG 72. [13] LAG Hamm v. 24.10.1974 – 8 TaBV 53/74, EzA § 103 BetrVG 72 Nr. 5. [14] KR/*Etzel*, § 103 BetrVG Rz. 143.

Zulässigkeit des Ausspruchs der außerordentlichen Kündigung der ArbN schon so entrechtet, als sei die Kündigungssperre bereits beseitigt. Damit würde § 15 Abs. 1–3a unterlaufen[1]. Andererseits ist es billig, bei Bejahung der strengen Voraussetzungen der Suspendierung von der Arbeitspflicht auch die vollständige Konsequenz zu ziehen, wie dies auch vom BAG angenommen wurde[2] bzw. in der Lit. vertreten wird[3].

42 Unabhängig von der Frage nach der Beschäftigungspflicht ist die nach den Rechten zur Ausübung des betriebsverfassungsrechtlichen Amtes. Ein Recht des ArbGeb, den Zugang zum Betrieb zu unterbinden, ist zu verneinen, auch in Fällen berechtigter Suspendierung, es sei denn, die Ausübung würde als Missbrauch zu beurteilen sein[4].

43 **V. Beginn und Ende des Sonderkündigungsschutzes. 1. Während der Amtszeit. a) Zeitpunkt der Kündigung.** Es kommt für den Sonderkündigungsschutz stets auf den Zeitpunkt des Zugangs einer Kündigung an; das gilt auch für eine Kündigung, die **vor** Beginn des Sonderkündigungsschutzes abgesandt wurde, aber erst danach zugeht[5]. Umgekehrt kommt es für eine zuvor erklärte Kündigung nicht darauf an, ob die Kündigungsfrist endet während der Sonderkündigungsschutz entstanden ist[6].

44 **b) Beginn und Ende der Amtszeit. aa) Mitglieder des Betriebsrats/Personalrats. (1) Beginn.** Der Sonderkündigungsschutz beginnt mit der Amtszeit. Nach § 21 Abs. 1 BetrVG ist insoweit zu differenzieren:

- Bei Erstwahl bzw. Wahl nach Ende der Amtszeit des vorherigen BR beginnt die Amtszeit mit Bekanntgabe des Wahlergebnisses durch den Wahlvorstand (§ 21 Abs. 1 Satz 1, Abs. 3 Satz 1 BetrVG). Dies geschieht durch Aushang (§ 18 WO). Das Ereignis fällt deshalb in den Lauf eines Tages iSv. § 187 Abs. 1 BGB. Gleiches gilt bei Neuwahl im Fall des § 21a BetrVG.

- Besteht bei Bekanntgabe des (Neu)Wahlergebnisses durch den Wahlvorstand noch ein BR, so beginnt die Amtszeit „mit Ablauf" von dessen Amtszeit; präziser gerechnet: Um 0.00 Uhr des Tages **nach** Ablauf der nach §§ 187 Abs. 1, 188 Abs. 2 BGB gerechneten 4-Jahresfrist der Vorgängeramtszeit[7].

Die neu gewählten BR-Mitglieder besitzen in dieser Übergangsphase eigentlich noch keinen Sonderkündigungsschutz nach § 15 Abs. 1, sondern nur den (nachwirkenden) der Wahlbewerber und fallen somit bis zum Ablauf der Amtszeit des alten BR in ein Loch mindern, weil nur nachwirkenden Schutzes. Die Lösung kann sich nur ergeben, indem man § 103 BetrVG für die Zeit dieses „Schutz-Lochs" analog anwendet[8].

Die konstituierende Erstsitzung des neuen BR ist in Bezug auf den Beginn der Amtszeit wertneutral. Dies gilt auch, wenn die konstituierende Sitzung noch innerhalb der Amtszeit des alten BR stattfindet. § 29 Abs. 1 Satz 1 BetrVG schreibt dem Wahlvorstand nur die Einberufung, nicht aber die Abhaltung der ersten Sitzung des neuen BR fristgebunden vor[9].

45 **(2) Ende.** Das Ende der Amtszeit tritt im Regelfall mit Ablauf der 4-jährigen Wahlperiode nach § 21 Abs. 1 BetrVG ein. Für die Berechnung gelten wiederum §§ 187 Abs. 1, 188 Abs. 2 BGB anknüpfend an die in den Lauf eines Tages fallende Bekanntgabe des Ergebnisses der Wahl durch den Wahlvorstand.

46 Abweichend von dem Ende durch Ablauf der Wahlperiode kann das Ende auch eintreten im Falle der nach § 13 Abs. 2 oder 3 BetrVG nötigen Neuwahl und deren Durchführung mit der Folge des durch § 21 bestimmten Ergebnisses eines Amtsendes mit dem 31.5. oder Bekanntgabe des Neuwahlergebnisses nach § 21 Abs. 2 BetrVG.

47 Im Falle der gerichtlichen Entscheidung (§ 24 Nr. 5-6 BetrVG) tritt das Ende mit Rechtskraft der gerichtlichen Entscheidung ein.

48 **bb) Ersatzmitglieder. (1) Beginn.** Ersatzmitglieder einer der in § 15 Abs. 1–2 beschriebenen ArbN-Vertretungen haben zunächst Sonderkündigungsschutz nur als gewesene Wahlbewerber. Der Sonderkündigungsschutz nach § 15 Abs. 1–2 setzt erst ein, wenn anstelle eines ausgeschiedenen oder temporär verhinderten ordentlichen Mitglieds ein (dauerndes oder zeitweises) Nachrücken erfolgt.

49 Erfolgt das Nachrücken, so haben die Ersatzmitglieder den besonderen Schutz für die Zeit, für die sie stellvertretend für das verhinderte Mitglied dem BR angehören und zwar nicht nur in entsprechender Anwendung, sondern als nunmehrige Mitglieder des Organs[10].

50 Der Beginn kann aber auch schon **früher** liegen, denn im Vertretungsfall hat der BR-Vorsitzende das Ersatzmitglied nach § 29 Abs. 2 Satz 3 BetrVG unter Mitteilung der Tagesordnung zu laden. Mit der hierdurch eintretenden Befassung und dadurch denkbarer Weise verursachter Contra-Stellung zum ArbGeb ist nach Sinn und Zweck des Gesetzes Sonderkündigungsschutz zu gewähren. Erst von da an kann sinnvollerweise die nach mehrfach vertretener Meinung maßgebliche Vorbereitungszeit ange-

---

1 KR/*Etzel*, § 103 KSchG Rz. 144; MünchArbR/*Blomeyer*, § 49 Rz. 37. | 2 BAG v. 11.11.1976 – 2 AZR 457/75, AP Nr. 8 zu § 103 BetrVG 72. | 3 *Lepke*, BB 1973, 897; GK/*Raab*, § 103 BetrVG Rz. 90. | 4 Richardi/*Richardi/Thüsing*, BetrVG, § 103 Rz. 95. | 5 Richardi/*Richardi/Thüsing*, BetrVG, § 103 Rz. 6. | 6 ErfK/*Ascheid*, § 15 KSchG Rz. 14. | 7 *Gast*, BB 1987, 331. | 8 So: KR/*Etzel*, § 103 BetrVG Rz. 19; Richardi/*Richardi/Thüsing*, § 21 BetrVG Rz. 10. | 9 Richardi/*Richardi/Thüsing*, § 29 BetrVG Rz. 4-5. | 10 BAG v. 9.11.1977 – 5 AZR 175/76, AP Nr. 3 zu § 15 KSchG 69.

KSchG § 15 Rz. 51 — Unzulässigkeit der Kündigung

setzt werden[1]. Nach Meinung des BAG setzt der Sonderkündigungsschutz nach Ladung aber maximal 3 Tage vor Beginn der Vertretung ein[2].

51 Der Beginn der Vertretung kann auch vom Ersatzmitglied unbemerkt eintreten, zB im Fall plötzlicher Erkrankung des ordentlichen Mitglieds. Auf eine Kenntnis des Vertretungsfalles kommt es nicht an[3]. Es ist keinerlei Handlung oder Erklärung nötig, um den Vertretungsfall einzuleiten[4]. Der Beginn des Schutzes tritt dann mit Arbeitsaufnahme des Ersatzmitglieds an dem Tag ein, an dem das ordentliche Mitglied erstmals verhindert ist[5].

52 Die Auffassung, dass die Vertretung eines kranken Organmitglieds keinen Sonderkündigungsschutz genieße, wenn in der Vertretungszeit keine Tätigkeit ausgeübt werde[6], ist hiernach nicht zu billigen; es kommt für den Amtsschutz nur auf den rechtlich eingetretenen Vertretungsfall an, aber nicht auf die Tätigkeit, denn sonst könnte durch intermittierende Kündigungen auf die derzeitige Zusammensetzung des BR präventiv Einfluss genommen werden; schließlich weiß der ArbGeb im Vorhinein nicht, ob das derzeit vertretende Ersatzmitglied noch tätig werden muss.

53 Ist das vertretende Mitglied temporär verhindert, so verliert es seinen Sonderkündigungsschutz nicht, so lange der Vertretungsfall noch andauert[7].

54 (2) **Ende.** Das Ende des Amtsschutzes für das Ersatzmitglied tritt ein

- für den dauernd nachgerückten Stellvertreter wie beim ordentlichen Organmitglied;
- für den temporären Vertreter: Mit Ende des Vertretungsfalles, also Rückkehr des Vertretenen.

55 Wegen des anschließenden nachwirkenden Kündigungsschutzes iSv. § 15 Abs. 1 Satz 2 bzw. Abs. 2 Satz 2: Siehe unten Rz. 71 ff.

56 cc) **Wahlvorstand.** (1) **Beginn.** § 15 Abs. 3 Satz 1 lässt den Amtsschutz beginnen „mit dem Zeitpunkt der Bestellung". Diese kann erfolgen

- bei erstmaliger BR-Wahl aufgrund Bestellung durch den GesamtBR oder den KonzernBR (§ 17 Abs. 1 Satz 1 BetrVG) *oder* durch Wahl in einer nach § 17 Abs. 3 BetrVG einberufenen Betriebsversammlung, ggf. durch gerichtliche Bestellung nach § 17 Abs. 4.
- bei Wiederholungswahl aufgrund Bestellung durch den BR (§ 16 Abs. 1 Satz 1) oder den GesamtBR oder den KonzernBR im Fall des § 16 Abs. 3 BetrVG, ggf. durch gerichtliche Bestellung nach § 16 Abs. 2 BetrVG, die erst mit Rechtskraft der gerichtlichen Entscheidung eintritt, womit allerdings die Gefahr verbunden ist, dass während des laufenden Verfahrens der fehlende Sonderkündigungsschutz sich nachteilig auswirkt[8].
- in der Personalverfassung erfolgt die Bestellung durch die Personalversammlung (§§ 20 Abs. 2, 21 BPersVG), durch den Personalrat selbst (§ 20 Abs. 1 BPersVG) oder den Dienststellenleiter (§ 22 BPersVG).

57 Keinen Sonderkündigungsschutz erwerben in nichtiger Wahl bestellte Wahlvorstandsmitglieder[9].

58 (2) **Ende.** Das Ende tritt nach § 15 Abs. 3 Satz 1 KSchG regulär ein mit Bekanntgabe des Wahlergebnisses in der durch § 18 Abs. 3 WO bzw. § 23 WahlOBPersVG vorgeschriebenen Form, obwohl § 29 Abs. 1 BetrVG dem Wahlvorstand noch weitere Pflichten auferlegt (Einberufung der konstituierenden Sitzung bzw. deren Leitung durch den Wahlvorstandsvorsitzenden).

59 Ist ein Wahlvorstandsmitglied als BR gewählt, so kann zwischen dem Ende des Amtsschutzes aus § 15 Abs. 3 Satz 1 und Beginn des Amtsschutzes als BR nach § 15 Abs. 1 Satz 1 eine Lücke entstehen, die durch entsprechende Anwendung von § 103 BetrVG geschlossen wird.

60 Legt ein Wahlvorstandsmitglied das Amt nieder, so endet der Amtsschutz mit Abgabe der Erklärung gegenüber dem Wahlvorstand. Verliert er die Wählbarkeit durch Ausscheiden aus dem Betrieb, so endet der Schutz insgesamt. Ersetzt der ArbG den Wahlvorstand nach § 18 Abs. 1 Satz 2 BetrVG, so endet der Amtsschutz mit Rechtskraft der Gerichtsentscheidung.

61 Keinen Einfluss auf den Amtsschutz hat schließlich eine vom BR ggf. beschlossene „Abberufung" des Wahlvorstandes, denn eine solche Abberufung gibt es selbst dann nicht, wenn der BR den Wahlvorstand bestellt hat[10].

62 dd) **Wahlbewerber.** (1) **Beginn.** Für den Erhalt des Sonderkündigungsschutzes für den Wahlbewerber ist dessen Wählbarkeit Voraussetzung[11]. § 15 Abs. 3 sieht den Beginn des Amtsschutzes für Wahl-

---

1 *Löwisch*, § 15 KSchG Rz. 31; ErfK/*Ascheid*, § 15 KSchG Rz. 12. | 2 BAG v. 17.1.1979 – 5 AZR 891/77, AP Nr. 5 zu § 15 KSchG 69. | 3 BAG v. 5.9.1986 – 7 AZR 175/85, AP Nr. 26 zu § 15 KSchG 69. | 4 BAG v. 17.1.1979 – 5 AZR 891/77, AP Nr. 5 zu § 15 KSchG 69. | 5 BAG v. 17.1.1979 – 5 AZR 891/77, AP Nr. 5 zu § 15 KSchG 69. | 6 LAG Hamm v. 21.8.1986 – 10 Sa 568/86, LAGE § 15 KSchG Nr. 5; ErfK/*Ascheid*, § 15 KSchG Rz. 12. | 7 BAG v. 9.11.1977 – 5 AZR 175/76, AP Nr. 3 zu § 15 KSchG. | 8 Hierzu: *Nägele/Nestel*, BB 2002, 358. | 9 BAG v. 7.5.1986 – 2 AZR 349/85, AP Nr. 18 zu § 15 KSchG 69. | 10 ArbG Berlin v. 3.4.1974 – 10 BV Ga 3/74, BB 1974, 838. | 11 BAG v. 26.9.1996 – 2 AZR 528/85, AP Nr. 3 zu § 15 KSchG 69 – Wahlbewerber.

bewerber vor mit dem Zeitpunkt der Aufstellung des Wahlvorschlages. Hierfür ist wiederum Voraussetzung, dass der Wahlvorstand das Wahlverfahren ordnungsgemäß eröffnet hat[1]. Weitere Voraussetzung ist, dass der Wahlvorschlag mit der genügenden Zahl von Stützunterschriften versehen ist (§ 14 Abs. 4 BetrVG bzw. § 19 Abs. 4 BPersVG). Nicht erforderlich ist, dass der Wahlvorschlag bereits beim Wahlvorstand eingegangen ist[2].

Wahlbewerber um das Amt des Wahlvorstandes werden von § 15 Abs. 3 nicht erwähnt. Ihnen steht ein Sonderkündigungsschutz nicht zu[3]. 63

(2) Ende. § 15 Abs. 3 Satz 1 sieht auch hier die Bekanntgabe des Wahlergebnisses als das reguläre Ende des Amtsschutzes vor. Ein früheres Ende kommt in Betracht bei Rücknahme der Kandidatur. 64

Wird ein Wahlvorschlag nachträglich ungültig, weil Stützunterschriften nach § 8 Abs. 2 Nr. 3 WO gestrichen werden, so endet der bis dorthin bestehende Amtsschutz mit Wegfall der Wählbarkeitsvoraussetzungen[4]. 65

Der Amtsschutz des gewählten Kandidaten kann früher enden, als der Amtsschutz des BR-Mitglieds (Personalratsmitglieds) beginnt. In dieser Lücke ist § 103 BetrVG analog anwendbar. 66

ee) Initiatoren. (1) Beginn. § 15 Abs. 3a Satz 1 sieht ab dem Zeitpunkt der Einladung bzw. Antragstellung Amtsschutz vor und zwar für die Ersten drei in der Einladung oder dem Antrag aufgeführten ArbN. 67

(2) Ende. Entsprechend Abs. 3 ist das Ende für den Zeitpunkt der Bekanntgabe des Wahlergebnisses vorgesehen; es gilt also das Gleiche, wie oben zu Wahlvorstand und Wahlbewerbern Ausgeführte. 68

Im Falle des Nichtzustandekommens der initiierten Wahl sieht § 15 Abs. 3a Satz 2 einen Sonderkündigungsschutz nach Satz 1 – also den vollen Amtsschutz – für drei Monate ab Beginn vor. In der Variante „Einladung" mag dies akzeptiert sein, weil hier ein zeitlich kalkulierbarer Zeitraum ausgelöst wird. Nicht so in der Variante „Antragstellung", denn nachdem der Antrag ein gerichtliches Verfahren einleitet, dessen Ergebnisse erst mit Eintritt der Rechtskraft wirken, ist der Zeitraum, in dem sich der Antragsteller exponiert, unkalkulierbar lang. 69

Der Gesetzgeber hat auch mit Einfügung des Abs. 3a KSchG keine prozessuale Vorschrift geschaffen, dank derer dem einzuleitenden Beschlussverfahren besondere Beschleunigung zu geben wäre. Endet das Verfahren antragsgemäß, aber ohne anschließende Wahl, so ist für die Antragsteller irgendwann rückwirkend der Sonderkündigungsschutz weggefallen. Ab Beginn des 4. Monats seit Antragstellung könnte also der ArbGeb in Erwartung unterbleibender Wahl schon einmal zu kündigen versuchen. Die Konstruktion des Gesetzgebers ist also missglückt[5]. Der vom BAG herausgestellte Schutzzweck des § 15: Schutz vor Nachteil als Folge der Exponierung[6] wird nur dadurch erreicht, dass die Initiatoren für die Dauer des beantragten Beschlussverfahrens Sonderkündigungsschutz erhalten. 70

2. Der nachwirkende Schutz. a) Beurteilungszeitpunkt. Nachdem im nachwirkenden Kündigungsschutz – im Unterschied zum Amtsschutz – die außerordentliche Kündigung nicht zustimmungsbedürftig iSv. § 103 Abs. 1 BetrVG ist, eine ordentliche Kündigung aber weiterhin unzulässig bleibt, kann die Maßgeblichkeit des Kündigungszeitpunktes nur für den Ausspruch einer außerordentlichen Kündigung eine Rolle spielen. 71

Auch hier gilt, was für den Beginn des Sonderkündigungsschutzes insgesamt gilt: Es kommt nur auf den Zugangszeitpunkt an. Ist also eine außerordentliche Kündigung **vor** Amtszeitende geschrieben, geht sie aber erst **nach** dem Amtsende (Beginn der Nachwirkung) zu, so ist sie nur unter den für die Nachwirkung geltenden rechtlichen Gesichtspunkten zu würdigen[7]. Eine andere Auffassung hierzu geht davon aus, dass der ArbGeb den Schutz zu beachten habe, der zum Zeitpunkt der Absendung des Kündigungsschreibens bestehe, so dass es auf den Zugang nicht anzukommen habe[8]. Die Gegenmeinung stützt sich auf eine zu § 102 BetrVG ergangene Rspr[9]. Dort geht es um die Ausschöpfung der Fristen des § 102 Abs. 2 BetrVG und die dem BR einzuräumende Möglichkeit, den ArbGeb durch Äußerung von Bedenken von der Kündigung vor deren Absendung abzubringen. Der Streit ist von rein theoretischer Natur, weil der BR vor Ausspruch der Kündigung auf jeden Fall zu beteiligen ist und zwar, so lange der Amtsschutz besteht, nach § 103 und erst nach dessen Ende nach § 102. Insoweit kommt es in der Tat auf die Nahtstelle zwischen Amtsschutz und nachwirkendem Schutz an. 72

Keine Nachwirkung kommt in Betracht, wenn die Beendigung der Amtszeit auf gerichtlicher Entscheidung beruht (§ 15 Abs. 1 Satz 2 Halbs. 2 bzw. § 15 Abs. 2 Halbs. 2). Ebenso bei erfolgreicher Wahlanfechtung[10]. 73

---

1 BAG v. 5.12.1980 – 7 AZR 781/78, AP Nr. 9 zu § 15 KSchG 69. | 2 BAG v. 4.3.1976 – 2 AZR 620/74, AP Nr. 1 zu § 8 15 KSchG 69 – Wahlbewerber. | 3 Löwisch, § 15 KSchG Rz. 33; Nägele/Nestel, BB 2002, 356. | 4 BAG v. 5.12.1980 – 7 AZR 781/78, AP Nr. 9 zu § 15 KSchG 69. | 5 So auch Nägele/Nestel, BB 2002,354. | 6 BAG v. 5.12.1980 – 7 AZR 781/78, AP Nr. 9 zu § 15 KSchG 69. | 7 Hueck/von Hoyningen/Huene, § 15 KSchG Rz. 56 mwN. | 8 KR/Etzel, § 103 BetrVG Rz. 62 (ausdrücklich als Mindermeinung dargestellt). | 9 BAG v. 13.11.1975 – 2 AZR 610/74, EzA § 102 KSchG Nr. 20. | 10 KR/Etzel, § 15 KSchG Rz. 66.

74 **b) Beginn und Dauer.** Der **Beginn** des nachwirkenden Kündigungsschutzes und damit der Wegfall des Zustimmungserfordernisses aus § 103 Abs. 1 BetrVG ist im nahtlosen Anschluss an das Ende der jeweiligen Amtszeit zu beurteilen. Die Endzeitpunkte der unterschiedlichen regelmäßigen Amtszeiten der von § 15 Abs. 1–3 erfassten Personen sind zu berechnen nach §§ 187 Abs. 1, 188 Abs. 2 BGB.

75 Die **Nachwirkungsdauer** ist – je nach Amt – unterschiedlich lange vorgesehen, nämlich

- BR-Mitglied, Mitglieder der JAV und von Seebetriebsräten haben einen Nachwirkungszeitraum von 1 Jahr
- Mitglieder einer Bordvertretung von 6 Monaten
- Personalratsmitglieder, Mitglieder der JAV und der Jugendvertretung nach § 15 Abs. 2 Satz 2 erhalten 1 Jahr
- Wahlvorstandsmitglieder und Wahlbewerber erhalten nach § 15 Abs. 3 Satz 2 6 Monate

76 Auch im Falle der Amtsniederlegung gilt die Nachwirkung[1].

77 **c) Initiatoren.** Bei Initiatoren iSv. § 15 Abs. 3a wird nicht differenziert zwischen Amtsschutz und Nachwirkungszeitraum; insoweit gilt einheitlich nur der Amtsschutz.

78 Auch im Falle des Unterbleibens der Wahl wird nur auf den Schutz nach Satz 1 des Abs. 3a Bezug genommen und ein Schutzzeitraum von 3 Monaten mit einheitlicher Wirkung bestimmt.

79 Wie viel von diesen 3 Monaten aus der Amtszeit, also zwischen Antrag/Einladung und Bekanntgabe des Wahlergebnisses herausragen oder im Falle des laufenden Beschlussverfahrens innerhalb des Verfahrens liegen, ist nicht prognostizierbar.

80 **d) Ersatzmitglieder.** Die eigentlichen Probleme beim nachwirkenden Kündigungsschutz bereiten die Ersatzmitglieder. Grundsätzlich erhalten Ersatzmitglieder des BR nachwirkenden Kündigungsschutz im Umfang eines Jahres nach Beendigung ihrer Amtstätigkeit unabhängig von deren Dauer[2]. Problematisch sind Fälle, in denen das Ersatzmitglied entweder nicht legitim iSd. § 25 BetrVG einbezogen wird oder in denen eine Tätigkeit während der Amtszeit nicht entfaltet wird.

81 Ein Verhinderungsfall, in welchem ein Ersatzmitglied zugezogen werden darf, liegt nicht vor, wenn das ordentliche Organmitglied tatsächlich sein Amt auszuüben in der Lage ist, sich jedoch „aus persönlichen Beweggründen dessen enthält". Das Organmitglied „hat es nicht in der Hand, willkürlich einen Vertretungsfall herbeizuführen, um sich durch ein Ersatzmitglied vertreten zu lassen; es kann sich nicht für verhindert erklären, ohne dass eine Verhinderung objektiv vorliegt"[3].

82 Weil es Aufgabe des BR-/Personalrats-Vorsitzenden ist, jeweils zu prüfen, ob eine Verhinderung vorliegt, darf er nicht einfach von einer Verhinderung ausgehen und „in eigener willkürlicher Auslegung des Verhinderungsbegriffes vom Verhinderungsfall ausgehen." Ist objektiv der Verhinderungsfall und damit der Vertretungsfall nicht gegeben, so kann auch kein Sonderkündigungsschutz entstehen, selbst wenn das Ersatzmitglied hieran glaubt. Aber: So lange kein Missbrauch vorliegt, besteht der nachwirkende Schutz auch, wenn sich nachträglich herausstellt, dass ein Vertretungsfall nicht vorlag[4].

83 Ist das Ersatzmitglied tätig geworden, so tritt nach Ende der Tätigkeit (ggf. also nur Entgegennahme einer Ladung und Vorbereitung auf eine Sitzung) der nachwirkende Kündigungsschutz in Kraft[5]. Es kommt insoweit nicht auf die Wichtigkeit oder den Umfang der im Zeitraum der Vertretung verrichteten Tätigkeit an.

84 Lediglich für den Fall, dass keinerlei Tätigkeit ausgeübt wurde, also weder eine Sitzungsteilnahme noch andere Tätigkeiten entfaltet wurden, kann es keine Interessenkollision gegeben haben, aufgrund derer eine Abkühlungsphase nötig sein könnte; dann entfällt die Nachwirkung ganz[6].

85 **3. Verfahrensfragen. a) Darlegung der Gründe.** Im gerichtlichen Zustimmungsersetzungsverfahren sind alle Gründe für die Unwirksamkeit der beabsichtigten Kündigung zu prüfen. Der betroffene ArbN, der nach § 103 Abs. 2 Satz 2 BetrVG Beteiligter an diesem Verfahren ist, muss alle Gründe für die Unwirksamkeit der beabsichtigten Kündigung in das Verfahren einbringen. Der ArbN kann sich nach rechtskräftiger Zustimmungsersetzung grundsätzlich nicht mehr auf Kündigungshindernisse berufen, die er schon im Zustimmungsersetzungsverfahren hätte einwenden können[7]. Nur solche Kündigungshindernisse, die noch nach Abschluss des Zustimmungsersetzungsverfahrens beseitigt werden können (zB die jetzt erst einzuholende Zustimmung des Integrationsamts nach § 91 SGB IX) kann noch nachgetragen werden.

86 Die rechtskräftige Ersetzung der vom BR verweigerten Zustimmung zu einer außerordentlichen Kündigung nach § 103 BetrVG entfaltet allerdings keine Bindungswirkung hinsichtlich des Kündigungs-

---

1 BAG v. 5.7.1979 – 2 AZR 521/77, AP Nr. 6 zu § 15 KSchG 69. | 2 BAG v. 6.9.1979 – 2 AZR 548/77, AP Nr. 7 zu § 15 KSchG 69; LAG Bdb. v. 9.6.1995 – 5 Sa 205/95, BB 1995, 1912. | 3 BAG v. 5.9.1986 – 7 AZR 175/85, AP Nr. 26 zu § 15 KSchG 69. | 4 BAG v. 5.9.1986 – 7 AZR 175/85, AP Nr. 26 zu § 15 KSchG 69. | 5 BAG v. 6.9.1979 – 2 AZR 548/77, AP Nr. 7 zu § 15 KSchG 69. | 6 BAG v. 6.9.1979 – 2 AZR 548/77, AP Nr. 7 zu § 15 KSchG 69; KR/*Etzel*, § 103 BetrVG Rz. 49. | 7 BAG v. 11.5.2000 – 2 AZR 276/88, AP Nr. 42 zu § 103 BetrVG 72.

grundes für einen späteren Kündigungsschutzprozess, in dem der ArbN die Sozialwidrigkeit einer auf den selben Sachverhalt gestützten ordentlichen Kündigung geltend macht, weil das Zustimmungsersetzungsverfahren sich mit dem Vorliegen eines wichtigen Grundes iSv. § 626 Abs. 1 BGB befasst hat[1].

b) Berufung auf den Sonderkündigungsschutz. Nach Ausspruch der Kündigung steht dem betroffenen ArbN bei Vorliegen der Voraussetzungen des § 23 die Kündigungsschutzklage nach § 4 offen. Auch ist die einheitliche Klagefrist des § 4 Satz 1 zu wahren, soweit die Unwirksamkeit der Kündigung auf Verstößen gegen § 15 beruht. 87

Eine gerichtliche Auflösung des Arbeitsverhältnisses nach §§ 9, 10 kommt auf arbeitnehmerseitigen Antrag in Betracht. Arbeitgeberseitig kommt der Auflösungsantrag aber nur dann zum Zuge, wenn die Kündigung nur sozialwidrig ist[2]. 88

c) Verhältnis zu sonstigen Regelungen. Ungeachtet der Zulässigkeit der Kündigungen nach § 15 KSchG sind sonstige Sonderkündigungsschutzregelungen selbstständig zu beachten, wie zB §§ 85 ff. SGB IX, § 9 MuSchG, § 2 ArbPlSchG, § 18 BErzGG. 89

d) Nachträgliche Unzulässigkeit. Der Antrag des ArbGeb nach § 103 Abs. 2 BetrVG auf Ersetzung der Zustimmung des BR zur fristlosen Entlassung eines BR-Mitglieds wird unzulässig, wenn während des laufenden Beschlussverfahrens das Arbeitsverhältnis mit dem BR-Mitglied beendet wird[3]. 90

VI. Die Kündigung nach § 15 Abs. 4 und 5. 1. Rechtliche Qualifikation der Kündigung. Das BAG hat bereits in seiner frühen Rspr. nach Einführung des BetrVG 72 klargestellt[4], dass im Falle einer Kündigung wegen Stilllegung eines Betriebes (oder einer Betriebsabteilung) keine Zustimmung des BR nach § 103 BetrVG erforderlich ist und zurückgegriffen auf Rspr. zum früheren § 13 KSchG 1952, in der die wegen Betriebsstilllegung zulässige Kündigung eines Funktionsträgers als **ordentliche** Kündigung anzusehen ist und dies im Weiteren auch so bestätigt[5]. Das bedeutet, dass die Kündigungssperre der Abs. 1–3 des § 15 beseitigt ist, wenn und soweit die besonderen Voraussetzungen der Abs. 4 u. 5 vorliegen. Dementsprechend ist die Kündigung nicht vom Zustimmungserfordernis des § 103 BetrVG abhängig, sondern erfordert eine Beteiligung des BR nur nach § 102 BetrVG. 91

Dessen ungeachtet bleibt die Kündigung nach sonstigen Gesichtspunkten kontrollierbar, wie hinsichtlich der Kündigungsfrist[6] bzw. der Möglichkeit anderweitiger Beschäftigung des Funktionsträgers iSv. § 1 Abs. 2 BetrVG. Das BAG hat dazu entwickelt, dass eine bestehende Beschäftigungsmöglichkeit in einem anderen Betrieb des Unternehmens trotz Stilllegung des Betriebes für ein BR-Mitglied nicht die Ultima Ratio darstelle; das heißt, die Kündigung sei nicht durch betriebliche Erfordernisse „bedingt"; § 15 Abs. 4 BetrVG sei insoweit sprachlich zu weit gefasst und bedürfe einer teleologischen Reduktion, um für BR-Mitglieder und ihnen gleichgestellte Personen den allgemeinen Kündigungsschutz zu verbessern[7]. 92

Das weitere Tatbestandsmerkmal der Kündigung „frühestens zum Zeitpunkt der Stilllegung" ist nur für den Fall verzichtbar, dass „ihre Kündigung zu einem früheren Zeitpunkt durch zwingende betriebliche Erfordernisse bedingt ist". Grundsätzlich darf der durch § 15 KSchG geschützte Personenkreis erst mit der letzten Gruppe entlassen werden[8]. Eine Kündigung zu einem früheren Zeitpunkt setzt voraus, dass für den betroffenen ArbN überhaupt keine Beschäftigungsmöglichkeit mehr besteht, das Arbeitsverhältnis also sinnentleert würde. 93

Für freigestellte BR-Mitglieder kann dies nicht gelten[9]. 94

2. Betriebsstilllegung. Der Begriff der Stilllegung entspricht der allgemeinen Definition: Es handelt sich um die Aufgabe des Betriebszwecks und damit die Auflösung der zu diesem Zweck geschaffenen Betriebsgemeinschaft zwischen ArbGeb und ArbN für eine nicht nur vorübergehende, zeitlich noch unbestimmte Dauer aufgrund eines ernstlichen Willensentschlusses des ArbGeb[10]. 95

Der Entschluss zur Betriebsstilllegung muss im Zeitpunkt des Ausspruchs der Kündigung zumindest „greifbare Formen" angenommen haben; eine vernünftige und betriebswirtschaftliche Betrachtung muss die Prognose rechtfertigen, dass bis zum Ablauf der einzuhaltenden Kündigungsfrist die Betriebsstilllegung durchgeführt ist[11]. Verzögert sich die Umsetzung des Stilllegungsentschlusses unvorhergesehen, so endet die Kündigungsfrist mit dem nächst möglichen Termin nach der Betriebsstilllegung[12]. Der Annahme einer Betriebsstilllegung steht nicht entgegen, dass einige wenige ArbN mit Abwicklungs- oder Aufräumungsarbeiten für kurze Zeit weiterbeschäftigt werden[13]. 96

---

1 BAG v. 15.8.2002 – 2 AZR 214/01; BB 2003, 637. | 2 KR/*Spilger*, § 9 KSchG Rz. 27a–b. | 3 BAG v. 27.6.2002 – 2 AZR 22/01; EzA § 103 BetrVG Nr. 43. | 4 BAG v. 29.3.1977 – 1 AZR 46/75, AP Nr. 11 zu § 102 BetrVG 72. | 5 BAG v. 20.1.1984 – 7 AZR 443/82, AP Nr. 16 zu § 15 KSchG 69; ebenso: *Bernstein*, NZA 1993, 728 ff. | 6 BAG v. 29.3.1977 – 1 AZR 46/75, AP Nr. 11 zu § 102 BetrVG 72. | 7 BAG v. 13.8.1992 – 2 AZR 22/92, AP Nr. 32 zu § 15 KSchG. | 8 *Löwisch*, § 15 KSchG Rz. 62. | 9 ErfK/*Ascheid*, § 15 KSchG Rz. 42. | 10 BAG v. 3.7.1986 – 2 AZR 68/85, AP Nr. 53 zu § 613a BGB; BAG v. 19.6.1991 – 2 AZR 127/91, AP Nr. 53 zu § 1 KSchG 69 – Betriebsbedingte Kündigung. | 11 KR/*Etzel*, § 15 KSchG Rz. 98. | 12 ErfK/*Ascheid*, § 15 KSchG Rz. 38. | 13 BAG v. 14.10.1982 – 2 AZR 568/80, EzA § 15 KSchG nF Nr. 29.

97 Unterbleibt die Stilllegung, etwa weil der Betrieb veräußert wird und der Erwerber in die Rechte und Pflichten aus dem Arbeitsverhältnis nach § 613a BGB eintritt, so ist die Kündigung gegenstandslos, weil die Kündigungssperre der Abs. 1–3 des § 15 KSchG eben nicht aufgehoben wurde, wenn die Bedingung für die Aufhebung, also die Betriebsstilllegung nicht eintritt; insoweit kommt es auf die Sicht, die zum Zeitpunkt des Kündigungsentschlusses bestand, nicht (mehr) an.

98 Keine Betriebsstilllegung liegt vor, wenn lediglich der Betriebszweck geändert wird oder eine Verpachtung stattfindet. Auch die Eröffnung des Insolvenzverfahrens bedeutet nicht automatisch eine Stilllegung, weil nach dem Sinn des Insolvenzverfahrens zunächst die Weiterführung des Betriebes Ziel sein sollte.

99 **3. Stilllegung einer Betriebsabteilung.** Wird eine Betriebsabteilung geschlossen, in der ein Funktionsträger iSd. Abs. 1–3 des § 15 beschäftigt ist, so ist die ordentliche Kündigung nach § 15 Abs. 5 unter der Bedingung zulässig, dass die Übernahme des betroffenen ArbN in eine andere Betriebsabteilung nicht möglich ist. Während bei der Betriebsstilllegung der Tätigkeitsbereich des BR (und sonstige betriebsverfassungsrechtliche Funktionen) entfallen, bleibt bei der Stilllegung nur einer Abteilung der Betrieb im Übrigen bestehen. Es liegt also ein doppelter Ausnahmefall vor: Nicht nur muss eine Abteilungsstilllegung vorliegen, um die Kündigungssperre der Abs. 1–3 zu beseitigen, sondern es muss darüber hinaus die Unmöglichkeit der Übernahme in eine andere Betriebsabteilung gegeben sein. Weil dies so ist, wird auch der sich auf ein ausnahmsweises Kündigungsrecht berufende ArbGeb zur strengen Darlegungslast der doppelten Ausnahmevoraussetzungen verpflichtet[1].

100 Eine Betriebsabteilung liegt vor, wenn ArbN in einer organisatorisch abgrenzbaren Einheit mit eigenen Betriebsmitteln bestimmte arbeitstechnische Zwecke verfolgen. Maßgebend für Abs. 5 ist der eigenständige Zweck der Abteilung, also die arbeitstechnische Abgrenzbarkeit[2].

101 Ausgeschlossen bleibt die Kündigung, wenn in einem anderen Betrieb des Unternehmens ein gleichwertiger Arbeitsplatz frei ist oder wenn eine Übernahme ausdrücklich vereinbart ist[3].

102 Fraglich ist, was zu geschehen hat, wenn es keinen freien Arbeitsplatz zur Weiterbeschäftigung gibt. Nach Auffassung des BAG muss ein Ausscheiden gewählter BR-Mitglieder im Interesse der Aufrechterhaltung einer möglichst weitgehenden demokratischen Legitimation des BR vermieden werden, soweit dem nicht besonders gewichtige Gründe entgegenstehen. Solche bestünden aber dann nicht, wenn der ArbGeb ggf. für den Funktionsträger einen Arbeitsplatz frei kündigen muss[4].

103 Offen gelassen hat das BAG bislang die Frage, wie bei Bejahung des Verdrängungsanspruchs der ArbGeb die Freikündigung zu entscheiden habe, ob nämlich dabei „die Interessen des durch die erforderliche Freikündigung betroffenen ArbN gegen die Interessen des BR-Mitglieds und die Interessen der Belegschaft an der Kontinuität der Besetzung des BR abzuwägen" seien[5]. Für diese Rspr. erntet das BAG weiterhin erhebliche Kritik, denn das Argument der Kontinuität der BR-Arbeit sei durch das Ausscheiden eines Mitglieds eines Gremiums nicht gefährdet; § 25 BetrVG sorge durch das Eintreten von Ersatzmitgliedern für Kontinuität der Arbeit des Gremiums[6]. Offen gelassen hat das BAG jedenfalls bislang, ob bei Bejahung des Verdrängungsanspruchs nicht dennoch Grundprinzipien der Sozialauswahl zu beachten wären, also beispielsweise ein jugendlicher BR mit kurzer Zugehörigkeit zum Betrieb einen alt gedienten, nicht mehr vermittelbaren ArbN verdrängen darf.

16 *Neues Arbeitsverhältnis; Auflösung des alten Arbeitsverhältnisses*

Stellt das Gericht die Unwirksamkeit der Kündigung einer der in § 15 Abs. 1 bis 3a genannten Personen fest, so kann diese Person, falls sie inzwischen ein neues Arbeitsverhältnis eingegangen ist, binnen einer Woche nach Rechtskraft des Urteils durch Erklärung gegenüber dem alten Arbeitgeber die Weiterbeschäftigung bei diesem verweigern. Im Übrigen finden die Vorschriften des § 11 und des § 12 Satz 2 bis 4 entsprechende Anwendung.

1 Ist eine der in § 15 Abs. 1–3a genannten Personen bis zur Beendigung des Streits um die Rechtswirksamkeit der Kündigung bereits ein neues Arbeitsverhältnis eingegangen, so sichert § 16 – entsprechend den Möglichkeiten des § 12 – das Wahlrecht zwischen der Rückkehr in den alten Betrieb oder aber dem Verbleib im neuen Vertragsverhältnis.

2 Voraussetzung für die Anwendbarkeit des Wahlrechts ist, dass gerichtlich die Unwirksamkeit der Kündigung einer in § 15 Abs. 1–3 genannten Personen festgestellt und Rechtskraft dieser Feststellung eingetreten ist. Ab Rechtskraft muss das Wahlrecht binnen Wochenfrist ausgeübt werden.

---

1 BAG v. 25.11.1981 – 7 AZR 382/79, AP Nr. 11 zu § 15 KSchG 69. | 2 BAG v. 11.10.1989 – 2 AZR 61/89, AP Nr. 47 zu § 1 KSchG 69 – Betriebsbedingte Kündigung. | 3 BAG v. 13.8.1992 – 2 AZR 22/92, AP Nr. 32 zu § 15 KSchG 69. | 4 BAG v. 18.10.2000 – 2 AZR 494/99, AP Nr. 49 zu § 15 KSchG 69; BAG v. 13.6.2002 – 2 AZR 391/01, NZA 2003, 44, 47. | 5 BAG v. 18.10.2000 – 2 AZR 494/99, AP Nr. 49 zu § 15 KSchG 69. | 6 *Schleusener* in AP Nr. 49, Anm. zu § 15 KSchG 69.

Verlangt der ArbGeb unter Anerkennung der Unwirksamkeit seiner eigenen Kündigung die Fortsetzung des Arbeitsverhältnisses, so bleibt dem ArbN wiederum nur die Eigenkündigung, aber nicht das Wahlrecht aus § 16. Würde er zur Weiterarbeit durch den alten ArbGeb aufgefordert, so brauchte er auch während der Frist der Eigenkündigung nicht zu arbeiten, denn er vermöchte sich stets darauf zu berufen, dass eine Rückkehr nicht erzwungen werden kann, solange nicht angemessene Frist für die Lösung eines neuen Arbeitsverhältnisses eingeräumt ist. Erklärt sich weder der ArbN noch der alte ArbGeb, so käme es allenfalls darauf an, ab welchem Zeitpunkt nunmehr noch eine Berufung auf die Unwirksamkeit der Kündigung als rechtsmissbräuchlich angesehen werden müsste. 3

Im Übrigen hilft dem das Wahlrecht ausübenden ArbN die rechtskräftige Feststellung der Unwirksamkeit der Kündigung materiell nur beschränkt: Durch die entsprechende Anwendbarkeit von § 12 ist nach dessen Abs. 4 ein Annahmeverzug des ArbGeb mit dem Zeitpunkt beendet, in welchem der ArbN das neue Arbeitsverhältnis eingegangen ist. Dementsprechend kann die Ausübung des Wahlrechts nach § 16 ein Fehler sein. Wird die Wahl nicht ausgeübt, bleiben immerhin für die Zeit nach Arbeitsaufnahme beim neuen ArbGeb etwaige Minderverdienste durchsetzbar. 4

Dritter Abschnitt. Anzeigepflichtige Entlassungen

17 *Anzeigepflicht*
(1) Der Arbeitgeber ist verpflichtet, der Agentur für Arbeit Anzeige zu erstatten, bevor er
1. in Betrieben mit in der Regel mehr als 20 und weniger als 60 Arbeitnehmern mehr als 5 Arbeitnehmer,
2. in Betrieben mit in der Regel mindestens 60 und weniger als 500 Arbeitnehmern 10 vom 100 der im Betrieb regelmäßig beschäftigten Arbeitnehmer oder aber mehr als 25 Arbeitnehmer,
3. in Betrieben mit in der Regel mindestens 500 Arbeitnehmern mindestens 30 Arbeitnehmer

innerhalb von 30 Kalendertagen entlässt. Den Entlassungen stehen andere Beendigungen des Arbeitsverhältnisses gleich, die vom Arbeitgeber veranlasst werden.

(2) Beabsichtigt der Arbeitgeber, nach Absatz 1 anzeigepflichtige Entlassungen vorzunehmen, hat er dem Betriebsrat rechtzeitig die zweckdienlichen Auskünfte zu erteilen und ihn schriftlich insbesondere zu unterrichten über
1. die Gründe für die geplanten Entlassungen,
2. die Zahl und die Berufsgruppen der zu entlassenden Arbeitnehmer,
3. die Zahl und die Berufsgruppen der in der Regel beschäftigten Arbeitnehmer,
4. den Zeitraum, in dem die Entlassungen vorgenommen werden sollen,
5. die vorgesehenen Kriterien für die Auswahl der zu entlassenden Arbeitnehmer,
6. die für die Berechnung etwaiger Abfindungen vorgesehenen Kriterien.

Arbeitgeber und Betriebsrat haben insbesondere die Möglichkeiten zu beraten, Entlassungen zu vermeiden oder einzuschränken und ihre Folgen zu mildern.

(3) Der Arbeitgeber hat gleichzeitig der Agentur für Arbeit eine Abschrift der Mitteilung an den Betriebsrat zuzuleiten; sie muss zumindest die in Absatz 2 Satz 1 Nr. 1 bis 5 vorgeschriebenen Angaben enthalten. Die Anzeige nach Absatz 1 ist schriftlich unter Beifügung der Stellungnahme des Betriebsrates zu den Entlassungen zu erstatten. Liegt eine Stellungnahme des Betriebsrates nicht vor, so ist die Anzeige wirksam, wenn der Arbeitgeber glaubhaft macht, dass er den Betriebsrat mindestens zwei Wochen vor Erstattung der Anzeige nach Absatz 2 Satz 1 unterrichtet hat, und er den Stand der Beratungen darlegt. Die Anzeige muss Angaben über den Namen des Arbeitgebers, den Sitz und die Art des Betriebes enthalten, ferner die Gründe für die geplanten Entlassungen, die Zahl und die Berufsgruppen der zu entlassenden und der in der Regel beschäftigten Arbeitnehmer, den Zeitraum, in dem die Entlassungen vorgenommen werden sollen und die vorgesehenen Kriterien für die Auswahl der zu entlassenden Arbeitnehmer. In der Anzeige sollen ferner im Einvernehmen mit dem Betriebsrat für die Arbeitsvermittlung Angaben über Geschlecht, Alter, Beruf und Staatsangehörigkeit der zu entlassenden Arbeitnehmer gemacht werden. Der Arbeitgeber hat dem Betriebsrat eine Abschrift der Anzeige zuzuleiten. Der Betriebsrat kann gegenüber dem Arbeitsamt weitere Stellungnahmen abgeben. Er hat dem Arbeitgeber eine Abschrift der Stellungnahme zuzuleiten.

(3a) Die Auskunfts-, Beratungs- und Anzeigepflichten nach den Absätzen 1 bis 3 gelten auch dann, wenn die Entscheidung über die Entlassungen von einem den Arbeitgeber beherrschenden Unternehmen getroffen wurde. Der Arbeitgeber kann sich nicht darauf berufen, dass das für die Entlassungen verantwortliche Unternehmen die notwendigen Auskünfte nicht übermittelt hat.

(4) Das Recht zur fristlosen Entlassung bleibt unberührt. Fristlose Entlassungen werden bei Berechnung der Mindestzahl der Entlassungen nach Absatz 1 nicht mitgerechnet.

(5) Als Arbeitnehmer im Sinne dieser Vorschrift gelten nicht
1. in Betrieben einer juristischen Person die Mitglieder des Organs, das zur gesetzlichen Vertretung der juristischen Person berufen ist,
2. in Betrieben einer Personengesamtheit die durch Gesetz, Satzung oder Gesellschaftsvertrag zur Vertretung der Personengesamtheit berufenen Personen,
3. Geschäftsführer, Betriebsleiter und ähnliche leitende Personen, soweit diese zur selbständigen Einstellung oder Entlassung von Arbeitnehmern berechtigt sind.

1 I. Gegenstand und Zweck. Mit § 17 beginnt der Dritte Abschnitt des Gesetzes. Er regelt die sog. anzeigepflichtigen Entlassungen. Diese Vorschriften dienen der Erfassung und Steuerung einer auf einmal oder in kurzen zeitlichen Abständen erfolgenden größeren Zahl von Entlassungen. Die Bestimmungen des Dritten Abschnitts verfolgen in erster Linie einen **arbeitsmarktpolitischen Zweck**. Die Arbeitsverwaltung soll durch die Anzeige des ArbGeb in die Lage versetzt werden, sich rechtzeitig auf zu erwartende Entlassungen größeren Umfangs einzustellen und Maßnahmen zu treffen, sei es mit dem Ziel, die Entlassungen ganz zu vermeiden, sei es, neue Arbeitsplätze nachzuweisen, so dass eine längere Arbeitslosigkeit der betroffenen ArbN möglichst vermieden wird[1]. Neben diesem arbeitsmarktpolitischen Zweck dient die Regelung auch dem Schutz des einzelnen Arbeitsverhältnisses[2]. Das folgt bereits aus dem Umstand, dass bei den Entscheidungen der AA nach § 20 Abs. 4 auch die Interessen der zu entlassenden ArbN zu berücksichtigen sind. Der Stärkung des Schutzes des ArbN bei Massenentlassungen dient ausdrücklich auch die Richtlinie des Rates 98/59/EG zur Angleichung der Rechtsvorschriften der Mitgliedsstaaten über Massenentlassungen vom 20.7.1998[3].

2 Aufgrund der Bestimmungen in den §§ 17 ff. kann die Arbeitsverwaltung die Entlassungen letztlich zwar nicht verhindern. Durch die Sperrfrist gemäß § 18, deren Lauf mit der Anzeige beginnt, können jedoch die **Entlassungen hinausgezögert** werden. Dadurch gewinnt die Arbeitsverwaltung Zeit zur Einleitung wirksamer Maßnahmen[4].

3 Der Massenentlassungsschutz nach den §§ 17 ff. und der **individuelle Kündigungsschutz** nach § 1 bestehen nebeneinander. So kann eine Kündigung sozialwidrig sein, obwohl die AA nach § 18 der Abkürzung einer Sperrfrist zugestimmt hat. Umgekehrt kann eine Kündigung sozial gerechtfertigt sein, obwohl ein Verstoß gegen die Bestimmungen der §§ 17 ff. vorliegt[5]. Ist eine Kündigung wegen des Verstoßes gegen die §§ 17 ff. unwirksam, handelt es sich um einen sonstigen Grund iSd. § 13 Abs. 3; nach der am 1.1.2004 in Kraft getretenen Fassung der §§ 4, 13 Abs. 3 kann er grundsätzlich nur mit fristgerechter Klage geltend gemacht werden, während das nach früherer Rechtslage nicht erforderlich war[6]. Da die Massenentlassungsanzeige aber erst vor der Beendigung der Arbeitsverhältnisse erfolgen muss, erweist sich regelmäßig erst nach Zugang der Kündigung und Ablauf der Klagefrist, ob ein Verstoß vorliegt. Hier wird eine nachträgliche Zulassung der Kündigungsschutzklage nach § 5 helfen müssen[7].

4 **1. Persönlicher Geltungsbereich (§ 17 Abs. 5).** Grundsätzlich erfasst die Bestimmung des § 17 **alle ArbN** iSd. § 1. Dazu zählen alle Angestellten und Arbeiter, Auszubildende und Volontäre, Teilzeitbeschäftigte und auch die ArbN, die eine Beschäftigungszeit von weniger als sechs Monaten aufweisen[8]. Keine Anwendung findet die Vorschrift auf freie Mitarbeiter, Heimarbeiter und andere arbeitnehmerähnliche Personen. Ausdrücklich ausgenommen vom Anwendungsbereich des § 17 sind die in Abs. 5 aufgeführten vertretungsberechtigten Organmitglieder einer juristischen Person, die zur Vertretung einer Personengesamtheit berufenen Personen und die sog. leitenden Angestellten, soweit sie zur selbständigen Einstellung oder Entlassung von ArbN berechtigt sind. Diese Ausnahmeregelung in § 17 Abs. 5 entspricht der Ausnahmeregelung in § 14, auf deren Kommentierung verwiesen werden kann.

5 **2. Sachlicher Geltungsbereich (§ 17 Abs. 4).** Grundsätzlich erfasst der Geltungsbereich des § 17 alle Entlassungen aufgrund einer **ordentlichen Kündigung** des ArbGeb[9]. Dabei kommt es auch nicht auf den Grund für die Kündigung an. Selbst personen- und verhaltensbedingte Kündigungen können einen anzeigepflichtigen Sachverhalt iSd. § 17 herbeiführen[10]. Ausdrücklich ausgenommen vom sachlichen Geltungsbereich sind nach § 17 Abs. 4 fristlose Entlassungen von ArbN. Diese werden nach § 17 Abs. 4 Satz 2 auch bei der Berechnung der Mindestzahl der Entlassungen nach § 17 Abs. 1 nicht mitgerechnet.

6 **II. Voraussetzungen für die Anzeigepflicht (§ 17 Abs. 1).** Ein ArbGeb ist nur dann gemäß § 17 Abs. 1 zur Erstattung einer Anzeige gegenüber der AA verpflichtet, wenn er in einem Betrieb bestimmter Größe eine bestimmte Zahl von Entlassungen innerhalb von 30 Kalendertagen nach einem bestimmten Verhältnis dieser Entlassungen zur gesamten Größe des Betriebs vornehmen will[11].

---

1 Begr. RegE RdA 1951, 65. | 2 BAG v. 11.3.1999 – 2 AZR 461/98, AP Nr. 12 zu § 17 KSchG 1969. | 3 ABl. Nr. L225/16. | 4 KR/*Weigand*, § 17 KSchG Rz. 8. | 5 KR/*Weigand*, § 17 KSchG Rz. 10. | 6 BAG v. 31.7.1986 – 2 AZR 594/85, AP Nr. 5 zu § 17 KSchG 1969. | 7 Vgl. hierzu auch *Bauer/Krieger*, Kündigungsrecht Reformen 2004, S. 156 f. | 8 BAG v. 13.3.1969 – 2 AZR 157/68, AP Nr. 10 zu § 15 KSchG. | 9 BAG v. 6.12.1973 – 2 AZR 10/73, AP Nr. 1 zu § 17 KSchG 1969. | 10 BAG v. 8.6.1989 – 2 AZR 624/88, AP Nr. 6 zu § 17 KSchG 1969. | 11 *v. Hoyningen-Huene/Linck*, § 17 KSchG Rz. 2.

1. Betrieblicher Anwendungsbereich. Die Anzeigepflicht von Entlassungen betrifft nur Betriebe und Verwaltungen des privaten Rechts sowie Betriebe der öffentlichen Verwaltung, die wirtschaftliche Zwecke verfolgen. Der Begriff des **Betriebs** entspricht den §§ 1 und 23, die auf den Vorschriften der §§ 1, 4 BetrVG beruhen[1]. Nach dem Gebot der richtlinienkonformen Auslegung nationalen Rechts ist der Begriff des Betriebs wie in der Massenentlassungsrichtlinie gemeinschaftsrechtlich zu definieren[2]. Danach ist unter einem Betrieb nach Maßgabe der Umstände die Einheit zu verstehen, der die von der Entlassung betroffenen ArbN zur Erfüllung ihrer Aufgaben angehören. Dabei ist ohne Bedeutung, ob diese Einheit eine Leitung besitzt, die selbständig Massenentlassungen vornehmen kann[3]. Die Anzeigepflicht nach § 17 greift auch dann ein, wenn zwei selbständige Unternehmen einen **gemeinsamen Betrieb** bilden, in dem sie mit ihren ArbN arbeitstechnische Zwecke innerhalb einer organisatorischen Einheit verfolgen und eine entsprechende rechtliche Bindung besteht[4]. Auf **Kleinbetriebe**, in denen regelmäßig höchstens 20 ArbN beschäftigt werden, findet § 17 keine Anwendung. Verfügt ein Unternehmen über mehrere Betriebsstätten, Nebenbetriebe oder Betriebsteile, so ist anhand von § 4 BetrVG zunächst zu prüfen, ob es sich dabei jeweils um selbständige Betriebe handelt[5]. Schließlich kann die Anzeigepflicht nach § 17 auch die **betriebsverfassungsrechtlichen Organisationseinheiten** erfassen, die nach § 3 BetrVG durch TV oder BV gebildet worden sind und gemäß § 3 Abs. 5 Satz 1 BetrVG als Betriebe iSd. BetrVG gelten[6].

2. Zahl der beschäftigten ArbN. Die Anzeigepflicht nach § 17 Abs. 1 hängt zunächst von der Anzahl der ArbN ab, die in der Regel im Betrieb beschäftigt sind. Bei der Ermittlung dieser Anzahl kommt es auf den **Zeitpunkt der Entlassung** an, nicht aber auf den Zeitpunkt der Kündigung[7]. Denn die Anzeige der Massenentlassung soll die Arbeitsverwaltung in die Lage versetzen, zum Zeitpunkt des tatsächlichen Ausscheidens der ArbN die notwendigen Maßnahmen zu ergreifen. Demgegenüber ist der Zeitpunkt der Kündigung nur für den individuellen Kündigungsschutz von Bedeutung[8].

Die Zahl der im Betrieb idR beschäftigten ArbN bestimmt sich nach denselben Grundsätzen wie bei § 23 Abs. 1 Satz 2[9]. Danach ist die Anzahl der ArbN anhand des **regelmäßigen Betriebsablaufs** festzustellen, nicht aber anhand der zufällig im Zeitpunkt der Entlassung bestehenden Arbeitsverhältnisse. Vielmehr bedarf es grundsätzlich eines Rückblicks auf die bisherige personelle Stärke des Betriebs und einer Prognose über die künftige Personalentwicklung[10]. Zeiten außergewöhnlichen Geschäftsanfalls (Weihnachtsgeschäft, Jahresabschlussarbeiten) müssen bei der Feststellung der regelmäßigen Beschäftigtenzahl ebenso außer Betracht bleiben wie die außergewöhnliche Drosselung des Geschäftsbetriebs (Ferienzeiten, Nachsaison)[11]. Bei einer schwankenden Zahl von Beschäftigten kommt es darauf an, ob die erhöhte Anzahl in der Eigenart des Betriebs oder in bloßen Zufälligkeiten begründet ist[12]. Unberücksichtigt bleiben ArbN, die nur vorübergehend als Urlaubs- oder Krankheitsvertreter oder zur Aushilfe eingestellt worden sind, jedenfalls soweit sie kürzer als 6 Monate beschäftigt werden[13]. Bei dem Rückblick auf die bisherige personelle Stärke eines Betriebs kann ein fester Zeitraum nicht zugrunde gelegt werden[14].

Hängt die Massenentlassung mit einer **Betriebsstilllegung** zusammen, entfällt eine Zukunftsprognose. In diesem Fall ist auf die Stärke der Belegschaft zurückzugreifen, die in Zeiten ungestörten und regelmäßigen Betriebsablaufs vorhanden war[15].

Nimmt ein ArbGeb **stufenweise Entlassungen** vor, ist die Anzahl der in der Regel beschäftigten ArbN anhand des zugrunde liegenden Konzepts zu ermitteln. Fasst der ArbGeb von vornherein den Beschluss, eine Betriebseinschränkung größeren Umfangs oder eine Betriebsstilllegung durchzuführen, bleibt trotz des stufenweisen Personalabbaus die Anzahl der ArbN maßgeblich, die im Zeitpunkt seines Beschlusses regelmäßig beschäftigt waren[16]. Hatte der ArbGeb dagegen zunächst nur eine Betriebseinschränkung geplant und erst im weiteren Verlauf seiner Betriebstätigkeit mit verringerter Belegschaft erkannt, eine vollständige Stilllegung durchzuführen zu müssen, kommt es für die Anzahl der in der Regel bei ihm beschäftigten ArbN auf den Zeitpunkt nach der ersten Reduzierung der Belegschaft an[17].

3. Zahl der Entlassungen. Die Anzeigepflicht nach § 17 Abs. 1 trifft den ArbGeb, der in einem Betrieb von 21 bis 59 regelmäßig Beschäftigten 6 oder mehr ArbN entlassen will. In einem Betrieb mit 60 bis 499 regelmäßig Beschäftigten entsteht die Anzeigepflicht, wenn der ArbGeb 26 oder mehr ArbN entlassen

---

1 BAG v. 13.4.2000 – 2 AZR 215/99, AP Nr. 13 zu § 17 KSchG 1969. | 2 KR/*Weigand*, § 17 KSchG Rz. 15 a; ErfK/*Ascheid*, § 17 KSchG Rz. 8; APS/*Moll*, § 17 KSchG Rz. 8; *Wissmann*, RdA 1998, 221. | 3 EUGH v. 7.12.1995 – Rs. C-449/93 (Rockfon) – Slg. 1995 I, 4291, 4316 = EzA Nr. 59 zu § 17 KSchG. | 4 BAG v. 29.1.1987 – 6 AZR 23/85, AP Nr. 6 zu § 1 BetrVG 1972. | 5 *Bader/Bram/Dörner/Wenzel*, § 17 KSchG Rz. 6; KR/*Weigand*, § 17 KSchG Rz. 16. | 6 *Busch*, DB 1992, 1474; KDZ/*Kittner*, § 17 KSchG Rz. 6; HaKo/*Pfeiffer*, § 17 KSchG Rz. 17. | 7 BAG v. 13.4.2000 – 2 AZR 215/99, AP Nr. 13 zu § 17 KSchG 1969. | 8 *Bader/Bram/Dörner/Wenzel*, § 17 KSchG Rz. 14. | 9 BAG v. 22.3.2001 – 8 AZR 565/00, AP Nr. 59 zu Art. 101 GG; v. 31.7.1986 – 2 AZR 594/85, AP Nr. 5 zu § 17 KSchG 1969. | 10 BAG v. 13.4.2000 – 2 AZR 215/99, AP Nr. 13 zu § 17 KSchG 1969. | 11 KR/*Weigand*, § 17 KSchG Rz. 28; *Bader/Bram/Dörner/Wenzel*, § 17 KSchG Rz. 11. | 12 v. *Hoyningen-Huene/Linck*, § 17 KSchG Rz. 12. | 13 BAG v. 12.10.1976 – 1 ABR 1/76, AP Nr. 1 zu § 8 BetrVG 1972. | 14 *Bader/Bram/Dörner/Wenzel*, § 17 KSchG Rz. 12; aA BAG v. 13.4.2000 – 2 AZR 215/99, AP Nr. 13 zu § 17 KSchG 1969: 2 Monate; v. *Hoyningen-Huene/Linck*, § 17 KSchG Rz. 12 a: 12 Monate. | 15 BAG v. 13.4.2000 – 2 AZR 215/99, AP Nr. 13 zu § 17 KSchG 1969. | 16 BAG v. 8.6.1989 – 2 AZR 624/88, AP Nr. 6 zu § 17 KSchG 1969. | 17 BAG v. 13.4.2000 – 2 AZR 215/99, AP Nr. 13 zu § 17 KSchG 1969.

will. Bereits eine geringere Zahl von Entlassungen ist bei dieser Betriebsgrößenordnung anzeigepflichtig, wenn 10 % der regelmäßig Beschäftigten betroffen sind. In Betrieben mit mindestens 500 regelmäßig beschäftigten ArbN entsteht die Anzeigepflicht bereits bei 30 Entlassungen[1].

13 a) **Kündigung durch ArbGeb**. Bereits nach dem allgemeinen Sprachgebrauch versteht man unter Entlassung iSd. § 17 Abs. 1 die aufgrund einer **ordentlichen Kündigung** des ArbGeb erfolgte tatsächliche Beendigung des Arbeitsverhältnisses[2]. Dabei kommt es auf die Gründe für die arbeitgeberseitige Kündigung nicht an. Die Anzeigepflicht in § 17 Abs. 1 erfasst danach auch Entlassungen, denen personenbedingte oder verhaltensbedingte Kündigungen zugrunde liegen. Auch eine **Änderungskündigung** des ArbGeb wird von der Anzeigepflicht erfasst, wenn sie zur Beendigung des Arbeitsverhältnisses führt. Das hängt davon ab, ob der ArbN die Änderung der Arbeitsbedingungen vorbehaltlos oder unter dem Vorbehalt des § 2 annimmt. Daher empfiehlt es sich für den ArbGeb, gerade bei einer größeren Zahl von Änderungskündigungen vorsorglich das Anzeigeverfahren nach § 17 zu betreiben, um keine unwirksamen Entlassungen zu riskieren[3]. Handelt es sich bei der Kündigung des ArbGeb allerdings um eine **außerordentliche fristlose Kündigung** oder um eine außerordentliche Kündigung mit sozialer Auslauffrist, wird sie gemäß § 17 Abs. 4 von der Anzeigepflicht nicht erfasst. Dagegen handelt es sich bei einer sog. entfristeten Kündigung um eine ordentliche Kündigung, die aufgrund einzelvertraglicher oder tarifvertraglicher Regelung eine Kündigungsfrist nicht einzuhalten ist, die aber eine Entlassung iSd. § 17 Abs. 1 darstellt.

14 b) **Andere Beendigungen des Arbeitsverhältnisses (§ 17 Abs. 1 Satz 2)**. Der ordentlichen Kündigung des Arbeitsverhältnisses stellt das Gesetz andere Beendigungen gleich, soweit sie vom ArbGeb veranlasst worden sind. Dazu zählen auch **Eigenkündigungen** des ArbN, wenn sie auf der Erklärung des ArbGeb beruhen, er werde anderenfalls zu demselben Zeitpunkt kündigen[4]. Um eine andere Beendigung des Arbeitsverhältnisses iSv. § 17 Abs. 1 Satz 2 handelt es sich auch bei einem **Aufhebungsvertrag**, wenn feststeht, dass der ArbGeb in jedem Fall Kündigung zu demselben Zeitpunkt ausgesprochen hätte[5]. Ob der ArbN in diesem Zusammenhang eine Abfindung erhält, ist für die Anzeigepflicht ohne Bedeutung[6]. Um eine Entlassung iSd. § 17 Abs. 1 handelt es sich auch, wenn der ArbN in Folge eines außergerichtlichen oder gerichtlichen **Vergleichs** im Anschluss an eine ArbGebKündigung ausscheidet[7]. Die Anzeigepflicht nach § 17 Abs. 1 wird nicht dadurch ausgelöst, dass das Arbeitsverhältnis aufgrund einer wirksamen **Befristung** oder aufgrund einer wirksamen auflösenden **Bedingung** oder in Folge einer **Anfechtung** des Arbeitsvertrags beendet wird[8]. An der Anzeigepflicht nach § 17 Abs. 1 ändert auch der Umstand nichts, dass der ArbGeb im Zusammenhang mit der Entlassung von ArbN im gleichen oder in geringerem Umfang neue ArbN einstellt[9].

15 **4. Zeitraum der Entlassungen**. Die Anzeigepflicht nach § 17 Abs. 1 setzt voraus, dass die Entlassungen innerhalb eines Zeitraums von **30 Kalendertagen** vollzogen werden. Danach sind alle Entlassungen zusammenzurechnen, die innerhalb eines Zeitraums von 30 Tagen liegen, wobei die Frist immer mit dem Tag neu beginnt, an dem eine Entlassung durchgeführt wird[10]. Nimmt der ArbGeb Entlassungen nach Ablauf dieser Frist und jeweils knapp unterhalb der Bemessungsgrenzen des § 17 Abs. 1 vor, liegt darin keine unzulässige Gesetzesumgehung. Vielmehr entspricht eine derartige Planung und Durchführung auf Seiten des ArbGeb gerade den Vorstellungen des Gesetzgebers, der den Arbeitsmarkt von einer zeitlich konzentrierten Belastung verschonen will[11]. Andererseits kann nachträglich eine Anzeigepflicht gemäß § 17 Abs. 1 entstehen, wenn innerhalb des Zeitraums von 30 Kalendertagen zu einer Anzahl von Entlassungen, die ursprünglich nicht anzeigepflichtig waren, nachträglich weitere Entlassungen hinzutreten.

16 Die Kündigung eines Arbeitsverhältnisses führt nicht notwendig zu einer Entlassung iSd. § 17 Abs. 1, insb. dann nicht, wenn die Parteien des Arbeitsvertrags eine vorläufige **Weiterbeschäftigung** des gekündigten ArbN vereinbaren. ArbN, die gemäß § 102 Abs. 5 BetrVG oder aufgrund des allgemeinen vorläufigen Weiterbeschäftigungsanspruchs nach wie vor in ihrem Betrieb tätig sind und den Arbeitsmarkt daher nicht belasten, können nach dem Wortlaut und nach dem Sinn und Zweck des § 17 Abs. 1 nicht als Entlassene mitgezählt werden[12].

17 **III. Beteiligung des BR (§ 17 Abs. 2)**. Bei Massenentlassungen iSv. § 17 Abs. 1 ist dem Anzeigeverfahren gegenüber der AA ein **betriebsinternes Beteiligungsverfahren** zwischen ArbGeb und BR vorgeschaltet. Es handelt sich um ein betriebsverfassungsrechtliches Mitwirkungsrecht des BR in per-

---

1 *Bader/Bram/Dörner/Wenzel*, § 17 KSchG Rz. 32-34. | 2 BAG v. 31.7.1986 – 2 AZR 594/85, AP Nr. 5 zu § 17 KSchG 1969. | 3 BAG v. 10.3.1982 – 4 AZR 158/79, AP Nr. 2 zu § 2 KSchG 1969. | 4 BAG v. 6.12.1973 – 2 AZR 10/73, AP Nr. 1 zu § 17 KSchG 1969. | 5 BAG v. 11.3.1999 – 2 AZR 461/98, AP Nr. 12 zu § 17 KSchG 1969. | 6 *Bauer/Röder*, NZA 1985, 203; HaKo/*Pfeiffer*, § 17 KSchG Rz. 27; aA *v. Hoyningen-Huene/Linck*, § 17 KSchG Rz. 19. | 7 BAG v. 13.3.1969 – 2 AZR 157/68, AP Nr. 10 zu § 15 KSchG. | 8 KDZ/*Kittner*, § 17 KSchG Rz. 24; *Bader/Bram/Dörner/Wenzel*, § 17 KSchG Rz. 21; HK/Hauck, § 17 KSchG Rz. 19. | 9 BAG v. 13.3.1969 – 2 AZR 157/68, AP Nr. 10 zu § 15 KSchG. | 10 KDZ/*Kittner*, § 17 KSchG Rz. 38. | 11 BAG v. 6.12.1973 – 2 AZR 10/73, AP Nr. 1 zu § 17 KSchG 1969. | 12 *Bader/Bram/Dörner/Wenzel*, § 17 KSchG Rz. 28; APS/*Moll*, § 17 KSchG Rz. 27; aA KR/*Weigand*, § 17 KSchG Rz. 43 d; ErfK/*Ascheid*, § 17 KSchG Rz. 17; *v. Hoyningen-Huene/Linck*, § 17 KSchG Rz. 38; KDZ/*Kittner*, § 17 KSchG Rz. 15.

sonellen und wirtschaftlichen Angelegenheiten, das systemwidrig im Kündigungsschutzgesetz geregelt ist[1].

In diesem betriebsinternen Beteiligungsverfahren stehen sich als **Beteiligte** der ArbGeb als Vertragspartner der zur Entlassung anstehenden ArbN sowie der BR gegenüber, in dessen Wahlbereich die Massenentlassung geplant ist. Dabei handelt auf Seiten des ArbGeb der Betriebsinhaber, der Geschäftsführer der GmbH oder der Vorstand der AG bzw. ein anderer Bevollmächtigter wie etwa der Werksleiter[2]. Auf Seiten des BR handelt der Vorsitzende und, wenn mehrere Betriebe des Unternehmens betroffen sind, die jeweiligen Vorsitzenden der örtlichen BR. Eine Zuständigkeit des GesamtBR kann sich durch Beauftragung nach § 50 Abs. 2 BetrVG oder gemäß § 50 Abs. 1 Satz 1 Halbs. 2 BetrVG ergeben, wenn auch ein betriebsratsloser Betrieb betroffen ist. Unter denselben Voraussetzungen kann sich die Zuständigkeit eines KonzernBR nach § 58 Abs. 1 Satz 1 Halbs. 2, Alt. 2 BetrVG ergeben. **18**

Soweit von einer Massenentlassung **leitende Angestellte** iSd. § 5 Abs. 3 BetrVG betroffen sind, die nach § 17 Abs. 5 Nr. 3 von den Regelungen in § 17 Abs. 1 und 2 ausgenommen sind, muss der ArbGeb bei richtlinienkonformer Auslegung der Vorschrift anstelle des BR den SprAu gemäß §§ 31, 32 SprAuG beteiligen[3]. **19**

1. Auskunftspflicht. Nach § 17 Abs. 2 Satz 1 hat der ArbGeb im Vorfeld anzeigepflichtiger Massenentlassungen dem BR zunächst **rechtzeitig** die zweckdienlichen Auskünfte zu erteilen und ihn schriftlich über bestimmte Einzelheiten zu unterrichten. Auch wenn der Schwerpunkt der Beteiligungsrechte des BR bei der Unterrichtung liegt, kommt seinem Auskunftsrecht selbständige Bedeutung zu. Bereits vor der Unterrichtung durch den ArbGeb kann der BR Auskünfte über die geplanten Entlassungen verlangen. Nach der Unterrichtung kann er Auskunft über die Tatsachen verlangen, die ihm für die Ausübung seines Mitwirkungsrechts erforderlich erscheinen. Inhaltlich sind Unterrichtungspflicht und Auskunftsrecht jedoch deckungsgleich[4]. **20**

2. Unterrichtungspflicht. Nach § 17 Abs. 2 Satz 1 hat der ArbGeb dem BR im Vorfeld anzeigepflichtiger Massenentlassungen die Gründe und eine Reihe von Einzelheiten über die betroffenen ArbN in **schriftlicher Form** mitzuteilen. Dabei muss diese Unterrichtung so rechtzeitig vor den beabsichtigten Entlassungen erfolgen, dass die in § 17 Abs. 2 Satz 2 vorgesehene Beratung zwischen ArbGeb und BR möglich und sinnvoll bleibt. Eine zeitliche Grenze ist im Gesetz nicht vorgesehen. Sie ließe sich allenfalls aus der zweiwöchigen Frist in § 17 Abs. 3 Satz 3 ableiten[5]. **21**

Nach § 17 Abs. 2 Satz 1 Nr. 1 erstreckt sich die Unterrichtungspflicht des ArbGeb zunächst auf die **Gründe für die geplanten Entlassungen.** Dazu gehören der Sachverhalt und der wirtschaftliche Hintergrund für den Personalabbau sowie dessen Auswirkungen auf den Ablauf und die Organisation des Betriebs. Nach § 17 Abs. 2 Satz 1 Nr. 2 hat der ArbGeb auch über die **Zahl und die Berufsgruppen der zu entlassenden ArbN** zu unterrichten. Ihnen hat er nach § 17 Abs. 2 Satz 1 Nr. 3 die **Zahl und die Berufsgruppen der idR beschäftigten ArbN** gegenüber zu stellen. Aus dem Verhältnis dieser Zahlen kann sich der BR ein Bild darüber machen, ob und in welchem Umfang die Anzeigepflicht nach § 17 Abs. 1 ausgelöst worden ist. Wegen der Berufsgruppen kann der ArbGeb auf das Verzeichnis der BA zurückgreifen[6]. Bei der Unterrichtung gemäß § 17 Abs. 2 Satz 1 Nr. 4 über den **Zeitraum**, in dem die Entlassungen vorgenommen werden sollen, handelt es sich um die Termine für die beabsichtigten Entlassungen, anhand derer der maßgebliche Zeitraum von 30 Kalendertagen gemäß § 17 Abs. 1 Satz 1 errechnet werden kann[7]. **22**

Bei den vorgesehenen **Kriterien für die Auswahl** der zu entlassenden ArbN, über die der ArbGeb gemäß § 17 Abs. 2 Satz 1 Nr. 5 zu unterrichten hat, handelt es sich aufgrund des arbeitsmarktpolitischen Normzwecks in erster Linie um die fachlichen und persönlichen Daten[8]. Schließlich hat der ArbGeb gemäß § 17 Abs. 2 Satz 1 Nr. 6 auch über die vorgesehenen Kriterien für die Berechnung etwaiger **Abfindungen** zu unterrichten. Diese Regelung beruht darauf, dass nicht jede Massenentlassung zugleich einen sozialplanpflichtigen Personalabbau zur Folge haben muss[9]. Inhaltlich kann es sich um dieselben Kriterien wie bei § 10 handeln, also das Lebensalter, die Beschäftigungszeit und den jeweiligen Bruttoverdienst. **23**

3. Beratungspflicht. Nach § 17 Abs. 2 Satz 2 haben ArbGeb und BR insb. die Möglichkeiten zu beraten, Entlassungen zu vermeiden oder einzuschränken und ihre Folgen zu mildern. Dabei besteht die Pflicht zur Beratung **nur für den ArbGeb**. Allerdings wird sich der BR bereits aus eigenem Interesse dieser Beratung nicht verweigern. Die Beratung muss nicht zu einer Einigung der Betriebsparteien führen. Ein Widerspruch oder eine Zustimmung des BR sind im Gesetz nicht vorgesehen und daher **24**

---

1 ErfK/*Ascheid*, § 17 KSchG Rz. 19; KDZ/*Kittner*, § 17 KSchG Rz. 29. | 2 *v. Hoyningen-Huene/Linck*, § 17 KSchG Rz. 47. | 3 KR/*Weigand*, § 17 KSchG Rz. 62 i; ErfK/*Ascheid*, § 17 KSchG Rz. 18; *v. Hoyningen-Huene/Linck*, § 17 KSchG Rz. 46; HK/*Hauck*, § 17 KSchG Rz. 29; *Löwisch*, § 17 KSchG Rz. 39; *Wißmann*, RdA 1998, 221; aA KDZ/*Kittner*, § 17 KSchG Rz. 29; APS/*Moll*, § 17 KSchG Rz. 57; *Bader/Bram/Dörner/Wenzel*, § 17 KSchG Rz. 38; HaKo/*Pfeiffer*, § 17 KSchG Rz. 50. | 4 *Bader/Bram/Dörner/Wenzel*, § 17 KSchG Rz. 41. | 5 KR/*Weigand*, § 17 KSchG Rz. 58; *v. Hoyningen-Huene/Linck*, § 17 KSchG Rz. 48; KDZ/*Kittner*, § 17 KSchG Rz. 31; aA *Bader/Bram/Dörner/Wenzel*, § 17 KSchG Rz. 42. | 6 KR/*Weigand*, § 17 KSchG Rz. 62 d. | 7 APS/*Moll*, § 17 KSchG Rz. 66. | 8 BAG v. 14.8.1986 – 2 AZR 616/85 – RzK I 8 b Nr. 8. | 9 BT-Drs. XIII/668, S. 14.

rechtlich ohne Bedeutung. Der ArbGeb muss die Beratung mit dem gesamten Gremium des BR durchführen, soweit nicht ein Ausschuss nach den §§ 27, 28 BetrVG zuständig ist[1].

25 **4. Sonstige Pflichten.** Im Zusammenhang mit Massenentlassungen ergeben sich für den ArbGeb weitere Pflichten aus dem BetrVG. Nach **§ 92 Abs. 1 BetrVG** hat er den BR über die Personalplanung, den gegenwärtigen und künftigen Personalbedarf sowie über die sich daraus ergebenden personellen Maßnahmen rechtzeitig und umfassend zu unterrichten. Nach **§ 111 BetrVG** hat er den BR ferner ab einer bestimmten Betriebsgröße über geplante Betriebsänderungen zu unterrichten, die wesentliche Nachteile für die Belegschaft oder erhebliche Teile der Belegschaft zur Folge haben können. Vor dem Ausspruch von Kündigungen hat der ArbGeb den BR gemäß **§ 102 BetrVG** unter Mitteilung der Kündigungsgründe anzuhören. Schließlich kann der ArbGeb nach **§ 106 BetrVG** gegenüber einem Wirtschaftsausschuss verpflichtet sein, diesen rechtzeitig und umfassend über die wirtschaftlichen Angelegenheiten des Unternehmens und die daraus resultierenden Wirkungen auf die Personalplanung zu unterrichten.

26 Der ArbGeb ist nicht daran gehindert, dass betriebsinterne Beteiligungsverfahren nach § 17 Abs. 2 mit seinen übrigen Unterrichtungspflichten nach dem BetrVG zu **verbinden**. Er muss allerdings gegenüber dem BR und nach außen hin deutlich machen, dass er diese Pflichten gleichzeitig erfüllen will. Äußerlich kann er das erreichen durch eine förmliche Einladung, eine Tagesordnung oder ein Protokoll über die Beratung mit dem BR. Inhaltlich muss der ArbGeb allerdings die unterschiedliche Tiefe und Dichte der jeweiligen Informationen sowie die unterschiedlichen Fristen bei der Beteiligung des BR berücksichtigen. Diese Umstände bergen in der Praxis ein erhebliches Risiko, weil die Beteiligten vielfach den Überblick über den Umfang und die Art der Beteiligungsrechte und der Erfüllung der arbeitgeberseitigen Unterrichtungspflichten verlieren[2].

27 **IV. Anzeigepflicht (§ 17 Abs. 3).** Die Anzeigepflicht bei Massenentlassungen folgt für den ArbGeb bereits aus § 17 Abs. 1 Satz 1. Das Verfahren im Einzelnen regelt § 17 Abs. 3. Wenn der ArbGeb Entlassungen in einem anzeigepflichtigen Umfang beabsichtigt und den BR darüber rechtzeitig unterrichtet, hat er als Nächstes der AA eine entsprechende Anzeige zu erstatten. Das Vorhaben des ArbGeb ist der AA in diesem Zeitpunkt allerdings bereits bekannt. Denn der ArbGeb ist verpflichtet, den BR und die AA gleichzeitig über seine Absicht zu unterrichten, anzeigepflichtige Entlassungen vorzunehmen.

28 **1. Verfahren, Form und Zeitpunkt der Anzeige (§ 17 Abs. 3 Satz 1).** Die **örtlich zuständige AA** erhält nach § 17 Abs. 3 Satz 1 bereits dadurch Kenntnis von den beabsichtigten Entlassungen, dass der ArbGeb ihr seine Mitteilung an den BR einschließlich der Informationen nach § 17 Abs. 2 Satz 1 Nr. 1 bis 6 zuleitet. Diese Mitteilung hat auf Seiten des ArbGeb der Vertragspartner der zur Entlassung anstehenden ArbN zu veranlassen, also der Betriebsinhaber, der Geschäftsführer der GmbH oder der Vorstand der AG. Allerdings kann sich der ArbGeb auch eines Bevollmächtigten bzw. eines Rechtsanwalts bedienen[3]. Die Mitteilung nach § 17 Abs. 3 Satz 1 ist ebenso wie die Anzeige nach § 17 Abs. 1 Satz 1 an die AA zu richten, in deren Bezirk der Betrieb liegt. Auf den Sitz des Unternehmens kommt es nicht an. Ist die AA, der die Anzeige übersandt wird, unzuständig, ist sie verpflichtet, die Anzeige weiterzuleiten. Wirksam wird die Anzeige erst mit dem Eingang bei der zuständigen AA[4].

29 Die Anzeige nach § 17 Abs. 1 Satz 1 bedarf zwingend der **Schriftform**. Das folgt aus § 17 Abs. 3 Satz 2. Danach muss der ArbGeb oder sein Bevollmächtigter die Anzeige eigenhändig unterzeichnen. Allerdings kann der ArbGeb der Schriftform durch die Übersendung einer Telekopie genügen, soweit er die notwendigen Anlagen einschließlich der Stellungnahme des BR beifügt[5].

30 Grundsätzlich muss der ArbGeb die Anzeige **vor der Entlassung** der betroffenen ArbN erstatten, nicht notwendigerweise aber vor dem Ausspruch der Kündigungen[6]. Regelmäßig wird der ArbGeb den Zeitpunkt der Anzeige so wählen, dass die Entlassung angesichts der einzuhaltenden Kündigungsfristen in die Freifrist nach § 18 Abs. 4 fällt[7]. Bei stufenweisen Entlassungen im Rahmen einer sich länger hinziehenden Betriebseinschränkung ist der ArbGeb verpflichtet, die Entlassungsdaten stets daraufhin zu überprüfen, ob in dem maßgeblichen Zeitraum von 30 Kalendertagen die Schwellenzahl nach § 17 Abs. 1 überschritten wird. Dadurch kann die Pflicht zu einer erneuten Anzeige entstehen. Bereits durchgeführte Entlassungen können sich nachträglich als anzeigepflichtig erweisen. In diesen Fällen ist ausnahmsweise eine nachträgliche Anzeige zulässig, aber auch erforderlich[8].

31 Grundsätzlich kann der ArbGeb auch eine **vorsorgliche Anzeige** nach § 17 Abs. 1 erstatten[9]. Allerdings würde es dem Zweck des Gesetzes widersprechen und daher rechtsmissbräuchlich erscheinen, wenn der ArbGeb eine derartige Vorratsanzeige ohne vernünftigen Anlass erstattet, nur um für alle Fälle freie Hand zu haben[10]. In Betracht kommt eine vorsorgliche Anzeige dagegen, wenn der ArbGeb

---

[1] *v. Hoyningen-Huene/Linck*, § 17 KSchG Rz. 51. | [2] HK/*Hauck*, § 17 KSchG Rz. 43. | [3] BAG v. 14.8.1986 – 2 AZR 616/85 – RzK I 8 b Nr. 8. | [4] *Bader/Bram/Dörner/Wenzel*, § 17 KSchG Rz. 54; KR/*Weigand*, § 17 KSchG Rz. 74. | [5] *Bader/Bram/Dörner/Wenzel*, § 17 KSchG Rz. 55; KR/*Weigand*, § 17 KSchG Rz. 72 a. | [6] BAG v. 31.7.1986 – 2 AZR 594/85, AP Nr. 5 zu § 17 KSchG 1969. | [7] KR/*Weigand*, § 17 KSchG Rz. 75; *v. Hoyningen-Huene/Linck*, § 17 KSchG Rz. 80. | [8] BAG v. 24.10.1996 – 2 AZR 895/95, AP Nr. 8 zu 17 KSchG 1969. | [9] BAG v. 3.10.1963 – 2 AZR 160/63, AP Nr. 9 zu § 15 KSchG. | [10] *v. Hoyningen-Huene/Linck*, § 17 KSchG Rz. 82; KDZ/*Kittner*, § 17 KSchG Rz. 42.

die Notwendigkeit und die Anzahl der Entlassungen aufgrund einer wirtschaftlich unklaren Situation nicht sicher voraussehen kann oder wenn es um den Ausspruch von Änderungskündigungen geht, da es bei ihnen von der Reaktion der ArbN abhängt, ob es zu Entlassungen kommt.

2. Stellungnahme des BR (§ 17 Abs. 3 Satz 2 und 3). Der ArbGeb hat seiner Anzeige an die AA gemäß § 17 Abs. 3 Satz 2 die Stellungnahme des BR beizufügen. Dabei handelt es sich um eine **Wirksamkeitsvoraussetzung** für die Anzeige[1]. Allerdings genügt es, wenn der ArbGeb seiner Anzeige einen wirksamen Interessenausgleich iSd. § 1 Abs. 5 beifügt, in dem die zu entlassenden ArbN namentlich bezeichnet sind[2]. Ist in dem Betrieb des ArbGeb kein BR gebildet, muss der ArbGeb in seiner Anzeige auf diesen Umstand ausdrücklich hinweisen[3]. Gibt der BR seine Stellungnahme fälschlicherweise nicht gegenüber dem ArbGeb, sondern direkt gegenüber der AA ab, steht das der Wirksamkeit der Anzeige nach § 17 Abs. 3 Satz 2 nicht entgegen[4]. Ein Interessenausgleich mit Namensliste gemäß § 1 Abs. 5 ersetzt die Stellungnahme des BR nach § 17 Abs. 3 Satz 2 (§ 1 Abs. 5 Satz 4). 32

Liegt dem ArbGeb und der AA **keine Stellungnahme** des BR vor, ist die Anzeige des ArbGeb gemäß § 17 Abs. 3 Satz 3 gleichwohl wirksam, wenn er glaubhaft macht, den BR mindestens zwei Wochen vor der Erstattung der Anzeige unterrichtet zu haben, und wenn er den Stand der Beratungen der AA darlegt. Zur Glaubhaftmachung kann sich der ArbGeb dabei auf eine Empfangsbestätigung über die Unterrichtung nach § 17 Abs. 2 Satz 1 durch den BR-Vorsitzenden oder auf eine eidesstattliche Versicherung beziehen. Durch die Frist von zwei Wochen wird dem BR die Möglichkeit genommen, dass Anzeigeverfahren zeitlich durch die Verweigerung einer Stellungnahme hinauszuzögern. An der Wirksamkeit der Anzeige ändert sich auch dann nichts, wenn sich im Nachhinein herausstellt, dass der ArbGeb den BR tatsächlich nicht ordnungsgemäß iSd. § 17 Abs. 2 unterrichtet hat[5]. 33

3. Mindestinhalt der Anzeige (§ 17 Abs. 3 Satz 4). Das Gesetz schreibt in § 17 Abs. 3 Satz 4 ausdrücklich vor, welche Angaben die Anzeige des ArbGeb enthalten muss. Die Angaben sind **Wirksamkeitsvoraussetzung** für die Anzeige. Es handelt sich um den Namen des ArbGeb, den Sitz und die Art des Betriebs, die Gründe für die geplanten Entlassungen, die Zahl und die Berufsgruppen der zu entlassenden ArbN und der in der Regel beschäftigten ArbN, den Zeitraum, in dem die Entlassungen stattfinden sollen, und die vorgesehenen Kriterien für die Auswahl. Diese Angaben decken sich mit dem notwendigen Inhalt der Unterrichtung des BR durch den ArbGeb im Vorfeld der Anzeige nach § 17 Abs. 2 Satz 1. Unterlässt der ArbGeb eine dieser Angaben, ist seine Anzeige unwirksam[6]. Zwar kann der ArbGeb unterlassene Angaben nachholen. Seine Anzeige gilt dann aber erst mit der Vervollständigung als wirksam erhoben. Zu seiner eigenen Sicherheit sollte der ArbGeb auf die Vordrucke zurückgreifen, die die Arbeitsverwaltung zur Verfügung stellt. 34

4. Sollangaben der Anzeige (§ 17 Abs. 3 Satz 5). Im Einvernehmen mit dem BR soll der ArbGeb gemäß § 17 Abs. 3 Satz 5 in der Anzeige weitere Angaben über die zu entlassenden ArbN machen. Dabei handelt es sich um das Geschlecht, das Alter, den Beruf und die Staatsangehörigkeit der ArbN. Mit Hilfe dieser Angaben soll den AA die Vermittlung der zu entlassenden ArbN erleichtert werden. Unterlässt der ArbGeb diese Angaben, hat das auf die Wirksamkeit seiner Anzeige keinerlei Einfluss. Nimmt der ArbGeb jedoch diese Angaben in seine Anzeige vorbehaltlos auf, ist er im Rahmen der Durchführung der Massenentlassung daran gebunden[7]. 35

5. Unterrichtung zwischen ArbGeb und BR (§ 17 Abs. 3 Satz 6 bis 8). Der ArbGeb hat dem BR nach § 17 Abs. 3 Satz 6 eine **Abschrift seiner Anzeige** an die AA zuzuleiten. Auf diese Weise erhält der BR zunächst Gelegenheit, den Inhalt der Anzeige mit den Informationen abzugleichen, die er gemäß § 17 Abs. 2 unmittelbar vom ArbGeb erhalten hat. Er kann dann gemäß § 17 Abs. 3 Satz 7 selbst gegenüber der AA weitere Stellungnahmen abgeben, die er gemäß § 17 Abs. 3 Satz 8 dem ArbGeb in Abschrift zuleiten muss. Ein Anlass für diese weiteren Stellungnahmen des BR können Differenzen zwischen dem Inhalt der Anzeige und den bisherigen Informationen durch den ArbGeb sein. Darüberhinaus kann eine Veränderung der tatsächlichen Verhältnisse im Betrieb eine zusätzliche Stellungnahme erforderlich oder sinnvoll erscheinen lassen[8]. 36

V. Beherrschungsklausel (§ 17 Abs. 3 a). Die Auskunfts-, Beratungs- und Anzeigepflichten im Zusammenhang mit Massenentlassungen treffen den ArbGeb nach § 17 Abs. 3 a auch dann, wenn die Entscheidung über die Entlassungen von einem den Entlassungen **beherrschenden Unternehmen** getroffen wird. Er kann sich insb. nicht darauf berufen, dass er die notwendigen Auskünfte von diesem Unternehmen nicht erhalten hat. Diese Regelung ist zugeschnitten auf **Konzernunternehmen**. Um ein beherrschendes Unternehmen handelt es sich nach den Bestimmungen der §§ 17, 18 AktG, wenn es auf ein anderes Unternehmen unmittelbar oder mittelbar Einfluss nehmen kann. Dazu genügt bereits die 37

---

[1] BAG v. 11.3.1999 – 2 AZR 461/98, AP Nr. 12 zu § 17 KSchG 1969. | [2] HK/*Hauck*, § 17 KSchG Rz. 57; *Bader*, NZA 1996, 1125. | [3] KDZ/*Kittner*, § 17 KSchG Rz. 49; APS/*Moll*, § 17 KSchG Rz. 120; *v. Hoyningen-Huene/Linck*, § 17 KSchG Rz. 76. | [4] LAG Hamm v. 6.6.1986 – 16 Sa 2188/86 – LAGE Nr. 2 zu § 17 KSchG. | [5] *Löwisch*, NJW 1978, 1237; *Pulte*, BB 1978, 1269. | [6] KR/*Weigand*, § 17 KSchG Rz. 83; KDZ/*Kittner*, § 17 KSchG Rz. 43. | [7] BAG v. 6.10.1960 – 2 AZR 47/59, AP Nr. 7 zu § 15 KSchG. | [8] *v. Hoyningen-Huene/Linck*, § 17 KSchG Rz. 61.

38 **VI. Rechtsfolgen der Anzeige.** Durch die Anzeige des ArbGeb über eine beabsichtigte Massenentlassung wird die **Sperrfrist des § 18** in Lauf gesetzt, innerhalb deren er Entlassungen nur mit Zustimmung der AA vornehmen kann.

39 Unterlässt der ArbGeb die Anzeige oder fehlt dieser eine zwingende Wirksamkeitsvoraussetzung, sind die gleichwohl durchgeführten **Entlassungen unwirksam**. Jeder ArbN, der im Rahmen einer Massenentlassung von der Kündigung seines Arbeitsverhältnisses betroffen ist, kann diese Unwirksamkeit in einem arbeitsgerichtlichen Verfahren geltend machen[2]. Doch muss sich der betroffene ArbN ausdrücklich auf die unterlassene oder fehlerhafte Anzeige der Massenentlassung berufen, da sie **nicht von Amts wegen** durch die ArbG überprüft wird[3].

40 Allerdings kann der ArbGeb eine unterlassene **Anzeige nachholen** oder eine fehlerhafte Anzeige korrigieren. Dadurch kann die Entlassung zu einem späteren Zeitpunkt wirksam werden. Das gilt jedoch nur, soweit die Entlassungen nicht bereits vollzogen und diese sowie die ihnen zugrunde liegenden Kündigungen unwirksam geworden sind[4]. Hat die Arbeitsverwaltung trotz Fehler des ArbGeb bei seiner Anzeige nach § 17 den Entlassungen zugestimmt, sind diese als wirksam anzusehen[5]. Schließlich kann der ArbGeb seine Anzeige nach § 17 jederzeit zurück nehmen. Dadurch werden ihre Wirkungen wieder beseitigt.

18 *Entlassungssperre*

(1) Entlassungen, die nach § 17 anzuzeigen sind, werden vor Ablauf eines Monats nach Eingang der Anzeige bei der Agentur für Arbeit nur mit deren Zustimmung wirksam; die Zustimmung kann auch rückwirkend bis zum Tage der Antragstellung erteilt werden.

(2) Die Agentur für Arbeit kann im Einzelfall bestimmen, dass die Entlassungen nicht vor Ablauf von längstens zwei Monaten nach Eingang der Anzeige wirksam werden.

(3) (aufgehoben)

(4) Soweit die Entlassungen nicht innerhalb von 90 Tagen nach dem Zeitpunkt, zu dem sie nach den Absätzen 1 und 2 zulässig sind, durchgeführt werden, bedarf es unter den Voraussetzungen des § 17 Abs. 1 einer erneuten Anzeige.

1 **I. Gegenstand und Zweck.** Die §§ 18 und 19 regeln die Rechtsfolgen, die sich aus der Anzeige von Massenentlassungen nach § 17 ergeben. Dabei handelt es sich zunächst um eine **zeitlich begrenzte Entlassungssperre**. Dadurch soll das überraschende Auftreten einer übermäßigen Arbeitslosigkeit vermieden werden. Gleichzeitig soll die Arbeitsverwaltung Gelegenheit erhalten, Maßnahmen zur Vermittlung der frei werdenden Arbeitskräfte zu ergreifen[6]. Während der Dauer dieser Sperrfrist werden Entlassungen nur mit Zustimmung der AA wirksam. Unter Umständen kann die AA die Sperrfrist verlängern. Nach dem Ablauf der Sperrfrist tritt eine zeitlich begrenzte Freifrist ein, innerhalb derer die angezeigten Massenentlassungen durchgeführt werden können. Dadurch wird der ArbGeb gezwungen, seine Planungen so umzusetzen, dass die Vorsorgemaßnahmen der AA nicht ins Leere gehen[7]. Denn der ArbGeb ist zu einer erneuten Anzeige nach § 17 verpflichtet, wenn die Entlassungen nicht innerhalb der Freifrist durchgeführt werden.

2 Der Zweck des § 18, insb. der Sperrfrist, liegt allein im **öffentlichen Interesse**. Die von einer Massenentlassung betroffenen ArbN können davon nur mittelbar profitieren, wenn sie sich gegen die Unwirksamkeit ihrer Entlassung wegen eines Verstoßes gegen die §§ 17 ff. wehren[8].

3 **II. Sperrfrist (§ 18 Abs. 1).** Die Sperrfrist von einem Monat nach § 18 Abs. 1 **beginnt** mit dem Eingang der Anzeige nach § 17 bei der zuständigen AA. Das setzt eine wirksame, insb. vollständige Anzeige der Massenentlassung voraus. Diese Anzeige muss bei der örtlich zuständigen AA eingehen, in deren Bezirk der Betrieb seinen Sitz hat. Wird die Anzeige bei einer unzuständigen AA eingereicht, beginnt die Sperrfrist erst, wenn die Anzeige an die zuständige AA weitergeleitet worden ist[9]. Für die Berechnung der Sperrfrist sind die §§ 187 bis 193 BGB heranzuziehen.

4 **III. Entlassungen während der Sperrfrist.** Bereits vor dem Ablauf der Sperrfrist ist eine wirksame Entlassung von ArbN möglich. Dazu bedarf es einer **Zustimmung der AA**. Diese setzt einen besonde-

---

1 KR/*Weigand*, § 17 KSchG Rz. 98 b. |2 BAG v. 13.4.2000 – 2 AZR 215/99, AP Nr. 13 zu § 17 KSchG 1969. |3 BAG v. 31.7.1986 – 2 AZR 594/85, AP Nr. 5 zu § 17 KSchG 1969. |4 *Bader/Bram/Dörner/Wenzel*, § 17 KSchG Rz. 65 a. |5 BAG v. 24.10.1996 – 2 AZR 895/95, AP Nr. 8 zu § 17 KSchG 1969; aA Zwanziger, NJW 1995, 916. |6 KR/*Weigand*, § 18 KSchG Rz. 3. |7 *Bader/Bram/Dörner/Wenzel*, § 18 KSchG Rz. 1. |8 ErfK/*Ascheid*, § 18 KSchG Rz. 1. |9 KR/*Weigand*, § 18 KSchG Rz. 7; ErfK/*Ascheid*, § 18 KSchG Rz. 5; *v. Hoyningen-Huene/Linck*, § 18 KSchG Rz. 3 a; aA *Löwisch*, § 18 KSchG Rz. 2.

ren Antrag des ArbGeb voraus. Er liegt regelmäßig nicht in der Anzeige nach § 17[1]. Allerdings kann die Auslegung der Anzeige nach § 17 ergeben, dass darin bereits ein Antrag auf Zustimmung zur Entlassung von ArbN vor Ablauf der Sperrfrist enthalten ist[2]. Zweckmäßigerweise sollte der ArbGeb seinen Antrag auf Zustimmung gegenüber der AA mit der Anzeige der Massenentlassung gemäß § 17 hinreichend deutlich zum Ausdruck bringen.

Die AA hat ihre Zustimmungsentscheidung gegenüber dem ArbGeb als Antragsteller zu treffen. Die Zustimmung stellt einen **begünstigenden Verwaltungsakt** dar, der nach § 37 SGB X mit seiner Bekanntgabe an den ArbGeb wirksam wird. Sie kann nach § 18 Abs. 1 Halbs. 2 allerdings auch rückwirkend bis zum Tag der Antragstellung erteilt werden. Dieser Tag bildet auch dann die Grenze für eine Rückwirkung der Zustimmung, wenn es sich um stufenweise Entlassungen handelt, bei der frühere zunächst wirksame Entlassungen dadurch unwirksam werden, dass innerhalb der Frist von 30 Kalendertagen weitere Entlassungen hinzutreten und die Anzeigepflicht nach § 17 Abs. 1 auslösen. Aufgrund des eindeutigen Gesetzeswortlauts kann die Rückwirkung der Zustimmung nicht bis auf den Tag der früheren Entlassung ausgedehnt werden[3].

Nach dem Wortlaut des Gesetzes hängt die **Wirksamkeit der Zustimmung** nicht davon ab, ob sie dem ArbN bekannt gegeben wird. Auch der ArbGeb ist nicht verpflichtet, dem ArbN die Zustimmung der AA mitzuteilen. Beruft er sich in einer späteren Auseinandersetzung auf die Erteilung der Zustimmung, ist er daran nach Treu und Glauben nicht gehindert[4].

Das Gesetz enthält keine Bestimmung dazu, ob die AA ihre **Zustimmung unter bestimmten Bedingungen** erteilen oder von besonderen Auflagen abhängig machen kann. Gleichwohl wird allgemein angenommen, dass die AA ihre Zustimmung von der Zahlung einer Abfindung an die betroffenen ArbN oder ihrer Wiedereinstellung für den Fall einer Besserung der wirtschaftlichen Lage abhängig machen kann[5]. Abgesehen von der zweifelhaften Durchsetzbarkeit dieser Bedingungen und Auflagen und dem öffentlich-rechtlichen Zweck des § 18 beeinträchtigen derartige **Nebenbestimmungen** die Möglichkeit, den Umfang, den Inhalt und die Wirksamkeit der Zustimmung rechtssicher beurteilen zu können[6].

Geht die AA nach einer Anzeige des ArbGeb irrtümlich davon aus, dass die Voraussetzungen einer Massenentlassungsanzeige nach § 17 nicht vorliegen, handelt es sich bei der entsprechenden Mitteilung an den ArbGeb um ein sog. **Negativattest**, das wie eine Zustimmung zur vorzeitigen Entlassung wirkt. Im Vertrauen darauf kann der ArbGeb nunmehr die Entlassungen unverzüglich vornehmen[7].

Lehnt die AA den Antrag des ArbGeb auf Zustimmung ab, kann er sich dagegen mit einem **Widerspruch** und mit einer verwaltungsgerichtlichen Verpflichtungsklage wehren. Anderenfalls muss er die von ihm geplanten Entlassungen entsprechend der weiterbestehenden Sperrfrist hinausschieben.

Nimmt der ArbGeb gleichwohl Massenentlassungen während der Sperrfrist vor, werden diese erst mit Ablauf der Sperrfrist oder mit Zustimmung der AA wirksam. Bis zu diesem Zeitpunkt werden sie in ihrer **Wirksamkeit gehemmt**[8]. Das gilt auch, wenn die Kündigung zu einem bestimmten Termin ausgesprochen werden muss, etwa zum Ende des Monats oder zum Ende des Quartals. Liegt dieser Termin innerhalb der Sperrfrist, läuft das Arbeitsverhältnis mit deren Ablauf und nicht etwa erst zum nächsten Kündigungstermin aus[9].

Da sich die Vorschriften über die anzeigepflichtigen Entlassungen allein an den ArbGeb richten, ist der ArbN nicht verpflichtet, über den Zeitpunkt der Kündigung hinaus weiter zu arbeiten, wenn er das nicht will. Denn die Kündigung ist wegen eines Verstoßes gegen die §§ 17 ff. nur dann unwirksam, wenn sich der gekündigte ArbN **auf die Unwirksamkeit gegenüber dem ArbGeb beruft**[10]. Die Kündigung ist auflösend bedingt wirksam, wobei die Geltendmachung der Unwirksamkeit durch den ArbN als sog. Potestativbedingung allein von seinem Verhalten abhängt[11]. Beruft sich der ArbN auf die Unwirksamkeit der Kündigung wegen eines Verstoßes gegen die Vorschriften der §§ 17 ff., kann er unter den Voraussetzungen des Annahmeverzugs sein Arbeitsentgelt bis zu dem hinausgeschobenen Wirksamkeitszeitpunkt der Kündigung verlangen[12]. Allerdings ist der ArbN nicht an die Klagefrist des § 4 gebunden, da es sich bei dem Verstoß gegen die Anzeigepflicht um einen sonstigen Unwirksamkeitsgrund iSd. § 13 Abs. 3 handelt[13].

---

1 KR/*Weigand*, § 18 KSchG Rz. 11; *Bader/Bram/Dörner/Wenzel*, § 18 KSchG Rz. 7. | 2 *v. Hoyningen-Huene/Linck*, § 18 KSchG Rz. 5; HK/*Hauck*, § 18 KSchG Rz. 7; APS/*Moll*, § 18 KSchG Rz. 13. | 3 KR/*Weigand*, § 18 KSchG Rz. 17; KDZ/*Kittner*, § 18 KSchG Rz. 11; APS/*Moll*, § 18 KSchG Rz. 21; aA *v. Hoyningen-Huene/Linck*, § 18 KSchG Rz. 9; HK/*Hauck*, § 18 KSchG Rz. 11; *Löwisch*, § 18 KSchG Rz. 7. | 4 *Bader/Bram/Dörner/Wenzel*, § 18 KSchG Rz. 12; APS/*Moll*, § 18 KSchG Rz. 18; aA HK/*Hauck*, § 18 KSchG Rz. 9; *v. Hoyningen-Huene/Linck*, § 18 KSchG Rz. 7; KR/*Weigand*, § 18 KSchG Rz. 13. | 5 *v. Hoyningen-Huene/Linck*, § 18 KSchG Rz. 14; KR/*Weigand*, § 18 KSchG Rz. 26. | 6 *Bader/Bram/Dörner/Wenzel*, § 18 KSchG Rz. 13; APS/*Moll*, § 18 KSchG Rz. 25; KPK/*Schiefer*, Teil H §§ 17 – 22 KSchG Rz. 119. | 7 BAG v. 21.5.1970 – 2 AZR 294/69, AP Nr. 11 zu § 15 KSchG. | 8 BAG v. 22.3.2001 – 8 AZR 565/00, AP Nr. 49 zu Art. 101 GG. | 9 KR/*Weigand*, § 18 KSchG Rz. 31 a; *v. Hoyningen-Huene/Linck*, § 18 KSchG Rz. 20; aA *Berscheid*, ZIP 1987, 1516; KDZ/*Kittner*, § 18 KSchG Rz. 23. | 10 BAG v. 13.4.2000 – 2 AZR 215/99, AP Nr. 13 zu § 17 KSchG 1969. | 11 BAG v. 23.10.1959 – 2 AZR 181/56, AP Nr. 5 zu § 15 KSchG. | 12 *Bader/Bram/Dörner/Wenzel*, § 18 KSchG Rz. 20; *v. Hoyningen-Huene/Linck*, § 18 KSchG Rz. 31. | 13 KR/*Weigand*, § 18 KSchG Rz. 40.

12 IV. Verlängerung der Sperrfrist (§ 18 Abs. 2). Im Einzelfall kann die AA nach § 18 Abs. 2 bestimmen, dass die Entlassungen nicht vor Ablauf von **längstens zwei Monaten** nach dem Eingang der Anzeige wirksam werden. Dabei ist anhand der individuellen Verhältnisse des betroffenen Betriebs zu prüfen, ob eine Verlängerung der Sperrfrist aus arbeitsmarktpolitischen Gründen in Betracht kommt. Die AA muss die Höchstfrist von zwei Monaten nicht ausschöpfen. Die Anordnung der Verlängerung, bei der es sich wiederum um einen belastenden Verwaltungsakt handelt, muss dem ArbGeb vor Ablauf der Monatsfrist des § 18 Abs. 1 zugegangen sein. Ist die Sperrfrist bereits abgelaufen, kann die Verlängerungsentscheidung keine Wirkungen mehr auslösen[1]. Die nach Ablauf der gesetzlichen Sperrfrist bereits vollzogenen Entlassungen bleiben wirksam.

13 V. Freifrist (§ 18 Abs. 4). Nach Ablauf der gesetzlichen oder der durch die AA verlängerten Sperrfrist steht dem ArbGeb eine sog. Freifrist von **90 Tagen** zur Verfügung, um die beabsichtigten Entlassungen durchzuführen. Diese Frist kann weder verlängert noch verkürzt werden. Da das Arbeitsverhältnis innerhalb dieser Freifrist beendet sein muss, genügt es nicht, wenn nur die Kündigung des Arbeitsverhältnisses in diesem Zeitraum ausgesprochen wird. Vielmehr muss die tatsächliche Beendigung des Arbeitsverhältnisses innerhalb der Freifrist liegen[2]. Entlassungen, die wegen der Länge der Kündigungsfrist oder einer verspäteten Kündigungserklärung des ArbGeb erst außerhalb der Freifrist durchgeführt werden können, müssen unter den Voraussetzungen des § 17 Abs. 1 **erneut angezeigt** werden. Allerdings hat der ArbGeb die Möglichkeit, diese Entlassungen zeitlich so zu entzerren, dass die Schwellenwerte des § 17 nicht mehr erreicht werden[3].

19 Zulässigkeit von Kurzarbeit

(1) Ist der Arbeitgeber nicht in der Lage, die Arbeitnehmer bis zu dem in § 18 Abs. 1 und 2 bezeichneten Zeitpunkt voll zu beschäftigen, so kann die Bundesagentur für Arbeit zulassen, dass der Arbeitgeber für die Zwischenzeit Kurzarbeit einführt.

(2) Der Arbeitgeber ist im Falle der Kurzarbeit berechtigt, Lohn oder Gehalt der mit verkürzter Arbeitszeit beschäftigten Arbeitnehmer entsprechend zu kürzen; die Kürzung des Arbeitsentgelts wird jedoch erst von dem Zeitpunkt an wirksam, an dem das Arbeitsverhältnis nach den allgemeinen gesetzlichen oder den vereinbarten Bestimmungen enden würde.

(3) Tarifvertragliche Bestimmungen über die Einführung, das Ausmaß und die Bezahlung von Kurzarbeit werden durch die Absätze 1 und 2 nicht berührt.

1 I. Gegenstand und Zweck. Als Ergänzung zu § 18 eröffnet § 19 dem ArbGeb die Möglichkeit, nach Zulassung durch die BA bis zum Ende der Sperrfrist einseitig Kurzarbeit einzuführen. Dadurch kann die noch vorhandene Arbeit auf alle ArbN verteilt werden. Zugleich wird der ArbGeb finanziell entlastet. Die praktische Bedeutung der Vorschrift ist gering. Denn bis zum Ende der jeweiligen Kündigungsfrist muss der ArbGeb den vollen Lohn zahlen. Nur selten ist die Sperrfrist länger als diese Kündigungsfrist. Im Übrigen bleibt das MitbestR des BR nach § 87 Abs. 1 Nr. 3 BetrVG unberührt. Schließlich haben tarifvertragliche Regelungen über die Einführung von Kurzarbeit gemäß § 19 Abs. 3 Vorrang.

2 II. Zulassung der Kurzarbeit (§ 19 Abs. 1). Die Zulassung von Kurzarbeit nach § 19 Abs. 1 setzt zunächst eine **ordnungsgemäße Anzeige** des ArbGeb nach § 17 über eine beabsichtigte Massenentlassung voraus, aufgrund der eine Sperrfrist nach § 18 eintritt. Erst dann kann der ArbGeb einen Antrag auf Zulassung von Kurzarbeit stellen. Allerdings kann dieser Antrag auch stillschweigend gestellt werden und sich durch Auslegung der Massenentlassungsanzeige des ArbGeb ergeben[4]. Materiell-rechtlich setzt die Zulassung von Kurzarbeit voraus, dass der ArbGeb nicht in der Lage ist, die ArbN bis zum Ablauf der Sperrfrist voll zu beschäftigen. Dabei handelt es sich nicht um eine objektive Unmöglichkeit der Vollbeschäftigung. Vielmehr ist eine **besondere Unzumutbarkeit aus wirtschaftlichen Gründen** gemeint[5].

3 Die Entscheidung über die Zulassung von Kurzarbeit trifft die BA anhand der konkreten Umstände des Einzelfalls nach pflichtgemäßem Ermessen durch privatrechtsgestaltenden Verwaltungsakt[6]. Mit der Bekanntgabe an den ArbGeb wird der Verwaltungsakt wirksam. Die Entscheidung der BA kann im sozialgerichtlichen Verfahren überprüft werden[7].

4 Die Zulassung der Kurzarbeit ist auf die Dauer der Sperrfrist beschränkt. Sie kann auch einen kürzeren Zeitraum betreffen. Die BA kann die Kurzarbeit für die gesamte Belegschaft, einzelne Betriebsabteilungen oder für bestimmte Gruppen von ArbN zulassen. Stets muss eine bestimmte wöchentli-

---

1 KR/Weigand, § 18 KSchG Rz. 23. | 2 KR/Weigand, § 18 KSchG Rz. 47; ErfK/Ascheid, § 18 KSchG Rz. 17; v. Hoyningen-Huene/Linck, § 18 KSchG Rz. 24. | 3 Bader/Bram/Dörner/Wenzel, § 18 KSchG Rz. 19; KR/Weigand, § 18 KSchG Rz. 49. | 4 Bader/Bram/Dörner/Wenzel, § 19 KSchG Rz. 4; v. Hoyningen-Huene/Linck, § 19 KSchG Rz. 5; APS/Moll, § 19 KSchG Rz. 7. | 5 KR/Weigand, § 19 KSchG Rz. 7; HK/Hauck, § 19 KSchG Rz. 7; ErfK/Ascheid, § 19 KSchG Rz. 2; KDZ/Kittner, § 19 KSchG Rz. 3. | 6 v. Hoyningen-Huene/Linck, § 19 KSchG Rz. 6; Bader/Bram/Dörner/Wenzel, § 19 KSchG Rz. 5. | 7 KR/Weigand, § 19 KSchG Rz. 16; Löwisch, § 19 KSchG Rz. 11.

che Mindestarbeitszeit vorgeschrieben werden. Eine rückwirkende Zulassung von Kurzarbeit ist auf der Grundlage des § 19 unzulässig[1].

III. Durchführung der Kurzarbeit (§ 19 Abs. 2). Die Zulassung der Kurzarbeit durch die BA stellt lediglich eine **Ermächtigung für den ArbGeb** dar. Auf ihrer Grundlage kann der ArbGeb die arbeitsvertraglichen Bedingungen ändern, ohne eine Änderungskündigung erklären zu müssen[2]. Will der ArbGeb von der Ermächtigung Gebrauch machen, muss er das dem ArbN ankündigen und die Kurzarbeit anordnen. Diese Anordnung stellt keine Kündigung dar. Der ArbGeb muss keine Kündigungsfrist einhalten. Zweckmäßigerweise wird er den Beginn der Kurzarbeit aber zum Ablauf der Kündigungsfrist ankündigen. Denn erst ab diesem Zeitpunkt ist eine Kürzung des Lohns und des Gehalts gemäß § 19 Abs. 2 zulässig[3]. In welchem zeitlichen und inhaltlichen Umfang der ArbGeb von der Ermächtigung Gebrauch macht, steht ihm grundsätzlich frei[4].

In Betrieben mit **BR** finden bestehende BV über die Arbeitszeit auf die Anordnung der Kurzarbeit nach § 19 keine Anwendung. Denn durch § 19 Abs. 3 werden nur tarifvertraglichen Bestimmungen eine Vorrangstellung gegenüber der Ermächtigung des Landesarbeitsamtes eingeräumt[5]. Gleichwohl verbleibt dem BR ein MitbestR gemäß § 87 Abs. 1 Nr. 3 BetrVG bei der vorübergehenden Verkürzung der betriebsüblichen Arbeitszeit durch die Einführung von Kurzarbeit. Denn durch die Ermächtigung der BA wird diese Kurzarbeit nicht zwingend eingeführt. Vielmehr kann der ArbGeb aufgrund der Ermächtigung frei entscheiden, ob und in welchem Umfang er Kurzarbeit einführen will[6].

Ist die Einführung von Kurzarbeit tariflich geregelt, bleibt für deren Zulassung durch die BA kein Raum. Der **Vorrang des Tarifrechts** gemäß § 19 Abs. 3 greift nicht nur ein, wenn ArbGeb und ArbN tarifgebunden sind, sondern auch dann, wenn sie die Geltung der tariflichen Bestimmungen arbeitsvertraglich vereinbart haben. Denn das Gesetz sieht eine entsprechende Unterscheidung nicht vor[7].

Nach § 19 Abs. 2 Satz 1 Halbs. 1 ist der ArbGeb berechtigt, den Lohn oder das Gehalt der mit verkürzter Arbeitszeit beschäftigten ArbN entsprechend zu kürzen. Das gilt nach § 19 Abs. 2 Satz 1 Halbs. 2 erst von dem Zeitpunkt an, zu dem das Arbeitsverhältnis nach den allgemeinen gesetzlichen oder den vereinbarten Bestimmungen enden würde. Als allgemeine gesetzliche Bestimmung ist § 622 BGB anzusehen. Auf besondere gesetzliche Sonderkündigungsschutzbestimmungen kommt es hingegen nicht an[8]. Zu den vereinbarten Bestimmungen iSd. § 19 Abs. 2 gehören die tarifvertraglichen und arbeitsvertraglichen Regelungen der Kündigungsfrist, unabhängig davon, ob sie länger oder kürzer als die gesetzlichen Kündigungsfristen sind[9]. Die der gesetzlichen oder vertraglich vereinbarten Kündigungsfrist entsprechende Frist, während der noch der volle Lohn zu zahlen ist, beginnt grundsätzlich mit der Ankündigung der Kurzarbeit. Hat der ArbGeb bereits vor der Ankündigung der Kurzarbeit den Arbeitsvertrag gekündigt, beginnt die Frist bereits in diesem Zeitpunkt[10].

20 *Entscheidungen der Agentur für Arbeit*
(1) Die Entscheidungen der Agentur für Arbeit nach § 18 Abs. 1 und 2 trifft deren Geschäftsführung oder ein Ausschuss (Entscheidungsträger). Die Geschäftsführung darf nur dann entscheiden, wenn die Zahl der Entlassungen weniger als 50 beträgt.

(2) Der Ausschuss setzt sich aus dem oder der Vorsitzenden der Geschäftsführung der Agentur für Arbeit oder einem von ihm oder ihr beauftragten Angehörigen der Agentur für Arbeit als Vorsitzenden und je zwei Vertretern der Arbeitnehmer, der Arbeitgeber und der öffentlichen Körperschaften zusammen, die von dem Verwaltungsausschuss der Agentur für Arbeit benannt werden. Er trifft seine Entscheidungen mit Stimmenmehrheit.

(3) Der Entscheidungsträger hat vor seiner Entscheidung den Arbeitgeber und den Betriebsrat anzuhören. Dem Entscheidungsträger sind, insbesondere vom Arbeitgeber und Betriebsrat, die von ihm für die Beurteilung des Falles erforderlich gehaltenen Auskünfte zu erteilen.

(4) Der Entscheidungsträger hat sowohl das Interesse des Arbeitgebers als auch das der zu entlassenden Arbeitnehmer, das öffentliche Interesse und die Lage des gesamten Arbeitsmarktes unter besonderer Beachtung des Wirtschaftszweiges, dem der Betrieb angehört, zu berücksichtigen.

---

1 v. *Hoyningen-Huene/Linck*, § 19 KSchG Rz. 9 bis 11; KR/*Weigand*, § 19 KSchG Rz. 18; *Bader/Bram/Dörner/Wenzel*, § 19 KSchG Rz. 9. |2 *Bader/Bram/Dörner/Wenzel*, § 19 KSchG Rz. 10; ErfK/*Ascheid*, § 19 KSchG Rz. 4. |3 KR/*Weigand*, § 19 KSchG Rz. 37. |4 KR/*Weigand*, § 19 KSchG Rz. 35; ErfK/*Ascheid*, § 19 KSchG Rz. 9. |5 KR/*Weigand*, § 19 KSchG Rz. 29; v. *Hoyningen-Huene/Linck*, § 19 KSchG Rz. 16. |6 KR/*Weigand*, § 19 KSchG Rz. 31; ErfK/*Ascheid*, § 19 KSchG Rz. 5; v. *Hoyningen-Huene/Linck*, § 19 KSchG Rz. 17; aA *Löwisch*, § 19 KSchG Rz. 10; APS/*Moll*, § 19 KSchG Rz. 24; *Bader/Bram/Dörner/Wenzel*, § 19 KSchG Rz. 12. |7 *Bader/Bram/Dörner/Wenzel*, § 19 KSchG Rz. 13; aA KR/*Weigand*, § 19 KSchG Rz. 28; ErfK/*Ascheid*, § 19 KSchG Rz. 6; APS/*Moll*, § 19 KSchG Rz. 39. |8 BAG v. 7.4.1970 – 2 AZR 201/69, AP Nr. 3 zu § 615 BGB. |9 v. *Hoyningen-Huene/Linck*, § 19 KSchG Rz. 34; *Löwisch*, § 19 KSchG Rz. 18. |10 v. *Hoyningen-Huene/Linck*, § 19 KSchG Rz. 35; *Bader/Bram/Dörner/Wenzel*, § 19 KSchG Rz. 16.

KSchG § 20 Rz. 1   Entscheidungen der Agentur für Arbeit

1 Das Gesetz regelt die **Zuständigkeiten** für Entscheidungen nach § 18 Abs. 1 und 3, die Zusammensetzung des Ausschusses bei der AA, das Verfahren des Entscheidungsträgers sowie die Maßstäbe für seine Entscheidung. Die Geschäftsführung der örtlich zuständigen AA entscheidet, wenn es um eine Massenentlassung von bis zu 49 ArbN geht. Soll diese Zahl überschritten werden, tritt an ihre Stelle ein besonderer Ausschuss, der aus 7 Mitgliedern besteht. Ihm gehören neben dem Vorsitzenden 6 Beisitzer an, die der Verwaltungsausschuss der AA bestimmt.

2 Nach § 20 Abs. 3 müssen vor einer Entscheidung der ArbGeb und der BR angehört werden. Die **Anhörung** kann mündlich oder schriftlich erfolgen[1]. Zwar kann auf die Anhörung nicht verzichtet werden. Doch hat der Entscheidungsträger keine Möglichkeit, Stellungnahmen oder Auskünfte zu erzwingen. Allerdings wird dieses Verhalten in aller Regel zu Lasten dessen gehen, der die Information zurückhält[2]. Im Übrigen kann der Entscheidungsträger Informationen auch von dritter Seite einholen, z. B. von Wirtschaftsverbänden, den ArbN des Betriebs oder von einem Sachverständigen[3].

3 Bei seinen Entscheidungen hat die Geschäftsführung oder der Ausschuss der örtlich zuständigen AA zunächst zu prüfen, ob eine anzeigepflichtige Entlassung iSd. § 17 vorliegt. Anderenfalls hat sie bzw. er ein sog. **Negativattest** zu erteilen[4]. Daneben sind zunächst die formellen Voraussetzungen der Anzeige nach § 17 sowie die ordnungsgemäße Beteiligung des BR durch den ArbGeb zu prüfen[5].

4 **Inhaltlich** geht es bei den Entscheidungen gemäß § 20 darum, ob den angezeigten Massenentlassungen vor Ablauf der einmonatigen Sperrfrist zugestimmt wird und ob im Fall der Ablehnung die Sperrfrist verlängert wird. Bei diesen Entscheidungen sind nach § 20 Abs. 4 sowohl das Interesse des ArbGeb als auch das der zu entlassenden ArbN, das öffentliche Interesse und die Lage des gesamten Arbeitsmarktes zu berücksichtigen. Dabei ist eine umfassende Beurteilung aller Umstände des Einzelfalls geboten[6]. Neben den in § 20 Abs. 4 genannten Kriterien ist im Rahmen der Interessenabwägung auch die Möglichkeit der Anordnung von Kurzarbeit zu berücksichtigen[7].

21 Entscheidungen der Hauptstelle der Bundesanstalt für Arbeit

Für Betriebe, die zum Geschäftsbereich des Bundesministers für Verkehr oder des Bundesministers für Post und Telekommunikation gehören, trifft, wenn mehr als 500 Arbeitnehmer entlassen werden sollen, ein gemäß § 20 Abs. 1 bei der Zentrale der Bundesagentur für Arbeit zu bildender Ausschuss die Entscheidungen nach § 18 Abs. 1 und 2. Der zuständige Bundesminister kann zwei Vertreter mit beratender Stimme in den Ausschuss entsenden. Die Anzeigen nach § 17 sind in diesem Falle an die Zentrale der Bundesagentur für Arbeit zu erstatten. Im Übrigen gilt § 20 Abs. 1 bis 3 entsprechend.

1 Das Gesetz schreibt eine besondere Zuständigkeit für die Anzeige von Massenentlassungen und die dazu erforderlichen Entscheidungen der Arbeitsverwaltung für Betriebe des **Verkehrswesens, der Post und Telekommunikation** vor, die unmittelbar der Bundesregierung unterstehen. In diesen Fällen ist die Zentrale der BA zuständig, bei der ein Ausschuss iSv. § 20 Abs. 2 gebildet wird, in den der zuständige Bundesminister zwei weitere Vertreter mit beratender Stimme entsenden kann.

2 Aus § 23 Abs. 2 folgt, dass die besondere Zuständigkeit der Zentrale der BA nur gegeben ist, wenn in einem wirtschaftlichen Betrieb **mehr als 500 ArbN** entlassen werden sollen. Bei der Ermittlung dieser Zahl ist nach dem Wortlaut des Gesetzes allein auf den Betrieb, nicht aber auf das Unternehmen abzustellen[8].

3 Die Unternehmen der ehemaligen **Deutschen Bundespost** sind zwar inzwischen privatisiert. Sie gehören jedoch noch so lange zum Geschäftsbereich des Ministers, wie der Bund die Mehrheit der Aktien hält[9]. Zum Geschäftsbereich des Bundesministers für Verkehr gehören die der **Eisenbahnverkehrsverwaltung** des Bundes unterliegenden Betriebe der aus dem Bundeseisenbahnvermögen hervorgegangenen Aktiengesellschaften sowie die Betriebe, die das bundeseigene Vermögen der Bundeswasserstraßen und der Bundesfernstraßen verwalten. Nicht zum Geschäftsbereich des Bundesverkehrsministers gehören die privaten Verkehrsunternehmen wie Lufthansa und die anderen Fluggesellschaften sowie Bahnlinien[10].

22 Ausnahmebetriebe

(1) Auf Saisonbetriebe und Kampagne-Betriebe finden die Vorschriften dieses Abschnitts bei Entlassungen, die durch diese Eigenart der Betriebe bedingt sind, keine Anwendung.

---

1 KR/*Weigand*, § 20 KSchG Rz. 41; v. *Hoyningen-Huene/Linck*, § 20 KSchG Rz. 13; APS/*Moll*, § 20 KSchG Rz. 24. | 2 v. *Hoyningen-Huene/Linck*, § 20 KSchG Rz. 14; *Bader/Bram/Dörner/Wenzel*, § 20 KSchG Rz. 7. | 3 KR/*Weigand*, § 20 KSchG Rz. 44. | 4 v. *Hoyningen-Huene/Linck*, § 20 KSchG Rz. 23; KR/*Weigand*, § 20 KSchG Rz. 56. | 5 *Bader/Bram/Dörner/Wenzel*, § 20 KSchG Rz. 9. | 6 BSG v. 21.3.1978 – 7/12 RAr 6/77 – BSGE 46, 99; v. 5.12.1978 – 7 RAr 32/78 – DB 1979, 1283. | 7 *Bader/Bram/Dörner/Wenzel*, § 20 KSchG Rz. 11. | 8 v. *Hoyningen-Huene/Linck*, § 21 KSchG Rz. 2; *Bader/Bram/Dörner/Wenzel*, § 21 KSchG Rz. 3; aA KR/*Weigand*, § 21 KSchG Rz. 5; KDZ/*Kittner*, § 21 KSchG Rz. 3. | 9 *Bader/Bram/Dörner/Wenzel*, § 21 KSchG Rz. 4. | 10 BAG v. 4.3.1993 – 2 AZR 451/92, AP Nr. 60 zu § 1 KSchG 1969 – Betriebsbedingte Kündigung.

Geltungsbereich   Rz. 1 § 23 KSchG

(2) Keine Saisonbetriebe oder Kampagne-Betriebe sind Betriebe des Baugewerbes, in denen die ganzjährige Beschäftigung nach dem Dritten Buch Sozialgesetzbuch gefördert wird. Das Bundesministerium für Wirtschaft und Arbeit wird ermächtigt, durch Rechtsverordnung Vorschriften zu erlassen, welche Betriebe als Saisonbetriebe oder Kampagne-Betriebe im Sinne des Absatzes 1 gelten.

Durch § 22 werden **Saison- und Kampagne-Betriebe** aus dem betrieblichen Geltungsbereich des Massenentlassungsrechts ausgeklammert. Diese Ausklammerung ist aber auf solche Massenentlassungen beschränkt, die durch die Eigenart des Betriebes bedingt sind. Damit trägt das Gesetz dem Umstand Rechnung, dass die Zahl der ArbN in diesen Betrieben regelmäßig starken Schwankungen unterworfen ist. Die Saison- und Kampagne-Betriebe können sich auf ihren besonderen Status allerdings nur dann berufen, wenn zwischen der Eigenart des Betriebs und der Massenentlassung ein unmittelbarer Zusammenhang besteht[1]. Die **praktische Bedeutung** der Vorschrift ist stark eingeschränkt. Denn in vielen Saison- und Kampagne-Betrieben sind nicht so viele Mitarbeiter beschäftigt, dass die Schwellenwerte des § 17 überschritten werden. Darüber hinaus wird in diesen Betrieben regelmäßig zu Recht die Befristung von Arbeitsverträgen vereinbart[2]. 1

Bisher hat das BMWA von seiner Ermächtigung nach § 22 Abs. 2 Satz 2 keinen Gebrauch gemacht, in einer Rechtsverordnung eine genaue Bestimmung der Saison- und Kampagne-Betriebe vorzunehmen. Beide Begriffe sind daher nach den allgemeinen arbeitsrechtlichen Grundsätzen zu verstehen[3]. Danach handelt es sich um einen **Saisonbetrieb**, wenn in ihm zwar ganzjährig gearbeitet wird, die Arbeitsmenge aber in einer bestimmten Jahreszeit regelmäßig stark schwankt. Das gilt etwa bei witterungsabhängigen Betrieben oder bei Dienstleistungsbetrieben in Feriengebieten. Dazu zählen auch Produktionsbetriebe, die zu bestimmten Anlässen zusätzliche Produkte herstellen[4]. Um **Kampagne-Betriebe** handelt es sich, wenn in ihnen nur einige Zeit im Jahr überhaupt gearbeitet wird, etwa weil Ernteerzeugnisse rasch verarbeitet werden müssen. Die ganzjährige Beschäftigung von Stammarbeitnehmern in der Verwaltung oder zur Instandhaltung von Maschinen schließt die Annahme eines Kampagnebetriebes nicht aus[5]. 2

Grundsätzlich können auch **Baubetriebe** als Saisonbetriebe eingestuft werden, wenn die Betriebstätigkeit witterungsbedingt eingestellt wird. Das gilt gemäß § 22 Abs. 2 Satz 1 dann nicht, wenn die ganzjährige Beschäftigung gemäß § 211 SGB III gefördert wird. 3

22a (aufgehoben)

23 Geltungsbereich

(1) Die Vorschriften des ersten und zweiten Abschnitts gelten für Betriebe und Verwaltungen des privaten und des öffentlichen Rechts, vorbehaltlich der Vorschriften des § 24 für die Seeschifffahrts-, Binnenschifffahrts- und Luftverkehrsbetriebe. Die Vorschriften des ersten Abschnitts gelten mit Ausnahme der §§ 4 bis 7 und des § 13 Abs. 1 Satz 1 und 2 nicht für Betriebe und Verwaltungen, in denen in der Regel fünf oder weniger Arbeitnehmer ausschließlich der zu ihrer Berufsbildung Beschäftigten beschäftigt werden. In Betrieben und Verwaltungen, in denen in der Regel zehn oder weniger Arbeitnehmer ausschließlich der zu ihrer Berufsbildung Beschäftigten beschäftigt werden, gelten die Vorschriften des Ersten Abschnitts mit Ausnahme der §§ 4 bis 7 und des § 13 Abs. 1 Satz 1 und 2 nicht für Arbeitnehmer, deren Arbeitsverhältnis nach dem 31. Dezember 2003 begonnen hat; diese Arbeitnehmer sind bei der Feststellung der Zahl der beschäftigten Arbeitnehmer nach Satz 2 bis zur Beschäftigung von in der Regel zehn Arbeitnehmern nicht zu berücksichtigen. Bei der Feststellung der Zahl der beschäftigten Arbeitnehmer nach den Sätzen 2 und 3 sind teilzeitbeschäftigte Arbeitnehmer mit einer regelmäßigen wöchentlichen Arbeitszeit von nicht mehr als 20 Stunden mit 0,5 und nicht mehr als 30 Stunden mit 0,75 zu berücksichtigen.

(2) Die Vorschriften des dritten Abschnitts gelten für Betriebe und Verwaltungen des privaten Rechts sowie für Betriebe, die von einer öffentlichen Verwaltung geführt werden, soweit sie wirtschaftliche Zwecke verfolgen. Sie gelten nicht für Seeschiffe und ihre Besatzung.

I. Gegenstand und Zweck. Neben den besonderen Bestimmungen in den §§ 17 Abs. 1, 22 und 24 Abs. 1 enthält § 23 eine **allgemeine Regelung des betrieblichen Geltungsbereichs** des Gesetzes. Insbesondere werden auch die Verwaltungen des öffentlichen Dienstes einbezogen. Dadurch geht der betriebliche Geltungsbereich des KSchG über den des BetrVG hinaus und erfasst dem Grunde nach das gesamte Ar- 1

---

[1] *Bader/Bram/Dörner/Wenzel*, § 22 KSchG Rz. 6; *KR/Weigand*, § 22 KSchG Rz. 11; *v. Hoyningen-Huene/Linck*, § 22 KSchG Rz. 8.   [2] BAG v. 29.1.1987 – 2 AZR 109/86, AP Nr. 1 zu § 620 BGB – Saisonarbeit.   [3] *v. Hoyningen-Huene/Linck*, § 22 KSchG Rz. 2.   [4] *Bader/Bram/Dörner/Wenzel*, § 22 KSchG Rz. 3; *KR/Weigand*, § 22 KSchG Rz. 6; *v. Hoyningen-Huene/Linck*, § 22 KSchG Rz. 4.   [5] *KR/Weigand*, § 22 KSchG Rz. 7; *Bader/Bram/Dörner/Wenzel*, § 22 KSchG Rz. 4; *v. Hoyningen-Huene/Linck*, § 22 KSchG Rz. 7.

beitsleben in Deutschland[1]. Allerdings enthält das Gesetz Ausnahmen für die Vorschriften über den allgemeinen Kündigungsschutz nach den §§ 1 bis 14, für die Vorschriften über den besonderen Kündigungsschutz nach den §§ 15 und 16 und für die Vorschriften über anzeigepflichtige Entlassungen nach den §§ 17 bis 22. In Betrieben der Seeschifffahrt, der Binnenschifffahrt und des Luftverkehrs gelten die Vorschriften des ersten und zweiten Abschnitts nicht. In sog. Kleinbetrieben gelten die Vorschriften des ersten Abschnitts nicht. Für Seeschiffe und ihre Besatzung gelten die Vorschriften des dritten Abschnitts nicht.

2   **II. Geltungsbereich des 1. und 2. Abschnitts (§ 23 Abs. 1).** Die Vorschriften des KSchG über den allgemeinen und den besonderen Kündigungsschutz gelten für Betriebe und Verwaltungen des privaten und des öffentlichen Rechts. Ausgenommen sind lediglich die Seeschifffahrts-, Binnenschifffahrts- und Luftverkehrsbetriebe. Allerdings müssen die Voraussetzungen für den Kündigungsschutz durch einen **in Deutschland** gelegenen Betrieb erfüllt werden[2]. Unterhält ein ausländisches Unternehmen in Deutschland eine Niederlassung und bildet diese zusammen mit dem im Ausland befindlichen Betrieb einen gemeinsamen Betrieb, werden die im Ausland tätigen ArbN bei der Berechnung der maßgeblichen Beschäftigtenzahl nicht mit eingerechnet[3].

3   **1. Allgemeiner betrieblicher Geltungsbereich (§ 23 Abs. 1 Satz 1).** Auch in dieser Regelung des Geltungsbereichs knüpft das KSchG an den **Begriff des Betriebs** an, ohne ihn zu definieren. Daher ist von dem allgemeinen arbeitsrechtlichen Betriebsbegriff auszugehen. Unter einem Betrieb versteht man danach die organisatorische Einheit, innerhalb derer ein Unternehmer allein oder in Gemeinschaft mit seinen Mitarbeitern mit Hilfe von sachlichen und immateriellen Mitteln bestimmte arbeitstechnische Zwecke fortgesetzt verfolgt, die sich nicht in der Befriedigung von Eigenbedarf erschöpfen[4].

4   Im Bereich des öffentlichen Dienstes knüpft das Gesetz an den Begriff der **Verwaltung** und nicht an den Begriff der Dienststelle an. Eine Verwaltung kann danach auch die Zusammenfassung mehrerer Dienststellen zu einer administrativen Hierarchie darstellen[5]. Nach dem Gesetzeswortlaut erstreckt sich der betriebliche Geltungsbereich auch auf Verwaltungen des privaten Rechts. Dazu zählen etwa Verbände, private Stiftungen und sonstige Vereinigungen auf privatrechtlicher Grundlage[6]. Derartige Verwaltungen werden allerdings regelmäßig gleichzeitig als Betriebe anzusehen sein[7].

5   Um einen **Betrieb des öffentlichen Rechts** handelt es sich, wenn dessen Inhaber eine juristische Person des öffentlichen Rechts ist und diese den Betrieb unmittelbar leitet. Es genügt auch, wenn der Inhaber des Betriebs zwar eine juristische Person oder eine Personengesamtheit des Privatrechts ist, aber die öffentliche Hand durch eine entsprechende Kapitalbeteiligung maßgeblichen Einfluss besitzt[8].

6   Um einen **gemeinsamen Betrieb** mehrerer Unternehmen handelt es sich, wenn im Rahmen einer gemeinsamen Arbeitsorganisation unter einheitlicher Leitungsmacht arbeitstechnische Zwecke fortgesetzt verfolgt werden. Allerdings bedarf es dazu einer ausdrücklichen oder stillschweigenden rechtlichen Leitungsvereinbarung, die sich aus den Umständen des Einzelfalls ergeben kann. Einen Anhaltspunkt dafür bietet die einheitliche Ausübung von ArbGebFunktionen im sozialen und personellen Bereich[9]. Ob eine einheitliche Leitung hinsichtlich der wesentlichen ArbGebFunktionen vorliegt, beurteilt sich nach der innerbetrieblichen Entscheidungsfindung und deren Umsetzung[10]. Allerdings trägt der ArbN die Darlegungs- und Beweislast für die Tatsachen, die den Schluss auf einen gemeinsamen Betrieb mehrerer Unternehmen zulassen[11].

7   **2. Ausnahmen bei Kleinbetrieben (§ 23 Abs. 1 Sätze 2 bis 4). a) Allgemeines.** Die sog. Kleinbetriebsklausel in § 23 Abs. 1 ist mWz. 1.1.2004 novelliert worden. § 23 Abs. 1 Sätze 2 und 3 nF nehmen jeweils die §§ 4 bis 7 und den § 13 Abs. 1 Sätze 1 und 2 von ihrer Regelung aus; die Vorschriften über die **Klagefrist** finden daher seit dem 1.1.2004 auch in Kleinbetrieben Anwendung. Das wird auch für frühere Kündigungen gelten mit der Maßgabe, dass die Klagefrist am 1.1.2004 begann und am 21.1.2004 endete (vgl. § 4 Rz. 3).

Im Übrigen hat die Neufassung in dem neu eingefügten Satz 3 nF die Kleinbetriebsausnahme auf Betriebe mit **bis zu zehn ArbN** erweitert bei gleichzeitiger **Besitzstandswahrung** für alle bisher Beschäftigten. Die Neuregelung ist insoweit maßgeblich für alle nach dem 31.12.2003 zugegangenen Kündigungen. Es sind nunmehr zwei Schwellenwerte zu beachten, je nachdem ob das Arbeitsverhältnis des zu kündigenden ArbN vor dem 1.1.2004 begonnen hat (im Folgenden Alt-ArbN) oder nicht. Danach findet der allgemeine Kündigungsschutz des Ersten Abschnitts des KSchG keine Anwendung

- auf Neu-ArbN (deren Arbeitsverhältnis nach dem 31.12.2003 begonnen hat), wenn im Betrieb nicht mehr als zehn ArbN beschäftigt werden (Satz 3 Halbs. 1);

---

1 KR/*Weigand*, § 23 KSchG Rz. 9; *Bader/Bram/Dörner/Wenzel*, § 23 KSchG Rz. 2. |2 ErfK/*Ascheid*, § 23 KSchG Rz. 3. |3 BAG v. 7.11.1996 – 2 AZR 648/95 – RzK I 4 c Nr. 24; aA KDZ/*Kittner*, § 23 KSchG Rz. 22; *Löwisch*, vor § 1 KSchG Rz. 36. |4 BAG v. 26.8.1971 – AP Nr. 1 zu § 23 KSchG 1969; BVerfG v. 27.1.1998 – 1 BvL 15/87, AP Nr. 17 zu § 23 KSchG 1969. |5 BAG v. 23.4.1998 – 2 AZR 489/97, AP Nr. 19 zu § 23 KSchG 1969. |6 KR/*Weigand*, § 23 KSchG Rz. 28. |7 *Bader/Bram/Dörner/Wenzel*, § 23 KSchG Rz. 4. |8 KR/*Weigand*, § 23 KSchG Rz. 30; aA APS/*Moll*, § 23 KSchG Rz. 22. |9 BAG v. 23.3.1984 – 7 AZR 515/82, AP Nr. 4 zu § 23 KSchG 1969. |10 BAG v. 24.1.1996 – 7 ABR 10/95, AP Nr. 8 zu § 1 BetrVG 1972 – Gemeinsamer Betrieb. |11 BAG v. 23.3.1984 – 7 AZR 515/82, AP Nr. 4 zu § 23 KSchG 1969.

Geltungsbereich   Rz. 11 § 23 KSchG

• auf Alt-ArbN, wenn im Betrieb nicht mehr als fünf ArbN beschäftigt werden (Satz 2), wobei bis zur Beschäftigung von insgesamt zehn ArbN nur Alt-ArbN zählen (Satz 3 Halbs. 2).

Zweck der Regelung ist es, den besonderen Verhältnissen in Kleinbetrieben Rechnung zu tragen. Diese Verhältnisse sind gekennzeichnet durch die persönlichen Beziehungen des Inhabers zu seinen wenigen ArbN, die geringere wirtschaftliche Belastbarkeit eines kleinen Betriebs und das Bedürfnis nach größerer arbeitsmarktpolitischer Freizügigkeit[1]. In einem kleinen Betrieb hängt der wirtschaftliche Erfolg von der Leistungsfähigkeit und der Persönlichkeit jedes einzelnen ArbN ab. Der Ausfall eines Mitarbeiters lässt sich dort schwerer ausgleichen als in einem großen Betrieb. Aufgrund der engen Zusammenarbeit mit dem Betriebsinhaber kommt dem Vertrauensverhältnis zu den ArbN ein besonderer Stellenwert zu. In einem kleinen Betrieb sind finanzielle Ausstattung und Verwaltungsapparat regelmäßig geringer als in einem großen Unternehmen.

Diese besonderen Umstände in Kleinbetrieben lassen es als mit dem **Grundgesetz vereinbar** erscheinen, deren Mitarbeiter aus dem allgemeinen Kündigungsschutz herauszunehmen. Die Regelung in § 23 Abs. 1 Satz 2 verletzt weder Art. 12 Abs. 1 GG noch Art. 3 Abs. 1 GG und ist daher hinsichtlich des Schwellenwertes von fünf ArbN verfassungsgemäß[2]. Auch die Berücksichtigung von Teilzeitbeschäftigten nach § 23 Abs. 1 Satz 3 ist nicht verfassungswidrig[3]. Beide Regelungen des § 23 Abs. 1 sind mit Art. 92 Abs. 1 EWG-Vertrag und der Gleichbehandlungsrichtlinie 76/207 vereinbar[4]. Die Erweiterung der Kleinbetriebsausnahme auf Betriebe mit bis zu zehn ArbN dient dem Zweck, kleinen Unternehmen die Entscheidung zu Neueinstellungen zu erleichtern[5]. Sie dürfte die Gruppe der schutzwürdigen Kleinunternehmer ebenfalls – gerade noch – mit hinreichender Genauigkeit treffen und so verfassungsgemäß sein[6]. **8**

Für die Anwendbarkeit der Vorschriften über den allgemeinen Kündigungsschutz kommt es nach dem arbeitsrechtlichen Betriebsbegriff allein auf die Zahl der Mitarbeiter an, die in einem **Betrieb** beschäftigt sind. Danach könnten auch Teile eines größeren Unternehmens unter die Kleinbetriebsklausel fallen, obwohl es dafür an einer sachlichen Rechtfertigung fehlt. Diese Besonderheit zwingt allerdings nicht zu einer Modifizierung des allgemeinen Betriebsbegriffes und führt auch nicht zu einer ArbGeb- oder Unternehmensbezogenheit des allgemeinen Kündigungsschutzes[7]. Vielmehr ist der Betriebsbegriff in § 23 Abs. 1 Satz 2 im Wege der verfassungskonformen Auslegung auf die Einheiten zu beschränken, für deren Schutz die Kleinbetriebsklausel bestimmt ist und bei denen eine Benachteiligung der betroffenen ArbN sachlich begründet erscheint[8]. Durch eine derartige am Sinn und Zweck der Kleinbetriebsklausel orientierte Auslegung lässt sich der Anwendungsbereich des § 23 Abs. 1 Satz 2 auf kleine Betriebsstätten im Bereich des Handwerks, des Handels und der Dienstleistung beschränken. **9**

b) **Neu-ArbN.** Für die Erfüllung des Ausschlusstatbestandes nach Satz 3 Halbs. 1 kommt es darauf an, dass das Arbeitsverhältnis des ArbN nach dem 31.12.2003 begonnen hat und im Betrieb (idR) nicht mehr als zehn ArbN beschäftigt werden. „Begonnen" hat ein Arbeitsverhältnis mit seinem vereinbarten rechtlichen Beginn, idR also mit dem Tag der vereinbarten Arbeitsaufnahme; nicht maßgeblich ist der Zeitpunkt des Vertragsschlusses oder der tatsächlichen Arbeitsaufnahme[9]. Hat das Arbeitsverhältnis danach vor dem Stichtag begonnen, fällt es nicht unter Satz 3 Halbs. 1, unabhängig davon, ob die Wartezeit schon erfüllt war und damit persönlich Kündigungsschutz bestand. Für die Abgrenzung zwischen der Fortsetzung eines alten und dem Beginn eines neuen Arbeitsverhältnisses wird man auf die zur Wartezeit gemäß § 1 Abs. 1 ergangene Rspr. zurückzugreifen haben (vgl. § 1 Rz. 14 ff.)[10]. Zur Ermittlung des betrieblichen Schwellenwerts vgl. Rz. 13 ff. **10**

c) **Alt-ArbN.** Für ArbN, die nicht unter die Spezialregelung des Satz 3 Halbs. 1 fallen, also für Alt-ArbN, bleibt grundsätzlich der bisherige allgemeine Schwellenwert von fünf ArbN gemäß dem insoweit unveränderten Satz 2 maßgeblich. Nach Satz 3 Halbs. 2 sind allerdings bis zur Feststellung dieses Schwellenwertes bis zur Beschäftigung von insgesamt zehn ArbN nur Alt-Arbeitsverhältnisse zu berücksichtigen. Für Alt-Arbeitsverhältnisse besteht somit (erst) dann kein Kündigungsschutz, wenn weder mehr als insgesamt zehn ArbN noch mehr als fünf Alt-ArbN beschäftigt werden. Läuft die Wartezeit eines Arbeitsverhältnisses, das vor dem 1.1.2004 begonnen hat, erst nach dem 31.12.2003 ab, setzt ab diesem Zeitpunkt der persönliche Kündigungsschutz ein, sofern dann die betrieblichen Voraussetzungen nach Satz 2 iVm. Satz 3 Halbs. 2 noch erfüllt sind. Satz 3 führt in Betrieben mit mehr als fünf und nicht mehr **11**

---

1 BAG v. 19.4.1990 – 2 AZR 487/89, AP Nr. 8 zu § 23 KSchG 1969. | 2 BVerfG v. 27.1.1998 – 1 BvL 15/87, AP Nr. 17 zu § 23 KSchG 1969. | 3 BVerfG v. 27.1.1998 – 1 BvL 22/93, AP Nr. 18 zu § 23 KSchG 1969. | 4 EuGH v. 30.11.1993 – Rs. C 189/91, AP Nr. 13 zu § 23 KSchG 1969. | 5 Gesetzentwurf v. 24.6.2003, BT-Drs. 15/1204, S. 14 und 28; zu der erst im Vermittlungsausschuss zustande gekommenen Gesetzesfassung fehlt eine eigene Begründung. | 6 Quecke, RdA 2004, 86 (103); Bader, NZA 2004, 65 (66 f.); krit. Buschmann, AuR 2004, 1 (2). | 7 v. Hoyningen-Huene/Linck, § 23 KSchG Rz. 19 b; Bader/Bram/Dörner/Wenzel, § 23 KSchG Rz. 12; HaKo/Pfeiffer, § 23 KSchG Rz. 11; aA Bepler, AuR 1997, 58; Joost, Betrieb und Unternehmen als Grundbegriffe im Arbeitsrecht, 1988, S. 344; Kittner, NZA 1998, 732; Lakies, DB 1997, 1078; Preis, RdA 1999, 311. | 8 BVerfG v. 27.1.1998 – 1 BvL 15/87, AP Nr. 17 zu § 23 KSchG 1969; Bader/Bram/Dörner/Wenzel, § 23 KSchG Rz. 12; ErfK/Ascheid, § 23 KSchG Rz. 4. | 9 Nach der Gesetzesbegründung zur nicht Gesetz gewordenen Entwurfsfassung des § 23, die aber ebenfalls auf den „Beginn" des Arbeitsverhältnisses abstellte, soll „der vereinbarte Tag der Arbeitsaufnahme" maßgeblich sein (BT-Drs. 15/1204, S. 28). | 10 So auch Bader, NZA 2004, 65 (67).

als zehn ArbN zu einer kündigungsschutzrechtlich „gespaltenen" Belegschaft, nämlich den Alt-ArbN mit Kündigungsschutz und den Neu-ArbN ohne. Im Rahmen einer sozialen Auswahl gemäß § 1 Abs. 3 werden Letztere wie ArbN zu behandeln sein, deren Wartezeit noch nicht abgelaufen ist. Sie sind daher vorab zu kündigen[1], können aber gemäß § 1 Abs. 3 Satz 2 wegen berechtigter betrieblicher Interessen zu Lasten von ArbN mit Kündigungsschutz weiterbeschäftigt werden[2]. Die Neuregelung und damit auch die Besitzstandswahrung gelten zeitlich unbegrenzt[3].

12 Bei **Beschäftigung von insgesamt mehr als zehn ArbN** zählen diese ungeachtet des Beginns ihres Arbeitsverhältnisses allesamt bei der Feststellung des Schwellenwerts von fünf ArbN nach Satz 2 mit, so dass dieser „schlagartig" deutlich überschritten werden kann. Wird die Grenze der Beschäftigung von zehn ArbN nicht überschritten, sind bei der Feststellung des **Schwellenwerts von fünf ArbN** nach Satz 2 gemäß Satz 3 Halbs. 2 nur Alt-ArbN zu berücksichtigen. Jedes der Alt-Arbeitsverhältnisse muss vor dem 1.1.2004 begonnen und bis zum Zugang der Kündigung bestanden haben (vgl. Rz. 10). Der Besitzstand geht verloren, wenn die Zahl der Alt-ArbN auf fünf oder weniger sinkt. Neueinstellungen nach dem 31.12.2003 zählen gemäß Satz 3 Halbs. 2 nicht mit; ebenso wohl Aufstockungen der Arbeitszeit von bislang teilzeitbeschäftigten ArbN[4]. Der Besitzstand kann durch Fluktuation verloren gehen; darin dürfte keine grundrechtswidrige Vertrauensschutzverletzung liegen[5]. Einer „Flucht aus dem Kündigungsschutz" steht § 162 Abs. 2 BGB entgegen.

13 d) **Feststellung der ArbN-Zahl.** Mitzuzählen sind zunächst nur Beschäftigte, die den allgemeinen arbeitsrechtlichen **Begriff des ArbN** erfüllen. Nicht dazu gehören die zur Berufsbildung Beschäftigten iSv. § 1 Abs. 1 BBiG. Danach zählen zur Berufsbildung die Berufsausbildung, die berufliche Fortbildung und die berufliche Umschulung. Hat der Ausbildungszweck allerdings nur untergeordnete Bedeutung, während im Vordergrund die Arbeitsleistung steht, sind auch Umschüler, Anlernlinge, Praktikanten und Volontäre bei der Ermittlung der ArbN-Zahl zu berücksichtigen[6].

14 **Keine ArbN** iSv. § 23 Abs. 1 Satz 2 sind LeihArbN im Betrieb des Entleihers, Heimarbeiter, Hausgewerbetreibende und arbeitnehmerähnliche Personen. Familienmitglieder zählen nur mit, wenn sie in einem Arbeitsverhältnis zum Inhaber des Betriebs stehen[7]. Mitzuzählen sind ferner leitende Angestellte iSd. § 14 Abs. 2, nicht aber organschaftliche Vertreter einer juristischen Person. Schließlich zählen auch die ArbN mit, deren Arbeitsverhältnis wegen ihres Wehrdienstes, ihrer Elternzeit oder aufgrund einer unbezahlten Freistellung längere Zeit ruht[8]. Hat der ArbGeb allerdings eine Ersatzkraft eingestellt, wird der Arbeitsplatz nur einmal berücksichtigt[9].

15 Nach § 23 Abs. 1 Satz 4 sind **teilzeitbeschäftigte ArbN** mit einer regelmäßigen wöchentlichen Arbeitszeit von nicht mehr als 20 Stunden mit 0,5 und nicht mehr als 30 Stunden mit 0,75 zu berücksichtigen. Ergibt sich nach dieser Berechnungsmethode ein Gesamtarbeitsvolumen des Betriebes in Höhe von mindestens 5,25 (nach Satz 2) bzw. 10,25 (nach Satz 3), sind die jeweiligen Schwellenwerte überschritten und der Kündigungsschutz erfasst grundsätzlich alle Arbeitsverhältnisse bzw. Alt-Arbeitsverhältnisse. Maßgeblich ist allein die vereinbarte regelmäßige wöchentliche Arbeitszeit, wobei Überstunden außer Betracht bleiben. Bei unregelmäßigen Arbeitszeiten ist auf den Jahresdurchschnitt abzustellen[10].

16 Die Schwellenwerte in den Sätzen 2 und 3 stellen auf die Zahl der „**in der Regel**" Beschäftigten ab. Sie ist zu ermitteln im Zeitpunkt des Zugangs einer Kündigung, nicht etwa im Zeitpunkt der Beendigung des Arbeitsverhältnisses und der Entlassung des ArbN[11]. Auf die Zahl der regelmäßig Beschäftigten hat eine vorübergehende Erhöhung oder Verminderung der Belegschaftsstärke keinen Einfluss. Die Zahl der Beschäftigten, die für einen Betrieb kennzeichnend ist, lässt sich durch einen Rückblick auf die bisherige personelle Situation und eine Prognose der zukünftigen Entwicklung ermitteln[12].

17 e) Die **Darlegungs- und Beweislast** dafür, dass in einem Betrieb mehr als fünf ArbN regelmäßig beschäftigt sind, obliegt nach bisheriger Rspr.[13] dem ArbN. Allerdings musste ein ArbGeb im Prozess im Einzelnen darlegen, wie er eine geringere Zahl der regelmäßig Beschäftigten von fünf oder weniger errechnet[14].

---

1 St. Rspr. seit BAG v. 25.4.1985 – 2 AZR 140/84, NZA 1986, 64. | 2 IdS BAG v. 25.4.1985 – 2 AZR 140/84, NZA 1986, 64 zu § 1 Abs. 3 Satz 2 aF; zust. die hM in der Lit., vgl. KR/*Etzel*, § 1 KSchG Rz. 636 u. v. *Hoyningen-Huene/Linck*, § 1 KSchG Rz. 460, jeweils mwN; an dieser Rechtslage hat die Neufassung des § 1 Abs. 3 Satz 2 mWz. 1.1.2004 nichts geändert. | 3 Anders noch die Besitzstandsregelung des § 23 Abs. 1 Satz 4 KSchG 1996, die auf drei Jahre befristet war. | 4 *Quecke*, RdA 2004, 86 (105). | 5 *Quecke*, RdA 2004, 86 (104 f.). | 6 KR/*Weigand*, § 23 KSchG Rz. 43; *Bader/Bram/Dörner/Wenzel*, § 23 KSchG Rz. 14; v. *Hoyningen-Huene/Linck*, § 23 KSchG Rz. 21. | 7 KR/*Weigand*, § 23 KSchG Rz. 41; *Bader/Bram/Dörner/Wenzel*, § 23 KSchG Rz. 15; ErfK/*Ascheid*, § 23 KSchG Rz. 18. | 8 KR/*Weigand*, § 23 KSchG Rz. 40; v. *Hoyningen-Huene/Linck*, § 23 KSchG Rz. 26; *Bader/Bram/Dörner/Wenzel*, § 23 KSchG Rz. 22. | 9 BAG v. 31.1.1991 – 2 AZR 356/90, AP Nr. 11 zu § 23 KSchG 1969. | 10 ErfK/*Ascheid*, § 23 KSchG Rz. 16; v. *Hoyningen-Huene/Linck*, DB 1997, 42; APS/*Moll*, § 23 KSchG Rz. 32. | 11 BAG v. 16.6.1976 – 3 AZR 73/75, AP Nr. 8 zu 611 BGB – Treuepflicht. | 12 BAG v. 31.1.1991 – 2 AZR 356/90, AP Nr. 11 zu § 23 KSchG 1969. | 13 Zuletzt BAG v. 18.1.1990 – 2 AZR 355/89, EzA § 23 KSchG Nr. 9. | 14 BAG v. 4.7.1957 – 2 AZR 86/55, AP Nr. 1 zu § 21 KSchG; *Bader/Bram/Dörner/Wenzel*, § 23 KSchG Rz. 23; v. *Hoyningen-Huene/Linck*, § 23 KSchG Rz. 28; aA LAG Berlin v. 28.10.1994 – 6 Sa 95/94 – LAGE Nr. 11 zu § 23 KSchG; KR/*Weigand*, § 23 KSchG Rz. 54 a; *Reinecke*, NZA 1989, 577; ErfK/*Ascheid*, § 23 KSchG Rz. 20.

Mit der schon bisher hM in der Lit. wird die Beweislast – bei abgestufter Darlegungslast – spätestens mit der Neufassung dem ArbGeb obliegen; hierfür sprechen der durchweg als Einwendung gefasste Gesetzestext („gilt nicht", „ist nicht zu berücksichtigen") und der Gesichtspunkt der Sachnähe[1]. Ein zu erbringender Negativbeweis (nicht mehr als ... Beschäftigte) steht der Beweislast grundsätzlich nicht entgegen[2]. Im Kündigungsschutzprozess wird der ArbGeb, wenn er sich auf die Nichtgeltung des KSchG gemäß § 23 Abs. 1 berufen will, demnach darzulegen haben,

- für *Neu-ArbN:* Dass das Arbeitsverhältnis nach dem 31.12.2003 begonnen hat und im Betrieb nicht mehr als zehn ArbN beschäftigt werden (Satz 3 Halbs. 1); trägt der ArbN substantiiert vor, dass in engem sachlichen und zeitlichen Zusammenhang bereits zuvor ein Alt-Arbeitsverhältnis zwischen denselben Parteien bestanden hatte, wird der ArbGeb dies zu widerlegen haben;

- *ansonsten:* Dass im Betrieb weder mehr als fünf Alt-ArbN noch insgesamt mehr als zehn ArbN beschäftigt werden (Satz 2 iVm. Satz 3 Halbs. 2); es braucht für die Anwendung dieser Regelung nicht dargelegt zu werden, wann das gekündigte Arbeitsverhältnis begonnen hat; darauf kommt es nur im Rahmen von Satz 3 Halbs. 1 an. Dass ein Arbeitsverhältnis beim Schwellenwert nach Satz 2 nicht zu berücksichtigen ist, weil es gemäß Satz 3 Halbs. 2 nach dem 31.12.2003 begonnen hat, ist ebenfalls vom ArbGeb zu beweisen, wenn er sich darauf berufen will.

III. **Geltungsbereich des 3. Abschnitts (§ 23 Abs. 2).** Die Vorschriften über **anzeigepflichtige Massenentlassungen** gelten nach § 23 Abs. 2 für Betriebe und Verwaltungen des privaten Rechts sowie für Betriebe, die von einer öffentlichen Verwaltung geführt werden, soweit sie wirtschaftliche Zwecke verfolgen. Dagegen sind Seeschiffe und ihre Besatzung von dem betrieblichen Geltungsbereich dieser Vorschriften ausgenommen. Ausgenommen sind nach § 17 auch alle Kleinbetriebe, in denen regelmäßig weniger als 20 ArbN beschäftigt werden. Eine weitere Ausnahme gilt nach § 22 für Saison- und Kampagne-Betriebe. Schließlich finden die Vorschriften über anzeigepflichtige Massenentlassungen keine Anwendung auf öffentliche Betriebe, die keine wirtschaftlichen Zwecke verfolgen. Dabei handelt es sich um alle hoheitlich organisierten Verwaltungen wie Behörden, Ministerien, Polizei und Bundeswehr[3]. Im Übrigen verfolgen öffentliche Betriebe keine wirtschaftlichen, sondern kulturelle oder karitative Zwecke, wenn es sich um Kindergärten, Schulen, Universitäten, Forschungseinrichtungen, Kirchen und Einrichtungen der reinen Wohlfahrtspflege handelt[4]. 18

Dagegen fallen unter den Geltungsbereich des dritten Abschnitts des KSchG neben den Betrieben und Verwaltungen des privaten Rechts auch solche öffentlichen Betriebe, die **wirtschaftliche Zwecke** verfolgen. Dazu zählen die sog. Regiebetriebe der öffentlichen Hand, wie etwa Gas-, Wasser- und Elektrizitätswerke, Verkehrsbetriebe, Theater, Sparkassen, Krankenhäuser, Alten- und Pflegeheime oder Stadthallen[5]. Werden diese Betriebe in der Form einer juristischen Person des Privatrechts geführt, fallen sie bereits aus diesem Grund unter den Geltungsbereich des dritten Abschnitts des KSchG[6]. Für die Verfolgung eines wirtschaftlichen Zwecks kommt es nicht darauf an, ob der Betrieb mit der Absicht einer Gewinnerzielung handelt. Es genügt, dass er sich wie ein privatwirtschaftlich geführter Betrieb am Wirtschaftsleben beteiligt[7]. 19

24 *Anwendung des Gesetzes auf Betriebe der Schifffahrt und des Luftverkehrs*

(1) Die Vorschriften des ersten und zweiten Abschnitts finden nach Maßgabe der Absätze 2 bis 5 auf Arbeitsverhältnisse der Besatzung von Seeschiffen, Binnenschiffen und Luftfahrzeugen Anwendung. Als Betrieb im Sinne dieses Gesetzes gilt jeweils die Gesamtheit der Seeschiffe oder der Binnenschiffe eines Schifffahrtsbetriebs oder der Luftfahrzeuge eines Luftverkehrsbetriebs.

(2) Dauert die erste Reise eines Besatzungsmitglieds im Dienste einer Reederei oder eines Luftverkehrsbetriebs länger als sechs Monate, so verlängert sich die Sechsmonatsfrist des § 1 Abs. 1 bis drei Tage nach Beendigung dieser Reise.

(3) Die Klage nach § 4 ist binnen drei Wochen, nachdem das Besatzungsmitglied zum Sitz des Betriebes zurückgekehrt ist, zu erheben, spätestens jedoch binnen sechs Wochen nach Zugang der Kündigung. Wird die Kündigung während der Fahrt des Schiffes oder des Luftfahrzeuges ausgesprochen, so beginnt die sechswöchige Frist nicht vor dem Tage, an dem das Schiff oder das Luftfahrzeug einen deutschen Hafen oder Liegeplatz erreicht. An die Stelle der Dreiwochenfrist in § 4 treten die hier in den Sätzen 1 und 2 bestimmten Fristen.

(4) Für Klagen der Kapitäne und der Besatzungsmitglieder im Sinne der §§ 2 und 3 des Seemannsgesetzes nach § 4 dieses Gesetzes tritt an die Stelle des Arbeitsgerichts das Gericht, das für Streitigkeiten aus dem Arbeitsverhältnis dieser Personen zuständig ist. Soweit in Vorschriften des Seemannsgeset-

---

1 Vgl. näher *Quecke*, RdA 2004, 86 (105) mwN. | 2 BAG v. 5.11.2003 – 10 AZB 38/03, NZA 2004, 117. | 3 KR/*Weigand*, § 23 KSchG Rz. 76; *v. Hoyningen-Huene/Linck*, § 23 KSchG Rz. 32. | 4 KR/*Weigand*, § 23 KSchG Rz. 76; *v. Hoyningen-Huene/Linck*, § 23 KSchG Rz. 32. | 5 KR/*Weigand*, § 23 KSchG Rz. 71; *v. Hoyningen-Huene/Linck*, § 23 KSchG Rz. 33. | 6 Bader/Bram/Dörner/Wenzel, § 23 KSchG Rz. 38. | 7 KR/*Weigand*, § 23 KSchG Rz. 71; ErfK/*Ascheid*, § 23 KSchG Rz. 19; *Löwisch*, § 23 KSchG Rz. 28.

zes für die Streitigkeiten aus dem Arbeitsverhältnis Zuständigkeiten des Seemannsamtes begründet sind, finden die Vorschriften auf Streitigkeiten über Ansprüche aus diesem Gesetz keine Anwendung.

(5) Der Kündigungsschutz des ersten Abschnitts gilt, abweichend von § 14, auch für den Kapitän und die übrigen als leitende Angestellte im Sinne des § 14 anzusehenden Angehörigen der Besatzung.

1 **I. Gegenstand und Zweck.** Das Gesetz erstreckt den Geltungsbereich der Vorschriften des Kündigungsschutzgesetzes über den allgemeinen und den besonderen Kündigungsschutz im Gegensatz zu früheren Regelungen auch auf die Besatzungen von **Seeschiffen, Binnenschiffen und Luftfahrzeugen.** Daneben sieht es einen eigenständigen Betriebsbegriff vor, um die Land- und die Bodenbetriebe voneinander abzugrenzen. Die übrigen Regelungen tragen den Besonderheiten dieses Wirtschaftszweiges Rechnung, wobei das Gesetz in erster Linie die Verhältnisse in der Seeschifffahrt zugrunde legt[1].

2 **II. Geltungsbereich des 1. und 2. Abschnitt (§ 24 Abs. 1).** Das Gesetz erklärt in § 24 Abs. 1 Satz 1 zunächst die Vorschriften über den allgemeinen und besonderen Kündigungsschutz für anwendbar, soweit es die Arbeitsverhältnisse der **Schiffs- und Luftfahrzeugbesatzungen** angeht. Für die ArbN der Land- und Bodenbetriebe gelten ohnehin die üblichen Kündigungsschutzbestimmungen[2]. Zur Besatzung eines Seeschiffes gehören alle Beschäftigten, die in einem **Heuerverhältnis** zum Reeder stehen. Dazu gehört neben den Schiffsoffizieren, Matrosen und sonstigen Angestellten auch der Kapitän. Nicht dazu zählen selbständige Gewerbetreibende und deren Mitarbeiter, da sie zu dem Reeder in einem anderen Rechtsverhältnis stehen[3]. Zur Besatzung eines Luftfahrzeugs gehört neben dem **fliegenden Personal auch das Bordpersonal**, das mit dem Luftfahrtunternehmer einen Arbeitsvertrag geschlossen hat. Dazu zählen neben dem Flugzeugführer, dem Flugingenieur, dem Flugnavigator auch die Flugbegleiter[4].

3 Nach § 24 Abs. 1 Satz 2 gilt als **Betrieb iSd. KSchG** jeweils auch die Gesamtheit der Seeschiffe, der Binnenschiffe oder der Luftfahrzeuge eines Schifffahrts- oder Luftverkehrsbetriebs. Dadurch werden die Schiffe und die Flugzeuge im Wege einer gesetzlichen Fiktion zu einem selbständigen Betrieb zusammengefasst mit der Folge, dass der Land- bzw. der Bodenbetrieb des Schifffahrts- bzw. Luftfahrtunternehmers kündigungsrechtlich ebenfalls einen eigenständigen Betrieb darstellt[5]. Bedeutung erlangt diese Zusammenfassung bei der Ermittlung der Zahl der Beschäftigten nach den §§ 17 Abs. 1 und 23 Abs. 1 Satz 2, bei § 1 Abs. 2 Satz 1, soweit an die betrieblichen Erfordernisse im Zusammenhang mit der Kündigung angeknüpft wird und im Rahmen der sozialen Auswahl nach § 1 Abs. 3[6]. Im Rahmen der fiktiv zusammengefassten Betriebe können auch einzelne Betriebsabteilungen gebildet werden, die gemäß § 15 von Bedeutung sein können[7].

4 **III. Verlängerung der Wartezeit (§ 24 Abs. 2).** Grundsätzlich erwerben alle ArbN eines Schifffahrts- oder eines Luftverkehrsbetriebs den allgemeinen Kündigungsschutz erst nach Ablauf von sechs Monaten. Davon nimmt § 24 Abs. 2 ein Besatzungsmitglied aus, dessen **erste Reise** länger als sechs Monate dauert. Dessen Wartezeit verlängert sich bis zum Ablauf von drei Tagen nach Ende der Reise. Dadurch soll der Reeder die Gelegenheit erhalten, bei seiner Entscheidung über die weitere Zusammenarbeit mit dem ArbN den Bericht des Kapitäns über den Verlauf dieser ersten Reise zu berücksichtigen. Ferner soll der Kapitän im Interesse des Betriebsfriedens nicht gezwungen sein, eine Kündigung bereits im Verlauf der Reise auszusprechen[8]. Praktische Bedeutung kommt dieser Regelung kaum zu. Bei Binnenschiffen und Flugzeugen dauern Reisen regelmäßig keine sechs Monate. Bei Seeschiffen wird die erste Fahrt eines Besatzungsmitglieds regelmäßig in einem befristeten Heuerverhältnis angetreten[9].

5 **IV. Klagefrist (§ 24 Abs. 3).** Grundsätzlich muss auch ein Besatzungsmitglied innerhalb von drei Wochen nach Zugang der Kündigung seines Heuerverhältnisses Klage beim ArbG erheben, wenn er geltend machen will, dass die Kündigung sozial ungerechtfertigt ist. Das gilt insb., wenn ihm die Kündigung vor dem Antritt einer Fahrt oder nach der Rückkehr von einer Fahrt zugeht. Erhält das Besatzungsmitglied dagegen die **Kündigung während einer Fahrt**, gelten die Besonderheiten des § 24 Abs. 3. Die Klagefrist von drei Wochen beginnt in diesem Fall erst mit der Rückkehr des Besatzungsmitglieds an den Sitz seines Betriebs. Gleichzeitig wird der Zeitraum für die Klageerhebung begrenzt durch den Ablauf von sechs Wochen nach dem Zugang der Kündigung. Durch diese Grenze soll verhindert werden, dass das Besatzungsmitglied seine Rückkehr ins Inland verzögert und die Klärung über die Wirksamkeit der Kündigung unangemessen hinausschiebt[10]. Der Betriebssitz bestimmt sich nach den handelsrechtlichen Vorschriften. Maßgeblich ist der Ort der Hauptverwaltung des Reeders oder des Luftfahrtunternehmers. Fehlt eine Hauptverwaltung, kommt es auf den Heimathafen an[11].

---

1 KR/*Weigand*, § 24 KSchG Rz. 6. | 2 BAG v. 28.12.1956 – 2 AZR 207/56, AP Nr. 1 zu § 22 KSchG. | 3 *Bader/Bram/Dörner/Wenzel*, § 24 KSchG Rz. 6; APS/*Moll*, § 24 KSchG Rz. 4; *v. Hoyningen-Huene/Linck*, § 24 KSchG Rz. 2 a; aA KR/*Weigand*, § 24 KSchG Rz. 11; HK/*Kriebel*, § 24 KSchG Rz. 5. | 4 KR/*Weigand*, § 24 KSchG Rz. 13. | 5 BAG v. 28.12.1956 – 2 AZR 207/56, AP Nr. 1 zu § 22 KSchG. | 6 ErfK/*Ascheid*, § 24 KSchG Rz. 4; *v. Hoyningen-Huene/Linck*, § 24 KSchG Rz. 5. | 7 *Bader/Bram/Dörner/Wenzel*, § 24 KSchG Rz. 4; KR/*Weigand*, § 24 KSchG Rz. 15. | 8 KR/*Weigand*, § 24 KSchG Rz. 23; *v. Hoyningen-Huene/Linck*, § 24 KSchG Rz. 6. | 9 *Bader/Bram/Dörner/Wenzel*, § 24 KSchG Rz. 12. | 10 BAG v. 9.1.1986 – 2 AZR 163/85, AP Nr. 1 zu § 24 KSchG 1969. | 11 KR/*Weigand*, § 24 KSchG Rz. 26; *Löwisch*, § 24 KSchG Rz. 11; ErfK/*Ascheid*, § 24 KSchG Rz. 11.

Wird die Kündigung während der Fahrt eines Schiffes oder eines Luftfahrzeugs ausgesprochen, beginnt die sechswöchige Frist iSd. § 24 Abs. 3 Satz 1 nach § 24 Abs. 3 Satz 2 erst, wenn das Schiff oder das Flugzeug einen **deutschen Flughafen oder Liegeplatz** erreicht. Hat das Besatzungsmitglied sein Fahrzeug während der Fahrt verlassen und kommt es früher in Deutschland an als sein Schiff oder Flugzeug, beginnt die sechswöchige Frist erst mit dessen Ankunft. Kommt dagegen das Besatzungsmitglied nach der Ankunft des Schiffes oder Flugzeugs in Deutschland an, läuft die Frist erst mit seiner Ankunft[1]. **6**

V. Zuständigkeit (§ 24 Abs. 4). Diese Regelung ist seit 1953 **überholt und gegenstandslos**. Die Seeämter sind bei kündigungsschutzrechtlichen Streitigkeiten nicht mehr zuständig. Dazu sind ausschließlich die ArbG anzurufen. Lediglich ausländische Seemannsämter können noch nach § 69 Seemannsgesetz vorläufig über die im Ausland ausgesprochenen außerordentlichen Kündigungen entscheiden. Diese Entscheidungen binden allerdings die Gerichte nicht[2]. **7**

VI. Kapitäne und andere leitende Angestellte (§ 24 Abs. 5). Durch diese Regelung sollten die Vorschriften über den allgemeinen Kündigungsschutz auch auf Kapitäne und sonstige leitende Angestellte von Schiffen und Luftfahrzeugen erstreckt werden. Dieser ursprüngliche Gesetzeszweck ist durch die Neuregelung des § 14 Abs. 2 überholt. **8**

25 Kündigung in Arbeitskämpfen
Die Vorschriften dieses Gesetzes finden keine Anwendung auf Kündigungen und Entlassungen, die lediglich als Maßnahmen in wirtschaftlichen Kämpfen zwischen Arbeitgebern und Arbeitnehmern vorgenommen werden.

Die Vorschrift beruht auf der sog. **individuellen Arbeitskampftheorie**, die bei der Schaffung des Kündigungsschutzgesetzes vorherrschte. Danach konnte einem ArbN gekündigt werden, wenn er sich an einem Streik beteiligte, ohne selbst vorher gekündigt zu haben. Sein Verhalten berechtigte den ArbGeb zur fristlosen Entlassung wegen beharrlicher Arbeitsverweigerung. Gleichzeitig konnte der ArbGeb bei Arbeitskämpfen sog. Kampfkündigungen aussprechen. In diesen Fällen sollten die Vorschriften des KSchG gemäß § 25 keine Anwendung finden. Stattdessen dienten besondere arbeitskampfrechtliche Regelungen dazu, den Rechtsfrieden nach einem Arbeitskampf wieder herzustellen[3]. **1**

Durch die Entwicklung der Arbeitskampfrechtsprechung ist dieser ursprüngliche **Zweck von § 25 weitgehend überholt**. Das BAG hat die kollektive Arbeitskampftheorie begründet und fortentwickelt[4]. Danach stellt die Teilnahme an einem rechtmäßigen Arbeitskampf keine Verletzung der arbeitsvertraglichen Pflichten dar. Das gilt auch für ArbN, die nicht gewerkschaftlich organisiert sind. Durch die Teilnahme an dem Streik werden die Hauptpflichten aus dem Arbeitsverhältnis suspendiert. Während der ArbN keine Arbeitsleistung erbringen muss, hat der ArbGeb kein Arbeitsentgelt zu leisten. Der Bestand der Arbeitsverhältnisse wird durch die Teilnahme an einem Streik nicht berührt. Dem ArbGeb steht als Gegenmittel die Aussperrung zur Verfügung. Zu einer Kündigung des Arbeitsverhältnisses aufgrund des Streiks eines ArbN ist er dagegen nicht berechtigt. Auch die Aussperrung führt grundsätzlich nur zu einer Suspendierung der Pflichten aus dem Arbeitsverhältnis. Lediglich im Ausnahmefall soll dem ArbGeb die Möglichkeit gegeben werden, aufgrund der Teilnahme eines ArbN an einem wilden Streik das Arbeitsverhältnis durch Aussperrung zu lösen. Allerdings soll der ArbGeb verpflichtet sein, den ArbN nach Beendigung des Arbeitskampfes in jedem Falle wieder einzustellen[5]. Abgesehen davon, dass dieser Fall noch nicht praktisch geworden ist, handelt es sich bei der sog. lösenden Abwehraussperrung um einen kollektivrechtlichen Tatbestand eigener Art, nicht aber um eine Kündigung[6]. **2**

Grundsätzlich geht § 25 davon aus, dass eine Kündigung als Maßnahme in wirtschaftlichen Kämpfen zwischen ArbGeb und ArbN ausgesprochen wird. Indessen sind derartige Kündigungen nach der **kollektiven Arbeitskampftheorie** schlechthin unzulässig[7]. Wählt der ArbGeb dagegen sog. aussperrungsbedingte Massenänderungskündigungen, um geänderte Arbeitsbedingungen durchzusetzen, greift die Regelung des § 25 nicht ein. Auf derartige Kündigungen ist das Kündigungsschutzgesetz in jeder Hinsicht anwendbar[8]. Wehrt sich der ArbGeb bei einem rechtswidrigen Streik durch den Ausspruch von ordentlichen oder außerordentlichen Kündigungen, ist auch auf diese das KSchG in vollem Umfang anwendbar[9]. Beruft sich der ArbGeb zur Begründung einer Kündigung auf einen sog. Arbeitskampfexzess, bestimmt sich die Wirksamkeit dieser Kündigung gleichfalls nach den allgemeinen Bestimmungen des KSchG. Dabei handelt es sich um besondere Verstöße gegen die arbeitsvertraglichen **3**

---
1 *Bader/Bram/Dörner/Wenzel*, § 24 KSchG Rz. 17; *v. Hoyningen-Huene/Linck*, § 24 KSchG Rz. 10. | 2 *Bader/Bram/Dörner/Wenzel*, § 24 KSchG Rz. 20; *KR/Weigand*, § 24 KSchG Rz. 32; *v. Hoyningen-Huene/Linck*, § 24 KSchG Rz. 13. | 3 *Bader/Bram/Dörner/Wenzel*, § 25 KSchG Rz. 1. | 4 BAG v. 28.1.1955 – GS 1/54, AP Nr. 1 zu Art. 9 GG – Arbeitskampf; v. 21.4.1971 – GS 1/68, AP Nr. 43 zu Art. 9 GG – Arbeitskampf; v. 26.4.1988 – 1 AZR 399/86, AP Nr. 101 zu Artikel 9 GG – Arbeitskampf. | 5 BAG v. 21.4.1971 – GS 1/68, AP Nr. 43 zu Art. 9 GG – Arbeitskampf. | 6 APS/*Moll*, § 25 KSchG Rz. 4. | 7 BAG v. 17.12.1976 – 1 AZR 605/75, AP Nr. 51 zu Art. 9 GG – Arbeitskampf. | 8 BAG v. 1.2.1957 – 1 AZR 521/54, AP Nr. 4 zu § 56 BetrVG. | 9 BAG v. 14.2.1978 – 1 AZR 76/76, AP Nr. 58 zu Art. 9 GG – Arbeitskampf; aA *v. Hoyningen-Huene/Linck*, § 25 KSchG Rz. 20.

Pflichten, die für einen rechtmäßigen Arbeitskampf nicht erforderlich sind und sich innerhalb eines rechtswidrigen Arbeitskampfes als Handlungen mit besonderem Unrechtsgehalt darstellen[1].

25a Berlin-Klausel (gegenstandslos)

26 In-Kraft-Treten
Dieses Gesetz tritt am Tage nach seiner Verkündung in Kraft.

1 Das Kündigungsschutzgesetz in der Fassung vom 10.8.1951 (BGBl. I 499) ist am 13.8.1951 verkündet worden und daher am 14.8.1951 in Kraft getreten.

---

[1] BAG v. 21.10.1969 – AP Nr. 41 zu Art. 9 GG – Arbeitskampf; *v. Hoyningen-Huene/Linck*, § 25 KSchG Rz. 19.

Gesetz über die Mitbestimmung der Arbeitnehmer (Mitbestimmungsgesetz – MitbestG)

vom 4.5.1976 (BGBl. I S. 1153),
zuletzt geändert durch Gesetz vom 23.3.2002 (BGBl. I S. 1130)

Erster Teil. Geltungsbereich

1 *Erfasste Unternehmen*
(1) In Unternehmen, die
1. in der Rechtsform einer Aktiengesellschaft, einer Kommanditgesellschaft auf Aktien, einer Gesellschaft mit beschränkter Haftung oder einer Erwerbs- und Wirtschaftsgenossenschaft betrieben werden und
2. in der Regel mehr als 2000 Arbeitnehmer beschäftigen,

haben die Arbeitnehmer ein Mitbestimmungsrecht nach Maßgabe dieses Gesetzes.

(2) Dieses Gesetz ist nicht anzuwenden auf die Mitbestimmung in Organen von Unternehmen, in denen die Arbeitnehmer nach
1. dem Gesetz über die Mitbestimmung der Arbeitnehmer in den Aufsichtsräten und Vorständen der Unternehmen des Bergbaus und der Eisen und Stahl erzeugendenden Industrie vom 21. Mai 1951 (Bundesgesetzbl. I S. 347) – Montan-Mitbestimmungsgesetz –, oder
2. dem Gesetz zur Ergänzung des Gesetzes über die Mitbestimmung der Arbeitnehmer in den Aufsichtsräten und Vorständen der Unternehmen des Bergbaus und der Eisen und Stahl erzeugenden Industrie vom 7. August 1956 (Bundesgesetzbl. I S. 707) – Mitbestimmungsergänzungsgesetz –,

ein Mitbestimmungsrecht haben.

(3) Die Vertretung der Arbeitnehmer in den Aufsichtsräten von Unternehmen, in denen die Arbeitnehmer nicht nach Absatz 1 oder nach den in Absatz 2 bezeichneten Gesetzen ein Mitbestimmungsrecht haben, bestimmt sich nach den Vorschriften des Betriebsverfassungsgesetzes 1952 (Bundesgesetzbl. I S. 681).

(4) Dieses Gesetz ist nicht anzuwenden auf Unternehmen, die unmittelbar und überwiegend
1. politischen, koalitionspolitischen, konfessionellen, karitativen, erzieherischen, wissenschaftlichen oder künstlerischen Bestimmungen oder
2. Zwecken der Berichterstattung oder Meinungsäußerung, auf die Artikel 5 Abs. 1 Satz 2 des Grundgesetzes anzuwenden ist,

dienen. Dieses Gesetz ist nicht anzuwenden auf Religionsgemeinschaften und ihre karitativen und erzieherischen Einrichtungen unbeschadet deren Rechtsform.

I. Anwendungsbereich (§ 1 Abs. 1). 1. Allgemeines. Ein Aufsichtsrat mit hälftiger Besetzung mit ArbN-Vertretern (sog. paritätische Unternehmensmitbestimmung) ist grundsätzlich in allen Unternehmen mit der Rechtsform einer AG, KGaA, GmbH oder Erwerbs- und Wirtschaftsgenossenschaft (dazu Rz. 2–10) zu bilden, die in der Regel mehr als 2000 ArbN beschäftigen (dazu Rz. 11–12) und weder den Montan-Mitbestimmungsgesetzen unterfallen (dazu Rz. 17–18) noch als Tendenzbetriebe (dazu Rz. 13–16) zu charakterisieren sind.

Dem MitbestG unterfielen zum 31.12.2002 767 Unternehmen, davon 386 AG, 337 GmbH und 44 Unternehmen sonstiger Rechtsformen. Seit In-Kraft-Treten des MitbestG hat die Zahl der dem Gesetz unterfallenden Unernehmen erheblich zugenommen[1]:

1

Jahr	1978	1979	1980	1981	1982	1983	1984	1985	1986	1987	1988	1989
AG	279	286	285	279	278	277	277	276	286	290	292	303
GmbH	169	172	177	181	178	178	175	174	181	181	188	200
Sonst.	24	24	23	22	23	26	25	26	21	21	20	19
Gesamt	472	482	485	482	479	481	477	476	488	492	500	522

---

1 Quelle: Mitbestimmung Heft 9/2003, S. 70; Daten jeweils zum 31.12., Ausnahme: 30.10.1980; Angaben zu sonstigen Rechtsformen 2002 (2000): KapG & Co KG 28 (8), KGaA 10 (9), Genossenschaften 6 (6).

MitbestG § 1 Rz. 2   Erfasste Unternehmen

Jahr	1990	1991	1992	1993	1994	1995	1996	1997	1998	1999	2000	2001	2002
AG	321	341	413	401	404	402	399	388	390	378	382	388	386
GmbH	202	211	270	274	281	285	296	292	274	275	301	325	337
Sonst.	21	21	26	26	28	32	30	25	27	26	33	37	44
Gesamt	544	573	709	701	713	719	725	705	691	679	716	750	767

2   **2. Rechtsform.** Das MitbestG erfasst nur Unternehmen in den Rechtsformen der AG, KGaA, GmbH oder der Erwerbs- und Wirtschaftgenossenschaft (§ 1 Abs. 1 Nr. 1). Die Aufzählung der Rechtsformen in § 1 Abs. 1 Nr. 1 ist **abschließend und einer analogen Anwendung auf andere (in- oder ausländische) Rechtsformen nicht zugänglich**[1]. Das gilt auch für den VVaG, auf den lediglich die drittelparitätische Unternehmensmitbestimmung nach §§ 77 Abs. 2, 76 BetrVG 1952 Anwendung findet (siehe § 77 BetrVG 1952 Rz. 3). Die Nicht-Einbeziehung von VVaG in § 1 Abs. 1 verstößt nicht gegen Art. 3 Abs. 1 GG.

3   Für die Anwendung des MitbestG ist es unerheblich, wer Anteilseigner des Unternehmens ist. So gilt das MitbestG auch, wenn ein Unternehmen in einer Rechtsform des § 1 Abs. 1 Nr. 1 in öffentlicher Trägerschaft geführt wird[2]. Nicht unter das Gesetz fallen Einzelunternehmen und Personengesellschaften mit Ausnahme der Fälle des § 4 (und zwar auch, wenn deren sämtliche Gesellschafter juristische Personen sind), ideelle und wirtschaftliche Vereine, Stiftungen sowie Unternehmen, die als Körperschaften oder Anstalten des öffentlichen Rechts organisiert sind[3].

4   **3. Gründungsstadium.** Für die Zusammensetzung des Aufsichtsrats eines Unternehmens im Gründungsstadium siehe § 76 BetrVG 1952 Rz. 8 sowie § 77 BetrVG 1952 Rz. 4.

5   **4. Europäische Aktiengesellschaft (Societas Europaea).** Die Rechtsregeln über die Europäische Aktiengesellschaft sind in der EU-VO des Rates über das Statut der Europäischen Gesellschaft (SE-VO)[4] sowie in der ergänzenden Richtlinie hinsichtlich der Beteiligung der ArbN (Mitbest-RL)[5] enthalten. Die SE-VO tritt am 8.10.2004 in Kraft (Art. 70 SE-VO) und bis zu diesem Datum muss auch die Mitbest-RL in nationales Recht umgesetzt werden (Art. 14 Abs. 1 Mitbest-RL)[6]. Die Europäische Aktiengesellschaft ist eine Gesellschaft mit eigener Rechtspersönlichkeit und beschränkter Haftung (Art. 1 SE-VO), deren Grundkapital mindestens 120.000,- Euro beträgt (Art. 4 Abs. 2 SE-VO) und in Aktien zerlegt ist (Art. 1 Abs. 2 S. 1 SE-VO); soweit nicht anderes bestimmt ist, wird eine SE wie eine nach dem Recht des Sitzstaates gegründete Aktiengesellschaft behandelt (Art. 10 SE-VO)[7].

6   Mit der Mitbest-RL wird auf ein einheitliches europäisches Modell der Unternehmensmitbestimmung verzichtet, vielmehr unterliegen deren Umfang und Ausgestaltung der **Vereinbarung von ArbGeb- und ArbN-Vertretern**[8]. Zu diesem Zweck wird ein besonderes Verhandlungsgremium als Vertretung der ArbN gebildet, dem auch Gewerkschaftsvertreter angehören können, die nicht ArbN einer der betroffenen Gesellschaften sind. Für den Fall, dass auf diesem Weg nicht innerhalb von 6 bzw. maximal 12 Monaten eine Einigung zustande kommt, oder bei entsprechender Vereinbarung der Parteien sieht die Mitbest-RL als **gesetzliche Auffanglösung** das weitestgehende nationale Mitbestimmungsmodell der Gründungsgesellschaften vor, sofern ein bestimmter, nach der Art der Gründung differenzierter, prozentualer Anteil aller späteren ArbN der zukünftigen SE dieser Mitbest. unterliegt. Im Fall einer Gründung der SE durch Umwandlung gilt somit die bisherige Mitbestimmungsregelung der Mitbest. in der nationalen Gesellschaft in der SE fort. In allen anderen Fällen erstreckt sich das strengste Mitbestimmungsstatut einer der beteiligten Gesellschaften auf die gesamte SE, unabhängig von ihrem Sitz. Zudem beinhaltet die Auffanglösung die obligatorische Bildung einer ArbN-Vertretung, deren Befugnisse denen des EBR entsprechen[9]. Für den Fall, dass das ausgehandelte Unternehmensmitbestimmungsstatut hinter dem Mitbestimmungsniveau eines der Gründungsunternehmen zurück bleibt, bedarf das ausgehandelte Modell der Zustimmung von mindestens zwei Drittel der ArbN-Vertreter.

7   **5. Ausländische Unternehmen.** Das MitbestG findet wegen des **völkerrechtlichen Territorialitätsprinzips** nur auf inländische Unternehmen Anwendung, dh. im Umkehrschluss nicht auf ausländische Unternehmen (dh. Unternehmen mit tatsächlichem Verwaltungssitz im Ausland)[10]. Dies gilt auch,

---

1 ErfK/*Oetker*, § 1 MitbestG Rz. 2; *Hanau/Ulmer*, § 1 MitbestG Rz. 31; *Raiser*, § 1 MitbestG Rz. 10. |2 BGH v. 3.7.1975 – II ZR 35/73, NJW 1975, 1657; ErfK/*Oetker*, § 1 MitbestG Rz. 1; *Raiser*, § 1 MitbestG Rz. 11. |3 *Raiser*, § 1 MitbestG Rz. 10. |4 Nr. 2157/2001, ABl. Nr. L 294 v. 10.11.2001, S. 1–21. |5 Nr. 2001/86/EG, ABl. Nr. L 294 v. 10.11.2001, S. 22–32. |6 Zum Gesetzgebungsverfahren in Deutschland *Neye*, ZGR 2002, 377, 381 f. – Derzeit liegt ein BMJ-Diskussionsentwurf eines Gesetzes zur Einführung der Europäischen Gesellschaft vor (Text in AG 2003, 204 ff.); hierzu *Neye/Teichmann*, AG 2003, 169 ff. |7 Zum Anwendungsbereich der Europäischen Aktiengesellschaft *Blanquet*, ZGR 2002, 20, 39 ff.; *Teichmann*, ZGR 2002, 383, 389, 409 ff.; *Kallmeyer*, AG 2003, 197 ff. – Zu Gründungsformen ausf. zB *Herfs-Röttgen*, NZA 2001, 424, 426; *Hommelhoff*, AG 2001, 279, 280; *Lutter*, BB 2002, 1, 4; *Schwarz*, ZIP 2001, 1847, 1851 ff. |8 Hierzu ausf. *Reichert/Brandes*, ZGR 2003, 767 ff.; *Köstler*, ZGR 2003, 800 ff.; *Herfs-Röttgen*, NZA 2002, 358 ff. |9 *Lutter*, BB 2002, 1, 6. |10 LG Düsseldorf v. 5.6.1979 – 25 AktE 1/78, DB 1979, 1451; OLG Stuttgart v. 30.3.1995 – 8 W 355/93, ZIP 1995, 1004; *Willemsen/Seibt*, Unternehmensumstrukturierung, F123; ErfK/*Oetker*, § 1 MitbestG Rz. 3; *Raiser*, § 1 MitbestG Rz. 13; *Hanau/Ulmer*, § 1 MitbestG Rz. 33; MünchArbR/*Wißmann*, § 377 Rz. 2.

wenn das ausländische Unternehmen rechtlich unselbständige Betriebe in Deutschland hat[1] oder zusammen mit inländischen Unternehmen einer einheitlichen Leitung unterliegen[2].

Noch nicht abschließend geklärt ist die Frage, ob das MitbestG nicht auch bei einem nach ausländischem Recht gegründeten Unternehmen Geltung verlangt, das seinen formalen Sitz im Ausland, seinen tatsächlichen Verwaltungssitz jedoch in Deutschland hat (sog. **Pseudo-Auslandsgesellschaften**). Dies betrifft in der Praxis bislang vor allem die nicht seltenen Fälle, bei denen der Komplementär einer Kapitalgesellschaft & Co. KG eine nach ausländischem Recht gegründete Gesellschaft mit statutarischem Auslandssitz ist, deren Tätigkeit sich auf die Leitung der inländischen Kommanditgesellschaft beschränkt und der überwiegend im Inland verwaltet wird[3]. In Zukunft wird sich diese Frage aber auch im Hinblick auf Konzernobergesellschaften stellen, die aus Gründen der Corporate Governance (zB Wahl einer monistischen Verwaltungsstruktur[4], Etablierung eines CEO-Modells unter Ausschluss des Kollegialitätsprinzips beim Vorstand[5] oder Vermeidung der Unternehmensmitbestimmung) im EU- oder EWR-Ausland oder in den USA gegründet worden sind.

Für im EU-Ausland wirksam gegründete Gesellschaften, die ihren tatsächlichen Verwaltungssitz nach Deutschland verlegt haben (sog. Zuzugsfall), gilt nach der **EuGH-Rspr.** die **Gründungstheorie**, derzufolge sämtliche EU-Mitgliedsstaaten diese als Gesellschaft des Gründungsstaates (keine Umqualifikation in eine Gesellschaftsform deutschen Rechts) anzuerkennen haben[6]. Dies gilt nach der EuGH-Rspr. auch für den Fall, dass eine Gesellschaft in einem EU-Mitgliedstaat nur gegründet wird, um in den Genuss vorteilhafter Rechtsvorschriften zu kommen, und zwar auch dann, wenn die betreffende Gesellschaft ihre Tätigkeit hauptsächlich oder gar ausschließlich in einem anderen Mitgliedstaat ausübt[7]. Zwar kann der nationale Gesetzgeber bei „zwingenden Gründen des Gemeinwohls", zu denen auch der Schutz der Interessen der ArbN gehören[8], besondere Rechtsvorschriften für im Ausland gegründete Gesellschaften einführen. Allerdings stellte sich eine unternehmensmitbestimmungsrechtliche Gleichstellung von den deutschen mitbestimmungspflichtigen Gesellschaftsformen entsprechenden EU-Kapitalgesellschaftstypen im Wege einer Sonderanknüpfung (Analogie zu §§ 1, 4 MitbestG) bzw. Spaltung des Gesellschaftsstatuts oder durch Erweiterung des Rechtsformkatalogs in § 1 Abs. 1 Nr. 1 als *unverhältnismäßige* Beschränkung der Niederlassungsfreiheit (Art. 43, 48 EGV) von EU-Kapitalgesellschaften dar[9]. Die Anwendung des deutschen MitbestR führte ansonsten zu hybriden aus ausländischem Gesellschaftsrecht und deutschem MitbestR zusammengesetzten Gesellschaftstypen, was einen tiefen Eingriff in die Binnenorganisation der Auslandsgesellschaft bedeuten und in der praktischen Anwendung schwer zu überwindende Anpassungsprobleme nach sich ziehen würde[10]. Hinzu kommt, dass die Interessen der ArbN an einer wirksamen Interessenvertretung bereits in hinreichendem Maße durch das BetrVG und die betriebliche Mitbest. gesichert werden[11]. Einen Zwang zur Gründung einer inländischen Tochtergesellschaft mit einem mitbestimmten Aufsichtsrat zur Durchsetzung des deutschen Unternehmensmitbestimmungsrechts lässt sich ebenfalls mit der EU-Niederlassungsfreiheit nicht vereinbaren[12]. Keine entsprechende Anwendung finden

---

1 *Willemsen/Seibt*, Unternehmensumstrukturierung, F123; ErfK/*Oetker*, § 1 MitbestG Rz. 3; *Raiser*, § 1 MitbestG Rz. 13; *Birk*, RIW 1975, 594; kritisch Staudinger/*Großfeld*, Internationales Gesellschaftsrecht, Rz. 515 ff. | 2 ErfK/*Oetker*, § 1 MitbestG Rz. 3; *Hanau/Ulmer*, § 1 MitbestG Rz. 6. | 3 Hierzu zB *Willemsen/Seibt*, Unternehmensumstrukturierung, F19. | 4 Vgl. Art. 38 lit. b SE-VO (Rz. 5); *Merkt*, ZGR 2003, 650 ff. für Europäische Aktiengesellschaft; *Teichmann*, ZGR 2001, 645 ff. für Corporate Governance-Systeme in Europa. | 5 Hierzu *von Hein*, ZHR 2002, 464 ff. | 6 EuGH v. 5.11.2002 – Rs C-208/00, NJW 2002, 3614, 3615 (Tz. 80) – Überseering; EuGH v. 30.9.2003 – Rs C-167/01, NJW 2003, 3331 ff. (Tz. 9 ff.) - Inspire Art; *Binz/Mayer*, GmbHR 2003, 249, 254 f.; *Eidenmüller*, ZIP 2002, 2233, 2238; *Kallmeyer*, DB 2002, 2521, 2522; *Lutter*, BB 2003, 7, 9; *Müller-Bonanni*, GmbHR 2003, 1236; *Schanze/Jüttner*, AG 2003, 30, 33; *Veit/Wichert*, AG 2004, 14, 17; *Zimmer*, BB 2003, 1, 5. | 7 EuGH v. 30.9.2003 – Rs C-167/01, NJW 2003, 3331, 3333 (Tz. 96). | 8 Vgl. EuGH v. 5.11.2002 – Rs C-208/00, NJW 2002, 3614, 3615 (Tz. 92): „Es lässt sich nicht ausschließen, dass zwingende Gründe des Gemeinwohls, wie der Schutz der Interessen der Gläubiger, der Minderheitsgesellschafter, der Arbeitnehmer oder auch des Fiskus, unter bestimmten Umständen und unter Beachtung bestimmter Voraussetzungen Beschränkungen der Niederlassungsfreiheit rechtfertigen können". In Abschnitt 50 der Schlussanträge des Generalanwalts *Colomer*, NZG 2002, 17, 21 (Überseering) bezeichnet dieser den Schutz der Arbeitnehmer durch die Verpflichtung zur betrieblichen Mitbestimmung nach den gesetzlich festgelegten Bedingungen als zwingende Gründe des allgemeinen Interesses iSd. EuGH-Rspr. – Zu einem Gesetzgebungsvorschlag des DGB zur Erweiterung von § 1 Abs. 1 Nr. 1 auf typengleiche EU-ausländische Rechtsformen FAZ vom 2.10.2003, S. 15. | 9 *Binz/Mayer*, GmbHR 2003, 249, 257; *Eidenmüller*, ZIP 2002, 2233, 2242; *Merkt*, Forsthoff, DB 2002, 2471, 2477; *Kallmeyer*, DB 2002, 2521, 2522; *Müller-Bonanni*, GmbHR 2003, 1235, 1237; *Ulmer*, JZ 1999, 662, 663; wohl auch *Paefgen*, DB 2003, 487, 491; *Ziemons*, ZIP 2003, 1913, 1918; aA *Kindler*, NJW 2003, 1073, 1078 f.; *von Halen*, WM 2003, 571, 577; *Grundmann/Möslein*, ZGR 2003, 313, 350 f.; zweifelnd *Bayer*, BB 2004, 1, 5. | 10 *Willemsen/Seibt*, Unternehmensumstrukturierung, F127b; *Binz/Mayer*, GmbHR 2003, 249, 257; *Merkt*, Gesellschaftsrecht in der Diskussion 1999, 111, 143 f.; *Müller-Bonanni*, GmbHR 2003, 1235, 1237; *Sigle*, FS Peltzer, S. 539, 552; *Veit/Wichert*, AG 2004, 14, 18; ErfK/*Oetker*, § 1 MitbestG Rz. 5. | 11 So auch *Binz/Mayer*, GmbHR 2003, 249, 257; *Forsthoff*, DB 2002, 2471, 2477; *Paefgen*, DB 2003, 487, 492. | 12 *Willemsen/Seibt*, Unternehmensumstrukturierung, F127b; *Müller-Bonanni*, GmbHR 2003, 1235, 1239; *Paefgen*, DB 2003, 487, 491 f.; *Schutz/Sester*, EWS 2002, 554, 551; aA Staudinger/*Großfeld*, Internationales Gesellschaftsrecht, Rz. 518 ff.

10 Das Gleiche gilt für **US-amerikanische Kapitalgesellschaften**, da nach Art. XXV Abs. 5 Satz 2 des Freundschafts-, Handels- und Schifffahrtsvertrages zwischen der Bundesrepublik Deutschland und den USA vom 29. Oktober 1954 (BGBl II 1956, 488) der Status einer Gesellschaft, die in dem Gebiet eines Vertragsteils nach dessen Gesetzen und Vorschriften rechtmäßig gegründet worden ist, in dem Gebiet des anderen Staates anzuerkennen ist. Damit gilt auch im Verhältnis der USA zu Deutschland und umgekehrt das Gründungs- und nicht das Sitzrecht[2]. Schließlich gelten dieselben Grundsätze für **in EWR-Ländern gegründete Gesellschaften**.

11 **6. ArbN-Zahl.** Nach § 1 Abs. 1 Nr. 2 ist das MitbestG nur auf Unternehmen anzuwenden, die in der Regel mehr als 2000 ArbN beschäftigen. Zum Merkmal der Regelmäßigkeit siehe § 76 BetrVG 1952 Rz. 12. Sinkt die ArbN-Zahl daher nur vorübergehend unter 2000, führt dies nicht zur Beendigung der paritätischen Mitbest.[3], sowie gleichermaßen auch das vorübergehende Überschreiten einer ArbN-Zahl von mehr als 2000 nicht zur Begründung der Mitbest. nach dem MitbestG führt.

12 Bei **Gemeinschaftsbetrieben** ist eine Zurechnung der ArbN zu allen Trägerunternehmen des Gemeinschaftsbetriebes unabhängig vom Vorliegen arbeitsvertraglicher Bindungen anzunehmen, jedenfalls insoweit, als das betreffende Trägerunternehmen die Leitung über den Gemeinschaftsbetrieb mit den anderen Unternehmen gemeinsam ausübt[4]. Dies ergibt sich aus dem *Telos* des MitbestG, die Beteiligung der ArbN in Organen des Unternehmens zu ermöglichen, in dem die für die ArbN wesentlichen Entscheidungen gefällt werden.

13 **II. Tendenzunternehmen (§ 1 Abs. 4). 1. Regelungsinhalt.** Vor dem Hintergrund der verfassungsrechtlichen Gewährleistungen (Art. 4, 140 GG, Art. 5 Abs. 1 Satz 2 GG, Art. 5 Abs. 3 GG, Art. 21 GG, Art. 9 Abs. 3 GG) entfällt eine Beteiligung der ArbN in Aufsichtsräten bei Tendenzunternehmen und Religionsgemeinschaften sowie deren karikativen und erzieherischen Einrichtungen, wenn die Unternehmen diesen Zwecken unmittelbar und überwiegend dienen (§ 1 Abs. 4). **Unmittelbarkeit** liegt vor, wenn die geschützte Tendenz im statutarischen Unternehmenszweck enthalten ist und die im Unternehmen ablaufenden Arbeits- und Produktionszwecke darauf ausgerichtet sind; nicht ausreichend ist alleine die Gewinnverwendung für einen unter den Tendenzschutz fallenden Zweck[5]. Der Tendenzzweck wird **überwiegend** verfolgt, wenn der geistigideelle Zweck dem Unternehmen im Hinblick auf seine Zielsetzung und seine Tätigkeit das Gepräge gibt (**sog. Geprägetheorie**), wobei quantitative Gesichtspunkte nicht entscheidend sind[6]. Der Tendenzschutz entfällt, wenn die kommerziellen Aspekte überwiegen, zB bei kommerziell betriebenen Forschungsinstituten[7] und Krankenhäusern[8] sowie solche Medienunternehmen, die sich allein auf die rein technische Herstellung von Medienträgern (Druckerzeugnisse, Schallplatten, CD, DVD etc.) beschränken[9]. Einen inhaltlich vergleichbaren Tendenzschutz enthält § 118 BetrVG für die betriebliche Mitbest. (dazu § 118 BetrVG).

14 **2. Tendenzschutz im Konzern. a) Tendenzschutz abhängiger Tendenzunternehmen.** Abhängige Tendenzunternehmen genießen Tendenzschutz nach § 1 Abs. 4. Aus dem verfassungsrechtlich zwingend gebotenen Tendenzschutz folgt eine Beschränkung der Konzernleitungsmacht des ggf. mitbestimmten Aufsichtsrats der Konzernobergesellschaft[10]. Allerdings sind die ArbN des abhängigen Konzernunternehmens an der Wahl zum Aufsichtsrat des herrschenden Unternehmens zu beteiligen[11].

15 **b) Tendenzschutz des herrschenden Unternehmens.** Auch eine Konzernobergesellschaft genießt dann Tendenzschutz des § 1 Abs. 4, wenn sie selbst ein Tendenzunternehmen mit operativem Geschäftsbereich ist[12]. Aus dem Tendenzschutz für das herrschende Unternehmen folgt allerdings nicht automatisch auch

---

[1] *Müller-Bonanni*, GmbHR 2003, 1235, 1238; *Binz/Mayer*, GmbHR 2003, 249, 257; *Veit/Wichert*, AG 2004, 14, 19; *Zimmer*, NJW 2003, 3585, 3591; aA *Schanze/Jüttner*, AG 2003, 30, 35 ff.; *Bayer*, BB 2003, 2357, 2365. | [2] Vgl. jüngst BGH v. 29.1.2003 – VIII ZR 155/02, IPRax 2003, 265, 266; hierzu *Bungert*, DB 2003, 1043; *Thömmes*, DB 2003, 1200, 1203; *Ebke*, JZ 2003, 927, 929. | [3] OLG Frankfurt v. 7.6.1985 – 20 W 281/84, EWiR 1985, 607. | [4] *Willemsen/Seibt*, Unternehmensumstrukturierung, F16a; ähnlich *Zöllner*, FS Semler, S. 995, 1012 ff.; aA [Vertragsbeziehung erforderlich] *Bonanni*, Der gemeinsame Betrieb, S. 295; ErfK/*Oetker*, § 76 BetrVG 52 Rz. 8; aA [Leitungsrecht nicht erforderlich] *Fitting/Wlotzke/Wißmann*, § 10 MitbestG Rz. 13; *Hanau/Ulmer*, § 10 MitbestG Rz. 5; *Hanau*, ZfA 1990, 115, 127; *Hjort*, NZA 2001, 696, 699; *Däubler*, FS Zeuner, S. 19, 31; aA [Aufteilung der Betriebsbelegschaft] BAG v. 1.12.1961 – AP BetrVG 1952 § 77 Nr. 1; *Säcker*, Wahlordnungen, Rz. 195; *Wiedemann*, SAE 1962, 212, 213. | [5] Vgl. *Raiser*, § 1 MitbestG Rz. 43; OLG Stuttgart v. 3.5.1989 – 8 W 38/89, BB 1989, 1005 (zu § 118 BetrVG). | [6] Vgl. *Raiser*, § 1 MitbestG Rz. 43; *Hanau/Ulmer*, § 1 MitbestG Rz. 42. | [7] BAG v. 20.11.1990 – 1 ABR 87/89, NJW 1991, 2165; *Raiser*, § 1 MitbestG Rz. 41; aA *Hanau/Ulmer*, § 1 MitbestG Rz. 56. | [8] Vgl. BayObLG v. 10.8.1995 – 3 Z BR 149/93, ZIP 1995, 1671 – Rhön-KLINIKUM AG; *Raiser*, § 1 MitbestG Rz. 41. | [9] OLG Hamburg v. 22.1.1980 – 11 W 38/79, NJW 1980, 1803 – Polygram; BAG v. 31.10.1975 – 1 ABR 64/74, BB 1976, 136; *Raiser*, § 1 MitbestG Rz. 41 u. 42. | [10] Hierzu *Lorenz*, ZfA 1985, 495, 515, 519 ff.; *Willemsen/Seibt*, Unternehmensumstrukturierung, F29. | [11] ErfK/*Oetker*, § 81 BetrVG 52 Rz. 4; *Fitting*, § 76 BetrVG 52 Rz. 103. | [12] BAG v. 30.6.1981 – 1 ARB 30/79, AP Nr. 20 zu § 118 BetrVG 1972; LG Hamburg v. 24.6.1999 – 321 T 86/98, NZA-RR 2000, 209, 210 – Stella; *Willemsen/Seibt*, Unternehmensumstrukturierung, F29; *Loritz*, ZfA 1985, 497, 501 f.; aA GK-MitbestG/*Schneider*, § 5 Rz. 18.

die Mitbestimmungsfreiheit von Aufsichtsräten bei abhängigen Konzernunternehmen, sondern diese müssen selbst Tendenzunternehmen iSv. von § 1 Abs. 4 sein[1].

c) **Mischkonzerne.** Bei Mischkonzernen, bei denen ein Teil der abhängigen Unternehmen Tendenzunternehmen sind, ein anderer Teil jedoch nicht, kommt es nach zutreffender hM auf eine Gesamtbeurteilung des Konzerns an (sog. Gesamtgepräge)[2]. Der Konzernobergesellschaft kommt dann Tendenzschutz zu, wenn das dem Gesamtgepräge des Konzerns im Hinblick auf seine Zielsetzung und seine Tätigkeit entspricht; dabei sind quantitative Gesichtspunkte, wie etwa der Umsatz oder die Beschäftigtenzahl der einzelnen Konzernunternehmen, nicht entscheidend[3].

III. Abgrenzung zu anderen Mitbestimmungsstatuten (§ 1 Abs. 2 und Abs. 3). Sofern die Anwendungsvoraussetzungen des Montan-MitbestG oder des MitbestErgG auf ein Unternehmen Anwendung finden, ist der Anwendungsbereich des MitbestG insoweit eingeschränkt (§ 1 Abs. 2). Greift eine Mitbest. nach MitbestG, Montan-MitbestG oder MitbestErgG nicht ein, so kann nach Maßgabe des BetrVG 1952 eine drittelparitätische Mitbest. im Aufsichtsrat eingreifen (§ 1 Abs. 3).

Die unterschiedlichen Anwendungsbereiche des Mitbestimmungsgesetzes können wie folgt zusammengefasst werden[4]:

Mitbestimmungsform Kriterien	BetrVG 1952	MitbestG 1976	MontanMitbestG	MitbestErgG
Rechtsform	– AG/KGaA – GmbH – e.G. – VVaG (mit bestehendem AR)	– AG/KGaA – GmbH – e.G. – Kapitalgesellschaft & Co. KG[5]	– AG – GmbH	– AG – GmbH
Besonderer Unternehmensgegenstand	nein	nein	ja (Bergbau, Eisen- und stahlerzeugende Industrie)	ja (Bergbau, Eisen- und stahlerzeugende Industrie)
Tendenzschutz	ja (§ 81 BetrVG 1952)	ja (§ 1 Abs. 4 MitbestG)	ja (besonderer Unternehmensgegenstand)	ja (besonderer Unternehmensgegenstand)
Inländischer Sitz	ja	ja	ja	ja
Arbeitnehmerzahl	AG/KGaA: 0/ ≥ 500[6] GmbH/e.G./VVaG: > 500	> 2000 Sollzahl der AR-Mitglieder bei Mitarbeiter: ≤ 10 000: 12 > 10 000: 16 > 20 000: 20 (§ 7 Abs. 1 MitbestG)	> 1000	> 2000

---

1 Vgl. ErfK/*Oetker*, § 81 BetrVG 52 Rz. 3. | **2** OLG Hamburg v. 22.1.1980 – 11 W 38/79, NJW 1980, 1803 f. – Polygram; LG Hamburg v. 24.6.1999 – 321 T 86/98, NZA-RR 2000, 209, 210 f. – Stella; *Willemsen/Seibt*, Unternehmensumstrukturierung, F30; *Loritz*, ZfA 1985, 497, 504 ff.; MünchArbR/*Wißmann*, § 367 Rz. 35; aA KölnKommAktG/*Mertens*, Anh. § 96 Rz. 12; *Wiedemann*, BB 1978, 5, 9 f. | **3** OLG Hamburg v. 22.1.1980 – 11 W 38/79, NJW 1980, 1803 f.; *Willemsen/Seibt*, Unternehmensumstrukturierung, F30; aA MünchArbR/*Wißmann*, § 367 Rz. 31. | **4** Übersicht entnommen aus *Willemsen/Seibt*, Unternehmensumstrukturierung, F166. | **5** Nur bei Eingreifen einer der Zurechnungsnormen gemäß §§ 4 Abs. 1, 5 Abs. 1 MitbestG. | **6** Mindest-Arbeitnehmerzahl von 500 nur bei Aktiengesellschaften, (i) die nach dem 9.8.1994 eingetragen worden sind, oder (ii) vor dem 10.8.1994 eingetragen worden sind, aber als Familiengesellschaft iSv. § 76 Abs. 6 Satz 2 BetrVG 1952 zu qualifizieren sind.

Mitbestimmungsform / Kriterien	BetrVG 1952	MitbestG 1976	MontanMitbestG	MitbestErgG
Kapitalhöhe	Höchstzahl der AR-Mitglieder bei Gesellschaftskapital: < 1,5 Mio. Euro: 9 > 1,5 Mio. Euro: 15 > 10 Mio. Euro: 21 (§ 95 AktG)	nein	Erhöhung der AR-Mitgliederzahl (11) durch Satzung möglich bei Gesellschaftskapital: > 10 Mio. Euro: 15 > 25 Mio. Euro: 21 (§ 9 MontanMitbestG)	Erhöhung der AR-Mitgliederzahl (15) durch Satzung möglich bei Gesellschaftskapital: > 25 Mio. Euro: 21 (§ 5 Abs. 1 MitbestErgG)
Konzernzurechnung	ja – bei Beherrschungsvertrag – bei Eingliederung (§ 77a BetrVG 1952)	ja (§§ 5, 32 MitbestG)		

19 **IV. Privatautonome Mitbestimmungsvereinbarungen.** Die im MitbestG geregelte paritätische Unternehmensmitbestimmung ist im Grundsatz zwingender Natur. Von ihr kann nicht zulasten der ArbN durch vertragliche Vereinbarung abgewichen werden[1]. Ebenso wenig sind Vereinbarungen zulässig, die den verfassungsrechtlich gewährleisteten Tendenzschutz (Art. 4, 140 GG, Art. 5 Abs. 1 Satz 2 GG, Art. 5 Abs. 3 GG, Art. 21 GG, Art. 9 Abs. 3 GG) einschränken[2] oder mit denen vertraglich eine „Überparität" zugunsten der ArbN-Vertreter im Aufsichtsrat geregelt werden soll (Art. 14 Abs. 1 GG)[3].

20 Allerdings sind Mitbestimmungsvereinbarungen in engen Grenzen zulässig[4], wobei drei Fallgruppen unterschieden werden sollten: (1) **Vereinbarungen zur einvernehmlichen Klärung zweifelhafter Rechts- und Sachfragen** (zB Bestimmung des Kreises der Wahlberechtigten oder der Teilkonzernspitze iSv. § 5 Abs. 3) sind zulässig, sofern die Voraussetzungen eines Vergleichs iSv. § 779 BGB erfüllt sind[5]. (2) **Vereinbarungen zur Vereinfachung oder Anpassung gesetzlicher Mitbestimmungsregelungen** (zB Wahlverfahren) an Einzelfallumstände des betroffenen Unternehmens (sog. **Rationalisierungsvereinbarungen**) sind ebenfalls zulässig[6]. (3) Vereinbarungen über die Einrichtung eines mitbestimmten Aufsichtsrates bei Unternehmen, die an sich keinem gesetzlichen Mitbestimmungsregime unterfallen wie Vereinbarungen über die Anhebung des mitbestimmungsrechtlichen Niveaus (Grenze: Überparität; sog. **statusändernde Mitbestimmungsvereinbarungen**) sind bei Personengesellschaften[7] und der GmbH[8], nicht jedoch bei der AG (Gebot der Satzungsstrenge; § 23 Abs. 5 AktG) zulässig und rechtlich verbindlich[9]. Allerdings sind solche Mitbestimmungsvereinbarungen nichtig, die gegen zwingende gesellschaftsrechtliche Vorschriften (insb. zur Kompetenzzuweisung zur Anteilseignerversammlung) verstoßen[10]. Für den Abschluss statusändernder Mitbestimmungsvereinbarungen sind auf ArbGebSeite die Versammlung der Anteilseigner zuständig, ansonsten das Geschäftsleitungsorgan; auf ArbN-Seite kommt den Gewerkschaften die Regelungskompetenz zu[11]. Die Mitbestimmungsvereinbarung ist weder TV noch BV und kann nicht durch Arbeitskampf erzwungen werden[12].

---

1 Vgl. *Willemsen/Seibt*, Unternehmensumstrukturierung, F13; *Raiser*, § 1 MitbestG Rz. 49; *Ihrig/Schlitt*, NZG 1999, 333, 334. |2 *Willemsen/Seibt*, Unternehmensumstrukturierung, F13; *Raiser*, § 1 MitbestG Rz. 49. |3 *Willemsen/Seibt*, Unternehmensumstrukturierung, F13; *Lutter*, ZGR 1977, 194, 202 f.; diff. *Henssler*, ZfA 2000, 241, 261 f. (zB Zulässigkeit der *ad hoc*-Wahl eines Arbeitnehmervertreters als Aufsichtsratsvorsitzenden). |4 Zum Stand der Diskussion und beachtlichen rechtspolitischen Vorschlägen *Hanau*, ZGR 2001, 75 ff. |5 Vgl. *Willemsen/Seibt*, Unternehmensumstrukturierung, F14; *Raiser*, BB 1977, 1461, 1466; *Hanau/Ulmer*, Einl. MitbestG Rz. 44; *Ihrig/Schlitt*, NZG 1999, 333, 334; zweifelnd *Hüffer*, § 96 AktG Rz. 3; KölnKommAktG/*Mertens*, § 96 Rz. 20; aA *Raiser*, § 1 MitbestG Rz. 49. |6 *Willemsen/Seibt*, Unternehmensumstrukturierung, F14; *Raiser*, BB 1977, 1461, 1466 f.; MünchGesR/*Hoffmann-Becking*, Bd. 4: AG, § 28 Rz. 48; *Ihrig/Schlitt*, NZG 1999, 333, 334; aA *Hüffer*, § 96 AktG Rz. 3; *Hanau/Ulmer*, Einl. MitbestG Rz. 3. |7 *Willemsen/Seibt*, Unternehmensumstrukturierung, F14; *Hanau*, ZGR 2001, 75, 98 f. |8 *Willemsen/Seibt*, Unternehmensumstrukturierung, F14; *Hommelhoff*, ZHR 1984, 118, 133; *Ihrig/Schlitt*, NZG 1999, 333, 336; *Henssler*, ZfA 2000, 241, 265. |9 *Willemsen/Seibt*, Unternehmensumstrukturierung, F14; *Hüffer*, § 96 AktG Rz. 3; *Raiser*, BB 1977, 1461, 1467 f.; *Mertens*, AG 1982, 141, 150 ff.; *Hommelhoff*, ZHR 1984, 118, 134; *Konzen*, AG 1983, 289, 302 f.; *Hanau/Ulmer*, Einl. MitbestG Rz. 45 und § 1 Rz. 20; aA *Fabricius*, FS Hilger/Stumpf, S. 155, 158 f. |10 *Willemsen/Seibt*, Unternehmensumstrukturierung, F14. |11 *Willemsen/Seibt*, Unternehmensumstrukturierung, F15. |12 *Willemsen/Seibt*, Unternehmensumstrukturierung, F15.

2 Anteilseigner

Anteilseigner im Sinne dieses Gesetzes sind je nach der Rechtsform der in § 1 Abs. 1 Nr. 1 bezeichneten Unternehmen Aktionäre, Gesellschafter oder Genossen.

§ 2 definiert abschließend den im MitbestG als Oberbegriff verwendeten Begriff des Anteilseigners. 1

3 Arbeitnehmer und Betrieb

(1) Arbeitnehmer im Sinne dieses Gesetzes sind

1. die in § 5 Abs. 1 des Betriebsverfassungsgesetzes bezeichneten Personen mit Ausnahme der in § 5 Abs. 3 des Betriebsverfassungsgesetzes bezeichneten leitenden Angestellten,
2. die in § 5 Abs. 3 des Betriebsverfassungsgesetzes bezeichneten leitenden Angestellten.

Keine Arbeitnehmer im Sinne dieses Gesetzes sind die in § 5 Abs. 2 des Betriebsverfassungsgesetzes bezeichneten Personen.

(2) Betriebe im Sinne dieses Gesetzes sind solche des Betriebsverfassungsgesetzes. § 4 Abs. 2 des Betriebsverfassungsgesetzes ist anzuwenden.

I. ArbN-Begriff. § 3 Abs. 1 enthält eine Umschreibung des ArbN-Begriffes für Zwecke des MitbestG, also insb. für die Vorschriften zur Anwendbarkeit (§ 1), zur Zahl der Aufsichtsratsmitglieder (§ 7) und zu den Wahlmodalitäten (§ 9). Danach sind ArbN des Unternehmens die Arbeiter und Angestellten (§ 3 Abs. 1 Satz 1 Nr. 1) unter Einbeziehung der leitenden Angestellten (§ 3 Abs. 1 Satz 1 Nr. 2), indes mit Ausnahme der in § 5 Abs. 2 BetrVG bezeichneten Personen (§ 3 Abs. 1 Satz 2; hierzu § 5 BetrVG). Bei der Bestimmung der leitenden Angestellten ist trotz der fehlenden Verweisung in § 3 Abs. 1 Satz 1 Nr. 2 § 5 Abs. 4 BetrVG heranzuziehen[1]. 1

II. Betrieb. § 3 Abs. 2 Satz 1 enthält eine Umschreibung des Betriebsbegriffs durch Verweisung auf das BetrVG, also auf (i) den allgemeinen betriebsverfassungsrechtlichen Betriebsbegriff (dazu § 1 BetrVG), (ii) die Vermutung eines gemeinsamen Betriebs (§ 1 Abs. 2 BetrVG), (iii) die aufgrund TV oder BV gebildeten betriebsverfassungsrechtlichen Organisationseinheiten (§ 3 Abs. 5 BetrVG), (iv) die in § 4 Abs. 1 aufgeführten Betriebsteile sowie (v) Kleinstbetriebe (§ 4 Abs. 2 BetrVG). 2

4 Kommanditgesellschaft

(1) Ist ein in § 1 Abs. 1 Nr. 1 bezeichnetes Unternehmen persönlich haftender Gesellschafter einer Kommanditgesellschaft und hat die Mehrheit der Kommanditisten dieser Kommanditgesellschaft, berechnet nach der Mehrheit der Anteile oder der Stimmen, die Mehrheit der Anteile oder der Stimmen in dem Unternehmen des persönlich haftenden Gesellschafters inne, so gelten für die Anwendung dieses Gesetzes auf den persönlich haftenden Gesellschafter die Arbeitnehmer der Kommanditgesellschaft als Arbeitnehmer des persönlich haftenden Gesellschafters, sofern nicht der persönlich haftende Gesellschafter einen eigenen Geschäftsbetrieb mit in der Regel mehr als 500 Arbeitnehmern hat. Ist die Kommanditgesellschaft persönlich haftender Gesellschafter einer anderen Kommanditgesellschaft, so gelten auch deren Arbeitnehmer als Arbeitnehmer des in § 1 Abs. 1 Nr. 1 bezeichneten Unternehmens. Dies gilt entsprechend, wenn sich die Verbindung von Kommanditgesellschaften in dieser Weise fortsetzt.

(2) Das Unternehmen kann von der Führung der Geschäfte der Kommanditgesellschaft nicht ausgeschlossen werden.

I. Regelungsinhalt. Die Unternehmensmitbestimmung nach dem MitbestG ist strikt rechtsformabhängig ausgestaltet (§ 1 Abs. 1 Nr. 1) und hat insb. Personengesellschaften keiner Unternehmensmitbestimmung unterstellt. Die Privilegierung von Personengesellschaften sah der Gesetzgeber wegen der typischerweise bestehenden persönlichen Haftung der Gesellschafter für gerechtfertigt an[2]. Mit der **Ausnahmevorschrift** des § 4 wird die Mitbest. mittelbar auf Kommanditgesellschaften erstreckt, wenn diese als Kapitalgesellschaft & Co. KG strukturiert ist. Rechtstechnisch wird dies nicht durch einen Zwang zur Bildung eines mitbestimmten Aufsichtsrats bei der KG erreicht, sondern durch die Zurechnung der bei der KG beschäftigten ArbN zur Komplementärgesellschaft in der Rechtsform einer Kapitalgesellschaft. Der gesetzlich angeordneten ArbN-Zurechnung liegt der Gedanke zugrunde, dass bei einer Unternehmenseinheit von KG und Komplementärkapitalgesellschaft *und der damit* verbundenen einheitlichen Willensbildung die Mitbest. nicht aufgrund der Wahl der für eine Personengesellschaft atypischen Gesellschaftsform entfallen soll[3]. Die ArbN-Zurechnung ist in doppelter Hinsicht systemkonform, nämlich zum einen deswegen, da hierdurch die Mitbest. nur in einem Organ einer Kapitalgesellschaft iSv. § 1 Abs. 1 Nr. 1 erfolgt und zum anderen deshalb, da die für die ArbN relevanten Entscheidungen der Geschäftsleitung in der bzw. durch die Komplementärkapitalgesellschaft erfolgt (§§ 164, 170 HGB). Allerdings setzt die gesetzliche Zurechnung der ArbN der KG 1

---

[1] ErfK/*Oetker*, § 3 MitbestG Rz. 2; *Raiser*, § 3 MitbestG Rz. 26. | [2] Hierzu GK-MitbestG/*Naendrup*, § 4 Rz. 2. | [3] Vgl. BT-Drs. 7/2172, S. 20; *Reich/Lewerenz*, AuR 1976, 261, 267; ErfK/*Oetker*, § 4 MitbestG Rz. 2.

zur Komplementärgesellschaft voraus, dass (i) eine Mehrheitsidentität zwischen den Kommanditisten der KG und den Gesellschaftern der Komplementärkapitalgesellschaft besteht (dazu Rz. 4–6) (ii) und die Komplementärgesellschaft keinen eigenen Geschäftsbetrieb mit in der Regel mehr als 500 ArbN hat (dazu Rz. 7).

2 Die Ausnahmevorschrift des § 4 ist eng auszulegen und taugt nicht als Analogiebasis. Auf die **kapitalistische KGaA** (zB GmbH & Co. KGaA) findet § 4 Abs. 1 keine (auch nicht analoge) Anwendung[1]. Das Gleiche gilt für eine OHG, deren Gesellschafter ausschließlich Kapitalgesellschaften sind (zB **GmbH & Co. OHG**)[2]. § 4 kann auch nicht in der Weise entsprechend angewendet werden, dass die OHG-Gesellschafter, soweit sie in einer der Unternehmensmitbestimmung zugänglichen juristischen Person organisiert sind, einen mitbestimmten Aufsichtsrat zu bilden haben, an deren Aufsichtsratswahlen die ArbN der OHG teilnehmen dürfen[3]; selbstverständlich bleibt § 5 in diesem Fall unberührt.

3 **II. Einfache Kapitalgesellschaft & Co. KG (§ 4 Abs. 1 Satz 1). 1. Rechtsform der Komplementärin.** Für die ArbN-Zurechnung nach § 4 Abs. 1 Satz 1 ist vorausgesetzt, dass ein in § 1 Abs. 1 Nr. 1 bezeichnetes Unternehmen (AG, KGaA, GmbH, Genossenschaft) Komplementärin ist. Daher findet keine ArbN-Zurechnung nach § 4 Abs. 1 Satz 1 bei der **Stiftung & Co. KG**[4] oder zum **Familienverein & Co. KG**[5] statt. Demgegenüber kann die Errichtung eines mitbestimmten Aufsichtsrats bei der Komplementärkapitalgesellschaft wegen § 4 Abs. 1 im Regelfall nicht dadurch vermieden werden, dass neben der Komplementärkapitalgesellschaft zusätzlich noch eine natürliche Person als persönlich haftende Gesellschafter der Gesellschaft beitritt[6]. Allerdings kann im Einzelfall, abhängig insb. von der tatsächlichen Ausgestaltung der Geschäftsführungs- und Vertretungsbefugnisse und dem Grad des tatsächlichen Haftungsrisikos für die natürliche Person, eine Zurechnung der ArbN zur Komplementärkapitalgesellschaft ausscheiden[7].

4 Eine ArbN-Zurechnung nach § 4 Abs. 1 erfolgt nicht, wenn die persönlich haftende Gesellschafterin eine **ausländische Kapitalgesellschaft** ist[8]. Dies gilt auch, wenn neben einer inländischen Komplementärkapitalgesellschaft eine ausländische Kapitalgesellschaft als persönlich haftende Gesellschafterin tritt und die inländische Gesellschaft vollständig von der Geschäftsführung ausgeschlossen wird; § 4 Abs. 2 sperrt hier nicht, da die ausländische Kapitalgesellschaft geschäftsführungsbefugt bleibt[9].

5 Die mit der Veränderung in der Person des Komplementärs bei der Kommanditgesellschaft erforderliche **Änderung des Gesellschaftsvertrages** (zB Eintritt einer natürlichen Person oder einer ausländischen Gesellschaft anstelle einer inländischen Kapitalgesellschaft als Komplementär) ist nicht etwa deshalb nichtig, weil die Gesellschafter hiermit (auch) die Vermeidung der Unternehmensbestimmung bezweckt haben. Vielmehr gehört die Ausgestaltung der konkreten Gesellschaftsstruktur zum Kernbereich der Struktur- und Organisationsfreiheit der Gesellschafter (Art. 14 GG), die für die Anwendung der Rechtsinstitute des Verbots des Rechts- bzw. Gestaltungsmissbrauchs oder der Gesetzesumgebung nur einen ganz engen, auf wenige extreme Einzelfälle beschränkten Anwendungsbereich belassen[10].

6 **2. Mehrheitsidentität.** Die ArbN-Zurechnung zur Komplementärkapitalgesellschaft setzt eine Mehrheitskongruenz der Gesellschafterkreise der Kommanditgesellschaft und der Komplementärkapitalgesellschaft voraus, wobei sich die Mehrheitsidentität auf Stimm- oder Anteilsmehrheit bezieht[11]. Das Merkmal der Mehrheitskongruenz liegt auch bei sog. **Einheitsgesellschaften** vor, bei der die KG die Anteile an der Komplementärin mehrheitlich oder alleine hält[12]. Die von einem **fremdnützigen Treuhänder oder Strohmann** ausgeübten Stimmen bzw. gehaltenen Anteile sind dem Treugeber zuzu-

---

1 BGH v. 24.2.1997 – II ZR 11/96, BGHZ 134, 392 ff.; *Henssler*, FS BGH II S. 387, 406; *Hoffmann-Becking/Herfs*, FS Sigle, S. 273, 279; *Sigle*, FS Peltzer, S. 539, 553; *Willemsen/Seibt*, Unternehmensumstrukturierung, F61 FN 179; aA ErfK/*Oetker*, § 4 MitbestG Rz. 1; *Hanau/Ulmer*, § 1 MitbestG Rz. 39 f.; *Raiser*, § 4 MitbestG Rz. 45; *Joost*, ZGR 1998, 334, 343 ff.; *Hanau/Wackerbarth*, FS Lutter, S. 425, 445 f.; *Ullrich*, Unternehmensmitbestimmung in der kapitalistischen KGaA, S. 87 ff. |2 Zutr. *Säcker*, DB 2003, 2535, 2536; *Bäumer*, Anwendung des MitbestG auf KG, S. 177 ff.; *U.H. Schneider*, ZGR 1977, 335, 444; *Kunze*, ZGR 1978, 321, 343 ff.; aA GroßKommAktG/*Oetker*, § 4 MitbestG Rz. 2; *Raiser*, § 4 MitbestG Rz. 5; *Wiesner*, GmbHR 1981, 36, 37. |3 Zutr. *Säcker*, DB 2003, 2535, 2536; aA GK-MitbestG/*Naendrup*, § 25 Rz. 31. |4 Vgl. *Willemsen/Seibt*, Unternehmensumstrukturierung, F25; *Hanau/Ulmer*, § 4 MitbestG Rz. 7; *Brandmüller*, Gewerbliche Stiftung, 2. Aufl. (1998), S. 107; *Seifart/von Kampenhausen/Pöllath*, Hdb. Stiftungsrecht, 2. Aufl. (1999), § 13 Rz. 98; *Hennerkes*, StbJb. 1984/85, S. 117. |5 Vgl. *Willemsen/Seibt*, Unternehmensumstrukturierung, F25; *Sigle*, FS Peltzer, S. 539, 542, 548. |6 ErfK/*Oetker*, § 4 MitbestG Rz. 1; *Hanau/Ulmer*, § 4 MitbestG Rz. 7; *Raiser*, § 4 MitbestG Rz. 7; *Rowedder/Rittner/Schmidt-Leithoff*, GmbHG, Einl. Rz. 179; aA *Wiesner*, GmbHR 1981, 36, 39; *Lieb*, JA 1978, 262, 267; wohl auch *Zöllner*, ZGR 1977, 319, 331. |7 Hierzu *Willemsen/Seibt*, Unternehmensumstrukturierung, F26. |8 Hierzu *Willemsen/Seibt*, Unternehmensumstrukturierung, F19 und 19a; siehe hierzu auch § 1 Rz. 8–10. |9 *Willemsen/Seibt*, Unternehmensumstrukturierung, F19a; aA *Hanau/Ulmer*, § 4 MitbestG Rz. 28. |10 LG Düsseldorf v. 30.10.1979 – 25 AktE 1/77, AG 1980, 139 – Vorwerk & Co.; *Willemsen/Seibt*, Unternehmensumstrukturierung, F26a; *Henssler*, ZfA 2000, 240, 250. |11 ErfK/*Oetker*, § 4 MitbestG Rz. 3; *Hanau/Ulmer*, § 4 MitbestG Rz. 3; *Raiser*, § 4 MitbestG Rz. 9. |12 OLG Celle v. 30.8.1979 – 9 Wx 8/78, GmbHR 1979, 277, 278 – Stiebel-Eltron; *Willemsen/Seibt*, Unternehmensumstrukturierung, F21; *Hölters*, DB 1977, 2232, 2233; *Kunze*, ZGR 1978, 321, 335; ErfK/*Oetker*, § 4 MitbestG Rz. 4; *Hanau/Ulmer*, § 4 MitbestG Rz. 17.

rechnen[1]. Demgegenüber führen weder **Stimmbindungsverträge**[2] noch **familienrechtliche Bindungen**[3] allein zu einer Anteils- oder Stimmenzurechnung im Rahmen von § 4; sie können indes Indiz für eine fremdnützige Treuhandschaft zugunsten der Mehrheitsgesellschafter bei der KG sein[4]. Werden **Anteile von verbundenen Unternehmen gehalten** oder bestehen **eigene Anteile** der Gesellschaften, finden § 16 Abs. 2 bis Abs. 4 AktG entsprechende Anwendung[5].

Besteht bei der KG ein **Beirat**, zu dessen Gunsten Zustimmungsvorbehalte bei bestimmten Maßnahmen und Rechtsgeschäften bestehen, und dessen Mitglieder durch die bzw. einzelne Kommanditisten bestimmt werden, so führt dies ohne Hinzutreten besonderer Umstände (zB Weisungsrechte zugunsten der KG-Mehrheitsgesellschafter) nicht zu einer von § 4 Abs. 1 vorausgesetzten Mehrheitsidentität unter besonderen Umständen[6]. **7**

Streitig ist, ob die Sondervorschrift des § 4 Abs. 1 den **Rückgriff auf § 5 Abs. 1 bei Kapitalgesellschaften & Co. KG** sperrt[7]. Gegen die Sperrwirkung spricht, dass die Sonderzurechnungsnorm des § 4 Abs. 1 eine Gleichschaltung der Willensbildung der Komplementärin mit derjenigen der KG voraussetzt, während die Zurechnungsregelung in § 5 Abs. 1 den umgekehrten Fall der Beherrschung der KG durch die Komplementärin erfasst. Da die Komplementärin im Regelfall weder am Kapital der KG beteiligt sein noch ihr die Mehrheit der Stimmrechte zukommen wird, sondern gemäß § 164 Satz 1 HGB nur Geschäftsführungstätigkeiten gewöhnlicher Art für die KG ausüben wird, liegt im Normalfall keine Leitung iSv. § 18 AktG, § 5 Abs. 1 Satz 1 durch die Komplementär-Kapitalgesellschaft vor. Eine beherrschende Stellung der Komplementärin, die zur Konzernzurechnung nach § 5 Abs. 1 Satz 1 führen würde, kann erst angenommen werden, wenn diese auch berechtigt ist, ungewöhnliche Geschäfte ohne Zustimmung der Kommanditisten vorzunehmen[8]. **8**

3. Kein eigener Geschäftsbetrieb mit in der Regel mehr als 500 ArbN. Eine Zurechnung der bei der KG beschäftigten ArbN zur Komplementärkapitalgesellschaft erfolgt nicht, wenn die persönlich haftenden Kapitalgesellschaft einen eigenen Geschäftsbetrieb mit in der Regel mehr als 500 ArbN hat, der einer gegenüber den wirtschaftlichen Zielen der KG **selbstständigen, im Eigeninteresse ausgeübten Tätigkeit** dient[9]. Denn in diesem Fall liegt typischerweise kein einheitliches Unternehmen vor. Stattdessen ist dann bei der Komplementär-Kapitalgesellschaft nach §§ 76 ff. BetrVG 1952 ein drittelparitätisch besetzter Aufsichtsrate einzurichten. Bei der Bestimmung der ArbN-Zahl werden nur solche ArbN berücksichtigt, die in einem solchermaßen qualifizierten Geschäftsbetrieb (Bestimmung nach wirtschaftlich-organisatorischen Kriterien[10]) beschäftigt sind, wobei die allgemeinen Konzernzurechnungsregeln gelten[11]. Mit der ausschließlicher Wahrnehmung der Komplementärfunktion betraute ArbN sind für § 4 Abs. 1 Satz 1 nicht zu berücksichtigen[12]. **9**

4. Sonderfälle. Ist eine Kapitalgesellschaft an mehreren KG sternförmig als jeweils persönlich haftende Gesellschafterin beteiligt, so werden ihr alle ArbN der KG zugerechnet, bei denen die Voraussetzungen des § 4 Abs. 1 Satz 1 vorliegen[13]. Hat eine KG mehrere Kapitalgesellschaften als persönlich haftende Gesellschafter, so werden jeder von ihnen alle ArbN der KG zugerechnet[14]. Halten natürliche Personen die **10**

---

1 OLG Celle v. 30.8.1979 – 9 Wx 8/78, GmbHR 1979, 277, 278 – Stiebel-Eltron; LG Bremen v. 6.12.1979 – 20 Z 362/1977c, DB 1980, 349, 350 – Kühne & Nagel; OLG Bremen v. 30.4.1980 – 1 W 3/80(c), DB 1980, 1332, 1333 – Kühne & Nagel; *Willemsen/Seibt*, Unternehmensumstrukturierung, F21; ErfK/*Oetker*, § 4 MitbestG Rz. 4; *Raiser*, § 4 MitbestG Rz. 11 (jedenfalls sofern nicht legitime wirtschaftliche Zwecke bestehen); *Hanau/Ulmer*, § 4 MitbestG Rz. 18; *Hölters*, DB 1979, 2232, 2233. |2 OLG Bremen v. 30.4.1980 – 1 W 3/80(c), DB 1980, 1332, 1333 – Kühne & Nagel; *Willemsen/Seibt*, Unternehmensumstrukturierung, F21; *Raiser*, § 4 MitbestG Rz. 12; *Hanau/Ulmer*, § 4 MitbestG Rz. 15; MünchGesR/*Riegger*, Bd. 3: KG, § 7 Rz. 10; MünchArbR/*Wißmann*, § 367 Rz. 27. |3 OLG Bremen v. 30.4.1980 – 1 W 3/80(c), DB 1980, 1332, 1334 – Kühne & Nagel; *Raiser*, § 4 MitbestG Rz. 12; *Hanau/Ulmer*, § 4 MitbestG Rz. 15; *Wiesner*, GmbHR 1981, 36, 40; einschr. *Hölters*, DB 1977, 2232, 2233; vgl. auch zu § 5 Abs. 1 MitbestG BayObLG v. 6.3.2002 – 3 Z BR 343/00, NZG 2002, 579, 582 – Walter Holding II („Es gibt nämlich keinen Erfahrungssatz, wonach Familienangehörige stets gleichgerichtete Interessen verfolgen"). |4 Vgl. *Willemsen/Seibt*, Unternehmensumstrukturierung, F21; ErfK/*Oetker*, § 4 MitbestG Rz. 4; *Hanau/Ulmer*, § 4 MitbestG Rz. 15; *Raiser*, § 4 MitbestG Rz. 12. |5 Vgl. *Willemsen/Seibt*, Unternehmensumstrukturierung, F21; ErfK/*Oetker*, § 4 MitbestG Rz. 4; *Hanau/Ulmer*, § 4 MitbestG Rz. 14; *Raiser*, § 4 MitbestG Rz. 10. |6 OLG Bremen v. 30.4.1980 – 1 W 3/80(c), DB 1980, 1332 ff. – Kühne & Nagel; *Willemsen/Seibt*, Unternehmensumstrukturierung, F22 und 23. |7 Gegen Sperrwirkung ErfK/*Oetker*, § 5 MitbestG Rz. 4; *Hanau/Ulmer*, § 5 MitbestG Rz. 9; *Raiser*, § 5 MitbestG Rz. 20 f.; *Kunze*, ZGR 1978, 321, 330; *U.H. Schneider*, ZGR 1977, 335, 346; aA (für Sperrwirkung); *Binz*, Die GmbH & Co., § 16 Rz. 50 ff.; *Hölters*, RdA 1979, 335, 338; *Joost*, ZGR 1998, 334, 346 ff.; *Sigle*, FS Peltzer, S. 539, 550. |8 So auch *Willemsen/Seibt*, Unternehmensumstrukturierung, F24; *Raiser*, § 5 MitbestG Rz. 21; *Hanau/Ulmer*, § 5 MitbestG Rz. 9; *Großmann*, BB 1996, 1392 ff.; *Zöllner*, ZGR 1977, 319, 334; iE auch OLG Celle v. 30.8.1979 – 9 Wx 8/78, GmbHR 1979, 277 ff. – Stiebel-Eltron; OLG Bremen v. 30.4.1980 – 1 W 3/80(c), DB 1980, 1332 ff. – Kühne & Nagel; aA *Fitting/Wlotzke/Wißmann*, § 5 MitbestG Rz. 21; *Kunze*, ZGR 1978, 321, 328; *Sigle*, FS Peltzer, S. 539, 550. |9 Vgl. ErfK/*Oetker*, § 4 MitbestG Rz. 5; *Hanau/Ulmer*, § 4 MitbestG Rz. 19. |10 Vgl. *Hanau/Ulmer*, § 4 MitbestG Rz. 19; *Raiser*, § 4 MitbestG Rz. 16. |11 Vgl. ErfK/*Oetker*, § 4 MitbestG Rz. 5; *Hanau/Ulmer*, § 4 MitbestG Rz. 20; *Kunze*, ZGR 1978, 321, 324; aA *Raiser*, § 5 MitbestG Rz. 16; *Hoffmann/Lehmann/Weinmann*, § 4 MitbestG Rz. 12. |12 Ähnlich ErfK/*Oetker*, § 4 MitbestG Rz. 5. |13 Vgl. ErfK/*Oetker*, § 5 MitbestG Rz. 6; *Hanau/Ulmer*, § 5 MitbestG Rz. 10; *Raiser*, § 4 MitbestG Rz. 6. |14 Vgl. ErfK/*Oetker*, § 5 MitbestG Rz. 6; *Hanau/Ulmer*, § 5 MitbestG Rz. 24; *Raiser*, § 5 MitbestG Rz. 17.

das gesamte Unternehmen ausmachenden Geschäftsbereiche über solche Kapitalgesellschaften & Co. KG, bei denen keiner der Komplementärkapitalgesellschaften mehr als 2000 ArbN zuzurechnen sind, greift § 4 Abs. 1 Satz 1 auch nicht vor dem Hintergrund des Gestaltungsmissbrauchs ein.

11 **III. Doppel- und mehrstöckige Kapitalgesellschaft & Co. KG.** § 4 Abs. 1 Sätze 2 und 3 erstrecken die Zurechnungsnorm des § 4 Abs. 1 Satz 1 auf die doppel- und mehrstöckige Kapitalgesellschaft & Co. KG, also Gesellschaften, bei denen eine Kapitalgesellschaft & Co. KG ihrerseits Komplementärin einer KG ist bzw. sich dies fortsetzt (Gesetzgeberisches Ziel: Umgehungsschutz). Die Zurechnung der ArbN der nachfolgenden KG erfolgt lediglich bei der persönlich haftenden Kapitalgesellschaft als Komplementärin der obersten KG. Eine Zurechnung auf die Komplementär-KG der Zweiten oder X. Stufe unterbleibt[1]. Die Voraussetzungen des § 4 Abs. 1 Satz 1 müssen wegen des ausdrücklichen Wortlauts von § 4 Abs. 1 Satz 2 nur für die Komplementärkapitalgesellschaft und nicht auch für die Komplementär-KG vorliegen[2].

12 **IV. Ausschluss von der Geschäftsführung (§ 4 Abs. 2).** § 4 Abs. 2 erklärt für Zwecke des MitbestR den Ausschluss der eigentlich dem MitbestG unterworfenen Komplementärkapitalgesellschaft von der Geschäftsführung (§§ 114 Abs. 1, 161 Abs. 2 HGB) für unzulässig, damit die mittelbare Mitbest. in der KG nach § 4 Abs. 1 Satz 1 nicht faktisch vermieden werden kann[3]. Andere gesellschaftsvertragliche Regelungen zum Innenverhältnis der Gesellschafter werden im Grundsatz durch § 4 Abs. 2 (analog) nicht begrenzt, da eine weitere Einschränkung des das Recht der Personengesellschaften beherrschenden Vertragsfreiheit einer ausdrücklichen gesetzlichen Regelung bedürfte. Dementsprechend ist entgegen der hM der **Ausschluss der Vertretungsmacht** (§§ 125 Abs. 1, § 161 Abs. 2 HGB) zugunsten eines weiteren Komplementärs nicht unzulässig[4]. Ebenso wenig steht § 4 Abs. 2 dem **Widerspruchsrecht weiterer Komplementäre** gemäß § 115 Abs. 1 HGB oder den **Zustimmungsrechten der Kommanditisten** nach § 164 HGB entgegen[5]. Alleine die Einräumung einer Weisungsbefugnis der KG oder der Kommanditisten gegenüber der Komplementärkapitalgesellschaften in *allen* Angelegenheiten der laufenden Geschäftsführung unterfällt wegen der Ähnlichkeit zum Geschäftsführungsausschluss dem Nichtigkeitsverdikt von § 4 Abs. 2 (analog)[6].

5 Konzern

(1) Ist ein in § 1 Abs. 1 Nr. 1 bezeichnetes Unternehmen herrschendes Unternehmen eines Konzerns (§ 18 Abs. 1 des Aktiengesetzes), so gelten für die Anwendung dieses Gesetzes auf das herrschende Unternehmen die Arbeitnehmer der Konzernunternehmen als Arbeitnehmer des herrschenden Unternehmens. Dies gilt auch für die Arbeitnehmer eines in § 1 Abs. 1 Nr. 1 bezeichneten Unternehmens, das persönlich haftender Gesellschafter eines abhängigen Unternehmens (§ 18 Abs. 1 des Aktiengesetzes) in der Rechtsform einer Kommanditgesellschaft ist.

(2) Ist eine Kommanditgesellschaft, bei der für die Anwendung dieses Gesetzes auf den persönlich haftenden Gesellschafter die Arbeitnehmer der Kommanditgesellschaft nach § 4 Abs. 1 als Arbeitnehmer des persönlich haftenden Gesellschafters gelten, herrschendes Unternehmen eines Konzerns (§ 18 Abs. 1 des Aktiengesetzes), so gelten für die Anwendung dieses Gesetzes auf den persönlich haftenden Gesellschafter der Kommanditgesellschaft die Arbeitnehmer der Konzernunternehmen als Arbeitnehmer des persönlich haftenden Gesellschafters. Absatz 1 Satz 2 sowie § 4 Abs. 2 sind entsprechend anzuwenden.

(3) Stehen in einem Konzern die Konzernunternehmen unter der einheitlichen Leitung eines anderen als eines in Absatz 1 oder 2 bezeichneten Unternehmens, beherrscht aber die Konzernleitung über ein in Absatz 1 oder 2 bezeichnetes Unternehmen oder über mehrere solcher Unternehmen andere Konzernunternehmen, so gelten die in Absatz 1 oder 2 bezeichneten und der Konzernleitung am nächsten stehenden Unternehmen, über die die Konzernleitung andere Konzernunternehmen beherrscht, für die Anwendung dieses Gesetzes als herrschende Unternehmen.

1 **I. Regelungsinhalt.** Es ist eine der Leitideen des MitbestG, die Mitwirkung der ArbN an unternehmensbezogenen Entscheidungsprozessen über eine Beteiligung von ArbN-Vertretern im Geschäftsleitungskontrollorgan der Gesellschaft sicherzustellen, bei der auch die für den ArbN wichtigen unternehmerischen Entscheidungen getroffen werden[7]. Es ist daher überzeugend, über Konzernzurechnungsvorschriften wie § 5 die ArbN-Vertretung grundsätzlich im Aufsichtsrat der Konzernobergesellschaft anzusiedeln, da dort in der Regel die für alle beteiligten Konzernunternehmen maßgebliche Kontrolle

---

1 Vgl. ErfK/*Oetker*, § 4 MitbestG Rz. 7. | 2 Vgl. ErfK/*Oetker*, § 4 MitbestG Rz. 7; *Hanau/Ulmer*, § 4 MitbestG Rz. 22; aA *Raiser*, § 4 MitbestG Rz. 15. | 3 Vgl. BT-Drs. 7/2172, S. 21. | 4 *Hoffmann/Lehmann/Weinmann*, § 4 MitbestG Rz. 52; aA *Hanau/Ulmer*, § 4 MitbestG Rz. 27; *Raiser*, § 4 MitbestG Rz. 25. | 5 Vgl. *Hanau/Ulmer*, § 4 MitbestG Rz. 22; *Raiser*, § 4 MitbestG Rz. 25. | 6 *Hanau/Ulmer*, § 4 MitbestG Rz. 30; *Raiser*, § 4 MitbestG Rz. 25; aA *Hoffmann/Lehmann/Weinmann*, *§ 4 MitbestG Rz. 58*. | 7 Vgl. BayObLG v. 24.3.1998 – 3 Z BR 236/96, *NZA* 1998, 956, 957 – Walter Holding I; BAG v. 18.6.1970 – 1 ABR 3/70, DB 1970, 1595 f.; *Lutter*, Mitbestimmung und Konzern, S. 6; *Fitting/Wlotzke/Wißmann*, § 5 MitbestG Rz. 2; *Raiser*, § 5 MitbestG Rz. 1; *Willemsen/Seibt*, Unternehmensumstrukturierung, F35.

ausgeübt wird. Darüber hinaus wirkt die Konzernzurechnungsklausel des § 5 Gestaltungen entgegen, durch Verlagerung von Geschäftsbereichen in nachgelagerte Konzernstufen die Unternehmensmitbestimmung zu vermeiden.

Liegen die Konzernvoraussetzungen des § 5 vor, so gelten die ArbN der abhängigen Unternehmen (Rz. 5) zugleich als solche des herrschenden Unternehmens (Rz. 4) und sind bei der Feststellung der ArbN-Zahl des herrschenden Unternehmens (§§ 1 Abs. 1 Nr. 2, 7 Abs. 1) zu berücksichtigen. Weiterhin kommen den ArbN des abhängigen Unternehmens auch ein aktives sowie passives Wahlrecht für den Aufsichtsrat des herrschenden Unternehmens zu. Ob darüber hinaus auch im abhängigen Unternehmen ein mitbestimmter Aufsichtsrat zu bilden ist, richtet sich davon isoliert nach den Mitbestimmungsgesetzen.

II. Unterordnungskonzern. 1. Konzernbegriff. Die Zurechnung der ArbN von Konzernunternehmen zur Konzernobergesellschaft setzt voraus, dass jene in einer der in § 1 Abs. 1 Nr. 1 aufgeführten Rechtsform verfasst und herrschendes Unternehmen eines Konzerns ist. Für den Konzernbegriff verweist § 5 Abs. 1 Satz 1 auf § 18 Abs. 1 AktG. Da allerdings § 5 dem Schutz der Mitbest. der ArbN dient und nicht dem Schutz von Minderheitsgesellschaftern und Gläubigern, wie die aktienrechtlichen Konzernvorschriften, ist der Konzernbegriff im Rahmen von § 5 **originär mitbestimmungsrechtlich zu konturieren**[1].

2. Herrschendes Unternehmen. Herrschendes Unternehmen iSv. § 5 Abs. 1 Satz 1 kann jedes Unternehmen sein, das in einer der in § 1 Abs. 1 Nr. 1 aufgeführten Rechtsform verfasst ist. Abweichend vom Aktienkonzernrecht bedarf es darüber hinaus keiner eigenen Unternehmenstätigkeit und keiner maßgeblichen Beteiligung des herrschenden Unternehmens an weiteren Gesellschaften[2]. Auch eine arbeitnehmerlose Gesellschaft kann herrschendes Unternehmen iSv. § 5 Abs. 1 Satz 1 sein[3].

3. Abhängiges Unternehmen. Abhängiges Unternehmen iSv. § 5 Abs. 1 Satz 1 kann jedes Unternehmen, unabhängig von dessen Rechtsform, sein[4]. Dies gilt auch für Körperschaften und Anstalten des öffentlichen Rechts, wenngleich die Ausgestaltung der Leitungsmacht durch das herrschende Unternehmen im Einzelfall auf öffentlichrechtliche Vorgaben Rücksicht nehmen muss[5].

4. Leitung. Abweichend vom Aktienkonzernrecht gilt bei § 5 Abs. 1 Satz 1 nach hM ein weiter Begriff der einheitlichen Leitung, für dessen Annahme es genügt, wenn das herrschende Unternehmen einzelne Unternehmensbereiche (Sparten, Funktionen) des abhängigen Unternehmens leitet[6]. Dabei wird die einheitliche Leitung des oder der abhängigen Unternehmen durch das herrschende Unternehmen vermutet (§ 18 Abs. 1 Satz 3 AktG)[7]. Die **Vermutung** nach §§ 17 Abs. 2, 18 Abs. 1 Satz 3 AktG ist allerdings auch im Rahmen von § 5 **widerlegbar**, wobei entsprechend des *Telos* der Unternehmensmitbestimmung in Konzernen der Gegenstand der Widerlegung der Umstand ist, dass das herrschende Unternehmen eine solche einheitliche Leitung nicht ausübt[8]. Zur Widerlegung der Vermutung muss der Nachweis erbracht sein, dass das herrschende Unternehmen die Mittel, welche die Ausübung einer einheitlichen Leitung möglich machen, nicht zu diesem Zweck einsetzt, und dass die Bereiche, in denen die einheitliche Leitung üblicherweise spürbar werden, ausschließlich und nachhaltig nach dem uneingeschränkten Eigeninteresse des abhängigen Unternehmens gesteuert werden, wobei vereinzelte Einflussnahmen der herrschenden Gesellschaft der Widerlegung nicht entgegenstehen[9]. Die Konzernvermutung nach § 18 Abs. 1 AktG kann zB durch den Abschluss eines sog. Entherrschungsvertrages zwischen dem herrschenden und den abhängigen Unternehmen widerlegt werden[10].

5. Sonderfall: Vermögensholding. Eine einheitliche Leitung iSv. § 5 Abs. 1 Satz 1 liegt nicht vor und die Konzernvermutung nach § 18 Abs. 1 AktG ist widerlegt, wenn es sich bei der Konzernobergesellschaft um eine reine Vermögensholding (im Gegensatz zu einer Management-, Führungs- oder Misch-

---

1 Vgl. BayObLG v. 24.3.1998 – 3 Z BR 236/96 NZA 1998, 956, 957 – Walter Holding I; OLG Düsseldorf v. 30.1.1979 – 19 W 17/78, AG 1979, 318, 319 – Hoechst/Herberts; OLG Zweibrücken v. 9.11.1983 – 3 W 25/83, AG 1984, 80, 81 – Hochtief/Streif; OLG Frankfurt/Main v. 10.11.1986 – 20 W 27/86, WM 1987, 237, 238 – VDM; LG München I v. 25.9.1995 – 21 O 21/94/93, AG 1996, 186, 187 – RWE/Lech-Elektrizitätswerke; ErfK/*Oetker*, § 5 MitbestG Rz. 2; *Hanau/Ulmer*, § 5 MitbestG Rz. 11; *Raiser*, § 5 MitbestG Rz. 5. |2 BayObLG v. 24.3.1998 – 3 Z BR 236/96, NZA 1998, 956, 957 – Walter Holding I; OLG Stuttgart v. 3.5.1989 – 3 W 25/83, BB 1989, 1005, 1006 – Mahle-Beteiligungen; ErfK/*Oetker* § 5 MitbestG Rz. 3; *Hanau/Ulmer*, § 5 MitbestG Rz. 16; *Raiser*, § 5 MitbestG Rz. 5. |3 BayObLG v. 24.3.1998 – 3 Z BR 236/96, NZA 1998, 956, 957 – Walter Holding I, OLG Stuttgart v. 3.5.1989 – 3 W 38/89, BB 1989, 1005, 1006 – Mahle-Beteiligungen; ErfK/*Oetker*, § 5 MitbestG Rz. 3; aA OLG Bremen v. 30.4.1980 – 1 W 3/80 (c), DB 1980, 1332, 1334 – Kühne & Nagel. |4 ErfK/*Oetker*, § 5 MitbestG Rz. 5; *Raiser*, § 5 MitbestG Rz. 7. |5 Vgl. ErfK/*Oetker*, § 5 MitbestG Rz. 5; *Raiser*, § 5 MitbestG Rz. 9; vgl. auch VerfGH Berlin v. 21.10.1999, DVBl 2000, 51 ff.; *Schuster*, FS Bezzenberger, S. 757 ff. |6 Vgl. BayObLG v. 24.3.1998 – 3 Z BR 236/96, NZA 1998, 956, 958 – Walter Holding I; OLG Düsseldorf v. 30.1.1979 – 19 W 17/78, AG 1979, 318, 319 – Hoechst/Herberts; LG Köln v. 3.4.1984 – 3 AktE 1/82, AG 1985, 252, 253 – Industrieverwaltung; ErfK/*Oetker*, § 5 MitbestG Rz. 6; *Hanau/Ulmer*, § 5 MitbestG Rz. 23; *Raiser*, § 5 MitbestG Rz. 13; aA *Hoffmann/Lehmann/Weinmann*, § 5 MitbestG Rz. 22. |7 Vgl. ErfK/*Oetker*, § 5 MitbestG Rz. 6; *Hanau/Ulmer*, § 5 MitbestG Rz. 27; *Raiser*, § 5 MitbestG Rz. 14. |8 Vgl. BayObLG v. 6.3.2002 – 3 Z BR 343/00, NZG 2002, 579, 581 – Walter Holding II; GroßKommAktG/*Oetker*, § 5 MitbestG Rz. 4; *Willemsen/Seibt*, Unternehmensumstrukturierung, F35a. |9 Vgl. BayObLG v. 6.3.2002 – 3 Z BR 343/00, NZG 2002, 579, 581 – Walter Holding II; *Willemsen/Seibt*, Unternehmensumstrukturierung, F35a. |10 Hierzu GroßKommAktG/*Windbichler*, § 17 Rz. 76; *Willemsen/Seibt*, Unternehmensumstrukturierung, F35a.

holding) handelt, die sich, **ohne Führungsaufgaben in den Tochtergesellschaften wahrzunehmen**, auf die **bloße Verwaltung ihre Beteiligungen**, einschließlich der damit verbundenen Finanzierungs- und Verwaltungsaufgaben beschränkt. Dabei wird die Annahme einer Vermögensholding nicht alleine dadurch ausgeschlossen, dass sie die Überwachung der Geschäftsführung in den Tochterunternehmen über von ihr gewählte Aufsichtsratsmitglieder durchgeführt[1]. Ferner kann die Ausübung einheitlicher Leitung auch durch Abschluss eines **sog. Entherrschungsvertrages** zwischen dem herrschenden Unternehmen und dem bzw. den abhängigen Unternehmen ausgeschlossen werden[2].

6. Sonderfall: Konzern im Konzern. In mehrstufigen Konzernen werden die ArbN von Enkelunternehmen unter den Voraussetzungen des § 5 Abs. 1 ebenso wie die von Tochterunternehmen der Konzernobergesellschaft zugerechnet. Nach hM (und abweichend vom Aktienkonzernrecht[3]) erfolgt eine Zurechnung von ArbN nachgeordneter Unternehmen zu einer Konzernzwischengesellschaft nach § 5 Abs. 1 Satz 1, wenn die Konzernzwischengesellschaft einen von der Konzernobergesellschaft eingeräumten Entscheidungsspielraum hat und insoweit Leitungsmacht über die nachgeordneten Konzernunternehmen ausübt (Problem des Konzerns im Konzern)[4]. Der hM ist zuzustimmen, da sie bei einer dezentralisierten Konzernorganisation mit Leitungsmacht auf verschiedenen Stufen den *Telos* der Unternehmensmitbestimmung entsprechend, mitbestimmte Aufsichtsräte bei sämtlichen Leitungsgesellschaften einzurichten hilft, bei denen maßgebliche, die ArbN betreffende Entscheidungen gefällt werden. Ob eine Zwischenholdinggesellschaft tatsächlich eigenverantwortlich einen Konzernteil führt und es sich nicht nur um eine von der Konzernobergesellschaft delegierte, abgeleitete Leitung handelt, ist nach den Umständen des Einzelfalls zu prüfen. Dabei sind **strenge Anforderungen an die eigenverantwortliche Leitung durch die Zwischenholdinggesellschaft** zu stellen; bei Zweifeln ist vom Regelfall auszugehen, nämlich von der Ausübung einer einheitlichen Leitungsmacht durch die Konzernobergesellschaft[5]. Eine dezentralisierte Unternehmensstruktur oder ein eigener Konzernabschluss bzw. Konzerngeschäftsbericht der Zwischenholding ist kein Indiz für eine Aufspaltung der Leitungsmacht[6]. Die Konzernobergesellschaft muss vielmehr ihre zentrale Leitungsbefugnis im vollen Umfang an die Zwischengesellschaft abgegeben haben, so dass zwischen ihr und jener nur noch eine lose Rechtsbeziehung verbleibt und der Aufsichtsrat der Konzernobergesellschaft seine Aufsichtsfunktion hinsichtlich der an die Zwischengesellschaft abgegebenen Geschäftsbereiche nicht mehr wahrzunehmen vermag[7]. Gegen eine solche Abgabe der zentralen Leitungsbefugnisse sprechen als Indizien zB das Bestehen eines Beherrschungsvertrages zwischen der Konzernobergesellschaft und der Zwischenholdinggesellschaft (ggf. mit zahlreichen Zustimmungsvorbehalten zugunsten der Konzernleitung)[8] oder eines zentralisierten Berichtswesens und Controlling[9]. Auch die Personalunion der Führungspersonen in Konzernobergesellschaften und nachgeordneten Zwischengesellschaften oder die Konzernsteuerung mit Hilfe dafür eingesetzter zentraler Gremien sind ein starkes Indiz für eine fehlende eigenverantwortliche Führung durch die Zwischenholdinggesellschaft[10].

7. Sonderfall: Tendenzkonzern. Siehe hierzu § 1 Rz. 13–16.

III. Gemeinschaftsunternehmen. Sind zwei (oder mehrere) Muttergesellschaften gemeinsam in der Weise an einem anderen Unternehmen beteiligt, dass sie nur aufgrund dauerhafter gemeinsamer Willensbildung Einfluss auf das Gemeinschaftsunternehmen nehmen können, so bildet nach hM das Gemeinschaftsunternehmen mit beiden Muttergesellschaften einen Unterordnungskonzern, mit der Folge, dass (i) die ArbN des Gemeinschaftsunternehmens gemäß § 5 Abs. 1 auch beiden Muttergesell-

---

1 BayObLG v. 24.3.1998 – 3 Z BR 236/96, NZA 1998, 956, 957 – Walter Holding I; *Willemsen/Seibt*, Unternehmensumstrukturierung, F35a. | 2 *Willemsen/Seibt*, Unternehmensumstrukturierung, F35. | 3 Vgl. *Hüffer*, § 18 AktG Rz. 14; MünchKomm AktG/*Bayer*, § 18 Rz. 42. | 4 OLG Düsseldorf v. 30.1.1979 – 25 AktE 1/78, AG 1979, 318, 319 – Hoechst/Herberts; OLG Zweibrücken v. 9.11.1983 – 3 W 25/83, AG 1984, 80, 81 – Hochtief/Streif; OLG Frankfurt v. 10.11.1986 – 20 W 27/86, WM 1987, 237, 238 – VDM; LG München I v. 25.9.1995 – 21 O 21794/93, AG 1996, 186, 187 – RWE/Lech-Elektrizitätswerke; LG Hamburg v. 26.6.1995 – 321 T 61/94, AG 1996, 89 f. – AMB/Volksfürsorge; ErfK/*Oetker*, § 5 MitbestG Rz. 8; *Hanau/Ulmer*, § 5 MitbestG Rz. 38 f.; *Raiser*, § 5 MitbestG Rz. 23; *Willemsen/Seibt*, Unternehmensumstrukturierung, F46; *Duden*, ZHR 1977, 145, 158; *Konzen*, ZIP 1984, 269 ff.; *Geßler*, BB 1997, 1313, 1318; offen OLG Düsseldorf v. 27.12.1996 – 19 W 4/96, AG 1997, 129, 130 – Babcock/BSH; aA *Richardi*, FS Zeuner, S. 147, 158; *Meik*, BB 1991, 2441, 2443 f.; *Windbichler*, Arbeitsrecht im Konzern, S. 524 ff.; *Meilicke/Meilicke*, BB 1978, 406, 409. | 5 So auch ErfK/*Oetker*, § 5 MitbestG Rz. 9; *Hanau/Ulmer*, § 5 MitbestG Rz. 42; *Raiser*, § 5 MitbestG Rz. 24; zu einer Analyse der strengen Rspr. der ordentlichen Gerichte *Richardi*, FS Zeuner, S. 147, 155 ff.; *Oetker*, ZGR 2000, 19, 32 f. | 6 OLG Zweibrücken v. 9.11.1983 – 3 W 25/83, AG 1984, 80, 81 – Hochtief/Streif; LG Hamburg v. 26.6.1995 – 321 T 61/94, AG 1996, 89, 90 – AMB/Volksfürsorge; LG München I v. 25.9.1995 – 21 O 21794/93, AG 1996, 186, 187 – RWE/Lech-Elektrizitätswerke; ErfK/*Oetker*, § 5 MitbestG Rz. 9. | 7 OLG Düsseldorf v. 27.12.1996 – 19 W 4/96, AG 1997, 129, 130 – Babcock BSH; OLG Zweibrücken v. 9.11.1983 – 3 W 25/83, AG 1984, 80, 81 – Hochtief/Streif; ErfK/*Oetker*, § 5 MitbestG Rz. 9. | 8 Vgl. OLG Zweibrücken v. 9.11.1983, 3 W 25/83, AG 1984, 80, 81 – Hochtief/Streif; OLG Frankfurt v. 10.11.1986 – 20 W 27/86, WM 1987, 237, 238 – VDM; *Willemsen/Seibt*, Unternehmensumstrukturierung, F46; *Raiser*, § 5 MitbestG Rz. 24. | 9 Vgl. OLG Düsseldorf v. 27.12.1996 – 19 W 4/96, AG 1997, 129, 130 – Babcock BSH; LG München I v. 25.9.1995 – 21 O 21794/93, AG 1996, 186, 187, RWE/Lech-Elektrizitätswerke; *Willemsen/Seibt*, Unternehmensumstrukturierung, F46; *Raiser*, § 5 MitbestG Rz. 24. | 10 Vgl. LG Hamburg v. 26.6.1995 – 321 T 61/94, AG 1996, 89, 90 – AMB/Volksfürsorge; *Willemsen/Seibt*, Unternehmensumstrukturierung, F46; *Raiser*, § 5 MitbestG Rz. 24.

schaften zugerechnet und (ii) die ArbN in beiden Konzernsträngen aktiv und passiv wahlberechtigt werden[1]. Dabei sind an das Erfordernis einer dauerhaften einheitlichen Leitung durch mehrere Muttergesellschaften strenge Anforderungen zu stellen. Das Bestehen einer 50:50-Beteiligung ohne weitere Absprachen reicht hierfür nicht aus[2]. Vielmehr bedarf es **besonderer satzungsrechtlicher oder vertraglicher Gestaltungen**, wie des Abschlusses eines Konsortial-, Stimmenpool- oder sonstigen Koordinationsvertrages, um eine einheitliche Leitungsgemeinschaft des Unternehmens herzustellen und auf Dauer zu gewährleisten[3]. Die **bloße Personenidentität der Geschäftsleitungsorgane** der gemeinsamen mehrheitsbeteiligten Unternehmen reicht ebenfalls nicht aus[4].

IV. Kapitalgesellschaft & Co. KG als Konzernspitze (§ 5 Abs. 1 Satz 2, Abs. 2). § 5 Abs. 2 Satz 1 bestimmt für den Fall, dass eine Kapitalgesellschaft & Co. KG herrschendes Unternehmen eines Konzerns ist, dass die ArbN der abhängigen Unternehmen nach § 5 Abs. 1 Satz 1 der Komplementärkapitalgesellschaft zuzurechnen sind, wenn die Voraussetzungen des § 4 Abs. 1 zwischen der herrschenden KG und ihrer Komplementärin gegeben sind[5]. Nach § 5 Abs. 2 Satz 2 Halbs. 1 iVm. § 5 Abs. 1 Satz 2 sind der Komplementärkapitalgesellschaft die ArbN von Komplementärkapitalgesellschaften abhängiger Kapitalgesellschaften & Co. KG zuzurechnen. Ist die Komplementärkapitalgesellschaft der abhängigen KG selbst abhängiges Unternehmen der herrschenden KG, greift allerdings bereits § 5 Abs. 2 Satz 1 ein. Zudem bestimmt § 5 Abs. 2 Satz 2 Halbs. 2 durch Verweis auf § 4 Abs. 2, dass die mitbestimmte Komplementärkapitalgesellschaft nicht von der Geschäftsführung der herrschenden AG ausgeschlossen werden darf (siehe hierzu § 4 Rz. 10). **11**

V. Teilkonzernspitze (§ 5 Abs. 3). 1. Grundfall. Der mit § 5 Abs. 1 Satz 1 verfolgte Leitsatz, dass die Konzernmitbestimmung im herrschenden Unternehmen anzusiedeln ist, scheitert, wenn die Konzernobergesellschaft selbst nicht mitbestimmungspflichtig ist. Dies ist zB der Fall, wenn das herrschende Unternehmen in einer nicht unter § 1 Abs. 1 Nr. 1 aufgeführten Rechtsform verfasst ist (zB einzelkaufmännisches Unternehmen, Personengesellschaft, Stiftung, Verein), eine reine Vermögensholding ist (dazu Rz. 7), seinen tatsächlichen Verwaltungssitz im Ausland hat (dazu Rz. 14) oder als Tendenzunternehmen nicht der Mitbest. unterfällt (dazu Rz. 13 und § 1 Rz. 13–16). Um diesem vom Gesetzgeber als unbefriedigend empfundenen Ergebnis zu begegnen, ist in § 5 Abs. 3 vorgesehen, dass die Konzernmitbestimmung solchenfalls in dem der Konzernobergesellschaft am Nächsten stehenden Unternehmen stattfindet, welches die gesetzlichen Voraussetzungen erfüllt. Ob für das in § 5 Abs. 3 enthaltene Merkmal der Beherrschung der Konzernleitung *über* nachgeordnete Konzernunternehmen erforderlich ist, dass das der Konzernleitung am Nächsten stehende Unternehmen wenigstens noch gewisse Mindestfunktionen einer Konzernleitung erfüllen muss (zB in Gestalt der Weiterleitung von Weisungen der Konzernobergesellschaft an die weiteren Konzernunternehmen)[6] oder ob es alleine auf die Kapitalverflechtung zwischen diesen beiden Gesellschaften ankommt[7], ist streitig. Der Annahme, dass eine bloße **Kapitalverflechtung ohne Ausübung gewisser Leitungsfunktionen durch die Teilkonzernspitze** ausreichend sei, ist nicht überzeugend, da § 5 Abs. 3 nur einen Sonderfall einer (fiktiven) Teilkonzernspitze regelt und insofern die gleichen Rechtsprechungsgrundsätze zur Anerkennung eines Konzerns im Konzern gelten sollten[8]. Die gegenteilige Ansicht könnte wohl dazu führen, dass ein mitbestimmter Aufsichtsrat in solchen Zwischenunternehmen zu bilden ist, die keine Informationen über Leitungsentscheidung auf der Konzernobergesellschaft bekommen und damit praktisch funktionslos sind[9]. **12**

2. Tendenzunternehmen. Ist ein herrschendes Unternehmen iSv. § 1 Abs. 1 Nr. 1 nach § 1 Abs. 4 (Tendenzunternehmen) nicht mitbestimmungspflichtig, so scheidet wegen dessen Wortlauts eine unmit- **13**

---

1 BAG v. 16.8.1995 – 7 ABR 57/94, AG 1996, 367, 368 f. = AP Nr. 30 zu § 76 BetrVG 1952 m. zust. Anm. *Hueck*; v. 30.10.1986 – 6 ABR 19/85, WM 1987, 1551, 1554 – Gildemeister (zu § 54 BetrVG); LAG Hamm v. 17.8.1977 – 3 Ta BV 46/77, DB 1977, 2052; *Willemsen/Seibt*, Unternehmensumstrukturierung, F51; ErfK/*Oetker*, § 5 MitbestG Rz. 13; *Hanau/Ulmer*, § 5 MitbestG Rz. 47 f.; *Raiser*, § 5 MitbestG Rz. 26 f.; *Lutter*, Mitbestimmung im Konzern, S. 11; *Knaub*, Unternehmerische Mitbestimmung im Konzern, S. 266 ff.; *Klückers*, Problemfälle der Arbeitnehmerzurechnung, S. 177 f.; *Klinkhammer*, Mitbestimmung in Gemeinschaftsunternehmen, S. 143 ff.; aA *Hoffmann/Lehmann/Weinmann*, § 5 MitbestG Rz. 39 ff.; *Bayer*, ZGR 1977, 173, 187 ff.; *Duden*, ZHR 1977, 145; *Wessing/Hölters*, DB 1977, 864, 866; *Windbichler*, Arbeitsrecht im Konzern, S. 522 ff. |2 *Willemsen/Seibt*, Unternehmensumstrukturierung, F51; aA ErfK/*Oetker*, § 5 MitbestG Rz. 11. |3 *Willemsen/Seibt*, Unternehmensumstrukturierung, F51. |4 BAG v. 16.8.1995 – 7 ABR 57/94, AG 1996, 367, 386 f. = AP Nr. 30 zu § 76 BetrVG 1952 m. zust. Anm. *Hueck*; *Willemsen/Seibt*, Unternehmensumstrukturierung, F51. |5 ErfK/*Oetker*, § 5 MitbestG Rz. 17. |6 So LG Hamburg v. 26.6.1995 – 321 T 61/94, AG 1996, 89 f. – AMB/Volksfürsorge; OLG Celle v. 22.3.1993 – 9 W 130/92, BB 1993, 957, 959 – Preussag/Salzgitter; LG Stuttgart v. 11.5.1993 – 2 AktE 1/92, ZIP 1993, 1406 ff. – Charles Vögele (Vorinstanz, aufgehoben durch OLG Stuttgart); *Willemsen/Seibt*, Unternehmensumstrukturierung, F49; ErfK/*Oetker*, § 5 MitbestG Rz. 20; *Hanau/Ulmer*, § 5 MitbestG Rz. 70; *Meilicke/Meilicke*, BB 1978, 406, 410. |7 So OLG Stuttgart v. 10.3.1995 – 8 W 355/93, ZIP 1995, 1004 ff. m. zust. Anm. *Mankowski* – Charles Vögele; *Lutter*, ZGR 1977, 195, 213; *Romeikat*, Konzernmitbestimmung auf nachgeordneten Konzernstufen, S. 136 f. |8 *Willemsen/Seibt*, Unternehmensumstrukturierung, F49; schwächer ErfK/*Oetker*, § 5 MitbestG Rz. 20: geringere Anforderungen als in Fällen des Konzern im Konzern. |9 Kritisch zu Recht *Willemsen/Seibt*, Unternehmensumstrukturierung, F49; *Theisen*, AG 1998, 153, 158; ErfK/*Oetker*, § 5 MitbestG Rz. 21; *Hanau/Wackerbarth*, FS Lutter, S. 425, 440 f.; *Marsch-Barner*, WuB 1995, 901.

MitbestG § 5 Rz. 14   Konzern

telbare Anwendung des § 5 Abs. 3 aus. Sofern nachgeordnete Konzernunternehmen selbst keinen Tendenzcharakter aufweisen, ist jedoch § 5 Abs. 3 entsprechend anzuwenden[1].

14   **3. Ausländische Unternehmen.** Aufgrund des völkerrechtlichen Territorialitätsprinzips ist der Geltungsbereich des MitbestG auf das Inland beschränkt (hierzu § 1 Rz. 7). Dies hat zur Folge, dass ArbN ausländischer Tochtergesellschaften der Konzernobergesellschaft nicht zugerechnet werden und dass bei einer ausländischen Konzernobergesellschaft jede ArbN-Zurechnung nach § 5 Abs. 1 zu ihr entfällt[2]. In diesem Fall kann allerdings die Teilkonzernregelung in § 5 Abs. 3 Anwendung finden (Rz. 12). Ein grenzüberschreitender Beherrschungsvertrag zwischen der ausländischen Konzernobergesellschaft und der inländischen Teilkonzernspitze ist zulässig und lässt im Regelfall die Unternehmensmitbestimmung in der inländischen Teilkonzernspitze entfallen[3].

Zweiter Teil. Aufsichtsrat

Erster Abschnitt. Bildung und Zusammensetzung

6 *Grundsatz*
(1) Bei den in § 1 Abs. 1 bezeichneten Unternehmen ist ein Aufsichtsrat zu bilden, soweit sich dies nicht schon aus anderen gesetzlichen Vorschriften ergibt.

(2) Die Bildung und die Zusammensetzung des Aufsichtsrats sowie die Bestellung und die Abberufung seiner Mitglieder bestimmen sich nach den §§ 7 bis 24 dieses Gesetzes und, soweit sich dies nicht schon aus anderen gesetzlichen Vorschriften ergibt, nach § 96 Abs. 2, den §§ 97 bis 101 Abs. 1 und 3 und den §§ 102 bis 106 des Aktiengesetzes mit der Maßgabe, dass die Wählbarkeit eines Prokuristen als Aufsichtsratsmitglied der Arbeitnehmer nur ausgeschlossen ist, wenn dieser dem zur gesetzlichen Vertretung des Unternehmens befugten Organ unmittelbar unterstellt und zur Ausübung der Prokura für den gesamten Geschäftsbereich des Organs ermächtigt ist. Andere gesetzliche Vorschriften und Bestimmungen der Satzung (des Gesellschaftsvertrags, des Statuts) über die Zusammensetzung des Aufsichtsrats sowie über die Bestellung und die Abberufung seiner Mitglieder bleiben unberührt, soweit Vorschriften dieses Gesetzes dem nicht entgegenstehen.

(3) Auf Erwerbs- und Wirtschaftsgenossenschaften sind die §§ 100, 101 Abs. 1 und 3 und die §§ 103 und 106 des Aktiengesetzes nicht anzuwenden. Auf die Aufsichtsratsmitglieder der Arbeitnehmer ist § 9 Abs. 2 des Gesetzes betreffend die Erwerbs- und Wirtschaftsgenossenschaften nicht anzuwenden.

1   **1. Obligatorische Bildung des Aufsichtsrats.** § 6 Abs. 1 schreibt vor, in allen dem MitbestG unterfallenden Unternehmen einen Aufsichtsrat zu bilden. Eigenständige Bedeutung hat diese Vorschrift nur für die GmbH, da AG (§§ 95 ff. AktG), KGaA (§ 278 Abs. 3 iVm. §§ 95 ff. AktG) sowie Genossenschaften (§ 9 Abs. 1 GenG) schon nach gesellschaftsrechtlichen Bestimmungen zur Aufsichtsratsbildung verpflichtet sind. Zur Bildung des (Ersten) Aufsichtsrats im Gründungsstatus siehe § 1 Rz. 4. Zur formwechselnden Umwandlung siehe § 203 UmwG.

2   **2. Änderungen der Zusammensetzung des Aufsichtsrats und Statusverfahren. a) Zweck des Statusverfahrens.** Bei sämtlichen mitbestimmten Gesellschaften ist für den Fall, dass der Aufsichtsrat nicht nach den für ihn eigentlich maßgebenden gesetzlichen Vorschriften zusammengesetzt ist, ein Statusverfahren nach den §§ 97 ff. AktG durchzuführen. Das Statusverfahren soll sicherstellen, dass der eingerichtete Aufsichtsrat zu jeder Zeit eine sichere Rechtsgrundlage besitzt. Trotz möglicherweise erheblich veränderter tatsächlicher Verhältnisse bleiben die Vorschriften über die Zusammensetzung des Aufsichtsrates maßgebend, nach denen der Aufsichtsrat bisher zusammengesetzt war, bis das Statusverfahren vollständig abgeschlossen ist. Dies ermöglicht eine jederzeit rechtmäßige Beschlussfassung des Aufsichtsrates und garantiert bei einem Wechsel in der Aufsichtsratszusammensetzung die Funktionsfähigkeit des Unternehmens[4].

3   **b) Anwendungsbereich.** Das Statusverfahren ist zunächst in den Fällen durchzuführen, in denen es zu einem **Wechsel von einer in § 96 Abs. 1 AktG aufgeführten Mitbestimmungsform** (Mitbestimmungsfreiheit; BetrVG 1952; MitbestG; MontanMitbestG; MitbestErgG) **in eine andere** kommt[5]. Hierunter fallen

---

[1] So auch ErfK/*Oetker*, § 5 MitbestG Rz. 22; *Hanau/Ulmer*, § 5 MitbestG Rz. 73; *Raiser*, § 5 MitbestG Rz. 38; aA GK-MitbestG/*Schneider*, § 5 Rz. 114; *Hölters*, RdA 1979, 335, 339; *Loritz*, ZfA 1985, 497, 528 f. |[2] LG Stuttgart v. 11.5.1993 – 2 AktE 1/92, ZIP 1993, 1406 – Charles Vögele; ErfK/*Oetker*, § 5 MitbestG Rz. 14. |[3] *Bayer*, Der grenzüberschreitende Beherrschungsvertrag, S. 96 ff., 142; *Bauschatz*, Konzern 2003, 805, 806 f.; *Bärwaldt-Schabacker*, AG 1998, 182, 185; *Willemsen/Seibt*, Unternehmensumstrukturierung, F49; aA *Bernstein-Koch*, ZHR 1979, 522, 535; *Däubler*, RabelsZ 1975, 444, 473; *Duden*, ZHR 1977, 145, 188. |[4] Vgl. *Willemsen/Seibt*, Unternehmensumstrukturierung, F141; *Oetker*, ZHR 1985, 575, 576 f.; *Martens*, DB 1978, 1065, 1068. |[5] Vgl. *Willemsen/Seibt*, Unternehmensumstrukturierung, F143; *Hüffer*, § 96 AktG Rz. 13 und § 97 Rz. 3; *Göz*, ZIP 1998, 1523, 1524.

also zB die Fälle, (i) bei denen sich das Mitbestimmungsniveau bei einer Gesellschaft zB wegen einer Umstrukturierung ändert (zB Wechsel von einem drittelparitätischen Mitbestimmungsregime gemäß §§ 76 ff. BetrVG 1952 zum paritätischen Mitbestimmungsregime nach dem MitbestG oder umgekehrt) einschließlich des Falles, in dem der bereits bestehende, indes mitbestimmungsfreie Aufsichtsrat nach der Umstrukturierung mit ArbN-Vertretern zu besetzen ist (zB Erhöhung der mitbestimmungsrelevanten ArbN-Zahl auf mehr als 500 bei einer nach dem 9.8.1994 eingetragenen AG), oder (ii) in denen der bislang mitbestimmte Aufsichtsrat mitbestimmungsfrei wird oder der Aufsichtsrat sogar vollständig wegfällt (zB Formwechsel in eine Personenhandelsgesellschaft). Dabei ist unerheblich, durch welche Rechtsgestaltung der Wechsel beim Mitbestimmungsregime erfolgt, insb. gelten grundsätzlich keine Sondervorschriften bei Umwandlungen iSv. § 1 UmwG[1]. Auch in Fällen, in denen beim Unternehmen bislang noch kein Aufsichtsrat bestand und nunmehr wegen Vorliegens der mitbestimmungsgesetzlichen Voraussetzungen ein mitbestimmter Aufsichtsrat gebildet werden muss, ist – über § 6 Abs. 2 iVm. §§ 97 ff. AktG bzw. über die Vorschriften zur Bildung des ersten Aufsichtsrates gemäß §§ 30, 31 AktG (für die GmbH: analog) – das Statusverfahren entsprechend §§ 97 ff. AktG durchzuführen, da der auf Rechtssicherheit gerichtete Regelungszweck des Statusverfahrens ebenfalls hier Geltung verlangt[2].

Bei mitbestimmungspflichtigen Gesellschaften ist ein Statusverfahren auch dann durchzuführen, wenn innerhalb desselben Mitbestimmungsstatuts **zwingende gesetzliche Schwellenwerte** überschritten werden, die zur Folge haben, dass der bestehende Aufsichtsrat nicht nach den maßgebenden gesetzlichen Vorschriften zusammengesetzt ist, die Zahl der Aufsichtsratsmitglieder also entweder erhöht oder verringert werden muss[3]. Hierzu gehört vor allem der Fall, dass wegen einer Erhöhung der ArbN-Zahl eine Vergrößerung des nach § 7 Abs. 1 MitbestG zusammengesetzten Aufsichtsrats erforderlich ist, ebenso wie der Fall, in dem bei einem dem BetrVG 1952 unterfallenden Unternehmen eine Kapitalherabsetzung durchgeführt und damit gegen § 77 Abs. 1 BetrVG 1952 iVm. § 95 AktG verstoßen wird[4]. Dagegen ist ein Statusverfahren nicht durchzuführen, wenn trotz Veränderung mitbestimmungsrelevanter Parameter eine Änderung des Aufsichtsrates nicht zwingend geboten, sondern nur zulässig ist (vgl. § 7 Abs. 1 Satz 1 Nr. 2 und 3 MitbestG)[5]. Kein Statusverfahren ist ferner durchzuführen, wenn sich – zB durch einen Formwechsel – nur faktisch das Mitbestimmungsniveau ändert (insb. Kompetenzänderungen beim Aufsichtsrat), die gesetzlichen Vorschriften *zur Zusammensetzung des Aufsichtsrates* indes in gleicher Weise weitergelten. Schließlich sind die §§ 97–99 AktG nicht (entsprechend) auf den Fall anzuwenden, dass eine Vergrößerung oder Verkleinerung des Aufsichtsrats zwar nicht gesetzlich zwingend, aber wegen einer **Satzungsänderung** notwendig wird[6]. 4

Bei der satzungsmäßigen Vergrößerung des Aufsichtsrates ist der Aufsichtsrat lediglich durch Nachwahl oder gerichtliche Bestellung zu ergänzen[7]. Dabei kann bereits die über die entsprechende Satzungsänderung beschließende Anteilseignerversammlung die neuen Mitglieder mit der Maßgabe zuwählen, dass deren Amt erst mit Eintragung der Satzungsänderung beginnt[8]; das Gleiche gilt auch für die nach den mitbestimmungsrechtlichen Vorschriften zu wählenden ArbN-Vertreter[9]. 5

c) Ablauf des Statusverfahrens und Rechtsfolgen. Das Statusverfahren kann in zwei Abschnitte geteilt werden, die zueinander in einem Stufenverhältnis stehen. Auf einer ersten Stufe erfolgt die für alle Beteiligten verbindliche Festlegung der nunmehr auf den Aufsichtsrat anzuwendenden gesetzlichen Vorschriften durch die Bekanntmachung des Vorstandes, falls diese unangefochten bleibt (§ 97 Abs. 2 Satz 1 AktG; sog. Bekanntmachungsverfahren), oder durch eine Entscheidung vor den ordentlichen Gerichten (§ 98 Abs. 4 Satz 1 AktG; sog. gerichtliches Feststellungsverfahren). Anschließend wird in 6

---

1 Vgl. *Willemsen/Seibt*, Unternehmensumstrukturierung, F143; *Kiem/Uhrig*, NZG 2001, 680; *Lutter/Grunewald*, § 20 UmwG Rz. 30. | 2 Vgl. *Willemsen/Seibt*, Unternehmensumstrukturierung, F144; *Göz*, ZIP 1998, 1523, 1524; aA *Hachenburg/Raiser*, § 52 GmbHG Rz. 161; *Lutter/Hommelhoff*, § 52 GmbHG Rz. 22; *Fitting*, § 77 BetrVG 1952 Rz. 12. | 3 OLG Hamburg v. 26.8.1988 – 11 W 53/88, AG 1989, 64, 65 = WuB § 7 MitbestG 1/89 (*Peterhoff*); OLG Düsseldorf v. 20.6.1978 – 19 W 3/78, DB 1978, 1358; *Willemsen/Seibt*, Unternehmensumstrukturierung, F145; *Hüffer*, § 97 AktG Rz. 3; *Martens*, DB 1978, 1065, 1068 f.; *Oetker*, ZHR 1985, 575, 577 ff.; *Raiser*, § 6 MitbestG Rz. 5; *Hanau/Ulmer*, § 6 MitbestG Rz. 14; aA *Rosendahl*, AG 1985, 325, 326 f.; *Göz*, ZIP 1998, 1523, 1525 f. | 4 OLG Düsseldorf v. 20.6.1998 – 19 W 3/78, DB 1978, 1358; *Willemsen/Seibt*, Unternehmensumstrukturierung, F145; *Martens*, DB 1978, 1065, 1068 f.; *Wiesner*, DB 1977, 1747, 1749 f.; *Raiser*, § 6 MitbestG Rz. 5. | 5 *Willemsen/Seibt*, Unternehmensumstrukturierung, F146; MünchGesR/*Hoffmann-Becking*, § 28 Rz. 53. | 6 OLG Hamburg v. 26.8.1988 – 11 W 53/88, AG 1989, 64, 65 = WuB § 7 MitbestG 1/89 (*Peterhoff*); OLG Dresden v. 18.2.1997 – 14 W 1396/96, ZIP 1997, 589, 591 (Ziff. 3); LAG Düsseldorf v. 18.12.1987 – 10 Ta BV 132/87, *AG 1989, 66*, 67 – Alexanderwerk; *Willemsen/Seibt*, Unternehmensumstrukturierung, F147; *Hüffer*, § 97 AktG Rz. 3; MünchGesR/*Hoffmann-Becking*, Bd. 4: AG, § 28 Rz. 54; *Martens*, DB 1978, 1065, 1069; *Rosendahl*, AG 1985, 325, 328 f.; *Göz*, ZIP 1998, 1523, 1526; *Raiser*, § 6 MitbestG Rz. 5 und § 7 Rz. 5; *Hanau/Ulmer*, § 6 MitbestG Rz. 15 und § 7 Rz. 15; aA BAG v. 3.10.1989 – 1 ABR 12/88, WM 1990, 633, 635 f.; Geßler/Hefermehl/Eckardt/Kropff/*Geßler*, § 95 AktG Rz. 31 und § 96 AktG Rz. 52; *Oetker*, ZHR 1985, 575, 584 f.; *Scholz/U. H. Schneider*, § 52 GmbHG Rz. 35. | 7 Vgl. *Willemsen/Seibt*, Unternehmensumstrukturierung, F150; *Hüffer*, § 97 AktG Rz. 5; *Raiser*, § 7 MitbestG Rz. 5; *Hanau/Ulmer*, § 7 MitbestG Rz. 16; *Dietz/Richardi*, 6. Aufl. 1982, § 76 BetrVG 1952 Rz. 126; *Fitting*, § 76 BetrVG 1952 Rz. 140 a. E; aA (umfassende Neuwahl) *Fitting/Wlotzke/Wißmann*, § 15 MitbestG Rz. 106. | 8 So auch *Willemsen/Seibt*, Unternehmensumstrukturierung, F150; KölnKommAktG/*Mertens*, § 95 Rz. 24; *Hüffer*, § 95 AktG Rz. 5. | 9 *Willemsen/Seibt*, Unternehmensumstrukturierung, F150.

einer zweiten Stufe die Überleitung vollzogen, indem nach § 97 Abs. 2 AktG die entgegenstehenden Satzungsbestimmungen geändert werden oder kraft Gesetzes außer Kraft treten, alle bisherigen Aufsichtsratsmandate erlöschen und eine vollständige Neubesetzung des Aufsichtsrates stattfindet.

7 **aa) Verbindliche Feststellung der maßgeblichen Vorschriften durch Bekanntmachungsverfahren.** Die Initiativbefugnis für eine außergerichtliche Klärung des auf das Unternehmen anwendbaren Mitbestimmungsregimes kommt ausschließlich dem Geschäftsführungsorgan des betroffenen Rechtsträgers zu, bei der AG also dem Vorstand, bei der KGaA dem Komplementär und bei der GmbH den Geschäftsführern. Ist das Geschäftsführungsorgan der Ansicht, dass der Aufsichtsrat nicht mehr nach den maßgebenden gesetzlichen Vorschriften zusammengesetzt ist, ist es nach § 97 Abs. 1 AktG verpflichtet, seine Ansicht über die anzuwendenden gesetzlichen Vorschriften in den Gesellschaftsblättern sowie gleichzeitig durch Aushang in sämtlichen Betrieben der Gesellschaft und ihrer inländischen Konzernunternehmen bekannt zu machen. Die Bekanntmachung ist auch dann erforderlich, wenn zwischen allen Beteiligten Einigkeit über die erforderliche Änderung im Hinblick auf die Größe und Zusammensetzung des Aufsichtsrates besteht[1].

8 Der **Bekanntmachungstext** muss mindestens drei Angaben enthalten:

- Die Feststellung, dass nach Auffassung des Geschäftsführungsorgans der Aufsichtsrat nicht nach den für ihn maßgebenden gesetzlichen Vorschriften zusammengesetzt ist;

- die Vorschriften, nach welchen der Aufsichtsrat gebildet werden muss (einschließlich der betreffenden Satzungsbestimmungen, die eine vom gesetzlichen Regelfall abweichende Anzahl der Aufsichtsratsmitglieder regeln);

- die Ankündigung, dass der Aufsichtsrat nach diesen Vorschriften zusammengesetzt wird, wenn das nach § 98 Abs. 1 AktG zuständige Gericht nicht innerhalb eines Monats nach Bekanntmachung im Bundesanzeiger von den nach § 98 Abs. 2 AktG genannten Antragsberechtigten angerufen wird.

9 Wenn das Geschäftsführungsorgan § 7 für anwendbar hält, muss er auch die aufgrund der Zahl der ArbN maßgebliche Regelungsvariante des § 7 Abs. 1 Satz 1 zur Größe des Aufsichtsrates bezeichnen[2]. Hat die Anteilseignerversammlung nach § 7 Abs. 1 Satz 2 durch Satzungsregelung eine höhere Mitgliederzahl von 16 oder 20 Mitgliedern beschlossen, so ist auch dieses im Bekanntmachungstext aufzunehmen[3]. Der Text sollte mit Ort, Datum (wobei der Bekanntmachungsmonat genügt) und dem Hinweis auf das Geschäftsleitungsorgan abgeschlossen werden; die Namen der einzelnen Organmitglieder brauchen nicht angegeben werden. Weitere Angaben in der Bekanntmachung sind rechtlich nicht gefordert[4].

10 Nach § 97 Abs. 1 Satz 1 AktG hat die Bekanntmachung unverzüglich (vgl. § 121 Abs. 1 Satz 1 BGB) zu erfolgen; das Erfordernis der **Unverzüglichkeit** ist auch dann noch erfüllt, wenn das Geschäftsführungsorgan zunächst eine detailliertere Prüfung der Sach- und Rechtslage für die Umstrukturierung unternimmt oder sich zunächst mit dem bestehenden Aufsichtsrat verständigt[5]. Ist eine mitbestimmungsrelevante Änderung der tatsächlichen Verhältnisse bereits mit hinreichender Sicherheit absehbar, *kann* auch schon vor dem rechtlichen Wirksamwerden der maßgebenden Umstrukturierungsmaßnahme die Bekanntmachung erfolgen[6]. Darüber hinaus kann das langwierige Verfahren der ArbN-Wahlen auch – wie in der Praxis – vor der Bekanntmachung nach § 97 Abs. 1 AktG eingeleitet werden, wenn ansonsten zu befürchten ist, dass diese Wahlen nicht innerhalb der 6-monatigen Regelfrist gemäß § 97 Abs. 2 Satz 2 und 3 AktG abgeschlossen werden können, und eine Bestellung der fehlenden ArbN-Vertretung nach § 104 Abs. 2 AktG durch das Registergericht vermieden werden soll[7].

11 Für **Unternehmenskäufe oder Umstrukturierungen**, die nach der gesetzlichen Wertung oder gesellschaftsvertraglichen Regelungen eines Beschlusses des Aufsichtsrates oder der Anteilseignerversammlung bedürfen, gilt Folgendes: Das Geschäftsführungsorgan ist jedenfalls mit dinglichem Vollzug des Unternehmenskaufs bzw. -verkaufs oder der Umstrukturierungsmaßnahme befugt, das Bekanntmachungsverfahren nach § 97 Abs. 1 AktG durchzuführen. Dem steht nicht entgegen, dass Gremienbeschlüsse noch ausstehen oder gegen diese Anfechtungsklagen erhoben worden sind. Denn zum ei-

---

1 Vgl. *Willemsen/Seibt*, Unternehmensumstrukturierung, F152; MünchGesR/*Hoffmann-Becking*, Bd. 4: AG, § 28 Rz. 55. |2 *Willemsen/Seibt*, Unternehmensumstrukturierung, F153; *Hanau/Ulmer*, § 6 MitbestG Rz. 21; MünchGesR/*Hoffmann-Becking*, Bd. 4: AG, § 28 Rz. 57. |3 *Willemsen/Seibt*, Unternehmensumstrukturierung, F153; *Hanau/Ulmer*, § 6 MitbestG Rz. 21; *Raiser*, § 6 MitbestG Rz. 13; aA *Hoffmann/Lehmann/Weinmann*, § 37 MitbestG Rz. 10. |4 Vgl. *Willemsen/Seibt*, Unternehmensumstrukturierung, F153; *Hüffer*, § 97 AktG Rz. 4; *Göz*, ZIP 1998, 1523; aA *Oetker*, ZHR 1985, 575, 592 f. (Angabe „des die gesetzlichen Vorschriften verwirklichenden Lebenssachverhalts", zB die nach §§ 4 und 5 MitbestG zuzurechnenden Konzernunternehmen, die Zahl der beschäftigten Arbeitnehmer). |5 *Willemsen/Seibt*, Unternehmensumstrukturierung, F155; *Hanau/Ulmer*, § 6 MitbestG Rz. 18; *Raiser*, § 6 MitbestG Rz. 11; *Kiem/Uhrig*, NZG 2001, 680, 681. |6 *Willemsen/Seibt*, Unternehmensumstrukturierung, F155; weiter gehend KölnKommAktG/*Mertens*, §§ 97–99 Rz. 3 (zwingende Einleitung); enger MünchGesR/*Hoffmann-Becking*, Bd. 4: AG, § 28 Rz. 58 (and. noch Vorauflage in § 28 Rz. 50); *Lutter/Grunewald*, § 20 UmwG Rz. 28. |7 *Willemsen/Seibt*, Unternehmensumstrukturierung, F155; KölnKommAktG/*Mertens*, §§ 97–99 Rz. 25; *Hoffmann/Lehmann/Weinmann*, § 37 MitbestG Rz. 26; *Kiem/Uhrig*, NZG 2001, 680, 687; aA wohl *Säcker*, Wahlordnungen zum MitbestG, Rz. 40.

nen tritt die Nichtigkeit der Befugnisse erst mit Eintritt der Rechtskraft des einer Anfechtungsklage stattgebenden Urteils ein (§§ 241 Nr. 5, 248 Abs. 1 Satz 1 AktG) und zudem berühren die Anfechtungsklagen in aller Regel nicht die Wirksamkeit der dinglichen Rechtsgeschäfte[1].

Bei **Verschmelzungen und Spaltungen nach dem Umwandlungsgesetz** kommt es zum dinglichen Übergang der Vermögensgegenstände und damit zur etwaigen Änderung des Mitbestimmungsregimes erst mit Eintragung der Umwandlung im Handelsregister der betreffenden Rechtsträger (§ 20 Abs. 1, § 131 Abs. 1 UmwG). Es wird regelmäßig im Interesse der beteiligten Unternehmen sein, bereits die über die Umwandlung beschließenden Hauptversammlungen auch dazu zu nutzen, aufschiebend bedingt auf die Eintragung der Umwandlung in die Handelsregister der betreffenden Rechtsträger die notwendigen Satzungsänderungen zu beschließen sowie die entsprechenden Anteilseignervertreter im Aufsichtsrat zu wählen. Denn hierdurch wird zum einen erreicht, dass bereits mit Wirksamwerden der Umwandlung die für die an der Umwandlung beteiligten Rechtsträger geeigneten Aufsichtsräte platziert sind und die für das Mitbestimmungsregime passenden Satzungsbestimmungen gelten, ohne dass es hierfür einer weiteren – in den meisten Fällen: außerordentlichen – Hauptversammlung bedarf. Es bestehen is hierbei weder erhebliche rechtliche Bedenken dagegen, dass das Geschäftsführungsorgan bereits vor Wirksamwerden der Umwandlung das Statusverfahren mit der Bekanntmachung eröffnet (wenn denn das Wirksamwerden der Umwandlung nach pflichtgemäßer Prüfung durch das Geschäftsführungsorgan hinreichend wahrscheinlich erscheint), noch dagegen, dass die Hauptversammlung die Satzungsänderungen und die Anteilseignervertreter im Aufsichtsrat aufschiebend bedingt auf die Eintragung der Umwandlung in den Handelsregister der betreffenden Rechtsträger beschließt bzw. wählt[2]. Die Einleitung des Wahlverfahrens für die ArbN-Vertreter im Aufsichtsrat könnte dann ebenfalls vor der Eintragung der Umwandlung in den Handelsregister der betreffenden Rechtsträger eingeleitet werden; für etwaige Übergangszeiten können die fehlenden ArbN-Vertreter bis zum Abschluss der Wahlen gerichtlich gemäß § 104 AktG bestellt werden[3]. **12**

Sieht der Vorstand von einer unverzüglichen Bekanntmachung nach § 97 Abs. 1 AktG ab, obwohl ein ordentlicher und gewissenhafter Geschäftsleiter Zweifel an der richtigen Zusammensetzung des Aufsichtsrates hätte haben müssen, und unterlässt er auch die Einleitung des gerichtlichen Feststellungsverfahrens, so haftet er der Gesellschaft gegenüber nach § 93 Abs. 2 AktG (für GmbH: § 43 Abs. 2 GmbHG) auf **Schadenersatz** (allerdings in keinem Fall gegenüber ArbN, BR oder Gewerkschaften). Da ein Schaden wegen fehlerhafter Zusammensetzung des Aufsichtsrates regelmäßig nicht nachweisbar sein dürfte (die Weiterzahlung der Bezüge an Aufsichtsratsmitglieder, deren Amt bei rechtzeitigem Handeln des Vorstandes früher erloschen wäre, stellt keinen Schaden dar), ist die Verletzung der Verpflichtung nach §§ 97, 98 AktG praktisch sanktionslos[4]. Insbesondere stellt die Verkennung der anwendbaren Vorschriften weder eine Ordnungswidrigkeit noch eine Straftat dar. Auch sind die Beschlüsse des nicht nach den gesetzlichen Vorschriften zusammengesetzten Aufsichtsrats wirksam (*arg.* § 250 Abs. 1 Nr. 1 AktG)[5]. **13**

Ruft kein nach § 98 Abs. 2 AktG Antragsberechtigter (zB Aufsichtsratsmitglieder, Aktionäre, BR bzw. GesamtBR, ggf. auch ArbN und Gewerkschaften) innerhalb eines Monats nach der Bekanntmachung im Bundesanzeiger[6] das nach § 98 Abs. 1 AktG zuständige Gericht an, so ist der neue Aufsichtsrat nach den in der Bekanntmachung des Geschäftsleitungsorgans angegebenen Vorschriften zusammenzusetzen (§ 97 Abs. 2 Satz 1 AktG). Kommt es hingegen zu einer Anrufung des Gerichts innerhalb dieser Anrufungsfrist, so tritt das gerichtliche Feststellungsverfahren an die Stelle des Bekanntmachungsverfahrens und die gerichtliche Entscheidung an die Stelle der Bekanntmachung des Geschäftsleitungsorgans. Sollte es später zu keiner gerichtlichen Entscheidung kommen (zB weil der Antragsberechtigte seinen Antrag zurücknimmt), kann der Aufsichtsrat nach Ablauf (des Rests) der Anrufungsfrist entsprechend der Bekanntmachung des Geschäftsleitungsorgans zusammengesetzt werden[7]. **14**

bb) Verbindliche Feststellung der maßgeblichen Vorschriften durch gerichtliches Feststellungsverfahren. Ist streitig oder ungewiss, nach welchen gesetzlichen Vorschriften sich die Größe und Zusammensetzung des Aufsichtsrates bestimmen, kann der nach § 98 Abs. 2 AktG antragsberechtigte Personenkreis (neben dem Geschäftsführungsorgan in seiner Gesamtheit, den Aufsichtsratsmitgliedern und den Aktionären zB der BR bzw. GesamtBR der Gesellschaft und – wenn die Anwendung des MitbestG beantragt wird – die im Unternehmen oder einem nach § 5 MitbestG einbezogenen Konzernunternehmen vertrete- **15**

---

1 So auch LG Mainz v. 8.6.1998 – 4 O 189/97, DB 1998, 2052 f.; *Willemsen/Seibt*, Unternehmensumstrukturierung, F155a; *Oetker*, ZGR 2000, 19, 39. | 2 Vgl. *Willemsen/Seibt*, Unternehmensumstrukturierung, F155a; *Kiem/Uhrig*, NZG 2001, 680, 683 ff.; MünchGesR/*Hoffmann-Becking*, Bd. 4: AG, § 28 Rz. 50, 62. | 3 *Willemsen/Seibt*, Unternehmensumstrukturierung, F155a. | 4 Vgl. *Willemsen/Seibt*, Unternehmensumstrukturierung, F155b; KölnKommAktG/*Mertens*, §§ 97–99 Rz. 7 f. | 5 Vgl. *Willemsen/Seibt*, Unternehmensumstrukturierung, F155b; iE auch *Martens*, DB 1978, 1065, 1968. | 6 Eine frühere oder spätere Veröffentlichung in anderen Gesellschaftsblättern ist für die Fristberechnung unerheblich, es sei denn, der Bundesanzeiger zählt nicht zu den Gesellschaftsblättern der betreffenden Gesellschaft (was nur in den seltensten Fällen bei GmbH vorkommen dürfte; in diesem Fall ist auf die zeitlich zuletzt erfolgte Veröffentlichung in einem Gesellschaftsblatt abzustellen; vgl. *Hoffmann/Lehmann/Weinmann*, § 37 MitbestG Rz. 7 f. | 7 Vgl. *Willemsen/Seibt*, Unternehmensumstrukturierung, F156; Geßler/Hefermehl/Eckardt/Kropff/*Geßler*, § 97 AktG Rz. 33; zweifelnd *Hüffer*, § 97 AktG Rz. 6.

nen Gewerkschaften) ein gerichtliches Verfahren zur Klärung der Zusammensetzung des Aufsichtsrates nach §§ 98, 99 AktG einleiten. Ein gerichtlicher Antrag ist nicht abhängig von der Einleitung des Statusverfahrens durch Bekanntmachung nach § 97 Abs. 1 AktG und kann somit sowohl vor einer Bekanntmachung als auch während der einmonatigen Anrufungsfrist gemäß § 97 Abs. 1 Satz 3 AktG als auch – jedenfalls wenn neue Tatsachen vorgebracht werden können – noch danach gestellt werden[1]. Allerdings ist der Vorstand daran gehindert, ein Statusverfahren durch Bekanntmachung gemäß § 97 Abs. 1 AktG einzuleiten, nachdem ein gerichtliches Entscheidungsverfahren nach den §§ 98, 99 AktG anhängig gemacht wurde (§ 97 Abs. 3 AktG). Das zuständige Gericht entscheidet über den Antrag im Verfahren der freiwilligen Gerichtsbarkeit und unter Beachtung der besonderen Regelungen des § 99 AktG. Sowohl der Antrag (ohne Begründung!) als auch die Entscheidung (ohne Gründe!) sind vom Gericht in den Gesellschaftsblättern der betroffenen Gesellschaft bekannt zu machen; darüber hinaus hat der Vorstand die Entscheidung nach Rechtskraft zum Handelsregister einzureichen. Die rechtskräftige Entscheidung wirkt für und gegen alle (§ 95 Abs. 5 Satz 2 AktG).

16   Das vor den ordentlichen Gerichten durchzuführende Statusverfahren hat **Konzentrationswirkung**. So kann beispielsweise die Wahl von ArbN-Vertretern im Aufsichtsrat nicht mit der Begründung erfolgreich angefochten werden, dass die Zusammensetzung des Aufsichtsrates nicht den gesetzlichen Bestimmungen entspreche (*arg.* § 96 Abs. 2 AktG)[2]. Ein gleichwohl eingeleitetes Wahlanfechtungsverfahren ist zwar – nach der BAG-Rspr. – nicht unzulässig, hat aber „offensichtlich keine Aussicht auf Erfolg"[3]. Bei Meinungsverschiedenheiten darüber, ob zB ArbN abhängiger Gesellschaften nach §§ 4, 5 MitbestG für die Wahl zum Aufsichtsrat des herrschenden Unternehmens wahlberechtigt sind, ist für die Frage nach der **Zuständigkeit der Arbeits- oder der ordentlichen Gerichtsbarkeit** zu differenzieren[4]: Die ArbG sind zuständig, solange die Einbeziehung der ArbN anderer Konzerngesellschaften die Größe des Aufsichtsrates nicht beeinflusst, da insoweit alleine die Wahl der ArbN-Vertreter berührende Fragen im Streit stehen. Sobald allerdings der Streit zu Auswirkungen auf die Größe des Aufsichtsrates führt, muss die Einbeziehung der ArbN im Statusverfahren geklärt werden.

17   **cc) Vollzug der Überleitung.** Steht aufgrund der unangefochten gebliebenen Bekanntmachung des Geschäftsführungsorgans oder der rechtskräftigen gerichtlichen Entscheidung fest, welche (andere als zuvor geltenden) mitbestimmungsrechtlichen Vorschriften für die Größe und Zusammensetzung des Aufsichtsrates maßgebend sind, beginnt der **Überleitungsvollzug** gemäß § 97 Abs. 2 AktG. Hierzu bedarf es dreierlei, nämlich (i) der Anpassung der Satzung, (ii) der Beendigung der Mandate der bisherigen Aufsichtsratsmitglieder und (iii) der Bestellung der neuen Aufsichtsratsmitglieder nach den nunmehr geltenden Vorschriften; darüber hinaus sind die Änderungen zum Handelsregister einzutragen.

18   Nach der Vorstellung des Gesetzgebers findet regelmäßig während einer Frist von sechs Monaten nach Ablauf der Monatsfrist für die Anrufung des Gerichts im Falle des Bekanntmachungsverfahrens gemäß § 97 Abs. 1 AktG bzw. ab Eintritt der Rechtskraft der gerichtlichen Entscheidung im gerichtlichen Entscheidungsverfahren gemäß §§ 98, 99 AktG eine Versammlung der Anteilseigner der betroffenen Gesellschaft statt, in der die Satzung angepasst und alle Anteilseignervertreter im Aufsichtsrat neu bestellt werden. Die Amtszeit der neu gewählten Anteilseignervertreter sowie der ArbN-Vertreter, die bereits zum Zeitpunkt dieser Hauptversammlung gewählt sind, beginnt mit dem Ablauf der Versammlung der Anteilseigner. Zögert sich die Wahl der ArbN-Vertreter über den Zeitpunkt der Anteilseignerversammlung hinaus, wie dies regelmäßig der Fall ist, werden die noch fehlenden ArbN-Vertreter nach § 104 Abs. 2 AktG auf Antrag durch das Registergericht für die Zeit bis zum Abschluss der ArbN-Vertreterwahlen bestellt. Falls die 6-Monatsfrist ohne eine Versammlung der Anteilseigner verstreicht oder zwar eine solche Versammlung stattfindet, aber keine Satzungsanpassung beschlossen wird, treten die mit dem neuen Mitbestimmungsstatuts unvereinbaren Satzungsbestimmungen außer Kraft und werden durch die anwendbaren gesetzlichen Vorschriften ersetzt. Die amtierenden Aufsichtsratsmitglieder verlieren ihr Mandat (und zwar alle Aufsichtsratsmitglieder) mit Beendigung der ersten Anteilseignerversammlung, die nach Abschluss der ersten Stufe des Statusverfahrens einberufen wird, spätestens jedoch sechs Monate nach diesem Zeitpunkt (§ 97 Abs. 2 Satz 3 AktG). Dies gilt auch dann, wenn (noch) kein neuer Aufsichtsrat bestellt worden ist. Wer Mitglied des Aufsichtsrates „bleiben" soll, muss neu bestellt werden[5]. Bis zur Beendigung der Anteilseignerversammlung oder bis Ablauf der sechs-Monats-Frist gelten nach dem sog. status quo- oder Kontinuitätsprinzip die bisherigen mitbestimmungsrechtlichen Bestimmungen allerdings fort[6].

---

1 *Willemsen/Seibt*, Unternehmensumstrukturierung, F157; *Göz*, ZIP 1998, 1523; *Hoffmann/Lehmann/Weinmann*, § 37 MitbestG Rz. 27 f. |2 *Willemsen/Seibt*, Unternehmensumstrukturierung, F157a. |3 BAG v. 22.12.1993 – 7 AZB 11/93, nv.; vgl. auch *Willemsen/Seibt*, Unternehmensumstrukturierung, F157a; *Oetker*, ZGR 2000, 19, 22; *Henssler*, FS BGH II, S. 387, 390 f. |4 Wie hier *Henssler*, FS BGH II, S. 387, 391; *Oetker*, ZGR 2000, 19, 22; zu einem generellen Vorrang des Statusverfahrens LAG Düsseldorf v. 24.1.1978 – 5 Ta BV 105/77, DB 1978, 987 f. – Herberts; OLG Düsseldorf v. 20.6.1978 – 19 W 3/78, DB 1978, 1358 f. – Herberts; aA Vorinstanz LG *Düsseldorf v. 8.3.1978 – 25 AktE 3/77, DB 1978*, 988 f. – Herberts. |5 Vgl. *Willemsen/Seibt*, Unternehmensumstrukturierung, F158; *Hüffer*, § 97 AktG Rz. 4; *Kiem/Uhrig*, NZG 2001, 680, 681. |6 *Hüffer*, § 96 AktG Rz. 13; *Göz*, ZIP 1998, 1523, 1524; *Rittner*, DB 1969, 2165, 2167.

Der Ablauf des Statusverfahrens wird mit der nachfolgenden Übersicht noch einmal zusammengefasst[1]:

Zweistufiger Ablauf des Statusverfahrens

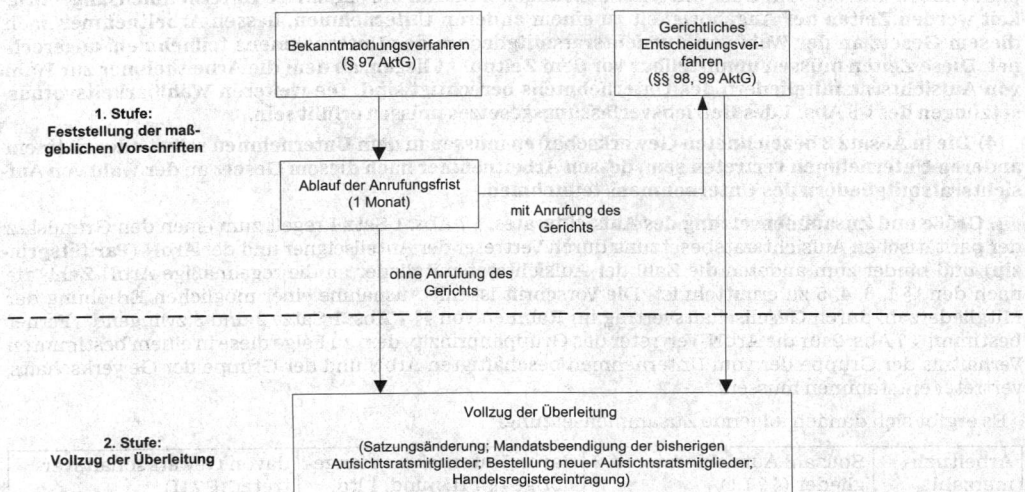

3. Bestellung und Abberufung von Aufsichtsratsmitgliedern. Vorbehaltlich der insoweit vorrangigen §§ 7 ff. finden für die Bestellung und Abberufung von Aufsichtsratsmitgliedern die §§ 100, 101 Abs. 1 und Abs. 3, 102 bis 106 AktG Anwendung (§ 6 Abs. 2 Satz 1). Für Erwerbs- und Wirtschaftsgenossenschaften gelten indes nur die §§ 102, 104 und 105 AktG (§ 6 Abs. 3 Satz 1) und daneben die §§ 9, 36, 37 GenG; abweichend von § 9 Abs. 2 GenG müssen indes nur die Aufsichtsratsmitglieder der Anteilseigner zugleich Mitglieder der Genossenschaft sein (§ 6 Abs. 3 Satz 2).

In Abweichung von § 105 Abs. 1 AktG bestimmt § 6 Abs. 2 Satz 1 Halbs. 2 zugunsten der leitenden Angestellten, dass **Prokuristen des Unternehmens** als Aufsichtsratsmitglieder der ArbN nur dann ausscheiden, wenn sie dem zur gesetzlichen Vertretung des unternehmensbefugten Organs unmittelbar unterstellt sind (dh. in der vertikalen Organisationsgliederung des Unternehmens auf zweitoberster Ebene stehen) und die Prokura sich (auch im Innenverhältnis) auf die Vertretung des gesamten Unternehmens erstreckt[2].

§ 7 Zusammensetzung des Aufsichtsrats
(1) Der Aufsichtsrat eines Unternehmens
1. mit in der Regel nicht mehr als 10 000 Arbeitnehmern setzt sich zusammen aus je sechs Aufsichtsratsmitgliedern der Anteilseigner und der Arbeitnehmer;
2. mit in der Regel mehr als 10 000, jedoch nicht mehr als 20 000 Arbeitnehmern setzt sich zusammen aus je acht Aufsichtsratsmitgliedern der Anteilseigner und der Arbeitnehmer;
3. mit in der Regel mehr als 20 000 Arbeitnehmern setzt sich zusammen aus je zehn Aufsichtsratsmitgliedern der Anteilseigner und der Arbeitnehmer.

Bei den in Satz 1 Nr. 1 bezeichneten Unternehmen kann die Satzung (der Gesellschaftsvertrag, das Statut) bestimmen, dass Satz 1 Nr. 2 oder 3 anzuwenden ist. Bei den in Satz 1 Nr. 2 bezeichneten Unternehmen kann die Satzung (der Gesellschaftsvertrag, das Statut) bestimmen, dass Satz 1 Nr. 3 anzuwenden ist.

(2) Unter den Aufsichtsratsmitgliedern der Arbeitnehmer müssen sich befinden
1. in einem Aufsichtsrat, dem sechs Aufsichtsratsmitglieder der Arbeitnehmer angehören, vier Arbeitnehmer des Unternehmens und zwei Vertreter von Gewerkschaften;
2. in einem Aufsichtsrat, dem acht Aufsichtsratsmitglieder der Arbeitnehmer angehören, sechs Arbeitnehmer des Unternehmens und zwei Vertreter von Gewerkschaften;

---

[1] Die Übersicht ist entnommen aus *Willemsen/Seibt*, Unternehmensumstrukturierung, F159. [2] Vgl. ErfK/*Oetker*, § 6 MitbestG Rz. 6; *Hanau/Ulmer*, § 6 MitbestG Rz. 52; *Raiser*, § 5 MitbestG Rz. 53.

3. in einem Aufsichtsrat, dem zehn Aufsichtsratsmitglieder der Arbeitnehmer angehören, sieben Arbeitnehmer des Unternehmens und drei Vertreter von Gewerkschaften.

(3) Die in Absatz 2 bezeichneten Arbeitnehmer des Unternehmens müssen das 18. Lebensjahr vollendet haben und ein Jahr dem Unternehmen angehören. Auf die einjährige Unternehmensangehörigkeit werden Zeiten der Angehörigkeit zu einem anderen Unternehmen, dessen Arbeitnehmer nach diesem Gesetz an der Wahl von Aufsichtsratsmitgliedern des Unternehmens teilnehmen, angerechnet. Diese Zeiten müssen unmittelbar vor dem Zeitpunkt liegen, ab dem die Arbeitnehmer zur Wahl von Aufsichtsratsmitgliedern des Unternehmens berechtigt sind. Die weiteren Wählbarkeitsvoraussetzungen des § 8 Abs. 1 des Betriebsverfassungsgesetzes müssen erfüllt sein.

(4) Die in Absatz 2 bezeichneten Gewerkschaften müssen in dem Unternehmen selbst oder in einem anderen Unternehmen vertreten sein, dessen Arbeitnehmer nach diesem Gesetz an der Wahl von Aufsichtsratsmitgliedern des Unternehmens teilnehmen.

1. Größe und Zusammensetzung des Aufsichtsrates. § 7 Abs. 1 Satz 1 regelt zum einen den Grundsatz der paritätischen Aufsichtsratsbesetzung durch Vertreter der Anteilseigner und der ArbN (**Paritätsprinzip**) und bindet zum anderen die Zahl der Aufsichtsratsmitglieder an die regelmäßige ArbN-Zahl, die nach den §§ 1, 3, 4, 5 zu ermitteln ist. Die Vorschrift ist mit Ausnahme einer möglichen Erhöhung der Mitgliederzahl durch Gesellschaftsvertrag im Rahmen von §§ 7 Abs. 1 Sätze 2 und 3 zwingend[1]. Ferner bestimmt § 7 Abs. 2 für die ArbN-Vertreter das Gruppenprinzip, dem zu Folge diese in einem bestimmten Verhältnis der Gruppe der vom Unternehmen beschäftigten ArbN und der Gruppe der Gewerkschaftsvertreter entstammen müssen.

Es ergibt sich danach folgende Zusammensetzung:

Arbeitnehmerzahl	Sollzahl Aufsichtsratsmitglieder (§ 7 I 1) [zulässige Erhöhung, § 7 I 2, 3]	davon Unternehmensangehörige (§ 7 II; mind. 1 ltd. Angestellter, § 15 I 2) [% von Arbeitnehmervertreter]	davon Gewerkschaftsvertreter (§ 7 II) [% von Arbeitnehmervertreter]
≤ 10.000	12 [16, 20]	4 [2/3]	2 [1/3]
> 10.000	16 [20]	6 [3/4]	2 [1/4]
> 20.000	20	7 [7/10]	3 [3/10]

Zum 31.12.2002 waren bei den insgesamt 767 dem MitbestG unterfallenden Unternehmen 515 Aufsichtsräte 12-köpfig, 100 Aufsichtsräte 16-köpfig und 152 Aufsichtsräte 20-köpfig besetzt[2].

2. Wählbarkeit der Unternehmensangehörigen. Die vom Unternehmen beschäftigten ArbN müssen sowohl den Anforderungen der §§ 100 Abs. 1 und Abs. 2, 105 AktG iVm. § 6 Abs. 2 Satz 1 als auch denjenigen in § 7 Abs. 3 erfüllen, dh. die ArbN müssen zu Beginn der Amtszeit des Aufsichtsrats in einem Arbeitsverhältnis zu dem an der Wahl beteiligten Unternehmen stehen, die Unternehmenszugehörigkeit muss (bei Beginn der Amtszeit) seit mindestens einem Jahr vorliegen und sie müssen zum Amtsantritt das 18. Lebensjahr vollendet haben. Zu den weiteren Wählbarkeitsvoraussetzungen nach § 8 Abs. 1 BetrVG iVm. § 7 Abs. 3 Satz 4 siehe § 8 BetrVG. Wird ein nicht zu dem Unternehmen gehörender ArbN gewählt, ist die Wahl nichtig[3]; scheidet ein in den Aufsichtsrat gewählter ArbN nachträglich aus dem Unternehmen aus, so erlischt sein Amt (§ 24 Abs. 1).

3. Wählbarkeit der Gewerkschaftsvertreter. Für die Gewerkschaftsvertreter, die nach § 16 Abs. 2 ausschließlich durch die Gewerkschaften zur Wahl vorgeschlagen werden (Vorschlagsrecht und kein Ernennungsrecht), gelten die allgemeinen Wählbarkeitsvoraussetzungen der §§ 100 Abs. 1 und Abs. 2, 105 AktG iVm. § 6 Abs. 2 Satz 1. Sie müssen nicht in dem an einer Wahl beteiligten Unternehmen beschäftigt oder in einer Gewerkschaft organisiert sein[4]. Das Vorschlagsrecht steht nur solchen Gewerkschaften zu, die in einem Unternehmen, dessen ArbN an der Wahl teilnehmen, vertreten sind, dh. mindestens dort ein Mitglied haben[5]. In den Fällen der §§ 4 und 5 genügt es, dass die Gewerkschaft in der Kommanditgesellschaft bzw. in einem der Konzernunternehmen vertreten ist[6]. Entfällt diese Voraussetzung während der Amtszeit des betreffenden Aufsichtsrats, so erlischt sein Amt (§ 24 Abs. 1 analog)[7].

---

1 ErfK/*Oetker*, § 7 MitbestG Rz. 1; *Hanau/Ulmer*, § 7 MitbestG Rz. 1, *Raiser*, § 7 MitbestG Rz. 2; – Zur berechtigten rechtspolitischen Forderung nach einer Verkleinerung der Aufsichtsräte zB *Berrar*, NZG 2001, 1113, 1114; *Claussen*, DB 1998, 177, 182 f.; *Lutter*, ZGR 2001, 224, 236; dagegen zB *Herrmann*, BKR 2002, 193, 194. |2 Quelle: Hans-Böckler-Stiftung. |3 Vgl. *Raiser*, § 7 MitbestG Rz. 11 und § 22 Rz. 21. |4 ErfK/*Oetker*, § 7 MitbestG Rz. 3; *Hanau/Ulmer*, § 7 MitbestG Rz. 18, 49; *Raiser*, § 7 MitbestG Rz. 21. |5 Vgl. BAG v. 4.11.1960 – 1 ABR 4/60, AP Nr. 2 zu § 16 BetrVG 1952; ErfK/*Oetker*, § 7 MitbestG Rz. 3; *Hanau/Ulmer*, § 7 MitbestG Rz. 45, *Raiser*, § 7 MitbestG Rz. 19. |6 Vgl. *Raiser*, § 7 MitbestG Rz. 20. |7 Vgl. *Hanau/Ulmer*, § 7 MitbestG Rz. 45; ähnlich ErfK/*Oetker*, § 7 MitbestG Rz. 3; aA *Raiser*, § 24 MitbestG Rz. 2.

Zweiter Abschnitt. Bestellung der Aufsichtsratsmitglieder

Erster Unterabschnitt. Aufsichtsratsmitglieder der Anteilseigner

8 (1) Die Aufsichtsratsmitglieder der Anteilseigner werden durch das nach Gesetz, Satzung, Gesellschaftsvertrag oder Statut zur Wahl von Mitgliedern des Aufsichtsrats befugte Organ (Wahlorgan) und, soweit gesetzliche Vorschriften dem nicht entgegenstehen, nach Maßgabe der Satzung, des Gesellschaftsvertrags oder des Statuts bestellt.

(2) § 101 Abs. 2 des Aktiengesetzes bleibt unberührt.

1. **Wahl der Anteilseignervertreter.** § 8 Abs. 1 (iVm. § 6) bestätigt für die Wahl der Anteilseignervertreter im Aufsichtsrat, dass hier das spezifische Gesellschaftsrecht bzw. die spezifischen gesellschaftsvertraglichen Regelungen gelten. Zwingendes Wahlorgan ist bei AG und KGaA die Hauptversammlung (§§ 101 Abs. 1, 278 Abs. 3 AktG), bei eingetragenen Genossenschaften die General- oder Vertreterversammlung (§§ 36, 43a GenG, § 6 Abs. 3) und bei der GmbH die Gesellschafterversammlung, sofern die GmbH-Satzung die Zuständigkeit nicht auf ein anderes Gremium übertragen hat (§ 8 Abs. 1 iVm. § 52 GmbHG)[1]. Die Anteilseigner sind bei der Wahl grundsätzlich frei, insb. nicht an Wahlvorschläge der Verwaltungsorgane gebunden (§ 101 Abs. 1 Satz 2 AktG). Das Wahlverfahren richtet sich bei AG und KGaA nach § 8 Abs. 1 iVm. §§ 124, 127, 133 bis 137 (iVm. § 278 Abs. 3 AktG). Bei der GmbH sind die Regelungen des Gesellschaftsvertrags (§ 8 Abs. 1 iVm. § 45 Abs. 2 GmbHG) oder hilfsweise die §§ 47 bis 51 GmbHG anzuwenden. Bei der eingetragenen Genossenschaft gelten die §§ 36 Abs. 1, 43 bis 47 GenG.

2. **Entsendungsrechte.** Bei AG und KGaA kann die Satzung einem bestimmten Aktionär oder den Inhaber bestimmter Aktien, wenn sie auf den Namen lauten oder vinkuliert sind, das Recht einräumen, eine oder mehrere Personen in den Aufsichtsrat zu entsenden, wobei alle Entsendungsrechte zusammen höchstens ein Drittel der den Aktionären zustehenden Aufsichtsratsmandate erreichen darf (§ 101 Abs. 2). Bei der GmbH sind die aktienrechtlichen Schranken des Entsendungsrechts unanwendbar; jedem Gesellschafter oder Dritten kann ein Entsendungsrecht gewährt werden und die Zahl der Entsandten kann über das aktienrechtlich bestimmte Drittel der Aufsichtsratsmandate hinausgehen[2].

Zweiter Unterabschnitt. Aufsichtsratsmitglieder der Arbeitnehmer, Grundsatz

9 (1) Die Aufsichtsratsmitglieder der Arbeitnehmer (§ 7 Abs. 2) eines Unternehmens mit in der Regel mehr als 8000 Arbeitnehmern werden durch Delegierte gewählt, sofern nicht die wahlberechtigten Arbeitnehmer die unmittelbare Wahl beschließen.

(2) Die Aufsichtsratsmitglieder der Arbeitnehmer (§ 7 Abs. 2) eines Unternehmens mit in der Regel nicht mehr als 8000 Arbeitnehmern werden in unmittelbarer Wahl gewählt, sofern nicht die wahlberechtigten Arbeitnehmer die Wahl durch Delegierte beschließen.

(3) Zur Abstimmung darüber, ob die Wahl durch Delegierte oder unmittelbar erfolgen soll, bedarf es eines Antrags, der von einem Zwanzigstel der wahlberechtigten Arbeitnehmer des Unternehmens unterzeichnet sein muss. Die Abstimmung ist geheim. Ein Beschluss nach Absatz 1 oder 2 kann nur unter Beteiligung von mindestens der Hälfte der wahlberechtigten Arbeitnehmer und nur mit der Mehrheit der abgegebenen Stimmen gefasst werden.

Dritter Unterabschnitt. Wahl der Aufsichtsratsmitglieder der Arbeitnehmer durch Delegierte

10 *Wahl der Delegierten*
(1) In jedem Betrieb des Unternehmens wählen die Arbeitnehmer in geheimer Wahl und nach den Grundsätzen der Verhältniswahl Delegierte.

(2) Wahlberechtigt für die Wahl von Delegierten sind die Arbeitnehmer des Unternehmens, die das 18. Lebensjahr vollendet haben. § 7 Satz 2 des Betriebsverfassungsgesetzes gilt entsprechend.

(3) Zu Delegierten wählbar sind die in Absatz 2 Satz 1 bezeichneten Arbeitnehmer, die die weiteren Wählbarkeitsvoraussetzungen des § 8 des Betriebsverfassungsgesetzes erfüllen.

---

1 *Scholz/U.H. Schneider*, § 52 GmbHG Rz. 149; *Baumbach/Hueck/Zöllner*, § 52 GmbHG Rz. 95. | 2 *Scholz/U.H. Schneider*, § 52 GmbHG Rz. 134; *Hachenburg/Raiser*, § 52 GmbHG Rz. 42.

(4) Wird für einen Wahlgang nur ein Wahlvorschlag gemacht, so gelten die darin aufgeführten Arbeitnehmer in der angegebenen Reihenfolge als gewählt. § 11 Abs. 2 ist anzuwenden.

11 Errechnung der Zahl der Delegierten

(1) In jedem Betrieb entfällt auf je 90 wahlberechtigte Arbeitnehmer ein Delegierter. Ergibt die Errechnung nach Satz 1 in einem Betrieb mehr als

1. 25 Delegierte, so vermindert sich die Zahl der zu wählenden Delegierten auf die Hälfte; diese Delegierten erhalten je zwei Stimmen;
2. 50 Delegierte, so vermindert sich die Zahl der zu wählenden Delegierten auf ein Drittel; diese Delegierten erhalten je drei Stimmen;
3. 75 Delegierte, so vermindert sich die Zahl der zu wählenden Delegierten auf ein Viertel; diese Delegierten erhalten je vier Stimmen;
4. 100 Delegierte, so vermindert sich die Zahl der zu wählenden Delegierten auf ein Fünftel; diese Delegierten erhalten je fünf Stimmen;
5. 125 Delegierte, so vermindert sich die Zahl der zu wählenden Delegierten auf ein Sechstel; diese Delegierten erhalten je sechs Stimmen;
6. 150 Delegierte, so vermindert sich die Zahl der zu wählenden Delegierten auf ein Siebtel; diese Delegierten erhalten je sieben Stimmen.

Bei der Errechnung der Zahl der Delegierten werden Teilzahlen voll gezählt, wenn sie mindestens die Hälfte der vollen Zahl betragen.

(2) Unter den Delegierten müssen in jedem Betrieb die in § 3 Abs. 1 Nr. 1 bezeichneten Arbeitnehmer und die leitenden Angestellten entsprechend ihrem zahlenmäßigen Verhältnis vertreten sein. Sind in einem Betrieb mindestens neun Delegierte zu wählen, so entfällt auf die in § 3 Abs. 1 Nr. 1 bezeichneten Arbeitnehmer und die leitenden Angestellten mindestens je ein Delegierter; dies gilt nicht, soweit in dem Betrieb nicht mehr als fünf in § 3 Abs. 1 Nr. 1 bezeichnete Arbeitnehmer oder leitende Angestellte wahlberechtigt sind. Soweit auf die in § 3 Abs. 1 Nr. 1 bezeichneten Arbeitnehmer und die leitenden Angestellten lediglich nach Satz 2 Delegierte entfallen, vermehrt sich die nach Absatz 1 errechnete Zahl der Delegierten des Betriebs entsprechend.

(3) Soweit nach Absatz 2 auf die in § 3 Abs. 1 Nr. 1 bezeichneten Arbeitnehmer und die leitenden Angestellten eines Betriebs nicht mindestens je ein Delegierter entfällt, gelten diese für die Wahl der Delegierten als Arbeitnehmer des Betriebs in der Hauptniederlassung des Unternehmens. Soweit nach Absatz 2 und nach Satz 1 auf die in § 3 Abs. 1 Nr. 1 bezeichneten Arbeitnehmer und die leitenden Angestellten des Betriebs der Hauptniederlassung nicht mindestens je ein Delegierter entfällt, gelten diese für die Wahl der Delegierten als Arbeitnehmer des nach der Zahl der wahlberechtigten Arbeitnehmer größten Betriebs des Unternehmens.

(4) Entfällt auf einen Betrieb oder auf ein Unternehmen, dessen Arbeitnehmer nach diesem Gesetz an der Wahl von Aufsichtsratsmitgliedern des Unternehmens teilnehmen, kein Delegierter, so ist Absatz 3 entsprechend anzuwenden.

(5) Die Eigenschaft eines Delegierten als Delegierter der Arbeitnehmer nach § 3 Abs. 1 Nr. 1 oder § 3 Abs. 1 Nr. 2 bleibt bei einem Wechsel der Eigenschaft als Arbeitnehmer nach § 3 Abs. 1 Nr. 1 oder § 3 Abs. 1 Nr. 2 erhalten.

12 Wahlvorschläge für Delegierte

(1) Zur Wahl der Delegierten können die wahlberechtigten Arbeitnehmer des Betriebs Wahlvorschläge machen. Jeder Wahlvorschlag muss von einem Zehntel oder 100 der jeweils wahlberechtigten in § 3 Abs. 1 Nr. 1 bezeichneten Arbeitnehmer oder der leitenden Angestellten des Betriebs unterzeichnet sein.

(2) Jeder Wahlvorschlag soll mindestens doppelt so viele Bewerber enthalten, wie in dem Wahlgang Delegierte zu wählen sind.

13 Amtszeit der Delegierten

(1) Die Delegierten werden für eine Zeit gewählt, die der Amtszeit der von ihnen zu wählenden Aufsichtsratsmitglieder entspricht. Sie nehmen die ihnen nach den Vorschriften dieses Gesetzes zustehenden Aufgaben und Befugnisse bis zur Einleitung der Neuwahl der Aufsichtsratsmitglieder der Arbeitnehmer wahr.

(2) In den Fällen des § 9 Abs. 1 endet die Amtszeit der Delegierten, wenn

1. die wahlberechtigten Arbeitnehmer nach § 9 Abs. 1 die unmittelbare Wahl beschließen;

Ersatzmitglieder § 17 MitbestG

2. das Unternehmen nicht mehr die Voraussetzungen für die Anwendung des § 9 Abs. 1 erfüllt, es sei denn, die wahlberechtigten Arbeitnehmer beschließen, dass die Amtszeit bis zu dem in Absatz 1 genannten Zeitpunkt fortdauern soll; § 9 Abs. 3 ist entsprechend anzuwenden.

(3) In den Fällen des § 9 Abs. 2 endet die Amtszeit der Delegierten, wenn die wahlberechtigten Arbeitnehmer die unmittelbare Wahl beschließen; § 9 Abs. 3 ist anzuwenden.

(4) Abweichend von Absatz 1 endet die Amtszeit der Delegierten eines Betriebs, wenn nach Eintreten aller Ersatzdelegierten des Wahlvorschlags, dem die zu ersetzenden Delegierten angehören, die Gesamtzahl der Delegierten des Betriebs unter die im Zeitpunkt ihrer Wahl vorgeschriebene Zahl der auf den Betrieb entfallenden Delegierten gesunken ist.

14 *Vorzeitige Beendigung der Amtszeit oder Verhinderung von Delegierten*
(1) Die Amtszeit eines Delegierten endet vor dem in § 13 bezeichneten Zeitpunkt

1. durch Niederlegung des Amtes,
2. durch Beendigung der Beschäftigung des Delegierten in dem Betrieb, dessen Delegierter er ist,
3. durch Verlust der Wählbarkeit.

(2) Endet die Amtszeit eines Delegierten vorzeitig oder ist er verhindert, so tritt an seine Stelle ein Ersatzdelegierter. Die Ersatzdelegierten werden der Reihe nach aus den nicht gewählten Arbeitnehmern derjenigen Wahlvorschläge entnommen, denen die zu ersetzenden Delegierten angehören.

15 *Wahl der unternehmensangehörigen Aufsichtsratsmitglieder der Arbeitnehmer*
(1) Die Delegierten wählen die Aufsichtsratsmitglieder, die nach § 7 Abs. 2 Arbeitnehmer des Unternehmens sein müssen, geheim und nach den Grundsätzen der Verhältniswahl für die Zeit, die im Gesetz oder in der Satzung (im Gesellschaftsvertrag, im Statut) für die durch das Wahlorgan der Anteilseigner zu wählenden Mitglieder des Aufsichtsrats bestimmt ist. Dem Aufsichtsrat muss ein leitender Angestellter angehören.

(2) Die Wahl erfolgt auf Grund von Wahlvorschlägen. Jeder Wahlvorschlag für

1. Aufsichtsratsmitglieder der Arbeitnehmer nach § 3 Abs. 1 Nr. 1 muss von einem Fünftel oder 100 der wahlberechtigten Arbeitnehmer des Unternehmens unterzeichnet sein;
2. das Aufsichtsratsmitglied der leitenden Angestellten wird auf Grund von Abstimmungsvorschlägen durch Beschluss der wahlberechtigten leitenden Angestellten aufgestellt. Jeder Abstimmungsvorschlag muss von einem Zwanzigstel oder 50 der wahlberechtigten leitenden Angestellten unterzeichnet sein. Der Beschluss wird in geheimer Abstimmung gefasst. Jeder leitende Angestellte hat so viele Stimmen, wie für den Wahlvorschlag nach Absatz 3 Satz 2 Bewerber zu benennen sind. In den Wahlvorschlag ist die nach Absatz 3 Satz 2 vorgeschriebene Anzahl von Bewerbern in der Reihenfolge der auf sie entfallenden Stimmenzahlen aufzunehmen.
3. Abweichend von Absatz 1 findet Mehrheitswahl statt, soweit nur ein Wahlvorschlag gemacht wird. In diesem Fall muss der Wahlvorschlag doppelt so viele Bewerber enthalten, wie Aufsichtsratsmitglieder auf die Arbeitnehmer nach § 3 Abs. 1 Nr. 1 und auf die leitenden Angestellten entfallen.

16 *Wahl der Vertreter von Gewerkschaften in den Aufsichtsrat*
(1) Die Delegierten wählen die Aufsichtsratsmitglieder, die nach § 7 Abs. 2 Vertreter von Gewerkschaften sind, in geheimer Wahl und nach den Grundsätzen der Verhältniswahl für die in § 15 Abs. 1 bestimmte Zeit.

(2) Die Wahl erfolgt auf Grund von Wahlvorschlägen der Gewerkschaften, die in dem Unternehmen selbst oder in einem anderen Unternehmen vertreten sind, dessen Arbeitnehmer nach diesem Gesetz an der Wahl von Aufsichtsratsmitgliedern des Unternehmens teilnehmen. Wird nur ein Wahlvorschlag gemacht, so findet abweichend von Satz 1 Mehrheitswahl statt. In diesem Falle muss der Wahlvorschlag mindestens doppelt so viele Bewerber enthalten, wie Vertreter von Gewerkschaften in den Aufsichtsrat zu wählen sind.

17 *Ersatzmitglieder*
(1) In jedem Wahlvorschlag kann zusammen mit jedem Bewerber für diesen ein Ersatzmitglied des Aufsichtsrats vorgeschlagen werden. Für einen Bewerber, der Arbeitnehmer nach § 3 Abs. 1 Nr. 1 ist, kann nur ein Arbeitnehmer nach § 3 Abs. 1 Nr. 1 und für einen leitenden Angestellten nach § 3 Abs. 1 Nr. 2 nur ein leitender Angestellter als Ersatzmitglied vorgeschlagen werden. Ein Bewerber kann nicht zugleich als Ersatzmitglied vorgeschlagen werden.

(2) Wird ein Bewerber als Aufsichtsratsmitglied gewählt, so ist auch das zusammen mit ihm vorgeschlagene Ersatzmitglied gewählt.

Vierter Unterabschnitt. Unmittelbare Wahl der Aufsichtsratsmitglieder der Arbeitnehmer

18 Sind nach § 9 die Aufsichtsratsmitglieder der Arbeitnehmer in unmittelbarer Wahl zu wählen, so sind die Arbeitnehmer des Unternehmens, die das 18. Lebensjahr vollendet haben, wahlberechtigt. § 7 Satz 2 des Betriebsverfassungsgesetzes gilt entsprechend. Für die Wahl sind die §§ 15 bis 17 mit der Maßgabe anzuwenden, dass an die Stelle der Delegierten die wahlberechtigten Arbeitnehmer des Unternehmens treten.

1 **I. Überblick über die Wahl der ArbN-Vertreter im Aufsichtsrat.** Die Wahl der ArbN-Vertreter in den Aufsichtsrat ist in den §§ 9–18 sowie ergänzend durch drei auf der Grundlage von § 39 erlassene Wahlordnungen geregelt (hierzu § 39 Rz. 1). Die 1. Wahlordnung zum Mitbestimmungsgesetz (1. WO) gilt für Unternehmen, die nur aus einem Betrieb bestehen, die 2. Wahlordnung zum Mitbestimmungsgesetz (2. WO) für solche Unternehmen, die aus mehreren Betrieben bestehen, und die 3. Wahlordnung zum Mitbestimmungsgesetz (3. WO) für solche Unternehmen, bei denen auch ArbN anderer Unternehmen auf der Grundlage von § 4 oder § 5 bei einer Wahl der ArbN-Vertreter teilnehmen. Die Aufteilung in drei WO soll der einfacheren Handhabung durch die Unternehmen dienen, da das Wahlverfahren, trotz der identischen Gesamtkonzeption, wegen der verschiedenen Struktur der vom Wahlverfahren betroffenen Unternehmen bei zahlreichen Einzelheiten (zB Zuständigkeiten und Fristen) differenzieren muss[1]. Die Wahlordnungen enthalten im Grundsatz **zwingendes Recht**[2], sind allerdings **privatautonomen Mitbestimmungsvereinbarungen** insoweit zugänglich, als es um die vergleichsweise Klärung (iSv. § 779 BGB) zweifelhafter Rechts- und Sachfragen (zB im Hinblick auf die Bestimmung des Kreises der Wahlberechtigten oder die Bestimmung einer Teilkonzernspitze iSv. § 5 Abs. 3)[3] oder um die Berücksichtigung von Einzelfallumständen des betroffenen Unternehmens (sog. Rationalisierungsvereinbarung; hierzu § 1 Rz. 20) geht[4].

2 Für die Wahl der Aufsichtsratsmitglieder der ArbN unterscheiden MitbestG und WO zwischen einem mittelbaren und einem unmittelbaren Wahlverfahren. Nach § 9 Abs. 1 Halbs. 1 werden die Aufsichtsratsmitglieder der ArbN eines Unternehmens mit in der Regel mehr als 8.000 ArbN durch Delegierte gewählt, die ihrerseits zuvor von den wahlberechtigten ArbN gewählt werden (**sog. mittelbare Wahl oder Delegiertenwahl**; §§ 10–17). In Unternehmen mit in der Regel nicht mehr als 8.000 ArbN wählen die ArbN nach § 9 Abs. 2 Halbs. 1 ihre Aufsichtsratsmitglieder grundsätzlich selbst (**sog. unmittelbare Wahl oder Urwahl**; § 18). Diese nach der Zahl der ArbN differenzierende Vorgabe für die Wahlart ist zwingend[5], wenngleich die wahlberechtigten ArbN (nicht jedoch der Aufsichtsrat, die BR oder die Anteilseigner durch Satzungsregelung) sich in einem besonderen Abstimmungsverfahren für die jeweils andere Wahlart entscheiden können (§ 9 Abs. 1 Halbs. 2, Abs. 2 Halbs. 2, Abs. 3). Dabei ist auch die gesetzgeberische Entscheidung zwingend, dass alle Aufsichtsratsmitglieder der ArbN, und damit auch die Vertreter von Gewerkschaften (§ 7 Abs. 2), von den ArbN des Unternehmens gewählt werden, den Gewerkschaften also kein Entsendungs-, sondern nur ein unverbindliches Vorschlagsrecht (§ 16) zukommt.

3 Das Wahlverfahren ist durch das **Betriebsverfassungsreformgesetz vom 23.7.2001**[6] insb. in zwei Punkten geändert worden, nämlich durch (i) die Einführung eines aktiven Wahlrechts für LeihArbN, wenn diese länger als 3 Monate im Betrieb eingesetzt werden (vgl. §§ 10 Abs. 2 Satz 2, 18 Satz 2 iVm. § 7 Satz 2 BetrVG), sowie (ii) die Abschaffung des überkommenen Gruppenprinzips, also der organisatorischen Trennung zwischen Arbeitern und Angestellten. Allerdings verbleibt es für die leitenden Angestellten bei einer Reihe von Sonderregeln, so dass insofern eine gewisse Trennung erhalten bleibt. Durch das **Gesetz zur Vereinfachung der Wahl der ArbN-Vertreter in den Aufsichtsrat vom 27.3.2002**[7] sowie die zum 30.5.2002 in Kraft getretenen **Neufassungen der drei WO**[8] wurden ua. eine Reduktion der Delegiertenzahl, eine Abschaffung der Unternehmenswahlvorstände bei Wahlen der ArbN-Vertreter zum Aufsichtsrat einer Konzernobergesellschaft und die Regeln zur einjährigen Unternehmensangehörigkeit für das passive Wahlrecht von ArbN geregelt[9].

---

1 Vgl. *Raiser*, vor § 9 MitbestG Rz. 2; *Fitting/Wlotzke/Wißmann*, vor § 9 MitbestG Rz. 7 f. | 2 Vgl. *Raiser*, vor § 9 MitbestG Rz. 2. | 3 Vgl. *Willemsen/Seibt*, Unternehmensumstrukturierung, F14; *Raiser*, BB 1977, 1461, 1466; *Hanau/Ulmer*, Einl. MitbestG Rz. 44; *Ihrig/Schlitt*, NZG 1999, 333, 334; zweifelnd *Hüffer*, § 96 AktG Rz. 3; KölnKommAktG/*Mertens*, § 96 Rz. 20; aA *Raiser*, § 1 MitbestG Rz. 49. | 4 Vgl. *Willemsen/Seibt*, Unternehmensumstrukturierung, F14; *Raiser*, BB 1977, 1461, 1466 f.; *Ihrig/Schlitt*, NZG 1999, 333, 334; aA *Hüffer*, § 96 AktG Rz. 3; *Hanau/Ulmer*, Einl. MitbestG Rz. 3. | 5 Vgl. *Raiser*, § 9 MitbestG Rz. 6. | 6 BGBl. I 2001, 1852 ff. | 7 BGBl. I 2002, 1129 ff. | 8 BGBl. I 2002, 1682 ff. (1. WO), 1708 ff. (2. WO) und 1741 ff. (3. WO). | 9 Zu diesen und weiteren Änderungen im einzelnen *Sieg/Siebels*, NZA 2002, 697 ff.; *Wolf*, DB 2002, 790 ff.

Der **Ablauf des gesetzlichen Wahlverfahrens** lässt sich schematisch wie folgt zusammenfassen: 4

Phase 1: Bildung der Wahlvorstände und Aufstellung der Wählerlisten (Rz. 5-11)	Phase 2: Ermittlung der Wahlvorschläge und Abstimmung über die Art der Wahl (Rz. 12-20)	Phase 3: Wahl der Aufsichtsratsmitglieder (Rz. 21-44)
• Bekanntmachung der Wahl durch die Unternehmensleitung • Bildung der Wahlvorstände • Aufstellung und Bekanntmachung der Wählerlisten	• Bekanntmachung zur Einreichung von Wahlvorschlägen für Arbeitnehmer • Einreichung von Wahlvorschlägen • Bekanntmachung der Wahlvorschläge	
	• Bekanntmachung zur Abstimmung für den Wahlvorschlag der leitenden Angestellten • Einreichung von Abstimmungsvorschlägen • Abstimmung über den Wahlvorschlag der leitenden Angestellten	
		Urwahl • Wahlausschreiben • unmittelbare Wahl der Aufsichtsratsmitglieder • Bekanntmachung des Wahlergebnisses/ Übergabe der Wahlakten
	• Bekanntmachung zur Abstimmung über die Art der Wahl • ggf. Antragseinreichung • ggf. Abstimmungsausschreiben • ggf. Abstimmung über die Art der Wahl /Bekanntmachung des Ergebnisses	
		Delegiertenwahl • Mitteilung über die Wahleinleitung • Wahlausschreiben • Wahlvorschläge für die Delegiertenwahl • Wahl der Delegierten/ Bekanntgabe des Ergebnisses • Wahl der Aufsichtsratsmitglieder • Bekanntgabe des Wahlergebnisses/ Übergabe der Wahlakten

II. Verfahrenseinleitende Wahlabschnitte. 1. Bekanntmachung der Wahl durch die Unternehmensleitung. Das Wahlverfahren wird durch die Bekanntmachung der Unternehmensleitung eingeleitet, dass Aufsichtsratsmitglieder der ArbN zu wählen sind[1]. Diese Bekanntmachung veröffentlicht das Unternehmen spätestens 19 Wochen (1. WO), 23 Wochen (2. WO) bzw. 25 Wochen (3. WO) vor dem voraussichtlichen Beginn der Amtszeit der zu wählenden Aufsichtsratsmitglieder der ArbN. Bei Wahlen nach der 3. WO erfolgt die Mitteilung vom herrschenden Unternehmen (bei Wahlen nach § 5) bzw. von der Kom- 5

---

1 § 2 Abs. 1 1. WO; § 2 Abs. 1 2. WO; § 2 Abs. 1 3. WO.

plementär-Kapitalgesellschaft (bei Wahlen nach § 4) an die anderen Unternehmen (Konzerngesellschaften oder Kommanditgesellschaften), deren ArbN nach §§ 4, 5 an der Wahl teilnehmen dürfen. Die Mitteilung enthält ua. die Zahl der zu wählenden Aufsichtsratsmitglieder der ArbN. Sie ist durch Aushang an einer den Wahlberechtigten zugänglichen Stelle im Betrieb oder durch Einsatz der im Unternehmen vorhandenen Informations- und Kommunikationstechnik bekannt zu machen[1]. Im Falle von Wahlen nach der 3. WO erfolgt die Bekanntmachung nicht durch die Konzernobergesellschaft bzw. die Komplementär-Kapitalgesellschaft sondern durch die Unternehmen, deren ArbN nach §§ 4, 5 zugerechnet werden. Die Unternehmen übersenden die Bekanntmachung unverzüglich dem BR und dem SprAu, bei Wahlen nach der 2. WO auch dem GesamtBR und dem Gesamtsprecherausschuss, bei Wahlen nach der 3. WO zusätzlich dem KonzernBR und dem KonzernSprAu sowie (bei allen Wahlen) den in den Unternehmen vertretenen Gewerkschaften[2]. Die Bekanntmachung hat nur deklaratorische Wirkung und ist nicht zwingende Voraussetzung für die Einleitung des Wahlverfahrens, so dass bei Säumnis der Unternehmensleitung die Wahleinleitung auch auf Initiative anderer Beteiligter (zB BR) erfolgen kann[3].

6   **2. Bildung der Wahlvorstände.** Unverzüglich nach der Bekanntmachung werden die Wahlvorstände gebildet[4]. Dabei obliegt bei Wahlen nach der 1. WO die Einleitung und ordnungsgemäße Durchführung der Wahl sowie die Feststellung der Wahlergebnisse dem (alleinigen) Betriebswahlvorstand, während bei Wahlen nach der 2. und 3. WO die Aufsichtsratswahl in den jeweiligen Betrieben durch die Betriebswahlvorstände, aber im Auftrag und nach den Richtlinien des zusätzlich einzurichtenden Unternehmenswahlvorstandes bzw. Hauptwahlvorstandes durchgeführt wird[5]. Die Wahlvorstände sind ehrenamtlich tätig. Ihre Amtszeit beginnt mit der Annahme der Wahl und endet mit ihrem Abschluss[6]. Scheidet ein Wahlvorstand aus dem Betrieb oder Unternehmen aus, so endet seine Mitgliedschaft im Wahlvorstand[7].

7   Der **Betriebswahlvorstand** besteht grundsätzlich aus drei wahlberechtigten Mitgliedern, darunter mindestens einem leitenden Angestellten, sofern im Betrieb mindestens fünf wahlberechtigte leitende Angestellte beschäftigt sind[8]. Die Mitglieder des Betriebswahlvorstandes, die ArbN iSv. § 3 Abs. 1 Nr. 1 MitbestG sind (ArbN ohne leitende Angestellte), werden durch den BR bestellt, in Ermangelung eines BR durch Wahl in einer Betriebsversammlung[9]. Die auf die leitenden Angestellten entfallenden Mitglieder werden vom zuständigen SprAu bestellt, in Ermangelung eines SprAu durch Wahl in einer Versammlung der leitenden Angestellten des Betriebes[10]. Jeder Betriebswahlvorstand teilt dem Unternehmen (1. WO) bzw. dem Unternehmenswahlvorstand (2. WO) oder dem Hauptwahlvorstand (3. WO) unverzüglich nach seiner Bildung schriftlich die Namen seiner Mitglieder und seine Anschrift mit[11]; bei Wahlen nach der 1. WO macht der Betriebswahlvorstand diese Mitteilung auch gegenüber den im Unternehmen vertretenen Gewerkschaften.

8   Die Mitglieder des bei Wahlen nach der 2. WO zusätzlich einzurichtenden **Unternehmenswahlvorstandes** werden durch den GesamtBR bestellt, in Ermangelung eines solchen ist der BR im nach ArbN-Zahlen größten Betrieb hierfür zuständig[12]. Der Unternehmenswahlvorstand besteht in der Regel aus drei Mitgliedern, die Wahlberechtigte des Unternehmens sein müssen, darunter mindestens einem leitenden Angestellten, sofern im Unternehmen mindestens fünf wahlberechtigte leitende Angestellte beschäftigt sind[13]. Die leitenden Angestellten werden von dem zuständigen SprAu, bei Fehlen eines solchen in einer Versammlung der leitenden Angestellten des nach der Zahl der wahlberechtigten leitenden Angestellten größten Betriebes mit der Mehrheit der abgegebenen Stimmen gewählt. Der Unternehmenswahlvorstand teilt unverzüglich nach seiner Bildung dem Unternehmen und den im Unternehmen vertretenen Gewerkschaften schriftlich die Namen seiner Mitglieder und seine Anschrift mit[14].

9   Bei Wahlen nach der 3. WO wird zusätzlich zu den Betriebswahlvorständen der Unternehmen, deren ArbN gem. §§ 4, 5 MitbestG an der Wahl teilnehmen, ein **Hauptwahlvorstand** (nach der Neufassung der Wahlordnungen aber keine Unternehmenswahlvorstände mehr) gebildet. Der Hauptwahlvorstand besteht in der Regel aus drei Mitgliedern, die Wahlberechtigte von Unternehmen sein müssen, deren ArbN an der Wahl teilnehmen, darunter mindestens einem leitenden Angestellten, sofern im Unternehmen mindestens fünf wahlberechtigte leitende Angestellte beschäftigt sind[15]. Die Mitglieder des Hauptwahlvorstandes werden durch den KonzernBR, bei Fehlen eines solchen durch den GesamtBR bzw. den BR im größten Konzernunternehmen bestellt[16]. Die leitenden Angestellten werden vom zuständi-

---

1 § 2 Abs. 2 Satz 1 1. WO; § 2 Abs. 2 Satz 1 2. WO; § 2 Abs. 2 Satz 2 3. WO. |2 § 2 Abs. 3 1. WO; § 2 Abs. 3 2. WO; § 2 Abs. 3 3. WO. |3 LAG Hamm v. 27.5.1977 – 3 Ta BV 35/77, DB 1977, 1269; *Raiser*, vor § 9 MitbestG Rz. 5; *Fitting/Wlotzke/Wißmann*, vor § 9 MitbestG Rz. 17. |4 § 4 Satz 1 1. WO; § 3 Abs. 3 Satz 1 2. WO; § 3 Abs. 3 3. WO – Zur inneren Ordnung der Wahlvorstände § 7 1. WO; § 7 2. WO; § 7 3. WO. |5 § 3 1. WO; § 3 Abs. 2 2. WO; § 3 Abs. 2 3. WO. – Zu den Kompetenzen der Wahlvorstände LAG BW v. 15.2.1988 – 8 Ta BV 2/88, BB 1988, 1344; LAG BW v. 3.10.1989 – 8 Ta BV 4/89, BB 1990, 14, 15; BAG v. 20.2.1991 – 7 ABR 85/89, BB 1991, 2446 f.; zu Einzelheiten *Fitting/Wlotzke/Wißmann*, vor § 9 MitbestG Rz. 87 ff. |6 LAG Hamburg v. 31.1.1979 – 5 Ta BV 8/78, DB 1979, 899, 900; BAG v. 25.8.1981 – 1 ABR 61/79, DB 1982, 546; BAG v. 7.6.1984 – 6 A Z R 3/82, DB 1984, 2358; *Raiser*, vor § 9 MitbestG Rz. 12. |7 Vgl. *Raiser*, vor § 9 MitbestG Rz. 12; *Hanau/Ulmer*, vor § 9 MitbestG Rz. 23. |8 § 5 Abs. 2 Satz 2 1. WO; § 5 Abs. 2 Satz 2 2. WO; § 5 Abs. 2 Satz 2 3. WO. |9 § 5 Abs. 4 1. WO. |10 § 5 Abs. 5 Sätze 1 und 2 1. WO; § 5 Abs. 5 Sätze 1 und 2 2. WO; § 5 Abs. 5 Sätze 1 und 2 3. WO. |11 § 6 1. WO; § 6 Abs. 2 2. WO; § 6 Abs. 2 3. WO. |12 § 4 Abs. 4 2. WO. |13 § 4 Abs. 1, Abs. 2 Satz 2 2. WO. |14 § 6 Abs. 1 2. WO. |15 § 4 Abs. 2 Satz 2 3. WO. |16 § 4 Abs. 4 3. WO.

gen SprAu, in Ermangelung eines solchen vom Gesamtsprecherausschuss des nach der Zahl der wahlberechtigten leitenden Angestellten größten Unternehmens bestellt oder in einer Versammlung der leitenden Angestellten des nach der Zahl der wahlberechtigten leitenden Angestellten größten Betriebes der Unternehmen mit der Mehrheit der abgegebenen Stimmen gewählt. Der Hauptwahlvorstand teilt unverzüglich nach seiner Bildung den Unternehmen, den Betriebswahlvorständen und den im Unternehmen vertretenen Gewerkschaften schriftlich die Namen seiner Mitglieder und seine Anschrift sowie zusätzlich den Betriebswahlvorständen mit, welche Gewerkschaften die Mitteilung erhalten haben[1].

3. Aufstellung und Bekanntmachung der Wählerlisten. Jeder Betriebswahlvorstand stellt unverzüglich nach seiner Bildung eine Liste der wahlberechtigten ArbN des Betriebes auf, wobei die ArbN iSv. § 3 Abs. 1 Nr. 1 MitbestG (ArbN ohne leitende Angestellte) und die leitenden Angestellten getrennt aufzuführen sind[2]. Das Unternehmen hat dem Betriebswahlvorstand alle dazu erforderlichen Auskünfte zu erteilen und die erforderlichen Unterlagen zur Verfügung zu stellen[3]. Nur ArbN, die in der fortlaufend zu aktualisierenden Wählerliste eingetragen sind, können an den Abstimmungen und Wahlen teilnehmen[4]. Dennoch ist die **Eintragung nicht konstitutiver Natur**, dh. sie kann die materielle Rechtslage nicht ändern[5].

Der Betriebswahlvorstand ist verpflichtet, unverzüglich und bis zum Abschluss der Aufsichtsratswahl die Einsichtnahme in die Wählerliste, das Mitbestimmungsgesetz und die jeweils einschlägige Wahlordnung zu ermöglichen[6]. Gleichzeitig (i) macht er die Namen seiner Mitglieder und seine Anschrift bekannt, (ii) gibt er ua. an, dass an Wahlen und Abstimmungen nur ArbN teilnehmen können, die in der Wählerliste eingetragen sind, und (iii) weist er darauf hin, dass Einsprüche gegen die Richtigkeit der Wählerliste nur innerhalb von einer Woche seit Erlass der Bekanntmachung schriftlich beim Betriebswahlvorstand eingelegt werden können (sog. Änderungsverlangen)[7]. Nach Fristablauf übersendet der Betriebswahlvorstand bei Wahlen nach der 2. WO dem Unternehmenswahlvorstand, bei Wahlen nach der 3. WO dem Hauptwahlvorstand mindestens eine Kopie der Wählerliste und teilt ihm die Zahlen der in der Regel im Betrieb beschäftigten ArbN und leitenden Angestellten mit[8].

4. Drei Bekanntmachungen der Wahlvorstände. Hiernach veröffentlicht der Betriebswahlvorstand (1. WO) bzw. der Unternehmenswahlvorstand (2. WO) oder Hauptwahlvorstand (3. WO) gleichzeitig drei Bekanntmachungen zur (i) Einreichung von Wahlvorschlägen für ArbN iSv. § 3 Abs. 1 Nr. 1, (ii) Abstimmung für den Wahlvorschlag der leitenden Angestellten und (iii) Abstimmung über die Art der Wahl, die jeweils einen eigenständigen Verfahrensabschnitt in Gang setzen.

a) Bekanntmachung zur Einreichung von Wahlvorschlägen für die ArbN iSv. § 3 Abs. 1 Nr. 1. Unverzüglich nach Ablauf der Frist für Änderungsverlangen veröffentlicht der Betriebswahlvorstand (1. WO) bzw. unverzüglich nach Übersendung der Wählerlisten der Unternehmenswahlvorstand (2. WO) oder der Hauptwahlvorstand (3. WO) eine Bekanntmachung, in der ua. darauf hingewiesen wird, dass die wahlberechtigten ArbN Wahlvorschläge beim Betriebswahlvorstand innerhalb von sechs Wochen einreichen können[9]. Bei Wahlen nach der 1. WO übersendet der Betriebswahlvorstand diese Bekanntmachung unverzüglich dem Unternehmen und den im Unternehmen vertretenen Gewerkschaften, bei Wahlen nach der 2. und 3. WO übersendet der Unternehmenswahlvorstand bzw. der Hauptwahlvorstand die Bekanntmachung den Betriebswahlvorständen und teilt ihnen mit, ab wann sie in den Betrieben bekannt zu machen ist; ferner übersendet der Unternehmenswahlvorstand bzw. der Hauptwahlvorstand unverzüglich nach ihrem Erlass die Bekanntmachung den Unternehmen und den in diesen Unternehmen vertretenen Gewerkschaften[10].

Jeder Wahlvorschlag muss von einem Fünftel oder Hundert der wahlberechtigten ArbN unterzeichnet sein[11]. Die Wahlvorschläge müssen innerhalb von sechs Wochen seit Erlass der Bekanntmachung beim Betriebswahlvorstand (1. WO) bzw. beim Unternehmenswahlvorstand (2. WO) oder Hauptwahlvorstand (3. WO) schriftlich eingereicht werden[12]. Dabei können die im Unternehmen vertretenen Gewerkschaften Wahlvorschläge zur Wahl von Aufsichtsratsmitgliedern machen[13]. Für Wahlvorschläge der leitenden Angestellten ist dagegen ein eigenständiges Abstimmungsverfahren vorgesehen (vgl. dazu Rz. 15–17). In den Wahlvorschlägen kann außerdem für jeden Bewerber jeweils ein Ersatzmitglied des Aufsichtsrats vorgeschlagen werden[14]. Ist nach Ablauf der Frist kein gültiger Wahlvorschlag eingereicht worden, so erlässt der Betriebswahlvorstand (1. WO) bzw. der Unternehmenswahlvorstand (2. WO) oder Hauptwahlvorstand 3. WO) unverzüglich eine Bekanntmachung und setzt eine Nachfrist von einer weiteren Woche[15]. Spätestens zwei Wochen vor dem ersten Tag der Stimmabgabe sind die

---

[1] § 6 Abs. 1 3. WO. | [2] § 8 Abs. 1 Satz 1 1. WO; § 8 Abs. 1 Satz 1 2. WO; § 8 Abs. 1 Satz 1 3. WO. | [3] § 8 Abs. 3 Satz 1 1. WO; § 8 Abs. 3 Satz 1 2. WO; § 8 Abs. 3 Satz 1 3. WO. | [4] § 8 Abs. 5 1. WO; § 8 Abs. 5 2. WO; § 8 Abs. 5 3. WO – Zur Aktualisierungspflicht zB bei Unternehmenskäufen und -verkäufen § 76 BetrVG 1952 Rz. 44. | [5] Vgl. *Raiser*, vor § 9 MitbestG Rz. 18. | [6] § 9 Abs. 1 Satz 1 1. WO; § 9 Abs. 1 Satz 1 2. WO; § 9 Abs. 1 Satz 1 3. WO. | [7] § 9 Abs. 2 Satz 1 und Satz 4 Nr. 3 1. WO; § 9 Abs. 2 Satz 1 und Satz 4 Nr. 3 2. WO; § 9 Abs. 2 Satz 1 und Satz 4 Nr. 4 3. WO. – Zu Einzelheiten vgl. § 10 1., 2. und 3. WO. | [8] § 11 Abs. 1 Satz 1 2. WO; § 11 Abs. 2 Satz 1 3. WO. | [9] § 24 Abs. 1 Satz 2 Nr. 4 1. WO; § 26 Abs. 1 Satz 2 Nr. 3 2. WO; § 26 Abs. 1 Satz 2 Nr. 3 2. WO. | [10] § 24 Abs. 4 1. WO; § 26 Abs. 3 2. WO; § 26 Abs. 3 Satz 1, Abs. 5 3. WO. | [11] § 25 Abs. 1 Satz 1 1. WO; § 27 Abs. 1 Satz 2 2. WO; § 27 Abs. 1 Satz 2 3. WO. | [12] § 25 Abs. 2 1. WO; § 27 Abs. 2 Satz 2 2. WO; § 27 Abs. 2 3. WO. | [13] § 26 Abs. 1 1. WO; § 28 Abs. 2 2. WO; § 28 Abs. 1 3. WO. | [14] § 27 1. WO; § 29 2. WO; § 29 3. WO. | [15] § 34 Abs. 1 Satz 1 1. WO; § 36 Abs. 1 Satz 1 2. WO; § 36 Abs. 1 Satz 1 3. WO.

15 b) Bekanntmachung zur Abstimmung für den Wahlvorschlag der leitenden Angestellten. Gleichzeitig mit der Bekanntmachung zur Abstimmung über die Wahlart veröffentlicht der Betriebswahlvorstand (1. WO) bzw. der Unternehmenswahlvorstand (2. WO) oder Hauptwahlvorstand (3. WO) eine Bekanntmachung über die Abstimmung für den Wahlvorschlag der leitenden Angestellten, die ua. die Angabe enthält, dass der Wahlvorschlag der leitenden Angestellten aufgrund von Abstimmungsvorschlägen durch Beschluss der wahlberechtigten leitenden Angestellten in geheimer Abstimmung aufgestellt wird[2]. Bei Wahlen nach der 2. WO und 3. WO übersendet der Hauptwahlvorstand anschließend die Bekanntmachung den Betriebswahlvorständen und teilt ihnen mit, ab wann sie in den Betrieben bekannt zu machen ist[3].

16 Die wahlberechtigten leitenden Angestellten können Abstimmungsvorschläge für den Beschluss über den Wahlvorschlag machen, wobei jeder Vorschlag von einem Zwanzigstel oder 50 der wahlberechtigten leitenden Angestellten unterzeichnet sein muss[4]. Die Abstimmungsvorschläge sind innerhalb einer Frist von zwei Wochen beim Betriebswahlvorstand (1. WO) bzw. beim Unternehmenswahlvorstand (2. WO) oder Hauptwahlvorstand (3. WO) schriftlich einzureichen[5]. Der Betriebswahlvorstand bzw. der Unternehmenswahlvorstand oder Hauptwahlvorstand prüft sodann die Abstimmungsvorschläge[6]. Bei Wahlen nach der 1. WO macht der Betriebswahlvorstand die gültigen Vorschläge bis zu dem Tag bekannt, an dem der Wahlvorschlag der leitenden Angestellten vorliegt; im Falle von Wahlen nach der 2. WO und 3. WO übersendet der Unternehmenswahlvorstand bzw. der Hauptwahlvorstand die gültigen Vorschläge unverzüglich den Betriebswahlvorständen, welche diese sodann bekannt machen.

17 Die Aufstellung des Wahlvorschlags der leitenden Angestellten erfolgt nach der Neufassung der WO nicht mehr in einem zweistufigen Abstimmungsverfahren, sondern nur noch im Wege einer Abstimmung. Dabei formuliert der Betriebswahlvorstand bzw. der Unternehmenswahlvorstand oder Hauptwahlvorstand diese Abstimmung so, dass der Wahlvorschlag der leitenden Angestellten spätestens sieben (1. WO) bzw. acht (2. WO) oder neun Wochen (3. WO) seit dem für die Bekanntmachung über die Einreichung von Wahlvorschlägen bestimmten Zeitpunkt vorliegt[7]. Die Kandidaten, die in dieser Abstimmung die meisten Stimmen erhalten, werden – entsprechend der notwendigen Anzahl für einen zulässigen Wahlvorschlag[8] – in den Wahlvorschlag aufgenommen. Bei Wahlen nach der 1. WO stellt der Betriebswahlvorstand in einer Niederschrift ua. die Namen der in den Wahlvorschlag aufgenommenen Bewerber und Ersatzmitglieder fest und macht spätestens zwei Wochen vor dem ersten Tag der Stimmabgabe die gültigen Wahlvorschläge bekannt, bei Wahlen nach der 2. WO und 3. WO übermittelt der Unternehmenswahlvorstand bzw. der Hauptwahlvorstand das Abstimmungsergebnis nach Prüfung den Betriebswahlvorständen, die sodann die Bekanntmachung für die Dauer von zwei Wochen vornehmen.

18 c) Bekanntmachung zur Abstimmung über die Art der Wahl. Sind in einem Unternehmen in der Regel (hierzu § 1 Rz. 11) mehr als 8000 ArbN (§ 3) beschäftigt, findet die Wahl der ArbN-Vertreter durch Delegierte nach §§ 10 bis 17 statt, ansonsten eine unmittelbare Wahl (sog. Urwahl) nach § 18 (§ 9 Abs. 1 und Abs. 2). Die Belegschaft hat allerdings das Recht, eine Änderung in der in § 9 Abs. 1 und Abs. 2 vorgeschriebenen Wahlart herbeizuführen (Rz. 2). Dabei erlässt der Betriebswahlvorstand (1. WO) bzw. der Unternehmenswahlvorstand (2. WO) oder Hauptwahlvorstand (3. WO) zur Einleitung des Abstimmungsverfahrens unverzüglich nach Ablauf der Frist für Änderungsverlangen (bei Wahlen nach der 1. WO) bzw. unverzüglich nach Übersendung der Wählerlisten (bei Wahlen nach der 2. WO und 3. WO) eine Bekanntmachung, in der er ua. mitteilt, dass die Aufsichtsratsmitglieder der ArbN – je nach ArbN-Zahl – in unmittelbarer Wahl bzw. im Wege der Delegiertenwahl gewählt werden, wenn nicht die Wahlberechtigten die jeweils andere Wahlart beschließen[9]. Die Bekanntmachung ist bei Wahlen nach der 1. WO unverzüglich nach ihrer Veröffentlichung dem Unternehmen und den im Unternehmen vertretenen Gewerkschaften zu übersenden, bei Wahlen nach der 2. und 3. WO zusätzlich den Betriebswahlvorständen unter Angabe des Zeitpunktes, von dem ab die Bekanntmachung in den Betrieben zu erfolgen hat[10].

19 Liegt ein gültiger Antrag auf Abstimmung über die Art der Wahl vor, so erlässt der Betriebswahlvorstand (1. WO) bzw. der Unternehmenswahlvorstand (2. WO) oder Hauptwahlvorstand (3. WO) unverzüglich ein **Abstimmungsausschreiben**, welches ua. den Inhalt des Antrags, sowie Ort, Tag und Zeit der Stimmabgabe enthält[11]. Bei Wahlen nach der 2. und 3. WO übersendet der Unternehmenswahlvorstand bzw. der Hauptwahlvorstand das Abstimmungsausschreiben an die Betriebswahlvorstände, die das Ab-

---

1 § 35 Abs. 2 1. WO; § 37 Abs. 2 2 WO; § 37 Abs. 2 3 WO. | 2 § 28 Abs. 1 Satz 2 Nr. 1. WO; § 30 Abs. 1 Satz 2 Nr. 3 2. WO; § 30 Abs. 1 Satz 2 Nr. 3 3. WO. | 3 § 30 Abs. 3 Satz 1 2 WO; § 30 Abs. 1 Satz 1 3. WO. | 4 § 29 Abs. 1 Satz 1 1. WO; § 31 Abs. 1 Satz 1 2. WO; § 31 Abs. 1 Satz 1 3. WO. | 5 § 29 Abs. 1 Satz 3 1. WO; § 31 Abs. 1 Sätze 3 und 4 2. WO; § 31 Abs. 1 Sätze 3 und 4 3. WO. | 6 § 29 Abs. 4 1. WO; § 31 Abs. 4 2. WO; § 31 Abs. 4 3. WO. | 7 § 30 Abs. 1 1. WO; § 32 Abs. 2 2. WO; § 32 Abs. 2 3. WO. | 8 § 24 Abs. 1 Satz 2 Nr. 8 1. WO; § 26 Abs. 1 Nr. 7 2. WO; § 26 Abs. 1 Nr. 7 3. WO. | 9 § 12 Abs. 1 Satz 3 Nr. 2 iVm. Abs. 2 Satz 2 Nr. 2 1. WO; § 13 Abs. 1 Satz 2 Nr. 2 iVm. Abs. 2 Satz 2 Nr. 2 2. WO und 3. WO. | 10 § 12 Abs. 4 1. WO; § 13 Abs. 3, Abs. 4 2. WO; § 13 Abs. 3, Abs. 4 3. WO. | 11 § 14 Abs. 1 Satz 1 1. WO; § 15 Abs. 1 Satz 1 2. WO; § 15 Abs. 1 Satz 1 3. WO.

stimmungsausschreiben bis zum Abschluss der Stimmabgabe durch Aushang bekannt machen. Die Abstimmung über die Wahlart soll innerhalb von zwei Wochen seit dem für die Bekanntmachung des Abstimmungsausschreibens bestimmten Zeitpunkt stattfinden[1]. Ein Beschluss kann nur gefasst werden, wenn sich mindestens die Hälfte der wahlberechtigten ArbN an der Abstimmung beteiligt haben (einschließlich Stimmenthaltungen und ungültigen Stimmen)[2]. Er bedarf der einfachen Mehrheit der abgegebenen Stimmen (§ 9 Abs. 3 Satz 3).

Den Betriebswahlvorständen obliegt es, einen vorschriftsmäßigen Abstimmungsvorgang zu organisieren[3]. Unverzüglich nach Abschluss der Stimmabgabe zählt der Betriebswahlvorstand öffentlich die Stimmen aus, wobei dies – wie auch die Stimmabgabe – mit Hilfe von Wahlgeräten erfolgen kann[4]. Das Abstimmungsergebnis stellt der Betriebswahlvorstand anschließend in einer Abstimmungsniederschrift fest und macht es für die Dauer von zwei Wochen bekannt[5]. Bei Wahlen nach der 2. und 3. WO übersendet der Betriebswahlvorstand die Niederschrift unverzüglich dem Unternehmenswahlvorstand bzw. dem Hauptwahlvorstand, der sodann anhand der Abstimmungsniederschriften das Abstimmungsergebnis, das in einer weiteren Niederschrift festgehalten wird, ermittelt; hiernach übersendet der Unternehmenswahlvorstand bzw. Hauptwahlvorstand das Abstimmungsergebnis den Betriebswahlvorständen, die es für die Dauer von zwei Wochen bekannt machen[6]. **20**

III. Delegiertenwahl. 1. Anwendungsbereich. Sind wegen der gesetzlichen Anordnung in § 9 Abs. 1 oder nach entsprechender Abstimmung nach § 9 Abs. 3 (iVm. §§ 12 ff. 1. WO, §§ 13 ff. 2. WO, §§ 13 ff. 3. WO) die ArbN-Vertreter durch Delegierte zu wählen, so richtet sich der weitere Verfahrensablauf nach §§ 50 ff. 1. WO, §§ 54 ff. 2. WO bzw. §§ 54 ff. 3. WO. Allerdings gibt es folgende Ausnahmen: Eine Delegiertenwahl nach der 1. WO oder 2. WO findet dann nicht statt, wenn (i) die ArbN auch an der Aufsichtsratswahl anderer Unternehmen durch Delegierte teilnehmen und (ii) der Betriebswahlvorstand bzw. der Unternehmenswahlvorstand nach § 55 3. WO beschlossen hat, dass die in dem Unternehmen für die Wahl der Aufsichtsratsmitglieder eines anderen Unternehmens zu wählenden Delegierten auch die nach den Vorschriften der 1. WO bzw. 2. WO zu wählenden Aufsichtsratsmitglieder wählen[7]. Umgekehrt findet eine Delegiertenwahl für die Aufsichtsratswahl nach der 3. WO nicht statt, wenn (i) in einem abhängigen Unternehmen die ArbN-Vertreter für den Aufsichtsrats dieses Unternehmens auch durch Delegierte gewählt werden und (ii) der Betriebs- bzw. Unternehmenswahlvorstand des abhängigen Unternehmens innerhalb des Wahlverfahrens für den Aufsichtsrat dieses Unternehmens nach § 51 1. WO, § 55 2. WO beschlossen hat, dass die zu wählenden Delegierten auch als Delegierte zur Wahl des Aufsichtsrat der Obergesellschaft teilnehmen[8]. Schließlich findet eine Delegiertenwahl auch in denjenigen Betrieben nicht statt, in denen Delegierte nach einer der drei WO bereits gewählt worden sind und deren Amtszeit iSv. § 13 bei Beginn der Amtszeit der zu wählenden Aufsichtsratsmitglieder noch nicht beendet ist[9]. **21**

2. Wahl der Delegierten. a) Aktives und passives Wahlrecht (§ 10 Abs. 2, Abs. 3). Für die Wahl von Delegierten sind alle ArbN iSv. § 3 des Unternehmens wahlberechtigt, welche (i) das 18. Lebensjahr zum letzten Wahltag[10] vollendet haben und (ii) in ihm zum Zeitpunkt der Wahl tatsächlich beschäftigt sind[11]. Die Wählbarkeit steht den wahlberechtigten ArbN des Unternehmens zu, welche die weiteren Voraussetzungen des § 8 BetrVG erfüllen (§ 10 Abs. 3). Das gilt auch im Hinblick auf die Errechnung der Länge der Betriebszugehörigkeit; § 7 Abs. 3 Sätze 2 und 3 gelten nicht für das passive Wahlrecht bei der Delegiertenwahl. **22**

b) Zahl der Delegierten (§ 11). Nach der Grundregel des § 11 Abs. 1 entfällt in jedem Betrieb auf je 90 wahlberechtigte ArbN (dh. bezogen auf die in der Wählerliste eingetragenen tatsächlich Beschäftigten) ein Delegierter; Teilzahlen sind zu berücksichtigen, wenn sie sich auf mindestens die Hälfte der vollen Zahl (= 45) belaufen (§ 11 Abs. 1 Satz 3). In großen Betrieben, auf die bei dieser Berechnungsweise mehr als 25 Delegierte entfallen würden, vermindert sich die Delegiertenzahl stufenweise und erhöht sich entsprechend die Stimmenzahl pro Delegierten (§ 11 Abs. 1 Satz 2; **sog. Reduktionsverfahren**) wie folgt: **23**

Arbeitnehmerzahl	Delegiertendivisor (§ 11 Abs. 1 Sätze 1 und 2)	Anzahl Delegierter	Stimmenzahl pro Delegiertem
ab 45	1:90 (Satz 1)	1	1
ab 135	1:90 (Satz 1)	2	1
ab 2.205	1:90 (Satz 1)	25	1
ab 2.295	1/2:90 (Satz 2 Nr. 1)	13	2

---

[1] § 14 Abs. 1 Satz 2 1. WO; § 15 Abs. 1 Satz 2 2. WO; § 15 Abs. 1 Satz 2 3. WO. | [2] Vgl. *Hanau/Ulmer*, § 9 MitbestG Rz. 9; *Raiser*, § 9 MitbestG Rz. 8. | [3] § 16 1. WO; § 17 2. WO; § 17 3. WO. | [4] § 20 1. WO; § 21 2. WO; § 21 3. WO. | [5] §§ 21, 22 1. WO. | [6] §§ 22, 24 2. WO; §§ 22, 24 3. WO. | [7] § 50 1. WO; § 54 2. WO. | [8] § 54 3. WO. | [9] § 67 1. WO; § 73 2. WO; § 73 3. WO. | [10] Vgl. *Raiser*, § 10 MitbestG Rz. 12; *Fitting/Wlotzke/Wißmann*, § 10 MitbestG Rz. 18. | [11] Vgl. *Raiser*, § 10 MitbestG Rz. 11; *Hanau/Ulmer*, § 10 MitbestG Rz. 22.

Arbeitnehmerzahl	Delegiertendivisor (§ 11 Abs. 1 Sätze 1 und 2)	Anzahl Delegierter	Stimmenzahl pro Delegiertem
ab 4.545	1/3;90 (Satz 2 Nr. 2)	17	3
ab 6.795	1/4;90 (Satz 2 Nr. 3)	19	4
ab 9.045	1/5;90 (Satz 2 Nr. 4)	20	5
ab 11.295	1/6;90 (Satz 2 Nr. 5)	21	6
ab 13.545	1/7;90 (Satz 2 Nr. 6)	22	7

24 Das **Verhältnis von ArbN iSv. § 3 Abs. 1 Satz 1 Nr. 1 und leitenden Angestellten** muss sich bei der Verteilung der Delegierten widerspiegeln (§ 11 Abs. 2 Sätze 1 und 2). Ein nachträglicher Gruppenwechsel lässt allerdings das Amt des Delegierten unberührt (§ 11 Abs. 5)[12]. Ist auf Grund der geringen ArbN-Zahl einer Gruppe im Betrieb kein Delegierter zu wählen, so werden aus Gründen des Minderheitenschutzes diese ArbN für die Wahl der Delegierten den ArbN ihrer Gruppe der Hauptniederlassung des Unternehmens bzw. dem nach der ArbN-Zahl größten Betrieb des Unternehmens zugerechnet (§ 11 Abs. 3). Das gilt auch, wenn auf einen Betrieb oder ein nach § 5 zuzurechnenden Unternehmen kein Delegierter entfällt (§ 11 Abs. 4).

25 c) **Amtszeit der Delegierten (§§ 13, 14).** Die Amtszeit der Delegierten des Unternehmens ist jeweils gleich lang, beginnt mit der Einleitung der Wahl der Aufsichtsratsmitglieder (= Einberufung der Delegiertenversammlung)[13] und dauert so lange, bis eine Neuwahl der Aufsichtsratsmitglieder der ArbN durch die Einberufung der Delegiertenversammlung eingeleitet wird (§ 13 Abs. 1 Satz 2)[14]. Damit stehen die Delegierten nach Abschluss der Aufsichtsratswahl noch für Nachwahlen oder Abberufung (§ 23) zur Verfügung. Die Amtszeit der Delegierten endet vorzeitig in den in § 13 Abs. 2 bis Abs. 4 geregelten Fällen, bei Niederlegung des Amtes (§ 14 Abs. 1 Nr. 1), bei Beendigung der Beschäftigung des Delegierten im Betrieb (§ 14 Abs. 1 Nr. 2)[15] sowie bei Verlust der Wählbarkeit (§ 14 Abs. 1 Nr. 3). Die Amtszeit der Delegierten endet auch, wenn der Betrieb aufgelöst[16], stillgelegt oder an ein Unternehmen veräußert wird, dessen ArbN an der Wahl der Aufsichtsratsmitglieder nicht teilnehmen[17].

26 An die Stelle eines vorzeitig ausscheidenden Delegierten oder eines aus tatsächlichen oder rechtlichen Gründen vorübergehend verhinderten (dh. Unmöglichkeit der Teilnahme an einer Sitzung[18]) Delegierten tritt ein Ersatzdelegierter (§ 14 Abs. 2). Ist die Wahlliste erschöpft, endet die Amtszeit aller Delegierten (§ 11 Abs. 4).

27 d) **Wahlgrundsätze und Wahlverfahren (§ 10 Abs. 1, § 12, §§ 15–17).** Die Delegierten sind getrennt nach Betrieben zu wählen (sofern dort mindestens 45 ArbN beschäftigt sind), wobei die Wahl geheim und nach den Grundsätzen der Verhältniswahl erfolgt (§ 10 Abs. 1). Das Wahlverfahren beginnt mit der Veröffentlichung eines Wahlausschreibens für die Wahl der Delegierten durch den Betriebswahlvorstand, die vorzunehmen ist, sobald feststeht, dass die Aufsichtsratsmitglieder durch Delegierte zu wählen sind (bei Wahlen nach der 1. WO bzw. unverzüglich nach Eingang der entsprechenden Mitteilung des Unternehmenswahlvorstandes (2. WO) bzw. Hauptvorstandes (3. WO). In dieser Bekanntmachung ist ua. die Angabe enthalten, dass Wahlvorschläge für die Wahl der Delegierten innerhalb von zwei Wochen seit Erlass des Wahlausschreibens schriftlich beim Betriebswahlvorstand eingereicht werden können[19]. Der Betriebswahlvorstand bzw. der Unternehmenswahlvorstand oder Hauptwahlvorstand errechnet hiernach die Zahl der zu wählenden Delegierten sowie ihre Verteilung auf die ArbN iSv. § 3 Abs. 1 Nr. 1 MitbestG einerseits und die leitenden Angestellten andererseits (hierzu Rz. 24)[20].

28 Jeder Wahlvorschlag für Delegierte der ArbN iSv. § 3 Abs. 1 Nr. 1 MitbestG bzw. der leitenden Angestellten muss von einem Zehntel oder Hundert der wahlberechtigten ArbN bzw. der leitenden Angestellten des Betriebs unterzeichnet sein (§ 12 Abs. 1)[21]. Die Wahlvorschläge sind innerhalb von zwei Wochen nach Erlass des Wahlausschreibens beim Betriebswahlvorstand schriftlich einzureichen[22].

|12 LAG Nds. v. 25.5.1988 – 5 TaBV 58/87, DB 1988, 1760; ErfK/*Oetker*, § 18 MitbestG Rz. 4. |13 Vgl. ErfK/*Oetker*, § 18 MitbestG Rz. 5; *Hanau/Ulmer*, § 13 MitbestG Rz. 12; *Raiser*, § 13 MitbestG Rz. 4; aA GK-MitbestG/*Matthes*, § 13 Rz. 16; *Hoffmann/Lehmann/Weinmann*, § 13 MitbestG Rz. 32. |14 Vgl. ErfK/*Oetker*, § 18 MitbestG Rz. 5; *Raiser*, § 13 MitbestG Rz. 4. |15 Dies gilt auch beim Übergang in ein ruhendes Arbeitsverhältnis, wenn der ArbN voraussehbar keine Tätigkeit mehr erbringen wird; vgl. BAG v. 25.10.2000 – 7 ABR 18/00, AP Nr. 32 zu § 76 BetrVG 1952 (Altersteilzeit nach Blockmodell); ErfK/*Oetker*, § 18 MitbestG Rz. 5 aE. |16 BAG v. 13.5.1998 – 7 ABR 5/97, AP Nr. 1 zu § 12 MitbestG. |17 Vgl. ErfK/*Oetker*, § 18 MitbestG Rz. 5; *Hanau/Ulmer*, § 13 MitbestG Rz. 61; *Raiser*, § 13 MitbestG Rz. 14. |18 Vgl. ErfK/*Oetker*, § 18 MitbestG Rz. 5; *Hanau/Ulmer*, § 14 MitbestG Rz. 29; *Raiser*, § 14 MitbestG Rz. 6. |19 § 53 Abs. 1 1. WO; § 59 Abs. 1 2. WO; § 59 Abs. 1 2. WO. |20 § 52 Abs. 1 1. WO; § 56 Abs. 1 2. WO; § 56 Abs. 1 3. WO. |21 Vgl. auch § 54 Abs. 1 Satz 2 1. WO; § 60 Abs. 1 Satz 2 2. WO; § 60 Abs. 1 Satz 2 3. WO. |22 § 54 Abs. 1 Satz 3 1. WO; § 60 Abs. 1 Satz 3 2. WO; § 60 Abs. 1 Satz 3 3. WO.

Die Wahlvorschläge in Form von Vorschlagslisten sollen (keine Wirksamkeitsvoraussetzung[1]) mindestens doppelt so viele Bewerber enthalten, wie in dem Wahlgang Delegierte zu wählen sind (§ 12 Abs. 2; Zweck: Sicherstellung von Ersatzdelegierten). Ist nach Ablauf dieser Frist kein gültiger Wahlvorschlag eingereicht worden, so erlässt der Betriebswahlvorstand unverzüglich eine Bekanntmachung und setzt eine Nachfrist von einer weiteren Woche[2]. Der Betriebswahlvorstand macht die gültigen Wahlvorschläge spätestens zwei Wochen vor dem ersten Tag der Stimmabgabe bekannt[3].

Liegen für einen Wahlgang mehrere gültige Wahlvorschläge vor, so kann der Wähler seine Stimme nur für einen dieser Wahlvorschläge (in Form einer Vorschlagsliste) abgeben[4]. Unverzüglich nach Abschluss der Stimmabgabe zählt der Betriebswahlvorstand öffentlich die Stimmen aus[5]. Anhand des festgestellten Ergebnisses ermittelt der Betriebswahlvorstand die Verteilung der in dem Wahlgang zu besetzenden Mandate auf die Listen nach Maßgabe der auf sie entfallenen Stimmzahlen nach dem d'Hondt'schen Höchstzahlverfahren[6]. Hiernach werden die auf die einzelnen Vorschlagslisten entfallenden Stimmen der Reihe nach durch 1, 2, 3 usw. geteilt, und unter den gefundenen Teilzahlen werden so viele Höchstzahlen ausgesondert und nach der Höhe geordnet wie Delegierte zu bestellen sind. Wird die niedrigste in Betracht kommende Höchstzahl von zwei Vorschlagslisten gleich erreicht, so entscheidet das Los. Enthält eine Vorschlagsliste weniger Bewerber als Höchstzahlen auf sie entfallen, so gehen die überzähligen Sitze auf die folgenden Höchstzahlen der anderen Wahllisten über[7]. 29

Rechenbeispiel: Zu einem Betrieb gehören 1000 ArbN, die gemäß § 11 Abs. 1 11 Delegierte zu stellen haben (die Überzahl von 10 ArbN bleibt unberücksichtigt). Entfallen auf Liste A 420 Stimmen, auf Liste B 300 Stimmen und auf Liste C 280 Stimmen, so errechnet sich die Verteilung der Sitze wie folgt (gewählte Bewerber sind unterstrichen):

Liste A	Liste B	Liste C
Nr. 1 420 : 1 = 420	Nr. 1 300 : 1 = 300	Nr. 1 280 : 1 = 280
Nr. 2 420 : 2 = 210	Nr. 2 300 : 2 = 150	Nr. 2 280 : 2 = 140
Nr. 3 420 : 3 = 140	Nr. 3 300 : 3 = 100	Nr. 3 280 : 3 = 93,3
Nr. 4 420 : 4 = 105	Nr. 4 300 : 4 = 75	Nr. 4 280 : 4 = 70
Nr. 5 420 : 5 = 84	Nr. 5 300 : 5 = 60	Nr. 5 280 : 5 = 56

Wird nur ein gültiger Wahlvorschlag eingereicht, so findet dieser Wahlgang nicht statt, sondern es gelten so viele der in dem Wahlvorschlag aufgeführten Bewerber in der dort angegebenen Reihenfolge als gewählt, wie Delegierte zu wählen sind[8]. Der Betriebswahlvorstand hält das Wahlergebnis in einer Niederschrift fest. Bei Wahlen nach der 2. WO und 3. WO übermittelt der Betriebswahlvorstand das Wahlergebnis unverzüglich dem Unternehmensvorstand bzw. Hauptwahlvorstand[9]. Der Betriebswahlvorstand macht das Wahlergebnis gleichzeitig unverzüglich für die Dauer von zwei Wochen bekannt und benachrichtigt die Gewählten von ihrer Wahl[10]. 30

3. Wahl der Aufsichtsratsmitglieder durch die Delegierten. a) Wahl unternehmensangehöriger Aufsichtsratsmitglieder (§ 15). Die Delegierten wählen die Aufsichtsratsmitglieder, die nach § 7 Abs. 2 unternehmensangehörig sein müssen nach den Grundsätzen der Verhältniswahl (**Prinzip des Gruppenproporz**; § 15 Abs. 1 Satz 1), modifiziert durch den **Minderheitenschutz zugunsten leitender Angestellter** (§ 15 Abs. 1 Satz 2). Zwar ist § 15 Abs. 1 Satz 2 zwingend, ansonsten gibt es kein gesetzliches Gebot, dass die einer Gruppe zustehenden Aufsichtsratssitze nur mit Mitgliedern der betreffenden Gruppe besetzt werden können[11]. Das Wahlverfahren wird dadurch eingeleitet, dass der Betriebswahlvorstand (1. WO) bzw. der Unternehmensvorstand (2. WO) oder Hauptwahlvorstand (3. WO) zunächst eine Delegiertenliste, getrennt nach Delegierten der ArbN iSv. § 3 Abs. 1 Nr. 1 und solchen der leitenden Angestellten erstellt[12]. Hinter den Namen des jeweiligen Delegierten ist die Zahl seiner Stimmen zu vermerken. Hiernach teilt der Betriebswahlvorstand (1. WO) bzw. der Unternehmenswahlvorstand (2. WO) oder Hauptwahlvorstand (3. WO) jedem Delegierten ua. mit, dass an der Wahl nur Delegierte teilnehmen können, die in der Delegiertenliste eingetragen sind und dass die Stimmabgabe an Wahlvorschläge gebunden ist[13]. Bei Wahlen nach der 1. WO übersendet der Betriebswahlvorstand anschließend Kopien dieser Mitteilungen an das Unternehmen und die in diesem vertretenen Gewerkschaften, bei Wahlen nach der 2 WO und 3. WO übersendet der Unternehmenswahlvorstand bzw. Hauptwahlvorstand diese Kopien den Betriebswahlvorständen, dem Unternehmen und den dort vertretenen Gewerkschaften[14]. 31

---

[1] Vgl. *Raiser*, § 12 MitbestG Rz. 6. | [2] § 57 Abs. 1 Satz 1 1. WO; § 63 Abs. 1 Satz 1 2. WO; § 63 Abs. 1 Satz 1 3. WO. | [3] § 58 Abs. 2 Satz 1 1 WO; § 64 Abs. 2 Satz 1 2. WO; § 64 Abs. 2 Satz 1 2. WO. | [4] § 59 Abs. 1 Satz 1 1. WO; § 65 Abs. 1 Satz 1 2. WO; § 65 Abs. 1 Satz 1 3. WO. | [5] § 60 Abs. 1 1. WO; § 66 Abs. 1 2. WO; § 66 Abs. 1 3. WO. | [6] § 61 Abs. 1 1. WO; § 67 Abs. 1 2. WO; § 67 Abs. 1 3. WO. | [7] § 61 Abs. 2 1. WO; § 67 Abs. 2 2. WO; § 67 Abs. 2 3. WO. | [8] § 62 Abs. 1 1. WO; § 68 Abs. 1 2. WO; § 68 Abs. 1 3. WO. | [9] § 71 2. WO; § 71 3. WO. | [10] § 63 1. WO; § 72 2. WO; § 72 3. WO. | [11] So auch *Raiser*, § 15 MitbestG Rz. 9; aA *Hanau/Ulmer*, § 13 MitbestG Rz. 36. | [12] § 69 Abs. 1 Satz 1 1. WO; § 75 Abs. 1 Satz 1 2 WO; § 75 Abs. 1 Satz 1 3. WO. | [13] § 71 Abs. 1 Nr. 1 und 6 1. WO; § 77 Abs. 1 Nr. 1 und 6 2. WO; § 77 Abs. 1 Nr. 1 und 6 3. WO. | [14] § 71 Abs. 2 1. WO; § 77 Abs. 2 2. WO; § 77 Abs. 2 3. WO.

32 Die Delegierten wählen die Aufsichtsratsmitglieder der ArbN in einer Delegiertenversammlung, die vom Betriebswahlvorstand (1. WO) bzw. vom Unternehmenswahlvorstand (2. WO) oder vom Hauptwahlvorstand (3. WO) geleitet wird und spätestens vier Wochen nach der Wahl der Delegierten stattfinden soll[1]. Wahlvorschläge für die den regulären ArbN zustehenden Aufsichtsratssitze können nur die wahlberechtigten ArbN des Unternehmens, Abstimmungsvorschläge für die leitenden Angestellten nur die wahlberechtigten Mitglieder dieser Gruppe machen. Anderen Personen (zB Unternehmensorgane, BR, Wahlvorstand oder Gewerkschaften) steht kein Vorschlagsrecht zu[2]. Die Voraussetzungen für einen wirksamen Wahlvorschlag sind in § 15 Abs. 2 für jede Gruppe gesondert geregelt. Vorgeschlagen werden kann nur, wer wählbar ist. Auch Delegierte können kandidieren[3].

33 Sind mehrere Mandate in einem Wahlgang zu verteilen und liegen für die Besetzung dieser Mandate mehrere gültige Wahlvorschläge vor, so kann der Delegierte seine Stimme nur für einen dieser Wahlvorschläge abgeben[4]. Die Verteilung der Mandate auf die einzelnen Vorschlagslisten folgt im Verhältnis der auf sie entfallenen Stimmen nach dem d'Hondt'schen Höchstzahlverfahren[5]; die Reihenfolge der Bewerber innerhalb der einzelnen Wahlvorschläge bestimmt sich nach der Reihenfolge ihrer Benennung[6].

34 Liegt nur ein Wahlvorschlag vor, so kann der Delegierte seine Stimme nur für die in diesem Wahlvorschlag aufgeführten Bewerber abgeben[7]. Gewählt sind dann so viele Bewerber, wie in dem Wahlgang Aufsichtsratsmitglieder zu wählen sind, nach der Reihenfolge der auf sie entfallenen Stimmzahlen[8]. Unverzüglich nach Abschluss der Stimmabgabe zählt der Betriebswahlvorstand (1. WO) bzw. der Unternehmenswahlvorstand (2. WO) oder der Hauptwahlvorstand (3. WO) öffentlich die Stimmen aus. Nachdem ermittelt ist, wer gewählt ist, stellt der Betriebswahlvorstand (1. WO) bzw. der Unternehmenswahlvorstand (2. WO) oder Hauptwahlvorstand (3. WO) in einer Niederschrift ua. die Namen der gewählten Aufsichtsratsmitglieder fest[9]. Sodann gibt der Betriebswahlvorstand (1. WO) bzw. der Unternehmenswahlvorstand (2. WO) oder Hauptwahlwahlvorstand (3. WO) der Delegiertenversammlung das Wahlergebnis und die Namen der Gewählten bekannt[10].

35 Bei Wahlen nach der 1. WO gibt der Betriebswahlvorstand das Wahlergebnis und die Namen der Gewählten unverzüglich für die Dauer von zwei Wochen bekannt, benachrichtigt gleichzeitig die Gewählten schriftlich von ihrer Wahl und übermittelt das Wahlergebnis und die Namen der Gewählten dem Unternehmen und den dort vertretenen Gewerkschaften[11]. Bei Wahlen nach der 2. WO und 3. WO übermittelt der Unternehmenswahlvorstand bzw. Hauptwahlvorstand das Wahlergebnis und die Namen der Gewählten den Betriebswahlvorständen, die diese Angaben unverzüglich für die Dauer von zwei Wochen bekannt machen, benachrichtigt die Gewählten schriftlich von ihrer Wahl und übermittelt das Wahlergebnis und die Namen der Gewählten dem Unternehmen und den dort vertretenen Gewerkschaften[12].

36 Schließlich übergibt der Betriebswahlvorstand (1. WO) bzw. der Unternehmenswahlvorstand (2. WO) oder Hauptwahlvorstand (3. WO) und jeder Betriebswahlvorstand dem Unternehmen die Wahlakten, die mindestens für die Dauer von fünf Jahren aufzubewahren sind[13].

37 **b) Wahl von Gewerkschaftsvertretern (§ 16).** Die nach § 7 Abs. 2 zu wählenden Gewerkschaftsvertreter werden nach § 16 Abs. 1 von den Delegierten des Unternehmens in gemeinsamer Wahl (keine Gruppentrennung) gewählt[14]. Die Wahl ist geheim und folgt den Grundsätzen der Verhältniswahl, sofern mehr als ein Wahlvorschlag gemacht wurde, ansonsten findet eine Mehrheitswahl statt, wobei dann der Vorschlag mindestens doppelt so viele Bewerber wie zu bestellende Vertreter enthalten muss (§ 16 Abs. 2). **Vorschlagsberechtigt** sind die Gewerkschaften, die in dem Unternehmen oder einem Unternehmen, dessen ArbN an der Wahl beteiligt sind, vertreten sind (dh. denen mindestens ein ArbN des Unternehmens angehört)[15]. Die reguläre Amtszeit der Gewerkschaftsvertreter im Aufsichtsrat entspricht der Amtszeit der übrigen Aufsichtsratsmitglieder. Weder das Ausscheiden aus dem Unternehmen noch doch der Austritt aus der vorschlagenden Gewerkschaft führt zum Verlust des Aufsichtsratsamtes[16].

38 **c) Wahl von Ersatzmitgliedern (§ 17).** Zur Präzisierung der aktienrechtlichen Vorschriften (§ 101 Abs. 3 AktG iVm. § 6 Abs. 2) bestimmt § 17 Abs. 1, dass für jedes Aufsichtsratsmitglied der ArbN ein Ersatzmitglied bestellt werden kann, das jeweils derselben Gruppe bzw. Untergruppe wie die Mitglieder selbst angehören muss (§ 17 Abs. 1 Satz 2). Ein Bewerber kann nicht zugleich als Ersatzmitglied vorgeschlagen werden (§ 17 Abs. 1 Satz 3). Für jedes Aufsichtsratsmitglied kann nur ein Ersatzmitglied bestellt werden[17], allerdings kann ein Ersatzmitglied für mehrere Bewerber auf einer Wahlliste bestellt werden[18]. Für

---

[1] § 68 Abs. 1 Satz 1, Abs. 2 Satz 2 1. WO; § 74 Abs. 1 Satz 1, Abs. 2 Satz 2 2. WO; § 74 Abs. 1 Satz 1, Abs. 2 Satz 2 3. WO.   [2] Vgl. *Raiser*, § 15 MitbestG Rz. 18.   [3] Vgl. *Raiser*, § 15 MitbestG Rz. 20; *Fitting/Wlotzke/Wißmann*, § 15 MitbestG Rz. 20.   [4] § 72 Abs. 1 1. WO; § 78 Abs. 1 2. WO; § 78 Abs. 1 Satz 1 3. WO.   [5] § 74 Abs. 1 1. WO; § 80 Abs. 1 2. WO; § 80 Abs. 1 3. WO. – Hierzu auch Rz. 29–30.   [6] § 74 Abs. 3 1. WO; § 80 Abs. 3 2. WO; § 80 Abs. 3 3. WO.   [7] § 75 Abs. 1 Satz 1 1. WO; § 81 Abs. 1 Satz 1 2. WO; § 81 Abs. 1 Satz 1 3. WO.   [8] § 77 Satz 1 1. WO; § 83 Satz 1 2. WO; § 83 Satz 1 3. WO.   [9] § 79 Nr. 8 1. WO; § 85 Nr. 8 2. WO; § 85 Nr. 8 3. WO.   [10] § 80 Abs. 1 Satz 1 1. WO; § 86 Abs. 1 2. WO; § 86 Abs. 1 3. WO.   [11] § 80 Abs. 1 2. WO.   [12] § 86 Abs. 2, Abs. 3 2 WO; § 86 Abs. 2, Abs. 3 3. WO.   [13] § 81 1. WO; § 87 2. WO; § 87 3. WO.   [14] ErfK/*Oetker*, §§ 10–18 MitbestG Rz. 8; *Raiser*, § 16 MitbestG Rz. 1.   [15] *Raiser*, § 16 MitbestG Rz. 3.   [16] *Raiser*, § 16 MitbestG Rz. 5.   [17] ErfK/*Oetker*, §§ 10–18 MitbestG Rz. 9; *Hanau/Ulmer*, § 17 MitbestG Rz. 8; *Raiser*, § 17 MitbestG Rz. 3.   [18] ErfK/*Oetker*, §§ 10–18 MitbestG Rz. 9; *Hanau/Ulmer*, § 17 MitbestG Rz. 10; *Raiser*, § 17 MitbestG Rz. 3.

die Wahl der Ersatzmitglieder findet **kein gesonderter Wahlakt** statt, sondern sie sind mit dem Bewerber gewählt, für den sie vorgeschlagen wurden (§ 17 Abs. 2). Allerdings ist eine gesonderte Anfechtung der Wahl der Ersatzmitglieder sowie eine gesonderte Abberufung zulässig.

Die **Rechtsstellung der Ersatzmitglieder** bestimmt sich nach § 101 Abs. 3 AktG iVm. § 6 Abs. 2. Danach vertritt das Ersatzmitglied das Hauptmitglied nicht, sondern tritt erst an dessen Stelle, wenn es vor Ablauf der Amtszeit endgültig ausscheidet. 39

IV. Urwahl. 1. Grundsatz. Sind die Aufsichtsratsmitglieder unmittelbar durch die ArbN des Unternehmens zu wählen (Urwahl), so ist das Verfahren der §§ 15–17 (hierzu Rz. 21–40) entsprechend mit der Maßgabe anzuwenden, dass an die Stelle der Delegierten die Gruppen der wahlberechtigten ArbN treten (§ 18 Satz 2). 40

2. Wahlverfahren. Das Wahlverfahren wird eingeleitet durch ein Wahlausschreiben des Betriebswahlvorstandes (1. WO) bzw. des Unternehmenswahlvorstandes (2. WO) oder Hauptwahlvorstandes (3. WO), indem dieser mitteilt, dass die Aufsichtsratsmitglieder der ArbN von allen Wahlberechtigten in unmittelbarer Wahl zu wählen sind[1]. Darüber hinaus enthält das Wahlausschreiben den Zeitpunkt, bis zu dem Wahlvorschläge noch eingereicht werden können sowie den Hinweis, dass die Stimmabgabe an Wahlvorschläge gebunden ist. 41

Stehen mehrere Aufsichtsratsmitglieder zur Wahl und liegen für den Wahlgang mehrere gültige Wahlvorschläge vor, so kann der Wähler seine Stimme nur für einen dieser Wahlvorschläge abgeben[2]. Die Stimmzettel sollen die Angabe enthalten, dass nur ein Wahlvorschlag angekreuzt werden kann. Die Verteilung der Aufsichtsratssitze wird nach dem d'Hondt'schen Höchstzahlverfahren ermittelt[3]. Sofern mehrere Aufsichtsratsmitglieder zu wählen sind, jedoch nur ein gültiger Wahlvorschlag vorliegt, kann der Wähler seine Stimme nur für die in dem Wahlvorschlag aufgeführten Bewerber abgeben[4]. Die Stimmzettel sollen die Angabe enthalten, wie viele Bewerber der Wähler insgesamt ankreuzen kann. Es dürfen jedoch nicht mehr Bewerber angekreuzt werden, als Aufsichtsratsmitglieder zu wählen sind[5]. Anschließend ermittelt der Betriebswahlvorstand, bei Wahlen nach der 2. WO und 3. WO der Unternehmenswahlvorstand oder Hauptwahlvorstand anhand der Wahlniederschriften der Betriebswahlvorstände, die Gewählten, wobei nach den Grundsätzen der Mehrheitswahl so viele Bewerber gewählt sind, wie in dem Wahlgang Aufsichtsratsmitglieder zu wählen waren und zwar nach der Reihenfolge der auf sie entfallenden Stimmzahlen[6]. Ist nur ein Aufsichtsratsmitglied zu wählen, so kann der Wähler seine Stimme nur für einen der vorgeschlagenen Bewerber abgeben[7]. Die Stimmzettel sollen die Angabe enthalten, dass der Wähler nur einen Bewerber ankreuzen kann. Gewählt ist derjenige Bewerber, auf den die meisten Stimmen entfallen. 42

Bei Wahlen nach der 1. WO macht der Betriebswahlvorstand nach der Auszählung der Stimmen das Wahlergebnis und die Namen der Gewählten unverzüglich für zwei Wochen bekannt, übermittelt diese Angaben dem Unternehmen und den dort vertretenen Gewerkschaften und benachrichtigt die Gewählten von ihrer Wahl. Bei Wahlen nach der 2. WO und 3. WO übermittelt der Unternehmenswahlvorstand bzw. Hauptwahlvorstand das Wahlergebnis und die Namen der Gewählten den Betriebswahlvorständen, welche die Angaben unverzüglich für die Dauer von zwei Wochen bekannt machen. Gleichzeitig benachrichtigt der Unternehmenswahlvorstand bzw. der Hauptwahlvorstand die Gewählten und übermittelt das Wahlergebnis dem Unternehmen und den dort vertretenen Gewerkschaften. Schließlich übergeben der Betriebswahlvorstand, bei Wahlen nach der 2. WO und 3. WO der Unternehmenswahlvorstand bzw. Hauptwahlvorstand und jeder Betriebswahlvorstand dem Unternehmen die Wahlakten, die mindestens für die Dauer von fünf Jahren aufzubewahren sind[8]. 43

Fünfter Unterabschnitt. Weitere Vorschriften über das Wahlverfahren sowie über die Bestellung und Abberufung von Aufsichtsratsmitgliedern

19 *Bekanntmachung der Mitglieder des Aufsichtsrats*

Das zur gesetzlichen Vertretung des Unternehmens befugte Organ hat die Namen der Mitglieder und der Ersatzmitglieder des Aufsichtsrats unverzüglich nach ihrer Bestellung in den Betrieben des Unternehmens bekannt zu machen und im Bundesanzeiger zu veröffentlichen. Nehmen an der Wahl der Aufsichtsratsmitglieder des Unternehmens auch die Arbeitnehmer eines anderen Unternehmens teil, so ist daneben das zur gesetzlichen Vertretung des anderen Unternehmens befugte Organ zur Bekanntmachung in seinen Betrieben verpflichtet.

---

1 § 37 Abs. 1 1. WO; § 39 Abs. 1 2. WO; § 39 Abs. 1 3. WO. | 2 § 38 Abs. 1 Satz 1 1. WO; § 40 Abs. 1 Satz 1 2. WO; § 40 Abs. 1 Satz 1 3. WO. – Hierzu auch Rz. 29–30. | 3 § 40 Abs. 1 1. WO; § 43 Abs. 2 2. WO; § 43 Abs. 2 3. WO. | 4 § 41 Abs. 1 1. WO; § 44 Abs. 1 2. WO; § 44 Abs. 1 3. WO. | 5 § 41 Abs. 3 1. WO; § 44 Abs. 2 Sätze 2 und 3 1. WO; § 44 Abs. 2 Sätze 2 und 3 2. WO; § 44 Abs. 2 Sätze 2 und 3 3. WO. | 6 § 43 Satz 1 1. WO; § 47 Satz 2 2. WO; § 47 Satz 2 3. WO. | 7 § 44 Abs. 1 1. WO; § 48 Abs. 1 2. WO; § 48 Abs. 1 3. WO. | 8 § 49 1. WO; § 53 2. WO; § 53 2. WO 3. WO.

MitbestG § 19 Rz. 1 — Bekanntmachung der Mitglieder des Aufsichtsrats

1 **1. Bekanntmachungspflicht.** Nach § 19 Abs. 1 hat das gesetzliche Vertretungsorgan des Unternehmens die Namen der Mitglieder und Ersatzmitglieder des Aufsichtsrats unverzüglich (§ 121 Abs. 1 Satz 1 BGB) nach ihrer Bestellung (i) im Betrieb und (ii) durch Veröffentlichung im Bundesanzeiger (dh. elektronischer Bundesanzeiger; vgl. § 25 Satz 1 AktG[1]) bekannt zu machen. Die Bekanntmachung in den Betrieben kann durch dortigen Aushang, aber auch auf sonstige Weise erfolgen (zB durch E-mail oder andere Mittel moderner Kommunikationstechnik)[2]. Ferner hat eine Bekanntmachung in den Gesellschaftsblättern und durch Einreichung zum Handelsregister zu erfolgen (§ 6 Abs. 2, Abs. 3 MitbestG iVm. § 106 AktG; Ausnahme: eingetragene Genossenschaft). Nach § 19 Satz 2 trifft eine Pflicht zur Bekanntmachung im Betrieb (nicht auch im Bundesanzeiger) ebenso die gesetzlichen Vertretungsorgane der Unternehmen, deren ArbN an der Wahl der Aufsichtsratsmitglieder zu beteiligen waren (vgl. §§ 4, 5).

2 Die Bekanntmachung muss bei jeder Bestellung, dh. auch bei einer gerichtlichen Bestellung (§ 104 AktG), beim Eintritt eines Ersatzmitglieds oder bei Nachwahlen erfolgen[3]. Beim **Ausscheiden von Aufsichtsratsmitgliedern** findet § 19 keine entsprechende Anwendung[4]; es greift die Bekanntmachungspflicht nach § 6 Abs. 2, Abs. 3 MitbestG iVm. § 106 AktG ein. Die Bekanntmachung nach § 19 hat für die Bestellung zum Aufsichtsrat nur deklaratorische Bedeutung und ist im Wesentlichen nur für den Beginn der Wahlanfechtungsfrist (§ 22 Abs. 2 Satz 2) von Bedeutung.

3 **2. Inhalt der Bekanntmachung.** Bekanntzumachen sind nur die Namen der Aufsichtsratsmitglieder und Ersatzmitglieder, nicht hingegen deren Beruf, Gruppenzugehörigkeit oder sonstige Angaben zur Person[5].

20 Wahlschutz und Wahlkosten

(1) Niemand darf die Wahlen nach den §§ 10, 15, 16 und 18 behindern. Insbesondere darf niemand in der Ausübung des aktiven und passiven Wahlrechts beschränkt werden.

(2) Niemand darf die Wahlen durch Zufügung oder Androhung von Nachteilen oder durch Gewährung oder Versprechen von Vorteilen beeinflussen.

(3) Die Kosten der Wahlen trägt das Unternehmen. Versäumnis von Arbeitszeit, die zur Ausübung des Wahlrechts oder der Betätigung im Wahlvorstand erforderlich ist, berechtigt den Arbeitgeber nicht zur Minderung des Arbeitsentgelts.

1 Diese Vorschrift enthält zwei sachlich nicht zusammenhängende Regelungen, nämlich (i) den Schutz der Wahlen vor Behinderung, Beschränkung des Wahlrechts und anderer unerwünschter Einflussnahme (Abs. 1 und Abs. 2) sowie (ii) die Pflicht des Unternehmens, die Kosten der Wahl zu tragen (Abs. 3). Inhaltlich deckt sie sich mit § 20 BetrVG (dazu § 20 BetrVG).

21 Anfechtung der Wahl von Delegierten

(1) Die Wahl der Delegierten eines Betriebs kann beim Arbeitsgericht angefochten werden, wenn gegen wesentliche Vorschriften über das Wahlrecht, die Wählbarkeit oder das Wahlverfahren verstoßen worden und eine Berichtigung nicht erfolgt ist, es sei denn, dass durch den Verstoß das Wahlergebnis nicht geändert oder beeinflusst werden konnte.

(2) Zur Anfechtung berechtigt sind

1. mindestens drei wahlberechtigte Arbeitnehmer des Betriebs,

2. der Betriebsrat,

3. der Sprecherausschuss,

4. das zur gesetzlichen Vertretung des Unternehmens befugte Organ.

Die Anfechtung ist nur binnen einer Frist von zwei Wochen, vom Tage der Bekanntgabe des Wahlergebnisses an gerechnet, zulässig.

1 **1. Regelungsinhalt.** § 21 regelt die isolierte Anfechtung der Delegiertenwahl (§ 10), deren Zulassung bezweckt zu verhindern, dass die Fehlerhaftigkeit der Delegiertenwahl zur Anfechtbarkeit der Wahl der Aufsichtsratsmitglieder selbst führt[6]. Gründe, die eine Anfechtung der Delegiertenwahl rechtfertigen, können daher gegen die Wahl der Aufsichtsratsmitglieder nicht mehr geltend gemacht werden, wenn eine Anfechtung der Delegiertenwahl nicht innerhalb einer Frist von zwei Wochen (§ 21 Abs. 2 Satz 2) erfolgt ist[7]. Die Anfechtung kann sich auch auf die Wahl eines einzelnen Delegierten, einer Gruppe von Delegierten oder sämtlicher Delegierte beziehen[8].

---

1 Klarstellung soll durch Art. 3 Ziff. 2 Zweites Gesetz zur Vereinfachung der Wahl der Arbeitnehmervertreter in den Aufsichtsrat erfolgen; vgl. BMWA-Schreiben IIIA5–32556 vom 20.8.2003 (Referentenentwurf). | 2 Vgl. BR-Drs. 1069/01, S. 17; *Raiser*, § 19 MitbestG Rz. 1. | 3 ErfK/*Oetker*, § 19 MitbestG Rz. 2; *Hanau/Ulmer*, § 19 MitbestG Rz. 5; *Raiser*, § 19 MitbestG Rz. 1. | 4 ErfK/*Oetker*, § 19 MitbestG Rz. 2; *Hanau/Ulmer*, § 19 MitbestG Rz. 5; *Raiser*, § 19 MitbestG Rz. 3; aA *Fitting/Wlotzke/Wißmann*, § 19 MitbestG Rz. 3. | 5 ErfK/*Oetker*, § 19 MitbestG Rz. 2; *Hanau/Ulmer*, § 19 MitbestG Rz. 7; *Raiser*, § 19 MitbestG Rz. 1. | 6 BT-Drs. 7/2172, S. 25. | 7 ErfK/*Oetker*, § 21 MitbestG Rz. 1; *Hanau/Ulmer*, § 21 MitbestG Rz. 2; *Raiser*, § 21 MitbestG Rz. 1. | 8 ErfK/*Oetker*, § 21 MitbestG Rz. 3; *Hanau/Ulmer*, § 21 MitbestG Rz. 2; *Raiser*, § 21 MitbestG Rz. 7.

2. Anfechtungsgründe. Die Anfechtung der Wahl von Delegierten ist aus denselben Gründen möglich, wie die Anfechtung der Wahl von BR-Mitglieder (§ 19 Abs. 1 BetrVG). Wird die Wahl nur eines einzelnen Delegierten angefochten, kann die Anfechtung nur auf solche Gründe gestützt werden, die ausschließlich in dieser Person vorliegen[1]. Eine Geltendmachung von Fehlern im Wege der Anfechtung ist ausgeschlossen, wenn der Einfluss des Wahlfehlers auf das Wahlergebnis durch eine Berichtigung oder zB durch Wiederholung fehlerhafter Verfahrensabschnitte beseitigt wurde[2].

3. Anfechtungsberechtigte und Anfechtungsgegner. § 21 Abs. 2 Satz 1 zählt die Anfechtungsberechtigten abschließend auf. Anfechtungsgegner sind die Delegierten, deren Wahl angefochten wird (Analogie zu § 19 BetrVG)[3].

4. Rechtswirkung der Anfechtung. Mit Rechtskraft der Entscheidung steht die Ungültigkeit der Wahl endgültig und mit Wirkung *erga omnes*, allerdings nur für die Zukunft fest[4].

5. Nichtigkeit der Wahl. Neben der Anfechtung kommt nach allgemeinen gesellschafts- und arbeitsrechtlichen Grundsätzen die Nichtigkeit der Wahl der Delegierten in Betracht, wenn so grob und offensichtlich gegen die grundlegenden Wahlregeln verstoßen wurde, dass auch der Anschein einer Wahl nicht mehr vorliegt[5]. Die Nichtigkeit der Wahl kann von jedermann in jedem Verfahren ohne zeitliche Beschränkung geltend gemacht werden. Sie wirkt *ex tunc*[6].

22 Anfechtung der Wahl von Aufsichtsratsmitgliedern der Arbeitnehmer

(1) Die Wahl eines Aufsichtsratsmitglieds oder eines Ersatzmitglieds der Arbeitnehmer kann beim Arbeitsgericht angefochten werden, wenn gegen wesentliche Vorschriften über das Wahlrecht, die Wählbarkeit oder das Wahlverfahren verstoßen worden und eine Berichtigung nicht erfolgt ist, es sei denn, dass durch den Verstoß das Wahlergebnis nicht geändert oder beeinflusst werden konnte.

(2) Zur Anfechtung berechtigt sind

1. mindestens drei wahlberechtigte Arbeitnehmer des Unternehmens,
2. der Gesamtbetriebsrat des Unternehmens oder, wenn in dem Unternehmen nur ein Betriebsrat besteht, der Betriebsrat sowie, wenn das Unternehmen herrschendes Unternehmen eines Konzerns ist, der Konzernbetriebsrat, soweit ein solcher besteht,
3. der Gesamt- oder Unternehmenssprecherausschuss des Unternehmens oder, wenn in dem Unternehmen nur ein Sprecherausschuss besteht, der Sprecherausschuss sowie, wenn das Unternehmen herrschendes Unternehmen eines Konzerns ist, der Konzernsprecherausschuss, soweit ein solcher besteht,
4. der Gesamtbetriebsrat eines anderen Unternehmens, dessen Arbeitnehmer nach diesem Gesetz an der Wahl der Aufsichtsratsmitglieder des Unternehmens teilnehmen, oder, wenn in dem anderen Unternehmen nur ein Betriebsrat besteht, der Betriebsrat,
5. der Gesamt- oder Unternehmenssprecherausschuss eines anderen Unternehmens, dessen Arbeitnehmer nach diesem Gesetz an der Wahl der Aufsichtsratsmitglieder des Unternehmens teilnehmen, oder, wenn in dem anderen Unternehmen nur ein Sprecherausschuss besteht, der Sprecherausschuss,
6. jede nach § 16 Abs. 2 vorschlagsberechtigte Gewerkschaft,
7. das zur gesetzlichen Vertretung des Unternehmens befugte Organ.

Die Anfechtung ist nur binnen einer Frist von zwei Wochen, vom Tage der Veröffentlichung im Bundesanzeiger an gerechnet, zulässig.

1. Regelungsinhalt. § 22 regelt die Anfechtbarkeit der Wahl der Aufsichtsratsmitglieder oder der Ersatzmitglieder der ArbN zwingend und abschließend[7]. Die Anfechtung der Wahl der Anteilseignervertreter erfolgt bei AG und KGaA nach § 6 Abs. 2 MitbestG iVm. §§ 243, 251 AktG, bei der GmbH nach § 250 AktG analog[8] und bei der eingetragenen Genossenschaft nach § 6 Abs. 2 MitbestG iVm. § 51 GenG.

2. Anfechtungsgründe. Nach hM können Gründe, die zur Anfechtung nach § 21 berechtigen, nur dann gegen die Wahl der Aufsichtsratsmitglieder und Ersatzmitglieder nach § 22 vorgebracht werden, wenn das Verfahren nach § 21 auch erfolgreich durchgeführt wurde[9]. Bei einer Urwahl (§§ 9, 18) kann die Anfechtung dagegen auf sämtliche Anfechtungsgründe gestützt werden[10].

---

1 BAG v. 11.6.1997 – 7 ABR 24/96, AP Nr. 1 zu § 22 MitbestG; ErfK/*Oetker*, § 21 MitbestG Rz. 2. | 2 BAG v. 20.2.1991 – 7 ABR 85/89, AP Nr. 1 zu § 9 MitbestG; ErfK/*Oetker*, § 21 MitbestG Rz. 1. | 3 ErfK/*Oetker*, § 21 MitbestG Rz. 3; *Hanau/Ulmer*, § 21 MitbestG Rz. 14, *Raiser*, § 21 MitbestG Rz. 9. | 4 Zur Wirkung *pro futuro Raiser*, § 21 MitbestG Rz. 11; *Hoffmann/Lehmann/Weinmann*, § 21 MitbestG Rz. 36 ff. | 5 ErfK/*Oetker*, § 21 MitbestG Rz. 5; *Raiser*, § 21 MitbestG Rz. 13; BAG v. 27.4.1976 – 1 AZR 482/75, AP Nr. 4 zu § 19 BetrVG 1972; v. 10.6.1983 – 6 ABR 50/82, DB 1983, 2142. | 6 *Raiser*, § 21 MitbestG Rz. 14. | 7 ErfK/*Oetker*, § 22 MitbestG Rz. 1; *Raiser*, § 22 MitbestG Rz. 4. | 8 *Scholz/U.H. Schneider*, § 52 GmbHG Rz. 152. | 9 ErfK/*Oetker*, § 22 MitbestG Rz. 2; *Hanau/Ulmer*, § 22 MitbestG Rz. 2; *Matthes*, DB 1978, 635, 636. | 10 ErfK/*Oetker*, § 22 MitbestG Rz. 2; *Raiser*, § 22 MitbestG Rz. 5.

MitbestG § 22 Rz. 3   Anfechtung der Wahl von Aufsichtsratsmitgliedern der Arbeitnehmer

3 **3. Anfechtungsberechtigter und Anfechtungsgegner.** Die Anfechtungsberechtigten zählt § 22 Abs. 2 Satz 1 abschließend auf. Anfechtungsgegner sind die Aufsichtsratsmitglieder und Ersatzmitglieder, deren Wahl angefochten wird[1]. Ein auf ein einzelnes Aufsichtsratsmitglied beschränkter Anfechtungsantrag ist nur zulässig, wenn der Anfechtungsgrund auf dieses Aufsichtsratsmitglied beschränkt ist[2]. Betrifft der Anfechtungsgrund die Wahl aller Gewählten (zB Verstoß gegen das Gebot der öffentlichen Stimmauszählung), dann muss deren Wahl insgesamt (einschließlich der Ersatzmitglieder) angefochten werden[3].

4 **4. Anfechtungsfrist.** Die Anfechtung ist nur innerhalb von zwei Wochen nach Veröffentlichung des Wahlergebnisses im (elektronischen)[4] Bundesanzeiger (§ 19) zulässig (§ 22 Abs. 2 Satz 2). Einzelne Entscheidungen und Maßnahmen des Wahlvorstands können im Verfahren nach den §§ 2a Nr. 3, 80 Abs. 1 ArbGG bereits vor Abschluss der Wahl während des Wahlverfahrens selbständig angegriffen werden[5].

5 **5. Rechtswirkung der Anfechtung.** Siehe § 21 Rz. 4.

6 **6. Nichtigkeit der Wahl.** Siehe § 21 Rz. 5.

23 *Abberufung von Aufsichtsratsmitgliedern der Arbeitnehmer*

(1) Ein Aufsichtsratsmitglied der Arbeitnehmer kann vor Ablauf der Amtszeit auf Antrag abberufen werden. Antragsberechtigt sind für die Abberufung eines

1. Aufsichtsratsmitglieds der Arbeitnehmer nach § 3 Abs. 1 Nr. 1 drei Viertel der wahlberechtigten Arbeitnehmer nach § 3 Abs. 1 Nr. 1,

2. Aufsichtsratsmitglieds der leitenden Angestellten drei Viertel der wahlberechtigten leitenden Angestellten,

3. Aufsichtsratsmitglieds, das nach § 7 Abs. 2 Vertreter einer Gewerkschaft ist, die Gewerkschaft, die das Mitglied vorgeschlagen hat.

(2) Ein durch Delegierte gewähltes Aufsichtsratsmitglied wird durch Beschluss der Delegierten abberufen. Dieser Beschluss wird in geheimer Abstimmung gefasst; er bedarf einer Mehrheit von drei Vierteln der abgegebenen Stimmen.

(3) Ein von den Arbeitnehmern unmittelbar gewähltes Aufsichtsratsmitglied wird durch Beschluss der wahlberechtigten Arbeitnehmer abberufen. Diese Beschluss wird in geheimer, unmittelbarer Abstimmung gefasst; er bedarf einer Mehrheit von drei Vierteln der abgegebenen Stimmen.

(4) Die Absätze 1 bis 3 sind für die Abberufung von Ersatzmitgliedern entsprechend anzuwenden.

1 **1. Regelungsinhalt.** § 23 regelt die Abberufung der Aufsichtsratsmitglieder der ArbN (§ 23 Abs. 1 bis 3) sowie der Ersatzmitglieder (§ 23 Abs. 4, § 17) ohne wichtigen Grund zwingend. Die Abberufung der Anteilseignervertreter erfolgt bei der AG und KGaA nach § 6 Abs. 2, Abs. 3 MitbestG iVm. § 103 Abs. 1, Abs. 2 AktG, bei der GmbH nach § 52 Abs. 1 GmbHG iVm. § 103 Abs. 1 Sätze 1 und 2 AktG und bei der eingetragenen Genossenschaft nach § 6 Abs. 2, Abs. 3 MitbestG iVm. § 36 Abs. 3 GenG.

2 **2. Abberufungsverfahren.** Der Kreis der Antragsberechtigten für den Abberufungsantrag ist in § 23 Abs. 1 Satz 2 so bestimmt, dass jeweils die Gruppe der ArbN, der das Aufsichtsratsmitglied zuzuordnen ist, antragsberechtigt ist. Neben der dort festgelegten ¾-Mehrheit der Abberufungsberechtigten bedarf es keines besonderen Grundes für die Abberufung. Das Verfahren ist in den WO näher geregelt (§§ 82 ff. 1. WO, §§ 88 ff. 2. WO, §§ 88 ff. 3. WO). Der Beschluss über die Abberufung bedarf einer ¾-Mehrheit des Gremiums, das das Aufsichtsratsmitglied nach §§ 15 Abs. 3, 18 gewählt hat (§ 23 Abs. 2, Abs. 3). Das Mandat erlischt mit Bekanntgabe der Beschlüsse[6]. Dies ist dann den Gesellschaftsblättern und zum Handelsregister mitzuteilen (§ 6 Abs. 2 MitbestG iVm. § 106 AktG), die Bestellung des Ersatzmitglieds oder die Neuwahl ist ferner im Unternehmen bekannt zu machen (§ 19).

3 **3. Abberufung aus wichtigem Grund.** Neben § 23 findet das gerichtliche Abberufungsverfahren aus wichtigem Grund sowohl für die Anteilseignervertreter als auch für die ArbN-Vertreter Anwendung (§ 103 Abs. 3 und Abs. 4 AktG)[7]. Der Abberufungsantrag bedarf eines Aufsichtsratsbeschlusses mit einfacher Mehrheit der abgegebenen Stimmen, wobei dem betroffenen Mitglied kein Stimmrecht zukommt[8]. Für das Vorliegen eines wichtigen Grundes ist jeder Umstand ausreichend, der es **für die Gesellschaft unzumutbar** macht, dass dieses Mitglied weiterhin im Aufsichtsrat verbleibt und damit die **Funktionserfül-**

---

1 ErfK/*Oetker*, § 22 MitbestG Rz. 3; *Raiser*, § 22 MitbestG Rz. 15. |2 BAG v. 11.6.1997 – 7 ABR 24/96, AP Nr. 1 zu § 22 MitbestG; ErfK/*Oetker*, § 22 MitbestG Rz. 3. |3 BAG v. 11.6.1997 – 7 ABR 24/96, AP Nr. 1 zu § 22 MitbestG; ErfK/*Oetker*, § 22 MitbestG Rz. 3. |4 Vgl. § 25 Satz 1 AktG. – Klarstellung erfolgt durch Art. 3 Ziff. 3 Zweites Gesetz zur Vereinfachung der Wahl der Arbeitnehmervertreter in den Aufsichtsrat (BGBl. I 2004, S. 974); hierzu *Seibt*, NZA 2004, Heft 14. |5 LAG BW v. 15.2.1988 – 8 Ta BV 2/88, BB 1988, 1344, 1345; LAG Düsseldorf v. 19.12.1977 – 2 Ta BV 37/77, DB 1978, 255; ErfK/*Oetker*, § 22 MitbestG Rz. 4; *Raiser*, § 22 MitbestG Rz. 24. |6 Vgl. ErfK/*Oetker*, § 23 MitbestG Rz. 1; *Raiser*, § 23 MitbestG Rz. 6. |7 Vgl. LG Frankfurt/Main v. 14.10.1986 – 3/11 T 29/85, NJW 1987, 505; *Scholz/U. H. Schneider*, § 52 GmbHG Rz. 207; *Raiser*, § 23 MitbestG Rz. 1. |8 *Raiser*, § 6 MitbestG Rz. 36; *Hanau/Ulmer*, § 6 MitbestG Rz. 70; *Scholz/U. H. Schneider*, § 52 Rz. 207.

lung des Organs Aufsichtsrat erheblich gefährdet[1]. Als wichtiger Grund anzusehen sind zB die Verletzung der Verschwiegenheitspflicht[2] oder die unzulässige Kontaktaufnahme mit Geschäftspartnern der Gesellschaft[3]. Wesentliche und nicht nur vorübergehende Interessenkonflikte in der Person eines Aufsichtsratsmitglieds (zB allgemeinpolitische Tätigkeit eines Gewerkschaftsfunktionärs gegen wesentliche Interessen des Unternehmens) können im Einzelfall einen solchen wichtigen Grund bilden[4]. In Ausnahmefällen kann ein wichtiger Grund auch in der mangelnden Qualifikation des Aufsichtsratsmitglieds liegen, wenn ihm nachweisbar die zur ordnungsgemäßen Wahrnehmung der Aufsichtsratstätigkeit erforderlichen Mindestkenntnisse (zB Financial Literacy[5]), Fähigkeiten und fachliche Erfahrungen fehlen[6]. Bloße Interessengegensätze, die im Aufsichtsrat aufeinander stoßen, sind grundsätzlich innerhalb des Organs auszutragen und berechtigen nicht zu einem Vorgehen nach § 103 Abs. 3 und Abs. 4 AktG[7].

Ein Grund, der die fristlose Kündigung eines im Unternehmen beschäftigten ArbN-Vertreters rechtfertigt, stellt nicht zwingend auch einen wichtigen Grund für eine gerichtliche Abberufung dar[8]; allerdings wird es häufig ein Indiz für die Unzumutbarkeit des Verbleibens im Aufsichtsrat sein. **4**

Streitigkeiten im Zusammenhang mit der Abberufung eines Aufsichtsratsmitglieds der ArbN gemäß § 23 sind nach § 2a Abs. 1 Nr. 3 ArbGG im arbeitsgerichtlichen Beschlussverfahren auszutragen.

24 *Verlust der Wählbarkeit und Änderung der Zuordnung unternehmensangehöriger Aufsichtsratsmitglieder*

(1) Verliert ein Aufsichtsratsmitglied, das nach § 7 Abs. 2 Arbeitnehmer des Unternehmens sein muss, die Wählbarkeit, so erlischt sein Amt.

(2) Die Änderung der Zuordnung eines Aufsichtsratsmitglieds zu den in § 3 Abs. 1 Nr. 1 oder § 3 Abs. 1 Nr. 2 genannten Arbeitnehmern führt nicht zum Erlöschen seines Amtes.

1. Regelungsinhalt. Nach § 24 Abs. 1 verliert ein Aufsichtsratsmitglied sein Amt, wenn es die Wählbarkeit verliert. Dies gilt nach seinem Wortlaut nur für die Mitglieder der ArbN im Aufsichtsrat, die nach § 7 Abs. 2 dem Unternehmen angehören müssen; für die Gewerkschaftsvertreter ist § 24 Abs. 1 entsprechend anzuwenden[9]. Der Wechsel der Gruppenzugehörigkeit lässt das Amt des Aufsichtsratsmitglieds unberührt (§ 24 Abs. 2). Die Regelungen des § 24 sind auf Ersatzmitglieder (§ 17) entsprechend anzuwenden[10]. **1**

2. Verlustgründe. § 24 Abs. 1 findet nur Anwendung, sofern sich das Erlöschen des Aufsichtsratsamts nicht bereits aus aktienrechtlichen Regeln ergibt (Verlust der Amtsvoraussetzung nach § 6 Abs. 2 MitbestG iVm. § 100 Abs. 1, 2 AktG). Zu einem Verlust der Wählbarkeit iSv. § 24 Abs. 1 kommt es insb. bei Verlust der ArbN-Eigenschaft (§ 3 Abs. 1 iVm. § 5 BetrVG)[11], bei Ausscheiden des Aufsichtsratsmitglieds aus dem Unternehmen (und keinem gleichzeitigen Eintritt in ein Unternehmen, dessen ArbN nach §§ 4 und 5 an der Wahl zu beteiligen waren)[12] und bei Ruhen des Arbeitsverhältnisses, sofern feststeht, dass der ArbN nach Beendigung des Ruhestatbestands keine Tätigkeiten mehr für das Unternehmen erbringen wird[13] und bei Ausscheiden eines abhängigen Unternehmens aus dem Konzernverbund (zB Unternehmensverkauf), wenn das Aufsichtsratsmitglied dort beschäftigt ist[14]. **2**

Dritter Abschnitt. Innere Ordnung, Rechte und Pflichten des Aufsichtsrats

25 *Grundsatz*

(1) Die innere Ordnung, die Beschlussfassung sowie die Rechte und Pflichten des Aufsichtsrats bestimmen sich nach den §§ 27 bis 29, den §§ 31 und 32 und, soweit diese Vorschriften dem nicht entgegenstehen,

---

1 Vgl. LG Frankfurt v. 14.10.1986 – 3/11 T 29/85, NJW 1987, 505 f.; *Hüffer*, § 103 AktG Rz. 10; *Hanau/Ulmer*, § 6 MitbestG Rz. 71. | 2 Vgl. *Hüffer*, § 103 AktG Rz. 11; AG München v. 2.5.1985 – HRB 2212, WM 1986, 974 (einmalige Bekanntmachung geplanter Dividendenerhöhung und des Abstimmungsverhaltens anderer Aufsichtsratsmitglieder in Betriebsversammlung soll nicht genügen). | 3 OLG Zweibrücken v. 28.5.1990 – 3 W 93/90, WM 1990, 1388. | 4 Vgl. auch Ziff. 5.5.3 Satz 2 DCGK; hierzu *Seibt*, AG 2003, 465, 472 Fn. 71 und 475 f.; einschr. *Möllers*, NZG 2003, 697 ff. (zum Fall Lufthansa/Bsirske); zur Streikteilnahme von Arbeitnehmervertretern ausf. *Lutter/Krieger*, Rz. 305; *Köstler/Kittner/Zachert/Müller*, Aufsichtsratspraxis, Rz. 736 ff.; vgl. auch OLG Hamburg v. 23.1.1990 – 11 W 92/89, AG 1990, 218 ff. – HEW/Jansen; *Hüffer*, § 103 AktG Rz. 11. | 5 Hierzu Bericht *Regierungskommission* Corporate Governance, Rz. 310. | 6 Vgl. BGH v. 15.11.1982 – II ZR 27/82, BGHZ 85, 293, 295 f. – Hertie; KölnKommAktG/*Mertens*, § 116 Rz. 5 ff.; vgl. auch weiter gehend Ziff. 5.4.1 Satz 1 DCGK. | 7 Vgl. KölnKommAktG/*Mertens*, § 103 Rz. 32; *Scholz/U. H. Schneider*, § 52 Rz. 208. | 8 BGH v. 21.2.1963 – II ZR 76/62, AP Nr. 12 zu § 76 BetrVG 1952 (zu § 76 BetrVG 1952). | 9 S. § 7 Rz. 4; *Hanau/Ulmer*, § 24 MitbestG Rz. 1; aA ErfK/*Oetker*, § 24 MitbestG Rz. 1; *Raiser*, § 24 MitbestG Rz. 2. | 10 ErfK/*Oetker*, § 24 MitbestG Rz. 1; *Hanau/Ulmer*, § 24 MitbestG Rz. 3; *Raiser*, § 24 MitbestG Rz. 3. | 11 Vgl. *Raiser*, § 24 MitbestG Rz. 2; *Hanau/Ulmer*, § 25 MitbestG Rz. 4; *Scholz/U.H. Schneider*, § 52 GmbHG Rz. 176. | 12 Vgl. *Raiser*, § 24 MitbestG Rz. 2. | 13 BAG v. 25.10.2000 – 7 ABR 18/00, AP Nr. 32 zu § 76 BetrVG 1952 – Blockmodell der Altersteilzeit; *Windbichler*, SAE 2001, 210. | 14 Vgl *Hanau/Ulmer*, § 24 MitbestG Rz. 5; *Raiser*, § 24 MitbestG Rz. 2; *Scholz/U.H. Schneider*, § 52 GmbHG Rz. 176.

1. für Aktiengesellschaften und Kommanditgesellschaften auf Aktien nach dem Aktiengesetz,
2. für Gesellschaften mit beschränkter Haftung nach § 90 Abs. 3, 4 und 5 Satz 1 und 2, den §§ 107 bis 116, 118 Abs. 2, § 125 Abs. 3 und den §§ 171 und 268 Abs. 2 des Aktiengesetzes,
3. für Erwerbs- und Wirtschaftsgenossenschaften nach dem Gesetz betreffend die Erwerbs- und Wirtschaftsgenossenschaften.

§ 4 Abs. 2 des Gesetzes über die Überführung der Anteilsrechte an der Volkswagenwerk Gesellschaft mit beschränkter Haftung in private Hand vom 21. Juli 1960 (Bundesgesetzbl. I S. 585), zuletzt geändert durch das Zweite Gesetz zur Änderung des Gesetzes über die Überführung der Anteilsrechte an der Volkswagenwerk Gesellschaft mit beschränkter Haftung in private Hand vom 31. Juli 1970 (Bundesgesetzbl. I S. 1149), bleibt unberührt.

(2) Andere gesetzliche Vorschriften und Bestimmungen der Satzung (des Gesellschaftsvertrags, des Statuts) oder der Geschäftsordnung des Aufsichtsrats über die innere Ordnung, die Beschlussfassung sowie die Rechte und Pflichten des Aufsichtsrats bleiben unberührt, soweit Absatz 1 dem nicht entgegensteht.

I. Regelungsinhalte. Nach § 25 Abs. 1 Satz 1 finden für die innere Ordnung, die Beschlussfassung sowie die Rechte und Pflichten des Aufsichtsrates primär die Bestimmung des MitbestG Anwendung, die den Vorsitz im Aufsichtsrat (§ 27), dessen Beschlussfähigkeit (§ 28), die für das Zustandekommen eines Beschlusses erforderlichen Mehrheiten (§ 29), die Bestellung und Abberufung von Mitgliedern des Vertretungsorgans (§ 31) sowie die Ausübung von Beteiligungsrechten (§ 32) betreffen. In zweiter Linie sind dann abhängig von der Rechtsform das AktG (AG und KGaA; § 1 Abs. 1 Nr. 1), bestimmte aktienrechtliche Vorschriften (GmbH; § 1 Abs. 1 Nr. 2) bzw. das GenG (Erwerbs- und Wirtschaftsgenossenschaft; § 1 Abs. 1 Nr. 3) anzuwenden. Damit bezweckte der Gesetzgeber, dass die wesentlichen Bestimmungen für die Aufsichtsratsarbeit für alle mitbestimmten Unternehmen einheitlich geregelt sind und sich der Aufsichtsrat trotzdem in die jeweilige Rechtsform mit seiner besonderen Kompetenzstruktur einfügt[1]. In dritter Linie gelten für den Aufsichtsrat die nicht in § 25 Abs. 1 Satz 1 in Bezug genommenen gesetzlichen Vorschriften sowie privatautonome Regeln in der Satzung, in der Geschäftsordnung des Aufsichtsrates oder in Corporate Governance-Grundsätzen des Unternehmens, soweit diesen die in § 25 Abs. 1 Satz 1 aufgeführten Vorschriften nicht entgegenstehen (§ 25 Abs. 2).

§ 25 Abs. 1 Satz 1 kann nicht entnommen werden, dass die den im MitbestG innewohnenden Leitideen eine maßgebliche Richtlinie für die Auslegung von Regelungslücken sind, die durch gesellschaftsrechtliche Normen zu füllen sind. Der Regelungszweck des MitbestG kann auch nicht herangezogen werden, um die nur partikulären Bestimmungen der §§ 27–29, 31 und 32 über ihren Regelungsbereich auszudehnen[2]. Die Heranziehung gesellschaftsrechtlicher Vorschriften steht zwar nicht unter dem Vorbehalt gleichmäßiger Berücksichtigung der Interessen der Anteilseigner und ArbN, darf andererseits aber auch nicht dazu führen, dass zwingendes MitbestR unterlaufen wird[3]. So ergeben sich **mitbestimmungsrechtliche Beschränkungen** für solche privatautonome Regelungen, die die Funktionsfähigkeit des Aufsichtsrats als Unternehmensorgan vermindern oder faktisch die Beteiligung der ArbN bei der Entscheidungsfindung im Unternehmen beseitigen würden[4].

II. Innere Ordnung des Aufsichtsrats. 1. AG, KGaA, GmbH. Die innere Ordnung und Beschlussfassung des Aufsichtsrats bestimmt sich bei der AG, der KGaA und der GmbH nach §§ 27, 28 und 29 sowie § 25 Abs. 1 Satz 1 Nr. 1 bzw. Nr. 2 MitbestG iVm. §§ 107–110 AktG.

Der Aufsichtsrat hat einen **Vorsitzenden** und mindestens einen Stellvertreter zu wählen (§ 107 Abs. 1 AktG). Dem Vorsitzendem können und – entsprechend den Empfehlungen und Anregungen des Deutschen Corporate Government Kodex – sollen neben den vom Gesetz zugewiesenen weitere Aufgaben insb. durch Geschäftsordnung übertragen werden[5]. Siehe § 27.

Der Aufsichtsrat kann nach § 107 Abs. 3 AktG **Ausschüsse** bestellen und dies entspricht auch guter Unternehmensführung, um die Effizienz der Aufsichtsratstätigkeit zu erhöhen[6]. Über die Einrichtung und Besetzung von Ausschüssen entscheidet der Aufsichtsrat autonom, wobei in der Regel die Geschäftsordnung des Aufsichtsrates Besetzungsregelungen enthält. Nach zutreffender hM gibt es kein Paritätsgebot, demzufolge die paritätische Besetzung mit ArbN-Vertretern im Aufsichtsratsplenum in den Ausschüssen in gleicher Weise abgebildet werden müsste. Vielmehr darf nach Aufgabe des Ausschusses und Befähigung der in Betracht kommenden Personen differenziert werden, so lange nur sachwidrige Differenzierung nach Gruppenzugehörigkeit der Aufsichtsratmitglieder unterbleiben

---

[1] Vgl. BT-Drs. 7/2172, S. 27; vgl. auch ErfK/*Oetker*, § 25 MitbestG Rz. 1. | [2] BGH v. 25.2.1982 – II ZR 102/81, BGHZ 83, 144, 148; vgl. auch ErfK/*Oetker*, § 25 MitbestG Rz. 5. | [3] BGH v. 25.2.1982 – II ZR 102/81, BGHZ 83, 144, 149; vgl. auch ErfK/*Oetker*, § 25 MitbestG Rz. 5. | [4] Vgl. ErfK/*Oetker*, § 25 MitbestG Rz. 7; *Hanau/Ulmer*, § 25 MitbestG Rz. 11; *Raiser*, § 25 MitbestG Rz. 13; *Rittner*, DB 1980, 2493, 2499 ff.; *Wiedemann*, ZGR 1977, 160, 167. | [5] Hierzu Ziff. 5.2 DCGK; vgl. auch *Seibt/Wilde* in Hommelhoff/Hopt/von Werder, Handbuch Corporate Governance, S. 377, 388 ff.; *Kremer* in Ringleb/Kremer/Lutter/von Werder, DCGK, Rz. 664 ff.; *Semler*, Arbeitshandbuch für Aufsichtsratsmitglieder, F1 ff. | [6] Hierzu zB Ziff. 5.3 DCGK; *Lutter*, ZGR 2001, 224, 229; *Semler*, Arbeitshandbuch für Aufsichtsratsmitglieder, G 1 ff.

(**Grundsatz des allgemeinen Diskriminierungsverbots**)[1]. Auch der Deutsche Corporate Governance Kodex empfiehlt keine Beachtung des Paritätsgebots[2]. Im Regelfall wird allerdings zur Gewährleistung eines ausreichenden Informationsflusses an die ArbN-Vertreter in jeden Aufsichtsratsausschuss mindestens ein ArbN-Vertreter zu wählen sein[3]. Für den mitbestimmungsrechtlich besonders wichtigen Personalausschuss des Aufsichtsrates hat der BGH dies ausdrücklich entschieden[4]. Die Besetzung des Aufsichtsrates bzw. von Aufsichtsratsausschüssen (insb. des Bilanz- und Prüfungsausschusses/Audit Committee) mit unternehmensangehörigen ArbN-Vertretern verstößt nicht gegen das im **US-amerikanischen Sarbanes-Oxley Act of 2002** enthaltenen Unabhängigkeitserfordernis, da insoweit (Ausnahme: Prokuristen) die SEC eine Ausnahmeregelung veröffentlicht hat[5]. Erfolgen die Wahlen zu Aufsichtsratsausschüssen entgegen den vorgenannten Grundsätzen, so sind diese nichtig[6]

Ziff. 3.6 Satz 1 DCGK regt als Maßnahme guter Unternehmensführung an, dass die Vertreter der Anteilseigner und der ArbN die Sitzung des Aufsichtsrats jeweils gesondert, ggf. mit den Vorstandsmitgliedern, vorbereiten (Ziff. 3.6 Satz 1 DCGK)[7]. Diese Anregung soll ebenso wie die Empfehlung der jährlichen Effizienzprüfung der Aufsichtsratstätigkeit (Ziff. 5.6 DCGK)[8], periodische *in camera* Sitzungen des Aufsichtsrats ohne Vorstand (Ziff. 3.6 Satz 2 DCGK) oder gruppenpsychologische Maßnahmen wie Fortbildungskurse, gemeinsame Ausflüge etc. der Schaffung einer offenen und vertrauensvollen Diskussionskultur dienen.

2. Erwerbs- und Wirtschaftsgenossenschaft. Bei der eingetragenen Erwerbs- und Wirtschaftsgenossenschaft finden für die innere Ordnung und Beschlussfassung des Aufsichtsrats neben §§ 27–29, 31 und 32 die §§ 36 ff. GenG Anwendung. Aufgrund der geringen Regelungsdichte im GenG für diese Fragen kommt der General- bzw. Vertreterversammlung oder dem Aufsichtsrat eine größere Gestaltungsfreiheit zu. Fehlen im Statut, in der Geschäftsordnung des Aufsichtsrats oder in den Corporate Governance-Grundsätzen entsprechende Regelungen, so finden allgemeine Verfahrensgrundsätze über die Einberufung von Sitzungen, über die Sitzungsleitung, die Beschlussfassung sowie die Erstellung von Niederschriften entsprechende Anwendung[9].

III. Rechte, Pflichten und Kompetenzen des Aufsichtsrats. 1. Allgemeines. Die Kompetenzen des Aufsichtsrats bestimmen sich nach §§ 31 und 32 sowie nach § 25 Abs. 1 Satz 1 MitbestG iVm. dem spezifischen Gesellschaftsrecht. Nur soweit die zwingenden Vorschriften des MitbestG oder die gesellschaftsrechtlichen Vorschriften zur Satzungsstrenge (§§ 23 Abs. 5 AktG, 18 GenG) reichen, wird die Regelungsbefugnis der Anteilseigner und des Aufsichtsrats eingeschränkt. Daher sind die Kompetenzen des Aufsichtsrats von der Rechtsform des Unternehmens sowie ggf. von privatautonomen Regelungen in der Satzung, in der Geschäftsordnung des Aufsichtsrats oder in Corporate Governance-Grundsätzen abhängig.

2. AG. Dem Aufsichtsrat kommt nach § 31 zwingend die Personalkompetenz hinsichtlich des Vorstands zu. Das betrifft zum einen die Bestellung und Abberufung der Vorstandsmitglieder, zum anderen den Abschluss, die Änderung und die Beendigung der Vorstands-Anstellungsverträge. Des Weiteren ist der Aufsichtsrat verpflichtet, den Vorstand zu überwachen (§ 25 Abs. 1 Satz 1 Nr. 1 MitbestG iVm. § 111 Abs. 1 AktG). Hierzu kommen dem Aufsichtsrat eine Vielzahl von Informations- und Untersuchungsrechten zu, die entsprechend den Grundsätzen guter Unternehmensführung in einer Informationsordnung zusammengefasst sein sollten[10]. Schließlich kommen dem Aufsichtsrat eine Reihe von Mitentscheidungsrechten zu, namentlich (i) Zustimmungsvorbehalte bei bestimmten Geschäftsführungsmaßnahmen (§ 25 Abs. 1 Satz 1 Nr. 1 MitbestG iVm. § 111 Abs. 4 AktG), (ii) Feststellung des Jahresabschlusses und Billigung des Konzernabschlusses (§ 25 Abs. 1 Satz 1 Nr. 1 MitbestG iVm. § 171 Abs. 2 Sätze 3 bis 5, § 172 Abs. 1 AktG) sowie (iii) Gewinnverwendung durch Einstellung in die Rücklagen (§ 25 Abs. 1 Satz 1 Nr. 1 MitbestG iVm. § 58 Abs. 2 AktG).

---

1 BGH v. 17.5.1993 – II ZR 89/92, BGHZ 122, 342, 354 ff. – Hamburg-Mannheimer (zu MitbestG); OLG Hamburg v. 29.9.1995 – 11 U 20/95, AG 1996, 84 ff. – Volksfürsorge Deutsche Lebensversicherung (zu MitbestG); OLG München v. 27.1.1995 – 23 U 4282/94, AG 1995, 466, 467 – Voigt Elektronik (zu BetrVG 1952); LG Frankfurt/Main v. 19.12.1995 – 2/14 O 183/95, ZIP 1996, 1661 – Deutsche Börse (zu BetrVG 1952; Vergleich vor OLG Frankfurt); *Hüffer*, § 107 AktG Rz. 21; *Brandes*, WM 1994, 2177, 2182; *Mertens*, AG 1981, 113, 131; *Zöllner*, AG 1981, 13, 15; *Hanau/Ulmer*, § 25 MitbestG Rz. 127; aA (Paritätsgebot) GK-MitbestG/*Naendrup*, § 25 MitbestG Rz. 35; *Nagel*, DB 1979, 1799, 1801; *Hensseler*, FS BGB II, S. 387, 395 ff. | 2 Zutr. *Kremer* in Ringleb/Kremer/Lutter/von Werder, *DCGK*, Rz. 684 und 696. | 3 *Willemsen/Seibt*, Unternehmensumstrukturierung, F57; *Seibt*, DB 2002, 529, 531 (zum sog. Übernahmeausschuss; § 27 Abs. 1 WpÜG). | 4 BGH v. 17.5.1993 – II ZR 89/92, BGHZ 122, 342, 358 ff. – Hamburg-Mannheimer. | 5 § 240. 10A-3 (b) (1) (iv) (c) (Text unter www.sec.gov/rules/final/33-8220.htm); hierzu *Gruson/Kubicek*, AG 2003, 337, 350 f. – Zum sog. independence requirement Sec. 10 A (m) (3) Securities Exchange Act of 1934 idF v. Sec. 301 Sarbarnes-Oxley-Act of 2002. | 6 BGH v. 17.5.1993 – II ZR 89/92, BGHZ 122, 342, 354 ff. – Hamburg-Mannheimer; *Willemsen/Seibt*, Unternehmensumstrukturierung, F57. | 7 Hierzu *von Werder* in Ringleb/Kremer/Lutter/von Werder, *DCGK*, Rz. 288 ff. | 8 Hierzu ausf. *Seibt*, DB 2003, 2107 ff. | 9 Vgl. ErfK/*Oetker*, § 25 MitbestG Rz. 10; *Hanau/Ulmer*, § 25 MitbestG Rz. 42. | 10 Hierzu *Seibt/Wilde*, in Hommelhoff/Hopt/von Werder, Handbuch Corporate Governance, S. 377, 390 ff.; *Lutter*, ZGR 2001, 224, 232; vgl. auch Ziff. 3.4 DCGK.

10 **3. KGaA.** Bei der KGaA sind die Kompetenzen des Aufsichtsrats kraft Gesetzes deutlich schwächer ausgestaltet als bei der AG. So kommt dem Aufsichtsrat bei der KGaA keine Personalkompetenz über den Komplementär zu (§ 31 Abs. 1 Satz 2). Ferner gilt bei der KGaA die Verpflichtung nicht, dass in der Satzung Zustimmungsvorbehalte für bestimmte Geschäftsführungsmaßnahmen zugunsten des Aufsichtsrats vorgesehen sein müssen (vgl. § 278 Abs. 2 AktG). Vielmehr können die Komplementäre die gewöhnlichen Geschäfte allein ausführen, während zu den außergewöhnlichen Geschäften die Zustimmung der Hauptversammlung notwendig ist (§ 278 Abs. 2 AktG iVm. §§ 116, 164 HGB). Allerdings ist die Zuständigkeitsverteilung bei der KGaA dispositives Recht, so dass die Satzung (nicht allerdings der Aufsichtsrat autonom) dem Aufsichtsrat zB die Rechte nach § 111 Abs. 4 Satz 2 AktG oder sogar weiter gehende Geschäftsführungs- und Weisungsbefugnisse gegenüber den Komplementären einräumen kann[1]. Schließlich obliegt die Feststellung des Jahresabschlusses bei der KGaA der Hauptversammlung mit Zustimmung der Komplementäre (§ 25 Abs. 1 Satz 1 Nr. 1 MitbestG iVm. § 286 Abs. 1 AktG).

11 **4. GmbH.** Auf die GmbH sind nach § 25 Abs. 1 Satz 1 Nr. 2 nur ein Teil der aktienrechtlichen Kompetenzbestimmungen zugunsten des Aufsichtsrats anzuwenden. Zwar kommt dem Aufsichtsrat auch bei der GmbH die **Personalkompetenz** zur Bestellung und Abberufung der Geschäftsführer (§ 31) einschließlich der Annexkompetenz zum Abschluss, zur Änderung und zur Beendigung der Anstellungsverträge der Geschäftsführer zu. Dagegen ist der Aufsichtsrat nicht zwingend berechtigt, eine Geschäftsordnung für die Geschäftsführer aufzustellen (§ 77 AktG), Grundzüge für die Geschäftsführerbezüge festzulegen (§ 87 AktG), Befreiung vom Wettbewerbsverbot zu erteilen (§ 88 AktG) und über Kredite an Vorstandsmitglieder zu beschließen (§ 89 AktG), da § 25 Abs. 1 Nr. 2 auf diese aktienrechtlichen Vorschriften nicht verweist[2]. Auch für die Bestellung von Prokuristen und Handlungsbevollmächtigten für den gesamten Geschäftsbetrieb bleibt im Normstatut die Gesellschafterversammlung zuständig[3].

12 Im Hinblick auf die **Überwachungskompetenz** des Aufsichtsrats sind die Geschäftsführer der GmbH mangels Verweises in § 25 Abs. 1 Satz 1 Nr. 2 auf die §§ 90, Abs. 1, Abs. 2, 170 AktG nicht zu selbstständigen periodischen Berichterstattung bzw. Vorlage des Jahresabschlusses und des Lageberichts verpflichtet[4]. Allerdings kann der Aufsichtsrat Informationslücken dadurch schließen, indem er sein Berichtsverlangen nach § 25 Abs. 1 Satz 1 Nr. 2 MitbestG iVm. § 90 Abs. 3 AktG in Form einer Informationsordnung entsprechend ausgestaltet[5].

13 Bei der Aufstellung des Jahresabschlusses bleibt dem Aufsichtsrat zwar die Prüfungspflicht gemäß § 171 AktG, festgestellt wird der Jahresabschluss bei der GmbH jedoch von der Gesellschafterversammlung (§ 46 Nr. 1, § 42a GmbHG); §§ 172, 173 AktG sind ebenso wenig auf die GmbH anzuwenden wie § 58 Abs. 2 AktG (Gewinnverwendung durch Rücklageneinstellung), so dass der Einfluss des Aufsichtsrats auf die Bilanzpolitik des Unternehmens im Normstatut (abweichende Satzungsregelung zulässig[6]) entfällt. Die gesetzlich verpflichtend vorzusehenden Zustimmungsvorbehalte zugunsten des Aufsichtsrats nach § 25 Abs. 1 Satz 1 Nr. 2 MitbestG iVm. § 111 Abs. 4 Satz 2 AktG können bei der GmbH in Konflikt mit dem Weisungsrecht der Gesellschafterversammlung gegenüber den Geschäftsführern geraten. Diese **Mitbestimmungskompetenz** des Aufsichtsrats kann nicht durch die Satzung eingeschränkt oder gar beseitigt werden[7]. Nach hM kann die Gesellschafterversammlung allerdings durch einen mit einfacher Mehrheit gefassten Beschluss (§ 25 Abs. 1 Satz 1 Nr. 2 MitbestG iVm. § 111 Abs. 4 Satz 4 AktG gilt für die GmbH mit der Gesellschafterversammlung als oberstem Organ nicht) eine Geschäftsführungsmaßnahme letztlich durchsetzen, auch wenn der Aufsichtsrat die Zustimmung verweigert hatte[8]. Dabei ist die Gesellschafterversammlung nicht auf das Verlangen der Geschäftsführer angewiesen, da die Kompetenz der Gesellschafterversammlung zur Geschäftsführung im Rahmen des MitbestG fortbesteht; § 119 Abs. 2 AktG gilt für die GmbH nicht entsprechend[9].

14 **5. Erwerbs- und Wirtschaftsgenossenschaft.** Bei eingetragenen Genossenschaften bestimmen sich die Rechte und Pflichten des Aufsichtsrats neben den §§ 31, 32 zunächst ausschließlich nach dem GenG. Die aktienrechtlichen Vorschriften, namentlich die Berichtpflicht nach § 90 oder die Zustimmungsvorbehalte bei Geschäftsführungsmaßnahmen nach § 111 Abs. 4 AktG gelten nicht, auch nicht analog[10].

---

[1] GroßKommAktG/*Assmann/Sethe*, § 287 Rz. 44 f.; *Kallmeyer*, ZGR 1983, 57, 69; *Raiser*, § 25 MitbestG Rz. 85. | [2] So auch *Raiser*, § 25 MitbestG Rz. 87; aA *Hanau/Ulmer*, § 31 MitbestG Rz. 40 (Anwendung von §§ 87–89 AktG analog). | [3] Vgl. *Scholz/U.H. Schneider*, § 52 GmbHG Rz. 100a; *Zöllner*, ZGR 1977, 319, 326; *Hommelhoff*, ZGR 1978, 119, 137; *Lutter/Krieger*, Rz. 945; aA *Fitting/Wlotzke/Wißmann*, § 25 MitbestG Rz. 67. | [4] Vgl. ErfK/*Oetker*, § 25 MitbestG Rz. 13; *Hanau/Ulmer*, § 25 MitbestG Rz. 55; aA GK-MitbestG/*Naendrup*, § 25 Rz. 151. | [5] Vgl. ErfK/*Oetker*, § 25 MitbestG Rz. 13; *Hanau/Ulmer*, § 25 MitbestG Rz. 55. | [6] Vgl. *Scholz/U.H. Schneider*, § 52 GmbHG Rz. 91. | [7] Vgl. ErfK/*Oetker*, § 25 MitbestG Rz. 14; *Hanau/Ulmer*, § 25 MitbestG Rz. 64; *Raiser*, § 25 MitbestG Rz. 92; *Ballerstedt*, ZGR 1977, 133, 152; *Scholz/U.H. Schneider*, § 52 GmbHG Rz. 78; aA *Hölters*, BB 1975, 797, 799; diff. *Lutter/Krieger*, Rz. 338. | [8] Vgl. *Scholz/U.H. Schneider*, § 52 GmbHG Rz. 83 f.; Baumbach/Hueck/*Zöllner*, § 52 GmbHG Rz. 64; *Lutter/Krieger*, Rz. 926; strenger (3/4-Mehrheit nach § 111 Abs. 4 Satz 4 AktG) ErfK/*Oetker*, § 25 MitbestG Rz. 14; *Hanau/Ulmer*, § 25 MitbestG Rz. 66; *Raiser*, § 25 MitbestG Rz. 89; *Säcker*, DB 1977, 1845, 1848. | [9] Vgl. *Scholz/U.H. Schneider*, § 52 GmbHG Rz. 83; ErfK/*Oetker*, § 25 MitbestG Rz. 14; *Hanau/Ulmer*, § 25 MitbestG Rz. 66; *Raiser*, § 25 MitbestG Rz. 90; *Säcker*, DB 1977, 1845, 1849; iE auch BGH v. 6.3.1997 – II ZR B 4/96, BGHZ 135, 48, 55 f.; aA *Reich/Lewerenz*, AuR 1976, 261, 272. | [10] Vgl. *Raiser*, § 25 MitbestG Rz. 95.

Bei der Aufstellung des Jahresabschlusses kommt dem Aufsichtsrat nur eine Prüfungs- und Berichtspflicht zu (§ 33 GenG), während er an der Feststellung selbst nicht teilnimmt (vgl. § 48 Abs. 1 GenG). Allerdings kann das Statut dem Aufsichtsrat Zustimmungsrechte einräumen (vgl. § 38 Abs. 3 GenG)[1].

IV. Rechtsstellung der Aufsichtsratsmitglieder. 1. AG, KGaA, GmbH. Die Rechtsstellung der Aufsichtsratsmitglieder bestimmt sich über die Regelung in § 26 hinaus nach den aktienrechtlichen Vorschriften (§ 25 Abs. 1 Satz 1 Nr. 1 und Nr. 2). Danach haben die Mitglieder des Aufsichtsrats, gleich ob Anteilseigner- oder ArbN-Vertreter, die gleichen Rechte und Pflichten, insb. stehen ihnen die gleichen Mitwirkungs-, Informations- und Stimmrechte zu, sind aber andererseits auch in gleichem Maße zur Amtsausübung verpflichtet und gegenüber der Gesellschaft haftungsrechtlich verantwortlich[2]. Jedes Aufsichtsratsmitglied hat dafür zu sorgen, dass die dem Aufsichtsrat übertragenen Zuständigkeiten und Aufgaben mit der Sorgfalt eines ordentlichen Überwachers und Beraters wahrgenommen werden (**Grundsatz der Gesamtverantwortung**; § 116 AktG). Der Grundsatz der Gesamtverantwortung schließt jedoch nicht aus, dass bestimmte Aufsichtsratsaufgaben einzelnen Aufsichtsratsmitgliedern oder einem Ausschuss zugewiesen werden. Bei ernsthaften Zweifeln an der sachgemäßen Erledigung der Aufgaben hat indes jedes Aufsichtsratsmitglied die Pflicht, der Zuweisung zu widersprechen und den Aufgabenbereich oder die Einzelentscheidung in das Gesamtgremium zurückzuholen. Das einzelne Aufsichtsratsmitglied haftet nicht für Fehler des betrauten Aufsichtsratsmitglieds oder der Ausschussmitglieder, wenn er sich auf eine zweckgerechte Erfüllung der Aufgaben verlassen konnte. Er haftet nur bei fehlerhafter Zuweisung, mangelhafter Überwachung, unterlassener Zurückholung in das Gesamtgremium sowie bei versäumter Information der Gesellschafter bzw. Einleitung von rechtlichen Schritten gegen Organmitglieder[3].

Auch bei den **Empfehlungen und Anregungen des Deutschen Corporate Governance Kodex** ist nicht zwischen Anteilseigner- und ArbN-Vertretern zu differenzieren. ArbN-Vertreter genießen insb. keine Sonderstellung im Hinblick auf die Kodex-Bestimmungen zur Vergütung (Ziff. 5.4.5 Sätze 4 und 5 DCGK), zum Selbstbehalt bei D&O-Versicherungen (Ziff. 3.8 Satz 3 DCGK), zur Offenlegung und Behandlung von Interessenkonflikten (Ziff. 5.5.2, 5.5.3 Satz 1 DCGK) sowie zur Effizienzprüfung der Aufsichtsratstätigkeit (Ziff. 5.6 DCGK; zB Zulässigkeit der Beurteilung der einzelnen Aufsichtsratsmitglieder[4])[5].

Im Rahmen ihrer Organtätigkeit sind die Aufsichtsratsmitglieder weder an Weisungen des Bestellungsorgans, des Entsendungsberechtigten oder eines Dritten gebunden, noch können sie sich selbst solchen Weisungsrechten unterwerfen[6]. Die Aufsichtsratsmitglieder müssen ihr Amt eigenverantwortlich und persönlich wahrnehmen. Eine dauerhafte Übertragung der Aufgaben auf Dritte ist daher unzulässig (§ 111 Abs. 5 AktG; **Vertretungs- und Delegationsverbot**)[7], nicht jedoch eine Unterstützung durch Assistenten oder eine Beratung durch Sachverständige in Einzelnen, besondere Fachkenntnisse verlangenden Aufgaben[8].

2. Erwerbs- und Wirtschaftsgenossenschaft. Für die Aufsichtsratsmitglieder eingetragener Genossenschaften gelten neben § 26 nach § 25 Abs. 1 Nr. 3 MitbestG die §§ 26 ff. GenG. Bestehen im GenG Regelungslücken, sind die aktienrechtlichen Grundsätze entsprechend anzuwenden[9].

26 *Schutz von Aufsichtsratsmitgliedern vor Benachteiligung*
Aufsichtsratsmitglieder der Arbeitnehmer dürfen in der Ausübung ihrer Tätigkeit nicht gestört oder behindert werden. Sie dürfen wegen ihrer Tätigkeit im Aufsichtsrat eines Unternehmens, dessen Arbeitnehmer sie sind oder als dessen Arbeitnehmer sie nach § 4 oder § 5 gelten, nicht benachteiligt werden. Dies gilt auch für ihre berufliche Entwicklung.

1. Regelungsinhalt. § 26 enthält für die ArbN-Vertreter ein Behinderungs- und Benachteiligungsverbot zum Schutz ihrer Tätigkeit im Aufsichtsrat sowie vor persönlichen und beruflichen Nachteilen. Diese Bestimmung ist ein Verbotsgesetz iSv. § 134 BGB, das sich gegen jedermann richtet[10]. Die Vergabe von sachlich ungerechtfertigten Begünstigungen an Aufsichtsratsmitglieder der ArbN werden zwar nicht von § 26 ausdrücklich verboten, sind jedoch wegen des arbeitsrechtlichen Gleichbehandlungsgrundsatzes untersagt[11].

2. Behinderungsverbot. § 26 Satz 1 verbietet jedes Handeln oder Unterlassen, das die Tätigkeit der ArbN-Vertreter im Aufsichtsrat in objektiv feststellbarer Weise tatsächlich beeinträchtigt[12].

---

1 Vgl. hierzu *Müller*, § 38 GenG Rz. 47 ff.; *Lang/Weidmüller/Metz/Schaffland-Metz*, § 38 GenG Rz. 32; *Beuthien*, § 38 GenG Rz. 8. | 2 Vgl. BGH v. 25.2.1982 – II ZR 123/81, BGHZ 83, 106, 112 f. – Siemens; BGH v. 15.12.1986 – II ZR 18/86, BGHZ 99, 211, 216; BGH v. 15.11.1993 – II ZR 235/92, BGHZ 124, 111, 127; *Lutter/Krieger*, Rz. 279. | 3 Vgl. *Scholz/U. H. Schneider*, § 52 GmbHG Rz. 334a; *Hanau/Ulmer*, § 25 MitbestG Rz. 120. | 4 Hierzu *Seibt*, DB 2003, 2107, 2109. | 5 Hierzu *Seibt*, AG 2003, 465, 476. | 6 Vgl. MünchGesR/*Hoffmann-Becking*, § 33 Rz. 6 ff.; *Lutter/Krieger*, Rz. 280; *Scholz/U.H. Schneider*, § 52 GmbHG Rz. 232. | 7 Hierzu BGH v. 15.11.1982 – II ZR 27/82, BGHZ 85, 293, 295 f. – Hertie; *Hüffer*, § 111 AktG Rz. 23. | 8 Vgl. *Hüffer*, § 111 AktG Rz. 23; Geßler/Hefermehl/Eckhardt/Kropff/*Geßler*, § 111 AktG Rz. 89. | 9 Vgl. ErfK/*Oetker*, § 25 MitbestG Rz. 15; *Hanau/Ulmer*, § 25 MitbestG Rz. 71. | 10 Vgl. ErfK/*Oetker*, § 26 MitbestG Rz. 1; *Hanau/Ulmer*, § 26 MitbestG Rz. 2; *Raiser*, § 26 MitbestG Rz. 2. | 11 Vgl. ErfK/*Oetker*, § 26 MitbestG Rz. 1; *Hanau/Ulmer*, § 26 MitbestG Rz. 3. | 12 ErfK/*Oetker*, § 26 MitbestG Rz. 2; *Fitting/Wlotzke/Wißmann*, § 26 MitbestG Rz. 6.

3 Mit der Bestellung zum Aufsichtsratmitglied entsteht ein gesetzliches Schuldverhältnis zum Unternehmen (§§ 662 ff., 675 BGB), das bei den im Unternehmen beschäftigten Arbeitnehmen neben deren Arbeitsverhältnissen zu diesem tritt. Der ArbN-Vertreter hat die Pflichten aus beiden Rechtsverhältnissen sorgfältig und pflichtgemäß zu erfüllen. Ein gesetzlicher **Anspruch auf entgeltliche Arbeitsfreistellung zur Erfüllung der Aufsichtsratspflichten besteht nicht**[1]. Kollidieren die Verpflichtungen aus beiden Rechtsverhältnissen miteinander, zB weil die Wahrnehmung der Aufsichtsratstätigkeit nur während der Arbeitszeit möglich ist, geht zwar das Aufsichtsratsmandat wegen § 26 Satz 1 vor[2], der ArbN verliert allerdings nach § 326 Abs. 1 BGB auch seinen arbeitsvertraglichen Entgeltanspruch, jdf. in dem Fall und in der Höhe, wie eine angemessene Vergütung für die Aufsichtsratstätigkeit (§ 113 Abs. 1 AktG) festgelegt ist[3]. In der Praxis wird freilich häufig Arbeitsentgelt und Aufsichtsratsvergütung in voller Höhe nebeneinander gezahlt, unabhängig ob Arbeitszeit zur Wahrnehmung des Aufsichtsratsmandats versäumt wurde, was wegen des arbeitsrechtlichen Gleichbehandlungsgebots nicht unproblematisch ist[4].

4 Sofern die Aufsichtsratstätigkeit besondere fachliche Anforderungen stellt, die **Fortbildungsmaßnahmen** zwingend notwendig machen, steht dem Aufsichtsratmitglied ein Aufwendungsersatzanspruch gemäß §§ 675, 670 BGB gegen das Unternehmen zu[5]; § 37 Abs. 6 BetrVG kann nicht analog angewendet werden[6].

5 **3. Benachteiligungsverbot.** Das Benachteiligungsverbot in § 26 Satz 2 und Satz 3 schützt die ArbN-Vertreter während ihrer gesamten Amtszeit des Aufsichtsrats (mit einer gewissen Vor- und Nachwirkung) vor objektiver Schlechterstellung, die nicht durch sachliche Gründe gerechtfertigt sind[7]. Bei einem schuldhaften Verstoß gegen das Benachteiligungsverbot steht dem Aufsichtsratmitglied ein Schadenersatzanspruch gegen die Gesellschaft nach § 823 Abs. 2 BGB zu[8].

6 **4. Kündigungsschutz.** Ein absoluter Kündigungsschutz für ArbN-Vertreter im Aufsichtsrat ergibt sich weder aus § 26 noch aus einer analogen Anwendung von § 15 KSchG[9]. Allerdings ist eine ordentliche Kündigung dann nach § 26 unzulässig, wenn mit ihr ausschließlich die Absicht verfolgt wird, einen ArbN-Vertreter aus dem Aufsichtsrat hinauszudrängen oder für seine Tätigkeit dort zu maßregeln[10]. Ferner ist bei der Abwägung der Kündigungsgründe im Rahmen von § 1 KSchG, § 626 BGB eine Aufsichtsratmitgliedschaft zugunsten des Arbeitsnehmers zu berücksichtigen[11]. Hat der ArbN ausschließlich gegen Pflichten aus seiner Amtsstellung als Aufsichtsratmitglied verstoßen, kommt alleine eine Abberufung gemäß § 6 Abs. 2 MitbestG iVm. § 103 Abs. 3 AktG in Betracht, nicht auch eine Kündigung aus wichtigem Grund nach § 626 BGB[12]. Verstößt die inkriminierende Handlung allerdings auch gegen arbeitsvertragliche Pflichten, ist § 626 BGB anwendbar[13].

27 Vorsitz im Aufsichtsrat

(1) Der Aufsichtsrat wählt mit einer Mehrheit von zwei Dritteln der Mitglieder, aus denen er insgesamt zu bestehen hat, aus seiner Mitte einen Aufsichtsratsvorsitzenden und einen Stellvertreter.

(2) Wird bei der Wahl des Aufsichtsratsvorsitzenden oder seines Stellvertreters die nach Absatz 1 erforderliche Mehrheit nicht erreicht, so findet für die Wahl des Aufsichtsratsvorsitzenden und seines Stellvertreters ein zweiter Wahlgang statt. In diesem Wahlgang wählen die Aufsichtsratmitglieder der Anteilseigner den Aufsichtsratsvorsitzenden und die Aufsichtsratmitglieder der Arbeitnehmer den Stellvertreter jeweils mit der Mehrheit der abgegebenen Stimmen.

(3) Unmittelbar nach der Wahl des Aufsichtsratsvorsitzenden und seines Stellvertreters bildet der Aufsichtsrat zur Wahrnehmung der in § 31 Abs. 3 Satz 1 bezeichneten Aufgabe einen Ausschuss, dem der Aufsichtsratsvorsitzende, sein Stellvertreter sowie je ein von den Aufsichtsratmitgliedern der Arbeitnehmer und von den Aufsichtsratmitgliedern der Anteilseigner mit der Mehrheit der abgegebenen Stimmen gewähltes Mitglied angehören.

---

1 Vgl. ErfK/*Oetker*, § 26 MitbestG Rz. 3; *Hanau/Ulmer*, § 26 MitbestG Rz. 5; *Raiser*, § 26 MitbestG Rz. 6. | 2 So ErfK/*Oetker*, § 26 MitbestG Rz. 4; *Hanau/Ulmer*, § 26 MitbestG Rz. 5; *Raiser*, § 26 MitbestG Rz. 6. | 3 Vgl. ErfK/*Oetker*, § 26 MitbestG Rz. 4; *Hanau/Ulmer*, § 26 MitbestG Rz. 6; *Raiser*, § 26 MitbestG Rz. 6; aA (Analogie zu § 37 Abs. 2 BetrVG); *Fitting/Wlotzke/Wißmann*, § 26 MitbestG Rz. 10; *Reich/Lewerenz*, AuR 1976, 353, 366; *Jacklofsky*, Arbeitnehmerstellung und Aufsichtsratsamt, S. 82 ff. | 4 AA *Raiser*, § 26 MitbestG Rz. 6 aE. | 5 Vgl. ErfK/*Oetker*, § 26 MitbestG Rz. 5; *Hanau/Ulmer*, § 26 MitbestG Rz. 7; *Säcker*, NJW 1979, 1521, 1526; aA *Raiser*, § 26 MitbestG Rz. 7 (kein Rechtsanspruch); *Faude*, DB 1983, 2249, 2251. | 6 Vgl. ErfK/*Oetker*, § 26 MitbestG Rz. 5; *Jacklofsky*, Arbeitnehmerstellung und Aufsichtsratsamt, S. 116 ff. | 7 Vgl. ErfK/*Oetker*, § 26 MitbestG Rz. 6; *Fitting/Wlotzke/Wißmann*, § 26 MitbestG Rz. 12 f. | 8 Vgl. ErfK/*Oetker*, § 26 MitbestG Rz. 6; *Hanau/Ulmer*, § 26 MitbestG Rz. 2. | 9 Vgl. BAG v. 4.4.1974 – 2 AZR 452/73, DB 1974, 1067, 1068; ErfK/*Oetker*, § 26 MitbestG Rz. 7; *Hanau/Ulmer*, § 26 MitbestG Rz. 14; *Raiser*, § 26 MitbestG Rz. 8; *Jacklofsky*, Arbeitnehmerstellung und Aufsichtsratsamt, S. 201 ff.; aA *Reich/Lewerenz*, AuR 1976, 353, 365. | 10 Vgl. ErfK/*Oetker*, § 26 MitbestG Rz. 7; *Hanau/Ulmer*, § 26 MitbestG Rz. 13; *Raiser*, § 26 MitbestG Rz. 8; offen gelassen von BAG v. 4.4.1974 – 2 AZR 452/73, DB 1974, 1067 ff. | 11 Vgl. ErfK/*Oetker*, § 26 MitbestG Rz. 7; *Hanau/Ulmer*, § 26 MitbestG Rz. 15; *Raiser*, § 26 MitbestG Rz. 8 f. | 12 Vgl. ErfK/*Oetker*, § 26 MitbestG Rz. 7. | 13 Für einen strengen Maßstab bei Anwendung von § 626 BGB zB BAG v. 16.10.1986 – 2 AR B 71/85, BB 1987, 1952; BAG v. 18.2.1993 – 2 AZR 526/92, BB 1993, 2381; *Hanau/Ulmer*, § 26 MitbestG Rz. 17; *Fitting/Wlotzke/Wißmann*, § 26 MitbestG Rz. 22.

I. Regelungsinhalt. In Ergänzung zu § 25 Abs. 1 Satz 1 MitbestG iVm. § 107 Abs. 1 AktG regeln § 27 Abs. 1 und Abs. 2, dass der Aufsichtsrat unmittelbar nach dessen Neuwahl bzw. nach Beendigung der Amtsdauer der bisherigen Amtsinhaber zur Herbeiführung seiner Arbeitsfähigkeit einen Vorsitzenden und dessen Stellvertreter zu wählen hat. Unmittelbar im Anschluss an diese Wahl ist ein ständiger Aufsichtsratsausschuss (sog. Vermittlungsausschuss) zu bilden, der in bestimmten Fällen bei der Wahl von Mitgliedern des Vertretungsorgans vermitteln soll (§ 27 Abs. 3). Die Vorschriften enthalten zwingendes Recht [1].

II. Aufsichtsratsvorsitzender und Stellvertreter (§ 27 Abs. 1 und Abs. 2). 1. Wahl. Den Aufsichtsrat als Gesamtgremium trifft die Verpflichtung, einen Aufsichtsratsvorsitzenden und einen Stellvertreter aus der Mitte des Aufsichtsrates zu wählen. Die Wahl kann keinem Aufsichtsratsausschuss, keinem anderen Organ oder außenstehenden Dritten überlassen werden [2]; ebenso wenig sind Vorschlags- oder Zustimmungsrechte zugunsten bestimmter Personen oder Gruppen zulässig [3]. **Besondere (persönliche) Voraussetzungen** (zB Gruppenzugehörigkeit; Familienangehörigkeit) für die Wahl des Aufsichtsratsvorsitzenden oder dessen Stellvertreter können weder in der Satzung noch in der Geschäftsordnung des Aufsichtsrats oder in den Corporate Governance-Grundsätzen der Gesellschaft geregelt werden [4].

Im ersten Wahlgang erfordert die Wahl des Aufsichtsratsvorsitzenden und seines Stellvertreters eine Mehrheit von zwei Dritteln der gesetzlichen (§ 7 Abs. 1) Mitgliederzahl des Aufsichtsrats (§ 27 Abs. 1). Entgegen der hM bestehen wegen des Zweitstimmrechts des Aufsichtsratsvorsitzenden (§§ 29 Abs. 2, 31 Abs. 4) durchaus verfassungsrechtliche Bedenken gegen die Wahl eines ArbN-Vertreters zum Aufsichtsratsvorsitzenden (**Verbot der Überparität**) [5]. Wenngleich die Wahl sowohl für den Aufsichtsratsvorsitzenden und dessen Stellvertreter getrennt oder auch in einem gemeinsamen Wahlgang durchgeführt werden kann, sind deren Wirksamkeit miteinander verkoppelt. Erreicht nur der Vorsitzende oder dessen Vertreter die erforderliche 2/3-Mehrheit der gesetzlichen Mitgliederzahl, so hat im Grundsatz ein zweiter Wahlgang für beide Positionen stattzufinden. Allerdings kann mit Einverständnis sämtlicher Teilnehmer auch der erste Wahlgang wiederholt werden [6]. Im zweiten Wahlgang genügt die einfache Mehrheit der Mitglieder der Anteilseigner für die Wahl des Vorsitzenden und der Mitglieder der ArbN für die Wahl des Stellvertreters. Entsprechend § 28 ist jede der beiden Gruppen beschlussfähig, wenn mindestens die Hälfte ihrer Mitglieder (§ 7 Abs. 1) an der Abstimmung teilnimmt [7].

Wegen des zwingenden Charakters von § 27 Abs. 1 und Abs. 2 sind Regelungen in der Satzung, der Geschäftsordnung des Aufsichtsrats oder in den Corporate Governance-Grundsätzen unwirksam, wenn diese privatautonomen Vereinbarungen die Struktur des Verfahrens ändern (zB höhere oder niedrigere Beschlussmehrheit im ersten Wahlgang) [8]. Durch privatautonome Regelungen kann allerdings die Wahl weiterer Stellvertreter vorgesehen werden, wobei nach hM die Wahl unter Beachtung von § 29 zu erfolgen hat [9]. Allerdings sind Bestimmungen in der Satzung oder in der Geschäftsordnung unzulässig, demzufolge der oder die weiteren Stellvertreter Vertreter der Anteilseigner sein müssen [10].

Kommt es nicht zu einer Wahl des Aufsichtsratsvorsitzenden oder seines Stellvertreters, ist eine **gerichtliche Ersatzbestellung** analog § 104 Abs. 2 AktG zulässig [11].

2. Abberufung und Amtszeit. Die Dauer der Bestellung zum Aufsichtsratsvorsitzenden oder zu dessen Stellvertreter richtet sich primär nach der Satzungsregelung [12]. Trotz der Koppelung der Wahlverfahren für beide Positionen müssen sich beide Amtsperioden nicht decken [13]. Im Zweifel erstrecken sich die Amtsperioden auf die gesamte Amtsdauer als Aufsichtsratsmitglied [14]. Scheidet das Aufsichtsratsmitglied vor Ablauf der Amtszeit aus oder endet das Amt aus einem anderen Grund, so entfällt auch die Bestellung als Vorsitzender oder Stellvertreter [15]. In diesem Fall ist eine Nachwahl durchzuführen (eine präventive Ersatzwahl oder eine Bestellung eines Ersatzmitglieds sind unzulässig [16]), die sich ebenfalls

---

1 ErfK/*Oetker*, § 27 MitbestG Rz. 1; *Hanau/Ulmer*, § 27 MitbestG Rz. 1; *Raiser*, § 27 MitbestG Rz. 14 u. 35. | 2 Vgl. *Hüffer*, § 107 AktG Rz. 3; *Raiser*, § 27 MitbestG Rz. 9. | 3 Vgl. *Raiser*, § 27 MitbestG Rz. 9. | 4 Vgl. BGH v. 25.2.1982 – II ZR 123/81, BGHZ 83, 106, 112 – Siemens; *Hüffer*, § 107 AktG Rz. 3; ErfK/*Oetker*, § 27 MitbestG Rz. 2; *Raiser*, § 27 MitbestG Rz. 9. | 5 AA *Hanau/Ulmer*, § 27 MitbestG Rz. 7; *Raiser*, § 27 MitbestG Rz. 11. | 6 Vgl. *Hüffer*, § 107 AktG Rz. 4; ErfK/*Oetker*, § 27 MitbestG Rz. 3; *Hanau/Ulmer*, § 27 MitbestG Rz. 6; *Raiser*, § 27 MitbestG Rz. 12; *Fitting/Wlotke/Wißmann*, § 27 MitbestG Rz. 10; enger GK-MitbestG/*Föhr*, § 27 Rz. 6 (Einverständnis aller Aufsichtsratsmitglieder). | 7 Vgl. *Hanau/Ulmer*, § 27 MitbestG Rz. 8; *Raiser*, § 27 MitbestG Rz. 13. | 8 Vgl. *Raiser*, § 27 MitbestG Rz. 14. | 9 OLG Hamburg v. 23.7.1982 – 11 U 179/80, AG 1983, 21 – Beiersdorf; ErfK/*Oetker*, § 27 MitbestG Rz. 7; *Hanau/Ulmer*, § 27 MitbestG Rz. 20; *Raiser*, § 27 MitbestG Rz. 15; *Scholz/U.H. Schneider*, § 52 GmbHG Rz. 216 f.; *Martens*, DB 1980, 1381, 1386 (jeweils analoge Anwendung von § 27 Abs. 1 und Abs. 2). | 10 Vgl. BGH v. 25.2.1982 – II ZR 123/81, BGHZ 83, 106, 111 – Siemens (zur Geschäftsordnung); *Hüffer*, § 107 AktG Rz. 11. | 11 Vgl. KölnKommAktG/*Mertens*, § 107 AktG Rz. 18; *Hüffer*, § 107 Rz. 3b; *Hanau/Ulmer*, § 27 MitbestG Rz. 4; aA MünchGesR/*Hoffmann-Becking*, Bd. 4: AG, § 31 Rz. 7. | 12 Vgl. *Hüffer*, § 107 AktG Rz. 4; *Raiser*, § 27 MitbestG Rz. 16. | 13 Vgl. KölnKommAktG/*Mertens*, § 107 Rz. 25; aA ErfK/*Oetker*, § 27 MitbestG Rz. 5; *Hanau/Ulmer*, § 27 MitbestG Rz. 10; *Raiser*, § 27 MitbestG Rz. 16; *Scholz/U.H. Schneider*, § 52 GmbHG Rz. 218. | 14 Vgl. ErfK/*Oetker*, § 27 MitbestG Rz. 5; *Hanau/Ulmer*, § 27 MitbestG Rz. 10; *Raiser*, § 27 MitbestG Rz. 16; KölnKommAktG/*Mertens*, § 107 Rz. 26. | 15 Vgl. ErfK/*Oetker*, § 27 MitbestG Rz. 5. | 16 ErfK/*Oetker*, § 27 MitbestG Rz. 5; *Hanau/Ulmer*, § 27 MitbestG Rz. 11; *Raiser*, § 27 MitbestG Rz. 21; aA *Philipp*, ZGR 1978, 60, 74.

nach § 27 Abs. 1 und Abs. 2 richtet[1]. War das weggefallene Aufsichtsratsmitglied nach § 27 Abs. 1 gewählt, kann sich die Nachwahl auf das offene Amt beschränken[2]. Kommt bei der Nachwahl die 2/3-Mehrheit nicht zustande und wird daher ein zweiter Wahlgang erforderlich, so genügt es, wenn die jeweils zuständige Gruppe wählt[3]. Das Gleiche gilt, wenn schon bei der ursprünglichen Wahl der Aufsichtsratsvorsitzende und dessen Stellvertreter durch Gruppenwahl nach § 27 Abs. 2 gewählt worden war[4]. Allerdings können die Satzung, die Geschäftsordnung des Aufsichtsrats oder die Corporate Governance-Grundsätze vorschreiben, dass mit dem Wegfall des Aufsichtsratsvorsitzenden oder seines Stellvertreters auch das Amt des anderen in jedem Fall endet und die Nachwahl stets für beide Positionen vorzunehmen ist, wenngleich dies die Arbeitsfähigkeit des Aufsichtsrats beeinträchtigen dürfte[5].

7 Die Bestellung ist jederzeit frei widerruflich[6]. Der Beschluss bedarf derselben Mehrheit wie die Bestellung[7]. Erfolgte die ursprüngliche Bestellung durch Gruppenwahl nach § 27 Abs. 2, so ist nur die ursprünglich wahlberechtigte Gruppe widerrufsberechtigt, da ansonsten die jeweils andere Gruppe durch sofortigen Widerruf die Bestellung behindern könnte[8].

8 **3. Rechte.** Nach § 29 Abs. 2, § 31 Abs. 4 steht dem Vorsitzenden bei Stimmengleichheit im Aufsichtsrat bei wiederholter Abstimmung ein Zweitstimmrecht zu. Darüber hinaus hat er insb. folgende Aufgaben und Rechte[9]: Er ist aufgefordert, die Arbeit des Aufsichtsrates zu koordinieren und dessen Sitzungen vorzubereiten, einzuberufen und zu leiten (§ 110 Abs. 1 Satz 1 und Abs. 3 AktG; Ziff. 5.2 Satz 1 DCGK) sowie die Niederschrift über die Aufsichtsratssitzung zu unterzeichnen (§ 107 Abs. 2 Satz 1 AktG); er wird häufig kraft Satzungsregelung die Hauptversammlung leiten. Der Vorsitzende ist weiter Adressat von Vorstandsberichten an den Aufsichtsrat, insb. bei wichtigen Anlässen (§ 90 Abs. 1 Satz 3 AktG[10]) und soll mit dem Vorstand regelmäßig Kontakt halten und mit ihm die Strategie, die Geschäftsentwicklung und das Risikomanagement des Unternehmens beraten[11]. Er vertritt den Aufsichtsrat und hat eine Reihe von Formalpflichten (zB Unterzeichnung von Handelsregisteranmeldungen; vgl. §§ 184 Abs. 1, 188 Abs. 1, 195, 207 Abs. 2, 223, 229 Abs. 3, 237 Abs. 2 AktG).

9 **III. Ständiger Ausschuss/Vermittlungsausschuss (§ 27 Abs. 3). 1. Zusammensetzung.** Dem Vermittlungsausschuss gehören der Vorsitzende und dessen Stellvertreter kraft Amtes sowie jeweils ein von den Aufsichtsratsmitgliedern der Anteilseigner und der ArbN gewähltes weiteres Mitglied an. Die Zusammensetzung regelt § 27 Abs. 3 abschließend und zwingend[12]; insb. sind Satzungsregelungen unzulässig, die für die zu wählenden Mitglieder einschränkende Bestimmungen enthalten[13].

10 **2. Aufgaben.** Dem Vermittlungsausschuss obliegt zwingend die Vermittlung bei einer gescheiterten Wahl der Mitglieder des gesetzlichen Vertretungsorgans gem. § 31 Abs. 3 Satz 1 (dazu § 31 Rz. 6–12). Es bestehen keine Bedenken, diesem Ausschuss weitere Aufgaben zu übertragen[14].

11 Nimmt der Vermittlungsausschuss seine Aufgabe nach § 31 Abs. 3 wahr, so ist er nur beschlussfähig, wenn sämtliche Mitglieder anwesend sind und an der Vermittlung mitwirken[15]. Die Beschlussfassung erfolgt nach allgemeinen Grundsätzen mit der Mehrheit der abgegebenen Stimmen[16]. Ein Zweitstimmrecht des Aufsichtsratsvorsitzenden besteht nicht und kann auch durch Satzungsbestimmung nicht gewährt werden[17].

28 *Beschlussfähigkeit*

Der Aufsichtsrat ist nur beschlussfähig, wenn mindestens die Hälfte der Mitglieder, aus denen er insgesamt zu bestehen hat, an der Beschlussfassung teilnimmt. § 108 Abs. 2 Satz 4 des Aktiengesetzes ist anzuwenden.

---

1 Vgl. ErfK/*Oetker*, § 27 MitbestG Rz. 5; *Hanau/Ulmer*, § 27 MitbestG Rz. 11; *Raiser*, § 27 MitbestG Rz. 21. |2 Vgl. *Hanau/Ulmer*, § 27 MitbestG Rz. 11; *Raiser*, § 27 MitbestG Rz. 22; *Hoffmann/Lehmann/Weinmann*, § 27 MitbestG Rz. 29. |3 So auch ErfK/*Oetker*, § 27 MitbestG Rz. 5; *Hanau/Ulmer*, § 27 MitbestG Rz. 11; *Raiser*, § 27 MitbestG Rz. 22; *Philipp*, ZGR 1978, 60 ff.; *Meyer-Landrut*, DB 1978, 443, 444; aA *Fitting/Wlotzke/Wißmann*, § 27 MitbestG Rz. 16 (sog. Tandem-Theorie). |4 Vgl. *Hanau/Ulmer*, § 27 MitbestG Rz. 11; *Raiser*, § 27 MitbestG Rz. 23; *Philipp*, ZGR 1978, 60, 68 f. |5 Ebenso *Raiser*, § 27 MitbestG Rz. 25; *Hoffmann/Lehmann/Weinmann*, § 27 MitbestG Rz. 26; *Philipp*, ZGR 1978, 60, 68 f.; aA *Lutter/Krieger*, Rz. 552; KölnKommAktG/*Mertens*, § 117B, § 27 MitbestG Rz. 8. |6 KölnKommAktG/*Mertens*, § 107 Rz. 27 ff. und Anh. § 117B, § 27 MitbestG Rz. 9 f.; ErfK/*Oetker*, § 27 MitbestG Rz. 4; *Raiser*, § 27 MitbestG Rz. 17. |7 ErfK/*Oetker*, § 27 MitbestG Rz. 4. |8 Vgl. ErfK/*Oetker*, § 27 MitbestG Rz. 4; *Hanau/Ulmer*, § 27 MitbestG Rz. 3; *Fitting/Wlotzke/Wißmann*, § 27 MitbestG Rz. 19. |9 Hierzu ausf. *Hüffer*, § 107 AktG Rz. 5; KölnKommAktG/*Mertens*, § 107 Rz. 33 ff.; *Semler*, Arbeitshandbuch Aufsichtsrat, F 1 ff.; *Lutter/Krieger*, Rz. 553 ff. |10 Hierzu zB *Seibt/Wilde*, in Hommelhoff/Hopt/von Werder, Handbuch Corporate Governance, S. 377, 388 ff.; vgl. auch Ziff. 5.2 Sätze 5 und 6 DCGK. |11 Vgl. Ziff. 5.2 Satz 4 DCGK; hierzu *Kremer* in Ringleb/Kremer/Lutter/von Werder, DCGK, Rz. 674. |12 Vgl. ErfK/*Oetker*, § 27 MitbestG Rz. 9; *Hanau/Ulmer*, § 27 MitbestG Rz. 21. |13 LG München I v. 16.1.1980 – 6 O 1172/79, DB 1980, 678, 679. |14 Vgl. ErfK/*Oetker*, § 27 MitbestG Rz. 9; *Hanau/Ulmer*, § 27 MitbestG Rz. 25; *Raiser*, § 27 MitbestG Rz. 37. |15 Vgl. ErfK/*Oetker*, § 27 MitbestG Rz. 9; *Hanau/Ulmer*, § 27 MitbestG Rz. 23; *Raiser*, § 27 MitbestG Rz. 36; *Fitting/Wlotzke/Wißmann*, § 27 MitbestG Rz. 29; aA *Hoffmann/Lehmann/Weinmann*, § 27 MitbestG Rz. 47 (zwei Mitglieder). |16 Vgl. ErfK/*Oetker*, § 27 MitbestG Rz. 9; *Raiser*, § 27 MitbestG Rz. 36. |17 Vgl. BGH v. 25.2.1982 – II ZR 123/81, BGHZ 83, 106, 117 ff. – Siemens; *Raiser*, § 27 MitbestG Rz. 36; *Hüffer*, § 107 AktG Rz. 20.

1. Gesetzesstatut. Die Beschlussfähigkeit des Aufsichtsrats setzt nach § 28 (entspricht § 108 Abs. 2 AktG) voraus, dass mindestens die Hälfte der Mitglieder, aus denen er nach § 7 Abs. 1 oder nach einer gemäß dieser Vorschrift zulässigen Satzungsbestimmung zu bestehen hat, an dem Beschluss teilnimmt. Damit kann keine der Gruppen die Aufsichtsratsarbeit blockieren, und die Gefahr bloßer Zufallsmehrheiten ist weitgehend ausgeschlossen[1]. Die **Teilnahme** eines Aufsichtsratsmitglieds wird durch die Abgabe einer Stimme (Ja, Nein, Enthaltung) dokumentiert; eine bloße Sitzungsanwesenheit ohne Abstimmungsbeteiligung ist demgegenüber keine Teilnahme[2]. § 28 Satz 2 MitbestG iVm. § 108 Abs. 2 Satz 4 AktG stellt für die Erwerbs- und Wirtschaftsgenossenschaft klar, dass bei einer unvollständigen Besetzung die Beschlussfähigkeit nach § 28 Satz 1 auch dann gegeben ist, wenn das durch § 7 Abs. 1 vorgegebenen Zahlenverhältnis zwischen den Gruppen nicht gewahrt ist[3].

2. Satzungsbestimmungen. § 28 Satz 1 erhält zwingendes Recht, soweit er die Mindestanforderung für die Beschlussfähigkeit regelt[4]. Für statutarische Verschärfung der Anforderungen gilt, dass jdf. solche Satzungsbestimmungen wegen des Grundsatzes der Rechtsgleichheit aller Aufsichtsratsmitglieder unzulässig sind, welche die Beschlussfähigkeit einseitig davon abhängig macht, dass eine bestimmte Mindestzahl von Vertretern der Anteilseigner an der Abstimmung teilnimmt oder die Beschlussfähigkeit an die Teilnahme des Aufsichtsratsvorsitzenden oder eines anderen bestimmten Aufsichtsratsmitglieds binden[5]. Demgegenüber sind solche Satzungsbestimmungen zulässig, welche die Beschlussfähigkeit des Aufsichtsrats ohne Unterscheidung zwischen Aufsichtsratsmitgliedern der Anteilseigner und der ArbN davon abhängig machen, dass mehr als die Hälfte der gesetzlichen Mitgliederzahl des Aufsichtsrats an der Abstimmung teilnimmt[6]. Ebenfalls mit § 28 Satz 1 vereinbar sind Satzungsregelungen, die dem Aufsichtsratsvorsitzenden das Recht einräumen, die Sitzung nach pflichtgemäßem Ermessen zu vertagen[7]. Die Ermessensausübung ist allerdings dann pflichtwidrig, wenn durch eine mehrfache und zeitlich unbeschränkte Vertagung § 28 Satz 1 umgangen wird[8].

Beschlüsse des Aufsichtsrats, die gegen § 28 verstoßen, sind nichtig[9]. Ebenso sind Satzungsbestimmungen nach § 241 Nr. 3 AktG nichtig, die mit § 28 nicht vereinbar sind[10].

29 *Abstimmungen*

(1) Beschlüsse des Aufsichtsrats bedürfen der Mehrheit der abgegebenen Stimmen, soweit nicht in Absatz 2 und in den §§ 27, 31 und 32 etwas anderes bestimmt ist.

(2) Ergibt eine Abstimmung im Aufsichtsrat Stimmengleichheit, so hat bei einer erneuten Abstimmung über denselben Gegenstand, wenn auch sie Stimmengleichheit ergibt, der Aufsichtsratsvorsitzende zwei Stimmen. § 108 Abs. 3 des Aktiengesetzes ist auch auf die Abgabe der zweiten Stimme anzuwenden. Dem Stellvertreter steht die zweite Stimme nicht zu.

I. Regelungsinhalt. § 29 Abs. 1 wiederholt die allgemeine gesellschaftsrechtliche Regel, wonach Organbeschlüsse grundsätzlich der Mehrheit der abgegebenen Stimmen bedürfen (vgl. § 32 Abs. 1 Satz 3 BGB). Sie impliziert bei einem paritätisch besetzten Aufsichtsrat die Ablehnung eines Beschlussantrags, wenn alle Aufsichtsratsmitglieder an der Abstimmung teilnehmen und eine der beiden Gruppen geschlossen dagegen stimmt. Zur Pattauflösung sieht § 29 Abs. 2 (der in § 31 Abs. 4 wiederholt wird) ein Zweitstimmrecht des Aufsichtsratsvorsitzenden für den Fall der Stimmengleichheit in einer zusätzlichen Abstimmung vor. Hiermit wird – nach Art. 14 GG zwingend – der Anteilseignerseite ein gewisses Übergewicht dem Aufsichtsrat zugestanden. Neben § 29 finden über § 25 Abs. 1 die Vorschriften des AktG und des GenG Anwendung.

II. Abstimmung im Aufsichtsrat. 1. Beschluss. Entscheidungen trifft der Aufsichtsrat durch Beschluss (vgl. § 108 Abs. 1 AktG). Dabei ist ein Beschluss die Bildung des Organwillens durch Abstimmung über einen Antrag und hiermit ein mehrseitiges, aber nicht vertragliches Rechtsgeschäft eigener Art[11]. Der Aufsichtsrat muss seine Beschlüsse ausdrücklich fassen; stillschweigende oder konkludente Zustim-

---

[1] ErfK/*Oetker*, § 28 MitbestG Rz. 1; *Hanau/Ulmer*, § 28 MitbestG Rz. 1; *Raiser*, § 28 MitbestG Rz. 1. | [2] Vgl. KölnKommAktG/*Mertens*, § 108 Rz. 57; *Hüffer*, § 108 AktG Rz. 10 aE und 11. | [3] ErfK/*Oetker*, § 28 MitbestG Rz. 1; *Hanau/Ulmer*, § 28 MitbestG Rz. 3; *Raiser*, § 28 MitbestG Rz. 2. | [4] Vgl. ErfK/*Oetker*, § 28 MitbestG Rz. 2; *Hüffer*, § 108 AktG Rz. 13. | [5] BGH v. 25.2.1982 – II ZR 145/80, BGHZ 83, 151, 154 – Bilfinger & Berger; ErfK/*Oetker*, § 28 MitbestG Rz. 2; *Raiser*, § 28 MitbestG Rz. 3; *Hanau/Ulmer*, § 28 MitbestG Rz. 4; *Säcker*, JZ 1980, 84 ff.; *Raiser*, NJW 1980, 211 ff.; *Wiesner*, AG 1979, 205, 206; *Köstler/Kittner/Zachert/Müller*, Aufsichtsratspraxis, Rz. 433; aA OLG Hamburg v. 4.4.1984 – 2 W 25/80, DB 1984, 1616, 1617 f. – Hamburg Mannheimer (*Beschlussfähigkeit* bei Anwesenheit von ¾ der Mitglieder oder der Hälfte der Mitglieder mit Aufsichtsratsvorsitzenden); *Heinsius*, AG 1977, 282 f.; *Preusche*, AG 1980, 125, 126 f.; *Rittner*, DB 1980, 2502 f.; *Feldmann*, DB 1985, 29. | [6] So KölnKommAktG/*Mertens*, Anhang § 117B, § 28 MitbestG Rz. 2; *Lutter/Krieger*, NJW 242; *Feldmann*, DB 1986, 29; aA GroßKommAktG/*Oetker*, § 28 MitbestG Rz. 8; *Hanau/Ulmer*, § 28 MitbestG Rz. 4; *Raiser*, § 28 MitbestG Rz. 3; *Säcker*, JZ 1980, 82, 84 ff.; *Wiesner*, AG 1979, 205, 206. | [7] Vgl. ErfK/*Oetker*, § 28 MitbestG Rz. 7; *Hanau/Ulmer*, § 28 MitbestG Rz. 7; *Raiser*, § 28 MitbestG Rz. 4; aA *Köstler/Kittner/Zachert/Müller*, Aufsichtsratspraxis, Rz. 434. | [8] Vgl. ErfK/*Oetker*, § 28 MitbestG Rz. 3; *Hanau/Ulmer*, § 28 MitbestG Rz. 7; *Raiser*, § 28 MitbestG Rz. 4; *Scholz/U.H. Schneider*, § 52 GmbHG Rz. 287. | [9] *Raiser*, § 28 MitbestG Rz. 4. | [10] BGH v. 25.2.1982 – II ZR 123/81, BGHZ 83, 106 – Siemens; BGH v. 25.2.1982 – II ZR 145/80, BGHZ 83, 151, 152 f. – Bilfinger & Berger; *Raiser*, § 28 MitbestG Rz. 4. | [11] Vgl. *Hüffer*, § 108 AktG Rz. 3.

mung oder Meinungsäußerung des Aufsichtsrates haben nicht die Rechtswirkung eines Beschlusses[1]. Nach hM ist eine geheime Stimmabgabe im Aufsichtsrat zulässig[2]. Kraft seiner Leitungsbefugnis entscheidet der Aufsichtsratsvorsitzende nach pflichtgemäßen Ermessen, ob anstelle einer offenen eine geheime Abstimmung erfolgen soll[3]; daneben kann jdf. auch eine Minderheit von zwei Aufsichtsratsmitgliedern eine geheime Abstimmung verlangen[4].

3 **2. Mehrheitsprinzip.** Nach § 29 Abs. 1 bedarf ein Aufsichtsratsbeschluss in der Regel der Mehrheit der abgegebenen Stimmen. Von dieser Regel weicht das MitbestG ab in § 27 Abs. 1, § 27 Abs. 2 und Abs. 3, § 31 Abs. 2 bzw. Abs. 3 und Abs. 5 sowie §§ 32, 35 Abs. 1 Nr. 10b MitbestG iVm. 124 Abs. 3 AktG. Enthaltungen und ungültige Stimmen zählen für die Mehrheitsberechnung nicht mit[5], allerdings kann in der Satzung oder in der Geschäftsordnung Abweichendes geregelt werden[6]. Nach hM ist § 29 Abs. 1 **zwingendes Recht**, mit der Folge, dass Satzungs- oder Geschäftsordnungsregelungen, die höhere Mehrheitserfordernisse aufstellen oder einzelnen Aufsichtsratsmitgliedern unterschiedliche Stimmrechte oder Zustimmungsbefugnisse einräumen, unwirksam sind[7].

4 **3. Stimmverbot.** Das Aufsichtsratsmitglied unterliegt einem Stimmverbot, wenn der Beschluss die Vornahme eines Rechtsgeschäfts mit ihm oder die Einleitung oder Erledigung eines Rechtsstreits zwischen ihm und dem Unternehmen betrifft (§ 34 BGB analog)[8]. Kein Stimmverbot existiert für das Aufsichtsratsmitglied, das für den Vorsitz im Aufsichtsrat oder die Mitgliedschaft im Vertretungsorgan kandidiert[9]. Nicht nur unerhebliche **Interessenkollisionen in der Person eines Aufsichtsratsmitglieds** können aber zum Stimmverbot führen[10]; gute Unternehmenspraxis entspricht es, bei wesentlichen und nicht nur vorübergehenden Interessenkonflikten das Mandat niederzulegen[11]. In jedem Fall hat das Aufsichtsratsmitglieder den Interessenkonflikt dem Gesamtorgan gegenüber offen zu legen[12]. Der Aufsichtsrat sollte dann in seinem Bericht an die Hauptversammlung über aufgetretene Interessenkonflikte und deren Behandlung (zB Nichtbeteiligung des betreffenden Aufsichtsratsmitglieds an der Abstimmung) informieren[13].

5 **III. Zweitstimme des Aufsichtsratsvorsitzenden (§ 29 Abs. 2).** Nach § 29 Abs. 2 Satz 2 hat der Aufsichtsratsvorsitzende eine Zweitstimme, wenn sowohl die Erste als auch die zweite Abstimmung über denselben Gegenstand zur Stimmengleichheit im Aufsichtsrat geführt hat. Stimmengleichheit liegt vor, wenn ein Beschlussantrag eine identische Zahl von Ja- und Nein-Stimmen erzielt hat, wobei die Ursache der Stimmengleichheit unerheblich ist[14]. Entgegen allgemeinen gesellschaftsrechtlichen Grundsätzen ist der Antrag in diesem Fall nicht abgelehnt, sofern über ihn alsbald nochmals abgestimmt wird und es sich um eine Beschlussfassung iSv. § 29 Abs. 1 handelte[15]. Ohne entsprechende (zulässige) Satzungs- oder Geschäftsordnungsregelung findet § 29 Abs. 2 auf Beschlüsse von Aufsichtsratausschüssen keine Anwendung[16].

6 Findet keine erneute Abstimmung über denselben Beschlussgegenstand statt, so ist der Antrag endgültig abgelehnt[17]. Eine gesetzliche Pflicht zur nochmaligen Abstimmung über den Beschlussgegenstand existiert nicht, sondern der Aufsichtsratsvorsitzende entscheidet nach pflichtgemäßem Ermessen im Rahmen seiner Sitzungsleitungskompetenz hierüber, sofern der Aufsichtsrat nicht mehrheitlich einen abweichenden Beschluss fasst[18]. Allerdings kann durch Satzung oder Geschäftsordnung geregelt werden, dass eine solche zweite Abstimmung erfolgen soll, wenn dies ein Aufsichtsratsmitglied oder eine bestimmte Anzahl von Mitgliedern verlangen[19]. Auch sind Satzungs- oder Geschäftsordnungsregelungen zulässig, die festlegen, dass die nochmalige Abstimmung in derselben oder in der nächsten Aufsichtsratssitzung stattzufinden hat oder im zeitlichen Zusammenhang mit der ersten

---

1 BGH v. 11.7.1953 – II ZR 126/52, BGHZ 10, 187, 194; v. 6.4.1964 – II ZR 75/62, BGHZ 41, 282, 286; v. 19.12.1988 – II ZR 74/88, NJW 1989, 1928, 1929; OLG Schleswig v. 16.11.2000 – 5 U 66/99, AG 2001, 651, 653; *Hüffer*, § 108 AktG Rz. 4. | 2 Vgl. *Hüffer*, § 108 AktG Rz. 5; *Lutter/Krieger*, Aufsichtsrat, § 6 Rz. 243; *Hanau/Ulmer*, § 25 MitbestG Rz. 26; *Ulmer*, AG 1983, 300, 301 ff.; aA KölnKommAktG/*Mertens*, § 108 Rz. 38; Hachenburg-*Raiser*, § 52 GmbHG Rz. 214. | 3 Vgl. *Hüffer*, § 108 AktG Rz. 5a. | 4 Vgl. *Hüffer*, § 108 AktG Rz. 5a; *Ulmer*, AG 1982, 300, 305 f. | 5 ErfK/*Oetker*, § 29 MitbestG Rz. 2; *Hanau/Ulmer*, § 29 MitbestG Rz. 6; *Raiser*, § 29 MitbestG Rz. 6. | 6 ErfK/*Oetker*, § 29 MitbestG Rz. 2; *Raiser*, § 29 MitbestG Rz. 6; MünchArbR/*Wißmann*, § 370 Rz. 9; aA *Hanau/Ulmer*, § 29 MitbestG Rz. 6. | 7 Vgl. ErfK/*Oetker*, § 29 MitbestG Rz. 2; *Hanau/Ulmer*, § 29 MitbestG Rz. 8; *Raiser*, § 29 MitbestG Rz. 7. | 8 Vgl. *Hüffer*, § 108 AktG Rz. 9; *Lutter/Krieger*, Rz. 606. | 9 Vgl. *Lutter/Krieger*, Rz. 606; MünchGesR/*Hoffmann-Becking*, Bd. 4: AG, § 31 Rz. 59; *Wilhelm*, NJW 1983, 912, 915; aA *Hanau/Ulmer*, § 31 MitbestG Rz. 18a; *Ulmer*, NJW 1982, 2288, 2293; Baumbach/Hueck/*Zöllner*, § 52 GmbHG Rz. 52. | 10 Vgl. Baumbach/Hueck/*Zöllner*, § 52 GmbHG Rz. 52. | 11 Vgl. Ziff. 5.5.3 S. 2 DCGK; hierzu *Kremer* in Ringleb/Kremer/Lutter/von Werder, DCGK, Rz. 806. | 12 Vgl. Ziff. 5.5.2 DCGK. | 13 Vgl. Ziff. 5.5.3 S. 1 DCGK; hierzu *Kremer* in Ringleb/Kremer/Lutter/von Werder, DCGK, Rz. 802. | 14 Vgl. ErfK/*Oetker*, § 29 MitbestG Rz. 4; *Hanau/Ulmer*, § 29 MitbestG Rz. 11; *Raiser*, § 29 MitbestG Rz. 9. | 15 Vgl. ErfK/*Oetker*, § 29 MitbestG Rz. 4; *Hanau/Ulmer*, § 29 MitbestG Rz. 9; *Raiser*, § 29 MitbestG Rz. 8. | 16 Vgl. ErfK/*Oetker*, § 29 MitbestG Rz. 4. | 17 Vgl. ErfK/*Oetker*, § 29 MitbestG Rz. 5; *Hanau/Ulmer*, § 29 MitbestG Rz. 13; *Raiser*, § 29 MitbestG Rz. 10. | 18 Vgl. ErfK/*Oetker*, § 29 MitbestG Rz. 5; *Hanau/Ulmer*, § 29 MitbestG Rz. 13; *Raiser*, § 29 MitbestG Rz. 10; MünchArbR/*Wißmann*, § 370 Rz. 10. | 19 So ErfK/*Oetker*, § 29 MitbestG Rz. 5; *Hanau/Ulmer*, § 29 MitbestG Rz. 19; *Raiser*, § 29 MitbestG Rz. 14; *Paefgen*, Struktur und Aufsichtsratsverfassung der mitbestimmten AG, S. 243.

Abstimmung stehen muss[1]. Eine Entscheidungskompetenz des Vorstands kann allerdings nicht geregelt werden, da dies in die Beschlussautonomie des Aufsichtsrats unangemessen eingreifen würde[2].

Der Beschlussantrag muss für die **zweite Abstimmung** unverändert aufrecht erhalten werden. Bei Antragsänderungen muss zunächst eine erste Beschlussfassung nach § 29 Abs. 1 stattfinden[3]. Bei Beschlussanträgen des Vorstands kann der Vorstand anstelle einer Zweitabstimmung nach § 29 Abs. 2 Satz 1 verlangen, dass die Hauptversammlung hierüber beschließt (§ 111 Abs. 4 Sätze 3 und 4 AktG). Zieht das antragstellende Aufsichtsratsmitglied den Beschlussantrag zurück, ist eine zweite Beschlussfassung nur möglich, wenn sich ein anderes Aufsichtsratsmitglied den Antrag zu Eigen macht[4]. Der Kreis der Abstimmenden in der zweiten Abstimmung muss nicht identisch sein mit demjenigen der ersten Stimmabgabe[5]. Ergibt sich in der zweiten Abstimmung wiederum Stimmengleichheit, steht dem Aufsichtsratsvorsitzenden eine zweite Stimme zu (§ 29 Abs. 2 Satz 1). Dabei ist der Aufsichtsratsvorsitzende in der Ausübung der Zweitstimme nicht gebunden, sondern sie obliegt seiner pflichtgemäßen Entscheidung[6]. Eine Einschränkung dieses Ermessensspielraums durch abweichende Satzungs- oder Geschäftsordnungsregelung ist unwirksam[7].

Ist der Aufsichtsratsvorsitzende bei der Beschlussfassung abwesend, so kann er die Zweitstimme mittels Stimmboten abgeben (§ 29 Abs. 2 Satz 2 MitbestG, § 108 Abs. 3 AktG). Demgegenüber kann der Aufsichtsratsvorsitzende sein Stimmrecht nicht auf Dritte, insb. nicht auf seinen Stellvertreter übertragen[8]. Die Zweitstimme steht auch dann nicht dem Stellvertreter zu, wenn der Aufsichtsratsvorsitzende verhindert ist, ohne dass er seine Zweitstimme schriftlich niedergelegt hat, oder sein Amt vorzeitig beendet ist (§ 29 Abs. 2 Satz 3).

Dritter Teil. Gesetzliches Vertretungsorgan

30 *Grundsatz*
Die Zusammensetzung, die Rechte und Pflichten des zur gesetzlichen Vertretung des Unternehmens befugten Organs sowie die Bestellung seiner Mitglieder bestimmen sich nach den für die Rechtsform des Unternehmens geltenden Vorschriften, soweit sich aus den §§ 31 bis 33 nichts anderes ergibt.

1. **Regelungsinhalt.** Die Grundsatznorm des § 30 bestimmt den Vorrang mitbestimmungsrechtlicher Vorschriften über die Bestellung der Mitglieder des gesetzlichen Vertretungsorgans (§ 31), dessen Rechte und Pflichten (§ 32) und dessen Zusammensetzung (§ 33). Daneben wird klargestellt, dass das für die jeweilige Rechtsform spezifische Gesellschaftsrecht Anwendung findet.

2. **AG.** Für den Vorstand der AG ergeben sich Besonderheiten aufgrund der §§ 30 bis 33 insb. für die Zahl der Vorstandsmitglieder nach § 76 Abs. 2 AktG (hierzu § 33 Rz. 2: im Regelfall zwei Mitglieder) sowie den Umfang der Vertretungsmacht nach § 78 Abs. 1 AktG (hierzu § 32 und § 33). Die Bestellung und Abberufung von Vorstandsmitgliedern regelt § 31 durch Bezugnahme auf die §§ 84 und 85 AktG abschließend und zwingend.

3. **KGaA.** Die Rechte und Pflichten sowie der Umfang der Geschäftsführungs- und Vertretungsbefugnis der persönlich haftenden Gesellschafter (vertretungsberechtigtes Organ der KGaA) ergeben sich maßgeblich aus der Satzung iVm. §§ 114 ff., 125, 161 Abs. 2 HGB. Diese Strukturen lässt das MitbestG zu Recht weitgehend unberührt, indem es die Vorschriften über die Bestellung des geschäftsführenden und vertretungsbefugten Organs durch den Aufsichtsrat (Grund: Grundsatz der Selbstorganschaft) und über den Arbeitsdirektor auf die KGaA für unanwendbar erklärt (§§ 31 Abs. 1 Satz 2, 33 Abs. 1 Satz 2).

4. **GmbH.** Für die Geschäftsführer der GmbH ergeben sich aufgrund der §§ 30 bis 33 erhebliche Abweichungen zum gesellschaftsrechtlichen Normalstatut. Die Kompetenz zur Bestellung und Abberufung der Geschäftsführer sowie für den Abschluss, die Änderung und die Beendigung der Anstellungsverträge steht nicht der Gesellschafterversammlung, sondern hier dem Aufsichtsrat zu (§ 31 Abs. 1; hierzu § 31 Rz. 16). Weiterhin ergeben sich Auswirkungen auf die Mindestzahl der Geschäftsführer (hierzu § 33 Rz. 2: im Regelfall zwei) und zum zwingenden Umfang der Geschäftsführungs- und Vertretungsbefugnis (hierzu § 32 und § 33).

---

1 Vgl. ErfK/*Oetker*, § 29 MitbestG Rz. 5; *Hanau/Ulmer*, § 29 MitbestG Rz. 19; *Raiser*, § 29 MitbestG Rz. 15; *Paefgen*, Struktur und Aufsichtsratsverfassung der mitbestimmten AG, S. 255 ff. | 2 So auch ErfK/*Oetker*, § 29 MitbestG Rz. 5; *Raiser*, § 29 MitbestG Rz. 14; *Säcker/Theisen*, AG 1980, 29, 38; *Paefgen*, Struktur und Aufsichtsratsverfassung der mitbestimmten AG, S. 244. | 3 Vgl. ErfK/*Oetker*, § 29 MitbestG Rz. 6. | 4 Vgl. ErfK/*Oetker*, § 29 MitbestG Rz. 6; *Hanau/Ulmer*, § 29 MitbestG Rz. 12. | 5 Vgl. ErfK/*Oetker*, § 29 MitbestG Rz. 6; *Hanau/Ulmer*, § 29 MitbestG Rz. 15; *Raiser*, § 29 MitbestG Rz. 12. | 6 So ErfK/*Oetker*, § 29 MitbestG Rz. 9; *Hanau/Ulmer*, § 29 MitbestG Rz. 12; *Raiser*, § 29 MitbestG Rz. 12; aA *Säcker/Theisen*, AG 1980, 29, 38; *Paefgen*, Struktur und Aufsichtsratsverfassung der mitbestimmten AG, S. 261 (automatische Doppelzählung). | 7 Vgl. ErfK/*Oetker*, § 29 MitbestG Rz. 9; *Hanau/Ulmer*, § 29 MitbestG Rz. 20; *Raiser*, § 29 MitbestG Rz. 16; aA *Säcker/Theisen*, AG 1980, 29, 38; *Paefgen*, Struktur und Aufsichtsratsverfassung der mitbestimmten AG, S. 261. | 8 Vgl. ErfK/*Oetker*, § 29 MitbestG Rz. 8; *Hanau/Ulmer*, § 29 MitbestG Rz. 17; *Wank*, AG 1980, 148, 151.

MitbestG § 30 Rz. 5   Grundsatz

5   **5. Eingetragene Wirtschafts- und Erwerbsgenossenschaft.** Aus § 31 Abs. 1 folgt, dass der Vorstand der eingetragenen Genossenschaft (§§ 24 ff. GenG) nicht wie im Normalstatut durch die Generalversammlung, sondern durch den Aufsichtsrat gewählt wird. Dem Aufsichtsrat kommt ferner auch die Annexkompetenz zum Abschluss, zur Änderung und zur Beendigung der Anstellungsverträge mit den Vorstandsmitgliedern zu (hierzu § 31 Rz. 17).

31   *Bestellung und Widerruf*

(1) Die Bestellung der Mitglieder des zur gesetzlichen Vertretung des Unternehmens befugten Organs und der Widerruf der Bestellung bestimmen sich nach den §§ 84 und 85 des Aktiengesetzes, soweit sich nicht aus den Absätzen 2 bis 5 etwas anderes ergibt. Dies gilt nicht für Kommanditgesellschaften auf Aktien.

(2) Der Aufsichtsrat bestellt die Mitglieder des zur gesetzlichen Vertretung des Unternehmens befugten Organs mit einer Mehrheit, die mindestens zwei Drittel der Stimmen seiner Mitglieder umfasst.

(3) Kommt eine Bestellung nach Absatz 2 nicht zustande, so hat der in § 27 Abs. 3 bezeichnete Ausschuss des Aufsichtsrats innerhalb eines Monats nach der Abstimmung, in der die in Absatz 2 vorgeschriebene Mehrheit nicht erreicht worden ist, dem Aufsichtsrat einen Vorschlag für die Bestellung zu machen; dieser Vorschlag schließt andere Vorschläge nicht aus. Der Aufsichtsrat bestellt die Mitglieder des zur gesetzlichen Vertretung des Unternehmens befugten Organs mit der Mehrheit der Stimmen seiner Mitglieder.

(4) Kommt eine Bestellung nach Absatz 3 nicht zustande, so hat bei einer erneuten Abstimmung der Aufsichtsratsvorsitzende zwei Stimmen; Absatz 3 Satz 2 ist anzuwenden. Auf die Abgabe der zweiten Stimme ist § 108 Abs. 3 des Aktiengesetzes anzuwenden. Dem Stellvertreter steht die zweite Stimme nicht zu.

(5) Die Absätze 2 bis 4 sind für den Widerruf der Bestellung eines Mitglieds des zur gesetzlichen Vertretung des Unternehmens befugten Organs entsprechend anzuwenden.

1   **I. Regelungsinhalt.** Mit § 31 wird die Kompetenz zur Bestellung und Abberufung der Mitglieder des Vertretungsorgans (Personalkompetenz) zugunsten des Aufsichtsrats geregelt und dadurch gewährleistet, dass die Unternehmensleitung sowohl durch die Anteilseigner als auch durch die ArbN legitimiert ist[1]. Dabei soll das in § 31 Abs. 2 bis Abs. 4 geregelte dreistufige Bestellungsverfahren sicherstellen, dass sich die Unternehmensleitung auf eine möglichst breite Mehrheit im Aufsichtsrat stützen kann[2]. Für die KGaA gilt § 31 nicht (§ 31 Abs. 1 Satz 2; siehe § 30 Rz. 3).

2   **II. Bestellung. 1. Aufsichtsratskompetenz.** Die Bestellung der Mitglieder des Vertretungsorgans richtet sich nach § 31 Abs. 1 MitbestG iVm. §§ 84, 85 AktG, sofern § 31 Abs. 2 bis Abs. 4 keine abweichenden Bestimmungen trifft (§ 31 Abs. 1 Satz 1). Das gilt auch für die Bestellung des Arbeitsdirektors (§ 33) sowie gesetzlich zwingend zu bestellenden Stellvertretern der Mitglieder des Vertretungsorgans (§ 94 AktG, § 44 GmbHG, § 35 GenG)[3]. Die Bestellung hat rechtsgeschäftliche Natur und erfolgt durch Beschlussfassung des Aufsichtsrats als Gesamtorgan (§ 25 Abs. 1 MitbestG iVm. § 107 Abs. 3 Satz 2 AktG), dessen Kundgabe an das künftige Organmitglied und dessen Annahmeerklärung gegenüber dem Aufsichtsrat[4]. **Satzungsregelungen**, die unangemessene Einschränkungen der Wahlfreiheit des Aufsichtsrats enthalten (zB Bindung der Stimmrechtsausübung der Aufsichtsratsmitglieder an die Entscheidung Dritter[5]), sind wegen Verstoßes gegen § 31 Abs. 1 Satz 1 unwirksam. Demgegenüber kann die Satzung persönliche Eignungsvoraussetzungen für die Mitglieder des Vertretungsorgans vorsehen, sofern sie nicht ausnahmsweise die Wahlfreiheit des Aufsichtsrats (und damit auch die MitbestR der ArbN) unangemessen beeinträchtigen[6]. Der Bestellungszeitraum beträgt höchstens fünf Jahre (§ 84 Abs. 1 AktG).

3   **2. Wahlverfahren. a) Dreistufiges Wahlverfahren.** Über jedes Mitglied des Vertretungsorgans wird selbständig im dreistufigen Verfahren nach § 31 Abs. 2 bis Abs. 4 abgestimmt. Daher können die Kandidaten in unterschiedlichen Verfahrensabschnitten erfolgreich sein. Vorschlagsberechtigt sind alle Mitglieder des Aufsichtsrats[7].

4   **b) Erster Wahlgang.** Im ersten Wahlgang ist gewählt, wer mindestens 2/3 aller bestehenden Stimmen auf sich vereinigt (§ 31 Abs. 2)[8]. Die Aufsichtsratsmitglieder, die selbst zur Wahl als Mitglied des Vertretungsorgans kandidieren, unterliegen keinem Stimmverbot[9].

5   **c) Vermittlungsverfahren und zweiter Wahlgang.** Für diejenigen Sitze, die mangels 2/3-Mehrheit nicht im ersten Wahlgang besetzt werden, ist zwingend der Vermittlungsausschuss (§ 27 Abs. 3) einzuschal-

---

1 Hierzu BT-Drs. 7/2172, S. 28. | 2 Vgl. ErfK/*Oetker*, § 31 MitbestG Rz. 1; *Hanau/Ulmer*, § 31 MitbestG Rz. 1. | 3 Vgl. ErfK/*Oetker*, § 31 MitbestG Rz. 3. | 4 Vgl. *Hüffer*, § 84 AktG Rz. 3 f. | 5 Vgl. ErfK/*Oetker*, § 31 MitbestG Rz. 2; *Raiser*, § 31 MitbestG Rz. 8. | 6 Vgl. ErfK/*Oetker*, § 31 MitbestG Rz. 2, *Hanau/Ulmer*, § 31 MitbestG Rz. 13; *Raiser*, § 31 MitbestG Rz. 9; aA *Säcker*, DB 1977, 1791, 1792; GK-MitbestG/*Naendrup*, § 25 Rz. 105 f. | 7 Vgl. ErfK/*Oetker*, § 31 MitbestG Rz. 4; *Hanau/Ulmer*, § 31 MitbestG Rz. 17; *Raiser*, § 31 MitbestG Rz. 13. | 8 Vgl. ErfK/*Oetker*, § 31 MitbestG Rz. 5; *Hanau/Ulmer*, § 31 MitbestG Rz. 19; *Raiser*, § 31 MitbestG Rz. 14. | 9 Vgl. ErfK/*Oetker*, § 31 MitbestG Rz. 5; *Raiser*, § 31 MitbestG Rz. 13; aA *Hanau/Ulmer*, § 31 MitbestG Rz. 18a; hierzu auch § 29 Rz. 4.

ten, der innerhalb eines Monats einen Wahlvorschlag zu machen hat (§ 31 Abs. 3 Satz 1)[1]. Allerdings ist der Aufsichtsrat an einer weiteren Beschlussfassung nicht gehindert, wenn ein Vorschlag des Vermittlungsausschusses nach Ablauf der Monatsfrist nicht vorliegt[2]. Über den Vorschlag des Vermittlungsausschusses hat der Aufsichtsrat abzustimmen (§ 31 Abs. 3 Satz 2), wobei er an den Vorschlaginhalt nicht gebunden ist (§ 31 Abs. 3 Satz 1 Halbs. 2) Ein Kandidat ist im zweiten Wahlgang gewählt, wenn er die absolute Mehrheit sämtlicher bestehender Stimmen auf sich vereint (§ 31 Abs. 3 Satz 2).

d) Dritter Wahlgang. Wird die absolute Mehrheit im zweiten Wahlgang verfehlt, kann ein dritter Wahlgang durchgeführt werden, bei dem der Aufsichtsratsvorsitzende über zwei Stimmen verfügt (§ 31 Abs. 4 Satz 1). Bei dieser Abstimmung ist der Aufsichtsrat nicht an die Vorschläge der vorherigen Wahlgänge gebunden[3]. Aus einem Wortlautvergleich von § 31 Abs. 4 mit § 29 Abs. 2 ergibt sich, dass die Zweitstimme des Aufsichtsratsvorsitzenden diesem sofort zusteht und er diese auch nicht nur einsetzen kann, um die nach § 31 Abs. 4 Satz 1 erforderliche absolute Mehrheit herzustellen[4]. Ist der Aufsichtsratsvorsitzender bei der Beschlussfassung abwesend, so kann er die Zweitstimme mittels Stimmboten nach § 108 Abs. 3 abgeben (§ 31 Abs. 4 Satz 2 MitbestG iVm. § 108 Abs. 3 AktG). Dem Stellvertreter steht die zweite Stimme nicht zu (§ 31 Abs. 4 Satz 3) und der Aufsichtsratsvorsitzende kann ihn auch zur Ausübung nicht bevollmächtigen. Der Aufsichtsratsvorsitzende ist nicht verpflichtet, die zweite Stimme abzugeben. 6

e) Notbestellung. Wird auch im dritten Wahlgang die absolute Mehrheit nicht erreicht, ist der Kandidat nicht gewählt und das Wahlverfahren hat ggf. von vorn zu beginnen. In dringenden Fällen besteht die Möglichkeit der gerichtlichen Notbestellung (§ 31 Abs. 1 MitbestG iVm. § 85 Abs. 1 AktG)[5]. 7

III. Widerruf der Bestellung. Auf den Widerruf der Bestellung finden primär die Bestellungsvorschriften in § 31 Abs. 2 bis Abs. 4 entsprechende Anwendung, subsidiär hierzu § 84 Abs. 3 AktG (§ 31 Abs. 5). Danach bedarf es zur Abberufung unabhängig von der Rechtsform des Unternehmens zwingend eines **wichtigen Grundes**[6]. Ein solcher Grund ist namentlich grobe Pflichtverletzung, Unfähigkeit zur ordnungsgemäßen Geschäftsführung oder Vertrauensentzug durch die Hauptversammlung, es sei denn, dass das Vertrauen aus offenbar unsachlichen Gründen (zB bloße Nähe zu den ArbN) entzogen würde (vgl. § 84 Abs. 3 AktG)[7]. Während nach Aktienrecht über die Abberufung ein mit einfacher Mehrheit gefasster Aufsichtsratsbeschluss ausreicht (Ausnahme: Vertrauensentzug bedarf Beschluss der Hauptversammlung), gilt hier das in § 31 Abs. 2 bis Abs. 4 geregelte Verfahren. Wird im ersten Wahlgang die 2/3-Mehrheit (§ 31 Abs. 2) verfehlt, so hat der Vermittlungsausschuss innerhalb der Monatsfrist zur Abberufung Stellung zu nehmen[8]. Wird im ersten Wahlgang sogar die einfache Stimmenmehrheit verfehlt, ist das Verfahren aufgrund der Eindeutigkeit des Ergebnisses zugunsten des Mitglieds des Vertretungsorgans zu beenden[9]. 8

IV. Bestellung und Abberufung des Vorstandsvorsitzenden. Wenngleich § 31 Abs. 1 Satz 1 für die Personalkompetenz nur die Mitglieder des Vertretungsorgans insgesamt in Bezug nimmt, ist der Aufsichtsrat aufgrund des engen Zusammenhangs auch für die Bestellung und Abberufung des Vorstandsvorsitzenden (vgl. § 84 Abs. 2 AktG) unabhängig von der Rechtsform zuständig[10]. Die Bestellung eines Vorstandsvorsitzenden (bzw. eines Vorstandssprechers) entspricht den Grundsätzen guter Unternehmensführung[11], kann aber wegen des ansonsten verletzten Autonomiebereiches des Aufsichtsrates weder durch die Satzung noch durch die Hauptversammlung zwingend vorgeschrieben werden[12]. Das Verfahren für Bestellung und Abberufung des Vorstandsvorsitzenden richtet sich nicht nach § 31 Abs. 2 bis Abs. 4, sondern nach der Grundnorm des § 29[13]. 9

V. Arbeitsrechtlicher Anstellungsvertrag. Von der kooperationsrechtlichen Organstellung zu unterscheiden sind die in einem arbeitsrechtlichen Anstellungsvertrag geregelten schuldrechtlichen Beziehungen des Organmitglieds zur Gesellschaft. Für die **AG** ergibt sich aus § 25 Abs. 1 Satz 1 Nr. 1 MitbestG iVm. § 84 Abs. 1 Satz 5 AktG, dass ausschließlich der Aufsichtsrat für den Abschluss des Anstellungsvertrages sowie für seine spätere Änderung und Beendigung zuständig ist. Dabei können diese Kompetenzen auch auf einen Aufsichtsratsausschuss übertragen werden, da die in § 107 Abs. 3 Satz 2 10

---

[1] Vgl. ErfK/*Oetker*, § 31 MitbestG Rz. 6; *Hanau/Ulmer*, § 31 MitbestG Rz. 20; *Raiser*, § 31 MitbestG Rz. 16.
[2] Vgl. ErfK/*Oetker*, § 31 MitbestG Rz. 6; *Hanau/Ulmer*, § 31 MitbestG Rz. 21; *Raiser*, § 31 MitbestG Rz. 20.
[3] Vgl. ErfK/*Oetker*, § 31 MitbestG Rz. 7.   [4] So auch ErfK/*Oetker*, § 31 MitbestG Rz. 7; *Hanau/Ulmer*, § 31 MitbestG Rz. 22; *Hoffmann/Lehmann/Weinmann*, § 31 MitbestG Rz. 23; aA *Raiser*, § 31 MitbestG Rz. 17 aE; *Fitting/Wlotzke/Wißmann*, § 31 MitbestG Rz. 20; *Lutter/Krieger*, § 31 Rz. 133; *Reich/Lewerenz*, AuR 1976, 261, 270.
[5] Vgl. ErfK/*Oetker*, § 31 MitbestG Rz. 8; *Hanau/Ulmer*, § 31 MitbestG Rz. 24.   [6] Vgl. ErfK/*Oetker*, § 31 MitbestG Rz. 9; *Hanau/Ulmer*, § 31 MitbestG Rz. 29; *Raiser*, § 31 MitbestG Rz. 35.   [7] Vgl. ErfK/*Oetker*, § 31 MitbestG Rz. 9; *Raiser*, § 31 MitbestG Rz. 32.   [8] Vgl. ErfK/*Oetker*, § 31 MitbestG Rz. 9; *Hanau/Ulmer*, § 31 MitbestG Rz. 33; *Raiser*, § 31 MitbestG Rz. 33.   [9] Vgl. ErfK/*Oetker*, § 31 MitbestG Rz. 9; *Hanau/Ulmer*, § 31 MitbestG Rz. 33; *Raiser*, § 31 MitbestG Rz. 34; *Säcker*, BB 1979, 1321, 1322 Fn. 8; abweichend LG Ravensburg vom 4.3.1985, EWiR § 31 MitbestG 1/85 (*Wiesner*); *Riegger*, NJW 1988, 2991.   [10] So auch ErfK/*Oetker*, § 31 MitbestG Rz. 10; *Hanau/Ulmer*, § 31 MitbestG Rz. 28; *Raiser*, § 31 MitbestG Rz. 10; aA *Werner*, FS Fischer, S. 821, 826.   [11] Vgl. Ziff. 4.2.1 Satz 1 DCGK; hierzu *Ringleb*, in Ringleb/Kremer/Lutter/von Werder, DCGK, Rz. 482 ff.
[12] So auch KölnKommAktG/*Mertens*, § 84 Rz. 88; aA *Krieger*, Personalentscheidung, S. 252 f.   [13] Vgl. ErfK/*Oetker*, § 31 MitbestG Rz. 10; *Hanau/Ulmer*, § 31 MitbestG Rz. 28; *Raiser*, § 31 MitbestG Rz. 34.

AktG (iVm. § 25 Abs. 1 Satz 1 Nr. 1) geregelte Sperrwirkung nur für die kooperationsrechtliche Bestellung und Abberufung gilt[1].

11 Nach hM kommt bei einer dem MitbestG unterfallenden **GmbH** – abweichend von den gesellschaftsrechtlichen Grundsätzen zur Annexkompetenz der Gesellschafterversammlung und zur Rechtslage bei § 77 Abs. 1 BetrVG 1952[2] – dem Aufsichtsrat die Kompetenz zu, über den Abschluss, die Änderung und die Beendigung von Geschäftsführer-Anstellungsverträgen zu beschließen[3]. Allerdings kann die Satzung allgemeine Richtlinien über den Inhalt des Anstellungsvertrages (zB Vergütungsstruktur für Geschäftsführer) festlegen, sofern dies die Auswahl- und Widerrufsfreiheit des Aufsichtsrats nicht unangemessen beschränkt[4].

12 Auch für die eingetragene **Erwerbs- und Wirtschaftsgenossenschaft** folgt aus § 31 Abs. 1 die Kompetenz des Aufsichtsrats, die Anstellungsverträge mit dem Vorstand abzuschließen, zu ändern oder zu beenden[5].

32 Ausübung von Beteiligungsrechten

(1) Die einem Unternehmen, in dem die Arbeitnehmer nach diesem Gesetz ein Mitbestimmungsrecht haben, auf Grund von Beteiligungen an einem anderen Unternehmen, in dem die Arbeitnehmer nach diesem Gesetz ein Mitbestimmungsrecht haben, zustehenden Rechte bei der Bestellung, dem Widerruf der Bestellung oder der Entlastung von Verwaltungsträgern sowie bei der Beschlussfassung über die Auflösung oder Umwandlung des anderen Unternehmens, den Abschluss von Unternehmensverträgen (§§ 291, 292 des Aktiengesetzes) mit dem anderen Unternehmen, über dessen Fortsetzung nach seiner Auflösung oder über die Übertragung seines Vermögens können durch das zur gesetzlichen Vertretung des Unternehmens befugte Organ nur auf Grund von Beschlüssen des Aufsichtsrats ausgeübt werden. Diese Beschlüsse bedürfen nur der Mehrheit der Stimmen der Aufsichtsratsmitglieder der Anteilseigner; sie sind für das zur gesetzlichen Vertretung des Unternehmens befugte Organ verbindlich.

(2) Absatz 1 ist nicht anzuwenden, wenn die Beteiligung des Unternehmens an dem anderen Unternehmen weniger als ein Viertel beträgt.

1 **1. Regelungsinhalt.** § 32 enthält eine **Spezialvorschrift zur Beschränkung der Geschäftsführungs- und Vertretungsbefugnis des Vertretungsorgans** für den Fall, dass ein nach dem MitbestG mitbestimmtes Unternehmen (Obergesellschaft) an einem anderen, gleichfalls nach dem MitbestG mitbestimmten Unternehmen (Untergesellschaft) mit mindestens 25 % beteiligt ist. Denn die Mitbest. im Aufsichtsrat der Obergesellschaft könnte deren Vertretungsorgan veranlassen, bei der Ausübung der der Obergesellschaft zustehenden Stimmrechte in der Anteilseignerversammlung der Untergesellschaft auch ArbN-Interessen zu berücksichtigen, was zu einer Kumulation der MitbestR führen könnte[6]. Daneben sollen Grundlagenentscheidungen, die in unabhängigen Unternehmen der Anteilseignerversammlung vorbehalten sind, auch in abhängigen Unternehmen ohne ArbN-Einfluss getroffen werden[7]. Beide Ziele verwirklicht § 32 durch eine **doppelte Modifikation der aktienrechtlichen Regeln über Vorstand und Aufsichtsrat:** In einem ersten Schritt wird bestimmt, dass die aus der Beteiligung fließenden Rechte nicht vom Vorstand der Obergesellschaft allein wahrgenommen werden können, sondern nur aufgrund eines dieses bindenden Aufsichtsratsbeschlusses; in einem zweiten Schritt wird der Beschluss des Gesamtaufsichtsrats durch einen Sonderbeschluss der Anteilseignervertreter ersetzt, wodurch im Ergebnis die Wahrnehmung der Beteiligungsrechte vom Vorstand auf die Anteilseignerseite im Aufsichtsrat verlagert wird[8].

2 **2. Anwendungsbereich.** Die Anwendung von § 32 Abs. 1 Satz 1 setzt voraus, dass sowohl die Ober- als auch die Untergesellschaft der Mitbest. nach dem MitbestG (nicht anderer Mitbestimmungsgesetze) unterliegt. § 32 findet auch auf KGaA als Obergesellschaft Anwendung, da Ausnahmevorschriften wie §§ 31 Abs. 1 Satz 2, 33 Abs. 1 Satz 2 hier fehlen[9]. Ist die Obergesellschaft eine Kapitalgesellschaft & Co. KG iSv. § 4 Abs. 1, so werden die ihr zustehenden Beteiligungsrechte durch die Komplementär-Kapitalgesellschaft ausgeübt und unterliegen dort der Mitbest. des Aufsichtsrats und somit der Gefahr einer Potenzierung des ArbN-Einflusses. Nach seinem Schutzgedanken und wegen der vergleichbaren Interessenlage findet § 32 Abs. 1 auf diese Fälle entsprechende Anwendung[10].

---

1 BGH v. 23.10.1975 – II ZR 90/73, BGHZ 65, 190, 193; *Hüffer*, § 107 AktG Rz. 18. | 2 Vgl BGH v. 3.7.2000 – II ZR 282/98, ZIP 2000, 1442, 1443; siehe auch § 77 BetrVG 1952 Rz. 13. | 3 Vgl. BGH v. 14.11.1983 – II ZR 33/83, BGHZ 89, 48, 57; ErfK/*Oetker*, § 31 MitbestG Rz. 12; *Hanau/Ulmer*, § 31 MitbestG Rz. 39; *Raiser*, § 31 MitbestG Rz. 25; *Henssler*, FS BGH II, S. 387, 402; aA *Werner*, FS Fischer, S. 821 ff. | 4 Vgl. *Hanau/Ulmer*, § 31 MitbestG Rz. 40; *Raiser*, § 31 MitbestG Rz. 26; *Krieger*, Personalentscheidung, S. 288 ff. | 5 Vgl. ErfK/*Oetker*, § 31 MitbestG Rz. 13; *Hanau/Ulmer*, § 31 MitbestG Rz. 38; *Raiser*, § 31 MitbestG Rz. 24. | 6 Vgl. BT-Drs. 7/2172, S. 28; vgl. auch *Raiser*, § 32 MitbestG Rz. 1. | 7 Vgl. ErfK/*Oetker*, § 32 MitbestG Rz. 1; *Hanau/Ulmer*, § 32 MitbestG Rz. 2; *Raiser*, § 32 MitbestG Rz. 1. | 8 Vgl. *Raiser*, § 1 MitbestG Rz. 1. | 9 Im Ergebnis ebenso *Fitting*/*Wlotzke*/*Wißmann*, § 32 MitbestG Rz. 14; aA ErfK/*Oetker*, § 32 MitbestG Rz. 2; *Hanau/Ulmer*, § 32 MitbestG Rz. 5; schwächer *Raiser*, § 32 MitbestG Rz. 5 (Ausnahme zu erwägen). | 10 So auch ErfK/*Oetker*, § 32 MitbestG Rz. 2; *Hanau/Ulmer*, § 32 MitbestG Rz. 8; *Raiser*, § 32 MitbestG Rz. 6.

Nach § 32 Abs. 2 muss die Obergesellschaft an der Untergesellschaft mit mindestens ¼ der Anteile oder der Stimmen beteiligt sein[1]. Die Berechnungsvorschriften des § 16 Abs. 2 Sätze 2 und 3 sowie Abs. 4 AktG sind nicht anzuwenden, da § 32 hierauf nicht verweist[2].

3. Weisungsrecht des Aufsichtsrats. Sind die Voraussetzungen des § 32 erfüllt, wird die Entscheidungsbefugnis für die Ausübung von Beteiligungsrechten (Stimmrechte, Entsendungs- und andere Sonderrechte) in Bezug auf die in § 32 Abs. 1 Satz 1 abschließend aufgezählten Geschäfte dem Aufsichtsrat zugewiesen, in dem die Ausübung durch das vertretungsberechtigte Gesellschaftsorgan an einen diesen bindenden Beschluss des Aufsichtsrats geknüpft wird. Hierdurch wird das Vertretungsorgan der Gesellschaft nicht nur in seiner Geschäftsführungsbefugnis, sondern abweichend von § 82 Abs. 1 AktG, § 37 Abs. 2 GmbHG, § 27 Abs. 2 GenG zugleich in seiner Vertretungsmacht beschränkt[3]. Fehlt ein Beschluss oder weicht das Vertretungsorgan unberechtigt von diesem ab, so ist die Wahrnehmung der Beteiligungsrechte in der Untergesellschaft nach § 180 Satz 1 BGB unwirksam[4]; eine nachträgliche Genehmigung gemäß §§ 180 Satz 2, 177 BGB wird im Regelfall zulässig sein[5].

Die Geschäftsführungsentscheidung des Aufsichtsrats mit Weisungscharakter erfolgt durch Beschluss der Aufsichtsratsmitglieder der Anteilseigner. Die **ArbN-Vertreter** können an der beschlussfassenden Sitzung teilnehmen und haben Anspruch auf die gleichen Informationen wie die Anteilseignervertreter[6], können allerdings nicht an im Zusammenhang mit den materiellen Beschlüssen stehenden Verfahrensentscheidungen teilnehmen und Anträge zur Geschäftsordnung stellen[7]. Die Beschlussfähigkeit setzt entsprechend § 28 die Teilnahme mindestens der Hälfte aller Aufsichtsratsmitglieder der Anteilseigner voraus, bezogen auf die gesetzliche oder satzungsgemäße (§ 7 Abs. 1) Mitgliederzahl[8]. Der Beschluss bedarf der absoluten Mehrheit der Stimmen, dh. der Mehrheit der im Aufsichtsrat tatsächlich vertretenen Mitglieder der Anteilseigner[9].

Der Aufsichtsrat kann und sollte die Zuständigkeit nach § 32 auf einen sog. **Beteiligungsausschuss** übertragen; § 107 Abs. 3 AktG steht dem nicht entgegen[10]. Für die Besetzung des Beteiligungsausschusses gelten die allgemeinen Regeln (§ 25 Rz. 5).

33 Arbeitsdirektor

(1) Als gleichberechtigtes Mitglied des zur gesetzlichen Vertretung des Unternehmens befugten Organs wird ein Arbeitsdirektor bestellt. Dies gilt nicht für Kommanditgesellschaften auf Aktien.

(2) Der Arbeitsdirektor hat wie die übrigen Mitglieder des zur gesetzlichen Vertretung des Unternehmens befugten Organs seine Aufgaben im engsten Einvernehmen mit dem Gesamtorgan auszuüben. Das Nähere bestimmt die Geschäftsordnung.

(3) Bei Erwerbs- und Wirtschaftsgenossenschaften ist auf den Arbeitsdirektor § 9 Abs. 2 des Gesetzes betreffend die Erwerbs- und Wirtschaftsgenossenschaften nicht anzuwenden.

I. Regelungsinhalt. Nach § 33 ist die Bestellung eines Arbeitsdirektors als gleichberechtigtes Mitglied des gesetzlichen Vertretungsorgans zwingend, der im Wesentlichen für Sozial- und Personalfragen zuständig ist. Dies gilt nicht bei der KGaA (§ 33 Abs. 1 Satz 2). Zwar ging man während des Gesetzgebungsverfahrens davon aus, dass der Arbeitsdirektor (entsprechend der Praxis zu § 13 MitbestErgG) auf das Vertrauen der ArbN angewiesen sein wird, einen gesetzlichen Niederschlag hat dies allerdings nicht gefunden, so dass eine Bestellung auch gegen den Willen der ArbN-Vertreter im Aufsichtsrat erfolgen kann.

---

[1] Vgl. ErfK/*Oetker*, § 32 MitbestG Rz. 3; *Hanau/Ulmer*, § 32 MitbestG Rz. 6; *Raiser*, § 32 MitbestG Rz. 7. | [2] Vgl. ErfK/*Oetker*, § 32 MitbestG Rz. 3; *Hanau/Ulmer*, § 32 MitbestG Rz. 7; *Raiser*, § 32 MitbestG Rz. 7; aA GK-MitbestG/*Schneider*, § 32 Rz. 19. | [3] So auch *Hüffer*, § 78 AktG Rz. 8a; ErfK/*Oetker*, § 32 MitbestG Rz. 4; *Hanau/Ulmer*, § 32 MitbestG Rz. 15; *Raiser*, § 32 MitbestG Rz. 24; *Fitting/Wlotzke/Wißmann*, § 32 MitbestG Rz. 23; *Semler*, FS Kropff, S. 301, 306; aA *Crezelius*, ZGR 1980, 359, 372 f.; *Eichler*, BB 1977, 1064; *Säcker*, DB 1977, 2031, 2035. | [4] Vgl. ErfK/*Oetker*, § 32 MitbestG Rz. 4; *Raiser*, § 32 MitbestG Rz. 24 f.; aA *Philipp*, DB 1976, 1622, 1625. | [5] Vgl. KölnKommAktG/*Mertens*, Anh. § 117B § 32 MitbestG Rz. 14; *Raiser*, § 32 MitbestG Rz. 24; *Hanau/Ulmer*, § 32 MitbestG Rz. 16; aA *Philipp*, DB 1976, 1622, 1626; *Fitting/Wlotzke/Wißmann*, § 32 MitbestG Rz. 24. | [6] Vgl. *Hanau/Ulmer*, § 32 MitbestG Rz. 24; *Raiser*, § 32 MitbestG Rz. 18; *Fitting/Wlotzke/Wißmann*, § 32 MitbestG Rz. 16; KölnKommAktG/*Mertens*, Anh. § 117B § 32 MitbestG Rz. 17; aA *Philipp*, DB 1976, 1622, 1627; *Hoffmann/Lehmann/Weinmann*, § 32 MitbestG Rz. 54. | [7] So auch *Hanau/Ulmer*, § 32 MitbestG Rz. 25; KölnKommAktG/*Mertens*, Anh. § 117B § 32 MitbestG Rz. 17; *Lutter/Krieger*, Rz. 198; *Philipp*, DB 1976, 1622, 1627; aA *Raiser*, § 32 MitbestG Rz. 18; *Fitting/Wlotzke/Wißmann*, § 32 MitbestG Rz. 16; *Spieker*, FS Däubler, S. 406, 414. | [8] Vgl. ErfK/*Oetker*, § 32 MitbestG Rz. 5; *Hanau/Ulmer*, § 32 MitbestG Rz. 26; *Raiser*, § 32 MitbestG Rz. 20; *Philipp*, DB 1976, 1622, 1628; *Lutter/Krieger*, Rz. 198; aA *Hoffmann/Lehmann/Weinmann*, § 32 MitbestG Rz. 56 (mindestens drei Mitglieder). | [9] Vgl. ErfK/*Oetker*, § 32 MitbestG Rz. 5; *Hanau/Ulmer*, § 32 MitbestG Rz. 27; *Raiser*, § 32 MitbestG Rz. 20; *Lutter/Krieger*, Rz. 198; aA (Mehrheit der tatsächlich abgegebenen Stimmen) *Hoffmann/Lehmann/Weinmann*, § 32 MitbestG Rz. 55; *Säcker*, DB 1977, 2031, 2035. | [10] Vgl. ErfK/*Oetker*, § 32 MitbestG Rz. 6; *Hanau/Ulmer*, § 32 MitbestG Rz. 28; *Raiser*, § 32 MitbestG Rz. 21; *Hoffmann/Lehmann/Weinmann*, § 32 MitbestG Rz. 57; *Säcker*, DB 1977, 2031, 2035; *Lutter/Krieger*, Rz. 199; aA *Philipp*, DB 1976, 1622, 1628.

2 Der Arbeitsdirektor ist wie die anderen Mitglieder des Vertretungsorgans im Verfahren nach § 31 Abs. 2 bis Abs. 4 zu bestellen, und zwar unabhängig davon, ob es sich bei dem Kandidaten bereits um ein Mitglied des Vertretungsorgans handelt oder nicht[1]. Aus der Bedeutung von § 33 für die Verwirklichung des Mitbestimmungsgedankens auch im gesetzlichen Vertretungsorgan folgt, dass der Arbeitsdirektor den ihm zugeordneten Kernbereich der Personal- und Sozialfragen (Rz. 3–4) effektiv ausüben können muss, so dass die Besetzung des Vertretungsorgans im Regelfall (teleologische Reduktion zB bei funktionsloser Zwischenholdinggesellschaft) mit mindestens zwei Mitgliedern erforderlich ist[2]. Ist ein Arbeitsdirektor (noch) nicht bestellt, ist das Vertretungsorgan trotzdem handlungsfähig, sofern es nur die zur gesetzlichen Vertretung des Unternehmens erforderliche Mitgliederzahl besitzt. Kommt es nicht zur Bestellung eines Arbeitsdirektors, so kann entsprechend § 85 Abs. 1 AktG gerichtlich ein Notvorstand als Arbeitsdirektor bestellt werden, sofern nur ein „dringender Fall" vorliegt. Ein solcher ist allerdings nur ausnahmsweise anzunehmen, nämlich wenn der Vorstand in seiner Gesamtheit wegen des Fehlens des Arbeitsdirektors zur Erfüllung der ihm obliegenden Aufgaben nicht in der Lage ist[3]. Das nach § 31 Abs. 2 bis Abs. 4 durchzuführende Widerrufsverfahren ist auch dann durchzuführen, wenn der Arbeitsdirektor wegen anderer Ressortzuweisung lediglich seine Funktion, nicht aber seine Organstellung im Vertretungsorgan verlieren soll[4].

3 **II. Geschäftsbereich des Arbeitsdirektors. 1. Mindestzuständigkeit.** Zwar umschreibt § 33 den Aufgabenbereich des Arbeitsdirektors nicht, seiner Konzeption nach umfasst es aber insb. die **Personal- und Sozialangelegenheiten der ArbN des Unternehmens**[5]. Nach hM wird dem Arbeitsdirektor durch die Bestellung kraft Gesetzes zugleich ein unabdingbarer Mindestzuständigkeitsbereich (Kernbereich) zugewiesen, der ihm weder durch Satzung noch durch Geschäftsordnung entzogen werden kann[6] und der insb. das Personalwesen, das Gesundheitswesen, den Arbeitsschutz, die Berufsaus- und Weiterbildung sowie die Sozial- und Altersfürsorge umfasst[7]. Der Personal- und Sozialbereich der leitenden Angestellten gehört demgegenüber nicht zur zwingenden Kernzuständigkeit des Arbeitsdirektors[8].

4 Das Bestehen eines Mindestzuständigkeitsbereichs setzt nicht voraus, dass dem Arbeitsdirektor die Alleinzuständigkeit in Personal- und Sozialangelegenheiten oder ein Letztentscheidungsrecht für sein Ressort zukommt[9]. Allerdings wäre eine Regelung wegen Verletzung der zwingenden Kernzuständigkeit unwirksam, derzufolge dem Arbeitsdirektor lediglich eine reine Informations- und Beratungstätigkeit für die sonstige Geschäftsleitung zukommt und ihm eine Entscheidungsbefugnis auch für relativ unbedeutende Angelegenheiten fehlte[10].

5 **2. Verantwortlichkeit für weitere Aufgabenbereiche.** Nach hM soll die Zuweisung zusätzlicher Aufgaben neben dem zwingenden Mindestzuständigkeitsbereich nur ausnahmsweise möglich und auch nur dann sein (zB als Stellvertreter eines anderen Geschäftsleitungsmitglieds), soweit hierdurch nicht die eigentliche Aufgabenerfüllung leidet[11]. Zutreffenderweise hängt der zulässige Umfang weiterer Aufgabenbereiche von dem Ausmaß der Personal- und Sozialangelegenheiten im konkreten Unternehmen[12] sowie der wirtschaftlichen und tatsächlichen Lage des Unternehmens ab, so dass dem Arbeitsdirektor durchaus im Einzelfall zusätzliche Funktionen (zB Vorstandsvorsitzender[13]) oder Aufgabenbereiche im Unternehmen oder bei verbundenen Unternehmen zugewiesen werden können.

6 **3. Repräsentation des Unternehmens.** Aufgrund seiner gleichberechtigten Stellung in der Geschäftsleitung (Rz. 7–9) ist der Arbeitsdirektor im Rahmen der Ressortverteilung grundsätzlich berechtigt, das Unternehmen nach außen zu repräsentieren[14].

7 **III. Gleichberechtigte Stellung im Vertretungsorgan. 1. Gesetzliches Normstatut.** Nach § 33 Abs. 1 Satz 1 ist der Arbeitsdirektor ein **gleichberechtigtes Mitglied des gesetzlichen Vertretungsorgans**. Hieraus ergibt sich, dass der Arbeitsdirektor nach dem gesetzlichen Normstatut die gleichen Rechte, die

---

[1] Vgl. ErfK/*Oetker*, § 33 MitbestG Rz. 3; *Hanau/Ulmer*, § 33 MitbestG Rz. 6. | [2] Strenger (ohne Ausnahmen) *Hüffer*, § 76 AktG Rz. 24; ErfK/*Oetker*, § 33 MitbestG Rz. 3; *Hanau/Ulmer*, § 33 MitbestG Rz. 2 und § 30 Rz. 6; *Raiser*, § 33 MitbestG Rz. 6; aA (Zulässigkeit eines einköpfigen Organs) *Overlack*, ZHR 1977, 125, 128 ff. | [3] Vgl. ErfK/*Oetker*, § 33 MitbestG Rz. 5; *Hoffmann*, BB 1977, 17, 21. | [4] Vgl. ErfK/*Oetker*, § 33 MitbestG Rz. 4. | [5] Vgl. BT-Drs. 7/4845, S. 9 f.; vgl. auch BVerfG v. 1.3.1979 – 1 BvR 532, 533/77, 419/78 und 1 BvL 21/78, BVerfGE 50, 290, 378; BGH v. 14.11.1983 – II ZR 33/83, BGHZ 89, 48, 59; *Hoffmann*, BB 1977, 17, 21. | [6] Vgl. OLG Frankfurt v. 23.4.1985 – 5 U 149/84, DB 1985, 1459 – Sperry; ErfK/*Oetker*, § 33 MitbestG Rz. 18; *Säcker*, DB 1977, 1993, 1994; aA *Hoffmann*, BB 1977, 17, 19. | [7] Hierzu *Spieker*, BB 1968, 1089, 1090; *Köstler/Kittner/Zachert/Müller*, Aufsichtsratspraxis, Rz. 642 f.; ErfK/*Oetker*, § 33 MitbestG Rz. 19; vgl. auch LG Frankfurt/Main v. 26.4.1984 – 3/6 O 210/83, AG 1984, 276, 277 – Sperry. | [8] Vgl. ErfK/*Oetker*, § 33 MitbestG Rz. 20; *Hanau/Ulmer*, § 33 MitbestG Rz. 42; *Raiser*, § 33 MitbestG Rz. 17; *Hoffmann*, BB 1976, 1233, 1234; aA *Reich/Lewerenz*, AuR 1976, 353, 368; *Säcker*, DB 1977, 1993, 1994. | [9] Vgl. OLG Frankfurt v. 23.4.1985 – 5 U 149/84, DB 1985, 1459, 1460 – Sperry; ErfK/*Oetker*, § 33 MitbestG Rz. 21. | [10] Vgl. ErfK/*Oetker*, § 33 MitbestG Rz. 21; *Hoffmann*, BB 1977, 17, 19; vgl. auch LG Frankfurt/Main v. 26.4.1984 – 3/6 O 210/83, AG 1984, 276, 277 f. - Sperry. | [11] Vgl. ErfK/*Oetker*, § 33 MitbestG Rz. 23; *Spieker*, BB 1968, 1089 f.; *Köstler/Kittner/Zachert/Müller*, Aufsichtsratspraxis, Rz. 643; aA *Hoffmann*, BB 1977, 17, 21; *Säcker*, DB 1977, 1993, 1995. | [12] So auch ErfK/*Oetker*, § 33 MitbestG Rz. 23. | [13] Beispiel: Norddeutsche Affinerie AG. | [14] Vgl. OLG Frankfurt/Main v. 23.4.1985 – 5 U 149/84, DB 1985, 1459 – Sperry; ErfK/*Oetker*, § 33 MitbestG Rz. 22 und 24; *Hoffmann*, BB 1977, 17, 22; *Spieker*, BB 1968, 1089, 1090; *Köstler/Kittner/Zachert/Müller*, Aufsichtsratspraxis, Rz. 644.

Verweisungen **§ 36 MitbestG**

gleichen Pflichten (zB Verschwiegenheitspflicht) und die gleiche Verantwortung (zB ordnungsgemäße Berichterstattung an den Aufsichtsrat, Feststellung des Jahresabschlusses und seine Vorlage an den Aufsichtsrat, ordnungsgemäße Buchführung, Haftung für sorgfaltsgemäße Pflichterfüllung) hat.

2. Ausgestaltung durch Satzung. Soweit das spezifische, auf das Unternehmen anwendbare Gesellschaftsrecht die Ausgestaltung der Rechtsstellung der Mitglieder des gesetzlichen Vertretungsorgans zulässt, kann auch diejenige des Arbeitsdirektors eingeschränkt werden, sofern diesem nur die zwingende Mindestzuständigkeit verbleibt (Rz. 3–4) und seine Stellung als gleichberechtigtes Organmitglied unangetastet bleibt; andernfalls ist die Satzungsregelung nach § 134 BGB nichtig[1]. Aus der Stellung als gleichberechtigtem Organmitglied folgt allerdings **kein Anspruch** des Arbeitsdirektors darauf, **Alleinvertretungsbefugnis** zu erhalten, wenn auch den übrigen Mitgliedern des Vertretungsorgans diese Befugnis verliehen ist[2]. Dies ist nur anders, wenn es sich bei der Nichteinräumung der Alleinvertretungsbefugnis bzw. bei einer anderen differenzierenden Behandlung um eine offensichtliche Diskriminierung und Herabsetzung handelt. Der Arbeitsdirektor unterliegt wie jedes andere Mitglied des Vertretungsorgans den Mehrheitsentscheidungen des Gesamtorgans[3]. Ein **Vetorecht mit endgültiger Wirkung zugunsten eines Vorstandsmitglieds** (zB Vorstandsvorsitzender oder -sprecher) ist unzulässig[4]. Allerdings ist zur Funktionssicherung des Organs ein Stichentscheidungsrecht des Vorsitzenden zur Auflösung von Patt-Situationen zulässig, sofern dem Gesamtorgan mehr als zwei Mitglieder angehören[5].

Sieht eine Geschäftsordnung des Vertretungsorgans vor, dass ein Organmitglied zum Sprecher des Vertretungsorgans bestellt wird, ist dies im Regelfall zulässig, sofern das Vertretungsorgan aus mehr als zwei Mitgliedern besteht[6] und hierdurch nicht gegenüber den übrigen Organmitgliedern diskriminiert wird (zB Abstimmungserfordernis mit dem Vorstandssprecher ausschließlich für den Arbeitsdirektor)[7].

Vierter Teil. Seeschifffahrt

34 (1) Die Gesamtheit der Schiffe eines Unternehmens gilt für die Anwendung dieses Gesetzes als ein Betrieb.

(2) Schiffe im Sinne dieses Gesetzes sind Kauffahrteischiffe, die nach dem Flaggenrechtsgesetz die Bundesflagge führen. Schiffe, die in der Regel binnen 48 Stunden nach dem Auslaufen an den Sitz eines Landbetriebs zurückkehren, gelten als Teil dieses Landbetriebs.

(3) Leitende Angestellte im Sinne des § 3 Abs. 1 Nr. 2 dieses Gesetzes sind in einem in Absatz 1 bezeichneten Betrieb nur die Kapitäne.

(4) Die Arbeitnehmer eines in Absatz 1 bezeichneten Betriebs nehmen an einer Abstimmung nach § 9 nicht teil und bleiben für die Errechnung der für die Antragstellung und für die Beschlussfassung erforderlichen Zahl von Arbeitnehmern außer Betracht.

(5) Werden die Aufsichtsratsmitglieder der Arbeitnehmer durch Delegierte gewählt, so werden abweichend von § 10 in einem in Absatz 1 bezeichneten Betrieb keine Delegierten gewählt. Abweichend von § 15 Abs. 1 nehmen die Arbeitnehmer dieses Betriebs unmittelbar an der Wahl der Aufsichtsratsmitglieder der Arbeitnehmer teil mit der Maßgabe, dass die Stimme eines dieser Arbeitnehmer als ein Sechzigstel der Stimme eines Delegierten zu zählen ist; § 11 Abs. 1 Satz 3 ist entsprechend anzuwenden.

(6) (aufgehoben)

35 (aufgehoben)

36 *Verweisungen*
(1) Soweit in anderen Vorschriften auf Vorschriften des Betriebsverfassungsgesetzes 1952 über die Vertretung der Arbeitnehmer in den Aufsichträten von Unternehmen verwiesen wird, gelten diese Verweisungen für die in § 1 Abs. 1 dieses Gesetzes bezeichneten Unternehmen als Verweisung auf dieses Gesetz.

(2) *Soweit* in anderen Vorschriften für das Gesetz über die Mitbestimmung der Arbeitnehmer in den Aufsichtsräten und Vorständen der Unternehmen des Bergbaus und der Eisen und Stahl erzeugen-

---

[1] ErfK/*Oetker*, § 33 MitbestG Rz. 8; *Hanau/Ulmer*, § 33 MitbestG Rz. 37. | [2] Vgl. ErfK/*Oetker*, § 33 MitbestG Rz. 10; *Hoffmann*, BB 1977, 17, 21. | [3] Vgl. BGH v. 14.11.1983 – II ZR 33/83, BGHZ 89, 49, 59; ErfK/*Oetker* – *Reemtsma*, § 33 MitbestG Rz. 12. | [4] Vgl. BGH v. 14.11.1983 – II ZR 33/83, BGHZ 89, 49, 59 – Reemtsma; *Hüffer*, § 77 AktG Rz. 13 und 23; KölnKommAktG/*Mertens*, § 77 Rz. 10; MünchGesR/*Wiesner*, § 22 Rz. 10. | [5] Vgl. *Hüffer*, § 77 AktG Rz. 11 und 23; ErfK/*Oetker*, § 33 MitbestG Rz. 12; *Hoffmann*, BB 1977, 17, 22; *Säcker*, DB 1977, 1993, 1999 F. 52. | [6] Vgl. LG Frankfurt/Main v. 26.4.1984 – 3/6 O 210/83, AG 1984, 276, 277 – Sperry. | [7] Vgl. LG Frankfurt/Main v. 26.4.1984 – 3/6 O 210/83, AG 1984, 276, 278 – Sperry.

den Industrie vom 21. Mai 1951 (Bundesgesetzbl. I S. 347) die Bezeichnung „Mitbestimmungsgesetz" verwendet wird, tritt an ihre Stelle die Bezeichnung „Montan-Mitbestimmungsgesetz".

37 *Erstmalige Anwendung des Gesetzes auf ein Unternehmen*
(1) Andere als die in § 97 Abs. 2 Satz 2 des Aktiengesetzes bezeichneten Bestimmungen der Satzung (des Gesellschaftsvertrags, des Statuts), die mit den Vorschriften dieses Gesetzes nicht vereinbar sind, treten mit dem in § 97 Abs. 2 Satz 2 des Aktiengesetzes bezeichneten Zeitpunkt oder, im Falle einer gerichtlichen Entscheidung, mit dem in § 98 Abs. 4 Satz 2 des Aktiengesetzes bezeichneten Zeitpunkt außer Kraft. Eine Hauptversammlung (Gesellschafterversammlung, Generalversammlung), die bis zu diesem Zeitpunkt stattfindet, kann an Stelle der außer Kraft tretenden Satzungsbestimmungen mit einfacher Mehrheit neue Satzungsbestimmungen beschließen.

(2) Die §§ 25 bis 29, 31 bis 33 sind erstmalig anzuwenden, wenn der Aufsichtsrat nach den Vorschriften dieses Gesetzes zusammengesetzt ist.

(3) Die Bestellung eines vor dem Inkrafttreten dieses Gesetzes bestellten Mitglieds des zur gesetzlichen Vertretung befugten Organs eines Unternehmens, auf das dieses Gesetz bereits bei seinem Inkrafttreten anzuwenden ist, kann, sofern die Amtszeit dieses Mitglieds nicht aus anderen Gründen früher endet, nach Ablauf von fünf Jahren seit dem Inkrafttreten dieses Gesetzes von dem nach diesem Gesetz gebildeten Aufsichtsrat jederzeit widerrufen werden. Für den Widerruf bedarf es der Mehrheit der abgegebenen Stimmen der Aufsichtsratsmitglieder, aller Stimmen der Aufsichtsratsmitglieder der Anteilseigner oder aller Stimmen der Aufsichtsratsmitglieder der Arbeitnehmer. Für die Ansprüche aus dem Anstellungsvertrag gelten die allgemeinen Vorschriften. Bis zum Widerruf bleiben für diese Mitglieder Satzungsbestimmungen über die Amtszeit abweichend von Absatz 1 Satz 1 in Kraft. Diese Vorschriften sind entsprechend anzuwenden, wenn dieses Gesetz auf ein Unternehmen erst nach dem Zeitpunkt des Inkrafttretens dieses Gesetzes erstmalig anzuwenden ist.

(4) Absatz 3 gilt nicht für persönlich haftende Gesellschafter einer Kommanditgesellschaft auf Aktien.

1 **1. Regelungsinhalt.** Für den Fall der erstmaligen Anwendung des MitbestG auf ein Unternehmen bestimmt § 37 Ergänzungen für das nach § 6 Abs. 2 MitbestG iVm. §§ 97, 98 AktG durchzuführende Statusverfahren (hierzu § 6 Rz. 2–19).

2 **2. Außerkrafttreten von Satzungsvorschriften (§ 37 Abs. 1).** § 37 Abs. 1 Satz 1 erweitert das durch § 97 Abs. 2 Satz 2 AktG als Folge des Statusverfahrens angeordnete Außerkrafttreten von Satzungsvorschriften auf solche Regelungen, die § 27 Abs. 2 Satz 2 AktG nicht umfasst, dem MitbestG (insb. §§ 25–31) aber widersprechen. Sie treten nach den in §§ 97 Abs. 2 Satz 2, 98 Abs. 4 Satz 2 AktG genannten Fristen außer Kraft, wobei die Anteilseignerversammlung nach § 37 Abs. 1 Satz 2 die Möglichkeit hat, die Satzungsregelungen, die nach § 37 Abs. 1 Satz 1 ihre Geltung verlieren, vor Ablauf der Frist durch einfachen Mehrheitsbeschluss durch andere Vorschriften zu ersetzen. Bestimmungen im Gesellschaftsvertrag einer KG, die in den Anwendungsbereich des § 4 fallen (Kapitalgesellschaft & Co. KG) und Bestimmungen des MitbestG entgegenstehen, werden zwar von § 37 Abs. 1 nicht erfasst, sind jedoch nach § 134 BGB nichtig, sobald der mitbestimmte Aufsichtsrat in der Komplementärkapitalgesellschaft gebildet ist[1]. Die Lücken sind durch Gesellschaftsvertragsänderung oder nach den Regeln der ergänzenden Vertragsauslegung zu füllen.

3 **3. Anwendbarkeit der §§ 25 bis 29, 31 bis 33 (§ 37 Abs. 2).** Die Vorschriften über die innere Ordnung des Aufsichtsrats und die Rechten und Pflichten seiner Mitglieder (§§ 25 bis 29) sowie über das gesetzliche Vertretungsorgan des Unternehmens (§§ 31 bis 33) finden erstmals Anwendung, wenn der mitbestimmte Aufsichtsrat gebildet ist (§ 37 Abs. 2). Die Geschäftsordnungsregeln des Aufsichtsrats, die §§ 25 bis 29 widersprechen, treten mit diesem Zeitpunkt außer Kraft; die Geschäftsordnungsregeln des Vertretungsorgans sind nach § 134 BGB nichtig, wenn sie gegen die §§ 31 bis 33 verstoßen[2]. Besonderheiten gelten allerdings für den Zeitpunkt der erstmaligen Bestellung eines Arbeitsdirektors, da die Mitgliedern des gesetzlichen Vertretungsorgans kraft Gesetzes (§ 37 Abs. 3) und häufig auf kraft Anstellungsvertrags Bestandsschutz zukommt[3]. Nach hM bedarf es keiner (Neu-)Bestellung eines Arbeitsdirektors nach den §§ 33, 31, sofern ein Mitglied des gesetzlichen Vertretungsorgans bereits vor Bildung des mitbestimmten Aufsichtsrates mit dem Ressort für Arbeits- und Sozialfragen betraut ist[4]. Eine Neuwahl ist erst erforderlich, wenn dessen Amtszeit ausläuft.

4 **4. Amtszeit der Mitglieder des gesetzlichen Vertretungsorgans (§ 37 Abs. 3).** Die erstmalige Bildung eines mitbestimmten Aufsichtsrats lässt die Amtszeit der Mitglieder des gesetzlichen Vertretungsor-

---

[1] Vgl. ErfK/*Oetker*, § 37 MitbestG Rz. 3; *Hanau/Ulmer*, § 37 MitbestG Rz. 12; *Raiser*, § 37 MitbestG Rz. 5.
[2] Vgl. ErfK/*Oetker*, § 37 MitbestG Rz. 4. [3] Vgl. ErfK/*Oetker*, § 37 MitbestG Rz. 5; *Säcker*, DB 1977, 1993, 1996. [4] Vgl. ErfK/*Oetker*, § 37 MitbestG Rz. 5; *Hanau/Ulmer*, § 37 MitbestG Rz. 21; *Raiser*, § 37 MitbestG Rz. 7; *Ballerstedt*, ZGR 1977, 133, 147; *Mertens*, AG 1979, 334, 337; *Peltzer*, DB 1978, 984; *Säcker*, DB 1977, 1993, 1996 f.; aA AG Bremen v. 5.12.1978 – 38 HRB 3079, WM 1979, 154, 155; LG Kreuznach v. 3.10.1979 – 2 T 78/79, BB 1979, 1680, 1681 – Seitz Werke; *Fitting/Wlotzke/Wißmann*, § 37 MitbestG Rz. 18.

Übergangsregelung § 40 MitbestG

gans des Unternehmens im Grundsatz unberührt. Bei der AG endet sie nach spätestens fünf Jahren (§ 84 Abs. 1 AktG). Bei der GmbH und der eingetragenen Erwerbs- und Wirtschaftsgenossenschaft bestimmt § 37 Abs. 3, dass die an sich unbefristet gestaltbare Bestellung nach fünf Jahren widerrufen werden kann. Wächst ein Unternehmen erst nachträglich in den Anwendungsbereich des MitbestG hinein, berechnet sich die Fünfjahresfrist ab dem Zeitpunkt der Unanfechtbarkeit der Bekanntmachung nach § 97 Abs. 1 AktG bzw. der Rechtskraft der Entscheidung nach § 98 Abs. 1 AktG[1].

Der Widerruf der Bestellung bedarf nach Fristablauf keines wichtigen Grundes und ist nicht fristgebunden[2]. Er ist mit der in § 37 Abs. 3 Satz 2 bestimmten Mehrheit durch den Aufsichtsrat zu beschließen. Allerdings lässt der Widerruf der Organstellung den Anstellungsvertrag unberührt (§ 37 Abs. 3 Satz 4). Die Beendigung des arbeitsrechtlichen Anstellungsvertrages ist nur nach den allgemeinen Vorschriften möglich, wobei ein Widerruf allein keinen wichtigen Grund iSv. § 626 BGB darstellt[3]. 5

38 *[Übergangsvorschrift]*
(aufgehoben)

39 *Ermächtigung zum Erlass von Rechtsverordnungen*
Die Bundesregierung wird ermächtigt, durch Rechtsverordnung Vorschriften über das Verfahren für die Wahl und die Abberufung von Aufsichtsratsmitgliedern der Arbeitnehmer zu erlassen, insbesondere über

1. die Vorbereitung der Wahl oder Abstimmung, die Bestellung der Wahlvorstände und Abstimmungsvorstände sowie die Aufstellung der Wählerlisten,
2. die Abstimmungen darüber, ob die Wahl der Aufsichtsratsmitglieder in unmittelbarer Wahl oder durch Delegierte erfolgen soll,
3. die Frist für die Einsichtnahme in die Wählerlisten und die Erhebung von Einsprüchen,
4. die Errechnung der Zahl der Aufsichtsratsmitglieder der Arbeitnehmer sowie ihre Verteilung auf die in § 3 Abs. 1 Nr. 1 bezeichneten Arbeitnehmer, die leitenden Angestellten und die Gewerkschaftsvertreter,
5. die Errechnung der Zahl der Delegierten,
6. die Wahlvorschläge und die Frist für ihre Einreichung,
7. die Ausschreibung der Wahl oder der Abstimmung und die Fristen für die Bekanntmachung des Ausschreibens,
8. die Teilnahme von Arbeitnehmern eines in § 34 Abs. 1 bezeichneten Betriebs an Wahlen und Abstimmungen,
9. die Stimmabgabe,
10. die Feststellung des Ergebnisses der Wahl oder der Abstimmung und die Fristen für seine Bekanntmachung,
11. die Aufbewahrung der Wahlakten und der Abstimmungsakten.

Die Bundesregierung hat am 27.5.2002 die 1. WO zu Wahlen in Unternehmen mit nur einem Betrieb (BGBl I S. 1682 ff.), die 2. WO zu Wahlen in Unternehmen mit mehreren Betrieben (BGBl I S. 1708 ff.) und die 3. WO zu Wahlen für mehrere Unternehmen eines Konzerns oder einer GmbH & Co. KG (BGBl I S. 1741 ff.) erlassen. 1

40 *Übergangsregelung*
(1) Auf Wahlen oder Abberufungen von Aufsichtsratsmitgliedern der Arbeitnehmer, die nach dem 28. Juli 2001 bis zum 26. März 2002 eingeleitet wurden, ist das Mitbestimmungsgesetz vom 4. Mai 1976 (BGBl. I S. 1153) in der durch Artikel 12 des Betriebsverfassungs-Reformgesetzes vom 23. Juli 2001 (BGBl. I S. 1852) geänderten Fassung anzuwenden. Abweichend von Satz 1 findet § 11 des Mitbestimmungsgesetzes vom 4. Mai 1976 (BGBl. I S. 1153) in der durch Artikel 1 des Gesetzes zur Vereinfachung der Wahl der Arbeitnehmervertreter in den Aufsichtsrat vom 23. März 2002 (BGBl. I S. 1130) geänderten Fassung Anwendung, wenn feststeht, dass die Aufsichtsratsmitglieder der Arbeit-

---

1 So auch *Hanau/Ulmer*, § 37 MitbestG Rz. 29; abweichend (Zeitpunkt des Außer-Kraft-Tretens von Satzungsbestimmungen nach § 97 Abs. 2 S. 2 AktG) *Hachenburg/Mertens*, § 35 GmbHG Rz. 27; aA (tatsächliches Vorliegen der Voraussetzungen der §§ 1–5 MitbestG) *Fitting/Wlotzke/Wißmann*, § 37 MitbestG Rz. 27; *Raiser*, § 37 MitbestG Rz. 12; *Hoffmann/Lehmann/Weinmann*, § 37 MitbestG Rz. 68. | 2 Vgl. ErfK/*Oetker*, § 37 MitbestG Rz. 8. | 3 Vgl. ErfK/*Oetker*, § 37 MitbestG Rz. 9; *Hanau/Ulmer*, § 37 MitbestG Rz. 34; *Raiser*, § 37 MitbestG Rz. 19.

nehmer durch Delegierte zu wählen sind und bis zum 26. März 2002 die Errechnung der Zahl der Delegierten noch nicht erfolgt ist.

(2) Auf Wahlen oder Abberufungen von Aufsichtsratsmitgliedern der Arbeitnehmer, die nach dem 28. Juli 2001 eingeleitet wurden, findet die Erste Wahlordnung zum Mitbestimmungsgesetz vom 23. Juni 1977 (BGBl. I S. 861), geändert durch Artikel 1 der Verordnung vom 9. November 1990 (BGBl. I S. 2487), die Zweite Wahlordnung zum Mitbestimmungsgesetz vom 23. Juni 1977 (BGBl. I S. 893), geändert durch Artikel 2 der Verordnung vom 9. November 1990 (BGBl. I S. 2487) und die Dritte Wahlordnung zum Mitbestimmungsgesetz vom 23. Juni 1977 (BGBl. I S. 934), geändert durch Artikel 3 der Verordnung vom 9. November 1990 (BGBl. I S. 2487) bis zu deren Änderung entsprechende Anwendung. Für die entsprechende Anwendung ist für Wahlen oder Abberufungen von Aufsichtsratsmitgliedern der Arbeitnehmer, die in dem Zeitraum nach dem 28. Juli 2001 bis zum 26. März 2002 eingeleitet wurden, das Mitbestimmungsgesetz vom 4. Mai 1976 (BGBl. I S. 1153) in der nach Absatz 1 anzuwendenden Fassung maßgeblich; für Wahlen oder Abberufungen von Aufsichtsratsmitgliedern der Arbeitnehmer, die nach dem 26. März 2002 eingeleitet werden, ist das Mitbestimmungsgesetz vom 4. Mai 1976 (BGBl. I S. 1153) in der durch Artikel 1 des Gesetzes zur Vereinfachung der Wahl der Arbeitnehmervertreter in den Aufsichtsrat vom 23. März 2002 (BGBl. I S. 1130) geänderten Fassung maßgeblich.

1 § 40 enthält eine Übergangsregelung bis zur Anpassung der nach § 39 erlassenen WO, die den durch Art. 12 BetrVerf-ReformG herbeigeführten Änderung (zB Aufhebung des Gruppenprinzips zwischen Arbeitern und Angestellten) noch nicht berücksichtigt. Sie ist durch den Erlass der drei WO am 27.5.2002 gegenstandslos geworden (hierzu § 39 Rz. 1).

41 *In-Kraft-Treten*
Dieses Gesetz tritt am 1. Juli 1976 in Kraft.

Gesetz über die Mitbestimmung der Arbeitnehmer in den Aufsichtsräten und Vorständen der Unternehmen des Bergbaus und der Eisen und Stahl erzeugenden Industrie (Montan-Mitbestimmungsgesetz)

vom 21.5.1951 (BGBl. I S. 347), zuletzt geändert durch Gesetz vom 25.11.2003 (BGBl. I S. 2304)

Erster Teil. Allgemeines

1 *Arbeitnehmermitbestimmung in den Aufsichtsräten. Anwendungsbereich*
(1) Die Arbeitnehmer haben ein Mitbestimmungsrecht in den Aufsichtsräten und in den zur gesetzlichen Vertretung berufenen Organen nach Maßgabe dieses Gesetzes in
  a) den Unternehmen, deren überwiegender Betriebszweck in der Förderung von Steinkohle, Braunkohle oder Eisenerz oder in der Aufbereitung, Verkokung, Verschwelung oder Brikettierung dieser Grundstoffe liegt und deren Betrieb unter der Aufsicht der Bergbehörden steht,
  b) den Unternehmen der Eisen und Stahl erzeugenden Industrie in dem Umfang, wie er in Gesetz Nr. 27 der Alliierten Hohen Kommission vom 16. Mai 1950 (Amtsblatt der Alliierten Hohen Kommission für Deutschland S. 299) bezeichnet ist, soweit diese Unternehmen in „Einheitsgesellschaften" im Sinne des Gesetzes Nr. 27 überführt oder in anderer Form weiterbetrieben und nicht liquidiert werden,
  c) den Unternehmen, die von einem vorstehend bezeichneten oder nach Gesetz Nr. 27 der Alliierten Hohen Kommission zu liquidierenden Unternehmen abhängig sind, wenn sie die Voraussetzungen nach Buchstabe a erfüllen oder überwiegend Eisen und Stahl erzeugen.

Die Herstellung von Walzwerkerzeugnissen einschließlich Walzdraht, Röhren, Walzen, rollendem Eisenbahnmaterial, Freiformschmiedestücken und Gießereierzeugnissen aus Eisen oder Stahl ist als Erzeugung von Eisen und Stahl im Sinne von Satz 1 Buchstabe b und c anzusehen
1. in einem Unternehmen, dessen Aufsichtsrat am 1. Juli 1981 nach § 4 oder § 9 zusammengesetzt ist, oder
2. in einem anderen Unternehmen nach der Verschmelzung mit einem in Nummer 1 bezeichneten Unternehmen oder nach dem Übergang von Betrieben oder Betriebsteilen eines in Nummer 1 bezeichneten Unternehmens, die die genannten Erzeugnisse herstellen oder Roheisen oder Rohstahl erzeugen, auf das andere Unternehmen, wenn dieses mit dem in Nummer 1 bezeichneten Unternehmen verbunden ist (§ 15 des Aktiengesetzes) und solange nach der Verschmelzung oder dem Übergang der überwiegende Betriebszweck des anderen Unternehmens die Herstellung der genannten Erzeugnisse oder die Erzeugung von Roheisen oder Rohstahl ist.

Satz 2 Nr. 2 gilt entsprechend für die weitere Verschmelzung sowie für den weiteren Übergang von Betrieben oder Betriebsteilen.

(2) Dieses Gesetz findet nur auf diejenigen in Absatz 1 bezeichneten Unternehmen Anwendung, welche in Form einer Aktiengesellschaft, einer Gesellschaft mit beschränkter Haftung oder einer bergrechtlichen Gewerkschaft mit eigener Rechtspersönlichkeit betrieben werden und in der Regel mehr als eintausend Arbeitnehmer beschäftigen oder „Einheitsgesellschaften" sind.

(3) Erfüllt ein Unternehmen die in Absatz 1 bezeichneten Voraussetzungen nicht mehr oder beschäftigt es nicht mehr die nach Absatz 2 erforderliche Zahl von Arbeitnehmern, so sind die Vorschriften dieses Gesetzes über das Mitbestimmungsrecht erst dann nicht mehr anzuwenden, wenn in sechs aufeinander folgenden Geschäftsjahren eine dieser Voraussetzungen nicht mehr vorgelegen hat.

(4) Ist ein Unternehmen, dessen Aufsichtsrat nach § 4 oder § 9 zusammenzusetzen ist, herrschendes Unternehmen eines Konzerns (§ 18 Abs. 1 des Aktiengesetzes) und ist für diesen Konzern ein Konzernbetriebsrat errichtet, so gelten für die Anwendung der §§ 4, 6 und 9 auf das herrschende Unternehmen die Arbeitnehmer der Konzernunternehmen als Arbeitnehmer des herrschenden Unternehmens und die in Konzernunternehmen vertretenen Gewerkschaften als im herrschenden Unternehmen vertreten. Liegen die Voraussetzungen des Satzes 1 vor, so tritt für die Anwendung der §§ 6 und 11 auf das herrschende Unternehmen der Konzernbetriebsrat an die Stelle der Betriebsräte.

Montan-MitbestG § 1 Rz. 1   Arbeitnehmermitbestimmung in den Aufsichtsräten

1   **I. Allgemeines.** Mit dem MontanMitbestG gilt für inländische Unternehmen des Bergbaus sowie der Eisen und Stahl erzeugenden Industrie (Rz. 7–12), die in den Rechtsformen der AG oder GmbH betrieben werden (Rz. 13–14) und in der Regel mehr als 1000 ArbN beschäftigen (Rz. 15–17), ein besonderes Unternehmensmitbestimmungsregime. Das MontanMitbestG bestimmt eine **Sonderform der paritätischen Mitbest. im Aufsichtsrat, die sich gegenüber dem Regelungskonzept im MitbestG vor allem in sechs Punkten unterscheidet:** (1) Während das MitbestG eine gerade Zahl von Aufsichtsratsmitgliedern vorschreibt, von denen je die Hälfte von den Anteilseignern und von den ArbN zu bestellen sind (§ 7 MitbestG), aber dem von den Anteilseignervertretern zu stellenden Aufsichtsratsvorsitzenden ein Zweitstimmrecht bei Pattsituationen (§§ 29 Abs. 2, 31 Abs. 4 MitbestG) zubilligt, verlangt das MontanMitbestG eine ungerade Zahl von Aufsichtsratsmitgliedern, bei denen ein neutrales Elftes, fünfzehntes oder einundzwanzigstes Organmitglied, das das Vertrauen beider Seiten genießt, streitentscheidende Bedeutung zukommen soll. (2) Während das MitbestG die Wahlkompetenz der Anteilseignerversammlung für sämtliche Aufsichtsratsmitglieder, also auch für die ArbN-Vertreter regelt, wobei diese im Hinblick auf die ArbN-Vertreter an Vorschlagsrechte der BR bzw. Spitzenorganisationen der Gewerkschaften und auf das neutrale Mitglied an die Vorschlagsrechte der übrigen Aufsichtsratsmitglieder bzw. des Vermittlungsausschusses gebunden ist. Mit dem MitbestG wurde die formale Wahlkompetenz der Anteilseignerversammlung im Hinblick auf die ArbN-Vertreter aufgegeben. (3) Bei der Wahl der ArbN-Vertreter gewährt das MontanMitbestG den Spitzenorganisationen der Gewerkschaften sowie den BR über die Vorschlagsrechte mehr Einfluss auf die Zusammensetzung des Aufsichtsrates als unter dem MitbestG. (4) Das MontanMitbestG hat mit § 1 Abs. 4 nur eine enge Konzernwahlklausel, die eine Beteiligung von ArbN von Tochterunternehmen an der Wahl zum Aufsichtsrat im herrschenden Unternehmen an das Bestehen eines KonzernBR koppelt. Eine weitergehende Berücksichtigung von Konzernarbeitnehmern (zB für die Frage nach dem Erreichen der Schwelle in § 1 Abs. 2) findet nicht statt. (5) Die Gruppe der leitenden Angestellten besitzt im Gegensatz zum MitbestG (§ 15 Abs. 1 Satz 2) im MontanMitbestG keinen Minderheitenschutz. (6) Wenngleich sowohl das MontanMitbestG als auch das MitbestG die Person des Arbeitsdirektors als gleichberechtigtes Mitglied des Vertretungsorgans regeln, sieht alleine § 13 Abs. 1 Satz 2 MontanMitbestG für dessen Bestellung vor, dass er nicht gegen die Mehrheit der Aufsichtsratsmitglieder der ArbN bestellt werden kann.

2   Diese **Sonderregelungen des MontanMitbestG sind in erster Linie historisch bedingt**[1] und werden herkömmlicher Weise mit der Sonderstellung der Grundstoffindustrien und deren wirtschaftlicher sowie sozialer Bedeutung begründet (Rz. 5–6). Das MontanMitbestG geht auf eine Praxis der britischen und US-amerikanischen Besatzungsverwaltung zurück, die Unternehmen der Eisen- und Stahlindustrie zunächst beschlagnahmt, in neue Gesellschaften überführt und für diese paritätisch besetzte Aufsichtsräte mit elf Mitgliedern sowie die Bestellung eines auf Vorschlag der Gewerkschaften und der BR bestimmten Arbeitsdirektors in den Vorständen vorgesehen hatten. Diese Mitbestimmungsregelungen wurden jedoch dadurch in Frage gestellt, dass nach dem Gesetz Nr. 27 der Alliierten Hohen Kommission vom 16. Mai 1950 (AHK-Gesetz Nr. 27) die entflochtenen Gesellschaften in „Einheitsgesellschaften" überführt werden sollten, für die deutsches Recht vorgesehen war, welches keine entsprechenden Mitbestimmungsregelungen enthielt. Nach heftigen politischen Auseinandersetzungen und unter dem Druck gewerkschaftlicher Streikdrohung übernahm der Gesetzgeber die Eckpunkte dieser Mitbest. für die Unternehmen des Bergbaus und der Eisen- und Stahl erzeugenden Industrie durch das MontanMitbestG.

3   Zur Erschwerung des Ausscheidens von Unternehmen mit verändertem Betriebszweck aus dem Anwendungsbereich des MontanMitbestG wurden mehrere **Sicherungsgesetze** verabschiedet[2]. Dabei bezweckte das MitbestErgG vom 7.8.1956[3] (Rz. 22–24) die Vermeidung der Montanmitbestimmung durch die Schaffung „montanfreier" Holding-Gesellschaften zu verhindern (Anlass: Umstrukturierungen bei Mannesmann, Hoesch, Klöckner, Gelsenkirchener Bergwerks AG[4]). Durch die Änderungsgesetze zum MontanMitbestG vom 29.11.1971 (ÄndG 1971)[5], vom 21.5.1981 (ÄndG 1981)[6] und vom 23.7.1987 (ÄndG 1987)[7] sowie insb. durch das Änderungsgesetz zum MitbestErgG vom 20.12.1988 (ÄndG 1988)[8] werden in unterschiedlicher Weise die Fortgeltung der Montanmitbestimmung auf Unternehmen auch bei Wegfall der ursprünglichen Anwendungsvoraussetzungen geregelt[9].

4   Die **rechtstatsächliche Bedeutung der Montanmitbestimmung** hat seit In-Kraft-Treten des MontanMitbestG wegen der Strukturänderungen der deutschen Volkswirtschaft erheblich an Bedeutung verloren, wenngleich der Beitritt der neuen Bundesländer nach 1990 wieder zu einem Anstieg der dem MontanMitbestG unterfallende Unternehmen geführt hat. Zur Darstellung der Entwicklung der Montanmitbestimmung soll folgende Grafik dienen[10]:

---

[1] Zum historischen Hintergrund zB BVerfG v. 2.3.1999 – 1 BvL 2/91, BVerfGE 99, 367, 368 ff.; GroßKommAktG/*Oetker*, Einl. MontanMitbestG Rz. 2 ff.; *Wlotzke/Wißmann*, DB 1981, 623 f.   [2] Überblicksdarstellung bei GroßKommAktG/*Oetker*, Einl. MontanMitbestG Rz. 4; KölnKommAktG/*Mertens*, MontanMitbestG Rz. 3.   [3] BGBl. I S. 707.   [4] Hierzu *Wlotzke/Wißmann*, DB 1981, 623, 624 f.   [5] BGBl. I S. 1857.   [6] BGBl. I S. 441.   [7] BGBl. I S. 1676.   [8] BGBl I S. 2512; siehe Rz. 22.   [9] Zur Analyse dieser Besitzstandsklauseln *Büdenbender*, ZIP 2000, 385, 388 ff., 396 ff.   [10] Daten beziehen auf die Anzahl der Unternehmen jeweils zum 31.12. eines Jahres, Ausnahme: 1.7.1969; Schätzung für 2002.

Arbeitnehmermitbestimmung in den Aufsichtsräten.   Rz. 7 § 1 Montan-MitbestG

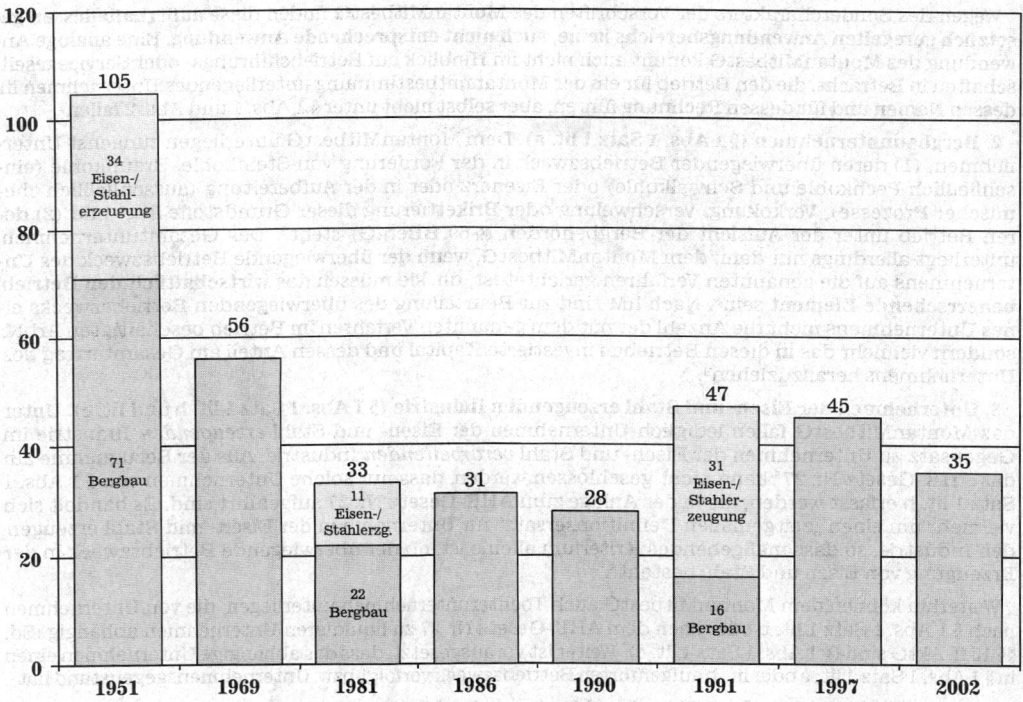

Gegen die Regelungen in § 4 Abs. 1, § 8 MontanMitbestG (Wahl des neutralen Mitglieds) sowie in § 13 Abs. 1 Satz 2 MontanMitbestG (Wahlerfordernis für Arbeitsdirektor) bestehen zunächst vor dem Hintergrund der Abweichungen gegenüber dem BetrVG 1952 bzw. dem MitbestG **wegen Art. 3 Abs. 1 GG verfassungsrechtliche Bedenken**[1]. Allerdings hat das BVerfG die Unterschiedlichkeit der mitbestimmungsrechtlichen Regelungssysteme für mit Art. 3 Abs. 1 GG noch vereinbar gehalten und hierbei zum einen die Sonderstellung der Montanmitbestimmung mit der besonderen wirtschaftlichen und sozialen Bedeutung der Grundstoffindustrien gerechtfertigt und zum anderen die besonderen Anpassungsprobleme der Montanindustrien hervorgehoben, bei denen diese Sonderregelungen einen Beitrag zur Bewältigung leisten können[2].

Weiterhin unterliegen die Regelungen in § 4 Abs. 1, § 8 MontanMitbestG **im Hinblick auf Art. 14 Abs. 1 GG verfassungsrechtlichen Zweifeln**. Denn im Mitbestimmungs-Urteil des BVerfG[3] hatte das Gericht die Verfassungsmäßigkeit des MitbestG unter dem Prüfungsmaßstab des Eigentumsgrundrechts damit begründet, dass den Anteilseignervertretern über das Zweitstimmrecht des Aufsichtsratsvorsitzenden zur Auflösung von Pattsituationen ein unternehmerisches Letztentscheidungsrecht zukommt, während das Regelungskonzept in § 8 MontanMitbestG bei der Wahl des neutralen Mitglieds auf eine gleichrangige Interessendurchsetzung von Anteilseignern und ArbN und nicht auf Letztentscheidungsrecht der Hauptversammlung als Wahlorgan angelegt ist. Die insoweit bestehende verfassungsrechtlich Problemlage ist durch verfassungskonforme Auslegung von § 8 Abs. 3 Satz 7 MontanMitbestG zu lösen (§ 5–8 Rz. 13)[4].

II. Anwendungsbereich (§ 1 Abs. 1, Abs. 2). 1. Allgemeines. Unter das MontanMitbestG fallen nur Bergbauunternehmen (§ 1 Abs. 1 Satz 1 lit. a; Rz. 9) sowie Unternehmen der Eisen und Stahl erzeugenden Industrie (§ 1 Abs. 1 Satz 1 lit. b und lit. c; Rz. 10–11) und Unternehmen der erzeugungsnahen Weiterverarbeitung (Walzwerkklausel in § 1 Abs. 1 Sätze 2 und 3; Rz. 12), die in der Rechtsform der AG oder GmbH betrieben werden (Rz. 13–14) und in der Regel mehr als 1000 ArbN beschäftigen (Rz. 15–17). Darüber hinaus bestimmt § 1, dass sich die Mitbest. der ArbN einerseits über die paritätische Zusammensetzung des Aufsichtsrats und andererseits des zur gesetzlichen Vertretung berufenen Organs (Bestellungspflicht eines *Arbeitsdirektors* gemäß § 13) verwirklicht.

---

1 *Von Zezschwitz*, BB 1971, 479, 483; *Krüger*, FS Friauf, S. 611, 612 ff.; krit. auch *Loritz*, SAE 2000, 56 ff.; aA BVerfG v. 2.3.1999 – 1 BvL 2/91, BVerfGE 99, 367, 388 ff. (zum MitbestErgG); *Kittner*, BB 1971, 1057, 1057 ff.; *Preis*, AuR 1983, 161, 165 f.; ErfK/*Oetker*, Einl. MontanMitbestG Rz. 5; zusammenfassend *Spindler*, AG 1994, 258, 262 ff. |2 BVerfG v. 2.3.1999 – 1 BvL 2/91, BVerfGE 99, 367, 394 ff.; zust. *Raiser*, RdA 1999, 394, 396 f.; *Büdenbender*, ZIP 2000, 385, 395 f.; krit. *Loritz*, SAE 2000, 56, 57 ff.; *von Zezschwitz*, BB 1971, 479, 480. |3 BVerfG v. 1.3.1979 – 1 BvR 532, 533/77, 419/78 und BvL 21/78, BVerfGE 50, 290, 350 ff. |4 Zur Verfassungsmäßigkeit des MontanMitbestG am Prüfungsmaßstab der Art. 14, 12, 9 Abs. 1 und Abs. 3 sowie Art. 2 GG inzident BVerfG v. 2.3.1999 – 1 BvL 2/91, BVerfGE 99, 367, 388 ff. (zum MitbestErgG); *Raiser*, RdA 1999, 394, 396.

8 Wegen des Sondercharakters der Vorschriften des MontanMitbestG finden diese **außerhalb dessen gesetzlich geregelten Anwendungsbereichs keine, auch nicht entsprechende Anwendung**. Eine analoge Anwendung des MontanMitbestG kommt auch nicht im Hinblick auf Betriebsführungs- oder Servicegesellschaften in Betracht, die den Betrieb für ein der Montanmitbestimmung unterliegendes Unternehmen in dessen Namen und für dessen Rechnung führen, aber selbst nicht unter § 1 Abs. 1 und Abs. 2 fallen[1].

9 **2. Bergbauunternehmen (§ 1 Abs. 1 Satz 1 lit. a).** Dem MontanMitbestG unterliegen zunächst Unternehmen, (1) deren überwiegender Betriebszweck in der Förderung von Steinkohle, Braunkohle (einschließlich Pechkohle und Schwelkohle) oder Eisenerz oder in der Aufbereitung (ausschließlich chemischer Prozesse), Verkokung, Verschwelung oder Brikettierung dieser Grundstoffe liegt und (2) deren Betrieb unter der Aufsicht der Bergbehörden (§ 69 BBergG) steht[2]. Das Gesamtunternehmen unterliegt allerdings nur dann dem MontanMitbestG, wenn der überwiegende Betriebszweck des Unternehmens auf die genannten Verfahren gerichtet ist, dh. sie müssen **das wirtschaftlich den Betrieb beherrschende Element** sein[3]. Nach hM sind zur Beurteilung des überwiegenden Betriebszwecks eines Unternehmens nicht die Anzahl der mit dem genannten Verfahren im Betrieb beschäftigten ArbN, sondern vielmehr das in diesen Betrieben investierte Kapital und dessen Anteil am Gesamtertrag des Unternehmens heranzuziehen[4].

10 **3. Unternehmen der Eisen- und Stahl erzeugenden Industrie (§ 1 Abs. 1 Satz 1 lit. b und lit. c).** Unter das MontanMitbestG fallen lediglich Unternehmen der Eisen- und Stahl *erzeugenden* Industrie im Gegensatz zu Unternehmen der Eisen- und Stahl *verarbeitenden* Industrie. Aus der Bezugnahme auf das AHK-Gesetz Nr. 27[5] kann nicht geschlossen werden, dass nur solche Unternehmen von § 1 Abs. 1 Satz 1 lit. b erfasst werden, die in der Anlage zum AHK-Gesetz Nr. 27 aufgeführt sind. Es handelt sich vielmehr um einen „zeitgemäßen Definitionsersatz" für Unternehmen der Eisen- und Stahl erzeugenden Industrie, so dass maßgebendes Kriterium alleine ist, ob der überwiegende Betriebszweck in der Erzeugung von Eisen und Stahl besteht[6].

11 Weiterhin können dem MontanMitbestG auch Tochterunternehmen unterliegen, die von Unternehmen nach § 1 Abs. 1 Satz 1 lit. b oder nach dem AHK-Gesetz Nr. 27 zu liquidieren Unternehmen abhängig iSd. §§ 15 ff. AktG sind (§ 1 Abs. 1 Satz 1 lit. c). Weiter ist vorausgesetzt, dass das abhängige Unternehmen einen in § 1 Abs. 1 Satz 1 lit. a oder lit. b aufgeführten Betriebszweck verfolgt bzw. Unternehmensgegenstand hat[7].

12 **4. Walzwerkklausel (§ 1 Abs. 1 Sätze 2 und 3).** Aus Anlass der Umstrukturierung bei der Mannesmann AG hat der Gesetzgeber mit ÄndG 1981 (Rz. 3) eine sog. Walzwerkklausel eingeführt, derzufolge zur Eisen- und Stahlerzeugung auch die erzeugungsnahe Weiterverarbeitung (Warmverarbeitung) gehört[8]. Dabei ist der Kreis der von der Walzwerkklausel erfassten Unternehmen begrenzt: (1) Nach § 1 Abs. 1 Satz 2 Nr. 1 werden nur solche Unternehmen erfasst, die am Stichtag (1.7.1981) tatsächlich montanmitbestimmt waren, wobei unerheblich ist, ob in dem Unternehmen bereits am Stichtag oder erst später Warmverarbeitung stattfindet[9]. (2) § 1 Abs. 1 Satz 2 Nr. 2 erfasst Unternehmen nach Verschmelzung mit einem nach § 1 Abs. 1 Satz 2 Nr. 1 montanmitbestimmten Unternehmen. Ferner löst der Übergang nach § 1 Abs. 1 Satz 2 Nr. 1 montanbestimmten Betrieben oder Teilen eines Unternehmens auf ein anderes in diesem die Montanmitbestimmung aus, wenn beide Unternehmen miteinander verbunden sind (§ 15 AktG) und der überwiegende Betriebszweck in der Warmverarbeitung iSv. § 1 Abs. 1 Satz 2 oder in der Eisen- und Stahlerzeugung besteht. Dabei ist der überwiegende Betriebszweck einheitlich für das Gesamtunternehmen zu ermitteln und nicht beschränkt auf das übergehende oder aufnehmende Unternehmen[10]. (3) Schließlich sind aus Gründen des Umgehungsschutzes nach § 1 Abs. 1 Satz 3 die Regelungen in § 1 Abs. 1 Satz 2 „entsprechend" anzuwenden, wenn der warmverarbeitende Bereich infolge weiterer Verschmelzung oder Betriebsübergänge über mehrere Unternehmen wandert. Der in § 1 Abs. 1 Satz 3 enthaltene Sicherungsgedanke verlangt nach hM, dass auf das Merkmal einer unmittelbaren Übernahme der Warmverarbeitung von einem montanmitbestimmten Unternehmen verzichtet werden muss[11]. Ferner soll § 1 Abs. 1 Satz 2 Nr. 2 bei einer Übernahme durch ein Unternehmen entsprechend

---

1 AA ErfK/*Oetker*, § 1 MontanMitbestG Rz. 3; zur analogen Anwendung tendierend *Zöllner*, ZfA 1983, 93, 105. |2 Zu den gesetzmäßigen Betriebszwecken ErfK/*Oetker*, § 1 MontanMitbestG Rz. 4 ff.; *Kötter*, Mitbestimmungsrecht, § 1 Rz. 9 f.; *Boldt*, MitbestG Eisen und Kohle, § 1 Anm. 3a. |3 ErfK/*Oetker*, § 1 MontanMitbestG Rz. 9; *Boldt*, MitbestG Eisen und Kohle, § 1 Anm. 3a cc. |4 Vgl. ErfK/*Oetker*, § 1 MontanMitbestG Rz. 10; *Boldt*, MitbestG Eisen und Kohle, § 1 Anm. 3a cc; *Kötter*, Mitbestimmungsrecht, § 1 Rz. 8; aA MünchArbR/*Wißmann*, § 381 Rz. 4. |5 Für das Saarland sowie das Gebiet der ehemaligen DDR fehlt es an dieser Bezugnahmeklausel, es wird hier nur ein überwiegender Betriebszweck des Unternehmens in der Eisen- und Stahlerzeugung verlangt; hierzu MünchArbR/*Wißmann*, § 381 Rz. 3. |6 Vgl. BGH v. 28.2.1983 – II ZB 10/82; NJW 1983, 1617, 1618 – Böhler AG; OLG Düsseldorf v. 27.7.1988 – 19 W 10/87, AG 1989, 63 f. – Böhler AG; ErfK/*Oetker*, § 1 MontanMitbestG Rz. 13 f.; MünchArbR/*Wißmann*, § 38. Rz. 5; *Konzen*, AG 1983, 289; aA OLG Karlsruhe v. 7.7.1976 – 1 W 73/75, AuR 1978, 95. |7 Vgl. ErfK/*Oetker*, § 1 MontanMitbestG Rz. 15; *Boldt*, MitbestG Eisen und Kohle, § 1 Anm. 3c bb; *Kötter*, Mitbestimmungsrecht, § 1 Rz. 19. |8 Zur Entstehungsgeschichte dieses Änderungsgesetzes *Engels*, BB 1981, 1340 ff. |9 Vgl. ErfK/*Oetker*, § 1 MontanMitbestG Rz. 16; *Engels*, BB 1981, 1349, 1355. |10 Vgl. ErfK/*Oetker*, § 1 MontanMitbestG Rz. 17; *Engels*, BB 1981, 1349, 1355 f. |11 Vgl. ErfK/*Oetker*, § 1 MontanMitbestG Rz. 18; *Engels*, BB 1981, 1349, 1356; *Wlotzke/Wißmann*, DB 1981, 623, 630.

anzuwenden sein, das am Stichtag noch nicht montanmitbestimmt war[1], oder für den Fall, dass nach einer Zwischenübertragung auf ein Unternehmen, das mit dem übertragenden Unternehmen nicht verbunden ist, die Bereiche der Warmverarbeitung wieder zu einem Unternehmen gelangen, das mit einem der übertragenden Unternehmen verbunden ist[2].

5. Rechtsform (§ 1 Abs. 2 Halbs. 1). Das MontanMitbestG findet nur Anwendung auf Unternehmen, die in der Rechtsform der AG oder GmbH geführt werden. Die in § 1 Abs. 2 noch als zulässige Rechtsform genannte bergrechtliche Gewerkschaft ist ab 1.1.1994 gem. § 163 BBergG aufgehoben, so dass die Regelung insoweit obsolet ist[3]. Das MontanMitbestG kann wegen seines Sondercharakters **nicht auf andere Rechtsformen** wie die KGaA, Stiftungen oder Personengesellschaften **entsprechend angewendet werden**. 13

Das MontanMitbestG findet wegen des völkerrechtlichen Territorialitätsprinzips **nur auf inländische Unternehmen Anwendung**, dh. im Umkehrschluss nicht auf ausländische Unternehmen (dh. Unternehmen mit tatsächlichem Verwaltungssitz im Ausland)[4]. Dies gilt auch, wenn das ausländische Unternehmen rechtlich unselbständige Betriebe in Deutschland hat oder zusammen mit inländischen Unternehmen einer einheitlichen Leitung unterliegt. Zur Anwendbarkeit des MontanMitbestG auf nach ausländischem Recht gegründeten Unternehmen, die ihren formalen Satzungssitz im Ausland, ihren tatsächlichen Verwaltungssitz im Inland haben (**sog. Pseudo-Auslandsgesellschaften**) siehe § 1 MitbestG Rz. 8–10. Zur **Europäischen Aktiengesellschaft (Societas Europaea)** siehe § 1 MitbestG Rz. 5 f. 14

6. ArbN-Zahl (§ 1 Abs. 2 Halbs. 2 Alt. 1). Für die Anwendbarkeit des MontanMitbestG ist weiter vorausgesetzt, dass das Unternehmen in der Regel mehr als 1000 ArbN beschäftigt. Zur **Bestimmung des ArbN-Begriffes** sind § 3 Abs. 1 MitbestG, § 5 MitbestErgG entsprechend heranzuziehen, dh. er umfasst Arbeiter und Angestellte unter Einbeziehung der leitenden Angestellten, indes mit Ausnahme der in § 5 Abs. 2 BetrVG bezeichneten Personen. Zum Merkmal der **Regelmäßigkeit** der ArbN-Zahl siehe § 76 BetrVG 1952 Rz. 12. Sinkt die ArbN-Zahl daher nur vorübergehend unter 1000, führt dies nicht zur Beendigung der paritätischen Mitbest. nach dem MontanMitbestG, sowie gleichermaßen auch das vorübergehende Überschreiben einer ArbN-Zahl von mehr als 1000 nicht zur Begründung dieser besonderen Mitbestimmungsform führt. Außerhalb gesetzlicher Bestandsschutzvorschriften (zB § 325 UmwG, § 1 MitbestBeibG) gibt es keinen allgemeinen Rechtsgrundsatz, nach dem das MontanMitbestG auch dann anzuwenden wäre, wenn die Belegschaftsgröße des Unternehmens nur deshalb unter der Mindestgrenze gehalten wird, um die Regelungen des MontanMitbestG zu vermeiden[5]. 15

Bei der Ermittlung der Beschäftigtenzahl ist die Anzahl von **ArbN in abhängigen Konzernunternehmen** – anders als bei § 5 MitbestG – nicht einzubeziehen. Das gilt selbst dann, wenn nach § 1 Abs. 4 die Voraussetzung für eine Konzernwahl gegeben sind, da § 1 Abs. 2 dort nicht in Bezug genommen ist[6]. 16

7. Einheitsgesellschaften (§ 1 Abs. 2 Halbs. 2 Alt. 2). Die Beschäftigungsmindestzahl von 1000 ArbN ist für „Einheitsgesellschaften" nicht erforderlich, wobei mit diesem Begriff die besondere Entstehungsart nach dem AHK-Gesetz Nr. 27 charakterisiert wird[7]. 17

III. Konzernwahlklausel (§ 1 Abs. 4). Die durch das ÄndG 1981 (Rz. 3) eingefügte Konzernwahlklausel regelt **die Beteiligung von ArbN von Tochterunternehmen an der Wahl zum Aufsichtsrat im herrschenden Unternehmen** und setzt hierfür voraus, dass (1) das herrschende Unternehmen iSv. § 18 Abs. 1 AktG dem MontanMitbestG unterliegt und (2) bei ihm ein KonzernBR (iSv. § 54 BetrVG) errichtet ist[8]. § 1 Abs. 4 fingiert für die Zwecke der Anwendung der §§ 4, 6 und 9, dass die ArbN aller Konzernunternehmen als solche des herrschenden Unternehmens gelten. Das bedeutet, dass die ArbN in abhängigen Unternehmen als „unternehmensangehörige" ArbN-Vertreter in den Aufsichtsrat des herrschenden Unternehmens gewählt werden können. Weiter gehende Rechtswirkungen besitzt die gesetzliche Fiktion nicht, insb. führt sie nicht dazu, dass – vergleichbar mit § 5 Abs. 1 MitbestG oder § 77a BetrVG 1952 – der Schwellenwert der notwendigen ArbN-Zahl (§ 1 Abs. 2) erreicht wird[9]. 18

Neben der Ausweitung der aktiven und passiven Wahlberechtigung passt § 1 Abs. 4 Satz 2 das Wahlvorschlagsrecht im Konzern in der Weise an, dass an die Stelle der in den §§ 6 und 11 als vorschlagsberechtigt genannten BR der KonzernBR tritt. 19

IV. Besitzstandsklausel (§ 1 Abs. 3). Als Besitzstandsklausel wurde § 1 Abs. 3 durch das ÄndG 1981 (Rz. 3) eingefügt, demzufolge das MontanMitbestG noch für einen Übergangszeitraum von sechs Jahren anzuwenden ist, nachdem die gesetzlichen Anwendungsvoraussetzungen nach § 1 Abs. 1 und Abs. 2 (hier 20

---

1 Vgl. ErfK/*Oetker*, § 1 MontanMitbestG Rz. 18; *Engels*, BB 1981, 1349, 1356. | 2 Vgl. ErfK/*Oetker*, § 1 MontanMitbestG Rz. 18; *Engels*, BB 1981, 1349, 1356. | 3 Art. 4 Nr. 1 Zweites Gesetz zur Vereinfachung der Wahl der Arbeitnehmervertreter in den Aufsichtsrat (BGBl. I 2004, S. 974) enthält die redaktionelle Änderung von § 1 Abs. 2 MontanMitbestG. | 4 Vgl. LG Düsseldorf v. 5.6.1979 – 25 AktE 1/78, DB 1979, 1451 (zum MitbestG); OLG Stuttgart v. 30.3.1995 – 8 W 355/93, ZIP 1995, 1004 (zum MitbestG). | 5 AA ErfK/*Oetker*, § 1 MontanMitbestG Rz. 20. | 6 Vgl. ErfK/*Oetker*, § 1 MontanMitbestG Rz. 21; *Engels*, BB 1981, 1349, 1354; *Wlotzke/Wißmann*, DB 1981, 623, 628; MünchArbR/*Wißmann*, § 371 Rz. 2. | 7 Vgl. ErfK/*Oetker*, § 1 MontanMitbestG Rz. 22; *Wlotzke/Wißmann*, DB 1981, 623, 628; MünchArbR/*Wißmann*, § 371 Rz. 3. | 8 Hierzu *Engels*, BB 1981, 1349, 1358 f. | 9 GroßKommAktG/*Oetker*, § 1 MontanMitbestG Rz. 31; vgl. auch Rz. 16.

Montan-MitbestG § 1 Rz. 21 Arbeitnehmermitbestimmung in den Aufsichtsräten.

beschränkt auf die ArbN-Zahl im Unternehmen) weggefallen sind. Der **Übergangszeitraum von sechs Jahren** ist erst abgelaufen, wenn in sechs aufeinander folgenden Jahren die gesetzlichen Anwendungsvoraussetzungen nicht mehr vorliegen. Werden die Voraussetzungen zwischenzeitlich wieder erfüllt und entfallen sie daraufhin erneut, so beginnt jeweils ein neuer Zeitraum von sechs Jahren zu laufen[1]. Die Besitzstandsklausel des § 1 Abs. 3 greift allerdings nur beim Wegfall der dort genannten Anwendungsvoraussetzungen; sie ist eng auszulegen und keiner entsprechenden Anwendung zugänglich. Insbesondere ist § 1 Abs. 3 nicht (auch nicht analog) anzuwenden auf den Fall, in dem das Unternehmen in eine Rechtsform wechselt, die nicht in § 1 Abs. 2 (AG, GmbH) aufgeführt ist[2]. Schließlich ist für die Anwendung von § 1 Abs. 3 vorausgesetzt, dass das Unternehmen erst nach In-Kraft-Treten des ÄndG 1981 am 1.7.1981 infolge des Wegfalls der Voraussetzungen aus der Montanmitbestimmung ausgeschieden ist[3].

21 Gegen § 1 Abs. 3 werden teilweise **verfassungsrechtliche Bedenken** geltend gemacht, und zwar mit Hinweis auf das Verbot verfassungswidriger Einzelfallregelung („Lex Mannesmann")[4], wegen Verstoßes gegen das Rechtsstaatsprinzip (Vorwurf unechter Rückwirkung)[5] sowie wegen verfassungswidriger Ungleichbehandlung und Verstoß gegen Art. 3 Abs. 1 GG. Das BVerfG hat mit der hM zur vergleichbaren Problematik des MitbestErgG entschieden, dass die Ungleichbehandlung von Unternehmen, in dem die Anwendungsvoraussetzungen der Montan-Mitbest. infolge der Änderung des Betriebszwecks entfallen sind, gegenüber Unternehmen mit gleicher Produktionsstruktur während des Übergangszeitraums, sachlich begründet und deshalb verfassungsrechtlich nicht zu beanstanden ist. Die Bestandsschutzklausel soll sicherstellen, dass ein bloß vorübergehendes Unterschreiten der Montanquote für den Wegfall der Montan-Mitbest. nicht ausreicht, und den wiederholten Wechsel der Mitbestimmungsform zu vermeiden[6]. Dabei hält sich die Übergangsfrist von sechs Jahren gerade noch im Rahmen einer verhältnismäßigen Regelung[7].

22 **V. MitbestErgG**[8]. **1. Anwendungsbereich.** Unternehmen in der Rechtsform einer AG oder GmbH, die ein anderes Unternehmen beherrschen, das unter das MontanMitbestG fällt, ohne selbst nach dem MontanMitbestG mitbestimmungspflichtig zu sein, unterfallen dem MitbestErgG, sofern der Unternehmenszweck des Konzerns durch solche Konzernunternehmen und abhängige Unternehmen „gekennzeichnet" wird, die unter das MontanMitbestG fallen (§§ 1–3 MitbestErgG)[9]. Dabei differenziert das MitbestErgG für die Konturierung des „Kennzeichnungsmerkmals" danach, ob das herrschende Unternehmen bei In-Kraft-Treten des ÄndG 1988 (Rz. 3) unter das MontanMitbestG bzw. unter das MitbestErgG fällt (§ 21 MitbestErgG). Das BVerfG hat die in § 3 Abs. 2 Satz 1 Nr. 1 MitbestErgG für Alt-Montanunternehmen geregelte Montan-Wertschöpfungsquote von 20 % des Umsatzes aller konzernabhängigen Unternehmen zwar als „sehr niedrig", aber verfassungsrechtlich als „noch vertretbar" charakterisiert[10]; demgegenüber hat es die feste Beschäftigtenzahl von 2000 ArbN in § 3 Abs. 2 Satz 1 Nr. 2 MitbestErgG als verfassungsrechtlich ungeeignetes Kriterium charakterisiert, einen die Fortgeltung der Montanmitbestimmung rechtfertigenden Montanbezug herzustellen[11].

23 Nach Erklärung der Verfassungswidrigkeit von § 3 Abs. 2 Satz 1 Nr. 2 MitbestErgG durch das BVerfG **unterfällt derzeit kein Unternehmen mehr dem MitbestErgG**. Allerdings könnten in absehbarer Zeit wieder zwei Unternehmen (ThyssenKrupp Steel AG, Salzgitter AG) in deren Anwendungsbereich hineinwachsen.

24 **2. Sonderregelungen.** Der Aufsichtsrat eines dem MitbestErgG unterfallenden Unternehmens besteht im Regelfall aus 15 Mitgliedern, und zwar (1) sieben Vertretern der Anteilseigner, (2) sieben Vertretern der ArbN sowie (3) dem neutralen Mitglied (§ 5 Abs. 1 Sätze 1 und 2 MitbestErgG); bei Unternehmen mit einem Gesellschaftskapital von mehr als 25 Mio. Euro kann durch die Satzung bestimmt werden, dass der Aufsichtsrat aus 21 Mitgliedern besteht (§ 5 Abs. 1 Satz 3 MitbestErgG). Während sich die Be-

---

1 Vgl. ErfK/*Oetker*, § 1 MontanMitbestG Rz. 23; *Engels*, BB 1981, 1349, 1354; *Büdenbender*, ZIP 2000, 385, 388 f.; MünchArbR/*Wißmann*, § 83 Rz. 7. | 2 Vgl. ErfK/*Oetker*, § 1 MontanMitbestG Rz. 24; *Engels*, BB 1981, 1349, 1354; *Wlotzke/Wißmann*, DB 1981, 623, 629; *Wißmann*, NJW 1982, 423, 425. | 3 ErfK/*Oetker*, § 1 MontanMitbestG Rz. 24; *Engels*, BB 1981, 1349, 1353. | 4 Hierzu (zulässiges Maßnahmegesetz) *Preis*, AuR 1983, 161, 162 Fn. 15; *Scholz*, AG 1972, 195, 197 f.; *Kittner*, BB 1971, 1057, 1060 Fn. 5; GroßKommAktG/*Oetker*, § 1 MontanMitbestG Rz. 26; vgl. auch BVerfG v. 7.5.1969 – 2 BvL 15/67, BVerfGE 25, 371, 396 (zum ÄndG 1971). | 5 Vgl. *Scholz*, AG 1972, 195, 201 f. (zum ÄndG 1971); aA *Preis*, AuR 1983, 161, 163 f.; GroßKommAktG/*Oetker*, § 1 MontanMitbestG Rz. 27. | 6 Vgl. BVerfG v. 2.3.1999 – 1 BvL 2/91, BVerfGE 99, 367, 392 ff.; ErfK/*Oetker*, § 1 MontanMitbestG Rz. 28; *Kittner*, BB 1971, 1057, 1062; *Preis*, AuR 1983, 161, 164; *Scholz*, AG 1972, 195, 199; aA *von Zezschwitz*, BB 1971, 479, 480. | 7 Vgl. BVerfG v. 2.3.1999 – 1 BvL 2/91, BVerfGE 99, 367, 369 f. (zu § 16 MitbestErgG); *Büdenbender*, ZIP 2000, 385, 398 (zu § 1 Abs. 3 MontanMitbestG). | 8 Gesetz zur Ergänzung des Gesetzes über die Mitbestimmung der Arbeitnehmer in den Aufsichtsräten und Vorständen der Unternehmen des Bergbaus und der Eisen und Stahl erzeugenden Industrie (Montan-Mitbestimmungsergänzungsgesetz) vom 7.8.1956 (BGBl. I S. 707), zuletzt geändert durch Gesetz vom 23.7.2001 (BGBl. I S. 1852). | 9 Hierzu näher MünchArbR/*Wißmann*, § 382 Rz. 3 ff.; GroßKommAktG/*Oetker*, § 3 MitbestErgG Rz. 4 ff. | 10 BVerfG v. 2.3.1999 – 1 BvL 2/91, BVerfGE 99, 367, 396. | 11 BVerfG v. 2.3.1999 – 1 BvL 2/91, BVerfGE 99, 367, 397 – Art. 2 Nr. 2 lit. b des Zweiten Gesetzes zur Vereinfachung der Wahl der Arbeitnehmervertreter in den Aufsichtsrat (BGBl. I 2004, S. 974) sieht eine Änderung von § 3 Abs. 2 Satz 1 Nr. 2 in der Weise vor, dass die Angabe „2000 Arbeitnehmer" durch das Kriterium „ein Fünftel der Arbeitnehmer sämtlicher Konzernunternehmen und abhängigen Unternehmen" ersetzt wird; hierzu *Seibt*, NZA 2004, Heft 14.

stellung der Anteilseignervertreter nach § 5 MontanMitbestG richtet, ist für die Bestellung der ArbN-Vertreter sowie des neutralen Mitglieds ein besonderes – im Grundsatz den Regelungen im MitbestG vergleichbares – Wahlverfahren durch Urwahl oder Delegiertenwahl geregelt (§ 5 Abs. 2 und Abs. 3, §§ 7–10n MitbestErgG)[1]. Die Regelungen zur Personalkompetenz des Aufsichtsrats sprechen § 12 MontanMitbestG und für die obligatorische Bestellung eines Arbeitsdirektors zum gleichberechtigten Mitglied des Vertretungsorgans wird auf § 13 MontanMitbestG verwiesen (§ 13 MitbestErgG). Eine § 32 MitbestG entsprechende Spezialvorschrift zur Beschränkung der Geschäftsführungs- und Vertretungsbefugnis des Vertretungsorgans ist in § 15 MitbestErgG geregelt (hierzu § 32 MitbestG Rz. 1–6).

VI. Privatautonome Mitbestimmungsvereinbarungen. Die im MontanMitbestG geregelte paritätische Unternehmensmitbestimmung ist **im Grundsatz zwingender Natur**. Von ihr kann weder zu Lasten der ArbN durch vertragliche Vereinbarung abgewichen werden, noch kann vertraglich eine „Überparität" zugunsten ArbN-Vertreter im Aufsichtsrat geregelt werden (Art. 14 Abs. 1 GG)[2]. Wegen der gegenüber dem MitbestG schwächeren Berücksichtigung von in Konzernunternehmen beschäftigten ArbN sowie von leitenden Angestellten (Rz. 1) ist eine privatautonome Unterstellung von gesetzlich dem MitbestG unterfallenden Unternehmen unter das MontanMitbestG rechtlich problematisch. In der Praxis finden sich allerdings eine Reihe privatautonomer Mitbestimmungsvereinbarungen, die in engen Grenzen rechtlich zulässig sind (hierzu § 1 MitbestG Rz. 20)[3].

25

2 *Vorrang des Montan-Mitbestimmungsgesetzes*
Auf die in § 1 bezeichneten Unternehmen finden die Vorschriften des Aktiengesetzes, des Gesetzes betreffend die Gesellschaften mit beschränkter Haftung, der Berggesetze und des Betriebsverfassungsrechts insoweit keine Anwendung, als sie den Vorschriften dieses Gesetzes widersprechen.

1. Regelungsinhalt. Die Bestimmung des § 2 enthält eine Kollisionsregelung des MontanMitbestG zu widerstreitenden Vorschriften des AktG, des GmbHG, der Berggesetze (insoweit obsolet; siehe § 1 Rz. 13) sowie des Betriebsverfassungsrechts in der Weise, dass das MontanMitbestG jenen Normen vorgeht.

1

2. AktG. Die Vorschriften des MontanMitbestG gehen entgegenstehenden Regelungen des AktG sowie allgemeinen aktienrechtlichen Grundsätzen vor[4]. Dies betrifft insb. die aktienrechtlichen Vorschriften über die Bestellung, Zusammensetzung, Wahl und Abberufung des Aufsichtsrates bzw. seiner Mitglieder. Im Übrigen sind die aktienrechtlichen Vorschriften, insb. die §§ 107, 108 AktG sowie ergänzend als Hinweise auf gute Unternehmensführung die Bestimmungen des Deutschen Corporate Governance Kodex für Fragen der inneren Ordnung des Aufsichtsrates, anzuwenden, soweit nicht nach § 10 oder dem Zweck des MontanMitbestG Abweichendes gilt. So ist es mit dem Zweck von § 8 unvereinbar, dem Vorsitzenden des Aufsichtsrates qua Satzung oder Geschäftsordnung des Aufsichtsrats ein Zweitstimmrecht einzuräumen[5].

2

3. GmbHG. Nach § 3 Abs. 2 finden auf den Aufsichtsrat bei der GmbH sowie dessen Rechte und Pflichten die aktienrechtlichen Vorschriften entsprechende Anwendung. Insoweit gilt die Vorrangregelung der Vorschriften des MontanMitbestG gegenüber den aktienrechtlichen Bestimmungen (Rz. 2). Darüber hinaus gehen die Vorschriften des MontanMitbestG auch widersprechenden Vorschriften des GmbHG vor, die zB die Rechte und Pflichten sowie die innere Ordnung der Geschäftsführung regeln.

3

4. Betriebsverfassungsrecht. Schließlich ist der abstrakte Vorrang des MontanMitbestG vor widersprechenden Regelungen des Betriebsverfassungsrechts bestimmt. In concreto führt das MontanMitbestG allerdings nicht zur Begrenzung der Rechts- oder Pflichtenstellung betriebsverfassungsrechtlicher Organe[6].

4

Zweiter Teil. Aufsichtsrat

3 *Aufsichtsrat bei GmbH oder bergrechtlicher Gewerkschaft*
(1) Betreibt eine Gesellschaft mit beschränkter Haftung oder eine bergrechtliche Gewerkschaft mit eigener Rechtspersönlichkeit ein Unternehmen im Sinne des § 1, so ist nach Maßgabe dieses Gesetzes ein Aufsichtsrat zu bilden.

(2) Auf den Aufsichtsrat, seine Rechte und Pflichten finden die Vorschriften des Aktienrechts sinngemäß Anwendung.

---

1 Das Zweite Gesetz zur Vereinfachung der Wahl der Arbeitnehmervertreter in den Aufsichtsrat (BGBl. I 2004, S. 974) sieht mit Art. 2 Nr. 3–9 eine entsprechende Anpassung der Regelungen zum Wahlverfahren an diejenigen des 2002 geänderten MitbestG (und der drei Wahlordnungen zum MitbestG) vor. | 2 S.a. § 1 MitbestG Rz. 19. | 3 Zur praxis privatautonomer Mitbestimmungsvereinbarungen in der Montan-Industrie *Wlotzke/Wißmann*, DB 1991, 623, 625; *Boldt*, RdA 1960, 65 ff. | 4 Vgl. ErfK/*Oetker*, § 2 MontanMitbestG Rz. 2; *Kötter*, Mitbestimmungsrecht, § 2 Rz. 2. | 5 GroßKommAktG/*Oetker*, § 2 MontanMitbestG Rz. 3; MünchArbR/*Wißmann*, § 371 Rz. 21; aA *Boldt*, MitbestG Eisen und Kohle, § 4 Anm. 11c; *Kötter*, Mitbestimmungsrecht, § 4 Rz. 20c. | 6 Vgl. ErfK/*Oetker*, § 2 MontanMitbestG Rz. 5 ff.

Montan-MitbestG § 3 Rz. 1   Aufsichtsrat bei GmbH oder bergrechtlicher Gewerkschaft

1 **1. Obligatorischer Aufsichtsrat (§ 3 Abs. 1).** Die Bestimmung des § 3 Abs. 1 schreibt die Bildung eines Aufsichtsrates nach Maßgabe des MontanMitbestG für die § 1 unterfallende GmbH zwingend vor und enthält damit eine Sonderregelung zu § 52 GmbHG. Auch die Zusammensetzung sowie die Rechte und Pflichten der Organmitglieder regelt das MontanMitbestG zwingend[1].

2 **2. Entsprechende Anwendung des Aktienrechts (§ 3 Abs. 2).** Nach § 3 Abs. 2 sind auf den Aufsichtsrat bei der GmbH sowie dessen Rechte und Pflichten sämtliche Vorschriften des Aktienrechts sinngemäß anzuwenden. Damit geht der Anwendungsbefehl des § 3 Abs. 2 sowohl über § 52 GmbHG, der die entsprechende Anwendung nur bestimmter aktienrechtlicher Vorschriften für fakultativ gebildete Aufsichtsräte vorsieht, als auch über § 25 MitbestG hinaus, der ebenfalls nur die entsprechende Anwendung bestimmter aktienrechtlicher Vorschriften anordnet. Trotz § 161 AktG (Entsprechens-Erklärung über Empfehlungen des Deutscher Corporate Governance Kodex) führt § 3 Abs. 2 weder zu einer unmittelbaren Geltung der Empfehlungen des Deutscher Corporate Governance Kodex noch zu einer Erklärungspflicht der Geschäftsleitungsorgane der GmbH über die Einhaltung der Kodex-Empfehlungen. Von dem Anordnungsbefehl sind weiter solche zwingenden Vorschriften des Aktiengesetzes über den Aufsichtsrat ausgenommen, die der Struktur der GmbH oder Bestimmungen des MontanMitbestG widersprechen[2].

3 **3. Bergrechtliche Gewerkschaft.** Für die bergrechtliche Gewerkschaft sind die Bestimmungen des § 3 obsolet (siehe § 1 Rz. 13)[3].

4 *Zusammensetzung. Rechte und Pflichten der Mitglieder*
(1) Der Aufsichtsrat besteht aus elf Mitgliedern. Er setzt sich zusammen aus
 a) vier Vertretern der Anteilseigner und einem weiteren Mitglied,
 b) vier Vertretern der Arbeitnehmer und einem weiteren Mitglied,
 c) einem weiteren Mitglied.
(2) Die in Absatz 1 bezeichneten weiteren Mitglieder dürfen nicht
 a) Repräsentant einer Gewerkschaft oder einer Vereinigung der Arbeitgeber oder einer Spitzenorganisation dieser Verbände sein oder zu diesen in einem ständigen Dienst- oder Geschäftsbesorgungsverhältnis stehen,
 b) im Laufe des letzten Jahres vor der Wahl eine unter Buchstabe a bezeichnete Stellung innegehabt haben,
 c) in den Unternehmen als Arbeitnehmer oder Arbeitgeber tätig sein,
 d) an dem Unternehmen wirtschaftlich wesentlich interessiert sein.
(3) Alle Aufsichtsratsmitglieder haben die gleichen Rechte und Pflichten. Sie sind an Aufträge und Weisungen nicht gebunden.

1 **1. Größe des Aufsichtsrats.** Nach § 4 Abs. 1 Satz 1 besteht der Aufsichtsrat im Grundsatz aus elf Mitgliedern, es sei denn, er setzt sich nach Maßgabe von § 9 aus 15 bzw. 21 Mitgliedern zusammen. § 4 Abs. 1 Satz 1 sowie § 9 sind zwingend, so dass eine andere Mitgliederzahl weder vereinbart noch in der Satzung festgelegt werden kann[4].

2 **2. Zusammensetzung des Aufsichtsrats.** Nach § 4 Abs. 1 Satz 2 setzt sich der Aufsichtsrat aus drei Gruppen zusammen, und zwar (1) vier Vertretern der Anteilseigner und einem weiteren Mitglied (= 5), (2) vier Vertretern der ArbN und einem weiteren Mitglied (= 5) sowie (3) einem weiteren Mitglied, dem als „neutralen" Organmitglied zur Auflösung von Pattsituationen zwischen den Vertretern der Anteilseigner und der ArbN besondere Bedeutung zukommt. Zu den unterschiedlichen Wahlverfahren der drei Mitgliedergruppen siehe §§ 5–8 Rz. 2–24.

3 **3. Wählbarkeitsvoraussetzungen.** Für alle Aufsichtsratsmitglieder gelten die allgemeinen aktienrechtlichen Voraussetzungen für eine Organmitgliedschaft, also insb. § 100 Abs. 1 und Abs. 2 sowie § 105 AktG. Die Satzung kann persönliche Voraussetzungen nur für die Vertreter der Anteilseigner (einschließlich des ihnen zuzurechnenden weiteren Mitglieds) iSv. § 4 Abs. 1 Satz 2 lit. a aufstellen; dies gilt trotz der Bestimmung der Hauptversammlung als Wahlorgan weder für die ArbN-Vertreter noch für das „neutrale" Mitglied, da die Hauptversammlung hier im Grundsatz an bestimmte Wahlvorschläge gebunden ist (vgl. § 100 Abs. 4 AktG).

4 Für die „weiteren Mitglieder" aller Aufsichtsratsgruppen stellt § 4 Abs. 2 zusätzliche Voraussetzungen auf, die eine gewisse Unabhängigkeit vom Unternehmen und der Anteilseigner- sowie ArbN-Seite ge-

---
[1] ErfK/*Oetker*, § 3 MontanMitbestG Rz. 1; *Müller/Lehmann*, MitbestG Bergbau und Eisen, § 3 Rz. 5.   [2] ErfK/*Oetker*, § 3 MontanMitbestG Rz. 2; *Boldt*, MitbestG Eisen und Kohle, § 3 Anm. 3b.   [3] Art. 4 Nr. 2 des Entwurfs eines Zweiten Gesetzes zur Vereinfachung der Wahl der Arbeitnehmervertreter in den Aufsichtsrat (BMWA-Schreiben v. 20.8.2003, III A 5-32556) sieht die Änderung von § 3 Abs. 1 in diesem Punkt vor.   [4] ErfK/*Oetker*, § 4 MontanMitbestG Rz. 1; *Boldt*, MitbestG Eisen und Kohle, § 4 Anm. 3a; *Kötter*, Mitbestimmungsrecht, § 4 Rz. 2.

währleisten sollen[1]. Bei § 4 Abs. 2 lit. c sind Arbeitsverhältnisse mit dem Unternehmen sowie mit diesem verbundene Unternehmen iSv. § 15 AKtG schädlich (Pluralform); auf das Vorliegen der in § 1 Abs. 4 geregelten Voraussetzungen (zB Bestehen eines KonzernBR) kommt es nicht an (Parallele zu § 4 Abs. 2 lit d). Ein wirtschaftlich wesentliches Interesse (§ 4 Abs. 2 lit. d) liegt jdf. bei einer unmittelbaren oder mittelbaren Anteilsbeteiligung von mindestens 10 % vor, die der Kandidat selbst oder ein Unternehmen innehält, bei dem der Kandidat eine Organposition besetzt. Die in § 4 Abs. 2 aufgeführten Wählbarkeitsvoraussetzungen sind zwingend und eine ihr widersprechende Wahl ist aufgrund einer Anfechtungsklage (§ 251 AktG) für nichtig zu erklären (§ 252 Abs. 2 AktG)[2]. Wegen des abschließenden Charakters von § 250 Abs. 1 AktG führt ein Verstoß gegen § 4 Abs. 2 nicht automatisch zur Nichtigkeit der Wahl[3]. Verliert ein Aufsichtsratmitglied später die besonderen Wählbarkeitsvoraussetzungen von § 4 Abs. 2 nicht nur für vorübergehende Zeit, so erlischt sein Amt (Analogie zu § 24 Abs. 1 MitbestG). Beschlüsse eines Aufsichtsrates, dem ein Mitglied entgegen § 4 Abs. 2 angehört, sind wirksam.

4. Rechte und Pflichten der Aufsichtsratsmitglieder. Die Rechts- und Pflichtenstellung der Aufsichtsratsmitglieder bestimmt sich nach den aktienrechtlichen Vorschriften (vgl. § 2 und § 3 Abs. 2). Danach haben die Mitglieder des Aufsichtsrats, gleich ob Anteilseigner- oder ArbN-Vertreter oder neutrales Mitglied, die gleichen Rechte und Pflichten, insb. stehen ihnen die gleichen Mitwirkungs-, Informations- und Stimmrechte zu, sind aber andererseits auch in gleichem Maße zur Amtsausübung verpflichtet und gegenüber der Gesellschaft haftungsrechtlich verantwortlich[4]. Jedes Aufsichtsratmitglied hat dafür zu sorgen, dass die dem Aufsichtsrat übertragenen Zuständigkeiten und Aufgaben mit der Sorgfalt eines ordentlichen Überwachers und Beraters wahrgenommen werden (**Grundsatz der Gesamtverantwortung; § 116 AktG**). Diesen aktienrechtlichen Grundsatz gleicher Rechte und Pflichten der Aufsichtsratsmitglieder statuiert § 4 Abs. 3 Satz 1 deklaratorisch.

5

Der Grundsatz der Gesamtverantwortung oder das Prinzip gleicher Rechte und Pflichten der Organmitglieder schließt indes nicht aus, dass bestimmte Aufsichtsratsaufgaben einzelnen Aufsichtsratsmitgliedern oder einem Ausschuss zugewiesen werden (siehe § 25 MitbestG Rz. 15). § 4 Abs. 3 Satz 1 steht auch nicht § 107 Abs. 1 Satz 1 AktG entgegen, demzufolge aus der Mitte des Aufsichtsrates ein **Vorsitzender** und mindestens ein Stellvertreter für ihn zu wählen ist, und zwar selbst dann, wenn dem Vorsitzenden – wie in der Praxis üblich und entsprechend den Grundsätzen guter Unternehmensführung[5] – neben den vom Gesetz zugewiesenen noch weitere Aufgaben insb. durch die Geschäftsordnung für den Aufsichtsrat übertragen sind[6]. Aus § 4 Abs. 3 Satz 1 ergibt sich schließlich nicht, dass das sog. „neutrale" Mitglied als Aufsichtsratsvorsitzender bestellt werden müsste[7].

6

Auch bei den **Empfehlungen und Anregungen des Deutscher Corporate Governance Kodex** ist nicht zwischen Anteilseigner- und ArbN-Vertretern sowie dem neutralen Mitglied zu differenzieren. ArbN-Vertreter genießen insb. keine Sonderstellung im Hinblick auf die Kodex-Bestimmung zur Vergütung (Ziff. 5.4.5 Sätze 4 und 5 DCGK) sowie zum Selbstbehalt bei D&O-Versicherungen (Ziff. 3.8 Satz 3 DCGK), zur Offenlegung und Behandlung von Interessenkonflikten (Ziff. 5.5.2, 5.5.3 Satz 1 DCGK) sowie zur Effizienzprüfung der Aufsichtsratstätigkeit (Ziff. 5.6 DCGK; zB Zulässigkeit der Beurteilung der einzelnen Aufsichtsratsmitglieder[8])[9].

7

Im Rahmen ihrer Organtätigkeit sind die Aufsichtsratsmitglieder weder an Weisungen des Wahlorgans, des Vorschlagsberechtigten oder eines Dritten gebunden, noch können sie sich selbst solchen Weisungsrechten unterwerfen. Es gilt vielmehr der Grundsatz des freien Mandats[10]. Die Aufsichtsratsmitglieder müssen ihr Amt eigenverantwortlich und persönlich wahrnehmen. Eine dauerhafte Übertragung der Aufgaben und Auftritte ist daher unzulässig (§ 111 Abs. 5 AktG; **Vertretungs- und Delegationsverbot**)[11], nicht jedoch eine Unterstützung durch Assistenten oder eine Beratung durch Sachverständige in Einzelnen, besondere Fachkenntnisse verlangende Aufgaben[12].

8

5 *Wahl der Vertreter der Anteilseigner*
Die in § 4 Abs. 1 Buchstabe a bezeichneten Mitglieder des Aufsichtsrats werden durch das nach Gesetz, Satzung oder Gesellschaftsvertrag zur Wahl von Aufsichtsratsmitgliedern berufene Organ (Wahlorgan) nach Maßgabe der Satzung oder des Gesellschaftsvertrags gewählt.

---

1 ErfK/*Oetker*, § 4 MontanMitbestG Rz. 4; *Boldt*, MitbestG Eisen und Kohle, § 4 Anm. 5; *Kötter*, Mitbestimmungsrecht, § 4 Rz. 7. | 2 GroßKommAktG/*Oetker*, § 4 MontanMitbestG Rz. 4; *Boldt*, MitbestG Eisen und Kohle, § 4 Anm. 6. | 3 GroßKommAktG/*Oetker*, § 4 MontanMitbestG Rz. 4. | 4 Vgl. BGH v. 25.2.1982 – II ZR 123/81, BGHZ 83, 106, 112 f. – Siemens (zum MitbestG); *Lutter/Krieger*, Rz. 279; MünchGesR/*Hoffmann-Becking*, Bd. 4, § 33 Rz. 1 f. | 5 Hierzu Ziff. 5.2 DCGK; vgl. auch *Seibt/Wilde* in Hommelhoff/Hopt/von Werder, Handbuch Corporate Governance, S. 377, 388 ff.; *Kremer* in Ringleb/Kremer/Lutter/von Werder, DCGK, Rz. 664 ff.; *Semler*, Arbeitshandbuch für Aufsichtsratsmitglieder, F1 ff. | 6 So auch GroßKommAktG/*Oetker*, § 4 MontanMitbestG Rz. 6; *Kötter*, JR 1951, 449, 450. | 7 So auch ErfK/*Oetker*, § 4 MontanMitbestG Rz. 5; *Kötter*, JR 1951, 449, 450; *Boldt*, MitbestG Eisen und Kohle, § 4 Anm. 11b. | 8 Hierzu *Seibt*, DB 2003, 2107, 2109. | 9 Hierzu *Seibt*, AG 2003, 465, 476. | 10 ErfK/*Oetker*, § 4 MontanMitbestG Rz. 6. | 11 Hierzu BGH v. 15.11.1982 – II ZR 27/82, BGHZ 85, 293, 295 f. – Hertie, § 111 AktG Rz. 23; KölnKommAktG/*Mertens*, § 111 Rz. 89 ff. | 12 Vgl. *Hüffer*, § 111 AktG Rz. 23; Geßler/Hefermehl/Eckardt/Kropff/*Geßler*, § 111 AktG Rz. 89.

6 Wahl der Vertreter der Arbeitnehmer

(1) Unter den in § 4 Abs. 1 Buchstabe b bezeichneten Mitgliedern des Aufsichtsrats müssen sich zwei Arbeitnehmer befinden, die in einem Betriebe des Unternehmens beschäftigt sind. Diese Mitglieder werden durch die Betriebsräte der Betriebe des Unternehmens in geheimer Wahl gewählt und dem Wahlorgan nach Beratung mit den in den Betrieben des Unternehmens vertretenen Gewerkschaften und deren Spitzenorganisationen vorgeschlagen.

(2) Die nach Absatz 1 gewählten Personen sind vor der Weiterleitung der Vorschläge an das Wahlorgan innerhalb von zwei Wochen nach der Wahl den Spitzenorganisationen mitzuteilen, denen die in den Betrieben des Unternehmens vertretenen Gewerkschaften angehören. Jede Spitzenorganisation kann binnen zwei Wochen nach Zugang der Mitteilung Einspruch bei den Betriebsräten einlegen, wenn der begründete Verdacht besteht, dass ein Vorgeschlagener nicht die Gewähr bietet, zum Wohle des Unternehmens und der gesamten Volkswirtschaft verantwortlich im Aufsichtsrat mitzuarbeiten. Lehnen die Betriebsräte den Einspruch mit einfacher Stimmenmehrheit ab, so können die Betriebsräte oder die Spitzenorganisation, welche den Einspruch eingelegt hat, das Bundesministerium für Wirtschaft und Arbeit anrufen; dieses entscheidet endgültig.

(3) Zwei der in § 4 Abs. 1 Buchstabe b bezeichneten Mitglieder werden von den Spitzenorganisationen nach vorheriger Beratung mit den im Betriebe vertretenen Gewerkschaften den Betriebsräten vorgeschlagen. Die Spitzenorganisationen sind nach dem Verhältnis ihrer Vertretung in den Betrieben vorschlagsberechtigt; sie sollen bei ihren Vorschlägen die innerhalb der Belegschaften bestehenden Minderheiten in angemessener Weise berücksichtigen.

(4) Für das in § 4 Abs. 1 Buchstabe b bezeichnete weitere Mitglied gilt Absatz 3 entsprechend.

(5) Die Mitglieder der Betriebsräte der Betriebe des Unternehmens wählen in geheimer Wahl auf Grund der nach den Absätzen 3 und 4 gemachten Vorschläge die Bewerber und schlagen diese dem Wahlorgan vor. Wird von einer Spitzenorganisation nur ein Bewerber für ein Aufsichtsratsmitglied vorgeschlagen, so bedarf der Vorschlag gegenüber dem Wahlorgan der Mehrheit der Stimmen der Mitglieder der Betriebsräte.

(6) Das Wahlorgan ist an die Vorschläge der Betriebsräte gebunden.

7 (aufgehoben)

8 Wahl des weiteren Mitglieds. Vermittlungsausschuss

(1) Das in § 4 Abs. 1 Buchstabe c bezeichnete weitere Mitglied des Aufsichtsrats wird durch das Wahlorgan auf Vorschlag der übrigen Aufsichtsratsmitglieder gewählt. Der Vorschlag wird durch diese Aufsichtsratsmitglieder mit Mehrheit aller Stimmen beschlossen. Er bedarf jedoch der Zustimmung von mindestens je drei Mitgliedern, die nach § 5 und die nach § 6 gewählt sind.

(2) Kommt ein Vorschlag nach Absatz 1 nicht zustande oder wird eine vorgeschlagene Person nicht gewählt, so ist ein Vermittlungsausschuss zu bilden, der aus vier Mitgliedern besteht. Je zwei Mitglieder werden von den nach § 5 und den nach § 6 gewählten Aufsichtsratsmitgliedern gewählt.

(3) Der Vermittlungsausschuss schlägt innerhalb eines Monats drei Personen zur Wahl vor, aus denen das Wahlorgan das Aufsichtsratsmitglied wählen soll. Kommt die Wahl auf Grund des Vorschlages des Vermittlungsausschusses aus wichtigen Gründen nicht zustande, insbesondere dann, wenn keiner der Vorgeschlagenen die Gewähr für ein gedeihliches Wirken für das Unternehmen bietet, so muss die Ablehnung durch Beschluss festgestellt werden. Dieser Beschluss muss mit Gründen versehen sein. Über die Berechtigung der Ablehnung der Wahl entscheidet auf Antrag des Vermittlungsausschusses das für das Unternehmen zuständige Oberlandesgericht. Im Falle der Bestätigung der Ablehnung hat der Vermittlungsausschuss dem Wahlorgan drei weitere Personen vorzuschlagen; für diesen zweiten Vorschlag gilt die vorstehende Regelung (Sätze 2 bis 4) entsprechend. Wird die Ablehnung der Wahl von dem Gericht für unberechtigt erklärt, so hat das Wahlorgan einen der Vorgeschlagenen zu wählen. Wird die Ablehnung der Wahl aus dem zweiten Wahlvorschlag von dem Gericht für berechtigt erklärt, oder erfolgt kein Wahlvorschlag, so wählt das Wahlorgan von sich aus das weitere Mitglied.

(4) Wird die in Absatz 2 vorgesehene Anzahl von Mitgliedern des Vermittlungsausschusses nicht gewählt, oder bleiben Mitglieder des Vermittlungsausschusses trotz rechtzeitiger Einladung ohne genügende Entschuldigung einer Sitzung fern, so kann der Vermittlungsausschuss tätig werden, wenn wenigstens zwei Mitglieder mitwirken.

1 **I. Übersicht über die Wahlverfahren.** Die drei Gruppen der Aufsichtsratsmitglieder, nämlich die Anteilseignervertreter (§ 4 Abs. 1 Satz 2 lit. a), die ArbN-Vertreter (§ 4 Abs. 1 Satz 2 lit. b) sowie das „neutrale" Mitglied (§ 4 Abs. 1 Satz 2 lit. c), werden allesamt durch die Anteilseignerversammlung als Wahlorgan (Grundsatz; Rz. 3) gewählt. Allerdings ist diese formale Wahlkompetenz der Anteilseignerver-

Wahl des weiteren Mitglieds. Vermittlungsausschuss   Rz. 4 § 8 Montan-MitbestG

sammlung bei der Wahl der ArbN-Vertreter (§ 6) und des „neutralen" Mitglieds (§ 8) materiell durch Vorschlagsrechte anderer Gremien eingeschränkt.

Das jeweils auf die einzelne Gruppe der Aufsichtsratsmitglieder anwendbare Wahlverfahren kann schematisch wie folgt zusammengefasst werden: 2

Aufsichtsratsmitglieder bei 11-köpfigem Organ (§ 4 Abs. 1)	Wahlverfahren
Anteilseignervertreter (§ 4 Abs. 1 Satz 2 lit. a) ● ● ● ● ■*	• Ungebundene Wahl durch Hauptversammlung (AG) bzw. Gesellschafterversammlung (GmbH) (§ 5)
Neutrales Mitglied (§ 4 Abs. 1 Satz 2 lit. c) ◐	• Vorschlagsrecht der übrigen Aufsichtsratsmitglieder (§ 8 Abs. 1) bzw. subsidiär durch Vermittlungsausschuss (§ 8 Abs. 2 bis 4) • Gebundene Wahl durch Hauptversammlung (AG) bzw. Gesellschafterversammlung (GmbH)
Arbeitnehmervertreter (§ 4 Abs. 1 Satz 2 lit. b) ○ ○	• Beschäftigung in einem Betrieb des Unternehmens (§ 6 Abs. 1 Satz 1) • Vorschlagsrecht der BR nach Beratung mit Gewerkschaften und deren Spitzenverbänden (§ 6 Abs. 1 Satz 2) • Beschränktes Einspruchsrecht der Spitzenorganisationen mit Überwindungsrecht der BR und Letztentscheidungsrecht des BMWA (§ 6 Abs. 2) • Vorschlagswahl durch BR im Unternehmen (§ 6 Abs. 1 Satz 2) • Gebundene Wahl durch Hauptversammlung (AG) bzw. Gesellschafterversammlung (GmbH)
○ ○ □*	• Vorschlagsrecht der Spitzenorganisationen nach Beratung mit Gewerkschaften (§ 6 Abs. 3, Abs. 4) • Vorschlagswahl durch BR im Unternehmen (§ 6 Abs. 5) • Gebundene Wahl durch Hauptversammlung (AG) bzw. Gesellschafterversammlung (GmbH)

II. Wahl der Anteilseignervertreter (§ 5). Die nach § 4 Abs. 1 Satz 1 lit. a dem Aufsichtsrat angehören- 3
den Vertreter der Anteilseigner (einschließlich des „weiteren Mitglieds") werden durch das nach Gesetz oder Satzung berufene **Wahlorgan** gewählt. Dies ist bei der Aktiengesellschaft zwingend die Hauptversammlung (§ 101 Abs. 1 Satz 1 AktG). Bei der GmbH ist das Wahlorgan in entsprechender Anwendung von § 101 Abs. 1 Satz 1 AktG, § 3 Abs. 2 die Gesellschafterversammlung, soweit die Satzung nichts anderes bestimmt (§ 52 Abs. 1 GmbHG)[1].

Das Wahlorgan ist in seiner **Wahlentscheidung der Anteilseignervertreter frei**, unterliegt allerdings 4
im Hinblick auf das „weitere Mitglied" den in § 4 Abs. 2 genannten Beschränkungen (besondere Wähl-

---

* Besondere Wählbarkeitsvoraussetzungen nach § 4 Abs. 2. | 1 ErfK/*Oetker*, § 6 MontanMitbestG Rz. 2.

Montan-MitbestG § 8 Rz. 5   Wahl des weiteren Mitglieds. Vermittlungsausschuss

barkeitsvoraussetzungen). Die Möglichkeit einer Entsendung (§ 101 Abs. 2 AktG) wird weder durch § 5 noch durch § 4 Abs. 2 (im Hinblick auf das „weitere Mitglied") ausgeschlossen[1].

5   Ist die **Wahl** der Aufsichtsratsmitglieder der Anteilseigner (§ 4 Abs. 1 Satz 1 lit. a) durch die Anteilseignerversammlung nach § 250 Abs. 1 AktG (für GmbH: Analog) **nichtig**, dann kann eine dies feststellende Klage (§ 252 Abs. 1 AktG) auch von betriebsverfassungsrechtlichen Vertretungen bzw. der Gewerkschaft und deren Spitzenorganisationen erhoben werden; § 250 Abs. 2 AktG (für GmbH: Analog) verleiht ihnen zu diesem Zweck ausdrücklich die Parteifähigkeit[2]. Für die Anfechtungsklage (§ 251 AktG) gilt dies wegen Fehlen einer mit § 250 Abs. 2 AktG vergleichbaren Bestimmung nicht[3].

6   **III. Wahl der Vertreter der ArbN (§ 6). 1. Wahlorgan und Folgepflicht.** Die Wahl der ArbN-Vertreter sowie des „weiteren Mitglieds" iSv. § 4 Abs. 1 Satz 1 lit. b erfolgt durch das Wahlorgan iSv. § 5, also bei der AG durch die Hauptversammlung und bei der GmbH durch die Gesellschafterversammlung, soweit die Satzung nichts anderes bestimmt[4]. Das Wahlorgan ist in seiner Wahlentscheidung nicht frei, sondern **an die Wahlvorschläge der BR im Grundsatz gebunden** (§ 6 Abs. 4). Im Unterschied zur Wahl des „neutralen" Mitglieds (§ 8 Abs. 2) sieht das MontanMitbestG im Hinblick auf die Wahl der ArbN-Vertreter (§ 4 Abs. 1 Satz 1 lit. b) kein Ablehnungsrecht des Wahlorgans vor, wenn der Kandidat die gesetzlichen Wählbarkeitsvoraussetzungen erfüllt[5]. Die Beurteilung der Eignung der Wahlkandidaten obliegt nach hM ausschließlich der ArbN-Seite, deren „Vertreter" die Vorgeschlagenen im Aufsichtsrat sein soll[6]. Allerdings wird eine strenge Bindungspflicht der Hauptversammlung an den Vorschlag der BR der eigenen unternehmensrechtlichen Kompetenz- und Pflichtstellung der Anteilseignerversammlung, die sich auch in der gegenüber §§ 9-18 MitbestG abweichenden Regelungsstruktur zeigt, nicht gerecht. Daher ist das Wahlorgan jedenfalls nicht verpflichtet, einen von den BR vorgeschlagenen Wahlkandidaten zu wählen, der **keine Gewähr für die ordnungsmäßige Erfüllung der organschaftlichen Pflichten** bietet oder **in dessen Person bereits Umstände bestehen, die einen wichtigen Grund für die Abberufung eines Aufsichtsratsmitglieds ausmachen**.

7   Überschreitet das Wahlorgan bei der Wahl seinen Beurteilungsspielraum und weicht es insoweit von einem rechtswirksamen Wahlvorschlag ab, so ist die **Beschlussfassung nach § 250 Abs. 1 Nr. 3 AktG nichtig**[7]. Das Gleiche gilt erst recht für die Wahl einer nicht vorgeschlagenen Person[8]. Eine auf diese Feststellung gerichtete Nichtigkeitsklage kann auch von den in § 250 Abs. 2 AktG genannten Organisationen und betriebsverfassungsrechtlichen Organen erhoben werden, denen insoweit auch die Parteifähigkeit zukommt[9]. Ist der Wahlvorschlag der BR gesetzwidrig zu Stande gekommen oder verstößt die Wahl der von den BR vorgeschlagenen Person gegen zwingendes Gesetzes- oder Satzungsrecht, so kann die Wahl – auch von den BR, den in der Gesellschaft vertretenen Gewerkschaften sowie deren Spitzenorganisationen – angefochten werden (§ 251 Abs. 1 Satz 2, Abs. 2 Satz 2 AktG)[10].

8   **2. Belegschaftsangehörige ArbN-Vertreter.** Nach § 6 Abs. 1 sind zwei ArbN, die in einem Betrieb des Unternehmens beschäftigt sind, durch die BR des Unternehmens nach Beratung mit den im Unternehmen vertretenen Gewerkschaften und deren Spitzenorganisationen vorzuschlagen. Ist das Unternehmen herrschendes Unternehmen eines Konzerns und besteht dort ein KonzernBR so wird für die ArbN der Konzernunternehmen die Zugehörigkeit zur Belegschaft des herrschenden Unternehmens fingiert (§ 1 Abs. 4). Für das Beschäftigungserfordernis ist es unerheblich, ob der Kandidat Arbeiter oder Angestellter ist; es können auch beide ArbN-Vertreter einer der beiden Gruppen angehören[11]. Allerdings ist erforderlich, dass das Beschäftigungsverhältnis des Aufsichtsratsmitglieds im Unternehmen bzw. im Konzern (§ 1 Abs. 4) während seiner Organmitgliedschaft andauert. Mit Wegfall der persönlichen Wählbarkeitsvoraussetzung erlischt *ipso iure* das Aufsichtsratsamt[12]. Weitere Wählbarkeitsvoraussetzungen (zB entsprechend § 7 Abs. 3 MitbestG, § 6 Abs. 2 MitbestErgG) bestehen nicht[13].

9   In einem ersten Schritt werden die **Kandidaten durch die BR der Betriebe des Unternehmens in geheimer Wahl gewählt**. Hiernach ist das Wahlergebnis den Spitzenorganisationen, denen die in den Betrieben des Unternehmens vertretenen Gewerkschaften (einschließlich der im Konzernunternehmen vertretenen Gewerkschaften) angehören, mitzuteilen (§ 6 Abs. 2). Spitzenorganisationen sind entsprechend § 2 Abs. 2 TVG Zusammenschlüsse von Gewerkschaften[14]. Eine nicht einer Spitzenorganisation angehörenden Gewerkschaft steht dieser nicht gleich; der Rechtsgedanke des § 12 TVG gilt im MontanMitbestG nicht, da

---

1 Vgl. GroßKommAktG/*Oetker*, § 5 MontanMitbestG Rz. 1; KölnKommAktG/*Mertens*, MontanMitbestG Rz. 17. |2 GroßKommAktG/*Oetker*, § 5 MontanMitbestG Rz. 3. |3 Vgl. GroßKommAktG/*Oetker*, § 5 MontanMitbestG Rz. 3. |4 Vgl. ErfK/*Oetker*, § 6 MontanMitbestG Rz. 3; MünchArbR/*Wißmann*, § 371 Rz. 11; *Kötter*, Mitbestimmungsrecht, § 6 Rz. 4. |5 ErfK/*Oetker*, § 6 MontanMitbestG Rz. 14. |6 Vgl. ErfK/*Oetker*, § 6 MontanMitbestG Rz. 14; aA *Boldt*, MitbestG Eisen und Kohle, § 6 Anm. 5; *Kötter*, Mitbestimmungsrecht, § 6 Rz. 29. |7 Strenger GroßKommAktG/*Oetker*, § 6 MontanMitbestG Rz. 13; KölnKommAktG/*Mertens*, MontanMitbestG Rz. 21. |8 GroßKommAktG/*Oetker*, § 6 MontanMitbestG Rz. 13. |9 GroßKommAktG/*Oetker*, § 6 MontanMitbestG Rz. 13. |10 GroßKommAktG/*Oetker*, § 6 MontanMitbestG Rz. 14. |11 ErfK/*Oetker*, § 6 MontanMitbestG Rz. 5. |12 GroßKommAktG/*Oetker*, § 6 MontanMitbestG Rz. 3; vgl. auch § 24 Abs. 1 MitbestG und § 10n MitbestErgG. |13 Vgl. GroßKommAktG/*Oetker*, § 6 MontanMitbestG Rz. 3. |14 Vgl. ErfK/*Oetker*, § 6 MontanMitbestG Rz. 6.

das Gesetz ausdrücklich zwischen Gewerkschaften und deren Spitzenorganisationen unterscheidet[1]. Die Mitteilung der BR an die Spitzenorganisation hat innerhalb von zwei Wochen nach der Kandidatenwahl zu erfolgen; eine Fristüberschreitung macht die Wahl jedoch nicht unwirksam[2]. Gegen den Vorschlag der BR können die **Spitzenorganisationen** Einspruch einlegen, der allerdings eine **begründete Ablehnung** enthalten muss (§ 6 Abs. 2 Satz 2)[3]. Eine Einspruchserklärung ohne Begründung oder nur mit der formelhaften Wiedergabe der gesetzlichen Formulierung in § 6 Abs. 2 Satz 2 ist unbeachtlich[4]. Als Einspruchsgrund nennt § 6 Abs. 2 Satz 2 alleine und abschließend den begründeten Verdacht, dass der Vorgeschlagene nicht die Gewähr bietet, zum Wohle des Unternehmens und der gesamten Volkswirtschaft verantwortlich im Aufsichtsrat mitzuarbeiten. Dieser gesetzliche Einspruchsgrund ist eng auszulegen und liegt nur dann vor, wenn in der Person des Kandidaten ein wichtiger Grund besteht, der die Abberufung aus dem Aufsichtsrat rechtfertigt. Legt die Spitzenorganisation einen ordnungsgemäß begründeten Einspruch ein, so beginnt das Verfahren mit der Aufstellung von Vorschlägen durch die BR nach § 6 Abs. 1 erneut, falls diese nicht den Einspruch mit einfacher Stimmenmehrheit ablehnen. In diesem Fall können die BR sowie die Spitzenorganisationen nach § 6 Abs. 2 Satz 3 den Bundesminister für Wirtschaft und Arbeit[5] anrufen, der dann endgültig und verbindlich über den Einspruch und seine Berechtigung entscheidet. Liegt eine Spitzenorganisation keinen Einspruch gegen den Wahlvorschlag der BR ein, so kann der Vorschlag dem Wahlorgan zugeleitet werden. Eine trotz ordnungsgemäßem Einspruch durchgeführte Wahl durch die Hauptversammlung kann aufgrund einer Anfechtungsklage für nichtig erklärt werden (§§ 251 Abs. 2 Satz 2, 252 Abs. 2 AktG)[6].

3. Gewerkschaftsvertreter. Nach § 6 Abs. 3 Satz 1 haben die **Spitzenorganisationen im Hinblick auf zwei weitere ArbN-Vertreter ein Vorschlagsrecht** gegenüber den BR. Dieses Vorschlagsrecht hat das ursprünglich bestehende unmittelbare Entsendungsrecht der Spitzenorganisationen ab 1.7.1981 (ÄndG 1981; § 1 Rz. 3) abgelöst. Die Vorschlagsberechtigung richtet sich nach dem zahlenmäßigen Verhältnis der Vertretung der jeweiligen Spitzenorganisation in den Betrieben des Unternehmens (bzw. des Konzerns). Hierbei ist das d´Hondtsche Höchstzahlverfahren anzuwenden[7], so dass konkurrierende Wahlvorschläge der Spitzenorganisation für einen und denselben Aufsichtsratssitz ausgeschlossen sind[8]. Die Vorschlagsberechtigung ist bei einer infolge des Ausscheidens eines Gewerkschaftsvertreters aus dem Aufsichtsrat erforderlich werdenden Nachwahl (siehe aber Rz. 12) nach dem Vertretungsverhältnis zum Zeitpunkt des Ausscheidens des Aufsichtsratsmitglieds zu bestimmen[9]. Dies gilt auch für den Fall, dass der Beschlussvorschlag zur Abberufung des Aufsichtsratsmitglieds mit dem Nachwahlvorschlag verbunden wird[10]. In einem zweiten Schritt **wählen die BR der Unternehmen mit einfacher Mehrheit die von den Spitzenorganisationen vorgeschlagenen Personen** (§ 6 Abs. 5 Satz 1) und schlagen hiernach die Gewählten dem Wahlorgan zur Organbestellung vor. Der Wahlkörper der BR wird durch sämtliche BR-Mitglieder gebildet, wobei bei einer konzernweiten Wahl der Aufsichtsratsmitglieder der ArbN (§ 1 Abs. 4 Satz 1) die Mitglieder des KonzernBR an die Stelle der auf betrieblicher Ebene gewählten BR-Mitglieder treten (§ 1 Abs. 4 Satz 2)[11]. Die BR sind in der Wahl der von den Spitzenorganisationen vorgeschlagenen Person im Regelfall gebunden, es sei denn, in der Person eines Kandidaten besteht ein wichtiger Grund, der auch die Abberufung aus dem Aufsichtsrat rechtfertigt. Schlägt eine Spitzenorganisation nur einen Bewerber vor, dann ist für dessen Wahl die absolute Mehrheit der Stimmen der BR-Mitglieder erforderlich (§ 6 Abs. 5 Satz 2).

4. „Weiteres Mitglied". Nach § 6 Abs. 4 gilt für die Wahl des „weiteren Mitglieds" der ArbN-Vertreter § 6 Abs. 3 entsprechend, so dass die Vorschlagsberechtigung den Spitzenorganisationen und nicht den BR zugewiesen ist.

5. Gerichtliche Bestellung von ArbN-Vertretern. Nach § 3 Abs. 2 iVm. § 104 AktG können fehlende ArbN-Vertreter vom zuständigen Registergericht bestellt werden. Dabei ist das Gericht nach § 104 Abs. 4 Satz 4 AktG zwar gehalten, die Vorschläge vorschlagsberechtigter Spitzenorganisationen oder der BR zu berücksichtigen, ohne allerdings in seiner Entscheidung an diese gebunden zu sein[12]. Bei unterschiedlichen Vorschlägen der BR und der Spitzenorganisationen ist im Grundsatz dem Vorschlag des Gremiums Vorrang einzuräumen, das das materielle Vorschlagsrecht für die konkrete vakante Position für den ArbN-Vertreter besitzt, also die BR im Hinblick auf zwei ArbN-Vertreter (§ 6 Abs. 1 Satz 2) und die Spitzenorganisation im Hinblick auf die weiteren zwei Vertreter sowie das „weitere Mitglied" (§ 6 Abs. 3 und Abs. 4)[13].

---

[1] So auch ErfK/*Oetker*, § 6 MontanMitbestG Rz. 6; *Kötter*, Mitbestimmungsrecht, § 6 Rz. 8; *Müller/Lehmann*, MitbestG Bergbau und Eisen, § 6 Rz. 12. |[2] ErfK/*Oetker*, § 6 MontanMitbestG Rz. 7; *Kötter*, Mitbestimmungsrecht, § 6 Rz. 12. |[3] ErfK/*Oetker*, § 6 MontanMitbestG Rz. 7; *Kötter*, Mitbestimmungsrecht, § 6 Rz. 14. |[4] ErfK/*Oetker*, § 6 MontanMitbestG Rz. 7; *Kötter*, Mitbestimmungsrecht, § 6 Rz. 14 f. |[5] Ersetzung BMA durch BMWA durch Organisationserlass des Bundeskanzlers v. 22.10.2002, BGBl. I 2002 S. 4206 sowie Art. 172 Gesetz vom 25.11.2003, BGBl. I S. 2304, 2324. |[6] GroßKommAktG/*Oetker*, § 6 MontanMitbestG Rz. 6. |[7] LAG Saarbrücken v. 19.4.1967 – 7 T 1/66, BB 1967, 1042 f.; ErfK/*Oetker*, § 6 MontanMitbestG Rz. 9. |[8] Vgl. ErfK/*Oetker*, § 6 MontanMitbestG Rz. 9; MünchArbR/*Wißmann*, § 381 Rz. 13. |[9] LAG Saarbrücken v. 19.4.1967 – 7 T 1/66, BB 1967, 1042 f.; ErfK/*Oetker*, § 6 MontanMitbestG Rz. 10. |[10] LAG Saarbrücken v. 19.4.1967 – 7 T 1/66, BB 1967, 1042 f.; ErfK/*Oetker*, § 6 MontanMitbestG Rz. 10; aA *Kötter*, Mitbestimmungsrecht, § 6 Rz. 5. |[11] GroßKommAktG/*Oetker*, § 6 MontanMitbestG Rz. 9. |[12] ErfK/*Oetker*, § 6 MontanMitbestG Rz. 15; etwas enger BayObLG v. 20.8.1997 – 3Z BR 193/97, ZIP 1997, 1883, 1884; LAG Saarbrücken v. 19.4.1967 – 7 T 1/66, BB 1967, 1042 f. |[13] Abweichend (stets Vorrang für Vorschlag der Spitzenorganisation) ErfK/*Oetker*, § 6 MontanMitbestG Rz. 15; MünchArbR/*Wißmann*, § 381 Rz. 14.

13 **IV. Wahl des neutralen Mitglieds (§ 8). 1. Regelungsinhalt.** Die Wahl des sog. neutralen Mitglieds (11tes, 15tes oder 21tes Mitglied) obliegt ebenfalls dem Wahlorgan iSv. § 5. Das MontanMitbestG sieht mit § 8 ein Verfahren vor, das sicherstellen soll, (1) dass dieses Aufsichtsratsmitglied das Vertrauen sowohl der Anteilseigner als auch der ArbN genießt, und es in der vom Gesetz unterstellten Normsituation nicht gegen den Willen der Mehrheit der Anteilseigner- bzw. ArbN-Vertreter gewählt werden kann, und (2) dass bei fehlender Einigung letztlich eine Bestellung erfolgen kann[1]. Allerdings ergibt sich aus der verfassungsrechtlichen Eigentumsgewährung (Art. 14 Abs. 1 GG), dass dem Wahlorgan und damit den Anteilseignern ein Letztentscheidungsrecht bei der Bestellung des neutralen Mitglieds zukommen muss (s. auch § 1 Rz. 6)[2].

14 **2. Vorschlagsrecht.** Nach dem gesetzlichen Konzept kommen den übrigen Aufsichtsratsmitgliedern, die bereits für die entsprechende Amtsperiode bestellt sind, in erster Linie das Recht zum Wahlvorschlag zu (§ 8 Abs. 1 Satz 1). Dabei kann **jedes einzelne Organmitglied** einen Wahlvorschlag unterbreiten, der für dessen Annahme die Mehrheit aller Stimmen benötigt. Nicht ausreichend ist die Mehrheit der an der Beschlussfassung teilnehmenden oder vertretenen Mitglieder oder der Stimmen der Mitglieder, die nach § 10 an der Beschlussfassung teilnehmen müssen, um die Beschlussfähigkeit des Aufsichtsrates zu gewährleisten[3]. Darüber hinaus bedarf es zur Annahme des Wahlvorschlags der **Zustimmung von mindestens jeweils drei Anteilseigner- und ArbN-Vertretern** einschließlich des jeweiligen weiteren Mitglieds[4]. Dabei besteht dieses Beschlusserfordernis zahlenmäßig unabhängig von der konkreten Größe des Aufsichtsrates, also auch bei einem 15- bzw. 21-köpfigen Aufsichtsrat reichen die Zustimmungen von jeweils drei Anteilseigner- und ArbN-Vertreter aus[5].

15 Ein Wahlvorschlag ist von den übrigen Aufsichtsratsmitgliedern **unverzüglich** nach deren Bestellung zu unterbreiten[6]. Falls ein Vorschlag nicht die erforderliche Mehrheit findet, können die Aufsichtsratsmitglieder in einer weiteren Sitzung oder in sonstiger Weise mit einer weiteren Beschlussfassung über einen neuen Vorschlag entscheiden, sofern noch ein zeitlicher Zusammenhang mit der ersten Beschlussfassung besteht[7]. In der Praxis (börsennotierter) AG erfolgt der Wahlvorschlag in der Regel bereits durch die zwar vorgeschlagenen, aber noch zu wählenden Aufsichtsratsmitglieder der zukünftigen Amtsperiode[8], was trotz § 8 Abs. 1 Satz 1 zulässig ist und damit die Einberufung einer weiteren Anteilseignerversammlung vermeidet.

16 **3. Vermittlungsausschuss.** Nach § 8 Abs. 2 ist ad hoc ein sog. Vermittlungsausschuss zu bilden, wenn eine positive Beschlussfassung des Aufsichtsrates über die zum neutralen Mitglied zu wählenden Person nicht erfolgt oder eine ordnungsgemäß vorgeschlagene Person durch das Wahlorgan nicht gewählt wird. Der Vermittlungsausschuss **besteht aus jeweils zwei von der Anteilseigner- und ArbN-Seite** in getrennten Wahlgängen mit einfacher Stimmenmehrheit **gewählten Mitglieder**, die nicht zwingend dem Aufsichtsrat angehören müssen[9]. Die Gremienmitgliedschaft einer Person setzt neben der Wahl durch die jeweiligen Wahlkörper des Aufsichtsrates deren Annahme voraus, die allerdings auch konkludent in der Aufnahme der Ausschusstätigkeit liegen kann. Nach allgemeinen Grundsätzen steht den gewählten Kandidaten wegen dem mit der Tätigkeit verbundenen besonderen Pflichten eine Ablehnungsrecht zu[10]. Der Vermittlungsausschuss kann bereits tätig werden, wenn wenigstens zwei Mitglieder mitwirken (§ 8 Abs. 4), so dass seine Bildung nicht von einer der beteiligten Seiten blockiert werden kann[11]. Die Bildung des Ausschusses hat unverzüglich zu erfolgen, nach dem dessen Bildungsvoraussetzungen gemäß § 8 Abs. 2 vorliegen[12].

17 Der Vermittlungsausschuss ist wegen der nicht zwingenden Zusammensetzung aus Aufsichtsratmitgliedern **im engeren Sinne kein Aufsichtsratsausschuss**, für den der Aufsichtsrat als Gesamtgremium eine Geschäftsordnung geben könnte. Regelungen zur inneren Ordnung des Vermittlungsausschusses gibt sich dieser selbst, wobei auch Pattauflösungsmechanismen vorgesehen werden können.

---

1 Vgl. ErfK/*Oetker*, § 8 MontanMitbestG Rz. 1; MünchArbR/*Wißmann*, § 381 Rz. 19. |2 Vgl. BVerfG v. 1.3.1979 – 1 BvR 532, 533/77, 419/78 und BvL 21/78, BVerfGE 50, 290, 350 ff. (zum MitbestG). |3 ErfK/*Oetker*, § 8 MontanMitbestG Rz. 3. |4 Vgl. ErfK/*Oetker*, § 8 MontanMitbestG Rz. 4; *Müller/Lehmann*, MitbestG Bergbau und Eisen, § 8 Rz. 8. |5 ErfK/*Oetker*, § 8 MontanMitbestG Rz. 4; MünchArbR/*Wißmann*, § 381 Rz. 19; aA *Boldt*, MitbestG Eisen und Kohle, § 8 Anm. 6a bb; *Kötter*, Mitbestimmungsrecht, § 8 Rz. 6. |6 ErfK/*Oetker*, § 8 MontanMitbestG Rz. 2. |7 Ähnlich ErfK/*Oetker*, § 8 MontanMitbestG Rz. 5; *Kötter*, NJW 1951, 417, 418. |8 ZB Salzgitter AG, Einladung zur HV am 16.3.1999 (BAnz. Nr. 24 v. 5.2.1999, S. 1542), TOP 5 (Neuwahl des Aufsichtsrats) („Für den Fall ihrer Wahl schlagen die unter a) und b) genannten Mitglieder als weiteres Mitglied gemäß Buchstabe c (sog. neutrales Mitglied) der Hauptversammlung zur Wahl vor: ..."); Salzgitter AG, Einladung zur HV am 28.5.2003 (elektronischer BAnz. v. 17.4.2003), TOP 6 (Neuwahl des Aufsichtsrats); Aktien-Gesellschaft der Dillinger Hüttenwerke; RAG. |9 Vgl. ErfK/*Oetker*, § 8 MontanMitbestG Rz. 6; *Boldt*, MitbestG Eisen und Kohle, § 8 Anm. 8c; *Kötter*, NJW 1951, 417, 418 Fn. 15. |10 So auch ErfK/*Oetker*, § 8 MontanMitbestG Rz. 8; *Boldt*, MitbestG Eisen und Kohle, § 8 Anm. 8c; *Müller/Lehmann*, MitbestG Bergbau und Eisen, § 8 Rz. 10; aA (für gewählte Aufsichtsratsmitglieder) *Kötter*, NJW 1951, 417, 418 Fn. 15. |11 ErfK/*Oetker*, § 8 MontanMitbestG Rz. 7; MünchArbR/*Wißmann*, § 381 Rz. 20; *Boldt*, MitbestG Eisen und Kohle, § 8 Anm. 8b und 8e. |12 ErfK/*Oetker*, § 8 MontanMitbestG Rz. 7; *Müller/Lehmann*, MitbestG Bergbau und Eisen, § 8 Rz. 10.

Aufgabe des Vermittlungsausschusses ist es, innerhalb eines Monats nach dessen Einrichtung dem Wahlorgan drei Personen für die Wahl des neutralen Mitglieds im Aufsichtsrat vorzuschlagen. Für die Abgabe des Vorschlags gegenüber dem Wahlorgan ist eine Beschlussfassung durch den Vermittlungsausschuss mit einfacher Mehrheit der abgegebenen Stimmen (bei Zulässigkeit von Stimmbotschaften) erforderlich. Bei Stimmengleichheit liegt keine positive Beschlussfassung vor, der als Vorschlag (Beschlussantrag) an das Wahlorgan mitgeteilt werden könnte[1]. Das Gleiche gilt, wenn keine positive Beschlussfassung innerhalb der Monatsfrist erfolgt.

Die jeweilige Aufsichtsratsgruppe (Anteilseigner- und ArbN-Seite) ist frei, die von ihnen gewählten und in den Vermittlungsausschuss entsandten **Mitglieder auch ohne wichtigen Grund abzuberufen** und neue Mitglieder in den Vermittlungsausschuss zu entsenden. Darüber hinaus kann der Aufsichtsrat auch als Gesamtgremium mit einfacher Mehrheit der abgegebenen Stimmen (Stimmbotschaft zulässig) beschließen, dass ein neuer Vermittlungsausschuss mit neuen Mitglieder bestellt werden soll, sofern die begründete Gefahr besteht, dass der ursprüngliche Vermittlungsausschuss innerhalb der Monatsfrist keinen wirksamen Wahlvorschlag gegenüber dem Wahlorgan abgeben wird. Allerdings ist jede Aufsichtsratsgruppe (Anteilseigner und ArbN-Seite) berechtigt, die gleichen Personen in das neue Gremium zu wählen. Die Neubestellung von Personen zum Vermittlungsausschuss oder die Neuwahl des Gremiums führt nicht zu einer Unterbrechung oder gar dem Neubeginn der Monatsfrist (§ 8 Abs. 3 Satz 1).

Wird dem Wahlorgan nicht innerhalb der Monatsfrist gem. § 8 Abs. 3 Satz 1 ein Wahlvorschlag mit drei wählbaren Personen übermittelt, so wird das Wahlorgan in einer Entscheidung über die **Wahl des neutralen Mitglieds frei** (§ 8 Abs. 3 Satz 7 2. Var.). Allerdings ist ein Wahlvorschlag nicht deshalb unwirksam, weil er entgegen § 8 Abs. 3 Satz 1 mehr als drei Personen zur Wahl vorschlägt. Denn die Festlegung von drei Personen dient zwar der Konzentration und Beschleunigung des Wahlverfahrens, stellt aber insoweit nur eine bloße Ordnungsvorschrift dar, deren Verletzung nicht zum Freiwerden des Wahlorgans in der Bestellung des neutralen Mitglieds führt[2]. Schlägt der Vermittlungsausschuss indes weniger als drei Personen vor, so ist der Wahlvorschlag unwirksam, da ein solcher Vorschlag die Auswahlentscheidungsfreiheit des Wahlorgans und das Letztentscheidungsrecht der Anteilseigner (Art. 14 Abs. 1 GG) einschränkt. Eine Festlegung der Rangfolge unter den vorgeschlagenen Kandidaten durch den Vermittlungsausschuss ist für das Wahlorgan unverbindlich[3].

4. Entscheidung des Wahlorgans. Liegt ein wirksamer **Wahlvorschlag des Aufsichtsrates gegenüber dem Wahlorgan** gemäß § 8 Abs. 1 vor, so hat das **Wahlorgan eine vorgeschlagene Person im Regelfall als neutrales Mitglied** iSv. § 4 Abs. 1 Satz 2 lit. c **zu wählen**. Die Wahl bedarf nicht einer relativen Mehrheit, sondern mindestens einer einfachen Stimmmehrheit, wobei über jede im Dreiervorschlag enthaltene Nomination getrennt abzustimmen ist[4]. Der Wortlaut von § 8 Abs. 1 Satz 1 sowie der Gegenschluss zur Regelung in § 8 Abs. 3 Satz 2 spricht zunächst für eine gebundene Beschlussfassung des Wahlorgans. Allerdings folgt aus der Regelungsstruktur, derzufolge dem Wahlorgan eine eigene Kompetenz und Pflichtenstellung eingeräumt wird, die sie alleine im Interesse des Unternehmens wahrzunehmen hat, sowie aus der verfassungsrechtlichen Eigentumsgarantie (Art. 14 Abs. 1 GG), dass das Wahlorgan an den Wahlvorschlag des Aufsichtsrats dann **nicht gebunden ist, wenn in der Person des Vorgeschlagenen ein wichtiger Grund besteht, der dessen Abberufung als Aufsichtsratsmitglied rechtfertigt**.

Hat der **Vermittlungsausschuss** einen **Wahlvorschlag gegenüber dem Wahlorgan** vorgelegt, so ist das Wahlorgan an diesen Vorschlag bereits wegen § 8 Abs. 3 Satz 2 nicht verbindlich gebunden[5]. Das Wahlorgan kann daher auch die Wahl aller vorgeschlagenen Personen ablehnen, wobei es ihm verwehrt ist, eine nicht vorgeschlagene Person zu wählen (arg. § 250 Abs. 3 Nr. 2 AktG)[6]. Allerdings kann das Wahlorgan die Personalvorschläge des Vermittlungsausschusses nur aus wichtigem Grund ablehnen, wobei hierfür auch **solche Gründe von einigem Gewicht ausreichen, die einer Abberufung als Aufsichtsratsmitglied noch nicht rechtfertigen würden**. Dies ergibt sich aus dem in § 8 Abs. 3 Satz 2 beispielhaft[7] aufgeführten wichtigem Grund, demzufolge die Ablehnung bereits gerechtfertigt ist, wenn die Vorgeschlagenen nicht die Gewähr für ein gedeihliches Wirken für das Unternehmen bieten. Insbesondere kann das Wahlorgan seine Ablehnung auch damit begründen, dass die Vorgeschlagenen keine hinreichende Gewähr für eine neutrale Stellung bieten oder wegen der konkret anstehenden unternehmerischen Entscheidungen als nicht geeignet erscheinen[8]. Wird keiner der vom Vermittlungsausschuss vorgeschlagenen Kandidaten gewählt und damit dessen Vorschlag abgelehnt, so kann auf Antrag des Vermittlungsausschusses die Entscheidung des OLG über die Berechtigung des Wahlablehnung eingeholt werden (§ 8 Abs. 3 Satz 4).

---

1 Vgl. ErfK/*Oetker*, § 8 MontanMitbestG Rz. 10; *Müller/Lehmann*, MitbestG Bergbau und Eisen, § 8 Rz. 12; *Kötter*, NJW 1951, 417, 419 Fn.36. |2 Vgl. ErfK/*Oetker*, § 8 MontanMitbestG Rz. 9; *Müller/Lehmann*, MitbestG Bergbau und Eisen, § 8 Rz. 15. |3 Vgl. ErfK/*Oetker*, § 8 MontanMitbestG Rz. 9; *Müller/Lehmann*, MitbestG Bergbau und Eisen, § 8 Rz. 4; *Kötter*, NJW 1951, 417, 419. |4 *Kötter*, NJW 1951, 417, 421. |5 So auch ErfK/*Oetker*, § 8 MontanMitbestG Rz. 12. |6 Vgl. GroßKommAktG/*Oetker*, § 8 MontanMitbestG Rz. 13 und Fn. 30; *Kötter*, NJW 1951, 417, 421. |7 Vgl. ErfK/*Oetker*, § 8 MontanMitbestG Rz. 12; *Kötter*, Mitbestimmungsrecht, § 8 Rz. 15. |8 Ähnlich *Kötter*, NJW 1951, 417, 420; enger ErfK/*Oetker*, § 8 MontanMitbestG Rz. 12; *Müller/Lehmann*, MitbestG Bergbau und Eisen, § 8 Rz. 18.

23 5. **Entscheidung des OLG.** Nach § 8 Abs. 3 Satz 4 entscheidet das für das Unternehmen zuständige OLG (§ 17 Abs. 1 ZPO), ob die Ablehnung der Wahlvorschläge des Vermittlungsausschusses durch das Wahlorgan „berechtigt" war. Das OLG wird nur auf **Antrag des Vermittlungsausschusses** tätig, der unverzüglich nach der Ablehnung der Wahlvorschläge durch das Wahlorgan zu stellen ist und für den es eines mit einfacher Mehrheit der abgegebenen Stimmen gefassten Beschlusses des Vermittlungsausschusses bedarf[1]. Das Verfahren vor dem OLG richtet sich nach dem FGG (vgl. § 18 Abs. 1 MitbestErgG)[2]. Unterbleibt ein solcher Antrag, dann ist das Wahlorgan in seiner Wahlentscheidung frei[3]. Allerdings tritt keine Wahlfreiheit nach § 8 Abs. 3 Satz 7 ein, wenn das Wahlorgan weder einen vom Vermittlungsausschuss Vorgeschlagenen wählt noch einen Ablehnungsbeschluss fasst, selbst wenn der Vermittlungsausschuss keinen Überprüfungsantrag beim OLG stellt[4]. Es ist dann so zu verfahren, als sei eine Wahlablehnung durch das OLG für unberechtigt erklärt worden[5].

24 Das OLG hat inhaltlich die Beschlussfassung des Wahlorgans nur darauf zu überprüfen, ob diese „berechtigt" war. Sie hat daher zum einen zu berücksichtigen, dass Personalentscheidungen einen **besonders weiten Beurteilungsspielraum** für den Wahlkörper verlangen und zum anderen zu beachten, dass den **Anteilseignern wegen der verfassungsrechtlichen Eigentumsgarantie (Art. 14 Abs. 1 GG) ein Letztentscheidungsrecht für die Bestellung des neutralen Mitglieds** zukommen muss. Daher wird das OLG nur in solchen Fällen eine unberechtigte Ablehnung der Wahl feststellen können, in denen die **Ablehnung offensichtlich willkürlich und grundlos war.** Die fehlende Angabe von (ausreichenden) Gründen im Ablehnungsbeschluss ist für den Anfechtungsprozess unbeachtlich, da § 8 Abs. 3 Satz 3 bloße Ordnungsvorschrift ist[6]; erst recht können im Anfechtungsprozess Gründe auch dann nachgeschoben werden, wenn der Ablehnungsbeschluss mit Gründen versehen war[7].

25 Entscheidet das OLG, dass die Ablehnung der Wahl durch das Wahlorgan berechtigt war, so hat der Vermittlungsausschuss nochmals tätig zu werden und erneut mindestens drei Personen vorzuschlagen (§ 8 Abs. 3 Satz 5). Dieser Vorschlag hat ebenfalls innerhalb einer Frist von einem Monat nach Rechtskräftigkeit der gerichtlichen Entscheidung entsprechend § 8 Abs. 3 Satz 1 zu erfolgen[8]. Der Zweitvorschlag des Vermittlungsausschusses ist in seiner Gesamtheit unwirksam, wenn eine Person aus dem Erstvorschlag nochmals aufgenommen wird, deren Ablehnung als berechtigt anerkannt wurde, es sei denn, der Zweitvorschlag besteht aus mindestens drei neuen Personen[9]. Entscheidet das OLG demgegenüber, dass die Ablehnung der Vorschläge unbegründet war, so hat das Wahlorgan einen der Vorgeschlagenen zu wählen (§ 8 Abs. 3 Satz 6). Die Wahl durch das Wahlorgan ist unverzüglich durchzuführen[10]. Kommt es nicht zu einer entsprechenden Beschlussfassung durch das Wahlorgan, kann entgegen § 104 Abs. 3 Nr. 1 AktG eine gerichtliche Ersatzbestellung erfolgen, um die Handlungsfähigkeit des Aufsichtsrates herzustellen[11].

26 6. **Wahlfreiheit des Wahlorgans.** Wird auch der Zweitvorschlag des Vermittlungsausschusses durch das Wahlorgan berechtigt abgelehnt (ggf. festgestellt durch eine entsprechende Entscheidung des OLG) oder kommt überhaupt kein Zweitvorschlag zustande, so ist das Wahlorgan in seiner Wahlentscheidung frei (§ 8 Abs. 3 Satz 7), dh. es kann im Rahmen des durch § 4 Abs. 2 begrenzten Beurteilungsspielraums das neutrale Mitglied wählen[12].

§ 9 Größerer Aufsichtsrat

(1) Bei Gesellschaften mit einem Nennkapital von mehr als zehn Millionen Euro kann durch Satzung oder Gesellschaftsvertrag bestimmt werden, dass der Aufsichtsrat aus fünfzehn Mitgliedern besteht. Die Vorschriften der §§ 4 bis 8 finden sinngemäß Anwendung mit der Maßgabe, dass die Zahl der gemäß § 6 Abs. 1 und 2 zu wählenden Arbeitnehmer und die Zahl der in § 6 Abs. 3 bezeichneten Vertreter der Arbeitnehmer je drei beträgt.

(2) Bei Gesellschaften mit einem Nennkapital von mehr als fünfundzwanzig Millionen Euro kann durch Satzung oder Gesellschaftsvertrag bestimmt werden, dass der Aufsichtsrat aus einundzwanzig Mitgliedern besteht. Die Vorschriften der §§ 4 bis 8 finden sinngemäß Anwendung mit der Maßgabe, dass die Zahl der in § 4 Abs. 1 Buchstaben a und b bezeichneten weiteren Mitglieder je zwei, die Zahl

---

1 Vgl. GroßKommAktG/*Oetker*, § 8 MontanMitbestG Rz. 15. | 2 ErfK/*Oetker*, § 8 MontanMitbestG Rz. 14; *Kötter*, Mitbestimmungsrecht, § 8 Rz. 23. | 3 ErfK/*Oetker*, § 8 MontanMitbestG Rz. 14; *Boldt*, MitbestG Eisen und Kohle, § 8 Anm. 10a; *Müller/Lehmann*, MitbestG Bergbau und Eisen, § 8 Rz. 25. | 4 ErfK/*Oetker*, § 8 MontanMitbestG Rz. 14. | 5 ErfK/*Oetker*, § 8 MontanMitbestG Rz. 14; *Kötter*, Mitbestimmungsrecht, § 8 Rz. 17; *Kötter*, NJW 1951, 417, 420 Fn. 53. | 6 So auch GroßKommAktG/*Oetker*, § 8 MontanMitbestG Rz. 14; *Müller/Lehmann*, MitbestG Bergbau und Eisen, § 8 Rz. 22; *Kötter*, NJW 1951, 417, 420. | 7 So auch *Kötter*, NJW 1951, 417, 420 Fn. 54. | 8 Vgl. ErfK/*Oetker*, § 8 MontanMitbestG Rz. 15; *Müller/Lehmann*, MitbestG Bergbau und Eisen, § 8 Rz. 25; *Kötter*, NJW 1951, 417, 418 Fn. 39; aA *Boldt*, MitbestG Eisen und Kohle, § 8 Anm. 11a. | 9 Vgl. ErfK/*Oetker*, § 8 MontanMitbestG Rz. 15; *Müller/Lehmann*, MitbestG Bergbau und Eisen, § 8 Rz. 28. | 10 ErfK/*Oetker*, § 8 MontanMitbestG Rz. 16; abweichend (Frist von zwei Monaten entsprechend § 14 Abs. 2) *Kötter*, Mitbestimmungsrecht, § 8 Rz. 17. | 11 Ähnlich *Kötter*, NJW 1951, 417, 421 (§ 29 BGB analog); vorsichtig auch GroßKommAktG/*Oetker*, § 8 MontanMitbestG Rz. 17; aA *Hueck/Nipperdey*, Lehrbuch des Arbeitsrechts II/2, S. 1534. | 12 Ähnlich ErfK/*Oetker*, § 8 MontanMitbestG Rz. 17; *Müller/Lehmann*, MitbestG Bergbau und Eisen, § 8 Rz. 33; *Kötter*, NJW 1951, 417, 420.

der gemäß § 6 Abs. 1 und 2 zu wählenden Arbeitnehmer und die Zahl der in § 6 Abs. 3 bezeichneten Vertreter der Arbeitnehmer je vier beträgt.

§ 9 enthält eine Satzungsöffnung für eine Erhöhung der Zahl der Aufsichtsratsmitglieder von elf (Regelfall; § 4) auf 15 bzw. 21 Mitglieder. Maßgebliches Kriterium für die Satzungsöffnung ist die Höhe des „Nennkapitals", dh. des Grundkapitals der AG bzw. des Stammkapitals der GmbH[1].

Die Regelung zur Größe des Aufsichtsrats kann wie folgt zusammengefasst werden:

Grund-/Stammkapital	Zulässige Höchstzahl Aufsichtsratsmitglieder	Zahl Anteilseignervertreter (davon weiteres Mitglied)	Zahl Arbeitnehmervertreter (davon VR BR/VR SpO/weiteres Mitglied)
≤ 10 Mio. Euro	11	5 (1)	5 (2/2/1)
> 10 Mio. Euro	15	7 (1)	7 (3/3/1)
> 25 Mio. Euro	21	10 (2)	10 (4/4/2)
VR = Vorschlagsrecht; BR = BR im Unternehmen; SpO = Spitzenorganisationen der Gewerkschaften im Unternehmen			

10 *Beschlussfähigkeit*
Der Aufsichtsrat ist beschlussfähig, wenn mindestens die Hälfte der Mitglieder, aus denen er nach diesem Gesetz oder der Satzung insgesamt zu bestehen hat, an der Beschlussfassung teilnimmt. § 108 Abs. 2 Satz 4 des Aktiengesetzes findet Anwendung.

Die Regelung in § 10 entspricht § 28 MitbestG (siehe § 28 MitbestG Rz. 1-3). Die Beschlussfähigkeit besteht unabhängig davon, ob das neutrale Mitglied des Aufsichtsrates an der Beschlussfassung teilnimmt[2].

11 *Abberufung eines Aufsichtsratsmitglieds*
(1) Auf die in § 5 bezeichneten Mitglieder des Aufsichtsrats findet § 103 des Aktiengesetzes Anwendung.

(2) Auf die Abberufung eines in § 6 bezeichneten Mitglieds des Aufsichtsrats durch das Wahlorgan findet Absatz 1 entsprechende Anwendung mit der Maßgabe, dass die Abberufung auf Vorschlag der Betriebsräte der Betriebe des Unternehmens erfolgt. Die Abberufung eines in § 6 Abs. 3 oder 4 bezeichneten Mitglieds kann nur auf Antrag der Spitzenorganisation, die das Mitglied vorgeschlagen hat, von den Betriebsräten vorgeschlagen werden.

(3) Eine Abberufung des in § 8 bezeichneten Mitgliedes des Aufsichtsrats kann auf Antrag von mindestens drei Aufsichtsratsmitgliedern durch das Gericht aus wichtigem Grunde erfolgen.

1. Abberufung von Anteilseignervertretern. Die nach § 5 gewählten Anteilseignervertreter (§ 4 Abs. 1 Satz 2 lit. a) können bei AG sowie GmbH nach Maßgabe von § 103 AktG durch das Wahlorgan abberufen werden.

2. Abberufung von ArbN-Vertretern. Für die Abberufung der nach § 6 gewählten ArbN-Vertreter (§ 4 Abs. 1 Satz 2 lit. b) gilt im Grundsatz ebenfalls § 103 AktG, allerdings sichert § 11 Abs. 2 die Einflussnahme der BR bzw. der gewerkschaftlichen Spitzenorganisationen durch ein dort geregeltes Antragsrecht. Für die Bildung des Abberufungsantrags gelten die Regelungen in § 6 Abs. 1 und Abs. 2 (belegschaftsangehörige ArbN-Vertreter) bzw. § 6 Abs. 3 und Abs. 5 (Gewerkschaftsvertreter) entsprechend. Das Wahlorgan ist entsprechend § 6 Abs. 5 im Grundsatz an den Abberufungsantrag gebunden[3]. Die Möglichkeit einer gerichtlichen Abberufung von ArbN-Vertretern (§ 103 Abs. 3 AktG) wird durch § 11 nicht berührt[4].

3. Abberufung des neutralen Mitglieds. In Abweichung zur Regelungsstruktur bei der Wahl (§ 8) steht die Abberufung des neutralen Mitglieds nicht dem Wahlorgan, sondern nur dem Registergericht zu § 8 Abs. 3 kann nicht entsprechend herangezogen werden[5]. Für die gerichtliche Abberufungsentscheidung ist ein Antrag von drei Aufsichtsratsmitgliedern an das Gericht ausreichend, aber auch erforderlich[6].

---

[1] Vgl. ErfK/*Oetker*, § 9 MontanMitbestG Rz. 2; *Kötter*, Mitbestimmungsrecht, § 9 Rz. 2; *Müller/Lehmann*, MitbestG Bergbau und Eisen, § 9 Rz. 3 und 5. | [2] GroßKommAktG/*Oetker*, § 10 MontanMitbestG Rz. 2. | [3] Vgl. GroßKommAktG/*Oetker*, § 11 MontanMitbestG Rz. 2. | [4] GroßKommAktG/*Oetker*, § 11 MontanMitbestG Rz. 2; Baumbach/Hueck/*Zöllner*, § 52 GmbHG Rz. 201. | [5] Vgl. ErfK/*Oetker*, § 11 MontanMitbestG Rz. 2; *Boldt*, MitbestG Eisen und Kohle, § 11 Anm. 4; *Müller/Lehmann*, MitbestG Bergbau und Eisen, § 11 Rz. 16. | [6] GroßKommAktG/*Oetker*, § 11 MontanMitbestG Rz. 3; MünchArbR/*Wißmann*, § 371 Rz. 18.

Das Antragserfordernis und die zahlenmäßige Begrenzung der Aufsichtsratsmitglieder gilt auch für ein nach § 9 gebildeten größeren Aufsichtsrat[1]. Materiell hat das Registergericht § 103 Abs. 3 AktG für die Feststellung des wichtigen Grundes heranzuziehen[2].

Dritter Teil. Vorstand

12 *Bestellung durch den Aufsichtsrat*
Die Bestellung der Mitglieder des zur gesetzlichen Vertretung berufenen Organs und der Widerruf ihrer Bestellung erfolgen nach Maßgabe des § 76 Abs. 3 und des § 84 des Aktiengesetzes durch den Aufsichtsrat.

1 **1. Regelungsinhalt.** Mit § 12 wird die Kompetenz zur Bestellung und Abberufung der Mitglieder des Vertretungsorgans (Personalkompetenz) zugunsten des Aufsichtsrats geregelt und dadurch gewährleistet, dass die Unternehmensleitung sowohl durch die Anteilseigner als auch durch die ArbN legitimiert ist. Die Regelung entspricht im Kern § 31 Abs. 1 MitbestG. Die **Personalkompetenz** bezieht sich bei der AG auf den Vorstand (§ 78 Abs. 1 AktG) und bei der GmbH auf die Geschäftsführer (§ 35 Abs. 1 GmbHG); nicht erfasst werden solche Organe, die in bestimmten, gesetzlich vorgesehenen Fällen zur Vertretung der Gesellschaft berufen sind[3]. Die Regelung in § 12 führt nicht zu einer Änderung der Rechtsstellung und der Aufgaben des Vertretungsorgans gegenüber dem anwendbaren Gesellschaftsrecht[4]. Der Verweis auf § 76 Abs. 3 und § 84 AktG bedeutet insb. nicht, dass die Geschäftsführung bei der GmbH die autonome Rechtsstellung eines aktienrechtlichen Vorstands erhielte[5]. Eigenständige Bedeutung besitzt § 12 nur für die GmbH, da § 52 Abs. 1 GmbHG nicht auf § 84 AktG verweist; § 76 Abs. 3 AktG entspricht demgegenüber § 6 Abs. 2 GmbHG, so dass insoweit § 12 auch für die GmbH keine eigenständige Bedeutung besitzt.

2 **2. Bestellung.** Die Bestellung als körperschaftsrechtlicher Akt der Einsetzung als Mitglied des Vertretungsorgans richtet sich nach § 12 iVm. § 84 AktG. Das gilt auch für die Bestellung des Arbeitsdirektors (§ 13) sowie gesetzlich zwingend zu bestellende Stellvertreter der Mitglieder des Vertretungsorgans (§ 94 AktG, § 44 GmbHG). Die Bestellung erfolgt durch Beschlussfassung des Aufsichtsrats (§ 107 Abs. 3 Satz 2 AktG), dessen Kundgabe an das künftige Organmitglied und dessen Annahmeerklärung gegenüber dem Aufsichtsrat[6]. **Satzungsregelungen**, die unangemessene Einschränkungen der Wahlfreiheit des Aufsichtsrates enthalten (zB Bindung der Stimmrechtsausübung der Aufsichtsratsmitglieder an die Entscheidung Dritter) sind wegen Verstoßes gegen § 12 unwirksam. Demgegenüber kann die Satzung persönliche Eignungsvoraussetzung für die Mitglieder des Vertretungsorgans vorsehen, sofern sie nicht ausnahmsweise die Wahlfreiheit des Aufsichtsrates (und damit auch für die MitbestR der ArbN) unangemessen beeinträchtigen[7]. Der Bestellungszeitraum beträgt – auch für die Geschäftsführer der GmbH – höchstens fünf Jahre (§ 84 Abs. 1 AktG)[8].

3 Wenngleich § 12 für die Personalkompetenz nur die Mitglieder des Vertretungsorgans insgesamt in Bezug nimmt, ist der Aufsichtsrat aufgrund des engen Sachzusammenhangs und der Generalverweisung auf § 84 AktG auch für die **Bestellung und Abberufung des Vorstandsvorsitzenden** (vgl. § 84 Abs. 2 AktG) unabhängig von der Rechtsform zuständig[9].

4 **3. Anstellung.** Von der kooperationsrechtlichen Organstellung zu unterscheiden sind die in einem arbeitsrechtlichen Anstellungsvertrag geregelten schuldrechtlichen Beziehungen des Mitglieds des Vertretungsorgans zur Gesellschaft. Für die AG ergibt sich bereits unmittelbar aus § 84 Abs. 1 Satz 5 AktG, dass ausschließlich der Aufsichtsrat für den Abschluss des Anstellungsvertrages sowie für seine spätere Änderung und Beendigung zuständig ist. Dabei können diese Kompetenzen auch auf einen Aufsichtsratsausschuss übertragen werden, da die in § 107 Abs. 3 Satz 2 AktG geregelte Sperrwirkung (Delegationsverbot) nur für die kooperationsrechtliche Bestellung und Abberufung gilt[10]. Wegen der gesetzlichen Anordnung in § 12 kommt auch bei einer dem MontanMitbestG unterfallenden GmbH – abweichend von den gesellschaftsrechtlichen Grundsätze zur Annexkompetenz der Gesellschafterversammlung und zur Rechtslage bei § 77 Abs. 1 BetrVG 1952[11], aber entsprechend § 31 Abs. 1 MitbestG – dem Aufsichtsrat die Kompetenz zu, über den Abschluss, die Änderung und die Beendigung von Geschäftsführer-Anstel-

---

1 ErfK/*Oetker*, § 11 MontanMitbestG Rz. 2; *Müller/Lehmann*, MitbestG Bergbau und Eisen, § 11 Rz. 13; aA *Kötter*, Mitbestimmungsrecht, § 11 Rz. 6. |2 Vgl. GroßKommAktG/*Oetker*, § 11 MontanMitbestG Rz. 3. |3 ErfK/*Oetker*, § 12 MontanMitbestG Rz. 1; *Boldt*, MitbestG Eisen und Kohle, § 12 Anm. 2. |4 ErfK/*Oetker*, § 12 MontanMitbestG Rz. 1; *Boldt*, MitbestG Eisen und Kohle, § 12 Anm. 3; *Müller/Lehmann*, MitbestG Bergbau und Eisen, § 12 Rz. 9. |5 Vgl. ErfK/*Oetker*, § 12 MontanMitbestG Rz. 2; *Kötter*, Mitbestimmungsrecht, § 12 Rz. 1. |6 Vgl. *Hüffer*, § 84 AktG Rz. 3 f. |7 Vgl. § 31 Abs. 1 MitbestG ErfK/*Oetker*, *Raiser*, § 31 MitbestG Rz. 8 f.; *Hanau/Ulmer*, § 31 MitbestG Rz. 13. |8 Vgl. GroßKommAktG/*Oetker*, § 12 MontanMitbestG Rz. 4. |9 Vgl. LG Frankfurt/Main v. 26.4.1984 – 3/6 O 210/83, AG 1984, 276, 277; GroßKommAktG/*Oetker*, § 13 MontanMitbestG Rz. 13. |10 BGH v. 23.10.1975 – II ZR 90/73, BGHZ 65, 190, 193; *Hüffer*, § 107 AktG Rz. 18. |11 Vgl. BGH v. 3.7.2000 – II ZR 282/98, ZIP 2000, 1442, 1443; siehe auch § 77 BetrVG 1952 Rz. 13.

lungsverträgen zu beschließen[1]. Allerdings kann die **Satzung** allgemeine Richtlinien über den Inhalt des Anstellungsvertrags (zB Vergütungsstruktur für Geschäftsführer) festlegen, sofern dies die Auswahl- und Widerrufsfreiheit des Aufsichtsrates nicht unangemessen beschränkt[2].

4. Widerruf der Bestellung. Für den Widerruf der Bestellung gilt nach § 12 unabhängig von der Rechtsform § 84 Abs. 3 AktG, wonach es zur Abberufung zwingend eines wichtigen Grundes bedarf. Ein solcher Grund ist namentlich grobe Pflichtverletzung, Unfähigkeit zur ordnungsgemäßen Geschäftsführung oder Vertrauensentzug durch die Anteilseignerversammlung, es sei denn, dass das Vertrauen aus offenbar unsachlichen Gründen (zB bloße Nähe zu den ArbN) entzogen würde (vgl. § 84 Abs. 3 AktG). Für die Abberufung reicht ein mit einfacher Mehrheit gefasster Aufsichtsratsbeschluss aus (Ausnahme: Vertrauensentzug bedarf Beschluss der Anteilseignerversammlung).

13 *Arbeitsdirektor*

(1) Als gleichberechtigtes Mitglied des zur gesetzlichen Vertretung berufenen Organs wird ein Arbeitsdirektor bestellt. Der Arbeitsdirektor kann nicht gegen die Stimmen der Mehrheit der nach § 6 gewählten Aufsichtsratsmitglieder bestellt werden. Das Gleiche gilt für den Widerruf der Bestellung.

(2) Der Arbeitsdirektor hat wie die übrigen Mitglieder des zur gesetzlichen Vertretung berufenen Organs seine Aufgaben im engsten Einvernehmen mit dem Gesamtorgan auszuüben. Das Nähere bestimmt die Geschäftsordnung.

1. Regelungsinhalt. Nach § 13 ist die Bestellung eines Arbeitsdirektors als gleichberechtigtes Mitglied des gesetzlichen Vertretungsorgans zwingend erforderlich, der im Wesentlichen für Sozial- und Personalfragen zuständig ist. Dies entspricht der Rechtslage unter dem später in Kraft getretenen § 33 MitbestG sowie § 13 MitbestErgG. Dabei soll der Arbeitsdirektor das besondere Vertrauen der Aufsichtsratsmitglieder der ArbN genießen, was durch die besonderen (und keinen Widerhall im MitbestG oder MitbestErgG findenden) Wahlerfordernisse in § 13 Abs. 1 Satz 2 sichergestellt werden soll, demzufolge der Arbeitsdirektor nicht gegen Stimmen der Mehrheit der ArbN-Vertreter im Aufsichtsrat bestellt werden kann (Rz. 2). Diese Abweichung hat indes keine rechtlichen Auswirkungen auf den Geschäftsbereich und die Rechtsstellung des Arbeitsdirektors (siehe auch Rz. 5).

2. Bestellung des Arbeitsdirektors. Der Arbeitsdirektor wird als Mitglied des gesetzlichen Vertretungsorgans durch den Aufsichtsrat als Gesamtorgan bestellt (§ 12 iVm. § 84 Abs. 1 Satz 1, § 107 Abs. 3 Satz 2 AktG). Der Bestellungszeitraum beträgt höchstens fünf Jahre (§ 12 iVm. § 84 Abs. 1 Satz 1 AktG), und sollte als Ausweis guter Unternehmensführung bei der Erstbestellung höchstens drei Jahre betragen[3]. Es ist auch eine von dem Eintritt einer Potestativbedingung (zB Änderung des Unternehmenszwecks oder Betriebsstilllegung mit Beschäftigungsabbau) stehende, auflösend bedingte Bestellung des Arbeitsdirektors zulässig[4].

Der für die Bestellung des Arbeitsdirektors erforderliche **Aufsichtsratsbeschluss** bedarf zunächst nach allgemeinen Grundsätzen der Mehrheit der abgegebenen Stimmen, wobei auch schriftliche Stimmabgaben zulässig sind. Darüber hinaus bestimmt § 13 Abs. 1 Satz 2 als besonderes Wahlerfordernis, dass die Bestellung des Arbeitsdirektors nicht gegen die Mehrheit der Stimmen der ArbN-Vertreter im Aufsichtsrat (§ 4 Abs. 1 Satz 2 lit. b) möglich ist. Dabei kommt es nicht auf die Mehrheit der dem Aufsichtsrat insgesamt angehörenden, sondern lediglich auf die Mehrheit der an der Abstimmung beteiligten ArbN-Vertreter an[5]. Da § 13 Abs. 1 Satz 2 ausdrücklich auf die Anzahl der Gegenstimmen (und nicht auf die zustimmenden Stimmabgaben) abstellt, zählen Stimmenthaltungen nicht als Gegenstimmen[6]. Nach allgemeinen aktienrechtlichen Vorschriften kann im Ausnahmefall auch die Abgabe einer Gegenstimme trotz des erheblichen Beurteilungsermessens offensichtlich rechtsmissbräuchlich oder grob treuepflichtwidrig sein, mit dem Ergebnis, dass diese dann nicht zu beachten ist[7]. Die Satzung kann abweichend von § 13 Abs. 1 Satz 2 vorsehen, dass zur Bestellung des Arbeitsdirektors die ausdrückliche Zustimmung der Mehrheit der ArbN-Vertreter im Aufsichtsrat erforderlich ist, da es sich bei dem gesetzlichen Wahlerfordernis in § 13 Abs. 1 Satz 2 um eine Schutzvorschrift zugunsten der ArbN handelt[8].

Wenngleich § 12 nicht auf § 85 AktG verweist, so ergibt sich aus dem durch § 85 Abs. 1 AktG verkörperten allgemeinen Rechtsgedanken, dass **gerichtlich ein Notvorstand als Arbeitsdirektor bestellt werden**

---

1 ErfK/*Oetker*, § 12 MontanMitbestG Rz. 4; *Kötter*, Mitbestimmungsrecht, § 12 Rz. 3. | 2 Für § 31 Abs. 1 MitbestG *Hanau/Ulmer*, § 31 MitbestG Rz. 40; *Raiser*, § 31 MitbestG Rz. 26. | 3 Vgl. Ziff. 5.1.2 Satz 4 DCGK. | 4 So auch *Herschel*, RdA 1962, 413, 415; aA ErfK/*Oetker*, § 13 MontanMitbestG Rz. 3. | 5 Vgl. ErfK/*Oetker*, § 13 MontanMitbestG Rz. 3. | 6 Vgl. ErfK/*Oetker*, § 13 MontanMitbestG Rz. 3; *Boldt*, MitbestG Eisen und Kohle, § 13 Anm. 2b; *Kötter*, Mitbestimmungsrecht, § 13 Rz. 5; *Müller/Lehmann*, MitbestG Bergbau und Eisen, § 13 Rz. 9. | 7 Sehr streitig; vgl. MünchKomm AktG/*Semler*, § 108 AktG Rz. 221; zur Stimmabgabe bei Hauptversammlungsbeschlüssen zB MünchKomm AktG/*Bungeroth*, Vor § 53a AktG Rz. 32; aA KölnKommAktG/*Mertens*, § 108 AktG Rz. 69 und 73; ErfK/*Oetker*, § 13 MontanMitbestG Rz. 3; *Kötter*, Mitbestimmungsrecht, § 13 Rz. 5. | 8 So auch ErfK/*Oetker*, § 13 MontanMitbestG Rz. 3; *Müller/Lehmann*, MitbestG Bergbau und Eisen, § 13 Rz. 3.

kann, sofern es nicht zur Bestellung eines Arbeitsdirektors durch den Aufsichtsrat kommt[1]. Auch § 13 Abs. 1 Satz 2 steht einer gerichtlichen Bestellung nicht entgegen, da die Notbestellung die ArbN-Interessen gerade zu sichern hilft[2]. Voraussetzung der gerichtlichen Notbestellung entsprechend dem Rechtsgedanken aus § 85 Abs. 1 AktG ist ein „dringender Fall", der insb. dann vorliegt, wenn der Vorstand wegen Fehlens des Arbeitsdirektors zur Erfüllung der ihm obliegenden Aufgaben nicht in der Lage ist[3].

5   **3. Abberufung des Arbeitsdirektors.** Die Bestellung des Arbeitsdirektors kann, wie bei den übrigen Mitgliedern des Vertretungsorgans, aus wichtigem Grund widerrufen werden (§ 12 iVm. § 84 Abs. 3 AktG). Dabei kann der Widerruf nicht wirksam gegen die Mehrheit der an der Abstimmung beteiligten ArbN-Vertreter erfolgen (§ 13 Abs. 1 Satz 3). Allerdings können im Ausnahmefall gegen eine Abberufung abgegebene Stimmen unbeachtlich sein, wenn hierdurch die Stimmabgabe offensichtlich grob treuepflichtwidrig wäre[4]. In jedem Fall können sich die Aufsichtsratsmitglieder, die es trotz Vorliegen eines wichtigen Grundes in der Person des Arbeitsdirektors unterlassen, auf dessen Abberufung hinzuwirken, schadenersatzpflichtig gegenüber der Gesellschaft machen[5].

6   **4. Geschäftsbereich und Rechtsstellung des Arbeitsdirektors.** Siehe § 33 MitbestG Rz. 3-9.

Vierter Teil. Schlussvorschriften

14 *Inkrafttreten*
(1) Die Vorschriften dieses Gesetzes treten in Kraft
a) für Unternehmen, die dem Gesetz Nr. 27 der Alliierten Hohen Kommission nicht unterliegen, am 31. Dezember 1951,
b) für Unternehmen, die aus der Kontrolle nach dem Gesetz Nr. 27 der Alliierten Hohen Kommission entlassen werden, im Zeitpunkt ihrer Entlassung, spätestens am 31. Dezember 1951,
c) für Unternehmen, die auf Grund des Gesetzes Nr. 27 der Alliierten Hohen Kommission in eine „Einheitsgesellschaft" überführt werden, mit deren Errichtung, spätestens am 31. Dezember 1951,
d) für die übrigen Unternehmen in dem Zeitpunkt, in dem feststeht, dass sie auf Grund des Gesetzes Nr. 27 der Alliierten Hohen Kommission nicht in eine „Einheitsgesellschaft" überführt werden, spätestens am 31. Dezember 1951.

(2) Die Wahl von Aufsichtsratsmitgliedern nach §§ 5 und 6 findet erstmalig innerhalb von zwei Monaten nach Inkrafttreten dieses Gesetzes statt.

14a *Berlin-Klausel* (gegenstandslos)

15 *Ermächtigung zum Erlass von Rechtsverordnungen*
Die Bundesregierung wird ermächtigt, durch Rechtsverordnung Vorschriften zu erlassen über
a) die Anpassung von Satzungen und Gesellschaftsverträgen an die Vorschriften dieses Gesetzes,
b) das Verfahren für die Aufstellung der in § 6 bezeichneten Wahlvorschläge.

1   Die Bundesregierung hat von der Ermächtigung zum Erlass von Rechtsverordnungen bislang keinen Gebrauch gemacht.

---

1 So auch GroßKommAktG/*Oetker*, § 13 MontanMitbestG Rz. 7; *Boldt*, MitbestG Eisen und Kohle, § 13 Anm. 2a; *Müller/Lehmann*, MitbestG Bergbau und Eisen, § 13 Rz. 6; aA *Kötter*, Mitbestimmungsrecht, § 13 Rz. 4. |2 Vgl. GroßKommAktG/*Oetker*, § 13 MontanMitbestG Rz. 7; *Müller/Lehmann*, MitbestG Bergbau und Eisen, § 13 Rz. 6. |3 Vgl. GroßKommAktG/*Oetker*, § 13 MontanMitbestG Rz. 8; *Hoffmann*, BB 1977, 17, 21. |4 Sehr streitig; vgl. MünchKomm AktG/*Semler*, § 108 AktG Rz. 221; zur Stimmabgabe bei Hauptversammlungsbeschlüssen zB MünchKomm AktG/*Bungeroth*, Vor § 53a AktG Rz. 32; aA KölnKommAktG/*Mertens*, § 108 AktG Rz. 69 und 73; ErfK/*Oetker*, § 13 MontanMitbestG Rz. 3; *Kötter*, Mitbestimmungsrecht, § 13 Rz. 5. |5 Vgl. *Potthoff/Trescher*, Aufsichtsratsmitglied, Rz. 2186; *Lutter/Krieger*, Rechte und Pflichten des Aufsichtsrates, Rz. 765; ErfK/*Oetker*, § 13 MontanMitbestG Rz. 5.

Gesetz zum Schutze der erwerbstätigen Mutter (Mutterschutzgesetz – MuSchG)

in der Fassung der Bekanntmachung vom 20.6.2002 (BGBl. I S. 2318),
zuletzt geändert durch Gesetz vom 14.11.2003 (BGBl. I S. 2190)

– Auszug –

Dritter Abschnitt. Kündigung

9 *Kündigungsverbot*
(1) Die Kündigung gegenüber einer Frau während der Schwangerschaft und bis zum Ablauf von vier Monaten nach der Entbindung ist unzulässig, wenn dem Arbeitgeber zurzeit der Kündigung die Schwangerschaft oder Entbindung bekannt war oder innerhalb zweier Wochen nach Zugang der Kündigung mitgeteilt wird; das Überschreiten dieser Frist ist unschädlich, wenn es auf einem von der Frau nicht zu vertretenden Grund beruht und die Mitteilung unverzüglich nachgeholt wird. Die Vorschrift des Satzes 1 gilt für Frauen, die den in Heimarbeit Beschäftigten gleichgestellt sind, nur, wenn sich die Gleichstellung auch auf den Neunten Abschnitt – Kündigung – des Heimarbeitsgesetzes vom 14. März 1951 (BGBl. I S. 191) erstreckt.

(2) Kündigt eine schwangere Frau, gilt § 5 Abs. 1 Satz 3 entsprechend.

(3) Die für den Arbeitsschutz zuständige oberste Landesbehörde oder die von ihr bestimmte Stelle kann in besonderen Fällen, die nicht mit dem Zustand einer Frau während der Schwangerschaft oder ihrer Lage bis zum Ablauf von vier Monaten nach der Entbindung in Zusammenhang stehen, ausnahmsweise die Kündigung für zulässig erklären. Die Kündigung bedarf der schriftlichen Form und sie muss den zulässigen Kündigungsgrund angeben.

(4) In Heimarbeit Beschäftigte und ihnen Gleichgestellte dürfen während der Schwangerschaft und bis zum Ablauf von vier Monaten nach der Entbindung nicht gegen ihren Willen bei der Ausgabe von Heimarbeit ausgeschlossen werden; die Vorschriften der §§ 3, 4, 6 und 8 Abs. 5 bleiben unberührt.

I. Inhalt und Zweck. Der große Senat des BAG hat in einem Beschluss vom 26.4.1956 die Definition des Schutzzwecks des § 9 beschrieben: 1

„Gemäß Art. 6 Abs. 4 GG hat jede Mutter Anspruch auf den Schutz und die Fürsorge der Gemeinschaft. Dieser verfassungsrechtliche Grundsatz wird auf einem Teilgebiet, nämlich für die erwerbstätige Mutter, durch das MuSchG verwirklicht. Sein Grundgedanke geht dahin, mögliche Konflikte zwischen den mutterschaftlichen Aufgaben der Frau und Bindungen aus der Erwerbsarbeit auszugleichen und zu überbrücken. Dabei ist es ein primäres Anliegen des gesetzlichen Mutterschutzes, der werdenden Mutter und der Wöchnerin trotz ihrer etwa mutterschaftlich bedingten Leistungsminderung oder Arbeitsunfähigkeit den Arbeitsplatz zu erhalten. Gleichzeitig soll sie durch eine Reihe genereller und individueller Beschäftigungsverbote den notwendigen Schutz vor schädlicher Überbeanspruchung erhalten, wenn sie ihre Tätigkeit fortsetzt. Dabei wird ihre wirtschaftliche Versorgung, auch soweit die Beschäftigungsverbote Platz greifen, tunlichst in Höhe ihres bisherigen Arbeitseinkommens sichergestellt[1]."

Dass die hierin hervorgehobene wirtschaftliche Absicherung nur die Basis dafür ist, dass die werdende Mutter auch frei von psychischen Belastungen bleiben kann, hebt *Etzel*[2] berechtigt besonders hervor:

§ 9 hat deshalb insoweit eine Doppelfunktion. Das System des generellen Verbotes mit Erlaubnisvorbehalt ist Gesetzesinhalt bereits seit 1942. Die möglichen Gründe, mit denen eine Ausnahmeerlaubnis erteilt werden kann, tragen dieser Doppelfunktion Rechnung. 2

II. Entstehungsgeschichte. Ein Gesetz über die Beschäftigung vor und nach der Niederkunft vom 16.7.1927 (RGBl. I S. 184) sah in seinem § 4 vor, dass 6 Wochen vor und 6 Wochen nach der Entbindung die ordentliche Kündigung unzulässig, eine außerordentliche Kündigung jedoch aus nicht mit der Schwangerschaft oder der Entbindung im Zusammenhang stehenden wichtigen Gründen möglich war. 3

Gefolgt ist dieser Regelung das Gesetz zum Schutz der erwerbstätigen Mutter vom 17.5.1942 (RGBl. I S. 321), dessen § 6 den Schutz ausdehnte auf die gesamte Dauer der Schwangerschaft und 4 Monate nach der Entbindung. Es beinhaltete ein absolutes Verbot der Kündigung, aber die Möglichkeit der 4

---

1 BAG v. 26.4.1956 – GS 1/56, NJW 1956, 1454. | 2 KR/*Etzel*, § 9 MuSchG Rz. 6.

behördlichen Ausnahmegenehmigung. Damit waren die Grundzüge der noch heute gültigen Schutzdauer und der Regelung des absoluten Schutzes mit Ausnahmemöglichkeit festgelegt.

5 § 9 des MuSchG vom 24.1.1952 (BGBl. I S. 69) dehnte den Schutz aus auf Hausgehilfinnen und Tagesmädchen, jedoch beschränkt bis auf den Ablauf des 5. Schwangerschaftsmonats. Neu war erstmals die Möglichkeit der nachträglichen Mitteilung der Schwangerschaft innerhalb einer Wochenfrist zur Erwirkung des Schutzes.

6 Die Neufassung des MuSchG vom 24.8.1965 (BGBl. I S. 912) erstreckte mit Wirkung ab 1.1.1966 die Frist für die der Kündigung folgende Mitteilung der Schwangerschaft auf 2 Wochen.

7 Der Einigungsvertrag (BGBl. I S. 1990, 885) vereinheitlichte das Mutterschutzrecht für das gesamte Gebiet der erweiterten Bundesrepublik.

8 Das erste Gesetz zur Änderung des MuSchG vom 3.7.1992 (BGBl. I S. 1191) setzte um, was das BVerfG am 13.11.1979 zwischenzeitlich entschieden und damit dem Gesetzgeber als Änderung in Auftrag gegeben hatte[1]: Die unverschuldete Versäumnis der 2-Wochen-Frist muss durch unverzügliche Nachholung ab Kenntnis der Schwangeren von ihrem Zustand reparabel sein.

9 Per 1.1.1997 schließlich trat aufgrund Gesetzes vom 20.12.1996 (BGBl. I S. 2110) – verspätet umgesetzt – in Kraft, was die Richtlinie 92/85/EWG vom 28.11.1994 vorschreibt: Wird während der Schutzfristen gekündigt, so bedarf die Kündigung der Schriftform „und muss den zulässigen Kündigungsgrund angeben". Dadurch wurde der Streit darüber beseitigt, ob der von der Richtlinie geforderten Angabe berechtigter Gründe schon dadurch entsprochen wurde, dass diese im Verfahren nach § 9 Abs. 3 MuSchG der zuständigen Behörde vorgetragen wurden[2]. Außerdem sind seit 1.1.1997 Hausangestellte voll in den Schutz einbezogen, also nicht nur bis zum vollendeten 5. Schwangerschaftsmonat.

10 Eine weitere Novellierung durch das zweite Gesetz zur Änderung des MuSchG vom 16.6.2002 (BGBl. I S. 1812) berührt die §§ 9 und 10 nicht.

11 **III. Persönlicher Geltungsbereich.** § 9 verbietet jede Kündigung gegenüber einer Frau während der Schwangerschaft und bis zum Ablauf von 4 Monaten nach der Entbindung. Das Verbot gilt zu Gunsten aller ArbN-innen einschließlich der Auszubildenden und wegen § 1 Nr. 2 MuSchG auch für Heimarbeiterinnen und diesen Gleichgestellte, soweit die Gleichstellung sich auch den heimarbeitsrechtlichen Kündigungsschutz bezieht. Hausangestellte sind aufgrund des Änderungsgesetzes vom 20.12.1996 nunmehr in vollem Umfang einbezogen. Der Sonderkündigungsschutz gilt unabhängig von der Betriebsgröße. Das Verbot der Kündigung ergreift auch ein vereinbartes, aber noch nicht aktualisiertes Arbeitsverhältnis[3].

12 § 9 gilt nicht für Beamtinnen, für deren Bereich die MuSchVO vom 25.4.1997 (BGBl. I S. 986) anzuwenden ist. Nicht erfasst sind auch Organmitglieder juristischer Personen.

13 **IV. Voraussetzungen des Sonderkündigungsschutzes. 1. Schwangerschaft/Entbindung. a) Schwangerschaft.** Das Kündigungsverbot hat zur Voraussetzung, dass im Zeitpunkt des Zugangs einer Kündigung objektiv eine Schwangerschaft besteht[4].

14 Die Beurteilung des **Beginns** einer Schwangerschaft erfolgt nach medizinischen Grundsätzen: Abzustellen ist auf den Augenblick der Befruchtung der Eizelle.

15 Das BAG nimmt in seiner Rspr. für die Bestimmung des Beginns der Schwangerschaft eine Rückrechnung um 280 Tage von dem ärztlich festgestellten voraussichtlichen Entbindungstermin vor, wobei der Tag der Entbindung nicht mitgezählt wird[5]. Es verteidigt seine Rspr. gegen alle Einwände, mit 280 Tagen sich medizinischen Erkenntnissen einer durchschnittlichen Schwangerschaftsdauer von 266 Tagen entgegen zu stellen[6], mit dem Argument, dass nach einer pauschalierten Wahrscheinlichkeitsrechnung vorzugehen sei; auch die Rückrechnung um 266 Tage beinhalte nur eine Wahrscheinlichkeitsberechnung und sei aus Gründen der Rechtssicherheit und des Schutzes der werdenden Mutter zur Anwendung des absoluten Kündigungsverbotes des § 9 nicht genügend, um alle Eventualitäten abzudecken. Der voraussichtliche Tag der Niederkunft wird dem nach § 5 Abs. 2 vorzulegenden Zeugnis eines Arztes oder einer Hebamme entnommen[7]. Dem ArbGeb stehe es frei, den Beweiswert dieser Bescheinigung zu erschüttern und Umstände darzulegen und zu beweisen, aufgrund derer er wissenschaftlich gesicherten Erkenntnissen widerspreche, von einem anderen Beginn der Schwangerschaft der ArbN-in vor dem Zugang der Kündigung auszugehen. Die ArbN-in müsse ihrerseits den weiteren Beweis führen und ggf. die Ärzte von der Schweigepflicht entbinden[8].

16 **Beendet** wird die Schwangerschaft mit der Entbindung. Endet die Schwangerschaft mit einer Fehlgeburt, so bewirkt dies das Ausscheiden aus dem Mutterschutz[9].

---

1 BVerfG v. 13.11.1979 – 1 BvL 24//, 1 BvL 19/78, 1 BvL 38/78, BVerfGE 52, 357. | 2 Hierzu KR/*Etzel*, § 9 MuSchG Rz. 4d. | 3 LAG Düsseldorf v. 30.9.1992 – 11 Sa 1049/92, NZA 1993, 1041. | 4 BVerfG v. 14.7.1981 – 1 BvL 28/80, DB 1981, 1939. | 5 BAG v. 7.5.1998 – 2 AZR 417/97, AP Nr. 24 zu § 9 MuSchG 68. | 6 Hierzu KR/*Etzel*, § 9 MuSchG Rz. 64b. | 7 BAG zuletzt v. 7.5.1998 – 2 AZR 417/97, AP Nr. 24 zu § 9 MuSchG 1968. | 8 BAG v. 7.5.1998 – 2 AZR 417/97, AP Nr. 24 zu § 9 MuSchG 1968. | 9 BAG v. 12.7.1990 – 2 AZR 39/90, EzA § 613a BGB Nr. 19.

Die **Totgeburt** beurteilt sich nach den Kriterien des § 29 der AVO zum Personenstandsgesetz (keine Lebensmerkmale, aber ein Mindestgewicht von 500 Gramm).

b) Entbindung. Keine Entbindung sind die Fehlgeburt oder der Schwangerschaftsabbruch. Frühgeburt zählt als Entbindung. Hier wird ein Geburtsgewicht von weniger als 2500 Gramm als Grenze angesehen[1]. Weiter wird eine Frühgeburt angenommen bei noch nicht voll ausgebildeten Reifezeichen oder aufgrund verfrühter Beendigung der Schwangerschaft und deshalb erforderlicher wesentlich erweiterter Pflege[2]. Maßgeblich ist also jede Lebendgeburt. Dies gilt auch, wenn das Kind nach der Geburt stirbt.

Der sich an die Entbindung anschließende Schutzzeitraum von 4 Monaten ist zu berechnen nach §§ 187 Abs. 1, 188, 191 BGB (natürlich nicht § 193 BGB), denn das Ereignis, durch das die Frist ausgelöst wird, fällt in den Lauf eines Tages.

2. Kenntnis des ArbGeb. Das Kündigungsverbot des § 9 Abs. 1 Satz 1 setzt zunächst voraus, dass der ArbGeb positive Kenntnis von den Tatbestandsvoraussetzungen hat, also entweder die Tatsache der Schwangerschaft oder der Entbindung kennt.

§ 5 Abs. 1 verpflichtet die werdende Mutter, ihre Schwangerschaft und den mutmaßlichen Tag der Entbindung dem ArbGeb **mitzuteilen**, sobald ihr der Zustand bekannt ist. Insoweit handelt es sich jedoch nur um eine Soll-Vorschrift, deren Verletzung sanktionslos bleibt. Allerdings auferlegt § 9 Abs. 1 den für den Schutz in Betracht kommenden Frauen eine Pflicht zur Kenntnisverschaffung mit Fristen, die wiederum vom Kenntnisstand der ArbN-in abhängen.

Unerheblich ist, **auf welche Weise** der ArbGeb von den das Kündigungsverbot bewirkenden Tatbestandsmerkmalen Kenntnis erlangt. Nicht notwendigerweise muss die Kenntnis auf einer Mitteilung der ArbN-in beruhen. Auch die eigene optische Wahrnehmung des ArbGeb kann genügen. Die Kenntnis kann auch in der Person desjenigen Repräsentanten des ArbGeb als genügend angesehen werden, die kündigungsberechtigt ist[3].

Die **Beweislast** dafür, dass der ArbGeb bzw. dessen Repräsentant von der Schwangerschaft oder der Entbindung Kenntnis erlangt hat, trägt die ArbN-in[4]. Der Beweis muss sich auf die positive Kenntnis für den Zeitpunkt beziehen, zu welchem die Kündigungserklärung abgegeben wurde. Der Beweis von einer Vermutung des ArbGeb ist ungenügend.

Unterlässt die ArbN-in die Information des ArbGeb vom wirklichen (späteren) Entbindungstermin, so darf der ArbGeb die 4-Monats-Frist nach der Entbindung nach dem prognostizierten, nach § 5 Abs. 1 vom Arzt attestieren mutmaßlichen Tag der Entbindung berechnen[5].

3. Nachholende Kenntnisverschaffung der Schwangerschaft/Entbindung. a) Bei Kenntnis der ArbN-in. Kennt die ArbN-in zum Zeitpunkt des Zugangs einer Kündigung ihre Schwangerschaft/Entbindung, so ist die Berufung auf den dadurch zustehenden Sonderkündigungsschutz aus § 9 Abs. 1 Satz 1 nur zulässig, wenn der ArbGeb innerhalb einer Frist von 2 Wochen seit Zugang die nachholende Mitteilung vom Bestehen der Schwangerschaft/der Tatsache der Entbindung erhält.

Die **Frist** errechnet sich nach §§ 187 Abs. 1, 188 BGB. Die **Zugangsvoraussetzungen** bestimmen sich nach § 130 BGB. Eine besondere Form ist nicht zu beachten, aber natürlich aus Beweisgründen empfehlenswert. **Empfänger der Erklärung** ist der ArbGeb oder sein mit Personalaufgaben betrauter Repräsentant[6]. Nicht ausreichend ist die Information eines Vorgesetzten, der in Personalangelegenheiten keine Funktionen ausübt, wie zB Vorarbeiter. Auch die Unterrichtung des BR ist ungenügend.

Geht der Schwangeren während des Urlaubs eine Kündigung zu und teilt sie unverzüglich nach Rückkehr dem ArbGeb die Schwangerschaft mit, so ist die Überschreitung der 2-Wochen-Frist nicht allein deshalb als verschuldet anzusehen, weil die ArbN-in es unterlassen hatte, das Bestehen einer Schwangerschaft mitzuteilen[7].

b) Bei Unkenntnis der ArbN-in. Der 2. Halbs. des § 9 Abs. 1 Satz 1, eingefügt aufgrund der Rspr. des BVerfG[8], ermöglicht auch bei Überschreitung der 2-Wochen-Frist die Einforderung des Sonderkündigungsschutzes dann, wenn

- die Fristüberschreitung auf einem von der Frau nicht zu vertretenden Grund beruht und
- die Mitteilung unverzüglich nachgeholt wird.

Erfährt also die Schwangere von der Tatsache, dass eine Schwangerschaft schon im Zeitpunkt des Zugangs der Kündigung bestanden hat, so hat sie nunmehr unverzüglich den ArbGeb in Kenntnis zu setzen, wenn sie den Sonderkündigungsschutz wahrnehmen will.

---

1 BAG v. 12.3.1997 – 5 AZR 329/96, NZA 1997, 764. | 2 *Küttner/Reinecke*, Personalbuch 2002, 316 Rz. 6. | 3 KR/*Etzel*, § 9 MuSchG Rz. 36. | 4 BAG v. 13.1.1982 – 7 AZR 764/79, AP Nr. 9 zu § 9 MuSchG 1968. | 5 LAG Köln v. 21.1.2000 – 11 Sa 1195/99, NZA-RR 2001, 300. | 6 LAG Köln v. 30.6.1994 – 5 Sa 360/94, NZA 1995, 995. | 7 BAG v. 13.6.1996 – 2 AZR 736/95, EzA § 9 MuSchG nF Nr. 34. | 8 BVerfG v. 13.11.1979 – 1 BvL 24/77, 1 BvL 19/78, 1 BvL 38/78, AP Nr. 7 zu § 9 MuSchG 68.

29 Eine schuldhafte Versäumung der 2-Wochen-Frist nimmt das BAG an, wenn sie auf einen „gröblichen Verstoß gegen das von einem verständigen Menschen im eigenen Interesse billigerweise zu erwartenden Verhalten zurückzuführen ist" (Verneint bei Versendung der ärztlichen Bescheinigung mit normaler Post und Verlust des Briefes durch die Post)[1]. Wenn die Schwangere ohne positive Kenntnis zwingende Anhaltspunkte für deren Bestehen ignoriert, so ist dies als Verschulden anzusehen[2]. Die bloße Vermutung, schwanger zu sein, löst jedoch keine Pflicht zur Mitteilung gegenüber dem ArbGeb aus[3]. Eine Verpflichtung zur Kenntnisverschaffung durch die ArbN-in bejaht das BAG nur bei „einer zwingenden und unabweisbaren Schwangerschaftsvermutung, nicht aber, wenn nur eine bloße, mehr oder weniger vage Schwangerschaftsvermutung gegeben sei"[4]. Ist die ArbN-in also im Zweifel darüber, ob relevante Anzeichen für eine Schwangerschaft bestehen, hat sie keine besondere Verpflichtungen zur Verschaffung von Gewissheit[5].

30 Die **Handlungspflicht** setzt mit Kenntniserlangung ein; sie darf bis zur Schwangerschaftsbestätigung durch den Arzt warten[6]. Die unverzüglich nachzuholende Erklärung muss eindeutig die Behauptung beinhalten, dass im Zeitpunkt des Zugangs der Kündigung bereits Schwangerschaft bestand; es wird nicht als genügend angesehen, wenn nur mitgeteilt wird, „jetzt" schwanger zu sein[7].

31 Wann die Nachholung als **unverzüglich** angesehen werden darf, wird in der Rspr. des BAG nicht abschließend definiert. Eine Frist von einer Woche zwischen Kenntniserlangung und Kenntnisverschaffung beim ArbGeb wird nicht als „zu lange" bezeichnet[8].

32 Eine unverzügliche Mitteilung soll auch dann noch vorliegen, wenn die ArbN-in 2 Tage nach der Kenntniserlangung einen Bevollmächtigten beauftragt, nunmehr sofort gegen die bisher nicht angegriffene Kündigung Klage zu erheben und gleichzeitig den ArbGeb auf diesem Weg von der Feststellung der Schwangerschaft zu unterrichten; da die Klage zusammen mit der Ladung zu dem unverzüglich zu bestimmenden Termin zuzustellen sei, sei gewährleistet, dass bei einer dem Gesetz entsprechenden Sachbehandlung durch das ArbG der ArbGeb innerhalb angemessener Frist Kenntnis erhalte; die ArbN-in trage nicht allgemein das Risiko des rechtzeitigen Zugangs der Schwangerschaftsmitteilung; Hindernisse bei der Übermittlung, an denen sie kein Verschulden treffe, seien ihr nicht zuzurechnen[9]. Von einer solchen Übermittlungsmethode ist jedoch dringend abzuraten, zumal auch für die nachholende Berufung auf den Sonderkündigungsschutz eine Erklärungsform vom Gesetz nicht vorgesehen ist, also ggf. auch Telefax-Übermittlung genügt.

33 Eine **unverschuldete Versäumung** der 2-Wochen-Frist hat das BAG auch dann angenommen, wenn die Frau während des Laufs der 2-Wochenfrist von der Schwangerschaft erfährt, aber durch sonstige Umstände an der rechtzeitigen Übermittlung gehindert ist. Dabei sei der Frau nach Kenntniserlangung ein gewisser Überlegungszeitraum einzuräumen, um auch einen qualifizierten juristischen Rat über ihre Pflichten einzuholen, weil andernfalls das Fehlen einer solchen Überlegungsfrist den Spielraum ggf. auf null reduziere[10].

34 Erklärt sich die Schwangere dem ArbGeb gegenüber mit der bloßen **Vermutung**, den Sonderkündigungsschutz wegen vermuteter Schwangerschaft in Anspruch nehmen zu dürfen, so ist diese Erklärung fristwahrend.

35 Die **Beweislast** für den Zeitpunkt der Kenntniserlangung von der Schwangerschaft trägt die ArbN-in[11].

36 **c) Rechtsnatur der Frist.** Die 2-Wochen-Frist des § 9 Abs. 1 Satz 1 ist eine materiell rechtliche **Ausschlussfrist**. Beruft sie sich bei Kenntnis der Tatbestandsvoraussetzungen bei Zugang der Kündigung nicht innerhalb der Frist auf das Bestehen einer Schwangerschaft/Entbindung, so verliert sie den Kündigungsschutz[12]. Die Rspr. des BVerfG und die hierauf beruhende Ergänzung des § 9 Abs. 1 Satz 1 durch dessen 2. Halbsatz stellt klar, dass nur für den Ausnahmefall unverschuldeter Versäumung der 2-Wochen-Frist die Nachholung (unverzüglich) möglich ist.

37 **V. Ausnahme nach § 9 Abs. 3 MuSchG. 1. Anwendungsfall.** Nur bei Vorliegen von „besonderen Fällen", die nicht mit dem Zustand einer Frau während der Schwangerschaft oder ihrer Lage bis zum Ablauf von 4 Monaten nach der Entbindung in Zusammenhang stehen, ist „ausnahmsweise die Kündigung für zulässig" erklärbar. Der besondere Fall ist keineswegs identisch mit dem wichtigen Grund iSd. § 626 Abs. 1 BGB. Vielmehr kann der besondere Fall sowohl dann vorliegen, wenn sich Gründe iSv. § 626 Abs. 1 ergeben haben, wie auch, wenn Gründe iSv. § 1 Abs. 2 Satz 1 KSchG in besonderer Form geltend gemacht werden können, zB

---

[1] BAG v. 6.10.1983 – 2 AZR 368/82, EzA § 9 MuSchG nF Nr. 23; BAG v. 16.5.2002 – 2 AZR 730/00, BB 2003, 105. | [2] BAG v. 20.5.1988 – 2 AZR 739/87, AP Nr. 16 (Gründe II. 2b) zu § 9 MuSchG 68. | [3] BAG v. 20.5.1988 – 2 AZR 739/87, AP Nr. 16 (Gründe II. 6b) zu § 9 MuSchG 68. | [4] BAG v. 6.10.1983 – 2 AZR 368/82, AP Nr. 12 zu § 9 MuSchG 68; BAG v. 15.11.1990 – 2 AZR 270/90, EzA § 9 MuSchG nF Nr. 28. | [5] LAG Nürnberg v. 17.3.1992 – 4 Sa 566/91, LAGE § 9 MuSchG Nr. 17. | [6] LAG Nürnberg v. 17.3.1992 – 4 Sa 566/91, BB 1993, 1009 (LS). | [7] BAG v. 15.11.1990 – 2 AZR 270/90, AP Nr. 17 zu § 9 MuSchG 68. | [8] BAG v. 20.5.1988 – 2 AZR 739/87, AP Nr. 16 zu § 9 MuSchG 68. | [9] BAG v. 27.10.1983 – 2 AZR 214/82, AP Nr. 13 zu § 9 MuSchG 68. | [10] BAG v. 26.9.2002 – 2 AZR 392/01, nv. | [11] BAG v. 20.5.1988 – 2 AZR 739/87, AP Nr. 16 (Gründe II., 3) zu § 9 MuSchG 68. | [12] KR/*Etzel*, § 9 MuSchG Rz. 55.

- als betriebsbedingte Gründe: Betriebsschließung oder sonstiger ersatzloser Wegfall der Beschäftigungsmöglichkeit [1]
- als verhaltensbedingte Gründe: Grobe Pflichtverletzung, wie zB Straftaten gegen den ArbGeb [2]
- als personenbedingte Gründe: Wegfall der Arbeitserlaubnis; nicht hingegen jede Art schwangerschaftsbedingter Beschäftigungsverbote oder Leistungsminderungen.

Der besondere Fall kann auch die Zustimmung zu einer Änderungskündigung ermöglichen. **38**

2. Zuständige Behörde. Die Zulässigkeitserklärung einer Kündigung im besonderen Fall nach § 9 Abs. 3 MuSchG erteilt die für den Arbeitsschutz zuständige oberste Landesbehörde oder die von ihr bestimmte Stelle [3]. **39**

3. Verfahren. Antragsvoraussetzung ist, dass die Kündigung innerhalb der Schwangerschaft bzw. innerhalb von 4 Monaten nach der Entbindung erklärt werden soll. **40**

Die Behörde wird nur auf **Antrag** tätig. Eine Form des Antrags ist nicht vorgesehen, so dass der Antrag auch mündlich gestellt werden kann. Zu erklären ist, welche Art von Kündigung beabsichtigt ist und aus welchen Gründen dies geschehen soll. **41**

Die Verwaltungsbehörde verfährt nach dem **Untersuchungsgrundsatz** (§ 24 Abs. 1 VwVfG). Die Erhebung von Beweisen liegt in ihrem pflichtgemäßen Ermessen (§ 26 VwVfG). Die Ermittlungspflicht der Behörde erstreckt sich auf alle für den Einzelfall bedeutsamen Umstände, wie Lebensalter, Familienstand, Betriebszugehörigkeit, Vermögensverhältnisse. Zur Vermeidung von Verzögerungen empfiehlt sich die vollständige Information von Anfang an. Gleiches gilt für die Angabe von Beweismitteln. **42**

Soll Gegenstand der Zulässigkeitserklärung eine **außerordentliche Kündigung** aus wichtigem Grund iSv. § 626 BGB sein, so muss die Antragstellung innerhalb der Frist des § 626 Abs. 2 BGB erfolgen. Deren Erstreckung durch das behördliche Verfahren ist in paralleler Anwendung von § 91 SGB IX anzunehmen [4] mit der Verpflichtung, nach behördlicher Entscheidung unverzüglich die Kündigung auszusprechen. **43**

Die Entscheidung ergeht in Form eines **Verwaltungsaktes**. Auf der Voraussetzungsseite hat die Behörde den **unbestimmten Rechtsbegriff** des besonderen Falles anzuwenden. Insoweit unterliegt sie nach verwaltungsrechtlichen Grundsätzen der vollen verwaltungsgerichtlichen Nachprüfbarkeit [5]. Bejaht sie den besonderen Fall, so kann sie auf der Folgeseite die Kündigung zulassen; insoweit trifft sie eine **Ermessensentscheidung**. Die Behörde hat eine **Interessenabwägung** vorzunehmen, nicht jedoch nach arbeitsrechtlichen Maximen, deren Beurteilung der Fachgerichtsbarkeit unterliegt, sondern unter Zugrundelegung der mutterschutzrechtlichen Erwägungen. Maßgebliches Kriterium ist daher nicht, ob die Weiterbeschäftigung zumutbar ist (wie etwa bei § 626 Abs. 1 BGB), sondern wesentlich ist die Vermeidung von materiellen und psychischen Belastungen während der Schwangerschaft. **44**

Vom Kündigungsverbot befreiende behördliche Bescheide werden als „schwebend wirksam" behandelt [6]. Nachdem insoweit jedoch Verwaltungsrecht gilt, empfiehlt sich – insb. in beschleunigungsbedürftigen Fällen einer beabsichtigten außerordentlichen Kündigung – die **sofortige Vollziehbarkeit** nach § 80 VwGO in das Verfahren von Anfang an als Antrag einzubeziehen. **45**

Ist die Kündigung zugelassen, so bedarf sie nach § 9 Abs. 3 Satz 2 als Wirksamkeitsvoraussetzung der Angabe des zulässigen **Kündigungsgrundes**, auch wenn dieser der ArbN-in aus dem Antragsverfahren bereits bekannt sein müsste. **46**

VI. Verletzungsfolgen/Verhältnis zu sonstigen Vorschriften. Eine trotz bestehenden Sonderkündigungsschutzes nach § 9 Abs. 1 Satz 1 MuSchG erklärte Kündigung ist **nichtig** iSv. § 134 BGB. Die Berufung auf die Nichtigkeit kann aber nur bei Beachtung der Fristen des § 9 Abs. 1 Satz 1 MuSchG erfolgen. Prozessual gilt die einheitliche Klagefrist des § 4 Satz 1 KSchG bzw. für die Unwissenheitsvariante des § 9 Abs. 1 die prozessuale Nachholung nach dem neuen § 5 Abs. 1 Satz 2 KSchG. **47**

Nicht berührt durch den Sonderkündigungsschutz des § 9 wird die **Eigenkündigung** der ArbN-in oder aber ein von ihr unterzeichneter **Aufhebungsvertrag**. § 9 Abs. 2 in Verbindung mit § 5 Abs. 1 Satz 2 verpflichten den ArbGeb jedoch, eine Eigenkündigung der Schwangeren unverzüglich der Aufsichtsbehörde zu melden. Für die Eigenkündigung ist im Übrigen auf § 10 zu verweisen, wonach für den Fall der Kündigung während bestehender Schwangerschaft bzw. der Schutzfrist des § 6 Abs. 1 die Kündigung der ArbN-in ohne Einhaltung einer Frist zum Ende der Schutzfrist zulässig ist, für den Fall der Wiedereinstellung innerhalb Jahresfrist das Arbeitsverhältnis jedoch als ununterbrochen fortzuführen ist, soweit nicht zwischenzeitlich eine Arbeit bei einem anderen ArbGeb aufgenommen worden war. **48**

---

1 BVerwG v. 18.8.1977 – V C 8.77, AP Nr. 5 zu § 9 MuSchG 68. |2 KR/*Etzel*, § 9 MuSchG Rz. 122. |3 Aufgelistet bei KR/*Etzel*, § 9 MuSchG Rz. 109. |4 LAG Hamm v. 3.10.1986 – 17 Sa 935/86, BB 1986, 2419; LAG Köln v. 22.1.2000 – 11 Sa 1195/99, NZA-RR 2001, 303. |5 BVerwG v. 18.8.1977 – V C 8.77, AP Nr. 5 zu § 9 MuSchG 68. |6 BAG v. 17.6.2003 – 2 AZR 245/02, NZA 2003, 1329.

Gesetz über den Nachweis der für ein Arbeitsverhältnis geltenden wesentlichen Bedingungen (Nachweisgesetz – NachwG)

vom 20.7.1995 (BGBl. I S. 946),
zuletzt geändert durch Gesetz vom 13.7.2001 (BGBl. I S. 1542)

Vorbemerkungen

I. Regelungszweck und Bedeutung ... 1	7. Maßregelungsverbot ... 38
II. Gesetzgebungsmaterialien ... 7	8. Beweislast ... 39
III. Kurzcharakteristik ... 12	a) Verletzung der Nachweispflicht durch den Arbeitgeber ... 41
IV. Regelungen in anderen Gesetzen ... 16	b) Besonderheiten der korrigierenden Rückgruppierung ... 46
1. Arbeitnehmerüberlassungsgesetz ... 16	c) Rüge der inhaltlichen Unrichtigkeit ... 47
2. Berufsbildungsgesetz ... 20	aa) Arbeitnehmer beruft sich auf den Nachweis ... 48
3. Seemannsgesetz ... 24	bb) Arbeitgeber beruft sich auf den Nachweis ... 50
4. Gewerbeordnung ... 26	cc) Beiderseitiges Praktizieren abweichender Vertragsbedingungen ... 52
V. Rechtsfolgen ... 27	9. Kontrollmöglichkeiten nach dem Betriebsverfassungsgesetz ... 53
1. Allgemeines; Fehlen besonderer Sanktionsvorschriften ... 27	10. Bundesdatenschutzgesetz ... 55
2. Erfüllungsanspruch ... 30	
3. Vertragliche Schadensersatzansprüche ... 32	
4. Einwand des Rechtsmissbrauchs, § 242 BGB ... 35	
5. Deliktische Ansprüche ... 36	
6. Zurückbehaltungsrecht ... 37	

Lit.: *Bergwitz*, Die Bedeutung des Nachweisgesetzes für die Darlegungs- und Beweislast beim Arbeitsvertrag, BB 2001, 2316; *Bepler*, Der Nachweis von Ausschlussfristen, ZTR 2001, 241; *Bergwitz*, Beweislast und Nachweisgesetz, RdA 1999, 188; *Birk*, Das Nachweisgesetz zur Umsetzung der Richtlinie 91/533/EWG in das deutsche Recht, NZA 1996, 281; *Feldgen*, Nachweisgesetz, München 1995; *Franke*, Bedeutung der Nachweisgesetze für die Darlegungs- und Beweiskraft im arbeitsgerichtlichen Verfahren, DB 2000, 274; *Gaul, B.*, Die einzelvertragliche Bezugnahme auf einen Tarifvertrag beim Tarifwechsel des Arbeitgebers, NZA 1998, 9; *Gaul, B.*, Der Musterarbeitsvertrag – zwischen unternehmerischer Vorsorge und den Vorgaben des Nachweisgesetzes, NZA 2000, Sonderbeil. Heft 3, S. 51; *Gaul, B.*, Bezugnahmeklauseln – zwischen Inhaltskontrolle und Nachweisgesetz, ZfA 2003, 75; *Grünberger*, Nachweisgesetz und Änderung des Kündigungsschutzgesetzes, NJW 1995, 2809; *Hohmeister*, Beweislastumkehr durch das Nachweisgesetz? BB 1996, 2406; *Hold*, Nachweis der Arbeitsbedingungen nach dem Nachweisgesetz, ZTR 2000, 540; *Höland*, Das neue Nachweisgesetz – Arbeits- und zivilrechtliche Fragen, ArbuR 1996, 87; *Kliemt*, Formerfordernisse im Arbeitsrecht, Heidelberg 1995; *Kliemt*, Nachweis des Arbeitsvertrages, EAS B 3050; *Koch*, Der fehlende Hinweis auf tarifliche Ausschlussfristen und seine Folgen, Festschrift für Günter Schaub zum 65. Geburtstag, 1998, S. 421; *Koppenburg*, Vergütungskorrektur und Nachweisrecht, RdA 2001, 293; *Krabbenhöft*, Stolpersteine – Schriftformerfordernisse aufgrund des Nachweis- und des Arbeitsgerichtsbeschleunigungsgesetzes, DB 2000, 1562; *Leuchten/Zimmer*, Haftung des Arbeitgebers durch erweiterte Nachweispflichten? NZA 1999, 969; *Linde/Lindemann*, Der Nachweis tarifvertraglicher Ausschlussfristen, NZA 2003, 649; *Müller-Glöge*, Zur Umsetzung der Nachweisrichtlinie in nationales Recht, RdA Sonderbeilage zu Heft 5/2001, 46; *Preis*, Das Nachweisgesetz – lästige Förmelei oder arbeitsrechtliche Zeitbombe? NZA 1997, 10; *Richter/Mitzsch*, Praktische Konsequenzen aus dem neuen Nachweisgesetz, AuA 1996, 7; *Schaefer*, Das Nachweisgesetz – Auswirkungen auf den Arbeitsvertrag, Köln 2000; *Schoden*, Nachweisgesetz, Textausgabe mit Kurzkommentierung, Köln 1996; *Schwarze*, Die Bedeutung des Nachweisgesetzes für fehlerhafte tarifliche Eingruppierungen, RdA 1997, 343; *Schwarze*, Praktische Handhabung und dogmatische Einordnung des Nachweisgesetzes, ZfA 1997, 43; *Stückemann*, Dokumentationspflichten für den Arbeitgeber, Rechtsklarheit durch das Nachweisgesetz vom 20.7.1995, BB 1995, 1846; *Stückemann*, Nachweisgesetz: Geringe Bedeutung für die arbeitsrechtliche Praxis, BB 1999, 2670; *Stückemann*, Änderung des Nachweisgesetzes 1999, FA 2000, 343; *Wank*, Das Nachweisgesetz, RdA 1996, 21; *Weber*, Materielle und prozessuale Fragen des Nachweisgesetzes bei Nichterteilung des Nachweises, NZA 2002, 641; *Zwanziger*, Ausgewählte Einzelprobleme des Nachweisgesetzes, DB 1996, 2027.

1   **I. Regelungszweck und Bedeutung.** Arbeitsvertragliche Vereinbarungen bedürfen im Grundsatz **keiner besonderen Form**. Sie können mündlich oder sogar stillschweigend getroffen werden. § 42 AGB-DDR, der den ArbGeb verpflichtete, die wesentlichen vertraglichen Vereinbarungen in einen schriftlichen Arbeitsvertrag aufzunehmen, ist durch den Einigungsvertrag aufgehoben worden.

2   *Vor allem in kleineren Unternehmen und bei vorübergehenden oder geringfügigen Beschäftigungen existieren noch heute vielfach keine schriftlichen Vertragsabreden. Selbst wenn schriftliche Arbeitsverträge existieren, sind diese häufig aufgrund zwischenzeitlich eingetretener Änderungen inhaltlich* inaktuell. Der ArbN ist daher häufig nicht im Besitz eines die wichtigsten Arbeitsbedingungen enthaltenen aktuellen Schriftstückes. Vielfach wurde deshalb die rechtspolitische Forderung erhoben, die ArbGeb zu verpflichten, dem ArbN die im Einzelnen vereinbarten Arbeitsbedingungen schriftlich zu bestätigen, damit dieser nicht später in Beweisnot gerate[1].

Am 14.10.1991 kam der Rat der Europäischen Gemeinschaften dieser rechtspolitischen Forderung mit Erlass der Richtlinie 91/533/EWG „über die Pflicht des ArbGeb zur Unterrichtung des ArbN über die für seinen Vertrag oder sein Vertragsverhältnis geltenden Bedingungen"[2] (sog. „**Nachweis-Richtlinie**") nach. Der deutsche Gesetzgeber hat diese Richtlinie durch das am 28.7.1995 in Kraft getretene Gesetz zur Anpassung arbeitsrechtlicher Bestimmungen an das EG-Recht vom 20.7.1995 als „Gesetz über den Nachweis der für ein Arbeitsverhältnis geltenden wesentlichen Bedingungen" (NachwG – NachwG)[3] im Wesentlichen inhaltsgleich in nationales Recht umgesetzt. **3**

Zielsetzung der Nachweis-Richtlinie ist, der aus der Entwicklung neuer Arbeitsformen (zB Tele- und Abrufarbeit, job sharing und job splitting) resultierenden erhöhten Gefahr eines auf ArbN-Seite bestehenden Informationsdefizits hinsichtlich der geltenden Vertragsbedingungen entgegenzuwirken[4]. Sie beabsichtigt ferner, „die ArbN besser vor etwaiger Unkenntnis ihrer Rechte zu schützen und den Arbeitsmarkt transparenter zu gestalten"[5]. In Übereinstimmung hiermit dient die nach dem NachwG erforderliche Niederschrift der Information der Vertragsparteien über die aus dem Arbeitsverhältnis resultierenden Rechte und Pflichten und damit zugleich der **Rechtssicherheit** und **Rechtsklarheit** im Arbeitsverhältnis[6]. Darüber hinaus soll das NachwG zur **Bekämpfung illegaler Beschäftigungsverhältnisse** beitragen, weil eine fehlende schriftliche Fassung eines Arbeitsvertrages bzw. eines Nachweises als Indiz für eine illegale Beschäftigung gewertet werden kann[7]. **4**

Nach In-Kraft-Treten der **Schuldrechtsreform** am 1.1.2002 wird der Nachweis im Hinblick auf die Verweisung auf außerhalb des Arbeitsvertrages liegende Klauselwerke, insb. auf TV, Betriebs- und Dienstvereinbarungen, größere Bedeutung als bisher erlangen[8]. Denn diese sind nach § 310 Abs. 4 Satz 1 BGB von der Inhaltskontrolle nach § 305 ff. BGB ausgenommen. Für **vorformulierte Arbeitsverträge** hingegen hat der Gesetzgeber die bisherige Bereichsausnahme des § 23 Abs. 1 AGBG gestrichen. Sie unterliegen nunmehr der vollen Inhaltskontrolle nach Maßgabe des **AGB-Rechts** der § 305 ff. BGB[9] – wenngleich nach § 310 Abs. 4 Satz 1 BGB unter „angemessener" Berücksichtigung der „im Arbeitsrecht geltenden Besonderheiten". Manch bislang benutzte Arbeitsvertragsklausel wird daher auf den rechtlichen Prüfstand gestellt werden müssen. **5**

Eine Besonderheit enthält § 310 Abs. 4 Satz 2 Halbs. 2 BGB: Hiernach ist für Arbeitsverträge die Anwendbarkeit des § 305 Abs. 2 und 3 BGB ausgeschlossen. Dies bedeutet, dass bei Arbeitsverträgen für die wirksame Einbeziehung von vorformulierten Bedingungen keine Verpflichtung des ArbGeb zur Kenntnisverschaffung an den ArbN besteht. Der Gesetzgeber hat diese Ausnahme damit begründet, dass durch das NachwG ein ausreichender Schutz des ArbN gewährleistet sei[10]. Dies indes trifft nicht zu: Der Gesetzgeber hat hierbei übersehen, dass das NachwG den ArbGeb nur zur Unterrichtung des ArbN über die für das Arbeitsverhältnis geltenden wesentlichen Bedingungen verpflichtet, einen wirksamen Vertragsschluss mithin schon voraussetzt. Zum Zeitpunkt der Nachweiserteilung ist daher der Arbeitsvertrag meist bereits abgeschlossen. Transparenz zum Zeitpunkt des Vertragsschlusses vermag das NachwG somit gerade nicht zu schaffen[11]. **6**

II. Gesetzgebungsmaterialien. Grundlage des NachwG ist die Richtlinie 91/533/EWG („**Nachweis-Richtlinie**") des Rates der Europäischen Gemeinschaften vom 14.10.1991[12]. Diese Nachweis-Richtlinie stützt sich rechtlich auf Art. 100 EGV[13] und politisch auf Nr. 9 der **Gemeinschaftscharta der sozialen Grundrechte der ArbN**[14], die auf der Tagung des europäischen Rates in Straßburg am 9.12.1989 von den Staats- und Regierungschefs von elf Mitgliedstaaten angenommen wurde. Nr. 9 dieser Gemeinschaftscharta sieht vor, dass die Arbeitsbedingungen eines jeden abhängig Beschäftigten der Europäischen Gemeinschaft entsprechend den Gegebenheiten der einzelnen Länder durch das Gesetz, durch einen TV oder in einem Beschäftigungsvertrag geregelt sein müssen. **7**

Die **Nachweis-Richtlinie** verpflichtet den ArbGeb zur schriftlichen Fixierung der wesentlichen Inhalte des Arbeitsverhältnisses und zur Aushändigung dieses Dokuments an den ArbN. Der ArbN hat einen Anspruch auf Informationen über die wesentlichen Arbeitsbedingungen, und zwar unabhängig davon, ob diese auf einer arbeitsvertraglichen Vereinbarung oder auf der Gesetzeslage beruhen. Auch bereits Beschäftigte können jederzeit die Aushändigung eines entsprechenden schriftlichen Nachwei- **8**

---

[1] Vgl. etwa *Föhr/Bobke*, Arbeitsrecht für Arbeitnehmer, S. 60; § 4 des DGB-Entwurfs zum Arbeitsverhältnisrecht, RdA 1977, 166; DGB-Thesen für ein Arbeitsverhältnisgesetz, II. § 4 ArbuR 1992, 267 (268). | [2] ABl. EG Nr. L 288 v. 18.10.1991, S. 32. | [3] BGBl. I S. 946. | [4] Begründung zum RL-Entwurf, KOM (90) 563 endg., S. 1 f. | [5] EuGH v. 4.12.1997 – Rs. C-253/96, C-254/96, C-255/96, C-256/96, C-257/96, C-258/96 (Kampelmann), BB 1998, 272. | [6] BT-Drs. 13/668 S. 8; vgl. auch LAG Nds. v. 7.12.2000 – 10 Sa 1505/00, NZA-RR 2001, 145. | [7] BT-Drs. 13/668 S. 8. | [8] Ebenso ErfK/*Preis*, Einf. NachwG Rz. 3. | [9] Zu den hieraus resultierenden Streitfragen und dem Meinungsstand vgl. § 305 BGB. | [10] BT-Drs. 14/6857 zu Nr. 50, S. 54. | [11] Kritisch *Annuß* BB 2002, 458 (460); *Thüsing*, BB 2002, 2666 (2670). | [12] ABl. EG Nr. L 288 vom 18.10.1991, S. 32. | [13] ABl. EG 1991 Nr. C 240, S. 16. | [14] Abgedr. in EAS A 1500.

ses verlangen. Gleiches gilt im Falle der nachträglichen Änderung der Arbeitsbedingungen. Das europäische Arbeitsrecht konstituiert damit erstmals einen allgemeinen, nicht nur auf bestimmte Situationen (zB Betriebsübergang) beschränkten individualrechtlichen Anspruch[1].

9 Die Frist zur **Umsetzung der Nachweisrichtlinie** lief am 30.6.1993 ab. Der deutsche Gesetzgeber ist dieser Umsetzungsverpflichtung durch das Gesetz zur Anpassung arbeitsrechtlicher Bestimmungen an das EG-Recht vom 20.7.1995[2] – wenn auch mit Verspätung – nachgekommen. Art. 1 enthält das Gesetz über den Nachweis der für ein Arbeitsverhältnis geltenden wesentlichen Bedingungen (NachwG). Die Art. 2 bis 4 enthalten die aus diesem Anlass notwendig gewordenen Änderungen am AÜG, des BBiG und des SeemG. Eine Umsetzung der Nachweis-Richtlinie durch TV, wie diese alternativ zur Umsetzung durch Gesetz in Art. 9 Abs. 1 der Nachweis-Richtlinie eröffnet war, kam aus strukturellen Gründen des deutschen TV-Systems nicht in Betracht[3]. Denn TV binden nach den Prinzipien des deutschen Tarifrechts grundsätzlich nur die Mitglieder der vertragsschließenden Verbände[4]. Zwar können TV unter den Voraussetzungen des § 5 TVG durch eine Allgemeinverbindlichkeitserklärung auch Geltung für Außenseiter erlangen; jedoch könnte auch mit diesem Instrumentarium keine flächendeckende Geltung von TV erreicht werden[5]. Im Übrigen hatten die nationalen Gesetzgeber bei der Schaffung des NachwG angesichts der detaillierten Vorgaben der Nachweis-Richtlinie nur einen geringen Gestaltungsspielraum.

10 Dem NachwG ging in der 12. Legislaturperiode ein Gesetzentwurf des Bundesarbeitsministeriums voraus, der nicht zur Verabschiedung gelangte[6]. In der 13. Legislaturperiode brachte die Bundesregierung den Gesetzentwurf mit erheblichen Abweichungen erneut ein[7]. Dieser wurde in der Ausschussfassung am 22.6.1995 verabschiedet[8]. § 2 Abs. 1 Nr. 5 NachwG wurde durch Gesetz vom 29.6.1998[9] an die Rspr. des EuGH angepasst. Durch Gesetz vom 24.3.1999[10] weitete der deutsche Gesetzgeber den Geltungsbereich in § 1 aus und führte mit § 2 Abs. 1 Satz 3 eine besondere Nachweispflicht bei geringfügigen Beschäftigungsverhältnissen ein.

11 Nach der Gesetzessystematik hätte es nahe gelegen, die Regelungen des NachwG in das Bürgerliche Gesetzbuch oder gar in ein neu zu schaffendes **einheitliches Arbeitsvertragsgesetz** zu implementieren[11] und den Vorschriften der §§ 611 ff. BGB über den Arbeitsvertrag zuzuordnen. Vergleichbar sind beispielsweise die Niederlande[12] und Spanien[13] verfahren.

12 **III. Kurzcharakteristik.** Wesentlicher Inhalt des NachwG ist die **zwingende** Verpflichtung des ArbGeb, dem ArbN spätestens **einen Monat nach dem vereinbarten Beginn** des Arbeitsverhältnisses eine schriftliche, vom ArbGeb unterzeichnete Niederschrift über die wesentlichen Vertragsbedingungen auszuhändigen, § 2. Bei allen nachfolgenden **Änderungen** der wesentlichen Arbeitsbedingungen ist der ArbN erneut schriftlich zu unterrichten, § 3.

13 Die Niederschrift nach dem NachwG hat keine konstitutive Wirkung sondern ausschließlich **deklaratorischen Charakter**[14]. Primär maßgeblich ist demnach der Inhalt des – ggf. mündlich oder gar konkludent – geschlossenen Arbeitsvertrages. Arbeitsvertragliche Ansprüche können nach wie vor auch ohne schriftliche Fixierung zur Entstehung gelangen. Erteilung oder Nichterteilung des deklaratorischen Nachweisens haben allerdings Bedeutung für die **Beweislage** in einem etwaigen Prozess (vgl. Rz. 39 ff.).

14 Der Verstoß gegen die Nachweispflicht führt **nicht nach § 125 BGB zur Nichtigkeit des Arbeitsvertrages** oder einzelner Vertragsbedingungen[15]. Auch die Schuldrechtsreform führt zu keiner Neubewertung des NachwG und seiner Rechtsfolgen[16]. Gleiches gilt für die Einbeziehung von außerhalb des Arbeitsvertrages liegenden allgemeinen Regelungen, wie zB TV oder BV. Für deren Anwendbarkeit auf das Arbeitsverhältnis ist die Erteilung des Nachweises keine Wirksamkeitsvoraussetzung[17]. Weder das NachwG noch die Nachweis-Richtlinie stellen formale Anforderungen an den Arbeitsvertrag. Dies führte im Übrigen dazu, dass für Arbeitsverhältnisse, die auf einen Monat befristet sind, eine andere Regelung hinsichtlich der Wirksamkeit der wesentlichen Vertragsbedingungen bestünde als für alle anderen Arbeitsverhältnisse[18].

---

1 Ausf. zur Nachweis-Richtlinie und deren Hintergründen: *Kliemt*, EAS B 3050. |2 BGBl. I S. 946. |3 Vgl. hierzu *Schaefer*, A Rz. 10 ff.; ErfK/*Preis*, § 5 NachwG Rz. 2. Zur andersartigen Situation in Frankreich, Spanien und Belgien siehe *Däubler*, NZA 1992, 577 (579). |4 *Däubler*, NZA 1992, 577 (579); *Kliemt*, Formerfordernisse, S. 580. |5 Vgl. BVerfG v. 10.9.1991 – 1 BvR 561/89, AP Nr. 27 zu § 5 TVG, zum Problem der durch Art. 9 Abs. 3 Satz 1 GG geschützten negativen Koalitionsfreiheit. |6 BT-Drs. 12/7630; Gegenäußerung des Bundesrates, BR-Drs. 353/94; Gegenäußerung der Bundesregierung, BT-Drs. 12/7978. |7 BT-Drs. 13/668. |8 BT-Drs. 13/1753. |9 BGBl. I S. 1694. |10 BGBl. I S. 388, 393. |11 *Birk*, NZA 1996, 281 (283) spricht vom „Fehlen einer systematischen Heimat"; *Richardi*, NZA 2001, 57 (59). Vgl. zB Entwurf eines Arbeitsvertragsgesetzes des Landes Brandenburg. |12 Art. 1637 f. Burgerlijk Wetboek. |13 Art. 8 Estatuto de los trabajadores. |14 So ausdrücklich die Begründung des Gesetzgebers zu § 2 Abs. 1 Satz 3 NachwG in der Begründung zu Abs. 4 BGB, BT-Drs. 14/6857 S. 54; *Gotthardt*, Rz. 248; *Thüsing*, BB 2002, 2666 (2670). |17 Vgl. *Gotthardt*, Rz. 248; ErfK/*Preis*, Einf. NachwG Rz. 8; *Thüsing/Lambrich*, BB 2002, 2666 (2670); aA *Zwanziger*, DB 1996, 2027; *Buschmann*, AuR 2001, 109 (110) für Überstundenvereinbarungen. |18 *Gotthardt*, Rz. 223; *Preis*, FS für Wiedemann, 2002, S. 425.

Trotz der fehlenden konstitutiven Wirkung der Niederschrift handelt es sich bei dem NachwG nicht um einen Papiertiger. Die Erteilung, Nicht- oder Falscherteilung des Nachweises kann erhebliche **prozessuale Konsequenzen** haben, insb. hinsichtlich der Beweislage (zu den Sanktionen vgl. noch Rz. 39 ff.). Deshalb ist auf die Erstellung entsprechender Nachweise die gleiche Sorgfalt zu verwenden wie auf die Arbeitsvertragsgestaltung selbst. Von der Verwendung von **Musterformularen** ist dringend abzuraten[1]. Der ohne ausreichenden Bezug zum konkreten Arbeitsverhältnis nicht sorgfältig abgefasste Nachweis kann **ungewollte Bindungen** (zB hinsichtlich nachvertraglicher Wettbewerbsverbote, der Tarifgeltung oder der Eingruppierung), aber auch erhebliche **Beweisnachteile** hervorrufen. Das NachwG entbindet weder von der Notwendigkeit zur sorgfältigen Gestaltung der Arbeitsverträge, noch von der sorgsam abgestimmten Formulierung des Nachweises. Dies gilt verstärkt angesichts der Tatsache, dass Formularverträge neuerdings einer Inhaltskontrolle nach §§ 307 ff. BGB unterliegen.

IV. Regelungen in anderen Gesetzen. 1. AÜG. § 11 AÜG nF verpflichtet den ArbGeb als Verleiher, dem ArbN als LeihArbN einen Nachweis über die wesentlichen Vertragsbedingungen des Leiharbeitsverhältnisses auszuhändigen (Näheres vgl. Kommentierung zu § 11 AÜG). Die frühere Regelung, wonach das AÜG als lex specialis dem NachwG vorging, ist mit dem In-Kraft-Treten des neuen AÜG am 1.12.2003 entfallen. Die frühere Fassung hatte in § 11 Abs. 1 alle erforderlichen Angaben aufgezählt.

Hinsichtlich des Inhalts dieses auszustellenden Nachweises und der einzuhaltenden Fristen verweist § 11 AÜG nunmehr auf die Bestimmungen des NachwG. **Zusätzlich** zu den in § 2 Abs. 1 NachwG genannten Angaben sind nach § 11 Abs. 1 Satz 2 AÜG ergänzend aufzunehmen: Firma und Anschrift des Verleihers, die Erlaubnisbehörde sowie Ort und Datum der Erlaubnis nach § 1 AÜG, Art und Höhe der Leistungen für Zeiten, in denen der LeihArbN nicht verliehen wird. Darüber hinaus ist der Verleiher verpflichtet, dem LeihArbN bei Vertragsschluss ein **Merkblatt** der Erlaubnisbehörde über den wesentlichen Inhalt des AÜG auszuhändigen. Bei nichtdeutschen LeihArbN ist das Merkblatt und der Nachweis in der jeweiligen **Muttersprache** zu übergeben, § 11 Abs. 2 Satz 2 AÜG. Die **Kosten** des Merkblatts trägt der Verleiher, § 11 Abs. 2 Satz 3 AÜG.

Der Leiharbeitsvertrag kann – anders als der Überlassungsvertrag, vgl. § 12 Abs. 1 Satz 1 AÜG – auch mündlich abgeschlossen werden. Der Verleiher hat daher die Möglichkeit, entweder einen schriftlichen Leiharbeitsvertrag abzuschließen, der sämtliche nach § 2 NachwG, § 11 Abs. 1 Nr. 1 und 2 AÜG erforderlichen Angaben enthält; oder aber er kann einen **Arbeitsvertrag** ohne Einhaltung dieser Formalitäten schließen, muss dann aber dem ArbN spätestens innerhalb eines Monats die den Anfoderungen des NachwG und des AÜG entsprechende vollständige **Niederschrift** überreichen.

Die durch § 11 AÜG aufgestellten Formerfordernisse sind wie beim NachwG nur **deklaratorischer Natur**. Ein Formverstoß führt nicht nach § 125 BGB zur Nichtigkeit des Leiharbeitsverhältnisses. Die Unwirksamkeit liefe dem Gedanken des ArbN-Schutzes zuwider, dem die gesetzlich normierten Pflichten des Verleihers in erster Linie dienen[2]. Im Gegensatz zum NachwG sieht das AÜG allerdings bei Verstoß gegen die Nachweispflichten eine Sanktion vor: Der Verleiher begeht eine Ordnungswidrigkeit iSd. § 16 Abs. 1 Nr. 8 AÜG, die mit einer Geldbuße von bis zu 500 Euro zu ahnden ist.

2. Berufsbildungsgesetz. § 4 BBiG (vgl. dort) enthält für Auszubildende eine dem NachwG weitgehend entsprechende Vorschrift. Sie ist **lex specialis** gegenüber dem NachwG. Die Vertragsniederschrift wirkt lediglich deklaratorisch. Der Vertrag ist auch ohne Niederschrift wirksam[3].

Das BBiG setzt dem Ausbildenden enge zeitliche Grenzen: Gemäß § 4 Abs. 1 BBiG hat er **unverzüglich** nach Abschluss des Berufsausbildungsvertrages, spätestens vor Beginn der Berufsausbildung, den wesentlichen Inhalt des Vertrages schriftlich abzufassen. Abweichend vom NachwG ist die Niederschrift auch von dem Auszubildenden und von dessen gesetzlichen Vertreter zu unterzeichnen, § 4 Abs. 2 BBiG. Eine Ausfertigung der unterzeichneten Niederschrift hat der Ausbildende dem Auszubildenden und dessen gesetzlichem Vertreter unverzüglich auszuhändigen, § 4 Abs. 3 BBiG. Bei Änderungen des Berufsausbildungsvertrages gelten die Absätze 1 bis 3 entsprechend, § 4 Abs. 4 BBiG.

Beachtet der Ausbildende die Formerfordernisse des § 4 BBiG nicht, kann er gemäß § 99 Abs. 1 Nr. 1 und 2, Abs. 2 BBiG mit einem **Bußgeld** bis zu 1.000 Euro belegt werden. Darüber hinaus haftet er dem Auszubildenden gegenüber für das Fehlen der Niederschrift, deren Fehlerhaftigkeit sowie für daraus entstehende Schäden[4].

Für **Volontäre** und **Praktikanten** gelten nach § 19 BBiG die §§ 3 bis 18 BBiG entsprechend, allerdings mit der Maßgabe, dass auf eine Vertragsniederschrift verzichtet werden kann. Auf sie finden damit nach § 3 Abs. 2 BBiG die für den Arbeitsvertrag geltenden Rechtsvorschriften, also auch das NachwG Anwen-

---

[1] Ebenso ErfK/*Preis*, Einf. NachwG Rz. 9; *Schaefer*, F Rz. 110. In die falsche Richtung deutend die amtliche Begründung in BT-Drs. 13/668; S. 8, die auf die Möglichkeit von Muster- und Formulararbeitsverträgen hinweist, die schnell und ohne großen Aufwand an die Erfordernisse des Gesetzes angepasst werden könnten. |2 *Schaefer*, E Rz. 6; *Schaub*, ArbRHdb, § 120 III 1. |3 BAG v. 21.8.1997 – 5 AZR 713/96, NJW 1998, 922 (923); v. 22.2.1972 – 2 AZR 205/71, AP Nr. 1 zu § 15 BBiG. |4 BAG v. 17.7.1997 – 8 AZR 257/96, NZA 1997, 1224.

dung. Sie können eine Niederschrift ihrer wesentlichen Vertragsbedingungen nach den Vorschriften des NachwG verlangen[1].

24 **3. Seemannsgesetz.** § 24 SeemG verpflichtet den Reeder, den wesentlichen Inhalt des Heuerverhältnisses in eine von ihm zu unterzeichnende Urkunde (Heuerschein) aufzunehmen und diese dem Besatzungsmitglied **unverzüglich**, spätestens einen Monat nach dem vereinbarten Beginn des Heuerverhältnisses auszuhändigen. Besatzungsmitglieder sind gemäß § 3 SeemG die Schiffsoffiziere, die sonstigen Angestellten und die Schiffsleute. Für den Kapitän verweist § 78 Abs. 1 SeemG auf § 24 SeemG[2]. Der Anwendungsbereich des SeemG ist beschränkt. Es gilt nur für Kauffahrteischiffe, die nach dem Flaggenrechtsgesetz[3] die Bundesflagge mit formeller Berechtigung führen, § 1 SeemG. Nicht unter die Vorschriften des SeemG fallen Schiffe, die hoheitlichen Zwecken dienen, und Schiffe, die in privater Hand stehen, aber nicht zum Erwerb dienen, und Binnenschiffe. Für die ArbN auf Binnenschiffen gilt das NachwG.

25 Die Anforderungen des SeemG an den Heuerschein unterscheiden sich von denen des NachwG hauptsächlich in sprachlicher Hinsicht[4]. Anders als nach § 3 Abs. 2 Nr. 4 fehlt es in § 24 Abs. 2 Nr. 4 SeemG an einem rechtlichen Zwang, Angaben zu Rückkehrbedingungen auch dann zu machen, wenn darüber keine Vereinbarung zwischen den Parteien getroffen worden ist (sog. Negativbescheinigung).

26 **4. Gewerbeordnung.** Die mit Gesetz vom 24.8.2002 (BGBl. I S 3412) neu gefasste Gewerbeordnung enthält in § 105 Satz 1 GewO einen lapidaren Hinweis auf den Grundsatz der „freien Gestaltung des Arbeitsvertrages". § 105 Satz 2 GewO ergänzt, dass sich der Nachweis wesentlicher Vertragsbedingungen nach dem NachwG richtet. Ein eigenständiger Regelungsgehalt ist hiermit nicht verbunden. Die Norm ist inhaltslos und überflüssig.

27 **V. Rechtsfolgen. 1. Allgemeines; Fehlen besonderer Sanktionsvorschriften.** Die Verletzung der Nachweispflicht durch den ArbGeb führt zu einer erheblichen Erschwerung der Beweisführung des ArbN über den Inhalt der getroffenen Vereinbarungen und damit zu erheblichen Beweisrisiken. Zwar besteht auch bei Erfüllung der Nachweispflicht die Möglichkeit, dass der ArbGeb das Verhandlungsergebnis einseitig zu seinen Gunsten darstellt. Dies kann jedoch vielfältige Ursachen (zB fehlerhafte Erinnerung) haben. Darüber hinaus wird bei Erfüllung der Nachweispflicht dem ArbN die Möglichkeit eröffnet, bereits vor Entstehung der konkreten Streitigkeit auf die Korrektur eines aus seiner Sicht fehlerhaften Nachweises hinzuwirken.

28 Die Nichterfüllung der Nachweispflicht lässt die Rechtswirksamkeit des Arbeitsvertrags unberührt[5]. Dessen Abschluss ist nach wie vor **formfrei**. Allerdings kann der ArbN auf Grund des zustande gekommenen Arbeitsvertrages nach Maßgabe des NachwG von seinem ArbGeb die **Aushändigung** einer Vertragsniederschrift verlangen.

29 Weder die Nachweis-Richtlinie[6] noch das NachwG enthalten für den Fall der Nicht- oder Schlechterfüllung **eine besondere Sanktionsregelung**. Die im Verlauf des europäischen Rechtsetzungsverfahrens erhobene Forderung nach einer Sanktionierung des die Nachweispflicht verletzenden ArbGeb ist nicht verwirklicht worden[7]. Auch der deutsche Gesetzgeber hat – anders als nach den spezialgesetzlichen Regelungen im BBiG (Rz. 20 ff.) und AÜG (Rz. 16 ff.) – keine besonderen Sanktionsvorschriften geschaffen. Bei einem Verstoß des ArbGeb gegen das NachwG greifen daher weder Straf- noch Bußgeldbestimmungen ein. Zunächst wurden daher Zweifel angemeldet, ob das NachwG den Anforderungen der Nachweis-Richtlinie, insb. dem Gebot der effektiven Richtlinienumsetzung[8], genügt[9]. Denn Art. 8 I der Nachweis-Richtlinie verlangt von den Mitgliedstaaten den Erlass solcher innerstaatlichen Vorschriften, die jeden ArbN bei Nichterfüllung der Verpflichtungen aus dem NachwG in die Lage versetzen, seine Rechte gerichtlich geltend zu machen. Dies dürfte in Deutschland – entgegen der früher vertretenen Auffassung – der Fall sein. Mittlerweile hat der EuGH entschieden, dass die allgemeinen nationalen Regelungen des Zivil- und Zivilprozessrechts Anwendung finden[10]. Das deutsche Rechtssystem hält hinreichende Instrumente zur Geltendmachung der Rechte aus dem NachwG vor[11]: Der ArbN kann bei Nicht- oder nicht ordnungsgemäßer Erteilung eines Nachweises ein **Zurückbehaltungsrecht** (vgl. Rz. 38) an seiner Arbeitsleistung geltend machen (§ 273 BGB). Daneben kann er **Klage auf Erfüllung** der Nachweispflicht (näher Rz. 30 ff.) und/oder auf **Schadensersatz wegen Nichterfüllung** (§ 280 Abs. 1 BGB, § 823 Abs. 2 BGB iVm. §§ 2, 3 NachwG, vgl. Rz. 32, 36) erheben. Dem kann nicht entgegengehalten werden, es fehle an der notwendigen Abschreckungswirkung, da es nicht realistisch sei,

---

1 *Schaefer*, E Rz. 14; *Schaub*, ArbRHdb, § 16 III, IV. | 2 Vgl. hierzu BT-Drs. 13/668, S. 12; *Feldgen*, Rz. 235. | 3 V. 8.2.1951, BGBl. I S. 1979, Bekanntmachung der Neufassung v. 26.10.1994, BGBl. I S. 3140. | 4 *Schaefer*, E Rz. 21 ff. | 5 Regierungsbegründung, BR-Drs. 353/94, S. 18; bestätigt durch EuGH v. 8.2.2001 – Rs. C-350/99, BB 2001, 1255 (1256). Siehe bereits Rz. 14. | 6 Vgl. hierzu Art. 5 RL-Entwurf, KOM (90) 563 endg., S. 10; Änderungsantrag Nr. 28 des Ausschusses für soziale Angelegenheiten, Beschäftigung und Arbeitsumwelt, Europ. Parl. – Berichte 1991, Dok. A3-141/91, S. 10. | 7 LAG Hamm v. 14.8.1998 – 10 Sa 777/97, NZA-RR 210 (211); *Birk*, NZA 1996, 280 (288). | 8 Vgl. hierzu EuGH v. 10.4.1984 – Rs. 14/83, Slg. 1984, 1891; v. 10.4.1998 – Rs. 79/83, Slg. 1984, 1921; v. 8.6.1994 – Rs. C-382/92, Slg. 1994, 2461; v. 8.6.1994 – Rs. C 383/92, Slg. 1994, 2479. | 9 *Däubler*, NZA 1992, 577 (578); *Lörcher*, ArbuR 1994, 450 (455); *Richardi*, NZA 2001, 57 (60). Zu grundsätzlichen Zweifeln vgl. *Kliemt*, EAS B 3050 Rz. 61 ff., 116. | 10 EuGH v. 8.2.2001 – Rs. C-350/99, BB 2001, 1255 (1256). | 11 Vgl. hierzu *Bergwitz*, BB 2001, 2316 (2317 f.); ErfK/*Preis*, Einf. NachwG Rz. 11; *Weber*, NZA 2002, 641 (642).

dass ein ArbN gegen seinen ArbGeb eine Erfüllungs- oder Schadensersatzklage wegen Verletzung der Nachweispflicht anstrenge, weil der ArbN aus Sorge um seinen Arbeitsplatz regelmäßig von einer solchen Klage absehe[1]. Denn wenn der ArbGeb die Vereinbarung bestimmter Vertragsbedingungen leugnet, muss der ArbN ohnehin auf deren Einhaltung klagen. Durch eine Klage auf Erfüllung der Nachweispflicht wird das Arbeitsverhältnis nicht weiter gehend belastet. IdR hat der ArbN, wenn er Ansprüche wegen der Nichterfüllung der Nachweispflicht geltend macht, nichts mehr zu verlieren.

2. Erfüllungsanspruch. Die Nachweispflicht aus §§ 2, 3 ist eine **selbständig einklagbare Nebenpflicht** des ArbGeb[2]. Sie besteht spätestens einen Monat nach Beginn des Arbeitsverhältnisses. Es handelt sich jedoch um eine Dauerpflicht, die auch noch später eingeklagt werden kann (zu den Auswirkungen auf die Verjährung § 2 Rz. 64). Der ArbN kann vor den ArbG im Urteilsverfahren (§ 2 Abs. 1 Nr. 3a, e ArbGG) **Erfüllungsansprüche** aus §§ 2, 3 auf schriftliche Niederlegung, Unterzeichnung und Aushändigung der wesentlichen Vertragsbedingungen geltend machen. Auch kann er auf **Berichtigung** einer unrichtig erteilten Niederschrift klagen. Der ArbN hat – wie bei einem Zeugnis – Anspruch auf Erteilung eines wahrheitsgemäßen schriftlichen Nachweises[3]. Diesen Anspruch kann er im Wege einer **allgemeinen Leistungsklage** durchsetzen[4]. 30

Ein titulierter Anspruch des ArbN gegen den ArbGeb kann nach § 888 ZPO als unvertretbare Handlung durch Androhung eines Zwangsgeldes bzw. Zwangshaft vollstreckt werden[5]. Weiter kann der ArbN gemäß § 61 Abs. 2 Satz 1 beantragen, den ArbGeb zur Zahlung einer Entschädigung zu verurteilen, wenn er die Handlung nicht binnen einer bestimmten Frist vornimmt. Die Höhe der Entschädigung setzt das ArbG nach freiem Ermessen fest. 31

3. Vertragliche Schadensersatzansprüche. Die schuldhafte Verletzung der Nachweispflicht begründet **Schadensersatzansprüche des ArbN wegen Pflichtverletzung** gemäß § 280 Abs. 1 BGB[6]. Praktisch bedeutsam wird dies, wenn der ArbN infolge unterlassener Information zB Ansprüche durch Verfristung (Ausschlussfristen) verliert, der Verjährungseinrede ausgesetzt ist oder wenn er im Vertrauen auf die Richtigkeit des Mitgeteilten Dispositionen trifft, die sich als verfehlt herausstellen[7]. Ein Verstoß gegen die Nachweispflicht ist vom ArbGeb regelmäßig als Verschulden iSv. § 276 Abs. 1 BGB zu vertreten[8] (Beweislastumkehr nach § 280 Abs. 1 Satz 2 BGB). Rechtsunkenntnis steht einem Verschulden regelmäßig nicht entgegen. Dies gilt selbst bei zweifelhafter Rechtslage[9]. Ist der entstandene Schaden durch ein Mitverschulden des ArbN veranlasst, findet § 254 BGB Anwendung[10]. Rechtsfolge des § 280 Abs. 1 BGB ist, dass der ArbN so zu stellen ist, wie er stünde, wenn er auf die betreffenden Regelungen hingewiesen worden wäre, § 249 Satz 1 BGB[11]. 32

Ein Verstoß gegen die Nachweispflicht indiziert nicht die **Kausalität** des Schadens. Der ArbN muss plausibel darlegen und ggfs. beweisen, welche Maßnahme er bzw. ein ihn vertretender Bevollmächtigter im Fall ordnungsgemäßer Nachweiserteilung zur Prüfung der Rechtslage ergriffen hätte[12]. Bei der Prüfung der adäquaten Verursachung kommt dem ArbN die Vermutung eines aufklärungsgemäßen Verhaltens zugute[13]. Danach ist grundsätzlich davon auszugehen, dass jedermann bei ausreichender Information seine Eigeninteressen in vernünftiger Weise wahrt. So ist bei einem Verstoß gegen § 2 Abs. 1 Nr. 10 zugunsten des ArbN zu vermuten, dass dieser die tarifliche Ausschlussfrist beachtet hätte, wenn er auf die Geltung des TV hingewiesen worden wäre[14]. Diese Auslegung ist geboten, um den Zweck der Nachweis-Richtlinie, den ArbN vor Unkenntnis seiner Rechte zu schützen, wirksam zur Geltung zu bringen. Der ArbN könnte im Regelfall kaum nachweisen, dass er bei ordnungsgemäßem Verhalten des ArbGeb die Ausschlussfrist beachtet hätte[15]. Dem ArbGeb bleibt die Möglichkeit, diese tatsächliche Vermutung zu widerlegen[16]. Näher zu den Auswirkungen auf die Beweislage noch Rz. 41 ff. 33

---

1 So aber: LAG Hamm v. 9.7.1996 – 4 Sa 668/94, NZA 1997, 30 (33); v. 9.7.1996 – 4 Sa 487/96, LAGE § 2 NachwG Nr. 2; v. 9.7.1996 – 4 Sa 2156/94, LAGE § 2 NachwG Nr. 3; *Däubler*, NZA 1992, 577 (578); *Wank*, RdA 1996, 21 (24). | 2 ErfK/*Preis*, Einf. NachwG Rz. 13; *Schaefer*, D Rz. 172 f., 181. | 3 *Höland*, ArbuR 1996, 87 (92); *Schaub*, ArbRHdb, § 146 III 5. | 4 *Weber*, NZA 2002, 641 (642); zu den Klageanträgen vgl. im Einzelnen: *Schaefer*, F Rz 64-70, G Rz. 1–10. | 5 *Höland*, ArbuR 1996, 87 (92). | 6 Ebenso: BAG v. 17.4.2002 – 5 AZR 89/01, NZA 2002, 1096; LAG Bdb. v. 10.8.2001 – 4 Sa 265/01, LAGE § 2 NachwG Nr. 11; LAG Köln v. 15.3.2001 – 5 (10) Sa 1363/00, ARST 2001, 186; *Birk*, NZA 1996, 281 (289); *Franke*, DB 2000, 274; *Höland*, ArbuR 1996, 87 (92 f.); *Preis*, NZA 1997, 10 (11); *Richardi*, NZA 2001, 57 (60); *Schaefer*, D Rz. 182; *Schwarze*, ZfA 1997, 43 (62). Abl.: *Feldgen* Rz. 66 und LAG Rh.-Pf. v. 16.7.2002 – 1 Sa 407/02, NZA-RR 2003, 30; LAG Schl.-Holst. v. 3.6.2002 – 4 Sa 438/01, LAG Report 2002, 325; BAG v. 23.1.2002 – 4 AZR 56/01, NZA 2002, 800 für den Fall der Nichtauslage eines TV (§ 8 TVG). | 7 Vgl. die Beispiele bei *Kliemt*, Formerfordernisse, S. 544 f.; *Höland*, ArbuR 1996, 87 (92 f.); *Schaefer* D Rz. 185. | 8 ArbG Frankfurt v. 25.8.1999 – 2 Ca 477/99, NZA-RR 1999, 648; LAG Köln v. 31.7.1998 – 11 Sa 1484/97, NZA 1999, 545; LAG Köln v. 9.1.1998 – 11 Sa 155/97, NZA-RR 1998, 513; *Schwarze*, ZfA 1997, 43 (63). | 9 ArbG Frankfurt v. 25.8.1999 – 2 Ca 477/99, NZA-RR 1999, 648; vgl. dazu BGH v. 6.7.1995 – IZR 58/93, NJW 1995, 3177. | 10 BAG v. 29.5.2002 – 5 AzR 105/01, BAGReport 2002, 329; LAG Hamm v. 11.3.2002 – 8 Sa 1249/01, LA-GReport 2002, 306. | 11 LAG Bdb. v. 10.8.2001 – 4 Sa 265/01, LAGE § 2 NachwG Nr. 11; *Richardi*, NZA 2001, 57 (60). | 12 BAG v. 23.1.2002 – 4 AZR 56/01, NZA 2002, 800. | 13 BAG v. 5.11.2003 – 5 AZR 676/02, nv.; v. 17.4.2002 – 5 AZR 89/01, NZA 2002, 1096; LAG Bdb. v. 10.8.2001 – 4 Sa 265/01, ArbuR 2002, 196; *Bepler*, ZTR 2001, 241 (246). | 14 BAG v. 17.4.2002 – 5 AZR 89/01, NZA 2002, 1096. | 15 BAG v. 17.4.2002 – 5 AZR 89/01, NZA 2002, 1096; LAG Bdb. v. 10.8.2001 – 4 Sa 265/01, ArbuR 2002, 196; *Bepler*, ZTR 2001, 241 (246). | 16 BAG v. 5.11.2003 – 5 AZR 676/02, nv.; LAG Bdb. v. 10.8.2001 – 4 Sa 265/01, ArbuR 2002, 196.

34 Bei nicht rechtzeitiger Aushändigung einer ordnungsgemäßen Niederschrift kann dem ArbN ein **Anspruch auf Ersatz des Verzögerungsschadens** gemäß § 280 Abs. 2, 286 BGB zustehen[1]. Eine Mahnung zur Begründung des Verzuges ist nach § 286 Abs. 2 Nr. 1 BGB nicht erforderlich, da die Pflicht zur Aushändigung der Niederschrift nach § 2 Abs. 1 nach dem Kalender bestimmt ist[2].

35 **4. Einwand des Rechtsmissbrauchs, § 242 BGB.** Allein der Verstoß des ArbGeb gegen die aus § 2 Abs. 1 folgende Verpflichtung zur Erteilung eines inhaltlich zutreffenden Nachweises begründet nach der jüngsten Rspr. **nicht den Einwand rechtsmissbräuchlichen Verhaltens (§ 242 BGB) des ArbGeb**[3]. Beruft der ArbGeb sich beispielsweise auf eine Ausschlussfrist, ohne den ArbN zuvor ordnungsgemäß nach § 2 Abs. 1 Nr. 10 auf die Geltung des die Ausschlussfrist enthaltenden TV hingewiesen zu haben, handelt er zwar rechtswidrig; allein der Verstoß gegen die aus § 2 Abs. 1 NachwG folgende Verpflichtung begründet jedoch nicht ohne Hinzutreten weiterer Umstände den Einwand des Rechtsmissbrauchs nach § 242 BGB[4]. Der Verstoß gegen § 2 NachwG führt nicht gemäß § 242 BGB dazu, dass andere als die tatsächlich vereinbarten oder unmittelbar und zwingenden Vertragsbedingungen gelten. Vielmehr beeinflusst auch das jeweilige Verhalten des ArbN die Interessenlage wesentlich[5]. Denkbar sind aber Schadensersatzansprüche des ArbN[6].

36 **5. Deliktische Ansprüche.** Ein Schadensersatzanspruch aus § 823 Abs. 1 BGB scheidet bereits tatbestandlich aus[7]. Der Schutz der Rechtssicherheit zugunsten des ArbN stellt kein absolutes, eigentumsähnliches Recht iSd. § 823 Abs. 1 BGB dar. Auch die Voraussetzungen des § 826 BGB dürften nur in seltenen Fällen vorliegen. Neben dem Schadensersatzanspruch nach § 280 BGB besteht auch kein **deliktischer Schadensersatzanspruch** aus § 823 Abs. 2 BGB iVm. § 2 Abs. 1, 2, § 3. Diese Bestimmungen sind entgegen einer früher vertretenen Ansicht[8] **keine Schutzgesetze** iSv. § 823 Abs. 2 BGB[9]. Entscheidend für die Frage, ob ein Schutzgesetz vorliegt, ist, ob es nach dem Regelungszusammenhang, in den die Norm gestellt ist, in der Tendenz des Gesetzgebers liegen konnte, an die Verletzung des geschützten Interesses die deliktische Einstandsfrist des dagegen Verstoßenden zu knüpfen[10]. Dies ist hier nicht der Fall: Wie sich aus dem Fehlen von Sanktionen für den Fall eines Verstoßes gegen das NachwG ergibt, ist der Schutz vor Schädigungen infolge eines unterbliebenen Nachweises nicht das vom Gesetzgeber mit der Norm verfolgte Anliegen. Die Nichtbeachtung des § 2 NachwG lässt die Wirksamkeit des Arbeitsvertrags unberührt. Das NachwG enthält auch keine Regelungen über die Verteilung der Beweislast bei nicht erbrachtem Nachweis nach § 2. Schließlich ergeben sich auch aus der Nachweisrichtlinie hierzu keine weiter gehenden Folgen[11].

37 **6. Zurückbehaltungsrecht.** Bei Nicht- oder nicht ordnungsgemäßer rechtzeitiger Erteilung eines Nachweises kann der ArbN seine Arbeitsleistung **zurückbehalten**, § 273 BGB[12]. Die Nachweispflicht ist keine geringfügige oder unbedeutende, das Zurückbehaltungsrecht nach § 242 BGB ausschließende Nebenpflicht des ArbGeb. Dies folgt zum einen aus der Existenz des NachwG, zum anderen daraus, dass der ArbGeb nicht stets auf den Klageweg verwiesen werden kann, da ihm das vom Gesetzgeber zugedachte Beweismittel – der Nachweis – gerade fehlt. Überdies ist die Ausübung des Zurückbehaltungsrechtes eine wesentliche, vom europäischen Gesetzgeber geforderte (vgl. Rz. 29) Sanktion gegenüber der Nichteinhaltung des NachwG. Allerdings kann es treuwidrig sein, wenn der ArbN sein Zurückbehaltungsrecht zur Unzeit oder ohne vorherige „Mahnung" ausübt.

38 **7. Maßregelungsverbot.** Sanktionen, die der ArbGeb gegen den ArbN wegen nachdrücklichen Verlangens der Erfüllung der Nachweisverpflichtung oder wegen der Ausübung eines Zurückbehaltungsrechts ergreift, wie etwa die Kündigung, unterfallen dem **Maßregelungsverbot** des § 612a BGB[13].

---

1 BAG v. 5.11.2003 – 5 AZR 676/02, nv.; v. 29.5.2002 – 5 AzR 105/01, BAGReport 2002, 329; v. 17.4.2002 – 5 AZR 89/01, NZA 2002, 1096. | 2 BAG v. 17.4.2002 – 5 AZR 89/01, NZA 2002, 1096. | 3 BAG v. 5.11.2003 – 5 AZR 676/02, nv.; v. 29.5.2002 – 5 AzR 105/01, BAGReport 2002, 329; v. 17.4.2002 – 5 AZR 89/01, NZA 2002, 1096; LAG Rh.-Pf. v. 16.7.2002 – 1 Sa 407/02, NZA-RR 2003, 30; LAG Schl.-Holst. v. 3.6.2002 – 4 Sa 438/01, LAGReport 2002, 325; LAG Hamm v. 28.11.2001 – 2 Sa 749/01, nv.; LAG Bdb. v. 8.11.2001 – 8 (2) Sa 475/01, nv.; EuGH v. 8.1.2001 – Rs. C-350/99, NZA 2001, 381; LAG Bremen v. 9.11.2000 – 4 Sa 138/00, DB 2001, 336. Anders noch: Sächs. LAG v. 22.2.2002 – 3 Sa 768/01, nv.; LAG Bdb. v. 10.8.2001 – 4 Sa 265/01, LAGE § 2 NachwG Nr. 11; LAG Düsseldorf v. 17.5.2001 – 5 (3) Sa 45/01, DB 2001, 1995; LAG Köln v. 15.3.2001 – 5 (10) Sa 1363/00, ArSt 2001, 186; LAG Bremen v. 9.11.2000 – 4 Sa 138/00, LAGE § 2 NachwG Nr. 9; LAG Schl.-Holst. v. 8.2.2000 – 1 Sa 563/99, DB 2000, 724. | 4 BAG v. 5.11.2003 – 5 AZR 676/02, nv. | 5 BAG v. 29.5.2002 – 5 AzR 105/01, BAGReport 2002, 329; v. 17.4.2002 – 5 AZR 89/01, BB 2002, 2022. | 6 Vgl. dazu: BAG v. 5.11.2003 – 5 AZR 676/02, nv.; v. 29.5.2002 – 5 AzR 105/01, BAGReport 2002, 329; v. 17.4.2002 – 5 AZR 89/01, BB 2002, 2022; LAG Nürnberg v. 13.11.2002 – 4 Sa 615/01, nv. Anders für den Fall der Nichtauslage eines Tarifvertrages (§ 8 TVG): LAG Rh.-Pf. v. 16.7.2002 – 1 Sa 407/02, NZA-RR 2003, 30; LAG Schl.-Holst. v. 3.6.2002 – 4 Sa 438/01, LAGReport 2002, 325; BAG v. 23.1.2002 – 4 AZR 56/01, NZA 2002, 800. | 7 *Birk*, NZA 1996, 281 (289); ErfK/*Preis*, Einf. NachwG Rz. 14; *Schaefer*, D Rz. 189. | 8 Vgl. zB ArbG Frankfurt v. 25.8.1999 – 2 Ca 477/99, NZA-RR 1999, 648; *Bergwitz*, BB 2001, 2316 (2317); *Birk*, NZA 1996, 281 (289); *Franke*, DB 2000, 274; *Schaefer*, D Rz. 189. | 9 BAG v. 17.4.2002 – 5 AZR 89/01, NZA 2002, 1096; *Schwarze*, ZfA 1997, 43 (55); *Müller-Glöge*, RdA 2001, Sonderbeilage Heft 5, S 46, 55; *Krause*, AR-Blattei SD 220.2.2 Rz. 261. | 10 BGH v. 29.6.1982 – VI ZR 33/81, BGH Z 34, 312 (314). | 11 Vgl. EuGH v. 4.12.1997 – Rs C 253-258/96, AP Nr 3 zu EWG-Richtlinie Nr. 91/533 [Kampelmann]. | 12 *Bergwitz*, BB 2001, 2316 (2317); ErfK/*Preis*, Einf. NachwG Rz. 14; *Schaefer*, D Rz. 190. AA *Feldgen* Rz. 23, 69; *Krause*, AR-Blattei SD Arbeitsvertrag 220.2.2 Rz. 217. | 13 ArbG Düsseldorf v. 9.9.1992 – 6 CA 3728/92, BB 1992, 2364; *Bergwitz*, BB 2001, 2316 (2317); *Hold*, ZTR 2000, 540 (545); *Preis*, NZA 1997, 10 (12); *Schaefer*, D Rz. 190. AA *Feldgen*, Rz. 69; *Krause*, AR-Blattei SD Arbeitsvertrag 220.2.2 Rz. 217.

8. Beweislast. Das NachwG enthält keine ausdrückliche Regelung über die Verteilung der Beweislast[1]. Gleiches gilt für die die Nachweis-Richtlinie. Aus der Begründungserwägung des Richtlinien-Entwurfs, wonach „jeder ArbN über ein Schriftstück als Nachweis für die wesentlichen Bedingungen des ... Arbeitsverhältnisses" verfügen sollte, wurden die Worte „als Nachweis" wieder gestrichen[2]. Nach Art. 6 der Nachweis-Richtlinie bleiben die einzelstaatlichen Rechtsvorschriften zu Verfahrensregeln unberührt. Nach der Rspr. des EuGH „haben daher die nationalen Gerichte die **nationalen Beweislastregeln** im Lichte des Zwecks der Richtlinie anzuwenden und auszulegen"[3].

Der vom ArbGeb erstellte Nachweis ist eine **Privaturkunde iSd. § 416 ZPO**[4]. Vollen Beweis erbringt die echte Privaturkunde (§ 440 ZPO) nur in formeller Hinsicht, nicht auch hinsichtlich ihres materiellen Inhalts. Bezüglich Letzterem unterliegt sie der **freien Beweiswürdigung gemäß § 286 ZPO**[5]. Das Risiko von Unklarheiten bei der Feststellung des Bedeutungsinhalts des Nachweises und Missverständnissen geht zu Lasten des ArbGeb. Dies ergibt sich nunmehr aus der **Unklarheitenregelung** des § 305 Abs. 2 BGB[6]. Nur der beiderseits **unterzeichnete Arbeitsvertrag** hat nach der Rspr. die **Vermutung der Vollständigkeit und Richtigkeit**[7]. Derjenige, der sich auf die Unrichtigkeit oder Unvollständigkeit des schriftlichen Arbeitsvertrages beruft, muss den Gegenbeweis einer vom Vertragstext abweichenden Vereinbarung führen.

a) Verletzung der Nachweispflicht durch den ArbGeb. Kontrovers diskutiert wird die Frage, ob sich bei **Nicht- oder unvollständiger Erteilung des Nachweises** die Beweissituation des ArbN verbessert, der hinsichtlich einer von ihm behaupteten, jedoch nur mündlich vereinbarten Vertragsbedingung in Beweisnot zu geraten droht. Teilweise wird in der Nicht- bzw. unvollständigen Erteilung des Nachweises eine Beweisvereitelung durch den ArbGeb erblickt, die zu einer **Umkehr der Darlegungs- und Beweislast** zu Lasten des ArbGeb führe[8]. Nicht der ArbN müsse die ihm günstige Vertragsbedingung, sondern der ArbGeb deren Nichtvereinbarung beweisen. Klagen gegen den ArbGeb auf Erteilung des Nachweises seien kaum realistisch.

Diese Auffassung ist abzulehnen. Gegen eine Beweislastumkehr spricht die Entstehungsgeschichte des NachwG. Dem Vorschlag des Bundesrates, die Beweislast bei Verletzung der Nachweispflicht dem ArbGeb aufzuerlegen, ist der Gesetzgeber gerade nicht gefolgt. Er wurde von der Bundesregierung ausdrücklich abgelehnt[9]. Die Nachweis-Richtlinie enthält gleichfalls keine Beweisregelung, so dass auch das Gebot der richtlinienkonformen Auslegung nicht zur Annahme einer Beweislastumkehr zwingt. Das deutsche Prozessrecht stellt auch außerhalb der Beweislastumkehr mit dem Institut der Beweisvereitelung ein wirkungsvolles Sanktionsinstrumentarium zur Verfügung.

Auslöser des Meinungsstreits ist eine **Fehlinterpretation der Entscheidung des EuGH** vom 4.12.1997[10]. Darin heißt es, für die inhaltliche Richtigkeit des Nachweises spreche eine ebenso starke Vermutung, wie sie nach innerstaatlichem Recht einem solchen vom ArbGeb ausgestellten und dem ArbN übermittelten Dokument zukäme. Der Beweis des Gegenteils durch den ArbGeb sei jedoch zulässig, indem er nachweise, dass die in dieser Mitteilung enthaltenen Informationen als solche falsch sein oder dass sie durch die Tatsachen widerlegt worden seien. Dies bedeutet indes nicht, dass der ArbGeb in jedem Fall den Beweis des Gegenteils, also den Hauptbeweis, erbringen muss[11]. Vielmehr soll ihm jedenfalls der Beweis des Gegenteils möglich sein. Im Übrigen soll es bei den nationalen Beweislastregeln bleiben[12]. Die Entscheidung des EuGH vom 8.2.2001[13] bestätigt die Auffassung, dass der Beweis des Gegenteils möglich sein muss, nicht aber erforderlich ist[14]. Es reicht der Gegenbeweis.

Richtigerweise ist die Nichterteilung des Nachweises in entsprechender Anwendung der §§ 427, 444 ZPO prozessual als **Beweisvereitelung** durch den ArbGeb zu behandeln[15]. Diese Grundsätze finden näm-

---

1 Vgl. dazu BAG v. 17.4.2002 – 5 AZR 89/01, BB 2002, 2022. | 2 *Krause*, Anm. zu EzA § 2 NachwG Nr. 1 S. 28. | 3 EuGH v. 8.2.2001 – Rs. C-350/99, BB 2001, 1255; v. 4.12.1997 – Rs. C 253/96, Rs. C 258/96 (Kampelmann), BB 1998, 272. | 4 BAG v. 16.2.2000 – 4 AZR 62/99, BAGE 93, 340; *Krabbenhöft*, DB 2000, 1562 (1564); ErfK/*Preis*, Einf. NachwG Rz. 17; *Schaefer*, F Rz. 76, 78. | 5 Zöller/*Geimer*, § 416 ZPO Rz. 9; BLAH/*Hartmann*, § 416 ZPO Rz. 8; *Schaefer*, F Rz. 78. | 6 LAG Frankfurt v. 29.1.2002 – 7 Sa 836/01, AiB 2002, 575. | 7 BAG v. 9.2.1995 – 2 AZR 389/94, NZA 1996, 249. | 8 LAG Hamm v. 9.7.1996 – 4 Sa 487/96, LAGE § 2 NachwG Nr. 2; LAG Berlin v. 6.12.2002 – 2 Sa 941/02, nv.; ArbG Celle v. 9.12.1999 – 1 Ca 426/99, LAGE § 2 NachwG Nr. 7 a; *Berscheid*, WPrax 1994, 6 (11); *Birk*, NZA 1996, 280 (289); *Däubler*, NZA 1992, 312 (314); *Hohmeister*, BB 1998, 587 (588); *Höland*, AuR 1996, 87 (93); *Krause*, AR-Blattei SD 220.2.2 Rz. 223; *Wank*, RdA 1996, 21 (24). | 9 Vgl. den Vorschlag des Bundesrates, BT-Drs. 13/668 S. 23 f.; BR-Ducks. 353/1/94, Empfehlungen der Ausschüsse, S. 5 f. Vgl. dazu *Krabbenhöft*, DB 2000, 1562 (1564). | 10 EuGH v. 4.12.1997 – Rs. C 253/96, Rs. C 258/96 (Kampelmann), BB 1998, 272. | 11 Vgl. dazu *Franke*, DB 2000, 274 (276); *Kloppenburg*, RdA 2001, 293 (303). | 12 EuGH v. 8.2.2001 – Rs. C-350/99, BB 2001, 1255; v. 4.12.1997 – Rs. C 253/96, Rs. C 258/96 (Kampelmann), BB 1998, 272; LAG Köln v. 28.7.2000 – 11 Sa 408/00, ZTR 2001, 80; vgl. dazu *Bergwitz*, BB 2001, 2316 (2317); *Kloppenburg*, RdA 2001, 293 (303). | 13 EuGH v. 8.2.2001 – Rs. C-350/99, BB 2001, 1255. | 14 *Kloppenburg*, RdA 2001, 293 (303). | 15 So beispielsweise: LAG Nds. v. 21.2.2003 – 10 Sa 1683/02, NZA-RR 2003, 520; LAG Nürnberg v. 9.4.2002 – 7 Sa 518/01, LAGE § 2 NachwG Nr. 12; LAG Frankfurt v. 29.1.2002 – 7 Sa 836/01, AiB 2002, 575; LAG Köln v. 15.3.2001 – 5 (10) Sa 1363/00, nv.; LAG Schl.-Holst. v. 11.1.2001 – 4 Sa 379/00, nv.; LAG Hamm v. 14.8.1998 – 10 Sa 777/97, NZA-RR 1999, 210; LAG Köln v. 31.7.1998 – 11 Sa 1484/97, NZA 1999, 545; v. 9.1.1998 – 11 Sa 155/97, NZA-RR 1998, 513; *Bergwitz*, BB 2001, 2316 (2318); *Feldgen*, Rz. 82-85, 96; *Franke*, DB 2000, 274 (276 f.); *Grünberger*, NJW 1995, 2809 (2810); *Hold*, ZTR 2000, 540 (544); *Preis*, NZA 1997, 10 (13).

lich allgemein in den Fällen Anwendung, in denen der eine Vertragspartner dem beweispflichtigen Vertragspartner die Beweisführung schuldhaft, dh. vorsätzlich oder fahrlässig, unmöglich macht, indem er zum Beispiel bereits vorhandene Beweismittel vernichtet oder vorenthält oder das Schaffen von Beweismitteln verhindert[1]. Diese Grundsätze gehen auf den in § 444 ZPO enthaltenen Rechtsgedanken zurück, wonach derjenige, der entgegen einer ihm obliegenden Rechtspflicht dem Gegner die Benutzung von zur Beweisführung benötigten Unterlagen schuldhaft unmöglich macht, im Rechtsstreit aus diesem Verhalten keine beweisrechtlichen Vorteile ziehen darf[2]. Die Anwendung der Grundsätze der Beweisvereitelung führt zwar nicht zu einer Umkehr der Beweislast; die Pflichtverletzung des ArbGeb ist aber im **Rahmen der Beweiswürdigung** durch den Richter (§ 286 ZPO) zu berücksichtigen. Dies kann im Ergebnis zu einer erheblichen **Erleichterung der Beweisführungslast** zugunsten des ArbN führen. In Einzelfällen kann die Beweisvereitelung bis hin zu einer **Beweislastumkehr** reichen[3]. Sie tritt ein, wenn es **unzumutbar** ist, den Kläger mit der Beweisführung zu belasten. Ein solcher Fall liegt vor, wenn der Gesetzgeber dem ArbGeb die Dokumentationspflicht zwingend auferlegt hat oder der ArbGeb trotz mehrfachen Verlangens den geschuldeten Nachweis nicht erhält[4]. So hat beispielsweise das LAG Köln[5] einem ArbN wegen der durch seinen ArbGeb verschuldeten Beweisnot (ein schriftlicher Arbeitsvertrag fehlte) die Darlegungs- und Beweislast zur Frage der Passivlegitimation deutlich erleichtert und die Indizwirkung einer erstellten Lohnabrechnung ausreichen lassen. Diese Erleichterungen gelten auch für andere Vertragsbedingungen, die vom ArbGeb dem NachwG zuwider nicht niedergelegt worden sind. Gelingt beispielsweise dem ArbN der Beweis seiner Behauptung des Abschlusses einer bestimmten Entgeltvereinbarung nicht, ist das Gericht aber auch nicht von der Unwahrheit seiner Behauptung überzeugt, geht in dieser Situation des **non-liquet** die Unmöglichkeit der Tatsachenaufklärung zu Lasten des ArbGeb, wenn dieser entgegen § 2 dem ArbN keinen Nachweis der wesentlichen Vertragsbedingungen erteilt hat[6].

45 Bei **fahrlässiger Verletzung** der Nachweispflicht ist der vom ArbN zu erbringende Beweis jedenfalls dann als geführt anzusehen, wenn er durch **weitere Indizien** die Richtigkeit seines Vortrags plausibel macht[7]. Allerdings kann eine Beweisvereitelung regelmäßig nur dann angenommen werden, wenn der ArbN die Erteilung eines Nachweises verlangt, aber nicht erhalten hat[8]. Allein die Tatsache, dass die Parteien keinen schriftlichen Arbeitsvertrag abgeschlossen haben und ihrer Nachweispflicht nach § 2 nicht nachgekommen sind, kann nicht bereits dazu führen, dass dem ArbGeb eine Beweisvereitelung vorzuwerfen ist.

46 **b) Besonderheiten der korrigierenden Rückgruppierung.** Für die Darlegungslast des ArbGeb bei der korrigierenden Rückgruppierung im öffentlichen Dienst ist vorstehender Meinungsstreit ohne Bedeutung. Aus dem NachwG und der Nachweis-Richtlinie ergeben sich in diesem Fall weder eine weiter gehende Darlegungs- oder Beweislast des ArbGeb noch weiter gehende Erleichterungen der Darlegungs- und Beweislast des Angestellten[9]. Durch die Eingruppierungsmitteilung wird gemäß § 416 ZPO nur der Beweis dafür erbracht, dass der ArbGeb die Mitteilung abgegeben und – mittelbar – die entsprechende tarifliche Bewertung vorgenommen hat, nicht aber, dass die mitgeteilte Vergütungsgruppe zutreffend oder gar vertraglich vereinbart bzw. zugesichert ist. Die Eingruppierung bestimmt sich ausschließlich nach der auszuübenden Tätigkeit. Sie ist mithin der Disposition der Vertragsparteien entzogen (Grundsatz der Tarifautomatik, § 22 BAT). Ein Rückschluss auf eine entsprechende Vereinbarung scheidet dementsprechend aus. Somit wird durch die Eingruppierungsmitteilung keine Beweislage geschaffen, nach der es dem ArbGeb gemäß dem Urteil des **EuGH** vom 4.12.1997[10] oblage, hinsichtlich der Richtigkeit der mitgeteilten Vergütungsgruppe den Beweis des Gegenteils zu führen.

47 **c) Rüge der inhaltlichen Unrichtigkeit.** Von den Rechtsfolgen der Verletzung der Nachweispflicht zu unterscheiden sind die Beweiswirkungen des ausgestellten Nachweises, wenn eine der beiden Parteien dessen **inhaltliche Richtigkeit bezweifelt**.

---

1 BGH v. 15.11.1984 – IX ZR 157/83, NJW 1986, 59.　|2 BGH v. 27.9.2001 – IX ZR 281/00, NJW 2002, 825. |3 LAG Nürnberg v. 9.4.2002 – 7 Sa 518/01, LAGE § 2 NachwG Nr. 12; LAG Frankfurt v. 29.1.2002 – 7 Sa 836/01, AiB 2002, 575; LAG Schl.-Holst. v. 11.1.2001 – 4 Sa 379/00, nv.; LAG Hamm v. 14.8.1998 – 10 Sa 777/97, NZA-RR 1999, 210; LAG Köln v. 31.7.1998 – 11 Sa 1484/97, NZA 1999, 545; v. 9.1.1998 – 11 Sa 155/97, NZA-RR 1998, 513; *Bepler*, ZTR 2001, 241 (245); *Bergwitz*, BB 2001, 2316 (2317 f.); *Franke*, DB 2000, 274 (276); *Richardi*, NZA 2001, 57 (60); *Schaefer*, F Rz. 84, 95; *Schwarze*, ZfA 1997, 43 (63 f.); *Stückemann*, BB 1999, 2670 (2671 f.); *Weber*, NZA 2002, 641 (644); *Zwanziger*, DB 1996, 2027 (2029 f.). Kritisch zur „Beweiserleichterung bis zur Beweislastumkehr": *Laumen*, NJW 2002, 3739 (3746).　|4 *Franke*, DB 2000, 274 (278); ErfK/*Preis*, Einf. NachwG Rz. 22. Vgl. zu Einzelheiten auch BGH v. 15.11.1984 – IX ZR 157/83, ZIP 1985, 312 (314).　|5 LAG Köln v. 9.1.1998 – 11 Sa 155/97, NZA-RR 1998, 513.　|6 LAG Nds. v. 21.2.2003 – 10 Sa 1683/92, NZA-RR 2003, 520.　|7 LAG Nürnberg v. 9.4.2002 – 7 Sa 518/01, LAGE § 2 NachwG Nr. 12; LAG Schl.-Holst. v. 11.1.2001 – 4 Sa 379/00, nv.; LAG Köln v. 31.7.1998 – 11 Sa 1484/97, NZA 1999, 545. Vorsatz verlangen hingegen: LAG Hamm v. 14.8.1998 – 10 Sa 777/97, NZA-RR 1999, 210; *Bergwitz*, BB 2001, 2316 (2318); *Schwarze*, ZfA 1997, 43 (64 f.).　|8 LAG Hamm v. 14.8.1998 – 10 Sa 777/97, NZA-RR 1999, 210.　|9 BAG v. 16.2.2000 – 4 AZR 62/99, BAGE 93, 340; v. 26.4.2000 – 4 AZR 157/99, BB 2001, 1156; aA „Beweisführungslast ändert sich in der Weise, dass der ArbGeb seinerseits das Vorbringen *des ArbN, dass dem ersten Anschein nach zutr. ist, durch Gegendarlegungen und Gegenbeweise zu entkräften* hat": LAG Hamm v. 2.7.1998 – 4 Sa 339/96, LAGE § 2 NachwG Nr. 5; LAG Hamm v. 9.7.1996 – 4 Sa 487/96; 4 Sa 2156/94, LAGE § 2 NachwG Nr. 2, 3; v. 27.7.1995 – 4 Sa 900/94, LAGE § 2 NachwG Nr. 1.　|10 EuGH v. 4.12.1997 – Rs. C 253/96, Rs. C 258/96 (Kampelmann), BB 1998, 272.

Rechtsfolgen

aa) ArbN beruft sich auf den Nachweis. Hat der ArbGeb den Nachweis ordnungsgemäß erteilt und **48** macht der ArbN eine darin angegebene, vom ArbGeb bestrittene Vertragsbedingung für sich geltend, so unterliegt der Inhalt dieser privaten Urkunde nach allgemeinen Grundsätzen der **freien Beweiswürdigung** des § 286 ZPO[1]. Denn der Nachweis begründet als Privaturkunde gemäß § 416 ZPO vollen Beweis nur in formeller Hinsicht, nicht jedoch bezüglich des in ihm wiedergegebenen Inhalts (vgl. bereits Rz. 40). Im Gegensatz zu dem von beiden Parteien unterzeichneten Arbeitsvertrag[2] hat der Nachweis als nur vom ArbGeb unterzeichnete Erklärung (§ 2 Abs. 1 Satz 1) nicht die Vermutung der Vollständigkeit und Richtigkeit für sich[3]. Zu einer Vertragsurkunde wird der Nachweis auch nicht dadurch, dass sich der ArbGeb dessen Empfang quittieren lässt[4]. Hat der ArbGeb den Nachweis erteilt, so ist die an den Arbeitsvertrag geknüpfte Vermutung der Vollständigkeit und Richtigkeit für den ArbN im Prozess nicht erforderlich. Der ArbN kann den Beweis der von ihm behaupteten Vereinbarungen durch Vorlage des Nachweises als Urkunde (§ 420 ZPO) führen[5]. Der ArbGeb hingegen müsste nach den dargestellten Aussagen des EuGH[6] das Gegenteil (also den Abschluss von Änderungsvereinbarungen) darlegen und beweisen[7]. Dies erfordert nicht den Beweis des Gegenteils im Sinne einer vollen Beweislastumkehr[8]. Ausreichend ist vielmehr der Gegenbeweis; denn dem Nachweis kann kein höherer Beweiswert als dem beiderseits unterzeichneten Arbeitsvertrag zukommen[9]. Auch bei diesem reicht der Gegenbeweis aus[10].

Der **Gegenbeweis** ist bereits dann erfolgreich, wenn durch ihn die Überzeugung der Richter von der **49** Wahrheit der beweisbedürftigen Tatsachen erschüttert wird (zB ein Missverständnis in der Personalverwaltung oder ein „Verschreiber")[11]. Gelingt dem ArbGeb dies, muss der ArbN den Beweis der von ihm behaupteten Vereinbarung anders führen. Einer Beweiserleichterung für den ArbN nach den Grundsätzen des **Prima-facie-Beweises** (Anscheinsbeweises) bedarf es demzufolge nicht[12]. Die Befürworter des Prima-facie-Beweises[13] gelangen im Übrigen zum gleichen Ergebnis: Der ArbGeb, welcher den Nachweis ausstellt, hat regelmäßig keine Veranlassung, von den ArbN günstigere als die vereinbarten Vertragsbedingungen zu bestätigen. Nach dem typischen Geschehensablauf kann daher von der Nachweiserteilung darauf geschlossen werden, dass mindestens die im Nachweis niedergelegten Vertragsbedingungen tatsächlich vereinbart worden sind. Will der ArbGeb diesen Nachweis entkräften, hat er nicht (wie bei der Beweislastumkehr) den vollen Beweis des Gegenteils, sondern lediglich den Gegenbeweis zu erbringen. Dies kann erfolgen, indem er konkrete Tatsachen (zB Fehler in der Personalabteilung) behauptet und beweist, welche die ernsthafte Möglichkeit eines atypischen Geschehensablaufs begründen.

bb) ArbGeb beruft sich auf den Nachweis. Macht der ArbN günstigere als die im Nachweis dokumen- **50** tierten Vertragsbedingungen geltend, während der ArbGeb am Nachweisinhalt festhalten will, ist der ArbN nach den allgemeinen Grundsätzen beweisbelastet[14].

Der ArbGeb kann sich nicht zu seinen Gunsten auf den von ihm ausgestellten Nachweis berufen[15]. **51** Insbesondere kann er sich **nicht auf die Grundsätze des Anscheinsbeweises** berufen. Es existiert kein Erfahrungssatz, dass der ArbGeb im Nachweis den vereinbarten Vertragsinhalt richtig und vollständig wiedergibt[16]. Der ArbGeb hätte es sonst in der Hand, durch die Erstellung (unzutreffender) Nachweise (§ 2 Abs. 1 Satz 1) die Beweislage zu seinen Gunsten zu manipulieren. Das NachwG dient dem Schutz des ArbN, nicht des ArbGeb. Der ArbGeb, der sich beim Ausfüllen des Nachweises zu wenig Gedanken macht, steht demjenigen gleich, der die Nachweiserteilung gänzlich unterlässt[17]. Auch vom **Schweigen des ArbN** kann nicht auf die tatsächliche Vereinbarung dessen, was im Nachweis (fehlerhaft) dokumentiert ist, geschlossen werden; denn eine arbeitnehmerseitige Prüfungs- und Rügeobliegenheit besteht nicht[18]. Eine Ausnahme besteht dann, wenn der ArbN den Nachweisinhalt zur Kenntnis genommen und über eine gewisse Zeit hinweg widerspruchslos akzeptiert hat – was wiederum vom ArbGeb darzulegen und zu beweisen ist[19]. Das LAG Schleswig-Holstein hat hierfür beispielsweise das Verstreichen lassen von vier Monaten seit Empfang des vom ArbN geforderten Nachweises ausreichen lassen[20].

---

1 *Bergwitz*, BB 2001, 2316 (2318); *Franke*, DB 2000, 274 (278); *Schaefer*, F Rz. 78. | 2 BAG v. 9.2.1995 – 2 AZR 389/94, NZA 1996, 249. | 3 *Bergwitz*, BB 2001, 2316 (2318); *Franke*, DB 2000, 274 (278); ErfK/*Preis*, Einf. NachwG Rz. 18; *Krabbenhöft*, DB 2000, 1562; *Schaefer*, F Rz. 86, 90; *Schwarze*, ZfA 1997, 43 (60); aA *Schoden*, § 2 Rz. 32. | 4 *Bergwitz*, BB 2001, 2316 (2318); *Franke*, DB 2000, 274 (278). | 5 *Franke*, DB 2000, 274 (278); *Schwarze*, ZfA 1997, 43, (65). | 6 Vgl. oben Rz. 43; EuGH v. 8.2.2001 – Rs. C-350/99, BB 2001, 1255; EuGH v. 4.12.1997 – Rs. C 253/96, Rs. C 258/96 (Kampelmann), BB 1998, 272. | 7 *Schaefer*, F 79, 81; *Franke*, DB 2000, 274 (278); ErfK/*Preis*, Einf. NachwG Rz. 19. | 8 So aber ErfK/*Preis*, Einf. NachwG Rz. 19. | 9 Vgl. oben Rz. 40; *Kloppenburg*, RdA 2001, 293 (303). | 10 *Kloppenburg*, RdA 2001, 293 (303); ErfK/*Preis*, Einf. NachwG Rz. 18. | 11 *Stein/Jonas/Leipold*, ZPO, § 284 Rz. 7; *Schwarze*, ZfA 1997, 43 (65). | 12 *Schaefer*, F Rz. 79, 81; *Franke*, DB 2000, 274 (278); ErfK/*Preis*, Einf. NachwG Rz. 19. | 13 LAG Hamm v. 27.7.1995 – 4 Sa 900/94, LAGE § 2 NachwG Nr. 1; *Bergwitz*, BB 2001, 2316 (2318 f.); *Feldgen*, Rz. 91 ff.; *Höland*, AuR 1996, 87 (93); *Schoden*, § 3 Rz. 32, § 5 Rz. 8; *Zwanziger*, DB 1996, 2027 (2029). | 14 *Bergwitz*, BB 2001, 2316 (2319); ErfK/*Preis*, Einf. NachwG Rz. 21; *Schaefer*, F Rz. 91; *Schwarze*, ZfA 1997, 43 (65). | 15 *Bergwitz*, BB 2001, 2316 (2319); *Franke*, DB 2000, 274 (278); *Hohmeister*, BB 1998, 587 (588); *Kloppenburg*, RdA 2001, 293 (304); *Schaefer*, F Rz. 80. | 16 *Bergwitz*, BB 2001, 2316 (2319); *Schaefer*, F Rz. 80; ErfK/*Preis*, Einf. NachwG Rz. 20. AA *Feldgen*, Rz. 92 ff.; *Hold*, AuA 1995, 290. | 17 *Kloppenburg*, RdA 2001, 293 (304). | 18 *Bergwitz*, BB 2001, 2316 (2319); *Schwarze*, ZfA 1997, 43 (66). | 19 *Bergwitz*, BB 2001, 2316 (2319); *Schwarze*, NZA 1996, 685 (686) lässt das Unterlassen der unverzüglichen Rüge nach Kenntnisnahme genügen. | 20 LAG Schl.-Holst. v. 23.8.1999 – 4 Sa 34/99, nv.

52 **cc) Beiderseitiges Praktizieren abweichender Vertragsbedingungen.** Praktizieren beide Vertragsparteien unterschiedliche Vertragsbedingungen entgegen des Nachweisinhaltes, ändert sich an der allgemeinen Beweislage nichts. Um eine von den dokumentierten Arbeitsbedingungen abweichende Regelung annehmen zu können, müssen sich die Änderungen nachhaltig und effektiv auf das Arbeitsverhältnis ausgewirkt haben[1]. Nur in diesem Fall kann davon ausgegangen werden, dass die Parteien einen vom schriftlichen Nachweis abweichenden Vertragsinhalt – ausdrücklich oder konkludent – vereinbart haben.

53 **9. Kontrollmöglichkeiten nach dem BetrVG.** Zu der **allgemeinen Überwachungspflicht** der Betriebs- bzw. Personalräte nach § 80 Abs. 1 Nr. 1 BetrVG bzw. 68 Abs. 1 Nr. 2 BPersVG zählt auch die Sicherung der Einhaltung des NachwG[2]. Zur Durchführung dieser Aufgabe hat der ArbGeb den BR nach § 80 Abs. 2 BetrVG rechtzeitig und umfassend zu unterrichten sowie auf Verlangen benötigte Unterlagen vorzulegen. Das Einblickrecht des BR bezieht sich gemäß § 80 Abs. 2 Satz 2 Halbs. 2 BetrVG auch auf Entgeltlisten aller Art. Diese weitgehende Regelung spricht für ein Einblickrecht des BR in die Niederschriften nach dem NachwG[3]. Ein genereller Anspruch des BR auf Herausgabe der Arbeitsverträge besteht hingegen nicht[4]. Das Einblickrecht ist von der konkreten Kontrollaufgabe abhängig. Verwendet der ArbGeb mit dem BR abgestimmte Formulararbeitsverträge (§ 94 Abs. 2 BetrVG), hat der BR nur dann einen Anspruch auf Vorlage der ausgefüllten Arbeitsverträge zur Überwachung der Einhaltung des NachwG, wenn er konkrete Anhaltspunkte für die Erforderlichkeit weiterer Informationen darlegt[5]. Der BR hat dagegen kein Recht, die Durchführung des NachwG aus eigenem Recht zu verlangen[6]. Dies ist Aufgabe des einzelnen ArbN.

54 Enthalten die im Betrieb allgemein verwendeten Nachweisformulare persönliche Angaben über den ArbN, die über die gesetzlichen Verpflichtungen hinausgehen, besteht ein **MitbestR** des BR analog § 94 BetrVG[7]. Nimmt der ArbGeb nachträgliche Änderungen der wesentlichen Vertragsbedingungen vor (§ 3) (zB hinsichtlich des Arbeitsortes und der Tätigkeit), können MitbestR nach § 99 iVm. § 95 Abs. 3 BetrVG eingreifen.

55 **10. Bundesdatenschutzgesetz.** Die Regelungen des NachwG unterfallen dem **Schutzbereich des BDSG**[8]. Da in dem Nachweispapier gemäß § 2 mit Name und Anschrift nicht nur persönlichen Daten des jeweiligen ArbN, sondern auch die Details der zu zahlenden Vergütung sowie Art und Umfang der zu leistenden Tätigkeit niederzulegen sind, sind die vom NachwG als wesentlich festgelegten Vertragsbedingungen als personenbezogene Daten einer bestimmbaren Person iSv. § 3 BDSG zu qualifizieren.

1 Anwendungsbereich

Dieses Gesetz gilt für alle Arbeitnehmer, es sei denn, dass sie nur zur vorübergehenden Aushilfe von höchstens einem Monat eingestellt werden.

1 § 1 regelt den **persönlichen Anwendungsbereich** des NachwG. Die Ausnahmen vom Anwendungsbereich sind durch Gesetz vom 24.3.1999 entfallen (vgl. dazu im Folgenden Rz. 6)[9].

2 Die Nachweis-Richtlinie (Art. 1 Abs. 1) knüpft an den jeweiligen **mitgliedstaatlichen ArbN-Begriff** an, nicht an den gemeinschaftsrechtlichen ArbN-Begriff des Art. 39 EU-Vertrag, der auch einen Teil der Beamten umfasst[10]. Das NachwG gilt für alle ArbN, also für **Arbeiter** und **Angestellte** einschließlich der zu ihrer Berufsausbildung Beschäftigten[11]. Der deutsche ArbN-Begriff erfasst alle abhängig Beschäftigten in der Privatwirtschaft und im öffentlichen Dienst[12]. Hierzu zählen auch **Teilzeitbeschäftigte** einschließlich der geringfügig Beschäftigten nach § 8 SGB IV und **leitende Angestellte** iSd. § 5 Abs. 3 BetrVG. Die Forderung des Bundesrates[13], die Gruppe der leitenden Angestellten aus dem Anwendungsbereich des NachwG auszunehmen, konnte sich nicht durchsetzen.

3 Der deutsche ArbN-Begriff erfasst nicht Personen, die in einem **öffentlich-rechtlichen Dienstverhältnis** stehen, wie zB **Beamte, Richter, Soldaten, Zivildienstleistende** und **Strafgefangene**. Ihre Arbeitspflicht beruht nicht auf einem privat-rechtlichen Vertrag.

4 Ebenso wenig gilt das NachwG für **arbeitnehmerähnliche Personen**. Dem liegt eine bewusste Entscheidung des Gesetzgebers zugrunde[14]. Von der in anderen arbeitsrechtlichen Schutzgesetzen vorgenommenen ausdrücklichen Erstreckung auf arbeitnehmerähnliche Personen (§ 2 Satz 2 BUrlG, vgl. auch § 5 Abs. 1 Satz 2 BetrVG, § 5 Abs. 1 Satz 2 ArbGG) wurde im NachwG abgesehen. Für den Bereich des **Heimarbeitsrechts** gelten gemäß §§ 7a, 9 HAG besondere Unterrichtspflichten.

---

1 BAG v. 1.8.2001 – 4 AZR 129/00, DB 2001, 2557; v. 20.5.1976 – 2 AZR 202/75, AP Nr. 4 zu § 305 BGB; ErfK/*Preis*, Einf. NachwG Rz. 21; *Schaefer*, F Rz. 91. | 2 BAG v. 19.10.1999 – 1 ABR 75/98, DB 2000, 1032; *Höland*, ArbuR 1996, 87 (93); ErfK/*Preis*, Einf. NachwG Rz. 24; *Schaefer*, F Rz. 19. | 3 BAG v. 19.10.1999 – 1 ABR 75/98, DB 2000, 1032; *Fels*, AiB 1997, 19 (20), *Schaefer*, F Rz. 21; *Stückemann*, BB 1995, 1846 (1849). | 4 BAG v. 19.10.1999 – 1 ABR 75/98, DB 2000, 1032. | 5 BAG v. 19.10.1999 – 1 ABR 75/98, DB 2000, 1032. | 6 ErfK/*Preis*, Einf. NachwG Rz. 24. | 7 *Feldgen*, Rz. 146, *Schaefer*, F Rz. 23. | 8 Vgl. ausf. *Schaefer*, F Rz. 37-56. | 9 BGBl. I S. 388, 393. Zu den ursprünglichen Ausnahmen vgl. *Kliemt*, EAS B 3050 Rz. 94 ff. | 10 LAG Köln v. 7.1.2000 – 11 Sa 510/99, ZTR 2000, 515; *Kliemt*, EAS B 3050 Rz. 40. | 11 Zum Arbeitnehmerbegriff vgl. Schwab/Weth/*Kliemt*, § 5 ArbGG Rz. 5 ff. | 12 LAG Hamm v. 27.7.1995 – 4 Sa 900/94, LAGE § 2 NachwG Nr. 1. | 13 BR-Drs. 353/94, Anlage S. 2; BT-Drs. 13/668, 22. | 14 LAG Köln v. 7.1.2000 – 11 Sa 510/99, ZTR 2000, 515 (freier Mitarbeiter); aA *Schaefer* C Rz. 19.

Nachweispflicht § 2 NachwG

Spezialgesetzliche Regelungen gelten für **LeihArbN** nach dem AÜG, für **Seeleute** nach dem SeemG und für **Auszubildende** nach dem BBiG[1]. Die zu ihrer Berufsbildung oder Fortbildung Beschäftigten sowie Umschüler werden ebenfalls vom BBiG erfasst[2]. 5

Vom Anwendungsbereich ausgenommen sind Personen, die nur zur **vorübergehenden Aushilfe** von **höchstens einem Monat** eingestellt werden. Die Monatsfrist entspricht der Vorgabe in Art. 1 Abs. 2 der Nachweis-Richtlinie[3]. Der Begriff der vorübergehenden Aushilfe (vgl. auch § 622 Abs. 5 Satz 1 Nr. 1 BGB) ist gesetzlich nicht definiert. Ein Aushilfsarbeitsverhältnis ist ein Arbeitsverhältnis, das von vornherein nicht auf Dauer begründet wird, sondern nur zu dem Zweck, einen vorübergehenden Bedarf an Arbeitskräften abzudecken[4]. Da es sich um einen Ausnahmetatbestand von der grundsätzlich bestehenden Nachweispflicht handelt, ist eine enge Auslegung geboten. Die Beweislast für das Eingreifen dieses Ausnahmetatbestandes trägt aufgrund der gesetzlichen Formulierung „es sei denn" der ArbGeb. Die ursprüngliche Fassung des NachwG vom 20.7.1995[5] nahm noch solche ArbN aus dem Geltungsbereich aus, die zur vorübergehenden Aushilfe oder einer anderen gelegentlichen Tätigkeit eingestellt wurden, deren Gesamtdauer 400 Stunden innerhalb eines Jahres nicht überstieg. Diese Ausnahme ist durch Gesetz vom 24.3.1999[6] aufgrund ihrer Unvereinbarkeit mit Art. 1 Abs. 2 der Nachweis-Richtlinie aufgehoben worden. Die in Art. 1 Abs. 2 der Nachweis-Richtlinie eröffneten weiteren Ausnahmemöglichkeiten (Wochenarbeitszeit bis zu acht Stunden, Gelegenheitsarbeiten) hat der deutsche Gesetzgeber nicht übernommen. Gesichtspunkte der Gleichbehandlung und der Rechtssicherheit sprachen dafür, von der durch die Nachweis-Richtlinie eröffneten Ausnahmeregelung nur zurückhaltend Gebrauch zu machen. Der Gesetzgeber befürchtete zum einen eine mittelbar diskriminierende Auswirkung einer solchen Ausnahmeregelung, soweit sie geringfügig Beschäftigte betrifft, da ganz überwiegend Frauen betroffen sind. Zum anderen ist für geringfügig Beschäftigte die Einführung einer Nachweispflicht besonders dringlich. Gerade nur vorübergehend eingestellte oder nur geringfügig beschäftigte ArbN sind in erhöhtem Maße der Gefahr ausgesetzt, über ihre arbeitsvertraglichen Rechte nicht ausreichend informiert zu sein[7]. 6

2 Nachweispflicht

(1) Der Arbeitgeber hat spätestens einen Monat nach dem vereinbarten Beginn des Arbeitsverhältnisses die wesentlichen Vertragsbedingungen schriftlich niederzulegen, die Niederschrift zu unterzeichnen und dem Arbeitnehmer auszuhändigen. In die Niederschrift sind mindestens aufzunehmen:

1. der Name und die Anschrift der Vertragsparteien,
2. der Zeitpunkt des Beginns des Arbeitsverhältnisses,
3. bei befristeten Arbeitsverhältnissen: die vorhersehbare Dauer des Arbeitsverhältnisses,
4. der Arbeitsort oder, falls der Arbeitnehmer nicht nur an einem bestimmten Arbeitsort tätig sein soll, ein Hinweis darauf, dass der Arbeitnehmer an verschiedenen Orten beschäftigt werden kann,
5. eine kurze Charakterisierung oder Beschreibung der vom Arbeitnehmer zu leistenden Tätigkeit,
6. die Zusammensetzung und die Höhe des Arbeitsentgelts einschließlich der Zuschläge, der Zulagen, Prämien und Sonderzahlungen sowie anderer Bestandteile des Arbeitsentgelts und deren Fälligkeit,
7. die vereinbarte Arbeitszeit,
8. die Dauer des jährlichen Erholungsurlaubs,
9. die Fristen für die Kündigung des Arbeitsverhältnisses,
10. ein in allgemeiner Form gehaltener Hinweis auf die Tarifverträge, Betriebs- oder Dienstvereinbarungen, die auf das Arbeitsverhältnis anzuwenden sind.

Der Nachweis der wesentlichen Vertragsbedingungen in elektronischer Form ist ausgeschlossen. Bei Arbeitnehmern, die eine geringfügige Beschäftigung nach § 8 Abs. 1 Nr. 1 des Vierten Buches Sozialgesetzbuch ausüben, ist außerdem der Hinweis aufzunehmen, dass der Arbeitnehmer in der gesetzlichen Rentenversicherung die Stellung eines versicherungspflichtigen Arbeitnehmers erwerben kann, wenn er nach § 5 Abs. 2 Satz 2 des Sechsten Buches Sozialgesetzbuch auf die Versicherungsfreiheit durch Erklärung gegenüber dem Arbeitgeber verzichtet.

(2) Hat der Arbeitnehmer seine Arbeitsleistung länger als einen Monat außerhalb der Bundesrepublik Deutschland zu erbringen, so muss die Niederschrift dem Arbeitnehmer vor seiner Abreise aus*gehändigt werden* und folgende zusätzliche Angaben enthalten:

1. die Dauer der im Ausland auszuübenden Tätigkeit,
2. die Währung, in der das Arbeitsentgelt ausgezahlt wird,

---

1 Vgl. dazu oben Rz. 16 ff. | 2 BT-Drs. 13/668, Anlage 2 Ziff. 2. | 3 Vgl. dazu auch BR-Drs. 353/94, Anlage S. 1. | 4 LAG Köln v. 1.12.2000 – 11 Sa 1147/00, MDR 2001, 712. Ausf. hierzu: *Preis/Kliemt/Ulrich*, Aushilfs- und Probearbeitsverhältnis, 2. Aufl., Rz. 366 ff. | 5 BGBl. I S. 946. | 6 BGBl. I S. 388, 393. | 7 Dazu bereits *Kliemt*, EAS B 3050 Rz. 99.

3. ein zusätzliches mit dem Auslandsaufenthalt verbundenes Arbeitsentgelt und damit verbundene zusätzliche Sachleistungen,

4. die vereinbarten Bedingungen für die Rückkehr des Arbeitnehmers.

(3) Die Angaben nach Absatz 1 Satz 2 Nr. 6 bis 9 und Absatz 2 Nr. 2 und 3 können ersetzt werden durch einen Hinweis auf die einschlägigen Tarifverträge, Betriebs- oder Dienstvereinbarungen und ähnliche Regelungen, die für das Arbeitsverhältnis gelten. Ist in den Fällen des Absatzes 1 Satz 2 Nr. 8 und 9 die jeweilige gesetzliche Regelung maßgebend, so kann hierauf verwiesen werden.

(4) Wenn dem Arbeitnehmer ein schriftlicher Arbeitsvertrag ausgehändigt worden ist, entfällt die Verpflichtung nach den Absätzen 1 und 2, soweit der Vertrag die in den Absätzen 1 bis 3 geforderten Angaben enthält.

I. Normzweck; Allgemeines 1	k) Hinweis auf Rentenversicherungsoption bei geringfügig Beschäftigten (Abs. 1 Satz 4) . . 46
II. Mindestinhalt des schriftlichen Nachweises (Abs. 1) 2	III. Umfang der Nachweispflicht bei Auslandseinsatz (Abs. 2) 48
1. Wesentliche Vertragsbedingungen 2	IV. Teilersetzungsmöglichkeit durch Verweisung (Abs. 3) 51
2. Aushändigung der unterzeichneten Niederschrift 5	1. Ersetzung durch Hinweis auf die einschlägigen Kollektivregelungen (Abs. 3 Satz 1) . . 51
3. Frist zur Erfüllung der Informationspflicht . . . 8	a) Allgemeines 51
4. Mindestkatalog (Abs. 1 Sätze 2, 4) 11	b) Bezugnahmeobjekte 57
a) Vertragsparteien (Nr. 1) 12	aa) Tarifverträge 57
b) Zeitpunkt des Beginns des Arbeitsverhältnisses (Nr. 2) 17	bb) Betriebs- oder Dienstvereinbarungen . 58
c) Dauer der Befristung (Nr. 3) 18	cc) Ähnliche Regelungen 59
d) Arbeitsort (Nr. 4) 21	2. Teilersetzungsmöglichkeit durch Verweisung auf Gesetze (Abs. 3 Satz 2) 61
e) Tätigkeitsbeschreibung (Nr. 5) 24	V. Entfall der Verpflichtung durch Arbeitsvertrag (Abs. 4) 62
f) Arbeitsentgelt (Nr. 6) 29	VI. Erlöschen der Verpflichtung 63
g) Arbeitszeit (Nr. 7) 34	1. Ausschlussfristen 63
h) Urlaubsdauer (Nr. 8) 35	2. Verjährung; Beendigung des Arbeitsvertrages . 64
i) Kündigungsfristen (Nr. 9) 37	3. Verwirkung 66
j) Hinweis auf Kollektivvereinbarungen (Nr. 10) 38	

1 **I. Normzweck; Allgemeines.** § 2 begründet **kein konstitutives gesetzliches Schriftformerfordernis** iSv. § 125 BGB für den Arbeitsvertrag, sondern lediglich eine zwingende Pflicht zur Dokumentation der wesentlichen vertraglichen Bedingungen (vgl. dazu bereits Rz. 13 ff.). Die dem ArbN auszuhändigende Niederschrift soll ihm sichere Auskunft über den wesentlichen Inhalt seines Arbeitsvertrages geben (vgl. Rz. 4). Dementsprechend entfällt die Nachweispflicht nach § 2 Abs. 4, wenn dem ArbN bereits ein Arbeitsvertrag ausgehändigt worden ist, der sämtliche erforderlichen Angaben enthält.

2 **II. Mindestinhalt des schriftlichen Nachweises (Abs. 1). 1. Wesentliche Vertragsbedingungen.** Nach § 2 Abs. 1 Satz 1 muss der schriftliche Nachweis alle **wesentlichen Vertragsbedingungen** des konkreten Arbeitsverhältnisses enthalten. Gleichzeitig schreibt § 2 Abs. 1 gewisse Mindestangaben („mindestens") vor. Der **Mindestkatalog** deckt sich weitgehend mit Art. 2 Abs. 2 der Nachweis-Richtlinie. Er ist nicht abschließend, sondern **beispielhaft**. Weitere wesentliche, der Nachweispflicht unterliegende Vertragsbedingungen sind denkbar[1]. Dies ergibt sich aus Sinn und Zweck der Nachweispflicht, dem Wortlaut („mindestens") und der Gesetzesbegründung[2].

3 Fraglich ist, welche Vertragsbedingungen „wesentlich" iSd. § 2 Abs. 1 Satz 1 sind. Überwiegend wird für die Bestimmung der Wesentlichkeit ausschließlich auf die Interessen des Arbeitnehmers abgestellt[3]. Andere legen einen objektiven Maßstab an: Wesentlich seien all jene Vertragsbedingungen, die üblicherweise in Arbeitsverträgen bestimmter ArbN vereinbart werden[4]. Eine rein subjektive Abgrenzung führt allein nicht weiter. Zwar ist von den schutzwürdigen Interessen des ArbN auszugehen, wobei die üblicherweise getroffenen Vereinbarungen Hinweise geben. Indes ist nicht alles, was üblich ist, zugleich wesentlich und umgekehrt. Richtigerweise hat sich die Bestimmung der Wesentlichkeit am Sinn und Zweck der Nachweispflicht und an den Besonderheiten des jeweiligen Arbeitsverhältnisses zu orientieren[5]. Je schwerer der ArbN voraussichtlich von einer dem ArbGeb günstigen Vereinbarung betroffen sein kann, desto eher kann man vom ArbGeb erwarten, dass er diese Vertragsbedingung schriftlich fixiert. **Wesentlich** iSv. § 2 Abs. 1 Satz 1 sind dementsprechend alle Vertragsbedingungen, deren Kenntnis für den ArbN zur Geltendmachung seiner Rechte notwendig ist und deren Unkenntnis zu erheblichen Nachteilen führen kann. Hierzu können beispielsweise zählen: Vereinbarungen über die Rückzah-

---

1 BAG v. 23.1.2002 – 4 AZR 56/01, NZA 2002, 800; EuGH v. 8.2.2001 – Rs. C-350/99, BB 2001, 1255; LAG Hamburg v. 21.9.2001 – 6 Sa 46/01, nv.; LAG Bremen v. 9.11.2000 – 4 Sa 138/00, DB 2001, 336. AA *Birk*, NZA 1996, 281 (285); *Wank*, RdA 1996, 21 (23). |2 Vgl. BT-Drs. 13/668, S. 10. |3 Vgl. etwa *Schwarze*, ZfA 1997, 43 (52); *Krause*, AR-Blattei SD II B 220.2.2 Rz. 172; *Schaefer*, D Rz. 178. |4 So etwa ErfK/*Preis*, § 2 NachwG Rz. 7 ff.; LAG Nds. v. 7.12.2000 – 10 Sa 1505/00, NZA-RR 2001, 145 (146); *Bepler*, ZTR 2001, 241 (243). |5 Ausf.: *Linde/Lindemann*, NZA 2003, 649, 650 ff.

lung von Fortbildungskosten, Mankoabreden, Haftungsregelungen, Nebentätigkeitsbeschränkungen, Verschwiegenheitspflichten sowie Nebenleistungen, wie betrAV, Versicherungen. Vertragliche **Ausschlussfristen** zählen wegen ihres rechtsbeschneidenden Inhalts gleichfalls zu den nachweispflichtigen wesentlichen Vertragsbedingungen[1]. Zur Möglichkeit der Verweisung auf einen Kollektivvertrag nach § 2 Abs. 1 Nr. 10 noch Rz. 51 ff. Auch die individualvertragliche statische oder dynamische **Verweisung auf einen TV** ist wesentlich. Zur Problematik, ob eine Verweisung auf einen eine Ausschlussfrist enthaltenden TV ausreicht, vgl. Rz. 55. Auch nachvertragliche **Wettbewerbsverbote** sind wesentlich; sie bedürfen nach § 74 HGB ohnehin einer besonderen schriftlichen Vereinbarung.

Wo die Vertragsbedingungen geregelt sind (Einzelvertrag, TV oder Betriebsvereinbarung) ist unerheblich. Eine entsprechende Differenzierung fehlt in § 2 Abs. 1 Satz 1. Die Pflicht zur Aufnahme der wesentlichen Vertragsbedingungen hindert nicht, (freiwillig) weitere, über die wesentlichen Vertragsbedingungen hinausgehende Vertragsbedingungen in die Niederschrift aufzunehmen. **4**

2. Aushändigung der unterzeichneten Niederschrift. Die Informationspflicht des ArbGeb ist erst erfüllt, wenn die von ihm unterzeichnete Niederschrift dem ArbN ausgehändigt worden ist. Die Unterzeichnung muss **eigenhändig** durch den ArbGeb nach § 126 BGB erfolgen. Ein Faksimile-Stempel genügt deshalb nicht[2]. § 2 Abs. 1 Satz 3 schließt die elektronische Form iSv. § 126a BGB ausdrücklich aus[3]. Entsprechend den von der Rspr. zu § 174 BGB entwickelten Grundsätzen ist eine verbindliche Unterzeichnung durch einen **Vertreter** des ArbGeb, wie zB den Leiter der Personalabteilung, möglich[4]. Für eine Aushändigung iSv. § 2 Abs. 1 Satz 1 genügt nur die Übergabe der Privaturkunde. Wesentlich für den ArbN ist der **Besitz der Niederschrift**, dh. der ArbN muss das Schriftstück körperlich in die Hand bekommen[5]. Eine Übersendung per Telefax genügt dementsprechend ebenso wenig wie eine E-mail, eine Übermittlung mittels Internet oder die Übergabe einer Diskette. Das gilt selbst dann, wenn auf ihr ein eingescannter unterzeichneter Arbeitsvertrag abgespeichert ist. Die Erstellung der Niederschrift durch Einfügen in die Personalakten genügt gleichfalls nicht[6]. **Erfüllungsort** für die Aushändigung des Nachweises ist der Betriebssitz des ArbGeb, der regelmäßig als Leistungsort für arbeitsvertragliche Ansprüche gilt[7]. **5**

Die Aushändigung der Niederschrift ist eine **rechtsgeschäftsähnliche Handlung**. Auf sie finden die allgemeinen Regelungen über Willenserklärungen entsprechende Anwendung. **6**

Nichtdeutsche ArbN haben anders als LeihArbN gemäß § 11 Abs. 2 Satz 2 AÜG (vgl. dazu Rz. 17) **keinen Anspruch** auf Aushändigung der Urkunde in ihrer jeweiligen **Muttersprache**[8]. Der Europäische Rat nahm einen entsprechenden Änderungsvorschlag des Europäischen Parlaments bei Verabschiedung der Nachweis-Richtlinie nicht an[9]. **7**

3. Frist zur Erfüllung der Informationspflicht. Der ArbGeb hat den Nachweis spätestens **einen Monat nach dem vereinbarten Beginn** des Arbeitsverhältnisses auszuhändigen. Für den Fristbeginn stellt das NachwG auf den vereinbarten Beginn des Arbeitsverhältnisses ab. Das ist weder der Zeitpunkt des Vertragsschlusses bzw. des Wirksamwerdens des Arbeitsvertrages[10] noch der der effektiven Arbeitsaufnahme[11]. Zwar stellt Art. 3 Abs. 1 der Nachweis-Richtlinie auf die (tatsächliche) Aufnahme der Arbeit ab, sieht allerdings auch eine Frist von zwei Monaten vor. Der deutsche Gesetzgeber hat die Wortwahl der Nachweis-Richtlinie genauso wenig übernommen wie die Länge der Frist. Da die deutsche Regelung für die ArbN günstiger ist, bestehen auch keine europarechtlichen Bedenken. Für die hier vertretene Auffassung spricht die Rechtssicherheit, da der Beginn des Arbeitsverhältnisses zumeist von vornherein kalendermäßig bestimmt ist und die Fristberechung daher bereits zum Zeitpunkt des Vertragsabschlusses möglich ist. Ist der ArbN am vereinbarten Beginn des Arbeitsverhältnisses verhindert, zB durch krankheitsbedingte Arbeitsunfähigkeit, beginnt die Frist für den ArbGeb gleichwohl zu laufen und nicht erst bei tatsächlicher Arbeitsaufnahme. Gleiches gilt, wenn die Parteien einen Feiertag als Beginn des Arbeitsverhältnisses vereinbaren. **8**

Die Fristberechnung richtet sich nach §§ 186 ff. BGB. Für nachträgliche Änderungen von wesentlichen Arbeitsbedingungen gilt § 3; für Altfälle findet die Übergangsvorschrift des § 4 Anwendung (vgl. dort). Strengere, für den ArbN günstigere tarifvertragliche Formvorschriften, die teilweise eine sofortige Ausfertigung eines schriftlichen Arbeitsvertrages verlangen, gehen den Regelungen des NachwG vor[12]. **9**

Eine **Regelungslücke** besteht in den Fällen, in denen das Arbeitsverhältnis zunächst nicht dem Anwendungsbereich des NachwG unterfällt (wie zB bei einem zunächst auf bis zu einem Monat befristeten Aushilfsarbeitsverhältnis iSv. § 1 Halbs. 2), die Anwendungsvoraussetzungen aber später durch eine **Verlängerung der Befristung** oder eine unbefristete Fortsetzung erfüllt werden. In diesen Fällen ent- **10**

---

1 BAG v. 23.1.2002 – 4 AZR 56/01, NZA 2002, 800; ErfK/*Preis*, § 2 NachwG Rz. 8; *Linde/Lindemann*, NZA 2003, 649. AA: *Feldgen*, Rz. 129. |2 *Birk*, NZA 1996, 281 (287). |3 Ebenso § 24 Abs. 1 Satz 4 SeemG. Kritisch zum Fehlen eines Ausnahmetatbestandes in § 4 BBiG und § 11 AÜG: *Gotthardt/Beck*, NZA 2002, 876 (877). |4 *Birk*, NZA 1996, 281 (287); *Schaefer*, B Rz. 22. |5 *Birk*, NZA 1996, 281 (287); *Schaefer*, B Rz. 23. |6 *Birk*, NZA 1996, 281 (287). |7 ErfK/*Preis*, § 2 NachwG Rz. 4, *Schaefer*, B Rz. 26. Zum Zeugnis (Holschuld bzw. Schickschuld) vgl. BAG v. 8.3.1995 – 5 AZR 848/93, NZA 1995, 671. |8 Vgl. dazu *Riesenhuber*, NZA 1999, 798 ff. |9 ABl. EG Nr. C 240 v. 16.9.1991, S. 21. |10 So aber *Birk*, NZA 1996, 281 (287). |11 So aber ErfK/*Preis*, § 2 NachwG Rz. 5. |12 ErfK/*Preis*, § 2 NachwG Rz. 5.

steht die Nachweispflicht sofort im Zeitpunkt der Erfüllung der Anwendungsvoraussetzungen, wenn das Arbeitsverhältnis mindestens einen Monat bestanden hat und es sich um ein ununterbrochenes Arbeitsverhältnis handelt[1]. Es wäre unbillig, ab dem Verlängerungszeitpunkt die Monatsfrist nochmals laufen zu lassen.

11   **4. Mindestkatalog (Abs. 1 Sätze 2, 4).** Durch den Mindestkatalog des § 2 Abs. 1 Satz 2 wird Begriff der „wesentlichen Vertragsbedingungen" des Satzes 1 **konkretisiert**. Beispielhaft werden Vertragsbedingungen aufgezählt, die der Gesetzgeber in jedem Arbeitsverhältnis als wesentlich einstuft[2]. Die Pflicht zum Nachweis selbst folgt allein aus § 2 Abs. 1 Satz 1[3]. Sie bestünde auch, wenn § 2 Abs. 1 Satz 2 nicht existierte.

12   a) **Vertragsparteien (Nr. 1).** Anzugeben sind **Name und Anschrift der Vertragsparteien.** Dies bezweckt die eindeutige Festlegung der Identität der Vertragsparteien und beseitigt damit Unklarheiten über den richtigen Klagegegner oder den Schuldner in der Zwangsvollstreckung[4]. Insbesondere durch Betriebsübergänge oder Umfirmierungen ist häufig unklar, wer ArbGeb ist.

13   Der Name einer natürlichen Person besteht aus deren Familiennamen und mindestens einem Vornamen[5]. Bei Verwechselungsgefahr sind ggf. weitere Vornamen anzugeben. Akademische Grade sind nicht Teil des Familiennamens[6], wohl aber Adelsprädikate[7]. Berufs- oder Künstlername können, aber müssen nicht zusätzlich in den Nachweis aufgenommen werden. Nützlich, aber gleichfalls nicht erforderlich ist die Aufnahme von Geburtsdatum und -ort.

14   Handelt es sich bei dem ArbGeb um eine natürliche Personen, ist deren Name anzugeben, bei Handelsgesellschaften oder Kaufleuten deren Firma. Die Rechtsvorschriften über Firmenbezeichnungen gewährleisten eine hinreichende Präzisierung des ArbGeb. Bei juristischen Personen bedarf es deren näherer Bezeichnung. Die Verpflichtung zur Angabe der Rechtsform ergibt sich zT aus gesellschafts- und handelsrechtlichen Vorschriften (§ 4 GmbHG, § 4 AktG, §§ 17 ff. HGB, § 3 GenG). Gleiches gilt für Personengesellschaften nach dem PartnerschaftsG, vgl. § 7 PartGG. Beim eingetragenen Verein gehört die Angabe der Rechtsform nach § 65 BGB mit zum Namen.

15   Seit Anerkennung der Rechtsfähigkeit der **GbR** durch die Rspr.[8] genügt die Angabe des Namens der Gesellschaft; es müssen nicht mehr die Namen und die Anschriften aller Gesellschafter aufgeführt werden. Nicht angegeben werden muss der gesetzliche Vertreter[9].

16   Unter **Anschrift** sind die Daten zu verstehen, die für eine Zustellung benötigt werden. Bei ArbN ist auf deren regelmäßigen Aufenthaltsort abzustellen. Der ArbGeb hat die Betriebsstätte anzugeben, in der er die Personalverwaltung vornimmt[10]. Die Angabe eines Postfaches genügt nicht. Dort könnte nicht per Boten oder durch Gerichtsvollzieher zugestellt werden.

17   b) **Zeitpunkt des Beginns des Arbeitsverhältnisses (Nr. 2).** Der ArbGeb hat den **Zeitpunkt des Beginns des Arbeitsverhältnisses** anzugeben. Es beginnt mit dem Tag, an dem der ArbN vertragsgemäß die Arbeit aufzunehmen hat[11]. Dies ist der Tag des von den Vertragsparteien **vereinbarten Beginns der Vertragslaufzeit**[12]. Dieser Tag muss nicht mit dem Tag der tatsächlichen Arbeitsaufnahme übereinstimmen[13], beispielsweise weil die Arbeitsaufnahme wegen Erkrankung des ArbN zum vereinbarten Beginn nicht möglich ist, dem ArbN zu Beginn Urlaub gewährt wird oder weil das Arbeitsverhältnis vereinbarungsgemäß am 1. eines Monats beginnen soll, dieser Tag aber ein Sonn- oder Feiertag ist. Ist der Beginn der Vertragslaufzeit zum Zeitpunkt der Erteilung des Nachweises noch ungewiss, ist der Zeitpunkt so konkret wie möglich zu umschreiben (zB „Vertragsbeginn am 1. Februar oder auf Wunsch des ArbN früher").

18   c) **Dauer der Befristung (Nr. 3).** Der ArbGeb muss klarstellen, ob ein befristetes (§ 620 BGB) oder unbefristetes Arbeitsverhältnis gegeben ist. Überdies muss er die „vorhersehbare Dauer" der Befristung angeben. Für den Regelfall der Zeitbefristung ist die Dauer nicht nur vorhersehbar, sondern zeitlich sogar exakt bestimmbar.

19   Seit dem 1.1.2001 ist § 2 Abs. 1 Nr. 3 bedeutungslos. Seit dem besteht für **befristete Arbeitsverhältnisse** nach § 14 Abs. 4 TzBfG ohnehin ein **konstitutives Schriftformerfordernis**[14]. Dem Schriftformerfordernis unterliegt zunächst die Tatsache der Befristung. Daneben bedarf bei der **kalendermäßigen Befristung** (§ 3 Abs. 1 Satz 2 TzBfG) das Enddatum oder die Dauer des befristeten Arbeitsverhältnisses nach Tagen, Wochen, Monaten oder Jahren einer schriftlichen Vereinbarung. Demgegenüber ist

---

1 *Feldgen*, ErfK/*Preis*, § 2 NachwG Rz. 6. | **2** Vgl. bereits Rz. 3 (zur Wesentlichkeit). | **3** ErfK/*Preis*, § 2 NachwG Rz. 10. | **4** LAG Köln v. 9.1.1998 – 11 Sa 155/97, NZA-RR 1998, 513. | **5** Palandt/*Heinrichs*, § 12 BGB Rz. 5. | **6** BGH v. 19.12.1962 – IV ZB 282/62, BGHZ 38, 380. | **7** Art. 109 Abs. 3 Satz 2 WeimRV. | **8** BGH v. 18.2.2002 – II ZR 331/00, NJW 2002, 1207; v. 29.1.2001 – II ZR 331/00, NJW 2001, 1056; OLG Karlsruhe v. 26.2.2001 – 11 W 5/01, NJW 2001, 1072; KG Berlin v. 26.2.2001 – 8 RE-Miet 1/01, ZMR 2001, 454. Zu den Auswirkungen im Arbeitsrecht *Diller*, NZA 2003, 401. | **9** *Schaefer*, D Rz. 12. | **10** Vgl. dazu *Schaefer*, D Rz. 5. | **11** Palandt/*Putzo*, Einf. Vor § 611 BGB Rz. 5a. | **12** *Birk*, NZA 1996, 281 (286); *Grünberger*, NJW 1995, 2809 (2810); anschaulich *Schaefer*, D Rz. 17 ff.; ErfK/*Preis*, § 2 NachwG Rz. 12; Palandt/*Putzo*, Einf. Vor § 611 BGB Rz. 5a. | **13** Zust. ErfK/*Preis*, § 2 NachwG Rz. 12, anders unter Rz. 5. | **14** Art. 1 des Gesetzes v. 21.12.2000, BGBl. I S. 1966.

eine schriftliche Angabe des Befristungsgrundes grundsätzlich nicht erforderlich (Ausnahmen gemäß § 23 TzBfG: § 57 b Abs. 3 HRG, Nr. 2 Abs. 1 SR 2 y BAT)[1]. Der Vorschlag des Bundesrates, den ArbGeb zu verpflichten, auch den Grund für die Befristung zu nennen (BT-Drs. 13/668; BR-Drs. 353/1/94), ist vom Bundestag bei den Beratungen über das NachwG zurückgewiesen worden.

Neben der kalendermäßigen Befristung ist auch der Abschluss eines **zweckbefristeten** (§ 3 Abs. 1 Satz 2, 15 TzBfG) oder **auflösend bedingten** (§ 21 TzBfG) Arbeitsverhältnisses möglich. Hierbei ist die Dauer bei der Erteilung der Niederschrift mitunter schwer absehbar. § 2 Abs. 1 Nr. 3 will an der Zulässigkeit der Zweckbefristung oder der auflösenden Bedingung nichts ändern. Allerdings muss die Dauer des Arbeitsverhältnisses so konkret wie möglich angegeben werden. Ein bloßer Hinweis auf die erfolgte **Zweckbefristung** reicht nicht aus; vielmehr bedarf es der konkreten Schilderung des Sachverhalts und der exakten Angabe des Befristungszwecks. Bei der **auflösenden Bedingung** ist das Ereignis, von dessen ungewissem Eintreten das Ende des Vertrages abhängig ist, so konkret wie möglich zu bestimmen und in den Nachweis aufzunehmen[2]. 20

d) Arbeitsort (Nr. 4). Die Niederschrift muss Angaben zum **Arbeitsort** enthalten. Falls der ArbN nicht nur an einem bestimmten Arbeitsort tätig sein soll, ist ein Hinweis darauf erforderlich, dass er an verschiedenen Orten beschäftigt werden kann. Mit Arbeitsort ist der sog. Leistungsort gemeint, also der geographische Ort der vom ArbN zu erbringenden Leistungshandlung, **nicht ein bestimmter Arbeitsplatz**[3]. Zur Bezeichnung des Arbeitsortes genügt die räumliche Bezeichnung des Betriebsteiles oder des Betriebs, wie zB „Werk Düsseldorf" oder die Angabe der politischen Gemeinde iSv. Art. 28 Abs. 2 GG. Diese Angabe ist räumlich hinreichend konkret. 21

Der Arbeitsort richtet sich in erster Linie nach dem von den Parteien mündlich oder schriftlich geschlossenen Arbeitsvertrag. Ist ein bestimmter Arbeitsort ohne Versetzungsmöglichkeit fest vereinbart, ist damit die Grenze des arbeitgeberseitigen Direktionsrechtes aber auch der sozialen Auswahl gezogen. Der Einsatz des ArbN an einem anderen Ort bedarf dann der vorherigen Änderungskündigung. Wenn keine besondere Vereinbarung vorliegt, ist Arbeitsort der Betrieb des ArbGeb (nicht der konkrete Arbeitsplatz oder Arbeitsbereich im Betrieb)[4]. Teilweise wird die Auffassung vertreten, dass bei großen Stadtgebieten (zB Berlin) ein Direktionsrecht des ArbGeb mit Blick auf § 315 BGB, §§ 2 Abs. 3, 121 SGB III generell hinsichtlich solcher Ortsveränderungen anzunehmen sei, die vom Betrieb der Einstellung ausgehend mit einer Fahrtzeit (einfach) von nicht mehr als 30 Minuten verbunden seien[5]. 22

Enthält hingegen der Arbeitsvertrag eine örtliche Versetzungsklausel (zB „Einsatz bundesweit in allen Filialen"), muss ein entsprechender Hinweis auch in die Niederschrift aufgenommen werden. Ist zunächst ein bestimmter Arbeitsort vereinbart, einigen sich die Vertragsparteien dann aber auf einen anderen Arbeitsort, muss der ArbGeb diese Änderung einer wesentlichen Vertragsbedingung dem ArbN nach § 3 schriftlich mitteilen. 23

e) Tätigkeitsbeschreibung (Nr. 5). In die Niederschrift muss eine **kurze Charakterisierung oder Beschreibung der vom ArbN zu leistenden Tätigkeit** aufgenommen werden. Nach der ursprünglichen Fassung genügte eine „Bezeichnung oder allgemeine Beschreibung der vom ArbN zu leistenden Tätigkeit". Diese Regelung stellte nach Auffassung des **EuGH**[6] keine ordnungsgemäße Umsetzung des Art. 2 Abs. 2c Buchst. ii der Nachweis-Richtlinie dar. Hiernach ist entweder „die dem ArbN bei der Einstellung zugewiesene Amtsbezeichnung, sein Dienstgrad und Art oder Kategorie seiner Stelle" (Art. 2 Abs. 2 c Buchst. i Nachweis-Richtlinie) oder eine „kurze Charakterisierung oder Beschreibung der Arbeit" (Art. 2 Abs. 2 c Buchst. ii Nachweis-Richtlinie) in die Niederschrift aufzunehmen. Der deutsche Gesetzgeber hat nunmehr den Wortlaut der zweiten Möglichkeit übernommen[7]. 24

Der ArbGeb darf sich folglich nicht mit der bloßen Bezeichnung der Tätigkeit begnügen („Vorarbeiter" uä.), sondern ist gezwungen, zumindest die wesentlichen Tätigkeitsmerkmale nach Art und Umfang der zu leistenden Arbeit und damit das Aufgabengebiet des ArbN und seine Funktionen zu umschreiben[8]. Es genügt die Angabe eines charakteristischen Berufsbildes, soweit sich die zu leistenden Tätigkeiten tatsächlich innerhalb des vereinbarten Berufsbildes halten. Detaillierte Ausführungen, etwa im Sinne einer Stellenbeschreibung, werden nicht verlangt[9]. 25

Einer präzisen Eingruppierung nach Vergütungs- wie nach Tätigkeitsmerkmalen bedarf es insb. bei den Tarifwerken des öffentlichen Dienstes[10]. Beruft sich der ArbN auf eine ihm günstige Eingruppie- 26

---

1 *Meinel/Heyn/Herms*, § 14 TzBfG Rz. 113; *Kittner/Däubler/Zwanziger*, KSchR, § 14 TzBfG Rz. 190; *Gaul*, NZA 2000, Beil. 3, S. 51 (55 f.); *ErfK/Preis*, § 2 NachwG Rz. 13. |2 *Meinel/Heyn/Herms*, § 14 TzBfG Rz. 112; § 21 TzBfG Rz. 22; *Schaefer*, D Rz. 26. Ähnlich ErfK/*Preis*, § 2 NachwG Rz. 13, der annimmt, bei der Zweckbefristung bedürfe es stets der Angabe des Befristungsgrundes. |3 *Schaefer*, D Rz. 36. |4 BAG v. 3.12.1985 – 4 AZR 325/84, AP Nr. 5 zu § 1 TVG; MünchArbR/*Blomeyer*, § 48 Rz. 78–80; Palandt/*Putzo*, § 611 BGB Rz. 31. |5 *Gaul*, NZA 2000, Beil. 3, S. 51 (54). |6 EuGH v. 4.12.1997 – Rs. C 253/96, C 258/96 (Kampelmann), BB 1998, 272; siehe dazu den Vorlagebeschl. des LAG Hamm v. 9.7.1996, – 4 Sa 668/94, NZA 1997, 30. |7 ÄndG v. 29.6.1998, BGBl. I S. 1694. |8 Vgl. dazu *Hohmeister*, BB 1998, 1790 (1793). |9 BT-Drs. 13/668, 10. |10 ErfK/*Preis*, § 2 NachwG Rz. 16. Nach der Rspr. genügt die Angabe der Vergütungsgruppe zur Umschreibung der Arbeitsaufgaben, vgl.: BAG v. 24.4.1996 – 4 AZR 976/94, ZTR 1997, 313; v. 29.10.1997 – 5 AZR 455/96, ZTR 1998, 187; vgl. dazu auch *Kloppenburg*, RdA 2001, 293, (295).

rung im schriftlichen Arbeitsvertrag, hat der ArbGeb darzulegen und zu beweisen, dass der ArbN die tatsächliche Voraussetzungen der angegebenen Vergütungsgruppe nicht erfüllt[1]. Da das NachwG die Beweislage für ArbN verbessern will, gehen Unklarheiten hier zu Lasten des ArbGeb.

27 Nach wie vor zulässig ist die Vereinbarung eines arbeitgeberseitigen **Versetzungsrechtes** zu im Vertrag näher bezeichneten Bedingungen[2]. Dem steht der Zweck des NachwG, dem ArbN Kenntnis darüber zu verschaffen, welche Arbeiten auf ihn zukommen können, nicht entgegen. Da eine solche Versetzungsklausel gleichfalls in den Nachweis aufzunehmen ist, weiß der ArbN, dass auf ihn alle Arbeiten zukommen können, die der ArbGeb ihm im Rahmen billigen Ermessens überträgt.

28 Bei der Formulierung der auszuübenden Tätigkeiten hat der ArbGeb zu beachten, dass hiermit eine Einschränkung des arbeitgeberseitigen **Direktionsrechts** verbunden sein kann. Dies hat wiederum Konsequenzen für das Kündigungsrecht; insb. wird der Kreis der vergleichbaren ArbN für die Sozialauswahl vor allem durch den Umfang des Direktionsrechts bestimmt[3]. Je eingeschränkter das Tätigkeitsfeld des ArbN ist, desto weniger andere ArbN sind in die soziale Auswahl mit einzubeziehen.

29 f) **Arbeitsentgelt (Nr. 6).** In die Niederschrift sind Regelungen über die **Zusammensetzung und Höhe des Arbeitsentgelts** einschließlich der Zuschläge, der Zulagen, Prämien und Sonderzahlungen sowie anderer Bestandteile des Arbeitsentgelts (zB Betriebliche Altersversorgung) aufzunehmen. Hierzu gehören neben Überstunden-, Sonn- und Feiertagszuschlägen, Auslösungen, Tantiemen, Provisionen, Leistungszulagen, Gratifikationen, Leistungs-, Erschwernis- und Funktionszulagen auch **geldwerte Vorteile mit Entgeltcharakter**, zB die Möglichkeit der privaten Nutzung eines Dienstfahrzeugs oder eines Dienstmobiltelefons. Dies gilt auch für andere Fälle von Naturalleistungen. Lässt sich die Vergütung nicht im Voraus durch Nennung einer geldwerten Summe bestimmen (zB bei einer Akkordlohnvereinbarung oder bei ertragsabhängiger Vergütung), ist in die Niederschrift die Art und der Berechnungsmodus der Leistungsvergütung mit aufzunehmen.

30 Ergibt sich die Entgeltregelung aus einem **TV, einer Betriebs- oder Dienstvereinbarung**, ist deren gesonderte Aufnahme in die Niederschrift entbehrlich, wenn von der Möglichkeit eines Verweises nach § 2 Abs. 3 Gebrauch gemacht wird. Die Leistungen, die in derartigen Regelungswerken nicht geregelt sind, müssen in den Nachweis mit aufgenommen werden.

31 Durch **betriebliche Übung** im Laufe des Arbeitsverhältnisses entstehende oder wegfallende Vergütungsansprüche sind gleichfalls schriftlich zu dokumentieren. Ist ausnahmsweise eine **Nettolohnabrede** getroffen, bedarf diese der Aufnahme in die Niederschrift.

32 Auch **freiwillige Leistungen** des ArbGeb sind wesentliche Vertragsbedingungen und fallen unter § 2 Abs. 1 Nr. 6[4]. Denn nach dem Gesetzeswortlaut sind Zulagen und Sonderzahlungen ohne Rücksicht auf ihre rechtliche Ausgestaltung zu dokumentieren. Wird nicht schriftlich dokumentiert, dass es sich um eine freiwillige oder widerrufliche Leistung handelt, wird es dem ArbGeb wegen der Beweiskraft des Nachweises kaum gelingen, die formlose Vereinbarung eines Freiwilligkeits- oder Widerrufsvorbehaltes nachzuweisen[5].

33 Neben der Höhe der Vergütung ist die **Anzahl** der Monatsgehälter, die **Zahlungsmodalitäten** (zB bargeldlos) und die **Fälligkeit** der einzelnen Vergütungsbestandteile schriftlich niederzulegen. Auch die sich aus § 614 Satz 1 BGB ergebende gesetzliche Fälligkeitsregelung (Entrichtung der Vergütung nach Arbeitsleistung) ist in die Niederschrift aufzunehmen, da § 2 Abs. 3 Satz 1 NachwG einen Hinweis auf eine gesetzliche Regelung nur für die Urlaubsdauer und die Kündigungsfristen zulässt. Gleiches gilt für die Vereinbarung einer Vorleistungspflicht.

34 g) **Arbeitszeit (Nr. 7).** Entgegen der vor allem bei Führungskräften gebräuchlichen Handhabung muss die Niederschrift eine klare Regelung über die **vereinbarte Arbeitszeit** enthalten. Hierzu zählt nicht nur die **Dauer** (§ 2 Abs. 1, §§ 3, 18 ArbZG), sondern (entweder nach § 2 Abs. 1 Nr. 7 oder nach § 2 Abs. 1 Satz 1) auch die **Lage** der Arbeitszeit[6]. Dabei genügt angesichts des Bedürfnisses nach einer flexiblen Handhabung der Hinweis auf die regelmäßige Arbeitszeit[7]. Unter die vom ArbGeb anzugebende „Arbeitszeit" fallen auch Zeiten minderer oder anderer Arbeitsintensität (zB Arbeits- oder Rufbereitschaft), in denen der ArbN daran gehindert ist, seine Arbeitskraft zu verwerten und damit über seine persönliche Zeitnutzung nicht frei entscheiden kann[8]. Die Verpflichtung zur Leistung von **Überstunden** und **Kurzarbeit** wird von dem Wortlaut nicht erfasst; sie ist aber nach § 2 Abs. 1 Satz 1 als wesentliche Vertragsbedingung nachweispflichtig[9]. Regelungen zur Arbeitszeit können sehr komplex sein (zB Job-Sharing, Jahresarbeitszeitmodell, kapazitätsorientierte variable Arbeitszeit). Angesichts

---

1 LAG Hamm v. 2.7.1998 – 4 Sa 339/96, AuR 1998, 331; ErfK/*Preis*, § 2 NachwG Rz 16. AA: *Schwarze*, RdA 1997, 343 (351). Vgl hierzu auch BAG v. 8.9.1999 – 4 AZR 648/98, BB 1999, 1982. | 2 *Gaul*, NZA 2000, Beil. 3, S. 51 (54); *Schaefer*, D Rz. 53. AA *Zwanziger*, DB 1996, 2027 (2028). | 3 BAG v. 17.9.1998 – 2 AZR 725/97, NZA 1998, 1332. | 4 ErfK/*Preis*, § 2 NachwG Rz. 18; aA *Schaefer*, D Rz. 86. | 5 ErfK/*Preis*, § 2 NachwG Rz. 18; *Müller-Glöge*, RdA 2001, Sonderbeil. Heft 5, S. 46, 48. Ebenso *Schaefer*, D Rz. 87, der die Dokumentationspflicht aus § 2 Abs. 1 Satz 1 herleitet. | 6 *Schaefer*, D Rz. 91, 103 f.; aA *Birk*, NZA 1996, 281 (286). | 7 *Gaul*, NZA 2000, Beil. 3. S. 51 (59); *Schaefer*, D Rz. 96. AA *Richter/Mitsch*, AuA 1996, 7 (10). | 8 *Schaub*, ArbRHdb, § 45 VI.3. | 9 EuGH v. 8.2.2001 – Rs. C-350/99, BB 2001, 1255; ebenso ErfK/*Preis*, § 2 NachwG Rz. 20; *Schaefer*, E Rz. 97.

dessen empfiehlt sich, von der Möglichkeit der **Bezugnahme** auf TV, Betriebs- und Dienstvereinbarungen nach § 2 Abs. 3 Gebrauch zu machen.

h) Urlaubsdauer (Nr. 8). Nr. 8 verlangt nur die Dokumentation der **Dauer des jährlichen Erholungsurlaubs**, nicht jedoch der Modalitäten der Erteilung[1]. Missverständlich ist insoweit Art. 2 Abs. 2f der Nachweis-Richtlinie, der bei nicht von vornherein feststehender Dauer des Urlaubs auf die Modalitäten der Gewährung und Festlegung Bezug nimmt; dies bezieht sich trotz des Wortlauts nicht darauf, wann – also zu welchem Zeitpunkt – der Urlaub zu erteilen ist. In der betrieblichen Praxis richtet sich der Umfang des Urlaubsanspruchs häufig nach tariflichen Bestimmungen. Diese sehen meist wesentlich mehr Urlaubstage vor, als das BUrlG. Gemäß § 2 Abs. 3 besteht die Möglichkeit auf die einschlägigen gesetzlichen (§ 3 Abs. 1 BUrlG, § 19 JArbSchG, § 125 SGB IX) oder kollektivvertraglichen Regelungen zu verweisen. Von dieser Möglichkeit sollte Gebrauch gemacht werden, zu mal der Urlaubsanspruch Änderungen unterworfen sein kann, etwa weil er nach Alter oder Betriebszugehörigkeit gestaffelt ist. 35

Vom Erholungsurlaub sind **sonstige Beurlaubungen** zu unterscheiden. Hierzu zählen vor allem Beurlaubungen aus persönlichen Gründen („Sonderurlaub", zB bei Geburt, Heirat, Umzug etc.), zur Ausübung staatsbürgerlicher und kirchlicher Rechte und Pflichten, zur Betriebs- und Personalratstätigkeit usw. Diese nicht zur Erholung dienenden Dienstbefreiungen bedürfen keiner Niederlegung nach § 2 Abs. 1 Nr. 8[2]. 36

i) Kündigungsfristen (Nr. 9). In die Niederschrift aufzunehmen sind die **Fristen für die Kündigung des Arbeitsverhältnisses**. Diese Regelung ist nicht präzise, da sie das Problem der fehlenden Vorausberechenbarkeit der Kündigungsfrist offen lässt. Dies ist aber gerade der Regelfall: Mit zunehmender Dauer des Arbeitsverhältnisses steigt die Länge der Kündigungsfrist. Aus diesem Grunde sind auch die **maßgeblichen Kriterien** für die Bemessung der Länge der Kündigungsfrist in die Niederschrift mit aufzunehmen[3]. Angesichts der detaillierten Regelungen in TV, in § 622 BGB und in Spezialgesetzen (zB § 15 BBiG, § 86 SGB IX, § 29 Abs. 3 HAG, § 63 SeemG) sollte von der Verweisungsmöglichkeit des § 2 Abs. 3 Gebrauch gemacht werden. 37

j) Hinweis auf Kollektivvereinbarungen (Nr. 10). Das NachwG verlangt nach § 2 Abs. 1 Nr. 10 einen „in allgemeiner Form" gehaltenen **Hinweis auf die TV, Betriebs- oder Dienstvereinbarungen**, die auf das Arbeitsverhältnis anzuwenden sind. Der ArbGeb hat den ArbN in der Niederschrift nach § 2 Abs. 1 Nr. 10 auch auf einen im Betrieb kraft **betrieblicher Übung** anwendbaren TV hinzuweisen[4]. 38

Die **Reichweite** dieser Regelung ist umstritten. Teilweise wird die Auffassung vertreten, nur **(individual)vertraglich vereinbarte Bedingungen** seien als Vertragsbedingungen iSd. NachwG anzusehen[5]. Hingegen wirkten allgemeinverbindliche TV mit Normwirkung auf das Arbeitsverhältnis ein, ohne dass dafür ein rechtsgeschäftlicher Konsens zwischen den Arbeitsvertragsparteien erforderlich wäre; insoweit handele es sich nicht um „Vertragsbedingungen" iSd. § 2 Abs. 1, sondern um gesetzliche Normen, auf die ein Hinweis nicht zu erfolgen brauche. Dem kann nicht zu gestimmt werden: „Vertragsbedingungen" iSd. NachwG sind nicht nur die vertraglich vereinbarten, sondern **auch die kraft normativer Wirkung geltenden Konditionen**[6]. Der Gesetzeswortlaut unterscheidet bei der Hinweispflicht nicht nach dem Grund für die Anwendbarkeit des TV. Der Nachweis ist daher unabhängig von der Rechtsgrundlage der Tarifgeltung oder TV-Anwendung zu erteilen. Zudem hätte es ansonsten § 3 Satz 2 nicht bedurft, der die Änderung von für das Arbeitsverhältnis geltenden TV betrifft. Im Übrigen ermöglicht § 2 Abs. 3 eine Ersetzung bestimmter Mindestangaben durch einen Verweis auf einschlägige TV. Einschlägig sind TV auch dann, wenn sie wegen ihrer Allgemeinverbindlichkeit oder wegen der Tarifgebundenheit für diese Vertragspartner gelten. 39

Der Gesetzeswortlaut verlangt lediglich einen **in allgemeiner Form gehaltenen Hinweis**. Eine detaillierte Bezeichnung aller auf das Arbeitsverhältnis anwendbaren Kollektivvereinbarungen ist nach dem Willen des Gesetzgebers nicht erforderlich[7]. Diesem Erfordernis würde bereits die Formulierung genügen: „Im Übrigen finden auf das Arbeitsverhältnis die einschlägigen TV sowie BV Anwendung." Dies lässt sich jedoch schwerlich mit der Nachweis-Richtlinie vereinbaren. Deren Art. 2 Abs. 2 Buchst. j verlangt die Angabe der Kollektivverträge, in denen die Arbeitsbedingungen *„des Arbeitnehmers"* geregelt sind, also die **Angabe der konkret auf das Arbeitsverhältnis anwendbaren kollektiven Rege-** 40

---

[1] *Birk*, NZA 1996, 281 (286); ErfK/*Preis*, § 2 NachwG Rz. 21. |[2] *Schaefer*, D Rz. 123. |[3] *Birk*, NZA 1996, 281 (286); KR/*Spilger*, § 622 BGB Rz. 205a; ähnlich *Krause*, AR-Blattei SD 220.2.2 Rz. 160. |[4] BAG v. 17.4.2002 – 5 AZR 89/01, NZA 2002, 1096. |[5] LAG Hamburg v. 21.9.2001 – 6 Sa 46/01, nv.; LAG Schl.-Holst. v. 31.5.2001 – 4 Sa 417/00, nv.; LAG Köln v. 6.12.2000 – 3 Sa 1089/00, NZA-RR 2001, 261; *Feldgen*, Kap. B Rz. 129; *Birk*, NZA 1996, 281 (288); *Preis*, Arbeitsvertrag II V 40 Rz. 11, der eine Pflicht zum Hinweis auf einen nur kraft vertraglicher Bindung anwendbaren Tarifvertrag aus § 2 Abs. 1 Satz 1 NachwG ableiten will. |[6] Ebenso: BAG v. 29.5.2002 – 5 AZR 105/01, ArbRB 2002, 292 f.; v. 23.1.2002 – 4 AZR 56/01, NZA 2002, 800 (802); LAG Bdb. v. 10.8.2001 – 4 Sa 265/01, LAGE § 2 NachwG Nr. 11; LAG Düsseldorf v. 17.5.2001 – 5 (3) Sa 45/01, DB 2001, 1995; LAG Bremen v. 9.11.2000 – 4 Sa 138/00, DB 2001, 336; LAG Schl.-Holst. v. 8.2.2000 – 1 Sa 563/99, DB 2000, 724. Ebenso *Bepler*, ZTR 2001, 241 (243); *Müller-Glöge*, RdA 2001, Beil. 5, S. 46 (47, 54); *Schoden* § 2 Rz. 19; *Gaul*, ZfA 2003, 79. |[7] BT-Drs. 13/668, S. 10 f.: Krit.: *Höland*, ArbuR 1996, 87 (91); *Wank*, RdA 1996, 23; ErfK/*Preis*, § 2 NachwG Rz. 23.

lungen. Dem ArbGeb ist daher eine Einzelauflistung der für das jeweilige Arbeitsverhältnis geltenden Kollektivverträge anzuraten[1]. Dies entspricht der Rechtsprechungspraxis[2]. Hierbei sollte der fachliche und räumliche Geltungsbereich der jeweiligen Kollektivverträge zweifelsfrei bezeichnet werden. Angesichts der Vielzahl von Kollektivvereinbarungen wäre es dem einzelnen ArbN ansonsten nahezu unmöglich, die auf sein Arbeitsverhältnis anwendbaren aufzuspüren.

41 Durch den allgemeinen Hinweis auf die konkret anwendbare Kollektivvereinbarung nach § 2 Abs. 1 Nr. 10 ist auch deren Inhalt ausreichend nachgewiesen. Die **einzelnen einschlägigen Kollektivbestimmungen** bedürfen nach ständiger Rspr. auch dann **keines besonderen Nachweises**, wenn es sich um „wesentliche Vertragsbedingungen" handelt[3]. Dies gilt auch für den besonders praxisrelevanten Fall der **Ausschlussfristen**. Dem gegenüber wird vereinzelt die Auffassung vertreten, hinsichtlich der Nachweispflicht sei streng zu trennen zwischen einerseits der nachweispflichtigen Tatsache, dass ein Kollektivvertrag auf das Arbeitsverhältnis Anwendung findet, und andererseits den in diesem Kollektivvertrag enthaltenen ebenfalls nachweispflichtigen wesentlichen Vertragsbedingungen. § 2 Abs. 1 Nr. 10 beziehe sich lediglich auf Ersteres. Der Inhalt eines Kollektivvertrages sei stets daraufhin zu untersuchen, ob er wesentliche Vertragsbedingungen enthalte. Sollte dies der Fall sein, bleibe es bei dem Grundsatz des § 2 Abs. 1 Satz 1: Die im Kollektivvertrag enthaltenen wesentlichen Vertragsbedingungen seien zusätzlich zu der Verweisung stets separat in die Niederschrift aufzunehmen[4]. An diesem Meinungsstreit entfachte sich eine Diskussion darüber, ob Tarifbestimmungen, wie tarifliche **Ausschlussklauseln** und **Verfallfristen**[5], wesentliche Vertragsbedingungen darstellen.

42 § 2 Abs. 1 Nr. 10 benennt als Mindestinhalt der Niederschrift einen in allgemeiner Form gehaltenen Hinweis auf die auf das Arbeitsverhältnis anzuwendenden TV. Diese Hinweispflicht würde sinnentleert, wenn der ArbGeb darüber hinaus verpflichtet sein sollte, sämtliche anwendbaren TV auf wesentliche Vertragsbedingungen durchzusehen und diese nochmals gesondert im Nachweis aufzuführen. Der Zweck der Vorschrift liegt darin, iSd. Rechtsklarheit und Sicherheit auf die auf das Arbeitsverhältnis anzuwendenden Kollektivregelungen hinzuweisen. Dies gebietet es nicht, die Inhalte der tariflichen Bestimmungen - quasi „wiederholend" - nachzuweisen. Auch § 3 Satz 2 zeigt, dass tariflich geregelte wesentliche Vertragsbedingungen durch einen Hinweis auf den TV ausreichend nachgewiesen sind. Würde man die ausdrückliche Aufnahme zB einer tarifvertraglichen Verfallfrist in den Nachweis verlangen, käme es bei der Änderung von Tarifbestimmungen zu Wertungswidersprüchen. Änderungen von Tarifbestimmungen muss der ArbGeb nach dem eindeutigen Wortlaut von § 3 Satz 2 nicht mitteilen. Das NachwG unterscheidet bei der Art und Weise der Pflicht zum Nachweis wesentlicher Vertragsbedingungen wie folgt: § 2 Abs. 1 Satz 2 Nr. 1 bis 5 zählt die zwingend in den Nachweis aufzunehmenden Bedingungen auf; hingegen ermöglicht § 2 Abs. 3 Satz 1 die Ersetzung der nach § 2 Abs. 1 Satz 2 Nr. 6 bis 9 notwendigen weiteren Mindestangaben durch einen Hinweis auf einschlägige kollektivrechtliche Regelungen. **Der Gesetzgeber privilegiert diese Mindestangaben.** Sie sind durch einen Verweis ua. auf einschlägige TV hinreichend nachgewiesen; die konkrete tarifliche Bestimmung (wohl aber das Tarifwerk) ist hingegen nicht zwingend zu benennen[6]. Aufgrund der Verpflichtung des ArbGeb, ua. die für den Betrieb maßgeblichen TV an geeigneter Stelle im Betrieb auszulegen (§ 8 TVG), kann einem mündigen ArbN durchaus abverlangt werden, sich über den Inhalt und spätere Änderungen der auf sein Arbeitsverhältnis anwendbaren Kollektivverträge in zumutbarer Weise selbst zu informieren[7].

---

1 *Kliemt*, EAS B 3050 Rz. 26; 108; *Lörcher*, ArbuR 1994, 450 (454); *Schaefer*, D Rz. 138; aA *Wank*, RdA 1996, 21 (23). |2 BAG v. 29.5.2002 – 5 AZR 105/01, NZA 2002, 1360 („Hinweis auf den TV als solchen"); v. 17.4.2002 – 5 AZR 89/01, BB 2002, 2022 („Hinweis auf den TV"); v. 23.1.2002 – 4 AZR 56/01, NZA 2002, 800 („Hinweis auf den einschlägigen TV"); LAG Rh.-Pf. v. 16.7.2002 – 1 Sa 407/02, NZA-RR 2003, 30 („Hinweis auf den TV"); LAG Köln v. 7.3.2002 – 10 Sa 1270/01, NZA-RR 2002, 591 („Hinweis auf die Anwendbarkeit des einschlägigen TV"); v. 7.12.2001 – 1 Sa 687/01, PersV 2002, 557 („namentlich bezeichneter TV"); LAG Hamm v. 28.11.2001 – 2 Sa 749/01, nv. („Bezugnahme auf einen genau bezeichneten TV"); vgl. auch EuGH v. 8.2.2001 – Rs. C-350/99, BB 2001, 1255 („Hinweis auf den einschlägigen TV"). AA LAG Nds. v. 7.12.2000 – 10 SA 1505/00, NZA-RR 2001, 145. |3 BAG v. 29.5.2002 – 5 AZR 105/01, NZA 2002, 1360; v. 17.4.2002 – 5 AZR 89/01, NZA 2002, 1096; v. 23.1.2002 – 4 AZR 56/01, NZA 2002, 800. Ebenso: LAG Rh.-Pf. v. 16.7.2002 – 1 Sa 407/02, NZA-RR 2003, 30; LAG Schl.-Holst. v. 3.6.2002 – 4 Sa 438/01, LAGReport 2002, 325; v. 8.11.2001 – 3 Sa 388/01, nv.; v. 31.5.2001 – 4 Sa 417/00, nv.; LAG Köln v. 7.3.2001 – 10 Sa 1270/01, NZA-RR 2002, 591; LAG Hamm v. 28.11.2001 – 2 Sa 749/01, nv.; LAG Bdb. v. 8.11.2001 – 8 (2) Sa 475/01, nv.; LAG Düsseldorf v. 17.5.2001 – 5 (3) Sa 45/01, DB 2001, 1995; LAG Nds. v. 7.12.2000 – 10 Sa 1505/00, NZA-RR 2001, 145; vgl. auch EuGH v. 8.2.2001 – Rs. C-350/99, BB 2001, 1255. |4 *Koch*, FS Schaub, 421 (437 ff.); ErfK/*Preis*, § 2 NachwG Rz. 24 ff.; *Linde/Lindemann*, NZA 2003, 849 (653 ff.). Im Anschluss an *Preis*: Sächsisches LAG v. 22.2.2002 – 3 Sa 768/01, nv.; LAG Schl.-Holst. v. 8.2.2000 – 1 Sa 563/99, DB 2000, 724. |5 „Keine wesentlichen Vertragsbedingungen": LAG Nds. v. 7.12.2000 – 10 Sa 1505/00, NZA-RR 2001, 145; wohl auch LAG Köln v. 6.12.2000 – 3 Sa 1089/00, NZA-RR 2001, 261. „Zweifelhaft": LAG Köln v. 7.3.2002 – 10 Sa 1270/01, NZA-RR 2002, 591; LAG Schl.-Holst. v. 6.11.2001 – 3 Sa 388/01, nv.; LAG Bdb. v. 10.8.2001 – 4 Sa 265/01, LAGE § 2 NachwG Nr. 11. AA „wesentliche Vertragsbedingung": LAG Rh.-Pf. v. 16.7.2002 – 1 Sa 407/02, NZA-RR 2003, 30; Sächsisches LAG v. 22.2.2002 – 3 Sa 768/01, nv.; BAG v. 23.1.2002 – 4 AZR 56/01, NZA 2002, 800; LAG Hamm v. 28.11.2001 – 2 Sa 749/01, nv.; LAG Schl.-Holst. v. 8.2.2000 – 1 S 563/99, DB 2000, 724. |6 BT-Drs. 13/668, S. 11. |7 Gesetzesbegründung zu § 3: BT-Drs. 13/668, S. 12. BAG v. 23.1.2002 – 4 AZR 56/01, NZA 2002, 800; LAG Rh.-Pf. v. 16.7.2002 – 1 Sa 407/02, NZA-RR 2002, 30; LAG Schl.-Holst. v. 3.6.2002 – 4 Sa 438/01, LAGReport 2002, 325; LAG Hamm v. 28.11.2001 – 2 Sa 749/01, nv.; LAG Bremen v. 9.11.2000 – 4 Sa 138/00, DB 2001, 336.

Der **Umkehrschluss**, wonach nicht in § 2 Abs. 3 Satz 1 aufgezählte Angaben nicht durch einen Hinweis auf TV ersetzt werden können, ist nicht möglich. Zur damit angesprochenen **analogen Anwendung des § 2 Abs. 3** noch eingehend Rz. 55. Denn die Ersetzungsmöglichkeit besteht neben der Regelung von § 2 Abs. 1 Satz 2 Nr. 10 und betrifft ausschließlich die aufgezählten Bedingungen. Bezeichnet das Gesetz einzelne wesentliche Vertragsbedingungen ausdrücklich, die durch Hinweis auf die einschlägige Kollektivregelung ausreichend nachgewiesen sind, genügt ansonsten der generelle Hinweis auf den Kollektivvertrag. Im Übrigen hat der Gesetzgeber die Ersetzungsmöglichkeit nach § 2 Abs. 3 Satz 1 für typischerweise in TV geregelte Bedingungen von zentraler Bedeutung vorgesehen, welche die Tragweite von Ausschlussfristen zum Teil erheblich überschreiten. Es wäre widersprüchlich, anspruchsbegründende Bestimmungen (wie zB die Regelung über die Zusammensetzung und Höhe des Arbeitsentgelts) durch den Hinweis auf Kollektivvereinbarungen als ausreichend nachgewiesen anzusehen, während dies für anspruchsbeschneidende Bestimmungen (zB Ausschlussfristen) nicht genügen soll[1]. Würde man eine Verpflichtung des ArbGeb annehmen wollen, alle im TV enthaltenen weiteren wesentlichen Vertragsbedingungen wortgetreu in den Arbeitsvertrag oder den Nachweis aufzunehmen, würde der Umfang des Nachweises unnötig aufgebläht und dessen Inhalt letztlich gegen das **Transparenzgebot** verstoßen. Im Ergebnis würde durch die Verlagerung der Tarifbestimmungen in den Arbeitsvertrag der Zweck des NachwG – Schaffung größerer Transparenz für den ArbN – kontakariert[2].

Auch aus der Nachweis-Richtlinie lässt sich keine Verpflichtung des ArbGebs herleiten, Einzelne „wesentliche" Tarifbestimmungen nochmals gesondert in die Niederschrift aufzunehmen. So hat beispielsweise der **EuGH** für den Fall einer tariflich geregelten Verpflichtung der Ableistung von Überstunden auf Anordnung des ArbGeb entschieden, dass der ArbN über diese in Art. 2 Abs. 2 Buchst. a bis i der Nachweis-Richtlinie nicht genannte, aber als wesentlich zu qualifizierende Vertragsbedingung durch einen Hinweis auf den einschlägigen TV entsprechend der ua. für die normale Arbeitszeit geltenden Regelung von Art. 2 Abs. 3 der Nachweis-Richtlinie ausreichend unterrichtet ist[3].

Aus Gründen äußerster Vorsorge ist der **Vertragspraxis** für nicht im Klauselkatalog des § 2 Abs. 1 Satz 2 NachwG aufgeführte, jedoch in Kollektivverträge enthaltene „wesentliche Vertragsbedingungen" die Verwendung folgender Klausel anzuraten: „Wegen des Urlaubsgeldes, der Ausschlussfristen, der [...] oder der [...] wird auf den TV Y des Tarifgebietes Z in seiner jeweils gültigen Fassung verwiesen.". Allerdings wäre in jedem Einzelfall zu prüfen, ob sich aus dem Arbeitsvertrag abweichende, dem ArbN günstigere Vereinbarungen ergeben.

k) Hinweis auf RV-Option bei geringfügig Beschäftigten (§ 1 Abs. 1 Satz 4). Mit der Neueinführung des Abs. 1 Satz 4 durch Gesetz vom 24.3.1999[4] ist der ArbGeb verpflichtet, bei **Verträgen mit geringfügig Beschäftigten** (§ 8 SGB VI) einen Hinweis in die Niederschrift aufzunehmen, dass der ArbN trotz bestehender Versicherungsfreiheit auf diese nach § 5 Abs. 2 Satz 2 SGB VI verzichten kann, um hierdurch die Stellung eines sozialversicherungspflichtigen ArbN mit entsprechenden Rentenanwartschaften zu erwerben. Damit wird auf den ArbGeb eine Verpflichtung abgewälzt, die nicht seine Aufgabe sein kann, sondern der Beratungspflicht der SozV-Träger (§§ 13 bis 15 SGB I) obliegt[5].

Ein Verstoß gegen diese Nachweispflicht kann Schadensersatzansprüche des ArbN wegen Pflichtverletzung gemäß § 280 Abs. 1 BGB auslösen (vgl. dazu oben Vorb. Rz. 32), wenn er darlegen und beweisen kann, dass er wegen der fehlenden Belehrung versäumt hat, einen Antrag nach § 5 Abs. 2 Satz 2 SGB VI zu stellen und dadurch einen Versicherungsschaden erlitten hat. Zur Frage der Kausalität muss der Anspruchsteller darlegen und beweisen, dass er tatsächlich auf die Versicherungsfreiheit verzichtet und somit den ArbGebBeitrag freiwillig aufgestockt hätte, wenn er nur darauf hingewiesen worden wäre[6]. Ob ein Anspruch im Ergebnis deshalb am Mitverschulden des ArbN scheitert, weil es seine Obliegenheit ist, sich um seine sozialversicherungsrechtlichen Ansprüche zu kümmern[7], ist zweifelhaft.

III. Umfang der Nachweispflicht bei Auslandseinsatz (Abs. 2). Hat der ArbN seine **Arbeitsleistung länger als einen Monat außerhalb der Bundesrepublik Deutschland** zu erbringen, muss der ArbGeb gemäß § 2 Abs. 2 **zusätzliche Mindestangaben** in die Niederschrift aufnehmen und diese dem ArbN **vor seiner Abreise** aushändigen. Die Ausweitung der Informationspflicht entspricht Art. 4 der Nachweis-Richtlinie (RL 91/533/EWG).

Die Niederschrift hat folgende weitere Angaben zu enthalten:

- die **Dauer** des Auslandseinsatzes (Nr. 1); erfolgt der Auslandseinsatz auf unbestimmte Zeit, ist hierauf in der Niederschrift ausdrücklich hinzuweisen. Im Falle einer Zweckbefristung ist die vom ArbN konkret zu erfüllende Aufgabe mit aufzunehmen.

- die **Währung**, in der das Arbeitsentgelt ausgezahlt wird (Nr. 2). Wird das Arbeitsentgelt teils in Inlands-, teils in Auslandswährung ausbezahlt, ist auch darauf hinzuweisen.

---

1 LAG Bremen v. 9.11.2000 – 4 Sa 138/00, DB 2001, 336. | 2 Zutr.: *Gaul*, ZfA 2003, 75 (80). | 3 EuGH v. 8.2.2001 – Rs. C-350/99, BB 2001, 1255. | 4 BGBl. I S. 388, 393. | 5 *Leuchten/Zimmer*, NZA 1999, 969 (971); ErfK/*Preis*, § 2 NachwG Rz. 30. | 6 *Leuchten/Zimmer*, NZA 1999, 969 (970 f.); *Stückemann*, FA 2000, 343. | 7 So ErfK/*Preis*, § 2 NachwG Rz. 30.

- ein etwaiges **zusätzliches Arbeitsentgelt** für den Auslandseinsatz und damit verbundene Sachleistungen (zB Kostenübernahme für Heimatflüge, Unterkunft etc., Nr. 3) und

- die **vereinbarten Bedingungen für die Rückkehr** des ArbN nach Beendigung des Auslandsaufenthaltes (Nr. 4).

50 Die Regelungen zu Nrn. 1 und 2 sind zwingend in die Niederschrift mit aufzunehmen. Sofern über die Regelungsgegenstände der Nrn. 3 und 4 keine Vereinbarungen zwischen den Arbeitsvertragsparteien getroffen werden, ist der ArbGeb zur Erteilung einer **Negativbescheinigung** verpflichtet[1]. Eine Ausnahme besteht gemäß § 24 Abs. 2 Nrn. 3 und 4 SeemG für Seeleute. Der Heuerschein muss nur dann Angaben über zusätzliche Leistungen und Rückkehrbedingungen enthalten, wenn die Parteien hierzu tatsächlich Vereinbarungen getroffen haben (vgl. den Gesetzeswortlaut: „gegebenenfalls").

51 **IV. Teilersetzungsmöglichkeit durch Verweisung (Abs. 3). 1. Ersetzung durch Hinweis auf die einschlägigen Kollektivregelungen (Abs. 3 Satz 1). a) Allgemeines.** § 2 Abs. 3 Satz 1 (zu Satz 2 vgl. Rz. 61) eröffnet die Möglichkeit, die Angaben nach § 2 Abs. 1 Nr. 6 bis 9 zu Zusammensetzung und Höhe des Arbeitsentgelts, der vereinbarten Arbeitszeit, der Dauer des jährlichen Erholungsurlaubs und den Kündigungsfristen **durch einen Hinweis auf die einschlägigen TV, Betriebs- und Dienstvereinbarungen zu ersetzen**[2]. Gleiches gilt für die Angaben bei Auslandseinsätzen nach § 2 Abs. 2 Nr. 2 und 3. Nicht ersetzt werden können die nicht in Kollektivverträgen enthaltenen Angaben, der Name und die Anschrift der Vertragsparteien, der Zeitpunkt des Beginns des Arbeitsverhältnisses, die vorhersehbare Dauer des befristeten Arbeitsverhältnisses, der Arbeitsort und die Tätigkeitsbeschreibung.

52 Die Eröffnung der Teilersetzungsmöglichkeiten durch § 2 Abs. 3 und die Entbehrlichkeit der Angabe von Änderungen gemäß § 3 Satz 2 verdeutlichen die Wertung des Gesetzgebers, für gesetzlich oder kollektivvertraglich geregelte, wesentliche Vertragsbedingungen eine erleichterte Nachweismöglichkeit zu schaffen. Durch diese Verweisungsmöglichkeiten wird die praktische Handhabung der Nachweispflichten für den ArbGeb wesentlich erhöht[3].

53 Der Gesetzeswortlaut des § 2 Abs. 3 Satz 1 verlangt einen Hinweis auf die „einschlägigen" Kollektivvereinbarungen. Er geht damit über den Wortlaut des § 2 Abs. 2 Nr. 10 hinaus, der einen „in allgemeiner Form gehaltenen Hinweis" ausreichen lässt. Ein in allgemeiner Form gehaltener Hinweis auf die für das Arbeitsverhältnis geltenden Kollektivvereinbarungen ist bereits nach § 2 Abs. 1 Nr. 10 stets in eine Niederschrift aufzunehmen. Die Rspr. fordert die Angabe der konkret auf das Arbeitsverhältnis anwendbaren kollektiven Regelungen, mithin eine Einzelauflistung (vgl. bereits Rz. 40 ff.). Eine Teilersetzung der Angaben nach § 2 Abs. 3 kann daher nur eingreifen, wenn zusätzlich beim jeweiligen Sachzusammenhang – Entgelt, Arbeitszeit, Urlaub, Kündigungsfristen – eine Verweisung auf die jeweils einschlägige Kollektivregelung erfolgt[4]. Eine Nennung der konkreten kollektivrechtlichen Bestimmung ist wünschenswert, jedoch nicht erforderlich[5]. Ausreichend ist demnach ein Hinweis folgenden Inhalts: „Die Höhe des Arbeitsentgeltes ergibt sich aus dem Entgelttarifvertrag XY." Der TV ist nach Branche und Tarifgebiet anzugeben, so dass der ArbN ihn identifizieren kann.

54 Ob darüber hinaus erforderlich ist, dass der ArbGeb dem ArbN den **TV zugänglich macht**, ist zweifelhaft[6]. Dies lässt sich jedenfalls nicht auf die Entscheidung des BAG v. 11.11.1998[7] stützen, da der TV im vom BAG entschiedenen Fall explizit regelte, dass Ansprüche dann nicht aufgrund der Ausschlussfrist erlöschen, wenn der TV „dem ArbN nicht ausgehändigt oder im Betrieb nicht ausgelegt oder ausgehängt ist". Eine solche, die Ausschlussklausel einschränkende Spezialregelung ist jedoch nur selten anzutreffen. Der ArbN ist selbst gehalten, sich rechtzeitig und umfassend über den Inhalt der auf sein Arbeitsverhältnis anzuwendenden Gesetze und Kollektivverträge zu informieren[8]. Selbst ein Verstoß des ArbGeb gegen die aus § 8 TVG resultierende Verpflichtung zur Auslage des TV löst keine Schadensersatzansprüche aus. Es handelt sich um eine reine Ordnungsvorschrift, nicht um ein Schutzgesetz iSd. § 823 Abs. 2 BGB[9].

55 Zu Recht wendet das **BAG**[10] die Teilersetzungsmöglichkeit nach § 2 Abs. 3 **analog** auch auf andere, in dieser Vorschrift nicht geregelte wesentliche Vertragsbedingungen ab. Der Aufstellung in Abs. 1 Satz 2 Nrn. 1 bis 9 sowie Abs. 1 Satz 2 Nr. 10 und Abs. 3 ist eine Privilegierung kollektivrechtlich geregelter Vertragsbedingungen zu entnehmen. Wenn das Gesetz in allen Fällen des Abs. 1 Satz 2, in denen eine kol-

---

[1] *Schaefer*, D Rz. 169 f., E Rz. 22. [2] Zur analogen Anwendung auf andere wesentliche Vertragsbedingungen vgl. noch Rz. 55. [3] BT-Drs. 13/668 S. 11. [4] Ebenso *Richardi*, NZA 2001, 57 (59 f.); ErfK/*Preis*, § 2 NachwG Rz. 34. [5] Vgl. die Begründung des Entwurfs zu § 2 Abs. 3 in BT-Drs. 13/668, S. 11. Vgl. auch BAG v. 29.5.2002 – 5 AZR 105/01, NZA 2002, 1360; v. 23.1.2002 – 4 AZR 56/01, NZA 2002, 800; LAG Nds. v. 7.12.2000 – 10 Sa 1505/00, NZA-RR 2001, 145; *Schaefer*, D Rz. 143. AA: LAG Schl.-Holst. v. 8.2.2000 – 1 Sa 563/99, NZA-RR 2000, 196, das eine ausdrückliche Aufnahme tariflicher Verfallfristen in den Nachweis fordert. [6] Bejahend: ErfK/*Preis*, § 2 NachwG Rz. 34, 38, unter fehlgehender Berufung auf BAG v. 11.11.1998. [7] BAG v. 11.11.1998 – 5 AZR 63/98, EzA § 4 TVG – Ausschlussfristen Nr. 128. [8] BT-Drs 13/668, S. 12. [9] BAG v. 23.1.2002- 4 AZR 56/01, NZA 2002, 800 (804); v. 6.7.1972 – 5 AZR 100/72, DB 1972, 1782; LAG Rh.-Pf. v. 16.7.2002 – 1 Sa 407/02, NZA-RR 2003, 30. AA *Löwisch/Rieble*, § 8 TVG Rz. 10. [10] BAG v. 29.5.2002 – 5 AZR 105/01, NZA 2002, 1360, v. 11.4.2002 – 5 AZR 89/01, NZA 2002, 1096 (1098); v. 23.1.2002 – 4 AZR 56/01, NZA 2002, 800 f. Zust. ErfK/*Preis*, § 2 NachwG Rz. 35 – 38; *Schwarze*, ZfA 1997, 43 (52 f.); *Linde/Lindemann*, NZA 2003, 654 f.; *Oetker*, SAE 2002, 161, 166; *Gaul*, ZfA 2003, 75 (80). Ähnlich *Thüsing/Lambrich*, NZA 2002, 1361, 1370.

lektivrechtliche Regelung der Arbeitsbedingungen denkbar ist, gemäß Abs. 3 einen allgemeinen Hinweis auf die Kollektivregelung zulässt, spricht dies gesetzessystematisch dafür, einen solchen **Hinweis analog Abs. 3** auch für weitere, nicht ausdrücklich in Abs. 1 Satz 2 genannte **wesentliche Vertragsbedingungen ausreichen zu lassen**, die in TV oder Betriebs- bzw. Dienstvereinbarungen geregelt sind (zB Ausschlussfristen, Verpflichtung zur Ableistung von Überstunden). Auch der **EuGH**[1] befürwortet für diese Fälle eine analoge Anwendung des § 2 Abs. 3 bzw. des Art. 2 Abs. 3 der Nachweis-Richtlinie. Wörtlich führt er aus, dass für den Nachweis einer wesentlichen Vertragsbestimmung die Unterrichtung „ggf. (...) entsprechend der (...-)Regelung des Art. 2 Abs. 3 dieser Richtlinie in Form eines Hinweises auf die einschlägigen Rechts- und Verwaltungsvorschriften bzw. Satzungs- oder TV-Bestimmungen erfolgen" könne. Dem ist beizupflichten: Die Zulassung der Verweisungsmöglichkeit auch für andere als die genannten Fälle hat den Vorteil, dass der Nachweis bei einer Änderung der kollektivvertraglichen Regelungen nicht falsch wird, vgl. § 3 Satz 2. Darüber hinaus erfährt der ArbN, welche der wesentlichen Vertragsbedingungen im Gesetz oder im Kollektivvertrag geregelt sind.

Aus dem Nachweis muss sich ergeben, ob es sich um eine **statische oder um eine dynamische Verweisung** handelt, ob also die nur gerade geltende oder die jeweils geltende Kollektivregelung einschlägig sein soll. Soll die Klausel als große dynamische Verweisungsklausel angesehen werden, muss dies aus der Klausel deutlich hervorgehen[2]. Weder bei einer dynamischen noch bei einer statischen Verweisung muss der ArbGeb den ArbN über spätere Änderungen der Kollektivvereinbarung gemäß § 3 Satz 2 informieren. 56

b) Bezugnahmeobjekte. aa) TV. Die größte Bedeutung in der betrieblichen Praxis hat die einzelvertragliche Bezugnahme auf TV[3]. Insbesondere hinsichtlich Arbeitsentgelt und Arbeitszeit empfiehlt sich eine Verweisung auf den jeweiligen TV, weil ansonsten bei jedem Arbeitsvertrag uU umfangreiche Regelungen schriftlich dokumentiert werden müssten. Anzuraten ist eine dynamische Verweisung auf den TV in seiner jeweils gültigen Fassung, da die tariflichen Regelungen Änderungen unterworfen sind. Über spätere Änderungen der Inhalte des TV muss der ArbGeb den ArbN nicht gesondert informieren, § 3 Satz 2. 57

bb) Betriebs- oder Dienstvereinbarungen. Bezug genommen werden kann auch auf Betriebs- oder Dienstvereinbarungen. Derartige Regelungswerke enthalten häufig Regelungen über zusätzliche Arbeitsentgelte sowie nachzuweisende Modifikationen tarifvertraglicher Regelungen zur Dauer der Arbeitszeit, seltener Bestimmungen über Erholungsurlaub oder Kündigungsfristen. Eine Bezugnahme auf BV hat trotz eines entsprechenden Hinweises nach § 2 Abs. 3 nur deklaratorischen Charakter. Die unmittelbare und zwingende Bindung eines Arbeitsverhältnisses an BV ergibt sich bereits aus § 77 Abs. 4 Satz 1 BetrVG[4]. 58

cc) Ähnliche Regelungen. Zu den „ähnlichen Regelungen" zählen insb. die **Arbeitsvertragsrichtlinien der Kirchen** und ihrer **diakonisch-karitativen Verbände**[5]. Hiermit wollte der Gesetzgeber den kirchlichen ArbGeb sowie karitativen und erzieherischen Einrichtungen die Möglichkeit einräumen, übermäßigen bürokratischen Aufwand zu vermeiden und von sinnvollen Verweisungsmöglichkeiten Gebrauch zu machen[6]. Denn kirchenrechtliche Regelungen sind nicht in jeder Hinsicht den TV und Betriebs- oder Dienstvereinbarungen gleichgestellt. Sie gelten nicht wie TV kraft Kollektivrecht für das jeweilige Arbeitsverhältnis, sondern entfalten nur dann Wirksamkeit, wenn sie ausdrücklich im Arbeitsvertrag vereinbart worden sind[7]. Beispiele für kirchliche Regelungswerke sind die Arbeitsvertragsrichtlinien, die die Evangelische Kirche für die Bediensteten des Diakonischen Werkes und die katholische Kirche für den kirchlichen Dienst und den Bereich der Caritas abgeschlossen hat. Die Ausdehnung der Verweisungsmöglichkeit durch § 2 Abs. 3 wird durch Art. 2 Abs. 3 Nachweis-Richtlinie gedeckt, der weiter gehend sogar Verweisungen auf Satzungs- oder Verwaltungsbestimmungen zugelassen hätte. 59

Der Begriff „ähnliche Regelungen" eröffnet **keine Verweisungsmöglichkeit auf allgemeine Arbeitsbedingungen** („AGB"). Ansonsten würde die Intention des NachwG vollständig ausgehöhlt. Denn in richtlinienkonformer Auslegung des Art. 2 Abs. 3 der Nachweis-Richtlinie können nur allgemeine Regelungen mit normativem Charakter – also Rechts- und Verwaltungsvorschriften bzw. Satzungs- oder Tarifbestimmungen – als Surrogat für den unmittelbaren Nachweis der wesentlichen Vertragsbedingungen dienen. Allgemeine, vom ArbGeb vorformulierte Arbeitsbedingungen können daher keine „ähnlichen Regelungen" iSv. § 2 Abs. 3 Satz 1 sein[8]. 60

2. Teilersetzungsmöglichkeit durch Verweisung auf Gesetze (Abs. 3 Satz 2). Richten sich die Dauer des Erholungsurlaubs oder der Kündigungsfristen nach dem **Gesetz**, kann gemäß Abs. 3 Satz 2 hierauf verwiesen werden. Nach dem Wortlaut des Gesetzes muss eine dynamische Verweisung im Arbeitsvertrag vereinbart sein[9]. Sind keine weiter gehenden vertraglichen Regelungen getroffen, ist ausreichend, aber auch erforderlich ein allgemeiner Hinweis auf die jeweiligen gesetzlichen Bestimmungen (§ 3 BUrlG, § 622 BGB, § 19 JArbSchG, § 125 SGB IX). Eine wörtliche Wiedergabe des Inhalts ist hingegen nicht erfor- 61

---

[1] EuGH v. 8.2.2001 – Rs. C-350/99, NZA 2001, 381 (Lange/Schünemann GmbH). | [2] Vgl. BAG v. 30.8.2000 – 4 AZR 581/99, BAGE 95, 296. | [3] Vgl. dazu ausf. *Gaul*, NZA 2000, Beil. 3, S. 51 (52). | [4] Vgl. dazu *Gaul*, NZA 2000, Beil. 3, S. 51. | [5] *Richardi*, NZA 2001, 57 (59); *Schaefer*, D Rz. 144. | [6] BT-Drs. 13/1753, S. 13. | [7] BAG v. 24.9.1997 – 4 AZR 452/96, AP Nr. 10 zu § 12 AVR – Caritasverband; BAG v. 28.1.1998 – 4 AZR 491/96, AP Nr. 11 zu § 12 AVR – Caritasverband; BVerfG v. 4.6.1985 – 2 BvR 1703/83, 2 BvR 1718/83, 2 BvR 856/84, BVerfGE 70, 138. | [8] Ebenso *Schaefer*, D Rz. 146; ErfK/*Preis*, § 2 NachwG Rz. 41. | [9] Ebenso *Schaefer*, D Rz. 147.

derlich. Ein allgemeiner Hinweis (zB „Die Kündigungsfristen richten sich nach den gesetzlichen Regelungen") reicht nicht, da sich die jeweilige Regelung aus unterschiedlichen Gesetzen ergeben kann[1].

62 **V. Entfall der Verpflichtung durch Arbeitsvertrag (Abs. 4).** Die Nachweispflicht nach den Abs. 1 und 2 **entfällt**, wenn dem ArbN ein **schriftlicher Arbeitsvertrag** ausgehändigt worden ist, „soweit" dieser die gesetzlichen Mindestangaben nach § 2 Abs. 1 bis 3 enthält. Enthält der Arbeitsvertrag (etwa ein sog. Einstellungsschreiben) nicht alle erforderlichen Angaben, bleibt der Anspruch auf Erteilung des Nachweises im Übrigen bestehen. Allerdings ist zu berücksichtigen, dass die Erfüllung der Nachweispflicht nicht in einem einzigen Dokument erfolgen muss; der ArbGeb kann seiner gesetzlichen Verpflichtung auch dadurch entsprechen, dass er dem ArbN zusätzlich zum Arbeitsvertrag weitere Dokumente, etwa Mitteilungen der Änderung der Gehaltshöhe, aushändigt. Dies ergibt sich im Übrigen auch aus § 3.

63 **VI. Erlöschen der Verpflichtung. 1. Ausschlussfristen.** Die Pflicht zur Erteilung eines schriftlichen Nachweises ist keiner Ausschlussfrist unterworfen. Dies wäre mit dem Zweck des NachwG – Schaffung von mehr Rechtssicherheit und Rechtsklarheit – unvereinbar und ließe sich überdies schwerlich mit der Unabdingbarkeit nach § 5 NachwG in Einklang bringen.

64 **2. Verjährung; Beendigung des Arbeitsvertrages.** Der Anspruch des ArbN auf Erteilung eines Nachweises unterliegt der regelmäßigen Verjährungsfrist von **drei Jahren**, § 195 BGB. Diese regelmäßige Verjährungsfrist beginnt nach § 199 BGB mit dem Schluss des Jahres, in dem der Anspruch entstanden ist und der Gläubiger von den den Anspruch begründenden Umständen und der Person des Schuldners Kenntnis erlangt oder ohne große Fahrlässigkeit erlangen müsste. Dennoch kann der Nachweisanspruch während des Bestandes des Arbeitsverhältnisses **faktisch nicht verjähren**. Bei der Pflicht zur Erteilung des Nachweises handelt es sich um eine sog. **Dauerpflicht**. Erteilt der ArbGeb des Nachweis nicht, begeht er nicht eine einmalige, sondern eine dauernde Pflichtverletzung. Bei einem solchen Dauerverhalten ist der Anspruch solange die Pflicht und die Pflichtverletzung besteht als nicht entstanden iSd. Verjährungsrechtes zu betrachten[2]. Erteilt also der ArbGeb des Nachweis nicht, beginnt die Verjährung solange nicht, wie die Pflichtverletzung besteht. Die Verjährung beginnt daher mit dem Schluss des Jahres, in dem das Arbeitsverhältnis endet.

65 Hat der ArbGeb seine Pflicht zur Erteilung eines Nachweises nicht oder nicht vollständig erfüllt, entfällt diese nicht automatisch mit der Beendigung des Arbeitsverhältnisses. Die Niederschrift ist dann keineswegs eine unnötige Förmelei. Der ArbN kann durchaus noch ein Interesse daran haben, etwa um noch unerfüllte Ansprüche geltend machen zu können. Fehlt es an offenen Ansprüchen, wird eine Klage auf Nachweiserteilung regelmäßig am fehlenden Rechtschutzinteresse scheitern.

66 **3. Verwirkung.** Wie jeder Anspruch kann auch der Anspruch auf Nachweiserteilung verwirken[3]. Eine Verwirkung liegt vor, wenn seit der Möglichkeit der Geltendmachung des Anspruchs bereits ein längerer Zeitraum verstrichen ist und besondere Umstände hinzutreten, aufgrund derer die verspätete Geltendmachung gegen Treu und Glauben gem. § 242 BGB verstoßen würde.

67 **4. Zur Abdingbarkeit** vgl. § 5.

3 Änderung der Angaben

Eine Änderung der wesentlichen Vertragsbedingungen ist dem Arbeitnehmer spätestens einen Monat nach der Änderung schriftlich mitzuteilen. Satz 1 gilt nicht bei einer Änderung der gesetzlichen Vorschriften, Tarifverträge, Betriebs- oder Dienstvereinbarungen und ähnlichen Regelungen, die für das Arbeitsverhältnis gelten.

1 Die Nachweispflicht gilt nach § 3 Satz 1 auch für **spätere Änderungen der wesentlichen Vertragsbedingungen**. Eine solche Änderung ist dem ArbN schriftlich mitzuteilen. Dabei ist nicht allein die Tatsache sondern auch der Inhalt der Änderung mitzuteilen[4]. Sinn der Niederschrift ist es, die ursprüngliche Niederschrift der Änderung anzupassen und zu aktualisieren, um jederzeit die Feststellung der wesentlichen Vertragsbedingungen zu ermöglichen. Nach Sinn und Zweck des Schriftformgebots ist wie bei § 2 Abs. 1 Satz 3 die elektronische Form ausgeschlossen[5].

2 Der ArbGeb hat seiner Informationspflicht **spätestens einen Monat nach der Änderung** nachzukommen. Aus dem Gesetzeswortlaut wird nicht deutlich, ob es dabei auf den Zeitpunkt der Vornahme der Änderung oder aber auf den Zeitpunkt des Wirksamwerdens der Änderung ankommt. Maßgeblich ist der **Zeitpunkt des Abschlusses einer neuen einzelvertraglichen Vereinbarung**[6], nicht der Zeitpunkt des „Wirksamwerdens der Änderung". Ansonsten stellte sich das Problem, dass der ArbN den genauen Inhalt des Arbeitsvertrages häufig nicht darlegen und beweisen kann, weil ihm gerade die schriftliche Fixierung durch den ArbGeb fehlt. Dafür, dass unter einer Änderung der wesentlichen Vertragsbedin-

---

[1] *Schaefer, D* Rz. 147, wohl auch ErfK/*Preis*, § 2 NachwG Rz. 42. [2] BGH v. 28.9.1973 – 1 ZR 136/71, NJW 1973, 2285; MünchKomm/*Grothe*, § 199 BGB Rz. 13; ErfKomm/*Preis*, § 1 NachwG Rz. 25. [3] *Schaefer, D* Rz. 159. [4] *Birk*, NZA 1996, 281 (287); *Schaefer, B* Rz. 47. [5] *Gotthardt/Beck*, NZA 2002, 876 (877); ErfK/*Preis*, § 3 NachwG Rz. 1. [6] *Schaefer, B* Rz. 34, 37 ff. Vgl. auch BT-Drs. 13/668, S. 23 f. AA: *Birk*, NZA 1996, 281 (287 f.).

gungen iSv. § 3 Satz 1 die Rechtsänderung und nicht die faktische Änderung zu verstehen ist, spricht auch die Systematik des NachwG: Während § 3 Satz 1 beim schon bestehenden Arbeitsverhältnis für den Fristbeginn auf die „Änderung" abstellt, stellt § 2 Abs. 1 Satz 1 bei einer Neueinstellung für den Fristbeginn auf den „vereinbarten Beginn des Arbeitsverhältnisses" ab[1].

Die schriftliche Benachrichtigung über die Änderungen ist gemäß Satz 2 **entbehrlich**, wenn die Änderung **gesetzliche Vorschriften, TV, Betriebs- oder Dienstvereinbarungen**, die für das Arbeitsverhältnis gelten, betrifft. Dies vermeidet unnötigen bürokratischen Aufwand. Die Entbehrlichkeit besteht jedoch nur, wenn in dem zuerst erstellten Nachweis die Verweisungsmöglichkeit genutzt wurde. § 3 Satz 2 ergänzt insoweit die weitgehende Ersetzungsbefugnis nach § 2 Abs. 3[2]. Zwar erschwert dies aus Sicht des ArbN die Überschaubarkeit der tatsächlich vereinbarten Vertragsbedingungen; jedoch ist es dem ArbN zuzumuten, sich über die jeweils gültige Fassung der für sein Arbeitsverhältnis anwendbaren Gesetze, Kollektivverträge und ähnlichen Regelungen selbst zu informieren[3]. *Preis*[4] weist zu Recht darauf hin, dass der Gesetzgeber mit Neueinführung des § 310 Abs. 4 Satz 2 BGB diese Ansicht bestätigt hat. Hiernach ist die im allgemeinen Zivilrecht bestehende Pflicht zur Kenntnisverschaffung bei Einbeziehung und Änderung allgemeiner Geschäftsbedingungen nach § 305 Abs. 2 und 3 BGB im Arbeitsrecht ausdrücklich nicht anwendbar. 3

Wird allerdings ein **Haustarifvertrag erstmals abgeschlossen**, ist der ArbGeb nach § 3 Satz 1 verpflichtet, dies dem ArbN schriftlich mitzuteilen[5]. Der Abschluss eines TV, der dazu führt, dass erstmals auf das Arbeitsverhältnis ein TV Anwendung findet, ist eine Änderung wesentlicher Vertragsbedingungen iSv. § 3 Satz 1. Wie sich aus § 2 Abs. 1 Satz 2 Nr. 10 ergibt, sind auf das Arbeitsverhältnis anwendbare TV wesentliche Vertragsbedingungen. Der erstmalige Abschluss eines Haustarifvertrags ist keine Änderung eines TV iSv. § 3 Satz 2, da eine Änderung voraus setzt, dass bereits ein Tarifwerk vorhanden war. 4

Im Falle des **Betriebsübergangs** muss auch der neue Erwerber die Verpflichtungen aus dem NachwG erfüllen[6]. Die Erstellung eines komplett neuen Nachweises ist jedoch nicht erforderlich, da kein neues Arbeitsverhältnis begründet wird, vgl. § 613a Abs. 1 Satz 1 BGB. Gemäß § 613a Abs. 5 BGB hat der bisherige ArbGeb oder der neue Inhaber die von dem Betriebsübergang betroffenen ArbN vor dem Übergang über wesentliche Punkte des Betriebsübergangs in Textform zu unterrichten. 5

4 *Übergangsvorschrift*

Hat das Arbeitsverhältnis bereits bei In-Kraft-Treten dieses Gesetzes bestanden, so ist dem Arbeitnehmer auf sein Verlangen innerhalb von zwei Monaten eine Niederschrift im Sinne des § 2 auszuhändigen. Soweit eine früher ausgestellte Niederschrift oder ein schriftlicher Arbeitsvertrag die nach diesem Gesetz erforderlichen Angaben enthält, entfällt diese Verpflichtung.

§ 4 Beinhaltet eine **Übergangsregelung** für Arbeitsverhältnisse, die bei In-Kraft-Treten des NachwG bereits bestanden haben. Danach hat der ArbGeb dem ArbN nur **auf Verlangen innerhalb von zwei Monaten** eine Niederschrift iSd. § 2 auszuhändigen. Als Niederschrift iSd. § 4 genügt die Kopie eines ausreichenden Nachweises[7]. 1

Die Norm will für sog. **Altfälle** in Umsetzung von Art. 9 Abs. 2 der Nachweis-Richtlinie sicherstellen, dass jeder ArbN die vorgeschriebenen Informationen tatsächlich erhalten kann. Die Bindung der Nachweispflicht in Altfällen an einen Antrag des ArbN ist richtlinienkonform[8]. Die Zwei-Monats-Frist beginnt ab dem **Zugang des Verlangens** beim ArbGeb zu laufen[9]. Der ArbN kann dieses Verlangen jederzeit ohne Einhaltung einer bestimmten Form anbringen. Aus Beweisgründen empfiehlt sich allerdings die Schriftform. 2

§ 4 stellt **keine zweimonatige Übergangsfrist**, sondern eine Übergangsregelung dar, die jedem ArbN die erstmalige Erteilung eines Nachweises unabhängig vom Zeitpunkt der Begründung des Arbeitsverhältnisses sichern soll[10]. In den Altfällen musste daher der jeweilige ArbN sein Verlangen nicht innerhalb von zwei Monaten nach In-Kraft-Treten des NachwG geltend machen[11]. Dies ergibt sich aus dem Wortlaut der Norm und aus in deren Sinn und Zweck. Ergänzt wird die Übergangsregelung durch § 3, wonach bei Änderung wesentlicher Vertragsbedingungen ohnehin eine Änderungsmitteilung auszuhändigen ist – auch wenn das Arbeitsverhältnis bei In-Kraft-Treten des NachwG schon bestanden hat und der ArbN das Verlangen nach § 4 bislang nicht gestellt hat. 3

---

1 Vgl. dazu bereits oben § 2 I 3 und 4 b. | 2 Ebenso ErfK/*Preis*, § 3 Rz. 1; *Schaefer*, B Rz. 48. | 3 Vgl. dazu auch ErfK/*Preis*, § 3 Rz. 2; *Schaefer*, B Rz. 49. | 4 ErfKomm/*Preis*, § 3 Rz. 2. | 5 BAG v. 5.11.2003 – 5 AZR 469/02, ZIP 2004, 46. | 6 LAG Hamm v. 11.3.2002 – 8 Sa 1249/01, LAGReport 2002, 306; *Schaefer*, F Rz. 118 ff., D Rz. 156. | 7 LAG Nds. v. 26.7.2001 – 7 SA 1813/00, NZA-RR 2002, 118. | 8 LAG Thür. v. 4.9.2001 – 7 Sa 38/2001, nv.; LAG Schl.-Holst. v. 20.3.2001 – 1 Sa 649 c/00, nv.; LAG Hamm v. 2.7.1998 – 4 Sa 339/96, LAGE § 2 NachwG Nr. 5; EuGH v. 4.12.1997 – Rs. C-253/96, C-254/96, C-255/96, C-256/96, C-257/96, C-258/96 (Kampelmann), BB 1998, 272. | 9 Ebenso *Schaefer*, D Rz. 152. | 10 ErfK/*Preis*, § 4 NachwG Rz. 1; *Schaefer*, D Rz. 152. | 11 So aber *Birk*, NZA 1996, 281 (287). Offen gelassen in LAG Thür. v. 4.9.2001 – 7 Rs 38/2001, nv.

4 Die Verpflichtung zur Erteilung eines Nachweises auf Verlangen nach Satz 1 **entfällt** nach § 4 Satz 2 auch bei Altfällen, soweit bereits ein schriftlicher Arbeitsvertrag oder eine frühere Niederschrift existiert. Dies gilt wie auch bei § 2 Abs. 4 aber nur, „soweit" das frühere Dokument den Mindestanforderungen des § 2 Abs. 1 bis 3 entspricht. Im Übrigen, also hinsichtlich der nicht niedergelegten Vertragsbedingungen, besteht der Anspruch fort[1].

5 Da nach der Übergangsregelung in Altfällen dem ArbN nur auf sein Verlangen innerhalb der Zwei-Monats-Frist die Niederschrift nach § 2 auszuhändigen ist und nicht – wie bei Neufällen – kraft Gesetzes, entstehen negative **beweisrechtliche Konsequenzen** für den ArbGeb nur, wenn er dem Verlangen des ArbN nicht fristgerecht nachkommt[2].

5 Unabdingbarkeit
Von den Vorschriften dieses Gesetzes kann nicht zuungunsten des Arbeitnehmers abgewichen werden.

1 Das NachwG ist **einseitig zwingendes Recht zugunsten des ArbN**. § 5 setzt insoweit Art. 7 der Nachweis-Richtlinie um. Ein **Verzicht** des ArbN auf eine Niederschrift der wesentlichen Arbeitsbedingungen ist daher **unwirksam**[3]. Ebenso wenig ist das NachwG tarifvertrags- oder betriebsvereinbarungsdispositiv.

2 Allerdings sind dem ArbN **günstigere Regelungen** auf einzel- oder kollektivvertraglicher Ebene möglich. Dies ergibt sich auch aus Art. 7 Nachweis-Richtlinie. So können die Nachweispflichten zwar nicht eingeschränkt, wohl aber erweitert werden[4]. Günstiger für den ArbN ist beispielsweise eine über § 2 hinausgehende Informationspflicht, wie etwa die detaillierte Beschreibung aller Vertragsbedingungen.

---

1 *Feldgen*, Rz. 220, ErfK/*Preis*, § 4 NachwG Rz. 2; vgl. auch LAG Nds. v. 26.7.2001 – 7 Sa 1813/00, NZA-RR 2002, 118. |2 ErfK/*Preis*, § 4 NachwG Rz. 3; *Schaefer*, D Rz. 155. |3 *Schaefer*, D Rz. 164. |4 ErfK/*Preis*, § 5 NachwG Rz. 2; *Schaefer*, D Rz. 164; *Richter/Mitsch*, AuA 1996, 7 (11).

Sozialgesetzbuch (SGB)

Drittes Buch (III)
– Arbeitsförderung –

vom 24.3.1997 (BGBl. I S. 594), zuletzt geändert durch Gesetz vom 23.4.2004 (BGBl. I S. 602)

– Auszug –

37b *Frühzeitige Arbeitssuche*
Personen, deren Versicherungspflichtverhältnis endet, sind verpflichtet, sich unverzüglich nach Kenntnis des Beendigungszeitpunkts persönlich bei der Agentur für Arbeit arbeitsuchend zu melden. Im Falle eines befristeten Arbeitsverhältnisses hat die Meldung jedoch frühestens drei Monate vor dessen Beendigung zu erfolgen. Die Pflicht zur Meldung besteht unabhängig davon, ob der Fortbestand des Arbeits- oder Ausbildungsverhältnisses gerichtlich geltend gemacht wird. Die Pflicht zur Meldung gilt nicht bei einem betrieblichen Ausbildungsverhältnis.

Fassung: Erstes Gesetz für moderne Dienstleistungen am Arbeitsmarkt v. 23.12.2002 (BGBl. I S. 4607) seit 1.7.2003, redaktionell angepasst durch Drittes Gesetz für moderne Dienstleistungen am Arbeitsmarkt v. 23.12.2003 (BGBl. I S. 2848).

Lit.: *Bauer/Krets*, Gesetze für moderne Dienstleistungen am Arbeitsmarkt, NJW 2003, 537; *Düwell/Weyand*, Hartz und die Folgem, 2003; *Gaul/Otto*, Gesetz für moderne Dienstleistungen am Arbeitsmarkt – Umsetzung der Vorschläge der Hartz-Kommission, DB 2002, 2486; *Hanau*, Einzelfragen und Antworten zu den beiden ersten Gesetzen für moderne Dienstleistungen am Arbeitsmarkt, ZIP 2003, 1573; *Kreutz*, Rechtsfolgen für den Arbeitgeber bei einer Verletzung der Informationspflicht nach § 2 Abs. 2 Nr. 3 SGB III, AuR 2003, 201; *Pauly/Osnabrügge*, Das neue Arbeits- und Sozialrecht, 2003.

I. Inhalt und Bedeutung der Vorschrift. Nach § 122 Abs. 1 Satz 2 war bereits aufgrund des bisherigen Rechts eine Arbeitslosmeldung **vor Eintritt der Arbeitslosigkeit** zulässig, wenn er innerhalb der nächsten 2 Monate zu erwarten war. Die durch das Erste Gesetz für moderne Dienstleistungen am Arbeitsmarkt eingefügte Vorschrift zur frühzeitigen Meldung als arbeitssuchend dehnt die vorzeitige Arbeitslosmeldung in zeitlicher und sachlicher Hinsicht aus: Hiernach muss sich der ArbN schon unverzüglich nach Kenntnis vom Beendigungszeitpunkt des Arbeitsverhältnisses bei der AA als Arbeitsuchender melden. Diese Bestimmung im sachlichen Zusammenhang mit den Regelungen zum Aufgabenbereich der BA im Rahmen der Vermittlung in Arbeit steht aber nicht isoliert: Nach § 140 hat der ArbN für jeden Tag verspäteter Meldung als arbeitssuchend eine **Kürzung des Arbeitslosengeldes** hinzunehmen, und zwar bei einem (wöchentlich zugrunde gelegten) Bemessungsentgelt von bis zu 400 Euro um 7 Euro, von bis zu 700 Euro um 35 Euro und bei einem Bemessungsentgelt über 700 Euro um 50 Euro für jeden Tag der verspäteten Meldung. Maximal können 30 Tage verspäteter Meldung in Abzug gebracht werden (§ 140 Satz 3). 1

Die neue Obliegenheit des ArbN mit der daran anknüpfenden Sanktion der Anspruchskürzung erscheint im Hinblick darauf problematisch, dass der Gesetzgeber als Voraussetzung für den Eintritt von Rechtsnachteilen regelmäßig eine vorherige Belehrung über die Rechtsfolgen einer Obliegenheitsverletzung vorschreibt[1]. Ob mit der Vorschrift des § 2 Abs. 2 Satz 2 Nr. 3 idF des ersten Gesetzes für moderne Dienstleistungen am Arbeitsmarkt, die dem **ArbGeb eine Aufklärungspflicht gegenüber dem ArbN über die Pflicht zur frühzeitigen Meldung** auferlegt, ein ausreichendes Pendant zur Hinweispflicht der AA besteht, erscheint zweifelhaft. Noch zweifelhafter, aber bereits umstritten ist die Frage, ob der Verstoß des ArbGeb gegen seine Aufklärungspflicht einen Schadensersatzanspruch des ArbN für die Kürzung seines Alg nach sich zieht (s.u. Rz. 13 ff.). 2

II. Einzelheiten. 1. Unverzügliche persönliche Meldung beim Arbeitsamt. Nach ausdrücklicher Anordnung des Satz 4 besteht die Pflicht zur frühzeitigen Meldung nicht im Falle der Beendigung eines betrieblichen Ausbildungsverhältnisses. Im Übrigen umfasst der Anwendungsbereich der Vorschrift aber den gesamten von den Regelungen des SGB III erfassten **Personenkreis**, der in der ArblV versicherungspflichtig ist; also gegen Arbeitsentgelt beschäftigt ist (§ 25 Abs. 1). 3

Über den **Zeitpunkt der Meldung** enthält das Gesetz eine relativ klare Regelung: Sie muss unverzüglich nach Kenntnis des ArbN vom Ende seines versicherungspflichtigen Arbeitsverhältnisses erfolgen. 4

---
1 Vgl. iE *Voelzke* in Kasseler Handbuch des Arbeitsförderungsrechts, 2003, § 12 Rz. 487.

Dies bedeutet, dass sich die Kenntnis auch und gerade auf den Zeitpunkt des Endes der Beschäftigung gegen Entgelt beziehen muss. Ging also der ArbN irrtümlich davon aus, dass er vom ArbGeb noch für einen gewissen Zeitraum gegen Entgelt von der Arbeit freigestellt würde oder nur vorübergehend (etwa wegen der Anmeldung von Kurzarbeit) kein Entgelt erhalten sollte, ist von einer Kenntnis über den Zeitpunkt des Endes des Versicherungspflichtverhältnisses nicht auszugehen.

5   Mit dem Merkmal der **Unverzüglichkeit** knüpft das Gesetz an den Sprachgebrauch des BGB an (§ 121 Abs. 1 BGB: ohne schuldhaftes Zögern). Kein schuldhaftes Verzögern liegt vor, wenn der ArbN von der Pflicht zur frühzeitigen Meldung nicht in Kenntnis gesetzt worden war – insb. weil ihn der ArbGeb nicht darüber informiert hatte[1]. Insoweit hätte die verspätete Meldung auch für den ArbGeb keine Konsequenzen, da dem ArbN keine für die Kürzung seines Anspruchs vorausgesetzte Verletzung seiner Meldepflicht zur Last gelegt werden könnte (s. dazu noch Rz. 13 ff.). Ebenso entfällt ein Verschulden für Tage, für die der ArbN entgegen der nach § 629 BGB[2] bestehenden Freistellungsverpflichtung nicht für das Aufsuchen der AA zur Geschäftsöffnungszeit freigestellt wird. Weiter gehend will *Kruse*[3] ein unverschuldetes Handeln annehmen, wenn der ArbN nur unter Verzicht auf Bezahlung von der Arbeit zum Zwecke der Meldung bei der AA fern bleiben könnte. § 629 BGB und noch weniger § 2 Abs. 2 Satz 2 Nr. 3 SGB III regeln aber keinen Anspruch auf entgeltliche Freistellung zur Stellensuche und Meldung bei der AA – insofern wird aus dem Gesetz ein solch weitgehender Entlastungstatbestand nicht zu folgern sein. Der ArbN hat sein unverschuldetes Zögern aber nicht selbst darzulegen und zu beweisen – vielmehr ist es nach der eindeutigen Gesetzesfassung Sache der BA als Träger der ArblV, ein schuldhaftes Unterlassen der persönlichen Meldung durch den ArbN nachzuweisen.

6   Als quantitativer Maßstab für ein noch schuldloses Verstreichenlassen wird ein **Zeitraum von 3 – 7 Tagen** nach Erhalt der Kündigung bzw. Abschluss einer Aufhebungsvereinbarung angesehen[4]. Dem ist im Hinblick auf den Zweck des § 37b, eine frühzeitige Vermittlungschance für eine nahtlose Vermittlung zu eröffnen, zuzustimmen, jedenfalls wenn die Kündigungs- bzw. Auslauffrist mindestens bei einem Monat liegt („ein Tag früher oder später" unschädlich). Bei kürzeren Kündigungsfristen kann aber jeder Tag für die effiziente Vermittlungstätigkeit entscheidend sein, so dass hier nicht allzu großzügig verfahren werden darf. Die engere Rechtsauffassung der Richter des BSG (s. Fn. 4 aE) dürfte hier einen Fingerzeig geben.

7   Die Meldung bei der AA kann in jedem Fall **nur persönlich** erfolgen, eine Vertretung durch einen nahen Angehörigen oder gar den ArbGeb scheidet grundsätzlich aus. Unerheblich ist, dass der ArbN die Aufnahme einer weiteren Beschäftigung und damit die Bereitschaft zur Mitwirkung an Vermittlungsversuchen der AA nur als eine von mehreren Möglichkeiten in Betracht zieht – auch dann ist er als arbeitsuchend iSv. § 15 Satz 2 (Personen, die eine Beschäftigung als ArbN suchen) anzusehen. Steht fest, dass der ArbN eine selbständige Tätigkeit aufnehmen wird, entfällt die Meldepflicht, zumal dann auch keine Kürzung des Alg (mangels Anspruchs) droht.

8   **2. Befristete Arbeitsverhältnisse und lange Kündigungsfristen; Änderungskündigungen.** Bei befristeten Arbeitsverhältnissen, bei denen dem ArbN der Zeitpunkt der Beendigung jedenfalls im Falle einer Zeitbefristung regelmäßig von Beginn an bekannt ist, verzichtet das Gesetz auf die frühzeitige Meldung zu Gunsten einer Meldung „frühestens drei Monate vor dessen Beendigung". Dies bedeutet, dass **frühestens drei Monate vor der Beendigung ein Zeitpunkt der Kenntniserlangung unterstellt** wird. Dies ergibt sich auch aus der Gesetzesbegründung, wonach bei zweckbefristeten oder auflösend bedingte Arbeitsverhältnisse noch ein anderer Zeitpunkt (nämlich der Kenntniserlangung vom Zeitpunkt der Zeckerreichung oder des Bedingungseintritts) maßgeblich ist[5].

9   Die Arbeitsverwaltung wendet Satz 2 entsprechend auf unbefristete Arbeitsverhältnisse an[6]. Dies bedeutet, dass – aus verwaltungspraktischen Gründen – eine **Meldung spätestens drei Monate vor Beendigung des Arbeitsverhältnisses stets sanktionslos** verbleibt (auch bei früherer Kenntnis des ArbN), was sich in Zeiten hoher Arbeitslosigkeit damit erklärt, dass die AA nicht durch eine zu hohe Meldeflut funktionsunfähig werden soll. Allerdings ist sie nicht berechtigt, frühere Meldungen zurückzuweisen oder unbearbeitet zu lassen.

10   Bei **Änderungskündigungen** sind verschiedene Fallgestaltungen zu unterscheiden: Nimmt der ArbN das Änderungsangebot an, ist angesichts fehlender Beendigung die Meldung hinfällig. Gleiches gilt für die Annahme unter Vorbehalt der sozialen Rechtfertigung der Änderungskündigung (§ 2 KSchG), da es auch hier beim Fortbestand des Arbeitsverhältnisses, entweder zu den alten oder den geänderten Bedin-

---

1 Ebenso Gagel/*Kruse*, SGB III, § 37b Rz. 2; zweifelnd *Hanau*, ZIP 2003, 1573, 1574, der auf die Obliegenheit des Arbeitnehmers zur Meldung beim Arbeitsamt im Rahmen der Beschäftigungssuche gemäß § 2 Abs. 5 Nr. 2 verweist. |2 IVm. § 2 Abs. 2 S. 2 Nr. 3 SGB III (Pflicht zur Freistellung für die persönliche Meldung beim Arbeitsamt) – eine Erweiterung des § 629 BGB wurde entgegen dem ursprünglichen Entw. Durch das Erste Gesetz für moderne Dienstleistungen am Arbeitsmarkt nicht vorgesehen, s. dazu Erl. Bei § 629 BGB. |3 *Kruse* in Gegel, SGB III, § 37b Rz. 7. |4 *Bauer/Krets*, NJW 2003, 537, 541; *Hümmerich/Holthausen/Weslau*, NZA 2003, 7, 8; *Düwell/Weyand*, S. 42; *Pauly/Osnabrügge*, S. 55; nach *Hanau*, ZIP 2003, 1573, 1574, geht auch die Arbeitsverwaltung von einer 7-Tage-Frist aus; enger *Schlegel/Voelzke* in Küttner, Personalbuch 2003, Hartz-Reform, Rz. 49; *Voelzke* in Kasseler Handbuch das Arbeitsförderungsrechts, § 12 Rz. 492: Tag danach. |5 BT-Drs. 15/25, S. 27 zu § 37b. |6 *Hanau*, ZIP 2003, 1573, 1574; DA der BA zu § 140 SGB III unter 3.1 (140.10).

gungen, bleibt. Satz 3, wonach die Meldepflicht ungeachtet des Ausgangs eines noch zu führenden Kündigungsschutzprozesses gilt, greift also in diesem Falle nicht. Lehnt der ArbN das Änderungsangebot ab, so tritt mit der Erklärung der Ablehnung der Zeitpunkt der Kenntniserlangung vom Beendigungstatbestand ein, da der ArbN nach Satz 3 ungeachtet seines etwaigen Prozessausgangs um den Bestand des Arbeitsverhältnisses zu den alten Bedingungen zur Meldung verpflichtet, wenn sich die seiner Beendigung zum dem ausgesprochenen Kündigungszeitpunkt (hier der Änderungskündigung) realisiert.

3. Rechtsfolgen der verspäteten Meldung/Anspruchskürzung. § 140 belegt die verspätete Arbeitslosmeldung mit einer Sanktion: Der Kürzung des Alg um einen **je nach Höhe gestaffelten Betrag** (s.o. Rz. 1) je Tag verspäteter Meldung. Maßgeblich ist die Anzahl von Tagen, die über die für den Zeitraum eines unverschuldeten Verstreichens maßgebliche Frist (Rz. 6) hinausgehen, bis zur Meldung, also idR frühestens vom 8. Tag der Kenntnis vom Beendigungszeitpunkt an. Der Minderungsbetrag wird auf das halbe Alg angerechnet, bis er verbraucht ist (§ 140 Satz 4). Maximal ergibt sich hieraus ein Kürzungsbetrag, der 30 Verzögerungstagen entspricht (§ 140 Satz 3). Hintergrund dieser kompliziert anmutenden Regelung ist, dass eine Kürzung für 30 Tage nicht zu einer Verschiebung des Beginns des Anspruchs auf Alg und damit zu einem nicht sozialversicherungspflichtigen Interim führen soll[1]. 11

Beispiel: Der ArbN verspätet seine Meldung als arbeitssuchend um 21 Tage. Das Bemessungsentgelt liegt bei 600 Euro (wöchentlich), also 35 Euro Abzug für jeden Tag der verspäteten Meldung (Rz. 1; = 735 Euro). Bei 600 Euro (wöchentlichem) Bemessungsentgelt (beitragspflichtiges Arbeitsentgelt ohne Abzüge) ergibt sich ein sog. Leistungsentgelt in Gruppe D (LStKlasse 3) von 423,54 Euro wöchentlich. Kalendertäglich entspricht dies einem Alg von 60,50 Euro, mithin ein Kürzungsbetrag von 30,25 Euro täglich. Dieser Einbehalt fällt an 24 Tagen an, der Restbetrag von 9 Euro wird am 35. Kalendertag in Abzug gebracht. 12

4. Belehrungspflicht des ArbGeb und Schadensersatz. Heftig umstritten ist, ob der ArbGeb, der nach § 2 Abs. 2 Satz 2 Nr. 3 SGB III den ArbN über seine Pflicht zur frühzeitigen Meldung belehren soll, eine arbeitsvertragliche Hinweispflicht über die Meldepflicht und die Rechtsfolgen der verspäteten Meldung trifft. Kern des Problems ist die Frage der Qualifizierung des Rechtscharakters der im SGB III normierten Aufklärungspflicht und der sich daraus ergebenden Konsequenzen für vertragsrechtliche Ansprüche. Soweit in der Lit.[2] sogar **deliktische Schadensersatzpflichten des ArbGeb** aus dem Gesichtspunkt einer Schutzgesetzverletzung nach § 823 Abs. 2 BGB, so ist dem nur entgegen zu halten, dass die im Interesse der Versichertengemeinschaft begründeten Meldepflichten mit Sanktionscharakter und dazu ergangenen flankierenden Aufklärungspflichten (s.o. Rz. 2) nicht als Schutzgesetz zu Gunsten des (seinerseits gerade pflichtwidrig handelnden) ArbN verstanden werden können[3]. 13

Anknüpfungspunkt für einen Schadensersatzanspruch kann allenfalls die **arbeitsvertragliche Fürsorgepflicht** des ArbGeb sein, die bereits in anderen Entscheidungen des BAG[4] als Grundlage für einen Schadensersatzanspruch wegen sozialversicherungsrechtlicher Nachteile bei Beendigung des Arbeitsverhältnisses anerkannt wurde. Sie erfährt insoweit durch § 2 Abs. 2 Satz 2 Nr. 2 eine Erweiterung, als sie unabhängig vom Anlass und Grund der Beendigung, also auch wenn die Initiative vom ArbN ausging[5], besteht. Damit stellt sich die Frage, ob der ArbGeb bei unterlassenem Hinweis auf die zu befürchtende Kürzung des Alg aus dem Gesichtspunkt der Verletzung seiner vertraglichen Fürsorgepflicht nach §§ 280, 241 BGB für den Kürzungsbetrag schadensersatzpflichtig ist. Bei **Verstoß gegen die Aufklärung über die Meldepflicht als solche** allein ergibt sich wie bereits erläutert (s.o. Rz. 5) angesichts eines nicht schuldhaften Verzögerns der frühzeitigen Meldung kein Schaden, da die Sanktion des § 140 SGB III hier nicht eintritt! 14

Aus den Gesichtspunkt der fehlenden Verantwortlichkeit bei **arbeitnehmerseitiger Kündigung** kann sich der ArbGeb allerdings noch nicht – wie noch vor dem Hintergrund der früheren Rspr. des BAG[6] – entlasten. Allerdings tritt bei eigener Kündigung des ArbN immer auch eine Sperrzeit ein, es sei denn es liegen besondere Gründe (iS eines wichtigen Grundes nach § 144 Abs. 1 Satz 2 (s. dazu § 144 Rz. 26) oder Anhaltspunkte für ein unverschuldetes Handeln im Hinblick auf die Arbeitslosigkeit vor. In Anbetracht der regelmäßigen Sperrzeitfolge ist eine darüber hinaus eingreifende Kürzung wegen verspäteter Meldung nicht mehr als adäquate Folge der Verletzung der Aufklärungspflicht anzuerkennen. Der ArbGeb muss eine doppelte Sanktion nicht als der Lebenserfahrung nach gegeben erkennen und den ArbN darauf gesondert hinweisen; die Bewahrung vor jeglichen Einschränkungen und versicherungsrechtlichen Nachteilen liegt nicht mehr im Schutzbereich der arbeitsvertraglichen Fürsorgepflicht. 15

---

1 BT-Drs. 15/91, S. 16 (Bericht des Ausschusses für Arbeit und Sozialordnung). | 2 *Kreutz*, AuR 2003, 201 ff. | 3 *Bauer/Krets*, NJW 2003, 537, 541 (ohne nähere Begründung); aA *Kreutz*, AuR 2003, 201, 202 f., der allerdings den Zusammenhang zur Kürzung nach § 140 SGB III ausblendet und damit den Schutzzweck einseitig in der Bewahrung des Arbeitnehmers vor Schaden und nicht der Versichertengemeinschaft – vor unberechtigter Arbeitslosengeldzahlung – sieht. | 4 Vgl. nur BAG v. 10.3.1988 – 8 AZR 420/85, AP Nr. 99 zu § 611 BGB – Fürsorgepflicht. | 5 Was in der Rspr. so undifferenziert noch nicht gesehen wurde, vgl.nur BAG v. 3.7.1990 – 3 AZR 382/89, DB 1990, 2431. | 6 Vgl. nur BAG v. 3.7.1990 – 3 AZR 382/89, DB 1990, 2431.

16 Anders liegt es unter Umständen, wenn der ArbGeb dem ArbN eine Kündigung ausgesprochen hat bzw. zu ihrer Vermeidung einen Aufhebungsvertrag anbietet. Soweit er hier mögliche Bedenken und Risiken im Hinblick auf Sperrzeitfolgen ausräumt bzw. hierüber Auskunft gibt, kann die Aufklärung des ArbN auch zu Fragen der Versäumung der Meldefrist als berechtigtes Anliegen geboten erscheinen. Der ArbGeb wird sich bei Auflösungen auf seine Initiative hin intensiver um die Belange des ArbN kümmern müssen und kann sich hier nicht auf Hinweise zu Fragen der Sperrzeit oder des Ruhens wegen Abfindungszahlungen beschränken. Letztlich ist aber auch in diesem Kontext zu beachten, dass die unterlassene Aufklärung über die Meldepflicht als solche wohl noch keine Schadensersatzansprüche auslöst. Hatte der ArbN unbeschadet der unterbliebenen Aufklärung seitens des ArbGeb **Kenntnis** von der Meldepflicht (so dass ein schuldhaftes Zögern iSd. Merkmals der Unverzüglichkeit vorliegt (s.o. Rz. 5), scheitert das Schadensersatzbegehren an der Kausalität. Die Pflichtverletzung ist nicht kausal für den Schaden des ArbN, wenn dieser trotz Kenntnis seiner versicherungsrechtlichen Obliegenheit diese verletzt und damit eine Kürzung des Alg erfährt. Eine Reduzierung dieser Frage auf den Aspekt des Mitverschuldens (§ 254 BGB) erscheint angesichts des in einem solchen Fall grob pflichtwidrigen Handelns des Geschädigten (ArbN) selbst nicht vertretbar[1].

Fünfter Titel. Zusammentreffen des Anspruchs mit sonstigen Einkommen und Ruhen des Anspruchs

143 *Ruhen des Anspruchs bei Arbeitsentgelt und Urlaubsabgeltung*
(1) Der Anspruch auf Arbeitslosengeld ruht während der Zeit, für die der Arbeitslose Arbeitsentgelt erhält oder zu beanspruchen hat.

(2) Hat der Arbeitslose wegen Beendigung des Arbeitsverhältnisses eine Urlaubsabgeltung erhalten oder zu beanspruchen, so ruht der Anspruch auf Arbeitslosengeld für die Zeit des abgegoltenen Urlaubs. Der Ruhenszeitraum beginnt mit dem Ende des die Urlaubsabgeltung begründenden Arbeitsverhältnisses.

(3) Soweit der Arbeitslose die in den Absätzen 1 und 2 genannten Leistungen (Arbeitsentgelt im Sinne des § 115 des Zehnten Buches) tatsächlich nicht erhält, wird das Arbeitslosengeld auch für die Zeit geleistet, in der der Anspruch auf Arbeitslosengeld ruht. Hat der Arbeitgeber die in den Absätzen 1 und 2 genannten Leistungen trotz des Rechtsübergangs mit befreiender Wirkung an den Arbeitslosen oder an einen Dritten gezahlt, hat der Bezieher des Arbeitslosengeldes dieses insoweit zu erstatten.

Fassung: AFRG v. 24.3.1997 (BGBl. I S. 594) seit 1.1.1998.

Lit.: *Gagel*, Sozialrechtliche Kondequenzen der Beendigung von Arbeitsverhältnissen, in HzA Gruppe 1 Teilbereich 8 (Stand: 2002); *Hanau/Peters-Lange*, Schnittstellen von Arbeits- und Sozialrecht; NZA 1998, 785; *Weber/Ehrich/Burmester*, Handbuch der arbeitsrechtlichen Aufhebungsverträge, 4. Aufl. 2004, Teil 4.

1 **I. Inhalt und Bedeutung der Vorschrift.** Die Vorschrift **vermeidet Doppelleistungen**, wenn der ArbN für Zeiten, in denen er den Anspruch auf Alg geltend gemacht hat, noch Anspruch auf Arbeitsentgelt oder eine Urlaubsabgeltung hat. Lohnersatzleistungen des SGB III sollen nicht gewährt werden, solange trotz Arbeitslosigkeit kein Verdienstausfall eintritt[2]. Maßgeblich für das Ruhen ist, wie Abs. 3 zeigt, dass der ArbN noch Anspruch auf Arbeitsentgelt hat, ohne dass es auf die Zahlung durch den ArbGeb ankommt.

2 Solange der ArbN das von ihm zu beanspruchende Arbeitsentgelt oder die Urlaubsabgeltung **nicht erhält**, schreibt Abs. 3 vor, dass der an sich ruhende Anspruch gerade nicht ruht, sondern die BA „gleichwohl" Alg gewährt[3]. Der Anspruch auf Arbeitsentgelt sowie die Urlaubsabgeltung geht in diesen Fällen, wie auch dem Klammerzusatz in Abs. 3 verdeutlicht, nach § 115 SGB X auf die BA über. Der Klammerzusatz stellt insoweit klar, dass es sich bei allen Varianten der den Anspruchsübergang auslösenden Tatbestände der Vorschrift um Arbeitsentgelt iSv. § 115 SGB X handelt[4] (vgl. dazu auch die entsprechende Fassung in § 143a für Abfindungen). Für den Fall der späteren Zahlung ordnet Abs. 3 Satz 2 die Erstattung des Alg durch den ArbN an (Einzelheiten dazu Rz. 26).

3 Die **Bedeutung** der Ruhensvorschrift erschöpft sich nicht in der Wirkung auf den Alg-Anspruch, sondern erstreckt sich infolge des Rechtsübergangs nach § 115 SGB X, wenn der ArbN gleichwohl Alg nach Abs. 3 erhält, auf die Ansprüche gegen den ArbGeb auf Arbeitsentgelt. Erhebt der ArbN parallel zu einer Kündigungsschutzklage Klage auf Zahlung von Arbeitsentgelt und ergeht hierüber, nachdem über das Ende des Arbeitsverhältnisses entschieden ist, ein Leistungsurteil, so ist das zwischenzeit-

---

1 Die Frage des Mitverschuldens wird soweit ersichtlich auch nur für den über die Meldepflicht uninformierten Arbeitnehmer behandelt, vgl. *Hanau*, ZIP 2003, 1573, 1575 (mwN); *Bauer/Krets*, NJW 2003, 537, 541; *Kreutz*, AuR 2003, 201, 203. |2 BSG v. 12.12.1984 – 7 RAr 87/83, SozR 4100 § 117 Nr 13. |3 BSG v. 14.7.1994 – 7 RAr 104/93, SozR 3-4100 § 117 Nr 11; v. 14.9.1990 – 7 RAr 128/89, BSGE 60, 168 (171). |4 BSG v. 3.3.1993 – 11 RAr 49/92, BSGE 72, 111, 114.

lich infolge des Alg-Bezugs übergegangene Nettoentgelt[1] vom Arbeitsentgelt in Abzug zu bringen. Mithin ist bereits im Klageantrag das für denselben Zeitraum erhaltene Alg abzusetzen („... Euro brutto abzüglich ... Euro netto gezahlten Arbeitslosengeld")[2]. Zur Bedeutung für die Dispositionsbefugnis der Arbeitsvertragsparteien über Beginn und Ende des Arbeitsverhältnisses siehe Rz. 11 ff.

§ 143 enthält nur eine neben **anderen Regelungen des Ruhens von Alg**. Das Ruhen des Alg während des Bezugs von Sozialleistungen ist in § 142 SGB III geregelt (hier nicht kommentiert). Die Ausübung einer geringfügigen Tätigkeit während der Dauer der Arbeitslosigkeit schließt, wie sich auch aus der Definition der Beschäftigungslosigkeit in § 118 ergibt, den Anspruch auf Alg nicht aus, sondern führt allenfalls zur Anrechnung auf den Anspruch nach Maßgabe des § 141 (nicht kommentiert). Das Ruhen wegen Anspruchs auf eine Abfindung regelt § 143a, wegen Verhängung einer Sperrzeit § 144. Für Zeiten eines Arbeitskampfes darf durch die Leistung von Alg nicht in die Neutralitätspflicht der BA eingegriffen werden; deshalb ordnet § 146 hier unter den dort näher geregelten Voraussetzungen das Ruhen von Alg und Kug (über § 174) an (siehe Erl. dort).

II. Das Ruhen nach Abs. 1. 1. Anspruch auf Arbeitslosengeld. Das Ruhen des Anspruchs setzt denknotwendig einen Anspruch auf Alg für die Zeit voraus, für die der Arbl. Anspruch auf Arbeitsentgelt hat. Dies setzt aber voraus, dass der ArbN iSv. § 118 **beschäftigungslos** ist, also keine Beschäftigung im Umfang von mindestens 15 Wochenstunden ausübt und eine Beschäftigung von mindestens 15 Wochenstunden sucht. Darin liegt aber nur ein scheinbarer Widerspruch zu dem für das Ruhen nach Abs. 1 erforderlichen gleichzeitigen Anspruch auf Arbeitsentgelt, da das BSG hierfür zwischen dem beitragsrechtlichen und leistungsrechtlichen Beschäftigungsverhältnis unterscheidet[3]. Das leistungsrechtliche Beschäftigungsverhältnis endet (trotz fortbestehenden Arbeits- und beitragspflichtigen Beschäftigungsverhältnisses), wenn nach einer Gesamtwürdigung aller Umstände das Beschäftigungsverhältnis faktisch sein Ende gefunden hat, namentlich weil der ArbGeb seine (arbeitsrechtliche) faktische Verfügungsmöglichkeit nicht mehr wahrnimmt[4]. Hier kommt auch dem Umstand, dass der ArbN seinerseits Alg beantragt, indizielle Wirkung für die Annahme von Beschäftigungslosigkeit zu[5]. Insbesondere während eines Kündigungsschutzprozesses, wenn der Fortbestand des Arbeitsverhältnisses in der Schwebe ist, liegen danach die Voraussetzungen für den Anspruch auf Alg (vgl. § 117) vor, wenn der ArbN bereit ist, jederzeit die Arbeit (beim bisherigen oder einem anderen ArbGeb[6]) aufzunehmen. Der Anspruch auf Alg ruht nach dieser Vorschrift aber auch, wenn die Zeit der faktischen Beschäftigungslosigkeit am Beginn des Arbeitsverhältnisses liegt[7].

2. Arbeitsentgelt. Arbeitsentgelt, das den Anspruch auf Alg zum Ruhen bringt, umfasst **alle Formen der Vergütung** von Arbeit, soweit sie zeitlich dem Zeitraum zuzuordnen sind, in dem der ArbN Alg bezieht. In aller Regel ist der Anspruch aus § 615 BGB begründet[8], da der ArbN ja Alg infolge Beschäftigungslosigkeit bezieht. Aber es können auch Sonderformen des Arbeitsentgelts, die zeitlich einer Phase ohne Anspruch auf laufendes Arbeitsentgelt – etwa infolge längerer Krankheit – zuzuordnen sind, den Anspruch auf Alg für denselben Zeitraum (teilweise) zum Ruhen bringen, etwa das Urlaubsgeld für das laufende Kalenderjahr oder eine jährliche Sondervergütung (Weihnachtsgeld), die trotz der – krankheitsbedingt – fehlenden Gegenleistung in voller Höhe zu zahlen sind. Der Umfang der Ruhenswirkung hängt in solchen Fällen von der zeitlichen Zuordnung der Jahressondervergütungen ab[9]:

Sind sie als **Sonderzahlungen mit hinausgeschobener Fälligkeit** (Jahresleistungen ohne Bindungswirkung)[10] den einzelnen Monaten des Kalenderjahres, für das sie versprochen sind, anteilig zuzuordnen, so gehen sie dem ArbN mit der Zahlung des Alg und dem Anspruchsübergang nach § 143 Abs. 3 iVm. § 115 SGB X verloren, weil das Alg, das neben einem nicht bestehenden Anspruch auf laufendes Arbeitsentgelt in der Regel höher sein wird als die anteilige Sonderzahlung, diese aufgezehrt. Handelt es sich dagegen um eine Jahressonderzahlung mit Stichtagsregelung, deren Auszahlung vom Erreichen des Stichtags abhängt und die als Entgelt für Betriebstreue gewährt wird[11], so wird die Sonderzahlung nur durch das für den Auszahlungsmonat gezahlte Alg aufgezehrt und bleibt damit noch zu dem übersteigenden Anteil dem ArbN erhalten. Schwierigkeiten bereiten dagegen die Sonderzahlungen mit **Mischcharakter**, die wegen der anteiligen Kürzung für Zeiten nicht erbrachter Arbeitsleistung als auch der Vereinbarung einer Stichtagsregelung (an dem das Arbeitsverhältnis regelmäßig unge-

---

1 Vgl. dazu BAG v. 26.5.1992 – 9 AZR 41/91, AP Nr. 4 zu § 115 SGB X. | 2 MünchArbR/*Hanau*, Bd. I, § 72 Rz. 9; BAG v. 15.11.1978, AP Nr. 14 zu § 613a BGB. | 3 Grundl. BSG v. 26.11.1985 – 12 RK 51/83, BSGE 59, 183 = SozR *4100 § 168 Nr 19;* im Anschluss daran BSG v. 9.9.1993 – 7 Rar 96/92, BSGE 73, 90 = SozR 3-4100 § 101 Nr. 4; v. 28.9.1993 – 11 RAr 69/92, SozR 3-4100 § 101 Nr. 5. | 4 BSG v. 9.9.1993 – 7 RAr 96/92, BSGE 73, 90 = SozR 3-4100 § 101 Nr. 4 (für den Fall langandauernder Erkrankung des Arbeitnehmers. | 5 BSG v. 28.9.1993 – 11 RAr 69/92, SozR 3-4100 § 101 Nr. 5; vgl auch BSG v. 10.9.1998 – B 7 AL 96/97, SozR 3-4100 § 101 Nr. 10 (betr. Aussetzzeiten bei fortbestehendem Arbeitsverhältnis, in denen die Hauptpflichten suspendiert sind). | 6 Dazu BSG v. 11.6.1987 – 7 RAr 16/86, SozR 4100 § 117 Nr. 18. | 7 BSG v. 20.6.2002 – B 7 AL 108/01 R, SozR 3-4300 § 143 Nr. 4. | 8 Vgl. BAG v. 9.10.1996 – 5 AZR 246/95, AP Nr 9 zu § 115 SGB X. | 9 BAG v. 26.5.1992 – 9 AZR 41/91, AP Nr. 4 zu § 115 SGB X. | 10 Ausf. MünchArbR/*Hanau*, Bd. I, § 69 Rz. 2 ff.; *Peters-Lange* in Preis, Der Arbeitsvertrag, II S 40 Rz. 5 ff. | 11 So in dem v. BAG v. 26.5.1992 – 9 AZR 41/91 AP Nr 4 zu § 115 SGB X entschiedenen Fall; ausf. MünchArbR/*Hanau*, Bd. I, § 69 Rz. 23 ff.

kündigt bestehen muss) sowohl die erwiesenen Betriebstreue als auch die Arbeitsleistung vergüten: Bei einer vorgesehenen Kürzung auch wegen unverschuldeter Fehltage wird man trotz der Stichtagsregelung zu der Auslegung gelangen, dass sie als Entgelt für die erbrachte Arbeitsleistung einzuordnen sind ungeachtet dessen, dass sie zusätzlich durch Vereinbarung einer gewissen Bindungswirkung auch die Betriebstreue abgelten sollen[1].

8 Der Anspruch auf Arbeitsentgelt, der zum Ruhen des Alg führt, kann auch durch **andere Weise als durch Zahlung erloschen** sein, etwa durch Aufrechnung[2], tarifliche Ausschlussfrist[3] oder Verzicht (vgl. dazu Rz. 13). Unerheblich ist auch, ob für den Arbeitsentgeltanspruch durch eine vertragliche Vereinbarung ein **späterer Fälligkeitszeitpunkt** vereinbart wird, etwa durch eine Stundungsvereinbarung oder eine Abrede über eine zu zahlende Abfindung, in die rückständiges Arbeitsentgelt „versteckt wird"[4]. Eine Vereinbarung über das Ende des Arbeitsverhältnisses, ohne dass für den Zeitraum bis zur Beendigung Vergütung fortgezahlt wird, entfaltet nur dann Bindungswirkung, wenn das Arbeitsverhältnis auch ohne Einhaltung einer Kündigungsfrist hätte beendet werden können[5]. Handelt es sich um eine „echte" Abfindung, die keine bis zum Beendigungszeitpunkt fälligen Arbeitsentgeltansprüche abgelten soll, so richtet sich ein evt. Ruhen des Alg nach § 143a.

9 **Nicht zum Ruhen** führt der Anspruch auf Schadensersatz nach § 628 Abs. 2 BGB, da er für Zeiten nach Beendigung des Arbeitsverhältnisses gezahlt wird. Insoweit kommt eine Anwendung der für Abfindungen geltenden Ruhensregelungen nach § 143a in Betracht (§ 143a Rz. 19). Ebenso scheidet ein Ruhen aus, wenn mangels Annahmeverzugs des ArbGeb (zB wenn der ArbN nach Krankheit seine Arbeitsleistung nicht mehr angeboten hat[6]) ein Arbeitsentgeltanspruch für die Zeit des Arbeitslosengeldbezugs ausscheidet. Das nachträglich in Erfüllung von Arbeitsentgeltansprüchen geleistete Arbeitsentgelt für Zeiträume vor dem Bezug von Alg erfüllt mangels Deckungsgleichheit von Alg und Arbeitsentgelt gleichfalls nicht den Tatbestand von Abs. 1[7].

10 Hat der ArbN **Arbeitsentgelt erhalten** und **danach** noch Alg für denselben Zeitraum bezogen, liegt kein Fall der Gleichwohlgewährung (Abs. 3) vor, sondern der unrechtmäßigen Gewährung infolge des Ruhens nach Abs. 1. Der Alg-Bescheid ist in solchen Fällen nach § 45 SGB X aufzuheben und das Alg vom ArbN zu erstatten (§ 50 SGB X). Der Anspruch auf Arbeitsentgelt bringt den Anspruch in voller Höhe zum Ruhen[8], auch wenn er hinter dem Alg zurückbleibt; übersteigt er das Alg, findet nur insoweit eine Erstattung oder Rückzahlung nach § 143 Abs. 3 Satz 2 statt (dazu Rz. 24). Im Falle einer Gleichwohlgewährung findet demgegenüber eine Anrechnung des Alg auf das Arbeitsentgelt nach § 115 SGB X statt („... bis zur Höhe der erbrachten Sozialleistung über"), dh. der ArbGeb muss entweder das Arbeitsentgelt in Höhe des Alg oder das geringere Arbeitsentgelt auf den Anspruchsübergang zahlen.

11 **3. Dauer des Ruhens.** Das Ende des Ruhenszeitraums wird grundsätzlich durch das **Ende des Arbeitsverhältnisses** fixiert, da über diesen Zeitpunkt hinaus kein Arbeitsentgelt geschuldet wird. Die Arbeitsvertragsparteien haben es damit in der Hand, durch zeitliche Festlegung des Endes des Arbeitsverhältnisses den Anspruch auf Alg endgültig wirksam werden zu lassen, indem sie im Falle des Bezugs von Alg bei Ungewissheit über den Fortbestand des Arbeitsverhältnisses ein zeitlich frühes Ende bestimmen. Die Rspr.[9] sieht lediglich durch einen mit einer vorausgegangenen Kündigung fixierten Endzeitpunkt der Dispositionsbefugnis eine Grenze gesetzt, als die Arbeitsvertragsparteien nicht durch Rückverlegung des Beendigungstermins der BA bereits übergegangene Ansprüche wieder entziehen können sollen. Ein in Zukunft liegender Beendigungstermin vor Ablauf der Kündigungsfrist bleibt demnach möglich. Ebenso ist es den Arbeitsvertragsparteien unbenommen, die Beendigung auf einen Zeitpunkt mit oder nach dem Ablauf der Kündigungsfrist zurückzuverlegen, da die Ansprüche auf Arbeitsentgelt ab diesem Zeitpunkt aufgrund der vorausgegangenen Kündigung, die der ArbN mit der Kündigungsschutzklage angegriffen hat, im Streit standen[10].

12 **4. Rückwirkender Wegfall des Entgeltanspruchs.** Den Arbeitsvertragsparteien steht es aber nicht frei, rückwirkend über bereits entstandene Arbeitsentgeltansprüche zu verfügen, wenn der **ArbN für denselben Zeitraum Alg bezogen hat** und damit ein Fall der Gleichwohlgewährung mit der Folge des Anspruchs-

---

1 Vgl. zu einem solchen Fall auch die konkursrechtliche Einordnung durch BAG v. 4.9.1985 – 5 AZR 655/84, NJW 1986, 1063. | 2 BSG v. 18.11.1980 – 12 RK 47/79, SozR 2100 § 14 Nr. 7. | 3 Diese erfasst auch den bereits übergegangenen Anspruch, vgl. BSG 10.6.1994 – 10 RAr 3/93, SozR 3-4100 § 160 Nr. 2 (mwN). | 4 BAG v. 25.3.1992 – 5 AZR 254/91, AP Nr. 12 zu § 117 AFG; BSG 21.12.1990 – 12 RK 20/88, SozR. 3-2400 § 14 Nr. 2. | 5 BAG v. 28.4.1983 – 2 AZR 446/81, AP Nr. 3 zu § 117 AFG; aA BSG v. 23.6.1981 – 7 AZR 29/80, SozR 4100 § 117 Nr. 7, wo der Berechtigung der vorausgegangenen fristlosen Kündigung für die Zuordnung als Arbeitsentgelt während der Beendigungsphase nicht nachgegangen wurde; vorsichtiger dagegen in BSG v. 14.7.1994 – 7 RAr 104/93, SozR 3-4100 § 117 Nr. 11, wo eine Auslegung des Vergleichs für die fragliche Zuordnung für geboten erachtet wird. | 6 Angebot nach neuerer Rspr. nur noch erforderlich, wenn das Arbeitsverhältnis nicht gekündigt ist, vgl. BAG v. 26.11.1994 – 2 AZR 179/94, NZA 1995, 263; v. 29.10.1992, EzA § 615 BGB Nr. 77. | 7 Niesel/Düe, § 143 SGB III Rz. 12; Gagel/Winkler, § 143 SGB III Rz. 16. | 8 Gagel/Winkler, § 143 SGB III Rz. 9. | 9 BAG v. 23.9.1981 – 5 AZR 527/79, ZIP 1981, 1364 („bis zum Ablauf der gesetzlichen Kündigungsfrist"); v. 28.4.1983 – 2 AZR 446/81, AP Nr. 3 zu § 117 AFG; v. 9.11.1989 – 4 AZR 433/88, NJW 1989, 1381 1383 (in Zukunft liegender Beendigungstermin jederzeit möglich, auch wenn vor Ablauf der Kündigungsfrist). | 10 Niesel/Düe, § 143 SGB III Rz. 17; Gagel/Winkler, § 143 SGB III Rz. 30 ff.

übergangs (§ 143 Abs 3 iVm. § 115 SGB X) vorgelegen hat[1]. Damit war der ArbN nicht mehr Inhaber des Anspruchs und konnte nicht zu Lasten der BA eine Vereinbarung – etwa im Werge des Erlasses, Ausgleichsquittung oder einer Ausgleichsklausel, wie sie häufig noch nach Beendigung des Arbeitsverhältnisses erklärt werden – treffen, selbst wenn ein verständiger Grund für den Erlass vorgelegen haben sollte[2]. Vor der Beantragung von Alg können die Parteien indes wirksam disponieren – es ist dann eine Frage des Leistungsrechts, ob der Anspruch noch für die Vergangenheit geltend gemacht werden kann.

Hat der ArbN den **Erlass wirksam für die Vergangenheit** erklärt, was arbeitsrechtlich möglicherweise wegen § 4 Abs 3 TVG oder § 12 EFZG (oder anderer gesetzlicher Anordnungen der Indisponibiltät) problematisch ist, so sind die SozV-Träger grundsätzlich an diese zivilrechtliche Ausgangslage gebunden. Ansätze in der Rspr.[3], bei vorsätzlichem oder grob fahrlässigem Verzicht des ArbN auf einen Lohnfortzahlungsanspruch im Krankheitsfall nach Beendigung des Arbeitsverhältnisses[4] den Krankengeldanspruch nach § 44 SGB V zu versagen, weil der Ruhenstatbestand wegen Zahlung von Arbeitsentgelt (§ 48 SGB V) dann analog heranzuziehen sei, haben zwar zu entsprechenden Überlegungen im Schrifttum zum Alg-Anspruch geführt[5]. Sie lassen aber eine dogmatische Begründung fehlen, weil die maßgeblichen Normen als Ansatzpunkt für eine mögliche Unwirksamkeit der Erlassvereinbarung, § 32 oder § 46 Abs. 2 SGB I, nicht die privatrechtliche Vereinbarung zu Lasten von Sozialleistungsträgern (§ 23 SGB I) bzw nur den Verzicht auf Sozialleistungen und nicht auf zivilrechtliche Ansprüche (§ 46 Abs. 2 SGB I) erfassen. Eine analoge Anwendung von Ruhensbestimmungen scheidet auch aufgrund der in § 2 Abs. 2 SGB I angeordneten Sicherstellung aus, die sozialen Rechte des Einzelnen möglichst weitgehend zu verwirklichen. Letztlich kann sich die BA auf den Ruhenstatbestand ja auch berufen, wenn rückwirkend Ansprüche im Wege des Vergleichs erst begründet werden[6]. 13

III. Das Ruhen wegen einer Urlaubsabgeltung Abs. 2. Eine Urlaubsabgeltung bringt den Anspruch auf Alg zum Ruhen, wenn sie entweder tatsächlich gezahlt wurde oder beansprucht werden kann. Die Rspr.[7] subsumiert mit Recht auch als Urlaubsabgeltung gewährte Zahlungen, für die kein Rechtsgrund (mehr) besteht, unter den Ruhenstatbestand nach der 1. Alt. (erhalten hat). Der Grund für das Ruhen ist auch hier die **Vermeidung von Doppelleistungen**, die den Lebensunterhalt in der betr. Zeit sicherstellen sollen, weshalb es keinen Unterschied macht, ob urlaubsrechtlich der Anspruch bestand oder nicht. Insbesondere wenn der ArbGeb für erloschene Urlaubsansprüche eine Abgeltung gewährt, tritt diese ebenso wie die Urlaubsabgeltung des § 7 Abs. 4 BUrlG als Surrogat[8] an die Stelle des Urlaubsanspruchs und erfüllt für die Tage des abgegoltenen Urlaubs eine Unterhaltsfunktion. 14

Keine Ruhensfolge hat dagegen ein **Schadensersatzanspruch wegen eines durch schuldhaftes Verhalten des ArbGeb untergegangenen Urlaubsanspruchs**[9]. Der Schadensersatzanspruch ist ein selbständiger, neben den (tarif-)vertraglich oder gesetzlich begründeten Abgeltungsanspruch tretender Anspruch auf gesetzlicher Grundlage (§§ 280 Abs. 1, 281 Abs. 1 iVm. § 275 Abs. 1 BGB nF), der in seiner Entstehung und seinen Voraussetzungen nach anderen Bedingungen unterliegt als der Anspruch auf Urlaubsabgeltung, der als Surrogat des Erfüllungsanspruchs die Entstehungsvoraussetzungen desselben teilt[10]. Für eine Berücksichtigung von Schadensersatzleistungen bei der Ruhensberechnung, die durchaus auch nach anderen Gesichtspunkten als die Abgeltung selbst bemessen sein kann, sprechen weder Regelungsziel noch Entstehungsgeschichte, die eng an den arbeitsrechtlich feststehenden Begriff der Urlaubsabgeltung angeknüpft haben[11] und gerade eine neben dem Arbeitsentgelt gezahlte Abgeltung zum Anlass für das Ruhen in des Alg genommen haben. 15

Schwieriger zu beantworten ist die Frage, ob auch solche Leistungen, die **vor der rechtlichen Beendigung des Arbeitsverhältnisses während einer Freistellungsphase** als Abgeltung nicht genommener Urlaubstage gewährt werden, zum Ruhen des Anspruchs nach Abs. 2 (oder Abs. 1) führen. Der Wortlaut des Abs. 1 ließe zwar grundsätzlich eine Subsumtion unter den Ruhenstatbestand wegen erhaltenen Arbeitsentgelts zu, wirft dann aber das Problem auf, dass das Arbeitsentgelt einem bestimmten Zeitraum (für die Bestimmung des Ruhenszeitraums) zugeordnet werden muss, der sich aus der Vereinbarung als Urlaubsabgeltung eben nicht entnehmen lässt, weil diese Zweckbestimmung ja gerade eine bezahlte Freistellung von der Arbeitsleistung nicht mehr zulässt. Als Urlaubsabgeltung ist sie eine Entschädigungsleistung gerade für nicht realisierte Freizeitgewährung, deren zeitliche Zuordnung Abs. 2 16

---

1 BAG v. 23.9.1981 – 5 AZR 527/79, ZIP 1981, 1364; v. 28.4.1983 – 2 AZR 446/81, AP Nr. 3 zu § 117 AFG. | 2 Gagel/Winkler, § 143 SGB III Rz. 46, will den verständigen Grund vor der Entstehung des Alg-Anspruchs heranziehen; dafür besteht angesichts der in dieser Situation noch nicht eingeschränkten Verfügungsbefugnis kein Grund. | 3 BSG v. 16.12.1980 – 3 RK 40/79, BSGE 51, 82 = SozR 2200 § 189 Nr. 2; v. 16.12.1980 – 3 RK 27/79, BKK 1981, 268, 269; v. 13.5.1992 – 1/3 RK 10/90, SozR 3-2200 § 189 Nr. 1. (Die Entscheidungen haben aber aus unterschiedlichen Gründen nicht zu endgültigen Ergebnissen zu der Frage der Leistungsversagung geführt.) | 4 Hier bejahte die Rspr. des BAG regelmäßig die Verzichtsmöglichkeit, vgl. BAG v. 28.11.1979 – 5 AZR 955/77, AP Nr. 10 zu § 6 LohnFG; v. 11.6.1976 – 5 AZR 506/75, AP Nr. 2 zu § 9 LohnFG. | 5 Niesel/Düe, § 143 SGB III Rz. 16; GK-SGBX/3/v. Maydell, § 115 Rz. 22; Gagel/Winkler, § 143 SGB III Rz. 47. | 6 So bereits Hanau, ArbuR 1984, 335; vgl. auch BSG v. 29.7.1993 – 11 RAr 17/92, EzA § 117 AFG Nr. 9 betr. Urlaubsabgeltung. | 7 BSG v. 29.7.1993 – 11 Rar 17/92, EzA § 117 AFG Nr. 9; v. 23.1.1997 – 7 RAr 72/94, SozR 3-4100 § 117 Nr. 14. | 8 Vgl. Erl. zu § 7 BUrlG. | 9 BSG v. 21.6.2001 – B 7 AL 62/00, SozR 3-4100 § 117 Nr. 24. | 10 Siehe Erl. zu § 7; Leinemann/Linck, BUrlG, § 7 Rz. 177. | 11 BSG v. 21.6.2001 – B 7 AL 62/00, SozR 3-4100 § 117 Nr. 24 (S. 173).

als Ruhensregelung selbst trifft. Danach müsste sie erst im Anschluss an die rechtliche Beendigung des Arbeitsverhältnisses zum Ruhen des Alg-Anspruchs führen; während für den Zeitraum bis zur Beendigung infolge der Freistellung Alg zu zahlen wäre. Das BSG[1] ordnet sie gleichwohl dem Zeitraum der Freistellungsphase vor der rechtlichen Beendigung zu und rechtfertigt dies mit der sozialrechtlichen Beendigung des Beschäftigungsverhältnisses im leistungsrechtlichen Sinne (siehe dazu oben Rz. 5). Letztendlich ließ es aber offen[2], ob der Ruhenstatbestand des Abs. 1 oder 2 als erfüllt anzusehen sei, was den genannten Bedenken gegen die Zuordnung als Arbeitsentgelt iSv. Abs. 1 begegnet. Einer Zuordnung als Urlaubsabgeltung während der Freistellungsphase aber widerspricht der Wortlaut des Abs. 2 Satz 2, der eindeutig eine Zuordnung nach dem Ende des Arbeitsverhältnisses vorsieht.

17 Die **Dauer des Ruhenszeitraums nach Abs. 2** entspricht grundsätzlich der Dauer des abgegoltenen Urlaubs, wobei die Zahl der Urlaubstage auf Wochentage zu verteilen ist. Sieht der Urlaubsanspruch aus dem beendeten Arbeitsverhältnis eine Berücksichtigung von Werktagen[3] bei der Berechnung der Urlaubsdauer bzw. -abgeltung vor, finden die Samstage auch bei der Berechnung der Dauer des Ruhenszeitraums Berücksichtigung; ansonsten werden die Urlaubstage auf Arbeitstage verteilt[4]. Der Ruhenszeitraum endet dem gemäß mit dem letzten Kalendertag, auf den ein abgegoltener Urlaubstag entfällt. Für den gesamten Ruhenszeitraum besteht kein Versicherungsschutz (siehe dazu auch § 144 Rz. 33).

18 Hat der Arbl. Anspruch auf **Alg wegen Erkrankung** nach § 126 bis zur Dauer von 6 Wochen in der Zeit, für die der Anspruch nach Abs. 2 ruhen würde, so führt die Urlaubsabgeltung nicht zum Ruhen des Anspruchs[5]. Die Rspr. legte den früheren § 117 Abs. 1a AFG insoweit einschränkend aus, weil der Alg-Anspruch an die Stelle des sonst zu gewährenden Krankengeldes trete, bei dem ein Ruhen wegen einer Urlaubsabgeltung nicht vorgesehen sei. An dieser Rechtslage hat sich mit § 143 und § 126 als Grundlage für den Anspruch bei Arbeitsunfähigkeit nichts geändert. Im Übrigen spricht für dieses Ergebnis, dass auch der Anspruch auf Urlaubsabgeltung an die Arbeitsfähigkeit nach der Beendigung des Arbeitsverhältnisses geknüpft ist, wenngleich mit der einschränkenden Bedingung, dass die Arbeitsfähigkeit gerade in der Fähigkeit zu der vertraglich geschuldeten Leistung bestehen muss[6]. Erhält der ArbN gleichwohl eine Abgeltung – etwa weil die Arbeitsunfähigkeit nicht voraussehbar war oder nicht feststeht, dass er trotz Leistungseinschränkungen seine konkrete Verrichtung noch hätte ausüben können[7] – kann dem ArbN sein Krankheitsrisiko, das für die Dauer von 6 Wochen die ArbLV trägt, nicht durch den Verweis auf die Abgeltung selbst aufgebürdet werden.

19 **IV. Gleichwohlgewährung, Anspruchsübergang auf die BA und Erstattung, Abs. 3. 1. Arbeitslosengeld trotz Ruhens, Gleichwohlgewährung.** Abs. 3 verpflichtet die BA zur Zahlung des Alg, wenn der Arbl. die in Abs. 1 und 2 genannten Leistungen **tatsächlich nicht erhält**. Da der Anspruch eigentlich ruht, spricht man hier von Gleichwohlgewährung. Bei der Gleichwohlgewährung tritt die BA wirtschaftlich betrachtet in Höhe des Alg in Vorleistung für den ArbGeb[8] und nimmt folglich in Höhe der geleisteten Zahlung die Gläubigerstellung ihm gegenüber ein: Nach § 115 SGB X geht der Anspruch in Höhe der erbrachten Leistung auf die in Abs. 1 und 2 genannten ArbGebLeistungen über, wobei der Klammerzusatz klarstellt, dass es sich bei diesen ArbGebLeistungen um Arbeitsentgelt iSv. § 115 SGB X handelt. § 143a Abs. 4 erstreckt die Wirkungen der Gleichwohlgewährung auf den Fall des Ruhens wegen einer Abfindung (siehe § 143a Rz. 42 ff.).

20 Bei der Zahlung von Alg im Wege der Gleichwohlgewährung handelt es sich um eine **echte (reguläre) Zahlung von Arbeitslosengeld**. Dies ergibt sich schon daraus, dass die materiellen Anspruchsvoraussetzungen erfüllt sein müssen (siehe Rz. 5), also insb. Beschäftigungslosigkeit und Arbeitslosmeldung. Damit wird der Anspruch auf Alg, der nur eine zeitlich begrenzte Dauer entfaltet (vgl. § 127), ebenso behandelt wie im Falle regulärer Arbeitslosigkeit; insb. zählen die Tage der Gleichwohlgewährung für die Minderung der Anspruchsdauer nach § 128 grundsätzlich mit[9]. Dem steht nicht entgegen, dass der Anspruch auf Arbeitsentgelt in Höhe des Alg auf die BA übergeht[10]

21 Die **Minderung der Anspruchsdauer entfällt** jedoch, wenn und soweit die BA für das Alg Ersatz erlangt[11]. Hierbei spielt es keine Rolle, ob der ArbGeb auf den Rechtsübergang nach § 115 SGB X an die BA das Arbeitsentgelt zahlt oder der Arbl. das im Wege der Gleichwohlgewährung erhaltene Alg erstattet, soweit er selbst durch den ArbGeb befriedigt wird (siehe dazu Rz. 27). Denkbar ist auch, dass ein Dritter die Aufwendungen der BA ersetzt, etwa weil er zum Schadensersatz verpflichtet ist oder durch Verfügungen seitens des ArbGeb zur Zahlung veranlasst wurde. Ebenso rechnet hierzu der Fall, dass die BA als Inhaberin des Arbeitsentgeltanspruchs wegen Zahlungsunfähigkeit des ArbGeb aus der

---

1 BSG v. 23.1.1997 – 7 RAr 72/94, SozR 3-4100 § 117 Nr. 14. | 2 BSG v. 23.1.1997 – 7 RAr 72/94, SozR 3-4100 § 117 Nr. 14 (S. 100). | 3 Wie die gesetzliche Bestimmung der Urlaubsdauer nach § 3 BUrlG. | 4 Wie hier Gagel/Winkler, § 143 SGB III Rz. 54; offen gelassen in BSG v. 23.1.1997 – 7 RAr 72/94, SozR 3-4100 § 117 Nr. 14 (S. 101). | 5 BSG v. 26.6.1991 – 10 RAr 9/90, SozR 3-4100 § 117, Nr. 4. | 6 Vgl. Erl. zu § 7 BUrlG. | 7 BAG v. 14.5.1986 – 8 AZR 604/84, AP Nr. 26 zu § 7 BUrlG – Abgeltung; v. 20.4.1989 – 8 AZR 621/87, AP Nr. 48 zu § 7 BUrlG – Abgeltung. | 8 BSG v. 24.7.1986 – 7 RAr 4/85, BSGE 60, 168, 171; v. 14.7.1994 – 7 RAr 104/93, SozR 3-4100 § 117 Nr. 11 (S. 11). | 9 Nach § 128 Abs. 1 Nr. 1 mindert sich die Dauer des Anspruchs auf Alg um die Anzahl von Tagen, für die der Anspruch auf Alg erfüllt worden ist. | 10 BSG v. 24.7.1986 – 7 RAr 4/85, BSGE 60, 168 (171); v. 11.6.1987 – RAr 16/86, SozR 4100 § 117 Nr. 18. | 11 BSG v. 24.7.1986 – 7 RAr 4/85, BSGE 60, 168 (171); v. 11.11.1993 – 7 RAr 94/92, nv.

Insolvenzausfallversicherung nach § 183 Ersatz erlangt[1]. Es reicht indes nicht aus, dass sich die BA nicht um die Durchsetzung ihrer Ansprüche bemüht hat. Die Rspr. lehnt es ab, wenn es zu keinerlei Zahlungen gekommen ist, eine Gutschrift deshalb zu veranlassen, weil die BA nicht mit der erforderlichen Sorgfalt die auf sie übergegangenen Ansprüche verfolgt[2].

Ebenso lehnt das BSG in std. Rspr.[3] ab, den Anspruch auf Alg **hinsichtlich der Höhe und Dauer zu korrigieren**, wenn mit der Beitreibung des Arbeitsentgelts für die Zeit bis zur Beendigung des Arbeitsverhältnisses danach an sich ein neuer (höherer) Anspruch begründet würde. Der im Wege der Gleichwohlgewährung begründete Anspruch auf Alg bleibt auch für weitere Fälle der Arbeitslosigkeit maßgeblich, bis eine neue Anwartschaft erfüllt ist. Es ändern sich weder der Bemessungszeitraum noch das Bemessungsentgelt. Hinsichtlich der Dauer des Anspruchs kann dies von Nachteil sein, wenn die bis zum ersten Tag der Gleichwohlgewährung zurückgelegten Zeiten nicht ausreichen, um einen Anspruch auf Alg mit einer längeren Dauer entstehen zu lassen. Die Höhe kann nachteilig dadurch beeinflusst werden, dass bei ordnungsgemäßer Abrechnung zum Zeitpunkt der Beendigung des Arbeitsverhältnisses an sich ein für den ArbN günstigerer Bemessungszeitraum mit höherem Bemessungsentgelt zugrunde zu legen wäre[4]. Gleichwohl hält das BSG eine Korrektur nicht für geboten, da der ArbN von der Möglichkeit Gebrauch gemacht habe, Alg schon zu einer Zeit in Anspruch zu nehmen, in der über fortbestehende Arbeitsentgeltansprüche noch gestritten wurde und damit nicht das Risiko getragen habe, für die fragliche Zeit keinerlei Leistungen zu erhalten. Daher sei er einer Vergleichsperson, die zunächst ihre Rechte aus dem Arbeitsverhältnis klären ließe, bevor sie Leistungen aus der ArblV in Anspruch nehme, nicht gleich zu stellen[5]. Schließlich könnten ja die erzielten Entgelte bei einer erneuten Erfüllung der Anwartschaftszeit Grundlage einer späteren Arbeitslosengeldbewilligung sein[6].

2. Anspruchsübergang auf die BA. Der Anspruch auf Arbeitsentgelt bzw. die Urlaubabgeltung geht **zum Zeitpunkt der Zahlung des Alg**, nicht bereits mit dessen Bewilligung, nach § 115 SGB X auf die BA über. Bei § 115 SGB X handelt es sich um einen gesetzlichen Forderungsübergang zu Gunsten von Sozialleistungsträgern mit der Folge der Anwendbarkeit der §§ 412, 399 – 404, 406 – 410 BGB[7]. Der Rechtsübergang **entfällt rückwirkend**, wenn die Bewilligung des Alg aufgehoben wird[8]. Der Rückfall an den ArbN erfolgt aber nicht, wenn der ArbN vom ArbGeb Arbeitsentgelt erhält und die BA daraufhin gegen den ArbN nach Abs. 3 Satz 2 vorgeht und Erstattung verlangt, weil der ArbN dann die Leistung tatsächlich erhalten hat[9]. Ob die BA trotz der Zahlung an den ArbN noch gegen den ArbGeb vorgehen kann, bestimmt sich nach § 407 BGB (dazu Rz. 26).

Der Rechtsübergang nach § 115 SGB X **beschränkt sich auf Zeiten, für die Alg gezahlt wird, und auf die Höhe des gezahlten Alg**. Der Spitzbetrag verbleibt beim ArbN. Im Falle des Abs. 2 geht der Anspruch nur für die Dauer des abgegoltenen Urlaubs über (siehe oben Rz. 17) und beschränkt sich auf die Höhe des gezahlten Alg in diesem Zeitraum. Im Rahmen der Entgeltklage gegen den ArbGeb ist das gezahlte Alg vom Klageantrag abzusetzen (siehe Rz. 3). Zahlt der ArbGeb das Arbeitsentgelt dennoch in voller Höhe an den ArbN, kommt ein Rückforderungsanspruch wegen ungerechtfertigter Bereicherung nach § 812 BGB in Betracht[10].

Der **ArbGeb wird durch die Zahlung an den ArbN nur frei**, wenn er vom Rechtsübergang auf die BA nichts wusste (§ 407 BGB). Grob fahrlässige Unkenntnis steht der Kenntnis vom Forderungsübergang aber nicht gleich[11]. Beim gesetzlichen Forderungsübergang stellt die Rspr. aber keine hohen Anforderungen an die Kenntnis, sondern lässt genügen, dass dem Schuldner die den Forderungsübergang begründenden Tatsachen bekannt sind[12]. Die Kenntnis der Arbeitslosigkeit des ArbN wird man daher ausreichen lassen müssen, wenn der Kündigungstermin abgelaufen ist, weil sich ArbN im Anschluss auch im Falle der Erhebung einer Kündigungsschutzklage regelmäßig arbeitslos melden[13]. Die BA übersendet aber auch unmittelbar im Anschluss an die Arbeitslosmeldung eine Mitteilung über den Forderungsübergang[14], wenn die Voraussetzungen für eine Arbeitslosengeldzahlung vorliegen.

---

1 BSG v. 24.7.1986 – 7 RAr 4/85, BSGE 60, 168 (171). | 2 BSG v. 11.6.1987 – RAr 16/86, SozR 4100 § 117 Nr. 18; krit. Gagel/*Winkler*, § 143 SGB III Rz. 71 f. | 3 BSG v. 3.12.1998 – B 7 AL 34/98, SozR 3-4100 § 117 Nr. 17; vgl. bereits BSG v. 11.6.1987 – 7 RAr 40/86, SozR 4100 § 117 Nr. 19. | 4 Zusammenfassend BSG v. 29.9.1987 – 7 RAr 59/86, SozR 4100 § 117 Nr. 20 (S. 108). | 5 BSG v. 3.12.1998 – B 7 AL 34/98, SozR 3-4100 § 117 Nr. 17 (S. 119). | 6 BSG v. 11.6.1987 – 7 RAr 40/86, BSGE 59, 183, 186 f. | 7 *Kater* in Kasseler Kommentar, § 115 Rz. 32. | 8 Gagel/*Winkler*, § 143 SGB III Rz. 69. | 9 AA Niesel/*Düe*, § 143 SGB III Rz. 37; wie hier Gagel/*Winkler*, § 143 SGB III Rz. 69 unter Hinweis auf BGH v. 25.6.1990 – II ZR 119/89, BB 1990, 1653. | 10 BAG v. 25.3.1992 – 5 AZR 254/91, AP Nr. 12 zu § 117 AFG. | 11 Palandt/*Heinrichs*, § 407 BGB Rz. 6. | 12 Vgl. BGH v. 20.9.1994 – VI ZR 285/93, BGHZ 127, 120 (128), beim Forderungsübergang nach § 116 SGB X: Kenntnis der die Versicherungspflicht ausmachenden Tatsachen ausreichend. | 13 Zurückhaltender wohl die Rspr., die die Kenntnis vom Arbeitslosengeldbezug ausreichen lassen will, vgl. BSG v. 29.8.1991 – 7 RAr 130/90, SozR 3-4100 § 117 Nr. 6 (S. 39); BAG v. 13.1.1982 – 5 AZR 546/79, AP Nr. 7 zu § 9 KSchG 1969. | 14 *Weber/Ehrich/Hoß*, Teil 4 Rz. 71, wo aber unzutr. von einer „Überleitungsanzeige" die Rede ist; der Rechtsübergang nach § 115 SGB X setzt aber keinen Verwaltungsakt zu seiner Wirksamkeit voraus, vgl. dazu BSG v. 14.7.1994 – 7 RAr 104/93, SozR 3-4100 § 117 Nr. 3 (S. 71 unten): „Die BA wird auf diese Weise durch gesetzlichen Forderungsübergang anstelle des Arbeitnehmers Gläubiger des Arbeitgebers, ohne dass es hierzu der Feststellung durch Verwaltungsakt bedürfte bzw. eine solche zulässig wäre."

26 **3. Erstattung durch den ArbN. a) Befreiende Zahlung durch den ArbGeb nach Anspruchsübergang.** Der ArbN hat das Alg, wenn der ArbGeb mit befreiender Wirkung (siehe Rz. 25) an den ArbN gezahlt hat, nach Abs. 3 Satz 2 an die BA zu erstatten. Diese Vorschrift entspricht § 816 Abs. 2 BGB. Den Erstattungsanspruch kann die BA mittels Verwaltungsaktes geltend machen; einer vorherigen Aufhebung des Bewilligungsbescheides bedarf es dafür nicht[1]. Insoweit erstattet der ArbN nicht eigentlich Alg, sondern zahlt das vom ArbGeb geleistete Arbeitsentgelt an die BA als wahre Berechtigte zurück[2]. Der ArbGeb kann einem etwaigen Zahlungsverlangen der BA die Leistung an den ArbN nach §§ 412, 407 BGB entgegenhalten.

27 **b) Genehmigung nicht befreiender Zahlung durch die BA (Wahlrecht).** Die BA kann aber auch die nicht befreiende Zahlung durch den ArbGeb (siehe Rz. 25) genehmigen und gegen den ArbN nach Abs. 3 Satz 2 vorgehen und Zahlung an sich verlangen, § 185 Abs. 2 iVm. § 362 Abs. 2 BGB[3]. Die Genehmigungsmöglichkeit setzt nicht voraus, dass die BA zunächst erfolglos gegen den ArbGeb vorgegangen ist[4]. Der ArbN, der in einem solchen Fall Doppelleistungen erhält, ist nur in Ausnahmefällen schutzwürdig, wenn die Genehmigung gegen § 242 BGB verstößt oder die Arbeitsentgeltzahlung zwischen ArbGeb und ArbN rückgängig gemacht worden ist (siehe Rz. 24)[5]. Die Genehmigung erfolgt konkludent, wenn die BA gegen den ArbN vorgeht[6], im Übrigen, wenn sie gegen den ArbGeb wegen einer vereinbarten Ausschlussfrist nicht mehr vorgehen kann[7].

28 **c) Zahlung vor Anspruchsübergang.** Eine Erstattung nach Abs. 3 Satz 2 kommt nicht in Betracht, wenn der ArbN **Arbeitsentgelt oder eine Urlaubsabgeltung erhalten hat, bevor das Arbeitslosengeld** ausgezahlt erhält. Die Gleichwohlgewährung nach Abs. 3 setzt nämlich voraus, dass der das Ruhen bewirkende Anspruch auf Arbeitsentgelt oder Urlaubsabgeltung nicht erfüllt worden ist. Das BSG[8] hat dies im Zusammenhang mit einer vorher ausgezahlten Abfindung mehrfach entschieden (vgl. dazu § 143a Abs. 4, der eine gleich lautende Erstattungsregelung enthält). Die BA hat in einem solchen Fall, wenn sie von der Zahlung erfährt, den Arbeitslosengeldbescheid nach vorheriger Anhörung des ArbN aufzuheben und das gezahlte Alg nach § 50 SGB X zurückzufordern. Die Rückforderung nach Abs. 3 Satz 2 enthalte eine solche Aufhebung nicht. Bei der Rückforderung handelt es sich nämlich um eine gebundene Entscheidung, während die Aufhebung des Bewilligungsbescheides eine Ermessensausübung sowie Verschuldensprüfung voraussetzt (vgl. § 45 Abs. 1 iVm. Abs. 2 SGB X); eine Umdeutung scheitert deshalb an § 43 Abs. 2 SGB X[9].

29 **d) Folge von Teilzahlungen.** Fraglich ist, ob die BA auch dann nach Abs. 3 Satz 2 **Erstattung beim ArbN vorlangen kann,** wenn der ArbN **nur Teilzahlungen bis zur Höhe der ihm verbliebenen Anteile** auf den Anspruch erhält, der Anlass für das Ruhen nach Abs. 1 oder 2 (Ansprüche auf Arbeitsentgelt oder Urlaubsabgeltung; im Falle des § 143a: Abfindungen) ist. Denn § 143 Abs. 3 SGB III iVm. § 115 SGB X lässt den Anspruch nur in Höhe des gezahlten Alg übergehen, so dass der Anspruch auf den Spitzbetrag beim ArbN verbleibt. Nach Auffassung des BSG[10] kann die BA jedoch auch bei Teilzahlungen die Rückforderung des gezahlten Alg bis zum Betrag der erhaltenen Teilzahlung nach Abs. 3 Satz 2 gegenüber dem ArbN geltend machen (evt. auch Genehmigung einer nicht befreienden Leistung des ArbGeb, vgl. Rz. 27), jedenfalls in Höhe des auf sie entfallenden Anteils (was bei der Ruhensregelung wegen eines Abfindungsanspruchs nach § 143a Abs. 1 iVm. Abs. 4 eine Rolle spielt). Das Gesetz sehe ein Vorrecht des ArbN an den tatsächlichen Zahlungen nicht vor. Dies führt dazu, dass der ArbN bei Teilzahlungen auf das Arbeitsentgelt, wenn er gleichzeitig Alg bezogen hat, sich eine Verrechnung auf das Alg gefallen lassen muss.

30 Diese Rspr. begegnet **Bedenken.** Der Senat stellt entscheidend auf den Umstand ab, dass der Anspruch auf Alg auch geruht hätte, wenn die Teilzahlung vorher erfolgt wäre, und dann eine Gleichwohlgewährung ausgeschlossen gewesen wäre: Die Ansprüche dagegen, die der ArbGeb nicht erfülle, blieben grundsätzlich außer Betracht, insoweit wäre ein Tatbestand des § 143 Abs. 3 Satz 1 (Gleichwohlgewährung) gegeben[11]. Folglich solle die BA als wirtschaftlich für den ArbGeb Vorleistende nicht gänzlich zurückstehen, wenn der ArbGeb nachträglich seine Schulden zahle. Aber damit wird nicht erklärt, dass dem ArbN kein Anspruch auf Alg im Wege der Gleichwohlgewährung zusteht, wenn er nur einen erheblich geringeren Anteil des ihm für denselben Zeitraum zustehenden Arbeitsentgelts erhält. Die Logik des § 143 Abs. 1 und 3 lässt die Gleichwohlgewährung auch dann zu, wenn der Anspruch zT gezahlt und zT nur zu beanspruchen ist; denn in beiden Fällen ruht der Anspruch nach Abs. 1 und für die teilweise Nichtzahlung dann wieder nicht (Abs. 3). Vielmehr beruht die Wendung

---

1 BSG v. 14.9.1990 – 7 RAr 128/89, BSGE 67, 221. | 2 BSG v. 8.2.2001 – B 11 AL 59/00, SozR 3-4100 § 117 Nr. 23 (S. 165 f. mwN). | 3 BSG v. 14.9.1990 – 7 RAr 128/89, BSGE 67, 221; v. 16.10.1991 – 11 RAr 137/90, SozR 3-4100 § 117 Nr. 7. | 4 BSG v. 22.10.1998 – B 7 AL 106/96 R, SozR 3-4100 § 117 Nr. 16. | 5 BSG v. 22.10.1998 – B 7 AL 106/96 R, SozR 3-4100 § 117 Nr. 16 (S. 113). | 6 BSG v. 14.9.1990 – 7 RAr 128/89, BSGE 67, 221; v. 16.10.1991 – 11 RAr 137/90, SozR 3-4100 § 117 Nr. 7. | 7 BSG v. 14.9.1990 – 7 RAr 128/89, BSGE 67, 221. | 8 BSG v. 3.3.1993 – 11 RAr 49/92, BSGE 72, 111; v. 3.3.1993 – 11 RAr 57/92, SozR 3-4100 § 117 Nr. 10; v. 14.7.1994 – 7 RAr 104/93, SozR 3-4100 § 117 Nr. 11. | 9 BSG v. 3.3.1993 – 11 RAr 49/92, BSGE 72, 111 (117). | 10 BSG v. 8.2.2001 – B 11 AL 59/00 R, SozR 3-4100 § 117 Nr. 23; anders noch BSG v.13.3.1990 – 11 RAr 69/89, SozR 3-4100 § 117 Nr. 2 (S. 8/9). | 11 So der 7. Senat in BSG v. 28.8.1991 – RAr 130/90, SozR 3-4100 § 117 Nr. 6 (S. 38).

des Abs 3 „soweit der Arbeitslose die ... genannten Leistungen (...) tatsächlich nicht erhält, wird das Alg auch für die Zeit geleistet ..." auf dem Gedanken, dass eine teilweise Nichterfüllung vorliegen kann und insoweit Alg gleichwohl gezahlt werden kann. Erhält der ArbN nur 10 Euro für einen Monat, ist hierdurch nicht schon die Zahlung von Alg für den Monat ausgeschlossen! Der Vergleich des vorher und später begründet daher ein tatsächliches Vorrecht der BA an geleisteten Teilzahlungen nicht. Vielmehr gibt der ArbGeb zu erkennen, dass er mit Zahlung an den ArbN dessen Forderung und nicht die auf die BA übergegangene erfüllen will. Sollte er hinsichtlich des gesetzlichen Forderungsübergangs gutgläubig sein, hindert dies eine entsprechende Wertung zu Gunsten seines Altgläubigers nicht.

143a *Ruhen des Anspruchs bei Entlassungsentschädigung*

(1) Hat der Arbeitslose wegen der Beendigung des Arbeitsverhältnisses eine Abfindung, Entschädigung oder ähnliche Leistung (Entlassungsentschädigung) erhalten oder zu beanspruchen und ist das Arbeitsverhältnis ohne Einhaltung einer der ordentlichen Kündigungsfrist des Arbeitgebers entsprechenden Frist beendet worden, so ruht der Anspruch auf Arbeitslosengeld von dem Ende des Arbeitsverhältnisses an bis zu dem Tage, an dem das Arbeitsverhältnis bei Einhaltung dieser Frist geendet hätte. Diese Frist beginnt mit der Kündigung, die der Beendigung des Arbeitsverhältnisses vorausgegangen ist, bei Fehlen einer solchen Kündigung mit dem Tage der Vereinbarung über die Beendigung des Arbeitsverhältnisses. Ist die ordentliche Kündigung des Arbeitsverhältnisses durch den Arbeitgeber ausgeschlossen, so gilt bei

1. zeitlich unbegrenztem Ausschluss eine Kündigungsfrist von 18 Monaten,
2. zeitlich begrenztem Ausschluss oder bei Vorliegen der Voraussetzungen für eine fristgebundene Kündigung aus wichtigem Grund die Kündigungsfrist, die ohne den Ausschluss der ordentlichen Kündigung maßgebend gewesen wäre.

Kann dem Arbeitnehmer nur bei Zahlung einer Entlassungsentschädigung ordentlich gekündigt werden, so gilt eine Kündigungsfrist von einem Jahr. Hat der Arbeitslose auch eine Urlaubsabgeltung (§ 143 Abs. 2) erhalten oder zu beanspruchen, verlängert sich der Ruhenszeitraum nach Satz 1 um die Zeit des abgegoltenen Urlaubs. Leistungen, die der Arbeitgeber für den Arbeitslosen, dessen Arbeitsverhältnis frühestens mit Vollendung des 55. Lebensjahres beendet wird, unmittelbar für dessen Rentenversicherung nach § 187a Abs. 1 des Sechsten Buches aufwendet, bleiben unberücksichtigt. Satz 6 gilt entsprechend für Beiträge des Arbeitgebers zu einer berufsständischen Versorgungseinrichtung.

(2) Der Anspruch auf Arbeitslosengeld ruht nach Absatz 1 längstens ein Jahr. Er ruht nicht über den Tag hinaus,

1. bis zu dem der Arbeitslose bei Weiterzahlung des während der letzten Beschäftigungszeit kalendertäglich verdienten Arbeitsentgelts einen Betrag in Höhe von 60 Prozent der nach Absatz 1 zu berücksichtigenden Entlassungsentschädigung als Arbeitsentgelt verdient hätte,
2. an dem das Arbeitsverhältnis infolge einer Befristung, die unabhängig von der Vereinbarung über die Beendigung des Arbeitsverhältnisses bestanden hat, geendet hätte oder
3. an dem der Arbeitgeber das Arbeitsverhältnis aus wichtigem Grunde ohne Einhaltung einer Kündigungsfrist hätte kündigen können.

Der nach Satz 2 Nr. 1 zu berücksichtigende Anteil der Entlassungsentschädigung vermindert sich sowohl für je fünf Jahre des Arbeitsverhältnisses in demselben Betrieb oder Unternehmen als auch für je fünf Lebensjahre nach Vollendung des 35. Lebensjahres um je fünf Prozent; er beträgt nicht weniger als 25 Prozent der nach Absatz 1 zu berücksichtigenden Entlassungsentschädigung. Letzte Beschäftigungszeit sind die am Tag des Ausscheidens aus dem Beschäftigungsverhältnis abgerechneten Entgeltabrechnungszeiträume *der letzten 52 Wochen; § 130 Abs. 2 und § 131 Abs. 2 Nr. 1 gelten entsprechend [ab 1.1.2005: der letzten 12 Monate; § 130 Abs. 2 Satz 1 Nr. 3 und Abs. 3 gilt entsprechend]*. Arbeitsentgeltkürzungen infolge von Krankheit, Kurzarbeit, Arbeitsausfall oder Arbeitsversäumnis bleiben außer Betracht.

(3) Hat der Arbeitslose wegen Beendigung des Beschäftigungsverhältnisses unter Aufrechterhaltung des Arbeitsverhältnisses eine Entlassungsentschädigung erhalten oder zu beanspruchen, gelten die Absätze 1 und 2 entsprechend.

(4) Soweit der Arbeitslose die Entlassungsentschädigung (Arbeitsentgelt im Sinne des § 115 des Zehnten Buches) tatsächlich nicht erhält, wird das Arbeitslosengeld auch für die Zeit geleistet, in der der Anspruch auf Arbeitslosengeld ruht. Hat der Verpflichtete die Entlassungsentschädigung trotz des Rechtsübergangs mit befreiender Wirkung an den Arbeitslosen oder an einen Dritten gezahlt, hat der Bezieher des Arbeitslosengeldes dieses insoweit zu erstatten.

Fassung: Drittes Gesetz für moderne Dienstleistungen am Arbeitsmarkt v. 23.12.2003 (BGBl. I S. 2848).

SGB III § 143a Rz. 1   Ruhen des Anspruchs bei Entlassungsentschädigung

Lit.: *Gagel,* Zum Ruhen von Arbeitslosengeld durch Abfindungen aus Sozialplänen, NZS 2000, 327; v. *Hoyningen-Huene,* Arbeitslosengeld und Abfindung, SGb 2000, 97; *Köster,* Ruhenszeit beim Arbeitslosengeld nach § 143a SGB III – Aktuelle Probleme, NZS 2000, 536; *Rockstroh/Polduwe,* Neuregelung der Berücksichtigung von Abfindungen beim Arbeitslosengeld, DB 1999, 529; *Schaub,* Steuerrechtliche und sozialversicherungsrechtliche Behandlung der Abfindung, DB 1999, 1059; *Wisskirchen,* Die steuerliche Behandlung von Entlassungsentschädigungen ab 1999, NZA 1999, 405.

1 **I. Allgemeines. 1. Inhalt und Bedeutung der Vorschrift.** Die Vorschrift ordnet das **Ruhen** eines **im Anschluss an das Arbeitsverhältnis** (Ausnahme Abs. 3, dazu Rz. 40 f.) bestehenden Anspruchs auf Alg wegen Zahlung einer Abfindung an, wenn das Arbeitsverhältnis unter Nichteinhaltung der Kündigungsfrist beendet wird. Damit knüpft sie gedanklich an die voranstehende Ruhensregelung des § 143 an, der für Zeiten während des Arbeitsverhältnisses bei gleichzeitigem Anspruch auf Alg dessen Ruhen bestimmt, bzw. für Zeiten im Anschluss bei Anspruch auf eine Urlaubsabgeltung. Ebenso wie bei § 143 löst sowohl die Zahlung der ArbGebLeistung als auch das Bestehen eines Anspruchs das Ruhen aus; solange der ArbN die Leistung nicht erhält, besteht die Möglichkeit der Gleichwohlgewährung (Abs. 4). Der Anspruch geht dann in Höhe des gleichwohl gezahlten Alg auf die BA nach § 115 SGB X über.

2 Das Ruhen gilt auch, wenn erst **während eines Kündigungsschutzprozesses**, in dessen Verlauf die Arbeitsvertragsparteien sich vergleichsweise über die Beendigung des Arbeitsverhältnisses gegen Zahlung einer Abfindung einigen, der ArbN Alg bezogen hat. Die Abfindungssumme verringert sich dann rechnerisch um den zum Ruhen gelangten Teil (Einzelheiten der Berechnung siehe unten Rz. 29 ff.). Es bedarf einer besonderen Regelung im Vergleich, dass die auf die BA übergegangenen Ansprüche zusätzlich vom ArbGeb zu tragen sind[1]. Der ArbN hat dem ArbGeb einen zu viel gezahlten Betrag nach § 812 Abs. 1 BGB zurückzuzahlen, es sei denn, dass der ArbGeb hinsichtlich des Ruhens gutgläubig war (§ 407 BGB) oder die BA gegen den ArbN – ggf. nach Genehmigung der Zahlung durch den ArbGeb (§§ 362 Abs. 2, 185 Abs. 2 BGB) – nach Abs. 4 vorgeht.

3 Die Vorschrift beruht auf der unwiderlegbaren **Vermutung, dass eine Abfindung immer dann auch Arbeitsentgelt enthält,** wenn das Arbeitsverhältnis zu einem Zeitpunkt beendet wird, ohne dass die für den ArbN maßgebende Kündigungsfrist eingehalten wird[2]. Der ArbN erhält statt des Arbeitsentgelts eine Entlassungsentschädigung, deren Höhe sich in der Regel auch an der Dauer der für den ArbN geltenden Kündigungsfrist orientiert. Sie greift folglich überhaupt nicht ein, wenn die Arbeitsvertragsparteien bei der Wahl des Beendigungszeitpunktes den Termin des Ablaufs der ordentlichen Kündigung einhalten. Dazu, wie der Lauf der Kündigungsfrist im jeweiligen Fall berechnet wird, siehe Rz. 20 ff. Sie greift auch nicht ein für einen Zeitraum des Arbeitslosengeldbezugs, zu dem der ArbGeb zur Kündigung des Arbeitsverhältnisses aus wichtigem Grund ohne Einhaltung der Kündigungsfrist berechtigt war (Abs. 2 Satz 2 Nr. 3), weil dann nicht vermutet werden kann, dass die gezahlte Entschädigung Arbeitsentgelt enthält.

4 Die Vorschrift unterscheidet nicht zwischen ArbN, deren Arbeitsverhältnis regulär, und solchen, **denen nur gegen Zahlung einer Abfindung überhaupt gekündigt** werden kann (Abs. 1 Satz 4). Soll den ArbN aber mit der Zahlung der Entlassungsentschädigung der Bestandsschutz (durch TV, Arbeitsvertrag oder Betriebsvereinbarung) genommen werden, kann nicht vermutet werden, dass die Abfindung in gleicher Weise wie bei ordentlich kündbaren ArbN den Verlust des Arbeitsentgelts ausgleichen soll, sondern dass sie in erster Linie den sozialen Besitzstand ausgleicht. Dem gelten aber die Freibetragsregelungen der Abs. 2 Satz 2 Nr. 1 und Satz 3 (siehe Rz. 42 ff.). Damit ist die Vorschrift des Abs. 1 Satz 4, die sogar die Berücksichtigung einer fiktiven Kündigungsfrist von 1 Jahr (!) vorsieht, von der Gesetzessystematik und ihrem Grundgedanken missglückt. Außerdem kann der Fall, dass dem ArbN nur bei Zahlung einer Abfindung gekündigt werden kann, nicht mit dem Fall, dass die Kündigung erst von der Zustimmung der Tarifpartner abhängig ist oder für die Aufstellung eines Sozialplans erteilt wird, gleichgestellt werden. Das BSG[3] hat sich entsprechenden Bedenken *Gagels*[4] jedoch nicht angeschlossen, sondern lediglich bei unkündbaren ArbN, denen nach § 626 BGB aus wichtigem Grund unter Wahrung einer Auslauffrist gekündigt werden kann[5], die fiktive Kündigungsfrist des Abs. 1 Satz 4 auf die sonst geltende Auslauffrist reduziert[6].

5 Das Ruhen bewirkt, dass der ArbN keine Leistungen der ArblV für den Ruhenszeitraum in Anspruch nehmen kann. Damit hat er aber auch **keinen Schutz in den übrigen Zweigen der SozV** (Renten-, Kranken- und Pflegeversicherung). Anders sieht es aus, wenn der Anspruch auf Alg zwar ruht, der ArbN aber gleichwohl Alg nach Abs. 4 bezieht (siehe dazu Rz. 42 ff.), weil der ArbGeb die Abfindung nicht ausgezahlt hat. In diesem Fall ist der Arbl. infolge des Leistungsbezugs kranken[7]-, renten- und pflegeversichert (vgl. auch 144 Rz. 33). Der Anspruch auf Erstattung im Falle nachträglicher Erfüllung durch den ArbGeb (Abs. 4 Satz 2) lässt diesen Versicherungsschutz grundsätzlich auch nicht rückwirkend entfallen[8].

---

1 BAG v. 25.3.1992 – 5 AZR 254/91, AP Nr. 12 zu § 117 AFG; v. 9.10.1996 – 5 AZR 246/95, AP Nr. 29 zu § 9 KSchG 1969. | 2 *Rockstroh/Polduwe,* DB 1999, 529 (530). | 3 BSG v. 5.2.1998 – B 11 AL 65/97 R, SozR 3-4100 § 117 Nr. 15; v. 29.1.2001 – B 7 AL 62/99 R, SozR 3-4100 § 117 Nr. 22. | 4 § 143a SGB III, Rz. 59 ff.; *Gagel,* NZS 2000, 327 ff.; im Anschluss auch GK-SGB III/*Masuch,* § 143 Rz. 52 ff.; *Köster,* NZS 2000, 536, 537; Volgolio in Hauck/Noftz, § 143a SGB III Rz. 59 ff. | 5 Dazu BAG v. 11.3.1999 – 2 AZR 427/98, AP Nr. 150 zu § 626 BGB. | 6 BSG v. 29.1.2001 – B 7 AL 62/99 R, SozR 3-4100 § 117 Nr. 22. | 7 Nach § 5 Abs. 1 Nr. 2 SGB V. | 8 Vgl. zu Einzelheiten *Hanau/Peters-Lange,* NZA 1989, 785, 788 f.

Die **nachteiligen Folgen für den Schutz in der SozV** lassen sich vermeiden, indem durch Fälligstellung geringerer Ratenzahlungen in dem für das Ruhen in Betracht kommenden Zeitraum, für den dann Alg zunächst im Wege der Gleichwohlgewährung zu einem Teil zahlen ist[1], der Versicherungsschutz mit dem Leistungsbezug begründet wird. Infolge der Kapitalisierung (siehe unten Rz. 19) der Ratenzahlungen für die Berechnung des zum Ruhen führenden Anteils wird sich später uU ein höherer Erstattungsanspruch der BA errechnen, der aber nur das gezahlte Alg, nicht die darauf entrichteten Beiträge umfasst (anders bei Geltendmachung nach § 143 Abs. 3 gezahlten Alg, bei dem den ArbGeb eine Erstattungspflicht für gezahlte Beiträge trifft, vgl. § 335 Abs. 3). Eine spätere Fälligstellung nach Ablauf des Ruhenszeitraums begründet für den gesamten Zeitraum Ansprüche auf Alg im Wege der Gleichwohlgewährung und damit ebenso den Versicherungsschutz in der SozV. Auch hier müssen spätere Erstattungsansprüche der BA bzw. der Anspruchsübergang nach § 115 SGB X infolge der Gleichwohlgewährung bedacht werden (siehe unten Rz. 43). 6

2. **Gesetzeshistorischer Hintergrund.** Die Regelung ist seit 1.4.1999 in Kraft und löst ihre **Vorgängerregelung** zur Anrechnung von Entlassungsentschädigungen auf das Alg nach § 140 SGB III ab[2]. Sie ist exakt der früheren Ruhensregel in § 117 Abs. 2 und 3 AFG nachgebildet und führte mit einer leichten Anhebung der Freibetragsregelung (des Grundbetrags von 30 auf 40 % der Gesamtabfindungssumme, vgl. dazu Rz. 29 ff.) den früheren Rechtszustand (vor 1.4.1997) wieder herbei. Aufgrund der noch zum AFG geltenden Übergangsregelung wurde § 140 SGB III, der eine pauschale Anrechnung von Entlassungsentschädigungen ohne Rücksicht auf die Einhaltung von Beendigungsfristen vorsah, ohnehin erst mit dem 7.4.1999 auf Altfälle anwendbar. Für ArbN, deren Anspruch auf Alg wegen kürzerer Vorbeschäftigungszeiten kein Bestandsschutz nach der früheren Übergangsregelung des § 242x Abs. 3 AFG genoss, sieht eine neue Übergangsregelung in § 427 Abs. 6 ein Wahlrecht zwischen der Anwendung der abgeschafften Bestimmung des § 140 und der am 1.4.1999 in Kraft getretenen Regelung des § 143a vor. 7

Gegen § 140 SGB III waren neben **sozialpolitischen Bedenken** einer unangemessenen Erschwerung von Abfindungsvergleichen in Kündigungsschutzprozessen vor allem auch verfassungsrechtliche Bedenken geltend gemacht worden (siehe Rz. 11). Dennoch bot sie gegenüber der jetzigen Ruhensregelung auch **Vorteile**, weil sie dem Arbl., der nicht für den vollen Zeitraum, in dem die Ruhensregelung griff, arbeitslos war, zumindest den hälftigen Betrag seines Arbeitslosengeldanspruchs für den Anspruchszeitraum beließ. Infolge der Zahlung des hälftigen Alg blieb er auch in der Kranken., Pflege- und RV versichert (siehe dazu unter Geltung der jetzigen Ruhensregelung Rz. 5). Außerdem war der Mindestfreibetrag von 10.000 DM gegenüber der derzeitigen prozentualen Freibetragsregelung vielfach günstiger. Zudem drohte neben § 140 SGB III keine Erstattungsregelung wie nunmehr nach Wiederbelebung des § 128 AFG in § 147a[3], so dass die ältere ArbN höhere Abfindungssummen als zum jetzigen Rechtszustand erwarten konnten[4]. 8

Die erneute Reform der Regelung zur Berücksichtigung von Entlassungsentschädigungen beim Alg ist **erklärte Absicht des Gesetzgebers**[5]. Die Wiederbelebung der Altregelung des § 117 Abs. 2, 3 AFG sollte lediglich als Übergangsregelung für eine sinnvollere Regelung des Umsteuerns passiver Abfindungszahlungen in aktive Mittel zur Wiedereingliederung dienen[6]. Gegen eine Verschärfung der Regelung bestehen aber Bedenken auf Seiten beider Sozialpartner[7], ebenso gegen die stärkere steuerliche Berücksichtigung von Abfindungen, deren Steuerbefreiung durch § 3 Nr. 9 EStG zunächst vollends gestrichen werden sollte. Das Steuerentlastungsgesetz 1999/2000/2002 v. 24.3.1999 hatte die teilweise Steuerbefreiung aufrecht erhalten, die früheren Freibeträge allerdings auf zwei Drittel der früheren Freibeträge gesenkt und die Besteuerung als außerordentliche Einkünfte im Rahmen der Verteilungsregelung des § 34 EStG nF gegenüber der früheren Regelung erheblich verschlechtert[8]. 9

Die Anrechnungsregelung nach derzeitigem Muster wird demgegenüber vielfach durch **Rückdatierung von Aufhebungsvereinbarungen** zu umgehen versucht, wobei bereits mehrere Gerichtsentscheidungen zur Sittenwidrigkeit der zu Lasten der BA rückdatierten Verträge vorliegen[9]. Richtigerweise wird von einem Scheingeschäft nach § 117 BGB auszugehen sein, das verdeckte Geschäft (§ 117 Abs. 2 BGB) ist demgegenüber nach der Regelung des § 143a zu beurteilen. Soweit § 623 BGB für Aufhebungsverträge die Schriftform vorsieht, ist die fehlende schriftliche Datumsangabe des verdeckten Aufhebungsvertrages ohne Auswirkungen auf die Einhaltung der Form. 10

3. **Verfassungsfragen.** Das BVerfG hat zu einer Vorläuferregelung der mit § 143a übernommenen Anrechnungsregelung in § 117 Abs. 2 und 3 AFG bereits Stellung genommen und hier insb. die Bedeutung des gestaffelten Freibetrages als Entschädigung für den sozialen Besitzstand hervorgeho- 11

---

1 Vgl. *Gagel*, SGB III § 143a Rz. 116b. | 2 Gesetz zur Änderung der Berücksichtigung von Entlassungsentschädigungen im Arbeitsförderungsrecht v. 24.3.1999, BGBl. I S. 396. | 3 Gleichfalls durch das Entlassungsentschädigungs-Änderungsgesetz v. 24.3.1999, BGBl. I S. 396. | 4 Zu weiteren Vorteilen *Gagel*, SGB III § 143a Rz. 10. | 5 BT-Drs. 14/394, S. 1. | 6 Vgl. dazu die in den Gesetzesmaterialien zit. Verlautbarung aus dem sog. Bündnis für Arbeit, BT-Drs. 14/394, S. 11. | 7 Vgl. zu den Gegnern der Vorgängerregelung *Kliemt*, NZA 1998, 173, 174 mwN. | 8 Siehe dazu im Einzelnen Anhang zu §§ 9, 10 KSchG. | 9 ArbG Wetzlar v. 24.8.1993, EzA § 611 BGB – Aufhebungsvertrag Nr. 14; LAG Hamm v. 27.11.1997 – BB 1998, 541; aA LAG Bad.Württ. v. 22.5.1991 – 12 Sa 160/90, BB 1991, 2225; *Weber/Ehrich/Burmester*, Teil 1 Rz. 816; nach *Gagel*, SGB III § 143a Rz. 27 ist lediglich die Rückdatierung sittenwidrig, der Vertrag aber im Übrigen wirksam.

ben[1]. Die Ausgangsregelung in § 117 Abs. 2 AFG[2] war vom BVerfG[3] wegen der fehlenden Freibetragsregelung und fehlenden Differenzierung zwischen ArbN, denen ordentlich und denen außerordentlich gekündigt worden war, für verfassungswidrig erklärt worden. Spätere Änderungen des Gesetzes haben nur die Berechnungsvorschriften bei der Umrechnung der Abfindung in Arbeitsentgelt (siehe dazu unten Rz. 29 ff.) und die Frage des Ruhens bei Ausspruch einer außerordentlichen Kündigung unter Einhaltung der sonst geltenden ordentlichen Kündigung (Abs. 1 Satz 3 Nr. 2) betroffen, so dass für die Frage der Verfassungsmäßigkeit auf die bisherigen Gerichtsentscheidungen zurückgegriffen werden kann. Dies gilt umso mehr, als die Freibetragsregelung durch die Neufassung in § 143a zu Gunsten der Arbeitnehmer verbessert wurde (siehe bereits Rz. 7). Zur Frage der Verfassungsmäßigkeit der Ruhensregelung für ordentlich unkündbare ArbN, denen nur bei Zahlung einer Abfindung gekündigt werden kann, siehe Rz. 4. Die Nachfolgebestimmung des zwischenzeitlich aufgehobenen § 140 berücksichtigte die Entschädigungsfunktion für den sozialen Besitzstand nur durch einen pauschalen Anrechnungsbetrag und entbehrte darüber hinaus einer hinreichenden Differenzierung zwischen den unterschiedlichen Situationen, die zur Auflösung des Arbeitsverhältnisses führen[4].

12 **II. Ruhen des Arbeitslosengeldes wegen Zahlung einer Entlassungsentschädigung. 1. Struktur. a) Zeitliche Begrenzungen des Ruhenszeitraums.** Die Anrechnungsregelungen sanktioniert gewissermaßen die **Abkürzung von Kündigungsfristen** durch Disposition der Arbeitsvertragsparteien. Dies bedeutet, dass wenn das Ende des Arbeitsverhältnisses vor einen durch den Ablauf der ordentlichen Kündigungsfrist festgelegten Termin gelegt wird, der ArbN dies im Falle anschließender Arbeitslosigkeit mit der teilweisen Behandlung der Abfindung als Arbeitsentgelt „bezahlt". Eine im Hinblick auf die Abkürzung der Kündigungsfrist erhöhte Abfindung nutzt ihm also, soweit er ohnehin eine Abfindung erhalten hätte, nichts, wenn er im Anschluss arbeitslos ist, weil er dann bis zum Ablauf der Kündigungsfrist so behandelt wird, als würde ihm Arbeitsentgelt gezahlt. Nach dem Ablauf der Kündigungsfrist liegt dagegen, sofern nicht auch noch eine Sperrzeit wegen Lösung des Arbeitsverhältnisses zum Ruhen des Anspruchs geführt hat[5], deren kalendermäßiger Ablauf noch nicht beendet ist (siehe dazu Erl. zu § 144), bei Erfüllung der sonstigen Voraussetzungen für den Anspruch auf Alg nach § 117 der Leistungsfall wieder vor. Die Anspruchsdauer wird durch den Ruhenstatbestand – anders als beim Lauf einer Sperrzeit (§ 128 Abs. 1 Nr. 4) auch nicht vermindert. Er wird also nur um die Zeit des Ruhens hinausgeschoben; im Anschluss aber in vollem Umfang wirksam. Damit treffen den Arbl. bei anschließender Langzeitarbeitslosigkeit keine gravierenden Nachteile.

13 Der Anspruch auf Alg ruht für die **Zeit zwischen der Beendigung** des Arbeitsverhältnisses aufgrund nicht fristgerechter Kündigung oder Abschluss eines Aufhebungsvertrages **und dem Zeitpunkt, zu dem das Arbeitsverhältnis geendet hätte**, wenn eine ordentliche Kündigung ausgesprochen worden wäre. Längstens darf dieser Zeitraum ein Jahr betragen (Abs. 2 Satz 1). Der Ruhenszeitraum stimmt damit aber nicht notwendig mit der Kündigungsfrist für den ArbN überein: Diese beginnt nämlich grundsätzlich mit dem Ausspruch der Kündigung, die der Beendigung vorausgegangen ist; wenn eine Kündigung nicht vorausging mit dem Datum des Abschlusses des Aufhebungsvertrages (Abs. 2 Satz 2). Dieser Zeitpunkt wird in der Regel vor dem Ende des Arbeitsverhältnisses liegen, es sei denn, es liegt eine außerordentliche Kündigung seitens des ArbN[6] vor. Wenn der ArbGeb außerordentlich kündigt oder ein solches Kündigungsrecht hat, unterstellt das Gesetz der gleichwohl gezahlten Abfindung keine Ausgleichsfunktion für entgangenes Arbeitsentgelt, vgl. Abs. 2 Satz 2 Nr. 3.

14 Der Ruhenszeitraum endet also grundsätzlich mit dem **Ablauf der ordentlichen Kündigungsfrist**. Dies bedeutet für sog. **unkündbare ArbN** aber nicht, dass hier kein Ruhen eintritt, denn das Gesetz unterstellt für eine gleichwohl vereinbarte Beendigung, dass auch hier die gezahlte Abfindung Arbeitsentgeltanteile enthält. Deshalb fingiert das Gesetz für solche ArbN Kündigungsfristen (Abs. 1 Sätze 3 und 4). Für **befristete** Arbeitsverhältnisse, gleichgültig ob kündbar oder nicht, begrenzt der Ablauf der zeitlichen Befristung den Ruhenszeitraum nach hinten.

15 **b) Quantitative Begrenzungen des Ruhenszeitraums.** Die quantitativen Grenzen des Ruhenszeitraums ergeben sich aus dem **anrechenbaren Teil der Abfindung**, der auf die Zahl der Arbeitstage umgelegt wird, an denen der ArbN einen entsprechenden Teil der Abfindung verdient hätte. Als Vergleichsmaßstab gilt das Arbeitsentgelt, dass der ArbN in der letzten Beschäftigungszeit erzielt hat. Maßgeblich sind als letzte Beschäftigungszeit die abgerechneten Entgeltabrechnungszeiträume der letzten 52 Wochen (bzw. 12 Monate) des Arbeitsverhältnisses; so dass bei Entgelterhöhungen in der letzten Zeit oder schwankenden Arbeitsentgelten ein Durchschnittswert zugrunde gelegt wird. Abs. 2 Satz 4 Halbs. 2 nimmt insoweit Bezug auf für die Berechnung des Alg geltende Vorschriften für eine Verlängerung des Bemessungszeitraums.

16 Der anrechenbare Teil, der für die Berechnung des Ruhens zugrunde gelegt wird, ergibt sich aus einem Grundbetrag von 60 % der Abfindung, vermindert um 5 % je 5 Jahre Betriebszugehörigkeit und

---

1 BVerfG v. 14.12.1978 – 1 BvR 1011/81, SozR 4100 § 117 Nr. 8. | 2 IdF vor dem 4. AFG-ÄndG v. 12.12.1977, BGBl. I S. 2557. | 3 BVerfG v. 12.5.1976 – 1 BvL 31/73, BVerfGE 42, 176. | 4 Zu den verfassungsrechtlichen Bedenken vgl. *Gagel/Kreitner* in Das Arbeitsrecht der Gegenwart, 1997, (Bd. 35), S. 33 (54 ff.); *Rolfs*, NZA 1997, 793 (796). | 5 Zum Verhältnis der beiden Ruhenstatbestände des § 143a und § 144 siehe unten Rz. 24 und § 144 Rz. 2; vgl. dazu auch BSG v. 7.8.1999 – B 7 AL 14/99, SozR 3-4100 § 119 Nr. 17. | 6 BSG v. 29.8.1991 – 7 RAr 130/90, SozR 3-4100 Nr. 6.

5 % je 5 Lebensjahre nach Vollendung des 35. Lebensjahres. Der Gesetzgeber unterstellt damit richtig, dass ein höherer Anteil auf den Entschädigungsanteil der Abfindung für den Verlust des sozialen Besitzstandes entfällt, wenn das Arbeitsverhältnis im selben Unternehmen längere Zeit bestanden hat und/oder der ArbN ein höheres Lebensalter erreicht hat. Der Entschädigungsanteil für den Verlust des sozialen Besitzstandes kann sich maximal von 40 auf 75 % erhöhen, denn für den anrechenbaren Teil legt das Gesetz gleichzeitig eine Mindesthöhe fest (Abs. 3 Satz 3 letzter Halbs.).

Herauszurechnen aus der Abfindung sind eine Urlaubsabgeltung, für die bereits nach § 143 Abs. 2 das Gesetz eine Ruhensbestimmung trifft – sie wird bei Ruhen des Alg wegen einer Abfindung auf den Ruhenszeitraum heraufaddiert (Abs. 1 Satz 5). Ferner sind aus dem Abfindungsbetrag bestimmte Vorsorgeaufwendungen, die der ArbGeb für die Aufstockung der RV-Beiträge oder Beiträge zu einer berufsständischen Versorgungseinrichtung bei ausscheidenden ArbN ab vollendeten 55. Lebensjahr trägt, herauszurechnen. Abzuziehen ist ferner der Teil der Abfindung, der noch Arbeitsentgelt für die Zeit bis zum Ende des Arbeitsverhältnisses enthält, wenn der ArbN nicht bis zum Ende des Arbeitsverhältnisses laufendes Arbeitsentgelt erhalten hat oder dessen Höhe umstr. war und deshalb Teile des Arbeitsentgelts in die Abfindung versteckt worden sind (dieses Arbeitsentgelt ist noch der Zeit vor Beendigung des Arbeitsverhältnisses zuzuordnen)[1].

2. Begriff der Entlassungsentschädigung. Das Gesetz umschreibt den Begriff der zum Ruhen führenden Leistung als „wegen der Beendigung des Arbeitsverhältnisses eine Abfindung, Entschädigung oder ähnliche Leistung (Entlassungsentschädigung)". Mit der Aufzählung soll ersichtlich nur unterschiedlichen Bezeichnungen Rechnung getragen werden. Näheren Aufschluss über den Begriff gibt der beschriebene **Kausalzusammenhang** zwischen der Leistung und Beendigung des Arbeitsverhältnisses. Damit ist entscheidend, ob der ArbN die Zahlung auch ohne Beendigung des Arbeitsverhältnisses beanspruchen kann oder nicht[2]. Zahlungen, die nur anlässlich des Ausscheidens ausgezahlt werden, aber bereits während des Arbeitsverhältnisses erdient wurden, gehören deshalb nicht dazu, wie Jahressonderzahlungen, Urlaubsabgeltungen[3], Abfindungen von Betriebsrenten[4], Auszahlungen aus Anlagen im Rahmen der Vermögensbildung oder von Gewinnanteilen, Treueprämien für das Erreichen eines bestimmten Lebensalters oder Betriebszugehörigkeit[5].

Unter den Begriff der Entlassungsentschädigung als **Synonym** für Abfindung, Entschädigung oder ähnliche Leistung wegen Beendigung des Arbeitsverhältnisses fallen demzufolge solche Leistungen, die den Verlust des Arbeitsplatzes ausgleichen und das wegfallende Arbeitsentgelt vorübergehend ersetzen sollen. Dazu gehören Überbrückungsgelder, Sozialplanleistungen[6], Schadensersatzansprüche nach § 628 Abs. 2 BGB[7], Raten- und Rentenzahlungen[8] und Darlehen, die ein Dritter gewährt und deren Rückführung durch den ArbGeb in Aussicht gestellt worden ist[9]. Nicht hierzu zählen Aufstockungsleistungen auf das Alg[10] (siehe dazu auch Rz. 44). Ratenzahlungen und Rentenzahlung sind für die Berechnung zu kapitalisieren, was sich uU günstig auf den Versicherungsschutz während des Ruhenszeitraums auswirken kann (siehe oben Rz. 5 f.).

III. Berechnung des Ruhenszeitraums. 1. Berechnung des Ruhenszeitraums nach Abs. 1. a) Ablauf der ordentlichen Kündigungsfrist. Der Anspruch **ruht längstens bis zum Ablauf der Frist**, die im Falle einer ordentlichen Kündigung für die Beendigung des Arbeitsverhältnisses gegolten hätte. Kündigungsfrist ist die im Einzelfall geltende gesetzliche, tarifliche oder einzelvertragliche Frist für die Beendigung durch einseitige Gestaltungserklärung. Gesetzliche Kündigungsfristen ergeben sich aus § 622 BGB, § 113 InsO, § 86 SGB IX, § 29 HAG; im öffentlichen Dienst regelt § 53 Abs. 2 BAT besondere Kündigungsfristen. Maßgeblich sind nur Kündigungsfristen für eine Kündigung seitens des ArbGeb.

Die Frist rechnet grundsätzlich von dem Ausspruch der Kündigung an oder, wenn eine Kündigung nicht vorausgegangen ist, vom Zeitpunkt einer einverständlichen Beendigung durch Abschluss des Aufhebungsvertrages (Abs. 1 Satz 2). Die Frist für das Ruhen des Anspruchs beginnt aber erst mit der Beendigung des Arbeitsverhältnisses (Abs. 1 Satz 1) – das ist der Tag nach Beendigung des Arbeitsverhältnisses (§ 187 Abs. 1 BGB) – ungeachtet dessen, ob die Anspruchsvoraussetzungen für den Anspruch auf Alg vorliegen. Besonderheiten gelten für das Ruhen nach Abs. 3 (siehe Rz. 40 f.). Der Ruhensbeginn verschiebt sich auch nicht dadurch, dass der ArbN im Anschluss an das Arbeitsverhältnis, das er gegen Zahlung einer Abfindung vorzeitig beendet hat, mit dem selben ArbGeb ein befristetes Arbeitsverhältnis abschließt, es sei denn es tritt eine klare Absicht zur Umgehung der Ruhensfolge des § 143a zutage[11].

---

1 Ausf. dazu HzA/Gagel Teil 1, Teilbereich 8, Rz. 2864 ff. |2 Schaub, BB 1999, 1059 (1061). |3 Für sie begründet § 143 Abs. 2 eine eigenständige Ruhensanordnung. |4 Gagel, SGB III § 143a Rz. 34; Gitter, NJW 1985, 1125 (1127). |5 Schaub, BB 1999, 1059, 1061. |6 BSG v. 29.8.1991 – 7 RAr 130/90, SozR 3-4100 § 117 Nr. 6; v. 29.1.2001 – B 7 AL 62/99 R, SozR 3-4100 § 117 Nr. 22. |7 BSG v. 13.3.1990 – 11 RAr 69/89, SozR 3-4100 § 117 Nr. 2; v. 29.8.1991 – 7 RAr 130/90, SozR 3-4100 § 117 Nr. 6. |8 Gagel, SGB III § 143a Rz. 43. |9 BSG v. 3.3.1993 – 11 RAr 57/92, SozR 3-4100 § 117 Nr. 10. |10 BSG v. 4.11.1999 – B 7 AL 72/98 R, SozR 3-4100 § 117 Nr. 19. |11 BSG v. 15.2.2000 – B 11 AL 45/99 R, SozR 3-4100 § 117 Nr. 21 betr. ein im Anschluss zwecks Aufräumarbeiten abgeschlossenes Arbeitsverhältnis mit einem Konkursverwalter, der zuvor auch die Beendigung mit dem Arbeitnehmer vereinbart hatte; vgl. insoweit auch § 140 Abs. 3 Satz 2 aF, wonach eine Anschlussarbeitsverhältnis das Ruhen ausschloss, es sei denn es war beim selben Arbeitgeber geschlossen worden.

22 **b) Fiktive Kündigungsfristen.** Für **ordentlich nicht kündbare ArbN** regelt das Gesetz den Fristablauf mittels **fingierter Kündigungsfristen**. Ist die ordentliche Kündigung auf Dauer ausgeschlossen, gilt eine Frist von 18 Monaten (Abs. 1 Satz 3 Nr. 1). Diese Frist betrifft insb. die aufgrund langer Betriebszugehörigkeit und idR auch höheren Lebensalters unkündbaren ArbN. Besteht der Kündigungsausschluss nur für begrenzte Zeit, so gilt die ordentliche Kündigungsfrist, die ohne den Ausschluss der ordentlichen Kündigung maßgeblich gewesen wäre; betroffen sind ua. BR-Mitglieder oder Mitglieder anderer Vertretungsorgane (§ 15 KSchG), ArbN im Mutterschutz oder Elternurlaub (§§ 9 Abs. 1 MuSchG; 18 Abs. 1 BErzGG), Wehrdienst- und Zivildienstleistende (§ 2 Abs. 1, 2 ArbPlSchG iVm. § 78 Abs. 1 Nr. 1 ZDG) oder Abgeordnete (§ 2 Abs. 3 AbgeordnetenG). Die „an sich" geltende ordentliche Kündigungsfrist ist auch anzuwenden, wenn den ArbN, deren Kündigung auf Dauer ausgeschlossen ist, wegen fehlender Weiterbeschäftigungsmöglichkeit im Betrieb oder Unternehmen aus wichtigem Grund unter Wahrung einer sozialen Auslauffrist[1] gekündigt werden konnte (Abs. 1 Satz 3 Nr. 2).

23 Die problematische Gruppe innerhalb der ordentlich nicht kündbaren ArbN bildet die Gruppe des Abs. 1 Satz 4, deren (ordentliche) **Kündigung von der Zahlung einer Entlassungsentschädigung abhängt**. Das Gesetz fingiert hier eine Kündigung von einem Jahr. Diese überzogene Rechtsfolge an die Kündigungsmöglichkeit bei Zahlung einer Entlassungsentschädigung, die im Grunde nur einem vom Gesetzgeber unterstellten erhöhten Bestandsschutz Rechnung tragen soll, aber nicht die Voraussetzungen der Kündbarkeit im Übrigen[2] im Auge hat, ist vom BSG[3] insoweit korrigiert worden, dass bei ArbN, denen gleichzeitig nur aus wichtigem Grund bei fehlender Weiterbeschäftigungsmöglichkeit gekündigt werden darf, die fiktive Kündigungsfrist des Abs. 1 Satz 3 Nr. 2, also eine der sozialen Auslauffrist entsprechende Frist gilt. Die teleologische Reduktion des Abs. 1 Satz 4 ist insoweit auch aus der Überlegung geboten, dass die Kündigungsmöglichkeit bei Zahlung einer Abfindung hier keine Kündigungserleichterung schafft.

24 **c) Verlängerung um Zeit des Ruhens wegen Urlaubsabgeltung.** Abs. 1 Satz 5 sieht trotz seines irreführenden Wortlauts **keine Verlängerung des Ruhenszeitraums** wegen Zahlung einer Entlassungsentschädigung, sondern nur eine Hintereinanderschaltung zweier Ruhenstatbestände (§ 143 Abs. 2 und § 143a) vor. Dadurch wird klargestellt, dass sich die Ruhenszeiträume, die beide an das Ende des Arbeitsverhältnisses anschließen, nicht zeitlich überschneiden, denn in beiden Fällen soll das Ruhen Doppelleistungen, die für den Lebensunterhalt bestimmt sind, vermeiden[4]. Daraus ergibt sich zugleich der wichtige gesetzliche Hinweis, dass bei anderen Ruhenstatbeständen von einem kalendermäßigen Ablauf und damit der Möglichkeit der zeitlichen Überschneidung auszugehen ist (siehe § 144 Rz. 2).

25 Die Urlaubsabgeltung ist aus der Entlassungsentschädigung grundsätzlich herauszurechnen (siehe oben Rz. 17); sie ist keine Abfindung oder ähnliche Leistung[5].

26 **d) Herausrechnen von anrechnungsfreien Vorsorgeaufwendungen, Abs. 1 Sätze 6 und 7.** Nach Abs. 1 Sätze 6 und 7 sind aus dem Abfindungsbetrag, bevor der zum Ruhen führende anrechnungsfähige Teil nach Abs. 2 berechnet wird, noch bestimmte **Vorsorgeaufwendungen des ArbGeb** für die Alterssicherung des ArbN herauszurechnen. Es handelt sich hierbei um freiwillige Beiträge zur Aufstockung der Rente nach § 187a SGB VI, wenn diese durch eine vorzeitige Inanspruchnahme[6] gemindert ist. Da der durch diese Vorschrift begünstigte Personenkreis infolge des ATG privilegiert worden ist, indem entsprechende Beitragszahlungen des ArbGeb als förderungsfähig ausgestaltet worden sind (§ 3 Abs. 1 Nr. 1b) ATG)[7], wenn das Arbeitsverhältnis frühestens mit Vollendung des 55. Lebensjahres aufgelöst worden ist, knüpft die Privilegierung entsprechender Aufwendungen sachlich an die Altersgrenze des § 2 ATG an.

27 **2. Begrenzungen des Ruhenszeitraums nach Abs. 2. a) Jahreszeitraum.** Die äußerste Grenze für den Ruhenszeitraum des Abs. 1 bildet nach Abs. 2 Satz 1 der Ablauf eines Jahres, gerechnet vom Ruhensbeginn an (Rz. 19). Damit ist der äußerste Punkt des Ruhensablaufs markiert:

Kündigung oder Aufhebungsvertrag	Beendigung des Arbeitsverhältnisses	1 Jahr
X	X	X
Lauf der ordentlichen oder fingierten Kündigungsfrist	→	Längster Ruhenszeitraum

28 Nach Abs. 1 Satz 1 beginnt der Ruhenszeitraum mit dem Ende des Arbeitsverhältnisses. Das Fristende errechnet sich folglich aus dem Endzeitpunkt des Arbeitsverhältnisses und liegt 1 Jahr nach diesem Tag (§§ 187 Abs. 1, 188 Abs. 1 BGB).

---

1 BAG v. 28.3.1985 – 2 AZR 113/84, BAGE 48, 220; v. 17.9.1998 – 2 AZR 419/97, AP Nr. 148 zu § 626 BGB. | 2 Vgl. die Kritik *Gagels* in SGB III, § 143a Rz. 58 ff., insbes. auch zur Gruppe der nur mit Zustimmung der Tarifvertragsparteien kündbaren Arbeitnehmer (siehe auch oben Rz. 4). | 3 BSG v. 29.1.2001 – B 7 AL 62/99 R, SozR 3-4100 § 117 Nr. 22; vgl. auch BSG v. 5.2.1998 – B 11 AL 65/97, SozR 3-4100 § 117 Nr. 15, zu der durch Tarifparteien zustimmungspflichtigen Kündigung, wenn gleichzeitig eine Entlassungsentschädigung Bedingung für die Zustimmung ist. | 4 Vgl. auch BSG v. 14.7.1994 – 7 RAr 104/93, SozR 3-4100 § 117 Nr. 11 (S. 71). | 5 *Gagel*, ZIP 2000, 257, 258. | 6 Vgl. dazu § 41 SGB VI iVm. Anlagen 19–22 zum SGB VI. | 7 Siehe dazu Erl. zu § 3 ATG.

b) Begrenzung durch anrechnungsfähigen Anteil. aa) Freibetragsregelung. Der Freibetrag von 40 % 29
für das Ruhen des Alg ergibt sich aus dem Umkehrschluss des anrechnungsfähigen Betrages von 60 %
(Abs. 2 Satz 1 Nr. 1). Der Freibetrag **erhöht sich um je 5 %** für 5 Jahre der Betriebszugehörigkeit und je
weitere 5 % für 5 Lebensjahre nach vollendetem 35. Lebensjahr, aber nicht auf mehr als 75 % der Abfindungssumme (Abs. 2 Satz 3 e contrario). Damit gelten seit 1.4.1999 gegenüber dem alten § 117 AFG ein
erhöhter Grundfreibetrag (gegenüber 30 %) und ein verringerter anrechnungsfähiger Festbetrag von
mindestens restlichen 25 % gegenüber früher 30 %. Der schnellen Orientierung, welcher individuelle
Abfindungsanteil zum Ruhen führt, dient folgende Tabelle:

Für das Ruhen berücksichtigungsfähiger Teil der Abfindung (in %): 30

Betriebs- oder Unternehmenszugehörigkeit	Alter unter 40	ab 40	ab 45	ab 50	ab 55	ab 60
weniger als 5 Jahre	60	55	50	45	40	35
5 und mehr Jahre	55	50	45	40	35	30
10 und mehr Jahre	50	45	40	35	30	25
15 und mehr Jahre	45	40	35	30	25	25
20 und mehr Jahre	40	35	30	25	25	25
25 und mehr Jahre	35	30	25	25	25	25
30 und mehr Jahre		25	25	25	25	25
35 und mehr Jahre			25	25	25	25

Die **Dauer der Betriebszugehörigkeit** ist wie bei der Ermittlung der Kündigungsfrist zu ermitteln; 31
Beschäftigungszeiten eines früheren Betriebsinhabers (§ 613a BGB) sind zusammenzurechnen,
ebenso die Arbeitszeit bei einem anderen Konzernunternehmen[1]. Beim **Lebensalter** zählt der Zeitpunkt der Vollendung; dies ist der Tag vor dem Geburtstag. Hat der ArbN also am Tag nach dem Ende
des Arbeitsverhältnisses Geburtstag, rechnet das höhere Lebensalter.

bb) Umrechnung des berücksichtigungsfähigen Betrages in Tage mit entsprechendem Arbeitsentgelt. Aber nicht stets führt der gesamte auf das Ruhen anrechnungsfähige Anteil zum Ruhen des Alg. 32
Zur **individuellen Ermittlung des für das Ruhen zu berücksichtigenden Abfindungsanteils** müssen die
Tage bis zum Ende der Ruhensfrist, die für das Ruhen nach Abs. 1 und Abs. 2 Satz 1 in Betracht kommen, in Tage mit Arbeitsentgelt umgerechnet werden. Hierfür ist das kalendertägliche Arbeitsentgelt
der letzten Beschäftigungszeit zugrunde zu legen: Reicht der zu berücksichtigende Anteil der Abfindung nicht zur Abdeckung der Tage bis zum zeitlichen Ende der Ruhensfrist aus, so endet er nach
Abs. 2 Satz 2 Nr. 1 früher, dh. an dem Tag, bis zu dem er den berücksichtigungsfähigen Anteil der Abfindung verdient hätte.

Das **kalendertägliche Arbeitsentgelt** berechnet sich im Grunde wie das der Bemessung des Alg zu- 33
grunde zu legende Arbeitsentgelt (Bemessungsentgelt). Maßgeblich ist das abgerechnete Arbeitsentgelt aus den letzten 52 Wochen (bzw. 12 Monaten) des Beschäftigungsverhältnisses. Anders als beim
Alg zählen nur Entgeltabrechnungszeiträume des letzten Arbeitsverhältnisses, da es um die Abfindung aus diesem konkreten Arbeitsverhältnis geht[2]. Der Verweis auf § 132 Abs. 2 (**ab 1.1.2005:** § 130
Abs. 3) bedeutet, dass wenn die letzten 52 Wochen (dieses Arbeitsverhältnisses) keine 39 Wochen (ab
1.1.2005: 150 Tage) mit Anspruch auf Arbeitsentgelt enthalten, weiter davor liegende Zeiten einzubeziehen sind, bis 39 Wochen mit Anspruch auf Arbeitsentgelt erreicht sind (**ab 1.1.2005** wird der Bemessungszeitraum auf Antrag auf 2 Jahre erweitert, § 130 Abs. 3 nF).

Arbeitsentgeltkürzungen wegen Krankheit, Kurzarbeit, Arbeitsausfall und Arbeitsversäumnis blei- 34
ben **außer Betracht** (Abs. 2 Satz 5); hier wird vom regulären Arbeitsentgelt ausgegangen. Ebenso werden Zeiten, in denen das Arbeitsentgelt wegen Betreuung oder Erziehung eines Kindes das Arbeitsentgelt oder die durchschnittliche Arbeitszeit gemindert war, nicht berücksichtigt (Verweis auf § 131
Abs. 2 Nr. 1; **ab 1.1.2005:** § 130 Abs. 2 Satz 1 Nr. 3). Dies hat zur Folge, dass sich der Bemessungszeitraum für die Ermittlung des kalendertäglichen Arbeitsentgelt weiter zurückverlagert[3].

Bei der Zahlung von **Monatsgehältern** berechnet die BA das kalendertäglich erzielte Arbeitsentgelt 35
durch Division des auf den Bemessungszeitraum entfallenden Entgelts durch die Zahl der Kalendertage dieses Zeitraums[4]. Aus Verwaltungsvereinfachungsgründen kann dem zugstimmt werden, da
bei einem Zeitraum von nunmehr 12 Monaten als Bemessungszeitraum die Abweichungen geringfügig sind. Bei wöchentlichem Arbeitsentgelt ist wegen der Gleichbehandlung mit Beziehern von Monatsentgelt auf 7 Kalendertage umzurechnen[5].

---

1 Niesel/*Düe*, § 143a SGB III Rz. 34. | 2 *Gagel*, SGB III § 143a Rz. 96. | 3 *Gagel*, SGB III § 143a Rz. 98.
| 4 Niesel/*Düe*, § 143a SGB III Rz. 37, mwN. | 5 Niesel/*Düe*, § 143a SGB III Rz. 37.

36 **c) Begrenzung durch Ablauf einer Befristung (Abs. 3 Satz 2 Nr. 2).** Der Ruhenszeitraum endet unabhängig von dem nach Abs. 2 Nr. 1 zu berücksichtigenden Kalendertagen spätestens zu dem Zeitpunkt, zu dem das Arbeitsverhältnis **auch ohne die Vereinbarung über die vorzeitige Beendigung** gegen Zahlung einer Abfindung geendet hätte. Darauf, ob die Befristung zulässig vereinbart war (vgl. die Erl. zu §§ 14 ff. TzBfG), kommt es infolge der Fiktion des § 17 TzBfG nicht an[1]. Etwas anderes gilt nur, wenn die Arbeitsvertragsparteien im Streit um die Befristung einen Zeitpunkt vor oder mit Fristablauf für die Beendigung vereinbaren und der ArbN eine Abfindung erhält (vgl. auch den Wortlaut: „... die unabhängig von der Vereinbarung über die Beendigung des Arbeitsverhältnisses bestanden hat"). Dann ist der Berechtigung der Befristung im Rahmen der Frage, ob infolge der Aufhebung oder Kündigung gegen Abfindungszahlung eine „vorzeitige" Beendigung erfolgt ist oder das Arbeitsverhältnis ohnehin mit der vereinbarten Befristung geendet hätte (Abs. 2 Satz 2 Nr. 2), nachzugehen. Im Übrigen wird ja auch für die Anwendung des § 143a die Kündigung unter Einhaltung der ordentlichen Kündigungsfrist nicht auf ihre Berechtigung hin überprüft. Dass grundsätzlich der Rechtmäßigkeit der Befristung zu unterstellen ist, zeigt auch der im Vergleich zu Abs. 2 Satz 2 Nr. 3 anders formulierte Wortlaut des Beendigungstatbestandes.

37 **d) Begrenzung durch außerordentliches Kündigungsrecht des ArbGeb (Abs. 2 Satz 2 Nr. 3).** Während in Abs. 2 Nr. 2 nur auf das Bestehen der Befristungsabrede abgestellt ist, wird in Nr. 3 auf das Recht zur Kündigung des ArbGeb aus wichtigem Grund abgestellt, **ohne dass eine solche Kündigung ausgesprochen worden sein muss.** Das Gesetz unterstellt, dass niemand eine Abfindung von Arbeitsentgeltansprüchen für Zeiten zahlt, nach denen er ohnehin zur Lösung des Arbeitsverhältnisses berechtigt war. Grundgedanke der Regelung ist mithin, dass eine Abfindung, die bei Vorliegen eines wichtigen Grundes zur sofortigen Kündigung gewährt wird, allein der Entschädigung für den sozialen Besitzstandes dient[2].

38 Dies aber bedingt, dass der **wichtige Grund** zur Kündigung **vor der Kündigung oder Vertragsaufhebung dem ArbGeb bekannt** gewesen sein muss. Erfährt er erst nach der Verpflichtung zur Abfindungszahlung, dass er dem ArbN fristlos zu kündigen berechtigt war oder tritt der Kündigungsgrund erst später auf, liegt Abs. 2 Nr. 3 nach seinem Sinn und Zweck, der Abfindungszahlung von diesem Zeitpunkt an keine Entgeltfunktion mehr beizumessen, nicht vor (teleologische Restriktion)[3]. Ob der ArbN zur Rückforderung der Abfindung wegen Wegfalls der Geschäftsgrundlage berechtigt ist[4], ist eine in diesem Zusammenhang zunächst nicht interessierende Frage, sondern erst nach erfolgter Rückzahlung durch den ArbN zu prüfen. Dann ist der Ruhensbescheid uU iSv. § 44 SGB X rechtswidrig und nach dessen Abs. 1 aufzuheben. Eine rückwirkende Bewilligung von Alg erfolgt aber nur in den zeitlichen Grenzen des § 44 Abs. 4 SGB X (4 Jahre vor dem Rücknahmeantrag).

39 Das Vorliegen eines wichtigen Grundes zur außerordentlichen Kündigung ist **von Amts wegen** zu prüfen[5]. Hat der ArbN gegen den Ausspruch einer außerordentlichen Kündigung Kündigungsschutzklage erhoben und einigen sich die Parteien im Wege des Vergleichs über einen Beendigungstermin, so müssen die Arbeitsämter oder SG gewissermaßen in Fortsetzung der arbeitsgerichtlichen Zuständigkeit die Berechtigung der Kündigung im Hinblick auf das Vorliegen eines wichtigen Grundes prüfen. Der ArbN erfährt hier einen ungewollten Rollentausch, da das Vorliegen eines wichtigen Grundes ihm eine günstige Rechtsfolge (das Ende des Ruhenszeitraums) beschert. Allerdings droht auch, wenn keine Mitwirkung des ArbN an der Beendigung vorliegt, nach § 144 Abs. 1 Nr. 1 Alt. 2 eine Sperrzeit von 12 Wochen (siehe § 144 Rz. 15 ff.).

40 **3. Ruhenszeitraum bei Beendigung der Beschäftigung Abs. 3.** Abs. 3 sieht eine **entsprechende Anwendung der Abs. 1 und 2** für den Fall vor, dass die Arbeitsvertragsparteien ohne Beachtung der für den ArbN geltenden Kündigungsfrist das Beschäftigungsverhältnis bei formaler Aufrechterhaltung des Arbeitsverhältnisses gegen Zahlung einer Abfindung vorzeitig beenden. Der Anspruch auf Alg ruht dann von der Beendigung des Beschäftigungsverhältnisses an – ab dem Zeitpunkt dann der ArbN in der Regel auch arbeitslos ist (vgl. dazu auch § 143 Rz. 5). Wird das Beschäftigungsverhältnis vorzeitig aufgehoben, soll nach der Rspr. des BSG[6] in analoger Anwendung auch der Anspruch auf eine Urlaubsabgeltung zum Ruhen des Alg nach dem Ende des Beschäftigungsverhältnisses und nicht nach Ende des Arbeitsverhältnisses führen (zweifelhaft, vgl. dazu bereits § 143 Rz. 16).

41 Das **Beschäftigungsverhältnis wird beendet**, indem der ArbGeb auf seine Verfügungsmöglichkeit über die Arbeitsleistung verzichtet und der ArbN sich nicht mehr weiter der Dispositionsbefugnis des ArbGeb unterstellt[7] (Gründe sind etwa die formale Aufrechterhaltung des Arbeitsverhältnisses wegen Ansprüchen aus der Betrieblichen Altersversorgung[8]). Indiz für die fehlende Dienstbereitschaft des ArbN ist letztlich auch die Arbeitslosmeldung. Formal wird man aber die Freistellung des ArbN ohne Dienstbezüge verlangen müssen, was impliziert, dass der ArbN zuvor Arbeitsentgelt bezogen hat[9]. An-

---

1 AA *Gagel*, SGB III § 143a Rz. 83 f.; BSG v. 12.12.1984 – 7 RAr 87/83, SozR 4100 § 117 Nr. 15 (S. 58) noch zur alten Rechtslage. | 2 BSG v. 17.2.1982 – 7 RAr 94/79, SozR 4100 § 117 Nr. 5. | 3 Ebenso *Gagel*, SGB III § 143a Rz. 86 f. | 4 BAG v. 29.1.1997 – 2 AZR 292/96, AP Nr. 131 zu § 626 BGB. | 5 BSG v. 17.3.1981 – 7 RAr 16/80, SozR 1700 § 31 Nr. 1. | 6 BSG v. 23.1.1997 – 7 RAr 72/94, SozR 3-4100 § 117 Nr. 14. | 7 Grundl. BSG v. 9.9.1993 – 7 RAr 96/92, SozR 3-4100 § 101 Nr. 4. | 8 Vgl. die amtl. Begründung zum Gesetz v. 23.6.1993 (BGBl. I S. 944) in BT-Drs. 12/4401, S. 91 f. | 9 Anders als in dem vom BSG im Urteil v. 28.9.1993 – 11 RAr 69/92, SozR 3-4100 § 101 Nr. 5, entschiedenen Fall, in dem der Arbeitnehmer vor der Arbeitslosmeldung Krankengeld bezogen hatte.

sonsten kann der Abfindung für den während des Arbeitsverhältnisses gezahlten Zeitraum auch nicht unterstellt werden, sie enthalte einen Entgeltanteil[1].

IV. Gleichwohlgewährung Abs. 4. Nach Abs. 4 wird **trotz des Ruhens Alg auch dann gewährt**, wenn der ArbN trotz des Anspruchs auf die Abfindung diese ArbGebLeistung tatsächlich nicht erhält. Maßgeblich ist, wann und für welchen Zeitraum der Arbl. Alg beantragt. Da der Ruhenszeitraum nach Abs. 1 und 3 kalendermäßig abläuft, liegt ein Fall der Gleichwohlgewährung nur vor, wenn der Arbl. für den Ruhenszeitraum Alg beansprucht. Die Vorschrift entspricht § 143 Abs. 3 für das Nebeneinander von Ansprüchen auf Alg und Arbeitsentgelt bzw. Urlaubsabgeltung. Wegen Einzelheiten wird daher auf die Kommentierung zu § 143 Rz. 19 ff. verwiesen. **42**

Die **wesentliche Rechtsfolge** der Gleichwohlgewährung liegt in der **Legalzession des § 115 SGB X**. Infolge derer kann der ArbGeb nach der Gewährung von Alg nicht mehr die Abfindung hinsichtlich ihres zum Ruhen des Alg führenden Anteils (zu Teilzahlungen siehe § 143 Rz. 29 f.) mit befreiender Wirkung an den ArbN zahlen, es sei denn, er ist hinsichtlich dessen Arbeitslosigkeit und Arbeitslosmeldung als für den Anspruchsübergang wesentlicher Tatsache nach § 407 BGB gutgläubig (vgl. dazu § 143 Rz. 25). Der BA steht aber trotz nicht befreiender Leistung durch den ArbGeb die Genehmigung der Zahlung nach §§ 185 Abs. 2, 362 Abs. 2 BGB offen. Sie kann sich dann nach Abs. 4 Satz 2 an den ArbN halten und von diesem Erstattung des Alg verlangen (Einzelheiten § 143 Rz. 26 ff.). **43**

Nicht vom Anspruchsübergang des § 115 SGB X erfasst werden **Aufstockungsleistungen**, die der ArbGeb gerade in Anrechnung eines sonstigen Betrages auf das Alg während des Ruhenszeitraums zahlt[2]. Der 7. Senat des BSG hat die Verschonung des Aufstockungsbetrages vom Anspruchsübergang nicht davon abhängig gemacht, ob der ArbGeb auch den Sockelbetrag ausgezahlt hat oder nur aufstockende Leistungen auf das Alg – trotz Verpflichtung zu einem gesamten Abfindungsbetrag – wie im entschiedenen Fall erbracht hatte. Die den ArbN zugeflossenen „Aufstockungsbeträge", also Spitzbeträge, seien aufgrund einer Leistungsbestimmung nach § 366 Abs. 1 BGB nicht auf das zum Ruhen gekommene Alg anzurechnen, weil der ArbGeb gerade mit der Zahlung des Spitzbetrages zu erkennen gegeben habe, dass er nicht auf den der BA infolge des Anspruchsübergangs zustehenden Teil der Abfindungsbeträge leisten wollte[3]. Entsprechende Überlegungen hat der 11. Senat indes in einer späteren Entscheidung[4] nicht angestellt (vgl. § 143 Rz. 29 f.). Damit bleibt das Problem der Teilleistungen auf den Abfindungsanspruch des ArbN bei vorheriger Gleichwohlgewährung von der Rspr. ungelöst. **44**

144 Ruhen des Anspruchs bei Sperrzeit

(1) Hat der Arbeitslose

1. **das Beschäftigungsverhältnis gelöst oder durch ein arbeitsvertragswidriges Verhalten Anlass für die Lösung des Beschäftigungsverhältnisses gegeben und hat er dadurch vorsätzlich oder grobfahrlässig die Arbeitslosigkeit herbeigeführt (Sperrzeit wegen Arbeitsaufgabe),**

...

ohne für sein Verhalten einen wichtigen Grund zu haben, so tritt eine Sperrzeit ein. Der Arbeitslose hat die für die Beurteilung eines wichtigen Grundes maßgebenden Tatsachen darzulegen und nachzuweisen, wenn diese in seiner Sphäre oder in seinem Verantwortungsbereich liegen.

(2) Die Sperrzeit beginnt mit dem Tag nach dem Ereignis, das die Sperrzeit begründet, oder, wenn dieser Tag in eine Sperrzeit fällt, mit dem Ende dieser Sperrzeit. Während der Sperrzeit ruht der Anspruch auf Arbeitslosengeld.

(3) Die Dauer der Sperrzeit wegen Arbeitsaufgabe beträgt zwölf Wochen. Sie verkürzt sich

1. **auf drei Wochen, wenn das Arbeitsverhältnis innerhalb von sechs Wochen nach dem Ereignis, das die Sperrzeit begründet, ohne eine Sperrzeit geendet hätte,**

2. **auf sechs Wochen, wenn**

   a) **das Arbeitsverhältnis innerhalb von zwölf Wochen nach dem Ereignis, das die Sperrzeit begründet, ohne eine Sperrzeit geendet hätte oder**

   b) **eine Sperrzeit von zwölf Wochen für den Arbeitslosen nach den für den Eintritt der Sperrzeit maßgebenden Tatsachen eine besondere Härte bedeuten würde.**

...

Fassung: Erstes Gesetz für moderne Dienstleistungen am Arbeitsmarks v. 1.1.2003 (Fassung v. 1.1.2004 – 31.12.2004 weicht in Nr. 1 (Sperrzeit wegen Arbeitsaufgabe) inhaltlich nicht von der späteren Fassung ab.

---

1 *Gagel*, SGB III § 143a Rz. 115; aA für den Fall des Ruhens nach Abs. 1 und 2 BSG v. 20.1.2000 – B 7 AL 48/99 R, SozR 3-4100 § 117 Nr. 20. | 2 BSG v. 4.11.1999 – B 7 AL 72/98, SozR 3-4100 § 117 Nr. 19. | 3 BSG v. 4.11.1999 – B 7 AL 72/98, SozR 3-4100 § 117 Nr. 19 (S. 132). | 4 BSG v. 8.2.2001 – B 11 AL 59/00 R, SozR 3-4100 § 117 Nr. 23.

144 *Ruhen bei Sperrzeit [Fassung ab 1.1.2005]*
(1) Hat der Arbeitnehmer sich versicherungswidrig verhalten, ohne dafür einen wichtigen Grund zu haben, ruht der Anspruch für die Dauer einer Sperrzeit. Versicherungswidriges Verhalten liegt vor, wenn

1. der Arbeitslose das Beschäftigungsverhältnis gelöst oder durch ein arbeitsvertragswidriges Verhalten Anlass für die Lösung des Beschäftigungsverhältnisses gegeben und dadurch vorsätzlich oder grob fahrlässig die Arbeitslosigkeit herbeigeführt hat (Sperrzeit bei Arbeitsaufgabe),

...

Der Arbeitnehmer hat die für die Beurteilung eines wichtigen Grundes maßgebenden Tatsachen darzulegen und nachzuweisen, wenn diese in seiner Sphäre oder in seinem Verantwortungsbereich liegen.
(2) Die Sperrzeit beginnt mit dem Tag nach dem Ereignis, das die Sperrzeit begründet, oder, wenn dieser Tag in eine Sperrzeit fällt, mit dem Ende dieser Sperrzeit.
(3) Die Dauer der Sperrzeit bei Arbeitsaufgabe beträgt zwölf Wochen. Sie verkürzt sich

1. auf drei Wochen, wenn das Arbeitsverhältnis innerhalb von sechs Wochen nach dem Ereignis, das die Sperrzeit begründet, ohne eine Sperrzeit geendet hätte,

2. auf sechs Wochen, wenn

   a) das Arbeitsverhältnis innerhalb von zwölf Wochen nach dem Ereignis, das die Sperrzeit begründet, ohne eine Sperrzeit geendet hätte oder

   b) eine Sperrzeit von zwölf Wochen für den Arbeitslosen nach den für den Eintritt der Sperrzeit maßgebenden Tatsachen eine besondere Härte bedeuten würde.

...

Fassung: Drittes Gesetz für moderne Dienstleistungen am Arbeitsmarkt v. 23.12.2003 (BGBl. I S. 2848). In-Kraft-Treten: 1.1.2005.

1 **I. Allgemeines.** Die Vorschrift beruht auf dem Gedanken, dass dem Arbl. im Falle **selbst verursachter Arbeitslosigkeit** ein Teil der hierdurch der Versichertengemeinschaft entstehenden Kosten aufzuerlegen sind. Zugleich soll sie die Versichertengemeinschaft davor schützen, dass die Arbeitsvertragsparteien oder der ArbN durch willkürliches Verhalten das Risiko der Arbeitslosigkeit bewusst manipulieren[1]. Der vom BSG[2] der Sperrzeit beigelegte Charakter als einer Vertragsstrafe ähnlicher versicherungsrechtlicher Ausgleich ist dagegen im Schrifttum auf Kritik gestoßen[3]. Der Gesetzgeber selbst hat ausdrücklich sowohl dem Strafcharakter als auch einem erzieherischen Zweck der Sperrzeit widersprochen[4], sondern den Sperrzeittatbeständen lediglich die Funktion zugedacht, die Übernahme des Risikos der Arbeitslosigkeit in diesen Fällen für einen begrenzten Zeitraum zu versagen.

2 Die Sperrzeit läuft **kalendermäßig** ab[5], dh. ihre Wirkungen werden ausgelöst durch die gesetzlich bestimmten Ereignisse ungeachtet dessen, ob ein Anspruch auf Alg besteht, der überhaupt nach Abs. 2 ruhen kann. Es spielt auch keine Rolle, ob der Anspruch auf Alg noch aus anderen Gründen ruht, etwa wegen einer Abfindung für die vorzeitige Beendigung des Arbeitsverhältnisses nach § 143a[6]. Die Ruhensfolge ist lediglich eine an den Lauf der Sperrzeit geknüpfte Rechtsfolge, ebenso wie die Minderung der Anspruchsdauer des Alg nach § 128 Abs. 1 Nr. 3, 4 (siehe unten Rz. 34).

3 Rechtsfolge des kalendermäßigen Ablaufs ist, dass der ArbN den Eintritt der Sperrzeit nicht dadurch vermeiden kann, dass er den **Antrag erst zu einem Zeitpunkt stellt, zu dem er ohnehin arbeitslos geworden wäre**. Damit entsteht der Versichertengemeinschaft zwar im Grunde genommen kein Schaden; der Gesetzeszusammenhang mit § 128 Abs. 1 Nr. 4 und dessen Abs. 2 Satz 2[7] lässt aber keine andere Deutung als diejenige zu, dass die Wirkungen der Sperrzeit frühestens ein Jahr nach dem sperrzeitbegründenden Ereignis erlöschen[8]. Die Frage der späteren Antragstellung ist mithin keine der gesetzlich geforderten Kausalität zwischen Arbeitsaufgabe und Arbeitslosigkeit, sondern eine solche der sozialrechtlichen Dispositionsmöglichkeiten[9] im Hinblick auf eine möglichst vorteilhafte Gestaltung der sozialrechtlichen Ansprüche.

4 Das **Arbeitsamt** hat den Arbl., der seinen Antrag erst zu einem Zeitpunkt stellt, in dem die Sperrzeit bereits zu laufen begonnen oder abgelaufen ist, über die weiteren Folgen der Sperrzeit (Kürzung der Anspruchsdauer nach § 128 Abs. 1 Nr. 4 um die Dauer der Sperrzeit, mindestens aber um ein Viertel

---

1 *Niesel*, SGB III § 144 Rz. 2; *Gagel/Winkler*, § 144 SGB III Rz. 26. |2 BSG v. 12.12.1984 – 7 RAr 49/84, SozR 4100 § 119 Nr. 24 (S. 112). |3 *Bieback*, NZA 1986, 121; *Estelmann*, VSSR 1997, 313 (324); *Gagel/Winkler*, § 144 SGB III Rz. 27. |4 Amtl. Begründung zum AFG (Vorbem. zu §§ 114 – 120, Absatz 1), BT-Drs. V/2291, S. 83. |5 Std. Rspr. des BSG, vgl. nur BSG v. 5.8.1999 – B 7 AL 14/99 R, SozR 4100 § 119 Nr. 17 (S. 83 mwN). |6 BSG v. 25.4.1991 – 11 RAr 99/90, SozR 3-4100 § 119a Nr. 1 S. 2 f.; v. 5.8.1999 – B 7 AL 14/99, SozR 3-4100 § 119 Nr. 17 (S. 80 f.). |7 Danach entfällt die Wirkung der Sperrzeit, wenn das Ereignis, das die Sperrzeit begründet, bei der Erfüllung der Voraussetzungen für den Anspruch auf Arbeitslosengeld länger als ein Jahr zurückliegt.
|8 Ausf. BSG v. 5.8.1999 – B 7 AL 14/99, SozR 3-4100 § 119 Nr. 17 (S. 83 ff.) unter Aufgabe seiner früheren Rspr.
|9 Vgl. dazu auch *Peters-Lange* in Preis, Der Arbeitsvertrag, ID Rz. 37 ff.

des Gesamtanspruchs)zu **beraten**[1]. Ggf. hat es auf eine spätere Antragstellung (nach Ablauf des Jahreszeitraums des § 128 Abs. 2 Satz 2 nach dem Eintritt des die Sperrzeit begründenden Ereignisses) hinzuwirken, um auch diesen weiteren Sperrzeitfolgen zu entgehen; anderenfalls kann der Arbl. so gestellt werden, als wenn er nach erfolgter Beratung die Antragstellung verschoben hätte (sozialrechtlicher Herstellungsanspruch[2]). Ferner bestehen im Hinblick auf eine erhöhte Gesamtanspruchsdauer wegen Erreichens eines höheren Lebensalters (vgl. dazu § 127, der in seiner bis 31.12.2003 geltenden günstigeren Fassung noch für bis zum 31.1.2006 entstehende Ansprüche gilt[3] – im Übrigen aber noch relevant für ArbN kurz vor Vollendung des 55. Lebensjahres) günstige Gestaltungsmöglichkeiten durch eine spätere Antragstellung, auf die die AA gleichfalls hinzuweisen hat[4].

II. Sperrzeit wegen Arbeitsaufgabe. 1. Lösung des Beschäftigungsverhältnisses. Der Sperrzeittatbestand wegen Arbeitsaufgabe nach Abs. 1 besteht in den **Alternativen** des **aktiven Lösens durch den ArbN** und einer **passiven Variante** des „Gelöstwerdens", indem der ArbN Veranlassung für eine Kündigung seitens des ArbGeb gibt. Andere ArbGebKündigungen als die im Gesetz genannte Kündigung wegen vertragswidrigen Verhaltens kommen nicht in Betracht[5], insb. nicht Kündigung durch den ArbGeb für den Fall der Ablehnung eines Änderungsangebots seitens des ArbN[6]. Umstr. ist die Bewertung der Ausübung des Widerspruchsrechts im Falle des § 613a BGB und anschließende betriebsbedingte Kündigung seitens des Veräußerers[7]. Das BAG[8] hat mit der Bindung des ArbGeb bei einer anschließenden betriebsbedingten Kündigung an sachliche Gründe für die Ausübung des Widerspruchsrechts (bei der Berücksichtigung im Rahmen der Sozialauswahl) hier eine Vorgabe auch für die Bewertung des Verhaltens des ArbN im Rahmen des § 144 gesetzt (siehe Erl. zu § 613a). Die aktive Variante des Lösens ist wiederum in zwei Alternativen, der Kündigung seitens des ArbN und der Mitwirkung an der einverständlichen Beendigung mittels Aufhebungsvertrages denkbar. Einer dritten Variante, wie sie die BA[9] unter den Tatbestand des Lösens subsumieren will, nämlich die Hinnahme einer offensichtlich rechtswidrigen Kündigung gegen finanzielle Vergünstigungen oder eine Wiedereinstellungszusage[10], kann ein aktives Lösungsverhalten nur entnommen werden, wenn über die Nichterhebung der Kündigungsschutzklage zuvor eine Einigung getroffen worden ist[11] (Einzelheiten siehe unten Rz. 10 ff.).

Die aktivste Form des Lösens besteht in der einseitigen **Kündigung des Arbeitsverhältnisses durch den ArbN**. Sie wird auch dann als wirksamer Beendigungstastbestand des Sperrzeittatbestandes wegen Arbeitsplatzaufgabe anzuwenden sein, wenn der ArbN entgegen § 623 BGB nur mündlich kündigt und sich im weiteren Verlauf an dieser mündlichen Kündigungserklärung festhalten lassen will. Entscheidend ist allein der zur Beendigung des „Beschäftigungsverhältnisses" führende Sachverhalt, der eben auch in einem faktischen Verhalten liegen kann.

Die **Anfechtbarkeit der Kündigungserklärung seitens des ArbN** schließt aber möglicherweise den Sperrzeittatbestand des Abs. 1 Alt. 1 aus. Hat er sich zB durch eine widerrechtliche Drohung des ArbGeb zur Kündigung bestimmen lassen, hängt der Eintritt der Sperrzeitfolge des § 144 davon ab, ob er seine Arbeitslosigkeit hierdurch grob fahrlässig herbeigeführt hat. Dafür müsste er die Anfechtung nach Kenntnis vom Anfechtungsgrund grob fahrlässig unterlassen haben[12]. Im Übrigen wird auch eine grob fahrlässig unterbliebene Anfechtung häufig durch einen wichtigen, in dem Anfechtungsgrund liegenden Grund iSd. Abs. 1 Halbs. 2 gerechtfertigt sein.

Keine aktive Lösung vom Arbeitsverhältnis liegt in der Antragstellung des ArbGeb zur **Auflösung des Arbeitsverhältnisses nach §§ 9, 10 KSchG**. Die zum Lösen führende maßgebliche Rechtsgestaltung liegt hier in der gerichtlichen Entscheidung über den Antrag, der die Feststellung über die Unzumutbarkeit der Fortsetzung des Arbeitsverhältnisses für den ArbN vorauszugehen hat[13]. Selbst wenn man dem Antrag eine ausreichende Intensitätswirkung iSd. Lösungstatbestandes zumessen wollte, liegt in dem gerichtlichen Ausspruch über die Auflösung zugleich die Feststellung der Unzumutbarkeit einer Vertragsfortsetzung, so dass immer auch ein wichtige Grund iSd. Abs. 1 Halbs. 2 vorliegen wird (siehe dazu unten Rz. 26 ff.).

---

1 BSG v. 5.8.1999 – B 7 AL 38/98 R, SozR 41200 § 110 Nr. 2; *Gagel/Steinmeyer*, SGB III, § 122 Rz. 2. | 2 BSG v. 5.8.1999 – B 7 AL 38/98 R, SozR 41200 § 110 Nr. 2. | 3 Vgl. § 434l SGB III idF des Gesetzes zu Reformen am Arbeitsmarkt v. 24.12.2003, BGBl. I, S. 2003. | 4 BSG v. 26.10.1994 – 11 RAr 5/94, SozR 3-1200 § 14 Nr. 6; bei fehlender Beratung kann sich nach den näheren Maßgaben dieses Urteils möglicherweise ein Anspruch auf entsprechende Behandlung des Antrags nach den Grundsätzen des sozialrechtlichen Herstellungsanspruchs *ergeben*. | 5 AA offensichtlich *Löwisch*, NZA 1998, 729(730); ihm folgend *Heinze* SGb 2000, 241 (244). | 6 Die Zumutbarkeitskriterien des § 121 spielen nach der Systematik der §§ 118 ff. auch nur für die Frage der Beendigung der bereits eingetretenen Arbeitslosigkeit und damit bei der Sperrzeit wegen Arbeitsablehnung (Abs. 1 Nr. 2) eine Rolle, vgl. zur Kritik an Löwisch (NZA 1998, 729) auch Gagel/Winkler, § 144 SGB III Rz. 48. | 7 Einen Sperrzeittatbestand iSd. „Lösens" bejahend *Pottmeyer*, NZA 1988, 512 (523 f.); *Commandeur*, NJW 1996, 2537 (2544); aA Niesel, SGB III, § 144 Rz. 14; Schaub, § 23 II 12 b. | 8 Vgl. BAG v. 7.4.1993, AP Nr. 22 zu § 1 KSchG 1969 – Soziale Auswahl. | 9 Durchführungsanweisungen zu § 144 (144.30 und 144.31). | 10 Dazu BSG v. 25.4.2002 – B 11 AL 89/01 R, SozR 3-4100 § 119 Nr. 24. | 11 Vgl. dazu auch BSG v. 9.11.1995 – 11 RAr 27/95, BSGE 77, 48 = SozR 3-4100 § 119 Nr. 9. | 12 Gagel/*Winkler*, § 144 SGB III Rz. 45. | 13 Ebenso HzA/*Gagel*, Gruppe 1 Teilbereich 8, Rz. 2732.

9 In jüngeren Entscheidungen des BSG[1] wird ferner klar gestellt, dass die bloße **Hinnahme einer auch rechtswidrigen Kündigung** keine Form des aktiven Lösens darstellt. Gleiches muss für den **nach § 1a KSchG nF**[2] **zwecks Erhalt einer Abfindung erfolgenden Verzicht** auf die Erhebung der Kündigungsschutzklage gelten[3]. Der Missbrauchsgefahr, dass in Wahrheit bestehende verhaltensbedingte Kündigungsgründe in eine betriebsbedingte Kündigung umdeklariert werden und dann nicht mehr auf Sperrzeitfolgen hin überprüft werden könnten[4], steht bereits entgegen, dass der ArbGeb in solchen Fällen kaum bereit sein dürfte, eine Abfindung in der gesetzlichen Höhe von ½ Monatsgehalt je Beschäftigungsjahr zu bezahlen. Zudem setzt er sich dem Vorwurf eine bewussten Täuschung der AA und damit Mitwirkung am Betrug der AA zum Vorteil des Arbl. aus.

10 Die **einverständliche Auflösung** iSd. Alt. 1 des Sperrzeittatbestandes wegen Arbeitsaufgabe liegt in der Regel in einem arbeitsrechtlichen Aufhebungsvertrag. Nicht erforderlich ist, dass die Initiative vom ArbN ausgegangen ist[5]. Der einseitige Druck seitens des ArbGeb oder die Inaussichtstellung einer alternativen Kündigung können allerdings als wichtiger Grund iSd. Abs. 1 Halbs. 2 zu bewerten sein (siehe unten Rz. 27). War eine vorausgegangene Kündigung des ArbGeb Anlass für die Vertragsaufhebung, fehlt es uU an der Kausalität (siehe unten Rz. 19).

11 Seit 1.5.2000 bedürfen auch Aufhebungsverträge der **Schriftform**. Der Mangel der Schriftform nach § 623 BGB kann hier aber zumindest – wie auch bei einer formnichtigen Kündigung seitens des ArbN – die Lösung des Beschäftigungsverhältnisses herbeiführen, was für den Sperrzeittatbestand ausreicht. Voraussetzung ist, dass der ArbN trotz Kenntnis von der Nichtigkeit am Vertrag festhalten will; macht er hingegen aufgrund der Nichtigkeit des Aufhebungsvertrages die Weiterbeschäftigung gegenüber dem ArbGeb geltend, fehlt es an einer für den Tatbestand des Abs. 1 Nr. 1 relevanten Beendigung der Beschäftigung, da sich der ArbN weiterhin dem Weisungsrecht des ArbGeb unterstellt[6]. Dies gilt auch dann, wenn der ArbGeb die Weiterbeschäftigung ablehnt und hierdurch in Annahmeverzug (§ 615 BGB) gerät.

12 Bei nicht der Form des § 623 BGB entsprechenden Auflösungsvereinbarungen ist zu unterscheiden zwischen denen **mit vorausgegangener ArbGebKündigung** und solchen Situationen, in denen eine Einigung über die Aufhebung dem Ausspruch der Kündigung vorausgeht. Im Falle der vorausgegangenen Kündigung seitens des ArbGeb ist fraglich, ob der Aufhebungsvertrag noch kausal für die Beendigung war, wenn er für den Zeitpunkt des Ablaufs der Kündigungsfrist geschlossen worden ist (s.u. Rz. 19). Stimmt der ArbN der vorzeitigen Beendigung unter Abkürzung von Kündigungsfristen zu, liegt auch dann, wenn er sich erst zum Ablauf der ordentlichen Kündigung arbeitslos meldet, ein Sperrzeitsachverhalt vor (vgl. bereits oben Rz. 3)[7]. Keine entscheidende Bedeutung kommt dagegen dem Umstand zu, ob die Kündigung rechtswidrig war, da der ArbN nicht zur Erhebung der Kündigungsschutzklage verpflichtet ist[8]. Mit dem Unterlassen der Erhebung der Kündigungsschutzklage kann der ArbN keinen wesentlichen Ursachenbeitrag für die anschließende Arbeitslosigkeit setzen, wenn er nicht selbst iSd. Abs. 1 Nr. 1 das Beschäftigungsverhältnis löst (s. o. Rz. 9)[9].

13 Schließen die Parteien nach einer vorausgegangenen Kündigung einen **Abwicklungsvertrag**[10], so ist es Sache der Vertragsauslegung, ob darin ein verdeckter Aufhebungsvertrag liegt (siehe auch Erl. zu Anhang zu §§ 9, 10 KSchG), mit dem der ArbN das Beschäftigungsverhältnis löst[11]. Höchst zweifelhaft erscheint die in diesem Zusammenhang im Urteil des BSG v. 9.11.1995 (obiter dictum)[12] geäußerte Rechtsauffassung, dass der ArbN durch einen Abwicklungsvertrag über Abfindungen, Entschädigungen oder ähnliche Leistungen sich an der Beendigung seines Beschäftigungsverhältnisses beteilige, weil er sich der Möglichkeit begebe, die Rechtswidrigkeit der ausgesprochenen Kündigung geltend zu machen. Dem Verzicht auf die Geltendmachung der Rechtswidrigkeit einer Kündigung im Wege einer Kündigungsschutzklage kann aufgrund der oben Rz. 9 dargelegten Begründung nicht das entscheidende Moment für ein aktives „Lösen" entnommen werden. Vielmehr ist nach den tatsächlichen Umständen (betriebliche Situation, Verfahren bei anderen ArbN) zu ermitteln, ob der ArbGeb die Kündigung erst im Hinblick auf die begründete Annahme hin ausgesprochen hat, dass der ArbN mit ihm einen Abwicklungsvertrag schließen wird und er also keinen kostenspieligen Kündigungsschutzprozess riskiert. Dann liegt in der Tat der Verdacht nahe, dass eine vorausgegangene Einigung stattgefunden hat, die durch den Abschluss eines „Abwicklungsvertrages" verschleiert wird[13].

---

1 Ausdrücklich BSG v. 25.4.2002 – B 11 AL 89/01, SozR 3-4100 § 119 Nr. 24; ebenso BSG v. 25.4.2002 – B 11 AL 65/01, SozR 3-4300 § 144 Nr. 8. | 2 Gesetz zu Reformen am Arbeitsmarkt v. 24.12.2003, BGBl. I, S. 3002. | 3 Ebenso *Preis*, DB 2004, 70, 76; *Löwisch*, NZA 2003, 689, 694; auch der Gesetzgeber verneint die Möglichkeit einer Sperrzeitverhängung: BT 15/1587, S. 30. | 4 So *Preis*, DB 2004, 70, 76. | 5 BSG v. 29.11.1989 – 7 RAr 86/88, SozR 4100 § 119 Nr. 36. | 6 Vgl. dazu BSG v. 10.9.1998 – B7 AL 96/96, SozR 3-4100 § 101 Nr. 9. | 7 BSG v. 5.8.1999 – B 7 AL 14/99, SozR 3-4100 § 119 Nr. 17 (S. 83 ff.) unter Aufgabe seiner früheren Rspr. | 8 Klargestellt jetzt durch BSG v. 25.4.2002 – B 11 AL 89/01, SozR 3-4100 § 19 Nr. 24. | 9 Ebenso *Niesel*, SGB III § 144 Rz. 12 f.; *Gagel/Winkler*, § 144 SGB III Rz. 51. | 10 Zurückgehend auf *Hümmerich*, NZA 1994, 200. | 11 BSG v. 9.11.1995 – 11 RAr 27/95, BSGE 77, 48 = SozR 3-4100 § 119 Nr. 9. | 12 11 RAr 27/95, BSGE 77, 48 = SozR 3-4100 § 119 Nr. 9 (S. 41). | 13 Ebenso die BA in ihrer Dienstanweisung zu § 144 unter 1.1.1.3.1 (144.23), wo auf eine entsprechende „Unternehmensphilosophie" verwiesen wird, langjährige Arbeitnehmer nur freiwillig ausscheiden zu lassen.

Eine **vorausgegangene Einigung** über eine daraufhin erklärte Kündigung seitens des ArbGeb stellt 14
ein Lösen iSd. Sperrzeittatbestandes wegen Arbeitsaufgabe dar, wenn aus ihr der beiderseitige Wille
zur Beendigung des Arbeitsverhältnisses entnommen werden kann. Hinter der Vereinbarung einer
Kündigung durch den ArbGeb kann sich insb. eine auf Initiative des ArbN geschlossene Aufhebung
des Arbeitsverhältnisses verbergen, um die Sperrzeit zu umgehen. Diese Vermutung liegt insb. nahe,
wenn der ArbN von den in einer BV oder TV zugesagten Vorruhestandsleistungen Gebrauch machen
will. Dann ist ohne Rücksicht auf die Rechtmäßigkeit einer ausgesprochenen ArbGebKündigung die
Anwendung des § 117 BGB gerechtfertigt, da diese nur zum Schein ausgesprochen worden ist[1].

2. **Arbeitsvertragswidriges Verhalten als Anlass für die Lösung.** Hat der ArbN eine Kündigung sei- 15
tens des ArbGeb veranlasst, ist zu prüfen, ob ein **verhaltensbedingter Kündigungsgrund iSv. § 1 Abs. 2
Satz 1 KSchG** vorliegt. Sonstige Wirksamkeitsvoraussetzungen für die Kündigung wie Einhaltung der
Ausschlussfrist des § 626 Abs. 2 BGB, Anhörung des BR nach § 102 BetrVG, Einhaltung der gesetzlichen Zustimmungserfordernisse zB bei Schwerbehinderten (§ 85 SGB IX), Frauen im Mutterschutz
(§ 9 Abs. 3 MuSchG) oder Elternurlaubern (§ 18 Abs. 3 BErzGG) und auch Wahrung der Schriftform
nach § 623 BGB spielen keine Rolle, sofern es zur Auflösung des Arbeitsverhältnisses kommt. Das Fehlen einer erforderlichen Abmahnung (vgl. Erl. zu § 1 KSchG) kann jedoch die grobe Fahrlässigkeit des
ArbN hinsichtlich der Verursachung der Arbeitslosigkeit in Frage stellen[2].

Auch die **Umbenennung des Kündigungsgrundes** in einem zwischen den Arbeitsvertragsparteien ge- 16
schlossenen Vergleich nützt in aller Regel nichts, weil die Arbeitsverwaltung von Amts
wegen den wahren Kündigungssachverhalt als Voraussetzung der Sperrzeit nach Abs. 1 Nr. 1 Alt. 2 zu
prüfen haben[3]. Etwas anderes gilt, wenn der ArbGeb zum gleichen Termin eine betriebsbedingte Kündigung hätte aussprechen könne, es sei denn das vertragswidrige Verhalten hat dazu geführt, dass ihm
und nicht einem anderen ArbN aus betriebsbedingten Gründen gekündigt worden ist[4]. Letztlich sind
dies aber Fragen der Kausalität (siehe unten Rz. 19 ff.).

Wurde vom ArbGeb eine **außerordentliche Kündigung** ausgesprochen, rechtfertigt das Verhalten aber 17
nur eine ordentliche Kündigung, so fängt die Sperrzeit auch erst mit Ablauf der ordentlichen Kündigungsfrist an zu laufen, gleichgültig, zu welchem Datum das Arbeitsverhältnis endet[5]. Auch hierbei handelt es sich bereits um eine Frage der Kausalität.

Liegt das die Kündigung rechtfertigende Verhalten dagegen **im außervertraglichen Bereich**, etwa 18
durch Vorspiegelung falscher Tatsachen bei Vertragsschluss oder Verhalten im Privatleben, dass nur
Anlass für eine Kündigung wegen Mängeln im persönlichen Vertrauensbereich oder personenbedingten Eignungsmängeln liefert (zB der Berufskraftfahrer verliert seine Fahrerlaubnis wegen einer privaten Trunkenheitsfahrt), liegt kein vertragswidriges Verhalten iSd. Alt. 2 des Sperrzeittatbestandes
wegen Arbeitsaufgabe vor. Ebenso kann eine spätere andere Bewertung des Verhaltens, wenn sie in
einer außergerichtlichen oder gerichtlichen Einigung hinreichend deutlich wird (denkbar insb. bei Verfehlungen im Vertrauensbereich), den Sperrzeitanlass des vertragswidrigen Verhaltens ausschließen[6].

3. **Kausalität.** Die **Ursächlichkeit des sperrzeitbegründenden Ereignisses** (Lösung bzw. Anlass für 19
eine ArbGebKündigung) **für die anschließende Arbeitslosigkeit** beurteilt sich nach der Rspr.[7] allein
nach dem tatsächlichen Geschehensablauf; ob der ArbN einer ohnehin bevorstehenden ArbGebKündigung zuvor gekommen ist, kann allenfalls als wichtiger Grund zur Vertragsaufhebung iSd. Halbs. 2
des Abs. 1 zu bewerten sein (dazu Rz. 28). War einer gerichtlichen oder außergerichtlichen Einigung
dagegen eine arbeitgeberseits erklärte Kündigung vorausgegangen, bleibt sie für die nach dem Ende
des Beschäftigungsverhältnisses eingetretene Arbeitslosigkeit grundsätzlich kausal, wenn die Kündigung das Ende des Arbeitsverhältnisses zum gleichen Zeitpunkt herbeigeführt hätte[8]. Ob die Kündigung rechtswidrig oder rechtmäßig war, kann für die Beurteilung schon deshalb keine Rolle spielen,
weil der ArbN im Falle der Nichterhebung der Kündigungsschutzklage wegen der Heilungswirkung
des § 7 KSchG ebenfalls arbeitslos geworden wäre.

Zweifelhaft ist, ob die Beendigung eines unbefristeten Arbeitsverhältnisses und **Begründung eines** 20
befristeten Arbeitsverhältnisses noch für die anschließende Arbeitslosigkeit nach Ablauf der Befristung kausal ist[9]. Dem steht entgegen, dass die Sperrzeit grundsätzlich kalendermäßig zu laufen be-

---

1 Vgl. dazu Dienstanweisung zu § 144 unter 1.1.1.3.1 (144.24); Gagel/*Winkler*, § 144 SGB III Rz. 58. |2 HzA/
Gagel, Gruppe 1 Teilbereich 8, Rz. 2711; in BSG v. 25.4.1991 – 11-RAr 99/90, SozR 3-4100 § 119a Nr. 1, bereits
beim *verhaltensbedingten* Kündigungsgrund geprüft. |3 BSG v. 25.4.1991 – 11-RAr 99/90, SozR 3-4100 § 119a
Nr. 1. |4 Gagel/*Winkler*, § 144 SGB III Rz. 83. |5 BSG v. 25.4.1990 – 7 RAr 106/89, SozR 3-4100 § 119 Nr. 3 =
NZA 1990, 971. |6 Vgl. auch BA in Dienstanweisung zu § 144 unter 1.1.2 (144. 32); HzA/*Gagel*, Gruppe 1 Teil-
bereich 8, Rz. 2706. |7 BSG v. 12.12.1984 – 7 RAr 49/83, SozR 4100 § 119 Nr. 24; v. 29.11.1989 – 7 RAr 86/88, SozR
4100 § 119 Nr. 36. |8 BSG v. 23.3.1995 – 11 RAr 39/94, nv.; offen gelassen in BSG v. 5.8.1999 – B 7 AL 14/99 R,
SozR 3-4100 § 144 Nr. 17 (S. 83); Niesel, SGB III § 144 Rz. 37; in dem v. BSG mit Urt. v. 8.6.1989 – 127/87, SozR
4100 § 117 Nr. 25 entschiedenen Sachverhalt war der Aufhebungsvertrag erst nach Feststellung der Rechtswid-
rigkeit der Kündigung durch das ArbG geschlossen worden. |9 Dienstanweisung zu § 144 unter 1.5.
(144.42a); ebenso Gagel/*Winkler*, § 144 SGB III Rz. 83 unter Hinweis auf eine alte Entscheidung des BSG v.
21.9.1956 – 7 RAr 104/55, BSGE 3, 298, 302.

ginnt, gleichgültig, ob die Voraussetzungen für den Anspruch auf Alg erfüllt sind[1] (siehe oben Rz. 2). Deshalb wird zumindest der Beginn der Sperrzeit auf den Tag nach dem Endes des unbefristeten Arbeitsverhältnisses zu legen sein[2]. Im Übrigen kann im Falle der Aussicht auf einen Anschlussarbeitsplatz auch das Verschulden des ArbN zu verneinen sein (siehe unten Rz. 23).

21 Ist die Arbeitslosigkeit auch durch eine **fehlende Vermittlungstätigkeit des Arbeitsamtes** eingetreten, entfällt die Kausalität eines sperrzeitbegründenden Ereignisses, wenn bei pflichtgemäßer Vermittlung der ArbN nicht arbeitslos geworden wäre[3]. Die Rspr. entscheidet hier nach der sozialrechtlichen Kausalitätslehre der wesentlichen Bedingung und nicht nach der zivilrechtlichen Lehre der Adäquanz, dass beim Zusammenwirken mehrerer Ursachen auch das pflichtwidrige Unterlassen der AA als wesentlich für den Eintritt des Erfolges angesehen werden kann. Hinzu kam, dass der ArbN frühzeitig an die AA um Vermittlung herangetreten war und der Aufgabe seines früheren Arbeitsplatzes berechtigte Interessen zur Seite standen, die sonst erst im Rahmen des wichtigen Grundes nach Abs. 1 Halbs. 2 zu prüfen waren[4].

22 **4. Verschulden.** Der ArbN muss für den Eintritt einer Sperrzeit seine Arbeitslosigkeit **vorsätzlich oder grob fahrlässig** herbeigeführt haben. Es gilt ein subjektiver Fahrlässigkeitsbegriff[5]; hiernach kommt es auf die persönliche Urteils- und Kritikfähigkeit, das Einsichtsvermögen und Verhalten des Betroffenen sowie auf die besonderen Umstände des Falles an[6]. Die grobe Fahrlässigkeit verlangt im SozV-Recht eine Sorgfaltspflichtverletzung ungewöhnlich hohen Ausmaßes, dh. eine grobe und subjektiv schlechthin unentschuldbare Pflichtverletzung, die das gewöhnliche Maß der Fahrlässigkeit erheblich übersteigt[7]. Sie muss nicht nur hinsichtlich des die Sperrzeit begründenden Verhaltens vorliegen (bei Lösung des Arbeitsverhältnisses ohnehin nur als vorsätzliches Handeln denkbar, siehe aber Rz. 22), sondern auch hinsichtlich der anschließenden Arbeitslosigkeit.

23 Das Verschulden im Rahmen der Herbeiführung der Arbeitslosigkeit durch vertragswidriges Verhalten ist auf **alle Glieder der Kausalkette** zu beziehen, also auf (1) das vertragswidrige Verhalten (zumindest grob fahrlässig), (2) die Erwartung, nicht gekündigt zu werden, (3) den Verlust des Arbeitsplatzes und (4) die Erwartung, einen Anschlussarbeitsplatz zu erhalten[8]. Insbesondere entfällt die grobe Fahrlässigkeit, wenn der ArbN aufgrund des bisherigen Verhaltens nicht damit rechnen musste gekündigt zu werden, wenn also eine arbeitsrechtlich für die verhaltensbedingte Kündigung erforderliche Abmahnung fehlt (siehe oben Rz. 13).

24 Bei der **Lösung des Arbeitsplatzes** ist der Verschuldensvorwurf in der Regel derjenige vorsätzlichen Handelns. Denkbar erscheint aber, dass der ArbN unter Drohung oder irrtümlich gehandelt hat, insb. weil er die Folgen nicht übersehen hat. Für den Vorwurf der groben Fahrlässigkeit kommt es dann darauf an, ob der ArbN einfachste, ganz nahe liegende Überlegungen nicht angestellt hat[9]. Der Tatbestand der Anfechtbarkeit einer auf den Abschluss eines Aufhebungsvertrages gerichteten Erklärung[10], die der ArbN nicht wahrgenommen hat, begründet keinen Verschuldensvorwurf, da dem ArbN die Fortsetzung des Arbeitsverhältnisses unter Ergreifung rechtlicher Schritte nicht zugemutet werden kann – zumindest begründet der Umstand einer die freie Willensentschließung beeinträchtigenden Täuschung oder Drohung des ArbGeb einen Vertrauensverlust, der als wichtiger Grund im Rahmen des 2. Halbs. der Sperrzeitfolge entgegensteht[11].

25 An der schuldhaften Herbeiführung der Arbeitslosigkeit fehlt es auch, wenn der ArbN **begründete Aussicht auf einen Anschlussarbeitsplatz** hat[12]. Die Zusicherung eines konkreten Arbeitsplatzes ist zwar nicht erforderlich[13]. Es kommt aber auf die jeweiligen Vermittlungsaussichten auf dem regionalen Arbeitsmarkt an: Grobe Fahrlässigkeit liegt vor, wenn der ArbN aufgrund der allgemeinen Verhältnisse auf dem Arbeitsmarkt vernünftigerweise nicht mit einem Anschlussarbeitsplatz rechnen konnte[14].

26 **5. Nichtvorliegen eines wichtigen Grundes.** Der ArbN hat für sein Verhalten einen wichtigen Grund iSv. Abs. 1 Halbs. 2, wenn ihm unter Berücksichtigung aller Umstände des Einzelfalles und unter Abwägung seiner Interessen mit denjenigen der Gesamtheit der Beitragszahler ein anderes Verhalten nicht zuzumuten ist[15]. Bezugspunkt sind sowohl dass zur Aufgabe des Arbeitsplatzes führende unmittelbare (vertragliche) Verhalten als auch persönliche Lebensumstände wie Gewissensgründe, familiäre Gründe für

---

1 Wie hier *Niesel*, SGB III § 144 Rz. 19. |2 AA Gagel/*Winkler*, § 144 SGB III Rz. 83. |3 BSG v. 28.6.1991 – 11 RAr 81/90, SozR 3-4100 § 119 Nr. 6. |4 Vgl. insoweit auch BSG v. 29.4.1998 – B 7 AL 56/97 R, SozR 3-4100 § 119 Nr. 15, wo die Ablehnung von Vermittlungsbemühungen seitens des Arbeitsamtes als der Sperrzeit entgegenstehender wichtiger Grund gewertet wurde. |5 BSG v. 15.5.1985 – 7 RAr 83/83, BSGE 58, 97 = SozR 4100 § 119 Nr. 26; ErfK/*Rolfs*, § 144 SGB III Rz. 21; HzA/*Gagel*, Gruppe 1 Teilbereich 8 Rz. 2719; Gagel/*Winkler*, § 144 SGB III Rz. 88. |6 BSG v. 31.8.1979 – 7 RAr 112/74, SozR 4100 § 152 Nr. 3. |7 BSG v. 31.8.1976 – 7 RAr 112/74, SozR 4100 § 152 Nr. 3 (S. 4); v. 25.8.1981 – 7 RAr 44/80, BB 1982, 559. |8 HzA/*Gagel*, Gruppe 1 Teilbereich 8, Rz. 2718. |9 BSG v. 31.8.1979 – 7-RAr 112/74, SozR 4100 § 152 Nr. 3 (S. 4). |10 Vgl. dazu BAG v. 30.1.1986 – 2 AZR 196/85, NZA 1987, 91; v. 31.1.1996 – 2 AZR 91/95, NZA 1996, 756. |11 Gagel/*Winkler*, § 144 SGB III Rz. 92 f. |12 BSG v. 20.4.1977, BSGE 43, 269 (270) = SozR 4100 § 119 Nr. 2; v. 11.12.1981 – 7 RAr 21/81, BSGE 52, 276 (281); v. 13.8.1986 – 7 RAr 1/86, SozR 4100 § 119 Nr. 28. |13 BSG v. 12.11.1981 – 7 RAr 21/81, BSGE 52, 276 (281). |14 BSG v. 18.2.1987 – 7 RAr 72/895, SozR 4100 § 119 Nr. 30 (S. 138 mwN). |15 BSG v. 13.8.1986 – 7 RAr 1/86, SozR 4100 § 119 Nr. 28 (S. 126).

einen Wohnortwechsel oder Entscheidungen im beruflichen Bereich (Aufgabe eines Berufsausbildungsverhältnisses)[1]. Umständen im Rahmen des bestehenden Beschäftigungsverhältnisses muss der ArbN aber zuvor durch einen Einigungsversuch mit dem ArbGeb zu deren Abhilfe entgegengetreten sein – hiervon kann nur in Fällen offensichtlicher Erfolglosigkeit eines solchen Versuchs abgesehen werden[2].

Das Vorliegen eines wichtigen Grundes ist von Amts wegen zu prüfen. Die **Nichterweislichkeit einer Tatsache**, die einen als wichtiger Grund rechtfertigenden Umstand im Rahmen der Prüfung der Sperrzeitvoraussetzungen bilden würde, ist im Rahmen der allgemeinen Regeln der objektiven Beweislast von der BA als durch die Rechtsnorm Begünstigte zu tragen. Das Nichtvorliegen eines wichtigen Grundes ist nämlich im Rahmen des Sperrzeittatbestandes eine rechtsbegründende Tatsache[3]. Es geht aber zu Lasten des Arbl., wenn er sich nachträglich auf gesundheitliche Einschränkungen beruft und die Nichtaufklärbarkeit zu verantworten hat, weil die AA mangels entsprechender zeitnaher Angaben des Arbl. keinen Anlass hatte, diese rechtzeitig aufzuklären[4]. Der Gesetzgeber hat dieser Rspr. des BSG Rechung getragen, indem er bereits mit dem Ersten Gesetz für moderne Dienstleistungen am Arbeitsmarkt die Darlegungs- und Beweislastregel des Abs. 1 Satz 2 eingefügt hat[5]. 27

Häufig ergeben sich wichtige Gründe aus dem Bereich der **Grundrechte, insbes. Art. 4, 6 11, 12 GG** (Einzelheiten siehe unten Rz. 27). Die Berufung auf den grundrechtlich geschützten Lebensbereich setzt sich aber wie allgemein bei der Geltendmachung eines wichtigen Grundes nur nach sorgfältiger Abwägung der Interessen des ArbN an der Berücksichtigung seiner grundrechtlich geschützten Rechtspositionen mit dem Interesse der Versichertengemeinschaft an der Geringhaltung der Kosten der Arbeitslosigkeit. Dies gilt insb. auch bei der Gewährleistung sog. schrankenloser Grundrechte, also solcher ohne Gesetzesvorbehalt. Denn sie stehen unter dem Vorbehalt kollidierender Grundrechte Dritter oder bzw. mit Verfassungsrang ausgestatteter Rechtswerte und Gemeinschaftsgüter. Hierzu gehört auch die Funktionsfähigkeit der ArblV[6]. In seiner jüngeren Rspr. hat das BSG[7] darüber hinaus die Notwendigkeit betont, bei der Konkkretisierung des wichtigen Grundes den Zweck der Sperrzeit wegen Arbeitsaufgabe und das verfassungsrechtliche Übermaßverbot zu beachten: Daher kann im Falle einer einverständlichen Aufhebung des Arbeitsverhältnisses bei angedrohter betriebsbedingter Kündigung des Arbeitsverhältnisses einen wichtigen Grund zur Lösung anerkannt, wenn die **Kündigung objektiv sozial gerechtfertigt** gewesen wäre und dem ArbN auch im Hinblick auf sein berufliches Fortkommen das **Abwarten der Kündigung nicht zuzumuten** war[8]. In seiner letzten Entscheidung zu diesem Komplex hat der 7. Senat zugleich angedeutet, dass auch im Falle der Rechtswidrigkeit der angedrohten Kündigung aufgrund sonstiger Umstände, etwa des Verhaltens des ArbGeb, ein wichtiger Grund im Sinne dieser Rspr. gegen sein kann[9]. 28

Wichtige Gründe, die nach der **Rspr.** anerkannt sind, kommen im Rahmen der Arbeitsplatzaufgabe in folgenden **Lebenssachverhalten** in Betracht: Auflösung des Arbeitsverhältnisses aus wichtigem Grund nach § 626 BGB[10]; Gesundheitliche Gründe[11]; Heirat, auch wenn noch nicht unmittelbar bevorstehend[12]; Mobbing[13]; Nichteheliche Lebensgemeinschaft bei gemeinsamer Erziehung eines (nicht notwendig eigenen) Kindes oder nach vorheriger intensiver Arbeitssuche am neuen Wohnort[14]; Religiöse oder Gewissensgründe[15]; Personalabbau im Rahmen betrieblicher Strukturänderungen, wenn mindestens ¼ aller Arbeitsplätze betroffen sind und der ArbN einen jüngeren (sozial schwächeren) ArbN vor der Entlassung bewahrt[16]; Pflege eines nicht verheirateten Partners[17]; Verweigerung von Vermittlungsbemühungen seitens der AA[18]; Zuvorkommen einer arbeitgeberseitig in Aussicht gestellten Kündigung aus betrieblichen Gründen, wenn diese, etwa wegen einer Betriebsstilllegung, unausweglich erscheint[19] (vgl. auch oben Rz. 26). 29

III. Rechtsfolgen der Sperrzeit. Während des Laufs einer Sperrzeit **ruht der Anspruch auf Arbeitslosengeld für die im Gesetz bestimmte Dauer.** Dies sind bei der Sperrzeit wegen Arbeitsplatzaufgabe 30

---

1 BSG v. 13.3.1990 – 11 RAr 69/88, NZA 1990, 956. | 2 BSG v. 6.2.2003 – B 7 AL 72/01, SGB 2003, 477 (Verstoß gegen zwingende Vorschriften über Lenk- und Ruhezeiten bei LKW-Fahrern). | 3 BSG v. 26.11.1992 – 7 RAr 38/92, BSGE 71, 256. | 4 BSG v. 26.11.1992 – 7 RAr 38/92, BSGE 71, 256. | 5 BSG v. 23.12.2002, BGBl. I S. 4607; vgl. dazu BT-Drs. 15/25, S. 31 zu § 144 Abs. 1 S. 2. | 6 BSG v. 18.2.1987 – 7 RAr 72/85, SozR 4100 § 119 Nr. 30 (betr. Art. 4 GG); zurückhaltender dagegen in BSG v. 20.4.1977 – 7 RAr 112/75, SozR 4100 § 119 Nr. 2 hinsichtlich Art. 6 Abs. 1 GG beim Zuzug zum Ehepartner. | 7 BSG v. 25.4.2002 – B 11 AL 65/01 R, SozR 3-4300 § 144 Nr. 8. | 8 BSG v. 25.4.2002 – B 11 AL 65/01 R, SozR 3-4300 § 144 Nr. 8; im Anschluss auch BSG v. 17.10.2002 – B 7 AL 136/01 R, SozR 3-4300 § 144 Nr. 12. | 9 BSG v. 17.10.2002 – B 7 AL 136/01 R, SozR 3-4300 § 144 Nr. 12. | 10 BSG v. 17.7.1964, BSGE 21, 205. | 11 BSG v. 26.11.1992 – 7 RAr 38/92, BSGE 71, 256. | 12 BSG v. 29.22.1989, NZA 1989, 616. | 13 BSG v. 25.4.1990 – 7 RAr 16/89, DBlR § 119 Nr. 3649. | 14 BSG v. 25.10.1989 – 7 RAr 37/87, SozR 4100 § 119 Nr. 33 = NJW 1989, 3036; v. 29.4.1998 – B 7 AL 56/97 R, SozR 3-4100 § 119 Nr. 15; einschr. BSG v. 5.1.1998 B 11 – AL 5/98, SozR 3-4100 § 119 Nr. 16 betr. Aufgabe des Arbeitsplatzes zwecks Begründung einer nichtehelichen Lebensgemeinschaft; vor dem Hintergrund des neuen Partnerschaftsgesetzes aber zweifelhaft; s. auch neuerdings BSG v. 17.10.2002 – B 7 AL 72/00 R, SozR 3-4300 § 144 Nr. 1 (Aufgabe der bisherigen Rspr.); ebenso BSG v. 17.10.2002 – B 7 AL 96/00 R, SozR 3-4100 § 199 Nr. 26. | 15 BSG v. 10.12.1980 – 7 RAr 93/79, SozR 4100 § 119 Nr. 13; v. 26.3.1982 – 7 RAr 89/81, SozR 4100 § 119 Nr. 19; v. 18.2.1987 – 7 RAr 72/85, SozR 4100 § 119 Nr. 30; 28.10.1987 – 7 RAr 8/86, DBlR § 119 Nr. 3333. | 16 BSG v. 29.11.1989 – 7 RAr 86/88, SozR 4100 § 119 Nr. 36 = NZA 1990, 628; 25.4.1990 – 7 RAr 84/88, SozSich 1991, 94. | 17 BSG v. 25.10.1988 – 7 RAr 37/87, SozR 4100 § 119 Nr. 33 (S. 164 obiter dictum) = NJW 1989, 3036 (3038). | 18 BSG v. 29.4.1998 – B 7 AL 56/97 R, SozR 3-4100 § 119 Nr. 15. | 19 Offen gelassen in BSG v. 29.11.1989 – 7 RAr 86/88, SozR 4100 § 119 Nr. 36 (S. 186) = NZA 1990, 628.

seit jeher **12 Wochen**. Die Sperrzeit beginnt mit dem Tag nach dem Ereignis, das die Sperrzeit begründet (Abs. 2 Satz 1) – dies ist bei der Sperrzeit wegen Arbeitsaufgabe das rechtliche Ende des Beschäftigungsverhältnisses[1]. Damit ist durch zwei jüngere Entscheidungen des 11. und des 7. Senats des BSG[2] klargestellt, auch die Freistellung des ArbN unter Fortzahlung des Arbeitsentgelts bereits Anknüpfungstatbestand für den Lauf der Sperrzeit ist – und nicht erst das rechtliche Ende des Arbeitsverhältnisses. Die Entscheidung liegt im System des Gesetzes, wonach selbst bei bestehendem Arbeitsverhältnis ein Anspruch auf Alg dem Grunde und auch in der Höhe begründet sein kann, vorausgesetzt, dass der ArbN nicht mehr dem Weisungsrecht des ArbGeb untersteht. Der Beginn einer vertraglich vereinbarten Freistellung unter Fortzahlung des Arbeitsentgelts setzt damit die Sperrzeitfrist in Gang, unabhängig davon, zu welchem Zeitpunkt der ArbN den Antrag auf Alg stellt (was er regelmäßig erst nach der Beendigung des Arbeitsverhältnisses tun wird, vgl. auch oben Rz. 4).

31 Fällt der erste Tag der Sperrzeit in eine bereits laufende Sperrzeit, so beginnt die nächste Sperrzeit erst mit dem Ende dieser Sperrzeit (Abs. 2 Satz 1 letzter Halbs.).

32 Die Sperrzeitdauer kann wegen einer für den Arbl. **nach den für den Eintritt der Sperrzeit maßgebenden Tatsachen besonderen Härte** gemindert werden. Die Minderung reduziert die Sperrzeit bei Vorliegen einer Härte auf 6 Wochen (seit 1.1.2003 gem. Abs. 3 Satz 2 Nr. 2b)[3].). Eine besondere Härte kann danach nur durch die für den Eintritt der Sperrzeit ursächlichen Umstände[4] begründet werden; Gründe außerhalb und vor allen erst nach dem Ereignis, das die Sperrzeit begründet, finden keine Berücksichtigung[5]; ebenso wenig wirtschaftliche und sonstige persönliche Umstände, wie finanzielle Situation, Behinderung oder Unterhaltspflichten[6]. Maßgeblich ist, dass nach den Umständen des Einzelfalles der Eintritt einer Sperrzeit von 12 Wochen nach den für ihren Eintritt maßgebenden Tatsachen als unverhältnismäßig anzusehen ist[7].

33 In den Fällen des Abs. 3 Satz 2 Nr. 1 unterstellt das Gesetz **unwiderleglich eine Härte wegen Unverhältnismäßigkeit**. Es sind dies Fälle, in denen das Arbeitsverhältnis innerhalb von 6 Wochen nach dem Ereignis, das die Sperrzeit begründet, ohne eine Sperrzeit geendet hätte, also Ablauf eines befristeten Arbeitsverhältnisses oder hypothetische Kündigung seitens des ArbGeb, ohne dass den ArbN hieran eine Verantwortung trifft[8]. Die Sperrzeit verkürzt sich hier auf 3 Wochen. Abs. 3 Satz 2 Nr. 2 folgt dem gleichen Gedanken und setzt in seiner Fassung durch das 3. Gesetz für moderne Dienstleistungen am Arbeitsmarkt[9] die bisherige Rspr. des BSG um.

34 Die Sperrzeit führt zum Ruhen und zur **Minderung des Anspruchs auf Arbeitslosengeld** um die Tage des Ruhens, mindestens aber um ein Viertel des Gesamtanspruchs (§ 128 Abs. 1 Nr. 4). Im Gegensatz zu den Ruhensfolgen der §§ 143, 143a wird der Anspruch also aufgezehrt. Die Minderung der Anspruchsdauer entfällt, wenn das Ereignis, dass die Sperrzeit begründet, bei Erfüllung der Voraussetzungen für den Anspruch auf Alg länger als ein Jahr zurückliegt. Mit anderen Worten, der Arbl. kann der Kürzung seines Anspruchs dadurch entgehen, dass er den Antrag auf Alg erst ein Jahr nach dem Eintritt der Sperrzeit stellt. Hierüber hat die AA ihn grundsätzlich zu belehren[10]. Darauf hat die AA den Arbl. bei späterer Antragstellung hinzuweisen (s.o. Rz. 4). Besteht Anlass zu der Annahme, dass das Zuwarten bis zum Ablazf der Wartefrist für den ArbN günstiger ist, kann eine unterlassene Beratung zur Herstellung des Zustandes führen, der bei verspäteter Antragstellung eingetreten wäre (sozialrechtlicher Herstellungsanspruch[11].

35 Nach zweimaligem Eintritt einer Sperrzeit von 12 Wochen **erlischt der Anspruch auf Arbeitslosengeld** (§ 147 Abs. 1 Nr. 2). Er erlischt ferner, wenn der Arbl. Anlass für den Eintritt von Sperrzeiten von insgesamt 24 Wochen gegeben hat, mithin Anlass für weitere Sperrzeittatbestände mit geringeren Ruhenszeiträumen (wegen Ablehnung bzw. Abbruchs einer beruflichen Eingliederungsmaßnahme).

36 Nach § 5 Abs. 1 Nr. 2 SGB V ist der Arbl. in den ersten 4 Wochen einer Sperrzeit nicht **krankenversichert**; es besteht aber in der Regel nachgehender Krankenversicherungsschutz aus dem Arbeitsverhältnis nach § 19 Abs. 2 SGB V (1-monatiger Nachschutz). Danach genießt der Arbl. – anders als in den Ruhensfällen der §§ 143, 143a – nach § 5 Abs. 1 Nr. 2 SGB V während der Sperrzeit Krankenversicherungsschutz. Der Anspruch auf Krankengeld ruht aber für die Zeit, in der das Alg wegen einer Sperrzeit ruht[12]. Der Anspruch auf Weiterzahlung des Alg für die Dauer von 6 Wochen bei Arbeitsunfähigkeit infolge von Krankheit (§ 126) entfällt ebenso, wenn die Arbeitsunfähigkeit während einer Sperrzeit eintritt, und zwar über den Zeitraum der Sperrzeit hinaus[13]. Der Arbl. erhält nach dem Ablauf der Sperrzeit aber Krankengeld[14].

---

1 BSG v. 25.4.2002 – B 11 AL 65/01, SozR 3-4300 § 144 Nr. 8; *Niesel*, SGB III § 144 Rz. 93; aA Gagel/*Winkler*, § 144 SGB III Rz. 8. | 2 BSG v. 25.4.2002 – B 11 AL 65/01, SozR 3-4300 § 144 Nr. 8.; im Anschluss auch BSG v. 17.10.2002 – B 7 AL 136/01, SozR 3-4300 § 144 Nr. 12. | 3 Erstes Gesetz für moderne Dienstleistungen am Arbeitsmarkt v. 23.12.2003, BGBl. I S. 4607. | 4 BSG v. 21.7.1988 – 7 RAr 41/86, SozR 4100 § 119 Nr. 32 (S. 155). | 5 BSG v. 29.11.1988 – 11/7 Rar 91/87, BSGE 64, 202, 208 = SozR 4100 § 119 Nr. 34 (S. 174); BSG v. 15.11.1995 – 7 RAr 32/95, SozR 3-4100 § 119a Nr. 3. | 6 *Niesel*, SGB III § 144 Rz. 107. | 7 BSG v. 21.7.1988 – 7 RAr 41/86, SozR 4100 § 119 Nr. 32 (S. 155). | 8 Dienstanweisung zu § 144 unter 3.2 (144.87). | 9 Vom 23.12.2003, BGBl. I, S. 2848. | 10 BSG v. 5.8.1999 – B 7 AL 38/98 R, SozR 3-4100 § 110 Nr. 2. | 11 BSG v. 5.8.1999 – B 7 AL 38/98 R, SozR 41200 § 110 Nr. 2. | 12 § 49 Abs. 1 Nr. 3 SGB V. | 13 BSG v. 14.3.1985 – 7 RAr 61/84, SozR 4100 § 105b Nr. 3. | 14 § 49 Abs. 1 Nr. 3a SGB V e contrario.

146 *Ruhen bei Arbeitskämpfen*
(1) Durch die Leistung von Arbeitslosengeld darf nicht in Arbeitskämpfe eingegriffen werden. Ein Eingriff in den Arbeitskampf liegt nicht vor, wenn Arbeitslosengeld Arbeitslosen geleistet wird, die zuletzt in einem Betrieb beschäftigt waren, der nicht dem fachlichen Geltungsbereich des umkämpften Tarifvertrags zuzuordnen ist.

(2) Ist der Arbeitnehmer durch Beteiligung an einem inländischen Arbeitskampf arbeitslos geworden, so ruht der Anspruch auf Arbeitslosengeld bis zur Beendigung des Arbeitskampfes.

(3) Ist der Arbeitnehmer durch einen inländischen Arbeitskampf, an dem er nicht beteiligt ist, arbeitslos geworden, so ruht der Anspruch auf Arbeitslosengeld bis zur Beendigung des Arbeitskampfes nur, wenn der Betrieb, in dem der Arbeitslose zuletzt beschäftigt war,

1. dem räumlichen und fachlichen Geltungsbereich des umkämpften Tarifvertrages zuzuordnen ist oder
2. nicht dem räumlichen, aber dem fachlichen Geltungsbereich des umkämpften Tarifvertrages zuzuordnen ist und im räumlichen Geltungsbereich des Tarifvertrags, dem der Betrieb zuzuordnen ist,
   a) eine Forderung erhoben worden ist, die einer Hauptforderung des Arbeitskampfes nach Art und Umfang gleich ist, ohne mit ihr übereinstimmen zu müssen, und
   b) das Arbeitskampfergebnis aller Voraussicht nach in dem räumlichen Geltungsbereich des nicht umkämpften Tarifvertrages im Wesentlichen übernommen wird.

Eine Forderung ist erhoben, wenn sie von der zur Entscheidung berufenen Stelle beschlossen worden ist oder auf Grund des Verhaltens der Tarifvertragspartei im Zusammenhang mit dem angestrebten Abschluss des Tarifvertrags als beschlossen anzusehen ist. Der Anspruch auf Arbeitslosengeld ruht nach Satz 1 nur, wenn die umkämpften oder geforderten Arbeitsbedingungen nach Abschluss eines entsprechenden Tarifvertrages für den Arbeitnehmer gelten oder auf ihn angewendet würden.

(4) Ist bei einem Arbeitskampf das Ruhen des Anspruchs nach Absatz 3 für eine bestimmte Gruppe von Arbeitnehmern ausnahmsweise nicht gerechtfertigt, so kann der Verwaltungsrat bestimmen, dass ihnen Arbeitslosengeld zu leisten ist.

(5) Die Feststellung, ob die Voraussetzungen nach Absatz 3 Satz 1 Nr. 2 Buchstaben a und b erfüllt sind, trifft der Neutralitätsausschuss (§ 380). Er hat vor seiner Entscheidung den Fachspitzenverbänden der am Arbeitskampf beteiligten Tarifvertragsparteien Gelegenheit zur Stellungnahme zu geben.

(6) Die Fachspitzenverbände der am Arbeitskampf beteiligten Tarifvertragsparteien können durch Klage die Aufhebung der Entscheidung des Neutralitätsausschusses nach Absatz 5 und eine andere Feststellung begehren. Die Klage ist gegen die Bundesagentur zu richten. Ein Vorverfahren findet nicht statt. Über die Klage entscheidet das Bundessozialgericht im ersten und letzten Rechtszug. Das Verfahren ist vorrangig zu erledigen. Auf Antrag eines Fachspitzenverbandes kann das Bundessozialgericht eine einstweilige Anordnung erlassen

Fassung: Drittes Gesetz für moderne Dienstleistungen am Arbeitsmarkt v. 23.12.2003 (BGBl. I S. 2848) seit 1.1.2004.

Lit.: *Bieback/Mayer/Mückenberger/Zachert/Seegert*, Anwendungsprobleme des neuen § 116 AFG, BB 1987, 676; *Bieback*, § 116 AFG nF im System des Sozial- und Arbeitslosenversicherungsrechts, SGb 1987, 177; *Gagel*, Die Problematik des § 116 AFG, Jura 1986, 281; *Isensee*, Die Neuregelung der Arbeitskampf-Neutralität nach § 116 AFG und die Vorgaben der Verfassung, DB 1986, 429; *Kreßel*, Neutralität des Staates im Arbeitskampf, NZA 1995, 1121; *Löwisch*, Das Gesetz zur Sicherung der Neutralität der Bundesanstalt für Arbeit in Arbeitskämpfen, NZA 1986, 345; *Otto*, Die Verteilung des Arbeitskampfrisikos und § 116 AFG, RdA 1987, 1; *Schmidt-Preuß*, Aktuelle Streitfragen des neuen § 116 AFG, DB 1986, 2488; *Seiter*, Das Gesetz zur Sicherung der Neutralität der Bundesanstalt für Arbeit in Arbeitskämpfen, NJW 1987, 1; *Zachert*, Die Aktualität des „Streikparagraphen" § 116 AFG/§ 146 SGB III, ArbuR 2000, 53.

I. Inhalt und Bedeutung der Vorschrift. Die Vorschrift trifft eine Bestimmung über das **Leistungsverhalten der BA in Arbeitskämpfen**. Obwohl sie im Abschnitt über die Gewährung und das Ruhen von Alg angesiedelt ist, findet sie ihre zentrale Bedeutung bei der Leistung von Kug für das sie kraft Verweisung in § 174 Abs. 1 entsprechend gilt. Beansprucht der ArbGeb weiterhin seine Dispositionsbefugnis über den ArbN, ist dieser nicht arbeitslos (siehe auch § 143 Rz. 5), und es kommt nur Kug (und dessen evt. Ruhen) in Betracht. Der ArbN kann aber alternativ Alg beantragen, wenn der ArbGeb den Antrag auf Kug *nicht stellt*[1] und kein BR vorhanden ist[2] (vgl. § 323 Abs. 2). Der ArbGeb hat im Streitfall darzulegen und glaubhaft zu machen, dass der Arbeitsausfall Folge eines inländischen Arbeitskampfes ist (§ 174 Abs. 2). Die Vorschrift gilt auch für Alhi (über § 198 Abs. 1 Satz 2 Nr. 6).

Mit der Fassung im SGB III wurde die Regelung der **Neutralitätspflicht der BA durch § 116 AFG unverändert** übernommen. Dessen Fassung beruhte auf dem Gesetz zur Änderung der Neutralität der BA bei

---

[1] Nach § 323 Abs. 2 ist der Antrag auf Kurzarbeitergeld nur vom Arbeitgeber oder einer im Betrieb vorhandenen Betriebsvertretung zu stellen, siehe auch § 173 Rz. 4 f. | [2] So Niesel/*Düe*, § 146 SGB III Rz. 13; aA *Bieback*, SGb 1987, 177 (180), der eine Erweiterung des Antragsrechts auf Kurzarbeitergeld für nötig hält.

Arbeitskämpfen vom 15.5.1986[1], das den verfassungsrechtlichen Bedenken an der ausreichenden Ermächtigung der Neutralitäts-Anordnung[2] und deren Verfassungsmäßigkeit[3] Rechnung trug. Mithin können Rspr. und Lit. zum alten Recht auf die seit 1998 geltende Regelung übertragen werden. Die Beanspruchung von Leistungen der ArblV hat seit jeher vor allem die Arbeitsrechtswissenschaft[4] aufgerufen, da mit der Gewährung oder Nichtgewährung die Kampfkraft der TV-Parteien im Arbeitskampf entscheidend beeinflusst werden kann.

3   Das BVerfG hat in seiner Entscheidung v. 14.7.1995[5] die Regelung über die Versagung von Alg oder Kug **gegenüber nicht unmittelbar am Arbeitskampf beteiligten ArbN** nach Abs. 3 Satz 1 für (noch) verfassungsgemäß erklärt. Die auch im Leitsatz 1[6] zum Ausdruck kommende Einschränkung, dass durch die Regelung nicht ausgeschlossen würde, dass es bei entsprechender Kampftaktik zu Störungen der Kampfparität kommen könne, hat das Verfassungsgericht mit entsprechenden Vortrag der beschwerdeführenden Gewerkschaftsseite begründet, dass durch gezielte Abwehraussperrungen seitens der ArbGeb eine Kampfüberlegenheit und damit Paritätsstörung zugunsten der ArbGebSeite eintreten könne. Wegen der Unsicherheiten der tatsächlichen und (arbeits)rechtlichen Bewertung einer entsprechenden Kampftaktik sah sich das Gericht aber nicht in der Lage, auf den Vortrag der Beschwerdeführer hin eine Paritätsstörung durch sog. „kalte" Aussperrungen festzustellen, und überließ eine solche Feststellung der tatsächlichen Entwicklung[7]. Seit der Entscheidung des BVerfG haben sich die dort dargestellten Befürchtungen einer Störung der Kampfparität durch gezielte Abwehraussperrungen der ArbGeb noch nicht bewahrheitet[8].

4   **II. Überblick.** Die Regelung zur Neutralitätspflicht der BA in Arbeitskämpfen unterscheidet zwischen verschiedenen Fallgruppen, für die das Ruhen oder Nichtruhen von Leistungen angeordnet wird. **Keine Leistungen** erhalten hiernach ArbN,

- die sich an dem Arbeitskampf beteiligen (Abs. 2);

- die in einem von Fernwirkungen eines Arbeitskampfes betroffenen Betrieb beschäftigt sind, der dem räumlichen und fachlichen Geltungsbereich des umkämpften TV zuzuordnen ist (Abs. 3 Satz 1 Nr. 1), und am Ergebnis persönlich partizipieren (Satz 3);

- die in einem von Fernwirkungen eines Arbeitskampfes betroffenen Betrieb beschäftigt sind, der zwar dem fachlichen, nicht aber dem räumlichen Geltungsbereich des umkämpften TV zuzuordnen ist, wenn in dem räumlichen Geltungsbereich des TV, dem der Betrieb zuzuordnen ist,

a) eine gleichartige Forderung erhoben worden ist und

b) das Ergebnis aller Voraussicht nach in dem räumlichen Geltungsbereich des TV, dem der Betrieb des ArbN zuzuordnen ist, übernommen wird,

sofern der ArbN an dem Ergebnis auch persönlich partizipiert (Abs. 3 Satz 1 Nr. 2, Satz 3).

5   Alg oder Kug erhalten aber ArbN von Betrieben **außerhalb des fachlichen Geltungsbereichs** des umkämpften TV. Das Gesetz beruht durchgehend auf dem Gedanken der Partizipation und nicht mehr auf der im Arbeitsrecht herrschenden Binnendrucktheorie. Nach der Binnendrucktheorie reicht es für die Beeinflussung des Arbeitskampfes durch die Leistungen der BA aus, wenn hiernach der Druck auf die kampfführenden Verbände einseitig gemildert wird[9]. Entscheidend für die Versagung von Versicherungsleistungen dem Einzelnen gegenüber ist nach Auffassung des Gesetzgebers allein, dass der ArbN durch Partizipation an den Leistungen so gestellt wird, als sei der Arbeitskampf stellvertretend auch für ihn geführt worden und er „nach einer natürlichen Betrachtungsweise als auch im wirtschaftlichen Sinne als beteiligt angesehen" werden müsse[10].

6   **III. Neutralitätsgrundsatz (Abs. 1). 1. Passive Neutralitätspflicht.** Der Grundsatz des Abs. 1 Satz 1 verpflichtet die BA zur **passiven Neutralität**[11]. Die Neutralitätspflicht des Staates in Arbeitskämpfen ist Teil der durch Art. 9 Abs. 3 GG garantierten Tarifautonomie und kann als paritätsgestaltende fördernde Neutralität das Recht zur Regelung von Sachverhalten umfassen, durch die die Kräfteverhältnisse der Tarifparteien ins Gleichgewicht gebracht werden (paritätsfördernde Neutralität). Die einfach-gesetzliche Ausgestaltung der Neutralitätspflicht der BA beinhaltet aber lediglich die Verpflichtung, die Kräfteverhältnisse der Koalitionen zu respektieren und nicht durch Gewährung oder Nichtgewährung von Leis-

---

1 BGBl. I S. 740. |2 AO des Verwaltungsrates der BA bei Arbeitskämpfen v. 22.3.1973, ANBA 1973, 363. |3 Nachweise bei *Seiter*, NJW 1987, 1 (2, Fn. 14). |4 Siehe Angaben unter Lit. |5 1 BvF 2/86 ua., 1 BvR 1421/86, BVerfGE 92, 365. |6 „1. § 116 Abs. 3 Satz 1 AFG ist mit dem GG vereinbar. Treten in der Folge dieser Regelung strukturelle Ungleichheiten der Tarifvertragsparteien auf, die ein ausgewogenes Aushandeln der Arbeits- und Wirtschaftsbedingungen nicht mehr zulassen und durch die Rspr. nicht mehr ausgeglichen werden können, muss der Gesetzgeber Maßnahmen zur Wahrung der Tarifautonomie treffen." |7 BVerfG v. 14.7.1995 – 1 BvF 2/86 ua., 1 BvR 1421/86, BVerfGE 92, 365 = SozR 4100 § 116 Nr. 3 (S. 120 ff.). |8 Wie hier *Lieb*, JZ 1995, 1174 (1178); wohl auch *Zachert*, ArbuR 2000, 53 (55), der aber die gewerkschaftliche Arbeitskampftaktik hierfür verantwortlich hält. |9 Ausf. *Seiter*, NJW 1987, 1 (4). |10 BR- Drs. 600/85, S. 13; vgl. auch Ausschussbericht, BT-Drs. 10/5214, S. 22. |11 BSG v. 5.6.1991 – 7 RAr 26/89, SozR 3-4100 § 116 Nr. 1 (S. 14).

tungen positiv zu beeinflussen[1]. Demgegenüber sind Funktionsstörungen im Arbeitskampf vorrangig auf dem Gebiet des Arbeitskampfrechts zu beheben[2]. Letztlich soll die Vorschrift Sachverhalte in sozialrechtlicher Hinsicht nur abwickeln, die aus arbeitskampfrechtlichen Wertentscheidungen herrühren[3].

Der Neutralitätsgrundsatz ist **Auslegungsmaxime** für die Anwendung der Ruhenstatbestände der Abs. 2 und 3. Die Arbeitsverwaltung ist nicht zur selbständigen Auslegung der vom Neutralitätsausschuss zu treffenden Feststellungen befugt, die aber nur die generellen Voraussetzungen für ein arbeitskampfbedingtes Ruhen von Leistungen umfassen (siehe unten Rz. 31). Im Übrigen können die Tatbestände des Ruhens im Lichte der Neutralitätsverpflichtung nicht dazu benutzt werden, die Entscheidung bei der Prüfung der Ruhensvoraussetzungen daran auszurichten, ob diese geeignet ist, die Kampfparität zu fördern, sondern hat sich allein an den Vorgaben des Gesetzgebers zu orientieren[4]. 7

2. Teilkonkretisierung für nicht am Arbeitskampf beteiligte ArbN. Abs. 1 Satz 2 trifft eine Klarstellung für die Anwendung der speziellen Ruhenstatbestände des Abs. 3: **Außerhalb des fachlichen Geltungsbereichs des umkämpften TV** liegt in der Gewährung von ArblGeld/-hilfe/Kug (siehe oben Rz. 1) kein Eingriff in den Arbeitskampf seitens der BA. Grundgedanke ist, dass wegen der Verfolgung eigener Tarifabschlüsse durch branchenfremde TV-Parteien in nicht dem Fachbereich des umkämpften Tarifgebietes unterfallenden Betrieben nicht davon ausgegangen werden kann, dass das Tarifergebnis übernommen wird (siehe oben Rz. 5). Der Partizipationsgedanke als übergeordnete Leitidee der Neutralitätspflicht lässt hier ein Ruhen der Leistungen nicht zu. Anderen Ansätzen für eine umfassendere Prüfung der Beeinflussung des Arbeitskampfes, wie der im Arbeitsrecht herrschende Binnendrucktheorie[5] ist damit für den Bereich der sozialversicherungsrechtlichen Leistungen der Boden entzogen[6]. 8

Wer zum fachlichen Geltungsbereich des umkämpften TV gehört, beurteilt sich nach der **Branchenzugehörigkeit des Betriebes**, dem der ArbN angehört[7]. Maßgeblich ist somit der normative Geltungsbereich des TV und nicht die fachliche berufliche Tätigkeit des ArbN, der ja auch im Falle der Tarifgebundenheit bei fachfremder Tätigkeit dem TV unterfällt[8]. Abs. 1 Satz 2 knüpft infolge der Partizipationsidee streng an die Zuordnung durch die Tarifpraxis an. 9

IV. Ruhen der Leistungen bei Beteiligung am Arbeitskampf (Abs. 2). Der Neutralitätsverpflichtung entspricht es, **grundsätzlich keine Leistungen an streikende oder (rechtmäßig) ausgesperrte**[9] **ArbN** zu erbringen. Ebenso wie das Lohnrisiko bei Teilnahme an Arbeitskampfmaßnahmen den Streikenden zufällt (vgl. Erl. zu § 615); gleichgültig ob sie aktiv durch Streik oder durch Gegenmaßnahmen des gegnerischen Verbandes vom Arbeitskampfgeschehen unmittelbar betroffen sind, würden Zahlungen der BA ihnen die mit der Teilnahme am Arbeitskampf zufallende Last des Lohnausfalls durch die BA teilweise abnehmen, was gegen die Neutralitätspflicht verstieße. 10

Grundsätzlich erfasst die durch Abs. 2 konkretisierte Neutralitätspflicht **auch rechtswidrige Arbeitskampfmaßnahmen**, da jedwede Beteiligung an Arbeitskampfmaßnahmen nicht durch Leistungen der BA unterstützt werden soll. Dies gilt insb. für die Teilnahme an rechtswidrigen (zB nicht durch eine Gewerkschaft geführten) Streiks, die anderenfalls noch honoriert würde, ließe man eine Beschränkung auf rechtmäßige Arbeitskampfmaßnahmen zu[10]. Zweifelhaft erscheint dagegen, ob im Falle rechtswidriger Aussperrungsmaßnahmen, die gegen das vom BAG konkretisierte Verhältnismäßigkeitsgebot verstoßen[11] oder andere allgemeine Voraussetzungen rechtmäßiger Arbeitskampfmaßnahmen an Kampfziele oder Kampfbeteiligte sowie Kampfbeginn nicht erfüllen (dazu Erl. zu Art. 9 GG), vom Ausschlusstatbestand des Abs. 2 erfasst werden. 11

Die ganz hM bezieht Abs. 2 grundsätzlich auch auf **rechtswidrige ArbGebKampfmaßnahmen**, misst ihm aber wegen des dann bestehenden Lohnanspruchs nach § 615 BGB keine Bedeutung zu[12]. Ggf. müsste die BA über § 143 Alg erbringen[13]. Diese Auffassung greift aber zu kurz, da § 146 Abs. 2 und § 143 Abs. 3 gleichberechtigt nebeneinander stehen und der Ausschlusstatbestand des Abs. 2 auch einer 12

---

[1] BSG v. 4.10.1994 – 7 KlAr 1/93, SozR 3-4100 § 116 Nr. 2 (S. 104). [2] *Bieback*, SGb 1987, 177; *Gagel*, Jura 1986, 281. [3] ErfK/*Rolfs*, § 146 SGB III Rz. 2; Niesel/*Düe*, § 146 SGB III Rz. 1. [4] BSG v. 5.6.1991 – 7 RAr 26/89, SozR 3-4100 § 116 Nr. 1 (S. 14). [5] Vgl. BAG v. 22.12.1980 – 1 ABR 2/79, BAGE 34, 331 = AP Nr. 70 zu Art. 9 GG – Arbeitskampf. Hiernach reicht eine enge organisatorische Verbundenheit oder Identität der kampfführenden Verbände für die unmittelbar und nur mittelbar betroffenen Betriebe aus, um die Lohnzahlungspflicht in den mittelbar betroffenen Betrieben (zur Vermeidung von Paritätsstörungen) zu verneinen. [6] Aus diesem Grund krit. *Isensee*, DB 1986, 429 (430 f.); noch deutlicher *Seiter*, NJW 1987, 1 (4); zust. aber *Otto*, RdA 1987, 1, (4 f.); *Löwisch*, NZA 1986, 345 (347). [7] GK- SGB III/*Masuch*, § 146 Rz. 62; *Schmidt-Preuß*, DB 1986, 2488 (2493). [8] BAG AP Nr. 7 zu § 4 TVG – Geltungsbereich. [9] Zur zahlenmäßigen Beschränkung der Aussperrung vgl. BAG v. 10.6.1980 – 1 AZR 822/79 und 168/79, AP Nr. 64, 65 zu Art. 9 GG – Arbeitskampf. [10] Allg. Meinung, vgl. Niesel/*Düe*, § 146 SGB III Rz. 16; GK-SGB III/*Masuch*, § 146 Rz. 45; *Löwisch/Bittner*, Arbeitskampf und Sozialrecht, in: Arbeitskampf und Schlichtungsrecht, 1997, Anm. 64; für eine Einbeziehung insbes. rechtswidriger Streiks auch BSG v. 4.10.1994 – 7 KlAr 1/93, SozR 3-4100 § 116 Nr. 2 (S. 69 f.). [11] Nach *Otto* in MünchHbArbR III, § 292 Rz. 28 entspr.für die sog. suspendierende Betriebsstilllegung, dazu *Otto*, aaO., § 286 Rz. 103 ff.; BAG v. 22.3.1994 – 1 AZR 622/93, BAGE 76, 196 (202) = AP Nr. 130 zu Art. 9 GG – Arbeitskampf. [12] Niesel/*Düe*, § 146 SGB III Rz. 16, 20 aE.; GK-SGB III/*Masuch*, § 146 Rz. 46; ErfK/*Rolfs*, § 146 SGB III Rz. 7; vermittelnd *Gagel*, Jura 1986, 281 für offensichtlich rechtswidrige Aussperrungsmaßnahmen. [13] Niesel/*Düe*, § 146 SGB III Rz. 20 aE; ErfK/*Rolfs*, § 146 SGB III Rz. 7.

Gleichwohlgewährung nach § 143 Abs. 3 entgegenstehen dürfte. Zudem stellt sich den Arbeitsämtern auch dann die schwierig zu beurteilende Frage der Rechtswidrigkeit der Aussperrungsmaßnahme, der sie durch die Einbeziehung rechtswidriger ArbGebKampfhandlungen ja gerade enthoben werden sollte[1]. ME ist daher nur die auch von *Otto* vertretene Auffassung konsequent, dem ArbN hier seines Anspruchs nicht im Wege des Abs. 2 zu berauben, den er dann auf § 143 Abs. 3 gegenüber der BA zu stützen vermag. Die Arbeitsämter sind nach Abs. 1 Satz 1 wegen ihrer grundsätzlichen Neutralitätspflicht gehalten, die Rechtmäßigkeit der Aussperrung sorgfältig zu prüfen[2].

13   Der Ausschlusstatbestand des Abs. 2 geht auch der Konkretisierung der Neutralitätspflicht für **Mitglieder anderer fachlicher Tarifbereiche nach Abs. 1 Satz 2** vor. Dies gilt allerdings wiederum nur für den (fachfremden) Sympathiestreik, auf dessen fehlende Unterstützung durch die BA im Gesetzgebungsverfahren ausdrücklich hingewiesen wurde[3]. Sympathieaussperrungen in Drittbetrieben, soweit sie überhaupt zulässig sein sollten (siehe Erl. zu Art. 9 GG), können nur nach den Maßstäben des Abs. 3 beurteilt werden, dh. die betroffenen ArbN werden in aller Regel nicht am Arbeitskampfergebnis beteiligt sein. Deshalb bleibt es für diese ArbN bei der logischen Vorrangstellung des Abs. 1 Satz 2 gegenüber Abs. 2, da sonst Abs. 1 Satz 2, der durch Abs. 3 aufgegriffen wird, ausschließlich Deklarationscharakter hätte. Grund für die gegenüber aktiven Maßnahmen der ArbN-Seite andere Bewertung ist hier die fehlende Zurechenbarkeit des Lohnausfalls[4].

14   Der Anspruch **ruht bis zum Ende des Arbeitskampfes** (Abs. 2 Halbs. 2). Der entgegenstehenden Auffassung, wonach der Ruhenstatbestand durch Beendigung der Beteiligung am Arbeitskampf beendet werden kann[5], widerspricht der eindeutige Wortlaut der Vorschrift. Es besteht auch kein Grund, dem ArbN, der seine Rechte als ausreichend gesichert ansieht, während der Arbeitskampf durch andere fortgeführt wird, zu privilegieren, zumal er wie die Übrigen von den weiteren Ergebnissen profitiert. Sofern der Arbeitskampf noch für andere ArbN-Gruppen ohne eigene Beteiligung fortgesetzt wird, bietet Abs. 3 Satz 3 ausreichende Grundlage für eine Ablehnung des Ruhens in dem Fall, dass der ArbN seine Beteiligung bereits beendet hat.

15   Etwas anderes gilt nur, wenn das Arbeitsverhältnis während des Arbeitskampfes aus anderen Gründen endet (Ablauf der Kündigungsfrist einer vorher ausgesprochenen Kündigung, Befristung). Dann ist der ursächliche Zusammenhang zwischen der Beteiligung am Arbeitskampf und Arbeitslosigkeit bzw. Arbeitsausfall (im Falle des § 174) nicht mehr gegeben[6].

16   **V. Ruhen der Leistungen für nicht am Arbeitskampf unmittelbar beteiligte ArbN (Abs. 3). 1. Allgemeines.** Abs. 3 der Ruhensvorschrift infolge der Neutralitätspflicht der BA im Arbeitskampf behandelt die **Ansprüche der mittelbar betroffenen ArbN**, die also selbst am Arbeitskampf nicht beteiligt sind. Nach der Rspr. des BAG zum Arbeitskampfrisiko ruht der Anspruch auf Arbeitsentgelt in mittelbar vom Arbeitskampf betroffenen Betrieben wegen der zu erwartenden Störungen der Kampfparität, wenn sonst infolge der Belastung mit Lohnfortzahlungskosten einseitiger Druck auf ArbGebSeite entstünde (sog. Binnendrucktheorie)[7]. Dies wird dann angenommen, wenn die kampfführenden und die für den mittelbar betroffenen Betrieb zuständigen Verbände identisch oder organisatorisch eng verbunden sind – nach aA soll auch bei Fernwirkungen in Außenseiterunternehmen oder branchenfremden Betrieben, ohne dass eine Partizipation am Arbeitskampfergebnis erwartet werden kann[8], der Lohnanspruch entfallen und hier nach den Partizipationskriterien des § 146 Abs. 2 und 3 zu klären sein, ob der nunmehr auf der ArbN-Seite ausgeübte Druck durch Leistungen der ArblV evt. gemildert werden kann. Die Voraussetzungen der Arbeitskampfrisikolehre sind noch nicht abschließend geklärt, müssen aber für die Anwendung des Ruhenstatbestandes des Abs. 3 im Auge behalten werden, weil bei Bestehen eines Lohnanspruchs nach § 615 BGB der Anspruch bereits nach § 143 Abs. 1 ruht und nur eine Gleichwohlgewährung nach dessen Abs. 3 (bzw. § 174 Abs. 3, siehe Erl. dort) in Frage kommt.

17   **2. Partizipation an den Ergebnissen des Arbeitskampfes. a) Räumlicher und fachlicher Geltungsbereich des umkämpften TV.** Das Ruhen nach Abs. 3 Satz 1 Nr. 1 richtet sich nach den tarifvertraglichen Abgrenzungen zum Geltungsbereich der jeweils umkämpften TV. Unerheblich ist dagegen die Zuständigkeit der TV-Parteien. Auch wenn zB die IG Metall sowohl für den Abschluss im Metall- als auch im Stahlbereich zuständig ist, liegt noch kein einheitlicher fachlicher Geltungsbereich vor. Vgl im Übrigen zum fachlichen Geltungsbereich Rz. 9.

18   Zum **räumlichen Geltungsbereich** gehören nur diejenigen Betriebe, auf die bei Abschluss des Vertrages der TV Anwendung findet. Deshalb fallen nicht unter den räumlichen Geltungsbereich Betriebe, für die ein FirmenTV abgeschlossen ist. Denkbar ist insoweit nur die Anwendung des Abs. 3 Satz 1 Nr. 1 auf

---

1 ErfK/*Rolfs*, § 146 SGB III Rz. 6. |**2** Vgl. *Otto*, MünchHBArbR III, § 292 Rz. 28: „Allerdings muss sich die BA hüten, ihre Neutralitätspflicht zu verletzen, indem sie vorschnell die Rechtswidrigkeit einer Aussperrung oder Betriebsstilllegung bejaht." |**3** *Isensee*, DB 1986 (430 f.); *Seiter*, NJW 1987, 1 (6); GK-SGB III/*Masuch*, § 146 Rz. 46 mit Hinweis auf die Gesetzgebungsmaterialien (BT-Drs. 10/5214, S. 11). |**4** Niesel/*Düe*, § 146 SGB III Rz. 20. |**5** Niesel/*Düe*, § 146 SGB III Rz. 19; GK-SGB III/*Masuch*, § 146 Rz. 49; wie hier ErfK/*Rolfs*, § 146 SGB III Rz. 8. |**6** GK-SGB III/*Masuch*, § 146 Rz. 48. |**7** BAG v. 22.12.1980 – 1 ABR 2/79, BAGE 34, 331 (345 ff.) = AP Nr. 70 zu Art. 9 GG – Arbeitskampf. |**8** Vgl. *Otto* in MünchHB ArbR III § 290 Rz. 15, 35 f. (Kausalprinzip).

nicht am Arbeitskampf beteiligte ArbN in teilbestreikten Betrieben, für die um einen FirmenTV gekämpft wird, wenn es hierdurch zu Arbeitsausfällen für nicht streikende ArbN kommt (gleicher räumlicher und fachlicher Geltungsbereich des Firmentarifvertrages)[1]. Nicht unter den räumlichen Geltungsbereich fallen grundsätzlich auch Außenseiterunternehmen, wenn nicht der umkämpfte TV in der jeweiligen Region für allgemeinverbindlich erklärt wird (vgl. auch Abs. 3 Satz 3).

b) Fachlicher, aber nicht räumlicher Geltungsbereich des umkämpften TV (Abs. 3 Satz 1 Nr. 2). Kernstück und neuralgischer Punkt[2] der Regelung zur Neutralitätspflicht bildet die Regelung für ArbN, deren Arbeitsausfall/-losigkeit Folge eines außerhalb des räumlichen, aber im selben fachlichen Geltungsbereich geführten Arbeitskampfes ist, die aber **wegen der Pilotwirkung möglicherweise am Ergebnis des Arbeitskampfes partizipieren.** Das Gesetz misst die mögliche Partizipation anhand zweier Kriterien, der Erhebung gleicher oder nach Art und Umfang annähernd gleicher Hauptforderungen in den verschiedenen räumlichen Tarifgebieten (Buchst. a) und der voraussichtlichen Übernahme des Arbeitskampfergebnisses im Geltungsbereich des nicht umkämpften TV (Buchst. b). Wegen der aufgrund der historischen Entwicklung zu beobachtenden Tendenz, Arbeitskämpfe in einem Tarifbezirk stellvertretend auch für die übrigen Tarifbezirke zu führen[3], sah auch das BVerfG im Partizipationsgedanken einen ausreichenden Differenzierungsgrund für die Gewährung/Nichtgewährung von Leistungen der ArblV an ArbN, die von Fernwirkungen eines Arbeitskampfes betroffen sind[4].

19

aa) Gleichartigkeit der erhobenen Forderungen (Buchst. a). Zentrales Anliegen der gesetzlichen Neufassung in § 116 Abs. 3 Satz 1 Nr. 2 Buchst. a) AFG[5] war zu verhindern, dass **durch geringfügige Variierung der Forderungen** in den einzelnen Tarifbezirken die Anwendung der Ruhensregelung ausgeschaltet würde. Mithin sollte es fortan nicht möglich sein, durch unterschiedliche Nebenforderungen – etwa in Bezug auf Mehrarbeitszuschläge[6] – der Ruhensanordnung zu entgehen, wenn eine nach Art und Umfang identische Hauptforderung erhoben wird. Außerdem wurde die Identitätsklausel durch den Zusatz „ohne mit ihr übereinstimmen zu müssen" weiter abgeschwächt. Darüber hinaus wurde einer zeitlichen Taktik der Gewerkschaften bei der Erhebung ihrer Forderungen zur Ausschaltung der Ruhensfolge mit dem Zusatz in Abs. 3 Satz 2 zur faktischen Forderungserhebung entgegengewirkt.

20

Als **Hauptforderung** eines Arbeitskampfes wird vom Gesetzgeber diejenige bezeichnet, mit der die Gewerkschaft ihre Mitglieder für den Arbeitskampf mobilisiert, so zB die Forderung nach Einführung der 35-Stunden-Woche[7]. Anhaltspunkte dafür, was als Hauptforderung anzusehen ist, liefert insb. die Formulierung des Gegenstandes der Urabstimmung[8]. Bei ausschließlichen Lohnrunden kann auch die Forderung nach einer linearen Lohnerhöhung Hauptforderung iSd. gesetzlichen Ruhensregel sein[9]. Beim Arbeitskampf in der Metall- und Elektroindustrie 1993 in Mecklenburg-Vorpommern bildete die Durchsetzung einer Stufenregelung zur Angleichung der Löhne an das Westniveau die Hauptforderung des dort geführten und auf Betriebe Sachsens übergreifenden Streiks[10].

21

Die Forderungen in den verschiedenen Tarifgebieten sind **nach Art und Umfang gleich**, wenn sie sowohl bezogen auf den Gegenstand als auch hinsichtlich der Höhe der Forderung im Wesentlichen übereinstimmen. Die Forderung nach einer wöchentlichen Arbeitszeitverkürzung (ohne Lohnausgleich) bildet danach den Gegenstand, die geforderte Verringerung der Arbeitszeit (beispielsweise von 40 stufenweise auf 35 Stunden) die Höhe. Bei Lohnerhöhungen ist grundsätzlich auf die prozentualen Steigerungswerte und nur ausnahmsweise auf die absoluten Ecklohnwerte abzustellen, wenn nicht ausnahmsweise von gleichen Ausgangsbeträgen ausgegangen werden kann[11].

22

Beim **materiellen Forderungsvergleich** ist auf den wirtschaftlichen Kern und ihren Grad der Übereinstimmung abzustellen, wobei die zunächst gewählte Formulierung „annähernd gleich" durch die nunmehrige Fassung *gleich, ohne mit ihr übereinstimmen zu müssen*, im Gesetzgebungsverfahren[12] ersetzt wurde. Damit wurde klargestellt, dass eine Identität keinesfalls vorliegen müsse. Der Gesetzgeber hielt insoweit ein Auseinanderfallen um materiell 20 % der im Ergebnis angestrebten Lohnerhöhung – bei Auseinanderfallen der Hauptforderung nach Wochenarbeitszeitverkürzung von 40 auf 36 statt auf 35 Stunden, also um 1 von max. 5 geforderten Stunden – noch als im Rechtssinne gleich an[13]. Daran wird man sich bei Forderungen nach linearen Lohnerhöhungen orientieren können. Daneben sollen qualitative Gesichtspunkte wie das unterschiedliche Lebenshaltungskosten, Produktivitätszuwächse, Ungleichheiten in Lohnniveau insgesamt[14] gewichtet werden, wobei zur Konkretisierung die Ermittlung

23

---

1 *GK- SGB III/Masuch*, § 146 Rz. 63 (mwN). |2 *Löwisch*, NZA 1986, 345 (347). |3 BSG v. 5.6.1991 – 7 RAr 26/89, SozR 3-4100 § 116 Nr. 1 (32: „Modellarbeitskampf"); *Isensee*, DB 1986, 429 (430); *Otto*, RdA 1987, 1 (3); *Schmidt-Preuß*, DB 1986, 2488; krit. dazu *Bieback*, SGb 1987, 177 ff. |4 BVerfG v. 14.7.1995 – 1 BvF 2/86 ua., 1 BvR 1421/86, BVerfGE 92, 365 = SozR 4100 § 116 Nr. 3 (S. 125 ff.). |5 Vgl. die amtl. Begründung in BT-Drs. 10/4989, S. 7. |6 Vgl. dazu BSG v. 5.6.1991 – 7 RAr 29/89, SozR 4100 § 116 Nr. 1 (S. 29 f.). |7 BT-Drs. 10/4989, S. 7; BSG v. 4.10.1994 – 7 KlAr 1/93, SozR 3-4100 § 116 Nr. 2 (S. 70: „die als zentrale Forderung den Arbeitskampf geprägt hat"). |8 *Seiter*, NJW 1987, 1 (5). |9 *Löwisch*, NZA 1986, 345 (348). |10 BSG v. 4.10.1994 – 7 KlAr 1/93, SozR 3-4100 § 116 Nr. 2 (S. 70). |11 *Niesel/Düe*, § 146 SGB III Rz. 44. |12 Beschlussempfehlung des Ausschusses für Arbeit und Sozialordnung, BT-Drs. 10/5214, S. 19. |13 BT-Drs. 10/4989, S. 8. |14 *Niesel/Düe*, § 146 SGB III Rz. 43; *Löwisch*, NZA 1986, 345 (348); GK-SGB III/*Masuch*, § 146 Rz. 71.

24 Eine Forderung gilt als erhoben, wenn sie entweder förmlich beschlossen oder aufgrund des Verhaltens der TV-Partei als im Zusammenhang mit dem angestrebten Abschluss des TV als beschlossen anzusehen ist, mithin **konkludent beschlossen** worden ist (Abs. 3 Satz 2). Damit soll missbräuchlichem Vorenthalten von Forderungen in Tarifbezirken, in denen die Friedenspflicht gleichfalls abgelaufen ist, entgegengewirkt werden. Das BVerfG[2] fordert allerdings den Abschluss der satzungsmäßigen Willensbildung durch die zuständigen Organe, da anderenfalls das durch die Satzung bestimmte Verfahren, das die Beteiligung der Mitglieder an wesentlichen Entscheidungen gewährleisten und die Verantwortlichkeit der Organe festlegen solle, nicht mehr durch die TV-Partei beherrscht würde. Entscheidungen, die der abschließenden Willensbildung vorgelagert seien, dürften nicht mit der Verantwortlichkeit belastet werden, als Grundlage einer gesetzlichen Forderungsfiktion genommen zu werden. Einer weiter gehenden Auslegung, wie sie im Schrifttum propagiert worden war (ausreichend seien bereits entsprechende Äußerungen von Gewerkschaftsmitgliedern[3]; enger *Schmidt-Preuß*[4]: Von Mitgliedern des Hauptvorstandes oder der Tarifkommission), erteilte das BVerfG damit aufgrund von Art. 9 Abs. 3 GG eine Absage.

25 Als **Missbrauchsfälle**, die eine **Anwendung des Abs. 3 Satz 2** nach der engen Interpretation des BVerfG zulassen, kommen demnach nur Sachverhalte in Betracht, in denen die verbandsinterne Willensbildung nach dem satzungsmäßigen Verfahren abgeschlossen und nur die förmliche Beschlussfassung über die Forderungserhebung zurückgehalten worden ist oder es an den öffentlichen Verlautbarungen hierüber fehlt. Die Beweismittel des Arbeitskampfgegners über eine abgeschlossene Willensbildung sind freilich, da es entscheidend auf Äußerungen durch die Gegenseite ankommt, recht dürftig.

26 bb) **Übernahmeprognose (Buchst. b).** Die Beurteilung, ob das Arbeitskampfergebnis iSd. Buchst. b) **aller Voraussicht nach im Wesentlichen übernommen wird**, erfordert eine echte Prognose über das zu erwartende Arbeitskampfergebnis im Geltungsbereich des nicht umkämpften TV. Allein die Gleichartigkeit der Forderungen iSv. Buchst. a) rechtfertigt diesen Schluss noch nicht[5], da dem sowohl die Wortfassung als auch die Gesetzgebungsgeschichte entgegensteht[6]. Daher sind für die Prognose alle zum Zeitpunkt des Arbeitsausfalls bekannte Tatsachen, Verhaltensweisen und Verlautbarungen in der laufenden Auseinandersetzung heranzuziehen. Die spätere Entwicklung hat hier ggf. die Wirkung eines Indizes für die Aussagekraft der zum Zeitpunkt der Tarifauseinandersetzung bekannten Anzeichen für die Übernahme[7].

27 Zweifelhaft erscheint, inwieweit das **frühere Verhalten in vorausgegangenen Tarifrunden** als Grundlage für die Übernahmeprognose herangezogen werden kann. Der Gesetzgeber führt es als einen von mehreren Faktoren (neben den Erklärungen und allen übrigen Umständen der laufenden Tarifrunde) für das Wahrscheinlichkeitsurteil an[8]. Von Gewerkschaftsseite wird die Tauglichkeit auch im Hinblick darauf in Zweifel gezogen, dass vor allem die ArbGebSeite ein zunehmendes Interesse an Differenzierung wesentlicher Tarifinhalte verfolge[9]. Andererseits kann das Interesse an einheitlichen Arbeits- und Entgeltbedingungen auf Gewerkschaftsseite durchaus auch mit einem entsprechenden Interesse an einheitlichen Wettbewerbsbedingungen durch einheitliche Lohnkosten auf ArbGebSeite einhergehen, wobei einzelne strukturelle regionale Besonderheiten abzuwägen sind[10]. Insgesamt kann damit der Verlauf der bisherigen Tarifpraxis nur als ein unter anderen Indizien für die Übernahmewahrscheinlichkeit gewertet werden[11].

28 c) **Persönliche Partizipation (Abs. 3 Satz 3).** Beide Ruhenstatbestände, sowohl das Ruhen nach Abs. 3 Satz 1 Nr. 1 für ArbN in Betrieben, die dem räumlichen und fachlichen Geltungsbereich zuzuordnen sind als auch nach Abs. 3 Satz 1 Nr. 2 für ArbN in Betrieben, die außerhalb des räumlichen, aber im fachlichen Geltungsbereich des umkämpften TV liegen, hängt das Ruhen zusätzlich davon ab, dass die Arbeitsbedingungen nach Abschluss eines entsprechenden TV für den ArbN gelten oder angewendet würden (Prinzip der persönlichen Partizipation). Gelten meint hierbei alle Fälle der normativen Wirkung des TV (siehe Erl. zu § 4 TVG) und „angewendet würden" Fälle, in denen der TV kraft einzelvertraglicher Bezugnahme oder betrieblicher Übung Inhalt des Arbeitsvertrages wird (siehe Erl. zu § 4 TVG). Hierfür ist eine rechtliche Verpflichtung des ArbGeb zur Anwendung der tarifvertraglichen Nor-

---

1 *Schmidt-Preuß*, DB 1986, 2488 (2492). | 2 BVerfG v. 14.7.1995 – 1 BvF 2/86 ua., 1 BvR 1421/86, BVerfGE 92, 365 = SozR 4100 § 116 Nr. 3 (S. 122 f.). | 3 *Löwisch*, NZA 1986, 345 (348). | 4 DB 1986, 2488 (2490). | 5 So aber *Löwisch*, NZA 1986, 345 (348). | 6 Buchst. b) wurde erst auf Empfehlung des Ausschusses für Arbeit und Sozialordnung in das Gesetz aufgenommen, vgl. BT-Drs. 10/5214, S. 16: „... soll klarstellen, dass die Gleichheit der Forderungen allein für das Ruhen von Arbeitslosengeld nicht ausreicht. Hinzu kommen muss, dass insoweit das Arbeitskampfergebnis aller Voraussicht nach auch in dem räumlichen Geltungsbereich des nicht umkämpften Tarifgebietes übernommen wird. Nur dann ist die Annahme gerechtfertigt, dass der Arbeitskampf stellvertretend auch für die Arbeitsbedingungen des außerhalb des Kampfgebietes betroffenen Arbeitnehmers geführt wird." | 7 *Niesel/Düe*, § 146 SGB III Rz. 46; BSG v. 4.10.1994 – 7 KlAr 1/93, SozR 3-4100 § 116 Nr. 2 (S. 83 f.). | 8 BT-Drs. 10/5214, S. 12. | 9 *Bieback/Mayer/Mückenberger/Zachert/Seegert*, BB 1987, 676 (677) (mwN). | 10 *Schmidt-Preuß*, DB 1986, 2488 (2493). | 11 Zu weitgehend BSG v. 4.10.1994 – 7 KlAr 1/93, SozR 3-4100 § 116 Nr. 2 (S. 79 f.), wo die Übernahmeprognose allein auf die bisherige Tarifentwicklung gestützt wird.

men und nicht lediglich die Erwartung der Übernahme und Anwendung des Arbeitskampfergebnisses auf die Arbeitsverhältnisses der nicht dem TV unterfallenden ArbN erforderlich[1].

Gilt der umkämpfte TV in der betroffenen Branche kraft **Allgemeinverbindlichkeitserklärung** und ist eine solche in der Vergangenheit auf Antrag nach § 5 TVG bereits mehrfach ergangen, so kann Abs. 3 Satz 3 auch auf nicht tarifgebundene ArbN oder bei Außenseiterunternehmen beschäftigten ArbN angewendet werden, ohne dass es der zusätzlichen Feststellung der späteren Anwendung des TV bedarf. Der Tarifabschluss gilt dann für die Arbeitsverhältnisse der unter seinen persönlichen Geltungsbereich fallenden ArbN iSv. Satz 3, solange es keinen Anhalt dafür gibt, dass eine Allgemeinverbindlichkeitserklärung nach dem neuen Abschluss unterbleibt.

VI. Härteregelung zu Abs. 3 (Abs. 4). Abs. 4 lässt die Feststellung von Ausnahmen der Ruhensfolge des Abs. 3 in mittelbar betroffenen Betrieben für **bestimmte ArbN-Gruppen** zu. Das BSG hält vor dem Hintergrund der umfassenden Regelung zur Neutralitätspflicht der BA durch Abs. 1 bis 3 die Befugnis des ermächtigten Verwaltungsrates zur Anwendung der Härteregelung nur in engen Grenzen für gerechtfertigt: Es müsse sich um eine zahlenmäßig zur Gesamtzahl der Betroffenen bestimmte Gruppe von untergeordneter Bedeutung handeln und ihre Begünstigung müsse durch eine besonders schwierige wirtschaftliche Situation oder durch besondere Bedürfnisse der betroffenen Personen sachlich gerechtfertigt sein[2]. Beispielhaft werden in der Lit. genannt: Erkrankte, schwerbehinderte oder ältere ArbN; ausländische ArbN, die durch den Bezug von Sozialhilfe von Ausweisung bedroht würden; ArbN eines insolvenzgefährdeten Betriebes, die bereits erhebliche finanzielle Opfer erbracht hätten; Berufsgruppen mit besonders geringem Lohnniveau oder ArbN, die schon längere Zeit von Kurzarbeit betroffen sind[3]. Vor diesem Hintergrund einer gebotenen engen Auslegung und zurückhaltenden Anwendung der Härteregelung erscheint die Anwendung auf nur durch mittelbar betroffene Betriebe vom Arbeitsausfall erfasste Betriebe (sog. „mittelbare Betroffenheit 2. oder entfernteren Grades")[4] rechtswidrig[5]. Der Beschluss des Verwaltungsrates der BA bzw. (bis zum 31.12.2003[6]) der Verwaltungsausschüsse der jeweiligen Landesarbeitsämter ist ein Verwaltungsakt gegenüber den TV-Parteien, und für diese daher mittels einer Anfechtungsklage gerichtlich überprüfbar[7].

VII. Entscheidung des Neutralitätsausschusses (Abs. 5). Über die Ruhensvoraussetzungen des Abs. 3 Satz 1 Nr. 2 (Ruhen außerhalb des räumlichen Geltungsbereichs des umkämpften TV) trifft der Neutralitätsausschuss eine **bindende Teilentscheidung**, welche die generellen Voraussetzungen des Ruhens eines individuellen Leistungsanspruchs betrifft[8]. Es sind dies folgende allgemeine Ruhensvoraussetzungen:

- Vorliegen eines inländischen Arbeitskampfs,
- räumlicher und fachlicher Geltungsbereich des TV, um dessen Abschluss der Arbeitskampf geführt wird,
- Dauer des Arbeitskampfes,
- Hauptforderung des Arbeitskampfes,
- Außerhalb des räumlichen, aber innerhalb des fachlichen Geltungsbereichs des umkämpften TV erhobene tarifvertragliche Forderung,
- Gleichheit dieser Forderung nach Art und Umfang mit einer Hauptforderung des Arbeitskampfes, ohne mit ihr übereinstimmen zu müssen, und
- Voraussichtliche Übernahme des erzielten Arbeitskampfergebnisses im Wesentlichen in anderen Tarifgebieten[9]

Beim **Neutralitätsausschuss** handelt es sich um ein eigenes Organ der BA (vgl. § 393 SGB III). Er besteht aus den Vertretern der ArbN und der ArbGeb im Vorstand der BA sowie dem Präsidenten der BA als Vorsitzenden. Dieser vertritt den Neutralitätsausschuss auch vor dem BSG (§ 393 Abs. 1 Satz 4 SGB III).

Für das **Verfahren der Beschlussfassung** des Neutralitätsausschusses und deren **Form** gelten die allgemeinen Vorschriften des SGB X[10]. Bei Verfahrens- und Formmängeln gilt § 42 SGB X, dh. sie führen –

---

1 Ebenso wohl Niesel/*Düe*, § 146 SGB III Rz. 50 f.; GK-SGB III/*Masuch*, § 147 Rz. 82; abschwächend *Löwisch*, NZA 1986, 345 (349), der eine tatsächliche Erwartung für ausreichend hält. |2 BSG v. 9.9.1975 – 7 RAr 5/73, BSGE 40, 190 (207) = SozR 4100 § 116 Nr. 1 (S. 17 f.). |3 GK- SGB III/*Masuch*, § 146 Rz. 90. |4 Vgl. dazu *RdErl. des Präs. der BA* v. 28.6.1984 – IIIa 4/IIIa 5 – 7116/7070, ZIP 1984, 895. |5 In BSG v. 9.9.1975 – 7 RAr 5/73, BSGE 40, 190 (206) = SozR 4100 § 116 Nr. 1, wurde die pauschale Anwendung auf alle mittelbar betroffenen Arbeitnehmer für rechtswidrig erklärt. |6 Vor der Neuorganisation der Selbstverwaltung durch das Dritte Gesetz für moderne Dienstleistungen am Arbeitsmarkt v. 23.12.2003 (BGBl. I, S. 2848) entschied in Fällen, in denen sich die Auswirkungen des Arbeitskampfes auf den Bezirk eines Landesarbeitsamtes beschränkten, die Verwaltungsausschüsse der Landesarbeitsämter über die Leistung von Alg. |7 BSG v. 9.9.1975 – 7 RAr 5/73, BSGE 40, 190 (193) = SozR 4100 § 116 Nr. 1 (S. 3). |8 BSG v. 24.7.1996 – 7 KlAr 1/95, SozR 3-4100 § 116 Nr. 4 (S. 134). |9 BSG v. 24.7.1996 – 7 KlAr 1/95, SozR 3-4100 § 116 Nr. 4 (S. 134); ebens bereits BSG v. 4.10.1994 – 7 KlAr 1/93, BSGE 75, 97 (123) = SozR 3-4100 § 116 Nr. 2 (S. 62 f.). |10 BSG v. 4.10.1994 – 7 KlAr 1/93, BSGE 75, 97 (123) = SozR 3-4100 § 116 Nr. 2 (S. 59 ff.).

SGB III § 146 Rz. 34   Ruhen bei Arbeitskämpfen

falls keine Nichtigkeit nach § 40 SGB X vorliegt – dann nicht zur Rechtswidrigkeit des Beschlusses, wenn offensichtlich ist, dass die Verletzung die Entscheidung in der Sache nicht beeinflusst hat. Dies gilt allerdings nicht für Anhörungsmängel (§ 42 Satz 2 SGB X). Hierzu trifft Abs. 5 Satz 2 eine Sonderregelung, wonach vor der Entscheidung den Fachspitzenverbänden der am Arbeitskampf beteiligten TV-Parteien Gelegenheit zur Stellungnahme zu geben ist.

34   **VIII. Rechtsschutz gegen die Entscheidung des Neutralitätsausschusses. 1. Klageverfahren.** Für die Überprüfung der Feststellungen des Neutralitätsausschusses über die generellen Voraussetzungen des Abs. 3 Satz 1 Nr. 2 Buchst. a) und b) (siehe Rz. 31), sieht Abs. 6 ein **eigenes Klageverfahren** vor, das **vor dem BSG** als im ersten und abschließenden Rechtszug anhängig zu machen ist. Klagebefugt sind nur die Fachspitzenverbände der jeweils beteiligten TV-Parteien (auch Dachverbände)[1]. Ein Vorverfahren findet nicht statt (Abs. 6 Satz 2). Damit ist zum Zwecke der raschen und endgültigen Klärung der Ruhensvoraussetzungen ein erheblich eingeschränkter Rechtsschutz geschaffen worden, der das BSG zur ersten und letzten Tatsacheninstanz – auch im vorläufigen Rechtsschutz (siehe unten Rz. 37) werden lässt.

35   Der eingeschränkte Rechtsschutz erstreckt sich nach Auffassung des BSG[2] auch auf die übrigen Beteiligten, insb. die vom Ruhen ihrer Ansprüche betroffenen ArbN. Danach soll die Entscheidung des Neutralitätsausschusses eine **Drittbindungswirkung** für die Behörden der BA und die Gerichte der Sozialgerichtsbarkeit hinsichtlich der in Rz. 31 genannten Voraussetzungen des Ruhens zukommen. Unter ausführlicher Auseinandersetzung mit den Vertretern der Gegenmeinung[3] gewinnt es aus der systematischen Stellung der Vorschriften zum Neutralitätsausschuss die Überzeugung, dass das gesondert ausgestaltete Verfahren zur Überprüfung der Entscheidung des Neutralitätsausschusses nur unter Verdrängung des üblichen Rechtsschutzes Bestand haben könne. Demgegenüber hat das BVerfG eine solche Bindungswirkung allein der Überprüfung durch das BSG nach Abs. 6 zugemessen, Dritten aber die gesetzlich eröffneten Klagemöglichkeiten auch hinsichtlich der Entscheidung des Neutralitätsausschusses (inzidenter) eröffnet[4].

36   Eine **Fortsetzungsfeststellungsklage** nach Erledigung des Beschlusses des Neutralitätsausschusses durch Beendigung des Arbeitskampfes hat das BSG für unzulässig angesehen, wenn es nicht zu mittelbaren Fernwirkungen des Arbeitskampfes gekommen ist[5]. Angesichts zu erwartender unterschiedlicher Tarifforderungen und Streiktaktiken sei eine Wiederholungsgefahr nicht gegeben und auch ein Schadens- oder Rehabilitationsinteresse wegen fehlender Grundrechtsbeeinträchtigung nicht erkennbar. Da Gegenstand des Beschlusses nur die Regelung einzelner Elemente individueller Leistungsansprüche vorsorglich für den Fall sei, dass es zur Geltendmachung von Leistungsansprüchen komme, entfalte er keine rechtlichen Wirkungen, wenn es nicht zu mittelbaren Auswirkungen des Arbeitskampfes gekommen sei.

37   **2. Vorläufiger Rechtsschutz.** Auch wenn das Verfahren vor dem BSG nach Abs. 6 Satz 2 vorrangig zu erledigen ist, kommt wegen der besonderen Eilbedürftigkeit eine einstweilige Anordnung in entsprechender Anwendung von § 123 VwGO in Betracht, wenn der antragstellenden Partei sonst **unzumutbare und nicht anders abwendbare Nachteile** entstünden. Abs. 6 Satz 3 stellt dies für das Verfahren um die Rechtmäßigkeit des Beschlusses des Neutralitätsausschusses ausdrücklich klar. Dabei ist regelmäßig zu vermeiden, dass durch die Entscheidung im einstweiligen Anordnungsverfahren die Hauptsache vorgenommen wird[6], was aber wegen der überragenden Bedeutung der Entscheidung des Neutralitätsausschusses für den weiteren Verlauf des Arbeitskampfes hingenommen werden muss[7].

147a   *Erstattungspflicht des Arbeitgebers*

(1) Der Arbeitgeber, bei dem der Arbeitslose innerhalb der letzten vier Jahre vor dem Tag der Arbeitslosigkeit, durch den nach § 124 Abs. 1 die Rahmenfrist bestimmt wird, mindestens 24 Monate in einem Versicherungspflichtverhältnis gestanden hat, erstattet der Bundesagentur vierteljährlich das Arbeitslosengeld für die Zeit nach Vollendung des 57. Lebensjahres *[bis 31.12.2003: 58. Lebensjahres]* des Arbeitslosen, längstens für 32 Monate *[bis 31.12.2003: 24 Monate]*. Die Erstattungspflicht tritt nicht ein, wenn das Arbeitsverhältnis vor Vollendung des 55. Lebensjahres *[bis 31.12.2003: 56. Lebensjahres]* des Arbeitslosen beendet worden ist, der Arbeitslose auch die Voraussetzungen für eine der in § 142 Abs. 1 Nr. 2 bis 4 genannten Leistungen oder für eine Rente wegen Berufsunfähigkeit erfüllt oder der Arbeitgeber darlegt und nachweist, dass

---

1 BVerfG v. 14.7.1995 – 1 BvF 2/86 ua., 1 BvR 1421/86, BVerfGE 92, 365 = SozR 4100 § 116 Nr. 3 (S. 128). | 2 BSG v. 4.10.1994 – 7 KlAr 1/93, BSGE 75, 97 (127 ff.) = SozR 3-4100 § 116 Nr. 2 (S. 63 ff.). | 3 BSG v. 4.10.1994 – 7 KlAr 1/93, BSGE 75, 97 (131) = SozR 3-4100 § 116 Nr. 2 (S. 67). | 4 BVerfG v. 14.7.1995 – 1 BvF 2/86 ua., 1 BvR 1421/86, BVerfGE 92, 365 = SozR 4100 § 116 Nr. 3 (S. 127 f.). | 5 BSG v. 24.7.1996 – 7 KlAr 1/95, SozR 3-4100 § 116 Nr. 4 (S. 135 ff.). | 6 Wie hier *GK-SGB III/Masuch*, § 146 Rz. 116; einschr. aus diesem Grunde aber *Niesel/Düe*, § 146 SGB III Rz. 72. | 7 Nur vor diesem Hintergrund der besonderen Eilbedürftigkeit hat das BVerfG einer Beschränkung des Rechtsschutzes durch die alleinige Zuständigkeit des BSG keine unzulässige Verkürzung der Rechtsweggarantie beigemessen, vgl. BVerfG v. 14.7.1995 – 1 BvF 2/86 ua., 1 BvR 1421/86, BVerfGE 92, 365.

1. der Arbeitslose innerhalb der letzten zwölf Jahre vor dem Tag der Arbeitslosigkeit, durch den nach § 124 Abs. 1 die Rahmenfrist bestimmt wird, weniger als zehn Jahre zu ihm in einem Arbeitsverhältnis gestanden hat,

    [Fassung bis 31.12.2003:

    1. *a) bei Arbeitslosen, deren Arbeitsverhältnis vor Vollendung des 57. Lebensjahres beendet worden ist: Der Arbeitslose innerhalb der letzten 18 Jahre vor dem Tag der Arbeitslosigkeit, durch den nach § 124 Abs. 1 die Rahmenfrist bestimmt wird, insgesamt weniger als 15 Jahre*

        b) bei den übrigen Arbeitslosen: Der Arbeitslose innerhalb der letzten zwölf Jahre vor dem Tag der Arbeitslosigkeit, durch den nach § 124 Abs. 1 die Rahmenfrist bestimmt wird, insgesamt weniger als zehn Jahre

        zu ihm in einem Arbeitsverhältnis gestanden hat; Zeiten vor dem 3. Oktober 1990 bei Arbeitgebern in dem in Artikel 3 des Einigungsvertrages genannten Gebiet bleiben unberücksichtigt,]

2. er in der Regel nicht mehr als 20 Arbeitnehmer ausschließlich der zu ihrer Berufsausbildung Beschäftigten beschäftigt; § 10 Abs. 2 Satz 2 bis 6 des Lohnfortzahlungsgesetzes gilt entsprechend mit der Maßgabe, dass das Kalenderjahr maßgebend ist, das dem Kalenderjahr vorausgeht, in dem die Voraussetzungen des Satzes 1 für die Erstattungspflicht erfüllt sind,

3. der Arbeitslose das Arbeitsverhältnis durch Kündigung beendet und weder eine Abfindung noch eine Entschädigung oder ähnliche Leistung wegen der Beendigung des Arbeitsverhältnisses erhalten oder zu beanspruchen hat,

4. er das Arbeitsverhältnis durch sozial gerechtfertigte Kündigung beendet hat; § 7 des Kündigungsschutzgesetzes findet keine Anwendung; die Agentur für Arbeit ist an eine rechtskräftige Entscheidung des Arbeitsgerichts über die soziale Rechtfertigung einer Kündigung gebunden,

5. er bei Beendigung des Arbeitsverhältnisses berechtigt war, das Arbeitsverhältnis aus wichtigem Grund ohne Einhaltung einer Kündigungsfrist oder mit sozialer Auslauffrist zu kündigen,

6. sich die Zahl der Arbeitnehmer in dem Betrieb, in dem der Arbeitslose zuletzt mindestens zwei Jahre beschäftigt war, um mehr als drei Prozent innerhalb eines Jahres vermindert und unter den in diesem Zeitraum ausscheidenden Arbeitnehmern der Anteil der Arbeitnehmer, die das 55. Lebensjahr *[bis 31.12.2003: 56. Lebensjahr]* vollendet haben, nicht höher ist als es ihrem Anteil an der Gesamtzahl der im Betrieb Beschäftigten zu Beginn des Jahreszeitraumes entspricht. Vermindert sich die Zahl der Beschäftigten im gleichen Zeitraum um mindestens zehn Prozent, verdoppelt sich der Anteil der älteren Arbeitnehmer, der bei der Verminderung der Zahl der Arbeitnehmer nicht überschritten werden darf. Rechnerische Bruchteile werden aufgerundet. Wird der gerundete Anteil überschritten, ist in allen Fällen eine Einzelfallentscheidung erforderlich,

7. der Arbeitnehmer im Rahmen eines kurzfristigen drastischen Personalabbaus von mindestens 20 Prozent aus dem Betrieb, in dem er zuletzt mindestens zwei Jahre beschäftigt war, ausgeschieden ist und dieser Personalabbau für den örtlichen Arbeitsmarkt von erheblicher Bedeutung ist.

(2) Die Erstattungspflicht entfällt, wenn der Arbeitgeber

1. darlegt und nachweist, dass in dem Kalenderjahr, das dem Kalenderjahr vorausgeht, für das der Wegfall geltend gemacht wird, die Voraussetzungen für den Nichteintritt der Erstattungspflicht nach Absatz 1 Satz 2 Nr. 2 erfüllt sind, oder

2. insolvenzfähig ist und darlegt und nachweist, dass die Erstattung für ihn eine unzumutbare Belastung bedeuten würde, weil durch die Erstattung der Fortbestand des Unternehmens oder die nach Durchführung des Personalabbaus verbleibenden Arbeitsplätze gefährdet wären. Insoweit ist zum Nachweis die Vorlage einer Stellungnahme einer fachkundigen Stelle erforderlich.

(3) Die Erstattungsforderung mindert sich, wenn der Arbeitgeber darlegt und nachweist, dass er

1. nicht mehr als 40 Arbeitnehmer oder

2. nicht mehr als 60 Arbeitnehmer

im Sinne des Absatzes 1 Satz 2 Nr. 2 beschäftigt, um zwei Drittel im Falle der Nummer 1 und um ein Drittel im Falle der Nummer 2. Für eine nachträgliche Minderung der Erstattungsforderung gilt Absatz 2 Nr. 1 entsprechend.

(4) Die Verpflichtung zur Erstattung des Arbeitslosengeldes schließt die auf diese Leistung entfallenden Beiträge zur Kranken-, Pflege- und Rentenversicherung ein.

(5) Konzernunternehmen im Sinne des § 18 des Aktiengesetzes gelten bei der Ermittlung der Beschäftigungszeiten als ein Arbeitgeber. Die Erstattungspflicht richtet sich gegen den Arbeitgeber, bei dem der Arbeitnehmer zuletzt in einem Arbeitsverhältnis gestanden hat.

(6) Die Agentur für Arbeit berät den Arbeitgeber auf Verlangen über Voraussetzungen und Umfang der Erstattungsregelung. Auf Antrag des Arbeitgebers entscheidet die Agentur für Arbeit im Voraus, ob die Voraussetzungen des Absatzes 1 Satz 2 Nr. 6 oder 7 erfüllt sind.

SGB III § 147a — Erstattungspflicht des Arbeitgebers

(7) Der Arbeitslose ist auf Verlangen der Agentur für Arbeit verpflichtet, Auskünfte zu erteilen, sich bei der Agentur für Arbeit persönlich zu melden oder sich einer ärztlichen oder psychologischen Untersuchung zu unterziehen, soweit das Entstehen oder der Wegfall des Erstattungsanspruchs von dieser Mitwirkung abhängt. Voraussetzung für das Verlangen der Agentur für Arbeit ist, dass bei der Agentur für Arbeit Umstände in der Person des Arbeitslosen bekannt sind, die für das Entstehen oder den Wegfall der Erstattungspflicht von Bedeutung sind. Die §§ 65 und 65a des Ersten Buches gelten entsprechend.

(8) Der Erstattungsanspruch verjährt in vier Jahren nach Ablauf des Kalenderjahres, für das das Arbeitslosengeld zu erstatten ist. § 50 Abs. 4 Satz 2 und 3 des Zehnten Buches gilt entsprechend.

Fassung: Drittes Gesetz für moderne Dienstleistungen am Arbeitsmarkt sowie Gesetz zu Reformen am Arbeitsmarkt seit 1.1.2004; nach der Übergangsfrist des § 434l Abs. 3 SGB III erst anzuwenden, wenn der Anspruch auf Alg nach dem 31.12.2003 entstanden ist oder das Arbeitsverhältnis nach dem 26.9.2003 beendet worden ist. In Klammern die Fassung bis zum 31.12.2003. Achtung: Für ArbN, die frühestens am 1.2.2006 Anspruch auf Alg haben, entfällt die Erstattungspflicht[1].

§ 434l Gesetz zu Reformen am Arbeitsmarkt [Übergangsrecht]

(1) § 127 in der bis zum 31. Dezember 2003 geltenden Fassung ist weiterhin anzuwenden für Personen, deren Anspruch auf Arbeitslosengeld bis zum 31. Januar 2006 entstanden ist. Insoweit ist § 127 in der vom 1. Januar 2004 an geltenden Fassung nicht anzuwenden.

(2) § 127 Abs. 4 in der vom 1. Januar 2004 an geltenden Fassung ist bis zum 31. Januar 2010 mit der Maßgabe anzuwenden, dass als Höchstdauer des Anspruches mindestens die Restdauer des erloschenen Anspruches zugrunde zu legen ist.

(3) § 147a in der am 31. Dezember 2003 geltenden Fassung ist weiterhin anzuwenden, wenn der Anspruch auf Arbeitslosengeld bis zu diesem Tag entstanden ist oder wenn der Arbeitgeber das Arbeitsverhältnis bis zum 26. September 2003 beendet hat.

(4) § 147a ist nicht anzuwenden für Ansprüche auf Arbeitslosengeld, deren Dauer sich nach § 127 Abs. 2 in der vom 1. Januar 2004 an geltenden Fassung richtet.

I. Inhalt und Bedeutung der Vorschrift 1	5. Berechtigung zur Kündigung aus wichtigem Grund Nr. 5 38
II. Gesetzgebungsgeschichte und Verfassungsmäßigkeit 5	6. Personalabbau Nr. 6 39
III. Übersicht 9	7. Kurzfristiger (drastischer) Personalabbau Nr. 7 42
IV. Voraussetzungen der Erstattungspflicht Abs. 1 Satz 1 und Satz 2 erster und zweiter Halbs. . . . 11	8. Unzumutbare Belastung Abs. 2 Nr. 2 45
1. Alter des Arbeitnehmers beim Ausscheiden . 12	VI. Minderung der Erstattungspflicht Abs. 3 . . . 49
2. Dauer der Beschäftigung 15	VII. Umfang und Verfahren 51
3. Kein Anspruch auf alternative Sozialleistung 19	1. Umfang der Erstattungspflicht Abs. 4 51
V. Einwände gegen die Erstattungspflicht Abs. 1 Satz 2 letzter Halbs./Abs. 2 25	2. Erstattungsschuldner bei Konzernunternehmen Abs. 5 56
1. Kürzere Unternehmenszugehörigkeit Nr. 1 . 26	3. Beratungspflicht und Vorabentscheidung Abs. 6 58
2. Kleinunternehmen Nr. 2, Abs. 2 Nr. 1 28	4. Mitwirkungspflichten des Arbeitnehmers Abs. 7 63
3. Arbeitnehmerkündigung Nr. 3 32	VIII. Verjährung 66
4. Sozial gerechtfertigte Kündigung Nr. 4 . . . 34	

Lit.: *Bauer*, Personalabbau und Altersstruktur, NZA 1993, 625; *Bauer/Diller*, Vorruhestand ohne § 128 AFG, BB 1994, 1085; *Bauer/Lingemann*, Personalabbau und Altersstruktur, NZA 1993, 625; *Buchner*, Gesetzentwurf zur Eindämmung der so genannten Frühverrentung – gescheiterter § 128 AFG neu aufgelegt, ZIP 1992, 1295; *Buchner*, Die Neuregelung der Erstattungspflicht nach § 128 AFG, NZA 1993, 481; *Droste*, Wann ist die Erstattung von Arbeitslosengeld unzumutbar im Sinne des § 128 Abs. 2 Ziff. 2, 2. Alternative AFG?, BB 1994, 352; *Hanau*, Die Wiederbelebung des § 128 AFG, DB 1992, 2526; *Kreßel*, Die Erstattungspflicht nach § 128 AFG und Ansprüche auf alternative Sozialleistungen, NZS 1993, 292; *Kreßel*, Gefährdung von Arbeitsplätzen – Befreiungstatbestand des § 128 Abs. 2 Nr. 2 AFG, NZA 1994, 924; *Reß*, Der neue § 128 AFG, NZA 1992, 913; *Stindt*, Sozial gerechtfertigte Kündigung älterer Arbeitnehmer?, DB 1993, 1361; *Stolz*, Die Erstattungspflicht des Arbeitgebers nach § 128 AFG nF ab 1.1.1993 – eine Checkliste, NZS 1993, 62; *Voelzke*, Die Erstattungspflicht des Arbeitgebers bei Entlassung älterer Arbeitnehmer – eine Bestandsaufnahme, DB 2001, 1990; *Weber*, Verfahrensrechtliche Fragen im Zusammenhang mit § 128 AFG, NZA 1994, 150; *Wissing*, Die Erstattungspflicht des Arbeitgebers nach § 128 AFB, NZA 1993, 385.

1 **I. Inhalt und Bedeutung der Vorschrift.** Die Pflicht der ArbGeb zur Erstattung des an ältere ArbN gezahlten Alg, wenn sie diese kurze Zeit vor einem frühstmöglichen Rentenbezug entlassen, soll als eine von mehreren gesetzlichen Maßnahmen der sog. **Frühverrentungspraxis entgegenwirken** und damit die SozV entlasten. Die Erstattungspflicht besteht ab einem Entlassungsalter von 55 Jahren *(bis 31.12.2003: 56 Jahren)*, umfasst aber nur das ab dem 57. Lebensjahr *(bis 31.12.2003: 58. Lebensjahr)* gezahlte Alg. Voraussetzung ist, dass der arbeitslose ehemals Beschäftigte in den letzten 4 Jahren vor dem ersten Tag seiner Arbeitslosigkeit mindestens 24 Monate versicherungspflichtig beschäftigt war, also Arbeitsentgelt erhalten hat und *eine gewisse Mindestunternehmenszugehörigkeit* (dazu Rz. 24 f.) aufweist. Die Erstattungspflicht ist auf das Alg für längstens 32 Monate *(bis 31.12.2003: 24 Monate)* begrenzt.

---

[1] Vgl. § 434l Abs. 4 (im Folgenden abgedr.) und unten Rz. 7.

Die komplizierte Vorschrift des § 147a SGB III bedient sich einer differenzierten Technik von positiven und negativen Tatbestandsvoraussetzungen, welche im Wesentlichen dazu dient, die **Darlegungs- und Beweislastverteilung** zwischen der BA als Anspruchsteller und ArbGeb als Anspruchsgegner zu bestimmen. Wenig geglückt erscheint hierbei insb. die negative Formulierung des Mindestalters („... tritt nicht ein, wenn das Arbeitsverhältnis vor Vollendung des 56. Lebensjahres des Arbl. beendet worden ist, ...") sowie entsprechend die negative Formulierung der Unternehmenszugehörigkeit in Abs. 1 Satz 2 Nr. 1. Sie lädt zu Umgehung durch Wahl eines früheren, aber entsprechend nahen Zeitpunktes vor den maßgeblichen Stichtagen geradezu ein. Hinzu kommt das erhebliche Manko an Verständlichkeit[1]. 2

Die Erstattungspflicht setzt einen **rechtmäßigen Arbeitslosengeldbezug** – auch der Höhe nach – voraus[2]. Daher ist die BA neben der Prüfung der einzelnen Tatbestandsvoraussetzungen verpflichtet, auch die Gewährung des Alg selbst, den Voraussetzungen nach und in ihrer Höhe sowie im Hinblick auf etwaige Ruhenstatbestände hin[3] zu überprüfen. Dieses ungeschriebene Tatbestandsmerkmal ergibt sich zwar nicht aus dem Wortlaut, da dem Begriff „Erstattung" eher der Bedeutungsinhalt einer Rückabwicklung tatsächlich gezahlter Leistungen zukommt[4], aber aus dem Sinn und Zweck, die Versichertengemeinschaft von Leistungen zu entlasten, die durch vorzeitiges Ausscheiden vor Erreichen der Altersgrenze für einen Rentenbezug der Allgemeinheit zusätzlich entstehen. Es liegt auf der Hand, dass dies nicht für unrechtmäßig erbrachte Leistungen gelten kann. 3

Wichtig für die Handhabung der Vorschrift ist ferner, dass der **Beibringungsgrundsatz** für die Tatsachen, für die aufgrund der Wortfassung der ArbGeb die Darlegungs- und Beweislast trägt, nicht davon entbindet, dass die BA von Amts wegen die Umstände, die ihr zu Kenntnis gekommen sind, auch für die Anwendung der Befreiungstatbestände berücksichtigt[5]. Der 11. Senat hat zwar der vom 7. Senat obiter dictum geäußerten Auffassung, die materiell-rechtliche Regelung des § 128 Abs. 1 Satz 2 AFG aF (nunmehr § 147a Abs. 1 Satz 2) stelle eine völlige Durchbrechung des sozialrechtlichen (verfahrensrechtlichen und prozessualen) Amtsermittlungsgrundsatzes dar[6], ausdrücklich widersprochen[7]. Die Kontroverse dürfte aber für eine Berücksichtigung von jedenfalls in den Akten der BA oder des Gerichts befindlichen Tatsachenmaterials zu einzelnen Befreiungstatbeständen unschädlich sein, da der Beibringungsgrundsatz hier keine Ausprägung der im Zivilprozess herrschenden Parteienmaxime ist, sondern lediglich dem Umstand Rechnung trägt, dass die Befreiungstatbestände vorwiegend (nicht ausschließlich, vgl. etwa Abs. 1 Satz 2 Nr. 3 und Nr. 5) betriebliche Vorgänge und Tatsachen betreffen, zu denen die Verwaltung keinen Zugang hat. Da betriebliche Vorgänge oder Umstände auch in anderen Vorschriften unter Geltung des Amtsermittlungsgrundsatzes eine Rolle spielen (etwa beim Sperrzeittatbestand oder der Frage des Ruhens wegen Zahlung einer Abfindung, siehe § 143a Rz. 39 und § 144 Rz. 16 f. u. 26 f.), kann eine völlige Aushebelung jedenfalls nicht allein auf die bloße Überlegung der Sachnähe gegründet werden. Siehe auch unten Rz. 30 f. 4

II. Gesetzgebungsgeschichte und Verfassungsmäßigkeit. § 147a greift auf die entsprechende Fassung der Erstattungspflicht in § 128 AFG zurück und ist mit dem Gesetz zur Änderung der Berücksichtigung von Entlassungsentschädigungen im Arbeitsförderungsrecht[8] zum 1.4.1999 in das SGB III aufgenommen worden. Sie geht einher mit der Wiederbelebung der Anrechnungsregelung von Abfindungen auf das Arbeitsrecht durch § 143a und der Streichung von § 140 SGB III aF. Hintergrund für die Wiedereinführung der Erstattungspflicht war die Beseitigung einer sonst entstehenden Lücke für die Einbeziehung der ArbGeb in die Folgekosten einer Praxis, die mit Entlassung vorwiegend älterer ArbN gegen Zahlung von Abfindungen kurz vor dem Rentenbezug die Lasten aus betrieblichen Umstrukturierungsmaßnahmen einseitig der SozV auferlegte. Nachdem die einseitige Heranziehung der ArbN durch pauschale Anrechnung der Abfindung zur Hälfte auf das Alg (§ 140 SGB III aF) als unbillig empfunden wurde, griff man „vorübergehend"[9] auf die Altregelungen des AFG zurück in der Absicht, eine einvernehmliche Regelung in den Gesprächen zwischen den Sozialpartnern und Vertretern der Bundesregierung zu erarbeiten. Aufgrund der Beschlüsse im Rahmen der Reformgesetze zum Arbeitsmarkt mit genereller Verkürzung des Alg-Anspruchs auf 1 Jahr hat man für die Zeit **nach dem 1.2.2006 von der Erstattungspflicht Abstand genommen**[10]. 5

Bereits die Vorgängerregelung kann auf eine wechselhafte Geschichte zurückblicken. Nachdem Vorläuferbestimmungen, die zum Jahr 1981 und 1984 (Erstreckung der Erstattungspflicht auf RV-Leistungen beim Bezug von vorgezogenem Altersruhegeld wegen Arbeitslosigkeit)[11] vom BVerfG in angemahnter verfassungskonformer Auslegung **grundsätzlich für verfassungsgemäß** erklärt wurde[12], hob 6

---

[1] Vgl. auch die Kritik des Präs. der BA zur Neuf. d. § 128 AFG im Ausschuss Arbeit und Soziales, BT-Drs. 12/409, S. 28 f. | [2] BSG v. 18.9.1997 – 11 RAr 7/96, SozR 3-4100 § 128 Nr. 2. | [3] Dem liegt auch der Einwand des Anspruchs auf eine alternative Sozialleistung iSd. § 142 Abs. 1 Nr. 2 bis 4 zugrunde (Abs. 1 Satz 2 zweiter Halbs.), der den Alg-Anspruch zum Ruhen brächte. | [4] Gagel, SGB III, § 147a Rz. 6. | [5] So BSG v. 16.6.2000 – B 11 AL 78/99 R, SozR 3-4100 § 128 Nr. 8 (S. 70); wohl auch Voelzke, DB 2001, 1990 (1993), der allerdings die Auffassung des 11. Senats favorisiert. | [6] BSG v. 16.6.2000 – B 11 AL 78/99 R, SozR 3-4100 § 128 Nr. 8 (S. 70 f.). | [7] BSG v. 21.9.2000 – B 11 AL 7/00, SozR 3-4100 § 128 Nr. 10 (S. 89). | [8] V. 24.3.1999, BGBl. I S. 396. | [9] Vgl. die entsprechenden Verlautbarungen aus dem sog. „Bündnis für Arbeit", BT-Drs. 14/394, S. 10 f. | [10] Siehe § 434e Abs. 4 iVm. Abs. 1 (abgedr. oben nach § 147a). | [11] Vorruhestandsanpassungsgesetz v. 13.4.1984, BGBl. I S. 610. | [12] BVerfG v. 23.1.1990 – 1 BvL 44/86, BVerfGE 81, 156.

man die Erstattungsregel wegen der verfassungsgerichtlichen Auflagen an die verfassungskonforme Auslegung und Anwendung der Regelung zunächst mit Wirkung zum 1.7.1991 gänzlich auf. Zum 1.1.1993 kam es dann zu einer Neuauflage, die die verfassungsgerichtlichen Vorgaben im Wesentlichen berücksichtigte[1]: Gefordert war zum einen, dass in strenger Befolgung des Verantwortlichkeitsgedankens der ArbGeb nur dort finanziell belastet werden durfte, wo er die Kosten der Arbeitslosigkeit des ArbN auch wirklich verursacht hatte, was entfiel, wenn der Arbl. eine andere Sozialleistung beanspruchen konnte, die einen Anspruch auf Alg entfallen ließ[2]. Ferner forderte das BVerfG eine weite Auslegung der Befreiungstatbestände insb. im Hinblick auf das Recht zur Kündigung durch den ArbGeb aus wichtigem Grund sowie die Ausnahmetatbestände für Härtefälle[3]. Dem wurde nach Auffassung des BSG durch die jetzige Fassung von Abs. 1 Satz 2 sowie Abs. 2 Nr. 2 entsprochen[4].

7   Mit dem **Gesetz zu Reformen am Arbeitsmarkt** v. 24.12.2004[5] wurde die Erstattungspflicht zunächst für einen **Zeitraum von ca. 2 Jahren**[6] **verschärft**. Dies bezieht sich auf ArbN, deren Arbeitslosengeldanspruch infolge der Vertrauensschutzregelung des § 434l Abs. 1 noch nicht der Kürzung infolge des Gesetzes zu Reformen am Arbeitsmarkt unterliegt, insb. der älteren ArbN mit derzeit Anspruch auf bis zu 32 Monaten. Der Gesetzgeber will mit der Verschärfung vermeiden, dass ArbGeb Entlassungen vorziehen, solange der ArbN noch den Anspruch auf das längere Alg hat. Nach Ablauf der Vertrauensschutzregelung des § 434l Abs. 1 besteht ein Anspruch auf Alg längstens für 18 Monate. Deswegen verzichtet der Gesetzgeber für die Zukunft auf die Erstattungsregelung vollkommen (§ 434l Abs. 4). Dies bedeutet, dass für alle älteren ArbN, die frühestens am **1.2.2006** Anspruch auf Alg haben, die **Erstattungspflicht gänzlich entfällt**!

8   Ein weiterer Vertrauensschutztatbestand ist durch § 434l Abs. 3 berücksichtigt: Ist der ArbN bereits **vor dem 1.1.2004** arbeitslos geworden (mit Anspruch auf Alg dem Grunde nach) oder wurde die **Beendigung des Arbeitsverhältnisses bis zum 26.9.2003**[7] veranlasst, gilt die alte Fassung weiter.

9   **III. Übersicht.** Die nachfolgende Übersicht löst sich zuweilen von der gesetzlichen Systematik, da sie nicht an die vom Gesetzgeber vorgegebene Beweislastverteilung und der sich daraus ergebenden systematischen Fassung von Anspruchsvoraussetzungen und Einwendungen anknüpft, sondern denklogischen, mithin sachlichen Zuordnungskriterien folgt. Die Tatbestandselemente mit Darlegungs- und Beweislast für den ArbGeb sind durch ein * gekennzeichnet.

10 **Überblick über § 147a:**

	ArbN	ArbGeb
Anspruchsbegründende Tatbestände	– **Alter** (55./56. Lebensjahr) Rz. 12	– **Beschäftigtenzahl** (mehr als 20 ArbN)* Rz. 28
	– **Dauer der Beschäftigung** Rz. 15	
	– **Unternehmenszugehörigkeit*** (10/12 oder 15 Jahre) Rz. 26	– **Besonderheit für ArbGeb im Beitrittsgebiet** Rz. 26
Befreiungs-Tatbestände	– **Anspruch auf alternative Sozialleistung** Rz. 19	– **Sozial gerechtfertigte Kündigung*** Rz. 34
	– **arbeitnehmerseitige Kündigung ohne Abfindung*** Rz. 32	
	– **Wichtiger Grund für Kündigung durch ArbGeb ohne/mit Auslauffrist*** Rz. 38	
		– **Personalminderung*** Rz. 39
		– **drastischer Personalabbau*** Rz. 42
		– **unzumutbare Belastung*** Rz. 45

---

[1] Krit. aber *Buchner*, ZIP 1992, 1294 (1297); *Buchner*, NZA 1993, 481 (487 f.). [2] BVerfG v. 23.1.1990 – 1 BvL 44/86, BVerfGE 81, 156 (Ls. 2b). [3] BVerfG v. 23.1.1990 – 1 BvL 44/86, BVerfGE 81, 156 (194 ff.) unter C II 1b, ff (1) d.Gr. [4] So BSG v. 17.12.1997 – 11 RAr 61/97, SozR 3-4100 § 128 Nr. 5 (S. 50) zur gleich lautenden Vorschrift des § 128. [5] BGBl. I, S. 3002. [6] Genau gesagt für Personen, deren Anspruch auf Alg bis zum 31.1.2006 entsteht, vgl. § 434l Abs. 1 SGB III. [7] Tag der 2. und 3. Lesung des Gesetzes im Bundestag.

IV. Voraussetzungen der Erstattungspflicht Abs. 1 Satz 1 und Satz 2 erster und zweiter Halbs. Die Kommentierung folgt nunmehr der **gesetzlichen Systematik**, anknüpfend an die Regelungskomplexe der einzelnen Absätze und Sätze, wobei hinzuweisen bleibt auf die gesetzliche Darlegungs- und Beweislastverteilung, die eben nicht an eine Systematik anspruchsbegründender Tatsachen und anspruchsvernichtender Tatbestände anknüpft und auch nicht durchweg dem Gesichtspunkt der größeren Sachnähe des ArbGeb folgt. Vielmehr zeigt die voranstehende Übersicht, dass vielfach auch in der Person des ArbN begründete Umstände seiner Darlegungs- und Beweislast zugerechnet werden. Ungeachtet dessen legt der Gesetzgeber der BA lediglich für die in Abs. 1 Satz 1 und Satz 2 erster und zweiter Halbs. genannten (positiven und negativen) Erstattungsvoraussetzungen die Amtsermittlungspflicht auf (s. aber Rz. 4)!

1. Alter des ArbN beim Ausscheiden. Die Erstattungspflicht knüpft an ein nicht näher vom Gesetzgeber begründetes Alter von (mindestens) 55 *(56)* Lebensjahren beim Ausscheiden an (Abs. 1 Satz 2 zweiter Halbs., Abs. 1 Satz 1 regelt lediglich den Beginn der Erstattungspflicht vom 57. *(58.)* Lebensjahr an!). Keine Erstattungspflicht besteht beim Ausscheiden nach dem 65. Lebensjahr, weil der Anspruch auf Alg im Monat nach Vollendung des 65. Lebensjahres untergeht, § 117 Abs. 2.

Entscheidend für das Lebensalter ist hier nach dem eindeutigen Gesetzeswortlaut das **Ende des Arbeitsverhältnisses** und nicht des Beschäftigungsverhältnisses (zur Unterscheidung siehe § 143 Rz. 5). Es kommt allein auf die tatsächliche Beendigung des Arbeitsverhältnisses, nicht auf die rechtliche Wirksamkeit des Beendigungstatbestandes an[1].

Im Falle der Beendigung des Arbeitsverhältnisses mit (regelmäßig wiederkehrender) **Wiedereinstellungszusage** in **Saisonbetrieben** sieht die BA von der Anwendung des § 147a ab, wenn die Wiedereinstellung tatsächlich erfolgt[2]. Bleibt sie trotz der Zusage aus, ist aufgrund der Befreiungstatbestände des Abs. 2 Nr. 2–7 über die Erstattungspflicht zu entscheiden; wenn der ArbN von der Option keinen Gebrauch macht, gilt Abs. 1 Satz 2 Nr. 3 entsprechend.

2. Dauer der Beschäftigung. Die Erstattungspflicht setzt voraus, dass der Arbl. in den letzten 4 Jahren vor dem ersten Tag, an dem die Anspruchsvoraussetzungen für Alg erfüllt waren, **mindestens 24 Monate** in einem Versicherungspflichtverhältnis gestanden hat. Diese versicherungspflichtige Beschäftigung muss bei dem ArbGeb bestanden haben, der zur Erstattungspflicht herangezogen wird. Eine Anschlussbeschäftigung in den kommenden 25 Monaten nach dem Ausscheiden schließt also uU den Anspruch aus, wenn dann der Vorbeschäftigungszeitraum von 24 Monaten bei dem erstattungspflichtigen ArbGeb nicht mehr in die Rahmenfrist von 4 Jahren fällt.

Zu beachten ist allerdings, dass die **Rahmenfrist von 4 Jahren** vom ersten Tag, an dem der Arbl. **alle Voraussetzungen für den Anspruch auf Alg** erfüllt hat, zurückgerechnet wird. Arbeitslosigkeit kann schon vor dem rechtlichen Ende des Arbeitsverhältnisses gegeben sein (siehe § 143 Rz. 5). Die Antragstellung ist nicht mehr wie nach früherem Recht Anspruchsvoraussetzung, wohl aber die Arbeitslosmeldung (§ 117 Nr. 2). Der ArbN muss ferner beschäftigungslos sein und die Anforderungen an die Beschäftigungssuche (§ 119: Eigene Beschäftigungssuche und Verfügbarkeit) erfüllen.

Der Arbl. kann mithin durch **Verschiebung der Arbeitslosmeldung** den ArbGeb von der Erstattungspflicht entlasten. Anbieten wird sich dies indes nur in Fällen, in denen der ArbN vor dem Ausscheiden aus dem Arbeitsverhältnis längere Zeit – etwa wegen langer Krankheit und Krankengeldbezug – nicht mehr in einem versicherungspflichtigen Beschäftigungsverhältnis (gegen Entgelt! Vgl. § 25 Abs. 1) gestanden hat, sich der zu belegende Zeitraum von 4 Jahren durch die tatsächliche Nichtbeschäftigung während des Arbeitsverhältnisses also minimiert. Damit kann schon vor Ablauf der 2-Jahres-Frist nach dem Ausscheiden, bis zu dem der ArbN mit der Arbeitslosmeldung warten müsste, die Erstattungspflicht untergegangen sein. Entsprechende Verpflichtungen des ArbN zur späteren Antragstellung/Arbeitslosmeldung (sog. **128er-Vereinbarungen**) hat das BSG[3] und nachfolgend auch das BAG[4] für **nichtig** erklärt (Verstoß gegen § 32 SGB I, wonach eine privatrechtliche Vereinbarung mit einem Sozialleistungsberechtigten, welche zu dessen Nachteil von Vorschriften des SGB abgeweicht, unwirksam ist).

Beschäftigungen bei einem anderen Unternehmen desselben Konzerns werden nach Abs. 5 zusammengerechnet (siehe Rz. 56). Beschäftigungszeiten bei einem früheren Betriebsinhaber, von dem das **Arbeitsverhältnis auf einen Erwerber nach § 613a BGB** übergegangen ist, sollen nach Auffassung des BSG[5] ebenfalls mitzählen, gleichwohl § 613a BGB ArbN-Schutzfunktion hat, die man dem Erstattungsparagraphen nicht ohne Weiteres beilegen kann. Der ältere ArbN wird durch die Erstattungspflicht nur *sehr eingeschränkt* vor Entlassungen geschützt, wie die zahlreichen Möglichkeiten der Befreiung (insb. bei sozial gerechtfertigter Kündigung, Abs. 1 Satz 2 Nr. 4) zeigen, so dass die Erstattungspflicht in aller Regel nur bei seinem Einverständnis in die Entlassung greift (anderenfalls er sich ja gegen die Beendi-

---

[1] *Gagel*, SGB III § 147a Rz. 39. | [2] DA zu § 147a unter 1.3 (147a.11). | [3] BSG v. 24.3.1988 – 5/5b RJ 84/86, SozR 1200 § 14 Nr. 28 = BB 1988, 1964. | [4] BAG v. 22.6.1989 – 8 AZR 761/87, EzA § 128 AFG Nr. 2; vgl. auch BAG v. 26.6.1990 – 1 AZR 263/88, NZA 1991, 111, wo eine Berücksichtigung der Erstattungskosten in einem Sozialplan als Verstoß gegen den betriebsverfassungsrechtlichen Gleichbehandlungsgrundsatz gewertet wurde. | [5] BSG v. 18.9.1997 – 11 RAr 55/97, SozR 3-4100 § 128 Nr. 3 (S. 29 f.).

gung seines Arbeitsverhältnisses zur Wehr setzen kann). Schutzrichtung ist vor allem die finanzielle Entlastung der Versichertengemeinschaft[1]. Insbesondere aber erscheint es als Überdehnung des Wortlauts von Abs. 1 Satz 1, Betriebsveräußerer und Betriebserwerber als einen ArbGeb im Rechtssinne anzusehen, ohne die Zurechnung der Betriebszugehörigkeit an anderen tragfähigen Gesichtspunkten aufzuhängen – die anderweitige Auffassung des Gesetzgebers zu einer (nicht der verfassungsgerichtlichen Überprüfung Stand gehaltenen, Rz. 6) Vorläuferregelung ändert hieran nichts[2].

19 **3. Kein Anspruch auf alternative Sozialleistung.** Mit dieser Einschränkung der Erstattungspflicht reagiert der Gesetzgeber auf **eine Vorgabe des BVerfG** (siehe oben Rz. 6). Die besondere Verantwortungsbeziehung für den Eintritt von Leistungen der ArblV ist dann nicht gegeben, wenn der ArbN Anspruch auf eine anderweitige Sozialleistung hat, sich in seiner Arbeitslosigkeit zugleich ein anderes sozialversicherungsrechtliches Risiko (zB Krankheit, Erwerbsunfähigkeit) realisiert, an dessen Realisierung den ArbGeb keine Verantwortung trifft[3].

20 Als Sozialleistungen, die infolge des **Verweises auf § 142 Abs. 1 Nr. 2 bis 4** die Erstattungspflicht ausschließen, gelten:

- Krankengeld
- Versorgungskrankengeld,
- Verletztengeld,
- Übergangsgeld,
- Renten wegen voller Erwerbsminderung,
- Altersrente aus der gesetzlichen RV oder Knappschaftsausgleichsleistung oder ähnliche Leistungen öffentlich-rechtlicher Art (Ruhegehalt eines Berufssoldaten wegen Vollendung des 52. Lebensjahres oder regelmäßig sonstige Bezüge von Beamten, Richtern und Soldaten im Ruhestand vor Vollendung des 65. Lebensjahres)[4].

21 Nach § 142 Abs. 3 sind Leistungen, die ein **ausländischer Träger** zuerkannt hat, sofern sie den genannten deutschen Sozialleistungen vergleichbar sind, gleichgestellt. Diese Gleichstellung erfasst auch den Ausschluss der Erstattungspflicht nach § 147a Abs. 1 Satz 2, da bei einem Anspruch auf solche ausländischen Leistungen die Verantwortungsbeziehung des ArbGeb zu der Arbeitslosigkeit gleichermaßen entfällt[5].

22 Einer **Rente wegen Berufsunfähigkeit** gleichzustellen sind die mit Wirkung zum 1.1.2001[6] eingeführten **Renten wegen teilweiser Erwerbsminderung**[7]. Zwar führen sie ebenso wie die Rente wegen Berufsunfähigkeit nicht zum Ruhen des Alg nach § 142, lassen aber gleichermaßen die besondere Verantwortungsbeziehung des ArbGeb zu der Arbeitslosigkeit des ausgeschiedenen ArbN entfallen[8].

23 Den Altersrenten nach § 142 Abs. 1 Nr. 4 gleichzustellen sind Ansprüche des ArbN auf **Leistungen aus einer befreienden Lebensversicherung**, wie das BSG unlängst[9] entschieden hat. Hinzukommen muss, dass der ArbN, falls er die Leistungen der befreienden Lebensversicherung nicht in Anspruch nimmt, bei unterstellter Versicherungspflicht in der gesetzlichen RV Anspruch auf eine vorgezogene Rente wegen Alters, insb. Altersrente wegen Arbeitslosigkeit nach § 38 SGB VI[10], hätte in Anspruch nehmen können[11]. Das BSG hält die Gleichbehandlung mit gesetzlich versicherten ArbN für geboten, auch wenn bei Inanspruchnahme der Leistungen der privaten Lebensversicherung der Alg-Anspruch nicht ruht. Folglich muss auch, was das BSG offen gelassen hat, bei Inanspruchnahme dieser Leistungen die Erstattungspflicht entfallen.

24 Für die Feststellung des Tatbestandes eines Anspruchs auf eine alternative Sozialleistung trifft die AA die **volle Amtsermittlungspflicht**. Die amtliche Sachaufklärungspflicht erstreckt sich im Rahmen des Abs. 1 Satz 2 Halbs. 2 nach Auffassung des BSG nur auf Tatsachen, für deren Vorliegen die Umstände des Einzelfalles Anhaltspunkte bieten[12]. Der gegenteiligen Auffassung, wonach allgemeine statistische Erfahrungssätze über Einschränkungen der gesundheitlichen Leistungsfähigkeit im Alter es gebieten, in allen Fällen positive Feststellungen über das Nichtvorliegen der Voraussetzungen eines Anspruchs

---

1 Wie hier *Gagel*, SGB III, § 147a Rz. 69 f.; *Hanau*, DB 1992, 2626 (2626); *Brand* in Niesel, AFG, § 128 Rz. 8 ff. | 2 Vgl. die amtl. Begr. zu der ab 1.4.1984 geltenden Fassung, BT-Drs. 10/965, S. 10 zu Nr. 16; daran anknüpfend auch *Stolz*, NZS 1993, 62. | 3 BVerfG v. 3.1.1990 – 1 BvL 44/86, BVerfGE 81, 156 (198 f.). | 4 GK/*Hess*, § 147a Rz. 59; allg.: BSG v. 4.7.1991 – 7 RAr 8/90, SozR 3-4100 § 118 Nr. 2 (S. 4): „.... Leistungen (...), die bei Erreichen einer bestimmten Altersgrenze gewährt werden, als Lohnersatz gedacht und ihrer Gesamtkonzeption nach so bemessen sind, dass sie im Allgemeinen den Lebensunterhalt sicherstellen." | 5 *Gagel*, SGB III § 147a Rz. 97. | 6 Gesetz zur Reform der Renten wegen verminderter Erwerbsfähigkeit vom 20.12.2000, BGBl. I S. 1914. | 7 Nach §§ 43 Abs. 2, 240 SGB VI. | 8 *Gagel*, SGB III, § 147a Rz. 95. | 9 BSG v. 22.3.2001 – B 11 AL 70/00 R, SozR 3-4100 § 128 Nr. 13. | 10 Ab einem Alter von 60; vorgezogene Inanspruchnahme bleibt auch bei Jahrgängen, für die die schrittweise Anhebung gilt, (vorerst?) möglich, vgl. Anlage 19 zum SGB VI. | 11 BSG v. 22.3.2001 – B 11 AL 70/00 R, SozR 3-4100 § 128 Nr. 13 (S. 119). | 12 BSG v. 17.12.1997 – 11 RAr 61/97, BSGE 81, 259, 262 f.

auf eine alternative Ersatzleistung, insb. für eine Rente wegen Erwerbsminderung, zutreffen, begegnet es mit dem Hinweis auf die Mitwirkungspflichten des ArbN nach Abs. 7 (dazu Rz. 63 ff.)[1]. Demgegenüber werden im Schrifttum mannigfaltige Hinweise auf die Möglichkeiten der Verwaltung, Feststellungen zu Ansprüchen auf anderweitige Sozialleistungen zu treffen, gegeben[2]. Insbesondere hat sie Zweifeln am Vorliegen der Voraussetzungen für einen Anspruch auf alternative Sozialleistungen, nötigenfalls durch eine eigene Gesundheitsuntersuchung, nachzugehen, um diese Zweifel auszuschließen[3].

V. Einwände gegen die Erstattungspflicht Abs. 1 Satz 2 letzter Halbs./Abs. 2. Die Einwände gegen die Erstattungspflicht, die der ArbGeb darzulegen und notfalls zu beweisen hat, sind in einem Katalog (Abs. 1 Satz 2 und Abs. 2) zusammengestellt und sollten in jedem Erstattungsfall sorgfältig geprüft werden. Hinzuweisen ist bereits darauf, dass das BSG einem **Aufhebungsvertrag** keine gleich bedeutende Ausschlusswirkung wie bei einer arbeitnehmerseitigen Kündigung (Nr. 3) oder einer sozial gerechtfertigten Kündigung durch den ArbGeb (Nr. 4) zumisst[4]. Dies gilt selbst dann, wenn der Aufhebungsvertrag ausschließlich auf den Wunsch des ArbN zurückgeht – es ist also in jedem Fall vorzugswürdig, den gesetzlich vorgeschriebenen Beendigungstatbestand zu wählen. Zum Auslaufen eines Vertrages wegen Befristung siehe Rz. 35.

1. Kürzere Unternehmenszugehörigkeit Nr. 1. Eine Erstattungspflicht tritt nicht ein für Arbl., die **bei ihrem Ausscheiden**

- *(bis 31.12.2003)* das **57. Lebensjahr** vollendet haben und innerhalb der letzten 18 Jahre vor dem ersten Tag ihrer Arbeitslosigkeit weniger als **15 Jahre** bei dem Unternehmen des ArbGeb beschäftigt waren.

- *(bis 31.12.2003)* das **56. Lebensjahr** vollendet haben und innerhalb der letzten 12 Jahre vor dem ersten Tag ihrer Arbeitslosigkeit weniger als **10 Jahre** bei dem Unternehmen des ArbGeb beschäftigt waren.

- ab 1.1.2004: Generell innerhalb der letzten 12 Jahre vor dem ersten Tag ihrer Arbeitslosigkeit weniger als 10 Jahre bei dem Unternehmen des ArbGeb beschäftigt waren.

Im Gegensatz zur Dauer der Beschäftigung kommt es für die Unternehmenszugehörigkeit lediglich darauf an, ob das Arbeitsverhältnis entsprechend lange bestanden hat, ohne dass über denselben Zeitraum eine beitragspflichtige Beschäftigung gegen Entgelt ausgeübt worden sein muss. Rechtliche Unterbrechungen des Arbeitsverhältnisses zählen dagegen nicht mit; ebenso wenig Beschäftigungszeiten vor dem 3.10.1990 bei ArbGeb im **Beitrittsgebiet** (Abs. 1 Satz 2 Nr. 1b am Ende).

Zur Anrechnung von Beschäftigungszeiten in Unternehmen innerhalb desselben Konzerns sowie bei einem früheren Betriebsinhaber, von dem das Arbeitsverhältnis auf den jetzigen ArbGeb nach § 613a BGB übergegangen ist, siehe Rz. 18. Die Berechnung der **Rahmenfrist** richtet sich wiederum nach dem Vorliegen der Anspruchsvoraussetzungen für das Alg, schließt also ein, dass der ArbN sich bei der AA arbeitslos gemeldet haben muss (Rz. 16 f.). Auch hier kann eine Verschiebung der Arbeitslosmeldung durch den ArbN auf einen späteren Zeitpunkt uU zum Herausfallen des ArbGeb aus der Erstattungspflicht führen (siehe aber Rz. 17!).

2. Kleinunternehmen Nr. 2, Abs. 2 Nr. 1. Beschäftigt der ArbGeb insgesamt weniger als **20 ArbN, gleichgültig ob in einem oder mehreren Betrieben**, entfällt die Erstattungspflicht ganz. Für Kleinunternehmen mit einer größeren Zahl von Beschäftigten (bis 60) ist eine Minderung der Erstattungspflicht vorgesehen (siehe Rz. 49 f.). Für Unternehmensneugründungen gelten Besonderheiten hinsichtlich der Ermittlung der Beschäftigtenzahl (s. Rz. 30), gleichermaßen für Unternehmen, deren Betriebe im Laufe des Jahres eingestellt werden.

Hinsichtlich der **Ermittlung der Beschäftigtenzahl** verweist das Gesetz auf § 10 Abs. 2 Satz 2–6 LFZG (siehe dazu im Einzelnen Erl. zu § 10 LFZG). Ausgeschlossen von der Mitrechnung sind nach Nr. 2 sowie infolge des Hinweises auf § 10 Abs. 2 Satz 5 LFZG

- die zur Berufsausbildung Beschäftigten,
- Schwerbehinderte iSd. § 2 Abs. 2, 3 SGB IX,
- Teilzeitbeschäftigte mit einer Arbeitszeit unter 10 Stunden wöchentlich oder 45 Stunden monatlich.

Teilzeitbeschäftigte zählen zur Hälfte, wenn sie wöchentlich nicht mehr als 20 Stunden zu leisten haben, zu ¾, wenn sie mehr als 20, aber nur bis 30 Stunden zu leisten haben (§ 10 Abs. 2 Nr. 6 LFZG). Beamte und Berufssoldaten sowie Soldaten auf Zeit, Wehrdienst- und Zivildienstleistende, deren Arbeitsverhältnis nach § 1 Abs. 1 ArbPlSchG ruht, zählen nicht.

---

[1] BSG v. 17.12.1997 nochmals bestätigt durch Urteil v. 7.5.1998 – B 11 AL 81/97 R, SGb 1998, 364; v. 21.9.2000 – B 11 AL 7/00, SozR 3-4100 § 128 Nr. 10. |[2] Vor allen *Gagel*, SGB III, § 147a Rz. 102 ff.; *Kreßel*, NZS 1993, 292, 295 f.; *Stolz*, NZS 1993, 62, 63. |[3] Vgl. dazu auch BSG v. 18.9.1997 – 11 RAr 7/96, SozR 3-4100 § 128 Nr. 2 (S. 25 f.). |[4] BSG v. 17.12.1997 – 11 RAr 61/97, BSGE 81, 259 (264); v. 11.5.1999 – B 11 AL 73/98 R, BSGE 84, 75 (79 ff.).

30 Maßgeblich ist die durchschnittliche Beschäftigtenzahl in dem für die **erstmalige Feststellung der Erstattungspflicht vorausgehenden Kalenderjahr**. Sie liegt bei nicht mehr als 20, wenn sie in mindestens 8 Kalendermonaten nicht mehr als 20 betragen hat (§ 10 Abs. 2 Satz 2 LFZG). Existierte das Unternehmen nur einen Teil des Jahres, kommt es auf die Beschäftigtenzahl in der überwiegenden Anzahl von Monaten an (§ 10 Abs. 2 Satz 3 LFZG). Ist das Unternehmen erst im Erstattungsjahr gegründet worden, so ist nach Art und Struktur des Unternehmens zu schätzen, wie viele ArbN voraussichtlich dieses Jahr beschäftigt werden[1].

31 Nach **Abs. 2 Nr. 1** kann der zunächst erstattungspflichtige ArbGeb darüber hinaus geltend machen, dass sein Unternehmen in die Eigenschaft als Kleinunternehmen „hineingewachsen" ist, wenn die maßgebliche Höchstbeschäftigtenzahl im vorausgegangenen Kalenderjahr erreicht wurde. Dann entfällt die Erstattungspflicht nicht nur für das folgende Erstattungsjahr, sondern endgültig[2].

32 **3. ArbN-Kündigung Nr. 3.** Eine ArbN-Kündigung befreit nur dann von der besonderen Verantwortung für die Arbeitslosigkeit, wenn keine Abfindung gezahlt wird (zum Begriff der Abfindung siehe § 143a Rz. 18 ff.). Damit stellt das Gesetz sicher, dass Manipulationen der Erstattungspflicht durch das Herbeiführen einer ArbN-Kündigung seitens des ArbGeb ausgeschlossen sind. Darlegungs- und beweispflichtig für die Kündigung ohne Abfindungszahlung ist der ArbGeb. Träfe die Auffassung zu, dass die Überbürdung der Darlegungs- und Beweislast auf den ArbGeb der Amtsermittlungsmaxime völlig verdrängt (siehe oben Rz. 4), könnten Manipulationen seitens des ArbGeb nicht völlig ausgeschlossen werden (zB wenn er von sich aus keine Angaben zur Zahlung einer Abfindung macht).

33 Ersetzt ein zwischen den Parteien geschlossener **Aufhebungsvertrag** eine Eigenkündigung des ArbN, hindert dies die Anwendung der Erstattungsregel nicht[3]. Das BSG hat es aus Gründen der Rechtssicherheit und Praktikabilität der Vorschrift abgelehnt, Abs. 1 Satz 2 Nr. 3 und 4 auf andere als die im Gesetz genannten Beendigungstatbestände, auch wenn sie in der konkreten Situation einer vergleichbaren Interessenlage entsprechen, anzuwenden[4]. Wegen des fehlenden Interessengegensatzes zwischen ArbN und ArbGeb bei der Entlassung würde die Feststellung darüber, ob der ArbGeb neben der formellen Beendigung die Entlassung auch materiell initiiert oder gefördert habe, erschwert. Dies kann aber nicht der entscheidende Gesichtspunkt sein, eine Verantwortungsbeziehung des ArbGeb zur Inanspruchnahme des Alg zu unterstellen, wenn der ArbGeb nur gefälligkeitshalber an der Entlassung mitwirkt. An die äußere Form der Beendigung ist insb. dann nicht anzuknüpfen, wenn der ArbN bereits durch Arbeitslosmeldung das Beschäftigungsverhältnis gelöst hat[5] und der ArbGeb erst in einem späteren Stadium an der formellen Beendigung des Arbeitsverhältnisses mitwirkt[6].

34 **4. Sozial gerechtfertigte Kündigung Nr. 4.** Für den Befreiungstatbestand des Abs. 1 Satz 2 Nr. 5 kommt es gleichfalls auf die Einhaltung der äußeren Form der zur Beendigung führenden Rechtsgeschäfts an. Darüber hinaus ist hier – anders als im Falle des Abs. 1 Satz 2 Nr. 3 – die **Berechtigung der Kündigung** zu prüfen. Die sozial gerechtfertigte Kündigung befreit von der Erstattungspflicht, weil ebenso wie beim Befreiungstatbestand der Nr. 5 (Berechtigung zur Kündigung aus wichtigem Grund) es vor dem Hintergrund der durch Art. 12 GG geschützten Berufsausübungsfreiheit nicht gerechtfertigt erscheint, dem ArbGeb die Folgekosten einer berechtigten Kündigung des Arbeitsverhältnisses aufzuerlegen[7]. Auch beim Verzicht auf Erhebung der Kündigungsschutzklage bei **Annahme eines Abfindungsangebots nach § 1b KSchG nF** ist die Berechtigung der Kündigung in vollem Umfang nachzuprüfen[8].

35 Hat der ArbN Kündigungsschutzklage erhoben, ist die Verwaltung an ein **rechtskräftiges Urteil des ArbG** hinsichtlich der sozialen Rechtfertigung der Kündigung gebunden. Das Urteil muss sich allerdings über die Frage der sozialen Rechtfertigung verhalten; ist die Kündigung aus anderen als den in § 1 KSchG geforderten Gründen unwirksam und wird das Arbeitsverhältnis dennoch nach §§ 9, 10 KSchG aufgelöst, entsteht eine entsprechende Bindung nicht[9]. Die Bindung wird auch nicht durch klageabweisende Prozessurteile oder Versäumnisurteile zugunsten des ArbGeb bewirkt, da in diesen Fällen keine materielle Prüfung erfolgt. Ein Versäumnisurteil zugunsten des ArbN erzeugt dagegen wegen der zugrunde liegenden Schlüssigkeitsprüfung Bindungswirkung über die Frage der sozialen Rechtfertigung (in negativer Hinsicht)[10]. Insoweit kann nichts anderes gelten, als in Fällen, in denen aufgrund mangelnden Sachvortrags oder Bestreitens des ArbN im Kündigungsschutzprozess abspra-

---

1 Entspr. § 10 Abs. 2 Satz 4 LohnFG; logischerweise ist der ArbN in einem solchen Fall im selben Jahr eingestellt und entlassen worden. |2 *Gagel*, SGB III, § 147a Rz. 262. |3 BSG v. 18.9.1997 – 11 RAr 7/96, SozR-4100 § 128 Nr. 2; v. 11.5.1999 – B 11 AL 73/98 R, BSGE 84, 75 (79 ff.) (betr. Arbeitgeberkündigung auf Wunsch des ArbN). |4 St. Rspr. vgl. auch Nachweise im Urteil des BSG v. 11.5.1999 – B 11 AL 73/98 R, BSGE 84, 75 (80 f.); ebenso bereits BSG v. 18.9.1997 – 11 RAr 7/96, SozR-4100 § 128 Nr. 2. |5 Alltäglicher Fall eines langzeiterkrankten ArbN, der sich nach Auslaufen des Krankengeldbezugs bei der AA arbeitslos meldet, vgl. dazu auch *Voelzke*, DB 2001, 1990 (1991 f.). |6 BSG v. 18.9.1997 – 11 RAr 7/96, SozR-4100 § 128 Nr. 2 (S. 24 f.). |7 Vgl. BVerfG v. 23.1.1990 – 1 BvL 44/86 u. 48/87, BVerfGE 81, 156, 197 ff.; ausf. *Stindt*, DB 1993, 1361 (1362). |8 *Preis*, DB 2004, 70 (76); *ErfK/Rolfs*, § 147a SGB III Rz. 64. |9 *Gagel*, SGB III § 147a Rz. 140, Hanau, DB 1992, 2625 (2630); *Stolz*, NZS 1993, 62 (63). |10 *Gagel*, SGB III § 147a Rz. 143a; auch *Voelzke*, DB 2001, 1990 (1992); aA *Stolz*, NZS 1993, 62 (64); GK-*Hess*, § 147a Rz. 114; *Wissing*, NZA 1993, 385 (393) – sämliche aber nicht diff. zwischen klageabweisenden und -stattgebenden Urteilen.

chegemäß ein klageabweisendes Urteil (und damit ein für den ArbGeb positives Ergebnis) hinsichtlich der Frage der Rechtfertigung erzielt wird[1].

Für die Prüfung der **Sozialauswahl** gelten grundsätzlich die vom BAG aufgestellten Grundsätze (Einzelheiten Erl. zu § 1 KSchG). Das BAG hat allerdings in std. Rspr. den Kriterien Betriebszugehörigkeit und Lebensalter Vorrang vor allen übrigen sozialen Kriterien eingeräumt, was in der Folge des neuen § 128 AFG zur Diskussion[2] darüber führte, welches Gewicht diesen Kriterien für die Erstattungsregelung und die Beurteilung des Befreiungstatbestandes nach Nr. 4 beizumessen sei, da hier regelmäßig ältere ArbN mit längerer Unternehmenszugehörigkeit betroffen seien. Das BSG[3] hat in dieser Frage insoweit konzidiert, dass jedenfalls dann, wenn mit der Entlassung einem Wunsch des älteren ArbN entsprochen worden sei, das Kriterium der Betriebszugehörigkeit bei der Prüfung der sozialen Auswahl zumindest in den Hintergrund treten müsse. 36

Beim **Auslaufen befristeter Arbeitsverhältnisse** wendet die Rspr. die Erstattungsregelung einschließlich ihrer Befreiungstatbestände entsprechend an[4]. Infolge des alleinigen Abhebens der Befreiungstatbestände des Abs. 1 Satz 2 Nr. 3 und 4 auf die äußere Form der Beendigung hält es hier eine erweiternde Auslegung auf befristete Arbeitsverhältnisse insoweit für geboten, als dass eine Berechtigung zur ordentlichen Kündigung den Befreiungstatbestand der Nr. 4 auslösen[5] und die Nichtverlängerung infolge des Verhaltens des ArbN einer Kündigung nach Abs. 1 Satz 2 Nr. 3 gleichgestellt werden könne. Demgegenüber wendet *Gagel*[6] mit Recht ein, dass bereits die sachliche Begründung einer Befristung zu Beginn des Arbeitsverhältnisses eine besondere Verantwortungsbeziehung des ArbGeb zum Ausscheiden des ArbN vermissen lässt. Für den Bereich befristeter Arbeitsverträge mit künstlerischem Personal hat das BSG wiederum dem Gedanken der besonderen Verantwortungsbeziehung Rechnung getragen und eine Erstattungspflicht bei zulässiger Befristung vor dem Hintergrund des grundrechtlichen Schutzes der Kunstfreiheit abgelehnt[7]. 37

5. Berechtigung zur Kündigung aus wichtigem Grund Nr. 5. Wegen der Kündigung des ArbGeb aus wichtigem Grund wird auf die Erl. zu § 626 BGB verwiesen. Der besonderen **Verantwortungsbeziehung des ArbGeb für die Arbeitslosigkeit** wird hier dadurch Rechnung getragen, dass bereits das Recht zur Kündigung aus wichtigem Grund mit/ohne Auslauffrist die Erstattungspflicht entfallen lässt. Der Befreiungstatbestand kommt also auch überall dort in Betracht, wo das Ende des Arbeitsverhältnisses anders als durch Kündigung herbeigeführt worden ist. Für Krankheitsfälle hat das BVerfG[8] eine weite Auslegung des Befreiungstatbestandes gefordert und diese bereits dann vor dem Hintergrund des Art. 12 Abs. 1 GG für geboten erachtet, wenn ohne Rücksicht auf die konkret geltende Kündigungsfrist eine Arbeitsunfähigkeit im krankenversicherungsrechtlichem Sinne vorliege, die auf absehbare Zeit nicht behebbar sei. Die BA hat dem durch Anwendung des Abs. 1 Satz 2 Nr. 5 ab einer zu erwartenden weiteren Dauer der Arbeitsunfähigkeit von 6 Monaten Rechnung getragen[9]. Zum Auslaufen befristeter Arbeitsverhältnisse siehe Rz. 37. 38

6. Personalabbau Nr. 6. Grundgedanke der Regelung zum Personalabbau ist, eine erstattungsfreie Entlassung auch älterer ArbN zuzulassen, sofern bei einem Personalabbau über 3 % der Grundsatz der **Proportionalität** gewahrt ist, also nicht mehr ältere ArbN in den Personalabbau einbezogen werden, als ihrem Anteil an der Gesamtbelegschaft entspricht. Ob der ArbN ein Einziger mehr, ist der Personalabbau im Rahmen von § 147a unerheblich (vgl. auch Abs. 1 Satz 2 Nr. 6 Schlusssatz). Lediglich für den Fall, dass der Personalabbau innerhalb eines Jahres 10 % überschreitet, verdoppelt sich Anteil der älteren ArbN, um deren Anzahl die Belegschaft verringert werden darf. Bei der Ermittlung des rechnerischen Anteils werden Bruchteile aufgerechnet. 39

Bei der Ermittlung der **zulässigen Anzahl** werden die ArbN, die erst im Laufe des Jahres das 55. (bis 31.12.2003: 56.) Lebensjahr vollenden, nicht mitgerechnet[10]. Anders als in Abs. 1 Satz 2 Nr. 2 kommt es hier auf die Anzahl der im Betrieb beschäftigten ArbN an, in dem der ArbN zuletzt mindestens 2 Jahre beschäftigt war. Es ist durchaus möglich, Personalabbaumaßnahmen im erwarteten Umfang von 3 % für eine früher wirksam werdende Entlassung zu berücksichtigen, sofern die arbeitsrechtlichen Schritte zu ihrer Durchführung bereits eingeleitet sind[11]. Zur Möglichkeit einer Vorabentscheidung der Agentur für Arbeit über die Voraussetzungen des Abs. 1 Satz 2 Nr. 6 zu erhalten, siehe Rz. 60 f. 40

Nicht zu der **Zahl der tatsächlich ausscheidenden älteren ArbN** zählen solche, die auf Dauer keine Leistungen der ArblV in Anspruch nehmen[12], zB weil sie unmittelbar Altersrente oder nach betriebli- 41

---

1 Zu solchen Absprachen für die Durchführung des Kündigungsschutzprozesses vgl. vor allen *Bauer/Diller*, BB 1994, 1085 (1087). | 2 *Bauer/Lingemann*, NZA 1993, 625; *Stindt*, DB 1993, 1361; *Buchner*, NZA 1993, 481 (485), der auch eine Einbeziehung tariflich unkündbarer Arbeitnehmer in die soziale Auswahl für den Befreiungstatbestand des Abs. 1 Satz 2 Nr. 4 forderte. | 3 BSG v. 15.6.2000 – B 7 AL 78/99, SozR 3-4100 § 128 Nr. 8 (S. 72). | 4 BSG v. 15.12.1999 – B 11 AL 33/88 R, SozR 3-4100 § 128 Nr. 7. | 5 BSG v. 15.12.1999 – B 11 AL 33/88 R, SozR 3-4100 § 128 Nr. 7 (S. 64 – hinsichtlich der Eigenkündigung des Arbeitnehmers allerdings recht vage). | 6 *Gagel*, SGB III, § 147a Rz. 146a ff. | 7 BSG v. 10.8.2000 – B 11 AL 93/99, SozR 3-4100 § 128 Nr. 9. | 8 BVerfG v. 23.1.1990 – 1 BvL 44/86 u. 48/87, BVerfGE 81, 156, 197 ff. | 9 DA zu § 147a unter 3.7 (147a.72). | 10 *Gagel*, SGB III, § 147a Rz. 183. | 11 Vgl. GK-*Hess*, § 47a Rz. 147: Wenn ein Interessenausgleich mit dem Sozialplan, der die geplanten Entlassungen konkretisiert, dem BR vorgelegt wird. | 12 So die BA in RdErl. Zu § 147a (Stand 3/99) unter 3.71 (6).

42 **7. Kurzfristiger (drastischer) Personalabbau Nr. 7.** Ebenso wie Abs. 2 Satz 2 Nr. 6 stellt Nr. 7 auf die aus dem Betrieb entlassene Zahl der ArbN ab, in dem der ArbN, für den die Erstattungspflicht geltend gemacht wird, in den letzten 2 Jahren beschäftigt war, und zwar auf eine **Entlassungsquote von mindestens 20 %.** Im Unterschied zu Abs. 1 Satz 2 Nr. 6 kommt es lediglich auf die Gesamtzahl der entlassenen ArbN an. Denkbar ist, dass alle entlassenen ArbN 55 Jahre oder älter sind[1].

43 **Kurzfristig** meint nach den Gesetzgebungsmaterialien[2] einen Zeitraum von 2 bis 3 Monaten. Dies kann auch so ausgelegt werden, dass innerhalb von 2 bis 3 Monaten die Arbeitsverhältnisse von mindestens 20 % der Belegschaft beendet und nicht nur Kündigungen ausgesprochen worden sein müssen[3]. Da das Merkmal „kurzfristig" bewusst nicht näher konkretisiert worden ist, wird es auch auf das zusätzliche Kriterium der Bedeutung für den Arbeitsmarkt sowie andere Umstände wie Belegschaftsstärke und Grund des Personalabbaus ankommen, welche Frist noch als ausreichend anzusehen ist[4]. Die BA beharrt allerdings für die Zeitspanne zwischen Kündigung und Ausscheiden (des älteren ArbN), innerhalb derer es zu weiteren Kündigungen gekommen sein muss, auf der 3-Monats-Frist[5].

44 Als **Personalabbau mit erheblicher Bedeutung für den örtlichen Arbeitsmarkt** wertet die BA[6] Abbaumaßnahmen nach der Lage des Betriebes

- in einem anerkannten Fördergebiet der regionalen Strukturpolitik oder
- in einem Bezirk mit einer überdurchschnittlichen Arbeitslosenquote oder
- mit eine durchschnittlichen Dauer der Arbeitslosigkeit über dem Bundesdurchschnitt.

Die Voraussetzungen des Abs. 1 Satz 2 Nr. 7 können Gegenstand einer sog. Vorabentscheidung nach Abs. 6 Satz 2 sein (siehe Rz. 60 f.).

45 **8. Unzumutbare Belastung Abs. 2 Nr. 2.** Der letzte Befreiungstatbestand nach Abs. 2 Nr. 2 wegen unzumutbarer Belastung verlangt eine Darlegung von **wirtschaftlichen Schwierigkeiten** seitens des ArbGeb, die neben der bisherigen Gefährdung des Fortbestand des Unternehmens auch die Gefährdung der verbleibenden Arbeitsplätze einschließt. Da die Existenzgefährdung auch nach der gebotenen verfassungskonformen Auslegung durch das BVerfG nur die äußerste Schwelle der unzumutbaren Belastung iSd. Härteklausel bildet[7], spielt in der Praxis die zweite Alternative (Gefährdung von Arbeitsplätzen) die größere Rolle. Eine Existenzgefährdung ist aber immer dann anzunehmen, wenn über das Vermögen des ArbGeb ein Insolvenzverfahren eröffnet oder beantragt wird[8]. Bei Insolvenzunfähigkeit kommt eine Existenzgefährdung nicht in Betracht – dementsprechend soll neuerdings auch bei insolvenzunfähigen Unternehmen der Tatbestand der Gefährdung von Arbeitsplätzen (als Vorstufe der Existenzgefährdung) nicht mehr von der Erstattungspflicht befreien[9].

46 Die für die **Gefährdung der verbleibenden Arbeitsplätze** erforderliche **Prognoseentscheidung** ist nach den zu ihrem Zeitpunkt verfügbaren Daten anzustellen. Sie kann die Erstattungspflicht also auch erst zu einem späteren Zeitpunkt entfallen lassen[10]. Es ist aber auch denkbar, dass sie rückwirkend für einen früheren Zeitpunkt vorgenommen wird (nachträgliche Prognose), wenn die Daten erst später verfügbar sind und damit auch nachträgliche Entwicklungen bekräftigend oder bestätigend berücksichtigt werden können[11]. Eine Vorabentscheidung wie in den Fällen des Abs. 1 Satz 2 Nr. 6 und 7 erfolgt nicht.

47 Eine Gefährdung von Arbeitsplätzen wird in Anlehnung an die Rspr. des BAG[12] zur wirtschaftlichen Belastungsgrenze für eine **Betriebsrentenanpassung nach § 16 BetrAVG** dann angenommen, wenn die Erstattungsforderungen nicht aus den Erträgen des Unternehmens oder seinem Wertzuwachs finanziert werden könne, sondern nur aus der Unternehmenssubstanz. Die von der Betriebsrentenanpassung verschonte Unternehmenssubstanz erfasst auch Gewinne bis zur Grenze der angemessenen Eigenkapitalverzinsung[13]. Das BSG hat zwar offen gelassen, ob diese Rspr. zwingende Schlüsse für den Erstattungs-

---

[1] Gagel, SGB III, § 147a Rz. 192. [2] BT-Drs. 12/3423, S. 58 zu Abs. 1 Satz 2 Nr. 7. [3] Gagel, SGB III, § 147a Rz. 198. [4] Wissing, NZA 384 (394), nennt unter Bezugnahme auf das BSG zu entsprechenden Sperrzeitproblemen (wichtiger Grund, vgl. § 144 Rz. 27) einen Zeitraum von mindestens einem Jahr; Gagel, SGB III, § 147a Rz. 199, sieht als äußerste Grenze ein halbes Jahr. [5] DA zu § 147a unter 3.8.3 (147a.92). [6] SammelRdErl. zu § 147a (Stand 3/99), unter 3.74. [7] BVerfG v. 23.1.1990 – 1 BvL 44/86 u. 48/87, BVerfGE 81, 156 (197 ff.); ebenso die Begr. RegE zu § 128, vgl. BT-Drs. 12/3211, S. 27 und die Begr. zur Neufassung durch das Job-AQTIV-Gesetz, BT-Drs. 14/6944, S. 36 zu Nr. 47; aus diesem Grunde krit. zur Gesetzesfassung Buchner, NZA 1993, 481 (488). [8] GK-Hess, § 147a Rz. 157. [9] Neufassung von Abs. 2 Nr. 2 durch das Job-AQTIV-Gesetz, vgl. dazu BT-Drs. 14/6944, S. 36 zu Nr. 47; anders noch BSG v. 22.3.2001 – B 11 AL 50/00, SozR 3-4100 § 128 Nr. 12 (S. 105). [10] BSG v. 21.9.2000 – B 11 AL 7/00 R, SozR 3-4100 § 128 Nr. 10 (S. 90). [11] BSG v. 21.9.2000 – B 11 AL 7/00 R, SozR 3-4100 § 128 Nr. 10 (S. 91). [12] BAG v. 28.4.1992 – 3 AZR 142/91, AP Nr. 24 zu § 16 BetrAVG; v. 17.4.1996 – 3 AZR 56/95, AP Nr. 35 zu § 16 BetrAVG. [13] Kreßel, NZA 1994, 924 (927 mwN).

tatbestand des Abs. 2 Nr. 2 zulasse[1]. Die hM[2] im Schrifttum favorisiert indes diesen Ansatzpunkt, weil damit für die betriebswirtschaftliche Bewertung auf bereits vorhandene, zu § 16 BetrAVG entwickelte Berechnungsmodelle zurückgegriffen werden könne. Das BSG ist dem Ansatz zumindest insoweit gefolgt, als es bei der Frage der übermäßigen wirtschaftlichen Belastung auch gewürdigt hat, dass im entscheidenden Wirtschaftsjahr erhebliche Gewinne von einem Tochterunternehmen an die Konzernmutter abgeführt worden waren[3].

Die wirtschaftliche Situation ist in konsequenter Durchführung des Beibringungsgrundsatzes anhand einer vom ArbGeb zu beschaffenden **Stellungnahme einer „fachkundigen Stelle"** nachzuweisen. Hierbei handelt es sich um Wirtschaftsprüfer, Kammern oder auch Steuerberater[4]. Die Stellungnahme muss die AA in die Lage versetzen, das Vorbringen des ArbGeb in tatsächlicher und rechtlicher Hinsicht zu würdigen. Daraus schließt das Gericht mE zu Unrecht, dass es sich bei der Stellungnahme nur um Parteivorbringen ohne Beweiswert handele[5]. Die Stellungnahme ist auch in der Lesart der BA vielmehr als Sachverständigengutachten zu werten[6]. Eine Bindung tritt dann nicht ein, wenn der Nachweis nicht schlüssig und nachvollziehbar aus dem Gutachten geführt werden kann. Im Übrigen legt das Gesetz mit der Formulierung „Nachweis" nahe, der Stellungnahme auch die Funktion eines gerichtlich verwertbaren Gutachtens beizumessen. 48

VI. Minderung der Erstattungspflicht Abs. 3. Für eine Minderung der Erstattungspflicht kommt es wie für den Wegfall nach Abs. 1 Satz 2 Nr. 2 grundsätzlich auf die **Zahl der Beschäftigten** in dem der Erstattungspflicht vorangegangenen Kalenderjahr an (siehe oben Rz. 30). Bei einem Unternehmer, der nicht mehr als 40 ArbN beschäftigt, verringert sich um die Hälfte, bei Unternehmern mit bis zu 60 Beschäftigten um ein Drittel (zur Berechnung der Beschäftigtenzahl siehe Rz. 29). Unerheblich ist, ob die Belegschaft zu einem späteren Zeitpunkt wieder steigt[7]. Das Gesetz lässt nicht erkennen, dass eine einmal eingetretene Minderung wieder rückgängig zu machen ist, wenn die Zahl der Beschäftigten wieder ansteigt. 49

Ebenso wie für den Wegfall der Erstattungspflicht nach Abs. 1 Satz 2 Nr. 2 gilt für die Minderung nach Abs. 3, dass sie **auch erst in nachfolgenden Erstattungsjahren** eintreten kann, wenn die maßgeblichen Beschäftigtenzahlen erreicht werden. Maßgeblich ist auch hier jeweils das der Erstattungsforderung vorangehende Kalenderjahr (Verweis auf Abs. 2 Nr. 1). 50

VII. Umfang und Verfahren. 1. Umfang der Erstattungspflicht Abs. 4. Die Erstattungspflicht erfasst für längstens 32 (bis 31.12.2003: 24) **Monate** (Abs. 1 Satz 1) den Gesamtbetrag des an den ArbN vom 57. (bis 31.12.2003: 58.) Lebensjahr an gezahlten Alg, sofern nicht ein späterer Wegfall nach Abs. 2 Nr. 1 oder auch Nr. 2 (siehe Rz. 49 ff.) in Betracht kommt. Die Erstattungspflicht entsteht vierteljährlich (Abs. 1 Satz 1). Der Erstattungsanspruch umfasst die auf das Alg zu entrichtenden Beiträge zur Kranken-, Pflege- und RV (Abs. 4 Satz 2). 51

Über die Erstattungspflicht ergeht **vierteljährlich ein Bescheid**, in dem die ArbN und Zeiträume sowie die jeweiligen Beträge einzeln aufgeführt sind. Die Praxis der Arbeitsämter, sich hierauf in den vierteljährlichen sog. „Abrechnungsbescheiden" zu beschränken, wenn zuvor im Rahmen eines „Grundlagenbescheides" die selbständige Entscheidung über das Vorliegen der Voraussetzungen der Erstattungspflicht, für die Änderungen nicht eintreten konnten, ergangen war, hat das BSG für rechtswidrig erklärt[8]. Da der isolierte Bescheid über die Entstehung der Erstattungspflicht einen belastenden Verwaltungsakt darstelle, bedürfe es für seinen Erlass einer gesetzlichen Grundlage, die fehle. Vielmehr entspreche es den Vorstellungen des Gesetzgebers, vierteljährlich eine Entscheidung über Grund und Höhe des Anspruchs zu treffen[9]. Die vierteljährliche Geltendmachung umfasst dann auch eine Prüfung der von Amts wegen zu ermittelnde Frage eines Anspruchs auf eine anderweitige Sozialleistung (siehe oben Rz. 24)[10]. Zur Erteilung von Vorabentscheidungsbescheiden auf Antrag des ArbGeb in den Fällen der Abs. 1 Satz 2 Nr. 6 und 7 siehe Rz. 60 f. 52

Der **Rechtsschutz** gegen Bescheide (auch gegen Folgebescheide, wenn bereits bestandskräftige Bescheide ergangen sind[11]) der AA über die Erstattungspflicht ergibt sich aus den Vorschriften des SGG. Einer Anfechtungsklage gegen den Erstattungsbescheid hat ein Widerspruchsverfahren nach § 78 SGG voranzugehen, in dem formelle und materielle Rechtmäßigkeit des Bescheides durch die Widerspruchsbehörde geprüft werden. In diesem Rahmen kann eine fehlende oder unzureichende Anhö- 53

---

1 BSG v. 21.9.2000 – B 11 AL 7/00 R, SozR 3-4100 § 128 Nr. 10 (S. 91). | 2 *Droste*, BB 1994, 352 (353); *Kreßel*, NZA 1994, 924 (926 f.); ähnl. auch *Gagel*, SGB III, § 147a Rz. 229; *Wissing*, NZA 1993, 385, 395; GK-Hess, § 147a Rz. 158. | 3 BSG v. 21.9.2000 – B 11 AL 7/00 R, SozR 3-4100 § 128 Nr. 10 (S. 92 mwN auf die entsprechende Rspr. des BAG). | 4 *Droste*, BB 1994, 352 (354); *Gagel*, SGB III, § 147a Rz. 241; *Kreßel*, NZA 1994, 924 (929). | 5 BSG v. 21.9.2000 – B 11 AL 7/00 R, SozR 3-4100 § 128 Nr. 10 (S. 90). | 6 Da zu § 147a unter 3.9.3 (147a.110); *Droste*, BB 1994, 352 (354); GK-Hess, § 147a Rz. 159 („Gutachten eines öffentlich bestellten und vereidigten Sachverständigen"; *Kreßel*, NZA 1994, 924 (929); *Wissing*, NZA 1994, 385 (398 f.). | 7 *Gagel*, SGB III, § 147a Rz. 277; *Stolz*, NZS 1993, 62 (63); aA wohl *Hanau*, DB 1992, 2625 (2628), der insoweit auf die zeitliche Dynamik des LohnFG abstellen will. | 8 BSG v. 17.12.1997 – 11 RASr 103/96; SozR 3-4100 § 128 Nr. 4. | 9 BSG v. 17.12.1997 – 11 RASr 103/96, SozR 3-4100 § 128 Nr. 4 (S. 35 ff.; 37 mwN). | 10 *Voelzke*, DB 2001, 1990 (1993). | 11 Vgl. SG Dortmund – S 30 Ar 239/86, NZA 1987, 143.

54 Zur Frage des **vorläufigen Rechtsschutzes** hatte sich in der Instanzrspr.[2] eine Kontroverse darüber entwickelt, ob dieser auf der Grundlage von § 123 VwGO oder § 80 Abs. 3–5 VwGO zu gewähren sei. Die praktischen Konsequenzen waren nach der Entscheidung des BVerfG zur Verfassungsmäßigkeit von § 128 AFG[3] nicht mehr so entscheidend, da man nicht mehr so ohne Weiteres hinreichende Erfolgsaussichten in der Hauptsache hat darlegen können[4]. Damit blieb häufig nur der Weg, Aussetzung der Vollziehung aufgrund nicht wieder gutzumachender Nachteile für das Unternehmen geltend zu machen (über § 123 VwGO oder § 80 Abs. 2 Nr. 4 VwGO). Die unsichere Rechtslage wurde durch § 336a iVm. SGB III § 86a Abs. 3 Satz 2 SGG[5] (zuvor bereits § 149 SGB III) beseitigt.

Eingangs: rung[1] nach § 24 SGB X nachgeholt werden. Nach Erlass des Widerspruchsbescheides ist nach § 54 SGG Anfechtungsklage vor dem SG zu erheben. Anders als früher haben Widerspruch und Klage gegen Erstattungsbescheide der AA aufschiebende Wirkung (§ 149 Abs. 1 SGB III ist entfallen).

55 Die **Voraussetzungen**, unter denen nach § 86a Abs. 3 SGG die **aufschiebende Wirkung angeordnet** werden kann, ergeben sich aus dessen Satz 2. Danach soll die Aussetzung der Vollziehung erfolgen, wenn ernstliche Zweifel an der Rechtmäßigkeit des angegriffenen Verwaltungsaktes bestehen oder wenn die Vollziehung für den Abgaben- oder Kostenpflichtigen eine unbillige, nicht durch überwiegende öffentliche Interessen gebotene Härte zur Folge hätte. Das Gericht kann gemäß § 86b Abs. 1 Satz 1 Nr. 2 SGG auf Antrag die aufschiebende Wirkung im Wege des einstweiligen Rechtsschutzes anordnen. Anträge sind vor Klageerhebung zulässig (§ 86b Abs. 3 SGG).

56 **2. Erstattungsschuldner bei Konzernunternehmen Abs. 5.** Abs. 5 bestimmt die **Anrechnung von Beschäftigungszeiten** bei Konzernunternehmen iSd. § 18 AktG. Abs. 5 meint damit aber nicht nur Konzerne, an denen eine AG beteiligt ist, sondern alle hier bezeichneten Formen von Unternehmensverflechtungen ohne Rücksicht auf ihre Rechtsform[6]. Dies ergibt sich bereits daraus, dass anderenfalls eine Lücke im Gesetz entstünde und der Verweis auf den Konzernbegriff des § 18 AktG auch in anderen Zusammenhängen rechtsformneutral verstanden wird[7].

57 Erstattungsschuldner bei Beschäftigung in mehreren Konzernunternehmen ist der **Letzte ArbGeb**. Da nur noch für die Ermittlung der Beschäftigungsdauer und Unternehmenszugehörigkeit auf die Einheitlichkeit des Konzerns verwiesen wird, kommt es in anderen Zusammenhängen, etwa bei der Frage der unzumutbaren wirtschaftlichen Belastung nach Abs. 2 Nr. 2, nur auf das Unternehmen an[8].

58 **3. Beratungspflicht und Vorabentscheidung Abs. 6.** Abs. 6 normiert eine besondere Beratungspflicht der AA, die **alle Fragen der Erstattungspflicht einschließlich der vom ArbGeb darzulegenden Tatsachen** für eine Befreiung umfasst. Auf Verlangen des ArbGeb hat sich die Beratung auf die rechtliche Bewertung von Sachverhalten, die Auslegung unbestimmter Rechtsbegriffe und die Verwaltungspraxis zu erstrecken[9]. Bei einem entsprechenden Beratungsverlangen hat die AA auch auf eine zweckmäßige Gestaltung der Rechtsbeziehungen hinzuweisen, anderenfalls sie aus dem Gesichtspunkt des sozialrechtlichen Herstellungsanspruchs verpflichtet ist, den Antragsteller so zu stellen, als wenn er sich zweckmäßig verhalten hätte[10]. Tatsachen, die auch im Wege des sozialrechtlichen Herstellungsanspruchs nicht ungeschehen gemacht werden können, etwa eine zu hohe Anzahl von Entlassungen oder ein falscher Zeitpunkt für das Ausscheiden[11], eröffnen nur einen Anspruch auf Schadensersatz im Wege der Amtshaftung (§ 839 BGB iVm. Art. 14 GG), der vor den Zivilgerichten geltend gemacht werden müsste.

59 Eine vorangegangene umfassende Beratung ersetzt nicht die vor jedem Erstattungsbescheid nach § 24 SGB X erforderliche **Anhörung** des Erstattungspflichtigen. Selbst wenn die Behörde auf der Grundlage sog. Grundlagenbescheide nur noch vierteljährliche Abrechnungsbescheide erteilt, ist jeweils eine erneute Anhörung erforderlich, da der Erlass eines Grundlagenbescheids nach der Rspr. des BSG (siehe oben Rz. 50) rechtswidrig ist und nicht von der Prüfung der einzelnen Voraussetzungen der Erstattungspflicht einschließlich etwaiger Befreiungstatbestände bei der vierteljährlichen Geltendmachung entbindet. Dies gilt insb. im Hinblick darauf, dass im Nachhinein eintretende Umstände noch einen Wegfall oder Minderung der Erstattungspflicht bewirken können (vgl. Abs. 1 Satz 2 Halbs. 2, Satz 2 Nr. 2 iVm. Abs. 2 Nr. 1, Abs. 2 Nr. 2, Abs. 3 Satz 2).

60 Im Rahmen ihrer Beratungspflicht eröffnet Abs. 6 Satz 2 noch eine weitere Möglichkeit, durch die Mithilfe der AA **Klarheit über die Rechtslage und Planungssicherheit** zu erhalten, indem hier für die Fälle des Abs. 1 Satz 2 Nr. 6 und 7 (Befreiung von der Erstattungspflicht wegen Personalabbaus) die bindende Entscheidung der AA im Wege der Vorabentscheidung herbeigeführt werden kann. Voraussetzung ist ein entsprechender Antrag des ArbN sowie die schlüssige Darlegung der Voraussetzungen für den jeweiligen Befreiungstatbestand.

---

1 Dazu BSG v. 26.9.1991 – 4 RK 4/91, BSGE 69, 247. | 2 Umfangreiche Nachweise zur Rspr. vor der Klärung der Verfassungsmäßigkeit des § 128 bei GK/*Hess*, § 147a Rz. 202, 210. | 3 BVerfG v. 23.1.1990 – 1 BvL 44/86 u. 48/87, BVerfGE 81, 156 ff.; siehe auch oben Rz. 4. | 4 *Buchner*, NZA 1993, 481, 489. | 5 IdF d. Gesetzes v. 17.8.2001 (BGBl. I S. 2144). | 6 *Gagel*, § 147a Rz. 280 f. | 7 ZB in § 1 Abs. 3 AÜG ErfK/*Wank*, § 1 AÜG Rz. 83 und hier Erl. zu § 54 BetrVG; BAG v. 5.5.1988 – 2 AZR 795/87; AP Nr. 8 zu § 1 AÜG; *8 Droste*, BB 1994, 352 (353). | 9 GK- *Hess*, § 147a Rz. 165. | 10 BSG v. 28.2.1942 – 12 RK 31/83, SozR 1200 § 14 Nr. 16 (S. 34 ff.); v. 5.9.199 – B 7 AL 38/98 R, SozR 3-4100 § 110 Nr. 2. | 11 Vgl. dazu BSG v. 25.1.1994 – 7 RAr 50/93, SozR 3-4100 § 249e Nr. 4.

Anspruch § 169 SGB III

Der Bescheid als Vorausentscheid ist **selbständig anfechtbar** und wird mit Ablauf der Widerspruchsfrist bestandskräftig. Danach kann er nur noch unter den Voraussetzungen einer wesentlichen Änderung der Verhältnisse (§ 48 SGB X[1]) oder der bewussten Täuschung über wesentliche Tatsachen (nach Maßgabe von § 45 Abs. 2 Satz 2 SGB X) zurückgenommen werden. Ergeben sich im Nachhinein Änderungen zugunsten des Betroffenen (sind etwa entgegen der ursprünglichen Annahme doch mehr Arbeitsplätze abgebaut worden und aus diesem Grund die Zahl der ausscheidenden älteren ArbN proportional (vgl. Nr. 6 und Erl. dazu in Rz. 39 ff.), kommt ein sog. Zugunstenbescheid nach § 44 SGB X in Betracht, der jederzeit beantragt werden kann. § 330 Abs. 4 SGB III sieht in diesem Zusammenhang für Erstattungsbescheide vor, dass ein positiver Zugunstenbescheid auch die Aufhebung für die Vergangenheit umfassen muss. 61

Teilentscheide über **andere als die in Abs. 6 Satz 2 genannten Befreiungstatbestände** dürften nach der Entscheidung des BSG zur Rechtswidrigkeit eines sog. Grundlagenbescheides[2] ebenfalls rechtswidrig sein[3]. Auch ihnen fehlt es an einer rechtlichen Grundlage, zumal sie die Gefahr bergen, den Rechtsweg gegen spätere Erstattungsbescheide zu verkürzen[4]. 62

4. Mitwirkungspflichten des ArbN Abs. 7. Abs. 7 erweitert die im Rahmen der §§ 60 ff. SGB I dem ArbN obliegenden **Mitwirkungspflichten**, die ihm grundsätzlich nur in einem Sozialrechtsverhältnis zwischen ihm und einem Sozialleistungsberechtigten obliegen, auf das Sozialrechtsverhältnis zwischen ArbGeb und AA um die Erstattungspflicht. Sie gehen nicht über den in § 60 SGB I geregelten Umfang heraus und umfassen daher nur eine Verpflichtung zur Auskunftserteilung (§ 60 SGB I), zu persönlichem Erscheinen (§ 61 SGB I) und zu einer ärztlichen oder persönlichen Untersuchung (§ 62). 63

Welcher Art Anhaltspunkte für entsprechende **Ermittlungen über den Gesundheitszustand** sein müssen, um eine Mitwirkungsverpflichtung zum Unterziehen einer persönlichen Untersuchung annehmen zu können, lässt das Gesetz offen. Das BSG sieht eine Pflicht zur Amtsermittlung erst dann für gegeben an, wenn konkrete Anhaltspunkte in der Person des ArbN vorliegen, die für das Entstehen oder den Wegfall der Erstattungspflicht von Bedeutung sind[5]. Dies ergibt sich bereits aus den Grenzen der Mitwirkung des ArbN nach Abs. 7 Satz 2. Die Inanspruchnahme des ArbN aufgrund von Angaben „ins Blaue hinein"[6] ist damit ausgeschlossen. 64

Auf die Sanktionen bei **Verstößen gegen die Mitwirkungspflicht** (§§ 66 ff. SGB I) wird in Abs. 7 nicht verwiesen. Somit bleiben der AA nur die verwaltungsverfahrensrechtlichen Vollstreckungsmöglichkeiten (§ 66 SGB X iVm. VwVG des Bundes). Zusätzlich hat der ArbGeb die Möglichkeit, sich die Mitwirkung des ArbN bei Ausscheidensvereinbarungen vertraglich zusichern zu lassen. 65

VIII. Verjährung. Mit der Regelung des Abs. 8, die erst durch das Dritte Gesetz für moderne Dienstleistungen am Arbeitsmarkt v. 23.12.2003[7] in das Gesetz eingefügt wurde, stellt der Gesetzgeber klar, dass die regelmäßige Verjährung im SGB (vgl. § 25 SGB IV) von 4 Jahren auch für die Erstattungsforderung gilt. Der Verweis auf § 50 Abs. 4 S. 2 und 3 SGB X bedeutet, dass die Vorschriften des BGB zu Hemmung, Neubeginn und zu den Wirkungen der Verjährung entsprechend gelten (§§ 203 ff. BGB) und dass der Verwaltungsakt über die Erstattungsforderung stets die Wirkung der Verjährungshemmung bis zur Erledigung oder Unanfechtbarkeit des Verwaltungsaktes hat. Nach Unanfechtbarkeit beträgt die Verjährung des Anspruchs auf Erstattung 30 Jahre (§ 52 Abs. 2 SGB X). 66

Fünfter Unterabschnitt. Kurzarbeitergeld

Erster Titel. Regelvoraussetzungen

169 Anspruch
Arbeitnehmer haben Anspruch auf Kurzarbeitergeld, wenn

1. ein erheblicher Arbeitsausfall mit Entgeltausfall vorliegt,
2. die betrieblichen Voraussetzungen erfüllt sind,
3. die persönlichen Voraussetzungen erfüllt sind und
4. der Arbeitsausfall der Agentur für Arbeit angezeigt worden ist.

---

1 Ewa wenn der Arbeitsplatzbau nicht in dem vorausgesagten Umfang durchgeführt wird, weil sich die Auftragslage unvoraussehbar verbessert hat; für ein Absehen von der Aufhebung, wie es die Arbeitsämter allerdings praktizieren, ist wegen der Ausgestaltung des § 48 SGB X als bindender Vorschrift (soweit sie die Aufhebung für die Zukunft betrifft) ohne Ermessensspielraum, kein Raum. |2 BSG v. 17.12.1997 – 11 RASr 103/96, SozR 3-4100 § 128 Nr. 4; siehe oben Rz. 52. |3 Ebenso *Gagel*, SGB III, § 147a Rz. 326 f. |4 Krit. auch *Buchner*, NZA 1993, 481 (488). |5 BSG v. 17.12.1997 – 11 RAr 61/97, BSGE 81, 259, 262 f.; v. 7.5.1998 – B 11 AL 81/97 R, SGb 1998, 364; Urteil v. 21.9.2000 – B 11 AL 7/00, SozR 3-4100 § 128 Nr. 10. |6 BSG v. 21.9.2000 – B 11 AL 7/00, SozR 3-4100 § 128 Nr. 10 (S. 87). |7 BGBl. I S. 2848.

Fassung: AFRG (Arbeitsförderungs-Reformgesetz) v. 24.3.1997 (BGBl. I S. 594) seit 1.1.1998, redaktionell angepasst durch Drittes Gesetz für moderne Dienstleistungen am Arbeitsmarkt v. 23.12.2003 (BGBl. I S. 2848).

1 Die Zahlung von Kug durch die AA dient seit jeher dem Zweck[1], **Arbeitsplätze trotz wirtschaftlich bedingten Arbeitsausfalls in den Betrieben zu erhalten**. Obwohl in den durch das SGB III neu gefassten Vorschriften zum Kug[2] das Ziel des Arbeitsplatzerhalts gegenüber dem früheren § 63 AFG weniger deutlich zum Ausdruck kommt (nach § 170 muss es sich um einen „vorübergehenden" Arbeitsausfall handeln, dazu § 170 Rz. 2), scheidet die Gewährung von Kug an gekündigte ArbN grundsätzlich aus (§ 172 Abs. 1 Nr. 1 und 2). Als Sonderregelung sah § 175 die Zahlung sog. Struktur-Kug **auch an bereits gekündigte oder durch Aufhebungsvertrag ausscheidende ArbN** vor, wenn sie in einer betriebsorganisatorisch eigenständigen Einheit möglichst zum Zwecke der Verbesserung ihrer Vermittlungsaussichten (§ 175 Abs. 1 Satz 3) zusammengefasst sind. Sie diente der notwendigen Durchführung von Strukturanpassungsmaßnahmen und soll zur Vermeidung von Massenentlassungen übergangsweise die Beschäftigung sichern. Mit dem Dritten Gesetz für moderne Dienstleistungen am Arbeitsmarkt wurde es als eine der flankierenden Transferleistungen für betriebliche Umstrukturierungsprozesse in § 216b durch das Transfer-Kug neben den Transfermaßnahmen in § 216a (ehemals Zuschüsse zu Sozialplänen) ersetzt. Erl. s. dort.

2 Die Zahlung des Kug setzt eine **wirksame Anordnung von Kurzarbeit** (= vorübergehende Verkürzung der Arbeitszeit mit entsprechendem Entgeltausfall) voraus, die nicht dem Direktionsrecht des ArbGeb unterliegt. Bei unwirksamer Anordnung besteht der Lohnanspruch nach § 615 BGB fort und es entsteht kein Lohnausfall und damit kein Bedürfnis für eine versicherungsmäßige Absicherung. Damit setzt das Kug eine arbeitsrechtliche Regelung der Verteilung des Betriebs- und Wirtschaftsrisikos voraus und knüpft an diese an; ersetzt sie aber nicht[3]. Arbeitsvertragliche Grundlagen für die Anordnung/Einführung von Kurzarbeit können der Arbeitsvertrag, eine Zustimmung des ArbN, aber auch kollektivrechtliche Regelungen wie TV[4] oder BV[5] sein.

3 Die Einführung der Kurzarbeit unterliegt in mitbestimmten Betrieben der zwingenden **Mitbest. des BR** nach § 87 Abs. 1 Nr. 3 BetrVG (siehe im Einzelnen die Erl. dort). Nicht zuletzt der Absicherung seiner Beteiligungsrechte dient die Beifügung einer Stellungnahme des BR bei Erstattung der Anzeige des Arbeitsausfalls durch den ArbGeb. Missachtet der ArbGeb das MitbestR des BR, besteht trotz individualrechtlicher oder kollektivrechtlicher Ermächtigung zur Einführung von Kurzarbeit ein Lohnanspruch nach § 615 BGB[6] (mit der Folge, dass der für das Kug vorausgesetzte Entgeltausfall – § 170 Abs. 1 Nr. 4 – nicht entstanden ist).

4 Bei wirksamer Anordnung von Kurzarbeit hat der ArbN nur Anspruch auf ein **seiner Arbeitsleistung entsprechendes Arbeitsentgelt**. Entsprechend verringert sich der Anspruch auf das fortzuzahlende Arbeitsentgelt im Krankheitsfall (§ 4 Abs. 3 EFZG). Für den Anspruch auf Kug enthält § 172 Abs. 1a insoweit eine Klarstellung, dass Kug weiter zu gewähren ist. Ansprüche auf Urlaubsentgelt (§ 11 Abs. 1 Satz 3 BUrlG) und Feiertagsvergütung (§ 2 Abs. 2 EFZG) bleiben unberührt, die Feiertagsvergütung während einer Kurzarbeitsperiode soll aber nach Auffassung des BAG auf die Höhe des in dieser Zeit bezogenen Kug begrenzt sein[7] (vgl. im Übrigen zu § 179 Abs. 2 und Erl. dort unter Rz. 2). Die rechtlichen Grundlagen für eine Gratifikationszahlung können die Kürzung für Zeiten des Arbeitsausfalls wegen Kurzarbeit vorsehen; dies kann auch die Auslegung der jeweiligen Klausel ergeben[8].

5 Da das Kug der Höhe nach nur dem Alg entspricht (§ 178), sehen zahlreiche TV und auch BV **Zuschüsse zum Kug** vor. Solche Zuschüsse sind zwar grundsätzlich als Bestand des Arbeitsentgelts steuer- und sozialversicherungspflichtig, nach § 2 Abs. 2 Nr. 4 Arbeitsentgelt-VO[9] aber beitragsfrei, soweit sie zusammen mit dem Kug 80 % des Lohnverlusts (= Unterschiedsbetrag zwischen Sollentgelt und Istentgelt nach § 179) nicht übersteigen. Die TV sehen aber in aller Regel eine Nettogarantie vor, so dass die LSt und SozV-Beiträge zusätzlich zu entrichten sind[10].

6 **Übersicht:** § 170 regelt die Anforderungen an den Arbeitsausfall iSd. Nr. 1, § 171 die betrieblichen und § 172 die persönlichen Anspruchsvoraussetzungen, § 173 die Anzeige des Arbeitsausfalls als vierte Anspruchsvoraussetzung. § 174 enthält den Hinweis auf die Neutralitätspflicht der BA bei der Gewährung von Kug in Arbeitskämpfen (Verweis auf § 146). In § 175 wurden bis 31.12.2003 die besonderen Voraussetzungen für das strukturelle Kug geregelt – seit 1.1.2004 ersetzt durch §216b (siehe Rz. 1); in

---

1 Ausf. zu Funktion und Wirkung von Kurzarbeit *Bieback* in Gagel, SGB III, Vor § 169 Rz. 4 ff. | 2 Zu den Neuerungen *Hammer/Weiland*, BB 1997, 2582; *Nimscholz*, AuA 1998, 10. | 3 So aber *Eichenhofer*, RdA 1981, 208 ff.; *Ehmann*, NJW 1987, 401 (404); aA *Richardi*, NJW 1987, 1231 (1232 f.); auf dieser Grundlage auch *Boecken*, RdA 2000, 7 (13) in seiner Auseinandersetzung mit *Heinze* (RdA 1998, 14). | 4 Auch mit Wirkung gegenüber nicht tarifgebunden Arbeitnehmern, vgl *Wiedemann*, TVG, 6. Aufl. § 1 Rz. 581 mwN. | 5 Str., wie hier BAG v. 14.2.1991 – 2 AZR 415/90, AP Nr. 4 zu § 615 BGB – Kurzarbeit; *Bieback*, § 169 Rz. 152; *Blomeyer* in MünchHB ArbR I § 46 Rz. 137; ErfK/*Hanau/Kania*, § 87 BetrVG Rz. 35; aA *Boecken*, RdA 2000, 7 (11); *Waltermann*, NZA 1993, 679 (681). | 6 BAG v. 10.7.1969, AP Nr. 2 zu § 615 BGB – Kurzarbeit; BAG v. 11.7.1990 – 5 AZR 557/89, AP Nr. 32 zu § 615 BGB – Betriebsrisiko. | 7 BAG 5.7.1997 – 3 AZR 173/78, AP Nr. 33 zu § 1 FeiertagslohnzahlungsG. | 8 Vgl. dazu *Peters-Lange* in Preis, Der Arbeitsvertrag, II S 40 Rz. 49 ff. (54 mwN). | 9 IdF der Bekanntmachung v. 18.12.1984 (BGBl. I S. 1642, 1644); zuletzt geändert durch Gesetz v. 13.8.2001 (BGBl. I S. 2165). | 10 Vgl. die Beispiele abgedr. bei *Bieback* in Gagel, SGB III § 169 Rz. 148 ff.

§ 176 finden sich die Voraussetzungen (hier nicht kommentiert) für Kug an Heimarbeiter. §§ 177-179 schließlich regeln den Leistungsumfang (Dauer und Höhe).

170 Erheblicher Arbeitsausfall
(1) Ein Arbeitsausfall ist erheblich, wenn
1. er auf wirtschaftlichen Gründen oder einem unabwendbaren Ereignis beruht,
2. er vorübergehend ist,
3. er nicht vermeidbar ist und
4. im jeweiligen Kalendermonat (Anspruchszeitraum) mindestens ein Drittel der in dem Betrieb beschäftigten Arbeitnehmer von einem Entgeltausfall von jeweils mehr als zehn Prozent ihres monatlichen Bruttoentgelts betroffen ist; dabei sind Auszubildende nicht mitzuzählen.

(2) Ein Arbeitsausfall beruht auch auf wirtschaftlichen Gründen, wenn er durch eine Veränderung der betrieblichen Strukturen verursacht wird, die durch die allgemeine wirtschaftliche Entwicklung bedingt ist.

(3) Ein unabwendbares Ereignis liegt insbesondere vor, wenn ein Arbeitsausfall auf ungewöhnlichen, dem üblichen Witterungsverlauf nicht entsprechenden Witterungsgründen beruht. Ein unabwendbares Ereignis liegt auch vor, wenn ein Arbeitsausfall durch behördliche oder behördlich anerkannte Maßnahmen verursacht ist, die vom Arbeitgeber nicht zu vertreten sind.

(4) Ein Arbeitsausfall ist nicht vermeidbar, wenn in einem Betrieb alle zumutbaren Vorkehrungen getroffen wurden, um den Eintritt des Arbeitsausfalls zu verhindern. Als vermeidbar gilt insbesondere ein Arbeitsausfall, der
1. überwiegend branchenüblich, betriebsüblich oder saisonbedingt ist oder ausschließlich auf betriebsorganisatorischen Gründen beruht,
2. bei Gewährung von bezahltem Erholungsurlaub ganz oder teilweise verhindert werden kann, soweit vorrangige Urlaubswünsche der Arbeitnehmer der Urlaubsgewährung nicht entgegenstehen, oder
3. bei der Nutzung von im Betrieb zulässigen Arbeitszeitschwankungen ganz oder teilweise vermieden werden kann.

Die Auflösung eines Arbeitszeitguthabens kann vom Arbeitnehmer nicht verlangt werden, soweit es
1. ausschließlich für eine vorzeitige Freistellung eines Arbeitnehmers vor einer altersbedingten Beendigung des Arbeitsverhältnisses oder, bei Regelung in einem Tarifvertrag oder auf Grund eines Tarifvertrages in einer Betriebsvereinbarung, zum Zwecke der Qualifizierung bestimmt ist,
2. zur Finanzierung einer Winterausfallgeld-Vorausleistung angespart worden ist,
3. den Umfang von zehn Prozent der ohne Mehrarbeit geschuldeten Jahresarbeitszeit eines Arbeitnehmers übersteigt oder
4. länger als ein Jahr unverändert bestanden hat.

In einem Betrieb, in dem eine Vereinbarung über Arbeitszeitschwankungen gilt, nach der mindestens zehn Prozent der ohne Mehrarbeit geschuldeten Jahresarbeitszeit für einen unterschiedlichen Arbeitsanfall eingesetzt werden, gilt ein Arbeitsausfall, der im Rahmen dieser Arbeitszeitschwankungen nicht mehr ausgeglichen werden kann, als nicht vermeidbar.

Fassung: Drittes Gesetz für moderne Dienstleistungen v. 23.12.2003 (BGBl. I S. 2848).

Abs. 1 zählt die besonderen Anforderungen an Ursachen und Mindestumfang des Arbeitsausfalls auf. Anschließend werden einzelne Begriffe noch in Abs. 2-4 näher erläutert. Insbesondere werden in Abs. 4 Vorkehrungen und Pflichten zur Vermeidung eines Arbeitsausfalls angeordnet. Nr. 1 nennt die Ursachen des Arbeitsausfalls (wirtschaftliche Gründe oder unabwendbares Ereignis), die in Abs. 2 und 3 näher erläutert werden.

Abs. 1 Nr. 2 nennt den nicht näher erläuterten Begriff des vorübergehenden Arbeitsausfalls. **Vorübergehend** meint, dass mit gewisser Wahrscheinlichkeit binnen absehbarer Zeit zur Vollarbeit zurückgekehrt werden kann. Hierfür hat sich in der Rspr. als Faustformel herausgebildet, dass der Arbeitsausfall die Bezugszeit des § 177 „nicht deutlich überschreiten darf"[1]. Hierbei orientiert man sich auch an den durch RVO verlängerten Bezugsfristen (siehe § 177 Rz. 2) jedenfalls bei außergewöhnlichen Umständen[2]. Rückkehr zur Vollarbeit bedeutet nicht, dass alle bei Beginn der Kurzarbeit im Betrieb tätigen ArbN wieder arbeiten werden, sondern eine erhebliche, arbeitsmarktpolitisch vertretbare Anzahl erhalten bleibt[3]. Wird dagegen voraussichtlich der gesamte Betrieb geschlossen, kommt nur Struktur-

---
1 BSG v. 17.5.1983 – 7 RAr 13/82, SozR 4100 § 63 Nr. 2 (S. 13). | 2 HM, so *Hammer/Weiland*, BB 1997, 2582 (2584); ausf. *Bieback* in Gagel, SGB III, § 169 Rz. 75; Roeder in Niesel, SGB III, § 169 Rz. 4: Überschreitung von 1–2 Monaten unschädlich. | 3 BSG v. 9.9.1986 – 7 RAr 39/85, SozR 3-4100 § 65 Nr. 3 (S. 6 f.).

SGB III § 170 Rz. 3   Erheblicher Arbeitsausfall

Kug – seit 1.1.2004 als Transfer-Kug in § 216b geregelt – vormals gemäß § 175 in Betracht. Maßgebender Zeitpunkt für die Beurteilung, ob ein nur vorübergehender Arbeitsausfall vorliegt, ist der Zeitpunkt der Entscheidung über die Gewährung per Anerkennungsbescheid[1].

3   Wann ein Arbeitsausfall unvermeidbar iSd. Nr. 3 ist, regelt Abs. 3 und 4 (Rz. 5 ff.). **Abs. 1 Nr. 4** schreibt einen **gewissen Mindestumfang** der betroffenen ArbN (ein Drittel ohne Auszubildende) und des Entgeltausfalls (mehr als 10 % des monatlichen Bruttogehalts je betroffener ArbN) innerhalb eines Kalendermonats (= Anspruchszeitraum) vor. Ist der Schwellenwert bei einem Drittel der ArbN erreicht, kann der Entgeltausfall auch bei dem Rest der kurzarbeitenden ArbN ausgeglichen werden[2]. Die Ausfallquote muss entweder voll in einem Betrieb oder in einer Betriebsabteilung erfüllt werden (vgl. § 170 Satz 2).

4   **Wirtschaftliche Ursachen** iSd. Abs. 1 Nr. 1, Abs. 2 sind in erster Linie Konjunkturschwankungen, aber auch betriebliche Strukturveränderungen (= Änderungen der arbeitstechnischen Organisation), die auf der allgemeinen wirtschaftlichen Entwicklung beruhen[3]. Ausgeschlossen sind aber Ursachen iSd. Abs. 4 (insb. ausschließlich auf betriebsorganisatorischen Gründen beruhende oder saisonale Gründe). Wirtschaftliche Ursachen können auch arbeitskampfbedingt sein. Eine strukturelle wirtschaftliche Änderung (wirtschaftlicher Strukturwandel) ist zwar Anspruchsvoraussetzung für das Struktur-Kug (§ 175 Abs. 1 Nr. 1), kommt aber für das Regel- oder konjunkturelle Kug ebenso in Betracht[4].

5   Als Beispiele für ein **unabwendbares Ereignis** nennt Abs. 3 ungewöhnliche, nicht dem üblichen Witterungsverlauf entsprechende Witterungsverhältnisse (aber nicht hierdurch bedingte Verkehrsstörungen beim Weg zur Arbeit[5]) und auf behördlichen (behördlich anerkannten) Maßnahmen beruhende Arbeitsausfälle (Straßensperren, Fahrverbote und Produktionssperren, zB bei Smog-Alarm). Allgemein erfasst der Begriff des unabwendbaren Ereignisses ein objektiv feststellbares Ereignis, das durch die äußerste, nach den Umständen des Einzelfalles gebotene Sorgfalt für den vom Arbeitsausfall betroffenen Betrieb nicht abzuwenden war, beispielsweise auch der Verkehrsunfall eines Betriebsleiters[6]. Fehlverhalten der für die Sicherheit des Betriebes zuständigen ArbN wird dem ArbGeb zugerechnet[7].

6   Nicht zu den unabwendbaren Ereignissen oder wirtschaftlichen Ursachen des Arbeitsausfalls zählen nach Abs. 4 Satz 2 Nr. 1 überwiegend branchenübliche, betriebsübliche oder saisonale Ursachen oder ausschließlich betriebsorganisatorische Gründe für den Arbeitsausfall (sie gelten als vermeidbar[8] im Rechtssinne). Sie gehören zur betrieblichen Risikosphäre und rechtfertigen deshalb nicht die Absicherung durch Kug[9]. Zur betrieblichen Risikosphäre gehören danach die auf der Eigenheit des Betriebes beruhenden – betriebsüblichen – Ursachen wie Störanfälligkeit bestimmter Produktionsweisen, aber auch Inventur, Betriebsverlegung oder Produktionsumstellungen aus rein betriebsorganisatorischen Gründen. Treffen die nicht abgesicherten Ursachen mit den allgemeinen wirtschaftlichen Gründen oder versicherten Ereignissen iSd. Abs. 1 Nr. 1 und 2 zusammen, ist Kug nicht ausgeschlossen, da bei den betriebsorganisatorischen Gründen nur ausschließlich wirkende Ursachen und bei den übrigen betriebsnahen Ursachen nur überwiegend wirkende Gründe als vermeidbar im Rechtssinne gelten.

7   Weiterhin wird verlangt, dass im Betrieb alle **zumutbaren Maßnahmen** getroffen werden, um den Arbeitsausfall zu verhindern (Abs. 4 Satz 1). Hierzu werden genannt[10]: Arbeit auf Lager, Vorratshaltung; Umstellung auf andere Zulieferer, Roh- und Betriebsstoffe, Transportwege; Erledigung und Vorziehen notwendiger Aufräum- und Instandsetzungsarbeiten; Verbesserung der Arbeitsorganisation und des Materialflusses. Zur Ausnutzung von Arbeitszeitschwankungen sogleich. Das einschränkende Kriterium der Zumutbarkeit trägt vor allem der Frage Rechnung, ob derartige Maßnahmen wirtschaftlich vertretbar sind.

8   Abs. 4 Satz 2 Nr. 2 nennt die Pflicht, zur Vermeidung von Kurzarbeit Ansprüche auf **Erholungsurlaub** – freilich nur nach den Möglichkeiten des BUrlG – zu gewähren. Ausdrücklich bezieht das Gesetz vorrangige Urlaubswünsche (nach den Maßgaben des § 7 BUrlG, siehe Erl. dort) bei der Frage der Vermeidbarkeit ein. Insbesondere ist zu beachten, dass eine kurzfristige Urlaubsgewährung vielfach den Erholungszweck des Urlaubs nicht erfüllen kann.

9   Abs. 4 Satz 2 Nr. 3 und Sätze 3 und 4 enthalten eine detaillierte Regelung zum **Einsatz von Arbeitszeitguthaben**. Diese erst im SGB III getroffene Bestimmung des vorrangigen Einsatzes von Arbeitszeitguthaben vor der Inanspruchnahme von Kug der AA tragen der zunehmenden Arbeitszeitflexibilisierung Rechnung. Hierbei dürfen indes nur Arbeitszeitkonten für die Vermeidung von Arbeitsausfällen herangezogen werden, wenn diese auch für betriebliche Zwecke, also Flexibilisierung der betrieblichen Ar-

---

1 *Roeder* in Niesel, § 170 Rz. 9. | 2 BA in Kug-RdErl. § 170 unter 2.10.1. | 3 BSG v. 29.4.1998 – B 7 AL 102/97, SozR 3-4100 § 64 Nr. 4 (S. 27 ff.). | 4 *Bieback* in Gagel, SGB III, § 170 Rz. 34; *Roeder* in Niesel, SGB III, § 170 Rz. 17; BSG v. 29.4.1998 – B 7 AL 102/97, SozR 3-4100 § 64 Nr. 4 (Übergang von der Plan- zur Marktwirtschaft). | 5 *Roeder* in Niesel, SGB III, § 170 Rz. 22. | 6 BSG v. 21.2.1991 – 7 RAr 20/90, DBlR Nr. 3827 zu § 64 AFG; v. 29.10.1997 – 7 RAr 48/96, SozR 3-4100 § 64 Nr. 3: Schiffshavarie. | 7 BSG 29.10.1997 – 7 RAr 48/96, SozR 3-4100 § 64 Nr. 3 (S. 16). | 8 Nach den Gesetzesmaterialien wurden sie im Interesse der besseren Übersichtlichkeit unter der Anspruchsvoraussetzung der Nichtvermeidbarkeit zusammengefasst, vgl. BT-Drs. 4941, S. 184 zu Abs. 4. | 9 Ausf. BSG v. 29.4.1998 – B 7 AL 102/97, SozR 3-4100 § 64 Nr. 4 (S. 28 f.). | 10 *Bieback* in Gagel, SGB III, § 170 Rz. 116 f. (mwN).

beitszeit, rechtlich zur Verfügung stehen. Denn bei der Nutzung von Zeit- oder Wertguthaben bestehen arbeitsrechtliche Bindungen. Sind die Zeitkonten nur oder überwiegend für die individuelle Arbeitszeitgestaltung durch den ArbN bestimmt (wie zB in Gleitzeitmodellen), entfällt die Möglichkeit der Verweisung auf ihre vorrangige Nutzung[1]. Gleiches gilt, wenn eine tarifvertragliche Möglichkeit der Flexibilisierung der betrieblichen Arbeitszeit nicht umgesetzt worden ist[2].

Die **Aufzählung von Schonguthaben** in Abs. 4 Satz 3 verdeutlicht damit nur das allgemeine Prinzip, dass Arbeitszeitguthaben nur im Rahmen ihrer allgemeinen arbeitsrechtlichen Bindung herangezogen werden können[3]. Die Verschonung von Arbeitszeitguthaben oberhalb einer Schwelle von 10 % der geschuldeten Jahresarbeitsleistung ohne länger als ein Jahr bestehenden Guthaben ist wiederum Ausdruck der Zumutbarkeit bei der Frage der Vermeidbarkeit (siehe oben Rz. 7). Auch vor In-Kraft-Treten des SGB III (zum 1.1.1998) angesammelte Guthaben sind aus Gründen des Vertrauensschutzes von der vorrangigen Inanspruchnahme ausgenommen[4]. Seit 1.1.2004 sind als Schonguthaben auch solche Arbeitszeitguthaben geschützt, die mit einer kollektivrechtlichen Zweckbestimmung zugunsten inner- und außerbetrieblicher Qualifizierungsmaßnahmen gebildet worden sind (Abs. 4 Satz 3 Nr. 1 idF durch das Dritte Gesetz für moderne Dienstleistungen am Arbeitsmarkt[5]). 10

Abs. 4 Satz 4 enthält eine etwas schwer verständliche Fiktion der Unvermeidbarkeit des Arbeitsausfalls bei **ausgeschöpften Flexibilisierungsreserven**. Ein Arbeitsausfall in Betrieben, die in einer Vereinbarung mindestens 10 % der Jahresarbeitszeit (ohne Mehrarbeit) für einen unterschiedlichen Arbeitsausfall eingesetzt haben, gilt, wenn er hierdurch nicht mehr ausgeglichen werden kann, als unvermeidbar. Begünstigt werden also Betriebe, in denen Vorkehrungen gegen Arbeitsausfall in einem gewissen Mindestumfang getroffen worden sind. Ein bestehender TV ohne betriebliche Umsetzung der Möglichkeit, Arbeitsausfälle in gewissem Mindestumfang auszugleichen, genügt nicht[6]. 11

171 Betriebliche Voraussetzungen

Die betrieblichen Voraussetzungen sind erfüllt, wenn in dem Betrieb regelmäßig mindestens ein Arbeitnehmer beschäftigt ist. Betrieb im Sinne der Vorschriften über das Kurzarbeitergeld ist auch eine Betriebsabteilung.

Fassung: AFRG (Arbeitsförderungs-Reformgesetz) v. 24.3.1997 (BGBl. I S. 594) seit 1.1.1998.

Die betrieblichen Voraussetzungen für die Gewährung von Kug sind weit gefasst; ausgeschlossen sind aber Betriebe der in § 172 Abs. 3 Nr. 3 genannten **Branchen (Schaustellergewerbe und künstlerische Darbietungen)** – diese Betriebe tragen das Risiko des vorübergehenden Arbeitsausfalls selbst. Anders als das frühere Recht (§ 65 Abs. 2 AFG) schließen die Vorschriften zum Kug im SGB III die im Haushalt Beschäftigten nicht mehr von ihrer Geltung aus[7]; den Ursachen des Arbeitsausfalls ist hier aber besonders nachzugehen. 1

Es gilt der **arbeitsrechtliche Betriebsbegriff**[8] (siehe Erl. zu § 4 BetrVG). Maßgeblich ist die Verfolgung eines arbeitstechnischen Zwecks unter einer einheitlichen personalpolitischen Organisation und Leitung, weil damit sicher gestellt ist, dass die das durch Kug abgesicherte Risiko betreffenden Entscheidungen einheitlich getroffen werden. Bei mehreren Produktionsstätten, Niederlassungen oder Verwaltungseinheiten entscheidet die personalpolitische Verbundenheit; diese kann sich insb. durch einen Austausch von Personal äußern[9]. Eine räumliche Schranke setzt die BA bei 50 km[10]. 2

Auch **öffentlich-rechtliche** Betriebe unterfallen den Vorschriften zur Gewährung von Kug Eine Beschränkung auf bestimmte Betriebszwecke ist dem Gesetz fremd[11]. Eine wirtschaftliche Zwecksetzung lässt sich insb. aus den in § 170 beschriebenen Ursachen des Arbeitsausfalls nicht begründen. 3

Ausreichend ist die **Beschäftigung mindestens eines ArbN**. Anders als in § 170 Abs. 1 Nr. 4 zählt hier auch ein Auszubildender, der sozialversicherungspflichtig beschäftigt wird. Für Heimarbeiter gilt eine Sonderregelung (§ 176 – hier nicht kommentiert). 4

---

1 So zutr. *Bieback* in Gagel, SGB III, § 170 Rz. 160 ff. auch unter Hinweis auf entsprechende Einschränkungen bei der vorrangigen Inanspruchnahme von Erholungsurlaub; die BA beschränkt dies auf Gleitzeitmodelle, vgl. Kug-RdErl. § 170 unter 2.8.3. |2 BT-Drs. 13/4941, S. 184 zu Abs. 4. |3 *Bieback* in Gagel, SGB III, § 170 Rz. 160 ff.; aA (abschließende Regelung von Schonguthaben): *Roeder* in Niesel, SGB III, § 170 Rz. 31; *Hammer/Weiland*, BB 1997, 2582 (2584). |4 So *Däubler*, SozSich 1996, 411, 420; *Bieback* in Gagel, SGB III, § 170 Rz. 165; *Roeder* in Niesel, SGB III, § 170 Rz. 30. |5 BGBl. I S. 2848, dazu BT-Drs. 15/1515, S. 88 zu Nr. 90: Voraussetzung ist, dass der ArbN durch die entsprechenden Qualifikationsmaßnahmen Kenntnisse und Fähigkeiten erwirbt, die nicht ausschließlich im gegenwärtigen Betrieb oder am gegenwärtigen Arbeitsplatz verwertbar sind. |6 BT-Drs. 13/4941, S. 184 zu Abs. 4. |7 *Bieback* in Gagel, SGB III, § 171 Rz. 8; aA *Roeder* in Niesel, SGB III, § 171 Rz. 6; *Estelmann* in Hennig, SGB III, § 171 Rz. 46. |8 BSG v. 30.5.1978 – 7/12 RAr 100/76, SozR 4100 § 63 Nr. 1 (S. 2 mwN); *Roeder* in Niesel, SGB III, § 171 Rz. 3. |9 BSG v. 6.11.1985 – 8 RK 20/84, SozR 2200 § 245 Nr. 4; vgl. auch BAG 11.11.1997 – 1 ABR 6/97, NZA 1998, 723. |10 Kug-RdErl. § 170 unter 3.2.4; zust. *Bieback*, § 171 Rz. 15. |11 BSG v. 30.5.1978 – 7/12 RAr 100/76, SozR 4100 § 63 Nr. 1 (S. 7).

5 Satz 2 setzt die **Betriebsabteilung** einem Betrieb gleich. Damit wird dem Gedanken Rechnung getragen, dass wegen der Eigenheiten einer einzelnen Abteilung ein personeller Austausch und damit Ausgleich des Arbeitsausfalls häufig nicht in Betracht kommt. Der Mindestarbeitsausfall (§ 170 Abs. 1 Nr. 4) wird in solchen Fällen nicht für den Betrieb, sondern für die kleinere Einheit der Betriebsabteilung berechnet. Denkbar ist auch die Gewährung von Kug für mehrere Betriebsabteilungen, die jede für sich die Voraussetzungen für die Gewährung erfüllen[1]. Erforderlich ist eine gewisse organisatorische, insb. personalpolitische Selbständigkeit, die aber nicht die einheitliche Leitungsmacht des Betriebes ersetzen darf. Auch ein zuweilen erfolgender personeller Austausch schadet nicht, wenn der Personalbestand als solcher relativ dauerhaft abgegrenzt bleibt[2]. In verschiedenen Abteilungen desselben Betriebes muss auch nicht notwendig ein eigener Betriebszweck verfolgt werden, in Fällen gleicher Zwecksetzung ist aber wohl eine räumliche Trennung erforderlich[3] (Filialen). Klassischer Fall ist die betriebseigene Werkstätte; aber auch Fertigung in verschiedenen Werkstätten oder verschiedenen Fertigungssträngen im Rahmen der Fließbandproduktion. Verwaltungen bilden wegen ihrer abgrenzbaren Aufgaben- und Beschäftigtenstruktur häufig eigene Betriebsabteilungen[4].

172 *Persönliche Voraussetzungen*

(1) Die persönlichen Voraussetzungen sind erfüllt, wenn

1. der Arbeitnehmer nach Beginn des Arbeitsausfalls eine versicherungspflichtige Beschäftigung
   a) fortsetzt,
   b) aus zwingenden Gründen aufnimmt oder
   c) im Anschluss an die Beendigung eines Berufsausbildungsverhältnisses aufnimmt,
2. das Arbeitsverhältnis nicht gekündigt oder durch Aufhebungsvertrag aufgelöst ist und
3. der Arbeitnehmer nicht vom Kurzarbeitergeldbezug ausgeschlossen ist.

(1a) Die persönlichen Voraussetzungen sind auch erfüllt, wenn der Arbeitnehmer während des Bezuges von Kurzarbeitergeld arbeitsunfähig wird, solange Anspruch auf Fortzahlung des Arbeitsentgelts im Krankheitsfalle besteht oder ohne den Arbeitsausfall bestehen würde.

(2) Ausgeschlossen sind Arbeitnehmer,

1. die als Teilnehmer an einer beruflichen Weiterbildungsmaßnahme Unterhaltsgeld *[ab 1.1.2005: Arbeitslosengeld bei beruflicher Weiterbildung]* oder Übergangsgeld beziehen, wenn diese Leistung nicht für eine neben der Beschäftigung durchgeführte Teilzeitmaßnahme gezahlt wird,
2. während der Zeit, in der sie Krankengeld beziehen, oder
3. die in einem Betrieb des Schaustellergewerbes oder einem Theater-, Lichtspiel- oder Konzertunternehmen beschäftigt sind.

(3) Ausgeschlossen sind Arbeitnehmer, wenn und solange sie bei einer Vermittlung nicht in der von der Agentur für Arbeit verlangten und gebotenen Weise mitwirken. Arbeitnehmer, die von einem erheblichen Arbeitsausfall mit Entgeltausfall betroffen sind, sind in die Vermittlungsbemühungen der Agentur für Arbeit einzubeziehen. Hat der Arbeitnehmer trotz Belehrung über die Rechtsfolgen eine von der Agentur für Arbeit unter Benennung des Arbeitgebers und der Art der Tätigkeit angebotene zumutbare Beschäftigung nicht angenommen oder nicht angetreten, ohne für sein Verhalten einen wichtigen Grund zu haben, sind die Vorschriften über die Sperrzeit beim Arbeitslosengeld entsprechend anzuwenden.

Fassung: Job-AQTIV-Gesetz v. 10.12.2001 (BGBl. I S. 3443) seit 1.1.2002, redaktionell angepasst durch das Dritte Gesetz für moderne Dienstleistungen am Arbeitsmarkt v. 23.12.2003 (BGBl. I S. 2848).

1 Die Vorschrift regelt die **materielle Anspruchsberechtigung** für das Kug in der Person der ArbN, die nicht selbst am Verfahren beteiligt sind (siehe § 173 Rz. 4). Grundvoraussetzung ist die Ausübung einer versicherungspflichtigen Beschäftigung bei Beginn des Arbeitsausfalls, da Kug eine Versicherungsleistung mit Lohnersatzfunktion darstellt. Entsprechend schließt Abs. 2 für bestimmte ArbN beim Bezug anderer Lohnersatzleistungen nach dem SGB III oder Krankengeld den Anspruch aus. Zusätzlich verlangt Abs. 3 wie beim Bezug von Alg die Bereitschaft für eine Vermittlung in ein anderes Beschäftigungsverhältnis und beschreibt damit eine typische versicherungsrechtliche Obliegenheit.

2 Eine **versicherungspflichtige Beschäftigung** nach § 25 übt aus, wer gegen Arbeitsentgelt beschäftigt ist. Zum Beschäftigtenbegriff des SozV-Rechts siehe Erl. zu § 7 SGB IV. Zeiten der Beschäftigung ohne Arbeitsentgelt begründen keine Versicherungspflicht, es sei denn es liegt eine Vereinbarung über flexible Arbeitszeiten iSd. § 7 Abs. 1a SGB IV vor (siehe Erl. zu § 7 SGB IV). Nicht versicherungspflichtig in der ArbV ist eine nach § 8 geringfügige Beschäftigung (siehe Erl. dort); die ehemalige Kurzzeitigkeitsgrenze

---

[1] *Roeder* in *Niesel*, § 171 Rz. 7. | [2] BA RdErl. 307/76, 4 Rz. 2.1. | [3] Ebenso *Henkes/Baur/Kopp/Polduwe*, Handbuch der Arbeitsförderung, 1999, „Betriebsabteilung" (S. 262). | [4] BAG v. 23.9.1982 – 6 ABR 42/81, BAGE 40, 163 f.; offen gelassen in BSG v. 21.1.1987 – 7 RAr 76/85, SozR 4100 § 66 Nr. 1.

Persönliche Voraussetzungen   Rz. 9 § 172 SGB III

der ArblV von 18 Wochenstunden ist seit 1.4.1997 einer Beschäftigung ab 15 Wochenstunden als versicherungspflichtig gewichen. Werkstudenten, die ihrem Erscheinungsbild nach nicht Beschäftigte[1], sondern entweder Schüler an einer allgemein bildenden Schule oder Studierende an einer Hochschule oder der fachlichen Ausbildung dienenden Schule (§ 27 Abs. 4) sind, sind versicherungsfrei; ebenso ArbN nach Vollendung des 65. Lebensjahres und Bezieher einer Rente wegen voller Erwerbsminderung (§ 28).

Auszubildende werden nur bei der Berechnung der Ausfallquote nicht berücksichtigt (siehe § 170 Rz. 3), sind aber versicherungspflichtig beschäftigt (§ 25) und damit grundsätzlich anspruchsberechtigt. Wegen des Anspruchs auf Vergütungsfortzahlung nach § 12 Abs. 1 Nr. 2a BBiG für die Dauer von 6 Wochen besteht in der Regel erst ab der 7. Woche Anspruch auf Kug[2].   3

Nach **Abs. 1 Nr. 1a)** soll Kug grundsätzlich nur bei **Fortsetzung einer versicherungspflichtigen Beschäftigung** nach dem Arbeitsausfall gezahlt werden; das Arbeitsverhältnis muss also bereits vorher bestanden haben. Dies liegt vor, wenn der ArbN aus einem Elternurlaub oder dem Wehrdienst zurückkehrt; zumindest liegt eine Wiederaufnahme iSd. Ziff. 1 b) vor. Die Beendigung eines befristeten Arbeitsverhältnisses zu einem späteren Zeitpunkt während des Arbeitsausfalls schadet nicht. Anders als bei gekündigten Arbeitsverhältnissen liegt die Entscheidung zur Beendigung längere Zeit zurück und eine Fortsetzung über das Fristende hinaus erscheint immerhin noch möglich[3].   4

Abs. 1 Nr. 1 b) verlangt für eine **Einstellung von ArbN** während der Kurzarbeitsperiode, dass diese **aus zwingenden Gründen** erfolgt: Hierzu werden sowohl rechtliche Bindungen (Rückkehr aus einem unbezahlten Urlaub oder Freistellung, siehe auch Rz. 4) als auch besondere betriebliche Interessen (Einstellung einer lang gesuchten Fachkraft) und arbeitsmarktpolitisch sinnvolle Gesichtspunkte gezählt wie die Beschäftigung eines schwer vermittelbaren ArbN und die Unzumutbarkeit der Auflösung eines Arbeitsverhältnisses mit einem ArbN, mit dem vor Beginn des Arbeitsausfalls ein Arbeitsverhältnis geschlossen worden ist[4]. Grundsätzlich aber haben ArbN, die erst nach Beginn der Kurzarbeitsperiode eine beitragspflichtige Beschäftigung in dem Betrieb aufnehmen, keinen Anspruch auf Kug[5]. Etwas anderes gilt nach Abs. 1 Nr. 1 c) im Anschluss an die Beendigung eines Berufsausbildungsverhältnisses.   5

Nach **Abs. 1 Nr. 2** liegt in der Person des ArbN ein Ausschlussgrund vor, wenn ihr **Arbeitsverhältnis gekündigt oder aufgehoben** worden ist. Bei ihnen kann das Ziel, den Arbeitsplatz mit der Zahlung von Kug zu erhalten (siehe oben Rz. 1), nicht mehr erreicht werden. Zudem hielt der Gesetzgeber es für gerechtfertigt an, diese ArbN auf ihr Kündigungsrecht infolge der Lohnkürzung und die anschließende Möglichkeit des Bezugs von Alg zu verweisen (vgl. aber zur Möglichkeit der Zahlung sog. strukturellen Kug § 175). ArbN, die Kündigungsschutzklage erhoben haben, wird wegen der Möglichkeit der Fortsetzung des Arbeitsverhältnisses und den Weiterbeschäftigungsansprüchen für die Dauer des Kündigungsschutzprozesses (siehe Erl. zu § 102 BetrVG) Kug gezahlt[6]. Der Ausschlussgrund des Abs. 1 Nr. 2 greift demgegenüber ein, wenn der ArbN das Arbeitsverhältnis gekündigt hat[7]. Zum Auslaufen befristeter Arbeitsverhältnisse s.o. Rz. 4.   6

Bezieher von Unterhaltsgeld oder Übergangsgeld infolge Teilnahme an einer beruflichen Weiterbildungsmaßnahme sind nach **Abs. 1 Nr. 3 iVm. Abs. 2 Nr. 1** gleichfalls vom Bezug von Kug ausgeschlossen, da ein Doppelbezug von Leistungen verhindert werden soll. Sind die betroffenen ArbN allerdings nur in einer Teilzeitmaßnahme iSd. § 154 oder § 160 Abs. 2 Satz 2 gefördert, kommt Kug für eine daneben ausgeübte Teilzeitbeschäftigung in Betracht.   7

Bezieht der ArbN **Krankengeld**, ist diese Leistung vorrangig (**Abs. 2 Nr. 2**). Sie ist aber der Höhe nach nicht auf das sonst zu zahlende Kug beschränkt, sondern berechnet sich nach dem erzielten Entgelt vor der Kurzarbeitsperiode (47b Abs. 3 SGB V). Für ArbN, die **innerhalb der Kurzarbeitsperiode erkranken**, stellt **Abs. 1a** nunmehr[8] ausdrücklich klar, dass Kug für den Zeitraum zu zahlen ist, für den sonst Anspruch auf Entgeltfortzahlung im Krankheitsfall (§ 3 Abs. 1 EFZG) besteht. Sinn dieser gesetzlichen Regelungen ist es, den ständigen Wechsel in der Leistungszuständigkeit zwischen Krankenkasse und BA nach Möglichkeit zu vermeiden[9]. Ist der ArbN **vor** Beginn der Kurzarbeitsperiode erkrankt, verdrängt wiederum das Krankengeld den Kurzarbeitergeldanspruch, indem ein Teil-Krankengeld in Höhe der Differenz zwischen Entgeltfortzahlungsanspruch und sonst zu zahlenden Kug gezahlt (§ 47 Abs. 4 SGB V). Dies ist vom ArbGeb kostenlos zu errechnen und auszuzahlen (§ 47 Abs. 4 Satz 2 SGB V).   8

Nach **Abs. 2 Nr. 3** sind **in bestimmten Branchen beschäftigte ArbN** vom Bezug ausgeschlossen. Es sind dies Betriebe, in denen der Arbeitsanfall ohnehin ungleichmäßig ist und die Betriebe den schwan-   9

---

1 Nach der Rspr. wird das Erscheinungsbild durch den Schulbesuch oder das Studium geprägt, wenn die wöchentliche Arbeitszeit 20 Stunden nicht überschreitet bzw. eine höhere Arbeitszeit ausschließlich in der vorlesungsfreien Zeit geleistet wird, vgl. BSG v. 26.6.1975 – 3/12 RK 14/73, BSGE 40, 93, 94; v. 11.12.1993 – 7 RAr 52/92, SozR 3-4100 § 169b Nr. 1; zu Ausnahmen aber BSG v. 10.12.1998 – B 12 22/97 R, SozR 3-2500 § 6 Nr. 16 = MDR 1999, 619; v. 21.5.1996 – 12 RK 77/94, BSGE 78, 229. | 2 *Bieback* in Gagel, SGB III, § 172 Rz. 24. | 3 *Bieback* in Gagel, SGB III, § 172 Rz. 27; *Roeder* in Niesel, SGB III § 172 Rz. 5. | 4 Vgl. Kug-Rd.Erl. zu § 172 unter 4.3.2. | 5 *Bieback* in Gagel, SGB III, § 172 Rz 28. | 6 Kug-Rd.Erl. zu § 172 unter 4.2.2. | 7 BSG v. 21.11.2002 – B 11 AL 17/02 R – SozR 3-4100 § 172 Nr. 1. | 8 Klarstellung durch das Job-AQTIV-Gesetz v. 10.12.2001, BGBl. I S. 3443. | 9 Vgl. BT-Drs. 8/4022 S. 89 zu § 2.

SGB III § 172 Rz. 10   Persönliche Voraussetzungen

kenden Arbeitsanfall als zu den Produktionskosten zählend selbst tragen sollen[1]. Die Aufzählung ist abschließend[2].

10   Schließlich setzt der Bezug von Kug nach **Abs. 3** die **Mitwirkung des ArbN an Vermittlungsbemühungen seitens des Arbeitsamtes** voraus. Die Mitwirkungspflicht umfasst die Auskunftserteilung und Vorlage von Unterlagen (§ 38). Nach § 180 iVm. § 145 hat der Arbl. sich auf Aufforderung der AA persönlich zu melden und an evtl. erforderlichen Untersuchungen teilzunehmen; bei der Nichtbefolgung einer Aufforderung droht eine Säumniszeit von 2 Wochen und nach wiederholter Säumnis von 4 Wochen (oder bis zur persönlichen Meldung, § 145 Abs. 2). Der Entzug des Kug wegen fehlender Mitwirkung setzt die vorherige Belehrung des ArbN über seine Mitwirkungspflicht voraus sowie den Hinweis, dass bei Nichterfüllung die Versagung der Leistung droht[3]. Der Entzug der Leistung ist zeitlich auf die Dauer der Weigerung zur Mitwirkung beschränkt.

11   Darüber hinaus wird der ArbN durch die Möglichkeit der Verhängung einer **Sperrzeit bei Ablehnung einer zumutbaren Beschäftigung** zur gesteigerten Mitwirkung angehalten[4]. Die Dauer der Sperrzeit beträgt 12 Wochen und kann in entsprechender Anwendung von § 144 Abs. 1 und Abs. 3 Satz 1 bei einer besonderen Härte auf 6 Wochen reduziert werden. Ein Erlöschen des Anspruchs bei wiederholter Sperrzeit kommt nicht in Frage[5]. Der Tatbestand eines Anspruchsübergangs wäre durch die recht unklare Verweisung „sind die Vorschriften über die Sperrzeit beim Alg entsprechend anzuwenden" (nicht: Sperrzeiten) nur unzureichend benannt; ferner ist im Hinblick auf die Regelbezugsdauer von 6 Monaten beim Kug eine erneute Sperrzeit schon technisch schwer unterzubringen. Es kann deshalb nicht davon ausgegangen werden, dass der Gesetzgeber eine solch weitreichende Rechtsfolge auch für ArbN in noch bestehenden Arbeitsverhältnissen anordnen wollte.

12   Bei der Frage, welche Beschäftigungsangebote dem ArbN **zumutbar** sind, kann nicht auf die Anforderungen des § 121 SGB III (in erster Linie abgestellt auf die hinnehmbare Entgeltminderung) zurückgegriffen werden. Dies ergibt sich schon daraus, dass der ArbN beim Bezug von Kug nicht „arbeitslos" ist. Vielmehr sind die Zumutbarkeitsanforderungen an denen einer Erwerbsobliegenheit während eines bestehenden Arbeitsverhältnisses zu messen, so dass sich anbietet, auf die zu § 615 Satz 2 BGB entwickelten Kriterien des „böswilligen" Unterlassens anderweitiger Verwendung seiner Dienste zurückzugreifen[6]. Ferner ist an die Regelung des § 112 Abs. 5 Nr. 2 zur Berücksichtigung von Weiterbeschäftigungsmöglichkeiten bei Abschluss eines Sozialplans zu denken, die jedoch bereits die Gefahr des Arbeitsplatzverlusts in die vorzunehmende Interessenabwägung einbezieht (siehe Erl. zu § 112 BetrVG). Die Vermittlung eines dauerhaften (unbefristeten) neuen Arbeitsplatzes kommt überhaupt nur in Betracht, wenn der ArbGeb zustimmt oder beim Bezug des Struktur-Kug nach § 175 durch bereits gekündigte oder durch Aufhebungsvertrag ausscheidende ArbN[7]. Erst bei länger dauernder Kurzarbeit sinkt dagegen das Interesse des ArbGeb an dem Erhalt seiner Belegschaft und des ArbN an der Beibehaltung des früheren Arbeitsplatzes. Im Hinblick darauf, dass er seinen alten Arbeitsplatz aber noch inne hat, sind ihm Einkommensverluste oder Abstriche bei der beruflichen Qualifikation aber auch dann nicht zumutbar[8].

173 Anzeige

(1) Der Arbeitsausfall ist bei der Agentur für Arbeit, in deren Bezirk der Betrieb liegt, **schriftlich anzuzeigen. Die Anzeige kann nur vom Arbeitgeber oder der Betriebsvertretung erstattet werden. Der Anzeige des Arbeitgebers ist eine Stellungnahme der Betriebsvertretung beizufügen. Mit der Anzeige sind das Vorliegen eines erheblichen Arbeitsausfalls und die betrieblichen Voraussetzungen für das Kurzarbeitergeld glaubhaft zu machen.**

(2) **Kurzarbeitergeld wird frühestens von dem Kalendermonat an geleistet, in dem die Anzeige über den Arbeitsausfall bei der Agentur für Arbeit eingegangen ist. Beruht der Arbeitsausfall auf einem unabwendbaren Ereignis, gilt die Anzeige für den entsprechenden Kalendermonat als erstattet, wenn sie unverzüglich erstattet worden ist.**

(3) **Die Agentur für Arbeit hat dem Anzeigenden unverzüglich einen schriftlichen Bescheid darüber zu erteilen, ob auf Grund der vorgetragenen und glaubhaft gemachten Tatsachen ein erheblicher Arbeitsausfall vorliegt und die betrieblichen Voraussetzungen erfüllt sind.**

Fassung: AFRG v. 24.2.1997 (BGBl. I S. 594) seit 1.1.1998, redaktionell angepasst durch das Dritte Gesetz für moderne Dienstleistungen am Arbeitsmarkt v. 23.12.2003 (BGBl. I S. 2848).

---

1 BSG v. 30.5.1978 – 7/12 RAr 100/76, SozR 41000 § 63 Nr. 1 (S. 7). | 2 BSG v. 30.5.1978 – 7/12 RAr 100/76, SozR 41000 § 63 Nr. 1 (S. 7). | 3 Allg. Meinung, vgl. *Bieback* in Gagel, SGB III, § 172 Rz. 45; *Roeder* in Niesel, § 172 Rz. 15; Kug-Rd.Erl. zu § 172 unter 4.8. | 4 Zu den Verschärfungen gegenüber dem Rechtszustand nach dem AFG vgl. *Bieback in Gagel, SGB III, § 172 Rz.* 48. | 5 So mit Recht *Bieback* in Gagel, SGB III, § 172 Rz. 54; aA *Roeder* in Niesel, SGB III, § 172 Rz. 16. | 6 Dazu *Peters-Lange*, Zumutbarkeit von Arbeit, 1992, S. 54 f.; siehe auch Erl. zu § 615 BGB. | 7 *Bieback* in Gagel, SGB III, § 172 Rz. 50 f.; *Roeder* in Niesel, § 172 Rz. 17. | 8 *Bieback* in Gagel, SGB III, § 172 Rz. 50; *Roeder* in Niesel, § 172 Rz. 19.

Kurzarbeitergeld bei Arbeitskämpfen § 174 SGB III

1 Die Vorschrift regelt das Verfahren der Anzeige, Beantragung und Gewährung von Kug Es handelt sich um ein **zweistufiges Verfahren**: Zunächst erfolgt eine Anzeige des Arbeitsausfalls, auf die hin ein Bescheid über das Vorliegen oder Nichtvorliegen der allgemeinen (§ 170) und betrieblichen Voraussetzungen (§ 171) dem Grunde nach ergeht (Anerkennungsbescheid). Auf zweiter Stufe ist ein Antrag für die einzelnen ArbN zu stellen (§§ 323 Abs. 2, 325 Abs. 3), über den durch weiteren Bescheid eine konkrete Entscheidung über die persönlichen Voraussetzungen und die einzelnen Ansprüche erfolgt.

2 Die **Anzeige** ist schriftlich vom ArbGeb oder BR bei der nach Abs. 1 Satz 1 zuständigen AA zu stellen. Für den Nachweis der Anspruchsvoraussetzungen genügt die Glaubhaftmachung, also die Beweisführung mit allen zur Verfügung stehenden Beweismitteln (mit Ausnahme der Versicherung an Eides statt, § 23 Abs. 1 SGB X); wobei eine mindere Gewissheit iSd. überwiegenden Wahrscheinlichkeit der zu beweisenden Tatsachen erreicht werden muss – § 23 Abs. 1 Satz 2 SGB X. Als Beweismittel können ua. dienen: die BV über Kurzarbeit, Lohnabrechnungslisten, Angaben über die Lagerhaltung, Auftragslage, Möglichkeiten der Urlaubsgewährung oder des Einsatzes von Arbeitszeitguthaben[1]. Die Pflicht zur Glaubhaftmachung entbindet die BA nicht von der Amtsermittlungspflicht.

3 Mit dem Eingang der Anzeige des Arbeitsausfalls bei der AA wird der **Leistungsbeginn** festgelegt (Abs. 2), eine verspätete Anzeige (nicht: verspätete Beifügung der Stellungnahme des BR[2]) legt auch einen späteren Leistungszeitraum fest. Die Anzeige als materiell-rechtliche Anspruchsvoraussetzung (§ 169 Nr. 4) stellt zugleich eine materielle Ausschlussfrist für frühere Anspruchszeiträume dar[3]. Deshalb kommt weder eine Wiedereinsetzung in den vorigen Stand noch die Berufung auf den sozialrechtlichen Herstellungsanspruch zur Herbeiführung der Folgen einer unterstellt rechtzeitigen Anzeige in Betracht[4]. Die Rspr. billigt den betroffenen ArbN zum Ausgleich Schadensersatzansprüche gegen den ArbGeb wegen einer verspäteten Anzeige des Arbeitsausfalls zu[5].

4 Im weiteren Verfahren treten ArbGeb bzw. BR als **Verfahrens- und Prozessstandschafter**[6] der ArbN auf, die selbst weder anzeige- noch antragsberechtigt sind. Alle verfahrensrechtlichen und insb. gerichtlichen Rechtsschutzmöglichkeiten gegen den Anerkennungs- und den nachfolgenden Leistungsbescheid obliegen ihm (bzw. dem BR, wenn er Anzeige und Antrag gestellt hat). Als nicht antragstellende Partei sind sie als notwendig Beteiligte iSv. § 12 SGB X bzw. als notwendig Beizuladende iSv. § 75 Abs. 2 SGG am Verwaltungs- und Gerichtsverfahren beteiligt.

5 Der **Antrag auf Gewährung von Kurzarbeitergeld** ist innerhalb einer Ausschlussfrist von drei Monaten für den jeweiligen Anspruchszeitraum zu beantragen (§ 325 Abs. 3), wobei die Frist mit dem Ablauf des Anspruchszeitraums beginnt. Anspruchszeitraum ist die Bezugsfrist iSv. § 177 (längstens 6 Monate), für die der Arbeitsausfall besteht. Auf die Antragsfrist ist der ArbGeb von der AA auch bei ablehnender Entscheidung über die Anzeige durch einen negativen Anerkennungsbescheid hinzuweisen, da die Antragsfrist im Widerspruchsverfahren über den Anerkennungsbescheid ablaufen kann[7]. Anzeige und Antrag können auch gleichzeitig gestellt werden[8]. Lehnt die BA den Erlass eines Anerkennungsbescheids ab, ist im anschließenden Widerspruch der Antrag jedoch gewissermaßen mitenthalten[9]; so dass im anschließenden Klageverfahren unmittelbar auf Gewährung von Kug im Wege der sog. kombinierten Anfechtungs- und Leistungsklage nach § 54 Abs. 1 und 4 SGG geklagt werden kann[10].

174 Kurzarbeitergeld bei Arbeitskämpfen

(1) Die Vorschriften über das Ruhen des Anspruchs auf Arbeitslosengeld bei Arbeitskämpfen gelten entsprechend für den Anspruch auf Kurzarbeitergeld bei einem Arbeitnehmer, dessen Arbeitsausfall Folge eines inländischen Arbeitskampfes ist, an dem er nicht beteiligt ist.

(2) Macht der Arbeitgeber geltend, der Arbeitsausfall sei die Folge eines Arbeitskampfes, so hat er dies darzulegen und glaubhaft zu machen. Der Erklärung ist eine Stellungnahme der Betriebsvertretung beizufügen. Der Arbeitgeber hat der Betriebsvertretung die für die Stellungnahme erforderlichen Angaben zu machen. Bei der Feststellung des Sachverhalts kann die Agentur für Arbeit insbesondere auch Feststellungen im Betrieb treffen.

(3) Stellt die Agentur für Arbeit fest, dass ein Arbeitsausfall entgegen der Erklärung des Arbeitgebers nicht Folge eines Arbeitskampfes ist, und liegen die Anspruchsvoraussetzungen für das Kurzarbeitergeld allein deshalb nicht vor, weil der Arbeitsausfall nicht unvermeidbar ist, wird das Kurzarbeitergeld auch insoweit geleistet, als der Arbeitnehmer Arbeitsentgelt (Arbeitsentgelt im Sinne des § 115 des Zehnten Buches) tatsächlich nicht erhält. Bei der Feststellung nach Satz 1 hat die Agentur für Arbeit auch die wirtschaftliche Vertretbarkeit einer Fortführung der Arbeit zu berücksichti-

---

1 Vgl. *Bieback* in Gagel, § 173 Rz. 50. | 2 BSG v. 30.5.1978 – 7/12 RAr 100/76, SozR 4100 § 63 Nr. 1 (S. 8 mwN). | 3 BSG v. 14.2.1989 – 7 RAr 18/87, SozR 4100 § 66 Nr. 2; aA *Bieback* in Gagel, § 173 Rz. 26. | 4 BSG v. 14.2.1989 – 7 RAr 18/87, SozR 4100 § 66 Nr. 2. | 5 BSG v. 17.7.1979 – 12 RAr 4/79, SozR 4100 § 141b Nr. 12. | 6 St. Rspr., vgl. nur BSG v. 25.6.1998 – B 7 AL 126/95 R, SozR 3-4100 § 71 Nr. 2 (S. 14); v. 19.2.1986 – 7 RAr 9/84, SozR 4100 § 68 Nr. 3, S. 3 mwN). | 7 *Roeder* in Niesel, SGB III, § 173 Rz. 1. | 8 BSG v. 30.5.1978 – 7/12 RAr 100/76, SozR 4100 § 63 Nr. 1. | 9 BSG v. 18.5.1995 – 7 RAr 28/94, SozR 3-4100 § 64 Nr. 2 (S. 6 mwN). | 10 Bestätigt durch BSG v. 29.10.1997 – 7 RAr 48/96, SozR 3-4100 § 64 Nr. 3 (S. 11).

gen. Hat der Arbeitgeber das Arbeitsentgelt trotz des Rechtsübergangs mit befreiender Wirkung an den Arbeitnehmer oder an einen Dritten gezahlt, hat der Empfänger des Kurzarbeitergelds dieses insoweit zu erstatten.

Fassung: AFRG v. 24.3.1997 (BGBl. I S. 594) seit 1.1.1998, redaktionell angepasst durch das Dritte Gesetz für moderne Dienstleistungen am Arbeitsmarkt v. 23.12.2003 (BGBl. I S. 2848).

1   Abs. 1 verweist auf die Vorschriften über das Ruhen von Alg für nicht am Arbeitskampf unmittelbar beteiligte ArbN (§ 146 Abs. 3, siehe Erl. dort). Sind die ArbN unmittelbar Beteiligte an einem Arbeitskampf, kommt ohnehin kein Kug in Betracht, weil der Arbeitsausfall dann nicht auf wirtschaftlichen Gründen oder einem unabwendbaren Ereignis beruht (§ 170)[1]. § 174 sichert wie § 146 die Neutralität der BA bei Arbeitskämpfen.

2   Nach **Abs. 2** obliegt dem ArbGeb die **Darlegung und Glaubhaftmachung** dafür, dass der Arbeitsausfall auf einem Arbeitskampf beruht. Hiermit will der Gesetzgeber verhindern, dass ArbGeb, die nicht am Arbeitskampf beteiligt sind, diesen zum Anlass nehmen, einen Arbeitskampf lediglich zu behaupten, um sich auf diese Weise mittelbar am Arbeitskampf zu beteiligen[2]. Hierzu wiederholt der Gesetzgeber die auch in Fällen des Nachweises des Arbeitsausfalls bestehenden Pflichten zur Beifügung einer Stellungnahme des BR (§ 173 Abs. 1 Satz 3) und zur Glaubhaftmachung (§ 173 Abs. 1 Satz 4, vgl. dazu § 173 Rz. 2). Letztlich trägt der ArbGeb die (objektive) Beweislast für das Vorliegen eines Ursachenzusammenhangs zwischen Arbeitskampf und Arbeitsausfall[3]. Das Recht der AA zur Ermittlung unmittelbar im Betrieb (Abs. 2 Satz 4) entspricht den ihr im Rahmen der Amtsermittlungspflicht allgemein zur Verfügung stehenden Beweismitteln (§ 20 Abs. 1 Nr. 4) und wird wegen der Verpflichtung des ArbGeb zur Glaubhaftmachung an dieser Stelle ausdrücklich wiederholt.

3   Nach **Abs. 3** kommt eine **Gleichwohlgewährung** von Kug in Betracht, wenn der Arbeitsausfall nach den Feststellungen der BA vermeidbar ist. Hierfür müssen aber die übrigen Anspruchsvoraussetzungen vorliegen. Gleichwohl der Anspruch auf Kug an sich nach § 146 SGB III ruhen könnte, springt die BA mit Kurzarbeitergeldzahlungen ein, da der Anspruch auf Arbeitsentgelt nach § 615 BGB bei einem **vermeidbaren Arbeitsausfall** nicht ausgeschlossen ist[4]. Der Sache nach handelt es sich um eine Art (teilweiser) Vorfinanzierung des Arbeitsentgelts[5]. Rechtstechnisch entspricht sie der Gleichwohlgewährung beim Ruhen des Anspruchs auf Alg neben einem Anspruch auf Arbeitsentgelt (vgl. dazu § 143 Rz. 19 ff.). Die Vermeidbarkeit des Arbeitsausfalls muss tatsächlich feststehen[6].

4   Das Gesetz erwähnt bei der Frage der Vermeidbarkeit des Arbeitsausfalls ausdrücklich die **wirtschaftliche Vertretbarkeit**. Neben der technischen Fortführungsmöglichkeit muss also auch die Fortführung des Betriebes wirtschaftlich zumutbar sein. Die BA legt hierzu in ihrer Dienstanweisung[7] zum Kug fest, dass die obere Grenze der zumutbaren Mehrkosten die Kostenbelastung ist, die der ArbGeb im Falle der Kurzarbeit ohnehin hat. Der ArbGeb soll also im Rahmen von Arbeitskampfmaßnahmen nicht höher belastet werden, als bei regulärer Kurzarbeit (Mehrkosten der Arbeitsfortführung gegenüber Fixkosten bei stillliegender Produktion[8]).

175 Kurzarbeitergeld in einer betriebsorganisatorisch eigenständigen Einheit
(1) Anspruch auf Kurzarbeitergeld besteht bis zum 31. Dezember 2006 auch in Fällen eines nicht nur vorübergehenden Arbeitsausfalles, wenn

1. Strukturveränderungen für einen Betrieb mit einer Einschränkung und Stilllegung des ganzen Betriebs oder von wesentlichen Betriebsteilen verbunden sind und mit Personalanpassungsmaßnahmen in erheblichem Umfang einhergehen und

2. die von dem Arbeitsausfall betroffenen Arbeitnehmer zur Vermeidung von Entlassungen einer erheblichen Anzahl von Arbeitnehmern des Betriebes (§ 17 Abs. 1 des Kündigungsschutzgesetzes) in einer betriebsorganisatorisch eigenständigen Einheit zusammengefasst sind.

Anspruch auf Kurzarbeitergeld in Fällen eines nicht nur vorübergehenden Arbeitsausfalles besteht in Betrieben mit in der Regel nicht mehr als 20 Arbeitnehmern ungeachtet der Voraussetzungen nach Satz 1, wenn bei mindestens 20 Prozent der in dem Betrieb beschäftigten Arbeitnehmer trotz des Arbeitsausfalles Entlassungen vermieden werden können. Die Zahlung von Kurzarbeitergeld soll dazu beitragen, die Schaffung und Besetzung neuer Arbeitsplätze zu erleichtern. Die Zeiten des Arbeitsausfalls sollen vom Betrieb dazu genutzt werden, die Vermittlungsaussichten der Arbeitnehmer insbesondere durch eine berufliche Qualifizierung, zu der auch eine zeitlich begrenzte Beschäftigung bei einem anderen Arbeitgeber gehören kann, zu verbessern. Nimmt der Arbeitnehmer während seiner Zugehörigkeit zu einer betriebsorganisatorisch eigenständigen Einheit an einer Qualifikationsmaß-

---

1 BSG v. 5.6.1991 – 7 RAr 26/89, SozR 3-4100 3 116 Nr. 1 (S. 15 f.). | 2 BT-Drs. 10/5214, S. 14. | 3 *Bieback* in *Gagel*, SGB III, § 174 Rz. 21. | 4 *Otto*, MünchHB ArbR III, § 292 Rz. 81. | 5 *Otto*, MünchHB ArbR III, § 292 Rz. 81. | 6 *Otto*, RdA 1987, 1, 3; *Löwisch*, NZA 1986, 345, 351; aA *Bieback* in Gagel, SGB II, § 174 Rz. 40. | 7 Kug-Rd.Erl. zu § 173 unter 6.3.8; zust. *Otto* in MünchHBArbR I, § 292 Rz. 86. | 8 *Roeder* in Niesel, SGB III, § 174 Rz. 4.

nahme teil, die das Ziel der anschließenden Aufnahme einer Beschäftigung bei einem anderen Arbeitgeber hat, steht bei Nichterreichen dieses Zieles die Rückkehr des Arbeitnehmers in den bisherigen Betrieb seinem Anspruch auf Kurzarbeitergeld nach Satz 1 nicht entgegen.

(2) Der Anspruch ist ausgeschlossen, wenn die Arbeitnehmer nur vorübergehend in der betriebsorganisatorisch eigenständigen Einheit zusammengefasst werden, um anschließend einen anderen Arbeitsplatz des Betriebes zu besetzen.

(3) Der Anspruch besteht auch für Arbeitnehmer, deren Arbeitsverhältnis gekündigt oder durch Aufhebungsvertrag aufgelöst ist.

Fassung: Job-AQTIV-Gesetz v. 10.12.2001 (BGBl. I S. 3443) seit 1.1.2002, aufgehoben seit 1.1.2004 durch das Dritte Gesetz für moderne Dienstleistungen am Arbeitsmarkt v. 23.12.2003 (BGBl. I S. 2848).

1 Die Vorschrift ist mit Wirkung vom 1.1.2004 entfallen und durch das Transfer-Kug (§ 216b – Erläuterungen siehe da) ersetzt worden. Die Vorschrift gilt nach § 434j Abs. 11 aber weiter, sofern eine Entscheidung über eine Verlängerung nach § 177 Abs. 4 (s. Erläuterungen dort) zu treffen ist. Wegen ihrer außerordentlichen Bedeutung im Rahmen von betrieblichen Strukturanpassungsmaßnahmen wurde ihre Kommentierung noch vorübergehend aufgenommen.

2 Das **Struktur-Kug** nach § 175 kann unter erleichterten Voraussetzungen gewährt werden, um bei strukturell bedingten Arbeitsausfällen Massenentlassungen vorübergehend zu verhindern und den Personalabbau sozial und arbeitsmarktpolitisch abzuschirmen[1]. Deswegen wird es zwar unter den Voraussetzungen wie das Regel-Kug gewährt, der Arbeitsausfall muss aber nicht vorübergehend sein die Arbeitsverhältnisse können bereits durch Kündigung oder Aufhebungsvertrag aufgehoben sein. Die Nutzung der Bezugsdauer zur Weiterqualifizierung, damit zur Schaffung und Besetzung neuer Arbeitsplätze beigetragen werden kann (Abs. 1 Sätze 2 und 3), ist lediglich als Soll-Vorschrift ausgestaltet.

3 Abs. 1 Satz 1 Nr. 1 beschreibt die wirtschaftlichen Voraussetzungen der Gewährung. Danach müssen **Strukturveränderungen mit einer Einschränkung oder Stilllegung des Betriebes oder wesentlicher Betriebsteile** verbunden sein. Betriebliche Strukturveränderungen meint nur, dass bei Wiederanziehen der Konjunktur eine Erholung der wirtschaftlichen Situation des Betriebes ausgeschlossen ist[2]; im Übrigen kann hier auf die Rspr. des BAG zu § 111 Satz 2 Nr. 1 BetrVG zurückgegriffen werden (siehe Erl. zu § 111 BetrVG), da die dortige Formulierung vollständig aufgegriffen wird. Danach müssen Personalanpassungsmaßnahmen in der Größenordnung des § 17 KSchG anstehen, mindestens aber 5 % der Belegschaft betroffen sein[3]. Ebenso wie für § 111 BetrVG reicht auch hier die Betroffenheit eines Betriebsteils aus, wobei neben den nach § 17 KSchG bemessenen quantitativen Erfordernissen auch auf die Bedeutung für den Gesamtbetrieb abgestellt wird (verneint für Produktionsbetriebsteile, deren Erzeugnisse ohne weiteres eingekauft werden können oder die überwiegend mit von außen kommenden Aufträgen beschäftigt sind[4]). Es kann sich auch um eine Betriebsabteilung iSd. § 171 (siehe dort Rz. 5) handeln.

4 Nach Abs. 1 Satz 1 Nr. 2 ist die Gewährung des Sruktur-Kug an die Bildung einer **betriebsorganisatorisch eigenständigen Einheit** geknüpft. Diese muss wiederum die Mindestgrößenordnung des § 17 KSchG erreichen und erfordert eine eindeutige Trennung von den im Betrieb verbleibenden ArbN, die durch ein Mindestmaß an separater Organisation herbeigeführt wird[5]. Ziel ist die Herauslösung aus den übrigen Arbeitsvorgängen mit Konzentration der Maßnahmen auf die gesetzlichen Zwecksetzung, die Vermittlungsaussichten der betroffenen ArbN zu erhöhen. Ein eigener arbeitstechnischer Zweck ist nicht erforderlich (Gruppe Strukturkurzarbeiter). Zulässig erfolgt die Zusammenfassung der zur Entlassung anstehenden ArbN in Beschäftigungs- und Qualifizierungsgesellschaften (BQG) unter vorheriger Aufhebung der Arbeitsverhältnisse bei dem früheren ArbGeb[6].

5 Da die Verweisung auf § 17 KSchG bisher dazu führte, dass Struktur-Kug nicht in Betrieben mit in der Regel nicht mehr als 20 ArbN gewährt werden konnte, ergänzte das Job-AQTIV-Gesetz[7] mit Wirkung zum 1.1.2002 die Regelung in **Abs. 1 Satz 2** durch eine **Kleinbetriebsklausel**. Die organisatorischen Anforderungen hält der Gesetzgeber vor dem Hintergrund, dass die betriebsorganisatorisch eigenständigen Einheiten häufig nicht beim alten ArbGeb, sondern bei externen Gesellschaften organisiert werden, die – zum Teil für mehrere Betriebe – in vollem Umfang in die ArbGebRechte und -pflichten eintreten, auch für kleinere Betriebe für erfüllbar[8]. Daraus ist zu schließen, dass auf die Bildung einer betriebsorganisatorisch eigenständigen Einheit – trotz der etwas missverständlichen Formulierung „.... ungeachtet der Voraussetzungen nach Satz 1" nicht verzichtet werden soll. Ungeachtet aber der zahlenmäßigen Anfor-

---

1 Vgl. *Bieback* in Gagel, SGB III, § 175 Rz. 6: Fallschirmfunktion. | 2 *Roeder* in Niesel, SGB III, § 175 Rz. 3. | 3 BAG v. 21.10.1980 – 1 AZR 145/79, AP Nr. 8 zu § 111 BetrVG 1972; v. 7.8.1990 – 1 AZR 445/89, AP Nr. 34 zu § 111 BetrVG 1972. | 4 BAG v. 6.6.1978 – 1 AZR 459/75, AP Nr. 2 zu § 111 BetrVG 1972; 7.8.1990 – 1 AZR 445/89, AP Nr. 34 zu § 111 BetrVG 1972. | 5 *Bieback* in Gagel, SGB II, § 175 Rz. 45: eigene Personalverwaltung bzw. besondere Zuordnung innerhalb der Personalverwaltung. | 6 Zur arbeitsrechtlichen Zulässigkeit auch in Ansehung einer begrenzten Fortsetzung des bisherigen Betriebes durch eine Auffanggesellschaft BAG v. 21.1.1999 – 8 AZR 218/98, ZIP 1999 – 8 AZR 218/98, 1572; zu den Vorteilen *Gaul/Kliemt*, NZA 2000, 674. | 7 V. 10.12.2001, BGBl. I S. 3443. | 8 BT-Drs. 14/6944, S. 37 f. zu Nr. 54.

SGB III § 175 Rz. 6   Kurzarbeitergeld in einer betriebsorganisatorisch eigenständigen Einheit

derungen nach Abs. 1 Nr. 1 und 2 kommt es allein auf die Vermeidbarkeit von Entlassungen für 20 % der in dem Betrieb beschäftigten ArbN an.

6 Abs. 1 Sätze 3 und 4 verpflichten den Betrieb im Rahmen einer **Soll-Vorschrift zur Verbesserung der Vermittlungsaussichten** der zusammengefassten ArbN, insb. zu deren Weiterqualifizierung. Damit soll der unvermeidbare Personalabbau beschäftigungswirksam genutzt werden. Eine Förderung der ArbN durch andere Maßnahmen der beruflichen Weiterbildung (§§ 77 ff.) wird hierdurch ausgeschlossen[1]. Die Soll-Vorschrift wird zur Muss-Verpflichtung, wenn die Gewährung von Struktur-Kug über die Regelbezugsfrist von 6 Monaten hinausgeht (§ 177 Abs. 1 Satz 4). Hierfür kann es nach dem Gesetzeswortlaut („vorgesehen ist") aber genügen, wenn allen ArbN eine Qualifizierungsmaßnahme angeboten wird[2].

7 Der **Wechsel an einen anderen Arbeitsplatz im Betrieb** ist ausgeschlossen (Abs. 2), da die Zahlung des Struktur-Kug nicht dazu dienen soll, die ArbN für einen anderen Arbeitsplatz im selben Betrieb zu qualifizieren. Vom Missbrauchsgesichtspunkt aus gesehen unschädlich ist aber die vorübergehende Verwendung im alten Betrieb, etwa zur Krankheitsvertretung, oder die spätere Übernahme aufgrund geänderter Planungen[3].

8 Der Anspruch besteht nach **Abs. 3** auch, wenn das **Arbeitsverhältnis gekündigt oder durch Aufhebungsvertrag aufgelöst** ist. Jedoch darf der ArbGeb bzw. der Inhaber der Leitungsmacht über die betriebsorganisatorisch eigenständige Einheit nicht das Direktionsrecht aufgegeben haben. Dies wird bei einem gestellten Antrag auf Alg seitens des ArbN häufig durch die Arbeitsverwaltung unterstellt[4].

9 Die **Anspruchshöchstdauer** beträgt 24 Monate (gemäß VO v. 15.1.2003[5] für alle bis zum 31.12.2003 entstandenen Ansprüche). Entgegen früherer Übung wird nunmehr die Bezugsfrist des konjunkturellen Kug auf diejenige für das Struktur-Kug angerechnet, wenn seit dem letzten Kalendermonat des Bezugs noch keine drei Monate verstrichen sind.

177 *Dauer*

(1) Kurzarbeitergeld wird für den Arbeitsausfall während der Bezugsfrist geleistet. Die Bezugsfrist gilt einheitlich für alle in einem Betrieb beschäftigten Arbeitnehmer. Sie beginnt mit dem ersten Kalendermonat, für den in einem Betrieb Kurzarbeitergeld gezahlt wird, und beträgt längstens sechs Monate *[bis 31.12.2003: beim Kurzarbeitergeld in einer betriebsorganisatorisch eigenständigen Einheit längstens zwölf Monate. Ein Anspruch auf Kurzarbeitergeld in einer betriebsorganisatorisch eigenständigen Einheit besteht über die Dauer von sechs Monaten hinaus nur, wenn für die Arbeitnehmer Maßnahmen der beruflichen Qualifizierung oder andere geeignete Maßnahmen zur Eingliederung vorgesehen sind.]*.

(2) Wird innerhalb der Bezugsfrist für einen zusammenhängenden Zeitraum von mindestens einem Monat Kurzarbeitergeld nicht geleistet, verlängert sich die Bezugsfrist um diesen Zeitraum.

(3) Sind seit dem letzten Kalendermonat, für den Kurzarbeitergeld geleistet worden ist, drei Monate vergangen und liegen die Anspruchsvoraussetzungen erneut vor, beginnt eine neue Bezugsfrist.

[Abs. 4 bis 31.12.2003: (4) Die Bezugsfrist für das Kurzarbeitergeld in einer betriebsorganisatorisch eigenständigen Einheit verkürzt sich um die vorangegangene Bezugsdauer des Kurzarbeitergeldes, wenn seit dem letzten Kalendermonat des Bezugs noch nicht drei Monate vergangen sind. Die Bezugsfrist für Kurzarbeitergeld darf in einem Zeitraum von drei Jahren insgesamt zwei Jahre nicht überschreiten; der Zeitraum von zwei Jahren verlängert sich in dem Betrieb oder der betriebsorganisatorisch eigenständigen Einheit um Zeiten,

1. um die eine durch Rechtsverordnung bis zur Höchstdauer verlängerte Bezugsfrist die gesetzliche Bezugsfrist übersteigt oder

2. für die ein Sozialplan eine Maßnahme vorsieht, die der beruflichen Eingliederung von Arbeitnehmern dient.]

Fassung: Drittes Gesetz für moderne Dienstleistungen am Arbeitsmarkt v. 23.12.2003 (BGBl. I S. 2848). Die kursiv gesetzten Teile sind mit Wirkung mit 1.1.2004 aufgehoben (Folgeänderung zur Streichung der sog. Struktur-Kug nach § 175). Wegen der Weitergeltung bei Verlängerungsanträgen (§ 434j Abs. 11) wurde die Kommentierung auch der aufgehobenen Teile zunächst aufgenommen.

1 Die **Regelbezugsfrist** beträgt 6 Monate, für ArbN, die nach § 175 in einer betriebsorganisatorisch eigenständigen Einheit zusammengefasst sind, 12 Monate. Für eine die Regelbezugsfrist überschreitende Gewährung von Kug an ArbN in einer betriebsorganisatorisch eigenständigen Einheit wird spätestens ab dem 7. Monat die Verpflichtung zur Weiterqualifizierung (siehe § 175 Rz. 5) eine Muss-Verpflichtung. Der Grundsatz der einheitlichen Gewährung an alle ArbN kann bei unterschiedlichen Arbeitsausfällen in verschiedenen Betriebsabteilungen durchbrochen sein[6].

---

1 *Eckhardt*, AuB 2000, 100, 104. | 2 *Hammer/Weiland*, BB 1997, 2582 (2585); *Eckhardt*, AuB 2000, 100, 103 f. | 3 Vgl. BT-Drs. 13/4941, S. 186 zu § 175 Abs. 2. | 4 Vgl. auch *Eckhardt*, AuB 2000, 100, 101: Arbeitslosigkeit soll bereits bei einer Freistellung im Insolvenzverfahren vorliegen. | 5 BGBl. I S. 89. | 6 *Roeder* in Niesel, SGB III, § 175 Rz. 3.

Die Regelbezugsfrist kann **durch Rechtsverordnung des Bundesministeriums für Wirtschaft und Arbeit verlängert** werden, § 182 Nr. 3. Hiervon ist seit 1975 fast ununterbrochen Gebrauch gemacht worden, zuletzt durch VO v. 22.12.2003[1]. Hierdurch wurde die Bezugsfrist von 6 auf 15 Monate mit Wirkung ab 1.1.2004 bis 30.6.2005 und auf 12 Monate mit Wirkung ab 1.7.2005 bis 30.6.2006 und für bis 31.12.2003 entstandene Kug-Ansprüche in einer betriebsorganisatorisch eigenständigen Arbeit von 12 auf 24 Monate verlängert (VO v. 15.1.2003)[2]. 2

Die Bezugsfristen beginnen nach **Unterbrechung** von mindestens 3 Kalendermonaten neu zu laufen (Abs. 3). Unterbrechungen von mindestens 1 Kalendermonat rechnen nicht in die Bezugsfrist ein (Abs. 2). Innerhalb von 3 Jahren darf eine **Höchstbezugsfrist** von 2 Jahren nicht überschritten werden, in einer betriebsorganisatorisch eigenständigen Einheit allerdings eine solche von drei Jahren![3] Die Höchstbezugsfrist verlängert sich ferner um Zeiten, für die ein Sozialplan berufliche Eingliederungsmaßnahmen vorsieht (Abs. 4 Satz 2 Halbs. 2 Nr. 2); dies sind auch solche, zu denen im Rahmen einer Sozialplanförderung Transfermaßnahmen nach § 216a (s. Erl. dort, vor dem 1.1.2004 nach §§ 254 ff.) die AA Zuschüsse gewährt. 3

178 Höhe
Das Kurzarbeitergeld beträgt

1. für Arbeitnehmer, die beim Arbeitslosengeld die Voraussetzungen für den erhöhten Leistungssatz erfüllen würden, 67 Prozent,
2. für die übrigen Arbeitnehmer 60 Prozent

der Nettoentgeltdifferenz im Anspruchszeitraum.

Fassung: AFRG (Arbeitsförderungs-Reformgesetz) v. 24.3.1997 (BGBl. I S. 594) seit 1.1.1998.

179 Nettoentgeltdifferenz

(1) Die Nettoentgeltdifferenz entspricht dem Unterschiedsbetrag zwischen
1. dem pauschalierten Nettoentgelt aus dem Sollentgelt und
2. dem pauschalierten Nettoentgelt aus dem Istentgelt.

Sollentgelt ist das Bruttoarbeitsentgelt, das der Arbeitnehmer ohne den Arbeitsausfall und vermindert um Entgelt für Mehrarbeit in dem Anspruchszeitraum erzielt hätte. Istentgelt ist das in dem Anspruchszeitraum tatsächlich erzielte Bruttoarbeitsentgelt des Arbeitnehmers zuzüglich aller ihm zustehenden Entgeltanteile. Bei der Ermittlung von Sollentgelt und Istentgelt bleibt Arbeitsentgelt, das einmalig gezahlt wird, außer Betracht. Sollentgelt und Istentgelt sind auf den nächsten durch 20 teilbaren Euro-Betrag zu runden. Die Vorschriften beim Arbeitslosengeld über die Berechnung des Leistungsentgelts *und über die Leistungsgruppen* [*entfällt ab 1.1.2005*] gelten mit Ausnahme der Regelungen über den Zeitpunkt der Zuordnung der Lohnsteuerklassen und den Steuerklassenwechsel für die Berechnung der pauschalierten Nettoarbeitsentgelte beim Kurzarbeitergeld entsprechend.

(2) Erzielt der Arbeitnehmer aus anderen als wirtschaftlichen Gründen kein Arbeitsentgelt, ist das Istentgelt um den Betrag zu erhöhen, um den das Arbeitsentgelt aus diesen Gründen gemindert ist. Arbeitsentgelt, das unter Anrechnung des Kurzarbeitergeldes gezahlt wird, bleibt bei der Berechnung des Istentgelts außer Betracht.

(3) Erzielt der Arbeitnehmer für Zeiten des Arbeitsausfalls ein Entgelt aus einer anderen während des Bezuges von Kurzarbeitergeld aufgenommenen Beschäftigung, selbständigen Tätigkeit oder Tätigkeit als mithelfender Familienangehöriger, ist das Istentgelt um dieses Entgelt zu erhöhen.

(4) Lässt sich das Sollentgelt eines Arbeitnehmers in dem Anspruchszeitraum nicht hinreichend bestimmt feststellen, ist als Sollentgelt das Arbeitsentgelt maßgebend, das der Arbeitnehmer in den letzten drei abgerechneten Kalendermonaten vor Beginn des Arbeitsausfalls, vermindert um Entgelt für Mehrarbeit, in dem Betrieb durchschnittlich erzielt hat. Ist eine Berechnung nach Satz 1 nicht möglich, ist das durchschnittliche Sollentgelt eines vergleichbaren Arbeitnehmers zugrunde zu legen. Änderungen der Grundlage für die Berechnung des Arbeitsentgelts sind zu berücksichtigen, wenn und solange sie auch während des Arbeitsausfalls wirksam sind.

(5) Die Absätze 1 bis 4 gelten für Heimarbeiter mit der Maßgabe, dass als Sollentgelt das durchschnittliche Bruttoarbeitsentgelt der letzten sechs abgerechneten Kalendermonate vor Beginn des Entgeltausfalls zugrunde zu legen ist. War der Heimarbeiter noch nicht sechs Kalendermonate für den Auftraggeber tätig, so ist das in der kürzeren Zeit erzielte Arbeitsentgelt maßgebend.

Fassung: 4. Euro-EinführungsG v. 21.12.2000 (BGBl. I S. 1983) seit 1.1.2002; geändert durch das Dritte Gesetz für moderne Dienstleistungen am Arbeitsmarkt v. 23.12.2003 (BGBl. I S. 2848) zum 1.1.2005.

---

1 BGBl. I S. 2828. | 2 BGBl. I S. 89. | 3 Abs. 4 Satz 2 Halbs. 2 Nr. 1 iVm. § 1 Nr. 2 der VO v. 7.3.2001 (BGBl. I S. 383).

1   Die Vorschriften zur Höhe des Kug sind durch das SGB III **wesentlich umgestaltet und vereinfacht** worden, indem nicht mehr auf der Basis des Arbeitsentgelts je Ausfallstunde, sondern der Nettoentgeltdifferenz im jeweiligen Anspruchszeitraum (Kalendermonat, § 170 Abs. 1 Nr. 4) der maßgebliche Prozentwert erhoben wird. Dieser beträgt für ArbN, die oder deren Ehegatte oder Lebenspartner mindestens ein Kind iSd. § 32 Abs. 1, 3 bis 5 EStG haben, **67** Prozent[1]; für alle übrigen ArbN **60** Prozent.

2   Der **Berechnungsweg** für die zugrunde zu legende Entgeltdifferenz ergibt sich wie folgt: Zunächst ist das Bruttoentgelt, das der ArbN ohne den Arbeitsausfall erzielt hätte (= Sollentgelt) nach den Einzelheiten in Abs. 1 Satz 2 zu ermitteln. Maßgeblich ist nur Arbeitsentgelt, von dem Beiträge entrichtet werden (Verweis auf § 134 Abs. 1). Einmalig gezahltes Arbeitsentgelt wie Jahressonderzahlungen, Prämien, Tantiemen oder Jubiläumszuwendungen bleiben ebenso außer Ansatz wie Arbeitsentgelt für Mehrarbeit. Ist das Sollentgelt (als fiktives Arbeitsentgelt) nicht zu ermitteln, wird nach Abs. 4 das Durchschnittsentgelt der letzten drei Monate vor dem Arbeitsausfall (ohne Mehrarbeit) oder hilfsweise das Sollentgelt eines vergleichbaren ArbN zugrunde gelegt. Dem Sollentgelt ist das tatsächlich erzielte Bruttoarbeitsentgelt (= Istentgelt) gegenüberzustellen. Dies ist wiederum zu erhöhen um Arbeitsentgelt, das der ArbN aus anderen als wirtschaftlichen Gründen[2] oder wegen eines Feiertags nicht erzielt hat (vgl. § 2 Abs. 2 EFZG), sowie um anstelle des Arbeitsausfalls in einem anderen Betrieb oder aus selbständiger Tätigkeit erzielten Entgelts (Abs. 3). Arbeitsentgelt, das unter Anrechnung des Kug gezahlt wird (= Aufstockungsbeträge des ArbGeb, vgl dazu § 169 Rz. 5), fließt nicht in die Berechnung ein. Der maßgebliche Betrag ist nicht die Bruttoentgeltdifferenz (vgl. dazu die Rundungsvorschrift in Abs. 1 Satz 5), sondern die aus den pauschalierten Nettoentgelten des Soll- und Istentgelts (auf der Grundlage der für die Zahlung von Kug und Winterausfallgeld gebildeten Leistungstabellen, § 182 Nr. 1)[3].

3   Neben der Zahlung von Kug als Nettoleistung fallen für den **ArbGeb** die **Beiträge zur SozV** (Gesamtsozialversicherungsbeitrag) sowie die Beitragszuschüsse für freiwillig Versicherte oder privat versicherte ArbN an. Diese zählen zu den Lohnnebenkosten und sollen bei auf wirtschaftlichen Gründen beruhenden Arbeitsausfällen nicht von der Allgemeinheit zu tragen sein. Die Rechtsgrundlagen für die Beiträge zur Kranken-, Renten-, Unfall- und Pflegeversicherung finden sich in §§ 249 Abs. 2 Nr. 3, 257 SGB V; 168 Abs. 1 Nr. 1a SGB VI; 58 Abs. 1, 61 SGB XI; lediglich die Beiträge zur ArblV entfallen.

Zehnter Abschnitt. Transferleistungen

216a *Förderung der Teilnahme an Transfermaßnahmen*
(1) Die Teilnahme von Arbeitnehmern, die auf Grund von Betriebsänderungen oder im Anschluss an die Beendigung eines Berufsausbildungsverhältnisses von Arbeitslosigkeit bedroht sind, an Transfermaßnahmen wird gefördert, wenn

1. die Maßnahme von einem Dritten durchgeführt wird,

2. die vorgesehene Maßnahme der Eingliederung der Arbeitnehmer in den Arbeitsmarkt dienen soll,

3. die Durchführung der Maßnahme gesichert ist und

4. ein System zur Sicherung der Qualität angewendet wird.

Transfermaßnahmen sind alle Maßnahmen zur Eingliederung von Arbeitnehmern in den Arbeitsmarkt, an deren Finanzierung sich Arbeitgeber angemessen beteiligen. Als Betriebsänderungen im Sinne des Satz 1 gelten Betriebsänderungen im Sinne des § 111 Betriebsverfassungsgesetz unabhängig von der Unternehmensgröße.

(2) Die Förderung wird als Zuschuss gewährt. Der Zuschuss beträgt 50 Prozent der aufzuwendenden Maßnahmekosten, jedoch höchstens 2.500 Euro je gefördertem Arbeitnehmer.

(3) Eine Förderung ist ausgeschlossen, wenn die Maßnahme dazu dient, den Arbeitnehmer auf eine Anschlussbeschäftigung im gleichen Betrieb oder in einem anderen Betrieb des gleichen Unternehmens oder, falls das Unternehmen einem Konzern angehört, in einem Betrieb eines anderen Konzernunternehmens des Konzerns vorzubereiten. Durch die Förderung darf der Arbeitgeber nicht von bestehenden Verpflichtungen entlastet werden.

(4) Die Agenturen für Arbeit beraten die Betriebsparteien über die Fördermöglichkeiten nach Absatz 1 auf Verlangen im Vorfeld der Entscheidung über die Einführung von Transfermaßnahmen, insbesondere auch im Rahmen von Sozialplanverhandlungen nach § 112 des Betriebsverfassungsgesetzes.

(5) Während der Teilnahme an Transfermaßnahmen sind andere Leistungen der aktiven Arbeitsförderung mit gleichartiger Zielsetzung ausgeschlossen.

---

[1] Verweis auf § 129 Abs. 1 in § 178 Nr. 1. | [2] ZB Arbeitsverhinderung aus persönlichen Gründen, für die kein Fortzahlungsanspruch nach § 616 BGB besteht, oder wegen der Wahrnehmung staatsbürgerlicher Pflichten, vgl. *Bieback* in Gagel, SGB III, § 169 Rz. 199, 200; *Roeder* in Niesel, § 179 Rz. 12. | [3] Anlage 2 der jeweiligen LeistungsentgeltVO (für 2003, vgl. VO v. 22.12.2003, BGBl. I S. 3100).

216b *Transferkurzarbeitergeld*
(1) Zur Vermeidung von Entlassungen und zur Verbesserung ihrer Vermittlungsaussichten haben Arbeitnehmer Anspruch auf Kurzarbeitergeld zur Förderung der Eingliederung bei betrieblichen Restrukturierungen (Transferkurzarbeitergeld), wenn

1. und solange sie von einem dauerhaften unvermeidbaren Arbeitsausfall mit Entgeltausfall betroffen sind,
2. die betrieblichen Voraussetzungen erfüllt sind,
3. die persönlichen Voraussetzungen erfüllt sind und
4. der dauerhafte Arbeitsausfall der Agentur für Arbeit angezeigt worden ist.

(2) Ein dauerhafter Arbeitsausfall liegt vor, wenn infolge einer Betriebsänderung im Sinne des § 216a Abs. 1 Satz 3 die Beschäftigungsmöglichkeiten für die Arbeitnehmer nicht nur vorübergehend entfallen.

(3) Die betrieblichen Voraussetzungen für die Gewährung von Transferkurzarbeitergeld sind erfüllt, wenn

1. in einem Betrieb Personalanpassungsmaßnahmen aufgrund einer Betriebsänderung durchgeführt und
2. die von Arbeitsausfall betroffenen Arbeitnehmer zur Vermeidung von Entlassungen und zur Verbesserung ihrer Eingliederungschancen in einer betriebsorganisatorisch eigenständigen Einheit zusammengefasst werden.

(4) Die persönlichen Voraussetzungen sind erfüllt, wenn der Arbeitnehmer

1. von Arbeitslosigkeit bedroht ist,
2. nach Beginn des Arbeitsausfalles eine versicherungspflichtige Beschäftigung
   a) fortsetzt oder
   b) im Anschluss an die Beendigung eines Berufsausbildungsverhältnisses aufnimmt,
3. nicht vom Kurzarbeitergeldbezug ausgeschlossen ist und
4. vor der Überleitung in die betriebsorganisatorisch eigenständige Einheit aus Anlass der Betriebsänderung an einer arbeitsmarktlich zweckmäßigen Maßnahme zur Feststellung der Eingliederungsaussichten teilgenommen hat; können in berechtigten Ausnahmefällen trotz Mithilfe der Agentur für Arbeit die notwendigen Feststellungsmaßnahmen nicht rechtzeitig durchgeführt werden, sind diese im unmittelbaren Anschluss an die Überleitung innerhalb eines Monats nachzuholen.

§ 172 Abs. 1a bis 3 gilt entsprechend.

(5) Für die Anzeige des Arbeitsausfalls gelten § 173 Abs. 1, 2 Satz 1 und Abs. 3 entsprechend. Die Anzeige über den Arbeitsausfall hat bei der Agentur für Arbeit zu erfolgen, in deren Bezirk der personalabgebende Betrieb seinen Sitz hat. § 216a Abs. 4 gilt entsprechend.

(6) Während des Bezugs von Transferkurzarbeitergeld hat der Arbeitgeber den geförderten Arbeitnehmern Vermittlungsvorschläge zu unterbreiten. Hat die Maßnahme zur Feststellung der Eingliederungsaussichten ergeben, dass Arbeitnehmer Qualifizierungsdefizite aufweisen, soll der Arbeitgeber geeignete Maßnahmen zur Verbesserung der Eingliederungsaussichten anbieten. Als geeignete Maßnahme gilt auch eine zeitlich begrenzte, längstens sechs Monate dauernde Beschäftigung zum Zwecke der Qualifizierung bei einem anderen Arbeitgeber. Nimmt der Arbeitnehmer während seiner Beschäftigung in einer betriebsorganisatorisch eigenständigen Einheit an einer Qualifizierungsmaßnahme teil, die das Ziel der anschließenden Beschäftigung bei einem anderen Arbeitgeber hat, steht bei Nichterreichung dieses Zieles die Rückkehr des Arbeitnehmers in den bisherigen Betrieb seinem Anspruch auf Transferkurzarbeitergeld nicht entgegen.

(7) Der Anspruch ist ausgeschlossen, wenn die Arbeitnehmer nur vorübergehend in der betriebsorganisatorisch eigenständigen Einheit zusammengefasst werden, um anschließend einen anderen Arbeitsplatz in dem gleichen oder einem anderen Betrieb des Unternehmens oder, falls das Unternehmen einem Konzern angehört, in einem Betrieb eines anderen Konzernunternehmens des Konzerns zu besetzen.

(8) Die Bezugsfrist für das Transferkurzarbeitergeld beträgt längstens zwölf Monate.

(9) Der Arbeitgeber hat der Agentur für Arbeit jeweils zum Stichtag 30. Juni und 31. Dezember eines Jahres unverzüglich Daten über die Struktur der betriebsorganisatorisch eigenständigen Einheit, die Zahl der darin zusammengefassten Arbeitnehmer sowie Angaben über die Altersstruktur und die Integrationsquote der Bezieher von Transferkurzarbeitergeld zuzuleiten.

(10) Soweit nichts Abweichendes geregelt ist, finden die für das Kurzarbeitergeld geltenden Vorschriften mit Ausnahme der ersten beiden Titel und des § 182 Nr. 3 Anwendung.

I. Ziele. Durch das Dritte Gesetz für moderne Dienstleistungen am Arbeitsmarkt (BGBl I S. 2848) wurden die bisherigen Instrumente Strukturkurzarbeitergeld (§ 175) und Zuschüsse zu Sozialplanmaßnahmen (§§ 254–259) ersetzt und fortentwickelt Die neuen Instrumente Transfermaßnahmen (§ 216a) und Transferkurzarbeitergeld (§ 216b) werden gesetzessystematisch als „Transferleistungen" zusammengefasst. Der Gesetzgeber will durch die Fortentwicklung eine bessere Abstimmung und verstärkte Vermittlungsorientierung beider Instrumente erreichen, so dass zukünftig noch häufiger als bei den bisherigen Instrumenten bei betrieblichen Restrukturierungsprozessen, Arbeitslosigkeit durch Vermittlung aus Arbeit in Arbeit vermieden wird. Dabei wird an dem Ziel festgehalten, durch ein Anreizsystem die bei Betriebsänderungen verantwortlich Handelnden dazu zu bewegen, den von Arbeitslosigkeit bedrohten ArbN beschäftigungswirksame Maßnahmen anstelle von Abfindungen zu gewähren[1]. Weiterhin soll durch die Betonung des Transfercharakters und die Verkürzung der Bezugsdauer beim Transfer-Kug die Nutzung des Transfer-Kug als Instrument zur Heranführung an eine Frühverrentung – anders als beim Struktur-Kug bisher häufig praktiziert – erschwert werden[2].

2 Das Gesetz enthält zu beiden Instrumenten eine Verpflichtung der BA, schon im Vorfeld von Betriebsänderungen ArbGeb und ArbN-Vertretungen **zu informieren und zu beraten** (§ 216a Abs. 4 und § 216b Abs. 5). Diese korrespondiert mit den im BetrVG enthaltenen Beratungsverpflichtungen der BA (vgl. §§ 80, 92a, 111 Satz 2, 112 Abs. 5 Satz 2 Nr. 2a BetrVG).

3 **II. Gemeinsame Voraussetzungen. 1. Betriebsänderung.** Die neuen Instrumente greifen dann, wenn eine Betriebsänderung iSd. § 111 BetrVG vorliegt. Allerdings haben auch ArbN von **Kleinunternehmen** dann einen Anspruch auf Transferleistungen, wenn in diesen Betrieben eine einer Betriebsänderung vergleichbare Maßnahme durchgeführt wird (§ 216a Abs. 1 Satz 3). Bei einem bloßen **Personalabbau** bei unveränderter Beibehaltung der sächlichen Betriebsmittel kommt eine Förderung mit Transferleistungen aber nur dann Betracht, wenn eine größere Zahl von ArbN (Ausnahme Kleinbetriebe, die nicht vom BetrVG erfasst werden) von der Betriebsänderung betroffen ist. Eine Betriebsänderung liegt bei bloßem Personalabbau schon dann vor, wenn die in § 17 KSchG genannten Größen erreicht werden[3]. Da Anknüpfungspunkt für die neuen Transferleistungen eine Betriebsänderung iSd. BetrVG ist, haben Anspruch auf Transferleistungen nur ArbGeb oder ArbN, deren Betriebe – unabhängig von der Betriebsgröße – in den **Geltungsbereich des BetrVG** fallen. Daher können ArbGeb oder ArbN, deren Betriebe unter die PersVG des Bundes oder der Länder fallen, keine Transferleistungen erhalten[4].

4 **2. Bedrohung von Arbeitslosigkeit.** Gefördert werden nur ArbN, die von Arbeitslosigkeit bedroht sind. Dies sind gem. § 17 Nr. 1 ArbN, die zwar noch versicherungspflichtig beschäftigt sind, aber alsbald mit der Beendigung der Beschäftigung rechnen müssen, weil die Beendigung des Arbeitsverhältnisses bereits eingeleitet wurde (Kündigung bereits ausgesprochen, Aufhebungsvertrag abgeschlossen), und die voraussichtlich nach Beendigung des Beschäftigungsverhältnisses arbeitslos werden. Für ArbN, die auf Grund eines Tarif- oder Einzelvertrages oder auf Grund einer BV nicht oder zeitweise **nicht kündbar** sind, scheidet eine Förderung aus, weil sie nicht von Arbeitslosigkeit bedroht sind. Der Förderausschluss gilt selbst dann, wenn diese ArbN einen Aufhebungsvertrag abschließen und somit ihre Arbeitslosigkeit nach Beendigung des Arbeitsverhältnisses selbst herbeiführen. Eine Förderung ist **nur so lange** möglich, wie die Bedrohung von Arbeitslosigkeit besteht. Wird etwa während der Teilnahme an der Transfermaßnahme ein neuer Arbeitsvertrag abgeschlossen, erfolgt die Förderung nur bis zum Zeitpunkt des Abschlusses des neuen Arbeitsvertrages[5].

5 **III. Transfermaßnahmen (§ 216a). 1. Anspruchsberechtigte.** Anspruchsberechtigt ist der Einzelne durch eine Betriebsänderung von Arbeitslosigkeit bedrohte ArbN. Durch das Gesetz über den Arbeitsmarktzugang im Rahmen der EU-Erweiterung (BGBl. I S. 602) wurde der Kreis der Anspruchsberechtigten auf Personen, die im Anschluss an die **Beendigung eines Berufsausbildungsverhältnisses** von Arbeitslosigkeit bedroht sind, erweitert. Mit dieser Erweiterung soll zum einen der Einstieg von Ausgebildeten in Beschäftigung erleichtert werden und zum anderen soll von Umstrukturierungen betroffenen Unternehmen ermöglicht werden, die vorhandenen Ausbildungskapazitäten, trotz fehlender Übernahmemöglichkeiten, zu erhalten (BT-Drs. 15/2672, S. 10). Aus Gründen der Praktikabilität und Verfahrensvereinfachung ist der Anspruch – ähnlich der Regelungen zum Kug – durch den ArbGeb geltend zu machen (§ 323 Abs. 2 Satz 1). Die neue Förderleistung der Transfermaßnahmen ist im Gegensatz zu den bisherigen Zuschüssen zu Sozialplanmaßnahmen gem. §§ 254 ff. eine Pflichtleistung, um die Planungssicherheit der Betriebsparteien bei der Gestaltung der Restrukturierungsprozesse und die Akzeptanz des beschäftigungswirksamen Instrumentes zu erhöhen[6].

6 **2. Förderfähige Maßnahmen.** Förderfähig sind alle Maßnahmen, die einer Verbesserung der Eingliederungsaussichten (Job to Job) der von Arbeitslosigkeit bedrohten ArbN dienen (§ 216a Abs. 1 Satz 2). Bei den in Betracht kommenden Maßnahmen soll die für den einzelnen betroffenen ArbN sinnvollste ausgewählt werden. Da die geförderten Maßnahmen noch **während des Beschäftigungsverhältnisses** zu einer Eingliederung in den ersten Arbeitsmarkt führen sollen, können Maßnahmen, die über

---

1 BT-Drs. 15/1515 S. 74. |2 BT-Drs. 15/1515 S. 92. |3 *Fitting*, § 111 BetrVG Rz. 73 u. 74. |4 Interpretationshilfen zur Rechtsanwendung der BA, S. 6. |5 Interpretationshilfen zur Rechtsanwendung der BA, S. 8. |6 BT-Drs. 15/1515 S. 91.

das Ende des Beschäftigungsverhältnisses hinausgehen, nicht gefördert werden. Auch eine teilweise Förderung bis zum Ende des Beschäftigungsverhältnisses ist in diesen Fällen nicht möglich.

Werden **Profilingmaßnahmen** gefördert, die im Vorfeld des Bezuges von Transfer-Kug durchgeführt werden (§ 216b Abs. 4), müssen sie einem von der BA vorgegebenen Mindeststandard entsprechen. Nach den Vorgaben der BA soll es Ziel der maximal zweitägigen Profilingmaßnahmen sein, die vorhandenen Kenntnisse und Fähigkeiten des ArbN und seine Eignung für berufliche Tätigkeiten in anderen Berufszweigen festzustellen. Dazu ist es erforderlich – unter Berücksichtigung der aktuellen Situation auf dem Arbeitsmarkt – die persönlichen und berufsrelevanten Daten zu erheben und eine Eignungsabklärung durch Gegenüberstellung des erarbeiteten Bewerberprofils mit dem aktuellen Anforderungsprofil des jeweiligen Berufsbildes abzugleichen. 7

3. Förderungsausschluss. Eine Förderung ist ausgeschlossen, wenn der ArbGeb die Maßnahme für eine Fortbildung auf eine Anschlussbeschäftigung im eigenen Unternehmen oder im Konzern nutzt (§ 216a Abs. 3), umso eine Verlagerung der Fortbildungskosten auf die Beitragszahler zu verhindern[1]. Auch ist die gleichzeitige Gewährung sonstiger Leistungen der aktiven Arbeitsförderung zur beruflichen Wiedereingliederung ausgeschlossen, da dies zu einer Doppelförderung führen würde (§ 216a Abs. 5). Eine Förderung ist dann nicht möglich, wenn die Durchführung der Transfermaßnahme bis zum geplanten Ende finanziell nicht gesichert ist (§ 216a Abs. 1 Nr. 3). 8

4. Förderumfang. Gefördert werden ausschließlich die tatsächlich anfallenden Maßnahmekosten. Die Mitfinanzierung von Lebenshaltungskosten ist ausgeschlossen. Die BA übernimmt 50 % der anfallenden Maßnahmekosten bis zu einem Höchstbetrag von 2.500 Euro pro Förderfall (§ 216a Abs. 2). Der **ArbGeb muss sich** maßgeblich an den Kosten der vorgesehenen Eingliederungsmaßnahmen **beteiligen**[2]. Eine Förderung ist daher dann ausgeschlossen, wenn die Maßnahmekosten voll durch eine finanzielle Beteiligung Dritter und die Zuschussgewährung abgedeckt würden. Eine angemessene Eigenbeteiligung liegt vor, wenn der ArbGeb der ihm tatsächlich entstehenden Maßnahmekosten (Maßnahmekosten abzüglich evtl. Leistungen Dritter) zu mindestens 50 % trägt. 9

5. Durchführung durch einen Dritten. Eingliederungsmaßnahmen können nur dann gefördert werden, wenn sie von einem Dritten, also einem vom ArbGeb verschiedenen Rechtsträger, durchgeführt werden (§ 216a Abs. 1 Nr. 1). Die Auswahl des Dritten obliegt dabei den betrieblichen Akteuren (ArbGeb und BR). 10

6. Qualitätssicherung. Voraussetzung für die Förderung ist, dass der Dritte ein internes Qualitätssicherungssystem anwendet (§ 216a Abs. 1 Nr. 4). Kriterien für die Qualität der Maßnahmen sind dabei die Zufriedenheit der Teilnehmer und des Auftraggebers und vor allem die Vermittlungserfolge und die Verbleibsquote sechs Monate nach Abschluss der Transfermaßnahmen. Die Ergebnisse der Transfermaßnahmen müssen dokumentiert werden. Die Daten zum Maßnahmeerfolg sollen sowohl dem Auftraggeber als auch der BA zur Verfügung gestellt werden (§ 320 Abs. 4a Satz 2). 11

7. Verfahren. Für Leistungen zur Förderung der Teilnahme an Transfermaßnahmen ist die AA **zuständig**, in deren Bezirk der Betrieb des ArbGeb liegt (§ 327 Abs. 3 Satz 3). Leistungen sind gem. § 323 Abs. 2 Satz 1 **schriftlich** unter Beifügung einer Stellungnahme der Betriebsvertretung vom ArbGeb zu beantragen. Der Antrag kann auch von der **Betriebsvertretung** gestellt werden. Für die Durchführung der Maßnahmen ist eine vertragliche Regelung zwischen dem ArbGeb und dem mit der Maßnahmedurchführung beauftragten Dritten erforderlich. Die Ansprüche der ArbN gegenüber dem ArbGeb müssen sich aus einem **Sozialplan** oder einer sozialplanähnlichen Vereinbarung ergeben. Die Leistungen sind vor Beginn der Maßnahmen zu beantragen (§ 324 Abs. 1). Durch § 324 Abs. 2 wird für die Förderung von Transfermaßnahmen jedoch die Möglichkeit einer nachträglichen Beantragung eröffnet. Die Leistungen zur Förderung der Teilnahme an Transfermaßnahmen sind innerhalb einer **Ausschlussfrist** von 3 Monaten zu beantragen (§ 325 Abs. 5). Die Frist beginnt mit Ablauf des Monats, in dem die zu fördernde Maßnahme beginnt. Der ArbGeb hat die Voraussetzung für die Erbringung von Leistungen zur Förderung der Teilnahme an Transfermaßnahmen nachzuweisen (§ 320 Abs. 4a). 12

IV. Transferkurzarbeitergeld. 1. Voraussetzungen. a) Dauerhafter unvermeidbarer Arbeitsausfall mit Entgeltausfall. Anders als beim bisherigen Instrument Struktur-Kug nach § 175 ist Vorraussetzung nicht mehr das Vorliegen einer Strukturkrise, die eine Betriebsänderung nach sich zieht, sondern allein das Vorliegen einer Betriebsänderung iSd. § 111 BetrVG verbunden mit einem dauerhaften unvermeidbaren Arbeitsausfall und einem Entgeltausfall für die betroffenen ArbN (§ 216b Abs. 1 Nr. 1 iVm. § 216b Abs. 2). Allerdings haben auch ArbN von **Kleinbetrieben** unterhalb der Größenordnung des BetrVG – ebenso wie bei dem Instrument Transfermaßnahmen gem. § 216a – einen Anspruch auf Transfer-Kug da beim Transfer-Kug die Mindestgröße des BetrVG nicht gilt (§ 216b Abs. 2). Der Arbeitsausfall ist dann **unvermeidbar**, wenn für den Einzelnen von der Transferkurzarbeit betroffenen ArbN infolge der Betriebsänderung der Arbeitsplatz nicht nur vorübergehend weggefallen ist, und im Betrieb keine Beschäftigungsmöglichkeiten für den ArbN mehr bestehen (§ 261b Abs. 2). Ein **Entgeltausfall** für den 13

---

[1] BT-Drs. 15/1515 S. 91. | [2] BT-Drs. 15/1515 S. 74, 91.

ArbN ist dann gegeben, wenn mit der arbeitsrechtlichen Vereinbarung über den Bezug von Transfer-Kug mit der die Arbeitszeit in der Regel auf null reduziert wird, auch der Entgeltanspruch abbedungen wird. Zuschusszahlung zum Transfer-Kug sind zulässig. Es darf sich bei den Zuschusszahlungen aber nicht um Arbeitsentgelt handeln.

14 b) **Betriebliche Voraussetzungen.** Bei der Frage, ob die betrieblichen Voraussetzungen für den Bezug von Transfer-Kug erfüllt sind, wird nach der gesetzlichen Bestimmung des § 216b Abs. 3 Nr. 1 auf den Betrieb und nicht das Unternehmen abgestellt. Maßgeblich ist der arbeitsrechtliche Betriebsbegriff. Die von der Betriebsänderung betroffenen ArbN müssen zur Vermeidung von Entlassungen und zur Verbesserung ihrer Eingliederungschancen endgültig aus dem Betrieb ausgegliedert und in einer **betriebsorganisatorisch eigenständigen Einheit (beE)** zusammengefasst werden (§ 216b Abs. 3 Nr. 2). Wie bisher besteht die Möglichkeit, Transferkurzarbeit intern oder mit einem externen Dritten (Transfergesellschaft) durchzuführen. Werden die von der Betriebsänderung betroffenen ArbN in eine interne beE überstellt, ist eine eindeutige Trennung zwischen der beE und der im Betriebe verbleibenden ArbN zwingend erforderlich. Bei Überstellung in eine **Beschäftigungs- und Qualifizierungsgesellschaften (Transfergesellschaften)** mit eigener Rechtspersönlichkeit scheiden die ArbN aus dem bisherigen Betrieb idR durch einen dreiseitigen Vertrag aus dem abgebenden Unternehmen aus und begründen gleichzeitig ein befristetes Arbeitsverhältnis mit der Transfergesellschaft. Die Voraussetzungen für den Bezug von Transfer-Kug müssen beim abgebenden ArbGeb vorliegen. Die Verweildauer der einzelnen ArbN in der beE/Transfergesellschaft muss den Zeitraum der Kündigungsfrist übersteigen, da ansonsten das Ziel des Transferkurzarbeitergeldbezuges – Vermeidung von Entlassungen – nicht erreicht wird. Werden im Rahmen von Personalanpassungskonzepten aufgrund einer Betriebsänderung ArbN **zu einem späteren Zeitpunkt** aus dem produktiven Bereich des Betriebes zur Aufstockung in die beE **überstellt**, kann Transfer-Kug auch für diese ArbN gewährt werden. Die Dauer der Bezugsfrist bestimmt sich in diesen Fällen nach der restlichen Bezugsfrist der beE. Es besteht allerdings auch die Möglichkeit, **mehrere beE** bei einem ArbGeb bzw. unter dem Dach einer Transfergesellschaft für einen personalabgebenden Betrieb zu bilden, wenn zeitlich versetzt ArbN aus dem produktiven Betrieb ausscheiden. ArbN können jedoch nicht von einer beE in eine andere versetzt werden.

15 Durch den Eintritt in eine interne oder externe beE müssen Entlassungen vermieden und die Eingliederungschancen der betroffenen ArbN verbessert werden (§ 216b Abs. 3 Nr. 2). **Entlassungen** werden immer dann **vermieden**, wenn bei den gekündigten ArbN Arbeitslosigkeit nicht eintritt. Im Insolvenzverfahren werden die nicht mehr benötigten ArbN in aller Regel freigestellt, ohne dass das Arbeitsverhältnis beendet wird. In diesen Fällen tritt Arbeitslosigkeit auch dann nicht ein, wenn die freigestellten ArbN Alg gem. § 143 Abs. 3 beziehen. Diese ArbN können dann, trotz der bereits erfolgten Freistellung, vor Ablauf der Kündigungsfrist noch in eine beE einmünden. Von einer **Verbesserung der Eingliederungschancen** der in die beE einmündenden ArbN ist immer dann auszugehen, wenn aufgrund des vorgeschalteten Profilings Vermittlungshemmnisse bestehen, die während des Bezuges von Transferkurzarbeit durch entsprechende Qualifizierung behoben werden, oder wenn eine sofortige Vermittlung in Arbeit nicht möglich ist.

16 c) **Persönliche Voraussetzungen.** Neben den betrieblichen Voraussetzungen müssen auch die persönlichen Voraussetzungen für den Bezug von Transfer-Kug gem § 216b Abs. 1 Nr. 3 iVm. Abs. 4 erfüllt sein. ArbN, die in den Transfer-Kugbezug wechseln sollen, müssen konkret von Arbeitslosigkeit bedroht sein (§ 216b Abs. 4 Nr. 1)[1]. Trotz der Überstellung in eine beE muss der ArbN weiter **versicherungspflichtig beschäftigt** sein (§ 216b Abs. 4 Nr. 2a) oder nach Abschluss der Ausbildung nahtlos eine versicherungspflichtige Beschäftigung aufnehmen (§ 216b Abs. 4 Nr. 2b). Diese Voraussetzungen sind immer dann erfüllt, wenn vor dem Übergang in die beE keine Arbeitslosigkeit eintritt. Auch dürfen die ArbN in der beE nicht **vom Kug-Bezug ausgeschlossen** sein (§ 216b Abs. 4 Nr. 3). Nach § 172 Abs. 2 Nr. 1 sind ArbN vom Kug-Bezug ausgeschlossen, wenn sie wegen der Teilnahme an einer beruflichen Bildungsmaßnahme Unterhaltsgeld oder Übergangsgeld beziehen, Krankengeld beziehen (§ 172 Abs. 2 Nr. 2) oder in einem vom Kug-Bezug ausgeschlossenen Betrieb beschäftigt sind (§ 172 Abs. 2 Nr. 3).

17 Weitere verpflichtende Voraussetzung über die bisherigen Voraussetzungen beim Struktur-Kug hinaus ist, dass bereits vor Überleitung der ArbN in eine betriebsorganisatorisch eigenständige Einheit oder eine Transfergesellschaft durch ein **Profiling** überprüft werden muss, ob ein Wechsel aus der bisherigen Beschäftigung in eine neue Beschäftigung ohne den Umweg über den Bezug von Transferkurzarbeitergeld möglich ist (§ 216b Abs. 4 Nr. 4). Mit dem Profiling soll eine Feststellung der beruflichen Kenntnisse und Eingliederungschancen erfolgen. ArbN, die keine Vermittlungsdefizite aufweisen, können sich auf dieser Erkenntnisbasis gegen den Eintritt in eine beE aussprechen und für die bevorstehenden Bewerbungsverfahren erforderliche Kenntnisse durch eine Teilnahme an einer geförderten Transfermaßnahme erwerben oder sich um eine sofortige Vermittlung bemühen[2]. Der Eintritt in eine beE ist im Einzelfall gleichwohl dann sinnvoll, wenn der ArbN aufgrund einer ungünstigen Arbeitsmarktlage zurzeit nicht vermittelbar ist. Ausnahmsweise wird in den Fällen, in denen die Entscheidung der Betriebsparteien zur Einrichtung einer (in der Regel externen) beE unverschuldet so kurz-

---

1 Zum Begriff der Bedrohung durch Arbeitslosigkeit wird auf Rz. 4 verwiesen. | 2 BT-Drs. 15/1515 S. 92.

fristig erfolgt, dass trotz Einschaltung der AA eine qualitative Maßnahme der Eignungsfeststellung im Vorfeld nicht mehr durchführbar ist, das Nachholen der Feststellungsmaßnahmen nach Überleitung in die beE zugelassen (§ 216b Abs. 4 Nr. 4 Halbs. 2). Ein durch die AA (zB im Rahmen einer Arbeitsuchendmeldung des ArbN) durchgeführtes Profiling reicht grundsätzlich nicht aus, um einen Anspruch auf Transfer-Kug zu begründen. Eine Ausnahme gilt nur im Rahmen eines Insolvenzverfahrens. Die Profilingmaßnahme kann auch mit dem Zuschuss nach § 216a an den ArbN gefördert werden, wenn die vorgeschaltete Profilingmaßnahme von einem Dritten durchgeführt wird.

2. Vermittlung von Transfer-Kug-Beziehern. Eine Vermittlung in Arbeit hat Vorrang gegenüber dem Bezug von Transfer-Kug (§ 4 Abs. 2). Obwohl bei Übergang in eine beE keine Meldepflicht nach § 37b besteht, sollten sich die ArbN vor Übertritt in die beE bei der zuständigen AA Arbeit suchend melden, damit Vermittlungsbemühungen unmittelbar beginnen können. Ein **Einverständnis des ArbGeb** und des jeweiligen Kurzarbeiters für eine Vermittlung in ein Dauerarbeitsverhältnis oder befristetes Zweitarbeitsverhältnis ist **nicht erforderlich**. ArbN haben keinen Anspruch auf Transfer-Kug wenn und solange sie bei einer Vermittlung nicht in der von der AA verlangten und gebotenen Weise **mitwirken** (§ 172 Abs. 3 Satz 1). Weigert sich der Transfer-Kug-Bezieher im Rahmen einer beratenden und vermittlerischen Tätigkeit angemessen mitzuwirken, wird er für die Dauer der Weigerung vom Anspruch auf Transfer-Kug ausgeschlossen. Lehnt der ArbN eine ihm von der AA angebotene Stelle ab, tritt eine **Sperrzeit** ein (§ 172 Abs. 3 Satz 3 iVm. § 144). Das gilt für eine Vermittlung in ein Dauerarbeitsverhältnis aber gleichermaßen auch für eine Vermittlung in ein Zweitarbeitsverhältnis. Im Falle der Sperrzeit ruht der Anspruch auf Transfer-Kug für die in § 144 genannte Dauer (12/6 Wochen bzw. 3 Wochen).

3. Vermittlungsvorschläge durch den ArbGeb. Während des Bezuges von Transferkurzarbeitergeld ist sowohl der ArbGeb als auch die von ihm eingeschaltete Transfergesellschaft verpflichtet, durch Unterbreitung geeigneter Vermittlungsvorschläge die übergeleiteten ArbN zu aktivieren (§ 216b Abs. 3 Nr. 2). Der ArbGeb kann für die Erbringung der Vermittlungsleistungen auch einen Dritten beauftragen. Da die Vorschrift Bestandteil der betrieblichen Voraussetzungen ist, können leistungsrechtliche Konsequenzen zu einer Aufhebung der Entscheidung dem Grunde nach führen, wenn der ArbGeb entgegen seiner Verpflichtung keine Vermittlungsvorschläge unterbreitet.

4. Qualifizierung. ArbN mit Qualifizierungsdefiziten müssen während des Bezugs von Transfer-Kug auf den konkreten betroffenen Mitarbeiter ausgerichtete geeignete Maßnahmen zur Verbesserung ihrer Eingliederungschancen möglichst frühzeitig angeboten werden (§ 216b Abs. 6 Satz 2). Vom Grundsatz her hat der ArbGeb die **Qualifizierungskosten** zu tragen. Eine **Zusatzfinanzierung** der Qualifizierungsmaßnahmen (notwendige Lehrgangskosten) kann in entsprechender Anwendung des § 80 nach § 5 der ESF-Richtlinien (Europäischer Sozialfond) erfolgen, wenn die Qualifizierungsmaßnahmen zur Bewältigung eines Strukturwandels durchgeführt werden. Werden die Lehrgangskosten nach den ESF-Richtlinien gefördert, besteht darüber hinaus die Möglichkeit, je Teilnehmer eine Fahrkostenpauschale von 3 Euro je Unterrichtstag zu zahlen, wenn Fahrkosten in mindestens dieser Höhe tatsächlich anfallen, und der ArbGeb die Berechnung und Auszahlung übernimmt. Wenn der ArbGeb keine geeigneten Maßnahmen zur Verbesserung der Eingliederungsaussichten anbietet, kann die Bewilligung des Transfer-Kug aufgehoben werden.

5. Zeitlich begrenzte Beschäftigung bei einem anderen ArbGeb. Als Sonderform eines betriebsnahen Weiterbildungs- und Qualifizierungsangebotes kommt auch eine sog. Schnupperbeschäftigungen bis zu sechs Monaten bei einem anderen ArbGeb in Betracht (§ 216b Abs. 6 Satz 3). Ziel einer solchen Schnupperbeschäftigung ist nicht nur die betriebsnahe Qualifizierung bei einem anderen ArbGeb, sondern die Aussicht, bei dem anderen ArbGeb ein neues Beschäftigungsverhältnis aufzunehmen (§ 216b Abs. 6 Satz 4). Die Weiterzahlung von Transfer-Kug ist jedoch nur dann möglich, wenn der ArbN während der Schnupperphase kein Arbeitsentgelt bezieht. Die Regelung des § 216b Abs. 6 Satz 4 stellt insoweit eine Ausnahmeregelung zu § 216b Abs. 7 dar, weil sie eine ansonsten nicht zulässige vorübergehende Verweildauer in einer beE ermöglicht und den Zugang zu Transfer-Kug auch für ArbN eröffnet, bei denen zunächst noch nicht feststeht, dass sie von Arbeitslosigkeit konkret bedroht sind. Kommt die anschließende Übernahme einer Beschäftigung im anderen Betrieb nicht zu Stande, steht einer Rückkehr des betreffenden ArbN in den bisherigen Betrieb nichts entgegen.

6. Anspruchsausschluss bei einer gezielten Qualifizierung für einen Arbeitsplatz im Unternehmen. Allerdings sind – ebenso wie bei dem Instrument Transfermaßnahmen – die Teilnahme an Qualifizierungs- und Weiterbildungsmaßnahmen, die im Eigeninteresse des Unternehmens oder eines Konzernunternehmens liegen, ausgeschlossen, da das Instrument des Transfer-Kug nicht dazu dient, Qualifizierungskosten auf die Beitragszahler abzuwälzen (§ 216b Abs. 7). Wenn sich aber im Laufe der Umstrukturierungsphase ein gesicherter Arbeitskräftebedarf im abgebenden Betrieb oder Unternehmen auf Dauer ergibt, können Einzelne im Rahmen des betrieblichen Anpassungskonzeptes in die beE versetzte ArbN wieder in den Betrieb oder das Unternehmen einmünden.

7. Bezugsfrist. Die Höchstbezugsdauer für das neue Instrument Transfer-Kug wird gegenüber der bisherigen Regelung verkürzt und beträgt nunmehr maximal 12 Monate ohne Verlängerungsmöglichkeit auf Basis einer Rechtsverordnung (§ 216b Abs. 8). Damit will der Gesetzgeber der Nutzung des Transfer-Kug als Instrument zur Heranführung an eine Frühverrentung entgegenwirken[1].

24 **8. Anwendung der Kug-Vorschriften.** Da das Transfer-Kug als Sonderform des konjunkturellen Kug konzipiert ist – es unterscheidet sich vom konjunkturellen Kug hauptsächlich dadurch, dass nicht ein vorübergehender, sondern ein dauerhafter Arbeitsausfall vorliegt – sind die sonstigen gesetzlichen Vorschriften zum (konjunkturellen) Kug mit Ausnahme der §§ 169 bis 176 und des § 182 Nr. 3 auf das Transfer-Kug anzuwenden (§ 216b Abs. 10). Dies gilt nicht nur im Bereich des SGB III, sondern auch für Regelungen anderer Gesetze, etwa § 3 Nr. 2 EStG.

25 **9. Verfahren. a) Anzeige.** Die Anzeige ist bei der für den Sitz des personalabgebenden Betriebes zuständigen AA zu erstatten und nicht im Zuständigkeitsbereich einer der die ArbGebFunktion wahrnehmenden externen Transfergesellschaft (§ 173 Abs. 1, 2 Satz 1 und Abs. 3 iVm. § 216b Abs. 5 Satz 2). Mit der Anzeige sind die Voraussetzungen für den Bezug von Transfer-Kug vom ArbGeb nachzuweisen.

26 **b) Strukturdaten.** Sowohl der ArbGeb als auch die von ihm eingeschaltete Transfergesellschaft sind verpflichtet, jeweils zum Stichtag 30.6. und 31.12. Informationen zur Struktur der in der beE zusammengefassten ArbN sowie der Integrationsquote der zuständigen AA zuzuleiten (§ 216b Abs. 9). Diese Angaben sollen der Markttransparenz und damit mittelbar der Qualitätskontrolle dienen[2].

---

1 BT-Drs. 15/1515 S. 74. | 2 BT-Drs. 15/1515 S. 93.

Sozialgesetzbuch (SGB)

Viertes Buch (IV)
– Gemeinsame Vorschriften für die Sozialversicherung –

vom 23.12.1976 (BGBl. I S. 3845), zuletzt geändert durch Gesetz vom 27.12.2003 (BGBl. I S. 3013)

– Auszug –

Erster Abschnitt. Grundsätze und Begriffsbestimmungen

Zweiter Titel. Beschäftigung und selbständige Tätigkeit

7 *Beschäftigung*
(1) Beschäftigung ist die nichtselbständige Arbeit, insbesondere in einem Arbeitsverhältnis. Anhaltspunkte für eine Beschäftigung sind eine Tätigkeit nach Weisungen und eine Eingliederung in die Arbeitsorganisation des Weisungsgebers.

(1a) Ist für Zeiten einer Freistellung von der Arbeitsleistung Arbeitsentgelt fällig, das mit einer vor oder nach diesen Zeiten erbrachten Arbeitsleistung erzielt wird (Wertguthaben), besteht während der Freistellung eine Beschäftigung gegen Arbeitsentgelt, wenn

1. die Freistellung aufgrund einer schriftlichen Vereinbarung erfolgt und
2. die Höhe des für die Zeit der Freistellung und des für die vorausgegangenen zwölf Kalendermonate monatlich fälligen Arbeitsentgelts nicht unangemessen voneinander abweichen und diese Arbeitsentgelte 400 Euro übersteigen.

Beginnt ein Beschäftigungsverhältnis mit einer Zeit der Freistellung, gilt Satz 1 Nr. 2 mit der Maßgabe, dass die Höhe des für die Zeit der Freistellung und des für die Zeit der Arbeitsleistung, mit der das Arbeitsentgelt später erzielt werden soll, monatlich fälligen Arbeitsentgelts nicht unangemessen voneinander abweichen darf und diese Arbeitsentgelte 400 Euro übersteigen müssen. Eine Beschäftigung gegen Arbeitsentgelt besteht während der Zeit der Freistellung auch, wenn die Arbeitsleistung, mit der das Arbeitsentgelt später erzielt werden soll, wegen einer im Zeitpunkt der Vereinbarung nicht vorhersehbaren vorzeitigen Beendigung des Beschäftigungsverhältnisses nicht mehr erbracht werden kann. Die Vertragsparteien können beim Abschluss der Vereinbarung nur für den Fall, dass Wertguthaben wegen der Beendigung der Beschäftigung aufgrund verminderter Erwerbsfähigkeit, des Erreichens einer Altersgrenze, zu der eine Rente wegen Alters beansprucht werden kann, oder des Todes des Beschäftigten nicht mehr für die Zeiten einer Freistellung von der Arbeitsleistung verwendet werden können, einen anderen Verwendungszweck vereinbaren. Die Sätze 1 bis 4 gelten nicht für die Beschäftigten, auf die Wertguthaben übertragen werden. Bis zur Herstellung einheitlicher Einkommensverhältnisse im Inland werden Wertguthaben, die durch Arbeitsleistung im Beitrittsgebiet erzielt werden, getrennt erfasst; sind für die Beitrags- oder Leistungsberechnung im Beitrittsgebiet und im übrigen Bundesgebiet unterschiedliche Werte vorgeschrieben, sind die Werte maßgebend, die für den Teil des Inlandes gelten, in dem das Wertguthaben erzielt worden ist.

(1b) Die Möglichkeit eines Arbeitnehmers zur Vereinbarung flexibler Arbeitszeiten gilt nicht als eine die Kündigung des Arbeitsverhältnisses durch den Arbeitgeber begründende Tatsache im Sinne des § 1 Abs. 2 Satz 1 des Kündigungsschutzgesetzes.

(2) Als Beschäftigung gilt auch der Erwerb beruflicher Kenntnisse, Fertigkeiten oder Erfahrungen im Rahmen betrieblicher Berufsbildung.

(3) Die Beschäftigung gegen Arbeitsentgelt gilt als fortbestehend, solange das Beschäftigungsverhältnis ohne Anspruch auf Arbeitsentgelt fortdauert, jedoch nicht länger als einen Monat. Satz 1 gilt nicht, wenn Krankengeld, Verletztengeld, Versorgungskrankengeld, Übergangsgeld oder Mutterschaftsgeld oder nach gesetzlichen Vorschriften Erziehungsgeld bezogen oder Elternzeit in Anspruch genommen oder Wehrdienst oder Zivildienst geleistet wird.

(4) Für Personen, die für eine selbständige Tätigkeit einen Zuschuss nach § 421l des Dritten Buches [*ab 1.1.2005: oder eine entsprechende Leistung nach § 16 des Zweiten Buches*] beantragen, wird wider-

legbar vermutet, dass sie in dieser Tätigkeit als Selbständige tätig sind. Für die Dauer des Bezuges dieses Zuschusses gelten diese Personen als selbständig Tätige.

Zuletzt geändert durch Artikel 4 des Vierten Gesetzes für moderne Dienstleistungen am Arbeitsmarkt vom 24.12.2003 (BGBl I S. 2954).

I. Vorbemerkungen	1
II. Beschäftigung	2
1. Typusbegriff	3
2. Arbeitsrecht und Steuerrecht	5
3. Der missglückte Arbeitsversuch	7
4. Weisungsgebundenheit	8
5. Eingliederung in den Betrieb	10
6. Sonstige Kriterien	11
7. Besondere Fallgestaltungen	15
a) Beschäftigung unter Familienangehörigen	16
b) Mitarbeitende Gesellschafter, Geschäftsführer etc.	19
c) Mitarbeit in einer Familien-GmbH	27
d) Vorstandsmitglieder	28
8. Beginn und Ende des Beschäftigungsverhältnisses	30
III. Betriebliche Berufsbildung	32
IV. Beschäftigungsverhältnis bei flexibler Arbeitszeitregelung	33
1. Allgemeines	34
2. Freistellung	36
3. Freistellungsvereinbarung	38
4. Wertguthaben	39
5. Störfall	44
6. Kündigungsschutz	45
V. Unterbrechung des Beschäftigungsverhältnisses	48
1. Voraussetzungen	49
2. Dauer der Unterbrechung	50
3. Anspruch auf Entgeltersatzleistungen	52
4. Auswirkungen der Unterbrechung	53
VI. Scheinselbständigkeit/Existenzgründer	54
VII. Anfrageverfahren	56
VIII. Sonderregelung des § 7 b SGB IV	58
IX. Versicherungspflicht und selbstständige Tätigkeit	59

Lit. *Bauer/Diller/Schuster*, Das Korrekturgesetz zur „Scheinselbständigkeit", NZA 1999, 1297; *Diller*, Das neue Gesetz zur Absicherung flexibler Arbeitszeitregelungen („Flexi-Gesetz"), NZA 1998, 792; *Diller*, § 7 Abs. 1b SGB IV – ein Eigentor auf dem Weg zu mehr Arbeitszeitflexibilisierung?, BB 1998, 844; *Felix*, Die Wertneutralität des Sozialrechts, NZS 2002, 225; *Hanau/Strick*, Die Abgrenzung von Selbständigen und Arbeitnehmern (Beschäftigten) im Versicherungsaußendienst, DB 1998, Beil. 14; *Hauck/Noftz*, Sozialgesetzbuch SGB IV, Loseblatt, Stand 07/2003; *Heinze*, Das Gesetz zur Neuregelung der so genannten Scheinselbständigkeit, JZ 2000, 332; Kasseler Kommentar, Sozialversicherungsrecht, hrsg. v. *Niesel*, Loseblatt, Stand Sept./2003; *Krauskopf*, Soziale Krankenversicherung – Pflegeversicherung, Loseblatt, Stand 06/2003; *Lieb*, Arbeitsrecht, 8. Aufl. 2003; *Marschner*, Arbeitszeit I/I Flexibilisierung, Arbeitsrecht-Blattei – Systematische Darstellungen, hrsg. v. *Dieterich/Neef/Schwab*, Loseblatt, Stand 2002; *Neumann*, Auswirkungen neuer Arbeitszeitmodelle auf die Versicherungspflicht, NZS 2001, 14; *Pawlita*, Neue Wege im rentenrechtlichen Wiedergutmachungsrecht – Zur Rechtsprechung des SG Düsseldorf (Zwangsarbeit in Ostoberschlesien), ZfS 1999, 71; *Preis*, Koordinationskonflikte zwischen arbeits- und Sozialrecht, NZA 2000, 914; *Reiserer/Freckmann*, Scheinselbstständigkeit – heute noch ein schillernder Rechtsbegriff, NJW 2003, 180; *Seewald*, Zur Versicherungs- und Beitragspflicht bei ehrenamtlicher Tätigkeit – Teil II, SGb 2001, 286; *Sommer*, Das Ende der Scheinselbstständigkeit? – Zur Neufassung des § 7 Abs. 4 SGB IV ab 1.1.2003 als Folge der „Ich-AG" nach § 421 I SGB III, NZS 2003, 169; *Wannagat*, Sozialgesetzbuch, Kommentar zum gesamten Recht des Sozialgesetzbuchs, Loseblatt, Stand 10/01.

1 **I. Vorbemerkungen.** In allen Zweigen der SozV wird zur Begründung eines Versicherungsverhältnisses ua. an den Beschäftigungsbegriff angeknüpft (vgl. zB § 5 Abs. 1 Nr. 1 SGB V, § 1 Satz 1 Nr. 1 SGB VI, § 2 Abs. 1 Nr. 1 SGB VII). Dies unterstreicht die traditionelle Zielsetzung der SozV, die im Wesentlichen darin bestand, die abhängig arbeitende Bevölkerung im Wege des Versicherungszwanges für die Risiken Krankheit, Arbeitsunfall, Alter etc. abzusichern. Ob und unter welchen weiteren Voraussetzungen das Beschäftigungsverhältnis zu einer SozV-Pflicht führt, ist in den speziellen Vorschriften für die einzelnen SozV-Zweige geregelt. Die Regelung des § 7 SGB IV enthält insoweit die früher im Gesetz fehlende Definition für den Begriff Beschäftigung, ohne aber damit zugleich die Frage regeln zu wollen, ob aufgrund dieser Definition die Versicherungspflicht in dem jeweiligen Versicherungszweig eintritt. Dies ist vielmehr zumindest zum Teil noch von weiteren Voraussetzungen (wie zB von der Höhe des Arbeitsentgeltes) abhängig. Mit der Vorschrift des § 7 Abs. 1 SGB IV soll daher klargestellt werden, dass eine Beschäftigung im Falle der unselbständigen, vom Weisungsrecht eines ArbGeb abhängigen Arbeit vorliegt. Des Weiteren soll eine Beschäftigung stets angenommen werden, wenn nach **arbeitsrechtlichen Grundsätzen** ein rechtlich wirksames oder sog. **faktisches Arbeitsverhältnis** besteht. Auch bei einer **arbeitnehmerähnlichen Tätigkeit** soll eine Beschäftigung vorliegen[1]. Ergänzend bestimmt § 7 Abs. 2 SGB IV, dass im SozV-Recht als Beschäftigung auch die Teilnahme an der **betrieblichen Berufsbildung** gilt. Demgegenüber fingieren die nachträglich eingefügten Abs. 1a, 2a und 3 eine Beschäftigung für Zeiten, in denen die Erwerbstätigkeit nicht ausgeübt, aus sozialen Gründen aber eine Beschäftigung gegen Entgelt unterstellt wird, um auf diese Weise die versicherungsrechtlichen Konsequenzen einer abhängigen Beschäftigung auch für diese Zeiten zu sichern. Eine Regelung zur Bekämpfung der sog. **„Scheinselbständigkeit"**, die früher in § 7 Abs. 4 SGB IV geregelt war, hat der Gesetzgeber zwischenzeitlich wieder gestrichen.

2 **II. Beschäftigung.** Zentralbegriff der Regelungen des § 7 Abs. 1 SGB IV ist der der „Beschäftigung". Der Beschäftigungsbegriff knüpft dabei an den wirtschaftlichen und gesellschaftlichen Unterschied zwi-

---

[1] Vgl. BR-Drs. 300/75, S. 31.

schen dem selbständigen Unternehmer und dem unselbständig tätigen ArbN an[1]. Der Regelung liegt die gesetzgeberische Vorstellung zugrunde, dass der Beschäftigte gegenüber dem selbständig Tätigen sozial schutzbedürftiger sei, da regelmäßig der Beschäftigte gegenüber dem selbständig Tätigen weniger wohlhabend wäre, so dass hier eine Absicherung bestimmter allgemeiner Risiken besonders erforderlich sei. Es dürfte mittlerweile fraglich sein, ob diese Unterscheidung zwischen Beschäftigten und selbständig Tätigen im Hinblick auf ihre soziale Schutzbedürftigkeit angesichts der heutigen vielfältigen Formen des Erwerbslebens noch sachgerecht ist. Mangels anderer greifbarer, insb. sachgerechter Unterscheidungskriterien, wird man jedoch den gewachsenen Begriff der Beschäftigung als Unterscheidungskriterium für die soziale Schutzbedürftigkeit von Menschen noch immer als sachgerecht ansehen müssen.

1. Typusbegriff. § 7 Abs. 1 SGB IV definiert die **Beschäftigung** als nichtselbständige Arbeit, insb. in einem Arbeitsverhältnis. Dieser Definition fehlt jede scharfe Konturierung. Das Gesetz bedient sich gerade nicht eines tatbestandlich scharf abgegrenzten Begriffs, der auf eine einfache Subsumtion hoffen ließe, sondern der Rechtsfigur des Typus. Die versicherten Personen werden nicht im Detail definiert, sondern ausgehend vom Normalfall in der Form eines **Typus** beschrieben[2]. Damit übernimmt das Gesetz aber den jeweiligen Typus, so wie ihn der Gesetzgeber in der sozialen Wirklichkeit idealtypisch, dh. in einem Normalfall vorgefunden hat und setzt dessen Kenntnis stillschweigend voraus[3]. Insofern bedarf der Begriff der Beschäftigung der Konkretisierung durch die Rspr. der SG und die sozialrechtliche Lit.

Hieran ändern auch die vom Gesetzgeber in § 7 Abs. 1 Satz 2 SGB IV benannten **Anhaltspunkte** für eine Beschäftigung nichts. Danach sind eine Tätigkeit nach Weisungen und eine Eingliederung in die Arbeitsorganisation des Weisungsgebers als Anhaltspunkte für eine Beschäftigung zu werten. Auch diese Anhaltspunkte definieren nicht etwa den Typus der nichtselbständigen Arbeit in einem Arbeitsverhältnis, sondern greifen lediglich zwei Zentralkriterien für diesen Typus heraus. Insofern wird zu Recht in der rechtswissenschaftlichen Lit. kritisiert, dass diese Regelung in § 7 Abs. 1 Satz 2 SGB IV letztlich überflüssig ist[4].

2. Arbeitsrecht und Steuerrecht. § 7 Abs. 1 Satz 1 SGB IV nennt beispielhaft das Arbeitsverhältnis als Regelfall abhängiger Beschäftigung. Hierbei ist das Arbeitsverhältnis nicht etwa kraft gesetzlicher Fiktion, sondern wegen seiner faktischen Verhältnisse Beschäftigungsverhältnis iSd SozV. Insofern liegt hier eine **Verknüpfung zum Arbeitsrecht** vor. Allgemein lässt sich das Arbeitsverhältnis als ein Rechtsverhältnis zwischen ArbGeb und ArbN beschreiben, das durch Arbeitsvertrag begründet wird. Ist der Arbeitsvertrag nichtig oder wurde er angefochten, wird aber gleichwohl vollzogen, gilt ein faktisches Arbeitsverhältnis als begründet. Der Tatbestand der abhängigen Beschäftigung iSd. SozV-Rechts stimmt zwar mit dem Tatbestand der ArbN-Eigenschaft und mit dem **steuerrechtlichen Tatbestand** der Einkünfte aus nichtselbständiger Arbeit im Grundtatbestand weitgehend überein, so dass der sozialversicherungsrechtlichen Beurteilung eines bestimmten Sachverhalts für dessen arbeitsrechtliche und steuerrechtliche Beurteilung eine gewisse **Indizwirkung** zugute kommt. Die genannten Rechtsinstitute des SozV-Rechts, des Arbeitsrechts und des Steuerrechts sind indes nicht vollständig deckungsgleich[5]. So setzt ein sozialversicherungsrechtliches Beschäftigungsverhältnis kein Arbeitsverhältnis voraus. Vielmehr können auch öffentlich-rechtlich ausgestaltete Dienstverhältnisse Beschäftigungsverhältnisse iSd. § 7 SGB IV sein[6]. Nach st. Rspr. des BSG können auch Ehrenbeamte in einem Beschäftigungsverhältnis stehen, die über Repräsentationsfunktionen hinaus dem allgemeinen Erwerbsleben zugängliche Verwaltungsaufgaben wahrnehmen und etwa hierfür eine den tatsächlichen Aufwand übersteigende pauschale Aufwandsentschädigung erhalten[7]. Auch arbeitnehmerähnliche Tätigkeiten können Beschäftigungsverhältnisse im sozialversicherungsrechtlichen Sinne darstellen[8].

Das sozialversicherungsrechtliche Beschäftigungsverhältnis setzt keinen zwischen ArbGeb und ArbN bestehenden **wirksamen Arbeitsvertrag** voraus. Vielmehr genügt auch das Vorliegen eines faktischen Arbeitsverhältnisses zur Annahme einer Beschäftigung iSd. § 7 SGB IV[9], jedenfalls dann, wenn bei Nichtigkeit des Arbeitsvertrages tatsächlich ein faktisches Arbeitsverhältnis besteht[10]. Die Grundsätze des faktischen Arbeitsverhältnisses finden allerdings keine Anwendung, wenn dem Vertrag so schwere Rechtsmängel anhaften, dass die Anerkennung quasi vertraglicher Ansprüche den grundlegenden Wertungen der geltenden Rechtsordnung widersprechen würde[11]. Nach Auffassung der Rspr. steht die Annahme eines Beschäftigungsverhältnisses iSd. § 7 Abs. 1 SGB IV eine etwaige Sittenwidrigkeit der Rechtsbeziehung aber nicht entgegen[12].

---

1 Kasseler Kommentar/*Seewald*, § 7 SGB IV Rz. 6. | 2 *Neumann*, NZS 2001, 14 (16). | 3 BVerfG v. 20.5.1996 – 1 BvR 21/96, AP Nr. 82 zu § 611 BGB – Abhängigkeit. | 4 Vgl. ErfK/*Rolfs*, § 7 SGB IV Rz. 5. | 5 BSG v. 17.10.1990 – 11 BAr 39/90, Die Beiträge 1991, 115. | 6 BSG v. 11.10.2001 – B 12 KR 7/01 R. | 7 BSG v. 30.11.1978 – 12 RK 33/76, SozR 2200, § 165 Nr. 32; v. 22.2.1996 – 12 RK 6/95, SozR 3-2940, § 2 Nr. 5; v. 23.7.1998 – B 11 AL 3/98 R, SozR 3-4100, § 138 Nr. 11; vgl. dazu *Seewald*, SGb 2001, 286 (287). | 8 Vgl. BSG v. 27.6.2000 – B 2 U 21/99 R, SozR 3-2200, § 548 Nr. 37; v. 5.7.1994 – 2 RU 24/93, SozR 3-2200, § 548 Nr. 20. | 9 Kasseler Kommentar/*Seewald*, § 7 SGB IV Rz. 15. | 10 BSG v. 10.8.2000 – B 12 KR 21/98 R, SozR 3-2400, § 7 Nr. 15. | 11 BAG v. 1.4.1976 – 4 AZR 96/75, AP Nr. 34 zu § 138 BGB; v. 10.8.2000 – B 12 KR 21/98 R, SozR 3-2400, § 7 Nr. 15. | 12 BSG v. 10.8.2000 – B 12 KR 21/98 R, SozR 3-2400, § 7 Nr. 15; SG Hamburg v. 6.4.1992 – 21 KR 77/82, Die Beiträge 1983, 118; *Felix*, NZS 2002, 225, (229).

7 **3. Der missglückte Arbeitsversuch.** Für den **Bereich der gesetzlichen Krankenversicherung** gab es im Hinblick auf die Bejahung eines Beschäftigungsverhältnisses insoweit eine Besonderheit, als nach ständiger sozialgerichtlicher Rspr. trotz Bestehen eines wirksamen Arbeitsverhältnisses die Voraussetzungen für ein versicherungspflichtiges Beschäftigungsverhältnis bei Vorliegen eines sog. missglückten Arbeitsversuches verneint wurden. Mit diesem Begriff hatte das BSG in der Vergangenheit Fallgestaltungen gekennzeichnet, bei denen bereits im Zeitpunkt der Arbeitsaufnahme objektiv feststand, dass der Beschäftigte seine Tätigkeit wegen einer Erkrankung nicht oder nur bei schwerwiegender Gefährdung seiner Gesundheit werde verrichten können und bei denen er die Arbeit entsprechend der darauf gegründeten Erwartung tatsächlich vor Ablauf einer wirtschaftlich ins Gewicht fallenden Zeit wieder aufgegeben hatte. Um eine missbräuchliche Inanspruchnahme des Krankenversicherungsschutzes zu verhindern und das Versicherungsprinzip zu wahren, wurde angenommen, dass in einem solchen Fall trotz Vorliegens eines wirksamen Arbeitsvertrages und tatsächlich geleisteter Arbeit keine Versicherungspflicht in der Krankenversicherung eintrete[1]. In der Zwischenzeit ist diese Rspr. sowohl vom 12. Senat des BSG als auch vom 1. Senat aufgegeben worden[2].

8 **4. Weisungsgebundenheit.** Ein Beschäftigungsverhältnis iSv. § 7 Abs. 1 SGB VI liegt insb. dann vor, wenn der Arbeitende Weisungen eines anderen unterliegt und in dessen Arbeitsorganisation eingegliedert ist. Diese beiden Merkmale bezeichnet § 7 Abs. 1 Satz 2 SGB IV als typische Merkmale einer Beschäftigung. Hierbei ist jedoch darauf hinzuweisen, dass diese Merkmale nicht zwingend kumulativ für das Bestehen eines Beschäftigungsverhältnisses erforderlich sind. So kann das Weisungsrecht – vornehmlich bei Diensten höherer Art – eingeschränkt und zur **„funktionsgerecht dienenden Teilhabe am Arbeitsprozess"** verfeinert sein[3]. Demgegenüber ist eine selbständige Tätigkeit in erster Linie durch das eigene **Unternehmerrisiko**, das Vorhandensein einer **eigenen Betriebsstätte**, die **Verfügungsmöglichkeit über die eigene Arbeitskraft** und die im **Wesentlichen frei gestaltete Tätigkeit und Arbeitszeit** gekennzeichnet. Entscheidend für die Frage, ob ein Beschäftigungsverhältnis besteht, ist aber letzten Endes das **Gesamtbild der Tätigkeit** und der beruflichen Stellung[4]. Das bedeutet, dass es für die Bejahung eines Beschäftigungsverhältnisses gem. § 7 Abs. 1 SGB IV jeweils auf die gesamten Umstände des Einzelfalles ankommt. Der Gesetzgeber hat deshalb konsequent davon abgesehen, den Begriff der Beschäftigung in § 7 Abs. 1 SGB IV durch bestimmte Tatbestandsmerkmale definitiv abzugrenzen, da ansonsten die Gefahr bestanden hätte, sozialpolitisch sinnvolle Lösungen der Praxis und Rspr. bei der Beurteilung der Versicherungspflicht zu verhindern, was angesichts der sich wandelnden Arbeitsformen und der neuen technischen Entwicklungen der Arbeitswelt problematisch geworden wäre[5].

9 Ein entscheidendes Kriterium für die Annahme einer abhängigen Beschäftigung ist die **Tätigkeit nach Weisungen**[6]. Das Weisungsrecht des ArbGeb korrespondiert dabei mit der Arbeitspflicht des ArbN. Es umfasst ein rechtsgestaltendes, auf dem Arbeitsvertrag beruhendes Recht des ArbGeb, die jeweilige Arbeitsverpflichtung des ArbGeb zu bestimmen und zu konkretisieren[7]. Das **Direktionsrecht des ArbGeb** bezieht sich dabei vor allem auf **Art, Ort und Zeit der Tätigkeit, aber auch auf arbeitsbegleitende Verhaltensregeln**[8]. Grundlage der Beurteilung sind hierfür immer die tatsächlichen Verhältnisse. Die in einer vertraglichen Vereinbarung gewählte Bezeichnung oder rechtliche Einordnung einer Tätigkeit sind dagegen nicht maßgebend, wenn sie von den tatsächlichen Gegebenheiten abweichen[9]. Welchen Umfang die Weisungsabhängigkeit haben muss, um von einer abhängigen Beschäftigung zu sprechen, hängt von der Eigenart der jeweiligen Tätigkeit ab. Insoweit lassen sich abstrakte, für alle Beschäftigungsverhältnisse geltende Kriterien nicht aufstellen. Manche Tätigkeiten können sowohl im Rahmen eines Arbeitsverhältnisses und damit weisungsgebunden aber auch im Rahmen eines freien Dienstverhältnisses erbracht werden. Grundsätzlich wird man dabei von einem freien Dienstverhältnis auszugehen haben, wenn zwar die Ziele der jeweiligen Tätigkeit durch Regeln und Normen vorgegeben werden, aber die Art und Weise, wie diese Ziele erreicht werden, der Entscheidung des Arbeitenden überlassen bleibt[10]. Für das Direktionsrecht kommt es nicht darauf an, in welchem Umfang es ausgeübt wird; vielmehr reicht es aus, dass dem ArbGeb aufgrund der vertraglichen Vereinbarungen das Recht zusteht und er nach den tatsächlichen Gegebenheiten die Möglichkeit hat, die Durchführung der Beschäftigung entscheidend zu bestimmen. Bei **Diensten höherer Art** ist die Eigenverantwortlichkeit des Dienstleistenden allerdings für sich allein noch kein Beweis für die persönliche Unabhängigkeit. Das BSG hat hierzu ausgeführt, dass die Weisungsgebundenheit auch dort noch vorhanden ist, wo sie sich bei hoch qualifizierten Mitarbeitern zu einer funktionsgerecht dienenden Teilhabe am Arbeitsprozess verfeinert[11]. Allerdings darf das Weisungsrecht nicht vollständig entfallen[12].

---

1 Vgl. BSG v. 11.5.1993 – 12 RK 36/91, SozR 3-2200, § 165 Nr. 10. | 2 BSG v. 4.12.1997 – 12 RK 3/97, SozR 3-2500, § 5 Nr. 37; v. 29.9.1998 – B 1 KR 10/96 R, SozR 3-2500, § 5 Nr. 40; vgl. auch: BSG v. 8.2.2000 – B 1 KR 13/99 R, nv.; vgl. zur Kritik auch *Preis*, NZA 2000, 914 (915). | 3 Vgl. BSG v. 23.9.1982 – 10 RAr 10/81, SozR 2100, § 7 Nr. 7. | 4 Vgl. BSG v. 31.10.1972 – 2 RU 186/69, SozR 34 zu § 539 RVO. | 5 Vgl. Hauck/Noftz/*Sehnert*, SGB IV § 7 Rz. 3. | 6 Vgl. *Hanau/Strick*, DB 1998, Beil. 14, 1, 6 ff. | 7 *Lieb*, Arbeitsrecht, Rz. 69 ff. | 8 BSG v. 29.1.1981 – 12 RK 63/79, SozR 2400, § 2 Nr. 16; v. 28.1.1999 – B 3 KR 2/98 R, SozR 3-5425, § 1 Nr. 5. | 9 BSG v. 28.10.1960 – 3 RK 13/56, SozR Nr. 20 zu § 165 RVO; v. 28.1.1999 – B 3 KR 2/98 R, SozR 3-5425, § 1 Nr. 5. | 10 BSG v. 27.3.1980 – 12 RK 26/79, SozR 2200, § 165 Nr. 45. | 11 BSG v. 14.12.1999 – B 2 U 48/98 R, EzA § 7 SGB IV Nr. 1; v. 23.9.1982 – 10 RAr 10/81, SozR 2100, § 7 Nr. 7 mwN. | 12 BSG v. 14.12.1999 – B 2 U 48/98 R, EzA § 7 SGB IV Nr. 1.

5. Eingliederung in den Betrieb. Die Fremdbestimmtheit der Arbeit wird durch die Eingliederung in den Betrieb bestätigt. Hierbei ist unter Betrieb jede, nicht nur eine gewerbliche Arbeitsorganisation zu verstehen[1]. Die Eingliederung in den Betrieb stellt dabei nicht die Einordnung in eine betriebliche Organisationseinheit, eine Betriebsstätte, eine Verwaltung oder einen Haushalt dar, sondern nur die Ausübung einer dem Betriebszweck dienenden und ihm untergeordneten Tätigkeit[2], unabhängig davon, an welchem Ort die jeweilige Tätigkeit erbracht wird. Soweit es sich aber um **Heimarbeit** handelt, ist § 12 Abs. 2 SGB IV zu beachten. Danach gelten Heimarbeiter und sonstige Personen, die in eigener Arbeitsstätte im Auftrag und für Rechnung von Gewerbetreibenden, gemeinnützigen Unternehmen oder öffentlich-rechtlichen Körperschaften erwerbsmäßig arbeiten, als Beschäftigte, auch wenn sie Roh- oder Hilfsstoffe selbst beschaffen.

6. Sonstige Kriterien. Da es für die Bejahung eines Beschäftigungsverhältnisses entscheidend auf das Gesamtbild der Tätigkeit und der beruflichen Stellung ankommt, hat die Rspr. für die Prüfung dieser Frage Rückgriff auf eine Vielzahl von Kriterien genommen. So spricht etwa das **Fehlen eines Unternehmerrisikos** eher für die Annahme eines Beschäftigungsverhältnisses als für eine selbständige Tätigkeit[3]. Dabei ist das Unternehmerrisiko zum einen durch den Einsatz finanzieller Mittel geprägt, um einen zum Zeitpunkt des Einsatzes dieser Mittel ungewissen Gewinn zu erzielen, zum anderen auch durch das Risiko des Einsatzes der eigenen Arbeitskraft, wenn offen bleibt, ob der Arbeitende für seine Tätigkeit überhaupt ein Entgelt erhält[4]. Allerdings zeichnet sich das Unternehmerrisiko dadurch aus, dass sowohl **Risiken** übernommen werden müssen, als auch gleichzeitig **Chancen** eröffnet werden. Von der Überbürdung eines derartigen Risikos kann deshalb nur dann gesprochen werden, wenn dem eine größere Freiheit bei Gestaltung und Bestimmung des Einsatzes der eigenen Arbeitskraft gegenübersteht[5]. Demgemäß kann aus der Risikozuweisung, bei krankheits- oder urlaubsbedingten Ausfällen kein Honorar zu erhalten, nur dann auf die Annahme einer selbständigen Tätigkeit geschlossen werden, wenn einer solchen Vereinbarung auch eine größere Unabhängigkeit oder höhere Verdienstchance gegenübersteht. Allein die Belastung eines Erwerbstätigen mit zusätzlichen Risiken spricht nicht für eine selbständige Tätigkeit[6]. Auch der **Einsatz eigenen Kapitals** gilt als typisch für eine selbständige Tätigkeit[7], ebenso wie die **eigene Beschaffung von Arbeitsmaterialien und Arbeitsgeräten** oder die **Tragung der geschäftlichen Unkosten**. Ein gewichtiges Indiz stellt darüber hinaus die **steuerrechtlichen Behandlung** der erzielten Einkünfte dar, der zwar im Hinblick auf die sozialversicherungsrechtliche Einordnung der Tätigkeit keine Bindungswirkung zukommt. Dennoch bietet sie einen wichtigen Anhaltspunkt für die versicherungsrechtliche Beurteilung in der Weise, dass eine LStPflicht für das Vorliegen eines Beschäftigungsverhältnisses spricht, während eine Veranlagung zur Gewerbesteuerpflicht auf eine selbständige Tätigkeit weist[8].

Ebenso kann die **Art und Weise der Entlohnung** zu Rückschlüssen führen, ob es sich um eine selbständige oder eine unselbständige Tätigkeit handelt. Zwar gehört die Entgeltlichkeit der Tätigkeit nicht zum Begriff des Beschäftigungsverhältnisses iSd. § 7 Abs. 1 SGB IV. Jedoch spricht eine feste Entlohnung eher für ein Arbeitsverhältnis als für ein freies Dienstverhältnis[9]. Umgekehrt jedoch bildet eine erfolgsabhängige Vergütung kein zwingendes Indiz für ein selbständiges Beschäftigungsverhältnis[10].

Lässt sich weder anhand der tatsächlichen Ausgestaltung einer Berufstätigkeit noch unter Berücksichtigung des im Vertrag zum Ausdruck gekommenen Willens der Vertragspartner feststellen, ob es sich um eine abhängige Beschäftigung oder um eine selbständige Tätigkeit handelt, greift das BSG auf das **bisherige Berufsleben** als Indiz dafür zurück, was nach dem Willen der Vertragspartner gewollt war[11]. Nur insoweit kann es daher relevant werden, ob der Betreffende sein bisheriges Berufsleben als Beschäftigung oder als selbständige Tätigkeit gestaltet hat. Dabei hat aber das Alter des Betreffenden unberücksichtigt zu bleiben. Bei der Prüfung eines Beschäftigungsverhältnisses kommt es nämlich weder auf das Motiv der Arbeitsaufnahme noch darauf an, ob zum ersten Mal in hohen Lebensalter eine versicherungspflichtige Beschäftigung ausgeübt wird[12]. Demgegenüber haben Kriterien wie „**wirtschaftliche Abhängigkeit**" oder „**soziale Schutzbedürftigkeit**" entgegen der früheren Rspr. keine Relevanz mehr für die Prüfung eines Beschäftigungsverhältnisses. Die Annahme einer Beschäftigung hängt eben nicht von der individuellen Schutzbedürftigkeit der betreffenden Person ab[13]. Der Schutzzweck der SozV und ihre „Natur" als eine Einrichtung des öffentlichen Rechts haben für die Beschäftigung insofern Bedeutung, als sie es ausschließen, über die rechtliche Einordnung allein nach dem **Willen der Vertragsparteien** und ihren Vereinbarungen zu entscheiden. Als Merkmal der Beschäftigung ist aber das Ziel der SozV, die sozial Schwächeren vor den Wechselfällen des Lebens zu schützen, nicht

---

1 Vgl. BSG v. 18.11.1980 – 12 RK 76/79, SozR 2200, § 165 Nr. 51. |2 Krauskopf/*Baier*, § 7 SGB IV Rz. 9. |3 BSG v. 30.4.1981 – 8/8a RU 12/80, SozR 2200, § 539 RVO Nr. 80; v. 19.8.2003 – B 2 U 38/02 R, nv. |4 LSG Hamburg v. 26.2.1997 – III OBF 56/95, nv. |5 Vgl. etwa BSG v. 4.6.1998 – B 12 KR 5/97 R, SozR 3-2400, § 7 Nr. 13 mwN. |6 BSG v. 25.1.2001 – B 12 KR 17/00 R, Die Sozialversicherung 2001, 329. |7 BSG v. 1.12.1977 – 12/3/12 RK 39/74, SozR 2200, § 1227 Nr. 8. |8 Vgl. BSG v. 27.3.1980 – 12 RK 26/79, SozR 2200, § 165 Nr. 45. |9 Kasseler Kommentar/*Seewald*, § 7 SGB IV Rz. 67. |10 BSG v. 4.6.1998 – B 12 KR 5/97 R, SozR 3-2400, § 7 SGB IV Nr. 13; v. 10.8.2000 – B 12 KR 21/98 R, SozR 3-2400, § 7 SGB IV Nr. 15. |11 BSG v. 24.10.1978 – 12 RK 58/76, SozR 2200, § 1227 Nr. 19. |12 Bayer. Landessozialgericht v. 24.6.1996 – L 4 KR 24/94, EzS 130/376. |13 BSG v. 10.9.1975 – 3/12 RK 6/74, SozR 2200, § 169 Nr. 1.

geeignet. Dies gilt auch für das Kriterium der wirtschaftlichen Abhängigkeit, die als maßgeblich für eine soziale Schutzbedürftigkeit angesehen wird[1].

14 Die Annahme eines Beschäftigungsverhältnisses iSd. § 7 SGB IV setzt jedoch zwingend den **freien Austausch von Arbeitskraft und Entgelt** voraus. Das BSG hat wiederholt entschieden, dass unter Zwang zustande gekommene und verrichtete Arbeit nicht als (versicherungspflichtige) Beschäftigung einzustufen sei[2]. Anders als bei **Strafgefangenen** ist jedoch die Tätigkeit eines **Freigängers** außerhalb der Anstalt bei einem privaten Unternehmer als ein im Grundsatz versicherungspflichtiges Beschäftigungsverhältnis anzusehen, selbst wenn der Arbeitsvertrag des Freigängers der Zustimmung des Direktors der Strafvollzugsanstalt bedarf und die Strafvollzugsbehörde ein Recht zur sofortigen Beendigung des Arbeitsverhältnisses vorbehalten ist[3]. Bei **Sozialhilfeempfängern/Alg II-Beziehern** wird dagegen zu differenzieren sein. Allein die Ableistung gemeinnütziger und zusätzlicher Arbeit führt nicht zu einem Beschäftigungsverhältnis, sondern begründet ein öffentlich-rechtliches Beschäftigungsverhältnis eigener Art[4]. Dagegen schließt auch eine gemeinnützige zusätzliche Arbeit ein Beschäftigungsverhältnis nicht aus, sofern der Hilfeempfänger für seine Arbeit eine Gegenleistung in Gestalt von Arbeitsentgelt erhalten hat, ihm also nicht lediglich Hilfe zum Lebensunterhalt/Alg II zuzüglich einer angemessenen Aufwendungsentschädigung gewährt worden ist[5]. Ähnliches gilt für Behinderte, die in einer **Werkstatt für behinderte Menschen** tätig sind (vgl. § 138 SGB IX). Erfolgt diese Tätigkeit aufgrund eines Arbeitsvertrages gegen leistungsgerechte Entlohnung, liegt regelmäßig ein Beschäftigungsverhältnis vor[6]. Dagegen ist der Teilnehmer an einer Trainingsmaßnahme, die er im Arbeitstrainingsbereich einer Werkstatt für Behinderte absolviert, nicht Beschäftigter iSd. § 7 SGB IV[7].

15 **7. Besondere Fallgestaltungen.** Im Hinblick auf die Annahme eines Beschäftigungsverhältnisses, musste sich die sozialgerichtliche Rspr. in der Vergangenheit immer wieder mit bestimmten Fallgestaltungen auseinander setzen:

16 a) **Beschäftigung unter Familienangehörigen.** Dies betrifft zum einen die Beschäftigung unter Familienangehörigen. Im Recht der gesetzlichen SozV gibt es keine Vorschrift, die die Annahme eines versicherungspflichtigen Beschäftigungsverhältnisses unter Familienangehörigen von vornherein ausschließt. Von daher ist die Frage, ob ein Beschäftigungsverhältnis vorliegt, nach den auch sonst bei der Beurteilung dieser Rechtsfrage anzuwendenden Maßstäben zu prüfen. Ergibt diese Prüfung, dass kein Beschäftigungsverhältnis besteht, sondern lediglich eine **familienhafte Mithilfe** anzunehmen ist, schließt dies auch die Versicherungspflicht aus. Die entsprechende Prüfung bereitet aber häufig Schwierigkeiten, weil der Arbeitseinsatz von mitarbeitenden Angehörigen sich oftmals unter anderen Bedingungen oder Umständen vollzieht, als dies unter Fremden üblich ist. Zwar dürfen für den Nachweis eines versicherungspflichtigen Beschäftigungsverhältnisses keine zu großen Hürden aufgebaut werden. Allerdings muss ein von den Angehörigen **ernsthaft gewolltes und vereinbarungsgemäß durchgeführtes Beschäftigungsverhältnis** sich überhaupt nachweisen lassen. Insbesondere muss ausgeschlossen werden, dass der Arbeitsvertrag nur zum Schein geschlossen wurde, der Angehörige Mitunternehmer ist oder seine Tätigkeit lediglich eine familienhafte Mitarbeit darstellt. Hierbei gilt es zu betonen, dass die Frage, ob zwischen Angehörigen eine Beschäftigung gegen Arbeitsentgelt vorliegt, sich nach den gleichen Grundsätzen beurteilt, wie sie allgemein für die Beurteilung der Versicherungspflicht maßgebend sind[8]. Insofern kann nach Auffassung der SozV-Träger ein entgeltliches Beschäftigungsverhältnis zwischen Angehörigen insb. dann angenommen werden, wenn der **Angehörige** in den Betrieb des ArbGeb **wie eine fremde Arbeitskraft eingegliedert** ist und die **Beschäftigung tatsächlich ausübt**, der Angehörige dem **Weisungsrecht** des ArbGeb – wenn auch in abgeschwächter Form – unterliegt, der Angehörige **anstelle einer fremden Arbeitskraft beschäftigt wird**, ein der Arbeitsleistung angemessenes, ds. grundsätzlich tarifliches oder ortsübliches **Arbeitsentgelt** vereinbart ist und auch regelmäßig gezahlt wird, von dem Arbeitsentgelt regelmäßig LSt entrichtet wird und das Arbeitsentgelt als Betriebsausgabe gebucht wird[9]. Bei der Prüfung dieser Frage kann es auch angezeigt sein, auf die Rspr. des Bundesfinanzhofes zum Ehegattenarbeitsverhältnis zurückzugreifen[10]. Deshalb sind Vertragsgestaltung und Vertragsdurchführung beim Tätigwerden von Familienangehörigen daraufhin zu überprüfen, ob die Bedingungen grundsätzlich auch unter fremden Personen üblich wären[11]. Jedoch ist zu berücksichtigen, dass etwa das Weisungsrecht des Betriebsinhabers auch nur in abgeschwäch-

---

1 BSG v. 22.11.1973 – 12 RK 17/72, SozR Nr. 8 zu § 441 RVO; v. 25.1.2001 – B 12 KR 17/00 R, Die Sozialversicherung 2001, 329. | 2 BSG v. 31.10.1967 – 3 RK 84/65, SozR Nr. 54 zu § 165 RVO; v. 10.12.1974 – 4 RJ 379/73, SozR 5070, § 14 Nr. 2; v. 18.6.1997 – 5 RJ 66/95, SozR 3-2200, § 1248 Nr. 15; v. 14.7.1999 – B 13 RJ 75/98 R, SGb 1999, 557; diese Rspr. wird insbesondere im Hinblick auf die Menschen verachtende, dirigistische staatlich gelenkte Arbeitseinsatzverwaltung des NS-Regimes kritisch bewertet: SG Düsseldorf v. 8.10.1998 – S 15 RJ 142/98, ZfS 1999, 205; *Pawlita*, ZfS 1999, 71 ff. | 3 BSG v. 16.10.1990 – 11 RAr 3/90, SozR 3-4100, § 103 Nr. 2. | 4 Kasseler Kommentar/*Seewald*, § 7 SGB IV Rz. 123. | 5 BSG v. 16.4.1985 – 12 RK 53/83, SozR 2200, § 165 Nr. 79. | 6 BSG v. 1.6.1978 – 12 RK 23/77, SozR 4100, § 168 Nr. 7. | 7 BSG v. 14.2.2001 – B 1 KR 1/00 R, SGb 2001, 303. | 8 BSG v. 5.4.1956 – 3 RK 65/55, SozR § 164 SGG Nr. 18. | 9 Vgl. hierzu ausf.: Gemeinsames Rundschreiben der Spitzenverbände der Krankenkassen, des VDR und der BfA vom 30.5.2000 zur versicherungsrechtlichen Beurteilung der Beschäftigung von Angehörigen. | 10 Wannagat/*Brandenburg*/Woltjen, § 7 SGB IV Rz. 34. | 11 BFH v. 17.7.1984 – VIII R 69/84, NJW 1985, 1486.

ter Form bestehen kann, ohne dass ein Beschäftigungsverhältnis zu verneinen wäre. Daher stehen nach Auffassung des BSG im Allgemeinen bei Familienangehörigen, insb. Ehegatten, die weniger stark ausgeprägte Abhängigkeit und daraus resultierende Einschränkungen des Weisungsrechts der Annahme eines abhängigen Beschäftigungsverhältnisses grundsätzlich nicht entgegen[1].

Gerade im Hinblick auf die **Entgeltzahlung** ist jedoch die Grenze zwischen einem abhängigen Beschäftigungsverhältnis mit Entgeltzahlung und einer nichtversicherungspflichtigen Beschäftigung aufgrund eines Gesellschaftsverhältnisses oder der familienhaften Zugehörigkeit nicht immer leicht zu ziehen. So kommt es nicht nur auf die Vereinbarung eines Beschäftigungsverhältnisses gegen Entgelt an, sondern grundsätzlich auch auf die tatsächliche Auszahlung eines angemessenen Arbeitsentgelts. Werden dagegen dem in der Familiengemeinschaft lebenden Angehörigen im Rahmen seines freien Unterhaltes neben Kost, Wohnung und Kleidung nur ein geringfügiges Taschengeld gewährt, so wird im Allgemeinen kein entgeltliches Beschäftigungsverhältnis vorliegen[2]. Das BSG sieht auch in der Nichtauszahlung des vereinbarten Arbeitsentgelts bzw. dessen nicht nachvollziehbare Verrechnung mit Gegenansprüchen des anderen Partners im Hinblick auf den in partnerschaftlichen Beziehungen typischerweise vorhandenen Gleichklang der Interessen ein gewichtiges Indiz dafür, dass entgegen etwaiger vertraglicher Abmachungen über das zu zahlende Arbeitsentgelt ein abhängiges Beschäftigungsverhältnis tatsächlich nicht vorliegt. Jedoch kommt der Höhe des Entgelts lediglich Indizwirkung zu, ohne dass aber allein eine erheblich untertarifliche Bezahlung des Ehegatten schon die Annahme eines Beschäftigungsverhältnisses ausschließt[3]. Insofern vermag das Merkmal der Entgeltzahlung nicht die **Gesamtwürdigung** aller Umstände des Einzelfalles zu ersetzen[4]. Hier folgt das BSG der finanzgerichtlichen Rspr. nur mit Einschränkungen. Nach der st. Rspr. des BFH sind Verträge zwischen Ehegatten und nahen Angehörigen steuerrechtlich nur dann zu berücksichtigen, wenn sie nach Inhalt und tatsächlicher Durchführung dem zwischen Fremden Üblichen entsprechen und insb., sofern sie einem Fremdvergleich standhalten, auch diesem Vertragsinhalt gemäß vollzogen werden. Deshalb verlangt der BFH, dass dem ArbN-Ehegatten das vereinbarte Gehalt auch tatsächlich zeitgerecht ausgezahlt wird und in seinen alleinigen Einkommens- und Vermögensbereich übergeht[5]. Das BSG will aber entgegen der Rspr. des BFH nicht darauf verzichten, zur Feststellung des Beschäftigungsverhältnisses sämtliche Umstände heranzuziehen, auch wenn das Gehalt an den Angehörigen nicht ausgezahlt wird[6]. Im Übrigen ist auf die Entscheidung des BVerfG zu verweisen, wonach einem Arbeitsverhältnis zwischen Ehegatten die (steuerrechtliche) Anerkennung nicht allein deshalb versagt werden darf, weil das Arbeitsentgelt auf ein Konto überwiesen wird, über das jeder der beiden Ehegatten allein verfügungsberechtigt ist[7]. Die Rspr. des BSG erkennt aber Konstruktionen, bei denen die Arbeitsentgeltzahlung an einen Familienangehörigen von der Anerkennung der Entgeltzahlung als Betriebsausgaben abhängig gemacht wird, ausdrücklich nicht an[8]. Die Praxis behilft sich mit der **Faustformel**, dass wenn das gezahlte Arbeitsentgelt steuerrechtlich nicht als Arbeitslohn behandelt und nicht als Betriebsausgabe gebucht wird, dieses wegen der dadurch entgangenen steuerrechtlichen Vorteile gegen ein abhängiges Beschäftigungsverhältnis spräche, wohingegen die regelmäßige Zahlung von LSt und die Buchung der Einkünfte als Betriebsausgabe ein Indiz für ein abhängiges Beschäftigungsverhältnis darstelle[9]. Die gleichen Grundsätze gelten auch, wenn zwischen **nichtehelichen Lebenspartnern** ein sozialversicherungspflichtiges Beschäftigungsverhältnis begründet werden soll[10].

Besondere Probleme bereitet immer wieder die Einordnung von **Pflegeleistungen unter Angehörigen**. Auch diese Frage beurteilt die sozialgerichtliche Rspr. unter Berücksichtigung des Gesamtgepräges der Tätigkeit, wobei insb. die Art, Umfang und Zeitdauer der verrichteten Tätigkeit sowie die Stärke der tatsächlichen verwandtschaftlichen Beziehung zu berücksichtigen sind[11]. Unentgeltliche allgemeine Pflegeleistungen für einen erkrankten Elternteil außerhalb der beruflichen Tätigkeit des Betreffenden sind jedoch selbst bei einem erheblichen Umfang in der Regel von den engen verwandtschaftlichen Eltern-Kind-Beziehungen geprägt und deshalb dem **privaten familiären Lebensbereich** zuzuordnen[12]. Ein entgeltliches Beschäftigungsverhältnis ist insofern zu verneinen, wenn der im Haushalt lebende und tätige Verwandte nur freien Unterhalt einschließlich eines geringfügigen Taschengeldes erhält und diese Bezüge keinen Gegenwert für die Pflegetätigkeit darstellen[13].

b) **Mitarbeitende Gesellschafter, Geschäftsführer etc.** Immer wieder umstritten ist des Weiteren, ob die in einer Gesellschaft mitarbeitenden Gesellschafter, Kommanditisten und Mitunternehmer sowie

---

1 BSG v. 21.4.1993 – 11 RAr 67/92, AP Nr. 67 zu § 611 – Abhängigkeit. | 2 Vgl. bereits BSG v. 29.3.1962 – 3 RK 83/59, SozR Nr. 31 zu § 165 RVO; v. 19.2.1987 – 12 RK 45/85, SozR 2200, § 165 Nr. 90. | 3 BSG v. 17.12.2002 – B 7 AL 34/02 R, USK 2002-42. | 4 BSG v. 21.4.1993 – 11 RAr 67/92, SozR 3-4100 § 168 Nr. 11. | 5 Vgl. BFH v. 15.1.1980 – VIII R 154/78, BFHE 130, 149. | 6 BSG v. 21.4.1993 – 11 RAr 67/92, SozR 3-4100, § 168 Nr. 11; vgl. auch Wannagat/Brandenburg/Woltjen, § 7 SGB IV Rz. 36. | 7 BVerfG v. 7.11.1995 – 2 BvR 802/90, NZA 1996, 470; v. 19.12.1995 – 2 BvR 1791/92, NJW 1996, 834. | 8 BSG v. 7.2.2002 – B 12 KR 13/01, NJW 2002, 1972. | 9 Gemeinsames Rundschreiben der Spitzenverbände der Krankenkassen, des VDR und der BfA vom 30.5.2000 zur versicherungsrechtlichen Beurteilung der Beschäftigung von Angehörigen; Ziff. 2.5. | 10 LSG Nds. v. 21.9.1994 – L 4 KR 16/94, nv.; vgl. auch LSG Saarbrücken v. 22.5.2001 – L 6 AL 64/99, nv. | 11 BSG v. 20.4.1993 – 2 RU 38/92, NJW 1994, 676. | 12 BSG v. 25.10.1989 – 2 RU 4/89, SozR 2200, § 539 Nr. 134. | 13 BSG v. 19.2.1987 – 12 RK 45/85, SozR 2200, § 165 Nr. 90.

die **Vorstandsmitglieder** und Geschäftsführer versicherungspflichtig sind. Hier ergeben sich in der Praxis häufig Abgrenzungsschwierigkeiten.

20 Bei einer **Gesellschaft bürgerlichen Rechts** kann der Gesellschafter grundsätzlich niemals zu der Gesellschaft in einem versicherungspflichtigen Beschäftigungsverhältnis stehen[1]. Allenfalls unter der Voraussetzung, dass der mitarbeitende Gesellschafter nicht vom Unternehmerrisiko betroffen wird, keinen Einfluss auf die Führung des Betriebes hat, den Weisungen der Gesellschaft unterliegt, und in Abhängigkeit von der Gesellschaft Arbeit leistet und als echter ArbN anzusehen ist, kann ausnahmsweise auch einmal der mitarbeitende Gesellschafter einer Gesellschaft bürgerlichen Rechts in einem abhängigen Beschäftigungsverhältnis zur Gesellschaft stehen[2].

21 Bei einer **offenen Handelsgesellschaft** sind die Gesellschafter auch dann nicht ArbN, wenn sie durch Gesellschafterbeschluss von der Geschäftsführung und Vertretung der Gesellschaft ausgeschlossen sind. Nur in eng begrenzten Ausnahmefällen kann der OHG-Gesellschafter zu einer Gesellschaft in einem Verhältnis persönlicher Abhängigkeit stehen, wenn er sich außerhalb seiner gesellschaftsrechtlichen Verpflichtung Weisungen der Gesamthand unterwirft und insb. arbeitnehmertypische Tätigkeiten verrichtet, die jenseits der Geschäftsführung liegen[3].

22 Gleiches wie für den OHG-Gesellschafter gilt auch für den **Komplementär einer Kommanditgesellschaft**. Dagegen kann der **Kommanditist** einer Kommanditgesellschaft grundsätzlich in einem abhängigen Beschäftigungsverhältnis zur KG stehen. Eine für ein Beschäftigungsverhältnis charakteristische persönliche Abhängigkeit liegt allerdings dann nicht vor, wenn dieser durch seine eigene Entscheidung sein Beschäftigungsverhältnis bei der KG entscheidend beeinflussen kann. Dies wäre der Fall, wenn er durch seine Kommanditeinlage oder durch die sonstige Gestaltung des Gesellschaftsvertrages maßgeblich die Geschicke der Gesellschaft bestimmen und sein eigenes Beschäftigungsverhältnis jederzeit durch seine Entschließungen beeinflussen kann. Ein Kommanditist dagegen, der unmittelbar und ausschließlich aufgrund des Gesellschaftsvertrages zur Mitarbeit in der Kommanditgesellschaft verpflichtet ist und keinen dem Umfang seiner Dienstleistung entsprechendes Arbeitsentgelt erhält, sondern dessen Vergütung sich als vorweggenommene Gewinnbeteiligung darstellt, steht nicht in einem versicherungspflichtigen Beschäftigungsverhältnis[4].

23 Dagegen fehlen bei einem **stillen Gesellschafter** die typischen Merkmale einer echten Mitunternehmerschaft. Der bei seiner Gesellschaft tätige stille Gesellschafter steht daher regelmäßig in einem Verhältnis persönlicher und wirtschaftlicher Abhängigkeit und unterliegt somit den allgemeinen Bestimmungen der SozV. Ausnahmsweise hat das BSG jedoch in dem Fall ein Beschäftigungsverhältnis verneint, wenn die am Unternehmen ihres Ehemanns als stille Gesellschafterin beteiligte Ehefrau, die nach dem Gesellschaftsvertrag zur Hälfte sowohl am Gewinn als auch am Verlust des Unternehmens teilnimmt, und die als mit ihrem Ehemann gleichberechtigte Geschäftsführerin in dem Unternehmen tätig ist und damit einen maßgeblichen Einfluss auf die Betriebsführung und die kaufmännische Leitung des Betriebes hat[5].

24 Immer wieder zu Streitigkeiten führt die Frage der versicherungsrechtlichen Beurteilung von **Gesellschafter-Geschäftsführern** einer **GmbH** und **mitarbeitenden Gesellschaftern** einer GmbH. Mitarbeitende Gesellschafter einer GmbH können durchaus in einem abhängigen Beschäftigungsverhältnis zur GmbH stehen. Nach der Rspr. des BSG liegt bei mitarbeitenden Gesellschaftern, wie auch bei Gesellschafter-Geschäftsführern, ein abhängiges Beschäftigungsverhältnis zur GmbH dann vor, wenn der Gesellschafter funktionsgerecht dienend am Arbeitsprozess der GmbH teilnimmt, für seine Beschäftigung ein entsprechendes Arbeitsentgelt erhält und keinen maßgeblichen Einfluss auf die Geschicke der Gesellschaft kraft seines Anteils am Stammkapital geltend machen kann[6]. Aber auch bei der Beurteilung von Gesellschafter-Geschäftsführern bzw. mitarbeitenden Gesellschaftern kommt es nach Auffassung des BSG maßgeblich auf das **Gesamtbild** der Arbeitsleistung an. Weichen die Vereinbarungen, die mit dem Gesellschafter-Geschäftsführer bzw. dem mitarbeitenden Gesellschafter getroffen wurden von den tatsächlichen Verhältnissen ab, so muss auf die tatsächlichen Verhältnisse für die Beurteilung über das Vorliegen eines abhängigen Beschäftigungsverhältnisses abgestellt werden[7]. Bei einem **Geschäftsführer einer GmbH** kommt es auf die Umstände des Einzelfalles an, ob er als abhängiger Beschäftigter oder Selbständiger anzusehen ist. Unterliegt er etwa keinem eine persönliche Abhängigkeit begründenden Weisungsrecht der Gesellschafter oder ggf. des Aufsichtsrates, so ist sein Rechtsverhältnis nicht als abhängiges Beschäftigungsverhältnis zu charakterisieren, selbst wenn der Geschäftsführer am Stammkapital der GmbH nur einen geringfügigen Anteil hält[8].

---

1 LSG Hess. v. 1.2.1956 – K VI 59/55, *Breithaupt*, 1956, 783. | 2 BSG v. 26.5.1966 – 2 RU 178/64, BSGE 25, 51 ff. | 3 BSG v. 26.5.1966 – 2 RU 178/64, BSGE 25, 51 ff. | 4 BSG v. 27.7.1972 – 2 RU 122/70, USK 72116. | 5 BSG v. 2.5.1979 – 2 RU 93/78, USK 79135. | 6 Vgl. hierzu BSG v. 17.5.2001 – B 12 KR 34/00 R, SozR 3-2400, § 7 SGB IV Nr. 17; v. 30.6.1999 – B 2 U 35/98 R, SozR 3-2200, § 723 Nr. 4. | 7 BSG v. 4.6.1998 – B 12 KR 5/97 R, SozR 3-2400, § 7 SGB IV Nr. 13; v. 17.5.2001 – B 12 KR 34/00 R, SozR 3-2400, § 7 SGB IV Nr. 17. | 8 BSG v. 13.12.1960 – 3 RK 2/56, BSGE 13, 196.

Hat aber ein mitarbeitender Gesellschaft bzw. ein Gesellschafter-Geschäftsführer aufgrund seiner Gesellschafterstellung einen maßgeblichen rechtlichen oder auch nur tatsächlichen Einfluss auf die Willensbildung der Gesellschaft dahingehend, dass er **Einzelanweisungen** an sich im Bedarfsfall jederzeit **verhindern könnte**, so ist regelmäßig ein Beschäftigungsverhältnis mit dem Gesellschafter-Geschäftsführer bzw. mitarbeitenden Gesellschafter ausgeschlossen[1]. Eine derartige Rechtsmacht besitzt ein Gesellschafter-Geschäftsführer bzw. ein mitarbeitender Gesellschafter regelmäßig dann, wenn er über mindestens 50 % des Stammkapitals verfügt[2]. Aber auch dort, wo die Kapitalbeteiligung des Gesellschafter-Geschäftsführers an der GmbH unter 50 % der Kapitalanteile liegt, kann sich aus den Bestimmungen des Gesellschaftsvertrages ergeben, dass der Gesellschafter-Geschäftsführer mit seinem Anteil alle ihm nicht genehmen Entscheidungen verhindern kann, etwa, wenn sein Anteil mehr als 1/3 beträgt und für die Entscheidungen der Gesellschafterversammlung eine 2/3 Mehrheit vorgeschrieben ist[3]. Nach der Rspr. des BSG schließt die gesellschaftsrechtliche Möglichkeit, Entscheidungen der Gesellschaft zu bestimmen oder zu verhindern, selbst dann die Annahme einer abhängigen Beschäftigung aus, wenn der Gesellschafter tatsächlich die Entscheidungen weitgehend anderen überlässt, weil ihm zB die notwendige Sachkunde fehlt[4]. Aber auch, wenn die Beteiligung des Gesellschafters unter 50 % liegt, die einfache Mehrheit der Stimmen zur Beschlussfassung der Gesellschaft genügt und dem Gesellschafter-Geschäftsführer auch sonst keine rechtlichen Möglichkeiten zur Verfügung stehen, Weisungen zu verhindern, ist eine versicherungspflichtige Beschäftigung des Gesellschafter-Geschäftsführers zu verneinen, wenn er nach der Gestaltung seiner vertraglichen Beziehungen zur GmbH und der tatsächlichen Durchführung des Vertrages hinsichtlich Zeit, Dauer, Umfang und Ort der Tätigkeit im Wesentlichen weisungsfrei ist. Insofern wird die gesellschaftsrechtliche Abhängigkeit durch den tatsächlich eingeräumten Einfluss aufgehoben[5]. Hier kann auch eine Befreiung vom **Selbstkontrahierungsverbot** des § 181 BGB Bedeutung erlangen. Darin ist ein deutliches Indiz gegen ein abhängiges Beschäftigungsverhältnis zu sehen. Dies gilt insb. dann, wenn der Geschäftsführer einer GmbH, selbst wenn keine Kapitalbeteiligung seinerseits vorliegt, alleinvertretungsberechtigt und von den Beschränkungen des § 181 BGB befreit ist und nach der besonderen Gestaltung keinen Beschränkungen durch die fachfremden Gesellschafter unterliegt[6]. Auf der anderen Seite ist der Geschäftsführer einer GmbH, der weder über die Mehrheit der Gesellschaftsanteile noch über eine Sperrminorität verfügt, idR abhängig Beschäftigter der GmbH, wenn er bei seiner Tätigkeit der Kontrolle durch die Gesellschafter unterliegt und diese ihre Gesellschafterrechte tatsächlich ausüben[7].

Bei sog. **Fremdgeschäftsführern**, die also nicht am Stammkapital der GmbH beteiligt sind, liegt nach der Rspr. des BSG **grundsätzlich** ein **abhängiges Beschäftigungsverhältnis** vor[8]. Nach Auffassung des BSG dürfe allein aus der weisungsfreien Ausführung einer fremdbestimmten Tätigkeit nicht auf eine selbständige Tätigkeit geschlossen werden. Schließlich sei der Fremdgeschäftsführer in einer nicht von ihm selbst gegebenen Ordnung des Betriebes eingegliedert und auch nur im Rahmen des Gesellschaftsvertrages und der Gesellschafterbeschlüsse handlungsfähig, so dass er selbst bei Belassung großer Freiheiten der Überwachung durch die Gesellschafter unterliege. Dies gelte auch dann, wenn die Gesellschafter von ihrer Überwachungsbefugnis regelmäßig keinen Gebrauch machten[9]. Wie bei Diensten höherer Art üblich, „verfeinert" sich die Weisungsgebundenheit des Fremdgeschäftsführers zur funktionsgerecht dienenden Teilhabe am Arbeitsprozess[10].

c) **Mitarbeit in einer Familien-GmbH.** Besonderheiten können sich bei der Mitarbeit in einer Familien-GmbH ergeben. Hier können bei Geschäftsführern, die am Stammkapital der GmbH nicht beteiligt sind, die Verhältnisse so liegen, dass ein abhängiges Beschäftigungsverhältnis zu verneinen ist. Das ist dann der Fall, wenn die Mitarbeit in einer Familien-GmbH mehr durch familienhafte Rücksichtnahmen und ein gleichberechtigtes Nebeneinander als durch einen für ein ArbN-ArbGeb-Verhältnis typischen Interessengegensatz gekennzeichnet ist. Insoweit kann die familiäre Verbundenheit ein Gefühl erhöhter Verantwortung füreinander schaffen und einen Einklang der Interessen bewirken, so dass der Geschäftsführer nicht für ein fremdes, sondern im „eigenen" Unternehmen weisungsfrei und somit selbständig tätig wird[11]. Ebenfalls spricht für eine selbständige Tätigkeit des Gesellschafter-Geschäftsführers, wenn er „Kopf und Seele" der Gesellschaft ist, was man namentlich bei Familiengesellschaften häufig antrifft[12].

d) **Vorstandsmitglieder.** Dagegen sind generell keine Beschäftigte Vorstandsmitglieder **von Aktiengesellschaften**. Soweit die Handlungsmöglichkeiten des Vorstandes begrenzt sind, beruht dies nicht auf Einzelanordnungen, sondern auf generell-abstrakten Leitlinien (Gesetz, Satzung, Beschlüsse der

---

1 BSG v. 8.8.1990 – 11 LAR 77/89, SozR 3-2400, § 7 SGB IV Nr. 4. | *2* BSG v. 14.12.1999 – B 2 U 48/98 R, EZA § 7 SGB IV Nr. 1; v. 17.5.2001 – B 12 KR 34/00 R, SozR 3-2400, § 7 SGB IV Nr. 17. | *3* So ausdrücklich BSG v. 8.8.1990 – 11 RAr 77/89, SozR 3-2400, § 7 SGB IV Nr. 4. | *4* BSG v. 9.11.1989 – 11 RAr 39/89, SozR 4100, § 104 Nr. 19. | *5* BSG v. 27.7.1989 – 11/7 RAr 71/87, USK 8951; v. 8.8.1990 – 11 RAr 77/89, SozR 3-2400, § 7 SGB IV Nr. 4. | *6* LSG Schl.-Holst v. 18.8.1992 – L 1 KR 85/91, nv. | *7* BSG v. 6.3.2003 – B 11 AL 25/02 R, SozR 4-2400 § 7 Nr. 1. | *8* BSG v. 22.8.1973 – 12 RK 24/72, USK 73122; v. 24.6.1982 – 12 RK 45/80, USK 82160; v. 18.12.2001 – B 12 KR 10/01 R, SGb 2002, 207. | *9* BSG v. 22.8.1973 – 12 RK 24/72, USK 73122. | *10* BSG v. 14.12.1999 – B 2 U 48/98 R, EZA § 7 SGB IV Nr. 1. | *11* BSG v. 8.12.1987 – 7 RAr 25/86, USK 87170; v. 11.2.1993 – 7 RAr 48/92, USK 9347; v. 14.12.1999 – B 2 U 48/98 R, EZA § 7 SGB IV Nr. 1. | *12* BSG v. 23.9.1982 – 10 RAr 10/81, SozR 2100, § 7 Nr. 7; LSG Stuttgart v. 20.11.2000 – L 4 KR 3842/98, EZS 130/516.

Hauptversammlung), deren Beachtung zur Erreichung des mit der Tätigkeit verbundenen Ziels notwendig ist[1]. Indes gelten diese Grundsätze nur für solche Tätigkeiten, die die Betreffenden in ihrer Eigenschaft als Vorstandsmitglieder ausüben, nicht aber für außerhalb der AG ausgeübte Beschäftigungen (vgl. für die RV § 1 Satz 4 SGB VI). Es kommt also auf die Beurteilung des jeweiligen rechtlichen Verhältnisses an und nicht auf den Status des betreffenden Vorstandsmitglieds.

29 Indessen können die Überlegungen zur Versicherungsfreiheit von Vorständen einer Aktiengesellschaft nicht auf **Vorstände eingetragener Vereine** entsprechend angewandt werden[2]. Erweist sich nämlich die Arbeitsleistung eines Vereinsmitglieds als ein unmittelbarer Ausfluss der Vereinsmitgliedschaft, was zB auch eine Tätigkeit als Vereinsvorstand sein kann, so handelt es sich hierbei nicht um ein Beschäftigungsverhältnis[3]. Dies stellt sich allerdings anders dar, wenn Vorstandsmitglieder von Vereinen für den Verein gegen Arbeitsentgelt tätig sind[4]. Hier kann das Gesamtbild der Tätigkeit ergeben, dass das Vorstandsmitglied einem umfassenden Weisungsrecht des Vereins, welches etwa durch einen Verwaltungsausschuss ausgeübt wird, unterliegt. Dabei kann dieses Weisungsrecht, wie bei allen Diensten höherer Art auch eingeschränkt und zur funktionsgerecht dienenden Teilhabe am Arbeitsprozess verfeinert werden. Unter dieser Voraussetzung sind dann auch Mitglieder von Vorständen eines Vereins, aber auch einer **eingetragenen Genossenschaft**, als abhängige Beschäftigte zu qualifizieren[5].

30 **8. Beginn und Ende des Beschäftigungsverhältnisses.** Regelmäßig **beginnt** das versicherungspflichtige **Beschäftigungsverhältnis** mit der Arbeitsaufnahme. Es reicht allerdings auch aus, dass der Beschäftigungsbeginn zu einem Zeitpunkt vereinbart wurde, der ArbN seine Arbeitskraft zur Verfügung stellt und der ArbGeb zur Annahme grundsätzlich bereit ist, selbst wenn die Beschäftigung noch nicht zu dem betreffenden Zeitpunkt stattfindet. So kann ein Beschäftigungsverhältnis auch mit einem unbezahlten Urlaub eines ArbN beginnen[6]. Ein Beschäftigungsverhältnis beginnt allerdings dann nicht, wenn der Eintritt in die Beschäftigung wegen bestehender **Arbeitsunfähigkeit** des Beschäftigten scheitert[7]. Dagegen liegt ein Beschäftigungsverhältnis vor, wenn die Beschäftigung wegen einer Erkrankung des ArbN nicht zu dem im Arbeitsvertrag vorgesehenen Zeitpunkt aufgenommen werden kann, der ArbN aber gleichwohl, etwa aufgrund seines Arbeitsvertrages oder aufgrund einer tarifvertraglichen Bestimmung oder sonstigen Rechtsgrundlage **Anspruch auf Fortzahlung** des Arbeitsentgelts hat. Wird aber der ArbN erst auf dem Weg zur Arbeitsaufnahme arbeitsunfähig, hat die Rspr. die Begründung eines Beschäftigungsverhältnisses bereits an diesem Tage bejaht[8]. Anders ist die Rechtslage nur in dem Fall, wenn eine der Vertragsparteien erkennbar das Beschäftigungsverhältnis nicht vollziehen will[9]. Die Rechtsfigur des „missglückten Arbeitsversuchs" hat heute nach der Rspr. dagegen keine Bedeutung mehr (vgl. Rz. 7).

31 Mit dem Wegfall der Arbeitsbereitschaft des ArbN und dem Erlöschen des Weisungsrechts des ArbGeb **endet** das **Beschäftigungsverhältnis**[10]. Hat der ArbGeb das Arbeitsverhältnis gekündigt und bietet der ArbN über den Ablauf der Kündigungsfrist hinaus seine Arbeitskraft an, bleibt das Arbeitsverhältnis auch für die Dauer des **Annahmeverzuges** des ArbGeb bestehen, wenn in einem **Kündigungsschutzprozess** später festgestellt wird, dass die Kündigung das Arbeitsverhältnis nicht beendet hat[11]. Allerdings knüpft die Annahme eines Beschäftigungsverhältnisses an arbeitsrechtlich wirksam zustande gekommene Vereinbarungen und Regelungen an, soweit nicht eine diesen Vereinbarungen entgegenstehende tatsächliche Handhabung vorliegt. Deshalb kommt es im Falle eines **Abfindungsvergleiches** im Kündigungsschutzprozess für die versicherungsrechtliche Beurteilung nicht darauf an, wie der Arbeitsrechtsstreit ohne Vergleich zu entscheiden gewesen wäre, sondern entscheidend ist die im Wege des Vergleichs vereinbarte wirksame Beendigung des Arbeitsverhältnisses[12]. Konsequenterweise geht die Rspr. deshalb davon aus, dass **Beitragsansprüche**, wenn über das Bestehen eines Arbeitsverhältnisses ein arbeitsgerichtliches Verfahren schwebt, grundsätzlich erst mit dessen rechtskräftiger Beendigung fällig werden, da erst dann die für die versicherungsrechtliche Beurteilung erforderlichen Tatsachen feststehen[13].

32 **III. Betriebliche Berufsbildung.** In Ergänzung zu § 7 Abs. 1 SGB IV sieht § 7 Abs. 2 SGB IV vor, dass als Beschäftigung auch der Erwerb beruflicher Kenntnisse, Fertigkeiten oder Erfahrungen im Rahmen betrieblicher Berufsbildung gilt. Diese Regelung ist als ergänzende Vorschrift zu verstehen. Selbst wenn bei der Berufsausbildung weniger die Erbringung produktiver Arbeit als vielmehr die Vermittlung beruflicher Kenntnisse, Fertigkeiten und Erfahrungen sowie Erziehung und Bildung im Vordergrund steht, müssen im Rahmen einer Berufsausbildung die allgemeinen Voraussetzungen eines Beschäftigungsverhältnisses vorliegen[14]. Insofern kann auf die obigen Ausführungen verwiesen werden. Grundsätzlich sind daher nur diejenigen Auszubildenden iSd. § 7 SGB IV Beschäftigte, die in einer

---

1 BSG v. 14.12.1999 – B 2 U 38/98 R, SozR 3-2200, § 539 Nr. 48 mwN.; v. 19.6.2001 – B 12 KR 44/00 R, SozR 3-2400, § 7 SGB IV Nr. 18. | 2 BSG v. 19.6.2001 – B 12 KR 44/00 R, SozR 3-2400, § 7 SGB IV Nr. 18. | 3 Vgl. hierzu BSG v. 26.6.1980 – 8a RU 48/79, SozR 2200, § 539 Nr. 68. | 4 Vgl. BSG v. 19.6.2001 – B 12 KR 44/00 R, SozR 3-2400, § 7 SGB IV Nr. 18. | 5 BSG v. 21.2.1990 – 12 RK 47/87, SozR 3-2940, § 3 Nr. 1. | 6 BSG v. 22.11.1968 – 3 RK 9/67, *BSGE 29, 30*. | 7 BSG v. 15.12.1994 – 12 RK 47/93, USK 9483. | 8 BSG v. 28.2.1967 – 3 RK 17/65, BSGE 26, 124. | 9 BSG v. 28.2.1967 – 3 RK 17/65, BSGE 26, 124. | 10 Krauskopf/*Baier*, § 7 SGB IV Rz. 44. | 11 BSG v. 25.9.1981 – 12 RK 58/80, SozR 2100, § 25 Nr. 3. | 12 BSG v. 30.6.1993 – 12 BK 75/92, nv. | 13 BSG v. 13.8.1996 – 12 RK 76/94, SozR 3-2400, § 25 Nr. 6. | 14 BSG v. 12.10.2000 – B 12 KR 7/00 R, SozR 3-2600, § 1 Nr. 7.

Betriebstätigkeit ausgebildet und in den Produktions- oder Dienstleistungsprozess zum Erwerb praktischer Kenntnisse und Fertigkeiten eingegliedert sind. Dies gilt im Grundsatz auch für betriebliche Praktika[1]. Ein Beschäftigungsverhältnis nach § 7 Abs. 2 SGB IV ist mangels betrieblicher Berufsbildung dann zu verneinen, wenn die praktische Ausbildung im Wesentlichen außerbetrieblich, also zB durch die Hochschule geregelt und gelenkt wird[2].

IV. Beschäftigungsverhältnis bei flexibler Arbeitszeitregelung. Die Regelungen des § 7 Abs. 1a SGB IV trifft eine allgemeine sozialversicherungsrechtliche Regelung für Modelle der Flexibilisierung der Arbeitszeit, bei denen der ArbN zeitweise von der Arbeitsleistung freigestellt ist. Mit dem Gesetz zur sozialrechtlichen **Absicherung flexibler Arbeitszeitregelungen** vom 6.4.1998[3] wurde hierdurch erstmalig eine gesetzliche Regelung für den Versicherungsschutz flexibler Arbeitszeiten in der SozV geschaffen. Mit dem Gesetz zur Einführung des Euro im Sozial- und Arbeitsrecht sowie zur Änderung anderer Vorschriften (4. Euro-Einführungsgesetz) vom 21.12.2000[4], dessen die flexiblen Arbeitszeiten betreffenden Regelungen überwiegend am 1.1.2001 in Kraft traten, wurde darüber hinaus das Ziel verfolgt, insb. das bisherige Verfahren zur Berechnung der Beiträge in den Fällen, in denen der ArbN die geleistete Vorarbeit (**Wertguthaben**) nicht für Zeiten der Freistellung von der Arbeit verwendet (**Störfall**), für alle Beteiligten einfacher zu gestalten.

33

1. Allgemeines. Durch diese Regelung unterstützt der Gesetzgeber eine Tendenz in der Praxis, die auf eine verstärkte Abkehr vom Prinzip der starren Arbeitszeit gerichtet ist. Stichworte die diese Tendenz umschreiben, sind der Jahresarbeitszeitvertrag, das **Sabbatical**, **Job-Sharing-Modelle**, KAPOVAZ sowie Bedarfsarbeitsverträge. Hinsichtlich dieser Erscheinungsformen war der sozialversicherungsrechtliche Status der ArbN in der jeweiligen Freistellungsphase zumindest in der Vergangenheit unklar, da grundsätzlich die Versicherungs- und Beitragspflicht davon abhing, dass eine tatsächliche Arbeitsleistung gegen Entgelt erbracht wurde. Hier sollte durch die Neuregelung, insb. in § 7 Abs. 1a SGB IV eine Klarstellung erfolgen. Diverse Arbeitszeitmodelle sehen vor, dass ArbN in einem bestimmten Zeitraum keine Arbeitsleistungen zu erbringen haben, jedoch ein Arbeitsentgelt erhalten, das durch tatsächliche Arbeitsleistung vor oder nach der Freistellungsphase erzielt wird (Wertguthaben). § 7 Abs. 1a SGB IV regelt nunmehr, dass eine Beschäftigung gegen Arbeitsentgelt unter bestimmten Voraussetzungen auch während dieser Freistellungsphasen besteht. Damit werden nicht nur Unterbrechungen des Arbeitslebens, wie etwa ein Sabbatical, sondern auch Freistellungsphasen zum Ende des Arbeitslebens (wie zB **ATZ-Arbeit in Blockbildung**) sozialversicherungsrechtlich abgesichert.

34

Gem. § 7 Abs. 1a Satz 1 SGB IV besteht eine Beschäftigung gegen Arbeitsentgelt in Zeiten der Freistellung von der Arbeitsleistung nur, wenn die Freistellung aufgrund einer schriftlichen Vereinbarung erfolgt, in der Freistellungsphase Arbeitsentgelt fällig ist, dieses Arbeitsentgelt mit einer vor oder nach der Freistellungsphase erbrachten Arbeitsleistung erzielt wird (Wertguthaben), die Höhe des für die Freistellungsphase bezahlten Arbeitsentgelts nicht unangemessen von dem monatlich fälligen Arbeitsentgelt der der Freistellungsphase unmittelbar vorausgegangenen 12 Kalendermonate abweicht und die Arbeitsentgelte während der Arbeitsphase und während der Freistellung 400 Euro im Monat übersteigen. Dabei spielt es keine Rolle, ob das Beschäftigungsverhältnis nach Ablauf der Freistellungsphase anschließend fortgesetzt wird. Unter den Voraussetzungen der Regelungen des § 7 Abs. 1a Satz 2 SGB IV kann ein Beschäftigungsverhältnis sogar mit einer Freistellungsphase beginnen. In diesem Fall darf die Höhe des für die Freistellungsphase gezahlten Arbeitsentgelts nicht unangemessen von der Höhe des Arbeitsentgelts in der späteren Arbeitsphase abweichen. Der Annahme eines Beschäftigungsverhältnisses steht es desgleichen nicht entgegen, dass die Arbeitsleistung, mit der das Arbeitsentgelt später erzielt werden soll, wegen einer in Zeitpunkt der Vereinbarung nicht vorhersehbaren vorzeitigen Beendigung des Arbeitsverhältnisses gem. § 7 Abs. 1a Satz 3 SGB IV nicht mehr erbracht werden kann. Die Vorschriften des § 7 Abs. 1a Satz 1 bis 4 SGB IV gelten allerdings nicht für Personen, auf die die Wertguthaben lediglich übertragen werden. Damit soll ausgeschlossen werden, dass Dritte durch Erwerb von Wertguthaben, die in anderer Beschäftigter durch Arbeitsleistung angesammelt hat, einen sozialversicherungsrechtlichen Schutz ohne Arbeitsleistung begründen können. Ergänzend sieht § 23b Abs. 4 SGB IV vor, dass bei demjenigen ArbN, der das Wertguthaben erarbeitet hat, mit der Übertragung des Wertguthabens auf einen Dritten das Arbeitsentgelt fällig und damit beitragspflichtig wird.

35

2. Freistellung. Soweit die gesetzliche Regelung von Freistellung spricht, ist damit der Begriff der Freistellung im **sozialversicherungsrechtlichen Sinne** zu verstehen[5]. Bereits nach bisheriger Rspr. wurde das sozialversicherungsrechtliche Beschäftigungsverhältnis nicht unterbrochen, wenn während der Freistellung das Arbeitsverhältnis fortbestand, die Arbeitsvergütung weitergezahlt wurde und damit der Wille der Vertragspartner zur Fortsetzung der Beschäftigung nach der Freistellung dokumentiert wurde[6]. Freistellung setzt begrifflich voraus, dass der ArbN zur Arbeitsleistung in der Lage wäre. Dies

36

---

1 BSG v. 3.2.1994 – 12 RK 78/92, SozR 3-2500, § 5 Nr. 15. | 2 Vgl. BSG v. 6.10.1988 – 1 RA 53/87, SozR 2200, § 1232 Nr. 26; Wannagat/*Brandenburg*/Woltjen, § 7 SGB IV Rz. 98. | 3 BGBl I S. 688 ff. | 4 BGBl I S. 1983 ff. | 5 Krauskopf/*Baier*, § 7 SGB IV Rz. 29. | 6 Vgl. BSG v. 18.4.1991 – 7 RAr 106/90, SozR 3-4100, § 104 Nr. 6.

hat zur Konsequenz, dass wenn der ArbN aufgrund von **Erwerbsunfähigkeit** nicht mehr in der Lage ist, die Arbeitsleistung zu erbringen, von einer Freistellung nicht mehr ausgegangen werden kann[1].

37 Unter **flexibler Arbeitszeitregelungen** iSd. § 7 Abs. 1a SGB IV fallen alle Regelungen, die es gestatten, geleistete Arbeitszeiten oder erzielte Arbeitsentgelte in späteren Abrechnungszeiträumen für Freistellungen von der Arbeit zu verwenden. Insofern stellt auch die sog. **gleitende Arbeitszeit** eine flexible Arbeitszeitregelung dar. Keine flexible Arbeitszeit iSd SozV ist jedoch die sog. **Vertrauensarbeitszeit**, in der keine Aufzeichnungen über Arbeitszeiten geführt werden. Vielmehr besteht während der gesamten Dauer des Vertrauensarbeitszeitmodells eine Beschäftigung gegen Arbeitsentgelt nach § 7 Abs. 1 SGB IV.

38 **3. Freistellungsvereinbarung.** Flexible Arbeitszeitregelungen müssen **schriftlich** vereinbart und damit nachweisbar sein, damit § 7 Abs. 1a SGB IV hierauf Anwendung finden kann. Solche schriftlichen Vereinbarungen können in **tarifvertraglichen Regelungen**, **BV** sowie **einzelvertraglichen Vereinbarungen** zu sehen sein. Inhaltlich müssen diese Vereinbarungen insb. Regelungen über die **Freistellungsphase** und die **Höhe des während der Freistellung fälligen Arbeitsentgelts** enthalten. Nach § 7 Abs. 1a Satz 4 SGB IV kann die Freistellungsvereinbarung auch von vornherein vorsehen, dass das angesammelte Wertguthaben, welches nicht mehr für Zeiten der Freistellung von der Arbeitsleistung verwendet werden kann, anderweitig verwandt wird. Dies ist zulässig bei Beendigung der Beschäftigung wegen Eintritts einer verminderten Erwerbsfähigkeit, des Erreichens einer Altersgrenze, zu der eine Rente wegen Alters beansprucht werden kann oder des Todes des Beschäftigten. Für derartige Fälle kann geregelt werden, dass das jeweilige Wertguthaben zB für die **betrAV** verwendet oder an den Beschäftigten bzw. an dessen Hinterbliebenen ausgezahlt wird. Hierbei ist die Regelung zur Beitragspflicht von Einnahmen bei flexiblen Arbeitszeitregelungen in § 23b Abs. 3a SGB IV zu beachten. Wird allerdings das Wertguthaben nicht für eine laufende Freistellung von der Arbeit und auch nicht aufgrund einer entsprechenden Vereinbarung für die betrAV verwendet, tritt ein sog. **Störfall** ein, der eine besondere Beitrittsberechnung erfordert. Inhaltlich müssen aber alle Vereinbarungen über flexible Arbeitszeitregelungen darauf gerichtet sein, dass es Zweck der Vereinbarung ist, die Freistellung zu erreichen.

39 **4. Wertguthaben.** § 7 Abs. 1a Satz 1 SGB IV enthält eine **Legaldefinition** des Begriffs Wertguthaben. Unter diesem Begriff sind alle im Rahmen der vertraglich vereinbarten flexiblen Arbeitszeitregelungen erzielten Guthaben zu verstehen. Dies gilt unabhängig davon, ob die Guthaben als **Geldguthaben** oder **Zeitguthaben** geführt werden. Insofern gelten als Wertguthaben im sozialversicherungsrechtlichen Sinne alle angesparten Arbeitsentgelte sowie alle Arbeitszeiten, denen Arbeitsentgelt zugrunde liegen, soweit diese aus einer versicherungspflichtigen Beschäftigung stammen (zB Teile des laufenden Arbeitsentgelts, Mehrarbeitsvergütungen, Einmalzahlungen, freiwillige Leistungen des ArbGeb, Überstunden, nicht in Anspruch genommene Urlaubstage). Hierbei werden auch Arbeitsentgelte oberhalb der BBG berücksichtigt. Bei **ATZ im Blockmodell** ist das Wertguthaben die Differenz zwischen dem bisherigen Arbeitsentgelt und dem Arbeitsentgelt für die ATZ-Arbeit bzw. die Differenz zwischen der bisherigen Arbeitszeit und der dem Arbeitsentgelt für die ATZ zugrunde liegenden Arbeitszeit. Verzichtet der ArbGeb aus betriebsbedingten Gründen während einer im Rahmen der ATZ-Arbeit vertraglich vorgesehenen Arbeitsphase nicht nur vorübergehend auf die tatsächliche Arbeitsleistung des ArbN, ohne dass vereinbart ist, dass ein bereits angesammeltes Wertguthaben in dieser Freistellungsphase abgebaut wird, und besteht keine Vereinbarung, dass diese Freistellung noch nachgearbeitet und damit negatives Wertguthaben ausgeglichen wird, sind die Voraussetzungen des § 7 Abs. 1a SGB IV für das Vorliegen eines Beschäftigungsverhältnisses gegen Arbeitsentgelt in Zeiten einer Freistellung von der Arbeitsleistung nicht erfüllt. Deshalb liegen auch die Voraussetzungen des ATZG während der Freistellung in der Arbeitsphase dann nicht vor. Sofern der ArbGeb jedoch lediglich **vorübergehend** den ArbN von der Arbeitsleistung **freistellt**, besteht das Beschäftigungsverhältnis nach der allgemeinen Vorschrift des § 7 Abs. 1 SGB IV fort, wenn der ArbN weiterhin dienstbereit bleibt und der Verfügungsmacht des ArbGeb untersteht. Aufgrund der Vergütung, die für die Zeit der vorübergehenden Freistellung in der Arbeitsphase zu leisten ist, kann auch ein Beschäftigungsverhältnis iSd. § 7 Abs. 1a SGB IV für die spätere Freistellungsphase begründet werden[2].

40 § 7 Abs. 1a Satz 6 SGB IV sieht aus Gründen des Leistungsrechts der gesetzlichen RV vor, dass Wertguthaben, die zum Teil aus Arbeitsleistungen im **Rechtskreis West** als auch im **Rechtskreis Ost** erzielt wurden, getrennt darzustellen sind. Von einer Arbeitsleistung im Beitrittsgebiet, also im Rechtskreis Ost, ist dann auszugehen, wenn der Beschäftigungs- bzw. Tätigkeitsort im Beitrittsgebiet liegt und daher die für die Beitrags- und Leistungsberechnung im Beitragsgebiet maßgebenden Werte auf das Beschäftigungsverhältnis und Versicherungsverhältnis anzuwenden sind.

41 Arbeitsentgelt für die Zeit der Arbeitsleistung und der Freistellung dürfen nicht **unangemessen voneinander abweichen**. Damit soll erreicht werden, dass einerseits dem Beschäftigten für die Zeit der

---

1 Krauskopf/*Baier*, § 7 SGB IV Rz. 29. | 2 Rundschreiben der Spitzenverbände der Krankenkassen, des Verbandes Deutscher Rentenversicherungsträger und der Bundesanstalt für Arbeit vom 6.9.2001 zum Altersteilzeitgesetz Ziff. 2.1.3.

Freistellung gelingt, seinen bisherigen Lebensstandard zu wahren, dass andererseits aber auch verhindert wird, dass ein **Versicherungsschutz zu Minibeträgen** begründet werden kann. Für die Verhältnisbildung ist grundsätzlich das Arbeitsentgelt iSd. § 14 SGB IV maßgebend. Das Entgelt muss mindestens die Entgeltgrenze für geringfügige Beschäftigungen übersteigen. Der Gesetzgeber hat jedoch darauf verzichtet, das angemessene Verhältnis der jeweiligen Arbeitsentgelte exakt festzulegen. Insofern ist eine individuelle Beurteilung im Einzelfall erforderlich[1].

Die Verwaltung der Wertguthaben verlangt vom ArbGeb nicht unerhebliche Anstrengungen. Aufgrund der Regelungen in der Beitragsüberwachungsverordnung hat der ArbGeb das Wertguthaben iSd. SozV-Rechts einschließlich dessen Änderungen durch Zu- und Abgänge in den **Lohnunterlagen** darzustellen. Dabei sind der Abrechnungsmonat, in dem die erste Gutschrift erfolgt, sowie alle weiteren Abrechnungsmonate, in denen Änderungen des Wertguthabens erfolgen, anzugeben. So muss sichergestellt werden, dass die Entwicklungen des Wertguthabens seiner Art nach (Zeit- oder Geltwertguthaben) an einer Stelle dargestellt wird. Im Übrigen sind Wertguthaben, die zum Teil aus Arbeitsleistungen im Rechtskreis West als auch im Rechtskreis Ost erzielt wurden, aufgrund der Vorschrift des § 7 Abs. 1a Satz 6 SGB IV getrennt darzustellen. 42

Auch die **Übertragung** von Wertguthaben **auf einen Dritten**, ist in den Lohnunterlagen des Dritten als solches kenntlich zu machen. Derartige übertragene Wertguthaben werden beim Dritten nicht für die Beitragserhebung herangezogen und können nicht für eine Freistellungsphase nach § 7 Abs. 1a SGB IV verwendet werden. 43

5. **Störfall.** Für den Fall, dass das Wertguthaben nicht wie vereinbart für eine laufende Freistellung von der Arbeit verwendet wird (Störfall) sieht § 23b Abs. 2 SGB IV ein **besonderes Beitragsberechnungsverfahren** vor. Danach gilt in einem Störfall als beitragspflichtiges Arbeitsentgelt das Wertguthaben höchstens die Differenz zwischen der für die Dauer der Arbeitsphase seit der ersten Bildung des Wertguthabens maßgebenden BBG für den jeweiligen Versicherungszweig und dem in dieser Zeit beitragspflichtigen Arbeitsentgelt (sog. **Summenfelder-Modell**). Die sich aus dem Summenfelder-Modell ergebenden Beitragsbemessungsgrundlagen sind in der Entgeltabrechnung mindestens kalenderjährlich darzustellen. Dies sind die (Gesamt-)Differenzen zwischen dem beitragspflichtigen Arbeitsentgelt und der BBG des jeweiligen Versicherungszweiges (sog. **SV-Luft**) für die Dauer der Arbeitsphase seit der erstmaligen Bildung des Wertguthabens. Wurden Wertguthaben zum Teil aus Arbeitsleistungen im Rechtskreis West als auch im Rechtskreis Ost erzielt, ist die sich in den beiden Rechtskreisen ergebende SV-Luft in der Entgeltabrechnung getrennt darzustellen[2]. Bereits hieran wird deutlich, dass die Verwaltung von Wertguthaben und die Bewältigung von **Störfällen** vom ArbGeb einen erheblichen Aufwand erfordern. Störfälle treten grundsätzlich dann ein, wenn das Arbeitsentgelt aus dem Wertguthaben nicht vereinbarungsgemäß verwendet wird. Dies kann etwa die Beendigung des Beschäftigungsverhältnisses durch Kündigung, die Beendigung des Beschäftigungsverhältnisses ohne Wiedereinstellungsgarantie wegen Eintritts der Erwerbsminderung oder zB bei vollständiger oder teilweiser Auszahlung des Wertguthabens nicht für Zeiten einer Freistellung sein. Insgesamt erweist sich deshalb eine Vereinbarung über flexible Arbeitszeiten sozialversicherungsrechtlich als enorme Herausforderung an den ArbGeb. 44

6. **Kündigungsschutz.** § 7 Abs. 1b SGB IV enthält eine **arbeitsrechtliche Regelung**. Danach kann die Möglichkeit eines ArbN zur Vereinbarung flexibler Arbeitszeiten im Kündigungsschutz nicht zu seinem Nachteil geltend gemacht und berücksichtigt werden. Insbesondere ist die Möglichkeit zur Vereinbarung flexibler Arbeitszeiten keine die Kündigung des Arbeitsverhältnisses durch den ArbGeb begründenden Tatsache iSd. § 1 Abs. 2 Satz 1 KSchG. Die Vorschrift wirft für die Praxis viele Zweifelsfragen auf. 45

Nach dem Wortlaut der Regelungen sind nicht nur **Beendigungskündigungen** sondern auch **Änderungskündigungen**, die auf die Einführung von flexiblen Arbeitszeitmodellen gerichtet sind, sozial ungerechtfertigt[3]. Der Gesetzgeber des Gesetzes zur Absicherung flexibler Arbeitszeitregelungen wollte jedoch gerade den Trend zu flexiblen Arbeitszeitmodellen unterstützen. Wollte man deshalb auch Änderungskündigungen zur Einführung flexibler Arbeitszeitmodelle unter die Regelung des § 7 Abs. 1b SGB IV fassen, würde das geradezu im Gegensatz zur gesetzgeberischen Intention stehen[4]. Deshalb ist die Regelung des § 7 Abs. 1b SGB V insofern teleologisch zu reduzieren, als dass **Änderungskündigungen zur Einführung flexibler Arbeitszeitregelungen** nicht unter dessen Schutzbereich fallen[5]. 46

Der Verweis auf § 1 Abs. 2 Satz 1 KSchG zeigt, dass sowohl die **Wartezeit erfüllt** als auch die **Anwendungsvoraussetzungen des § 23 KSchG** vorliegen müssen. Wenn ein ArbN geltend machen will, dass eine Kündigung wegen Verstoßes gegen § 7 Abs. 1b SGB IV sozial ungerechtfertigt ist, so muss er gem. 47

---

1 Vgl. Krauskopf/*Baier*, § 7 SGB IV Rz. 36. |2 Vgl. hierzu ausf. das Rundschreiben der Spitzenverbände der Krankenkassen, des Verbandes Deutscher Rentenversicherungsträger, der BfA und der Bundesanstalt für Arbeit vom 29.8.2003 zur sozialrechtlichen Absicherung flexibler Arbeitszeitregelungen, Ziff. 3.1. |3 Kasseler Kommentar/*Seewald*, § 7 SGB IV Rz. 145m. |4 Vgl. hierzu *Diller*, NZA 1998, 792 (795); *Marschner*, AR-Blattei SD, Arbeitszeit I/I Flexibilisierung, Rz. 38; *Diller*, BB 1998, 844 f. |5 Vgl. *Diller*, NZA 1998, 792 (795).

§ 4 KSchG **innerhalb von drei Wochen** nach Zugang der Kündigung **Klage beim ArbG** auf Feststellung erheben, dass das Arbeitsverhältnis durch die Kündigung nicht aufgelöst ist.

48 **V. Unterbrechung des Beschäftigungsverhältnisses.** Nach der sozialversicherungsrechtlichen Vorschrift des **§ 7 Abs. 3 Satz 1 SGB IV** gilt eine Beschäftigung gegen Arbeitsentgelt als fortbestehend, solange das Beschäftigungsverhältnis ohne Anspruch auf Arbeitsentgelt fortdauert, jedoch nicht länger als einen Monat. Diese Vorschrift enthält eine einheitliche Regelung für die Krankenversicherung, Pflegeversicherung, RV und ArblV. Rechtssystematisch handelt es sich hierbei um eine **gesetzliche Fiktion des Fortbestehens einer Beschäftigung** unter den dort genannten Voraussetzungen, die nicht widerlegbar ist[1]. Fälle die insb. unter den Anwendungsbereich dieser Regelung fallen, sind zB **Streik, Aussperrung** sowie **unbezahlter Urlaub**. Sofern mehrere Unterbrechungstatbestände unterschiedlicher Art aufeinander treffen (zB unbezahlter Urlaub vor einer Arbeitsunterbrechung wegen Streiks), sind die Zeiten der einzelnen Arbeitsunterbrechungen zusammenzurechnen. Dies gilt auch dann, wenn Arbeitsunterbrechungen iSd. § 7 Abs. 3 Satz 1 SGB IV sich unmittelbar an Arbeitsunterbrechungen iSd. § 7 Abs. 3 Satz 2 SGB IV anschließen[2].

49 **1. Voraussetzungen.** Die Fiktion eines Fortbestehens einer Beschäftigung gegen Arbeitsentgelt setzt bereits begrifflich voraus, dass zunächst eine Beschäftigung gegen Arbeitsentgelt tatsächlich vorgelegen haben muss[3]. Darüber hinaus setzt § 7 Abs. 3 SGB IV voraus, dass das **Beschäftigungsverhältnis** fortdauert. Es muss sich also um eine **Unterbrechung** und nicht etwa um eine **Beendigung des Beschäftigungsverhältnisses** handeln. Ob die Unterbrechung einvernehmlich oder einseitig durch unentschuldigtes Fernbleiben von der Arbeit erfolgt, spielt hierbei keine Rolle[4]. Weiter verlangt § 7 Abs. 3 SGB IV, dass der **Anspruch auf Arbeitsentgelt entfallen** sein muss. Gerät der ArbGeb lediglich in Annahmeverzug sind die Voraussetzungen des § 7 Abs. 3 SGB IV nicht erfüllt.

50 **2. Dauer der Unterbrechung.** Liegen die Voraussetzungen des § 7 Abs. 3 Satz 1 SGB IV vor, so wird eine Beschäftigung gegen Arbeitsentgelt **längstens für die Dauer eines Monates** fingiert. Eine **Sonderregelung** hierzu besteht im Recht der **gesetzlichen Krankenversicherung**. Gem. § 192 Abs. 1 Nr. 1 SGB V bleibt ua. die Mitgliedschaft in der gesetzlichen Krankenversicherung als Versicherungspflichtiger erhalten, solange sich die Versicherungspflichtigen in einem rechtmäßigen Arbeitskampf befinden. Fehlt jedoch eine derartige Sonderregelung, so gilt die Monatsfrist des § 7 Abs. 3 SGB IV.

51 Für die Fristberechnung gelten die Vorschriften des BGB (§§ 187 ff. BGB). Insofern beginnt die Monatsfrist mit dem ersten Tag der Arbeitsunterbrechung. Sie endet mit dem Ablauf desjenigen Tages des nächsten Monats, welcher dem Tag vorhergeht, der durch seine Zahl dem Anfangstag der Frist entspricht. Fehlt dem nächsten Monat der für den Ablauf der Frist maßgebenden Tag, dann endet die Frist mit Ablauf des letzten Tages dieses Monates. Nicht vorausgesetzt wird allerdings, dass die Dauer von vornherein auf diesen Zeitraum befristet war. Hatten die Beteiligten bereits im Vorhinein absehen können, dass die Unterbrechung den Zeitraum von mehr als einem Monat überschreiten wird, so hindert dies nicht den Eintritt der Fiktion für den ersten Monat.

52 **3. Anspruch auf Entgeltersatzleistungen.** Nach § 7 Abs. 3 Satz 2 SGB IV gilt die Beschäftigung gegen Arbeitsentgelt nicht als fortbestehend, wenn **Krankengeld, Verletztengeld, Versorgungskrankengeld, Übergangsgeld, Mutterschaftsgeld** oder nach gesetzlichen Vorschriften **Erziehungsgeld** bezogen oder **Elternzeit** in Anspruch genommen oder **Wehrdienst oder Zivildienst** geleistet wird. Liegen derartige Umstände vor, ergibt sich die Versicherungspflicht aus den speziellen Regelungen der einzelnen Versicherungszweige. Erhält etwa der Betreffende eine Sozialleistung, die dazu führt, dass § 7 Abs. 3 Satz 1 SGB IV nicht gilt, so kommt es allein auf den **Bezug**, nicht aber auf die **Rechtmäßigkeit der empfangenen Leistung** an[5]. Zahlt der ArbGeb für die Dauer der Unterbrechung das Arbeitsentgelt fort, so ist dies kein Fall von § 7 Abs. 3 SGB IV. In diesem Fall wird das Beschäftigungsverhältnis nicht unterbrochen.

53 **4. Auswirkungen der Unterbrechung.** Die Vorschrift des § 7 Abs. 3 SGB IV hat darüber hinaus Auswirkungen auf die **Beitragsberechnung** und ggf. auf die Höhe der zu zahlenden Beiträge, da die Zeiten der Arbeitsunterbrechung ohne Anspruch auf Arbeitsentgelt keine beitragsfreien, sondern dem Grunde nach beitragspflichtige Zeiten sind. Dies hat zur Konsequenz, dass für Zeiträume von Arbeitsunterbrechungen iSd. § 7 Abs. 3 Satz 1 SGB IV SozV-Tage anzusetzen sind und mithin diese Zeiträume auch bei der Ermittlung der anteiligen **JahresBBG** nach § 23a Abs. 3 Satz 2 SGB IV berücksichtigt werden müssen[6]. Für den Bereich der Kranken- und Pflegeversicherung sind darüber hinaus im Falle eines rechtmäßigen Arbeitskampfes auch die über einen Monat hinausgehenden Tage als SozV-Tage anzusehen, was im Interesse einer einheitlichen Berechnung der Beiträge aus Arbeitsentgelt für alle vier

---

1 Kasseler Kommentar/*Seewald*, § 7 SGB IV Rz. 180. |2 Gemeinsame Verlautbarung der Spitzenverbände der Sozialversicherungsträger vom 1.10.1998 zum Fortbestand des Versicherungsverhältnisses bei Arbeitsunterbrechung (§ 7 Abs. 3 SGB IV), Ziff. 2.3. |3 Kasseler Kommentar/*Seewald*, § 7 SGB IV Rz. 181. |4 Krauskopf/*Baier*, § 7 SGB IV Rz. 52. |5 Wannagat/*Brandenburg*/*Woltjen*, § 7 SGB IV Rz. 87a. |6 Gemeinsame Verlautbarung der Spitzenverbände der Sozialversicherungsträger vom 1.10.1998 zum Fortbestand des Versicherungsverhältnisses bei Arbeitsunterbrechung (§ 7 Abs. 3 SGB IV), Ziff. 3.1.

Versicherungszweige in der Praxis zu erheblichen Problemen führt. Diese Problematik beruht letztlich darauf, dass der Gesetzgeber in § 192 Abs. 1 Nr. 1 SGB V eine Sonderregelung für den Fall des rechtmäßigen Arbeitskampfes getroffen hat.

VI. Scheinselbständigkeit/Existenzgründer. Dem Missbrauch der SozV-Systeme hatte der Gesetzgeber bei Schaffung des Gesetzes zu Korrekturen in der SozV und zur Sicherung der ArbN-Rechte vom 19.12.1998[1] im Blick, als er in § 7 Abs. 4 SGB IV eine Regelung schaffte, die den SozV-Trägern die Bekämpfung der **Scheinselbständigkeit** erleichtern sollte. Danach sollten scheinselbständige ArbN schneller und einfacher als bisher erkannt und in die Versicherungspflicht einbezogen werden. Dazu enthielt der damalige § 7 Abs. 4 SGB IV einen **Kriterienkatalog**. In der damaligen Fassung der Vorschrift wurde das Bestehen einer Beschäftigung gegen Arbeitsentgelt vermutet, wenn mindestens zwei dieser Kriterien vorlagen. Diese Regelung ist in Rechtswissenschaft und Praxis heftig kritisiert worden. Durch das Gesetz zur Förderung der Selbständigkeit vom 20.12.1999 wurden dann die Regelungen des § 7 Abs. 4 SGB IV novelliert[2]. Danach wurde vermutet, dass bei Vorliegen von mindestens drei der im damaligen § 7 Abs. 4 SGB IV genannten **fünf Merkmale** eine Beschäftigung vorliegt. Anders als in der bisherigen Fassung griff die Vermutungswirkung des § 7 Abs. 4 SGB IV nicht allein bei trotz Amtsermittlung gem. § 20 SGB X nicht aufklärbaren Sachverhalt ein, sondern erst dann, wenn die erwerbsmäßig tätige Person, also der „potentielle ArbN", seine **Mitwirkungspflichten** gem. § 206 SGB V und § 196 Abs. 1 SGB VI nicht erfüllte[3]. Auch diese Vermutungsregelung, die sich als wenig praxistauglich erwies, ist mittlerweile durch das Zweite Gesetz für moderne Dienstleistungen am Arbeitsmarkt vom 23.12.2002[4] mit Wirkung ab 1.1.2003 weggefallen. Für die Abgrenzung einer Beschäftigung von einer selbständigen Tätigkeit gilt nunmehr wieder allein der Beschäftigungsbegriff des § 7 Abs. 1 SGB IV. Bei der im Rahmen dieser Vorschrift vorzunehmenden Gesamtschau der tatsächlichen Umstände wird man aber auch die Vermutungskriterien der alten Regelung des § 7 Abs. 4 SGB IV (Beschäftigung von versicherungspflichtigen ArbN, Tätigkeit auf Dauer und im Wesentlichen nur für einen Auftraggeber; der Auftraggeber oder ein vergleichbarer Auftraggeber lässt entsprechende Tätigkeiten regelmäßig durch von ihm beschäftigte ArbN verrichten; die Tätigkeit lässt typische Merkmale unternehmerischen Handelns nicht erkennen; die Tätigkeit entspricht dem äußeren Erscheinungsbild nach der Tätigkeit, die für denselben Auftraggeber zuvor auf Grund eines Beschäftigungsverhältnisses ausgeübt wurde) zu berücksichtigen haben[5]. Allerdings ist darauf hinzuweisen, dass es keinen abschließenden Katalog von genau definierten Kriterien gibt, die vorliegen müssen, um von einem Beschäftigungsverhältnis sprechen zu können.

Eine Sonderregelung findet sich allerdings für **Existenzgründer**. Gemäß § 421l SGB III haben ArbN, die durch Aufnahme einer selbständigen Tätigkeit die Arbeitslosigkeit beenden, Anspruch auf einen monatlichen Existenzgründungszuschuss. Dieser Zuschuss wird geleistet, wenn der Existenzgründer in einem engen Zusammenhang mit der Aufnahme der selbständigen Tätigkeit Entgeltersatzleistungen nach dem SGB III bezogen hat oder eine Beschäftigung ausgeübt hat, die als Arbeitsbeschaffungsmaßnahme gefördert worden ist, und nach Aufnahme der selbständigen Tätigkeit ein Arbeitseinkommen nach § 15 SGB IV erzielen wird, das voraussichtlich 25 000 Euro im Jahr nicht überschreiten wird. Mit der Antragstellung wird nunmehr aufgrund der Neufassung des § 7 Abs. 4 Satz 1 SGB IV widerlegbar vermutet, dass der Existenzgründer, der bereits seine existenzgründende Tätigkeit aufgenommen hat, selbständig tätig ist. Die widerlegbare Vermutung gilt bis zum Eintritt der Bestandskraft einer ablehnenden Entscheidung der AA[6]. Trifft die AA eine positive Entscheidung, so wandelt sich gemäß § 7 Abs. 4 Satz 2 SGB IV die widerlegbare Vermutung für die Dauer des Bezugs des Zuschusses in eine unwiderlegbare Vermutung einer selbständigen Tätigkeit. Die Vermutungswirkung endet dann mit Ablauf des Bezuges. Für Existenzgünder ist allerdings zu beachten, dass gemäß § 2 Abs. 1 Nr. 10 SGB VI Versicherungspflicht in der gesetzlichen RV besteht. Ab dem 1.1.2005 gelten diese Grundsätze auch für Antragsteller und Leistungsbezieher einer entsprechenden Leistung zur Eingliederung gemäß § 16 SGB II.

VII. Anfrageverfahren. Der Gesetzgeber hat durch das Gesetz zur Förderung der Selbständigkeit in § 7a SGB IV ein **Anfrageverfahren** geschaffen, damit es den Beteiligten ermöglicht wird, schnellstmöglich Klarheit über den versicherungsrechtlichen Status einer erwerbsmäßig tätigen Person zu erlangen[7]. Danach können die Beteiligten schriftlich eine Entscheidung durch die Bundesversicherungsanstalt für Angestellte beantragen, ob eine Beschäftigung vorliegt, sofern nicht die Einzugstelle oder ein anderer Versicherungsträger im Zeitpunkt der Antragstellung bereits ein Verfahren zur Feststellung einer Beschäftigung eingeleitet hat. **Antragsberechtigt ist jeder Beteiligte.** Es ist nicht etwa erforderlich, dass sich die Beteiligten für ein Antragsverfahren einig sind. Die Angaben und Unterlagen, die die Bundesversicherungsanstalt für Angestellte für ihre Entscheidung benötigt, kann sie nach § 7a Abs. 3 SGB IV schriftlich bei den Beteiligten unter Fristsetzung anfordern. Nach Abschluss der Ermittlungen hat die Bundesversicherungsanstalt für Angestellte vor Erlass ihrer Entscheidung den Beteiligten Gelegenheit zu geben, sich zu der beabsichtigten Entscheidung zu äußern. Damit ist den Beteilig-

---

1 BGBl. I S. 3843. | 2 Vgl. BGBl. I 2000, S 2. | 3 *Heinze*, JZ 2000, 332 (335). | 4 BGBl. I S. 4621. | 5 *Sommer*, NZS 2003, 169 (171 f.). | 6 *Krauskopf/Baier*, § 7 SGB IV, Rz. 60. | 7 Zum Anfrageverfahren ausf. *Reiserer/Freckmann*, NJW 2003, 180 (182 ff.).

57 Wenn ein Anfrageverfahren innerhalb eines Monats nach Aufnahme der Tätigkeit beantragt wird, sieht das Gesetz in § 7a Abs. 6 SGB IV insofern eine **Begünstigung** für die Beteiligten vor, dass wenn die Bundesversicherungsanstalt für Angestellte ein versicherungspflichtiges Beschäftigungsverhältnis feststellt, die **Versicherungspflicht** erst **mit der Bekanntgabe der Entscheidung** eintritt, wenn der Beschäftigte zustimmt und er für den Zeitraum zwischen Aufnahme der Beschäftigung und Entscheidung eine Absicherung gegen das finanzielle Risiko von Krankheit und zur Altersvorsorge vorgenommen hat, die der Art nach den Leistungen der gesetzlichen Krankenversicherung und der gesetzlichen RV entspricht.

Einleitend zu § 7a SGB IV trifft § 7b SGB IV eine weitere **Sonderregelung** über den Eintritt der Versicherungs- und damit auch der Beitragspflicht für solche Sachverhalte, in denen die Voraussetzungen des § 7a Abs. 6 SGB IV nicht erfüllt sind. Dies umfasst im Wesentlichen die Fälle, in denen ein SozV-Träger außerhalb des Statusverfahrens nach § 7a SGB IV eine Entscheidung über das Vorliegen eines Beschäftigungsverhältnisses getroffen hat. In diesem Fall tritt die Versicherungspflicht erst mit dem Tag der Bekanntgabe der Entscheidung des SozV-Trägers ein, wenn der Beschäftigte zustimmt, für den Zeitraum zwischen Aufnahme der Beschäftigung und der Entscheidung eine Absicherung gegen das finanzielle Risiko von Krankheit und zur Altersvorsorge vorgenommen hat, die der Art nach den Leistungen der gesetzlichen Krankenversicherung und der gesetzlichen RV entspricht und der Beschäftigte oder sein ArbGeb weder vorsätzlich noch grob fahrlässig von einer selbständigen Tätigkeit ausgegangen ist. Ob der Beschäftigte oder sein ArbGeb vorsätzlich oder doch zumindest grob fahrlässig von einer unselbständigen Tätigkeit ausgegangen ist, muss durch den SozV-Träger positiv festgestellt werden[1].

59 IX. Versicherungspflicht und selbstständige Tätigkeit. Für selbständig Tätige ist § 2 Satz 1 Nr. 9 SGB VI zu beachten. Danach sind in der gesetzlichen RV versicherungspflichtig selbständig tätige Personen, die im Zusammenhang mit ihrer selbständigen Tätigkeit regelmäßig keinen versicherungspflichtigen ArbN beschäftigen, dessen Arbeitsentgelt aus diesem Beschäftigungsverhältnis regelmäßig 400 Euro im Monat übersteigt, und auf Dauer und im Wesentlichen nur für einen Auftraggeber tätig sind.

§ 8 *Geringfügige Beschäftigung und geringfügige selbständige Tätigkeit*
(1) Eine geringfügige Beschäftigung liegt vor, wenn

1. das Arbeitsentgelt aus dieser Beschäftigung regelmäßig im Monat 400 Euro nicht übersteigt,

2. die Beschäftigung innerhalb eines Kalenderjahres auf längstens zwei Monate oder 50 Arbeitstage nach ihrer Eigenart begrenzt zu sein pflegt oder im Voraus vertraglich begrenzt ist, es sei denn, dass die Beschäftigung berufsmäßig ausgeübt wird und ihr Entgelt 400 Euro im Monat übersteigt.

(2) Bei der Anwendung des Absatzes 1 sind mehrere geringfügige Beschäftigungen nach Nummer 1 oder Nummer 2 sowie geringfügige Beschäftigungen nach Nummer 1 mit Ausnahme einer geringfügigen Beschäftigung nach Nummer 1 und nicht geringfügige Beschäftigungen zusammenzurechnen. Eine geringfügige Beschäftigung liegt nicht mehr vor, sobald die Voraussetzungen des Absatzes 1 entfallen. Wird bei der Zusammenrechnung nach Satz 1 festgestellt, dass die Voraussetzungen einer geringfügigen Beschäftigung nicht mehr vorliegen, tritt die Versicherungspflicht erst mit dem Tage der Bekanntgabe der Feststellung durch die Einzugsstelle oder einen Träger der Rentenversicherung ein.

(3) Die Absätze 1 und 2 gelten entsprechend, soweit anstelle einer Beschäftigung eine selbständige Tätigkeit ausgeübt wird. Dies gilt nicht für das Recht der Arbeitsförderung.

Zuletzt geändert durch Artikel 2 des Zweiten Gesetzes für moderne Dienstleistungen am Arbeitsmarkt vom 23.12.2002 (BGBl. I S. 4621).

Lit.: *Boecken*, Die Neuregelung der geringfügigen Beschäftigungsverhältnisse, NZA 1999, 393; *Casselmann/Friedrichs/Kaltenbach/Maier*, Die Rentenversicherung im Sozialgesetzbuch, Loseblatt, Stand 2000; *Gleitze/Krause/von Maydell/Merten*, Gemeinschaftskommentar zum Sozialgesetzbuch – Gemeinsame Vorschriften für die Sozialversicherung, 1992; *Hauck/Noftz*, Sozialgesetzbuch SGB IV, Loseblatt, Stand 07/03; Kasseler Kommentar, Sozialversicherungsrecht, hrsg. v. *Niesel*, Loseblatt, Stand Sept/2003; *Kazmierczak*, Die Neuregelung

---
[1] So zu Recht: Wannagat/*Brandenburg*/Woltjen, § 7b SGB IV Rz. 8.

der geringfügigen Beschäftigtungsverhältnisse zum 1. April 2003, NZS 2003, 186; *Krauskopf*, Soziale Krankenversicherung – Pflegeversicherung, Loseblatt, Stand 06/03; *Löwisch*, Die Neuregelung der 630-Mark-Verträge: Gesetzesinhalt und Handlungsalternativen, BB 1999, 739; *Neumann-Duesberg*, Das Sozialgesetzbuch wächst, WzS 1977, 65; *Rolfs*, Verfassungs- und europarechtliche Probleme der Geringfügigkeitsreform, SGb 1999, 611; *Rombach*, Neuregelung für geringfügig Beschäftigte zum 1. April 2003, SGb 2003, 196; *Schumacher-Mohr*, Die geringfügige Nebenbeschäftigung von Beamten, ZTR 2003, 120; *Wannagat*, Sozialgesetzbuch, Kommentar zum gesamten Recht des Sozialgesetzbuchs, Loseblatt, Stand 15/03; *Wiegelmann*, Geringfügig entlohnte Beschäftigungen – Änderungen zum 1. April 2003, Die Sozialversicherung 2003, 85.

I. Vorbemerkung. Mit § 8 Abs. 1 SGB IV wollte der Gesetzgeber die früher sowohl im Krankenversicherungs- als auch im RV-Recht geregelten Begriffbestimmungen der **Nebenbeschäftigung** und **Nebentätigkeit** in überarbeiteter und vereinfachter Form zusammenfassen und neu umschreiben. Ergänzend hierzu sollte in Abs. 2 die Frage geklärt werden, wie in Fällen mehrerer geringfügiger Beschäftigungen oder im Falle des nachträglichen Wegfalls der Voraussetzung des § 8 Abs. 1 SGB IV zu verfahren sei. Die Regelungen des § 8 Abs. 3 SGB IV sollte die Anwendung des Abs. 1 und Abs. 2 auf die Fälle erstrecken, in denen statt oder neben einer Beschäftigung eine selbständige Tätigkeit ausgeübt wird[1]. Dabei beschränkt sich § 8 SGB IV auf eine Begriffsdefinition. Die Konsequenzen, die sich aus dieser Definition ergeben, insb. die Frage, ob bestimmte Beschäftigungsverhältnisse oder Tätigkeiten versicherungsfrei sind, finden sich bei den Vorschriften der einzelnen Versicherungszweige[2].

Sozialpolitisch ist die Versicherungsfreiheit geringfügiger Beschäftigungen seit Jahren Gegenstand der Diskussion. Streitig ist insb., ob angesichts steigender Sozialabgaben, die Ausweitung oder die Abschaffung geringfügiger Beschäftigung der richtige Weg ist, um den Erhalt von Arbeitsplätzen zu sichern und neue Arbeitsplätze zu schaffen. Gerade im Niedriglohnbereich, für den geringfügige Beschäftigungsverhältnisse große Relevanz haben, wird teilweise ein erhebliches Beschäftigungspotential gesehen. Jedoch ist nicht zu verkennen, dass die Förderung geringfügiger Beschäftigungen stets mit der Einsparung von Sozialabgaben verbunden ist[3]. So war das **Gesetz zur Neuregelung der geringfügigen Beschäftigungsverhältnisse** vom 24.3.1999[4] noch von der Vorstellung getragen, dass geringfügig Beschäftigte weitgehend in den SozV-Schutz einbezogen werden müssten, um ua. der Erosion der Finanzgrundlagen der beitragsfinanzierten SozV entgegenzuwirken und Frauen, die vor allem in den geringfügigen Beschäftigungsverhältnissen arbeiten, eine Option auf eine verbesserte Alterssicherung zu geben[5]. Kernpunkt dieser Neuregelung war die Festschreibung der Entgeltgrenze des § 8 Abs. 1 Nr. 1 SGB IV sowie die Einführung der Zusammenrechnung geringfügiger und nicht geringfügiger Beschäftigungen. Die letzte tiefgreifende Änderung des § 8 SGB IV vollzog der Gesetzgeber durch das Zweite Gesetz für moderne Dienstleistungen am Arbeitsmarkt vom 23.12.2002[6]. Erklärtes Ziel war dabei, ArbGeb und Beschäftigte zu motivieren, bisher illegale Beschäftigungsverhältnisse der SozV zu melden und diese aus der Illegalität herauszuführen und in abgesicherte Rechtsverhältnisse zu überführen[7]. Damit verbunden war eine Ausweitung der geringfügigen Beschäftigungsverhältnisse, indem die Zeitgrenze von 15 Wochenstunden gestrichen und die Entgeltgrenze auf 400 Euro angehoben wurde. Darüber hinaus privilegierte man haushaltsnahe Dienstleistungen (§ 8a SGB IV) in besonderem Maße.

Inzwischen sind auch **europarechtliche Vorbehalte** gegen die Versicherungsfreiheit von geringfügigen Beschäftigungsverhältnissen[8] durch die Rspr. des EuGH widerlegt[9]. Danach steht den an § 8 SGB IV anknüpfenden Regelungen über die Versicherungsfreiheit geringfügiger Beschäftigungen nicht Art. 4 Abs. 1 Richtlinie 79/7/EWG vom 19.12.1978 zur schrittweisen Verwirklichung des Grundsatzes der **Gleichbehandlung von Männern und Frauen im Bereich der sozialen Sicherheit** entgegen. Dies gilt selbst dann, wenn die Versicherungsfreiheit geringfügiger Beschäftigungsverhältnisse erheblich mehr Frauen als Männer betrifft. Nach Auffassung des EuGH durfte der deutsche Gesetzgeber davon ausgehen, dass die entsprechenden Regelungen erforderlich waren, um ein sozialpolitisches Ziel zu erreichen, das mit einer Diskriminierung aufgrund des Geschlechtes nichts zu tun hat (Befriedigung einer sozialen Nachfrage nach geringfügigen Beschäftigungen)[10].

Teilweise werden die Regelungen zur geringfügigen Beschäftigung als unvereinbar mit dem **allgemeinen Gleichheitsgrundsatz** des Art. 3 Abs. 1 GG angesehen[11]. Hintergrund dieser Auffassung ist, dass der ArbGeb eines geringfügig Beschäftigten relativ stärker zu SozVBeiträgen herangezogen wird, als der ArbGeb eines gewöhnlichen Vollzeitbeschäftigten, für den er „lediglich" einen ArbGeb-Anteil zu entrichten hat, der im Regelfall prozentual geringer ist, als die Pauschalbeiträge zur gesetzlichen Kranken- und RV für den geringfügig Beschäftigten[12]. Allerdings hat das BVerfG bisher die entsprechenden *Regelungen* nicht beanstandet[13].

---

1 BR- Drs. 300/75, 31. | 2 Vgl. etwa § 27 Abs. 2 SGB III; § 7 SGB V; § 5 Abs. 2 SGB VI. | 3 Vgl. BT-Drs. 14/8366; BT-Prot. 14/234, S. 23306 ff. | 4 BGBl. I S. 388. | 5 BT-Drs. 14/280. | 6 BGBl I S. 4621. | 7 BT-Drs. 15/26, 24. | 8 Vgl. etwa SG Speyer v. 26.10.1993 – S 3 K 136/92, NZS 1994, 80 ff.; SG Hannover v. 25.5.1993 – S 7 J 629/89, NZS 1993, 367 ff. | 9 Vgl. EuGH v. 14.12.1995 – C-317/93, SozR 3-6083, Art. 4 Nr. 11; EuGH v. 14.12.1995 – C-444/93, SozR 3-6083, Artikel 4 Nr. 12. | 10 Vgl. hierzu Wannagat/*Brandenburg*/*Woltjen*, § 8 SGB IV Rz. 10 mit umfangr. weiteren Nachw. | 11 *Rolfs*, SGb 1999, 611 (613 ff.). | 12 Vgl. ErfK/*Rolfs*, § 8 SGB IV Rz. 6; *Boecken*, NZA 1999, 393 (399); AA Hauck/Noftz/*Sehnert*, § 8 SGB IV Rz. 1m. | 13 Vgl. BVerfG v. 28.7.1999 – 1 BvQ 5/99, NJW 1999, 3036; v. 20.4.1999 – 1 BvQ 2/99, NZA 1999, 583.

5 **II. Geringfügige Beschäftigung.** § 8 Abs. 1 SGB IV enthält die Begriffsbestimmung für geringfügige Beschäftigungen. Hier sieht das Gesetz **zwei Varianten** vor. Geringfügig ist einmal eine Beschäftigung wegen der geringen Höhe des Arbeitsentgelts (**geringfügig entlohnte Beschäftigung**). Zum anderen liegt aber eine geringfügige Beschäftigung iSd. § 8 Abs. 1 Nr. 2 SGB IV auch wegen ihrer kurzen Dauer vor (**kurzfristige Beschäftigung**). Zwischen beiden Varianten ist zu unterscheiden. Übt aber ein ArbN bei demselben ArbGeb gleichzeitig mehrere Beschäftigungen aus, so ist ohne Rücksicht auf die arbeitsvertragliche Gestaltung sozialversicherungsrechtlich von einem **einheitlichen Beschäftigungsverhältnis** auszugehen, welches anhand von § 8 SGB IV zu überprüfen ist[1]. Dieses gilt auch für Beschäftigungen, die während einer Freistellungsphase im Rahmen flexibler Arbeitszeitregelungen bei demselben ArbGeb ausgeübt werden[2].

6 **1. Geringfügige Beschäftigung gemäß § 8 Abs. 1 Nr. 1 SGB IV. a) Dauerbeschäftigung.** Eine **geringfügig entlohnte Beschäftigung** liegt nach § 8 Abs. 1 Nr. 1 SGB IV vor, wenn das Arbeitsentgelt aus der Beschäftigung regelmäßig im Monat 400 Euro nicht überschreitet. Hierbei unterstellt die Regelung des § 8 Abs. 1 Nr. 1 SGB IV, dass es sich um eine **Dauerbeschäftigung mit gewisser Regelmäßigkeit** handelt. Insofern unterscheidet sich die geringfügig entlohnte Beschäftigung von der kurzfristigen Beschäftigung[3]. Daher ist in Bezug auf die Regelmäßigkeit der Beschäftigung strikt zwischen der Vorschrift des § 8 Abs. 1 Nr. 1 SGB IV und der Vorschrift des § 8 Abs. 1 Nr. 2 SGB IV zu unterscheiden. Regelmäßig ist eine Beschäftigung, die von vornherein auf ständige Wiederholung gerichtet ist und über einen längeren Zeitraum ausgeübt werden soll, was insb. bei einer auf Dauer angelegten Rechtsbeziehung anzunehmen ist[4]. Jedoch ist eine auf Dauer angelegte Rechtsbeziehung nicht notwendige Voraussetzung, um von einer Regelmäßigkeit der Beschäftigung sprechen zu können. So kommt es nicht darauf an, ob Arbeitseinsätze im Rahmen eines Dauerarbeitsverhältnisses von vornherein feststanden oder von Mal zu Mal vereinbart wurden[5]. Demzufolge sieht die Rspr. des BSG das Merkmal der Regelmäßigkeit auch dann als erfüllt, wenn der Beschäftigte zu den sich wiederholenden Arbeitseinsätzen auf Abruf bereitsteht, ohne verpflichtet zu sein, jeder Aufforderung zur Arbeitsleistung Folge zu leisten[6]. Darum sind regelmäßig ausgeübte Beschäftigungen nicht am Beschäftigungsumfang einer bestimmten Anzahl von Arbeitstagen pro Jahr, sondern ausschließlich am erzielten Entgelt zu messen.

7 **b) Entgeltgrenze.** Bei der Prüfung der Frage, ob das **regelmäßige Arbeitsentgelt** 400 Euro übersteigt, ist vom regelmäßigen Arbeitsentgelt auszugehen. Was im Einzelnen zum Arbeitsentgelt zählt, bestimmt die sozialversicherungsrechtliche Definition des § 14 SGB IV. Gem. § 14 Abs. 1 Satz 1 SGB IV sind Arbeitsentgelt alle laufenden oder einmaligen Einnahmen aus einer Beschäftigung, gleichgültig ob ein Rechtsanspruch auf die Einnahmen besteht, unter welcher Bezeichnung oder in welcher Form sie geleistet werden und ob sie unmittelbar aus der Beschäftigung oder im Zusammenhang mit ihr erzielt werden. Dementsprechend ist mindestens auf das Arbeitsentgelt abzustellen, worauf ein **Rechtsanspruch** besteht. Nur soweit das **tatsächlich gezahlte Arbeitsentgelt** dieses überschreitet, ist Letzteres maßgeblich. Auf welcher Rechtsgrundlage ein Arbeitsentgeltanspruch beruht, zB **TV, BV, Arbeitsvertrag**, ist unerheblich. Da aber mindestens auf das Arbeitsentgelt abzustellen ist, auf welches der ArbN einen Rechtsanspruch hat, ist, wenn das Beschäftigungsverhältnis in den Anwendungsbereich eines allgemeinverbindlichen Gehaltstarifvertrages fällt, der Arbeitsentgeltanspruch mindestens in Höhe des tariflichen Gehalts maßgeblich, selbst wenn die Parteien arbeitsvertraglich ein geringeres Arbeitsentgelt vereinbart haben. Insofern weicht das SozV-Recht mit dem dort geltenden **Entstehungsprinzip** grundsätzlich von dem für das Steuerrecht geltende sog. **Zuflussprinzip** ab[7]. Von besonderer Problematik sind die Fälle, bei denen eine tarifvertragliche Regelung besteht, wonach geringfügig Beschäftigte, im Gegensatz zu versicherungspflichtig Beschäftigten, keinen Anspruch auf bestimmte regelmäßige Leistungen haben. Darin hat der EuGH[8] eine mittelbare Diskriminierung aufgrund des Geschlechts gesehen. Selbst wenn sich aber eine tarifliche Regelung als mittelbar diskriminierend herausstellt, meint die Praxis der SozV-Träger hieraus keine sozialversicherungsrechtlichen, insb. beitragsrechtlichen Konsequenzen ziehen zu brauchen, da allein eine abstrakte Feststellung eines Verstoßes gegen das Diskriminierungsverbot keinen Arbeitsentgeltanspruch in sozialversicherungsrechtlicher Hinsicht begründen könne[9].

---

1 BSG v. 16.2.1983 – 12 RK 26/81, SozR 2200 § 168 Nr. 7; LSG Saarbrücken v. 8.4.2000 – L 6 AL 36/99, EzS 130/488. | 2 Richtlinien der Spitzenverbände der Krankenkassen, des VDR und der Bundesanstalt für Arbeit für die versicherungsrechtliche Beurteilung von geringfügigen Beschäftigten (Geringfügigkeits-Richtlinien) vom 25.2.2003, abgedr. in NZA Beilage 7/2003. | 3 BSG v. 11.5.1993 – 12 RK 23/91, SozR 3-2400, § 8 Nr. 3; BSG v. 23.5.1995 – 12 RK 60/93, SozR 3-2400, § 8 Nr. 4. | 4 BSG v. 11.5.1993 – 12 RK 23/91, SozR 3-2400, § 8 Nr. 3. | 5 BSG v. 23.5.1995 – 12 RK 60/93, SozR 3-2400, § 8 Nr. 4. | 6 BSG v. 23.5.1995 – 12 RK 60/93, SozR 3-2400, § 8 Nr. 4; BSG v. 1.2.1979 – 12 RK 7/77, SozR 2200, § 165 Nr. 36; LSG NW v 8.11.2001 – L 5 KR 225/00, nv. | 7 Vgl. § 22 SGB IV. Dies kann etwa zu Problemen führen, wenn Beschäftigte unter der Geringfügigkeitsgrenze bleiben wollen und deshalb auf den Tariflohn „verzichten" (vgl. Schumacher-Mohr, ZTR 2003, 120). | 8 EuGH v. 9.9.1999 – C-281/97, NZA 2000, 405. | 9 Besprechung der Spitzenverbände der Krankenkassen, des Verbandes Deutscher Rentenversicherungsträger und der Bundesanstalt für Arbeit über Fragen des gemeinsamen Beitragseinzugs am 21./22.11.2001 zur beitragsrechtlichen Behandlung von nicht gezahlten Arbeitsentgelten; hier: Auswirkung des Urteils des Europäischen Gerichtshofs vom 9.9.1999 sowie des Gesetzes über Teilzeitarbeit und befristete Arbeitsverträge.

Bei der Ermittlung des regelmäßigen Arbeitsentgelts können ferner **einmalige Einnahmen** Berücksichtigung finden, sofern deren Gewährung mit hinreichender Sicherheit mindestens einmal jährlich zu erwarten ist, so dass der Empfänger sie als Teil seines Einkommens einplanen kann. Dies ist unter Umständen auch dann der Fall, wenn auf die Sonderzahlung kein fester Rechtsanspruch besteht, sondern über ihre Gewährung vielmehr in jedem Jahr neu vom ArbGeb entschieden wird[1]. Mit dem Zweiten Gesetzes für moderne Dienstleistungen am Arbeitsmarkt wurde § 22 Abs. 1 SGB IV dahin gehend geändert, dass Beitragsansprüche der SozV-Träger bei einmalig gezahltem Arbeitsentgelt erst dann entstehen, sobald dieses ausgezahlt ist. Damit wird für einmalig gezahltes Arbeitsentgelt das **Zuflussprinzip** festgeschrieben. Maßgebend für die Beitragspflicht bei einmalig gezahltem Arbeitsentgelt ist somit die Frage, ob und wann die Einmalzahlung zugeflossen ist, so dass Beiträge nicht mehr geltend gemacht werden können, wenn das einmalig gezahlte Arbeitsentgelt tatsächlich nicht gezahlt worden ist. Dies gilt entsprechend bei der Prüfung, ob das regelmäßige Arbeitsentgelt die Geringfügigkeitsgrenze von 400 Euro des § 8 Abs. 1 Satz 1 SGB IV überschreitet[2]. Dagegen beeinflussen unvorhersehbare und nicht einplanbare Sonderzahlungen die Geringfügigkeit der Beschäftigung nicht. Bei **schwankendem Arbeitsentgelt** oder in den Fällen, in denen im Rahmen eines Dauerarbeitsverhältnisses saisonbedingt unterschiedliche Arbeitsentgelte erzielt werden, ist nach allgemeiner Meinung für ein Jahr im Voraus der Durchschnitt zu schätzen[3].

Haben die Parteien ein **Nettoarbeitsentgelt** vereinbart, gelten gem. **§ 14 Abs. 2 SGB IV** als Arbeitsentgelt die Einnahmen des Beschäftigten einschließlich der darauf entfallenden Steuern und der seinem gesetzlichen Anteil entsprechenden Beträge zur SozV und zur Arbeitsförderung[4]. Wird bei Pauschalversteuerung die pauschale Lohn- und Kirchensteuer vom ArbGeb übernommen, liegt darin keine Nettolohnvereinbarung iSd. § 14 Abs. 2 SGB IV. Die vom ArbGeb getragene pauschale Lohn- und Kirchensteuer ist **kein Entgelt** iSd. SozV und bleibt bei der Ermittlung des Bruttoentgelts unberücksichtigt. Entsprechendes gilt für die Pauschalversteuerung gem. § 40a EStG[5]. Gem. § 14 Abs. 1 Satz 3 SGB IV gelten **steuerfreie Aufwandsentschädigungen** und die in § 3 Nr. 26 des EStG genannten steuerfreien Einnahmen nicht als Arbeitsentgelt. Hierunter fallen zB die Einnahmen aus einer nebenberuflichen Tätigkeit als Übungsleiter, Ausbilder, Erzieher, Betreuer oder vergleichbaren nebenberuflichen Tätigkeiten, aus nebenberuflichen künstlerischen Tätigkeiten oder für die Pflege alter, kranker oder behinderter Menschen bis zur Höhe von insgesamt 1.848 Euro im Kalenderjahr. Hierbei kann dieser steuerliche Freibetrag für die Ermittlung des Arbeitsentgelts in der SozV entweder pro rata, dh. monatlich mit 154 Euro, angesetzt werden oder aber auch en bloc, etwa zu Beginn der Beschäftigung, ausgeschöpft werden[6].

2. Geringfügige Beschäftigung gemäß § 8 Abs. 1 Nr. 2 SGB IV. a) Allgemeines. Im Gegensatz zu Regelungen in § 8 Abs. 1 Nr. 1 SGB IV **definiert § 8 Abs. 1 Nr. 2 SGB IV** geringfügige Beschäftigung ohne Rücksicht auf die Höhe des dabei erzielten Arbeitsentgelts. Voraussetzung ist jedoch, dass es sich hierbei um eine Beschäftigung mit zeitlich begrenztem Umfang handelt. Trotz eines begrenzten Umfanges liegt eine kurzfristige Beschäftigung aber dann nicht vor, wenn die Zeitdauer von zwei Monaten oder 50 Arbeitstagen im Kalenderjahr **innerhalb eines Dauerarbeitsverhältnisses oder eines über ein Jahr hinausgehenden Rahmenarbeitsvertrages** oder eines wiederkehrenden Arbeitsverhältnisses nicht überschritten wird. Hier kann allenfalls eine geringfügig entlohnte Beschäftigung vorliegen[7].

b) Zeitliche Beschränkung. Die Regelung in § 8 Abs. 1 Nr. 2 SGB IV enthält im Hinblick auf die Beschäftigungshöchstgrenzen zwei Alternativen (2 Monate oder 50 Arbeitstage). Nach dem Wortlaut der Vorschrift können beide Alternativen unabhängig voneinander auf jedes Beschäftigungsverhältnis angewendet werden. Das BSG will indes von dem Zwei-Monats-Zeitraum nur dann ausgehen, wenn die Beschäftigung mindestens an fünf Tagen in der Woche ausgeübt wird[8]. Dies bedeutet aber gleichzeitig, dass bei Beschäftigungen von regelmäßig weniger als fünf Tagen in der Woche bei der Beurteilung auf den Zeitraum von 50 Arbeitstagen abgestellt werden muss. Dies heißt aber nicht, dass stets von einem zusammenhängenden Zwei-Monats-Zeitraum im Rahmen von § 8 Abs. 1 Nr. 2 SGB IV auszugehen ist. Vielmehr sind auch Unterbrechungen der Zwei-Monats-Frist denkbar, ohne dass dann die 50-Tage-Frist gilt[9]. Während also die Zahl der Arbeitstage im Zwei-Monats-Zeitraum unerheblich ist, kommt es bei der 50-Tage-Frist auf jeden Arbeitstag an. Als ein „**Arbeitstag**" kann auch eine sich auf zwei Kalendertage erstreckende **Nachtschicht** sein[10]. Bei mehreren kurzfristigen Beschäftigungen an einem Kalendertag, gilt dieser Kalendertag als Arbeitstag[11].

---

1 BSG v. 28.2.1984 – 12 RK 21/83, SozR 2100, § 8 Nr. 4. |2 Rundschreiben der Spitzenverbände der Krankenkassen, des VDR und der Bundesanstalt für Arbeit vom 26.3.2003 zum Versicherungs-, Beitrags- und Melderecht nach dem Ersten und Zweiten Gesetz für moderne Dienstleistungen am Arbeitsmarkt, B. |3 Kasseler Kommentar/*Seewald*, § 8 SGB IV Rz. 11. |4 Hinsichtlich der Einzelheiten vgl.: Wannagat/*Brandenburg/Woltjen*, § 8 SGB IV Rz. 19. |5 Kasseler Kommentar/*Seewald*, § 8 SGB IV Rz. 14. |6 Vgl. Geringfügigkeits-Richtlinien Ziff. 2.1.1. |7 BSG v. 11.5.1993 – 12 RK 23/91; SozR 3-2400, § 8 Nr. 3; v. 23.5.1995 – 12 RK 60/93, SozR 3-2400, § 8 Nr. 4; AA Krauskopf/*Baier*, § 8 SGB IV Rz. 11. |8 BSG v. 27.1.1971 – 12 RJ 118/70, SozR Nr. 58 zu § 1248 RVO = BSGE 32, 182 (184); vgl. hierzu auch: Krauskopf/*Baier*, § 8 SGB IV Rz. 13; AA *Merten*, GK-SGB IV § 8 SGB IV Rz. 28. |9 Krauskopf/*Baier*, § 8 SGB IV Rz. 13. |10 Vgl. etwa Steuerrecht: BFH v. 28.1.1994 – VI R 51/93, DB 1994, 963. |11 Geringfügigkeits- Richtlinien, Ziff. 2.2.1.

12 Beide **Zeitgeringfügigkeitsgrenzen** des § 8 Abs. 1 Nr. 2 SGB IV beziehen sich auf das Kalenderjahr[1]. Beschäftigungen, die die Zeitgeringfügigkeitsgrenze erfüllen, sind nur dann als geringfügige Beschäftigungen anzusehen, wenn sie nach ihrer **Eigenart begrenzt zu sein pflegen** oder im **Voraus vertraglich begrenzt** sind. Eine Beschäftigung, die in ihrer Eigenart von vornherein zeitlich beschränkt ist, setzt voraus, dass sie nach Art und Weise oder Umfang der zu verrichtenden Arbeit auf einen bestimmten Zeitraum begrenzt ist (zB Urlaubsvertretung, Inventurarbeiten usw.)[2] Es muss sich also um Beschäftigungsverhältnisse handeln, deren Begrenztheit sich aus objektiven und nicht vom Willen der Vertragsparteien abhängigen Gründen ergibt.

13 Der Gesetzgeber hat Beschäftigungsverhältnisse, die nach ihrer Eigenart auf die Zeitgeringfügigkeitsgrenze begrenzt zu sein pflegen, solchen Beschäftigungsverhältnissen gleichgestellt, die im Voraus **vertraglich begrenzt** sind. Bei derartig befristeten Beschäftigungsverhältnissen müssen aber die **arbeitsrechtlichen Voraussetzungen für den Abschluss befristeter Arbeitsverhältnisse** eingehalten werden. Dies gilt insb. für die Einhaltung der Schriftform gem. § 14 Abs. 4 TzBFG. Ist eine Befristung unwirksam, so liegt gerade kein Beschäftigungsverhältnis vor, welches im Voraus vertraglich begrenzt ist[3]. § 8 Abs. 1 Nr. 2 SGB IV verlangt ausdrücklich, dass die vertragliche Begrenzung des Beschäftigungsverhältnisses im Voraus zu erfolgen hat. Liegt eine unwirksame Befristung einmal vor, so steht damit fest, dass ein im Voraus vertraglich begrenztes Beschäftigungsverhältnis nicht gegeben ist, auch wenn der ArbN es unterlässt, gem. § 17 TzBFG rechtzeitig Klage beim ArbG auf Feststellung zu erheben, dass das Arbeitsverhältnis aufgrund der Befristung nicht beendet ist. Schließlich tritt die Fiktionswirkung des § 17 Satz 2 TzBFG iVm. § 7 KSchG erst im Nachhinein ein, so dass von einer vertraglichen Begrenztheit des Beschäftigungsverhältnisses im Voraus gerade nicht gesprochen werden kann[4].

14 c) **Keine berufsmäßige Ausübung.** Gem. § 8 Abs. 1 Nr. 2 SGB IV gelten kurzfristige Beschäftigungen in diesem Sinne nur dann nicht als geringfügig, wenn die Beschäftigung **berufsmäßig** ausgeübt wird und ihr Entgelt 400 Euro im Monat übersteigt. Diese negative Voraussetzung bezieht sich aber nur auf ein geringfügiges Beschäftigungsverhältnis aufgrund Zeitgeringfügigkeit nicht aber auf geringfügige Beschäftigungsverhältnisse aufgrund Entgeltgeringfügigkeit. Nach der Rspr. des BSG übt jemand eine Beschäftigung oder Tätigkeit berufsmäßig aus, wenn er hierdurch seinen Lebensunterhalt überwiegend oder doch in solchem Umfang bestreitet, dass seine wirtschaftliche Stellung zu einem erheblichen Teil auf dieser Beschäftigung oder Tätigkeit beruht[5]. In diesem Sinne ist eine Beschäftigung für die jeweilige Person nicht nur von untergeordneter wirtschaftlicher Bedeutung, wenn sie nicht nur gelegentlich, sondern mit einer gewissen Regelmäßigkeit ausgeübt wird. Beschäftigungen etwa, die nur gelegentlich, zB zwischen Schulabschluss und beabsichtigtem Studium, ausgeübt werden, sind grundsätzlich von untergeordneter wirtschaftlicher Bedeutung und daher nicht als berufsmäßig anzusehen[6]. Hiervon sind solche Fälle zu unterscheiden, bei denen ein ArbN von seinem ArbGeb für ein Studium Sonderurlaub erhalten hat und von ihm eine Studienförderung bezieht und in den Semesterferien bei seinem ArbGeb die frühere Beschäftigung vorübergehend wieder ausübt. Hierbei handelt es sich dann um eine berufsmäßige Beschäftigung[7]. Auf der anderen Seite braucht aber selbst bei wiederholten Beschäftigungen keine Berufsmäßigkeit vorzuliegen, wenn sie in größeren Abständen aufgenommen werden oder wenn die betreffende Aushilfskraft hauptsächlich, etwa durch einen Hauptberuf, durch die Ausbildung oder durch Haushaltstätigkeit, anderweitig in Anspruch genommen ist[8]. Im Übrigen stellt die Rspr. darauf ab, ob bei einem unregelmäßigen Arbeitseinsatz dieser nach dem allgemeinen Berufsbild ausgeübten Tätigkeit als typisch anzusehen ist[9]. Sollte anhand dieser Kriterien keine abschließende Klärung der Frage der Berufsmäßigkeit herbeigeführt werden können, muss nach der Rspr. des BSG auch das vorherige und spätere Erwerbsverhalten des jeweiligen Beschäftigten in die Betrachtung einbezogen werden und im Rahmen einer Gesamtabwägung gewürdigt werden[10].

15 Auf die Prüfung der Berufsmäßigkeit kommt es allerdings nicht mehr an, wenn das aufgrund der Beschäftigung erzielte Entgelt 400 Euro nicht überschreitet. In diesem Fall wäre also selbst eine berufsmäßig ausgeübte Beschäftigung als geringfügige Beschäftigung einzuordnen. Die SozV-Träger wollen im Übrigen auch bei der Prüfung der Berufsmäßigkeit die Regelung des § 8 Abs. 2 Satz 3 SGB IV anwenden, wenn die Versicherungspflicht durch die Zusammenrechnung von Beschäftigungszeiten ausgelöst wurde[11].

16 3. **Geringfügige Beschäftigung in Privathaushalten.** (§ 8a SGB IV). Gemäß § 8a Satz 1 SGB IV gelten für geringfügige Beschäftigungen, die ausschließlich in Privathaushalten ausgeübt werden, die Regelun-

---

1 Krauskopf/*Baier*, § 8 SGB IV Rz. 12. | 2 *Casselmann/Friedrichs/Kaltenbach/Maier*, Die Rentenversicherung im Sozialgesetzbuch, § 8 SGB IV Rz. 42. | 3 Vgl. hierzu LSG Bremen v. 14.2.1975 – L 1 KR 4/74, *Breithaupt*, 1975, 817 ff. | 4 Vgl. zum Erfordernis der Schriftform im Rahmen von § 8 Abs. 1 Nr. 2 SGB IV: ErfK/*Rolfs*, § 8 SGB IV Rz. 15; Wannagat/*Brandenburg/Woltjen*, § 8 SGB IV Rz. 25. | 5 BSG v. 30.11.1978 – 12 RK 32/77, SozR 2200, § 168 Nr. 3; v. 25.4.1991 – 12 RK 14/89, SozR 3-2400, § 8 Nr. 1; v. 21.1.1997 – 12 RK BB 33/96, SdL 1999, 285 ff. | 6 Vgl. BSG v. 11.6.1980 – 12 RK 30/79, SozR 2200, § 168 Nr. 5. | 7 BSG v. 21.5.1996 – 12 RK 77/94, SozR 2-2400, § 8 SGB IV Nr. 7. | 8 BSG v. 11.5.1993 – 12 RK 23/91, SozR 3-2400, § 8 Nr. 3. | 9 Vgl. bereits BSG v. 13.2.1962 – 3 RK 2/58, BSGE 16, 158 (164). | 10 BSG v. 11.5.1983 – 12 RK 23/91, SozR 3-2400, § 8 Nr. 3. | 11 Besprechung der Spitzenverbände der Krankenkassen, des VDR und der Bundesanstalt für Arbeit über Fragen des gemeinsamen Beitragseinzugs am 2.6.2003 – Anwendung des § 8 Abs. 2 Satz 3 SGB IV.

gen des § 8 SGB IV. Insofern handelt es sich bei § 8a Satz 1 SGB IV um eine lediglich deklaratorische Vorschrift. Eine geringfügige Beschäftigung in Privathaushalten liegt gemäß § 8a Satz 2 SGB IV dann vor, wenn diese durch einen privaten Haushalt begründet ist und die Tätigkeit sonst gewöhnlich durch Mitglieder des privaten Haushalts erledigt wird. Dies umfasst etwa die Betreuung von Kindern, älteren oder pflegebedürftigen Menschen, Reinigungsarbeiten im Haushalt, Gartenarbeiten, einfache Reparatur- und Wartungsarbeiten an Haus, Wohnung oder Einrichtungsgegenständen[1]. Dabei kommt es nicht darauf an, ob im konkreten Fall die Arbeiten tatsächlich auch von Haushaltsangehörigen erbracht werden können[2]. Vielmehr ist dieses typisierend zu beurteilen. Nicht mehr um Haushaltstätigkeiten iSd. § 8a SGB IV soll es sich aber dann handeln, wenn Hausverwaltungen oder Wohnungseigentümergemeinschaften ArbN mit Reinigungsarbeiten betrauen[3]. Vielmehr muss die Beschäftigung gerade im Privathaushalt liegen. Rechtsfolgen ergeben sich durch die Einordnung eines Beschäftigungsverhältnisse als geringfügige Beschäftigung in Privathaushalten im Hinblick auf die **Höhe des ArbGeb-Beitrags** (§ 249b Satz 2 SGB V, §§ 168 Abs. 1 Nr. 1c, 168 Abs. 1 Nr. 1c, 172 Abs. 3a SGB VI) insofern, als die geringfügige Beschäftigung in Privathaushalten gegenüber einer geringfügigen Beschäftigung im gewerblichen Bereich beitragsrechtlich besonders begünstigt wird.

III. Zusammenrechnung. 1. Anwendungsbereich § 8 Abs. 2 SGB IV. Die Regelung in § 8 Abs. 2 SGB IV bestimmt, dass **mehrere geringfügige Beschäftigungen zusammenzurechnen** sind, außerdem werden geringfügige Beschäftigungen iSd. § 8 Abs. 1 Nr. 1 SGB IV und nicht geringfügige Beschäftigungen nur unter bestimmten Voraussetzungen zusammengerechnet. Im Hinblick auf die Zusammenrechnung geringfügiger Beschäftigungen hat das BVerfG auf der Grundlage der damaligen Fassung des § 8 Abs. 2 SGB IV keine verfassungsrechtlichen Bedenken gesehen[4]. Die jetzige Fassung des § 8 Abs. 2 SGB IV enthält drei Fallgruppen, bei denen es zu einer Zusammenrechnung der Beschäftigungsverhältnisse kommt. 17

Der Beschäftigte übt **mehrere geringfügig entlohnte Beschäftigungen** aus. In diesem Fall sind die erzielten Arbeitsentgelte zusammenzurechnen. Wird eine zweite Beschäftigung erst später aufgenommen, sind die Verhältnisse ab dem Zeitpunkt dieser Beschäftigung maßgebend[5]. 18

Ebenfalls zusammenzurechnen sind **mehrere kurzfristige Beschäftigungen** iSv. § 8 Abs. 1 Nr. 2 SGB IV. Damit ist bei Aufnahme einer zeitlich begrenzten Beschäftigung zu prüfen, ob mit vorausgegangenen geringfügigen Beschäftigungen iSd. § 8 Abs. 1 Nr. 2 SGB IV die Zeitgeringfügigkeitsgrenze überschritten wird. Dies gilt unabhängig davon, ob die jeweiligen Beschäftigungen geringfügig entlohnt oder mehr als geringfügig entlohnt worden sind[6]. Es ist also jeweils bei Beginn einer neuen Beschäftigung zu prüfen, ob diese zusammen mit den schon im Kalenderjahr ausgeübten Beschäftigungen die maßgebende Zeitgrenze überschreitet. Steht bereits bei Aufnahme der ersten kurzfristigen Beschäftigung fest, dass diese zusammen mit weiteren kurzfristigen Beschäftigungen innerhalb des Jahreszeitraums die Zeitgeringfügigkeitsgrenze überschritten wird, handelt es sich vom Beginn der ersten Beschäftigung an nicht mehr um eine geringfügige Beschäftigung[7]. Falls aber bei Aufnahme der ersten kurzfristigen Beschäftigung noch nicht feststeht, dass sie zusammen mit weiteren kurzfristigen Beschäftigungen die Zeitgeringfügigkeitsgrenze überschreiten wird, entfällt die Kurzfristigkeit der Beschäftigung für die Zukunft erst dann, wenn feststeht, dass die Zeiträume überschritten werden, spätestens aber gem. § 8 Abs. 2 Satz 2 SGB IV, mit dem tatsächlichen Überschreiten der Zeitgeringfügigkeitsgrenze. 19

Eine Zusammenrechnung von **geringfügigen Beschäftigungen nach § 8 Abs. 1 Nr. 1 SGB IV mit nicht geringfügigen Beschäftigungen** erfolgt nur unter besonderen Voraussetzungen. Übt ein in einem anderen Beschäftigungsverhältnis sozialversicherungspflichtiger ArbN nur eine weitere Beschäftigung aus, die unter Betrachtung des § 8 Abs. 1 Nr. 1 SGB IV als geringfügig zu qualifizieren wäre, erfolgt eine Zusammenrechnung mit der nicht geringfügigen Beschäftigung nicht. Wird aber mehr als eine geringfügige Nebenbeschäftigung nach § 8 Abs. 1 Nr. 1 SGB IV ausgeübt, so erfolgt eine Zusammenrechnung dieser Nebenbeschäftigungen mit der Hauptbeschäftigung. Nach überwiegender Auffassung bleibt jedoch bei dieser Zusammenrechnung die (von allen ausgeübten Nebenbeschäftigungen des Beschäftigten nach § 8 Abs. 1 Nr. 1 SGB IV) zeitlich zuerst aufgenommene Nebenbeschäftigung unberücksichtigt. Diese Nebenbeschäftigung ist also weiterhin als geringfügig iSd. § 8 Abs. 1 Nr. 1 SGB IV einzuordnen[8]. Dagegen findet eine Zusammenrechnung einer sozialversicherungspflichtigen Beschäftigung mit einer Beschäftigung iSv. § 8 Abs. 1 Nr. 2 SGB IV nicht statt, sofern es sich um Beschäftigungsverhältnisse bei unterschiedlichen ArbGeb handelt. Andernfalls handelt es sich nach Auffassung der Rspr. um ein einheitliches Beschäftigungsverhältnis[9]. 20

---

1 Kritisch zu Reparaturtätigkeiten: ErfK/*Rolfs*, § 8 SGB IV Rz. 17c. | 2 Krauskopf/*Baier*, § 8a SGB IV, Rz. 4. | 3 Gemeinsame Verlautbarung der Spitzenorganisationen der Sozialversicherungsträger zum Haushaltsscheckverfahren vom 17.2.2003, Ziff. 2.1. | 4 BVerfG v. 21.4.1989 – 1 BvR 1591/87, SGB 1989, 386 f. | 5 Krauskopf/*Baier*, § 8 SGB IV Rz. 20. | 6 Geringfügigkeits- Richtlinien, Ziff. 2.2.2. | 7 Kasseler Kommentar/*Seewald*, § 8 SGB VI Rz. 24; vgl. auch BSG v. 29.4.1971 – 3 RK 84/70, BSGE 32, 268. | 8 Geringfügigkeits-Richtlinien, Ziff. 2.1.2.2; *Kazmierczak*, NZS 2003, 186 (188); *Rombach*, SGb 2003, 196 (198); *Wiegelmann*, Sozialversicherung 2003, 85; aA Krauskopf/*Baier*, § 8 SGB IV, Rz. 25 f. | 9 BSG v. 16.2.1983 – 12 RK 26/81, SozR 2200, § 168 Nr. 7.

21 Bei der Anwendung der Regelung in § 8 Abs. 2 SGB IV ist zu beachten, dass die besonderen Teile des SGB **Ausnahmevorschriften** zu dieser Zusammenrechnungsregel enthalten. In der **Arbeitslosenversicherung** werden nach § 27 Abs. 2 Satz 1 SGB III nicht geringfügige Beschäftigungen und geringfügige Beschäftigungen nicht zusammengerechnet, mit der Folge, dass geringfügige Beschäftigungen gem. § 8 Abs. 1 Nr. 1 SGB IV versicherungsfrei bleiben, sofern die Arbeitsentgelte aus mehreren nebeneinander ausgeübten geringfügig entlohnten Beschäftigungen die Grenzen des § 8 Abs. 1 Nr. 1 SGB IV nicht erreichen[1]. Sonderregelungen enthalten für den Bereich der **Kranken- und RV** die §§ 7 Abs. 1 Satz 2 SGB V bzw. 5 Abs. 2 Satz 1 SGB VI. Nach diesen beiden Vorschriften kommt eine Zusammenrechnung nur in Betracht, wenn die nicht geringfügige Beschäftigung Versicherungspflicht in dem jeweiligen Versicherungszweig begründet. Ist dies gegeben, besteht auch in einer geringfügig entlohnten Beschäftigung – sofern es sich hierbei nicht um die zeitlich zuerst aufgenommene geringfügig entlohnte Beschäftigung handelt – Versicherungspflicht[2].

22 **Nicht zusammenzurechnen** sind jedoch **ungleichartige geringfügige Beschäftigungen**. Dh. eine geringfügige Beschäftigung nach § 8 Abs. 1 Nr. 1 SGB IV kann nicht mit einer geringfügigen Beschäftigung nach § 8 Abs. 1 Nr. 2 SGB IV zusammengerechnet werden. Dies folgt bereits aus dem Wort „oder" in § 8 Abs. 2 Satz 1 SGB IV. Außerdem weist die Regelung in § 8 Abs. 2 SGB IV, nämlich die Zusammenrechnung von geringfügiger Beschäftigung nach § 8 Abs. 1 Nr. 1 SGB IV mit einer nichtgeringfügigen Beschäftigung darauf hin, dass eine Zusammenrechnung von Beschäftigungen nach § 8 Abs. 1 Nr. 1 SGB IV und solchen nach § 8 Abs. 1 Nr. 2 SGB IV nicht erfolgt[3]. Ebenso wenig ist zusammenzurechnen eine **kurzfristige Beschäftigung** nach § 8 Abs. 1 Nr. 2 SGB IV mit einer **versicherungspflichtigen Beschäftigung**. Dies folgt bereits aus dem Umkehrschluss zu § 8 Abs. 2 Satz 1 2. Halbsatz SGB IV.

23 **2. Feststellungslast.** Für den Fall, dass sich trotz Ausschöpfung aller Ermittlungsmöglichkeiten nicht mit der erforderlichen Gewissheit feststellen lässt, ob eine geringfügige Tätigkeit vorliegt, trifft im Verfahren des Beitragseinzugs regelmäßig den ArbGeb die **Feststellungslast** hinsichtlich des Grundtatbestandes des § 8 Abs. 1 SGB IV. Nur bezüglich der Frage, ob die Tätigkeit iSd. § 8 Abs. 1 Nr. 2 SGB IV berufsmäßig ausgeübt wird, trifft den Versicherungsträger die Feststellungslast[4]. Diese Grundsätze gelten allerdings ausschließlich im Hinblick auf das Verfahren des Beitragseinzugs. Will ein Beschäftigter dagegen mit der Behauptung, er sei versicherungspflichtig beschäftigt, Leistungen aus dem Versicherungsverhältnis geltend machen, so trifft den SozV-Träger die Feststellungslast dafür, dass es sich bei der Tätigkeit um eine geringfügige Beschäftigung handelt, die zu einem Leistungsausschluss führt[5].

24 **3. Rechtsfolgen für ArbGeb.** Die Vorschriften über die Zusammenrechnung von Beschäftigungsverhältnissen (§ 8 Abs. 2 SGB IV) bergen für ArbGeb erhebliche wirtschaftliche Risiken. Führt die Zusammenrechnung dazu, dass ein angeblich geringfügig Beschäftigter tatsächlich als versicherungspflichtig einzustufen ist, so ist allein der ArbGeb der Schuldner nachzuentrichtender SozVBeiträge. Im Fall der Nachentrichtung von SozV-Beiträgen wird der ArbGeb aufgrund von § 28g SGB IV kaum in der Lage sein, den vom Beschäftigten zu tragenden Teil des GesamtSozV-Beitrages an den nachzuentrichtenden SozV-Beiträgen ersetzt zu bekommen, da ein unterbliebener Beitragsabzug nur bei den drei nächsten Lohn- oder Gehaltszahlungen nachgeholt werden darf, es sei denn, wenn der Abzug ohne Verschulden des ArbGeb unterblieben ist. Um den ArbGeb vor möglicherweise erheblichen Beitragsnachforderungen zu schützen, sieht nunmehr § 8 Abs. 2 Satz 3 SGB IV mit Wirkung vom 1.4.2003 vor, dass die Versicherungspflicht eines Beschäftigten erst mit dem Tage der Bekanntgabe der Feststellung durch die Einzugsstelle oder einen Träger der RV eintritt, wenn bei der Zusammenrechnung nach § 8 Abs. 2 Satz 1 SGB IV festgestellt wird, dass die Voraussetzungen einer geringfügigen Beschäftigung nicht mehr vorliegen. Dh., in Abweichung von sonst in der SozV geltenden Grundsätzen, wonach sich die Versicherungspflicht unmittelbar aus dem Gesetz ergibt, wird bei der Zusammenrechnung der Eintritt der Versicherungspflicht von einer Verwaltungsentscheidung abhängig gemacht, was dazu führen kann, dass der Versicherungsschutz des Beschäftigten mit einer kaum zu kalkulierenden zeitlichen Verzögerung eintritt. Die Regelung des § 8 Abs. 2 Satz 3 SGB IV gilt dabei unabhängig davon, ob die Einzugstelle einen Sachverhalt iSd. § 8 Abs. 2 Satz 1 SGB IV ermittelt oder der ArbGeb selbst einen solchen Sachverhalt mitgeteilt hat[6]. Allerdings soll § 8 Abs. 2 Satz 3 SGB IV nach Auffassung der SozV-Träger dann nicht gelten, wenn der ArbGeb vorsätzlich oder grob fahrlässig versäumt hat, den Sachverhalt einer Zusammenrechnung in Bezug auf die versicherungsrechtliche Einordnung eines geringfügigen Beschäftigungsverhältnisses aufzuklären. Hat ein ArbGeb also einfachste, jedem einleuchtende Überlegungen in Bezug auf eine Zusammenrechnung bei geringfügigen Beschäftigungsverhältnissen nicht angestellt oder ist er Hinweisen auf weitere Beschäftigungsverhältnisse seines geringfügig tätigen Beschäftigten nicht nachgegangen, wollen die SozV-Träger die Regelung des § 8 Abs. 2 Satz 3 SGB IV nicht anwenden, so dass in diesen Fällen die Versicherungspflicht nicht erst bei Bekanntgabe eines entsprechenden Bescheides gegenüber dem ArbGeb eintritt, sondern bereits wie

---

[1] Vgl. hierzu *Boecken*, NZA 1999, 393 (400). | [2] Geringfügigkeits-Richtlinien, Ziff. 2.1.2.2. | [3] *Wannagat/Brandenburg/Woltjen*, § 8 SGB IV Rz. 32; ErfK/*Rolfs*, § 8 SGB IV Rz. 20; Krauskopf/*Baier*, § 8 SGB IV Rz. 19; aA *Neumann-Duesberg*, WzS 1977, 65 (70). | [4] BSG v. 11.5.1993 – 12 RK 23/91, SozR 3-2400, § 8 Nr. 3. | [5] Hierauf weist zutr. ErfK/*Rolfs*, § 8 SGB IV Rz. 24 hin. | [6] Krauskopf/*Baier*, § 8 SGB IV Rz. 30.

bisher mit Eintritt der durch die Zusammenrechnung mehrer Beschäftigungsverhältnisse begründeten Versicherungspflicht[1].

Angesichts dieser Verwaltungspraxis ist daher einem ArbGeb weiterhin anzuraten, bereits vor Abschluss des Arbeitsvertrages den Beschäftigten nach entsprechenden anderweitigen Tätigkeiten zu fragen und sich ggf. **schriftlich versichern zu lassen**, dass eine anderweitige Tätigkeit vom Beschäftigten nicht ausgeübt wird. Ein solches **Fragerecht** hat das BSG ausdrücklich für zulässig erachtet. Danach ist der ArbGeb geringfügig beschäftigter ArbN berechtigt, seine ArbN unter Darlegung der Voraussetzungen für das Entstehen der Versicherungs- und Beitragspflicht zu fragen, ob sie bei einem anderen ArbGeb in einem Umfang beschäftigt seien, der zusammen mit der bei ihm ausgeübten Beschäftigung Versicherungspflicht und Beitragspflicht begründet[2]. Beim geringsten **Zweifel** ist dem ArbGeb anzuraten, eine **Entscheidung der Einzugsstelle** zu beantragen, um dem Vorwurf zu entgehen, er habe grob fahrlässig versäumt, den Sachverhalt aufzuklären. Gibt der ArbN auf eine klare und zulässig gestellte Frage nach einer von ihm ausgeübten Nebenbeschäftigung oder Nebentätigkeit bewusst eine unzutreffende Antwort oder verschweigt er eine solche Nebentätigkeit, kann dies unter Umständen auch zu Schadensersatzansprüchen des ArbGeb gegen den ArbN führen[3]. Selbst wenn eine gesonderte arbeitsvertragliche Vereinbarung nicht existiert, ist ein ArbN, der geringfügig beschäftigt ist und eine weitere geringfügige Beschäftigung aufnimmt, verpflichtet, dies seinem ArbGeb mitzuteilen[4].

IV. Geringfügige selbstständige Tätigkeit. Gem. § 8 Abs. 3 SGB IV gelten die Regelungen des § 8 Abs. 1 und Abs. 2 SGB IV entsprechend, soweit anstelle einer Beschäftigung eine selbstständige Tätigkeit ausgeübt wird. Darüber hinaus wird mit § 8 Abs. 3 Satz 2 SGB IV klargestellt, dass selbstständige Tätigkeiten im Recht der Arbeitsförderung grundsätzlich außer Betracht bleiben. Die praktische Bedeutung dieser Vorschrift ist gering[5]. Ihre Hauptbedeutung erlangt die Vorschrift, soweit die besonderen Teile des Sozialgesetzbuches auch selbstständig Tätige in die SozV miteinbeziehen (vgl. insb. für die rentenversicherungspflichtigen selbstständig Tätigen § 2 SGB VI[6]). Die Regelungen des § 8 Abs. 3 SGB IV bedeutet, dass an die Stelle des Arbeitsentgelts (§ 14 SGB IV) das Arbeitseinkommen (§ 15 SGB IV) tritt. Insofern soll es auf den nach den allgemeinen Gewinnermittlungsvorschriften des EStRechts ermittelten Gewinn aus der selbstständigen Tätigkeit ankommen, wenn es darum geht, die entsprechenden Voraussetzungen für eine geringfügige selbstständige Tätigkeit gem. § 8 Abs. 1 SGB IV zu überprüfen. Ebenso erfolgt unter entsprechender Anwendung des § 8 Abs. 2 SGB IV eine Zusammenrechnung bei mehreren selbstständigen Tätigkeiten unter den dort genannten Voraussetzungen. Dagegen findet **keine Zusammenrechnung von Beschäftigungen und selbstständigen Tätigkeiten** statt[7].

V. Rechtsfolgen der Geringfügigkeit. Die Regelung in § 8 SGB IV definiert lediglich, unter welchen Voraussetzungen eine geringfügige Beschäftigung anzunehmen ist. Welche Rechtsfolgen sich ergeben, falls ein Beschäftigter nur geringfügig versichert ist, ist in den **besonderen Vorschriften des Sozialgesetzbuches** geregelt (vgl. für die gesetzliche **Krankenversicherung** etwa: § 7 SGB V; für die gesetzliche **Pflegeversicherung**: § 20 Abs. 1 SGB XI iVm. § 7 SGB V; für die gesetzliche **RV**: § 5 Abs. 2 SGB VI; für die **Arbeitslosenversicherung**: § 27 Abs. 2 SGB III). Bei der gesetzlichen RV ist zudem ist, dass in den Fällen, in denen sich die Geringfügigkeit der Beschäftigung nach § 8 Abs. 1 Nr. 1 SGB IV richtet, der Beschäftigte die Möglichkeit hat, gem. § 5 Abs. 2 Satz 2 SGB VI durch schriftliche Erklärung gegenüber dem ArbGeb auf die Versicherungsfreiheit zu verzichten. Demgegenüber spielt die geringfügige Beschäftigung im Bereich der **gesetzlichen Unfallversicherung** keine Rolle, da die Versicherungspflicht hier regelmäßig an das Bestehen eines Beschäftigungsverhältnisses anknüpft.

Liegen die Voraussetzungen für ein geringfügiges Beschäftigungsverhältnis nicht vor, so ist die sog. **Gleitzone** zu beachten. Diese gilt bei monatlichen Arbeitsentgelten oberhalb von 400 Euro bis zur Grenze von 800 Euro (§ 20 Abs. 2 SGB IV). Liegt ein Beschäftigungsverhältnis innerhalb dieser Gleitzone, so besteht grundsätzlich Versicherungspflicht in allen Zweigen der SozV. Allerdings hat der ArbN nur einen verminderten ArbN-Anteil zur SozV zu leisten, wobei dieser Anteil innerhalb der Gleitzone linear bis zum vollen ArbN-Anteil ansteigt, während demgegenüber der ArbGeb schon ab einem Betrag von mehr als 400 Euro den vollen ArbGeb-Anteil aufzubringen hat[8].

---

1 Geringfügigkeits-Richtlinien, Ziff. 5. | 2 BSG v. 23.2.1988 – 12 RK 43/87, SozR 2100, § 8 Nr. 5. | 3 Vgl. BSG v. 23.2.1988 – 12 RK 43/87, SozR 2100, § 8 Nr. 5. | 4 BAG v. 18.11.1988 – 8 AZR 12/86, AP Nr. 3 zu § 611 BGB – Doppelarbeitsverhältnis. | 5 Kasseler Kommentar/*Seewald*, § 8 SGB IV Rz. 32. | 6 Vgl. hierzu aus der Rspr.: LSG Nds. v. 17.3.1989 – L 1 AN 171/88, *Breithaupt*, 1990, 402 ff. | 7 ErfK/*Rolfs*, § 8 SGB IV Rz. 23; aA *Löwisch*, BB 1999, 739 (740). | 8 Gemeinsames Rundschreiben der Spitzenverbände der Krankenkassen, des VDR, der BfA und der Bundesanstalt für Arbeit vom 25.2.2003 zum Zweiten Gesetz für moderne Dienstleistungen am Arbeitsmarkt (hier: versicherungs-, beitrags- und melderechtliche Auswirkungen auf Beschäftigungsverhältnisse in der Gleitzone); ErfK/*Rolfs*, § 20 SGB IV Rz. 3 ff.

Sozialgesetzbuch (SGB)

Sechstes Buch (VI)
– Gesetzliche Rentenversicherung –

in der Fassung der Bekanntmachung vom 19.2.2002 (BGBl. I S. 754, ber. 1404, 3384)
zuletzt geändert durch Gesetz vom 29.4.2004 (BGBl. I S. 678)

– Auszug –

41 *Altersrente und Kündigungsschutz*
Der Anspruch des Versicherten auf eine Rente wegen Alters ist nicht als ein Grund anzusehen, der die Kündigung eines Arbeitsverhältnisses durch den Arbeitgeber nach dem Kündigungsschutzgesetz bedingen kann. Eine Vereinbarung, die die Beendigung des Arbeitsverhältnisses eines Arbeitnehmers ohne Kündigung zu einem Zeitpunkt vorsieht, zu dem der Arbeitnehmer vor Vollendung des 65. Lebensjahres eine Rente wegen Alters beantragen kann, gilt dem Arbeitnehmer gegenüber als auf die Vollendung des 65. Lebensjahres abgeschlossen, es sei denn, dass die Vereinbarung innerhalb der letzten drei Jahre vor diesem Zeitpunkt abgeschlossen oder von dem Arbeitnehmer bestätigt worden ist.

Lit.: *Boecken*, Wie sollte der Übergang vom Erwerbsleben in den Ruhestand rechtlich gestaltet werden, Gutachten B für den 62. Deutschen Juristentag, DJT, B 42 ff.; *Boecken*, Zulässigkeit von frühzeitigen Altersgrenzen für leitende Krankenhausärzte, ArztR 2000, 60; *Börner*, Der neue (alte) § 41 Abs. 4 Satz 3 SGB VI, ZfA 1995, 537; *Börner*, Altersgrenzen für die Beendigung von Arbeitsverhältnissen in Tarifverträgen und Betriebsvereinbarungen, 1992; *Ehrich*, Die Neuregelung des § 41 Abs. 4 Satz 3 SGB VI – nun doch wieder mit 65 Jahren in Rente?, BB 1994, 1633; *Gitter/Börner*, Altersgrenze in Tarifverträgen, RdA 1990, 129; *Hauck/Noftz*, Sozialgesetzbuch SGB VI, Stand 04/2003; *Henssler*, Was ist von der Altersgrenze geblieben?, DB 1993, 1669; *Kasseler Kommentar*, Sozialversicherungsrecht, Stand Sept/2003; *Kleineblink*, Die Vereinbarung von Altersgrenzen zur Beendigung von Arbeitsverhältnissen, ArbRB 2003, 154; *Linsenmaier*, Das Verbot der Diskriminierung wegen Alters, RdA 2003, Sonderbeilage Heft 5, 22; *Löwisch*, Arbeitsrechtliche Fragen des Übergangs in den Ruhestand, ZTR 2000, 531; *Löwisch*, Neuregelung des Kündigungs- und Befristungsrechts durch das Gesetz zu Reformen am Arbeitsmarkt, BB 2004, 155; *Pfeiffer*, Einladung zum Abfindungsplan, Flexibilisierung der Lebensarbeitszeit oder Rettung der Rentenkasse?, ZIP 1994, 264; *Preis*, Neuer Wein in alten Schläuchen – Zur Neuauflage der Altersgrenzendebatte, Festschrift Stahlhacke, 1995, S. 417; *Schliemann*, Das Arbeitsrecht im BGB, 2. Aufl. 2002; *Schlüter/Belling*, Die Zulässigkeit von Altersgrenzen im Arbeitsverhältnis, NZA 1988, 297; *Schmidt*, Altersgrenzen, Befristungskontrolle und die Schutzpflicht der Gerichte, Festschrift Dieterich, 1999; *Steinmeyer*, Kollektivrechtliche Altersbegrenzungsregelungen ab 1. Januar 1992, RdA 1992, 6; *Waltermann*, Rechtssetzung durch Betriebsvereinbarungen zwischen Privatautonomie und Tarifautonomie, 1996; *Waltermann*, Altersgrenzen in Kollektivverträgen, RdA 1993, 209; *Waltermann*, Wieder Altersgrenze 65?, NZA 1994, 822; *Waltermann*, Wie sollte der Übergang vom Erwerbsleben in den Ruhestand rechtlich gestaltet werden?, NJW 1998, 2488.

1 **I. Zweck und Entwicklungsgeschichte.** § 41 SGB VI enthält keine versicherungsrechtliche, sondern eine **arbeitsrechtliche Regelung**. Ihr Zweck besteht darin, die Flexibilisierung der Altersgrenzen zu fördern und die Weiterarbeit über das 65. Lebensjahr hinaus zu ermöglichen[1]. Die Vorschrift hat ihre gegenwärtige Fassung durch Art. 1 Nr. 17 des RRG 1999 vom 16.12.1997 erhalten[2]. Aufbauend auf dem RRG 1992 beinhaltete § 41 SGB VI neben der noch verbliebenen arbeitsrechtlichen Schutzbestimmung mehrfach novellierte Regelungen über die schrittweise Erhöhung der Altersgrenzen für die Altersrente wegen Arbeitslosigkeit oder nach ATZ-Arbeit, für Frauen sowie für langjährig Versicherte vom 60. bzw. 63. Lebensjahr auf die Regelaltersgrenze von 65 Jahren. Die ursprünglich in Absatz 4 zusammengefassten arbeitsrechtlichen Schutzvorschriften, die am 1.1.1992 in Kraft traten, knüpften ua. an Art. 6 § 5 RRG vom 6.10.1972 an[3]. Mit dem RRG 1992 vom 18.12.1989 erhielt die Regelung dann als § 41 Abs. 4 Satz 3 SGB VI folgende Fassung: „*Eine Vereinbarung, wonach ein Arbeitsverhältnis zu einem Zeitpunkt enden soll, in dem der Arbeitnehmer Anspruch auf eine Rente wegen Alters hat, ist nur wirksam, wenn die Vereinbarung innerhalb der letzten drei Jahre vor diesem Zeitpunkt geschlossen oder von dem Arbeitnehmer bestätigt worden ist.*" Hierdurch erhielten die ArbN die Möglichkeit, selbst darüber zu entscheiden, wann sie das Altersruhegeld in Anspruch nehmen und wann sie aus dem Arbeitsleben ausscheiden wollten[4]. Diese Regelung führte aber zu einer unerwünschten Kumulation von Arbeitsentgelt und Regelaltersrente[5]. Darüber hinaus trug die Vorschrift zu einer Kommerzialisierung des Ausscheidens in den Ruhestand bei[6]. Auf der

---

1 BT-Drs. 11/4124, 163. | 2 BGBl I S. 2998. | 3 BGBl I S. 1965. | 4 BAG v. 20.10.1993 – 7 AZR 135/93, AP Nr. 3 zu § 41 SGB VI. | 5 Hauck/Noftz/*Klattenhoff*, § 41 SGB VI Rz. 4. | 6 ErfK/*Rolfs*, § 41 SGB VI Rz. 4.

Grundlage der Regelungen des damaligen § 41 Abs. 4 Satz 3 SGB VI forderten viele ArbN für ein freiwilliges Ausscheiden hohe Abfindungen vom ArbGeb, die auch von den Unternehmen bezahlt wurden, um, da betriebsbedingte Kündigungen regelmäßig rechtlich nicht durchsetzbar waren, auf dem Vereinbarungswege zu einer altersgerechten Belegschaftsstruktur zu kommen. Diese Rechtslage änderte der Gesetzgeber durch das Gesetz zur Änderung des 6. Buches Sozialgesetzbuch vom 26.7.1994 mit Wirkung vom 1.8.1994[1]. Der Inhalt der Neuregelung bestand darin, dass für eine Übergangszeit § 41 Abs. 4 Satz 3 SGB VI aufgehoben wurde. Bis zum 1.1.1998 sollte die bis zum 1.1.1992 geltende Regelung des Art. 5 Abs. 2 RRG 1972 inhaltlich wieder in Kraft gesetzt werden. Danach galt eine Vereinbarung, die die Beendigung des Arbeitsverhältnisses zu einem Zeitpunkt vorsah, in dem der ArbN vor Vollendung des 65. Lebensjahres das gesetzliche Altersruhegeld beantragen kann, dem ArbN gegenüber als auf die Vollendung des 65. Lebensjahres abgeschlossen, es sei denn, dass dieser die Vereinbarung erst innerhalb der letzten drei Jahre abgeschlossen und bestätigt hat. Durch Artikel 4 des Gesetzes zur sozialrechtlichen Absicherung flexibler Arbeitszeitregelung vom 6.4.1998[2] ist der damalige § 41 Abs. 4 Satz 2 SGB VI mit Wirkung vom 1.1.1998 aufgehoben worden. Diese Regelung bestimmte, dass bei einer Kündigung aus dringenden betrieblichen Erfordernissen bei der sozialen Auswahl der Anspruch des ArbN auf eine Rente wegen Alters vor Vollendung des 65. Lebensjahres nicht berücksichtigt werden durfte. Dies wurde deshalb vom Gesetzgeber für entbehrlich erachtet, weil in der damaligen Fassung des Kündigungsschutzgesetzes schon einmal vorgesehen war, welche sozialen Gesichtspunkte im Falle einer betriebsbedingten Kündigung bei der Auswahl des ArbN berücksichtigt werden konnten, und der Anspruch des ArbN auf eine Altersrente oder die Möglichkeit des ArbN zur Inanspruchnahme von ATZ gerade nicht zu den berücksichtigungsfähigen sozialen Gesichtspunkten zählten. Mit dem Gesetz zur Reform der gesetzlichen RV (RRG 1999) vom 16.12.1997[3] sind mit Wirkung vom 1.1.2000 die Überschrift des § 41 SGB VI geändert und die damaligen Absätze 1 bis 3 aufgehoben worden. Dies war eine Folge der Neuregelung der Altersrenten durch das RRG 1999. Die gegenwärtige, am 1.1.2000 in Kraft getretene Fassung der Vorschrift beinhaltet in ihrem Satz 1 eine Kündigungsschutzvorschrift und in ihrem Satz 2 eine Regelung zur Vereinbarung von Altersgrenzen.

II. Kündigungsschutz. 1. Geschützter Personenkreis. Der Kündigungsschutz nach § 41 Satz 1 SGB VI steht nur **Versicherten in der gesetzlichen RV** zu. Hierbei verlangt die Rspr., dass gerade das Arbeitsverhältnis den Versicherungsschutz in der gesetzlichen RV vermitteln soll. Schließlich soll die Vorschrift keine Beendigungstatbestände erfassen, die nichts mit dem Anspruch auf Rente wegen Alters aus der gesetzlichen RV zu tun haben[4]. Sind also ArbN in ihrem Arbeitsverhältnis versicherungsfrei oder von der Versicherungspflicht befreit, besteht kein Kündigungsschutz gem. § 41 Satz 1 SGB VI[5]. Auch findet die Kündigungsschutzvorschrift des § 41 Satz 1 SGB VI nur Anwendung auf solche Arbeitsverhältnisse, die dem Kündigungsschutzgesetz unterliegen. Dies bedeutet, dass der betreffende ArbN sowohl die **Wartezeit** des § 1 Abs. 1 KSchG erfüllt haben muss, als auch, dass die **notwendige Beschäftigtenzahl** gem. § 23 KSchG gegeben ist.

Aus dem Verweis auf das Kündigungsschutzgesetz folgt weiter, dass für die Anwendung des § 41 Satz 1 SGB VI ein Arbeitsverhältnis im arbeitsrechtlichen Sinne Voraussetzung ist. Auf den sozialversicherungsrechtlichen Begriff des Beschäftigungsverhältnisses (§ 7 SGB IV) kommt es hier nicht an[6]. Soweit die Vorschrift von einem Anspruch des Versicherten auf eine Rente wegen Alters spricht, liegt diese Voraussetzung vor, wenn nach den sozialrechtlichen Bestimmungen alle Voraussetzungen der Rentenzahlung mit Ausnahme des Rentenantrags des ArbN erfüllt sind. Hierbei spielt das Alter des ArbN keine Rolle. Die Regelung verweist vielmehr auf die Rentenansprüche gem. § 33 Abs. 2 SGB VI. Insofern wird der ArbN auch davor geschützt, durch eine arbeitgeberseitige Kündigung zum Bezug von vorzeitiger Altersrente gezwungen zu sein. Aus dem Gesetzeswortlaut geht allerdings nicht ganz klar hervor, ob zudem derjenige, der bereits einen **Rentenanspruch** realisiert hat und Altersrente tatsächlich bezieht, unter den Schutz des § 41 Satz 1 SGB VI fällt. Hier stellt sich die Frage, ob der Doppelbezug von Arbeitseinkommen und Rente wegen Alters im Rahmen der Kündigungsgründe des § 1 KSchG Berücksichtigung finden darf. In diesem Punkt verweist die hM zu Recht auf den Schutzzweck des § 41 Satz 1 SGB VI. Der ArbN soll nicht gezwungen werden können, zu Lasten der gesetzlichen RV sein Arbeitsverhältnis aufzugeben. Dh., der soziale Schutz, der ihm durch einen Rentenanspruch gewährt wird, soll nicht auf der anderen Seite zu einer Schwächung seines Kündigungsschutzes führen. Vielmehr weist das Gesetz dem ArbN die freie Entscheidung darüber zu, ob er sich aus dem Erwerbsleben verabschieden will oder trotz eines bestehenden Anspruchs auf eine Rente wegen Alters weiterhin im Arbeitsleben verbleiben will. Nicht geschützt im Hinblick auf diesen Schutzzweck ist allerdings die Wahl des ArbN, künftig ein doppeltes Einkommen (Rente und Arbeitseinkommen) erzielen zu wollen. Ausgehend vom Schutzzweck der Norm gebietet § 41 Satz 1 SGB VI dem ArbGeb nur, den versicherten ArbN nicht aus dem Erwerbsleben in die Altersrente abzudrängen, nicht aber, ihm die **Kumulation von Erwerbseinkommen und Rente** zu ermöglichen. Der Bezug solcher (beitragsfreier) Doppelbezüge wird allgemein als sozial

---

[1] BGBl I S. 1797. | [2] BGBl I S. 688. | [3] BGBl I S. 2998. | [4] Vgl. BAG v. 14.10.1997 – 7 AZR 660/96, AP Nr. 10 zu § 41 SGB VI. | [5] Kasseler Kommentar/*Gürtner*, § 41 SGB VI Rz. 6. | [6] Kasseler Kommentar/*Gürtner*, § 41 SGB VI Rz. 5.

schädlich erachtet[1]. Für eine Kündigung eines solchen rentenbeziehenden ArbN gelten dann, unter den dortigen Voraussetzungen, die Kündigungseinschränkungen des Kündigungsschutzgesetzes.

4 **2. Umfang des Kündigungsschutzes.** Der Grundsatz des § 41 Satz 1 SGB VI steht aber einer Kündigung aus verhaltensbedingten, personenbedingten oder betriebsbedingten Gründen nicht entgegen, auch wenn die Kündigung mit dem Zeitpunkt des Erwerbs eines Anspruchs des Versicherten auf eine Rente wegen Alters zusammenfällt[2]. Auch das BVerfG hat ebenfalls deutlich gemacht, dass eine Weiterbeschäftigung von ArbN, die neben ihrer Vergütung die volle Altersrente erhalten, denjenigen schwer zu vermitteln sei, die keine Beschäftigung finden[3]. Darüber hinaus ist zu berücksichtigen, dass es geradezu widersprüchlich wäre, wenn auf der einen Seite § 41 SGB VI die Kündigung von ArbN, die einen Anspruch auf Altersrente bereits erworben haben, generell verbieten würde, während § 1 Abs. 3 Satz 2 KSchG die Berücksichtigung einer ausgewogenen **Personal- und Leistungsstruktur** in den Betrieben zu einer Einschränkung der Sozialauswahl bei betriebsbedingten Kündigungen führen kann[4]. Damit steht aber auch fest, dass der Anspruch eines ArbN auf eine Rente wegen Alters aus der gesetzlichen RV nicht zu einem generellen Kündigungsschutz wird, sondern § 41 SGB VI lediglich dazu führt, dass der Anspruch eines Arbeitnehmers auf eine Rente wegen Alters aus der gesetzlichen RV sich nicht zu Lasten des ArbN bei der Prüfung der Kündigungsgründe entwickelt. Das bedeutet ferner, dass bei der Gewichtung des Lebensalters im Rahmen der Sozialauswahl § 41 SGB VI nicht bewusst missachtet werden darf[5]. Insofern gewährleistet § 41 Satz 1 SGB VI zum einen die verfassungsrechtlich verbürgte **Berufsfreiheit auch älterer ArbN** und ihr Recht, den gewählten Arbeitsplatz beizubehalten oder aufzugeben[6], zum anderen aber schließt die Vorschrift nicht aus, dass auch ältere ArbN unter Berücksichtigung der gesetzlichen Vorgaben des Kündigungsschutzes gekündigt werden können.

5 **3. Rechtsfolgen.** Für die Geltendmachung des Kündigungsschutzes gem. § 41 Satz 1 SGB VI gilt § 4 KSchG. Wird also ein Arbeitsverhältnis eines ArbN gekündigt, weil dieser Anspruch auf eine Rente wegen Alters hat, gilt diese Kündigung als sozial gerechtfertigt und aus sonstigen Gründen rechtswirksam, wenn der ArbN die **Drei-Wochen-Frist des § 4 KSchG** verstreichen lässt[7].

6 **III. Vereinbarungen über Altersgrenzen.** In der Vergangenheit heftig diskutiert wurde die gesetzliche Einschränkung von Vereinbarungen über Altersgrenzen[8]. Diese Regelung findet sich nunmehr in § 41 Satz 2 SGB VI. Danach gilt dem ArbN gegenüber eine Vereinbarung, die die Beendigung des Arbeitsverhältnisses eines ArbN ohne Kündigung zu einem Zeitpunkt vorsieht, in dem der ArbN vor Vollendung des 65. Lebensjahres eine Rente wegen Alters beantragen kann, als auf die Vollendung des 65. Lebensjahres abgeschlossen, es sei denn, dass die Vereinbarung innerhalb der letzten drei Jahre vor diesem Zeitpunkt abgeschlossen oder von dem ArbN bestätigt worden ist. Auch diese Regelung soll wie § 41 Satz 1 SGB VI die Flexibilisierung der Altersgrenzen in der RV arbeitsrechtlich so absichern, dass dem einzelnen ArbN die verfassungsrechtlich gebotene Freiheit der Entscheidung für eine Fortsetzung der Erwerbstätigkeit nach Erreichen einer gesetzlichen Altersgrenze für den Anspruch auf eine Rente wegen Alters bis zur Vollendung des 65. Lebensjahres verbleibt[9].

7 **1. Persönlicher Anwendungsbereich.** Da in § 41 Satz 2 SGB VI ein Verweis auf das KSchG fehlt, wird teilweise vertreten, dass die Vorschrift unabhängig vom **Anwendungsbereich des KSchG** auf alle Arbeitsverhältnisse Anwendung findet[10]. Allerdings würde ein derart weiter Anwendungsbereich der Vorschrift für die Praxis nur wenig Sinn machen. Unterliegt das konkrete Arbeitsverhältnis nicht dem KSchG, könnte der ArbGeb dies grundsätzlich einseitig im Wege der Kündigung beenden. Ein Abschluss einer Vereinbarung, wonach das Arbeitsverhältnis beendet wird, wenn der ArbN vor Vollendung des 65. Lebensjahres eine Rente wegen Alters beantragen kann, wäre letztlich überflüssig. Insofern ist die Vorschrift des Satzes 2 systematisch der des Satzes 1 zuzuordnen, mit der Folge, dass auch § 41 Satz 2 SGB VI für das entsprechende Arbeitsverhältnis die Anwendbarkeit des KSchG voraussetzt.

8 **2. Sonderregelungen.** Eine Sonderregelung zu § 41 Satz 2 SGB VI stellt § 8 Abs. 3 ATZG dar. Danach ist eine Vereinbarung zwischen ArbN und ArbGeb über die ATZ-Arbeit, die die Beendigung des Arbeitsverhältnisses ohne Kündigung zu einem Zeitpunkt vorsieht, in dem der ArbN Anspruch auf eine Rente nach ATZ-Arbeit hat, zulässig. Keine Spezialregelung stellt demgegenüber § 14 Abs. 3 TzBfG dar. Danach bedarf derzeit die Befristung eines Arbeitsvertrages keines sachlichen Grundes, wenn der ArbN bei Beginn des befristeten Arbeitsverhältnisses das 52. Lebensjahr vollendet hat. Die Befristung ist jedoch nicht zulässig, wenn zu einem vorhergehenden unbefristeten Arbeitsvertrag mit demselben ArbGeb ein enger sachlicher Zusammenhang besteht[11]. Das TzBfG erlaubt damit also nicht generell den Abschluss befristeter Arbeitsverhältnisse mit älteren ArbN. Vielmehr stellt es unter besonderen Bedin-

---

1 ErfK/*Rolfs*, § 41 SGB VI Rz. 7; Kasseler Kommentar/*Gürtner*, § 41 SGB VI Rz. 6; Hauck/Noftz/*Klattenhoff*, § 41 SGB VI Rz. 7. |2 Vgl. *Waltermann*, RdA 1993, 209, 213. |3 BVerfG v. 8.11.1994 – 1 BvR 1811/94, AP Nr. 5 zu § 41 SGB VI. |4 Vgl. zur Neufassung des § 1 Abs. 3 Satz 2 KSchG: *Löwisch*, BB 2004, 154, 155. |5 LAG Frankfurt v. 24.6.1999 – 3 Sa 1278/98, NZA-RR 2000, 74. |6 Vgl. hierzu *Waltermann*, NZA 1994, 822, 824 f. |7 ErfK/*Rolfs*, § 41 SGB VI Rz. 5. |8 Vgl. etwa *Waltermann*, NZA 1994, 822 ff.; *Börner*, ZfA 1995, 527 ff.; *Ehrich*, BB 1994, 1633 ff. |9 Kasseler Kommentar/*Gürtner*, § 41 SGB VI Rz. 11. |10 ErfK/*Rolfs*, § 41 SGB VI Rz. 10. |11 Vgl. zur Frage der Vereinbarkeit dieser Vorschrift mit dem Europarecht: *Dörner*, in: Arbeitsrecht im BGB, § 620 BGB Rz. 242.

gungen die Befristungen solcher Arbeitsverhältnisse vom Erfordernis des Vorliegens eines sachlichen Grundes frei. Im Zusammenspiel zur Regelung des § 41 Satz 2 SGB VI hat dies zur Konsequenz, dass ArbN, die die Voraussetzungen für einen Anspruch auf Rente wegen Alters spätestens während der vorgesehenen Laufzeit des Arbeitsvertrages erfüllen werden, nur maximal für drei Jahre befristet eingestellt werden können, da ansonsten auch der befristete Arbeitsvertrag mit einem ArbN, der das 58. Lebensjahr vollendet hat, gegen § 41 Satz 2 SGB VI verstoßen würde. Den Arbeitsvertragsparteien steht es jedoch frei, nach Auslaufen des ersten befristeten Arbeitsvertrages mit einer maximalen Laufzeit von drei Jahren erneut einen befristeten Arbeitsvertrag abzuschließen, dessen Laufzeit ebenfalls maximal drei Jahre betragen darf, wenn nicht gegen die Vorschrift des § 41 Satz 2 SGB VI verstoßen werden soll.

3. Regelungsgegenstand. a) Inhalt von Altersgrenzenvereinbarungen. Gegenstand der Regelung des § 41 Satz 2 SGB VI sind Vereinbarungen, die die Beendigung eines Arbeitsverhältnisses zu einem Zeitpunkt vorsehen, in dem der ArbN vor Vollendung des 65. Lebensjahres eine Rente wegen Alters beantragen kann. Derartige Vereinbarungen setzen mithin voraus, dass für den ArbN ein Anspruch auf Rente wegen Alters vor Vollendung der Regelaltersgrenze von 65 Lebensjahren besteht. Dh. im Umkehrschluss, dass eine Vereinbarung über die Beendigung eines Arbeitsverhältnisses nicht an § 41 Satz 2 SGB VI zu messen ist, wenn der Betroffene überhaupt keinen Anspruch auf eine vorgezogene Altersrente erwerben kann. Gleichzeitig bedeutet die Regelung aber auch, dass die Auflösung eines Arbeitsverhältnisses ohne Kündigung zum Zeitpunkt der Vollendung des 65. Lebensjahres vom Gesetz für zulässig erachtet wird.

In der jetzigen Fassung der Regelung ist es nicht mehr erforderlich, dass eine ausdrückliche Verknüpfung der Beendigung des Arbeitsverhältnisses und des Anspruches auf eine Altersrente besteht. Es spielt daher keine Rolle, ob die Parteien gerade im Hinblick auf einen Anspruch des ArbN auf eine Altersrente die Beendigung des Arbeitsverhältnisses vereinbart haben oder nicht. Vielmehr ist eine objektive Sichtweise im Gesetz vorgegeben. Es kommt nur darauf an, dass die Parteien einen Beendigungszeitpunkt gewählt haben, bei dem der Anspruch auf eine Altersrente gegeben war. Insofern dürfte die Rspr. als überholt anzusehen sein, nach der bei einer Vereinbarung zur Beendigung eines Arbeitsverhältnisses, in der nicht ausdrücklich auf die Möglichkeit des Anspruches auf eine Rente wegen Alters Bezug genommen wird, sondern lediglich eine Altersgrenze zwischen der Vollendung des 60. und des 65. Lebensjahres als Beendigungszeitpunkt genannt wird, in der Regel davon auszugehen sei, dass der in § 41 Satz 2 SGB VI vorausgesetzte Zusammenhang zwischen Altersgrenze und SozV-Rente bestehe[1]. Aufgrund der objektiven Betrachtungsweise, die der Vorschrift des § 41 Satz 2 SGB VI nunmehr immanent ist, bedarf es einer derartigen Vermutungsregelung nicht mehr[2].

b) Vereinbarungstypen. aa) Einzelvertragliche Vereinbarungen. Unstreitig unterfallen einzelvertragliche Vereinbarungen, die allerdings zu ihrer Wirksamkeit gem. § 14 Abs. 4 TzBfG der Schriftform bedürfen[3], dem Anwendungsbereich des § 41 Satz 2 SGB VI. Um eine einzelvertragliche Altersgrenzenvereinbarung handelt es sich auch dann, wenn die beiderseits tarifgebundenen Arbeitsvertragsparteien durch Bezugnahme auf einen TV, speziell durch Bezugnahme auf eine Altersgrenze in einem TV, eine entsprechende Regelung treffen. Hier liegt dann keine tarifliche, sondern eine individualarbeitsrechtliche Vereinbarung vor[4]. Für die Praxis gilt jedoch zu beachten, dass aufgrund der objektiven Fassung des § 41 Satz 2 SGB VI und dem fehlenden Verknüpfungserfordernis zwischen Beendigung des Arbeitsverhältnisses und Anspruch auf eine Altersrente, einzelvertragliche Altersgrenzenregelungen, die auf besondere Anforderungen der beruflichen Tätigkeit oder andere Umstände abstellen, an § 41 Satz 2 SGB VI zu messen sind[5].

bb) Kollektivarbeitsrechtliche Vereinbarungen. Seit jeher umstritten ist die Frage, inwieweit auch kollektivarbeitsrechtliche Vereinbarungen unter den Regelungsbereich des jetzigen § 41 Satz 2 SGB VI fallen. Der Gesetzeswortlaut spricht insofern nur von „Vereinbarung". Als kollektivarbeitsrechtliche Vereinbarungen über Altersgrenzen kommen in der Praxis sowohl TV als auch BV in Betracht. Hierbei wird man grundsätzlich zwei Fragen zu unterscheiden haben: Auf einer ersten Ebene wird zu prüfen sein, ob die rechtlichen Vorgaben für die beiden Regelungsinstrumente überhaupt den jeweiligen Parteien einen Freiraum geben, um Regelungen über die Beendigung des Arbeitsverhältnisses aus Anlass des Erreichens einer gewissen Altersgrenze zu treffen. Auf einer zweiten Stufe muss dann geprüft werden, wenn man den Regelungsspielraum der jeweiligen Parteien der Kollektivverträge bejaht, ob die Altersgrenzenregelung der Vorschrift des § 41 Satz 2 SGB VI unterfällt und ggf. deren Voraussetzungen für die einzelne kollektivarbeitsrechtliche Altersgrenzenregelung vorliegen.

(1) Altersgrenzen in TV. Das BAG geht grundsätzlich davon aus, dass die TV-Partner **Altersgrenzen zum Bestandteil der Tarifwerke** machen können. Jedoch sind derartige tarifvertragliche Altersgrenzen an Art. 12 GG zu messen, wobei auf dem Prüfungsmaßstab die Grundsätze der arbeitsgericht-

---

1 BAG v. 20.10.1993 – 7 AZR 135/93, AP Nr. 3 zu § 41 SGB VI. | 2 AA offenbar: Kasseler Kommentar/*Gürtner*, § 41 SGB VI Rz. 13. | 3 Vgl. *Kleineblink*, ArbRB 2003, 154 mit möglichen Formulierungsbeispielen. | 4 So zu Recht *Preis*, FS Stahlhacke, 417, 420 f.; Kasseler Kommentar/*Gürtner*, § 41 SGB VI Rz. 16. | 5 Vgl. die Fallgestaltung bei BAG v. 11.3.1998 – 7 AZR 700/96, NZA 1998, 716 ff.; aA *Boecken*, ArztR 2000, 60 (63), der allerdings Altersgrenzen, die pauschal auf altersbedingt nachlassende Leistungsfähigkeit abstellen (etwa bei leitenden Krankenhausärzten), für unwirksam erachtet.

lichen Befristungskontrolle entsprechende Anwendung finden sollen¹. Zwar ist im Schrifttum vielfach darauf hingewiesen worden, dass mit der dauerhaften Fortsetzung des Arbeitsverhältnisses über das 65. Lebensjahr hinaus der ArbN ein legitimes wirtschaftliches und ideelles Anliegen verfolgt. Ein solches Arbeitsverhältnis sichere nicht nur seine wirtschaftliche Existenzgrundlage, sondern biete ihm auch die Möglichkeit beruflicher Selbstverwirklichung². Das BAG hat demgegenüber dem Interesse des ArbGeb an einer kalkulierbaren Personalplanung den Vorrang vor dem Bestandsschutzinteresse des ArbN jedenfalls dann eingeräumt, wenn der ArbN durch den Bezug einer gesetzlichen Altersrente wegen Vollendung des 65. Lebensjahres wirtschaftlich abgesichert sei³. Regeln aber tarifvertragliche Vereinbarungen, dass der ArbN zu einem früheren Zeitpunkt als dem, zu dem er Altersrente beantragen kann, aus dem Arbeitsverhältnis ausscheiden muss, so bedarf dieses einer eigenständigen Rechtfertigung. So hat auch hier das BAG etwa in den Fällen einer Altersgrenzenregelung für Flugzeugführer auf den Grundsatz zurückgegriffen, dass tarifliche Altersgrenzen, die den Anforderungen der arbeitsgerichtlichen Befristungskontrolle genügen, mit Art. 12 Abs. 1 GG vereinbar seien. Da eine vorzeitige Altersgrenze aufgrund einer typisierenden Betrachtungsweise, wonach erfahrungsgemäß bei fortgeschrittenem Alter das berufliche Leistungsvermögen des Einzelnen regelmäßig nachlässt, was angesichts des besonderen Arbeitsplatzes im Cockpit eines Verkehrsflugzeuges zu besonderen Problemen führen würde, sachlich gerechtfertigt ist, liegt aufgrund der Rspr. des BAG kein Verstoß gegen Art. 12 GG vor⁴. Insoweit wird man auf der Grundlage der Rspr. des BAG tarifliche Altersgrenzen grundsätzlich für zulässig erachten müssen.

14 (2) **Altergrenzen in BV.** Weit größeren Bedenken unterliegen dagegen die Altersgrenzen in BV. Das BAG hat in der Vergangenheit die Zulässigkeit derartiger betriebsverfassungsrechtlicher Altersgrenzen gebilligt. Insbesondere hat es die Wirksamkeit einer Altersgrenze nicht davon abhängig machen wollen, ob zusätzlich eine auf die Altersgrenze abgestellte betrAV besteht⁵. Auf ihre inhaltliche Rechtmäßigkeit überprüft das BAG die in BV festgesetzten Altersgrenzen dabei im Wesentlichen nach denselben Kriterien, wie es sie bei tarifvertraglichen Altersgrenzenregelungen anlegt, wobei anders als beim TV die BV einer gerichtlichen Billigkeitskontrolle unterliegen⁶. Das rechtswissenschaftliche Schrifttum spricht jedoch zunehmend in neuerer Zeit den Betriebspartnern die Befugnis zur Festsetzung von Altersgrenzen durch BV ab⁷. Hier ist in der Vergangenheit bereits mehrfach darauf hingewiesen worden, dass Altersgrenzen durch BV die entsprechende gesetzliche Grundlage fehle. Das BetrVG weist an keiner Stelle eine für einen derartig schwerwiegenden Eingriff erforderliche parlamentsgesetzliche Rechtsgrundlage auf, die es rechtfertigen könnte, durch normativ wirkende kollektivvertragliche Altersgrenzenregelungen in die durch Art. 12 Abs. 1 GG geschützte **Berufsfreiheit** des einzelnen ArbN eingreifen zu dürfen⁸.

15 (3) **Anwendung des § 41 SGB VI auf kollektivarbeitsrechtliche Regelungen.** Von der Frage der Zulässigkeit von Altersgrenzenregelungen in Kollektivverträgen ist die Frage zu unterscheiden, ob derartige kollektivarbeitsrechtliche Regelungen dem Anwendungsbereich des § 41 SGB VI unterfallen. § 41 Satz 2 SGB VI erfasst von seinem Wortlaut her alle Vereinbarungen, worunter auch kollektivarbeitsrechtliche Vereinbarungen fallen würden⁹. Auch das BAG hatte im Hinblick auf die Vorläufervorschrift des jetzigen § 41 Satz 2 SGB VI Kollektivverträge dem Anwendungsbereich des § 41 Satz 2 SGB VI zugeordnet¹⁰. Diese Sichtweise wird jedoch der jetzigen Fassung des § 41 Satz 2 SGB VI nicht gerecht. Der Gesetzgeber wollte mit der Neufassung des § 41 SGB VI durch das Änderungsgesetz von 1994 kollektivvertragliche Altersgrenzen aus dem Anwendungsbereich des § 41 SGB VI herausnehmen, um auf diese Weise die Rspr. des BAG zu korrigieren¹¹. Darüber hinaus sprechen rechtssystematische Überlegungen zwingend gegen eine Anwendbarkeit des § 41 Satz 2 SGB VI auf kollektivarbeitsrechtliche Vereinbarungen. Nach dem Wortlaut der Regelung sind Vereinbarungen, die die Beendigung des Arbeitsverhältnisses eines ArbN ohne Kündigung zu einem Zeitpunkt vorsehen, in dem der ArbN vor Vollendung des 65. Lebensjahres eine Rente wegen Alters beantragen kann ohne weiteres zulässig, wenn die Vereinbarung innerhalb der letzten drei Jahre vor diesem Zeitpunkt abgeschlossen oder von

---

1 BAG v. 11.6.1997 – 7 AZR 186/96, AP Nr. 7 zu § 41 SGB VI; v. 14.10.1997 – 7 AZR 660/96, AP Nr. 10 zu § 41 SGB VI; Löwisch, ZTR 2000, 531, 532. | 2 Vgl. hierzu Gitter/Börner, RdA 1990, 129, 132; Henssler, DB 1993, 1669, 1673; Steinmeyer, RdA 1992, 6, 11; Schlüter/Belling, NZA 1988, 297 f.; Waltermann, NZA 1994, 822 f. | 3 BAG v. 20.11.1987 – 2 AZR 284/86, AP Nr. 2 zu § 620 BGB – Altersgrenze; v. 11.6.1997 – 7 AZR 186/96, AP Nr. 7 zu § 41 SGB VI. | 4 Vgl. BAG v. 25.2.1998 – 7 AZR 641/96, AP Nr. 11 zu § 1 TVG – Tarifverträge: Luftfahrt; LAG Düsseldorf v. 31.1.2001 – 12 Sa 1501/00, LAGE § 620 BGB – Altersgrenze Nr. 3; vgl. hierzu Linsenmaier, RdA 2003, Sonderbeilage Heft 5, 22, 31 mwN. | 5 BAG v. 20.11.1987 – 2 AZR 284/86, AP Nr. 2 zu § 620 BGB – Altersgrenze. | 6 Vgl. Kasseler Kommentar/Gürtner, § 41 SGB VI Rz. 18. | 7 Vgl. Börner, Altersgrenzen für die Beendigung von Arbeitsverhältnissen in Tarifverträgen und Betriebsvereinbarungen, 1992, 180 ff.; Pfeiffer, ZIP 1994, 264, 272; Waltermann, RdA 1993, 209, 216; Waltermann, NJW 1998, 2488, 2491; Schmidt, FS Dieterich, S. 585 (590); Boecken, Wie sollte der Übergang vom Erwerbsleben in den Ruhestand rechtlich gestaltet werden?, Gutachten B für den 62. Deutschen Juristentag, DJT I, B 42 ff. mit umfangreichen weiteren Nachw. | 8 Vgl. hierzu Waltermann, Rechtsetzung durch Betriebsvereinbarung zwischen Privatautonomie und Tarifautonomie 1996, 157 ff. | 9 Vgl. Hauck/Noftz/Klattenhoff, § 41 SGB VI Rz. 17; Kasseler Kommentar/Gürtner, § 41 SGB VI Rz. 15 ff. | 10 BAG v. 11.6.1997 – 7 AZR 186/96, AP Nr. 7 zu § 41 SGB VI. | 11 Vgl. Beschlussempfehlung und Bericht des Ausschusses für Arbeit und Sozialordnung, BT-Drs. 12/8145.

dem ArbN bestätigt worden ist. Angesichts dieser Regelung im letzten Halbsatz des § 41 Satz 2 SGB VI muss davon ausgegangen werden, dass 'Vereinbarung' nur die **Individualvereinbarung** meint. Wenn das Gesetz etwa auf den Zeitpunkt der Vereinbarung abstellen will, so macht dies für TV keinen Sinn. TV erheben den Anspruch, Geltung für eine Vielzahl von Arbeitsverhältnissen zu erlangen. Es würde zu höchst willkürlichen Ergebnissen führen, wenn man die Wirksamkeit einer tariflichen Altersgrenzenregelung bezogen auf einen ArbN vom Zeitpunkt des Abschlusses des TV abhängig machen wollte. Schließlich ist es nicht einzusehen, wieso eine tarifvertragliche Altersgrenzenregelung nur deshalb keine Geltung beanspruchen soll, weil der TV bereits länger als drei Jahre in Geltung ist. Wollte man darüber hinaus § 41 Satz 2 SGB VI auf tarifvertragliche Altersgrenzenregelungen anwenden, so würde dies letztlich auch bedeuten, dass damit bezogen auf die Altersgrenzenregelung das Grundprinzip der unmittelbaren und zwingenden Wirkung von TV bei beiderseits Tarifgebundenen aufgegeben wird. Unterstellt, § 41 Satz 2 SGB VI sei auf TV anwendbar, hätte es schließlich der ArbN in der Hand, durch eine „Bestätigung" der Vereinbarung die tarifvertragliche Altersgrenzenregelung in Geltung zu belassen, bzw. durch die Nichtbestätigung der tarifvertraglichen Vereinbarung die tarifvertragliche Altersgrenze außer Kraft zu setzen. Hierin wäre ein erheblicher Systembruch zu sehen, der mangels Anhaltspunkte in den Gesetzesmaterialien vom Gesetzgeber so nicht beabsichtigt war. Insofern sprechen erhebliche rechtssystematische Überlegungen gegen die Einbeziehung von Kollektivverträgen in den Anwendungsbereich des § 41 SGB VI[1]. Das BAG versucht diesen auch von ihm erkannten Systembruch dadurch zu rechtfertigen, dass es § 41 Satz 2 SGB VI letzter Halbs. SGB VI ausschließlich auf die Wirksamkeit einzelvertraglicher Vereinbarungen anwenden will. Nur die Wirksamkeit einzelvertraglicher Vereinbarungen sei vom Abschlusszeitpunkt oder der Bestätigung des ArbN abhängig[2]. Indes bedeute dies nicht, dass kollektivrechtliche Altersgrenzen ohne weiteres zulässig seien. Vielmehr entnahm das BAG aus dem Zweck der gesetzlichen Regelung, dass kollektivrechtliche Altersgrenzen, die zu einer automatischen Beendigung des Arbeitsverhältnisses führen und auf den Zeitpunkt des Entstehens sozialversicherungsrechtlicher Ansprüche der ArbN abstellen, zu ihrer Wirksamkeit einer individualrechtlichen Vereinbarung zwischen ArbN und ArbGeb bedurften[3]. Diese Rspr. hatte somit zur Konsequenz, dass, sofern tarifliche Altersgrenzen gegen den damaligen § 41 Abs. 4 Satz 3 SGB VI verstießen, diese gem. § 134 BGB nichtig waren. In Reaktion auf diese Rspr. hat der Gesetzgeber mit Gesetz vom 26.7.1994 dieses Auslegungsergebnis des BAG korrigiert. Nach der jetzigen Fassung des Gesetzestextes gibt es keine gesetzliche Anordnung der Unwirksamkeit für eine kollektive Altersgrenzenvereinbarung mehr. Insofern verbietet sich die Anwendung des § 41 SGB VI auf **Kollektivvereinbarungen**. Die Fiktion eines bestimmten Vertragsinhaltes zugunsten des ArbN, ebenso wie die allein auf einzelvertragliche Vereinbarungen passenden Regelungen des letzten Halbsatzes von § 41 Satz 2 SGB VI verdeutlichen, dass § 41 Satz 2 SGB VI in der ab dem 1.8.1994 geltenden Fassung ausschließlich auf einzelvertragliche Vereinbarungen und nicht auf TV oder BV anwendbar ist[4].

4. Drei-Jahres-Frist. Aber auch eine einzelvertragliche Vereinbarung über Altersgrenzen unterliegt nicht der Rechtsfolge des § 41 Satz 2 SGB VI, wenn die Vereinbarung **innerhalb der letzten drei Jahre** vor der vereinbarten Beendigung des Arbeitsverhältnisses **abgeschlossen** oder von dem ArbN innerhalb dieser Frist **bestätigt** worden ist. Die Berechnung dieser Frist folgt aus den §§ 187 ff. BGB. Haben also die Arbeitsvertragsparteien innerhalb der letzten drei Jahre vor der vertraglich vorgesehenen Auflösung des Arbeitsverhältnisses einen **Aufhebungsvertrag** abgeschlossen, so findet hierauf § 41 SGB VI keine Anwendung. Gleiches gilt für individualvertragliche Altersgrenzenregelungen, bei denen der Auflösungstermin nicht mehr innerhalb des Drei-Jahres-Zeitraumes liegt, sofern eine solche Vereinbarung innerhalb des Drei-Jahres-Zeitraumes vom ArbN bestätigt wurde. Maßgeblich für die Berechnung der Drei-Jahres-Frist des § 41 Satz 2 letzter Halbs. SGB VI ist nicht die Vollendung des 65. Lebensjahres, sondern der vereinbarte Zeitpunkt des Ausscheidens[5]. Rechtlich ist die **Bestätigung** eine einseitige Willenserklärung des ArbN. Insoweit finden auf sie die allgemeinen Vorschriften über Willenserklärungen Anwendung. Einer bestimmten Form bedarf die Erklärung nicht. Die Bestätigung kann auch konkludent erfolgen. Insbesondere ist die Bestätigung gerade keine Befristung eines Arbeitsvertrages gemäß § 14 Abs. 4 TzBfG, da sie schließlich die Vereinbarung einer Altersgrenze voraussetzt. Ebenso wenig ist sie als einseitige Willenserklärung, die eine vertragliche Vereinbarung erst wirksam werden lässt, mit einer Kündigung vergleichbar, die gemäß § 623 BGB der Schriftform bedürfte. Jedoch ist aus Beweisgründen ArbGeb dringend anzuraten, eine schriftliche Bestätigung vom ArbN einzuholen. Teilweise wird vertreten, dass diese Bestätigung nur wirksam sei, wenn sie so rechtzeitig erfolgt, dass – fiktiv – die von ArbN einzuhaltenden Kündigungsfristen gewahrt seien[6]. Eine solche Beschränkung ist jedoch dem Gesetzestext nicht zu entnehmen

---

[1] Vgl. hierzu *Henssler*, DB 1993, 1669 (1671); ErfK/*Rolfs*, § 41 SGB VI Rz. 13; vgl. hierzu auch BAG v. 20.10.1993 – 7 AZR 135/93, AP Nr. 3 zu § 41 SGB VI. | [2] BAG v. 20.10.1993 – 7 AZR 135/93, AP Nr. 3 zu § 41 SGB VI. | [3] BAG v. 20.10.1993 – 7 AZR 135/93, AP Nr. 3 zu § 41 SGB VI. | [4] Überzeugend: *Löwisch*, ZTR 2000, 531 (532); aA Kasseler Kommentar/*Gürtner*, § 41 SGB VI Rz. 17; Hauck/Noftz/*Klattenhoff*, § 41 SGB VI Rz. 17. | [5] BAG v. 17.4.2002 – 7 AZR 40/01, AP Nr. 14 zu § 41 SGB VI; LAG Bdb v. 21.11.2000 – 1 Sa 445/00, DB 2001, 1039. | [6] Vgl. *Henssler*, DB 1993, 1669 (1675).

17 **5. Rechtsfolgen.** Liegt eine Vereinbarung, die die Beendigung des Arbeitsverhältnisses eines ArbN ohne Kündigung zu einem Zeitpunkt vorsieht, in dem der ArbN vor Vollendung des 65. Lebensjahres eine Rente wegen Alters beantragen kann, vor, und ist die Vereinbarung nicht innerhalb der letzten drei Jahre vor diesem Zeitpunkt abgeschlossen oder von dem ArbN bestätigt worden, so gilt sie dem ArbN gegenüber als auf die Vollendung des 65. Lebensjahres abgeschlossen. Hierdurch erhält der ArbN die Wahlfreiheit, ob er zu dem vereinbarten Termin ausscheiden oder aber das Arbeitsverhältnis entsprechend der Fiktion bis zur Vollendung des 65. Lebensjahres fortsetzen will[1]. Beabsichtigt der ArbN entgegen der getroffenen Vereinbarung sein Arbeitsverhältnis aber bis zur Vollendung des 65. Lebensjahres fortsetzen, so ist § 17 TzBfG zu beachten. Will also der ArbN geltend machen, dass die Befristung seines Arbeitsvertrages aufgrund der Altersgrenze rechtsunwirksam ist, so muss er innerhalb von **drei Wochen** nach dem vereinbarten Ende Klage beim ArbG auf Feststellung erheben, dass das Arbeitsverhältnis aufgrund dieser Altersgrenze nicht beendet ist. Hier gelten die §§ 5 bis 7 KSchG gem. § 17 Satz 2 TzBfG entsprechend. Wird die **Klagefrist** versäumt, so wird eine wirksame Altersgrenze fingiert. Das Anstellungsverhältnis endet dann zu dem in der Altersgrenzenregelung vorgesehenen Termin[2]. Ist entsprechend § 41 Satz 2 SGB VI das Arbeitsverhältnis dem ArbN gegenüber als auf die Vollendung des 65. Lebensjahres abgeschlossen, so endet das Arbeitsverhältnis mit Ablauf des Tages, der dem 65. Geburtstag des ArbN vorangeht.

18 **IV. Übergangsvorschriften.** Bei der Anwendung von § 41 SGB VI sind allerdings einige Übergangsvorschriften zu beachten. § 300 Abs. 1 SGB VI lautet:

„**Vorschriften dieses Gesetzbuchs sind von dem Zeitpunkt ihres Inkrafttretens an auf einen Sachverhalt oder Anspruch auch dann anzuwenden, wenn bereits vor diesem Zeitpunkt der Sachverhalt oder Anspruch bestanden hat.**"

Von dieser Regelung werden auch die Fälle des § 41 SGB VI erfasst. Demzufolge gilt § 41 SGB VI ebenso für ältere Altersgrenzenvereinbarungen[3].

19 Das Gesetz zur Änderung des 6. Buches Sozialgesetzbuch (SGB VI-ÄndG) vom 26.7.1994 hat im Hinblick auf die Neufassung des damaligen § 41 Abs. 4 Satz 3 SGB VI in seinem Artikel 2 darüber hinaus folgende Übergangsregelung getroffen:

„Ist das Arbeitsverhältnis eines ArbN wegen § 41 Abs. 4 Satz 3 des 6. Buches Sozialgesetzbuch in der bis zum 1. August 1994 geltenden Fassung über das 65. Lebensjahr hinaus fortgesetzt worden, endet das Arbeitsverhältnis mit Ablauf des 3. Kalendermonats, der auf den Monat des Inkrafttretens dieses Gesetzes folgt, es sei denn, ArbN und ArbGeb vereinbaren etwas anderes."

Von dieser Übergangsvorschrift werden allein solche Arbeitsverhältnisse von ArbN erfasst, die in der Zeit vom 1.1.1992 bis zum 31.7.1994 das 65. Lebensjahr vollendet haben. Die Übergangsvorschrift gilt jedoch nach Auffassung des BAG nur für Arbeitsverhältnisse, die wegen eines Verstoßes gegen § 41 Abs. 4 Satz 3 SGB VI (idF des RRG 1992) nicht wirksam befristet waren und deswegen nach allgemeinen Grundsätzen fortbestanden, was dann nicht der Fall ist, wenn die Weiterbeschäftigung des betreffenden ArbN auf einer anderen Rechtsgrundlage erfolgte[4].

---

[1] Der ArbGeb kann sich dagegen nicht auf § 41 Satz 2 SGB VI berufen (BAG v. 17.4.2002 7 AZR 40/01, AP Nr. 14 zu § 41 SGB VI). | [2] ErfK/*Rolfs*, § 41 SGB VI Rz. 19. | [3] Vgl. BAG v. 11.6.1997 – 7 AZR 186/96, AP Nr. 7 zu § 41 SGB VI. | [4] BAG v. 11.6.1997 – 7 AZR 313/96, AP Nr. 1 zu § 19 AVR Caritasverband.

Sozialgesetzbuch (SGB)

Siebtes Buch (VII)
– Gesetzliche Unfallversicherung –

vom 7.8.1996 (BGBl. I S. 1254), zuletzt geändert durch Gesetz vom 23.4.2004 (BGBl. I S. 606)

– Auszug –

Lit.: *Brackmann*, Handbuch der Sozialversicherung, Loseblatt; *Dahm*, Die Haftung von Unternehmern und anderen im Betrieb tätigen Personen nach dem SGB VII – zugleich ein Beitrag zur Einordnung des Rechts der gesetzlichen Unfallversicherung in das Sozialgesetzbuch, SozVers 1997, 61; *Dahm*, Die neue Rechtsprechung des BGH zu § 106 Abs. 3 3. Alt. SGB VII, r + s 2001, 397; *Denck*, Der Schutz des Arbeitnehmers vor der Außenhaftung, 1980; *Ebers*, Haftungslücken beim Schadensersatz für Schulunfälle, NJW 2003, 2655; *Gamperl*, Die Haftungsbeschränkungen von Unternehmen und Arbeitskollegen gem. §§ 104 ff. SGB VII, NZV 2001, 401; *Giesen*, Das BSG, der EG-Vertrag und das deutsche Unfallversicherungsmonopol, ZESAR 2004, 151; *Gitter*, Die Neuregelung der Haftungsfreistellung des Unternehmers und anderer im Betrieb tätiger Personen in der gesetzlichen Unfallversicherung, in FS Wiese, S. 131; *Hauck/Noftz*, Sozialgesetzbuch VII, Loseblatt; *Imbusch*, Neue Tendenzen zur Auslegung des Haftungsausschlusses nach § 106 Abs. 3 Alt. 3 SGB VII; *Imbusch*, Das Haftungsprivileg des § 106 Abs. 3 Alt. 3 SGB VII und seine Auswirkungen auf die Haftung des Unternehmers, VersR 2001, 1485; *Kater/Leube*, Gesetzliche Unfallversicherung SGB VII, Kommentar, 1997; *Krasney*, Die gesetzliche Unfallversicherung und ihr Einfluss auf den Betriebsfrieden, AuR 2001, 423; *Krasney*, Haftungsbeschränkungen bei Verursachung von Arbeitsunfällen, NZS 2004, 7; *Krause*, Geklärte und ungeklärte Probleme der Arbeitnehmerhaftung, NZA 2003, 577; *Lauterbach/Dahm*, Unfallversicherung, Loseblatt; *Lehmacher*, Einbeziehung des Schmerzensgeldes beim Regress nach § 110 SGB VII?, BG 2003, 464; *Lemcke*, Ist in die Haftungsfreistellung nach § 106 Abs. 3 Alt. 3 SGB VII auch der Unternehmer einbezogen?, r+s 2000, 221; *Leube*, Gesetzliche Unfallversicherung: Haftung und Haftungsbeschränkung bei Wegeunfällen mit besonderer Berücksichtigung der Schule, VersR 2001, 1215; *Leube*, Personenkreis der Unternehmer und der Versicherten (§§ 104 ff. SGB VII), BG 2001, 139; *Mann*, Die Haftungsbeschränkung der Pflegepersonen gegenüber den Pflegebedürftigen gem. § 106 Abs. 2 Nr. 2, §§ 104, 105 SGB VII; *Marburger*, Haftungsfreistellung bei Arbeitsunfällen, BB 2000, 1781; *Maschmann*, Haftung und Haftungsbeschränkung bei Arbeitsunfällen nach neuem Unfallversicherungsrecht (§§ 104 ff. SGB VII), SGb 1998, 54; *Otto*, Ablösung der §§ 636 bis 642 RVO durch das neue Unfallversicherungsrecht, NZV 1996, 473; *Otto*, Die BGH-Rechtsprechung zur Haftungsbefreiung beim Unfall auf einer gemeinsamen Betriebsstätte, NZV 2002, 10; *Plagemann*, Verkehrsunfall als Arbeitsunfall, NZV 2001, 233; *Ricke*, Unternehmer- und Kollegenhaftung (§§ 104, 105 SGB VII) bei Wegeunfällen, VersR 2002, 413; *Ricke*, Haftungsbeschränkung nach §§ 104 ff. SGB VII: Neue Abgrenzung der Wegearten (§ 8 Abs. 1 und 2 SGB VII) und zivilgerichtliche Unsicherheiten, VersR 2003, 540; *Rolfs*, Aktuelle Entwicklungen beim unfallversicherungsrechtlichen Haftungsausschluss (§§ 104 ff. SGB VII), DB 2001, 2294; *Rolfs*, Der Personenschaden des Arbeitnehmers; AR-Blattei SD 860.2; *Rolfs*, Das Versicherungsprinzip im Sozialversicherungsrecht, 2000; *Rolfs*, Die Neuregelung der Arbeitgeber- und Arbeitnehmerhaftung bei Arbeitsunfällen durch das SGB VII, NJW 1996, 3177; *Schloën*, Haftungsausschluss und Rückgriff in der gesetzlichen Unfallversicherung nach den §§ 636 ff. RVO, BG 1987, 150; *B. Schmidt*, Der Umfang der Haftungsfreistellung bei Personenschäden – insbesondere nach § 106 Abs. 3 Alt. 3 SGB VII, BB 2002, 1859; *Schmitt*, Gesetzliche Unfallversicherung, 1998; *Stern-Krieger/Arnau* Neuregelung der gesetzlichen Unfallversicherung im SGB VII unter Berücksichtigung des zivilrechtlichen Haftungsrechts, VersR 1997, 408; *Tischendorf*, Zur Auseinandersetzung über die unfallversicherungsrechtlichen Haftungsbeschränkungen in den §§ 104 ff. SGB VII, VersR 2002, 1188; *Tischendorf*, Zum Begriff der Gefahrengemeinschaft und seiner Bedeutung bei der Auslegung und Anwendung des § 106 Abs. 3 Alt. 3 SGB VII, VersR 2003, 1361; *Waltermann*, Gesetzliche Unfallversicherung, BG 1997, 310; *Waltermann*, Änderungen im Schadensrecht durch das neue SGB VII, NJW 1997, 3401; *Waltermann*, Aktuelle Fragen der Haftungsbeschränkung bei Personenschäden, NJW 2002, 1225; *Walker*, Die eingeschränkte Haftung des Arbeitnehmers unter Berücksichtigung der Schuldrechtsmodernisierung, JuS 2002, 736.

Vorbemerkung

Die gesetzliche Unfallversicherung bietet den Beschäftigten sowie den weiteren in §§ 2 ff. genannten Personen Versicherungsschutz bei Arbeitsunfällen und Berufskrankheiten (§§ 7 ff.). Damit gehört sie neben der gesetzlichen RV, der gesetzlichen Krankenversicherung, der gesetzlichen Pflegeversicherung sowie der ArblV zu den **fünf Zweigen der SozV**. Neben der sozialen Vorsorge für ArbN und bestimmte Gruppen von Selbständigen ist im SGB VII zusätzlich noch ein System der sozialrechtlichen Entschädigung enthalten, die sog. „unechte" Unfallversicherung. Diese wird nicht aus Beiträgen, sondern aus Steuern finanziert. Versichert in der „unechten" Unfallversicherung sind Personen, denen man aus Gründen des öffentlichen Interesses besonderen Schutz gewähren möchte, zB Helfern bei Unglücksfällen, Blutspendern, Kindern beim Besuch von Kindergärten und Schulen etc., s. im Einzelnen § 2 Abs. 1 Nr. 8 – 17, Abs. 3 Nr. 2, § 125 Abs. 1 Nr. 2, 4 – 6, § 128 Abs. 1 Nr. 2 – 7, 9, § 129 Abs. 1 Nr. 2, 3, 5, 6. Die übrigen in § 2 genannten Personen sind der „echten" Unfallversicherung zuzuordnen, die im Wesentlichen (s. Rz. 4) durch ArbGebBeiträge finanziert und von den Berufsgenossenschaften als Versicherungsträgern durchgeführt wird. Hierbei bestehen insb. für Unternehmer Möglichkeiten der Versicherung kraft Satzung bzw. der freiwilligen Versicherung gemäß §§ 3–6.

2   Die Leistungen der gesetzlichen Unfallversicherungen liegen in der Prävention (Verhütung von Unfällen und Berufskrankheiten), der Behandlung sowie der Entschädigung der Versicherten und ihrer Angehörigen. **Versicherungsfälle** sind nach § 7 Abs. 1 Arbeitsunfälle und Berufskrankheiten. „Unfälle sind zeitlich begrenzte, von außen auf den Körper einwirkende Ereignisse, die zu einem Gesundheitsschaden oder zum Tod führen" (§ 8 Abs. 1 Satz 2). Sie müssen „in Folge einer den Versicherungsschutz nach den §§ 2, 3 oder 6 begründenden Tätigkeit (versicherte Tätigkeit)" erlitten worden sein, § 8 Abs. 1 Satz 1. Ob das Verhalten, welches zum Unfall führt, der versicherten Tätigkeit zuzurechnen ist, richtet sich nach dem „rechtlich wesentlichen inneren Zusammenhang" mit der Betriebstätigkeit. Für dessen Feststellung hat sich eine bis in die Einzelheiten gehende Rspr. entwickelt, deren Anliegen darin liegt, auf Grund einer wertenden Betrachtung zwischen dem privaten Bereich (zB Essen, Freizeit etc.) und dem beruflichen Bereich zu unterscheiden[1]. Unfälle des „**täglichen Lebens**", wie zB Stolpern über eine Türschwelle, Ausrutschen auf einem Fußboden oder ein Insektenstich stellen dann Arbeitsunfälle dar, wenn die versicherte Tätigkeit eine besondere Gefahr im Vergleich zur eigenwirtschaftlichen Tätigkeit darstellt[2]. Besondere Gefahr heißt dabei nicht, dass die versicherte Tätigkeit die Unfallgefahr erhöhen, sondern dass sie dem Unfall besonders nahe stehen muss[3]. Ein **BR-Mitglied**, ein **Vertreter der Einigungsstelle** sowie der **JAV** nach BetrVG sowie ein **Personalratsmitglied** sind bei der Wahrnehmung ihrer Tätigkeit versichert[4]. Die Teilnahme an einer **Bildungsmaßnahme** ist versichert, wenn der Beschäftigte einen dementsprechenden Auftrag erhält oder davon ausgehen kann, dass ein wesentliches Interesse des Unternehmers besteht[5]. **Gemeinschaftsveranstaltungen** wie **Betriebsausflüge, Weihnachtsfeiern oder Jubiläumsfeiern** werden der versicherten Tätigkeit gleichgesetzt, soweit sie der Verbundenheit zwischen Unternehmensleitung und Belegschaft dienen, von der Unternehmensleitung selbst veranstaltet oder zumindest gebilligt werden und von der Autorität des Unternehmers getragen sind[6]. **Das Essen und Trinken** zählt grundsätzlich zum unversicherten privaten Bereich[7]. Ausnahmsweise ist die Nahrungsaufnahme aber dann versichert, wenn betriebliche Umstände sie erfordern, was bejaht wird, wenn das Essen oder Trinken der Wiedererlangung oder Erhaltung der Arbeitsfähigkeit dient[8]. Auch die außerhalb des Arbeitsplatzes vorgenommene **Körperreinigung** nach schmutziger Arbeit ist nicht versichert[9]. Bei **Trunkenheit** ist zwischen Volltrunkenheit und sonstiger Trunkenheit zu differenzieren. Im Zustand der **Volltrunkenheit** ist der Betroffene nicht mehr zu einer zweckgerichteten Tätigkeit imstande, so dass es an dem inneren Zusammenhang mit der Betriebstätigkeit fehlt[10]. Bei **sonstiger Trunkenheit** ist entscheidend, ob die Trunkenheit die rechtlich allein bedeutsame Ursache ist[11]. Ein **Gaststättenbesuch** unterfällt dem Versicherungsschutz, wenn der Zweck des Besuches wesentlich der versicherten Tätigkeit dient, wie zB bei einem Geschäftsessen[12]. Das **Schlafen** stellt grundsätzlich eine unversicherte private Tätigkeit dar, es sei denn, es ist wesentlich auf betriebliche Gründe wie zB große Anstrengungen bei der vorangegangenen Tätigkeit zurückzuführen und dass die unmittelbare Wiederaufnahme der versicherten Tätigkeit sogleich nach Beendigung des Schlafes beabsichtigt ist[13].

Neben dem rechtlich wesentlichen inneren Zusammenhang des Verhaltens mit der Betriebstätigkeit bedarf es weiter zwischen dem versicherten Verhalten und dem Unfallereignis eines Kausalzusammenhangs, der **haftungsbegründenden Kausalität**. Für diese gilt zunächst die Äquivalenztheorie, nach welcher nur dasjenige ursächlich ist, was nicht hinweg gedacht werden kann, ohne dass der Erfolg entfiele. Zusätzlich legt die Rspr. für das Unfallversicherungsrecht eigene wertende Zurechnungskriterien zugrunde. Nach der „**Theorie der rechtlich wesentlichen Ursache**" muss die versicherte Tätigkeit zumindest in gleicher Weise zum Unfallereignis geführt haben wie andere, außerhalb des versicherten Bereichs liegende Ursachen[14]. Daneben muss die **haftungsausfüllende Kausalität** gegeben sein; das

---

1 *Hauck/Keller*, § 8 SGB VII Rz. 2; ErfK/*Rolfs*, § 104 SGB VII Rz. 8 ff.; *Waltermann*, Sozialrecht, Rz. 272 ff. |2 Ausf. bei *Lauterbach/Schwerdtfeger*, § 8 SGB VII Rz. 87 ff.; *Brackmann/Krasney*, § 8 SGB VII Rz. 58 ff. |3 BSG v. 22.8.1990 – 8 RKn 5/90, SozR 3 – 2200, Nr. 4 zu § 548 RVO. |4 BSG v. 20.5.1976 – 8 RU 76/75, SGb 1977, 63. |5 BSG v. 31.5.1988 – 2/9b RU 16/87, SozR – 2200, Nr. 90 zu § 548 RVO; *Hauck/Kelle*, § 8 SGB VII Rz. 76 f. |6 BSG v. 27.2.1985 – 2 RU 42/84, SozR – 2200, Nr. 69 zu § 548 RVO; OLG Hamm 30.9.1998 – 32 U 6/98, VersR 2000, 600 mwN.; OLG Frankfurt v. 12.3.2003 – 23 U 133/02, NJW RR 2003, 1025. |7 BSG v. 12.6.1989 – 2 RU 5/89, SozR – 2200, Nr. 97 zu § 548 mwN. |8 BSG v. 14.5.1985 – 5a RKnU 3/84, SozR – 2200, Nr. 73 zu § 548; v. 10.10.2002 – B 2 U 6/02 R, HVBG-Info 2002, 3523 = NZA 2003, 426. |9 BSG v. 4.6.2002 – B 2 U 21/01 R, HVBG-Info 2002, 1891 = AuA 2002, 325. |10 *Hauck/Keller*, § 8 SGB VII Rz. 275. |11 *Lauterbach/Schwerdtfeger*, § 8 SGB VII Rz. 310. |12 *Hauck/Keller*, § 8 SGB VII Rz. 98; vgl. zur nicht versicherten Vorführung von Freizeitmöglichkeiten durch einen Hotelier BSG v. 4.6.2002 – B 2 U 24/01 R, HVBG-Info 2002, 1886 = SGb 2002, 495. |13 *Brackmann/Krasney*, § 8 SGB VII Rz. 81; *Hauck/Keller*, § 8 SGB VII Rz. 81. |14 BSG v. 28.6.1988 – 2/9 b RU 28/87, BSGE 63, 277, 280; v. 20.1.1987 – 2 RU 27/86, BSGE 61, 127, 128; *Schmitt*, § 8 SGB VII Rz. 85 ff.; *Waltermann*, Sozialrecht, Rz. 282 ff.

Unfallereignis muss also auch Ursache für die Schadensentstehung sein. Hier wird die „**Theorie der rechtlich wesentlichen Ursache**" ebenfalls angewandt[1].

Des Weiteren sind gemäß § 8 Abs. 2 Nr. 1–4 auch **Wegeunfälle** versichert. Soweit sich der Versicherte noch bzw. schon im häuslichen Bereich befindet oder sich gerade erst auf den Weg gemacht hat, stellen sich auch hier wieder Abgrenzungsprobleme bei der Frage, wann der Weg begonnen hat und wann er aufhört. Voraussetzung für das Vorliegen eines „Weges" ist nach der Rspr. regelmäßig, dass der Versicherte die Außentür des Wohngebäudes durchschritten hat[2]. Wege zur Nahrungsaufnahme während der Arbeitszeit stehen ebenfalls unter Versicherungsschutz, weil sie notwendig sind, die Arbeitskraft aufrechtzuerhalten (nicht dagegen die Nahrungsaufnahme selbst, s. oben)[3]. Dienstreisen sind versichert einschließlich reisebedingter privater Verrichtungen[4]. Vgl. wegen der diversen Möglichkeiten des – versicherten – **Abweichens vom Arbeitsweg** im Einzelnen § 8 Abs. 2 Nr. 2, 3[5]. Gesondert geregelt ist der „**Arbeitsgeräteunfall**" als Arbeitsunfall nach § 8 Abs. 2 Nr. 5. Der Schutz bei **Berufskrankheiten** richtet sich nach § 9 sowie der Berufskrankheitenverordnung (BKV vom 31.10.1997, BGBl I S. 2623).

Die Leistungsverpflichtungen der gesetzlichen Unfallversicherung bestehen grundsätzlich **unabhängig vom Eigen- oder Mitverschulden des Versicherten**, sog. „Alles-oder-Nichts-Prinzip". Allerdings besteht kein Anspruch auf Leistungen bei vorsätzlicher Herbeiführung des Versicherungsfalls; außerdem können Leistungen versagt oder entzogen werden, wenn der Versicherungsfall bei einer Straftat eingetreten ist, § 101 (vgl. auch § 7 Abs. 2). Soweit mit dem Vorliegen eines Versicherungsfalls die Leistungsverpflichtung der gesetzlichen Unfallversicherung ausgelöst ist, erbringt diese **Sach- und Geldleistungen**. Die Sachleistungen liegen in der Heilbehandlung, der Rehabilitation und der Pflege, §§ 26 ff. Während der Heilbehandlung und der beruflichen Rehabilitation wird nach §§ 45 ff. Verletztengeld gezahlt. Bei Minderung der Erwerbsfähigkeit wird eine dem Grad der Minderung entsprechende Rente gezahlt, §§ 56 ff. Leistungen an Hinterbliebene (Sterbegeld, Erstattung von Überführungskosten, Hinterbliebenenrenten, Beihilfen) richten sich nach §§ 63 ff. Die Leistungen können ggf. abgefunden werden, §§ 75 ff.[6]

3

Zuständige **Unfallversicherungsträger** sind im Bereich der „echten" Unfallversicherung die Berufsgenossenschaften (gewerbliche Berufsgenossenschaften und landwirtschaftliche Berufsgenossenschaften, vgl. Anlagen 1, 2 zu § 114) sowie für die „unechte Unfallversicherung" die in § 114 Abs. 1 Nr. 3–9, §§ 115 ff. SGB VII genannten öffentlichen Körperschaften. Die „unechte Unfallversicherung" ist steuerfinanziert. Die „echte" Unfallversicherung ist beitragsfinanziert, wobei – anders als in den übrigen SozV-Zweigen – beitragspflichtig ausschließlich die Unternehmer sind, §§ 150 f. Staatliche Zuschüsse werden lediglich in der landwirtschaftlichen Unfallversicherung und in der See-Unfallversicherung gezahlt. Die Finanzierung der Unfallversicherung erfolgt im Umlageverfahren. Der Bedarf der Berufsgenossenschaften wird nach Ablauf eines Wirtschaftsjahres eingezogen, wobei als Verteilungsschlüssel die Entgelte der Versicherten und der Grad der Unfallgefahr in den Unternehmen dienen, s. im Einzelnen §§ 152 ff. Von den Beiträgen wird neben den Leistungen der Unfallversicherungsträger auch das gemäß §§ 183 ff. SGB III zu leistende Insolvenzgeld finanziert, §§ 358–362 SGB III.

4

Im **zivilen Haftungsrecht**, insb. im Haftungsrecht des Arbeitsverhältnisses, spielt die Unfallversicherung eine herausragende Rolle, weil mit den §§ 104 ff. ein eigenes Haftungsregime statuiert wird, in welchem ArbN, ArbGeb und auch weitere, ua. der „unechten" Unfallversicherung unterliegende Personen, teilweise von der zivilrechtlichen Haftung freigestellt werden[7]. Anders als die anderen SozV-Zweige ist die gesetzliche Unfallversicherung in den letzten Jahrzehnten weitgehend außerhalb der **sozialpolitischen Diskussion** geblieben. Das liegt nicht nur an dem relativ niedrigen Beiträgen, sondern auch daran, dass die Zahl der Arbeitsunfälle und Berufskrankheiten konstant rückläufig ist[8]. Teilweise ist die Ansicht vertreten worden, die monopolartigen Ausschließlichkeitsrechte der Unfallversicherungsträger würden gegen EU-Kartellrecht (Art. 81, 82, 86 EGV) sowie gegen den Grundsatz der freien Dienstleistungsfreiheit (Art. 49 EGV) verstoßen[9]. Hiergegen hat sich jedoch das BSG und die herrschende Meinung gewandt, welche von der Zulässigkeit des Monopols ausgeht[10]. Der EuGH hat das – dem deutschen Recht allerdings nicht ganz vergleichbare – Monopolsystem der gesetzlichen Unfallversicherung in Italien für zulässig erklärt[11].

5

---

1 BSG v. 11.11.1959 – 11/9 RV 290/57, BSGE 11, 50, 52; BSG v. 26.5.1966 – 2 RU 61/64, BSGE 25, 49, 50; *Schmitt*, § 8 SGB VII Rz. 117; *Waltermann*, Sozialrecht, Rz. 285. | 2 *Krasney*, ZTR 2003, 12; *Ricke*, VersR 2003, 540; BSG v. 23.2.1966 – 2 RU 45/65, BSGE 24, 243, 244; BSG v. 31.5.1988 – 2/9 b RU 6/87, BSGE 63, 212, 213; *Kater/Leube*, § 8 SGB VII Rz. 163 *Waltermann*, Sozialrecht, Rz. 288 ff. | 3 BSG v. 24.6.2003 – B 2 U 24/02 R, HVBG-Info 2003, 628 = HVBG-Info 2003, 2451. | 4 BSG v. 19.8.2003 – B 2 U 43/02 R, HVBG-Info 2003, 2817. | 5 Vgl. BSG v. 24.6.2003 – B 2 U 40/02 R, NZA 2003, 1018 = DAR 2003, 483; KassKomm/*Ricke*, § 8 SGB VII Rz. 222 ff.; *Schmitt*, § 8 SGB VII Rz. 187 ff., 201 ff., 214 ff.; *Waltermann*, Sozialrecht, Rz. 291. | 6 S. *Waltermann*, Sozialrecht, Rz. 295 ff. | 7 S. hierzu näher zu §§ 104–113. | 8 *Krasney*, SGb 1995, 374. | 9 *Giesen*, Sozialversicherungsmonopol und EG-Vertrag, S. 125; *Giesen*, ZESAR 2004, 151 mwN. | 10 BSG v. 11.11.2003 – B 2 U 16/03 R, noch uv.; *Hauck/Keller* E 010, S. 7; *Heinze*, FS Gitter, S. 355; *Penner* NZS 2003, 234; *Rolfs*, SGb 1998, 202, 207. | 11 EuGH v. 22.1.2002 – Rs.C-218/00, Cisal di Babattistello, in Slg. 2002, I-691 ff.

Erstes Kapitel. Aufgaben, versicherter Personenkreis, Versicherungsfall

Erster Abschnitt. Aufgaben der Unfallversicherung

1 *Prävention, Rehabilitation, Entschädigung*
Aufgabe der Unfallversicherung ist es, nach Maßgabe der Vorschriften dieses Buches

1. mit allen geeigneten Mitteln Arbeitsunfälle und Berufskrankheiten sowie arbeitsbedingte Gesundheitsgefahren zu verhüten,
2. nach Eintritt von Arbeitsunfällen oder Berufskrankheiten die Gesundheit und die Leistungsfähigkeit der Versicherten mit allen geeigneten Mitteln wieder herzustellen und sie oder ihre Hinterbliebenen durch Geldleistungen zu entschädigen.

2 *Versicherung kraft Gesetzes*
Kraft Gesetzes sind versichert

1. Beschäftigte,
2. Lernende während der beruflichen Aus- und Fortbildung in Betriebsstätten, Lehrwerkstätten, Schulungskursen und ähnlichen Einrichtungen,
3. Personen, die sich Untersuchungen, Prüfungen oder ähnlichen Maßnahmen unterziehen, die aufgrund von Rechtsvorschriften zur Aufnahme einer versicherten Tätigkeit oder infolge einer abgeschlossenen versicherten Tätigkeit erforderlich sind, soweit diese Maßnahmen vom Unternehmen oder einer Behörde veranlasst worden sind,
4. behinderte Menschen, die in anerkannten Werkstätten für behinderte Menschen oder in nach dem Blindenwarenvertriebsgesetz anerkannten Blindenwerkstätten oder für diese Einrichtungen in Heimarbeit tätig sind,
5. Personen, die
   a) Unternehmer eines landwirtschaftlichen Unternehmens sind und ihre im Unternehmen mitarbeitenden Ehegatten oder Lebenspartner,
   b) im landwirtschaftlichen Unternehmen nicht nur vorübergehend mitarbeitende Familienangehörige sind,
   c) in landwirtschaftlichen Unternehmen in der Rechtsform von Kapital- oder Personenhandelsgesellschaften regelmäßig wie Unternehmer selbständig tätig sind,
   d) ehrenamtlich in Unternehmen tätig sind, die unmittelbar der Sicherung, Überwachung oder Förderung der Landwirtschaft überwiegend dienen,
   e) ehrenamtlich in den Berufsverbänden der Landwirtschaft tätig sind,
   wenn für das Unternehmen eine landwirtschaftliche Berufsgenossenschaft zuständig ist.
6. Hausgewerbetreibende und Zwischenmeister sowie ihre mitarbeitenden Ehegatten oder Lebenspartner,
7. selbständig tätige Küstenschiffer und Küstenfischer, die zur Besatzung ihres Fahrzeuges gehören oder als Küstenfischer ohne Fahrzeug fischen und regelmäßig nicht mehr als vier Arbeitnehmer beschäftigen, sowie ihre mitarbeitenden Ehegatten oder Lebenspartner,
8. a) Kinder während des Besuchs von Tageseinrichtungen, deren Träger für den Betrieb der Einrichtungen der Erlaubnis nach § 45 des Achten Buches oder einer Erlaubnis aufgrund einer entsprechenden landesrechtlichen Regelung bedürfen,
   b) Schüler während des Besuchs von allgemein- oder berufsbildenden Schulen und während der Teilnahme an unmittelbar vor oder nach dem Unterricht von der Schule oder im Zusammenwirken mit ihr durchgeführten Betreuungsmaßnahmen,
   c) Studierende während der Aus- und Fortbildung an Hochschulen,
9. Personen, die selbständig oder unentgeltlich, insbesondere ehrenamtlich im Gesundheitswesen oder in der Wohlfahrtspflege tätig sind,
10. Personen, die für Körperschaften, Anstalten oder Stiftungen des öffentlichen Rechts oder deren *Verbände oder Arbeitsgemeinschaften, für öffentlich-rechtliche Religionsgemeinschaften* oder für die in den Nummern 2 und 8 genannten Einrichtungen ehrenamtlich tätig sind oder an Ausbildungsveranstaltungen für diese Tätigkeit teilnehmen,

11. Personen, die
   a) von einer Körperschaft, Anstalt oder Stiftung des öffentlichen Rechts zur Unterstützung einer Diensthandlung herangezogen werden,
   b) von einer dazu berechtigten öffentlichen Stelle als Zeugen zur Beweiserhebung herangezogen werden,
12. Personen, die in Unternehmen zur Hilfe bei Unglücksfällen oder im Zivilschutz unentgeltlich, insbesondere ehrenamtlich tätig sind oder an Ausbildungsveranstaltungen dieser Unternehmen teilnehmen,
13. Personen, die
   a) bei Unglücksfällen oder gemeiner Gefahr oder Not Hilfe leisten oder einen anderen aus erheblicher gegenwärtiger Gefahr für seine Gesundheit retten,
   b) Blut oder körpereigene Organe, Organteile oder Gewebe spenden,
   c) sich bei der Verfolgung oder Festnahme einer Person, die einer Straftat verdächtig ist, oder zum Schutz eines widerrechtlich Angegriffenen persönlich einsetzen,
14. Personen, die nach den Vorschriften des Dritten Buches oder des Bundessozialhilfegesetzes der Meldepflicht unterliegen, wenn sie einer besonderen, an sie im Einzelfall gerichteten Aufforderung einer Dienststelle der Bundesagentur für Arbeit nachkommen, diese oder eine andere Stelle aufzusuchen,
15. Personen, die
   a) auf Kosten einer Krankenkasse oder eines Trägers der gesetzlichen Rentenversicherung oder einer landwirtschaftlichen Alterskasse stationäre oder teilstationäre Behandlung oder stationäre, teilstationäre oder ambulante Leistungen zur medizinischen Rehabilitation erhalten,
   b) zur Vorbereitung von Leistungen zur Teilhabe am Arbeitsleben auf Aufforderung eines Trägers der gesetzlichen Rentenversicherung oder der Bundesagentur für Arbeit einen dieser Träger oder eine andere Stelle aufsuchen,
   c) auf Kosten eines Unfallversicherungsträgers an vorbeugenden Maßnahmen nach § 3 der Berufskrankheiten-Verordnung teilnehmen,
16. Personen, die bei der Schaffung öffentlich geförderten Wohnraums im Sinne des Zweiten Wohnungsbaugesetzes oder im Rahmen der sozialen Wohnraumförderung bei der Schaffung von Wohnraum im Sinne des § 16 Abs. 1 Nr. 1 bis 3 des Wohnraumförderungsgesetzes im Rahmen der Selbsthilfe tätig sind,
17. Pflegepersonen im Sinne des § 19 des Elften Buches bei der Pflege eines Pflegebedürftigen im Sinne des § 14 des Elften Buches; die versicherte Tätigkeit umfasst Pflegetätigkeiten im Bereich der Körperpflege und – soweit diese Tätigkeiten überwiegend Pflegebedürftigen zugute kommen – Pflegetätigkeiten in den Bereichen der Ernährung, der Mobilität sowie der hauswirtschaftlichen Versorgung (§ 14 Abs. 4 des Elften Buches).

(2) Ferner sind Personen versichert, die wie nach Absatz 1 Nr. 1 Versicherte tätig werden. Satz 1 gilt auch für Personen, die während einer aufgrund eines Gesetzes angeordneten Freiheitsentziehung oder aufgrund einer strafrichterlichen, staatsanwaltlichen oder jugendbehördlichen Anordnung wie Beschäftigte tätig werden.

(3) Absatz 1 Nr. 1 gilt auch für

1. Deutsche, die im Ausland bei einer amtlichen Vertretung des Bundes oder der Länder oder bei deren Leitern, deutschen Mitgliedern oder Bediensteten beschäftigt sind,
2. Entwicklungshelfer im Sinne des Entwicklungshelfer-Gesetzes, die Entwicklungsdienst oder Vorbereitungsdienst leisten.

Soweit die Absätze 1 und 2 weder eine Beschäftigung noch eine selbständige Tätigkeit voraussetzen, gelten sie abweichend von § 3 Nr. 2 des Vierten Buches für alle Personen, die die in diesen Absätzen genannten Tätigkeiten im Inland ausüben; § 4 des Vierten Buches gilt entsprechend. Absatz 1 Nr. 13 gilt auch für Personen, die im Ausland tätig werden, wenn sie im Inland ihren Wohnsitz oder gewöhnlichen Aufenthalt haben.

(4) Familienangehörige im Sinne des Absatzes 1 Nr. 5 Buchstabe b sind

1. Verwandte bis zum dritten Grade,
2. Verschwägerte bis zum zweiten Grade,
3. Pflegekinder (§ 56 Abs. 2 Nr. 2 des Ersten Buches)

der Unternehmer, ihrer Ehegatten oder ihrer Lebenspartner.

3 *Versicherung kraft Satzung*
(1) Die Satzung kann bestimmen, dass und unter welchen Voraussetzungen sich die Versicherung erstreckt auf

1. Unternehmer und ihre im Unternehmen mitarbeitenden Ehegatten oder Lebenspartner,
2. Personen, die sich auf der Unternehmensstätte aufhalten; § 2 Abs. 3 Satz 2 erster Halbsatz gilt entsprechend.

(2) Absatz 1 gilt nicht für

1. Haushaltsführende,
2. Unternehmer von nicht gewerbsmäßig betriebenen Binnenfischereien oder Imkereien und ihre im Unternehmen mitarbeitenden Ehegatten oder Lebenspartner,
3. Personen, die aufgrund einer vom Fischerei- oder Jagdausübungsberechtigten erteilten Erlaubnis als Fischerei- oder Jagdgast fischen oder jagen,
4. Reeder, die nicht zur Besatzung des Fahrzeugs gehören, und ihre im Unternehmen mitarbeitenden Ehegatten oder Lebenspartner.

4 *Versicherungsfreiheit*
(1) Versicherungsfrei sind

1. Personen, soweit für sie beamtenrechtliche Unfallfürsorgevorschriften oder entsprechende Grundsätze gelten; ausgenommen sind Ehrenbeamte und ehrenamtliche Richter,
2. Personen, soweit für sie das Bundesversorgungsgesetz oder Gesetze, die eine entsprechende Anwendung des Bundesversorgungsgesetzes vorsehen, gelten, es sei denn, dass
   a) der Versicherungsfall zugleich die Folge einer Schädigung im Sinne dieser Gesetze ist oder
   b) es sich um eine Schädigung im Sinne des § 5 Abs. 1 Buchstabe e des Bundesversorgungsgesetzes handelt,
3. satzungsmäßige Mitglieder geistlicher Genossenschaften, Diakonissen und Angehörige ähnlicher Gemeinschaften, wenn ihnen nach den Regeln der Gemeinschaft Anwartschaft auf die in der Gemeinschaft übliche Versorgung gewährleistet und die Erfüllung der Gewährleistung gesichert ist.

(2) Von der Versicherung nach § 2 Abs. 1 Nr. 5 sind frei

1. Personen, die aufgrund einer vom Fischerei- oder Jagdausübungsberechtigten erteilten Erlaubnis als Fischerei- oder Jagdgast fischen oder jagen,
2. Unternehmer von Binnenfischereien, Imkereien und Unternehmen nach § 123 Abs. 1 Nr. 2, wenn diese Unternehmen nicht gewerbsmäßig betrieben werden und nicht Neben- oder Hilfsunternehmen eines anderen landwirtschaftlichen Unternehmens sind, sowie ihre im Unternehmen mitarbeitenden Ehegatten oder Lebenspartner; das Gleiche gilt für Personen, die in diesen Unternehmen als Verwandte oder Verschwägerte bis zum zweiten Grad oder als Pflegekind der Unternehmer, ihrer Ehegatten oder Lebenspartner unentgeltlich tätig sind.

(3) Von der Versicherung nach § 2 Abs. 1 Nr. 9 sind frei selbständig tätige Ärzte, Zahnärzte, Tierärzte, Psychologische Psychotherapeuten, Kinder- und Jugendlichenpsychotherapeuten, Heilpraktiker und Apotheker.

(4) Von der Versicherung nach § 2 Abs. 2 ist frei, wer in einem Haushalt als Verwandter oder Verschwägerter bis zum zweiten Grad oder als Pflegekind der Haushaltsführenden, der Ehegatten oder der Lebenspartner unentgeltlich tätig ist, es sei denn, er ist in einem in § 124 Nr. 1 genannten Haushalt tätig.

5 *Versicherungsbefreiung*
Von der Versicherung nach § 2 Abs. 1 Nr. 5 werden auf Antrag Unternehmer landwirtschaftlicher Unternehmen im Sinne des § 123 Abs. 1 Nr. 1 bis zu einer Größe von 0,12 Hektar und ihre Ehegatten unwiderruflich befreit; dies gilt nicht für Spezialkulturen. Das Nähere bestimmt die Satzung.

6 *Freiwillige Versicherung*
(1) Auf schriftlichen Antrag können sich versichern

1. Unternehmer und ihre im Unternehmen mitarbeitenden Ehegatten; ausgenommen sind Haushaltsführende, Unternehmer von nicht gewerbsmäßig betriebenen Binnenfischereien oder Imkereien, von nicht gewerbsmäßig betriebenen Unternehmen nach § 123 Abs. 1 Nr. 2 und ihre Ehegatten sowie Fischerei- und Jagdgäste,

2. Personen, die in Kapital- oder Personenhandelsgesellschaften regelmäßig wie Unternehmer selbständig tätig sind.

(2) Die Versicherung beginnt mit dem Tag, der dem Eingang des Antrags folgt. Die Versicherung erlischt, wenn der Beitrag oder Beitragsvorschuss binnen zwei Monaten nach Fälligkeit nicht gezahlt worden ist. Eine Neuanmeldung bleibt so lange unwirksam, bis der rückständige Beitrag oder Beitragsvorschuss entrichtet worden ist.

Vorbemerkung vor §§ 104–113

Das Recht der gesetzlichen Unfallversicherung nimmt in den §§ 104–113 erheblichen Einfluss auf das allgemeine zivilrechtliche Haftungssystem. In Abweichung vom allgemeinen vertragsrechtlichen und deliktsrechtlichen Grundsatz, nach dem schuldhafte Vertrags- oder Rechtsgutsverletzungen zum Schadensersatz verpflichten (vgl. § 280 Abs. 1, §§ 823 ff. BGB), wird eine Vielzahl von Schädigern in den §§ 104–109 **von einer Haftung befreit**. Die Regelungen setzen voraus, dass ein Versicherungsfall iSd. Unfallversicherungsrechts vorliegt, sie greifen also nur bei Körperschäden und bei Schäden an Hilfsmitteln (zB Brillen, Prothesen), welche bei Arbeitsunfällen und Berufskrankheiten eingetreten sind. Für andere Ansprüche bleibt es beim allgemeinen Haftungsrecht. Die Freistellung der in §§ 104–107 genannten ArbGeb, ArbN sowie weiterer privilegierter Personen geht so weit, dass die Einstandspflicht gegenüber dem Geschädigten nur bei Vorsatz und bei Wegeunfällen iSd. § 8 Abs. 2 Nr. 1–4 greift. An die Stelle des solchermaßen weitgehend freigestellten Schädigers tritt die Haftung des Unfallversicherungsträgers, sog. **Haftungsersetzungsprinzip**. Der Unfallversicherungsträger seinerseits kann – mangels entsprechender Haftung des Schädigers – nicht aus übergegangenem Recht des Geschädigten beim Schädiger Regress nehmen. Ein Rückgriff aus abgeleitetem Recht nach § 116 SGB X ist ausgeschlossen, § 104 Abs. 1 Satz 2, § 105 Abs. 1 Satz 3, § 106 f. Dem Unfallversicherungsträger stehen vielmehr nach §§ 110, 111 **eigene Haftungsansprüche gegen den Schädiger** zu, allerdings nur bei Vorsatz und grober Fahrlässigkeit. 1

Das gesetzliche System der §§ 104 ff. SGB VII richtet sich für die Regelung der Haftungsbeschränkungen primär nach den unterschiedlichen **privilegierten Personen**. Zunächst regelt § 104 die Haftungsbeschränkung zu Gunsten der Unternehmer, dann folgt in § 105 diejenige der im Betrieb Tätigen, also der „Arbeitskollegen" des Geschädigten. Zuletzt erfassen §§ 106 und 107 Sonderfälle, wobei insb. das Privileg der auf der gemeinsamen Betriebsstätte Tätigen zu nennen ist (§ 106 Abs. 3). Soweit jeweils in der Haftung Privilegierte feststehen, unterscheiden die betreffenden Regelungen sekundär nach den durch die Haftungsbeschränkung **belasteten Personen**. Dies sind gemäß § 104 Abs. 1 der Versicherte und die aus seiner Versicherung Ansprüche herleitenden Angehörigen und Hinterbliebenen sowie nach § 104 Abs. 2 die Leibesfrucht. Gemäß § 105 Abs. 1 sind es wiederum der Versicherte, seine Angehörigen und Hinterbliebenen sowie die Leibesfrucht; nach § 105 Abs. 2 ist es der „nicht versicherte" Unternehmer. In § 106 wird zuletzt in den unterschiedlichen Fallvarianten der einzelnen Absätze jeweils genau zwischen dem von der Haftungsbeschränkung erfassten Schädiger und dem jeweils betroffenen Geschädigten unterschieden. Auf Grund dessen wird in § 104 Abs. 2, §§ 105–107 jeweils auf die materielle Ausformung der Haftungsbeschränkung in § 104 Abs. 1 verwiesen. 2

Das System der Haftungsprivilegierung bewirkt, dass die gesetzliche Unfallversicherung wirtschaftlich nicht nur den Körper- und Vermögensschaden des Geschädigten sowie seiner Angehörigen absichert; sie ist auch eine Art „Haftpflichtversicherung" des Schädigers. Die sozialpolitische Begründung für die Abweichung vom allgemeinen deliktischen und vertragsrechtlichen Haftungsprinzip wird in folgenden „Argumenten" gesehen. Das **„Finanzierungsargument"** geht davon aus, dass regelmäßiger Schuldner bei Arbeitsunfällen und Berufskrankheiten der ArbGeb ist. Dieser schädigt den Versicherten entweder unmittelbar oder er ist mittelbar für seine Organe (vgl. § 31 BGB), seine Erfüllungsgehilfen (§ 278 BGB) und seine Verrichtungsgehilfen (§ 831 BGB) verantwortlich. Da die gesetzliche Unfallversicherung ausschließlich aus ArbGebBeiträgen finanziert wird, sieht man in der Haftungsbeschränkung des ArbGeb bzw. der weiteren in § 105 ff. genannten Personen eine Gegenleistung für diese Beiträge¹. S. bereits die Begründung zu §§ 92–95 UVG, RT-Drs. 1884, Nr. 4, S. 82, wonach sich die Freistellung „rechtfertigt ... mit Rücksicht auf die durchgreifende, auf Kosten der Unternehmer erfolgende Versicherung der Arbeiter". Ein weiteres, mindestens ebenso wichtiges Motiv ist das sog. **„Friedensargument"**. Dieses begründet die Übernahme der Haftungsrisiken aus Arbeitsunfällen und Berufskrankheiten damit, dass dadurch die Arbeitsbeziehungen zwischen ArbGeb und ArbN sowie innerhalb der Gruppe der ArbN entlastet werden. Insbesondere werden die Beziehungen nicht durch uU langwierige Haftungsprozesse erschwert. So beklagte bereits die Gesetzesbegründung zum UVG von 1884, dass durch solche prozessuale Auseinandersetzungen „Erbitterung zwischen ArbGeb und Arbei- 3

---

1 Vgl. zu dem „Finanzierungsargument" *Hauck/Nehls*, § 104 SGB VII Rz. 3; *Lauterbach/Dahm*, § 104 SGB VII Rz. 6; *Rolfs*, AR-Blattei SD 860.2 Rz. 6; ErfK/*Rolfs*, § 104 SGB VII Rz. 1 f.; *Waltermann*, NJW 2002, 1225 (1226); *Waltermann*, Sozialrecht, Rz. 305; *Tischendorf*, VersR 2002, 1188 f.

4 Probleme ergeben sich bei alledem aber daraus, dass zwischen den allgemeinen zivilrechtlichen Haftungsansprüchen und den an ihre Stelle tretenden Leistungsansprüchen gegen den Unfallversicherungsträger große Unterschiede bestehen können. **Vorteile** des Unfallversicherungsrechts gegenüber dem allgemeinen Haftungsrecht liegen für den Geschädigten darin, dass sein eventuelles Mitverschulden meist unberücksichtigt bleibt (vgl. § 101 SGB VII), dass bei Vorliegen des Arbeitsunfalls ein eventuelles Verschulden des Haftenden nicht nachgewiesen werden muss[2] und dass mit den Unfallversicherungsträgern auch stets liquide Schuldner zur Verfügung stehen. Andererseits können sich **Nachteile** daraus ergeben, dass die Leistungen der Unfallversicherungsträger teilweise weniger umfassend sind als diejenigen, die der Geschädigte nach allgemeinem Haftungsrecht zu beanspruchen hätte. Das beruht insb. auf dem Prinzip des abstrakten Schadensausgleichs[3]. Rentenleistungen an Geschädigte richten sich nach dem „Jahresarbeitsverdienst" (§§ 81 ff.), das bis zur Höhe von 2/3 ersetzt werden kann (§ 56 ff.); dies ist meist weniger als das nach §§ 249 ff., 823 ff. BGB und insb. nach §§ 842 ff. BGB Geschuldete. Immaterielle Schäden werden von der gesetzlichen Unfallversicherung nicht ersetzt, da eine dem § 253 Abs. 2 BGB vergleichbare Regelung über das Schmerzensgeld fehlt[4]. Dennoch unterliegen auch sie dem Haftungsersetzungsprinzip, so dass bei Eingreifen der §§ 104 ff. SGB VII kein Schmerzensgeld geschuldet wird. Trotz diesbezüglicher Kritik hat das BVerfG das Haftungsersetzungsprinzip mehrfach für verfassungsmäßig erklärt[5]. Hauptargument sind die insgesamt überwiegenden Vorteile, die der Geschädigte aus der Zurverfügungstellung des Haftungssystems nach dem SGB VII (bzw. früher der RVO) zieht. Die Kritik am Gesetz ist in letzter Zeit noch einmal lauter geworden, nachdem in § 105 Abs. 2 SGB VII zugunsten einer erweiterten Haftungsersetzung auch die in §§ 2 ff. nicht erfassten Unternehmer versichert werden. Für diese Geschädigten wird nach § 105 Abs 2 Satz 3 der Mindestjahresarbeitsverdienst als Jahresarbeitsverdienst fingiert; dies führt nach §§ 14 f. SGB IV, §§ 82, 85 SGB VII zu äußerst niedrigen Leistungen. Die Vorschrift des § 105 Abs 2 Satz 3 wird daher von vielen zu Recht für verfassungswidrig gehalten[6]. Auch die neue Ausweitung des Haftungsersetzungsprinzips in § 106 (vgl. insb. die diffuse Privilegierung der Tätigkeit „auf einer gemeinsamen Betriebsstätte", § 106 Abs. 3) hat in letzter Zeit zu einer vermehrten Diskussion der Rechtfertigung des Haftungsersetzungsprinzips sowie des „Finanzierungsarguments" und des „Friedensarguments" geführt (s. unten, § 106 Rz. 8 ff.,14). Ein unausgesprochenes Motiv für die Kritik am Bestand und an der Ausweitung der Haftungsprivilegien nach §§ 104 – 109 liegt bei alledem wohl auch darin, dass die schädigenden ArbGeb bzw. ArbN heute häufig haftpflichtversichert sind. Soweit in Gestalt der Privatversicherung ein unbeteiligter Dritter eintreten kann und das anspruchsmindernde Mitverschulden (§ 254 BGB) nicht allzu hoch ist, ist die Versuchung groß, zugunsten der Haftung etwa nach §§ 843 f. BGB und zur Ermöglichung von Schmerzengeldleistungen nach § 253 Abs. 2 BGB die Freistellung gemäß §§ 104 ff. nicht greifen zu lassen[7].

Viertes Kapitel. Haftung von Unternehmen, Unternehmensangehörigen und anderen Personen

Erster Abschnitt. Beschränkung der Haftung gegenüber Versicherten, ihren Angehörigen und Nichtversicherten

104 *Beschränkung der Haftung der Unternehmer*
(1) Unternehmer sind den Versicherten, die für ihre Unternehmen tätig sind oder zu ihren Unternehmen in einer sonstigen die Versicherung begründenden Beziehung stehen, sowie deren Angehörigen und Hinterbliebenen nach anderen gesetzlichen Vorschriften zum Ersatz des Personenschaden, den ein Versicherungsfall verursacht hat, nur verpflichtet, wenn sie den Versicherungsfall

---

[1] 1. Entwurf für ein Gesetz betreffend die Unfallversicherung der Arbeiter, RT-Drs. 1881, Nr. 41, S. 21. Vgl. zum „Friedensargument" *Brackmann/Krasney*, § 104 SGB VII Rz. 3; *Hauck/Nehls*, § 104 SGB VII Rz. 3; KassKomm/*Ricke*, § 104 SGB VII Rz. 2; *Krasney*, AuR 2001, 423; *Lauterbach/Dahm*, § 104 SGB VII Rz. 6; *Maschmann*, SGb 1998, 54 f.; *Rolfs*, AR-Blattei SD 860.2 Rz. 21; ErfK/*Rolfs*, § 104 SGB VII Rz. 1; *Waltermann*, NJW 2002, 1225 (1226); *Waltermann*, Sozialrecht, Rz. 305. |2 Vgl. die Gesetzesbegründung, RT-Drs. 1881, Nr. 41, S. 24 f. |3 *Rolfs* AR-Blattei SD 860.2 Rz. 9; KassKomm/*Ricke*, § 56 SGB VII Rz. 2. |4 Das Recht des Schmerzensgeldes ist mit dem Zweiten Gesetz zur Änderung schadensrechtlicher Vorschriften vom 19.7.2002 mit Wirkung ab dem 1.8.2002 geändert worden, BGBl. I, 2674; s. BT-Drs. 14/5772, BT-Drs. 14/8780 sowie *G. Wagner*, Das neue Schadensersatzrecht, 2002. |5 BVerfG v. 22.6.1971 – 2 BvL 10/69, BVerfGE 31, 212, 218 ff.; v. 7.11.1972 – 1 BvL 4, 17/71 und 10/72, BVerfGE 34, 118, 128 ff.; v. 8.1.1992 – 2 BvL 9/88, BVerfGE 85, 176, 184 ff. |6 ErfK/*Rolfs* § 105 SGB VII Rz. 7; *Plagemann*, NZV 2001, 233 (237); *Stern-Krieger/Arnau*, VersR 1997, 408, 411. |7 OLG Zweibrücken v. 6.5.1997 – 6 U 1/97, NJW 1998, 995, 996; *Schloen*, BG 1987, 150.

vorsätzlich oder auf einem nach § 8 Abs. 2 Nr. 1 bis 4 versicherten Weg herbeigeführt haben. Ein Forderungsübergang nach § 116 des Zehnten Buches findet nicht statt.

(2) Absatz 1 gilt entsprechend für Personen, die als Leibesfrucht durch einen Versicherungsfall im Sinne des § 12 geschädigt worden sind.

(3) Die nach Absatz 1 oder 2 verbleibenden Ersatzansprüche vermindern sich um die Leistungen, die Berechtigte nach Gesetz oder Satzung infolge des Versicherungsfalls erhalten.

I. Beschränkte Haftung des Unternehmers. 1. Von der Haftungsbeschränkung begünstigte Personen. 1
Der „**Unternehmer**" iSd. SGB VII ist zwar meistens, aber nicht immer gleichzusetzen mit dem ArbGeb des Versicherten. Unternehmer ist nach der Legaldefinition des § 136 Abs. 3 Nr. 1 „derjenige, dem das Ergebnis des Unternehmens unmittelbar zum Vor- oder Nachteil reicht". In § 136 Abs. 3 Nr. 2–4 existieren zusätzlich gesonderte Regelungen über die Unternehmereigenschaft von Rehabilitationsträgern, von Sachkostenträgern sowie von Reedern. Der Betrieb eines Unternehmens ist eine planmäßige, auf Dauer angelegte Vielzahl von Tätigkeiten, die regelmäßig ausgeübt wird und auf ein einheitliches Ziel ausgerichtet ist[1]. Die in § 136 Abs. 3 Nr. 1 verwendete Formulierung „zum Vor- oder Nachteil" besagt, dass Unternehmer derjenige ist, der das Geschäftswagnis, also das Unternehmerrisiko trägt[2]. Eine darüber hinausgehende Begünstigung von konzernrechtlich mit diesem Unternehmen verbundenen weiteren Unternehmen besteht nicht[3]. Bei juristischen Personen sind die Organmitglieder nicht erfasst, sondern fallen ggf. unter § 105. Im Fall von Personengesellschaften sind wegen des Grundsatzes der Selbstorganschaft die Gesellschafter selbst Unternehmer (der Regress des Unfallversicherungsträgers richtet sich bei ihnen nach § 111)[4]. Unerheblich für die Haftungsbeschränkung ist, ob der Unternehmer Mitglied der Unfallversicherung ist, ob er Beiträge geleistet hat und wo der Versicherungsfall eingetreten ist. Mehrere Personen, die die Voraussetzungen der Unternehmereigenschaft nach § 136 erfüllen, sind Mitunternehmer und können dementsprechend auch bei einem einzigen Versicherungsfall zu mehreren haftungsprivilegiert sein[5]. Nach Meinung der Rspr. greift das Haftungsprivileg nicht mehr, wenn der Unternehmer eine Unfallursache setzt, die erst nach Übernahme des Betriebs durch einen Dritten zu einem Schadensereignis führt[6]. Soweit ein **Haftpflichtversicherer** gemäß § 3 Nr. 1 PflVG selbst unmittelbar haftet, greift das Haftungsprivileg der §§ 104 ff. wegen der Akzessorietät des Direktanspruchs gegen den Haftpflichtversicherer ebenfalls[7].

2. Von der Haftungsbeschränkung belastete Personen. Von der Haftungsbeschränkung belastete Per- 2
sonen sind die geschädigten Versicherten sowie ihre Angehörigen und Hinterbliebenen. Die Haftungsbeschränkung des § 104 SGB VII greift zu Lasten von Versicherten, die für ihre Unternehmen tätig sind oder zu ihrem Unternehmen in einer sonstigen die Versicherung begründenden Beziehung stehen. Damit knüpft das Gesetz an den Versichertenbegriff nach §§ 2, 3, 6 an, wobei aber zusätzlich zur Versicherteneigenschaft noch die Tätigkeit für das jeweilige Unternehmen bzw. die Sonstige eine Versicherung begründende Beziehung erforderlich ist (zu Letzterem unten Rz. 4).

a) Hinsichtlich der **Versicherteneigenschaft** s. §§ 2 ff. Von besonderer Bedeutung im Haftungsrecht ist 3
insb. der Versicherungsschutz nach § 2 Abs. 2 Satz 1 für Personen, die „wie" nach § 2 Abs. 1 Nr. 1 Versicherte tätig werden. Diese „**Wie**"-**Beschäftigten** sind Personen, die aufgrund fremdnützigen Verhaltens, welches einer Beschäftigung gleich steht, tätig werden. Es muss sich um eine ernstliche, dem fremden Unternehmen dienende Tätigkeit handeln, die dem wirklichen oder mutmaßlichen Willen des Unternehmers entspricht und ihrer Art nach von ArbN verrichtet wird. Das bedeutet, dass auch derjenige, der im fremden Unternehmen bei Handreichungen mit hilft, nach § 2 Abs. 2 Satz 1 versichert ist und demgemäß auch der Haftungsbeschränkung nach §§ 104 ff. unterliegt[8]. Dient ein- und dieselbe Tätigkeit allerdings sowohl einem Fremd- als auch dem Stammunternehmen, kommt eine Zuordnung als „Wie"-Beschäftigter des Fremdunternehmens so lange nicht in Betracht, wie sich die Tätigkeit als Wahrnehmung einer Aufgabe des Stammunternehmens darstellt[9]. Der Versicherungsschutz wird in diesen Fällen in dem Unfallbetrieb trotz einer Förderung der Fremdunternehmerinteressen nicht ausgelöst.

Die Versicherteneigenschaft als „Wie"-Beschäftigter ist vor allem zu bejahen bei der Tätigkeit für Arbeitsgemeinschaften mehrerer Unternehmen (Arge), in Leiharbeitsverhältnissen oder bei kurzfristiger sonstiger Tätigkeit für Dritte[10]. Nicht ausreichend für die Tätigkeit „wie" ein ArbN ist es beispielsweise,

---

[1] *Kater/Leube*, § 104 SGB VII Rz. 4; *Schmitt*, § 136 SGB VII Rz. 17; s. zu öffentlich-rechtlichen Körperschaften BGH v. 26.11.2002 – VI ZR 449/01, NJW 2003, 1121 (betr. Schulen). [2] BGH v. 5.7.1977 – VI ZR 134/76, LM RVO § 636 Nr. 12; v. 4.10.1988 – VI ZR 7/88, LM RVO § 636 Nr. 38; ErfK/*Rolfs*, § 104 SGB VII Rz. 19. [3] BGH v. 11.11.2003 – VI ZR 13/03, noch uv. [4] OLG Köln v. 23.10.1998 – 19 U 47/98, VersR 1999, 777; ErfK/*Rolfs*, § 104 SGB VII Rz. 19. [5] *Kater/Leube* § 104 SGB VII Rz. 4. [6] BGH v. 11.1.1966 – VI ZR 185/64, NJW 1966, 653 f.; *Kater/Leube* § 104 SGB VII Rz. 13 (zweifelhaft). [7] BAG 14.12.2000 – 8 AZR 92/00, VersR 2002, 720 m. Anm. *Drong-Wilmers*; *Ricke*, VersR 2002, 413. [8] BSG v. 17.3.1982 – 2 RU 6/91, SozR 3–2200 § 539 RVO Nr. 15; v. 29.9.1992 – 2 RU 44/91, SozR 3–2200, § 539 RVO Nr. 19; *Rolfs*, DB 2001, 2294; *Rolfs*, AR-Blattei SD 860.2 Rz. 107; *Krasney*, NZS 1999, 577 ff.; *Waltermann*, Sozialrecht, Rz. 307, 311. [9] BGH v. 28.10.1986 – VI ZR 181/85, NJW 1987, 1022 f.; *Maschmann* SGb 1998, 54 (58); *Rolfs*, DB 2001, 2294 (2295). [10] Vgl. hierzu *Rolfs*, AR-Blattei SD 860.2 Rz. 84 ff.; zusätzlich kann hier die Haftungsprivilegierung auf der „gemeinsamen Betriebsstätte" in Betracht kommen, § 106 Abs. 3; s. unten Rz. 7 ff.

wenn ein Werkstattkunde sein Kfz auf eine Hebebühne fährt und sich dabei verletzt. Zwar können auch Tätigkeiten vom Versicherungsschutz umfasst sein, die der Verletzte nur spontan und punktuell für den Unfallbetrieb erbracht hat. Auch braucht kein Arbeitsverhältnis vorzuliegen. Jedoch muss der Geschädigte eine dem Aufgabenbereich des Unfallbetriebs zuzuordnende Tätigkeit wie ein Beschäftigter ausgeübt haben. Soweit bei ihm ein „eigenwirtschaftliches" Interesse bei der Tätigkeit im Vordergrund stand, kann § 2 Abs. 2 Satz 1 nicht greifen[1]. Dasselbe gilt bei reinen Gefälligkeiten[2].

4 **b) Sonstige die Versicherung begründende Beziehung.** Eine die Versicherung begründende Beziehung zu einem Unternehmen kommt nach §§ 2, 3, 6 immer dann in Betracht, wenn der Versicherte auf Grund der dort genannten – die Versicherungspflicht begründenden – Tatbestände für ein Unternehmen tätig wird. Das kann beispielsweise das Lernen während der Ausbildung sein (§ 2 Abs. 1 Nr. 2), die Tätigkeit von Behinderten in Werkstätten (§ 2 Abs. 1 Nr. 4) oder etwa auch die Mitarbeit von Angehörigen (§ 2 Abs. 1 Nr. 5–7). Neben den genannten Tatbeständen kommen praktisch alle in §§ 2, 3, 6 SGB VII genannten Fälle in Betracht, solange die Geschädigten tatsächlich für ein Unternehmen tätig werden. Nicht erfasst sind deshalb aber beispielsweise gerettete Personen iSd. § 2 Nr. 13a[3]. **Angehörige und Hinterbliebene** sind all diejenigen Personen, die als Verwandte Anspruch auf Leistungen nach dem SGB VII wegen des Eintritts des Versicherungsfalls haben[4]. Die Versicherten-, Angehörigen- und Hinterbliebeneneigenschaft kann als Teil der Entscheidung über die Frage des „Versicherungsfalls" durch rechtskräftigen Bescheid bzw. rechtskräftige Gerichtsentscheidung nach § 108 bindend festgestellt sein. Vgl. für **Beamte** und **Soldaten** § 46 Abs. 2 BeamtVG, § 91a SVG[5].

5 **II. Versicherungsfall.** Für den Versicherten muss das schädigende Ereignis ein Versicherungsfall gewesen sein, also ein Arbeitsunfall oder eine Berufskrankheit. S. zum Begriff des Arbeitsunfalls und der Berufskrankheit oben Rz. 2 vor § 1. Nicht erforderlich ist, dass für den schädigenden Unternehmer eine unternehmerische Tätigkeit vorlag. **Beispiel**: Der Unternehmer führt private Tätigkeiten aus, bei welchen er den im Betrieb tätigen Beschäftigten verletzt, für den die Verletzung ein Arbeitsunfall ist (s. auch unten Rz. 11)[6]. Der Versicherungsfall muss nicht notwendig die Verpflichtung des gesetzlichen Unfallversicherungsträgers zur Leistung nach sich ziehen. Wo also der Tatbestand des Arbeitsunfalls bzw. der Berufskrankheit vorliegt, die Schädigungen aber beispielsweise nicht die Minderung der Erwerbsfähigkeit von 20 % erreichen (Leistungsvoraussetzung nach § 56 Abs. 1 Satz 1), greift dennoch die Haftungsbeschränkung nach § 104 SGB VII[7]. Eine Ausnahme hiervon macht das OLG Zweibrücken für den Schmerzensgeldanspruch aus Anlass einer Persönlichkeitsrechtsverletzung (psychische Schädigung eines Schülers durch den Lehrer). Diese Ausnahme beruht wohl darauf, dass das OLG unbillige Ergebnisse wegen der Erfassung von § 253 Abs. 2 BGB (früher § 847 BGB) durch § 104 vermeiden möchte (s. dazu vor § 104 Rz. 4 und unten Rz. 6)[8]. Das Vorliegen des Versicherungsfalls kann nach § 108 aufgrund rechtskräftiger Behörden- bzw. Gerichtsentscheidung bindend feststehen.

6 **III. Von der Haftungsbeschränkung betroffene Ansprüche.** Erfasst sind sämtliche gegen den Unternehmer gerichteten Ansprüche auf „Ersatz des Personenschadens", wobei Sachschäden iSd. § 8 Abs. 3 wegen der Beschädigung zB von Brillen, Körperersatzstücken oder orthopädischen Hilfsmitteln ebenfalls in Betracht kommen[9]. Sachschäden iSd. § 13 dürften nicht erfasst sein, was sich nicht zuletzt aus § 13 Satz 2 ergibt[10]. Ansprüche aus Personenschäden, die durch § 104 erfasst sind, sind ua. solche aus §§ 280 Abs. 1, 823, 825, 826, 829 – 834, 836 – 839a BGB, § 117 BBergG, § 30 LuftverkersG, § 3 BinnenschiffahrtsG, § 1 ProdHaftG, §§ 2 f. HPflG, § 1 UmweltHG, §§ 7, 18 StVG, § 84 ArzneimittelG oder aus dem Warschauer Abkommen[11]. Dasselbe gilt für Ansprüche von Angehörigen, etwa aus §§ 844 f. BGB[12]. Mit erfasst ist auch die Haftung aus Amtspflichtverletzung nach Art. 34 GG iVm. § 839 BGB, wenn beispielsweise ein beamteter Lehrer, ein Soldat oder öffentlich Bediensteter bei der Wahrnehmung hoheitlicher

---

1 OLG Hamm v. 26.9.2002 – 6 U 14/02, NJW – RR 2003, 239; *Krasney*, NZS 2004, 7 (9). S. noch zu § 539 Abs. 2 RVO BGH v. 8.3.1994 – VI ZR 141/93, NJW 1994, 1480 f.; v. 5.7.1983 – VI ZR 273/81, NJW 1983, 2882; v. 28.10.1986 – VI ZR 181/85, NJW 1987, 1022 f.; v. 17.4.1990 – VI ZR 244/89, VersR 1990, 994 f.; *Rolfs*, DB 2001, 2294; *Kater/Leube*, § 104 SGB VII Rz. 24 ff. | 2 OLG Stuttgart v. 27.3.2002 – 2 U 213/01, HVBG-Info 2002, 3343 = ZfSch 2002, 384; OLG Hamm v. 20.3.2002 – 13 U 229/01, VersR 2003, 192; OLG Dresden v. 8.9.1999 – 8 U 2048/99, VersR 2001, 1035 (1037 f. mwN); bei gleichzeitiger Gefälligkeit und betrieblicher Tätigkeit greift die Haftungsbeschränkung, s. OLG Köln 31.1.2002 – 12 U 145/01, VersR 2002, 1109. | 3 BGH v. 20.3.1979 – VI ZR 14/78, VersR 1979, 668; v. 2.12.80 – VI ZR 265/78, VersR 1981, 260; *Kater/Leube*, § 104 SGB VII Rz. 28; KassKomm/*Ricke*, § 104 SGB VII Rz. 11 f. | 4 *Kater/Leube*, § 104 SGB VII Rz. 29. | 5 S. dazu (obiter) BGH v. 27.6.2002 – III ZR 234/01, NJW 2002, 3096 = r + s 2002, 374. | 6 *Kater/Leube*, § 104 SGB VII Rz. 31; anders bei der Haftungsfreistellung nach § 105, bei der seitens des schädigenden Kollegen eine „betriebliche Tätigkeit" vorliegen muss, s. unten § 105 Rz. 4. | 7 BGH v. 12.11.1992 – III ZR 19/92, BGHZ 120, 176,183; ErfK/*Rolfs*, § 104 SGB VII Rz. 7; *Kater/Leube*, § 104 SGB VII Rz. 32. | 8 OLG Zweibrücken v. 6.5.1997 – 6 U 1/97, NJW 1998, 995 ff. | 9 Vgl. BSG v. 11.9.2001 – B 2 U 38/00 R, ZfS 2002, 51. | 10 Bei Ersatzleistungen für Sachschäden nach dem SGB VII ordnet § 13 S. 2 den Anspruchsübergang nach § 116 SGB X an, vgl. KassKomm/*Kater*, § 116 SGB X Rz. 39. | 11 S. zu letzterem *Steinfeltz*, Der Terroranschlag vom 11.9.2001 in New York und Schadensersatzansprüche der Berufsgenossenschaften, BG 2002, 470. | 12 *Kater/Leube*, § 104 SGB VII Rz. 35; KassKomm/*Ricke*, § 104 SGB VII Rz. 5; s. auch die eingehende Aufzählung von Haftungstatbeständen bei KassKomm/*Kater* § 116 SGB X Rz. 47 ff.

Aufgaben Verletzungshandlungen begeht, vgl. § 105 Abs. 1 Satz 2[1]. Gegenstand der ausgeschlossenen Ansprüche sind alle Personenschäden sowie sämtliche hiermit verbundenen weiteren Kosten und Aufwendungen, also zB Heilungskosten, Erwerbsausfall, entgangener Gewinn, Beerdigungskosten, entgangener Unterhalt, entgangene Dienste usw[2]. Zum Personenschaden zählt auch der **Schmerzensgeldanspruch**[3], obwohl das SGB VII immaterielle Schäden nicht ersetzt. Das führt zu erheblichen Nachteilen, insb. bei der Verursachung psychischer Schäden oder etwa bei ästhetisch entstellenden Verletzungen. Trotzdem hat das BVerfG das als verfassungsgemäß eingestuft[4]. Teilweise wird versucht, auf diesen Mangel durch Beschränkung des Anwendungsbereichs von § 104 zu reagieren, zB durch Nichtanwendung bei Persönlichkeitsrechtsverletzungen[5]. Schockschäden, welche Dritte auf Grund der Verletzung des Versicherten erleiden, sind nicht von § 104 erfasst, da es sich um originäre Ansprüche der Geschädigten handelt[6].

IV. Nicht erfasste weitere Schädiger (gestörter Gesamtschuldnerausgleich). Soweit bei der Entstehung des Personenschadens neben den in §§ 104 ff. erfassten privilegierten Schädigern noch weitere Schädiger[7] mitgewirkt haben, stellt sich die Frage, wie sich die Privilegierung auf sie auswirkt. Dabei ist von folgender Konstellation auszugehen: Der von §§ 104 ff. erfasste privilegierte **Schädiger S** verletzt einen von der Haftungsbeschränkung belastete Person, den **Geschädigten G**. An der Verletzungshandlung beteiligt (oder sonst mithaftend) ist ein von den §§ 104 ff. nicht erfasster **Dritte D als weiterer Schädiger**. Ohne die §§ 104 ff. würden S und D als Gesamtschuldner nach § 426 BGB (oder etwa nach § 17 StVG) haften mit der Folge, dass sie nach ihren Haftungsbeiträgen einander zur Haftungsfreistellung und zum Ausgleich verpflichtet wären[8]. Damit stellt sich die Frage, wie sich die nach §§ 104 ff. erfolgende Haftungsbeschränkung auswirkt.

Nach der Rspr. wird der **Anspruch des G gegen den D** entsprechend dem Haftungsbeitrag des S gekürzt[9]. Vertragliche Vereinbarungen zwischen dem nach §§ 104 ff. privilegierten Schädiger (S) und dem weiteren Schädiger (D) über eine abweichende Schadensverantwortung sind hierbei unbeachtlich[10]. Das gilt auch dann, wenn **zwischen dem privilegierten Schädiger S und dem weiteren Schädiger D ein Arbeitsverhältnis** besteht, kraft dessen die besonderen arbeitsrechtlichen Haftungsregeln zur Anwendung kommen (dazu unten § 106 Rz. 10 ff.). Alternativ wäre denkbar gewesen, dass G einen vollen Anspruch gegen den D hat, wobei dieser dann uU beim privilegierten Schädiger (S) nach § 426 Abs. 2 BGB Regress nehmen könnte. Eventuell wäre dann wiederum daran zu denken, dass S bei G weiteren Rückgriff nähme („Haftungskreisel"). Die hM hat diese Haftungs- und Rückgriffsvarianten im Anschluss an die Rspr. zu Recht verworfen, da sie dem Sinn und Zweck der Haftungsbeschränkung nach §§ 104 ff. und des Haftungsersetzungsprinzips zuwiderlaufen.

Die **Ersatzansprüche des G gegen den D** gehen nach Maßgabe und im Rahmen des § 116 SGB X auf den Träger der gesetzlichen Unfallversicherung **über** (§ 104 Abs. 1 Satz 2 gilt mangels Haftungsbeschränkung des D nicht)[11]. Hierbei ist darauf zu achten, dass sich der Anspruchsübergang auf den Unfallversicherungsträger nach § 116 Abs. 1 Satz 1 SGB X nur insoweit vollzieht, als dessen Leistungs-

---

1 BGH v. 27.6.2002 – III ZR 234/01, NJW 2002, 3096 = r + s 2002, 374; *Kater/Leube*, § 105 SGB VII Rz. 10; vgl. auch *Leube*, ZTR 1999, 302 ff. | 2 ErfK/*Rolfs*, § 104 SGB VII Rz. 25; vgl. zu Beerdigungskosten BAG v. 24.5.1989 – 8 AZR 240/87, AP Nr. 16 zu § 636 RVO. | 3 Das Recht des Schmerzensgeldes ist mit Wirkung ab dem 1.8.2002 geändert worden, BGBl. I, 2674. Dabei sind neben § 253 Abs. 2 BGB (der an die Stelle des alten § 847 BGB tritt und nunmehr von der Vertragshaftung umfasste Schmerzensgeld verschafft) zahlreiche weitere Verpflichtungstatbestände für Schmerzensgeld geschaffen worden, s. § 11 StVG, § 6 HaftpflichtG, § 36 LuftverkehrsG, § 13 UmwelthaftungsG, § 32 Abs. 5 GentechnikG, § 8 ProdukthG, § 52 Abs. 2 BundesgrenzschutzG, § 20 Gesetz über die Abgeltung von Besatzungsschäden, § 29 Abs. 2 AtomG, s. *G. Wagner*, Das neue Schadensersatzrecht, 2002. | 4 BVerfG v. 7.11.1972 – 1 BvL 4/71 ua., BVerfGE 34, 118; v. 8.2.1995 – 1 BvR 1379/94, NJW 1995, 1607; vgl. *Denck*, Der Schutz des Arbeitnehmers vor der Außenhaftung, S. 95 ff.; *Rolfs*, Das Versicherungsprinzip im Sozialversicherungsrecht, S. 466 ff.; *Schloën*, BG 1987, 150 ff.; *Kater/Leube*, § 104 SGB VII Rz. 36. | 5 OLG Zweibrücken v. 6.5.1997 – 6 U 1/97, NJW 1998, 995 ff. | 6 ErfK/*Rolfs*, § 104 SGB VII Rz. 25; *Rolfs*, AR-Blattei SD 860.2 Rz. 172 ff. mwN; aA OLG Celle v. 25.8.1986 – 5 W 28/86, VersR 1988, 67 f. | 7 Neben weiteren Schädigern kommt auch die Haftung von Personen in Betracht, die für den Schädiger einzutreten haben wie zB KfZ-Haftpflichtversicherer oder als Halter haftende Dritte. Diesen kommt die Freistellung des Schädigers zugute, OLG Stuttgart v. 8.10.2003 – 9 U 67/03, VersR 2004, 68. Ob die Freistellung des GbR-Gesellschafters auch für die GbR freigestellt ist (mE ja), hat der BGH offen gelassen, BGH v. 24.6.2003 – VI ZR 434/01, BGHZ 155, 205. | 8 Vgl. im Einzelnen Palandt/*Heinrichs*, § 426 BGB Rz. 3 ff. | 9 BGH v. 24.62003 – VI ZR 434/01, BGHZ 155, 205; BGH v. 14.6.1996 – VI ZR 79/95, NJW 1996, 2023; v. 2.12.1980 – VI ZR 265/78, NJW 1981, 760; *Kater/Leube*, § 104 SGB VII Rz. 34; Palandt/*Heinrichs*, § 426 BGB Rz. 20 ff. | 10 BGH v. 11.11.2003 – VI ZR 13/03, noch nv. Etwas anderes gilt für Vereinbarungen, durch welche die Rolle der Beteiligten in Bezug auf die Schadensverhütung und damit die Gewichte ihres Beitrags an der Schadensentstehung verteilt werden, BGH v. 23.1.1990 – VI ZR 209/89, BGHZ 110, 114 = NJW 1990, 1361; *Kater/Leube*, § 104 SGB VII Rz. 34. | 11 BGH v. 29.10.1968 – VI ZR 137/67, BGHZ 51, 37; v. 9.6.1970 – VI ZR 311/67, BGHZ 54, 177; v. 12.6.1973 – VI ZR 163/71, BGHZ 61,51; v. 23.4.1985 – VI ZR 91/83, BGHZ 94, 173; v. 23.1.1990 – VI ZR 209/89, BGHZ 110, 114 = NJW 1990, 1361; v. 7.4.1981 – VI ZR 251/78, VersR 1981, 649; OLG Jena v. 5.8.1997 – 3 U 1489/96, VersR 1989, 1990; *Kater/Leube*, § 104 SGB VII Rz. 33 f.; ErfK/*Rolfs*, § 104 SGB VII Rz. 30; vgl. generell zum „gestörten Gesamtschuldverhältnis" *Medicus*, Bürgerliches Recht, Rz. 928 ff.; Palandt/*Heinrichs*, § 426 BGB Rz. 15 ff. S. zur abweichenden Vorgehensweise der Rspr. im Fall des Haftungsprivilegs nach § 1664 Abs. 1 BGB (D haftet voll) BGH v. 1.3.1988 – VI ZR 190/87, BGHZ 103, 338 = NJW 1988, 2667; v. 16.1.1990 – VI ZR 170/89, NJW 1990 1360.

pflichten „der Behebung eines Schadens der gleichen Art dienen und sich auf denselben Zeitraum (beziehen) wie der vom Schädiger zu leistende Schadenersatz". Deshalb kann mangels Schmerzensgeldleistung des Unfallversicherungsträgers auch kein Schmerzensgeldanspruch auf ihn übergehen[1]. **Beispiel:** D und S schädigen den G, wobei sie zu gleichen Teilen verantwortlich sind. Es entstehen Behandlungskosten von 10.000 Euro; G erleidet Schmerzen, die nach § 253 Abs. 2 BGB (früher § 847 BGB) mit 3.000 Euro zu entschädigen wären. S ist nach §§ 104 ff. von der Haftung freigestellt. D haftet gekürzt auf 5.000 Euro Behandlungskosten und 1.500 Euro Schmerzensgeld. Der Anspruch des G gegen D auf Zahlung von 5.000 Euro geht gemäß § 116 Abs. 1 Satz 1 SGB X auf den Unfallversicherungsträger über. Der Anspruch auf Schmerzensgeld verbleibt dem G, da es sich nicht um einen Schaden „der gleichen Art" (§ 116 Abs. 1 Satz 1 SGB X) handelt wie der körperliche Schaden, welcher nach §§ 27 ff. SGB VII Behandlungsleistungen nach sich zieht. Ein eventuelles Mitverschulden des Geschädigten nach § 254 BGB reduziert sämtliche Ansprüche in Höhe der Mitverschuldensquote; vgl. § 116 Abs. 3 SGB X. Soweit der Unfallversicherungsträger zusätzlich nach § 110 auch gegen den in §§ 104 ff. privilegierten Schädiger einen Regressanspruch hat (zB bei grober Fahrlässigkeit), kann er zwischen dessen (voller) Inanspruchnahme gemäß § 110 und der Inanspruchnahme des weiteren Schädigers gemäß § 116 SGB X wählen[2]. S. zu alledem die Kommentierung zu § 116 SGB X.

10 **V. Ausnahmen: Vorsatz; Wegeunfall. 1. Vorsatz.** Die Haftungsbeschränkung greift nicht bei Vorsatz des Schädigenden (vgl. zur Regressmöglichkeit des Unfallversicherungsträgers bei Vorsatz und bei grober Fahrlässigkeit des Schädigenden § 110). Der Vorsatzbegriff wird definiert wie auch sonst im Schuldrecht als Wissen und Wollen des rechtswidrigen Erfolges. Dieser muss vom Handelnden bzw. Unterlassenden vorausgesehen und in seinen Willen aufgenommen worden sein, wobei nicht erforderlich ist, dass der Erfolg tatsächlich gewünscht wird. Neben dem unbedingten ist auch der bedingte Vorsatz möglich, der dann greift, wenn der als möglich erkannte rechtswidrige Erfolg billigend in Kauf genommen worden ist. Bewusste Fahrlässigkeit, bei welcher der Haftende darauf vertraut hat, der Schaden werde nicht eintreten, begründet keinen Vorsatz[3]. Der vorsätzliche Verstoß gegen gesetzliche oder satzungsrechtliche Arbeitssicherheitsvorschriften rechtfertigt ebenfalls nicht die Annahme, dass auch die hierauf beruhende Schädigung von Personen vorsätzlich ist[4]. Nach der Rspr. zum alten Unfallversicherungsrecht (§ 636 RVO) musste der **Vorsatz** nicht nur den Rechtsgutverletzung, sondern auch den **Eintritt des konkreten Schadensumfangs** erfassen[5]. Die Rspr. geht davon aus, dass dies auch unter Geltung von § 104 der Fall ist[6]. Die (rechtspolitisch vorzugswürdige) Gegenansicht beruft sich auf den neu gefassten § 104, der vom „Versicherungsfall" und nicht vom „Arbeitsunfall" spricht[7] sowie auf den Bedarf einer Harmonisierung mit dem Regressrecht, in dem nach § 110 Abs. 1 Satz 3 ausdrücklich Vorsatz oder grobe Fahrlässigkeit in Bezug auf das den Versicherungsfall verursachende Handeln oder Unterlassen ausreichend ist.

11 **2. Wegeunfall.** Die Haftungsbeschränkung greift auch dann nicht, wenn der Versicherungsfall auf einem nach § 8 Abs. 2 Nr. 1–4 versicherten Weg des Geschädigten[8] herbeigeführt wurde. Damit ist die frühere Ausnahmeregelung in § 636 RVO über die „Teilnahme am allgemeinen Verkehr" obsolet. § 8 Abs. 2 Nr. 1–4 umfassen alle unmittelbaren Wege nach und vom Ort der Tätigkeit, eventuelle Umwege beim Fortbringen bzw. Abholen von Kindern und Umwege wegen der Teilnahme an Fahrgemeinschaften sowie Familienheimfahrten. Der versicherte Weg beginnt in der Regel mit dem Durchschreiten der heimischen Außentür und endet mit dem Erreichen des Betriebsgeländes. Nach § 8 Abs. 2 Nr. 5 versicherte Tätigkeit, die sich auf Arbeitsgerät oder Schutzausrüstung bezieht, unterliegt auch dann nicht der Ausnahmeregelung des § 104 Abs. 1 Satz 1, wenn hierbei Wege zurückgelegt werden[9]. Soweit der Versicherte im Rahmen seines Beschäftigungsverhältnisses zB beim Transport von Arbeitsgerät oder als Kraftfahrer einen Arbeitsunfall erlitten hat, ist dieser als Betriebswegeunfall nach § 8 Abs. 1 und nicht § 8 Abs. 2 Nr. 1–4 versichert; hier gilt die Ausnahmeregelung des § 104 Abs. 1 Satz 1 nicht. Dienst- oder Geschäftsreisen sind demnach gemäß § 8 Abs. 1 versichert. Soweit

---

1 S. dazu KassKomm/*Kater*, § 116 SGB X Rz. 62 ff., 80, 134. | 2 BGH v. 19.10.1971 – VI ZR 91/70, VersR 1972, 171; OLG Rostock v. 27.3.2003 – 1 U 118/01, NJ 2003, 657 = OLGR Rostock 2003, 372; *Kater/Leube*, § 104 SGB VII Rz. 34. | 3 Palandt/*Heinrichs*, § 276 BGB Rz. 10 f. | 4 LAG Köln v. 30.1.2003 – 5 Sa 966/02, HVBG-Info 2003, 1381; *Kater/Leube*, § 104 SGB VII Rz. 37; MünchArbR/*Blomeyer*, § 61 Rz. 28. | 5 BGH v. 20.11.1979 – VI ZR 238/78, BGHZ 75, 328. | 6 BGH v. 11.2.2003 – VI ZR 34/02, BGHZ 154, 11 = NJW 2003, 1605; BAG v. 10.10.2002 – 8 AZR 103/02, NJW 2003, 1890 = NZA 2003, 436; OLG Koblenz v. 24.11.2000 – 10 U 927/99, VersR 2001, 1294; OLG Celle v. 6.10.1999 – 9 U 24/99, VersR 1999, 1550 f.; OLG Hamm v. 6.5.2002 – 13 U 224/01, r + s 2002, 331 m. Anm. *Lemcke*; LG Hamburg v. 17.2.2000 – 6 U 205/99, r + s 2000, 329; MünchArbR/*Blomeyer*, § 61 Rz. 28; *Kater/Leube*, § 104 SGB VII Rz. 37; KassKomm/*Ricke*, § 104 SGB VII Rz. 12; *Dahm*, SozVers 2003, 149; *Falkenkötter*, NZS 1999, 379 (380); *Maschmann* SGb 1998, 54 (56); *Waltermann* NJW 2002, 1225 (1226). | 7 LG Stendal v. 23.11.2000 – 22 S 67/00, VersR 2001, 1294 (1295 ff.); *Rolfs*, NJW 1996, 3177 (3178); ErfK/*Rolfs*, § 104 SGB VII Rz. 20; *Hauck/Nehls*, § 104 SGB VII Rz. 28. | 8 Entscheidend ist, dass der Geschädigte sich auf dem versicherten Weg befand; auf den Schädiger kommt es nicht an, BAG v. 30.10.2003 – 8 AZR 548/02, DB 2004, 656. | 9 S. zu alledem *Kater/Leube*, § 104 SGB VII Rz. 39 f.; KassKomm/*Ricke*, § 104 SGB VII Rz. 13.

Fahrten sowohl aus betrieblichen als auch aus persönlichen Gründen durchgeführt wurden, ist zu prüfen, welche Gründe überwiegen[1].

Die Ausnahme von der Haftungsbeschränkung gilt nur dann, wenn es sich **für den Geschädigten** um einen nach § 8 Abs. 2 Nr. 1–4 **versicherten Weg** handelte. Auf die Frage, ob seitens des Schädigers ein Wegeunfall vorlag, kommt es nicht an. Allerdings wird dann, wenn ein Kollege nach § 105 als Schädiger die Handlung beispielsweise auf seinem Heimweg begangen hat, regelmäßig keine „betriebliche Tätigkeit" iSd. § 105 Abs. 1 vorliegen (s. unten § 105 Rz. 4); anders bei der Haftungsprivilegierung des Unternehmers nach § 104 (s. oben Rz. 1). Wenn also der schädigende Unternehmer auf seinem Weg iSd. § 8 Abs. 2 Nr. 1–4 den auf einem Betriebsweg befindlichen ArbN verletzt, **greift** die Haftungsbeschränkung des § 104 Abs. 1 Satz 1; die Ausnahmeregelung des § 104 Abs. 1 Satz 1 aE kommt nicht zur Anwendung. Wenn dagegen der schädigende Unternehmer (wie auch immer) den auf einem Weg iSd. § 8 Abs. 2 Nr. 1–4 befindlichen ArbN verletzt, **greift** die Haftungsbeschränkung wegen der Ausnahmeregelung des § 104 Abs. 1 Satz 1 aE **nicht** ein. Wenn der schädigende Kollege auf seinem Weg iSd. § 8 Abs. 2 Nr. 1–4 einen auf einem Betriebsweg befindlichen ArbN oder Unternehmer verletzt, **greift** die Haftungsbeschränkung des § 105 Abs. 1 oder Abs. 2 ebenfalls **nicht** ein, weil seitens des Schädigers keine „betriebliche Tätigkeit" vorlag[2].

VI. Abs. 1 Satz 2: Kein Forderungsübergang nach § 116 SGB X. § 104 Abs. 1 Satz 2 stellt klar, dass, soweit der Haftungsausschluss nach § 104 Abs. 1 Satz 1 greift, ein Forderungsübergang nach § 116 SGB X nicht stattfindet. Stattdessen gelten §§ 110 f., wonach der Unfallversicherungsträger eigene Ansprüche gegen den Schädiger und gegen die von ihm vertretenen Personen haben kann. Dementsprechend kann der Unfallversicherungsträger aber auch gegen den Schädiger Ansprüche nach § 116 SGB X geltend machen, soweit § 104 Abs. 1 Satz 1 nicht anzuwenden ist, also bei Vorsatz oder bei Versicherungsfällen auf nach § 8 Abs. 2 Nr. 1–4 versicherten Wegen. Im Übrigen greift § 116 SGB X beim Regress gegen von § 104 nicht erfasste weitere Schädiger (s. oben Rz. 9)[3]. 12

VII. Abs. 2: Schädigung der Leibesfrucht. Nach § 12 ist Versicherungsfall iSd. SGB VII auch der Gesundheitsschaden einer Leibesfrucht in Folge des Versicherungsfalls der Mutter während der Schwangerschaft. Dementsprechend erstreckt § 104 Abs. 2 das Haftungsprivileg des Unternehmers auch auf das noch nicht geborene Kind. Auf Grund der Akzessorietät der Versicherung (vgl. § 12 Satz 1, Halbs. 2) wird man für die Anwendung von § 104 Abs. 2 fordern müssen, dass die Mutter von § 104 Abs. 1 Satz 1 erfasst wird, also eine Versicherte ist, die für den schädigenden Unternehmer tätig ist oder zu dessen Unternehmen in einer sonstigen die Versicherung begründenden Beziehung steht (s. dazu oben Rz. 2–4)[4]. 13

VIII. Abs. 3: Anrechnung bei Vorsatz und Wegeunfall. § 104 Abs. 3 kommt zur Anwendung, wenn ein Versicherungsfall durch den **vorsätzlich** handelnden Unternehmer oder von diesem **auf einem nach § 8 Abs. 2 Nr. 1–4 versicherten Weg** herbeigeführt wurde. Dann hat der Versicherte Ersatzansprüche gegen den Unternehmer **und** gleichzeitig Leistungsansprüche in Folge des Versicherungsfalls. Beide Anspruchspositionen müssen aufeinander abgestimmt werden, um Doppelleistungen zu verhindern. Dies geschieht in der Weise, dass die Ansprüche des Geschädigten gegen den Unfallversicherungsträger voll erhalten bleiben, während die Ersatzansprüche gegen den Schädiger um die Höhe der Leistungsansprüche vermindert werden. Hierbei ergeben sich regelmäßig Differenzen zwischen dem allgemeinen zivilrechtlichen Schadensersatzanspruch und dem jeweiligen Ersatzanspruch nach dem SGB VII, da Ersterer idR nach dem Prinzip des konkreten Schadensersatzes ausgestaltet ist, während Letzterer nur nach dem sog. abstrakten Schaden ausgleicht. Überschießende Ansprüche aus allgemeinem Zivilrecht können sich insb. ergeben beim Ausgleich des Erwerbsschadens des Geschädigten oder seiner Hinterbliebenen, bei den Kosten privatärztlicher Behandlung, bei den Kosten des Krankenbesuchs durch Angehörige, beim Ausfall im Haushalt mitarbeitender Angehöriger sowie beim Schmerzensgeld (s. oben Rz. 4)[5]. Die Anrechnung von Leistungsansprüchen gegen den Unfallversicherungsträger auf Schadensersatzansprüche gegen den Schädiger ist nur insoweit zulässig, als beide Ansprüche kongruent sind, also auf „Behebung eines Schadens der gleichen Art" nach § 116 Abs. 1 Satz 1 SGB X gerichtet sind (s. dazu im Einzelnen § 116 SGB X, Rz. 13 ff.). Deswegen können Behandlungsansprüche nicht auf Erwerbsschadensersatz angerechnet werden. Schmerzensgeldansprüche nach § 253 Abs. 2 BGB (früher § 847 BGB) können nie nach § 104 Abs. 3 SGB VII reduziert werden, weil in der SozV keine dem Schmerzensgeld entsprechende Leistungen erbracht werden[6]. **Beispiel**: Der Unternehmer schädigt den versicherten ArbN vorsätzlich, wobei die Voraussetzungen für einen Arbeitsunfall erfüllt werden. Hat nun 14

---

[1] BGH v. 12.10.2000 – III ZR 39/00, VersR 2001, 335 f. = HVBG-Info 2000, 2371; v. 2.12.2003 – VI ZR 348/02; BAG v. *30.10.2003 – 8 AZR 548/02*, DB 2004, 656; OLG Köln v. 31.1.2002 – 12 U 145/01, VersR 2002, 1109; KassKomm/ *Ricke*, § 104 SGB VII Rz. 13; vgl. zur Unterscheidung von Wegeunfällen, Betriebswegeunfällen und nicht versicherten Wegen im Einzelnen BSG v. 7.11.2000 – B 2 U 39/99 R, NZA 2001, 436; *Krasney* NZS 2004, 7 (10 ff.); ErfK/*Rolfs*, § 104 SGB VII Rz. 23.; MünchArbR/*Blomeyer*, § 61 Rz. 27.   [2] BAG v. 14.12.2000 – 8 AZR 92/00, NJW 2001, 2039 f. = VersR 2001, 720 m. Anm. *Drong-Wilmers*; *Ricke*, VersR 2002, 413.   [3] *Kater/Leube*, § 104 SGB VII Rz. 41–43; KassKomm/*Ricke*, § 104 SGB VII Rz. 14; IdS BGH v. 29.10.1968 – VI ZR 137/67, NJW 1969, 236 f. (zur beschränkten Regressmöglichkeit nach § 116).   [4] IdS auf erfK/*Rolfs*, § 104 SGB VII Rz. 27; KassKomm/*Ricke*, § 104 SGB VII Rz. 15.   [5] ErfK/*Rolfs*, § 104 SGB VII Rz. 29.   [6] *Kater/Leube*, § 104 SGB VII Rz. 45; KassKomm/*Ricke*, § 104 SGB VII Rz. 16; ErfK/*Rolfs*, § 104 SGB VII Rz. 29; BGH v. 22.9.1970 – VI ZR 270/69, VersR 1970, 1053 f.

der ArbN gegen den Unfallversicherungsträger einen Rentenanspruch aus §§ 56 ff. von 1500 Euro monatlich und betrüge der Schadensersatzanspruch gegen den Unternehmer nach §§ 823 Abs. 1, 843 Abs. 1 BGB monatlich 2000 Euro, reduziert sich der letztere Anspruch auf 500 Euro im Monat. Der ArbN kann vom Unternehmer also 500 Euro monatlich verlangen. Wegen der weiteren 1500 Euro, die er monatlich vom Unfallversicherungsträger erhält, nimmt dieser beim Unternehmer gemäß § 110 Abs. 1 Satz 1 SGB VII Regress. Soweit der Schadensersatzanspruch des geschädigte ArbN gegen den Unternehmer aus § 823 Abs. 1 BGB sowie aus §§ 280 Abs. 1, 241 Abs. 2 BGB auch gemäß § 253 Abs. 2 BGB Schmerzensgeld umfasst (vgl. früher § 847 BGB), bleibt er ihm gemäß § 116 Abs. 1 Satz 1 SGB X voll erhalten.

15 **IX. Internationales.** Bei grenzüberschreitenden Sachverhalten kann sich für das Haftungsrecht, für das Sozialrecht, für die Haftungsbeschränkung und für den Regress des Unfallversicherungsträgers die Geltung unterschiedlicher Rechtsordnungen ergeben. Die Feststellung der nationalen Rechtsordnung, welche für den **Schadensersatzanspruch** gilt (Haftungsstatut), richtet sich, wenn der Anspruch aus einem vertraglichen Schuldverhältnis resultiert, nach den dafür gültigen Regeln. Wenn also zwischen Schädiger und Geschädigtem ein Arbeitsverhältnis besteht, richtet sich auch die Haftung aus dem Arbeitsverhältnis nach Art. 27 ff., insb. Art. 30 EGBGB. Wenn kein vertragliches Schuldverhältnis zwischen Schädiger und Geschädigtem besteht (zB zwischen Arbeitskollegen), gelten Art. 40 ff. EGBGB, welche grundsätzlich vom Tatortprinzip ausgehen. Dagegen richtet sich die Geltung des jeweiligen nationalen **Sozialrechts** (Sozialrechtsstatut) nach §§ 4 f. SGB IV; ggf. gilt internationales Recht vorrangig, bei EU- und EWR-Staaten Art. 13 ff. VO (EWG) Nr. 1408/71. Wenn sowohl das Haftungsrecht als auch das Sozialrecht demselben nationalen Recht zuzuordnen sind, richtet sich hiernach eine eventuelle Haftungsbeschränkung und auch der Regress des Unfallversicherungsträgers, so dass also bei Einschlägigkeit deutschen Rechts §§ 104 ff. und §§ 110 ff. anzuwenden sind. Wenn zivilrechtliche Haftung und sozialrechtliche Leistungspflicht unterschiedlichen Rechtsordnungen unterliegen, richtet sich die Zuordnung für die Beziehung zwischen EU- und EWR-Staaten nach Art. 93 VO 1408/71. Außerhalb dessen sind die Art. 33 ff. EGBGB anzuwenden, soweit kein spezielleres Abkommen greift. All diese Regelungen verweisen in der Regel auf das Sozialrechtsstatut; s. im Einzelnen die Kommentierung zu § 116 SGB X Rz. 101.

16 **X. Beweisfragen.** Es gilt der allgemeine Grundsatz, dass derjenige beweisbelastet ist, der sich auf die Anwendbarkeit einer Norm beruft. Demnach hat der Schädiger zu beweisen, dass er zu dem von der Haftungsbeschränkung begünstigten Personenkreis gehört, dass der Geschädigte zu dem von der Haftungsbeschränkung belasteten Personen gehört, dass ein Versicherungsfall vorliegt und dass der vom Geschädigten geltend gemachte Schadensersatzanspruch von der Haftungsbeschränkung erfasst ist[1]. In all diesen Fällen kann die Bindungswirkung der behördlichen oder gerichtlichen Entscheidung nach § 108 SGB VII eingreifen. Dasselbe wie für den Schädiger gilt für den nicht von der Haftungsbeschränkung erfassten weiteren Schädiger, wenn dieser sich auf die Reduzierung seiner Haftungsverpflichtung beruft. Die Einschlägigkeit der Ausnahmen (Vorsatz; Wegeunfall nach § 8 Abs. 2 Nr. 1–4) hat der Geschädigte zu beweisen. Soweit der SozV-Träger das Vorliegen eines versicherten Wegeunfalles nach § 8 Abs. 2 Nr. 1–4 verbindlich festgestellt hat, gilt auch hierfür die Bindungswirkung nach § 108[2] (s. § 108 Rz. 7).

105 Beschränkung der Haftung anderer im Betrieb tätiger Personen

(1) Personen, die durch eine betriebliche Tätigkeit einen Versicherungsfall von Versicherten desselben Betriebs verursachen, sind diesen sowie deren Angehörigen und Hinterbliebenen nach anderen gesetzlichen Vorschriften zum Ersatz des Personenschadens nur verpflichtet, wenn sie den Versicherungsfall vorsätzlich oder auf einem nach § 8 Abs. 2 Nr. 1 bis 4 versicherten Weg herbeigeführt haben. Satz 1 gilt entsprechend bei der Schädigung von Personen, die für denselben Betrieb tätig und nach § 4 Abs. 1 Nr. 1 versicherungsfrei sind. § 104 Abs. 1 Satz 2, Abs. 2 und 3 gilt entsprechend.

(2) Absatz 1 gilt entsprechend, wenn nicht versicherte Unternehmer geschädigt worden sind. Soweit nach Satz 1 eine Haftung ausgeschlossen ist, werden die Unternehmer wie Versicherte, die einen Versicherungsfall erlitten haben, behandelt, es sei denn, eine Ersatzpflicht des Schädigers gegenüber dem Unternehmer ist zivilrechtlich ausgeschlossen. Für die Berechnung von Geldleistungen gilt der Mindestjahresarbeitsverdienst als Jahresarbeitsverdienst. Geldleistungen werden jedoch nur bis zur Höhe eines zivilrechtlichen Schadensersatzanspruchs erbracht.

1 **I. Allgemeines.** Über den Rahmen des § 104 hinaus weitet § 105 den Kreis der von der Haftungsbeschränkung begünstigten Personen sowie den Kreis der von der Haftungsbeschränkung belasteten Personen weiter aus. Dabei geht es in § 105 Abs. 1 Satz 1 – umgangssprachlich gesprochen – um die Haftungsprivilegierung von „Arbeitskollegen" als Schädigern. Der Sinn der Vorschrift liegt darin, im Interesse des Betriebsfriedens und gemäß dem „Finanzierungsargument" (s. vor §§ 104 ff. Rz. 3) nicht nur den Unternehmer von der Haftungsbeschränkung profitieren zu lassen, sondern auch die Kollegen des Geschädigten. Der wichtigste Grund für die Regelung liegt darin, dass ohne diese Haftungsprivilegierung der Unternehmer neben den schädigenden Arbeitskollegen für deren schädigendes Verhalten

---

1 Vgl. zB BGH v. 27.6.2002 – III ZR 234/01, NJW 2002, 3096 = r + s 2002, 374. |2 KassKomm/*Ricke*, § 108 SGB VII Rz. 7.

nach § 831 BGB sowie nach §§ 280 Abs. 1, 241 Abs. 2, 278 BGB (ggf. iVm. 618 BGB) einstehen müsste. Des Weiteren bestünde auf Grund des arbeitsrechtlichen Haftungsrechts ein Freistellungsanspruch der schädigenden ArbN gegen den ArbGeb (§§ 426 Abs. 1, 670 BGB)[1]. Zudem ist dem Betriebsfrieden nicht nur durch die mittelbare Verschonung des ArbGeb von Haftungspflichten gedient, sondern auch durch die Vermeidung der Inanspruchnahme der schädigenden Arbeitskollegen.

§ 105 Abs. 1 Satz 1 privilegiert den schädigenden „betrieblich Tätigen"; dieser Begriff ist nicht zwingend mit dem umgangssprachlichen Begriff des „Arbeitskollegen" identisch, s. Rz. 3 f. Das geschieht in derselben Weise, wie dies § 104 Abs. 1 Satz 1 zu Gunsten des Unternehmers tut. Der Kreis der von der Haftungsbeschränkung belasteten Personen umfasst zunächst die Versicherten desselben Betriebs und deren Angehörige. Weiter werden nach § 105 Abs. 1 Satz 2 iVm. § 4 Abs. 1 Nr. 1 auch Beamte sowie nach § 105 Abs. 2 auch die *nicht versicherten* Unternehmer mit einbezogen. Aufgrund einer Unachtsamkeit des Gesetzgebers ist nicht ganz klar, ob auch *versicherte* Unternehmer zu den von der Haftungsbeschränkung belasteten Personen gehören (s. dazu Rz. 9). In Entsprechung des „Haftungsersetzungsprinzips" (s. vor § 104 Rz. 1) begründet § 105 Abs. 2 Satz 2 eine eigene, atypische Versicherung „nicht versicherter" Unternehmer. Eine besondere Belastung bei dieser atypischen Versicherung „nicht versicherter" Unternehmer ergibt sich daraus, dass die Rentenleistungen für diesen Personenkreis gemäß § 105 Abs. 2 Satz 3 sehr niedrig angesetzt werden (s. im einzelnen Rz. 10 f.). Unabhängig davon ergeben sich erhebliche Begründungsprobleme für die Ausweitung des Kreises der von der Haftungsbeschränkung belasteten Personen auf die (nicht versicherten) Unternehmer. Deren Benachteiligung lässt sich kaum mit dem Finanzierungsargument und dem Argument des Betriebsfriedens (s. vor § 104 Rz. 4) rechtfertigen[2].

II. Abs. 1: Beschränkte Haftung von im Betrieb Tätigen. 1. Von der Haftungsbeschränkung begünstigte Personen. a) Unfallverursacher iSd. § 105 Abs. 1 Satz 1 sind alle Beschäftigten, die in den Unfallbetrieb eingegliedert, also dem arbeitgeberseitigen Direktionsrecht im Unfallbetrieb unterworfen sind. Dies ist unabhängig davon, ob sie im Unfallbetrieb beschäftigt oder – beispielsweise als LeihArbN – einem anderen Betrieb zuzuordnen sind[3]. Des Weiteren sind auch solche Personen erfasst, die als „Wie-Beschäftigte" nach § 2 Abs. 2 Satz 1 vorübergehend und damit ohne Eingliederung im Unfallbetrieb tätig werden (s. § 104 Rz. 3)[4]. Als „betrieblich Tätige" kommen weiter in Betracht beispielsweise Beamte, mithelfende Angehörige, ehrenamtlich im Betrieb Tätige, mitarbeitende Strafgefangene sowie die in § 111 genannten Personen (Organmitglieder, Abwickler, Liquidatoren usw.)[5]. Der Schädiger muss nicht nach §§ 2 ff. unfallversichert sein[6].

b) Betriebliche Tätigkeit. Die Haftungsbeschränkung greift nur bei betrieblicher Tätigkeit. Der Grund dafür ist, dass der Unternehmer, welcher im Ergebnis von der Beschränkung profitieren soll, nur bei betrieblich veranlassten Tätigkeiten haftet. Der Schädiger muss den Arbeitsunfall durch eine Tätigkeit verursacht haben, „die ihm von dem Betrieb oder für den Betrieb übertragen war oder die von ihm im Betriebsinteresse ausgeführt wurde"[7]. Die Arbeiten müssen also im nahen Zusammenhang mit dem Betrieb und seinem Wirkungskreis stehen. Das kann auch dann der Fall sein, wenn die betreffende Tätigkeit nicht zum eigentlichen Aufgabenbereich des Schädigers gehört, wenn dieser hierbei gegen Arbeitssicherheitsvorschriften verstößt oder Anweisungen außer Acht lässt[8]. Allerdings haben Spielereien, Neckereien und Raufereien am Arbeitsplatz keinen Bezug mehr zur betrieblichen Tätigkeit und können daher auch nicht mehr dem Haftungsausschluss nach § 105 unterliegen[9]. Betriebliche Tätigkeit ist auch das Verlassen des Arbeitsplatzes einschließlich des Weges auf dem Werksgelände zum Werkstor; die Ausnahmeregelung des § 105 Abs. 1 Satz 1, § 8 Abs. 2 Nr. 1 – 4 greift erst mit dem Durchschreiten oder Durchfahren des Werkstors (s. auch die Beispiele oben § 104 Rz. 11)[10].

2. Von der Haftungsbeschränkung belastete Personen. Von der Haftungsbeschränkung als Geschädigte betroffen sind nach § 105 Abs. 1 Satz 1 dieselben Personen wie diejenigen nach § 104 Abs. 1 Satz 1. Dementsprechend gelten die dazu gemachten Ausführungen, § 104 Rz. 2-4. Erweitert wird der

---

1 Palandt/*Putzo*, § 611 BGB Rz. 159; ErfK/*Rolfs* § 105 SGB VII Rz. 1; Erman/*Ehmann*, § 670 BGB Rz. 27. | 2 S. im Einzelnen *Rolfs*, Das Versicherungsprinzip im Sozialversicherungsrecht, S. 468 ff.; *Gamillscheg/Hanau*, Die Haftung des Arbeitnehmers, S. 165; *Maschmann*, SGb 1998, 54 (60); *Stern-Krieger/Arnau*, VersR 1997, 408 (411); *Waltermann*, NJW 1997, 3401 (3403). | 3 *Rolfs*, NJW 1996, 3177 f.; *Kater/Leube*, § 105 SGB VII Rz. 8. | 4 BSG v. 24.6.2003 – B 2 U 39/02 R, NZA 2003, 1136 = HVBG-Info 2003, 2496; OLG Hamm v. 15.6.1998 – 6 U 34/98, VersR 1999, 597; BT-Drs. 13/2204, S. 100; *Rolfs*, NJW 1996, 3177 (3180); *Kater/Leube*, § 105 SGB VII Rz. 12; s. zum Begriff des „Wie-Beschäftigten" zuletzt BSG v. 5.3.2002 – B 2 U 8/01 R, SGb 2002, 328. | 5 *Kater/Leube*, § 105 SGB VII Rz. 9 ff.; *Krasney*, NZS 2004, 7 (12 f.). | 6 *Kater/Leube*, § 105 SGB VII Rz. 13. | 7 BAG v. 9.8.1966 – 1 AZR 426/65, BAGE 19, 41; v.14.3.1974 – 2 AZR 155/73, AP Nr. 8 zu § 637 RVO, II a; BGH v. 2.3.1971 – VI ZR 146/69 AP Nr. 6 zu § 637 RVO; ErfK/*Rolfs*, § 105 SGB VII Rz. 3; *Kater/Leube*, § 105 SGB VII Rz. 5 ff. | 8 BGH v. 19.12.1967 – VI Zr 6/66, AP Nr. 2 zu § 637 RVO; BAG v. 9.8.1966 – 1 AZR 426/65, BAGE 19, 41; ErfK/*Rolfs*, § 105 SGB VII Rz. 3; *Kater/Leube*, § 105 SGB VII Rz. 6; *Schmitt*, § 2 SGB VII Rz. 5. | 9 BAG v. 9.8.1966 – 1 AZR 462/65, BAGE 19, 41; *Kater/Leube*, § 105 SGB VII Rz. 7; KassKomm/*Ricke*, § 105 SGB VII Rz. 9; BGH v. 30.6.1998 – VI ZR 286/97, HVBG-Info 1998, 2594. | 10 BAG v. 14.12.2000 – 8 AZR 92/00, NJW 2001, 2039 f. = VersR 2001, 720 m. Anm. *Drong-Wilmers*; *Ricke*, VersR 2002, 413 (*Ricke* aaO weist zu Recht auf eine Ungenauigkeit des BAG hin); KassKomm/*Ricke*, § 105 SGB VII Rz. 6; vgl. auch OLG Köln 31.1.2002 – 12 U 145/01, VersR 2002, 1109.

Kreis der belasteten Personen durch § 105 Abs. 1 Satz 2, der Personen iSd. § 4 Abs. 1 Nr. 1 erfasst, also solche, die beamtenrechtlichen Unfallfürsorgevorschriften oder entsprechenden Grundsätzen unterliegen; ausgenommen sind Ehrenbeamte und ehrenamtliche Richter[1]. Weiter greift gemäß § 105 Abs. 2 die Haftungsbeschränkung auch bei der Verletzung nicht-versicherter Unternehmer (s. Rz. 8); nach der wohl hM sind mit § 105 Abs. 1 Satz 1 auch verletzte versicherte Unternehmer belastet (s. Rz. 9).

6   **a) Selber Betrieb.** Die von der Haftungsbeschränkung belastete Person muss ferner demselben Betrieb angehören wie der Schädiger. Der Betrieb wird generell definiert als „organisatorische Einheit, innerhalb derer ein ArbGeb allein oder mit seinen ArbN mit Hilfe von technischen und immateriellen Mitteln bestimmte arbeitstechnische Zwecke fortgesetzt verfolgt, die sich nicht in der Befriedigung von Eigenbedarf erschöpfen"[2]. Unter Geltung des alten § 637 RVO hatte das BAG zuletzt angenommen, unfallversicherungsrechtlich müsse ein eigener Betriebsbegriff definiert werden[3]. Die wohl hM geht heute zutreffend davon aus, dass man sich beim Erlass des SGB VII entschlossen hat, zum allgemeinen arbeitsrechtlichen Betriebsbegriff zurückzukehren. Dafür spricht, dass der Gesetzgeber vom ursprünglichen Vorhaben, den Betriebsbegriff im SGB VII aufzugeben, abgerückt ist[4]. Hinzu kommt auch, dass mit dem Versicherungsschutz auf der „gemeinsamen Betriebsstätte" nach § 106 Abs. 3 eine Weiterung vorgenommen wurde[5].

7   **b) Anwendung von § 104.** Für das Vorliegen eines Versicherungsfalls, für den Umfang der von der Beschränkung betroffenen Ansprüche sowie zur Position der nicht erfassten, weiteren Schädiger gelten die zu § 104 gemachten Ausführungen (s. § 104 Rz. 5–9). Dasselbe gilt für die Ausnahmen von der Haftungsbeschränkung wegen Vorsatzes oder bei Vorliegen eines Wegeunfalls nach § 8 Abs. 2 Nr. 1–4 (s. § 104 Rz. 10 f.). Auch für die in § 105 Abs. 1 Satz 3 vorgenommenen Verweise auf § 104 Abs. 1 Satz 2, Abs. 2 u. 3 gelten die entsprechenden Bemerkungen (s. § 104 Rz. 12 ff.).

8   **III. Abs. 2 Satz 1: Beschränkte Haftung gegenüber „nicht versicherten" Unternehmern. 1. Nicht versicherte Unternehmer als von der Haftungsbeschränkung belastete Personen.** Der Kreis der von der Haftungsbeschränkung belasteten Personen wird nach Abs. 2 Satz 1 auf „nicht versicherte Unternehmer" ausgeweitet (s. zum Begriff des Unternehmers § 104 Rz. 1). Der Unternehmer muss ebenso wie der schädigende Arbeitskollege Betriebsangehöriger sein. Weiter darf er „nicht versichert" sein, also nicht die Tatbestände der Unternehmerversicherung nach § 2 Abs. 1 Nr. 5–7, 9 sowie gemäß Satzung nach § 3 Abs. 1 SGB VII erfüllen; es darf auch kein freiwillig versicherter Unternehmer nach § 6 SGB VII sein (s. zu den versicherten Unternehmern sogleich unter Rz. 9)[6]. Die Versicherung für „nicht versicherte" Unternehmer nach § 105 Abs. 2 Satz 2 zählt naturgemäß nicht dazu, da sonst die Regelung leer laufen würde (s. zu § 105 Abs. 2 Satz 2 unten Rz. 10).

9   **2. Haftungsbeschränkung zu Lasten versicherter Unternehmer.** § 105 Abs. 2 Satz 1 erfasst seinem Wortlaut nach ausschließlich „nicht versicherte" Unternehmer. Da Unternehmer nach § 2 Abs. 1 Nr. 5–7, 9, § 3, § 6 versichert sein können, stellt sich die Frage, ob diese „versicherten" Unternehmer ebenfalls mit der Haftungsbeschränkung nach § 105 belastet sind. Nach der Rspr. zum früheren § 637 RVO waren Unternehmer niemals „in dem selben Betrieb tätige Betriebsangehörige" und konnten daher auch nicht mit der diesbezüglichen Haftungsbeschränkung belastet werden[7]. Nachdem das neue Recht nicht mehr von „Betriebsangehörigen", sondern von „Personen" bei „betrieblicher Tätigkeit" spricht, zieht das Textargument jedoch nicht mehr in derselben Weise wie vorher. Auch der Sinn und Zweck des § 105 Abs. 2 SGB VII spricht für die **Erfassung auch der versicherten Unternehmer**. Zwar wird der versicherte Unternehmer bei einer ihn belastenden Haftungsbeschränkung dafür bestraft, dass er selbst für sich Versicherungsbeiträge einzahlt, was dem Finanzierungsargument widerspricht[8]. Andererseits gebietet das Friedensargument, den Unternehmer umfassend in den Anwendungsbereich der §§ 104 ff. einzubeziehen, denn es macht für die Störung des Betriebsfriedens keinen Unterschied, ob der ArbGeb im Prozess beklagter Schädiger oder klagender Geschädigter ist. Nach der Intention des Gesetzgebers soll Ersteres durch § 104 und Letzteres durch § 105 verhindert werden. Bei einer Differenzierung zwischen versichertem und nicht-versichertem Unternehmer würde die Haftungsbefreiung des schädigenden ArbN von dem für ihn zufälligen Umstand abhängen, ob der Unternehmer versichert ist oder nicht. Zuletzt spricht auch der Wortlaut des § 105 Abs. 1 von „Versicherten

---

[1] S. im Einzelnen *Rolfs*, NJW 1996, 3177 (3180). Die Vorschrift kommt nicht zur Anwendung bei der Schädigung von Beamten auf der gemeinsamen Betriebsstätte nach § 106 Abs. 3, OLG Hamm 7.2.2001 – 13 U 154/00, VersR 2002, 1108. Vgl. auch BGH v. 27.6.2002 – III ZR 234/01, NJW 2002, 3096 = r + s 2002, 374. | [2] S. etwa BAG v. 11.11.1997 – 1 ABR 6/97, AP Nr. 11 zu § 1 BetrVG 1972 gemeinsamer Betrieb, II 1 a; *Fitting*, § 1 BetrVG Rz. 55; *Preis*, RdA 2000, 257 ff. | [3] BAG v. 24.9.1992 – 8 AZR 572/91, AP Nr. 22 zu § 637 RVO; *Saum*, SGb 1994, 172; kritisch hierzu *Hanau*, FS Steffen, S. 177 (186 ff.). | [4] *Kater/Leube*, § 105 SGB VII Rz. 4; *Denck*, Der Schutz des Arbeitnehmers vor der Außenhaftung, S. 97. | [5] *Rolfs*, NJW 1996, 3177 (3180); *Kater/Leube*, § 105 SGB VII Rz. 3 f.; *Maschmann* SGb 1998, 54 (59) mwN; aA *Hauck/Nehls*, § 105 SGB VII Rz. 12; KassKomm/*Ricke*, § 105 Rz. 5; *Otto/Schwarze*, Die Haftung des Arbeitnehmers, Rz. 572 ff.; einer vermittelnden Auffassung folgen *Brackmann/Krasney*, § 105 SGB VII Rz. 11; *Lauterbach/Dahm*, § 105 SGB VII Rz. 12. | [6] *Rolfs*, Das Versicherungsprinzip im Sozialversicherungsrecht, S. 464 f. | [7] BGH v. 6.5.1980 – VI ZR 58/79, NJW 1981, 53 (54); v. 26.6.1990 – VI ZR 233/89, NJW 1991, 174 (175 f.); vgl. *Rolfs*, Das Versicherungsprinzip im Sozialversicherungsrecht, S. 465. | [8] *Rolfs*, Das Versicherungsprinzip im Sozialversicherungsrecht, S. 465.

desselben Betriebes", ohne den Unternehmer hiervon auszunehmen. Dementsprechend trifft gemäß der hM auch den versicherten Unternehmer die Haftungsbeschränkung des § 105 Abs. 1 Satz 1[1].

IV. Abs. 2 Satz 2–4: Besonderer Versicherungsschutz für geschädigte nicht versicherte Unternehmer. Entsprechend dem Haftungsersetzungsprinzip (s. vor § 104 Rz. 1) muss demjenigen Unternehmer, der mit der Haftungsbeschränkung nach § 105 Abs. 2 Satz 1 belastet wird, zum Ausgleich ein entsprechender Versicherungsschutz gewährt werden. Normalerweise hätte dies dadurch geschehen müssen, dass er dem Kreis der Versicherungspflichtigen nach §§ 2 ff. zugewiesen wird. Da der besondere Versicherungsschutz aber nur insoweit greifen soll, als der Schädiger von der Haftung freigestellt wird, begründet § 105 Abs. 2 Satz 2 einen **atypischen Versicherungsschutz**, wie er früher in der RVO nicht bekannt war. Voraussetzung ist aber (anders als in den übrigen Fällen der Haftungsfreistellung durch die Versicherung), dass tatsächlich ohne Haftungsbeschränkung nach § 105 Abs. 2 Satz 1 eine **Ersatzpflicht des Schädigers bestanden hätte**. Soweit diese Ersatzpflicht zivilrechtlich ausgeschlossen ist, greift der Versicherungsschutz nicht. **Beispiel:** Der ArbN schädigt den Unternehmer bei betrieblich veranlasster Tätigkeit auf Grund leichtester Fahrlässigkeit. Da in diesem Fall nach den Grundsätzen über die ArbN-Haftung der ArbN dem ArbGeb nicht zum Schadensersatz verpflichtet ist, ist hier die Ersatzpflicht des Schädigers gegenüber dem Unternehmer nach § 105 Abs. 2 Satz 2 „zivilrechtlich ausgeschlossen"[2]. Es besteht dementsprechend kein Versicherungsschutz nach § 105 Abs. 2 Satz 2, obwohl – wenn der Unternehmer in den Katalog der nach § 2 ff. genannten Versicherten aufgenommen worden wäre – ein „Versicherungsfall" iSd. §§ 7 ff. vorgelegen hätte.

Die an den gemäß § 105 Abs. 2 Satz 2 atypisch versicherten Unternehmer zu erbringenden Leistungen richten sich grundsätzlich nach den allgemeinen Regeln über die Leistungspflicht der gesetzlichen Unfallversicherung, §§ 26 ff. Eine wichtige Ausnahme macht aber § 105 Abs. 2 Satz 3. Danach ist für die Berechnung von Geldleistungen der **Mindestjahresarbeitsverdienst als Jahresarbeitsverdienst** zu Grunde zu legen. Das bedeutet, dass Verletztengeld und insb. Renten unter Umständen in sehr viel niedrigerem Maß geleistet werden, als sie dem geschädigten Unternehmer bzw. seinen Hinterbliebenen nach zivilrechtlichen Grundsätzen (etwa nach §§ 823, 842 ff. BGB) zustünden.

Beispiel: Ein Unternehmer mit einem monatlichen Einkommen von 4.000 Euro wird im Jahr 2004 vom ArbN geschädigt und verliert dadurch die Erwerbsfähigkeit. Es steht ihm nach § 56 Abs. 3, § 82, § 85 Abs. 1 Nr. 2 SGB VII, § 18 SGB IV eine Rente zu, die (bei Zugrundelegung der West-Sätze) auf der Grundlage von 60 % der Jahres-Bezugsgröße von 28.980 Euro, also 17.388 Euro, berechnet wird. Hiervon erhält er gemäß § 56 Abs. 3 SGB VII zwei Drittel, also 11.592 Euro im Jahr = 966 Euro monatlich (bei Zugrundelegung der Ost-Sätze 812 Euro monatlich). Nach §§ 823, 843 BGB wären ihm dagegen die vollen 4.000 Euro monatlich zu ersetzen gewesen. Hinzu kommt ggf. der Verlust eines Schmerzengelds, das er nach § 253 Abs. 2 BGB (vgl. früher § 847 BGB) beanspruchen könnte[3].

V. Verfassungswidrigkeit von § 105 Abs. 2. Angesichts der dargestellten völlig unangemessenen Ergebnisse liegt es auf der Hand, dass die Regelung des § 105 Abs. 2 mehrheitlich auf verfassungsrechtliche Bedenken stößt[4]. Dabei ist zu berücksichtigen, dass nicht nur – wie eben ausgeführt – die Geldleistungen nach § 105 Abs. 2 Satz 2 und der nicht zu ersetzende Schaden in einem unangemessenen Verhältnis zueinander stehen. Auch der Geltungsgrund für das Haftungsersetzungsprinzip kann im Fall des § 105 Abs. 2 nicht herangezogen werden. Sowohl das „Finanzierungsargument" als auch das „Friedensargument" (s. vor § 104 Rz. 3) greifen im Fall des § 105 Abs. 2 nicht durch. Der schädigende ArbN finanziert die Unfallversicherung nicht, und auch die Entlastung des hinter dem schädigenden ArbN haftenden Unternehmers kommt bei der Schädigung des Unternehmers regelmäßig nicht zum Tragen (s. Rz. 1). Jedenfalls unter Geltung der unzureichenden Ersatzregelung des § 105 Abs. 2 Satz 3 wird deshalb auch von einem Schutz des Betriebsfriedens keine Rede sein können[5]. Zudem werden durch § 105 Abs. 2 Satz 2 und 3 gerade diejenigen Unternehmer schlechter gestellt, die sich durch Mitarbeit im Betrieb selbst körperlich einem Verletzungsrisiko aussetzen, also vor allem Inhaber kleinerer Betriebe wie zB Handwerker. Es ist deshalb von einer ungerechtfertigten Ungleichbehandlung der betroffenen Geschädigten mit anderen auszugehen (Verletzung von Art. 3 Abs. 1 GG) sowie von einer ungerechtfertigten Beeinträchtigung der Ausübung von Vertragsfreiheit und Berufsfreiheit der Betroffenen (Verletzung von Art. 2 Abs. 1, Art. 12 Abs. 1 GG), weil sie während der Ausübung dieser Grundrechte staatlicherseits zivilrechtlich weitgehend schutzlos gestellt werden.

---

1 *Hauck/Nehls*, § 105 SGB VII Rz. 16; KassKomm/*Ricke*, § 105 SGB VII Rz. 4; *Kater/Leube*, § 105 SGB VII Rz. 24; *Waltermann*, NJW 2002, 1225, 1227. | 2 S. im Einzelnen BSG v. 24.6.2003 – B 2 U 39/02 R, HVBG-Info 2003, 2496 = NZA 2003, 1136; *Krause*, NZA 2003, 577 (582); MünchArbR/*Blomeyer*, § 59 Rz. 45; *Maschmann*, SGb 1998, 54 (59 f.). | 3 S. die entsprechende Berechnung bei *Rolfs*, Das Versicherungsprinzip im Sozialversicherungsrecht, S. 467. | 4 *Plagemann*, NZV 2001, 233 (237); *Rolfs*, Das Versicherungsprinzip im Sozialversicherungsrecht, S. 466 ff.; Stern-Krieger/Arnau VersR 1997, 408 (411); *Waltermann*, BG 1997, 310 (317 f.); ErfK/*Rolfs*, § 105 SGB VII Rz. 7. Neutral, aber ohne nähere Befassung mit dem Problem, KassKomm/*Ricke*, § 105 SGB VII Rz 10 ff.; *Kater/Leube*, § 105 SGB VII Rz. 23 ff. | 5 S. im Einzelnen *Rolfs*, Das Versicherungsprinzip im Sozialversicherungsrecht, S. 466 f.

13 **VI. Internationales; Beweisfragen.** Für die Fragen der Anwendung internationalen Rechts und der Verteilung der Beweislasten gelten die Ausführungen zu § 104 Rz. 15, 16 entsprechend. Insbesondere muss auch im Fall des § 105 der Schädiger beweisen, dass er selbst zum Kreis der von der Haftungsbeschränkung begünstigten Personen und dass der Geschädigte zum Kreis der von der Haftungsbeschränkung belasteten Personen zählt.

106 Beschränkung der Haftung anderer Personen

(1) In den in § 2 Abs. 1 Nr. 2, 3 und 8 genannten Unternehmen gelten die §§ 104 und 105 entsprechend für die Ersatzpflicht

1. der in § 2 Abs. 1 Nr. 2, 3 und 8 genannten Versicherten untereinander,
2. der in § 2 Abs. 1 Nr. 2, 3 und 8 genannten Versicherten gegenüber den Betriebsangehörigen desselben Unternehmens,
3. der Betriebsangehörigen desselben Unternehmens gegenüber den in § 2 Abs. 1 Nr. 2, 3 und 8 genannten Versicherten.

(2) Im Fall des § 2 Abs. 1 Nr. 17 gelten die §§ 104 und 105 entsprechend für die Ersatzpflicht

1. der Pflegebedürftigen gegenüber den Pflegepersonen,
2. der Pflegepersonen gegenüber den Pflegebedürftigen,
3. der Pflegepersonen desselben Pflegebedürftigen untereinander.

(3) Wirken Unternehmen zur Hilfe bei Unglücksfällen oder Unternehmen des Zivilschutzes zusammen oder verrichten Versicherte mehrerer Unternehmen vorübergehend betriebliche Tätigkeiten auf einer gemeinsamen Betriebsstätte, gelten die §§ 104 und 105 für die Ersatzpflicht der für die beteiligten Unternehmen Tätigen untereinander.

(4) Die §§ 104 und 105 gelten ferner für die Ersatzpflicht von Betriebsangehörigen gegenüber den nach § 3 Abs. 1 Nr. 2 Versicherten.

1 **I. Allgemeines.** § 106 weitet ebenso wie § 105 den Kreis der von der Haftungsbeschränkung begünstigten Personen sowie den Kreis der von der Haftungsbeschränkung belasteten Personen aus. Im Wesentlichen geht es dabei um Lernende während der beruflichen Aus- und Fortbildung, Kinder in Tageseinrichtungen und Schulen sowie Studierende in Hochschulen sowie um Personen, die sich Untersuchungen und Prüfungen unterziehen (Abs. 1). Weiter sind erfasst Pflegebedürftige und Pflegepersonen (Abs. 2), Schädigungen beim Zusammenwirken von Unternehmen in Unglücksfällen und beim Zivilschutz sowie insb. bei der Tätigkeit auf einer gemeinsamen Betriebsstätte (Abs. 3); zuletzt geht es um die Haftung gegenüber Personen, die sich auf der Unternehmensstätte aufhalten und nach Satzungsrecht versichert sind (Abs. 4). Gegenüber den Vorgängerregelungen der RVO ist die Zahl der Haftungsprivilegierten sowie der durch die Haftungsprivilegierung belasteten Personen vergrößert worden; daraus haben sich einige Anwendungsprobleme insb. im Bereich der „gemeinsamen Betriebsstätte" (Abs. 3) ergeben.

2 **II. Abs. 1: Versicherte nach § 2 Abs. 1 Nr. 2, 3 und 8.** Die in § 106 Abs. 1 Nr. 1–3 geregelten Fälle betreffen sämtlich die Einrichtungen nach § 2 Abs. 1 Nr. 2, 3 und 8. Erfasst werden zum einen die Versicherten bei der Schädigung untereinander (Nr. 1), zum anderen die Schädigung Betriebsangehöriger durch Versicherte (Nr. 2) sowie die Schädigung Versicherter durch Betriebsangehörige (Nr. 3). Die Schädigung von Betriebsangehörigen durch andere Betriebsangehörige wird durch § 105 Abs. 1 erfasst (wenn beispielsweise ein angestellter Lehrer einen beamteten Lehrer schädigt, greift § 105 Abs. 1 Satz 2).

3 Die in § 106 Abs. 1 Nr. 1–3 geregelten Fälle knüpfen an § 2 Abs. 1 Nr. 2, 3 und 8 an. § 2 Abs. 1 Nr. 2 nennt insb. Kinder in Tageseinrichtungen, Schüler, Studierende, Prüflinge und Lernende während der beruflichen oder nicht-beruflichen Aus- und Fortbildung sowie Personen, die sich auf behördliche Veranlassung hin Untersuchungen, Prüfungen oder ähnlichen Maßnahmen unterziehen[1]. Bei der Anwendung der Haftungsbeschränkungen nach §§ 104 f. ist darauf zu achten, dass die dortigen Tatbestandsmerkmale *entsprechend* angewendet werden. Die entsprechende Anwendung von § 104 (soweit nicht § 105 auf ihn verweist) ist praktisch ausgeschlossen, denn die Einzeltatbestände des § 106 Abs. 1 Nr. 1–3 nennen jeweils „Versicherte" sowie „Betriebsangehörige", so dass Unternehmer kaum betroffen sein können. Des Weiteren müssen die Tatbestände der „betrieblichen Tätigkeit" sowie „desselben Betriebs" erfüllt sein. Das bedeutet beispielsweise für Tageseinrichtungen und Schulen, dass Schädiger und Geschädigter Angehörige derselben Tageseinrichtung bzw. derselben Schule sein müssen. Deshalb kommt die Regelung nicht zur Anwendung bei gemeinsamen Sportfesten unterschiedlicher Schulen oder bei der Begegnung von Klassen verschiedener Schulen an einem dritten Ort[2]. Hinsichtlich der „betrieblichen Tätigkeit" gelten zunächst die Grundsätze zu § 105 (s. § 105 Rz. 4). Obwohl § 106 keine Regelung für kurzfristig tätige „Wie-Beschäftigte" nach § 2 Abs. 2 Satz 1 enthält, ist ein entsprechender Versicherungsschutz nach der Rspr.

---

1 S. im einzelnen *Kater/Leube*, § 2 SGB VII Rz. 110, 121, 174 ff., § 106 SGB VII Rz. 3. | 2 *Kater/Leube*, § 106 SGB VII Rz. 12.

gegeben. Der beim Schulfest mithelfende Lehrerinnen-Gatte wird durch § 106 Abs. 1 SGB VII also privilegiert[1], ebenso die Mitarbeiter einer schulisch genutzten Sportstätte[2].

Allerdings sind gerade **für Kinder und Jugendliche großzügigere Maßstäbe** bei der Beurteilung anzulegen, ob eine Tätigkeit dem jeweiligen **Betriebszweck** dient. Die schulische Zielsetzung liegt darin, das gesamte soziale Zusammenleben zu fördern. Aus diesem Grunde erkennt die Rspr. anders als bei §§ 104 f. auch Neckereien, Rangeleien und Gewalttätigkeiten uU als versicherte Tätigkeit nach § 106 Abs. 1 an. Beispiele sind Raufereien, Werfen von Papierkugeln, Haare ziehen mit schweren Kopfhautverletzungen, Kniestoß in den Unterleib und sogar der Stich mit dem Taschenmesser durch einen Schüler, der vorher „bespritzt und bespuckt worden war"[3]. Diese **Rspr. geht zu weit**, denn es ist kaum zu verstehen, wenn selbst Gewaltexzesse noch in einem Zusammenhang mit der Schulausbildung gebracht werden und damit Zugang zu Haftungsfreistellungen finden können. Hinzu kommt, dass nach st. Rspr. die Ausnahmeregelung für Vorsatz nur greift, wenn sich der Vorsatz auch auf den konkreten Schaden bezieht (s. § 104 Rz. 10). Die fast universelle Annahme „betrieblicher Tätigkeit" bei Schülern in und an der Schule bei gleichzeitiger Verneinung des erfolgsbezogenen Vorsatzes zieht im Ergebnis geradezu bizarre Haftungsfreistellungen auch bei üblen vorsätzlichen Verletzungshandlungen nach sich[4].

III. Abs. 2: Pflegebedürftige und Pflegepersonen. § 106 Abs. 2 unterwirft die in § 2 Abs. 1 Nr. 17 erfassten Pflegebedürftigen und Pflegepersonen einer Haftungsbeschränkung. Einzige in der Regelung nicht erfasste Haftungskonstellation ist die Schädigung von Pflegebedürftigen durch andere Pflegebedürftige. Von der Haftungsbeschränkung privilegierte und belastete „Pflegebedürftige" sind die in § 14 SGB XI genannten Personen. „Pflegepersonen" sind nur solche nach § 19 SGB XI; das sind Menschen, die nicht erwerbsmäßig einen Pflegebedürftigen iSd. § 14 SGB XI in seiner häuslichen Umgebung pflegen, also beispielsweise Familienangehörige, Nachbarn, Freunde usw. Soweit der Pflegebedürftige den professionell Pflegenden eingestellt hat, greifen §§ 104 f. Für (nicht-ehrenamtliche) Pflegeunternehmer und ihr Personal gelten ebenfalls §§ 104 f.[5]

IV. Abs. 3: Zusammenwirken bei Unglücksfällen, im Zivilschutz und auf „gemeinsamen Betriebsstätten". 1. Das Zusammenwirken von Unternehmen zur Hilfe bei Unglücksfällen knüpft an die Begriffswahl in § 2 Abs. 1 Nr. 12 an. „Zusammenwirken" bedeutet, dass im selben Unglücks- oder Katastrophenfall Rettungsaktivitäten verbunden werden[6].

2. Für das Zusammenwirken von Unternehmen des Zivilschutzes gilt dasselbe wie für dasjenige von Unternehmen bei Unglücksfällen. Unternehmen des Zivilschutzes sind Feuerwehr, Rotes Kreuz, Bergwachten, Lebensrettungsgesellschaften ua.[7]

3. Die „vorübergehende betriebliche Tätigkeit auf einer gemeinsamen Betriebsstätte" ist der häufigste und problematischste Fall des § 106. a) **Von der Haftungsbeschränkung erfasste Personen** sind auf Seiten der Geschädigten alle unfallversicherten Personen und auf Seiten der Schädiger alle für die beteiligten Unternehmen Tätigen. **Als belastete Geschädigte** kommen nach dem Gesetzeswortlaut zunächst nur „Versicherte" in Betracht, was sich nicht zuletzt aus dem Haftungsersetzungsprinzip ergibt. Weiter folgert das LSG BW aus der Verweisung des § 106 Abs. 3 auf §§ 104 und 105 die zusätzliche Einbeziehung **nicht versicherter Unternehmer nach § 105 Abs. 2** (s. dazu § 105 Rz. 8, 10 ff.)[8]. Das würde bedeuten, dass ein nicht versicherter Unternehmer, der beispielsweise von einem fremden ArbN auf der gemeinsamen Betriebsstätte verletzt wird, hierdurch „automatisch" Versicherungsschutz erhält und zusätzlich aber auch der Haftungsbeschränkung nach § 106 Abs. 3 unterworfen wird. Diese Schlussfolgerung ist aber unrichtig, da § 106 Abs. 3 mit dem Wortlaut „... für die Ersatzpflicht ..." eine deutliche Rechtsfolgenverweisung enthält, die keine weitere Ausdehnung des Versicherungsschutzes und der damit verbundenen Haftungsbeschränkungen zulässt[9].

Als privilegierte Schädiger kommen nach wohl allgemeiner Annahme nur die für ein beteiligtes Unternehmen **betrieblich Tätigen** in Betracht (s. § 105 Rz. 4). Allerdings existiert eine Entscheidung des BGH, nach der nur „Versicherte" haftungsprivilegierte Schädiger sein können. Deshalb, so das Gericht,

---

1 BGH v. 25.9.1979 – VI ZR 184/78 VersR 1980, 43. | 2 BGH v. 26.11.2002 – VI ZR 449/01, NJW 2003, 1121; vgl. auch BGH v. 3.4.1984 – VI ZR 288/82, VersR 1984, 652. | 3 BGH v. 12.10.1976 – VI ZR 271/75, BGHZ 67, 279 ff.; BGH v. 11.2.2003 – VI ZR 34/02, BGHZ 154, 11 = NJW 2003, 1605; OLG Hbg. v. 15.3.2002 – 14 U 183/01, HVBG-Info 2003, 1555; OLG Köln v. 26.7.1976 – 12 U 17/76, VersR 1977, 451; BGH v. 20.11.1979 – VI ZR 238/78, VersR 1980, 164; OLG Bremen v. 29.7.1980 – 1 U 32/80, VersR 1981, 929; OLG Karlsruhe v. 29.6.1989 – 14 U 40/87, VersR 1990, 405; OLG Hamm v. 30.4.1990 – 13 U 278/88, VersR 1991, 900 f.; v. 28.1.2002 – 6 U 63/01, r + s 2002, 287; OLG Schleswig v. 16.3.2000 – 7 U 118/98, VersR 2002, 238; OLG Celle v. 24.9.2003 – 9 11 114/03, NZS 2004, 216; *Kater/Leube*, § 106 SGB VII Rz. 6; KassKomm/*Ricke*, § 106 SGB VII Rz. 4; *Rolfs*, VersR 1996 1194. | 4 Vgl. beispielsweise die Fallkonstellationen bei BGH v. 12.10.1976 – VI ZR 271/75, BGHZ 67, 279 ff.; v. 20.11.1979 – VI ZR 238/78, VersR 1980, 164; OLG Bremen v. 29.7.1980 – 1 U 32/80, VersR 1981, 929; OLG Karlsruhe v. 29.6.1989 – 14 U 40/87, VersR 1990, 405; zu Recht kritisch *Ebers*, NJW 2003, 2655; *Graßl*, BG 1987, 156. | 5 *Ricke*, SozVers 2001, 174 ff.; *Kater/Leube*, § 106 SGB VII Rz. 13. | 6 Vgl. BGH v. 14.7.1987 – III ZR 183/86, VersR 1987, 1135; v. 21.3.1991 – III ZR 77/90, VersR 1991, 1053; *Kater/Leube*, § 106 SGB VII Rz. 15; s. auch *Ricke*, SGb 2003, 566. | 7 *Kater/Leube*, § 106 SGB VII Rz. 15, § 2 SGB VII Rz. 282 ff. | 8 So LSG BW v. 3.8.2001 – L 1 U 5070/00, NJW 2002, 1290. | 9 So zu Recht *Waltermann*, NJW 2002, 1225 (1230); *B. Schmidt*, BB 2002, 1859 (1861 f.).

seien insb. (versorgungsberechtigte) Soldaten und Beamte nicht erfasst[1]. Das dürfte kaum mit Sinn und Zweck der Regelung übereinstimmen, insb. nicht mit dem „Finanzierungsargument" und dem „Friedensargument" (s. vor §§ 104 ff. Rz. 3). Es widerspricht auch völlig dem Begriff der betrieblich Tätigen iSd. § 105 (dazu § 105 Rz. 4), an den § 106 Abs. 3 ganz offensichtlich anknüpft. Soweit ersichtlich, hat die Rspr. die *Versicherteneigenschaft* des nach § 106 Abs. 3 „betrieblich Tätigen" bis dahin nie problematisiert. Insbesondere in den Entscheidungen, welche die Frage nach der Haftungsprivilegierung „tätiger" Unternehmer betreffen (dazu Rz. 10), wurde nie auch nur die Frage gestellt, ob der Schädiger versichert gewesen sei.

10   b) **Unternehmerhaftung und gestörter Gesamtschuldnerausgleich.** Damit stellt sich die Frage, ob auch **Unternehmer** (dazu oben § 104 Rz. 1) als haftungsprivilegierte „betrieblich Tätige" (dazu § 105 Rz. 4) von § 106 Abs. 3 SGB VII erfasst sein können. Der BGH hat sich gegen die bis dahin wohl hM dafür entschieden, Unternehmer **grundsätzlich nicht** als **privilegierte Personen** in den Geltungsbereich des § 106 Abs. 3 SGB VII aufzunehmen. Zur Begründung beruft er sich auf den Begriff der „betrieblich Tätigen". Er lässt Unternehmer **ausnahmsweise** und nur dann unter die Norm fallen, **wenn** diese körperlich „**selbst auf der gemeinsamen Betriebsstätte tätig**" waren und hieraus den Versicherten anderer Unternehmen Schädigungen erwachsen sind. Das führt dazu, dass nach der Rspr. zwar ein handelnder Beschäftigter, aber nicht der hinter ihm stehende und damit für ihn (zB nach §§ 278, 280 oder 831 BGB) haftende ArbGeb freigestellt wird[2]. Bei **Amtshaftungsansprüchen** (insb. nach Art. 34 GG, § 839 BGB) nimmt die Rspr. an, dass der haftende Staat nicht als „Unternehmer" anzusehen ist, sondern dass jeweils für den die Haftung auslösenden Amtsträger zu prüfen ist, ob er sich mit dem Geschädigten auf einer gemeinsamen Betriebsstätte befand[3].

11   **Dennoch haftet der Unternehmer** nach der Rspr. **in der Regel nicht** (Ausnahme sogleich unter Rz. 12), weil zu seinen Gunsten die Grundsätze über die **Haftung bei gestörter Gesamtschuld** greifen (§ 104 Rz. 7, 8). Weil danach der Unternehmer gegenüber dem geschädigten Dritten nur in dem Maß haftet, in welchem er im „Innenverhältnis" zum haftungsprivilegierten Schädiger haften müsste, schließt der BGH die Haftung des Unternehmers grundsätzlich aus. Denn für die Beurteilung dieses „Innenverhältnisses" zieht der BGH ausschließlich § 840 Abs. 2 BGB heran, wonach in der Beziehung zwischen Schädiger und dem für ihn haftenden Geschäftsherrn nur der Erstere allein verpflichtet ist. Dass zwischen dem Schädiger und dem Unternehmer uU ein Arbeitsverhältnis besteht, welches die Haftungsanteile zwischen beiden abweichend von § 840 Abs. 2 BGB aufteilt[4], hat nach Meinung des BGH für die Beurteilung im Außenverhältnis keine Bedeutung, da auch schon nach herkömmlicher Rspr. Vereinbarungen zwischen dem haftungsprivilegierten Schädiger und einem weiteren Haftenden über eine abweichende Schadensverantwortung bei der Beurteilung des Außenverhältnisses zum Geschädigten unbeachtlich sind (s. oben § 104 Rz. 8). Das bedeutet im Ergebnis, dass trotz fehlender Erfassung des Unternehmers in § 106 Abs. 3 dieser dem Geschädigten gegenüber nicht haftet[5].

Beispiel: Auf der gemeinsamen Betriebsstätte schädigt der beim Unternehmen A Beschäftigte X den beim Unternehmen B Beschäftigten Y. X haftet dem Y nicht, § 106 Abs. 3 iVm. § 105 Abs. 1 Satz 1 SGB VII. Die Voraussetzungen für eine Haftung des (nicht nach § 106 Abs. 3 privilegierten) A gegenüber dem Y sind zunächst erfüllt, und zwar nach § 831 BGB sowie uU aus dem Gesichtspunkt des Vertrags mit Schutzwirkung zugunsten Dritter (abhängig vom jeweils zugrunde liegenden Schuldverhältnis) entsprechend § 328 iVm. §§ 278, 280 BGB. Dennoch ist die Haftung des A gegenüber dem Y nach den Regeln über den gestörten Gesamtschulnerausgleich ausgeschlossen, weil A im Innenverhältnis zu X gemäß § 840 Abs. 2 BGH nicht haftet (dass zwischen A und X ein Arbeitsverhältnis besteht, ist hierbei unbeachtlich). Y hat also letztendlich weder gegen A noch gegen X einen Schadensersatzanspruch.

12   Eine **Ausnahme von dieser Haftungsfreistellung des Unternehmers** ist laut BGH nur dann gegeben, wenn er aus eigener (also nicht nach § 278 oder § 831 BGB zugerechneter) Verantwortlichkeit zur Schadensverhütung, etwa wegen Verletzung von Verkehrssicherungspflichten oder wegen eines Organisationsverschuldens, haftet[6]. Das setzt allerdings weiter auch voraus, dass der Unternehmer bei diesem

---

1 BGH v. 27.6.2002 – III ZR 234/01, NJW 2002, 3096 = r + s 2002, 374; best. in BGH v. 24.6.2003 – VI ZR 434/01, BHGZ 155, 205; die Beweislast dafür, dass ein Versicherter der Schädiger war, trägt danach derjenige, der sich auf die Haftungsfreistellung beruft. |2 BGH v. 29.10.2002 – VI ZR 283/01, NJW-RR 2003, 239 = VersR 2003, 70; v. 3.7.2001 – VI ZR 284/00, NZA 2001, 1143 mwN = VersR 2001, 1028; v. 3.7.2001 – VI ZR 198/00, VersR 2001, 1156 = r + s 2001, 369 (370); v. 25.6.2002 – VI ZR 279/01, VersR 2002, 1107 = r + s 2002, 374. Ein Beispielsfall, in dem sowohl Schädiger als auch Geschädigter selbst betrieblich tätig waren, ist OLG Hamm v. 6.5.2002 – 13 U 224/01, r + s 2002, 331. Zust. zum BGH *Waltermann*, NJW 2002, 1225 (1230); *Otto*, NZV 2002, 10 (14); *B. Schmidt*, BB 2002, 1859 (1861); *Lemcke*, r + s 2001, 371; *Dahm*, r + s 2001, 397; zu Recht kritisch hierzu *Klumpp*, EWiR 2002, 123 f.; *Imbusch*, VersR 2001, 1485 (1486 f.); *Rolfs*, DB 2001, 2294 (2297); *Tischendorf*, VersR 2002, 1188; zur vorangegangenen Diskussion s. dort und bei BGH v. 3.7.2001 – VI ZR 284/00, NZA 2001, 1143; vgl. auch *Rolfs*, AR-Blattei 860.2, Rz. 133 ff.; *Lemcke*, r + s 2000, 221 ff.; *Risthaus*, VersR 2000, 1203 ff. |3 BGH v. 27.6.2002 – III ZR 234/01, NJW 2002, 3096 = r + s 2002, 374. |4 Palandt/*Putzo*, § 840 BGB Rz. 11. |5 BGH v. 11.11.2003 – VI ZR 13/03, noch uv.; OLG München v. 20.3.2002 – 27 U 276/01, NZV 2003, 472; *Tischendorf*, VersR 2002, 1188 (1191 f.). |6 BGH v. 11.11.2003 – VI ZR 13/03, noch uv.

haftungsauslösenden Verhalten nicht selbst körperlich auf der gemeinsamen Betriebsstätte tätig war und hierdurch den Schaden angerichtet hat (s. oben Rz. 10).

Mit der in Rz. 11, 12 referierten Rspr. bringt der BGH eine umfassende **Diskussion um die Haftung des Unternehmers nach § 106 Abs. 3** nach den Regeln über den gestörten Gesamtschuldnerausgleich zum Abschluss. Davor war meist die Ansicht vertreten worden, dass (abweichend von § 840 Abs. 2 BGB) bei der Anwendung der Regeln über den gestörten Gesamtschuldnerausgleich die Sonderregeln des arbeitsrechtlichen Haftungsrechts anzuwenden seien[1]. Daneben war erwogen worden, die arbeitsrechtlichen Haftungsquoten ins Außenverhältnis zum Geschädigten zu tragen und ihm nur dasjenige zuzubilligen, was der Schädiger im Innenverhältnis zum Unternehmer tragen muss[2]. Insgesamt ließen sich alle dargestellten Lösungen mit Blick auf die Wertungen des Gesetzes und die Probleme der praktischen Handhabung angreifen. Mit der Lösung der Rspr. hat diese letztendlich ihre – verfehlte – Ansicht im Ergebnis korrigiert, nach welcher der Unternehmer grundsätzlich nicht als privilegierte Person in den Geltungsbereich des § 106 Abs. 3 SGB VII fällt (Rz. 10). Zur Vermeidung von Rechtsunsicherheit und wenig sinnvoller Ausnahmen (Rz. 12) wäre es klüger gewesen, von vornherein den Unternehmer dem Kreis der Haftungsprivilegierten zuzurechnen. Die Rspr. zur zwischen ArbN und ArbeitGeb „gespaltenen" Haftungsbeschränkung (oben Rz. 10) ist verfehlt und sollte korrigiert werden.

Soweit zwischen dem freigestellten Schädiger und dem haftenden Unternehmer **kein Arbeitsverhältnis** besteht, bleibt der gesamte referierte Streit um dessen Berücksichtigung bei der Haftung von Schädiger und Unternehmer irrelevant. Dann kommen die allgemeinen Regeln zum gestörten Gesamtschuldnerausgleich zur Anwendung[3] (oben § 104 Rz. 8).

Beispiel: Auf der gemeinsamen Betriebsstätte schädigt der für das Unternehmen A tätige Subunternehmer X den beim Unternehmen B Beschäftigten Y. X haftet als selbst auf der Betriebsstätte „Tätiger" dem Y gegenüber nicht, § 106 Abs. 3 iVm § 105 Abs. 1 Satz 1 SGB VII (Rz. 10). Dagegen haftet A dem Y uU aus dem Gesichtspunkt der Verletzung des Vertrags mit Schutzwirkung zugunsten Dritter entsprechend § 328 iVm. §§ 280, 278, 241 Abs. 2 BGB. Hier wird nach den allgemeinen Regeln der Anspruch des Y gegen den X entsprechend dem Haftungsbeitrag des A gekürzt. Dabei wird man in der Regel davon ausgehen können, dass X als unmittelbar Handelnder (abweichend von §§ 426 Abs. 1 Satz 1 BGB und entspr. § 840 Abs. 2 BGB) im Verhältnis zu A die volle Haftung zu übernehmen hat; soweit das der Fall ist, haftet auch A nicht gegenüber dem Y.

c) Vorübergehende Tätigkeit. Gegenstand der Haftungsbeschränkung auf der gemeinsamen Betriebsstätte ist die vorübergehende betriebliche Tätigkeit. Das Tatbestandsmerkmal „vorübergehend" hat die Funktion, klarzustellen, dass bei längerer Dauer der gemeinsamen Tätigkeit ohnehin eine betriebliche Tätigkeit besteht, die der Haftungsbeschränkung nach §§ 104 f. unterliegt[4].

d) Gemeinsame Betriebsstätte. Ebenso wie über die Frage der Unternehmerhaftung (s. oben Rz. 10 ff.) hat sich der Gesetzgeber offenbar wenig Gedanken darüber gemacht, wie der Begriff „gemeinsamen Betriebsstätte" zu definieren sei. Die Gesetzesbegründung gibt keinerlei Hinweise[5]; der Begriff der „gemeinsamen Betriebsstätte" hat kein brauchbares gesetzliches Vorbild[6]. Auf Grund der unklaren Gesetzesfassung lässt sich ein breites Spektrum von Ansichten zur Begriffsbestimmung vertreten. Zum einen ist es möglich, nur solche Formen der Zusammenarbeit als „gemeinsame Betriebsstätte" zu umschreiben, die schon vor Erlass des SGB VII als „Betrieb" die Zusammenfassung der ArbN unterschiedlicher Unternehmen zu einer haftungsprivilegierten Gemeinschaft geführt hätten (§ 637 RVO aF). Anderseits ist es denkbar, sämtlichen Kontakt von zeitlich neben- oder nacheinander stattfindenden Verrichtungen als Handeln auf einer „gemeinsamen Betriebsstätte" zu definieren und damit praktisch alle Formen des arbeitstechnischen Zusammentreffens unter diesen Begriff zu fassen. Der BGH hat beide Auslegungsextreme verworfen und sich für einen Mittelweg entschieden. Danach ist erforderlich „ein **bewusstes Miteinander im Arbeitsablauf** ..., das zwar nicht nach einer rechtlichen Verfestigung oder auch nur ausdrücklichen Vereinbarung verlangt, sich aber zumindest tatsächlich als ein aufeinander bezogenes betriebliches Zusammenwirken mehrerer Unternehmen darstellt. Die Haftungsfreistellung ... erfasst damit über die Fälle der Arbeitsgemeinschaft hinaus **betriebliche Aktivitäten** von Versicherten mehrerer Unternehmen, die **bewusst und gewollt bei einzelnen Maßnahmen ineinander greifen**, miteinander verknüpft sind, sich ergänzen oder unterstützen, wobei es ausreicht, dass die gegenseitige Verständigung stillschweigend

---

1 OLG Hamm 11.12.2000 – 6 W 41/00, r + s 2001, 150; OLG Oldenburg v. 23.5.2001 – 2 U 74/01, r + s 2002, 66; *Imbusch*, VersR 2001, 485 (1486 f.); *Lemcke*, r + s 2001, 371; *Otto*, NZV 2002, 10 (14 ff.). |2 So *Lemcke*, r + s 2000, 221 (224), der seinen Standpunkt aber später aufgegeben hat, *Lemcke*, r + s 2001, 371; s. die entsprechenden Erwägungen bei *Tischendorf*, VersR 2002, 1188 (1190 ff.). |3 BGH v. 24.6.2003 – VI ZR 434/01, BGHZ 155, 205; *Finn*, JA 2004, 6; *Waltermann*, LBK 2004, 43; *Otto*, NZV 2002, 10 (16); *Lemcke*, r + s 2001, 371. |4 Kass-Komm/*Ricke*, § 106 SGB VII Rz. 10; aA *Kater/Leube*, § 106 SGB VII Rz. 18, der zu Unrecht die Ansicht vertritt, im Fall dauernde Zusammenarbeit verschiedener Unternehmen bleibe es bei dem Grundsatz, dass die Verletzung eines betriebsfremden Beschäftigten keine Haftungsbeschränkung nach sich ziehe. |5 BT-Drs. 13/2204, S. 100. |6 Vgl. den Gebrauch des Begriffs „Betriebsstätte" in §§ 2, 9, 28 ff. GewStG; §§ 5–7 GewStDV; § 12 KStG; §§ 24 FördG.

durch bloßes Tun erfolgt."[1] Deshalb befinden sich beispielsweise der Mitarbeiter eines Reinigungsunternehmens, der auf dem Bahnhofsgelände Müll transportiert und der DB-Lokführer, der mit einer Rangierabteilung unterwegs ist, nicht auf einer „gemeinsamen Betriebsstätte"[2]. Anders aber beim Zusammentreffen des Kranführers eines Bauunternehmens und eines Zimmerers auf der Baustelle, wenn Letzter dem Ersteren – ohne nähere Absprache – beim Transport von Schalungselementen zur Hand geht[3]. Die „Kompromisslösung" des BGH hat zwar zunächst weitere Rechtsklarheit gebracht, wird aber sicherlich zu einer großen Zahl von Abgrenzungsproblemen führen. Eine gesetzgeberische Klärung wäre hilfreich; man sollte dabei auch die Streichung der Haftungsprivilegien auf der gemeinsamen Betriebsstätte in Betracht ziehen.

16 **V. Abs. 4: Nach § 3 Abs. 1 Nr. 2 Versicherte als von der Haftungsbeschränkung belastete Personen.** Gemäß § 106 Abs. 4 SGB VII werden nach § 3 Abs. 1 Nr. 2 satzungsrechtlich versicherte „Personen, die sich auf der Unternehmensstätte aufhalten" (Unternehmensbesucher), mit der Haftungsbeschränkung nach §§ 104 f. SGB VII belastet. Es muss also eine entsprechende Satzungsbestimmung des Unfallversicherungsträgers vorliegen. Der Unternehmensbesucher ist selbst nicht als Schädiger in der Haftung beschränkt; hier käme lediglich eine Haftungsbeschränkung als „Wie-Beschäftigter" nach §§ 2 Abs. 2 Satz 1, § 105 Abs. 1 Satz 1 in Betracht (s. § 105 Rz. 3)[4]. Außerdem sind haftungsprivilegiert nur „Betriebsangehörige", so dass Unternehmer als privilegierte Schädiger ebenfalls nicht erfasst sind[5].

107 *Besonderheiten in der Seefahrt*
(1) Bei Unternehmen der Seefahrt gilt § 104 auch für die Ersatzpflicht anderer das Arbeitsentgelt schuldender Personen entsprechend. § 105 gilt für den Lotsen entsprechend.

(2) Beim Zusammenstoß mehrerer Seeschiffe von Unternehmen, für die die See-Berufsgenossenschaft zuständig ist, gelten die §§ 104 und 105 entsprechend für die Ersatzpflicht, auch untereinander, der Reeder der dabei beteiligten Fahrzeuge, sonstiger das Arbeitsentgelt schuldender Personen, der Lotsen und der auf den beteiligten Fahrzeugen tätigen Versicherten.

1 § 107 erweitert den Kreis der von der Haftungsbeschränkung begünstigten und der von der Haftungsbeschränkung belasteten Personen, wobei die Besonderheiten der Seefahrt Berücksichtigung finden sollen. Dementsprechend gelten die Privilegien der schädigenden Unternehmer auch für andere das Arbeitsentgelt schuldende Personen, zB Charterer. § 107 Abs. 1 Satz 2 trägt der Tatsache Rechnung, dass der Lotse trotz seiner Eigenschaft als selbständig Tätiger als Hilfspersonal des Unternehmers einem Betriebsangehörigen vergleichbar ist. Die Vorschrift ordnet daher eine Haftungsbeschränkung in entsprechender Anwendung des § 105 an. § 107 Abs. 2 SGB VII regelt den besonderen Fall des Zusammenstoßes mehrerer Seeschiffe von Unternehmen, für welche die See-Berufsgenossenschaft zuständig ist. „Zusammenstoß" bedeutet, dass die Schiffe tatsächlich kollidieren müssen; die Verunfallung etwa beim gemeinsamen Liegen im Hafen (zB Feuer von einem auf das andere Schiff übergreifendes Feuer) reicht nicht aus. Die Zuständigkeit der See-Berufsgenossenschaft richtet sich nach §§ 121 f. Sämtliche der in § 107 Abs. 2 genannten Personen sind sowohl als Schädiger als auch als Geschädigte von der Haftungsbeschränkung erfasst[6].

108 *Bindung der Gerichte*
(1) Hat ein Gericht über Ersatzansprüche der in den §§ 104 bis 107 genannten Art zu entscheiden, ist es an eine unanfechtbare Entscheidung nach diesem Buch oder nach dem Sozialgerichtsgesetz in der jeweils geltenden Fassung gebunden, ob ein Versicherungsfall vorliegt, in welchem Umfang Leistungen zu erbringen sind und ob der Unfallversicherungsträger zuständig ist.

(2) Das Gericht hat sein Verfahren auszusetzen, bis eine Entscheidung nach Absatz 1 ergangen ist. Falls ein solches Verfahren noch nicht eingeleitet ist, bestimmt das Gericht dafür eine Frist, nach deren Ablauf die Aufnahme des ausgesetzten Verfahrens zulässig ist.

---

1 BGH v. 17.10.2000 – VI ZR 67/00, BGHZ 145, 331 = NJW 2001, 443 (444) = VersR 2001, 336 (337) mwN zum bisherigen Meinungsspektrum (Hervorhebungen hier durch den Verf.); BGH v. 23.1.2001 – VI ZR 70/00, VersR 2001, 372 (373); v. 3.7.2001 – VI ZR 284/00, NZA 2001, 1143 (1144); BGH v. 8.4.2003 – VI ZR 251/02, NJW-RR 2003, 1104 = VersR 2003, 904; BGH v. 24.6.2003 – VI ZR 434/01, BGHZ 155, 205; BAG v. 12.12.2002 – 8 AZR 94/02, NJW 2003, 1891; OLG Brandenburg v. 19.2.2003 – 7 U 135/02, BauR 2003, 1231; Bay. LSG 30.10.2002 – L 2 U 500/00, HVBG-Info 2003, 848; OLG Hamm 2.7.2002 – 9 W 1/02, VersR 2003, 905; LAG Hess. v. 14.11.2001 – 9/2 Sa 1983/00, HVBG-Info 2002, 1959 ff.; *Rolfs*, DB 2001, 2294 (2296 f.); *Rolfs*, AR-Blattei 860.2 Rz. 125 ff.; *R. Schmidt*, BB 2002, 1859 (1860 f.); *Waltermann*, NJW 2002, 1225 (1228 ff.); *Waltermann*, Sozialrecht, Rz. 315; *Otto*, NZV 2002, 10 ff.; *Gamperl*, NZV 2001, 401 (403); *Dahm*, SozVers 2001, 208 ff.; *Dahm*, r + s 2001, 397; *Imbusch*, VersR 2001, 547 ff.; krit. *Tischendorf*, VersR 2003, 1361. |2 BGH v. 17.10.2000 – VI ZR 67/00, BGHZ 145, 331 = NJW 2001, 443 (444). |3 BGH v. 3.7.2001 – VI ZR 284/00, NZA 2001, 1143 (1144). |4 KassKomm/*Ricke*, § 106 SGB VII Rz. 12; *Leube*, BG 2001, 139 (142). |5 *Kater/Leube*, § 107 SGB VII Rz. 21; s. aber OLG Hamm 4.2.2002 – 6 U 130/01, NJW-RR 2002, 1389 = NZV 2003, 32. |6 S. zu alledem *Kater/Leube*, § 107 SGB VII Rz. 1 ff.; § 121 Rz. 5 ff.; *Otto/Schwarze*, Die Haftung des Arbeitnehmers, Rz. 593.

I. Allgemeines. Für die Feststellung von Versicherungsfällen nach §§ 7 ff. und für die Feststellung der zivilrechtlichen Haftung oder Nicht-Haftung nach §§ 104 ff. SGB VII bestehen unterschiedliche Zuständigkeiten. Ersteres geschieht meist im Verwaltungsverfahren und im Sozialgerichtsverfahren, Letzteres geschieht im Zivilverfahren vor den ordentlichen Gerichten oder den ArbG. § 108 hat die Funktion, trotz dieser Zuständigkeitsspaltung zu einheitlichen Ergebnissen zu kommen. Das geschieht in der Weise, dass zwar für die Frage der zivilrechtlichen Haftung die Zivilgerichte bzw. ArbG zuständig bleiben. Jedoch sollen die hierfür (mit-)entscheidenden Fragen sozialrechtlicher Art im Verwaltungsverfahren bzw. im Sozialgerichtsverfahren vorgreiflich geklärt werden können. Den Umfang der vorgreiflichen Klärung regelt § 108 Abs. 1, wobei die jeweiligen mit Bindungswirkung ausgestatteten Entscheidungsinhalte im Einzelnen genannt werden. Nach § 108 Abs. 2 hat das über die Haftungsansprüche entscheidende Gericht sein Verfahren auszusetzen, um eine vorgreifliche Entscheidung des SozV-Trägers bzw. des SG abzuwarten. Dementsprechend ermöglicht es § 109 dem Schädiger, die entsprechenden sozialrechtlichen Feststellungen zu beantragen sowie das diesbezügliche Verfahren beim SG zu betreiben.

II. Voraussetzungen der Bindungswirkung nach Abs. 1. 1. Prozessuale Voraussetzungen. Zur Auslösung der Bindungswirkung muss eine „unanfechtbare Entscheidung" des Unfallversicherungsträgers vorliegen. Das ist regelmäßig ein Verwaltungsakt nach §§ 31 ff. SGB X, ggf. aber auch ein öffentlich-rechtlicher Vertrag gemäß §§ 53 ff. SGB X, zB als Vergleichsvertrag nach § 54 SGB X. Die Feststellungen nach § 108 werden im sozialgerichtlichen Prozess entweder gemäß § 54 Abs. 1, 4 SGG bei Gelegenheit der Entscheidung über die Leistungsklage oder nach § 55 Abs. 1 Nr. 3 SGG durch Feststellungsentscheidung getroffen, insb. bei Feststellungsbegehren des Schädigers nach § 109[1]. Unanfechtbar bedeutet, dass die jeweiligen Entscheidungen nicht durch ordentlichen Rechtsbehelf angefochten werden können. Die Unanfechtbarkeit richtet sich nach § 77 SGG. Sie ergibt sich für rechtskräftige Gerichtsbescheide oder Urteile der SG aus §§ 105, 125 SGG sowie für Anerkenntnisse oder Vergleiche im sozialgerichtlichen Verfahren aus § 101 SGG[2].

2. Personelle Voraussetzungen. Die Bindungswirkung nach § 108 Abs. 1 kann nur eintreten, wenn die jeweils von einer Entscheidung betroffenen Personen am sozialverwaltungsrechtlichen bzw. sozialgerichtlichen Verfahren beteiligt wurden[3]. Diese Verfahrensbeteiligung ist beim Geschädigten regelmäßig gegeben, wenn er beim Unfallversicherungsträger den Antrag auf Entschädigungsleistungen gestellt hat. Im Fall dieser Antragstellung durch den Geschädigten muss der Schädiger zwar nicht zwingend am Verfahren beteiligt werden; jedoch greifen dann auch nicht die Rechtsfolgen des § 108. Die Behörde kann den Schädiger von Amts wegen oder auf seinen Antrag hin nach § 12 Abs. 2 SGB X als Beteiligten hinzuziehen, so dass dann auch die Voraussetzungen des § 108 erfüllt sind. Auf seinen Antrag hin ist der Schädiger zwingend hinzuzuziehen, da die Entscheidung auf Grund der §§ 104 ff. rechtsgestaltende Wirkung iSd. § 12 Abs. 2 Satz 2 SGB X für ihn hat. Sobald der Schädiger sich auf die Benachrichtigung der Behörde nicht erklärt hat, tritt die Bindungswirkung nach § 108 SGB VII nicht schon dann ein, wenn er einen längeren Zeitraum ohne Reaktion hat verstreichen lassen. Es müssen vielmehr weitere Umstände dafür sprechen, dass er sein Beteiligungsrecht nicht mehr ausüben wird[4]. Mit Blick auf die Schwierigkeiten bei der Beurteilung des einschlägigen Zeitraums wird empfohlen, den Schädiger nach § 12 Abs. 2 SGB X unter Fristsetzung anzuhören[5]. Soweit der Geschädigte keinen Antrag stellt, besteht die Möglichkeit des Feststellungsantrags durch den Schädiger nach § 109 SGB VII. Im Übrigen können sich sämtliche Dritte, zu deren Gunsten sich die Haftungsbeschränkung nach §§ 104 ff. auswirken kann, gemäß § 109 sowie nach § 12 SGB X am Verfahren beteiligen und so die hieraus folgenden Bindungswirkungen auslösen. Das gilt insb. für die privaten Haftpflichtversicherungsunternehmen der beteiligten Schädiger[6].

III. Gegenstand der Bindungswirkung nach Abs. 1. 1. Versicherungsfall. Sowohl die positive wie auch die negative Feststellung des SozV-Trägers bzw. des SG ist bindend für die Frage, ob ein Versicherungsfall iSd. §§ 104 ff. vorgelegen hat. Deshalb ist hiermit auch die vorgreifliche Frage entschieden, ob der Geschädigte „Versicherter" war oder nicht[7]. Dementsprechend kann auch nicht der Meinung des OLG Celle gefolgt werden, wonach die Zivilgerichte nach der neuen Einführung des Begriffs „Versicherungsfall" im SGB VII nicht mehr an die Feststellung des Versicherungsfalls nach §§ 104 ff. gebunden seien[8].

2. Leistungsumfang. Die Feststellung des Leistungsumfangs (Art, Höhe, Dauer) ist für die Haftungsbeschränkung nach §§ 104 ff. und für den Rückgriff nach §§ 110 f. vorgreiflich. Insbesondere ergibt sich

---

1 BSG v. 16.5.1984 – 9 b RU 68/82, BSGE 56, 279 ff.; *Kater/Leube*, § 108 SGB VII Rz. 5. | 2 *Kater/Leube*, § 108 SGB VII Rz. 2; KassKomm/*Ricke*, § 108 SGB VII Rz. 2; *Brackmann/Krasney*, § 108 SGB VII Rz. 7; *Dahm*, SozVers 1996, 39 (40). | 3 S. zB OLG Hamm v. 22.3.1999 – 6 W 13/99, VersR 2000, 602; OLG Stuttgart v. 12.10.2000 – 1 U 31/00, r + s 2002, 18. | 4 S. im Einzelnen BGH v. 4.4.1995 – VI ZR 327/93, NJW 1995, 2038 f. mwN; *Brackmann/Krasney*, § 108 SGB VII Rz. 9. | 5 KassKomm/*Ricke*, § 108 SGB VII Rz. 6. | 6 BSG v. 1.7.1997 – 2 RU 26/96, SozR 3 – 2200 § 639 Nr. 1; *Rolfs*, DB 2001, 2294 (2299). | 7 RG v. 7.2.1918 – VI 356/17, RGZ 92, 296 (297 f.); BAG v. 6.11.1974 – 5 AZR 22/74, AP Nr. 8 zu § 636 RVO; ErfK/*Rolfs*, § 108 SGB VII Rz. 3; BGH v. 19.10.1993 – VI ZR 158/93, VersR 1993, 1540; KassKomm/*Ricke*, § 108 SGB VII Rz. 3. | 8 OLG Celle v. 25.8.1999 – 9 U 12/99, HVBG-Info 2000, 1540; gegen das OLG Celle zu Recht KassKomm/*Ricke*, § 108 SGB VII Rz. 3.

hieraus bindend die Höhe der Summe, welche sich der Geschädigte bei Vorsatztaten oder bei Wegeunfällen nach § 8 Abs. 2 Nr. 1–4 gemäß § 104 Abs. 3 anrechnen lassen muss (s. § 104 Rz. 14). Für den Umfang der Schädigung und damit für die Schadensersatzfolgen wie beispielsweise die Höhe der Erwerbsminderung oÄ. ist die Entscheidung nicht bindend[1].

6 **3. Zuständigkeit des Versicherungsträgers.** Die (meist nicht ausdrückliche, sondern nur inzident erfolgende) Feststellung der Zuständigkeit eines Unfallversicherungsträgers in einer Verwaltungs- oder Gerichtsentscheidung hat insofern Bindungswirkung für zivilrechtliche Haftungsansprüche, als sich aus ihr ergibt, welchem Unternehmen (§ 104) und welchem Unternehmensmitarbeiter (§§ 105 f.) sich eine schädigende Handlung zurechnen lässt. Aus diesem Grund sind die Unfallversicherungsträger dem Schädiger gegenüber verpflichtet, festzustellen, welchem Unternehmen die unfallbringende Tätigkeit gedient hat[2]. Allerdings kann die Bindungswirkung hinsichtlich der Unternehmenszuordnung nur insoweit greifen, als durch die betreffende ausdrückliche Feststellung (bei Feststellungsentscheidungen) oder schlüssige Feststellung (bei Leistungsbescheiden oder Leistungsurteilen durch konkludente Annahme der Zuständigkeit eines Unfallversicherungsträgers) sich tatsächlich eine eindeutige Aussage über die Zuordnung für ein bestimmtes Unternehmen treffen lässt. So sind beispielsweise bei Beschäftigungen für mehrere Unternehmen überlappende Versicherungsverhältnisse in verschiedenen Betrieben nach § 2 Abs. 1 Nr. 1 möglich. Dasselbe gilt für die „Wie-Beschäftigung" einer Person (§ 2 Abs. 2 Satz 1), die gleichzeitig in einem anderen Betrieb versicherungspflichtig beschäftigt ist (§ 2 Abs. 1 Nr. 1)[3]. Eindeutige Aussagen lassen sich aber dort treffen, wo ein Versicherungstatbestand gegenüber einem anderen subsidiär ist. So ist der Versicherungsschutz nach § 2 Abs. 1 Nr. 13a (Hilfe bei Unglücksfällen) subsidiär gegenüber der Versicherung als Beschäftigter (§ 2 Abs. 1 Nr. 1) oder als „Wie-Beschäftigter" (§ 2 Abs. 2 Satz 1). Geht also der Unfallversicherungsträger im Leistungsbescheid davon aus, dass der Geschädigte gemäß § 2 Abs. 1 Nr. 13a versichert war, enthält dies die rechtsverbindliche Feststellung, dass keine Tätigkeit für ein Unternehmen iSd. § 104 Abs. 1 Satz 1 vorlag, so dass auch der dort geregelte Haftungsausschluss nicht zur Anwendung kommt[4]. Auf Grund dieser Rspr. wird teilweise gefordert, generell die Bindungswirkung von Bescheiden der Unfallversicherungsträger auf die Frage zu erstrecken, in welchem Betrieb sich der Unfall ereignet habe[5]. Dem kann aber nicht gefolgt werden, weil und soweit die Zuordnung von Versicherungsfällen zu Unfallversicherungsträgern auf nicht-gesetzlichen Teilungsabkommen beruht[6]. Hinzu kommt, dass die Bindungswirkung beispielsweise bei Schädigungen durch betriebsfremde Personen zumindest die Anwendung von § 106 Abs. 3 („gemeinsame Betriebsstätte") nicht ausschließen kann.

7 **4. Weitere Haftungsvoraussetzungen.** Bindungswirkung wird auch der Entscheidung darüber zugerechnet, ob ein **Wegeunfall** nach § 8 Abs. 2 Nr. 1–4 vorliegt, soweit dies aus der Begründung der Entscheidung folgt (s. § 104 Rz. 16)[7]. Zwar ergibt sich eine solche Bindungswirkung nicht direkt aus § 108 Abs. 1, wegen der häufigen Ausführungen der Unfallversicherungsträger und der Gerichte zum Tatbestand des Wegeunfalls im Rahmen der Entscheidung über das Vorliegen eines Versicherungsfalles ist eine entsprechende Anwendung aber gerechtfertigt. **Nicht erfasst** von der Bindungswirkung sind beispielsweise Tatbestände wie die „Angehörigen und Hinterbliebenen" (§ 104 Abs. 1 Satz 1), der Vorsatz (§ 104 Abs. 1 Satz 1), die „betriebliche Tätigkeit" (§ 105 Abs. 1 Satz 1), die „vorübergehende betriebliche Tätigkeit auf einer gemeinsamen Betriebsstätte" (§ 106 Abs. 3), die Höhe des entstandenen Schadens sowie die Frage der Kausalität der Verursachung[8].

8 **IV. Verfahrensaussetzung nach Abs. 2.** § 108 Abs. 2 setzt die Bindungswirkung nach Abs. 1 prozessual durch, indem er das über den Ersatzanspruch befindende Gericht (Zivil- oder ArbG) verpflichtet, das Verfahren bis zur Entscheidung nach Abs. 1 auszusetzen. Die Verfahrensaussetzung ist zwingend, steht also – anders als bei § 148 ZPO – nicht im Ermessen des Gerichts. Die Entscheidung ist nach Abs. 1 erst „ergangen", wenn sie unanfechtbar ist. Die Verpflichtung zur Verfahrensaussetzung besteht auch dann, wenn ein Antrag des Geschädigten auf Ersatzleistung bzw. ein Feststellungsantrag des Schädigers nach § 109 noch nicht gestellt ist, vgl. § 108 Abs. 2 Satz 2[9]. Wenn es absehbar nicht zum Abschluss eines eingeleiteten Verwaltungsverfahrens kommt, ist der Haftungsprozess fortzusetzen[10]. Soweit keiner der Beteiligten einen Antrag gestellt hat, hat das über den Haftungsanspruch entscheidende Gericht eine entsprechende Frist zu setzen, § 108 Abs. 2 Satz 2. Nach deren Ablauf können die Parteien das Verfahren wieder aufnehmen. Eine ausdrückliche Aufhebung der Aussetzung nach § 150

---

1 BGH v. 25.3.1958 – VI ZR 13/57, VersR 1958, 377; KassKomm/*Ricke*, § 108 SGB VII Rz. 4; *Rolfs*, Die Haftung unter Arbeitskollegen und verwandte Tatbestände, S. 222. |2 BSG v. 29.6.1962 – 2 RU 82/60, NJW 1962, 1983 f. |3 BGH v. 4.4.1995 – VI ZR 327/93, NJW 1995, 2038 mwN; KassKomm/*Ricke*, § 108 SGB VII Rz. 5; *Kater/Leube*, § 108 SGB VII Rz. 3. |4 So zur Vorgängerregelung § 539 Abs. 1 Nr. 9 BGH v. 4.4.1995 – VI ZR 327/93, NJW 1995, 2038 f.; *Dahm*, SozVers 1996, 39; KassKomm/*Ricke*, § 108 SGB VII Rz. 6. |5 *Rolfs*, NJW 1996, 3177 (3182); *Hanau*, FS Steffen, S. 177 (189). |6 Vgl. *Rolfs*, NJW 1996, 3177 (3182); *Hanau*, FS Steffen, S. 177 (189). |7 KassKomm/*Ricke*, § 108 SGB VII Rz. 7; *Brackmann/Krasney*, § 108 Rz. 10. |8 KassKomm/*Ricke*, § 108 SGB VII Rz. 7; RG v. 22.10.1943 – V 42/43, RGZ 172, 101 (103); BGH v. 25.3.1985 – VI ZR 13/57, VersR 1958, 377 ff. |9 OLG Hamm v. 28.2.2000 – 6 W 1/00, HVBG-Info 2000, 1880 f.; KassKomm/*Ricke*, § 108 SGB VII Rz. 8. |10 KassKomm/*Ricke*, § 108 SGB VII Rz. 8.

ZPO ist nicht erforderlich. Die Aussetzungspflicht greift auch dann, wenn der Schädiger als Verfahrensbeteiligter nach § 12 Abs. 2 SGB X bzw. nach § 75 SGG gehört werden muss (s. § 109 Rz. 1)[1].

109 Feststellungsberechtigung von in der Haftung beschränkten Personen

Personen, deren Haftung nach den §§ 104 bis 107 beschränkt ist und gegen die Versicherte, ihre Angehörigen und Hinterbliebene Schadenersatzforderungen erheben, können statt der Berechtigten die Feststellungen nach § 108 beantragen oder das entsprechende Verfahren nach dem Sozialgerichtsgesetz betreiben. Der Ablauf von Fristen, die ohne ihr Verschulden verstrichen sind, wirkt nicht gegen sie; dies gilt nicht, soweit diese Personen das Verfahren selbst betreiben.

Die Vorschrift stellt eine verfahrensrechtliche Ergänzung zu § 108 dar (s. § 108 Rz. 1). Durch sie wird es dem (vermeintlichen) Schädiger ermöglicht, mittels eines eigenen Antrags die Feststellungen nach § 108 zu veranlassen und so die Bindungswirkungen des § 108 auszulösen. Das Antragsrecht hat jede Person, welche die tatbestandlichen Voraussetzungen der §§ 104–107 erfüllt. Der Haftende muss tatsächlich auf Schadensersatz in Anspruch genommen werden; die Möglichkeit der Erhebung von Forderungen gegen ihn allein reicht nicht aus[2]. Zulässig ist auch die Antragstellung durch den wegen Vorsatz oder auf Grund einer Verletzung auf dem Weg nach § 8 Abs. 2 Nr. 1–4 Haftenden, da hier die Minderung der Ersatzpflicht nach § 104 Abs. 3 in Betracht kommt[3]. Antragsberechtigt sind ebenfalls in Anspruch genommene Haftpflichtversicherungsträger der Haftenden[4]. Die Antragstellung nach § 109 ist subsidiär, da der Antrag nur „statt der Berechtigten" gestellt werden kann. Soweit also der Geschädigte Leistungen beantragt hat, ist der Antrag nach § 109 unzulässig. In diesem Fall erfolgt die Beteiligung des Schädigers nach § 12 Abs. 2 SGB X, § 75 SGG (s. § 108 Rz. 3). Der Antrag ist ein reiner Feststellungsantrag, der ausschließlich auf die Tatbestände des § 108 SGB VII ausgerichtet ist, also auf die Frage, ob ein Versicherungsfall vorliegt, in welchen Umfang Leistungen zu erbringen sind und ob der Unfallversicherungsträger zuständig ist (s. § 108 Rz. 4 ff.). Die Rspr. stellt keine hohen formalen Anforderungen an die Antragstellung; es genügt die einfache Erklärung, der Unfallversicherungsträger möge Feststellungen über die in § 108 genannten Tatsachen treffen[5]. Der Antragsteller verfolgt mit dem Feststellungsbegehren eigene Interessen, so dass er im Verfahren nicht zu Gunsten des Berechtigten tätig werden muss[6]. Mit der Antragstellung im Prozess wird der Ersatzpflichtige zum Prozessstandschafter[7]. 1

Satz 2 regelt den Fall, dass der Verletzte und nicht die in der Haftung beschränkte Person das Verfahren betreibt. In dieser Situation sollen Fristen, die ohne das Verschulden des gemäß §§ 104–107 in der Haftung Privilegierten verstrichen sind, nicht gegen ihn wirken. Soweit also der Geschädigte ohne verfahrensrechtliche Beteiligung des Schädigers einen Leistungsantrag gestellt hat, dieser abgelehnt wurde und die diesbezüglichen Rechtsbehelfsfristen abgelaufen sind (§§ 84, 87, 151 ff. SGG), wirkt dieser Fristablauf nicht gegen den privilegierten Schädiger. Dieser kann also zum Zweck der Feststellung nach § 109 iVm. § 108 seinerseits fristgerecht entsprechende Rechtsbehelfe einlegen. Zu beachten ist hierbei, dass diese sich aber ausschließlich und nur auf das Feststellungsbegehren hinsichtlich der Tatsache nach § 108 Abs. 1 richten können[8]. Verschulden liegt insb. vor, wenn der Schädiger den Fristablauf kannte oder kennen musste und den Rechtsbehelf nicht rechtzeitig eingelegt hat[9]. Bei Kenntniserlangung im Lauf der Rechtsbehelfsfrist muss der Antragsberechtigte unverzüglich handeln[10]. 2

110 Haftung gegenüber den Sozialversicherungsträgern

(1) Haben Personen, deren Haftung nach den §§ 104 bis 107 beschränkt ist, den Versicherungsfall vorsätzlich oder grob fahrlässig herbeigeführt, haften sie den Sozialversicherungsträgern für die infolge des Versicherungsfalls entstandenen Aufwendungen, jedoch nur bis zur Höhe des zivilrechtlichen Schadenersatzanspruchs. Statt der Rente kann der Kapitalwert gefordert werden. Das Verschulden braucht sich nur auf das den Versicherungsfall verursachende Handeln oder Unterlassen zu beziehen.

(2) Die Sozialversicherungsträger können nach billigem Ermessen, insbesondere unter Berücksichtigung der wirtschaftlichen Verhältnisse des Schädigers, auf den Ersatzanspruch ganz oder teilweise verzichten.

---

[1] BGH v. 4.4.1995 – VI ZR 327/93, NJW 1995, 2038 (2039); *Dahm*, SozVers 1997, 61 (62). |[2] KassKomm/*Ricke*, § 109 SGB VII Rz. 3; ErfK/*Rolfs*, § 109 Rz 2; vgl. BSG v. 28.10.1960 – 2 RU 272/57, BSGE 13, 122. |[3] *Kater/Leuber*, § 109 SGB VII Rz. 2. |[4] BSG v. 1.7.1997 – 2 RU 26/96, BSGE 80, 279 = SGb 1998, 280 m. Anm. *Seewald*; KassKomm/*Ricke*, § 109 SGB VII Rz. 3. |[5] BSG v. 28.10.1960 – 2 RU 272/57, BSGE 13, 122 (125). |[6] BSG v. 16.5.1984 – 9 b RU 68/82, BSGE 56, 279 (280 f.) = SozR 2 Nr. 2 zu § 636; v. 18.12.1969 – 2 RU 238/66, SozR 1 Nr. 1 zu § 639 RVO. |[7] BSG v. 28.10.1960 – 2 RU 272/57, BSGE 13, 122 (123); v. 16.5.1984 – 9 b RU 68/82, BSGE 56, 279 (280); v. 26.4.1990 – 2 RU 47/89, BB 1990, 1703; *Kater/Leube*, § 109 SGB VII Rz. 6; *Boudon*, BB 1993, 2446 (2448); *Dahm*, BG 1995, 262; *Dahm*, SozVers 1996, 39 f.; ErfK/*Rolfs*, § 109 SGB VII Rz. 2. |[8] S. *Kater/Leube*, § 109 SGB VII Rz. 7. |[9] Vgl. BSG v. 16.5.1984 – 9 b RU 68/82, BSGE 56, 279 (280) = SozR 2200 § 636 Nr. 2. |[10] *Kater/Leube*, § 109 SGB VII Rz. 7.

1 I. Allgemeines. § 110 gewährt dem infolge des Versicherungsfalls leistenden SozV-Träger gegenüber den Schädigern, deren Haftung nach §§ 104–107 beschränkt ist, einen eigenen, originären Regressanspruch. Die Notwendigkeit der Begründung eines eigenen Anspruchs beruht darauf, dass nach § 104 Abs. 1 Satz 2 der Forderungsübergang nach § 116 SGB X ausgeschlossen ist (s. vor § 104 Rz. 1, § 104 Rz. 12). Die Regressmöglichkeiten sind anders definiert als die Haftung des Schädigers. Während der Schädiger nach §§ 104–107 nur dann haftet, wenn er vorsätzlich gehandelt hat oder wenn ein Wegeunfall nach § 8 Abs. 2 Nr. 1–4 vorlag, greift der Regress gemäß § 110 bei Vorsatz **und grober Fahrlässigkeit.** Eine Sonderregelung für **Wegeunfälle** existiert nicht. Hier bleibt es deshalb bei der Haftung des Schädigers, so dass auch der Ausschluss des Forderungsübergangs nach § 104 Abs. 1 Satz 2 nicht zum Tragen kommt. Bei Wegeunfällen kann der SozV-Träger daher nach § 116 SGB X aus übergegangenem Recht beim Schädiger Regress nehmen. Bei alledem wird der Umfang des Regresses mehrfach begrenzt. Es können nur die entstandenen Aufwendungen und auch diese lediglich bis zur Höhe des zivilrechtlichen Schadensersatzanspruchs geltend gemacht werden. Zudem ist es dem SozV-Träger möglich, nach billigem Ermessen auf den Ersatzanspruch ganz oder teilweise zu verzichten, § 110 Abs. 2. Da der SozV-Träger bei der Geltendmachung des Regressanspruchs nicht in seiner Eigenschaft als Träger öffentlicher Gewalt handelt, begründen §§ 110 f. eine privatrechtliche Forderung[1]. Zuständig für die Durchsetzung des Regressanspruchs sind ausschließlich die **ordentlichen Gerichte** und nicht die ArbG, denn die §§ 110 f. begründen keine Forderungen „aus dem Arbeitsverhältnis" nach § 2 Abs. 1 Nr. 3a, d, Nr. 9 oder Nr. 10 ArbGG. Die betreffenden Vorschriften können lediglich dann die Zuständigkeit der ArbG begründen, wenn § 104 Abs. 1 Satz 2 nicht zur Anwendung kommt und der Überleitungstatbestand des § 116 SGB X greift (s. § 104 Rz. 12)[2].

2 II. Regressvoraussetzungen. 1. Haftende Personen. Erfasst sind sämtliche Personen, die nach §§ 104–107 haftungsprivilegiert sind (s. § 104 Rz. 1, § 105 Rz. 3 f., § 106 Rz. 2 ff., § 107 Rz. 1). Deshalb kann beispielsweise auch ein nach § 4 Abs. 1 Nr. 1 versicherungsfreier Beamter passivlegitimiert sein, weil er gemäß § 105 Abs. 1 Satz 2 in seiner Haftung beschränkt wird[3]. Der Kreis der haftenden Personen wird gemäß § 111 auch auf Personengesellschaften und juristische Personen ausgedehnt, wenn der Schädiger als Organ oder gesetzlicher Vertreter in Ausführung der ihm zustehenden Verrichtungen den Versicherungsfall vorsätzlich oder grob fahrlässig verursacht hat (s. § 111 Rz. 1). Soweit ein (weiterer) Schädiger, der nicht gemäß §§ 104–107 in der Haftung beschränkt ist, in Regress genommen wird, greift nicht § 110, sondern § 116 SGB X (s. § 104 Rz. 9).

3 2. Berechtigter SozV-Träger. Aktivlegitimiert ist der SozV-Träger, der in Folge des Versicherungsfalls Aufwendungen getätigt hat. Das muss nicht zwingend ein Unfallversicherungsträger sein (§§ 114 ff.). In Betracht kommt auch ein sonstiger SozV-Träger, der auf Grund vorläufiger oder irrtümlich angenommener Zuständigkeit zB Krankenbehandlung oder Renten geleistet hat[4]. Soweit hier der zuständige Unfallversicherungsträger nach §§ 103 ff. SGB X erstattungspflichtig ist und seine Erstattungspflicht erfüllt hat, geht die Aktivlegitimation auf ihn über[5].

4 3. Verschulden. Der Regress nach § 110 ist nur zulässig, wenn der Haftende den Versicherungsfall vorsätzlich oder grob fahrlässig herbeigeführt hat. Grobe Fahrlässigkeit oder Vorsatz brauchen sich nur auf das den Versicherungsfall verursachende Handeln oder Unterlassen zu beziehen, § 110 Abs. 1 Satz 3 (die Erfassung des konkreten Schadensumfangs ist anders als nach § 104 Abs. 1 Satz 1 also nicht gegeben, vgl. § 104 Rz. 10). Sowohl für die Bestimmung des Vorsatzes als auch für die Bestimmung der groben Fahrlässigkeit wird auf die allgemeinen zivilrechtlichen Definitionen zurückgegriffen. **Vorsatz** ist das Wissen und Wollen des rechtswidrigen Erfolges. Dieser muss vom Handelnden bzw. Unterlassenden vorausgesehen und in seinen Willen aufgenommen worden sein. Es ist nicht erforderlich, dass der Erfolg tatsächlich gewünscht war; neben dem unbedingten ist auch der bedingte Vorsatz möglich, der dann greift, wenn der als möglich erkannte rechtswidrige Erfolg billigend in Kauf genommen worden ist[6]. **Grobe Fahrlässigkeit** hat zur Voraussetzung, dass die im Verkehr erforderliche Sorgfalt in besonders schweren Maße verletzt wurde, und dasjenige unbeachtet geblieben ist, das im gegebenen Fall jedem hätte einleuchten müssen[7]. Für die Annahme der groben Fahrlässigkeit gilt kein objektiver Maßstab; es sind vielmehr die in der Individualität des Handelnden begründeten Umstände zu berücksichtigen[8]. Gemäß § 110 Abs. 1 Satz 3 muss sich das Verschulden **nur auf das den Versicherungs-**

---

1 BGH v. 29.1.1963 – VI ZR 67/62, VersR 1963, 243 ff.; v. 28.9.1971 – VI ZR 216/69, BGHZ 57, 96 (100 f.); v. 30.4.1968 – VI ZR 32/67, NJW 1968, 1429; v. 7.11.1967 – VI ZR 79/66, NJW 1968, 251; v. 30.1.1968 – VI ZR 132/66; BAG v. 19.12.1967 – 1 AZR 185/67; NJW 1968, 908 f.; *Brackmann/Krasney*, § 110 SGB VII Rz. 3; KassKomm/*Ricke*, § 110 SGB VII Rz. 2; *Rolfs*, AR-Blattei SD 860.2 Rz. 216. |2 BGH v. 30.4.1968 – VI ZR 32/67, NJW 1968, 1429 f.; *Kater/Leube*, § 110 SGB VII Rz. 3. |3 BGH v. 27.11.1984 – VI ZR 296/81, VersR 1985, 237; *Kater/Leube*, § 110 SGB VII Rz. 7. |4 Vgl. zur Anwendung von § 110 bei Rechtsnachfolge von Berufsgenossenschaften nach DDR-Sozialversicherungsträgern BGH 30.5.2000 – VI ZB 34/99, VersR 2000, 1390. |5 S. im Einzelnen *Kater/Leube* § 110 SGB VII Rz. 4. |6 Palandt/*Heinrichs*, § 276 BGB Rz. 10 f. |7 S. allgemein BGH v. 30.11.1971 – VI ZR 53/70, VersR 1972, 251 (252); v. 29.9.1992 – XI ZR 265/91, NJW 1992, 3235 (3236); BAG v. 23.1.1997 – 8 AZR 893/95, NZA 1998, 140 f.; Palandt/*Heinrichs*, § 277 BGB Rz. 2 f.; *Kater/Leube* § 110 SGB VII Rz. 9 f.; *Schmitt*, § 110 SGB VII Rz. 7 ff. |8 Palandt/*Heinrichs*, § 277 BGB Rz. 2; *Kater/Leube*, § 110 SGB VII Rz. 13.; BGH v. 12.1.1988 – VI ZR 158/87, NJW 1988, 1265 (1266).

fall verursachende **Handeln oder Unterlassen** beziehen, womit die Schadensfolgen ausgeschlossen sind. Es genügt also für die Annahme von Vorsatz und grober Fahrlässigkeit, dass der Arbeitsunfall nach § 8 bzw. die Berufskrankheit nach § 9 vorsätzlich oder grob fahrlässig herbeigeführt worden sind[1]. Dabei kann es einen Hinweis auf grobe Fahrlässigkeit bedeuten, wenn die entsprechende Pflichtwidrigkeit bereits mehrfach vom Unfallversicherungsträger gerügt worden ist[2]. Andererseits kann für die Annahme grober Fahrlässigkeit nicht zwingend auf die **Verletzung von Unfallverhütungsvorschriften** abgestellt werden. Nach der Rspr. des BGH kommt es bei der Verletzung von Unfallverhütungsvorschriften darauf an, ob die Vorschriften vor tödlichen Gefahren schützen sollen und sie „elementare" Sicherungspflichten zum Inhalt haben. Wenn der Schädiger zusätzlich nicht nur unzureichende Sicherungsvorkehrungen vorgenommen hat, sondern „von Sicherungsvorkehrungen völlig abgesehen hat, obwohl die Sicherungsanweisungen eindeutig waren", kann der Verstoß ein so großes Gewicht haben, „dass der Schluss auf ein auch subjektiv gesteigertes Verschulden gerechtfertigt ist"[3]. Allerdings kann man fragen, ob diese Formel überhaupt praktikabel ist, zumal Sicherheitsvorschriften den Beteiligten in der Praxis meist gar nicht bekannt sind – übrigens auch denjenigen nicht, die sich an sie halten. Deshalb verdienen solche Entscheidungen den Vorzug, in denen die Rspr. bei der Feststellung der groben Fahrlässigkeit auch beim Verstoß gegen Unfallverhütungsregeln die Prüfung aller für eine gesteigerte Schuld des Haftenden sprechenden Umstände fordert[4].

III. Regressumfang. 1. Aufwendungen der SozV-Träger. Der Regressanspruch des § 110 umfasst alle Aufwendungen der SozV-Träger, die infolge des Versicherungsfalls entstanden sind. Das betrifft den Wert sämtlicher Behandlungs- sowie Geldleistungen etc.; des Weiteren sind auch Kosten ärztlicher Begutachtung und die Kosten der Rechtsverfolgung zu ersetzen. Ein Anspruch auf Ersatz der von den SozV-Trägern getragenen Verwaltungskosten für die Bearbeitung von Versicherungsfällen besteht nicht[5]. Da die Aufwendungen tatsächlich durch den Versicherungsfall entstanden sein müssen, kann der Schädiger dem Versicherungsträger entgegenhalten, dass dieser von einem bestimmten Zeitpunkt an auch ohne den Versicherungsfall dem Verunglückten oder dessen Hinterbliebenen hätte Rente zahlen müssen[6]. Leistungen, die der SozV-Träger erbracht hat, ohne hierzu verpflichtet zu sein bzw. die er unter Verletzung des hierfür uU eingeräumten Ermessensspielraums erbracht hat, sind nicht zu ersetzen. Soweit für den Schädiger eine private Haftpflichtversicherung eintritt, kommt die Erweiterung bzw. Beschränkung des Regressanspruchs aus § 110 aufgrund von Teilungsabkommen in Betracht, die zwischen den SozV-Trägern und Unternehmen der Privatversicherungswirtschaft abgeschlossen werden[7].

2. Zivilrechtlicher Schadensersatzanspruch als Kappungsgrenze. Der Regressanspruch kann nach Absatz 1 Satz 1 aE nicht höher sein als der zivilrechtliche Schadensersatzanspruch, der ohne die eventuelle Haftungsbeschränkung nach §§ 104–107 SGB VII bestünde. Insbesondere ist zu berücksichtigen, dass der Anspruch gemäß § 254 BGB wegen eines Mitverschuldens des Geschädigten gemindert sein kann[8]. Zudem ist der zivilrechtliche Schadensersatz nur insoweit zu berücksichtigen, wie er den Aufwendungen der Sozialversicherungsträger kongruent ist (s. zur Kongruenz § 116 SGB X, Rz. 11 ff.)[9].

3. Kapitalwert statt Rente, § 110 Abs. 1 Satz 2. Der SozV-Träger ist berechtigt, statt des Ersatzes laufender Rentenleistungen deren Kapitalwert zu fordern. Dies gilt unabhängig davon, ob er selbst die Rente abfindet. Für die Berechnung des Wertes der Abfindung wird vorgeschlagen, auf die Abfindungsverordnung abzustellen[10]. Andere Berechnungsweisen dürften aber ebenfalls zulässig sein.

IV. Regressverzicht, § 110 Abs. 2. Trotz vorsätzlicher oder grob fahrlässiger Herbeiführung des Versicherungsfalles ist es den SozV-Trägern möglich, wegen der besonderen **Härten, welche die Ersatzpflicht für den Schädiger nach sich ziehen kann,** auf ihre Ansprüche ganz oder teilweise zu verzichten. Dabei sind die wirtschaftlichen Verhältnisse des – möglicherweise in seiner Existenz bedrohten – Schädigers zu berücksichtigen, ebenso der Grad des Verschuldens sowie das Mitverschulden des Geschädigten oder des SozV-Trägers. Der SozV-Träger hat bei der Entschließung über den Verzicht, insb. wenn es um den Rückgriff gegen einen ArbN geht, auch den Erziehungs- und Strafcharakter des Rück-

---

1 BGH v. 11.2.2003 – VI ZR 34/02, VersR 2003, 595 m. zust. Anm. *Deutsch*; zum früheren Recht abweichend BGH v. 20.11.1979 – VI ZR 238/78, BGHZ 75, 328 (330) = NJW 1980, 996 f. | 2 BGH v. 18.10.1988 – VI ZR 15/88, NJW-RR 1989, 339 f.; ErfK/*Rolfs*, § 110 SGB VII Rz. 4; *Kater/Leube*, § 110 SGB VII Rz. 12. | 3 BGH v. 30.1.2001 – VI ZR 49/00, VersR 2001, 985; ähnlich bereits BGH v. 18.10.1988 – VI ZR 15/88, NJW 1989, 109; OLG Rostock v. 20.1.1998 – 15 U 51/96, VersR 1999, 1560. | 4 BGH v. 12.1.1988 – VI ZR 158/87, NJW 1988, 1265 f. | 5 *Kater/Leube*, § 110 SGB VII Rz. 14; *Schmitt*, § 111 SGB VII Rz. 12; s. zu den Kosten der Rechtsverfolgung als Teil des Schadensersatzanspruchs Palandt/*Heinrichs*, § 249 BGB Rz. 20 ff. | 6 BGH v. 30.11.1971 – VI ZR 53/70, BGHZ 57, 314 = NJW 1972, 442 ff. = VersR 1972, 251 ff. | 7 Vgl. BGH v. 7.4.1981 – VI ZR 251/78, VersR 1981, 649; v. 8.2.1983 – VI ZR 48/81, VersR 1983, 534; OLG Düsseldorf v. 27.8.2002 – 4 U 232/01, OLGR Düsseldorf 2003, 138; OLG Celle v. 29.12.2000 – 9 U 169/00, VersR 2002, 114; *Kater/Leube* § 110 SGB VII Rz. 16; KassKomm/*Kater*, § 116 SGB X Rz. 269 ff.; *Wussow*, Teilungsabkommen, S. 76 ff.; *Denck*, NJW 1982, 2048 ff. | 8 OLG Rostock v. 27.3.2003 – 1 U 118/01, NJ 2003, 657 = OLGR Rostock 2003, 372; *Waltermann*, NJW 1997, 3401 (3404); *Rolfs*, NJW 1996, 3177 (3181); *Schmitt*, § 111 SGB VI Rz. 13; *Brackmann/Krasney*, § 110 SGB VII Rz. 16. | 9 Stern-Krieger/Arnau, VersR 1997, 408 (412); a.A. Lehmacher, BG 2003, 464. | 10 Abfindungs-VO v. 17.8.1965, abgedr. bei *Schmitt*, § 76 SGB VII Rz. 11; so der Vorschlag bei *Nehls*, BG 1975, 234 ff.; *Kater/Leube*, § 110 SGB VII Rz. 17.

griffs sowie fürsorgliche Gesichtspunkte zu beachten[1]. Nach Ansicht des BGH besteht bei Einstehen eines Haftpflichtversicherers für den Schädiger kein Anlass zum Verzicht[2]. Teilweise wird dies auch angenommen, wenn – ausnahmsweise[3] – trotz grober Fahrlässigkeit ein Freistellungsanspruch gegen den ArbGeb besteht[4]. Bei Vorsatz dürfte der Regressverzicht regelmäßig ausgeschlossen sein; andererseits sind die jeweiligen persönlichen Besonderheiten bei Kindern, Jugendlichen sowie bei sonstigen Personen mit beschränkter Einsichtsfähigkeit zu berücksichtigen[5]. Die **Ausübung „billigen Ermessens"** steht nicht im Belieben des SozV-Trägers. Es ist ihm bei seiner Entschließung zwar ein gewisser Beurteilungsspielraum zuzubilligen; jedoch ist dessen Nutzung daraufhin zu überprüfen, ob sie sich im Rahmen des rechtlichen Gebots der Billigkeit hält. Aus diesem Grunde kann der SozV-Träger im Extremfall auch **verpflichtet** sein, sein billiges Ermessen auszuüben und auf die Durchsetzung des Regressanspruchs zu verzichten[6]. Da es sich bei dem Anspruch aus § 110 um eine privatrechtliche Forderung handelt (s. Rz. 1), ist das diesbezüglich ausgeübte Ermessen des SozV-Trägers privatrechtlicher Natur. Deshalb liegt auch die Überprüfung der Entschließung über Verzicht oder Nicht-Verzicht nach § 110 Abs. 2 in der Zuständigkeit der ordentlichen Gerichte und nicht der SG[7]. Der Verzicht bindet nur den ihn aussprechenden SozV-Träger[8]. Die zusätzliche Anwendung des Familienprivilegs nach § 116 Abs. 6 SGB X kommt nicht in Betracht, da insoweit § 110 Abs. 2 eine abschließende Regelung enthält, welche bei der Beteiligung von Familienangehörigen den Ausschluss des Rückgriffs ermöglicht[9].

111 Haftung des Unternehmens
Haben ein Mitglied eines vertretungsberechtigten Organs, Abwickler oder Liquidatoren juristischer Personen, vertretungsberechtigte Gesellschafter oder Liquidatoren einer Personengesellschaft des Handelsrechts oder gesetzliche Vertreter der Unternehmer in Ausführung ihnen zustehender Verrichtungen den Versicherungsfall vorsätzlich oder grob fahrlässig verursacht, haften nach Maßgabe des § 110 auch die Vertretenen. Eine nach § 110 bestehende Haftung derjenigen, die den Versicherungsfall verursacht haben, bleibt unberührt. Das Gleiche gilt für Mitglieder des Vorstandes eines nicht rechtsfähigen Vereins oder für vertretungsberechtigte Gesellschafter einer Personengesellschaft des bürgerlichen Rechts mit der Maßgabe, dass sich die Haftung auf das Vereins- oder das Gesellschaftsvermögen beschränkt.

1 Da § 110 lediglich die persönliche Haftung handelnder Schädiger erfasst, bedurfte es mit § 111 einer zusätzlichen Regelung für den Fall, dass die Schädiger als Organe oder gesetzliche Vertreter für Dritte – natürliche oder juristische Personen – gehandelt haben. Die Regelung entspricht in ihrem Rechtsgedanken den §§ 31, 89 und § 278 Abs. 1 Satz 1 Alt. 1 BGB, Art. 34 GG iVm. § 839 BGB. Erfasst werden sämtliche Konstellationen, in welchen der Schädiger als Organ, gesetzlicher Vertreter oder Partei kraft Amtes gehandelt hat, und zwar unabhängig davon, ob ein privatrechtliches oder öffentlich-rechtliches Rechtsverhältnis zu Grunde lag. Damit sind neben den im Gesetz genannten Abwicklern, Liquidatoren etc. auch weitere Personen erfasst, die diese Voraussetzungen erfüllen, also beispielsweise Testamentsvollstrecker, Nachlassverwalter, Insolvenzverwalter, Vormünder, Betreuer und Pfleger. Bei vorläufiger Insolvenzverwaltung kommt § 111 nur zur Anwendung, wenn der vorläufige Insolvenzverwalter als „starker" Verwalter eingesetzt ist, also verwaltungs- und verfügungsbefugt ist nach § 21 Abs. 2 Nr. 2, § 22 InsO. Die Haftung greift nur insofern, als die Schädigenden „in Ausführung ihnen zustehender Verrichtungen" den Versicherungsfall verursacht haben. Hier wird angeknüpft an die Haftungszurechnung im Gesellschaftsrecht, wie sie in § 31 BGB („... in Ausführung der ihm zustehenden Verrichtungen ...") geregelt ist. Das bedeutet, dass der Schädigende im Rahmen des ihm zustehenden Aufgabenkreises gehandelt haben muss. Die Handlung muss nicht durch die Vertretungsmacht erfasst gewesen sein, sondern erstreckt sich auch und gerade auf solche Fälle, in denen das Organ oder der Vertreter ihre Vertretungsmacht überschritten haben[10].

2 § 111 Satz 2 stellt klar, dass neben der vertretenen Person auch weiterhin der vertretende Schädiger voll persönlich haften kann. Beide sind dem SozV-Träger gegenüber als Gesamtschuldner verpflichtet[11].

---

1 KassKomm/*Ricke*, § 110 SGB VII Rz. 10; *Kater/Leube*, § 110 SGB VII Rz. 20; BGH v. 28.9.1971 – VI ZR 216/69 NJW 1972, 107 (108 f.); BT-Drs. IV/938, Begründung zu § 639. | 2 BGH v. 28.9.1971 – VI ZR 216/69, NJW 1972, 107 (109 f.); ErfK/*Rolfs*, § 110 SGB VII Rz. 7, s. dort auch im Einzelnen zum Haftungsumfang nach den Bedingungen der privaten Versicherungswirtschaft. | 3 Vgl. BAG v. 18.4.2002 – 8 AZR 348/01, NZA 2003, 37; v. 23.1.1997 – 8 AZR 893/95, NZA 1998, 140 f.; *Walker*, JuS 2002, 736; MünchArbR/*Blomeyer*, § 59 Rz. 42; s. zur Erfassung arbeitnehmerähnlicher Personen BSG v. 24.6.2003 – B 2 U 39/02 R, NZA 2003, 1136 = HVBG-Info 2003, 2496. | 4 *Kater/Leube*, § 110 SGB VII Rz. 20, zweifelhaft. | 5 *Kater/Leube*, § 110 SGB VII Rz. 20; *Baltzer*, SGb 1987, 529, 574. | 6 BGH v. 28.9.1971 – VI ZR 216/69, NJW 1972, 107 (108); KassKomm/*Ricke* § 110 SGB VII Rz. 10. | 7 BGH v. 28.9.1971 – VI ZR 216/69 NJW 1972, 107 (108 f.); BSG v. 11.12.1973 – 2 RU 30/71, BSGE 37, 20 (25 f.) = SozR Nr. 65 zu § 51 SGG, KassKomm/*Ricke* § 110 SGB VII Rz. 10. | 8 *Kater/Leube*, § 110 SGB VII Rz. 21. | 9 *Kater/Leube*, § 110 SGB VII Rz. 6; BGH v. 18.10.1977 – VI ZR 62/76, VersR 1978, 35 f. | 10 S. im Einzelnen Palandt/*Heinrichs*, § 31 BGB Rz. 10 f. | 11 KassKomm/*Ricke*, § 111 SGB VII Rz. 2.

§ 111 Satz 3 stellt eine Privilegierung derjenigen Personen dar, die für die Verbindlichkeiten von Gesellschaften bürgerlichen Rechts oder von nicht rechtsfähigen Vereinen einstehen müssen. Das geschieht in der Weise, dass deren Haftung auf das Vereins- oder Gesellschaftsvermögen beschränkt wird. Dies sind bei der GbR die Gesellschafter[1]. Beim nicht rechtsfähigen Idealverein wird dagegen regelmäßig ohnehin angenommen, dass entsprechend § 31 BGB und entgegen § 54 Satz 2 BGB eine persönliche unbeschränkte Haftung der Mitglieder des Vereinsvorstandes ausgeschlossen sei. Allerdings greift die unbeschränkte Haftung beim nicht eingetragenen wirtschaftlichen Verein iSd. § 22 BGB, so dass hier § 111 Satz 3 zur Anwendung kommt[2]. Mit der Privilegierung der Vorstandsmitglieder nicht rechtsfähiger Vereine und vertretungsberechtigter GbR-Gesellschafter ist umgekehrt klargestellt, dass außerhalb des Anwendungsbereichs von § 111 Satz 3 Dritte für die gemäß § 111 Satz 1 begründeten Verbindlichkeiten nach den allgemeinen Vorschriften haften. Soweit also zB eine OHG nach § 111 in Regress genommen wird, haften ihre Gesellschafter hierfür unbeschränkt nach § 128 HGB, ohne dass irgendwelche Besonderheiten gelten.

112 *Bindung der Gerichte*
§ 108 über die Bindung der Gerichte gilt auch für die Ansprüche nach den §§ 110 und 111.

§ 112 bewirkt, dass die über Schadensersatzverpflichtungen entscheidenden Zivilgerichte an Feststellungen gebunden sind, welche die SozV-Träger oder SG über das Vorliegen von Versicherungsfällen, den Leistungsumfang und die Zuständigkeit von Unfallversicherungsträgern treffen. Ebenso wie bei der Frage der zivilrechtlichen Haftung gemäß §§ 104–107 greift demnach auch bei der Geltendmachung des zivilrechtlichen Regressanspruchs nach §§ 110 f. die Bindungswirkung verwaltungs- oder sozialgerichtlicher Entscheidungen. Es gelten also die zu § 108 gemachten Bemerkungen; insb. ist darauf zu achten, dass die Bindungswirkung auch gegenüber den nach § 110 f. Haftenden nur insofern greift, als sie am Verfahren beteiligt waren (s. § 108 Rz. 3)[3].

113 *Verjährung*
Für die Verjährung der Ansprüche nach den §§ 110 und 111 gelten die §§ 195, 199 Abs. 1 und 2 und § 203 des Bürgerlichen Gesetzbuchs entsprechend mit der Maßgabe, dass die Frist von dem Tag an gerechnet wird, an dem die Leistungspflicht für den Unfallversicherungsträger bindend festgestellt oder ein entsprechendes Urteil rechtskräftig geworden ist. Artikel 229 § 6 Abs. 1 des Einführungsgesetzes zum Bürgerlichen Gesetzbuche gilt entsprechend.

I. Allgemeines. § 113 regelt die Verjährung der durch §§ 110 f. begründeten Ansprüche. Zu diesem Zweck wird auf deliktsrechtliches Verjährungsrecht des BGB verwiesen, wobei sich der Beginn des Fristablaufs nach der bindenden bzw. rechtskräftigen Feststellung der Leistungspflicht des Unfallversicherungsträgers richtet. **Bis zum 31.12.2001** war dabei gemäß § 113 SGB VII aF § 852 BGB in der bis dahin gültigen Fassung anzuwenden. Demnach verjährten Delikte in drei Jahren von dem Zeitpunkt an, in welchem der Verletzte von dem Schaden und der Person des Ersatzpflichtigen Kenntnis erlangte, ohne Rücksicht auf diese Kenntnis in 30 Jahren von Begehung der Handlung an. Für den Zeitpunkt des Beginns der Verjährungsfrist war – wie auch heute – statt der Kenntniserlangung die bindende bzw. rechtskräftige Feststellung der Leistungspflicht entscheidend. **Seit dem 1.1.2002** ist die deliktsrechtliche Verjährung in das allgemeine Verjährungsrecht insb. der §§ 195, 199 eingegliedert worden[4]. Nachdem der Gesetzgeber der Schuldrechtsreform den Änderungsbedarf für § 113 zunächst übersehen hatte, wurde § 113 mit Gesetz vom 21.6.2002 rückwirkend zum 1.1.2002 geändert, so dass die Vorschrift nun auf das reformierte BGB verweist[5].

II. Satz 1: Verjährung des Regressanspruchs. Die Regelung hat die Funktion, die originären Regressansprüche aus §§ 110 f. mit dem deliktsrechtlichen Verjährungsrecht zu synchronisieren. Deswegen verweist sie – allerdings nur teilweise – auf das für deliktsrechtliche Ansprüche gültige Verjährungsrecht der §§ 194 ff. BGB. Soweit es sich beim Versicherungsfall um eine Verletzung des Lebens, des Körpers, der Gesundheit oder der Freiheit handelt (was bei §§ 110 f. regelmäßig der Fall ist), greift die **dreißigjährige Verjährungsfrist** nach § 199 Abs. 2 BGB iVm. § 113 SGB VII. Wenn ausnahmsweise Hilfsmittel beschädigt sind (§ 8 Abs. 3, s. oben § 104 Rz. 6) und deshalb § 199 Abs. 2 BGB nicht anzuwenden ist, greift für die Ansprüche aus §§ 110, 111 die **dreijährige Verjährung** nach § 195 BGB (die für die Sachbeschädigung greifende Verjährungsregel des § 199 Abs. 3 BGB kommt mangels Verweises in § 113 nicht zur Anwendung).

---

1 Palandt/*Sprau*, § 714 BGB Rz. 11 ff. | 2 S. im Einzelnen Palandt/*Heinrichs*, § 54 BGB Rz. 12 f. | 3 *Kater/Leube*, § 112 SGB VII Rz. 1. | 4 Gesetz zur Modernisierung des Schuldrechts vom 26.11.2001, BGBl. I Satz 3138 ff.; in Kraft getreten zum 1.1.2002. | 5 Art. 9 Hüttenknappschaftliches Zusatzversicherungs-Neuregelungs-Gesetz – HZvNG vom 21.6.2002, BGBl. I Satz 2167 vom 28.6.2002, s. die knappe Gesetzesbegründung BT-Drs. 14/9007, S. 38.

SGB VII § 113 Rz. 3   Verjährung

3   **Verjährungsbeginn** ist – abweichend von § 199 Abs. 1 BGB – die **bindende bzw. rechtskräftige Feststellung der Leistungspflicht**. Eine bindende Feststellung der Leistungspflicht ist bereits dann gegeben, wenn ein vorläufiger diesbezüglicher Bescheid vorliegt[1]. Die Anknüpfung an die Feststellung der Leistungspflicht des *Unfall*versicherungsträgers greift auch dann, wenn ein anderer SozV-Träger Ansprüche aus §§ 110 f. geltend macht (vgl. § 110 Rz. 3). Angesichts der heute regelmäßig dreißigjährigen Verjährungsfrist kann nicht (mehr) angenommen werden, dass ausnahmsweise an andere Ereignisse anzuknüpfen ist wie etwa den Beginn der Leistungspflicht eines RV-Trägers[2].

4   Für den Fall **schwebender Verhandlungen** greift die Hemmung der Verjährung gemäß § 203 BGB, so dass sich währenddessen die Verjährung nach Maßgabe von § 209 BGB hinauszögern kann[3]. Zwar verweist § 113 Satz 1 nicht insgesamt auf die Titel 2 und 3 des Verjährungsabschnitts im BGB (§§ 203–218 BGB), sondern nur auf § 203 BGB. Da es sich bei § 110 f. aber um privatrechtliche Ansprüche handelt (§ 110 Rz. 1), sind für die weitere Beurteilung insb. der Hemmung, der Ablaufhemmung und des Neubeginns der Verjährung die **§§ 204–218 BGB entsprechend** anzuwenden[4].

5   **III. Satz 2: Übergangsrecht.** § 113 nF gilt rückwirkend seit dem 1.1.2002[5]. Für die Regelung des Übergangsrechts verweist § 113 Satz 2 nur auf Art. 229 § 6 Abs. 1 EGBGB, so dass die übrigen, teilweise komplexen Übergangsregelungen nach Art. 229 § 6 Abs. 2–6 nicht greifen. Für die am 1.1.2002 nach altem Recht *bereits verjährten* Ansprüche bleibt es demnach bei der Verjährung. Für alle seit dem 1.1.2002 *entstandenen* Ansprüche gilt § 113 nF. Des Weiteren gilt er gemäß Art. 29 § 6 Abs. 1 Satz 1 EGBGB auch für alle nach altem Recht am 1.2.2002 bereits *entstandenen, aber noch nicht verjährten* Ansprüche. Die Hemmung, die Ablaufhemmung, der Neubeginn sowie die Unterbrechung der Verjährung von Ansprüchen, die am 1.2.2002 bereits entstanden, aber noch nicht verjährt waren, richtet sich nach dem gemäß Art. 229 § 6 Abs. 1 Satz 2, 3 EGBGB anzuwendenden Recht[6].

---

[1] BGH v. 18.5.1955 – VI ZR 74/54, BGHZ 17, 297 = NJW 1955, 1398; Wannagat/*Waltermann* § 113 SGB VII Rz. 1. | [2] So zum bisherigen Recht Wannagat/*Waltermann*, § 113 SGB VII Rz. 3; offen dazu unter Geltung der RVO BGH v. 21.9.1971 – VI ZR 206/70, NJW 1972, 110. | [3] S. dazu Palandt/*Heinrichs*, § 203 BGB Rz. 2 ff. | [4] Ebenso zum bisherigen Recht *Kater/Leube*, § 113 SGB VII Rz. 3; *Schmitt* § 113 SGB VII Rz. 5; Wannagat/*Waltermann*, § 113 SGB VII Rz. 4. | [5] Art. 25 Abs. 5 HZvNG, BGBl. I S. 2167 v. 28.6.2002. | [6] S. dazu Palandt/*Heinrichs*, Art. 229 § 6 EGBGB Rz. 3, 4, 7; *Mansel* in: Dauner-Lieb/Heidel/Lepa/Ring, § 14 Rz. 14 ff.

Sozialgesetzbuch (SGB)

Neuntes Buch (IX)
– Rehabilitation und Teilhabe behinderter Menschen –

vom 19.6.2001 (BGBl. I S. 1046),
zuletzt geändert durch Gesetz vom 23.4.2004 (BGBl. I S. 606)

– Auszug –

Kapitel 4. Kündigungsschutz

85 *Erfordernis der Zustimmung*
Die Kündigung des Arbeitsverhältnisses eines schwerbehinderten Menschen durch den Arbeitgeber bedarf der vorherigen Zustimmung des Integrationsamtes.

86 *Kündigungsfrist*
Die Kündigungsfrist beträgt mindestens vier Wochen.

87 *Antragsverfahren*
(1) Die Zustimmung zur Kündigung beantragt der Arbeitgeber bei dem für den Sitz des Betriebes oder der Dienststelle zuständigen Integrationsamt schriftlich. Der Begriff des Betriebes und der Begriff der Dienststelle im Sinne des Teils 2 bestimmen sich nach dem Betriebsverfassungsgesetz und dem Personalvertretungsrecht.

(2) Das Integrationsamt holt eine Stellungnahme des Betriebsrates oder Personalrates und der Schwerbehindertenvertretung ein und hört den schwerbehinderten Menschen an.

(3) Das Integrationsamt wirkt in jeder Lage des Verfahrens auf eine gütliche Einigung hin.

88 *Entscheidung des Integrationsamtes*
(1) Das Integrationsamt soll die Entscheidung, falls erforderlich auf Grund mündlicher Verhandlung, innerhalb eines Monats vom Tage des Eingangs des Antrages an treffen.

(2) Die Entscheidung wird dem Arbeitgeber und dem schwerbehinderten Menschen zugestellt. Dem Arbeitsamt wird eine Abschrift der Entscheidung übersandt.

(3) Erteilt das Integrationsamt die Zustimmung zur Kündigung, kann der Arbeitgeber die Kündigung nur innerhalb eines Monats nach Zustellung erklären.

(4) Widerspruch und Anfechtungsklage gegen die Zustimmung des Integrationsamtes zur Kündigung haben keine aufschiebende Wirkung.

(5) In den Fällen des § 89 Abs. 1 Satz 1 und Abs. 3 gilt Absatz 1 mit der Maßgabe, dass die Entscheidung innerhalb eines Monats vom Tage des Eingangs des Antrages an zu treffen ist. Wird innerhalb dieser Frist eine Entscheidung nicht getroffen, gilt die Zustimmung als erteilt. Die Absätze 3 und 4 gelten entsprechend.

89 *Einschränkungen der Ermessensentscheidung*
(1) Das Integrationsamt erteilt die Zustimmung bei Kündigungen in Betrieben und Dienststellen, die nicht nur vorübergehend eingestellt oder aufgelöst werden, wenn zwischen dem Tage der Kündigung und dem Tage, bis zu dem Gehalt oder Lohn gezahlt wird, mindestens drei Monate liegen. Unter der gleichen Voraussetzung soll es die Zustimmung auch bei Kündigungen in Betrieben und Dienststellen erteilen, die nicht nur vorübergehend wesentlich eingeschränkt werden, wenn die Gesamtzahl der weiterhin beschäftigten schwerbehinderten Menschen zur Erfüllung der Beschäftigungspflicht nach § 71 ausreicht. Die Sätze 1 und 2 gelten nicht, wenn eine Weiterbeschäftigung auf einem anderen Arbeitsplatz desselben Betriebes oder derselben Dienststelle oder auf einem freien

Arbeitsplatz in einem anderen Betrieb oder einer anderen Dienststelle desselben Arbeitgebers mit Einverständnis des schwerbehinderten Menschen möglich und für den Arbeitgeber zumutbar ist.

(2) Das Integrationsamt soll die Zustimmung erteilen, wenn dem schwerbehinderten Menschen ein anderer angemessener und zumutbarer Arbeitsplatz gesichert ist.

(3) Ist das Insolvenzverfahren über das Vermögen des Arbeitgebers eröffnet, soll das Integrationsamt die Zustimmung erteilen, wenn

1. der schwerbehinderte Mensch in einem Interessenausgleich namentlich als einer der zu entlassenden Arbeitnehmer bezeichnet ist (§ 125 der Insolvenzordnung),
2. die Schwerbehindertenvertretung beim Zustandekommen des Interessenausgleichs gemäß § 95 Abs. 2 beteiligt worden ist,
3. der Anteil der nach dem Interessenausgleich zu entlassenden schwerbehinderten Menschen an der Zahl der beschäftigten schwerbehinderten Menschen nicht größer ist als der Anteil der zu entlassenden übrigen Arbeitnehmer an der Zahl der beschäftigten übrigen Arbeitnehmer und
4. die Gesamtzahl der schwerbehinderten Menschen, die nach dem Interessenausgleich bei dem Arbeitgeber verbleiben sollen, zur Erfüllung der Beschäftigungspflicht nach § 71 ausreicht.

90 *Ausnahmen*

(1) Die Vorschriften dieses Kapitels gelten nicht für schwerbehinderte Menschen,

1. deren Arbeitsverhältnis zum Zeitpunkt des Zugangs der Kündigungserklärung ohne Unterbrechung noch nicht länger als sechs Monate besteht oder
2. die auf Stellen im Sinne des § 73 Abs. 2 Nr. 2 bis 6 *[ab 1.1.2005: 5]* beschäftigt werden oder
3. deren Arbeitsverhältnis durch Kündigung beendet wird, sofern sie

   a) das 58. Lebensjahr vollendet haben und Anspruch auf eine Abfindung, Entschädigung oder ähnliche Leistung auf Grund eines Sozialplanes haben oder

   b) Anspruch auf Knappschaftsausgleichsleistung nach dem Sechsten Buch oder auf Anpassungsgeld für entlassene Arbeitnehmer des Bergbaus haben,

wenn der Arbeitgeber ihnen die Kündigungsabsicht rechtzeitig mitgeteilt hat und sie der beabsichtigten Kündigung bis zu deren Ausspruch nicht widersprechen.

(2) Die Vorschriften dieses Kapitels finden ferner bei Entlassungen, die aus Witterungsgründen vorgenommen werden, keine Anwendung, sofern die Wiedereinstellung der schwerbehinderten Menschen bei Wiederaufnahme der Arbeit gewährleistet ist.

(2a) Die Vorschriften dieses Kapitels finden ferner keine Anwendung, wenn zum Zeitpunkt der Kündigung die Eigenschaft als schwerbehinderter Mensch nicht nachgewiesen ist oder das Versorgungsamt nach Ablauf der Frist des § 69 Abs. 1 Satz 2 eine Feststellung wegen fehlender Mitwirkung nicht treffen konnte.

(3) Der Arbeitgeber zeigt Einstellungen auf Probe und die Beendigung von Arbeitsverhältnissen schwerbehinderter Menschen in den Fällen des Absatzes 1 Nr. 1 unabhängig von der Anzeigepflicht nach anderen Gesetzen dem Integrationsamt innerhalb von vier Tagen an.

91 *Außerordentliche Kündigung*

(1) Die Vorschriften dieses Kapitels gelten mit Ausnahme von § 86 auch bei außerordentlicher Kündigung, soweit sich aus den folgenden Bestimmungen nichts Abweichendes ergibt.

(2) Die Zustimmung zur Kündigung kann nur innerhalb von zwei Wochen beantragt werden; maßgebend ist der Eingang des Antrages bei dem Integrationsamt. Die Frist beginnt mit dem Zeitpunkt, in dem der Arbeitgeber von den für die Kündigung maßgebenden Tatsachen Kenntnis erlangt.

(3) Das Integrationsamt trifft die Entscheidung innerhalb von zwei Wochen vom Tage des Eingangs des Antrages an. Wird innerhalb dieser Frist eine Entscheidung nicht getroffen, gilt die Zustimmung als erteilt.

(4) Das Integrationsamt soll die Zustimmung erteilen, wenn die Kündigung aus einem Grunde erfolgt, der nicht im Zusammenhang mit der Behinderung steht.

(5) Die Kündigung kann auch nach Ablauf der Frist des § 626 Abs. 2 Satz 1 des Bürgerlichen Gesetzbuchs erfolgen, wenn sie unverzüglich nach Erteilung der Zustimmung erklärt wird.

(6) *Schwerbehinderte Menschen, denen* lediglich aus Anlass eines Streiks oder einer Aussperrung *fristlos gekündigt worden ist*, werden nach Beendigung des Streiks oder der Aussperrung wieder eingestellt.

Kündigungsschutz Rz. 4 §§ 85–92 SGB IX

92 *Erweiterter Beendigungsschutz*
Die Beendigung des Arbeitsverhältnisses eines schwerbehinderten Menschen bedarf auch dann der vorherigen Zustimmung des Integrationsamtes, wenn sie im Falle des Eintritts einer teilweisen Erwerbsminderung, der Erwerbsminderung auf Zeit, der Berufsunfähigkeit oder der Erwerbsunfähigkeit auf Zeit ohne Kündigung erfolgt. Die Vorschriften dieses Kapitels über die Zustimmung zur ordentlichen Kündigung gelten entsprechend.

I. Inhalt der Vorschriften 1	3. Verfahren bei betriebsbedingten Kündigungen nach § 89 SGB IX 58
1. Gesetzlicher Auftrag 1	a) Anwendungsfälle 58
2. Arbeitsrechtlich geschützter Personenkreis . . 2	b) Pflichtplatzbesetzung als Voraussetzung . 61
3. Ausnahmen 7	c) Einschränkungen nach § 89 Abs. 2 Satz 3 SGB IX 62
4. Schwerbehindertenvertretung 9	d) Sicherung eines anderen angemessenen Arbeitsplatzes 65
II. Entstehungsgeschichte 12	e) Insolvenzverfahren 66
III. Gemeinsame Voraussetzungen des besonderen Schutzes 17	f) Verfahrensgrundsätze 67
1. Schwerbehinderteneigenschaft 17	4. Verfahren bei außerordentlichen Kündigungen nach § 91 SGB IX 68
2. Gleichstellung 18	a) Verweisung auf §§ 85–90 exc § 86 SGB IX . . 68
3. Beginn/Ende des Schutzes 19	b) Antragsinhalt 69
4. Kenntnis des Arbeitgebers 21	c) Ermessensspielraum 71
5. Anerkennungsverfahren 23	d) Stellungnahmen/Anhörung 75
6. Schutz vor Anerkennungsentscheidung 26	e) Frist zur Entscheidung 76
7. Berufung des Arbeitnehmers auf den besonderen Schutz 28	f) Zustimmungsfiktion 78
IV. Zustimmungsverfahren 34	g) Verwertung des Verfahrensergebnisses . . 80
1. Grundsätze 34	h) Die außerordentliche Kündigung des ordentlich „unkündbaren" schwerbehinderten Menschen 84
2. Verfahren bei ordentlichen Kündigungen nach §§ 87, 88 SGB IX 36	V. Beteiligung von Betriebs-/Personalrat 85
a) Antrag 36	VI. Negativ-Attest 87
b) Zuständigkeit 37	VII. Präklusion 89
c) Inhalt 38	VIII. Wirkung der Verwaltungsentscheidung/Rechtsmittel 90
d) Fristen 39	IX. Erweiterter Bestandsschutz nach § 92 SGB IX 95
e) Einholung von Stellungnahmen/Anhörung . 40	
f) Gütliche Einigung 44	
g) Mündliche Verhandlung 45	
h) Entscheidung 47	
aa) Frist 47	
bb) Grundlagen der Entscheidung 48	
cc) Form der Entscheidung und Zustellung . 53	
i) Verwertung der Entscheidung 56	

I. Inhalt der Vorschriften. 1. Gesetzlicher Auftrag. § 1 erklärt es zur Aufgabe, behinderte Menschen, die „gleichberechtigte Teilhabe am Leben in der Gesellschaft" zu gewährleisten. § 33 spricht von der Ermöglichung der „Teilhabe am Arbeitsleben" und deren Sicherung „auf Dauer" ggf. auch durch präventive Maßnahmen iSd. in das Behindertenrecht neu eingeführten § 84. § 1 nennt als Zielgruppe auch die „von Behinderung bedrohten Menschen". Diese sind in den Geltungsbereich der arbeitsrechtlichen Regelungen über den Sonderkündigungsschutz nicht einbezogen. **1**

2. Arbeitsrechtlich geschützter Personenkreis. Der arbeitsrechtlich geschützte Personenkreis besteht nach § 68 Abs. 1 nur in **2**

- schwerbehinderten Menschen
- gleichgestellten Menschen

Die Begriffe definiert § 2: **3**

- Nach Abs. 2 sind Menschen behindert, wenn ihre körperliche Funktion, geistige Fähigkeit oder seelische Gesundheit mit hoher Wahrscheinlichkeit länger als sechs Monate von dem für das Lebensalter typischen Zustand abweichen und daher ihre Teilhabe am Leben in der Gesellschaft beeinträchtigt ist. **Schwerbehindert** ist, wessen Grad der Behinderung mindestens 50 % beträgt.

- Nach Abs. 3 können und sollen den schwerbehinderten Menschen solche Personen gleichgestellt werden, bei denen die Voraussetzungen des Abs. 2 vorliegen, aber der Grad der Behinderung weniger *als 50 %, aber* mindestens 30 % beträgt und die in Folge der Behinderung ohne die Gleichstellung einen geeigneten Arbeitsplatz (1) nicht erlangen oder (2) nicht behalten können.

§ 2 Abs. 2 beinhaltet darüber hinaus das Prinzip der **Territorialität**. Danach ist Schutzvoraussetzung, dass rechtmäßig **4**

- der gewöhnliche Aufenthalt oder
- die Beschäftigung auf einem Arbeitsplatz iSv. § 73

im Geltungsbereich des Gesetzes bestehen. Befindet sich ein schwerbehinderter Mensch in einem reinen **Auslandsarbeitsverhältnis**, das nach Vertrag und Abwicklung auf den Einsatz des ArbN bei ausländischen Baustellen beschränkt ist und keinerlei Ausstrahlung auf den inländischen Betrieb des ArbGeb hat, besteht der Sonderkündigungsschutz nicht[1].

5 Nur **ArbN** haben nach § 85 den besonderen Schutz. Dazu gehören hier auch Azubis[2]. Heimarbeiter werden über § 127 Abs. 2 Satz 2 ebenfalls in den Sonderkündigungsschutz einbezogen. Nicht hingegen bezieht sich der Schutz auf freie und selbstständige Dienstnehmer, wie zB Geschäftsführer oder Vorstände oder andere Organvertreter[3].

6 Die Vorschriften über den Sonderkündigungsschutz nach dem SGB IX gelten auch im **Kleinbetrieb** iSv. § 23 Abs. 1 KSchG.

7 **3. Ausnahmen** regelt § 90. Danach gelten die Sonderkündigungsschutzregelungen nicht

- in den ersten sechs Monaten eines Arbeitsverhältnisses
- bei der Beschäftigung des ArbN auf Stellen iSd. § 73 Abs. 2 Nr. 2–6
- bei ArbN mit vollendeten 58 Lebensjahren und
  a) Ausscheiden mit Abfindung aufgrund eines Sozialplananspruchs oder
  b) Anspruch auf Knappschaftsausgleichsleistungen, wenn der ArbGeb ihnen die Kündigungsabsicht rechtzeitig mitgeteilt hat und die ArbN der beabsichtigten Kündigung bis zu deren Ausspruch nicht widersprechen.
- bei witterungsbedingten Entlassungen, sofern die Wiedereinstellung gewährleistet ist.

8 In allen übrigen Fällen greifen die §§ 85 ff. mit der Folge, dass keine Kündigung ohne die zustimmende Entscheidung des Integrationsamtes zulässig ist, einerlei, ob es sich um ordentliche oder außerordentliche oder Änderungs-Kündigungen handelt.

9 **4. Schwerbehindertenvertretung.** § 94 Abs. 1 sieht in Betrieben mit wenigstens fünf nicht nur vorübergehend beschäftigten schwerbehinderten Menschen die Wahl einer Schwerbehindertenvertretung vor, deren **Aufgaben** in § 95 beschrieben sind. Hierzu gehört auch nach § 95 Abs. 2 die Mitwirkung am Kündigungsverfahren gegen schwerbehinderte oder gleichgestellte Menschen.

10 Der Schwerbehindertenvertretung steht ein umfassendes **Unterrichtungsrecht** und im Vorfeld auch ein Überwachungsrecht für Präventivmaßnahmen nach § 84 zu.

11 Die **Verletzung der arbeitgeberseitigen** Pflichten ist nach § 156 Abs. 1 Nr. 9 mit Bußgeld bis zu 2.500 Euro bedroht. Dennoch ist die unterbliebene Beteiligung der Schwerbehindertenvertretung im Kündigungsverfahren kein Grund, der zur Unwirksamkeit der Kündigung iSv. § 134 BGB führen würde[4]. Eine solche Unwirksamkeit sieht das Gesetz – auch im reformierten Schwerbehindertenrecht – nicht vor.

12 **II. Entstehungsgeschichte.** Das jetzige SGB IX (BGBl. 2001 I S. 1046) übernimmt ab 1.7.2001 im Wesentlichen inhaltsgleich die Vorschriften des SchwbG von 1974 in der Fassung vom 26.8.1986 bzw. mit den durch das SchwbBAG vom 29.9.2000 vorgeschriebenen Änderungen.

13 Das SchwbG wiederum hatte das 1961 in Kraft getretene Vorläufer-Gesetz (BGBl. 1961 I S. 1233) abgelöst und mit seinem § 15 die ArbGebKündigung grundsätzlich von der Zustimmung der Hauptfürsorgestelle abhängig gemacht. Eingeführt durch das SchwbG war außerdem in § 16 eine Mindest-Kündigungsfrist von vier Wochen und in § 15 eine Vollzugsfrist von einem Monat ab Entscheidung der Hauptfürsorgestelle.

14 Die Änderungen durch das SGB IX sind im Sonderkündigungsschutzrecht selbst eigentlich nur terminologischer Art: Aus der Hauptfürsorgestelle wird das **Integrationsamt** und aus dem Schwerbehinderten wird der **schwerbehinderte Mensch**.

15 Inwieweit das **Diskriminierungsverbot** des § 81 und die Präventionspflicht in § 84 auf das Kündigungsrecht Ausstrahlung erlangen, bleibt abzuwarten. Ein erster Ansatz ergibt sich aus zwei Entscheidungen des 9. Senats des BAG vom 3.12.2002, in welchem die Pflichten des ArbGeb zur Prüfung der Versetzung in einen anderen Betrieb zur Besetzung eines dort freien Arbeitsplatzes und die Pflicht des ArbGeb zur Durchführung eines Zustimmungsersetzungsverfahrens des dortigen BR nach § 99 Abs. 3 BetrVG erörtert wurden[5].

16 Festzustellen bleibt aber, dass die eigentlichen **rechtlichen Streitpunkte** des Schwerbehindertensonderkündigungsschutzrechtes (zB die im Gesetz nicht geregelte Monatsfrist für die Berufung auf den dem ArbGeb bis dato unbekannten Schwerbehindertenschutz) nicht geregelt wurden. Ebenso hat der Gesetzgeber nicht die Probleme angefasst, die sich § 91 Abs. 4 und 5 ergeben können. Durch das Ge-

---

[1] BAG v. 30.4.1987 – 2 AZR 192/86, AP Nr. 15 zu § 12 SchwbG. | [2] BAG v. 10.12.1987 – 2 AZR 385/87, AP Nr. 11 zu § 18 SchwbG. | [3] KR/*Etzel*, vor §§ 85–92 Rz. 16. | [4] KR/*Etzel*, vor §§ 85–92, Rz. 37 mwN. | [5] BAG v. 3.12.2002 – 9 AZR 481/01, NZA 2003, 1215.

setz zur Förderung und Ausbildung und Beschäftigung schwerbehinderter Mensch vom 23.4.2004 (BGBl. I 2004, 606 ff.) – insoweit in Kraft getreten am 1.5.2004 – ist dem § 88 SGB IX ein Absatz 5) angefügt, wonach das Verfahren nach § 89 Abs. 1 und 3 SGB IX eine gewisse Verselbständigung erfährt: Das Integrationsamt hat hier innerhalb einer Frist von einem Monat ab Eingang des Antrags zu entscheiden. Geschieht dies nicht, so tritt – wie auch nach § 91 Abs. 3 SGB IX – eine Zustimmungsfiktion ein. Neu ist außerdem eine Regelung in § 90 Abs. 2a), wonach der besondere Kündigungsschutz nicht gilt, wenn zum Zeitpunkt der Kündigung die Eigenschaft als schwerbehinderter Mensch nicht nachgewiesen ist oder das Versorgungsamt eine diesbezügliche Feststellung wegen fehlender Mitwirkung des Antragstellers nicht treffen konnte.

III. Gemeinsame Voraussetzungen des besonderen Schutzes. 1. Schwerbehinderteneigenschaft. Die Definition der Schwerbehinderung ist in § 2 Abs. 2 enthalten. Der besondere Kündigungsschutz der §§ 85 ff. setzt voraus, dass die nach § 2 Abs. 2 geforderten Voraussetzungen im Zeitpunkt des Zugangs der Kündigung des ArbGeb in der Person des ArbN vorhanden sind.

2. Gleichstellung. Die Anerkennung der Gleichstellung bewirkt nach § 68 Abs. 3 die gleichen Schutzrechte, wenn die Voraussetzungen für die Anerkennung im Zeitpunkt des Zugangs der Kündigung vorliegen.

3. Beginn/Ende des Schutzes. Der **Beginn** des Schutzes ist gekoppelt an die behördliche Feststellung des Zeitpunktes – auch wenn dieser rückwirkend festgestellt wird. Keinesfalls kann aber der Beginn vor der Antragstellung liegen[1]. Allerdings kann bei dem ArbGeb bekannter Behinderung und ihm bekannter, beabsichtigter Antragstellung durch den behinderten Menschen geboten sein, den ArbN so zu behandeln, als habe er den Antrag bereits gestellt[2].

Das **Ende** tritt ein mit dem Wegfall der Voraussetzungen des § 2 Abs. 2. Wird dies durch behördlichen Bescheid festgestellt, so erlischt der Schutz erst am Ende des dritten Kalendermonats nach Eintritt der Unanfechtbarkeit des die Verringerung des Grades der Behinderung feststellenden Bescheides[3].

4. Kenntnis des ArbGeb. Auf eine Kenntnis des kündigenden ArbGeb kommt es nicht an. Entscheidend ist vielmehr, ob die Kündigung ein Arbeitsverhältnis mit einem schwerbehinderten Menschen betrifft (§ 85) oder mit einem gleichgestellten (§ 68 Abs. 3). Liegen die Voraussetzungen vor, so ist die vorherige Zustimmung des Integrationsamtes nach § 85 Zulässigkeitsvoraussetzung für die Kündigung des ArbGeb. Der Verstoß führt zur Nichtigkeit nach § 134 BGB ungeachtet der Kenntnis des Kündigenden vom Status des ArbN[4].

In der Vergangenheit hatte das BAG mit seiner Entscheidung vom 7.3.2002[5] die Voraussetzungen relativiert: Sprach der ArbGeb in Kenntnis einer körperlichen Beeinträchtigung des ArbN und seiner beabsichtigten Antragstellung die Kündigung aus, musste er sich je nach den Umständen so behandeln lassen, als sei vom ArbN die Feststellung der Schwerbehinderung bereits beantragt worden. Dabei hatte es die Vorinstanzen korrigiert, die die rückwirkende Feststellung der Schwerbehinderteneigenschaft zur Unwirksamkeit führen lassen wollten, auch wenn noch kein Antrag auf Anerkennung im Zeitpunkt des Zugangs der Kündigung gestellt war[6]. Das BAG widersprach damit auch der von *Etzel*[7] vertretenen Auffassung, die auf den Wortlaut des § 85 SGB IX abhebend meint, es komme nur auf die Schwerbehinderung als körperlichen Zustand, nicht aber auf dessen existente oder beantragte Anerkennung an. Die seit dem 1.5.2004 eingefügte Neuregelung in § 90 Abs. 2a) SGB bringt hier Klarheit. Die Vorschriften über den Sonderkündigungsschutz finden keine Anwendung, wenn zum Zeitpunkt der Kündigung die Eigenschaft als schwerbehinderter Mensch nicht nachgewiesen ist oder das Versorgungsamt nach Ablauf der Frist des § 69 Abs. 1 Satz 2 seine Feststellung wegen fehlender Mitwirkung des Antragstellers nicht treffen konnte. Die Ausschussbegründung[8] führt hierzu aus, dass hierdurch ausgeschlossen sei, dass ein besonderer Kündigungsschutz auch für den Zeitraum gelte, in welchem ein in der Regel aussichtsloses Anerkennungsverfahren betrieben wird. Der Kündigungsschutz gelte eben nur in den Fällen, in denen entweder die Entscheidung bereits getroffen ist oder der Antrag anhängig ist und das Versorgungsamt ohne ein Verschulden des Antragstellers noch keine Feststellung treffen konnte.

5. Anerkennungsverfahren. § 69 regelt das Verfahren für die Anerkennung der Schwerbehinderten: Zuständig sind die „für die Durchführung des Bundesversorgungsgesetzes" zuständigen Behörden, also die **Versorgungsämter**. Diese haben den Grad der Behinderung festzulegen, soweit dies nicht schon iSd. Abs. 2 anderweitig geschehen ist, zB in einem Rentenbescheid oder durch gerichtliche Entscheidung.

Die Behörden stellen einen **Ausweis** aus (Abs. 5) über die Eigenschaft als schwerbehinderter Mensch. Insoweit gilt die *Schwerbehindertenausweisverordnung* (SchwbAwVO) vom 25.7.1991 (BGBl. I S. 1739) in der Fassung des Gesetzes vom 19.6.2001 (BGBl. I S. 1046). Der Ausweis dient als Nachweis des Schwerbehindertenstatus. Die Dauer der Gültigkeit wird befristet. Der Zeitpunkt, ab dem der Status

---

1 BSG v. 28.5.1991 – 13/5 RJ 4/90, NZA 1991, 998. | 2 BAG v. 7.3.2002 – 2 AZR 612/00, FA 2002, 154. | 3 Küttner/*Kania*, 9. Aufl., S. 1956. | 4 BAG v. 23.2.1978 – 2 AZR 472/76, AP Nr. 3 zu § 12 SchwbG; v. 14.5.1982 – 7 AZR 1221/79, AP Nr. 4 zu § 18 SchwbG; KR/*Etzel*, §§ 85–90 SGB IX Rz. 13 mwN. | 5 BAG v. 7.3.2002 – 2 AZR 612/00, FA 2002, 254. | 6 LAG Nds. vom 15.6.2000 – 14 Sa 376/00-NZA-RR 2000, 636. | 7 KR/*Etzel*, §§ 85–90 SGB IX Rz. 23. | 8 BT-Drs. 15/2357.

durch den Ausweis zuzuerkennen ist, folgt aus § 6 der VO: In den Fällen des § 69 Abs. 1 und 4: Ab Antragseingang; im Falle des Abs. 2: Ab Eingang des Ausweisantrags.

25 Die **Gleichstellung** behinderter mit schwerbehinderten Menschen nimmt auf Antrag nach § 68 Abs. 2 SGB IX die AA vor. Hier kann eine Befristung entschieden werden. Die positive Entscheidung der AA über den Gleichstellungsantrag ist auf den Zeitpunkt der Antragstellung zurückzubeziehen (§ 68 Abs. 2 Satz 2 SGB IX).

26 **6. Schutz *vor* Anerkennungsentscheidung.** Nach bisheriger ständiger Rspr. des BAG[1] setzte der Sonderkündigungsschutz entweder die Anerkennung des Status durch die Behörde voraus oder aber zumindest einen Antrag auf Anerkennung des Status. Der entscheidende Grund für die Gleichbehandlung dieser beiden Fälle lag für die Rspr. darin, dass der ArbGeb bereits durch die Einleitung des Feststellungsverfahrens objektiv in die Lage versetzt wird, die Zustimmung zur Kündigung zu beantragen. Nach Einleitung des Feststellungsverfahrens sei das Zustimmungsverfahren für den ArbGeb nicht völlig undurchführbar; es werde lediglich die Abwicklung des Zustimmungsverfahrens verzögert. Dies aber sei zumutbar[2]. Diese Rspr. bestätigte der 2. Senat des BAG erneut[3]. Danach bedarf es der Zustimmung des Integrationsamtes nur, wenn im Zeitpunkt des Zugangs der Kündigung entweder die Schwerbehinderung bereits festgestellt ist oder aber die Feststellung jedenfalls schon beantragt war. Kein Missbrauch ist gegeben, wenn der Antrag „kurze Zeit vor Zugang" der Kündigung erstmals gestellt wurde[4]. Die gesetzliche Neuregelung des § 90 Abs. 2a) soll besagen, dass der ArbGeb zur Kündigung gegenüber einem schwerbehinderten Menschen nicht der Zustimmung des Integrationsamts bedarf, wenn zum Zeitpunkt der beabsichtigten Kündigung die Eigenschaft als schwerbehinderter Mensch nicht nachgewiesen, also entweder nicht offenkundig und deshalb nicht nachweisbedürftig oder aber der Nachweis nicht durch einen Feststellungsbescheid im Sinne von § 69 Abs. 1 oder einer Feststellung nach § 69 Abs. 2 erbracht ist. Ganz ausdrücklich soll dies aber auch für die Fälle gelten, in denen ein Verfahren auf Feststellung der Eigenschaft zwar anhängig, aber noch nicht beendet ist, ohne dass dies der Antragsteller mangels Mitwirkung zu vertreten hat.

27 Weil die gesetzliche Neuregelung auf den Zeitpunkt des Zugangs der Kündigung abstellt, kommt es nicht mehr darauf an, ob eine evtl. negative Entscheidung im Anerkennungsverfahren rückwirkend im Rechtsmittelzug aufgehoben wird[5].

28 **7. Berufung des ArbN auf den besonderen Schutz.** Die Unkenntnis des klagenden ArbGeb bleibt unerheblich, wenn der ArbN sich nicht auf den Sonderkündigungsschutz beruft. Das BAG hat in seiner Rspr. zu § 12 SchwbG eine Regelfrist von einem Monat herausgearbeitet, innerhalb derer der ArbN seine Rechte geltend machen muss; diese Frist sei an der Monatsfrist des § 15 SchwbG auszurichten; eine analoge Anwendung des § 9 MuSchG sei abzulehnen, denn die Frist, die eine materiell rechtliche Ausschlussfrist sei, dürfte nicht zu kurz bemessen sein und es biete sich an, die in § 15 SchwbG enthaltene Frist der Hauptfürsorgestelle für die Entscheidung anzuknüpfen[6]. Schließlich gebe es keine Pflicht des Schwerbehinderten, die Anerkennung oder die erfolgte Antragstellung im Vorfeld einer möglichen Kündigung dem ArbGeb mitzuteilen.

29 Neuerdings wird diese seit 1978 gefestigte Rspr. des BAG ua. von *Etzel*[7] in Frage gestellt, der die Anknüpfung an § 9 MuSchG erneut zur Debatte stellt und damit die gesamte Rspr. des BAG in Frage stellt. Die Fristbemessung wird in der Angemessenheit der Monatsfrist umso aktueller, als § 81 Abs. 2 Nr. 1 die bisherige Auffassung zum Fragerecht des ArbGeb bei der Einstellung nach der Existenz einer Schwerbehinderung auszuhebeln scheint[8]. Je weniger der ArbGeb im Vorfeld Kenntnis haben kann/darf, desto kleiner müsste für den schwerbehinderten Menschen die Frist für die Berufung auf seinen Sonderkündigungsschutz bemessen sein, zumal bei Bejahung der Unzulässigkeit der Frage nach der Schwerbehinderung und einem allenfalls daraus resultierenden Recht des ArbN zur Lüge die Frist für Überraschungen des ArbGeb keine Erstreckung erduldet. Auch vor dem Hintergrund der einheitlichen Klagefrist des § 4 KStG erscheint die Erstreckung der Regelfrist über die Klagefrist hinaus nicht mehr sinnvoll.

30 Die Versäumung der Frist durch den Schwerbehinderten/Gleichgestellten führt dazu, dass der ArbN zwar die Möglichkeit der Berufung auf den Sonderkündigungsschutz verwirkt mit der Folge, dass die Nichtigkeit der Kündigung nach § 134 BGB entfällt. Dem Schwerbehinderten bleibt es aber unbenommen, sich bei der Verteidigung gegen die Kündigung weiter auf seine besondere Situation im Rahmen der Interessenabwägung zu berufen[9].

---

1 BAG v. 17.2.1977 – 2 AZR 687/75, AP Nr. 1 zu § 12 SchwbG; v. 20.10.1977 – 2 AZR 770/76, AP Nr. 2 zu § 12 SchwbG; v. 23.2.1978 – 2 AZR 462/76, AP Nr. 3 zu § 12 SchwbG. | 2 BAG v. 23.2.1978 – 2 AZR 462/76, AP Nr. 3 zu § 12 SchwbG. | 3 BAG v. 7.3.2002 – 2 AZR 612/00, FA 2002, 154. | 4 BAG v. 31.8.1989 – 2 AZR 8/89, AP Nr. 16 zu § 12 *SchwbG*. | 5 BAG v. 30.6.1983 – 2 AZR 10/82, AP Nr. 11 zu § 12 SchwbG. | 6 BAG v. 23.2.1978 – 2 AZR 462/76, AP Nr. 3 zu § 12 SchwbG. | 7 KR/*Etzel*, §§ 85–90 SGB IX Rz. 24. | 8 Hierzu: *Düwell*, BB 2001, 1529; KR/*Etzel* §§ 85–90 SGB IX Rz. 32; *Thüsing/Lambrich*, BB 2002, 1146 ff.; *Schaub*, NZA 2003, 299; *Messingschlager*, NZA 2003, 301. | 9 BAG v. 23.2.1978 – 2 AZR 462/76, AP Nr. 3 zu § 12 SchwbG.

Die Ausschöpfung der bislang mit einem Monat bemessenen Frist hat das BAG für zulässig erach- 31
tet[1]. Die Unsicherheit darüber, wie lange die nur von der Rspr. geborene Frist aber wirklich ist, gebietet
jedoch Vorsicht. Vor dem Hintergrund der per 1.1.2004 vereinheitlichten Klagefrist des § 4 KSchG gilt
dies umso mehr. Eine dreiwöchige Klagefrist und eine einmonatige Ansagefrist gegenüber dem ArbG
sind systematisch nicht zu vereinen.

Einstweilen frei. 32, 33

IV. Zustimmungsverfahren. 1. Grundsätze. Das Zustimmungsverfahren vor dem Integrationsamt 34
richtet sich grundsätzlich nach den Verwaltungsverfahrensvorschriften des SGB X[2]. Es herrscht also
das **Amtsermittlungsprinzip** nach § 20 SGB X.

Zuständig ist für die Entgegennahme das Integrationsamt, das für den Betriebssitz (die Dienststel- 35
le) zuständig ist. Der Betriebsbegriff ist nach § 87 Abs. 1 Satz 2 nach dem BetrVG (bzw. PersVG) zu
definieren. Das heißt: Es gilt die allgemein anerkannte Definition, wonach der Betrieb „die organisatorische Einheit von Arbeitsmitteln" ist, „mit deren Hilfe jemand in Gemeinschaft mit seinen Mitarbeitern einen oder mehrere technische Arbeitszwecke fortgesetzt verfolgt"[3]. Betriebsteile sind nach § 4
BetrVG zu definieren, also bei Nichterfüllung der dortigen Kriterien dem Hauptbetrieb zuzuordnen.

2. Verfahren bei ordentlichen Kündigungen nach §§ 87, 88 SGB IX. a) Antrag. Der ArbGeb hat die 36
nach § 85 nötige Zustimmung des Integrationsamtes bei diesem schriftlich zu beantragen. Dies bedeutet: **Schriftform nach § 126 BGB**, also eigenhändige Unterschrift des Antragstellers bzw. seines (legitimierten) Vertreters ist nötig, um eine Zurückweisung wegen Formmangels zu vermeiden. Die Einreichung des Antrags durch **Fax** oder **Telegramm** (E-Mail) wird als zulässig angesehen[4], was in Anbetracht der für die Prozesshandlungen maßgeblichen Entscheidung des gemeinsamen Senates der
Obersten Gerichtshöfe der BRD[5] zu bejahen ist. Die früher in § 12 SchwbG geforderte **doppelte Einreichung** des Antrags nach dem SGB IX nicht mehr. Die Stellung des Antrags **zu Protokoll** der Behörde
ist zulässig. Die Folgen der **Verletzung** der Schriftform sind kontrovers diskutiert[6].

b) Zuständigkeit. Auf die vorangestellten Ausführungen unter Rz. 35 wird verwiesen. 37

c) Inhalt. Die Integrationsämter halten für die Antragstellung Formulare bereit, deren Verwendung 38
Defiziten im Inhalt des Antrags vorbeugt. Unerlässlich ist neben der Bezeichnung des Antragsgegners
und der für die Interessenabwägung erforderlichen Daten vor allem eine **Begründung**, um die Prüfbar-
keit und die Ermessensausübung zu ermöglichen. Zu beachten ist auch die **Präklusionswirkung** gegenüber Argumenten, die nicht durch das Integrationsamt geprüft werden konnten (hierzu unten Rz. 89)

d) Fristen. Fristen für die Antragstellung sind bei beantragter Zustimmung zur ordentlichen Kündi- 39
gung für den Antragsteller nicht zu beachten. Wohl aber gilt für die Entscheidung durch das Integrationsamt eine Soll-Vorschrift: Nach § 88 Abs. 1 soll das Integrationsamt binnen Monatsfrist entscheiden. Allerdings gelingt dies kaum je aus nachfolgend dargestellten Gründen.

e) Einholung von Stellungnahmen/Anhörung. Nach § 87 Abs. 2 hat das Integrationsamt Stellungnah- 40
men einzuholen

- vom BR oder Personalrat
- der Schwerbehindertenvertretung.

Außerdem „hört es den schwerbehinderten Menschen an". Dem Unterschied der Wortwohl des Gesetzgebers zwischen „Einholung einer Stellungnahme" und „Hören" des betroffenen ArbN wird entnommen,
dass „Hören" wörtlich zu nehmen sei und der ArbN tatsächlich körperlich angehört werden müsse[7].

Die zuständige AA kann sich vervielfältigen, denn wenn für den Betrieb einerseits und den Wohnsitz 41
des Behinderten andererseits verschiedene AA zuständig sind, so sind beide zu beteiligen[8].

Der BR ist auch dort zu beteiligen, wo er nach § 5 Abs. 3 BetrVG nicht zuständig wäre[9]. Die BR-Betei- 42
ligung ist vom Integrationsamt auch dann zu veranlassen, wenn eine Stellungnahme des BR nach
§ 102 Abs. 1 BetrVG schon vorliegt und mitgeteilt wird (was auch umgekehrt gilt)[10].

Das Integrationsamt hat die Ergebnisse seiner Ermittlungen dem Antragsteller und dem Antrags- 43
gegner zugänglich zu machen und Gelegenheit zur Anhörung zu geben. Dies folgt aus § 24 Abs. 1 SGB
X. **Fehler im Anhörungsverfahren**, wie die unterlassene Einholung von Stellungnahmen oder unterbliebene Mitteilung von Ermittlungsergebnissen oder die fehlende Anhörung, führen zur Anfechtbarkeit der Entscheidung des Integrationsamtes im Widerspruchsverfahren, soweit nicht ohnehin keine

---

1 BAG v. 16.1.1985 – 7 AZR 373/83, AP Nr. 14 zu § 12 SchwbG. | 2 BVerwG v. 11.10.1992 – 5 B 16.92, Buchholz 436.61 § 15 SchwbG 1986 Nr. 5. | 3 Zuletzt: BAG v. 9.2.2000 – 7 AZR 21/98, DB 2000, 384. | 4 KR/*Etzel*, §§ 85–90 SGB IX Rz. 61 mwN. | 5 GmS-OGB v. 5.4.2000 – GmS-OGB 1/98, NZA 2000, 959. | 6 KR/*Etzel*, §§ 85–90 SGB IX Rz. 62 mwN. | 7 Zum Stand der Meinungen: KR/*Etzel*, §§ 85–90 SGB IX Rz. 74. | 8 BVerwG v. 28.9.1995 – 5 C 14.94 und v. 13.8.1996 – 5 B 79.96; Buchholz 436.61 § 17 SchwbG 86 Nr. 5 u. 6. | 9 *Bayer*, DB 1990, 933. | 10 *Wiegand/Hohmann-Degenhardt*, § 17 SchwbG Rz. 17.

andere Entscheidung für die Behörde möglich war (§ 42 SGB X). Die **Nachholung** der Versäumnisse **im Widerspruchsverfahren** ist jedoch zulässig[1].

44 **f) Gütliche Einigung.** Nach § 87 Abs. 3 hat das Integrationsamt in jeder Lage des Verfahrens auf eine gütliche Einigung hinzuwirken. Nach dem Gesetzeswortlaut soll dies auf eine Fortdauer der „Teilhabe" am Arbeitsleben gerichtet sein. Die Bemühungen um die Einigung ist zwingend vorgeschrieben.

45 **g) Mündliche Verhandlung.** § 88 Abs. 1 Satz 1 sieht eine mündliche Verhandlung vor als Grundlage für die Entscheidung des Integrationsamtes, falls dieses dies für „erforderlich" erachtet. Insoweit entscheidet das Integrationsamt nach pflichtgemäßem Ermessen. Wenn es eine mündliche Verhandlung anordnet, hat es ArbGeb und ArbN zu laden.

46 Es steht ihm frei, die nach § 87 Abs. 2 einzuholenden Stellungnahmen im Rahmen der mündlichen Verhandlung entgegenzunehmen und hierzu das AA (die AA), den BR/Personalrat und die Schwerbehindertenvertretung einzuladen. In der Praxis erweist sich diese Vorgehensweise nicht nur als Zeit sparend und besonders zur Erfüllung des gesetzlichen Auftrags aus § 87 Abs. 3 nützlich. Die Errichtung eines Protokolls über diese Verhandlung ist nicht vorgesehen[2].

47 **h) Entscheidung. aa) Frist.** Die in § 88 Abs. 1 vorgegebene Frist von einem Monat ab Eingang des Antrags ist eine Soll-Vorschrift. Die Nichteinhaltung könnte allenfalls nach § 839 BGB, Art. 34 GG zu einem **Schadenersatzanspruch** des ArbGeb führen, soweit nicht sachliche Gründe die Fristüberschreitung rechtfertigen, wie zB fehlende Einzelnachweise, fehlende Stellungnahmen, Terminprobleme bei Festlegung eines Termins nach § 88 Abs. 1. Die Möglichkeit der **Untätigkeitsklage** nach § 75 VwGO kommt für den Antragsteller in Betracht.

48 **bb) Grundlagen der Entscheidung.** Ist Gegenstand des Antragsverfahrens nicht eine außerordentliche Kündigung oder eine Kündigung wegen Betriebs- oder Teil-Betriebsschließung, so hat das Integrationsamt unter Abwägung der geltend gemachten Kündigungsgründe einerseits und dem Schutzzweck des Schwerbehindertenrechtes abzuwägen[3]. Diese noch zu § 15 SchwbG 1986 ergangene Entscheidung erlangt durch den Grundsatz der Kündigungsprävention des § 84, also der Pflicht des ArbGeb, im Vorfeld einer Kündigung mit der Schwerbehindertenvertretung über Möglichkeiten der Vermeidung zu beraten, besonderes Gewicht. Das Integrationsamt entscheidet nach pflichtgemäßem Ermessen.

49 Besondere Bedeutung ist deshalb dem Zusammenhang zwischen einer durch die Schwerbehinderten bedingten **Leistungsminderung** zu widmen; ist sie Ursache des Kündigungsgrundes, so sind gesteigerte Anforderungen an die Kündigung zu stellen[4]. Dann sind an die Darlegung einer fehlenden Umsetzungsmöglichkeit im Betrieb bzw. Schaffung eines leidensgerechten Arbeitsplatzes erhöhte Anforderungen zu stellen.

50 Für das Integrationsamt nicht nachprüfungsfähig sind vorgetragene unternehmerische Entscheidungen. Im Übrigen entscheidet der Schutz aber dort, wo die Grenze der Zumutbarkeit der Fortführung für den Betrieb überschritten wird.

51 Ist Gegenstand des Antragsverfahrens eine beabsichtigte **Änderungskündigung**, so hat das Integrationsamt – neben dem Kündigungsgrund – insb. die Zumutbarkeit des alternativ angebotenen Arbeitsplatzes zu berücksichtigen (§ 89 Abs. 2).

52 § 32 Abs. 2 Nr. 4 SGB X gestattet schließlich, eine Zustimmungsentscheidung mit **Auflagen** an einen ArbGeb zu treffen, wie zB erleichternde Abwicklung eines Arbeitsverhältnisses durch Festlegung einer restlichen Nutzungsdauer einer Dienstwohnung oder Darlehensrückzahlungsbedingungen[5]. Unzulässig wäre aber die Auflage der Zahlung einer Abfindung oder einer längeren als durch das Gesetz/den Vertrag geschuldeten Kündigungsfrist[6].

53 **cc) Form der Entscheidung und Zustellung.** § 88 Abs. 2 schreibt die Zustellung der Entscheidung des Integrationsamtes an ArbGeb und schwerbehinderten Menschen vor. Das heißt: Die Entscheidung muss schriftlich abgefasst sein. Sie ist ein schriftlicher **Verwaltungsakt** und damit dem Begründungszwang nach § 35 SGB X unterworfen. Die Beifügung einer Rechtsmittelbelehrung ist Pflicht (§ 36 SGB X).

54 Das Zustellungsverfahren richtet sich nach dem VwZG bzw. abweichenden landeseigenen Vorschriften. Nach §§ 1–6 VwZG kommen in Betracht

- Postzustellungsurkunde
- Einschreiben mit Rückschein
- Vorlage gegen EB

---

1 BVerwG v. 11.11.1999 – 5 C 23.99, EzA § 17 SchwbG 1986 Nr. 1. | 2 BVerwG v. 1.7.1993 – 5 B 73.93, Buchholz 436.61 § 17 SchwbG 1986 Nr. 3. | 3 VGH Kassel v. 17.11.1992 – 9 UE 1765/89, NZA 1993, 946 (LS); BVerwG v. 2.7.1992 – 5 C 31/91, BVerwGE 90.287 = AP Nr. 1 zu § 21 SchwbG 86. | 4 BVerwG v. 18.9.1989 – B 100.89; Buchholz 436.61 § 15 SchwbG Nr. 2. | 5 GK-SchwbG/*Steinbrück*, § 19 Rz. 96. | 6 *Gröninger/Thomas*, § 18 Rz. 9.

§ 4 Abs. 1 Satz 1 VwZG fingiert – auch falls früher erfolgt – den Zugang mit dem dritten Tag nach Einlieferung bei der Post ungeachtet des wirklichen früheren Zugangs.

Die förmliche Zustellung der Entscheidung des Integrationsamtes ist nur in Richtung gegen den **ArbGeb** Wirksamkeitsvoraussetzung, ohne die die Kündigung nicht erklärt werden darf[1]. Die Bekanntgabe an den Betroffenen ist nach § 87 Abs. 1 SGB X Wirksamkeitsvoraussetzung für den Verwaltungsakt. Allerdings soll dies – entgegen § 88 Abs. 2 Satz 1 – nicht gelten in Richtung gegen den betroffenen **ArbN**: Insoweit soll die Zustellung des Bescheides an den ArbN nicht Wirksamkeitsvoraussetzung sein[2]. Die AA hat nach § 88 Abs. 2 Satz 2 SGB IX Abschrift zu erhalten. Auch insoweit ist dies jedoch keine Wirksamkeitsvoraussetzung für den Bescheid. 55

i) Verwertung der Entscheidung. Erteilt das Integrationsamt die Zustimmung, so kann der ArbGeb nur binnen Monatsfrist ab Zustellung die Kündigung erklären, das heißt, der Zugang muss innerhalb dieser Frist (Berechnung: §§ 187 Abs. 1, 188 Abs. 2 BGB) bewirkt werden (§ 88 Abs. 3)[3]. Das für den betroffenen ArbN gegebene Recht auf Widerspruch bzw. Klage steht dem nicht entgegen, denn nach § 98 Abs. 4 ist ausdrücklich geregelt, dass Rechtsmittel keine aufschiebende Wirkung besitzen. 56

Ob die **Wiederherstellung der aufschiebenden Wirkung** nach § 80 Abs. 4 oder Abs. 5 VwGO angeordnet werden kann, ist kontrovers beurteilt[4]. Nach dem Gesetzeswortlaut des § 88 in seinen Abs. 3 und 4 sollte die Unzulässigkeit eigentlich klargestellt sein; die Synopse von „hat keine aufschiebende Wirkung" und „kann nur innerhalb …" macht einen klaren gesetzgeberischen Willen sichtbar. 57

3. Verfahren bei betriebsbedingten Kündigungen nach § 89 SGB IX. a) Anwendungsfälle. Nach § 89 Abs. 1 Satz 1 „erteilt" das Integrationsamt die Zustimmung (also hat zu erteilen), wenn 58

- ein Betrieb oder eine Dienststelle nicht nur vorübergehend eingestellt oder aufgelöst werden und
- zwischen dem Tag der Kündigung und dem Tag der letzten Entgeltzahlung mindestens drei Monate liegen.

Durch die Neuregelung des § 88 Abs. 5 SGB IX ist für das Integrationsamt eine zwingende Entscheidungsfrist von einem Monat vorgeschrieben. Wird die Entscheidung innerhalb dieser Frist nicht getroffen, so gilt die Zustimmung zum Antrag als erteilt. Wegen der verwaltungsrechtlichen Folgen wird auf Rz. 77 bis 79 verwiesen. 59

Die **Einstellung** des Betriebes bedeutet die Auflösung der Arbeits- und Produktionsgemeinschaft zwischen Unternehmer und Belegschaft aufgrund eines ernsthaften Willensentschlusses ArbGeb[5]. Nicht nur **„vorübergehend eingeschränkt"** iSd. Abs. 1 Satz 2 bedeutet sowohl eine auf Dauer gerichtete Entscheidung des ArbGeb, wie auch alternativ eine „im Vorhinein bestimmte längere Dauer von einer wirtschaftlich nicht unerheblichen Zeitspanne"[6]. Was **wesentliche Einschränkung** iSv. § 89 Abs. 1 Satz 2 bedeutet, kann unter Anwendung von § 111 BetrVG oder im Falle lediglich beabsichtigter Personalreduzierung nach dem Zahlenverhältnis des § 17 KSchG beurteilt werden[7]. 60

b) Pflichtplatzbesetzung als Voraussetzung. Die Pflichtplatzbesetzung als Voraussetzung der Soll-Zustimmung durch das Integrationsamt ist unter Beachtung von § 71 zu beantworten, in dessen Abs. 1 5 % der Arbeitsplätze als durch schwerbehinderte Menschen vorausgesetzt werden und nach dessen Satz 2 „Frauen besonders zu berücksichtigen" sind. Ab dem 1.1.2003 kommen nach Abs. 2 erhöhte Quoten in Betracht. 61

c) Einschränkungen nach § 89 Abs. 1 Satz 3 SGB IX. § 89 Abs. 1 Satz 3 klinkt die Entscheidungsmöglichkeiten nach § 89 Abs. 1 Satz 1–2 aus, wenn die Weiterbeschäftigung auf einem anderen Arbeitsplatz desselben Betriebes oder derselben Dienststelle oder auf einem anderen freien Arbeitsplatz in einem anderen Betrieb (Dienststelle desselben ArbGeb mit Einverständnis des ArbN) möglich und dem ArbGeb zuzumuten ist. 62

Der *freie* **Arbeitsplatz** spielt nur im Falle des *anderen* Betriebs (Dienststelle) eine Rolle. Im *eigenen* Betrieb kommt es nicht auf den freien Arbeitsplatz an, sondern auf die *vorhandenen* (ggf. besetzten) Arbeitsplätze an. Das BAG hält einen Anspruch auf Freikündigung eines anderen Arbeitsplatzes „allenfalls dann für möglich, wenn der andere ArbN nicht behindert ist und die Kündigung für ihn keine soziale Härte darstellt"[8]. 63

Einen **neuen Arbeitsplatz** für schwerbehinderte Menschen braucht der ArbGeb jedenfalls nicht einzurichten[9]. Wohl aber folge aus § 14 Abs. 2 Satz 1 SchwbG 1986, dass der ArbGeb verpflichtet sei, den 64

---

1 BAG v. 16.10.1991 – 2 AZR 332/91, AP Nr. 1 zu § 18 SchwbG 1986. | 2 BAG v. 17.2.1982 – 7 AZR 846/79, AP Nr. 1 zu § 15 SchwbG; LAG Nürnberg v. 29.8.1995 – 2 Sa 203/95, AP Nr. 6 zu § 15 SchwbG 1986. | 3 Hierzu: LAG Köln v. 27.2.1997 – 5 Sa 1377/76, NZA-RR 1997, 337. | 4 KR/*Etzel*, §§ 85–90 SGB IX Rz. 105 und § 91 Rz. 25. | 5 St. Rspr.; zuletzt: BAG v. 18.1.2001 – 2 AZR 514/99, NZA 2001, 719. | 6 BAG v. 18.1.2001 – 2 AZR 514/99, NZA 2001, 719. | 7 Zur Verweisung von § 111 BetrVG auf § 17 KSchG: BAG v. 2.8.1983 – 1 AZR 516/81, AP Nr. 12 zu § 111 BetrVG 72. | 8 AA: BVerwG v. 11.9.1990 – 5 B 63.90, Buchholz 436.61 § 15 SchwbG 1986 Nr. 4; BAG v. 10.7.1991 – 5 AZR 383/90, AP Nr. 1 (Gründe IV.3) zu § 14 SchwbG 86. | 9 BAG v. 28.4.1998 – 9 AZR 348/97, AP Nr. 2 zu § 14 SchwbG 1986.

Schwerbehinderten so zu fördern, dass er seine eingeschränkte Arbeitskraft durch entsprechende Tätigkeit noch einsetzen kann. Diese Meinung des BAG hat vor dem Hintergrund des jetzigen § 84 sicherlich an Bedeutung erheblich gewonnen.

65 **d) Sicherung eines anderen angemessenen Arbeitsplatzes.** Das Integrationsamt **soll** die Zustimmung erteilen, wenn dem schwerbehinderten Menschen ein anderer angemessener und zumutbarer Arbeitsplatz gesichert ist. Die Voraussetzungen „angemessen" und „zumutbar" müssen kumulativ vorhanden sein. Fehlt es hieran, so ist die Sicherung irrelevant. Als gesichert kann ein Arbeitsplatz nur gelten, wenn ein anderer ArbGeb sich zum Abschluss eines Arbeitsvertrages verbindlich verpflichtet hat[1].

66 **e) Insolvenzverfahren.** Im Falle eines eröffneten Insolvenzverfahrens gegen den ArbGeb **soll** die Zustimmung erteilt werden nach dem Katalog des § 89 Abs. 4 Nr. 1–4, also

aa) wenn der schwerbehinderte Mensch in einem Interessenausgleich nach § 115 InsO namentlich als zu entlassender ArbN bezeichnet ist

bb) die Schwerbehindertenvertretung am Zustandekommen des Interessenausgleichs nach § 95 Abs. 2 beteiligt worden ist

cc) der Anteil der nach dem Interessenausgleich zu entlassenden schwerbehinderten Menschen an der Zahl der beschäftigten Schwerbehinderten nicht größer ist als der Anteil der zu entlassenden ArbN an der Zahl der beschäftigten übrigen ArbN

und

dd) die Pflichtplätze nach § 71 mit schwerbehinderten Menschen, die nach dem Interessenausgleich weiter beschäftigt werden, besetzt bleiben.

Das „Soll" für die Erteilung der Zustimmung bedeutet auch hier: Nur bei Vorliegen besonderer Gründe, die den Fall als atypisch erscheinen lassen, dürfte das Integrationsamt den Antrag ablehnen[2].

67 **f) Verfahrensgrundsätze.** Für das Verfahren gelten – abgesehen vom eingeschränkten Ermessensspielraum des Integrationsamtes – im Übrigen die gleichen Voraussetzungen wie für den Antrag nach § 87. Auch hier gilt § 86: Die Kündigungsfrist beträgt mindestens vier Wochen. Unabhängig davon ist aber die **Auflage** einer noch 3-monatigen Lohnzahlung zwingend (§ 89 Abs. 1 Satz 1).

68 **4. Verfahren bei außerordentlichen Kündigungen nach § 91 SGB IX. a) Verweisung auf §§ 85–90 exc § 86 SGB IX.** Unter Hinweis auf die Anwendbarkeit der §§ 85–90, ausgenommen § 86 im Übrigen normiert § 91 das Verfahren auf Zustimmung zu einer außerordentlichen Kündigung. **Sondervorschriften** für dieses Verfahren bestimmen

- An die Stelle des bei notwendiger Vorschaltung des Zustimmungsverfahrens nicht einhaltbaren § 626 Abs. 2 BGB tritt die 2-Wochen-Frist zur Antragstellung: Beginnend mit Kenntnis des Kündigungsberechtigten vom Kündigungsgrund ist der Zustimmungsantrag eingehend beim Integrationsamt binnen zweier Wochen zu stellen. Wegen des Fristbeginns gibt es keine Abweichungen von § 626 Abs. 2 BGB. Vor dem Fristende muss der Zugang an das Integrationsamt bewirkt sein. Wegen der Einhaltung der Übermittlungsform s.o. Rz. 36).

- Besonderheiten für den **Fristlauf** gelten, wenn der ArbGeb keine Kenntnis von der Notwendigkeit einer Zustimmung des Integrationsamtes hat, weil er die Tatsache der Schwerbehinderung oder der auf deren Anerkennung gerichteter Maßnahmen nicht kennt. Beruft der ArbN sich innerhalb der Regelfrist von einem Monat[3] auf den Schwerbehindertenschutz, dann beginnt für den ArbGeb eine neue 2-Wochen-Frist nach § 91 Abs. 2 mit Kenntniserlangung[4].

- Erkennt das Integrationsamt die Fristüberschreitung, so hat es den Antrag zurückzuweisen.

69 **b) Antragsinhalt.** Zum notwendigen Inhalt des Antrags gehört die Darstellung der Schwerbehinderteneigenschaft, damit das Integrationsamt seine Zuständigkeit erkennen kann. Gegebenenfalls ist, wenn bekannt, die noch laufende Antragstellung des ArbN beim Versorgungsamt oder AA aus gleichem Grund darzustellen.

70 Die Absicht, **außerordentlich kündigen** zu wollen, ist deutlich zu machen. Soll daneben vorsorglich auch **ordentlich gekündigt** werden, muss dies wiederum deutlich erklärt werden, damit das Integrationsamt die unterschiedlichen Entscheidungswege und Bearbeitungsfristen beachten kann. Zum Inhalt gehört darüber hinaus die Darstellung des **Kündigungsgrundes** und des **Fristbeginns**.

71 **c) Ermessensspielraum.** Die Behörde hat ein eingeschränkt ausübbares Ermessen: Das Integrationsamt **soll** die Zustimmung erteilen, wenn die Kündigung aus einem Grund erfolgt, der nicht mit der

---

[1] APS/Vossen, § 19 SchwbG Rz. 5. [2] Zur Behandlung der Soll-Vorschriften: BVerwG v. 2.7.1992 – 5 C 31/91, AP Nr. 1 zu § 21 SchwbG 1986. [3] Die Monatsfrist gilt ausdrücklich auch, wenn es um eine außerordentliche Kündigung geht; BAG v. 14.5.1982 – 7 AZR 1221/79, AP Nr. 4 zu § 18 SchwbG. [4] BVerwG v. 5.10.1995 – 5 B 73.94, Buchholz 436.61 § 21 SchwbG Nr. 6.

Schwerbehinderung in Zusammenhang steht (§ 91 Abs. 4). Nur bei Vorliegen eines atypischen Falles ist dem Integrationsamt pflichtgemäßes Ermessen gestattet[1].

Über das Vorliegen eines **wichtigen Grundes** iSv. § 626 Abs. 1 BGB hat die Verwaltungsbehörde nicht zu urteilen, denn dies ist Aufgabe der Fachgerichte, also der ArbG. Ob etwas anderes gelten kann, hat das BVerwG nur für den Fall offen gelassen, dass die „geltend gemachten Gründe eine außerordentliche Kündigung offensichtlich nicht zu rechtfertigen vermögen". 72

Stellt das Integrationsamt den Zusammenhang zwischen Kündigungsgrund und Schwerbehinderung fest, so hat es nach freiem pflichtgemäßen Ermessen zu entscheiden. 73

Der Grund der Behinderung kann nicht zugleich Grund für eine außerordentliche Kündigung sein[2]. 74

d) Stellungnahmen/Anhörung. Die Einholung von Stellungnahmen nach § 87 sind durch § 91 ausdrücklich nicht ausgeschlossen, also wegen § 91 Abs. 1 anzuwenden. Technisch ist dies allerdings mit § 91 Abs. 3 schwer in Einklang zu bringen. Verletzungen können im Widerspruch zwar gerügt werden, jedoch ist die Nachholung bis zum Abschluss des Widerspruchsverfahrens mit heilender Wirkung möglich[3]. 75

e) Frist zur Entscheidung. § 91 Abs. 3 bestimmt – anders als § 88 –, dass die Entscheidung des Integrationsamtes binnen zweier Wochen, vom Tag des Eingangs an gerechnet, zu treffen *ist* bzw. dass im Falle der Nicht-Entscheidung innerhalb dieser Frist die Zustimmung als erteilt *gilt*. Die Fristberechnung hat nach §§ 187 Abs. 1, 188 Abs. 2, 193 BGB zu erfolgen. Um die Frist nachvollziehen zu können, ist Kenntnis vom Fristbeginn nötig. Das bedeutet: Der Fristbeginn muss durch Rückfrage ggf. ermittelt werden. 76

Das „Treffen einer Entscheidung" ist nicht an den Erlass eines Verwaltungsaktes im verwaltungsrechtlichen Sinne geknüpft, sondern an den Abschluss des Entscheidungsvorganges des Integrationsamtes[4]. Eine Auslegung der §§ 18, 21 SchwbG, die alleine an verwaltungsrechtliche Grundsätze anknüpft „greife zu kurz". Deshalb genüge es, wenn das Amt die Zustimmungsentscheidung innerhalb der Frist des § 91 Abs. 3 zur Post gegeben habe. An dieser nicht verwaltungsrechtskonformen Ansicht hat das BAG bislang festgehalten. So hat es entschieden, dass auch die mündliche oder fernmündliche Bekanntgabe innerhalb der 2-Wochen-Frist genüge; einer Zustellung der Entscheidung vor Ausspruch der Kündigung bedürfe es nicht[5]. Allerdings verlangt das BAG schon, dass der Bescheid zugestellt sein muss, bevor die zuvor abgesandte Kündigung dem Empfänger zugeht; dies gelte auch bei einer außerordentlichen Kündigung mit Auslauffrist[6]. 77

f) Zustimmungsfiktion. Trifft das Integrationsamt innerhalb der 2-Wochen-Frist keine Entscheidung, so gilt die Zustimmung als erteilt. Bleibt die Behörde also (nach außen hin) völlig untätig, so tritt mit Fristablauf die Fiktionswirkung ein. Allerdings tritt die Fiktionswirkung nicht ein, wenn *innerhalb* der Frist eine ablehnende Entscheidung getroffen wurde und den Machtbereich der Behörde verlassen hat[7]. Eben weil die Entscheidung des Integrationsamtes nicht nur verwaltungsrechtlich betrachtet werden dürfe, komme es auf die Zustellung der Entscheidung innerhalb der Frist nicht an. 78

Konsequenz für die Praxis aus dieser Rspr. ist, dass am Tag nach Fristablauf abzufragen ist, ob eine Entscheidung getroffen wurde. Nur das „nein" gibt den Weg zur Kündigung frei. Gleiches gilt, wenn die Behörde erklärt, sie gebe schriftlich, nicht entschieden zu haben. 79

g) Verwertung des Verfahrensergebnisses. Rasches Handeln nach Fristablauf ist geboten, denn nach § 91 Abs. 5 kann nach Ablauf der Frist des § 626 Abs. 2 BGB die Kündigung nur dann noch erfolgen, wenn sie unverzüglich nach erteilter Zustimmung erklärt wird. Umgekehrt gilt: Ist die Frist des § 626 BGB nach Entscheidung des Integrationsamtes noch offen, so gilt nicht das Unverzüglichkeitsgebot, sondern die Frist darf ausgeschöpft werden[8]. 80

Die **Unverzüglichkeit** iSv. § 121 BGB ist jeweils Einzelfall-Entscheidung. Dem BAG hat auch ein Zeitraum zwischen Zustellung des Bescheides am 29.4. und Kündigungszugang am 12.5. genügt[9], allerdings mit dem Hinweis, dass der dem Tatrichter zustehende Beurteilungsspielraum revisionsrechtlich nur begrenzt kontrollierbar sei. Die Annahme, dass eine Zeitspanne von 2 Wochen stets als unverzüglich angesehen werden dürfe, ist nicht akzeptabel. Das BAG hat zum § 9 MuSchG 1968 eine Frist von nur einer Woche als „nicht zu lang" akzeptiert[10]. 81

Dennoch ist insoweit Vorsicht geboten, denn nicht außer Betracht bleiben kann hier, was das BAG für den Fall der nachträglichen Beteiligung des BR gefordert hat, nämlich Handlung binnen eines Ar- 82

---

1 BVerwG v. 2.7.1992 – 5 C 31/91, AP Nr. 1 zu § 21 SchwbG 1986. | 2 *Rewolle*, DB 1974, 1232. | 3 KR/*Etzel*, § 91 SGB IX Rz. 13. | 4 BAG v. 9.2.1994 – 2 AZR 720/93, AP Nr. 3 zu § 21 SchwbG 1986. | 5 BAG v. 12.8.1999 – 2 AZR 748/91, AP Nr. 7 zu § 21 SchwbG 1986. | 6 BAG v. 15.5.1997 – 2 AZR 43/96, AP Nr. 45 zu § 123 BGB. | 7 BAG v. 16.3.1983 – 2 AZR 255/90, AP Nr. 6 zu § 18 SchwbG; v. 9.2.1994 – 2 AZR 720/93, AP Nr. 3 zu § 21 SchwbG 1986; v. 15.11.1990 – 2 AZR 255/90, AP Nr. 6 zu § 21 SchwbG 1986. | 8 BAG v. 15.11.2001 – 2 AZR 380/00, NZA 2002/970. | 9 BAG v. 27.5.1983 – 7 AZR 482/81, AP Nr. 12 zu § 12 SchwbG. | 10 BAG v. 20.5.1988 – 2 AZR 739/87, AP Nr. 16 zu § 9 MuSchG 68; v. 26.9.2002 – 2 AZR 392/01, nv.

beitstages[1]. Eine Zusammenfassung der Rspr. der Instanzgerichte zum Unverzüglichkeitsbegriff[2] bestätigt den Rat zur Vorsicht.

83 Wegen der **Zustellung** der Kündigung gibt es keine Besonderheiten; allenfalls ist auf die Rspr. des BAG zu nicht abgeholten Einschreiben durch den ArbN nach dessen Kenntnis vom Verwaltungsverfahren oder dessen Ergebnis abzuheben[3].

84 **h) Die außerordentliche Kündigung des ordentlich „unkündbaren" schwerbehinderten Menschen.** Auch wenn das BAG für das Verfahren nach § 102 BetrVG bei außerordentlichen Kündigungen gegenüber ordentlich nicht (mehr) kündbaren ArbN die Verfahrensweise wie für die ordentliche Kündigung anwendet[4], ist für das Zustimmungsverfahren nach §§ 85 ff. ausdrücklich § 91 maßgeblich[5].

85 **V. Beteiligung von Betriebsrat/Personalrat.** Grundsätzlich ist bei dem Verfahren auf Zustimmung zur ordentlichen Kündigung nach §§ 87 oder 89 die Beteiligung des Betriebs-/Personalrats vorher oder nachher zulässig oder auch gleichzeitig durchzuführen[6]. Hat die Anhörung nach § 102 Abs. 1 BetrVG vor Antragstellung bereits stattgefunden, ist eine erneute Beteiligung **nach** erfolgter Zustimmung des Integrationsamtes nicht mehr erforderlich[7]. Dies gilt jedenfalls, so lange im Zustimmungsverfahren keine neuen Argumente verwendet werden, die dem BR/Personalrat nicht bekannt sind. Dies gilt selbst, wenn ein jahrelanges verwaltungsgerichtliches Verfahren zwischen der Beteiligung der Personalvertretung und der zustimmenden Entscheidung liegt und sich die Argumentation nicht verändert hat[8]. Anders aber, wenn die Zuvor-Anhörung mit Gründen erfolgte, die für die Entscheidung des Integrationsamts nicht mehr maßgebend waren und neue Gründe hinzugetreten sind. Dann ist die BR-/Personalratsbeteiligung nachfolgend nochmals nötig[9].

86 Beim Verfahren nach § 91 wird ebenfalls die Anhörung nach getroffener Entscheidung bzw. nach Fiktionseintritt für möglich gehalten. Wegen der Notwendigkeit, unverzüglich nach getroffener Entscheidung zu kündigen (§ 91 Abs. 5) ist dies jedoch untunlich. Wenn es dennoch nachträglich geschehen soll, so muss der ArbGeb das Anhörungsverfahren in der kürzestmöglichen Zeit einleiten und nach Beendigung die Kündigung in kürzestmöglicher Zeit erklären[10]. Ganz ausdrücklich postuliert das BAG dort, dass die Information an die Personalvertretung am ersten Arbeitstag nach Ablauf der Frist des § 91 Abs. 3 erfolgt und die Zustellung der Kündigung an den ArbN am ersten Arbeitstag nach Ablauf der Frist des § 102 Abs. 2 Satz 3 BetrVG (bzw. § 79 Abs. 3 Satz 3 BPersVG).

87 **VI. Negativ-Attest.** Gelangt das Integrationsamt zu der Auffassung, dass eine Kündigung seiner Zustimmung nicht bedürfe (etwa wegen nicht erteilter Anerkennung des Status oder wegen abgelaufener Befristung des Status), so erteilt es ein Negativ-Attest. Dieses beseitigt – wie auch der zustimmende Bescheid – die Kündigungssperre[11].

88 War Gegenstand des Verfahrens ein Antrag auf Zustimmung zu einer außerordentlichen Kündigung, so tritt mit Erteilung des Negativ-Attests die Folge des § 91 Abs. 5 in Kraft, also die Notwendigkeit der unverzüglichen Kündigung.

89 **VII. Präklusion.** Ist die Zustimmung des Integrationsamts aufgrund eines bestimmten Sachverhaltes erklärt, so ist das Nachschieben anderer Gründe unzulässig. Nur solche Gründe, die auch der präventiven Kontrolle des Integrationsamts unterlegen haben, sind für eine spätere Rechtfertigung der Kündigung verwendbar, weil nachgeschobene Gründe nicht Gegenstand des Zustimmungsverfahrens waren und das Integrationsamt „keine Gelegenheit hatte zu prüfen, ob die spezifischen Belange des Schwerbehinderten überwiegen und deshalb die Aufhebung der öffentlich rechtlichen Kündigungsschranke rechtfertigen"[12].

90 **VIII. Wirkung der Verwaltungsentscheidung/Rechtsmittel.** Die Entscheidung des Integrationsamts – auch das Negativ-Attest – sind **Verwaltungsakte**. Das Integrationsamt ist daher, von den Rücknahmevoraussetzungen nach §§ 44, 45 SGB X oder den Widerrufsvoraussetzungen nach §§ 46, 47 SGB X, an die eigene Entscheidung gebunden. Die Bindung gilt in gleicher Weise für die ArbG oder andere Behörden[13].

91 Die durch die Entscheidung des Integrationsamts belastete Partei kann den Verwaltungsakt durch **Widerspruch** und anschließend ggf. **Verpflichtungsklage** (für den ArbN: **Anfechtungsklage**) zum VerwG anfechten. Auch die Fiktion der Zustimmung nach § 91 Abs. 3 Satz 2 ist Verwaltungsakt und als solcher anfechtbar[14]. Mangels Zustellung gilt hier nach §§ 70 Abs. 2, 58 VwGO eine **Jahresfrist** für die Anfechtung.

92 Einstweilen frei.

---

1 BAG v. 3.7.1980 – 2 AZR 340/78, AP Nr. 2 zu § 18 SchwbG. | 2 *Lohr*, MDR 2000, 620 (623). | 3 BAG v. 7.11.2002 – 2 AZR 475/01, BB 2003, 1178. | 4 BAG v. 5.2.1998 – 2 AZR 227/97, AP Nr. 143 zu § 626 BGB. | 5 BAG v. 12.8.1999 – 2 AZR 748/98, AP Nr. 7 zu § 21 SchwbG 1986. | 6 *Hueck* in Anm. zu BAG v. 1.4.1981 = § 102 BetrVG 72 Nr. 23. | 7 KR/*Etzel*, vor §§ 85–92 SGB IX Rz. 35 mwN. | 8 BAG v. 18.5.1994 – 2 AZR 626/93, AP Nr. 3 zu § 108 BPersVG. | 9 BAG v. 1.4.1981 – 7 AZR 1003/79, AP Nr. 23 zu § 102 BetrVG 72. | 10 BAG v. 3.7.1980 – 2 AZR 340/78, AP Nr. 2 zu § 18 SchwbG. | 11 BAG v. 27.5.1983 – 7 AZR 482/81, AP Nr. 12 zu § 12 SchwbG. | 12 BVerwG v. 2.7.1992 – 5 C 31.91, AP Nr. 1 zu § 21 SchwbG 1986; LAG Sa.-Anh. v. 24.11.1999 – 3 Sa 164/99, BB 2000, 2051 (nur LS). | 13 Küttner/*Kania*, 9. Aufl., 378 Rz. 65. | 14 BVerwG v. 10.9.1992 – 5 C 39.88, EzA § 21 SchwbG 1986 Nr. 4.

Da die zustimmende Entscheidung des Integrationsamts sofort vollziehbar ist (§ 88 Abs. 4 bzw. § 91 Abs. 5) ergibt sich bei Einlegung von Rechtsmitteln des ArbN im Verwaltungsverfahren jeweils die Frage, was in dem auf die ausgesprochene Kündigung folgenden ArbG-Verfahren geschehen soll. Zwei Möglichkeiten werden von der Rspr. angeboten: 93

- Das ArbG setzt nach § 148 ZPO bis zum rechtskräftigen Abschluss des Verwaltungsverfahrens aus oder
- es entscheidet den Kündigungsschutzprozess und verweist den ArbN auf eine etwaige Restitutionsklage nach § 580 Nr. 6 ZPO, die dann in Betracht kommt, wenn im verwaltungsgerichtlichen Verfahren die Zustimmung des Integrationsamts rechtskräftig aufgehoben wird[1].

Die aussetzende Entscheidung hat im Rahmen des § 148 ZPO und unter Beachtung des § 61a ArbGG das ArbG nach seinem Ermessen zu treffen. Je mehr in Betracht kommt, dass die Kündigung arbeitsrechtlichen Anforderungen an die Begründetheit oder Rechtfertigung nicht standzuhalten vermag, desto mehr spricht gegen die Aussetzung, denn dann kommt es auf die Zustimmungsvoraussetzungen nicht an. Nach Meinung des BAG soll jedoch die Aussetzung der Regelfall sein[2]. 94

IX. Erweiterter Bestandsschutz nach § 92 SGB IX. Soll das Arbeitsverhältnis eines schwerbehinderten Menschen beendet werden wegen 95

- Eintritts einer teilweisen Erwerbsminderung
- Erwerbsminderung auf Zeit
- Berufsunfähigkeit
- Erwerbsunfähigkeit auf Zeit

ohne dass eine Kündigung erklärt wird, so gelten die §§ 85-90 entsprechend. Die Begriffe entstammen § 43 Abs. 1 Satz 2 SGB VI, § 43 Abs. 2 Satz 2 SGB VI, § 44 SGB IV aF. Nicht anwendbar ist § 86: Wenn keine Kündigung zur Debatte steht, kann es auch keine Mindest-Kündigungsfrist geben. In Fällen der Ausnahmen des § 90 ist wegen dessen entsprechender Anwendbarkeit auf § 92 wiederum keine Beteiligung des Integrationsamts nötig.

Seit 1.1.2001 gilt das **Gesetz zur Reform der Renten wegen verminderter Erwerbsfähigkeit** (EMR-RG, BGBl. I 2000, 1827). Danach sind die früheren Berufsunfähigkeits- und Erwerbsunfähigkeitsrenten durch eine zweistufige Erwerbsunfähigkeitsrente ersetzt (§ 43 SGB VI). Das heißt: Die Rente wird wegen teilweiser Erwerbsunfähigkeit oder wegen voller Erwerbsunfähigkeit gewährt. 96

Behandelt werden in § 92 nur die Fälle von teilweiser bzw. voller aber nur auf Zeit gewährter Rente. Lediglich für ArbN, die vor dem 2.1.1961 geboren sind, gilt im Falle der Rentenbewilligung wegen Berufsunfähigkeit § 240 SGB VI in seiner neuen Fassung. Nicht anwendbar ist § 92 also auf Fälle, in denen volle bzw. dauernde Erwerbsunfähigkeitsrente gewährt wird und das Arbeitsverhältnis ohne Kündigung aufgrund Arbeitsvertrags, BV oder TV enden soll. Anwendungsfälle des § 92 sind also nur solche, wo Arbeitsverträge, BV oder TV vorsehen, dass bei Eintritt der von § 92 genannten Fälle das Arbeitsverhältnis ohne Kündigung enden soll. Ebenfalls nicht erfasst werden von § 92 Fälle von Aufhebungsverträgen, weil der ArbN nach Eintritt der enumerierten Voraussetzungen auf den Sonderkündigungsschutz verzichten kann[3]. 97

---

[1] BAG v. 15.11.1980 – 6 AZR 210/80, AP Nr. 7 zu § 12 SchwbG. | [2] BAG v. 15.11.1980 – 6 AZR 210/80, AP Nr. 7 zu § 12 SchwbG; ebenso: KR/*Etzel*, §§ 85–90 SGB IX Rz. 143 und § 91 SGB IX Rz. 4. | [3] KR/*Etzel*, § 92 SGB IX Rz. 6.

Sozialgesetzbuch (SGB)

Zehntes Buch (X)
– Sozialverwaltungsverfahren und Sozialdatenschutz –

in der Fassung der Bekanntmachung vom 18.1.2001 (BGBl. I S. 130),
zuletzt geändert durch Gesetz vom 23.3.2002 (BGBl. I S. 1130)

– Auszug –

Dritter Abschnitt. Erstattungs- und Ersatzansprüche der Leistungsträger gegen Dritte

115 *Ansprüche gegen den Arbeitgeber*
(1) Soweit der Arbeitgeber den Anspruch des Arbeitnehmers auf Arbeitsentgelt nicht erfüllt und deshalb ein Leistungsträger Sozialleistungen erbracht hat, geht der Anspruch des Arbeitnehmers gegen den Arbeitgeber auf den Leistungsträger bis zur Höhe der erbrachten Sozialleistungen über.

(2) Der Übergang wird nicht dadurch ausgeschlossen, dass der Anspruch nicht übertragen, verpfändet oder gepfändet werden kann.

(3) An Stelle der Ansprüche des Arbeitnehmers auf Sachbezüge tritt im Fall des Absatzes 1 der Anspruch auf Geld; die Höhe bestimmt sich nach den nach § 17 Abs. 1 Satz 1 Nr. 3 des Vierten Buches festgelegten Werten der Sachbezüge.

116 *Ansprüche gegen Schadenersatzpflichtige*
(1) Ein auf anderen gesetzlichen Vorschriften beruhender Anspruch auf Ersatz eines Schadens geht auf den Versicherungsträger oder Träger der Sozialhilfe über, soweit dieser auf Grund des Schadensereignisses Sozialleistungen zu erbringen hat, die der Behebung eines Schadens der gleichen Art dienen und sich auf denselben Zeitraum wie der vom Schädiger zu leistende Schadenersatz beziehen. Dazu gehören auch

1. die Beiträge, die von Sozialleistungen zu zahlen sind, und
2. die Beiträge zur Krankenversicherung, die für die Dauer des Anspruchs auf Krankengeld unbeschadet des § 224 Abs. 1 des Fünften Buches zu zahlen wären.

(2) Ist der Anspruch auf Ersatz eines Schadens durch Gesetz der Höhe nach begrenzt, geht er auf den Versicherungsträger oder Träger der Sozialhilfe über, soweit er nicht zum Ausgleich des Schadens des Geschädigten oder seiner Hinterbliebenen erforderlich ist.

(3) Ist der Anspruch auf Ersatz eines Schadens durch ein mitwirkendes Verschulden oder eine mitwirkende Verantwortlichkeit des Geschädigten begrenzt, geht auf den Versicherungsträger oder Träger der Sozialhilfe von dem nach Abs. 1 bei unbegrenzter Haftung übergehenden Ersatzanspruch der Anteil über, welcher dem Vomhundertsatz entspricht, für den der Schädiger ersatzpflichtig ist. Dies gilt auch, wenn der Ersatzanspruch durch Gesetz der Höhe nach begrenzt ist. Der Anspruchsübergang ist ausgeschlossen, soweit der Geschädigte oder seine Hinterbliebenen dadurch hilfebedürftig im Sinne der Vorschriften des Bundessozialhilfegesetzes werden.

(4) Stehen der Durchsetzung der Ansprüche auf Ersatz eines Schadens tatsächliche Hindernisse entgegen, hat die Durchsetzung der Ansprüche des Geschädigten und seiner Hinterbliebenen Vorrang vor den übergegangenen Ansprüchen nach Absatz 1.

(5) Hat ein Versicherungsträger oder Träger der Sozialhilfe auf Grund des Schadensereignisses dem Geschädigten oder seinen Hinterbliebenen keine höheren Sozialleistungen zu erbringen als vor diesem Ereignis, geht in den Fällen des Absatzes 3 Satz 1 und 2 der Schadenersatzanspruch nur insoweit über, als der geschuldete Schadenersatz nicht zur vollen Deckung des eigenen Schadens des Geschädigten oder seiner Hinterbliebenen erforderlich ist.

(6) Ein Übergang nach Absatz 1 ist bei nicht vorsätzlichen Schädigungen durch Familienangehörige, die im Zeitpunkt des Schadensereignisses mit dem Geschädigten oder seinen Hinterbliebenen in

häuslicher Gemeinschaft leben, ausgeschlossen. Ein Ersatzanspruch nach Absatz 1 kann dann nicht geltend gemacht werden, wenn der Schädiger mit dem Geschädigten oder einem Hinterbliebenen nach Eintritt des Schadenereignisses die Ehe geschlossen hat und in häuslicher Gemeinschaft lebt.

(7) Haben der Geschädigte oder seine Hinterbliebenen von dem zum Schadenersatz Verpflichteten auf einen übergegangenen Anspruch mit befreiender Wirkung gegenüber dem Versicherungsträger oder Träger der Sozialhilfe Leistungen erhalten, haben sie insoweit dem Versicherungsträger oder Träger der Sozialhilfe die erbrachten Leistungen zu erstatten. Haben die Leistungen gegenüber dem Versicherungsträger oder Träger der Sozialhilfe keine befreiende Wirkung, haften der zum Schadenersatz Verpflichtete und der Geschädigte oder dessen Hinterbliebene dem Versicherungsträger oder Träger der Sozialhilfe als Gesamtschuldner.

(8) Weist der Versicherungsträger oder Träger der Sozialhilfe nicht höhere Leistungen nach, sind vorbehaltlich der Absätze 2 und 3 je Schadensfall für nicht stationäre ärztliche Behandlung und Versorgung mit Arznei- und Verbandmitteln fünf vom Hundert der monatlichen Bezugsgröße nach § 18 des Vierten Buches zu ersetzen.

(9) Die Vereinbarung einer Pauschalierung der Ersatzansprüche ist zulässig.

(10) Die Bundesagentur für Arbeit gilt als Versicherungsträger im Sinne dieser Vorschrift.

I. Allgemeines 1	8. Verjährung 40
II. Geltungsbereich und Verhältnis zu anderen Regressvorschriften 3	9. Zuständigkeit 42
III. Versicherungsträger oder Träger der Sozialhilfe als neuer Gläubiger 6	V. Abs. 1 Satz 2: Erfassung von Beiträgen 43
	1. Anwendungsbereich 43
	2. Voraussetzungen des Beitragsregresses . . 45
IV. Übergang des Schadensersatzanspruchs auf den leistungspflichtigen Träger nach Abs. 1 Satz 1 . . 7	3. Verhältnis Abs. 1 Satz 2 zu § 119 48
1. Erfasste Schadensersatzansprüche 7	4. Exkurs: Übergang von Beitragsansprüchen nach § 119 49
a) Gesetzliche Ansprüche 7	VI. Abs. 2: Vorrang des Geschädigten bei gesetzlicher Anspruchsbegrenzung 50
b) Sozialrechtliche Sonderregeln zum Umfang des Schadensersatzanspruchs 9	VII. Abs. 3: Mitverschulden oder Mitverantwortung des Geschädigten 52
2. Erfasste Sozialleistungsansprüche 10	1. § 116 Abs. 3 Satz 1 53
3. Kongruenz von Schadensersatz- und Leistungsgegenstand 11	2. § 116 Abs. 3 Satz 2 56
a) Personelle Kongruenz 12	3. § 116 Abs. 3 Satz 3 59
b) Sachliche Kongruenz 13	VIII. Abs. 4: Vorrang des Geschädigten in der Vollstreckung 62
c) Sachliche Kongruenz alphabetisch 14	IX. Abs. 5: Vorrang des Geschädigten bei fehlender Mehrbelastung des Trägers 66
d) Zeitliche Kongruenz 24	X. Abs. 6: „Familienprivileg" 71
e) Umfang des Übergangs 25	1. Allgemeines 71
f) Sonderregeln zum Umfang des Übergangs . . 26	2. § 116 Abs. 6 Satz 1 72
4. Anspruchsübergang 27	3. § 116 Abs. 6 Satz 2 76
a) Gesetzlicher Anspruchsübergang (cessio legis) 27	4. Anwendung des § 116 Abs. 6 im Fall des Beitragsregresses nach § 119 81
b) Zeitpunkt des Übergangs, Änderungen nach Anspruchsübergang 28	XI. Abs. 7: Regress bei Ersatzleistung an den Geschädigten statt an den Träger 82
aa) Bestehen eines Schadensersatzanspruchs dem Grunde nach 29	1. Abs. 7 Satz 1, Leistung mit befreiender Wirkung 83
bb) Möglichkeiten des Bestehens eines (künftigen) Sozialleistungsanspruchs; Übergang unter auflösender Bedingung 30	2. Abs. 7 Satz 2, Leistung ohne befreiende Wirkung 86
c) Fehlender Antrag und Verzicht auf Sozialleistungen 33	XII. Abs. 8: gesetzliche Pauschalierung kleinerer Regressansprüche 88
d) Gesetzliche Änderungen des Sozialleistungsanspruchs 34	XIII. Abs. 9: Pauschalierungsvereinbarungen (Teilungsabkommen) 95
5. Verfügungen über den Schadensersatzanspruch und Ausgleichspflicht nach Leistung an den falschen Gläubiger des Schadensersatzanspruchs 35	1. Abfindungsvergleich 96
	2. Teilungsabkommen 97
6. Einziehungsermächtigung bei Anspruch auf Sozialhilfe 38	XIV. Abs. 10: Einbeziehung der Bundesagentur für Arbeit 100
7. Auskunftsanspruch 39	XV. Internationales 101

Lit.: *Brackmann*, Handbuch der Sozialversicherung, Loseblatt; *Dahm*, Der Anspruchsübergang gemäß § 116 SGB X und gemäß § 81a BVG unter besonderer Berücksichtigung der Beteiligung von Sozialversicherungsträger und Versorgungsverwaltung, Die Sozialversicherung 2002, 119; *Geigel*, Der Haftpflichtprozess, Mit Einschluss des materiellen Haftpflichtrechts, 22. Aufl. 2001; *Halfmeier/Schnitzler*, Die Anwendung des Angehörigenprivilegs bei Verkehrsunfällen, VersR 2002, 11; *Hauck/Nehls*, Sozialgesetzbuch X, Kommentar, Loseblatt; Kasseler Kommentar zum Sozialgesetzbuch, Loseblatt; *Hofmann*, Zur subjektiven Reichweite der materiellen Rechtskraft bei einem Forderungsübergang nach § 116 SGB X, VersR 2003, 288; *Marburger*, Schadensersatzansprüche nach § 116 SGB X: Zweifelsfragen zur Verjährung nach neuem Recht, VersR 2003, 1232; *Münder*, Der sozialhilferechtliche Übergang von Ansprüchen gegen zivilrechtliche Unterhaltspflichtige, NJW 2001, 2201; *Rolfs*, Das Versicherungsprinzip im Sozialversicherungsrecht, 2000; *von Wulffen*, (Hrsg.), Sozialgesetzbuch (SGB) X, Sozialverfahren und Sozialdatenschutz, Kommentar, 4. Aufl. 2001; *Waltermann*, Forderungsübergang auf Sozialleistungsträger, NJW 1996, 1644 (1648); *Wannagat*, Sozialgesetzbuch, Loseblatt; *Wussow*, Unfallhaftpflichtrecht, 2002.

1 I. Allgemeines. Sozialrechtliche Ansprüche beruhen oft darauf, dass ein Versicherter oder sonst Leistungsberechtigter Schädigungen erlitten hat. Gleichzeitig bestehen wegen dieser Schädigungen häufig auch Schadensersatzansprüche gegen einen Schädiger, so dass es zu teilweisen oder vollständigen Überschneidungen der sozialrechtlichen und der schadensrechtlichen Ansprüche kommt. Es ist klar, dass der Geschädigte nicht zur Empfangnahme von Doppelleistungen berechtigt sein sollte, so dass sich die Notwendigkeit der Abstimmung von Sozialrecht und Schadensrecht ergibt. Einerseits kann es nicht Aufgabe der leistungsverpflichteten Träger sein, anstelle der Schädiger zu haften und diese damit zu entlasten. Andererseits darf die Tatsache allein, dass mit dem Schädiger ein weiterer Schuldner für eine Ersatzleistung zur Verfügung steht, jedenfalls nicht zu einer Entlastung des Trägers führen, die den Geschädigten schlechter stellt. Wäre beispielsweise der Geschädigte gezwungen, trotz Anspruchs auf Sozialleistungen zunächst den Schädiger in Anspruch zu nehmen, würde ihm aus dem (zusätzlichen) Schadensersatzanspruch ein sozialrechtlicher Nachteil erwachsen. § 116 Abs. 1 Satz 1 löst dieses Problem in der Weise, dass die Leistungspflicht des Versicherungsträgers oder des Sozialhilfeträgers vom Bestehen eines Schadensersatzanspruchs grundsätzlich unberührt bleibt. Jedoch geht der Schadensersatzanspruch des Geschädigten auf den Träger über. Der Geschädigte kann also, soweit er entsprechende Sozialleistungsansprüche hat, die Schadensersatzansprüche gegen den Schädiger nicht mehr geltend machen; dies ist nur dem Träger als nunmehrigen Gläubiger möglich (anders etwa das System der §§ 104–107, §§ 110 f. SGB VII, die dem Geschädigten den Anspruch entziehen und dem Träger einen neuen Anspruch gewähren). Voraussetzung ist die Gleichartigkeit (Kongruenz) der betreffenden Ansprüche in sachlicher und zeitlicher Hinsicht.

2 Der Forderungsübergang erfolgt bei **Bestehen einer Leistungsverpflichtung des Trägers**; es kommt also nicht wie bei § 426 Abs. 2 Satz 1 BGB auf die Befriedigung des Gläubigers an und auch nicht wie bei § 90 BSHG (ab 1.1.2005: § 93 SGB XII) auf eine besondere Überleitungsanzeige. Das hat erhebliche Vorteile für den Träger, da die Geltendmachung des Anspruchs verfahrensrechtlich nicht verzögert wird und andere Personen – insb. der Geschädigte oder seine Gläubiger – nicht mehr über die Ansprüche verfügen oder vollstreckungsrechtlich auf sie Zugriff nehmen können. Soweit der Schädiger (irrtümlich) an den Geschädigten statt an den Träger leistet, bleibt ihm nur der Schutz nach §§ 412, 407 ff. BGB mit den Konsequenzen des § 116 Abs. 7.

§ 116 Abs. 1 Satz 1 ist keine Anspruchsgrundlage, sondern regelt nur den Übergang der jeweiligen Schadensersatzforderung. Deren Rechtsnatur bleibt deshalb trotz Übergangs unverändert; sie kann nicht durch Leistungsbescheid geltend gemacht werden, sondern ist bei den für den Schadensersatzanspruch zuständigen Gerichten einzuklagen. Während § 116 Abs. 1 Satz 1 das Grundprinzip des gesetzlichen Forderungsübergangs, also der cessio legis, normiert, betreffen die übrigen Vorschriften des § 116 einzelne Modalitäten des Forderungsübergangs. § 116 Abs. 1 Satz 2 regelt die Einbeziehung von Beiträgen in den Ersatzanspruch (s. dazu auch § 119), § 116 Abs. 2, 4, 5 gewähren dem Geschädigten Vorteile bei der gesetzlichen Begrenzung der Anspruchshöhe, bei Beschränkungen der tatsächlichen Durchsetzbarkeit des Anspruchs sowie im besonderen Fall der fehlenden Mehrbelastung des Trägers trotz Bestehens eines Schadensersatzanspruchs. § 116 Abs. 3 regelt das Mitverschulden bzw. die Mitverantwortung des Geschädigten am Schaden. § 116 Abs. 6 gewährt Vorteile bei der Schädigung durch Angehörige („Familienprivileg") und § 116 Abs. 7 regelt den Fall der Leistung an den Geschädigten nach Anspruchsübergang. § 116 Abs. 8–10 enthalten Pauschalierungen bei niedrigen Ersatzansprüchen, in Teilungsabkommen und die Einbeziehung der BA in die Vorschrift.

3 II. Geltungsbereich und Verhältnis zu anderen Regressvorschriften. § 116 erfasst im alten Bundesgebiet alle ab dem 1.7.1983 eingetretenen Schadensfälle; für die Zeit davor gilt § 1542 RVO. Im neuen Bundesgebiet gilt § 116 laut Einigungsvertrag grundsätzlich ab dem 3.10.1990, jedoch in der gesetzlichen Kranken-, Renten- und Unfallversicherung erst ab dem 1.1.1991[1]. Vgl. zum internationalen Anwendungsbereich von § 116 unten Rz. 101.

In sachlicher Hinsicht gilt § 116 gemäß der allgemeinen Vorschrift des § 37 SGB I **für alle Sozialleistungsbereiche des SGB** (alle Bücher), so dass grundsätzlich die fünf Zweige der SozV erfasst sind, also gesetzliche RV, gesetzliche Krankenversicherung, gesetzliche Pflegeversicherung, ArblV und gesetzliche Unfallversicherung (Ausnahmen unten Rz. 4), und zwar unabhängig davon, ob der Geschädigte pflichtversichert ist oder freiwillig versichert[2]. Weiter greift die Vorschrift auch für die Leistungen nach dem SGB VIII (Kinder- und Jugendhilfe) und nach dem SGB IX (Rehabilitation und Teilhabe behinderter Menschen). Durch die Nennung des Trägers der Sozialhilfe in § 116 Abs. 1 Satz 1 wird auch der Leistungsbereich des **BSHG** (ab 1.1.2005: SGB XII) mit einbezogen. Im Übrigen kann § 116 mit *anderen Regelungen konkurrieren*.

---

[1] Art. 8, Anlage I, Kapitel VIII D III Nr. 2, s. im Einzelnen KassKomm/*Kater*, § 116 SGB X Rz. 2, 16 ff.   [2] OLG Hamm v. 28.1.2002 – 6 U 124/01, RuS 2002, 505.

Soweit die **unfallversicherungsrechtlichen Haftungsbeschränkungen** nach §§ 104–107 SGB VII gelten, kann ein Schadensersatzanspruch gegen den Schädiger nicht entstehen und dementsprechend auch nicht auf den Träger übergehen, § 104 Abs. 1 Satz 2 SGB VII. Der Träger kann dann nur nach §§ 110 f. SGB VII aus eigenem Recht beim Schädiger Regress nehmen. Wo wegen der Ausnahmen für Wegeunfälle und Vorsatz die Haftungsbeschränkung nach §§ 104–107 SGB VII nicht greift, kommt der Anspruchsübergang auf den Träger gemäß § 116 in Betracht. Wenn in einer solchen Situation zusätzlich wegen eines vorsätzlich oder grob fahrlässig herbeigeführten Versicherungsfalls der SozV-Träger nach §§ 110 f. SGB VII einen Regressanspruch hat, kann er zwischen der Geltendmachung der §§ 110 f. SGB VII und des gemäß § 116 übergegangenen Anspruch wählen[1]. Nach § 13 Satz 2 SGB VII gilt § 116 auch bei gemäß § 2 Abs. 1 Nr. 11 lit. a und Nr. 13 lit. a, c SGB VII versicherten Sachbeschädigungen (s. zu alledem auch die Kommentierung zu §§ 104 ff., 110 f. SGB VII). Bei Gewährung von **Alhi** geht die Spezialregelung des § 203 SGB III dem § 116 SGB X vor; im Übrigen gilt § 116 nach der Maßgabe des § 204 SGB III[2]. § 116 hat **Vorrang vor** dem nach § 90 BSHG (ab 1.1.2005: § 93 SGB XII) erfolgenden Anspruchsübergang aufgrund Überleitungsanzeige, § 90 Abs. 4 Satz 2 BSHG, § 93 Abs. 4 SGB XII. Überschneidungen mit § 91 BSHG, § 94 SGB XII sind wohl ausgeschlossen, da diese Regelung nur für gesetzliche Unterhaltsansprüche gilt[3]. Der Anspruchsübergang auf den ArbGeb nach **Entgeltfortzahlung** gemäß § 6 EFZG und der **Anspruchsübergang auf den Privatversicherer** gemäß § 67 VVG erfolgen erst, *nachdem* der ArbGeb bzw. der Versicherer geleistet haben; weil der Übergang nach § 116 *sofort* mit Anspruchsentstehung greift, geht deshalb § 116 dem § 6 EFZG und dem § 67 VVG regelmäßig vor[4].

Weil und soweit Leistungsfälle nach § 52 BRRG, § 87a BBG, § 30 Abs. 3 SoldatenG und dem **Beamtenversorgungsrecht der Länder** sowie die durch § 116 erfassten Leistungsfälle gleichzeitig eintreten können, ist auch die gleichzeitige Anwendung der Vorschriften über den Anspruchsübergang denkbar. Es kann dann zur Gesamtgläubigerschaft der jeweils erfassten Leistungsträger entsprechend § 117[5] kommen[6].

III. Versicherungsträger oder Träger der Sozialhilfe als neuer Gläubiger. Nach dem Anspruchsübergang tritt der gemäß den jeweilig einschlägigen Sozialgesetzen (oben Rz. 3) leistungsverpflichtete Versicherungsträger oder Träger der Sozialhilfe in die Gläubigerposition des nach Schadensersatzrecht berechtigten Anspruchsinhabers ein. Als neue Gläubiger kommen daher insb. in Betracht die Kranken-, Renten- und Unfallversicherungsträger, die Pflegekassen, die BA (§ 116 Abs. 10) sowie die Sozialhilfeträger nach §§ 3, 96 ff. BSHG (ab 1.1.2005: § 3, 97 ff. SGB XII) sowie dem AsylbLG[7]. Keine SozV-Träger iSd. § 116 Abs. 1 sind die Träger der Kriegsopferversorgung (§ 81a BVG) oder der Opferentschädigung (§ 50 OEG)[8] sowie beispielsweise die Versorgungsanstalt der Deutschen Bundespost[9]. Wenn aufgrund eines Schadensereignisses **mehrere Träger unterschiedliche Leistungen** schulden, geht der Schadensersatzanspruch in Teilen auf den jeweils zuständigen Träger über, je nachdem, welcher Leistungsanspruch mit dem jeweilig zu ersetzenden Schaden personell, sachlich und zeitlich kongruent ist (dazu unten Rz. 11 ff.). Beim **Wechsel von einem Versicherungsträger zum anderen** wechselt die Gläubigereigenschaft nach § 116 mit, wobei der spätere Träger in die Rechtsposition des „Vorgängers" eintritt. Mehrere Träger, die kongruente, also **identische Leistungsverpflichtungen** für ein und denselben Zeitraum innehaben, werden nach Maßgabe des § 117 **Gesamtgläubiger**, wobei sich die Ausgleichspflichten unter ihnen nach § 117 Satz 2–4 richten[10].

IV. Übergang des Schadensersatzanspruchs auf den leistungspflichtigen Träger nach Abs. 1 Satz 1. 1. Erfasste Schadensersatzansprüche. a) Gesetzliche Ansprüche. Die nach § 116 übergehenden Ansprüche müssen auf „gesetzlichen Vorschriften beruhen" und auf Schadensersatz gerichtet sein. Die Regelung spricht von „anderen" gesetzlichen Vorschriften, um den Übergang von Sozialleistungsansprüchen (s. dazu Rz. 10 ff.) auszuschließen. Als übergangsfähige Schadensersatzansprüche kommen ua. Ansprüche aus §§ 823, 825, 826, 829–834, 836–839, 844 f. BGB, Art. 34 GG iVm. § 839a BGB, § 30 LuftverkersG, § 3 BinnenschifffahrtsG, § 1 ProdHaftG, §§ 2 f. HPflG, § 1 UmweltHG, §§ 7, 18

---

1 *Kater/Leube*, § 104 SGB VII Rz. 41–43; KassKomm/*Ricke*, § 104 SGB VII Rz. 14; BGH v. 29.10.1968 – VI ZR 137/67, NJW 1969, 236 f. (zur beschränkten Regressmöglichkeit nach § 116). | 2 BGH v. 19.9.1989 – VI ZR 344/88, BGHZ 108, 296 = NJW 1989, 3158 (noch zu § 140 AFG). | 3 Vgl. *Münder*, NJW 2001, 2201 ff., s. dort insb. Fn. 4. | 4 BGH v. 3.4.1984 – VI ZR 253/82, NJW 1984, 2628 (zur Entgeltfortzahlung); BGH v. 13.10.1970 – VI ZR 31/69, NJW 1971, 240 (zum versicherungsrechtlichen Anspruchsübergang) *Epping*, Die Leistungen 2003, 193, 257, 321. | 5 BGH v. 14.2.1989 – VI ZR 244/88, BGHZ 106, 381 = VersR 1989, 648. | 6 Zum Verhältnis des § 116 zu anderen Regressregelungen *G. Schneider* in: Wussow, Unfallhaftpflichtrecht, Kapitel 73 Rz. 70 ff.; KassKomm/*Kater*, § 116 SGB X Rz. 9 ff. | 7 S. zur Einbeziehung von Trägern nach dem AsylBLG LG Frankfurt/M. 29.9.1999 – 2/4 O 132/99, VersR 2000, 340. | 8 *Dahm*, Die Sozialversicherung 2002, 119 ff., s. dort zu einer für diese Träger geltenden spezialrechtlichen Übergangstatbestände; *Wannagat/Eichenhofer*, § 116 SGB X/3 Rz. 20, mit dem Hinweis, dass allerdings eine Gesamtgläubigerschaft zwischen Trägern iSd. § 116 Abs. 1 und Trägern sozialer Entschädigungen im Hinblick auf übergangene Ersatzansprüche entstehen kann; BGH v. 28.3.1995 – VI ZR 244/94, VersR 1995, 600 (601, 602). | 9 OLG Frankfurt/M. 21.12.1999 – 14 U 60/94, VersR 2000, 1523. | 10 S. im Einzelnen KassKomm/*Kater*, § 116 SGB X Rz. 153 ff.; BGH v. 17.4.1958 – II ZR 198/56, BGHZ 27, 107 = NJW 1958, 947; v. 28.3.1995 – VI ZR 244/94, NJW 1995, 2413; v. 9.7.1985 – VI ZR 219/83, VersR 1985, 1083; 13.3.2001 – VI ZR 290/00, VersR 2001, 1005; v. 3.12.2002 – VI ZR 304/01, BGHZ 153, 113 = NJW 2003, 1871; *Dahm*, SozVers 2003, 205.

SGB X § 116 Rz. 8   Ansprüche gegen Schadenersatzpflichtige

StVG, § 84 ArzneimittelG[1]. Einbezogen ist auch der Schadensersatzanspruch gegen den Entschädigungsfonds iSd. § 12 Abs. 1 PflVG[2] oder aus dem Warschauer Abkommen[3].

8 Da es sich um gesetzliche Ansprüche handeln muss, kommen **Erfüllungsansprüche** etwa aus Versicherungsverträgen (zB nach §§ 1, 149 VVG) **nicht** in Betracht. Andererseits werden Ansprüche aus Schlechtleistung, Schutz- und Nebenpflichtverletzung (§ 280 Abs. 1 BGB), etwa bei ärztlichen Behandlungsfehlern[4], Pflichtverletzung bei **Vertragsverhandlungen, Vertragsanbahnungen oder ähnlicher geschäftlicher Kontakte** nach §§ 280, 311a Abs. 2, 241 Abs. 2 BGB (früher cic)[5] sowie nach § 651 f. BGB[6] nach dem Sinn und Zweck des § 116 ebenfalls dem Übergangstatbestand unterworfen, obwohl es sich um vertragsähnliche Haftungstatbestände handelt[7]. Ansprüche aus GoA, §§ 683, 670 BGB, sind grundsätzlich nicht auf den Ersatz eines Schadens gerichtet. Die Rspr. schließt sie heute jedenfalls insoweit aus, als es um die Eintrittspflicht der gesetzlichen Unfallversicherung nach § 2 Abs. 1 Nr. 13 lit. a SGB VII geht und sich das Unfallopfer nicht schuldhaft in die Notlage gebracht hat[8]. Denkbar wäre aber beispielsweise bei der Verletzung eines Kindes der Übergang des Erstattungsanspruchs der Angehörigen wegen eines aufgrund der Kindesbetreuung erlittenen Entgeltausfalls aus §§ 683, 670 BGB an den Krankenversicherungsträger der Eltern, der nach § 45 SGB V Krankengeld bei der Erkrankung eines Kindes gezahlt hat[9]. Ein Anspruchsübergang ist auch ausgeschlossen, wenn aufgrund der Schädigung gar **keine Verpflichtung zur Schadensersatzleistung** bestand, etwa bei Zahlungen oder Anerkenntnissen von (vermeintlichen) Schädigern oder Versicherern aus Angst vor strafrechtlicher Verfolgung, Kulanz oder Gefälligkeit.

9 b) **Sozialrechtliche Sonderregeln zum Umfang des Schadensersatzanspruchs.** Teilweise wird der Umfang des übergehenden Schadensersatzanspruchs sozialrechtlich gesondert geregelt, insb. um den Schädiger nicht in den Genuss der Vorteilsanrechnung zu bringen[10]. Nach § 224 Abs. 2 SGB V kommt dem Schädiger die Beitragsfreiheit des Geschädigten beim Bezug von Kranken-, Mutterschafts- oder Erziehungsgeld nicht zugute[11]. Gemäß § 62 SGB VI wird der Schadensersatzanspruch durch die Berücksichtigung rentenrechtlicher Zeiten nicht ausgeschlossen oder gemindert. Wenn also beispielsweise einem aufgrund der Schädigung krankheitsbedingt Arbeitsunfähigen nach § 58 Abs. 1 Satz 1 Nr. 1 SGB VI Anrechnungszeiten gutgeschrieben werden, wird der hieraus resultierende Vorteil bei der Schadensberechnung ignoriert. Nach § 116 Abs. 1 Satz 2 werden Beiträge, zu deren Leistung der Geschädigte nicht verpflichtet ist und die deshalb nicht zwingend zu seinem Schaden gehören, ebenfalls mit in die Regressverpflichtung aufgenommen (s. dazu Rz. 46). Eine Weiterung ergibt sich auch aus der Möglichkeit der Geltendmachung des Schadens von Angehörigen bei der Sozialhilfe nach § 140 BSHG, ab dem 1.1.2005 nach § 114 SGB XII.

10 2. **Erfasste Sozialleistungsansprüche.** Weitere Voraussetzung für den Übergang ist naturgemäß das Bestehen eines Anspruchs des Geschädigten (genauer: derjenigen Person, die ohne Anspruchsübergang Gläubiger des Schadensersatzanspruchs wäre) gegen einen der von § 116 erfassten Träger aus den oben Rz. 3 f. genannten Gesetzen, also insb. aus einem der Bücher des SGB oder aus dem BSHG (s. im Einzelnen zu den Modalitäten des Anspruchsübergangs unten Rz. 27 ff.).

11 3. **Kongruenz von Schadensersatz- und Leistungsgegenstand.** Schadensersatz- und Leistungsanspruch müssen auf demselben Schadensereignis beruhen. Außerdem müssen sie in sachlicher und zeitlicher Hinsicht kongruent sein, also dieselbe Ausprägung des Schadens betreffen. Sie müssen nach § 116 Abs. 1 Satz 1 „der Behebung eines Schadens der gleichen Art dienen und sich auf denselben Zeitraum ... beziehen". Hierdurch soll eine Doppelleistung an den Geschädigten vermieden und gleichzeitig nur wegen solcher Schädigungen Zugriff auf die Ersatzansprüche des Geschädigten genommen werden, die denselben Gegenstand haben wie der soziale Leistungsanspruch.

---

1 S. näher KassKomm/*Kater*, § 116 SGB X Rz. 47 ff.; *Wannagat/Eichenhofer*, § 116 SGB X/3 Rz. 15. |2 BGH 25.1.2000 – VI ZR 64/99, VersR 2000, 471. |3 S. zu Letzterem *Steinfeltz*, Der Terroranschlag vom 11.9.2001 in New York und Schadensersatzansprüche der Berufsgenossenschaften, BG 2002, 470. |4 *Marburger*, Schadensersatzansprüche der Sozialleistungsträger nach § 116 SGB X in Zusammenhang mit Unfällen in Alten- und Pflegeheimen, ZfS 2002, 161 ff.; *G. Schneider* in: Wussow, Unfallhaftpflichtrecht, Kapitel 74 Rz. 1; KassKomm/*Kater*, § 116 SGB X Rz. 61; *Jung*, Zivilrechtliche Arzthaftpflicht und gesetzliche Unfallversicherung, BG 2002, 416 ff.; s. zur Nebenpflichtverletzung nach §§ 241 Abs. 2, 280 BGB Palandt/*Heinrichs*, § 280 BGB Rz. 24 ff. |5 Dazu im Einzelnen Palandt/*Heinrichs*, § 311 BGB Rz. 3 ff.; *Lieb* in: Dauner-Lieb/Heidel/Lepa/Ring, § 3 Rz. 35 ff. |6 Vgl. den Beispielsfall OLG Celle v. 21.3.2002 – 11 U 139/01, NVersZ 2002, 383 = MDR 2002, 873; s. dort auch zur Fristwahrung durch den Sozialversicherungsträger bei der Geltendmachung der Ansprüche nach § 651g BGB. |7 St. Rspr. seit BGH v. 20.2.1958 – VII ZR 76/57, BGHZ 26, 365 = NJW 1958, 710; näher *G. Schneider* in: Wussow, Unfallhaftpflichtrecht, Kapitel 74, Rz. 1; *Hauck/Nehls*, § 116 SGB X Rz. 7; einschr.: *Wannagat/Eichenhofer*, § 116 SGB X/3 Rz. 15. |8 BGH v. 10.10.1984 – IVa ZR 167/82, NJW 1985, 492 (noch zu § 539 Abs. 1 Nr. 9 lit. a RVO); KassKomm/*Kater*, § 116 SGB X Rz. 39; s. im einzelnen *Waltermann*, NJW 1996, 1644 (1648). |9 Vgl. zum Anspruch der Angehörigen (aus §§ 683, 670 BGB) oder der Verletzten (aus § 823 BGB) wegen Betreuungsaufwandes bzw. Fahrtkosten zum Verletzten BGH v. 19.2.1991 – VI ZR 171/90, NJW 1991, 2340; BGH v. 21.12.1978 – VII ZR 91/77, NJW 1979, 598; Palandt/*Thomas*, § 823 BGB Rz. 159; Palandt/*Heinrichs*, § 249 BGB Rz. 11. |10 Vgl. zur Vorteilsanrechnung im Schadensersatzrecht Palandt/*Heinrichs*, Vorb. v. § 249 BGB Rz. 119 ff., § 249 BGB Rz. 10 ff.; KassKomm/*Kater*, § 116 SGB X Rz. 86. |11 *G. Schneider* in: Wussow, Unfallhaftpflichtrecht, Kapitel 74 Rz. 34; *Wannagat/Eichenhofer*, § 116 SGB X/3 Rz. 25.

a) Personelle Kongruenz. Diese Überschneidung bzw. Kongruenz der sozialrechtlichen und der scha- 12
densrechtlichen Ansprüche bewirkt zunächst, dass der Gläubiger des Schadensersatzanspruchs und
derjenige des Leistungsanspruchs identisch sein müssen. Hierbei ist zu beachten, dass nicht nur der in
seinem Rechtsgut Verletzte in Betracht kommt, sondern auch seine Angehörigen, etwa als Hinterbliebene oder als Dienstberechtigte nach §§ 844 f. BGB; dasselbe gilt in den Fällen der Drittschadensliquidation[1]. Zudem kann nach Maßgabe des § 140 BSHG bzw. § 114 SGB XII bei der Sozialhilfe auch der
von Angehörigen erlittene Schaden geltend gemacht werden. Die Beziehungen mehrerer beteiligter
Leistungsträger richten sich nach §§ 102 ff. (vgl. die einzelnen Konstellationen der Einbeziehung mehrerer Personen unten Rz. 14, 15, 17, 22, 23).

b) Sachliche Kongruenz. Ein Schaden „der gleichen Art" liegt immer dort vor, wo ein Ersatzanspruch 13
und ein Leistungsanspruch auf der Schädigung desselben Gegenstandes beruhen (deshalb ist hier zT
auch von „gegenständlicher Kongruenz" die Rede). Der sozialrechtliche Leistungsanspruch muss in
einem „inneren Zusammenhang" mit demjenigen Schaden stehen, auf dessen Ersatz der Schadensersatzanspruch gerichtet ist; beide Ansprüche müssen dieselbe Zweckbestimmung haben. Jedoch
müssen die Ansprüche nicht gleichartig sein[2]. Es ist daher unerheblich, wenn der Sozialleistungsanspruch nach abstrakten (oder sonstigen, von §§ 249 ff. BGB abweichenden) Kriterien berechnet
wird oder wenn kein Schadensersatz- oder Entschädigungsanspruch besteht, sondern lediglich bestimmte schadensbedingte Mehraufwendungen des Geschädigten erfasst werden. Hierbei kann der
Sozialleistungsanspruch auch von weiteren Erfordernissen abhängen, beispielsweise von der Bedürftigkeit des Geschädigten. Vor diesem Hintergrund sind in der Rspr. und der Lit. unterschiedliche
„Schadensgruppen" gebildet worden, bei deren Einschlägigkeit die sachliche Identität von Leistungs-
und Schadensersatzanspruch gegeben ist[3].

c) Sachliche Kongruenz alphabetisch. Die diversen Schadensgruppen werden im Folgenden alpha- 14
betisch dargestellt.

Beiträge sowie Beitragslasten, die ein Sozialleistungsträger für den Geschädigten übernimmt, sind
Teil von dessen Erwerbsschaden und damit kongruent mit allen auf Ersatz – beitragspflichtiger – Einnahmen gerichteten Schadensersatzansprüchen[4]; ihr Übergang ist in § 116 Abs. 1 Satz 2, § 119 gesondert geregelt, s. näher Rz. 43 ff.

Bestattungskosten einschließlich Überführungskosten, die aufgrund Schadensersatzrecht geschuldet werden, sind kongruent mit hierauf bezogenen Sozialleistungsansprüchen, insb. Sterbegeld (§§ 63 f.
SGB VII sowie bis zum 31.12.2003 §§ 58 f. SGB V). Die Rspr. erlaubt den Regress wegen Bestattungskosten auch, wenn derjenige, der die Bestattungskosten getragen hat (zB der Haftpflichtversicherer des
Schädigers), ein anderer ist als der Gläubiger des diesbezüglichen Schadensersatzanspruchs (zB Hinterbliebene des Geschädigten)[5].

Entgangene Dienste sind insb. nach § 845 BGB durch Geldrente oder Abfindung zu ersetzen, wenn 15
sie einem dienstberechtigten Angehörigen des Geschädigten zustanden. Dieser Anspruch ist nicht
kongruent mit der Hinterbliebenenversorgung, welche der Fallgruppe des Unterhaltsschadens zuzuordnen ist (s. Rz. 22). Soweit der Geschädigte aber als Pflegeperson iSd. § 19 SGB XI die Pflege als
Dienst im Hauswesen nach § 845 BGB geleistet hat und der dienstberechtigte Angehörige aufgrund
der Schädigung erhöhte Pflegeansprüche gegen die Pflegekasse hat, muss Kongruenz zwischen diesen
Pflegeansprüchen und dem Anspruch aus § 845 BGB bestehen[6].

Erwerbsschäden sind zu ersetzen gemäß § 252, § 843 Abs. 1 Satz 1 Alt. 1 BGB sowie den entsprechen- 16
den deliktsrechtlichen Regelungen zB in § 10 Abs. 1 Satz 1 Alt. 1 StVG, § 7 Abs. 1 Satz 1 Alt. 1, § 8 Alt. 1
ProdHG, § 12 Abs. 1 Satz 1 Alt. 1, § 13 Alt. 1 UmweltHG. Nach diesen Vorschriften hat der Geschädigte
Anspruch auf Schadensersatz wegen seiner durch die Schädigung aufgehobene oder geminderte Erwerbsfähigkeit. Das umfasst auch den Verlust, der daraus resultiert, dass der Geschädigte daran gehindert ist, Beiträge zur RV oder für ein System der betrAV zu leisten (s. Rz. 43 ff.)[7]. Kongruenz besteht
zwischen allen Ansprüchen auf Ersatz von Entgeltausfällen und Sozialleistungsansprüchen, die auf Ent-
geltersatz oder auf die Herstellung des Zustandes gerichtet sind, der aufgrund des Entgelterhalts herrschen würde. Das gilt auch im Fall der Kapitalabfindung von Sozialleistungen. Sozialrechtliche Entgeltersatzleistungen sind ua. Verletztenrente, Rente wegen verminderter Erwerbsfähigkeit, Krankengeld

---

[1] Vgl. zur personellen Zuordnung von Schadensereignissen Palandt/*Heinrichs*, Vorb. v. § 249 BGB Rz. 108 ff.,
§ 249 *BGB Rz. 11, Palandt/Thomas*, § 823 Rz. 157 sowie die Kommentierung zu §§ 844 f. BGB; KassKomm/*Kater*,
§ 116 SGB X Rz. 98. | [2] Vgl. BGH v. 20.3.1984 – VI ZR 14/82, NJW 1984, 1811; v. 3.4.1984 – VI ZR 253/82, NJW
1984, 2628; v. 15.4.1986 – VI ZR 146/85, BGHZ 97, 330; v. 5.12.1989 – VI ZR 73/89, BGHZ 109, 291 = NJW 1990, 1045;
v. 3.12.2002 – VI ZR 304/01, BGHZ 153, 113 = NJW 2003, 1871; *Dahm*, SozVers 2003, 205; näher *G. Schneider* in:
Wussow, Unfallhaftpflichtrecht, Kapitel 74 Rz 28; *Wannagat/Eichenhofer*, § 116 SGB X/3 Rz. 23. | [3] S. zu den
Schadensgruppen im Einzelnen *G. Schneider* in: Wussow, Unfallhaftpflichtrecht, Kapitel 74 Rz 31 ff.; Kass-
Komm/*Kater*, § 116 SGB X Rz. 108 ff. | [4] BGH v. 5.12.1989 – VI ZR 73/89, BGHZ 109, 291 = NJW 1990, 1045.
| [5] BGH v. 20.2.1958 – VII ZR 76/57, BGHZ 26, 365 (insoweit nicht in NJW 1958, 710); v. 18.1.1977 – VI ZR 250/74 =
VersR 1977, 427. | [6] Unklar KassKomm/*Kater*, § 116 SGB X Rz. 79, 139. | [7] S. zur Berechnung des Schadens
im Einzelnen Palandt/*Heinrichs*, § 252 BGB Rz. 8 ff.

Giesen

und Verletztengeld, Betriebshilfe, Übergangsgeld, Überbrückungsgeld, Versorgungskrankengeld, Ausbildungsgeld, Unterhaltsbeihilfe sowie Sozialhilfe nach dem BSHG bzw. dem SGB XII (Letzteres, wenn die Schädigung zur Bedürftigkeit geführt hat). Bei Unfallrenten reicht der zu ersetzende Schaden regelmäßig nur bis zum Erreichen des Rentenalters für die Regelaltersrente (65 Jahre, § 35 SGB VI).

17 Die Regelaltersrente selbst ist nicht kongruent mit Ersatzansprüchen, aber – bei schädigungsbedingter Behinderung – die vorgezogene Altersrente für schwerbehinderte Menschen (§ 37 SGB VI). Kongruent mit dem Erwerbsschaden sind auch Kosten der Aus- und Fortbildung sowie Entgeltersatzleistungen von Rehabilitationsträgern (s. deren Aufzählung in § 9 SGB IX) oder auch zB der Arbeitsverwaltung (einschließlich der schädigungsbedingten Zahlung von Kug.), wenn sie auf schädigungsbedingter Arbeitslosigkeit oder auf einer schädigungsbedingt notwendigen Umschulung, Aus- oder Weiterbildung beruhen. Kosten für Schulungsmaßnahmen sind insoweit kongruent, als sie zur Erreichung eines Berufs dienen, der dem vor der Schädigung bestehenden Beruf gleichwertig ist[1]. War der Geschädigte bereits arbeitslos, besteht Kongruenz bei schädigungsbedingtem Verlust der Chancen auf einen neuen Arbeitsplatz[2]. Zu den dem Erwerbsschaden kongruenten Sozialleistungen zählt auch die Leistungsfortzahlung an arbeitsunfähige Arbl. nach § 126 SGB III[3]. Bei der Alhi gehen §§ 203 f. SGB III dem § 116 SGB X vor bzw. modifizieren ihn[4].

Mangels personeller Kongruenz dürften **Entgeltzuschüsse an ArbGeb** (zB nach §§ 217, 225, 235 SGB III) nicht regressfähig sein. Dasselbe gilt etwa für Leistungen an ArbGeb nach § 34 SGB IX. Soweit der Geschädigte vom ArbGeb **Entgeltfortzahlung** nach dem EFZG erhält, geht der hierin enthaltene Ersatz von Verpflegungskosten bei stationärer Behandlung wegen des Vorrangs des § 116 SGB X vor § 6 EFZG (s. Rz. 4) auf den Träger über. Der Regressanspruch des ArbGeb nach § 6 EFZG ist also entsprechend zu mindern[5]. Bei Beeinträchtigung oder Ausfall der **Haushaltstätigkeit** eines Geschädigten ist nach der Rspr. zu unterscheiden. Soweit der Geschädigte seine Arbeitsleistung zum Familienunterhalt einsetzte, ist der Schaden dem Erwerbsschaden zuzurechnen; soweit er seinen eigenen Bedürfnissen diente, gehört der Schaden zur Gruppe der vermehrten Bedürfnisse (s. Rz. 23)[6]. Weil also auch Ersatz für Haushaltstätigkeit in den Erwerbsschaden fallen kann, zählt hierzu auch die Leistung von Haushaltshilfe durch den Träger (s. zB § 38 SGB V).

18 **Heilungs- und Pflegekosten** sind kongruent mit sämtlichen sozialrechtlichen Ansprüchen auf Behandlung und Ersatz von Behandlungskosten sowie mit Ansprüchen auf Heil- und Hilfsmittel, Rehabilitationsmaßnahmen, Transport- und Fahrkosten etc. Zu beachten ist hierbei das allgemeine Schadensersatzrecht, nach dem zB ersparte Kosten und Aufwendungen für die häusliche Verpflegung schadensmindernd anzusetzen sind[7]. Sozialrechtliche Beschränkungen der Leistungen (beispielsweise die begrenzte Kostenübernahme oder Zuzahlungen des Versicherten) bewirken eine Reduzierung der Leistungspflicht des Trägers. Soweit deshalb der Träger den Schaden nicht zu ersetzen hat, geht auch der Schadensersatzanspruch nicht auf ihn über, sondern steht weiterhin dem Geschädigten zu. Dasselbe gilt für nicht vom Sozialleistungs-, aber vom Schadensersatzanspruch gedeckte Fahrtkosten oder Zusatzkosten zB für Einzelzimmer und Privatbehandlung[8]. Der Investitionszuschlag für die Krankenhausbehandlung nach § 14 Abs. 8 Satz 1 BPflV, Art. 14 Abs. 1 Satz 1 GSG ist nicht kongruent mit der Schadensersatzpflicht wegen Körper- oder Gesundheitsverletzung[9].

19 **Kosten der Rechtsverfolgung** bei der Durchsetzung eines Schadensersatzanspruchs können als Schadensfolge nach § 249 BGB mit ersatzpflichtig sein[10]. Sie sind allerdings nicht kongruent mit Sozialleistungen, so dass ein Anspruchsübergang ausscheidet. Das lässt den eigenen Anspruch des Trägers aus §§ 91 ff. ZPO unberührt, wenn dieser den übergegangenen Anspruch bei den Zivilgerichten einklagt.

20 **Sachschäden** sind nur selten Gegenstand von Ansprüchen auf Sozialleistungen. Soweit entsprechende Tatbestände einschlägig sind, kommt Kongruenz mit Schadensersatzansprüchen in Betracht, insb. bei Ersatzleistungen für Hilfsmittel (Brillen, Prothesen etc.). Eine weitere Möglichkeit ist der Sachschadensersatz im Fall der Unterstützung von Diensthandlungen, der Heranziehung als Zeuge, der Hilfe bei Unglücksfällen sowie bei der Verfolgung von Verdächtigen und des Schutzes von Angegrif-

---

1 BGH v. 26.2.1991 – VI ZR 149/90, VersR 1991, 596; v. 24.9.1985 – VI ZR 101/84, VersR 1986, 163. | 2 *G. Schneider* in: Wussow, Unfallhaftpflichtrecht, Kapitel 74 Rz. 41. | 3 Str., wie hier KassKomm/*Kater*, § 116 SGB X Rz. 128 mwN. | 4 BGH v. 19.9.1989 – VI ZR 344/88, BGHZ 108, 296 = NJW 1989, 3158 (noch zu § 140 AFG). | 5 BGH v. 3.4.1984 – VI ZR 253/82, VersR 1984, 583 (584); vgl. auch BAG v. 5.11.2003 – 5 AZR 676/02, noch v. 25.9.1973 – VI ZR 49/72, NJW 1974, 41; *G. Schneider* in: Wussow, Unfallhaftpflichtrecht, Kapitel 74 Rz 33; s. zum Schadensersatz bei Beeinträchtigung der Möglichkeit zur Erbringung von Eigenleistungen BGH v. 6.6.1989 – VI ZR 66/88, NJW 1989, 2539; v. 24.10.1989 – VI ZR 263/88, NJW 1990, 1037 (s. dort auch zur Erstattungsfähigkeit von Babysitterkosten für den Verletzten während des Besuchs seines Ehepartners im Krankenhaus). | 7 Vgl. Palandt/*Heinrichs*, § 249 BGB Rz. 10 ff. | 8 Zur Frage, wann diese zu ersetzen sind, Palandt/*Heinrichs*, § 249 BGB Rz. 10; KassKomm/*Kater*, § 116 SGB X Rz. 113. | 9 OLG Jena v. 19.8.2003 – 8 U 263/03, OLGR Jena 2003, 487. | 10 Palandt/*Heinrichs*, § 249 BGB Rz. 20 ff.

fenen gemäß § 2 Abs. 1 Nr. 11 lit. a, Nr. 13 lit. a, c, § 13 SGB VII. Kongruenz greift ebenfalls im Sozialhilferecht bei Bedürftigkeit, die auf einer Sachbeschädigung beruht[1].

Schmerzensgeld. Kongruenz zwischen Sozialleistungen und Schmerzensgeld nach § 253 Abs. 2 BGB (früher § 847 BGB) besteht nicht, weil es keine auf die Erfassung des Schmerzens gerichteten Sozialleistungen gibt[2]. 21

Unterhaltsschäden. Gemäß § 844 Abs. 2 BGB sowie den entsprechenden deliktsrechtlichen Regelungen zB in § 10 Abs. 2 StVG, § 7 Abs. 2 ProdHG, § 12 Abs. 2 UmweltHG haben unterhaltsberechtigte Angehörige des Geschädigten Anspruch auf Geldrente bzw. Abfindung. Hierzu kongruent sind die entsprechenden Sozialleistungsansprüche auf Witwen-, Witwer- und Waisenrente sowie auf Elternrente einschließlich eventueller Abfindungsansprüche[3]. 22

Vermehrte Bedürfnisse. Nach § 843 Abs. 1 Satz 1 Alt. 2 BGB sowie den entsprechenden deliktsrechtlichen Regelungen zB in § 10 Abs. 1 Satz 1 Alt. 2 StVG, § 7 Abs. 1 Satz 1 Alt. 2, § 8 Abs. 2 ProdHG, § 12 Abs. 1 Satz 1 Alt. 2, § 13 Alt. 2 UmweltHG hat der Geschädigte Anspruch auf Ersatz der ihm durch die Schädigung entstehenden vermehrten Bedürfnisse, dh. alle wiederkehrenden Aufwendungen, welche diejenigen Nachteile auszugleichen haben, die aufgrund der dauerhaften Störung seines körperlichen Wohlbefindens entstehen. Beispiele sind Pflegepersonal, höhere Miete oder Baukosten etwa für eine behindertengerechte Ausstattung, entsprechende Kuren oder Verpflegung. Ebenfalls dazu gehören RV-Beiträge für Behinderte oder Besuchskosten für ein dauerhaft behindertes Kind[4]. Sachliche Kongruenz besteht hier nicht mit den sozialrechtlichen Behandlungs- und sonstigen Heilungsansprüchen (s. Rz. 18), sondern mit den sozialrechtlichen Ansprüchen auf (ambulante oder stationäre) Pflege, Pflegegeld, Haushaltshilfe, Kraftfahrzeug- und Wohnungshilfe sowie sämtliche sonstigen Leistungen zugunsten von behinderten Menschen, also Hilfen für Blinde, Gehbehinderte etc. Das ist unabhängig davon, ob die Pflegeleistungen nach dem SGB XI, dem SGB V, dem SGB VII, dem SGB IX, dem BSHG (ab 1.1.2005: SGB XII) oder anderen Gesetzen geleistet werden. Hierzu gehören auch die Beiträge der Pflegekasse zur RV oder auch Mehrbedarfszuschläge der Sozialhilfe, die wegen einer verletzungsbedingten Behinderung geleistet werden[5]. Bei Beeinträchtigung oder Ausfall der Haushaltstätigkeit einer geschädigten Person besteht Kongruenz zu der vermehrten Bedürfnissen nur dann, wenn die Tätigkeit den eigenen Bedürfnissen des Geschädigten diente (sonst Einordnung beim Erwerbsschaden oder bei den entgangenen Diensten, s. Rz. 15, 16). 23

d) **Zeitliche Kongruenz.** Der Träger kann keinen Rückgriff wegen Ansprüchen nehmen, die sich auf Zeiträume beziehen, für welche er keine Leistungen erbringt. Auch wegen der Höhe der Leistungen ist jeweils auf die zugrunde liegenden Zeiträume abzustellen, so dass ein „Verschieben" unterschiedlicher Einnahmephasen nicht zulässig ist. Schuldet der Schädiger Schadensersatz für Januar bis Mai iHv. 1.000 Euro monatlich und ist der Träger von April bis Dezember zur monatlichen Leistung von je 400 Euro verpflichtet, geht der Schadensersatzanspruch nur iHv. je 400 Euro für April und Mai über, insgesamt also 800 Euro. Der Rest steht weiter dem Geschädigten zu. Unterschiedliche Berechnungszeiten sind im Bruchteil umzurechnen. Deshalb wird bei Unfallrenten zeitliche Kongruenz nur bis zu demjenigen Zeitpunkt angenommen, in dem der Geschädigte einen Anspruch auf Altersrente gehabt hätte[6]. 24

e) **Umfang des Übergangs.** Grundsätzlich ergibt sich aus dem Gesetzeswortlaut („*soweit* dieser ... Sozialleistungen zu erbringen hat"), dass der Schadensersatzanspruch – entsprechend und im Rahmen der Kongruenz – in demjenigen Umfang auf den Träger übergeht, in dem dieser leistungspflichtig ist. Wenn also der Träger aufgrund eines Umstandes zur Leistung verpflichtet ist, der nichts mit dem schädigenden Ereignis zu tun hat, greift auch kein Anspruchsübergang. Soweit die durch die Schädigung bedingte Leistung durch eine andere, nicht auf der Schädigung beruhende Leistung ganz oder teilweise zum Ruhen gebracht wird, greift der Übergang nur in dem Maß, in dem die Erstere die Letztere übersteigt[7]. 25

f) **Sonderregeln zum Umfang des Übergangs.** Teilweise wird die Grundregel, nach welcher der Anspruch auf den Träger nur im Umfang seiner (Mehr-)Leistungspflicht übergeht, durch Sondervorschriften verdrängt, s. oben Rz. 9. 26

4. Anspruchsübergang. a) **Gesetzlicher Anspruchsübergang (cessio legis).** Der Anspruchsübergang erfolgt durch Gesetz, und zwar bereits im Zeitpunkt, in dem der Schadensersatzanspruch entsteht 27

---

1 *Wannagat/Eichenhofer*, § 116 SGB X/3 Rz. 24; weniger generell als hier, aber für den Anspruchsübergang bei Übernahme von Reparaturkosten durch einen Sozialhilfeträger sprechen sich aus *Geigel/Plagemann*, Kapitel 30 Rz. 23; KassKomm/*Kater*, § 116 SGB X Rz. 133. | 2 *Wannagat/Eichenhofer*, § 116 SGB X/3 Rz. 24. | 3 S. zur (Nicht-)Anrechnung, wenn bei einem Sterbefall ein bereits bestehender Rentenanspruch durch einen neuen, zusätzlichen Rentenanspruch beeinflusst wird BGH v. 27.10.1970 – VI ZR 47/69, BGHZ 54, 377 = NJW 1971, 286; BGH v. 7.5.1974 – VI ZR 223/72, NJW 1974, 1237. | 4 S. im Einzelnen mwN Palandt/*Thomas*, § 843 BGB Rz. 3. | 5 S. die Aufzählung von Haftungsnormen über vermehrte Bedürfnisse mit einer Aufschlüsselung der Kongruenzen nach sozialrechtlichen Leistungspflichten im Einzelnen bei *G. Schneider* in: Wussow, Unfallhaftpflichtrecht, Kapitel 74 Rz. 35 f.; KassKomm/*Kater*, § 116 SGB X Rz. 64, 115 ff.; vgl. aus der Rspr. zB BGH v. 28.11.2000 – VI ZR 352/99, VersR 2001, 215. | 6 *Hauck/Haines*, § 116 SGB X/3 Rz. 20 f.; vgl. BGH v. 30.11.1971 – VI ZR 53/70, BGHZ 57, 314 = NJW 1972, 442 ff. = VersR 1972, 251 ff. | 7 BGH v. 27.10.1970 – VI ZR 47/69, BGHZ 54, 377; v. 7.5.1974 – VI ZR 223/72, VersR 1974, 966 (967).

und die Leistungsverpflichtung des Trägers begründet ist. Das geschieht ohne Rücksicht auf die Fälligkeit der betreffenden Schadensersatz- und Leistungsansprüche und ohne Rücksicht auf die Erfüllung der Leistungspflicht oder etwa auf sonstige Handlungen des Trägers. Insbesondere eine Überleitungsanzeige wie bei § 90 BSHG (ab 1.1.2005: § 93 SGB XII) oder eine sonstige Information des Schädigers oder des Geschädigten ist nicht erforderlich. Da es sich um einen gesetzlichen Forderungsübergang handelt, sind nach § 412 BGB die §§ 399 – 404, 406–410 BGB anzuwenden, wobei im Einzelnen aber die in § 116 geregelten Modifikationen zu beachten sind.

28 **b) Zeitpunkt des Übergangs; Änderungen nach Anspruchsübergang.** Der Gesetzgeber hat den Zeitpunkt des Anspruchsübergangs möglichst früh angesetzt, um eine reibungslose Geltendmachung durch den Träger sicherzustellen, die nicht durch eventuelle Verfügungen des Geschädigten über den Schadensersatzanspruch beeinträchtigt wird. Dieses Anliegen prägt die Auslegung von § 116 Abs. 1 Satz 1, und zwar sowohl für das Bestehen des Schadensersatzanspruchs als auch für das Bestehen des Sozialleistungsanspruchs.

29 **aa) Bestehen eines Schadensersatzanspruchs dem Grunde nach.** Zunächst muss der Schadensersatzanspruch nur dem Grunde nach gegeben sein. Das bedeutet, dass er bereits mit der Schädigung übergeht, selbst wenn der eingetretene Schaden sich noch erweitern sollte, also beispielsweise eine Verletzung später auf weitere Rechtsgüter übergreift oder noch zu weiteren behandlungsbedingten Schäden führen sollte, wenn etwa der Geschädigte aufgrund der Verletzung später seine Erwerbsfähigkeit einbüßt. Allerdings setzt die Entstehung des Anspruchs „dem Grunde nach" voraus, dass zumindest irgendein Schaden eingetreten ist; die Vollendung der Schädigungshandlung vor Eintritt des Erfolgs allein reicht nicht aus[1]. Die Entstehung des Anspruchs „dem Grunde nach" hat nach Ansicht der Rspr. zB bei Verletzungen mit späterer Todesfolge zur Konsequenz, dass nicht erst mit dem Tod des Geschädigten Ansprüche der Hinterbliebenen nach §§ 844 f. BGB entstehen und übergehen können; vielmehr greifen die Ansprüche und damit auch der Anspruchsübergang bereits mit der Verletzung des später Verstorbenen[2].

30 **bb) Möglichkeit des Bestehens eines (künftigen) Sozialleistungsanspruchs; Übergang unter auflösender Bedingung.** Noch weiter geht die Rspr. bei der Prüfung des Sozialleistungsanspruchs, der Voraussetzung für den Anspruchsübergang ist. Hier genügt es für den Anspruchsübergang, dass der Leistungsanspruch „im Rahmen eines SozV-Verhältnisses als Grundlage für den Forderungsübergang geeignete Leistungspflicht des Trägers ... überhaupt **in Betracht** kommen kann ... Soweit dabei die tatsächlichen Umstände (Art der Verletzung; Zukunftsfolgen der Verletzung) von Bedeutung sind, muss es im Interesse eines möglichst weitgehenden Schutzes des Versicherungsträgers genügen, dass selbst eine *weit entfernte Möglichkeit des Eintritts solcher Tatsachen gegeben ist, auf Grund derer Versicherungsleistungen zu erbringen sein werden ...*"[3]. **Beispiel:** Der Geschädigte wird am Bein verletzt, wobei man zunächst von der Wiederherstellung seiner Erwerbsfähigkeit ausgeht. Erst später entwickelt sich die Verletzung so, dass die Erwerbsfähigkeit vermindert wird und ein entsprechender Rentenanspruch entsteht. Der BGH nimmt einen Anspruchsübergang wegen eventueller künftiger Rentenleistungspflichten des RV-Trägers schon im Zeitpunkt der anfänglichen Beinverletzung an, weil der Träger aufgrund und im Rahmen des SozV-Verhältnisses bereits vor Eintritt der Minderung der Erwerbsfähigkeit zu deren Verhinderung verpflichtet ist. Wenn die Erwerbsunfähigkeit zumindest entfernt in Betracht kommt, greift bereits wegen dieser Möglichkeit des Bestehens eines (künftigen) Sozialleistungsanspruchs der Anspruchsübergang[4]. Auch im Fall von **Sozialhilfeleistungen** kommt es bereits dann zum Anspruchsübergang, wenn mit der schädigungsbedingten Bedürftigkeit des Geschädigten (insb. wegen infolge der Schädigung drohender Arbeitslosigkeit) ernsthaft zu rechnen ist[5].

31 Aufgrund des weit vorausgreifenden Anwendungsbereichs von § 116 ist von einem Anspruchsübergang auszugehen, der in seinem Bestand und seinem Umfang von der künftigen Entwicklung abhängig ist, also gemäß § 158 Abs. 2 BGB **unter der auflösenden Bedingung** übergeht, dass die in Betracht kommenden **Sozialleistungen** auch tatsächlich **zu erbringen** sein werden[6]. Wenn daher später die - auch entfernte – Möglichkeit der Leistungspflicht des Trägers nicht mehr in Betracht kommt, fällt der zunächst übergegangene Anspruch auf den Geschädigten zurück. Soweit die Leistungspflicht zu Unrecht angenommen wurde und die Leistungspflicht des Trägers in einer Verwaltungsentscheidung (also insb. durch einen Leistungsbescheid) oder einer Gerichtsentscheidung rechtskräftig festgestellt worden ist, ist ein diesbezüglicher späterer Wegfall der Leistungspflicht und der hierauf beruhende

---

1 RG v. 12.11.1917 – 2 Rep. IV 347/17, RGZ 91, 142 (146); BGH v. 10.7.1967 – III ZR 78/66, BGHZ 48, 181 = NJW 1967, 2199; *von Wulffen,* § 116 SGB X Rz. 2; *Dahm,* Die Sozialversicherung 2002, 119 (120). |2 BGH v. 13.2.1996 – VI ZR 318/94, VersR 1996, 649 (650). |3 BGH v. 10.7.1967 – III ZR 78/66, BGHZ 48, 181 = NJW 1967, 2199 (Hervorhebung im Original); bestätigt zB in BGH v. 8.12.1998 – VI ZR 318/97, NJW 1999, 1782; v. 8.7.2003, VI ZR 274/02, NJW 2003, 3193; vgl. *Wannagat/Eichenhofer,* § 116 SGB X/3 Rz. 21. |4 BGH v. 10.7.1967 – III ZR 78/66, *BGHZ 48, 181 = NJW 1967, 2199.* |5 BGH v. 12.12.1995 – VI ZR 271/94, BGHZ 131, 274 (279); v. 25.6.1996 – VI ZR 117/95, BGHZ 133, 129 (134, 135); OLG Celle v. 7.2.2002 – 14 U 126/01, HVBG - Info 2002, 3172. |6 BGH v. 10.7.1967 – III ZR 78/66, BGHZ 48, 181 = NJW 1967, 2199; v. 8.12.1998 – VI ZR 318/97, NJW 1999, 1782; *G. Schneider* in: Wussow, Unfallhaftpflichtrecht, Kapitel 73 Rz. 13 ff.; KassKomm/*Kater,* § 116 SGB X Rz. 143 ff.

Anspruchsübergang nicht mehr möglich. Wenn lediglich eine bestandskräftige, aber noch nicht unanfechtbare bzw. noch nicht rechtskräftige Entscheidung vorliegt, muss der Bescheid bzw. die Entscheidung zuerst aufgehoben werden[1]. Auch in diesen Fällen fällt der zuvor übergegangene Anspruch nach der Rspr. wegen Eintritts der auflösenden Bedingung nach § 158 Abs. 2 BGB auf den Geschädigten „automatisch" zurück[2]. Jedoch fordert der BGH zum Teil auch eine Rückabtretung, wenn Forderungen auf die BA übergegangen und nicht wieder an den Versicherten „automatisch" zurückgefallen sind[3]. Eventuell auf Grund des Anspruchsübergangs durch den Träger eingezogene Schadensersatzleistungen sind an den Geschädigten nach § 159 BGB auszuzahlen[4].

Soweit der Träger in einem **Abfindungsvergleich** auf den zurückgefallenen Anspruch (teilweise) verzichtet und damit die Rechte des Geschädigten beeinträchtigt hat, ist das diesem gegenüber unwirksam[5]. Denkbar ist auch, dass der Sozialleistungsanspruch **zunächst nicht** - auch nicht entfernt - **in Betracht** kommt (vgl. Rz. 30); sobald dann aber zB wegen einer Komplikation bei der Heilbehandlung die Sozialleistung (zB Rente) in Betracht kommt, geht der Anspruch **mit dem Eintreten dieses „In-Betracht-Kommens"** auf den Sozialleistungsträger über, also uU lange nach der Schädigungshandlung. Weil und solange hier die Forderung vor dem Übergang dem Geschädigten zustand, sind dessen zu dieser Zeit über die Forderung vorgenommenen Verfügungen (insb. Vergleiche und Erlasse) wirksam. 32

c) Fehlender Antrag und Verzicht auf Sozialleistungen. Da Sozialleistungen regelmäßig von einer Antragstellung des Berechtigten abhängen, stellt sich die Frage nach den Auswirkungen dieses Erfordernisses auf den Anspruchsübergang. Grundsätzlich gilt, dass der Anspruchsübergang bereits dann erfolgt, wenn ein Anspruch auf Sozialleistungen in Betracht kommt (s. Rz. 30). Deshalb kann wegen des regelmäßig in Betracht kommenden Leistungsantrags auch ein noch nicht erfülltes Antragserfordernis nichts am sofortigen Anspruchsübergang ändern. Sobald endgültig feststeht, dass ein Antrag nicht mehr gestellt werden wird, fällt der Schadensersatzanspruch wegen Wegfalls der Bedingung auf den Geschädigten zurück. Soweit ein Verzicht auf Sozialleistungen vorliegt, ist seine eventuelle Unwirksamkeit wegen Belastung Dritter sowie von Leistungsträgern oder Umgehung nach § 46 Abs. 2 SGB I zu prüfen. Weiter kommt hinsichtlich des Schadensersatzanspruchs eine Verletzung der Obliegenheit zur Schadensminderung nach § 254 Abs. 2 BGB in Betracht[6]. 33

d) Gesetzliche Änderungen des Sozialleistungsanspruchs können dessen Beschränkung, Erweiterung oder inhaltliche Änderung bewirken, so dass sich damit auch der (mögliche) Umfang des nach § 116 angeordneten Anspruchsübergangs ändern kann. Die nach der Schädigung erfolgende Änderung des Sozialleistungsanspruchs wie auch die Entstehung eines neuen Sozialleistungsanspruchs sind zu Lasten und zugunsten des Anspruchsübergangs gemäß § 116 voll zu berücksichtigen. Differenzierungen ergeben sich lediglich bei der Frage nach der zeitlichen Festsetzung des Anspruchsübergangs. Die Frage ist insb. dann von Bedeutung, wenn der Geschädigte über die betreffende Forderung verfügt hat, insb. wenn er einen Abfindungsvergleich mit dem Schädiger oder dessen Versicherer geschlossen hat. Grundsätzlich bleibt es auch im Fall einer späteren Gesetzesänderung bei den allgemeinen Regeln über den Anspruchsübergang, so dass regelmäßig vom Anspruchsübergang bei Schädigung auszugehen ist. Soweit aber die Sozialleistungsanspruchslage nach der Schädigung durch eine gesetzliche Regelung neu geschaffen und damit eine *gesetzliche Systemänderung* vorgenommen wird, greift der Anspruchsübergang erst mit der *Gesetzesänderung*[7]. Keine Systemänderung ist etwa beim Übergang von Pflegeansprüchen aus der Gesetzlichen Krankenversicherung auf die Gesetzliche Pflegeversicherung anzunehmen[8]. 34

5. Verfügungen über den Schadensersatzanspruch und Ausgleichspflicht nach Leistung an den falschen Gläubiger des Schadensersatzanspruchs. Verfügungen über den Schadensersatzanspruch kann grundsätzlich nur der Gläubiger vornehmen, also nach Anspruchsübergang der Sozialleistungsträger und im Übrigen der Geschädigte[9]. Dasselbe gilt für die Einziehungsbefugnis, die ebenfalls prinzipiell nur dem Gläubiger zusteht. Jedoch können Leistungen an den bisherigen Gläubiger und mit ihm geschlossene Vereinbarungen über die Forderung (Erlasse[10], Vergleiche etc.) nach §§ 412, 407 BGB wirksam sein. 35

---

1 BSG v. 17.7.1979 - 12 Rar 15/78, SozR 4100, Nr. 11 zu § 141 b; KassKomm/*Kater*, § 116 SGB X Rz. 144, § 115 SGB X Rz. 36. | 2 BGH v. 8.12.1998 - VI ZR 318/97, NJW 1999, 1782; der Fall betraf den Austritt des Geschädigten aus der gesetzlichen Krankenversicherung nach der Schädigung und während der Behandlung. | 3 BGH v. 25.6.1990 - II ZR 119/89, BB 1990, 1653. | 4 KassKomm/*Kater*, § 116 SGB X Rz. 144. | 5 BGH v. 8.12.1998 - VI ZR 318/97, NJW 1999, 1782. | 6 BGH v. 17.11.1964 - VI ZR 171/63, VersR 1965, 161 (163); OLG Hamm v. 17.5.1983 - 9 U 28/82, VersR 1984, 1049 (1050); KassKomm/*Kater*, § 116 SGB X Rz. 162 ff.; s. auch Palandt/*Heinrichs*, § 254 BGB Rz. 7 zur möglichen Anwendung von § 254 BGB im öffentlichen Recht. | 7 S. dazu im Einzelnen BGH v. 18.2.1997 - VI ZR 70/96, BGHZ 134, 381; v. 4.10.1983 - VI ZR 44/82, NJW 1984, 607; v. 17.4.1990 - VI ZR 276/89, NJW 1990, 2933; KG v. 7.2.2002 - 22 U 8424/00, KGR Berlin 2002, 56; *G. Schneider* in: Wussow, Unfallhaftpflichtrecht, Kapitel 73, Rz. 20 f.; KassKomm/*Kater*, § 116 SGB X Rz. 149 ff.; *Wannagat/Eichenhofer*, § 116 SGB X/3 Rz. 26. | 8 BGH v. 3.12.2002 - VI ZR 142/02, NJW 2003, 1455 (Ablösung von §§ 53 ff. SGB V aF durch §§ 36 ff. SGB XI); *Dahm*, SozVers 2003, 205. | 9 *Wannagat/Eichenhofer*, § 116 SGB XI Rz. 18. Abweichendes gilt nach § 115 SGB X bei Arbeitslosenleistungen, LAG Rh.-Pf. v. 17.1.2002 - 4 Sa 1110/01, DB 2002, 1113 n.rkr. | 10 Vgl. zur Anwendbarkeit der Erlassvorschrift des § 76 Abs. 2 Nr. 3 Satz 1 SGB IV durch den Träger im Fall des Anspruchsübergangs KassKomm/*Kater*, § 116 SGB X Rz. 180 ff. Die Vorschrift kann insbesondere bei unversicherten unbeschränkt haftenden Schädigern angewandt werden.

36 Voraussetzung ist, dass der Schuldner **keine Kenntnis hat vom Anspruchsübergang**. Der neue Gläubiger muss beweisen, dass diese Kenntnis bestand. Jedoch werden generell im Fall des gesetzlichen Forderungsübergangs keine zu hohen Anforderungen an diese Kenntnis gestellt, um den Sinn und Zweck der gesetzlichen Regelung nicht zu konterkarieren[1]. Deshalb hält man die Kenntnis der Bedingungen, die zum gesetzlichen Forderungsübergang führen, für genügend[2]. Dementsprechend geht die Rspr. im Fall möglicher Leistungspflichten von Sozialleistungsträgern iSd. § 116 davon aus, dass der Schädiger die tatsächlichen Umstände gekannt haben muss, die bekanntermaßen ein SozV-Verhältnis auslösen oder die sonstige, eine Sozialleistungspflicht auslösende Position des Geschädigten begründen[3]. Wer also einen Beschäftigten schädigt, von dem man allgemein annehmen kann, dass er sozialversichert ist, der „kennt" nach §§ 412, 407 BGB die Tatsachen, welche den Forderungsübergang begründen[4]. Deswegen wird er keine gegenüber dem Träger wirksame Leistung an den Geschädigten erbringen oder eine vergleichsweise Regelung über die Forderung mit diesem treffen können. Noch weiter geht die Rechsprechung bei der Behandlung von Schadensfällen durch **Versicherungsunternehmen** bzw. deren Schadensbearbeiter. Diesen wird sogar dann noch „Kenntnis" unterstellt, wenn nach der Schädigung neu eingeführte spezielle Gesetzesregelungen zur Leistungspflicht führen[5]. Beim Anspruchsübergang auf einen Träger der Sozialhilfe aufgrund von **Sozialhilfe**leistungen ist eine Kenntnis des Schädigers dagegen nur anzunehmen, wenn diesem die Bedürftigkeit begründende Vermögensverhältnisse des Geschädigten bekannt sind[6].

Soweit der Schädiger nach §§ 412, 407 BGB wegen „Unkenntnis" vom Anspruchsübergang **mit befreiender Wirkung** an den Geschädigten oder seine Hinterbliebenen statt an den Träger als wahren Gläubiger leistet, hat der Träger **gegen den Zahlungsempfänger** den Erstattungsanspruch des § 116 Abs. 7 Satz 1. Wenn **keine befreiende Wirkung** eintritt, haften dem Zahlungsempfänger und der Schädiger dem Träger gemäß § 116 Abs. 7 Satz 2 als Gesamtschuldner (s. Rz. 86).

37 Wenn der Träger nach § 116 Abs. 1 Satz 1 unter der **auflösenden Bedingung seiner eigenen künftigen Leistungspflicht** Gläubiger einer Schadensersatzforderung wird und diese Bedingung später wegfällt, fällt auch die Forderung auf den Geschädigten bzw. seinen Rechtsnachfolger zurück (s. Rz. 31). Wenn daher der Träger zwischenzeitlich über die Forderung verfügt (zB durch Abschluss eines Abfindungsvergleichs mit dem Schädiger), tut er dies zwar als Berechtigter. Jedoch wird die Verfügung nach Meinung des BGH gegenüber dem nachmaligen Gläubiger (dem Geschädigten oder seinem Rechtsnachfolger) gemäß § 161 Abs. 2 BGB unwirksam und steht dann auch einem Rückfall der Rechte auf den Geschädigten nicht entgegen[7].

38 **6. Einziehungsermächtigung bei Anspruch auf Sozialhilfe.** Soweit der Schadensersatzanspruch aufgrund eines Sozialhilfeanspruchs übergeht, nimmt die Rspr. eine Ermächtigung des Geschädigten und Bedürftigen an, den Ersatzanspruch im eigenen Namen einzuziehen, um die Bedürftigkeit zu vermeiden. Zu weiter gehenden Verfügungen (insb. Erlassvergleichen, Aufrechnungen etc.) ist der Bedürftige nicht berechtigt (s. auch Rz. 41)[8].

39 **7. Auskunftsanspruch.** Aus § 60 SGB I, §§ 412, 402 BGB folgt ein Auskunftsanspruch des Trägers gegen den Geschädigten. Nach Ansicht des BSG handelt es sich wegen des Vorrangs von § 60 SGB I um einen sozialrechtlichen und keinen privatrechtlichen Anspruch, so dass für seine Geltendmachung die SG zuständig sind[9].

40 **8. Verjährung.** Da § 116 ausschließlich den Anspruchsübergang anordnet und keinen neuen Anspruch begründet, richtet sich auch die Verjährung nach dem für den jeweiligen Schadensersatzanspruch geltenden Recht. Damit wird es meist auf die Verjährung deliktsrechtlicher Ansprüche ankommen (s. zu den von § 116 erfassten Ansprüchen oben Rz. 7 f.). **Bis zum 31.12.2001** war hierauf § 852

---

1 KassKomm/*Kater*, § 116 SGB X Rz. 258; *Wannagat/Eichenhofer*, § 116 SGB X/3 Rz. 67. |2 Palandt/*Heinrichs*, § 407 BGB Rz. 8. |3 OLG Nürnberg v. 17.12.1975 – 4 U 93/75, VersR 1977, 613 (614); BGH v. 4.10.1983 – VI ZR 44/82, SGB 1984, 170; v. 4.10.1985 – VI ZR 44/82, VersR 1984, 35 (36); v. 17.4.1990 – VI ZR 276/89, VersR 1990, 1028 (1030). |4 BGH v. 30.11.1955 – VI ZR 211/54, BGHZ 19, 177 (181); v. 7.5.1968 – VI ZR 179/66, VersR 1968, 771 (772); v. 13.2.1975 – VI ZR 209/73, VersR 1975, 446 (447); Palandt/*Heinrichs*, § 407 BGB Rz. 8; *von Wulffen*, § 116 SGB X Rz. 40. |5 BGH v. 7.5.1968 – VI ZR 179/66, VersR 1968, 771 (772); OLG Nürnberg v. 17.12.1975 – 4 U 93/75, VersR 1977, 613 (614); BGH v. 4.10.1983 – VI ZR 44/82, NJW 1984, 607 = VersR 1984, 35 (36). |6 KassKomm/*Kater*, § 116 SGB X Rz. 258; *Hauck/Haines*, § 116 SGB X/3 Rz. 51; *von Wulffen*, § 116 SGB X Rz. 40. |7 BGH v. 8.12.1998 – VI ZR 318/97, NJW 1999, 1782; s. bereits BGH v. 29.2.1956 – IV ZR 202/55, BGHZ 20, 127 = NJW 1956, 790. Der BGH befasst sich nicht mit der Frage, ob wegen des Forderungsrückfalls nach § 161 Abs. 2 BGB die befreiende Wirkung des kenntnislosen Schuldners nach § 407 BGB besteht (Palandt/*Heinrichs*, § 161 BGB Rz. 1). Bejahendenfalls müsste der Schädiger bei Vorliegen der Voraussetzungen des § 407 BGB seine Leistungen wahlweise vom Träger kondizieren und nochmals an den Geschädigten leisten, oder er belässt es bei seiner Befreiung mit der Konsequenz, dass der Träger das Vereinnahmte gemäß § 816 Abs. 2 BGB an den Geschädigten auskehren muss und im Übrigen uU aus Amtspflichtverletzung haftet, vgl. Palandt/*Heinrichs*, § 407 BGB Rz. 5. |8 BGH v. 12.12.1995 – VI ZR 271/94, BGHZ 131, 274 (284, 285); BGH v. 25.6.1996 – VI ZR 117/95, BGHZ 133, 129 = VersR 1996, 1258; BGH 23.6.1998 – VI ZR 317/97, VersR 1998, 1387; BGH 5.3.2002 – VI ZR 442/00, VersR 2002, 869 = r + s 2002, 241; BGH v. 10.10.2002 – III ZR 205/01, NJW 2002, 3769. |9 BSG v. 10.11.1977 – 3 RK 44/75, BSGE 45, 119 (120).

BGB in der bis dahin gültigen Fassung anzuwenden. Danach verjährten Delikte in drei Jahren von dem Zeitpunkt an, in welchem der Verletzte von dem Schaden und der Person des Ersatzpflichtigen Kenntnis erlangte, ohne Rücksicht auf diese Kenntnis in 30 Jahren von der Begehung der Handlung an. Diese Regelung wurde von der Rspr. bei Geltung von § 116 in der Weise angewandt, dass es auf die Kenntniserlangung durch den Träger als Neugläubiger ankommt und nicht auf die Kenntnis des Geschädigten, der ohne Anspruchsübergang Gläubiger gewesen wäre[1]. **Seit dem 1.1.2002** gelten die Verjährungsregeln der §§ 194 ff. BGB[2], wobei die Verjährung von Schadensersatzansprüchen in § 199 BGB geregelt ist. Gemäß § 199 Abs. 2 BGB verjähren Schadensersatzansprüche, die auf der Verletzung des Lebens, des Körpers, der Gesundheit oder der Freiheit beruhen, ohne Rücksicht auf ihre Entstehung und die Kenntnis oder grob fahrlässige Unkenntnis in 30 Jahren von der Begehung der Handlung, der Pflichtverletzung oder dem sonstigen, den Schaden auslösenden Ereignis an. Sonstige Schadensersatzansprüche verjähren nach näherer Maßgabe des § 199 Abs. 3 BGB in zehn bzw. 30 Jahren[3].

Weil und soweit es sich bei den in § 116 erfassten gesetzlichen Schadensersatzansprüchen regelmäßig um solche wegen **Verletzung des Lebens, des Körpers oder der Gesundheit** handelt, greift damit meist die 30-jährige Verjährungsfrist nach § 199 Abs. 2 BGB. Soweit Sachschäden ersetzt werden (s. Rz. 20), greift § 199 Abs. 3 BGB. Das neue Verjährungsrecht gilt gemäß Art. 229 § 5 EGBGB ohne Einschränkungen für alle seit dem 1.1.2002 entstandenen Ansprüche. Für die am 1.1.2002 bereits verjährten Ansprüche bleibt es bei der Verjährung gemäß altem Recht, also insb. nach § 852 BGB aF. Für alle bis zum 1.2.2002 entstandenen, aber noch nicht verjährten Ansprüche gilt die Übergangsvorschrift des Art. 229 § 6 EGBGB[4].

Die Verjährung des auf den Träger übergegangenen Schadensersatzanspruchs wird nicht dadurch beeinflusst, dass der Geschädigte eigene, nicht übergegangene Ansprüche aus dem Schadensereignis geltend macht. Jedoch ist zu beachten, dass **im Sozialhilferecht** eine Einziehungsermächtigung des Geschädigten zugunsten des Sozialhilfeträgers angenommen wird (s. näher Rz. 38). Aufgrund dessen führt hier die **Klageerhebung durch den Geschädigten** dazu, dass die Verjährungshemmung nach § 204 Abs. 1 BGB (früher: Die Verjährungsunterbrechung nach § 209 BGB aF) **auch zugunsten des Sozialhilfeträgers** greift. Ebenso führt die Verurteilung des Schädigers auf die Klage des Geschädigten oder ein titelersetzendes Anerkenntnis dazu, dass die Forderung des Sozialhilfeträgers der dreißigjährigen Verjährung nach § 197 Abs. 1 Nr. 3-5 BGB (früher § 218 Abs. 1 BGB) unterliegt[5]. Ggf. kommt auch die Rechtskrafterstreckung nach § 325 ZPO in Betracht[6]. **41**

9. Zuständigkeit. Da nach § 116 Abs. 1 Satz 1 nur ein Anspruchsübergang erfolgt, bleibt die Rechtsnatur des übergegangenen Schadensersatzanspruchs unverändert. Er kann also nicht etwa durch den Träger im Wege des Leistungsbescheids, sondern muss auf dem Rechtsweg bei den für den Schadensersatzanspruch zuständigen Zivilgerichten geltend gemacht werden. **42**

V. Abs. 1 Satz 2: Erfassung von Beiträgen. 1. Anwendungsbereich. Soweit der Geschädigte einen Erwerbsschaden erleidet (s. Rz. 16), kommt es regelmäßig zu der Situation, dass er deshalb auch nicht mehr entsprechende SozVBeiträge zahlen kann. Solche Beiträge hätten ihm beispielsweise im Alter eine (höhere) Rentenanwartschaft eingebracht oder wären als Krankenversicherungsbeiträge eingesetzt worden. Die für den Geschädigten einschlägigen Sozialleistungsregelungen sehen häufig vor, dass bei der Schädigung nicht nur Heilbehandlung oder Renten (zB wegen verminderter Erwerbsfähigkeit) gezahlt werden, sondern dass zusätzlich Mittel zur Verfügung stehen, von denen der Geschädigte SozVBeiträge zahlen kann. Grundsätzlich muss der Schädiger alle SozVBeiträge des Geschädigten für die Dauer der Arbeitsunfähigkeit ersetzen, unabhängig davon, ob ein Fall der Entgeltfortzahlung durch den ArbGeb vorliegt oder ob in einem Fall von schädigungsbedingter Sozialleistungsentrichtung SozVBeiträge zu zahlen sind[7]. **43**

Die von den Sozialleistungsträgern übernommen **SozV-Beiträge** (oder zusätzlich gewährten Leistungen) dienen dazu, den Schaden des geschädigten Versicherten auszugleichen, der dadurch entsteht, dass dieser aufgrund der Verletzung nicht mehr in der Lage ist, seine Beiträge zu zahlen. Die fehlende Zahlung der SozVBeiträge und die daraus resultierenden Folgen sind somit ein Schaden des Geschädigten. Mithin besteht auch eine sachliche Kongruenz zwischen den von den Sozialleistungsträgern **44**

---

1 BGH v. 10.7.1967 – III ZR 78/66, BGHZ 48, 181 = NJW 1967, 2199; BGH v. 5.2.1985 – VI ZR 61/83, NJW 1985, 2023; OLG Koblenz v. 15.7.1998 – 3 U 909/98, NJW 1999, 224; OLG Karlsruhe v. 14.5.2002 – 7 U 11/01, OLGR Karlsruhe *2002, 349; Palandt/Heinrichs*, § 199 BGB Rz. 25; anders aber, wenn der Anspruch zunächst dem Verletzten zusteht und erst später auf den Träger übergeht, BGH v. 2.3.1982 – VI ZR 245/79, NJW 1982, 1761 (insoweit nicht in BGHZ 83, 162). |2 Gesetz zur Modernisierung des Schuldrechts vom 26.11.2001, BGBl. I S. 3138 ff.; in Kraft getreten zum 1.1.2002. |3 S. dazu im Einzelnen BT-Drs. 14/6040, S. 108 f.; Palandt/*Heinrichs*, § 199 BGB Rz. 14 ff.; *Mansel* in: Dauner-Lieb/Heidel/Lepa/Ring, Das Neue Schuldrecht, § 14 Rz. 72 ff. *Marburger*, VersR 2003, 1232. |4 S. im Einzelnen Palandt/*Heinrichs*, Art. 229 § 5 EGBGB; *Mansel* in: Dauner-Lieb/Lepa/Ring, Das Neue Schuldrecht, § 14 Rz. 14 ff. |5 BGH v. 5.3.2002 – VI ZR 442/00, VersR 2002, 869; v. 23.6.1998 – VI ZR 317/97, VersR 1998, 1387; OLG Köln v. 8.5.1998 – 19 U 210/97, VersR 1998, 1307; beide Entscheidungen sind zum alten BGB ergangen. |6 *Hofmann*, VersR 2003, 288. |7 BGH v. 8.11.1983 – VI ZR 134/82, USK 83 220; KassKomm/*Kater*, § 116 SGB X Rz. 196.

übernommenen Beiträgen (oder zusätzlichen Leistungen) und dem Ersatzanspruch des Geschädigten gegen den Schädiger. Keine Kongruenz besteht hingegen hinsichtlich solcher Beiträge, die keine versicherungsrechtliche Besserstellung des Geschädigten herstellen und mithin nicht zu einem Ausgleich des zu ersetzenden Erwerbsschaden des Geschädigten beitragen[1].

45 **2. Voraussetzungen des Beitragsregresses.** § 116 Abs. 1 Satz 2 dient lediglich der Klarstellung der Gesetzeslage, da die Ersatzansprüche wegen fehlender Beitragszahlung bereits nach § 116 Abs. 1 Satz 1 auf den Sozialleistungsträger übergegangen wären[2]. Der Gesetzgeber erwähnt in Abs. 1 Satz 2 Nr. 1 nochmals die Beiträge, die von Sozialleistungen zu zahlen sind und in Abs. 1 Satz 2 Nr. 2 die Krankenversicherungsbeiträge, die für die Dauer des Anspruchs auf Krankengeld unbeschadet des § 224 Abs. 1 SGB V zu zahlen wären. Sozialleistung iSd. Abs. 1 Satz 2 Nr. 1 ist auch die Beitragsleistung eines Sozialleistungsträgers aus seinen Eigenmitteln zugunsten des Versicherten an einen anderen Sozialleistungsträger[3], nicht aber die ihm aufgrund schädigungsbedingt geringerer Beitragspflicht des Geschädigten entgangenen Krankenversicherungsbeiträge[4].

Aus dem Klarstellungscharakter der Vorschrift des Abs. 1 Satz 2 geht auch hervor, dass sich der Übergang des Beitragsersatzanspruchs nach denselben Regeln beurteilt wie bei anderen Sozialleistungen, die nach Abs. 1 Satz 1 übergehen. Danach ergeben sich keine Besonderheiten für den Beitragsregress bezüglich einer möglichen Pauschalierung der Ansprüche nach Abs. 9 (s. Rz. 95 ff.), wegen der Verjährung der übergegangenen Beitragsersatzansprüche oder hinsichtlich des Zeitpunkts des Anspruchsübergangs[5].

46 § 116 Abs. 1 Satz 2 dient letztlich demselben **Normzweck** wie Abs. 1 Satz 1, nur dass der Beitragsregress in Abs. 1 Satz 2 speziell geregelt ist[6]. Bei bestimmten Entgeltersatzleistungen hat der Geschädigte Beitragsbelastungen selbst zu tragen, die ihm von der Entgeltersatzleistung abgezogen werden. Dieser sog. Versichertenanteil geht dann aber nicht nach § 116 oder § 119 auf den SozV-Träger über, sondern verbleibt bei dem Geschädigten, der ihn selbst gegen den Schädiger geltend machen muss[7]. Dies ist aus dem Wortlaut des Abs. 1 Satz 2 nicht zu erkennen, da dieser nicht zwischen dem Träger- und dem Versichertenanteil differenziert[8]. Anders hat allerdings die BGH-Rspr. zu der bis zum 31.12.1991 geltenden Vorschrift des § 1385b Abs. 1 RVO entschieden, indem sie einen Anspruchsübergang des Versichertenanteils nach § 116 Abs. 1 angenommen hat, während der entsprechende Trägeranteil nicht übergehen sollte[9]. Das Urteil des BGH wurde jedoch durch das Schrifttum insoweit in Frage gestellt, als der Versichertenanteil an der Beitragszahlung bereits begrifflich keine Sozialleistung iSd. § 116 Abs. 1 darstellen kann[10]. Ebenso kann es aber auch dazu kommen, dass der Geschädigte durch die Entrichtung der SozVBeiträge von der Sozialleistung höhere Beiträge gutgeschrieben bekommt, als ihm aufgrund des Schadensersatzanspruches eigentlich zustehen würde, so zum Beispiel bei einer niedrigen Haftungsquote[11]. Dieser sozialversicherungsrechtliche Vorteil kommt dem Geschädigten in Höhe des den Schadensersatzanspruch übersteigenden Anteils zu[12].

47 Der vom Schädiger zu ersetzende Schaden erfasst sowohl die **nicht** nach § 116 Abs. 1 Satz 2 oder § 119 **übergehenden** als auch die **übergehenden Schadensersatzansprüche**, wobei unerheblich ist, ob die Beiträge oder Beitragsanteile vom Versicherten oder vom Träger der Entgeltersatzleistung zu tragen gewesen wären[13]. Mithin sind die Beitragsbelastungen des Sozialleistungsträgers kein Drittschaden im eigentlichen Sinn, sondern ein „Reflexschaden", der mit der Leistung an den Versicherten durch den Sozialleistungsträger entstanden ist[14]. Eine Übersicht über die von Abs. 1 Satz 2 Nr. 1 erfassten Ansprüche findet sich bei KassKomm/*Kater*, SGB X § 116 Rz. 206–209; wegen der Einzelheiten im Hinblick auf die von Abs. 1 Satz 2 Nr. 2 erfassten fiktiven Beiträge bei Krankengeldbezug siehe KassKomm/*Kater*, SGB X § 116 Rz. 210–210c.

48 **3. Verhältnis Abs. 1 Satz 2 zu § 119.** Der Beitragsregress ist in zwei Teile, § 116 Abs. 1 Satz 2 und § 119 (s. Rz. 49), aufgespalten. Das Verhältnis beider Vorschriften zueinander regelt § 119 Abs. 1 Satz 2 Nr. 2, wonach § 116 Abs. 1 Satz 2 zur Rückerstattung der Beitragszahlungen an den Sozialleistungsträger dem Beitragsregress nach § 119 vorgeht[15]. Soweit die von der Sozialleistung zu zahlenden Beiträge

---

1 BGH v. 18.2.1986 – VI ZR 55/85, VersR 1986, 485 (487); v. 15.4.1986 – VI ZR 146/85, BGHZ 97, 330 = VersR 1986, 592 (593); v. 17.3.1987 – VI ZR 297/85, BGHZ 109, 291 = VersR 1987, 598 (599). | 2 KassKomm/*Kater*, § 116 SGB X Rz. 192. | 3 KassKomm/*Kater*, § 116 SGB X Rz. 198, mit dem Hinweis, dass im Fall der schädigungsbedingten Sozialleistung, die Beitragsleistung auch der Behebung des entstandenen Schadens dient. | 4 OLG Karlsruhe 16.11.2000 – 19 U 195/99, VersR 2001, 612. | 5 KassKomm/*Kater*, § 116 SGB X Rz. 211. | 6 KassKomm/*Kater*, § 116 SGB X Rz. 192. | 7 *Küppersbusch*, NZV 1992, 58 (60); *Meyer*, DOK 1991, 768 (769); *Stelzer*, VersR 1994, 518 (519); KassKomm/*Kater*, § 116 SGB X Rz. 195 und Rz. 202 ff. mwN. | 8 KassKomm/*Kater*, § 116 SGB X Rz. 202. | 9 BGH v. 5.12.1989 – VI ZR 73/89, BGHZ 109, 261; VersR 1990, 220 (221); KassKomm/*Kater*, § 116 SGB X Rz. 205. | 10 KassKomm/*Kater*, § 116 SGB X Rz. 205; *von Einem*, SGB 1990, 568 (569). | 11 KassKomm/*Kater*, § 116 SGB X Rz. 195. | 12 KassKomm/*Kater*, § 116 SGB X Rz. 195. | 13 BGH v. 18.2.1986 – VI ZR 55/85, VersR 1986, 485 (486); BGH v. 5.12.1989 – VI ZR 73/89, BGHZ 109, 291; Kass-Komm/*Kater*, § 116 SGB X Rz. 197. | 14 *Einem*, SGb 1988, 276 (277); KassKomm/*Kater*, § 116 SGB X Rz. 197; während der spiegelbildliche Schaden des Versicherten demgegenüber als „zusätzlicher Folgeschaden" bezeichnet wird, so BGH v. 5.12.1989 – VI ZR 73/89, BGHZ 109, 291 (296). | 15 KassKomm/*Kater*, § 116 SGB X Rz. 194.

nicht ausreichen, um den Beitragsschaden des Geschädigten anzugleichen, erfolgt der Rückgriff des Sozialleistungsträgers hinsichtlich der nicht ausgeglichenen Schadensteile gemäß § 119[1].

4. Exkurs: Übergang von Beitragsansprüchen nach § 119. Der Schadensersatzanspruch umfasst häufig auch den Ersatz von Beiträgen zur RV, vor allem dann, wenn unfallbedingt durch den Versicherten keine Beiträge zur RV geleistet werden[2]. Hier greift § 119, der den entsprechenden Schadensersatzanspruch subsidiär zu § 116 (§ 119 Abs. 1 Satz 1 Nr. 2) übergehen lässt. Die entsprechenden beitragsersetzenden Leistungen gelten dann gemäß § 119 Abs. 3 Satz 1 als Pflichtbeiträge; zudem stellt § 119 Abs. 3 Satz 2 sicher, dass der Geschädigte durch die Ersatzleistung nicht schlechter gestellt wird als ohne den Schadensersatzanspruch; vgl. zum Vergleichsschluss über Beitragsersatz § 119 Abs. 4.

Im Unterschied zu § 116 gehen aufgrund der Vorschrift des § 119 Beitragsersatzforderungen über, für die der SozV-Träger aktuell keine Gegenleistung erbringen muss, sondern die lediglich zugunsten des geschädigten Versicherten realisiert werden[3]. Ein Übergang von Beitragsersatzansprüchen nach § 119 kommt folglich nicht in Betracht, soweit diese Ansprüche nach § 116 übergehen (siehe oben Rz. 43–47). Mithin kommt es nur noch in den Fällen zu einem Forderungsübergang nach § 119, in denen ein ungedeckter restlicher Beitragsschaden verbleibt, der durch den Übergang nach § 116 Abs. 1 Satz 2 nicht gedeckt wird[4].

VI. Abs. 2: Vorrang des Geschädigten bei gesetzlicher Anspruchsbegrenzung. In den Fällen einer vollen Haftung des Schädigers bei gleichzeitiger gesetzlicher Begrenzung des Ersatzanspruchs wird dem Geschädigten durch § 116 Abs. 2 ein Quotenvorrecht eingeräumt. Gesetzliche Anspruchsbegrenzungen iSd. § 116 Abs. 2 ergeben sich beispielsweise aus §§ 12, 12a StVG, § 10 ProdHaftG, § 9 HPflG, §§ 37, 46 LuftVG, § 15 UmweltHaftG, § 117 Abs. 1 BBergG[5]. Sinn des § 116 Abs. 2 ist es, die Folgen einer möglichen Unterdeckung des Schadens aufgrund der gesetzlichen Summenbegrenzung nicht dem Geschädigten, sondern dem Versicherungsträger oder Träger der Sozialhilfe anzulasten[6]. Gerechtfertigt ist der nur teilweise Übergang des Ersatzanspruches auf den Versicherungsträger dadurch, dass eine mögliche Unterdeckung des Schadens im Fall des § 116 Abs. 2 nur aufgrund der gesetzlich festgeschriebenen Höchstgrenze des Schadensersatzanspruches und nicht durch ein vorwerfbares Verhalten des Geschädigten eintritt[7].

Gemäß § 116 Abs. 2 behält der Geschädigte den Schadensersatzanspruch bis zur Höhe seines Differenzschadens (Differenz zwischen Gesamtschaden und erhaltener Leistung), während der Übergang des Anspruchs auf den Versicherungsträger oder Träger der Sozialhilfe nur in Höhe des restlichen Teils des Ersatzanspruches stattfindet[8].

Beispiel: Der Schädiger S haftet dem sozialversicherten G aus einem Verkehrsunfall auf Zahlung von 48.000 Euro jährlich. Die jährlichen Sozialleistungen betragen 32.000 Euro; die gesetzliche Haftungshöchstgrenze beträgt 36.000 Euro (§ 12 Abs. 1 Nr. 1 StVG). Der Differenzschaden iSd. § 116 Abs. 2 beträgt 16.000 Euro (Differenz zwischen Gesamtschaden von 48.000 Euro und Sozialleistung von 32.000 Euro), und diese 16.000 Euro stehen dem G gegen den S zu. Auf den SozV-Träger geht nach § 116 Abs. 2 nur der Anspruch auf die verbleibenden 20.000 Euro über[9].

Nach der Rspr. ist das Quotenvorrecht des Geschädigten gem. § 116 Abs. 2 **nicht auf kongruente Ansprüche beschränkt**, sondern dehnt sich auf alle Ansprüche des Verletzten aus dem Schadensfall aus[10]. Soweit also im eben genannten Beispiel der SozV-Träger nur Behandlungs- und Rentenleistungen erbringt, steht dem Geschädigten dennoch auch zB wegen eines (hierzu nicht kongruenten) Schmerzensgeldanspruchs gemäß § 7, § 11 Satz 2 StVG der Vorrang vor dem SozV-Träger zu.

Keine Anwendung findet § 116 Abs. 2, wenn der Schädiger gleichzeitig aus anderen Rechtsgrundlagen haftet, die keine Begrenzung des Schadensersatzanspruchs vorsehen (zB § 823 BGB)[11]. Auch im Fall der unbegrenzten Haftung eines Schädigers, für den ein Haftpflichtversicherer ausschließlich mit einer Mindestsumme einstehen muss, wird der Übergang des Ersatzanspruches nicht durch § 116 Abs. 2 tangiert[12]. Ebenso ist § 116 Abs. 2 nicht in den Fällen einer Begrenzung des Ersatzanspruches wegen Mitverschuldens oder der Mitverursachung des Geschädigten anzuwenden; insofern ist auf die

---

1 KassKomm/*Kater*, § 116 SGB X Rz. 194. |2 *von Wulffen*, § 119 SGB X Rz. 7; Palandt/*Heinrichs*, Vorb v. § 249 BGB Rz. 154. |3 *Hauck/Haines*, § 119 SGB X Rz. 2. |4 KassKomm/*Kater*, § 119 SGB X Rz. 10. Vgl. zum Beitragsregress nach § 119 im Einzelnen die Kommentierung bei KassKomm/*Kater*, § 119 SGB X Rz. 1 ff. |5 Soweit mehrere Leistungsträger soviel gezahlt haben, dass durch ihre Leistungen die gesetzliche Haftungsgrenze überschritten ist, haben sie den Haftungsbetrag nach ihren Beiträgen prozentual untereinander aufzuteilen, BGH 3.3.1969 – III ZR 97/68, VersR 1969, 569 f.; BGH v. 21.11.2000 – VI ZR 120/99, VersR 2001, 387 = r + s 2001, 151. |6 KassKomm/*Kater*, § 116 SGB X Rz. 213. |7 KassKomm/*Kater*, § 116 SGB X Rz. 213. |8 S. zur Differenztheorie KassKomm/*Kater*, § 116 SGB X Rz. 213. |9 S. auch das Berechnungsbeispiel bei KassKomm/*Kater*, § 116 SGB X Rz. 216. |10 BGH v. 8.4.1997 – VI ZR 112/96, NJW 1997, 1785; *Wannagat/Eichenhofer*, § 116 SGB X/3 Rz. 38; anderer Ansicht insoweit *von Wulffen*, § 116 SGB X Rz. 21, wonach nur der sachlich und zeitlich kongruente Schaden iSd. § 116 Abs. 2 zu verstehen ist, mit Argumenten. |11 KassKomm/*Kater*, § 116 SGB X Rz. 215; *von Wulffen*, § 116 SGB X Rz. 23; *Wannagat/Eichenhofer*, § 116 SGB X/3 Rz. 40. |12 KassKomm/*Kater*, § 116 SGB X Rz. 215.

52 VII. Abs. 3: Mitverschulden oder Mitverantwortung des Geschädigten. In § 116 Abs. 3 sind die Fälle eines Anspruchsübergangs geregelt, in denen der Schadensersatzanspruch durch ein Mitverschulden oder eine Mitverursachung des Geschädigten seiner Höhe nach begrenzt ist. Dabei ist ein Mitverschulden bzw. eine Mitverantwortung des Geschädigten sowohl bei der Entstehung des Schadens (§ 254 Abs. 1 BGB), als auch im Hinblick auf die Schadensminderungspflicht (§ 254 Abs. 2 BGB) anzurechnen[3].

53 1. § 116 Abs. 3 Satz 1. Ziel des § 116 Abs. 3 Satz 1 ist es, für den Schadensersatzanspruch eine gleichmäßige Verteilung der Unterdeckung zu schaffen[4]. Gem. § 116 Abs. 3 Satz 1 wird der Grad des Mitverschuldens bzw. der Mitverursachung des Geschädigten am Schaden beim Anspruchsübergang insofern berücksichtigt, als nur der Teil des Schadensersatzanspruches auf den Versicherungsträger oder den Träger der Sozialhilfe übergeht, welcher der Haftungsquote des Schädigers entspricht (sog. relative Theorie)[5]. Damit beschränkt sich der Rückgriffsanspruch des Versicherungsträgers gegen den Schädiger auf den Vomhundersatz der von ihm erbrachten Sozialleistung, welcher der Haftungsquote des Schädigers entspricht[6]. Die Anwendung des § 116 Abs. 3 Satz 1 setzt voraus, dass die vom Versicherungsträger zu erbringenden Leistungen beim Geschädigten nicht zu einem vollen Ausgleich des Schadens führen[7].

54 Der auf den Versicherungsträger übergehende Ersatzanspruch wird in der Weise **berechnet**, dass der bei unbeschränkter Haftung nach Abs. 1 übergehende Anspruch entsprechend der Haftungsquote gemindert wird. Dem Geschädigten verbleibt dann der ebenfalls entsprechend der Haftungsquote geminderte Restanspruch[8]. **Beispiel:** Schädiger S verletzt den sozialversicherten G; den G trifft ein Mitverschulden von einem Viertel. Der Schaden beträgt 5.000 Euro, die Sozialleistungen betragen 3.000 Euro. Hier ergibt sich folgende Berechnung: Der Restschaden des G beträgt nach Abzug der Sozialleistungen noch 2.000 Euro. Der Sozialleistungsträger erhält von S ¾ von 3.000 Euro, also 2.250 Euro. G erhält von S ¾ von 2.000 Euro, also 1.500 Euro. Zusätzlich steht dem G gegen den Träger die unbeschränkte Sozialleistung von 3.000 Euro zu[9].

55 Das Quotenrecht nach § 116 Abs. 3 Satz 1 ist, im Gegensatz zum Quotenvorrecht nach Abs. 2 (dazu Rz. 50), **auf kongruente Sozialleistungs- und Schadensersatzansprüche beschränkt**, so dass etwa ein Schmerzensgeldanspruch als nicht kongruenter Anspruch (s. Rz. 21) nicht in die Berechnung miteinzubeziehen ist. Wenn also im soeben genannten Beispiel von den 5.000 Euro eine Summe von 2.400 Euro auf Schmerzen entfällt, erhält der Sozialleistungsträger von S ¾ von 2.600 Euro, also 1.950 Euro, und G erhält von S ¾ von 2.400 Euro, also 1.800 Euro Schmerzensgeld. Unverändert steht dem G gegen den Träger die Sozialleistung von 3.000 Euro zu[10].

56 2. § 116 Abs. 3 Satz 2. § 116 Abs. 3 Satz 2 regelt das Verhältnis zwischen Abs. 2 und Abs. 3 Satz 1 für den Fall, dass der Schadensersatzanspruch des Geschädigten der Höhe nach gesetzlich begrenzt ist und zusätzlich ein Mitverschulden oder Mitverursachen des Schadens durch den Geschädigten die Höhe des Ersatzanspruches mindert.

57 Für den Fall dieser „doppelten Haftungsbeschränkung" (gesetzliche Höchsthaftungssumme plus Mitverschuldensquote) existieren mehrere Berechnungsmethoden. Die – inzwischen auch von der Rspr. vertretene – vorherrschende Ansicht geht in der Weise vor, dass zunächst die Haftungsaufteilung nach der „relativen Theorie" gem. § 116 Abs. 1 Satz 1 ohne Berücksichtigung der Haftungshöchstgrenzen ermittelt wird; danach wird die so ermittelte Regressaufteilung an die gesetzlichen Anspruchshöchstgrenzen angepasst (ohne Anwendung eines Quotenvorrechts nach § 116 Abs. 2)[11]. Vielfach wird aber auch die Meinung vertreten, dass im Fall der Mithaftung nach § 116 Abs. 3 Satz 1 das Quotenvorrecht des Abs. 2 entfalle[12]. Danach werden aber unausgewogene Ergebnisse erzielt, weil der Geschädigte bei einer höheren Mitverschuldensquote besser gestellt ist als bei einer niedrigeren Mitverschul-

---

1 KassKomm/*Kater*, § 116 SGB X Rz. 215, mit dem Hinweis, dass dies auch in den Fällen gilt, in denen sowohl die Voraussetzungen des Abs. 2 als auch des Abs. 3 Satz 1 vorliegen (vgl. Abs. 3 Satz 2.). | 2 *Wannagat/Eichenhofer*, § 116 SGB X/3 Rz. 39. | 3 KassKomm/*Kater*, § 116 SGB X Rz. 220. | 4 *Wannagat/Eichenhofer*, § 116 SGB X/3 Rz. 45. | 5 KassKomm/*Kater*, § 116 SGB X Rz. 218; zur sog. Modifizierten Theorie (Quotenvorrecht des Geschädigten abhängig von der Höhe des Mitverschuldens) siehe *von Wulffen*, § 116 SGB X Rz. 24; *Wannagat/Eichenhofer*, § 116 SGB X/3 Rz. 43. | 6 BGH v. 14.2.1989 – VI ZR 244/88, BGHZ 106, 381 (385) = VersR 1989, 648; KassKomm/*Kater* § 116 SGB X Rz. 222. | 7 KassKomm/*Kater*, § 116 SGB X Rz. 220; *von Wulffen*, § 116 SGB X Rz. 25; vgl. zu der Frage ob § 116 Abs. 3 Satz 1 das Mitverschulden zusätzlich zur Bestimmung der Höhe des Ersatzanspruches, also „doppelt" in Ansatz bringt *Wannagat/Eichenhofer*, § 116 SGB X/3 Rz. 9 und Rz. 46. | 8 *KassKomm/Kater*, *§ 116 SGB X Rz. 221*. | 9 S. auch die Berechnungsbeispiele bei KassKomm/*Kater*, § 116 SGB X Rz. 221. | 10 KassKomm/*Kater*, § 116 SGB X Rz. 223. | 11 BGH v. 21.11.2000 – VI ZR 120/99, VersR 2001, 387 = r + s 2001, 151; KassKomm/*Kater*, § 116 SGB X Rz. 225; *André*, BG 1983, 716 (717, 718); *Plumeyer*, BG 1985, 206 (208, 209). | 12 *Behrends*, DOK 1983, 409 (413).

densquote[1]. Denn wenn sich eine Haftungshöchstgrenze gemäß Abs. 2 tatsächlich auswirkt, dann würde dies dazu führen, dass ein höherer Verantwortungsteil des Schädigers nicht am Gesamtanspruch gegen ihn erhöht, wohingegen aber der Geschädigte aufgrund der Quote am gleich bleibenden Ersatzanspruch umso mehr belastet wird, je höher die Haftungsquote des Schädigers ist[2]. Eine andere Auffassung will zunächst den Übergang des Anspruchs nach Abs. 3 Satz 1 bestimmen, als ob keine Haftungshöchstbegrenzung vorläge, um dann eine Kürzung im Hinblick auf die Haftungshöchstsumme vorzunehmen und auf diesen gekürzten Anspruch das Quotenvorrecht nach § 116 Abs. 2 anzuwenden[3]. Letztlich stellt nur der erste Vorschlag eine gerechte Vorgehensweise bei der Berechnung des übergehenden Anspruchs sowohl gegenüber dem Geschädigten als auch gegenüber dem SozV-Träger dar, so dass im Fall des Abs. 3 Satz 2 immer zuerst die Haftungsquotelung ohne Rücksicht auf etwaige Haftungshöchstgrenzen zu ermitteln ist, um dann in einem zweiten Schritt die so ermittelten Ansprüche rechnerisch auf die gesetzlichen Haftungsbegrenzungen anzupassen.

Beispiel: Schädiger S verletzt den sozialversicherten G bei einem Verkehrsunfall schwer. S haftet aus § 7 StVG; den G trifft ein Mitverschulden von einem Zehntel. Aufgrund fehlender Arbeitsfähigkeit des G entsteht ein Schaden von jährlich 50.000 Euro. Die jährlichen Sozialleistungen betragen 30.000 Euro; die gesetzliche Haftungshöchstgrenze beträgt 36.000 Euro (§ 12 Abs. 1 Nr. 1 StVG). Hier ergibt die Anwendung von § 116 Abs. 3 das Folgende: Im ersten Schritt wird die Haftungsquote gemäß § 116 Abs. 3 Satz 1 berücksichtigt, indem die Schädigerquote von 10% auf 30.000 Euro (Sozialleistung) angerechnet wird = 27.000 Euro; beim G verbleibt der um 27.000 Euro verminderte Restanspruch (ungekürzter Ersatzanspruch = 45.000 Euro) in Höhe von 18.000 Euro. Im zweiten Schritt wird eine Anpassung dieser Ansprüche an die Haftungshöchstgrenzen iSd. § 116 Abs. 2 vorgenommen (Verhältnis von Haftungshöchstgrenze 36.000 Euro zu ungekürztem Ersatzanspruch 45.000 Euro = 4/5). Damit ergibt sich eine Anpassung des übergehenden Anspruchs (4/5 von 27.000) auf 21.600 Euro; ebenso wird der beim Geschädigten verbleibende Restanspruch von 18.000 Euro auf 4/5 = 14.400 Euro vermindert. Der S zahlt also an den G 14.400 Euro und an den Sozialleistungsträger 21.600 Euro; beide Beträge addiert ergeben die gesetzliche Höchstgrenze von 36.000 Euro. Der G erhält zusätzlich zu den 14.400 Euro des S unverändert die 30.000 Euro Sozialleistungen[4].

3. § 116 Abs. 3 Satz 3. § 116 Abs. 3 Satz 3 schließt einen Anspruchsübergang nach Abs. 3 Satz 1 aus, wenn der Geschädigte oder seine Hinterbliebenen im Fall des Anspruchsübergangs hilfebedürftig iSd. BSHG bzw. SGB XII werden würden[5]. Dadurch werden der Geschädigte und seine Hinterbliebenen im Fall einer Mitverantwortlichkeit bzw. Mitschuld des Geschädigten am Schaden gem. § 116 Abs. 3 Satz 1 vor einer Sozialhilfebedürftigkeit iSd. BSHG bzw. SGB XII bewahrt[6]. Abs. 3 Satz 3 stellt insofern ein weiteres Quotenvorrecht des Geschädigten für den Fall des Eintritts einer Sozialhilfebedürftigkeit durch das Schadensereignis dar[7]. Der Geschädigte kann mithin zur Vermeidung des Eintritts seiner Sozialhilfebedürftigkeit auch nach Übergang des Anspruchs auf den SozV-Träger den Schadensersatzanspruch im eigenen Namen gegen den Schädiger geltend machen[8].

Anwendungsvoraussetzung des § 116 Abs. 3 Satz 3 ist, dass die fiktive **Sozialhilfebedürftigkeit durch den Anspruchsübergang** nach Abs. 3 Satz 1 hervorgerufen werden würde[9]. Die erforderliche Kausalität ist zu verneinen, wenn die Sozialhilfebedürftigkeit schon vor Eintritt des Schadensereignisses bestanden hat oder nach dem Schadensereignis aus anderen Gründen eintritt, die damit in keinem Zusammenhang stehen[10]. Ebenso nicht „durch den Anspruchsübergang" ausgelöst ist der Eintritt der Sozialhilfebedürftigkeit aufgrund des Schadensereignisses oder eine Verstärkung der Bedürftigkeit durch das Schadensereignis[11].

Der Forderungsübergang wird gemäß § 116 Abs. 3 Satz 3 nicht im Ganzen ausgeschlossen, sondern nur „soweit" (siehe Gesetzeswortlaut) durch den Anspruchsübergang eine Hilfebedürftigkeit iSd. BSHG bzw. SGB XII entstehen würde[12].

---

1 *von Wulffen*, § 116 SGB X Rz. 26, nach dessen Aussage diesem Problem jedoch nur durch eine Änderung der Vorschrift abgeholfen werden kann. |2 KassKomm/*Kater*, § 116 SGB X Rz. 224. |3 So *Küppersbusch*, VersR 1983, 193 (203). |4 Die Vorgehensweise folgt dem Berechnungsbeispiel bei KassKomm/*Kater*, § 116 SGB X Rz. 225; s. auch Palandt/*Heinrichs*, Vorb. § 249 BGB Rz. 157 (die dortige Kritik „völlig misslungen" beruht darauf, dass § 116 Abs. 2 iVm. Abs. 3 Satz 2 dem Geschädigten unabhängig vom Mitverschulden immer den bis an die gesetzliche Begrenzung der Haftungshöhe reichenden Betrag zubilligt). |5 Zur Beweislast hinsichtlich des Vorliegens der Voraussetzungen des § 116 Abs. 3 Satz 3 (Sozialhilfebedürftigkeit, Kausalität) siehe *von Wulffen*, § 116 SGB X Rz. 31; zum Rückgriff wegen Beitragsleistung siehe KassKomm/*Kater*, § 116 SGB X Rz. 230. |6 *von Wulffen*, § 116 SGB X Rz. 29, der als Grund für den Wegfall eines Anspruchsübergangs das fehlende Quotenvorrecht im Fall der Mithaftung anführt. |7 *von Wulffen*, § 116 SGB X Rz. 31. |8 BGH v. 12.12.1995 – VI ZR 271/94, BGHZ 131, 274. |9 KassKomm/*Kater*, § 116 SGB X Rz. 227; *von Wulffen*, § 116 SGB X Rz. 29; *Wannagat/Eichenhofer*, § 116 SGB X/3 Rz. 50. |10 *von Wulffen*, § 116 SGB X Rz. 29. |11 BGH v. 12.12.1995 – VI ZR 271/94, BGHZ 131, 274 (282); v. 8.6.1996 – VI ZR 117/95, BGHZ 133, 129 (136). |12 Str., siehe *Wannagat/Eichenhofer*, § 116 SGB X/3 Rz. 52; KassKomm/*Kater*, § 116 SGB X Rz. 228, mit Berechnungsbeispiel; *von Wulffen*, § 116 SGB X Rz. 30; vgl. auch *Deinhardt*, VersR 1984, 697 (701); aA *Küppersbusch*, VersR 1983, 193 (204 f.).

62 **VIII. Abs. 4: Vorrang des Geschädigten in der Vollstreckung.** Gem. § 116 Abs. 4 steht dem Geschädigten und seinen Hinterbliebenen im Fall des Bestehens von tatsächlichen Hindernissen in der Durchsetzung des Ersatzanspruches ein Befriedigungsvorrecht zu. Die Vorschrift betrifft den Fall, in dem das Vermögen des Schädigers nicht dazu ausreicht, sowohl die auf den SozV-Träger übergegangenen Schadensersatzansprüche als auch die Restansprüche des Geschädigten zu erfüllen. Im Gegensatz zu § 116 Abs. 2, Abs. 3 Satz 1 und Satz 3 und Abs. 5 regelt § 116 Abs. 4 nicht, welcher Teil des Schadensersatzanspruches dem Geschädigten materiell-rechtlich zusteht, sondern räumt diesem ein Vollstreckungsvorrecht ein[1]. Dieses Vorrecht des Geschädigten beruht auf dem Grundsatz, dass kein Gläubiger eine Forderung zu seinem Nachteil abtritt oder abtreten muss[2]. Vom Vorrecht des § 116 Abs. 4 werden alle kongruenten und alle nicht kongruenten Ersatzansprüche des Geschädigten gleichermaßen erfasst (vgl. auch Rz. 50, 55)[3].

63 **Tatsächliche Hindernisse** bei der Durchsetzung der Ersatzansprüche können vor allem in der fehlenden Vermögensmasse des Schädigers liegen, wenn dieser nicht oder nicht ausreichend haftpflichtversichert ist[4]. Letzteres kann zum Beispiel bei einer vertraglich beschränkten Haftungssumme vorliegen, wenn der Direktanspruch gegen den Haftpflichtversicherer nicht für die Befriedigung des übergegangenen Ersatzanspruches und des Restanspruchs ausreicht[5]. Ein weiteres Beispiel ist die Situation, in der aufgrund einer Vertrags- oder Obliegenheitsverletzung das Versicherungsverhältnis zwischen Schädiger und Versicherer gestört ist, daraufhin die Haftung des Versicherers auf eine Mindestversicherungssumme begrenzt wird und somit der Direktanspruch nicht für die Anspruchsbefriedigung ausreicht[6].

64 Das Befriedigungsvorrecht des § 116 Abs. 4 ist **nicht dadurch ausgeschlossen**, dass die Schadensersatzansprüche des Geschädigten **nach § 116 Abs. 2 oder Abs. 3 Satz 1 beschränkt** sind[7]. Allerdings greift das Befriedigungsrecht nur insoweit, als die Ersatzansprüche nach dem Quotenrecht auf den SozV-Träger übergegangen sind[8]. Der Vorrang nach § 116 Abs. 4 gilt nur für die Durchsetzung der Schadensersatzansprüche, nicht aber für bereits vom SozV-Träger durchgesetzte Ansprüche[9]. Der SozV-Träger braucht mithin das aus der Durchsetzung der Ersatzansprüche bereits Erlangte nicht an den Geschädigten herauszugeben[10].

65 § 116 Abs. 4 gibt dem Schädiger **kein Leistungsverweigerungsrecht**, so dass der Sozialleistungsträger nicht gehindert ist, trotz des Befriedigungsvorrechts den übergegangenen Ersatzanspruch geltend zu machen, einen Vollstreckungstitel zu beantragen und durchzusetzen[11].

66 **IX. Abs. 5: Vorrang des Geschädigten bei fehlender Mehrbelastung des Trägers.** § 116 Abs. 5 ist eine Ausnahme zu § 116 Abs. 3 Satz 1 und Satz 2. Dem Geschädigten (oder seinen Hinterbliebenen) wird ein Quotenvorrecht eingeräumt, sobald er das Schadensereignis mitverschuldet oder mitzuverantworten hat, im Weiteren die Anwendung des Abs. 3 Satz 1 und Satz 2 nicht zur vollen Deckung des Schadens des Geschädigten führt und der Sozialleistungsträger durch Eintritt des Schadens aber keine höheren Sozialleistungen erbringen muss als vor dem Schadenseintritt.

67 Der Ersatzanspruch soll nach dem Sinn und Zweck des § 116 Abs. 5 dem Geschädigten oder seinen Hinterbliebenen zustehen, solange durch das Schadensereignis keine Mehrbelastung des Sozialleistungsträgers eintritt[12].

68 Dem Schädiger darf die Nichtentstehung von unfallbedingten Mehraufwendungen beim SozV-Träger nach den Grundsätzen der Vorteilsausgleichung nicht zugute kommen[13]. Deshalb kann der Sozialleistungsträger im Hinblick auf seine unfallbedingten Leistungen beim Schädiger **voll Rückgriff nehmen**, wenn der Schadensersatzanspruch ausreicht, um die Ansprüche sowohl des Sozialleistungsträgers als auch des Verletzten oder seiner Hinterbliebenen zu decken[14]. Ausgeschlossen ist das Quotenvorrecht des Abs. 5 daher auch in den Fällen, in denen eine unbeschränkte Haftung des Schädigers vorliegt (mangels eines Falls des Abs. 3 Satz 1 oder Satz 2) und in denen der Schaden des Geschädigten durch die Sozialleistungen des Trägers voll gedeckt wird[15].

69 Weitere Voraussetzung des § 116 Abs. 5 ist, dass es sich bei dem leistungsgewährenden SozV-Träger um **ein und denselben Versicherungsträger** handelt. Ein Quotenvorrecht nach Abs. 5 wird nur in den Fällen gewährt, in denen der vorher leistende Sozialleistungsträger nach dem Schadensereignis keine

---

1 KassKomm/*Kater*, § 116 SGB X Rz. 231; *Wannagat/Eichenhofer*, § 116 SGB X/3 Rz. 34. | 2 *von Wulffen*, § 116 SGB X Rz. 32. | 3 KassKomm/*Kater*, SGB X § 116 Rz. 232 mwN und einer Begründung, warum sowohl kongruente als auch nicht kongruente Ansprüche von § 116 Abs. 4 erfasst werden; *von Wulffen*, § 116 SGB X Rz. 32. | 4 *von Wulffen*, § 116 SGB X Rz. 32. | 5 BGH v. 7.11.1978 – VI ZR 86/77, NJW 1979, 271 = VersR 1979, 30 (31). | 6 KassKomm/*Kater*, § 116 SGB X Rz. 233; *Küppersbusch*, VersR 1983, 193 (203); *Pickel*, DOK 1985, 463 (466). | 7 *von Wulffen*, § 116 SGB X Rz. 32. | 8 *Wannagat/Eichenhofer*, § 116 SGB X/3 Rz. 37 mwN. | 9 KassKomm/*Kater*, § 116 SGB X Rz. 235. | 10 *Ritze*, DRV 1983, 598. | 11 KassKomm/*Kater*, § 116 SGB X Rz. 235. | 12 *Wannagat/Eichenhofer*, § 116 SGB X/3 Rz. 54 und Rz. 55. | 13 BGH v. 30.3.1953 – GSZ 1 – 3/53, NJW 1953, 821 (823); v. 9.3.1971 – VI ZR 173/69, NJW 1971, 936; v. 29.11.1977 – VI ZR 222/74, NJW 1978, 640 (641) = VersR 1978, 179 (180); *von Wulffen*, § 116 SGB X Rz. 33. | 14 *von Wulffen*, § 116 SGB X Rz. 33. | 15 KassKomm/*Kater*, § 116 SGB X Rz. 238; *André*, BG 1983, 716 (718).

Mehrbelastung zu tragen hat. Wird dagegen ein anderer SozV-Träger belastet, der anstelle des ursprünglichen Versicherungsträgers Leistungen gewährt, zum Beispiel wenn der Krankenversicherungsträger Krankengeld statt des schadensbedingt ausgefallenen Alg (ArbIV) gewährt, liegt kein Fall des § 116 Abs. 5 vor[1].

Relevante Fallgruppen des § 116 Abs. 5 sind vor allem Unfälle von Beziehern von Unterhaltsgeld, Alg, Alhi, Kug, der Unfalltod eines Rentners (§§ 33 ff. SGB VI, infolge dessen niedrigere Renten an die Hinterbliebenen zu zahlen sind und der Träger somit entlastet wird[2]) oder Arbeitsunfälle von unfallversicherten Unternehmern ohne zusätzliche Ansprüche gegen die RV[3]. 70

X. Abs. 6: „Familienprivileg". 1. Allgemeines. Nach § 116 Abs. 6 Satz 1 ist der Übergang des Schadensersatzanspruchs gemäß § 116 Abs. 1 Satz 1 ausgeschlossen, wenn die Schädigung durch einen Familienangehörigen des Geschädigten erfolgte und dieser zur Zeit des Schadensereignisses mit dem Geschädigten oder seinen Hinterbliebenen in häuslicher Gemeinschaft lebte. § 116 Abs. 6 Satz 2 hingegen schließt die Geltendmachung des bereits nach § 116 Abs. 1 Satz 1 übergegangenen Ersatzanspruches aus, wenn nach Eintritt des Schadensereignisses der Schädiger mit dem Geschädigten die Ehe schließt und in häuslicher Gemeinschaft lebt. 71

Sinn und Zweck des Abs. 6 ist die **Erhaltung des Familienfriedens** der in häuslicher Gemeinschaft lebenden Familie des Geschädigten sowie der wirtschaftliche Schutz der Familie des Geschädigten[4]. § 116 soll nicht dazu führen, dass der Sozialleistungsträger dem Geschädigten die erbrachte Sozialleistung mittelbar wieder entzieht, indem er bei einem Familienmitglied des Geschädigten Rückgriff nimmt, mit dem dieser wirtschaftlich verbunden ist[5].

Auch die Tatsache, dass der Schädiger **haftpflichtversichert** ist, schliesst die Anwendung des § 116 Abs. 6 für den Übergang von Schadensersatzansprüchen vom Geschädigten auf den Sozialleistungsversicherer nicht aus[6]. Soweit ein **Haftpflichtversicherungsträger gemäß § 3 Nr. 1 PflVG selbst unmittelbar haftet**, wendet die Rspr. das Haftungsprivileg des § 116 Abs. 6 wegen der Akzessorietät des Direktanspruchs gegen den Haftpflichtversicherer ebenfalls – entsprechend – an. **Beispiel:** Die Mutter schädigt ihr mitfahrendes Kind bei einem Autounfall. Der Haftpflichtversicherer der Mutter haftet dem Kind auf Schadenersatz aus § 3 Nr. 1 PflVG. Soweit der Pflegeversicherungsträger Leistungen an das aufgrund des Unfalls behinderte Kind zu erbringen hat, geht der Anspruch des Kindes gegen den Haftpflichtversicherer gemäß § 116 Abs. 6 *nicht* auf den Pflegeversicherungsträger über. Daher haftet der Haftpflichtversicherer dem Kind weiterhin in vollem Umfang[7]. Etwas anderes gilt nach der Rspr. aufgrund der Nachrangigkeit der Sozialhilfe (§ 2 BSHG bzw. § 2 SGB XII) nur dann, wenn es sich bei dem Leistungsträger um einen **Träger der Sozialhilfe** handelt[8].

2. § 116 Abs. 6 Satz 1. Der Übergangsausschluss nach Abs. 6 Satz 1 setzt voraus, dass der Schädiger ein Familienangehöriger des Geschädigten ist, dieser mit dem Schädiger zum Zeitpunkt des Schadensereignisses in häuslicher Gemeinschaft lebte und die Schädigung unvorsätzlich erfolgte. **a)** Zunächst muss der Schädiger ein **Familienangehöriger** des Geschädigten sein. Bei der Beantwortung der Frage, wer Familienangehöriger ist, ist außer auf den Normzweck des Abs. 6 auch auf § 67 Abs. 2 VVG abzustellen[9]. Familienangehörige iSd. Abs. 6 Satz 1 sind beispielsweise Eheleute sowie Verwandte und Verschwägerte gemäß §§ 1589, 1590 BGB[10]. Auch **Lebenspartner** nach dem LPartG dürften Familienangehörige iSd. § 116 Abs. 6 Satz 1 sein[11]. Keine Familienangehörigen iSd. Abs. 6 Satz 1 sind hingegen: Verlobte[12], Partner in eheänlicher Lebensgemeinschaft[13] und geschiedene Ehegatten[14]. Bei einer späteren (nach Schadenseintritt) erfolgten Auflösung der Ehe bleibt der Übergangsausschluss nach Abs. 6 Satz 1 bestehen[15]. 72

b) Schädiger und Geschädigter müssen im Zeitpunkt des Schadensereignisses in **häuslicher Gemeinschaft** leben. Häusliche Gemeinschaft iSd. § 116 Abs. 6 Satz 1 liegt vor, wenn die Lebens- und Wirt- 73

---

1 KassKomm/*Kater*, § 116 SGB X Rz. 239. | 2 KassKomm/*Kater*, § 116 SGB X Rz. 236. | 3 Zur Ausnahme der Anwendung des § 116 Abs. 5 bei unfallbedingter Tötung eines Versicherten (Rentners) und Bezug von Hinterbliebenenrente einer Witwe, die nach dem Schadensereignis wieder erwerbstätig wird oder eine eigene Rente erhält, siehe KassKomm/*Kater*, § 116 SGB X Rz. 240. | 4 BGH v. 24.1.1989 – VI ZR 130/88, BGHZ 106, 284 (288); OLG Köln v. 17.10.1990 – 24 U 43/90, MDR 1991, 255; *Wannagat/Eichenhofer*, § 116 SGB X/3 Rz. 56. | 5 LG Hannover v. 9.10.1985 – 6 O 271/85, VersR 1986, 333 (334); BGH v. 1.12.1987 – VI ZR 50/87, BGHZ 102, 257 (259); KassKomm/*Kater*, § 116 SGB X Rz. 241 und Rz. 242 mwN zur rechtlichen Grundlage des § 116. | 6 Siehe dazu KassKomm/*Kater*, § 116 SGB X Rz. 244, m. weit. (auch kritischen) Nachw. | 7 BGH v. 28.11.2000 – VI ZR 352/99, VersR 2001, 215 f.; OLG Koblenz 21.6.1999 – 12 U 679/98, VersR 2000, 1436. Krit. hierzu *Halfmeier/Schnitzler*, VersR 2002, 11. | 8 BGH v. 9.7.1996 – VI ZR 5/95, BGHZ 133, 192 (195 f.) = VersR 1996, 1258 f. | 9 BGH v. 1.12.1987 – VI ZR 50/87, BGHZ 102, 257 (259). | 10 KassKomm/*Kater*, § 116 SGB X Rz. 245, mit vielen weiteren Beispielen; *von Wulffen*, § 116 SGB X Rz. 35; *Wannagat/Eichenhofer*, § 116 SGB X/3 Rz. 57 mwN. | 11 *Dahm*, BG 2003, 114. | 12 BGH v. 21.9.1976 – VI ZR 210/75, VersR 1977, 149 = NJW 1977, 108. | 13 BGH v. 21.9.1976 – VI ZR 210/75, BGHZ 102, 257 (260), BKK 1988, 329 = NJW 1988, 1091; KassKomm/*Kater*, § 116 SGB X Rz. 246; dazu ausf. *Wannagat/Eichenhofer*, § 116 SGB X/3 Rz. 58 und Rz. 59; anderer Ansicht insoweit *von Wulffen*, § 116 SGB X Rz. 35 mit weiteren Nachweisen. | 14 KassKomm/*Kater*, § 116 SGB X Rz. 246. | 15 BGH v. 30.6.1971 – VI ZR 189/69, VersR 1971, 901 (902); str. siehe *Wannagat/Eichenhofer*, § 116 SGB X/3 Rz. 62; *von Wulffen*, § 116 SGB X Rz. 34.

schaftsführung von Schädiger und Geschädigtem auf Dauer in einem gemeinsamen Haushalt praktiziert wird[1]. Dabei hebt eine nur zeitweilige räumliche Trennung die häusliche Gemeinschaft idS nicht auf[2]. Andererseits kann ein lediglich gemeinsames Wohnen die „häusliche Gemeinschaft" noch nicht begründen[3]. Bei der Beurteilung des Vorliegens einer häuslichen Gemeinschaft ist, je ferner der Verwandtschaftsgrad ist, umso genauer zu prüfen, ob durch die Beteiligten tatsächlich eine gemeinschaftliche Lebens- und Wirtschaftsführung gewollt und vollzogen wird[4]. Der Forderungsübergang bleibt gem. Abs. 6 Satz 1 auch dann ausgeschlossen, wenn die häusliche Gemeinschaft später (nach Schadenseintritt) aufgelöst wird[5].

74 c) Die Schädigung darf **nicht vorsätzlich** herbeigeführt worden sein. Ziel des Ausschlusses des „Familienprivilegs" nach Abs. 6 Satz 1 ist die Vermeidung einer Kollusion zwischen dem schädigenden Familienmitglied und dem Schädiger[6]. Bei einer vorsätzlichen Herbeiführung eines Schadens durch ein Familienmitglied kann die Familie als solche keinen Vorteil durch die vorsätzliche Schadensverursachung nach § 116 Abs. 6 haben[7]. Der **Vorsatz** iSd. Abs. 6 muss sowohl den **Schaden** selbst als auch alle konkreten **Schadensfolgen** erfassen[8] (Letzteres ist zweifelhaft, vgl. zur parallelen Fragestellung in der gesetzlichen Unfallversicherung § 104 SGB VII Rz. 10, § 110 SGB VII Rz. 4).

75 d) Wenn ein **Zweitschädiger** neben dem familienangehörigen Schädiger aufgrund desselben Schadensereignisses haftet, besteht ein Anspruch auf Rückgriff des Sozialleistungsträgers gegen diesen Schädiger nur insoweit, als dieser im Innenverhältnis zum familienangehörigen Schädiger (Erstschädiger) für den eingetretenen Schaden haftet[9]. Durch diese Begrenzung soll verhindert werden, dass durch einen eventuellen Regress des Zweitschädigers gemäß § 426 BGB gegen den Erstschädiger (Familienangehöriger) die Schutzvorschrift des § 116 Abs. 6 umgangen wird[10]. Vgl. zur Anwendung des Haftungsprivilegs nach § 116 Abs. 6 bei Ansprüchen gegen für Angehörige eintretende **Haftpflichtversicherungsträger** oben Rz. 71.

76 3. § 116 Abs. 6 Satz 2. Voraussetzung des Ausschlusses der Geltendmachung des übergegangen Ersatzanspruches gemäß Abs. 6 Satz 2 ist die **Eheschließung** zwischen dem Schädiger und dem Geschädigten oder einem seiner Hinterbliebenen nach Eintritt des Schadensereignisses bei gleichzeitigem **Zusammenleben in häuslicher Gemeinschaft**. Abs. 6 Satz 2 bezweckt, den **Schutz des Abs. 6 Satz 1 auch auf Verlobte** auszuweiten, die erst nach dem Schadensereignis die Ehe schließen[11]. Jedoch ist der Schutzweck sogar darüber hinaus noch auszuweiten, da laut dem Wortlaut des Abs. 6 Satz 2 nicht erforderlich ist, dass die Verlobung zum Zeitpunkt des schädigenden Ereignisses bereits bestanden hat[12]. Der Eheschließung iSd. § 116 Abs. 6 Satz 2 wird auch die eingetragene **Lebenspartnerschaft** zweier gleichgeschlechtlicher Menschen gemäß §§ 1 ff. LPartG gleichzustellen sein. Im Wortlaut des Abs. 6 Satz 2 ist die Eintragung einer Lebenspartnerschaft nach §§ 1 ff. LPartG nicht ausdrücklich erwähnt, so dass es bis zu einer Änderung der Vorschrift durch den Gesetzgeber bei einer analogen Anwendung des Abs. 6 Satz 2 auf eingetragene Lebenspartnerschaften bleibt[13].

77 Zusätzlich wird, ebenso wie in Abs. 6 Satz 1 (siehe Rz. 74), vorausgesetzt, dass die Schädigung durch den Schädiger **nicht vorsätzlich** herbeigeführt worden sein darf, auch wenn der Wortlaut des Abs. 6 Satz 2 das nicht ausdrücklich festsetzt[14].

78 Abs. 6 Satz 2 findet nur Anwendung, wenn spätestens in der **letzten mündlichen Verhandlung vor dem Tatsachengericht** im Regressverfahren sowohl die Ehe als auch die häusliche Lebensgemeinschaft vorliegen[15].

79 Die **Geltendmachung der übergegangenen Schadensersatzansprüche** ist gemäß Abs. 6 Satz 2 nur **solange gehindert**, wie die Ehe und die häusliche Gemeinschaft **tatsächlich Bestand haben**. Im Fall einer Auflösung von Ehe oder häuslicher Gemeinschaft ist der SozV-Träger wieder ermächtigt, die Ansprü-

---

1 OLG Frankfurt v. 30.9.1982 – 1 U 179/81, VersR 1984, 254 (255); KassKomm/*Kater*, § 116 SGB X Rz. 247; *von Wulffen*, § 116 SGB X Rz. 36. | 2 BSG v. 16.8.1973 – 3 RK 63/71, BSGE 36, 117 (119) = BKK 1973, 301; *von Wulffen*, § 116 SGB X Rz. 36; *Wannagat/Eichenhofer*, § 116 SGB X/3 Rz. 61. | 3 *von Wulffen*, § 116 SGB X Rz. 36; KassKomm/*Kater*, § 116 SGB X Rz. 247 f. | 4 BGH v. 15.1.1980 – VI ZR 270/78, MDR 1980, 481; v. 12.7.1979 – 4 StR 204/79, BGHSt 29, 54 (56). | 5 BGH v. 14.7.1970 – VI ZR 179/68, NJW 1970, 1844; v. 30.6.1971, VersR 1971, 901 = NJW 1971, 1938; str. siehe *Wannagat/Eichenhofer*, § 116 SGB X/3 Rz. 62; *von Wulffen*, § 116 SGB X Rz. 34. | 6 *von Wulffen*, § 116 SGB X Rz. 36. | 7 KassKomm/*Kater*, § 116 SGB X Rz. 249; *Künnell*, VersR 1983, 223 (225). | 8 KassKomm/*Kater*, § 116 SGB X Rz. 249. | 9 BGH v. 14.7.1970 – VI ZR 179/68, BGHZ 54, 257 (258); VersR 1970, 950 (951); OLG Karlsruhe v. 3.6.1981 – 13 U 150/80, VersR 1982, 450 (451, 452); *Jahnke*, NZV 1995, 377 (381); KassKomm/*Kater*, § 116 SGB X Rz. 250; *von Wulffen*, § 116 SGB X Rz. 37. | 10 *von Wulffen*, § 116 SGB X Rz. 37. | 11 *von Wulffen*, § 116 SGB X Rz. 38. | 12 BGH v. 21.9.1976 – VI ZR 210/75, NJW 1977, 108. | 13 Gesetz über die Eingetragene Lebenspartnerschaft vom 16.2.2001, BGBl. I S. 266. Die Vergleichbarkeit der Interessenlagen in beiden Fällen wird durch § 11 Abs. 1 LPartG vorausgesetzt. Zur ausnahmsweise möglichen Anwendung des § 116 Abs. 6 Satz 2 in anderen Fällen einer späteren Begründung einer Familienangehörigkeit, *insbesondere bei Adoption oder einem auf Dauer angelegten Pflegekinderverhältnis, siehe* KassKomm/*Kater*, § 116 SGB X Rz. 253. | 14 *von Wulffen*, § 116 SGB X Rz. 38, mit dem Hinweis, dass ebenso wie bei Abs. 6 Satz 1 ansonsten die Gefahr einer Kollusion zwischen Schädiger und Geschädigten bestünde, die damit umgangen werden soll. | 15 KassKomm/*Kater*, § 116 SGB X Rz. 252.

che gegen den Schädiger geltend zu machen, denn dann bedarf es keines Schutzes des Familienfriedens oder der wirtschaftlichen Familiengemeinschaft mehr[1].

Der Geschädigte hat im Fall des Abs. 6 Satz 2 **keinen Anspruch auf Rückerstattung** der Leistung, wenn der übergangene Anspruch bereits vom Schädiger erfüllt wurde, bevor es zur Eheschließung oder Eintragung einer Lebenspartnerschaft und Begründung der häuslichen Gemeinschaft mit dem Geschädigtem gekommen ist[2]. 80

4. Anwendung des § 116 Abs. 6 im Fall des Beitragsregresses nach § 119. Nach der Rspr. ist die Regelung des Abs. 6 aufgrund einer nicht vergleichbaren Ausgangslage im Fall des Beitragsregresses nach § 119 nicht entsprechend anwendbar[3]. Dagegen gilt Abs. 6 für den Beitragsregress nach § 116 Abs. 1 Satz 2 (siehe Rz. 43 ff.)[4]. 81

XI. Abs. 7: Regress bei Ersatzleistung an den Geschädigten statt an den Träger. Soweit der Schädiger (irrtümlich) an den Geschädigten statt an den Träger leistet, bleibt ihm nur der Schutz nach §§ 412, 407 ff. BGB mit den Konsequenzen des § 116 Abs. 7. Das können beispielsweise Fälle sein, in denen der Schädiger (häufig auch der Haftpflichtversicherer) und der Geschädigte einen Abfindungsvergleich schließen, aus dem der Geschädigte Leistungen erhält, ohne dass der Schädiger Kenntnis von der Legalzession nach § 116 Abs. 1 Satz 1, Abs. 2, Abs. 3 Satz 1 und Satz 2 oder Abs. 5 hat, s. im Einzelnen Rz. 35 f.[5]. 82

1. Abs. 7 Satz 1: Leistung mit befreiender Wirkung. § 116 Abs. 7 Satz 1 regelt den Fall, dass der Geschädigte oder seine Hinterbliebenen vom Schädiger Ersatz für die Schädigung trotz des erfolgten Anspruchsübergangs erhalten haben und der Schädiger insoweit von seiner Leistungspflicht frei wurde, s. im Einzelnen dazu oben Rz. 35 f. Bei Vorliegen dieser Voraussetzungen regelt Abs. 7 Satz 1 den Erstattungsanspruch des Sozialleistungsträgers gegen den Geschädigten oder seine Hinterbliebenen als Empfänger der Schadensersatzleistung[6]. 83

Der aus Abs. 7 Satz 1 folgende Anspruch auf Erstattung der empfangenen Schadensersatzleistungen ist ein **öffentlich-rechtlicher Anspruch gemäß § 50 SGB X**, den der SozV-Träger oder Träger der Sozialhilfe **durch Bescheid** geltend machen muss[7]. Insofern stellt dieser öffentlich-rechtliche Erstattungsanspruch eine spezialgesetzliche Regelung gegenüber § 816 Abs. 2 BGB dar[8], so dass die weiteren Vorschriften des Bereicherungsrechts des BGB (insb. § 818 Abs. 3 BGB) nicht auf den Anspruch nach Abs. 7 Satz 1 anzuwenden sind[9]. Wegen der öffentlich-rechtlichen Natur des Erstattungsanspruchs ist für Rechtsstreite über sein Bestehen, insb. die Anfechtung eines auf seiner Grundlage ergangenen Leistungsbescheids, der Rechtsweg zu den SG eröffnet[10]. 84

Voraussetzung des Erstattungsanspruchs nach Abs. 7 Satz 1 ist zunächst der **Übergang des Schadensersatzanspruches auf den Träger** nach § 116 Abs. 1 Satz 1, Abs. 2, Abs. 3 Satz 1, Satz 2 oder Abs. 5. Soweit die Schadensersatzleistung vor Anspruchsübergang erfolgte, ist Abs. 7 Satz 1 nicht anzuwenden[11]. Weiter setzt Abs. 7 Satz 1 voraus, dass die **Leistung** an den Geschädigten oder seinen Hinterbliebenen trotz deren fehlender Gläubigerschaft **mit befreiender Wirkung** erfolgt ist, und zwar gemäß §§ 412, 407 BGB. Danach muss der Neugläubiger (Sozialleistungsträger oder Träger der Sozialhilfe) die Leistung an den Altgläubiger (Geschädigter oder Hinterbliebener) gegen sich gelten lassen, wenn der Schuldner (Schädiger) keine Kenntnis vom Anspruchsübergang hat. An diese Kenntnis sind im Fall eines gesetzlichen Forderungsübergangs, also auch bei Anspruchsübergängen gemäß § 116 Abs. 1 Satz 1, Abs. 2, Abs. 3 Satz 1 und Satz 2, Abs. 5, keine hohen Anforderungen zu stellen. Sie ist bereits dann anzunehmen, wenn der Schädiger die Tatsachen kennt, die eine Versicherungspflicht des Geschädigten begründen. Beim Anspruchsübergang auf einen Träger der Sozialhilfe ist Kenntnis anzunehmen, wenn dem Schädiger die zur Bedürftigkeit führenden Vermögensverhältnisse des Geschädigten bekannt sind, s. im Einzelnen Rz. 35 f. Der Sozialleistungsträger kann mit dem Erstattungsanspruch gemäß Abs. 7 gegen Sozialleistungsansprüche des Geschädigten oder seiner Hinterbliebenen nach § 51 SGB I **aufrechnen**[12]. 85

---

1 KassKomm/*Kater*, § 116 SGB X Rz. 254 mwN; *von Wulffen*, § 116 SGB X Rz. 38; *Plumeyer*, BG 1985, 206 (209); *Fenn*, ZfS 1983, 107 (113); aA *Hauck/Haines/Bürsch*, § 116 SGB X/3 Rz. 49; *Breuer*, NJW 1984, 276 (277). |2 KassKomm/*Kater*, § 116 SGB X Rz. 252; aA OLG Frankfurt v. 11.1.1984 – 25 U 21/83, VersR 1985, 936. |3 BGH v. 24.1.1989 – VI ZR 130/88, BGHZ 106, 284 (285) = VersR 1989, 492; KassKomm/*Kater*, § 116 SGB X Rz. 243. |4 KassKomm/*Kater*, § 116 SGB X Rz. 243. |5 *von Wulffen*, § 116 SGB X Rz. 39. |6 KassKomm/*Kater*, § 116 SGB X Rz. 255. |7 Str., KassKomm/*Kater*, § 116 SGB X Rz. 255; *Wannagat/Eichenhofer*, § 116 SGB X/3 Rz. 65 mwN; *von Wulffen*, § 116 SGB X Rz. 41; aA *Bley*, DOK 1981, 143 (154); *Ebel*, VersR 1985, 897 (898), wonach für Ansprüche aus § 116 Abs. 7 immer der Zivilrechtsweg gegeben ist. |8 *Hauck/Haines*, § 116 SGB X/3 Rz. 52. |9 *von Wulffen*, § 116 SGB X Rz. 41; KassKomm/*Kater*, § 116 SGB X Rz. 256, der die Ansicht vertritt, dass der Erstattungsanspruch aus § 116 Abs. 7 Satz 1 in derselben Weise verjährt wie der übergegangene Ersatzanspruch. |10 *von Wulffen*, § 116 SGB X Rz. 41; aA *Bley*, DOK 1981, 143 (154); *Ebel*, VersR 1985, 897 (989). |11 KassKomm/*Kater*, § 116 SGB X Rz. 257. |12 KassKomm/*Kater*, § 116 SGB X Rz. 259, mit dem Hinweis, dass aufgrund des Erstattungsanspruches ebenso eine Ermächtigung gemäß § 52 SGB I eines anderen verpflichteten Sozialleistungsträgers zur Verrechnung mit Sozialleistungsansprüchen möglich ist.

86 **2. Abs. 7 Satz 2: Leistung ohne befreiende Wirkung.** Soweit die Leistung des Schädigers an den Geschädigten oder seinen Hinterbliebenen als Altgläubiger **keine** befreiende Wirkung hat (dazu Rz. 35 f.), bleibt der Schädiger dem Sozialleistungsträger als Neugläubiger naturgemäß weiter zur Leistung verpflichtet[1]. Neben den übergegangenen Anspruch gegen den Schädiger tritt dann gemäß Abs. 7 Satz 2 noch ein **Anspruch des Trägers gegen den Geschädigten oder seinen Hinterbliebenen** auf Herausgabe der empfangenen Schadensersatzleistungen. Schädiger und Geschädigter bzw. seine Hinterbliebenen sind insoweit **Gesamtschuldner** gemäß § 421 BGB[2]. Allerdings ist der Innenausgleich zwischen Schädiger und Geschädigtem (bzw. seinen Hinterbliebenen) **abweichend von § 426 Abs. 1 Satz 1 BGB** vorzunehmen[3]; der Schädiger kann vom Geschädigten die bereits erbrachte Schadensersatzleistung nur gemäß § 812 BGB zurückfordern, wenn er vom Sozialleistungsträger aus dem übergegangenen Ersatzanspruch in Anspruch genommen wurde[4].

87 **Sinn und Zweck** der Einrichtung einer Gesamtschuld in Abs. 7 Satz 2 ist die Vermeidung einer Besserstellung des Geschädigten im Vergleich zu Abs. 7 Satz 1[5]. Außerdem soll durch die Bildung eines Gesamtschuldverhältnisses zwischen Schädiger und Geschädigten (oder seinen Hinterbliebenen) in Abs. 7 Satz 2 erreicht werden, dass den Sozialleistungsträgern die Möglichkeit einer Geltendmachung auch des übergegangenen Anspruches durch Leistungsbescheid offen steht[6]. Der aus Abs. 7 Satz 2 folgende Anspruch auf Erstattung der empfangenen Schadensersatzleistungen ist wie derjenige aus Abs. 7 Satz 1 ein **öffentlich-rechtlicher Anspruch**; es gelten die diesbezüglichen Ausführungen oben Rz. 84[7].

88 **XII. Abs. 8: gesetzliche Pauschalierung kleinerer Regressansprüche.** Zum Zweck der Verminderung des Verwaltungsaufwands in Bagatellfällen sieht § 116 Abs. 8 für bestimmte Leistungen einen pauschalierten Mindestersatz vor, den der Träger aufgrund von übergegangenen Ansprüchen nach § 116 geltend machen kann. Erreicht wird eine Reduzierung des Aufwands in der Massenverwaltung dadurch, dass Abs. 8 pro Schadensfall einen einheitlichen und einmaligen Betrag vorsieht[8]. Bei Anspruchsübergängen auf die Träger gemäß Abs. 2 oder Abs. 3 Satz 1 und Satz 2 wird der nach Abs. 8 pauschalierte Mindestersatz nochmals gekürzt[9].

89 Voraussetzung des Abs. 8 ist, dass es sich bei den zu erbringenden Leistungen um schadensbedingte **ambulante ärztliche oder zahnärztliche Behandlungen** gemäß §§ 28 SGB V, 28 SGB VII (auch ambulante Behandlung im Krankenhaus[10] und ambulante Notfallbehandlung[11]) oder um eine **Versorgung mit Arznei- und Verbandsmitteln** nach § 31 SGB V, § 29 SGB VII handelt. Nicht von Abs. 8 umfasst sind dagegen Transportkosten nach § 60 SGB V. In der Praxis werden vor allem Ansprüche der Krankenversicherungsträger von Abs. 8 erfasst[12].

90 Im Weiteren setzt Abs. 8 voraus, dass es sich um **Leistungen aus einem einzigen Schadensereignis** im schadensersatzrechtlichen Sinn handelt, nicht aus einem Versicherungsfall im sozialversicherungsrechtlichen Sinn[13]. Schadensfall iSd. Abs. 8 ist ausschließlich das haftungsauslösende Ereignis iSd. Schadensersatzrechts[14]. Wiedererkrankungen können folglich nicht nochmals durch Pauschale gemäß Abs. 8 berechnet werden[15].

91 Zudem setzt Abs. 8 voraus, dass der Sozialleistungsträger **nicht nachweist, höhere Leistungen erbracht** zu haben als nach der Pauschale vorgesehen sind. Soweit daher der Sozialleistungsträger konkret nach Art, Umfang und tatsächlicher Inanspruchnahme die Erbringung höherer Leistungen dokumentiert, hat der Schädiger diese anstelle des pauschalierten Betrages zu ersetzen[16].

92 Die Möglichkeit eines Nachweises höherer Leistungen besteht für den Sozialleistungsträger bis zur Entrichtung der geforderten Pauschale durch den Verpflichteten[17]. Ihm bleibt es ebenfalls offen, bei einer Verschlechterung der Gesundheit des Geschädigten in Folge des Schadensereignisses, die nicht vorhersehbar war, auch noch **nach der Entrichtung der Pauschale** auf eine konkrete Leistungsberechnung umzuschwenken. Ein Irrtum über die Günstigkeit einer Pauschalabrechnung bzw. einer günstigeren konkreten Berechnung berechtigt den SozV-Träger aber nicht dazu, zusätzlich zu einem bereits entrichteten Pauschalbetrag auch noch aufgrund einer konkreten Einzelabrechnung Forderun-

---

1 Zu den Möglichkeiten des Schädigers, sich gegen einen Rückgriff des Sozialversicherungsträgers zu verteidigen, siehe *Wannagat/Eichenhofer*, § 116 SGB X/3 Rz. 67. | 2 Zu den Auswirkungen der Gesamtschuld zwischen Schädiger und Geschädigtem (bzw. den Hinterbliebenen) siehe Palandt/*Heinrichs*, § 421 BGB Rz. 1 ff. | 3 KassKomm/*Kater*, § 116 SGB X Rz. 262. | 4 KassKomm/*Kater*, § 116 SGB X Rz. 262; *Geigel/Plagemann*, Kap. 30 Rz. 88. | 5 KassKomm/*Kater*, § 116 SGB X Rz. 260; *André*, BG 1983, 716 (719). | 6 KassKomm/*Kater*, § 116 SGB X Rz. 262; *Pickel*, MDR 1985, 622 (626). | 7 Vgl. KassKomm/*Kater*, § 116 SGB X Rz. 261. | 8 Im selben Schadensfall können einzelne Leistungen konkret und andere Leistungen pauschaliert abzurechnen sein, s. KassKomm/*Kater*, § 116 SGB X Rz. 264 f. | 9 KassKomm/*Kater*, § 116 SGB X Rz. 263. | 10 Siehe Gesetzesbegr. BT-Dr. 9/1753 zu § 122 S. 44 (45). | 11 *Chavet*, KrV 1983, 177 (181). | 12 *von Wulffen*, § 116 SGB X Rz. 42. | 13 Vgl. Gesetzesbegr. BT-Dr. 9/1753 zu § 18; KassKomm/*Kater*, § 116 SGB X Rz. 265. | 14 *von Wulffen*, § 116 SGB X Rz. 43. | 15 *Behrends*, DOK 1983, 409 (416); *Küppersbusch*, VersR 1983, 193 (204). | 16 KassKomm/*Kater*, § 116 SGB X Rz. 267; *Wannagat/Eichenhofer*, § 116 SGB X/3 Rz. 68. | 17 LG München v. 8.6.1989 – 19 S 5117/89, ZfSch 1990, 45 (46); KassKomm/*Kater*, § 116 SGB X Rz. 267; *Hauck/Haines*, § 116 SGB X/3 K Rz. 55.

gen zu stellen, es sei denn, er hat die Pauschalabrechnung nach Abs. 8 unter den Vorbehalt einer späteren konkreteren Berechnung gestellt[1].

Der Pauschalierung nach Abs. 8 steht es nicht entgegen, wenn **mehrere Sozialleistungsträger aufgrund desselben Schadensereignisses** geleistet haben. Jeder Sozialleistungsträger kann grundsätzlich unabhängig vom anderen über eine Pauschalierung seiner Ersatzansprüche nach Abs. 8 entscheiden[2]. 93

Die **Höhe des** in Abs. 8 geregelten **Pauschalbetrags** ist nicht statisch, sondern passt sich durch die Bezugnahme auf § 18 SGB IV[3] (Bezugsgröße) immer neu an[4] (Bezugsgröße für 2004 in den alten Bundesländern gemäß § 18 SGB IV = 28.980 Euro, 5% ergibt einen Pauschalbetrag gemäß § 116 Abs. 8 von 1.449 Euro)[5]. 94

XIII. Abs. 9: Pauschalierungsvereinbarungen (Teilungsabkommen). Neben der in Abs. 8 gesetzlich vorgesehenen Pauschalierung von Ersatzleistungen für ambulante ärztliche Behandlung und für die Versorgung mit Arznei- und Verbandmitteln (s. Rz. 88 ff.) sieht Abs. 9 die Möglichkeit einer Pauschalierung von Ersatzleistungen durch einmalige Abfindungsvergleiche (nach dem Schadenseintritt) oder durch den Abschluss eines Teilungsabkommens (bereits vor einem möglichen Schadenseintritt) vor[6]. Der Normzweck von Abs. 9 ist vergleichbar mit dem Normzweck des Abs. 8 (siehe Rz. 88) und liegt vor allem in der Kosten- und Arbeitsersparnis durch eine Verwaltungsvereinfachung bei der Regressabwicklung[7]. 95

1. Abfindungsvergleich. Aufgrund des gesetzlichen Forderungsübergangs nach § 116 Abs. 1, Abs. 2, Abs. 3 Satz 1 und Satz 2, Abs. 5 (siehe Rz. 1 ff., 50 ff., 52 ff. und 66 ff.) kann der Geschädigte keine wirksamen Verfügungen über die Schadensersatzansprüche treffen, so dass nur dem SozV-Träger die Möglichkeit bleibt, mit dem Schädiger einen Vergleich nach Abs. 9 zu schließen, aufgrund dessen die Zahlung einer pauschalierten Summe als Kapitalabfindung festgelegt wird. Dabei findet Abs. 9 neben Abs. 8 Anwendung, so dass gleichzeitig auch die Pauschalierung der Kosten für die ambulante ärztliche Behandlung und die Versorgung mit Arznei- und Verbandmitteln genutzt werden kann (siehe Rz. 88 ff.). Im Gegensatz zum Teilungsabkommen (s. Rz. 97) ist ein Abfindungsvergleich, der etwa zwischen Krankenkasse und Schädiger geschlossen wurde, bindend auch für den Versorgungsträger[8]. Ein irrtümlich mit einem unzuständigen Träger geschlossener Vergleich ist dagegen unwirksam und verpflichtet den Unzuständigen zur Rückzahlung nach § 812 Abs. 1 BGB[9]. Soweit ein Krankenversicherungsträger mit dem Schädiger bzw. dessen Haftpflichtversicherer einen Abfindungsvergleich für künftige Schäden vereinbart, trifft den Krankenversicherungsträger bei einem späteren Kassenwechsel des Geschädigten keine Verpflichtung, die neue Krankenkasse an der Abfindung zu beteiligen[10]. 96

2. Teilungsabkommen. In der Praxis erfolgen Pauschalierungen von Ersatzleistungen zumeist in Teilungsabkommen zwischen privaten Haftpflichtversicherern und SozV-Trägern[11]. Dabei stellt das Teilungsabkommen einen privatrechtlichen Rahmenvertrag dar zwischen dem privaten Versicherungsunternehmen und dem SozV-Träger[12]. Inhalt solcher Teilungsabkommen ist die Regelung zukünftiger Schadensfälle dadurch, dass sich der Haftpflichtversicherer verpflichtet, unabhängig vom Bestehen oder dem Grad der Haftung seines Versicherungsnehmers in Höhe einer vereinbarten Quote einzutreten[13]. Im Gegenzug verpflichtet sich der Sozialleistungsträger dazu, keine weiteren Erstattungsansprüche wegen erbrachter Sozialleistungen gegen den Versicherer oder den Schädiger geltend zu machen. Ein Teilungsabkommen ermöglicht zwischen Haftpflichtversicherer und SozV-Träger eine Vereinfachung des Regressverfahrens, indem die Zahlung einer Quote ohne eine Überprüfung der Sach- und Rechtslage im Einzelfall vorgenommen werden kann[14]. Es werden ausschließlich pauschalierte Erstattungsansprüche in Quotenhöhe pro Schadensfall gezahlt, so dass die Schadensregulierung mithin auch ohne Anhörung oder sonstige Beteiligung des Versicherungsnehmers bzw. Schädigers erfolgen kann[15]. Die Vereinbarung einer Haftungsquote im Teilungsabkommen soll auf diese Weise sicherstellen, dass bei einer großen Anzahl von pauschal abgerechneten Fällen beide Versicherungsträ- 97

---

1 KassKomm/*Kater*, § 116 SGB X Rz. 267; *André*, BG 1983, 716 (719); zum Vorbehalt einer späteren Neuberechnung siehe OLG München v. 2.4.1987 – 1 U 4525/86, RuS 1987, 345. | 2 KassKomm/*Kater*, § 116 SGB X Rz. 268, mit weiteren Beispielen zur Verpflichtung von mehreren Versicherungsträgern; André, BG 1983, 716 (719). | 3 Siehe *Hauck/Haines/Udsching*, § 18 SGB IV K Rz. 1 ff. | 4 KassKomm/*Kater*, § 116 SGB X Rz. 266; *Wannagat/Eichenhofer*, § 116 SGB X/3 Rz. 68. | 5 Vgl. zum Einwand unzulässiger Rechtsausübung bei einem Missverhältnis zwischen Pauschalbetrag und tatsächlichen Behandlungskosten siehe *von Wulffen*, § 116 SGB X Rz. 44. | 6 *Hauck/Haines*, § 116 SGB X/3 Rz. 57. | 7 KassKomm/*Kater*, § 116 SGB X Rz. 269. | 8 *Hauck/Haines*, § 116 SGB X/3 Rz. 57. | 9 BGH v. 8.7.2003 – VI ZR 274/02, NJW 2003, 3193. | 10 BGH v. 9.7.1985 – VI ZR 219/83, USK 8585; *von Wulffen*, § 116 SGB X Rz. 46. | 11 KassKomm/*Kater*, § 116 SGB X Rz. 270 mwN. | 12 BGH v. 2.11.1961 – II ZR 126/59, VersR 1962, 19 (20); v. 14.7.1976 – IV ZR 239/74, VersR 1976, 923 (924); OLG Celle v. 29.12.2000 – 9 U 169/00, VersR 2002, 114; aA KassKomm/*Kater*, § 116 SGB X Rz. 273, der in einem Teilungsabkommen einen definitiven Vertrag sieht, da ansonsten in jedem Schadensfall zusätzlich ein Einzelvertrag über die Regulierung abgeschlossen werden müsste. | 13 *Wannagat/Eichenhofer*, § 116 SGB X/3 Rz. 69; OLG Hamm v. 12.4.2002 – 29 U 73/01, VersR 2003, 333. Teilweise ist zumindest eine objektive Pflichtverletzung Anwendungsvoraussetzung für das Teilungsabkommen, s. OLG Köln v. 18.6.2002 – 9 U 181/01, VersR 2003, 97; vgl. auch BGH v. 8.7.2003 – VI ZR 274/02, NJW 2003, 3193. | 14 BGH v. 6.7.1977 – IV ZR 147/46, VersR 1977, 854; KassKomm/*Kater*, § 116 SGB X Rz. 271. | 15 KassKomm/*Kater*, § 116 SGB X Rz. 271.

98 Teilungsabkommen iSd. Abs. 9 haben **keinen Einfluss auf den gesetzlichen Forderungsübergang nach § 116 Abs. 1, Abs. 2, Abs. 3 Satz 1 und 2, Abs. 5. Sie begründen neue Ansprüche des SozV-Trägers gegen den Versicherer**[2]. Die Zahlung des Haftpflichtversicherers wirkt als Leistung durch Dritte gemäß § 267 BGB, die der SozV-Träger gemäß § 364 BGB an Erfüllungs statt annimmt[3]. Regelmäßig wird im Teilungsabkommen auch ein **Stillhalteabkommen** zwischen Haftpflichtversicherer und Sozialleistungsträger liegen, **auf das sich der Schädiger** gemäß § 328 Abs. 2 BGB **berufen kann**, wenn der Sozialleistungsträger versucht, ihn in Anspruch zu nehmen[4]. Solange der Haftpflichtversicherer aufgrund des Teilungsabkommens an den Sozialleistungsträger die vereinbarten Pauschalbeträge erbringt, ist die Verjährung des Anspruch des Sozialleistungsträgers gegen den Schädiger gemäß § 205 BGB gehemmt[5].

99 Ob ein **Teilungsabkommen im Einzelfall Anwendung findet**, ist jeweils konkret zu prüfen[6]. Grundsätzlich ist in jedem einzelnen Fall festzustellen, ob ein wirksames Versicherungsverhältnis zwischen Schädiger und Haftpflichtversicherer vorliegt, ein Kausalverhältnis zwischen versichertem Risiko (für das ein Teilungsabkommen besteht) und dem Schadensfall existiert und ob auf den Sozialleistungsträger gemäß § 116 der entsprechende Schadensersatzanspruch übergegangen ist[7]. Zumeist wird in den Teilungsabkommen eine Pauschalierungshöchstgrenze festgelegt, bis zu der eine Regulierung nach dem Abkommen vorgenommen wird. Überschreitet der Schadensbetrag diese Höchstgrenze, dann sind die über die Grenze hinausgehenden Beträge nach der Sach- und Rechtslage konkret abzurechnen[8].

100 XIV. Abs. 10: Einbeziehung der Bundesagentur für Arbeit. Aufgrund der Unterscheidung des Gesetzgebers zwischen SozV und Arbeitsförderung zählt der Arbeitsförderungsträger nicht zu den Versicherungsträgern nach § 116 Abs. 1 Satz 1[9]. Um klarzustellen, dass dennoch die Regelung des § 116 Abs. 1 bis Abs. 9 auch auf den zuständigen Träger der Arbeitsförderung, die BA (ehemals Bundesanstalt für Arbeit), anzuwenden ist, hat der Gesetzgeber den Abs. 10 hinzugefügt, der die Anwendbarkeit der Absätze 1 bis 9 auch für die BA vorsieht[10].

101 XV. Internationales. Bei grenzüberschreitenden Sachverhalten ist zu berücksichtigen, dass die Anwendbarkeit der konkurrierenden nationalen Rechtsordnungen für das Haftungsrecht, das Sozialrecht und den Anspruchsübergang unterschiedlich geregelt ist. Um festzustellen, nach welchem Recht sich ein eventueller Anspruchsübergang richtet, ist zunächst zu prüfen, welcher nationalen Rechtsordnung der Schadensersatzanspruch und welcher nationalen Rechtsordnung der Sozialleistungsanspruch unterliegt.

102 Die Feststellung der nationalen Rechtsordnung, welche für den **Schadensersatzanspruch** gilt (sog. **Haftungsstatut** oder – genereller – **Forderungsstatut**), richtet sich, wenn der Anspruch aus einem vertraglichen Schuldverhältnis resultiert, nach den hierfür gültigen Regeln. Wenn also zwischen Schädiger und Geschädigtem ein Arbeitsverhältnis besteht, richtet sich auch die Haftung aus dem Arbeitsverhältnis nach Art. 27 ff., insb. Art. 30 EGBGB. Wenn kein vertragliches Schuldverhältnis zwischen Schädiger und Geschädigtem besteht, gelten Art. 40 ff. EGBGB, welche grundsätzlich vom Tatortprinzip ausgehen[11].

Die Feststellung der nationalen Rechtsordnung, welche für den **Sozialleistungsanspruch** gilt (**Sozialrechtsstatut**), ist in unterschiedlichen Vorschriften geregelt. Im Bereich des SozV-Rechts (siehe § 1 SGB IV) gelten grundsätzlich die §§ 4 f. SGB IV[12]; ggf. gilt internationales Recht vorrangig[13], bei EU-

---

1 *Hauck/Haines*, § 116 SGB X/3 Rz. 59. | 2 *Hauck/Haines*, § 116 SGB X/3 Rz. 58. | 3 BGH v. 13.12.1977 – VI ZR 14/76, VersR 1978, 278; v. 7.2.1984 – VI ZR 90/82, NJW 1984, 1819 (1820); aA *Bischoff*, VersR 1974, 217 (221); KassKomm/*Kater*, § 116 SGB X Rz. 280. | 4 BGH v. 10.4.1973 – VI ZR 48/72, VersR 1973, 759 (760); *Hauck/Haines*, § 116 SGB X/3 Rz. 58. | 5 BGH v. 22.2.1972 – IV ZR 109/72, VersR 1974, 546 (547); früher Hemmung gem. § 202 BGB aF, vgl. Palandt/*Heinrichs*, 61. Aufl., Erg.-Bd., § 205 Rz. 1 ff. | 6 *Hauck/Haines*, § 116 SGB X/3 Rz. 60. | 7 *G. Schneider* in: Wussow, Unfallhaftpflichtrecht, Kapitel 76 Rz. 10; *Hauck/Haines*, § 116 SGB X/3 Rz. 60. | 8 *Hauck/Haines*, § 116 SGB X/3 Rz. 61. Siehe zum weiteren zum Anwendungsbereich von Teilungsabkommen, zu den Grenzen einer zulässigen Pauschalierung und zur Haftung von mehreren Beteiligten (Schädiger/Haftpflichtversicherer oder Sozialversicherungsträger) untereinander bei Bestehen von Teilungsabkommen KassKomm/*Kater*, § 116 SGB X Rz. 283 ff. und Rz. 309 ff. | 9 Die Vorschrift des Abs. 10 entspricht der Vorschrift in § 1 Abs. 1 Satz 2 und 3 SGB IV, die die – nur teilweise – Einbeziehung der Arbeitsförderung in das Recht der Sozialversicherung regeln, vgl. Wannagat/*Eichenhofer*, SGB X/3 Rz. 6, 12; KassKomm/*Kater*, § 116 SGB X Rz. 21; *Hauck/Haines*, § 116 SGB X/3 Rz. 61a. | 10 Hinzugefügt durch Art. 9 des Gesetzes zur Reform der Arbeitsförderung v. 24.3.1997, BGBl. I S. 594. | 11 S. OLG Koblenz v. 29.8.2002 – 5 U 1459/01, RIW 2002, 880 = IPRax 2003, 536 (irrtümliche Anwendung von §§ 4 f. SGB IV statt VO 1408/71, vgl. *Eichenhofer*, Prax 2003, 525); Palandt/*Heldrich*, Kommentierung zu Art. 40 EGBGB; Wannagat/*Eichenhofer*, § 116 SGB X/3 Rz. 72. | 12 S. *Eichenhofer*, Internationales Sozialrecht, Rz. 145 ff.; *Giesen*, Die Vorgaben des EG-Vertrages für das Internationale Sozialrecht, S. 5 ff. | 13 S. insbesondere zum deutsch-schweizerischen Sozialversicherungsabkommen *Eichenhofer*, Internationales Sozialrecht, Rz. 202 ff.; Wannagat/*Eichenhofer*, § 116 SGB X/3 Rz. 73; 2.

und EWR-Staaten Art. 13 ff. VO (EWG) Nr. 1408/71. All diese Normen gehen – bei vielfachen Modifikationen und einigen Ausnahmen – von der Grundregel aus, dass das Sozialrechtsstatut an den Ort der Beschäftigung anknüpft (Prinzip des Beschäftigungsorts)[1]. Im Bereich des Sozialhilferechts gelten gemäß §§ 119 f. BSHG sowie (ab 1.1.2005) gemäß §§ 23 f. SGB XII das Prinzip des gewöhnlichen Aufenthalts sowie teilweise das Staatsangehörigkeitsprinzip[2].

Wenn sowohl das Haftungsrecht als auch das Sozialrecht **demselben** nationalen Recht zuzuordnen sind, ist auf den möglichen **Anspruchsübergang** ebenfalls dieses nationale Recht anzuwenden (**Zessionsstatut**)[3]. Das bedeutet, dass bei Einschlägigkeit deutschen Rechts § 116 SGB X anzuwenden ist. Dasselbe gilt auch für die Anwendung eines **sozialrechtlichen Haftungsprivilegs** (insb. nach §§ 104 ff. SGB VII) und für **originäre Regressansprüche**, also solche, die nicht auf übergegangenem Recht beruhen (insb. nach §§ 110 ff. SGB VII)[4]. Zuordnungsprobleme ergeben sich aber dann, wenn zivilrechtliche Haftung und sozialrechtliche Leistungspflicht verschiedenen Rechtsordnungen unterliegen, wenn also Haftungsstatut und Sozialrechtsstatut unterschiedlich sind. Im Zweifel ist hier für die Beurteilung des Anspruchsübergangs, für sozialrechtliche Haftungsprivilegien und für originäre Regressansprüche das Sozialrechtsstatut einschlägig, wobei im Einzelnen das Folgende gilt.

103 Die eingehendste (Art. 33 ff. EGBGB vorgehende) Regelung dieser Frage enthält für die EU- und EWR-Staaten Art. 93 VO 1408/71. Der Anspruchsübergang (§ 116 SGB X), also das Zessionsstatut, richtet sich nach dem Sozialrechtsstatut, Art. 93 Abs. 1 lit. a VO 1408/71. Soweit statt eines Anspruchsübergangs ein originärer Erstattungsanspruch des Trägers vorgesehen ist (§ 110 SGB VII), richtet sich dieser ebenfalls nach dem Sozialrechtsstatut, Art. 93 Abs. 1 lit. b VO 1408/71[5]. Auch der Haftungsausschluss (§§ 104 ff. SGB VII) richtet sich nach dem Sozialrechtsstatut, Art. 93 Abs. 2 VO 1408/71. Dies schließt auch die Beschränkungen des Anspruchsüberganges ein, wie sie beispielsweise in den sog. „Quotenvorrechten" in § 116 Abs. 2–5 SGB X geregelt sind[6]. Eine Ausnahme hiervon enthält Art. 93 Abs. 3 VO 1408/71 für den Fall zwischenstaatlicher Erstattungsverzichte bei Kranken- und Unfallversicherungsleistungen nach Art. 36 Abs. 3 und Art. 63 Abs. 3 VO 1408/71.

104 Soweit nicht die VO 1408/71 oder sonstiges internationales Recht greift, gelten folgende Grundsätze. Das Zessionsstatut, also der Anspruchsübergang (§ 116 SGB X), richtet sich nach dem Sozialrechtsstatut, Art. 33 Abs. 3 EGBGB[7]. Für den originären Erstattungsanspruch (§ 110 SGB VII) ergibt sich aus dem Gesetz nicht klar, ob hier das Haftungsstatut oder das Sozialrechtsstatut (§§ 4 f. SGB IV) greift. Richtigerweise dürfte das Sozialrechtsstatut zur Anwendung kommen; dasselbe gilt für die sozialrechtliche Haftungsbeschränkung nach §§ 104 ff. SGB VII[8].

117 *Schadenersatzansprüche mehrerer Leistungsträger*
Haben im Einzelfall mehrere Leistungsträger Sozialleistungen erbracht und ist in den Fällen des § 116 Abs. 2 und 3 der übergegangene Anspruch auf Ersatz des Schadens begrenzt, sind die Leistungsträger Gesamtgläubiger. Untereinander sind sie im Verhältnis der von ihnen erbrachten Sozialleistungen zum Ausgleich verpflichtet. Soweit jedoch eine Sozialleistung allein von einem Leistungsträger erbracht ist, steht der Ersatzanspruch im Innenverhältnis nur diesem zu. Die Leistungsträger können ein anderes Ausgleichsverhältnis vereinbaren.

118 *Bindung der Gerichte*
Hat ein Gericht über einen nach § 116 übergegangenen Anspruch zu entscheiden, ist es an eine unanfechtbare Entscheidung gebunden, dass und in welchem Umfang der Leistungsträger zur Leistung verpflichtet ist.

---

1 S. dazu *Steinmeyer* in *M. Fuchs* (Hrsg.), Europäisches Sozialrecht, Kommentierung zu Art. 13 ff. VO 1408/71. |2 S. dazu *Schellhorn/Jirasek/Seipp*, Kommentierung zu §§ 119 f. BSHG. |3 *Wannagat/Eichenhofer*, § 116 SGB X/3 Rz. 71. |4 Vgl. OLG Koblenz v. 29.8.2002 – 5 U 1459/01, nv.: Wird ein ausländischer Arbeitnehmer von seinem dortigen Arbeitgeber vorübergehend nach Deutschland entsandt, ist das deutsche Sozialrecht nicht anzuwenden. Eine Haftungsbeschränkung (nach deutschem Recht) scheidet aus, auch wenn nach dem Recht des Herkunftsstaates kein Versicherungsschutz besteht. Umgekehrt ergibt sich die Anwendung deutschen Sozialrechts einschließlich der Regressatbestände bei Entsendungen deutscher Versicherter ins Ausland, s. dazu *Steinfeltz*, Der Terroranschlag vom 11.9.2001 in New York und Schadensersatzansprüche der Berufsgenossenschaften, BG 2002, 470. |5 EuGH v. 2.6.1994, Rs. C-428/92 (DAK), Slg. 1994, I – 2259 (2278); LSG NW v. 9.5.2003 – L 13 RJ 85/99, HVBG - Info 2003, 2570; *Eichenhofer* in M. Fuchs (Hrsg.), Europäisches Sozialrecht, 93 VO 1408/71, Rz. 1, 5 ff.; *Wannagat/Eichenhofer*, § 116 SGB X/3 Rz. 72. |6 *Eichenhofer* in M. Fuchs (Hrsg.), Europäisches Sozialrecht, 93 VO 1408/71, Rz. 5 ff.; KassKomm/*Kater*, § 116 SGB X Rz. 15; s. dort Rz. 16 ff. zum Anspruchsübergang bei Schädigungen in der früheren DDR. |7 Das gilt nach hM auch dann, wenn das Haftungsstatut den Forderungsübergang ausschließt, *Beitzke*, Iprax 1989, 250 ff.; *Eichenhofer* in M. Fuchs (Hrsg.), Europäisches Sozialrecht, 93 VO 1408/71, Rz. 5; *Schuler*, Das Internationale Sozialrecht der Bundesrepublik Deutschland, S. 470 ff., 649 ff.; einschr. aber *Eichenhofer*, Internationales Sozialrecht, Rz. 636. |8 *Eichenhofer*, Internationales Sozialrecht, Rz. 633 ff.; *Eichenhofer* in M. Fuchs (Hrsg.), Europäisches Sozialrecht, 93 VO 1408/71, Rz. 1, 4.

SGB X § 119

119 *Übergang von Beitragsansprüchen*
(1) Soweit der Schadenersatzanspruch eines Versicherten den Anspruch auf Ersatz von Beiträgen zur Rentenversicherung umfasst, geht dieser auf den Versicherungsträger über, wenn der Geschädigte im Zeitpunkt des Schadensereignisses bereits Pflichtbeitragszeiten nachweist oder danach pflichtversichert wird; dies gilt nicht, soweit

1. der Arbeitgeber das Arbeitsentgelt fortzahlt oder Sonstige der Beitragspflicht unterliegende Leistungen erbringt oder
2. der Anspruch auf Ersatz von Beiträgen nach § 116 übergegangen ist.

Für den Anspruch auf Ersatz von Beiträgen zur Rentenversicherung gilt § 116 Abs. 3 Satz 1 und 2 entsprechend, soweit die Beiträge auf den Unterschiedsbetrag zwischen dem bei unbegrenzter Haftung zu ersetzenden Arbeitsentgelt oder Arbeitseinkommen und der bei Bezug von Sozialleistungen beitragspflichtigen Einnahme entfallen.

(2) Der Versicherungsträger, auf den ein Teil des Anspruchs auf Ersatz von Beiträgen zur Rentenversicherung nach § 116 übergeht, übermittelt den von ihm festgestellten Sachverhalt dem Träger der Rentenversicherung auf einem einheitlichen Meldevordruck. Das Nähere über den Inhalt des Meldevordrucks und das Mitteilungsverfahren bestimmen die Spitzenverbände der Sozialversicherungsträger.

(3) Die eingegangenen Beiträge oder Beitragsanteile gelten in der Rentenversicherung als Pflichtbeiträge. Durch den Übergang des Anspruchs auf Ersatz von Beiträgen darf der Versicherte nicht schlechter gestellt werden, als er ohne den Schadenersatzanspruch gestanden hätte.

(4) Die Vereinbarung der Abfindung von Ansprüchen auf Ersatz von Beiträgen zur Rentenversicherung mit einem ihrem Kapitalwert entsprechenden Betrag ist im Einzelfall zulässig. Im Fall des Absatzes 1 Satz 1 Nr. 1 gelten für die Mitwirkungspflichten des Geschädigten die §§ 60, 61, 65 Abs. 1 und 3 sowie § 65a des Ersten Buches entsprechend.

Viertes Kapitel. Übergangs- und Schlussvorschriften

120 *Übergangsregelung*
(1) Die §§ 116 bis 119 sind nur auf Schadensereignisse nach dem 30. Juni 1983 anzuwenden; für frühere Schadensereignisse gilt das bis 30. Juni 1983 geltende Recht weiter. Ist das Schadensereignis nach dem 30. Juni 1983 eingetreten, sind § 116 Abs. 1 Satz 2 und § 119 Abs. 1, 3 und 4 in der ab 1. Januar 2001 geltenden Fassung auf einen Sachverhalt auch dann anzuwenden, wenn der Sachverhalt bereits vor diesem Zeitpunkt bestanden hat und darüber noch nicht abschließend entschieden ist.

(2)–(5) Vom Abdruck der Absätze 2 bis 5 wurde abgesehen.

Gesetz über Sprecherausschüsse der leitenden Angestellten (Sprecherausschussgesetz – SprAuG)

vom 20.12.1988 (BGBl. I S. 2312)
zuletzt geändert durch Verordnung vom 25.11.2003 (BGBl. I S. 2304)

– Auszug –

Erster Teil. Allgemeine Vorschriften

1 *Errichtung von Sprecherausschüssen*
(1) In Betrieben mit in der Regel mindestens zehn leitenden Angestellten (§ 5 Abs. 3 des Betriebsverfassungsgesetzes) werden Sprecherausschüsse der leitenden Angestellten gewählt.

(2) Leitende Angestellte eines Betriebs mit in der Regel weniger als zehn leitenden Angestellten gelten für die Anwendung dieses Gesetzes als leitende Angestellte des räumlich nächstgelegenen Betriebs desselben Unternehmens, der die Voraussetzungen des Absatzes 1 erfüllt.

(3) Dieses Gesetz findet keine Anwendung auf

1. Verwaltungen und Betriebe des Bundes, der Länder, der Gemeinden und sonstiger Körperschaften, Anstalten und Stiftungen des öffentlichen Rechts sowie
2. Religionsgemeinschaften und ihre karitativen und erzieherischen Einrichtungen unbeschadet deren Rechtsform.

Lit.: *Kaiser*, Sprecherausschüsse für leitende Angestellte: Organisation, Aufgaben und Mitwirkungsrechte, 1995; *Kramer*, Rechtsfragen des Sprecherausschussgesetzes, Diss., 1992; *Mitzlaff*, Vereinbarungen nach § 28 Sprecherausschussgesetz, Diss., 1996; *Richardi*, BetrVG mit Wahlordnung, 9. Aufl. 2004; *Romer*, Das Sprecherausschussgesetz und die analoge Anwendung des Betriebsverfassungsgesetzes, Diss., 1996.
Kommentare zum SprAuG: *Bauer*, Sprecherausschussgesetz mit Wahlordnung und Erläuterungen, 2. Aufl. 1990; *Borgwardt/Fischer/Janert*, Sprecherausschussgesetz für leitende Angestellte, 2. Aufl. 1990; *Hromadka*, Sprecherausschussgesetz, 1991; *Löwisch*, Kommentar zum Sprecherausschussgesetz, 2. Aufl. 1994.

I. Einleitung. Für leitende Angestellte war weder im **BetrVG 1952** noch im **BetrVG 1972** eine spezielle gesetzliche Interessenvertretung vorgesehen. Da leitende Angestellte auch nicht durch den BR repräsentiert werden, konnte ein innerbetriebliches Beteiligungsverfahren nur auf der Grundlage einer **freiwilligen schuldrechtlichen Abrede** installiert werden. Nicht nur in der begrenzten Legitimation dieses Vertretungsorgans[1], sondern auch in dessen Abhängigkeit von der Unternehmensleitung lagen Umstände, die ein Tätigwerden des Gesetzgebers notwendig machten, wollte man eine gleichheitswidrige Benachteiligung der leitenden Angestellten vermeiden[2]. Diese Defizite wurden mit Erlass des SprAuG, das in den alten Bundesländern am 1.1.1989 in Kraft getreten ist, behoben. In den neuen Bundesländern ist das SprAuG am 3.10.1990 in Kraft getreten[3]. 1

Erklärtes **Ziel** des Gesetzgebers ist nicht nur, eine ausreichende Information der leitenden Angestellten „auch über ihren eigenen Tätigkeitsbereich hinaus" sicherzustellen, sondern ferner im Bereich gemeinsamer Interessen die Schaffung von „angemessenen Arbeitsbedingungen" für diese ArbN mit Führungsfunktionen zu ermöglichen; schließlich sollen über die Beteiligungsrechte des SprAu „die besonderen Kenntnisse und Einsichten der leitenden Angestellten in die organisatorischen und wirtschaftlichen Zusammenhänge des Unternehmens in Entscheidungsprozesse" eingebracht werden[4]. 2

Der für die besondere Gruppe der leitenden Angestellten gewählte SprAu stellt **kein „Konkurrenzorgan"** zu dem daneben bestehenden BR dar, vielmehr dienen beide Organe der Betriebsverfassung innerhalb desselben Repräsentationsbereichs (s. Rz. 7) der Interessenwahrnehmung eines jeweils unterschiedlichen Beschäftigtenkreises[5]. 3

---

1 BAG v. 19.2.1975 – 1 ABR 94/73, AP Nr. 10 zu § 5 BetrVG 1972 mit gem. Anm. zu BAG AP Nr. 9 und 10 zu § 5 BetrVG 1972 *Richardi*; *Richardi*, Kollektivgewalt und Individualwille bei der Gestaltung des Arbeitsverhältnisses, S. 164 f. | 2 BT-Drs. 11/2503, S. 26. | 3 EV Art. 8 Anl. I Kap. VIII Sachgebiet A Abschn. III Nr. 13. | 4 BT-Drs. 11/2503, S. 26. | 5 Richardi/*Richardi*, § 5 BetrVG Rz. 293.

4 Nach der Konzeption des Gesetzes soll der grundsätzlich auf betrieblicher Ebene angesiedelte SprAu eine interessennahe Vertretung der leitenden Angestellten gewährleisten. Es besteht **kein gesetzlicher Errichtungszwang**[1].

5 Sind in einem Unternehmen mehrere SprAu vorhanden, ist gem. § 16 Abs. 1 ein **GesamtSprAu** zu errichten (s. §§ 16–19 Rz. 1). **Fakultativ** ist gem. § 21 Abs. 1 Satz 1 die Bildung eines KonzernSprAu innerhalb eines Unterordnungskonzerns iSd. § 18 Abs. 1 AktG. Vorbehaltlich § 20 Abs. 1 stellt das SprAuG damit für die Bildung der SprAu ein **dreistufiges Ordnungsmodell** zur Verfügung.

6 **II. Persönlicher Geltungsbereich.** § 5 Abs. 3 Satz 2 BetrVG enthält die **Legaldefinition**[2] des Begriffs des leitenden Angestellten, die auch im SprAuG verbindlich ist, § 1 Abs. 1 (im Einzelnen s. § 5 BetrVG Rz. 43 ff.). Die nicht leitenden außertariflichen Angestellten werden vom BR vertreten[3]. Um Abgrenzungsschwierigkeiten zu vermeiden, ordnen §§ 5 Abs. 1 Satz 2 sowie § 13 Abs. 1 Satz 2 die **gleichzeitige Einleitung** der BR- und SprAu-**Wahlen** an. Ergänzt werden diese Bestimmungen durch das in § 18a BetrVG vorgesehene **besondere Zuordnungsverfahren**.

7 **III. Sachlicher Geltungsbereich.** In **Betrieben** mit in der Regel mindestens 10 leitenden Angestellten werden SprAu gewählt. Eine Legaldefinition des Betriebsbegriffs findet sich im SprAuG ebenso wenig wie im BetrVG. Durch §§ 5 Abs. 1, 37 Abs. 1 SprAuG und §§ 13 Abs. 1, 18a BetrVG werden beide Gesetze miteinander verzahnt und bilden **gemeinsam die materielle Grundlage der Betriebsverfassung**[4]. Anknüpfungspunkt für die Bildung der ArbN-Vertretung ist damit ein grundsätzlich **einheitlicher Begriff des Betriebs** (s. dazu § 1 BetrVG Rz. 8 ff.)[5]. Soweit das SprAuG Vorschriften bezüglich **Errichtung und Organisation von SprAu** enthält, handelt es sich um **zwingendes Recht**; eine mit § 3 BetrVG vergleichbare Norm, die den TV-Parteien einen weitgehenden Gestaltungsraum bezüglich der Repräsentationsstruktur einräumt, findet sich im SprAuG nicht[6].

8 Besteht ein einheitlicher Leitungsapparat für eine arbeitstechnische Organisationseinheit, innerhalb derer der Schwellenwert des § 1 Abs. 1 nicht erreicht wird, werden dessen leitende Angestellte gem. § 1 Abs. 2 dem räumlich nächstgelegenen Betrieb zugerechnet; andernfalls können sie gem. § 1 Abs. 1 einen eigenständigen SprAu wählen[7]. **Betriebsteile** sind selbst **nicht sprecherausschussfähig**; die dort eingesetzten leitenden Angestellten werden durch einen etwa im Betrieb gebildeten SprAu vertreten. § 4 Abs. 1 BetrVG findet keine entsprechende Anwendung[8]. Im **gemeinsamen Betrieb** iSd. § 1 Abs. 1 Satz 2 BetrVG wird unter den Voraussetzungen des § 1 Abs. 1 ein SprAu errichtet.

9 Es müssen mindestens 10 leitende Angestellte regelmäßig beschäftigt werden, damit eine **sprecherausschussfähige Einheit** vorliegt. Die Wählbarkeit iSd. § 3 Abs. 2 spielt hier – anders als bei § 1 Abs. 1 Satz 1 BetrVG keine Rolle. Entscheidend ist nicht die zZ des Wahltermins aktuelle Zahl der leitenden Angestellten, sondern der „**Normalfall**"[9], also der die Beschäftigungslage im überwiegenden Zeitraum prägende Stamm der leitenden Angestellten; damit nicht identisch ist die auf ein Kalenderjahr berechnete durchschnittliche Zahl der leitenden Angestellten[10].

10 Im Bereich des **öffentlichen Dienstes** findet das SprAuG **keine Anwendung**. § 1 Abs. 3 Nr. 1 entspricht § 130 BetrVG, so dass es **ausschließlich auf die Rechtsform** des Unternehmens ankommt[11]. Ohne Bedeutung für die Geltung des SprAuG ist damit die Rechtsform des (auch alleinigen) Inhabers der Geschäftsanteile[12]; SprAu können nur in Unternehmen und Betrieben gebildet werden, die nach den Gestaltungsformen des privaten Rechts errichtet sind[13]. Auch der Bereich der **verfassten Kirche** fällt von vornherein nicht in den Anwendungsbereich des SprAuG; die Behörden und Dienststellen der Kirchenorganisation besitzen gem. Art. 140 GG iVm. Art. 137 Abs. 5 WRV den Status einer Körperschaft des öffentlichen Rechts.

11 Ebenfalls **keine Anwendung** findet das SprAuG gem. § 1 Abs. 3 Nr. 2 auf **Religionsgemeinschaften** und ihre **karitativen und erzieherischen Einrichtungen**, unabhängig von deren Rechtsform[14]. Insoweit besteht eine verfassungsrechtlich in Art. 140 GG iVm. Art. 137 Abs. 3 Satz 1 WRV garantierte **arbeitsrechtliche Regelungsautonomie** für alle Einrichtungen, die sich nach dem Selbstverständnis der Religionsgemeinschaft als deren **Wesens- und Lebensäußerung** darstellen[15]. Entscheidend ist, ob diese Einrichtungen „nach kirchlichem Selbstverständnis ihrem Zweck oder ihrer Aufgabe entsprechend berufen sind, ein Stück Auftrag der Kirche in dieser Welt wahrzunehmen und zu erfüllen"[16]. Eine solche

---

[1] *Löwisch*, § 1 SprAuG Rz. 50. | [2] *Richardi*/*Richardi*, § 5 BetrVG Rz. 194; diese Definition gilt im BetrVG, im SprAuG und im MitbestG, BAG v. 29.1.1980 – 1 ABR 45/79, AP Nr. 22 zu § 5 BetrVG 1972 mit gem. Anm. zu BAG AP Nr. 22–24 zu § 5 BetrVG 1972 *Martens*. | [3] *Hromadka*, § 30 SprAuG Rz. 4. | [4] Borgwardt/Fischer/Janert/*Borgwardt*, Teil 2 SprAuG Rz. 40; MünchArbR/*Joost*, § 322 Rz. 4. | [5] *Kaiser*, Rz. 6; MünchArbR/*Joost*, § 322 Rz. 15. | [6] ErfK/*Oetker*, Einl. Rz. 3; MünchArbR/*Joost*, § 322 Rz. 44 f. | [7] ErfK/*Oetker*, § 1 Rz. 3 mwN; aA wohl Borgwardt/Fischer/Janert/*Fischer*, § 1 SprAuG Rz. 2, der davon ausgeht, „dass der Betriebsbegriff des § 1 Abs. 1 auch räumlich getrennte ... Nebenbetriebe umfasst." | [8] *Hromadka*, § 1 SprAuG Rz. 19; *Kramer*, S. 48; Richardi/*Richardi*, § 5 BetrVG Rz. 275; aA *Oetker*, ZfA 1990, 43 (47 f.). | [9] *Hromadka*, § 1 SprAuG Rz. 36. | [10] Richardi/*Richardi*, § 1 BetrVG Rz. 114. | [11] MünchArbR/*v. Hoyningen-Huene*, § 298 Rz. 5. | [12] *Schaub*, § 245 Rz. 10. | [13] MünchArbR/*Joost*, § 322 Rz. 20. | [14] Diese Regelung entspricht § 118 Abs. 2 BetrVG. | [15] *Richardi*, Arbeitsrecht in der Kirche, § 3 Rz. 8 ff.; MünchArbR/*Richardi*, § 192 Rz. 34 ff., 42 ff. | [16] BVerfG v. 11.10.1977 – 2 BvR 209/76, BVerfGE 46, 73 (85).

Grundfunktion erfüllen mit Blick auf die ev. und kath. Kirche jedenfalls Einrichtungen der Caritas und Diakonie, kirchliche Krankenhäuser und Pflegeeinrichtungen, sowie Einrichtungen, die sich der Betreuung und Erziehung von Jugendlichen widmen. Die Beteiligungsrechte dieser kirchlichen Dienstnehmer werden durch kircheneigenes Gesetz geregelt [1].

Da der SprAu keine echten MitbestR hat (s. Vorb. z. 3. Teil), ist nur ein beschränkter **Tendenzschutz** erforderlich (§ 32 Abs. 1 Satz 2) [2]. 12

IV. Räumlicher Geltungsbereich. Der räumliche Geltungsbereich des SprAuG wird durch das **Territorialitätsprinzip** bestimmt [3]. Entscheidend ist die Lage der organisatorischen Einheit innerhalb der Grenzen der BRD; es kommt weder auf die Staatsangehörigkeit des ArbGeb sowie der ArbN noch auf die Quelle des für die Arbeitsverhältnisse maßgeblichen Rechts an [4]. Damit findet das SprAuG Anwendung auf inländische Betriebe ausländischer Unternehmen, nicht aber auf ausländische Betriebe inländischer Unternehmen [5]. Die Bildung eines **Gesamt-** oder **UnternehmensSprAu** im Ausland scheidet damit aus; für inländische Unternehmensbereiche gebildete SprAu können einen GesamtSprAu errichten [6]. Eine abweichende Regelung ist nicht zulässig. 13

Ob einzelne im Ausland tätige leitende Angestellte der im Inland gelegenen Einheit zuzurechnen sind, richtet sich nach den Grundsätzen der **Betriebsausstrahlung** (s. § 5 BetrVG Rz. 14) [7]. 14

2 Zusammenarbeit

(1) Der Sprecherausschuss arbeitet mit dem Arbeitgeber vertrauensvoll unter Beachtung der geltenden Tarifverträge zum Wohl der leitenden Angestellten und des Betriebs zusammen. Der Arbeitgeber hat vor Abschluss einer Betriebsvereinbarung oder sonstigen Vereinbarung mit dem Betriebsrat, die rechtliche Interessen der leitenden Angestellten berührt, den Sprecherausschuss rechtzeitig anzuhören.

(2) Der Sprecherausschuss kann dem Betriebsrat oder Mitgliedern des Betriebsrats das Recht einräumen, an Sitzungen des Sprecherausschusses teilzunehmen. Der Betriebsrat kann dem Sprecherausschuss oder Mitgliedern des Sprecherausschusses das Recht einräumen, an Sitzungen des Betriebsrats teilzunehmen. Einmal im Kalenderjahr soll eine gemeinsame Sitzung des Sprecherausschusses und des Betriebsrats stattfinden.

(3) Die Mitglieder des Sprecherausschusses dürfen in der Ausübung ihrer Tätigkeit nicht gestört oder behindert werden. Sie dürfen wegen ihrer Tätigkeit nicht benachteiligt oder begünstigt werden; dies gilt auch für ihre berufliche Entwicklung.

(4) Arbeitgeber und Sprecherausschuss haben Betätigungen zu unterlassen, durch die der Arbeitsablauf oder der Frieden des Betriebs beeinträchtigt werden. Sie haben jede parteipolitische Betätigung im Betrieb zu unterlassen; die Behandlung von Angelegenheiten tarifpolitischer, sozialpolitischer und wirtschaftlicher Art, die den Betrieb oder die leitenden Angestellten unmittelbar betreffen, wird hierdurch nicht berührt.

I. Vorbemerkung. In § 2 Abs. 1 Satz 1 wird deutlich, dass auch das SprAuG auf dem **Kooperationsmodell** beruht. § 2 Abs. 1 Satz 1 enthält ein **rechtsschutzfähiges Gebot zur beiderseitigen Kooperation** [8]. Auch der Charakter als institutionalisierte Interessenvertretung (§ 25 Abs. 1 Satz 1) der leitenden Angestellten begründet somit keine reine Frontstellung gegenüber dem ArbGeb. Zu beachten ist stets der besondere Status der leitenden Angestellten, der ihre Ausklammerung aus dem vom BR repräsentierten Personenkreis rechtfertigt: Leitende Angestellte sind nicht im gleichen Sinne wie die anderen ArbN soziale Gegenspieler des ArbGeb (s. auch § 1 Rz. 2) [9]. 1

II. Zusammenarbeit mit dem ArbGeb. Trotz des Wortlauts des § 2 Abs. 1 Satz 1 zählt **auch der ArbGeb** zum **Adressatenkreis** dieser Norm [10]. Der ArbGeb hat den im Rahmen seiner Beteiligungsrechte tätig werdenden SprAu ernst zu nehmen und sich mit dessen Vorbringen zu befassen [11]. Auch wenn ihm das **Letztentscheidungsrecht** zusteht, hat der ArbGeb den SprAu über Angelegenheiten, die den von ihm repräsentierten Personenkreis betreffen, zu **informieren** und unter der **Zielvorgabe, eine einvernehmliche Lösung** zu erreichen, Verhandlungen mit dem SprAu aufzunehmen. Eine **Pflicht zum Kompromiss** besteht für den ArbGeb allerdings **nicht**. 2

III. Zusammenarbeit mit dem BR. Auch wenn das SprAuG kein ausdrückliches Gebot zur vertrauensvollen Zusammenarbeit im Verhältnis SprAu – BR statuiert, hat die gem. § 2 Abs. 1 BetrVG und § 2 3

---

[1] Dazu *Richardi*, Arbeitsrecht in der Kirche, §§ 14 ff. | [2] *Hanau*, RdA 1985, 291 (292). | [3] MünchArbR/*Joost*, § 322 Rz. 23; ErfK/*Oetker*, § 1 Rz. 7. | [4] *Hromadka*, Vorb. zu § 1 SprAuG Rz. 38 mwN. | [5] Eine Ausnahme kommt für im Ausland gelegene Betriebsteile ohne „feste und dauerhafte betriebliche Organisation" in Betracht, BAG v. 25.4.1978 – 6 ABR 2/77, DB 1978, 1840 (1840). | [6] MünchArbR/*Joost*, § 322 Rz. 23. | [7] ErfK/*Oetker*, § 1 Rz. 8; MünchArbR/*v. Hoyningen-Huene*, § 298 Rz. 35 ff. | [8] BAG v. 21.4.1983 – 6 ABR 70/82, BAGE 42, 259 (269). | [9] Borgwardt/Fischer/Janert/*Borgwardt*, § 2 SprAuG Rz. 1; *Kaiser*, Rz. 184. | [10] MünchArbR/*Joost*, § 322 Rz. 25; *Kaiser*, Rz. 182. | [11] Für Verhandlungspflicht, s. *Kaiser*, Rz. 186.

Abs. 1 Satz 1 für beide Interessenvertretungen gleichermaßen geltende Verpflichtung auf die Wahrung der betrieblichen Belange zumindest zur Folge, dass bei übergreifenden Themenkomplexen eine **wechselseitige Information und Abstimmung** zu erfolgen hat[1]. Allerdings gilt es die im Wesen des SprAu als durch Wahl legitimierter Repräsentant einer tatsächlichen Gemeinschaft liegenden Grenzen zu beachten[2]. Auf Interessen der durch den BR repräsentierten ArbN muss der SprAu daher weder „unmittelbar noch gar vorrangig" Rücksicht nehmen[3].

4 Durch Beschlussfassung kann der SprAu gem. § 2 Abs. 2 Satz 1 dem BR oder Mitgliedern des BR ein **Teilnahmerecht** an einzelnen Sitzungen einräumen. Ob davon Gebrauch gemacht wird, steht **im Ermessen** des SprAu; der BR erhält insoweit keine durchsetzungsfähige Rechtsposition[4]. Eine **Pflicht zur Teilnahme** an der Sitzung des SprAu wird dadurch **nicht** begründet[5]. **Stimmberechtigt** in der Sitzung sind ausschließlich die Mitglieder des SprAu[6].

5 Darüber hinaus **soll** gem. § 2 Abs. 2 Satz 3 einmal jährlich eine **gemeinsame Sitzung** des SprAu und des BR stattfinden. Auch wenn das SprAuG damit keine eindeutige Rechtspflicht begründet und diese Norm auch nicht sanktionsbewehrt ist, steht die Einberufung dieser Sitzung **nicht im Belieben** der Interessenvertretungen. Mit der Wortwahl ist vielmehr zum Ausdruck gebracht, dass eine gemeinsame Sitzung stattzufinden **hat**, sofern nicht sachliche Gründe im Einzelfall eine Ausnahme rechtfertigen[7]. Geladen werden die Mitglieder von SprAu und BR jeweils von ihren Vorsitzenden, falls man sich nicht auf ein abweichendes Verfahren geeinigt hat[8].

6 **IV. Zusammenarbeit zwischen SprAu, BR und ArbGeb.** Für das Zusammenwirken von SprAu, BR und ArbGeb ist **kein selbständiges Organ** vorgesehen. Der ArbGeb wird zwar unter den Voraussetzungen des § 2 Abs. 1 Satz 2 verpflichtet, den SprAu rechtzeitig anzuhören, eine besondere institutionelle Absicherung ist damit aber nicht verbunden. Den genannten Organen ist es jedoch nicht verwehrt, sich unter Wahrung des zwingenden Organisationsrechts darüber hinaus **im wechselseitigen Einvernehmen** auf die Errichtung einer „Informationsplattform", zB turnusmäßige gemeinsame Besprechungen, zu verständigen[9].

7 Im Rahmen solcher gemeinsamen Besprechungen können auch **Kollektivvereinbarungen** abgeschlossen werden. Dabei gilt es allerdings zum einen die für die unterschiedlichen Repräsentationsbereiche zur Verfügung stehenden Rechtsinstitute und deren Voraussetzungen und zum anderen deren Rechtswirkungen zu beachten. Vereinbarungen über die Zusammenarbeit von BR, ArbGeb und SprAu dürfen keine Einschränkungen der gesetzlich verliehenen Beteiligungsrechte oder abschließender organisations- und verfahrensrechtlicher Normen enthalten[10]. Solche **„Gesamtvereinbarungen"** können mit dem BR im Wege einer BV iSd. § 77 Abs. 4 BetrVG und mit dem SprAu als Richtlinie iSd. § 28 geschlossen werden[11].

8 **V. Stellung der Koalitionen.** Besondere **Beteiligungsrechte** sind den Verbänden im SprAuG nicht eingeräumt (s. auch §§ 3–8 Rz. 2)[12]. Jedoch ist ihre Einbeziehung auf **freiwilliger Grundlage möglich**[13]. Abgesehen davon können die Koalitionen nicht daran gehindert werden, ihre **unmittelbar** in Art. 9 Abs. 3 GG wurzelnden Rechte geltend zu machen[14].

9 **VI. Behinderungsverbot.** Das Störungs- und Behinderungsverbot der Tätigkeit der Mitglieder des SprAu gilt gem. §§ 18 Abs. 3, 20 Abs. 4, 24 Abs. 1 in gleicher Weise für die Tätigkeit im **Gesamt-, Unternehmens- und KonzernSprAu**[15]. S. auch §§ 11–14 Rz. 1.

10 Das strafbewehrte (§ 34 Abs. 1 Nr. 2) Verbot, den SprAu bei seiner Tätigkeit zu behindern, ist nicht auf den ArbGeb beschränkt, sondern richtet sich an **jeden Dritten** innerhalb und außerhalb der organisatorischen Einheit[16]. Über den Schutz der einzelnen Mitglieder wird auch der SprAu als Repräsentant der leitenden Angestellten in seiner Funktionsfähigkeit geschützt[17].

11 Darüber hinaus ist eine Maßnahme, die gegen das Behinderungsverbot verstößt, gem. § 134 BGB nichtig[18]. Handelt es sich bei der Maßnahme um eine arbeitgeberseitige Kündigung, muss der betroffene ArbN die Verletzung des § 2 Abs. 3 Satz 1 **innerhalb der Frist des § 4 Satz 1 KSchG** vor den ArbG geltend machen[19]. Ein **besonderer Kündigungsschutz** der Mitglieder des SprAu kann aus dem Behinderungsverbot nicht abgeleitet werden[20]. § 15 KSchG findet keine Anwendung auf leitende Angestellte[21].

---

1 Borgwardt/Fischer/Janert/*Fischer*, § 2 SprAuG Rz. 12. | 2 Richardi/*Richardi*, Einl. BetrVG Rz. 94 f., 99. | 3 Belange dieses Personenkreises können aber als „betriebliche Interessen des ArbGeb" von Bedeutung sein; MünchArbR/*Joost*, § 322 Rz. 27; aA *Hromadka*, § 2 SprAuG Rz. 4. | 4 *Hromadka*, § 2 SprAuG Rz. 16. | 5 *Kaiser*, Rz. 351. | 6 MünchArbR/*Joost*, § 322 Rz. 30. | 7 *Hromadka*, § 2 SprAuG Rz. 17; *Löwisch*, § 2 SprAuG Rz. 12, versteht § 2 Abs. 2 Satz 3 lediglich als Appell zur Zusammenarbeit. | 8 *Fitting*, § 29 BetrVG Rz. 39; Richardi/*Thüsing*, § 29 BetrVG Rz. 31. | 9 *Schaub*, § 245 Rz. 20; MünchArbR/*Joost*, § 322 Rz. 32 u. § 323 Rz. 71. | 10 *Kaiser*, Rz. 355. | 11 ErfK/*Oetker*, § 2 Rz. 14; *Schaub*, § 245 Rz. 20. | 12 Eine analoge Anwendung der einschlägigen Normen des BetrVG kommt nicht in Betracht, *Romer*, S. 69 ff. | 13 *Hromadka*, § 2 SprAuG Rz. 59. | 14 MünchArbR/*Joost*, § 322 Rz. 39; *Schaub*, § 245 Rz. 13; s. auch Richardi/*Richardi*, § 2 BetrVG Rz. 79. | 15 In den Schutz der Vorschrift sind amtierende Ersatzmitglieder aufgenommen, *Fitting*, § 78 BetrVG Rz. 2 mwN. | 16 ErfK/*Oetker*, § 2 Rz. 15; Borgwardt/Fischer/Janert/*Borgwardt*, § 2 SprAuG Rz. 10. | 17 Richardi/*Thüsing*, § 78 BetrVG Rz. 8. | 18 *Hromadka*, § 2 SprAuG Rz. 21. | 19 KR/*Rost*, § 14 KSchG Rz. 50. | 20 *Kaiser*, Rz. 96. | 21 *Hromadka*, § 2 SprAuG Rz. 29.

Dem ArbGeb steht es grundsätzlich frei, ein Mitglied des SprAu mit dem allgemeinen Verhandlungsauftrag iSd. § 3 Abs. 2 Satz 3 Nr. 1 zu betrauen, was dessen Ausscheiden aus dem SprAu gem. § 9 Abs. 2 Nr. 4 zur Folge hat. Sofern keine besonderen Umstände vorliegen, wird dieses Verhalten nicht als unzulässige Behinderung iSd. § 2 Abs. 3 Satz 1 gewertet werden können[1]. **12**

Die Regelung des § 2 Abs. 3 Satz 1 entspricht der des § 78 Satz 1 BetrVG; die zu dieser Norm entwickelten Grundsätze finden auch hier Anwendung. **13**

VII. Benachteiligungs- und Begünstigungsverbot. Die Mitglieder des SprAu dürfen **wegen ihrer Tätigkeit als Mitglieder des SprAu** weder benachteiligt noch begünstigt werden, § 2 Abs. 3 Satz 2 Halbs. 1. In den Schutzbereich der Norm fallen auch **Ersatzmitglieder** vor ihrem Eintritt in den SprAu, wenn ein Zusammenhang zwischen der Maßnahme und ihrem absehbaren Einrücken besteht[2]. Für die Abgrenzung der **Vergleichsgruppe** ist **grundsätzlich** auf die im **Betrieb** beschäftigten leitenden Angestellten abzustellen (s. auch § 1 Rz. 7 f.). Weicht der Repräsentationsbereich des SprAu vom gesetzlich vorgesehenen „Normalfall" ab (s. § 20), so soll diese organisatorische Einheit für die Bildung der Vergleichsgruppe maßgebend sein[3]. Unzulässig ist **jede objektive Besser- oder Schlechterstellung** eines Mitglieds des SprAu, die ihren Grund gerade in der Wahrnehmung des Amtes findet; eine entsprechende **Absicht** ist nicht erforderlich[4]. Die Darlegungs- und Beweislast für den Kausalzusammenhang zwischen Amtsausübung und Benachteiligung oder Besserstellung liegt bei demjenigen, der sich darauf beruft. Vorsätzliches Handeln steht unter der Strafandrohung des § 34 Abs. 1 Nr. 3. **14**

§ 2 Abs. 3 Satz 2 ist ein **Schutzgesetz iSd. § 823 Abs. 2 BGB**[5]. Nach § 249 Satz 1 BGB kann der ArbGeb verpflichtet sein, den übergangenen leitenden Angestellten auf eine freie oder demnächst frei werdende Stelle zu befördern und ihm bis dahin bereits das entsprechende Gehalt zu zahlen[6]. Ein Beförderungsanspruch kann sich nach Ansicht des BAG auch **direkt** aus § 2 Abs. 3 Satz 2 ergeben, da über das Benachteiligungsverbot hinaus auch eine **positive Pflicht des ArbGeb** begründet werde[7]. **15**

VIII. Friedenspflicht. Wie § 74 Abs. 2 Satz 2 BetrVG – auf dessen Konkretisierung durch Rspr. und Lit. hier zurückgegriffen werden kann – verpflichtet § 2 Abs. 4 Satz 1 ArbGeb und SprAu, Betätigungen zu unterlassen, durch die der Arbeitsablauf oder der Frieden des Betriebs beeinträchtigt werden. Unter **Arbeitsablauf** ist die tatsächliche Durchführung der im Betrieb anfallenden Arbeit zu verstehen[8]. Die Wahrung des **Betriebsfriedens** verpflichtet zum einen zum Einsatz der vorgesehenen Konfliktlösungsinstrumente (formelle Seite), zum anderen dazu, nur innerhalb des gesetzlich vorgesehenen Zuständigkeitsbereichs tätig zu werden (materielle Seite)[9]. **16**

Adressaten der Friedenspflicht sind neben ArbGeb und SprAu auch die einzelnen Mitglieder des SprAu. Für die übrigen leitenden Angestellten ergibt sich eine vergleichbare Pflicht aus dem Arbeitsverhältnis[10]. Leitende Angestellte besitzen idR Vorgesetztenstellung und haben ihr Verhalten auch unter dem Aspekt der Vorbildfunktion und der Einflussnahmemöglichkeiten ihrer Position zu steuern. Ihr Recht zur freien Meinungsäußerung wird dadurch nicht ausgeschlossen, dessen Betätigung hat sich aber an der besonderen Stellung der leitenden Angestellten auszurichten und den genannten Belangen Rechnung zu tragen (s. Rz. 19). **17**

§ 2 Abs. 4 Satz 1 begründet eine Unterlassungspflicht, der ein vor dem ArbG gem. § 2a Abs. 1 Nr. 2, Abs. 2 iVm. §§ 80 ff. ArbGG durchzusetzender **Unterlassungsanspruch** entspricht. Da der Zweck der Norm gerade in der Vermeidung einer Störung liegt, setzt dieser Anspruch nicht eine bereits eingetretene Beeinträchtigung voraus. Es genügt vielmehr eine **aus konkreten Umständen** ableitbare Gefahr, deren Verwirklichung mit hoher Wahrscheinlichkeit droht[11]. Eine lediglich **abstrakte Gefährdung** reicht aber nicht aus. **18**

Hingegen genügt beim strikten **Verbot zur parteipolitischen Betätigung** gem. § 2 Abs. 4 Satz 2 bereits eine abstrakte Gefahr, um einen **Unterlassungsanspruch** zu begründen[12]. Es handelt sich um ein **absolutes Verbot**, das die Entstehung einer Gefahrenlage nicht erfordert[13]. Wegen der engen Bindung an den gesetzlich übertragenen Aufgabenkreis fallen Äußerungen **allgemeinpolitischer Natur**, ohne unmittelbaren Bezug zum Betrieb, ebenso unter dieses Verbot wie Werbemaßnahmen für eine bestimmte Partei[14]. Ein **Arbeitskampfverbot** ist im SprAuG zwar nicht ausdrücklich normiert, ergibt sich aber aus der allgemeinen Friedenspflicht[15]. **19**

---

1 *Hromadka*, § 3 SprAuG Rz. 22. | 2 Borgwardt/Fischer/Janert/*Borgwardt*, § 2 SprAuG Rz. 10. | 3 *Kramer*, DB 1993, 1138 (1138); MünchArbR/*Joost*, § 323 Rz. 93; aA *Kaiser*, Rz. 86; *Hromadka*, § 2 SprAuG Rz. 25; auf den Betrieb stellt Borgwardt/Fischer/Janert/*Borgwardt*, § 2 SprAuG Rz. 8, ab. | 4 Borgwardt/Fischer/Janert/*Borgwardt*, § 2 SprAuG Rz. 8; s. näher Richardi/*Annuß*, § 119 BetrVG Rz. 26; MünchArbR/*Joost*, § 308 Rz. 155. | 5 *Schaub*, § 245 Rz. 26; ErfK/*Oetker*, § 2 Rz. 18. | 6 *Richardi*, § 2 SprAuG Rz. 34. | 7 BAG v. 29.9.1999 – 7 AZR 378/98, nv.; v. 15.1.1992 – 7 AZR 194/91, DB 1993, 1379 (1380), beide zu § 78 Satz 2 BetrVG; v. 26.9.1990 – 7 AZR 208/89, NZA 1991, 694 (695) zu §§ 8, 46 Abs. 3 Satz BPersVG. | 8 *Schaub*, § 345 Rz. 31. | 9 Richardi/*Richardi*, § 74 BetrVG Rz. 48. | 10 Richardi/*Richardi*, § 74 BetrVG Rz. 51. | 11 *Fitting*, § 74 BetrVG Rz. 26. | 12 Richardi/*Richardi*, § 74 BetrVG Rz. 46; ErfK/*Oetker*, § 2 Rz. 23. | 13 *Schaub*, § 245 Rz. 33; MünchArbR/*v. Hoyningen-Huene*, § 301 Rz. 53. | 14 MünchArbR/*v. Hoyningen-Huene*, § 301 Rz. 54. | 15 *Hromadka*, § 2 SprAuG Rz. 38; MünchArbR/*Joost*, § 322 Rz. 35.

Zweiter Teil. Sprecherausschuss, Versammlung der leitenden Angestellten, Gesamt-, Unternehmens- und Konzernsprecherausschuss

Erster Abschnitt. Wahl, Zusammensetzung und Amtszeit des Sprecherausschusses

§ 3 *Wahlberechtigung und Wählbarkeit*

(1) Wahlberechtigt sind alle leitenden Angestellten des Betriebs.

(2) Wählbar sind alle leitenden Angestellten, die sechs Monate dem Betrieb angehören. Auf die sechsmonatige Betriebszugehörigkeit werden Zeiten angerechnet, in denen der leitende Angestellte unmittelbar vorher einem anderen Betrieb desselben Unternehmens oder Konzerns (§ 18 Abs. 1 des Aktiengesetzes) als Beschäftigter angehört hat. Nicht wählbar ist, wer

1. aufgrund allgemeinen Auftrags des Arbeitgebers Verhandlungspartner des Sprecherausschusses ist,
2. nicht Aufsichtsratsmitglied der Arbeitnehmer nach § 6 Abs. 2 Satz 1 des Mitbestimmungsgesetzes in Verbindung mit § 105 Abs. 1 des Aktiengesetzes sein kann oder
3. infolge strafgerichtlicher Verurteilung die Fähigkeit, Rechte aus öffentlichen Wahlen zu erlangen, nicht besitzt.

§ 4 *Zahl der Sprecherausschussmitglieder*

(1) Der Sprecherausschuss besteht in Betrieben mit in der Regel
– 10 bis 20 leitenden Angestellten aus einer Person,
– 21 bis 100 leitenden Angestellten aus drei Mitgliedern,
– 101 bis 300 leitenden Angestellten aus fünf Mitgliedern,
– über 300 leitenden Angestellten aus sieben Mitgliedern.

(2) Männer und Frauen sollen entsprechend ihrem zahlenmäßigen Verhältnis im Sprecherausschuss vertreten sein.

§ 5 *Zeitpunkt der Wahlen und Amtszeit*

(1) Die regelmäßigen Wahlen des Sprecherausschusses finden alle vier Jahre in der Zeit vom 1. März bis 31. Mai statt. Sie sind zeitgleich mit den regelmäßigen Betriebsratswahlen nach § 13 Abs. 1 des Betriebsverfassungsgesetzes einzuleiten.

(2) Außerhalb dieses Zeitraums ist der Sprecherausschuss zu wählen, wenn

1. im Betrieb ein Sprecherausschuss nicht besteht,
2. der Sprecherausschuss durch eine gerichtliche Entscheidung aufgelöst ist,
3. die Wahl des Sprecherausschusses mit Erfolg angefochten worden ist oder
4. der Sprecherausschuss mit der Mehrheit seiner Mitglieder seinen Rücktritt beschlossen hat.

(3) Hat außerhalb des in Absatz 1 festgelegten Zeitraums eine Wahl des Sprecherausschusses stattgefunden, ist der Sprecherausschuss in dem auf die Wahl folgenden nächsten Zeitraum der regelmäßigen Wahlen des Sprecherausschusses neu zu wählen. Hat die Amtszeit des Sprecherausschusses zu Beginn des in Absatz 1 festgelegten Zeitraums noch nicht ein Jahr betragen, ist der Sprecherausschuss in dem übernächsten Zeitraum der regelmäßigen Wahlen des Sprecherausschusses neu zu wählen.

(4) Die regelmäßige Amtszeit des Sprecherausschusses beträgt vier Jahre. Die Amtszeit beginnt mit der Bekanntgabe des Wahlergebnisses oder, wenn zu diesem Zeitpunkt noch ein Sprecherausschuss besteht, mit Ablauf von dessen Amtszeit. Die Amtszeit endet spätestens am 31. Mai des Jahres, in dem nach Absatz 1 die regelmäßigen Wahlen des Sprecherausschusses stattfinden. In dem Fall des Absatzes 3 Satz 2 endet die Amtszeit spätestens am 31. Mai des Jahres, in dem der Sprecherausschuss neu zu wählen ist.

(5) In dem Fall des Absatzes 2 Nr. 4 führt der Sprecherausschuss die Geschäfte weiter, bis der neue Sprecherausschuss gewählt und das Wahlergebnis bekannt gegeben ist.

§ 6 *Wahlvorschriften*

(1) Der Sprecherausschuss wird in geheimer und unmittelbarer Wahl gewählt.

(2) Die Wahl erfolgt nach den Grundsätzen der Verhältniswahl; wird nur ein Wahlvorschlag eingereicht, erfolgt die Wahl nach den Grundsätzen der Mehrheitswahl.

(3) In Betrieben, deren Sprecherausschuss aus einer Person besteht, wird dieser mit einfacher Stimmenmehrheit gewählt. In einem getrennten Wahlgang ist ein Ersatzmitglied zu wählen.

(4) Zur Wahl des Sprecherausschusses können die leitenden Angestellten Wahlvorschläge machen. Jeder Wahlvorschlag muss von mindestens einem Zwanzigstel der leitenden Angestellten, jedoch von mindestens drei leitenden Angestellten unterzeichnet sein; in Betrieben mit in der Regel bis zu zwanzig leitenden Angestellten genügt die Unterzeichnung durch zwei leitende Angestellte. In jedem Fall genügt die Unterzeichnung durch fünfzig leitende Angestellte.

7 *Bestellung, Wahl und Aufgaben des Wahlvorstands*
(1) Spätestens zehn Wochen vor Ablauf seiner Amtszeit bestellt der Sprecherausschuss einen aus drei oder einer höheren ungeraden Zahl von leitenden Angestellten bestehenden Wahlvorstand und einen von ihnen als Vorsitzenden.

(2) Besteht in einem Betrieb, der die Voraussetzungen des § 1 Abs. 1 erfüllt, kein Sprecherausschuss, wird in einer Versammlung von der Mehrheit der anwesenden leitenden Angestellten des Betriebs ein Wahlvorstand gewählt. Zu dieser Versammlung können drei leitende Angestellte des Betriebs einladen und Vorschläge für die Zusammensetzung des Wahlvorstands machen. Der Wahlvorstand hat unverzüglich eine Abstimmung darüber herbeizuführen, ob ein Sprecherausschuss gewählt werden soll. Ein Sprecherausschuss wird gewählt, wenn dies die Mehrheit der leitenden Angestellten des Betriebs in einer Versammlung oder durch schriftliche Stimmabgabe verlangt.

(3) Zur Teilnahme an der Versammlung und der Abstimmung nach Absatz 2 sind die Angestellten berechtigt, die vom Wahlvorstand aus Anlass der letzten Betriebsratswahl oder der letzten Wahl von Aufsichtsratsmitgliedern der Arbeitnehmer, falls diese Wahl später als die Betriebsratswahl stattgefunden hat, oder durch gerichtliche Entscheidung den leitenden Angestellten zugeordnet worden sind. Hat zuletzt oder im gleichen Zeitraum wie die nach Satz 1 maßgebende Wahl eine Wahl nach diesem Gesetz stattgefunden, ist die für diese Wahl erfolgte Zuordnung entscheidend.

(4) Der Wahlvorstand hat die Wahl unverzüglich einzuleiten, sie durchzuführen und nach Abschluss der Wahl öffentlich die Auszählung der Stimmen vorzunehmen, deren Ergebnis in einer Niederschrift festzustellen und es im Betrieb bekannt zu geben. Dem Arbeitgeber ist eine Abschrift der Wahlniederschrift zu übersenden.

8 *Wahlanfechtung, Wahlschutz und Wahlkosten*
(1) Die Wahl kann beim Arbeitsgericht angefochten werden, wenn gegen wesentliche Vorschriften über das Wahlrecht, die Wählbarkeit oder das Wahlverfahren verstoßen worden ist und eine Berichtigung nicht erfolgt ist, es sei denn, dass durch den Verstoß das Wahlergebnis nicht geändert oder beeinflusst werden konnte. Zur Anfechtung berechtigt sind mindestens drei leitende Angestellte oder der Arbeitgeber. Die Wahlanfechtung ist nur innerhalb einer Frist von zwei Wochen, vom Tage der Bekanntgabe des Wahlergebnisses an gerechnet, zulässig.

(2) Niemand darf die Wahl des Sprecherausschusses behindern. Insbesondere darf kein leitender Angestellter in der Ausübung des aktiven und passiven Wahlrechts beschränkt werden. Niemand darf die Wahl des Sprecherausschusses durch Zufügung oder Androhung von Nachteilen oder durch Gewährung oder Versprechen von Vorteilen beeinflussen.

(3) Die Kosten der Wahl trägt der Arbeitgeber. Versäumnis von Arbeitszeit, die zur Ausübung des Wahlrechts, zur Betätigung im Wahlvorstand oder zur Tätigkeit als Vermittler (§ 18a des Betriebsverfassungsgesetzes) erforderlich ist, berechtigt den Arbeitgeber nicht zur Minderung des Arbeitsentgelts.

I. Vorbemerkung. Zwischen den das Wahlverfahren des BR und des SprAu regelnden Normen besteht in wesentlichen Punkten Übereinstimmung, so dass hier in erster Linie auf die Besonderheiten bei der Wahl des SprAu eingegangen wird. 1

Unmittelbare **Wahlen** werden **nur** zum Betriebs- und UnternehmensSprAu durchgeführt. Die **Gewerkschaften** haben – anders als nach dem BetrVG (§§ 14 Abs. 3 u. Abs. 5, 16 Abs. 1 Satz 6 u. Abs. 2, 17 Abs. 3 u. Abs. 4 Satz 1, 18 Abs. 1 Satz 2 BetrVG) – keine Möglichkeit zur unmittelbaren Einwirkung auf die Wahl eines SprAu (s. auch § 2 Rz. 8). Ob in einer sprecherausschussfähigen Einheit iSd. § 1 Abs. 1 ein SprAu gewählt wird, liegt daher allein in der Hand der dieser Einheit zuzuordnenden leitenden Angestellten (s. Rz. 10, § 1 Rz. 7 f.). Das SprAuG sieht keine Möglichkeit zur **Ersatzbestellung** des Wahlvorstands (vgl. §§ 16 Abs. 2 und 3, 17 Abs. 1 und 4 BetrVG) vor. Auch das Wahlverfahren ist so ausgestaltet, dass ein SprAu nur errichtet werden kann, wenn sich die Mehrheit der leitenden Angestellten dafür ausspricht; der Gesetzgeber wollte damit der besonderen Stellung der leitenden Angestellten Rechnung tragen, „indem er ihnen ein Wahlrecht zwischen der ausschließlich individuellen Interessenwahrnehmung und der gesetzlichen durch den SprAu einräumt[1]." 2

---

[1] BT-Drs. 11/2503, S. 38.

3 **II. Behinderungs- und Beeinflussungsverbot.** § 8 Abs. 2 entspricht inhaltlich § 20 Abs. 1 und 2 BetrVG. Das Verbot wirkt gegenüber jedermann, entsprechende Rechtsgeschäfte sind gem. § 134 BGB nichtig. § 8 Abs. 2 ist Schutzgesetz iSd. § 823 BGB.

4 **III. Wahlberechtigung.** Wahlberechtigt sind gem. § 3 Abs. 1 alle leitenden Angestellten (s. § 1 Rz. 6) des Betriebs. Das Bestehen einer arbeitsvertraglichen Beziehung zum Betriebsinhaber ist nicht unbedingt erforderlich. Zudem ist gem. § 2 Abs. 3 WOSprAuG die Eintragung in die Wählerliste erforderlich, um das aktive Wahlrecht wahrzunehmen. Die **Dauer** der Betriebszugehörigkeit spielt hier keine Rolle. Ist ein leitender Angestellter **nicht ausschließlich einem bestimmten Betrieb** zuzuordnen, kann er in jeder betreffenden Einheit von seiner Wahlberechtigung Gebrauch machen[1].

5 Als gesetzlichen Normalfall sehen § 5 Abs. 1 und § 13 Abs. 1 BetrVG die gleichzeitige Einleitung der Wahlen des SprAu und des BR vor; die Wahlvorstände haben sich unter Anwendung des besonderen Zuordnungsverfahrens des § 18a BetrVG bei Erstellung der jeweiligen Wählerlisten abzustimmen und so eine eindeutige Abgrenzung sicherzustellen.

6 **IV. Wählbarkeit.** Neben der Betriebszugehörigkeit (s. § 1 Rz. 7 f.), der Aufnahme in die Wählerliste (s. Rz. 12) und in eine Vorschlagsliste (§§ 2 Abs. 1 Satz 1 und Abs. 3, 3 Abs. 2 Nr. 7, 5, 10 WOSprAuG) ist gem. § 3 Abs. 2 Satz 1 eine **sechsmonatige Beschäftigung** im Betrieb erforderlich, um passiv wahlberechtigt zu sein. Abzustellen ist auf den Zeitpunkt des letzten Tages der Stimmabgabe[2]. Neben anrechenbaren Zeiten der Vorbeschäftigung iSd. § 3 Abs. 2 Satz 2 werden diese Voraussetzungen weiter dadurch relativiert, dass es genügt, wenn der betreffende ArbN **bei der Wahl** die Voraussetzungen des § 5 Abs. 3 BetrVG erfüllt[3]. Ist die maßgebliche sprecherausschussfähige Organisationseinheit erst **neu gegründet** worden, kann auch vor Ablauf der Frist iSd. § 3 Abs. 2 Satz 1 ein SprAu gewählt werden, da das SprAuG insoweit eine Regelungslücke enthält, die nach einer **analogen** Anwendung des § 8 Abs. 2 BetrVG verlangt[4]. Soweit ein leitender Angestellter **verschiedenen Betrieben** zuzuordnen ist und ein mehrfaches aktives Wahlrecht besitzt (s. Rz. 4), kann er dort auch jeweils in den SprAu gewählt werden[5].

7 **Ausgeschlossen** sind die in § 3 Abs. 2 Satz 3 Nr. 1–3 genannten Personen, bei denen ein Interessenkonflikt aufgrund „ihrer unmittelbaren Nähe zur Unternehmensleitung" zu befürchten ist[6]: Die Voraussetzungen der **Nr. 1** erfüllt, wer in einem gewissen allgemeinen Rahmen die Kompetenz zu selbstständigen Verhandlungen mit dem SprAu besitzt und nicht nur anlässlich einer konkreten Maßnahme einen allgemeinen Verhandlungsauftrag zumindest für bestimmte Sachbereiche innehat. Zwar muss ein vorbehaltenes Letztentscheidungsrecht des ArbGeb nicht unbedingt schädlich sein, die Funktion eines bloßen Informationsüberbringers muss aber deutlich überschritten werden[7]. Nach **Nr. 2** sind Prokuristen, die dem gesetzlichen Vertretungsorgan des Unternehmens (Vorstand der AG, Geschäftsführung der GmbH) unmittelbar unterstellt und zur Ausübung der Prokura für den gesamten Geschäftsbereich des Organs ermächtigt sind, vom passiven Wahlrecht ausgeschlossen.

8 **V. Zusammensetzung des SprAu.** Die Zahl der Mitglieder des SprAu legt § 4 Abs. 1 **zwingend** fest. Entscheidend ist die Beschäftigtenzahl **bei Einleitung der Wahl**. Ein nachträgliches, auch **dauerhaftes Absinken der Zahl** der leitenden Angestellten hat keinen Einfluss auf den Bestand des gewählten SprAu. Gleiches gilt für ein Unterschreiten der Gesamtzahl der Mitglieder des SprAu, soweit die Organisationseinheit nur überhaupt noch die Voraussetzung des § 1 Abs. 1 erfüllt[8]. Insoweit weist das SprAuG keine Regelungslücke auf, die eine analoge Anwendung des § 13 Abs. 2 Nr. 1 oder 2 BetrVG rechtfertigen könnte[9].

9 **Männer und Frauen** sollen nach § 4 Abs. 2 entsprechend ihrem zahlenmäßigen Verhältnis innerhalb der Repräsentationseinheit im SprAu vertreten sein. Diese Norm entspricht § 15 Abs. 2 aF BetrVG; sie hat weder zwingenden Charakter – ein Verstoß berechtigt also nicht zur Anfechtung der Wahl gem. § 8 – noch führt sie zu einer Trennung des Wahlverfahrens nach Geschlechtern[10].

10 **VI. Ablauf des Wahlverfahrens.** Die Wahl des SprAu wird durch den Wahlvorstand iSd. § 7 **eingeleitet und durchgeführt. Besteht bereits ein SprAu, bestellt** dieser gem. § 7 Abs. 1 zehn Wochen vor Ablauf seiner Amtszeit den aus drei oder einer höheren ungeraden Zahl von leitenden Angestellten bestehenden Wahlvorstand[11]; **andernfalls** können drei leitende Angestellte – ohne an eine bestimmte Form oder Frist[12] gebunden zu sein – zu einer **Versammlung der leitenden Angestellten** laden, in der dann die Mitglieder des Wahlvorstands mit der **Mehrheit der Stimmen** der Teilnehmer – die Mehrheit der abgegebenen Stimmen genügt also nicht – gewählt werden, § 7 Abs. 2 Satz 1. Wer **zur Teilnahme** an dieser Versammlung **berechtigt** ist, ergibt sich aus § 7 Abs. 3. Eine **Mindestzahl** von Teilnehmern schreibt das Gesetz nicht vor. Der Wahlvorstand hat die Grundabstimmung über die Frage, ob ein SprAu gewählt werden soll, vorzube-

---

1 *Hromadka*, § 3 SprAuG Rz. 4; MünchArbR/*Joost*, § 323 Rz. 14. | 2 Borgwardt/Fischer/Janert/*Fischer*, § 3 SprAuG Rz. 2. | 3 MünchArbR/*Joost*, § 323 Rz. 15. | 4 ErfK/*Oetker*, § 9 Rz. 6; *Hromadka*, § 3 SprAuG Rz. 14. | 5 Richardi/*Thüsing*, § 8 BetrVG Rz. 11; *Hromadka*, § 3 SprAuG Rz. 16. | 6 BT-Drs. 11/2503, S. 37. | 7 Borgwardt/Fischer/Janert/*Fischer*, § 3 SprAuG Rz. 3; *Hromadka*, § 3 SprAuG Rz. 20 ff. | 8 *Kramer*, S. 53. | 9 *Romer*, S. 74 f.; MünchArbR/*Joost*, § 323 Rz. 22. | 10 *Richardi*, BetrVG, 7. Auflage, § 15 Rz. 7 f. | 11 Die Mitgliedschaft im amtierenden SprAu schließt die Möglichkeit, eine Funktion als Wahlvorstand wahrzunehmen nicht aus, MünchArbR/*Joost*, § 323 Rz. 30. | 12 Allerdings muss diese Ladung so rechtzeitig erfolgen, dass der Zeitrahmen des § 5 Abs. 1 eingehalten werden kann.

reiten. Die Bildung des Wahlvorstands kann – ebenso wie die Abstimmung über die Errichtung eines SprAu – **jederzeit** erfolgen[1]. Im Übrigen besitzen weder die Gewerkschaften noch der **Gesamt- bzw. KonzernSprAu** oder das ArbG die Kompetenz zur Bestellung eines Wahlvorstands (s. auch Rz. 2).

Der **Vorsitzende** des Wahlvorstands wird, abhängig von der Verfahrensart, entweder vom SprAu bestellt oder von der Versammlung der leitenden Angestellten mit absoluter Stimmenmehrheit gewählt. Bei der Besetzung des Wahlvorstands bleiben **geschlechtsspezifische Gesichtspunkte** außer Betracht. Die Wahl von **Ersatzmitgliedern** ist – ohne dass dies im Gesetz ausdrücklich geregelt wird – zulässig[2]. Für die Mitglieder des Wahlvorstands sieht das SprAuG – im Gegensatz zu §§ 103 BetrVG, 15 Abs. 3 KSchG – keinen besonderen **Kündigungsschutz** vor. Allerdings kann sich aus § 8 Abs. 2 Satz 1 im Einzelfall die Unwirksamkeit der Kündigung ergeben, sollte mit ihr die Wahl des SprAu behindert werden. 11

Zur Vorbereitung der Grundabstimmung (s. auch § 20 Rz. 2) hat der Wahlvorstand eine **Abstimmungsliste** aufzustellen (§ 26 Abs. 2 Satz 1 WOSprAuG), in die die Wahlberechtigten iSd. § 7 Abs. 3 aufzunehmen sind. Entscheidet sich die **absolute Mehrheit** der abstimmungsberechtigten leitenden Angestellten für die Wahl eines SprAu, wird die nächste Stufe des Wahlverfahrens eingeleitet; andernfalls endet das Amt des Wahlvorstands. In der nächsten Phase hat der Wahlvorstand die **Wählerliste** gem. § 2 WOSprAuG aufzustellen und ggf. das **Zuordnungsverfahren** nach § 18a BetrVG durchzuführen. Die Wahl des SprAu ist mit dem Erlass des **Wahlausschreibens** eingeleitet, § 3 Abs. 1 Satz 2 WOSprAuG. Die Wahlberechtigung ergibt sich wieder aus § 7 Abs. 3. Nach Abschluss der Wahl hat der Wahlausschuss die Stimmenauszählung öffentlich vorzunehmen, deren Ergebnis in einer Niederschrift festzustellen und im Betrieb bekannt zu machen (§ 7 Abs. 4 Satz 1). Eine Abschrift der Niederschrift ist dem ArbGeb zuzuleiten (§ 7 Abs. 4 Satz 1). Die Gewählten werden unverzüglich schriftlich benachrichtigt, §§ 15 Abs. 1 Satz 1, 21, 22 Abs. 4 Satz 3 WOSprAuG. 12

Zur Wahl des **UnternehmensSprAu** und einem Wechsel in der Organisationsform s. §§ 16–19 Rz. 1. 13

VII. Amtszeit. Die **regelmäßige** Amtszeit beträgt gem. § 5 Abs. 4 Satz 1 vier Jahre. Die regelmäßigen Wahlen finden in der Zeit vom 1. März bis 31. Mai statt und sind zugleich mit den BR-Wahlen abzuhalten, § 5 Abs. 1. Eine **Verkürzung der Amtsperiode** ergibt sich, falls Wahlen außerhalb dieses Zeitraums stattgefunden haben und der SprAu zum Zeitpunkt der nächsten regelmäßigen Wahl (dem 1. März dieses Jahres) bereits ein Jahr im Amt ist, § 5 Abs. 3. Andernfalls **verlängert** sich die Amtszeit des SprAu, da Neuwahlen erst im übernächsten Zeitraum der regelmäßigen Wahlen des SprAu stattfinden, § 5 Abs. 3 Satz 2. 14

Weitere **Beendigungsgründe** liegen in den in § 5 Abs. 2 Nr. 2 – 4 genannten Sachverhalten. Diese Aufzählung ist aber nicht abschließend; allgemein führt das dauerhafte Absinken der Zahl der leitenden Angestellten unter die in § 1 Abs. 1 genannte Grenze zum Verlust der Sprecherausschussfähigkeit und damit zur Auflösung des SprAu[3]; zu einer Beendigung des SprAu-Amtes kommt es auch bei einer Stilllegung des Betriebs (s. § 32 Rz. 6) oder dem Zusammenschluss von Betrieben unter Verlust der Betriebsidentität. Ein **Übergangsmandat** (vgl. § 21a BetrVG) des SprAu kommt nicht in Betracht, wohl aber ein **Restmandat** (vgl. § 21b BetrVG). 15

Ohne Einfluss auf das Amt des SprAu bleibt grundsätzlich eine **Veräußerung des Betriebs** oder eines Betriebsteils im Wege der Einzelrechtsnachfolge als solche. Eine Ausnahme gilt aber, wenn im aufnehmenden Unternehmen ein UnternehmensSprAu gewählt ist, neben dem ein – für den veräußerten Betrieb gebildeter – BetriebsSprAu nicht bestehen kann[4]. Die leitenden Angestellten des veräußerten Betriebs werden im Unternehmen des Erwerbers durch den dort bestehenden UnternehmensSprAu bis zum Ablauf von dessen Amtszeit mit vertreten und somit nicht vertretungslos gestellt[5]. Auch wenn dadurch die Gesamtzahl der vertretenen leitenden Angestellten erheblich verändert werden sollte, führt das nicht zu einer Beendigung der Amtszeit des UnternehmensSprAu. Besteht dagegen im Unternehmen des Veräußerers ein UnternehmensSprAu und sind auf Erwerberseite SprAu auf betrieblicher Ebene eingerichtet, kann für den veräußerten Betrieb jederzeit ein BetriebsSprAu gewählt werden – soweit dort die Voraussetzungen des § 1 Abs. 1 erfüllt sind[6]. 16

§ 9 *Ausschluss von Mitgliedern, Auflösung des Sprecherausschusses und Erlöschen der Mitgliedschaft*
(1) Mindestens ein Viertel der leitenden Angestellten oder der Arbeitgeber können beim Arbeitsgericht den Ausschluss eines Mitglieds aus dem Sprecherausschuss oder die Auflösung des Sprecherausschusses wegen grober Verletzung seiner gesetzlichen Pflichten beantragen. Der Ausschluss eines *Mitglieds kann auch vom Sprecherausschuss beantragt werden.*

(2) Die Mitgliedschaft im Sprecherausschuss erlischt durch
1. Ablauf der Amtszeit,
2. Niederlegung des Sprecherausschussamtes,

---

1 ErfK/*Oetker*, § 37 Rz. 1. | 2 *Romer*, S. 76 f.; s. auch MünchArbR/*Joost*, § 323 Rz. 29; Borgwardt/Fischer/Janert/*Fischer*, § 7 SprAuG Rz. 3. | 3 *Kramer*, S. 53; MünchArbR/*Joost*, § 323 Rz. 56. | 4 ErfK/*Oetker*, §§ 3–8 Rz. 14; *Löwisch*, BB 1990, 1698 (1698). | 5 *Löwisch*, BB 1990, 1698 (1698). | 6 *Kramer*, S. 61.

3. Beendigung des Arbeitsverhältnisses,

4. Verlust der Wählbarkeit,

5. Ausschluss aus dem Sprecherausschuss oder Auflösung des Sprecherausschusses aufgrund einer gerichtlichen Entscheidung oder

6. gerichtliche Entscheidung über die Feststellung der Nichtwählbarkeit nach Ablauf der in § 8 Abs. 1 Satz 3 bezeichneten Frist, es sei denn, der Mangel liegt nicht mehr vor.

1 § 9 Abs. 1 entspricht § 23 Abs. 1 BetrVG, dessen Grundsätze hier Anwendung finden. Entsprechend dieser Norm kann auch hier eine grobe, also **objektiv erhebliche und schuldhafte**[1] Pflichtverletzung iSd. Abs. 1 zu den **völlig verschiedenen Rechtsfolgen** der Amtsenthebung eines SprAu-Mitglieds oder zur Auflösung des gesamten SprAu führen. Erforderlich ist dafür stets eine Entscheidung des ArbG, womit deutlich wird, dass der SprAu **kein imperatives Mandat** ausübt[2]. Zur Stellung der **Koalitionen** s. § 2 Rz. 8. Ihres Amtes enthoben werden können auch **Ersatzmitglieder**, soweit sie im Rahmen ihrer Amtsausübung eine grobe Pflichtverletzung begehen[3]. Im Falle des Abs. 1 Satz 2 ist das betroffene SprAu-Mitglied von Beratung und Abstimmung **ausgeschlossen**[4]. Mangels echter MitbestR (s. Vorb. z. 3. Teil) des SprAu **fehlt ein besonderes Zwangsverfahren** bei Verstößen des ArbGeb iSd. § 23 Abs. 3 BetrVG. Der SprAu kann aber ein **Beschlussverfahren** iSd. § 2a Abs. 1 Nr. 2 ArbGG gegen den ArbGeb einleiten[5]. Das **automatische Erlöschen** der Mitgliedschaft im SprAu regelt § 9 Abs. 2, der § 24 BetrVG entspricht. Dessen Grundsätze finden auch hier Anwendung.

10 *Ersatzmitglieder*
(1) Scheidet ein Mitglied des Sprecherausschusses aus, rückt ein Ersatzmitglied nach. Dies gilt entsprechend für die Stellvertretung eines zeitweilig verhinderten Mitglieds des Sprecherausschusses.

(2) Die Ersatzmitglieder werden der Reihe nach aus den nicht gewählten leitenden Angestellten derjenigen Vorschlagslisten entnommen, denen die zu ersetzenden Mitglieder angehören. Ist eine Vorschlagsliste erschöpft, ist das Ersatzmitglied derjenigen Vorschlagsliste zu entnehmen, auf die nach den Grundsätzen der Verhältniswahl der nächste Sitz entfallen würde. Ist das ausgeschiedene oder verhinderte Mitglied nach den Grundsätzen der Mehrheitswahl gewählt, bestimmt sich die Reihenfolge der Ersatzmitglieder nach der Höhe der erreichten Stimmenzahl.

(3) In dem Fall des § 6 Abs. 3 gilt Absatz 1 mit der Maßgabe, dass das gewählte Ersatzmitglied nachrückt oder die Stellvertretung übernimmt.

Zweiter Abschnitt. Geschäftsführung des Sprecherausschusses

11 *Vorsitzender*
(1) Der Sprecherausschuss wählt aus seiner Mitte den Vorsitzenden und dessen Stellvertreter.

(2) Der Vorsitzende vertritt den Sprecherausschuss im Rahmen der von diesem gefassten Beschlüsse. Zur Entgegennahme von Erklärungen, die dem Sprecherausschuss gegenüber abzugeben sind, ist der Vorsitzende berechtigt. Im Falle der Verhinderung des Vorsitzenden nimmt sein Stellvertreter diese Aufgaben wahr.

(3) Der Sprecherausschuss kann die laufenden Geschäfte auf den Vorsitzenden oder andere Mitglieder des Sprecherausschusses übertragen.

12 *Sitzungen des Sprecherausschusses*
(1) Vor Ablauf einer Woche nach dem Wahltag hat der Wahlvorstand die Mitglieder des Sprecherausschusses zu der nach § 11 Abs. 1 vorgeschriebenen Wahl einzuberufen. Der Vorsitzende des Wahlvorstands leitet die Sitzung, bis der Sprecherausschuss aus seiner Mitte einen Wahlleiter zur Wahl des Vorsitzenden und seines Stellvertreters bestellt hat.

(2) Die weiteren Sitzungen beruft der Vorsitzende des Sprecherausschusses ein. Er setzt die Tagesordnung fest und leitet die Verhandlung. Der Vorsitzende hat die Mitglieder des Sprecherausschusses zu den Sitzungen rechtzeitig unter Mitteilung der Tagesordnung zu laden.

(3) Der Vorsitzende hat eine Sitzung einzuberufen und den Gegenstand, dessen Beratung beantragt ist, auf die Tagesordnung zu setzen, wenn dies ein Drittel der Mitglieder des Sprecherausschusses oder der Arbeitgeber beantragen.

---

1 Richardi/*Thüsing*, § 23 BetrVG Rz. 28 f. | 2 BT-Drs. 11/2503, S. 39; s. auch Richardi/*Thüsing*, § 23 BetrVG Rz. 5. | 3 MünchArbR/*Joost*, § 323 Rz. 104. | 4 *Oetker*, ZfA 1990, 43 (52 f.). | 5 ErfK/*Oetker*, § 9 Rz. 2.

(4) Der Arbeitgeber nimmt an den Sitzungen, die auf sein Verlangen anberaumt sind, und an den Sitzungen, zu denen er ausdrücklich eingeladen ist, teil.

(5) Die Sitzungen des Sprecherausschusses finden in der Regel während der Arbeitszeit statt. Der Sprecherausschuss hat bei der Anberaumung von Sitzungen auf die betrieblichen Notwendigkeiten Rücksicht zu nehmen. Der Arbeitgeber ist über den Zeitpunkt der Sitzung vorher zu verständigen. Die Sitzungen des Sprecherausschusses sind nicht öffentlich; § 2 Abs. 2 bleibt unberührt.

13 *Beschlüsse und Geschäftsordnung des Sprecherausschusses*

(1) Die Beschlüsse des Sprecherausschusses werden, soweit in diesem Gesetz nichts anderes bestimmt ist, mit der Mehrheit der Stimmen der anwesenden Mitglieder gefasst. Bei Stimmengleichheit ist ein Antrag abgelehnt.

(2) Der Sprecherausschuss ist nur beschlussfähig, wenn mindestens die Hälfte seiner Mitglieder an der Beschlussfassung teilnimmt. Stellvertretung durch Ersatzmitglieder ist zulässig.

(3) Über jede Verhandlung des Sprecherausschusses ist eine Niederschrift anzufertigen, die mindestens den Wortlaut der Beschlüsse und die Stimmenmehrheit, mit der sie gefasst sind, enthält. Die Niederschrift ist von dem Vorsitzenden und einem weiteren Mitglied zu unterzeichnen. Der Niederschrift ist eine Anwesenheitsliste beizufügen, in die sich jeder Teilnehmer eigenhändig einzutragen hat.

(4) Die Mitglieder des Sprecherausschusses haben das Recht, die Unterlagen des Sprecherausschusses jederzeit einzusehen.

(5) Sonstige Bestimmungen über die Geschäftsführung können in einer schriftlichen Geschäftsordnung getroffen werden, die der Sprecherausschuss mit der Mehrheit der Stimmen seiner Mitglieder beschließt.

14 *Arbeitsversäumnis und Kosten*

(1) Mitglieder des Sprecherausschusses sind von ihrer beruflichen Tätigkeit ohne Minderung des Arbeitsentgelts zu befreien, wenn und soweit es nach Umfang und Art des Betriebs zur ordnungsgemäßen Durchführung ihrer Aufgaben erforderlich ist.

(2) Die durch die Tätigkeit des Sprecherausschusses entstehenden Kosten trägt der Arbeitgeber. Für die Sitzungen und die laufende Geschäftsführung hat der Arbeitgeber in erforderlichem Umfang Räume, sachliche Mittel und Büropersonal zur Verfügung zu stellen.

I. Vorbemerkung. Die rechtliche Stellung der SprAu-Mitglieder unterscheidet sich deutlich von derjenigen der BR-Mitglieder. Die §§ 37 Abs. 3 bis 7, 38, 39, 41 BetrVG sowie die Regelungen des besonderen Kündigungs- und Versetzungsschutzes, §§ 103 BetrVG, 15 KSchG, finden im SprAuG keine Entsprechung. § 14 liegt die Annahme des Gesetzgebers zu Grunde, dass die Mitglieder des SprAu ihr Amt **unentgeltlich** ausüben und sie wegen ihres Amtes **weder begünstigt noch benachteiligt** werden dürfen (vgl. § 37 Abs. 4 und Abs. 5 BetrVG)[1], s. auch § 2 Abs. 3 Satz 2.

II. Arbeitsbefreiung ohne Entgeltminderung. Soweit die ordnungsgemäße Wahrnehmung ihrer **Amtsobliegenheiten** es erfordert, sind Mitglieder des SprAu von ihrer beruflichen Tätigkeit freizustellen. § 14 Abs. 1 entspricht § 37 Abs. 2 BetrVG, auf dessen Grundsätze hier verwiesen werden kann (s. dort Rz. 6 ff.)[2]. Das SprAuG sieht im Gegensatz zu § 37 Abs. 3 BetrVG **keinen** Anspruch auf **Freizeitausgleich** vor. Ob § 37 Abs. 3 BetrVG Ausdruck eines **allgemeinen Rechtsgedankens** ist, so dass auch ohne ausdrückliche Normierung ein entsprechender Anspruch der SprAu-Mitglieder anzuerkennen ist, ist umstritten[3]. Einigkeit besteht aber darin, dass in besonderen Situationen die Erbringung der Arbeitsleistung für das SprAu-Mitglied **unzumutbar** sein kann, so dass jedenfalls ein Leistungsverweigerungsrecht besteht[4]. Es bedarf **keiner Zustimmung** des ArbGeb zur Arbeitsbefreiung. Das SprAu-Mitglied hat sich aber **ordnungsgemäß abzumelden**[5]. Ob sich im Rahmen der Erforderlichkeit auch eine **vollständige Freistellung** einzelner Mitglieder rechtfertigen lässt, ist umstritten[6].

III. Kostentragung. § 14 Abs. 2 begründet **unabdingbar**[7] die Pflicht des ArbGeb, die durch die Tätigkeit des SprAu entstehenden Kosten zu tragen; im Wesentlichen entspricht die Regelung § 40 BetrVG, dessen Grundsätze hier entsprechend angewendet werden können. Die Kostentragungspflicht steht *unter dem* **Vorbehalt der Verhältnismäßigkeit**[8]. Damit tragen die SprAu-Mitglieder das Risiko der Ei-

---

1 BT-Drs. 11/2503, S. 39. | 2 Zum Begriff der Erforderlichkeit s. auch Richardi/*Thüsing*, § 37 BetrVG Rz. 21 ff. | 3 Bejahend: MünchArbR/*Joost*, § 323 Rz. 86; abl.: ErfK/*Oetker*, § 14 Rz. 2; *Löwisch*, § 14 SprAuG Rz. 1. | 4 *Hromadka*, § 14 SprAuG Rz. 9; *Löwisch*, § 14 SprAuG Rz. 1; MünchArbR/*Joost*, § 323 Rz. 87; s. auch § 275 Abs. 3 BGB und AnwK-BGB/*Dauner-Lieb*, § 275 Rz. 19 f. | 5 Angaben über Ort und voraussichtliche Dauer der SprAu-Tätigkeit; eine persönliche Abmeldung beim Arbeitgeber wird nicht verlangt werden, s. Richardi/*Thüsing*, § 37 BetrVG Rz. 27. | 6 So ErfK/*Oetker*, §§ 11–14 Rz. 3; MünchArbR/*Joost*, § 323 Rz. 88, unter Hinweis auf die zu § 37 Abs. 2 BetrVG entwickelten Grundsätze, s. auch § 37 BetrVG Rz. 6 ff.; aA *Hromadka*, § 14 SprAuG Rz. 2; *Löwisch*, § 14 SprAuG Rz. 1. | 7 MünchArbR/*Joost*, § 323 Rz. 101. | 8 ErfK/*Oetker*, §§ 11–14 Rz. 4 mwN.

genhaftung bei Überschreitung dieses Rahmens[1]. Neben dem Sachaufwand des SprAu sind auch persönliche Kosten einzelner SprAu-Mitglieder ersatzfähig (s. auch Rz. 4)[2].

4 **IV. Schulungs- und Bildungsveranstaltungen.** Das SprAuG gewährt den SprAu-Mitgliedern für deren Teilnahme an Schulungs- und Bildungsveranstaltungen iSd. § 37 Abs. 6 und Abs. 7 BetrVG **keinen Anspruch** auf Befreiung von der Arbeitspflicht. Zur Möglichkeit einer einvernehmlichen Einigung zwischen ArbGeb und SprAu s. § 28 Rz. 14. **Im Einzelfall** kann sich aber im Rahmen der ordnungsgemäßen Aufgabenerfüllung iSd. § 14 Abs. 1 ein entsprechender Anspruch ergeben[3] – wenn dies unumgänglich für die Tätigkeit im SprAu ist. Nimmt das SprAu-Mitglied an Schulungen teil, kann **Kostenersatz** vom ArbGeb verlangt werden, wenn dieser Aufwand erforderlich und verhältnismäßig ist und auch im Hinblick auf Größe und Leistungsfähigkeit des Betriebs angemessen ist[4]. Ist die Organisation der leitenden Angestellten Träger einer Schulungseinrichtung, ergibt sich für die Kostentragungspflicht eine **immanente Schranke** aus den Grundsätzen des Koalitionsrechts[5].

5 **V. Engelt- und Tätigkeitsschutz.** Zwar findet sich im SprAuG keine mit § 37 Abs. 4 und Abs. 5 BetrVG vergleichbare Regelung, allerdings werden (auch die ehemaligen) SprAu-Mitglieder insoweit durch das Benachteiligungsverbot iSd. § 2 Abs. 3 Satz 2 geschützt.

Dritter Abschnitt. Versammlung der leitenden Angestellten

15 *Zeitpunkt, Einberufung und Themen der Versammlung*
(1) Der Sprecherausschuss soll einmal im Kalenderjahr eine Versammlung der leitenden Angestellten einberufen und in ihr einen Tätigkeitsbericht erstatten. Auf Antrag des Arbeitgebers oder eines Viertels der leitenden Angestellten hat der Sprecherausschuss eine Versammlung der leitenden Angestellten einzuberufen und den beantragten Beratungsgegenstand auf die Tagesordnung zu setzen.

(2) Die Versammlung der leitenden Angestellten soll während der Arbeitszeit stattfinden. Sie wird vom Vorsitzenden des Sprecherausschusses geleitet. Sie ist nicht öffentlich.

(3) Der Arbeitgeber ist zu der Versammlung der leitenden Angestellten unter Mitteilung der Tagesordnung einzuladen. Er ist berechtigt, in der Versammlung zu sprechen. Er hat über Angelegenheiten der leitenden Angestellten und die wirtschaftliche Lage und Entwicklung des Betriebs zu berichten, soweit dadurch nicht Betriebs- oder Geschäftsgeheimnisse gefährdet werden.

(4) Die Versammlung der leitenden Angestellten kann dem Sprecherausschuss Anträge unterbreiten und zu seinen Beschlüssen Stellung nehmen. § 2 Abs. 4 gilt entsprechend.

1 **I. Einberufung der Versammlung. Zuständig** zur Einberufung einer Versammlung der leitenden Angestellten ist der SprAu oder der UnternehmensSprAu (§§ 15 Abs. 1 Satz 1, 20 Abs. 1 Satz 2). Vorauszugehen hat eine entsprechende Beschlussfassung, die auch die Tagesordnung, den Zeitpunkt und ggf. den Ort der Versammlung zum Gegenstand hat. Es ist zwischen einer **ordentlichen** (§ 15 Abs. 1 Satz 1) und einer **außerordentlichen** (§ 15 Abs. 1 Satz 2) Versammlung zu unterscheiden. Bei der Erstgenannten wird durch die Sollvorschrift eine **flexible** Verfahrenspraxis ermöglicht[6]. Ob damit die Durchführung der Versammlung in das **freie Ermessen** des SprAu gestellt wird, ist umstritten[7]. Der **ArbGeb** ist bei **jeder** Versammlung teilnahmeberechtigt (§ 15 Abs. 3 Satz 1).

2 Neben der ordentlichen **kann** der SprAu bei Vorliegen entsprechender Gründe[8] auch weitere Versammlungen einberufen. Mit Blick auf die entstehenden Kosten (s. Rz. 6) ist unter dem Gesichtspunkt der **Verhältnismäßigkeit** zu verlangen, dass die zu erörternden Angelegenheiten für die leitenden Angestellten oder den Betrieb von so wesentlicher Bedeutung sind, dass ein Abwarten bis zur nächsten regelmäßigen Versammlung mit dem Zweck der Norm nicht zu vereinbaren ist[9]. Liegen die Voraussetzungen des § 15 Abs. 1 Satz 2 vor und sind auch die weiteren Zulässigkeitsvoraussetzungen gegeben[10], **muss** eine außerordentliche Versammlung einberufen werden.

---

[1] *Hromadka*, § 14 SprAuG Rz. 14; ev. als Gesamtschuldner iSd. § 427 BGB, *Löwisch*, § 14 SprAuG Rz. 8. |[2] Beispiele s. *Kaiser*, Rz. 60 ff.; *Hromadka*, § 14 SprAuG Rz. 15 ff. |[3] MünchArbR/*Joost*, § 323 Rz. 89; ErfK/*Oetker*, §§ 11–14 Rz. 6; aA *Romer*, S. 91 f.; *Kramer*, DB 1993, 1138 (1140 mwN). |[4] *Hromadka*, § 14 SprAuG Rz. 22. |[5] Diese Organisationen dürfen insoweit keinen finanziellen Gewinn erwirtschaften, s. Richardi/*Thüsing*, § 40 BetrVG Rz. 36; ErfK/*Oetker*, §§ 11–14 Rz. 7 mwN. |[6] BT-Drs. 11/2503, S. 39. |[7] Nach ErfK/*Oetker*, § 15 Rz. 3 mwN, kann auf die Versammlung verzichtet werden, wenn dies dem Willen der leitenden Angestellten entspricht; aA MünchArbR/*Joost*, § 323 Rz. 109, der für einen Verzicht das Vorliegen besonderer objektiver Gründe verlangt. |[8] Welche Anforderungen insoweit gelten, wird ebenfalls nicht einheitlich beurteilt: MünchArbR/*Joost*, § 323 Rz. 110, verlangt besondere Gründe iSd. § 43 Abs. 1 Satz 4 BetrVG, der hier entsprechend *anzuwenden sei*; *Hromadka*, § 15 SprAuG Rz. 7, lässt dagegen genügen, dass dem SprAu eine zusätzliche Versammlung nach pflichtgemäßer Prüfung notwendig erscheint. |[9] Richardi/*Annuß*, § 43 BetrVG Rz. 26. |[10] Va. das Vorliegen eines Beratungsgegenstandes, der in die Zuständigkeit der Versammlung der leitenden Angestellten fällt, Richardi/*Annuß*, § 43 BetrVG Rz. 29.

II. Durchführung der Versammlung. Die Versammlung wird vom Vorsitzenden des SprAu geleitet (§ 15 Abs. 2 Satz 2) der auch das **Hausrecht** ausübt und die Ordnung zu wahren hat[1]. Auch hier besteht die **Pflicht zur Wahrung des innerbetrieblichen Friedens** (§ 15 Abs. 4 Satz 2, s. auch § 2 Rz. 16). Ob die Möglichkeit zur Abhaltung von **Teilversammlungen** besteht, ist umstritten[2]; eine mit § 42 Abs. 1 Satz 3 BetrVG vergleichbare Regelung fehlt im SprAuG.

Die Versammlungen sollen **während der betrieblichen Arbeitszeit** stattfinden (§ 15 Abs. 2 Satz 1). Eine Abweichung hiervon ist nur bei Vorliegen besonderer Gründe möglich. Ob dies auch für außerordentliche Versammlungen gilt oder ob § 44 Abs. 1 Satz 1 und Abs. 2 Satz 1 BetrVG einen allgemeinen Rechtsgedanken enthalten, den es auch hier zu beachten gilt, ist umstritten[3]. **Zeit** und **Ort** der Versammlung legt zwar der SprAu fest, doch verpflichtet ihn der Grundsatz der vertrauensvollen Zusammenarbeit iSd. § 2 Abs. 1, dabei auch **Rücksicht auf die betrieblichen Belange** zu nehmen.

Die Versammlung ist grundsätzlich im Betrieb abzuhalten. **Teilnahmeberechtigt** sind die leitenden Angestellten der durch den SprAu repräsentierten Organisationseinheit, der SprAu und der ArbGeb (s. Rz. 1) bzw. sein Vertreter[4] (§ 15 Abs. 2 Satz 3). Die **Hinzuziehung weiterer Personen** wird durch den Grundsatz der Nichtöffentlichkeit nicht völlig ausgeschlossen und kann auch auf einzelne Tagesordnungspunkte beschränkt werden[5]. Mit dem **Tätigkeitsbericht** muss der **SprAu** ein umfassendes Bild seiner Arbeit im Berichtszeitraum geben[6]. Den **ArbGeb** trifft nur auf den ordentlichen Versammlungen eine **Berichtspflicht** iSd. § 15 Abs. 3 Satz 3[7]. Die **Funktion** der Versammlung legt § 15 Abs. 4 fest. **Entscheidungs- oder Kontrollbefugnisse** stehen der Versammlung **nicht** zu[8].

III. Entgeltfortzahlung und Kosten. Auch ohne ausdrückliche gesetzliche Regelung ergibt sich aus § 15 Abs. 2 Satz 1 die Pflicht des ArbGeb, leitenden Angestellten das Arbeitsentgelt für **innerhalb der persönlichen Arbeitszeit** liegende Versammlungen **ohne Minderung weiter zu zahlen**[9]. Den für die Versammlung erforderlichen **Personal- und Sachaufwand** hat der ArbGeb in den Grenzen des § 14 Abs. 2 zu tragen (s. dort Rz. 3). Ob der ArbGeb auch erforderliche **Fahrtkosten** zu erstatten hat, ist umstritten[10].

Vierter Abschnitt. Gesamtsprecherausschuss

§ 16 *Errichtung, Mitgliederzahl und Stimmengewicht*

(1) Bestehen in einem Unternehmen mehrere Sprecherausschüsse, ist ein Gesamtsprecherausschuss zu errichten.

(2) In den Gesamtsprecherausschuss entsendet jeder Sprecherausschuss eines seiner Mitglieder. Satz 1 gilt entsprechend für die Abberufung. Durch Vereinbarung zwischen Gesamtsprecherausschuss und Arbeitgeber kann die Mitgliederzahl des Gesamtsprecherausschusses abweichend von Satz 1 geregelt werden.

(3) Der Sprecherausschuss hat für jedes Mitglied des Gesamtsprecherausschusses mindestens ein Ersatzmitglied zu bestellen und die Reihenfolge des Nachrückens festzulegen; § 10 Abs. 3 gilt entsprechend.

(4) Jedes Mitglied des Gesamtsprecherausschusses hat so viele Stimmen, wie in dem Betrieb, in dem es gewählt wurde, leitende Angestellte in der Wählerliste der leitenden Angestellten eingetragen sind. Ist ein Mitglied des Gesamtsprecherausschusses für mehrere Betriebe entsandt worden, hat es so viele Stimmen, wie in den Betrieben, für die es entsandt ist, leitende Angestellte in den Wählerlisten eingetragen sind. Sind für einen Betrieb mehrere Mitglieder des Sprecherausschusses entsandt worden, stehen diesen die Stimmen nach Satz 1 anteilig zu.

---

1 Richardi/*Annuß*, § 42 BetrVG Rz. 22 ff. | 2 Abl.: MünchArbR/*Joost*, § 323 Rz. 108; zwischen ordentlicher und außerordentlicher Versammlung diff. ErfK/*Oetker*, § 15 Rz. 4: Letztere soll der SprAu als Teil- bzw. Abteilungsversammlung durchführen können, wenn dies sachlich gerechtfertigt ist. *Hromadka*, § 15 SprAuG Rz. 4, nimmt eine Regelungslücke an, so dass jedenfalls bei Einvernehmen zwischen ArbGeb und SprAu Teilversammlungen zulässig sein sollen. | 3 Für die analoge Anwendung des § 44 BetrVG ErfK/*Oetker*, § 15 Rz. 5; *Oetker*, ZfA 1990, 43 (58); aA MünchArbR/*Joost*, § 323 Rz. 114; *Löwisch*, § 15 SprAuG Rz. 4; *Hromadka*, § 15 SprAuG Rz. 9. | 4 ErfK/*Oetker*, § 15 Rz. 8 mwN; *Löwisch*, § 15 SprAuG Rz. 9, schränkt die Vertretungsmöglichkeit des ArbGeb auf solche Personen ein, die auf Grund ihres allgemeinen Auftrags Verhandlungspartner des SprAu sind. | 5 Ist die Teilnahme dieser Person zur zweckdienlichen Beratung erforderlich, kann der SprAu auch ohne Zustimmung des ArbGeb eine entsprechende Einladung aussprechen, MünchArbR/*Joost*, § 323 Rz. 119, § 312 Rz. 40; ErfK/*Oetker*, § 15 Rz. 9. In Frage kommen zB Mitglieder des BR, anderer SprAu, des GesamtSprAu, des KonzernSprAu, Verbandsvertreter oder Sachverständige, *Hromadka*, § 15 SprAuG Rz. 13. | 6 Richardi/*Annuß*, § 43 BetrVG Rz. 9. | 7 MünchArbR/*Joost*, § 323 Rz. 122. | 8 MünchArbR/*Joost*, § 323 Rz. 106. | 9 ErfK/*Oetker*, § 15 Rz. 10 mwN. | 10 Bejahend ErfK/*Oetker*, § 15 Rz. 11; MünchArbR/*Joost*, § 323 Rz. 128; *Löwisch*, § 15 SprAuG Rz. 15; aA *Hromadka*, § 15 SprAuG Rz. 36, der aber für den Fall, dass der Versammlungsort nicht im eigenen Betrieb liegt, eine Erstattungspflicht für möglich hält.

17 *Ausschluss von Mitgliedern und Erlöschen der Mitgliedschaft*
(1) Mindestens ein Viertel der leitenden Angestellten des Unternehmens, der Gesamtsprecherausschuss oder der Arbeitgeber können beim Arbeitsgericht den Ausschluss eines Mitglieds aus dem Gesamtsprecherausschuss wegen grober Verletzung seiner gesetzlichen Pflichten beantragen.

(2) Die Mitgliedschaft im Gesamtsprecherausschuss endet mit Erlöschen der Mitgliedschaft im Sprecherausschuss, durch Amtsniederlegung, durch Ausschluss aus dem Gesamtsprecherausschuss aufgrund einer gerichtlichen Entscheidung oder Abberufung durch den Sprecherausschuss.

18 *Zuständigkeit*
(1) Der Gesamtsprecherausschuss ist zuständig für die Behandlung von Angelegenheiten, die das Unternehmen oder mehrere Betriebe des Unternehmens betreffen und nicht durch die einzelnen Sprecherausschüsse innerhalb ihrer Betriebe behandelt werden können. Er ist den Sprecherausschüssen nicht übergeordnet.

(2) Der Sprecherausschuss kann mit der Mehrheit der Stimmen seiner Mitglieder den Gesamtsprecherausschuss schriftlich beauftragen, eine Angelegenheit für ihn zu behandeln. Der Sprecherausschuss kann sich dabei die Entscheidungsbefugnis vorbehalten. Für den Widerruf der Beauftragung gilt Satz 1 entsprechend.

(3) Die Vorschriften über die Rechte und Pflichten des Sprecherausschusses und die Rechtsstellung seiner Mitglieder gelten entsprechend für den Gesamtsprecherausschuss.

19 *Geschäftsführung*
(1) Für den Gesamtsprecherausschuss gelten § 10 Abs. 1, die §§ 11, 13 Abs. 1, 3 bis 5 und § 14 entsprechend.

(2) Ist ein Gesamtsprecherausschuss zu errichten, hat der Sprecherausschuss der Hauptverwaltung des Unternehmens oder, sofern ein solcher nicht besteht, der Sprecherausschuss des nach der Zahl der leitenden Angestellten größten Betriebs zu der Wahl des Vorsitzenden und des stellvertretenden Vorsitzenden des Gesamtsprecherausschusses einzuladen. Der Vorsitzende des einladenden Sprecherausschusses hat die Sitzung zu leiten, bis der Gesamtsprecherausschuss aus seiner Mitte einen Wahlleiter zur Wahl des Vorsitzenden und seines Stellvertreters bestellt hat. § 12 Abs. 2 bis 5 gilt entsprechend.

(3) Der Gesamtsprecherausschuss ist nur beschlussfähig, wenn mindestens die Hälfte seiner Mitglieder an der Beschlussfassung teilnimmt und die Teilnehmenden mindestens die Hälfte aller Stimmen vertreten. Stellvertretung durch Ersatzmitglieder ist zulässig.

1   I. **Vorbemerkung.** Der GesamtSprAu soll die Belange der leitenden Angestellten **betriebsübergreifend** vertreten. Seine Errichtung steht – soweit mehrere SprAu im Unternehmen gebildet sind – nicht im Belieben der SprAu, § 16 Abs. 1. Der GesamtSprAu ist ein **selbständiges Organ** mit **eigenem Zuständigkeitsbereich** (s. Rz. 3) und wie der GesamtBR als **Dauereinrichtung** konzipiert[1]. Den einzelnen SprAu ist er **nicht übergeordnet** (§ 18 Abs. 1 Satz 2). Sowohl der GesamtSprAu als auch seine Mitglieder haben dieselben Rechte und Pflichten wie der SprAu und dessen Mitglieder[2]. Zur Möglichkeit, durch die Wahl eines UnternehmensSprAu ein **zweistufiges Ordnungsmodell** der Interessenvertretung zu etablieren s. § 20 Rz. 1 ff. Eine **Versammlung** des GesamtSprAu mit den Vorsitzenden der SprAu, vergleichbar der Betriebsräteversammlung iSd. § 53 BetrVG, ist im SprAuG nicht vorgesehen. **Errichtet** wird der GesamtSprAu durch die Entsendung von Mitgliedern der einzelnen SprAu. Kommen diese ihrer Pflicht (s. § 1 Rz. 5) nicht nach, kann darin eine grobe Verfehlung iSd. § 9 liegen[3].

2   II. **Zusammensetzung und Größe.** Grundsätzlich entsendet **jeder SprAu** durch Mehrheitsbeschluss iSd. § 13[4] **je einen Vertreter**[5] in den GesamtSprAu (§ 16 Abs. 2 Satz 1). Wird ein Betrieb von zwei Unternehmen **gemeinsam geführt**, ist angesichts des Fehlens einem dem § 47 Abs. 9 BetrVG vergleichbaren Regel zweifelhaft, ob und wie der SprAu in den GesamtSprAu entsendet[6]. Es liegt im Ermessen von GesamtSprAu und ArbGeb, sich gem. § 16 Abs. 2 Satz 3 auf eine abweichende Regelung zu einigen, dh. den GesamtSprAu zu **verkleinern oder zu vergrößern**. Um das Beteiligungsrecht der SprAu nicht auszuhebeln, muss ein Verfahren vorgesehen werden, das deren gleichberechtigten Einfluss auf die Person des gemeinsamen Vertreters sicherstellt[7]. Für jedes entsandte Mitglied hat der SprAu mindestens ein **Ersatzmitglied** zu bestellen und die Reihenfolge des Nachrückens festzulegen (§ 16 Abs. 3 Halbs. 1).

---

[1] BT-Drs. 11/2503, S. 40.   [2] *Hromadka*, § 18 SprAuG Rz. 22.   [3] S. auch Richardi/*Annuß*, § 47 BetrVG Rz. 40.   [4] *Löwisch*, § 16 SprAuG Rz. 7.   [5] *Besteht der SprAu nur aus einer Person, wird diese ohne weiteres Mitglied im GesamtSprAu*, *Löwisch*, § 16 SprAuG Rz. 7; s. auch Richardi/*Annuß*, § 47 BetrVG Rz. 30. Die Beachtung eines Geschlechterproporzes ist bei der Entsendung nicht vorgeschrieben.   [6] Bejahend *Kaiser*, Rz. 15; zum Streitstand s. Richardi/*Annuß*, § 47 BetrVG Rz. 76 ff.   [7] MünchArbR/*Joost*, § 323 Rz. 135 mwN.

III. Zuständigkeit. Originäre Zuständigkeit besitzt der GesamtSprAu gem. § 18 Abs. 1 für **überbetriebliche** Angelegenheiten, die nicht durch die einzelnen SprAu innerhalb ihrer Betriebe geregelt werden können. Es muss ein **zwingendes Bedürfnis** an einer unternehmenseinheitlichen bzw. betriebsübergreifenden Regelung bestehen, wobei auf die Verhältnisse des konkreten Unternehmens abzustellen ist [1]; reine Zweckmäßigkeitsüberlegungen genügen hier nicht (s. auch § 50 BetrVG Rz. 4). Unabhängig von einer konkreten Aufgabenwahrnehmung können die **einzelnen SprAu** innerhalb des eigenen Zuständigkeitsbereichs des GesamtSprAu **keine Befugnisse** geltend machen [2]. Die Zuständigkeit des GesamtSprAu **erstreckt sich auch auf Betriebe ohne SprAu** [3]. 3

Darüber hinaus kann der GesamtSprAu **in bestimmten Angelegenheiten** außerhalb seines originären Zuständigkeitsbereichs **kraft Auftrags** eines SprAu tätig werden (§ 18 Abs. 2 Satz 1). Zwar existiert insoweit keine inhaltliche bzw. gegenständliche Begrenzung. Eine **vollständige Verlagerung** der Aufgaben auf den GesamtSprAu oder die Zuweisung einzelner Sachkomplexe zur selbstständigen Erledigung widerspricht aber dem zwingenden gesetzlichen Organisations- und Zuständigkeitssystem und kommt daher nicht in Frage [4]. 4

Der **schriftlichen** [5] Übertragung hat eine entsprechende Beschlussfassung **durch die Mehrheit aller Mitglieder** des SprAu voranzugehen (§ 18 Abs. 2 Satz 1) [6]. Die Angelegenheit ist **exakt zu bezeichnen** [7]. Ob der GesamtSprAu **verpflichtet** ist, die Beauftragung anzunehmen und tätig zu werden, ist umstritten [8]. Die Beteiligungsrechte nimmt der GesamtSprAu jedenfalls in **eigener Verantwortung** mit Wirkung für den auftraggebenden SprAu wahr. Allerdings kann der Auftrag – solange er noch nicht erledigt wurde [9] – durch den übertragenden SprAu jederzeit und ohne Angabe von Gründen **widerrufen** werden (§ 18 Abs. 2 Satz 3). Für den Widerruf gelten die **selben formalen Anforderungen** wie für die Übertragung. 5

IV. Stimmengewichtung. Jedes Mitglied hat so viele Stimmen, wie in der repräsentierten Organisationseinheit leitende Angestellte in der entsprechenden Wählerliste eingetragen sind (§ 16 Abs. 4 Satz 1). Ist ein Mitglied **für mehrere Einheiten** gemeinsam entsandt, addieren sich die Stimmen (§ 16 Abs. 4 Satz 2). Sind für eine Einheit **mehrere Vertreter** entsandt, stehen ihnen die Stimmen anteilig zu (§ 16 Abs. 4 Satz 3). Die Stimmabgabe kann je Mitglied **nur einheitlich** erfolgen. 6

V. Amtszeit. Als Dauereinrichtung ist der GesamtSprAu **unabhängig vom Wechsel seiner Mitglieder** (s. Rz. 1). Sein Amt wird nur beendet, wenn die Errichtungsvoraussetzungen iSd. § 16 Abs. 1 nicht mehr gegeben sind [10]. Auch durch gerichtliche Entscheidung kann er nicht aufgelöst werden. Die **Mitgliedschaft des entsandten Vertreters** eines SprAu endet dagegen durch Abberufung, Erlöschen der Mitgliedschaft im SprAu und in den weiteren in §§ 17 Abs. 1 und Abs. 2 genannten Fällen. 7

Fünfter Abschnitt. Unternehmenssprecherausschuss

20 *Errichtung*
(1) Sind in einem Unternehmen mit mehreren Betrieben in der Regel insgesamt mindestens zehn leitende Angestellte beschäftigt, kann abweichend von § 1 Abs. 1 und 2 ein Unternehmenssprecherausschuss der leitenden Angestellten gewählt werden, wenn dies die Mehrheit der leitenden Angestellten des Unternehmens verlangt. Die §§ 2 bis 15 gelten entsprechend.

(2) Bestehen in dem Unternehmen Sprecherausschüsse, hat auf Antrag der Mehrheit der leitenden Angestellten des Unternehmens der Sprecherausschuss der Hauptverwaltung oder, sofern ein solcher nicht besteht, der Sprecherausschuss des nach der Zahl der leitenden Angestellten größten Betriebs einen Unternehmenswahlvorstand für die Wahl eines Unternehmenssprecherausschusses zu bestellen. Die Wahl des Unternehmenssprecherausschusses findet im nächsten Zeitraum der regelmäßigen Wahlen im Sinne des § 5 Abs. 1 Satz 1 statt. Die Amtszeit der Sprecherausschüsse endet mit der Bekanntgabe des Wahlergebnisses.

(3) Besteht ein Unternehmenssprecherausschuss, können auf Antrag der Mehrheit der leitenden Angestellten des Unternehmens Sprecherausschüsse gewählt werden. Der Unternehmenssprecher-

---

1 BAG v. 28.4.1992 – 1 ABR 68/91, DB 1992, 2641 (2642); ErfK/*Oetker*, §§ 16–19 Rz. 10 mwN; *Kaiser*, Rz. 21 f. |2 LAG Düsseldorf v. 4.3.1992 – 5 TaBV 116/91, NZA 1992, 613 (613 ff.); aA LAG Nürnberg v. 21.9.1992 – 7 TaBV 29/92, NZA 1993, 281 (281 f.). |3 AA *Löwisch*, § 18 SprAuG Rz. 2; *Hromadka*, § 18 SprAuG Rz. 13; *Kaiser*, Rz. 19 mwN; s. auch Richardi/*Annuß*, § 50 BetrVG Rz. 49 f. |4 *Hromadka*, § 18 SprAuG Rz. 21; *Bauer*, § 18 Anm. IV.; MünchArbR/*Joost*, § 323 Rz. 139; aA *Kaiser*, Rz. 24; missverständlich insoweit *Löwisch*, § 18 SprAuG Rz. 10; s. auch Richardi/*Annuß*, § 50 BetrVG Rz. 54. |5 Die Niederschrift im Sitzungsprotokoll gem. § 13 Abs. 3 reicht nicht aus; vgl. auch Richardi/*Annuß*, § 50 BetrVG Rz. 60. |6 Für die Möglichkeit, die schriftliche durch die elektronische Form zu ersetzen, Richardi/*Annuß*, § 50 BetrVG Rz. 60. |7 *Löwisch*, § 18 SprAuG Rz. 10. |8 Für ein Recht zur Ablehnung: *Kaiser*, Rz. 25; für ein Ablehnungsrecht bei Vorliegen eines sachlichen Grundes: ErfK/*Oetker*, §§ 16–19 Rz. 11 mwN; Richardi/*Annuß*, § 50 BetrVG Rz. 63; gegen ein Ablehnungsrecht: MünchArbR/*Joost*, § 323 Rz. 140. |9 *Hromadka*, § 18 SprAuG Rz. 20. |10 Richardi/*Annuß*, § 47 BetrVG Rz. 27.

ausschuss hat für jeden Betrieb, der die Voraussetzungen des § 1 Abs. 1 erfüllt, einen Wahlvorstand nach § 7 Abs. 1 zu bestellen. Die Wahl von Sprecherausschüssen findet im nächsten Zeitraum der regelmäßigen Wahlen im Sinne des § 5 Abs. 1 Satz 1 statt. Die Amtszeit des Unternehmenssprecherausschusses endet mit der Bekanntgabe des Wahlergebnisses eines Sprecherausschusses.

(4) Die Vorschriften über die Rechte und Pflichten des Sprecherausschusses und die Rechtsstellung seiner Mitglieder gelten entsprechend für den Unternehmenssprecherausschuss.

1 Die leitenden Angestellten haben mit der Wahl eines UnternehmensSprAu die Möglichkeit, ein **zweistufiges Ordnungsmodell** ihrer Interessenvertretung zu verwirklichen. Zwischen drei- und zweistufigem System besteht **echte Wahlfreiheit**. Bei jeder regelmäßigen Sprecherausschusswahl (§ 5 Abs. 1) können sich die leitenden Angestellten **neu für eines** der Modelle **entscheiden**. **Nebeneinander** können SprAu und UnternehmensSprAu aber **nicht** gebildet werden. Entgegen § 1 Abs. 1 genügt es, wenn in einem **Unternehmen** mit **mehreren selbständigen** (s. § 1 Rz. 7 f.) **Betrieben** mindestens 10 leitende Angestellte beschäftigt sind[1].

2 Der **erstmaligen Errichtung** eines UnternehmensSprAu in einem Unternehmen **ohne SprAu** hat **eine Entscheidung** der leitenden Angestellten (**Grundabstimmung**) über diese **Form** der Interessenvertretung voranzugehen[2]. Gem. §§ 20 Abs. 1 Satz 2, 7 Abs. 2 Satz 2 können drei leitende Angestellte des Unternehmens zu einer **Versammlung** zur Wahl eines Unternehmenswahlvorstandes einladen (s. insoweit auch §§ 3–8 Rz. 10). Zur Vermeidung einer parallelen Wahl von SprAu s. § 35 WOSprAuG[3]. Im Falle der Wahl hat der Unternehmenswahlvorstand unverzüglich die geheime Grundabstimmung durchzuführen (§§ 20 Abs. 1 Satz 2, 7 Abs. 2 Satz 3 SprAUG, § 36 Satz 1 WOSprAuG). Erforderlich ist ein Votum mit der **Mehrheit der Stimmen aller** leitenden Angestellten[4].

3 **Bestehen** im Unternehmen **bereits SprAu**, kann ein Wechsel zur Bildung eines UnternehmensSprAu gem. § 20 Abs. 2 iVm. § 37 WOSprAuG erfolgen; die Wahl des UnternehmensSprAu findet gem. § 20 Abs. 2 Satz 2 erst im Zeitraum der nächsten regelmäßigen Wahlen iSd. § 5 Abs. 1 statt. **Besteht** bereits **ein UnternehmensSprAu**, bedarf es im Falle einer Neuwahl keiner erneuten Grundabstimmung (s. Rz. 2). Gem. § 20 Abs. 1 Satz 2 gelten die §§ 5 ff. Ein Wechsel zum SprAu ist gem. § 20 Abs. 3 möglich.

4 Die **Zahl der Mitglieder** des UnternehmensSprAu richtet sich grundsätzlich nach § 4 Abs. 1. Da diese Norm aber auf die Organisationseinheit Betrieb zugeschnitten ist, wird teilweise – durch Vereinbarung mit dem ArbGeb – eine Vergrößerung in Analogie zu § 16 Abs. 2 Satz 2, 21 Abs. 2 Satz 2 für zulässig erachtet[5]. Gem. § 20 Abs. 4, Abs. 1 Satz 2 sind hinsichtlich der **Rechte und Pflichten** des UnternehmensSprAu und der Rechtsstellung seiner Mitglieder die für den SprAu geltenden Vorschriften entsprechend anzuwenden.

5 Der UnternehmensSprAu ersetzt die SprAu und nimmt zugleich die Aufgaben des GesamtSprAu wahr[6]. Die **Amtszeit** beträgt in der Regel 4 Jahre (§§ 20 Abs. 1 Satz 2, 5 Abs. 1). Beschließen die leitenden Angestellten den Wechsel zum dreistufigen Ordnungsmodell (Rz. 1), endet die Amtszeit des UnternehmensSprAu mit der Bekanntgabe des Wahlergebnisses eines SprAu (§ 20 Abs. 3 Satz 4).

Sechster Abschnitt. Konzernsprecherausschuss

21 *Errichtung, Mitgliederzahl und Stimmengewicht*
(1) Für einen Konzern (§ 18 Abs. 1 des Aktiengesetzes) kann durch Beschlüsse der einzelnen Gesamtsprecherausschüsse ein Konzernsprecherausschuss errichtet werden. Die Errichtung erfordert die Zustimmung der Gesamtsprecherausschüsse der Konzernunternehmen, in denen insgesamt mindestens 75 vom Hundert der leitenden Angestellten der Konzernunternehmen beschäftigt sind. Besteht in einem Konzernunternehmen nur ein Sprecherausschuss oder ein Unternehmenssprecherausschuss, tritt er an die Stelle des Gesamtsprecherausschusses und nimmt dessen Aufgaben nach den Vorschriften dieses Abschnitts wahr.

(2) In den Konzernsprecherausschuss entsendet jeder Gesamtsprecherausschuss eines seiner Mitglieder. Satz 1 gilt entsprechend für die Abberufung. Durch Vereinbarung zwischen Konzernsprecherausschuss und Arbeitgeber kann die Mitgliederzahl des Konzernsprecherausschusses abweichend von Satz 1 geregelt werden.

---

1 Auf die Verteilung der leitenden Angestellten auf die Betriebe kommt es nicht an, es genügt, wenn zumindest 2 Betriebe leitende Angestellte haben, MünchArbR/*Joost*, § 323 Rz. 168. | 2 BT-Drs. 11/2503, S. 41. | 3 Genauer bei ErfK/*Oetker*, § 20 Rz. 3, der im Wege einer teleologischen Auslegung des § 35 Abs. 2 WOSprAuG verlangt, dass sich absolut die Mehrheit der leitenden Angestellten für die Wahl von SprAu ausgesprochen haben muss, um die Möglichkeit der Wahl eines Unternehmenswahlvorstands zu verhindern; so auch MünchArbR/*Joost*, § 323 Rz. 171; aA *Löwisch*, § 20 SprAuG Rz. 6; Borgwardt/Fischer/Janert/*Janert*, § 35 WOSprAuG Rz. 10. | 4 §§ 20 Abs. 1 Satz 2, 7 Abs. 2 Satz 3 iVm. § 36 WOSprAuG. | 5 *Hromadka*, § 20 SprAuG Rz. 6; MünchArbR/*Joost*, § 323 Rz. 179; aA *Kaiser*, Rz. 42, die auf die Möglichkeit zur Bildung von SprAu und GesamtSprAu verweist. | 6 *Hromadka*, § 20 SprAuG Rz. 6; *Kaiser*, Rz. 43; MünchArbR/*Joost*, § 323 Rz. 178.

(3) Der Gesamtsprecherausschuss hat für jedes Mitglied des Konzernsprecherausschusses mindestens ein Ersatzmitglied zu bestellen und die Reihenfolge des Nachrückens festzulegen; nimmt der Sprecherausschuss oder der Unternehmenssprecherausschuss eines Konzernunternehmens die Aufgaben des Gesamtsprecherausschusses nach Absatz 1 Satz 3 wahr, gilt § 10 Abs. 3 entsprechend.

(4) Jedes Mitglied des Konzernsprecherausschusses hat so viele Stimmen, wie die Mitglieder des Gesamtsprecherausschusses, von dem es entsandt wurde, im Gesamtsprecherausschuss Stimmen haben. Ist ein Mitglied des Konzernsprecherausschusses von einem Sprecherausschuss oder Unternehmenssprecherausschuss entsandt worden, hat es so viele Stimmen, wie in dem Betrieb oder Konzernunternehmen, in dem es gewählt wurde, leitende Angestellte in der Wählerliste der leitenden Angestellten eingetragen sind. § 16 Abs. 4 Satz 2 und 3 gilt entsprechend.

22 Ausschluss von Mitgliedern und Erlöschen der Mitgliedschaft

(1) **Mindestens ein Viertel der leitenden Angestellten der Konzernunternehmen**, der Konzernsprecherausschuss oder der Arbeitgeber können beim Arbeitsgericht den Ausschluss eines Mitglieds aus dem Konzernsprecherausschuss wegen grober Verletzung seiner gesetzlichen Pflichten beantragen.

(2) Die Mitgliedschaft im Konzernsprecherausschuss endet mit dem Erlöschen der Mitgliedschaft im Gesamtsprecherausschuss, durch Amtsniederlegung, durch Ausschluss aus dem Konzernsprecherausschuss aufgrund einer gerichtlichen Entscheidung oder Abberufung durch den Gesamtsprecherausschuss.

23 Zuständigkeit

(1) Der Konzernsprecherausschuss ist zuständig für die Behandlung von Angelegenheiten, die den Konzern oder mehrere Konzernunternehmen betreffen und nicht durch die einzelnen Gesamtsprecherausschüsse innerhalb ihrer Unternehmen geregelt werden können. Er ist den Gesamtsprecherausschüssen nicht übergeordnet.

(2) Der Gesamtsprecherausschuss kann mit der Mehrheit der Stimmen seiner Mitglieder den Konzernsprecherausschuss schriftlich beauftragen, eine Angelegenheit für ihn zu behandeln. Der Gesamtsprecherausschuss kann sich dabei die Entscheidungsbefugnis vorbehalten. Für den Widerruf der Beauftragung gilt Satz 1 entsprechend.

24 Geschäftsführung

(1) Für den Konzernsprecherausschuss gelten § 10 Abs. 1, die §§ 11, 13 Abs. 1, 3 bis 5, die §§ 14, 18 Abs. 3 und § 19 Abs. 3 entsprechend.

(2) Ist ein Konzernsprecherausschuss zu errichten, hat der Gesamtsprecherausschuss des herrschenden Unternehmens oder, sofern ein solcher nicht besteht, der Gesamtsprecherausschuss des nach der Zahl der leitenden Angestellten größten Konzernunternehmens zu der Wahl des Vorsitzenden und des stellvertretenden Vorsitzenden des Konzernsprecherausschusses einzuladen. Der Vorsitzende des einladenden Gesamtsprecherausschusses hat die Sitzung zu leiten, bis der Konzernsprecherausschuss aus seiner Mitte einen Wahlleiter zur Wahl des Vorsitzenden und seines Stellvertreters bestellt hat. § 12 Abs. 2 bis 5 gilt entsprechend.

I. Vorbemerkung. Der KonzernSprAu soll den leitenden Angestellten ermöglichen, auf der Ebene der 1
Konzernleitung eine institutionalisierte Interessenvertretung einzurichten, um damit eine effektive Interessenwahrnehmung bei konzernweiten oder unternehmensübergreifenden Entscheidungen der Konzernspitze zu gewährleisten[1]. Die Regelung für das entsprechende Organ im BetrVG findet sich dort in § 54, auf dessen Grundsätze hier zurückgegriffen werden kann. Wie der GesamtSprAu ist der KonzernSprAu ein **selbstständiges Organ** mit **eigenem Zuständigkeitsbereich** (§ 23). Er ist dem GesamtSprAu **weder über-**[2] **noch untergeordnet**. Die Bildung eines KonzernSprAu ist der **freien Entscheidung** der Repräsentanten der leitenden Angestellten überlassen (s. § 1 Rz. 5).

II. Errichtung. Ein KonzernSprAu kann in einem **Unterordnungskonzern**[3] iSd. § 18 Abs. 1 AktG gebildet 2
werden, falls zumindest 2 GesamtSprAu existieren (§ 21 Abs. 1 Satz 1). Unter den Voraussetzungen des § 21 Abs. 1 Satz 3 kann auch ein SprAu oder ein UnternehmensSprAu an die Stelle des GesamtSprAu treten. Das gilt **nicht für den Fall**, dass die SprAu eines Konzernunternehmens ihrer Pflicht zur Bildung eines GesamtSprAu gem. § 16 Abs. 1 nicht nachgekommen sind[4]. Für die Sonderfälle „**Konzern im Konzern**", „**Mehrmütterherrschaft**" und „**Konzerne mit Auslandsberührung**" s. § 54 BetrVG Rz. 6 ff.[5]

Die Errichtung des KonzernSprAu erfolgt durch selbständige Beschlussfassung der GesamtSprAu 3
(SprAu oder UnternehmensSprAu, s. Rz. 2; § 21 Abs. 1 Satz 1). **Jede** zuständige Interessenvertretung

---

[1] BT-Drs. 11/2503, S. 41. | [2] § 23 Abs. 1 Satz 2. | [3] Zum Begriff s. § 54 BetrVG Rz. 3. | [4] *Hromadka*, § 21 SprAuG Rz. 22. | [5] Richardi/*Annuß*, § 54 BetrVG Rz. 10 ff., 18 ff., 34 f.

kann **jederzeit** die **Initiative** ergreifen. Gem. §§ 19 Abs. 1 bzw. 20 Abs. 1 Satz 2 genügt einfache Stimmenmehrheit. Die Errichtung des KonzernSprAu hängt nicht davon ab, dass die Mehrheit der GesamtSprAu der Konzernunternehmen dafür votiert. Erforderlich ist vielmehr, dass die zustimmenden GesamtSprAu (s. Rz. 2) im Zeitpunkt der Beschlussfassung mindestens **75 %** der leitenden Angestellten der Konzernunternehmen[1] repräsentieren (§ 21 Abs. 1 Satz 2). Ob auch die leitenden Angestellten **sprecherausschussloser Betriebe** mitzuzählen sind, ist umstritten (s. §§ 16–19 Rz. 3)[2]. Wird das erforderliche Quorum erreicht, ist der KonzernSprAu **kraft Gesetzes** errichtet[3]. Zur Einberufung der **konstituierenden** Sitzung s. § 24 Abs. 2.

4   **III. Zusammensetzung, Größe und Stimmgewichtung.** Jeder GesamtSprAu hat eines seiner Mitglieder in den KonzernSprAu zu entsenden (§ 21 Abs. 2 Satz 1). Der KonzernSprAu kann wie der GesamtSprAu (s. §§ 16–19 Rz. 2) durch Vereinbarung mit dem ArbGeb **vergrößert oder verkleinert** werden (§ 21 Abs. 2 Satz 3 und Abs. 4 Satz 3 iVm. § 16 Abs. 4 Satz 2 und 3). Die Regelungen der Abs. 2 bis Abs. 4 hinsichtlich der Bestellung von Ersatzmitgliedern (Abs. 3) und Stimmengewichtung[4] (Abs. 4) entsprechen im Wesentlichen § 16 Abs. 2 bis Abs. 4, auf die hier verwiesen wird (s. §§ 16–19 Rz. 2, 6).

5   **IV. Zuständigkeit.** Die Regelung des § 23 ist der des § 18 für GesamtSprAu nachgebildet[5]. Wie dort kann zwischen **originären** (§ 23 Abs. 1), und **übertragenen** (§ 23 Abs. 2) Aufgaben unterschieden werden. Das durch wertende Beurteilung zu ermittelnde **zwingende Bedürfnis** (s. § 58 BetrVG Rz. 4) nach einer konzerneinheitlichen Regelung iSd. § 23 Abs. 1 kommt in personellen Angelegenheiten etwa bei Maßnahmen der Personalplanung der Konzernspitze in Betracht[6]. Denkbar ist es va. bei freiwilligen ArbGebLeistungen, bei konzerneinheitlicher Regelung allgemeiner Arbeitsbedingungen, konzerneinheitlicher Gehaltsgestaltung und unternehmensübergreifenden Sozialeinrichtungen[7].

6   Der KonzernSprAu und seine Mitglieder haben in ihrem Zuständigkeitsbereich **dieselben Rechte und Pflichten** wie ein SprAu, §§ 24 Abs. 1, 18 Abs. 3, verfügen also auch über dieselben Beteiligungsrechte. Verhandlungspartner des KonzernSprAu ist im originären Zuständigkeitsbereich die Leitung des herrschenden Unternehmens. Umstritten ist, ob der KonzernSprAu (Konzern)**Sprechervereinbarungen** iSd. § 28 Abs. 2 Satz 1 (s. dort Rz. 10 f.) mit unmittelbarer Wirkung auch zu Lasten der abhängigen Unternehmen eigenständig treffen kann oder dafür der Bevollmächtigung durch den GesamtSprAu bedarf bzw. diese selbst an der Einigung zu beteiligen sind[8].

7   **V. Amtszeit.** Der KonzernSprAu ist – wie der GesamtSprAu – eine **Dauereinrichtung** ohne bestimmte Amtszeit. Er besteht, solange die Errichtungsvoraussetzungen gegeben sind, und endet **kraft Gesetzes**[9] (s. auch §§ 16–19 Rz. 7). Wie bei der Errichtung der KonzernSprAu haben es die GesamtSprAu in der Hand, den KonzernSprAu als fakultative Interessenvertretung jederzeit durch selbstständige Beschlussfassung wieder **aufzulösen**[10]. Insoweit fehlt zwar eine gesetzliche Regelung, allerdings kann aus dem Erfordernis einer qualifizierten Mehrheit für seine Errichtung nicht auf einen besonderen Bestandsschutz geschlossen werden[11]. Ausreichend ist, wenn die GesamtSprAu, die **mehr als die Hälfte** der leitenden Angestellten repräsentieren, für die Auflösung stimmen[12]. Die **Beendigung der Mitgliedschaft** im KonzernSprAu regelt § 22, der § 17 entspricht. Mit dem Erlöschen der Mitgliedschaft im SprAu endet auch die Mitgliedschaft in GesamtSprAu und KonzernSprAu.

1   **Vorbemerkung zum Dritten Teil. Echte MitbestR**, die dem SprAu ein paritätisches Mitgestaltungs- bzw. Mitbeurteilungsrecht[13] gewähren, sind im SprAuG nicht vorgesehen. Die §§ 30–32 räumen dem SprAu in sozialen, personellen und wirtschaftlichen Angelegenheiten **bloße Mitwirkungsrechte** in Form von Unterrichtungs-, Anhörungs- und Beratungsrechten ein; das Letztentscheidungsrecht bleibt aber immer dem ArbGeb vorbehalten (s. § 2 Rz. 2). Im Gegensatz zum BetrVG folgen die in diesem Teil aufgeführten Beteiligungsrechte **keinem einheitlichen Gliederungsprinzip**[14]. Einzelne Tatbestände sind also nicht (nur) einem bestimmten Sachbereich zugeordnet. Der SprAu ist weder Teil der Personalverwaltung noch der Unternehmensleitung[15]. An **Weisungen** ist der SprAu nicht gebunden (s. § 9)[16]. Bei Ausübung der Beteiligungsrechte sind die aus dem Kollegialgedanken (s. § 2 Rz. 1) abzuleitenden Grundsätze zu beachten.

---

1 ErfK/*Oetker*, § 21 Rz. 6 mwN. |2 Abl.: *Löwisch*, § 21 SprAuG Rz. 9; *Hromadka*, § 21 SprAuG Rz. 26; *Kaiser*, Rz. 34; bejahend: BAG v. 11.8.1993 – 7 ABR 34/92, BAGE 74, 68 (70 ff.); Richardi/*Annuß*, § 54 BetrVG Rz. 40 mwN. |3 Richardi/*Annuß*, § 54 BetrVG Rz. 43. |4 S. MünchArbR/*Joost*, § 323 Rz. 197, für den Fall, dass in einem Unternehmen mit mehreren sprecherausschussfähigen Betrieben nur ein SprAu gebildet ist: Dann hat das entsandte Mitglied nur so viele Stimmen, wie in seinem Betrieb leitende Angestellte in die Wählerliste eingetragen sind. |5 BT-Drs. 11/2503, S. 41. |6 S. Richardi/*Annuß*, § 58 BetrVG Rz. 11. |7 *Hromadka*, § 23 SprAuG Rz. 4; kritisch für den Bereich der Sozialeinrichtungen, Richardi/*Annuß*, § 58 BetrVG Rz. 9. |8 Zweifelnd MünchArbR/*Joost*, § 323 Rz. 202; anderseits *Hromadka*, § 23 SprAuG Rz. 2; s. auch Richardi/*Annuß*, § 58 BetrVG Rz. 7 und 44 ff. |9 MünchArbR/*Joost*, § 323 Rz. 206. |10 *Bauer*, § 21 Anm. IV. |11 Richardi, 7. Aufl., § 54 Rz. 46 mwN. |12 ErfK/*Oetker*, §§ 21–24 Rz. 10; MünchArbR/*Joost*, § 323 Rz. 207. |13 Richardi/*Richardi*, Vorb. z. 4. Teil BetrVG Rz. 21. |14 *Hromadka/Maschmann*, Arbeitsrecht, Band 2, § 16 Rz. 706. |15 *Schaub*, § 249 Rz. 2. |16 BT-Drs. 11/2503, S. 39.

Dritter Teil. Mitwirkung der leitenden Angestellten

Erster Abschnitt. Allgemeine Vorschriften

25 *Aufgaben des Sprecherausschusses*
(1) Der Sprecherausschuss vertritt die Belange der leitenden Angestellten des Betriebs (§ 1 Abs. 1 und 2). Die Wahrnehmung eigener Belange durch den einzelnen leitenden Angestellten bleibt unberührt.

(2) Der Sprecherausschuss ist zur Durchführung seiner Aufgaben nach diesem Gesetz rechtzeitig und umfassend vom Arbeitgeber zu unterrichten. Auf Verlangen sind ihm die erforderlichen Unterlagen jederzeit zur Verfügung zu stellen.

I. Allgemeiner Aufgabenbereich. Über den Bedeutungsgehalt des § 25 Abs. 1 Satz 1 besteht in der einschlägigen Lit. kein Einvernehmen. Einerseits wird diese Norm für eine **umfassende funktionelle Zuständigkeit** des SprAu für die **kollektiven Belange**[1] der leitenden Angestellten vereinnahmt[2]. Neben dem Fehlen einer ausdrücklichen Zuständigkeitsbegrenzung könnte der in § 25 Abs. 2 Satz 1 formulierte allgemeine Informationsanspruch des SprAu für diese Interpretation sprechen[3]. Dagegen wird geltend gemacht, § 25 Abs. 1 Satz 1 diene lediglich der Klarstellung, dass individuelle Legitimationsakte für den nach Erlass des SprAuG gewählten SprAu keine Bedeutung mehr haben (s. § 1 Rz. 2)[4], zumal es auch an einer mit § 88 BetrVG vergleichbaren Norm fehle[5]. Dieses Ergebnis entspreche auch dem Willen des Gesetzgebers[6]. Ohne auf die Reichweite des dem SprAu zugewiesenen Aufgabenbereichs einzugehen, werde nur dessen **allgemeine Funktion als gesetzlich institutionalisierte Interessenvertretung** bestätigt[7]. Einigkeit besteht jedoch darin, dass aus § 25 Abs. 1 Satz 1 keine Mitwirkungsrechte abgeleitet werden können[8]; diese sind ausschließlich in den §§ 30–32 enthalten. Die Wahrnehmung **individueller Interessen** bleibt den einzelnen leitenden Angestellten vorbehalten, die insoweit ein Mitglied des SprAu gem. § 26 hinzuziehen können.

II. Unterrichtungspflicht. Die Generalklausel des § 25 Abs. 2 gibt dem SprAu – unter **Vorbehalt des Aufgabenbezugs** – ein allgemeines und umfassendes Unterrichtungsrecht, das gerade **bei der Wahrnehmung seiner allgemeinen Aufgaben** iSd. § 25 Abs. 1 von Bedeutung ist. Die für § 80 Abs. 2 BetrVG maßgeblichen Grundsätze sind hier entsprechend anzuwenden. Der ArbGeb muss dem SprAu „in allen Angelegenheiten, die in dessen Zuständigkeit fallen"[9] Gelegenheit geben, Bedenken bzw. Anregungen zu äußern[10]. Eine Anfrage des SprAu hat der ArbGeb **unverzüglich** zu bearbeiten. Auch wenn es den leitenden Angestellten aufgrund ihrer Position möglich sein sollte, ist es ihnen **nicht** gestattet, sich die fraglichen Informationen **selbstständig** zu beschaffen[11].

Da eine ausdrückliche Regelung wie in § 80 Abs. 2 Satz 2 Halbs. 2 BetrVG fehlt, ist umstritten, ob dem SprAu im Rahmen seiner Aufgaben Zugang zu den **Gehaltslisten** zu gewähren ist[12]. Dafür spricht nicht nur, dass dem SprAu sonst in einem wichtigen Bereich die Wahrnehmung seiner Aufgaben nach § 27 Abs. 1 (s. § 27 Rz. 1) nicht möglich wäre, sondern va., dass dieses Einsichtsrecht des BR durch die genannte Regelung nicht erst begründet wird, sondern nur eine Ergänzung des allgemeinen Informati-

---

[1] Also in Angelegenheiten, deren Bedeutung sich nicht in der konkreten Beziehung Arbeitgeber – einzelner leitender Angestellter erschöpft, sondern darüber hinaus zumindest für einen Teil der leitenden Angestellten relevant ist, ErfK/*Oetker*, § 25 Rz. 3. Für Beispiele und Einzelheiten s. *Hromadka*, § 25 SprAuG Rz. 15 ff.; zu nennen sind jedenfalls Personalplanung, betriebliche Sozialleistungen, Arbeitsplatzausstattung und Überwachung der Einhaltung arbeitsrechtlicher Vorschriften, zu denen auch Vereinbarungen iSd. § 28 zählen. | [2] Wegen des schlichten Rechts auf Information wird auch das zwingende System der Beteiligungsrechte nicht verletzt, s. Richardi/*Richardi*, Vorb. z. 4. Teil BetrVG Rz. 25; *Hromadka*, § 25 SprAuG Rz. 14. | [3] *Kaiser*, Rz. 190; *Hromadka*, § 25 SprAuG Rz. 9 f.; ErfK/*Oetker*, § 25 Rz. 2; *Hromadka/Maschmann*, Arbeitsrecht Band 2, § 16 Rz. 703. | [4] *Bauer*, SprAuG, § 25 Anm. II; s. auch die Nachw. bei *Kramer*, S. 106 Fn. 6. | [5] *Wlotzke*, DB 1989, 173 (177); s. auch Fn. 8. | [6] In der Begründung des Gesetzesentwurfs heißt es: „Die sachliche Reichweite seiner Mitwirkung im Einzelnen ergibt sich aus dem zweiten Abschnitt.", BT-Drs. 11/2503, S. 42. Allerdings sollte gerade der allgemeine Aufgabenbereich umschrieben werden, so dass auch für das gegenteilige Ergebnis der Wille des Gesetzgebers angeführt werden kann. | [7] Eingehend *Kramer*, Rechtsfragen des Sprecherausschussgesetzes (Diss.), S. 106 f. | [8] Der SprAu kann nach Ansicht der Vertreter einer umfassenden *Aufgabenzuweisung* initiativ tätig werden, *Schaub*, § 249 Rz. 8; Borgwardt/Fischer/Janert/*Fischer*, § 25 SprAuG Rz. 2; allerdings bleiben seine Möglichkeiten – neben dem allgemeinen Informationsanspruch gem. § 25 Abs. 2 – auf Anregungen beschränkt; s auch ErfK/*Oetker*, § 25 Rz. 4; MünchArbR/*Joost*, § 342 Rz. 50. *Hromadka*, § 25 SprAuG Rz. 10, spricht von einer Befassungskompetenz. | [9] BT-Drs. 11/2503, S. 42. | [10] Borgwardt/Fischer/Janert/*Fischer*, § 25 SprAuG Rz. 3. | [11] *Schaub*, § 249 Rz. 10; *Hromadka*, § 25 SprAuG Rz. 22; nicht unter dieses Verbot fallen ein unmittelbarer Informationsaustausch mit anderen leitenden Angestellten oder die Durchführung von Fragebogenaktionen. | [12] Dafür: *Löwisch*, § 25 SprAuG Rz. 20; *Hromadka*, § 25 SprAuG Rz. 31 ff.; *Hromadka/Maschmann*, Arbeitsrecht Band 2, § 16 Rz. 703; *Kaiser*, Rz. 248; abl. Küttner/*Schlegel*, Personalbuch 2001, Lohnlisten Rz. 17; *Wlotzke*, DB 1989, 173 (177); einschr. Borgwardt/Fischer/Janert/*Fischer*, § 25 SprAuG Rz. 5; s. auch § 30 Rz. 2.

onsrechts darstellt[1]. Wahrnehmen können dieses Recht der Vorsitzende oder ein damit dauerhaft[2] beauftragtes Mitglied des SprAu[3].

26 Unterstützung einzelner leitender Angestellter

(1) Der leitende Angestellte kann bei der Wahrnehmung seiner Belange gegenüber dem Arbeitgeber ein Mitglied des Sprecherausschusses zur Unterstützung und Vermittlung hinzuziehen.

(2) Der leitende Angestellte hat das Recht, in die über ihn geführten Personalakten Einsicht zu nehmen. Er kann hierzu ein Mitglied des Sprecherausschusses hinzuziehen. Das Mitglied des Sprecherausschusses hat über den Inhalt der Personalakten Stillschweigen zu bewahren, soweit es von dem leitenden Angestellten im Einzelfall nicht von dieser Verpflichtung entbunden wird. Erklärungen des leitenden Angestellten zum Inhalt der Personalakten sind diesen auf sein Verlangen beizufügen.

1 Die Geltendmachung individueller Belange liegt in der Eigenverantwortung der einzelnen leitenden Angestellten (s. § 25 Rz. 1; § 27 Rz. 1). Dabei sind sie aber nicht auf sich allein gestellt, sondern können sich der Hilfe des SprAu bedienen. Das Gesetz sieht keine Eingrenzung auf bestimmte Sachbereiche oder Rechtsfragen vor; soweit die Belange **Bezug zur ArbN-Eigenschaft** aufweisen, kann der SprAu hinzugezogen werden. **Welches Mitglied** des SprAu dem leitenden Angestellten zur Seite steht, bestimmt nicht einseitig der SprAu, sondern richtet sich nach dem Vertrauen des Hilfesuchenden[4]. Auch ohne ausdrückliche Normierung ist das tätig gewordene Mitglied des SprAu verpflichtet, **Stillschweigen** über Tatsachen zu wahren, von denen es anlässlich dieser Tätigkeit Kenntnis erlangt hat[5]. Das Einsichtsrecht hat **individualrechtlichen Charakter** und kann unabhängig davon geltend gemacht werden, ob eine sprecherausschussfähige Einheit iSd. § 1 Abs. 1 besteht[6]. Die Regelung entspricht § 83 Abs. 2 und 1 BetrVG, dessen Grundsätze auch hier Anwendung finden[7]. Ein Verstoß gegen die Verschwiegenheitspflicht nach § 26 Abs. 2 Satz 3 ist gem. § 35 Abs. 2 **strafbewehrt**.

27 Grundsätze für die Behandlung der leitenden Angestellten

(1) Arbeitgeber und Sprecherausschuss haben darüber zu wachen, dass alle leitenden Angestellten des Betriebs nach den Grundsätzen von Recht und Billigkeit behandelt werden, insbesondere, dass jede unterschiedliche Behandlung von Personen wegen ihrer Abstammung, Religion, Nationalität, Herkunft, politischen oder gewerkschaftlichen Betätigung oder Einstellung oder wegen ihres Geschlechts unterbleibt. Sie haben darauf zu achten, dass leitende Angestellte nicht wegen Überschreitung bestimmter Altersstufen benachteiligt werden.

(2) Arbeitgeber und Sprecherausschuss haben die freie Entfaltung der Persönlichkeit der leitenden Angestellten des Betriebs zu schützen und zu fördern.

1 § 27 Abs. 1 verpflichtet ArbGeb und SprAu gleichermaßen zur Wahrung der personenbezogenen Fundamentalrechte, insb. des **Gleichbehandlungsgrundsatzes** und der Förderung der freien Entfaltung der Persönlichkeit, hinsichtlich der im Betrieb tätigen leitenden Angestellten[8]. Beide müssen **zusammenwirken**, um Verstöße zu verhindern, und sich im Verletzungsfall um **Abhilfe** bemühen[9]. Untersagt ist eine willkürliche, also nicht an sachlichen Kriterien orientierte Behandlung der leitenden Angestellten. ArbGeb und SprAu haben den leitbildartigen Pflichtenkatalog mit seinen **absoluten Differenzierungsverboten** nicht nur ihrem Handeln zu Grunde zu legen, sondern auch darüber zu wachen, dass kein anderer dagegen verstößt[10]. Auch ein Tätigwerden auf Grund der Überwachungspflicht berechtigt den SprAu **nicht**, sich ungebeten in **individualrechtliche Belange** leitender Angestellter einzumischen (s. § 26)[11]. Die **einzelnen** leitenden Angestellten können **unmittelbar** aus § 27 **keine** Rechte ableiten. Vgl. ergänzend § 75 BetrVG Rz. 5.

2 Verstößt der ArbGeb gegen § 27, kann der SprAu **Unterlassung** verlangen. Unter Verstoß gegen § 27 abgeschlossene Vereinbarungen iSd. § 28 sind nichtig[12]. Verstöße des SprAu gegen § 27 können **grobe Verletzungen** der gesetzlichen Pflichten des SprAu darstellen und gem. §§ 9 Abs. 1, 17 Abs. 1, 20 Abs. 4, 22 Abs. 1 zu dessen Auflösung bzw. zum Ausschluss einzelner Mitglieder berechtigen. § 27 ist kein Schutzgesetz iSd. § 823 Abs. 2 BGB[13].

---

1 Richardi/*Richardi*, § 80 BetrVG Rz. 69. |2 Ein Wechsel von Fall zu Fall ist nicht zulässig, s. Richardi/*Richardi*, § 80 BetrVG Rz. 74. |3 ErfK/*Oetker*, § 25 Rz. 7; MünchArbR/*Joost*, § 324 Rz. 53. |4 MünchArbR/*Joost*, § 324 Rz. 62; dessen Bitte ist auch nachzukommen, da die Unterstützungstätigkeit in den gesetzlichen Aufgabenkreis des SprAu fällt, Löwisch, § 26 SprAuG Rz. 3. |5 Mit unterschiedlicher Begründung aber im Ergebnis übereinstimmend: ErfK/*Oetker*, § 26 Rz. 2 mwN; MünchArbR/*Joost*, § 324 Rz. 64. |6 Richardi/*Thüsing*, § 83 BetrVG Rz. 2. |7 Zum Begriff der Personalakten s. Richardi/*Thüsing*, § 83 BetrVG Rz. 4 ff. |8 *Löwisch*, § 27 SprAuG Rz. 1. |9 Richardi/*Richardi*, § 75 BetrVG Rz. 5. |10 Hromadka, § 24 SprAuG Rz. 5. |11 MünchArbR/*Joost*, § 324 Rz. 61. |12 ErfK/*Oetker*, § 27 Rz. 3; *Hromadka*, § 27 SprAuG Rz. 44. |13 Sonst würden über den Umweg des Deliktsrechts subjektive Rechte geschaffen, die § 27 gerade nicht vorsieht, ErfK/*Oetker*, § 27 Rz. 5 mwN.

28 Richtlinien und Vereinbarungen

(1) Arbeitgeber und Sprecherausschuss können Richtlinien über den Inhalt, den Abschluss oder die Beendigung von Arbeitsverhältnissen der leitenden Angestellten schriftlich vereinbaren.

(2) Der Inhalt der Richtlinien gilt für die Arbeitsverhältnisse unmittelbar und zwingend, soweit dies zwischen Arbeitgeber und Sprecherausschuss vereinbart ist. Abweichende Regelungen zugunsten leitender Angestellter sind zulässig. Werden leitenden Angestellten Rechte nach Satz 1 eingeräumt, so ist ein Verzicht auf sie nur mit Zustimmung des Sprecherausschusses zulässig. Vereinbarungen nach Satz 1 können, soweit nichts anderes vereinbart ist, mit einer Frist von drei Monaten gekündigt werden.

I. Allgemeines. Der ArbGeb kann **nicht gezwungen werden**, Vereinbarungen mit dem SprAu abzuschließen. Ein **Tarifvorbehalt** wird im SprAuG nicht ausdrücklich angeordnet; inwieweit ein solcher unmittelbar aus der verfassungsrechtlich gewährleisteten Tarifautonomie resultiert, ist umstritten[1]. Im Rahmen seines umfassenden Vertretungsmandats in kollektiven Angelegenheiten kann der SprAu von sich aus mit Vorschlägen zu Inhalt und Abschluss von Vereinbarungen an den ArbGeb herantreten. Auch wenn den ArbGeb **weder eine Kontrahierungs- noch eine Kompromisspflicht** trifft (s. § 2 Rz. 2), hat er gem. § 2 Abs. 1 Satz 1 diese Anregungen nicht nur zur Kenntnis zu nehmen, sondern sich ernsthaft mit ihnen auseinander zu setzen (s. § 2 Rz. 2)[2].

II. Regelungsgegenstand. Nicht im Wege der Vereinbarung regelbar sind Abweichungen von den gesetzlichen Bestimmungen, soweit es um organisations- oder beteiligungsrechtliche Angelegenheiten geht. Der SprAu muss innerhalb seines gesetzlich zugewiesenen Aufgabenkreises und der übertragenen Kompetenzen tätig werden; auch eine Erweiterung seiner Beteiligungsrechte, zB auf echte MitbestR, ist nicht zulässig[3]. Vereinbarungen treffen generelle Regelungen, sind aber nicht auf bloße Rahmenregelungen limitiert, sondern können eine **ins Einzelne** gehende Gestaltung der nachfolgend genannten Bereiche enthalten[4].

Einer einvernehmlichen Regelung **zugänglich** ist gem. § 28 Abs. 1 neben Abschluss und Beendigung der gesamte denkbare Inhalt eines Arbeitsverhältnisses[5]. Als **Inhaltsregelung** kommen in Betracht: der Bereich der Gehaltsgestaltung (Regelungen über die Höhe des Gehalts, sowie Sondervergütungen – zB 13. Monatsgehalt, Tantiemen, Gratifikationen) und Sachleistungen, ebenso die betrAV oder Regelungen über den Ausgleich von wirtschaftlichen Nachteilen bei Betriebsänderungen (§ 32 Abs. 2 Satz 2; s. § 32 Rz. 6). Ebenso fallen Vereinbarungen über Angelegenheiten der betrieblichen Ordnung, Reisekosten- und Spesenregelungen, die Gewährung von Umzugsbeihilfen oder einer Parkmöglichkeit auf dem Betriebsgelände darunter. Gleiches gilt für Regelungen über den Urlaub und das Urlaubsgeld. Auf der Pflichtenseite der leitenden Angestellten sind Vereinbarungen über Dauer und Lage der Arbeitszeit, Verschwiegenheitspflichten, Wettbewerbsverbote und sonstige Loyalitätspflichten sowie über Haftungsfragen denkbar[6]. Schließlich auch Regelungen über allgemeine Arbeitsbedingungen, die die leitenden Angestellten als besondere Gruppe betreffen, etwa Regelungen über Fortbildungsmaßnahmen, Werkswohnungen, Kantinen oder spezielle Versorgungseinrichtungen und deren Dotierung[7]. Zum **Abschluss** von Arbeitsverhältnissen können ArbGeb und SprAu Vereinbarungen treffen über: die Vorgehensweise bei Einstellungen, also Stellenausschreibung, Verwendung und Inhalt von Fragebögen, Umfang der Bewerbungsunterlagen, die Durchführung von Eignungstests, die Eignungskriterien, die Formbedürftigkeit des Arbeitsvertrags. Hinsichtlich der **Beendigung** von Arbeitsverhältnissen kommen etwa Regelungen über einzuhaltende Fristen bzw. Auswahlkriterien oder über Abfindungen in Betracht (zum Sozialplan s. § 32 Rz. 8)[8].

III. Abschluss von Vereinbarungen. Parteien der Vereinbarung sind ArbGeb und SprAu. Für den SprAu handelt gem. § 11 Abs. 2 Satz 1 der Vorsitzende, dessen Handeln insoweit durch einen zuvor gefassten Beschluss des SprAu legitimiert wird. Der **GesamtSprAu** kann innerhalb seiner originären Zuständigkeit iSd. § 18 Abs. 1 oder aufgrund Übertragung iSd. § 18 Abs. 2 Vereinbarungen mit dem ArbGeb abschließen. Im ersten Fall wirken diese **Gesamtvereinbarungen** im Bereich der gesamten repräsentierten Organisationseinheit; darin bestehende SprAu können weder Inhalt noch Bestand dieser Vereinbarungen beeinflussen. Soweit der GesamtSprAu dagegen im Auftrag von SprAu Vereinbarungen abgeschlossen hat, hängt die Reichweite ihrer Geltung vom Inhalt des Übertragungsbeschlusses ab[9]. Für den **KonzernSprAu** gilt Entsprechendes. Zur Zusammenarbeit von ArbGeb, SprAu und BR s. § 2 Rz. 6 ff. Da es sich bei den Vereinbarungen um rechtsgeschäftliche Einigungen handelt, können die konstituierenden Willenserklärungen auch angefochten werden, §§ 119 ff. BGB[10].

---

[1] Abl.: *Kaiser*, Rz. 215; bejahend: MünchArbR/*Joost*, § 324 Rz. 10, allerdings mit dem Hinweis „auf die praktische Bedeutungslosigkeit der Tarifautonomie für leitende Angestellte". | [2] MünchArbR/*Joost*, § 324 Rz. 12. | [3] *Mitzlaff*, S. 124 ff. | [4] *Mitzlaff*, S. 135; MünchArbR/*Joost*, § 324 Rz. 24. | [5] *Löwisch*, § 28 SprAuG Rz. 6; *Hromadka*, § 28 SprAuG Rz. 7. | [6] *Löwisch*, § 28 SprAuG Rz. 6. | [7] *Kaiser*, Rz. 218. | [8] Ist zur Beendigung des Arbeitsverhältnisses das Erreichen einer bestimmten Altersgrenze vertraglich festgelegt, kann diese Altersgrenze nicht nachträglich durch eine Vereinbarung iSd. § 28 gesenkt werden, BAG (GS) v. 7.11.1989 – GS 3/85, BAGE 63, 211 (221). | [9] *Kaiser*, Rz. 230. | [10] *Löwisch*, § 28 SprAuG Rz. 22.

5   Die Vereinbarung hat die **Schriftform** iSd. § 126 BGB zu wahren. Erforderlich ist also die handschriftliche Unterschrift der Parteien bzw. ihrer Vertreter unter einer als einheitlich zu beurteilenden Urkunde[1]. Eine Ersetzung der schriftlichen Form durch die **elektronische Form** iSd. § 126a BGB kommt hier ebenso wenig in Betracht wie bei einer BV iSd. § 77 Abs. 2 BetrVG[2].

6   **IV. Schranken.** Höherrangige Rechtsquellen sind zu beachten und führen bei Verstoß zur Unwirksamkeit der abweichenden Vereinbarungen[3]. Die Grundsätze zur Behandlung der leitenden Angestellten iSd. § 27 sind ebenfalls vorrangig und zu beachten[4]. Eingriffe in Individualrechte der leitenden Angestellten sind grundsätzlich nicht zulässig (s. § 27 Rz. 1)[5]. Vereinbarungen unterliegen einer **am Maßstab des § 27 Abs. 1 Satz 1 orientierten Rechtskontrolle**[6]. Sie erfolgt auf Antrag des ArbGeb oder des SprAu im Beschlussverfahren vor dem ArbG oder inzident in einem Urteilsverfahren im Rahmen eines Streits zwischen leitenden Angestellten und ArbGeb über einen entsprechenden Anspruch.

7   **V. Verbindliche Richtlinie iSd. § 28 Abs. 1 (Richtlinie).** Aus der Richtlinie selbst kann der einzelne leitende Angestellte grundsätzlich keine Individualansprüche ableiten. Im Rahmen der Zuständigkeit des SprAu kommt allerdings der Abschluss eines Vertrags zugunsten der leitenden Angestellten in Betracht[7].

8   Wohl überwiegend wird dem ArbGeb ein gewisser **Spielraum** bei der Umsetzung von Richtlinien zugestanden[8]. Danach haben ArbGeb und SprAu bei Vereinbarung einer Richtlinie die Regelung des „Normalfalls" vor Augen, so dass bei Vorliegen besonderer Gründe keine Umsetzungspflicht für den ArbGeb besteht[9]. Dies soll nach teilw. vertretener Ansicht auch dann gelten, wenn sich der ArbGeb gegenüber dem SprAu zur Umsetzung verpflichtet hat[10]. Der Verstoß gegen eine Richtlinie iSd. § 28 Abs. 1 führt nicht zur Unwirksamkeit der individualrechtlichen Maßnahme. Der SprAu kann aber im arbeitsgerichtlichen Beschlussverfahren iSd. §§ 2a Abs. 1 Nr. 2, 80 ff. ArbGG gegen den ArbGeb vorgehen.

9   Die auf unbestimmte Zeit abgeschlossene Richtlinie kann – soweit keine anderweitige Vereinbarung getroffen wurde – **jederzeit mit sofortiger Wirkung** gekündigt werden. Die Kündigung unterliegt **keinem Formzwang**[11]. Die Entscheidung über die Kündigung ist **keine laufende Angelegenheit** iSd. § 11 Abs. 3; will der SprAu kündigen, bedarf es eines entsprechenden Beschlusses[12]. Beendigende Wirkung hat neben einem vorab aufgenommenen **Befristungstermin** auch ein jederzeit möglicher **Aufhebungsvertrag**. Ob dieser – als actus contrarius – dem Schriftformerfordernis unterliegt, wird nicht einheitlich beurteilt[13].

10 **VI. Sprechervereinbarung iSd. § 28 Abs. 2.** SprAu (s. Rz. 4) und ArbGeb können einer Vereinbarung einvernehmlich unmittelbare und zwingende Wirkung beilegen (Abs. 2 Satz 1). Diese Wirkung kann auf **bestimmte Teile** der Vereinbarung begrenzt werden, so dass eine Mischung aus schriftlicher Regelungsabrede iSd. § 28 Abs. 1 und Sprechervereinbarung iSd. § 28 Abs. 2 vorliegt[14]; darüber hinaus steht es in der **Dispositionsbefugnis** von SprAu und ArbGeb zu entscheiden, ob Regelungen einer Sprechervereinbarung unmittelbar und zwingend oder **lediglich unmittelbar** gelten[15]. Die Sprechervereinbarung kann demnach **Öffnungsklauseln** für abweichende Individualvereinbarungen vorsehen und deren Zulässigkeit an bestimmte Voraussetzungen knüpfen[16].

11 **Unmittelbare** Wirkung bedeutet, dass die entsprechende Regelung von außen auf das Arbeitsverhältnis einwirkt, ohne dass es auf den Willen oder die Kenntnis der Arbeitsvertragsparteien ankommt[17]. Keiner normativen Regelung zugänglich seien grundsätzlich die Ansprüche von Ruheständlern, da deren jeweiliges Arbeitsverhältnis bereits beendet sei[18]. Soweit Sprechervereinbarungen den leitenden Angestellten Rechte gewähren, haben die Begünstigten einen einklagbaren Erfüllungsanspruch gegenüber dem ArbGeb. **Zwingende** Regelungen schließen eine abweichende Vereinbarung über denselben Regelungsgegenstand aus. § 28 Abs. 2 Satz 2 lässt Abweichungen zu Gunsten leitender Angestellter aber ausdrücklich zu, so dass von einer „halbzwingenden" Wirkung gesprochen werden kann. Bereits bestehende ungünstige individualvertragliche Regelungen werden nicht etwa nichtig, sondern für die Dauer der normativen Wirkung nur verdrängt[19]. Die Vereinbarung der normativen Wirkung muss selbst dem Form-

---

1 Erman/*Palm*, § 126 BGB Rz. 6 f. | 2 Richardi/*Richardi*, § 77 BetrVG Rz. 33. | 3 Sind einzelne Regelungen nichtig, führt das nur dann zur Unwirksamkeit der gesamten Vereinbarung, wenn der wirksame Teil seine ordnende Funktion nicht mehr erfüllen kann, *Kaiser*, Rz. 233. | 4 MünchArbR/*Joost*, § 324 Rz. 25; *Mitzlaff*, S. 136. | 5 *Mitzlaff*, S. 132 f. | 6 S. zur vergleichbaren Frage bei § 75 BetrVG Richardi/*Richardi*, § 77 BetrVG Rz. 117 ff. | 7 AA *Mitzlaff*, S. 90 f. | 8 ErfK/*Oetker*, § 28 Rz. 15 f.; MünchArbR/*Joost*, § 324 Rz. 28 ff.; *Mitzlaff*, S. 77 ff.; aA *Löwisch*, § 28 SprAuG Rz. 12; wohl auch *Schaub*, § 250 Rz. 14. | 9 MünchArbR/*Joost*, § 324 Rz. 29; *Mitzlaff*, S. 77, sieht in diesem Normalfallvorbehalt ein ungeschriebenes Tatbestandsmerkmal jeder Richtlinie; ErfK/*Oetker*, § 28 Rz. 15 gewinnt dieses Ergebnis aus dem Begriff der „Richtlinie", der sich mit dem Ausschluss eines Entscheidungsspielraumes nicht vertrage. Zu der Konkretisierung dieses Beurteilungs- bzw. Ermessensspielraums und dessen Justiziabilität s. *Mitzlaff*, S. 78 ff. | 10 ErfK/*Oetker*, § 28 Rz. 16; aA MünchArbR/*Joost*, § 324 Rz. 30; *Löwisch*, § 28 SprAuG Rz. 12. | 11 *Löwisch*, § 28 SprAuG Rz. 29. | 12 ErfK/*Oetker*, § 28 Rz. 29. | 13 Bejahend: *Kaiser*, Rz. 238; *Löwisch*, § 28 SprAuG Rz. 30; ohne Erwähnung bei: ErfK/*Oetker*, § 28 Rz. 33; MünchArbR/*Joost*, § 324 Rz. 43; *Hromadka*, § 28 SprAuG Rz. 37. | 14 In BT-Drs. 11/2503, S. 42, heißt es, „die unmittelbare und zwingende Wirkung reicht so weit, wie sie in der Vereinbarung niedergelegt ist". | 15 Richardi/*Richardi*, § 77 BetrVG Rz. 139; *Mitzlaff*, S. 101 mwN. | 16 Richardi/*Richardi*, § 77 BetrVG Rz. 140. | 17 MünchArbR/*Matthes*, § 328 Rz. 25; ein weiterer Umsetzungsakt wie für § 28 Abs. 1 entfällt somit. | 18 *Hromadka*, § 28 SprAuG Rz. 20; Richardi/*Richardi*, § 77 BetrVG Rz. 76 mwN. | 19 ErfK/*Oetker*, § 28 Rz. 18; MünchArbR/*Matthes*, § 328 Rz. 28.

zwang des § 28 Abs. 1 entsprechen und damit **schriftlich** erfolgen (s. Rz. 5)[1]. Insoweit empfiehlt sich eine eindeutige Formulierung.

VII. Günstigkeitsprinzip. Maßgeblich ist, wie ein verständiger leitender Angestellter den Vergleich zwischen der Vertrags- und der Sprechervereinbarungsregelung unter Zugrundelegung eines objektiven Beurteilungsmaßstabs und unter Berücksichtigung der Umstände des Einzelfalls bewerten würde. Enthält die Sprechervereinbarung sowohl günstigere als auch nicht günstigere Regelungen, ist nach hM ein **Sachgruppenvergleich** durchzuführen, dh. es sind alle Bestimmungen zu vergleichen, die in einem engen sachlichen Zusammenhang stehen[2]. Die Anwendung des vom BAG entwickelten sog. „kollektiven Günstigkeitsvergleichs"[3] bei der Umstrukturierung von Sozialleistungen, die auf allgemeinen Arbeitsbedingungen beruhen, ist für das SprAuG umstritten[4]. Die Ablösung einer Richtlinie iSd. § 28 Abs. 1 durch eine ungünstigere Sprechervereinbarung ist nach hM allerdings prinzipiell möglich[5]. Unwirksam sind gem. § 28 Abs. 2 Satz 3 iVm. § 134 BGB ein Erlassvertrag, ein negatives Schuldanerkenntnis iSd. § 397 BGB und die sog. **Ausgleichsquittung** ohne Zustimmung des SprAu; erfasst werden aber auch das Anerkenntnis oder der Verzicht im Prozess (§§ 306 f. ZPO) und der (Prozess)Vergleich (§§ 779 BGB, 794 Abs. 1 Nr. 1 ZPO). 12

VIII. Beendigung. Sprechervereinbarungen sind gem. § 28 Abs. 2 Satz 4 mit einer Frist von drei Monaten kündbar. Die **Kündigungsfrist** steht zur **Disposition** der Vertragsparteien, sie können sowohl nach oben wie nach unten von der gesetzlichen abweichen[6]. Eine Kündigung aus **wichtigem Grund** entsprechend § 626 BGB ist aber jederzeit möglich und kann auch nicht ausgeschlossen werden. Die **Kündigungserklärung** selbst ist auch hier formfrei möglich (s. Rz. 9). Mit der **Beendigung** der Vereinbarung tritt – ungeachtet einer ev. zwischenzeitlichen Besserstellung – wieder der vor ihrem Abschluss bestehende Rechtszustand ein. Allerdings können ArbGeb und SprAu die **Nachwirkung** vereinbaren[7]. Eine Nachwirkung kraft Gesetzes kommt nicht in Betracht. Wird über den gleichen Regelungsgegenstand erneut eine Vereinbarung abgeschlossen, tritt damit die **zeitlich vorangehende** außer Kraft; das Günstigkeitsprinzip findet insoweit keine Anwendung, allerdings ist nach hM der Grundsatz des Vertrauensschutzes zu beachten[8]. Da es sich bei den Vereinbarungen iSd. § 28 um Kollektivverträge handelt, findet auch § 613a Abs. 1 Satz 2 BGB – soweit dessen weitere Voraussetzungen erfüllt sind – Anwendung[9]. Soweit Vereinbarungen nicht gerade für diesen Fall abgeschlossen wurden, enden sie automatisch mit der **Stilllegung** des Betriebs[10]. 13

IX. Sonstige Regelungsabreden. Auch ohne ausdrückliche Normierung besitzt der SprAu im Rahmen seiner Zuständigkeit die Möglichkeit, außerhalb des § 28 bestimmte Angelegenheiten im Einvernehmen mit dem ArbGeb zu regeln[11]. In Frage kommen nicht nur Angelegenheiten iSd. § 28 ohne kollektiven Bezug, sondern auch Regelungen in Bereichen mit Bezug zum allgemeinen Aufgabenkreis des SprAu, die aber nicht von § 28 erfasst werden, zB Vereinbarungen über die Ausstattung des SprAu, den Besuch von Schulungsveranstaltungen oder Freistellungen. Der Gegenstand der Regelung muss aber das Verhältnis ArbGeb – SprAu betreffen. Für das Zustandekommen dieser Regelungsabreden gelten obige Ausführungen (s. Rz. 4 ff.), allerdings besteht kein Formzwang. Welchen Grad an Verbindlichkeit diese Regelungsabreden haben, richtet sich nach dem Parteiwillen. 14

29 *Geheimhaltungspflicht*

(1) Die Mitglieder und Ersatzmitglieder des Sprecherausschusses sind verpflichtet, Betriebs- oder Geschäftsgeheimnisse, die ihnen wegen ihrer Zugehörigkeit zum Sprecherausschuss bekannt geworden und vom Arbeitgeber ausdrücklich als geheimhaltungsbedürftig bezeichnet worden sind, nicht zu offenbaren und zu verwerten. Dies gilt auch nach dem Ausscheiden aus dem Sprecherausschuss. Die Verpflichtung gilt nicht gegenüber Mitgliedern des Sprecherausschusses, des Gesamtsprecherausschusses, des Unternehmenssprecherausschusses, des Konzernsprecherausschusses und den Arbeitnehmervertretern im Aufsichtsrat.

(2) Absatz 1 gilt entsprechend für die Mitglieder und Ersatzmitglieder des Gesamtsprecherausschusses, des Unternehmenssprecherausschusses und des Konzernsprecherausschusses.

Die Pflicht zur Geheimhaltung gem. § 29 Abs. 1 Satz 1 und 2 entspricht § 79 Abs. 1 Satz 1 und 2 BetrVG, auf deren Grundsätze hier verwiesen wird, s. § 79 BetrVG Rz. 2 ff. Um eine effektive Zusammenarbeit zu ermöglichen, wird das **Innenverhältnis** der verschiedenen ArbN-Vertreter iSd. § 29 Abs. 1 Satz 3 **nicht** 1

---

1 MünchArbR/*Joost*, § 324 Rz. 32.　| 2 ErfK/*Oetker*, § 28 Rz. 21; MünchArbR/*Joost*, § 324 Rz. 37; *Mitzlaff*, S. 105. | 3 S. dazu ausf. *Annuß*, NZA 2001, 756 ff.; vgl. auch § 77 BetrVG Rz. 63.　| 4 Abl.: *Löwisch*, § 28 SprAuG Rz. 18; *Kaiser*, Rz. 227; bejahend: MünchArbR/*Joost*, § 324 Rz. 38; ErfK/*Oetker*, § 28 Rz. 22; *Mitzlaff*, S. 106 f.; offen gelassen bei *Schaub*, § 251 Rz. 18.　| 5 *Mitzlaff*, S. 107.　| 6 *Hromadka*, § 28 SprAuG Rz. 37; MünchArbR/*Joost*, § 324 Rz. 40.　| 7 *Hromadka*, § 28 SprAuG Rz. 37; ErfK/*Oetker*, § 28 Rz. 31 mwN.　| 8 Bereits entstandene Ansprüche oder erdiente Anwartschaften leitender Angestellter bleiben unberührt, *Löwisch*, § 28 SprAuG Rz. 31. | 9 ErfK/*Oetker*, § 28 Rz. 34; MünchArbR/*Joost*, § 324 Rz. 44, der allerdings auch Richtlinien einbezieht. | 10 *Löwisch*, § 28 SprAuG Rz. 34.　| 11 MünchArbR/*Joost*, § 324 Rz. 8; *Hromadka*, § 28 SprAuG Rz. 26 ff.; aA *Löwisch*, § 28 SprAuG Rz. 1; *Oetker*, ZfA 1990, 43 (83); offen gelassen von ErfK/*Oetker*, § 28 Rz. 2.

erfasst. Gegenüber dem **BR** besteht hingegen keine Ausnahme von der Verschwiegenheitspflicht[1]. Die Verletzung der Verschwiegenheitspflicht ist strafbar gem. § 35. Es handelt sich um ein Antragsdelikt, § 35 Abs. 5 Satz 1. **Zusätzlich** wird eine besondere Pflicht der SprAu-Mitglieder, Stillschweigen zu bewahren, durch §§ 26 Abs. 2 Satz 3 und 31 Abs. 3 Satz 1 begründet, s. dort.

Zweiter Abschnitt. Mitwirkungsrechte

30 *Arbeitsbedingungen und Beurteilungsgrundsätze*
Der Arbeitgeber hat den Sprecherausschuss rechtzeitig in folgenden Angelegenheiten der leitenden Angestellten zu unterrichten:

1. Änderungen der Gehaltsgestaltung und sonstiger allgemeiner Arbeitsbedingungen;

2. Einführung oder Änderung allgemeiner Beurteilungsgrundsätze.

Er hat die vorgesehenen Maßnahmen mit dem Sprecherausschuss zu beraten.

1   **I. Vorbemerkung.** § 30 Satz 1 Nr. 1 regelt die Beteiligung des SprAu **in sozialen Angelegenheiten**. Anders als § 87 BetrVG enthält er aber keine abschließende Aufzählung der Beteiligungstatbestände, sondern ist als **Generalklausel** gestaltet[2]. Er räumt dem SprAu kein paritätisches MitbestR iSd. positiven Konsensprinzips ein[3], sondern nur ein Mitwirkungsrecht in Form **eines Unterrichtungs- und Beratungsrechts**. § 30 Satz 1 Nr. 2 betrifft einen Teilbereich der **allgemeinen personellen Angelegenheiten** (s. auch Vorb. z. 3. Teil). Als Gegenstand der Beteiligung kommen nur **Maßnahmen mit Kollektivbezug** in Betracht (s. § 25 Rz. 1; § 28 Rz. 3; s. aber § 31 Rz. 1).

2   **II. Änderungen der Gehaltsgestaltung.** Der Begriff der Gehaltsgestaltung entspricht dem der Lohngestaltung iSd. § 87 Abs. 1 Nr. 10 BetrVG[4] (s. dort Rz. 174 ff.). Beteiligungspflichtig ist die **Einführung**[5] **und Änderung** des kollektiven **Systems** der Gehaltsfindung, **nicht** die Regelung der Gehaltshöhe (str.)[6]. Der **Dotierungsrahmen** fällt nicht unter das Beteiligungsrecht[7]. Der SprAu kann in diesem Zusammenhang auch Einblick in die Gehaltslisten verlangen (s. § 25 Rz. 3). Entscheidungen, die die **individuelle Gehaltshöhe** betreffen, lösen nach keiner Ansicht das Mitwirkungsrecht des SprAu aus (s. Rz. 1). Das Mitwirkungsrecht des SprAu erfasst sowohl **formelle wie auch materielle Arbeitsbedingungen**, also den gesamten Inhalt des Arbeitsverhältnisses, soweit er **vertragseinheitlich** geregelt ist[8]. Darunter fallen auch Dauer und Lage der Arbeitszeit, allg. Urlaubsregelungen, Vorschriften der betriebl. Ordnung, Reisekosten- und Spesenregelungen usw. (s. auch § 28 Rz. 3)[9].

3   **III. Einführung oder Änderung allgemeiner Beurteilungsgrundsätze.** Dieser Mitwirkungstatbestand dient dem Ziel, das Verfahren bei Personalentscheidungen zu **versachlichen**[10] und entspricht der Regelung in § 94 Abs. 2 BetrVG, auf dessen Grundsätze hier verwiesen werden kann (s. Rz. 8). Erfasst werden sowohl die **formellen** (zB Gestaltung von Mitarbeitergesprächen) wie die **materiellen** Beurteilungskriterien, die der Erfassung und Bewertung des Verhaltens und der Arbeitsleistung der leitenden Angestellten im weitesten Sinne dienen, zB Führungsverhalten, Überzeugungsfähigkeit, Arbeitseinsatz und -ergebnis, Zusammenarbeit mit anderen[11]. Unter den Beteiligungstatbestand fallen **weder** Anforderungs- oder Führungsrichtlinien noch die Anwendung der Beurteilungsgrundsätze auf den einzelnen leitenden Angestellten[12].

4   **IV. Unterrichtung und Beratung.** Der Verstoß gegen die Pflicht, den SprAu rechtzeitig zu unterrichten und die geplanten Maßnahmen mit ihm zu beraten, kann gem. § 36 Abs. 1 eine **Ordnungswidrigkeit** darstellen. Hinzuweisen ist auf die zu § 25 gemachten Ausführungen (s. dort Rz. 2) und § 2 Abs. 2 (s. § 2 Rz. 3 ff.). **Zeitlich** hat die Unterrichtung – gemessen an Bedeutung und Umfang des Gegenstandes – in einem **Stadium** zu erfolgen, in dem die Phase bloßer Vorüberlegungen verlassen ist und konkrete Maßnahmen ins Auge gefasst sind. Dem SprAu müssen eine Auseinandersetzung in der Sache und das Vorbringen von Bedenken oder Anregungen möglich sein, ohne dass bereits Fakten geschaffen sind. Der

---

1 ErfK/*Oetker*, § 29 Rz. 5; MünchArbR/*Joost*, § 323 Rz. 98 mwN. |2 Richardi/*Richardi*, § 5 BetrVG Rz. 280. |3 Richardi/*Richardi*, § 87 BetrVG Rz. 6. |4 Strittig; bejahend: Richardi/*Richardi*, § 5 BetrVG Rz. 281; ErfK/*Oetker*, § 30 Rz. 4; *Hromadka*, § 30 SprAuG Rz. 10; abw. *Löwisch*, § 30 SprAuG Rz. 3. |5 Ein Gegenschluss zur Regelung in § 30 Satz 1 Nr. 2 ist hier nicht zulässig, da der Gesetzgeber bei Erlass des Gesetzes davon ausging, entsprechende Regelungen bestünden idR, MünchArbR/*Joost*, § 324 Rz. 71; *Löwisch*, § 30 SprAuG Rz. 7. |6 ErfK/*Oetker* § 30 Rz. 5; Richardi/*Richardi*, § 5 BetrVG Rz. 281; § 87 Rz. 813; aA *Löwisch*, § 30 SprAuG Rz. 3, der aus dem schwächeren Beteiligungsrecht des SprAu auf die Beteiligung bei „Gehaltserhöhungen und Gehaltskürzungen" schließt; ebenso nehmen Borgwardt/Fischer/Janert/*Fischer*, § 30 SprAuG Rz. 4, ein Beteiligungsrecht für die Frage der „Dotierung einzelner Gehaltsgruppen oder -bänder wie auch gruppenbezogene Grundsätze der Gehaltsregulierung" an. |7 *Hromadka*, § 30 SprAuG Rz. 14. |8 Richardi/*Richardi*, § 5 BetrVG Rz. 281; ErfK/*Oetker*, § 30 Rz. 8 mwN; MünchArbR/*Joost*, § 324 Rz. 70. |9 *Löwisch*, § 30 SprAuG Rz. 6. |10 BT-Drs. 11/2503, S. 43. |11 *Kaiser*, Rz. 254; dazu zählen auch formalisierte Zielsetzungsgespräche, falls sie der Bewertung der Leistung anhand bestimmter Kriterien in einem bestimmten Zeitraum dienen, Hromadka/*Maschmann*, Arbeitsrecht, Band 2, § 16 Rz. 713. |12 *Bauer*, § 30 Anm. III; ErfK/*Oetker*, § 30 Rz. 10 f. mwN.

SprAu kann zwar auch eine **nachträgliche Durchführung** des Mitwirkungsverfahrens verlangen[1], allerdings bleibt davon die **Wirksamkeit** einer unter Verletzung des Beteiligungsrechts ergangenen Maßnahme unberührt[2]. Ob dem SprAu ein im Wege des einstweiligen Rechtsschutzes durchzusetzender **Unterlassungsanspruch** zusteht, ist umstritten[3]. Die **Beratungspflicht** des ArbGeb, also eine inhaltliche Auseinandersetzung mit der Position des SprAu, ändert nichts am **Letztentscheidungsrecht** des ArbGeb – es besteht keine Pflicht zum Kompromiss (s. § 2 Rz. 2).

31 Personelle Maßnahmen

(1) Eine beabsichtigte Einstellung oder personelle Veränderung eines leitenden Angestellten ist dem Sprecherausschuss rechtzeitig mitzuteilen.

(2) Der Sprecherausschuss ist vor jeder Kündigung eines leitenden Angestellten zu hören. Der Arbeitgeber hat ihm die Gründe für die Kündigung mitzuteilen. Eine ohne Anhörung des Sprecherausschusses ausgesprochene Kündigung ist unwirksam. Bedenken gegen eine ordentliche Kündigung hat der Sprecherausschuss dem Arbeitgeber spätestens innerhalb einer Woche, Bedenken gegen eine außerordentliche Kündigung unverzüglich, spätestens jedoch innerhalb von drei Tagen, unter Angabe der Gründe schriftlich mitzuteilen. Äußert er sich innerhalb der nach Satz 4 maßgebenden Frist nicht, so gilt dies als Einverständnis des Sprecherausschusses mit der Kündigung.

(3) Die Mitglieder des Sprecherausschusses sind verpflichtet, über die ihnen im Rahmen personeller Maßnahmen nach den Absätzen 1 und 2 bekannt gewordenen persönlichen Verhältnisse und Angelegenheiten der leitenden Angestellten, die ihrer Bedeutung oder ihrem Inhalt nach einer vertraulichen Behandlung bedürfen, Stillschweigen zu bewahren; § 29 Abs. 1 Satz 2 und 3 gilt entsprechend.

I. Vorbemerkung. § 31 weicht vom Grundsatz der Beschränkung auf eine rein kollektiv-rechtliche Interessenwahrung (s. § 25 Rz. 1, § 30 Rz. 1) insoweit ab, als er die Zuständigkeit des SprAu auf Einstellungen, personelle Veränderung und Kündigung eines leitenden Angestellten – also auf individualrechtliche Angelegenheiten – erweitert.

II. Einstellung und personelle Veränderung eines leitenden Angestellten. Das Mitwirkungsrecht des SprAu ist unabhängig von Wirksamkeit oder Bestand der rechtsgeschäftlichen Einigung von ArbGeb und einzelnem leitenden Angestellten und knüpft allein an die Tatsache der personellen Veränderung auf vorhandenen oder neu geschaffenen Arbeitsplätzen an[4]. Erfasst wird auch die **Beförderung** eines bereits im Betrieb beschäftigten ArbN zum leitenden Angestellten[5]. Es genügt auch eine **vorübergehende** Übertragung einer entsprechenden Position[6].

Der SprAu soll über die **Besetzung der Leitungspositionen** ständig unterrichtet sein und ist über Versetzungen (s. § 99 BetrVG Rz. 36), Umgruppierungen (s. § 99 BetrVG Rz. 32), Erteilung oder Widerruf von handelsrechtlichen Vollmachten (Prokura, Handlungsvollmacht, Generalvollmacht) sowie **sonstige Veränderungen der Aufgabe oder der Position** von leitenden Angestellten rechtzeitig zu informieren[7]. Der Mitteilungspflicht sollen auch Veränderungen im Bestand der Arbeitsverträge unterliegen[8]. Die Informationspflicht erstreckt sich auf die im Einzelfall jeweils entscheidungsrelevanten Angaben. Neben der Person des Einzustellenden bzw. des von der Maßnahme Betroffenen ist dem SprAu Mitteilung über die Art und Wirkung der Maßnahme – bezogen auf den Aufgabenkreis des SprAu – zu machen. Der ArbGeb unterliegt keiner ausdrücklichen Pflicht zur **Beratung** der Maßnahme mit dem SprAu[9]. Eine **Verletzung** kann als Ordnungswidrigkeit iSd. § 36 geahndet werden, lässt aber die Wirksamkeit der Maßnahme auf Individualebene unberührt (Ausnahme § 31 Abs. 2 Satz 3 für den Fall der Kündigung, s. Rz. 4).

III. Kündigung. Vor **jeder** Kündigung eines leitenden Angestellten ist der SprAu anzuhören, § 31 Abs. 2 Satz 1[10]. Die Pflicht zur Anhörung besteht auch in Eilfällen und ist nicht dispositiv[11]. Ohne ord-

---

1 *Löwisch*, § 30 SprAuG Rz. 12; ErfK/*Oetker*, § 30 Rz. 13. | 2 *Oetker*, BB 1990, 2181 (2186), im Gegenschluss zu § 31 Abs. 2 Satz 3. | 3 Bejahend: *Löwisch*, § 30 SprAuG Rz. 16, wegen des Fehlens einer § 23 Abs. 3 BetrVG entsprechenden Regelung im SprAu; abl.: ErfK/*Oetker*, § 30 Rz. 13 ohne Begründung mwN; *Hromadka*, § 30 SprAuG Rz. 31, mit dem Argument, der SprAu dürfe nicht in die Unternehmensführung eingreifen und der SprAu habe keine über die Möglichkeiten des Betriebsrats hinausgehenden Befugnisse; *Bauer*, § 30 SprAuG Anm. VI. | 4 Richardi/*Thüsing*, § 99 BetrVG Rz. 29 f. | 5 *Löwisch*, § 30 SprAuG Rz. 3, da die Interessen der übrigen leitenden Angestellten berührt werden. | 6 BAG v. 9.3.1976 – 1 ABR 53/74, AuR 1976, 152 (152); vgl. näher § 99 Rz. 44 ff. | 7 ErfK/*Oetker*, § 31 Rz. 4 mwN; MünchArbR/*Joost*, § 324 Rz. 77 mwN. | 8 *Hromadka/Maschmann*, Arbeitsrecht, Band 2, § 16 Rz. 717; aA *Hromadka*, § 31 SprAuG Rz. 9, der bei Auflösung des Arbeitsverhältnisses durch Auflösungsvertrag keine Informationspflicht des ArbGeb annimmt, es sei denn der ArbN behält sich eine Bedenkfrist zur Annahme des Angebots zum Abschluss eines Aufhebungsvertrags vor; dann sei der SprAu unverzüglich zu informieren; für eine nachträgliche Information des SprAu auch *Schaub*, § 253 Rz. 6. | 9 MünchArbR/*Joost*, § 324 Rz. 79, leitet aber aus dem Grundsatz zur vertrauensvollen Zusammenarbeit iSd. § 2 Abs. 1 Satz 1 ab, der Arbeitgeber könne sich dem Wunsch nach einer Erörterung nicht entziehen, soweit der SprAu im Rahmen des § 25 Abs. 1 tätig wird; nach *Schaub*, § 253 Rz. 13, ergibt sich aus diesem Gebot, dass der SprAu „wenigstens Bedenken vortragen können muss". | 10 BAG v. 27.9.2001 – 2 AZR 176/00, AP Nr. 6 zu § 14 KSchG unter B. I. 1 a) d. Gr. | 11 *Schaub*, § 253 Rz. 7, bezeichnet § 31 Abs. 2 als Spezialregelung gegenüber §§ 25 Abs. 1 Satz 2, 26.

nungsgemäße Beteiligung des SprAu ist die Kündigung **unwirksam**, § 31 Abs. 2 Satz 3[1]. Insoweit macht es keinen Unterschied, ob der SprAu überhaupt nicht beteiligt wurde oder ob der ArbGeb seiner Unterrichtungspflicht „nicht richtig, insb. nicht ausführlich genug, oder bewusst irreführend nachgekommen ist"[2]. Ob und wie der SprAu zu der mangelhaften Anhörung Stellung genommen hat, ist dabei unerheblich[3]. Der SprAu muss vollständig über die konkreten maßgeblichen Kündigungsgründe informiert werden; insb. darf der ArbGeb ihm bekannten und – bereits aus seiner Sicht – für die Stellungnahme des SprAu möglicherweise relevanten Tatsachen verschweigen[4]. Bezüglich Gegenstand, Zeitpunkt, Inhalt, Form des Anhörungsverfahrens kann auf die Kommentierung zu § 102 BetrVG verwiesen werden (s. § 102 Rz. 18 ff.).

5   Im Gegensatz zum BR hat der SprAu keine Möglichkeit, Widerspruch gegen die Kündigung zu erheben; das SprAuG sieht dementsprechend auch **keinen besonderen Weiterbeschäftigungsanspruch** des gekündigten leitenden Angestellten vor. Wegen der besonderen Stellung der leitenden Angestellten und dem schützenswerten Interesse des ArbGeb, Leitungspositionen mit Personen seines Vertrauens zu besetzen, wird in der Regel auch kein **allgemeiner Weiterbeschäftigungsanspruch** in Betracht kommen[5]. Unklar ist, ob ein leitender Angestellter iSd. BetrVG, der nicht als solcher iSd. § 14 KSchG zu qualifizieren ist, einen **Kündigungseinspruch** nach § 3 KSchG einlegen kann[6].

6   **IV. Pflicht zur Verschwiegenheit.** Nach § 31 Abs. 3 trifft die Mitglieder des SprAu eine besondere Pflicht zur Verschwiegenheit[7]. Diese Pflicht gilt **nicht gegenüber** den in § 29 Abs. 1 Satz 3 genannten Organen bzw. deren Mitgliedern, die ebenfalls Stillschweigen zu wahren haben[8]. Die **Verletzung** dieser Verschwiegenheitspflicht wird gem. § 35 Abs. 2 als **Straftat** sanktioniert; § 31 Abs. 3 ist ein **Schutzgesetz iSd. § 823 Abs. 2 BGB**.

32 Wirtschaftliche Angelegenheiten

(1) Der Unternehmer hat den Sprecherausschuss mindestens einmal im Kalenderhalbjahr über die wirtschaftlichen Angelegenheiten des Betriebs und des Unternehmens im Sinne des § 106 Abs. 3 des Betriebsverfassungsgesetzes zu unterrichten, soweit dadurch nicht die Betriebs- oder Geschäftsgeheimnisse des Unternehmens gefährdet werden. Satz 1 gilt nicht für Unternehmen und Betriebe im Sinne des § 118 Abs. 1 des Betriebsverfassungsgesetzes.

(2) Der Unternehmer hat den Sprecherausschuss über geplante Betriebsänderungen im Sinne des § 111 des Betriebsverfassungsgesetzes, die auch wesentliche Nachteile für leitende Angestellte zur Folge haben können, rechtzeitig und umfassend zu unterrichten. Entstehen leitenden Angestellten infolge der geplanten Betriebsänderung wirtschaftliche Nachteile, hat der Unternehmer mit dem Sprecherausschuss über Maßnahmen zum Ausgleich oder zur Milderung dieser Nachteile zu beraten.

1   **I. Vorbemerkung.** Wie der BR soll der SprAu einen laufenden Einblick in die wirtschaftliche Situation des Unternehmens erhalten und drohende wirtschaftliche Nachteile für die leitenden Angestellten in Folge geplanter Betriebsänderungen abwenden. Im Gegensatz zum BetrVG kann der SprAu aber **weder einen Interessenausgleich** iSd. § 111 BetrVG vereinbaren **noch einen Sozialplan erzwingen**. Ausgenommen von der Unterrichtspflicht sind Tendenzunternehmen und -betriebe, § 32 Abs. 1 Satz 2.

2   **II. Unterrichtung über wirtschaftliche Angelegenheiten.** Die Unterrichtung über die wirtschaftlichen Angelegenheiten des Unternehmens erfolgt gegenüber dem **SprAu als Organ** und ist unabhängig vom Kenntnisstand einzelner Mitglieder. Diese Informationspflicht trifft den **ArbGeb**[9], sobald in einem Betrieb ein **SprAu gebildet** ist; auf dessen Beschäftigtenzahl kommt es nicht an. Eine **Ausnahme** gilt gem. § 32 Abs. 1 Satz 2 für Tendenzunternehmen bzw. -betriebe iSd. § 118 Abs. 1 BetrVG (dazu s. dort Rz. 2 ff.). Ausgenommen von der Unterrichtungspflicht sind auch Informationen, die eine Gefährdung von Betriebs- oder Geschäftsgeheimnissen bedeuten (zu den Begriffen s. § 106 BetrVG Rz. 48 ff.).

3   Was **Gegenstand der Unterrichtung** ist, richtet sich gem. § 32 Abs. 1 Satz 1 nach § 106 Abs. 3 BetrVG (s. § 106 BetrVG Rz. 55 ff.). Zwar verweist § 32 Abs. 1 nicht auf § 108 Abs. 5 BetrVG, doch fällt die Vorstellung und Erläuterung des **Jahresabschlusses** in die allgemeine Pflicht des ArbGeb zur Unterrichtung über die wirtschaftlichen Angelegenheiten[10]. Eine mit § 106 Abs. 2 BetrVG vergleichbare Pflicht des ArbGeb, dem SprAu erforderliche **Unterlagen vorzulegen**, ist nicht ausdrücklich vorgesehen. Dennoch be-

---

1 Der ArbGeb trägt die Darlegungs- und Beweislast für die ordnungsgemäße Durchführung des Anhörungsverfahrens. | 2 BAG v. 27.9.2001 – 2 AZR 176/00, AP Nr. 6 zu § 14 KSchG unter B. I. 1. b) d. Gr. | 3 BAG v. 29.3.1990 – 2 AZR 420/89, AP Nr. 56 zu § 102 BetrVG 1972 unter II. 1. d. Gr. | 4 BAG v. 27.9.2001 – 2 AZR 176/00, AP Nr. 6 zu § 14 KSchG unter B. I. 1. b) d. Gr. | 5 MünchArbR/*Joost*, § 324 Rz. 83; offen bei ErfK/*Oetker*, § 31 Rz. 10. | 6 Offen ErfK/*Oetker*, § 31 Rz. 11 f.; dagegen MünchArbR/*Joost*, § 324 Rz. 84 f.; für eine analoge Anwendung des § 3 KSchG *Hromadka*, § 30 SprAuG Rz. 20, wobei an die Stelle des Betriebsrats der SprAu trete. | 7 MünchArbR/*Joost*, § 324 Rz. 86; *Hromadka*, § 31 SprAuG Rz. 39. | 8 ErfK/*Oetker*, § 31 Rz. 13, der diese Pflicht aus § 35 Abs. 2 ableitet. | 9 MünchArbR/*Joost*, § 319 Rz. 3 und § 324 Rz. 97; wie § 106 Abs. 2 BetrVG bezieht sich auch § 32 Abs. 1 Satz 1 auf den Rechtsträger des Unternehmens, der in diesem Zusammenhang identisch mit dem Arbeitgeber ist. | 10 *Schaub*, § 254 Rz. 4, zählt dies allgemein zur Unterrichtungspflicht iSd. § 32 Abs. 1; MünchArbR/*Joost*, § 324 Rz. 95 mwN.

steht im Ergebnis Einigkeit darüber, dass dem SprAu die jeweils maßgeblichen Unterlagen **zur Einsichtnahme vorzulegen** sind und die Unterrichtung unter Bezugnahme auf sie erfolgt[1]. Wegen der Vertraulichkeit des Materials dürfen eigenmächtig **keine** Abschriften oder Ablichtungen erstellt werden[2].

Das **Mitwirkungsrecht** des SprAu beschränkt § 32 Abs. 1 auf die **bloße Unterrichtung** über die wirtschaftlichen Angelegenheiten. Der SprAu kann also keine Beratung mit dem ArbGeb verlangen; allerdings kann er die erlangten Informationen verwenden, um im Rahmen der §§ **25 Abs. 1 Satz 1, 28** initiativ zu werden und die dort eingeräumten Beteiligungsrechte wahrzunehmen. Darüber hinaus wird dem SprAu teilweise das Recht zugestanden, eine **Stellungnahme** zu der Unterrichtung bzw. der wirtschaftlichen Situation abzugeben, die der ArbGeb entgegennehmen müsse[3].

Die Unterrichtung hat **einmal jährlich** zu erfolgen. Ein **bestimmter Termin** ist **nicht** vorgesehen, so dass der ArbGeb insoweit nach seinem Ermessen verfahren kann; dabei ist aber nicht nur das Gebot der vertrauensvollen Zusammenarbeit (§ 2 Abs. 1), sondern auch § 25 Abs. 2 Satz 1 zu beachten, wonach der SprAu zur Wahrnehmung seiner Aufgaben rechtzeitig zu unterrichten ist[4]. Unter diesem Gesichtspunkt wird eine Unterrichtungspflicht **auch außerhalb des gesetzlichen Jahresturnus** anerkannt[5]. **Zuständig** ist regelmäßig der SprAu bzw. der alternativ gebildete UnternehmensSprAu, allerdings kann der GesamtSprAu gem. § 18 Abs. 2 von einzelnen SprAu **beauftragt** werden, das Unterrichtungsrecht wahrzunehmen.

III. Betriebsänderungen. Zum Begriff der **Betriebsänderung** s. § 111 BetrVG Rz. 19 ff.. Änderungen, die **allein die Ebene des Rechtsträgers** betreffen und keine Auswirkungen auf die betriebliche Organisationsebene haben, bleiben **unberücksichtigt**; sie fallen aber unter Abs. 1. Der Verweis auf § 111 BetrVG dient **lediglich der Klarstellung**, „dass der dort umschriebene Begriff der Betriebsänderung auch im Rahmen dieser Vorschrift gilt"[6]. Mit der Verweisung wird das Beteiligungsrecht des SprAu **nicht an die Existenz eines BR gekoppelt**[7]; es handelt sich um selbständige Organe, die einen unterschiedlichen Personenkreis repräsentieren[8]. Zum **Begriff** der **wesentlichen Nachteile** s. § 111 BetrVG Rz. 21. § 32 Abs. 2 Satz 1 verlangt ausdrücklich, dass bei Betriebsänderungen Nachteile im oben genannten Sinn „auch" für leitende Angestellte eintreten können; ob insoweit eine **konkrete Gefahr** besteht, bedarf einer **Prüfung der Umstände des Einzelfalls**[9]. Ausreichend ist bereits die Betroffenheit **eines** leitenden Angestellten.

Die **Unterrichtung** des SprAu hat **rechtzeitig und umfassend** zu erfolgen (s. dazu § 111 BetrVG Rz. 33 ff.), § 32 Abs. 2 Satz 1, also va. Umfang und Auswirkungen der Betriebsänderung zu einem Zeitpunkt darzustellen, in dem die Planung noch keine endgültige Gestalt angenommen hat und auch Verhandlungen iSd. § 32 Abs. 2 Satz 2 noch ohne zeitlichen Druck erfolgen können. Die Pflicht des ArbGeb, dem SprAu **Unterlagen vorzulegen**, wird nicht ausdrücklich festgelegt, ist im Ergebnis aber anerkannt[10]. Zur Offenlegung von Betriebs- oder Geschäftsgeheimnissen ist der ArbGeb auch hier nicht verpflichtet[11]. Hinsichtlich des „Ob", „Wann" oder „Wie" der geplanten Betriebsänderung hat der SprAu keine durchsetzungsfähigen (Mit-)Gestaltungsrechte, er kann im Gegensatz zum BR vom ArbGeb keine Verhandlung über einen **Interessenausgleich** verlangen.

Eine **Beratungspflicht** trifft den ArbGeb nur hinsichtlich der wirtschaftlichen Nachteile, die leitenden Angestellten in Folge der Betriebsänderung entstehen (§ 32 Abs. 2 Satz 2)[12]. § 32 Abs. 2 Satz 2 verlangt **nicht** den Eintritt **wesentlicher** Nachteile. Ob ein wirtschaftlicher Nachteil vorliegt, **bemisst** sich nach der Rechtsstellung, die der leitende Angestellte auf Grund seines Arbeitsverhältnisses hat[13]. Es genügt, wenn ein leitender Angestellter betroffen ist[14]. Nachdem auch hier die Beratungspflicht in das **Planungsstadium** fällt, muss der Eintritt der Nachteile **als Folge** der Betriebsänderung **absehbar** sein. Die Aufstellung eines **Sozialplans** iSd. § 112 Abs. 1 Satz 2 BetrVG kann **nicht erzwungen** werden. Ist

---

1 Für die Anwendung des § 25 Abs. 2 Satz 2: *Löwisch*, § 32 SprAuG Rz. 21, der eine Pflicht zur *Vorlage* von Unterlagen annimmt, wenn andernfalls keine ordnungsgemäße Unterrichtung des SprAu zu erreichen ist; vgl. auch *Hromadka*, § 32 SprAuG Rz. 47, für Fälle komplizierter technischer und wirtschaftlicher Vorgänge; *Schaub*, § 254 Rz. 7; eine Pflicht zur Überlassung der Unterlagen wird aber nicht angenommen. Für analoge Anwendung des § 106 Abs. 2 BetrVG: MünchArbR/*Joost*, § 324 Rz. 99, wegen der in § 25 Abs. 2 gegenüber § 106 Abs. 2 BetrVG weiter gehenden Pflicht zur zur Verfügung Stellung der Unterlagen, so dass dem SprAu weiter reichende Befugnisse eingeräumt wären als dem Wirtschaftsausschuss. | 2 *Fitting*, § 106 BetrVG Rz. 24 mwN. | 3 *Schaub*, § 254 Rz. 6, zieht dafür den Grundsatz der vertrauensvollen Zusammenarbeit, § 2 Abs. 1, heran; *Löwisch*, § 32 SprAuG Rz. 20 greift auf die allgemeine Aufgabe der Interessenwahrung der leitenden Angestellten gem. § 25 Abs. 1 Satz 1 zurück. | 4 MünchArbR/*Joost*, § 324 Rz. 98. | 5 ErfK/*Oetker*, § 32 Rz. 8; *Hromadka*, § 32 SprAuG Rz. 46. | 6 BT-Drs. 11/2503, S. 43; s. auch ErfK/*Oetker*, § 32 Rz. 16 mwN. | 7 *Kaiser*, Rz. 333; MünchArbR/*Joost*, § 324 Rz. 105. So auch *Löwisch*, § 32 SprAuG Rz. 54. | 8 *Schaub*, § 254 Rz. 12 und *Löwisch*, § 32 SprAuG Rz. 54, setzen aber zusätzlich voraus, dass in dem Betrieb mindestens 20 ArbN beschäftigt werden. | 9 Dagegen besteht für die Beteiligung des BR eine entsprechende Vermutung, s. *Fitting*, § 111 BetrVG Rz. 40 f. | 10 Auf § 25 Abs. 2 Satz 2 stellt MünchArbR/*Joost*, § 324 Rz. 109, ab, der damit auch einen Anspruch des SprAu anerkennt; allgemein auf § 25 bezieht sich *Schaub*, § 254 Rz. 19, sowie dies „zum Verständnis notwendig" sei. | 11 *Löwisch*, § 32 SprAuG Rz. 59, plädiert für eine analoge Anwendung des § 106 Abs. 2 BetrVG; *Kaiser*, Rz. 337, will § 32 Abs. 1 Satz 1 Halbs. 2 entsprechend heranziehen. | 12 Der SprAu kann aber auch selbst die Initiative ergreifen, indem er im Rahmen des § 25 Abs. 1 tätig wird. | 13 Richardi/*Annuß*, § 112 BetrVG Rz. 86. | 14 *Hromadka*, § 32 SprAuG Rz. 51.

der ArbGeb aber zu Leistungen bereit, kann eine **Vereinbarung iSd. § 28** abgeschlossen werden, die – in der Form einer Sprechervereinbarung (s. § 28 Rz. 10 f.) – dieselbe Wirkung hat wie ein Sozialplan iSd. § 112 Abs. 1 Satz 2 BetrVG. **Gegenstand** dieser Vereinbarung kann alles sein, was zulässigerweise in einem Sozialplan geregelt werden kann. Schließt der ArbGeb mit dem BR einen Sozialplan ab, will aber den leitenden Angestellten keinen Ausgleich ihrer wirtschaftlichen Nachteile gewähren, können diese auch unter dem Gesichtspunkt der **Gleichbehandlung** keine Rechte geltend machen.

9 **Zuständig** zur Wahrnehmung dieses Beteiligungsrechts ist grundsätzlich der SprAu oder der UnternehmensSprAu. Soweit die Betriebsänderungen aber betriebsübergreifende Folgen haben, kann auch ein Fall der originären Zuständigkeit des GesamtSprAu bzw. des KonzernSprAu gegeben sein (§§ 18 und 23). Um insoweit Unklarheiten zu vermeiden, können die SprAu einen **Verhandlungsauftrag** iSd. § 18 Abs. 2 an den GesamtSprAu erteilen. Die **Verletzung** der Beteiligungsrechte stellt eine Ordnungswidrigkeit iSd. § 36 dar. Ein Anspruch des SprAu gegenüber dem ArbGeb **auf Unterlassung** der Betriebsänderung besteht allerdings **nicht**[1].

Vierter Teil. Besondere Vorschriften

33 *Seeschifffahrt*
(1) Auf Seeschifffahrtsunternehmen (§ 114 Abs. 2 des Betriebsverfassungsgesetzes) und ihre Betriebe ist dieses Gesetz anzuwenden, soweit sich aus den Absätzen 2 bis 4 nichts anderes ergibt.

(2) Sprecherausschüsse werden nur in den Landbetrieben von Seeschifffahrtsunternehmen gewählt.

(3) Leitende Angestellte im Sinne des § 1 Abs. 1 dieses Gesetzes sind in einem Seebetrieb (§ 114 Abs. 3 und 4 des Betriebsverfassungsgesetzes) nur die Kapitäne. Sie gelten für die Anwendung dieses Gesetzes als leitende Angestellte des Landbetriebs. Bestehen mehrere Landbetriebe, so gelten sie als leitende Angestellte des nach der Zahl der leitenden Angestellten größten Landbetriebs.

(4) Die Vorschriften über die Wahl des Sprecherausschusses finden auf Sprecherausschüsse in den Landbetrieben von Seeschifffahrtsunternehmen mit folgender Maßgabe Anwendung: Die in § 7 Abs. 1 genannte Frist wird auf sechzehn Wochen verlängert. Die Frist für die Wahlanfechtung nach § 8 Abs. 1 Satz 3 beginnt für die leitenden Angestellten an Bord, wenn das Schiff nach Bekanntgabe des Wahlergebnisses erstmalig einen Hafen im Geltungsbereich dieses Gesetzes oder einen Hafen, in dem ein Seemannsamt seinen Sitz hat, anläuft. Nach Ablauf von drei Monaten seit Bekanntgabe des Wahlergebnisses ist eine Wahlanfechtung unzulässig. Die Wahlanfechtung kann auch zu Protokoll des Seemannsamtes erklärt werden. Die Anfechtungserklärung ist vom Seemannsamt unverzüglich an das für die Anfechtung zuständige Arbeitsgericht weiterzuleiten.

Fünfter Teil. Straf- und Bußgeldvorschriften

34 *Straftaten gegen Vertretungsorgane der leitenden Angestellten und ihre Mitglieder*
(1) Mit Freiheitsstrafe bis zu einem Jahr oder mit Geldstrafe wird bestraft, wer
1. eine Wahl des Sprecherausschusses oder des Unternehmenssprecherausschusses behindert oder durch Zufügung oder Androhung von Nachteilen oder durch Gewährung oder Versprechen von Vorteilen beeinflusst,
2. die Tätigkeit des Sprecherausschusses, des Gesamtsprecherausschusses, des Unternehmenssprecherausschusses oder des Konzernsprecherausschusses behindert oder stört oder
3. ein Mitglied oder ein Ersatzmitglied des Sprecherausschusses, des Gesamtsprecherausschusses, des Unternehmenssprecherausschusses oder des Konzernsprecherausschusses um seiner Tätigkeit willen benachteiligt oder begünstigt.

(2) Die Tat wird nur auf Antrag des Sprecherausschusses, des Gesamtsprecherausschusses, des Unternehmenssprecherausschusses, des Konzernsprecherausschusses, des Wahlvorstands oder des Unternehmers verfolgt.

35 *Verletzung von Geheimnissen*
(1) Wer unbefugt ein fremdes Betriebs- oder Geschäftsgeheimnis offenbart, das ihm in seiner Eigenschaft als Mitglied oder Ersatzmitglied des Sprecherausschusses, des Gesamtsprecherausschusses, des Unternehmenssprecherausschusses oder des Konzernsprecherausschusses bekanntgeworden und das vom Arbeitgeber ausdrücklich als geheimhaltungsbedürftig bezeichnet worden ist, wird mit Freiheitsstrafe bis zu einem Jahr oder mit Geldstrafe bestraft.

---

1 ErfK/*Oetker*, § 32 Rz. 22.

(2) Ebenso wird bestraft, wer unbefugt ein fremdes Geheimnis eines leitenden Angestellten oder eines anderen Arbeitnehmers, namentlich ein zu dessen persönlichen Lebensbereich gehörendes Geheimnis, offenbart, das ihm in seiner Eigenschaft als Mitglied oder Ersatzmitglied des Sprecherausschusses oder einer der in Absatz 1 genannten Vertretungen bekannt geworden ist und über das nach den Vorschriften dieses Gesetzes Stillschweigen zu bewahren ist.

(3) Handelt der Täter gegen Entgelt oder in der Absicht, sich oder einen anderen zu bereichern oder einen anderen zu schädigen, so ist die Strafe Freiheitsstrafe bis zu zwei Jahren oder Geldstrafe. Ebenso wird bestraft, wer unbefugt ein fremdes Geheimnis, namentlich ein Betriebs- oder Geschäftsgeheimnis, zu dessen Geheimhaltung er nach den Absätzen 1 oder 2 verpflichtet ist, verwertet.

(4) Die Absätze 1 bis 3 sind auch anzuwenden, wenn der Täter das fremde Geheimnis nach dem Tode des Betroffenen unbefugt offenbart oder verwertet.

(5) Die Tat wird nur auf Antrag des Verletzten verfolgt. Stirbt der Verletzte, so geht das Antragsrecht nach § 77 Abs. 2 des Strafgesetzbuches auf die Angehörigen über, wenn das Geheimnis zum persönlichen Lebensbereich des Verletzten gehört; in anderen Fällen geht es auf die Erben über. Offenbart der Täter das Geheimnis nach dem Tode des Betroffenen, so gilt Satz 2 entsprechend.

36 *Bußgeldvorschriften*

(1) Ordnungswidrig handelt, wer eine der in § 30 Satz 1, § 31 Abs. 1 oder § 32 Abs. 1 Satz 1 oder Abs. 2 Satz 1 genannten Unterrichtungs- oder Mitteilungspflichten nicht, wahrheitswidrig, unvollständig oder verspätet erfüllt.

(2) Die Ordnungswidrigkeit kann mit einer Geldbuße bis zu zehntausend Euro geahndet werden.

Sechster Teil. Übergangs- und Schlussvorschriften

37 *Erstmalige Wahlen nach diesem Gesetz*

(1) Die erstmaligen Wahlen des Sprecherausschusses oder des Unternehmenssprecherausschusses finden im Zeitraum der regelmäßigen Wahlen nach § 5 Abs. 1 im Jahre 1990 statt. § 7 Abs. 2 und 3 findet Anwendung.

(2) Auf Sprecherausschüsse, die aufgrund von Vereinbarungen gebildet worden sind und bei Inkrafttreten dieses Gesetzes bestehen, findet dieses Gesetz keine Anwendung. Sie bleiben bis zur Wahl nach Absatz 1, spätestens bis zum 31. Mai 1990, im Amt.

38 *Ermächtigung zum Erlass von Wahlordnungen*

Das Bundesministerium für Wirtschaft und Arbeit kann durch Rechtsverordnung zur Regelung des Wahlverfahrens Vorschriften über die in den §§ 3 bis 8, 20 und 33 bezeichneten Wahlen erlassen, insbesondere über
– die Vorbereitung der Wahl, insbesondere die Aufstellung der Wählerlisten;
– die Frist für die Einsichtnahme in die Wählerlisten und die Erhebung von Einsprüchen gegen sie;
– die Vorschlagslisten und die Frist für ihre Einreichung;
– das Wahlausschreiben und die Fristen für seine Bekanntmachung;
– die Stimmabgabe;
– die Feststellung des Wahlergebnisses und die Fristen für seine Bekanntmachung;
– die Aufbewahrung der Wahlakten.

39 *Berlin-Klausel*
(gegenstandslos)

Tarifvertragsgesetz (TVG)

in der Fassung vom 25.8.1969 (BGBl. I S. 1323),
geändert durch Heimarbeitsänderungsgesetz vom 29.10.1974 (BGBl. I S. 2879) und Art. 175 Achte Zuständigkeitsanpassungsverordnung vom 25.11.2003 (BGBl. I S. 2304) mit Maßgaben für das Gebiet der ehemaligen DDR durch Anlage I Kapitel VIII Sachgebiet A Abschnitt III Nr. 14 des Einigungsvertrags vom 31.8.1990 (BGBl. II S. 889/1023)

Einleitung

I. Grundlagen 1	III. Verhältnis zu anderen Rechtsquellen 14
1. Historische Entwicklung des Tarifvertragsrechts in Deutschland 1	1. Europäisches und internationales Recht . . . 14
2. Rechtstatsächliche Bedeutung des Tarifvertrages 3	2. Bindung an Verfassungsrecht 15
	a) Grundrechtsbindung 15
II. Tarifautonomie 5	b) Bindung an verfassungsrechtliche Grundsätze 19
1. Begriff 5	c) Gerichtliche Kontrolle der Verfassungsmäßigkeit 23
2. Unverzichtbare Grundbedingungen der Tarifautonomie 6	3. Gesetzesrecht 24
3. Aufgaben und Funktionen 8	a) Tarifoffenheit 24
a) Schutzfunktion 9	b) Tarifdispositives Recht 27
b) Friedensfunktion 10	c) Tarifvertragliche Bezugnahme 29
c) Ordnungsfunktion 11	4. Tarifdispositives Richterrecht 32
d) Verteilungsfunktion 12	5. Sonstige staatliche Rechtsnormen 33
e) Gesamtgesellschaftliche Aufgaben 13	6. Verhältnis zur Betriebsvereinbarung 34
	IV. Innenschranken der Tarifautonomie 35
	V. Reformvorschläge/Aktuelle Entwicklungen . . 37
	VI. Internationales 38

Lit.: *Adomeit*, Regelung von Arbeitsbedingungen und ökonomische Notwendigkeiten, 1996; *Belling*, Die außerordentliche Anpassung von Tarifverträgen an veränderte Umstände, NZA 1996, 906; *Beuthien/Meik*, Wenn Tariftreue unzumutbar wird, DB 1993, 1518; *Buchner*, Tarifliche Arbeitszeitbestimmung und Günstigkeitsprinzip, DB 1990, 1715; *Buchner*, Die Umsetzung der Tarifverträge im Betrieb, RdA 1990, 1; *Büdenbender*, Tarifbindung trotz Austritts aus dem Arbeitgeberverband – eine notwendige oder eine korrekturbedürftige Regelung?, NZA 2000, 509; *Dieterich*, Flexibilisiertes Tarifrecht und Grundgesetz, RdA 2002, 1; *Eekhoff*, Beschäftigung und soziale Sicherung, 1996, S. 63; *Franzen*, Tarifrechtssystem und Gewerkschaftswettbewerb – Überlegungen zur Flexibilisierung des Flächentarifvertrags, RdA 2001, 1; *Henssler*, Arbeitsrecht und Schuldrechtsreform, RdA 2002, 129; *Henssler*, Firmentarifverträge und unternehmensbezogene Verbandstarifverträge als Instrumente einer flexiblen, betriebsnahen Tarifpolitik, ZfA 1998, 517; *Henssler*, Flexibilisierung der Arbeitsmarktordnung, ZfA 1994, 487; *Henssler*, Tarifautonomie und Gesetzgebung, ZfA 1998, 1; *Hundt*, Ein reformierter Flächentarifvertrag hat Zukunft, Arbeitgeber 1998, S. 49 f.; *Jacklofsky*, Tarifdispositivität der richterlichen Grundsätze des BAG zur Beschränkung der Arbeitnehmerhaftung, NZA 2001, 644; *Kempen*, Kollektivautonomie contra Privatautonomie: Arbeitsvertrag und Tarifvertrag, Sonderbeilage zu NZA Heft 3/2000, 7; *Lesch*, Dezentralisierung der Tarifpolitik und Reform des Tarifrechts, DB 2000, 322; *Löwisch*, Die Freiheit zu arbeiten – nach dem Günstigkeitsprinzip, BB 1991, 59; *Löwisch*, Tariföffnung bei Unternehmens- und Arbeitsplatzgefährdung, NJW 1997, 905; *Merten/Papier* (Hrsg.), Handbuch der Grundrechte in Deutschland und Europa, 2004; *Oetker*, Die Kündigung von Tarifverträgen, RdA 1995, 82; *Reinecke*, Kontrolle Allgemeiner Arbeitsbedingungen nach dem Schuldrechtsmodernisierungsgesetz, DB 2002, 583; *Rieble*, Krise des Flächentarifvertrages, RdA 1996, 151; *Sandmann*, Die Unterscheidung zwischen deklaratorischen und konstitutiven Tarifvertragsklauseln aus verfassungsrechtlicher Sicht, RdA 2002, 73; *Schleusener*, Überlegungen zur Reform des Tarifvertragsrechts, NJ 1998, 561; *Schliemann*, Arbeitsgerichtliche Kontrolle von Tarifverträgen, ZTR 2000, 198; *Wendeling-Schröder*, Betriebliche Ergänzungstarifverträge, NZA 1998, 624; *Wiesner*, Tarifverträge über den Rationalisierungsschutz für Angestellte und Arbeiter, ZTR 2001, 304; *Winkler*, Hat der Flächentarifvertrag eine Zukunft?, Sonderbeilage zu NZA Heft 24/2000, 11.

1 I. Grundlagen. 1. Historische Entwicklung des TV-Rechts in Deutschland. In Reaktion auf die seit der Mitte des 19. Jahrhunderts[1] gestiegene faktische Verbreitung von TV wurde das **Koalitionsverbot** durch §§ 152, 153 der Gewerbeordnung vom 21.6.1869 für den Norddeutschen Bund[2] aufgehoben. Damit war der Weg geebnet für große Flächentarifverträge wie den Buchdruckertarif des Jahres 1873, der

---

[1] Vgl. zu den gesellschaftlichen Rahmenbedingungen *Kempen/Zachert*, TVG, Grundlagen Rz. 1 ff.; *Däubler*) *Däubler*, Einl. TVG Rz. 2 ff.; ausführliche Darstellung der historischen Entwicklung des Tarifvertrages bei *Wiedemann/Oetker*, TVG, Geschichte Rz. 1 ff.; siehe auch *Kempen*, NZA 2000, Sonderbeilage zu NZA Heft 3/2000, 7.
[2] BGBl. S. 245.

als erster TV reichseinheitlich galt. Eine umfassende Regelung des Tarifrechts erfolgte erst durch die **TV-Verordnung** vom 23.12.1918[1]. Ergänzt wurde sie im Jahre 1923 durch eine Ordnung des Schlichtungswesens[2]. Während der Zeit des 3. Reiches war das freiheitliche Tarifsystem faktisch beseitigt. Der rechtliche Vollzug dieser Zerschlagung erfolgte 1934 durch § 65 Nr. 6 des Gesetzes zur Ordnung der Nationalen Arbeit vom 20.1.1934[3].

Nach 1945 kam es auf Initiative der Besatzungsmächte nach umfangreicher Diskussion über verschiedene Entwürfe[4] zur Verabschiedung des TVG vom 9.4.1949[5] für das Vereinigte Wirtschaftsgebiet (amerikanische und britische Besatzungszone). In den Ländern und Gebieten der französischen Zone, im Saarland und in Westberlin entstanden zeitgleich teils umfangreiche, teils nur ansatzweise Regelungen des Tarifrechts, in der sowjetischen Besatzungszone wurden TV nur in Form staatlich kontrollierter und beeinflusster Kollektivverträge zugelassen. Sukzessiv wurde in der Folgezeit das im Vereinigten Wirtschaftsgebiet als partielles Bundesrecht geltende TVG auf die verbleibenden westlichen Länder einschließlich Westberlin erstreckt: 1953 wurden die Länder und Gebiete der französischen Zone einbezogen[6], 1959 das Saarland[7] und 1975 Westberlin[8]. Seit dem 3.10.1990 gilt es auch im Beitrittsgebiet[9]. Gegenüber der ursprünglichen Fassung von 1949 erfuhr das TVG bis heute eher marginale Änderungen, die im Wesentlichen die Voraussetzungen der AVE, die Spitzenorganisationen und die Erstreckung des Anwendungsbereichs durch den mit Wirkung zum 1.11.1974 eingefügten § 12a betreffen[10]. Die heutige Fassung beruht auf einer Neubekanntmachung vom 25.8.1969[11]. 2

2. Rechtstatsächliche Bedeutung des TV. Im Jahr 2002 wurden 5.987 TV abgeschlossen und ins Tarifregister des BMWA eingetragen. Die Gesamtzahl der von 1949 bis Ende 2002 eingetragenen TV beläuft sich auf 338.455. Am Jahresende 2002 waren davon 57.329 gültig. Sie setzen sich aus rund 32.800 **VerbandsTV** und rund 24.500 **FirmenTV** zusammen. An Bedeutung gewinnen in den letzten Jahren FirmenTV. Ende 2002 gab es 7.063 Unternehmen mit FirmenTV; dies bedeutet einen Anstieg von 177 % gegenüber 1990[12]. 3

Allgemeinverbindlich waren am 1.1.2004 470 TV (vgl. § 5 Rz. 4). 63,1 % der ArbN in Westdeutschland arbeiten in Betrieben mit Bindung an einen VerbandsTV, 7,6 % in Betrieben mit FirmenTV. Für Ostdeutschland betragen die Zahlen 44,4 % bzw. 11,8 %. Derzeit sind in Westdeutschland 70,7 % und in Ostdeutschland 56,2 % aller ArbN bei tarifgebundenen ArbGeb beschäftigt, deutschlandweit insgesamt rund 69,0 %. Darüber hinaus orientieren sich nicht tarifgebundene Unternehmen in Westdeutschland mit etwa 15 % und in Ostdeutschland mit etwa 24 % der ArbN am jeweils einschlägigen TV, so dass TV für die Arbeitsverhältnisse von rund 85 % aller ArbN in Deutschland maßgebend sind[13]. Damit kommt dem TV nach wie vor eine zentrale Bedeutung für die Gestaltung der Arbeitsbeziehungen zu. Nicht zu verkennen sind freilich Ansätze für eine – überfällige, aber noch vorsichtige – Flexibilisierung der Arbeitsbedingungen durch Öffnungsklauseln, so dass die Arbeitsbedingungen nicht so einheitlich gestaltet sind, wie sich dies bei Betrachtung der genannten Zahlen annehmen ließe. 4

II. Tarifautonomie. 1. Begriff. Grundlage des Tarifwesens ist die in Art. 9 Abs. 3 GG verfassungsrechtlich verankerte Tarifautonomie iSd. Befugnis der Arbeitgeber(verbände) und Gewerkschaften, die Arbeits- und Wirtschaftsbedingungen ihrer Mitglieder in kollektiven Verträgen mit zwingender Wirkung selbstständig und selbstverantwortlich zu regeln (siehe auch Art. 9 GG Rz. 107 ff.)[14]. Die TV-Parteien können nun kraft ihrer Regelungszuständigkeit Abschluss, Inhalt und Beendigung von Arbeitsverhältnissen gestalten. Bei ihnen liegt die Entscheidung, ob und für welche Wirtschaftszweige und räumlichen Bereiche, für welche Berufsgruppen und Tätigkeiten Regelungen getroffen werden. In der Wahl der Geltungsbereiche ihrer TV sind sie im Rahmen ihrer Tarifzuständigkeit frei[15]. Sofern die TV-Parteien ihre Aufgabe im Abschluss von TV sehen, sind sie grundsätzlich zur Regelung verpflichtet. Aus dem Grundsatz der Vertragsfreiheit folgt jedoch, dass bestimmte inhaltliche Bestimmungen nicht verlangt werden können[16]. 5

2. Unverzichtbare Grundbedingungen der Tarifautonomie. Verwirklichen lässt sich die Tarifautonomie nur, sofern bestimmte Grundbedingungen erfüllt sind. Namentlich die durch Art. 9 Abs. 3 GG garantierte Koalitionsfreiheit und die Zulässigkeit einer Konfliktlösung durch Arbeitskämpfe zählen zu den essentiellen Vorbedingungen realer Tarifautonomie. Anders als im Bereich der Privatautonomie, 6

---

1 RGBl. 1918, S. 1456, abgedr. bei Wiedemann/*Oetker*, TVG, Geschichte Rz. 8. | 2 Verordnung über das Schlichtungswesen v. 30.10.1923, RGBl I S. 1043 f. und Verordnung v. 29.12.1923, RGBl. 1924 I S. 9. | 3 RGBl. I S. 45. | 4 Eingehend zur Entstehung des TVG *Herschel*, ZfA 1973, 183 ff. | 5 Verkündet am 22.4.1949, WiGBl., S. 55. | 6 Gesetz über die Erstreckung des Tarifvertragsgesetzes v. 23.4.1953, BGBl. I S. 165. | 7 Gesetz v. 30.6.1959, BGBl. I S. 361. | 8 Übernahmegesetz v. 16.1.1975, GVBl. S. 194. | 9 Art. 8 EVertr. mit der Maßgabe nach Anl. I Kap. VIII Sachgeb. A Abschnitt III Nr. 14 EVertr. | 10 Änderungsgesetz vom 11.1.1952, BGBl. I S. 19; Erstes Arbeitsrechtsbereinigungsgesetz vom 14.8.1969, BGBl. I S. 1106; Heimarbeitsänderungsgesetz v. 29.10.1974, BGBl. I S. 2879. | 11 BGBl. I S. 1323. | 12 Bundesministerium für Wirtschaft und Arbeit, Tarifvertragliche Arbeitsbedingungen im Jahr 2002, S. 5, 7. | 13 Bundesministerium für Wirtschaft und Arbeit, Tarifvertragliche Arbeitsbedingungen im Jahr 2002, S. 10. | 14 Wiedemann/*Wiedemann*, TVG, Einleitung Rz. 1; s. a. *Henssler*, ZfA 1998, 1. | 15 So insbesondere zur Beschränkung des TV auf bestimmte Personengruppen: BAG v. 24.4.1985 – 4 AZR 457/83, AP Nr. 4 zu § 3 BAT = NJW 1986, 95; v. 18.9.1985 – 4 AZR 75/84, AP Nr. 20 zu § 23 a BAT; v. 20.8.1986 – 4 AZR 272/85, AP Nr. 6 zu § 1 TVG – Tarifverträge: Seniorität; Vgl. *Reichel/Koberski/Ansey*, TVG, Einführung Rz. 78; ErfK/*Schaub*, § 1 TVG Rz. 127. | 16 ErfK/*Schaub*, § 1 TVG Rz. 126.

in dem ein Interessent bei unwilligen potentiellen Vertragspartnern auf deren Konkurrenten oder sonstige Dritte ausweichen kann, bietet sich den Tarifpartnern regelmäßig nur ein einziger Gegenspieler, der mit seiner Weigerung die tarifvertragliche Lösung blockieren könnte. Erst die Zulassung des Arbeitskampfes gleicht diesen strukturellen Nachteil aus und fördert die Konsensbereitschaft (näher dazu unter Art. 9 GG Rz. 107 ff.).

7 Als dritte Grundvoraussetzung der Tarifautonomie ist im deutschen Schrifttum die zwingende Natur der TV-Normen weitgehend anerkannt [1]. Nach § 4 TVG schaffen TV zwingende Mindestbedingungen, von denen zu Ungunsten der ArbN nur abgewichen werden kann, wenn dies der TV ausdrücklich vorsieht (§ 4 Abs. 1, 3). Die zwingende Wirkung der Tarifnormen setzt den freien Wettbewerb außer Kraft, schafft somit auf ArbN-Seite ein Tarifkartell. Handelt es sich um einen VerbandsTV ergeben sich auch auf ArbGebSeite Kartellwirkungen. Sowohl für ArbN als auch für ArbGeb bewirkt die Kartellbildung neben positiven Effekten auch unbestreitbare Nachteile: ArbN sind zwar geschützt vor einer Gefährdung ihres Arbeitsplatzes durch andere ArbN, die bereit sind, die gleiche Arbeit zu geringerem Lohn zu verrichten. Auf der anderen Seite wird den Arbeitsuchenden aber eben diese marktkonforme Möglichkeit genommen, durch ein preiswertes Angebot ihrer Arbeitskraft einen Arbeitsplatz zu erhalten und auch den Beschäftigten bleibt die Chance verwehrt, in Krisensituationen den Arbeitsplatz durch partiellen Lohnverzicht zu bewahren. ArbGeb haben aufgrund des Tarifkartells branchenweit ähnliche Lohnkosten, was sich je nach Blickwinkel als Vor- oder aber als Nachteil darstellen kann. Trotz Kritik bleibt die Tarifkartellbildung weiterhin vom Geltungsbereich des § 1 GWB[2] sowie der Art. 81, 82 EGV[3] ausgenommen[4]. Ob die zwingende Wirkung des TV wirklich eine unverzichtbare Vorbedingung der Tarifautonomie ist, muss schon deshalb bezweifelt werden, weil andere Arbeitsrechtsordnungen, etwa die englische, ohne sie auskommen, ohne dass deshalb das Tarifsystem gefährdet wäre[5]. Auch Art. 11 EMRK gewährt zwar sowohl die Koalitionsfreiheit als auch das Arbeitskampfrecht, schützt aber nicht die nach deutschem Verständnis elementare Befugnis, die Arbeitsbedingungen mit normativer Wirkung zu gestalten[6].

8 **3. Aufgaben und Funktionen.** TV erfüllen als zentrale Bestandteile einer freiheitlichen Arbeitsrechtsordnung vielfältige Aufgaben und Funktionen. Während der Schutz der ArbN und die Befriedung sozialer Konflikte als Aufgaben der Tarifautonomie anerkannt sind, ist für die Ordnungsfunktion umstritten, ob sie lediglich eine faktische Auswirkung der Tarifautonomie[7] oder aber eine den Sozialpartnern übertragene Aufgabe darstellt[8].

9 **a) Schutzfunktion.** Als Ausfluss des Schutzbedürfnisses des einzelnen ArbN ist die Tarifautonomie darauf angelegt, die strukturelle Unterlegenheit der einzelnen ArbN beim Abschluss von Arbeitsverträgen durch kollektives Handeln auszugleichen und damit ein annähernd gleichgewichtiges Aushandeln der Löhne und Arbeitsbedingungen zu ermöglichen[9]. Obwohl ein Mindestschutz der ArbN heute weitgehend durch den Gesetzgeber verwirklicht wird, haben TV weiterhin die Aufgabe, die ArbN vor unangemessenen Arbeitsbedingungen zu schützen. Die zum 1.1.2002 erfolgte Ausdehnung des Anwendungsbereichs der Regelungen zur Kontrolle von Allgemeinen Geschäftsbedingungen auf das Arbeitsrecht (§ 310 Abs. 4 BGB) lässt den Schutz durch TV ebenfalls nicht obsolet werden, auch wenn nunmehr ein weiteres eigenständiges Schutzsystem im Arbeitsrecht greift. Weiterhin gilt, dass TV keine Anhaltspunkte für die Angemessenheit einer einzelnen individualvertraglichen Klausel liefern[10]. Ihr Geltungsbereich bleibt auf die unmittelbar Normunterworfenen beschränkt.

10 **b) Friedensfunktion.** Die Tarifautonomie verfolgt den Zweck, sozialen Frieden zu schaffen. Dabei geht es nicht nur darum, durch Abschluss eines TV einen temporären Waffenstillstand zwischen den Kontrahenten zu schließen, sondern um eine wahrhaftige Befriedung des Arbeitslebens[11]. Die TV-Parteien verpflichten sich, für die Laufzeit des Vertrags und im Umfang seiner Regelung sämtliche Kampfmaßnahmen zu unterlassen und im Rahmen ihrer Einwirkungspflichten ihre Mitglieder von Kampfaktionen abzuhalten[12]. Zu einer darüber hinausgehenden gesellschaftlichen Befriedung trägt bei, dass Arbeitskonflikte institutionalisiert und damit entschärft werden, insb. aber wirkt die mittelbare Einbeziehung der ArbN in die Gestaltung ihrer Arbeitsbedingungen konfliktvermeidend.

---

1 Wiedemann/*Wiedemann*, TVG, Einl. Rz. 33 ff.; Däubler/*Däubler*, Einl. TVG Rz. 98 ff.; *Sachs/Höfling*, Art. 9 GG Rz. 77. | 2 BAG v. 27.6.1989 – 1 AZR 404/88, AP Nr. 113 zu Art. 9 GG – Arbeitskampf; KG v. 21.2.1990 – Kart U 4357/89, AP Nr. 60 zu Art. 9 GG. | 3 Schriftliche Anfrage Nr. 777/89, ABl. EG 1990 Nr. C 328/3. | 4 Vgl. Wiedemann/*Wiedemann*, TVG, Einl. Rz. 36. | 5 *Henssler*, ZfA 1998, 1 (31 f.); *Suckow*, Gewerkschaftliche Mächtigkeit als Determinante korporatistischer Tarifsysteme, S. 179 ff. | 6 Vgl. dazu EGMR v. 6.2.1976, EuGRZ 1976, 62 (64); EGMR v. 2.7.2002, ÖJZ 2003, 729 mit Anm. *Zachert*, AuR 2003, 370; *Grillberger*, ZAS Bd.19 (1984), S. 92 (98). | 7 *Kempen/Zachert*, TVG, Grundlagen Rz. 91 ff. | 8 Wiedemann/*Wiedemann*, TVG, Einl. Rz. 13 ff. | 9 BVerfG v. 26.6.1991 – 1 BvR 779/85, BVerfGE 84, 212 (229); *von Danwitz*, in Handbuch der Grundrechte, § 114 A.II.1. | 10 *Henssler*, RdA 2002, 129; anders *Reinecke*, DB 2002, 583. | 11 Vgl. BVerfG v. 1.3.1979 – 1 BvR 532, 533/77, 419/78 und 1 BvL 21/78, BVerfGE 50, 290 (371); BVerfG v. 20.10.1981 – 1 BvR 404/78, BVerfGE 58, 233 (248). | 12 BAG v. 8.2.1957, 1 AZR 169/55, AP Nr. 1 zu § 1 TVG – Friedenspflicht; v. 21.12.1982 – 1 AZR 411/80, AP Nr. 76 zu Art. 9 GG – Arbeitskampf = NJW 1983, 1750 (absolute und relative Friedenspflicht); v. 12.9.1984 – 1 AZR 342/83, AP Nr. 81 zu Art. 9 GG – Arbeitskampf = NJW 1985, 85 (kurze und zeitlich befristete Streiks); v. 27.6.1989 – 1 AZR 404/88, AP Nr. 113 zu Art. 9 GG – Arbeitskampf (Friedenspflicht bei Mehrheit von Tarifverträgen).

c) **Ordnungsfunktion.** TV ordnen das Arbeitsleben[1]. Sie rationalisieren den Aufwand der individuellen Vertragsgestaltung, für die bei Tarifbindung nur die Aushandlung weniger grundlegender oder aber außer- und übertariflicher Bedingungen übrig bleibt. Auch jenseits der Tarifbindung bieten sie ein verlässliches Regelwerk, auf das verwiesen werden oder an dem eine Orientierung erfolgen kann. Unterhalb der gesetzlichen Regelung schaffen TV vielfach eine Kodifikation der Arbeitsbedingungen (zB BAT) und können auch Belange der gesamten Belegschaft organisieren und regeln. Gesamtgesellschaftlich betrachtet verwirklicht die Tarifautonomie eine Ordnung des Gemeinwesens. Die Unternehmer haben mit dem TV eine verlässliche Kalkulationsgrundlage hinsichtlich der Lohnkosten. Dies stabilisiert die Konjunktur. FlächenTV stärken die Rolle der Gewerkschaften, die als Vertreter der gesamten Arbeitnehmerschaft auftreten und Lohnkonkurrenz unter ArbN durch einheitliche Arbeitsbedingungen verhindern können. Die ArbN schließlich haben eine reale und vertrauensbegründende Aussicht auf eine kontinuierliche Fortentwicklung ihres Arbeitsentgelts sowie der sonstigen Arbeitsbedingungen. Der Gesetzgeber erkennt die Ordnungsfunktion der Tarifautonomie an, indem er den Tarifparteien gestattet, überbetriebliche und betriebsverfassungsrechtliche Fragen für nicht organisierte ArbN (§ 3 Abs. 2) sowie gemeinsame Einrichtungen (§ 4 Abs. 2) zu regeln. Die gesetzlich angeordnete Nachwirkung von TV (§ 4 Abs. 5) bestätigt ebenfalls die Ordnungsfunktion der Tarifautonomie. **11**

d) **Verteilungsfunktion.** Unbestritten haben TV die Funktion, Lohngerechtigkeit innerhalb ihres jeweiligen Geltungsbereiches zu erzielen. Sie bestimmen nicht nur die Lohnhöhe, sondern auch das Verhältnis der Löhne untereinander. In tarifvertraglichen Lohn- und Gehaltsgruppen wird zunächst die Wertigkeit einer bestimmten Tätigkeit im Vergleich zu einer anderen festgelegt. Die Wertigkeit der Gruppen wird in den Lohn- und GehaltsTV sodann in Geldwert umgesetzt. Schließlich sorgen branchenbezogene und regionale Untergliederungen von TV für eine Entgeltstruktur der gesamten Volkswirtschaft. Inwiefern die TV-Parteien zu einer gerechten Verteilung auch verpflichtet sind, bleibt fraglich. Jedenfalls müssen sie die Gleichbehandlungsgrundsätze nach Art. 3 GG und Art. 141 EGV beachten. Umstritten ist auch, ob die Gewerkschaften die funktionale Einkommensverteilung des Sozialprodukts zugunsten der ArbN nachhaltig verändern können[2]. **12**

e) **Gesamtgesellschaftliche Aufgaben.** Obwohl die Tarifpartner in erster Linie die Interessen ihrer jeweiligen Mitglieder wahrnehmen und durchzusetzen suchen, lassen sich gesamtgesellschaftliche Auswirkungen ihrer Entscheidungen nicht ernsthaft bezweifeln. Umstritten ist jedoch, inwiefern die TV-Parteien bei Verhandlungen und Abschlüssen von TV auch verpflichtet sind, diese gesamtgesellschaftlichen Interessen und Auswirkungen, insb. stabilitäts- und beschäftigungspolitische Ziele, zu berücksichtigen und zu beachten. Eine solche in konkrete Rücksichtnahmepflichten mündende Verantwortung der Tarifpartner wird bislang weitgehend abgelehnt[3]. Im Hinblick auf den Verfassungsauftrag der Wahrung und Förderung der Arbeits- und Wirtschaftsbedingungen (Art. 9 Abs. 3 GG) und angesichts der unbefriedigenden Diskrepanz zwischen Einfluss und Verantwortung der Tarifpartner erscheint diese Auffassung künftig kaum noch haltbar[4]. **13**

III. Verhältnis zu anderen Rechtsquellen. 1. Europäisches und internationales Recht. TV, die gegen europäisches Recht, etwa gegen Art. 141 (ex-Art. 119) EGV verstoßen, sind nichtig. Regelmäßig beschränkt sich die Nichtigkeit auf die gleichheitswidrige Norm. Mitunter kommt auch eine Anpassung in Betracht[5]. Internationale Abkommen können als Auslegungsrichtlinie für TV dienen. Zu Einzelheiten siehe Internationales Arbeitsrecht Art. 34 Rz. 45 ff. und Europäisches Arbeitsrecht, Vorb. EGV Rz. 27; Art. 39 Rz. 20, 39, 47; Art. 141 Rz. 3. **14**

2. Bindung an Verfassungsrecht. a) Grundrechtsbindung. Ob und inwieweit die TV-Parteien im Rahmen ihrer Normsetzung die Grundrechte zu beachten haben, ist in jüngerer Zeit Gegenstand kontroverser Diskussion geworden[6]. Für die bis heute hM folgt die Grundrechtsbindung im Kern aus dem Delegationsgedanken. Da die Tarifpartner nur über eine vom Staat delegierte Rechtsetzungsbefugnis verfügten, könnten sie keine weiter gehende Regelungsmacht haben, als der staatliche Gesetzgeber. Die Gegenansicht sieht in der Tarifautonomie die kollektive Ausübung von Privatautonomie und lässt daher aufgrund der freiwilligen Unterwerfung Grundrechtseingriffe zu. *Schiek* differenziert nach dem Inhalt des jeweiligen Grundrechts, der Tarifgebundenheit der ArbN und für die öffentlichen ArbGeb[7]. **15**

---

[1] BVerfG v. 1.3.1979 – 1 BvR 532, 533/77, 419/78 und 1 BvL 21/78, BVerfGE 50, 290 (371); BAG v. 9.6.1982, 4 AZR 274/81, AP Nr. 1 zu § 1 TVG – Durchführungspflicht. [2] Vgl. Wiedemann/*Wiedemann*, TVG, Einl. Rz. 9 ff. Keine Tarifmacht besteht für den Umweltschutz, *Rieble*, ZTR 2000, 1. [3] BAG v. 14.12.1982 – 3 AZR 251/80, AP Nr. 1 zu § 1 BetrAVG – Besitzstand; v. 6.2.1985 – 4 AZR 275/83, AP Nr. 1 zu § 1 TVG – Tarifverträge Süßwarenindustrie; Nachw. zum Schrifttum bei Wiedemann/*Wiedemann*, TVG, Einl. Rz. 25; zweifelnd hins. der Justiziabilität von *Danwitz*, in Handbuch der Grundrechte, § 114 A.I.3. [4] Wiedemann/*Wiedemann*, TVG, Einl. Rz. 26; *Hanau*/Thüsing, ZTR 2001, 1. [5] EuGH v. 8.4.1976 – 43/75, Slg. 1976, 455 (473); BAG v. 28.7.1992 – 3 AZR 173/92, AP Nr. 18 zu § 1 BetrAVG – Gleichbehandlung. [6] *Dieterich*, RdA 2001, 112; *Löwisch*, RdA 2000, 312; *Schliemann*, ZTR 2000, 198 (202); Däubler/*Schiek*, Einl. TVG Rz. 169 ff. [7] Däubler/*Schiek*, Einl. TVG Rz. 232 ff.; vgl. auch *von Danwitz*, in Handbuch der Grundrechte, § 114 A.III.3.c), der eine Grundrechtsbindung durch mittelbare Drittwirkung und aufgrund staatl. Schutzpflichten annimmt.

16 Praktisch relevant sind tarifliche Eingriffe in die durch Art. 12, 14 GG geschützte unternehmerische Entscheidungsfreiheit. Sie sind in FirmenTV anerkanntermaßen zulässig. Für VerbandsTV gilt indes, dass sich die ArbGeb mit ihrem Verbandsbeitritt gerade nicht uneingeschränkt mit Eingriffen in ihre Grundrechte einverstanden erklären. Die Rspr. geht teilweise unter Hinweis auf Art. 1 Abs. 3 GG sogar von einer unmittelbaren Bindung der TV-Parteien an die Grundrechte aus[1]. Mit Gesetzgebung iSv. Art. 1 Abs. 3 GG ist indes nur die staatliche Gesetzgebung gemeint. Die TV-Parteien setzen ihre Normen aber kraft der Tarifautonomie. Zudem liegt eine freiwillige, auf dem Verbandsbeitritt beruhende Unterwerfung unter den TV vor.

17 Überzeugend ist es, mit dem BVerfG[2] auf den Schutzauftrag der Grundrechte als Grundlage der Grundrechtsbindung abzustellen. Grundrechte richten sich an die staatliche Gewalt, bilden allerdings nicht nur Abwehrrechte der Bürger, sondern begründen darüber hinaus Schutzpflichten der staatlichen Gewalt zur Durchsetzung der Grundrechte auch in Privatrechtsverhältnissen. Diese Schutzpflicht trifft alle staatlichen Grundrechtsadressaten, somit auch die Gerichte, und zwar auch bei der Auslegung und Anwendung von TV als den Ergebnissen kollektiv ausgeübter Privatautonomie[3]. Eine unmittelbare Grundrechtsbindung besteht lediglich für den Gleichheitssatz[4]. Sie ist notwendige Folge jeder mit Außenwirkung ausgestatteten Rechtssetzungsbefugnis.

18 **Beispiele aus der Rspr.** Der Umfang der Schutzpflicht ist je nach Grundrecht unterschiedlich. **Art. 1 GG Menschenwürde**: Eine Tarifnorm, die Bereitschaftsdienst im Anschluss an einen Tagesdienst anordnet, an den sich erneut ein Tagesdienst anschließt, ohne dass mindestens sechs Stunden Ruhezeit zur Verfügung stehen, überschreitet die menschliche Leistungsfähigkeit und ist wegen Verstoßes gegen die Menschenwürde unwirksam[5]. **Art. 2 GG Allgemeine Handlungsfreiheit**: Keine Pflicht einer TV-Partei, mit der Gegenseite zu verhandeln[6]; Unwirksamkeit eines Bevollmächtigungsverbotes für den Abschluss des Arbeitsvertrages[7]. **Art. 3 GG Gleichheitsgebote**: Siehe dazu Art. 3 GG Rz. 35 ff. **Art. 4 GG Glaubens- und Gewissensfreiheit**: Ein TV darf die Glaubens- und Gewissensfreiheit und die Freiheit des religiösen und weltanschaulichen Bekenntnisses nicht verletzen. Art. 140 GG und Art. 137 Abs. 2 und 3 WRV müssen aber beachtet werden. **Art. 5 GG Meinungsfreiheit**: Ein TV darf nicht gezielt die Meinungsäußerung unterbinden. **Art. 6 GG Ehe und Familie**: Ein TV darf Ehegatten nicht schlechter stellen als ledige ArbN. Gewährt ein TV verwitweten, geschiedenen oder ledigen weiblichen ArbN Rechtsansprüche auf Zulagen, so ist ein TV, der verheiratete weibliche ArbN von dem Bezug solcher Zulagen trotz Vorliegens gleicher Voraussetzungen ausschließt, mit Art. 6 GG unvereinbar[8], ebenso eine Bestimmung, die das Arbeitsverhältnis im Falle der Eheschließung der ArbN-in auflöst[9]. Gleiches gilt für die Beendigung aus Anlass der Schwangerschaft[10]. Ein TV, der Vergütungsfortzahlung auf den Fall der Niederkunft der ehelichen Lebenspartnerin beschränkt, verstößt nicht gegen Art. 6 GG[11]. **Art. 9 Abs. 3 GG Koalitionsfreiheit**: dazu Art. 9 GG Rz. 10 ff. **Art. 12 GG Berufsfreiheit**: dazu Art. 12 GG Rz. 56 ff. **Art. 14 GG Eigentumsgarantie**: dazu Art. 14 GG Rz. 58.

19 **b) Bindung an verfassungsrechtliche Grundsätze.** Aus dem **Rechtsstaatsprinzip** folgt, dass tarifliche Regelungen hinreichend bestimmt sein müssen. Betroffen sind tarifliche Bestimmungsklauseln, die zu einseitigen Regelungen – regelmäßig durch den ArbGeb – ermächtigen. Sie müssen nach Adressat und Umfang hinreichend deutlich sein[12]. Relevant wird der Bestimmtheitsgrundsatz ferner bei Blankettverweisungen auf andere Normen, die nur bei einem engen Sachzusammenhang der beiden Tarifbereiche zulässig sind[13]. Auch für die Rückwirkung von TV spielt das Rechtsstaatsprinzip eine Rolle. Die Befugnis der TV-Parteien zur rückwirkenden Änderung tarifvertraglicher Regelungen ist durch den Grundsatz des Vertrauensschutzes der Normunterworfenen begrenzt; es gelten insoweit die gleichen Regeln wie bei der Rückwirkung von Gesetzen. Tarifvertragliche Regelungen tragen auch während der Laufzeit des TV den immanenten Vorbehalt ihrer rückwirkenden Abänderbarkeit durch Tarifnormen in sich. Dies gilt im Falle der Bekanntgabe einer entsprechenden Änderungsabsicht auch für bereits entstandene und fällig gewordene, noch nicht abgewickelte Ansprüche, die aus einer Tarifnorm folgen (sog „wohlerworbene Rechte")[14].

---

1 BAG v. 15.1.1955 – 1 AZR 305/54, BAGE 1, 258; v. 23.1.1992 – 2 AZR 470/91, BAGE 69, 257; v. 13.5.1997 – 3 AZR 66/96, AP Nr. 36 zu § 1 BetrAVG – Gleichbehandlung; je nach Grundrecht: v. 4.4.2000 – 3 AZR 729/98, RdA 2001, 110. | 2 BVerfG v. 23.4.1986 – 2 BvR 487/80, BVerfGE 73, 261; allgemein zu den Schutzpflichten: BVerfG – 1 BvF 1, 2, 3, 4, 5, 6/74 BVerfGE 39, 1 (42); BVerfG – 2 BvF 2/90, BVerfGE 88, 203 (254); vgl. auch BAG v. 28.3.1996 – 6 AZR 501/95, BAGE 82, 344. | 3 BAG v. 25.2.1998 – 7 AZR 641/96, BAGE 88, 118 und v. 11.3.1998 – 7 AZR 700/96, BAGE 88, 162 zu tariflichen Altersgrenzenregelungen. | 4 BAG v. 4.4.2000 – 3 AZR 729/98, AP Nr. 2 zu § 1 TVG – Gleichbehandlung; aA BAG v. 30.8.2000 – 4 AZR 563/99, NZA 2001, 613. | 5 BAG v. 24.2.1982 – 4 AZR 233/80, AP Nr. 7 zu § 17 BAT. | 6 BAG v. 2.8.1963 – 1 AZR 9/63, AP Nr. 5 zu Art. 9 GG. | 7 BAG v. 7.11.1958, 1 AZR 249/58, AP Nr. 1 zu § 611 BGB – Film. | 8 BAG v. 2.6.1961 – 1 AZR 573/59, AP Nr. 68 zu Art. 3 GG. | 9 Vgl. BAG v. 10.5.1957 – 1 AZR 249/56, AP Nr. 1 zu Art. 6 GG – Ehe und Familie. | 10 Vgl. BAG v. 28.11.1958 – 1 AZR 199/58, AP Nr. 3 zu Art. 6 GG – Ehe und Familie. | 11 BAG v. 18.1.2001 – 6 AZR 492/99, DB 2001, 1672 noch gegen Art. 3 GG. | 12 BAG v. 18.10.1994 – 4 AZR 503/93, AP Nr. 11 zu § 615 BGB – Kurzarbeit; v. 28.11.1984 – 5 AZR 123/83, AP Nr. 1 zu § 4 TVG – Bestimmungsrecht. | 13 BAG v. 9.7.1980 – 4 AZR 564/78, AP Nr. 1 zu § 1 TVG – Form (Verweis von TV Goethe-Institut auf TV Ang Ausland); v. 10.11.1982 – 4 AZR 1203/79, AP Nr. 8 zu § 1 TVG – Form. | 14 BAG v. 23.11.1994 – 4 AZR 879/93, AP Nr. 12 zu § 1 TVG – Rückwirkung (Rückwirkende Tariflohnsenkung).

Das **Sozialstaatsprinzip** verpflichtet primär den Staat, für eine gerechte Sozialordnung zu sorgen[1]. **20**
Die Sozialpartner trifft die Pflicht, die darauf abzielenden staatlichen Maßnahmen nicht zu unterlaufen. Überträgt der Staat die Umsetzung auf die TV-Parteien, wie bei § 1 Abs. 4 KSchG, so haben diese die Vorgaben des Verfassungsprinzips zu berücksichtigen. Allerdings darf die Berufung auf das Sozialstaatsprinzip nicht zur Tarifzensur werden[2].

Das **Demokratieprinzip** verlangt von den TV-Parteien eine demokratische Organisationsstruktur. **21**
Entscheidungen müssen zumindest mittelbar demokratisch, dh. durch die Mitglieder legitimiert sein.

Auch wenn die dogmatische Begründung unsicher ist[3], muss eine **Gemeinwohlbindung** der TV-Parteien bejaht werden[4]. Im Rahmen des Verhältnismäßigkeitsgrundsatzes sind auch Belange des Gemeinwohles zu beachten[5]. Gemeinwohlwidrige TV sind dennoch grundsätzlich nicht unwirksam. Sie behalten ihre Wirksamkeit selbst bei negativen Auswirkungen auf die gesamtwirtschaftliche Lage[6]. **22**

c) **Gerichtliche Kontrolle der Verfassungsmäßigkeit.** Während eine gerichtliche Inhaltskontrolle von TV gleichbedeutend mit einer den Autonomiegedanken verletzenden Tarifzensur wäre[7], ist eine Rechtskontrolle von TV unverzichtbar. Sie stellt die Vereinbarkeit von TV mit höherrangigem Recht sicher[8]. Im Rahmen der Kontrolle der Verfassungsmäßigkeit der Tarifnormen[9] ist auch zu überprüfen, ob die Tarifpartner die Grenzen des Gestaltungsspielraums und die Grenzen der Tarifautonomie des Art. 9 Abs. 3 GG eingehalten haben[10]. Verfassungswidrige Bestimmungen eines TV werden vom Gericht für nichtig erklärt. Die Unwirksamkeit einer TV-Bestimmung zieht im Zweifel nicht die Unwirksamkeit der übrigen Bestimmungen des TV nach sich[11]. Die Kontrolle der Verfassungsmäßigkeit erfolgt durch die ArbG anhand einer inzidenten Prüfung. Eine Vorlage von TV an das BVerfG gemäß Art. 100 Abs. 1 GG wäre unzulässig, da TV keine Gesetze im formellen Sinn darstellen. Ob auch eine Verfassungsbeschwerde nach § 90 BVerfGG zulässig ist, ist umstritten[12]. **23**

3. **Gesetzesrecht. a) Tarifoffenheit.** Das Arbeitsrecht kennt neben den im Privatrecht allgemein bekannten Formen des zwingenden und des dispositiven Rechts das tarifdispositive Recht. Bei zwingenden arbeitsrechtlichen Gesetzen ist zwischen zweiseitig zwingendem und einseitig zwingendem – dh. Abweichungen zu Gunsten der ArbN gestattendem – Recht zu unterscheiden. Ob einseitig oder – als seltene Ausnahme – zweiseitig zwingendes Recht vorliegt, ist mangels ausdrücklicher Hinweise des Gesetzgebers im Einzelfall durch Auslegung des Gesetzestextes zu ermitteln. Über die Tarifautonomie sollen auf dem Sockel gesetzlicher Mindestbedingungen Verbesserungen zugunsten der ArbN erreicht werden, so dass der TV zugunsten der ArbN grundsätzlich abweichen kann. Als Faustformel lässt sich festhalten, dass arbeitsrechtliche Schutzgesetze im Zweifel einseitig zwingende Normen, arbeitsrechtliche Organisationsgesetze dagegen zweiseitig zwingend sind. **24**

Beispiele für zweiseitig zwingende Normen sind: § 57a HRG (aF)[13]; § 7 Abs. 4 BUrlG; § 115 Abs. 2 GewO aF[14] (jetzt: § 107 Abs. 2 GewO). Im Übrigen zählen hierzu auch die tragenden Grundsätze des Arbeitsrechts[15], der Grundsatz von Treu und Glauben, das Sittengebot[16], die Kooperationspflicht im Arbeitsrecht[17] sowie Bestimmungen zur Unternehmens- und Wirtschaftsordnung im Gesellschafts- und Kapitalmarktrecht[18]. Einseitig zwingend sind zB: § 14 TzBfG[19]; das EFZG mit Ausnahme von § 4 Abs. 4, vgl. § 12 EFZG, § 1 KSchG[20], § 47 SchwbG[21] (jetzt § 125 SGB IX). **25**

Dispositives Recht dient den TV-Parteien ebenso wie den Parteien des Einzelarbeitsvertrags als bloße Leitlinie. Beispiele bieten das BUrlG (vgl. § 13 Abs. 1 Satz 1)[22], §§ 74 ff. HGB und § 17 BetrAVG. **26**

---

1 BVerfG v. 13.1.1982 – 1 BvR 848/77, BVerfGE 59, 231 (263). | 2 Löwisch/Rieble, § 1 TVG Rz. 212. | 3 Vgl. Wiedemann/*Wiedemann*, TVG, Einl. Rz. 348 ff. | 4 BVerfG v. 18.12.1974 – 1 BvR 430/65 und 259/66, BVerfGE 38, 281 (307); näher dazu *von Danwitz*, in Handbuch der Grundrechte, § 114 A.I.3. | 5 BAG v. 21.4.1971 – GS 1/68, AP Nr. 43 zu Art. 9 GG – Arbeitskampf; v. 29.11.1967 – GS 1/67, AP Nr. 13 zu Art. 9 GG. | 6 BGH v. 14.3.1978 – VI ZR 68/76, NJW 1978, 2031; BAG v. 20.8.1986, 4 AZR 272/85 AP Nr. 6 zu § 1 TVG – Tarifverträge: Seniorität. | 7 BAG v. 5.12.1990 – 4 AZR 285/90, AP Nr. 153 zu §§ 22, 23 BAT 1975 (weitgehende Gestaltungsfreiheit der Tarifvertragsparteien); v. 23.10.1996 – 4 AZR 245/95, AP Nr. 38 zu § 23 a BAT (keine Überprüfung, ob die gerechteste und zweckmäßigste Lösung gefunden wurde); *Schliemann*, ZTR 2000, 198. | 8 BAG v. 14.12.1982 – 3 AZR 251/80, AP Nr. 1 zu § 1 BetrAVG – Besitzstand. | 9 BAG v. 16.11.1982 – 3 AZR 220/81, AP Nr. 4 zu § 62 BAT. | 10 BAG v. 5.12.1990 – 4 AZR 285/90, AP Nr. 153 zu §§ 22, 23 BAT 1975; v. 23.10.1996 – 4 AZR 245/95, AP Nr. 38 zu § 23 a BAT. | 11 Nach BAG v. 18.8.1971 – 4 AZR 342/70, AP Nr. 8 zu § 4 TVG – Effektivklausel – sind TV insofern wie Gesetze zu behandeln. | 12 Vgl. *Kempen/Zachert*, TVG, Grundlagen Rz. 203. | 13 BAG v. 25.9.1987 – 7 AZR 315/86, AP Nr. 1 zu § 1 BeschFG 1985; BVerfG v. 24.4.1996 – 1 BvR 712/86, BverfGE 94, 268 (293) = EzA Art. 9 GG Nr. 61. | 14 BAG v. 20.3.1974 – 5 AZR 351/73, AP Nr. 1 zu § 115 GewO. | 15 BAG v. 30.1.1970, 3 AZR 44/68, AP Nr. 142 zu § 242 BGB – Ruhegehalt (Ablösbarkeit einer betrieblichen Ruhegeldordnung durch eine Betriebsvereinbarung); v. 14.12.1982 – 3 AZR 251/80, AP Nr. 1 zu § 1 BetrAVG – Besitzstand (Gleichheitssatz); v. 10.10.1989 – 3 AZR 200/88, AP Nr. 3 zu § 1 TVG – Vorruhestand (Vertrauensgrundsatz und Verhältnismäßigkeit). | 16 BAG v. 30.1.1970, 3 AZR 44/68, AP Nr. 142 zu § 242 BGB – Ruhegehalt; v. 14.12.1982 – 3 AZR 251/80, AP Nr. 1 zu § 1 BetrAVG – Besitzstand; v. 10.10.1989 – 3 AZR 200/88, AP Nr. 3 zu § 1 TVG – Vorruhestand. | 17 Wiedemann/*Wiedemann*, TVG, Einl. Rz. 363. | 18 Wiedemann/*Wiedemann*, TVG, Einl. Rz. 363. | 19 Noch zu § 1 BeschFG: BAG v. 25.9.1987 – 7 AZR 315/86, AP Nr. 1 zu § 1 BeschFG 1985. | 20 BAG v. 14.5.1987, 2 AZR 380/86, AP Nr. 5 zu § 1 KSchG 1969 – Wartezeit. | 21 BAG v. 8.3.1994, 9 AZR 49/93, AP Nr. 5 zu § 47 SchwbG 1986. | 22 *Gamillscheg*, Kollektives Arbeitsrecht I, S. 701.

TVG Einl. Rz. 27   Einleitung

Trotz der Abdingbarkeit dürfen die TV-Parteien die gesetzlichen Grundvorstellungen nicht willkürlich oder ohne sachlichen Grund abbedingen, besonders dann nicht, wenn damit die Interessen einer Partei oder einer bestimmten Gruppe ungebührlich vernachlässigt würden[1]. Eine Zweckmäßigkeits- oder Billigkeitskontrolle der Tarifregelungen durch die Gerichte bleibt jedoch unzulässig[2].

27   **b) Tarifdispositives Recht.** Tarifdispositives Recht sind Gesetzesnormen, die nur die TV-Parteien abbedingen können, nicht jedoch die Parteien des Arbeitsvertrages oder die Betriebspartner. Da eine die ArbN begünstigende Regelung bei gesetzlichen ArbN-Schutzvorschriften ohnehin stets möglich ist, geht es in den relevanten Fällen um eine Verschlechterung der Arbeitsbedingungen. Teilweise knüpft das Gesetz die Ausübung des tariflichen Gestaltungsrechts an Voraussetzungen (zB § 7 ArbZG). Von Interesse ist, inwiefern die nicht organisierten ArbN den organisierten im Hinblick auf die (im Vergleich zur gesetzlichen Regelung ungünstigeren) Tarifnormen gleichgestellt werden können. Soweit es sich um betriebliche oder betriebsverfassungsrechtliche Tarifregelungen handelt, sind sie über § 3 Abs. 2 auf alle Beschäftigten anzuwenden.

28   Andere Regelungen können über eine AVE zur Anwendung kommen. Im Übrigen kommt eine Bezugnahme im Einzelarbeitsvertrag in Betracht. Führt sie für den Außenseiter zu ungünstigeren Arbeitsbedingungen, ist sie nur in den gesetzlich vorgesehenen Fällen zulässig[3] und zwar unter folgenden Voraussetzungen: (1) Es darf nur auf den im Unternehmen geltenden TV Bezug genommen werden (vgl. § 48 Abs. 2 ArbGG, § 622 Abs. 4 BGB, § 13 Abs. 1 BUrlG, § 17 Abs. 3 BetrAVG, §§ 12 Abs. 3, 13 Abs. 4, 14 Abs. 2 Satz 4, § 4 Abs. 4 EFZG). (2) Ferner muss der einschlägige TV insgesamt (§ 48 Abs. 2 Satz 2 ArbGG) einbezogen werden, zumindest aber alle mit der Verschlechterung in Sachzusammenhang stehenden Regeln (vgl. § 4 Abs. 4 Satz 2 EFZG), selbst wenn sich dies nicht ausdrücklich aus dem Gesetz ergibt[4]. Damit soll eine bloße Bezugnahme auf dem ArbN ungünstige Tarifregelungen („Rosinentheorie") verhindert werden. Soweit das Gesetz eine Bezugnahme für „nicht tarifgebundene ArbGeb und ArbN" vorsieht, gilt dies auch für eine Bezugnahme zwischen tarifgebundenen ArbGeb und nicht oder anders organisierten ArbN sowie eine für solche zwischen kongruent tarifgebundenen ArbGeb und ArbN[5].

29   **c) Tarifvertragliche Bezugnahme.** Auslegungsfragen ergeben sich, wenn ein TV dispositive Gesetzesbestimmungen durch Bezugnahme oder durch wörtliche oder sachliche Übernahme in seinen Inhalt integriert. Dies kann bloß deklaratorisch gemeint sein, dann haben die TV-Parteien keinen Normsetzungswillen, wollen also keine eigene materielle Regelung treffen. Es kann ihnen aber auch um die konstitutive Einbindung des Gesetzesinhalts in den TV gehen. Bedeutung hat dies namentlich im Fall von Gesetzesänderungen, zB bei der Neufassung des § 4 Abs. 1 EFZG im Jahre 1996. Kommt der Bezugnahme nur deklaratorische Bedeutung zu (dynamische Verweisung), ändert sich der Inhalt des TV mit der Neufassung des Gesetzes. Bei einer konstitutiven Bezugnahme (statische Verweisung) bleibt es beim bisherigen Inhalt des TV, soweit die neue gesetzliche Regelung keine zwingende Wirkung hat und sofern der TV nicht aus anderen Gründen undurchführbar geworden ist.

30   Welche Bedeutung die Bezugnahme im Einzelfall hat, ist durch Auslegung zu ermitteln. Die Rspr. nimmt im Zweifel eine deklaratorische Verweisung an[6]. Hierfür spreche, dass der TV den Tarifunterworfenen häufig eine vollständige und umfassende Darstellung ihrer Arbeitsbedingungen bieten wolle. Ein eigenständiger Regelungswille sei demgegenüber idR nicht vorhanden und müsse ausdrücklich durch die TV-Parteien gekennzeichnet werden[7]. Erfolgt die Übernahme des Gesetzes unter inhaltlicher Modifikation oder Ergänzung, liegt dagegen eine konstitutive Bezugnahmeklausel vor[8].

31   Vieles spricht dafür, entgegen der Rspr. auch bei wörtlicher Übernahme der gesetzlichen Bestimmungen zu überprüfen, ob die TV-Parteien nicht bewusst den nur dispositiven gesetzlichen Regelungen über den TV einseitig zwingenden Charakter beimessen wollten[9]. Im Schrifttum wird unter Hinweis auf das verfassungsrechtliche Gebot der Normenklarheit noch weiter gehend im Zweifel eine konstitutive Regelung bejaht[10]. Der Bürger müsse Regelungen ohne Zuhilfenahme spezieller Kenntnisse erkennen können. Zudem gehe § 1 Abs. 1 TVG davon aus, dass ein TV schuldrechtliche und normative Regelungen enthalten könne. Eine dritte Kategorie – deklaratorische Regelungen – sei dem TVG dagegen

---

1 BAG v. 2.11.1955 – 1 ABR 6/55, AP Nr. 1 zu § 27 BetrVG 1952; v. 7.11.1958 – 1 AZR 249/58, AP Nr. 1 zu § 611 BGB Film. | 2 BAG v. 19.12.1958 – 1 AZR 109/58, AP Nr. 3 zu § 2 TVG; v. 21.12.1970 – 3 AZR 510/69, AP Nr. 1 zu § 305 BGB – Billigkeitskontrolle. | 3 BAG v. 29.6.2000 – 6 AZR 50/99, NZA 2001, 670 (zu § 616 Abs. 2 BGB aF). | 4 Wiedemann/*Wiedemann*, TVG, Einl. Rz. 403. | 5 BAG v. 4.9.1996 – 4 AZR 135/95, AP Nr. 5 zu § 1 TVG – Bezugnahme auf Tarifvertrag. | 6 BAG v. 28.1.1988 – 2 AZR 296/87, AP Nr. 24 zu § 622 BGB; v. 21.3.1991 – 2 AZR 296/87 (B), AP Nr. 30 zu § 622 BGB; v. 16.9.1993 – 2 AZR 697/92, NZA 1994, 221; v. 14.2.1996 – 2 AZR 166/95, NZA 1997, 97. | 7 BAG v. 5.10.1995 – 2 AZR 1028/94, AP Nr. 48 zu § 622 BGB; v. 16.9.1993 – 2 AZR 697/92, AP Nr. 42 zu § 622 BGB; vgl. auch v. 16.6.1998 – 5 AZR 638/97, NZA 1998, 1062; v. 5.5.1999 – 5 AZR 251/98, AP Nr. 2 zu § 1 TVG – Tarifverträge: Speditionsgewerbe; zuletzt v. 30.8.2000 – 5 AZR 524/99, AP Nr. 49 zu § 4 EntgeltFG; anders Wiedemann/*Wiedemann*, TVG, Einleitung Rz. 386; *Kempen/Zachert*, TVG, Grundlagen Rz. 220. | 8 BAG v. 30.8.2000 – 5 AZR 510/99, AP Nr. 48 zu § 4 EntgeltFG. | 9 Vgl. auch *Rieble*, RdA 1997, 134; *Sandmann*, RdA 2002, 73. | 10 *Wiedemann*, Anm. zu AP Nr. 133 zu § 1 TVG – Auslegung; *Rieble*, RdA 1997, 134 (140); *Buchner*, NZA 1996, 1177 (1182); Däubler/*Däubler*, Einl. TVG Rz. 534; zuletzt insbesondere aus verfassungsrechtlichen Gründen *Sandmann*, RdA 2002, 73 (75 ff.).

fremd. Soweit den TV-Parteien der Regelungswille abgesprochen werde, liege ein Verstoß gegen die durch Art. 9 Abs. 3 GG gewährleistete Tarifautonomie vor[1].

4. Tarifdispositives Richterrecht. Tarifdispositives Richterrecht umfasst richterrechtliche Regeln, die nur für die Einzelarbeitsvertragsparteien und die Betriebspartner, nicht aber für die TV-Parteien zwingende Wirkung entfalten[2]. Den Umfang legt die Rspr. fest. Beispiele bieten die Rspr. zur Rückerstattung von Gratifikationen[3] sowie zu befristeten Arbeitsverträgen[4], Wettbewerbsverboten[5] und Arbeitskampfregeln[6]. Tarifoffen sind auch die Grundsätze über das Betriebsrisiko[7]. Im Bereich des tarifdispositiven Richterrechts ist eine einzelvertragliche Bezugnahme unter Umständen zulässig[8]. 32

5. Sonstige staatliche Rechtsnormen. Der TV ist an staatliche VO des Bundes und der Länder gebunden. Autonomes Recht der Gemeinden, Landkreise oder anderer öffentlich-rechtlicher Körperschaften, etwa der Berufskammern, ist grundsätzlich gleichrangig, sofern nicht der staatliche Gesetzgeber etwas anderes angeordnet hat. Die Unfallverhütungsvorschriften, Berufsausbildungsanordnungen, Dienstordnungen gehen den TV danach vor[9]. 33

6. Verhältnis zur BV. Zum Verhältnis von TV und BV siehe § 77 BetrVG Rz. 48 ff. und § 87 BetrVG Rz. 9 ff.). 34

IV. Innenschranken der Tarifautonomie. Über die durch Verfassungs- und Gesetzesrecht gezogenen Grenzen hinaus sind der Tarifautonomie Binnenschranken gesetzt. Sie dienen dem Schutz der normunterworfenen ArbGeb und ArbN und verwirklichen deren **Individual- und Minderheitenrechte**[10]. Geschützt werden sowohl die kollektive Vertragsgegenseite als auch die individuell Normunterworfenen. **Schutz der kollektiven Vertragsgegenseite: Differenzierungs- und Tarifausschlussklauseln** sind grundsätzlich unzulässig[11] (siehe § 1 Rz. 95, 107). Die Unterstützung gewerkschaftlicher Vertrauensleute durch TV in Form von **Freistellungsabreden** mit Entgeltfortzahlung wird zumeist für zulässig erachtet[12]. Zur Zulässigkeit zusätzlicher oder alternativer betriebsverfassungsrechtlicher Organe siehe § 3 BetrVG Rz. 4 ff. Für gewerkschaftliche Vertrauensleute oder Mandatsträger kann ein **Sonderkündigungsschutz** in Form vorheriger Anhörung oder Information der zuständigen Gewerkschaft vereinbart werden. Die **Einziehung der Gewerkschaftsbeiträge** durch den ArbGeb über die Einbehaltung von Lohnbestandteilen ist nur mit Zustimmung des ArbN wirksam. Eine dahingehende Tarifvereinbarung ist nur mit einem entsprechenden Vorbehalt zulässig. Ein TV kann die **Unternehmens – und Gesellschaftsverfassung** nicht abändern[13]. Originärer Zuständigkeitsbereich der Unternehmensleitung und damit von der tarifvertraglichen Regelungskompetenz ausgeschlossen sind Produktion, Vertrieb, Finanzierung, Investition und internes Rechnungswesen. Kein zulässiger Verhandlungsgegenstand der TV-Parteien sind auch die gesellschaftsrechtlichen Beschlüsse zur Liquidation, Umwandlung oder Konzernierung einer Handelsgesellschaft. Zum Zuständigkeitsbereich der Tarifautonomie gehört das Personalwesen. Der **Rationalisierungsschutz** wird von der Tarifmacht erfasst, soweit die personellen und sozialen Folgen von Rationalisierungsmaßnamen für die beschäftigten ArbN geregelt werden[14]. Bei Betriebsorganisationsänderungen können Vereinbarungen über die sozialen Folgen getroffen werden. Eine Tarifklausel, die die **Schließung der Geschäftsstellen** an Silvester vorsieht, ist ebenfalls zulässig[15]. 35

Schutz der individuell Normunterworfenen: TV haben die **Privatsphäre** von ArbN und ArbGeb zu respektieren und dürfen nicht über die arbeitsfreie Zeit des ArbN bestimmen. Dementsprechend kann ein TV dem ArbN nicht jegliche **Nebentätigkeit** verbieten. Die Ausübung subjektiver Rechte, insb. der **Gestaltungs- und Klagerechte** aus dem Arbeitsverhältnis liegt außerhalb des Regelungsbereichs der Tarifpartner. **Ausschlussklauseln** sind jedoch zulässig[16]. TV dürfen den ArbN nicht vorschreiben, wie sie ihren Lohn zu verwenden haben. Die Aufnahme eines **Entgeltabtretungsverbotes** ist jedoch zulässig[17]. Ein nachträglicher Verzicht durch TV auf bereits vom ArbGeb erfüllte Lohnansprüche ist wohl unzulässig[18]. Eine Innenschranke stellt auch das **Günstigkeitsprinzips** dar, da es günstigere Individualvereinbarungen der Veränderung durch den TV entzieht (näher unter § 4 Rz. 29 ff.). 36

---

1 So die Begründung bei *Sandmann*, RdA 2002, 73 (75 ff.). | 2 *Gamillscheg*, Kollektives Arbeitsrecht I, S. 706; *Jacklofsky*, NZA 2001, 644; vgl. BAG v. 31.3.1966 – 5 AZR 516/65, AP Nr. 54 zu § 611 BGB – Gratifikation. | 3 Vgl. AP Nr. 54 ff. zu § 611 BGB – Gratifikation. | 4 BAG v. 4.12.1969 – 5 AZR 84/69, AP Nr. 32 zu § 620 BGB – Befristeter Arbeitsvertrag; v. 30.9.1971 – 5 AZR 146/71, AP Nr. 36 zu § 620 BGB – Befristeter Arbeitsvertrag; v. 25.11.1973 – 2 AZR 158/72, AP Nr. 37 zu § 620 BGB – Befristeter Arbeitsvertrag. | 5 Wiedemann/*Wiedemann*, TVG, Einl. Rz. 423. | 6 BAG v. 21.4.1971 – GS 1/68, AP Nr. 43 zu Art. 9 GG – Arbeitskampf. | 7 BAG v. 30.1.1991 – 4 AZR 338/90, AP Nr. 33 zu § 615 BGB – Betriebsrisiko. | 8 BAG v. 23.2.1967 – 5 AZR 234/66, AP Nr. 57 zu § 611 – Gratifikation. | 9 Wiedemann/*Wiedemann*, TVG, Einl. Rz. 425 ff.; Däubler/*Schiek*, Einl. TVG Rz. 338 ff.; *Löwisch/Rieble*, § 1 Rz. 143 ff. | 10 Zur rechtsdogmatischen Begründung vgl. Wiedemann/*Wiedemann*, TVG, Einl. Rz. 432 f. | 11 BAG v. 29.11.1967 – GS 1/67, AP Nr. 13 zu Art. 9 GG. | 12 BAG v. 11.9.1985 – 4 AZR 147/85, AP Nr. 67 zu § 616 BGB; v. 21.2.2001 – 4 AZR 23/00, BB 2001, 1640; vgl. auch v. 20.4.1999 – 3 AZR 352/97, AP Nr. 28 zu § 1 TVG – Tarifverträge: Rundfunk; v. 5.4.1978 – 4 AZR 640/76, AP Nr. 2 zu § 1 TVG – Tarifverträge: Banken; v. 19.7.1983 – 1 AZR 307/81, AP Nr. 5 zu § 87 BetrVG – Betriebsbuße. | 13 Vgl. Wiedemann/*Wiedemann*, TVG, Einl. Rz. 454. | 14 Vgl. BAG v. 15.12.1998 – 3 AZR 374/97, nv.; vgl. *Wiesner*, ZTR 2001, 304. | 15 BAG v. 7.11.1995 – 3 AZR 676/94, AP Nr. 1 zu § 3 TVG – Betriebsnormen. | 16 BAG v. 13.12.2000 – 10 AZR 168/00, NZA 2001, 723. | 17 BAG v. 2.6.1966 – 2 AZR 322/65, AP Nr. 8 zu § 399 BGB. | 18 Vgl. Wiedemann/*Wiedemann*, TVG, Einl. Rz. 470.

37 V. Reformvorschläge/Aktuelle Entwicklungen. Das geltende TV-Recht wird zunehmend in verschiedenen Punkten als reformbedürftig angesehen[1]. Vorgeschlagen wird eine Verkürzung der zeitlichen Tarifbindung, um es den Unternehmen zu ermöglichen, in Krisensituationen der strengen Tarifbindung nicht länger als unbedingt nötig unterworfen zu sein[2]. Anknüpfungspunkte für entsprechende Änderungen bieten die Regelungen über die Fortwirkung (§ 3 Abs. 3) bzw. die Nachwirkung (§ 4 Abs. 5)[3]. Auch ein Recht zur außerordentlichen Kündigung von TV für Unternehmen in existenziellen Notlagen ist im Gespräch[4]. Vielfach wird gefordert, eine stärkere Flexibilisierung der Arbeitsbedingungen durch eine Neuinterpretation des Günstigkeitsprinzips zu ermöglichen[5]; zum Teil wird sogar eine gesetzliche Konkretisierung dieses Prinzips gefordert[6]. So soll die Beschäftigungslage, insb. die Sicherheit des Arbeitsplatzes in den Günstigkeitsvergleich einfließen[7]. Auf dem Prüfstand steht ferner § 77 Abs. 3 BetrVG[8]. Durch gesetzliche Öffnungsklauseln sollen im Interesse betriebsnaher Regelungen die Gestaltung der Arbeitsbedingungen teilweise auf die Betriebspartner übertragen[9] und „Bündnisse für Arbeit" ermöglicht werden[10]. Schließlich wird eine restriktive Nutzung des Instruments der AVE gefordert[11].

38 VI. Internationales. Der von deutschen TV-Parteien geschlossene TV entfaltet seine Wirkung auch bei dem deutschen Recht unterliegenden Arbeitsverhältnissen mit Auslandsberührung, etwa bei der Entsendung ins Ausland[12]. Der deutsche TV kann auch Arbeitsverhältnisse unter ausländischem Arbeitsstatut erfassen, allerdings mangels normativer Wirkung[13] nur, wenn die Tarifnormen in den Arbeitsvertrag überführt wurden. Über Art. 30 EGBGB kann der deutsche TV auch bei Tätigkeit ausländischer ArbN im Inland greifen, selbst wenn an sich ausländisches Arbeitsstatut gilt[14]. Für den Baubereich ordnet § 1 AEntG die Geltung der für allgemeinverbindlich erklärten TV über die Mindestarbeitsbedingungen auch für ausländischem Vertragsstatut unterliegende Arbeitsverhältnisse an[15].

1 Inhalt und Form des Tarifvertrages

(1) Der Tarifvertrag regelt die Rechte und Pflichten der Tarifvertragsparteien und enthält Rechtsnormen, die den Inhalt, den Abschluss und die Beendigung von Arbeitsverhältnissen sowie betriebliche und betriebsverfassungsrechtliche Fragen ordnen können.

(2) Tarifverträge bedürfen der Schriftform.

I. Begriff des Tarifvertrages 1	b) Wirkung der Beendigung 39
II. Rechtsnatur 3	V. Normativ wirkender Inhalt des Tarifvertrages . 40
III. Die Parteien des Tarifvertrages 5	1. Allgemeines 40
IV. Abschluss und Beendigung des Tarifvertrages . 11	2. Regelungsgegenstand des normativen Teils . 41
1. Abschluss 11	3. Inhaltsnormen 45
a) Verhandlungsanspruch 11	4. Abschlussnormen 47
b) Anwendung des Vertragsrechts . . . 12	5. Beendigungsnormen 50
c) Vertragsschluss, Form und Bekanntgabe des Tarifvertrages . . . 13	6. Betriebsnormen 51
	7. Betriebsverfassungsrechtliche Normen . 53
d) Mängel beim Abschluss des Tarifvertrages . . . 20	8. Normen für gemeinsame Einrichtungen . 55
	9. Tarifnormen zuungunsten Dritter . . 56
2. Beendigung 21	10. Prozessuale Normen 57
a) Beendigungsgründe 21	11. Rechtsfolgen unzulässiger Regelungen . 58
aa) Befristung und Bedingung . . . 21	VI. Der Tarifvertrag als Schuldverhältnis . . . 60
bb) Aufhebungsvertrag 22	1. Die allgemeinen Rechte und Pflichten der Tarifvertragsparteien . . . 60
cc) Ordentliche Kündigung 24	
dd) Außerordentliche Kündigung . 25	a) Grundlagen 60
ee) Wegfall der Geschäftsgrundlage . . . 34	b) Friedenspflicht 63
ff) Ablösung 36	aa) Relative Friedenspflicht 63
gg) Auflösung einer Tarifvertragspartei . 37	bb) Absolute Friedenspflicht 67
hh) Insolvenzverfahren 38	c) Durchführungspflicht 69

---

[1] Vgl. *Winkler*, NZA 2000, Sonderbeilage zu Heft 3/2000, 11; *Zachert*, NZA 2000, Sonderbeilage zu Heft 3/2000, 17; *Lesch*, DB 2000, 322; *Schleusener*, NJ 1998, 561; *Büdenbender*, NZA 2000, 509; *Dieterich*, RdA 2002, 1; für mehr Wettbewerb unter den Gewerkschaften als Reformansatz plädiert *Franzen*, RdA 2001, 1. | [2] Vgl. Wiedemann/*Wiedemann*, TVG, Einl. Rz. 67. | [3] Vgl. *Adomeit*, Regelung von Arbeitsbedingungen und ökonomische Notwendigkeiten, S. 55 (70); *Beuthien/Meik*, DB 1993, 15 (19); krit.: *Henssler*, ZfA 1994, 487 (514). | [4] Vgl. *Belling*, NZA 1996, 906; *Löwisch*, NJW 1997, 905; *Oetker*, RdA 1995, 94; *Rieble*, RdA 1996, 151. | [5] Vgl. *Buchner*, DB 1990, 1720; *Adomeit*, Regelung von Arbeitsbedingungen und ökonomische Notwendigkeiten, S. 38 ff.; *Eekhoff*, Beschäftigung und soziale Sicherung, S. 63 f.; *Hundt*, Arbeitgeber 1998, S. 49 f. | [6] Vgl. den Gesetzesvorschlag des Bundeslandes Bayern (BR-Drs. 863/02) v. 22.11.2002. | [7] *von Danwitz*, in Handbuch der Grundrechte, § 114 A.III.3.b). | [8] Vgl. Wiedemann/*Wiedemann*, TVG, Einl. Rz. 69. | [9] *Kempen/Zachert*, TVG, Grundlagen Rz. 93 ff., § 2 Rz. 99, § 4 Rz. 228 ff.; *Henssler*, ZfA 1998, 517 (520); *Wendeling-Schröder*, NZA 1998, 624 (626). | [10] Vgl. den Gesetzesvorschlag des Bundeslandes Bayern (BR-Drs. 863/02) v. 22.11.2002. | [11] Vgl. Wiedemann/*Wiedemann*, TVG, Einleitung Rz. 70; zurückhaltender: *Henssler*, ZfA 1994, 487 (513 f.). | [12] *Gamillscheg*, Kollektives Arbeitsrecht I, S. 488; Däubler/*Däubler*, Einl. Rz. 626 ff. | [13] Str., vgl. zur uneinheitlichen Rspr. BAG v. 6.11.2002 – 5 AZR 617/01 (A), NZA 2003, 490 und v. 9.7.2003 – 10 AZR 593/02, NJOZ 2003, 3477. | [14] *Däubler*, Tarifvertragsrecht, Nr. 1662 ff. | [15] Zur Vereinbarkeit mit dem Europarecht EuGH v. 24.1.2002 – C-164/99, BB 2002, 624; EWiR Art. 49 EG, 1/02, 245 (*Henssler/Müller*).

2. Vereinbarte Pflichten im tarifvertraglichen Schuldverhältnis 72	5. Ausschlussfristen/Verfallklauseln 95
a) Rechts- und Pflichtenstellung der Parteien 72	6. Besetzungsregeln 102
	7. Verweisungsklauseln 106
b) Schuldrechtliche Regelungen der Arbeitsbedingungen der Verbandsmitglieder . . . 74	8. Differenzierungsklauseln 107
	9. Effektivlohnklauseln 108
VII. Auslegung von Tarifverträgen 75	10. Eingruppierung 113
1. Allgemeine Auslegungsgrundsätze 75	11. Entgeltfortzahlungsklauseln 117
a) Schuldrechtlicher Teil 75	12. Formvorschriften 118
b) Normativer Teil 76	13. Gewerkschaftliche Vertrauensleute 119
2. Fortbildung von Tarifverträgen 83	14. Kündigungsschutzbestimmungen 120
3. Prozessrechtliche Fragen 86	15. Kurzarbeitsklauseln 124
VIII. Kontrolle von Tarifverträgen 87	16. Leistungsbestimmungsrechte 125
IX. Einzelne Tarifnormen 91	17. Maßregelungsverbote 126
1. Altersgrenzen 91	18. Rückwirkungsvereinbarungen in Tarifverträgen 127
2. Annahmeverzug 92	
3. Arbeitsentgelt 93	19. Rückzahlungsklauseln 131
4. Arbeitsverhinderung 94	20. Wiedereinstellungsklauseln 132

Lit.: *Beckers*, Die rückwirkende Änderung von Tarifverträgen, ZTR 1999, 145; *Bergwitz*, Zur Darlegungs- und Beweisast im BAT-Eingruppierungsprozess, ZTR 2001, 539; *Biedenkopf*, Grenzen der Tarifautonomie, 1964; *Blomeyer*, Die Zulässigkeit von Tarifverträgen zugunsten gewerkschaftlicher Vertrauensleute, DB 1977, 101; *Bötticher*, Die gemeinsamen Einrichtungen der Tarifvertragsparteien, 1966; *Bötticher*, Tarifvertragliche Sonderstellung der gewerkschaftlichen Vertrauensleute im Arbeitsverhältnis: Eine betriebsverfassungsrechtliche Angelegenheit, RdA, 1978, 133; *Buchner*, Kündigung der Tarifregelungen über die Entgeltanpassung in der Metallindustrie der östlichen Bundesländer, NZA 1993, 289; *Buchner*, Unternehmensbezogene Tarifverträge – tarif-, verbands- und arbeitskampfrechtlicher Spielraum; DB 2001, Beilage 9, S. 1; *Däubler*, Die Anpassung von Tarifverträgen an veränderte wirtschaftliche Umstände, ZTR 1996, 241; *Däubler*, Die Auswirkungen der Schuldrechtsmodernisierung auf das Arbeitsrecht, NZA 2001, 1329; *Däubler*, Tarifliche Leistungen nur für Gewerkschaftsmitglieder?, BB 2002, 1643; *Dieterich*, Die betrieblichen Normen nach dem TVG, 1964; *Farthmann*, Die Mitbestimmung des Betriebsrats bei der Regelung der Arbeitszeit, RdA 1974, 65; *Friedrich/Kloppenburg*, Vergütungskorrektur und Nachweisrecht, RdA 2001, 293; *Giesen*, Betriebsersetzung durch Tarifvertrag, BB 2002, 1480; *Hanau*, Die Reform der Betriebsverfassung, NJW 2001, 2513; *Hanau/Thüsing*, Tarifverträge zur Beschäftigungssicherung, ZTR 2001, 1, 49; *Hanau/Thüsing*, Streik um Anschlusstarifverträge, ZTR 2002, 506; *Henssler*, Arbeitsrecht und Schuldrechtsreform, RdA 2002, 129; *Henssler*, Firmentarifverträge und unternehmensbezogene Verbandstarifverträge als Instrumente einer flexiblen, betriebsnahen Tarifpolitik, ZfA 1998, 517; *Henssler*, Flexibilisierung der Arbeitsmarktordnung, ZfA 1994, 487; *Henssler*, Unternehmensumstrukturierung und Tarifrecht, in Festschrift Schaub, 1998, S. 311; *Herschel*, Die Auslegung von Tarifvertragsnormen, in Festschrift Erich Molitor, 1962, S. 161; *Jacobi*, Grundlehren des Arbeitsrechts, 1927; *Hümmerich/Holthausen*, Der Arbeitnehmer als Verbraucher, NZA 2002, 173; *Kempen*, Die Effektivklausel als Instrument tariflicher Sozialpolitik, AuR 1982, 50; *Leßmann/Liersch*, Die Novelle des Betriebsverfassungsgesetzes, DStR 2001, 1302; *Lieb*, Erkämpfbarkeit von Firmentarifverträgen mit verbandsangehörigen Arbeitgebern, DB 1999, 2058; *Löwisch*, Änderung der Betriebsverfassung durch das Betriebsverfassungs-Reformgesetz, BB 2001, 1734; *Merten/Papier* (Hrsg.), Handbuch der Grundrechte in Deutschland und Europa, 2004; *Oetker*, Die Kündigung von Tarifverträgen, RdA 1995, 82; *Rehbinder*, Die Rechtsnatur des Tarifvertrages, JR 1968, 167; *Otto*, Die Kündigung des Tarifvertrages aus wirtschaftlichen Gründen, in Festschrift Kissel, 1994, S. 787; *Reuter*, Können verbandsangehörige Arbeitgeber zum Abschluss von Haustarifverträgen gezwungen werden?, NZA 2001, 1097; *Richardi*, Kollektivgewalt, 1968; *Rieble*, Die tarifliche Schlichtungsstelle nach § 76 Abs. 8 BetrVG, RdA 1993, 140; *Rieble*, Arbeitsmarkt und Wettbewerb, 1996; *Schaub*, Reform der Betriebsverfassung, ZTR 2001, 437; *Schlachter*, Gleichheitswidrige Tarifnormen, in Festschrift Schaub, S. 651; *Schliemann*, Arbeitsgerichtliche Kontrolle von Tarifverträgen, ZTR 2000, 198; *Simitis/Weiss*, Zur Mitbestimmung des Betriebsrats bei Kurzarbeit, DB 1973, 1240; *Stein*, Tarifvertragsrecht, 1997; *Wank*, Kündigung und Wegfall der Geschäftsgrundlage bei Tarifverträgen, in Festschrift Schaub, 1998, S. 761; *Wlotzke*, Das Günstigkeitsprinzip, 1957; *Zachert*, Möglichkeiten der fristlosen Kündigung von Tarifverträgen in den neuen Bundesländern, NZA 1993, 299; *Zachert*, Krise des Flächentarifvertrages?, RdA 1996, 140; *Zöllner*, Tarifmacht und Außenseiter, RdA 1962, 453.

I. Begriff des TV. Der TV ist eine formbedürftige, **privatrechtliche Vereinbarung** zwischen einzelnen ArbGeb oder deren Vereinigungen auf der einen und tariffähigen Gewerkschaften auf der anderen Seite, die Rechte und Pflichten der TV-Parteien regelt und Arbeits- und Wirtschaftsbedingungen festsetzt. Anders als herkömmliche private Verträge begründet er nicht nur schuldrechtliche Rechte und Pflichten der Vertragsparteien selbst (schuldrechtlicher Teil), sondern stellt darüber hinaus Regeln auf, deren Adressat Dritte sind, die nicht als TV-Partner am Vertragsschluss mitgewirkt haben (normativer Teil). In dieser Doppelnatur liegt das Spezifikum des TV.

Sein Zustandekommen erfordert einen **Vertrag** im Sinne einer Willenseinigung mindestens zweier tariffähiger Parteien. Einseitige Richtlinien und Anstellungsbedingungen des ArbGeb erfüllen diese Voraussetzung nicht, auch wenn sie der ArbGeb gelegentlich als „Haustarif" bezeichnet[1]. Ein Vorver-

---

[1] BAG v. 25.6.1964 – 5 AZR 440/63, AP Nr. 1 zu § 611 – Gewerkschaftsangestellte.

trag ist zulässig[1]; ob er auch schon als TV zu qualifizieren ist, ist umstritten[2]. Aus der Zulässigkeit des Vorvertrages folgt, dass sich Tarifpartner verpflichten können, einen noch gar nicht geschlossenen Verbandstarif in einem Anschlusstarifvertrag zu übernehmen[3].

3 **II. Rechtsnatur.** Der **schuldrechtliche Teil** des TV, in dem die Rechte und Pflichten der TV-Parteien festgeschrieben sind, wird einhellig als privatrechtlicher Vertrag eingestuft. Zur Rechtsnatur des normativen Teils gehen die Meinungen dagegen bis heute auseinander[4]. Überholt ist der Versuch, die Befugnis der TV-Parteien zur Normsetzung ausschließlich als rechtsgeschäftliches Handeln zu deuten[5]. Der mandatarischen Theorie zufolge wird den TV-Normen zwar Rechtssatzcharakter beigemessen, die Befugnis zur tariflichen Gestaltung des Arbeitsverhältnisses soll aber auf privater Rechtsetzungsbefugnis beruhen[6]. Verschiedene Besonderheiten des Tarifrechts, etwa die Erstreckung von betriebs- und betriebsverfassungsrechtlichen Normen auf Außenseiter (§ 3 Abs. 2), die Möglichkeit, bei tarifdispositiven Normen von an sich zwingendem Gesetzesrecht abzuweichen sowie die Anknüpfung der AVE (§ 5 TVG) an tarifvertragliche Regelungen, lassen sich über dieses gedankliche Modell nicht zufrieden stellend erklären. Herrschend ist die Rechtfertigung der Tarifautonomie über das Modell staatlicher Delegation[7]. Unbefriedigend bleibt freilich auch nach diesem Ansatz, dass das TVG den Voraussetzungen des Art. 80 GG nicht genügt und die tarifvertraglichen Vereinbarungen nicht der Staatsaufsicht unterliegen.

4 Mit der überwiegenden Ansicht sind die TV-Normen trotz der Nähe der Normsetzung zum öffentlichen Recht als **Teil des Privatrechts** zu qualifizieren[8]. Für diese Einordnung spricht der Verzicht auf eine Staatsaufsicht und die Qualität der TV-Parteien als Subjekte des Privatrechts.

5 **III. Die Parteien des TV.** Partei eines TV kann nur sein, wer **tariffähig** ist (siehe § 2 Rz. 1 ff.). Gemäß der Aufzählung in § 2 sind dies grundsätzlich[9] Gewerkschaften, ArbGebVerbände, die Spitzenorganisationen der Verbände und einzelne ArbGeb. Dementsprechend wird zwischen **VerbandsTV** (auf der ArbGebSeite tritt ein Verband auf) und den mit einzelnen ArbGeb geschlossenen **FirmenTV** (auch Werks-, Haus- oder UnternehmensTV)[10] unterschieden. Vertragspartei des VerbandsTV ist der Berufsverband, nicht das einzelne Mitglied. Rechte und Pflichten aus dem TV treffen daher, soweit dieser keine normative Wirkung entfaltet, zunächst nur die Vertragsparteien selbst. Mit der Erfüllungspflicht übernimmt allerdings jede Vertragspartei die Pflicht, im Rahmen der satzungsmäßigen Möglichkeiten die Mitglieder zur Beachtung des TV anzuhalten (siehe Rz. 69 ff.)[11]. Die TV-Parteien können sich auch schuldrechtlich zugunsten Dritter, dh. zugunsten der Verbandsmitglieder oder auch außenstehender Personen, verpflichten[12].

6 Die Willenserklärungen müssen beim **VerbandsTV** durch das allgemein zur Vertretung **befugte Organ**, dh. den Vorstand (§ 26 BGB) oder durch in der Satzung bestimmte Vertreter (§ 30 BGB) bzw. durch wirksam bestellte Bevollmächtigte (§ 164 BGB) abgegeben werden. Bei mehrgliedrigen TV kann ein Verband andere Tarifparteien nach den allgemeinen Regeln des Rechts der Stellvertretung (§§ 164 ff. BGB) vertreten[13]. Eine **Beschränkung der Vertretungsmacht** ist möglich[14]. Soll die Beschränkung Dritten entgegengehalten werden, muss sie aus der Satzung hervorgehen. Dort muss abschließend der Umfang der Vertretungsmacht angegeben sein[15]. Die Beschränkung darf allerdings die grundsätzlich unbeschränkte Tariffähigkeit (§ 2) nicht konterkarieren. So wäre eine satzungsmäßige Beschränkung der Vollmacht eines ArbGebVerbandes auf Lohnerhöhungen von maximal 5 % unzulässig[16]. Gemäß § 167 Abs. 2 BGB bedarf die Vollmachtserteilung nicht der Schriftform des § 1.

---

[1] BAG v. 26.1.1983 – 4 AZR 224/80, AP Nr. 20 zu § 1 TVG; v. 25.8.1982 – 4 AZN 305/82, AP Nr. 23 zu § 72a ArbGG 1979 – Grundsatz; v. 19.10.1976 – 1 AZR 611/75, AP Nr. 6 zu § 1 TVG – Form. | [2] Bejahend: *Löwisch/Rieble*, § 1 TVG Rz. 266; abl.: BAG v. 26.1.1983 – 4 AZR 224/80, AP Nr. 20 zu § 1 TVG; v. 25.8.1982 – 4 AZN 305/82, AP Nr. 23 zu § 72a ArbGG 1979 – Grundsatz: Der Vorvertrag dient nicht oder noch nicht unmittelbar der Normsetzung. | [3] BAG v. 19.10.1976 – 1 AZR 611/75, AP Nr. 6 zu § 1 TVG – Form, zu einer solchen Verpflichtungserklärung in Form eines Fernschreibens. | [4] Vgl. Wiedemann/*Wiedemann*, § 1 TVG Rz. 39 ff.; Däubler/*Reim*, § 1 TVG Rz. 31 ff.; *Zöllner/Loritz*, Arbeitsrecht, § 33 IV. | [5] *Jacobi*, Grundlehren des Arbeitsrechts, 1927, S. 246 ff., 272 ff. | [6] *Rehbinder*, JR 1968, 167 ff.; *Richardi*, Kollektivgewalt, S. 127 ff.; *Rieble*, Arbeitsmarkt und Wettbewerb, Rz. 1194 ff. (1530); vgl. auch Wiedemann/*Wiedemann*, § 1 TVG Rz. 42. | [7] BVerfG v. 18.11.1954 – 1 BvR 629/52, BVerfGE 4, 96 (108); BVerfG v. 27.2.1973 – 2 BvL 27/69, BVerfGE 34, 307 (316 f.); BAG v. 23.3.1957 – 1 AZR 64/56, AP Nr. 18 zu Art. 3 GG; vgl. bei Wiedemann/*Wiedemann*, § 1 TVG Rz. 43 ff. | [8] BVerfG v. 27.2.1973 – 2 BvL 27/69, BVerfGE 34, 307 (317); BAG v. 23.3.1957 – 1 AZR 64/56, AP Nr. 18 zu Art. 3 GG; v. 29.4.1992 – 4 AZR 432/91, AP Nr. 3 zu § 1 TVG – Durchführungspflicht; Däubler/*Reim*, § 1 TVG Rz. 32; *Gamillscheg*, Kollektives Arbeitsrecht I, S. 487; Wiedemann/*Wiedemann*, § 1 TVG Rz. 11; *von Danwitz* in Handbuch der Grundrechte, § 114 A.III.3.a). | [9] Zu den weiteren Voraussetzungen der Tariffähigkeit s. § 2 Rz. 4 ff. | [10] Dazu *Henssler*, ZfA 1998, 517 ff. | [11] Wiedemann/*Wiedemann*, § 1 TVG Rz. 153. | [12] BAG v. 29.11.1967 – GS 1/67, AP Nr. 13 zu Art. 9 GG bezüglich der Zahlung eines Urlaubsgeldes an alle ArbN unabhängig von ihrer Gewerkschaftszugehörigkeit. | [13] So zur Vertretung eines Unternehmens durch ein anderes: BAG v. 10.11.1993 – 4 AZR 184/93, AP Nr. 43 zu § 1 TVG – Tarifverträge: Einzelhandel. | [14] Wiedemann/*Wiedemann*, § 1 TVG Rz. 158; vgl. aber BAG v. 11.6.1975 – 4 AZR 395/74, AP Nr. 29 zu § 2 TVG. | [15] Wiedemann/*Wiedemann*, § 1 TVG Rz. 159. | [16] *Löwisch/Rieble*, § 1 TVG Rz. 349.

Schließt der Einzelarbeitgeber eine Vereinbarung mit einer Gewerkschaft, handelt es sich auch dann um einen FirmenTV und nicht um eine BV, wenn die Vereinbarung als „Interessenausgleich" oder „Sozialplan" bezeichnet wird[1]. Auch ein verbandsangehöriger ArbGeb kann einen FirmenTV abschließen (vgl. § 2 Rz. 21)[2]. Ob er zum Abschluss auch durch Arbeitskampf gezwungen werden kann, ist umstritten[3]. Eine **Konzernobergesellschaft** ist nur dann und insoweit tariffähig, als sie ArbGeb ist. Ein TV bindet nur sie[4], wirkt demzufolge nur für die bei ihr beschäftigten ArbN[5].

Die **Spitzenorganisationen** von Gewerkschaften und ArbGebVerbänden können TV im eigenen Namen oder in dem der ihnen angeschlossenen Verbände abschließen (siehe hierzu § 2 Rz. 25 f.). Wird die Vereinbarung im Namen und in Vertretung eines angeschlossenen Verbandes getroffen, so ist dieser und nicht die Spitzenorganisation Vertragspartei[6].

Auf einer oder auf beiden Seiten können mehrere Tarifparteien auftreten (**mehrgliedriger TV**; Beispiel: BAT). Durch Auslegung ist dann zu ermitteln, ob ein einheitliches Tarifwerk oder mehrere selbständige TV vorliegen[7]. Regelmäßig werden **mehrere selbständige TV** gewollt sein, selbst wenn sie in einer Urkunde abgefasst sind[8]. In diesem Fall bleiben die Vertragsparteien in der Lage, unabhängig voneinander den TV zu ändern und zu kündigen. Weitere Folgen sind: keine Erfüllungspflichten für andere Parteien der gleichen Seite, keine Gesamtschuld, keine Haftung für andere Beteiligte, einfache Streitgenossenschaft.

Bei einem Willen zu einem **einheitlichen Tarifwerk** werden die Parteien gemeinsam berechtigt und verpflichtet. Sie können ihre Rechte gegenüber der Gegenpartei nur gemeinsam ausüben (Änderung des TV, Kündigung). Verfahren müssen als notwendige Streitgenossenschaft geführt werden[9]. Die Allgemeinverbindlichkeit kann nur gemeinsam beantragt werden.

IV. Abschluss und Beendigung des TV. 1. Abschluss. a) Verhandlungsanspruch. Ein Tarifpartner hat nach der Rspr. grundsätzlich **keinen Anspruch** gegen den tariflichen Gegenspieler auf Aufnahme und Führung von Tarifverhandlungen[10]. Das BAG sieht es allerdings als Aufgabe der Arbeitskampfparteien an, sich um eine Regelung des Notdienstes zu bemühen. Außerdem sind Vereinbarungen über die Errichtung und den Umfang von Notdienstarbeiten vorrangig anzustreben[11]. Daraus kann eine partielle Verhandlungspflicht abgeleitet werden. Zudem besteht nach dem Ultima ratio-Grundsatz eine Verhandlungspflicht vor Ausspruch der außerordentlichen Kündigung eines FirmenTV[12]. Bei richtigem Verständnis folgt aus dem Ultima ratio-Gedanken im Vorfeld von Arbeitskampfmaßnahmen nicht nur eine Verhandlungspflicht der kampfwilligen Partei[13], sondern sogar eine Pflicht zur Durchführung eines Schlichtungsverfahrens[14]. Vereinbarungen über einen Verhandlungsanspruch der TV-Partner sind unbestritten zulässig[15]. Sie können Gegenstand eines Vorvertrages sein.

b) Anwendung des Vertragsrechts. Ein TV ist ein **Vertrag iSd. BGB**. Dementsprechend gelten für den Vertragsschluss grundsätzlich die §§ 145 ff. BGB. An die Stelle der Rechtsfähigkeit tritt die Tariffähigkeit nach § 2. Aufgrund der normativen Wirkung des TV lassen sich die Vorschriften des Allgemeinen Teils des BGB sowie des Allgemeinen Teils des Schuldrechts allerdings nicht unbesehen übernehmen. Die Anwendbarkeit der §§ 116, 119, 123 BGB ist umstritten (siehe Rz. 20)[16]. Der Schutz des Vertrauens der Verbandsmitglieder auf die Wirksamkeit der Tarifnormen verbietet einen Rückgriff auf die Dissens-

---

1 BAG v. 16.5.1995 – 3 AZR 535/94, AP Nr. 15 zu § 4 TVG – Ordnungsprinzip; vgl. auch v. 7.11.2000 – 1 AZR 175/00, AP Nr. 14 zu § 77 BetrVG 1972 – Tarifvorbehalt zu einer Vereinbarung, die von Betriebsrat, ArbGeb und zuständiger Gewerkschaft gemeinsam geschlossen wurde. | 2 BAG v. 20.12.2002 – 1 AZR 96/02, BB 2003, 1116; v. 4.4.2001 – 4 AZR 237/00, AP Nr. 26 zu § 4 TVG Tarifkonkurrenz; v. 25.9.1996 – 1 ABR 4/96, AP Nr. 10 zu § 2 TVG – Tarifzuständigkeit; Wiedemann/Wiedemann, § 1 TVG Rz. 166. | 3 Bejahend die hM: BAG v. 10.12.2002 – 1 AZR 96/02, EzA-SD 2002, Nr 26, 4–5; v. 4.5.1955 – 1 AZR 493/54, AP Nr. 2 zu Art. 9 GG – Arbeitskampf; LAG Köln v. 14.6.1996 – 4 Sa 177/96, AP Nr. 149 zu Art. 9 GG – Arbeitskampf; Henssler ZfA 1998, 517 (534 mwN); verneinend: LAG Schl.-Holst. v. 25.11.1999 – 4 Sa 584/99, AP Nr. 157 zu Art. 9 GG – Arbeitskampf; Hanau/Thüsing, ZTR 2002, 506 (509); Buchner, DB 2001, Beilage Nr. 9, S. 1; Reuter, NZA 2001, 1097. | 4 Zöllner/Loritz, Arbeitsrecht, § 34 II. | 5 Vgl. aber § 14 Abs. 1 BAPostG für die Nachfolgeunternehmen der Deutschen Bundespost. | 6 Kempen/Zachert, § 2 TVG Rz. 59. | 7 Vgl. BAG v. 28.9.1977 – 4 AZR 446/76, AP Nr. 1 zu § 9 TVG 1969 in dem besonderen Fall, dass eine Tarifvertragspartei nur mittels eines Anschlusstarifvertrages gebunden war. | 8 BAG v. 8.9.1976 – 4 AZR 359/75, AP Nr. 5 zu § 1 TVG – Form; v. 28.9.1977 – 4 AZR 446/76, AP Nr. 1 zu § 9 TVG 1969. | 9 Löwisch/Rieble, § 1 TVG Rz. 343 f. | 10 BAG v. 2.8.1963 – 1 AZR 9/63, AP Nr. 5 zu Art. 9 GG; v. 14.7.1981 – 1 AZR 159/78, AP Nr. 1 zu § 1 TVG – Verhandlungspflicht; v. 19.6.1984 – 1 AZR 361/82, AP Nr. 3 zu § 1 TVG – Verhandlungspflicht; v. 14.2.1989 – 1 AZR 142/88, AP Nr. 52 zu Art. 9 GG; Kempen/Zachert, § 2 TVG Rz. 17; Reichel/Koberski/Ansey, § 2 TVG Rz. 94; aA Wiedemann/Wiedemann, § 1 TVG Rz. 183 ff. | 11 BAG v. 31.1.1995 – 1 AZR 142/94, AP Nr. 135 zu Art. 9 GG – Arbeitskampf. | 12 BAG v. 18.12.1996 – 4 AZR 129/96, AP Nr. 1 zu § 1 TVG Kündigung zu einem Fall, in dem noch nicht einmal der Versuch einer Nachverhandlung unternommen wurde; ebenso v. 18.6.1997 – 4 AZR 710/95, AP Nr. 2 zu § 1 TVG Kündigung. | 13 Vgl. auch Wiedemann/Wiedemann, § 1 TVG Rz. 184 ff. | 14 Vgl. BAG v. 21.4.1971 – GS 1/68, AP Nr. 43 zu Art. 9 GG – Arbeitskampf. | 15 Däubler/Reim, § 1 TVG Rz. 1106. | 16 Keine Anwendung: Gamillscheg, Kollektives Arbeitsrecht I, § 13 I 1 b, S. 512; Kempen/Zachert, § 4 TVG Rz. 48; Wiedemann/Wiedemann, § 1 TVG Rz. 243; Anwendung: Löwisch/Rieble, § 1 TVG Rz. 355; offen gelassen bei BAG v. 19.10.1976 – 1 AZR 611/75, AP Nr. 6 zu § 1 TVG – Form.

regeln der §§ 154, 155 BGB¹; gleiches gilt für § 139 BGB² und die Leistungsstörungen nach den §§ 275 ff. BGB. Die Auslegung nur des schuldrechtlichen Teils des TV richtet sich nach §§ 133, 157 BGB; im Bereich der Tarifnormen gelten die Grundsätze der Gesetzesauslegung (siehe unten Rz. 75 ff.).

13   **c) Vertragsschluss, Form und Bekanntgabe des TV.** Ein TV kommt – meist über Willenserklärungen unter Anwesenden – durch **Angebot und Annahme** gemäß §§ 145 ff. BGB zustande. Häufig wird der vorgesehene Tarifinhalt von den TV-Parteien nur niedergelegt und einer oder beiden Seiten eine Erklärungsfrist eingeräumt. Besondere von der Satzung der Tarifpartner vorgesehene Organe (zB Tarifkommissionen) erhalten so die Möglichkeit, ihr Letztentscheidungsrecht auszuüben. Die Wirksamkeit hängt dann von einer aufschiebenden (oder auch auflösenden) Bedingung ab. Das Verhandlungsergebnis kann auch nur vorläufig niedergelegt werden mit der Folge, dass der Vertrag erst nach der endgültigen Zustimmungserklärung der Vertragspartner zustande kommt.

14   Wird der TV von einem Verband geschlossen, so handeln für ihn sein **Organ** bzw **sonstigen satzungsgemäßen Vertreter** (siehe oben Rz. 6). Die Satzung kann die tariflich relevanten Willenserklärungen an die Zustimmung eines besonderen Organs, etwa einer Tarifkommission, binden. Für den Abschluss von TV durch öffentlich-rechtliche Körperschaften sind § 40 BHO, § 24 HaushaltsgrundsätzeG (Zustimmung des Finanzministeriums) und ähnliche Vorschriften in den Landeshaushaltsordnungen zu beachten. Stellvertretung gem. §§ 164 ff. BGB ist zulässig³. Aus der Urkunde muss sich das Handeln in fremdem Namen eindeutig ergeben⁴. Schließt ein Organ oder ein Stellvertreter einen TV ohne entsprechende Vollmacht, so hängt die Wirksamkeit des TV von der Genehmigung der TV-Partei gemäß § 177 Abs. 1 BGB ab.

15   Nach § 1 Abs. 2 bedürfen TV der **Schriftform**. Das Formerfordernis dient hauptsächlich der Klarstellung des Vertragsinhalts und rechtfertigt den Verzicht auf eine **Bekanntgabe** des TV durch förmliche Veröffentlichung als Wirksamkeitsvoraussetzung (siehe aber § 8 Rz. 1 ff.). Die Parteien des Einzelarbeitsvertrages sollen sich über den Tarifinhalt jederzeit verlässlich unterrichten können⁵. Die Schriftform ersetzt zugleich den für sonstige Rechtsnormen bestehenden Verkündungszwang.

16   Für die Schriftform gilt § 126 BGB. Die Urkunde muss daher von den TV-Parteien oder ihren Vertretern **eigenhändig unterzeichnet** werden. Die Unterschrift muss auf derselben Urkunde erfolgen. Werden über den TV mehrere gleich lautende Urkunden aufgenommen, so reicht es aus, wenn jede Partei die für die andere Partei bestimmte Urkunde unterzeichnet. Die elektronische Form (vgl. § 126a BGB) genügt nach dem klaren Wortlaut von § 126 Abs. 3 BGB und § 1 Abs. 2 TVG⁶, nicht jedoch ein Brief- bzw. Telegrammwechsel oder ein Telefax⁷. Einer körperlichen Verbindung der einzelnen Blätter einer Urkunde bedarf es nicht, solange sich deren Einheit zB aus fortlaufender Paginierung, einheitlicher grafischer Gestaltung, etc. zweifelsfrei ergibt⁸. Eine Änderung oder Ergänzung des über den Unterschriften stehenden Textes ist durch die Unterschriften gedeckt, sofern die Änderung oder Ergänzung dem übereinstimmenden Willen der Vertragschließenden entspricht⁹. Der TV muss nicht notwendigerweise in deutscher Sprache abgefasst sein.

17   Der Abschluss eines **Anschlusstarifvertrages** bedarf ebenfalls der Schriftform. Im Falle des **Beitritts** zu einem bestehenden TV muss der Vertrag mit beiden, zumindest aber mit der auf der Gegenseite stehenden Partei geschlossen werden. Eine einseitige Beitrittserklärung reicht nicht aus. Die Bezugnahme auf bloß benannte, aber nicht angefügte Tarifwerke, Gesetze, Rechtsverordnungen, Verwaltungsvorschriften¹⁰ oder andere Regelungswerke ist sowohl bei statischen als auch bei dynamischen Verweisungen zulässig. Die Regelwerke müssen aber so genau bezeichnet sein, dass Irrtümer über Art und Ausmaß der in Bezug genommenen Regelung ausgeschlossen sind¹¹. Verweist ein HausTV auf die Bestimmungen des BAT in seiner jeweils geltenden Fassung, so sind auch die Sonderregelungen nach § 2 BAT in den Tarif einbezogen, es sei denn, deren Ausschluss wäre im Verweisungstarifvertrag klar erkennbar normiert¹².

---

1 BAG v. 9.3.1983 – 4 AZR 61/80, AP Nr. 128 zu § 1 TVG – Auslegung; v. 30.5.1984 – 4 AZR 512/81, AP Nr. 3 zu § 9 TVG 1969; v. 24.2.1988 – 4 AZR 614/87, AP Nr. 2 zu § 1 TVG – Tarifverträge: Schuhindustrie; v. 20.2.2001 – 3 AZR 252/00, EzA § 1 BetrAVG Ablösung Nr. 24. | 2 BAG v. 26.6.1985 – 7 AZR 125/83, AP Nr. 1 zu § 1 TVG – Teilnichtigkeit; v. 26.2.1986 – 4 AZR 535/84, AP Nr. 12 zu § 4 TVG – Ordnungsprinzip; v. 7.3.1995 – 3 AZR 282/94, AP Nr. 26 zu § 1 BetrAVG – Gleichbehandlung; v. 15.12.1998 – 3 AZR 239/98, AP Nr. 71 zu § 2 BeschFG 1985. | 3 BAG v. 24.11.1993 – 4 AZR 407/92, AP Nr. 39 zu § 1 TVG – Tarifverträge: Einzelhandel und v. 10.11.1993 – 4 AZR 184/93, AP Nr. 43 zu § 1 TVG – Tarifverträge: Einzelhandel, zur Vertretung durch einen Arbeitgeberzusammenschluss, der keine Vereinigung von Arbeitgebern iSd. § 2 Abs. 1 ist. | 4 BAG v. 12.2.1997 – 4 AZR 419/95, AP Nr. 46 zu § 2 TVG zur Vertretung durch einen Spitzenverband; vgl. dazu auch unter § 2 Rz. 27. | 5 BAG v. 19.10.1976 – 1 AZR 611/75, AP Nr. 6 zu § 1 TVG – Form; v. 9.7.1980 – 4 AZR 564/78, AP Nr. 7 zu § 1 TVG – Form; v. 10.11.1982 – 4 AZR 1203/79, AP Nr. 8 zu § 1 TVG – Form. | 6 AA ErfK/Schaub, Rz. 10. | 7 Vgl. Wiedemann/Wiedemann, § 1 TVG Rz. 229. | 8 BAG v. 24.1.2001 – 4 ABR 4/00, AP Nr. 28 zu § 3 TVG. | 9 BAG v. 24.1.2001 – 4 ABR 4/00, AP Nr. 28 zu § 3 TVG. | 10 BAG v. 24.9.1986 – 4 AZR 543/85, AP Nr. 50 zu § 1 Feiertagslohnzahlungsgesetz. | 11 BAG v. 30.5.1958 – 1 AZR 198/57, AP Nr. 8 zu § 9 TVG; v. 10.11.1982 – 4 AZR 1203/79, AP Nr. 8 zu § 1 TVG – Form; v. 9.7.1980 – 4 AZR 564/78, AP Nr. 7 zu § 1 TVG – Form. | 12 BAG v. 8.3.1995 – 10 AZR 27/95, AP Nr. 5 zu § 1 TVG – Verweisungstarifvertrag.

Das Schriftformerfordernis gilt für alle tarifvertraglichen Vereinbarungen, nicht etwa nur für den normativen Teil. **Schuldrechtliche Abreden** sind nur ausgeklammert, wenn sie nach dem erkennbaren Willen der Tarifpartner kein Bestandteil des TV werden sollen[1]. Ebenfalls formbedürftig sind Protokollnotizen[2], Änderungen des TV[3] sowie Neuabschlüsse nach Kündigung[4]. Keiner Schriftform bedürfen Aufhebungsverträge (Grund: Regelungsziel der Normenklarheit ist nicht betroffen)[5], Anfechtungen, Kündigungen[6] und Vorverträge[7]. 18

Die Nichteinhaltung der Schriftform führt zur **Nichtigkeit des TV** (§ 125 BGB)[8]. Ist nur ein Teil des TV von der Nichtigkeit betroffen, so bleibt der TV im Übrigen wirksam, solange er eine in sich durchführbare Regelung enthält. Wegen der ratio des Schriftformerfordernisses (Rz. 15) kann die Nichtigkeitsfolge nicht mit dem Einwand der Arglist oder der Verletzung von Treu und Glauben überspielt werden[9]. 19

d) Mängel beim Abschluss des TV. Ob eine Partei einen TV wegen **Irrtums, Täuschung oder Drohung** gemäß §§ 119, 123, 142 BGB anfechten kann, ist umstritten[10]. Richtig ist, und insoweit besteht auch weitgehende Übereinstimmung, dass es zu keiner rückwirkenden Nichtigkeit kommen darf. Jedoch steht einer Anfechtung mit Wirkung für die Zukunft[11] ebenso wie einer außerordentlichen Kündigung[12] nichts entgegen[13]. Im Falle der Anfechtung kommt eine Bestätigung des Rechtsgeschäfts durch die anfechtungsberechtigte Partei in Betracht[14]. 20

2. Beendigung. a) Beendigungsgründe. aa) Befristung und Bedingung. Ein TV kann für eine **bestimmte Zeit** geschlossen werden. Ein sachlicher Grund für die Befristung ist nicht erforderlich. Verlängerungsklauseln sind möglich. Trotz Befristung können Kündigungsmöglichkeiten vorgesehen werden. Andernfalls kommt nach allgemeinen Regeln nur eine außerordentliche Kündigung (vgl. § 314 BGB) in Betracht. Zulässig ist auch der Abschluss unter einer auflösenden Bedingung. Der Eintritt der Bedingung muss von den Normunterworfenen aber ohne weiteres festgestellt werden können. 21

bb) Aufhebungsvertrag. Ein TV kann durch einen Aufhebungsvertrag als actus contrarius beendet werden (zur Schriftform siehe Rz. 18)[15]. Beim mehrgliedrigen TV ist zu unterscheiden, ob ein einheitliches Tarifwerk oder aber mehrere selbstständige TV gewollt waren (siehe Rz. 9 f.). Ein einheitliches Tarifwerk kann regelmäßig nur unter Mitwirkung aller am Vertragsschluss Beteiligten aufgehoben werden. Mehrere zwar verbundene, aber rechtlich selbstständige TV können dagegen auch einzeln durch die verbundenen Parteien aufgehoben werden. 22

Durch **Schlichterspruch** kann ein TV nicht gegen den Willen einer Partei aufgehoben werden[16]. Ebenso wenig wird ein TV dadurch beendet, dass er seinem Inhalt nach gegenstandslos wird. 23

cc) Ordentliche Kündigung. Typischer Regelungsbestandteil von (unbefristeten) TV sind Bestimmungen über **Frist und Zeitpunkt** ordentlicher Kündigungen. Fehlt eine solche Vereinbarung, so ist nach nahezu einhelliger Auffassung in Rspr. und Schrifttum eine ordentliche Kündigung von unbefristeten TV dennoch möglich. Seit der zum 1.1.2002 in Kraft getretenen Schuldrechtsreform folgt dies auch für die ordentliche Kündigung mittelbar aus § 314 Abs. 1 BGB. Analog der für BV geltenden Regel des § 77 Abs. 5 BetrVG soll eine Kündigungsfrist von 3 Monaten gelten[17]. Einer Begründung bedarf die ordentliche Kündigung nicht. Zur Form siehe Rz. 18. Teilkündigungen sind nur möglich, wenn die TV-Parteien dies ausdrücklich (unter Bezeichnung der entsprechenden Teile) festgelegt haben. Ansonsten würde die Ausgewogenheit des TV gefährdet[18]. Zum Kündigungsrecht beim mehrgliedrigen TV siehe Rz. 9. 24

---

1 Vgl. Wiedemann/*Wiedemann*, § 1 TVG Rz. 232. | 2 BAG v. 16.9.1987 – 4 AZR 265/87, AP Nr. 15 zu § 4 TVG – Effektivklausel. | 3 BAG v. 21.3.1973 – 4 AZR 225/72, AP Nr. 12 zu § 4 TVG – Geltungsbereich (zu mündlichen Erklärungen über die Beschränkung des Geltungsbereichs eines Tarifvertrages). | 4 LAG Köln v. 2.8.1999 – 3 Sa 404/99, NZA-RR 2000, 147. | 5 BAG v. 8.9.1976 – 4 AZR 359/75, AP Nr. 5 zu § 1 TVG – Form; aA *Kempen/Zachert*, § 4 TVG Rz. 53; *Löwisch/Rieble*, § 1 TVG, Rz. 378. | 6 Vgl. BAG v. 26.9.1984 – 4 AZR 343/83, AP Nr. 21 zu § 1 TVG; aA *Löwisch/Rieble*, § 1 TVG, Rz. 379. | 7 BAG v. 19.10.1976 – 1 AZR 611/75, AP Nr. 6 zu § 1 TVG. | 8 BAG v. 13.6.1958 – 1 AZR 591/57, AP Nr. 2 zu § 4 TVG – Effektivklausel; v. 14.2.1957 – 2 AZR 344/54, AP Nr. 1 zu § 32 AOG – Weitergeltung von Tarifverträgen als Tarifordnung. | 9 BAG v. 21.3.1973 – 4 AZR 225/72, AP Nr. 12 zu § 4 TVG – Geltungsbereich; vgl. aber v. 6.9.1972 – 4 AZR 422/71, AP Nr. 2 zu § 4 BAT. | 10 Dafür *Löwisch/Rieble*, § 1 TVG Rz. 355; dagegen: *Gamillscheg*, Kollektives Arbeitsrecht I, § 13 I 1 b, S. 512; *Kempen/Zachert*, § 4 TVG Rz. 48; Wiedemann/*Wiedemann*, § 1 TVG Rz. 243; offen gelassen bei BAG v. 19.10.1976 – 1 AZR 611/75, AP Nr. 6 zu § 1 TVG – Form. | 11 *Löwisch/Rieble*, § 1 TVG Rz. 355. | 12 *Kempen/Zachert*, § 4 TVG Rz. 48; Reichel/Koberski/Ansey, § 1 TVG Rz. 31. | 13 Anders: Wiedemann/*Wiedemann*, § 1 TVG Rz. 243. | 14 *Löwisch/Rieble*, § 1 TVG Rz. 355. | 15 BAG v. 8.9.1976 – 4 AZR 359/75, AP Nr. 5 zu § 1 TVG Form. | 16 Vgl. Wiedemann/*Wiedemann*, § 1 TVG Rz. 17. | 17 Dahingehend tendieren BAG v. 10.11.1982 – 4 AZR 1203/79, AP Nr. 8 zu § 1 TVG – Form und v. 18.6.1997 – 4 AZR 710/95, AP Nr. 2 zu § 1 TVG – Kündigung, ohne sich jedoch festzulegen; *Gamillscheg*, Kollektives Arbeitsrecht I, S. 771; *Kempen/Zachert*, § 4 TVG Rz. 42; Wiedemann/*Wank*, § 4 TVG Rz. 22. | 18 BAG v. 3.12.1985 – 4 ABR 7/85 und 4 ABR 60/85, AP Nr. 1 und 2 zu § 74 BAT; v. 16.8.1990 – 8 AZR 439/89, AP Nr. 19 zu § 4 TVG – Nachwirkung; *Gamillscheg*, Kollektives Arbeitsrecht I, S. 771; *Löwisch/Rieble*, 1992, § 1 TVG Rz. 362.

25 **dd) Außerordentliche Kündigung.** Jeder TV, auch ein befristeter, ist außerordentlich kündbar[1]. In Betracht kommen sowohl **Beendigungs-** als auch **Änderungskündigungen**. Ist das Recht zur außerordentlichen Kündigung nicht vertraglich vereinbart worden, so folgt es aus dem auf den TV als Dauerschuldverhältnis unmittelbar anwendbaren § 314 Abs. 1 BGB. Der dort geforderte **wichtige Grund** ist zu bejahen, wenn dem Kündigenden unter Berücksichtigung aller Umstände des Einzelfalles und unter Abwägung der Interessen beider Vertragsteile sowie mit Rücksicht auf die Interessen der vom TV unmittelbar oder mittelbar betroffenen Personen die Fortsetzung bis zur vereinbarten Beendigung oder bis zum Ablauf einer Kündigungsfrist nicht zugemutet werden kann[2]. Stets ist darauf zu achten, dass die Unzumutbarkeitsprüfung nicht zu einer mittelbaren Tarifzensur führt[3].

26 Die Rspr. behandelt das Kündigungsrecht ausgesprochen restriktiv. **Unzumutbarkeit** des weiteren Festhaltens am Vertrag soll nur in seltenen, krassen Ausnahmefällen in Betracht kommen, etwa bei einer schuldhaften Verschleppung der Verhandlungen[4], einer groben Verletzung der Friedens- und Durchführungspflicht[5], dem Wegfall eines Gesetzes, das für den TV die Ausgangslage gebildet hatte[6] oder dem Verlust der Tariffähigkeit[7]. Allein die Eröffnung des Insolvenzverfahrens ist kein Grund für eine außerordentliche Kündigung[8]. Jene Literaturstimmen, die sich gegen die Anwendbarkeit der §§ 116, 119, 123 BGB auf TV aussprechen (dazu Rz. 12), erwägen teilweise als Ersatz die Möglichkeit einer außerordentliche Kündigung[9].

27 Die Unzumutbarkeit der Bindung an den TV kann nicht nur für eine Tarifpartei, sondern auch für deren Mitglieder bestehen. Praxisrelevant ist der Fall der nach Abschluss eingetretenen **wirtschaftlich untragbaren Belastung** durch den TV. Einzelheiten sind insoweit noch ungeklärt[10]. Unstreitig dürfte sein, dass die wirtschaftliche Situation vereinzelter Verbandsmitglieder keine generelle Durchbrechung der Tarifbindung rechtfertigt. Hier könnte allein eine vertragliche oder gesetzliche Öffnungsklausel für Härtefälle helfen. Teilweise wird bei VerbandsTV auf die wirtschaftliche Unzumutbarkeit für das **Durchschnittsunternehmen** beziehungsweise für die Mehrzahl der Unternehmen abgestellt, wobei die Grenze der Tragbarkeit erreicht sein soll, wenn die Erfüllung der tarifvertraglichen Verpflichtungen zwingend eine akute Gefahr für die Arbeitsplätze nach sich zieht[11]. Andere lehnen es generell ab, die Unzumutbarkeit nach den ökonomischen Schwierigkeiten der Verbandsmitglieder zu bewerten, obwohl diese Probleme zwangsläufig auf deren Verbände durchschlagen. Maßgebend sei die Unzumutbarkeit der Fortführung des TV für die TV-Partei selbst, die dann in Frage stehe, wenn deren Fortbestand (zB durch zahlreiche Verbandsaustritte) gefährdet werde[12]. Wieder andere billigen dem einzelnen Unternehmen bei Unzumutbarkeit ein individuelles Kündigungsrecht zu[13].

28 Da beim VerbandsTV nur die Verbände Parteien des Vertrages sind, kommt dem einzelnen Unternehmen kein Kündigungsrecht zu[14]. Das Verbandsmitglied hat aber bei existentieller Notlage einen vereinsrechtlichen **Anspruch gegen seinen ArbGebVerband**, dass dieser mit der Gewerkschaft über nachträgliche Öffnungsklauseln verhandelt[15]. Erwogen wird auch, der TV-Partei das Recht zu einer personellen Teilkündigung zu geben iSd. Befugnis, die Geltung des TV durch Kündigung für bestimmte Mitgliedsunternehmen zu beenden[16].

29 Im Rahmen der Unzumutbarkeitsprüfung ist zu berücksichtigen, wann die **Laufzeit des TV** endet bzw. welche Frist für eine ordentliche Kündigung gilt. Je kürzer die Zeitspanne bis zum Ablauf des TV ist, desto höher sind die Hürden für die Unzumutbarkeit. Von Bedeutung ist ferner, ob die Entwicklung **vorhersehbar** war. Vorhersehbare Fehlentwicklungen müssen grundsätzlich schon in der vertraglichen Absprache berücksichtigt werden[17].

---

1 Allg. Ansicht BAG v. 14.11.1958 – 1 AZR 247/57, AP Nr. 4 zu § 1 TVG – Friedenspflicht; vgl. aus jüngerer Zeit BAG v. 18.2.1998 – 4 AZR 363/96, AP Nr. 3 zu § 1 TVG – Kündigung; v. 18.6.1997 – 4 AZR 710/95, AP Nr. 2 zu § 1 TVG – Kündigung; *Henssler*, ZfA 1994, 487 (490); *Däubler/Deinert*, § 4 TVG Rz. 118 ff.; *Wiedemann/Wank*, § 4 TVG Rz. 26 ff.. |2 BAG v. 18.2.1998 – 4 AZR 363/96, AP Nr. 3 zu § 1 TVG – Kündigung; *Wiedemann/Wank*, § 4 TVG Rz. 27; *Henssler*, ZfA 1994, 487 (490). |3 *Henssler*, ZfA 1994, 487 (491). |4 BAG v. 14.11.1958 – 1 AZR 247/57, AP Nr. 4 zu § 1 TVG – Friedenspflicht. |5 BAG v. 14.11.1958 – 1 AZR 247/57, AP Nr. 4 zu § 1 TVG – Friedenspflicht; *Däubler*, Tarifvertragsrecht, Rz. 1445; *Gamillscheg*, Kollektives Arbeitsrecht I, 772; *Otto*, FS Kissel (1994), 787 (789). |6 BAG v. 23.4.1957 – 1 AZR 477/56, AP Nr. 1 zu § 1 TVG; v. 5.3.1957 – 1 AZR 420/56, AP Nr. 1 zu § 1 TVG – Rückwirkung; *Gamillscheg*, Kollektives Arbeitsrecht I, 772; aA BAG v. 17.12.1959 – GS 2/59, AP Nr. 21 zu § 616 BGB. |7 *Wiedemann/Wank*, § 4 TVG Rz. 51, 75; aA *Kempen/Zachert*, § 4 TVG Rz. 50; offen gelassen von BAG v. 15.10.1986 – 4 AZR 289/85, AP Nr. 4 zu § 3 TVG. Nach hier vertretener Ansicht verliert der TV in diesem Fall ohnehin seine Wirkung, da die Tariffähigkeit eine Wirksamkeitsvoraussetzung ist (vgl. § 2 Rz. 3). |8 Offen gelassen von BAG v. 27.6.2000 – 1 ABR 31/99, AP Nr. 56 zu § 2 TVG. |9 *Kempen/Zachert*, § 4 TVG Rz. 48; *Reichel/Koberski/Ansey*, § 1 TVG Rz. 31; aA *Wiedemann/Wank*, § 4 TVG Rz. 50. |10 Offen gelassen von BAG v. 18.2.1998 – 4 AZR 363/96, AP Nr. 3 zu § 1 TVG – Kündigung. |11 *Buchner*, NZA 1993, 289 (298); *Henssler*, ZfA 1994, 487 (492); *Löwisch/Rieble*, § 1 TVG Rz. 364; siehe auch *Otto*, FS Kissel (1994), 787 (805). |12 *Kempen/Zachert*, § 4 TVG Rz. 45; *Däubler/Deinert*, § 4 Rz. 136 f. |13 *Löwisch*, NJW 1997, 905. |14 Vgl. BAG v. 26.4.2000 – 4 AZR 170/99, AP Nr. 4 zu § 1 TVG – Kündigung (zur Kündigung eines TV durch einen Fachverband, dessen Spitzenverband den TV ohne Vertretungsangabe geschlossen hatte). |15 *Däubler*, ZTR 1996, 241 (244); *Wank*, FS Schaub (1998), 761 (773). |16 *Wiedemann/Wank*, § 4 TVG Rz. 32. |17 ArbG Wies-

Die **Änderungskündigung** eines TV ist nur zu erwägen, wenn zunächst die Auslegung des Vertrages 30
ergibt, dass der zu ändernde Teil überhaupt isolierbar ist[1]. Häufig werden die einzelnen Teile des TV
das Ergebnis eines Kompromisses sein, der durch die Änderungskündigung nicht aus dem Gleichgewicht gebracht werden darf.

Eine außerordentliche Kündigung kommt nach allgemeiner Auffassung nur als **Ultima Ratio** in Betracht[2]. Die Partei, die kündigen will, muss zuvor mildere, gleich geeignete Mittel ausschöpfen. Ein im 31
Verhältnis zur außerordentlichen Kündigung des TV milderes Mittel ist insb. die TV-Anpassung. Die
durch den TV unzumutbar belastete Partei muss daher zunächst die Möglichkeiten der tarifautonomen Anpassung ausschöpfen. Sie hat, auch ohne eine im TV ausdrücklich geregelte Nachverhandlungsklausel, die Obliegenheit, mit der anderen Seite Verhandlungen zur Anpassung des TV aufzunehmen[3]. Das gilt auch für eine Gewerkschaft, die sich von einem – für die ArbN ungünstigen – FirmenTV
mit einem verbandsgebundenen ArbGeb lösen möchte[4]. Ein milderes Mittel kann auch eine Teilkündigung sein, wenn diese im Vertrag vorgesehen ist. Vor einer Kündigung durch die ArbGebSeite müssen
über- und außertarifliche Löhne gekürzt werden[5].

Einer **Kündigung wegen Pflichtverletzung** muss regelmäßig eine Abmahnung oder eine Fristsetzung vorhergehen (vgl. § 314 Abs. 2 BGB)[6]. Der Kündigende ist für die Voraussetzungen der Kündigung darlegungs- und beweispflichtig. Wird als Kündigungsgrund geltend gemacht, eine künftige 32
wirtschaftliche Belastung bedinge die außerordentliche und fristlose Kündigung des TV, so muss aufgrund greifbarer Tatsachen anzunehmen sein, dass die Unzumutbarkeit der wirtschaftlichen Belastung in dem Zeitpunkt vorliegen wird, in welchem die Belastung wirksam wird; dies ist vom Kündigenden vorzutragen[7].

Gemäß § 314 Abs. 3 BGB ist die Kündigung innerhalb einer angemessenen Frist zu erklären, nachdem der Berechtigte vom Kündigungsgrund Kenntnis erlangt hat. Die Angemessenheit hängt von 33
den Umständen des Einzelfalles ab. Falls eine gründliche Prüfung, zB der wirtschaftlichen Lage der
Unternehmen, erforderlich ist, kann die Frist auch weit mehr als die Zwei-Wochen-Frist des § 626
Abs. 2 BGB betragen. Die Frist beginnt erst, wenn die Nachverhandlungen gescheitert sind. Zur Frage
der Nachwirkung nach einer außerordentlichen Kündigung siehe § 4 Rz. 5 ff.

ee) Wegfall der Geschäftsgrundlage. Ob neben oder statt einer außerordentlichen Kündigung auf 34
das Institut des Wegfalls der Geschäftsgrundlage rekurriert werden kann, ist in der Rechtslehre umstritten[8]. Das BAG hat die Frage offen gelassen[9]. Die gesetzliche Kodifikation des Instituts in § 313
BGB trägt zur Klärung des Meinungsstreites nichts bei, da offen bleibt, ob diese Norm wegen der Doppelnatur des TV im Tarifrecht überhaupt anwendbar ist[10]. Zwar lassen sich auf der Tatbestandsseite
kaum sachliche Unterschiede zwischen außerordentlicher Kündigung und Wegfall der Geschäftsgrundlage ausmachen[11]. Da aber nach der gesetzlichen Regelung der Wegfall der Geschäftsgrundlage
gem. § 313 BGB der Regelung in § 314 BGB vorgeht[12], würde die Anwendbarkeit des Instituts der Geschäftsgrundlage bedeuten, dass in den praxisrelevanten Fällen in erster Linie eine Anpassung des
Vertrages gem. § 313 Abs. 1 BGB vorzunehmen wäre und nur subsidiär die Kündigungsmöglichkeit[13]
greifen würde. Die mit dem Anpassungsrecht verbundene gerichtliche Gestaltungsmacht verträgt
sich indes nicht mit der durch Art. 9 Abs. 3 GG geschützten und über die Arbeitskampfmöglichkeit
abgesicherten Tarifautonomie.

Sachgerecht ist es, der die Aufhebung der Vertragsbindung wünschenden Partei die Pflicht aufzuerlegen, sich zunächst (Ultima Ratio) um eine Anpassung des Vertrages zu bemühen. Scheitern die Ver- 35
handlungen, so entspricht dem Konzept des Art. 9 Abs. 3 GG die Aufhebung der Bindung über die Kündigung und der anschließende – ggf. durch Kampfmaßnahmen – unterstützte Neuabschluss eines TV.

---

baden v. 5.2.1997 – 3 Ca 4347/96, AuR 1997, 121; *Kempen/Zachert*, § 4 TVG Rz. 45; *Löwisch/Rieble*, § 1 TVG
Rz. 369. Zur parallel gelagerten Bedeutung dieses Kriteriums für das Institut der Geschäftsgrundlage *Henssler*, Risiko als Vertragsgegenstand, S. 49 ff. | 1 ErfK/*Schaub*, § 1 TVG Rz. 80 f. | 2 BAG v. 18.6.1997 – 4 AZR
710/95, AP Nr. 2 zu § 1 TVG – Kündigung; v. 18.12.1996 – 4 AZR 129/96, AP Nr. 1 zu § 1 TVG; *Oetker*, RdA 1995, 82,
95 f.; *Kempen/Zachert*, § 4 TVG Rz. 46; *Däubler/Deinert*, § 4 Rz. 144; *Zachert*, RdA 1996, 149. | 3 BAG
v. 18.12.1996 – 4 AZR 129/96, AP Nr. 1 zu § 1 TVG. | 4 BAG v. 24.1.2001 – 4 AZR 655/99, AP Nr. 173 zu § 1 TVG –
Tarifverträge: Metallindustrie. | 5 *Däubler*, ZTR 1996, 241. | 6 *Däubler/Deinert*, § 4 TVG Rz. 142, 144; Wiedemann/*Wank*, § 4 TVG Rz. 38. | 7 Vgl. BAG v. 18.2.1998 – 4 AZR 363/96, AP Nr. 3 zu § 1 TVG – Kündigung (zu
einer künftigen wirtschaftlichen Belastung). | 8 Wegfall der Geschäftsgrundlage und außerordentliche Kündigung vermögen *Löwisch/Rieble*, § 1 TVG Rz. 365; *Zachert*, NZA 1993, 299 (300); gegen die Anwendbarkeit:
Kempen/Zachert, § 4 TVG Rz. 49; *Däubler/Deinert*, § 4 TVG Rz. 164 ff.; *Henssler*, ZfA 1994, 487 (494); Wiedemann/*Wank*, § 4 TVG Rz. 73. | 9 BAG v. 18.12.1996 – 4 AZR 129/96, AP Nr. 1 zu § 1 TVG – Kündigung;
v. 18.6.1997 – 4 AZR 710/95, AP Nr. 2 zu § 1 TVG – Kündigung; v. 9.12.1999 – 6 AZR 299/98, AP Nr. 14 zu § 1 BAT-O.
| 10 vgl. dazu *Henssler*, ZfA 1994, 487 (494). | 11 Vgl. Wiedemann/*Wank*, § 4 TVG Rz. 68; *Henssler*, ZfA 1994,
487 (494). | 12 *Muthers*, in Henssler/v. Westphalen, Praxis der Schuldrechtsreform, § 313, Rz. 40; AK-Schuldrecht/*Krebs*, § 313, Rz. 19. | 13 Die nach § 313 Abs. 3 S. 2 BGB greifende Kündigung soll identisch sein mit
derjenigen nach § 314 BGB, vgl. BT-Drs. 14/6040 S. 176.

36 **ff) Ablösung.** Ein **neuer TV** zwischen den TV-Parteien ersetzt grundsätzlich einen entsprechenden alten TV in vollem Umfang. Jede Durchbrechung dieses Ablösungsprinzips müsste im neuen TV hinreichend deutlich zum Ausdruck gebracht werden[1].

37 **gg) Auflösung einer TV-Partei.** Mit der Auflösung einer TV-Partei wird auch der TV beendet[2]. Weitere Wirkungen können nur nicht normativer Natur sein (siehe § 4 Rz. 5 ff.).

38 **hh) Insolvenzverfahren.** Nicht zur Beendigung des TV soll die Eröffnung eines Insolvenzverfahrens über den ArbGebVerband führen[3].

39 **b) Wirkung der Beendigung.** Mit der Beendigung des TV enden die **schuldrechtlichen Pflichten** der TV-Parteien, namentlich die Friedens- und Durchführungspflicht (dazu Rz. 63 ff.). Im TV können aber nachvertragliche Pflichten (Verhandlungspflicht, Schlichtungsabsprachen) vereinbart werden. Aus § 242 BGB können sich wie bei jedem Schuldverhältnis nachvertragliche Schutz- und Rücksichtsnahmepflichten ergeben (culpa post contractum finitum). Der normative Teil verliert mit der Beendigung des TV seine unmittelbare und zwingende Wirkung für die beiderseits Tarifgebundenen. Es bleibt die Nachwirkung der Tarifnormen gem. § 4 Abs. 5 (§ 4 Rz. 5 ff.).

40 **V. Normativ wirkender Inhalt des TV. 1. Allgemeines.** TV können gemäß § 1 Abs. 1 sowohl die Rechte und Pflichten der TV-Parteien regeln (**schuldrechtlicher Teil**) als auch Inhalts-, Abschluss- und Beendigungsnormen vorsehen sowie betriebliche und betriebsverfassungsrechtliche Fragen ordnen (**normativer Teil**). Schuldrechtliche Vereinbarungen wirken lediglich zwischen den TV-Parteien. Die Tarifnormen gelten dagegen unmittelbar und zwingend für die ArbN und Unternehmen, die Mitglieder der tarifschließenden Gewerkschaft bzw. des entsprechenden ArbGebVerbandes sind (kongruente Tarifbindung) und unter den Geltungsbereich des TV fallen (§ 4 Rz. 13 ff.).

41 **2. Regelungsgegenstand des normativen Teils.** Im normativen Teil eines TV können Regelungen zu **Inhalt, Abschluss** und **Beendigung** von Arbeitsverhältnissen getroffen sowie **betriebliche und betriebsverfassungsrechtliche Fragen** geordnet werden. Aus § 4 Abs. 2 folgt weiter, dass auch Vorschriften zu gemeinsamen Einrichtungen zulässig sind.

42 Geregelt werden nur **Arbeitsverhältnisse iSd. schuldrechtlichen Beziehungen** zwischen ArbN und ArbGeb. Es gelten die allgemeinen Begriffe (Zur Definition der Arbeitsvertragsparteien siehe Vorb. § 611 BGB Rz. 19 ff.). Ausgeklammert bleiben demnach die Verträge mit mitarbeitenden Unternehmern[4] und die Anstellungsverträge der Organmitglieder juristischer Personen, sofern sie nicht ausnahmsweise als ArbN zu qualifizieren sind[5]. Auch die Rechtsverhältnisse der Beamten stehen außerhalb des Tarifrechts. Zu den regelungsfähigen Schuldverhältnissen gehören Teilzeit-[6] und befristete Arbeitsverhältnisse sowie die Zeitarbeitsverträge zwischen ArbN und Verleiher; ebenso die staatlich geförderten Arbeitsverhältnisse gemäß §§ 217 ff., 260 ff. SGB III[7]. Auch Berufsausbildungsverhältnisse sowie Verträge mit Praktikanten und Volontären unterliegen der tariflichen Regelungsbefugnis. Ausgenommen sind solche Praktika, die als integrierter Bestandteil eines Studiums absolviert werden oder bei denen die Ausbildung auf öffentlich-rechtlicher Grundlage durchgeführt wird (Schüler, Studenten, Referendare)[8]. Der TV soll auch nachvertragliche Rechtsverhältnisse (Abwicklungsstadium, Ruhestandsverhältnis) regeln können[9]. Gleiches gilt auch für vorvertragliche Regelungen[10]. Vertragsverhältnisse mit arbeitnehmerähnlichen Personen werden über § 12a erfasst (s. dort Rz. 5 ff.).

43 Seit der Anerkennung der Rechts- und Parteifähigkeit der GbR[11] ist es folgerichtig, der Gesellschaft den Status als **ArbGeb** zuzuerkennen. Die ältere Rspr. des BAG[12], der zufolge nur die Gesellschafter als ArbGeb anzusehen waren, ist überholt[13]. Regelmäßig ist die Gesellschaft damit nur dann tarifgebunden, wenn sie selbst dem Verband angehört. Bei der parallel gelagerten Frage, ob für die Tarifbindung einer KG die Verbandsmitgliedschaft des Komplementärs ausreicht, stellt das BAG auf die Umstände des Einzelfalls ab[14].

---

1 BAG v. 30.1.1985 – 4 AZR 117/83, AP Nr. 9 zu § 1 TVG – Tarifverträge: Einzelhandel. | 2 BAG v. 28.5.1997 – 4 AZR 546/95, DB 1997, 2229; Wiedemann/*Oetker*, § 2 TVG Rz. 33 ff. (str.) | 3 BAG v. 27.6.2000 – 1 ABR 31/99, AP Nr. 56 zu § 2 TVG. | 4 BAG 28.11.1990 – 4 AZR 198/90, AP Nr. 137 zu § 1 TVG – Tarifverträge: Bau. | 5 Zum Arbeitnehmerstatus von Organmitgliedern s. Vorb. § 611 BGB Rz. 36 f.; Henssler, RdA 1992, 289. | 6 BAG v. 18.12.1963 – 4 AZR 89/63, AP Nr. 1 zu § 1 TVG – Tarifverträge: Lederindustrie; v. 12.11.1969 – 4 AZR 523/68, AP Nr. 1 zu § 1 TVG – Teilzeitbeschäftigung. | 7 Vgl. BAG v. 26.4.1995 – 7 AZR 936/94, AP Nr. 4 zu § 91 AFG. | 8 BAG v. 19.6.1974 – 4 AZR 436/73, AP Nr. 3 zu § 3 BAT; vgl. auch v. 3.9.1998 – 8 AZR 14/97, nv. | 9 Dafür: *Biedenkopf*, Tarifautonomie, S. 234; *Löwisch/Rieble*, § 1 TVG Rz. 58; *Reichel/Koberski/Ansey*, § 1 TVG Rz. 333; Wiedemann/*Wiedemann*, § 1 TVG Rz. 307; offen gelassen von BAG v. 10.10.1989 – 3 AZR 200/88, AP Nr. 3 zu § 1 TVG – Vorruhestand; bejaht wird dies von der Rspr. aber für den Vorruhestand: BAG v. 10.10.1989 – 3 AZR 200/88, AP Nr. 3 zu § 1 TVG – Vorruhestand; v. 25.10.1994 – 9 AZR 66/91, AP Nr. 22 zu § 1 TVG – Vorruhestand; v. 21.1.1987 4 AZR 547/86, AP Nr. 47 zu Art. 9 GG. | 10 *Löwisch/Rieble*, § 1 TVG Rz. 60. | 11 BGH v. 29.1.2001 – II ZR 331/00, NJW 2001, 1056. | 12 Vgl. nur BAG v. 6.7.1989 – 6 AZR 771/87, AP Nr. 4 zu § 705 BGB. | 13 Ebenso wohl nun auch ErfK/*Schaub*, § 1 TVG Rz. 89. | 14 So BAG v. 4.5.1994 – 4 AZR 418/93, AP Nr. 1 zu § 1 TVG – Tarifverträge: Elektrohandwerk – für den Fall, dass die Mitgliedschaft allein im Interesse und mit Billigung der KG erworben wurde.

Tariflich geregelt werden können ausnahmsweise auch **außerhalb des Arbeitsrechts stehende** **44** **Rechtsbeziehungen** zwischen ArbGeb und ArbN, wenn sie ihre Grundlage im Arbeitsverhältnis haben. Voraussetzung ist, dass das Rechtsverhältnis ohne das Arbeitsverhältnis überhaupt nicht oder nicht zu den vereinbarten Konditionen zustande gekommen wäre, so zB bei Werksmietwohnungen, Mitarbeiterdarlehen[1] und Jahreswagen[2], uU auch bei gesellschaftsrechtlichen Beteiligungen[3].

3. Inhaltsnormen. Inhaltsnormen sind alle Bestimmungen, die nach dem Willen der TV-Parteien **45** den **Inhalt von Arbeitsverhältnissen** iSd. Arbeitsrechts regeln. Regelungsgegenstand ist das gesamte aus Haupt-, Nebenleistungs- und Schutzpflichten bestehende arbeitsvertragliche Synallagma. Dazu gehören Vereinbarungen zur Art der Arbeit, zur Arbeitszeit (Dauer, Lage, Mehrarbeit, Kurzarbeit, Mindestarbeitszeit bei Teilzeitbeschäftigten), zum Entgelt (Höhe, Eingruppierung in das Entgeltsystem, Zuschläge für Nacht-, Sonn- und Feiertagsarbeit, Sonderzahlungen wie zB Urlaubsgeld und Sonderzuwendungen wie Gratifikationen) sowie zum Urlaub. Häufig sind auch Vorschriften über Aufwendungsersatz, Auslösungen und Fahrtkosten. Regelungen der Leistungsstörungen auf ArbN- und ArbGebSeite (Unmöglichkeit, Verzug, Schlechtleistung), Modifikationen des § 615 BGB (Betriebsrisiko) und Wettbewerbsverbote können ebenfalls Gegenstand von Inhaltsnormen sein. Gesetzliche Schuldverhältnisse können geregelt werden, soweit sie in engem Zusammenhang mit dem Arbeitsverhältnis stehen[4].

Unzulässig wären Vorschriften zur Regelung der dinglichen Rechtslage oder zu sachenrechtlichen **46** Ansprüchen[5] sowie Vorgaben zur Unternehmenspolitik. TV dürfen den Unternehmen nicht vorschreiben, bestimmte Aufträge zu übernehmen oder abzulehnen. Bereits entstandene Ansprüche fallen dem BAG zufolge ebenfalls nicht in die Zuständigkeit der TV-Parteien, da sie sich bereits von dem Arbeitsverhältnis gelöst haben[6]. Zu einzelnen üblichen Inhaltsnormen siehe unten Rz. 92 ff.

4. Abschlussnormen. Abschlussnormen sind Vorschriften, die das Zustandekommen neuer, die Wie- **47** deraufnahme alter oder die Fortsetzung unterbrochener Arbeitsverhältnisse regeln[7]. Hierzu zählen **Abschlussgebote**, dh. die tarifvertragliche Pflicht des ArbGeb, unter bestimmten Bedingungen einen Arbeitsvertrag fortzusetzen, ihn wiederaufleben zu lassen oder neu zu begründen[8]. Beispiele für Abschlussgebote bieten auch Quotenregelungen zugunsten von Arbl. oder Frauen und Übernahmeklauseln für Auszubildende oder befristet beschäftigte ArbN. Dagegen wäre ein Kontrahierungszwang des ArbGeb im Sinne einer Verpflichtung, eine bestimmte Anzahl von ArbN einzustellen bzw. eine bestimmte Personalstärke zu unterhalten, in VerbandsTV ein verfassungswidriger Eingriff[9] in die unternehmerische Entscheidungsfreiheit.

Abschlussverbote verbieten den Abschluss eines Arbeitsvertrages schlechthin, nicht nur die Be- **48** schäftigung mit bestimmten Tätigkeiten oder unter bestimmten Arbeitsbedingungen. Sie können die Einstellung oder Versetzung als solche untersagen oder sich darauf beschränken, eine Wiederbeschäftigung nach Zeitablauf zu verhindern. Die Rspr. ordnet auch Befristungsregeln den Abschlussnormen zu[10].

Zu den Abschlussnormen zählen auch Bestimmungen über die **Form** und sonstige **Modalitäten** des **49** Vertragsschlusses.

5. Beendigungsnormen. Beendigungsnormen regeln das Recht von ArbGeb und ArbN zur Beendi- **50** gung des Arbeitsverhältnisses und die Modalitäten der Beendigung (Vorschriften zu Form, Kündigungsfristen, Aufhebungsverträgen, Stellvertretung, etc) („Ob" und „Wie"). Praktisch bedeutsam sind **Kündigungsverbote** für langjährige ArbN oder bestimmte Beschäftigte. In FirmenTV kann sich der ArbGeb in Form eines tariflichen „Bündnisses für Arbeit" wirksam verpflichten, für einen bestimmten Zeitraum überhaupt keine betriebsbedingten Kündigungen auszusprechen[11]. Nicht erfasst ist von solchen Kündigungsverboten das nicht tariflich ausschließbare Recht zur außerordentlichen Kündigung[12]. Für **Beendigungsgebote** besteht in der Praxis kein Bedarf. Als geeignet haben sich Beendigungstatbestände in Form von Befristungen oder auflösenden Bedingungen erwiesen, welche zB

---

1 BAG v. 18.6.1980 – 4 AZR 463/78, AP Nr. 8 zu § 4 TVG – Ausschlussfristen. | 2 Vgl. BAG v. 20.1.1982 – 5 AZR 755/79, AP Nr. 72 zu § 4 TVG – Ausschlussfristen. | 3 *Löwisch/Rieble*, § 1 TVG Rz. 37. | 4 BAG v. 26.4.1978 – 5 AZR 62/77, AP Nr. 64 zu § 4 TVG – Ausschlussfristen (ungerechtfertigte Bereicherung); v. 10.1.1974 – 5 AZR 573/72, AP Nr. 54 zu § 4 TVG – Ausschlussfristen (unerlaubte Handlung); v. 14.9.1994 – 5 AZR 407/93, AP Nr. 127 zu § 4 TVG – Ausschlussfristen; *Löwisch/Rieble*, § 1 TVG Rz. 39. | 5 *Löwisch/Rieble*, § 1 TVG Rz. 51. | 6 BAG v. 28.9.1983 – 4 AZR 313/82, AP Nr. 9 zu § 1 TVG – Rückwirkung (zum bereits entstandenen Anspruch eines Copiloten auf Beförderung zum Flugkapitän); aA BAG v. 14.6.1962 – 2 AZR 267/60, AP Nr. 4 zu § 1 TVG – Rückwirkung. | 7 Wiedemann/*Wiedemann*, § 1 TVG Rz. 479. | 8 Für die Zulässigkeit von Einstellungsgeboten *Kempen/Zachert*, § 1 Rz. 29 ff.; aA *Löwisch/Rieble*, § 1 Rz. 68 ff. | 9 BVerfG (BVerfG v. 27.1.1998 – 1 BvL 15/87 – NZA 1998, 470: Kleinbetriebsklausel) und das BAG (BAG v. 24.4.1997 – 2 AZR 352/96 – EzA § 2 KSchG Nr. 26) leiten aus Art. 12 GG das Recht des ArbGeb her, frei darüber zu entscheiden, mit welcher Arbeitnehmerzahl er seinen Betrieb führen will. | 10 BAG v. 14.2.1990 – 7 AZR 68/89, AP Nr. 12 zu § 1 BeschFG 1985; aA *Löwisch/Rieble*, § 1 TVG Rz. 67. | 11 BAG v. 27.9.2001 – 6 AZR 404/00, EzA § 1 TVG Nr. 44. | 12 MünchKomm/*Henssler*, § 626 Rz. 46, 51 mwN.

TVG § 1 Rz. 51 — Inhalt und Form des Tarifvertrages

die Beendigung des Arbeitsverhältnisses bei Erreichen einer bestimmten Altersgrenze oder Eintritt der Erwerbsunfähigkeit vorsehen. Zu üblichen Beendigungsnormen siehe Rz. 91 ff.

51 **6. Betriebsnormen.** Betriebsnormen regeln über das einzelne Arbeitsverhältnis hinausgehend das „betriebliche Rechtsverhältnis" zwischen ArbGeb und Belegschaft. ArbGeb in diesem Sinn können auch mehrere Unternehmen sein, die sich zur Führung eines gemeinsamen Betriebes zusammengeschlossen haben. Belegschaft ist die Gesamtheit aller betriebszugehörigen ArbN. Nicht dazu gehören Ruheständler, ArbN, die ihre Arbeit noch nicht angetreten haben, und entliehene ArbN. Ruht das Arbeitsverhältnis, besteht die Betriebszugehörigkeit grundsätzlich fort[1]. Voraussetzung für die Einordnung einer Tarifnorm als Betriebsnorm ist stets, dass die Vorschrift nicht nur schuldrechtliche Pflichten der Arbeitsvertragsparteien regelt[2].

52 Betriebsnormen gelten gemäß § 3 Abs. 2 für die gesamte Belegschaft eines tarifgebundenen ArbGeb, erfassen also auch Außenseiter. Aufgrund dieser gesetzlich angeordneten Wirkung stehen Betriebsnormen in einem vorgegebenen Spannungsverhältnis zur negativen Koalitionsfreiheit. In verfassungskonformer Auslegung der §§ 1, 3 Abs. 2 **beschränkt** die Rspr. daher mit Recht den **sachlich-gegenständlichen Anwendungsbereich** der Betriebsnormen. Allein dann, wenn die entsprechenden Bestimmungen in der sozialen Wirklichkeit aus tatsächlichen oder rechtlichen Gründen nur einheitlich gelten können[3], darf auf Betriebsnormen zurückgegriffen werden. Demnach ist zunächst zu überprüfen, ob die TV-Parteien eine Betriebsnorm und nicht lediglich eine Individualnorm schaffen wollten. In einem zweiten Schritt ist zu klären, ob die Norm notwendigerweise nur einheitlich im Betrieb gelten kann. Als **tatsächliche Gründe** für eine betriebseinheitliche Regelung sind aus dem technisch-organisatorischen Bereich zu nennen: Lehrlingsskalen, qualitative Besetzungsregelungen[4], Geschäftsstellenschließungen, technische Überwachungseinrichtungen und sonstige Maßnahmen zur Ordnung des Betriebes, Torkontrollen, Rauchverbote, Kleiderordnungen, etc. Auch Kurzarbeitsklauseln sind hier zu verorten[5]. Bei Sozialeinrichtungen wird schon die **wirtschaftliche** Vernunft für eine einheitliche Regelung sprechen, zudem wären getrennte Einrichtungen für Gewerkschaftsmitglieder und Außenseiter dem Diskriminierungsverdacht ausgesetzt. Folgt bereits aus **rechtlichen Gründen** die Notwendigkeit einer betriebseinheitlichen Regelung (zB bei Auswahlrichtlinien für die soziale Auswahl oder für Ansprüche aus einem Sozialplan gem. § 112 BetrVG), so kommt es auf den Willen der Tarifpartner, die Regelung als Inhalts- oder Betriebsnorm zu verabschieden, nicht mehr an[6]. Siehe ferner § 3 Rz. 36.

53 **7. Betriebsverfassungsrechtliche Normen.** Regelungsgegenstand der betriebsverfassungsrechtlichen Normen sind **Einrichtung und Organisation der Betriebsvertretung** sowie deren Befugnisse und Rechte[7]. Da das BetrVG einen fein austarierten gesetzlichen Kompromiss zwischen ArbN- und ArbGebBelangen vorsieht, sind tarifliche Eingriffe in dieses Gesamtkonzept nicht unbedenklich. Nur betriebsspezifische Besonderheiten werden eine Abweichung von dem gesetzlichen Regelungskonzept rechtfertigen, so dass in erster Linie FirmenTV in Betracht kommen. Sofern das BetrVG keine Änderungsmöglichkeiten durch TV vorsieht (§§ 3, 38, 47, 55, 72, 117 BetrVG), ist eine Umgestaltung der gesetzlich festgelegten **Organisation der Betriebsverfassung** und der für sie geltenden demokratischen Regeln unzulässig[8]. Im Zuge der Reform des BetrVG sind 2001 durch die Neufassung des § 3 BetrVG die Möglichkeiten, zusätzliche ArbN-Vertretungen oder spezifische Betriebseinheiten zu schaffen, deutlich erweitert worden[9]. Zudem ist eine staatliche Zustimmung seither nicht mehr erforderlich. Ein legitimer Bedarf für tarifliche Regelungen kann sich außerdem bei betriebsverfassungsgleichen Einrichtungen in Betrieben mit deutschen ArbN im Ausland ergeben.

54 In **materieller Hinsicht** kommt lediglich eine **Erweiterung und Verstärkung** der Beteiligung des BR in sozialen, personellen und wirtschaftlichen Angelegenheiten in Betracht. Dazu können Beteiligungsrechte zu MitbestR aufgewertet werden sowie zusätzliche Tatbestände in die §§ 9 Abs. 2, 87 Abs. 1, 106 Abs. 3, 111 Satz 2 BetrVG aufgenommen werden. Eine Einschränkung der MitbestR des BR ist unzulässig[10]. Eine Normsetzungsbefugnis besteht nur für die Betriebs-, nicht dagegen für die Unternehmensverfassung[11]. Ebenso wie Betriebsnormen können auch betriebsverfassungsrechtliche Normen nur betriebseinheitlich ergehen. § 3 Abs. 2 ordnet daher bei tarifgebundenen ArbGeb eine Erstreckung der normativen Wirkung auf die Außenseiter an. Siehe im Einzelnen § 3 Rz. 34 ff.

55 **8. Normen für gemeinsame Einrichtungen.** In TV können auch Normen für gemeinsame Einrichtungen aufgenommen werden, dh. **Regeln über die Errichtung, Erhaltung und Benutzung** solcher Einrich-

---

1 BAG v. 29.3.1974 – 1 ABR 27/73, AP Nr. 2 zu § 19 BetrVG 1972. | 2 BAG v. 1.8.2001 – 4 AZR 388/99, Nr. 5 zu § 3 TVG – Betriebsnormen. | 3 BAG v. 26.4.1990 – 1 ABR 84/87, AP Nr. 57 zu Art. 9 GG zu qualitativen Besetzungsregeln; v. 27.4.1988 – 7 AZR 593/87, AP Nr. 4 zu § 1 BeschFG 1985; LAG BW v. 27.4.1999 – 10 Sa 82/98, nv. zur Verkürzung der regelmäßigen Wochenarbeitszeit. | 4 BAG v. 26.4.1990 – 1 ABR 84/87, AP Nr. 57 zu Art. 9 GG. | 5 Str. dazu Rz. 124; aA ErfK/*Schaub*, § 1 TVG Rz. 114. | 6 Zum Problem: *Dieterich*, Die betrieblichen Normen nach dem TVG, S. 75 ff.; Wiedemann/*Wiedmann*, § 1 TVG Rz. 555 ff.; Löwisch/*Rieble*, § 1 TVG Rz. 80 ff. | 7 ErfK/*Schaub*, § 1 TVG Rz. 116. | 8 Kempen/*Zachert*, § 1 TVG Rz. 274. | 9 Zu Einzelheiten Giesen, BB 2002, 1480; *Hanau*, NJW 2001, 2513; *Schaub*, ZTR 2001, 437; Leßmann/*Liersch*, DStR 2001, 1302; *Löwisch*, BB 2001, 1734. | 10 BAG v. 10.2.1988 – 1 ABR 70/86, AP Nr. 53 zu § 99 BetrVG 1972; v. 18.8.1987 – 1 ABR 30/86, AP Nr. 23 zu § 77 BetrVG 1972. | 11 Wiedemann/*Oetker*, § 1 TVG Rz. 593.

tungen sowie der Rechte und Pflichten der ArbGeb und der ArbN gegenüber der Einrichtung. Gemäß § 4 Abs. 2 gelten solche Normen nicht nur für die nach § 3 Abs. 1 beiderseitig Tarifgebundenen, sondern auch im Verhältnis zwischen gemeinsamer Einrichtung und ArbGeb bzw. zwischen gemeinsamer Einrichtung und ArbN. Einseitige Tarifbindung genügt – nach allerdings bestrittener Auffassung – nicht (dazu § 4 Rz. 22)[1]. Das Problem stellt sich in der Praxis kaum, da die meisten TV über gemeinsame Einrichtungen für allgemeinverbindlich erklärt wurden und daher alle ArbGeb und ArbN im Geltungsbereich des TV erfassen. Näheres zu den gemeinsamen Einrichtungen bei § 4 Rz. 21 ff.

9. Tarifnormen zugunsten Dritter. Tarifnormen können Rechte zugunsten Dritter schaffen. Praxisrelevant ist der Bereich der Alters- und Hinterbliebenenversorgung. Tarifnormen zu Lasten Dritter, dh. tarifungebundener Personen, sind unzulässig. 56

10. Prozessuale Normen. Prozessuale Normen können die Tarifpartner grundsätzlich **nicht treffen**, da diese in § 1 TVG nicht erwähnt werden[2]. Nach § 48 Abs. 2 ArbGG können die TV-Parteien jedoch in bestimmten Fällen die Zuständigkeit eines an sich örtlich nicht zuständigen Gerichts festlegen. § 101 ArbGG gestattet den TV-Parteien in bestimmten Fällen die Arbeitsgerichtsbarkeit zugunsten eines Schiedsgerichts auszuschließen[3]. 57

11. Rechtsfolgen unzulässiger Regelungen. Widersprechen TV-Normen zwingendem höherrangigem Recht, so sind sie **nichtig**[4]. Entgegen der Zweifelsregel des § 139 BGB führt dies allerdings im Normalfall nicht zur Gesamtnichtigkeit des TV. Welchen Umfang die Nichtigkeit hat, hängt vielmehr davon ab, ob der TV ohne die unwirksamen Bestimmungen noch eine sinnvolle und in sich geschlossene Regelung enthält[5]. Die Unanwendbarkeit einer Tarifnorm auf einen Teil des von ihr erfassten Personenkreises beeinträchtigt ihre Geltung für den Rest der tarifgebundenen Personen nicht, sofern anzunehmen ist, dass die TV-Parteien die Regelung auch allein für diesen restlichen Personenkreis gewollt hätten[6]. Eine regional begrenzte Nichtigkeit ist ebenfalls denkbar. Die TV-Parteien können eine Teilnichtigkeit verhindern, indem sie im TV die Unteilbarkeit bestimmter Regelungskomplexe festlegen[7]. Entsteht durch die Nichtigkeit einer Tarifnorm eine Regelungslücke, so kann der TV unter Umständen fortgebildet werden (siehe Rz. 83 ff.). Verstößt eine Tarifnorm gegen ein gemeinschaftsrechtliches Diskriminierungsverbot, so gilt für die Angehörigen der benachteiligten Gruppe ebenfalls die günstigere Regelung hinsichtlich der übrigen ArbN[8]. 58

Das höherrangige Recht kann bei Abschluss des TV bereits gelten oder erst später entstehen. In letzterem Fall wird den TV-Parteien im Allgemeinen eine **Übergangszeit** zustehen, binnen deren sie den TV anpassen können[9]. Haben die Tarifpartner ihre Regelungsbefugnis überschritten, so sind die vereinbarten Tarifnormen unwirksam. Sie können aber uU als schuldrechtlicher Vertrag aufrechterhalten werden[10]. 59

VI. Der TV als Schuldverhältnis. 1. Die allgemeinen Rechte und Pflichten der TV-Parteien. a) Grundlagen. Gemäß § 1 Abs. 1 können im TV wie in jedem vertraglichen Schuldverhältnis die Rechte und Pflichten der TV-Parteien geregelt werden. **Auch ohne ausdrückliche Vereinbarungen** entstehen mit Vertragsschluss Rechte und Pflichten der Vertragsparteien, die dem TV aufgrund seiner Zweckbestimmung wesensimmanent sind. Zu ihnen zählen in erster Linie die Friedenspflicht und die Durchführungspflicht (Rz. 63 ff.). Darüber hinaus können vielfältige weitere Pflichten und Ansprüche explizit vereinbart werden (dazu Rz. 72 ff.). 60

Schon im **Anbahnungsstadium** eines TV ergeben sich nach allgemeinen Grundsätzen (vgl. §§ 311 Abs. 2, 241 Abs. 2 BGB) Auskunfts- und Mitteilungspflichten sowie Schutz- und Rücksichtsnahmepflichten, so zB wenn die Delegierten der einen Seite bei der anderen zu Gast sind. In der nachvertraglichen Phase nach Beendigung der Laufzeit eines TV können ähnliche Pflichten (culpa post contractum finitum) bestehen. Außerhalb konkreter TV kann die zwischen langjährigen TV-Parteien entstehende Dauerrechtsbeziehung für gegenseitige Rechte und Pflichten sorgen[11]. Sie kann sogar Grundlage eines Verhandlungsanspruchs sein. 61

Aufgrund der Außenwirkungen ist für das tarifvertragliche Pflichtenprogramm zwischen **Erfüllungs-, Einwirkungs- und Garantiepflichten** zu unterscheiden. **Erfüllungspflichten** ergeben sich für die beteiligten Verbände, soweit sie selbst der Gegenseite ein bestimmtes Verhalten – etwa das Unterlassen friedensstörender Maßnahmen – schulden. **Einwirkungspflichten** verpflichten einen Verband, auf 62

---

[1] *Bötticher*, Die gemeinsamen Einrichtungen der Tarifvertragsparteien, S. 79; *Löwisch/Rieble*, § 3 TVG Rz. 68; aA *Kempen/Zachert*, § 4 TVG Rz. 157; *Däubler/Hensche*, § 1 TVG Rz. 946; *Wiedemann/Oetker*, § 1 TVG Rz. 643 ff. |[2] Vgl. BAG v. 18.5.1983 – 4 AZR 456/80, AP Nr. 51 zu § 1 TVG – Tarifverträge: Bau. |[3] Zu den Problemen, die sich bei der AVE solcher Normen ergeben, vgl. § 5 Rz. 9. |[4] Vgl. aber EuGH v. 7.2.1991 – C-184/89, AP Nr. 25 zu § 23a BAT bei Verstoß gegen Gemeinschaftsrecht. |[5] BAG v. 18.8.1971 – 4 AZR 342/70, AP Nr. 8 zu § 4 TVG – Effektivklausel; v. 28.4.1981 – 1 ABR 53/79, AP Nr. 1 zu § 87 BetrVG 1972 – Vorschlagswesen; v. 26.2.1986 – 4 AZR 535/84, AP Nr. 12 zu § 4 TVG – Ordnungsprinzip; v. 26.6.1985 – 7 AZR 125/83, AP Nr. 1 zu § 1 TVG – Teilnichtigkeit. |[6] BAG v. 26.6.1985 – 7 AZR 125/83, AP Nr. 1 zu § 1 TVG – Teilnichtigkeit. |[7] *Löwisch/Rieble*, § 1 TVG Rz. 251. |[8] EuGH v. 27.6.1990 – C-33/89, AP Nr. 21 zu Art. 119 EWG-Vertrag. |[9] ErfK/*Schaub*, § 1 TVG Rz. 163. |[10] *Löwisch/Rieble*, § 1 TVG Rz. 246. |[11] *Löwisch/Rieble*, § 1 TVG Rz. 263.

seine Mitglieder dahingehend einzuwirken, ein bestimmtes Ziel zu erreichen. Dies gilt insb. für die Friedens- und die Durchführungspflicht. Der Verband verpflichtet sich, alle ihm zur Verfügung stehenden Mittel anzuwenden, um die Mitglieder dazu zu bringen, die Friedenspflicht zu wahren bzw. den TV anzuwenden. Eine Garantie für den Erfolg übernehmen die TV-Parteien aber nur, wenn sie sich dazu im TV verpflichtet haben. Ob eine solche **Garantiepflicht** vereinbart wurde, ist durch Auslegung zu ermitteln, im Zweifel aber zu verneinen.

63 **b) Friedenspflicht. aa) Relative Friedenspflicht.** Unter Friedenspflicht ist das an die Tarifparteien gerichtete Verbot zu verstehen, während der Laufzeit des TV eine Änderung der tariflich geregelten Arbeitsbedingungen mit den **Mitteln des Arbeitskampfes** (Streik, Aussperrung, Boykott) anzudrohen oder durchzusetzen[1]. Die Friedenspflicht ist unabdingbar[2]. Der Inhalt der Friedenspflicht besteht in der Hauptsache in einer Pflicht der Tarifparteien zu einem Unterlassen; ihnen ist es verboten, einen Arbeitskampf anzudrohen oder zu veranstalten, die Mitglieder dazu anzuhalten oder dabei zu unterstützen. Zugleich begründet die Friedenspflicht aktive Verhaltenspflichten der TV-Parteien: Sie haben auf ihre Mitglieder einzuwirken, keine die Friedenspflicht verletzenden Arbeitskampfmaßnahmen zu ergreifen und bereits begonnene rechtswidrige Arbeitskämpfe zu beenden[3]. Die Verbände übernehmen aber grundsätzlich keine entsprechende Garantiehaftung[4].

64 Ein Verstoß gegen die Friedenspflicht sind nach der Rspr. des BAG auch **bloße Vorbereitungshandlungen** wie der Beschluss oder die Durchführung einer Urabstimmung[5]. Warnstreiks sind erst nach Ablauf der Friedenspflicht zulässig[6]. Während des Nachwirkungszeitraums nach § 4 Abs. 5 besteht – trotz der eventuell fortwirkenden Dauerrechtsbeziehung zwischen den Tarifpartnern – keine Friedenspflicht mehr[7].

65 Von der Friedenspflicht unberührt bleibt das Recht, den TV unter Einhaltung der entsprechenden Voraussetzungen zu **kündigen oder einvernehmlich aufzuheben**. Die Friedenspflicht trifft jede Tarifpartei nicht nur gegenüber dem Vertragspartner, sondern auch gegenüber dessen Mitgliedern, so dass der TV diesbezüglich als Vertrag mit Schutzwirkung zugunsten Dritter angesehen werden kann[8]. Eine andere am Vertragsschluss nicht beteiligte und deshalb nicht gebundene Gewerkschaft kann vom ArbGebVerband oder von einem einzelnen ArbGeb den Abschluss eines TV verlangen. Ein zu diesem Zweck geführter Arbeitskampf ist rechtmäßig[9]. Dies dürfte allerdings nur gelten, wenn der angestrebte TV nicht nach dem Grundsatz der Tarifeinheit hinter dem schon bestehenden zurücktreten müsste (s. dazu § 4 Rz. 45 ff.).

66 Ohne besondere Vereinbarung besteht lediglich eine **relative Friedenspflicht**. Sie beschränkt sich auf die im TV normierten Regelungsgegenstände, hindert die Tarifparteien aber nicht, in bislang nicht geregelten Bereichen der Arbeitsbedingungen Forderungen an die Gegenseite zu stellen und diesen mit den Mitteln des Arbeitskampfes Nachdruck zu verleihen[10]. Welche Arbeitsbedingungen in dem TV bereits geregelt sind, ist nicht nach rein formalistischen Kriterien zu beurteilen. Vielmehr kommt es darauf an, über welche Regelungsgegenstände schon Vereinbarungen getroffen wurden. Dies ist durch Auslegung zu ermitteln[11].

67 **bb) Absolute Friedenspflicht.** Die TV-Parteien haben darüber hinausgehend aufgrund der Vertragsfreiheit die Möglichkeit, eine absolute Friedenspflicht zu vereinbaren, der zufolge jegliche arbeitskampfbegleitete Forderung – also auch solche über bislang nicht geregelte Arbeitsbedingungen – während der Laufzeit des TV ausgeschlossen ist. Die absolute Friedenspflicht bedarf einer ausdrücklichen Vereinbarung[12]. Die Friedenspflicht kann – etwa durch Schlichtungsabkommen – über die Laufzeit des TV hinaus verlängert werden. Denkbar ist auch eine allgemein gehaltene Vereinbarung, nach der Arbeitskampfmaßnahmen erst vier Wochen nach Ablauf des TV durchgeführt werden dürfen.

68 Wird die Friedenspflicht nicht erfüllt, kann sowohl positiv auf Handlung als auch negativ auf eine Unterlassung der Arbeitskampfmaßnahme **geklagt** werden[13]. Werden Dritte durch die Friedenspflicht berechtigt, können auch diese klagen[14]. Die Vollstreckung erfolgt nach §§ 888, 890 ZPO. Im Falle einer schuldhaften Verletzung entstehen Schadensersatzansprüche (§§ 280, 823 BGB).

---

1 BAG v. 8.2.1957 – 1 AZR 169/55, AP Nr. 1 zu § 1 TVG – Friedenspflicht; v. 21.12.1982 – 1 AZR 411/80, AP Nr. 76 zu Art. 9 GG – Arbeitskampf. | 2 ErfK/*Schaub*, § 1 TVG Rz. 65; aA Däubler/*Reim*, § 1 TVG Rz. 1048 mwN. | 3 *Brox/Rüthers*, Arbeitsrecht, Rz. 299. | 4 Wiedemann/*Wiedemann*, § 1 TVG Rz. 669. | 5 BAG v. 31.10.1958 – 1 AZR 632/57, AP Nr. 2 zu § 1 TVG – Friedenspflicht; gegen eine Verallgemeinerung der Entscheidung mit bedenkenswerter Begründung Wiedemann/*Wiedemann*, § 1 TVG Rz. 676. | 6 Vgl. BAG v. 21.6.1988 – 1 AZR 651/86, AP Nr. 108 zu Art. 9 GG – Arbeitskampf. | 7 BAG v. 29.1.1985 – 1 AZR 179/84, AP Nr. 83 zu Art. 9 GG – Arbeitskampf. | 8 BAG v. 31.10.1958 – 1 AZR 632/57, AP Nr. 2 zu § 1 TVG – Friedenspflicht. | 9 BAG v. 4.5.1955 – 1 AZR 493/54, AP Nr. 2 zu Art. 9 GG – Arbeitskampf. | 10 BAG v. 21.12.1982 – 1 AZR 411/80, AP Nr. 76 zu Art. 9 GG – Arbeitskampf; Zöllner/*Loritz*, Arbeitsrecht, § 35 V 1 b. | 11 BAG v. 27.6.1989 – 1 AZR 404/88, AP Nr. 113 zu Art. 9 GG – Arbeitskampf; Zöllner/*Loritz*, Arbeitsrecht, § 35 V 1 b. | 12 BAG v. 21.12.1982 – 1 AZR 411/80, AP Nr. 76 zu Art. 9 GG – Arbeitskampf, wonach allein der Umstand, dass die TV-Parteien seit langer Zeit fortlaufend TV abgeschlossen haben, dafür nicht genügt. | 13 ErfK/*Schaub*, § 1 TVG Rz. 68. | 14 LAG Hess. v. 23.4.1985 – 5 SaGa 507/85, LAGE § 1 TVG – Friedenspflicht Nr. 1.

c) Durchführungspflicht. Die TV-Parteien sind zur Durchführung des TV verpflichtet. Zunächst trifft sie die Pflicht, den TV selbst zu erfüllen (**Tariferfüllungspflicht**). Außerdem haben sie dafür Sorge zu tragen, dass sich ihre Verbandsmitglieder an die ihnen auferlegten tarifvertraglichen Pflichten halten (**Einwirkungspflicht**)[1]. Die Einwirkung auf die Verbandsmitglieder ist einer TV-Partei nur zumutbar, wenn feststeht, ob das Verhalten dem TV entspricht oder nicht, die Rechtslage mithin eindeutig ist. Bei strittiger und rechtlich ungeklärter Tarifauslegung wäre es eine Überforderung einer Vertragspartei, wenn sie verpflichtet wäre, eine bestimmte, von ihr nicht akzeptierte Auslegung gegenüber ihren Verbandsmitgliedern zu vertreten und sie gegen ihre Überzeugung durchzusetzen[2]. Als Mittel der Einwirkung kommen Mahnungen, die Androhung und Festsetzung von Strafen und bei ganz schwerwiegenden Verstößen auch ein Verbandsausschluss in Betracht. Maßgeblich ist in erster Linie die Satzung oder sonstige Ordnung des Verbandes, wobei der Verband im konkreten Fall selbst über die zu ergreifenden Sanktionen zu befinden hat[3]. Der Verband kann sich seiner Vertragspflichten allerdings nicht durch mündliche Ermahnungen oder symbolische Handlungen entledigen[4]. 69

Da die Tarifpartei, die vor Gericht gegen ihren Vertragspartner auf Durchführung klagt, meist keine bestimmte verbandsrechtliche Maßnahme verlangen kann, hat die Rspr. zunächst nur eine **Feststellungsklage** für zulässig erachtet[5]. Mittlerweile hält sie eine Klage auf Einwirkung zur Durchführung des TV auch in der Form einer **Leistungsklage** für zulässig. Das gilt selbst dann, wenn kein bestimmtes Einwirkungsmittel benannt wird[6]. Für die Bestimmtheit des Klageantrags genügt die Bezeichnung des durch die Einwirkung zu erreichenden Ergebnisses. Der Einwirkungsanspruch kann im einstweiligen Verfügungsverfahren geltend gemacht werden (§ 935 ZPO). Die Zwangsvollstreckung erfolgt nach §§ 888, 890 ZPO. Wird die Einwirkung der Verbandsorgane auf die Mitglieder schuldhaft verzögert oder unmöglich, so haftet der Verband auf Schadensersatz wegen Nichterfüllung[7]. 70

Sofern der TV keine gegenteilige Vereinbarung enthält, ist ein **herrschendes Unternehmen** nicht verpflichtet, die Umsetzung eines kraft Mitgliedschaft verbindlichen VerbandsTV auch bei den von ihm abhängigen Konzernunternehmen durchzusetzen[8]. Nach Abschluss eines FirmenTV darf ein herrschendes Konzernunternehmen allerdings nicht – durch Ausgründung von Unternehmensteilen in ein Tochterunternehmen – die Konsequenzen seiner tariflichen Bindung unterlaufen. Es muss vielmehr durch Einwirkung auf seine ausgegliederten Tochterunternehmen dafür Sorge tragen, dass die firmentariflich festgeschriebenen Arbeitsbedingungen auch dort gewährt werden[9]. 71

2. Vereinbarte Pflichten im tarifvertraglichen Schuldverhältnis. a) Rechts- und Pflichtenstellung der Parteien. Über die dem Tarif wesensimmanenten gegenseitigen Pflichten wie der Friedens- und der Durchführungspflicht (dazu Rz. 63 ff.) hinausgehend können die TV-Parteien weitere schuldrechtliche Regelungen treffen. In Betracht kommen neben der Vereinbarung einer absoluten Friedenspflicht Absprachen zu Schieds- oder Schlichtungsverfahren[10], Arbeitskampfregeln oder Absprachen über das Betreiben bzw. Nichtbetreiben der AVE des TV[11]. Manche schuldrechtlichen Regelungen wie zB Bestimmungen über das In-Kraft-Treten, die etwaige feste Laufzeit und die Kündigung des TV wirken auf den normativen Teil ein. 72

Die TV-Parteien können im Rahmen der durch höherrangiges Recht gesetzten Grenzen **alles in ihrem Belieben** Stehende vereinbaren. Dabei müssen sie nicht notwendigerweise rechtlich durchsetzbare Verpflichtungen schaffen. Sie können sich auch darauf beschränken, Empfehlungen an die jeweiligen Mitglieder auszusprechen. 73

b) Schuldrechtliche Regelungen der Arbeitsbedingungen der Verbandsmitglieder. Wollen die Tarifpartner die **Arbeitsbedingungen** regeln, so steht ihnen neben der normativen Rechtssetzung auch die Möglichkeit offen, entsprechende schuldrechtliche Vereinbarungen zu treffen. Derartige Verträge werden als „Koalitionsverträge", „sonstige Kollektivverträge", „Sozialpartner-Vereinbarungen", „Außertarifliche Sozialpartner-Vereinbarungen" oder „soft agreements" bezeichnet[12]. Es handelt sich um Verträge zugunsten Dritter. Mitglieder der Tarifpartner können auf diese Weise ebenso wie Dritte Rechte erhalten. Pflichten zu Lasten Dritter können nach allgemeinen zivilrechtlichen Grundsätzen nicht vereinbart werden. Schuldrechtliche Regelungen der Arbeitsbedingungen liegen in erster Linie in FirmenTV nahe. Im Falle der seltenen Regelung per VerbandsTV haben die TV-Parteien die Pflicht, auf 74

---

1 BAG v. 9.6.1982 – 4 AZR 274/81, AP Nr. 1 zu § 1 TVG – Durchführungspflicht. | 2 BAG v. 29.4.1992 – 4 AZR 432/91, AP Nr. 3 zu § 1 TVG – Durchführungspflicht; vgl. auch v. 18.2.1998 – 4 AZR 363/96, AP Nr. 3 zu § 1 TVG – *Kündigung*. | 3 *BAG v. 9.6.1982 – 4 AZR 274/81, AP Nr. 1 zu § 1 TVG – Durchführungspflicht.* | 4 Wiedemann/*Wiedemann*, § 1 TVG Rz. 716. | 5 BAG v. 9.6.1982 – 4 AZR 274/81, AP Nr. 1 zu § 1 TVG – Durchführungspflicht. | 6 BAG v. 29.4.1992 – 4 AZR 432/91, AP Nr. 3 zu § 1 TVG – Durchführungspflicht (unter ausdrücklicher Aufgabe seiner früheren Rspr. v. 3.2.1988 – 4 AZR 513/87, AP Nr. 20 zu § 1 TVG – Tarifverträge: Druckindustrie). Ferner BAG v. 18.2.1998 – 4 AZR 363/96, AP Nr. 3 zu § 1 TVG – Kündigung; *Kempen/Zachert*, § 1 TVG Rz. 355. | 7 Wiedemann/*Wiedemann*, § 1 TVG Rz. 716. | 8 *Henssler*, FS Schaub, S. 311 (328); Wiedemann/*Wiedemann*, § 1 TVG Rz. 718. | 9 BAG v. 11.9.1991 – 4 AZR 71/91, AP Nr. 28 zu Internationales Privatrecht – Arbeitsrecht. („Goethe-Institut"); *Henssler* ZfA 1998, 540; aA *Heinze*, DB 1997, 2122 (2155). | 10 Vgl. BAG v. 31.10.1958 – 6 AZR 632/57, AP Nr. 2 zu § 1 TVG – Friedenspflicht. | 11 Dazu § 5 Rz. 16. | 12 BAG v. 5.11.1997 – 4 AZR 872/95, AP Nr. 29 zu § 1 TVG.

75 **VII. Auslegung von TV. 1. Allgemeine Auslegungsgrundsätze. a) Schuldrechtlicher Teil.** Hinsichtlich des schuldrechtlichen Teils gelten nach hM die Grundsätze für die Vertragsauslegung[2]. Gemäß §§ 133, 157 BGB ist der wirkliche Wille der TV-Parteien zu erforschen. Die falsa demonstratio Regel ist anzuwenden[3]. Handelt es sich dagegen um einen nicht tariflichen Koalitionsvertrag, der schuldrechtliche Regelungen zugunsten Dritter trifft, so ist er nach den Interpretationsregeln für den normativen Teil, mithin wie ein Gesetz, auszulegen. Grund hierfür ist das schutzwürdige Vertrauen der betroffenen Dritten[4].

76 **b) Normativer Teil.** Über die methodologischen Grundsätze, die für die Auslegung des normativen Teils heranzuziehen sind, herrscht bis heute Streit. Die Meinungsvielfalt folgt aus der Doppelnatur des TV. Er entsteht wie ein Vertrag, wirkt aber wie ein Gesetz. Wegen seiner Begründung durch Willenserklärungen wird im Schrifttum teilweise auch für die Tarifnormen eine Auslegung nach vertragsrechtlichen Grundsätzen vertreten[5]. Die Rspr[6]. und ältere Literaturstimmen[7] legen Tarifnormen dagegen objektiv, also wie Gesetze, aus. Im Vordringen befindet sich ein dritter Ansatz, der eine Kombination verschiedener Auslegungsmethoden befürwortet[8].

77 Im Kern dreht sich der Meinungsstreit um die Frage, inwieweit der **wahre Wille** der Tarifpartner bei Auslegung eines (mitunter schon älteren) TV beachtet werden darf. Die Antwort muss mit Blick auf die Interessen der Regelungsadressaten gefunden werden. Sind nur die Vertragsschließenden betroffen, kann auf deren Willen unbeschränkt zurückgegriffen werden. Sind dagegen Dritte Adressaten der Regelung, können deren Interessen einen Rückgriff auf den Willen der Texturheber verbieten[9]. Da den tarifgebundenen Personen der subjektive Wille der Vertragsschließenden unbekannt ist, sie sich vielmehr nur auf den fixierten Vertragstext einstellen können, darf im Interesse der Rechtssicherheit der wahre Wille der TV-Parteien nur berücksichtigt werden, soweit er seinen Niederschlag im Text oder in der Systematik des TV gefunden hat (Andeutungstheorie)[10]. Ist der Wille der Tarifpartner sogar eindeutig erkennbar, ist er für die Auslegung verbindlich. Eine Auslegungsregel, die im Zweifelsfall die der ArbN-Seite günstigere Auslegung vorschreibt, lässt sich dogmatisch nicht begründen, vernachlässigt vielmehr, dass auch beim TV die Interessen paritätischer Vertragspartner zu einem Ausgleich gebracht worden sind[11].

78 Seine **Auslegungsgrundsätze** hat das BAG wie folgt zusammengefasst: „Bei der Tarifauslegung ist über den reinen Tarifwortlaut hinaus der wirkliche Wille der TV-Parteien zu berücksichtigen, wie er in den tariflichen Normen seinen Niederschlag gefunden hat. Hierzu ist auch auf den tariflichen Gesamtzusammenhang abzustellen. Für die bei Zweifeln darüber hinaus mögliche Heranziehung weiterer Auslegungskriterien (Tarifgeschichte, praktische Tarifübung und Entstehungsgeschichte des TV) gibt es keinen Zwang zu einer bestimmten Reihenfolge. Die „Auffassung der beteiligten Berufskreise" ist kein selbständiges Auslegungskriterium"[12].

79 Als Auslegungsmittel stehen die seit *Savigny* anerkannten vier Kriterien Wortlaut, Systematik, Entstehungsgeschichte sowie Sinn und Zweck zur Verfügung. Ausgangspunkt ist der **Wortlaut**. Treffen die TV-Parteien eine Legaldefinition, so ist diese vorrangig zu beachten[13]. Bei einem Klammerzusatz kann es sich um einen bloßen Hinweis auf die Gesetzeslage handeln[14]. Gemeinsame Protokollnotizen bei Abschluss des TV können Inhalt des TV sein und abschließende Festsetzungen treffen. Denkbar ist

---

[1] BAG v. 5.11.1997 – 4 AZR 872/95, AP Nr. 29 zu § 1 TVG. | [2] *Kempen/Zachert*, Grundlagen, Rz. 305 mwN. | [3] ErfK/*Schaub*, § 1 TVG Rz. 24. | [4] BAG v. 5.11.1997 – 4 AZR 872/95, AP Nr. 29 zu § 1 TVG; Däubler/*Däubler*, Einl. TVG Rz. 536. | [5] Däubler/*Däubler*, Einl. TVG Rz. 499 ff.; *Däubler*, Tarifvertragsrecht, Rz. 134 ff.; *Kempen/Zachert*, TVG, Grundlagen Rz. 308 f., 236; *Zöllner*, RdA 1964, 443. | [6] BAG v. 2.6.1961 – 1 AZR 573/59, AP Nr. 68 zu Art. 3 GG; v. 15.9.1971 – 4 AZR 93/71, AP Nr. 15 zu § 611 BGB – Bergbau; v. 22.9.1981 – 4 AZR 330/79, AP Nr. 1 zu § 35 BAT; v. 26.4.1966 – 1 AZR 242/65, AP Nr. 117 zu § 1 TVG – Auslegung; v. 30.9.1971 – 5 AZR 123/71, AP Nr. 121 zu § 1 TVG – Auslegung; v. 12.9.1984 – 4 AZR 336/82, AP Nr. 135 zu § 1 TVG – Auslegung. | [7] *Herschel*, in: FS für Erich Molitor (1962), S. 161 (180); *Hueck/Nipperdey*, Arbeitsrecht II 1, § 18 V 3, S. 356; *Nikisch*, Arbeitsrecht II, § 69 III 1, S. 219. | [8] *Löwisch/Rieble*, § 1 TVG Rz. 38 (384); *Stein*, Tarifvertragsrecht, Rz. 84 ff.; Wiedemann/*Wank*, § 1 TVG Rz. 765. | [9] Wiedemann/*Wank*, § 1 TVG Rz. 775. | [10] BAG v. 24.11.1988 – 6 AZR 243/87, AP Nr. 127 zu § 611 BGB – Gratifikation; v. 9.3.1983 – 4 AZR 61/80, AP Nr. 128 zu § 1 TVG – Auslegung; v. 12.9.1984 – 4 AZR 336/82, AP Nr. 135 zu § 1 TVG – Auslegung; zuletzt v. 30.1.2002 – 10 AZR 441/01, ZTR 2002, 389. | [11] LAG Hamm v. 26.6.1991 – 2 Sa 277/91, LAGE § 1 TVG Auslegung Nr. 5; Wiedemann/*Wank*, § 1 TVG Rz. 780; *Löwisch/Rieble*, § 1 TVG Rz. 403; aA *Däubler*, Tarifvertragsrecht, Rz. 151; *Kempen/Zachert*, TVG, Grundlagen Rz. 330. | [12] BAG v. 12.9.1984 – 4 AZR 336/82, AP Nr. 135 zu § 1 TVG – Auslegung; siehe aber *Kempen/Zachert*, § 1 TVG Rz. 326. | [13] BAG v. 28.4.1982 – 4 AZR 642/79, AP Nr. 39 zu § 1 TVG – Tarifverträge: Bau; v. 9.3.1983 – 4 AZR 61/80, AP Nr. 128 zu § 1 TVG – Auslegung; v. 8.2.1984 – 4 AZR 158/83, AP Nr. 134 zu § 1 TVG – Auslegung; v. 19.8.1987 – 4 AZR 128/87, AP Nr. 3 zu § 1 TVG – Tarifverträge: Fernverkehr. | [14] BAG v. 10.5.1994 – 3 AZR 721/93, AP Nr. 3 zu § 1 TVG – Tarifverträge: Verkehrsgewerbe; v. 19.11.1996 – 3 AZR 494/95, AP Nr. 147 zu § 1 TVG – Metallindustrie.

auch eine Funktion als bloße Auslegungshilfe[1]. Ergibt sich aus TV und Protokollnotizen kein Anhaltspunkt, ist auf die Fachsprache zurückzugreifen. Hinweise bieten vergleichbare TV und Gesetze[2] sowie die allgemeine fachsprachliche juristische Bedeutung. Bleibt die Auslegung weiter unklar, ist auf die umgangssprachliche Verwendung unter Zuhilfenahme von Grammatiken, Lexika und Wörterbüchern zurückzugreifen[3]. Eine falsa demonstratio ist unschädlich, sofern sich der übereinstimmende Wille der TV-Partner irgendwo in TV oder Protokollnotizen niederschlägt. Bei Redaktionsversehen ist auf das wirklich Gewollte abzustellen[4]. Ausnahmebestimmungen, wie zB Ausschlussklauseln[5], sind eng auszulegen[6]. Zur Auslegung einer Klausel als konstitutive oder nur deklaratorische Tarifbestimmungen siehe Einl. Rz. 29 ff.

Unverzichtbar ist ein Blick auf den **systematischen Zusammenhang**, in den die auszulegende Tarifnorm innerhalb des vertraglichen Gesamtgefüges gestellt ist[7]. Die Einordnung unter eine Überschrift[8], die örtliche Nähe zu anderen Bestimmungen, die innere Zergliederung der Norm in Absätze und Sätze sind auszuwerten. Ergänzend können Vergleiche zur Verwendung identischer oder ähnlicher Begriffe und Regelungen in anderen TV zwischen denselben Tarifpartnern gezogen werden[9]; gelegentlich hilft der Vergleich mit Protokollnotizen[10]. Begriffe werden üblicherweise zwischen identischen Vertragsparteien mit derselben Bedeutung verwendet. Das Ergebnis der systematischen Auslegung kann einen scheinbar eindeutigen Wortlaut korrigieren[11]. Um Verstöße gegen höherrangiges Recht zu vermeiden, sind TV wie alle Rechtsnormen gemeinschaftsrechtskonform[12], verfassungskonform[13] und gesetzeskonform[14] auszulegen. Bieten sich mehrere Auslegungsmöglichkeiten an, so ist die mit dem höherrangigen Recht im Einklang stehende Auslegung zu wählen. 80

Der Rückgriff auf die **Entstehungsgeschichte** des TV ist zulässig, wenngleich meist wenig ergiebig. Materialien stehen nur selten zur Verfügung. Auskünfte der Parteien sind üblicherweise widersprüchlich[15]. Selbst wenn sich im Einzelfall der wahre Wille der TV-Parteien ermitteln lässt, wird er nur insoweit berücksichtigt, als er in den Tarifnormen seinen Niederschlag gefunden hat. Weiterführende Erkenntnisse verspricht der Vergleich mit früheren TV, in denen ähnliche Begriffe und Regelungen verwendet wurden[16]. Die Bedeutung ändert sich im Regelfall nicht. Liegt gar Rspr. zu bereits verwandten Klauseln vor, werden die TV-Parteien im Zweifel keine davon abweichende Regelung treffen wollen[17]. Eine bestimmte Tarifpraxis nach Abschluss des Vertrages hat dagegen allenfalls Indizfunktion für die Auslegung[18], lässt sie doch keinen zwingenden Schluss auf die Rechtslage zu. 81

Wichtigstes Auslegungskriterium ist – wie bei allen Rechtsnormen – **Sinn und Zweck** der tariflichen Vorschrift. Bei mehrdeutigem oder unverständlichem Tarifwortlaut ist davon auszugehen, dass die TV-Parteien eine vernünftige, gerechte, zweckorientierte und praktisch brauchbare Regelung treffen wollten. Im Zweifel ist damit derjenigen Auslegung der Vorzug zu geben, die diesen Anforderungen des Rechts- und Arbeitslebens am ehesten entspricht[19]. 82

2. Fortbildung von TV. Weist der TV **Lücken** auf, steht der Interpret vor der sowohl aus der Vertrags- als auch der Gesetzesauslegung bekannten Aufgabe der Lückenfüllung. Der Idealfall ist die Lückenfüllung durch die TV-Parteien, wie sie durch einen Änderungstarifvertrag oder im Rahmen eines Schlichtungsverfahrens erfolgen kann. Für den schuldrechtlichen Teil gelten unbestritten die Regeln der ergänzenden Vertragsauslegung. Auch für den normativen Teil überzeugt nur eine Fortbildung des TV, die sich an Vertragsgrundsätzen orientiert[20]. Die für die Gesetzesauslegung entwickelten Konzepte, 83

---

1 *Däubler*, Tarifvertragsrecht, Rz. 113; *Herschel*, in FS für Molitor (1962), S. 161 (186). | 2 BAG v. 25.4.1979 – 4 AZR 791/77, AP Nr. 49 zu § 611 BGB – Dienstordnungs-Angestellte; v. 12.8.1981 – 4 AZR 918/78, AP Nr. 51 zu § 611 BGB – Dienstordnungs-Angestellte; v. 28.1.1977 – 5 AZR 145/76, AP Nr. 1 zu § 1 TVG – Tarifverträge: Ziegelindustrie; v. 5.2.1971 4 AZR 66/70, AP Nr. 120 zu § 1 TVG – Auslegung. | 3 BAG v. 5.3.1974 – 1 ABR 19/73, AP Nr. 1 zu § 5 BetrVG 1972; v. 20.4.1994 – 4 AZR 354/93, AP Nr. 9 zu § 1 TVG – Tarifverträge: DDR; v. 8.2.1995 – 4 AZR 958/93, AP Nr. 192 zu §§ 22, 23 BAT 1975; v. 11.6.1997 – 10 AZR 613/96, AP Nr. 1 zu § 291 BGB. | 4 BAG v. 31.10.1990 – 4 AZR 114/90, AP Nr. 11 zu § 1 TVG – Tarifverträge: Presse; v. 18.5.1994 – 4 AZR 412/93, AP Nr. 175 zu §§ 22, 23 BAT 1975. | 5 BAG v. 19.11.1968 – 1 AZR 195/68, AP Nr. 39 zu § 4 TVG – Ausschlussfristen; v. 4.9.1991 – 5 AZR 647/90, AP Nr. 113 zu § 4 TVG – Ausschlussfristen; v. 7.2.1995 – 3 AZR 483/94, AP Nr. 54 zu § 1 TVG – Tarifverträge: Einzelhandel. | 6 BAG v. 13.1.1981 – 6 AZR 678/78, AP Nr. 2 zu § 46 BPersVG; v. 24.11.1988 – 6 AZR 243/87, AP Nr. 127 zu § 611 BGB – Gratifikation; v. 25.10.1995 – 4 AZR 478/94, AP Nr. 57 zu § 1 TVG – Tarifverträge: Einzelhandel. | 7 BAG v. 28.2.1990 – 2 AZR 425/89, AP Nr. 8 zu § 1 KSchG 1969 – Wartezeit; v. 17.4.1996 – 10 AZR 617/95, AP Nr. 18 zu §§ 22, 23 BAT – Zulagen. | 8 BAG v. 16.5.1995 – 3 AZR 627/94, AP Nr. 8 zu § 4 TVG – Verdienstsicherung; v. 16.4.1997 – 3 AZR 28/96, AP Nr. 16 zu § 1 BetrAVG – Hinterbliebenenversorgung. | 9 BAG v. 21.11.1991 – 6 AZR 551/89, AP Nr. 2 zu § 34 BAT; v. 23.2.1995 – 6 AZR 586/94, AP Nr. 38 zu § 15 BAT. | 10 BAG v. 5.9.1995 – 3 AZR 216/95, AP Nr. 11 zu § 1 TVG – Tarifverträge: Papierindustrie. | 11 BAG v. 31.10.1990 – 4 AZR 114/90, AP Nr. 11 zu § 1 TVG – Tarifverträge: Presse; v. 16.1.1991 – 4 AZR 341/90, AP Nr. 95 zu § 1 TVG – Tarifverträge: Metallindustrie. | 12 *Löwisch/Rieble*, § 1 TVG Rz. 414. | 13 BAG v. 21.1.1987 – 4 AZR 486/86, AP Nr. 46 zu Art. 9 GG; v. 21.1.1987 – 4 AZR 547/86, AP Nr. 47 zu Art. 9 GG. | 14 *Däubler*, Tarifvertragsrecht, Rz. 150; *Löwisch/Rieble*, § 1 TVG Rz. 416. | 15 *Wiedemann/Wank*, § 1 TVG Rz. 806. | 16 Vgl. BAG v. 4.4.2001 – 4 AZR 180/00, AP Nr. 172 zu § 1 TVG – Auslegung. | 17 BAG v. 18.9.2001 – 9 AZR 397/00, AP Nr. 3 zu § 3 ATG. | 18 BAG v. 31.1.1969 – 3 AZR 439/68, AP Nr. 26 zu § 1 Feiertagslohnzahlungsgesetz; v. 24.2.1988 – 4 AZR 640/87, AP Nr. 2 zu § 1 TVG – Tarifverträge: Dachdecker. | 19 BAG v. 9.3.1983 – 4 AZR 61/80, AP Nr. 128 zu § 1 TVG – Auslegung; v. 25.8.1982 – 4 AZR 1072/79, AP Nr. 9 zu § 1 TVG – Auslösung. | 20 BAG v. 3.11.1998 – 3 AZR 432/97, AP Nr. 41 zu § 1 Be-

TVG § 1 Rz. 84   Inhalt und Form des Tarifvertrages

die auf Wertungen des gleichen Gesetzgebers in anderen Rechtsnormen zurückgreifen (Analogie, Umkehrschluss, Erst-Recht-Schluss), sind bei TV regelmäßig ungeeignet[1].

84   War den TV-Parteien bei Abschluss des TV die Lückenhaftigkeit ihrer Regelung **bewusst**, kommt eine richterliche Fortbildung nicht in Betracht[2]. Unbewusste Regelungslücken, insb. solche, die durch die Unwirksamkeit von Klauseln entstehen, sind dagegen unter Berücksichtigung von Treu und Glauben zu schließen. Es ist darauf abzustellen, wie die TV-Parteien die betreffende Frage bei objektiver Betrachtung der wirtschaftlichen und sozialen Zusammenhänge im Zeitpunkt des TV-Abschlusses voraussichtlich geregelt hätten, falls sie den nicht geregelten Fall bedacht hätten. Das setzt voraus, dass hinreichende und vor allem auch sichere Anhaltspunkte für eine solche vermutete Leistungsbestimmung durch die TV-Parteien gegeben sind oder dass nur eine ganz bestimmte Regelung billigem Ermessen entspricht[3].

85   Kommen mehrere Möglichkeiten zur Lückenschließung in Betracht, so bleibt diese dem Gericht wegen der verfassungsrechtlichen Garantie der Tarifautonomie verwehrt. Es muss dann den TV-Parteien überlassen bleiben, für welche der Lösungsmöglichkeiten sie sich entscheiden wollen[4]. Ohnehin ist es den Parteien unbenommen, eine von ihnen missbilligte richterliche Tariffortbildung durch einen Änderungstarifvertrag zu ersetzen. Weist der TV gravierende Wirksamkeitsmängel auf, wäre eine Fortbildung durch die Rspr. ebenfalls ein Verstoß gegen die Tarifautonomie. Einer Fortbildung abgeneigt ist das BAG mittlerweile generell bei Regelungen über Sonderzuwendungen[5].

86   **3. Prozessrechtliche Fragen.** Ergibt sich aus dem Parteivortrag, dass tarifliche Normen für die Entscheidung erheblich sein könnten, so haben die Gerichte für Arbeitssachen den Inhalt dieser Rechtsnormen nach den Grundsätzen des § 293 ZPO zu **ermitteln**[6]. In der Revisionsinstanz kann das Gericht die Auslegung der TV-Bestimmungen voll überprüfen[7]. Bei Streitigkeiten über die Auslegung eines TV ist die Feststellungsklage zulässig.

87   **VIII. Kontrolle von TV.** Ob TV gegen **höherrangiges Recht** verstoßen, wird von den ArbG von Amts wegen überprüft. Eine an Zweckmäßigkeits- oder Billigkeitserwägungen ausgerichtete Kontrolle der TV ist den Gerichten verwehrt. Sie käme einer Art. 9 Abs. 3 GG verletzenden Tarifzensur gleich[8]. Zu den Grenzen tariflicher Regelungsmacht siehe Einl. Rz. 14 ff.

88   TV sind grundsätzlich auch keiner **AGB-Kontrolle** unterworfen. § 310 Abs. 4 BGB nimmt TV von der Inhaltskontrolle der §§ 307 ff. BGB ausdrücklich aus, schreibt damit für das kollektive Arbeitsrecht die Bereichsausnahme vom AGB-Recht fort. Gemäß § 310 Abs. 4 Satz 3 BGB stehen TV außerdem Rechtsvorschriften iSv. § 307 Abs. 3 BGB gleich, mit der Folge, dass bei arbeitsvertraglichen Klauseln, die – sei es durch Bezugnahme, sei es durch unmittelbare Übernahme – fachlich einschlägige Tarifnormen zum Inhalt des Arbeitsvertrages erheben, keine Inhaltskontrolle stattfindet. Das gilt jedenfalls dann, wenn durch eine Klausel ein gesamtes Tarifwerk in Bezug genommen wird (vgl. § 3 Rz. 18).

89   Ob eine Inhaltskontrolle auch dann ausgeschlossen ist, wenn nur einzelne Teile eines Tarifwerkes in Bezug genommen werden, ist noch nicht geklärt, muss aber grundsätzlich verneint werden[9]. Die Ausklammerung der Tarifinhalte von der AGB-Kontrolle findet ihre Rechtfertigung in der erhöhten Richtigkeitsgewähr, die von TV ausgeht. Diese Richtigkeitsgewähr entfällt, wenn nur einzelne tarifvertragliche Klauseln in Bezug genommen werden („Rosinentheorie"). Wurde ein in sich abgeschlossener tariflicher Regelungskomplex in Bezug genommen, so wird man allerdings § 310 Abs. 4 Satz 2 BGB ebenfalls heranziehen können.

90   Zu den Grenzen der tariflichen Gestaltungsmacht siehe Einl. Rz. 14 ff.

91   **IX. Einzelne Tarifnormen. 1. Altersgrenzen.** Häufiger Bestandteil von Rahmentarifverträgen sind Regelungen, welche die **automatische Beendigung** des Arbeitsverhältnisses mit dem Erreichen einer bestimmten Altersgrenze – zumeist mit dem Ablauf des Monats, in dem der ArbN das 65. Lebensjahr

---

trAVG – Gleichbehandlung; v. 23.9.1981 – 4 AZR 569/79, AP Nr. 19 zu § 611 BGB – Lehrer, Dozenten; v. 24.5.1978, AP Nr. 6 zu § 1 TVG – Tarifverträge: Metallindustrie; Wiedemann/*Wiedemann*, § 1 TVG Rz. 812 ff.; aA *Schlachter*, FS Schaub, S. 651 (659); Löwisch/*Rieble*, § 1 TVG Rz. 424 ff. |1 AA Wiedemann/*Wank*, § 1 TVG Rz. 817. |2 BAG v. 10.11.1982 4 AZR 109/80, AP Nr. 69 zu §§ 22, 23 BAT 1975; v. 23.9.1981 – 4 AZR 569/79, AP Nr. 19 zu § 611 BGB – Lehrer, Dozenten. |3 BAG v. 23.9.1981 – 4 AZR 569/79, AP Nr. 19 zu § 611 BGB – Lehrer, Dozenten. |4 BAG v. 10.12.1986 – 5 AZR 517/86, AP Nr. 1 zu § 42 MTB II; LAG Thür. v. 24.10.1994 – 8 Sa 242/94, BB 1995, 1085; BAG v. 20.7.2000 – 6 AZR 64/99, ZTR 2001, 182; vgl. auch v. 9.12.1999 – 6 AZR 299/98, AP Nr. 14 zu § 1 BAT-O. |5 BAG v. 16.3.1994 – 10 AZR 669/92, AP Nr. 162 zu § 611 BGB – Gratifikationen; v. 19.4.1995 – 10 AZR 49/94, AP Nr. 173 zu § 611 BGB – Gratifikationen; vgl. auch Wiedemann/*Wank*, § 1 TVG Rz. 816. |6 BAG v. 29.3.1957 – 1 AZR 208/55, AP Nr. 4 zu § 4 TVG – Tarifkonkurrenz; v. 9.8.1995 – 6 AZR 1047/94, AP Nr. 8 zu § 293 ZPO. |7 BAG v. 10.10.1957 – 2 AZR 48/55, AP Nr. 12 zu § 1 TVG – Auslegung; v. 13.6.1996 – 2 AZR 547/95, AP Nr. 21 zu § 1 TVG – Tarifverträge: Lufthansa. |8 Vgl. BAG v. 19.12.1958 – 1 AZR 109/58, AP Nr. 3 zu § 2 TVG; v. 14.12.1982 – 3 AZR 251/80, AP Nr. 1 zu § 1 BetrAVG – Besitzstand; v. 6.2.1985 – 4 AZR 275/83, AP Nr. 1 zu § 1 TVG – Tarifverträge: Süßwarenindustrie; v. 5.12.1990 – 4 AZR 285/90, AP Nr. 153 zu §§ 22, 23 BAT 1975; v. 23.10.1996 – 4 AZR 245/95, AP Nr. 38 zu § 23 a BAT; *Schliemann*, ZTR 2000, 198. |9 Vgl. Hümmerich/*Holthausen*, NZA 2002, 173 (179); *Däubler*, NZA 2001, 1329 (1335); *Henssler*, RdA 2002, 129 (135 ff.).

vollendet – vorsehen. Die Rspr. hat flexible[1], aber auch allgemeine[2] tarifliche Altersgrenzen von 65 Jahren grundsätzlich für zulässig erachtet. Sie qualifiziert tarifliche Altersgrenzenregelungen als Beendigungsnormen iSv. auflösenden Bedingungen. Zu ihrer Rechtfertigung verlangt sie ebenso wie bei Befristungen einen sachlichen Grund[3], wie nun auch gesetzlich durch §§ 21, 14 Abs. 1 TzBfG bestätigt wird. Ein sachlicher Grund kann im Schutz der ArbN selbst vor Überforderung liegen, ferner im Schutz der Öffentlichkeit vor Gefahren (Beispiel: Flugpersonal[4]) oder aber in der Sicherstellung eines ausgewogenen Altersaufbaus im Unternehmen. Die arbeitsgerichtliche Rspr. verneint einen Verstoß gegen die Berufsfreiheit der ArbN. Der Verhältnismäßigkeitsgrundsatz sei gewahrt, wenn der ArbN bei Ausscheiden ein gesetzliches Altersruhegeld beantragen könne[5]. Bei der Festsetzung einer Altersgrenze, die vor Vollendung des 65. Lebensjahres liegt, ist § 41 SGB VI zu beachten. Die Norm steht einer Altersgrenzenvereinbarung seit ihrer Novelle nicht mehr grundsätzlich entgegen. Individualvertragliche Vereinbarungen, die dem ArbN die Möglichkeit einer längeren Lebensarbeitszeit einräumen, sind gemäß § 4 Abs. 3 (Günstigkeitsprinzip) zulässig[6].

2. Annahmeverzug. § 615 BGB ist **dispositives Recht**, kann daher durch TV abbedungen oder modifiziert werden[7]. Die Verteilung des Betriebsrisikos unterliegt auch nach der Einfügung des § 615 Satz 3 BGB im Rahmen der Schuldrechtsmodernisierung[8] weiterhin der freien Vereinbarung der TV-Parteien[9]. Gleiches gilt für das Arbeitskampfrisiko[10].

3. Arbeitsentgelt. Tarifvertragliche **Lohnabtretungsverbote** sind wirksam[11]. Die Fälligkeit des Entgelts[12] ist ebenso zulässiger Regelungsgegenstand wie Details der bargeldlosen Lohnzahlung, etwa der Termin, an dem das Arbeitsentgelt auf das Konto des ArbN zu überweisen ist[13]. Nettolohnvereinbarungen sind unbedenklich[14]. Ein TV kann eine eigenständige Pflicht zur Rückerstattung zu viel gezahlter Lohnbeträge begründen[15]. Bereicherungsrechtliche Ansprüche mit arbeitsvertraglichem Bezug können durch TV verdrängt werden (vgl. auch Rz. 45)[16]. Zur Eingruppierung siehe Rz. 113 ff.

4. Arbeitsverhinderung. TV können den Vergütungsfortzahlungsanspruch gem. § 616 BGB aufheben, beschränken, erweitern oder sonst strukturell verändern[17]. So kann ein TV vorsehen, dass ein ArbN bei schwerer Erkrankung eines Kindes unter bestimmten Voraussetzungen bis zu vier Tage unter Lohnfortzahlung von der Arbeit freizustellen ist[18]. Ob der TV den Entgeltfortzahlungsanspruch abschließend regeln will[19], ist durch Auslegung zu ermitteln. Enthält er nur eine Aufzählung von Fällen der Vergütungsfortzahlung, wird eine abschließende Regel im Zweifel zu verneinen sein[20].

5. Ausschlussfristen/Verfallklauseln. Tarifliche Ausschlussfristen bzw. Verfallklauseln schließen Rechte aus, wenn diese nicht binnen **bestimmter Fristen** geltend gemacht werden. Trotz ihrer ArbN-Rechte beschränkenden Funktion haben sie im Arbeitsrecht eine lange Tradition. Unterschieden wird zwischen ein- und zweistufigen Ausschlussfristen (zu Einzelheiten s. § 4 Rz. 58 ff.).

Üblicherweise beschränkt sich eine Ausschlussklausel nicht auf tarifliche Rechte[21], sondern umfasst **alle beiderseitigen Ansprüche** aus dem Arbeitsverhältnis. Einbezogen werden sowohl einzelvertragliche als auch normativ verankerte Rechte[22], dh. konkret Erfüllungsansprüche (Lohn- oder Gehaltsansprüche, Abgeltung von Überstunden, Zahlung von Zuschlägen usw.), tarifliche Ansprüche einschließlich der Rechte aus BV, Ansprüche aus Vertragsverletzungen (Schadensersatzansprüche, Re-

---

1 BAG v. 20.12.1984 – 2 AZR 3/84, AP Nr. 9 zu § 620 BGB – Bedingung; v. 6.3.1986 – 2 AZR 262/85, AP Nr. 1 zu § 620 BGB – Altersgrenze. |2 BAG v. 12.2.1992 – 7 AZR 100/91, AP Nr. 5 zu § 620 BGB – Altersgrenze; vgl. auch v. 20.11.1987 – 2 AZR 284/86, AP Nr. 2 zu § 620 BGB – Bedingung. |3 BAG v. 20.12.1984 – 2 AZR 3/84, AP Nr. 9 zu § 620 BGB – Bedingung; v. 6.3.1986 – 2 AZR 262/85, AP Nr. 1 zu § 620 BGB – Altersgrenze; v. 23.2.2000 – 7 AZR 891/98, AP Nr. 1 zu § 62 MTL II. |4 BAG v. 20.12.1984 – 2 AZR 3/84, AP Nr. 9 zu § 620 BGB – Bedingung; v. 6.3.1986 – 2 AZR 262/85, AP Nr. 1 zu § 620 BGB – Altersgrenze; v. 12.2.1992 – 7 AZR 100/91, AP Nr. 5 zu § 620 BGB – Altersgrenze; v. 11.3.1998 – 7 AZR 700/96, AP Nr. 12 zu § 1 TVG – Tarifverträge: Luftfahrt. |5 BAG v. 6.3.1986 – 2 AZR 262/85, AP Nr. 1 zu § 620 BGB – Altersgrenze; v. 20.11.1987 – 2 AZR 284/86, AP Nr. 2 zu § 620 BGB – Altersgrenze. |6 BAG GS v. 7.11.1989 – GS 3/85, AP Nr. 46 zu § 77 BetrVG 1972. |7 BAG v. 8.12.1982 – 4 AZR 134/80, AP Nr. 58 zu § 616 BGB. |8 Dazu *Dedek*, in Henssler/v. Westphalen, Praxis der Schuldrechtsreform, § 615 Rz. 2. |9 BAG v. 4.7.1958 – 1 AZR 559/57, AP Nr. 5 zu § 615 BGB – Betriebsrisiko; v. 6.11.1968 – 4 AZR 186/68, AP Nr. 16 zu § 615 BGB – Betriebsrisiko; v. 23.6.1994 – 6 AZR 853/93, AP Nr. 56 zu § 615 BGB. |10 Vgl. BAG v. 22.12.1980 – 1 ABR 2/79, AP Nr. 70 zu Art. 9 GG – Arbeitskampf; Wiedemann/*Wiedemann*, § 1 TVG Rz. 430. |11 Vgl. BAG v. 20.12.1957 – 1 AZR 237/56, AP Nr. 1 zu § 399 BGB. |12 BAG v. 7.11.1968 – 5 AZR 80/68, AP Nr. 38 zu § 4 TVG – Ausschlussfristen; v. 26.5.1981 – 3 AZR 269/78, AP Nr. 71 zu § 4 TVG – Ausschlussfristen; v. 16.5.1984 – 7 AZR 143/81, AP Nr. 85 zu § 4 TVG – Ausschlussfristen. |13 BAG v. 15.12.1976 – 4 AZR 531/75, *Nr. 1 zu § 1 TVG* – Arbeitsentgelt; v. 5.3.1991 – 1 ABR 41/90, AP Nr. 11 zu § 87 BetrVG 1972 – Auszahlung. |14 BAG v. 3.4.1974 – 4 AZR 273/73, AP Nr. 2 zu § 1 TVG – Tarifverträge: Metallindustrie. |15 LAG Hess. v. 29.3.1956 – IV/V LA 548/55, AP Nr. 1 zu § 611 BGB – Lohnrückzahlung. |16 BAG v. 25.2.1993 – 5 AZR 334/91, AP Nr. 10 zu § 37 BAT. |17 BAG v. 25.4.1960 – 1 AZR 16/58, AP Nr. 23 zu § 616 BGB; v. 20.6.1979 – 5 AZR 392/78, AP Nr. 51 zu § 616 BGB; MünchKomm/*Henssler*, § 616 BGB Rz. 60. |18 BAG 20.6.1979 – 5 AZR 392/78, AP Nr. 51 zu § 616 BGB. |19 BAG v. 25.8.1982 – 4 AZR 1147/79, AP Nr. 1 zu § 26 ArbGG 1979; v. 4.9.1985 – 7 AZR 249/83, AP Nr. 1 zu § 29 BMT-G II. |20 BAG 20.6.1979 – 5 AZR 479/77, AP Nr. 49 zu § 616 BGB. |21 So aber bei BAG v. 15.11.2001 – 8 AZR 95/01, AP Nr. 121 zu § 611 BGB – Haftung des Arbeitnehmers. |22 LAG Schl.-Holst. v. 23.11.1954 – 1 Sa 225/54, AP Nr. 1 zu § 4 TVG – Ausschlussfristen; BAG v. 30.10.1962 – 3 AZR 405/61, AP Nr. 1 zu § 4 TVG – Ordnungsprinzip; Wiedemann/*Wank*, § 4 TVG Rz. 739, vgl. auch § 4 Rz. 59 f.

gressansprüche usw.), Bereicherungsansprüche (Rückzahlung von Vorschüssen, Darlehen usw.), Ansprüche aus unerlaubten Handlungen soweit sie in engem Zusammenhang mit der Erbringung der Arbeitsleistung stehen. Ausschlussklauseln sind eng auszulegen.

97 Keine Anwendung finden Verfallklauseln auf **Stammrechte** (Anspruch auf eine Betriebsrente, richtige Eingruppierung)[1]. Die Rentenzahlung selbst oder die Gehaltsnachzahlung wegen einer fehlerhaften Eingruppierung werden aber von der Klausel erfasst. Ebenfalls nicht ausgeschlossen werden Ansprüche aus dem durch §§ 129 ff. InsO begründeten Schuldverhältnis[2] und sonstige absolute Rechte (Ansprüche auf Herausgabe des Eigentums, aus Urheberrechten oder wegen Verletzung des allgemeinen Persönlichkeitsrechts), sich ständig aktualisierende Rechte (Anspruch auf Entfernung einer Abmahnung aus der Personalakte, Anspruch auf Weiterbeschäftigung) und öffentlich-rechtliche Ansprüche[3]. Fehlt der arbeitsvertragliche Zusammenhang (Warenkauf[4], Wohnungsmiete[5]) ist die Ausschlussklausel nicht anwendbar.

98 Die Zulässigkeit tariflicher Ausschlussfristen wird in § 4 Abs. 4 Satz 3 vorausgesetzt (§ 4 Rz. 58 ff.). Wirksamkeitsgrenzen ergeben sich aus dem Gebot der Verhältnismäßigkeit und dem Verbot willkürlicher Differenzierung. Die Rspr.[6] bejaht die Wirksamkeit von Ausschlussfristen für die Lohnfortzahlung[7], den Nachteilsausgleich[8], die Urlaubsabgeltung[9], den Entgeltfortzahlungsanspruch im Krankheitsfall[10] und den Zeugnisanspruch[11]. Nicht zulässig sollen dagegen Ausschlussklauseln für den Anspruch auf Abfindung gemäß §§ 9, 10 KSchG[12], Ansprüche aus einer Tätigkeit als BR-Mitglied[13] sowie Versorgungsbezüge[14] sein. Zu allgemein gehaltene Ausschlussklauseln sind nicht unwirksam, sondern auf das zulässige Maß zu reduzieren.

99 Die Ausschlussfrist wirkt auch für den **Rechtsnachfolger**, auf den der Anspruch kraft vertraglicher Vereinbarung oder kraft Gesetzes übergeht[15].

100 **Versäumt** eine Vertragspartei die in der Ausschlussklausel vorgesehene Frist, kann der Anspruch nicht mehr geltend gemacht oder gerichtlich durchgesetzt werden. Dies gilt unabhängig von der Kenntnis und selbst bei unverschuldeter Fristversäumnis. Zu Fällen treuwidriger Berufung auf Ausschlussfristen (§ 4 Rz. 72).

101 Hat der ArbGeb in einer Abrechnung die Forderung des ArbN **vorbehaltlos ausgewiesen**, so muss diese Forderung nicht mehr zur Wahrung einer Ausschlussfrist geltend gemacht werden. Besonderheiten gelten im Kündigungsschutzprozess: Im Regelfall genügt die fristgerecht erhobene Kündigungsschutzklage für die fristgerechte Geltendmachung der Entgeltansprüche. Zu beachten ist aber, dass bei einer zweistufigen Ausschlussfrist die zweite Stufe durch die Kündigungsschutzklage nicht gewahrt wird. Der Gläubiger muss daher auf der zweiten Stufe auch dann gesonderte Zahlungsklage erheben, wenn er zuvor Kündigungsschutzklage erhoben hat[16].

102 **6. Besetzungsregeln.** Qualitative Besetzungsregeln verfolgen das Ziel, **bestimmte Arbeitsplätze** für ArbN mit einer speziellen Ausbildung zu erhalten, auch wenn diese Qualifikation aufgrund technologischer Veränderungen für die nunmehr „nur noch" geforderten Tätigkeiten nicht mehr erforderlich ist (Beispiel: EDV-Arbeitsplätze für gelernte Drucker). Besetzungsregeln können den von ihnen verfolgten Zweck nur erreichen, wenn sie für alle, das heißt auch für die nichtorganisierten ArbN eines Betriebs gelten. Es handelt sich daher um betriebliche Normen (vgl. Rz. 51 f. und § 3 Rz. 34 ff.). Sie werden trotz des mit ihnen verbundenen Eingriffs in die unternehmerische Entscheidungsfreiheit des ArbGeb grundsätzlich für zulässig erachtet[17] und von der Rspr. als Betriebsnormen iSv. § 3 Abs. 2 eingestuft[18].

103 Durch **qualitative Besetzungsregeln** wird in umfassender Weise in die Grundrechte der betroffenen Außenseiter auf freie Wahl des Arbeitsplatzes und in die Berufsfreiheit des ArbGeb (Art. 12 Abs. 1 GG) eingegriffen. Ein schützenswertes Interesse für den Abschluss derartiger Regelungen ist zumindest

---

1 BAG v. 14.7.1965 – 4 AZR 358/64, AP Nr. 5 zu § 1 TVG – Tarifverträge; BAVAV; v. 15.5.1975 – 3 AZR 257/74, AP Nr. 7 zu § 242 BGB – Ruhegehalt VBL. | 2 BAG v. 19.11.2003 – 10 AZR 110/03, nv. | 3 BSG v. 16.4.1985 – 12 RK 69/82, AP Nr. 91 zu § 4 TVG – Ausschlussfristen. | 4 BAG v. 20.1.1982 – 5 AZR 755/79, AP Nr. 72 zu § 4 TVG – Ausschlussfristen. | 5 BAG v. 20.1.1982 – 5 AZR 755/79, AP Nr. 72 zu § 4 TVG – Ausschlussfristen. | 6 Ausf. Übersicht bei Wiedemann/*Wank*, § 4 TVG Rz. 760. | 7 BAG v. 24.5.1973 – 5 AZR 21/73, AP Nr. 52 zu § 4 TVG – Ausschlussfristen; v. 7.12.1983 – 5 AZR 425/80, AP Nr. 84 zu § 4 TVG – Ausschlussfristen. | 8 BAG v. 18.12.1984 – 1 AZR 176/82, AP Nr. 11 zu § 113 BetrVG 1972. | 9 BAG v. 20.4.1989 – 8 AZR 475/87, AP Nr. 47 zu § 7 BUrlG – Abgeltung. | 10 BAG v. 16.1.2002 – 5 AZR 430/00, AP Nr. 13 zu § 3 EntgeltFG. | 11 BAG v. 23.2.1983 – 5 AZR 515/80, AP Nr. 10 zu § 70 BAT. | 12 BAG v. 13.1.1982 – 5 AZR 546/79, AP Nr. 7 zu § 9 KSchG. | 13 BAG v. 30.1.1973 – 1 ABR 1/73, AP Nr. 3 zu § 40 BetrVG 1972. | 14 BAG v. 29.3.1983 – 3 AZR 537/80, AP Nr. 11 zu § 70 BAT; weitere Nachweise bei Wiedemann/*Wank*, § 4 TVG Rz. 761. | 15 Vgl. BAG v. 24.5.1973 – 5 AZR 21/73, AP Nr. 52 zu § 4 TVG – Ausschlussfristen; anders aber für Ansprüche der Hinterbliebenen eines ArbN auf Sterbegeld: BAG v. 4.4.2001 – 4 AZR 242/00, AP Nr. 156 zu § 4 TVG – Ausschlussfristen. | 16 BAG v. 9.8.1990 – 2 AZR 579/89, AP Nr. 46 zu § 615 BGB; v. 21.3.1991 – 2 AZR 577/90, AP Nr. 49 zu § 615 BGB; v. 8.8.2000 – 9 AZR 418/99, AP Nr. 151 zu § 4 TVG – Ausschlussfristen. | 17 Vgl. BAG v. 26.4.1990 – 1 ABR 84/87, AP Nr. 51 zu Art. 9 GG; v. 22.1.1991 – 1 ABR 19/90, NZA 1991, 675; vgl. aber *Löwisch/Rieble*, § 1 TVG Rz. 517 f. | 18 BAG v. 17.6.1999 – 2 AZR 456/98, AP Nr. 103 zu § 1 KSchG 1969 – Betriebsbedingte Kündigung (zumindest auch Betriebsnormen).

fraglich. Weder ist ein über die gesetzlichen Regelungen hinausgehender Schutz der ArbN vor einer physischen oder psychischen Überforderung geboten, noch muss der Bedarf der Unternehmen an einem ausreichenden Potential an Fachkräften über Besetzungsregeln gesichert werden. Sachgerecht wird eine Besetzungsregelung sein, die den betroffenen Fachkräften das berufliche Risiko des technologischen Fortschritts teilweise abnimmt und aus sozialen Gründen einen gewissen Ausgleich schafft[1].

Im Gegensatz zu qualitativen Besetzungsklauseln legen **quantitative Besetzungsregeln** fest, wie viele ArbN an einer bestimmten Maschine bzw. für eine bestimmte Tätigkeit mindestens zu beschäftigen sind. Im Zuge der einschneidenden technischen Entwicklung haben die ursprünglich auf eine Absicherung berufsbezogener Standards ausgerichteten quantitativen Besetzungsvorschriften in jüngerer Zeit eine andere Qualität erhalten. Sie zielen nun in erster Linie auf den Schutz vor Arbeitslosigkeit bzw. psychischen und physischen Belastungen ab[2]. 104

Auch quantitative Besetzungsklauseln werden von der hM als **zulässig** erachtet[3]. Bedenklich erscheint die Festschreibung des Arbeitskräftebedarfs für einen bestimmten Produktionsvorgang oder eine bestimmte Dienstleistungstätigkeit, wenn der ArbGeb hierdurch zur Beschäftigung arbeitstechnisch nicht mehr erforderlicher ArbN gezwungen wird. Der Eingriff in die Unternehmerfreiheit des ArbGeb aus Art. 12 Abs. 1 GG steht dann außer Verhältnis zu den Gemeinwohlinteressen, die mit solchen Klauseln verfolgt werden können. Das BAG betont mit Recht die gerichtlich nicht kontrollierbare Befugnis des ArbGeb, die **Stärke der Belegschaft** festzusetzen, mit der das Betriebsziel erreicht werden soll[4]. Zur verfassungsrechtlich geschützten freien Unternehmerscheidung gehört danach neben der Festsetzung der Belegschaftsstärke auch die Entscheidung darüber, wie die Arbeitskapazität über die Betriebszeiten bzw. Ladenöffnungszeiten verteilt werden soll, und ggf. auch die Vorgabe, künftig mit weniger Personal auszukommen[5]. 105

7. Verweisungsklauseln. TV können auf staatliche Normen oder andere TV Bezug nehmen. Eine statische **Verweisung** auf bestimmte bereits bestehende TV bzw. Gesetze oder VO wird einhellig für zulässig erachtet[6]. Übernimmt ein TV ohne inhaltliche Änderung gesetzliche Vorschriften, die auch ohne diese Übernahme für die betroffenen Arbeitsverhältnisse gelten würden, so kann die Auslegung ergeben, dass es am Rechtssetzungswillen der TV-Parteien fehlt. Die übernommenen Bestimmungen sind dann keine Tarifnormen[7]. Es kann den Tarifparteien aber gerade darum gehen, den dispositiven gesetzlichen Bestimmungen den zwingenden Charakter von Tarifnormen beizumessen (dazu Einl. Rz. 29 ff.). Auch dynamische Verweisungen, dh. Bezugnahmen auf die jeweils gültigen Bestimmungen eines anderen TV bzw. von staatlichen Normen, sind zulässig. Das Schriftformerfordernis des § 1 Abs. 2 steht solchen dynamischen Verweisungen nicht entgegen[8]. Wird auf einen anderen TV verwiesen, muss aber ein enger Sachzusammenhang zu diesem Regelungswerk bestehen[9]. 106

8. Differenzierungsklauseln. Über Differenzierungsklauseln sollen **gewerkschaftsangehörigen ArbN** zusätzliche tarifliche Leistungen gewährt werden, die den nicht oder anders organisierten ArbN verwehrt bleiben. In Form von Tarifausschlussklauseln sollen sie verhindern, dass die Außenseiter an tarifvertraglichen Vergünstigungen partizipieren. Als Spannenklauseln verpflichten sie den ArbGeb, die allgemein gewährten Leistungen (Entgelt, Urlaub) jeweils für die der vertragsschließenden Gewerkschaft angehörenden ArbN aufzustocken und ihnen dadurch einen bestimmten Vorsprung zu erhalten. Beide Varianten sind dem Großen Senat des BAG zufolge unzulässig[10]. Gewerkschaftliche Streiks zur Durchsetzung von Differenzierungsklauseln sind rechtswidrig und verpflichten die Gewerkschaft bei schuldhaftem Verhalten zum Schadensersatz. 107

9. Effektivlohnklauseln. Bei Abschluss eines neuen TV wird von Gewerkschaftsseite häufig Wert auf ein „**Durchschlagen**" **der Tariflohnerhöhung** auf die arbeitsvertraglich vereinbarte übertarifliche Entlohnung gelegt. Eine eventuelle bisherige übertarifliche Vergütung soll durch die Tariflohnerhöhung nicht aufgesogen werden. Vielmehr soll der effektiv gezahlte Lohn um die Differenz zwischen dem bisherigen und dem neuen Tariflohn aufgestockt werden (Effektivklausel)[11]. 108

---

1 BAG v. 13.9.1983 – 1 ABR 69/81, AP Nr. 1 zu § 1 TVG – Tarifverträge: Druckindustrie. | 2 Kempen/Zachert, § 1 TVG Rz. 239. | 3 BAG v. 26.4.1990 – 1 ABR 84/87 AP Nr. 57 zu Art. 9 GG; v. 2.1.1991 – 1 ABR 19/90, AP Nr. 67 zu Art. 12 GG (Verstoß weder gegen Art. 12 Abs. 1 GG noch gegen Art. 3 Abs. 1 GG); vgl. ferner Kempen/Zachert, § 1 TVG Rz. 238. | 4 BAG v. 24.4.1997 – 2 AZR 352/96, AP Nr. 42 zu § 2 KSchG 1969; Hillebrecht, ZfA 1991, 107 (110). | 5 BAG v. 24.4.1997 – 2 AZR 352/96, AP Nr. 42 zu § 2 KSchG 1969. | 6 BAG v. 8.10.1959 – 2 AZR 503/56, AP Nr. 14 zu § 56 BetrVG 1952; vgl. Kempen/Zachert, § 1 TVG Rz. 376. | 7 BAG v. 27.8.1982 – 7 AZR 190/80, AP Nr. 133 zu § 1 TVG – Auslegung. | 8 BAG v. 9.7.1980 – 4 AZR 564/78, AP Nr. 7 zu § 1 TVG – Form; v. 10.11.1993 – 4 AZR 316/93, AP Nr. 169 zu § 1 TVG – Tarifverträge: Bau; v. 8.3.1995 – 10 AZR 27/95, AP Nr. 5 zu § 1 TVG – Verweisungstarifvertrag. | 9 BAG v. 9.7.1980 – 4 AZR 564/78, AP Nr. 7 zu § 1 TVG – Form; v. 10.11.1993 – 4 AZR 316/93, AP Nr. 169 zu § 1 TVG – Tarifverträge: Bau. | 10 BAG v. 29.11.1967 – GS 1/67, AP Nr. 13 zu Art. 9 GG; dem GS folgend BAG v. 21.3.1978 – 1 AZR 11/76, AP Nr. 62 zu Art. 9 GG – Arbeitskampf (Unzulässigkeit der Differenzierung eines tariflichen Urlaubsgeldes nach der Gewerkschaftszugehörigkeit und Absicherung der Differenzierung durch eine Spannenklausel); zu den verbliebenen Gestaltungsmöglichkeiten: Däubler, BB 2002, 1643. | 11 Überblick bei BAG v. 16.9.1987 – 4 AZR 265/87, AP Nr. 15 zu § 4 TVG – Effektivklausel.

109 Ist die Klausel in dem Sinne zu verstehen, dass zusätzlich zum erhöhten Tariflohn auch der bisher gezahlte übertarifliche Lohnbestandteil zum tariflichen Mindestlohn erklärt wird (Effektivlohn = Tariflohn), spricht man von einer sog. **Effektivlohngarantieklausel** oder **allgemeinen Effektivklausel**. Eine solche Gestaltung ist ständiger Rspr. des BAG[1] zufolge unzulässig, da es nicht in der Macht der TV-Parteien liegt, die verschieden hohen, in den Arbeitsverträgen individuell, das heißt leistungsbezogen vereinbarten Löhne als tarifliche Mindestlöhne festzusetzen. Zum Zweiten verstößt eine entsprechende Regelung gegen den Gleichheitssatz des Art. 3 GG. Durch einen TV dürfen für die gleiche Arbeitstätigkeit nicht unterschiedliche Tariflöhne zwingend vorgeschrieben werden[2].

110 Erschöpft sich die unmittelbare und zwingende Wirkung der Tarifklausel in der einmaligen Erhöhung des Tariflohnes, soll also der neben dem neuen Tariflohn zu zahlende Lohnbestandteil seinen Rechtsgrund allein in der arbeitsvertragl. Lohnabrede haben und unterliegt er demgemäß wieder der freien Parteidisposition (**begrenzte Effektivklausel**)[3], greifen die vorgenannten Erwägungen ebenfalls, so dass entsprechende Gestaltungen unzulässig sind[4]. Unzulässig sind ferner negative Effektivklauseln oder Anrechnungsklauseln, die vorsehen, dass übertarifliche Entgelte von der Lohnerhöhung aufgezehrt werden müssen[5].

111 Als zulässig angesehen werden dagegen **Besitzstandsklauseln**, die dem ArbGeb die Ausübung eines individualvertraglich vereinbarten Widerrufsrechts hinsichtlich einer übertariflichen Leistung aus Anlass der Tariflohnerhöhung untersagen[6]; ebenso Verdienstsicherungsklauseln, die bezwecken, dem auf einen geringer bezahlten Arbeitsplatz umgesetzten leistungsgeminderten ArbN das bisherige Einkommen zu sichern[7]. Die Rspr. begegnet Bedenken, da Klauseln, die es den Parteien des Einzelarbeitsvertrages untersagen, bestehende bessere Vertragsbedingungen durch Wahrnehmung des Widerrufsrechtes zu verschlechtern, in ihrer Zielsetzung mit begrenzten Effektivklauseln sachlich vergleichbar sind und daher auch gleich bewertet werden sollten[8].

112 Im Zweifel ist bei der Auslegung von einschlägigen Klauseln davon auszugehen, dass die Tarifparteien durch die Tarifnorm nicht die Rspr. zur Überprüfung ihres Standpunktes veranlassen, sondern eine nach der Rspr. zulässige Klausel vereinbaren wollten[9].

113 **10. Eingruppierung.** Häufig werden in TV **Vergütungsgruppen** festgesetzt, für die bestimmte Anforderungen an die Person und die auszuübende Tätigkeit festgelegt werden. Die Tätigkeit wird zunächst allgemein beschrieben, gefolgt von einer Liste von Tätigkeitsbeispielen. Bei der Anwendung solcher Regeln ist stets zunächst zu prüfen, ob die Tätigkeit des ArbN einer der beispielhaft aufgezählten entspricht. Ggf. kann es dahinstehen, ob die allgemeinen Voraussetzungen erfüllt sind[10]. Sind die Beispiele nicht einschlägig, erfolgt eine Subsumtion unter die allgemeinen Voraussetzungen[11]. Enthält ein Tätigkeitsbeispiel unbestimmte Rechtsbegriffe, die nicht aus sich heraus ausgelegt werden können, ist auf die abstrakten Tätigkeitsmerkmale zurückzugreifen; dasselbe gilt, wenn eine Tätigkeit von den Richtbeispielen nicht erfasst wird[12]. Bei Mischtätigkeiten ist von der überwiegenden Beschäftigung des ArbN auszugehen. Maßgeblich ist die Tätigkeit, die mehr als die Hälfte der Gesamtarbeitszeit in Anspruch nimmt[13].

114 Die Eingruppierungsentscheidung des ArbGeb ist nicht verbindlich. Maßgeblich sind wegen der unmittelbaren und zwingenden Wirkung der Tarifnormen allein die übertragenen und tatsächlich ausgeführten Arbeiten (**Tarifautomatik**)[14]. Ändert sich die Tätigkeit des ArbN oder die Vergütungsgruppe, so erfolgt automatisch die Umgruppierung. Wird der ArbN im Arbeitsvertrag einer bestimmten

---

1 Zuletzt BAG v. 15.10.1997 – 3 AZR 443/96, AP Nr. 10 zu § 4 TVG – Verdienstsicherung mwN zur älteren Rspr. |2 BAG v. 13.6.1958 – 1 AZR 591/57, AP Nr. 2 zu § 4 TVG – Effektivklausel. |3 Beispiel: Erhöhung des tariflichen Stundenlohns je ArbN und Stunde, die voll wirksam werden muss (BAG v. 14.2.1968 – 4 AZR 275/67, BAGE 20, 308 = AP Nr. 7 zu § 4 TVG – Effektivklausel). |4 BAG v. 14.2.1968 – 4 AZR 275/67, AP Nr. 7 zu § 4 TVG – Effektivklausel; v. 18.8.1971 – 4 AZR 342/70, AP Nr. 8 zu § 4 TVG – Effektivklausel; v. 16.9.1987 – 4 AZR 265/87, AP Nr. 15 zu § 4 TVG – Effektivklausel; v. 21.7.1993, AP Nr. 144 zu § 1 TVG – Auslegung; aA LAG Hamburg v. 12.7.1990 – 7 Sa 27/90, LAGE § 4 TVG – Effektivklausel Nr. 2; *Däubler*, Tarifvertragsrecht, Rz. 592 ff.; *Kempen/Zachert*, § 4 TVG Rz. 221 f.; offen gelassen von BAG v. 18.2.1998 – 4 AZR 546/96, AP Nr. 31 zu § 4 TVG – Übertarifl. Lohn u. Tariflohnerhöhung. |5 BAG v. 18.8.1971 – 4 AZR 342/70, AP Nr. 8 zu § 4 TVG – Effektivklausel; v. 16.9.1987 – 4 AZR 265/87, AP Nr. 15 zu § 4 TVG – Effektivklausel. |6 BAG v. 5.9.1985 – 6 AZR 216/81, AP Nr. 1 zu § 4 TVG – Besitzstand. |7 BAG v. 16.4.1980 – 4 AZR 261/78, AP Nr. 9 zu § 4 TVG – Effektivklausel; v. 28.5.1980 – 4 AZR 351/78, AP Nr. 8 zu § 1 TVG – Tarifverträge: Metallindustrie. |8 *Hansen*, Betriebsvereinbarungsbezogene Besitzstands- und Effektivklauseln, S. 56 ff.; *Wiedemann*, Anm. zu BAG AP Nr. 1 zu § 4 TVG – Besitzstand; für die Zulässigkeit dagegen *Mayer-Maly*, SAE 1981, 148; *Kempen*, AuR 1982, 50; *Löwisch/Rieble*, § 1 TVG Rz. 538. |9 BAG v. 21.7.1993 – 4 AZR 468/92, AP Nr. 144 zu § 1 TVG – Auslegung. |10 BAG v. 18.1.1984 – 4 AZR 41/83, AP Nr. 60 zu § 1 TVG – Tarifverträge: Bau; v. 25.9.1991 – 4 AZR 87/91, AP Nr. 7 zu § 1 TVG – Tarifverträge: Großhandel. |11 BAG v. 8.2.1984 – 4 AZR 369/83, AP Nr. 3 zu § 1 TVG – Tarifverträge: Einzelhandel; v. 21.7.1993 – 4 AZR 486/92, AP Nr. 10 zu § 1 TVG – Tarifverträge: Luftfahrt. |12 BAG v. 21.10.1987 – 4 AZR 49/87, AP Nr. 19 zu § 1 TVG – Tarifverträge: Druckindustrie; v. 20.9.1995 – 4 AZR 450/94, AP Nr. 32 zu § 1 TVG – Tarifverträge: Druckindustrie. |13 BAG v. 25.9.1991 – 4 AZR 87/91, AP Nr. 7 zu § 1 TVG – Tarifverträge: Großhandel; v. 22.3.1995 – 4 AZR 71/94, AP Nr. 194 zu §§ 22, 23 BAT 1975. |14 BAG v. 23.4.1980 – 4 AZR 378/78, AP Nr. 2 zu § 1 TVG – Tarifverträge: Brauereien; v. 1.3.1995 – 4 AZR 970/93, AP Nr. 191 zu §§ 22, 23 BAT 1975.

Vergütungsgruppe zugewiesen, so hindert dies eine spätere Umgruppierung grundsätzlich nicht. Die vertragliche Abrede besagt lediglich, dass die Vertragsparteien diese Vergütungsgruppe einmal für zutreffend befunden haben[1].

Wurde der ArbN **zu niedrig eingruppiert**, ist ihm wegen des Tarifautomatismus die Vergütung der hypothetisch korrekten Eingruppierung zu gewähren[2]. Wurde der ArbN **zu hoch** eingruppiert, so ist der ArbGeb an diese Eingruppierung gebunden und auf eine ggf. mögliche Änderungskündigung angewiesen[3]; anders eventuell im öffentlichen Dienst[4]. Hier kann es – auch gegen den Willen des Personalrates – zu einer **korrigierenden Rückgruppierung** kommen[5]. Zu unterscheiden ist hier zwischen einer korrigierbaren schlichten Eingruppierung (etwa nach § 22 Abs. 2 BAT) und der wissentlichen Zubilligung einer tarifvertraglich nicht geschuldeten Vergütung nach einer höheren Vergütungsgruppe, bei der eine korrigierende Rückgruppierung nicht in Betracht kommt. Die Darlegungs- und Beweislast dafür, dass eine übertarifliche Vergütung vereinbart worden ist, liegt bei demjenigen, der daraus für sich Rechte herleitet. Liegt keine bewusste Zubilligung einer übertariflichen Vergütung vor, so hat der ArbGeb zur Begründung der korrigierenden Rückgruppierung die fehlerhafte Bewertung der Tätigkeit im tarifvertraglichen Vergütungsgefüge und die dieser korrigierten Bewertung zu Grunde liegenden Tatsachen darzulegen und zu beweisen[6]. Der ArbN kann seine richtige Eingruppierung auch im Wege der Feststellungsklage durchsetzen[7].

Der **BR/Personalrat** ist an der Eingruppierungsentscheidung gemäß §§ 99 BetrVG/75 BPersVG zu beteiligen. Das Mitwirkungsrecht ist ein bloßes Mitbeurteilungsrecht, für die Eingruppierung also nicht konstitutiv; näher § 99 BetrVG Rz. 29. Die Eingruppierung in die richtige Vergütungsgruppe erfolgt in jedem Fall automatisch (Rz. 114).

11. Entgeltfortzahlungsklauseln. Zu den Entgeltfortzahlungsklauseln im Zusammenhang mit den Änderungen des EFZG siehe bereits Einleitung, Rz. 29 ff.

12. Formvorschriften. Die TV-Parteien können für Abschluss, Änderung oder Beendigung von Arbeitsverträgen oder für einzelne, besonders wichtige oder besonders gefährliche Bedingungen oder Gestaltungserklärungen Formvorschriften vorsehen. Es handelt sich dann um gesetzliche Formvorschriften iSv. § 126 BGB[8] (s. § 4 Rz. 4); der Einwand des Rechtsmissbrauchs greift nur in Ausnahmefällen. Ob sie konstitutiv oder lediglich deklaratorisch gemeint sind, ist durch Auslegung zu ermitteln. Eine globale, sich auf den ganzen Vertrag erstreckende Formvorschrift dient lediglich der Beweissicherung, wirkt also nur deklaratorisch[9]. Die anderenfalls bei einem Verstoß eintretende Unwirksamkeitsfolge gem. § 125 BGB[10] wäre wenig interessengerecht[11]. Wird die Schriftform für Nebenabreden vereinbart, so ist damit regelmäßig eine konstitutive Wirkung beabsichtigt[12]. § 623 BGB ist zwingendes Recht und kann von den TV-Parteien nicht abbedungen werden[13]. Auch von der Pflicht des § 2 NachwG, dem zufolge die wesentlichen Vertragsbedingungen schriftlich niederzulegen sind, kann nicht zuungunsten des ArbN abgewichen werden (§ 5 NachwG).

13. Gewerkschaftliche Vertrauensleute. Die Tarifpraxis kennt Regelungen, die gewerkschaftlichen Vertrauensleuten und betrieblichen Mandatsträgern besondere **Unterstützung und Vergünstigungen** gewähren. Einzelheiten der Zulässigkeit solcher Vereinbarungen sind umstritten[14]. Freistellungsabreden unter Entgeltfortzahlung werden für zulässig gehalten[15]. Tarifregelungen, die über § 3 BetrVG / § 3 BPersVG hinaus zusätzliche oder alternative betriebsverfassungs- oder personalvertretungsrechtliche Organe schaffen, sind unwirksam. Das Gleiche gilt für Tarifnormen, die während der Arbeitszeit

---

1 BAG v. 12.12.1990 – 4 AZR 306/90, AP Nr. 1 zu § 12 AVR – Diakonisches Werk; v. 25.10.1995 – 4 AZR 495/94, AP Nr. 21 zu §§ 22, 23 BAT – Sozialarbeiter. | 2 BAG v. 23.4.1980 – 4 AZR 378/78, AP Nr. 2 zu § 1 TVG – Tarifverträge: Brauereien. | 3 BAG v. 19.10.1961 – 2 AZR 457/60, AP Nr. 13 zu § 1 KSchG – Betriebsbedingte Kündigung; v. 15.3.1991 – 2 AZR 582/90, AP Nr. 28 zu § 2 KSchG 1969. | 4 Vgl. Wiedemann, § 1 TVG Rz. 371; Bergwitz, ZTR 2001, 539; für eine korrigierende Rückgruppierung: BAG v. 16.2.2000 – 4 AZR 62/99, AP Nr. 3 zu § 2 NachwG; aA LAG Köln v. 29.11.2001 – 5 Sa 414/01, ZTR 2002, 125; ausf. dazu Friedrich/Kloppenburg, RdA 2001, 293. | 5 Vgl. nur aus neuerer Zeit BAG v. 6.9.2001 – 8 AZR 26/01, AP Nr. 92 zu §§ 22, 23 BAT – Lehrer; v. 16.2.2000 – 4 AZR 62/99, AP Nr. 3 zu § 2 NachwG = BAGE 93, 340 (351 ff.); v. 26.4.2000 – 4 AZR 157/99, AP Nr. 3 zu § 22 MTAng-LV = BAGE 94, 287 (295 f.); v. 17.5.2000 – 4 AZR 237/99, AP Nr. 17 zu §§ 22, 23 BAT-O; v. 17.5.2000 – 4 AZR 232/99, AP Nr. 18 zu §§ 22, 23 BAT-O. | 6 Zum Ganzen BAG v. 16.2.2000 – 4 AZR 62/99, AP Nr. 3 zu § 2 NachwG; BAG v. 8.10.1997 – 4 AZR 167/96, AP Nr. 2 zu § 23b BAT; v. 18.2.1998 – 4 AZR 581/96, AP Nr. 239 zu §§ 22, 23 BAT 1975 = BAGE 88, 69; v. 6.9.2001 – 8 AZR 26/01, AP Nr. 92 zu §§ 22, 23 BAT – Lehrer. | 7 BAG v. 20.9.1995 – 4 AZR 450/94, AP Nr. 32 zu § 1 TVG – Tarifverträge: Druckindustrie. | 8 BAG v. 6.9.1972 – 4 AZR 422/71, AP Nr. 2 zu § 4 BAT. | 9 BAG v. 24.6.1981 – 7 AZR 198/79, AP Nr. 1 zu § 4 TVG – Formvorschriften; Wiedemann, § 1 TVG Rz. 459. | 10 Vgl. LAG Berlin v. 17.4.1978 – 9 Sa 130/77, AP Nr. 1 zu § 4 TVG – Formvorschriften. | 11 BAG v. 24.6.1981 – 7 AZR 198/79, AP Nr. 1 zu § 4 TVG – Formvorschriften. | 12 BAG v. 9.12.1981 – 4 AZR 312/79, AP Nr. 8 zu § 4 BAT. | 13 Vgl. Palandt/Putzo, § 623 BGB Rz. 4. | 14 Dazu Löwisch/Rieble, § 1 TVG Rz. 548; Gamillscheg, Kollektives Arbeitsrecht, I, S. 163 ff.; MünchArbR/von Hoyningen-Huene, § 294 Rz. 29–32, S. 844; offen gelassen von BAG v. 8.10.1997 – 4 AZR 87/96, AP Nr. 29 zu § 4 TVG Nachwirkung. | 15 BAG v. 5.4.1978 – 4 AZR 640/76, AP Nr. 5 zu § 1 TVG – Tarifverträge: Banken; v. 11.9.1985 – 4 AZR 147/85, AP Nr. 67 zu § 616 BGB; noch weiter: v. 20.4.1999 – 3 AZR 352/97, AP Nr. 28 zu § 1 TVG – Tarifverträge: Rundfunk; offen gelassen von v. 8.10.1997 – 4 AZR 87/96, AP Nr. 29 zu § 4 TVG – Nachwirkung; aA Blomeyer, DB 1977, 101; Böttcher, RdA 1978, 133; Rieble, RdA 1993, 140.

Wahl-, Informations- und Werbeveranstaltungen der gewerkschaftlichen Vertrauensleute vorsehen[1]. Sonderkündigungsschutzvorschriften sind insoweit zulässig, als sie nicht zu Lasten der anderen – insb. nicht organisierten – ArbN in die Sozialauswahl eingreifen und nicht entsprechend § 103 BetrVG an die Zustimmung der Gewerkschaft anknüpfen und damit die betriebsverfassungsrechtlich gesicherte Sonderstellung des BR unterlaufen[2]. Jedoch ist es zulässig, die vorherige Mitteilung oder Anhörung der zuständigen Gewerkschaft bei Versetzung oder Kündigung vorzuschreiben[3]. Ein TV über gewerkschaftliche Vertrauensleute entfaltet grundsätzlich Nachwirkung, die jedoch konkludent (vgl. § 4 Rz. 5) ausgeschlossen ist, wenn die Tarifpartner für die Dauer einer längeren Kündigungsfrist eine Pflicht zu Verhandlungen über einen neuen TV vereinbart haben[4].

120 **14. Kündigungsschutzbestimmungen.** TV schaffen häufig zusätzlichen Kündigungsschutz durch den **Ausschluss der ordentlichen Kündigung** von älteren bzw. dem Betrieb langjährig zugehörigen ArbN (vgl. ua. § 53 Abs. 3 BAT). Zudem können die TV-Parteien Kündigungsfristen abkürzen oder verlängern (§ 622 Abs. 4 BGB). Unterschiedliche Fristen für Arbeiter und Angestellte sind nur zulässig, wenn für diese Differenzierung im Einzelfall ein sachlicher Grund vorliegt[5]. Die außerordentliche Kündigung kann tariflich nicht ausgeschlossen werden[6].

121 Da ein ArbGeb auch durch einen TV nicht gezwungen werden kann, das Arbeitsverhältnis mit einem ArbN fortzusetzen, obwohl eine Beschäftigungsmöglichkeit nicht mehr besteht, ist in diesen Fällen die **außerordentliche Kündigung** anstatt der ordentlichen zulässig. Die Weiterbeschäftigung nach Ablauf der hypothetischen ordentlichen Kündigungsfrist ist dann regelmäßig unzumutbar[7] (sog. „Orlando-Kündigung"[8]). Hinsichtlich der Sozialauswahl und der Betriebs- bzw. Personalratsbeteiligung steht diese außerordentliche Kündigung einer ordentlichen Kündigung gleich. § 102 Abs. 3–5 BetrVG und § 79 Abs. 1, 2 BPersVG sind entsprechend anwendbar[9]. Vgl. auch § 626 BGB Rz. 110 ff.

122 Nach wohl hM sind tariflich unkündbare ArbN nicht in die **soziale Auswahl** des § 1 Abs. 3 KSchG mit einzubeziehen[10]. Das BAG hat die Frage allerdings noch nicht höchstrichterlich geklärt[11].

123 TV können **Form und Verfahren** der Kündigung regeln. Gemäß § 1 Abs. 4 KSchG können die TV-Parteien festlegen, welche Gesichtspunkte für die soziale Auswahl bei der betriebsbedingten Kündigung zu berücksichtigen sind und wie diese Gesichtspunkte im Verhältnis zueinander zu bewerten sind (Auswahlrichtlinien). TV können auch Abfindungen für betriebsbedingt gekündigte ArbN vorsehen. Knüpft eine tarifliche Regelung einen Abfindungsanspruch an einen bestimmten Kündigungsgrund des ArbGeb, so entsteht für einen aus diesem Grund gekündigten ArbN kein Abfindungsanspruch, wenn er vor Ablauf der Kündigungsfrist stirbt[12].

124 **15. Kurzarbeitsklauseln.** Kurzarbeitsklauseln legen die näheren Voraussetzungen für die Einführung von Kurzarbeit fest, etwa zu beachtende **Ankündigungsfristen.** So kann der TV den ArbGeb und den BR ermächtigen, nach Ablauf einer Ankündigungsfrist Kurzarbeit einzuführen. Denkbar ist auch, dass der TV die Vergütungsmodalitäten der Kurzarbeit regelt oder dem ArbN einen Anspruch auf einen Zuschuss zum Kug gewährt. Vereinzelt finden sich Klauseln, welche die Einführung von Kurzarbeit nur nach Einschaltung (Zustimmung) der TV-Parteien zulassen. Die hM[13] beurteilt solche Klauseln als Betriebsnormen mit der Folge der Geltung für Außenseiter (§ 3 Abs. 2). Da die Kurzarbeitsklauseln lediglich das Verhältnis der Arbeitsvertragsparteien zueinander normieren, schließen sie das MitbestR des BR gem. § 87 Abs. 1 BetrVG in aller Regel nicht aus[14].

125 **16. Leistungsbestimmungsrechte.** Überlassen die TV-Parteien die **Konkretisierung der Arbeitsbedingungen** dem ArbGeb, dem ArbN, den Arbeitsvertragsparteien, den Betriebspartnern oder Dritten, liegen Bestimmungsklauseln vor. Sie sind grundsätzlich zulässig. Aus Gründen der Rechtssicherheit und Rechtsklarheit müssen sie aber nach Adressat und Umfang hinreichend deutlich sein und zwingende

---

1 Wiedemann/*Wiedemann*, § 1 TVG Rz. 449. | 2 Vgl. *Löwisch/Rieble*, § 1 TVG Rz. 551; Wiedemann/*Wiedemann*, TVG, Einl. Rz. 448 ff.; aA ArbG Kassel v. 5.8.1976 – 1 Ca 217/76, DB 1976, 1675. | 3 Wiedemann/*Wiedemann*, § 1 TVG Rz. 450; vgl. aber Däubler/*Hensche*, § 1 TVG Rz. 766. | 4 BAG v. 8.10.1997 – 4 AZR 87/96, AP Nr. 29 zu § 4 TVG – Nachwirkung. | 5 BAG v. 21.3.1991 – 2 AZR 616/90, AP Nr. 31 zu § 622 BGB. | 6 BAG v. 6.11.1956 – 3 AZR 42/55, AP Nr. 14 zu § 626 BGB; v. 12.4.1978 – 4 AZR 580/76, AP Nr. 13 zu § 626 BGB – Ausschlussfrist; v. 5.2.1998 – 2 AZR 227/97, AP Nr. 143 zu § 626 BGB; näher Hanau/*Thüsing*, ZTR 2001, 49. | 7 BAG v. 5.2.1998 – 2 AZR 227/97, AP Nr. 143 zu § 626 BGB; v. 28.3.1985 – 2 AZR 113/84, AP Nr. 86 zu § 626 BGB; vgl. auch v. 17.9.1998 – 2 AZR 419/97, AP Nr. 148 zu § 626 BGB. | 8 Zu Einzelheiten der außerordentlichen Kündigung mit Auslauffrist *Bröhl*, FS für Schaub (1998) S. 55 ff.; MünchKomm/*Hensler*, § 626 BGB Rz. 105 ff. mwN. | 9 BAG v. 5.2.1998 – 2 AZR 227/97, AP Nr. 143 zu § 626 BGB. | 10 Vgl. LAG Bdb. v. 29.10.1998 – 3 Sa 229/98, nv.; ArbG Kassel v. 5.8.1976, 1 Ca 217/76, DB 1976, 1675; *Kempen/Zachert*, TVG, Grundlagen Rz. 213; Däubler/*Hensche*, § 1 Rz. 716 f.; Wiedemann/*Wiedemann*, § 1 TVG Rz. 538; aA ArbG Cottbus v. 17.5.2000 – 6 Ca 38/00, AP Nr. 48 zu § 1 KSchG 1969 – Soziale Auswahl; *Bauer*, DB 1994, 274, 277; MünchArbR/*Berkowsky*, § 135 Rz. 99; *Oetker*, Festschrift für Wiese, 333 (341 f.). | 11 Vgl. aber BAG v. 8.8.1985 – 2 AZR 464/84, AP Nr. 10 zu § 1 KSchG 1969 – Soziale Auswahl und das obiter dictum in BAG v. 17.5.1984 – 2 AZR 161/83, AP Nr. 3 zu § 55 BAT. | 12 BAG v. 22.5.1996 – 10 AZR 907/95, AP Nr. 13 zu § 4 TVG – Rationalisierungsschutz. | 13 Vgl. *Gamillscheg*, Kollektives Arbeitsrecht I, S. 594; *Simitis/Weiss*, DB 1973, 1249; *Farthmann*, RdA 1974, 69; Wiedemann/*Wiedemann*, § 1 TVG Rz. 280 (Mischcharakter); aA (Inhaltsnormen) *Kempen/Zachert*, § 1 TVG Rz. 160; *Säcker/Oetker*, ZfA 1991, 131 (141 ff.). | 14 Ausf. MünchArbR/*Matthes*, § 335 Rz. 7 f.

MitbestR des BR/PersR beachten[1]. So kann dem ArbGeb ua. überlassen werden, die Arbeitszeit einseitig zu verkürzen[2] oder festzulegen[3], die Grenzen der tariflichen Mindestvergütung der ArbN einseitig festzusetzen[4], über eine Verlegung der tariflichen Altersgrenze zu entscheiden[5] oder niedriger vergütete Tätigkeiten zuzuweisen[6]. Gibt der TV den Rahmen der Bestimmung nicht vor, ist die Entscheidung nach billigem Ermessen (§§ 315, 317 BGB) zu treffen. Sieht ein TV vor, dass einem ArbN ein angemessenes Gehalt über einer bestimmten Tarifgruppe zusteht, so hat der ArbN nach billigem Ermessen das Gehalt zu bestimmen, wenn eine einzelvertragliche Vereinbarung nicht zustande gekommen ist (§ 316 BGB)[7].

17. Maßregelungsverbote. Maßregelungsverbote untersagen es dem ArbGeb, einzelne ArbN wegen ihrer Beteiligung am Streik zu **kündigen** oder sie in anderer Weise zu **benachteiligen**[8]. Sie erweitern das gesetzliche Maßregelungsverbot des § 612a BGB. Keine relevante Benachteiligung liegt im Verlust des Lohnanspruchs der streikenden ArbN für die Zeit des Streiks[9]. Ein Verstoß gegen ein Maßregelungsverbot ist idR die Zahlung einer Prämie (**Streikbruchprämie**) an die ArbN, die sich nicht am Streik beteiligt haben[10]. Dem BAG zufolge ist es dem ArbGeb auch verwehrt, arbeitswilligen ArbN Sonderzahlungen schon vor oder während eines Streiks zur Beeinflussung des Streikverhaltens zu versprechen oder zu zahlen[11]. Keine unzulässige Maßregelung liegt vor, wenn ein TV die anteilige Kürzung einer Jahressonderleistung für alle Zeiten vorsieht, in denen das Arbeitsverhältnis ruht, und den streikenden daher wegen des Ruhens ihres Arbeitsverhältnisses während eines Streiks nur eine anteilige Sonderzuwendung gezahlt wird[12].

126

18. Rückwirkungsvereinbarungen in TV. TV ordnen bisweilen ein **rückwirkendes In-Kraft-Treten** von Normen an[13]. Das gilt insb. für Lohn- und Gehaltserhöhungen. Inwieweit eine Rückwirkung gewollt ist, muss durch Auslegung ermittelt werden.

127

Die **echte Rückwirkung** knüpft veränderte Rechtsfolgen an in der Vergangenheit bereits abgeschlossene Tatbestände. Bei der **unechten Rückwirkung** wirkt eine Norm auf in der Vergangenheit begonnene, aber noch nicht beendete Vorgänge ein. Da die TV-Parteien ähnlich wie der Gesetzgeber Normen setzen, sind die für Gesetze geltenden Grenzen der Rückwirkung maßgeblich[14]. Die echte Rückwirkung ist wegen des Vertrauensschutzes der Normunterworfenen grundsätzlich unzulässig. Ausnahmen bestehen jedoch, wenn der Normunterworfene im Zeitpunkt des Inkrafttretens der Norm mit einer Regelung rechnen musste, wenn das geltende Recht unklar und verworren war, wenn der Normunterworfene sich nicht auf den durch eine ungültige Norm erzeugten Rechtsschein verlassen durfte oder wenn zwingende Gründe des Gemeinwohls, die dem Gebot der Rechtssicherheit übergeordnet sind, eine Rückwirkung rechtfertigen. Für die unechte Rückwirkung gelten großzügigere Maßstäbe. Höherrangige Kollektivinteressen sind mit dem Vertrauen des Einzelnen auf den Fortbestand der bisherigen Rechtslage abzuwägen[15].

Tarifvertragliche Regelungen tragen während der Laufzeit des TV den **immanenten Vorbehalt ihrer rückwirkenden Abänderbarkeit** durch TV in sich (vgl. Einl. Rz. 19). Dies gilt auch für bereits entstandene und fällige, aber noch nicht abgewickelte Ansprüche, die aus einer Tarifnorm folgen. Sie genießen keinen Sonderschutz gegen eine rückwirkende Abänderung[16].

128

Demnach kann eine rückwirkende **Lohnherabsetzung** vereinbart werden[17]. Ebenso können die TV-Parteien Eingruppierungsmerkmale zum Nachteil von ArbN rückwirkend ändern[18]. Ein neuer TV kann in zulässiger Weise eine Regelung über den Ausschluss der ordentlichen Kündigung durch Präzisie-

129

---

1 BAG v. 3.5.1978 – 4 AZR 731/76, AP Nr. 6 zu § 1 TVG – Tarifverträge: Rundfunk; v. 18.11.1984 – 5 AZR 123/83, AP Nr. 1 zu § 4 TVG – Bestimmungsrecht; v. 18.10.1994 – 1 AZR 503/93, AP Nr. 11 zu § 615 BGB – Kurzarbeit. |2 BAG v. 15.12.1961 – 1 AZR 310/60, AP Nr. 2 zu § 56 BetrVG – Arbeitszeit; v. 28.11.1984 – 5 AZR 123/83, AP Nr. 1 zu § 4 TVG – Bestimmungsrecht. |3 BAG v. 16.11.2000 – 6 AZR 353/99, NZA 2002, 112. |4 BAG v. 25.1.1978 – 4 AZR 509/76, AP Nr. 10 zu § 611 BGB – Croupier. |5 BAG v. 20.12.1984 – 2 AZR 3/84, AP Nr. 9 zu § 620 BGB – Bedingung. |6 BAG v. 22.5.1985 – 4 AZR 88/84, AP Nr. 9 zu § 1 TVG – Tarifverträge: Bundesbahn; aA LAG Düsseldorf v. 17.3.1995 – 17 Sa 1981/94, DB 1995, 2224. |7 BAG v. 7.11.1990 – 4 AZR 90/90, AP Nr. 3 zu § 1 TVG Tarifverträge: Druckindustrie. |8 Wiedemann/*Wiedemann*, § 1 TVG Rz. 494. |9 Vgl. BAG v. 17.6.1997 – 1 AZR 674/96, AP Nr. 150 zu Art. 9 GG – Arbeitskampf; für Sonderzuwendungen siehe v. 3.8.1999 – 1 AZR 735/98, AP Nr. 156 zu Art. 9 GG Arbeitskampf. |10 BAG v. 4.8.1987 – 1 AZR 486/85, AP Nr. 88 zu Art. 9 GG – Arbeitskampf; v. 28.7.1992 – 1 AZR 87/92, AP Nr. 123 zu Art. 9 GG Arbeitskampf; v. 13.7.1993 – 1 AZR 676/92, AP Nr. 127 zu *Art. 9 GG – Arbeitskampf*; aA LAG Düsseldorf v. 17.12.1991 – 8 Sa 675/91, NZA 1992, 519; LAG Rh.-Pf. v. 21.10.1992 – 3 Sa 409/92, LAGE Art. 9 GG Arbeitskampf Nr. 49; LAG Köln v. 4.10.1990 – 10 Sa 629/90, LAGE Art. 9 GG Arbeitskampf Nr. 39. |11 BAG v. 4.8.1987 – 1 AZR 486/85, AP Nr. 88 zu Art. 9 GG – Arbeitskampf; vgl. dazu Wiedemann/*Wiedemann*, § 1 TVG Rz. 497. |12 BAG v. 3.8.1999 – 1 AZR 735/98, AP Nr. 156 zu Art. 9 GG Arbeitskampf. |13 Dazu *Beckers*, ZTR 1999, 145. |14 BAG v. 23.11.1994 – 4 AZR 879/93, AP Nr. 12 zu § 1 TVG – Rückwirkung. |15 Wiedemann/*Wank*, § 4 TVG Rz. 244 mwN und § 1 TVG Rz. 145 mwN. |16 BAG v. 23.11.1994 – 4 AZR 879/93, AP Nr. 12 zu § 1 TVG – Rückwirkung – 4 AZR 216/99, AP Nr. 19 zu § 1 TVG – Rückwirkung. |17 BAG v. 23.11.1994 – 4 AZR 879/93, AP Nr. 12 zu § 1 TVG – Rückwirkung. |18 BAG v. 14.6.1995 – 4 AZR 225/94, AP Nr. 13 zu § 1 TVG – Rückwirkung; v. 9.7.1997 – 4 AZR 635/95, AP Nr. 47 zu § 2 KSchG 1969.

130 Tarifunterworfene müssen im Stadium der **Nachwirkung** eines TV grundsätzlich damit rechnen, dass die Nachwirkung rückwirkend beseitigt wird, indem die TV-Parteien den ablösenden TV möglichst nahtlos an den Ablauf des vorherigen TV anschließen lassen. Insoweit genießen die Arbeitsvertragsparteien grundsätzlich keinen Vertrauensschutz[2].

131 **19. Rückzahlungsklauseln.** Rückzahlungsklauseln verpflichten den ArbN, **Ausbildungsbeihilfen, Sonderzahlungen** oder Ähnliches zurückzuzahlen, wenn das Arbeitsverhältnis vor Ablauf bestimmter Fristen beendet wird oder andere sachliche Voraussetzungen wegfallen. Die durch die Rspr. entwickelten Voraussetzungen für die Zulässigkeit von Rückzahlungsklauseln bei **Gratifikationen** sind grundsätzlich tarifdispositiv[3]. Als Grenze ist auch von den TV-Parteien das verfassungsrechtlich über Art. 12 GG geschützte Recht des ArbN auf freie Wahl seines Arbeitsplatzes zu beachten[4]. Eingriffe in dieses Recht sind am Verhältnismäßigkeitsgebot zu messen. Bei der Gestaltung von Rückzahlungsklauseln für Ausbildungskosten haben die TV-Parteien ebenfalls einen weiteren Spielraum als bei einzelvertraglicher Vereinbarung[5].

132 **20. Wiedereinstellungsklauseln.** Zulässiger tariflicher Regelungsgegenstand sind Abschlussgebote in Form von Wiedereinstellungsklauseln (Beispiel: § 59 BAT[6]). Praktisch relevant sind über den vom BAG[7] anerkannten Wiedereinstellungsanspruch hinausgehende ArbN-Rechte bei nachträglichem Wegfall des Kündigungsgrundes[8], so etwa wenn dem ArbN ein Wiedereinstellungsanspruch auch dann gewährt wird, wenn der Kündigungsgrund erst nach Ablauf der Kündigungsfrist weggefallen ist. Denkbar sind tarifliche Wiedereinstellungsansprüche ferner nach Beendigung eines befristeten Arbeitsverhältnisses[9] oder nach Arbeitskämpfen, wenn diese ausnahmsweise nicht nur suspendierende[10] Wirkungen hatten.

2 *Tarifvertragsparteien*

(1) Tarifvertragsparteien sind Gewerkschaften, einzelne Arbeitgeber sowie Vereinigungen von Arbeitgebern.

(2) Zusammenschlüsse von Gewerkschaften und von Vereinigungen von Arbeitgebern (Spitzenorganisationen) können im Namen der ihnen angeschlossenen Verbände Tarifverträge abschließen, wenn sie eine entsprechende Vollmacht haben.

(3) Spitzenorganisationen können selbst Parteien eines Tarifvertrages sein, wenn der Abschluss von Tarifverträgen zu ihren satzungsgemäßen Aufgaben gehört.

(4) In den Fällen der Absätze 2 und 3 haften sowohl die Spitzenorganisationen wie die ihnen angeschlossenen Verbände für die Erfüllung der gegenseitigen Verpflichtungen der Tarifvertragsparteien.

Lit.: *Bötticher*, Die gemeinsamen Einrichtungen der Tarifvertragsparteien, 1966; *Dieterich*, Erläuterungen zum vorstehenden DGB-Schiedsgerichtsurteil vom 4.4.2002, RdA 2003, 59; *Dörlich*, Die Tariffähigkeit der Gewerkschaft – Eine Analyse der Mächtigkeitsrechtsprechung, 2002; *Franzen*, Tarifrechtssystem und Gewerkschaftswettbewerb – Überlegungen zur Flexibilisierung des Flächentarifvertrags, RdA 2001, 1; *Henssler*, Firmentarifverträge und unternehmensbezogene Verbandstarifverträge als Instrumente einer flexiblen, betriebsnahen Tarifpolitik, ZfA 1998, 517; *Löwisch*, Die Voraussetzungen der Tariffähigkeit, ZfA 1970, 295; *Richardi*, Kollektivgewalt und Individualwille bei der Gestaltung des Arbeitsverhältnisses, 1968; *Schleusener*, Der Gewerkschaftsbegriff in § 11 ArbGG, NZA 1999, 408; *Schöne*, „Billig-Tarifverträge" in der Zeitarbeit – Wo genau liegt das Risiko?, DB 2004, 136; *Schrader*, „Durchsetzungsfähigkeit" als Kriterium für Arbeitgeber im Tarifvertragsrecht, 1993; *Schrader*, Arbeitgeberverbände und Mächtigkeit, NZA 2001, 1337; *Suckow*, Gewerkschaftliche Mächtigkeit als Determinante korporatistischer Tarifsysteme, 2000; *Wiedemann*, Zur Tarifzuständigkeit, RdA 1975, 78; *Wiedemann/Thüsing*, Die Tariffähigkeit von Spitzenorganisationen und der Verhandlungsanspruch der Tarifvertragsparteien, RdA 1995, 280; *Wieland*, Recht der Firmentarifverträge, 1998; *Zachert*, Tarifverträge in globalisierter Wirtschaft, NZA 2000, 121.

1 **I. Tariffähigkeit – Grundlagen. 1. Regelungsgegenstand.** § 2 zählt abschließend die Personen bzw. Vereinigungen auf, die als TV-Parteien in Betracht kommen und steckt damit – ohne eine präzise Defini-

---

1 BAG v. 15.11.1995 – 5 AZR 521/95, AP Nr. 20 zu § 1 TVG – Tarifverträge: Lufthansa. | 2 BAG v. 8.9.1999 – 4 AZR 661/98, AP Nr. 33 zu § 4 TVG – Nachwirkung. | 3 BAG v. 23.2.1967 – 5 AZR 234/66, AP Nr. 57 zu § 611 BGB – Gratifikation; v. 31.3.1966 – 5 AZR 516/65, AP Nr. 54 zu § 611 BGB – Gratifikation. | 4 Vgl. BAG v. 27.10.1978 – 5 AZR 287/77, AP Nr. 98 zu § 611 BGB – Gratifikation; BAG v. 24.7.1991, AP Nr. 16 zu § 611 BGB – Ausbildungsbeihilfe; Wiedemann/*Wiedemann*, § 1 TVG Rz. 401. | 5 BAG v. 6.9.1995 – 5 AZR 174/94, AP Nr. 22 zu § 611 BGB – Ausbildungshilfe; vgl. auch BAG v. 5.7.2000 – 5 AZR 883/98, AP Nr. 29 zu § 611 BGB – Ausbildungsbeihilfe. | 6 BAG v. 24.1.1996 – 7 AZR 602/95, AP Nr. 7 zu § 59 BAT (Wiedereinstellung nach wiederhergestellter Berufsfähigkeit). | 7 Vgl. nur *BAG v. 28.6.2000 – 7 AZR 904/98*, AP Nr. 6 zu § 1 KSchG 1969 – Wiedereinstellung. | 8 *Löwisch/Rieble*, § 1 TVG Rz. 666. | 9 Hier besteht grundsätzlich kein Wiedereinstellungsanspruch: BAG v. 20.2.2002 – 7 AZR 600/00, AP Nr. 11 zu § 1 KSchG 1969 – Wiedereinstellung. | 10 Zum bloßen Ruhen der Hauptleistungspflichten BAG v. 17.6.1997 – 1 AZR 674/96, AP Nr. 150 zu Art. 9 GG – Arbeitskampf.

tion zu liefern – die Grenzen der **Tariffähigkeit** ab. Welchen Anforderungen die aufgeführten Verbände genügen müssen, lässt das TVG offen. Auch in anderen Gesetzen findet sich keine Legaldefinition. Der inzwischen gem. Art. 40 Abs. 1 des Einigungsvertrages gegenstandslos gewordene Leitsatz III.2 des **Staatsvertrages über die Wirtschafts-, Währungs- und Sozialunion** bietet nur noch einen unverbindlichen Anhaltspunkt. In der dort verankerten, an der Rspr. des BAG orientierten Definition heißt es: „Tariffähige Gewerkschaften und ArbGebVerbände müssen frei gebildet, gegnerfrei, auf überbetrieblicher Grundlage organisiert und unabhängig sein sowie das geltende Tarifrecht als für sich verbindlich anerkennen; ferner müssen sie in der Lage sein, durch Ausüben von Druck auf den Tarifpartner zu einem Abschluss zu kommen"[1]. Der Begriff der Tariffähigkeit ist von dem weiteren der Koalition iSv. Art. 9 Abs. 3 GG zu unterscheiden. Tariffähig ist eine durch Art. 9 GG geschützte Koalition nur dann, wenn sie auch dazu in der Lage ist, die Funktion, die ihr im Rahmen der Tarifautonomie zugewiesen ist, auszufüllen.

2. Begriff der Tariffähigkeit. Die Tariffähigkeit lässt sich verallgemeinernd formulieren als die Fähigkeit umschreiben, durch Vereinbarung mit dem sozialen Gegenspieler (unter anderem) die Arbeitsbedingungen des Einzelarbeitsvertrages mit der Wirkung zu regeln, dass diese für die tarifgebundenen Personen unmittelbar und unabdingbar wie Rechtsnormen gelten[2]. Wer tariffähig ist, kann also **Partei eines TV** sein[3]. Die Tariffähigkeit einer Vertragspartei setzt nicht – wie es an sich zivilrechtsdogmatisch selbstverständlich wäre – die **Rechtsfähigkeit** voraus. Aus historischen Gründen wird sie auch Institutionen gewährt, die nach allgemeinem bürgerlichen Recht nicht rechtsfähig sind[4], denn die Gewerkschaften waren früher traditionell als nicht rechtsfähige Vereine organisiert. Tariffähig sind gemäß § 2 Abs. 1 TVG Vereinigungen von ArbGeb und Gewerkschaften sowie einzelne ArbGeb und gemäß § 2 Abs. 3 Spitzenorganisationen. Außerdem werden in Spezialgesetzen (zB § 54 Abs. 3 Nr. 1 HandwO) weitere Institutionen mit der Tariffähigkeit ausgestattet.

Die Tariffähigkeit ist eine **Wirksamkeitsvoraussetzung des TV. Fehlt sie** bei seinem **Abschluss**, ist der Vertrag grundsätzlich nichtig; schuldrechtliche Wirkungen können ggf. als Vertrag iSd. §§ 311, 241 BGB aufrechterhalten werden[5]. Erlangt eine Partei erst nach Abschluss des TV Tariffähigkeit, kann eine Heilung des Vertrages nicht eintreten[6]. Entfällt die Tariffähigkeit nach Abschluss des TV, wird dieser unwirksam, wenn nicht eine andere tariffähige Person an die Stelle der bisherigen Partei tritt[7]. Der gute Glaube an die Tariffähigkeit wird nicht geschützt. Das Vertrauen der Normunterworfenen kann es jedoch rechtfertigen, die Normgeltung für die Vergangenheit unangetastet zu lassen[8].

II. Die Tariffähigkeit von Berufsverbänden. 1. Gesetzliche Grundlagen. Gewerkschaften und Vereinigungen von ArbGeb iSd. § 2 Abs. 1 TVG sind grundsätzlich nur **Koalitionen iSd. Art. 9 Abs. 3 GG. Nicht jede Koalition** iSv. Art. 9 Abs. 3 GG ist indes auch tariffähig (siehe auch Art. 9 GG Rz. 48 ff.)[9]. Dem einfachen Gesetzgeber, dem die Aufgabe zukommt, die Rahmenbedingungen für ein funktionsfähiges TV-System zu schaffen, ist ein Entscheidungsfreiraum bei der Umschreibung der Tariffähigkeit zuzubilligen. Im Interesse eines funktionsfähigen Tarifsystems kann er die Tariffähigkeit an zusätzliche Voraussetzungen knüpfen, die über die Anforderungen an den Koalitionsschutz durch Art. 9 Abs. 3 GG hinausgehen[10]. Allerdings verbietet es das Grundrecht der Koalitionsfreiheit, die Tariffähigkeit von Umständen abhängig zu machen, die nicht von der Sache selbst, also von der im allgemeinen Interesse liegenden Aufgabe der Ordnung und Befriedung des Arbeitslebens gefordert sind[11]. Zu den Ausnahmen zählen ua. die Beamtenverbände. Sie genießen zwar den verfassungsrechtlichen Schutz des Art. 9 Abs. 3 GG, die Tariffähigkeit wurde ihnen jedoch nicht verliehen. Umgekehrt kann der Gesetzgeber die Tariffähigkeit im Einzelfall auch solchen Personenverbänden oder Einrichtungen verleihen, die keine Koalitionen iSv. Art. 9 Abs. 3 GG sind (vgl. Rz. 6).

2. Einzelne Voraussetzungen. Das BAG bekennt sich – mit Billigung des BVerfG[12] – ausdrücklich zu Mindestanforderungen, die jede tariffähige Vereinigung erfüllen müsse. Teilweise differenziert das Gericht allerdings zwischen ArbN-Vereinigungen und ArbGebVerbänden[13]. Eine **ArbN-Vereinigung** müsse sich als satzungsgemäße Aufgabe die Wahrnehmung der Interessen ihrer Mitglieder in ihrer Eigenschaft als ArbN gesetzt haben und willens sein, TV abzuschließen. Sie müsse ferner frei gebildet, gegnerfrei, unabhängig und auf überbetrieblicher Grundlage organisiert sein und das geltende Tarifrecht als verbindlich anerkennen[14].

---

1 BGBl. 1990 II, S. 537 ff.; vgl. dazu BAG v. 6.6.2000 – 1 ABR 21/99, AP Nr. 9 zu § 97 ArbGG 1979. |2 BVerfG v. 19.10.1966 – 1-BvL 24/65, AP Nr. 24 zu § 2 TVG. |3 BAG v. 27.11.1964 – 1 ABR 13/63, AP Nr. 1 zu § 2 TVG – Tarifzuständigkeit; Wiedemann/Oetker, § 2 TVG Rz. 9; Zöllner/Loritz, Arbeitsrecht, § 34. |4 Zöllner/Loritz, Arbeitsrecht, § 34. |5 Gamillscheg, Kollektives Arbeitsrecht I, § 14 I. 4. |6 Löwisch/Rieble, § 2 TVG Rz. 104; Wiedemann/Oetker, § 2 TVG Rz. 15. |7 BAG v. 11.11.1970 – 4 AZR 522/69, AP Nr. 28 zu § 2 TVG; v. 15.10.1986 – 4 AZR 289/85, AP Nr. 4 zu § 3 TVG; Löwisch/Rieble, § 2 TVG Rz. 105. |8 Gamillscheg, Kollektives Arbeitsrecht I, § 14 I. 4. |9 Kempen/Zachert, § 2 TVG Rz. 4; Zöllner/Loritz, Arbeitsrecht, § 34 I 6. |10 BVerfG v. 19.10.1966 – 1 BvL 24/65, AP Nr. 24 zu § 2 TVG; v. 20.10.1981 – 1 BvR 404/78, AP Nr. 31 zu § 2 TVG. |11 BVerfG v. 20.10.1981 – 1 BvR 404/78, AP Nr. 31 zu § 2 TVG. |12 BVerfG v. 20.10.1981 – 1 BvR 404/78, AP Nr. 31 zu § 2 TVG. |13 Vgl. BAG v. 20.11.1990 – 1 ABR 62/89, AP Nr. 40 zu § 2 TVG. Ein Differenzierungsbedarf ergibt sich etwa in der Frage der sozialen Mächtigkeit. |14 BAG v. 15.11.1963 – 1 ABR 5/63, AP Nr. 14 zu § 2 TVG; v. 15.3.1977 – 1 ABR 16/75, AP Nr. 24 zu Art. 9 GG; v. 25.11.1986 – 1 ABR 22/85, AP Nr. 36 zu § 2 TVG.

6 Der Berufsverband muss als Koalition iSd. Art. 9 Abs. 3 GG auf einem **freiwilligen, privatrechtlichen Zusammenschluss** von ArbN oder ArbGeb beruhen[1]. Öffentlich-rechtliche Verbände mit Zwangsmitgliedschaft, zB Ärztekammern, Rechtsanwaltskammern und Industrie- und Handelskammern, oder sonstige öffentlich-rechtliche Körperschaften sind keine tariffähigen Verbände[2]. Den Handwerksinnungen wurde allerdings gemäß §§ 54 Abs. 3 Nr. 1, 82 Nr. 3, 85 Abs. 2 Satz 1 HandwO[3] die Tariffähigkeit verliehen[4]. Auch arbeitnehmerähnliche Personen können tariffähige Berufsverbände gründen (vgl. dazu § 12a).

7 Der Verband muss **auf Dauer angelegt** sein. Ad-hoc-Koalitionen, die lediglich zu einem einmaligen Zweck gebildet werden, kommt keine Koalitionseigenschaft und damit grundsätzlich auch keine Tariffähigkeit zu[5]. Denkbar ist es, dass eine Koalition zwar ad hoc gegründet, aber auf längere Dauer angelegt ist, sog. Gründungsverbände[6].

8 Unabhängig von einer bestimmten Rechtsform muss der Berufsverband **körperschaftlich strukturiert**, dh. sein Fortbestand muss vom Wechsel seiner Mitglieder unabhängig sein. Außerdem muss – idealiter auf der Grundlage einer Satzung – die einheitliche Willensbildung (von unten nach oben) möglich und die Handlungsfähigkeit nach außen durch Organe gesichert sein[7]. Anderenfalls kann der Verband seine Aufgaben als Interessenvertreter mit Normsetzungskompetenz nicht wahrnehmen. Auch Unterverbände können tariffähig sein[8].

9 Die **Gegnerunabhängigkeit** der jeweiligen Koalition muss in personeller, finanzieller und organisatorischer Hinsicht gewährleistet sein, damit der Verband dem besonderen Zweck des Art. 9 Abs. 3 GG entsprechen kann[9]. Dabei genügt relative Gegnerunabhängigkeit im Verhältnis zum jeweiligen Gegenspieler, so dass es sogar Koalitionen gibt, die sowohl ArbN- wie ArbGebKoalitionen sind (zB Vereinigung von Hausgewerbetreibenden)[10]. Ein sog. Harmonieverband, in dem ArbGeb und ArbN mit den gleichen Rechten zusammengeschlossen sind, ist dagegen keine Koalition. In einem solchen Verband kann weder den Interessen der ArbN noch denen der ArbGeb hinreichender Nachdruck verliehen werden[11]. Die personellen Verflechtungen durch Unternehmensmitbestimmung in den Unternehmensaufsichtsräten und die Zusammenarbeit in gemeinsamen Einrichtungen der TV-Parteien stellen die Gegnerunabhängigkeit nicht in Frage[12]. Leitende Angestellte iSv. § 5 Abs. 3 BetrVG sind erst dann dem ArbGebLager zuzuordnen, wenn sie „Aufgaben in Unternehmer- und ArbGebOrganisationen wahrzunehmen haben, die auf die arbeitsrechtliche und wirtschaftliche Situation der vom Verband erfassten außertariflichen und leitenden Angestellten einwirken können"[13]. Die Vereinigung darf nicht von der Gegenseite in erheblichem Umfang finanziert werden. Die Einziehung von Gewerkschaftsbeiträgen durch den ArbGeb steht der Gegnerunabhängigkeit nicht entgegen[14], ebenso nicht die Finanzierung von BR-Schulungen durch den ArbGeb[15] oder die Pflicht eines betriebsfremden Einigungsstellen-Beisitzers, das ihm vom ArbGeb für seine Tätigkeit gezahlte Honorar teilweise an die Gewerkschaft abzuführen[16].

10 Die Gründung einer Gewerkschaft für Gewerkschaftsbeschäftigte hat das BAG für zulässig erachtet, jedoch auf Einschränkungen bei der Ausübung des Streikrechts im Hinblick auf besondere Loyalitätspflichten hingewiesen[17]. Das vom DGB gegenüber seinen Mitgliedern ausgesprochene Verbot, diesem Verband beizutreten, war rechtswidrig[18]. Ohne einen entsprechenden Verband wären die Mitarbeiter des DGB ohne kollektive Interessenvertretung. Allerdings beansprucht die Gewerkschaft ver.di nach dem im Anhang 1 zu ihrer Satzung geregelten Organisationsbereich – ungeachtet des Postulats der Gegnerfreiheit – auch die Zuständigkeit für „Gewerkschaftsverwaltungen und sonstige Interessenvertretungen" (Ziff. 1.1.4.6.).

---

1 Wiedemann/*Oetker*, § 2 TVG Rz. 215 ff.; Kempen/*Zachert*, § 2 TVG Rz. 18, 77; Däubler/*Peter*, § 2 TVG Rz. 106. |2 *Löwisch/Rieble*, § 2 TVG Rz. 7. Tariffähigkeit besteht dagegen für den Einzelarbeitgeber bei Firmentarifverträgen. |3 Zur Vereinbarkeit mit dem Grundgesetz vgl. BVerfG v. 19.10.1966 – 1 BvL 24/65, AP Nr. 24 zu § 2 TVG. |4 Dies gilt nicht für Kreishandwerkerschaften, BAG v. 10.12.1960 – 2 AZR 490/59, AP Nr. 12 zu § 11 ArbGG; v. 27.1.1961 – 1 AZR 311/59, AP Nr. 26 zu § 11 ArbGG. |5 BAG v. 14.2.1978 – 1 AZR 76/76, AP Nr. 58 zu Art. 9 GG; Wiedemann/*Oetker*, § 2 TVG Rz. 213. |6 ErfK/*Schaub*, § 2 TVG Rz. 4; Wiedemann/*Oetker*, § 2 TVG Rz. 214. |7 Wiedemann/*Oetker*, § 2 TVG Rz. 179 f., insbesondere zu losen Arbeitgebervereinigungen; *Löwisch/Rieble*, § 2 TVG Rz. 31. |8 Siehe dazu ausf. Wiedemann/*Oetker*, § 2 TVG Rz. 199 ff. |9 BVerfG v. 18.11.1954 – 1 BvR 629/2, AP Nr. 1 zu Art. 9 GG; BAG v. 17.2.1998 – 1 AZR 364/97, AP Nr. 87 zu Art. 9 GG; *Löwisch/Rieble*, § 2 TVG Rz. 8; Wiedemann/*Oetker*, § 2 TVG Rz. 235 f. |10 BAG v. 15.11.1963 – 1 ABR 5/63, AP Nr. 14 zu § 2 TVG; *Löwisch/Rieble*, § 2 TVG Rz. 14. |11 BVerfG v. 18.11.1954 – 1 BvR 629/52, AP Nr. 1 zu Art. 9 GG. |12 *Löwisch/Rieble*, § 2 TVG Rz. 11; zur Unternehmensmitbestimmung: BVerfG v. 1.3.1979 – 1 BvR 532/77, AP Nr. 1 zu § 1 MitbestG; zu den gemeinsamen Einrichtungen: *Bötticher*, Die gemeinsamen Einrichtungen der Tarifvertragsparteien, S. 143 ff. |13 BAG v. 15.3.1977 – 1 ABR 16/75, AP Nr. 24 zu Art. 9 GG; *Löwisch/Rieble*, § 2 TVG Rz. 12. |14 Vgl. *Gamillscheg*, Kollektives Arbeitsrecht I, § 9 III. 1. d); *Löwisch/Rieble*, § 2 TVG Rz. 11, jeweils mwN. |15 BVerfG v. 14.2.1978 – 1 BvR 466/75, AP Nr. 13 zu § 40 BetrVG 1972. |16 BAG v. 14.12.1988 – 7 ABR 73/87, AP Nr. 30 zu § 76 BetrVG 1972. |17 BAG v. 17.2.1998 – 1 AZR 364/97, AP Nr. 87 zu Art. 9 GG (Gründung des Verbandes für Gewerkschaftsbeschäftigte – VGB – durch Angestellte des DGB). |18 BAG v. 17.2.1998 – 1 AZR 364/97, AP Nr. 87 zu Art. 9 GG.

Die **Unabhängigkeit der Koalition von Dritten** setzt voraus, dass weder der Staat noch andere gesellschaftliche Gruppen, wie politische Parteien oder Kirchen, maßgebenden Einfluss auf sie ausüben oder ihr erhebliche finanzielle Mittel zuwenden[1]. Das bedeutet nicht, dass die Koalition parteipolitisch oder religiös neutral sein muss. Es gehört zur inneren Autonomie einer Koalition, sich bestimmte gesellschaftliche Ordnungsvorstellungen zu Eigen zu machen, mögen diese auch von politischen Parteien oder Kirchen entlehnt sein[2].

Eine tariffähige Gewerkschaft muss **überbetrieblich organisiert** sein. Ihr Mitgliederbestand wäre ansonsten von Einstellungen und Entlassungen durch den ArbGeb abhängig[3]. Zudem wäre die Abgrenzung von TV-System und Betriebsverfassung erschwert. Allerdings waren für die früheren Gewerkschaften für Post und Bahn wegen ihrer Größe Ausnahmen anerkannt.

Die innere Ordnung des Berufsverbandes sowie seine Willensbildung müssen **demokratischen Grundsätzen** entsprechen[4]. Zu diesen Grundsätzen gehören das Mehrheitsprinzip, das Recht jedes Mitglieds auf Mitwirkung bei der Meinungs- und Willensbildung, das Recht jedes Mitglieds auf Gleichbehandlung, das Recht, aus dem Verband auszutreten, sowie gewisse interne Publizitätspflichten der Verbandsorgane[5]. Ihre Rechtfertigung findet diese Voraussetzung in der Funktion der tariffähigen Koalition als Normsetzungsinstanz, die einer besonderen Legitimation bedarf.

Die **Anerkennung des staatlichen Tarif-, Schlichtungs- und Arbeitskampfrechts** ist Voraussetzung der Tariffähigkeit, da sich an dem gesetzlichen Konfliktlösungssystem nur beteiligen kann, wer dessen „Spielregeln" beachtet[6].

Ein Berufsverband muss **tarifwillig** sein, dh. der Abschluss von TV muss zu den satzungsmäßigen Aufgaben des jeweiligen Verbands zählen[7]. Der Gegenstand der Tariffähigkeit kann in der Satzung nicht eingeschränkt werden; eine Teiltariffähigkeit ist daher nach überwiegender Auffassung ausgeschlossen[8]. Ein Verband kann somit bestimmte heikle Materien nicht dadurch von Tarifverhandlungen und Arbeitskämpfen freihalten, dass diese Fragen per Satzung von der Tarifwilligkeit ausgenommen werden. Es gilt das Prinzip „Alles oder Nichts"[9].

Von großer praktischer Bedeutung ist die rechtliche Beurteilung von – partiell für bestimmte Verbandsmitglieder (sog. **OT-Mitgliedschaften**) oder auch generell („Tarifgemeinschaften") – nicht tarifwilligen ArbGebVerbänden. Insbesondere die Zulässigkeit der OT-Mitgliedschaften ist im arbeitsrechtlichen Schrifttum heftig umstritten (dazu § 3 Rz. 6)[10] und höchstrichterlich nicht geklärt[11].

Arbeitskampfbereitschaft ist **keine notwendige Bedingung** für die Tariffähigkeit einer Koalition. Ein Verband, dessen Satzung den Arbeitskampf als letztes Kampfmittel ausschließt, kann ebenso wie zum Arbeitskampf bereiter Verband in der Lage sein, der Gegenseite gleichgewichtig gegenüberzutreten und die Interessen seiner Mitglieder beim Aushandeln eines TV mit hinreichendem Druck zu vertreten[12]. Eine Bindung der Tariffähigkeit an die Kampfwilligkeit würde die von sich aus kampfunwilligen Koalitionen in der Freiheit der Wahl ihrer Mittel zur Erreichung des Koalitionszwecks einengen und ihnen daher Mittel aufzwingen, deren sie selbst zur Erreichung ihres Zwecks nicht zu bedürfen glauben oder die sie aus anderen Gründen ablehnen[13].

ArbN-Koalitionen müssen nach der vom BVerfG gebilligten[14] Rspr. des BAG[15] über eine gewisse **soziale Mächtigkeit** verfügen, wenn sie Tariffähigkeit beanspruchen. Die soziale Mächtigkeit sei kein Kriterium des Koalitionsschutzes, sondern nur für die Tariffähigkeit von Bedeutung. Ein angestrebter Interessenausgleich durch TV könne nur dann zustande kommen, wenn eine ArbN-Koalition so leis-

---

1 BVerfG v. 1.3.1979 – 1 BvR 532/77, AP Nr. 1 zu § 1 MitbestG unter C IV 1; *Löwisch/Rieble*, § 2 TVG Rz. 15 ff. | 2 *Löwisch/Rieble*, § 2 TVG Rz. 18. | 3 *Löwisch/Rieble*, § 2 TVG Rz. 8 ff. | 4 Vgl. BAG v. 15.11.1963 – 1 ABR 5/63, AP Nr. 14 zu § 2 TVG; v. 25.11.1986 – 1 ABR 22/85, AP Nr. 36 zu § 2 TVG; *Löwisch/Rieble*, § 2 TVG Rz. 19; Wiedemann/*Oetker*, § 2 TVG Rz. 271. | 5 Wiedemann/*Oetker*, § 2 TVG Rz. 272 mwN. | 6 BAG v. 10.9.1985 – 1 ABR 32/83, AP Nr. 34 zu § 2 TVG; v. 25.11.1986 – 1 ABR 22/85, AP Nr. 36 zu § 2 TVG; *Löwisch/Rieble*, § 2 TVG Rz. 36. Kritisch *Kempen/Zachert*, § 2 TVG Rz. 52 ff. | 7 BAG v. 10.9.1985 – 1 ABR 32/83, AP Nr. 34 zu § 2 TVG; v. 25.11.1986 – 1 ABR 22/85, AP Nr. 36 zu § 2 TVG; *Löwisch/Rieble*, § 2 TVG Rz. 36 zu § 2 TVG; *Löwisch*, ZfA 1970, 295 (304);Wiedemann/*Oetker*, § 2 TVG Rz. 292. | 8 *Gamillscheg*, Kollektives Arbeitsrecht I, § 14 I. 6. c); *Löwisch/Rieble*, § 2 TVG Rz. 32 f.; Wiedemann/*Oetker*, § 2 TVG Rz. 296. AA *Richardi*, Kollektivgewalt, S. 158; Däubler/*Peter*, § 2 TVG Rz. 45 ff. 108; wohl ebenfalls *Zöllner/Loritz*, Arbeitsrecht, § 34 I 2 b. | 9 ErfK/*Schaub*, § 2 TVG Rz. 3; Däubler/*Peter*, § 2 TVG Rz. 48. | 10 Für die Zulässigkeit: *Buchner*, NZA 1995, 761; Wiedemann/*Oetker*, § 3 TVG Rz. 102; *Otto*, NZA 1996, 624 (628); *Reuter*, RdA 1996, 201; dagegen: Däubler/*Peter*, § 2 TVG Rz. 122 ff.; Däubler/*Lorenz*, § 3 TVG Rz. 36 f.; *Däubler*, NZA 1996, 225 (230); *Kempen/Zachert*, § 2 TVG Rz. 90 f.; *Röckl*, DB 1993, 2382. | 11 Vgl. BAG v. 23.10.1996 – 4 AZR 409/95, AP Nr. 15 zu § 3 TVG – Verbandszugehörigkeit; LAG Hess. v. 6.10.1997 – 16 Sa 585/97, LAGE § 97 ArbGG 1979 Nr. 1; LAG Rh-Pf. v. 17.2.1995 – 10 Sa 1092/94, NZA 1995, 800. | 12 BVerfG v. 6.5.1964 – 1 BvR 79/62, AP Nr. 15 zu § 2 TVG; zust. Wiedemann/*Oetker*, § 2 TVG Rz. 304. | 13 Anders früher BAG v. 19.1.1962 – 1 ABR 14/60, AP Nr. 13 zu § 2 TVG. | 14 BVerfG v. 20.10.1981 – 1 BvR 404/78, AP Nr. 31 zu § 2 TVG. | 15 BAG v. 15.3.1977 – 1 ABR 16/75, AP Nr. 24 zu Art. 9 GG; v. 16.11.1982 – 1 ABR 22/78, AP Nr. 32 zu § 2 TVG; v. 10.9.1985 – 1 ABR 32/83, AP Nr. 34 zu § 2 TVG; v. 25.11.1986 – 1 ABR 22/85, AP Nr. 36 zu § 2 TVG; v. 16.1.1990 – 1 ABR 10/89, AP Nr. 39 zu § 2 TVG; v. 6.6.2000 – 1 ABR 21/99, AP Nr. 9 zu § 97 ArbGG 1979. Zust. *Dörlich*, Die Tariffähigkeit der Gewerkschaft, S. 325 ff.; kritisch zB *Zöllner/Loritz*, Arbeitsrecht, § 34 I 2 a.

tungsfähig sei, dass sich die ArbGebSeite veranlasst sehe, auf Verhandlungen über tarifliche Regelungen der Arbeitsbedingungen einzugehen und zum Abschluss eines TV zu kommen. Ohne diese Fähigkeit sei sie von dem guten Willen der ArbGebSeite und anderer ArbN-Koalitionen abhängig[1]. Die Überprüfung der sozialen Mächtigkeit einer Gewerkschaft bedarf der Einzelfallbetrachtung[2]. Indizien für soziale Mächtigkeit sind: die Anzahl der Mitglieder und deren Funktion im Arbeits- und Wirtschaftsprozess[3], die Finanzkraft, die Stärke potentieller Gegenspieler, die branchenspezifische Art und Weise der Tarifauseinandersetzung, die in der Vergangenheit bewiesene Fähigkeit zur Mobilisierung von Nicht- und Andersorganisierten für Arbeitskämpfe und schließlich ein bereits erfolgtes aktives Eingreifen in den Prozess der tariflichen Regelung, sofern die abgeschlossenen TV nicht auf einem Tarifdiktat der ArbGebSeite beruhen[4]. Dagegen kann die Mitwirkung am Zustandekommen bloßer Anschlusstarifverträge kein Indiz für bestehende soziale Mächtigkeit sein[5]. Problematisch und in der Rspr. uneinheitlich beurteilt wird die Tariffähigkeit christlicher Gewerkschaften im Hinblick auf das Erfordernis der sozialen Mächtigkeit. Verneint wurde die Tariffähigkeit der Christliche Gewerkschaft Bergbau-Chemie-Energie[6] und die Christliche Gewerkschaft Holz und Bau Deutschlands[7]. Über die Tariffähigkeit der Christlichen Gewerkschaft Metall ist derzeit ein Verfahren anhängig[8]. Die Tariffähigkeit eines ArbGebVerbandes setzt dagegen eine bestimmte Durchsetzungskraft (Mächtigkeit) nicht voraus[9].

19 Nicht erforderlich ist, dass alle in der Koalition zusammengeschlossenen Personen die **deutsche Staatsangehörigkeit** besitzen oder (bei juristischen Personen) ihren Sitz in der Bundesrepublik Deutschland haben. Die Koalitionsfreiheit ist als Menschenrecht ("Jedermann-Recht") ausgestaltet[10].

20 **3. Beginn und Ende der Tariffähigkeit von Verbänden.** Die Tariffähigkeit eines Verbandes **beginnt mit Vorliegen der genannten Voraussetzungen**. Fallen eine oder mehrere der Voraussetzungen weg, so endet die Tariffähigkeit. Löst sich der Verband auf, ist das Ende der Tariffähigkeit anzunehmen und zwar bereits im Liquidationsstadium[11]. Wird über das Vermögen eines ArbGebVerbandes das Insolvenzverfahren eröffnet, so endet damit nicht ohne weiteres die normative Wirkung eines von dem Verband abgeschlossenen TV. Vielmehr bedarf es einer Kündigung, die auch vom Insolvenzverwalter ausgesprochen werden kann[12]. Zur Fortgeltung oder Nachwirkung des TV bei Auflösung siehe § 3 Rz. 37.

21 **III. Die Tariffähigkeit des einzelnen ArbGeb. 1. Allgemeines.** Gemäß § 2 Abs. 1 sind **auch die Einzelnen ArbGeb** tariffähig. Wären nur ArbGebKoalitionen tariffähig, so könnte der einzelne ArbGeb durch Unterlassen des Anschlusses zu einer Koalition den Abschluss von TV vereiteln[13]. Eine besondere soziale Mächtigkeit des einzelnen ArbGeb ist für seine Tariffähigkeit im Gegensatz zu den Gewerkschaften ebenso wenig erforderlich[14] wie seine Tarifwilligkeit[15]. Die Mitgliedschaft in einem ArbGebVerband nimmt dem einzelnen ArbGeb nicht die Fähigkeit, FirmenTV abzuschließen[16]. Sofern die Satzung des Verbandes dies verbietet, verstößt der ArbGeb zwar gegen seine Mitgliedspflichten im Innenverhältnis zu seinem Verband; die Gültigkeit des TV wird dadurch aber nicht berührt[17]. Andererseits sind auch Streiks zur Erzwingung von FirmenTV gegen verbandsangehörige ArbGeb nicht generell ausgeschlossen (dazu Art. 9 Abs. 3 GG Rz. 189)[18].

---

1 BVerfG v. 20.10.1981 – 1 BvR 404/78, AP Nr. 31 zu § 2 TVG. Vgl. *Suckow*, Gewerkschaftliche Mächtigkeit als Determinante korporatistischer Tarifsysteme. | 2 *Löwisch/Rieble*, § 2 TVG Rz. 28. | 3 BAG v. 9.7.1968 – 1 ABR 2/67, AP Nr. 25 zu § 2 TVG; v. 23.4.1971 – 1 ABR 26/70, AP Nr. 2 zu § 97 ArbGG 1953; v. 10.9.1985 – 1 ABR 32/83, AP Nr. 34 zu § 2 TVG; vgl. auch *Zöllner/Loritz*, Arbeitsrecht, § 34 I 2 a mit Nachw. des Schrifttums. | 4 BAG v. 10.9.1985 – 1 ABR 32/83, AP Nr. 34 zu § 2 TVG; v. 25.11.1986 – 1 ABR 22/85, AP Nr. 36 zu § 2 TVG; v. 16.1.1990 – 1 ABR 10/89, AP Nr. 39 zu § 2 TVG. Vgl. insgesamt *Löwisch/Rieble*, § 2 TVG Rz. 28 f. | 5 BAG v. 16.1.1990 – 1 ABR 10/89, AP Nr. 39 zu § 2 TVG; anders noch BAG v. 25.11.1986 – 1 ABR 22/85, AP Nr. 36 zu § 2 TVG. | 6 BAG v. 16.1.1990 – 1 ABR 10/89, AP Nr. 39 zu § 2 TVG. | 7 BAG v. 16.1.1990 – 1 ABR 93/88, AP Nr. 38 zu § 2 TVG. | 8 Nachdem das BAG die Rechtskraft einer früheren Entscheidung des ArbG Stuttgart wegen wesentlicher Veränderung der Verhältnisse verneint hatte, lehnte das gleiche Gericht nunmehr die Tariffähigkeit der Vereinigung in der Sache ab – BAG v. 6.6.2000 – 1 ABR 21/99, AP Nr. 9 zu § 97 ArbGG 1979 und ArbG Stuttgart v. 12.9.2003 – 15 BV 250/96, nv.; vgl. auch *Schöne*, DB 2004, 136 mwN und Replik *Böhm* S. 137. | 9 BAG v. 20.11.1990 – 1 ABR 62/89, AP Nr. 40 zu § 2 TVG; *Kempen/Zachert*, § 2 TVG Rz. 65 ff.; *Däubler/Peter*, § 2 TVG Rz. 115 ff.; aA *Löwisch/Rieble*, § 2 TVG Rz. 42; ErfK/*Schaub*, § 2 TVG Rz. 17; *Schrader*, NZA 2001, 1337 (1340). | 10 BAG v. 9.7.1968 – 1 ABR 2/67, AP Nr. 25 zu § 2 TVG. | 11 BAG v. 25.9.1990 – 3 AZR 266/89, AP Nr. 8 zu § 9 TVG. | 12 BAG v. 27.6.2000 – 1 ABR 31/99, AP Nr. 56 zu § 2 TVG. | 13 *Gamillscheg*, Kollektives Arbeitsrecht I, § 14 I. 2. b) (2); *Löwisch/Rieble*, § 2 TVG Rz. 52. | 14 BAG v. 20.11.1990 – 1 ABR 62/89, AP Nr. 40 zu § 2 TVG; *Gamillscheg*, Kollektives Arbeitsrecht I, § 14 I. 2. b); *Löwisch/Rieble*, § 2 TVG Rz. 52; *Schrader*, NZA 2001, 1337 (1341). | 15 *Gamillscheg*, Kollektives Arbeitsrecht I, § 14 I. 2. b) (2); *Löwisch/Rieble*, § 2 TVG Rz. 52. | 16 BAG v. 25.9.1996 – 1 ABR 4/96, AP Nr. 10 zu § 2 TVG – Tarifzuständigkeit; v. 10.12.2002 – 1 AZR 96/02, AP Nr. 162 zu Art. 9 GG – Arbeitskampf. | 17 BAG v. 24.1.2001 – 4 AZR 655/99, AP Nr. 173 zu § 1 TVG Tarifverträge: Metallindustrie; *Gamillscheg*, Kollektives Arbeitsrecht I, § 14 I. 2. b) (3); *Wiedemann/Oetker*, § 2 TVG Rz. 114. | 18 So BAG v. 10.12.2002 – 1 AZR 96/02, DB 2003, 1116 (1118); LAG Köln v. 14.6.1996 – 4 Sa 177/96, AP Nr. 149 zu Art. 9 GG – Arbeitskampf; *Henssler*, ZfA 1998, 517 (535); aA LAG Schl.-Holst. v. 25.11.1999 – 4 Sa 584/99, AP Nr. 157 zu Art. 9 GG – Arbeitskampf; *Hanau/Thüsing* ZTR 2002, 506 (509); *Buchner* DB 2001, Beilage Nr. 9, S. 1; *Lieb*, DB 1999, 2058; *Reuter*, NZA 2001, 1097.

Beim Auftreten eines ArbGeb als TV-Partei kommt es zum Abschluss eines **FirmenTV** (siehe dazu § 1 Rz. 7). Existiert neben dem FirmenTV auch ein VerbandsTV, entsteht eine Tarifkonkurrenz (siehe § 4 Rz. 40 ff.), die zu Gunsten des FirmenTV aufzulösen ist[1]. 22

2. Begriff des ArbGeb. ArbGeb iSv. § 2 Abs. 1 ist – entsprechend dem im Arbeitsrecht üblichen Begriff – **jeder, der einen anderen aufgrund eines Arbeitsverhältnisses abhängig beschäftigt.** Das kann jede natürliche oder juristische Person des privaten oder öffentlichen Rechts sein. Auch die rechtsfähigen Personengesellschaften (OHG, KG, GbR, Partnerschaft, EWIV) sind als solche tariffähig (vgl. auch § 1 Rz. 43)[2]. Soweit die privatisierten Nachfolgeunternehmen von Bahn und Post tariffähig sind, gelten die §§ 4 Abs. 1, 7 Abs. 3 Satz 1 BENeuglG, § 23 Postpersonalrechtsgesetz. Die Tariffähigkeit der Gewerkschaft als ArbGeb ist im Hinblick auf ihre Doppelstellung als ArbGeb und ArbN-Vertreter wegen § 181 BGB umstritten[3]. Auch Kleinunternehmen sind ohne Rücksicht auf ihre Durchsetzungsfähigkeit tariffähig[4]. Der Konzern ist als Gesamtheit der unter einheitlicher Leitung zusammengefassten rechtlich selbständigen Unternehmen nicht tariffähig[5], was die Möglichkeit eines konzerneinheitlich geltenden TV (§ 55 Abs. 4 BetrVG) unberührt lässt. Dagegen kann die Konzernobergesellschaft TV-Partei sein, wenn ArbN ihr arbeitsrechtlich zugeordnet sind[6]. Auch Beschäftigungsgesellschaften können ArbGeb sein[7]. 23

3. Beginn und Ende der Tariffähigkeit. Die Tariffähigkeit des einzelnen ArbGeb beginnt nicht erst mit Abschluss des ersten Arbeitsvertrages; ausreichend ist, dass die **Beschäftigung von ArbN vorgesehen** ist[8]. Sie endet mit Verlust seiner ArbGebEigenschaft oder ersatzlosem Wegfall als TV-Partei[9]. Durch Eintritt des ArbGeb in einen ArbGebVerband endet dessen Tariffähigkeit als einzelner ArbGeb nicht (Rz. 21). Die Auflösung der ArbGeb-Gesellschaft ändert an der Weitergeltung des Firmentarifs nichts; vielmehr sind die sich aus dem TV ergebenden Rechte im Rahmen der Liquidation abzuwickeln. Die Insolvenz des ArbGeb beeinträchtigt die Tariffähigkeit ebenfalls nicht. Der Insolvenzverwalter bleibt an den TV gebunden. Er kann auch einen neuen TV abschließen. Im Erbfall treten die Erben im Wege der Universalsukzession in die TV ein. 24

IV. Die Beteiligung von Spitzenorganisationen (Abs. 2–4). 1. Allgemeines. Spitzenorganisationen sind nach der Legaldefinition des § 2 Abs. 2 **Zusammenschlüsse von Gewerkschaften und Vereinigungen von ArbGeb.** Sie können demnach TV im Namen der ihnen angeschlossenen Verbände abschließen. Zudem verleiht § 2 Abs. 3 ihnen selbst die Tariffähigkeit. Eine Vereinigung kann als Mitglieder neben Vereinigungen auch Einzelmitglieder aufnehmen. In diesem Fall kann sie sowohl nach § 2 Abs. 1 TVG tariffähig sein als auch nach § 2 Abs. 3[10]. 25

2. Abschluss von TV in eigenem Namen (Abs. 3). Das Recht der Spitzenorganisation zum Vertragsschluss im eigenen Namen besteht nur, sofern dies zu ihren **satzungsmäßigen Aufgaben** gehört. Nach der Rspr. müssen *alle* der Organisation angeschlossenen Mitgliedsverbände selbst tariffähig sein[11]. Fehlt eine ausdrückliche Regelung der Tarifbefugnis in der Satzung, so reicht es aus, wenn sie sich durch Auslegung der Satzung ermitteln lässt[12]. Die Satzung einer Spitzenorganisation kann vorsehen, dass ihre tarifrechtlichen Aufgaben durch eine in ihr gebildete Arbeitsgemeinschaft wahrgenommen werden, der nur Einzelmitglieder angehören dürfen. Dem BAG zufolge gehört der Abschluss von TV dann **nicht** zu den **satzungsgemäßen Aufgaben** der Spitzenorganisation[13]. Die einzelnen Mitglieder der ArbGebVerbände, die der Spitzenorganisation angehören, sind folglich nicht generell tarifgebunden. Einer Zustimmung der Mitgliedsverbände zum Abschluss von TV bedarf es nicht[14]. Über den TV sind die Spitzenorganisationen allein verfügungsberechtigt, dh. nur sie können ihn später kündigen, aufheben oder ändern[15]. Der Tarifabschluss durch die Spitzenorganisationen hindert die Mitgliedsverbände nicht, selbstständig eigene (weitere) TV zu schließen[16]. Widersprüche zwischen den TV sind nach den Grundsätzen der Tarifkonkurrenz zu lösen (dazu § 4 Rz. 40 ff.)[17]. 26

---

1 BAG v. 10.12.2002 – 1 AZR 96/02, AP Nr. 162 zu Art. 9 GG – Arbeitskampf. |2 Wiedemann/*Oetker*, § 2 TVG Rz. 98; anders ErfK/*Schaub*, § 2 TVG Rz. 24. |3 Abl. BAG v. 28.4.1992 – 1 ABR 68/91, AP Nr. 11 zu § 50 BetrVG 1972; Wiedemann/*Oetker*, § 2 TVG Rz. 101; anders dagegen, wenn die Arbeitnehmer einer Gewerkschaft durch eine eigene Gewerkschaft vertreten werden, s. BAG v. 17.2.1998 – 1 AZR 364/97, AP Nr. 50 zu § 2 TVG. |4 BAG v. 20.11.1990 – 1 ABR 62/89, AP Nr. 40 zu § 2 TVG zu einer Tarifgemeinschaft von wenigen Rechtsanwälten. |5 *Kempen*/*Zachert*, § 2 TVG Rz. 74; *Gamillscheg*, Kollektives Arbeitsrecht I, § 14 I. 2. e); *Löwisch*/*Rieble*, § 2 TVG Rz. 58. |6 Wiedemann/*Oetker*, § 2 TVG Rz. 107; *Kempen*/*Zachert*, § 2 TVG Rz. 74. |7 LAG Bdb. v. 24.2.1994 – 3 Sa 869/93, AP Nr. 45 zu § 2 TVG. |8 *Löwisch*/*Rieble*, § 2 TVG Rz. 60. |9 *Löwisch*/*Rieble*, § 2 TVG Rz. 61 ff., dort auch zu den Einzelfragen. |10 BAG v. 22.3.2000 – 4 ABR 79/98, AP Nr. 49 zu § 2 TVG. |11 BAG v. 2.11.1960 – 1 ABR 18/59, AP Nr. 1 zu § 97 ArbGG 1953; ebenso Wiedemann/*Oetker*, § 2 TVG Rz. 335; anders: ErfK/*Schaub*, § 2 TVG Rz. 34. Zu den Voraussetzungen der Tariffähigkeit im Einzelnen *Löwisch*/*Rieble*, § 2 TVG Rz. 73 ff.; Wiedemann/*Thüsing*, RdA 1995, 280. |12 Zur Auslegung von Satzungsbestimmungen: BAG v. 11.6.1975 – 4 AZR 395/74, AP Nr. 29 zu § 2 TVG; Wiedemann/*Oetker*, § 2 TVG Rz. 339; *Zachert*, NZA 2000, 121 (123) mit ausführlicher Begründung. |13 BAG v. 22.3.2000 – 4 ABR 79/98, AP Nr. 49 zu § 2 TVG. |14 Wiedemann/*Oetker*, § 2 TVG Rz. 342. |15 BAG v. 22.2.1957 – 1 AZR 426/56, AP Nr. 2 zu § 2 TVG; *Gamillscheg*, Kollektives Arbeitsrecht I, § 14 I. 2. c). |16 BAG v. 22.2.1957 – 1 AZR 426/56, AP Nr. 2 zu § 2 TVG; *Löwisch*/*Rieble*, § 2 TVG Rz. 76. |17 BAG v. 22.2.1957 – 1 AZR 426/56, AP Nr. 2 zu § 2 TVG.

3. Vertretung der angeschlossenen Verbände (Abs. 2). Beim Abschluss von TV kann sich jede Tarifpartei im Rahmen der allgemeinen Vorschriften **durch beliebige Personen gemäß § 164 BGB rechtsgeschäftlich vertreten** lassen. § 2 Abs. 2 stellt klar, dass Spitzenorganisationen auch dann als Vertreter bei Tarifabschlüssen agieren können, wenn sie selbst nicht rechtsfähig sind, obwohl die Rechtsfähigkeit generell Voraussetzung für wirksames Vertreterhandeln ist[1]. Unverzichtbar ist die Erteilung entsprechender Vollmacht. Im Übrigen gelten die allgemeinen zivilrechtlichen Grundsätze: Das Handeln in fremdem Namen kann auch durch die Umstände offenbar werden[2]. Wurde das Vertretungsverhältnis im TV nicht hinreichend deutlich, so ist der angeblich Vertretene zur Kündigung des TV nicht befugt[3]. Bei fehlender Bevollmächtigung finden die Grundsätze der Anscheins- und Duldungsvollmacht Anwendung[4].

4. Gesamtschuldnerische Haftung (Abs. 4). § 2 Abs. 4 sieht eine gesamtschuldnerische Haftung von Spitzenverband und ihm angeschlossenen Mitgliedsverbänden vor. Unabhängig davon, ob Spitzenverbände im eigenen Namen oder im Namen der Mitgliedsverbände einen TV abgeschlossen haben, haften sowohl sie als auch die Mitgliedsverbände für die Erfüllung der gegenseitigen schuldrechtlichen Verpflichtungen. Die Haftungserweiterung betrifft je nach Abgabe der Willenserklärungen im eigenen oder fremden Namen entweder den Spitzenverband oder aber seine Mitglieder: Hat der Spitzenverband im **fremden Namen** gehandelt, so begründet Abs. 4 entgegen §§ 164, 179 BGB trotz vorliegender Vertretungsmacht eine Eigenhaftung des Vertreters. Hat der Spitzenverband im **eigenen Namen** gehandelt, so wäre nach allgemeinem Vereinsrecht/Gesellschaftsrecht an sich eine Haftung der Vereinsmitglieder zu verneinen. Abs. 4 wirkt hier als **gesetzlich normierte Durchgriffshaftung**[5]. Wurde ein TV durch einen Spitzenverband nur im Namen eines Teils der ihm angeschlossenen Verbände geschlossen, beschränkt sich die gesamtschuldnerische Haftung auf die vertretenen Verbände[6]. Die gesamtschuldnerische Haftung umfasst die Erfüllung der gegenseitigen vertraglichen Verpflichtungen, namentlich also die Durchführungs- und die Friedenspflicht und weitere explizit vereinbarte **schuldrechtliche Pflichten** (§ 1 Rz. 72 ff.), sowie die Sekundärhaftung aus einer Verletzung dieses Pflichtenprogramms. Keine unmittelbare Haftung besteht für die Einhaltung der im TV enthaltenen Rechtsnormen[7]. Die gesamtschuldnerische Haftung führt nach den allgemeinen Grundsätzen nicht zu einer notwendigen Streitgenossenschaft[8].

V. Tarifzuständigkeit. Die Tarifzuständigkeit einer tariffähigen Partei bestimmt den **Geschäftsbereich, innerhalb dessen die Partei TV abschließen kann**[9]. Die Tarifzuständigkeit entscheidet damit über den maximalen tariflichen Geltungsbereich in räumlicher, betrieblich-branchenmäßiger, beruflich-fachlicher und persönlicher Hinsicht[10]. Vergleichbar mit der Tarifzuständigkeit ist die Zuständigkeit einer staatlichen Behörde, die den Geltungskreis ihrer Rechtsakte festlegt[11]. Im Unterschied zur Behörde hat eine Tarifpartei aber die verfassungsrechtlich abgesicherte Befugnis, ihre Tarifzuständigkeit autonom über ihre **Satzung** festzulegen[12]. Nur für den persönlichen Geltungsbereich setzt das Gesetz in § 3 Abs. 1 und Abs. 2 Grenzen. Eine zulässige Begrenzung der **personellen Tarifzuständigkeit** ist die Zulassung von **OT-Mitgliedern** (dazu § 3 Rz. 3 ff.).

Auch wenn die Tarifzuständigkeit im TVG nicht ausdrücklich erwähnt wird, so ist sie als **Voraussetzung der Wirksamkeit** eines TV nahezu **allgemein anerkannt**[13]. Eine einfachgesetzliche Anerkennung hat sie seit 1979 durch §§ 2a Abs. 1 Nr. 4, 97 ArbGG erfahren. Hieraus folgt auch ihre Gleichrangigkeit gegenüber der Tariffähigkeit.

Wirksame TV setzen voraus, dass sich die **Tarifzuständigkeiten** der Vertragspartner in Bezug auf den vertraglichen Regelungsbereich **decken**[14]. Eine vollständige Kongruenz der Tarifzuständigkeit der Vertragspartner ist dagegen nicht erforderlich; sie wird sogar nur selten vorliegen.

Das Erfordernis der Tarifzuständigkeit trägt dazu bei, **Abgrenzungsschwierigkeiten und Kompetenzstreitigkeiten** zwischen gleichrangigen Organisationen zu vermeiden und führt zu sachnäheren Regelungen. Verwirklichen lassen sich diese Vorteile indes nur, wenn die Tarifzuständigkeiten der einzelnen Verbände aufeinander abgestimmt sind, wie das bei den im DGB zusammengeschlossenen Gewerkschaften der Fall ist (Grundsatz: Ein Betrieb, eine Gewerkschaft). Andernfalls entstehen Tarifkonkur-

---

1 BAG v. 11.6.1975 – 4 AZR 395/74, AP Nr. 29 zu § 2 TVG; v. 12.2.1997 – 4 AZR 419/95, AP Nr. 46 zu § 2 TVG; *Zöllner/Loritz*, Arbeitsrecht, § 33 III 6; Wiedemann/*Oetker*, § 2 TVG Rz. 346. |2 BAG v. 31.10.1958 – 1 AZR 632/57, AP Nr. 2 zu § 1 TVG. |3 BAG v. 26.4.2000 – 4 AZR 170/99, AP Nr. 4 zu § 1 TVG – Kündigung. |4 Wiedemann/*Oetker*, § 2 TVG Rz. 349. |5 ErfK/*Schaub* § 2 TVG Rz. 37, der eine Durchbrechung von Prinzipien des Vertretungsrechts in den Vordergrund stellt. |6 Wiedemann/*Oetker*, § 2 TVG Rz. 355. |7 Wiedemann/*Oetker*, § 2 TVG Rz. 352. |8 *Löwisch/Rieble*, § 2 TVG Rz. 83. |9 BAG v. 24.7.1990 – 1 ABR 46/89, AP Nr. 7 zu § 2 TVG – Tarifzuständigkeit; v. 12.11.1996 – 1 ABR 33/96, AP Nr. 11 zu § 2 TVG – Tarifzuständigkeit. |10 Wiedemann/*Oetker*, § 2 TVG Rz. 47. |11 Wiedemann/*Oetker*, § 2 TVG Rz. 47. |12 BAG v. 24.7.1990 – 1 ABR 46/89, AP Nr. 7 zu § 2 TVG – Tarifzuständigkeit; *Henssler*, ZfA 1998, 517 (523); *Buchner* DB 1995, 95 (99). |13 BAG v. 19.12.1958 – 1 AZR 109/58, AP Nr. 3 zu § 2 TVG; *Däubler/Peter*, § 2 TVG Rz. 164; Wiedemann/*Oetker*, § 2 TVG Rz. 43 mwN; kritisch *Gamillscheg*, Kollektives Arbeitsrecht I, S. 535. |14 BAG v. 19.12.1958 – 1 AZR 109/58, AP Nr. 3 zu § 2 TVG.

renzen (dazu § 4 Rz. 47). Die Tarifzuständigkeit begünstigt damit auch die einheitliche Geltung eines TV innerhalb eines Betriebes.

Die Tarifzuständigkeit wird von den Tarifparteien **selbständig in ihren Satzungen** festgelegt[1]. Für welche Branchen bzw. ArbN die Tarifparteien zuständig sind, ist durch Auslegung der Satzung zu ermitteln. Ein schlichtes Tätigwerden außerhalb der satzungsgemäßen Aufgaben erweitert die Tarifzuständigkeit nicht[2]. Die DGB-Gewerkschaften und die Christlichen Gewerkschaften sind nach dem **Industrieverbandsprinzip** organisiert und damit regelmäßig zuständig für alle **Unternehmen** des Wirtschaftssektors einschließlich der brancheneigenen und branchenfremden Betriebsabteilungen, Betriebsstätten und Nebenbetriebe. Branchenfremde Nebenbetriebe können durch die Satzung von der Zuständigkeit ausgenommen werden. Die Tarifzuständigkeit kann auf einen Teilbereich des Wirtschaftssektors beschränkt werden oder mehrere Wirtschaftssektoren umfassen. Der Verband kann die Tarifzuständigkeit aber auch mit der Branchenzugehörigkeit des einzelnen **Betriebs** verknüpfen, gleich welchem Wirtschaftssektor das Unternehmen angehört[3]. Wachsende Bedeutung erlangen die iS eines **Berufsverbandsprinzips** für bestimmte Berufssparten zuständigen Gewerkschaften wie die Gewerkschaft Deutscher Lokomotivführer (GDL) oder die Vereinigung Cockpit (VC). Die von ihnen abgeschlossenen TV erfassen als Spartentarifverträge jeweils nur einen Teil der Belegschaftsmitglieder, kollidieren daher mit dem vom BAG bejahten Prinzip der Tarifeinheit[4]. 33

Knüpft die Satzung an der Branchenzugehörigkeit des Unternehmens an, so ist tarifzuständig derjenige Verband, dessen **satzungsgemäßer Organisationsbereich** der Tätigkeit entspricht, die dem Unternehmen das **Gepräge** gibt. Maßgebend ist der Gegenstand des Unternehmens, nicht derjenige einzelner Betriebe, Betriebsabteilungen oder Nebenbetriebe. Indizien für die das Unternehmen prägende Branche bieten bei Mischtätigkeiten der arbeitstechnische Zweck und die Zahl der einschlägig beschäftigten Facharbeiter sowie der maßgebende Anteil am Umsatz und Gewinn[5]. Die Tarifzuständigkeit kann durch Änderung des Unternehmenszwecks oder Verlegung eines Betriebes enden[6]. 34

Auch beim **FirmenTV** kommt es im Bereich des Industrieverbandsprinzips regelmäßig auf den überwiegenden Gegenstand des Unternehmens des ArbGeb an[7]. Die neuere Rspr. des BAG sieht dies allerdings anders: Der einzelne ArbGeb soll seine Tarifzuständigkeit nicht selbständig festlegen können. Er sei tarifzuständig für alle seine Betriebe[8], könne damit auch gegen seinen Willen gezwungen werden, für jeden seiner Betriebe unterschiedliche TV abzuschließen. Die Rspr. missachtet das über Art. 12 GG (unternehmerische Entscheidungsfreiheit) geschützte Recht, sein Unternehmen einer einheitlichen Tarifordnung zu unterwerfen, stellt damit der verfassungsrechtlich geschützten Satzungsautonomie der Gewerkschaft keine gleichwertige Organisationsautonomie des ArbGeb gegenüber. Die Anknüpfung an den Betrieb überzeugt auch deshalb nicht, weil das BAG den Gleichbehandlungsgrundsatz nicht mehr betriebs-, sondern unternehmensbezogen bzw. arbeitgeberbezogen verstanden wissen will[9]. ArbGeb und Gewerkschaften dürfen zwar die unterschiedlichen wirtschaftlichen Verhältnisse der einzelnen Betriebe als sachlichen Anknüpfungspunkt für eine unterschiedliche Gestaltung der Arbeitsbedingungen wählen[10]. Liegen solche Unterschiede allerdings nicht vor, so greift das Gleichbehandlungsgebot. Es bedarf damit stets einer Gesamtbetrachtung der Unternehmenssituation, wie sie sich nur bei einer Anknüpfung der Tarifzuständigkeit an das Unternehmen überzeugend verwirklichen lässt. 35

Die Begrenzungen oder Erweiterungen des Zuständigkeitsbereichs müssen in der Satzung **hinreichend deutlich bestimmt** sein[11]. Trotz Satzungsautonomie darf die Tarifzuständigkeit nicht willkürlich oder funktionswidrig festgelegt werden, da die Koalitionsfreiheit in Art. 9 Abs. 3 GG funktionsgebunden verliehen wird[12]. Die räumliche Begrenzung oder Erweiterung der eigenen Tarifzuständigkeit steht im Ermessen der Verbände. Einzelne Betriebe können aus sachlichen Gründen ein- oder ausgeschlossen werden[13]. Die Tarifzuständigkeit kann auch auf Betriebsstätten im Ausland ausgedehnt werden[14]. Personell muss die Tarifzuständigkeit mit tatsächlich vorhandenen Mitgliedern korrespondieren. Hat der Verband kein einziges Mitglied im fraglichen Wirtschaftssektor, darf er sich keine Zuständigkeit für diesen Sektor zuschreiben[15]. Eine Begrenzung der Tarifzuständigkeit auf be- 36

---

1 BAG v. 17.2.1970 – 1 ABR 15/69, AP Nr. 3 zu § 2 TVG – Tarifzuständigkeit; v. 12.12.1995 – 1 ABR 27/95, AP Nr. 8 zu § 2 TVG – Tarifzuständigkeit; v. 25.9.1996 – 1 ABR 4/96, AP Nr. 10 zu § 2 TVG – Tarifzuständigkeit; BAG v. 12.11.1996 – 1 ABR 33/96, AP Nr. 11 zu § 2 TVG – Tarifzuständigkeit. |2 BAG v. 24.7.1990 – 1 ABR 46/89, AP Nr. 7 zu § 2 TVG – Tarifzuständigkeit. |3 Vgl. BAG v. 25.9.1996 – 1 ABR 4/96, AP Nr. 10 zu § 2 TVG – Tarifzuständigkeit. |4 Dazu *Buchner*, DB 2003, 2121. |5 BAG v. 22.11.1988 – 1 ABR 6/87, AP Nr. 5 zu § 2 TVG – Tarifzuständigkeit. |6 Vgl. BAG v. 22.11.1988 – 1 ABR 6/87, AP Nr. 5 zu § 2 TVG – Tarifzuständigkeit. |7 So früher auch das BAG: BAG v. 22.11.1988 – 1 ABR 6/87, AP Nr. 5 zu § 2 TVG – Tarifzuständigkeit; aA *Kempen/Zachert*, § 2 TVG Rz. 67. |8 BAG v. 25.9.1996 – 1 ABR 4/96, AP Nr. 10 zu § 2 TVG – Tarifzuständigkeit; abl. *Henssler*, ZfA 1998, 517 (523). |9 BAG v. 17.8.1998 – 1 AZR 147/98, AP Nr. 162 zu § 242 BGB – Gleichbehandlung. |10 BAG v. 17.8.1998 – 1 AZR 147/98, AP Nr. 162 zu § 242 BGB – Gleichbehandlung. |11 Vgl. BAG v. 19.11.1985 – 1 ABR 37/83, AP Nr. 4 zu § 2 TVG – Tarifzuständigkeit. |12 Wiedemann/*Oetker*, § 2 TVG Rz. 61; vgl. auch BVerfG v. 18.11.1954 – 1 BvR 629/52, AP Nr. 1 zu Art. 9 GG. |13 BAG v. 19.11.1985 – 1 ABR 37/83, AP Nr. 4 zu § 2 TVG – Tarifzuständigkeit. |14 Vgl. § 3 Abs. 2 der Satzung von ver.di. |15 Wiedemann/*Oetker*, § 2 TVG Rz. 63; *Wiedemann*, RdA 1975, 78; aA Staudinger/*Richardi*, Vorb. zu §§ 611 ff. BGB, Rz. 617.

stimmte Gruppen innerhalb eines Berufsverbandes ist dagegen möglich. Es entsteht dann eine Tarifgemeinschaft, eine tariflich selbstständige Unterorganisation (zur Mitgliedschaft ohne Tarifbindung s. § 3 Rz. 3 ff.). Die personelle Gestaltungsfreiheit erlaubt aber keine geschlechtsbezogene Diskriminierung[1].

37 Sachlich muss die Tarifzuständigkeit die Regelung der Arbeits- und Wirtschaftsbedingungen iSv. Art. 9 Abs. 3 GG beinhalten. Einzelne Bereiche, die nach allgemeiner Ansicht zum Gegenstand der Tarifautonomie gehören, dürfen nicht ausgeklammert werden[2]. Ansonsten könnten Verbände in der Folge Tarifverhandlungen und einen Arbeitskampf über bestimmte Regelungsbereiche mangels erforderlicher Tarifzuständigkeit verhindern. Aus dem gleichen Grund darf die Satzung die Tarifzuständigkeit nicht auf bestimmte Gegner reduzieren oder die Verhandlung und den Vertragsabschluss mit gegnerischen Verbänden ausschließen, die ihrerseits tariffähig und tarifzuständig sind[3].

38 **Innerhalb des DGB** sind die Tarifzuständigkeiten der Mitgliedsverbände aufeinander abzustimmen, um Kompetenzkonflikte zu vermeiden[4]. Bei Streitigkeiten ist ein Schiedsverfahren durchzuführen (dazu auch § 4 Rz. 47)[5]. Der Schiedsspruch kann eine Satzung nicht iS einer echten Zuständigkeitserweiterung ergänzen oder berichtigen[6]. Er kann die Satzungen der beteiligten Mitglieder aber verbindlich, und zwar auch für Dritte, zB den Tarifgegner, auslegen[7]. Dabei ist der Schiedsstelle ein Beurteilungsspielraum zuzubilligen[8]. Solange das zur verbindlichen Klärung einer solchen Zuständigkeitsüberschneidung vorgesehene Schiedsverfahren nach § 16 DGB-Satzung nicht durchgeführt ist, bleibt es zunächst bei der Alleinzuständigkeit derjenigen Gewerkschaft, die vor Entstehen der Konkurrenzsituation als zuständig angesehen worden war, so dass sich alle Beteiligten (Verbände, ArbGeb und ArbN) darauf einstellen konnten[9].

39 **Fehlt die Tarifzuständigkeit** bei Abschluss des TV vollständig oder teilweise, so ist der TV insoweit rechtsunwirksam. Eine Heilung kann auch nicht nachträglich durch eine Satzungsänderung erfolgen[10]. Der TV muss neu abgeschlossen werden. **Fällt die Tarifzuständigkeit nachträglich weg** und hat die Satzung des Verbandes keine Übergangsregelung getroffen[11], wird der TV nicht automatisch unwirksam[12]. Ansonsten könnte ein Verband die Wirksamkeit eines TV durch schlichte Satzungsänderung einseitig beenden. Der Wegfall der Tarifzuständigkeit kann aber zur ordentlichen Kündigung des TV berechtigten[13].

40 **VI. Feststellung der Tariffähigkeit und Tarifzuständigkeit.** Bestehen oder Nichtbestehen von Tariffähigkeit und Tarifzuständigkeit können gemäß § 2 a Abs. 1 Nr. 4, § 97 ArbGG im Wege des **Beschlussverfahrens** festgestellt werden. Bestehen Zweifel über die Tariffähigkeit oder -zuständigkeit einer TV-Partei und hängt die Entscheidung eines Rechtsstreits von der Frage ab, muss das Verfahren bis zur Klärung im Beschlussverfahren gemäß § 97 Abs. 5 ArbGG ausgesetzt werden[14]. Tariffähigkeit und -zuständigkeit können auch abstrakt festgestellt werden. So wird der Schein wirksamer TV vermieden; Arbeitskämpfe werden vom Risiko fehlender Tariffähigkeit befreit[15]. Antragsberechtigt ist jede räumlich und sachlich zuständige Vereinigung von ArbN oder von ArbGeb sowie die oberste Arbeitsbehörde des Bundes und die oberste Arbeitsbehörde eines Landes, auf dessen Gebiet sich die Tätigkeit der Vereinigung erstreckt. Dies betrifft damit neben den Arbeitsbehörden diejenige Vereinigung, deren Tariffähigkeit oder -zuständigkeit bestritten wird[16], ihren Tarifpartner, einen einzelnen ArbGeb, aber nicht, wenn er bloßer Normunterworfener ist[17] sowie konkurrierende Vereinigungen[18].

41 Der Antragsteller muss – soweit es sich nicht um eine Arbeitsbehörde oder eine nach § 97 Abs. 5 Satz 2 ArbGG antragsberechtigte Partei handelt – selbst tariffähig sein[19]. Stellt sich die Frage in einem laufenden Rechtsstreit, sind auch die jeweiligen Parteien antragsberechtigt (§ 97 Abs. 5 Satz 2 ArbGG). Für eine Feststellungsklage, mit der geklärt werden soll, welcher TV auf das Arbeitsverhältnis Anwendung findet, ist das **Feststellungsinteresse** gegeben, wenn hiervon die Entscheidung über mehrere Forderungen aus dem Arbeitsverhältnis abhängt[20]. **Beteiligte** am Verfahren nach § 97 ArbGG über

---

1 BAG v. 7.3.1995 – 3 AZR 282/94, AP Nr. 26 zu § 1 BetrAVG – Gleichbehandlung; v. 28.7.1992 – 3 AZR 173/92, AP Nr. 18 zu § 1 BetrAVG – Gleichbehandlung. |2 Wiedemann/*Oetker*, § 2 TVG Rz. 66. |3 Wiedemann/*Oetker*, § 2 TVG Rz. 67. |4 § 15 Satzung des DGB. |5 § 16 Satzung des DGB; s. dazu *Dieterich*, RdA 2003, 59. |6 BAG v. 19.11.1985 – 1 ABR 37/83, AP Nr. 4 zu § 2 TVG – Tarifzuständigkeit; v. 17.2.1970 – 1 ABR 15/69, AP Nr. 3 zu § 2 TVG – Tarifzuständigkeit). |7 Gleiche Wirkung kommt einer Einigung der beteiligten Gewerkschaften über die Tarifzuständigkeit in einem Vermittlungsverfahren zu, BAG v. 14.12.1999 – 1 ABR 74/98, AP Nr. 14 zu § 2 TVG – Tarifzuständigkeit. |8 BAG v. 25.9.1996 – 1 ABR 4/96, AP Nr. 10 zu § 2 TVG – Tarifzuständigkeit; v. 14.12.1999 – 1 ABR 74/98, AP Nr. 14 zu § 2 TVG – Tarifzuständigkeit; s. dazu auch *Henssler*, ZfA 1998, 517 (523). |9 BAG v. 27.11.1996 – 1 ABR 33/96, AP Nr. 11 zu § 2 TVG – Tarifzuständigkeit. |10 Vgl. BAG v. 24.7.1990 – 1 ABR 46/89, AP Nr. 7 zu § 2 TVG – Tarifzuständigkeit. |11 Dazu *Kempen/Zachert*, § 2 TVG Rz. 131. |12 Wiedemann/*Oetker*, § 2 TVG Rz. 46, *Kempen/Zachert*, § 2 TVG Rz. 131; aA *Löwisch/Rieble*, § 2 TVG Rz. 105 ff., ErfK/*Schaub*, § 2 TVG Rz. 44. |13 *Kempen/Zachert*, § 2 TVG Rz. 132 f.; vgl. auch Wiedemann/*Oetker*, § 2 TVG Rz. 46. |14 BAG v. 25.9.1996 – 1 ABR 4/96, AP Nr. 4 zu § 97 ArbGG. |15 *Löwisch/Rieble*, § 2 TVG Rz. 108. |16 BAG v. 25.11.1986 – 1 ABR 22/85, AP Nr. 36 zu § 2 TVG. |17 ErfK/*Schaub*, § 2 TVG Rz. 45. |18 BAG v. 19.1.1962 – 1 ABR 14/60, AP Nr. 13 zu § 2 TVG; v. 10.9.1985 – 1 ABR 32/83, AP Nr. 34 zu § 2 TVG. |19 ErfK/*Schaub*, § 2 TVG Rz. 45. |20 BAG v. 28.5.1997 – 4 AZR 663/95, AP Nr. 6 zu § 1 TVG – Bezugnahme auf Tarifvertrag.

die Tarifzuständigkeit einer Vereinigung für einen bestimmten Betrieb sind neben einer antragstellenden Gewerkschaft alle diejenigen, deren materielle Rechtsstellung im Hinblick auf die Tarifzuständigkeit unmittelbar betroffen ist (konkurrierende Gewerkschaften, ArbGeb, ArbGebVerbände)[1].

In entsprechender Anwendung des § 9 TVG **bindet die Entscheidung** alle von der Tarifnorm Betroffenen[2]. Haben sich die Verhältnisse erheblich geändert, so entfällt die Bindungswirkung[3]. 42

3 Tarifgebundenheit

(1) Tarifgebunden sind die Mitglieder der Tarifvertragsparteien und der Arbeitgeber, der selbst Partei des Tarifvertrages ist.

(2) Rechtsnormen des Tarifvertrages über betriebliche und betriebsverfassungsrechtliche Fragen gelten für alle Betriebe, deren Arbeitgeber tarifgebunden ist.

(3) Die Tarifgebundenheit bleibt bestehen, bis der Tarifvertrag endet.

I. Begriff und Umfang der Tarifgebundenheit ... 1	3. Bezugnahmeklauseln 15
1. Überblick 1	a) Überblick 16
2. Umfang 2	b) Wirksamkeit der Bezugnahmeklausel ... 18
3. Die Mitgliedschaft „OT" 3	c) Umfang 22
II. Tarifunterworfene Personen (Abs. 1) ... 6	d) Auslegung der Bezugnahmeklausel ... 23
1. Tarifbindung aufgrund Mitgliedschaft im Berufsverband 6	e) Wirkung der Bezugnahme ... 27
a) Mitgliedschaft 6	4. Außenseiterklauseln 33
b) Die Mitgliedschaft des Arbeitgebers ... 7	III. Rechtsnormen über betriebliche und betriebsverfassungsrechtliche Fragen (Abs. 2) ... 34
c) Eintritt in den Verband 8	IV. Beginn und Ende der Tarifbindung ... 37
d) Aufnahmeanspruch 9	1. Beginn 37
e) Gesetzliche Beendigungsgründe und Austritt aus dem Verband ... 10	2. Ende der Tarifbindung 40
f) Ausschluss 12	a) Beendigungstatbestände 40
g) Bedingung und Befristung 13	b) Fortwirkung bei Verbandsaustritt ... 41
2. Der Arbeitgeber als Partei des Tarifvertrages . 14	c) Betriebsübergang 45
	d) Fortwirkung von Firmen- und Verbandstarifen in Umwandlungsfällen ... 46
	V. Prozessuales 50

Lit.: *Bayreuther*, Anm. zu BAG v. 26.9.2001, DB 2002, 1008; *Buchner*, Verbandsmitgliedschaft ohne Tarifgebundenheit, NZA 1995, 761; *Buchner*, Die tarifrechtliche Situation bei Verbandsaustritt und bei Auflösung eines Arbeitgeberverbandes, RdA 1997, 259; *Büdenbender*, Tarifbindung trotz Austritts aus dem Arbeitgeberverband – eine notwendige oder korrekturbedürftige Regelung?, NZA 2000, 509; *Däubler*, Tarifausstieg – Erscheinungsformen und Rechtsfolgen, NZA 1996, 225; *Dauner-Lieb/Konzen/Schmidt*, Das neue Schuldrecht in der Praxis, 2003; *Gaul B.*, Bezugnahmeklauseln – zwischen Inhaltskontrolle und Nachweisgesetz, ZfA 2003, 75; *Glaubitz*, Tariffähigkeit von Arbeitgeberverbänden mit tarifgebundenen und -ungebundenen Mitgliedern?, NZA 2003, 140; *Hanau/Kania*, Stufentarifverträge, DB 1995, 1229; *Henssler*, Unternehmensumstrukturierung und Tarifrecht, FS Schaub, 1998, S. 311; *Henssler*, Aufspaltung, Ausgliederung und Fremdvergabe, NZA 1994, 294; *Henssler*, Flexibilisierung der Arbeitsmarktordnung, ZfA 1994, 487; *Henssler/v. Westphalen*, Praxis der Schuldrechtsreform, 2. Aufl. 2003; *Hergenröder*, Rechtsgeschäftlicher Betriebsinhaberwechsel, AR-Blattei SD 500.1; *Junker*, Der Flächentarifvertrag im Spannungsverhältnis von Tarifautonomie und betrieblicher Regelung, ZfA 1996, 383; *Kania*, Tarifbindung bei Ausgliederung und Aufspaltung eines Betriebs, DB 1995, 625; *Kania*, Die arbeitsvertragliche Bezugnahme auf Tarifverträge bei Veränderungen der tariflichen Strukturen im Betrieb, Sonderbeilage NZA 2000, Heft 3, S. 45; *Konzen*, Die Tarifautonomie zwischen Akzeptanz und Kritik, NZA 1995, 913; *Lindemann*, Flexible Gestaltung von Arbeitsbedingungen, 2003; *Loritz*, Betriebsnormen und Außenseiter – Überlegungen zum gegenwärtigen Stand der Diskussion, FS Zöllner, 1998, Bd. II, S. 865; *Moll*, Kollektivvertragliche Arbeitsbedingungen nach einem Betriebsübergang, RdA 1996, 275; *Ostrop*, Mitgliedschaft ohne Tarifbindung, 1997; *Otto*, Die rechtliche Zulässigkeit einer tarifbindungsfreien Mitgliedschaft in Arbeitgeberverbänden, NZA 1996, 624; *Rerchel*, Die Auslegung arbeitsvertraglicher Bezugnahmeklauseln bei überraschenden Tarifentwicklungen unter Berücksichtigung der Schuldrechtsreform, AuR 2003, 366; *Reuter*, Die Mitgliedschaft ohne Tarifbindung (OT-Mitgliedschaft) im Arbeitgeberverband, RdA 1996, 201; *Röckl*, Zulässigkeit einer Mitgliedschaft in Arbeitgeberverbänden ohne Tarifbindung?, DB 1993, 2382; *Säcker/Oetker*, Tarifeinheit im Betrieb – ein Akt unzulässiger richterlicher Rechtsfortbildung?, ZfA 1993, 1; *Schleusener*, Der Begriff der betrieblichen Norm im Lichte der negativen Koalitionsfreiheit (Art. 9 Abs. 3 GG) und des Demokratieprinzips (Art. 20 GG), ZTR 1998, 100; *Schubert*, Ist der Außenseiter vor der Normsetzung durch die Tarifvertragsparteien geschützt?, RdA 2001, 199; *Stein*, Verweisungen auf Tarifverträge, NZA 2003, 361; *Schwab*, Mindestarbeitsbedingungen nach Verbandsaustritt des Arbeitgebers, BB 1994, 781; *Seitz/Werner*, Arbeitsvertragliche Bezugnahmeklauseln bei Unternehmensumstrukturierungen, NZA 2000, 1257; *Thüsing/Lambrich*,

---

[1] BAG v. 25.9.1996 – 1 ABR 4/96, AP Nr. 10 zu § 2 TVG – Tarifzuständigkeit. | [2] BAG v. 10.5.1989 – 4 AZR 80/89, AP Nr. 6 zu § 2 TVG – Tarifzuständigkeit; *Gamillscheg*, Kollektives Arbeitsrecht I, § 14 I. 7.; *Löwisch/Rieble*, § 2 TVG Rz. 109. | [3] BAG v. 1.2.1983 – 1 ABR 33/78, AP Nr. 14 zu § 322 ZPO; v. 19.11.1985 – 1 ABR 37/83, AP Nr. 4 zu § 2 TVG – Tarifzuständigkeit (Satzungsänderung); v. 25.11.1986 – 1 ABR 22/85, AP Nr. 36 zu § 2 TVG; v. 6.6.2000 – 1 ABR 21/99, AP Nr. 9 zu § 97 ArbGG 1979.

Arbeitsvertragliche Bezugnahme auf Tarifnormen, RdA 2002, 193; *Walker*, Möglichkeiten und Grenzen einer flexibleren Gestaltung von Arbeitsbedingungen, ZfA 1996, 353.

I. Begriff und Umfang der Tarifgebundenheit. 1. Überblick. § 3 Abs. 1 bestimmt den Personenkreis, für den die TV-Parteien mit gesetzesgleicher Wirkung Regelungen treffen können und vermittelt insoweit eine **staatliche Legitimation** für die Normsetzung. Grundlage der Legitimation ist die Verbandsmitgliedschaft. Tarifgebunden sind dementsprechend nur die **Mitglieder der TV-Parteien** und – beim FirmenTV – **der ArbGeb, der selbst Partei des TV ist**. Für anders oder nicht organisierte Personen gewährt Abs. 1 den TV-Parteien keine Normsetzungskompetenz. Gemeint ist in Abs. 1 die kongruente beiderseitige Tarifbindung, dh. die Mitgliedschaft in konkret jenen Verbänden, die den TV geschlossen haben. Andere Arbeitsvertragsparteien können grundsätzlich nur über eine AVE in den Kreis der Normadressaten einbezogen werden (siehe § 5). Der Grundsatz der beiderseitigen Tarifbindung wird zudem in Abs. 2 für den Geltungsbereich der betrieblichen und betriebsverfassungsrechtlichen Rechtsnormen durchbrochen. Hier genügt aus rein praktischen Gründen die Tarifgebundenheit des ArbGeb. Zur Tarifbindung bei Normen über gemeinsame Einrichtungen der TV-Parteien vgl. § 4 Rz. 22 f. Faktisch reicht die Wirkung der Tarifnormen weiter, da die Rspr. die übliche Vergütung gem. § 612 Abs. 2 BGB an der tariflichen Vergütung orientiert[1].

2. Umfang. Die TV-Parteien können den **Umfang der Tarifbindung nicht beeinflussen**. Die Reichweite der gesetzlichen Legitimation steht zwangsläufig nicht zu ihrer Disposition. Sofern die Mitgliedschaft einen dem Zweck des § 3 Abs. 1 entsprechenden Einfluss auf die tarifpolitische Willensbildung des Verbandes vermittelt, ist die Tarifgebundenheit eine notwendige und zwingende Rechtsfolge der Mitgliedschaft in der TV-Partei[2]. Die Bindung an die Tarifnormen kann durch die TV-Parteien weder erweitert noch eingeschränkt werden. Eine Erweiterung der Tarifbindung ist unwirksam, da den TV-Parteien im Verhältnis zu Außenseitern keine Rechtsetzungsbefugnis zusteht. Ebenfalls unzulässig wären gegenständliche Einschränkungen der Tarifbindung. Nur mittelbar lässt sich eine beschränkte Geltung des TV erreichen, indem der betriebliche, fachliche oder persönliche Geltungsbereich des TV festgelegt und so bestimmte Arbeitsverhältnisse oder einzelne ArbGeb vom Geltungsbereich des TV ausgenommen werden[3]. Zwingenden Charakter hat schließlich auch die gesetzliche Festschreibung von Beginn und Beendigung der Tarifbindung. Modifikationen durch die TV-Parteien sind unzulässig[4].

3. Die Mitgliedschaft „OT". In der Verbandspraxis wird von Unternehmensseite ein Bedarf nach einer Verbandsmitgliedschaft geltend gemacht, die es ermöglicht, die Serviceleistungen des ArbGebVerbands und die Vorteile der Interessenvertretung in Anspruch zu nehmen, ohne von der Tarifbindung erfasst zu werden. Verschiedene Modelle sind entwickelt worden, um dieser Forderung Rechnung zu tragen[5]: Nach dem **Aufteilungsmodell** werden zwei getrennte Organisationen geschaffen; eine, die sich auf Dienstleistungs- und Interessenvertretungsfunktionen gegenüber den Mitgliedern beschränkt und eine mit tarifrechtlichen Aufgaben. Dies kann in Form von zwei rechtlich selbstständigen und getrennten Verbänden erfolgen. Denkbar ist auch eine Aufteilung in einen allgemeinen ArbGebVerband und eine Tarifgemeinschaft innerhalb des Verbandes. Nur der ArbGeb, der auch dem tarifpolitischen Verband beitritt bzw. Mitglied der Tarifgemeinschaft ist, wird von der Tarifbindung nach § 3 Abs. 1 erfasst. Voraussetzung für die Begrenzung der Tarifbindung ist die Unabhängigkeit des Tarifverbandes vom allgemeinen ArbGebVerband[6].

Nach dem **Stufenmodell** erfolgt die Differenzierung auf der Ebene der Mitgliedschaften. Neben der üblichen Vollmitgliedschaft besteht die Möglichkeit zu einer Mitgliedschaft ohne Tarifbindung („OT"). Die Mitglieder „OT" nehmen an den tarifpolitischen Aktivitäten des Verbandes nicht teil, können aber die Beratungs- und Bildungsdienste des Verbandes in Anspruch nehmen. Im Gegenzug sind diese Mitglieder nicht an die Flächentarifverträge des Verbandes gebunden und können unternehmensspezifische Haustarifverträge abschließen. Der Wegfall der Tarifbindung bedingt, dass die „OT"-Mitglieder keinen Einfluss auf die tarifpolitischen Beschlüsse und Wahlen nehmen dürfen[7]. Die Bindung eines solchen „Mitglieds OT" an die von seinem Verband geschlossenen TV betrifft die Frage der Begrenzbarkeit der **personellen Tarifzuständigkeit** auf einen Teil der Verbandsmitglieder. Weigert sich der ArbGeb unter Hinweis auf eine bloße Mitgliedschaft OT, die Tarifentgelte zu zahlen, so ist das Verfahren von Amts wegen nach § 97 Abs. 5 ArbGG bis zur Erledigung des Beschlussverfahrens nach § 2a Abs. 1 Nr. 4 ArbGG auszusetzen[8].

Die **Zulässigkeit der Mitgliedschaft „OT"** ist höchstrichterlich bislang nicht geklärt und im Schrifttum heftig umstritten[9]. Die verfassungskonforme Auslegung des § 3 Abs. 1 im Lichte der negativen

---

[1] St. Rspr. für den öffentlichen Dienst, vgl. aus jüngerer Zeit BAG v. 21.1.1998 – 5 AZR 50/9, AP Nr. 55 zu § 612 BGB; v. 21.11.2001 – 5 AZR 87/00, AP Nr. 63 zu § 612 BGB; für den Bereich außerhalb des öffentlichen Dienstes v. 26.5.1993 – 4 AZR 461/92, AP Nr. 2 zu § 612 BGB – Diskriminierung. | [2] Wiedemann/Oetker, § 3 TVG Rz. 18. | [3] BAG v. 24.2.1999 – 4 AZR 62/98, AP Nr. 17 zu § 3 TVG – Verbandszugehörigkeit. | [4] BAG v. 20.12.1988 – 1 ABR 57/87, AP Nr. 9 zu § 87 BetrVG 1972 – Auszahlung. | [5] Vgl. bei Otto, NZA 1996, 624; Ostrop, Mitgliedschaft ohne Tarifbindung, 1997. | [6] Im Einzelnen dazu Otto, NZA 1996, 624 (625). | [7] Otto, NZA 1996, 624 (628). | [8] BAG v. 23.10.1996 – 4 AZR 409/95 (A), AP Nr. 15 zu § 3 TVG – Verbandszugehörigkeit. | [9] Dafür: LAG Rh-Pf. v. 17.2.1995 – 10 Sa 1092/94, NZA 1995, 800; Buchner, NZA 1995, 761; Wiedemann/Oetker, § 3 TVG Rz. 102; Otto,

Koalitionsfreiheit gebietet, als „Mitglied" im Sinne dieser Vorschrift nur diejenigen ArbGeb zu sehen, die sich mit dem Beitritt freiwillig der Tarifbindung unterwerfen wollen. An dieser freiwilligen Unterwerfung fehlt es bei „OT"-Mitgliedern[1]. Außerdem haben ArbGebVerbände aufgrund ihrer ebenfalls verfassungsrechtlich garantierten Satzungsautonomie[2] die Befugnis, durch Festlegung der Tarifzuständigkeit „OT"-Mitglieder von der Wirkung der TV auszunehmen[3].

II. Tarifunterworfene Personen (Abs. 1). 1. Tarifbindung aufgrund Mitgliedschaft im Berufsverband. a) Mitgliedschaft. Neben dem ArbGeb, der selbst Partei des TV ist, sind die **Mitglieder der TV-Parteien** tarifgebunden. Ob sie dem Tarifabschluss zustimmen oder widersprechen, ist ohne Belang. Nicht einmal Kenntnis vom Tarifabschluss ist Voraussetzung für den Eintritt der Bindungswirkung. Das Arbeitsrecht kennt auch keine Verpflichtung der Arbeitsvertragsparteien, ihre Verbandsmitgliedschaft offen zu legen. Bloße Gastmitglieder, denen die mit der Mitgliedschaft verbundenen wesentlichen Mitgliedschaftsrechte (Stimmrecht, aktives und passives Wahlrecht) nicht zustehen, unterfallen nicht der Tarifbindung[4]. Ob auch der Rechtsschein einer Mitgliedschaft die Tarifbindung begründen kann, wird in der Lit. kontrovers beurteilt[5]. 6

b) Mitgliedschaft des ArbGeb. Auf ArbGebSeite kommt es auf die **Mitgliedschaft des Unternehmens**, nicht auf diejenige eines Betriebes oder des Konzerns an. Ist der ArbGeb eine juristische Person, so muss diese Mitglied im ArbGebVerband sein. Abhängige, aber rechtlich selbstständige Unternehmen werden nicht dadurch tarifgebunden, dass die Muttergesellschaft Verbandsmitglied ist[6]. Vielmehr steht ihnen ebenfalls das Koalitionsgrundrecht zur Seite. Bei Personengesellschaften kommt es auf die Mitgliedschaft der Gesellschaft an (§ 1 Rz. 42)[7]. Eine Arbeitsgemeinschaft des Baugewerbes kann als rechtsfähige GbR dem ArbGebVerband beitreten und dadurch tarifgebunden werden[8]. Mitunter reicht auch die Tarifbindung einzelner Gesellschafter aus. Ist bei einer KG der einzige persönlich haftende Gesellschafter Mitglied in einer tariffähigen ArbGebOrganisation, so kann die Auslegung ergeben, dass die KG selbst Mitglied der Organisation und damit tarifgebunden sein soll[9]. Das wird insb. dann gelten, wenn der Komplementär selbst keine Arbeitsverhältnisse begründet hat. Sind alle Gesellschafter einer Arge. tarifgebunden, so wird regelmäßig die Tarifgebundenheit der Arge. selbst anzunehmen sein[10]. Ausschlaggebend ist die Auslegung der Beitrittserklärung, aber auch die Rechtsmacht des bzw. der jeweiligen Gesellschafter(s), wirksam eine Mitgliedschaft der Personengesellschaft begründen zu können. 7

c) Eintritt in den Verband. Einzelheiten der Mitgliedschaft bestimmen sich **nach dem Recht der Verbandssatzung**[11]. Voraussetzung für den Erwerb der Mitgliedschaft ist ein Aufnahmeantrag und die Annahme durch den Verband[12]. In welcher Form beide vorzunehmen sind und welches Organ des Verbands über die Aufnahme entscheidet, regelt die Satzung. Minderjährige benötigen zum Erwerb der Mitgliedschaft die Zustimmung des gesetzlichen Vertreters. Liegt eine generelle Ermächtigung gemäß § 113 BGB vor, umfasst sie im Allgemeinen den Beitritt zu einer Gewerkschaft[13]. Die Unwirksamkeit des Vertragsschlusses steht der Tarifbindung bei in Vollzug gesetzten Mitgliedschaftsverhältnissen nicht entgegen[14]. 8

d) Aufnahmeanspruch. Das Vereinsrecht kennt keinen Aufnahmeanspruch. Er kann sich daher auch bei den Berufsverbänden grundsätzlich nur aus der Satzung ergeben. Die DGB-Satzungen kennen einen Aufnahmeanspruch nur für den Sonderfall des Übertritts aus einer anderen DGB-Gewerkschaft wegen eines Zuständigkeitswechsels[15]. Bei Verbänden, denen wie den Koalitionen eine **überragende Machtstellung** im wirtschaftlichen oder sozialen Bereich zukommt, bejaht der BGH in ständiger Rspr. einen Anspruch auf Aufnahme außerdem dann, wenn ein wesentliches Interesse am Erwerb der Mit- 9

NZA 1996, 624 (628); *Reuter*, RdA 1996, 201; dagegen: Däubler/*Peter*, § 2 TVG Rz. 122 ff.; Däubler/*Lorenz*, § 3 TVG Rz. 36 f.; *Däubler*, NZA 1996, 225 (230); *Glaubitz*, NZA 2003, 140; *Kempen/Zachert*, § 2 TVG Rz. 90 f.; *Röckl*, DB 1993, 2382; offen gelassen in BAG v. 23.10.1996 – 4 AZR 409/95, AP Nr. 15 zu § 3 TVG – Verbandszugehörigkeit; LAG Hess. v. 6.10.1997 – 16 Sa 585/97, LAGE § 97 ArbGG 1979 Nr 1. |1 So LAG Rh.-Pf. v. 17.2.1995 – 10 Sa 1092/94, NZA 1995, 800; *Buchner*, NZA 1995, 761 (764, 768); Wiedemann/*Oetker*, § 3 TVG Rz. 102; *Otto*, NZA 1996, 624 (628); nach BAG v. 23.10.1996 – 4 AZR 409/95, AP Nr. 15 zu § 3 TVG – Verbandszugehörigkeit handelt es sich um eine Frage der Tarifzuständigkeit. |2 BVerfG v. 4.7.1995 – 1 BvF 2/86, AP Nr. 4 zu § 116 AFG = BVerfGE 92, 365 (393 ff.); *Hensseler*, ZfA 1998, 1 (15). |3 Vgl. *Otto*, NZA 1996, 624 (629). |4 BAG v. 16.2.1962 – 1 AZR 167/61, AP Nr. 12 zu § 3 TVG – Verbandszugehörigkeit. |5 Dafür: Däubler/*Lorenz*, § 3 TVG Rz. 20; Wiedemann/*Oetker*, § 3 TVG Rz. 103; dagegen ErfK/*Schaub*, § 3 TVG Rz. 8; Löwisch/*Rieble*, § 3 TVG Rz. 19; vgl. auch LAG Hess. v. 6.10.1997 – 16 Sa 585/97, LAGE § 97 ArbGG 1979 Nr. 1. |6 BAG v. 11.9.1991 – 4 AZR 71/91, AP Nr. 29 – Internat Privatrecht, Arbeitsrecht. |7 BAG v. 4.5.1994 – 4 AZR 418/93, AP Nr. 1 zu § 1 TVG – Tarifverträge Elektrohandwerk. |8 Zum Ganzen Wiedemann/*Oetker*, § 3 TVG Rz. 90; vgl. auch BAG v. 10.12.1997 – 4 AZR 247/96, AP Nr. 20 zu § 3 TVG. |9 BAG v. 4.5.1994 – 4 AZR 418/93, AP Nr. 1 zu § 1 TVG – Tarifverträge Elektrohandwerk; v. 22.2.1957 – 1 AZR 426/56, AP Nr. 2 zu § 2 TVG; siehe aber v. 10.12.1997 – 4 AZR 247/96 und 4 AZR 193/97, AP Nr. 20, 21 zu § 3 TVG. |10 Wiedemann/*Oetker*, § 3 TVG Rz. 92. |11 Vgl. BAG v. 14.10.1960 – 1 AZR 233/58, AP Nr. 10 zu Art. 9 GG – Arbeitskampf; v. 16.2.1962 – 1 AZR 167/61, AP Nr. 12 zu § 3 TVG – Verbandszugehörigkeit. |12 LAG Hamm v. 11.5.1989 – 17 Sa 1767/88, LAGE 4 TVG – Abschlussnormen Nr. 1. |13 LG Frankenthal v. 14.3.1966 – 1 T 56/66, DB 1966, 586; LG Düsseldorf v. 10.3.1966 – 15 T 24/66, DB 1966, 587; LG Essen v. 18.3.1965 – 11 T 633/64, NJW 1965, 2382. |14 *Löwisch/Rieble*, § 3 TVG Rz. 23 f. |15 Vgl. zB § 7 Nr. 4 Satzung ver.di.

gliedschaft besteht und die Ablehnung der Aufnahme im Verhältnis zu bereits aufgenommenen Mitgliedern eine sachlich nicht gerechtfertigte Ungleichbehandlung und unbillige Benachteiligung des Bewerbers darstellen würde[1]. Die Rspr. gilt für Gewerkschaften und ArbGebVerbände gleichermaßen[2].

10 e) **Gesetzliche Beendigungsgründe und Austritt aus dem Verband.** Die Tarifbindung endet mit der Beendigung der Mitgliedschaft. Der **Tod** des ArbN und die **Vollbeendigung** einer juristischen Person führen zur automatischen Beendigung der Mitgliedschaft. Der Auflösungsbeschluss allein genügt ebenso wenig wie die Eröffnung des Insolvenzverfahrens über das Vermögen des ArbGeb. Wird der Verband im Zuge der Fusion mit einem weiteren Verband aufgelöst, so bleibt für die Verbandsmitglieder die Tarifbindung gem. § 3 Abs. 3 bestehen. Im Übrigen tritt der neu gebildete Verband nur im Fall der Gesamtrechtsnachfolge nach dem UmwG in die zuvor bestehenden TV ein. Zur Frage der Tarifbindung des Rechtsnachfolgers siehe Rz. 46 ff. Die Mitgliedschaft ist nach dem abdingbaren (§ 40 BGB) § 38 BGB weder übertragbar noch vererbbar.

11 Nach allgemeinem Vereinsrecht endet die Mitgliedschaft ferner durch **Austritt** bzw. Kündigung (§ 39 Abs. 1 BGB). Maßgeblich ist auch insoweit die **Satzung des Verbandes.** Während nach § 39 Abs. 2 BGB der Austritt in der Satzung grundsätzlich an eine Kündigungsfrist von maximal 2 Jahren geknüpft werden kann, ist diese Frist für Koalitionen wegen der besonderen Bedeutung der Koalitionszugehörigkeit auf eine Maximaldauer von 6 Monaten reduziert[3]. Längere Fristen sind auf das angemessene Maß zu reduzieren. Im Übrigen steht dem Mitglied das Recht zum fristlosen Austritt aus wichtigem Grund zu[4]. Als solcher Grund gilt allerdings nicht eine ordnungsgemäß beschlossene Beitragserhöhung.

12 f) **Ausschluss.** Für den vereinsrechtlich grundsätzlich möglichen Ausschluss ist das in der Satzung vorgesehene **Ausschlussverfahren** einzuhalten[5]. Ein Verfahrensfehler kann geheilt werden. Der Ausschluss darf nicht gesetzeswidrig, grob unbillig oder willkürlich sein. Sofern der Verband einer Aufnahmepflicht unterliegt (siehe Rz. 9), muss der Ausschluss zudem eine Grundlage in der Satzung besitzen und durch sachliche Gründe gerechtfertigt sein[6]. Den Verbänden wird eine gewisse Einschätzungs- und Bewertungsprärogative zugebilligt[7]. Sachliche Ausschlussgründe können in einer Betätigung als Streikbrecher liegen[8] oder in der Mitgliedschaft in einer Organisation oder Partei, deren Programmatik den Zielen des Verbandes zuwiderläuft[9]. Zu dulden ist dagegen innerverbandliche Kritik (s. auch § 2 Rz. 10 zur Gründung einer Gewerkschaft für Gewerkschaftsbeschäftigte). So darf eine Gewerkschaft ein missliebiges Mitglied nur dann ausschließen, wenn dieses von grundsätzlicher Gegnerschaft getragene gewerkschaftsfeindliche Angriffe unternommen oder ein prinzipiell anders geartetes Verständnis von der Rolle der Gewerkschaften im demokratischen Staat hat[10]. Das BVerfG[11] hat die Anforderungen unter Hinweis auf das Selbstbestimmungsrecht der Koalitionen als wesentlichem Bestandteil der Koalitionsfreiheit erleichtert[12]. Die Solidarität ihrer Mitglieder und ein geschlossenes Auftreten nach außen seien für Koalitionen von besonderer Bedeutung, um die Glaubwürdigkeit ihrer Wahlaussagen und das Vertrauen in ihre Durchsetzungsfähigkeit sicherzustellen. Konkurrierende Listen von Gewerkschaftsmitgliedern bei BR-Wahlen stünden dem entgegen. Ein unberechtigter Ausschluss kann dennoch wirksam werden, wenn es das Mitglied versäumt, einen besonderen von der Satzung vorgesehen Ausschuss, die Mitgliederversammlung oder ein Schiedsgericht anzurufen[13].

13 g) **Bedingung und Befristung.** Ist die Mitgliedschaft auflösend bedingt oder befristet, so **endet sie mit Eintritt der Bedingung bzw. Ablauf der Befristung.** Die Bedingung kann so ausgestaltet werden, dass die Mitgliedschaft bei höheren Beitragsrückständen bzw. Nichtzahlung von Beiträgen trotz Mahnungen endet[14]. In ArbGebVerbänden kann – abweichend vom Regelfall (dazu Rz. 12) – die Eröffnung des Insolvenzverfahrens über das Vermögen des ArbGeb oder auch der Beschluss über die Auflösung der juristischen Person zur Bedingung für die Beendigung der Mitgliedschaft erhoben werden.

14 **2. Der ArbGeb als Partei des TV.** Beim FirmenTV wird der ArbGeb gleichzeitig Partei des TV und Partei der Arbeitsverträge (Abs. 1). Er ist damit zugleich Normgeber und Normunterworfener. Einer speziellen Legitimation für die Normunterwerfung bedarf es nicht. Von Bedeutung ist die Unterscheidung zwischen TV-Partei und Arbeitsvertragspartei für die Fortgeltung von FirmenTV nach einem Be-

---

1 BGH v. 10.12.1984 – II ZR 91/84, NJW 1985, 1216; v. 1.10.1984 – II ZR 292/83, NJW 1985, 1214; vgl. auch v. 15.10.1990 – II ZR 255/89, NJW 1991, 485. | 2 Wiedemann/*Oetker*, § 2 TVG Rz. 183 ff. | 3 BGH v. 22.9.1980 – II ZR 34/80, AP Nr. 33 zu Art. 9 GG; v. 4.7.1977 – II ZR 30/76, AP Nr. 25 zu Art. 9 GG; nach ArbG Berlin v. 8.5.2003 – 96 Ca 5296/03, DB 2003, 1518 (krit. Anm. *Bauer/Rolf*) kann der Vorstand der Arbeitgebervereinigung auf die Einhaltung der Frist nur bei Vorliegen eines wichtigen Grundes verzichten. | 4 Soergel/*Hadding*, § 39 BGB Rz. 5. | 5 BGH v. 27.9.1993 – II ZR 25/93, AP Nr. 70 zu Art. 9 GG. | 6 BGH v. 19.10.1987 – II ZR 43/87, BGHZ 102, 265 (277); v. 15.10.1990 – II ZR 255/89, NJW 1991, 485; v. 27.9.1993 – II ZR 25/93, AP Nr. 70 zu Art. 9 GG; Wiedemann/*Oetker*, § 3 TVG Rz. 107. | 7 Wiedemann/*Oetker*, § 2 TVG Rz. 191. | 8 BGH v. 19.1.1978 – II ZR 192/76; AP Nr. 56 zu Art. 9 GG – Arbeitskampf. | 9 BGH v. 15.10.1990 – II ZR 255/98, NJW 1991, 485; v. 27.9.1993 – II ZR 25/93, AP Nr. 70 zu Art. 9 GG; BGH v. 4.3.1991 – II ZR 90/90, EzA Art. 9 GG Nr. 51. | 10 BGH v. 19.10.1987 – II ZR 43/87, BGHZ 102, 265. | 11 BVerfG v. 24.2.1999 – 1 BvR 123/93, AP Nr. 18 zu § 20 BetrVG 1972 = RdA 2000, 99 mit krit. Anm. *Reuter*. | 12 Zurückhaltender die ältere Rspr. des BGH: BGH v. 19.10.1987 – II ZR 43/87, BGHZ 102, 265; v. 30.5.1983 – II ZR 138/82, AP Nr. 9 zu § 20 BetrVG 1972; v. 25.3.1991 – II ZR 170/90, AP Nr. 3 zu § 25 BGB. | 13 BGH v. 6.3.1967 – II ZR 231/64, BGHZ 47, 172. | 14 Löwisch/*Rieble*, § 3 TVG Rz. 42.

triebsübergang. § 613a Abs. 1 BGB vermittelt dem Erwerber nur den Eintritt in die Rechtsstellung als Arbeitsvertragspartei, nicht in diejenige als TV-Partei (Rz. 47).

3. Bezugnahmeklauseln. Der weit überwiegende Teil aller Arbeitsverträge, insb. solcher im Bereich des öffentlichen Dienstes, enthält **Verweisungen auf TV**. Näher definierte tarifliche Regelungen sollen danach ganz oder teilweise für das Arbeitsverhältnis gelten. **15**

a) Überblick. Neben der Vereinfachung und Standardisierung der Vertragsgestaltung[1] **bezweckt** die Bezugnahme auf TV regelmäßig die Gleichstellung der Außenseiter mit den Gewerkschaftsmitgliedern und damit die **Gleichbehandlung aller Belegschaftsmitglieder** durch den – tarifgebundenen – ArbGeb. Ihre Folge sind einheitliche Arbeitsbedingungen im Betrieb unabhängig von der Tarifgebundenheit der ArbN[2]. Zugleich erübrigt sich für den ArbGeb die Frage nach der Gewerkschaftszugehörigkeit. Nur ausnahmsweise will der ArbGeb dagegen durch die Bezugnahme die Anwendung bestimmter Tarifbestimmungen unabhängig von seinen tarifrechtlichen Bindungen zusichern. Welcher Zweck gewollt ist, ist durch Auslegung zu ermitteln (s. Rz. 23). **16**

Zu unterscheiden ist zwischen **statischen und dynamischen Verweisungen**. Bei der statischen Verweisung nehmen die Arbeitsvertragsparteien einen bestimmten TV in seiner zum Zeitpunkt des Arbeitsvertragsschlusses bestehenden Fassung in Bezug. Es gelten dann die Bestimmungen des TV für das Arbeitsverhältnis und zwar unabhängig von einer späteren Änderung des TV oder von einem Verbandswechsel bzw. -austritt einer der Parteien. Die dynamischen Klauseln lassen sich weiter in kleine und große Verweisungen unterteilen. Eine kleine dynamische Verweisung liegt vor, wenn die Normen eines bestimmten TV „in seiner jeweils gültigen Fassung" zum Inhalt des Arbeitsvertrages gemacht werden. Ändert sich der TV, gelten die geänderten Bedingungen unmittelbar für das betreffende Arbeitsverhältnis. Inhaltlich am weitesten reicht die große dynamische Verweisung, nach der die jeweils sachlich einschlägigen Tarifbestimmungen in ihrer jeweils gültigen Fassung für das Arbeitsverhältnis maßgeblich sein sollen. Hier kann es – etwa nach einer Umstrukturierung oder einer unternehmerischen Neuausrichtung des Betriebes – zur Anwendung des für eine andere, nämlich die nunmehr einschlägige Branche maßgeblichen TV kommen. Welche Verweisung vorliegt, ist durch Auslegung zu ermitteln, ggf. unter Rückgriff auf die Grundsätze der ergänzenden Vertragsauslegung (s. Rz. 23)[3]. **17**

b) Wirksamkeit der Bezugnahmeklausel. Die Verweisung auf TV ist **allgemein zulässig**. TV genießen nach § 5 UrhG keinen Urheberrechtsschutz. Zur Bezugnahme aufgrund gesetzlicher oder richterrechtlicher Zulassung siehe Einl. Rz. 27, 31. Auch die arbeitsvertraglich in Bezug genommenen TV unterliegen wegen § 310 Abs. 4 Satz 1 BGB nicht der Inhaltskontrolle, die Bezugnahmeklauseln sind allerdings am Transparenzgebot und wohl auch an der Unklarheitenregel zu messen[4]. Die in der Unzulässigkeit einer mittelbaren Tarifzensur begründete Privilegierung greift nur, wenn auf den fachlich einschlägigen TV verwiesen wurde (dazu § 1 Rz. 88 f.)[5] und die Verweisung nicht nur Einzelregelungen des TV, sondern zumindest zusammenhängende Regelungsbereiche erfasst[6]. Bezugnahmen in Arbeitsverträgen von bereits tarifgebundenen ArbN sind ebenfalls unbedenklich und zwar unabhängig davon, ob auf einen fremden oder einen von der eigenen Gewerkschaft abgeschlossenen TV verwiesen wird[7]. **18**

Die – auch konkludent mögliche[8] – Bezugnahme durch den Arbeitsvertrag ist **formlos wirksam**[9]. Der in Bezug genommene TV muss aber eindeutig bestimmbar sein[10]. Auch auf Grund einer betrieblichen Übung kann sich die Inbezugnahme eines TV ergeben[11]. In diesem Fall werden die für den ArbN ungünstigen Tarifnormen, wie etwa Ausschlussklauseln, ebenfalls erfasst[12]. Da dies für die ArbN überraschend sein kann, ist es wichtig, dass der ArbGeb seiner Pflicht aus § 2 Abs. 1 Nr. 10 NachwG nachkommt. **19**

Ist der ausdrücklich in Bezug genommene TV mangels Tariffähigkeit einer Vertragspartei unwirksam, so berührt dies die Wirkungen der Verweisung nicht[13]. Folgt die **Unwirksamkeit des TV** dagegen **20**

---

1 Vgl. zu den neben die Gleichstellung tretenden Zweckrichtungen *Bayreuther*, DB 2002, 1008; *Thüsing/Lambrich*, RdA 2002, 193 (200); *Stein*, AuR 2003, 361. |2 BAG v. 4.9.1996 – 4 AZR 135/95, AP Nr. 5 zu § 1 TVG – Bezugnahme auf Tarifvertrag; Wiedemann/*Oetker*, § 3 TVG, Rz. 210; *Gaul*, ZfA 2003, 75 (76 f.). |3 BAG v. 4.9.1996 – 4 AZR 135/95, AP Nr. 5 zu § 1 TVG – Bezugnahme auf Tarifvertrag; *Säcker/Oetker*, ZfA 1993, 1 (14 f.); Wiedemann/*Oetker*, § 3 TVG Rz. 208. |4 Vgl. BT-Drs. 14/6857, S. 54; Däubler/*Lorenz*, § 3 TVG Rz. 219 f.; *Reichel*, AuR 2003, 366 (367); *Gaul*, ZfA 2003, 75 (86). |5 Henssler in Henssler/v. Westphalen, Praxis der Schuldrechtsreform, § 310 BGB Rz. 33. |6 Vgl. *Henssler* in Dauner-Lieb/Konzen/Schmidt, Das neue Schuldrecht in der Praxis, S. 615 (639); Däubler/*Lorenz*, § 3 TVG Rz. 236 f.; *Gaul*, ZfA 2003, 75 (88 f.); *Lindemann*, Flexible Gestaltung von Arbeitsbedingungen, S. 137 ff. |7 BAG v. 22.3.1994 – 1 ABR 47/93, EzA § 4 TVG – Geltungsbereich Nr. 10. |8 *Gaul*, ZfA 2003, 75 (77); Wiedemann/*Oetker*, § 3 TVG Rz. 233. |9 BAG v. 19.1.1999 – 1 AZR 606/98, AP Nr. 9 zu § 1 TVG – Bezugnahme auf Tarifvertrag. |10 BAG v. 8.3.1995 – 10 AZR 27/95, AP Nr. 5 zu § 1 TVG – Verweisungstarifvertrag. |11 BAG v. 19.1.1999 – 1 AZR 606/98, AP Nr. 9 zu § 1 TVG – Bezugnahme auf Tarifvertrag. |12 BAG v. 19.1.1999 – 1 AZR 606/98, AP Nr. 9 zu § 1 TVG – Bezugnahme auf Tarifvertrag mit zust. Anm. *Oetker*. Die Bezugnahme auf ein Tarifwerk durch betriebliche Übung hat generellen Charakter MünchArbR/*Richardi*, § 13 Rz. 3. |13 BAG v. 7.12.1977 – 4 AZR 474/76, AP Nr. 9 zu § 4 TVG – Nachwirkung.

aus einem Verstoß gegen höherrangiges Recht oder allgemeine Rechtsprinzipien, läuft auch die Bezugnahme ins Leere[1]. Die Verweisung auf einen nicht mehr wirksamen TV ist ebenfalls unbedenklich, solange sich sein Inhalt weiterhin im Rahmen der Rechtsordnung hält[2]. Ist der TV nicht ohnehin aufgrund beidseitiger Tarifgebundenheit anwendbar, gehen abweichende Bestimmungen des Arbeitsvertrages dem in Bezug genommenen TV vor[3]. Im Falle beidseitiger Tarifbindung sind die Grenzen von § 4 Abs. 1 und 3 zu beachten (siehe § 4 Rz. 3 ff., 29 ff.).

21 Über Bezugnahmeklauseln kann je nach Umfang der gesetzlichen Öffnung regelmäßig auch von nur tarifdispositivem Gesetzesrecht (etwa § 622 Abs. 4 BGB; § 13 Abs. 1 Satz 2 BUrlG) abgewichen werden (s. Einl. Rz. 26 f.). Die Teilhabe an der Richtigkeitsgewähr des TV wird im Arbeitsvertragspartnern allerdings meist (vgl. etwa § 622 Abs. 4 Satz 2 BGB) nur dann zugestanden, wenn der Arbeitsvertrag auch den fachlich und betrieblich einschlägigen TV in Bezug nimmt[4].

22 **c) Umfang.** Die Festlegung des Umfangs der Bezugnahme ist den Arbeitsvertragsparteien überlassen. Sie können auf den räumlich, betrieblich und fachlich einschlägigen oder auf einen (partiell) fremden TV verweisen. Die Verweisung kann sich auf den gesamten TV oder nur auf einzelne Regelungen beziehen[5]. Fehlen entgegenstehende Abreden, so greift der TV mit seinem gesamten Inhalt, einschließlich der belastenden Normen[6]. Verweist der Arbeitsvertrag etwa für den Jahresurlaub auf die einschlägigen tarifvertraglichen Bestimmungen, so findet der gesamte tarifvertragliche Regelungskomplex „Urlaub" einschließlich des erhöhten Urlaubsgeldes Anwendung[7].

23 **d) Auslegung der Bezugnahmeklausel.** Gegenstand und Reichweite der Bezugnahme sind durch Auslegung der Verweisungsklausel unter Berücksichtigung ihres Zwecks zu bestimmen. Die Auslegung von Bezugnahmeklauseln zählt zu den für die Praxis aktuell wichtigsten Fragen des Tarifrechts und hat das BAG in den letzten Jahren fortlaufend beschäftigt. Grund hierfür sind die wachsenden Bestrebungen der Unternehmen, tarifliche Bindungen abzustreifen oder in andere, günstigere Tarifbereiche zu wechseln[8]. Bei diesen Bemühungen kommt den einzelvertraglichen Bezugnahmeklauseln oft entscheidende Bedeutung zu.

24 Das BAG geht bei der Auslegung arbeitsvertraglicher Bezugnahmeklauseln einerseits davon aus, dass im Zweifel auch bei Fehlen einer „**Jeweiligkeitsklausel**" eine (kleine) dynamische Verweisung gewollt ist[9]. Andererseits soll in Hinblick auf die „besonderen arbeitsrechtlich vorstrukturierten Bedingungen bei Vertragsschluss"[10] typischer Zweck einer dynamischen Bezugnahmeklausel – wenn und soweit der ArbGeb selbst tarifgebunden ist[11] – die **Gleichstellung** der nicht-organisierten mit den gewerkschaftsangehörigen ArbN des Betriebes sein[12]. Nach dieser umstrittenen Auffassung soll die arbeitsvertragliche Verweisung lediglich widerspiegeln, was tarifrechtlich gilt. Sie ersetze die fehlende Mitgliedschaft des ArbN in der tarifschließenden Gewerkschaft und stelle ihn so, als wäre er tarifgebunden[13].

25 Unter Berufung auf den Gleichstellungsgedanken hatte der 4. Senat des BAG zunächst sogar eine Bezugnahmeklausel, die einen konkret benannten TV in der jeweils geltenden Fassung in Bezug nahm (kleine dynam. Bezugnahme), anlässlich eines Verbandswechsels des ArbGeb dahin **korrigierend ausgelegt**, dass eine Verweisung auf den jeweils für den Betrieb geltenden TV erfolgte (große dynam. Bezugnahme)[14]. Die jüngere Rspr. beurteilt solche Korrekturmöglichkeiten mit Recht deutlich restriktiver, auch wenn der 4. Senat lediglich von einer „Fortentwicklung"[15] seiner Rspr. spricht. Nur wenn (1.) überhaupt eine Gleichstellungsabrede gewollt ist und (2.) außerdem **besondere Umstände** den

---

1 Wiedemann/*Oetker*, § 3 TVG Rz. 237. | 2 Dazu BAG v. 1.6.1995 – 6 AZR 922/94, AP Nr. 5 zu § 1 BAT-O; *Löwisch/Rieble*, § 3 TVG Rz. 110; aA für den Fall einer Verweisung auf einen lange abgelaufenen Tarifvertrag ErfK/*Schaub*, § 3 TVG Rz. 49. | 3 LAG Hamm v. 17.10.1955 – 2 Sa 233/55, AP Nr. 2 zu § 21 HandwO. | 4 Zu Einzelheiten *Löwisch/Rieble*, § 3 TVG Rz. 123. | 5 BAG v. 29.7.1986 – 3 AZR 71/85, AP Nr. 16 zu § 1 BetrAVG – Zusatzversorgungskassen; v. 19.1.1999 – 1 AZR 606/98, AP Nr. 9 zu § 1 TVG – Bezugnahme auf Tarifvertrag. | 6 Vgl. BAG v. 4.4.2001 – 4 AZR 194/00, AP Nr. 45 zu § 23a BAT. | 7 BAG v. 17.11.1998 – 9 AZR 584/97, AP Nr. 10 zu § 1 TVG – Bezugnahme auf Tarifvertrag. | 8 *Thüsing/Lambrich*, RdA 2002, 193. | 9 BAG v. 26.9.2001 – 4 AZR 544/00, NZA 2002, 634; v. 28.5.1997 – 4 AZR 663/95, AP Nr. 6 zu § 1 TVG – Bezugnahme auf Tarifvertrag; v. 20.3.1991 – 4 AZR 455/90, AP Nr. 20 zu § 4 TVG – Tarifkonkurrenz. | 10 BAG v. 26.9.2001 – 4 AZR 544/00, BB 2002, 1264 (1265), (*Lambrich*) = AP Nr. 21 zu § 1 TVG – Bezugnahme auf Tarifvertrag (*Thüsing*); v. 27.11.2002 – 4 AZR 661/01, AP Nr. 28 zu § 1 TVG – Bezugnahme auf Tarifvertrag („soziotypische Ausgangslage"). | 11 BAG v. 5.12.2001 – 10 AZR 197/01, NZA 2002, 640; v. 20.2.2002 – 4 AZR 524/00, nv.; v. 25.9.2002 – 4 AZR 294/01, AP Nr. 26 zu TVG § 1 – Bezugnahme auf Tarifvertrag. Unabhängig von der Tarifgebundenheit des Arbeitgebers den Gleichstellungszweck bejahend: LAG Hamm v. 5.6.1998 – 10 Sa 1564/97, AP Nr. 11 zu § 1 TVG – Bezugnahme auf Tarifvertrag. | 12 BAG v. 4.9.1996 – 4 AZR 135/95, AP Nr. 5 zu § 1 TVG – Bezugnahme auf Tarifvertrag; v. 4.8.1999 – 5 AZR 642/98, AP Nr. 14 zu § 1 TVG – Tarifverträge: Papierindustrie; v. 30.8.2000 – 4 AZR 581/99 – AP Nr. 12 zu § 1 TVG – Bezugnahme auf Tarifvertrag. Der Senat kommt sogar dann zur Auslegung als Gleichstellungsklausel, wenn der arbeitsvertraglich in Bezug genommene Tarifvertrag selbst bei beiderseitiger Tarifgebundenheit keine Anwendung finden würde, weil der Mitarbeiter außerhalb dessen räumlichen Anwendungsbereichs beschäftigt ist – BAG v. 21.8.2002 – 4 AZR 263/01, AP Nr. 21 zu § 157 BGB. | 13 Krit. *Thüsing/Lambrich*, RdA 2002, 193 (195 ff.). | 14 BAG v. 4.9.1996 – 4 AZR 135/95, AP Nr. 5 zu § 1 TVG – Bezugnahme auf Tarifvertrag. Die jeweiligen TV waren hier allerdings mit der gleichen Gewerkschaft abgeschlossen worden. | 15 BAG v. 25.10.2000 – 4 AZR 506/99, AP Nr. 13 zu § 1 TVG – Bezugnahme auf Tarifvertrag.

Schluss zulassen, dass die Parteien den Arbeitsvertrag für den Fall einer Neuorientierung des ArbGeb anderen – in der Bezugnahmeklausel nicht benannten – TV unterstellen wollten, darf die Verweisung entgegen ihrem Wortlaut als große dynamische Bezugnahmeklausel ausgelegt werden[1]. Nimmt der Arbeitsvertrag von vornherein Bezug auf ein für den ArbGeb **branchenfremdes** Tarifwerk, so liegt schon keine Gleichstellungsabrede vor. Damit kommt regelmäßig auch keine korrigierende Auslegung als große dynamische Klausel in Betracht[2]. Der ArbGeb muss sich dann über eine sog. **Tarifwechselklausel** ausdrücklich das Recht vorbehalten, ein anderes Tarifwerk einzuführen[3].

Verfehlt wird der Gleichstellungszweck, wenn eine Bezugnahme auf die „für das Unternehmen einschlägigen TV" deswegen „ins Leere geht", weil durch die Auflösung des tariftragenden ArbGebVerbandes die Tarifgebundenheit des ArbGeb und damit die normative Wirkung der in Bezug genommenen TV nachträglich wegfällt. Die in diesem Falle notwendige – ergänzende – Vertragsauslegung ergibt, dass **„einschlägig"** in diesem Falle die TV sind, die nach ihrem Geltungsbereich das Arbeitsverhältnis erfassen[4]. Für die Frage, welches die im Sinne einer großen dynamischen Bezugnahmeklausel „einschlägigen" oder „geltenden" TV sind, ist zumindest immer dann auf die fachlich und räumlich (und unter diesen ggf. auf die spezielleren) einschlägigen TV abzustellen und nicht auf diejenigen, an die der ArbGeb kraft Verbandszugehörigkeit gebunden ist, wenn der ArbN bei Vertragsschluss keine positive Kenntnis von der Verbandszugehörigkeit des ArbGeb hatte[5]. 26

e) Wirkung der Bezugnahme. Der 4. Senat des **BAG** geht davon aus, dass die arbeitsvertragliche Verweisung ebenso wie die Geltung von TV kraft beiderseitiger Verbandszugehörigkeit oder AVE die unmittelbare **normative Geltung** der in Bezug genommenen Tarifbestimmungen zur Folge hat[6]. Diese Auffassung vernachlässigt allerdings die rein schuldrechtliche Rechtsnatur der Bezugnahme. Die Tarifnormen werden aufgrund der Bezugnahme Inhalt des Arbeitsvertrages und **wirken damit rein individualrechtlich**, nicht anders, als wenn die Parteien die Regelungen als Vertragsklauseln direkt in den Arbeitsvertrag aufgenommen hätten (**hM**)[7]. 27

Hinsichtlich der Rechtsfolgen ist zu differenzieren: Im Falle **beidseitiger Tarifbindung** wird teilweise vertreten, dass der arbeitsvertraglichen Bezugnahme nur deklaratorische Bedeutung zukomme[8]. Richtigerweise ist auf die Parteivorstellungen bei Vertragsschluss abzustellen: Da der ArbN nicht wissen muss bzw. kann, wie es um die aktuelle und zukünftige Tarifbindung des ArbGeb bestellt ist, muss er die Verweisung als konstitutive Gestaltung des Arbeitsverhältnisses ansehen, da ansonsten bei fehlender oder wegfallender Tarifbindung des ArbGeb keine (ggf. eine Nachwirkung beendende) vertragliche Gestaltung der durch die Verweisung geregelten Arbeitsbedingungen bestehen würde. Aber auch aus Sicht des ArbGeb erscheint dieses Ergebnis richtig. Da er bei Vertragsschluss regelmäßig nicht über die Gewerkschaftszugehörigkeit des ArbN Bescheid wissen wird (und diese auch nicht erfragen darf), wäre es gekünstelt, ihm einen unterschiedlichen Regelungswillen abhängig von der bestehenden oder fehlenden Tarifgebundenheit des ArbN zu unterstellen. Der Verweisung kommt daher auch bei beiderseitiger Tarifgebundenheit **konstitutive Wirkung** zu[9]. **Gleiches gilt, wenn die beiderseitige Tarifbindung nicht besteht**, weil entweder zumindest auf Seiten einer Vertragspartei die Verbands- bzw. Gewerkschaftszugehörigkeit fehlt oder auf einen nicht einschlägigen TV verwiesen wird[10]. 28

Wird im Arbeitsvertrag von kongruent tarifgebundenen Vertragspartnern auf einen fremden TV verwiesen, sind dessen Regelungen nur insoweit anzuwenden, als sie günstiger iSv. § 4 Abs. 3 sind[11]. Ist der ArbGeb nicht tarifgebunden, findet der in Bezug genommene TV – gleich, ob für den ArbN fremd oder eigen – Anwendung. 29

---

1 BAG v. 30.8.2000 – 4 AZR 581/99, AP Nr. 12 zu § 1 TVG – Bezugnahme auf Tarifvertrag; v. 16.10.2002 – 4 AZR 467/01, AP Nr. 22 zu § 1 TVG – Bezugnahme auf Tarifvertrag; v. 21.2.2001 – 4 AZR 18/00, AP Nr. 20 zu § 4 TVG. Angesichts des offensichtlichen Zwecks der Besitzstandswahrung die Auslegung einer arbeitsvertraglichen Klausel als große dynam. Bezugnahme verneinend: BAG v. 28.5.1997 – 4 AZR 663/95, AP Nr. 6 zu § 1 TVG – Bezugnahme auf Tarifvertrag. Auch die Anwendung der Grds. über den Wegfall der Geschäftsgrundlage verneinend: BAG v. 25.9.2002 – 4 AZR 294/01, AP Nr. 26 zu TVG § 1 – Bezugnahme auf Tarifvertrag. |2 BAG v. 5.12.2001 – 10 AZR 197/01, NJOZ 2002, 1358. |3 BAG v. 25.10.2000 – 4 AZR 506/99, AP Nr. 13 zu § 1 TVG – Bezugnahme auf Tarifvertrag. |4 BAG v. 13.11.2002 – 4 AZR 393/01, NZA 2003, 1039. |5 *Thüsing/Lambrich*, RdA 2002, 193, (208). |6 BAG v. 20.3.1991 – 4 AZR 455/90, NZA 1991, 736; wohl auch v. 28.5.1997 – 4 AZR 663/95, NZA 1997, 1066. |7 BAG v. 7.12.1977 – 4 AZR 474/76, AP Nr. 9 zu § 4 TVG – Nachwirkung; v. 22.9.1993 – 10 AZR 207/92, *AP Nr. 21 zu § 4 TVG* – Tarifkonkurrenz; v. 25.10.2000 – 4 AZR 507/99, nv.; LAG Hess. v. 12.11.2001 – 16 Sa 806/00, nv.; MünchArbR/*Löwisch/Rieble*, § 3 TVG Rz. 9, 14; *Löwisch/Rieble*, § 3 TVG Rz. 104; *Kempen/Zachert*, § 3 TVG Rz. 68 ff.; *Preis*, Arbeitsrecht, § 99 VI.2; *Kania*, DB 1995, 625 (628); *Thüsing/Lambrich*, RdA 2002, 193 (194 f.), Wiedemann/*Oetker*, § 3 TVG Rz. 226 mwN und Rz. 218 zu den anderen Ansätzen. |8 Wiedemann/*Oetker*, § 3 TVG Rz. 206; *Schwab*, BB 1994, 781 (783). WN bei *Thüsing/Lambrich*, RdA 2002, 193, (201, Fn. 94). |9 BAG v. 19.3.2003 – 4 AZR 331/02, NZA 2003, 1207; v. 26.9.2001 – 4 AZR 544/00, AP Nr. 21 zu § 1 TVG – Bezugnahme auf Tarifvertrag; v. 27.11.2002 – 4 AZR 661/01, AP Nr. 28 zu § 1 TVG – Bezugnahme auf Tarifvertrag; v. 27.11.2002 – 4 AZR 540/01, AP Nr. 29 zu § 1 TVG – Bezugnahme auf Tarifvertrag; *Däubler*, NZA 1996, 225 (228); *Thüsing/Lambrich*, RdA 2002, 193 (201); *Däubler/Lorenz*, § 3 TVG Rz. 225 ff. mwN. |10 *Däubler/Lorenz*, § 3 TVG Rz. 225. |11 BAG v. 22.3.1994 – 1 ABR 47/93, EzA § 4 TVG – Geltungsbereich Nr. 10.

30 Bei **Wegfall der zwingenden normativen Wirkung des in Bezug genommenen TV** bei kraft Verbandszugehörigkeit tarifgebundenen ArbGeb (sei es wegen Zeitablaufs, Verbandsaustritts des ArbGeb oder Verbandsauflösung, Herauswachsens aus dem Geltungsbereich oder weil im Falle eines Betriebsübergangs der Erwerber nicht tarifgebunden ist) folgert das BAG aus dem Gleichstellungszweck **dynamischer Bezugnahmeklauseln**, die auf einen bestimmten TV verweisen (kleine dynam. Bezugnahme), dass die arbeitsvertragliche Verweisung von da an statisch auf die im Zeitpunkt des Wegfalls geltenden TV Bezug nimmt. Denn aufgrund der Gleichstellungsklausel solle der nicht-tarifgebundene ArbN nur so lange an der Tarifentwicklung teilnehmen, wie es für einen tarifgebundenen Mitarbeiter aufgrund der normativen Wirkung des TV der Fall wäre (vgl. § 4 Rz. 5 ff.). Dadurch sollen die nicht tarifgebundenen ArbN lediglich so gestellt werden, wie wenn sie tarifgebunden wären[1]. Bei dieser Argumentation lässt das BAG unberücksichtigt, dass es auch für die tarifgebundenen ArbN nicht bei der allein normativen Geltung der Tarifbestimmungen bleibt, sondern diese regelmäßig ebenso wie bei den nicht-organisierten Mitarbeitern auch aufgrund arbeitsvertraglicher Verweisung gelten (s. Rz. 28). Die Gleichstellung beider ArbN-Gruppen ist damit unabhängig von der Auslegung der Bezugnahmeklausel gewährleistet. Trotzdem ist dem BAG im Ergebnis zuzustimmen. Es wäre widersinnig, wenn ein ArbGeb aufgrund der Bezugnahmeklausel einer strengeren Bindung unterliegen würde als es aufgrund seiner Tarifbindung der Fall ist und er trotz Wegfalls seiner Tarifbindung über die arbeitsvertragliche Verweisung „ewig" an die Fortentwicklung nunmehr für ihn fremder TV gebunden bliebe. Vielmehr kann ihm der Wille, sich an den Verhandlungsergebnissen der Tarifparteien festhalten zu lassen, nur so lange unterstellt werden, wie er selbst Mitglied der Tarifpartei auf ArbGebSeite ist. Das über den Wortlaut hinausgehende Ergebnis der bloß statischen Fortgeltung des in Bezug genommenen TV lässt sich im Wege der **ergänzenden Vertragsauslegung** herleiten. Da die Parteien bei Vertragsschluss regelmäßig die Möglichkeit einer Veränderung in der Tarifbindung des ArbGeb nicht bedacht haben, ist auf den hypothetischen Parteiwillen abzustellen. Sofern nicht besondere Umstände eine andere Auslegung bedingen, ist davon auszugehen, dass die Übernahme der tarifvertraglichen Dynamik nur unter der Bedingung der tariflichen Bindung des ArbGeb gelten sollte. Auf dieses Interesse des ArbGeb auf Beeinflussbarkeit der Entwicklung der Arbeitsbedingungen hätte sich der ArbN bei Vertragsschluss redlicherweise einlassen müssen. Einer solchen nach der normativen Rechtslage differenzierenden Auslegung kann auch die Unklarheitenregel des § 305c Abs. 2 BGB (ambiguitas contra proferentem) entgegengehalten werden[2], da deren Anwendung ein mehrdeutiges Auslegungsergebnis voraussetzt. Unter Umständen kann sich das gefundene Ergebnis auch aus § 313 BGB ergeben[3].

31 Sind im Arbeitsvertrag die bei der ArbGeb für eine Gruppe von ArbN jeweils gültigen TV in Bezug genommen, so gelten für die Zeit einer von einer **konzernbezogenen Versetzungsklausel** gedeckten Abstellung zu einer anderen Konzerngesellschaft auch die (schlechteren) Bedingungen eines von der ArbGeb und der Konzerngesellschaft mit einer Gewerkschaft über den Einsatz von Angehörigen dieser ArbN-Gruppe bei der Konzerngesellschaft abgeschlossenen TV[4].

32 Für die **Auslegung der in Bezug genommenen Tarifnormen** gelten die gleichen Grundsätze, die auch bei normativer Geltung heranzuziehen sind (dazu § 1 Rz. 76 ff.)[5]. Anderenfalls ließe sich die bezweckte einheitliche Anwendung der Tarifnormen auf organisierte Belegschaftsmitglieder und Außenseiter nicht verwirklichen. Zu den Wirkungen einer Bezugnahmeklausel nach einem Betriebsübergang gem. § 613a BGB s. auch § 613a BGB Rz. 275 ff.

33 4. **Außenseiterklauseln.** Ausnahmsweise kann auch ein **nicht organisierter ArbN** Ansprüche gegen den tarifgebundenen ArbGeb auf tarifliche Leistungen aufgrund einer sog. **Außenseiterklausel** im TV erwerben. Sie verpflichtet den ArbGeb, die nichtorganisierten ArbN wie die tarifgebundenen zu behandeln. Eine entsprechende Vereinbarung ist ein zulässiger Vertrag zugunsten Dritter und verstößt nicht gegen die negative Koalitionsfreiheit[6]. Da Außenseiterklauseln regelmäßig den Interessen der Gewerkschaften nach Mitgliederwerbung zuwiderlaufen, ist ihre praktische Bedeutung gering.

34 **III. Rechtsnormen über betriebliche und betriebsverfassungsrechtliche Fragen (Abs. 2).** Rechtsnormen über betriebliche und betriebsverfassungsrechtliche Fragen gelten auch für nicht oder anders organisierte ArbN in Betrieben, in denen **nur der ArbGeb tarifgebunden** ist (§ 3 Abs. 2). Betroffen sind Regelungsbereiche, die aus Gründen der innerbetrieblichen Gerechtigkeit und Gleichbehandlung notwendigerweise die gesamte Belegschaft eines Betriebes in gleicher Weise angehen oder aber in der sozialen Wirklichkeit aus tatsächlichen oder rechtlichen Gründen nur einheitlich gelten können[7].

---

1 BAG v. 26.9.2001 – 4 AZR 544/00, AP Nr. 21 zu § 1 TVG – Bezugnahme auf Tarifvertrag; v. 16.10.2002 – 4 AZR 467/01, AP Nr. 22 zu § 1 TVG – Bezugnahme auf Tarifvertrag; v. 27.11.2002 – 4 AZR 661/01, AP Nr. 28 zu § 1 TVG – Bezugnahme auf Tarifvertrag. | 2 Däubler/Lorenz, § 3 TVG Rz. 246; Thüsing/Lambrich, RdA 2002, 193 (202 ff.). | 3 Vgl. LAG Berlin v. 21.12.1998 – 9 Sa 77/98, NZA-RR 1999, 424 (425); Thüsing/Lambrich, RdA 2002, 193 (206) im Fall der Existenzbedrohung und der Gefahr erheblichen Arbeitsplatzabbaus. | 4 BAG v. 18.6.1997 – 4 AZR 699/95, Nr. 24 zu § 1 TVG – Tarifverträge Lufthansa. | 5 BAG v. 12.8.1959 – 2 AZR 715/59, AP Nr. 1 zu § 305 BGB. | 6 Vgl. BAG v. 29.11.1967 – GS 1/67, AP Nr. 13 zu Art. 9 GG. | 7 BAG v. 17.6.1997 – 1 ABR 3/97, AP Nr. 2 zu § 3 TVG – Betriebsnormen; v. 21.1.1987 – 4 AZR 486/86, AP Nr. 46 zu Art. 9 GG; v. 21.1.1987 – 4 AZR 547/86, AP Nr. 47 zu Art. 9 GG; Kempen/Zachert, § 3 TVG Rz. 13.

35 Nach hM ist **nicht erforderlich, dass überhaupt auch nur ein ArbN des Betriebs Gewerkschaftsmitglied ist**[1]. Besteht ein gemeinsamer Betrieb, müssen alle ArbGeb tarifgebunden sein[2]. § 3 Abs. 2 ist als restriktiv zu handhabende Ausnahmevorschrift einzustufen. Die Vorschrift begegnet im Hinblick auf die negative Koalitionsfreiheit **verfassungsrechtlichen Bedenken**[3]. Das BAG hat die Vereinbarkeit von Betriebsnormen mit Art. 9 Abs. 3 GG und mit dem Demokratie- und Rechtsstaatsprinzip (Art. 20 GG) gleichwohl ausdrücklich bejaht[4]. Zur Begründung wird darauf verwiesen, § 3 Abs. 2 enthalte eine vom Gesetzgeber geschaffene, ausreichend eingeschränkte Ermächtigung zur Normsetzung gegenüber nicht organisierten ArbN. Im Übrigen sei die in § 3 Abs. 2 angeordnete Ausdehnung des TV-Systems auf nichtorganisierte ArbN wegen der Notwendigkeit betriebseinheitlicher Geltung der betrieblichen Normen verfassungsgemäß und eine grundrechtsrelevante Beeinträchtigung der negativen Koalitionsfreiheit nicht zu befürchten.

36 Betriebsnormen (vgl. § 1 Rz. 51 f.) müssen normative und nicht nur schuldrechtliche Regelungen für alle oder bestimmte Arbeitsverhältnisse enthalten. Klauseln in FirmenTV zur Beschäftigungssicherung, die nur den Charakter einer schuldrechtlichen Verhaltens- und Verhandlungsklausel bzw. denjenigen einer Öffnungsklausel mit Zustimmungsvorbehalt iSd. § 77 Abs. 3 BetrVG haben, sind damit keine Betriebsnormen[5]. Betriebsnormen betreffen ua. die Betriebsmittel (Schutz- und Sicherheitsvorkehrungen, Wohlfahrtseinrichtungen), die betriebliche Ordnung (Rauchverbot, Kontrollmaßnahmen), die Zusammensetzung des Mitarbeiterkreises, die Einführung oder das Verbot der gleitenden Arbeitszeit, die Einführung von Schichtarbeit oder die Voraussetzungen, die der Inhaber eines bestimmten Arbeitsplatzes erfüllen muss. Zu betriebsverfassungsrechtlichen Normen vgl. § 1 Rz. 53 f.

37 **IV. Beginn und Ende der Tarifbindung. 1. Beginn.** Sind ArbGeb und ArbN bereits Mitglieder der entsprechenden Verbände, beginnt die Tarifgebundenheit außerhalb der Sonderfälle gem. Abs. 2 **mit dem Abschluss des TV** bzw. mit dessen In-Kraft-Treten. Fehlt die Mitgliedschaft auf der einen und/oder anderen Seite, beginnt die Bindung an einen bereits bestehenden TV in dem Zeitpunkt, zu dem beide Arbeitsvertragsparteien Mitglieder der entsprechenden Verbände geworden sind. Im Rahmen des § 3 Abs. 2 genügt die Mitgliedschaft des ArbGeb. Bei Fortwirkung des TV nach Abs. 3 tritt die Tarifbindung mit dem Eintritt des ArbN in die Gewerkschaft ein[6]. Auch im Nachwirkungszeitraum des § 4 Abs. 5 führt der Beitritt zu den Verbänden noch zur Tarifbindung (vgl. auch § 4 Rz. 7 f.)[7].

38 Wann die Mitgliedschaft in einem Verband beginnt, bestimmt grundsätzlich dessen Binnenrecht (etwa: Annahme des Aufnahmeantrags)[8]. Allerdings können die Verbände durch eine satzungsrechtliche Vorverlagerung des Beginns der Mitgliedschaft (etwa auf den Zeitpunkt der Abgabe der Beitrittserklärung) keinen rückwirkenden Beginn der Tarifgebundenheit erreichen[9]. Die Rückdatierung wirkt hier nur innerverbandlich. Für die Tarifbindung ist der „tatsächliche Beitritt" maßgeblich[10].

39 TV können unter gewissen Voraussetzungen eine **Rückwirkung** der Tarifnormen anordnen (§ 1 Rz. 127 ff.). Der TV kann allerdings stets nur bis zu dem Zeitpunkt zurückwirken, zu dem das Mitglied dem Verband „tatsächlich" beigetreten ist[11]. Tritt umgekehrt ein Mitglied aus einer TV-Partei aus, bevor ein neuer TV geschlossen wird, so fehlt es an der Regelungsmacht der Tarifpartner. Auch über eine Rückwirkung kann das ausgeschiedene Mitglied nicht mehr erfasst werden. Die Legitimation zur Normsetzung muss im Zeitpunkt des Abschlusses des TV noch vorhanden sein. Nur dann ist der Verband berechtigt, auch noch für einen früheren Zeitraum Normen zu setzen[12]. Dem ehemaligen Mitglied können allenfalls über die Konstruktion eines Vertrages zugunsten Dritter Ansprüche gewährt werden[13].

40 **2. Ende der Tarifbindung. a) Beendigungstatbestände.** Die Tarifgebundenheit endet im Grundsatz mit dem **Ablauf des TV** aufgrund Kündigung, Befristung oder Eintritt eines Unwirksamkeitsgrundes sowie mit dem **Ende der Mitgliedschaft** im tarifvertragschließenden Verband. Wann die Mitgliedschaft beendet ist, beurteilt sich nach der Satzung des jeweiligen Verbandes (vgl. bereits Rz. 38). Ebenso endet die Tarifbindung, wenn der ArbGeb aufgrund einer unternehmerischen Neuausrichtung aus dem Geltungsbereich des TV herauswächst[14] oder wenn durch einen Betriebsübergang der tarifliche Gel-

---

1 Wiedemann/Oetker, § 3 TVG Rz. 130; Däubler/Hensche, § 1 TVG Rz. 946; Kempen/Zachert, § 3 TVG Rz. 18; aA ErfK/Schaub, § 3 TVG Rz. 25; Löwisch/Rieble, § 3 TVG Rz. 60; nicht eindeutig BAG v. 20.3.1991 – 4 AZR 455/90, AP Nr. 20 zu § 4 TVG – Tarifkonkurrenz; v. 5.9.1990 – 4 AZR 59/90, AP Nr. 19 zu § 4 TVG – Tarifkonkurrenz. |2 Wiedemann/Oetker, § 3 TVG Rz. 131. |3 Kempen/Zachert, § 3 TVG Rz. 3 und 13; ausf. Schleusener, ZTR 1998, 100 ff.; Loritz, FS Zöllner (1998), Bd. II, S. 865 ff.; Schubert, RdA 2001, 199. |4 Vgl. BAG v. 7.11.1995 – 3 AZR 676/94, AP Nr. 1 zu § 3 TVG – Betriebsnormen. |5 BAG v. 1.8.2001 – 4 AZR 388/99, AP Nr. 5 zu § 3 TVG – Betriebsnormen. |6 BAG v. 4.8.1993 – 4 AZR 499/92, AP Nr. 15 zu § 3 TVG. |7 Gamillscheg, Kollektives Arbeitsrecht I, § 17, I, 4, a). |8 BAG v. 22.11.2000 – 4 AZR 688/99, AP Nr. 20 zu § 3 TVG – Verbandszugehörigkeit. |9 BAG v. 27.4.1988 – 7 AZR 593/87, AP Nr. 4 zu § 1 BeschFG 1985; v. 22.11.2000 – 4 AZR 688/99, AP Nr. 20 zu § 3 TVG – Verbandszugehörigkeit. |10 BAG v. 20.12.1988 – 1 ABR 57/87, AP Nr. 9 zu § 87 BetrVG 1972 – Auszahlung; Wiedemann/Oetker, § 3 TVG Rz. 32; Löwisch/Rieble, § 3 TVG Rz. 25. |11 BAG v. 30.4.1969 – 4 AZR 335/68, AP Nr. 6 zu § 1 TVG – Rückwirkung; Wiedemann/Oetker, § 3 TVG Rz. 38; aA ErfK/Schaub, § 3 TVG Rz. 23. |12 BAG v. 13.12.1995 – 4 AZR 603/94, AP Nr. 15 zu § 1 TVG – Rückwirkung; v. 13.9.1994 – 3 AZR 148/94, AP Nr. 11 zu § 1 TVG – Rückwirkung. |13 Vgl. Kempen/Zachert, § 3 TVG Rz. 7. |14 BAG v. 10.12.1997 – 4 AZR 247/96, AP Nr. 20 zu § 3 TVG.

tungsbereich wechselt[1]. Löst sich ein tarifvertragschließender Verband auf, finden der von ihm abgeschlossene TV und damit die Tarifgebundenheit gleichfalls ihr Ende[2]. Wird über das Vermögen eines ArbGebVerbandes das Insolvenzverfahren eröffnet, so endet damit nicht ohne weiteres die normative Wirkung eines von dem Verband abgeschlossenen TV. Hierzu bedarf es – mangels sonstiger Beendigungstatbestände – vielmehr einer Kündigung, die vom Insolvenzverwalter ausgesprochen werden kann[3]. Der Insolvenzverwalter ist aber selbst nicht tarifgebunden[4].

41 b) **Fortwirkung bei Verbandsaustritt.** Gemäß Abs. 3 verlängert sich die Tarifgebundenheit im Falle des Verbandsaustritts bis zur Beendigung des TV. Sinn und Zweck der Anordnung ist es, die „**Tarifflucht" eines Tarifgebundenen zu verhindern**[5]. Ohne die Fortwirkung des Abs. 3 stünde die Tarifbindung und damit auch die zwingende Wirkung der Tarifnormen quasi zur Disposition der Partner des Arbeitsvertrages. An der Verfassungsmäßigkeit der Norm bestehen heute keine Zweifel mehr[6]. Die verlängerte Tarifgebundenheit gilt gleichermaßen für den normativen wie für den schuldrechtlichen Teil des TV. Bei Stufentarifverträgen ist zu unterscheiden: Liegt bereits eine abschließende Regelung sämtlicher Stufen vor, gilt der TV bis zum vereinbarten Ende zwingend fort. Müssen für die Ausführung noch weitere TV geschlossen werden, endet die Fortwirkung zu dem Zeitpunkt, in dem ein Ausführungstarifvertrag eingreifen soll. Werden die einzelnen Stufen in Abhängigkeit von einem anderen TV bestimmt, auf den Bezug genommen wird, und ändert sich dieser TV, so endet mit der Änderung auch die Fortwirkung gemäß § 3 Abs. 3[7]. Bei **teilweiser Beendigung** gilt der TV im Übrigen weiter, sofern der verbleibende Rest noch eine sinnvolle Regelung darstellt[8].

42 Voraussetzung für die Fortwirkung ist, dass die vormals nach § 3 Abs. 1 bestehende Tarifgebundenheit endet, da eine oder beide Arbeitsvertragsparteien **den Berufsverband durch Austritt verlassen haben**. Entscheidend ist, dass die Person, deren Tarifgebundenheit fingiert werden soll, zuvor Mitglied im entsprechenden Verband war. Dem Austritt gleichzustellen ist der provozierte Ausschluss aus dem Verband[9], nicht dagegen der Tod des Verbandsmitglieds. Vielmehr können die Erben (insb. des ArbGeb) frei entscheiden, ob sie eine Verbandsmitgliedschaft und damit die Tarifbindung eingehen wollen (zu Betriebsübergang und Umwandlung s. Rz. 45 ff.). Die fingierte Tarifgebundenheit gilt auch für solche Arbeitsverhältnisse, die erst im Fortwirkungszeitraum begründet werden, sofern die andere Arbeitsvertragspartei Mitglied des entsprechenden Berufsverbandes ist. Wird ein gewerkschaftsangehöriger ArbN nach Austritt des ArbGeb aus dem zuständigen ArbGebVerband und vor Ablauf des geltenden TV eingestellt, so findet daher der TV auf das Arbeitsverhältnis noch Anwendung[10]. Das Gleiche gilt, wenn ein im Arbeitsverhältnis stehender ArbN im Nachbindungszeitraum in die Gewerkschaft eintritt[11].

43 § 3 Abs. 3 fingiert nur die fehlende Mitgliedschaft. Er ist **nicht anwendbar, wenn der ArbGeb den Geltungsbereich verlässt**[12] oder der tarifliche Geltungsbereich infolge eines Betriebsübergangs wechselt[13]. Gleiches gilt für den Fall, dass der TV beendet oder unwirksam wird. Auch bei Auflösung einer TV-Partei kann § 3 Abs. 3 zur Fortgeltung des TV nicht herangezogen werden[14].

44 Die Fortwirkung des § 3 Abs. 3 erstreckt sich **bis zum Ende des TV**. Neue TV gelten damit für das ausgeschiedene Mitglied nicht mehr. Wird ein befristeter TV verlängert, ist das vor der Verlängerung ausgeschiedene Mitglied an den Verlängerungstarifvertrag nicht gebunden. Dies soll allerdings nicht gelten, wenn die Verlängerung vereinbarungsgemäß automatisch mangels rechtzeitiger Kündigung erfolgt[15]. Unbefristete TV wirken bis zu ihrer Beendigung durch Kündigung oder Aufhebung fort und zwar unabhängig von möglichen früheren Kündigungsterminen[16]. Auch wenn der Wortlaut des § 3 Abs. 3 nur vom Ende des TV ausgeht, führt nach zutreffender Auffassung des BAG[17] **jede inhaltliche**

---

1 BAG v. 26.9.1979 – 4 AZR 819/77, AP Nr. 17 zu § 613a BGB; v. 14.6.1994 – 9 AZR 89/93, AP Nr. 2 zu § 3 TVG – Verbandsaustritt; v. 9.11.1999 – 3 AZR 690/98, AP Nr. 5 zu § 3 TVG – Verbandsaustritt; *Henssler*, NZA 1994, 294 (300); *Gamillscheg*, Kollektives Arbeitsrecht I, § 17 I. 4. b). |2 BAG v. 15.10.1986 – 4 AZR 289/85, AP Nr. 4 zu § 3 TVG; aA *Buchner*, RdA 1997, 259; *Däubler*, Tarifvertragsrecht, Rz. 1521; *Kempen/Zachert*, § 3 TVG Rz. 39; *Wiedemann/Oetker*, § 3 TVG Rz. 54. |3 BAG v. 27.6.2000 – 1 ABR 31/99, AP Nr. 56 zu § 2 TVG; v. 28.1.1987 – 4 AZR 150/86, AP Nr. 14 zu § 4 TVG – Geltungsbereich. |4 BAG v. 28.1.1987 – 4 AZR 150/86, AP Nr. 14 zu § 4 TVG – Geltungsbereich. |5 BAG v. 4.8.1993 – 4 AZR 499/92, AP Nr. 15 zu § 3 TVG; *Büdenbender*, NZA 2000, 509. |6 BAG v. 4.8.1993 – 4 AZR 499/92, AP Nr. 15 zu § 3 TVG; *Henssler*, ZfA 1994, 487 (508); *Junker*, ZfA 1996, 383 (400); *Walker*, ZfA 1996, 353 (379); vgl. aber *Reuter*, RdA 1996, 208. |7 BAG v. 17.5.2000 – 4 AZR 363/99, AP Nr. 8 zu § 3 TVG – Verbandsaustritt; v. 4.4.2001 – 4 AZR 215/00, AP Nr. 9 zu § 3 TVG – Verbandsaustritt. |8 *Gamillscheg*, Kollektives Arbeitsrecht I, § 17 I 5 d; *Kempen/Zachert*, § 3 TVG Rz. 32; aA *Hanau/Kania*, DB 1995, 1229 (1232). |9 ErfK/*Schaub*, § 3 TVG Rz. 32; *Däubler/Lorenz*, § 3 TVG Rz. 81. |10 BAG v. 7.11.2001 – 4 AZR 703/00, AP Nr. 11 zu § 3 TVG – Verbandsaustritt. |11 BAG v. 4.8.1993 – 4 AZR 499/92, AP Nr. 15 zu § 3 TVG – Verbandsaustritt. |12 BAG v. 10.12.1997 – 4 AZR 247/96, AP Nr. 20 zu § 3 TVG; v. 2.12.1992 – 4 AZR 277/92, AP Nr. 14 zu § 1 TVG; v. 5.10.1993 – 3 AZR 586/92, AP Nr. 42 zu § 1 BetrAVG – Zusatzversorgungskassen. |13 BAG v. 26.9.1979 – 4 AZR 819/77, AP Nr. 17 zu § 613a BGB. |14 BAG v. 15.10.1986 – 4 AZR 289/85, AP Nr. 4 zu § 3 TVG; aA *Buchner*, RdA 1997, 259; *Däubler*, Tarifvertragsrecht, Rz. 1521; *Kempen/Zachert*, § 3 TVG Rz. 39; *Wiedemann/Oetker*, § 3 TVG Rz. 54. |15 *Wiedemann/Oetker*, § 3 TVG Rz. 65; aA *Löwisch/Rieble*, § 3 TVG Rz. 74. |16 *Kempen/Zachert*, § 3 TVG Rz. 31; aA *Löwisch/Rieble*, § 3 TVG Rz. 74. |17 BAG v. 18.3.1992 – 4 AZR 339/91, AP Nr. 13 zu § 3 TVG; v. 17.5.2000 – 4 AZR 363/99, AP Nr. 8 zu § 3 TVG – Verbandsaustritt; v. 7.11.2001 – 4 AZR 703/00, AP Nr. 11 zu § 3 TVG – Verbandsaustritt.

Änderung des TV während seiner Laufzeit ebenfalls zur Beendigung der verlängerten Tarifgebundenheit[1]. Dies soll auch für jene Tarifbestimmungen gelten, die von der Änderung nicht berührt wurden. Nach einer im Schrifttum vertretenen Gegenauffassung soll es darauf ankommen, ob der nicht geänderte Teil für sich genommen eine sinnvolle und abgeschlossene Regelung darstellt[2].

c) Betriebsübergang. Geht ein Betrieb oder Betriebsteil im Wege der Betriebsnachfolge auf einen anderen Inhaber über, so ist der neue Betriebsinhaber nur dann kraft kollektivrechtlicher Wirkung an den bisher für den Betrieb gültigen TV gebunden, wenn auch bei ihm die Voraussetzungen der Tarifbindung gem. § 3 Abs. 1 oder § 5 erfüllt sind[3]. Anderenfalls greift die gegenüber § 3 Abs. 3 speziellere Vorschrift des § 613a Abs. 1 BGB, die grundsätzlich zu einer Transformation der Tarifnormen in einzelarbeitsvertragliche Regelungen führt (dazu § 613a BGB Rz. 249 ff. sowie die Hinweise im Folgenden in Rz. 46 ff.). 45

d) Fortwirkung von Firmen- und Verbandstarifen in Umwandlungsfällen. In den Fällen der Umwandlung eines Unternehmens (vgl. § 1 UmwG) ist zwischen verschiedenen Fallgestaltungen zu unterscheiden[4]. Keine Probleme bereitet die **formwechselnde Umwandlung**. Da der Rechtsträger derselbe bleibt, ändert sich die Tarifbindung weder beim Firmen- noch beim VerbandsTV. 46

Besteht ein **FirmenTV**, geht dieser bei einer Verschmelzung wegen der vom Gesetz angeordneten Gesamtrechtsnachfolge (§ 20 Abs. 1 Nr. 1 UmwG) uneingeschränkt auf den neu gegründeten Rechtsträger über, da auch die Pflichten aus dem FirmenTV zu den Verbindlichkeiten des übertragenden Rechtsträgers zählen[5]. Bei der Aufspaltung erlischt der bisherige Rechtsträger und mit ihm seine Tarifgebundenheit. Bei Abspaltung und Ausgliederung bleiben demgegenüber der bisherige Rechtsträger und damit auch seine Tarifgebundenheit bestehen. Nur bei entsprechender Vereinbarung im Übernahmevertrag kann angenommen werden, dass der übernehmende Rechtsträger auch Partei des FirmenTV werden soll. Für eine analoge Anwendung des § 3 Abs. 3 ist kein Raum. Bei einer **Einzelrechtsnachfolge** im Rahmen eines Betriebsübergangs geht der FirmenTV dem BAG[6] und der hM im Schrifttum[7] zufolge nicht auf den Übernehmenden über, und zwar auch dann nicht, wenn der Vertrag nur für den übertragenen Betrieb geschlossen wurde und dieser unverändert erhalten bleibt. Denn die Bindung des ArbGeb (§ 3 Abs. 1 TVG) an den FirmenTV basiert auf seiner Stellung als TV-Partei, nicht aber auf der als Partei des Arbeitsvertrages. Bei der Einzelrechtsnachfolge greift als speziellere Norm § 613a Abs. 1 BGB. 47

Beim **VerbandsTV** führt die Verschmelzung dagegen nicht zu einer kollektivrechtlichen Fortwirkung. Da die Verbandsmitgliedschaft gemäß § 38 Satz 1 BGB regelmäßig nicht übertragen werden kann, ist auch der automatische Übergang der an die Mitgliedschaft geknüpften Tarifbindung ausgeschlossen[8]. Ist indes der neue Rechtsträger ebenfalls Mitglied des gleichen Verbandes, so ändert sich an der Tarifbindung oder dem Geltungsbereich des TV nichts. Gehört der neue Rechtsträger keinem anderen Verband an, so kann es zu einer weiteren Anwendung des TV nur über §§ 324 UmwG, 613a Abs. 1 BGB kommen. Die Fortgeltung ist dann allerdings nicht normativ (zur Transformation des TV in das Arbeitsverhältnis s. § 613a Rz. 249 ff.). Unter Umständen kann die Auslegung der Verbandssatzung ergeben, dass der gemäß § 40 BGB dispositive § 38 BGB abbedungen wurde und die Mitgliedschaft übertragen werden kann. Liegen auch die Voraussetzungen bezüglich des fachlichen Geltungsbereichs sowie der Tarifzuständigkeit vor, kann ein Übergang der Tarifbindung auf den Übernehmenden anzunehmen sein[9]. 48

Bei der **Aufspaltung** erlischt der übertragende Rechtsträger und mit ihm die Mitgliedschaft im Verband sowie die Tarifgebundenheit. Bei **Abspaltung und Ausgliederung** bleibt der Rechtsträger bestehen und im Regelfall damit auch seine Tarifgebundenheit unberührt[10]. Aufgrund der grundsätzlichen Unübertragbarkeit des Mitgliedschaftsrechtes geht die Tarifbindung nicht auf den übernehmenden Rechtsträger über. Ausnahmen greifen bei abweichender Satzungsgestaltung[11]. Bei einer Einzelrechtsnachfolge bleibt die Tarifbindung des Veräußerers bestehen. Im Rahmen des § 613a Abs. 1 BGB findet der TV unter Umständen weitere (individualvertragliche) Anwendung. 49

---

1 Ebenso Wiedemann/*Oetker*, § 3 TVG Rz. 70 ff.; *Hanau/Kania*, DB 1995, 1229 (1232); *Stein*, Tarifvertragsrecht, Rz. 174; *Stein*, AuR 2000, 149. |2 *Löwisch/Rieble*, § 3 TVG Rz. 86; *Kempen/Zachert*, § 3 TVG Rz. 32; *Däubler*, Tarifvertragsrecht, Rz. 300, 1513; *Gamillscheg*, Kollektives Arbeitsrecht I, S. 728. |3 BAG v. 2.12.1992 – 4 AZR 277/92, AP Nr. 14 zu § 3 TVG; v. 10.11.1993 – 4 AZR 375/92, AP Nr. 13 zu § 3 TVG – Verbandszugehörigkeit. |4 Vertiefend *Henssler*, FS Schaub (1998), S. 311. |5 BAG v. 24.6.1998 – 4 AZR 208/97, AP Nr. 1 zu § 20 UmwG; *Henssler*, FS Schaub, S. 311 (326); *Kempen/Zachert*, § 3 TVG Rz. 57 mwN. |6 BAG v. 20.6.2001 – 4 AZR 295/00, AP Nr. 18 zu § 1 TVG – Bezugnahme auf Tarifvertrag. |7 MünchArbR/*Wank*, § 124, Rz. 182; AR-Blattei/*Hergenröder*, SD 500.1, Rz. 551; Wiedemann/*Oetker*, § 3 TVG Rz. 158; *Löwisch/Rieble*, § 2 TVG Rz. 69; aA *Däubler/Lorenz*, § 3 TVG Rz. 176; *Kempen/Zachert*, § 3 TVG Rz. 57; *Moll*, RdA 1996, 275. |8 BAG v. 4.12.1974 – 5 AZR 75/74, AP Nr. 2 zu § 3 TVG; v. 13.7.1994 – 4 AZR 555/93, AP Nr. 14 zu § 3 TVG – Verbandszugehörigkeit; LAG BW v. 24.10.2000 – 10 TaBV 2/99, AP Nr. 18 zu § 3 TVG – Verbandszugehörigkeit. |9 Wiedemann/*Oetker*, § 3 TVG Rz. 164. |10 Näher Wiedemann/*Oetker*, § 3 TVG Rz. 174. |11 LAG BW v. 24.10.2000 – 10 TaBV 2/99, AP Nr. 18 zu § 3 TVG – Verbandszugehörigkeit; im Einzelnen Wiedemann/*Oetker*, § 3 TVG Rz. 175.

50 V. Prozessuales. Wer einen Anspruch auf eine infolge beidseitiger Tarifgebundenheit zwingend anzuwendende Inhaltsnorm eines TV stützt, muss **darlegen und ggf. beweisen**, dass im Anspruchszeitraum Tarifgebundenheit (§ 3 Abs. 1) bestand. Die bloße Erklärung, einer TV-Partei (Gewerkschaft oder ArbGebVerband) anzugehören, besagt für sich allein nicht, seit wann Tarifgebundenheit vorliegen soll[1]. Behauptet eine Partei die Mitgliedschaft der anderen Partei in einem tarifvertragschließenden Verband, so muss der Gegner dies substantiiert bestreiten[2]. Die Gerichte haben den Inhalt von entscheidungserheblichen Tarifnormen nach den Grundsätzen des § 293 ZPO zu ermitteln[3], sobald der Parteivortrag entsprechende Anhaltspunkte gibt.

4 Wirkung der Rechtsnormen

(1) Die Rechtsnormen des Tarifvertrages, die den Inhalt, den Abschluss oder die Beendigung von Arbeitsverhältnissen ordnen, gelten unmittelbar und zwingend zwischen den beiderseits Tarifgebundenen, die unter den Geltungsbereich des Tarifvertrages fallen. Diese Vorschrift gilt entsprechend für Rechtsnormen des Tarifvertrages über betriebliche und betriebsverfassungsrechtliche Fragen.

(2) Sind im Tarifvertrag gemeinsame Einrichtungen der Tarifvertragsparteien vorgesehen und geregelt (Lohnausgleichskassen, Urlaubskassen usw.), so gelten diese Regelungen auch unmittelbar und zwingend für die Satzung dieser Einrichtung und das Verhältnis der Einrichtung zu den tarifgebundenen Arbeitgebern und Arbeitnehmern.

(3) Abweichende Abmachungen sind nur zulässig, soweit sie durch den Tarifvertrag gestattet sind oder eine Änderung der Regelungen zugunsten des Arbeitnehmers enthalten.

(4) Ein Verzicht auf entstandene tarifliche Rechte ist nur in einem von den Tarifvertragsparteien gebilligten Vergleich zulässig. Die Verwirkung von tariflichen Rechten ist ausgeschlossen. Ausschlussfristen für die Geltendmachung tariflicher Rechte können nur im Tarifvertrag vereinbart werden.

(5) Nach Ablauf des Tarifvertrages gelten seine Rechtsnormen weiter, bis sie durch eine andere Abmachung ersetzt werden.

I. Normwirkung des Tarifvertrages (Abs. 1, 5) . . . 1	3. Verhältnis zu einzelnen Regelungen 36
1. Geltung für Rechtsnormen 2	a) Ranghöhere Regelungen 36
2. Wirkungsweise 3	b) Verhältnis zu anderen Tarifverträgen . . . 37
3. Nachwirkung von Tarifnormen (Abs. 5) 5	aa) Zeitlich nachfolgende Verträge bei
a) Regelungsanliegen 5	identischen Vertragspartnern 38
b) Weitergeltung als Rechtsnorm 7	bb) Potentiell gleichzeitig anwendbare Tarifverträge – Überblick 39
c) Weitergeltende Normen 10	cc) Tarifkonkurrenz 40
d) Ablösung durch andere Abmachung . . . 11	dd) Tarifpluralität 45
II. Geltungsbereich des Tarifvertrags 13	c) Verhältnis zu sonstigen kollektiven Regelungen 49
1. Räumlicher Geltungsbereich 14	
2. Branche 15	d) Verhältnis zu individuellen Vereinbarungen . 51
3. Fachlicher Geltungsbereich 18	IV. Verlust tariflicher Rechte (Abs. 4) 52
4. Persönlicher Geltungsbereich im engeren Sinn 19	1. Regelungszweck 52
	2. Verzicht (Abs. 4 Satz 1) 53
5. Zeitlicher Geltungsbereich 20	a) Unwirksamkeit des Verzichts 53
6. Sonderregelung für gemeinsame Einrichtungen (Abs. 2) 21	b) Ausnahme bei von den Tarifvertragsparteien gebilligtem Vergleich 55
III. Verhältnis zu anderen Regelungen (Abs. 3) . . . 25	3. Verwirkung (Abs. 4 Satz 2) 56
1. Grundprinzipien – Normenhierarchie 26	4. Vereinbarung von Ausschlussfristen 58
2. Durchbrechung der Bindungswirkung (Abs. 3) 27	a) Begriff der Ausschlussfrist 59
a) Öffnungsklauseln 28	b) Ausschlussfristen für nicht tarifvertraglich gewährte Rechte 60
b) Günstigkeitsprinzip 29	c) Auslegung von Ausschlussfristen 64
aa) Grundsatz und Bedeutung 29	d) Inhaltskontrolle 65
bb) Vergleichsgegenstand 30	e) Geltendmachung des Anspruchs 66
cc) Vergleichsmethode 32	f) Unzulässige Berufung auf Ausschlussfristen . . 72

Lit.: *Adomeit*, Das Günstigkeitsprinzip – neu verstanden, NJW 1984, 26; *Auktor*, Flexibilität durch Arbeitszeitverlängerung, DB 2002, 1714; *Bayreuther*, Kommentar zu EuGH v. 24.1.2002 – C 164/99, BB 2002, 627; *Bengelsdorf*, Tarifliche Arbeitszeitbestimmungen und Günstigkeitsprinzip, ZfA 1990, 563; *Böttcher*, Die gemeinsamen Einrichtungen der Tarifvertragsparteien, 1966; *Buchner*, Beschäftigungssicherung unter dem Günstigkeitsprinzip, DB 1996, Beil. Nr. 12, 1; *Däubler*, Die Auswirkungen der Schuldrechtsmodernisierung auf das Arbeitsrecht, NZA 2001, 1329; *Dauner-Lieb*, Anm. zu BAG v. 28.5.1997 – 4 AZR 546/95, SAE 1999, 47; *Dieterich*, Erläuterungen zum DGB-Schiedsgerichtsurteil vom 4.4.2002, RdA 2003, 59; *Frölich*, Eintritt und Beendigung der Nachwirkung von Tarifnormen, NZA 1992, 1105; *Gitter*, Zum Maßstab des Günstigkeitsvergleichs, FS Wlotzke, 1996, S. 297; *Gotthardt*, Der Arbeitsvertrag auf dem AGB-rechtlichen Prüfstand, ZIP 2002, 277; *Heinze*, Tarif-

---

1 BAG v. 18.8.1999 – 4 AZR 247/98, AP Nr. 22 zu § 3 TVG. | 2 ErfK/*Schaub*, § 3 TVG Rz. 52. | 3 BAG v. 9.8.1995 – 6 AZR 1047/94, AP Nr. 8 zu § 293 ZPO.

autonomie und so genanntes Günstigkeitsprinzip, NZA 1991, 329; *Henssler*, Tarifautonomie und Gesetzgebung, ZfA 1998, 1; *Henssler/Müller*, Kurzkommentar zu EuGH v. 24.1.2002 – C 164/99, EWiR 2002, 245; *Hromadka*, Privat- versus Tarifautonomie – Ein Beitrag zur Arbeitszeitdiskussion, DB 1992, 1042; *Jacobs*, Tarifeinheit und Tarifkonkurrenz, 1999; *F. Kirchhof*, Private Rechtsetzung, 1987; *Kittner*, Öffnung des Flächentarifvertrags, FS Schaub, 1998, S. 389; *Kliemt*, Formerfordernisse im Arbeitsrecht, 1995; *Lieb*, Verh. 48. DJT, S. Q 42; *Lingemann*, Allgemeine Geschäftsbedingungen und Arbeitsvertrag, NZA 2002, 181; *Löwisch*, Zur Zulässigkeit freiwilliger Samstagsarbeit nach dem Günstigkeitsprinzip, DB 1989, 1185; *Merten/Papier* (Hrsg.), Handbuch der Grundrechte in Deutschland und Europa, 2004; *Möschel*, Das Spannungsverhältnis zwischen Individualvertrag, Betriebsvereinbarung und Tarifvertrag, BB 2002, 1314; *Neuner*, Die Rückwirkung von Tarifverträgen, ZfA 1998, 83; *Oetker*, Nachwirkende Tarifnormen und Betriebsverfassung, FS Schaub, 1998, S. 535; *Reinecke*, Rückforderung von überzahltem Arbeitsentgelt und tarifliche Ausschlussfristen, FS Schaub, 1998, S. 593; *Reuter*, Die problematische Tarifeinheit – BAG, NZA 1991, 736; *Rieble*, Der Tarifvertrag als kollektiv-privatautonomer Vertrag, ZfA 2000, 5; *Rotter*, Nachwirkung der Normen eines Tarifvertrags, 1992; *Säcker/Oetker*, Tarifeinheit im Betrieb – ein Akt unzulässiger richterlicher Rechtsfortbildung, ZfA 1993, 1; *Schliemann*, Tarifliches Günstigkeitsprinzip und Bindung der Rechtsprechung, NZA 2003, 122; *Suckow*, Gewerkschaftliche Mächtigkeit als Determinante korporatistischer Tarifsysteme, 2000; *Waas*, Tarifkonkurrenz und Tarifpluralität, 1999; *Weyand*, Die tariflichen Ausschlussfristen in Arbeitsrechtsstreitigkeiten, 2. Aufl. 1995; *Wiedemann/Arnold*, Tarifkonkurrenz und Tarifpluralität in der Rechtsprechung des Bundesarbeitsgerichts, ZTR 1994, 399, 443; *Zöllner*, Empfiehlt es sich, das Recht der Gemeinsamen Einrichtungen der Tarifvertragsparteien (§ 4 Abs. 2 TVG) gesetzlich näher zu regeln?, Verhandlungen des 48. DJT, 1970, Gutachten G; *Zöllner*, Die Zulässigkeit einzelvertraglicher Verlängerung der tariflichen Wochenarbeitszeit, DB 1989, 2121.

I. Normwirkung des TV (Abs. 1, 5). Das TVG erkennt den Bestimmungen eines TV, soweit sie den Inhalt, den Abschluss oder die Beendigung von Arbeitsverhältnissen ordnen, normative Wirkung zu (s. zur Rechtsnatur des TV und den daraus für die Rechtsnormen des TV zu ziehenden Folgerungen § 1 Rz. 3 f.). Die unmittelbare und zwingende Wirkung des TV ist verfassungsrechtlich durch Art. 9 Abs. 3 GG nicht geboten; vielmehr zeigen ausländische Rechtsordnungen wie die britische, dass die Tarifautonomie auch funktionsfähig sein kann, wenn die Einhaltung der tariflichen Arbeitsbedingungen allein von der faktischen Machtposition der Gewerkschaften abhängt[1].

1. Geltung für Rechtsnormen. Die Regelung des § 4 gilt nur für die in einem TV enthaltenen Rechtsnormen. Für die schuldrechtlichen Inhalte (zur Unterscheidung § 1 Rz. 40 ff., 60 ff.) eines TV bleibt es bei dem allgemeinen Grundsatz der Relativität der Schuldverhältnisse. Nur die TV-Parteien werden aus ihnen unmittelbar verpflichtet, nur sie können unmittelbar Rechte herleiten[2]. Umgekehrt sind grundsätzlich die TV-Parteien nicht Normadressaten der tarifvertraglichen Rechtsnormen[3]. Eine Ausnahme gilt für FirmenTV (zum Begriff § 1 Rz. 7), bei denen der ArbGeb sowohl TV-Partei als auch tarifgebunden ist[4].

2. Wirkungsweise. Die Rechtsnormen des TV gelten nach § 4 Abs. 1 **unmittelbar und zwingend**. Die Regelungswirkung entspricht damit derjenigen anderer Rechtsnormen. Insbesondere bedarf es, sofern die TV-Parteien dies nicht vorsehen, keines zusätzlichen Umsetzungsaktes, um Wirkung für und gegen die Tarifgebundenen zu entfalten; der TV wird allerdings nicht zum dauerhaften Bestandteil des Arbeitsvertrages[5]. Auf den Willen der Tarifgebundenen kommt es für die Geltung der sie betreffenden Tarifnormen nicht an[6], nicht einmal ihre Kenntnis ist erforderlich[7] (s. auch § 8 Rz. 8 ff.).

Als Rechtsnormen sind die Bestimmungen des TV **Gesetz im sachlichrechtlichen Sinne**[8]. Art. 2 EGBGB[9], § 12 EGZPO, § 7 EGStPO stellen klar, dass Bezugnahmen auf „Gesetze" jeweils alle Rechtsnormen und damit auch tarifvertragliche Vorschriften erfassen. So können tarifvertragliche Normen Schutzgesetze iSd. § 823 Abs. 2 BGB[10] oder gesetzliche Verbote iSv. § 134 BGB (str.)[11] sein. Im letztgenannten Fall ist jeweils im Einzelfall zu überprüfen, ob die Verbotsnorm die Nichtigkeit nach § 134 BGB nach sich ziehen soll[12]. Bei Disponibilität des Verbots ist § 134 BGB wegen des Günstigkeitsprinzips grundsätzlich nicht anwendbar[13]. Relevanz hat die Qualifikation als Gesetz für die Schriftform gemäß § 126 BGB. Bei tarifvertraglich festgelegter Schriftform handelt es sich um eine gesetzliche iSv. § 126 Abs. 1 BGB[14] und nicht um eine durch Rechtsgeschäft bestimmte iSd. § 127 Abs. 1 BGB. Die

---

1 Dazu *Henssler*, ZfA 1998, 1 (31); *Suckow*, Gewerkschaftliche Mächtigkeit als Determinante korporatistischer Tarifsysteme, S. 179 ff. |2 *Kempen/Zachert*, § 4 TVG Rz. 8. |3 MünchArbR/*Löwisch/Rieble*, § 270 Rz. 18. |4 MünchArbR/*Löwisch/Rieble*, § 270 Rz. 18. |5 *Gamillscheg*, Kollektives Arbeitsrecht I, S. 791. |6 Zum potentiell heteronomen Charakter von TV *Kirchhof*, Private Rechtsetzung, S. 184 f.; *Neuner*, ZfA 1998, 83 (87); *Rieble*, ZfA 2000, 5 (9). |7 *Gamillscheg*, Kollektives Arbeitsrecht I, S. 792. |8 BVerfG v. 24.5.1977 – 2 BvL 11/74, BVerfGE 44, 322 (341, 346); v. 15.7.1980 – 1 BvR 24/74 und 439/79, BVerfGE 55, 7 (21); BAG v. 28.10.1987 – 5 AZR 518/85, AP Nr. 1 zu § 7 AVR – Caritasverband; v. 14.6.1994 – 9 AZR 284/93, AP Nr. 21 zu § 7 BUrlG – Übertragung; v. 9.3.1995 – 2 AZR 484/94, AP Nr. 1 zu § 9 GesO; *Gamillscheg*, Kollektives Arbeitsrecht I, S. 541 mwN. |9 Dazu Staudinger/*Merten*, Art. 2 EGBGB Rz. 79. |10 Staudinger/*Hager*, § 823 BGB Rz. G 13 mwN. |11 BAG v. 10.2.1999 – 2 AZR 422/98, AP Nr. 5 zu § 2 KSchG 1969 (Unwirksamkeit einer Änderungskündigung zum Abbau tariflicher Rechte); MünchArbR/*Löwisch/Rieble*, § 270 Rz. 19; offen gelassen von BGH v. 14.12.1999 – X ZR 34/98, BGHZ 143, 283 (289 f.); aA MünchKomm/*Mayer-Maly/Armbrüster*, § 134 BGB Rz. 30 und MünchArbR/*Richardi*, § 46 Rz. 5. |12 Vgl. BGH v. 14.12.1999 – X ZR 34/98, BGHZ 143, 283 (286 ff.) zur Annahme von Geschenken entgegen § 10 Abs. 1 BAT. |13 *Beckmann*, JZ 2001, 150 (151). |14 BAG v. 9.2.1972 – 4 AZR 149/71, AP Nr. 1 zu § 4 BAT; v. 14.6.1994 – 9 AZR 284/93, AP Nr. 21 zu § 7 BUrlG – Übertragung; MünchKomm/*Einsele*, § 126 BGB Rz. 3; zur unzulässigen Berufung auf die Schriftform BAG v. 16.5.1972 – 5 AZR 459/71, AP Nr. 11

Schriftformerleichterungen des § 127 Abs. 2 BGB greifen daher nicht. Auch zur Einhaltung der gesetzlichen elektronischen Form nach § 126a BGB (dazu § 1 Rz. 16) darf nicht auf die Erleichterung des § 127 Abs. 3 Satz 1 BGB zurückgegriffen werden. In § 36 Abs. 1 SGB III umfasst der Begriff des „Gesetzes" ebenfalls tarifvertragliche Rechtsnormen[1]. Gleich gelagert ist schließlich der Fall, dass gesetzliche Vorschriften unmittelbar Bezugnahmen auf den Begriff „Rechtsnormen" enthalten (zB §§ 73 Abs. 1, 110 Abs. 1 Nr. 2 ArbGG).

5 **3. Nachwirkung von Tarifnormen (Abs. 5). a) Regelungsanliegen.** Aufgrund der unmittelbaren Wirkung seiner Normen wird der TV nicht Bestandteil des zwischen den Tarifgebundenen geschlossenen Arbeitsvertrages (Rz. 3)[2]. Als Rechtsnormen müssten die Tarifbestimmungen daher an sich mit Beendigung der Geltung des TV (§ 1 Rz. 22 f.) ihre Wirkung für die dem TV bislang unterworfenen Arbeitsverhältnisse verlieren[3]. Dieses unerwünschte Ergebnis verhindert Abs. 5: Die Rechtsnormen des TV **gelten weiter,** bis sie durch eine **andere Abmachung** ersetzt werden[4]. Das gilt auch für den Fall der Tarifbindung kraft AVE[5]. Es steht den TV-Parteien allerdings frei, die Nachwirkung (auch konkludent[6]) zu befristen, zu beschränken oder gänzlich auszuschließen[7].

6 Beendigungsgründe, die zur Anwendung des Abs. 5 führen, sind nicht nur das Außerkrafttreten des TV[8] (dazu § 3 Rz. 40), sondern auch jeder andere Grund, der die Geltung des zunächst einschlägigen TV für das Arbeitsverhältnis beseitigt[9] mit Ausnahme der speziell geregelten Fälle des Betriebsübergangs gem. § 613a BGB und des von § 3 Abs. 3 erfassten Verbandsaustritts. Die Nachwirkung entsteht damit auch im Falle des Herauswachsens eines ArbGeb aus dem TV durch Änderung des unternehmerischen Schwerpunktes[10].

7 **b) Weitergeltung als Rechtsnorm.** Die Rechtsnormen gelten als Normen weiter, werden also anders als in § 613a Abs. 1 Satz 2 BGB nicht in individualvertragliche Abmachungen transformiert. Folge des unter Rz. 5 geschilderten Regelungsanliegens des Abs. 5 ist, dass sich die Nachwirkung des TV auf den normativen Inhalt beschränkt, den schuldrechtlichen Teil also nicht erfasst[11]. St. Rspr. des BAG zufolge beruht die **Nachwirkung** nicht (mehr) auf Tarifrecht, sondern auf der **gesetzlichen Anordnung** in Abs. 5 und damit auf staatlichem Recht[12]. Demgegenüber soll nach ganz hL der TV die Grundlage für die normative Wirkung im Nachwirkungszeitraum bilden[13].

8 Praktische Relevanz entfaltet dieser dogmatische Streit für die Möglichkeiten, den außer Kraft getretenen **TV mit Wirkung für die Nachwirkungszeit** zu ändern oder neu zu erlassen. Für das BAG ergibt sich aus der gesetzlichen Anordnung der Nachwirkung tariflicher Rechtsnormen, dass die TV-Parteien – mangels gesetzlicher Grundlage – nicht mehr die Macht haben, einen entsprechenden TV mit normativer Wirkung zu schließen[14], eine Auffassung, die von der hL abgelehnt wird[15]. Das BAG folgert aus der

---

zu § 4 TVG; zur Wahrung der Schriftform durch Erhebung der Kündigungsschutzklage v. 7.11.1991 – 2 AZR 34/91, AP Nr. 114 zu § 4 TVG – Ausschlussfristen; vgl. auch v. 11.6.2002 – 1 ABR 43/01, AP Nr. 118 zu § 99 BetrVG 1972 (zu § 99 Abs. 3 BetrVG). Zu tarifvertraglichen Formvorschriften *Kliemt,* Formerfordernisse im Arbeitsrecht, S. 251 ff.; s. auch Wiedemann/*Wiedemann,* § 1 TVG Rz. 459. |1 Gagel/*Kruse,* § 36 SGB III Rz. 3. |2 BAG v. 29.1.1975 – 4 AZR 218/74, AP Nr. 8 zu § 4 TVG – Nachwirkung; Wiedemann/*Wank,* § 4 TVG Rz. 323. |3 Zu den unklaren Folgen einer Anwendung der allgemeinen Regeln des intertemporalen Rechts s. *Rotter,* Nachwirkung der Normen eines Tarifvertrags, S. 15 f., 22, 26 f. |4 Zum Ausschluss der Nachwirkung durch rückwirkende In-Kraft-Setzung eines neuen TV BAG v. 8.9.1999 – 4 AZR 661/98, AP Nr. 33 zu § 4 TVG – Nachwirkung. |5 St. Rspr. und hL, s. zuletzt BAG v. 25.10.2000 – 4 AZR 212/00, AP Nr. 38 zu § 4 TVG – Nachwirkung mwN und v. 20.3.2002 – 10 AZR 501/01, AP Nr. 12 zu § 1 TVG – Tarifverträge: Gebäudereinigung. |6 BAG v. 3.9.1986 – 5 AZR 319/85, AP Nr. 12 zu § 4 TVG – Nachwirkung: Eine gemeinsame Einrichtung der TV-Parteien wird nicht mehr unterhalten; v. 8.10.1997 – 4 AZR 87/96, AP Nr. 29 zu § 4 TVG – Nachwirkung: Verpflichtung, während einer Kündigungsfrist Verhandlungen über den Neuabschluss eines identischen TV zu führen; Wiedemann/*Wank,* § 4 TVG Rz. 363 mN auch zur Gegenmeinung. |7 BAG v. 3.9.1986 – 5 AZR 319/85, AP Nr. 12 zu § 4 TVG – Nachwirkung; v. 8.10.1997 – 4 AZR 87/96, AP Nr. 29 zu § 4 TVG – Nachwirkung; Wiedemann/*Wank,* § 4 TVG Rz. 362 f. mwN. |8 Beispiel: Auflösung einer TV-Partei BAG v. 28.5.1997 – 4 AZR 545/95, AP Nr. 27 zu § 4 TVG – Nachwirkung; in der Tendenz abweichend (zu einem Insolvenzverfahren) v. 27.6.2000 – 1 ABR 31/99, AP Nr. 56 zu § 2 TVG. Nur eine identische Beurteilung beider Fälle (Auflösung und Eröffnung des Insolvenzverfahrens) dürfte allerdings überzeugend sein (dazu *Buchner,* Anm. zu BAG AP Nr. 56 zu § 2 TVG). |9 BAG v. 18.3.1992 – 4 AZR 339/91, AP Nr. 13 zu § 3 TVG mit abl. Anm. *Löwisch/Rieble;* v. 10.12.1997 – 4 AZR 247/96, AP Nr. 20 zu § 3 TVG; s. aber auch v. 9.11.1999 – 3 AZR 690/98, AP Nr. 5 zu § 3 TVG – Verbandsaustritt mit Anm. *Waas* (keine Nachwirkung beim Ausscheiden aus dem betrieblichen Geltungsbereich einer gemeinsamen Einrichtung); aA MünchArbR/*Löwisch/Rieble* § 264 Rz. 28; ausf. *Frölich* NZA 1992, 1105 ff.; ErfK/*Schaub,* § 4 TVG Rz. 79 ff. |10 BAG v. 10.12.1997 – 4 AZR 247/96, AP Nr. 20 zu § 3 TVG. |11 Wiedemann/*Wank,* § 4 TVG Rz. 324. |12 BAG v. 29.1.1975 – 4 AZR 218/74, AP Nr. 8 zu § 4 TVG – Nachwirkung; v. 7.12.1977 – 4 AZR 474/76, AP Nr. 9 zu § 4 TVG – Nachwirkung; v. 16.8.1990 – 8 AZR 439/89, AP Nr. 19 zu § 4 TVG – Nachwirkung; zum Verhältnis zwischen privatautonomer und durch Gesetz angeordneter Normgeltung *Neuner,* ZfA 1998, 83 (88). |13 Wiedemann/*Wank,* § 4 TVG Rz. 325 m. umfangreichen Nachweisen; ausf. *Rotter,* Nachwirkung der Normen eines Tarifvertrags, S. 34 ff., 46 ff. |14 BAG v. 14.2.1973 – 4 AZR 176/72, AP Nr. 6 zu § 4 TVG – Nachwirkung; v. 29.1.1975 – 4 AZR 218/74, AP Nr. 8 zu § 4 TVG – Nachwirkung; ebenso ua. *Löwisch/Rieble,* § 4 TVG Rz. 249; *Frölich,* NZA 1992, 1105 (1109). |15 Dazu *Gamillscheg,* Kollektives Arbeitsrecht I, S. 879; Wiedemann/*Wank,* § 4 TVG Rz. 365 ff. mit umfangreichen Nachw. (auch zu Stimmen, die dem BAG folgen, in Rz. 364).

gesetzlichen Anordnung der Fortgeltung und der hinter Absatz 5 stehenden ratio (Überbrückung tarifloser Zeiten), dass der nachwirkende TV bei während des Nachwirkungszeitraums **neu begründeten Arbeitsverhältnissen keine Anwendung** finde[1]. Ausnahmen gälten für Arbeitsverhältnisse, die aus der Umwandlung eines Ausbildungsverhältnisses während des Nachwirkungszeitraums entstehen[2]. Die hL gelangt aufgrund ihres abweichenden Verständnisses zu anderen Ergebnissen[3]. Die Folgen der unterschiedlichen Auffassungen werden dadurch abgeschwächt, dass nach der Rspr. des BAG eine arbeitsvertragliche pauschale Verweisung auf die geltenden TV so auszulegen ist, dass sie auch nachwirkende TV erfasst[4].

Ob **tarifdispositives Gesetzesrecht** (s. dazu Einl. Rz. 27 f.) auch von lediglich nachwirkenden tarifvertraglichen Normen verdrängt wird, ist strittig. Das BAG bejaht dies[5], sofern das Gesetz generell Abweichungen auch bei bloßer individualvertraglicher Bezugnahme auf einen gültigen TV erlaubt[6], ein Ergebnis, das schon aus der Auslegung der einzelnen gesetzlichen Normen folgt. Einen allgemeinen Grundsatz der Nachwirkung von Tarifnormen wird man hierin nicht sehen können[7].

c) **Weitergeltende Normen.** Die Nachwirkung umfasst nach der Rspr. des BAG grundsätzlich **alle tariflichen Normen** iSd. § 1 Abs. 1[8]; praxisrelevant ist sie jedoch vor allem für die Inhaltsnormen[9]. Auch betriebliche und betriebsverfassungsrechtliche[10] Normen entfalten Nachwirkung[11] (s. im Übrigen § 87 BetrVG Rz. 11). Für negative Inhaltsnormen und Abschlussnormen ist die Bedeutung der Nachwirkung gering, da ein Arbeitsvertrag, der den tariflichen Bestimmungen widerspricht, als andere Abmachung iSd. Abs. 5 aufzufassen ist[12]. Bedeutsam ist die Nachwirkung ferner für die den bereits Beschäftigten in Abschluss- und Beendigungsnormen gewährten Ansprüche[13]. Auch bei gemeinsamen Einrichtungen gem. Abs. 2 ist eine Nachwirkung möglich[14] (zum konkludenten Ausschluss der Nachwirkung s. Rz. 5).

d) **Ablösung durch andere Abmachung.** Die Nachwirkung soll Regelungslücken verhindern. Sie endet daher mit ihrer Ersetzung durch eine andere Abmachung. In Betracht kommen sowohl **kollektive Regelungen** (TV, BV in den Grenzen der §§ 77, 87 BetrVG) als auch **arbeitsvertragliche Vereinbarungen**[15]. Ein neuer TV ist nicht erforderlich. Obwohl dies der Wortlaut nicht klar erkennen lässt („Abmachung"), kann die ersetzende Regelung auch auf einer **Änderungskündigung** beruhen[16]. Regelt ein TV einen bestimmten Komplex von Arbeitsbedingungen insgesamt neu, ersetzt er den vorangehenden TV grundsätzlich ganz (Ablösungsprinzip)[17].

Die Nachwirkung gemäß § 4 Abs. 5 kann nur durch eine **Abmachung** beendet werden, die auf das jeweilige Arbeitsverhältnis **Anwendung findet**[18]. Nach der Rspr. greift die Beendigung der Nachwirkung durch einen neuen TV gegenüber Außenseitern nur, wenn der TV für allgemeinverbindlich erklärt wurde[19]. Teile des Schrifttums vertreten unter Hinweis auf die fehlende Legitimation der Fortgeltung eines TV, für den die Allgemeinverbindlichkeit entfallen ist, abweichende Auffassungen[20]. Zu einer mittelbaren Beendigung der Nachwirkung gegenüber Außenseitern kommt es bei dynamischen Bezugnahmeklauseln, die auch den neuen TV erfassen. Für ArbN, die von einem Betriebsübergang betroffen sind, richtet sich die Ersetzung tariflicher Normen nach den Spezialvorschriften des § 613a Abs. 1 Satz 2 bis 4 BGB (dazu § 613a BGB Rz. 249 ff.).

---

1 S. zuletzt BAG v. 10.12.1997 – 4 AZR 247/96, AP Nr. 20 zu § 3 TVG; v. 22.7.1998 – 4 AZR 403/97, AP Nr. 32 zu § 4 TVG – Nachwirkung mwN; v. 7.11.2001 – 4 AZR 703/00, AP Nr. 11 zu § 3 TVG – Verbandsaustritt; zur Geltung eines Tarifvertrages bei Abschluss eines Arbeitsvertrages während des Fortwirkungszeitraumes gemäß § 3 Abs. 3 s. § 3 Rz. 36. | 2 BAG v. 19.1.1962 – 1 AZR 147/61, AP Nr. 11 zu § 5 TVG; v. 28.1.1987 – 5 AZR 323/86, AP Nr. 16 zu § 4 TVG – Nachwirkung. | 3 Däubler/Bepler, § 4 TVG Rz. 814 ff.; Wiedemann/Wank, § 4 TVG Rz. 332 mwN. | 4 BAG v. 29.1.1975 – 4 AZR 218/74, AP Nr. 8 zu § 4 TVG – Nachwirkung; Wiedemann/Wank, § 4 TVG Rz. 333. | 5 BAG v. 27.6.1978 – 6 AZR 59/77, AP Nr. 12 zu § 13 BUrlG m. Anm. *Wiedemann*; Wiedemann/Wank, § 4 TVG Rz. 334 mwN zu abw. Auffassungen. | 6 BAG v. 27.6.1978 – 6 AZR 59/77, AP Nr. 12 zu § 13 BUrlG m. Anm. *Wiedemann*. | 7 Vgl. *Gamillscheg*, Kollektives Arbeitsrecht I, S. 876. | 8 BAG v. 18.5.1977 – 4 AZR 47/76, AP Nr. 4 zu § 4 BAT; ausf. *Oetker*, FS Schaub, S. 535 (537 ff.). | 9 Wiedemann/Wank, § 4 TVG Rz. 343. | 10 *Oetker*, FS Schaub, S. 535 ff. | 11 BAG v. 26.4.1990 – 1 ABR 84/87, AP Nr. 57 zu Art. 9 GG (zu betrieblichen Normen); Nachweise auch zu abweichenden Stimmen bei *Oetker*, FS Schaub, S. 535 (537). | 12 Wiedemann/Wank, § 4 TVG Rz. 345. | 13 Wiedemann/Wank, § 4 TVG Rz. 346. | 14 Wiedemann/Wank, § 4 TVG Rz. 348 ff. mwN. | 15 BAG v. 18.3.1992 – 4 AZR 339/91, AP Nr. 13 zu § 3 TVG. | 16 BAG v. 25.10.2000 – 4 AZR 212/00, AP Nr. 38 zu § 4 TVG – Nachwirkung m. Anm. *Hohenstatt*; BAG v. 27.9.2001 – 2 AZR 236/00, AP Nr. 40 zu § 4 TVG – Nachwirkung mit Hinweisen zu den für eine solche Änderungskündigung geltenden Maßstäben; Wiedemann/Wank, § 4 TVG Rz. 356; aA *Kempen/Zachert*, § 4 TVG Rz. 306. | 17 BAG v. 20.3.2002 – 10 AZR 501/01, AP Nr. 12 zu § 1 TVG – Tarifverträge: Gebäudereinigung. | 18 BAG v. 27.11.1991 – 4 AZR 211/91, AP Nr. 22 zu § 4 TVG – Nachwirkung; v. 14.2.1991 – 8 AZR 166/90, AP Nr. 10 zu § 3 TVG; v. 28.5.1997 – 4 AZR 545/95, AP Nr. 27 zu § 4 TVG – Nachwirkung. | 19 BAG v. 27.11.1991 – 4 AZR 211/91, AP Nr. 22 zu § 4 TVG – Nachwirkung; v. 25.10.2000 – 4 AZR 212/00, AP Nr. 38 zu § 4 TVG – Nachwirkung; aus der Lit. *Däubler*, Tarifvertragsrecht, Rz. 1456; *Frölich*, NZA 1992, 1105 (1110); Wiedemann/Wank, § 5 TVG Rz. 126 und § 4 TVG Rz. 354; zur Beendigung der Fortwirkung durch die Beendigung der unveränderten Geltung eines TV nach § 3 Abs. 3 zuletzt BAG v. 7.11.2001 – 4 AZR 703/00, DB 2002, 642 (643). | 20 *Oetker*, gemeins. Anm. zu BAG EzA § 4 TVG – Nachwirkung Nr. 14 und 15; *Krebs*, gemeins. Anm. zu den BAG-Urteilen v. 27.11.1991 – 4 AZR 211/91 – und v. 18.3.1992 – 4 AZR 339/91, SAE 1993, 133 ff.; *Hohenstatt*, Anm. zu BAG AP Nr. 38 zu § 4 TVG – Nachwirkung.

13 **II. Geltungsbereich des TV.** Der Geltungsbereich des TV legt fest, auf welche konkreten Arbeitsverhältnisse ein TV Anwendung findet. Im Laufe der Zeit haben sich Differenzierungen nach verschiedenen Aspekten herausgebildet[1], die aber rein terminologischer Natur sind. Eine äußere **Grenze** für den Geltungsbereich des TV wird durch die **Tarifzuständigkeit** der TV-Parteien gesetzt (§ 2 Rz. 29 ff.). Innerhalb dieses Rahmens wird der Geltungsbereich durch den TV selbst bestimmt. Bei seiner Festlegung sind die TV-Parteien autonom[2], soweit die ArbN nicht willkürlich ungleich behandelt werden[3]. Der TV enthält im Allgemeinen detaillierte Regelungen über seinen Geltungsbereich. Fehlen diese, kann ggf. auf den Geltungsbereich eines Manteltarifvertrages, der ausgefüllt werden soll, zurückgegriffen werden[4].

14 **1. Räumlicher Geltungsbereich.** Der räumliche Geltungsbereich eines TV ist im Allgemeinen unproblematisch festzustellen. Die TV-Parteien können unterschiedliche Anknüpfungspunkte wählen, zB die Lage des Betriebes oder den gewöhnlichen Verrichtungsort für die Tätigkeit des ArbN. Im Zweifelsfall richtet sich die Tarifgeltung nach dem Schwerpunkt des Arbeitsverhältnisses, bei ständiger Tätigkeit an einem Ort ist der dort geltende TV anzuwenden[5]. Bei vorübergehender Entsendung verbleibt der Schwerpunkt am Ort des Betriebssitzes, bei ständiger Entsendung wechselt dagegen der räumlich anwendbare TV[6]. Bei betrieblichen und betriebsverfassungsrechtlichen Normen wird wegen deren betriebseinheitlicher Geltung (§ 3 Abs. 2) regelmäßig an die Lage des Betriebes anzuknüpfen sein[7].

15 **2. Branche**[8]. Auch wenn in jüngster Zeit Auflösungserscheinungen zu beobachten sind, sind die deutschen Gewerkschaften weiterhin überwiegend nach dem Industrieverbandsprinzip (s. dazu § 2 Rz. 33) organisiert. TV werden deshalb im Allgemeinen für **Betriebe** mit einer bestimmten Branchenzugehörigkeit abgeschlossen. Weiter gehend besteht – bei entsprechender Tarifzuständigkeit der Gewerkschaft[9] – auch die Möglichkeit, TV für alle Betriebe eines **Unternehmens** abzuschließen, das schwerpunktmäßig einer bestimmten Branche zugehört[10]. Der zu erfassende Wirtschaftszweig wird im Allgemeinen im TV genau umschrieben[11]. Ob das einzelne Arbeitsverhältnis dem typischen Berufsbild der Angehörigen dieser Branche entspricht, ist, soweit nicht tarifliche Regelungen entgegenstehen (s. unten Rz. 18 zum fachlichen Geltungsbereich), ohne Belang[12]. Ob **Hilfs- und Nebenbetriebe** erfasst sind, ergibt sich regelmäßig aus einer Auslegung des jeweiligen TV, wobei insoweit auch die in der Satzung der TV-Parteien niedergelegte Tarifzuständigkeit zu berücksichtigen ist.

16 Bei gemischtwirtschaftlichen Betrieben (**Mischbetrieben**) soll es auf den Hauptzweck des Betriebes ankommen[13]. Die Rspr. stellt entscheidend darauf ab, mit welchen Tätigkeiten die ArbN des betreffenden Betriebes überwiegend beschäftigt werden, während wirtschaftliche Gesichtspunkte wie Umsatz und Verdienst, aber auch handels- und gewerberechtliche Kriterien wie Handelsregistereintragung, Firmierung, Gewerbeanmeldung und Registrierung bei der IHK oder Handwerkskammer grundsätzlich unmaßgeblich sind[14].

17 **Endet die Tarifbindung** nach Umstellung der ausgeübten Tätigkeit wegen Herauswachsens des Betriebes oder der sonstigen tariflichen Organisationseinheit aus dem Geltungsbereich eines TV, tritt nach Abs. 5 **Nachwirkung** des TV ein (s. Rz. 5)[15].

18 **3. Fachlicher Geltungsbereich.** Der fachliche Geltungsbereich kann gemeinsam mit dem persönlichen Geltungsbereich ieS (Rz. 19) als Teil des **persönlichen Geltungsbereichs iwS** aufgefasst werden. Er ergänzt den nach der **Branche** bestimmten Geltungsbereich um die ArbN-Gruppen, für die der TV im Betrieb gelten soll[16]. Die Bestimmung eines fachlichen Geltungsbereiches kann entfallen; dann gilt der TV für alle ArbN, die in den einschlägigen Branche unterfallenden Betrieben beschäftigt sind. Von Bedeutung ist der fachliche Geltungsbereich bei als Fachverband organisierten Gewerkschaften (s. § 2 Rz. 33), weil bei den von ihnen abgeschlossenen TV fachlich regelmäßig nur die von ihnen vertretenen ArbN-Gruppen erfasst werden.

19 **4. Persönlicher Geltungsbereich im engeren Sinn.** Der persönliche Geltungsbereich ieS stellt im Gegensatz zum fachlichen Geltungsbereich auf ArbN-Seite nicht auf die Tätigkeit des einzelnen ArbN ab,

---

1 S. zu den unterschiedlichen Differenzierungen Wiedemann/*Wank*, § 4 TVG Rz. 96 ff. u. 137. | 2 BAG v. 24.4.1985 – 4 AZR 457/83, AP Nr. 4 zu § 3 BAT. | 3 BAG v. 7.3.1995 – 3 AZR 282/94, AP Nr. 26 zu § 1 BetrAVG – Gleichbehandlung bei unzulässiger Ungleichbehandlung von Teilzeitbeschäftigten in der betrieblichen Altersversorgung. | 4 BAG v. 13.6.1957 – 2 AZR 402/54, AP Nr. 6 zu § 4 TVG – Geltungsbereich. | 5 BAG v. 3.12.1985 – 4 AZR 325/84, AP Nr. 5 zu § 1 TVG – Tarifverträge: Großhandel. | 6 Wiedemann/*Wank*, § 4 TVG Rz. 126, 129 mwN. | 7 Wiedemann/*Wank*, § 4 TVG Rz. 134. | 8 Häufig wird der nach der Branche zu beurteilende Geltungsbereich auch als fachlicher Geltungsbereich bezeichnet, vgl. BAG v. 26.8.1993 – 4 AZR 471/97, AP Nr. 66 zu § 1 TVG – Tarifverträge: Einzelhandel. | 9 Dazu BAG v. 25.9.1996 – 1 ABR 4/96, AP Nr. 10 zu § 2 TVG – Tarifzuständigkeit. | 10 AR-Blattei/*Buchner*, SD 1550.4 Rz. 97 ff. Im Folgenden wird vom Regelfall des betrieblichen Geltungsbereiches ausgegangen. Entsprechendes gilt für einen Tarifvertrag mit unternehmensbezogenem Anwendungsbereich. | 11 S. AR-Blattei/*Buchner*, SD 1550.4 Rz. 83 ff. | 12 AR-Blattei/*Buchner*, SD 1550.4 Rz. 92. | 13 BAG v. 13.6.1957 – 2 AZR 402/54, AP Nr. 6 zu § 4 TVG – Geltungsbereich. | 14 BAG v. 25.11.1987 – 4 AZR 361/87, AP Nr. 18 zu § 1 TVG – Tarifverträge: Einzelhandel; v. 24.8.1994 – 10 AZR 67/94, AP Nr. 182 zu § 1 TVG – Tarifverträge: Bau. | 15 BAG v. 10.12.1997 – 4 AZR 247/96, AP Nr. 20 zu § 3 TVG. | 16 S. zu den einzelnen in der Praxis auftretenden Fallgestaltungen AR-Blattei/*Buchner*, SD 1550.4 Rz. 119 ff.

sondern betrifft persönliche Eigenschaften des ArbN wie sein Lebensalter oder die Dauer der Betriebsangehörigkeit. Eigenständige Tarifwerke für einzelne dieser ArbN-Gruppen sind zwar selten[1], häufig werden jedoch innerhalb eines Tarifwerks nach den entsprechenden Kriterien differenzierte Regelungen getroffen. Auf ArbGebSeite besteht die Möglichkeit, einzelne ArbGeb aus unterschiedlichen Gründen – etwa zum Zwecke der Sanierung – von der Geltung eines auf sie an sich anwendbaren TV auszunehmen.

5. Zeitlicher Geltungsbereich. Im Regelfall enthält der TV eine Regelung des Zeitpunkts seines In-Kraft- und Außer-Kraft-Tretens bzw. der Kündigungsmöglichkeiten (§ 1 Rz. 24 ff.). Fehlt ausnahmsweise eine entsprechende Festlegung, tritt der TV sofort mit Abschluss in Kraft[2]. Eine der Rückwirkung von Gesetzen vergleichbare Problematik stellt sich, wenn der TV vom Zeitpunkt des Abschlusses aus gesehen **rückwirkend** in Kraft treten soll (s. § 1 Rz. 127 ff.) bzw. wenn die Allgemeinverbindlichkeit rückwirkend erklärt wird (s. § 5 Rz. 28). Mit dem Auslaufen der zeitlichen Geltung des TV enden nicht zwangsläufig auch seine Wirkungen. Im Allgemeinen schließt sich die Nachwirkung nach Abs. 5 an (s. Rz. 5 ff.).

6. Sonderregelung für gemeinsame Einrichtungen (Abs. 2). Abs. 2 enthält mit der Anordnung des zwingenden Charakters von Normen über gemeinsame Einrichtungen lediglich eine Teilregelung dieser Einrichtungen. Sie werden im TVG im Übrigen nicht erwähnt. Es ist heute aber unstreitig, dass diese Normen neben den in § 1 Abs. 1 TVG genannten Tarifinhalten eine besondere Kategorie darstellen (s. § 1 TVG Rz. 55 ff.). Abs. 2 ergänzt Abs. 1 insoweit, als neben die (gegenseitige) Bindung der Verbandsmitglieder durch den TV eine wechselseitige Bindung der Verbandsmitglieder an die gemeinsame Einrichtung der TV-Parteien tritt[3].

Nicht endgültig geklärt ist, ob Abs. 2 eine eigenständige Regelung enthält oder lediglich eine zusätzliche Rechtsfolge gegenüber Abs. 1 anordnet. Relevanz besitzt diese Frage für die Voraussetzungen des Eintritts der Rechtsfolgen des Abs. 2. So ist strittig, ob aus dem Wortlaut des Abs. 2 e contrario („Verhältnis zu den tarifgebundenen ArbGeb und ArbN" statt „zwischen den beiderseits Tarifgebundenen") herausgelesen werden kann, dass die zwingende Wirkung des TV zwischen ArbN und gemeinsamer Einrichtung bzw. ArbGeb und gemeinsamer Einrichtung auch dann eintritt, wenn nur eine dieser Parteien an den TV gebunden ist[4]. Dass diese Frage von der Rspr. bislang nicht geklärt ist[5], dürfte daran liegen, dass TV über gemeinsame Einrichtungen größtenteils für allgemeinverbindlich erklärt werden. Systematisch überzeugender ist es, in Abs. 2 lediglich eine Ergänzung des Abs. 1 zu sehen und eine zweiseitige Tarifbindung zu fordern. Der Aussagegehalt des Abs. 2 beschränkt sich somit auf die Erweiterung der Wirkung im Verhältnis zu den gemeinsamen Einrichtungen[6]. Anderenfalls hätte es nahe gelegen, eine § 3 Abs. 2 TVG entsprechende Regelung in das Gesetz aufzunehmen.

Eine Auslegung des TV wird allerdings häufig ergeben, dass der ArbGeb berechtigt sein soll, durch eine Inbezugnahme des TV in Arbeitsverträgen mit nichtorganisierten ArbN Ansprüche dieser ArbN gegen die gemeinsame Einrichtung zu begründen, um seine ArbN gleich zu behandeln[7]. Entsprechend kann der TV vorsehen, dass der ArbGeb Beiträge auch für nicht organisierte ArbN leisten muss[8]. Demgegenüber reicht die einseitige Bindung nur des ArbN nicht aus, um Ansprüche gegen die (von anderen ArbGeb finanzierte) gemeinsame Einrichtung zu begründen[9].

Der Begriff der gemeinsamen Einrichtung setzt eine paritätische Vertretung der TV-Parteien voraus, wobei neutrale Dritte in Aufsichtsorgane einbezogen werden können[10]. Die in Abs. 2 normierte unmittelbare und zwingende Geltung des TV für die Satzung der gemeinsamen Einrichtung befreit die TV-Parteien nicht von sonstigen für die Gründung zu befolgenden Vorschriften. So muss eine von der Rechtsordnung zur Verfügung gestellte Rechtsform gewählt werden[11]. Eine Gründung als juristische Person ist allerdings nicht zwingend[12].

III. Verhältnis zu anderen Regelungen (Abs. 3). Treffen die Regelungen eines TV – wie häufig – auf abweichende Regelungen in anderen Rechtsquellen, stellt sich die Frage nach dem Regelungsvorrang. Absatz 3 enthält lediglich eine Teilregelung dieses Problems für das Verhältnis eines TV zu abweichenden Abmachungen, die für nachwirkende TV in Absatz 5 weiter modifiziert wird (dazu Rz. 11 f.). Zur Lösung der sonstigen Fälle einer Normenkonkurrenz ist auf allgemeine Grundsätze zurückzugreifen.

---

[1] Zu denken ist an gesonderte TV über Altersteilzeitmodelle oder Vorruhestandsregelungen, die nur ArbN ab einem bestimmten Lebensalter Ansprüche gewähren. | [2] AR-Blattei/*Buchner*, SD 1550.4 Rz. 151. | [3] S. *Zöllner*, Gutachten 48. DJT, S. G 64. | [4] So *Däubler*, Tarifvertragsrecht, Rz. 1153; *Däubler/Hensche*, § 1 TVG Rz. 946; *Kempen/Zachert*, § 4 TVG Rz. 157. | [5] S. aber BAG v. 5.12.1958 – 1 AZR 89/57, AP Nr. 1 zu § 4 TVG - Ausgleichskasse, wo das Erfordernis der zweiseitigen Tarifbindung bejaht wird. Hierzu *Bötticher*, Die gemeinsamen Einrichtungen der Tarifvertragsparteien, S. 61 ff. | [6] MünchArbR/*Löwisch/Rieble* § 267 Rz. 42 ff.; Nachw. bei Wiedemann/*Oetker*, § 1 TVG Rz. 643 ff. und § 3 TVG Rz. 122 ff. | [7] Ob hierzu verpflichtet ist, ist umstritten, vgl. Wiedemann/*Oetker*, § 1 TVG Rz. 645; LAG Hamm v. 11.1.1994 – 11 Sa 979/93, LAGE § 4 TVG Nr. 4. | [8] S. zu den Problemen auf der Beitragsseite *Lieb*, Verh. 48. DJT, S. Q 42. | [9] Vgl. Wiedemann/*Oetker*, § 3 TVG Rz. 125 zu den verschiedenen Auffassungen. | [10] BAG v. 25.1.1989 – 5 AZR 43/88, AP Nr. 5 zu § 1 - GesamthafenbetriebsG. | [11] Zu Organisationsfragen der gemeinsamen Einrichtungen Wiedemann/*Oetker*, § 1 TVG Rz. 629 ff. | [12] BAG v. 25.1.1989 – 5 AZR 43/88, AP Nr. 5 zu § 1 GesamthafenbetriebsG.

26 **1. Grundprinzipien – Normenhierarchie.** Die allgemeinen Grundsätze sind nicht spezifisch tarifrechtlicher Herkunft. Grundsätzlich gelten die allgemeinen Regeln der Normenhierarchie, dh. Normen höherrangigen Rechts verdrängen Normen niedrigeren Ranges, soweit die höherrangigen Regelungen nicht (einseitig) (tarif-)dispositiv ausgestaltet sind. Der TV steht insoweit zwischen staatlich gesetzten Normen[1] und individuell getroffenen Regelungen (vgl. Einl. Rz. 14 ff.). Die Normenhierarchie hilft bei Konkurrenz verschiedener TV nicht weiter. Da zudem eine ausdrückliche gesetzliche Regelung fehlt, gehört diese Fragestellung zu den am heftigsten umstrittenen des gesamten Tarifrechts.

27 **2. Durchbrechung der Bindungswirkung (Abs. 3).** Das Konzept der Normenhierarchie und zugleich der Grundsatz der Tarifbindung kennen zwei bedeutende Einschränkungen, die in Abs. 3 zusammengefasst sind. Zum einen kann der TV eine nur dispositive Regelung treffen, so dass es den Parteien eines Arbeitsvertrages frei steht, abweichende Regelungen zu treffen. Zum anderen greift die Schutzfunktion des TV stets dann nicht, wenn die abweichende Regelung für den ArbN günstiger ist. Das Verständnis dieses Günstigkeitsprinzips ist von essentieller Bedeutung für die Reichweite der Tarifbindung.

28 **a) Öffnungsklauseln.** Öffnungsklauseln in TV für „abweichende Abmachungen" betreffen dem Wortlaut des Abs. 3 zufolge sowohl BV als auch Einzelverträge. Im Hinblick auf die spezielleren Regelungen in §§ 77 Abs. 3 Satz 2 und 87 BetrVG gilt Abs. 3 Alt. 1 heute aber nur noch für abweichende Individualvereinbarungen[2]. Entsprechende tarifvertragliche Öffnungsklauseln waren lange Zeit selten. Angesichts wachsender Kritik an den starren Flächentarifverträgen werden sie in jüngster Zeit zunehmend insb. für wirtschaftliche Härtefälle und zur Beschäftigungssicherung eingeführt[3]. Von einer konkludenten Ermächtigung der Betriebspartner oder gar der Arbeitsvertragsparteien zur Abweichung von tariflichen Regelungen wird man nur in Ausnahmefällen ausgehen dürfen[4]. Dispositive Tarifnormen gleichen im Übrigen dispositiven Gesetzesbestimmungen. Sie gelten unmittelbar, soweit keine anderweitige Vereinbarung getroffen wird.

29 **b) Günstigkeitsprinzip. aa) Grundsatz und Bedeutung.** Das Günstigkeitsprinzip findet seine Stütze im Gedanken der Privatautonomie[5]. Der mit dem zwingenden Charakter der Tarifnormen verbundene Eingriff in die Privatautonomie verliert dort seine Rechtfertigung, wo das Schutzbedürfnis des ArbN endet, und erst recht dort, wo der den ArbN bevormundende TV diesen zugleich benachteiligt. Der ArbN hat mit seinem Gewerkschaftsbeitritt auf seine Individualrechte aus Art. 2, 12 GG nicht vollständig verzichtet, sondern nur soweit dies für eine effektive Koalitionsbetätigung erforderlich ist, die ihrerseits über Art. 9 Abs. 3 GG verfassungsrechtlichen Schutz genießt. Der offen gestaltete Wortlaut des Abs. 3 lässt einen erheblichen Interpretationsspielraum, da er jeder für den ArbN günstigeren abweichenden Regelung den Vorrang einräumt. Je nach Verständnis der Regelung lässt sich dieses Prinzip für eine weitreichende Flexibilisierung der TV nutzbar machen. Angesichts dieser fundamentalen Bedeutung für das Tarifrecht kann es nicht überraschen, dass nicht nur das Verständnis der Norm de lege lata heftig umstritten ist[6], sondern dass immer wieder, insb. aber in jüngster Zeit, der Ruf nach einer Konkretisierung des Günstigkeitsprinzips de lege ferenda laut wird[7]. In dem Gesetz zu Reformen am Arbeitsmarkt[8] ist eine entsprechende Änderung – trotz entsprechender Vorschläge der Opposition[9] – aber ausdrücklich nicht vorgesehen.

30 **bb) Vergleichsgegenstand.** Nach der Rspr. ist bei der Beurteilung der Günstigkeit einer Regelung auf die tarifliche Norm, nicht auf die Lebensumstände, wie sie ohne die Abmachung bestünden, als Vergleichsmaßstab abzustellen[10]. Eine untertarifliche Beschäftigung sei im Vergleich mit einer Nichtbeschäftigung insoweit nicht günstiger[11]. Akzeptiert man diese Prämisse, so stellt sich die Anschlussfrage, ob ein Vergleich immer nur zwischen einzelnen Regelungen (höheres Entgelt, längerer Urlaub als tarifvertraglich vorgesehen) erfolgen kann[12], ob zumindest ein Sachgruppenvergleich[13] möglich sein soll oder ob der Günstigkeitsvergleich generell für die im Gegenseitigkeitsverhältnis stehenden Leistungen (Vergleich der Synallagmata)[14] zu öffnen ist. Nach der vom BAG präferierten Mittellösung des Sachgruppenvergleichs sind die sachlich einander entsprechenden Regelungen miteinander zu vergleichen. Ein solcher sachlicher Zusammenhang[15] lässt sich etwa für die Regelung von Kündigungs

---

1 Zum Vorrang auch von Verwaltungsakten *Löwisch/Rieble*, § 1 TVG Rz. 137; *Gamillscheg*, Kollektives Arbeitsrecht I, S. 695. | 2 S. aber auch BAG v. 11.7.1995 – 3 AZR 8/95, AP Nr. 10 zu § 1 TVG – Tarifverträge: Versicherungsgewerbe, wo eine tarifvertragliche Öffnungsklausel zugunsten von Betriebs- und Dienstvereinbarungen an § 4 Abs. 3 gemessen wird. | 3 S. die Beispiele bei *Kittner*, FS Schaub, S. 389 (394 ff. mwN). | 4 *Wiedemann/Wank*, § 4 TVG Rz. 379. | 5 Der Große Senat des BAG (BAG v. 16.9.1986 – GS 1/82, AP Nr. 17 zu § 77 BetrVG 1972) sieht in § 4 Abs. 3 den Ausdruck eines allgemeinen Prinzips. | 6 Ausführliche Darstellung bei *Wiedemann/Wank*, § 4 TVG Rz. 433 ff. | 7 Vgl. nur den Initiativantrag der FDP-Landtagsfraktion BW LT-Drs. 11/3019 und den Gesetzentwurf des Bundesrates BT-Drs. 15/406. | 8 BGBl. 2003 I S. 3002. | 9 Vgl. die Stellungnahme des Bundesrates BR-Drs. 421/03 (Beschluss) S. 2. | 10 Vgl. BAG v. 18.12.1997 – 2 AZR 709/96, AP Nr. 46 zu § 2 KSchG 1969. | 11 BAG v. 7.11.2002 – 2 AZR 742/00, AP Nr. 100 zu § 615 BGB: tarifliches Arbeitsentgelt und Arbeitsplatzgarantie. | 12 In dieser Richtung *Däubler*, Tarifvertragsrecht, Rz. 206. | 13 BAG v. 20.4.1999 – 1 ABR 72/98, AP Nr. 89 zu Art. 9 GG mwN. | 14 *Schliemann*, NZA 2003, 122 (124). | 15 Nachw. zu den unterschiedlichen Auffassungen bei Wiedemann/*Wank*, § 4 TVG Rz. 471 ff.

frist und Kündigungstermin[1] bejahen oder für diejenige von Urlaubstagen und Urlaubsgeld. Maßgeblich für die Abgrenzung der Sachgruppe ist der Rspr. zufolge der TV[2]. Den TV-Parteien steht es daher frei, das gesamte arbeitsvertragliche Synallagma oder zumindest die Hauptleistungspflichten als relevante Sachgruppe einzustufen.

Praktische Bedeutung erlangt der Günstigkeitsvergleich bei einem Vergleich tarifvertraglicher Arbeitszeitbeschränkungen mit der individualvertraglichen Vereinbarung längerer Arbeitszeiten bei entsprechend höherem Entgelt[3]. Die Frage ist höchstrichterlich bislang nicht entschieden[4]. Der praktischen Konkordanz zwischen den Individualgrundrechten der ArbN aus Art. 2, 12 GG einerseits und der durch Art. 9 Abs. 3 GG geschützten Tarifautonomie entspricht es, der freiwilligen ArbN-Entscheidung hier den Vorrang einzuräumen und die Vereinbarung angemessen[5] vergüteter Mehrarbeit als günstiger einzustufen. Für den Fall der Entgeltumwandlung enthält § 17 Abs. 5 BetrAVG eine Sonderregelung für das Verhältnis von Entgeltumwandlung zur Auszahlung als Entgelt[6]. 31

cc) **Vergleichsmethode.** Das Kernproblem der Vergleichsmethode (objektiver oder subjektiver Maßstab) liegt in der Feststellung, ob die Entscheidung des ArbN für eine Abweichung von der tariflichen Regelung freiwillig getroffen oder ob sie ihm vom ArbGeb – sei es auch nur mittelbar – aufgezwungen wurde. Grundsätzlich kann die Freiwilligkeit einer ArbN-Entscheidung nur dann verlässlich vermutet werden, wenn der einzelne ArbN **objektive und messbare Vorteile** aus der vom TV abweichenden Gestaltung erlangt. Die Rspr. und die insoweit ganz hM im Schrifttum[7] befürworten dementsprechend einen **objektiv-individuellen Lösungsansatz**. Eine streng subjektive Vergleichsmethode steht schon deshalb nicht mit Abs. 3 im Einklang, weil dann jede – freiwillige – individualvertragliche Vereinbarung zur Durchbrechung der Tarifbindung führen müsste[8]. Dem individuellen Maßstab entspricht es, dass stets der einzelne ArbN einen Vorteil erlangen muss, nicht nur die Belegschaft in ihrer Gesamtheit[9]. 32

Denkbar ist es, die Entscheidung des ArbN bei nur subjektiven Vorteilen zu respektieren, wenn sonstige Umstände eine autonome Willensbildung des ArbN im wohlverstandenen Eigeninteresse nahe legen. Beispielhaft genannt sei der subjektive Wunsch des ArbN nach atypischen – dh. betriebsunüblichen – Arbeitsbedingungen, deren Gewährung zusätzliche Kosten für den ArbGeb nach sich zieht. Geht der ArbGeb auf den Wunsch des ArbN ein, so rechtfertigt dieser zusätzliche Kostenaufwand eine Unterschreitung des Tarifniveaus und somit einen teilweisen Verzicht des ArbN auf tarifliche Ansprüche. Respekt vor der subjektiven Entscheidung des ArbN ist ferner bei einer **freien Wahlmöglichkeit** des ArbN geboten, wie der Große Senat des BAG[10] für die Alternative „Arbeit oder Ruhestand" betont hat. Diese Erwägungen gelten in gleicher Weise für das Wahlrecht zwischen tariflicher Arbeitszeit und vergüteter Mehrarbeit (Rz. 31)[11]. 33

Unerheblich ist, ob eine einzelvertraglich günstigere Regelung vor oder nach In-Kraft-Treten des für den ArbN ungünstigeren TV vereinbart wurde[12]. Dem Vorrang der abweichenden Vereinbarung steht auch das „Ordnungsprinzip" nicht mehr entgegen[13]. Dieses von der Rspr. aufgegebene[14] Prinzip wurde früher zur Legitimierung der Zulässigkeit von verschlechternden tarifvertraglichen Regelungen gegenüber günstigeren arbeitsvertraglichen Einheitsregelungen, Gesamtzusagen und betrieblichen Übungen herangezogen[15]. Auch in diesen Fällen dürfte die Rspr. jetzt Abs. 3 anwenden[16]. Soweit der Tarifvorrang des § 77 Abs. 3 Satz 1 BetrVG nicht greift, gilt das Günstigkeitsprinzip auch zugunsten von **BV**[17]. 34

Umstritten ist neben der Anwendung des Günstigkeitsprinzips auf **gemeinsame Einrichtungen**[18] seine Geltung für **Betriebsnormen**. Vieles spricht für die Anwendbarkeit des Günstigkeitsprinzips, 35

---

1 Für den entsprechenden Vergleich mit der gesetzlichen Regelung BAG v. 4.7.2001 – 2 AZR 469/00, AP Nr. 59 zu § 622 BGB. |2 BAG v. 23.5.1984 – 4 AZR 129/82, AP Nr. 9 zu § 339 BGB; vgl. auch v. 20.4.1999 – 1 ABR 72/98, AP Nr. 89 zu Art. 9 GG. |3 Umfangreiche Darstellung bei Wiedemann/*Wank*, § 4 TVG Rz. 479 ff.; zuletzt *Auktor*, DB 2002, 1714 (1715 f.) mwN. |4 Abl. LAG BW v. 14.6.1989 – 9 Sa 145/88, DB 1989, 2028 m. Anm. *Buchner*; s. aber auch *Bengelsdorf*, ZfA 1990, 563 (581). Offen BAG v. 17.4.2002 – 5 AZR 644/00, AP Nr. 40 zu § 611 BGB – Mehrarbeitsvergütung. |5 Vgl. BAG v. 17.4.2002 – 5 AZR 644/00, AP Nr. 40 zu § 611 BGB – Mehrarbeitsvergütung für einen Fall fehlender Angemessenheit. |6 BT-Drs. 14/5150, S. 43. Der Tarifvorbehalt gilt aber nicht für eigene Beiträge des ArbN nach § 1 Abs. 2 Nr. 4 BetrAVG, s. BT-DrS 14/9442, S. 47. |7 Däubler/*Deinert*, § 4 TVG Rz. 689 ff.; *Schliemann*, NZA 2003, 122, (126); für eine subjektive Methode *Adomeit*, NJW 1984, 26; *Zöllner*, DB 1989, 2121 (2125); *Gitter*, FS Wlotzke, S. 297 (301). |8 So aber *Heinze*, NZA 1991, 329 (332). |9 Krit. *von Danwitz*, in Handbuch der Grundrechte, § 114 A.III.3.b). |10 BAG GS v. 7.11.1989 – GS 3/85, BAGE 63, 211; zur Günstigkeit eines Wahlrechtes auch *Löwisch*, DB 1989, 1185 (1187); *Hromadka*, DB 1992, 1042 (1043). |11 *Buchner*, DB 1996, Beil. Nr. 12, 1 (10); aA (für die Zulässigkeit von Höchstarbeitszeiten): Kempen/Zachert, § 4 TVG Rz. 195 ff. mwN; s. auch BAG v. 17.4.2002 – 5 AZR 644/00, AP Nr. 40 zu § 611 BGB – Mehrarbeitsvergütung für die Günstigkeit abl. bei der pauschalen Abgeltung von Überstunden. |12 Zuletzt BAG v. 25.7.2001 – 10 AZR 390/00, EzA § 4 TVG – Günstigkeitsprinzip Nr. 10. |13 BAG v. 25.7.2001 – 10 AZR 390/00, EzA § 4 TVG – Günstigkeitsprinzip Nr. 10. |14 BAG GS v. 16.9.1986 – GS 1/82, AP Nr. 17 zu § 77 BetrVG 1972. |15 BAG v. 28.2.1956 – 3 AZR 90/54, AP Nr. 1 zu § 242 BGB – Betriebliche Übung; v. 20.12.1957 – 1 AZR 87/57, AP Nr. 1 zu Art. 44 – Truppenvertrag; v. 4.2.1960 – 5 AZR 72/58, AP Nr. 7 zu § 4 TVG – Günstigkeitsprinzip. |16 S. dazu Wiedemann/*Wank*, § 4 TVG Rz. 628. |17 Wiedemann/*Wank*, § 4 TVG Rz. 621. |18 Dagegen BAG v. 5.12.1958 – 1 AZR 89/57, AP Nr. 1 zu § 4 TVG – Ausgleichskasse; dafür MünchArbR/*Löwisch/Rieble*, § 272 Rz. 27 ff. mwN.

wenn eine Abweichung zugunsten des einzelnen ArbN möglich ist[1], der Kollektivschutz der Belegschaft also nicht gefährdet würde[2].

36 **3. Verhältnis zu einzelnen Regelungen. a) Ranghöhere Regelungen**[3]. Ranghöhere Regelungen sind grundsätzlich sämtliche staatlichen Regelungen (vgl. Einl. Rz. 14 ff.)[4]. Sie gehen, soweit sie zwingend ausgestaltet sind, tariflichen Regelungen vor (Rz. 26). Die gesetzliche Regelung kann allerdings in unterschiedlichem Maße dispositiv gestaltet sein und dann durch einen TV verdrängt werden. Ist eine Norm (ein- oder zweiseitig) allgemein gegenüber abweichenden Regelungen dispositiv, kann von ihr selbstverständlich auch durch TV abgewichen werden. Die Arbeitsrechtsordnung kennt ferner gesetzliche Vorschriften, die zwar nicht gegenüber Individualvereinbarungen, wohl aber gegenüber TV dispositiv sind. Dazwischen stehen Normen, die gegenüber Individualabreden nur ausnahmsweise dann zurücktreten, wenn die individualvertragliche Vereinbarung im Sinne einer Bezugnahmeklausel eine tarifvertragliche Regelung einbezieht. Solche Normen stärken die negative Koalitionsfreiheit. Welcher Kategorie eine Norm zuzuordnen ist, ergibt sich aus der Auslegung der einzelnen Vorschriften (ausführlich zum Verhältnis von TV und staatlichem Recht s. Einl. Rz. 15 ff.).

37 **b) Verhältnis zu anderen TV.** Das Verhältnis verschiedener TV zueinander ist gesetzlich nicht geregelt. Für die Lösung der offenen Streitfragen ist nach der Art des Konkurrenzverhältnisses zu unterscheiden.

38 **aa) Zeitlich nachfolgende Verträge bei identischen Vertragspartnern.** Anerkanntermaßen verdrängt – soweit nicht ohnehin eine ausdrückliche Aufhebung des vorangehenden TV erfolgt – nach dem *lex posterior*-Grundsatz ein zwischen den gleichen TV-Parteien geschlossener TV einen vorangehenden TV mit dem gleichen Anwendungsbereich[5]. Eine dem neuen TV zuerkannte Rückwirkung kann Beschränkungen unterliegen (s. dazu § 1 TVG Rz. 127). Es steht den TV-Parteien frei, bestimmte Regelungen weitergelten lassen, etwa um bisher gewährte Vergünstigungen den davon profitierenden ArbN zu erhalten (Besitzstandsklauseln)[6]. Für umfassend gestaltete Regelwerke wie Manteltarifverträge sind jedoch im Zweifel auch solche Tarifbestimmungen als aufgehoben anzusehen, zu deren Regelungsbereich der neue TV keine Aussage trifft, weil davon auszugehen ist, dass die Vertragsparteien durch den neuen Manteltarifvertrag die jeweiligen Arbeitsbedingungen umfassend neu regeln wollen[7].

39 **bb) Potentiell gleichzeitig anwendbare TV – Überblick.** Soweit verschiedene TV (potentiell) gleichzeitig anwendbar sind, wird eine terminologische Differenzierung vorgenommen[8]. (Echte) **Tarifkonkurrenz** (ieS) liegt nur dann vor, wenn dasselbe Sachgebiet in mehr als einem anwendbaren TV angesprochen wird oder wenn dasselbe Arbeitsverhältnis von mehreren TV erfasst wird[9]. **Tarifpluralität** liegt demgegenüber vor, wenn innerhalb eines Betriebes mehrere TV nebeneinander gelten, ohne dass sie auf einzelne Arbeitsverhältnisse gleichzeitig anwendbar sind[10]. Das BAG löst – unter heftiger Kritik des Schrifttums (Rz. 46) – im Ergebnis beide Fallkonstellationen über den Grundsatz der Tarifeinheit (im Einzelnen Rz. 42, 45). Aus eher pragmatischen Gründen soll in einem Betrieb prinzipiell lediglich ein einziger TV gelten.

40 **cc) Tarifkonkurrenz.** Für die (echte) Tarifkonkurrenz wird ganz überwiegend der **Spezialitätsgrundsatz** vertreten[11]. Danach verdrängt der speziellere TV den generelleren, soweit es sich um die gleichen Regelungsbereiche handelt. Verhindert werden soll, dass mehrere sich widersprechende Regelungen gleichzeitig Anwendung finden. So geht ein von der gleichen Gewerkschaft abgeschlossener FirmenTV einem VerbandsTV stets vor, auch wenn er für den ArbN ungünstigere Regelungen enthält[12]. Voraussetzung ist, dass er eine eigene inhaltliche Regelung und nicht lediglich eine Öffnung für abweichende Regelungen nach § 77 Abs. 3 Satz 2 BetrVG enthält[13]. Vielfach fällt die Beurteilung schwer, welcher TV der speziellere ist. Im Schrifttum wird dann auf die Anzahl der durch den TV erfassten Arbeitsverhältnisse, den Organisationsgrad, die zeitliche Abfolge[14] oder die mitgliedschaftliche Legitimation gegenüber der AVE abgestellt[15].

---

1 *Gamillscheg*, Kollektives Arbeitsrecht I, S. 851, MünchArbR/*Löwisch/Rieble*, § 272 Rz. 20 ff. | 2 MünchArbR/*Löwisch/Rieble*, § 272 Rz. 23; Däubler/*Deinert*, § 4 TVG Rz. 604. | 3 Zur Frage der Bindung der Tarifvertragsparteien an die Grundrechte s. Einl. TVG Rz. 15 ff. | 4 Zu Dienstordnungen s. BAG v. 26.9.1984 – 4 AZR 608/83, AP Nr. 59 zu § 611 BGB – Dienstordnungs-Angestellte; Wiedemann/*Wiedemann*, § 1 TVG Rz. 113 f.; *Däubler*, Tarifvertragsrecht, Rz. 396. | 5 Wiedemann/*Wank*, § 4 TVG Rz. 261. | 6 Wiedemann/*Wank*, § 4 TVG Rz. 262. | 7 BAG v. 23.10.2001 – 3 AZR 74/01, AP Nr. 33 zu § 1 BetrAV – Ablösung. | 8 Ausf. *Jacobs*, Tarifeinheit und Tarifkonkurrenz, S. 95 ff. | 9 S. zuletzt BAG v. 16.5.2001 – 10 AZR 357/00, EzA § 3 TVG Nr. 23. | 10 Wiedemann/*Wank*, § 4 TVG Rz. 271; s. BAG v. 28.5.1997 – 4 AZR 546/95, AP Nr. 26 zu § 4 TVG – Nachwirkung. | 11 St. Rspr., BAG v. 4.4.2001 – 4 AZR 237/00, AP Nr. 26 zu § 4 TVG – Tarifkonkurrenz mwN; Wiedemann/*Wank*, § 4 TVG Rz. 289 m. N.; zur Kritik s. *Jacobs*, Anm. zu BAG v. 4.4.2001 – 4 AZR 237/00, AP Nr. 26 zu § 4 TVG – Tarifkonkurrenz mwN; *Jacobs*, Tarifeinheit und Tarifkonkurrenz, S. 260 ff.; *Waas*, Tarifkonkurrenz und Tarifpluralität, S. 42 ff. mwN; zu Lösungsmöglichkeiten Wiedemann/*Arnold*, ZTR 1994, 399 (406 ff.). | 12 BAG v. 24.1.2001 – 4 AZR 655/99, AP Nr. 173 zu § 1 TVG – Tarifverträge: Metallindustrie; v. 4.4.2001 – 4 AZR 237/00, AP *Nr. 26 zu § 4 TVG – Tarifkonkurrenz mwN; dieses Ergebnis* wird im Allgemeinen auch von denjenigen geteilt, die den Spezialitätsgrundsatz ablehnen, s. *Jacobs*, Anm. zu BAG v. 4.4.2001 – 4 AZR 237/00, AP Nr. 26 zu § 4 TVG – Tarifkonkurrenz. | 13 BAG v. 20.4.1999 – 1 AZR 631/98, AP Nr. 12 zu § 77 BetrVG 1972 – Tarifvorbehalt. | 14 Däubler/*Zwanziger*, § 4 TVG Rz. 934. | 15 Übersicht bei Wiedemann/*Arnold*, ZTR 1994, 399 (408 f.); zu

41 Umstritten ist die Konkurrenzsituation, die durch die **gleichzeitige Mitgliedschaft eines ArbN in mehreren Gewerkschaften** entsteht, mit denen der ArbGeb (bzw. sein Verband) unterschiedliche TV geschlossen hat[1]. Von einem spezielleren TV kann hier lediglich dann gesprochen werden, wenn die TV auf ArbGebSeite auf verschiedenen Ebenen abgeschlossen werden. Schwierigkeiten ergeben sich auch bei dem Nebeneinander eines für allgemeinverbindlich erklärten TV und eines weiteren TV[2], weil häufig die miteinander in Konkurrenz stehenden TV unter einzelnen Gesichtspunkten spezieller und unter anderen genereller sind[3].

42 Nach dem von der Rspr. des BAG befürworteten Modell der **Tarifeinheit** wird die Konkurrenzsituation nicht erst auf der Ebene des einzelnen Arbeitsverhältnisses ausgeräumt. Die Prämisse der Tarifeinheit im Betrieb führt vielmehr dazu, dass innerhalb des Betriebes stets nur ein TV gilt[4]. Das BAG legt auch im Bereich der Tarifkonkurrenz den Begriff der Spezialität dahingehend aus, dass derjenige Tarif gültig sein soll, der dem Betrieb räumlich, betrieblich, fachlich und persönlich am nächsten steht und deshalb den Erfordernissen und Eigenarten des Betriebes und der darin tätigen ArbN am besten gerecht wird[5]. Insoweit besteht letztlich in der Behandlung der Tarifkonkurrenz kein Unterschied zur Behandlung der Tarifpluralität.

43 Der Lösungsansatz ist grundsätzlich den gleichen Bedenken ausgesetzt, die gegen die Verwertung des Grundsatz der Tarifeinheit in den Fällen der Tarifpluralität erhoben werden (s. Rz. 46). Überzeugender dürfte es sein, bei der Beurteilung der Spezialität jedenfalls auch Inhaltsnormen auf das einzelne Arbeitsverhältnis abzustellen. Immerhin verdrängt bei der Tarifkonkurrenz nicht ein *a priori* unanwendbarer TV einen *a priori* anwendbaren TV, vielmehr besteht für die miteinander konkurrierenden TV jeweils eine mitgliedschaftliche Legitimation.

44 Für **allgemeinverbindlich** erklärte TV kann aus dem staatlichen Anwendungsbefehl kein genereller Vorrang hergeleitet werden. Ua. steht § 5 Abs. 4, der auf die bislang nicht tarifgebundenen ArbN abstellt, dem entgegen (s. § 5 Rz. 31). Ein FirmenTV kann damit einen für allgemeinverbindlich erklärten TV verdrängen. Ein Fall der Tarifkonkurrenz liegt jedenfalls dann nicht vor, wenn der für allgemeinverbindlich erklärte TV auf einen TV trifft, der lediglich kraft einzelvertraglicher **Bezugnahme** gilt und an den der ArbGeb mangels Mitgliedschaft in der tarifschließenden Organisation auch nicht gegenüber der Gewerkschaft beitretenden ArbN gebunden wäre[6].

45 **dd) Tarifpluralität.** Auch für die Tarifpluralität gilt nach der **Rspr. des BAG** der Grundsatz der betrieblichen Tarifeinheit[7]. Um zu verhindern, dass mehrere TV innerhalb eines Betriebes anzuwenden sind, treten die übrigen TV vollständig, also auch hinsichtlich der in ihnen enthaltenen Inhaltsnormen, hinter einen geltenden TV zurück und verlieren ihre Wirkung. Dies führt in dem häufigsten Fall der Tarifpluralität, dem Abschluss unterschiedlicher TV durch **verschiedene Gewerkschaften**, dazu, dass die ArbN, für die aufgrund ihrer Mitgliedschaft in einer tarifschließenden Gewerkschaft an sich ein – nunmehr zurücktretender – TV gilt, gänzlich ihren tarifvertraglichen Schutz verlieren. Mangels mitgliedschaftlicher Bindung ist ja auch der verdrängende TV auf sie nicht anwendbar. Aktuelle praktische Relevanz erhält die Frage bei den TV, die von Spartengewerkschaften wie der Pilotenvereinigung Cockpit und der GDL (Gewerkschaft der Lokomotivführer) abgeschlossen bzw. angestrebt werden[8]. Eine Einschränkung nimmt das BAG insoweit vor, als ein mit einer anderen Gewerkschaft geschlossener und nur den ArbGeb nach § 3 Abs. 1 TVG bindender TV einen nach Abs. 5 nachwirkenden TV nicht verdrängen soll. Ein Fall der Tarifpluralität liege hier gar nicht vor[9].

---

verschiedenen Branchen-TV BAG v. 22.2.1957 – 1 AZR 536/55, AP Nr. 2 zu § 4 TVG – Tarifkonkurrenz (Anwendung des TV, der mit der von der Mehrheit der ArbN durchgeführten Arbeit korrespondiert); s. auch v. 14.6.1989 – 4 AZR 200/89, AP Nr. 16 zu § 4 TVG – Tarifkonkurrenz und v. 20.3.1991 – 4 AZR 455/90, AP Nr. 20 zu § 4 TVG – Tarifkonkurrenz. |1 Nachweise bei *Jacobs*, Tarifeinheit und Tarifkonkurrenz, S. 273 ff. |2 Zum Vorrang der in einem für allgemeinverbindlich erklärten TV enthaltenen Mindestbedingungen nach dem AEntG EuGH 24.1.2002 – C-164/99, BB 2002, 624 (Diskriminierung ausländischer ArbGeb). Zur Vermeidung einer Diskriminierung können die für ausländische ArbGeb geltenden Mindestbedingungen deutsche ArbGeb selbst dann binden, wenn für sie an sich ein spezielleres TV gilt, vgl. *Bayreuther*, BB 2002, 627 f.; *Henssler/Müller*, EWiR 2002, 245 (246). |3 S. zB BAG v. 25.7.2001 – 10 AZR 599/00, AP Nr. 242 zu § 1 TVG – Tarifverträge: Bau. |4 S. dazu *Wiedemann/Arnold*, ZTR 1994, 399 (401 ff.). |5 BAG v. 14.6.1989 – 4 AZR 200/89, AP Nr. 16 zu § 4 TVG – Tarifkonkurrenz mwN. |6 BAG v. 22.9.1993 – 10 AZR 207/92, AP Nr. 21 zu § 4 TVG – Tarifkonkurrenz; s. aber zur (sehr zweifelhaften) Gleichstellung der einzelvertraglichen Bezugnahme auf einen TV mit deren normativer Wirkung bei der Tarifpluralität v. 20.3.1991 – 4 AZR 455/90, AP Nr. 20 zu § 4 TVG – Tarifkonkurrenz. Ob an dieser Rspr. festzuhalten ist, wird in BAG v. 28.5.1997 – 4 AZR 546/95, AP Nr. 26 zu § 4 TVG – Nachwirkung offen gelassen. |7 BAG v. 4.12.2002 – 10 AZR 113/02, AP Nr. 28 zu § 4 TVG – Tarifkonkurrenz. |8 Vgl. dazu ArbG Frankfurt a.M. v. 25.4.2003 – 7 Ga 107/03, 110/03, 111/03, nv. und LAG Hess. v. 2.5.2003 – 9 Sa Ga 636/03, 637/03, 638/03, BB 2003, 1229 mit Anm. *Rieble*, BB 2003, 1227. |9 BAG v. 28.5.1997 – 4 AZR 546/95, AP Nr. 26 zu § 4 TVG – Nachwirkung. Die Begründung des BAG für diese Differenzierung ist zu Recht auf Widerspruch gestoßen, vgl. *Dauner-Lieb*, SAE 1999, 47 (49 f.); *Kania*, Anm. AP Nr. 26 zu § 4 TVG – Nachwirkung. S. auch BAG v. 20.3.1991 – 4 AZR 455/90, AP Nr. 20 zu § 4 TVG

46 In Teilen der instanzgerichtlichen Rspr[1]. sowie überwiegend in der Lit[2]. stößt die Rspr. des BAG auf deutliche Ablehnung. Kritisiert wird, die Koalitionsfreiheit der ArbN gemäß Art. 9 Abs. 3 GG werde durch die Verdrängung des von ihrer Gewerkschaft geschlossenen TV unzulässig beeinträchtigt[3]. Eine Kompensation für diese Beeinträchtigung erfolge nicht, vielmehr müssten sich die ArbN trotz eines an sich gültigen TV wie nicht tarifvertraglich gebundene ArbN behandeln lassen[4]. Besonders deutlich werde der unzulässige Eingriff in tarifliche Rechte bei der Verdrängung eines für allgemeinverbindlich erklärten TV, die den durch § 5 Abs. 4 TVG gewährten Mindestschutz unterlaufe[5]. Auf Ablehnung stößt auch die Begründung des BAG für die Notwendigkeit der Geltung eines einzigen TV. Zwar könne es im Bereich betrieblicher Normen entsprechend § 3 Abs. 2 TVG erforderlich sein, die Normen eines TV einheitlich für den ganzen Betrieb anzuwenden[6]. Bei Inhaltsnormen sei es dem ArbGeb dagegen zumutbar, die einzelnen ArbN je nach (ihm bekannter)[7] Gewerkschaftszugehörigkeit unterschiedlich zu behandeln[8]. Die Ungleichbehandlung je nach Gewerkschaftszugehörigkeit sei sachlich gerechtfertigt und entspreche der möglichen Differenzierung zwischen tarifvertraglich gebundenen und nicht tarifgebundenen ArbN[9].

47 Überzeugend ist ein **differenzierender Lösungsansatz**: Zu einer Kollision von TV, die von unterschiedlichen DGB-Gewerkschaften abgeschlossen wurden, darf es bereits nach der DGB-Satzung nicht kommen. Die im DGB zusammengeschlossenen Einzelgewerkschaften haben sich satzungsmäßig auf den Grundsatz festgelegt: „Ein Betrieb, eine Gewerkschaft". Für den Fall, dass Zuständigkeitsstreitigkeiten intern nicht geschlichtet werden können, sieht § 16 DGB-Satzung ein Schiedsgerichtsverfahren vor (vgl. auch § 2 Rz. 38). Nach einem vorgeschalteten Vermittlungsverfahren wird der Streit vor einem Vereinsgericht, dem „Schiedsgericht des DGB", verhandelt und entschieden. Die Ergebnisse des Schiedsverfahrens, also sowohl eine Einigung als auch ein Spruch des Schiedsgerichts, haben Bindungswirkung nicht nur für die beteiligten Gewerkschaften, sondern auch für Dritte, insb. die ArbGeb[10]. Seit 1998 kam es nur zu einer einzigen streitigen Entscheidung[11]. Zahlreiche weitere Verfahren wurden über eine Einigung beigelegt. Im Konflikt um die Organisationszuständigkeit bei mehreren Betrieben verschiedener IBM-Gesellschaften verständigten sich die IG-Metall und ver.di auf eine gemeinsame Tarifzuständigkeit[12]. Besteht eine Tarifpluralität zwischen dem TV einer unter dem Dach des DGB organisierten Gewerkschaft und einem weiteren, der von einer Gewerkschaft des CGB abgeschlossen wurde[13], so findet entgegen der Auffassung des BAG[14] eine Verdrängung des mit der kleineren Gewerkschaft geschlossenen Tarifs aus verfassungsrechtlichen Gründen (Schutz der Tarifautonomie) nicht statt[15].

48 Selbst wenn man die Position des BAG im Grundsatz übernimmt, ist die Differenzierung zwischen nachwirkenden und einzelvertraglich in Bezug genommenen Tarifnormen nicht nachvollziehbar[16]. Die Rspr. zu den nachwirkenden Rechtsnormen führt zu dem schwer verständlichen Ergebnis, dass der ArbN, dessen Arbeitsverhältnis einem nachwirkenden TV unterliegt, dessen Schutz behält, während dies bei einem in Geltung befindlichen TV nicht der Fall sein soll[17]. Überzeugend dürfte es sein, bei statischen Verweisungen in den Arbeitsverträgen der Außenseiter der Vertragsfreiheit unter Durchbrechung des Konzeptes der Tarifeinheit stets den Vorrang einzuräumen. Bei dynamischen Verweisungen, die den Zweck der Gleichstellung mit Gewerkschaftsmitgliedern haben, wird dagegen der nach dem Spezialitätsgrundsatz ermittelte TV zugleich der in Bezug genommene sein.

49 c) **Verhältnis zu sonstigen kollektiven Regelungen.** Im Vordergrund der Diskussion um das Verhältnis des TV zu sonstigen kollektiven Regelungen stehen BV[18]. Aktuelle Bedeutung haben der Beschäftigungssicherung dienende BV, die eine Verschlechterung der Arbeitsbedingungen im Vergleich zum TV vorsehen. Die Frage der rechtlichen Zulässigkeit nach geltendem Recht tritt freilich häufig hinter die aus wirtschaftlichen Gründen eingetretene faktische Undurchsetzbarkeit tarifvertraglich vereinbar-

---

1 Aus neuerer Zeit LAG Nds. v. 12.11.1999 – 3 Sa 780/99, ZTR 2000, 172; Darstellung weiterer LAG-Entscheidungen bei *Jacobs*, Tarifeinheit und Tarifkonkurrenz, S. 80 ff. | 2 Nachw. bei Wiedemann/*Wank*, § 4 TVG Rz. 277 und *Jacobs*, Tarifeinheit und Tarifkonkurrenz, S. 91 f.; dem BAG folgend etwa *Säcker/Oetker*, ZfA 1993, 1 (9 ff.). | 3 Däubler/*Zwanziger*, § 4 TVG Rz. 947; MünchArbR/*Löwisch/Rieble*, § 276 Rz. 17 mwN; *Jacobs*, Tarifeinheit und Tarifkonkurrenz, S. 411 ff. | 4 Vgl. *Däubler*, Tarifvetragsrecht, Rz. 1505; nach BAG v. 20.3.1991 – 4 AZR 455/90, AP Nr. 20 zu § 4 TVG – Tarifkonkurrenz sei dies hinzunehmen. | 5 MünchArbR/*Löwisch/Rieble*, § 276 Rz. 18; Wiedemann/*Wank*, § 4 TVG Rz. 277 mwN. | 6 *Küttner/Griese*, Personalbuch 2003, Tarifbindung, Rz. 23. | 7 *Reuter*, JuS 1992, 105 (107). | 8 MünchArbR/*Löwisch/Rieble*, § 276 Rz. 19 f.; Wiedemann/*Wank*, § 4 TVG Rz. 277; Däubler/*Zwanziger*, § 4 TVG Rz. 944. | 9 Vgl. MünchArbR/*Löwisch/Rieble*, § 276 Rz. 19. | 10 BAG v. 25.9.1996 – 1 ABR 4/96, AP Nr. 10 zu § 2 TVG – Tarifzuständigkeit; v. 12.11.1996 – 1 ABR 33/96, AP Nr. 11 zu § 2 TVG – Tarifzuständigkeit; 14. 12. 99 – 1 ABR 74/98, AP Nr. 14 zu § 2 TVG – Tarifzuständigkeit. | 11 Fall STN Atlas; das Schiedsurteil v. 4.4.2002 ist abgedr. in RdA 2003, 56. | 12 Dazu *Dieterich*, RdA 2003, 59. | 13 Dies unter der Voraussetzung, dass diese Gewerkschaften tariffähig sind, s. zuletzt zur CGM ArbG Stuttgart v. 12.9.2003 – 15 BV 250/96, n. rkr. s. § 2 Rz. 18. Allgemein zur Tariffähigkeit § 2 Rz. 1 ff. | 14 BAG *20.3.1991 – 4 AZR 455/90, AP Nr: 20 zu § 4 TVG – Tarifkonkurrenz.* | 15 So auch ErfK/*Schaub*, § 4 TVG Rz. 115. | 16 Zu Widersprüchen in der Rspr. des BAG *Jacobs*, Tarifeinheit und Tarifkonkurrenz, S. 79. | 17 *Dauner-Lieb*, SAE 1999, 47 (49 f.); *Kania*, Anm. AP Nr. 26 zu § 4 TVG – Nachwirkung; MünchArbR/*Löwisch/Rieble*, § 276 Rz. 17. | 18 Zum Verhältnis des TV zu Dienstvereinbarungen s. Wiedemann/*Wank*, § 4 TVG Rz. 622 ff.

ter Regelungen zurück. Die Entwicklung gibt Anlass, das Verhältnis zwischen BV und TV gesetzlich neu zu bestimmen[1].

Nach geltendem Recht kommt dem TV ein eindeutiger Vorrang vor BV zu. Die allgemeine Regelung des § 4 Abs. 3 TVG wird in ihrem Anwendungsbereich von den §§ 77 Abs. 3 und 87 Abs. 1 BetrVG als leges speciales verdrängt. Sie begrenzen bereits die Möglichkeit, überhaupt Arbeitsbedingungen durch BV zu normieren, sofern diese Bedingungen üblicherweise Gegenstand von TV sind (s. die Kommentierung der §§ 77 und 87 BetrVG). Lediglich außerhalb ihres Anwendungsgebietes kann auf § 4 Abs. 3 TVG zurückgegriffen werden[2]. Zulässig bleiben – nicht normativ wirkende – Regelungsabreden zwischen BR und ArbGeb[3]. Auch sie können allerdings keine Regelungen zum Nachteil tarifgebundener ArbN vorsehen.

d) Verhältnis zu individuellen Vereinbarungen. Das Verhältnis zu individuellen Vereinbarungen ist in den Absätzen 1 und 3 geregelt. Nach dem in Abs. 1 verankerten Grundsatz gelten die Normen eines TV unmittelbar und zwingend, dh. sie gehen abweichenden individuellen Vereinbarungen vor[4]. Abweichungen von der zwingenden Wirkung tariflicher Normen lässt das Gesetz nur für den Fall einer entsprechenden tarifvertraglichen Öffnungsklausel, für den ArbN begünstigende Regelungen (Abs. 3; Rz. 29) und für den Zeitraum bloßer Nachwirkung gemäß Abs. 5 zu (s. Rz. 5).

IV. Verlust tariflicher Rechte (Abs. 4). 1. Regelungszweck. Abs. 4 enthält eine Teilregelung des Verlusts tariflicher Rechte für die Konstellationen des Verzichts, der Verwirkung und der Vereinbarung von Ausschlussfristen. Der ArbN soll davor geschützt werden, die durch den TV zwingend gewährten Rechte nach ihrem Entstehen zu verlieren. Im Vordergrund stehen Ansprüche des ArbN, etwa Entgelt- und Abfindungsforderungen, Urlaubs- und Wiedereinstellungsansprüche sowie Ansprüche auf vermögenswirksame Leistungen und gegen gemeinsame Einrichtungen (Abs. 2). Rechte iSd. Abs. 4 sind aber auch Gestaltungs- und Zurückbehaltungsrechte. Der Schutz des Abs. 4 reicht nach seinem Regelungsanliegen so weit, wie die tariflichen Rechte **zwingend** entstanden sind. Während des Nachwirkungszeitraumes entstandene Rechte werden daher genauso wenig geschützt wie Rechte des ArbGeb, denen gegenüber das Günstigkeitsprinzip gilt. Bei Öffnungsklauseln in TV muss durch Auslegung ermittelt werden, ob sie nur die vorherige Vereinbarung einer abweichenden Regelung ermöglichen sollen oder auch den nachträglichen Verlust entsprechender Rechte[5]. Ob der Schutz des Abs. 4 auch bei bloßer vertraglicher Vereinbarung der Geltung des TV über eine Bezugnahmeklausel gilt, ist umstritten[6], nach richtiger Ansicht aber zu verneinen. Unberührt bleiben durch Abs. 4 andere Verlustgründe in einem weiten (untechnischen) Sinn wie die Erfüllung, die Verjährung[7] oder auch die (faktische) Nichtausübung tariflicher Rechte[8].

2. Verzicht (Abs. 4 Satz 1). a) Unwirksamkeit des Verzichts. Der Verzicht auf entstandene[9] tarifliche Rechte ist nach Abs. 4 Satz 1 unwirksam; dies gilt unabhängig von seinem Zeitpunkt, insb. also auch für einen erst nach Beendigung des Arbeitsverhältnisses erklärten Verzicht[10]. Der Begriff des Verzichts umfasst jede Verfügung des ArbN, die zu einem Verlust der Rechte oder – diesem gleichstehend – zu dem Verlust der Durchsetzbarkeit führt, also etwa auch einen Erlassvertrag oder ein negatives Schuldanerkenntnis. Wegen der im Ergebnis gleichen Wirkung fallen die nachträgliche Vereinbarung der fehlenden Klagbarkeit und die Stundung ebenfalls unter den Unwirksamkeitstatbestand[11]. Gleiches gilt für eine Vereinbarung, der zufolge ein ArbN seine Klage auf tarifvertragliche Leistungen zurücknehmen muss und keine neue Klage erheben darf[12]. Der ArbN kann folglich auch nach erhobener Klage nicht gemäß § 306 ZPO auf seinen Anspruch verzichten oder bei einer negativen Feststellungsklage des ArbGeb ein Anerkenntnis abgeben[13].

Die bloße Rücknahme der Klage berührt dagegen den Anspruch nicht. In der Lit. umstritten und von der Rspr. bislang nicht entschieden ist, ob Verträge, durch die die Forderung des ArbN entwertet werden könnte (zB privative Schuldübernahme, Leistung an Erfüllungs statt, darlehensweise Überlassung der Forderung an den ArbGeb), von dem Verbot erfasst sind[14].

---

1 S. zu den verschiedenen Auffassungen zuletzt *Möschel*, BB 2002, 1314 (1316 ff.) mwN. | 2 Wiedemann/*Wank*, § 4 TVG Rz. 621. | 3 *Kempen/Zachert*, TVG, Grundlagen Rz. 275 mwN auch zur Gegenansicht. | 4 S. auch § 105 Satz 1 GewO idF des Gesetzes v. 24.8.2002 (BGBl. I S. 3412). | 5 *Löwisch/Rieble*, § 4 TVG Rz. 254. | 6 Für die Möglichkeit des Verzichts in diesem Fall LAG Schl.-Holst. v. 26.2.1981 – 3 Sa 438/80, DB 1981, 900; Däubler/*Zwanziger*, § 4 TVG Rz. 1061; Wiedemann/*Wank*, § 4 TVG Rz. 672 mwN. | 7 Nach ganz hM ist eine Verkürzung der Verjährung durch Individualvereinbarung nicht zulässig, s. Wiedemann/*Wank*, § 4 TVG Rz. 688 mwN. | 8 Diese Rechte können grundsätzlich auch nicht durch Dritte für den ArbN geltend gemacht werden, Wiedemann/*Wank*, § 4 TVG Rz. 656; MünchArbR/*Löwisch/Rieble*, § 275 Rz. 8, dort auch mit Rz. 13 zum Unterlassungsanspruch der TV-Parteien gegenüber tarifwidrigem Verhalten der anderen TV-Partei; s. auch BAG v. 5.11.1997 – 4 AZR 682/95, AP Nr. 17 zu § 4 TVG zur Freiheit des ArbN, seine Rechte nicht geltend zu machen. | 9 Für zukünftig entstehende Rechte ergibt sich die Unwirksamkeit bereits aus der zwingenden Wirkung des TV gemäß Abs. 1. | 10 Praktisch bedeutsam ist dies für die Ausgleichsquittung. | 11 Wiedemann/*Wank*, § 4 TVG Rz. 655. | 12 BAG v. 19.11.1996 – 3 AZR 461/95, AP Nr. 9 zu § 4 TVG - Verdienstsicherung. | 13 Wiedemann/*Wank*, § 4 TVG Rz. 658 mwN; aA MünchArbR/*Löwisch/Rieble*, § 274 Rz. 14. | 14 S. Wiedemann/*Wank*, § 4 TVG Rz. 655 mwN.

55 **b) Ausnahme bei von den TV-Parteien gebilligtem Vergleich.** Eine Ausnahme von der Unwirksamkeit eines Verzichts enthält Abs. 4 Satz 1 für den Fall eines Vergleichs mit Billigung der TV-Parteien. Der Begriff des Vergleichs ist iSd. § 779 BGB auszulegen. Er erfasst nach heute allgemeiner Meinung auch den Prozessvergleich[1]. Im Wege der teleologischen Reduktion ist allerdings der Vergleich über die tatsächlichen Grundlagen von der Ausnahmevorschrift auszuklammern, so dass lediglich der Rechtsvergleich privilegiert bleibt[2]. Der Vergleich muss durch beide TV-Parteien gebilligt werden. Die Billigung entspricht der Zustimmung zu einem Rechtsgeschäft iSd. § 182 BGB[3]. Insbesondere bei Vertretung der Parteien in einem arbeitsgerichtlichen Verfahren ist zu überprüfen, ob die den TV-Parteien angehörenden Prozessbevollmächtigten zur Billigung eines entsprechenden Vergleichs durch die TV-Parteien ermächtigt sind[4]. Mit dem Regelungsanliegen dürfte es nicht zu vereinbaren sein, wenn die TV-Parteien tarifvertraglich die vergleichsweise Regelung tariflicher Ansprüche generell zulassen, ohne dass die Billigung für jeden Einzelfall erklärt werden müsste[5].

56 **3. Verwirkung (Abs. 4 Satz 2).** Abs. 4 Satz 2 schließt die Verwirkung tariflicher Rechte aus. Die Verwirkung eines Rechts träte sonst als Unterfall der unzulässigen Rechtsausübung wegen widersprüchlichen Verhaltens ein, wenn der Berechtigte das Recht längere Zeit nicht geltend gemacht hat (Zeitmoment) und der Verpflichtete sich nach dem gesamten Verhalten des Berechtigten darauf einrichten durfte und auch eingerichtet hat (Umstandsmoment), dass dieser das Recht in Zukunft nicht geltend machen wird[6]. Nach hM greift der Ausschluss der Verwirkung auch bei einem lediglich gemäß Abs. 5 nachwirkenden TV[7]. Abs. 4 Satz 2 gilt nicht, wenn sich der Anspruch lediglich aus einer einzelvertraglichen Bezugnahme auf den TV ergibt[8]. Über- und außertarifliche Ansprüche sind ebenfalls nicht erfasst[9]. Entgegen dem zu weit gefassten Wortlaut können Ansprüche des ArbGeb verwirkt werden[10].

57 Andere Fälle treuwidriger Rechtsausübung bzw. des Rechtsmissbrauchs können nach zutreffender hM[11] der Geltendmachung eines Rechts entgegengehalten werden[12].

58 **4. Vereinbarung von Ausschlussfristen.** Nach Abs. 4 Satz 3 können nur die TV-Parteien Ausschlussfristen für die Geltendmachung tariflicher Rechte vereinbaren. Eine individualvertragliche Vereinbarung einer Ausschlussfrist ist daher unwirksam, soweit sie sich auf tarifliche Ansprüche erstreckt. Dies entspricht der Unwirksamkeit individuell vereinbarter Verkürzungen der Verjährungsfrist (s. dazu oben unter Rz. 52 aE). In der Praxis haben Ausschlussfristen eine große Bedeutung, die sich in einer umfangreichen Judikatur widerspiegelt.

59 **a) Begriff der Ausschlussfrist.** Der Begriff der Ausschlussfristen umfasst Regelungen, nach denen die Geltendmachung tariflicher Rechte an die Einhaltung (regelmäßig recht kurzer) Fristen für ihre Geltendmachung gebunden ist (vgl. § 1 Rz. 95 ff.). Häufig wird ein zweistufiges Verfahren zunächst außergerichtlicher und sodann gerichtlicher Geltendmachung vereinbart. Abweichend von der Verjährung führen Ausschlussfristen dazu, dass das Recht selbst erlischt und ihm nicht lediglich eine Einrede entgegensteht[13]. Umstritten ist allerdings, ob die Vereinbarung einer Ausschlussfrist nur die Möglichkeit der Geltendmachung des Rechts betrifft oder das betroffene Recht selbst modifiziert[14]. In seiner neuesten Rspr.[15] vertritt das BAG in Fortsetzung einer zwischenzeitlich unterbrochenen[16] älteren Ent-

---

1 Wiedemann/*Wank*, § 4 TVG Rz. 676; MünchArbR/*Löwisch*/*Rieble*, § 274 Rz. 15; Däubler/*Zwanziger*, § 4 TVG Rz. 1069. | 2 BAG v. 5.11.1997 – 4 AZR 682/95, AP Nr. 17 zu § 4 TVG mit ablehnender Anm. *Zachert*. | 3 BAG v. 25.7.1962 – 4 AZR 535/61, AP Nr. 114 zu § 1 TVG – Auslegung. | 4 Vgl. BAG v. 25.7.1962 – 4 AZR 535/61, AP Nr. 114 zu § 1 TVG – Auslegung; s. auch Wiedemann/*Wank*, § 4 TVG Rz. 685; Däubler/*Zwanziger*, § 4 TVG Rz. 1069. | 5 So auch Wiedemann/*Wank*, § 4 TVG Rz. 685; aA MünchArbR/*Löwisch*/*Rieble*, § 274 Rz. 17. | 6 Palandt/*Heinrichs*, § 242 BGB Rz. 87 mwN; vgl. zur Definition auch BAG v. 25.4.2001 – 5 AZR 497/99, AP Nr. 46 zu § 242 BGB – Verwirkung und v. 28.5.2002 – 9 AZR 145/01, NZA 2002, 1176; eher enger Wiedemann/*Wank*, § 4 TVG Rz. 695 f.; s. auch *Däubler*, Tarifvertragsrecht, Rz. 1318 zur Anwendung des Grundsatzes „venire contra factum proprium" bei Erzeugung von Vertrauen durch positives Tun in der (älteren) Rspr. | 7 Wiedemann/*Wank*, § 4 TVG Rz. 700; *Kempen*/*Zachert*, § 4 TVG Rz. 249; aA *Däubler*, Tarifvertragsrecht, Rz. 1321; Däubler/*Zwanziger*, § 4 TVG Rz. 1073, 1061. | 8 LAG Bremen v. 12.7.1950 – Sa 32/50, SAE 1951, 70 (73); LAG Hess. v. 15.5.1951 – IV LA 15/51, SAE 1951, 118 (119); Wiedemann/*Wank*, § 4 TVG Rz. 699; s. aber auch *Kempen*/*Zachert*, § 4 TVG Rz. 249 und *Däubler*, Tarifvertragsrecht, Rz. 1321 iVm 1315 zu der Auslegungsfrage, ob durch die Bezugnahme eine vollständige Gleichstellung erreicht werden soll; für eine solche *Gamillscheg*, Kollektives Arbeitsrecht I, S. 809. | 9 Gegen die Erfassung die hM; Wiedemann/*Wank*, § 4 TVG Rz. 698 mwN; aA *Gamillscheg*, Kollektives Arbeitsrecht I, S. 809. Die Rspr. hat die Frage bislang nicht geklärt, vgl. dazu aber BAG v. 21.12.1970 – 3 AZR 510/69, AP Nr. 1 zu § 305 BGB – Billigkeitskontrolle. | 10 Däubler/*Zwanziger*, § 4 TVG Rz. 1073, 1061; Wiedemann/*Wank*, § 4 TVG Rz. 701 mwN auch zu den unterschiedlichen Begründungen. | 11 Wiedemann/*Wank*, § 4 TVG Rz. 703; *Löwisch*/*Rieble*, § 4 TVG Rz. 270; aA *Däubler*, Tarifvertragsrecht, Rz. 1319 f. mit Nachw. der älteren Rspr. zu einem von der Rspr. früher angenommenen nicht wirksam bekommenden Rechtsmissbrauch; *Kempen*/*Zachert*, § 4 TVG Rz. 248. | 12 Zu Einzelfällen, in denen regelmäßig kein Rechtsmissbrauch vorliegt (Berufung auf Verjährung, untertarifliches Entgelt, Unkenntnis der Gewerkschaftszugehörigkeit) bzw. im Gegenteil vorliegen kann (mangelnde Unterrichtung über bestehende Ansprüche), s. Wiedemann/*Wank*, § 4 TVG Rz. 704 ff. mwN. | 13 Es steht den TV-Parteien allerdings frei, entsprechenden Klauseln lediglich die Wirkung einer Verjährung beizulegen; s. zB BAG v. 23.6.1961 – 1 AZR 239/59, AP Nr. 27 zu § 4 TVG – Ausschlussfristen; *Kempen*/*Zachert*, § 4 TVG Rz. 255; Däubler/*Zwanziger*, § 4 TVG Rz. 1095. | 14 Ausf. dazu Wiedemann/*Wank*, § 4 TVG Rz. 714 ff. | 15 BAG v. 16.1.2002 – 5 AZR 430/00, AP Nr. 13 zu § 3 EntgeltFG. | 16 BAG v. 5.4.1984 – 6

scheidungspraxis[1] die erstgenannte Ansicht. Für eine Modifikation des Rechts spricht sich demgegenüber die ganz hL aus[2]. Unabhängig von dieser Auseinandersetzung ist allgemeine Meinung, dass Ausschlussfristen von Amts wegen zu berücksichtigen sind[3], ohne dass das Gericht aber verpflichtet wäre, von sich aus zu überprüfen, ob im Einzelfall eine tarifvertragliche Ausschlussfrist Anwendung findet[4].

b) Ausschlussfristen für nicht tarifvertraglich gewährte Rechte. Praxisrelevanz entfaltet der Streit bei der Bewertung der Möglichkeit, tarifliche Ausschlussfristen auch für andere als tarifliche Ansprüche vorzusehen. Während es den Tarifparteien im Rahmen der Tarifautonomie selbstverständlich frei steht, bei tarifvertraglichen Ansprüchen auch den Zeitraum für ihre Geltendmachung festzulegen, lässt sich mit der Ordnungsfunktion auch die Erfassung anderer Ansprüche begründen, auch wenn den Ausschlussfristen ein Einfluss auf den Inhalt der Ansprüche zuerkannt wird[5]. Die Rspr. erkennt die Anwendung tariflicher Ausschlussfristen nicht durch den TV begründete Rechte in weitem Umfang an, während in der Lit. eine stärkere Zurückhaltung vorherrscht. 60

Kontrovers diskutiert wird, ob die Tarifpartner auch bei nicht abdingbaren gesetzlichen Ansprüchen die Möglichkeit haben sollen, für solche Ansprüche tarifliche Ausschlussfristen vorzusehen. Das BAG begründete diese Möglichkeit zunächst mit der fehlenden Einwirkung auf das Recht selbst. Lediglich die Geltendmachung werde beeinflusst, so dass der gesetzlich gewährte Anspruch nicht berührt sei. Ob nach der zwischenzeitlichen Neuorientierung des BAG hieran uneingeschränkt festzuhalten ist, lässt sich derzeit nicht eindeutig beantworten. Für das Urlaubsrecht wurde die Frage ausdrücklich offen gelassen[6]. In der Entscheidung vom 16.1.2002[7] erklärt das BAG nunmehr, Fristen für die Geltendmachung von Entgeltfortzahlungsansprüchen stellten keine Abweichung von EFZG dar. Die Ansprüche seien weder gesetzlich befristet noch ausdrücklich unbefristet. Die Vorschriften des EFZG würden deshalb nicht dadurch berührt, dass Ansprüche kraft einer tariflichen Ausschlussfrist nach Ablauf bestimmter Fristen erlöschen würden. Die Ausschlussfrist betreffe eben nicht den Inhalt des Anspruchs, sondern dessen Geltendmachung und zeitliche Begrenzung. Diese Argumentation schließt die Anwendung einer tariflichen Ausschlussfrist auf zwingende gesetzliche Ansprüche nur aus, wenn das Gesetz selbst eine zwingende Regelung über die Art und den Zeitraum der Geltendmachung enthält. 61

Allerdings ist zu berücksichtigen, dass der Entgeltfortzahlungsanspruch die unter bestimmten Bedingungen bestehende Fortsetzung des wegen der Arbeitsunfähigkeit entfallenden tariflich geregelten Entgeltanspruchs darstellt und es daher angemessen erscheint, diese Ansprüche gleich zu behandeln. Insoweit kann das EFZG (vgl. § 4 Abs. 1 EFZG) dahingehend ausgelegt werden, dass dem ArbN zwar die ihm ohne Arbeitsunterbrechung zustehenden Ansprüche weiter gewährt werden sollen, diese aber nur mit der Ausschlussfrist bestehen. Eine inhaltliche Modifikation des gesetzlichen Anspruchs liegt damit gar nicht vor[8]. Die künftige Entscheidungspraxis des BAG dürfte daher weiter offen sein. Es spricht viel dafür, dass es insoweit auf eine Auslegung der einzelnen gesetzlichen Vorschriften mit ihren unterschiedlichen Regelungszielen ankommt (s. zu einzelnen Regelungsbereichen § 1 TVG Rz. 95 ff.). In der Lit. wird die Erstreckung tariflicher Ausschlussfristen auf nicht dispositive gesetzliche Ansprüche überwiegend abgelehnt[9]. 62

Eine tarifliche Ausschlussfrist setzt sich gegenüber BV und sonstigen kollektiven Tatbeständen durch[10]. 63

c) Auslegung von Ausschlussfristen. Im Wege der Auslegung ist insb. bei individualvertraglich festgelegten Ansprüchen zu ermitteln, ob sie von der Ausschlussfrist erfasst werden sollen oder, soweit vom Günstigkeitsprinzip her zulässig[11], nicht. Bei Regelungen, die die Grundlagen des Arbeitsverhältnisses berühren, wird dies grundsätzlich nicht der Fall sein[12] (s. zu den einzelnen Fällen § 1 Rz. 95 ff.). Die Auslegung ist aber häufig unsicher, die Rspr. nicht immer konsequent[13]. Auch der Grundsatz, den Geltungsbereich von Ausschlussfristen grundsätzlich eng auszulegen[14], hilft nicht immer weiter. Es 64

AZR 443/81, AP Nr. 16 zu § 13 BUrlG m. Anm. *Weber* (zu einer individualvertraglich vereinbarten Ausschlussfrist); v. 26.9.1990 – 5 AZR 218/90, AP Nr. 109 zu § 4 TVG – Ausschlussfristen (Rückwirkung einer Ausschlussklausel). |1 S. zB BAG v. 23.6.1961 – 1 AZR 239/59, AP Nr. 27 zu § 4 TVG – Ausschlussfristen. |2 Wiedemann/*Wank*, § 4 TVG Rz. 718 f. mwN; s. auch *Gamillscheg*, Kollektives Arbeitsrecht I, S. 820. |3 Zur Hinweispflicht des Gerichts s. BAG v. 12.7.1972 – 1 AZR 445/71, AP Nr. 51 zu § 4 TVG – Ausschlussfristen. |4 BAG v. 12.7.1972 – 1 AZR 445/71, AP Nr. 51 zu § 4 TVG – Ausschlussfristen. |5 Wiedemann/*Wank*, § 4 TVG Rz. 741. |6 BAG v. 25.8.1992 – 9 AZR 329/91, AP Nr. 60 zu § 7 BUrlG – Abgeltung. |7 BAG v. 16.1.2002 – 5 AZR 430/00, AP Nr. 13 zu § 3 EntgeltFG. |8 Vgl. auch *Gamillscheg*, Kollektives Arbeitsrecht I, S. 820 zu der ähnlichen Frage bei § 11 MuSchG. |9 S. Wiedemann/*Wank*, § 4 TVG Rz. 752 ff. mit umfangr. Nachw. zu den unterschiedlichen Auffassungen; diff. Däubler/*Zwanziger*, § 4 TVG Rz. 1082 ff. |10 Wiedemann/*Wank*, § 4 TVG Rz. 749 f. mwN. |11 Die Problematik stellt sich bei einer einheitlichen Verlängerung der Fristen, weil dann auch die Ansprüche des ArbGeb länger geltend gemacht werden können und damit zuungunsten des ArbN vom TV abgewichen wird; LAG Hess. v. 11.10.1979 – 11 Sa 253/79, AP Nr. 70 zu § 4 TVG – Ausschlussfristen. |12 Vgl. Wiedemann/*Wank*, § 4 TVG Rz. 743 ff. |13 Vgl. ErfK/*Schaub*, § 4 TVG Rz. 97. |14 BAG v. 4.9.1991 – 5 AZR 647/90, AP Nr. 113 zu § 4 TVG – Ausschlussfristen mwN (st. Rspr.); Regelungen über Ausnahmen von Ausschlussfristen sind demgegenüber weit auszulegen, v. 19.11.1968 – 1 AZR 195/68, AP Nr. 39 zu § 4 TVG – Ausschlussfristen; *Gamillscheg*, Kollektives Arbeitsrecht I, S. 822; aA ErfK/*Schaub*, § 4 TVG Rz. 96.

kommt auf die Auslegung der einzelnen tariflichen Regelungen an. Die Auslegung wird im Allgemeinen ergeben, dass bei unverschuldetem Fristversäumnis die Geltendmachung unverzüglich nachgeholt werden kann[1].

65 d) **Inhaltskontrolle.** Das BAG unterwirft tarifliche Ausschlussfristen – wie andere tarifliche Normen auch – nur einer eingeschränkten Inhaltskontrolle. Ein TV unterliege keiner gerichtlichen Kontrolle im Hinblick auf die Gerechtigkeit und Zweckmäßigkeit der vereinbarten Regelung. Er sei lediglich auf seine Vereinbarkeit mit höherrangigem Recht, also auch auf einen Verstoß gegen die guten Sitten und die Vereinbarkeit mit Treu und Glauben zu überprüfen[2]. Die in diesem Rahmen vorgenommene Überprüfung lässt den TV-Parteien einen weiten Spielraum. Insbesondere soll es zulässig sein, dass die Ausschlussfristen für die Forderung der ArbN – selbst wenn alle Forderungen aus dem Arbeitsverhältnis erfasst sind – kürzer sind als diejenigen für die Forderungen der ArbGeb[3]. Auch eine Differenzierung zwischen Angestellten und Arbeitern wird bei der Fristgestaltung nicht beanstandet[4]. Auffällig sind die Unterschiede zur strengeren zivilgerichtlichen Rspr. zur Verkürzung von Verjährungsfristen[5].

66 e) **Geltendmachung des Anspruchs.** Regelmäßig sehen die tarifvertraglichen Ausschlussfristen vor, dass die Rechte verfallen, soweit sie nicht in einer bestimmten Form geltend gemacht werden. Die Tarifpraxis zeichnet sich insoweit durch einen außerordentlichen Gestaltungsreichtum aus. Häufig ist für Ansprüche des ArbN vorgesehen, dass dieser den Anspruch zunächst innerhalb einer bestimmten Frist (schriftlich) beim ArbGeb geltend machen muss, um ihn sodann bei (ausdrücklicher) Ablehnung durch den ArbGeb innerhalb einer weiteren Frist gerichtlich einzuklagen.

67 Die erste Frist beginnt regelmäßig – auch ohne ausdrückliche Festlegung – mit der **Fälligkeit** des Anspruchs[6]. Dabei wird in der Rspr. teilweise[7] ein von § 271 BGB abweichender subjektiv geprägter Fälligkeitsbegriff verwendet. Die Fälligkeit im Sinne tariflicher Ausschlussfristen trete nicht ohne weiteres schon mit der Entstehung des Anspruchs ein. Vielmehr müsse es dem Gläubiger praktisch möglich sein, seinen Anspruch geltend zu machen. Das setze bei Zahlungsansprüchen voraus, dass der Gläubiger in der Lage sei, sie wenigstens annähernd zu beziffern. Andererseits muss der Gläubiger ohne schuldhaftes Zögern die Voraussetzungen schaffen, um seinen Anspruch beziffern zu können. Die Anforderungen bestimmen sich nach den Umständen des Einzelfalles[8]. Für bestimmte Anspruchsarten hat sich eine eigene Rspr. entwickelt[9], so zu Schadensersatzansprüchen des ArbGeb wegen eigener Schäden[10], zu Regressansprüchen des ArbGeb[11], zu Freistellungsansprüchen des ArbN gegenüber dem ArbGeb[12], zur Erstattung vom ArbGeb für den ArbN abgeführter LSt[13], zu einer Vertragsstrafe[14] und zu Entgeltforderungen aus einem gemäß § 10 Abs. 1 AÜG fingierten Arbeitsvertrag[15].

68 Soweit eine Ausschlussfrist auf die **Beendigung** des Arbeitsverhältnisses abstellt, ist damit regelmäßig die rechtliche und nicht die tatsächliche Beendigung des Arbeitsverhältnisses gemeint[16]. Soweit der Anspruch im Zeitpunkt der Beendigung noch nicht fällig ist, beginnt der Lauf der Ausschlussfrist im Zweifel erst mit Fälligkeit des Anspruchs[17]. Eine frühere Geltendmachung ist dadurch nicht ausgeschlossen[18], allerdings beginnt dann eine tarifvertraglich vorgesehene Bedenkzeit des ArbGeb nicht mit der Geltendmachung, sondern erst mit dem für den Fristlauf vorgesehenen Ereignis[19].

69 Tarifliche Ausschlussfristen verlangen häufig die **schriftliche Form** für die Geltendmachung des Rechts. Nach der neueren Rspr. des BAG ist diese gewahrt, wenn der Anspruch per Telefax geltend gemacht wird[20] (vgl. Rz. 4 zur Frage der tarifvertraglich vereinbarten Schriftform als gesetzliche

---

1 Wiedemann/Wank, § 4 TVG Rz. 779. | 2 St. Rspr.; zB BAG v. 22.9.1999 – 10 AZR 839/98, AP Nr. 226 zu § 1 TVG – Tarifverträge: Bau. | 3 Für einzelvertragliche Ausschlussfristen wurde die Vereinbarkeit mit § 138 BGB offen gelassen von BAG v. 18.3.2003 – 9 AZR 44/02; AP Nr. 28 zu § 157 BGB. | 4 BAG v. 4.12.1997 – 2 AZR 809/96, AP Nr. 143 zu § 4 TVG – Ausschlussfristen mwN. | 5 BAG v. 22.9.1999 – 10 AZR 839/98, AP Nr. 226 zu § 1 TVG – Tarifverträge: Bau (2 Monate). In seinem Urteil v. 13.12.2000 – 10 AZR 168/00, AP Nr. 2 zu § 241 BGB hält das BAG eine einmonatige individualvertragliche Ausschlussfrist für wirksam. Erst recht muss danach eine entsprechende tarifvertragliche Ausschlussfrist unbedenklich sein. Für Individualverträge ist allerdings zweifelhaft, ob diese Rspr. seit der Aufhebung der Bereichsausnahme durch § 310 Abs. 4 BGB noch anwendbar ist: dazu Däubler, NZA 2001, 1329 (1336 f.); Gotthardt, ZIP 2002, 277 (286 f.); Henssler, RdA 2002, 129; vgl. auch BAG v. 27.2.2002 – 9 AZR 543/00, AP Nr. 162 zu § 4 TVG – Ausschlussfristen. | 6 BAG v. 18.3.2003 – 9 AZR 44/02, AP Nr. 28 zu § 157 BGB. | 7 BAG v. 16.11.1965 – 1 AZR 160/65, AP Nr. 30 zu § 4 TVG – Ausschlussfristen; v. 19.3.1986 – 5 AZR 86/85, AP Nr. 95 zu § 4 TVG – Ausschlussfristen. Ausf. Wiedemann/Wank, § 4 TVG Rz. 811 ff. | 8 BAG v. 19.3.1986 – 5 AZR 86/85, AP Nr. 67 zu § 1 LohnFG mwN. | 9 Wiedemann/Wank, § 4 TVG Rz. 814 ff. | 10 Dazu BAG v. 16.12.1971 – 1 AZR 335/71, BAG AP Nr. 48 zu § 4 TVG – Ausschlussfristen. | 11 Dazu BAG v. 17.10.1974 – 3 AZR 4/74, AP Nr. 55 zu § 4 TVG – Ausschlussfristen; v. 26.5.1981 – 3 AZR 269/78, AP Nr. 71 zu § 4 TVG – Ausschlussfristen; v. 16.5.1984 – 7 AZR 143/81, AP Nr. 85 zu § 4 TVG – Ausschlussfristen mwN. | 12 Dazu BAG v. 16.3.1995 – 8 AZR 58/92, AP Nr. 129 zu § 4 TVG – Ausschlussfristen mwN. | 13 Dazu BAG v. 20.3.1984 – 3 AZR 124/82, AP Nr. 22 zu § 670 BGB mwN. | 14 Dazu BAG v. 7.11.1969 – 3 AZR 303/69, AP Nr. 1 zu § 340 BGB; s. dazu Wiedemann/Wank, § 4 TVG Rz. 821 ff. | 15 Dazu BAG v. 27.7.1983 – 5 AZR 194/81, AP Nr. 6 zu § 10 AÜG. | 16 BAG v. 30.3.1989 – 6 AZR 769/85, EzA § 4 TVG Ausschlussfristen Nr. 79. | 17 BAG v. 17.10.1974 – 3 AZR 4/74, AP Nr. 55 zu § 4 TVG – Ausschlussfristen. | 18 BAG v. 27.3.1996 – 10 AZR 668/95, AP Nr. 134 zu § 4 TVG – Ausschlussfristen. | 19 BAG v. 27.3.1996 – 10 AZR 668/95, AP Nr. 134 zu § 4 TVG – Ausschlussfristen. | 20 BAG v. 11.10.2000 – 5 AZR 313/99, AP Nr. 153 zu § 4 TVG – Ausschlussfristen.

Schriftform), da es sich nicht um eine Willenserklärung handele. Ständiger Rspr. des BAG zufolge ist jedenfalls für den Bereich der privaten Wirtschaft die Erhebung der **Kündigungsschutzklage** je nach Lage des Falles ein ausreichendes Mittel, um die Ansprüche, die während des Kündigungsstreits fällig werden und von dessen Ausgang abhängen, geltend zu machen, sofern die einschlägige Verfallklausel nur eine formlose oder schriftliche Geltendmachung verlangt[1]. In derartigen Fällen sei über den prozessualen Inhalt des Kündigungsschutzbegehrens hinaus das Gesamtziel der Klage zu beachten, das regelmäßig nicht auf den Erhalt des Arbeitsplatzes beschränkt sei. Da der ArbN erkennbar die durch die Kündigung bedrohten Einzelansprüche aus dem Arbeitsverhältnis aufrecht erhalten wolle[2], sei der ArbGeb bei solchen Ausschlussklauseln, die keine bestimmten prozessualen Maßnahmen verlangen, gehörig von dem entsprechenden Willen des ArbN unterrichtet. Anders werden jene Fälle beurteilt, in denen die tarifliche Ausschlussklausel die gerichtliche Geltendmachung von Ansprüchen vorschreibt (zweistufige Ausschlussklauseln). Bei einer solchen Ausschlussklausel ersetze die Kündigungsschutzklage nicht die gerichtliche Geltendmachung der Zahlungsansprüche, wie sie für die zweite Stufe verlangt wird[3]. Obsiegt der ArbN im Kündigungsschutzprozess, steht somit noch nicht fest, ob und in welcher Höhe er Vergütungsansprüche hat.

Die Fristen für die gerichtliche Geltendmachung sind gemäß § 167 ZPO[4] auch dann gewahrt, wenn die Zustellung demnächst erfolgt[5]. Sind dagegen Fristen für die schriftliche oder mündliche Geltendmachung gegenüber dem ArbGeb vorgesehen, so ist – wie auch für die Fristwahrung bei privaten Willenserklärungen im Übrigen[6] – § 167 ZPO nicht anzuwenden[7], selbst wenn der ArbN sofort zur Klageerhebung greift. § 390 Satz 2 BGB ist auf Ausschlussfristen nicht analog anzuwenden[8]. Auch § 174 BGB ist – wie das BAG zutreffend geklärt hat[9] – nicht anwendbar. 70

Rückwirkungsprobleme ergeben sich, wenn eine tarifliche Regelung nach Entstehen eines Anspruchs erstmals in Kraft tritt oder eine bestehende Regelung ersetzt, sowie dann, wenn auf ein konkretes Arbeitsverhältnis aufgrund Koalitionsbeitritts oder einer AVE neu Anwendung findet. Zu unterscheiden ist dabei zwischen dem rückwirkenden Inkrafttreten/der rückwirkenden AVE (zu den insoweit bestehenden Grenzen § 5 Rz. 28) eines TV und dem Einfluss eines nicht selbst rückwirkenden TV auf bereits entstandene Ansprüche. Tritt die Tarifbindung der Parteien eines Arbeitsverhältnisses erst nach Vertragsschluss ein oder erfasst ein TV ein Arbeitsverhältnis erst nach Vertragsschluss, so werden die bis zum Beginn der Tarifgeltung entstandenen Ansprüche von einer tariflichen Ausschlussklausel jedenfalls dann nicht erfasst, wenn sich die Klausel keine ausdrückliche Rückwirkung beimisst[10]. Soweit eine Rückwirkung angeordnet wird, sind die vom BVerfG entwickelten Grundsätze der Rückwirkung von Rechtsnormen heranzuziehen. Schließt sich die AVE eines TV mit einer Ausschlussfrist an einen zuvor geltenden allgemeinverbindlichen TV mit einer identischen Ausschlussfrist nahtlos an, kann die Ausschlussfrist auch vor Veröffentlichung der AVE zu laufen beginnen. Der ArbN muss dann nämlich damit rechnen, dass im Anschluss an den auslaufenden TV ein neuer mit einer identischen Regelung wieder für allgemeinverbindlich erklärt wird[11]. 71

f) Unzulässige Berufung auf Ausschlussfristen. In Ausnahmefällen kann die Berufung auf Ausschlussfristen gegen Treu und Glauben verstoßen[12]. Gewisse Härten, die für ArbN mit Ausschlussfristen verbunden sind, lassen sich auf diesem Wege vermeiden. Von § 242 BGB erfasst ist insb. das **dolose Verhalten** einer Seite, das die andere Seite davon abhält, ihren Anspruch rechtzeitig geltend zu machen[13]. Auch soweit eine Vertragspartei es pflichtwidrig unterlässt, die andere Partei über ihr zustehende Ansprüche aufzuklären, bleibt ihr die Berufung auf den Ablauf der Frist versagt[14]. Diese Fallgestaltung ist in Bezug zu setzen zum unverschuldeten Fristversäumnis einer Partei (s. dazu Rz. 64). Eine falsche Auskunft über das Bestehen eines Anspruchs soll aber die Berufung auf eine Ausschlussfrist nicht ausschließen[15]. Der Verstoß gegen Treu und Glauben steht einer Berufung auf die Ausschlussfrist nur so lange entgegen, wie der Gläubiger von der Einhaltung der Ausschlussfrist abgehalten wird. Nach Wegfall der den Arglisteinwand begründenden Umstände müssen innerhalb einer kurzen, nach den Umständen des Falles sowie Treu und Glauben zu bestimmenden Frist die Ansprüche in 72

---

1 BAG v. 9.8.1990 – 2 AZR 579/89, AP Nr. 4 zu § 615 BGB mwN. | 2 BAG v. 9.8.1990 – 2 AZR 579/89, AP Nr. 4 zu § 615 BGB mwN. | 3 BAG v. 9.8.1990 – 2 AZR 579/89, AP Nr. 4 zu § 615 BGB mwN. | 4 Zuvor (bis 30.6.2002) § 270 Abs. 3 ZPO. | 5 BAG v. 16.1.2002 – 5 AZR 430/00, AP Nr. 13 zu § 3 EntgeltFG; *Däubler*, Tarifvertragsrecht, Rz. 1360. | 6 MünchKomm/*Lüke*, § 270 ZPO, Rz. 26. | 7 BAG v. 8.3.1976 – 5 AZR 361/75, AP Nr. 4 zu § 496 ZPO; Wiedemann/*Wank*, § 4 TVG Rz. 851 mwN; aA *G. Hueck*, Anm. AP Nr. 3 zu § 496 ZPO; *Grunsky*, Anm. AP Nr. 4 zu § 345 ZPO. | 8 BAG v. 30.3.1973 – 4 AZR 259/72, AP Nr. 4 zu § 390 BGB (s. dazu GmSOGB v. 12.10.1973 – GmS – OGB 1/73, AP Nr. 5 zu § 390 BGB); Wiedemann/*Wank*, § 4 TVG Rz. 797 f. | 9 BAG v. 14.8.2002 – 5 AZR 341/01, AP Nr. 16 zu § 174 BGB. | 10 BAG v. 26.9.1990 – 5 AZR 218/90, AP Nr. 109 zu § 4 TVG – Ausschlussfristen. | 11 BAG v. 25.9.1996 – 4 AZR 209/95, AP Nr. 30 zu § 5 TVG. | 12 Auflistung der entschiedenen Einzelfälle bei *Kempen/Zachert*, § 4 TVG Rz. 286 ff. | 13 Zuletzt BAG v. 5.6.2003 – 6 AZR 249/02, nv.; v. 10.10.2002 – 8 AZR 8/02, AP Nr. 169 zu § 4 TVG Ausschlussfristen (deklaratorisches, später angefochtenes Schuldanerkenntnis); v. 20.2.2001 – 9 AZR 46/00, AP Nr. 11 zu § 1 TVG – Tarifverträge: Gaststätten; Nachw. bei *Kempen/Zachert*, § 4 TVG Rz. 286 zu den einzelnen Fallgestaltungen. | 14 Relevanz besitzt diese Fallgestaltung insbesondere für überzahltes Arbeitsentgelt; hierzu *Reinecke*, FS Schaub, S. 593; s. seitdem BAG v. 23.5.2001 – 5 AZR 374/99, AP Nr. 25 zu § 812 BGB (Beweislast für Kenntnis der Rechtsgrundlosigkeit der Überzahlung). | 15 BAG v. 22.1.1997 – 10 AZR 459/96, AP Nr. 27 zu § 70 BAT.

der nach dem TV gebotenen Form geltend gemacht werden. Es läuft insoweit nicht eine neue Ausschlussfrist. Es muss vielmehr binnen kurzer Zeit der Anspruch geltend gemacht werden[1].

73 Ob darüber hinaus weitere Fälle bestehen, in denen eine Berufung auf eine Ausschlussfrist unzulässig ist, ist zweifelhaft. Die Ausschlussfrist gilt regelmäßig auch dann, wenn die Verpflichtung zur Auslage des Vertrages gem. § 8 verletzt wird (vgl. auch Rz. 3)[2]. Dem ArbN steht in solchen Fällen auch kein Schadensersatzanspruch zu (s. § 8 Rz. 9)[3]. Davon unberührt bleiben abweichende tarifliche Regelungen, die die Wirksamkeit von Ausschlussfristen von einer entsprechenden Auslegung des TV abhängig machen[4].

74 Sagt der ArbGeb zu, sich im Hinblick auf einen **Musterprozess** auch in den übrigen Fällen an die dort ergehende Entscheidung zu halten[5], wird man differenzieren müssen: Den Parteien steht es im Rahmen des Günstigkeitsprinzips frei, die Geltung einer tariflichen Ausschlussfrist abzubedingen, soweit sie für Ansprüche der ArbN gilt. Daher muss es auch zulässig sein, den Ablauf der Ausschlussfrist bis zu einer Entscheidung des Musterverfahrens hinauszuschieben. Beruft sich der ArbGeb nachträglich auf die Ausschlussfrist, so bedarf es keines Rückgriffs auf § 242 BGB, da die Frist ohnehin noch nicht verstrichen ist. Hat der ArbGeb dagegen nur einseitig ein bestimmtes Verhalten angekündigt, lassen sich sachgerechte Ergebnisse über das Institut des Rechtsmissbrauchs erzielen. Die ArbN werden hier in doloser Weise von der Geltendmachung ihres Rechts abgehalten.

75 Eine persönliche **Ausnahmesituation des ArbN** (persönliche Überforderung) führt dagegen für sich genommen nicht dazu, dass dem ArbGeb die Berufung auf eine Ausschlussfrist verwehrt wäre. Die ältere Rspr. sah hier Einschränkungen vor, wenn die wirtschaftliche Existenz des ArbN gefährdet und der Anspruch selbst unbestritten war[6]. Nicht entschieden ist, ob ein während der Ausschlussfrist bestehender Kündigungsdruck, der den ArbN von der Geltendmachung seiner Ansprüche abhält, der Berufung auf eine Ausschlussfrist entgegenstehen kann[7]. Soweit Urlaubsansprüche bei Unmöglichkeit der Inanspruchnahme des Urlaubs auch nach Ablauf einer Ausschlussfrist geltend gemacht werden können[8], dürfte dies nicht aus § 242 BGB herzuleiten sein[9], sondern bereits aus einer Auslegung der tariflichen Bestimmung.

5 Allgemeinverbindlichkeit

(1) Das Bundesministerium für Wirtschaft und Arbeit kann einen Tarifvertrag im Einvernehmen mit einem aus je drei Vertretern der Spitzenorganisationen der Arbeitgeber und der Arbeitnehmer bestehenden Ausschuss auf Antrag einer Tarifvertragspartei für allgemeinverbindlich erklären, wenn
1. die tarifgebundenen Arbeitgeber nicht weniger als 50 vom Hundert der unter den Geltungsbereich des Tarifvertrages fallenden Arbeitnehmer beschäftigen und
2. die Allgemeinverbindlicherklärung im öffentlichen Interesse geboten erscheint.

Von den Voraussetzungen der Nummern 1 und 2 kann abgesehen werden, wenn die Allgemeinverbindlicherklärung zur Behebung eines sozialen Notstandes erforderlich erscheint.

(2) Vor der Entscheidung über den Antrag ist Arbeitgebern und Arbeitnehmern, die von der Allgemeinverbindlicherklärung betroffen werden würden, den am Ausgang des Verfahrens interessierten Gewerkschaften und Vereinigungen der Arbeitgeber sowie den obersten Arbeitsbehörden der Länder, auf deren Bereich sich der Tarifvertrag erstreckt, Gelegenheit zur schriftlichen Stellungnahme sowie zur Äußerung in einer mündlichen und öffentlichen Verhandlung zu geben.

(3) Erhebt die oberste Arbeitsbehörde eines beteiligten Landes Einspruch gegen die beantragte Allgemeinverbindlicherklärung, so kann das Bundesministerium für Wirtschaft und Arbeit dem Antrag nur mit Zustimmung der Bundesregierung stattgeben.

(4) Mit der Allgemeinverbindlicherklärung erfassen die Rechtsnormen des Tarifvertrages in seinem Geltungsbereich auch die bisher nicht tarifgebundenen Arbeitgeber und Arbeitnehmer.

(5) Das Bundesministerium für Wirtschaft und Arbeit kann die Allgemeinverbindlicherklärung eines Tarifvertrages im Einvernehmen mit dem in Absatz 1 genannten Ausschuss aufheben, wenn die Aufhebung im öffentlichen Interesse geboten erscheint. Die Absätze 2 und 3 gelten entsprechend. Im Übrigen endet die Allgemeinverbindlichkeit eines Tarifvertrages mit dessen Ablauf.

---

1 BAG v. 13.2.2003 – 8 AZR 236/02, AP Nr. 244 zu § 613a BGB. | 2 BAG v. 23.1.2002 – 4 AZR 56/01, AP Nr. 5 zu § 2 NachwG; v. 6.7.1972 – 5 AZR 100/72, AP Nr. 1 zu § 8 TVG 1969; weitere Nachweise bei Wiedemann/*Wank*, § 4 TVG Rz. 792. | 3 BAG v. 23.1.2002 – 4 AZR 56/01, AP Nr. 5 zu § 2 NachwG. | 4 S. zB BAG v. 11.11.1998 – 5 AZR 63/98, AP Nr. 8 zu § 1 TVG – Bezugnahme auf Tarifvertrag. | 5 Wiedemann/*Wank*, § 4 TVG Rz. 793 mwN. S. auch bei veränderten Umständen BAG v. 18.2.1992 – 9 AZR 611/90, AP Nr. 115 zu § 4 TVG – Ausschlussfristen. | 6 RAG v. 27.2.1940 – RAG. 162/39, ARS 38, 355 (362); offen gelassen LAG Berlin v. 30.1.1978 – 9 Sa 95/77, DB 1979, 120. Zu Recht kritisch *Weyand*, Die tariflichen Ausschlussfristen in Arbeitsrechtsstreitigkeiten, Rz. 312. | 7 S. dazu Wiedemann/*Wank*, § 4 TVG Rz. 795 mwN. | 8 BAG v. 6.6.1968 – 5 AZR 410/67, AP Nr. 5 zu § 3 BUrlG – Rechtsmissbrauch. | 9 So bei Wiedemann/*Wank*, § 4 TVG Rz. 796, vgl. aber Rz. 779.

(6) Das Bundesministerium für Wirtschaft und Arbeit kann der obersten Arbeitsbehörde eines Landes für einzelne Fälle das Recht zur Allgemeinverbindlicherklärung sowie zur Aufhebung der Allgemeinverbindlichkeit übertragen.

(7) Die Allgemeinverbindlicherklärung und die Aufhebung der Allgemeinverbindlichkeit bedürfen der öffentlichen Bekanntmachung.

Lit.: *Ansey/Koberski*, Die Allgemeinverbindlichkeit von Tarifverträgen, AuR 1987, 230; *Büdenbender*, Die Erklärung der Allgemeinverbindlichkeit von Tarifverträgen nach dem Arbeitnehmer-Entsendegesetz, RdA 2000, 193 ff.; *Duken*, Normerlaßklage und fortgesetzte Normerlaßklage, NVwZ 1993, 546; *Mäßen/Mauer*, Allgemeinverbindlichkeitserklärung von Tarifverträgen und verwaltungsgerichtlicher Rechtsschutz, NZA 1996, 121; *Merten/Papier* (Hrsg.), Handbuch der Grundrechte in Deutschland und Europa, 2004; *Straeter*, Die Allgemeinverbindlicherklärung von Tarifverträgen, 1967; *Zachert*, Neue Kleider für die Allgemeinverbindlicherklärung?, NZA 2003, 132.

I. Allgemeines. 1. Sinn und Zweck der Allgemeinverbindlicherklärung. Die AVE erstreckt die Rechtsnormen eines TV auf die nicht iSv. § 3 kongruent tarifgebundenen ArbGeb und ArbN, die seinem Geltungsbereich unterliegen. Sie dient[1] in erster Linie dem sozialen Schutz jener ArbN, die bei nicht tarifgebundenen ArbGeb beschäftigt sind und die deshalb trotz ihrer Gewerkschaftszugehörigkeit nicht in den Genuss der zwingenden und unmittelbaren Wirkung der Tarifnorm kommen. Außerdem soll der insb. in Krisenzeiten realen Gefahr entgegengewirkt werden, dass Arbeitsplätze auf Kosten der Organisierten zu untertariflichen Bedingungen mit Außenseitern besetzt werden (Verhinderung sog. „Schmutzkonkurrenz")[2].

Bedeutung erlangt die AVE namentlich im Hinblick auf das Institut der **gemeinsamen Einrichtungen** gemäß § 4 Abs. 2 wie zB Urlaubs-, Lohnausgleichs- und Zusatzversorgungskassen. Der AVE kommt hier eine wichtige Finanzierungsfunktion zu. Sie wird mit dem Ziel beantragt, die Leistungsfähigkeit der gemeinsamen Einrichtung durch Einbeziehung aller ArbGeb ohne Rücksicht auf ihre Organisationszugehörigkeit zu stärken[3].

Die AVE dient schließlich der Vervollständigung der **Kartellwirkung des TV**. Durch einheitliche Arbeitsbedingungen werden die tarifgebundenen ArbGeb vor einem Verdrängungswettbewerb durch Konkurrenten geschützt, welche die tariflichen Leistungen nicht erbringen und daher ihre Leistungen bzw. Produkte kostengünstiger anbieten können[4]. Im Interesse der Verbände werden damit zugleich bestehende Anreize für einen Austritt der ArbGeb reduziert[5].

2. Rechtstatsächliche Bedeutung. Von den rund 59.600 als gültig in das Tarifregister eingetragenen TV waren am 1.4.2004 470 allgemeinverbindlich[6]. Sie lassen sich unterteilen in 249 Ursprungs- und 221 Änderungs- bzw. Ergänzungstarifverträge. 182 für allgemeinverbindlich erklärte TV gelten (auch) in den neuen Bundesländern[7]. Die meisten AVE gelten (mit Stand 1.1.2002) für TV des Baugewerbes (219), des Bereichs Entsorgung, Reinigung und Körperpflege (63) und des Bereichs Steine, Erden, Keramik, Glas (54). In großen Bereichen wie zB Energieversorgung, Chemie, Kunststoff, Druckerei, Bahn, Post, Banken und Versicherungen bestehen keine AVEs[8]. In den alten Bundesländern arbeiten in den Branchen mit allgemeinverbindlichen TV rund 5,5 Mill. Beschäftigte, darunter 1,2 Mill., für die eine Tarifbindung erst durch die AVE entsteht. ArbGeb und ArbN, für die ein TV aufgrund einer AVE verbindlich ist, sowie jeder mandatierte Rechtsanwalt können nach § 9 der VO zur Durchführung des TVG (Rz. 6) von einer der TV-Parteien eine Abschrift des TV gegen Erstattung der Selbstkosten (Papier- und Vervielfältigungs- oder Druckkosten sowie das Übersendungsporto) verlangen.

3. Rechtsnatur und Verfassungsmäßigkeit. Die AVE von TV ist im Verhältnis zu den ohne sie nicht tarifgebundenen ArbGeb und ArbN ein **Rechtssetzungsakt eigener Art**[9]. Die früher überwiegend ver-

---

1 Im Schrifttum (etwa ErfK/*Schaub*, § 5 TVG Rz. 2) werden bis zu 4 Schutzzwecke genannt: Soziale Schutzfunktion, Ordnungsfunktion, Kartellfunktion und Sicherung der gemeinsamen Einrichtungen; vgl. ferner Wiedemann/*Wank*, § 5 TVG Rz. 2 ff. |2 *Gamillscheg*, Kollektives Arbeitsrecht I, S. 884; *Schaub*, Arbeitsrechts-Handbuch, § 207 I. 1. |3 Vgl. *Gamillscheg*, Kollektives Arbeitsrecht I, S. 885. |4 BAG v. 9.7.2003 – 10 AZR 593/02, AP Nr. 261 zu § 1 TVG – Tarifverträge: Bau; *Gamillscheg*, Kollektives Arbeitsrecht I, S. 885; aA MünchArbR/*Löwisch/Rieble*, § 268 Rz. 4. |5 Vgl. auch BVerwG v. 3.11.1988 – 7 C 115/86, AP Nr. 23 zu § 5 TVG. |6 *Bundesministerium für Wirtschaft und Arbeit*, Verzeichnis der für allgemeinverbindlich erklärten Tarifverträge, Stand: 1.1.2004, S. 3, veröffentlicht auch unter http://www.bmwa.bund.de/Redaktion/Inhalte/Downloads/allgemeinverbindlich-erklaerte-tarifvertraege,property=pdf.pdf. |7 *Bundesministerium für Wirtschaft und Arbeit*, Verzeichnis der für allgemeinverbindlich erklärten Tarifverträge, Stand: 1.1.2004, S. 3, veröffentlicht auch unter http://www.bmwa.bund.de/Redaktion/Inhalte/Downloads/allgemeinverbindlich-erklaerte-tarifvertraege,property=pdf.pdf. |8 Stand v. 1.1.2002, *Bundesministerium für Wirtschaft und Arbeit*, Tarifvertragliche Arbeitsbedingungen im Jahr 2002, S. 59, veröffentlicht auch unter http://www.bmwa.bund.de/Redaktion/Inhalte/Downloads/Tarifbericht2002.pdf,property=pdf.pdf. |9 BVerfG v. 24.5.1977 – 2 BvL 11/74, AP Nr. 15 zu § 5 TVG; vgl. auch BVerwG v. 3.11.1988 – 7 C 115/86, AP Nr. 23 zu § 5 TVG; für den Charakter als Rechtsnorm auch BAG v. 3.2.1965 – 4 AZR 385/63, AP Nr. 12 zu § 5 TVG; zur Rechtsnatur ausf. Wiedemann/*Wank*, § 5 TVG Rz. 30 ff.

tretene Einordnung als Verwaltungsakt[1] oder die Annahme einer rechtlichen Doppelnatur[2] ist heute überholt. Dem BVerfG zufolge liegt die AVE jedenfalls im Verhältnis zu den nicht tarifgebundenen ArbN[3] ihrer Natur nach zwischen autonomer Regelung und staatlicher Rechtssetzung und findet ihre eigenständige Grundlage in Art. 9 Abs. 3 GG. Die AVE kann daher nicht an Art. 80 GG gemessen werden[4]. Dass ArbGeb und ArbN-Außenseiter aufgrund der AVE der Wirkung von Normen unterworfen werden, an deren Entstehung sie nicht einmal mittelbar Anteil haben, wird immer wieder kritisiert[5], liegt aber in der Natur dieses Rechtsinstituts. Das BVerfG hat die Erstreckung der normativen Wirkung durch § 5 Abs. 4 für verfassungskonform erklärt[6].

6   **4. Ergänzende Regelungen durch die DVO TVG.** Viele Einzelheiten des Verfahrens, der Erklärung und Beendigung der Allgemeinverbindlichkeit sowie über die Zusammensetzung des Tarifausschusses ergeben sich aus der VO zur Durchführung des TVG in der Fassung der Bekanntmachung vom 16. Januar 1989 (BGBl. I S. 76, siehe Anhang zum TVG). Der das Bundesministerium für Wirtschaft und Arbeit (BMWA) hierzu ermächtigende § 11 sieht in der Konkretisierung des § 5 einen inhaltlichen Schwerpunkt der Durchführungsverordnung.

7   **II. Voraussetzungen der Allgemeinverbindlicherklärung. 1. Wirksamer TV.** Es muss ein wirksamer TV nach dem TVG vorliegen, dh. sämtliche **formellen und materiellen Voraussetzungen** eines TV müssen erfüllt sein (siehe § 1 Rz. 5 ff.). Die AVE kann unwirksame Bestimmungen eines TV nicht heilen[7]. Auch ein nur gem. § 4 Abs. 5 nachwirkender TV kann noch für allgemeinverbindlich erklärt werden[8].

8   Grundlage der AVE ist der TV wie er von den TV-Parteien abgeschlossen wurde. Eine **Abänderung des Inhalts** steht der anordnenden Behörde nicht zu. Ob nur einzelne Teile eines TV für allgemeinverbindlich erklärt werden können, ist bislang nicht abschließend geklärt[9]. Da es hierfür keine gesetzliche Grundlage gibt und das von den Tarifpartnern geschaffene einheitliche und ausgewogene Gefüge auf diese Weise zerstört würde, ist eine nur partielle AVE abzulehnen. Das Gleiche gilt für eine Erweiterung des Geltungsbereiches des TV.

9   Klauseln, die im Rahmen der AVE den für allgemeinverbindlich erklärten **Geltungsbereich** eines TV – sei es räumlich, fachlich, betrieblich oder persönlich – **einschränken**, sind dagegen grundsätzlich möglich. Sie verändern nicht den TV, sondern beschränken nur den Anwendungsbereich der allgemeinverbindlichen Wirkung. Nach allgemeinen Grundsätzen muss jedoch ein sachlicher Grund vorliegen, ferner muss das Bestimmtheitsgebot beachtet werden und die entsprechende Entscheidung der zuständigen Ministerialbehörde muss sich im Bereich pflichtgemäßen Ermessens halten. So kann eine Einschränkung des Geltungsbereichs legitimerweise vorgenommen werden, um eine Tarifkonkurrenz zu vermeiden[10].

10 Grundsätzlich kann jeder wirksame TV für allgemeinverbindlich erklärt werden. Grenzen bestehen bei TV, die **dynamische Verweisungen** auf andere TV enthalten. Generell werden nachträgliche Veränderungen des TV – und damit auch solche des dynamisch in Bezug genommenen – von der AVE nicht erfasst (Rz. 34). TV über prozessuale Schiedsgerichte können nicht für allgemeinverbindlich erklärt werden, da anderenfalls das Recht auf den gesetzlichen Richter verletzt sein könnte[11]. Offen gelassen hat das BAG, ob „Verbandsklauseln" für allgemeinverbindlich erklärt werden können[12]. Verbandsklauseln sind tarifvertragliche Abreden, die Vergünstigungen (zB Freistellungen mit Entgeltfortzahlung) für bestimmte Verbandsangehörige vorsehen (siehe dazu § 1 Rz. 119).

11 **2. 50 v.H.-Klausel.** Die tarifgebundenen ArbGeb müssen **mindestens 50 %** der unter den Geltungsbereich des TV fallenden ArbN beschäftigen[13]. Ob die ArbN tarifgebunden sind, ist dabei unerheblich. Bei einem **FirmenTV** ist die Voraussetzung folglich in jedem Fall erfüllt, da nur ein Unternehmen in Frage steht und dieses tarifgebunden ist. Allerdings ist eine AVE hier nur selten denkbar (Rz. 13). Sind auf ArbGebSeite mehrere Verbände beteiligt, sind die ArbN aller Mitgliedsunternehmen zu addie-

---

[1] Vgl. nur *Nikisch*, Arbeitsrecht II, § 87 II 2, 3, S. 492 ff. | [2] Verwaltungsakt im Verhältnis zu den Tarifvertragsparteien und Rechtsnorm im Verhältnis zu den Außenseitern: So etwa *Hueck/Nipperdey*, Arbeitsrecht II 1, S. 660. | [3] Zur Aussage des BVerfG zur Rechtsnatur im Verhältnis zu den Tarifvertragsparteien vgl. einerseits *Schaub*, Arbeitsrechts-Handbuch, § 207, S. 1734 und andererseits *Wiedemann/Wank*, § 5 TVG Rz. 42. | [4] BVerfG v. 24.5.1977 – 2 BvL 11/74, AP Nr. 15 zu § 5 TVG; BAG v. 10.10.1973 – 4 AZR 68/73, AP Nr. 13 zu § 5 TVG; v. 19.3.1975 – 4 AZR 270/74, AP Nr. 14 zu § 5 TVG. | [5] Vgl. dazu bei *Ansey/Koberski*, AuR 1987, 230 sowie bei *Zachert*, NZA 2003, 132; vor einer weiter gehenden Absenkung der Voraussetzungen von § 5 TVG warnend *von Danwitz*, in: Handbuch der Grundrechte, § 114 A.III.4.a); 10. Hauptgutachten der Monopolkommission 1992/1993, BT-Drs. 12/8323 v. 22.7.1994, S. 380. | [6] BVerfG v. 24.5.1977 – 2 BvL 11/74, AP Nr. 15 zu § 5 TVG; v. 15.7.1980 – 1 BvR 24/74, AP Nr. 17 zu § 5 TVG. | [7] *Wiedemann/Wank*, § 5 TVG Rz. 53. | [8] *Kempen/Zachert*, § 5 TVG Rz. 12; *Däubler/Lakies*, § 5 TVG Rz. 58. | [9] Dafür: *Kempen/Zachert*, § 5 TVG Rz. 13; *Löwisch/Rieble*, § 5 TVG Rz. 22; diff. *Däubler/Lakies*, § 5 TVG Rz. 170 ff. allgemein zur Problematik; OVG Münster v. 23.9.1983 – 20 A 842/81, BB 1984, 723 zur Ausklammerung einer nicht offensichtlich rechtswidrigen Klausel; *Wiedemann/Wank*, § 5 TVG Rz. 59; *Däubler*, Tarifvertragsrecht, Rz. 1271. | [10] BAG v. 26.10.1983 – 4 AZR 219/81, AP Nr. 3 zu § 3 TVG; v. 20.3.1991 – 4 AZR 455/90, AP Nr. 20 zu § 1 TVG – Tarifkonkurrenz. | [11] Str. wie hier *Löwisch/Rieble*, § 5 TVG Rz. 52; für die unbeschränkte Zulässigkeit dagegen GMPM, § 101 Rz. 22; *Grunsky*, § 101, Rz. 5. | [12] BAG v. 21.2.2001 – 4 AZR 23/00, AP Nr. 76 zu § 1 TVG – Tarifverträge: Einzelhandel. | [13] Zum Zweck der 50 %-Klausel sowie zu Reformvorschlägen siehe bei *Zachert*, NZA 2003, 132.

ren. Der zuständigen Behörde obliegt von Amts wegen die Prüfung, ob diese rechtstatsächliche Voraussetzung erfüllt ist. Sie hat dabei sowohl auf die Angaben der beteiligten Verbände über die Zahl ihrer Mitglieder und der im Geltungsbereich des TV beschäftigten ArbN als auch auf statistisches Zahlenmaterial von Ämtern, Industrie- und Handelskammern, Handwerkskammern oder der BA zurückzugreifen. Führt dies zu keinen sicheren Ergebnissen, kann eine sorgfältige Schätzung in Betracht kommen[1].

Handelt es sich um einen **mehrgliedrigen TV** (§ 1 Rz. 9), so ist zu differenzieren: Ist ein einheitlicher TV gewollt, kommt es auf die Gesamtzahl der bei allen Organisierten beschäftigten ArbN an[2]. Sollten mehrere selbstständige TV geschlossen werden, kommt es auf die Zahl der Beschäftigten im Geltungsbereich des jeweils betroffenen TV an. **12**

3. Öffentliches Interesse. Die AVE muss **im öffentlichen Interesse geboten** erscheinen. Der Begriff des „öffentlichen Interesses" erschließt sich erst, wenn die Funktion der Tarifautonomie und der Zweck der AVE in die Betrachtung einbezogen werden[3]. Die erforderliche Abwägung muss zu dem Ergebnis führen, dass die von den Schutzzwecken gedeckten Vorteile der AVE ihre Nachteile überwiegen[4]. Gesamtwirtschaftliche Daten sowie die gesamten wirtschaftlichen und sozialen Verhältnisse und Eigenarten des betreffenden Wirtschaftszweiges fließen in die Abwägung ein[5]. Unverhältnismäßige Belastungen – etwa durch Beiträge zu gemeinsamen Einrichtungen – dürfen den ArbGeb nicht aufgebürdet werden[6]. Im Umkehrschluss folgt aus § 5 Abs. 1 Satz 2, dass die das öffentliche Interesse rechtfertigenden Umstände nicht das Gewicht eines sozialen Notstandes erreichen müssen. Bei einem FirmenTV wird ein öffentliches Interesse an der Allgemeinverbindlichkeit nur selten vorliegen. **13**

Der Behörde steht bei ihrer Entscheidung zunächst auf der Tatbestandsseite (Vorliegen eines „öffentlichen Interesses") ein gerichtlich nur **eingeschränkt überprüfbarer Beurteilungsspielraum** zu[7]. Auf der Rechtsfolgenseite gewährt § 5 eine Entscheidungsprärogative in Form eines **Verwaltungsermessens** („kann" und „geboten erscheint"). Sie hat bei der nach pflichtgemäßem Ermessen zu erfolgenden Ausfüllung ihres Entscheidungsspielraums auch die Interessen der (Langzeit-)Arbeitslosen zu berücksichtigen, da deren Chancen, einen Arbeitsplatz zu finden, jedenfalls dann verringert werden, wenn der TV keine Öffnungsklausel (dazu § 4 Rz. 28) vorsieht. **14**

4. Sozialer Notstand. Ausnahmsweise kann ein TV auch ohne Vorliegen der Voraussetzungen des § 5 Abs. 1 Satz 1 Ziff. 1 und 2 für allgemeinverbindlich erklärt werden[8]. Notwendig ist dann gemäß § 5 Abs. 1 Satz 2, dass die AVE zur Behebung eines sozialen Notstandes erforderlich erscheint. Ein sozialer Notstand kann aus rein materiellen Gründen anzunehmen sein, wenn die Entgelte so niedrig liegen, dass die ArbN nicht in der Lage sind, ihre notwendigen sozialen und wirtschaftlichen Bedürfnisse zu befriedigen[9]. Denkbar dürfte dies nur bei Löhnen sein, die unter dem Sozialhilfesatz liegen. Aber auch gesundheits- oder den Arbeitsfrieden gefährdende Arbeitsbedingungen können einen sozialen Notstand begründen[10]. Die Leistungsfähigkeit der ArbGeb muss allerdings auch bei dieser Tatbestandsalternative berücksichtigt werden. **15**

III. Verfahren. 1. Antrag. Das Verfahren ist in § 5 Abs. 2 nur rudimentär geregelt. Einzelheiten ergeben sich aus der VO zur Durchführung des TVG idF vom 16.1.1989 (Rz. 6, vgl. Anhang). Die AVE muss gem. Abs. 1 von einer TV-Partei **beantragt** werden. Eine Frist hierfür ist nicht vorgesehen. Der Antrag kann auch erst im Nachwirkungszeitraum des TV gestellt werden[11]. Eine Begründungspflicht besteht nicht, jedoch dürfte sich eine Erläuterung dringend empfehlen. Bei mehrgliedrigen TV, die als Einheit gewollt sind, muss der Antrag von allen Parteien einer Seite gestellt werden. Andernfalls genügt der Antrag durch einen der beteiligten Verbände. Antragsberechtigt sind nur diejenigen Verbände oder ArbGeb, die den TV unterzeichnet haben. Ein Spitzenverband kann den Antrag somit nur stellen, wenn er selbst den TV in eigenem Namen abgeschlossen hat. Bei einem Handeln in Vertretung für Mitgliedsverbände sind diese antragsbefugt. **16**

Häufig treffen die TV-Parteien **schuldrechtliche Vereinbarungen** über den Antrag auf AVE. Geht die Abrede von einer gemeinsamen Antragstellung aus, kann dies unter Umständen so auszulegen sein, dass zwischen den Tarifpartnern zunächst noch eine Einigung über die Antragstellung erzielt werden muss. Da das Gesetz das Antragsrecht aber jeder TV-Partei gewährt, ist ein entgegen der schuldrechtlichen Vereinbarung gestellter Antrag gleichwohl wirksam[12]. Der Antrag kann jederzeit wieder zurückgenommen werden. **17**

Adressat ist das **BMWA**. Gemäß Abs. 6 kann es das Recht zur AVE und zu ihrer Aufhebung für einzelne Fälle an die oberste Arbeitsbehörde eines Landes delegieren. Dies kann nahe liegen, wenn der **18**

---

1 BAG v. 11.6.1975 – 4 AZR 395/74, AP Nr. 29 zu § 2 TVG. | 2 BAG v. 14.6.1967 – 4 AZR 282/66, AP Nr. 13 zu § 91a ZPO. | 3 Im Einzelnen dazu *Zachert*, NZA 2003, 132. | 4 MünchArbR/*Löwisch/Rieble*, § 268 Rz. 35. | 5 Wiedemann/*Wank*, § 5 TVG Rz. 68. | 6 ErfK/*Schaub*, § 5 Rz. 19. | 7 Vgl. BVerwG v. 3.11.1988 – 7 C 115/86, AP Nr. 23 zu § 5 TVG; BAG v. 28.3.1990 – 4 AZR 536/89, AP Nr. 25 zu § 5 TVG. | 8 Eine AVE wurde allerdings noch nie auf das Vorliegen eines „sozialen Notstandes" gestützt, *Zachert*, NZA 2003, 132. | 9 Wiedemann/*Wank*, § 5 TVG Rz. 77. | 10 Dazu *Straeter*, Die Allgemeinverbindlicherklärung von Tarifverträgen, S. 55. | 11 Wiedemann/*Wank*, § 5 TVG Rz. 79. | 12 ErfK/*Schaub*, § 5 TVG Rz. 23.

Geltungsbereich des TV regional begrenzt ist und allenfalls unwesentlich über ein Bundesland hinausgeht (vgl. § 13 DVO). Nach der Übertragung steht dem Bundesministerium kein Weisungsrecht zu. Auch im Falle der Delegation ist der Antrag weiterhin an das Bundesministerium zu richten.

19 **2. Vorprüfung.** Liegen die Voraussetzungen für die AVE **offensichtlich** nicht vor, kann das Bundesministerium den Antrag sofort abweisen (§ 4 Abs. 2 DVO). Denkbar ist dies, wenn ersichtlich die 50 % – Grenze nicht erreicht wird[1].

20 **3. Bekanntmachung (§ 4 Abs. 1 DVO).** Das BMWA macht den Antrag im **Bundesanzeiger** bekannt und weist zugleich zur Einschränkung des Vertrauensschutzes darauf hin, dass die AVE mit Rückwirkung ergehen kann. Es bestimmt dabei eine Frist, während der zu dem Antrag schriftlich Stellung genommen werden kann. Die Frist soll mindestens drei Wochen gerechnet vom Tage der Bekanntmachung betragen. Der Wortlaut der Bekanntmachung wird den TV-Parteien und den obersten Arbeitsbehörden der Länder, auf deren Bereich sich der TV erstreckt, außerdem mitgeteilt (§ 4 Abs. 1 DVO). ArbGeb und ArbN, die von der AVW im Falle ihres Inkrafttretens betroffen wären, können bereits nach Bekanntmachung des Antrags von einer der TV-Parteien eine Abschrift des TV gegen Erstattung der Selbstkosten verlangen (§ 5 Satz 1 DVO)[2].

21 **4. Einvernehmen des Tarifausschusses.** Als zusätzliche Hürde verlangt Abs. 1, dass die AVE im **Einvernehmen mit dem Tarifausschuss** zu erklären ist. Der Tarifausschuss wird vom BMWA errichtet. Er besteht aus je drei Vertretern der Spitzenorganisationen der ArbGeb und der ArbN (§ 1 DVO) und wird von einem Beauftragten des Bundesministeriums geleitet. Seine Mitwirkung stellt sicher, dass die AVE von einem breiten Konsens auf ArbN- und ArbGebSeite getragen wird. Für den Bereich der Baubranche verzichtet das AEntG in § 1 Abs. 3a auf diese zusätzliche Absicherung (dazu § 1 AEntG Rz. 14).

22 Vor der Entscheidung über den Antrag ist ArbGeb und ArbN, die von der AVE betroffen werden, den am Ausgang des Verfahrens interessierten Gewerkschaften und Vereinigungen der ArbGeb sowie den obersten Arbeitsbehörden der Länder, auf deren Bereich sich der TV erstreckt, **Gelegenheit zur schriftlichen Stellungnahme** zu geben. Die genannten Beteiligten können an der mündlichen und öffentlichen Verhandlung des Tarifausschusses teilnehmen und sich mündlich äußern (§ 5 Abs. 2 TVG, § 6 DVO).

23 Im Gegensatz zu den Verhandlungen und Anhörungen sind die Beratungen des Tarifausschusses **nicht öffentlich** (§ 2 Abs. 1 DVO). Das Einvernehmen ist erst hergestellt, wenn die AVE mit absoluter Stimmenmehrheit, dh. mit mindestens 4 Stimmen, bejaht wird. Der Beauftragte des Ministeriums hat kein Stimmrecht (§ 3 DVO). Die Mitglieder der ArbGebSeite (BDA) können daher bei einer geschlossenen Abstimmung jede AVE – auch gegen den Willen ihres Mitgliedsverbandes – verhindern. Die Beschlüsse des Ausschusses sind schriftlich niederzulegen und von allen mitwirkenden Tarifausschussmitgliedern zu unterschreiben (§ 3 Abs. 2 DVO). Eine Begründung ist nicht erforderlich.

24 **5. Entscheidung des Bundesministeriums.** Ohne **Zustimmung des Tarifausschusses** ist die AVE nicht möglich; das Bundesministerium muss den Antrag ablehnen (§ 5 Abs. 1 TVG, § 7 Abs. 1 DVO). Stimmt der Ausschuss zu, so liegt die endgültige Entscheidung beim BMWA. Es nimmt eine selbständige pflichtgemäße Prüfung des Antrags vor. Selbst wenn es die Voraussetzungen als erfüllt ansieht, kann es sich nach Ausübung pflichtgemäßen Ermessens gegen die AVE entscheiden, wenn es sie nicht für zweckdienlich hält[3]. Bei der Ausfüllung der unbestimmten Rechtsbegriffe „öffentliches Interesse" und „sozialer Notstand" hat es einen außerordentlich weiten Beurteilungsspielraum[4]. Eine gerichtliche Beanstandung der Behördenentscheidung kommt nur bei wesentlichen Fehlern in Betracht. Das ist der Fall, wenn die Entscheidung in Anbetracht des Zwecks der Ermächtigung in § 5 und der hiernach zu berücksichtigenden öffentlichen und privaten Interessen – einschließlich des Interesses der TV-Parteien – schlechterdings unvertretbar und unverhältnismäßig ist[5]. Die Ablehnung ist allen TV-Parteien und den Mitgliedern des Tarifausschusses unter Angabe von Gründen mitzuteilen.

25 Legt die oberste Arbeitsbehörde eines beteiligten Landes nach der positiven Stellungnahme des Tarifausschusses **Einspruch** gegen die AVE ein, so kann diese nur mit Zustimmung der Bundesregierung ergehen (**§ 5 Abs. 3 TVG**).

26 **6. Bekanntmachung.** Die AVE ist ebenso wie die Ablehnung des Antrags im **Bundesanzeiger** bekannt zu machen (§ 11 DVO). Außerdem wird sie in das Tarifregister (§ 6) eingetragen. Erst mit der konstitutiven Bekanntmachung wird die AVE wirksam. Der für allgemeinverbindlich erklärte TV selbst ist da-

---

1 MünchArbR/*Löwisch*, § 261 Rz. 71 f. | 2 Zum Anspruch auf eine Abschrift des bereits für allgemeinverbindlich erklärten Tarifvertrages s. Rz. 4. | 3 BVerfG v. 24.5.1977 – 2 BvL 11/74, AP Nr. 15 zu § 5 TVG. | 4 BVerwG v. 3.11.1988 – 7 C 115/86, AP Nr. 23 zu § 5 TVG zur Entscheidung des Ministers, nicht alle der gemeinsam beantragten TV für allgemeinverbindlich zu erklären; BAG v. 28.3.1990 – 4 AZR 536/89, AP Nr. 25 zu § 5 TVG zur AVE des TV über die Altersversorgung für Redakteure an Zeitschriften; LAG Berlin v. 15.9.1997 – 17 Sa 95/96, NZA-RR 1998, 309. | 5 BAG v. 28.3.1990 – 4 AZR 536/89, AP Nr. 25 zu § 5 TVG; LAG BW v. 11.7.1989 – 8 Sa 140/88, AfP 1989, 777.

gegen nicht bekannt zu machen[1]. § 8 TVG und § 9 DVO geben den betroffenen ArbGeb und ArbN zwar die Möglichkeit, von seinem Inhalt Kenntnis zu nehmen. Gleichwohl weist die Transparenz von der Praxis mit Recht beklagte Defizite auf, die de lege ferenda durch eine Veröffentlichung aller für allgemeinverbindlich erklärten TV im Internet behoben werden sollten[2].

IV. Beginn und Ende der Allgemeinverbindlicherklärung. Mit der Erklärung bestimmt das BMWA im Benehmen mit dem Tarifausschuss den **Zeitpunkt des Beginns** der Allgemeinverbindlichkeit. Dieser liegt, sofern es sich nicht um die Erneuerung oder Änderung eines bereits für allgemeinverbindlich erklärten TV handelt, in aller Regel nicht vor dem Tage der Bekanntmachung des Antrages (§ 7 DVO). Der Beginn kann in keinem Fall vor Eintritt der Wirksamkeit des TV liegen. **27**

Bei der Anordnung eines rückwirkenden Beginns der Allgemeinverbindlichkeit sind die allgemeinen rechtsstaatlichen Grundsätze zur **Rückwirkung** von Normen zu beachten[3]. Entscheidend ist danach, ob der Außenseiter mit der Rückwirkung rechnen musste. Das ist regelmäßig ab Bekanntmachung des Antrags der Fall[4]. Die AVE kann auch dann mit Rückwirkung ergehen, wenn der nunmehr erneuerte oder geänderte TV bereits für allgemeinverbindlich erklärt war. In diesem Fall bleiben die Grundsätze der Rechtssicherheit und des Vertrauensschutzes gewahrt[5]. **28**

Die AVE **endet automatisch mit Ablauf** des TV (Abs. 5 Satz 3), dh. mit dessen vorgesehenem Zeitablauf, einvernehmlicher Aufhebung, ordentlicher oder außerordentlicher Kündigung bzw. Eintritt einer auflösenden Bedingung. Die Aufhebung der AVE steht damit zur Disposition der TV-Parteien. Bei mehrgliedrigen TV endet sie erst, wenn der TV zwischen allen Beteiligten beendet ist[6]. Wird der Ablauf des TV von den TV-Parteien – gem. ihrer Verpflichtung aus § 7 DVO – angezeigt, so ist das Ende der Allgemeinverbindlichkeit bekannt zu machen (§ 11 DVO). **29**

Gemäß Abs. 5 Satz 1 kann auch das BMWA die AVE eines TV im Einvernehmen mit dem Tarifausschuss **aufheben**, wenn dies im öffentlichen Interesse geboten erscheint. Eines Antrages bedarf es hierzu nicht. Entsprechend der Rechtslage bei Erklärung der Allgemeinverbindlichkeit (Rz. 14) hat das Bundesministerium auch für die Aufhebung einen Beurteilungsspielraum auf der Tatbestandsseite („öffentlichen Interesse") und einen pflichtgemäß auszufüllenden Ermessensspielraum auf der Rechtsfolgenseite („kann"). Für das Verfahren und das Einvernehmen des Tarifausschusses gelten die gleichen Grundsätze wie für die Erklärung der Allgemeinverbindlichkeit (§ 10 DVO). **30**

V. Wirkungen der Allgemeinverbindlicherklärung. Aufgrund der AVE **erfassen** gemäß § 5 Abs. 4 die Rechtsnormen des TV in seinem Geltungsbereich (§ 4 Rz. 13 ff.) auch die bisher nicht tarifgebundenen ArbGeb und ArbN. Darin erschöpft sich die Wirkung; der Anwendungsbereich wird – anders als zB nach dem AEntG – nicht erweitert. Auf die Kenntnis der AVE kommt es nicht an[7]. Findet der TV aufgrund der AVE auf ArbN und ArbGeb Anwendung, die bereits kraft beiderseitiger Tarifbindung einem anderen TV unterstehen, liegt ein Fall von **Tarifkonkurrenz** vor (§ 4 Rz. 44). Einen allgemeinen Vor- oder Nachrang des für allgemeinverbindlich erklärten TV gibt es nicht. Vielmehr gilt das **Spezialitätsprinzip**[8], das freilich nicht immer zu eindeutigen Ergebnissen führt, da die Normen des allgemeinverbindlich erklärten TV teils spezieller teils allgemeiner sein können als diejenigen des für konkurrierenden TV (§ 4 Rz. 41). Ein Firmentarif wird dagegen stets als spezieller anzusehen sein. **31**

Die AVE erfasst **alle Rechtsnormen** des TV, dh. Inhalts-, Abschluss- und Beendigungsnormen, Normen über gemeinsame Einrichtungen, betriebliche und betriebsverfassungsrechtliche sowie prozessuale Normen[9]. Nicht betroffen von der AVE ist der schuldrechtliche Teil des TV. Abs. 4 erwähnt ausdrücklich nur die Rechtsnormen. **32**

Nach Beendigung der Allgemeinverbindlichkeit wirken die Tarifnormen auch für die Außenseiter gemäß § 4 Abs. 5 nach[10]. Die **Nachwirkung** endet durch eine andere Abmachung. Für Außenseiter wird die Nachwirkung allerdings nicht durch das In-Kraft-Treten eines neuen TV beendet, sondern erst durch die AVE dieses TV[11]. **33**

Werden die tarifvertraglichen Bestimmungen **geändert**, so sind die neuen Bestimmungen nicht allgemeinverbindlich. Es ist eine erneute AVE erforderlich. Bis zu dieser gelten die ursprünglichen Bestimmungen kraft Nachwirkung weiter[12]. **34**

---

1 BAG v. 3.2.1965 – 4 AZR 385/63, AP Nr. 12 zu § 5 TVG. | 2 Vgl. *Kempen/Zachert*, § 5 TVG Rz. 20. | 3 BAG v. 3.11.1982 – 4 AZR 1255/79, AP Nr. 18 zu § 5 TVG; v. 25.9.1996 – 4 AZR 209/95, AP Nr. 30 zu § 5 TVG. | 4 BAG v. 3.11.1982 – 4 AZR 1255/79, AP Nr. 18 zu § 5 TVG. | 5 BAG v. 25.9.1996 – 4 AZR 209/95, AP Nr. 30 zu § 5 TVG, wonach kein Vertrauensschutz besteht, wenn bereits der erneuerte TV die Beantragung der AVE vorsah. | 6 *Däubler*, Tarifvertragsrecht, Rz. 1277. | 7 BAG v. 16.9.1983 – 3 AZR 206/82, AP Nr. 131 zu § 1 TVG – Auslegung zur Kenntnis einer Verfallklausel. | 8 BAG v. 26.1.1994 – 10 AZR 611/92, AP Nr. 22 zu § 4 TVG – Tarifkonkurrenz; v. 25.7.2001 – 10 AZR 599/00, EzA § 4 TVG Tarifkonkurrenz Nr. 15. | 9 BAG v. 19.3.1975 – 4 AZR 270/74, AP Nr. 14 zu § 5 TVG zu Zuständigkeitsvereinbarungen. | 10 BAG v. 19.1.1962 – 1 AZR 147/61, AP Nr. 11 zu § 5 TVG; v. 18.6.1980 – 4 AZR 463/78, AP Nr. 68 zu § 4 TVG – Ausschlussfristen; v. 27.11.1991 – 4 AZR 211/91, AP Nr. 22 zu § 4 TVG – Nachwirkung. | 11 BAG v. 27.11.1991 – 4 AZR 211/91, AP Nr. 22 zu § 4 TVG – Nachwirkung; v. 25.10.2000 – 4 AZR 212/00, AP Nr. 38 zu § 4 TVG – Nachwirkung. | 12 Vgl. *Wiedemann/Wank*, § 5 TVG Rz. 118 ff.

35 **VI. Rechtsmängel und Rechtsschutz.** Nicht geklärt ist, ob **Rechtsmängel** einer AVE lediglich deren Anfechtbarkeit oder deren Nichtigkeit nach sich ziehen. Insoweit wirkt der Meinungsstreit über die Rechtsnatur der AVE fort. Sieht man in ihr einen gegenüber allen Betroffenen einheitlich zu beurteilenden Akt der Rechtsetzung (Rz. 5)[1], so müssen alle formellen und materiellen Mängel zur Nichtigkeit führen[2]. Betroffen sind Mängel wie fehlender Antrag, fehlendes Einvernehmen des Tarifausschusses, unterbliebene Zustimmung der Bundesregierung in den Fällen des Abs. 3 oder Ermessensfehler. Dieses Ergebnis wird aus Gründen der Rechtssicherheit kritisiert[3]. Eine Nichtigkeit komme ebenso wie bei Verwaltungsakten nur bei schwerwiegenden Mängeln in Betracht. Im Übrigen sei die AVE lediglich anfechtbar. Nichtigkeit ist aber in jedem Fall dann anzunehmen, wenn kein wirksamer TV vorliegt. Die AVE geht insoweit ins Leere.

36 Auch in der Frage, welcher **Rechtsschutz** zur Verfügung zu stellen ist, gehen die Meinungen auseinander. Will sich eine TV-Partei gegen die Ablehnung des Antrags auf AVE wehren, steht ihr der **Verwaltungsrechtsweg** offen[4]. Gegen die teilweise befürwortete Möglichkeit einer Anfechtungsklage gemäß § 42 Abs. 1 VwGO[5] spricht, dass Klageziel die Vornahme der AVE ist. Da es sich bei der AVE nicht um einen Verwaltungsakt iSv. § 35 VwVfG handelt, überzeugt auch die Verpflichtungsklage nicht. Richtige Klageart ist vielmehr allein die allgemeine Leistungsklage (str.)[6], nach Erledigung die Feststellungsklage gemäß § 43 VwGO[7], auf Normerlass. Wird eine bereits erfolgte Erklärung der Allgemeinverbindlichkeit von einer TV-Partei beanstandet, so ist nach allerdings umstrittener Auffassung die allgemeine Feststellungsklage ebenfalls die richtige Klageart[8].

37 **Koalitionen**, die **nicht** am Verfahren **beteiligt** waren, steht ebenfalls die allgemeine Feststellungsklage gegen eine ergangene AVE zu, wenn sie durch sie – etwa wegen einer entstehenden Tarifkonkurrenz (vgl. Rz. 31) – in ihren Rechten verletzt sein könnten[9]. Sie können aber die AVE eines TV, an dem sie nicht beteiligt waren, nicht erzwingen und haben auch kein entsprechendes Klagerecht[10].

38 Die Wirksamkeit der AVE kann aber bei Rechtsstreitigkeiten zwischen Normunterworfen inzident durch die ArbG überprüft werden[11]. Das Gericht hat zwar grundsätzlich von Amts wegen zu prüfen, ob die AVE als Rechtsnorm wirksam zustande gekommen ist. In eine Detailprüfung der Voraussetzungen muss es aber nur eintreten, wenn der Parteivortrag oder andere augenfällige Umstände hierzu Veranlassung geben[12]. Wurde ein TV für allgemeinverbindlich erklärt, so spricht der erste Anschein für die Rechtmäßigkeit der AVE[13]. Wegen der Inzidentprüfung fehlt es an einem Feststellungsinteresse für eine Klage auf Feststellung der Unwirksamkeit vor den VerwG[14].

39 Die Gerichte nehmen nur eine **eingeschränkte Rechtmäßigkeitsprüfung** der AVE vor[15].

40 **VII. Arbeitnehmer-Entsendegesetz (AEntG) und rechtspolitische Bestrebungen de lege ferenda (Tariftreueerklärungen).** Besonderheiten gelten seit In-Kraft-Treten des AEntG v. 26.2.1996 (BGBl. I S. 227) für das Bauhaupt- und Baunebengewerbe. Parallel zur Möglichkeit der AVE ermächtigt § 1 Abs. 3a AEntG in verfassungsrechtlich bedenklicher Weise[16] das BMWA durch **Rechtsverordnung** ohne Zustimmung des Bundesrates zu bestimmen, dass die Rechtsnormen des entsprechenden TV auf alle unter den Geltungsbereich dieses TV fallende und nicht tarifgebundene ArbGeb und ArbN Anwendung finden[17]. Voraussetzung ist ein Antrag auf Erlass einer AVE; dagegen müssen die sonstigen Kriterien des § 5 nicht beachtet werden[18]. Insbesondere verzichtet das AEntG auf das Einvernehmen des Tarifausschusses. Zu Einzelheiten s. die Kommentierung zum AEntG.

41 Pläne der Regierungskoalition der 14. Legislaturperiode[19], auf Bundesebene sicherzustellen, dass öffentliche Bauaufträge nur vergeben werden dürfen, wenn sich der Anbieter zur **Tariftreue** verpflichtet, sind im Vermittlungsausschuss an dem Widerstand von CDU/CSU gescheitert[20]. Im Ergebnis hätten

---

1 Etwa BVerfG v. 24.5.1977 – 2 BvL 11/74, AP Nr. 15 zu § 5 TVG; BVerwG 3.11.1988 – 7 C 115/86, AP Nr. 23 zu § 5 TVG; Wiedemann/*Wank*, § 5 TVG Rz. 166 ff. | 2 *Löwisch/Rieble*, § 5 TVG Rz. 108 ff.; *Däubler/Lakies*, Rz. 157 ff. | 3 ErfK/*Schaub*, § 5 TVG Rz. 39. | 4 BVerwG v. 3.11.1988 – 7 C 115/86, AP Nr. 23 zu § 5 TVG. | 5 *Kempen/Zachert*, § 5 TVG Rz. 34. | 6 Teilweise wird auch die Feststellungsklage bevorzugt, vgl. *Mäßen/Mauer*, NZA 1996, 121 (122); *Duken*, NVwZ 1993, 546 (547 f.). | 7 BVerwG v. 3.11.1988 – 7 C 115/86, AP Nr. 23 zu § 5 TVG; vgl. ErfK/*Schaub*, § 5 TVG Rz. 40. | 8 OVG Münster v. 23.9.1983 – 20 A 842/81, AfP 1984, 176; Wiedemann/*Wank*, § 5 TVG Rz. 171; ErfK/*Schaub*, § 5 TVG Rz. 41 (Anfechtungsklage); *Löwisch/Rieble*, § 5 TVG Rz. 120 (Feststellungsklage sui generis). | 9 AA ErfK/*Schaub*, § 5 TVG Rz. 43 (Anfechtungsklage). | 10 AA Wiedemann/*Wank*, § 5 TVG Rz. 172. | 11 BAG v. 22.9.1993 – 10 AZR 371/92, AP Nr. 2 zu § 1 TVG – Tarifverträge: Gerüstbau; v. 21.3.1973 – 4 AZR 225/72, AP Nr. 12 zu § 4 TVG – Geltungsbereich; LAG Berlin v. 15.9.1997 – 17 Sa 95/96, NZA-RR 1998, 309. | 12 BAG v. 19.3.1975 – 4 AZR 270/74, AP Nr. 14 zu § 5 TVG zum bloß pauschalen Bestreiten der 50 %-Hürde sowie des Vorliegens eines öffentlichen Interesses; v. 24.1.1979 – 4 AZR 377/77, AP Nr. 16 zu § 5 TVG. | 13 LAG Hamm v. 20.12.1991 – 18 Sa 247/91, LAGE § 5 TVG Nr. 2. | 14 *Däubler/Lakies*, § 5 TVG Rz. 222. | 15 BVerwG v. 3.11.1988 – 7 C 115/86, AP Nr. 23 zu § 5 TVG. | 16 Vgl. nur *Badura*, FS Söllner, S. 111 (118); *von Danwitz*, RdA 1999, 322; *von Danwitz*, in Handbuch der Grundrechte, § 114 A.III.4.b) und B.II.2. Das BVerfG hat die Bedenken nicht geteilt: BVerfG 18.7.2000 – 1 BvR 948/00, AP Nr. 4 zu § 1 AEntG. | 17 *Büdenbender*, RdA 2000, 191 ff. | 18 *Bieback*, RdA 2000, 207 (211); ErfK/*Schlachter*, § 1 AEntG Rz. 13; *Blanke*, AuR 1999, 417 (426). | 19 BT-Drs. 14/7796 v. 21.12.2001. | 20 Zu dem Gesetzesvorschlag des Bundesrates, durch einen § 5a TVG die Landesgesetzgeber zu ermächtigen, Tariftreueerklärungen vorzusehen, s. BT-Drs. 14/5263.

auf diese Weise die Voraussetzungen der AVE umgangen werden können[1]. Der BGH hat in einem Vorlagebeschluss an das BVerfG die landesgesetzliche Regelung in § 1 BerlVgG (Berliner Vergabegesetz) mangels Gesetzgebungskompetenz (vgl. Art. 72 Abs. 2, 74 Abs. 1 Nr. 12 GG, s. aber auch § 97 Abs. 4 Halbs. 2 GwB) als verfassungswidrig angesehen und einen Verstoß gegen die bundesrechtliche abschließende Regelung in § 5 bejaht[2]. Von weiten Teilen des Schrifttums[3] wird in Übereinstimmung mit dem BGH[4] und dem KG[5] außerdem ein Verstoß gegen die negative Koalitionsfreiheit angenommen.

6 Tarifregister

Bei dem Bundesministerium für Wirtschaft und Arbeit wird ein Tarifregister geführt, in das der Abschluss, die Änderung und die Aufhebung der Tarifverträge sowie der Beginn und die Beendigung der Allgemeinverbindlichkeit eingetragen werden.

Lit.: *Boedler/Keiser*, 30 Jahre Tarifregister, BArbBl. 1979, 9/22; *Lindena*, Publizität von Tarifverträgen, DB 1988, 1114; *Lindena*, EDV-Tarifarchiv, CR 1989, 951; *Gröbing*, Zur Rechtswirksamkeit von Verweisungsklauseln in Tarifverträgen, AuR 1982, 116; *Lund*, Die Änderung der Verordnung zur Durchführung des Tarifvertragsgesetzes, DB 1989, 626; *Schelp*, Die Bedeutung des Tarifregisters beim Bundesministerium für Arbeit und Sozialordnung, BArbBl. 1964, 212; *Stahlhacke*, Neufassung der Verordnung zur Durchführung des Tarifvertragsgesetzes, NZA 1989, 334.

I. Normzweck. Das Tarifregister soll die Informationsinteressen des BMWA über den Entwicklungsstand der tariflichen Arbeitsbedingungen und das rechtsstaatlich gebotene Publizitätsinteresse befriedigen[6]. Ein entsprechender Bedarf besteht, weil das TVG keine öffentliche Bekanntmachung von TV-Normen gebietet. Die begrenzte Publizität der TV-Normen, die zusätzlich durch § 8 des Gesetzes (Pflicht der ArbGeb zur Auslegung einschlägiger TV im Betrieb), sowie § 2 Abs. 1 Nr. 10 NachweisG abgesichert ist, genügt den verfassungsrechtlichen Anforderungen des Rechtsstaatsprinzips[7]. 1

II. Zuständigkeit. Das Tarifregister wird bei dem **Bundesministerium für Wirtschaft und Arbeit (BMWA)**[8] geführt. Daneben können auch die obersten Arbeitsbehörden der Länder Tarifregister aufbauen[9]. Eintragungen in ein **Landestarifregister** ersetzen aber die nach § 6 vorgeschriebene Eintragung in das Register beim BMWA nicht. Auch die **Spitzenorganisationen der Sozialpartner** (BDA[10] und DGB[11]) unterhalten eigene Tarifregister, um ihre Mitglieder jederzeit über den Wortlaut von TV informieren zu können. Zumeist legen zudem die **ArbG** TV-Sammlungen an. Häufig besteht die Möglichkeit zur Einsichtnahme. 2

III. Grundlage und Ablehnung der Eintragung, Prüfungsrecht und Rechtsschutz. Grundlage für die **Eintragungen in das Tarifregister** sind ausschließlich die durch § 7 des Gesetzes geforderten Mitteilungen der TV-Parteien. Das BMWA ist grundsätzlich verpflichtet, die ihm bekannt gewordenen eintragungsfähigen Angaben in das Tarifregister aufzunehmen (**Eintragungspflicht**). Die Amtspflicht des BMWA, das Tarifregister richtig zu führen, ist nicht drittgerichtet, so dass ein **Amtshaftungsanspruch** nach Art. 34 GG, § 839 BGB **ausscheidet**[12]. 3

Ein inhaltliches **Prüfungsrecht** im Sinne einer allgemeinen Rechtmäßigkeitskontrolle steht dem BMWA nicht zu[13]. Da das BMWA aber lediglich verpflichtet ist, rechtlich existente TV im Tarifregister zu vermerken, kann es die Eintragung verweigern, sofern die angemeldete Vereinbarung nicht die Voraussetzungen für einen TV im Rechtssinne erfüllt (Beispiel: fehlende Tariffähigkeit oder Tarifzuständigkeit einer Partei)[14]. 4

Weigert sich das BMWA, einen mitgeteilten TV einzutragen, steht den TV-Parteien grundsätzlich der **Rechtsweg** zu den **VerwG** offen (allgemeine Leistungsklage)[15]. Sofern die Eintragung aus tarifrechtlichen Gründen (fehlende Tariffähigkeit oder Tarifzuständigkeit) unterbleibt, ist das arbeitsgericht- 5

---

1 Zu einem Verstoß landesgesetzlicher Regelungen gegen § 5 TVG iVm. Art. 31 GG BGH DB 2000, 465 (468); *Seifert*, ZfA 2001, 7; *Kreiling*, NZA 2001, 1118 (1123 f.). | 2 BGH v. 18.1.2000 – KVR 23/98, DB 2000, 465; vgl. zu der hierdurch entstandenen Rechtsunsicherheit BT-Drs. 14/5263 S. 6. | 3 Zu den verfassungsrechtlichen und europarechtlichen Bedenken vgl. nur *Löwisch*, DB 2001, 1090; *Scholz* RdA 2001, 193; *Thüsing*, NJW 2002, 2071; aA *Rieble*, NZA 2000, 233; *Däubler*, DB 2001, 686; *Kempen*, FS Däubler, S. 518. Zu rechtspolitischen Überlegungen siehe bei *Zachert*, NZA 2003, 132. | 4 BGH v. 18.1.2000 – KVR 23/98, DB 2000, 465 (466), dazu *Kreiling*, NZA 2001, 1118 (1123 f.). | 5 KG v. 20.5.1998 – WuW/EVerg 111, ZIP 1998, 1600 (1606). | 6 Vgl. *Lindena*, DB 1988, 1114 (1115). | 7 BVerfG v. 24.5.1977 – 2 BvL 11/74, AP Nr. 15 zu § 5 TVG; BVerfG v. 10.9.1991 – 1 BvR 561/89, AP Nr. 27 zu § 5 TVG; BAG v. 28.3.1990 – 4 AZR 536/89, AP Nr. 25 zu § 5 TVG. Kritisch *Gröbing*, AuR 1982, 116 (118). | 8 Kontakt: Bundesministerium für Wirtschaft und Arbeit, Scharnhorststraße 34–37, 11019 Berlin, E-Mail: info@bmwa.bund.de. | 9 Vgl. die Wertung des § 7 Abs. 1 Satz 2. | 10 Dazu *Lindena*, CR 1989, 951 ff. | 11 In den WSI-Mitteilungen wird jährlich das beim Wirtschafts- und Sozialwissenschaftlichen Institut des DGB geführte Tarifarchiv ausgewertet. | 12 *Löwisch/Rieble*, § 6 TVG Rz. 8. | 13 Vgl. dazu *Löwisch/Rieble*, § 6 TVG Rz. 9; Wiedemann/*Oetker*, § 6 TVG Rz. 9. AA *Nikisch*, Arbeitsrecht II, § 77 II 3, S. 360. | 14 *Löwisch/Rieble*, § 6 TVG Rz. 9; Wiedemann/*Oetker*, § 6 TVG Rz. 9. | 15 *Däubler/Reinecke*, § 6 TVG Rz. 22; ErfK/*Schaub*, § 6 TVG Rz. 5; *Däubler*, Tarifvertragsrecht, Rz. 1293; *Kempen/Zachert*, § 6 TVG Rz. 6; *Löwisch/Rieble*, § 6 TVG Rz. 10; Wiedemann/*Oetker*, § 6 TVG Rz. 10.

TVG § 6 Rz. 6

liche Beschlussverfahren nach § 9 TVG iVm. § 2a Abs. 1 Nr. 4 ArbGG – ggf. unter Aussetzung nach § 97 Abs. 5 ArbGG – durchzuführen[1].

6 **IV. Inhalt.** In das Tarifregister einzutragen sind der Abschluss, die Änderung und die Aufhebung der TV sowie der Beginn und die Beendigung der Allgemeinverbindlichkeit (§ 6). Einzelheiten der Eintragung regeln die §§ 14 bis 16 der VO zur Durchführung des TVG (DVO TVG)[2]. Nach § 14 DVO TVG werden bei der Eintragung des Abschlusses von TV in das Tarifregister die TV durch die Angabe der TV-Parteien, des Geltungsbereichs sowie des Zeitpunktes ihres Abschlusses und ihres Inkrafttretens bezeichnet. Der Wortlaut des TV ist dagegen nicht Gegenstand der Eintragung (argumentum e contrario). Die Ur- oder Abschriften der dem BMWA nach § 7 Abs. 1 Satz 1 übersandten TV sind aber als Anlage zum Tarifregister aufzubewahren. Nur auf diese Weise kann die jederzeitige Einsichtnahme in die registrierten TV (§ 16 Satz 1 DVO TVG) ermöglicht werden[3].

7 **V. Wirkung der Eintragung.** Die Eintragung im Tarifregister entfaltet **keine materiellen tarifrechtlichen Wirkungen**. Sie begründet oder beeinträchtigt die Rechtswirksamkeit von TV, ihren Änderungen oder Aufhebungen nicht[4]. Dem Tarifregister kommt anders als etwa dem Handelsregister **keine** positive oder negative **Publizitätswirkung** zu. Unrichtige Eintragungen bleiben ohne rechtliche Wirkungen[5]. Dementsprechend sagt die Eintragung oder Nichteintragung im Tarifregister nichts darüber aus, ob ein „Tarifvertrag" von tariffähigen Partnern abgeschlossen wurde[6]. Verträge von nicht tariffähigen Parteien sind zu löschen.

8 Auch die **Rechtswirkungen einer Allgemeinverbindlicherklärung** bleiben von der Eintragung oder Nichteintragung im Tarifregister unberührt[7]. Die von § 5 Abs. 7 des Gesetzes geforderte öffentliche Bekanntmachung meint diejenige im Bundesanzeiger, nicht diejenige im Tarifregister. Nach § 15 Abs. 2 DVO TVG „sollen" die in den §§ 4 Abs. 1, 11 DVO TVG genannten Bekanntmachungen lediglich in das Tarifregister eingetragen werden[8].

9 **VI. Einsichts- und Auskunftsansprüche.** Nach § 16 Satz 1 DVO TVG ist die **Einsicht des Tarifregisters** sowie **der registrierten TV** jedem gestattet. Das Einsichtsrecht erstreckt sich sowohl auf die Eintragung im Tarifregister als auch auf die im Tarifarchiv verwahrten TV. Der Einsichtnehmende darf auf eigene Kosten Notizen und Kopien anfertigen[9].

10 Das BMWA erteilt auf Anfrage **Auskunft über die Eintragungen** (§ 16 Satz 2 DVO TVG). Dem Bürger steht gegen das BMWA ein Auskunftsanspruch zu, der sich allerdings nur auf die Eintragung im Tarifregister, nicht aber auf den Inhalt des registrierten TV erstreckt. Die Auskunft kann schriftlich oder mündlich erteilt werden. Einen Anspruch auf Erteilung einer kostenlosen Abschrift sieht die VO ausweislich ihres Wortlauts demgegenüber nicht vor[10]. Einsichts- und Auskunftsansprüche gegen das BMWA können im Wege der **allgemeinen Leistungsklage** vor den VerwG geltend gemacht werden[11].

11 Mitglieder einer ArbN- oder ArbGebKoalition können den Wortlaut des TV von ihren Verbänden anfordern (**Auskunftsanspruch aufgrund Mitgliedschaft**)[12]. ArbGeb und ArbN, für die der TV infolge einer **Allgemeinverbindlicherklärung** maßgeblich ist, können von einer der TV-Parteien eine Abschrift des TV gegen Erstattung der Selbstkosten verlangen (§ 9 Abs. 1 Satz 1 DVO TVG). Gleiches gilt für Änderungstarifverträge (§§ 9 Abs. 1 Satz 2, 5 Satz 2 DVO TVG). Selbstkosten sind die Papier- und Vervielfältigungs- oder Druckkosten sowie das Übersendungsporto (§ 9 Abs. 1 Satz 2, 5 Satz 3 TVG). Ansprüche gegen die TV-Parteien bestehen nicht, sofern die TV nur kraft arbeitsvertraglicher Verweisung gelten[13]. § 15 Abs. 1 DVO TVG erlegt dem BMWA ergänzend die Pflicht auf, die TV-Parteien von der Eintragung der AVE, der Aufhebung der Allgemeinverbindlichkeit sowie von der Eintragung ihrer Mitteilungen über das Außer-Kraft-Treten und über die Änderung allgemeinverbindlicher TV zu benachrichtigen.

---

1 Däubler/Reinecke, § 6 TVG Rz. 23; Kempen/Zachert, § 6 TVG Rz. 5; Löwisch/Rieble, § 6 TVG Rz. 10; Wiedemann/Oetker, § 6 TVG Rz. 10. |2 Verordnung zur Durchführung des Tarifvertragsgesetzes v. 23.12.1988, BGBl. 1989 I S. 77; s. Anhang. Vgl. zur Technik der Registrierung Boedler/Keiser, BArBl. 1979, 9/22 ff.; Schelp, BArBl. 1964, 212 (215 ff.). |3 Lindena, DB 1988, 1114 (1115); Kempen/Zachert, § 6 TVG Rz. 3; Wiedemann/Oetker, § 6 TVG Rz. 11. |4 Allgemeine Ansicht; vgl. nur BAG v. 16.5.1995 – 3 AZR 535/94, AP Nr. 15 zu § 4 TVG – Ordnungsprinzip; v. 14.11.2001 – 10 AZR 698/00, EzA § 4 TVG – Tarifkonkurrenz Nr. 16; Kempen/Zachert, § 6 TVG Rz. 4; Lindena, DB 1988, 1114 (1115); Löwisch/Rieble, § 6 TVG Rz. 8; Wiedemann/Oetker, § 6 TVG Rz. 19. |5 BAG v. 5.11.1997 – 4 AZR 872/95, AP Nr. 29 zu § 1 TVG; v. 6.6.2000 – 1 ABR 10/99, AP Nr. 55 zu § 2 TVG. |6 BAG v. 6.6.2000 – 1 ABR 10/99, AP Nr. 55 zu § 2 TVG. |7 So schon Hueck/Nipperdey, Arbeitsrecht II/1, S. 500; Däubler/Reinecke, § 6 TVG Rz. 19; Wiedemann/Oetker, § 6 TVG Rz. 20; aA Kempen/Zachert, § 6 TVG Rz. 4. |8 Wiedemann/Oetker, § 6 TVG Rz. 20. |9 Löwisch/Rieble, § 6 TVG Rz. 7; Wiedemann/Oetker, § 6 TVG Rz. 26. |10 Wiedemann/Oetker, § 6 TVG Rz. 24. AA Kempen/Zachert, § 6 TVG Rz. 6. Zur Änderung der DVO TVG vgl. Lund, DB 1989, 626 (628); Stahlhacke, NZA 1989, 334 (336). |11 Wiedemann/Oetker, § 6 TVG Rz. 23, 26; Däubler/Reinecke, § 6 TVG Rz. 32. |12 Löwisch/Rieble, § 6 TVG Rz. 1. |13 Löwisch/Rieble, § 6 TVG Rz. 2.

§ 7 Übersendungs- und Mitteilungspflicht

(1) Die Tarifvertragsparteien sind verpflichtet, dem Bundesministerium für Wirtschaft und Arbeit innerhalb eines Monats nach Abschluss kostenfrei die Urschrift oder eine beglaubigte Abschrift sowie zwei weitere Abschriften eines jeden Tarifvertrages und seiner Änderungen zu übersenden; sie haben ihm das Außerkrafttreten eines jeden Tarifvertrages innerhalb eines Monats mitzuteilen. Sie sind ferner verpflichtet, den obersten Arbeitsbehörden der Länder, auf deren Bereich sich der Tarifvertrag erstreckt, innerhalb eines Monats nach Abschluss kostenfrei je drei Abschriften des Tarifvertrages und seiner Änderungen zu übersenden und auch das Außerkrafttreten des Tarifvertrages innerhalb eines Monats mitzuteilen. Erfüllt eine Tarifvertragspartei die Verpflichtungen, so werden die übrigen Tarifvertragsparteien davon befreit.

(2) Ordnungswidrig handelt, wer vorsätzlich oder fahrlässig entgegen Absatz 1 einer Übersendungs- oder Mitteilungspflicht nicht, unrichtig, nicht vollständig oder nicht rechtzeitig genügt. Die Ordnungswidrigkeit kann mit einer Geldbuße geahndet werden.

(3) Verwaltungsbehörde im Sinne des § 36 Abs. 1 Nr. 1 des Gesetzes über Ordnungswidrigkeiten ist die Behörde, der gegenüber die Pflicht nach Absatz 1 zu erfüllen ist.

Lit.: Vgl. die Schrifttumsangaben zu § 6.

I. Normzweck. Die den TV-Parteien auferlegte Übersendungs- und Mitteilungspflicht verfolgt einen dreifachen Zweck: Zunächst soll das Bundesministerium für Wirtschaft und Arbeit (BMWA) in die Lage versetzt werden, das in § 6 des Gesetzes normierte Tarifregister zu führen (zum Normzweck des § 6, dort Rz. 1)[1]. Gleiches gilt für die obersten Arbeitsbehörden der Länder, die ebenfalls Tarifregister führen dürfen (dazu § 6 Rz. 2). Außerdem sollen die Arbeitsbehörden aufgrund der Kenntnis der TV die arbeitsmarktpolitischen Auswirkungen der Tarifabschlüsse abschätzen und ihre Sozialpolitik darauf abstimmen können[2]. Schließlich soll über die Arbeitsbehörden des Bundes und der Länder auch den Gerichten und Behörden der Zugriff auf die von ihnen zu beachtenden tarifvertraglichen Rechtsnormen erleichtert und gesichert werden[3]. Ergänzt wird die Vorschrift durch § 63 ArbGG (Übersendung von Urteilen in TV-Sachen).

II. Übersendungs- und Mitteilungspflicht. Die in § 7 Abs. 1 normierten Pflichten sind **öffentlich-rechtlicher Natur**[4]. Die TV-Parteien sind verpflichtet, dem BMWA innerhalb eines Monats nach Abschluss kostenfrei die Urschrift oder eine beglaubigte Abschrift sowie zwei weitere Abschriften eines jeden TV und seiner Änderungen zu übersenden (§ 7 Abs. 1 Satz 1 Halbs. 1). Das Außerkrafttreten eines jeden TV haben sie innerhalb eines Monats mitzuteilen (§ 7 Abs. 1 Satz 1 Halbs. 2). Eine vergleichbare Mitteilungspflicht obliegt den TV-Parteien nach § 7 Abs. 1 Satz 2 gegenüber den obersten Arbeitsbehörden jener Länder, deren Gebiet der räumliche Geltungsbereich des TV betrifft.

Gegenstand der Übersendungspflicht sind die TV selbst, die in Bezug genommenen TV und inhaltliche Änderungen, nicht hingegen Vorverträge oder sonstige kollektivvertragliche Abreden[5]. Die schriftlich oder mündlich[6] zu erfüllende **Mitteilungspflicht** erstreckt sich auf den Umstand und den Zeitpunkt des Außerkrafttretens eines TV[7], sowie auf den Wechsel einer TV-Partei[8]. Ein abgeschlossener Aufhebungsvertrag ist demgegenüber nicht mitzuteilen, sondern – als neuer TV – zu übersenden[9].

Sofern die Übersendung einer **beglaubigten Abschrift** gefordert ist, bedarf es nicht der Form des § 42 BeurkG; es genügt, dass die TV-Parteien die Übereinstimmung der Abschrift mit der Urschrift bestätigen[10]. Die Berechnung der jeweils vorgesehenen **Monatsfrist** richtet sich gemäß § 31 VwVfG nach den §§ 187, 188 und 193 BGB.

III. Verpflichtete. Die Übersendungs- oder Mitteilungspflicht trifft die **TV-Parteien** (vgl. § 1 Rz. 5), die den betroffenen TV geschlossen haben. Das sind die beteiligten Gewerkschaften und die Vereinigungen der ArbGeb. Bei FirmenTV tritt an die Stelle des ArbGebVerbandes der ArbGeb selbst (vgl. § 2 Abs. 1). Schließt eine Spitzenorganisation einen TV im eigenen Namen (vgl. § 2 Abs. 3), ist sie als TV-Partei Adressat der Pflichten; wird sie im fremden Namen tätig (vgl. § 2 Abs. 2), verbleibt die Pflicht beim vertretenen Verband[11].

Ist die TV-Partei eine **natürliche** (ArbGeb) oder **juristische Person** bzw. eine rechtsfähige Personenvereinigung, so obliegen ihr selbst die genannten Pflichten. Für nichtrechtsfähige **Personenvereinigun-**

---

1 Vgl. Löwisch/Rieble, § 7 TVG Rz. 6; Kempen/Zachert, § 7 TVG Rz. 1. | 2 Löwisch/Rieble, § 7 TVG Rz. 6. | 3 Löwisch/Rieble, § 7 TVG Rz. 6. | 4 Vgl. Hueck/Nipperdey, Arbeitsrecht II/1, S. 501; Schelp, BArbBl. 1964, 212 (213). | 5 Wiedemann/Oetker, § 7 TVG Rz. 4 f.; Däubler/Reinecke, § 7 TVG Rz. 3. | 6 Vgl. Wiedemann/Oetker, § 7 TVG Rz. 8; Däubler/Reinecke, § 7 TVG Rz. 5. | 7 Wiedemann/Oetker, § 7 TVG Rz. 6. Streitig ist, ob auch der Zeitablauf befristeter Verträge mitzuteilen ist, dafür Wiedemann/Oetker, § 7 TVG Rz. 6; dagegen Löwisch/Rieble, § 7 TVG Rz. 4. | 8 So Wiedemann/Oetker, § 7 TVG Rz. 5. | 9 Wiedemann/Oetker, § 7 TVG Rz. 6. | 10 Löwisch/Rieble, § 7 TVG Rz. 1; Wiedemann/Oetker, § 7 TVG Rz. 7. | 11 Vgl. ausf. Wiedemann/Oetker, § 7 TVG Rz. 13; Däubler/Reinecke, § 7 TVG Rz. 2.

gen sind demgegenüber die nach Satzung oder Gesellschaftsvertrag zur Vertretung berufenen Personen verpflichtet[1].

7 **IV. Erfüllung der Pflicht durch eine TV-Partei.** Die Übersendungs- und Mitteilungspflicht trifft grundsätzlich jede beteiligte TV-Partei. Erfüllt aber eine TV-Partei die Verpflichtung, werden die übrigen Vertragspartner befreit (§ 7 Abs. 1 Satz 3), weil der Zweck der Norm bereits erreicht ist[2]. Die Befreiungswirkung tritt indes für eine TV-Partei nicht schon dann ein, wenn die Parteien vereinbart haben, dass der andere Vertragspartner der Übersendungs- und Mitteilungspflicht nachkommen soll[3].

8 **V. Durchsetzung. 1. Verwaltungsvollstreckung.** Kommen die TV-Parteien den ihnen obliegenden Pflichten nicht nach, können die Arbeitsbehörden die Mitteilungspflicht nach den VwVG des Bundes oder der Länder durchsetzen[4].

9 **2. Ordnungswidrigkeit.** Eine Ordnungswidrigkeit begeht, wer der ihm obliegenden Übersendungs- oder Mitteilungspflicht nach Abs. 1 vorsätzlich oder fahrlässig nicht, unrichtig, nicht vollständig oder nicht rechtzeitig genügt (§ 7 Abs. 2 Satz 1). Voraussetzung ist eine **schuldhafte Pflichtverletzung**, die dann ausscheiden kann, wenn nach einer zwischen den TV-Parteien geschlossenen Vereinbarung die andere Partei für die Übersendung oder Mitteilung verantwortlich sein sollte[5].

10 Ist die TV-Partei eine **juristische Person**, sind deren Organe für die begangene Ordnungswidrigkeit verantwortlich (§ 9 Abs. 1 Nr. 1 OWiG); entsprechendes gilt für die vertretungsberechtigten Gesellschafter einer **Personenhandelsgesellschaft** oder von **BGB-Gesellschaften** (§ 9 Abs. 1 Nr. 2 OWiG) bzw. die nach Satzung oder Gesellschaftsvertrag zuständigen Personen **nichtrechtsfähiger Vereine**[6]. Nach § 30 OWiG kann die Buße aber auch gegen die juristische Person oder die Personengesellschaft oder den nichtrechtsfähigen Verein festgesetzt werden.

11 Die **Höhe der Geldbuße** liegt gemäß § 17 OWiG bei vorsätzlichem Verstoß zwischen 5 und 1000 Euro, bei fahrlässigem Verstoß zwischen 5 und 500 Euro. Für die **Verfolgung der Ordnungswidrigkeit** zuständig (vgl. § 36 Abs. 1 Nr. 1 OWiG) ist nach § 7 Abs. 3 das BMWA, sofern die verletzte Pflicht nach Abs. 1 ihm gegenüber zu erfüllen war, ansonsten die obersten Arbeitsbehörden der Länder.

12 **VI. Schadensersatzanspruch.** Ein Schadensersatzanspruch **der Tarifunterworfenen** lässt sich aus einer Verletzung der Übersendungs- und Mitteilungspflicht nicht herleiten, weil § 7 lediglich eine Ordnungsvorschrift ist[7].

8 Bekanntgabe des Tarifvertrages

Die Arbeitgeber sind verpflichtet, die für ihren Betrieb maßgebenden Tarifverträge an geeigneter Stelle im Betrieb auszulegen.

Lit.: *Dockhorn*, Die Auslegung bzw. der Aushang der Tarifverträge, AuR 1953, 150; *Fenski*, Die Pflicht des Arbeitgebers zum Hinweis auf tarifvertragliche Ausschlussfristen, BB 1987, 2293; *Görner*, Ist § 7 TVG für die Anwendung tariflicher Ausschlussfristen von Bedeutung, RdA 1954, 380; *Koch*, Der fehlende Hinweis auf tarifliche Ausschlussfristen und seine Folgen, in Festschrift Schaub, 1998, 421; *Lindena*, Publizität von Tarifverträgen, DB 1988, 1114; *Lörcher*, Die EG-Nachweis-Richtlinie (91/533/EWG) und ihre Umsetzung in innerstaatliches Recht, AuR 1994, 450; *Schatter*, Die Bekanntgabe des Tarifvertrages, RdA 1952, 468.

1 **I. Normzweck.** Die Pflicht zur Auslegung von TV im Betrieb dient zunächst dazu, den nicht öffentlich bekannt gemachten TV-Normen die rechtsstaatlich gebotene Publizität zu verschaffen[8]. Insofern ergänzt die Vorschrift die Bestimmungen des § 6 (Tarifregister)[9] und des § 2 Abs. 1 Nr. 10 NachwG, der auf der EG-Nachweisrichtlinie[10] beruht. Daneben schützt sie die ArbN, die durch die Auslegung der geltenden TV eine zusätzliche und erleichterte Möglichkeit erhalten, von ihren tarifvertraglich festgeschriebenen Rechten Kenntnis zu nehmen (zu weiteren Auskunftsmöglichkeiten § 6 Rz. 9 ff.)[11].

2 **II. Gegenstand der Auslegung.** Die Auslegungspflicht betrifft die für den Betrieb maßgebenden TV. **Für den Betrieb maßgebend** sind nur solche TV, an die der ArbGeb und zumindest ein ArbN nach § 3

---

1 *Kempen/Zachert*, § 7 TVG Rz. 2; *Löwisch/Rieble*, § 7 TVG Rz. 8; *Wiedemann/Oetker*, § 7 TVG Rz. 11 f. |2 *Däubler/Reinecke*, § 7 TVG Rz. 2. |3 *Kempen/Zachert*, § 7 TVG Rz. 3; *Löwisch/Rieble*, § 7 TVG Rz. 7; *Wiedemann/Oetker*, § 7 TVG Rz. 14. |4 Vgl. *Löwisch/Rieble*, § 7 TVG Rz. 9; *Wiedemann/Oetker*, § 7 TVG Rz. 15. |5 *Kempen/Zachert*, § 7 TVG Rz. 3; *Löwisch/Rieble*, § 7 TVG Rz. 10; *Wiedemann/Oetker*, § 7 TVG Rz. 17. |6 Vgl. näher *Wiedemann/Oetker*, § 7 TVG Rz. 19 ff. |7 ErfK/*Schaub*, § 7 TVG Rz. 9. |8 Allg. M., vgl. nur BAG v. 10.11.1982 – 4 AzR 1203/79, AP Nr. 8 zu § 1 TVG – Form (*Mangen*); *Hueck/Nipperdey*, Arbeitsrecht II/1, S. 502; *Kempen/Zachert*, § 8 TVG Rz. 1; *Löwisch/Rieble*, § 8 TVG Rz. 1; *Wiedemann/Oetker*, § 8 TVG Rz. 2; aA *Däubler/Reinecke*, § 8 TVG Rz. 4. |9 Zum Normzweck des § 6 dort Rz. 1. |10 Richtlinie 91/533/EWG über die Pflicht des ArbGeb zur Unterrichtung des ArbN über die für seinen Arbeitsvertrag oder sein Arbeitsverhältnis geltenden Bedingungen, ABl. EG Nr. L 288, v. 18.10.1991, 32. Dazu *Lörcher*, AuR 1994, 450 (454). |11 Einen Individualschutz erkennen ebenfalls an: LAG Nds. v. 9.6.1952 – Sa 251/52, RdA 1953, 237; *Däubler*, Tarifvertragsrecht, Rz. 1294; *Fenski*, BB 1987, 2293 (2296); *Koch*, FS Schaub, 421 (428 f.); *Löwisch/Rieble*, § 8 TVG Rz. 10; *Wiedemann/Oetker*, § 8 TVG Rz. 2; aA *Hueck/Nipperdey*, Arbeitsrecht II/1, S. 504.

Abs. 1 des Gesetzes gebunden sind[1], sowie die für allgemeinverbindlich erklärten TV (vgl. § 9 Abs. 2 DVO TVG).

Auszulegen ist der **gesamte TV**, dh. sowohl der schuldrechtliche als auch der normative Teil, nicht hingegen Vereinbarungen der TV-Parteien ohne TV-Charakter iSd. § 1 Abs. 1[2]. Die Auslegungspflicht gilt auch für solche TV-Normen, auf die ein TV Bezug nimmt[3]. Andernfalls wird der Zweck des § 8, die ArbN über ihre tariflich geltenden Arbeitsbedingungen zu informieren, nicht vollständig erreicht[4]. 3

Enthält demgegenüber eine allgemeine arbeitsvertragliche Klausel eine Bezugnahme auf tarifvertragliche Normen, folgt die Bekanntmachungspflicht aus einer arbeitsvertraglichen Nebenpflicht[5], für Bezugnahmen in BV gilt § 77 Abs. 2 Satz 3 BetrVG. Nach § 2 Abs. 1 Satz 2 Nr. 10 NachwG ist der ArbGeb nur zu einem schriftlichen Hinweis auf den TV, nicht dagegen zur Bekanntgabe des Inhaltes des TV (etwa einer Ausschlussfrist) und auch nicht zur Auslegung im Betrieb verpflichtet (zu Schadensersatzansprüchen vgl. Rz. 10)[6]. 4

III. Anforderungen an die Auslegung. Die Bekanntmachungspflicht kann durch ein „Auslegen", durch „Aushängen", zB am für allgemeine Mitteilungen vorgesehenen schwarzen Brett, aber auch etwa durch Bekanntgabe im hauseigenen EDV-Netz, zu dem alle ArbN Zugang haben[7], erfüllt werden. Der ArbGeb bestimmt nach pflichtgemäßem Ermessen den Ort der Auslegung („geeignete Stelle im Betrieb"), an dem allerdings für sämtliche ArbN eine Kenntnisnahme mühelos möglich sein muss[8]. Diese Voraussetzungen sind – praktischen Bedürfnissen Rechnung tragend – auch bei einer Auslegung in der Personalverwaltung oder beim BR gegeben, sofern hierauf in geeigneter Weise (zB im Arbeitsvertrag oder durch Aushang) hingewiesen wird[9]. Das im Schrifttum[10] vereinzelt geforderte Recht auf eine unbefangene Kenntnisnahmemöglichkeit besteht demgegenüber nicht. 5

IV. Dauer der Auslegung. Die Auslegungspflicht beginnt mit dem In-Kraft-Treten des TV und endet erst mit dem Ablauf des Nachwirkungszeitraums iSd. § 4 Abs. 5 des Gesetzes, nicht schon mit seinem Außerkrafttreten[11]. Denn auch während des Nachwirkungszeitraums ist der TV „für den Betrieb maßgebend". 6

V. Adressat der Auslegungspflicht. Adressat der Auslegungspflicht ist der ArbGeb, dh. die mit den im Betrieb beschäftigten ArbN arbeitsvertraglich verbundene Person[12]. 7

VI. Verletzung der Auslegungspflicht. Die **Rechtswirksamkeit der** für den Betrieb maßgebenden **TV** ist **nicht** an ihre Auslegung gebunden[13]. Gleichwohl ist die Auslegung Teil der **tarifvertraglichen Durchführungspflicht** (dazu oben § 1 Rz. 69 ff.) und als solche **einklagbar**[14]. 8

Ob die Verletzung der Auslegungspflicht Schadensersatzansprüche nach sich zieht, ob sie dem ArbGeb iS einer Obliegenheit nur die Möglichkeit versperrt, sich auf eine TV-Norm zu berufen, oder ob ein Verstoß völlig sanktionslos bleibt, ist in der Rechtslehre umstritten. Nach zutreffender, auch von der inzwischen gefestigten Rspr. geteilter Auffassung, ist § 8 kein Schutzgesetz iSd. § 823 Abs. 2 BGB[15]. § 8 hat- 9

---

1 HM vgl. *Däubler*, Tarifvertragsrecht, Rz. 1295; *Löwisch/Rieble*, § 8 TVG Rz. 2; *Kempen/Zachert*, § 8 TVG Rz. 2; Lindena, DB 1988, 1114 (1115); aA Däubler/Reinecke, § 8 TVG Rz. 8; Wiedemann/Oetker, § 8 TVG Rz. 10. |2 Ebenso *Löwisch/Rieble*, § 8 TVG Rz. 2; Kempen/Zachert, § 8 TVG Rz. 6; Däubler/Reinecke, § 8 TVG Rz. 6. |3 Wie hier: *Däubler*, Tarifvertragsrecht, Rz. 1296; ErfK/*Schaub*, § 8 TVG Rz. 2; Kempen/Zachert, § 8 TVG Rz. 2; Däubler/Reinecke, § 8 TVG Rz. 7. Offen gelassen von BAG v. 5.11.1963 – 5 AZR 136/63, AP Nr. 1 zu § 1 TVG – Bezugnahme auf Tarifvertrag (Herschel). Diff. v. 10.11.1982 – 4 AZR 1203/79, AP Nr. 8 zu § 1 TVG – Form: Auszulegen seien TV, die zwar nicht unmittelbar für den Betrieb gelten, aber kraft einer Verweisung in dem für den Betrieb geltenden TV in vollem Umfang anzuwenden sind. Wenn in dem für den Betrieb geltenden TV nur auf einzelne, jeweils geltende Normen eines anderen TV verwiesen wird, brauche dieser andere TV im Betrieb nicht ausgelegt zu werden. AA *Löwisch/Rieble*, § 8 TVG Rz. 4 (Auslegungspflicht, aber als arbeitsvertragliche Nebenpflicht). |4 Wiedemann/*Oetker*, § 8 TVG Rz. 7; Däubler/Reinecke, § 8 TVG Rz. 7. |5 Offen gelassen von BAG v. 5.11.1963 – 5 AZR 136/63, AP Nr. 1 zu § 1 TVG – Bezugnahme auf Tarifvertrag (Herschel). Vgl. aber Kempen/Zachert, § 8 TVG Rz. 2; Lindena, DB 1988, 1114 (1115); *Löwisch/Rieble*, § 8 TVG Rz. 4; Wiedemann/Oetker, § 8 TVG Rz. 11. |6 Offen gelassen von BAG v. 23.1.2002 – 4 AZR 56/01, NZA 2002, 800; v. 17.4.2002 – 5 AZR 89/01, NZA Nr. 6 zu § 2 NachwG. |7 Däubler/Reinecke, § 8 TVG Rz. 2. |8 Wiedemann/*Oetker*, § 8 TVG Rz. 4. |9 BAG v. 5.11.1963 – 5 AZR 136/63, AP Nr. 1 zu § 1 TVG – Bezugnahme auf Tarifvertrag (Herschel); ErfK/Schaub, § 8 TVG Rz. 5. AA Kempen/Zachert, § 8 TVG Rz. 1; *Löwisch/Rieble*, § 8 TVG Rz. 6. |10 *Löwisch/Rieble*, § 8 TVG Rz. 6. |11 Wiedemann/*Oetker*, § 8 TVG Rz. 12; Däubler/Reinecke, § 8 TVG Rz. 11. |12 Wiedemann/*Oetker*, § 8 TVG Rz. 9; Däubler/Reinecke, § 8 TVG Rz. 5. |13 Allg. Ansicht: LAG Düsseldorf v. 18.3.1955 – 4 Sa 162/54, DB 1955, 511; LAG Düsseldorf v. 18.6.1962 – 6 Sa 147/62, DB 1962, 1146 (1147); Hueck/Nipperdey, Arbeitsrecht II/1, S. 503; Kempen/Zachert, § 8 TVG Rz. 3; Däubler/Reinecke, § 8 TVG Rz. 15; Koch, FS Schaub, 321 (434); Konzen, SAE 1970, 276 (277); *Löwisch/Rieble*, § 8 TVG Rz. 8; Zöllner, DVBl. 1958, 124 (125). |14 Kempen/Zachert, § 8 TVG Rz. 9; Wiedemann/Oetker, § 8 TVG Rz. 13; Schatter, RdA 1952, 468. |15 BAG v. 8.1.1970 – 5 AZR 124/69, AP Nr. 43 zu § 4 TVG – Ausschlussfristen (Lieb); v. 30.9.1970 – 1 AZR 535/69, AP Nr. 2 zu § 70 BAT (Gaul); v. 6.7.1972 – 5 AZR 100/72, AP Nr. 1 zu § 8 TVG 1969 (Herschel); LAG Düsseldorf v. 18.3.1955 – 4 Sa 162/54, DB 1955, 511; LAG Düsseldorf v. 18.6.1962 – 6 Sa 147/62, DB 1962, 1146 (1147); LAG Schl.-Holst. v. 5.1.1954 – 2 (3) Sa 320/53, DB 1954, 132; Kempen/Zachert, § 8 TVG Rz. 5; Wiedemann/Oetker, § 8 TVG Rz. 16 mwN.; aA ua. LAG Nds. v. 9.6.1952 – Sa 251/52, RdA 1953, 237; *Däubler*, Tarifvertragsrecht, Rz. 1300 f.; Löwisch/Rieble, § 8 TVG Rz. 10.

bloßen Ordnungscharakter[1], ein Individualschutz entspricht nicht dem Normzweck[2], jedenfalls will die Norm einen Individualschutz nicht durch die Begründung eines Schadensersatzanspruches verwirklichen[3]. Aus den gleichen Gründen konkretisiert § 8 auch nicht eine allgemeine arbeitsvertragliche Nebenpflicht (Fürsorgepflicht)[4], deren Verletzung vertragliche Schadensersatzansprüche (§ 280 BGB) nach sich ziehen könnte[5]. Die Auslegungsverpflichtung ist auch keine Obliegenheit, die nur bei im eigenen Interesse liegenden Verhaltensanforderungen bejaht werden kann[6]. Dem ArbGeb kann bei einem Verstoß gegen die Bekanntmachungspflicht daher nicht die Befugnis abgesprochen werden, sich auf eine ihm günstige Tarifnorm zu berufen (Beispiel: Versäumnis einer tariflichen Ausschlussfrist durch den ArbN)[7].

10 Eine Schadensersatzpflicht des ArbGeb aus § 280 BGB wegen Verletzung arbeitsvertraglicher Nebenpflichten ist aber dann zu bejahen, wenn der ArbGeb auf Nachfrage des ArbN die Geltung von TV-Normen verheimlicht[8]. Unter diesen Voraussetzungen ist es dem ArbGeb untersagt, sich auf eine ihm günstige Tarifnorm zu berufen (§ 242 BGB)[9].

11 Den Unsicherheiten über die Rechtsfolgen eines Verstoßes gegen die Auslegungsfrist kann begegnet werden, wenn in den TV Klauseln aufgenommen werden, die die Folgen einer Pflichtverletzung ausdrücklich regeln[10].

9 Feststellung der Rechtswirksamkeit

Rechtskräftige Entscheidungen der Gerichte für Arbeitssachen, die in Rechtsstreitigkeiten zwischen Tarifvertragsparteien aus dem Tarifvertrag oder über das Bestehen oder Nichtbestehen des Tarifvertrages ergangen sind, sind in Rechtsstreitigkeiten zwischen tarifgebundenen Parteien sowie zwischen diesen und Dritten für die Gerichte und Schiedsgerichte bindend.

Lit.: *Brox*, Die subjektiven Grenzen der Rechtskraft und das Tarifvertragsrecht, JuS 1961, 252; *Dütz*, Kollektivrechtliche Fragestellungen im Arbeitsgerichtsverfahren, ArbRGeg 1983, 33; *Herschel*, Zur Absicherung gewerkschaftlicher Vertrauensleute durch Firmentarifvertrag, AuR 1977, 137; *Herschel*, Überindividuelles Rechtsschutzbedürfnis, insbesondere im arbeitsrechtlichen Verfahren, BB 1977, 1161; *Konzen*, Die Präjudizialität rechtskräftiger arbeitsgerichtlicher Beschlüsse im nachfolgenden Individualprozess, FS Zeuner, 1994, 401; *Krause*, Rechtskrafterstreckung im kollektiven Arbeitsrecht, 1996; *Rieble*, Tarifnormenkontrolle durch Verbandsklage, NZA 1992, 250; *Schreiber*, Der Schiedsvertrag in Arbeitsstreitigkeiten, ZfA 1983, 31.

1 **I. Regelungsgegenstand und Normzweck.** § 9 erstreckt die Bindungswirkung rechtskräftiger ArbG-Entscheidungen über den Inhalt und die Gültigkeit von TV in Rechtsstreitigkeiten zwischen den TV-Parteien auf die jeweils tarifgebundenen Personen und – unter bestimmten Voraussetzungen – auch auf Dritte. Seine Zielsetzung ist mehrgleisig:

2 **1. Einheitliche Rechtsanwendung.** Zunächst soll im Interesse weitreichender **Rechtssicherheit** und **Rechtsklarheit** eine **einheitliche Auslegung** und **Anwendung** von TV sichergestellt werden[11]. Ohne die

---

1 BAG v. 8.1.1970 – 5 AZR 124/69, AP Nr. 43 zu § 4 TVG – Ausschlussfristen (*Lieb*); v. 6.7.1972 – 5. AZR 100/72, AP Nr. 1 zu § 8 TVG 1969 (*Herschel*); kritisch zu dieser Begründung *Däubler*, Tarifvertragsrecht, Rz. 1300; *Kempen/Zachert*, § 8 TVG Rz. 4; *Koch*, FS Schaub, 421 (428 ff.); *Lindena*, DB 1988, 1114 (1115); Wiedemann/*Oetker*, § 8 TVG Rz. 16. | 2 *Görner*, RdA 1954, 380 f.; *Hueck/Nipperdey*, Arbeitsrecht II/1, S. 503 f.; *Nikisch*, Arbeitsrecht II, S. 358; kritisch zu dieser Begründung *Kempen/Zachert*, § 8 TVG Rz. 4; Wiedemann/*Oetker*, § 8 TVG Rz. 16. | 3 *Kempen/Zachert*, § 8 TVG Rz. 5; *Lindena*, DB 1988, 1114 (1115 f.); Wiedemann/*Oetker*, § 8 TVG Rz. 16; aA Däubler/*Reinecke*, § 8 TVG Rz. 18. | 4 Eine arbeitsvertragliche Fürsorgepflicht nehmen an: *Dockhorn*, AuR 1953, 150 (151); Däubler/*Reinecke*, § 8 TVG Rz. 18 ff.; wohl auch Wiedemann/*Oetker*, § 8 TVG Rz. 17; abl.: LAG Düsseldorf v. 18.3.1955 – 4 Sa 162/54, DB 1955, 511; LAG Düsseldorf v. 18.6.1962 – 6 Sa 147/62, DB 1962, 1146 (1147); *Hueck/Nipperdey*, Arbeitsrecht II/1, S. 504; *Kempen/Zachert*, § 8 TVG Rz. 6; *Nikisch*, Arbeitsrecht II, S. 358 f. | 5 BAG v. 23.1.2002 – 4 AZR 56/01, AP Nr. 5 zu § 2 NachwG; eine Schadensersatzpflicht lehnen z.T. unabhängig von der Annahme einer arbeitsvertraglichen Nebenpflicht ab: BAG v. 5.11.1963 – 5 AZR 136/63, AP Nr. 1 zu § 1 TVG – Bezugnahme auf Tarifvertrag (*Herschel*); *Kempen/Zachert*, § 8 TVG Rz. 6; *Lindena*, DB 1988, 1114 (1115); Wiedemann/*Oetker*, § 8 TVG Rz. 6. Befürwortend: ArbG Wilhelmshaven v. 12.6.1953 – 1 Ca 34/53, BB 1953, 831; *Däubler*, Tarifvertragsrecht, Rz. 1301. | 6 BAG v. 23.1.2002 – 4 AZR 56/01 –, NZA 2002, 800. | 7 BAG v. 5.11.1963 – 5 AZR 136/63, AP Nr. 1 zu § 1 TVG – Bezugnahme auf Tarifvertrag (*Herschel*); v. 6.7.1972 – 5 AZR 100/72, AP Nr. 1 zu § 8 TVG 1969 (*Herschel*); ArbG Frankfurt a. Main v. 19.12.1988 – 8 Ca 248/88, DB 1988, 1951; *Däubler*, Tarifvertragsrecht, Rz. 1302; *Nikisch*, SAE 1964, 83 (84); Wiedemann/*Oetker*, § 8 TVG Rz. 19. AA *Fenski*, BB 1987, 2293 ff.; *Kempen/Zachert*, § 8 TVG Rz. 7; *Koch*, FS Schaub, S. 421 (435 f.). Diff.: *Hueck/Nipperdey*, Arbeitsrecht II/1, S. 504. | 8 BAG v. 5.11.1963 – 5 AZR 136/63, AP Nr. 1 zu § 1 TVG – Bezugnahme auf Tarifvertrag (*Herschel*); v. 22.11.1963 – 1 AZR 17/63, AP Nr. 6 zu § 611 BGB – Öffentlicher Dienst; s. auch v. 17.4.2002 – 5 AZR 89/01, AP Nr. 6 zu § 2 NachwG zu einem Schadensersatz bei Verletzung der Pflichten nach dem NachwG. *Kempen/Zachert*, § 8 TVG Rz. 6; *Lindena*, DB 1988, 1114 (1116); Wiedemann/*Oetker*, § 8 TVG Rz. 18. | 9 BAG v. 5.11.1963 – 5 AZR 136/63, AP Nr. 1 zu § 1 TVG – Bezugnahme auf Tarifvertrag (*Herschel*); v. 30.3.1962 – 2 AZR 101/61, AP Nr. 28 zu § 4 TVG – Ausschlussfristen (*Schelp*); v. 6.7.1972 – 5 AZR 100/72, AP Nr. 1 zu § 8 TVG 1969 (*Herschel*); Wiedemann/*Oetker*, § 8 TVG Rz. 19; Däubler/*Reinecke*, § 8 TVG Rz. 23. | 10 Vgl. auch ErfK/*Schaub*, § 8 TVG Rz. 7; Däubler/*Reinecke*, § 8 TVG Rz. 24. | 11 BAG v. 28.9.1987 – 4 AZR 446/76, AP Nr. 1 zu § 9 TVG 1969 (Wiedemann/*Moll*); *Dütz*, ArbRGeg. Band 20, Dok. 1982 (1983), S. 33 (37); *Kempen/Zachert*, § 9 TVG Rz. 1; *Löwisch/Rieble*, § 9 TVG Rz. 4; Wiedemann/*Oetker*, § 9 TVG Rz. 6; Däubler/*Reinecke*, § 9 TVG Rz. 8.

ausdrückliche Bindungsanordnung in § 9 könnten ArbG-Entscheidungen – entsprechend den allgemeinen Rechtsgrundsätzen – lediglich die am jeweiligen Rechtsstreit beteiligten Personen binden (Inter-partes-Wirkung). Entscheidungen über Streitigkeiten zwischen den TV-Parteien selbst hätten keine Auswirkungen auf mögliche andere Rechtsstreitigkeiten zwischen den Tarifunterworfenen bzw. zwischen ihnen und Dritten. Unterschiedliche und widersprüchliche Entscheidungen über ein- und dieselbe Rechtsfrage wären zu befürchten. Rechtseinheit wäre dann allenfalls durch die Anlehnung der jeweiligen Einzelgerichte an die höchstrichterliche Rspr. oder über den Instanzenweg zu erzielen[1].

2. **Prozessökonomie.** Da sich Auslegungsprobleme und Zweifel an der Gültigkeit tarifvertraglicher Vorschriften regelmäßig auf die Rechtsverhältnisse sämtlicher an den jeweiligen TV gebundener Parteien auswirken, droht bei Unklarheiten eine Lawine von Einzelprozessen. Die in § 9 normierte Bindungswirkung vermeidet eine Vielzahl von Einzelstreitigkeiten und fördert so die Prozessökonomie[2]. 3

II. Prozessuale Bedeutung. Die prozessuale Bedeutung des § 9 ist begrenzt. Die Vorschrift regelt lediglich die Rechtswirkungen bestimmter ArbG-Entscheidungen; sie erklärt keine eigene Klageart für statthaft, knüpft vielmehr an die allgemeinen arbeits- und zivilprozessualen Vorschriften an[3]. 4

1. **Zuständigkeit der ArbG.** Für bürgerliche Rechtsstreitigkeiten zwischen TV-Parteien oder zwischen diesen und Dritten aus TV oder über das Bestehen oder Nichtbestehen eines TV ist gemäß § 2 Abs. 1 Nr. 1 ArbGG der Rechtsweg zu den ArbG eröffnet[4]. 5

2. **Statthafte Klageart.** Statthafte Klageart bei Streitigkeiten um die Auslegung bzw. Rechtswirksamkeit einer TV-Norm ist die Feststellungsklage iSd. § 256 ZPO[5]. Ohne die Regelung in § 9 wäre die Zulässigkeit der Feststellungsklage unter verschiedenen Gesichtspunkten problematisch. 6

a) **Feststellung eines abstrakten Rechtsverhältnisses.** § 256 ZPO lässt grundsätzlich nur Klagen zur Feststellung **konkreter** Rechtsverhältnisse zu. Klagen der TV-Parteien zur Feststellung des Inhalts einzelner TV-Bestimmungen oder deren Wirksamkeit betreffen abstrakte Rechtsfragen und zwar insb. deshalb, weil die TV-Parteien lediglich aus dem schuldrechtlichen Teil des TV Rechte und Pflichten ableiten können. Sie sind nicht Adressaten der den Gegenstand des Gerichtsverfahrens bildenden normativen TV-Vorschriften[6]. So konnte das RAG nur über einen Kunstgriff zur Zulässigkeit entsprechender Feststellungsklagen gelangen: Die TV-Parteien sollten im Rahmen konkreter Rechtsstreitigkeiten über ihre schuldrechtliche Friedens- und Durchführungspflicht inzident den Inhalt und die Wirksamkeit der TV-Normen feststellen lassen[7]. Heute stellt § 9 klar, dass abstrakte Feststellungsklagen der TV-Parteien über die Auslegung und Gültigkeit von TV-Normen zulässig sind. 7

b) **Feststellungsinteresse.** Darüber hinaus kann § 9 bei der Prüfung des erforderlichen Feststellungsinteresses Bedeutung erlangen. Zwar ersetzt ein Verweis auf diese Vorschrift eine Prüfung des Feststellungsinteresses nicht. Die Voraussetzungen des § 256 Abs. 1 ZPO sind auch in Rechtsstreitigkeiten zwischen TV-Parteien über das Bestehen oder Nichtbestehen von TV zu prüfen[8]. Das erforderliche Interesse an der begehrten Feststellung folgt aber regelmäßig aus § 9 TVG und der dort vorgesehenen Bindungswirkung[9]. Allerdings muss über das Bestehen oder Nichtbestehen des Rechtsverhältnisses tatsächlich ein konkreter Streit bestehen und zwar gerade zwischen den Prozessparteien[10]. Zu weit geht es, wenn im Schrifttum zum Teil ein Feststellungsinteresse bereits dann angenommen wird, wenn von Behörden, nichtstaatlichen Stellen oder auch von gewichtigen Stimmen in der Lit. Zweifel an der Gültigkeit einer Tarifnorm erhoben werden[11]. Der insoweit eindeutige Wortlaut der §§ 2 Abs. 1 Nr. 1 ArbGG und 9 TVG setzt „Rechtsstreitigkeiten" zwischen TV-Parteien voraus. Zudem ist der Zivilprozess seiner Natur nach auf ein kontradiktorisches Verfahren ausgerichtet[12]. 8

---

1 *Löwisch/Rieble*, § 9 TVG Rz. 3. | 2 BAG v. 8.11.1957 – 1 AZR 274/56, AP Nr. 7 zu § 256 ZPO (*Tophoven*); v. 19.2.1965 – 1 AZR 237/64, AP Nr. 4 zu § 8 TVG (*Schnorr v. Carolsfeld*); Wiedemann/*Oetker*, § 9 TVG Rz. 6; Däubler/*Reinecke*, § 9 TVG Rz. 9. | 3 Vgl. auch Wiedemann/*Oetker*, § 9 TVG Rz. 17. | 4 § 2 Abs. 1 Nr. 1 ArbGG regelt lediglich die sachliche Zuständigkeit der ArbG, nicht hingegen die statthafte Klageart, vgl. BAG v. 8.2.1963 – 1 AZR 511/61, AP Nr. 42 zu § 256 ZPO; *Kempen/Zachert*, § 9 TVG Rz. 1. | 5 In diese Richtung BAG v. 12.4.2000 – 5 AZR 372/98, AP Nr. 20 zu § 1 TVG – Tarifverträge: Holz; v. 12.4.2000 – 5 AZR 228/98, AP Nr. 6 zu § 1 TVG – Tarifverträge: Brauereien; *Kempen/Zachert*, § 9 TVG Rz. 1. Wiedemann/*Oetker*, § 9 TVG Rz. 17 f., verweist darauf, dass Rechtsstreitigkeiten „aus einem Tarifvertrag" im Wege der Leistungsklage verfolgt werden können; da sich die Bindungswirkung des § 9 aber nur auf den Urteilstenor erstrecke, könnten Leistungsurteile zwischen den Tarifvertragsparteien für Dritte keine Bedeutung entfalten; ebenso Däubler/*Reinecke*, § 9 TVG Rz. 2, 6. | 6 Zur Unterscheidung zwischen schuldrechtlichem und normativem Tarifvertragsteil vgl. oben § 1 Rz. 40 ff., 60 ff. | 7 RAG v. 11.1.1928 – 60/27, RAGE 1, 132; RAG v. 22.2.1928 – 74/27, RAGE 1, 207; vgl. dazu auch *Löwisch/Rieble*, § 9 TVG Rz. 1 f. | 8 Vgl. BAG v. 30.5.2001 – 4 AZR 387/00, AP Nr. 64 zu § 256 ZPO 1977. | 9 Vgl. BAG v. 12.4.2000 – 5 AZR 372/98, AP Nr. 20 zu § 1 TVG – Tarifverträge: Holz; v. 12.4.2000 – 5 AZR 228/98, AP Nr. 6 zu § 1 TVG – Tarifverträge: Brauereien; *Kempen/Zachert*, § 9 TVG Rz. 1; *Löwisch/Rieble*, § 9 TVG Rz. 32. Zurückhaltend Wiedemann/*Oetker*, § 9 TVG Rz. 17 (mwN), der das Feststellungsinteresse aus der Stellung der TV-Parteien im Rahmen der tariflichen Ordnung und der tariflichen Regelung ableiten will. | 10 BAG v. 30.5.2001 – 4 AZR 387/00, AP Nr. 64 zu § 256 ZPO 1977. | 11 So *Löwisch/Rieble*, § 9 TVG Rz. 32. Abl.: BAG v. 30.5.2001 – 4 AZR 387/00, AP Nr. 64 zu § 256 ZPO 1977. | 12 BAG v. 30.5.2001 – 4 AZR 387/00, AP Nr. 64 zu § 256 ZPO 1977.

9 Anhängige Individualprozesse, bereits existierende höchstrichterliche Entscheidungen[1] oder die Möglichkeit, Musterprozesse zu führen, stellen das Feststellungsinteresse – wegen der weiter gehenden Bindungswirkung der Verbandsklage nach § 9 – regelmäßig nicht in Frage[2]. Ein Feststellungsinteresse kann auch zur Überprüfung gekündigter oder nachwirkender TV bestehen[3], nicht hingegen für Streitigkeiten über die Notwendigkeit eines TV[4].

10 **III. Voraussetzungen der Bindungswirkung.** Die Bindungswirkung des § 9 tritt unter drei Voraussetzungen ein. Es bedarf (1.) einer Rechtsstreitigkeit zwischen TV-Parteien, (2.) einer tarifvertraglichen Rechtsstreitigkeit und (3.) einer rechtskräftigen ArbG-Entscheidung.

11 **1. Rechtsstreitigkeiten zwischen TV-Parteien.** § 9 setzt eine Rechtsstreitigkeit zwischen TV-Parteien voraus, dh. zwischen den Parteien, die sich beim Abschluss des TV als Verhandlungspartner gegenüberstanden[5]. Rechtsstreitigkeiten zwischen den auf derselben Seite am Tarifabschluss Beteiligten genügen diesem Erfordernis nicht[6]. Kläger und Beklagte müssen jeweils selbst als TV-Partei den streitigen TV abgeschlossen haben. Beim **FirmenTV** sind dies der ArbN-Verband auf der einen Seite und der einzelne ArbGeb auf der anderen Seite; beim **VerbandsTV** zählen dazu ausschließlich die tarifvertragsschließenden ArbGeb- und ArbN-Verbände, nicht hingegen ihre Unterverbände oder gar einzelne ArbN oder ArbGeb[7]. **Spitzenverbände** sind lediglich dann TV-Partei, wenn sie den streitigen TV im eigenen Namen geschlossen haben (§ 2 Abs. 3), nicht aber wenn sie für die ihnen angeschlossenen Verbände gehandelt haben (§ 2 Abs. 2)[8].

12 Bei der Überprüfung **selbständiger mehrgliedriger TV** (zum Begriff vgl. § 1 Rz. 9) findet § 9 auch dann Anwendung, wenn lediglich ein Verband der mehrere Beteiligte umfassenden Seite als Partei des Feststellungsprozesses auftritt; in diesem Fall trifft die Bindungswirkung aber nur die am Verfahren beteiligte TV-Partei und ihre Mitglieder, nicht hingegen die unbeteiligten Verbände samt Mitglieder[9]. Zwischen mehreren auf einer Seite beteiligten Verbänden besteht regelmäßig keine notwendige Streitgenossenschaft iSd. § 62 ZPO[10], weil sie unabhängig voneinander berechtigt und verpflichtet werden und dadurch ihre autonome Stellung wahren[11]. Abweichendes gilt beim **EinheitsTV** (dazu oben § 1 Rz. 9 f.)[12].

13 **2. Tarifvertragliche Rechtsstreitigkeit.** § 9 setzt Rechtsstreitigkeiten **aus einem TV** oder über das **Bestehen oder Nichtbestehen des TV** voraus. Erstere stellen die Frage nach der Auslegung von TV, Letztere diejenige nach ihrer Wirksamkeit[13]. Streitgegenstand können auch **einzelne TV-Normen** sein[14]. Da die Vorschrift keine diesbezügliche Einschränkung vorsieht, kann sowohl der **normative** wie auch der **schuldrechtliche** Teil des TV den Prüfungsgegenstand bilden (str.)[15]. Die Bindung an die Auslegung einer schuldrechtlichen Bestimmung kann für Dritte relevant werden, wenn die Vorschrift schuldrechtliche Ansprüche zugunsten Dritter (§ 328 BGB) begründet[16]. § 9 ist analog auf die im Beschlussverfahren nach § 2a Abs. 1 Nr. 4 iVm. § 97 ArbGG ergehenden Entscheidungen über Tariffähigkeit und Tarifzuständigkeit einer Vereinigung anzuwenden[17], da in diesem Verfahren – unabhängig vom Antragsteller – die betroffenen TV-Parteien jeweils zu beteiligen sind[18]. Die Rspr. erstreckt den Prüfungsgegenstand der Verbandsklage gem. § 9 auf TV, die auf verbindlichen **Schlichtungssprüchen** beruhen[19]. Die Allgemeinverbindlichkeit nach § 5 ist kein geeigneter Streitgegenstand der Verbandsklage[20].

---

1 AA LAG Düsseldorf v. 7.12.1973 – EzA Nr. 1 zu § 9 TVG. | 2 BAG v. 30.5.1984 – 4 AZR 512/81, AP Nr. 3 zu § 9 TVG 1969 (Wiedemann); v. 25.9.1987 – 7 AZR 315/86, AP Nr. 1 zu § 1 BeschFG 1985; Löwisch/Rieble, § 9 TVG Rz. 31 f. | 3 BAG v. 23.3.1957 – 1 AZR 64/56, AP Nr. 18 zu Art. 3 GG; v. 28.9.1977 – 4 AZR 446/76, AP Nr. 1 zu § 9 TVG 1969 (Wiedemann/Moll); Herschel, AuR 1977, 137 (138 f.); Kempen/Zachert, § 9 TVG Rz. 1; Krause, Rechtskrafterstreckung im kollektiven Arbeitsrecht, S. 285 ff.; Wiedemann/Oetker, § 9 TVG Rz. 17; Däubler/Reinecke, § 9 TVG Rz. 22. | 4 Wiedemann/Oetker, § 9 TVG Rz. 17. | 5 Dütz, ArbRGeg. Band 20, Dok. 1982 (1983), 33 (38); Kempen/Zachert, § 9 TVG Rz. 2; Wiedemann/Oetker, § 9 TVG Rz. 14. | 6 Wiedemann/Oetker, § 9 TVG Rz. 14. | 7 Kempen/Zachert, § 9 TVG Rz. 2; Wiedemann/Oetker, § 9 TVG Rz. 2 mwN. Zur Möglichkeit einer analogen Anwendung vgl. aber BAG v. 14.10.1960 – 1 AZR 233/58, AP Nr. 10 zu Art. 9 GG – Arbeitskampf; Brox, JuS 1961, 252 (254 ff.). | 8 Löwisch/Rieble, § 9 TVG Rz. 14; Wiedemann/Oetker, § 9 TVG Rz. 14. | 9 BAG v. 28.9.1977 – 4 AZR 446/76, AP Nr. 1 zu § 9 TVG 1969 (Wiedemann/Moll); Däubler, Tarifvertragsrecht, Rz. 166; Dütz, ArbRGeg. Band 20, Dok. 1982 (1983), 33 (39 f.); Kempen/Zachert, § 9 TVG Rz. 2; Wiedemann/Oetker, § 9 TVG Rz. 16. | 10 BAG v. 28.9.1977 – 4 AZR 446/76, AP Nr. 1 zu § 9 TVG 1969 (Wiedemann/Moll); Kempen/Zachert, § 9 TVG Rz. 2; Wiedemann/Oetker, § 9 TVG Rz. 16. | 11 Vgl. Wiedemann/Wiedemann, § 1 TVG Rz. 178. | 12 BAG v. 15.7.1986 – 1 AZR 654/84, AP Nr. 1 zu Art. 3 LPVG Bayern. | 13 Löwisch/Rieble, § 9 TVG Rz. 8 ff.; Däubler/Reinecke, § 9 TVG Rz. 19 ff. | 14 BAG v. 19.2.1965 – 1 AZR 237/64, AP Nr. 4 zu § 9 TVG; v. 28.9.1977 – 4 AZR 446/76, AP Nr. 1 zu § 9 TVG 1969 (Wiedemann/Moll); v. 12.4.2000 – 5 AZR 372/98, AP Nr. 20 zu § 1 TVG – Tarifverträge: Holz; v. 12.4.2000 – 5 AZR 228/98, AP Nr. 6 zu § 1 TVG – Tarifverträge: Brauereien; Dütz, ArbRGeg, Band 20, Dok. 1982 (1983), 33 (38); Kempen/Zachert, § 9 TVG Rz. 3; Löwisch/Rieble, § 9 TVG Rz. 22; Wiedemann/Oetker, § 9 TVG Rz. 21. | 15 Wie hier: Dütz, ArbRGeg, Band 20, Dok. 1982 (1983), 33 (38); Wiedemann/Oetker, § 9 TVG Rz. 19; Eine Begrenzung auf den normativen Teil legen zugrunde: BAG v. 8.2.1963 – 1 AZR 511/61, AP Nr. 42 zu § 256 ZPO; v. 9.6.1982 – 4 AZR 274/81, AP Nr. 1 zu § 1 TVG – Durchführungspflicht; Kempen/Zachert, § 9 TVG Rz. 3; Löwisch/Rieble, § 9 TVG Rz. 17. | 16 Vgl. Wiedemann/Oetker, § 9 TVG Rz. 19; Däubler/Reinecke, § 9 TVG Rz. 37. | 17 Kempen/Zachert, § 9 TVG Rz. 3; Löwisch/Rieble, § 9 TVG Rz. 5 ff.; Wiedemann/Oetker, § 9 TVG Rz. 23 ff. mwN. | 18 Zur Beteiligung GMPM, § 97 ArbGG Rz. 21 ff. | 19 BAG v. 24.2.1988 – 4 AZR 614/87, AP Nr. 2 zu § 1 TVG – Tarifverträge: Schuhindustrie; Kempen/Zachert, § 9 TVG Rz. 3; ausf. Löwisch/Rieble, § 9 TVG Rz. 18 ff. | 20 ErfK/Schaub, § 9 TVG Rz. 13; aA wohl GMPM, § 2 Rz. 18; Grunsky § 2 Rz. 54.

3. Rechtskräftige ArbG-Entscheidung. Bindungswirkung iSd. § 9 erzeugen allein rechtskräftige Entscheidungen der Gerichte für Arbeitssachen. **14**

a) Rechtskräftige Entscheidung. Hierzu zählen zunächst **Urteile**. Entscheidend ist die Rechtskraft **15** des Urteils, nicht hingegen in welcher Instanz es erlassen wurde[1]. Daher kann das BAG ggf. an eine Entscheidung des ArbG gebunden sein. Bindungswirkung entfalten lediglich solche Urteile, die inhaltlich zu dem tarifvertraglichen Rechtsproblem Stellung nehmen, nicht dagegen Prozessurteile sowie Anerkenntnis-, Verzichts- und klageabweisende Versäumnisurteile[2], wobei die drei Letztgenannten im Verfahren nach § 9 nicht ergehen können[3]. Anderenfalls bestünde die Gefahr, dass einer unwirksamen Tarifnorm mit Hilfe der staatlichen Gerichte Geltung verschafft würde – ein nach tarifrechtlichen Grundprinzipien nicht tragbarer Zustand. Zusprechende Versäumnisurteile können, da sie auf einer Schlüssigkeitsprüfung beruhen, ergehen und Bindungswirkung entfalten[4]. **Beschlüsse** nach §§ 2a Abs. 1 Nr. 4, 97 ArbGG erzielen ebenfalls Bindungswirkung[5]. Da **Prozessvergleiche** nicht in Rechtskraft erwachsen, fallen sie nicht unter § 9[6]. Allerdings können Vergleiche als authentische Interpretation durch die TV-Parteien bzw. als neue (Änderungs-)TV zu werten sein, die als solche die tarifunterworfenen Parteien (vgl. § 4 Abs. 1) – allerdings entgegen § 9 nicht Dritte – binden[7].

b) Entscheidung eines Gerichts für Arbeitssachen. Da für die unter § 9 fallenden Streitigkeiten über **16** § 2 Abs. 1 Satz 1 ArbGG der Rechtsweg zu den ArbG eröffnet ist (dazu oben Rz. 5), werden die relevanten Rechtsstreitigkeiten – wie von § 9 vorgesehen – regelmäßig durch ArbG entschieden. Einer direkten Anwendbarkeit auf Schiedssprüche, denen über § 108 Abs. 4 ArbGG die Wirkung eines rechtskräftigen Urteils beigelegt wird, steht der eindeutige Wortlaut des § 9 entgegen: Schiedsgerichte sind keine „Gerichte für Arbeitssachen" iSd. § 1 ArbGG, zu denen allein staatliche Gerichte zählen[8]. Für eine analoge Anwendung des § 9[9] fehlt es an einer planwidrigen Regelungslücke, denn der Gesetzgeber hat die Schiedsgerichtsbarkeit beim Erlass des § 9 nicht übersehen, wie ihre Erwähnung innerhalb der Vorschrift zeigt[10].

IV. Bindungswirkung. Als Rechtsfolge ordnet § 9 über die Rechtskraft inter partes hinausgehend die **17** Bindungswirkung für „Rechtsstreitigkeiten zwischen tarifgebundenen Parteien sowie zwischen diesen und Dritten" an.

1. Rechtsnatur der Bindungswirkung. Die rechtsdogmatische Einordnung der normierten Bindung **18** ist umstritten[11]. Derzeit werden im Wesentlichen drei Erklärungsansätze vertreten: (a) Die wohl überwiegende Auffassung in Schrifttum[12] und Judikatur[13] versteht die in § 9 angeordnete Bindungswirkung mit Recht als **Erweiterung der subjektiven Rechtskraft** über die §§ 325 ff. ZPO hinaus. Über § 9 werden nicht nur die TV-Parteien als Prozessbeteiligte an das Urteil gebunden, sondern auch nicht am Rechtsstreit beteiligte Dritte, so dass die Rechtskraft des Urteils in subjektiver Hinsicht erweitert wird. (b) In einem Urteil aus dem Jahre 1977[14] suchte das BAG die Bindungswirkung des § 9 in Anlehnung an die Vorschrift des **§ 318 ZPO** zu erklären. § 318 ZPO sieht indes lediglich eine Bindung des Gerichts an die im Verfahren selbst gefällten Entscheidungen vor, nicht hingegen – wie § 9 dies festschreibt – eine Bindung anderer Gerichte in anderen Verfahren zwischen anderen Parteien[15]. (c) Ein älterer Ansatz stützt die Bindungswirkung auf die **normative Wirkung des TV** und nimmt eine Reflexwirkung des Urteils an. Die verbindliche Interpretation gebe den Tarifnormen einen bestimmten Inhalt. Die Feststellung der Gültigkeit oder Ungültigkeit von Tarifnormen habe selbst die normative Kraft, die der beurteilten Norm eigen sei[16]. Dieser Gedanke vermag indes die in § 9 vorgesehene Bindungswirkung im Rechtsstreit mit *Dritten* nicht zu erklären[17].

---

[1] *Kempen/Zachert*, § 9 TVG Rz. 4; *Däubler/Reinecke*, § 9 TVG Rz. 30; *Wiedemann/Oetker*, § 9 TVG Rz. 24 mwN. [2] *Däubler/Reinecke*, § 9 TVG Rz. 30; *Wiedemann/Oetker*, § 9 TVG Rz. 25 mwN. Ausf. *Löwisch/Rieble*, § 9 TVG Rz. 44 ff. [3] ErfK/*Schaub*, § 9 TVG Rz. 23. [4] ErfK/*Schaub*, § 9 TVG Rz. 23. [5] *Kempen/Zachert*, § 9 TVG Rz. 4; *Wiedemann/Oetker*, § 9 TVG Rz. 24. [6] Vgl. auch *Kempen/Zachert*, § 9 TVG Rz. 4; *Däubler/Reinecke*, § 9 TVG Rz. 32; *Wiedemann/Oetker*, § 9 TVG Rz. 29. [7] *Löwisch/Rieble*, § 9 TVG Rz. 48; *Nikisch*, Arbeitsrecht II, S. 227. [8] Gegen eine direkte Anwendbarkeit des § 9 auf Schiedssprüche: *Kempen/Zachert*, § 9 TVG Rz. 4; *Däubler/Reinecke*, § 9 TVG Rz. 31; *Rieble*, NZA 1992, 250 (253); *Wiedemann/Oetker*, § 9 TVG Rz. 27; Dafür: *Däubler*, Tarifvertragsrecht, Rz. 1408; *Schreiber*, ZfA 1983, 31 (44). [9] So *Kempen/Zachert*, § 9 TVG Rz. 4. [10] *Däubler/Reinecke*, § 9 TVG Rz. 31 mwN; zu weiteren Argumenten vgl. *Wiedemann/Oetker*, § 9 TVG Rz. 26 ff. [11] Vgl. dazu ausf. *Löwisch/Rieble*, § 9 TVG Rz. 55 ff.; *Wiedemann/Oetker*, § 9 TVG Rz. 7 ff. [12] So *Brox*, JuS 1961, 252 (253); *Dütz*, ArbRGeg. Band 20, Dok. 1982 (1983), 33 (37 f.); *Däubler/Reinecke*, § 9 TVG Rz. 8; *Konzen*, FS Zeuner, 401 (425); *Wiedemann/Oetker*, § 9 TVG Rz. 13. Kritisch dagegen *Löwisch/Rieble*, § 9 TVG Rz. 58 f.; *Schreiber*, ZfA 1983, 31 (46). [13] BAG v. 15.11.1957 – 1 AZR 610/56, AP Nr. 1 zu § 8 TVG (*Tophoven*); v. 14.10.1960 – 1 AZR 233/58, AP Nr. 10 zu Art. 9 GG – Arbeitskampf (*Wieczorek, Gift*); v. 19.2.1965 – 1 AZR 237/64, AP Nr. 4 zu § 8 TVG (*Schnorr v. Carolsfeld*). Aus neuerer Zeit BAG v. 30.5.1984 – 4 AZR 512/81, AP Nr. 3 zu § 9 TVG (*Wiedemann*); v. 10.5.1989 – 4 AZR 80/89, AP Nr. 6 zu § 2 TVG – Tarifzuständigkeit; v. 25.9.1990 – 3 AZR 266/89, AP Nr. 8 zu § 9 TVG 1969. [14] BAG v. 28.9.1977 – 4 AZR 446/76, AP Nr. 1 zu § 9 TVG 1969 (*Wiedemann/Moll*). [15] Richtig *Löwisch/Rieble*, § 9 TVG Rz. 58; *Wiedemann/Oetker*, § 9 TVG Rz. 10 mwN. [16] So *Löwisch/Rieble*, § 9 TVG Rz. 55 f.; *Nikisch*, Arbeitsrecht II, S. 226 f. [17] Ebenso *Wiedemann/Oetker*, § 9 TVG Rz. 11 f. mit weit. Argumenten und Nachw.

19 **2. Umfang der Bindungswirkung. a) Sachliche Reichweite.** In sachlicher Hinsicht erzeugt § 9 – entsprechend den allgemeinen zivilprozessualen Grundsätzen – lediglich eine **Bindung an den Urteilstenor**, nicht hingegen an die Urteilsgründe[1]. Die Gründe können aber zur Auslegung des Tenors herangezogen werden[2]. Eine Bindungswirkung entsteht lediglich in solchen Rechtsstreitigkeiten, die **denselben TV** betreffen, nicht hingegen in Bezug auf identische Formulierungen in anderen TV[3].

20 **b) Persönliche Reichweite.** Die Bindungswirkung besteht zunächst in **Rechtsstreitigkeiten zwischen tarifgebundenen Parteien**. Die Tarifgebundenheit einer Partei bestimmt sich nach den allgemeinen Vorschriften des TVG[4], also nach den §§ 3 (Mitglieder der TV-Parteien, ArbGeb), 4 Abs. 2 (Gemeinsame Einrichtungen) und 5 Abs. 4 (Außenseiter bei Allgemeinverbindlichkeit). Darüber hinaus erstreckt sich die Bindungswirkung auf **Rechtsstreitigkeiten zwischen tarifgebundenen Parteien und Dritten**. Dritte sind die Rechtsnachfolger von tarifgebundenen Personen und die nach § 328 BGB Begünstigten[5]. Erwogen wird ferner eine Bindungswirkung für Personen, die in keiner vertraglichen Beziehung zu einer tarifgebundenen Partei stehen, so für den BR und für die Einigungsstelle[6]. **Streitigkeiten zwischen nichtorganisierten Parteien** fallen demgegenüber nach dem ausdrücklichen Wortlaut des § 9 nicht unter die Bindungswirkung[7]. Nimmt ein einzelner Arbeitsvertrag auf den fraglichen TV Bezug (**arbeitsvertragliche Bezugnahme**), so ist zu differenzieren: Eine Bindungswirkung tritt nach überwiegender Ansicht ein, wenn eine Arbeitsvertragspartei tarifgebunden ist (Rechtsstreitigkeit zwischen einer tarifgebundenen Partei und einem Dritten)[8]. Sind dagegen beide Arbeitsvertragsparteien nicht an den geprüften TV gebunden (Streitigkeit zwischen nichtorganisierten Parteien), so kommt es über § 9 zu keiner Bindungswirkung[9]. Allerdings kann über die Auslegung der Bezugnahmeklausel eine faktische Bindung an die ArbG-Entscheidung anzunehmen sein[10].

21 **3. Adressaten der Bindung.** Die rechtskräftige ArbG-Entscheidung ist lediglich **für Gerichte und Schiedsgerichte** (vgl. § 101 ArbGG) bindend, nicht für jedermann[11]. Zu den Gerichten iSd. § 9 sind nicht nur die ArbG, sondern auch die ordentlichen Gerichte, die Verwaltungs-, Finanz- und Sozialgerichte zu zählen[12]. Eine unmittelbare rechtliche Bindung der **Verwaltung** besteht dagegen nicht[13].

22 **4. Ende der Bindung.** Die Bindungswirkung endet, wenn der TV bzw. die überprüfte und ausgelegte TV-Norm keine Rechtswirkung mehr entfaltet, dh. ggf. erst mit dem Ende des Nachwirkungszeitraums (vgl. § 4 Abs. 5)[14]. Bezieht sich die Bindungswirkung auf die Tariffähigkeit eines Verbandes, so kann eine wesentliche Änderung der Rechtslage zur Beendigung der Rechtskraft führen[15]. Ein Beispiel bietet die Ratifizierung des Staatsvertrages mit der DDR über die Währungs-, Wirtschafts- und Sozialunion[16].

23 **5. Durchsetzung der Bindung.** Die Bindungswirkung ist sowohl im Rahmen von Individualstreitigkeiten als auch bei einer Durchführungsklage der TV-Parteien zu beachten[17]. Bereits rechtskräftige Entscheidungen, die sich auf eine später mit Bindungswirkung für ungültig erklärte Norm stützen, dürfen in entsprechender Anwendung von § 79 Abs. 2 Satz 2 und 3 BVerfGG und § 183 Satz 2 und 3 VwGO nicht vollstreckt werden[18]. Analog § 767 ZPO ist die Vollstreckungsgegenklage statthaft. Präventiven Rechtsschutz über eine einstweilige Verfügung gewährt das geltende Recht nicht.

24 **V. Pflicht zur Übersendung rechtskräftiger Urteile.** Für Entscheidungen, die nach § 9 Bindungswirkung entfalten, gilt die in § 63 ArbGG normierte Übersendungspflicht rechtskräftiger Urteile. Danach sind rechtskräftige Urteile, die in bürgerlichen Rechtsstreitigkeiten zwischen TV-Parteien aus dem TV oder über das Bestehen oder Nichtbestehen des TV ergangen sind, alsbald der zuständigen obersten

---

1 Vgl. Kempen/Zachert, § 9 TVG Rz. 5; Löwisch/Rieble, § 9 TVG Rz. 67; Wiedemann/Oetker, § 9 TVG Rz. 30. | 2 Däubler/Reinecke, § 9 TVG Rz. 33. | 3 Löwisch/Rieble, § 9 TVG Rz. 66; Wiedemann/Oetker, § 9 TVG Rz. 32. | 4 Vgl. Kempen/Zachert, § 9 TVG Rz. 6; Wiedemann/Oetker, § 9 TVG Rz. 34. | 5 Kempen/Zachert, § 9 TVG Rz. 6; Löwisch/Rieble, § 9 TVG Rz. 63; Däubler/Reinecke, § 9 TVG Rz. 37. | 6 Vgl. näher mwN Wiedemann/Oetker, § 9 TVG Rz. 37. | 7 BAG v. 28.9.1977 – 4 AZR 446/76, AP Nr. 1 zu § 9 TVG 1969 (Wiedemann/Moll), Däubler, Tarifvertragsrecht, Rz. 166; Dütz, ArbRGeg. Band 20, Dok. 1982 (1983), 33, 39; Löwisch/Rieble, § 9 TVG Rz. 61 ff.; Wiedemann/Oetker, § 9 TVG Rz. 38; Schreiber, ZfA 1983, 31 (47). AA Krause, Rechtskrafterstreckung im kollektiven Arbeitsrecht, S. 315 f. | 8 So Däubler/Reinecke, § 9 TVG Rz. 38 f., allerdings nur bei fachlich einschlägigem und insgesamt in Bezug genommenem TV; Wiedemann/Oetker, § 9 TVG Rz. 36. Dies gilt aufgrund des Gesetzeszwecks des § 9, obwohl streng genommen keine Streitigkeit „aus einem Tarifvertrag", sondern eine solche „aus dem Arbeitsvertrag" vorliegt. AA ErfK/Schaub, § 9 TVG Rz. 30; Löwisch/Rieble, § 9 TVG Rz. 64, die allerdings eine mittelbare Bindung über die Auslegung der Bezugnahmeklausel auch insoweit annehmen. | 9 Däubler/Reinecke, § 9 TVG Rz. 40 f.; aA GMPM, § 2 Rz. 22. | 10 So Däubler, Tarifvertragsrecht, Rz. 166; Dütz, ArbRGeg. Band 20, Dok. 1982 (1983), 33 (39); Löwisch/Rieble, § 9 TVG Rz. 64 f.; Wiedemann/Oetker, § 9 TVG Rz. 36. | 11 Keine erga omnes – Wirkung wie etwa im Bereich des § 47 Abs. 5 Satz 2 Halbs. 2 VwGO; vgl. Dütz, ArbRGeg. Band 20, Dok. 1982 (1983), 33 (41); Prütting, RdA 1991, 257 (261 Fn. 44); Wiedemann/Oetker, § 9 TVG Rz. 39. Löwisch/Rieble, § 9 TVG Rz. 71, nimmt darüber hinaus eine Bindung aller Normunterworfenen an. | 12 Löwisch/Rieble, § 9 TVG Rz. 70; Wiedemann/Oetker, § 9 TVG Rz. 40. | 13 Wiedemann/Oetker, § 9 TVG Rz. 41; aA Löwisch/Rieble, § 9 TVG Rz. 71; Däubler/Reinecke, § 9 TVG Rz. 42. | 14 Vgl. BAG v. 23.3.1957 – 1 AZR 64/56, AP Nr. 18 zu Art. 3 GG; Wiedemann/Oetker, § 9 TVG Rz. 42. In diese Richtung auch Löwisch/Rieble, § 9 TVG Rz. 26 f. | 15 BAG v. 6.6.2000 – 1 ABR 21/99, AP Nr. 9 zu § 37 ArbGG 1979. | 16 BAG v. 6.6.2000 – 1 ABR 21/99, AP Nr. 9 zu § 97 ArbGG 1979. | 17 Löwisch/Rieble, § 9 TVG Rz. 73. | 18 Löwisch/Rieble, § 9 TVG Rz. 74.

Landesbehörde und dem BMWA in vollständiger Form abschriftlich zu übersenden. Ist die zuständige oberste Landesbehörde die Landesjustizverwaltung, so sind die Urteilsabschriften auch der obersten Arbeitsbehörde des Landes zu übersenden.

10 Tarifvertrag und Tarifordnungen

(1) Mit dem In-Kraft-Treten eines Tarifvertrages treten Tarifordnungen und Anordnungen auf Grund der Verordnung über die Lohngestaltung vom 25. Juni 1938 (Reichsgesetzbl. I S. 691) und ihrer Durchführungsverordnung vom 23. April 1941 (Reichsgesetzbl. I S. 222), die für den Geltungsbereich des Tarifvertrages oder Teile desselben erlassen worden sind, außer Kraft, mit Ausnahme solcher Bestimmungen, die durch den Tarifvertrag nicht geregelt worden sind.

(2) Das Bundesministerium für Wirschaft und Arbeit kann Tarifordnungen und die in Abs. 1 bezeichneten Anordnungen aufheben; die Aufhebung bedarf der öffentlichen Bekanntmachung.

Lit.: *Hanau/Preis*, Das Arbeitsrecht in den neuen Bundesländern nach dem 3. Oktober 1990, in: *Hanau/Langanke/Preis/Widlak* (Hrsg.), Das Arbeitsrecht der neuen Bundesländer, 1991; *Wiedemann/Stumpf*, Tarifvertragsgesetz, 5. Aufl., 1977.

I. Tarifordnungen und Lohngestaltungsanordnungen. § 10 ist heute nur noch von geringer Bedeutung. Er regelt das Verhältnis der vor dem In-Kraft-Treten des TVG geltenden Tarifordnungen und Lohngestaltungsanordnungen zu den auf der Grundlage des TVG abgeschlossenen neuen TV. Im Dritten Reich lösten, gestützt auf die VO über die Lohngestaltung vom 25. Juni 1938 (RGBl. I S. 691) und ihre DVO vom 23. April 1941 (RGBl. I S. 222), Tarifordnungen und Lohngestaltungsanordnungen die zu diesem Zeitpunkt geltenden TV ab. Das Kontrollratsgesetz Nr. 40, welches das Gesetz zur Ordnung der nationalen Arbeit (AOG)[1] mit Wirkung vom 1. Januar 1947 aufhob und damit der auf § 32 Abs. 2 AOG beruhenden VO über die Lohngestaltung samt DVO die Grundlage entzog, ließ die noch in Geltung stehenden Tarifordnungen unberührt. 1

§ 10 Abs. 1 räumt den **neuen TV gegenüber den alten Tarifordnungen den Vorrang** ein: Danach treten mit dem In-Kraft-Treten eines TV die Tarifordnungen und Lohngestaltungsanordnungen außer Kraft, soweit sie für den Geltungsbereich des TV erlassen werden; das gilt nicht für solche Bestimmungen, die durch den TV nicht geregelt worden sind[2]. 2

Nach § 10 Abs. 2 Halbs. 1 des Gesetzes kann das **BMWA Tarifordnungen und Lohngestaltungsanordnungen aufheben.** § 13 Satz 1 der VO zur Durchführung des TVG (DVO TVG)[3] bestimmt, dass das BMWA vor der Aufhebung der obersten Arbeitsbehörden der Länder, auf deren Bereich sich die Tarifordnung oder Anordnung erstreckt, sowie den Tarifausschuss hören soll. Die Anhörungsobliegenheit ist keine Wirksamkeitsvoraussetzung der Aufhebung ("soll")[4]. Die Aufhebung bedarf der öffentlichen Bekanntmachung (§ 10 Abs. 2 Halbs. 2), die im Bundesanzeiger erfolgt (§ 13 Satz 2 DVO TVG). Unter Rückgriff auf die Aufhebungsmöglichkeit wurden durch die VO über die Aufhebung von Tarifordnungen und Lohngestaltungsanordnungen vom 17.4.1968[5] fast alle Tarifordnungen und Lohngestaltungsanordnungen außer Kraft gesetzt. Ausgenommen blieben die Tarifordnung für die deutschen Theater vom 27.10.1937, die Tarifordnung für die deutschen Kulturorchester vom 30.3.1938 sowie die Tarifordnung für die Mitglieder von Kurkapellen vom 1.8.1939[6]. 3

II. Rechtslage im Beitrittsgebiet. 1. Geltung der Tarifordnungen. § 10 des Gesetzes trat nach Art. 8 des Einigungsvertrages[7] im Beitrittsgebiet in Kraft[8], wodurch der Geltungsbereich der noch in Geltung stehenden Tarifordnungen auf das Gebiet der neuen Bundesländer erstreckt wurde[9], Anlage I Kapitel VIII Sachgebiet H Abschnitt III Nr. 2 und 3 zum Einigungsvertrag enthält Maßgaben für die Tarifordnungen für die deutschen Theater und für die deutschen Kulturorchester. 4

2. Weitergeltung von DDR-Recht. Die Weitergeltung von nach DDR-Recht abgeschlossenen Rahmenkollektivverträgen und TV bemisst sich nach Anlage I Kapitel VIII Sachgebiet A Abschnitt III Nr. 14 zum Einigungsvertrag, der eine § 10 Abs. 1 vergleichbare Regelung trifft: Die Vorschriften gelten fort 5

---

1 Gesetz zur Ordnung der nationalen Arbeit (AOG) v. 20.1.1934, RGBl. I S. 45. | 2 Vgl. zu den Auslegungsproblemen in den Anfangsjahren der Geltung des TVG *Hueck/Nipperdey*, Arbeitsrecht II/1, S. 410 ff. | 3 Verordnung zur Durchführung des Tarifvertragsgesetzes vom 23. Dezember 1988, BGBl. 1989 I, S. 76. | 4 Vgl. *Wiedemann/Oetker*, § 10 TVG Rz. 10 mwN. | 5 BAnz. Nr. 78 v. 24.4.1968, S. 1; geändert durch die Verordnung v. 10.12.1970, BAnz. Nr. 234 v. 16.12.1970, S. 1. Zu der vorangegangenen Aufhebungsanordnungen vgl. *Wiedemann/Stumpf*, 5. Aufl. 1977, § 10 TVG Rz. 3. | 6 Vgl. den Abdruck dieser Tarifordnungen bei *Wiedemann/Oetker*, § 10 TVG Rz. 12 ff. | 7 Vertrag zwischen der Bundesrepublik Deutschland und der Deutschen Demokratischen Republik über die Herstellung der Einheit Deutschlands – Einigungsvertrag – vom 31.8.1990 (BGBl. 1990 II S. 885). | 8 § 31 Nr. 2 des Gesetzes über die Inkraftsetzung von Rechtsvorschriften der Bundesrepublik Deutschland in der Deutschen Demokratischen Republik v. 21.6.1990 (InkrG) (GBl. 1990 I S. 357) hatte dagegen § 10 TVG von der Inkraftsetzung der Tarifvertragsgesetzvorschriften im Beitrittsgebiet ausgenommen. | 9 *Löwisch/Rieble*, § 10 TVG Rz. 3; *Wiedemann/Oetker*, § 10 TVG Rz. 11.

bis sie durch nach dem TVG abgeschlossene TV ersetzt werden. Eine § 10 Abs. 2 entsprechende Regelung fehlt[1].

11 Durchführungsbestimmungen

Das Bundesministerium für Wirtschaft und Arbeit kann unter Mitwirkung der Spitzenorganisationen der Arbeitgeber und der Arbeitnehmer die zur Durchführung des Gesetzes erforderlichen Verordnungen erlassen, insbesondere über

1. die Errichtung und die Führung des Tarifregisters und des Tarifarchivs;

2. das Verfahren bei der Allgemeinverbindlicherklärung von Tarifverträgen und der Aufhebung von Tarifordnungen und Anordnungen, die öffentlichen Bekanntmachungen bei der Antragstellung, der Erklärung und Beendigung der Allgemeinverbindlichkeit und der Aufhebung von Tarifordnungen und Anordnungen sowie die hierdurch entstehenden Kosten;

3. den in § 5 genannten Ausschuss.

Lit.: Herschel, Zur Entstehung des Tarifvertragsgesetzes, ZfA 1973, 183.

1 § 11 ermächtigt zum Erlass von VO zur Durchführung des TVG. Auf der Grundlage dieser Bestimmung wurde die derzeit geltende **Verordnung zur Durchführung des TVG** vom 23.12.1988 (DVO TVG) erlassen[2], die sich auf die Regelung der in den Nr. 1 bis 3 ausdrücklich erwähnten Materien beschränkt. Die in den **Nr. 1 bis 3** genannten Regelungsbereiche haben allerdings nur **beispielhaften Charakter** („insbesondere"). Begrenzt wird der Gegenstand zulässiger Durchführungsbestimmungen durch den in **Art. 80 Abs. 1 GG** festgeschriebenen Bestimmtheitsgrundsatz. Zulässig sind daher lediglich solche Verordnungsvorschriften, welche die Normen des TVG konkretisieren, nicht hingegen materielle Ergänzungen[3].

2 **Zuständig** zum Erlass der Durchführungsbestimmungen ist das Bundesministerium für Wirtschaft und Arbeit unter **Mitwirkung der Spitzenorganisationen der ArbGeb und der ArbN** (zum Begriff der Spitzenorganisation vgl. § 12). Der Begriff der „Mitwirkung" ist im Gesetz nicht näher bestimmt; zu fordern ist eine Form der Beteiligung, die unterhalb der Schwelle des „Einvernehmens" bzw. der „Zustimmung" liegt[4], aber oberhalb einer bloßen „Anhörung"[5]. Gerecht werden dürfte dem gesetzlichen Anliegen eine „Beratung" oder „Erörterung"[6]. Die „ordnungsgemäße" Beteiligung der Spitzenorganisationen ist allerdings keine Wirksamkeitsvoraussetzung für die DVO[7].

12 Spitzenorganisationen

Spitzenorganisationen im Sinne dieses Gesetzes sind – unbeschadet der Regelung in § 2 – diejenigen Zusammenschlüsse von Gewerkschaften oder von Arbeitgebervereinigungen, die für die Vertretung der Arbeitnehmer- oder der Arbeitgeberinteressen im Arbeitsleben des Bundesgebietes wesentliche Bedeutung haben. Ihnen stehen gleich Gewerkschaften und Arbeitgebervereinigungen, die keinem solchen Zusammenschluss angehören, wenn sie die Voraussetzungen des letzten Halbsatzes in Satz 1 erfüllen.

1 **I. Normbedeutung.** Die Vorschrift definiert den Begriff der Spitzenorganisation. Die Legaldefinition gilt lediglich für die Bestimmungen des TVG, das in den §§ 5 (iVm. § 1 der DVO zum TVG[8]) und 11 eine Mitwirkung von Spitzenorganisationen bei der AVE von TV bzw. beim Erlass von Durchführungsbestimmungen zum TVG vorsieht. Nicht umfasst von der Definition ist der Begriff der Spitzenorganisation iSd. § 2, der damit von demjenigen des § 12 zu unterscheiden ist. Die Begriffsbestimmung des § 12 ist kraft ausdrücklicher Verweisung auch im Rahmen des § 11 ArbnErfG zugrunde zu legen. Knüpfen arbeitsrechtliche Gesetze außerhalb des TVG ohne ausdrückliche Bezugnahme auf § 12 Beteiligungsrechte an den Status als „Spitzenorganisation" (vgl. § 98 Abs. 2 AktG; §§ 5 Abs. 1, 33 Abs. 1 HAG; § 58 BRRG; § 94 BBG, §§ 4a Abs. 2 lit. a, 6 Abs. 1 – 3 Montan-MitbestG), so ist durch eine am Sinn und Zweck der jeweiligen Vorschrift orientierte Auslegung zu ermitteln, ob und inwieweit das Begriffsverständnis des § 12 zugrunde zu legen ist[9]. Für § 37 Abs. 7 BetrVG 1972 hat das BAG eine dem § 12 entsprechende Auslegung des Begriffs befürwortet[10].

---

1 Vgl. ausf. *Hanau/Preis*, in Hanau/Langanke/Preis/Widlak (Hrsg.), Das Arbeitsrecht der neuen Bundesländer, I. 2 S. 1, 16 f.; *Löwisch/Rieble*, § 10 TVG Rz. 5 ff. | 2 BGBl. 1989 I S. 76. Vgl. die Kommentierungen zu den §§ 5 und 6. | 3 *Löwisch/Rieble*, § 11 TVG Rz. 2; Wiedemann/*Oetker*, § 11 TVG Rz. 5. | 4 *Kempen/Zachert*, § 11 TVG Rz. 1; Wiedemann/*Oetker*, § 11 TVG Rz. 4. | 5 *Herschel*, ZfA 1973, 183 (199). Eine Anhörung lassen genügen: *Löwisch/Rieble*, § 11 TVG Rz. 3. | 6 Wiedemann/*Oetker*, § 11 TVG Rz. 4. | 7 Wiedemann/*Oetker*, § 11 TVG Rz. 4; aA Däubler/*Reinecke*, § 11 TVG Rz. 6. | 8 Verordnung zur Durchführung des Tarifvertragsgesetzes v. 23.12.1988 (DVO TVG) (BGBl. 1989 I S. 76). | 9 *Löwisch/Rieble*, § 12 TVG Rz. 8 (Sachzusammenhang maßgebend); Wiedemann/*Oetker*, § 12 TVG Rz. 4. | 10 Vgl. BAG v. 18.12.1973 – 1 ABR 35/73, AP Nr. 7 zu § 37 BetrVG (*Richardi*); dazu Wiedemann/*Oetker*, § 12 TVG Rz. 4; vgl. auch *Löwisch/Rieble*, § 12 TVG Rz. 8.

II. Zusammenschlüsse von Gewerkschaften oder ArbGebVereinigungen. Den Status einer Spitzenorganisation iSd. § 12 können – vorbehaltlich des Satzes 2 – nur Zusammenschlüsse von Gewerkschaften oder von ArbGebVereinigungen erlangen. Die Legaldefinition des § 12 korrespondiert insoweit mit derjenigen des § 2 Abs. 2[1]. Daraus folgt die ganz hM im Schrifttum, dass entweder der Zusammenschluss selbst oder aber seine Mitgliederverbände tariffähig sein müssen[2]. Zweifelhaft erscheint daher, ob der Christliche Gewerkschaftsbund Deutschlands (CBG) weiterhin als Spitzenorganisation iSd. § 12 angesehen werden kann. Das BAG hat in neuerer Zeit christlichen Gewerkschaften – der Christlichen Gewerkschaft Bergbau-Chemie-Energie (CGBCE)[3] und der Christlichen Gewerkschaft Holz und Bau Deutschlands (CGHB)[4] – die Tariffähigkeit abgesprochen (vgl. dazu § 2 Rz. 18). Erstinstanzlich ist dies nunmehr auch für die Christliche Gewerkschaft Metall (CGM) erfolgt[5].

III. Wesentliche Bedeutung für die Vertretung der ArbN- oder ArbGebInteressen im Arbeitsleben des Bundesgebiets. Die Eigenschaft als Spitzenorganisation wird – im Sinne einer weiteren Voraussetzung – nur solchen Zusammenschlüssen zuerkannt, denen für die Vertretung der ArbN- oder ArbGebInteressen im Arbeitsleben des Bundesgebiets eine wesentliche Bedeutung zukommt. Dieser starken Einengung des zur Mitwirkung berufenen Kreises von Zusammenschlüssen bedarf es, um eine zügige Durchführung der Verfahren zur AVE iSd. § 5[6] und zum Erlass von Durchführungsbestimmungen nach § 11 zu gewährleisten. Sie verstößt nicht gegen **höherrangiges Recht**. Art. 9 Abs. 3 GG räumt den Koalitionen keinen originären Anspruch auf Mitwirkung an der ihre Rechte betreffenden staatlichen Gesetzgebung ein[7]. Die Auswahl der zur Mitwirkung berufenen Zusammenschlüsse ist verfassungsrechtlich nicht zu beanstanden, weil sie sich an sachlichen Kriterien – Effizienz der Normgebung, überregionale Bedeutung – orientiert[8]. Art. 11 GG (Versammlungs- und Vereinigungsfreiheit) in Verbindung mit Art. 14 EMRK (Verbot der Benachteiligung) verbrieft ebenso wenig eine weiter gehende Rechtsposition[9] wie die unverbindliche IAO-Empfehlung Nr. 113[10], die eine Beratung mit den Koalitionen vorsieht[11]. Die in dem von Deutschland nicht ratifizierten IAO-Übereinkommen Nr. 150[12] normierte Konsultationspflicht betrifft allein die Arbeitsverwaltung[13].

Ob ein Zusammenschluss **wesentliche Bedeutung** hat, ist anhand einer Gesamtschau folgender Kriterien zu ermitteln: Mitgliederzahl, wirtschaftliche Bedeutung, Anzahl und Bedeutung der Tarifabschlüsse[14]. Dabei sind Sinn und Zweck des § 12 zu beachten. Die Tariffähigkeit einer Spitzenorganisation iSd. § 2 Abs. 2 ist weder notwendige noch hinreichende Voraussetzung für ihre wesentliche Bedeutung[15].

Wesentliche Bedeutung muss der Zusammenschluss für das Arbeitsleben **im gesamten Bundesgebiet** entfalten; Zusammenschlüssen mit regional begrenzter Bedeutung (zB Teile des Bundesgebiets, einzelne Bundesländer) wird somit der Status als Spitzenorganisation verwehrt[16].

IV. Gewerkschaften oder ArbGebVereinigungen, die keinem solchen Zusammenschluss angehören. Satz 2 der Vorschrift stellt den Zusammenschlüssen von Gewerkschaften und ArbGebVereinigungen einzelne Gewerkschaften und ArbGebVereinigungen gleich, sofern sie ebenfalls eine wesentliche Bedeutung im Arbeitsleben des Bundesgebietes einnehmen. Dadurch soll dem Umstand Rechnung getragen werden, dass – geschützt durch die negative Koalitionsfreiheit (Art. 9 Abs. 3 GG) – nicht jede Gewerkschaft oder jede ArbGebVereinigung zwingend einer übergeordneten Organisation angehört, ihre Beteiligung im Rahmen der §§ 5 und 11 aufgrund ihrer wesentlichen Bedeutung im Arbeitsleben aber gleichwohl geboten ist. Den Anlass für die Aufnahme des Satzes 2 gab der organisatorische Aufbau der Deutschen Angestellten-Gewerkschaft (DAG) als Einheitsorganisation ohne Dachverband[17]. Die DAG ist im Juli 2001 allerdings in der Vereinten Dienstleistungsgewerkschaft (ver.di) aufgegangen, die ihrerseits Mitglied des Deutschen Gewerkschaftsbundes (DGB) als Spitzenorganisation ist.

---

[1] Darauf weist Wiedemann/*Oetker*, § 12 TVG Rz. 5, ausdrücklich hin. | [2] ErfK/*Schaub*, § 12 TVG Rz. 4; Löwisch/*Rieble*, § 12 TVG Rz. 3; Wiedemann/*Oetker*, § 12 TVG Rz. 5. | [3] BAG v. 16.1.1990 – 1 ABR 93/88, AP Nr. 38 zu § 2 TVG. | [4] BAG v. 16.1.1990 – 1 ABR 10/89, AP Nr. 39 zu § 2 TVG. | [5] ArbG Stuttgart v. 12.9.2003 – 15 BV 250/96, nv. (nicht rechtskräftig); s. auch BAG v. 6.6.2000 – 1 ABR 21/99, AP Nr. 9 zu § 97 ArbGG 1979. | [6] Der beim Erlass von AVE zu beteiligende Tarifausschuss ist lediglich mit jeweils drei ArbGeb- und Arbeitnehmervertretern zu besetzen (vgl. § 5 TVG, § 1 DVO TVG), so dass allein die auf Bundesebene besonders bedeutsamen Organisationen beteiligt werden können; dazu Wiedemann/*Oetker*, § 12 TVG Rz. 6. | [7] *Löwisch/Rieble*, § 12 TVG Rz. 2. | [8] *Löwisch/Rieble*, § 12 TVG Rz. 2; Wiedemann/*Oetker*, § 12 TVG Rz. 7. | [9] Vgl. EGMR EuGRZ 1975, 562 ff. – Nationale Belgische Polizeigewerkschaft; dazu Wiedemann/*Oetker*, § 12 TVG Rz. 7. | [10] *Empfehlung betreffend die Beratung und Zusammenarbeit zwischen den Staatsorganen und den Arbeitgeber- und Arbeitnehmerverbänden in einzelnen Wirtschaftszweigen und im gesamtstaatlichen Rahmen.* | [11] Vgl. *Löwisch/Rieble*, § 12 TVG Rz. 2. | [12] Übereinkommen über die Arbeitsverwaltung: Rolle, Aufgaben, Aufbau, 1978. | [13] *Löwisch/Rieble*, § 12 TVG Rz. 2. | [14] Vgl. *Löwisch/Rieble*, § 12 TVG Rz. 4; Wiedemann/*Oetker*, § 12 TVG Rz. 8. | [15] Vgl. *Kempen/Zachert*, § 12 TVG Rz. 3; Wiedemann/*Oetker*, § 12 TVG Rz. 6. | [16] Vgl. *Kempen/Zachert*, § 12 TVG Rz. 4; *Däubler/Reinecke*, § 12 TVG Rz. 4 ff. *Löwisch/Rieble*, § 12 TVG Rz. 6, erachten die Einschränkung für fragwürdig, sofern die AVE regionaler TV auf die oberste Behörde eines Bundeslandes übertragen wird, die dann im Einvernehmen mit dem Landestarifausschuss entscheidet; dagegen Wiedemann/*Oetker*, § 12 TVG Rz. 9 mwN. | [17] Dazu *Kempen/Zachert*, § 12 TVG Rz. 2; *Däubler/Reinecke*, § 12 TVG Rz. 1.

7 **V. Entscheidung über die Qualifikation als Spitzenorganisation; Rechtsschutz.** Über den Status als Spitzenorganisation entscheidet das BMWA bzw. unter den Voraussetzungen des § 5 Abs. 6 die oberste Arbeitsbehörde des jeweiligen Landes. Die Entscheidung ist nach pflichtgemäßem Ermessen zu treffen[1], wobei ein erheblicher Bewertungsspielraum anzuerkennen ist[2]. Für Streitigkeiten über die Eigenschaft als Spitzenorganisation gewähren TVG und ArbGG keinen Rechtsschutz[3]. Es besteht aber über Art. 19 Abs. 4 GG die Möglichkeit, sachlich nicht gerechtfertigte Diskriminierungen (Art. 3 Abs. 1 GG) einzelner Koalitionen von den VerwG durch eine Feststellungsklage überprüfen zu lassen[4].

12a *Arbeitnehmerähnliche Personen*
(1) Die Vorschriften dieses Gesetzes gelten entsprechend

1. für Personen, die wirtschaftlich abhängig und vergleichbar einem Arbeitnehmer sozial schutzbedürftig sind (arbeitnehmerähnliche Personen), wenn sie auf Grund von Dienst- oder Werkverträgen für andere Personen tätig sind, die geschuldeten Leistungen persönlich und im Wesentlichen ohne Mitarbeit von Arbeitnehmern erbringen und

   a) überwiegend für eine Person tätig sind oder

   b) ihnen von einer Person im Durchschnitt mehr als die Hälfte des Entgelts zusteht, das ihnen für ihre Erwerbstätigkeit insgesamt zusteht; ist dies nicht voraussehbar, so sind für die Berechnung, soweit im Tarifvertrag nichts anderes vereinbart ist, jeweils die letzten sechs Monate, bei kürzerer Dauer der Tätigkeit dieser Zeitraum maßgebend,

2. für die in Nummer 1 genannten Personen, für die die arbeitnehmerähnlichen Personen tätig sind, sowie für die zwischen ihnen und den arbeitnehmerähnlichen Personen durch Dienst- oder Werkverträge begründeten Rechtsverhältnisse.

(2) Mehrere Personen, für die arbeitnehmerähnliche Personen tätig sind, gelten als eine Person, wenn diese mehreren Personen nach der Art eines Konzerns (§ 18 des Aktiengesetzes) zusammengefasst sind oder zu einer zwischen ihnen bestehenden Organisationsgemeinschaft oder nicht nur vorübergehenden Arbeitsgemeinschaft gehören.

(3) Die Absätze 1 und 2 finden auf Personen, die künstlerische, schriftstellerische oder journalistische Leistungen erbringen, sowie auf Personen, die an der Erbringung, insbesondere der technischen Gestaltung solcher Leistungen unmittelbar mitwirken, auch dann Anwendung, wenn ihnen abweichend von Absatz 1 Nr. 1 Buchstabe b erster Halbsatz von einer Person im Durchschnitt mindestens ein Drittel des Entgelts zusteht, das ihnen für ihre Erwerbstätigkeit insgesamt zusteht.

(4) Die Vorschrift findet keine Anwendung auf Handelsvertreter im Sinne des § 84 des Handelsgesetzbuchs.

Lit.: *Girth*, Film und Recht 1974, 510; *Henssler*, in Henssler/Olbing/Reinecke/Voelzke, Das arbeits- und sozialrechtliche Korrekturgesetz und die Scheinselbstständigkeit, S. 45; *Kunze*, Der neue § 12a des Tarifvertragsgesetzes, UFITA 74 (1975), 19; *Lieb*, Die Schutzbedürftigkeit arbeitnehmerähnlicher Personen, RdA 1974, 257; *Lund*, Tarifautonomie für arbeitnehmerähnliche Personen, BArbBl. 1974, 682 ff.; *Martinek*, Franchising, 1987, S. 289; *Pfarr*, Die arbeitnehmerähnliche Person – Neue Selbstständigkeit und deren arbeitsrechtliche Beurteilung –, in: FS Kehrmann, 1997, S. 65; *Stolterfoht*, Tarifautonomie für arbeitnehmerähnliche Personen, DB 1973, 1068; *Tiefenbacher*, Arbeitnehmerähnliche Personen, AR-Blattei SD NR. 120; *Voelzke* in Henssler/Olbing/Reinecke/Voelzke, Das arbeits- und sozialrechtliche Korrekturgesetz und die Scheinselbstständigkeit, S. 16; *Wlotzke*, Neuerungen im gesetzlichen Arbeitsrecht, DB 1974, 2252.

1 **I. Einleitung/Allgemeines. 1. Entstehungsgeschichte, Normzweck, Bedeutung.** § 12a erstreckt den Anwendungsbereich der Vorschriften des TVG, die nach § 1 grundsätzlich nur für „Arbeitsverhältnisse" gelten, auf die Rechtsverhältnisse zwischen arbeitnehmerähnlichen Personen und ihren „Auftraggebern". Die Übernahme der allgemeinen Differenzierung zwischen ArbN und freien Dienstleistern und die Begrenzung des weitreichenden sozialen Schutzes des Tarifwesens auf Arbeitsverhältnisse erwies sich frühzeitig als zu eng[5]. Der Gesetzgeber erkannte schon bald Personen als arbeitsrechtlich schutzwürdig an, die weder unter den Begriff des ArbN zu subsumieren waren, noch die Unabhängigkeit eines typischen Selbstständigen genossen. Bereits durch § 136 der GewO des Norddeutschen Bundes wurden Hausgewerbetreibende den ArbN gleichgestellt. Das Heimarbeitsgesetz aus dem Jahre

---

1 Vgl. *Hueck/Nipperdey*, Arbeitsrecht II/1, S. 438 Fn. 64; Wiedemann/*Oetker*, § 12 TVG Rz. 11. |2 *Löwisch*/*Rieble*, § 12 TVG Rz. 7; Wiedemann/*Oetker*, § 12 TVG Rz. 11. |3 Im Gesetzgebungsverfahrens zum ArbGG 1953 war erwogen worden, die Feststellung der Eigenschaft als Spitzenorganisation im Wege des einzuführenden Beschlussverfahrens zu ermöglichen. Davon wurde Abstand genommen, Wiedemann/*Oetker*, § 12 TVG Rz. 11. |4 So *Hueck/Nipperdey*, Arbeitsrecht II/1, S. 438 Fn. 64; *Löwisch*/Rieble, § 12 TVG Rz. 7; Wiedemann/*Oetker*, § 12 TVG Rz. 12. AA *Kempen/Zachert*, § 12 TVG Rz. 4 (allgemeine Leistungsklage); diff. Däubler/*Reinecke*, § 12 TVG Rz. 9. |5 Vgl. zur historischen Entwicklung *Kempen/Zachert*, § 12a TVG Rz. 1 ff.; Wiedemann/*Wank*, § 12a TVG Rz. 17 ff.

1911 unterstellte Heimarbeiter teilweise den für die ArbN geltenden Vorschriften[1]. Das arbeitsrechtliche Schutzbedürfnis weiterer Berufsgruppen (zB Handels- und Versicherungsvertreter, Journalisten, Schriftsteller, Künstler, Übersetzer, Dolmetscher sowie neuerdings von Rechtsanwälten und Architekten[2]) trat fortan zunehmend in das allgemeine Bewusstsein. Nach und nach wurden sie als arbeitnehmerähnliche Personen unter den Schutz des Arbeitsrechts gestellt, vgl. nur §§ 5 Abs. 1 Satz 2 ArbGG, 2 Satz 2 BUrlG, 17 Abs. 1 Satz 2 BetrAVG, 1 Abs. 2 Nr. 1 BeschSchG. Nachdem § 17 HAG für den Bereich der Heimarbeit die Möglichkeit zum Abschluss von TV anerkannt hatte, eröffnete der mit Wirkung zum 1.11.1974 in das TVG aufgenommene § 12a[3] diese Option auch den meisten anderen arbeitnehmerähnlichen Personen (Ausnahme: § 12a Abs. 4)[4]. Dadurch sollte nicht zuletzt der gewerkschaftlichen Organisation arbeitnehmerähnlicher Personen Vorschub geleistet werden[5]. Zielgruppe des § 12a waren insb. die freien Mitarbeiter aus dem Bereich der Medien sowie von Kunst, Wissenschaft und Forschung[6]. In der Praxis stieß die Vorschrift auf Akzeptanz: Insbesondere im Bereich der Medien wurden – gestützt auf § 12a – zahlreiche TV abgeschlossen[7], darunter fallen beispielsweise alle zur ARD gehörenden Rundfunkanstalten.

2. Verfassungsrechtliche Grundlage. Nach ganz hL fallen arbeitnehmerähnliche Personen in den Schutzbereich des Art. 9 Abs. 3 GG[8]. Ihnen steht nicht nur das Recht zu, sich zur Wahrung und Förderung ihrer Arbeits- und Wirtschaftsbedingungen zu Berufsverbänden zusammenzuschließen; sie dürfen auch auf den TV als Mittel zur Durchsetzung ihrer Interessen zurückgreifen. Das wurde zwar in Anbetracht der historischen Entwicklung des TV-Rechts als ArbN-Recht in Zweifel gezogen[9]. Art. 9 Abs. 3 GG ist aber – ausweislich seines Wortlauts – nicht auf den Bereich der abhängigen Arbeit iSd. klassischen Arbeitsrechts beschränkt, sondern offen für eine Auslegung, die sich an neuere Entwicklungen anpasst. Zudem ist die Interessenlage arbeitnehmerähnlicher Personen, die zwar nicht in einem persönlichen, wohl aber in einem wirtschaftlichen Abhängigkeitsverhältnis zu ihrem „Auftraggeber" stehen, mit derjenigen der ArbN partiell vergleichbar[10].

Das BVerfG hat für Heimarbeiter die Geltung des Art. 9 Abs. 3 GG bereits anerkannt[11]. Auch das von Deutschland ratifizierte IAO-Übereinkommen Nr. 141 über die Verbände ländlicher Arbeitskräfte vom 23.6.1975[12] legt in Art. 3 eine Vereinigungsfreiheit für ländliche Arbeitskräfte unabhängig davon fest, ob sie ArbN oder selbstständige Erwerbstätige sind[13]. Aus dem verfassungsrechtlichen Schutz der Tarifautonomie in Bezug auf arbeitnehmerähnliche Personen folgt, dass auch für sozial schutzbedürftige[14] Handelsvertreter – trotz der Ausnahmevorschrift des § 12a Abs. 4 – tarifvertragliche Regelungen getroffen werden können[15].

3. Verhältnis zu anderen Gesetzesvorschriften. Da der Begriff der arbeitnehmerähnlichen Person nicht nur in § 12a, sondern auch in anderen arbeitsrechtlichen Schutzvorschriften erwähnt wird, stellt sich die Frage nach dem Verhältnis dieser Vorschriften zueinander: Für **Heimarbeiter** gilt § 12a nicht; die Vorschriften des HAG sind insoweit leges speciales (vgl. insb. § 17 HAG)[16]. Arbeitnehmerähnliche Personen iSd. § 12a sind auch solche iSd. §§ 5 Abs. 1 Satz 2 ArbGG, 2 Satz 2 BUrlG und iSd. § 1 Abs. 2 Nr. 1 Halbs. 2 BeschSchG[17], auch wenn die Formulierungen nicht identisch sind[18]. Das SozV-Recht kennt in § 2 Nr. 9 SGB VI einen eigenständigen Begriff des arbeitnehmerähnlichen Selbstständigen[19].

II. Tatbestandsvoraussetzungen. Die in § 12a festgelegten Tatbestandsvoraussetzungen sind **zwingend** und auch durch TV-Parteien nicht abdingbar[20]. Das TVG darf lediglich auf die in § 12a Abs. 1 näher definierten Personen entsprechend angewendet werden. Das sind einerseits die in Abs. 1 Nr. 1

---

[1] Vgl. zur Frage der Verfassungsmäßigkeit des § 19 HAG auch BVerfG v. 27.2.1973 – 2 BvL 27/69, BVerfGE 34, 307 (317). | [2] Zu der Frage, ob auch Freiberufler wie Rechtsanwälte und Architekten unter den Schutzzweck des § 12a fallen, Wiedemann/*Wank*, § 12a TVG Rz. 58 (befürwortend). | [3] Vgl. Art. II § 1 des Heimarbeitsänderungsgesetzes vom 20.10.1974 (BGBl. I, 2879). | [4] Dazu *Wlotzke*, DB 1974, 2252 (2256). Zur Entstehungsgeschichte *Lund*, BArbBl. 1974, 682 ff.; Wiedemann/*Wank*, § 12a TVG Rz. 19. | [5] *Kempen/Zachert*, § 12a TVG Rz. 2. | [6] *Kempen/Zachert*, § 12a TVG Rz. 2; Wiedemann/*Wank*, § 12a TVG Rz. 23 mwN. Vgl. Stellungnahme des Ausschusses für Arbeit und Sozialordnung, BT-Drs. 7/2050, S. 6. | [7] Vgl. dazu Wiedemann/*Wank*, § 12a TVG Rz. 20 mwN. | [8] Vgl. BAG v. 23.9.1992 – 4 AZR 566/91, AP Nr. 21 zu § 1 TVG – Tarifverträge: Rundfunk; *Däubler*, Tarifvertragsrecht, Rz. 311; *Kempen/Zachert*, § 12a TVG Rz. 3; *Löwisch/Rieble*, § 12a TVG Rz. 2; *Pfarr*, FS Kehrmann, S. 75 (85); Wiedemann/*Wank*, § 12a TVG Rz. 24; *Gamillscheg*, Kollektives Arbeitsrecht I, S. 178; aA *Lieb*, RdA 1974, 257 (267); *Stolterfoht*, DB 1973, 1068 (1972). | [9] Vgl. dazu *Lieb*, RdA 1974, 257 (267). | [10] Ähnlich *Löwisch/Rieble*, § 12a TVG Rz. 2; *Däubler/Reinecke*, § 12a TVG Rz. 1; Wiedemann/*Wank*, § 12a TVG Rz. 24 mit weiteren Argumenten. | [11] BVerfG v. 27.2.1973 – 2 BvL 27/69, AP Nr. 7 zu § 19 HAG. | [12] BGBl. 1977 II, 482. | [13] *Löwisch/Rieble*, § 12a TVG Rz. 3; Wiedemann/*Wank*, § 12a TVG Rz. 25. | [14] Vgl. dazu BVerfG v. 7.2.1990 – 1 BvR 26/84, AP Nr. 65 zu Art. 12 GG. | [15] *Däubler*, Tarifvertragsrecht, Rz. 311; ErfK/*Schaub*, § 12a TVG Rz. 3; *Löwisch/Rieble*, § 12a TVG Rz. 5. | [16] Wiedemann/*Wank*, § 12a TVG Rz. 29; *Däubler/Reinecke*, § 12a TVG Rz. 14. | [17] Vgl. im Einzelnen Wiedemann/*Wank*, § 12a TVG Rz. 31; *Henssler* in Henssler/Olbing/Reinecke/Voelzke, Das arbeits- und sozialrechtliche Korrekturgesetz und die Scheinselbstständigkeit, S. 55 f. | [18] So begnügen sich §§ 5 Abs. 1 Satz 2 ArbGG, 2 Satz 2 BUrlG und § 1 Abs. 2 Nr. 1, Halbs. 2. Beschäftigtenschutzgesetz mit der Anknüpfung an die „wirtschaftliche Unselbständigkeit". | [19] Dazu *Voelzke*, in Henssler/Olbing/Reinecke/Voelzke, Das arbeits- und sozialrechtliche Korrekturgesetz und die Scheinselbständigkeit, S. 16 f. | [20] BAG v. 2.10.1990 – 4 AZR 106/90, AP Nr. 1 zu § 12a TVG (*Otto*), vgl. Ls. 2: „Die Tarifvertragsparteien können den Begriff der sozialen Schutzbedürftigkeit nicht über den gesetzlichen Begriff hinaus erwei-

näher umschriebenen arbeitnehmerähnlichen Personen und andererseits ihre in Abs. 1 Nr. 2 genannten Auftraggeber.

6 **1. Begriff der arbeitnehmerähnlichen Person (§ 12a Abs. 1 Nr. 1).** § 12a Abs. 1 Nr. 1 knüpft den Status als arbeitnehmerähnliche Person iSd. TVG[1] an folgende Voraussetzungen: Die Person muss

a) wirtschaftlich abhängig und

b) vergleichbar einem ArbN sozial schutzbedürftig sein.

Diese beiden Voraussetzungen werden sodann durch weitere Tatbestandsmerkmale näher konkretisiert[2]:

c) Tätigkeit für andere Personen aufgrund von Dienst- oder Werkverträgen,

d) persönliche Leistungserbringung, im Wesentlichen ohne Mitarbeit von ArbN,

e) überwiegende Tätigkeit für eine Person *oder* Erwerb der Hälfte des Entgelts von einer Person.

7 **a) Wirtschaftliche Abhängigkeit.** Sie liegt vor, wenn die Vertragsumstände eine bestimmte Tätigkeit erfordern und dem Tätigen die Möglichkeit der Eigenvorsorge nehmen[3]. Das Kriterium der wirtschaftlichen Abhängigkeit **unterscheidet** arbeitnehmerähnliche Personen[4] von der Gruppe der (sonstigen)[5] **Selbständigen**. Zwar bestimmen arbeitnehmerähnliche Personen als Selbständige Art und Umfang ihrer Tätigkeit selbst; sie sind **im Gegensatz zu ArbN** daher persönlich unabhängig[6]. Gleichzeitig unterliegen sie aber – im Gegensatz zu den sonstigen Selbständigen – weitreichenden wirtschaftlichen Abhängigkeiten, die ihren Handlungsspielraum einengen[7]. Die **Höhe des Verdienstes** einer Person ist für die Beurteilung ihrer wirtschaftlichen Abhängigkeit regelmäßig unbeachtlich, so dass auch gut verdienende Beschäftigte unter den Begriff der arbeitnehmerähnlichen Person fallen können[8]. Lediglich dann, wenn die zu beurteilende Person erhebliche sonstige Einkünfte, bspw. aus Kapitalvermögen, hat, die sie völlig ungebunden machen, kann eine wirtschaftliche Abhängigkeit unter Umständen zu verneinen sein[9]. Für den Fall der **Franchisenehmer** hat die Rspr. die wirtschaftliche Abhängigkeit allein aus dem Umstand hergeleitet, dass diese exklusiv an das Warensortiment des Franchisegebers gebunden waren und neben ihrer Tätigkeit für diesen keine weiteren nennenswerten Tätigkeiten ausüben konnten[10]. Nicht erforderlich ist es danach, dass der Arbeitnehmerähnliche für Rechnung eines Dritten tätig ist, der das Unternehmerrisiko trägt[11].

8 **b) Soziale Schutzbedürftigkeit.** Durch ihre wirtschaftliche Abhängigkeit müssen arbeitnehmerähnliche Personen „vergleichbar einem ArbN sozial schutzbedürftig" sein. Soziale Schutzbedürftigkeit besteht, wenn das Maß der Abhängigkeit nach der Verkehrsanschauung einen solchen Grad erreicht, wie er regelmäßig nur in einem Arbeitsverhältnis vorkommt, und die geleisteten Dienste nach ihrem sozialen Gepräge mit denen eines ArbN vergleichbar sind. Maßgebend sind die Umstände des Einzelfalls[12]. Von der Rspr. herangezogene Kriterien sind das Fehlen einer eigenen Unternehmensorganisation und die einem ArbN vergleichbare Einbindung in die Unternehmensorganisation des Auftraggebers[13]. Auch ein im unteren Bereich liegendes Einkommen wurde als Indiz für die soziale Schutzbedürftigkeit gewertet[14]. Außerdem wird man auf die unternehmerischen Chancen des Beschäftigten abstellen müssen[15]. Außer Betracht bleiben müssen grundsätzlich die persönlichen Verhältnisse des einzelnen Betroffenen. Entscheidend ist vielmehr, ob mit den jeweiligen Umständen der Tätigkeit typischerweise eine soziale Abhängigkeit des Beschäftigten einhergeht[16]. Wie auch bei

---

tern und damit weitere Personenkreise in den Geltungsbereich eines Tarifvertrages einbeziehen. Ein derartiger Tarifvertrag ist teilweise unwirksam."; *Löwisch/Rieble*, § 12a TVG Rz. 17; *Wiedemann/Wank*, § 12a TVG Rz. 59. |1 Ob es dagegen einen allgemeinen dogmatisch fundierten Begriff der arbeitnehmerähnlichen Person gibt, der für das gesamte (Arbeits-)Recht Gültigkeit besitzt, ist zweifelhaft, vgl. dazu *Wiedemann/Wank*, § 12a TVG Rz. 13 ff., 32 ff. |2 Vgl. zu dieser dogmatischen Einordnung auch *Kempen/Zachert*, § 12a TVG Rz. 13; *Lund*, BArbBl. 1974, 682 (683); *Wlotzke*, DB 1974, 2252 (2257). Demgegenüber hält Wiedemann/*Wank*, § 12a TVG Rz. 60, die Prüfung der Voraussetzungen a) und b) für überflüssig. |3 Vgl. ErfK/*Schaub*, § 12a TVG Rz. 4. |4 Vgl. zur Abgrenzung arbeitnehmerähnlicher Personen von sonstigen Selbständigen und von ArbN: *Kempen/Zachert*, § 12a TVG Rz. 9 ff.; *Löwisch/Rieble*, § 12a TVG Rz. 14 ff.; *Wiedemann/Wank*, § 12a TVG Rz. 32, 43 ff. |5 Arbeitnehmerähnliche Personen sind nach ganz hM Selbständige, die eines besonderen Schutzes bedürfen, vgl. *Kempen/Zachert*, § 12a TVG Rz. 11. Zu denkbaren dogmatischen Einordnungen Wiedemann/*Wank*, § 12a TVG Rz. 2. |6 Vgl. zu diesem Abgrenzungsmerkmal auch *Löwisch/Rieble*, § 12a TVG Rz. 15. |7 Vgl. *Kempen/Zachert*, § 12a TVG Rz. 9. |8 BAG v. 17.12.1968 – 5 AZR 86/68, AP Nr. 17 zu § 5 ArbGG 1953 (*Hueck*) – Theaterintendant; *Kempen/Zachert*, § 12a TVG Rz. 15; *Löwisch/Rieble*, § 12a TVG Rz. 12; Wiedemann/*Wank*, § 12a TVG Rz. 76. |9 Vgl. BAG v. 2.10.1990 – 4 AZR 106/90, AP Nr. 1 zu § 12a TVG. |10 Vgl. BGH v. 4.11.1998 – VIII ZB 12/98, NZA 1999, 53; v.14.1.1997 – 5 AZB 22/96, AP Nr. 41 zu § 2 ArbGG 1979 („Eismann"). |11 So zum Teil aber das Schrifttum, vgl. *Martinek*, Franchising, 1987, S. 289. |12 BAG v. 15.3.1978 – 5 AZR 819/76, AP Nr. 26 zu § 611 BGB – Abhängigkeit; v. 2.10.1990 – 4 AZR 106/90, AP Nr. 1 zu § 12a TVG; ErfK/*Schaub*, § 12a TVG Rz. 4; *Löwisch/Rieble*, § 12a TVG Rz. 7. |13 BGH v. 4.11.1998 – VIII ZB 12/98, NZA 1999, 53 (56); v.14.1.1997 – 5 AZB 22/96, AP Nr. 41 zu § 2 ArbGG 1979. |14 BGH v. 4.11.1998 – VIII ZB 12/98, NZA 1999, 53 (56). |15 *Henssler*, in Henssler/Olbing/Reinecke/Voelzke, Das arbeits- und sozialrechtliche Korrekturgesetz und die Scheinselbständigkeit, S. 62 f. |16 Vgl. *Kempen/Zachert*, § 12a TVG Rz. 15.

der Beurteilung der wirtschaftlichen Abhängigkeit (dazu oben Rz. 7) sind die Vermögensverhältnisse des Einzelnen zur Beurteilung der sozialen Schutzbedürftigkeit außer Acht zu lassen. Der Begriff der sozialen Schutzbedürftigkeit kann durch die TV-Parteien nicht über die gesetzliche Begriffsbestimmung hinaus erweitert werden[1].

c) **Tätigkeit für andere Personen aufgrund von Dienst- oder Werkverträgen.** Das Rechtsverhältnis zwischen der arbeitnehmerähnlichen Person und ihrem Auftraggeber beschreibt § 12a als Dienst- oder Werkvertrag. Der Verweis auf die §§ 611 ff., 631 ff. BGB kann indes nicht als abschließend gelten, weil ansonsten der Schutzzweck des § 12a durch kantelar-juristische Maßnahmen leicht unterlaufen werden könnte[2]. § 12a erfasst vielmehr alle Vertragsverhältnisse, die auf den Grundtypus des Dienst- oder Werkvertrags rückführbar sind[3]. Dazu zählen insb. (unechte) Werklieferungsverträge[4], Geschäftsbesorgungsverträge[5] und gemischte Verträge wie etwa Verlagsverträge mit Buchautoren[6] oder Verträge, wonach die Arbeitsleistung an gepachteten oder gemieteten Gegenständen für den Verpächter, Vermieter oder Lizenzgeber erfolgt[7]. Aktuelle Beispiele für die rechtliche Konstruktion arbeitnehmerähnlicher Beschäftigungsverhältnisse bieten[8] die im Zuge sog. Ausgründungen („**outsourcing**") entstehenden **Darlehens-, Subunternehmer-**[9] und **Franchiseverträge**[10], durch die zumeist ehemals eigene ArbN langfristig und ausschließlich an ein Unternehmen gebunden werden; ferner – allerdings abhängig von der jeweiligen Konstruktion – die **Telearbeit**[11].

d) **Persönliche Erbringung der geschuldeten Leistung, im Wesentlichen ohne Mitarbeit von ArbN.** Vergleichbar den ArbN (vgl. § 613 BGB) setzt die Arbeitnehmerähnlichkeit iSd. TVG eine im Wesentlichen persönliche Erbringung der Leistung voraus. § 12a sichert dadurch nicht nur die Gegnerfreiheit der Verbände arbeitnehmerähnlicher Personen[12], sondern trägt ebenso dem Umstand Rechnung, dass sich die soziale Schutzwürdigkeit typischerweise in dem persönlichen Arbeitseinsatz einer Person gründet[13]. Eine persönliche Leistungserbringung liegt vor, wenn die arbeitnehmerähnliche Person die geschuldete Leistung selbst erbringt. Im Vergleich zu § 613 BGB sind die Anforderungen des § 12a an die persönliche Leistungserbringung allerdings weniger streng; es genügt, wenn die Leistung „im Wesentlichen ohne Mitarbeit von ArbN" erbracht wird. Unschädlich ist daher – *e contrario* – eine Unterstützung durch Aushilfskräfte oder Familienangehörige, sofern sie lediglich Hilfstätigkeiten verrichten. Die wirtschaftlich entscheidende „**Kern-Arbeitsleistung**"[14] ist aber persönlich zu erbringen[15].

e) **Überwiegende Tätigkeit für eine Person oder mehr als die Hälfte des Entgelts von einer Person.** Das Tatbestandsmerkmal der überwiegenden Tätigkeit für eine Person, das alternativ durch den Bezug von mehr als der Hälfte des Entgelts von einer Person ersetzt werden kann, konkretisiert die geforderte wirtschaftliche Abhängigkeit (dazu Rz. 7). Eine arbeitnehmerähnliche Person ist überwiegend für eine Person tätig, wenn sie mehr als die Hälfte ihrer persönlichen Arbeitszeit auf die Verrichtung von Arbeiten für diese eine Person verwendet[16]. Ist dies nicht der Fall, so kann sich die wirtschaftliche Abhängigkeit nach § 12a Abs. 1 Nr. 1 b) auch daraus ergeben, dass die arbeitnehmerähnliche Person mehr als die Hälfte des Entgelts, das sie durch ihre Erwerbstätigkeit erarbeitet, von einer Person beanspruchen kann; für Personen, die künstlerische, schriftstellerische oder journalistische Leistungen erbringen, gilt Entsprechendes bereits dann, wenn ihnen von einer Person im Durchschnitt mindestens ein Drittel des Gesamteinkommens zusteht (vgl. Abs. 3, dazu unter Rz. 14). Zum **Gesamteinkommen** gehören lediglich Entgelte aus aktiver Tätigkeit, nicht dagegen Einkommen aus Urheberrechten, Versorgungsleistungen, Versicherungen oder Vermögen[17].

2. Auftraggeber der arbeitnehmerähnlichen Personen (§ 12a Abs. 1 Nr. 2). Durch § 12a Abs. 1 werden nicht nur die arbeitnehmerähnlichen Personen, sondern durch die Nr. 2 auch ihre Auftraggeber dem Gesetz unterworfen. Dies betrifft Unternehmer, Dienstberechtigte und sonstige Auftraggeber je nach

---

1 BAG v. 2.10.1990 – 4 AZR 106/90, AP Nr. 1 zu § 12a TVG; ErfK/*Schaub*, § 12a TVG Rz. 4; aA Däubler/*Reinecke*, § 12a TVG Rz. 53 ff. |2 *Kempen/Zachert*, § 12a TVG Rz. 16; *Löwisch/Rieble*, § 12a TVG Rz. 8. |3 *Däubler*, Tarifvertragsrecht, Rz. 314; *Löwisch/Rieble*, § 12a TVG Rz. 8; aA *Wlotzke*, DB 1974, 2258. |4 Wohl allg. Ansicht; streitig dagegen für echte Werklieferungsverträge (gegen eine Einbeziehung Wiedemann/*Wank*, § 12a TVG Rz. 63; *Stolterfoht*, DB 1973, 1068 (1071); dafür Däubler/*Reinecke*, § 12a TVG Rz. 35; AR-Blattei/*Tiefenbacher*, SD Nr. 120 Rz. 16. |5 *Kempen/Zachert*, § 12a TVG Rz. 16; Wiedemann/*Wank*, § 12a TVG Rz. 64; Däubler/*Reinecke*, § 12a TVG Rz. 36. |6 Vgl. *Kempen/Zachert*, § 12a TVG Rz. 16; Däubler/*Reinecke*, § 12a TVG Rz. 33. |7 Vgl. *Kempen/Zachert*, § 12a TVG Rz. 16. Beispiel: Toilettenpächter, vgl. LAG Düsseldorf v. 21.3.1957 – 2 Sa 22/57, AP Nr. 6 zu § 5 ArbGG 1953 (*Dersch*); BAG v. 13.9.1956 – 2 AZR 605/54, AP Nr. 2 zu § 5 ArbGG 1953 (Lizenzverhältnis). Zurückhaltender Wiedemann/*Wank*, § 12a TVG Rz. 62; anderer Ansicht: *Wlotzke*, DB 1974, 2252 (2258). |8 Vgl. dazu insgesamt *Kempen/Zachert*, § 12a TVG Rz. 17 ff.; Däubler/*Reinecke*, § 12a TVG Rz. 32 ff. |9 Insbesondere Verhältnisse mit unechten Subunternehmern, die (nahezu) ausschließlich Aufträge des Hauptunternehmers ausführen, dazu *Kempen/Zachert*, § 12a TVG Rz. 19. |10 Dazu *Henssler*, in Henssler/Olbing/Reinecke/Voelzke, Das arbeits- und sozialrechtliche Korrekturgesetz und die Scheinselbständigkeit, S. 59 ff.; Däubler/*Reinecke*, § 12a TVG Rz. 37. |11 Vgl. Däubler/*Reinecke*, § 12a TVG Rz. 340 ff.; *Kempen/Zachert*, § 12a TVG Rz. 8 mwN. |12 So *Löwisch/Rieble*, § 12a TVG Rz. 9. |13 *Kempen/Zachert*, § 12a TVG Rz. 12; Wiedemann/*Wank*, § 12a TVG Rz. 71. |14 *Kempen/Zachert*, § 12a TVG Rz. 13. |15 Wiedemann/*Wank*, § 12a TVG Rz. 71. |16 *Kempen/Zachert*, § 12a TVG Rz. 14. |17 *Kempen/Zachert*, § 12a TVG Rz. 14; Wiedemann/*Wank*, § 12a TVG Rz. 75; aA *Kunze*, UFITA 74 (1975), 19 (33).

Gestaltung des Vertragsverhältnisses[1]. Gleichfalls anwendbar ist das TVG auf die zwischen diesen Personen bestehenden Rechtsverhältnisse. Dieses Verständnis des Abs. 1 Nr. 2 gebieten entgegen einer im Schrifttum vertretenen Ansicht[2] sowohl die grammatikalische, die teleologische als auch die historische[3] Auslegung. Für die Ausdehnung der Vorschrift des Abs. 1 Nr. 2 auf arbeitnehmerähnliche Personen, die ihrerseits arbeitnehmerähnliche Personen beschäftigen[4], besteht kein Bedürfnis. Diese Personen werden bereits von Abs. 1 Nr. 1 erfasst.

13   3. **Mehrere Personen als „Auftraggeber" (§ 12a Abs. 2).** § 12a Abs. 2 soll eine Umgehung des Schutzzwecks der Vorschrift durch die Organisationsform des „Auftraggebers" verhindern[5]. Denn das maßgebende Kriterium für die Begründung der wirtschaftlichen Abhängigkeit arbeitnehmerähnlicher Personen ist gerade der Grad ihrer wirtschaftlichen Tätigkeit für oder ihre Entlohnung durch „eine" Person. § 12a Abs. 2 versteht den Begriff **„eine Person"** daher weit und zählt dazu auch mehrere Personen, wenn sie nach der Art eines Konzerns zusammengefasst sind oder zu einer zwischen ihnen bestehenden Organisationsgemeinschaft oder nicht nur vorübergehenden Arbeitsgemeinschaft gehören. Der Begriff des **Konzerns** wird in § 18 AktG, auf den die Vorschrift ausdrücklich verweist, näher definiert. Aufgrund der Formulierung „nach Art eines Konzerns" werden auch Unternehmensverbindungen, bei denen das herrschende Unternehmen keine AG ist, erfasst. Ausschlaggebend ist das Kriterium der „einheitlichen Leitung", das man nach dem Regelungszweck des § 12a freilich auch durch das „Control-Konzept" des § 290 Abs. 2 HGB[6] wird ersetzen können. Der Begriff der **Organisationsgemeinschaft** wurde in Anlehnung an die Formulierung in § 92a Abs. 2 Satz 1 HGB gewählt, so dass die zu dieser Vorschrift entwickelten Rechtsgrundsätze entsprechend gelten[7]. Maßgebend ist, dass die verschiedenen Personen ihren Geschäftsbetrieb zumindest teilweise in gemeinsamer Organisation führen[8]. Der Begriff **Arbeitsgemeinschaft** soll insb. Rundfunk- und Fernsehanstalten – wie die ARD – erfassen, um die Anwendbarkeit des TVG auch für deren Mitarbeiter, die häufig für mehrere Rundfunk- und Fernsehanstalten gleichzeitig tätig sind, zu gewährleisten[9]. Unter den Begriff fallen aber auch Arbeitsgemeinschaften des Baugewerbes[10].

14   4. **Personen, die künstlerische, schriftstellerische oder journalistische Leistungen erbringen (§ 12a Abs. 3).** § 12a Abs. 3 privilegiert Personen, die künstlerische, schriftstellerische oder journalistische Leistungen erbringen, sowie das entsprechende „technische" Personal gegenüber anderen arbeitnehmerähnlichen Personen. Die Personen aus der genannten Gruppe unterliegen bereits dann dem Schutz der Vorschriften des TVG, wenn sie von einer Person mindestens ein Drittel – statt der Hälfte bei anderen arbeitnehmerähnlichen Personen – ihres Gesamteinkommens beanspruchen können (dazu bereits oben Rz. 11)[11].

15   5. **Handelsvertreter iSd. § 84 HGB (§ 12a Abs. 4).** Ausgeklammert werden von der Erweiterung des § 12a die Handelsvertreter iSd. § 84 HGB, obwohl sie sogar idealtypische arbeitnehmerähnliche Selbstständige sein können. Handelsvertreter ist, wer als selbstständiger Gewerbetreibender ständig damit betraut ist, für einen anderen Unternehmer Geschäfte zu vermitteln oder in dessen Namen abzuschließen (§ 84 Abs. 1 Satz 1 HGB). Selbstständig ist dabei, wer im Wesentlichen frei seine Tätigkeit gestalten und seine Arbeitszeit bestimmen kann (§ 84 Abs. 1 Satz 2 HGB). Die Ausnahmeregelung, die auf Drängen der Handelsvertreter-Verbände – entgegen dem ursprünglichen Gesetzesentwurf – in § 12a aufgenommen wurde[12], ist nicht nur aus rechtspolitischer[13] sondern auch aus verfassungsrechtlicher[14] Sicht kritisch zu bewerten. Die Tarifautonomie arbeitnehmerähnlicher Personen genießt nach Art. 9 Abs. 3 GG verfassungsrechtlichen Schutz. Art. 3 Abs. 1 GG gebietet eine Gleichstellung arbeitnehmerähnlicher Handelsvertreter mit anderen arbeitnehmerähnlichen Personen[15]. Daher dürfen auch die Verbände der Handelsvertreter TV abschließen, sofern sie als arbeitnehmerähnliche Person anzusehen und nicht bereits Angestellte iSd. § 84 Abs. 2 HGB sind, für die das TVG ohnehin gilt[16]. Wichtig ist dies für die Einfirmenvertreter des § 92a HGB.

16   **III. Rechtsfolgen.** Als Rechtsfolge sieht § 12a Abs. 1 die entsprechende Geltung der Vorschriften des TVG vor.

17   1. **TV-Parteien.** Das bedeutet zunächst, dass die Rechtsbeziehungen zwischen den arbeitnehmerähnlichen Personen iSd. § 12a und ihren „Auftraggebern" tarifvertraglich ausgestaltet werden können. Abzuschließen sind entsprechende TV zwischen den Verbänden der arbeitnehmerähnlichen Personen auf

---

1 Ebenso: *Löwisch/Rieble*, § 12a TVG Rz. 20; *Reichel/Koberski/Ansey*, § 12a TVG Rz. 42 f. | 2 *Wiedemann/Wank*, § 12a TVG Rz. 66 (70); *ErfK/Schaub*, § 12a TVG Rz. 6; wie hier *Däubler/Reinecke*, § 12a TVG Rz. 21. | 3 Vgl. BT-Drs. 7/975, S. 21. | 4 So *Wiedemann/Wank*, § 12a TVG Rz. 70; *ErfK/Schaub*, § 12a TVG Rz. 6. | 5 Vgl. ebenso *Kempen/Zachert*, § 12a TVG Rz. 21; *Wiedemann/Wank*, § 12a TVG Rz. 66. | 6 Dazu *Heymann/Henssler*, § 290 HGB Rz. 25 ff. | 7 *Kempen/Zachert*, § 12a TVG Rz. 21; *Wiedemann/Wank*, § 12a TVG Rz. 67. | 8 *Kempen/Zachert*, § 12a TVG Rz. 21; *Wiedemann/Wank*, § 12a TVG Rz. 67. | 9 *Kempen/Zachert*, § 12a TVG Rz. 21; *Löwisch/Rieble*, § 12a TVG Rz. 13. | 10 *Löwisch/Rieble*, § 12a TVG Rz. 13; *Kempen/Zachert*, § 12a TVG Rz. 21. | 11 Krit. *Wiedemann/Wank*, § 12a TVG Rz. 74. Zur Vereinbarkeit der Vorschrift mit Art. 5 GG vgl. *Löwisch/Rieble*, § 12a TVG Rz. 11. | 12 Vgl. *Hölscher*, Sten. Berichte 7/721,1; *Schmidt*, Sten. Berichte 7/2867. | 13 Vgl. zB *Wiedemann/Wank*, § 12a TVG Rz. 52 mwN. | 14 *MünchArbR/Löwisch*, § 239 Rz. 83. | 15 *Wiedemann/Wank*, § 12a TVG Rz. 53. | 16 Ausf. *Wiedemann/Wank*, § 12a TVG Rz. 30, 51 ff.

der einen Seite und ihren „Auftraggebern" bzw. deren Verbänden auf der anderen Seite (vgl. § 2 Abs. 1 TVG, dazu § 1 Rz. 5 ff.)[1]. Arbeitnehmerähnliche Personen können auch Gewerkschaften angehören, in denen sich (primär) ArbN zusammengeschlossen haben. Dementsprechend dürfen in einen TV sowohl Normen über die Rechtsverhältnisse der ArbN als auch solche über diejenigen der arbeitnehmerähnlichen Personen aufgenommen werden[2].

2. Zulässiger Inhalt der TV. Umstritten ist, welche Inhalte die abgeschlossenen TV regeln dürfen. **18** Inhalts- (dazu § 1 Rz. 45 f.), Abschluss-[3] (dazu § 1 Rz. 47 ff.) und Beendigungsnormen (dazu § 1 Rz. 50) sowie solche über gemeinsame Einrichtungen (§ 1 Rz. 55, § 4 Rz. 21 ff.) werden auch bei TV mit Arbeitnehmerähnlichen nahezu einhellig als zulässige Vertragsgegenstände anerkannt[4]. Bei der Vereinbarung von Abschluss- und Beendigungsnormen ist allerdings die durch Art. 5 Abs. 1 GG verfassungsrechtlich geschützte Medienfreiheit zu beachten, sofern entsprechende Unternehmen von den Normen betroffen werden[5]. Generell in Zweifel gezogen wird die Zulässigkeit betrieblicher (dazu § 1 Rz. 51 f.) und betriebsverfassungsrechtlicher (dazu § 1 Rz. 53 f.) Normen[6]. § 12a des Gesetzes sei dem § 17 HAG nachempfunden, der für arbeitnehmerähnliche Heimarbeiter lediglich tarifvertragliche Vereinbarungen über Inhalt, Abschluss oder Beendigung von Vertragsverhältnissen vorsehe[7]. Eine solche pauschale Einengung der Tarifmacht ist dem § 12a, der die entsprechende Anwendung des gesamten TVG anordnet, indes fremd. Richtig ist, dass die Vereinbarung betriebsverfassungsrechtlicher Normen im engen Sinne ausscheiden muss, weil das BetrVG arbeitnehmerähnliche Personen – mit Ausnahme der Heimarbeiter – nicht in seinen Geltungsbereich einbezieht (vgl. §§ 5, 6 BetrVG)[8]. Zulässig wäre indes die Einführung einer eigenständigen betrieblichen Vertretung für arbeitnehmerähnliche Personen, die allerdings nicht mit Normsetzungsbefugnissen iSd. BetrVG ausgestattet werden könnte[9]. Bei betrieblichen Normen ist darauf abzustellen, ob ihre Vereinbarung im Verhältnis zwischen arbeitnehmerähnlichen Personen und deren „Auftraggebern" sachgerecht ist[10]. Bei der notwendigen starken Eingliederung eines größeren Personenkreises in die Arbeitsorganisation des Auftraggebers, bei der an betriebliche Normen zu denken ist, wird meist der ArbN-Status der Beschäftigten zu bejahen sein. Zwingende Gründe, die gegen betriebliche Normen sprechen, sind indes nicht ersichtlich. Betriebliche Normen können daher für in die betriebliche Ordnung eingegliederte arbeitnehmerähnliche Personen vereinbart werden[11].

3. Schranken der Tarifmacht. Die Tarifmacht der Sozialpartner unterliegt in Bezug auf Rechtsverhältnisse arbeitnehmerähnlicher Personen grundsätzlich denselben Regelungsschranken wie in Bezug auf Arbeitsverhältnisse (dazu oben Einl. Rz. 14 ff.)[12]. **19**

4. Arbeitskampf. Nicht nur das TVG selbst, sondern auch die zu seiner Durchsetzung entwickelten **20** Grundsätze über den Arbeitskampf gelten für die Rechtsverhältnisse arbeitnehmerähnlicher Personen entsprechend: Arbeitnehmerähnliche Personen haben ein **Streikrecht**, ihre „Auftraggeber" dürfen **aussperren**[13]. Selbst Sympathiestreiks von ArbN für arbeitnehmerähnliche Personen oder umgekehrt hat das BAG – zumindest in Ausnahmesituationen – für zulässig erklärt[14].

IV. Prozessuales. Streitigkeiten über den Status arbeitnehmerähnlicher Personen können über eine **21** **Feststellungsklage** (§ 256 ZPO) einer gerichtlichen Entscheidung zugeführt werden[15]. Ein Feststellungsinteresse liegt vor, wenn „durch die Bereinigung des Streits konkrete Folgen für das Arbeitsverhältnis geklärt werden und die Feststellungsklage prozesswirtschaftlich sinnvoll ist"[16]. Die §§ 2 Abs. 1 Nr. 3, 5 Abs. 1 Satz 1 ArbGG eröffnen den Rechtsweg zu den ArbG[17], für Handelsvertreter ist § 5 Abs. 3 ArbGG zu beachten[18].

---

1 *Lund*, BArbBl. 1974, 682 (684); Wiedemann/*Wank*, § 12a TVG Rz. 79. | 2 Dafür die hM: *Däubler*, Tarifvertragsrecht, Rz. 319; Kempen/*Zachert*, § 12a TVG Rz. 22; Wiedemann/*Wank*, § 12a TVG Rz. 90. Dagegen: *Lieb*, RdA 1974, 257 (267). | 3 Krit. allerdings ua. *Lieb*, RdA 1974, 257 (266 f.). | 4 ErfK/*Schaub*, § 12a TVG Rz. 11; Kempen/*Zachert*, § 12a TVG Rz. 22, 24; Däubler/*Reinecke*, § 12a TVG Rz. 60, 63, 65, 77; Löwisch/*Rieble*, § 12a TVG Rz. 20 f.; Wiedemann/*Wank*, § 12a TVG Rz. 81 ff. | 5 Wiedemann/*Wank*, § 12a TVG Rz. 84 (86). Vgl. BVerfG v. 13.1.1982 – 1 BvR 848/77, BVerfGE 59, 231 (268). Vgl. zu dieser Verfassungsgerichtsentscheidung ausf. Kempen/*Zachert*, § 12a TVG Rz. 4 ff. | 6 ErfK/*Schaub*, § 12a TVG Rz. 11 (bzgl. betrieblicher Normen); Löwisch/*Rieble*, § 12a TVG Rz. 20. | 7 ErfK/*Schaub*, § 12a TVG Rz. 11; Löwisch/*Rieble*, § 12a TVG Rz. 20. | 8 Kempen/*Zachert*, § 12a TVG Rz. 24; Wiedemann/*Wank*, § 12a TVG Rz. 88; Däubler/*Reinecke*, § 12a TVG Rz. 74. | 9 Vgl. Kempen/*Zachert*, § 12a TVG Rz. 24; Wiedemann/*Wank*, § 12a TVG Rz. 88; Däubler/*Reinecke*, § 12a TVG Rz. 75 f. | 10 In diese Richtung Wiedemann/*Wank*, § 12a TVG Rz. 80; aA ErfK/*Schaub*, § 12a TVG Rz. 11. | 11 Wiedemann/*Wank*, § 12a TVG Rz. 87; Däubler/*Reinecke*, § 12a TVG Rz. 7, 69 ff. | 12 Vgl. ErfK/*Schaub*, § 12a TVG Rz. 12; Löwisch/*Rieble*, § 12a TVG Rz. 24. | 13 *Däubler*, Tarifvertragsrecht, Rz. 320; Kempen/*Zachert*, § 12a TVG Rz. 25; Wiedemann/*Wank*, § 12a TVG Rz. 25.; aA *Eich*, DB 1973, 1699 (1703). | 14 BAG v. 5.3.1985 – 1 AZR 468/83, AP Nr. 85 zu Art. 9 GG – Arbeitskampf. Für eine allgemeine Zulässigkeit: *Däubler*, Tarifvertragsrecht, Rz. 320; Kempen/*Zachert*, § 12a TVG Rz. 25; Wiedemann/*Wank*, § 12a TVG Rz. 92.; aA *Girth*, Film und Recht 1974, 510 (512); *Lieb*, RdA 1974, 257 (267). | 15 Vgl. BAG v. 22.6.1977 – 5 AZR 753/75, AP Nr. 22 zu § 611 BGB – Abhängigkeit; ErfK/*Schaub*, § 12a TVG Rz. 13; Löwisch/*Rieble*, § 12a TVG Rz. 18. | 16 BAG v. 12.10.1978 – 7 AZR 960/77, AP Nr. 48 zu § 620 BGB – Befristeter Arbeitsvertrag. | 17 Löwisch/*Rieble*, § 12a TVG Rz. 18. | 18 BAG v. 17.10.1990 – 5 AZR 639/89, AP Nr. 9 zu § 5 ArbGG 1979.

12b *[Berlin-Klausel]* (gegenstandslos)

13 *In-Kraft-Treten*
(1) Dieses Gesetz tritt mit seiner Verkündung in Kraft[1].

(2) Tarifverträge, die vor dem In-Kraft-Treten dieses Gesetzes abgeschlossen sind, unterliegen diesem Gesetz.

1   Die aktuelle praktische Bedeutung der Vorschrift ist gering. Der Einigungsvertrag (Anl. I Kap. VIII Sachgeb. A Abschnitt III Nr. 14 EVertr) sieht eine zeitlich unbegrenzte Fortgeltung der nach dem alten Recht abgeschlossenen Rahmenkollektivverträge und TV vor[2].

Verordnung zur Durchführung des Tarifvertragsgesetzes

vom 20.02.1970 (BGBl. I 1970 S. 193),
in der Fassung der Bekanntmachung vom 16.01.1989 (BGBl. I 1989 S. 76)

– Auszug –

Zweiter Abschnitt. Allgemeinverbindlicherklärung und Aufhebung der Allgemeinverbindlichkeit

9 (1) Arbeitgeber und Arbeitnehmer, für die der Tarifvertrag infolge der Allgemeinverbindlicherklärung verbindlich ist, können von einer der Tarifvertragsparteien eine Abschrift des Tarifvertrages gegen Erstattung der Selbstkosten verlangen. § 5 Satz 2 und 3 gilt entsprechend.

(2) Die in Absatz 1 genannten Arbeitgeber haben die für allgemeinverbindlich erklärten Tarifverträge an geeigneter Stelle im Betrieb auszulegen.

Vierter Abschnitt. Tarifregister

14 Bei der Eintragung des Abschlusses von Tarifverträgen in das Tarifregister werden die Tarifverträge durch die Angabe der Tarifvertragsparteien, des Geltungsbereiches sowie des Zeitpunktes ihres Abschlusses und ihres Inkrafttretens bezeichnet.

15 (1) Der Bundesminister für Arbeit und Sozialordnung benachrichtigt die Tarifvertragsparteien von der Eintragung der Allgemeinverbindlicherklärung, der Aufhebung der Allgemeinverbindlicherklärung sowie von der Eintragung ihrer Mitteilungen über das Außerkrafttreten und über die Änderung allgemeinverbindlicher Tarifverträge.

(2) Die Bekanntmachungen nach § 4 und § 11 sollen im Tarifregister vermerkt werden.

16 Die Einsicht des Tarifregisters sowie der registrierten Tarifverträge ist jedem gestattet. Der Bundesminister für Arbeit und Sozialordnung erteilt auf Anfrage Auskunft über die Eintragungen.

---

[1] *Amtliche Anmerkung:* Die Vorschrift betrifft das In-Kraft-Treten des Gesetzes in der Fassung vom 9. April 1949 (Gesetzblatt der Verwaltung des Vereinigten Wirtschaftsgebietes S. 55). Der Zeitpunkt des In-Kraft-Treten der späteren Änderungen und Ergänzungen ergibt sich aus den in der vorangestellten Bekanntmachung bezeichneten Vorschriften. | [2] Eingehend Wiedemann/*Oetker*, § 13 TVG Rz. 28 ff.

Gesetz über Teilzeitarbeit und befristete Arbeitsverträge (Teilzeit- und Befristungsgesetz – TzBfG)

vom 21.12.2000 (BGBl. I S. 1966), zuletzt geändert durch Gesetz vom 24.12.2003 (BGBl. I S. 3002)

Vorbemerkung

Aufgrund Art. 1 des „Gesetzes über Teilzeitarbeit und befristete Arbeitsverträge und zur Änderung und Aufhebung arbeitsrechtlicher Bestimmungen" vom 21. Dezember 2000 (BGBl. I S. 1966) sind mit dem Gesetz über Teilzeitarbeit und befristete Arbeitsverträge (TzBfG) die Teilzeitarbeit und die Befristung von Arbeitsverhältnissen auf eine umfassende gesetzliche Grundlage gestellt worden. Mit dem am 1.1.2001 in Kraft getretenen Gesetz sind die Regelungen der Europäischen Richtlinien 97/81/EG (ABl. EG 1998 Nr. L 14 S. 9) und 1999/70/EG (ABl. EG 1999 Nr. L 175 S. 43) in nationales Recht umgesetzt und das Beschäftigungsförderungsgesetz vom 26.4.1985 abgelöst worden.

Erster Abschnitt. Allgemeine Vorschriften

1 *Zielsetzung*
Ziel des Gesetzes ist, Teilzeitarbeit zu fördern, die Voraussetzungen für die Zulässigkeit befristeter Arbeitsverträge festzulegen und die Diskriminierung von teilzeitbeschäftigten und befristet beschäftigten Arbeitnehmern zu verhindern.

Lit.: *Däubler*, Das neue Teilzeit- und Befristungsgesetz, ZIP 2001, 217; *Preis/Gotthardt*, Neuregelung der Teilzeitarbeit und befristeten Arbeitsverhältnisse, DB 2000, 2065; *Richardi/Annuß*, Gesetzliche Neuregelung von Teilzeitarbeit und Befristung, BB 2000, 2201.

I. Zweck und Inhalt. Die in der Vorschrift formulierte **Zielsetzung** entspricht den Vorgaben, wie sie sich aus § 1 der in der Richtlinie 97/81/EG übernommenen Rahmenvereinbarung über Teilzeitarbeit und § 1 der in der Richtlinie 1999/70/EG übernommenen Rahmenvereinbarung über befristete Arbeitsverträge ergeben. In der Sache werden folgende Ziele verfolgt:

Im Hinblick auf **Teilzeitarbeit**

- Schutz Teilzeitbeschäftigter vor Diskriminierung
- Förderung der Teilzeitarbeit
- Schaffung von Transparenz durch umfassende Information der ArbN und ArbN-Vertretungen über die Möglichkeiten einer Teilzeitbeschäftigung

und im Bereich der **befristeten Arbeitsverträge**

- Schutz befristet beschäftigter ArbN vor Diskriminierung
- die Festlegung der Zulässigkeitsvoraussetzungen befristeter Arbeitsverträge
- die Verbesserung der Chancen befristet Beschäftigter auf eine Dauerbeschäftigung[1].

Für **Teilzeitarbeit** sind maßgeblich die Begriffsbestimmungen in § 2, das Diskriminierungsverbot in § 4 Abs. 1 sowie die Förderung der Teilzeitarbeit regelnden Bestimmungen im zweiten Abschnitt (§§ 6–13).

Befristungen betreffen die begriffliche Festlegung in § 3, das Diskriminierungsverbot des § 4 Abs. 2 sowie die die Voraussetzungen der Zulässigkeit befristeter Arbeitsverträge festlegenden Bestimmungen im dritten Abschnitt (§§ 14–21). Sowohl für die Teilzeitarbeit wie auch für Befristungen gelten die **gemeinsamen Vorschriften** des Benachteiligungsverbotes in § 5, die Möglichkeit der Abdingbarkeit in § 22 und der Hinweis auf besondere gesetzliche Regelungen in § 23.

Ein **eigener Regelungsinhalt** ist § 1 nicht zu entnehmen. Dieser Zielsetzung kann aber in der Auslegung Bedeutung zukommen[2]. Während für befristete Arbeitsverhältnisse nur die Festlegung der dafür erforderlichen Voraussetzungen angeführt wird, ist es hinsichtlich der Teilzeitarbeit Ziel des Gesetzes, diese zu fördern. Unmittelbare Rechtsansprüche lassen sich aber aus der Zielsetzung nicht ableiten[3].

---

1 Begründung des Gesetzesentwurfs, BT-Drs. 14/4374, S. 11 ff. | 2 Annuß/Thüsing/*Annuß*, § 1 TzBfG Rz. 1; KR/*Bader*, Anhang II zu § 620 BGB, § 1 TzBfG Rz. 1. | 3 *Preis/Gotthardt*, DB 2000, 2065.

TzBfG § 1 Rz. 5   Zielsetzung

5   **II. Geltungsbereich.** Mit Ausnahme der Regelung zu § 8 Abs. 7 enthält das Gesetz keine Einschränkung seines **Geltungsbereichs**. Es gilt für alle privaten und öffentlichen Arbeitsverhältnisse, auch für solche des öffentlichen Dienstes, nicht jedoch für Beamte.

6   Dies betrifft auch den **persönlichen** Geltungsbereich. Das Teilzeit- und Befristungsgesetz gilt daher für alle ArbN. Entgegen der bis zum 31.12.2000 bestehenden rechtlichen Situation besteht auch im Befristungsbereich keine Ausnahme für **leitende Angestellte** gem. § 14 Abs. 2 KSchG, die die Befugnis haben, ArbN einzustellen oder zu entlassen, auch wenn mit ihnen im Anstellungsvertrag von vornherein eine finanzielle Entschädigung für die Beendigung des Arbeitsverhältnisses vereinbart wird. Eine abweichende Befristungsregelung für ArbN ab Verlängerung des 58. Lebensjahres (bis zum 31.12.2006: 52. Lebensjahr) sieht jedoch § 14 Abs. 3 vor.

7   Der **betriebliche** Geltungsbereich erstreckt sich auf alle Betriebe privater und öffentlicher ArbGeb. Das Gesetz findet auch auf sog. **Kleinbetriebe** gem. § 23 Abs. 1 Satz 2 und 3 KSchG Anwendung. Die entgegenstehende Auffassung des Gesetzgebers, dass in Kleinbetrieben weiterhin erleichterte Befristungen deshalb vereinbart werden können, weil eine Umgehung des Kündigungsschutzgesetzes nicht möglich sei[1], findet weder im Teilzeit- und Befristungsgesetz noch in der diesem Gesetz zugrunde liegenden Richtlinie 1999/70/EG eine Bestätigung[2]. Im Gegensatz zur Teilzeitarbeit (siehe hierzu § 8 Abs. 7) enthält der die befristeten Arbeitsverträge regelnde dritte Abschnitt des Teilzeit- und Befristungsgesetzes keine an eine bestimmte Anzahl von beschäftigten ArbN geknüpfte Ausnahme.

8   **Hinweis:** Die Ausdehnung der gesetzlichen Befristungsregelungen auf Kleinbetriebe gem. § 23 Abs. 1 Satz 2 und 3 KSchG ist dann ohne Relevanz, wenn von der gem. § 15 Abs. 3 gesetzlich vorgesehenen Möglichkeit Gebrauch gemacht wird, auch während der Befristung kündigen zu können. Die auf der Grundlage einer solchen vereinbarten Kündigungsmöglichkeit ausgesprochene Kündigung unterliegt gem. § 23 Abs. 1 Satz 2 und 3 KSchG nicht den Vorschriften des ersten und zweiten Abschnitts des Kündigungsschutzgesetzes. Es empfiehlt sich jedoch, von einer Befristung in Kleinbetrieben wegen der Regelung des § 23 Abs. 1 Satz 2 und 3 KSchG von vornherein Abstand zu nehmen.

9   **Zeitlich** gilt das Teilzeit- und Befristungsgesetz vom ersten Tag des Arbeitsverhältnisses an. Entgegen der früheren rechtlichen Situation setzt die Befristungskontrolle nicht den Ablauf der Wartezeit des § 1 Abs. 1 KSchG voraus. Demzufolge bedarf auch die Vereinbarung der Befristung eines Arbeitsverhältnisses auf die Dauer von sechs Monaten grundsätzlich eines Sachgrundes, sofern nicht von der Möglichkeit der sachgrundlosen Befristung des § 14 Abs. 2 und 2a Gebrauch gemacht wird. Dies entspricht der Vorgabe durch die Richtlinie 1999/70/EG und findet seine Bestätigung in der ausdrücklich in § 14 Abs. 1 Nr. 5 genannten Erprobung.

2 *Begriff des teilzeitbeschäftigten Arbeitnehmers*

(1) Teilzeitbeschäftigt ist ein Arbeitnehmer, dessen regelmäßige Wochenarbeitszeit kürzer ist als die eines vergleichbaren vollzeitbeschäftigten Arbeitnehmers. Ist eine regelmäßige Wochenarbeitszeit nicht vereinbart, so ist ein Arbeitnehmer teilzeitbeschäftigt, wenn seine regelmäßige Arbeitszeit im Durchschnitt eines bis zu einem Jahr reichenden Beschäftigungszeitraums unter der eines vergleichbaren vollzeitbeschäftigten Arbeitnehmers liegt. Vergleichbar ist ein vollzeitbeschäftigter Arbeitnehmer des Betriebes mit derselben Art des Arbeitsverhältnisses und der gleichen oder einer ähnlichen Tätigkeit. Gibt es im Betrieb keinen vergleichbaren vollzeitbeschäftigten Arbeitnehmer, so ist der vergleichbare vollzeitbeschäftigte Arbeitnehmer auf Grund des anwendbaren Tarifvertrages zu bestimmen; in allen anderen Fällen ist darauf abzustellen, wer im jeweiligen Wirtschaftszweig üblicherweise als vergleichbarer vollzeitbeschäftigter Arbeitnehmer anzusehen ist.

(2) Teilzeitbeschäftigt ist auch ein Arbeitnehmer, der eine geringfügige Beschäftigung nach § 8 Abs. 1 Nr. 1 des Vierten Buches Sozialgesetzbuch ausübt.

1   **I. Inhalt und Zweck.** Abs. 1 enthält eine **Legaldefinition** des Begriffs des teilzeitbeschäftigten ArbN. Teilzeitbeschäftigte iSd. Teilzeit- und Befristungsgesetzes sind unter ausdrücklicher Einbeziehung der geringfügig Beschäftigten nach § 8 Abs. 1 SGB IV alle ArbN, deren regelmäßige Wochenarbeitszeit kürzer ist als die eines vergleichbaren vollzeitbeschäftigten ArbN. Mit § 2 wird § 3 der Rahmenvereinbarung über Teilzeitarbeit (Richtlinie 97/81/EG) umgesetzt. Die Sätze 1 und 2 entsprechen § 3 Abs. 1 und die Sätze 3 und 4 § 3 Abs. 2 der Rahmenvereinbarung über Teilzeitarbeit

2   **II. Begriff des Teilzeitbeschäftigten (Abs. 1). 1. Grundsatz (Satz 1).** Begrifflich setzt Teilzeitbeschäftigung voraus, dass die Wochenarbeitszeit eines in Teilzeit arbeitenden ArbN **kürzer** ist als die regelmäßige Wochenarbeitszeit eines vergleichbaren vollzeitbeschäftigten ArbN. Aus dem Gesetz ergibt sich nicht, um welche Zeit die Arbeitszeit unter der regelmäßigen Wochenarbeitszeit liegen muss, um

---

[1] BT-Drs. 14/4374, S. 18 zu § 14 Abs. 1. | [2] *Däubler*, ZIP 2001, 217, 222; *Preis/Gotthardt*, DB 2000, 2065, 266; *Richardi/Annuß*, BB 2000, 2201, 2204.

als Teilzeitarbeit zu gelten. Deshalb erfüllt jede nicht nur vorübergehende Arbeitszeitverkürzung den Begriff der Teilzeit iSd. Gesetzes.

2. Arbeitszeitrelation (Satz 2). Maßgeblich ist die **individuelle Arbeitszeit** des betroffenen ArbN. Ist er in einem flexiblen Arbeitszeitsystem eingesetzt (Monatsarbeitszeit, Jahresarbeitszeit, „Zeitsouveränität" und Abrufarbeit gem. § 12 Abs. 1), so ist er teilzeitbeschäftigt, wenn seine regelmäßige Arbeitszeit im Durchschnitt eines bis zu einem Jahr reichenden Beschäftigungszeitraumes unter der eines vergleichbaren vollzeitbeschäftigten ArbN liegt. Insoweit kommt es auf die vertraglichen Vereinbarungen an, so dass ein in der Vergangenheit liegender Bezugszeitraum von einem Jahr nur zur hilfsweisen Feststellung der durchschnittlichen Arbeitszeit herangezogen werden kann[1].

3. ArbN-Vergleich. a) Betrieblicher Vergleich (Satz 3). Die Teilzeittätigkeit setzt weiterhin voraus, dass die individuelle Arbeitszeit des betroffenen ArbN kürzer ist als die eines vergleichbaren **vollzeitbeschäftigten ArbN**. Für die Vergleichbarkeit ist nach Satz 3 auf die Art des Arbeitsverhältnisses (zB befristetes oder unbefristetes Arbeitsverhältnis) und die Gleichartigkeit oder zumindest Ähnlichkeit der ausgeübten Tätigkeit abzustellen. Vergleichbar sind also nicht nur gänzlich identische Beschäftigungen, sondern auch funktional austauschbare mit gleichem Anforderungsprofil und Belastung[2]. Ist dieser vergleichbare ArbN im selben Betrieb nach der betriebsüblichen Arbeitszeit vollzeitbeschäftigt, so ist seine Arbeitszeit für den Vergleich maßgeblich.

b) Anwendbarer TV (Satz 4 Halbs. 1). Ist in dem Beschäftigungsbetrieb kein vergleichbarer ArbN vollzeitbeschäftigt, so beurteilt sich die Vergleichbarkeit nach dem anwendbaren TV und der dort geregelten „Normalarbeitszeit" für vergleichbare ArbN. – Sofern der teilzeitbeschäftigte ArbN diesem anwendbaren TV ohnehin mit seinem Beschäftigungsverhältnis unterliegt, erübrigt sich der nach dem Gesetz zunächst vorzunehmende betriebliche Vergleich.

c) Maßgeblicher Wirtschaftszweig (Satz 4 Halbs. 2). Scheitert ein innerbetrieblicher Vergleich und gibt es keinen auf den Betrieb anwendbaren TV, so kommt es auf eine **branchenbezogene Betrachtung** an. Vergleichbar ist dann, wer im jeweiligen Wirtschaftszweig üblicherweise als vergleichbarer vollzeitbeschäftigter ArbN angesehen wird. Grundlage für den Vergleich kann in diesem Fall regelmäßig der in dem Betrieb hypothetisch anwendbare TV sein[3]. Ansonsten bleibt nur die Möglichkeit der tatsächlichen Feststellung der allgemein üblichen Arbeitszeit innerhalb der Branche.

III. Geringfügig Beschäftigte (Abs. 2). Abs. 2 stellt ergänzend fest, dass auch geringfügig Beschäftigte nach § 8 Abs. 1 Nr. 1 SGB IV Teilzeitbeschäftigte sind. Nach der Gesetzesbegründung soll damit klargestellt werden, dass auch geringfügig Beschäftigte teilzeitbeschäftigte ArbN iSd. Teilzeit- und Befristungsgesetzes sind[4]. Dies gilt aber nur für die in § 8 Abs. 1 Nr. 1 SGB IV genannten geringfügig Beschäftigten. Dagegen sind Vollzeitarbeitnehmer nach § 8 Abs. 1 Nr. 2 SGB IV geringfügig Beschäftigte, wenn sie nur im Rahmen eines gem. § 8 Abs. 1 Nr. 2 SGB IV befristeten Arbeitsverhältnisses mit der vollen betriebsüblichen wöchentlichen Stundenzahl tätig sind.

3 *Begriff des befristet beschäftigten Arbeitnehmers*
(1) Befristet beschäftigt ist ein Arbeitnehmer mit einem auf bestimmte Zeit geschlossenen Arbeitsvertrag. Ein auf bestimmte Zeit geschlossener Arbeitsvertrag (befristeter Arbeitsvertrag) liegt vor, wenn seine Dauer kalendermäßig bestimmt ist (kalendermäßig befristeter Arbeitsvertrag) oder sich aus Art, Zweck oder Beschaffenheit der Arbeitsleistung ergibt (zweckbefristeter Arbeitsvertrag).

(2) Vergleichbar ist ein unbefristet beschäftigter Arbeitnehmer des Betriebes mit der gleichen oder einer ähnlichen Tätigkeit. Gibt es im Betrieb keinen vergleichbaren unbefristet beschäftigten Arbeitnehmer, so ist der vergleichbare unbefristet beschäftigte Arbeitnehmer aufgrund des anwendbaren Tarifvertrages zu bestimmen; in allen anderen Fällen ist darauf abzustellen, wer im jeweiligen Wirtschaftszweig üblicherweise als vergleichbarer unbefristet beschäftigter Arbeitnehmer anzusehen ist.

I. Inhalt und Zweck. Abs. 1 erläutert den befristeten Arbeitsvertrag als einen auf eine **bestimmte Zeit** geschlossenen Arbeitsvertrag. In Übereinstimmung mit § 620 Abs. 1 und Abs. 2 BGB wird zwischen Zeit- und Zweckbefristung unterschieden. Nicht definiert ist der auflösend bedingte Arbeitsvertrag, obwohl er über die Verweisung des § 21 weitgehend den gleichen Rechtsregeln unterworfen ist (zur auflösenden Bedingung s. § 158 Abs. 2 BGB). Der Begriff des vergleichbaren unbefristet beschäftigten ArbN ist in Abs. 2 definiert. Er ist bedeutsam für das Diskriminierungsverbot in § 4 Abs. 2. Mit der Begriffsbestimmung in Abs. 1 wird die Definition in § 3 Nr. 1 der Rahmenvereinbarung über befristete Arbeitsverträge (Richtlinie 1999/70/EG)[5] übernommen, nicht jedoch der dort ebenfalls erfasste auflösend bedingte Arbeitsvertrag.

Abs. 2 liegt § 3 Nr. 2 der Rahmenvereinbarung über befristete Arbeitsverträge zugrunde.

---

1 So aber KDZ/*Zwanziger*, § 2 TzBfG Rz. 5. | 2 Annuß/Thüsing/*Thüsing*, § 4 TzBfG Rz. 25. | 3 Begr. zum Gesetzentwurf, BT-Drs. 14/4374, S. 15. | 4 BT-Drs. 14/4374, S. 15. | 5 ABl. v. 10.7.1999, L 175/43.

2 **II. Begriff des befristet beschäftigten ArbN (Abs. 1). 1. Grundsatz (Satz 1).** Die als Satz 1 vorangestellte **Definition der befristeten Beschäftigung** ist im Vergleich zu § 3 Nr. 1 der Rahmenvereinbarung (Richtlinie 1999/70/EG) sprachlich missglückt. Der auf bestimmte Zeit abgeschlossene Arbeitsvertrag erfasst entgegen der auch in Satz 2 gewählten Formulierung nicht den zweckbefristeten Arbeitsvertrag, sondern nur die Zeitbefristung. Auch wenn die Definition des auflösend bedingten Arbeitsvertrages fehlt, so ergibt sich doch die eigentliche Begriffsbestimmung des befristeten Arbeitsvertrages aus Satz 2. Danach liegt ein auf bestimmte Zeit abgeschlossener Arbeitsvertrag (befristeter Arbeitsvertrag) vor, wenn seine Dauer kalendermäßig bestimmt ist (kalendermäßig befristeter Arbeitsvertrag) oder sich aus Art, Zweck oder Beschaffenheit der Arbeitsleistung ergibt (zweckbefristeter Arbeitsvertrag).

3 **2. Begriff des auf bestimmte Zeit geschlossenen Arbeitsvertrages (Satz 2). a) Kalendermäßig befristeter Arbeitsvertrag.** Ein kalendermäßig befristeter Arbeitsvertrag liegt vor, wenn die zeitliche Dauer ab einem bestimmten zeitlichen Beginn bestimmbar ist oder aber der Endzeitpunkt des Arbeitsverhältnisses nach dem Kalender feststeht. Bei einer für eine Dauer erfolgenden Befristung muss eine exakte Bestimmung möglich sein (wie zB ... wird vom 1.10.2004 für die Dauer von sechs Monaten eingestellt). Unpräzise Formulierungen, die das genaue Ende der Befristung nicht erkennen lassen, sind unzureichend. Sofern sich nicht der vertraglichen Grundlagen eine Zweckbefristung entnehmen lässt, ist eine derartig unpräzise formulierte Befristung unwirksam[1].

4 **b) Zweckbefristung.** Ein zweckbefristeter Arbeitsvertrag liegt vor, wenn sich die Dauer des befristeten Arbeitsverhältnisses aus Art, Zweck oder Beschaffenheit der Arbeitsleistung ergibt. Die Zweckerreichung wird von den Vertragsparteien als gewiss, aber zeitlich noch unbestimmbar angesehen (zB Einstellung für eine Saison- oder Krankheitsvertretung). Zweckbefristungen sind daher lediglich mit Verträgen mit Sachgrund möglich.

5 Die Zweckbefristung ist nur zulässig, wenn der Zeitpunkt der Zweckerfüllung für den ArbN **voraussehbar** ist und in **überschaubarer Zeit** liegt. Die Zweckerreichung muss **objektiv bestimmbar** sein[2]. Für den zweckbefristeten Arbeitsvertrag gilt im Übrigen § 15 Abs. 2.

6 **c) Auflösende Bedingung (§ 21 TzBfG).** Eine Definition des **auflösend bedingten Arbeitsvertrages** enthält das Gesetz nicht (zur auflösenden Bedingung s. § 158 Abs. 2 BGB). Aufgrund der Verweisung des § 21 sind auf ihn weitgehend die gleichen Rechtsregeln anwendbar wie für den zeit- und zweckbefristeten Arbeitsvertrag. Der auflösend bedingte Arbeitsvertrag unterscheidet sich von dem zeit- und zweckbefristeten Vertrag dadurch, dass sein Ende von dem ungewissen Eintritt eines zukünftigen Ereignis abhängt.

7 Die gewählte Bedingung muss so umschrieben sein, dass der Eintritt des Ereignisses, an das die Beendigung des Arbeitsverhältnisses geknüpft wird, **objektiv erkennbar** ist[3]. Dies ergibt sich schon aus § 14 Abs. 4 sowie § 2 Abs. 1 Satz 2 Nr. 3 NachwG. Für die Beendigung des auflösend bedingten Arbeitsvertrages gilt ebenfalls § 15 Abs. 2. Nicht anwendbar ist § 14 Abs. 2, da mit einer auflösenden Bedingung der Beendigungstatbestand gekennzeichnet werden muss. – Siehe im Übrigen die Kommentierung zu § 21.

8 **d) Sonderformen.** Das **Probearbeitsverhältnis** wird regelmäßig kalendermäßig bestimmt. Die Eignung für eine bestimmte vertraglich übernommene Aufgabe ist zu unbestimmt, um sie als auflösende Bedingung vereinbaren zu können.

9 **Mindestbefristung/-dauer** bedeutet nur die Möglichkeit des Ausschlusses einer ordentlichen Kündigung bis zu einem bestimmten Termin.

10 Die **Nichtverlängerungsmitteilung** stellt abgesehen vom Bühnenbereich idR eine nur zu einem bestimmten Zeitpunkt vorgesehene Kündigung dar.

11 Eine **Doppelbefristung** liegt vor, wenn eine Zweckbefristung mit einer zeitlichen (Höchst-) Befristung kombiniert wird. Wegen der gem. § 22 Abs. 1 nicht abdingbaren Folge des § 15 Abs. 5 ist die Möglichkeit einer rechtswirksamen Doppelbefristung im vorgenannten Sinne fraglich[4].

12 **Kettenbefristungen** oder **Kettenarbeitsverhältnisse** liegen bei mehreren aufeinander folgenden befristeten Arbeitsverhältnissen vor. Bedeutsam ist insoweit der Beginn der Klagefrist des § 17.

13 Die Befristung **einzelner Vertragsbedingungen** ist ebenfalls möglich. Das Schriftformerfordernis des § 14 Abs. 4 gilt hierfür nicht. Auch die Befristung einzelner Arbeitsbedingungen unterliegt der Befristungskontrolle des § 14 Abs. 1 (siehe dort Rz. 87 ff.).

---

1 KR/*Bader*, Anhang II zu § 620 BGB, § 3 TzBfG Rz. 18. | 2 BAG v. 26.3.1986 – 7 AZR 599/84, AP Nr. 103 zu § 620 BGB – Befristeter Arbeitsvertrag. | 3 Dass die angeführte Bedingung sodann einseitig herbeigeführt wird, steht dem nicht entgegen, wenn dies sachlich geboten erscheint; s. dazu BAG v. 2.7.2003 – 7 AZR 612/02, nv. | 4 AA KR/*Bader*, Anhang II zu § 620 BGB, § 3 TzBfG Rz. 48.

Bei vereinbarten **Altersgrenzen** ist umstritten, welchen rechtlichen Charakter ein an ein bestimmtes Alter geknüpfter Beendigungstermin hat. Der für das Befristungsrecht zuständige Siebte Senat des BAG geht jetzt von einer Befristung und nicht von einer auflösenden Bedingung aus[1]. 14

III. Vergleichbarkeit zu unbefristet beschäftigten ArbN (Abs. 2). 1. Betrieblicher Vergleich. Die Vergleichbarkeit eines befristet beschäftigten ArbN zu einem unbefristet beschäftigten ArbN ist im Hinblick auf eine etwaige **Diskriminierung** (§ 4 Abs. 2) von Bedeutung. Maßstab ist vorrangig der im selben Betrieb unbefristet beschäftigte ArbN. Diese auf den Betrieb bezogene Vergleichbarkeit ist demgegenüber von der jüngeren Rspr. des BAG aufgegeben worden[2]. Der Befristung selbst ist keine betriebsspezifische Besonderheit zu entnehmen. Allerdings entspricht die in der ersten Stufe vorzunehmende Überprüfung der betrieblichen Situation § 3 Nr. 2 der Rahmenvereinbarung der Richtlinie 1999/70/EG. 15

In den Vergleich einzubeziehen sind unbefristet beschäftigte ArbN mit der **gleichen oder einer ähnlichen Tätigkeit**. Gleich sind die Tätigkeiten, wenn die Arbeiten unter Berücksichtigung der Qualifikation, der Verantwortung sowie der Arbeitsbedingungen und Belastungen so gleichartig sind, dass die ArbN ohne weiteres austauschbar sind. Ähnliche Tätigkeiten sind anzunehmen, wenn sie in derselben Gruppe eines Vergütungssystems erfasst werden, sofern diese an die Tätigkeit anknüpft[3]. 16

2. Anwendbarer TV. Gibt es in dem Beschäftigungsbetrieb keinen vergleichbaren unbefristet beschäftigten ArbN, so ist der vergleichbare unbefristet beschäftigte ArbN aufgrund des anwendbaren TV zu bestimmen. Maßgeblich ist insoweit ein kraft Verbandszugehörigkeit oder Tarifbindung anzuwendender TV. Ausreichend kann aber auch ein aufgrund gleich lautender vertraglicher Bezugnahme oder betrieblicher Übung einheitlich im Betrieb angewandter TV sein[4]. 17

3. Wirtschaftszweig. Ist weder im Betrieb noch aufgrund eines TV ein vergleichbarer unbefristet beschäftigter ArbN festzustellen, so erstreckt sich die Prüfung darauf, wer im jeweiligen Wirtschaftszweig üblicherweise als vergleichbarer unbefristet beschäftigter ArbN anzusehen ist. Vorrangig wird man dabei auf in der Branche geltende TV abstellen müssen, die jedoch im konkreten Einzelfall wegen fehlender Tarifbindung nicht direkt anwendbar sind. Fehlt es auch an derartigen Regelungen, so sind die tatsächlichen Beschäftigungsbedingungen bei anderen ArbGeb innerhalb derselben Branche in geeigneter Weise zu vergleichen. Das bedeutet nicht, dass sich der ArbGeb an den Arbeitsbedingungen der Konkurrenz orientieren muss, sondern unter Berücksichtigung der in seinem Betrieb geltenden Regelungen an insoweit hypothetischen Arbeitsbedingungen. 18

§ 4 Verbot der Diskriminierung

(1) Ein teilzeitbeschäftigter Arbeitnehmer darf wegen der Teilzeitarbeit nicht schlechter behandelt werden als ein vergleichbarer vollzeitbeschäftigter Arbeitnehmer, es sei denn, dass sachliche Gründe eine unterschiedliche Behandlung rechtfertigen. Einem teilzeitbeschäftigten Arbeitnehmer ist Arbeitsentgelt oder eine andere teilbare geldwerte Leistung mindestens in dem Umfang zu gewähren, der dem Anteil seiner Arbeitszeit an der Arbeitszeit eines vergleichbaren vollzeitbeschäftigten Arbeitnehmers entspricht.

(2) Ein befristet beschäftigter Arbeitnehmer darf wegen der Befristung des Arbeitsvertrages nicht schlechter behandelt werden als ein vergleichbarer unbefristet beschäftigter Arbeitnehmer, es sei denn, dass sachliche Gründe eine unterschiedliche Behandlung rechtfertigen. Einem befristet beschäftigten Arbeitnehmer ist Arbeitsentgelt oder eine andere teilbare geldwerte Leistung, die für einen bestimmten Bemessungszeitraum gewährt wird, mindestens in dem Umfang zu gewähren, der dem Anteil seiner Beschäftigungsdauer am Bemessungszeitraum entspricht. Sind bestimmte Beschäftigungsbedingungen von der Dauer des Bestehens des Arbeitsverhältnisses in demselben Betrieb oder Unternehmen abhängig, so sind für befristet beschäftigte Arbeitnehmer dieselben Zeiten zu berücksichtigen wie für unbefristet beschäftigte Arbeitnehmer, es sei denn, dass eine unterschiedliche Berücksichtigung aus sachlichen Gründen gerechtfertigt ist.

Lit.: *Bauer*, Befristete Arbeitsverträge unter neuen Vorzeichen, BB 2001, 2473; *Däubler*, Das neue Teilzeit- und Befristungsgesetz, ZIP 2001, 217; *Hanau*, Offene Fragen zum Teilzeitgesetz, NZA 2001, 1168; *Hanau*, Einzelfragen und -antworten zu den beiden ersten Gesetzen für moderne Dienstleistungen am Arbeitsmarkt, ZIP 2003, 1573; *Hartwig*, Aktuelles zur Teilzeitarbeit, FA 2001, 34; *Kliemt*, Der neue Teilzeitanspruch, NZA 2001, 63; *Müller*, Diskriminierungsverbot im Bereich des Arbeitsentgelts für geringfügig Beschäftigte, ArbRB 2001,87; *Müller-Volbehr*, Teilzeitarbeit und kirchliche Arbeitsverhältnisse, NZA 2002, 301; *Richardi/Annuß*, Gesetzliche Neuregelung von Teilzeitarbeit und Befristung, BB 2000, 2201.

---

1 BAG v. 14.8.2002 – 7 AZR 469/01, DB 2003, 394. | 2 BAG v. 17.11.1998 – 1 AZR 147/98, BB 1999, 692. | 3 KDZ/*Däubler*, § 3 TzBfG Rz. 19. | 4 KR/*Bader*, Anh. II zu § 620 BGB, § 3 TzBfG Rz. 54.

I. Inhalt und Geltungsbereich des Diskriminierungsverbots. 1. Inhalt. Die Bestimmung enthält ein **Diskriminierungsverbot** sowohl zugunsten teilzeitbeschäftigter ArbN wie auch zugunsten befristet beschäftigter ArbN. Demgemäß darf ein teilzeitbeschäftigter ArbN wegen der Teilzeitarbeit nicht schlechter behandelt werden also ein vergleichbarer vollzeitbeschäftigter ArbN, ein befristet beschäftigter ArbN wegen der Befristung des Arbeitsvertrages – und auch nur während der Befristung – nicht schlechter als ein vergleichbarer unbefristet beschäftigter ArbN, es sei denn, dass sachliche Gründe eine unterschiedliche Behandlung rechtfertigen. Mit Abs. 1 Satz 1 wird § 4 Abs. 1 der Rahmenvereinbarung über Teilzeitarbeit (Richtlinie 97/81/EG) umgesetzt. Satz 2 übernimmt den in § 4 Abs. 2 der Rahmenvereinbarung über Teilzeitarbeit geregelten Pro-rata-temporis-Grundsatz für die Fälle, in denen dies „angemessen" ist. Mit Abs. 2 wird § 4 der Rahmenvereinbarung über befristete Arbeitsverträge (Richtlinie 1999/70/EG) umgesetzt. § 4 ist im Ergebnis eine Konkretisierung des auch in Art. 3 Abs. 1 GG enthaltenen Gleichbehandlungsgrundsatzes[1]. § 4 Abs. 1 entspricht inhaltlich im Wesentlichen § 2 Abs. 1 Satz 1 BeschFG. Nach der Gesetzesbegründung ist aber bewusst das generelle Verbot einer unterschiedlichen Behandlung nicht übernommen worden, so dass eine Besserstellung der Teilzeitbeschäftigten (zB aus arbeitsmarktpolitischen Gründen) nicht ausgeschlossen ist[2] (wegen des Gleichbehandlungsgrundsatzes kann jedoch eine Besserstellung teilzeitbeschäftigter ArbN ohne Vorliegen sachlich anerkennenswerter Gründe nicht ohne weiteres in Betracht kommen).

2. Geltungsbereich. Die Diskriminierungsverbote der Abs. 1 und 2 gelten **für alle arbeitsrechtlichen Regeln**, also auch für TV und kirchliche Arbeitsbedingungen[3]. Weder die abweichende Arbeitszeit noch eine Befristung des Arbeitsverhältnisses dürfen ursächlicher Grund für eine unterschiedliche Regelung sein, es sei denn, sachliche Gründe rechtfertigen die unterschiedliche Behandlung. Aufgrund der Regelung in § 3 Abs. 1 Nr. 3 AÜG sind LeihArbN grundsätzlich auch nicht ausgenommen. Sofern keine diesbezüglichen generalisierenden betrieblichen Regeln gelten, wird der Grundsatz der Vertragsfreiheit aber durch den Gleichbehandlungsgrundsatz nicht eingeschränkt. Bei unterschiedlicher Gruppenbildung innerhalb der Teilzeitbeschäftigten oder befristet Beschäftigten gilt der allgemeine Gleichbehandlungsgrundsatz. Zur Vergleichbarkeit siehe auch §§ 2 und 3.

II. Teilzeitarbeit (Abs. 1). 1. Benachteiligung. a) Entgelt und andere Arbeitsbedingungen (Satz 1 und 2). Das Diskriminierungsverbot erstreckt sich sowohl auf **einseitige Maßnahmen** wie auf **vertragliche Vereinbarungen**[4]. Das Verbot der unterschiedlichen Behandlung erfasst alle Arbeitsbedingungen. Eine Diskriminierungsabsicht muss nicht vorliegen. Entscheidend ist nur das Vorliegen einer objektiven Ungleichbehandlung.

In Satz 2 wird das Gleichbehandlungsgebot bezüglich des **Entgelts** konkretisiert. Danach ist einem teilzeitbeschäftigten ArbN Arbeitsentgelt oder eine andere teilbare geldwerte Leistung mindestens in dem Umfang zu gewähren, der dem Anteil seiner Arbeitszeit an der Arbeitszeit eines vergleichbaren vollzeitbeschäftigten ArbN entspricht[5]. Für das Arbeitsentgelt und andere teilbare geldwerte Leistungen gilt das **Pro-rata-temporis-Prinzip**. Sieht also die Arbeitsleistung in Abhängigkeit zu der Arbeitszeit wie beim Arbeitsentgelt eine Funktionszulage[6] oder eine Pflegezulage[7] vor, darf das unterschiedliche Arbeitspensum zu einer entsprechenden anteiligen Reduzierung bzw. Anpassung der Vergütung führen. Dies gilt auch für Beihilfen, sofern die tarifliche Regelung nicht der Deckung des vollen Bedarfs des Anspruchsberechtigten dient, sondern die Leistung über einen anlassbezogenen Zuschuss zur laufenden Vergütung darstellt[8]. Auch kann die Anhebung der Pflichtstundenzahl für Vollzeitkräfte zu einer entsprechenden Minderung des Gehaltsanspruchs des Teilzeitbeschäftigten führen[9]. Bei der Gewährung von langfristigen Baudarlehen dürfen Teilzeitbeschäftigte nicht ausgeschlossen werden[10]. Jedoch ist es zulässig, das Darlehen der Höhe nach anteilig im Verhältnis der wöchentlichen Arbeitszeit zu der wöchentlichen Arbeitszeit einer Vollzeitarbeitskraft zu begrenzen. Sonderzuwendungen (13. Gehalt, Gratifikation, Weihnachts- und Urlaubsgeld) sind grundsätzlich Teilzeitbeschäftigten anteilig zu gewähren[11]. Wie sich aus der besonderen Einbeziehung der Geringfügigbeschäftigten iSd. § 8 Abs. 1 Nr. 1 SGB IV in § 2 Abs. 2 ergibt, dürfen Geringfügigbeschäftigte ebenfalls nicht von den Jahressonderzuwendungen ausgenommen werden. Dies gilt auch für Regelungen in BV[12] und in TV[13].

---

1 BAG v. 25.10.1994 – 3 AZR 149/94, NZA 1995, 730. | 2 BT-Drs. 14/4374, S. 15. | 3 BAG v. 15.10.2003 – 4 AZR 606/02, DB 2004, 1155; einschr. dazu: *Müller-Volbehr*, NZA 2002, 301. | 4 BAG v. 23.6.1993 – 10 AZR 127/92, NZA 1994, 41; v. 15.11.1994 – 5 AZR 681/93 DB 1995, 2616; v.16.1.2003 – 6 AZR 222/01, NZA 2003, 971; bzgl. der unzulässigen Einschränkung des Anspruchs auf Arbeitszeitverringerung durch § 15b BAT s. BAG v. 18.3.2003 – 9 AZR 126/02, DB 2004, 319. | 5 BAG v. 25.4.2001 – AZR 368/99, DB 2001, 2150; so auch die Gesetzesbegründung, BT-Drs. 14/4374, S. 15. | 6 BAG v. 17.4.1996 – 10 AZR 617/95, NZA 1997, 324. | 7 BAG v. 10.2.1999 – 10 AZR 711/97, NZA 1999, 1001. | 8 BAG v. 19.12.1998 – 6 AZR 460/96, NZA 1998, 887; v. 19.2.1998 – 6 AZR 477/96, NZA 1998, 1131. | 9 BAG v. 17.5.2000 – 5 AZR 783/98, NZA 2001, 799. | 10 BAG v. 27.7.1994 – 10 AZR 538/93, DB 1994, 2348. | 11 BAG v. 24.5.2000 – 10 AZR 629/99, NZA 2001, 216; v. 15.4.2003 – 9 AZR 548/01, NZA 2004, 494. | 12 LAG Hess. v. 14.3.1995 – 7 Sa 883/94, NZA 1995, 1162. | 13 EuGH v. 9.9.1999 – C-281/97, BB 1999, 2085 – Andrea Krüger; im Ergebnis wird aber von einer mittelbaren Diskriminierung ausgegangen.

Verbot der Diskriminierung

Wird ein ArbN wegen seiner Teilzeitbeschäftigung niedriger vergütet als ein Vollzeitbeschäftigter, ist die Vergütungsabrede gemäß § 134 BGB nichtig[1]. Der ArbN hat nach § 612 Abs. 2 BGB Anspruch auf Zahlung der üblichen Vergütung.

Steht die Gegenleistung **nicht in Abhängig zu der Arbeitszeit**, sondern soll zB damit die ungünstige Lage der Arbeitszeit ausgeglichen oder eine lange Betriebstreue belohnt werden, so ist keine anteilige Kürzung vorzunehmen. Vielmehr steht dem teilzeitbeschäftigten ArbN in derartigen Fällen die Leistung in voller Höhe zu. Teilzeitbeschäftigte haben daher grundsätzlich Anspruch auf gleich hohe Spätarbeits- und Nachtarbeitszuschläge[2], Urlaubsgeld[3] und Essensgeldzuschuss, wenn zu erwarten ist, dass Teilzeitbeschäftigte auch ein Mittagessen während ihrer Arbeitszeit einnehmen[4]. Dies gilt auch für tarifliche Jubiläumszuwendungen, da Voraussetzung für ihre Gewährung allein das Zurücklegen einer bestimmten Dienstzeit ist und nicht der Umfang der erbrachten Arbeitsleistung[5]. Dagegen kann bei einem monatlichen Zuschlag zur Anerkennung der Unternehmenszugehörigkeit, der sich als Vergütungsbestandteil darstellt, eine zeitanteilige Kürzung erfolgen[6]. Ist die Bezahlung einer Wechselschichtzulage nach einer tariflichen Regelung allein davon abhängig, dass der ArbN in Wechselschicht arbeitet und innerhalb eines bestimmten Zeitraumes eine bestimmte Mindestzeit von Nachtdienststunden leistet, so steht die Wechselschichtzulage auch den teilzeitbeschäftigten ArbN in voller Höhe zu, wenn sie die tariflichen Anspruchsvoraussetzungen erfüllen[7].

Auch wird eine hälftig teilzeitbeschäftigte Pflegekraft nicht wegen der Teilzeit ungleich behandelt, wenn sie zur gleichen Anzahl von Wochenenddiensten herangezogen wird wie eine vollzeitbeschäftigte Pflegekraft[8]. Erhalten Vollzeitarbeitnehmer an bestimmten Tagen, wie Heiligabend oder Silvester bereits um 12:00 Uhr Dienstbefreiung, so können Teilzeitbeschäftigte, deren Arbeitszeit ohnehin um diese Zeit endet, nicht proportional anteilig zusätzliche Freizeit verlangen[9].

Überstundenzuschläge kann ein teilzeitbeschäftigter ArbN jedoch erst dann beanspruchen, wenn dafür auch vollzeitbeschäftigte ArbN Mehrarbeitszuschläge erhalten würden. Die bloße Überschreitung der individuellen Arbeitszeit gibt keinen Anspruch auf einen Überstundenzuschlag[10].

Für **teilzeitbeschäftigte BR-Mitglieder** besteht entgegen der bisherigen Rspr.[11] ein Anspruch auf Arbeitsbefreiung unter Fortzahlung der Vergütung, wenn die BR-Tätigkeit nicht innerhalb der persönlichen Arbeitszeit erfolgen kann (§ 37 Abs. 3 Satz 1 BetrVG).

Das Gleichbehandlungsgebot gilt zudem für die **betrAV**, auch dann, wenn ein weiteres Arbeitsverhältnis besteht[12]. Eine unterschiedliche Ausgestaltung der Leistungen durch die betrAV ist nicht gerechtfertigt. Jedoch können Teilzeitkräfte keine gleich hohe betrAV fordern wie Vollzeitkräfte. Gleichwohl müssen sie sich auf die betriebliche Gesamtversorgung auch die auf einer früheren Vollzeitbeschäftigung beruhende SozV-Rente anrechnen lassen[13]. Dagegen konnten bislang geringfügig Beschäftigte, die nicht der gesetzlichen RV-Pflicht unterliegen, von der Zusatzversorgung ausgenommen werden[14]. Diese Differenzierung wird wohl nicht beibehalten werden können, da geringfügig Beschäftigte gemäß § 5 Abs. 2 Satz 2 SGB VI auf die Versicherungsfreiheit verzichten können[15] und § 2 Abs. 2 sie ausdrücklich Teilzeitbeschäftigten gleichstellt.

b) Kündigung und soziale Auswahl. Tarifliche **Unkündbarkeitsregelungen** gelten auch für Teilzeitbeschäftigte, ohne dass eine längere Dienstzeit zurückgelegt werden muss. Das unterschiedliche Arbeitspensum der Teilzeitbeschäftigten und der Vollzeitkräfte rechtfertigt keine unterschiedliche Behandlung[16]. Die tarifliche Unkündbarkeit kann auch nicht davon abhängig gemacht werden, dass die Arbeitszeit des Teilzeitbeschäftigten mindestens die Hälfte der regelmäßigen Arbeitszeit eines Vollzeitbeschäftigten beträgt[17].

---

1 BAG v. 17.4.2002 – 5 AZR 413/00, NZA 2002, 1334. | 2 BAG v. 24.9.2003 – 10 AZR 675/02, BAGReport 2004, 38. | 3 BAG v. 23.4.1996 – 9 AZR 696/94, DB 1996, 2290. | 4 BAG v. 26.9.2001 – 10 AZR 714/00, DB 2002, 47. | 5 BAG v. 22.5.1996 – 10 AZR 618/95, DB 1996, 1783. | 6 BAG v. 16.4.2003 – 4 AZR 156/02, DB 2003, 1849. | 7 BAG v. 23.6.1993 – 10 AZR 127/92, NZA 1994, 41; zum Schichtlohnzuschlag siehe aber BAG v. 11.6.1997 – 10 AZR 784/96, NZA 1998, 667. | 8 BAG v. 1.12.1994 – 6 AZR 501/94, NZA 1995, 590. | 9 BAG v. 26.5.1993 – 5 AZR 184/92, AP Nr. 42 zu Art. 119 EWG-Vertrag; LAG Köln v. 10.3.1992 – 1 Sa 937/91, DB 1992, 1528. | 10 BAG v. 5.11.2003 – 5 AZR 8/03, AP Nr. 6 zu § 4 TzBfG; bezüglich des öffentlichen Dienstes: BAG v. 25.7.1996 – 6 AZR 138/94, NZA 1997, 774; aA ErfK/Preis, § 4 TzBfG Rz. 31/32; die vorübergehende Verlängerung der Arbeitszeit von Teilzeitbeschäftigten ist gem. § 87 Abs. 1 Nr. 3 BetrVG mitbestimmungspflichtig, auch wenn sie nicht über die regelmäßige Arbeitszeit vergleichbarer Vollzeitbeschäftigter hinausgeht, BAG v. 23.7.1996 – 1 ABR 13/96, BB 1997, 472. | 11 BAG v. 5.3.1997 – 7 AZR 581/92, BB 1997, 2218. | 12 BVerfG v. 27.11.1997 – 1 BvL 12/91, NZA 1998, 297; EuGH v. 10.2.2000 – Rs. C-50/96, NZA 2000, 313 – Lilli Schröder; BAG v. 7.3.1995 – 3 AZR 282/94, BB 1995, 2217; v. 16.1.1996 – 3 AZR 767/94, DB 1996, 939; v. 27.2.1996 – 3 AZR 886/94, BB 1996, 1561; v. 12.3.1996 – 3 AZR 993/94, NZA 1996, 939; v. 9.10.1996 – 3 AZR 338/95, BB 1997, 1157. | 13 BAG v. 14.10.1998 – 3 AZR 385/97, NZA 1999, 874. | 14 BAG v. 27.2.1996 – 3 AZR 886/94, BB 1996, 1561; v. 12.3.1996 – 3 AZR 993/94, NZA 1996, 939. | 15 Offen gelassen: BAG v. 22.2.2000 – 3 AZR 845/98, DB 2000, 1083. | 16 BAG v. 13.3.1997 – 2 AZR 175/96, BB 1997, 1638. | 17 BAG v. 18.9.1997 – 2 AZR 592/96, DB 1998, 317.

10 Im Rahmen der gem. § 1 Abs. 3 KSchG zu treffenden **sozialen Auswahl** sind Vollzeit- mit TeilzeitArbN zu vergleichen, wenn nur insgesamt eine kürzere Arbeitszeit im Betrieb durchgesetzt werden soll, ohne dass hierfür ein bestimmtes Schichtmodell zugrunde gelegt wird[1]. Allerdings hat der EuGH in der Entscheidung vom 26.9.2000[2] festgestellt, dass kein Verstoß gegen Art. 2 Abs. 1 und Art. 5 Abs. 1 der Richtlinie 76/207/EWG vorliegt, wenn § 1 Abs. 3 Satz 1 KSchG so ausgelegt wird, dass teilzeit- und vollzeitbeschäftigte ArbN bei der sozialen Auswahl im Rahmen einer betriebsbedingten Kündigung generell nicht vergleichbar sind. Zwar gibt auch das Gesetz über Teilzeitarbeit und befristete Arbeitsverhältnisse keinen Anspruch auf Erhöhung der Arbeitszeit oder auf einen Vollzeitarbeitsplatz. Wenn es aber um die Vergleichbarkeit von teilzeit- und vollzeitbeschäftigten ArbN im Rahmen der sozialen Auswahl geht, und der teilzeitbeschäftigte ArbN sozial schutzwürdiger ist, gibt § 9 einen Anspruch auf bevorzugte Berechtigung, solange der ArbGeb keine entgegenstehende Organisationsentscheidung getroffen hat[3].

11 **2. Sachliche Gründe.** Eine **Benachteiligung** von teilzeitbeschäftigten ArbN ist nur zulässig, soweit dafür ein sachlicher Grund besteht. Dies gilt auch für das in Satz 2 angeführte Arbeitsentgelt und andere teilbare geldwerte Leistungen. Zwar ist nach dem Wortlaut des Satz 2 eine Abweichung von dem Grundsatz der Gleichbehandlung auch bei Vorliegen sachlicher Differenzierungsgründe nicht zulässig. Dies entspricht aber weder der bloßen Konkretisierungsfunktion des Satzes 2 noch der Gesetzesbegründung. Der für Arbeitsentgelt oder andere teilbare geldwerte Leistungen geltende Pro-rata-temporis-Grundsatz soll danach nicht ausnahmslos gelten, sondern nur dann, wenn dies „angemessen" ist[4]. Bei Vorliegen eines sachlichen Grundes kann daher auch im Entgeltbereich differenziert werden.

12 Zu den **sachlichen Gründen**, die eine Ungleichbehandlung rechtfertigen können, zählen die Arbeitsleistung, Qualifikation, Berufserfahrung oder unterschiedliche Arbeitsanforderungen, nicht aber das unterschiedliche Arbeitspensum[5]. Der sachliche Grund muss objektiv vorliegen. Dies ist der Fall, wenn die Unterscheidung einem legitimen Ziel dient, sie hierfür erforderlich und angemessen ist. Die getroffene Unterscheidung muss auch vom Zweck der jeweiligen Leistung getragen werden. Der sachliche Grund darf allein aus dem Bereich der Arbeitsleistung und der sie bestimmenden Voraussetzungen herrühren, da das Kriterium der sozialen Lage des ArbN für Teilzeit- und Vollzeitbeschäftigte grundsätzlich gleichermaßen gilt[6]. Die Steuerfreiheit oder die Befreiung von der SozV rechtfertigen keine Benachteiligung. Keinen sachlichen Grund stellt eine hauptberufliche Existenzsicherung dar, also der Umstand, dass für die Teilzeitkraft die Teilzeitarbeit nur eine Nebentätigkeit ist. Dies gilt jedenfalls dann, wenn die Vergütung nicht auf einer individuellen Vereinbarung beruht, sondern hierfür innerbetriebliche Regeln gelten. Bezüglich der Höhe der Sozialplanabfindung kann aber die Dauer der Teilzeitbeschäftigung gegenüber der Vollzeitbeschäftigung nur anteilig berücksichtigt werden. Dies wird nicht nur mit dem weiten Ermessensspielraum der Betriebspartner bei der Aufstellung von Sozialplänen begründet, sondern auch damit, dass eine Teilzeitbeschäftigung wegen der Möglichkeit einer anderweitigen Beschäftigung und Ausbildung zu einer weniger starken Bindung des ArbN an den Betrieb führen kann als eine Vollzeitbeschäftigung, so dass deshalb auch die Chancen auf dem Arbeitsmarkt weniger eingeengt sind[7]. Der Bezug von Altersruhegeld begründet keine schlechtere Bezahlung[8]. Auch rechtfertigt der unterschiedliche Arbeitsumfang keinen vollständigen Ausschluss des Teilzeitbeschäftigten von Leistungen der betrAV, auch nicht, wenn ein weiteres Arbeitsverhältnis besteht[9].

13 **3. Rechtsfolgen.** Wird gegen das Diskriminierungsverbot verstoßen, so ist die entsprechende diskriminierende Vereinbarung **unwirksam**. Statt der unwirksamen Regelung ist dem teilzeitbeschäftigten ArbN das zu gewähren, was nicht benachteiligte Vollzeitbeschäftigte erhalten (bei zeitabhängigen Leistungen die anteilige Leistung)[10]. Die vorenthaltene Leistung ist nachzugewähren. Maßstab dafür ist in erster Linie die Leistung, die konkret vergleichbare Vollzeitbeschäftigte erhalten. Dabei ist eine wertende Betrachtung anzustellen, um den Vergleichslohn einer Vollzeitkraft – vorrangig innerhalb desselben Betriebes – zu ermitteln.

14 Grundsätzlich ist auch die vorenthaltene Leistung nachzugewähren, wenn ein teilzeitbeschäftigter ArbN zu Unrecht von der **betrAV** ausgeschlossen wurde[11]. Dem ArbGeb bleibt überlassen, auf welchem Durchführungsweg er den Anspruch verwirklicht. Vornehmlich ist dem ArbN eine gleichwertige

---

1 BAG v. 3.12.1998 – 2 AZR 341/93, NZA 1999, 431. | 2 Rs. C-322/98, NZA 2000, 1155 – Bärbel Kachelmann. | 3 *Hartwig*, FA 2001, 34. | 4 BT-Drs. 14/4374, S. 15; *Richardi/Annuß*, BB 2000, 2201; *Kliemt*, NZA 2001, 63; *Müller*, ArbRB 2001, 87; *Hanau*, NZA 2001, 1168; aA *Däubler*, ZIP 2001, 217. | 5 BAG v. 16.1.2003 – 6 AZR 222/01, NZA 2003, 971. | 6 Die Gesetzesbegründung zu § 2 BeschFG 1985 hat allerdings die soziale Lage als einen möglichen Grund zur Ungleichbehandlung angeführt. | 7 BAG v. 14.8.2001 – 1 AZR 760/00, DB 2002, 153. | 8 BAG v. 9.10.1996 – 5 AZR 338/95, BB 1997, 1150. | 9 BVerfG v. 27.11.1997 – 1 BvL 12/91, NZA 1998, 297; *EuGH v. 10.2.2000 – Rs. C-50/96, NZA 2000, 313 – Lilli Schröder*; BAG v. 9.10.1996 – 5 AZR 399/95, BB 1997, 1157. | 10 BAG v. 24.9.2003 – 10 AZR 675/02, BAGReport 2004, 38. | 11 Beschäftigungszeiten für einen Anschluss an ein Betriebsrentensystem sind grundsätzlich erst ab dem 8.4.1976 – Urt. Defrenne II – zu berücksichtigen: EuGH v. 10.2.2000 – Rs. C-50/96, NZA 2000, 313 – Lilli Schröder.

Versorgung zu verschaffen[1]. Den Ausgleich steuerlicher Nachteile umfasst der Verschaffungsanspruch aber nicht[2].

Selbst wenn der Verstoß gegen den Gleichheitssatz erst **nachträglich erkannt** wird, führt dies nicht zum Wegfall oder zur Einschränkung einer rückwirkenden Erfüllung. Der Gleichheitssatz gehört zu den Grundbestandteilen der verfassungsmäßigen Ordnung, so dass ihm nicht der auf dem Rechtsstaatsprinzip beruhende Vertrauensschutz entgegengesetzt werden kann[3]. Darüber hinaus besteht ein Schadensersatzanspruch. Da § 4 Abs. 1 ein Schutzgesetz iSv. § 823 Abs. 2 BGB ist, kann der Anspruch auf ein Entgelt, das dem Verhältnis der Teilzeit-Arbeitsleistung zu derjenigen eines vergleichbaren vollzeitbeschäftigten ArbN entspricht, als deliktischer Anspruch geltend gemacht werden[4]. 15

4. Darlegungs- und Beweislast. Die Darlegungs- und Beweislast für das Vorliegen einer Benachteiligung obliegt dem ArbN, während der ArbGeb darzulegen und zu beweisen hat, dass ein eine Differenzierung rechtfertigender sachlicher Grund vorliegt. 16

III. Befristet Beschäftigte (Abs. 2). 1. Benachteiligung. a) Entgelt und andere teilbare geldwerte Leistungen (Satz 2). Satz 1 **verbietet**, befristet beschäftigte ArbN schlechter als vergleichbare unbefristet beschäftigte ArbN zu behandeln, es sei denn, sachliche Gründe rechtfertigen eine unterschiedliche Behandlung. Die sachlichen Gründe dürfen nicht unmittelbar durch den Umstand der Befristung selbst verursacht werden. Für das Arbeitsentgelt und andere teilbare geldwerte Leistungen wird das Gleichbehandlungsgebot in Satz 2 konkretisiert. Auch die Gewährung anderer Leistungen unterfallen daher dem Gleichbehandlungsgebot. 17

Grundsätzlich ist die Frage der Benachteiligung gem. § 3 Abs. 2 Satz 1 **betriebsbezogen** zu beantworten. Demgemäß hat ein befristet Beschäftigter Anspruch auf dieselbe Vergütung, wie ein vergleichbarer unbefristet Beschäftigter desselben Betriebes. Dabei ist allerdings einschränkend der bezüglich der Vereinbarung des **Arbeitsentgelts** geltende Grundsatz der Vertragsfreiheit zu berücksichtigen, so dass die Vereinbarung unterschiedlicher Arbeitsentgelte auch bei gleicher Arbeit nicht ohne weiteres gegen den Gleichheitsgrundsatz verstößt. Verfügen vergleichbare unbefristet beschäftigte ArbN über unterschiedliche Arbeitsentgelte, so stellt es deshalb keine Diskriminierung dar, wenn die niedrigere Vergütung als Maßstab für das Arbeitsentgelt des befristet beschäftigten ArbN dient[5]. Ein Verstoß gegen den Gleichbehandlungsgrundsatz liegt aber dann vor, wenn auch der individuellen Entgeltvereinbarung ein allgemein geübter Maßstab (zB gruppenspezifische Merkmale) zugrunde liegt. 18

Entsprechend dem Anteil der Beschäftigungsdauer am Bemessungszeitraum stehen dem befristet Beschäftigten ebenso **andere teilbare geldwerte Leistungen** zu, die für einen bestimmten Bemessungszeitraum gewährt werden (zB Deputate, Personalrabatte). Dasselbe gilt für Jahressonderzahlungen, wenn befristet Beschäftigte zumindest zeitanteilig die dafür erforderlichen Voraussetzungen erfüllen können, wie dies bei der Gewährung eines 13. Monatsgehalts grundsätzlich der Fall ist. In diesem Fall hat der befristet Beschäftigte einen der Dauer seines Arbeitsverhältnisses entsprechenden zeitanteiligen Zahlungsanspruch. Hinsichtlich etwaiger für die Jahressonderzahlung geltender Rückzahlungsklauseln ist zu entscheiden, ob der Grund der Befristung auf einem Wunsch des ArbN beruht. In diesem Fall ist eine Rückzahlungsverpflichtung gegeben wie bei der sog. Eigenkündigung innerhalb der Bindungsfrist. 19

b) Von der Dauer des Bestehens des Arbeitsverhältnisses abhängige Beschäftigungsbedingungen (Satz 3). Soweit bestimmte Beschäftigungsbedingungen von der Dauer des Bestehens des Arbeitsverhältnisses in demselben Betrieb oder Unternehmen abhängig sind, so sind für befristet Beschäftigte dieselben Zeiten wie für unbefristet beschäftigte ArbN zu berücksichtigen, es sei denn, dass eine unterschiedliche Berücksichtigung aus sachlichen Gründen gerechtfertigt ist. Demgemäß kann für den Anspruch auf den vollen Jahresurlaub für befristet Beschäftigte ArbN keine längere Wartefrist gelten als für unbefristet Beschäftigte. 20

Ohnehin können befristet beschäftigte ArbN nicht von betrieblichen Leistungen ausgenommen werden, die **keinen Zusammenhang** zur Dauer der Beschäftigung oder zu der Tatsache haben, dass jemand unbefristet tätig ist (zB Teilnahme am verbilligten Kantinenessen oder Benutzung werkseigener Busse). 21

2. Sachliche Gründe. Obwohl der Wortlaut des Abs. 2 Satz 2 keine Differenzierungsmöglichkeit aus sachlichem Grund vorsieht, ist auch bei der Gewährung des Arbeitsentgelts oder anderer teilbarer geldwerter Leistungen eine Ungleichbehandlung zulässig, wenn dies aus sachlichen Gründen gerechtfertigt ist. Wie schon vorstehend zu II. 2. ausgeführt wurde, handelt es sich bei Satz 2 nur um eine Konkretisierung von Satz 1. Keine sachlichen Gründe als solche, die typischerweise im befristeten Arbeitsverhältnis gegeben sind[6]. Nach der Gesetzesbegründung soll es aber zulässig sein, wenn bei nur 22

---

[1] LAG Hamm v. 13.7.1999 – 6 Sa 248/98, NZA-RR 1999, 541. | [2] BAG v. 14.12.1999 – 3 AZR 713/98, NZA 2000, 1348. | [3] BVerfG v. 19.5.1999 – 1 BvR 263/98, DB 1999, 1611. | [4] BAG v. 25.4.2001 – 5 AZR 368/99, DB 2001, 2115; siehe auch BAG v. 24.10.2001 – 5 AZR 32/00, ArbRB 2002, 33; aA ErfK/*Preis*, § 4 TzBfG Rz. 6. | [5] *Bauer*, BB 2001, 2473. | [6] LAG Bremen v. 5.11.2002 – 1 Sa 98/02, nv.

kurzzeitigen Arbeitsverhältnissen die anteilige Gewährung von bestimmten **Zusatzleistungen** unterbleibt, weil dies nur zur sehr geringfügigen Beträgen führt, die in keinem angemessenem Verhältnis zum Zweck der Leistungen stehen. Dies gilt insb. für Ansprüche aus der betrAV. Auch ist eine Differenzierung zwischen zuvor unbefristet und befristet Beschäftigten hinsichtlich der zu berücksichtigenden **Vorbeschäftigungszeiten** auf Grund der verschieden stark ausgeprägten Besitzstände sachlich gerechtfertigt[1].

23   Der sachliche Grund für eine Ungleichbehandlung kann sich auch aus dem **Leistungszweck** ergeben. Danach ist es aus sachlichen Gründen gerechtfertigt, wenn Sonderzuwendungen von einer bestimmten Betriebszugehörigkeit abhängig gemacht werden oder von dem Bestehen eines ungekündigten Arbeitsverhältnisses zu einem bestimmten Stichtag, also dem unbefristeten Fortbestehen. Anders verhält es sich jedoch, wenn die Sonderzuwendung nur Entgeltcharakter hat, also keine bestimmte Mindestbetriebszugehörigkeit voraussetzt und der Stichtag lediglich Fälligkeitszeitpunkt ist. Entscheidend für die Vergleichbarkeit ist, ob ein unbefristet beschäftigter ArbN trotz Nichterfüllen der an die Zahlung der Sonderzuwendung gestellten Voraussetzung einen Anspruch auf zumindest zeitanteilige Gewährung der Leistung hätte.

24   **3. Rechtsfolgen.** Die diskriminierende und nicht durch sachliche Gründe gerechtfertigte Regelung ist **nichtig**. Der benachteiligt befristet Beschäftigte hat daher Anspruch auf Gewährung der Leistungen, die der konkret vergleichbare unbefristete ArbN im Betrieb beanspruchen kann. Es wird im Übrigen auf die vorstehenden Ausführungen (Rz. 13 ff.) verwiesen.

25   **4. Darlegungs- und Beweislast.** Grundsätzlich obliegt es dem **ArbN**, darzulegen und erforderlichenfalls nachzuweisen, dass er gegenüber vergleichbaren unbefristet Beschäftigten wegen der Befristung schlechter behandelt wird. Demgegenüber ist es Sache des **ArbGeb**, die sachlichen Gründe zur Rechtfertigung der Ungleichbehandlung vorzutragen und diese ggf. zu beweisen.

26   **IV. Abweichende Vereinbarungen.** Die Vorschrift ist unabdingbar und ist ein Verbotsgesetz iSd. § 134 BGB. Dem Diskriminierungsverbot des § 4 unterliegen gem. § 22 Abs. 1 sowohl individuelle **Vereinbarungen** zwischen den Arbeitsvertragsparteien wie auch BV. Auch in TV dürfen keine Regelungen zum Nachteil der Teilzeit- und befristet Beschäftigten vereinbart werden, sofern nicht sachliche Gründe eine unterschiedliche Behandlung rechtfertigen[2]. Dabei ist es unerheblich, ob die Ungleichbehandlung durch Einschränkung des persönlichen Geltungsbereichs eines TV oder durch eine ausdrückliche Ausnahmeregelung erreicht wird. Eine Abweichung darf daher nur zugunsten der ArbN erfolgen.

27   Anders als § 6 Abs. 3 BeschFG weist das Teilzeit- und Befristungsgesetz keine „**Kirchenklausel**" auf, so dass kirchlichen ArbGeb über den sog. Dritten Weg keine abweichende Regelung möglich ist[3].

5 Benachteiligungsverbot
Der Arbeitgeber darf einen Arbeitnehmer nicht wegen der Inanspruchnahme von Rechten nach diesem Gesetz benachteiligen.

1   Speziell bezogen auf das Teilzeit- und Befristungsgesetz enthält die Vorschrift das **Verbot**, ArbN, die ihre Rechte nach diesem Gesetz in Anspruch nehmen, zu benachteiligen. Wie die Gesetzesbegründung herausstellt, ist damit jede schlechtere Behandlung bei Vereinbarungen oder Maßnahmen, zB bei einem beruflichen Aufstieg, verboten[4]. Die gesetzliche Regelung entspricht somit dem allgemeinen Maßregelungsverbot des § 612a BGB.

2   **Geschützt** werden durch das Benachteiligungsverbot insb. die Wahrnehmung der Ansprüche auf Gleichbehandlung nach § 4, Arbeitszeitverkürzung/-verlängerung nach §§ 8, 9 und auf Aus- und Weiterbildung nach § 10. Nachteilig darf sich für den ArbN auch nicht auswirken, wenn er sich weigert, Abrufarbeiten nach § 12 zu leisten, sofern die dort genannten Voraussetzungen nicht vorliegen bzw. nicht eingehalten werden.

3   Entsprechend der Regelung des § 612a BGB erfasst das Benachteiligungsverbot nur die durch den ArbN „in zulässiger Weise" ausgeübten Rechte. Aber auch eine irrtümliche Geltendmachung von Rechten und Ansprüchen nach dem Teilzeit- und Befristungsgesetz darf zu keiner Benachteiligung führen.

4   Untersagt sind dem ArbGeb **Reaktionen** durch einseitige Maßnahmen. Dazu gehören entsprechend der gesetzlichen Begründung Benachteiligungen beim beruflichen Aufstieg. Aber auch andere willkürliche Reaktionen, wie zB Versetzungen, oder weiter gehende Maßnahmen müssen unterbleiben. Auch wenn **Vereinbarungen** des ArbGeb mit dem ArbN grundsätzlich von dem Einverständnis des ArbN getragen werden, können diese dem Benachteiligungsverbot unterliegen, wenn sich aus der Vereinbarung ergibt, dass unter Ausnutzung der schwächeren Position des ArbN auf die Geltendmachung von Rechten nach dem Teilzeit- und Befristungsgesetz reagiert wird.

---

1 LAG Hamm v. 19.8.2002 – 19 Sa 835/01, NZA-RR 2003, 525. | 2 BAG v. 5.11.2003 – 5 AZR 8/03, AP Nr. 6 zu § 4 TzBfG. | 3 S. dazu *Müller-Volbehr*, NZA 2002, 301. | 4 BT-Drs. 14/4374, S. 16.

Bei der Bestimmung des § 5 handelt es sich um ein **gesetzliches Verbot** iSd. § 134 BGB, so dass Maßnahmen oder Vereinbarungen, die dagegen verstoßen, nichtig sind. Auch besteht ein Schadensersatzanspruch nach § 823 Abs. 2 BGB iVm. § 5. 5

Zusätzlich enthält § 11 ein besonderes, eigenständiges **Kündigungsverbot**, wenn sich der ArbN weigert, von einem Vollzeit- in ein Teilzeitarbeitsverhältnis oder umgekehrt zu wechseln. 6

Die Darlegungs- und Beweislast für die Tatbestandsvoraussetzungen eines Verstoßes gegen das Benachteiligungsverbot trägt der ArbN. Der ArbGeb muss dagegen die Gründe vortragen, die eine Maßregelungsabsicht ausschließen[1]. 7

Zweiter Abschnitt. Teilzeitarbeit

6 *Förderung von Teilzeitarbeit*
Der Arbeitgeber hat den Arbeitnehmern, auch in leitenden Positionen, Teilzeitarbeit nach Maßgabe dieses Gesetzes zu ermöglichen.

Mit dieser Vorschrift wird § 5 Abs. 3 Buchst. d Alt. 1 der Rahmenvereinbarung über Teilzeitarbeit (Richtlinie 97/81/EG) umgesetzt. Sie verfügt über keinen eigenen Regelungsgehalt, sondern stellt einen **Appell** an die ArbGeb dar, Teilzeitarbeit zu ermöglichen. Diese Verpflichtung erstreckt sich auf alle ArbN, auch auf bereits teilzeitbeschäftigte ArbN. Besonders hervorgehoben werden ArbN in leitenden Positionen. Nach der Gesetzesbegründung will man damit dem Umstand Rechnung tragen, dass „vielfach noch Vorbehalte gegen Teilzeitarbeit von Männern und in höher qualifizierten Tätigkeiten bestehen". Die ArbGeb sollen daher dafür sorgen, dass Teilzeitarbeit als Arbeitsform insb. im Bereich qualifizierter Tätigkeiten attraktiv wird[2]. Dem gesetzgeberischen Appell kann somit entnommen werden, dass eine leitende Position und eine qualifiziertere Tätigkeit für sich genommen kein betrieblicher Grund iSd. § 8 Abs. 4 sind, um Teilzeitarbeit abzulehnen[3]. Auch kann die gem. § 7 Abs. 1 vorausgesetzte Eignung eines Arbeitsplatzes für eine Teilzeittätigkeit nicht mit dem Hinweis auf eine zu besetzende Führungsposition widerlegt werden. 1

Gem. § 92a Abs. 1 BetrVG kann der **BR** Vorschläge ua. zur Förderung von Teilzeitarbeit unterbreiten. Der ArbGeb hat einen dahingehenden Vorschlag des BR zu beraten. Eine Ablehnung hat er zu begründen. In diesem Zusammenhang kann der Förderungspflicht des § 6 wiederum Bedeutung zukommen. 2

7 *Ausschreibung; Information über freie Arbeitsplätze*
(1) Der Arbeitgeber hat einen Arbeitsplatz, den er öffentlich oder innerhalb des Betriebes ausschreibt, auch als Teilzeitarbeitsplatz auszuschreiben, wenn sich der Arbeitsplatz hierfür eignet.

(2) Der Arbeitgeber hat einen Arbeitnehmer, der ihm den Wunsch nach einer Veränderung von Dauer und Lage seiner vertraglich vereinbarten Arbeitszeit angezeigt hat, über entsprechende Arbeitsplätze zu informieren, die im Betrieb oder Unternehmen besetzt werden sollen.

(3) Der Arbeitgeber hat die Arbeitnehmervertretung über Teilzeitarbeit im Betrieb und Unternehmen zu informieren, insbesondere über vorhandene oder geplante Teilzeitarbeitsplätze und über die Umwandlung von Teilzeitarbeitsplätzen in Vollzeitarbeitsplätze oder umgekehrt. Der Arbeitnehmervertretung sind auf Verlangen die erforderlichen Unterlagen zur Verfügung zu stellen; § 92 des Betriebsverfassungsgesetzes bleibt unberührt.

Lit.: *Däubler*, Das geplante Teilzeit- und Befristungsgesetz, ZIP 2000, 1961; *Däubler*, Das neue Teilzeit- und Befristungsgesetz, ZIP 2001, 217; *Hanau*, Offene Fragen zum Teilzeitgesetz, NZA 2001, 1168; *Herbert/Hix*, Die Pflicht zur Ausschreibung auch als Teilzeitarbeitsplatz – ein Gebot ohne Sanktionen?, DB 2002, 2377; *Hromadka*, Das neue Teilzeit- und Befristungsgesetz, NJW 2001, 400; *Preis/Gotthardt*, Neuregelung der Teilzeitarbeit und befristeten Arbeitsverhältnisse, DB 2000, 2065; *Schiefer*, Entwurf eines Gesetzes über Teilzeitarbeit und befristete Arbeitsverhältnisse und zur Änderung und Aufhebung arbeitsrechtlicher Bestimmungen, DB 2000, 2118.

I. Inhalt und Zweck. § 7 verpflichtet den ArbGeb, geeignete Arbeitsplätze als Teilzeitarbeitsplätze auszuschreiben, die ArbN zu informieren, die einen Wunsch zur Änderung ihrer Arbeitszeit angezeigt haben, und die ArbN-Vertretung über Teilzeitarbeit im Betrieb und Unternehmen zu informieren. Mit den Abs. 2 und 3 der Vorschrift werden § 5 Abs. 3, Buchst. c und Buchst. e der Rahmenvereinbarung über Teilzeitarbeit (Richtlinie 97/81/EG) umgesetzt. Die Bestimmung dient dazu, Transparenz über bestehende Beschäftigungsmöglichkeiten in Teilzeit und Vollzeit zu schaffen. Diese Informationen ermöglichen die Geltendmachung der Ansprüche auf Arbeitszeitveränderung gem. §§ 8 und 9. 1

---

1 Annuß/Thüsing/*Thüsing*, § 5 TzBfG Rz. 7. | 2 BT-Drs. 14/4374, S. 16. | 3 S. dazu im Einzelnen Annuß/Thüsing/*Thüsing*, § 6 TzBfG Rz. 4 ff.

2 Diese Vorschrift gilt für alle Unternehmen, also unabhängig von der Einschränkung des § 8 Abs. 7.

3 **II. Ausschreibung des Teilzeitarbeitsplatzes (Abs. 1). 1. Ausschreibung.** Wird ein Arbeitsplatz ausgeschrieben, so hat der ArbGeb ihn auch als Teilzeitarbeitsplatz auszuschreiben, es sei denn, der Arbeitsplatz eignet sich hierfür nicht. Eine Ausschreibungspflicht folgt hieraus nicht. – Gem. § 93 BetrVG kann der BR lediglich eine innerbetriebliche Ausschreibung verlangen. – Kommt es zu einer Ausschreibung, so kann diese entweder öffentlich (zB durch eine Stellenanzeige oder im Internet) oder innerhalb des Betriebes (zB am schwarzen Brett, durch einen Umlauf oder Intranet) erfolgen.

4 **2. Gegenstand der Ausschreibung.** Die Pflicht, in einer Ausschreibung einen Arbeitsplatz auch als Teilzeitarbeitsplatz auszuschreiben, entsteht nur, wenn „sich der Arbeitsplatz hierfür **eignet**".

Die Beurteilung der Eignung obliegt dem ArbGeb[1]. Geeignet ist der Arbeitsplatz nicht, wenn die am zu besetzenden Arbeitsplatz zu erfüllenden Anforderungen sowie die Tätigkeiten und Aufgaben allein durch eine Vollzeitbeschäftigung erfüllt und nicht auf mehrere Personen aufgeteilt werden können. Einer Eignung als Teilzeitarbeitsplatz können auch Gründe der Organisation, des Arbeitsablaufes oder der Sicherheit im Betrieb entgegenstehen.

5 Von einer fehlenden Eignung als Teilzeitarbeitsplatz kann nicht ausgegangen werden, wenn aus der eigenen Belegschaft **keine Teilzeitwünsche** vorliegen oder **kein entsprechendes Personalkonzept** besteht. Eine entgegenstehende unternehmerische Entscheidung ist nach der gesetzlichen Regelung ohne Bedeutung. Dies folgt aus der Möglichkeit der Durchsetzung eines Teilzeitwunsches gem. § 8 Abs. 4 auch gegen eine unternehmerische Entscheidung, dass alle oder einzelne Arbeitsplätze nur in Vollzeit besetzt werden sollen. Jedoch wird das Auswahlermessen des ArbGeb nicht angetastet. Dem ArbGeb steht es frei, den Arbeitsplatz nach gesetzeskonformer vorheriger Ausschreibung, für die sich Teilzeitbewerber gefunden haben, anschließend mit einer Vollzeitarbeitskraft zu besetzen[2].

6 **3. Folgen einer unzureichenden Ausschreibung.** Die Bestimmung sieht **keine Sanktion** für den Fall vor, dass der Arbeitsplatz nur als Vollzeitarbeitsplatz ausgeschrieben wird, obwohl er auch als Teilzeitarbeitsplatz geeignet wäre. Sofern nicht in der Besetzung als Vollzeitarbeitsplatz eine Diskriminierung nach § 611a BGB liegt, besteht also für an einem Teilzeitarbeitsplatz Interessierten keinerlei Anspruch.

7 Unterbleibt eine Ausschreibung als Teilzeitarbeitsplatz, so kann der **BR** nicht gem. § 99 Abs. 2 Nr. 1 BetrVG widersprechen. Fehlt aber auch in der innerhalb des Betriebes erfolgten Ausschreibung jeglicher Hinweis auf die Möglichkeit einer Teilzeittätigkeit, obwohl der Arbeitsplatz dafür geeignet ist, so kann der BR nach § 99 Abs. 2 Nr. 5 BetrVG seine Zustimmung zur Einstellung verweigern[3].

8 **III. Informationspflicht gegenüber ArbN (Abs. 2). 1. Voraussetzungen.** Während die Vorschrift des § 3 Satz 1 BeschFG den bloßen Wunsch nach Veränderung der **Dauer** oder **Lage** der Arbeitszeit ausreichen ließ, stellt § 7 Abs. 2 auf den Wunsch nach einer Veränderung von Dauer *und* Lage der Arbeitszeit ab. Eine Informationspflicht des ArbGeb besteht daher auch gegenüber dem – teilzeitbeschäftigten – ArbN, der lediglich eine Veränderung der Lage seiner individuellen Arbeitszeit anstrebt[4].

9 Bereits nach § 3 Satz 1 BeschFG war der ArbGeb verpflichtet, ArbN, die ihre Arbeitszeit verändern wollten, über die im Betrieb zu besetzenden Arbeitsplätze zu unterrichten. Daran knüpft Abs. 1 im Wesentlichen an. Voraussetzung für die Informationspflicht des ArbGeb ist, dass der ArbN seinen **Veränderungswunsch** dem ArbGeb **mitteilt**. Dies kann jederzeit und formlos geschehen. Der Wunsch ist an die Stelle zu richten, die für die Regelung der vertraglichen Angelegenheiten des ArbN und deshalb auch für die Entscheidung einer Veränderung der Arbeitszeit zuständig ist.

Ohne einen individuellen Wunsch nach einer Arbeitszeitveränderung besteht keine Verpflichtung des ArbGeb, allgemein über freie Teilzeit- oder Vollzeitarbeitszeitplätze zu informieren. Eine derartige, nicht nur innerbetriebliche, sondern unternehmensweite Ausschreibung über zu besetzende Teilzeit- und Vollzeitarbeitsplätze ist § 5 Abs. 3 Buchst. c der Rahmenvereinbarung über Teilzeit nicht zu entnehmen[5].

10 **2. Inhalt der Information.** Die **Informationspflicht** des ArbGeb beschränkt sich nicht nur auf den Beschäftigungsbetrieb, sondern auch auf „entsprechende Arbeitsplätze" anderer Betriebe des Unternehmens, die besetzt werden sollen. Durch das Wort „entsprechende" wird klargestellt, dass die Informationspflicht nur für solche Arbeitsplätze besteht, die für den ArbN aufgrund seiner Eignung und seiner Arbeitszeitwünsche in Betracht kommen. Die Informationsverpflichtung hinsichtlich eines konkreten entsprechenden Arbeitsplatzes endet erst dann, wenn dieser Arbeitsplatz besetzt ist.

11 Der ArbGeb kann dem ArbN die erforderlichen Informationen **formlos** zukommen lassen. Sie müssen aber **unverzüglich** erfolgen. Obwohl eine ausdrückliche Regelung nunmehr fehlt, kann entspre-

---

[1] ErfK/*Preis*, § 7 TzBfG Rz. 3; Annuß/Thüsing/*Mengel*, § 7 TzBfG Rz. 3.   [2] *Preis*/Gotthardt, DB 2000, 2065; Schiefer, DB 2000, 2118; KDZ/*Zwanziger*, § 7 TzBfG Rz. 6.   [3] *Däubler*, ZIP 2001, 217; Herbert/Hix, DB 2002, 2377; dahin tendierend auch: Hanau, NZA 2001, 1168, aA Annuß/Thüsing/*Mengel*, § 7 TzBfG Rz. 5.   [4] AA ErfK/*Preis*, § 7 TzBfG Rz. 7.   [5] AA KDZ/*Zwanziger*, § 7 TzBfG Rz. 9.

chend § 3 Satz 2 BeschFG die Unterrichtung durch Aushang erfolgen[1]. In diesem Falle entspricht sie idR einer Ausschreibung iSd. § 93 BetrVG. Die Informationspflicht des ArbGeb besteht solange, bis der geäußerte Arbeitszeitwunsch erfüllt ist. Eine „Speicherung des Wunschs" und eine laufende Information ist daher bis dahin unumgänglich[2].

3. Folgen einer Verletzung der Informationspflicht. Die Erfüllung der Informationspflicht durch den ArbGeb dient dazu, dass der ArbN seinen Anspruch auf Arbeitszeitverkürzug (§ 8) oder auf Arbeitszeitverlängerung (§ 9) rechtzeitig geltend machen kann. Der Anspruch hierauf richtet sich sodann nach § 8 bzw. § 9. Weist der ArbN nach, dass er sich bei rechtzeitiger Unterrichtung auf die Stelle mit längerer Arbeitszeit und deshalb höherem Entgelt beworben hätte und sie auch bekommen hätte, können **Schadensersatzansprüche** nach § 280 Abs. 1 iVm. §§ 251 Abs. 1, 252 BGB wegen des entgangenen erhöhten Einkommens bestehen[3]. Dagegen kann der Anspruch auf Verkürzung der Arbeitszeit in Ermangelung eines ersparten Einkommensnachteils nicht zu einer Schadensersatzpflicht führen[4]. § 7 Abs. 2 ist kein Schutzgesetz iS von § 823 Abs. 2 BGB. 12

Der **BR** kann die Zustimmung zur beabsichtigten Einstellung **verweigern**, wenn der ArbGeb seiner Informationspflicht nicht nachgekommen ist und dadurch die gem. Abs. 2 geäußerte Arbeitszeitoption eines im Betrieb beschäftigten ArbN vereitelt. Hierdurch droht ein „sonstiger Nachteil" iSd. § 99 Abs. 2 Nr. 3 BetrVG[5]. 13

4. Offenbarungspflicht des ArbN? Für den ArbGeb, der eine **Neueinstellung** auf einem Vollzeitarbeitsplatz vornimmt, bleibt das Risiko, dass der ArbN unter den Voraussetzungen des § 8 nach 6 Monaten eine Herabsetzung der Arbeitszeit verlangt. Diesem Risiko kann der ArbGeb nicht entgehen. Seitens des ArbN besteht insoweit keine rechtzeitige Offenbarungspflicht, da es dem Sinn und Zweck des Teilzeit- und Befristungsgesetzes zuwiderlaufen würde, wenn diese Möglichkeit die Einstellung verhindern könnte[6]. 14

IV. Informationspflicht gegenüber ArbN-Vertretungen (Abs. 3). 1. Informationen. Auf der **kollektivrechtlichen Ebene** ergänzt Abs. 3 die Informationsverpflichtungen des ArbGeb. Danach ist der ArbGeb verpflichtet, über vorhandene oder geplante Teilzeitarbeitsplätze, insb. über die Umwandlung von Teilzeitarbeitsplätzen in Vollzeitarbeitsplätze oder umgekehrt zu informieren. Diese Informationsverpflichtung betrifft nicht nur die Teilzeitarbeitsplätze im Betrieb, für welchen die ArbN-Vertretung zuständig ist, sondern das gesamte Unternehmen. Diese Informationsverpflichtung ist unaufgefordert zu erfüllen. Auf Verlangen sind der ArbN-Vertretung die erforderlichen Unterlagen zur Verfügung zu stellen. 15

ArbN-Vertretung iS dieser Vorschrift sind neben dem BR (aufgrund des mit der Informationsverpflichtung verfolgten Zwecks grundsätzlich nicht auch der GesamtBR[7]) auch der Personalrat und die Mitarbeitervertretung im kirchlichen Bereich[8]. 16

Ausdrücklich hebt Abs. 3 Satz 2 Halbs. 2 hervor, dass daneben die Verpflichtung des ArbGeb bestehen bleibt, den BR nach § 92 **BetrVG** über die Personalplanung rechtzeitig und umfassend zu unterrichten. 17

2. Folgen einer Verletzung der Informationspflicht. Die ArbN-Vertretung kann die Verletzung der Informationspflicht im Beschlussverfahren vor dem Arbeits- oder VerwG bzw. auf dem innerkirchlichen Rechtsweg **geltend** machen. Für den BR ergibt sich diese Möglichkeit daraus, dass eine Verletzung der Informationspflicht gem. Abs. 3 idR zugleich auch Rechte aus § 92 BetrVG berührt. 18

§ 8 Verringerung der Arbeitszeit

(1) Ein Arbeitnehmer, dessen Arbeitsverhältnis länger als sechs Monate bestanden hat, kann verlangen, dass seine vertraglich vereinbarte Arbeitszeit verringert wird.

(2) Der Arbeitnehmer muss die Verringerung seiner Arbeitszeit und den Umfang der Verringerung spätestens drei Monate vor deren Beginn geltend machen. Er soll dabei die gewünschte Verteilung der Arbeitszeit angeben.

(3) Der Arbeitgeber hat mit dem Arbeitnehmer die gewünschte Verringerung der Arbeitszeit mit dem Ziel zu erörtern, zu einer Vereinbarung zu gelangen. Er hat mit dem Arbeitnehmer Einvernehmen über die von ihm festzulegende Verteilung der Arbeitszeit zu erzielen.

(4) Der Arbeitgeber hat der Verringerung der Arbeitszeit zuzustimmen und ihre Verteilung entsprechend den Wünschen des Arbeitnehmers festzulegen, soweit betriebliche Gründe nicht entgegenstehen. Ein betrieblicher Grund liegt insbesondere vor, wenn die Verringerung der Arbeitszeit die Organisation, den Arbeitsablauf oder die Sicherheit im Betrieb wesentlich beeinträchtigt oder unverhältnis-

---

1 Annuß/Thüsing/*Mengel*, § 7 TzBfG Rz. 12; aA ErfK/*Preis*, § 7 TzBfG Rz. 8. | 2 *Hanau*, NZA 2001, 1168; aA *Hromadka*, NJW 2001, 400. | 3 AA Annuß/Thüsing/*Mengel*, § 7 TzBfG Rz. 14. | 4 *Hanau*, NZA 2001, 1168. | 5 MünchArbR/*Schüren*, Erg.-Bd. § 162 Rz. 45. | 6 *Hanau*, NZA 2001, 1168. | 7 AA Annuß/Thüsing/*Mengel*, § 7 TzBfG Rz. 16. | 8 *Däubler*, ZIP 2000, 1961.

mäßige Kosten verursacht. Die Ablehnungsgründe können durch Tarifvertrag festgelegt werden. Im Geltungsbereich eines solchen Tarifvertrages können nicht tarifgebundene Arbeitgeber und Arbeitnehmer die Anwendung der tariflichen Regelungen über die Ablehnungsgründe vereinbaren.

(5) Die Entscheidung über die Verringerung der Arbeitszeit und ihre Verteilung hat der Arbeitgeber dem Arbeitnehmer spätestens einen Monat vor dem gewünschten Beginn der Verringerung schriftlich mitzuteilen. Haben sich Arbeitgeber und Arbeitnehmer nicht nach Abs. 3 Satz 1 über die Verringerung der Arbeitszeit geeinigt und hat der Arbeitgeber die Arbeitszeitverkürzung nicht spätestens einen Monat vor deren gewünschten Beginn schriftlich abgelehnt, verringert sich die Arbeitszeit in dem vom Arbeitnehmer gewünschten Umfang. Haben Arbeitgeber und Arbeitnehmer über die Verteilung der Arbeitszeit kein Einvernehmen nach Abs 3 Satz 2 erzielt und hat der Arbeitgeber nicht spätestens einen Monat vor dem gewünschten Beginn der Arbeitszeitverringerung die gewünschte Verteilung der Arbeitszeit schriftlich abgelehnt, gilt die Verteilung der Arbeitszeit entsprechend den Wünschen des Arbeitnehmers als festgelegt. Der Arbeitgeber kann die nach Satz 3 oder Absatz 3 Satz 2 festgelegte Verteilung der Arbeitszeit wieder ändern, wenn das betriebliche Interesse daran das Interesse des Arbeitnehmers an der Beibehaltung erheblich überwiegt und der Arbeitgeber die Änderung spätestens einen Monat vorher angekündigt hat.

(6) Der Arbeitnehmer kann eine erneute Verringerung der Arbeitszeit frühestens nach Ablauf von zwei Jahren verlangen, nachdem der Arbeitgeber einer Verringerung zugestimmt oder sie berechtigt abgelehnt hat.

(7) Für den Anspruch auf Verringerung der Arbeitszeit gilt die Voraussetzung, dass der Arbeitgeber, unabhängig von der Anzahl der Personen in Berufsbildung, in der Regel mehr als 15 Arbeitnehmer beschäftigt.

Lit.: *Beckschulze*, Die Durchsetzbarkeit des Teilzeitanspruchs in der Praxis, DB 2000, 2598; *Däubler*, Das neue Teilzeit- und Befristungsgesetz, ZIP 2001, 217; *Diller*, Der Teilzeitwunsch im Prozess: Maßgeblicher Beurteilungszeitpunkt, insbesondere bei nachfolgenden Tarifverträgen nach § 8 IV 3 TzBfG, NZA 2001, 589; *Dütz*, Einstweiliger Rechtsschutz beim Teilzeitanspruch, AuR 2003, 161; *Gotthardt*, Teilzeitanspruch und einstweiliger Rechtsschutz, NZA 2001, 1183; *Hanau*, Offene Fragen zum Teilzeitgesetz, NZA 2001, 1168; *Hartwig*, Aktuelles zur Teilzeitarbeit, FA 2001, 34; *Hromadka*, Das neue Teilzeit- und Befristungsgesetz, NJW 2001, 400; *Kelber/Zeisig*, Das Schicksal der Gegenleistung bei der Reduzierung der Leistung nach dem Teilzeit- und Befristungsgesetz, NZA 2001, 577; *Kliemt*, Der neue Teilzeitanspruch, NZA 2001, 63; *Lindemann/Simon*, Neue Regelungen zur Teilzeitarbeit, BB 2001, 146; *Müller-Volbehr*, Teilzeitarbeit und kirchliche Arbeitsverhältnisse, NZA 2002, 301; *Richardi/Annuß*, Gesetzliche Neuregelung von Teilzeitarbeit und Befristung, BB 2000, 2201; *Rieble/Gutzeit*, Teilzeitanspruch nach § 8 TzBfG und Arbeitszeitmitbestimmung, NZA 2002, 7; *Rudolf/Rudolf*, Zum Verhältnis der Teilzeitansprüche nach § 15 BErzGG, § 8 TzBfG, NZA 2002, 602; *Schiefer*, Entwurf eines Gesetzes über Teilzeitarbeit und befristete Arbeitsverhältnisse und zur Änderung und Aufhebung arbeitsrechtlicher Bestimmungen, DB 2000, 2118; *Straub*, Erste Erfahrungen mit dem Teilzeit- und Befristungsgesetz, NZA 2001, 919; *Viethen*, Das neue Recht der Teilzeitarbeit, NZA 2001, Beilage zu Heft 24, 3; *Ziemann*, Gerichtliche Durchsetzung des Anspruchs auf Verringerung der Arbeitszeit, ArbRB 2002, 30.

1 **I. Inhalt und Zweck.** Mit dieser Vorschrift wird allgemein das **Recht auf Teilzeitarbeit** eingeräumt. Jeder ArbN kann eine Verringerung seiner vertraglich vereinbarten Wochenarbeitszeit verlangen. Dies gilt nicht nur für den Fall, dass ein Vollzeitbeschäftigter in Teilzeit überwechseln möchte; auch Teilzeitkräfte, die eine weitere Arbeitszeitreduzierung anstreben, werden von der Vorschrift erfasst. Insoweit geht der Gesetzgeber über die Anforderung von § 5 Abs. 3 Buchst. a der Rahmenvereinbarung über Teilzeitarbeit (Richtlinie 97/81/EG) hinaus und macht von der Regelung des § 6 Abs. 1 der Rahmenvereinbarung über Teilzeitarbeit Gebrauch. Der gesetzliche Anspruch bezieht sich nur auf eine Veränderung der Dauer und Verteilung der Arbeitszeit, lässt im Übrigen aber die Arbeitsbedingungen unverändert. Abgesehen von der in § 22 Abs. 2 geregelten Ausnahme kann der Anspruch auf Teilzeitarbeit nicht zuungunsten des ArbN abbedungen oder eingeschränkt werden.

2 Der Teilzeitanspruch nach dieser Bestimmung **konkurriert** mit dem Anspruch auf Verringerung der Arbeitszeit während der Elternzeit nach § 15 BErzGG. Wird der Elternzeitanspruch nicht geltend gemacht, kann der Teilzeitanspruch auf § 8 gestützt werden, auch wenn die Voraussetzungen des § 15 BErzGG vorliegen[1].

3 **II. Anspruchsvoraussetzungen. 1. Persönliche Voraussetzungen (Abs. 1 und Abs. 6). Anspruchsberechtigt** sind alle ArbN, also auch leitende Angestellte. Der Anspruch auf Arbeitszeitverringerung gilt auch für bereits Teilzeitbeschäftigte[2], geringfügig Beschäftigte und für befristet beschäftigte ArbN.

---

[1] S. iE – auch zu den unterschiedlichen Voraussetzungen – *Rudolf/Rudolf*, NZA 2002, 602.   [2] S. aber § 15b BAT; ArbG Bonn v. 18.4.2001 – 5 Ca 561/01, nv.

Das Arbeitsverhältnis muss **länger als sechs Monate** bestanden haben. Dabei kommt es nicht auf die Betriebszugehörigkeit, sondern auf das Bestehen eines Arbeitsverhältnisses mit demselben ArbGeb an[1]. Auf diese Wartefrist ist die Zeit eines vorangegangenen Arbeitsverhältnisses anzurechnen, wenn die Unterbrechung zwischen den Arbeitsverhältnissen verhältnismäßig kurz war und zwischen beiden Arbeitsverhältnissen ein enger sachlicher Zusammenhang besteht[2]. Für die Einhaltung der Wartezeit von sechs Monaten ist entscheidend der Zugang des Reduzierungsverlangens, nicht der Beginn der Arbeitszeitveränderung. Eine Geltendmachung vor Ablauf der Wartefrist führt nicht zu einer Verkürzung der Arbeitszeit[3]. 4

Voraussetzung für die Geltendmachung der Arbeitszeitverkürzung ist nach Abs. 6 weiterhin, dass innerhalb der **letzten zwei Jahre** der ArbGeb nicht einer Verringerung der Arbeitszeit zugestimmt oder sie berechtigt abgelehnt hat. Diese Anspruchssperre gilt auch, wenn die Entscheidung über die Arbeitsverringerung durch die Fiktion des Abs. 5 Satz 3 zustande gekommen ist[4]. Dagegen besteht die Sperre nicht, wenn der ArbGeb die Verkürzung unberechtigt abgelehnt hat und die Zustimmung sodann rechtskräftig durch das ArbG bestätigt wurde. Nach dem Gesetzeswortlaut gilt sie dann auch nicht ab rechtskräftiger Entscheidung. Wenn der ArbN den Antrag vor einer Entscheidung des ArbGeb zurückgezogen hat, besteht keine Sperre. 5

2. Betriebliche Voraussetzungen (Abs. 7). Abs. 7 setzt voraus, dass der ArbGeb idR **mehr als 15 ArbN** beschäftigt[5]. Ausgenommen sind die zu ihrer Berufsbildung beschäftigten Personen, dh. Auszubildende (§ 3 BBiG) und Anlernlinge, Volontäre, Praktikanten sowie die zur Fortbildung, Weiterbildung und Umschulung Beschäftigten. Entgegen § 23 KSchG stellt das Gesetz nicht auf die Anzahl der ArbN im einzelnen Betrieb ab, sondern auf die Anzahl der vom ArbGeb insgesamt beschäftigten ArbN. Bei der Berechnung werden alle ArbN unabhängig vom Umfang ihrer Arbeitszeit gezählt, so dass auch teilzeitbeschäftigte ArbN voll und nicht nur anteilig in die Berechnung einbezogen werden. 6

Für diesen Schwellenwert nach Abs. 7 ist die Anzahl der beschäftigten ArbN im **Zeitpunkt des Anspruchszugangs** maßgeblich. Eine Unterschreitung bleibt unbeachtlich, wenn der Schwellenwert ansonsten mit der „in der Regel" beschäftigten Anzahl der ArbN überschritten wird. 7

III. Zeitpunkt der Geltendmachung und Inhalt des Anspruchs (Abs. 2). 1. Zeitpunkt der Geltendmachung. Der ArbN muss den Wunsch nach Arbeitszeitverringerung und deren Umfang spätestens **drei Monate** vor dem gewünschten Beginn geltend machen. Für die Fristberechnung ist der Zugang des Antrages maßgeblich. Ist der vorgegebene Beginn der neuen Arbeitszeit der 1.12.2004, wäre gem. § 187 Abs. 1, § 188 Abs. 2 Halbs. 2 BGB der Antrag spätestens am 31.8.2004[6] beim ArbGeb zu stellen. – Sollte das Arbeitsverhältnis erst mit dem 1.3.2004 begonnen haben, so wäre der Antrag jedoch verfrüht, da in diesem Fall noch nicht die gem. Abs. 1 vorausgesetzte Dauer des Arbeitsverhältnisses von mehr als sechs Monaten gegeben ist. 8

Hat der ArbN diese 3-Monats-Frist **nicht eingehalten**, so wird die Inanspruchnahme der Teilzeit nicht ausgeschlossen, der verlangte Beginn der Verkürzung verschiebt sich entsprechend nach hinten[7] (dagegen ist die Fristwahrung nach § 15 Abs. 7 Satz 1 Nr. 5 BErzGG Anspruchsvoraussetzung). – Demgemäß verschiebt sich auch die für die Fiktionswirkung wesentliche Frist des Abs. 5 Satz 1 nach hinten. – Sieht man in der Einhaltung der Frist jedoch eine materielle Wirksamkeitsvoraussetzung, so ist der Antrag unwirksam. Dann gilt die Anspruchssperre von zwei Jahren des Abs. 6 nicht. Der Antrag kann vor dieser Frist neu gestellt werden. An diese Folge der Unwirksamkeit kann sich auch dann keine Sperrfrist von zwei Jahren anschließen, wenn der ArbGeb den Antrag schriftlich ablehnt. Die die Sperrfrist auslösende Ablehnung betrifft eine solche wegen entgegenstehender betrieblicher Gründe, nicht aber eine bloße Feststellung bzw. einen Hinweis auf die Unwirksamkeit wegen Nichtbeachtung der Frist. Der ArbGeb kann auf die Einhaltung der Drei-Monats-Frist verzichten. Ein solcher Verzicht ist anzunehmen, wenn der ArbGeb trotz Fristversäumnis mit dem ArbN ohne jeden Vorbehalt erörtert, ob dem Teilzeitverlangen betriebliche Gründe nach Abs. 4 entgegenstehen[8]. 9

2. Form. Der Antrag des ArbN auf Verringerung der Arbeitszeit ist **nicht formgebunden**. Die Schriftform ist aber zu empfehlen, weil dadurch später der fristgerechte Antrag leichter nachgewiesen werden kann. Wegen § 22 kann für den Antrag vertraglich kein Schriftformerfordernis vereinbart werden. Auch wenn die Schriftform – unwirksam – vereinbart ist, muss daher auf einen mündlichen Antrag innerhalb der gesetzlichen Frist reagiert werden. 10

---

[1] *Lindemann/Simon*, BB 2001, 146; *Däubler*, ZIP 2001, 217; *Viethen*, NZA 2001, Beilage zu Heft 24, 3. | [2] *Viethen*, NZA 2001, Beilage zu Heft 24, 3. | [3] *Hartwig*, FA 2001, 34; *KDZ/Zwanziger*, § 8 TzBfG Rz. 5. | [4] *Viethen*, NZA 2001, Beilage zu Heft 24, 3; aA *KDZ/Zwanziger*, § 8 TzBfG Rz. 49. | [5] LAG Köln v. 18.1.2002 – 4 Sa 1066/01, NZA-RR 2002, 511: Die Kleinbetriebsklausel des Abs. 7 ist nicht verfassungswidrig. | [6] BAG v. 18.2.2003 – 9 AZR 356/02, DB 2003, 1682; aA *Annuß/Thüsing/Mengel*, § 8 TzBfG Rz. 39: Ein Tag später. | [7] LAG Hamm v. 6.5.2002 – 8 Sa 641/02, NZA-RR 2003, 178; LAG Hamm v. 27.9.2002 – 10 Sa 232/02, ArbRB 2003, 39; ArbG Oldenburg v. 26.3.2002 – 6 Ca 3/02, NZA 2003, 908; *Beckschulze*, DB 2000, 2598 (2603); *Richardi/Annuß*, BB 2000, 2201 (2202); *KDZ/Zwanziger*, § 8 TzBfG Rz. 35; aA MünchArbR/*Schüren*, Erg.-Bd. § 162 Rz. 59, 60, der jedoch die Sperrwirkung nach Abs. 6 nicht eintreten lässt, wenn der ArbGeb den Antrag ablehnt. | [8] BAG v. 14.10.2003 – 9 AZR 636/02, DB 2004, 986.

11 Der Antrag ist **gegenüber** dem ArbGeb zu erklären, also im Zweifel der Person oder Stelle, die für arbeitsrechtliche Entscheidungen, insb. auch Kündigungen, zuständig ist.

12 **3. Inhalt des Anspruchs.** Der Antrag muss den Wunsch nach **Arbeitszeitverringerung** und deren **Umfang** konkret bestimmen. Die angestrebte Verkürzung kann auf Festsetzung einer bestimmten Stundenzahl oder Prozente der regelmäßigen wöchentlichen Vollarbeitszeit gerichtet sein. Nach Abs. 2 Satz 2 soll dabei auch die gewünschte **Verteilung** der Arbeitszeit angegeben werden. Weder hinsichtlich des Umfangs der Arbeitszeitverringerung noch der Arbeitszeitverteilung bestehen gesetzliche Vorgaben. Die zu beanspruchende Arbeitszeit ist nicht durch den Begriff der vertraglich vereinbarten Arbeitszeit iSd. Abs. 1 eingeschränkt[1]. Der Verteilung unterliegt die verbleibende Arbeitszeit insgesamt, nicht nur der auf die Verringerung entfallende Zeitanteil. Die gesetzliche Regelung bezweckt eine Ausweitung der Teilzeitarbeit durch mehr Flexibilität und größere Zeitsouveränität für die ArbN. Es ist also nicht nur eine an der Verringerung der Wochenarbeitszeit orientierte Arbeitszeitverteilung möglich, sondern auch eine andere Form der Arbeitszeitgestaltung, wie zB eine verringerte Monatsarbeitszeit oder verringerte Jahresarbeitszeit. Ein Anspruch auf eine lediglich befristete Reduzierung der Arbeitszeit besteht nicht[2]. Eine derartige Möglichkeit steht in Widerspruch zu § 9.

Ein vom ArbN geäußerter Wunsch auf Verringerung der Arbeitszeit, der nicht den gesetzlichen Anforderungen der Konkretisierung des Verlangens entspricht, ist unwirksam[3]. Eine derartige Unwirksamkeit löst nicht die Sperrfrist des Abs. 6 aus, es sei denn der ArbGeb reagiert darauf.

13 Der Anspruch auf **Arbeitszeitverkürzung** ist nicht notwendig mit der Forderung nach einer **veränderten Lage** der Arbeitszeit verbunden. Der Wunsch auf Arbeitszeitreduzierung kann aber seitens der ArbN **konditional** mit dem Wunsch einer konkreten Arbeitszeitverteilung verknüpft werden, so dass der ArbGeb das Änderungsangebot nur einheitlich annehmen oder ablehnen kann (§ 150 Abs. 2 BGB)[4]. Wird keine Änderung der Arbeitszeitlage konkret beantragt, kann der ArbGeb die Arbeitszeit gestalten.

14 Der Anspruch auf **Änderung der persönlichen Arbeitslage** ist **nur in der Verknüpfung** mit einem Abbau der Arbeitszeit vorgesehen[5]. Die Lage der Arbeitszeit unterliegt grundsätzlich dem Direktionsrecht des ArbGeb. Zwar trennt das Gesetz zwischen der Entscheidung der Arbeitszeitverkürzung und der gewünschten Arbeitszeitverteilung (Abs. 3 Satz 2 und Abs. 5 Satz 3). Daraus folgt jedoch nicht, dass eine isolierte Änderung der Arbeitszeitverteilung ohne Arbeitszeitverringerung verlangt werden kann, wofür weder die Anspruchssperre von zwei Jahren (Abs. 6) noch der Schwellenwert von 15 ArbN (Abs. 7) gelten[6].

15 Der Anspruch richtet sich nur auf die Verkürzung der Arbeitszeit auf dem bisher **inne gehabten Arbeitsplatz**, also nicht auf eine Änderung des Arbeitsinhalts oder auf die Zuweisung eines anderen freien Arbeitsplatzes. Allerdings ergibt sich aus der Verpflichtung des ArbGeb gem. § 7, dass bei der Berücksichtigung der betrieblichen Gegengründe nach Abs. 4 freie Teilzeitarbeitsplätze berücksichtigt werden müssen.

16 Bei dem Antrag auf Arbeitszeitverkürzung handelt es sich um ein **Angebot**, die geschlossene Vereinbarung für die Zukunft zu ändern[7]. Hieran ist der ArbN bis zur Entscheidung des ArbGeb gebunden[8]. Hat der ArbN mit dem Antrag auf Arbeitszeitverringerung zugleich angegeben, wie die Arbeitszeit verteilt werden soll, so führt ein bloßes Einverständnis des ArbGeb zu der Arbeitszeitverringerung gem. § 150 Abs. 2 BGB zu einer Ablehnung des Antrags insgesamt, sofern der ArbN nicht deutlich gemacht hat, dass sein Wunsch nach Verringerung der Arbeitszeit nicht in Abhängigkeit steht zu dem nach der Verteilung der Arbeitszeit[9].

17 **IV. Ablehnungsgründe (Abs. 4). 1. Gründe gegen eine Arbeitszeitverringerung.** Der ArbGeb kann die beabsichtigte Verringerung der Arbeitszeit und ihre Verteilung **ablehnen**, wenn betriebliche Gründe entgegenstehen. Die Ablehnungsmöglichkeit bezieht sich sowohl auf die eigentliche Verringerung der Arbeitszeit als auch auf die vom ArbN gewünschte Verteilung. Es ist daher möglich, dass der ArbGeb der Verringerung der Arbeitszeit an sich zustimmt, die vom ArbN gewünschte Verteilung jedoch aus betrieblichen Gründen ablehnt.

18 Während der Referentenentwurf nur „dringende betriebliche Gründe" als betrieblichen Gegengrund gelten lassen wollte, sind nach Abs. 4 Satz 1 **betriebliche Gründe** ausreichend, um die Verringerung der Arbeitszeit ablehnen zu können. Nach der Gesetzesbegründung sollen damit unzumutbare Anforderungen an die Ablehnung durch den ArbGeb ausgeschlossen werden; rationale, nachvollziehbare Gründe sollen genügen[10]. Das Gesetz nennt als betriebliche Ablehnungsgründe eine wesentliche Beeinträchtigung der Organisation, des Arbeitsablaufs oder der Sicherheit im Betrieb oder das Entstehen unverhältnismäßig hoher Kosten für den ArbGeb. Obwohl es sich dabei nur um eine Präzisierung der im Referentenentwurf

---

1 LAG Düsseldorf v. 1.3.2002 – 18 (4) Sa 1269/01, DB 2002, 1222, rkr.; aA ErfK/*Preis*, § 8 TzBfG Rz. 12. | 2 ArbG Nienburg v. 23.1.2002 – 1 Ca 603/01, NZA 2002, 382; ArbG Berlin v. 11.2.2002 – 48 Ca 20341/01, nv.; Annuß/Thüsing/*Mengel*, § 8 TzBfG Rz. 72. | 3 Annuß/Thüsing/*Mengel*, § 8 TzBfG Rz. 54. | 4 BAG v. 18.2.2003 – 9 AZR 164/02, DB 2003, 2442; s.a. BAG v. 18.2.2003 – 9 AZR 356/02, DB 2003, 1682. | 5 MünchArbR/Schüren, Erg.-Bd.§ 162 Rz. 64. | 6 *Hanau*, NZA 2001, 1168 (1170); aA *Straub*, NZA 2001, 919. | 7 BAG v. 18.2.2003 – 9 AZR 164/02, DB 2003, 2442. | 8 ArbG Passau v. 5.6.2003 – 2 Ca 1165/02 D, DB 2003, 2071, n. rkr. | 9 *Hanau*, NZA 2001, 1168. | 10 BT-Drs. 14/4374, S. 17.

angeführten dringenden betrieblichen Erfordernisse handelt, wird aus diesen Beispielen gefolgert, dass zwar grundsätzlich „rationale nachvollziehbare Gründe" ausreichend sind, sich jedoch zusätzlich daraus Auswirkungen ergeben müssen, die zu einer **wesentlichen Beeinträchtigung** oder zu **unverhältnismäßig hohen Kosten** führen. Nicht ausreichend sind somit Einschränkungen und Nachteile, die sich aus der Umsetzung des Teilzeitanspruchs selbst ergeben, wie zB die Notwendigkeit der Einstellung eines zusätzlichen ArbN zur Erledigung des durch die verringerte Arbeitszeit verbleibenden Arbeitsvolumens. Dem ArbGeb wird vielmehr auferlegt, zumutbare organisatorische Veränderungen vorzunehmen, um den Teilzeitanspruch des ArbN zu erfüllen. Deshalb reicht auch die zusätzliche Beanspruchung der Mitarbeiter in der Personalabteilung aufgrund der Abwicklung zusätzlicher Teilzeitansprüche als Grund nicht aus. Dasselbe gilt hinsichtlich der zusätzlichen Kosten infolge der Beschäftigung von zwei oder mehr Teilzeitkräften. Es muss sich nach dem Gesetzeswortlaut um eine unverhältnismäßige Kostenbelastung handeln. Dies ist zB dann der Fall, wenn die infolge der Teilzeitarbeit entstehenden Personalkosten in einer unzumutbaren Relation zu der durch den teilzeitbeschäftigten ArbN erzielten Wertschöpfung stehen[1]. Kein Ablehnungsgrund ist auch die Überschreitung von sog. Schwellenwerten nach dem BetrVG. Es sei denn, dass dies entweder gezielt angestrebt wird oder aber zu unverhältnismäßigen Kosten führt[2].

Demzufolge ist das Argument, ein **Organisationskonzept** sehe ausschließlich die Beschäftigung von Vollzeitarbeitskräften vor, nicht ausreichend (auch wenn insoweit verfassungsrechtliche Bedenken geäußert worden sind)[3]. Das Konzept der „Unteilbarkeit" des konkreten Arbeitsplatzes reicht für sich nicht aus. Die entgegenzusetzenden betrieblichen Gründe erfordern vielmehr, dass das Teilzeitverlangen nicht in Übereinstimmung mit Organisationsentscheidungen des ArbGeb gebracht werden kann und das betriebliche Organisationskonzept sowie die zugrunde liegende unternehmerische Aufgabenstellung **wesentlich beeinträchtigt**[4]. Es ist nicht nur das unternehmerische Organisationskonzept substantiiert darzulegen, sondern auch eine Abs. 4 Satz 2 entsprechende wesentliche Beeinträchtigung der Betriebsorganisation, des Arbeitsablaufs oder der Sicherheit im Betrieb. Diese kann **beispielsweise** darauf beruhen: 19

- Besondere persönliche Kontakte eines ArbN erfordern eine kontinuierliche Anwesenheit (sog. Schnittstellenproblematik)[5];
- unverhältnismäßige Kosten durch lange Einarbeitungszeiten (Schulung) einer Ersatzkraft[6];
- eine Ersatzkraft ist auf dem Arbeitsmarkt nicht vorhanden (der ArbGeb muss in diesem Falle aber durch Anfrage bei der AA und durch Veröffentlichung einer Stellenanzeige seinen Versuch nachweisen, eine Ersatzkraft zu finden);
- berufsspezifische Anforderungen machen eine dauernde Präsenz einer Vollzeitkraft erforderlich;
- es stehen keine Arbeitsplätze oder Räume zur Verfügung, um dem Teilzeitanspruch gerecht werden zu können;
- unverhältnismäßig hohe Kosten für den Arbeitsplatz der Ersatzkraft[7]; es muss kostenaufwändig ein weiterer Arbeitsplatz eingerichtet werden, obwohl er wegen der Teilzeit zeitweise unbesetzt bleibt;
- die Verringerung der Arbeitszeit führt zu einer Änderung der Arbeitsinhalte mit der Folge, dass die bisherigen Merkmale der tariflichen Vergütungsgruppe nicht mehr erfüllt werden.

2. Gründe gegen die Verteilung der Arbeitszeit. Die gewünschte Verteilung der Arbeitszeit kann ebenfalls nur **abgelehnt** werden, wenn betriebliche Gründe entgegenstehen. Dies können andere Gründe sein als diejenigen, die der Verringerung der Arbeitszeit entgegenstehen. Die Regelbeispiele in Abs. 4 beziehen sich nur auf die Arbeitszeitreduzierung, nicht auf die Arbeitszeitverteilung. Gleichwohl gelten die Anforderungen, die an das Gewicht eines entgegenstehenden betrieblichen Grundes nach § 8 Abs. 4 Satz 2 zu stellen sind, auch für die Verweigerung der Zustimmung zu der vom ArbN gewünschten Festlegung der verringerten Arbeitszeit[8]. Bei der von dem ArbN zu treffenden Wahl über die Verteilung seiner verringerten Arbeitszeit sind die von den **Betriebsparteien gemachten Vorgaben** hinsichtlich der Lage der Arbeitszeit zu beachten. Für den ArbGeb ist daher die Einhaltung dieser Regelungen ein betrieblicher Grund zur Ablehnung des Arbeitszeitverteilungswunsches[9], es sei denn, dass dieser keinen kollektiven Bezug (Auswirkung) hat[10]. 20

---

1 LAG Düsseldorf v. 19.4.2002 – 9 (12) Sa 11/02, nv. |2 MünchArbR/*Schüren*, Erg.-Bd. § 162 Rz. 75; *Hanau*, NZA 2001, 1168. |3 *Kliemt*, NZA 2001, 63; *Lindemann/Simon*, BB 2001, 146; *Hromadka*, NJW 2001, 400; *Schiefer*, DB 2000, 2118; s. aber BAG v. 18.2.2003 – 9 AZR 164/02, DB 2003, 2442. |4 BAG v. 19.8.2003 – 9 AZR 542/02, ArbRB 2004, 99; v. 30.9.2003 – 9 AZR 665/02, DB 2004, 709; v. 14.10.2003 – 9 AZR 636/02, DB 2003, Heft 43, XVI – Presseinformation; LAG Hamm v. 6.5.2002 – 8 Sa 641/02, NZA-RR 2003, 178, einen Montagearbeiter betreffend. |5 BAG v. 18.3.2003 – 9 AZR 126/02, DB 2004, 319; v. 19.8.2003 – 9 AZR 542/02, ArbRB 2004, 99 (pädagogisches Konzept einer Kindertagesstätte für behinderte Kinder). |6 BAG v. 14.10.2003 – 9 AZR 636/02, DB 2004, 986. |7 LAG Nds. v. 18.11.2002 – 17 Sa 487/02, DB 2003, 1064 rkr. (Anschaffung eines weiteren Dienstwagens). |8 BAG v. 18.2.2003 – 9 AZR 164/02, DB 2003, 2442. |9 BAG v. 18.2.2003 – 9 AZR 164/02, DB 2003, 2442; LAG BW v. 4.11.2002 – 15 Sa 53/02, ArbRB 2003, 265; *Straub*, NZA 2001, 919. |10 BAG v. 16.3.2004 – 9 AZR 323/03, DB 2004, Heft 13. S. XVII Presseinformation.

21 3. **Prüfungsvorgang.** Ob hinreichend gewichtige betriebliche Gründe dem Teilzeitverlangen und der gewünschten Verteilung der Arbeitszeit entgegenstehen, ist in folgenden Stufen zu prüfen:

- Zunächst ist das vom ArbGeb aufgestellte und durchgeführte Organisationskonzept festzustellen, das der vom ArbGeb als betrieblich erforderlich angesehenen Arbeitszeitdauer und Arbeitszeitregelung zugrunde liegt.
- Dann ist zu überprüfen, ob die vom Organisationskonzept bedingte Dauer der Arbeitszeit und Arbeitszeitregelung tatsächlich der gewünschten Änderung der Arbeitszeit entgegenstehen.
- Abschließend ist zu prüfen, ob das Gewicht der entgegenstehenden betrieblichen Gründe so erheblich ist, dass die Erfüllung des Teilzeitverlangens und des Arbeitszeitwunsches des ArbN zu einer wesentlichen Beeinträchtigung der Arbeitsorganisation, des Arbeitsablaufs, der Sicherung des Betriebs oder zu einer unverhältnismäßigen wirtschaftlichen Belastung des Betriebs führen würde[1].

22 V. **Ablehnungsgründe im TV (Abs. 4 Satz 3 und Satz 4).** Die **TV-Parteien** haben die Möglichkeit, Gründe für die Ablehnung der Verringerung der Arbeitszeit zu konkretisieren und dabei den spezifischen Erfordernissen des jeweiligen Wirtschaftszweiges Rechnung zu tragen. Im Falle fehlender Tarifbindung ist eine Inbezugnahme derartiger tariflich geregelter Ablehnungsgründe möglich. Gem. § 22 Abs. 1 können im TV jedoch keine Abweichungen zuungunsten der ArbN getroffen werden, so dass ein sog. **Überforderungsschutz** (Festlegung einer bestimmten Teilzeitquote) unzulässig wäre[2]. Auch ist eine Beschränkung des Teilzeitanspruchs auf bislang Vollzeitbeschäftigte gemäß § 15b BAT unwirksam[3], ebenso die Einschränkung auf Gründe für das Teilzeitverlangen.

23 Anders als § 6 Abs. 3 BeschFG gestattet die gesetzliche Regelung den **Kirchen** keine abweichende Regelung[4].

24 VI. **Verfahren und Fristen. 1. Verlangen (Abs. 2).** Wie oben (Rz. 8 ff.) ausgeführt, hat der ArbN gem. Abs. 2 die Verringerung der Wochenarbeitszeit spätestens drei Monate vor deren Beginn **geltend zu machen.** Zugleich soll der ArbN mitteilen, wie die verringerte Arbeitszeit verteilt werden soll. Hierfür ist eine Form nicht vorgesehen. Die Geltendmachung hat spätestens drei Monate zuvor an dem Tag zu erfolgen, der dem Tag vor dem verlangten Beginn der Arbeitszeitverkürzung entspricht (§§ 187, 188 BGB). – Siehe auch oben Rz. 8.

25 2. **Verhandlung (Abs. 3).** Der ArbGeb und der ArbN haben sich um eine **einverständliche Regelung** zu bemühen. Beide Arbeitsvertragsparteien sind aufgefordert, sowohl hinsichtlich der Verringerung der Arbeitszeit wie auch hinsichtlich der Verteilung der Arbeitszeit eine Vereinbarung zu treffen[5]. Für den ArbGeb besteht eine Verhandlungsobliegenheit, so dass er seine ablehnende Meinung begründen muss. Das Gesetz geht dabei davon aus, dass der Antrag des ArbN einem Angebot auf eine Vertragsänderung entspricht. Demgemäß wird die gefundene Regelung Vertragsinhalt, wenn sich beide Seiten auf die neue Arbeitszeit und deren Verteilung einigen. Ist der ArbGeb mit der Verkürzung der Arbeitszeit einverstanden, jedoch nicht mit der Verteilung, so kommt keine Einigung zustande (§ 150 Abs. 2 BGB).

Das Gesetz sieht keine Folgen für den Fall vor, dass einer der beiden Arbeitsvertragsparteien der Verhandlungsaufforderung nicht nachkommt. Die ohne Erörterung des Teilzeitwunsches und/oder des Verteilungswunsches erfolgte arbeitgeberseitige Ablehnung ist nicht unwirksam[6], so dass die Zustimmung des ArbGeb nicht deshalb als erteilt gilt. Es werden aber Einwendungen des ArbGeb ausgeschlossen, die im Rahmen einer Verhandlung hätten ausgeräumt werden können[7]. Darlegungs- und ggf. beweispflichtig hierfür ist der ArbN.

26 3. **Entscheidung (Abs. 5 Satz 1–3). a) Mitteilung.** Kommt es zu keiner Vereinbarung zwischen dem ArbGeb und dem ArbN über die gewünschte Arbeitszeitverringerung und die Verteilung der Arbeitszeit, so hat der ArbGeb dem ArbN **spätestens einen Monat** vor dem gewünschten Beginn der Arbeitszeitverringerung die **Entscheidung schriftlich** mitzuteilen. Es gilt die Schriftform des §§ 125 ff. BGB. Wegen des Fehlens einer abweichenden Regelung reicht gemäß § 126 Abs. 3 BGB die elektronische Form des § 126a BGB. Die Entscheidung muss dem ArbN rechtzeitig vor Ablauf der Frist zugehen.

27 b) **Fiktion der Annahme.** Teilt der ArbGeb eine ablehnende Entscheidung dem ArbN **nicht spätestens einen Monat** vor dem gewünschten Beginn der Arbeitszeitverringerung schriftlich mit, so tritt die gewünschte Verringerung der Arbeitszeit in kraft (anders dagegen § 15 Abs. 7 Satz 3 BErzGG). Es kommt zu einer gesetzlichen Fiktion der Zustimmung und damit einer Vertragsänderung. Ebenso gilt der Verteilungswunsch des ArbN als festgelegt, wenn der ArbGeb die gewünschte Verteilung der Arbeitszeit nicht fristgerecht schriftlich ablehnt. Es wird insoweit ebenfalls eine Zustimmung zu der ge-

---

1 BAG v. 18.2.2003 – 9 AZR 164/02, DB 2003, 2442 (bezogen auf die Verteilung der Arbeitszeit). | 2 AA *Hanau*, NZA 2001, 1168. | 3 BAG v. 18.3.2003 – 9 AZR 126/02, DB 2004, 319. | 4 Siehe hierzu Möller-Volbehr, NZA 2002, 301. | 5 BAG v. 18.2.2003 – 9 AZR 356/02, DB 2003, 1682. | 6 BAG v. 18.2.2003 – 9 AZR 356/02, DB 2003, 1682; aA LAG Düsseldorf v. 1.3.2002 – 18 (4) Sa 1269/01, DB 2002, 1222, rkr. | 7 BAG v. 18.2.2003 – 9 AZR 356/02, DB 2003, 1682; KDZ/*Zwanziger*, § 8 TzBfG Rz. 39.

wünschten Verteilung der Arbeitszeit fingiert. Dies gilt aber nur, wenn zugleich die Arbeitszeit verringert wird[1].

c) Ablehnung durch den ArbGeb. Eine Ablehnung muss der ArbGeb dem ArbN spätestens einen Monat vor dem gewünschten Beginn der Arbeitszeitverringerung **schriftlich** mitteilen. Dies gilt sowohl hinsichtlich der Verringerung der Arbeitszeit wie auch für die Verteilung der Arbeitszeit. Die Ablehnung braucht **nicht begründet** zu werden. Sofern der ArbGeb mit der Verringerung der Arbeitszeit einverstanden ist, kann er auch nur die vom ArbN gewünschte Verteilung ablehnen.

Verschiebt sich der verlangte Beginn der Reduzierung wegen Nichteinhaltung der vom ArbN einzuhaltenden Antragsfrist (siehe dazu oben Rz. 9), so verschiebt sich auch das Ende der Äußerungsfrist für den ArbGeb entsprechend.

Versäumt der ArbGeb, spätestens einen Monat vor dem gewünschten Beginn der Arbeitszeitverringerung die vom ArbN gewünschte Teilzeitarbeit schriftlich abzulehnen, so gilt auch die Verteilung entsprechend den Wünschen des ArbN als festgelegt. Diese Fiktion bezüglich der Verteilung der Arbeitszeit tritt sowohl in dem Fall ein, in dem der ArbGeb versäumt, fristgerecht schriftlich der Arbeitszeitverringerung als solcher zu widersprechen, als auch in dem Fall, in dem zwar Einvernehmen über die Verringerung als solcher, nicht aber über die Verteilung der Arbeitszeit, besteht, und der ArbGeb versäumt, die vom ArbN gewünschte Verteilung rechtzeitig schriftlich abzulehnen[2]. Hat aber der ArbGeb rechtzeitig die gewünschte Arbeitszeitverringerung schriftlich abgelehnt, so gilt dies auch als Ablehnung des Verteilungswunsches.

Eine **Ablehnung ohne Erörterung** des Teilzeitverlangens des ArbN ist nicht unwirksam[3]. Es verstößt jedoch gegen den Grundsatz von Treu und Glauben, wenn das Teilzeitbegehren abgelehnt wird, obwohl Erörterungen stattfinden und diese nicht abgeschlossen sind, es sei denn eine Einigung kann nicht vor Ablauf der Monatsfrist erreicht werden.

VII. Abänderung der Arbeitszeitlage durch den ArbGeb (Abs. 5 Satz 4). Hinsichtlich der Verteilung der Arbeitszeit (Arbeitszeitlage) räumt das Gesetz dem ArbGeb (allerdings unter Berücksichtigung des § 87 Abs. 1 Nr. 2 BetrVG) eine **Änderungsbefugnis** ein. Dies gilt nicht nur für die Fälle, dass die Zustimmung des ArbGeb zu der von dem ArbN gewünschten Lage der Arbeitszeit gem. Abs. 5 Satz 3 fingiert wird oder der ArbGeb mit dem ArbN Einvernehmen über die Festlegung der Arbeitszeitverteilung erzielt hat, sondern aufgrund des insoweit nicht eingeschränkten Direktionsrechts auch dann, wenn der ArbGeb die Verteilung der Arbeitszeit einseitig festgelegt hat oder die geänderte Arbeitszeitfestlegung gerichtlich durchgesetzt wurde. Das Änderungsrecht des ArbGeb gilt daher in allen Fällen, in denen eine Änderung der Arbeitszeitverteilung nach § 8 vorausgegangen ist[4]. Dabei handelt es sich um ein einseitiges vertragliches Gestaltungsrecht und nicht um eine Teilkündigung[5].

Voraussetzung für die einseitige Veränderung der Verteilung der Arbeitszeit ist, dass das **betriebliche Interesse** das des ArbN an der Beibehaltung erheblich überwiegt. Es gelten insoweit die gem. Abs. 4 für die Ablehnung des ArbGeb maßgeblichen betrieblichen Gründe. Sie sind gegenüber dem Interesse des ArbN an der Beibehaltung der Arbeitszeitlage abzuwägen.

Das Änderungsverlangen des ArbGeb **setzt voraus**, dass er die Änderung dem ArbN spätestens einen Monat vor der Abänderung ankündigt. Es gilt insoweit kein Schriftformerfordernis.

VIII. Erneutes Verringerungsverlangen des ArbN (Abs. 6). Der ArbN kann eine erneute Verringerung der Arbeitszeit frühestens nach Ablauf von **zwei Jahren** verlangen, nachdem der ArbGeb über die Arbeitszeitverringerung entschieden hat. Dieses erneute Verlangen kommt in Betracht, wenn der ArbN eine weitere Arbeitszeitverkürzung verlangt, nachdem der ArbGeb bereits einmal der Arbeitszeitverkürzung zugestimmt hat. Die zweijährige Anspruchssperre gilt auch, wenn die zustimmende Entscheidung für die Arbeitszeitverringerung durch die Fiktion des Abs. 5 Satz 2 zustande gekommen ist[6]. Weiterhin gilt die Sperrfrist von zwei Jahren dann, wenn der ArbGeb berechtigt das Verlangen auf Arbeitszeitverkürzung abgelehnt hat.

Eine **unberechtigte Ablehnung** setzt die Frist von zwei Jahren nicht in Gang. Ist die Ablehnung unberechtigt und hat der ArbN die Arbeitszeitverkürzung rechtskräftig durchgesetzt, gilt die Anspruchssperre von zwei Jahren ebenfalls nicht; nach dem Gesetzeswortlaut auch nicht ab rechtskräftiger Entscheidung[7]. Im Rahmen eines neuen – vorzeitigen – Antrages wird sich der ArbN aber nur dann auf die unberechtigte Ablehnung berufen können, wenn sein Recht auf gerichtliche Prüfung der ablehnenden Entscheidung nicht verwirkt ist[8].

---

1 ArbG Mönchengladbach v. 30.5.2001 – 5 Ca 1157/01, NZA 2001, 970. | 2 *Viethen*, NZA 2001, Beilage zu Heft 24, 3. | 3 BAG v. 18.2.2003 – 9 AZR 356/02, DB 2003, 1682. | 4 Annuß/Thüsing/*Mengel*, § 8 TzBfG Rz. 156. | 5 *Richardi/Annuß*, BB 2000, 2201; aA *Preis/Gotthardt*, DB 2001, 145. | 6 *Viethen*, NZA 2001, Beilage zu Heft 24, 3; aA KDZ/*Zwanziger*, § 8 TzBfG Rz. 49. | 7 AA Annuß/Thüsing/*Mengel*, § 8 TzBfG Rz. 77. | 8 Annuß/Thüsing/*Mengel*, § 8 TzBfG Rz. 77.

35 Da die **Arbeitszeitverteilung** im unmittelbaren Zusammenhang zur Arbeitszeitverringerung steht, gilt hierfür auch die Sperrfrist von zwei Jahren.

36 **IX. Mitbest.** Das MitbestR der ArbN-Vertretung besteht regelmäßig, insb. nach dem BetrVG, nur bei kollektiven Tatbeständen, nicht bei der Regelung von Einzelfällen. Hinsichtlich der Verkürzung der Arbeitszeit und der Neuverteilung der Arbeitszeit besteht deshalb kein MitbestR des BR nach § 87 Abs. 1 Nr. 2 BetrVG. Allenfalls bei der Aufstockung der Arbeitszeit kann ein MitbestR gem. § 99 BetrVG in Betracht kommen, jedoch nur für den Fall, dass es sich um eine wesentliche Erhöhung gegenüber der bisherigen Arbeitszeit handelt[1].

Anders verhält es sich, wenn die von dem ArbN gewünschte Verteilung der Arbeitszeit nicht innerhalb der betriebsüblichen Lage oder der durch eine BV vereinbarten Lage der Arbeitszeit bleibt.

Eine **BV** zur Lage der Arbeitszeit gem. § 87 Abs. 1 Nr. 2 BetrVG kann einen betrieblichen Grund für die Ablehnung des seitens des ArbN geäußerten Wunsches nach Verteilung der Arbeitszeit darstellen.

37 **X. Auswirkungen auf die Gegenleistungen.** Grundsätzlich reduziert sich die **Gegenleistung** bei einer Verringerung der Arbeitszeit entsprechend im Verhältnis zur bisherigen Arbeitszeit. Dies folgt aus dem dem ursprünglichen Vertrag zugrunde liegendem synallagmatischem Verhältnis. Dies gilt auch für an der Vergütungshöhe orientierten Sonderzuwendungen.

38 Bei **Sachleistungen** ist eine entsprechende Verringerung vorzunehmen, soweit es sich um teilbare Leistungen handelt.

Bei der Überlassung von **Dienstwagen** (oder Dienstwohnungen) ist eine Anpassung der Dienstwagenregelung vorzunehmen. Wenn kein Widerrufsvorbehalt vereinbart ist, kann die Anpassung auf § 313 BGB (Veränderung der Geschäftsgrundlage) gestützt werden. Sofern der Dienstwagen auch für Privatfahrten zur Verfügung gestellt wird, kann die Anpassung darin bestehen, dass der ArbN einen Teil der Kosten für die zusätzliche private Nutzungsmöglichkeit übernimmt[2].

39 **XI. Durchsetzung. 1. Außergerichtliche Vorgehensweise.** Hat der ArbGeb dem ArbN die Ablehnung des Teilzeitverlangens rechtzeitig und formgültig mitgeteilt, so bleibt es bei der bislang geltenden Arbeitszeitregelung. Bei einer **eigenmächtigen Verringerung** der Arbeitszeit droht dem ArbN eine verhaltensbedingte außerordentliche oder zumindest ordentliche Kündigung.

40 **2. Gerichtliche Durchsetzung. a) Klage.** Hat der ArbGeb den Teilzeitwunsch des ArbN rechtzeitig und formwirksam abgelehnt, muss der ArbN seine Ansprüche **gerichtlich** durchsetzen. Da Gegenstand der Arbeitszeitverringerung nur ein Anspruch des ArbN darauf ist, dass der ArbGeb unter bestimmten Voraussetzungen der Verringerung der Arbeitszeit und damit einer Vertragsänderung zustimmt, muss sich die Klage auf **Abgabe einer Willenserklärung** richten[3].

41 Beispielsweise kann der **Klagantrag** wie folgt lauten:

„.... die Beklagte (ArbGeb) zu verurteilen, das Angebot auf Verringerung der vertraglichen Arbeitszeit auf 20 Wochenstunden anzunehmen."

Oder auch:

„.... die Beklagte (ArbGeb) zu verurteilen, dem Antrag der Klägerin zur Verringerung ihrer vertraglichen Arbeitszeit auf 20 Wochenstunden zuzustimmen."

42 Da die Willenserklärung **erst mit Rechtskraft des Urteils** als abgegeben gilt (§ 894 ZPO), bleibt der Arbeitsvertrag bis dahin mit seiner bisherigen Arbeitszeit unverändert bestehen. Aus diesem Grund ist der Zeitpunkt, zu dem die Vertragsänderung eintreten soll, nicht anzugeben. – Zur Möglichkeit eines einstweiligen Rechtsschutzes siehe die nachstehenden Ausführungen zu 3., Rz. 50.

43 Die Klage auf Umsetzung der verlangten Arbeitszeitreduzierung kann mit der Klage auf die geforderte Neuverteilung der Arbeitszeit **verbunden** werden. Genaugenommen kann dies nur im Wege einer Stufenklage erfolgen. Da die Verteilung der Arbeitszeit im Direktionsrecht des ArbGeb liegt, kann der ArbN insoweit unmittelbar auf Leistung klagen[4], es sei denn, dass der Verringerungswunsch und die Verteilungsvorstellung voneinander abhängen. Dann ist ein einheitlicher Antrag auf Zustimmung zur Änderung des Arbeitsvertrages zu stellen[5].

44 Der **Klagantrag** kann wie folgt lauten:

„Weiterhin wird beantragt, die Beklagte zu verurteilen, die Verteilung der Arbeitszeit einschließlich Pausen auf Dienstag, Mittwoch und Donnerstag, jeweils von 9:00 Uhr bis 17:00 Uhr, festzulegen."

---

1 LAG Hamm v. 10.10.2003 – 10 Ta BV 104/03, ArbRB 2004, 110; aA *Rieble/Gutzeit*, NZA 2002, 7. | 2 S. dazu *Kelber/Zeißig*, NZA 2001, 577. | 3 LAG Nds. v. 2.8.2002 – 16 Sa 166/02, NZA-RR 2003, 6, bestätigt durch BAG v. 19.8.2003 – 9 AZR 542/02, ArbRB 2004, 99; *Diller*, NZA 2001, 589; *Ziemann*, ArbRB 2002, 30. | 4 AA ErfK/*Preis*, § 8 TzBfG Rz. 53: Auch insoweit Klage auf Abgabe einer Willenserklärung. | 5 BAG v. 18.2.2003 – 9 AZR 164/02, DB 2003, 2442.

Soweit es um die **Zustimmungsfiktion** zu der veränderten Arbeitszeit und Arbeitsverteilung geht, können etwaige Differenzen über diese Wirkung im Wege der Feststellungsklage geklärt werden[1]. **45**

Kommt es zu einer **Neuverteilung der Arbeitszeit** gem. § 8 Abs. 5 Satz 4, kann der betroffene ArbN auf Beschäftigung zu den bisherigen Arbeitsbedingungen bzw. auf Feststellung der Unwirksamkeit der Neuverteilung klagen. Zweckmäßigerweise wird er in diesem Falle die Arbeit unter Vorbehalt zu den geänderten Arbeitsbedingungen aufnehmen. **46**

Eine **Klagefrist** ist nicht zu beachten. Verwirkung tritt jedoch ein, wenn der ArbN mit der bisherigen Arbeitszeit und/oder Arbeitszeitverteilung über den geforderten Beginn der Arbeitszeitverringerung bzw. Arbeitszeitverteilung weiter arbeitet, ohne zuvor seinen Anspruch auf Arbeitszeitverkürzung gerichtlich geltend gemacht zu haben. **47**

b) Maßgeblicher Beurteilungszeitpunkt. Die für die Ablehnung des ArbGeb maßgeblichen „betrieblichen Gründe" können sich während eines Gerichtsverfahrens ändern. Gleichwohl ist für den **Beurteilungszeitpunkt** einer prozessualen Geltendmachung des Verringerungsanspruchs nicht der Zeitpunkt der letzten mündlichen Verhandlung maßgeblich, sondern der der arbeitgeberseitigen Ablehnung[2]. Auch wenn eine Parallele zum Kündigungsschutzverfahren deshalb ausgeschlossen ist, weil es dort um die Überprüfung eines bereits abschließend erfolgten Gestaltungsrechts geht, so ist auch bei der Klage auf Abgabe einer Willenserklärung die Rechtfertigung der Ablehnung im Zeitpunkt der Abgabe der Ablehnungserklärung zu überprüfen. Im Streit steht der abgelehnte Arbeitszeitwunsch[3]. Soweit es um die Verteilung der Arbeitszeit geht, ist das Korrekturrecht nach Abs. 5 Satz 4 zu berücksichtigen. Danach ist das Nachschieben nur solcher Umstände zuzulassen, die der ArbGeb auch bei unterstellter Zustimmung zum Verlangen des ArbN noch nachträglich vorbringen könnte[4]. **48**

c) Darlegung- und Beweislast. Hinsichtlich der anspruchsbegründenden Tatsachen (Dauer des Arbeitsverhältnisses, Beschäftigtenanzahl, Geltendmachung des Anspruchs) trägt der ArbN die Darlegungs- und Beweislast. Die dem Teilzeitanspruch **entgegenstehenden „betriebliche Gründe"** stellen gegenüber dem im Grundsatz bestehenden Anspruch des ArbN auf Gewährung von Teilzeit vom ArbGeb geltend zu machende Einwendungen dar. Dem ArbGeb obliegt daher die Darlegungs- und Beweislast für das Vorliegen betrieblicher Gründe, die seine Ablehnung rechtfertigen[5]. Soweit der ArbGeb auf ein unternehmerisches Konzept verweist, ist zwar die Unternehmerentscheidung nur auf Missbrauch und Willkür hin zu überprüfen. Der ArbGeb hat aber substantiiert darzulegen, dass die Arbeitszeitverringerung und Neuverteilung der Arbeitszeit aufgrund der vorgegebenen unternehmerischen Konzeption zu einer wesentlichen Beeinträchtigung führen, die durch anderweitige verhältnismäßige und zumutbare organisatorische Maßnahmen nicht vermeidbar sind. **49**

Andererseits trägt der ArbN die Darlegungs- und Beweislast, wenn er auf Feststellung einer vereinbarten Arbeitszeitreduzierung und/oder -verteilung klagt. In diesem Falle hat er entweder die Vereinbarung oder aber die für die Zustimmungsfiktion maßgeblichen Tatsachen darzulegen und ggf. zu beweisen.

3. Einstweilige Verfügung. Da die Arbeitszeitverkürzung prozessual nur durch Klage auf Abgabe einer Willenserklärung durchgesetzt werden kann, kommt es **erst mit Rechtskraft des Urteils** zu einer endgültigen Verringerung der Arbeitszeit (§ 894 ZPO). Es stellt sich daher als widersprüchlich dar, wenn durch eine einstweilige Verfügung im Ergebnis eine Vorwegnahme der Hauptsacheentscheidung erfolgen kann. Dennoch ist es aufgrund des Verfassungsgebotes eines effektiven Rechtsschutzes geboten, in Ausnahmefällen eine einstweilige Verfügung auch dann zuzulassen, wenn die Willenserklärung nicht aus sich heraus vorläufig ist. Da auch im Urlaubsrecht aus Gründen der Effektivität des Rechtsschutzes eine einstweiligen Verfügung für zulässig gehalten wird, wird deshalb eine auf vorläufige Befriedigung gerichtete Verfügung des Teilzeitanspruchs aus § 8 für grundsätzlich zulässig erachtet. **50**

Dem **Verfügungsgrund** sind jedoch mit Rücksicht auf die gebotene Planungssicherheit für die betriebliche Disposition und die von der Arbeitszeitreduzierung betroffenen ArbN **enge Grenzen** gesetzt[6]. Erforderlich ist, dass der ArbN darlegt und glaubhaft macht, dass er auf sofortige Erfüllung dringend angewiesen ist und die geschuldete Handlung so kurzfristig zu erbringen ist, dass die Erwirkung eines Titels im ordentlichen Verfahren nicht möglich ist, eine Zurückweisung eines Antrags also einer Rechtsverweigerung gleichkäme[7]. Diese kann auch darin bestehen, dass bei Unterbleiben einer Entscheidung unumkehrbare Nachteile entstehen, die sich auch bei einem Obsiegen in der Hauptsache nicht mehr kompensieren lassen[8]. Außerdem ist Voraussetzung, dass betriebliche Ablehnungsgründe **51**

---

1 *Ziemann*, ArbRB 2002, 30. | 2 BAG v. 18.2.2003 – 9 AZR 356/02, DB 2003, 1682; aA Annuß/Thüsing/*Mengel*, § 8 TzBfG Rz. 219; ErfK/*Preis*, § 8 TzBfG Rz. 43. | 3 MünchArbR/*Schüren*, Erg.-Bd. § 162 Rz. 85; aA *Diller*, NZA 2001, 589. | 4 BAG v. 18.2.2003 – 9 AZR 356/02, DB 2003, 1682. | 5 LAG Köln v. 9.4.2003 – 3 Sa 975/02, LAGReport 2003, 293. | 6 LAG Köln v. 5.3.2002 – 10 Ta 50/02, NZA-RR 2002, 635; aA *Dütz*, AuR 2003, 161. | 7 LAG Rh.-Pf. v. 12.4.2002 – 3 Sa 161/02, NZA 2002, 856; LAG Berlin v. 20.2.2002 – 4 Sa 2243/91, NZA 2002, 858: nicht auf Notfälle beschränkt; *Gotthardt*, NZA 2001, 1183. | 8 LAG Hamm v. 6.5.2002 – 8 Sa 641/02, NZA-RR 2003, 178: Interesse an einer eigenen Betreuung eines dreijährigen Kindes.

iSd. Abs. 4 Satz 2 nicht ersichtlich oder mit hoher Wahrscheinlichkeit auszuschließen sind[1]. Inhaltlich ist jedoch die einstweilige Verfügung auf vorläufigen Rechtsschutz beschränkt, also darauf, dass der Änderung der Arbeitszeit vorläufig bis zur Entscheidung in der Hauptsache zuzustimmen ist[2].

52 Auch der Anspruch auf **Festlegung der Arbeitszeit** kann erforderlichenfalls, nämlich bei Vorliegen dringender Gründe im Wege einer einstweiligen Verfügung durchgesetzt werden[3].

Ausnahmsweise ist somit auch eine Beibehaltung der bisherigen Arbeitszeit im Wege der einstweiligen Verfügung durchsetzbar, wenn der ArbGeb gem. § 8 Abs. 5 Satz 4 nachträglich die Verteilung der Arbeitszeit wieder ändert[4].

53 **4. Streitwert.** Unter Hinweis darauf, dass es bei der Arbeitszeitverringerung darum geht, in welchem Umfang wiederkehrende Leistungen – nämlich Arbeit – zu erbringen sind, wird teilweise der Streitwert nach § 12 Abs. 7 Satz 2 ArbGG bemessen[5]. Tatsächlich herrscht jedoch bei der Frage der Arbeitszeitreduzierung kein Streit über wiederkehrende Leistungen. Vielmehr geht es um die Frage, ob das Arbeitsverhältnis in dem bisherigen vertraglichen Umfang weiter besteht. Demzufolge ist § 12 Abs. 7 Satz 2 ArbGG nicht einschlägig. Um eine nicht vermögensrechtliche Streitigkeit handelt es sich aber auch nicht[6]. Gem. § 3 ZPO ist daher der Streitwert unter Berücksichtigung der Streitwertgrenze des § 12 Abs. 7 Satz 1 ArbGG mit maximal **drei Bruttomonatsverdiensten** festzusetzen[7].

9 Verlängerung der Arbeitszeit

Der Arbeitgeber hat einen teilzeitbeschäftigten Arbeitnehmer, der ihm den Wunsch nach einer Verlängerung seiner vertraglich vereinbarten Arbeitszeit angezeigt hat, bei der Besetzung eines entsprechenden freien Arbeitsplatzes bei gleicher Eignung bevorzugt zu berücksichtigen, es sei denn, dass dringende betriebliche Gründe oder Arbeitszeitwünsche anderer teilzeitbeschäftigter Arbeitnehmer entgegenstehen.

Lit.: *Gotthardt*, Teilzeitanspruch und einstweiliger Rechtsschutz, NZA 2001, 1183; *Kliemt*, Der neue Teilzeitanspruch, NZA 2001, 63; *Lindemann/Simon*, Neue Regelungen zur Teilzeitarbeit, BB 2001, 146.

1 **I. Inhalt und Zweck.** Nach dieser Vorschrift wird jedem teilzeitbeschäftigten ArbN der Anspruch eingeräumt, unter bestimmten Voraussetzungen seine Arbeitszeit zu erhöhen. Die Bestimmung begünstigt nicht nur ArbN, die ihre Arbeitszeit verringert haben und nun zur früheren Arbeitszeit zurückkehren wollen, sondern jeden teilzeitbeschäftigten Mitarbeiter, auch Geringfügigbeschäftigte (§ 2 Abs. 2). Höchstgrenze für das Verlangen nach Erhöhung der Arbeitszeit ist die Arbeitszeit eines vergleichbaren Vollzeitbeschäftigten (§ 2). Es wird hiermit § 5 Abs. 3 Buchst. b und c der Rahmenvereinbarung über Teilzeitarbeit (Richtlinie 97/81/EG) umgesetzt, wobei die Rechte der Teilzeitbeschäftigten bei der Umsetzung in das deutsche Recht eine Bestärkung erfahren haben. Im Wesentlichen werden die in § 5 BeschFG getroffenen Regelungen übernommen.

2 **II. Begünstigte ArbN.** Durch diese Vorschrift werden alle ArbN begünstigt, die **nicht Vollzeitbeschäftigte** iSd. gem. § 2 Abs. 1 TzBfG vorzunehmenden Abgrenzung sind. Es besteht also nicht lediglich ein Rückkehrrecht für ArbN, die einmal von Vollzeit in Teilzeit gewechselt sind. Vielmehr können auch ArbN, die als Teilzeitbeschäftigte neu eingestellt worden sind, eine Arbeitszeitverlängerung nach dieser Vorschrift einfordern. Eine § 8 Abs. 1 entsprechende Wartefrist oder eine dem § 8 Abs. 6 entsprechende Sperrfrist sind nicht einzuhalten. Es gibt keine Ausnahme für kleine Unternehmen. Die Vorschrift gilt auch für befristet beschäftigte ArbN.

3 **III. Voraussetzungen. 1. Wunsch nach Arbeitszeitverlängerung.** Es muss ein **konkreter Wunsch** nach Arbeitszeitverlängerung mitgeteilt worden sein. Insoweit ist diese Vorschrift eine Ergänzung und zugleich auch Folge der Informationspflicht nach § 7 Abs. 2. Es ist keine der Regelung des § 8 Abs. 2 Satz 1 entsprechende Frist und kein Formerfordernis einzuhalten.

4 **2. Entsprechender freier Arbeitsplatz.** Es muss ein Arbeitsplatz **verfügbar** sein, der der arbeitsvertraglich gestellten Arbeitsaufgabe und den Vorstellungen hinsichtlich der Arbeitszeitverlängerung des betroffenen ArbN entspricht. Es ist kein freier Arbeitsplatz einzurichten. Da zugunsten von befristet Beschäftigten eine der Vorschrift des § 9 entsprechende Regelung fehlt, muss deren Interesse an

---

[1] LAG Berlin v. 20.2.2002 – 4 Sa 2243/91, NZA 2002, 858; LAG Köln v. 5.3.2002 – 10 Ta 50/02, DB 2002, 1280. |[2] LAG Rh.-Pf. v. 12.4.2002 – 3 Sa 161/02, NZA 2002, 856; aA ArbG Oldenburg v. 26.3.2002 – 6 Ga 3/02, NZA 2002, 908: Der Antrag hat sich nicht auf Abgabe einer Willenserklärung zu richten, sondern auf die tatsächliche Beschäftigung zu einer reduzierten Arbeitszeit. |[3] *Gotthardt*, NZA 2001, 1183; anders ArbG Nürnberg v. 28.11.2003 – 14 Ga 114/03, BB 2004, 560: Antrag ist als Beschäftigungsverfügung zu formulieren. |[4] *Gotthardt*, NZA 2001, 1183. |[5] *Kliemt*, NZA 2001, 63 (68); *Straub*, NZA 2001, 919 (925). |[6] AA LAG München v. 21.2.2003 – 8 Ta 61/02, NZA-RR 2003, 382. |[7] LAG Berlin v. 4.9.2001 – 17 Ta 6121/01, NZA-RR 2002, 104; LAG Düsseldorf v. 12.11.2001 – 7 Ta 375/01, NZA-RR 2002, 103; aA aber im Ergebnis ebenso: LAG Hamburg v. 8.11.2001 6 Ta 24/01, NZA-RR 2002, 551; LAG Hess. v. 28.11.2001 – 15 Ta 361/01, NZA 2002, 404; LAG Nds. v. 14.12.2001 – 17 Ta 396/01, NZA-RR 2002, 550; LAG BW v. 15.2.2002 – 3 Ta 5/02, NZA-RR 2002, 325: Allein nach Maßgabe einer Bewertung gem. § 3 ZPO.

Übernahme in ein unbefristetes Arbeitsverhältnis hinter dem des Teilzeitbeschäftigten zurücktreten, sofern nicht dringende betriebliche Gründe dagegen sprechen.

Auch hat der an einer Verlängerung der Arbeitszeit interessierte ArbN nach dem Gesetzeswortlaut keinen Anspruch darauf, dass ein **frei werdender Teilzeitarbeitsplatz** in der Weise mit seinem Arbeitsplatz verbunden wird, dass seine Arbeitszeit um die frei gewordene Arbeitszeit aufgestockt wird[1].

Es sind nicht nur freie Arbeitsplätze im Beschäftigungsbetrieb zu berücksichtigen, sondern in Ergänzung der Regelung des § 10 Abs. 2 **im gesamten Unternehmen**.

3. Eignung. Der teilzeitbeschäftigte ArbN muss für den freien Arbeitsplatz **fachlich und persönlich** geeignet sein. Dies ist der Fall, wenn der teilzeitbeschäftigte ArbN bisher schon die gleichen Arbeitsanforderungen erfüllen musste, die sich an dem freien Arbeitsplatz stellen. Dem ArbGeb steht für die Feststellung der Eignung ein Beurteilungsspielraum zu.

IV. Umsetzung des Verlängerungswunsches. 1. Bevorzugung. Sofern für den freien Arbeitsplatz externe Bewerber vorhanden sind, ist der Teilzeitbeschäftigte bevorzugt zu berücksichtigen, sofern er gleich oder besser geeignet ist. Dasselbe gilt, wenn ein interner Bewerber vorhanden ist, der bereits mit der Arbeitszeit arbeitet, die der freie Arbeitsplatz aufweist. Einem ArbN, dessen Arbeitszeit in der Vergangenheit verringert worden ist, **schuldet** der ArbGeb **nicht** schon deshalb die Zustimmung zur Aufstockung der Arbeitszeit, weil er vor der Verringerung der Arbeitszeit nicht auf die Möglichkeit hingewiesen hat, die Herabsetzung der Wochenarbeitszeit zeitlich zu befristen[2].

2. Dringende betriebliche Gründe. Der Anspruch auf Berücksichtigung des Arbeitszeitverlängerungswunsches entfällt nur bei entgegenstehenden „dringenden betrieblichen Gründen". Insoweit sind die Anforderungen höher als nach § 8 Abs. 4. Im Regelfall ist daher unter den genannten Voraussetzungen den Interessen des ArbN zu entsprechen, der die Arbeitszeit verlängern will. Nur besonders gewichtige Gründe rechtfertigen eine Ablehnung[3].

3. Berücksichtigung anderer teilzeitbeschäftigter ArbN. Eine **Bevorzugung** scheidet aus, wenn auch andere Teilzeitbeschäftigte eine Erhöhung der Arbeitszeit, wie sie der freie Arbeitsplatz bietet, wünschen. Sind diese internen Bewerber gleich geeignet, so ist unter ihnen zwar keine Sozialauswahl iSd. § 1 Abs. 3 KSchG zu treffen, wie dies der ursprüngliche Gesetzentwurf vorsah. Im Hinblick auf die gesetzlich vorgesehene Berücksichtigung der Arbeitszeitwünsche anderer teilzeitbeschäftigter ArbN hat der ArbGeb jedoch bei gleich geeigneten internen Bewerbern nicht die volle Auswahlfreiheit[4]. Der ArbGeb ist bei seiner Auswahlentscheidung an die **Grundsätze billigen Ermessens** gebunden[5].

V. Durchsetzung. 1. Klage. Da man von einem **individuellen Rechtsanspruch** des Teilzeitbeschäftigten auf bevorzugte Berücksichtigung bei der Besetzung eines freien Arbeitsplatzes auszugehen hat, der die gewünschte Arbeitszeit aufweist, kann der betroffene ArbN eine Vertragsänderung mit der Klage durchsetzen.

Der **Klagantrag** kann wie folgt lauten:

„... die Beklagte zu verurteilen, das Angebot des Klägers auf Verlängerung der vertraglichen Arbeitszeit um ... auf ... Wochenstunden anzunehmen."

Da es auch hier um die Abgabe einer Willenserklärung geht, wird die geltend gemachte Verlängerung der Arbeitszeit erst mit der Rechtskraft des Urteils wirksam (§ 894 ZPO).

Der **Streitwert** ist nach den Grundsätzen zu bewerten, die auch für das Verringerungsverlangen gelten[6] (s. dazu § 14 Rz. 53).

2. Einstweilige Verfügung. Um zu vermeiden, dass die frei gewordene Stelle durch einen **anderen Bewerber** sogleich wieder besetzt wird, kann ein erhebliches Rechtsschutzinteresse daran bestehen, die endgültige Besetzung der Stelle mit einem konkurrierenden Mitbewerber im Wege der einstweiligen Verfügung zu verhindern. Mit der Besetzung durch einen Dritten erlischt der Anspruch auf Berücksichtigung des Verlängerungswunsches. Es kann daher im Wege der einstweiligen Verfügung der Anspruch auf Unterlassung der Besetzung des freien Arbeitsplatzes geltend gemacht werden. Diese Sicherung wird man als ausreichend betrachten können, so dass eine vorläufige Übertragung des Arbeitsplatzes mit der längeren Arbeitszeit nicht in Betracht kommt[7].

3. Darlegungs- und Beweislast. Für das ausgesprochene konkrete Verlangen nach einer Arbeitszeit*erhöhung, das* Vorhandensein eines freien geeigneten Arbeitsplatzes sowie seiner Eignung hierfür trägt der ArbN die Darlegungs- und Beweislast. Hinsichtlich der entgegenstehenden dringenden betrieblichen Gründe und der zugunsten interner Bewerber getroffenen Ermessensentscheidung trägt der ArbGeb die Darlegungs- und Beweislast.

---

1 KDZ/*Zwanziger*, § 9 TzBfG Rz. 10. | 2 BAG v. 13.11.2001 – 9 AZR 442/00, FA 2002, 240. | 3 *Lindemann/Simon*, BB 2001, 146. | 4 So MünchArbR/*Schüren*, Erg.-Bd. § 162 Rz. 102. | 5 *Kliemt*, NZA 2001, 63; *Lindemann/Simon*, BB 2001, 146. | 6 LAG Berlin v. 9.3.2004 – 17 Ta (Kost) 6006/04, DB 2004, 940. | 7 *Gotthardt*, NZA 2001, 1183; Annuß/Thüsing/*Jacobs*, § 9 TzBfG Rz. 42; aA KDZ/*Zwanziger*, § 9 TzBfG Rz. 15.

15 **4. Schadensersatzansprüche.** Hat der ArbGeb rechtswidrig den freien Arbeitsplatz einem anderen Bewerber überlassen, so kann ein Anspruch auf **Schadensersatz** gemäß § 280 Abs. 1, Abs. 3, § 283 BGB in Betracht kommen[1]. Dieser ist auf den entgangenen, mit der Verlängerung der Arbeitszeit verknüpften erhöhten Verdienst gerichtet[2].

16 **VI. Mitbest.** Soll ein **anderer Bewerber** unter Übergehung des Veränderungsanspruchs nach § 9 eingestellt werden, so hat der BR ein Widerspruchsrecht nach § 99 Abs. 2 Nr. 1 BetrVG.

17 Wegen der MitbestR hinsichtlich der **Veränderung der Arbeitszeit** ist entscheidend, ob die Veränderung einer Neueinstellung iSd. § 99 Abs. 1 BetrVG entspricht. Es wird insoweit auf die Kommentierung zu § 99 BetrVG verwiesen.

10 Aus- und Weiterbildung

Der Arbeitgeber hat Sorge zu tragen, dass auch teilzeitbeschäftigte Arbeitnehmer an Aus- und Weiterbildungsmaßnahmen zur Förderung der beruflichen Entwicklung und Mobilität teilnehmen können, es sei denn, dass dringende betriebliche Gründe oder Aus- und Weiterbildungswünsche anderer teilzeit- oder vollzeitbeschäftigter Arbeitnehmer entgegenstehen.

1 **I. Inhalt und Zweck.** Die Bedeutung der Vorschrift erschöpft sich in der Betonung des auch im Aus- und Weiterbildungsbereich zur **Förderung der beruflichen Entwicklung und Mobilität** bestehenden Diskriminierungsverbots. Die Bestimmung setzt § 5 Abs. 3 Buchst. d Alt. 2 der Rahmenvereinbarung über Teilzeitarbeit (Richtlinie 97/81/EG) um.

2 **II. Voraussetzungen und Maßnahmen.** Der Begriff der Aus- und Weiterbildungsmaßnahmen zur Förderung der beruflichen Entwicklung und Mobilität erfasst alle Maßnahmen der Berufsbildung, also Berufsausbildung, berufliche Fortbildung und berufliche Umschulung. Die Vorschrift betrifft jedoch nicht Aus- und Weiterbildungsmaßnahmen jeglicher Art, sondern nur solche, die die berufliche Entwicklung und Mobilität fördern können. Dazu gehören aber nicht nur Maßnahmen, die die aktuelle Tätigkeit des Teilzeitbeschäftigten betreffen, sondern auch Bildungsmaßnahmen zur Verbesserung der beruflichen Qualifikation, die die berufliche Mobilität fördern. Bildungsmaßnahmen, die für das berufliche Fortkommen des Teilzeitbeschäftigten von Bedeutung sind, zählen deshalb ebenfalls dazu. Zu den durch die Vorschrift erfassten Bildungsmaßnahmen gehören auch solche, die außerhalb der Arbeitszeit und außerhalb des Betriebes stattfinden.

3 Allerdings bleiben die von der Rspr. aufgestellten Möglichkeiten und Regeln über die **Rückzahlung von Ausbildungskosten** unberührt[3]. Daneben bestehen die Weiterbildungsansprüche nach den Bildungsurlaubsgesetzen der Bundesländer.

4 Aus der gesetzlichen Regelung ergibt sich für den Teilzeitbeschäftigten **kein konkreter Anspruch** auf eine Aus- und Weiterbildung. Ein solcher Anspruch kann sich allenfalls bei einem Verstoß gegen den Gleichbehandlungsgrundsatz ergeben.

5 **III. Entgegenstehende Gründe.** Ausgenommen werden können Teilzeitbeschäftigte von Aus- und Weiterbildungsmaßnahmen, wenn dies aus **dringenden betrieblichen Gründen** erforderlich ist. Diese können zB darin bestehen, dass durch die Teilnahme an der Bildungsmaßnahme erhebliche betriebliche Einschränkungen drohen oder die Kosten unverhältnismäßig hoch sind. Darüber hinaus ist der Aus- und Weiterbildungswunsch eingeschränkt durch die **Weiterbildungswünsche anderer teilzeit- oder vollzeitbeschäftigter ArbN.** Insoweit kann der ArbGeb die Auswahl nach billigem Ermessen treffen (§ 315 Abs. 1 BGB).

6 Dieser Vorschrift entspricht die an die Betriebsparteien gerichtete Verpflichtung in § 96 Abs. 2 Satz 2 BetrVG.

11 Kündigungsverbot

Die Kündigung eines Arbeitsverhältnisses wegen der Weigerung eines Arbeitnehmers, von einem Vollzeit- in ein Teilzeitarbeitsverhältnis oder umgekehrt zu wechseln, ist unwirksam. Das Recht zur Kündigung des Arbeitsverhältnisses aus anderen Gründen bleibt unberührt.

Lit.: *Lindemann/Simon*, Neue Regelungen zur Teilzeitarbeit, BB 2001, 146; *Preis/Gotthardt*, Neue Regelungen der Teilzeitarbeit und befristete Arbeitsverhältnisse, DB 2000, 2065.

1 **I. Inhalt.** Da der ArbGeb dem ArbN einen Wechsel von Vollzeit- zu Teilzeitarbeit oder umgekehrt nicht ohne Vorliegen entsprechender betrieblicher Erfordernisse aufzwingen kann, bestimmt diese Vorschrift, dass in diesem Fall der ArbGeb einen ArbN **nicht kündigen darf**, weil dieser sich weigert, von einem Vollzeit- in ein Teilzeitarbeitsverhältnis oder umgekehrt zu wechseln.

---

1 Zur Anspruchsgrundlage siehe iE Annuß/Thüsing/*Jacobs*, § 9 TzBfG Rz. 45. | 2 MünchArbR/*Schüren*, Erg.-Bd. § 162 Rz. 106. | 3 KDZ/*Zwanziger*, § 10 TzBfG Rz. 2.

Mit dieser Bestimmung wird § 5 Abs. 2 der Rahmenvereinbarung über Teilzeitarbeit (Richtlinie 97/81/EG) umgesetzt.

II. Bedeutung. Die Kündigung eines Arbeitsverhältnisses wegen der Weigerung, von einem Vollzeitarbeitsverhältnis in ein Teilzeitarbeitsverhältnis oder umgekehrt zu wechseln, ist **unwirksam**. Entsprechendes ergibt sich bereits aus dem Maßregelungsverbot des § 612a BGB. 2

Es handelt sich um ein **besonderes Kündigungsverbot** iSv. § 13 Abs. 3 KSchG. Für die Geltendmachung der Unwirksamkeit einer derartigen Kündigung bedarf es aufgrund des Gesetzes zu Reformen am Arbeitsmarkt seit dem 1.1.2004 der Einhaltung der dreiwöchigen Klagefrist nach § 4 KSchG. Es gelten nicht die Wartezeit des § 1 Abs. 1 KSchG sowie die Kleinbetriebsklausel nach § 23 Abs. 1 KSchG. 3

Voraussetzung ist aber, dass tragender Grund für die Kündigung die Weigerung des ArbN ist, sein Arbeitszeitvolumen zu ändern[1]. Dies **darzulegen** und zu **beweisen** obliegt dem sich hierauf berufenden ArbN. 4

Kündigungen aus anderen Gründen, die zur Änderung oder Beendigung des Arbeitsverhältnisses führen, bleiben möglich. Insbesondere sind daher aus wirtschaftlichen, technischen oder organisatorischen Gründen ausgesprochene betriebsbedingte Änderungs- oder Beendigungskündigungen zulässig. So kann einem Vollzeitbeschäftigten eine Änderungskündigung auf Verringerung der Arbeitszeit ausgesprochen werden, wenn dies durch einen geringeren Arbeitsanfall bedingt ist. Auch kann eine unternehmerische Organisationsentscheidung, künftig keine Teilzeitkräfte mehr, sondern nur noch Vollzeitkräfte beschäftigen zu wollen, eine Kündigung rechtfertigen, sofern das Organisationskonzept von plausiblen wirtschaftlichen oder unternehmenspolitischen Gründen getragen wird[2]. 5

12 Arbeit auf Abruf

(1) Arbeitgeber und Arbeitnehmer können vereinbaren, dass der Arbeitnehmer seine Arbeitsleistung entsprechend dem Arbeitsanfall zu erbringen hat (Arbeit auf Abruf). Die Vereinbarung muss eine bestimmte Dauer der wöchentlichen und täglichen Arbeitszeit festlegen. Wenn die Dauer der wöchentlichen Arbeitszeit nicht festgelegt ist, gilt eine Arbeitszeit von zehn Stunden als vereinbart. Wenn die Dauer der täglichen Arbeitszeit nicht festgelegt ist, hat der Arbeitgeber die Arbeitsleistung des Arbeitnehmers jeweils für mindestens drei aufeinander folgende Stunden in Anspruch zu nehmen.

(2) Der Arbeitnehmer ist nur zur Arbeitsleistung verpflichtet, wenn der Arbeitgeber ihm die Lage seiner Arbeitszeit jeweils mindestens vier Tage im Voraus mitteilt.

(3) Durch Tarifvertrag kann von den Absätzen 1 und 2 auch zuungunsten des Arbeitnehmers abgewichen werden, wenn der Tarifvertrag Regelungen über die tägliche und wöchentliche Arbeitszeit und die Vorankündigungsfrist vorsieht. Im Geltungsbereich eines solchen Tarifvertrages können nicht tarifgebundene Arbeitgeber und Arbeitnehmer die Anwendung der tariflichen Regelungen über die Arbeit auf Abruf vereinbaren.

Lit.: *Busch*, Aus für die Arbeit auf Abruf?, NZA 2001, 593; *Däubler*, Das neue Teilzeit- und Befristungsgesetz, ZIP 2001, 217.

I. Inhalt und Zweck. Die Vorschrift regelt Bedingungen für Vereinbarungen über **Arbeit auf Abruf**. Sie fordert die Festlegung einer wöchentlichen und täglichen Arbeitszeitdauer und legt eine Mindestankündigungsfrist fest. Die in dieser Bestimmung geregelte Arbeit auf Abruf ist eine typische, wenn auch nicht die einzige Gestaltungsform flexibler Arbeitszeitregelung. Mit der Abrufarbeit wird dem Interesse an einer bedarfsorientierten Anpassung der Arbeitszeit entsprochen. Vielfach werden auch die Ausdrücke KAPOVAZ-Verträge (kapazitätsorientierte variable Arbeitszeit) oder BAVAZ-Verträge (bedarfsabhängige variable Arbeitszeit) verwandt. 1

Nach der Gesetzesbegründung wird bewusst im Wesentlichen die in § 4 BeschFG enthaltene Regelung über Arbeit auf Abruf übernommen. Deutlicher als bisher ist geregelt, dass die TV-Parteien auch zuungunsten der ArbN von den Vorschriften über die Anpassung der Arbeitszeit an den Arbeitsanfall abweichen können, wenn sie Vorschriften über die tägliche und wöchentliche Arbeitszeit und die Vorankündigungsfrist treffen[3].

II. Begriff und Umsetzungsmöglichkeiten. 1. Dauerbeschäftigungsverhältnis. Mit der in dieser Vorschrift geregelten Abrufarbeit wird dem ArbGeb die Möglichkeit gegeben, auch im Rahmen eines Dauerbeschäftigungsverhältnisses einem **diskontinuierlich auftretenden Arbeitsbedarf** zu entsprechen und demgemäß die Arbeitszeit dem Arbeitsanfall anzupassen. Dies geschieht regelmäßig im Rahmen eines arbeitsvertraglich festgelegten Arbeitszeitdeputats bzw. Arbeitszeitbudgets. 2

---

[1] *Preis/Gotthardt*, DB 2000, 2065; *Lindemann/Simon*, BB 2001, 146. | [2] *Preis/Gotthardt*, DB 2000, 2065. | [3] BT-Drs. 14/4374, S. 18.

3 Aus dem Dauerbeschäftigungsverhältnis folgt umgekehrt eine Verpflichtung zur Zahlung eines **regelmäßigen Arbeitsentgelts**. Es richtet sich nach dem auf den Vergütungszeitraum (zB 1 Monat) anteilig entfallenden Arbeitszeitdeputat, so dass zB bei Jahresarbeitszeitregelungen eine monatliche Vergütung in Höhe von 1/12 entsprechend dem vereinbarten Arbeitszeitdeputat bzw. Arbeitszeitbudget zu gewähren ist. Trotz diskontinuierlichem Arbeitsanfall besteht somit Anspruch auf ein kontinuierliches Arbeitsentgelt. Da nicht mehr die regelmäßige wöchentliche Höchstarbeitszeit von 15 Stunden einzuhalten ist, kann ein Abrufarbeitsverhältnis auch mit geringfügig Beschäftigten (§ 8 SGB IV) vorteilhaft sein.

4 Statt dieses sozial geschützten Dauerrechtsverhältnisses der Abrufarbeit könnte dem unterschiedlichen Arbeitsanfall nur durch **jeweilige befristete Arbeitsverhältnisse** begegnet werden. Dies ist aber nur auf der Grundlage der in § 14 genannten Voraussetzungen möglich.

5 Wie sich aus der vertraglich nicht abänderbaren Mindestankündigungsfrist von 4 Tagen (Abs. 2) ergibt, ist Abrufarbeit **nicht geeignet, eine schnelle Verfügbarkeit** der Arbeitsleistung zu erreichen. Diesem Zweck kann nur durch die Vereinbarung von Rufbereitschaft oder Bereitschaftsdienst entsprochen werden. Im Gegensatz zur Rufbereitschaft oder Bereitschaftsdienst ist daher bei der Abrufarbeit nur die geschuldete bzw. erbrachte Arbeitsleistung selbst Vergütungsgrundlage.

6 **2. Abrufarbeit in Vollzeit/Teilzeit.** Bei der Abrufarbeit gemäß dieser Vorschrift handelt es sich typischerweise um **Teilzeittätigkeit** iSd. § 2. Sofern keine tarifvertraglichen Arbeitszeitregelungen entgegenstehen, kann im Rahmen der durch das ArbZG gesteckten Grenzen auch **Vollzeitarbeit** als Abrufarbeit praktiziert werden, wenn ansonsten die betriebsübliche Arbeitszeit zB 35 Stunden beträgt. Für Vollzeitkräfte, deren Arbeitsleistung im Rahmen eines Arbeitszeitdeputats bzw. Arbeitszeitbudgets abgerufen wird, gilt dann zumindest Abs. 2 entsprechend.

7 **3. Mehrarbeit/Überstunden.** Abgesehen von tariflichen Regelungen sind sog. **Bandbreitenregelungen** mit einer **Mindest- und Höchstarbeitszeit** nicht zulässig. Flexibilität besteht nur für die Verteilung, nicht aber den **Umfang der Arbeitszeit**[1]. Mehrarbeit ist somit möglich, wenn das Arbeitszeitdeputat im Abrechnungszeitraum bereits überschritten ist. Andererseits können Überstunden bzw. Mehrarbeit anfallen, wenn der ArbGeb entweder aufgrund vertraglicher Regelung oder nach Maßgabe des § 14 Abs. 1 ArbZG über die durch ordnungsgemäßen Abruf konkretisierte Arbeitspflicht hinaus kurzfristig weitere Arbeitsstunden anordnet. Sofern nicht eine bestimmte Höchstarbeitszeit pro Tag oder pro Woche oder bei Jahresarbeitszeitregelungen pro Monat vereinbart ist, wird es sich jedoch begrifflich nicht um Mehrarbeit oder Überstunden handeln. Bedeutsam ist aber auch insoweit die Ankündigungsfrist des Abs. 2.

8 **III. Inhalt und Gestaltung des Vertrages (Abs. 1). 1. Vertragliche Grundlage (Abs. 1 Satz 1).** Die Abrufarbeit muss ausdrücklich im Arbeitsvertrag **vereinbart** werden. Dies folgt daraus, dass die konkrete Arbeitszeitlage im Vertrag offen bleibt. Sie wird unter Berücksichtigung der Ankündigungsfrist des Abs. 2 dem Leistungsbestimmungsrecht des ArbGeb überantwortet.

9 Arbeitsvertraglich festzulegen ist weiterhin ein **fester Umfang des Arbeitszeitdeputats**, also die gesamte abrufbare Arbeitszeit. Von dieser konkreten Festlegung kann nur durch einen TV abgewichen werden. Der zeitliche Rahmen, innerhalb welchem diese gesamte fest vereinbarte Arbeitszeit zu leisten ist bzw. abgerufen werden kann, ist ebenfalls vertraglich zu regeln.

10 **2. Arbeitszeitrahmen bzw. Bezugszeitraum (Abs. 1 Satz 2, 3 und 4).** Satz 2 bestimmt, dass der Arbeitsvertrag eine **bestimmte Dauer** der wöchentlichen und täglichen Arbeitszeit festlegen muss. Ansonsten gilt eine wöchentliche Arbeitszeit von 10 Stunden bzw. eine tägliche Arbeitszeit von mindestens drei aufeinander folgenden Stunden. Da nach der früheren gesetzlichen Regelung (§ 4 BeschFG) weder die wöchentliche noch die tägliche Arbeitszeit einer vertraglichen Fixierung bedurften, spricht der Wortlaut gegen die Möglichkeit einer Abrufarbeit, die nicht nur einen Arbeitszeitrahmen bzw. Bezugszeitraum von einer Woche zulässt, sondern auch einen Arbeitszeitrahmen bzw. Bezugszeitraum von einem Monat oder einem Jahr[2]. Dies entspricht aber nicht dem gesetzgeberischen Willen. Die Gesetzesbegründung verweist vielmehr darauf, dass die Vorschrift im Wesentlichen die in § 4 BeschFG getroffenen Regelungen übernimmt[3]. Überdies geht § 2 Abs. 1 Satz 2 ebenfalls davon aus, dass weiterhin die Möglichkeit besteht, einen Arbeitszeitrahmen bis zu einem Jahr zu vereinbaren[4]. Es sind danach weiterhin monatliche oder jährliche Arbeitszeitrahmen bzw. feste Monats- oder Jahresarbeitszeitkonten zulässig.

11 Satz 3 ist mithin nur die sich aus der monatlichen oder jährlichen Arbeitszeitrahmen ergebende wöchentliche Durchschnittsarbeitszeit zu entnehmen, **wenn nichts anderes vereinbart** ist. Demzufolge kann auch nach der jetzigen Vorschrift eine Monats- oder Jahresarbeitszeit vereinbart werden, ohne dass zugleich eine bestimmte Wochenarbeitszeit geregelt sein muss. Vielmehr kann nicht nur eine Min-

---

1 LAG Düsseldorf v. 30.8.2002 – 9 Sa 709/02, NZA-RR 2003, 407. | 2 So *Däubler*, ZIP 2001, 217; KDZ/*Zwanziger*, § 12 TzBfG Rz. 13. | 3 BT-Drs. 14/4374, S. 18. | 4 *Busch*, NZA 2001, 593; MünchArbR/*Schüren*, Erg.-Bd. § 166 Rz. 20–22; Annuß/Thüsing/*Jacobs*, § 12 TzBfG Rz. 22.

desttagesarbeitszeit, sondern auch eine Mindestwochenarbeitszeit bzw. die Notwendigkeit des Abrufs derartiger verbindlicher Arbeitszeiten pro Woche oder pro Tag ausgeschlossen werden. Die Regelungen in Satz 3 und 4 sind **keine** vertragliche Vereinbarungen **einschränkende Mindestarbeitszeiten**.

Besteht keine konkrete Vereinbarung, so gelten die **gesetzlichen Auffangregelungen** in Satz 3 und Satz 4. Es wird dann die Vereinbarung einer wöchentlichen Arbeitszeit von 10 Stunden fingiert. Bei Abruf der Arbeitsleistung beträgt die tägliche Mindestarbeitszeit bei Fehlen einer entgegenstehenden Regelung nach Satz 4 mindestens drei aufeinander folgende Stunden (fingierte tägliche Mindesteinsatzdauer).

3. Vertragliche Abweichungen. Der vertraglichen Dispositionsregelung unterliegt nur die Verteilung der Arbeitszeit, **nicht aber der Umfang der Arbeitszeit**[1]. Wenn keine feste Arbeitszeit vereinbart wird (Arbeitszeitdeputat/Arbeitszeitbudget), so kann sich der Umfang der vereinbarten Arbeitszeit aus schlüssigem Verhalten ergeben (es ist insoweit allerdings die Bedeutung des § 2 Abs. 1 Satz 2 Nr. 7 NachwG zu beachten)[2]. Ansonsten gelten die gesetzlichen Auffangregelungen der Sätze 3 und 4, also eine Wochenarbeitszeit von 10 Stunden und eine tägliche Arbeitszeit von drei aufeinander folgender Stunden.

Eine sog. **Bandbreitenregelung**, also die Vereinbarung von einer **Mindest- und einer Höchstarbeitszeit**, ist nur in TV zulässig. Aber auch bei einer bereits praktizierten Bandbreitenregelung kann sich aus der bisher geübten Praxis eine verbindliche Arbeitszeit und Arbeitszeitverteilung entnehmen lassen.

IV. Abruf zur Arbeitsleistung (Abs. 2). 1. Gesetzliche Voraussetzung (Mindestankündigungsfrist). Der ArbGeb ist verpflichtet, den Arbeitseinsatz mindestens vier Tage im Voraus **anzukündigen**. Geschieht dies nicht, so ist der ArbN nicht zur Arbeitsleistung verpflichtet. Die gesetzliche Abruffrist von vier Tagen kann einzelvertraglich oder durch BV nicht verkürzt werden.

Für die Mitteilung ist der **Zugang** maßgeblich. Für die **Berechnung der Abruffrist** ist der Tag der Ankündigung nicht mitzurechnen (§§ 186 ff. und 193 BGB). Der Ankündigungstag ist durch Rückrechnung vom vorgesehenen Einsatztag her zu ermitteln. Soll der Arbeitseinsatz am Montag erfolgen, so muss der Abruf spätestens am Mittwoch der Vorwoche zugehen, für den Arbeitseinsatz am Dienstag am Donnerstag der Vorwoche und für den Arbeitseinsatz am Mittwoch, Donnerstag, Freitag und Sonnabend jeweils am Freitag der Vorwoche[3].

2. Abweichende vertragliche Regelungen. Die gesetzliche Abruffrist von vier Tagen kann einzelvertraglich oder durch BV **nicht wirksam verkürzt** werden. Jedoch ist eine tarifvertragliche Kürzung zulässig. Sofern eine kürzere Arbeitsbereitschaft des ArbN erforderlich ist, kann dies somit nicht durch einen Abrufarbeitsvertrag vereinbart werden, sondern nur durch entsprechend vergüteten Bereitschaftsdienst oder Rufbereitschaft.

3. Nichteinhaltung der Abruffrist und -dauer. Wenn der Arbeitseinsatz **ohne Einhaltung der Frist abgerufen** wird, so ist der Abruf unwirksam. Der ArbN ist nicht zur Arbeitsleistung verpflichtet. Sofern er nicht in der Vergangenheit gleichwohl die Arbeitsleistung erbracht hat und dadurch ein Vertrauen auf der ArbGebSeite erzeugt hat, ist der ArbN nicht verpflichtet, den ArbGeb zu informieren, wenn er dem unwirksamen Arbeitsabruf nicht nachkommen will.

Ein unwirksamer und deshalb vom ArbN nicht beachteter Abruf lässt das noch verbleibende **Arbeitszeitdeputat** unberührt. Es besteht auch kein Vergütungsanspruch. Kann das verbleibende Arbeitszeitdeputat jedoch wegen Beendigung des Bezugszeitraumes nicht mehr abgerufen werden, so ist die nicht rechtzeitig abgerufene Arbeitszeit als Annahmeverzug zu vergüten, sofern keine Übertragungsvereinbarung getroffen worden ist.

Wenn keine andere tägliche Mindesteinsatzdauer vereinbart ist, ist der ArbGeb gem. Abs. 1 Satz 4 verpflichtet, Arbeitseinsätze von **mindestens drei Stunden** abzurufen und anzuordnen. Wird dies nicht beachtet, so hat der ArbN trotz kürzerer Arbeitszeit Anspruch auf die Vergütung für drei Arbeitsstunden[4]. Dies hat zur Folge, dass sich das Arbeitszeitdeputat auch bei einem kürzeren Arbeitseinsatz um drei Stunden reduziert.

Kommt es überhaupt **nicht zum Abruf** der Arbeitszeit innerhalb des Bezugszeitraumes oder wird nicht das gesamte Arbeitszeitdeputat/Arbeitszeitbudget abgerufen, so kommt der ArbGeb in Annahmeverzug (§ 615 BGB).

V. Tarifliche Regelungen (Abs. 3). Abrufarbeit kann durch **TV** eingeführt werden. Durch tarifliche Regelungen kann von den Bestimmungen in den Abs. 1 und 2 auch zuungunsten der ArbN abgewichen werden. Es braucht also keine feste Arbeitszeit vereinbart zu werden. **Bandbreiten** („es gilt eine Min-

---

[1] LAG Düsseldorf v. 30.8.2002 – 9 Sa 709/02, NZA-RR 2003, 407. | [2] LAG Köln v. 7.12.2001 – 11 (6) Sa 827/01, NZA-RR 2002, 415. | [3] MünchArbR/*Schüren*, Erg.-Bd. § 166 Rz. 41. | [4] MünchArbR/*Schüren*, Erg.-Bd. § 166 Rz. 61; aA ErfK/*Preis*, § 12 TzBfG Rz. 29: Dies gelte nur, wenn der ArbN die Beachtung der 3-Stunden-Frist gefordert habe.

destarbeitzeit von ... Stunden, jedoch eine Höchstarbeitszeit von ... Stunden pro Monat") sowie eine Verkürzung der in Abs. 2 geregelten Ankündigungsfrist sind möglich. Eine Regelung der Vorankündigungsfrist muss aber im TV vorhanden sein. Außerdem muss der TV auch Bestimmungen hinsichtlich der täglichen und wöchentlichen Arbeitszeit enthalten. Es muss sich jedoch um keine konkrete Festlegung handeln[1].

23 Im Geltungsbereich eines solchen TV können **nicht tarifgebundene** ArbGeb und ArbN durch Inbezugnahme diese tariflichen Regelungen über Abrufarbeit vereinbaren.

24 **VI. BV.** Abrufarbeit muss ausdrücklich im Arbeitsvertrag vereinbart werden, so dass Abrufarbeit nicht durch eine BV eingeführt werden kann. Durch eine BV kann jedoch gem. § 87 Abs. 1 Nr. 2 BetrVG ein Rahmen entsprechend den Regelungen des § 87 Abs. 1 Nr. 2 BetrVG vorgegeben werden. Nicht geregelt werden können in einer BV die Dauer der von einem in einem Abrufarbeitsverhältnis beschäftigten ArbN zu leistenden Arbeitszeiten (§ 77 Abs. 3 BetrVG).

25 **VII. Vergütung und Urlaub.** Bezogen auf eine durchschnittliche Arbeitszeit für den jeweiligen Abrechnungszeitraum (idR einen Monat) ist trotz unterschiedlichem Arbeitseinsatz **kontinuierlich die Vergütung** zu gewähren. Eine abweichende Vereinbarung ist dann möglich, wenn von vornherein zwischen den einzelnen Abrufzeiträumen längere Freizeitintervalle liegen, was bei einem Jahresarbeitszeitkonto der Fall sein kann, wenn von vornherein feststeht, dass nur im Frühjahr und im Herbst die Arbeit abgerufen wird.

26 Für die **Feiertagsbezahlung** und die **Entgeltfortzahlung im Krankheitsfall** gilt grundsätzlich das Lohnausfallprinzip (§ 2 Abs. 1 und § 3 Abs. 1 EFZG). Feiertagsvergütung kann aber nur beansprucht werden, wenn der Feiertag die alleinige Ursache für den Arbeitsausfall ist[2]. Der ArbGeb hat die tatsächlichen Umstände dafür darzulegen, dass der Feiertag für den Arbeitsausfall nicht ursächlich war. Entsprechendes gilt für den Entgeltfortzahlungsanspruch im Krankheitsfall. Erstreckt sich aber die Krankheit über den gesamten Arbeitszeitrahmen, erfasst sie also das gesamte Arbeitszeitdeputat bzw. Arbeitszeitbudget, so ist die Vergütung nach dem Entgeltfortzahlungsgesetz zu gewähren. Eine BV, die die durch Arbeitsunfähigkeit ausgefallene Arbeitszeit für die Berechnung der Höhe der Entgeltfortzahlung kürzt, verstößt gegen § 4 Abs. 1 EFZG[3]. Eine Abweichung ist nur aufgrund TV möglich.

27 Auch Abrufkräfte haben Anspruch auf einen zusammenhängenden **Urlaub**. Er ist wie bei Teilzeitarbeitskräften, die nicht jeden Arbeitstag arbeiten, zu ermitteln.

28 **VII. Darlegung- und Beweislast.** Dafür, dass ein Abrufarbeitsverhältnis vorliegt und deshalb im Einzelfall die Voraussetzungen der Vergütung von Arbeitsleistung vorliegen, ist der ArbN darlegungs- und beweispflichtig. Dasselbe gilt hinsichtlich der Entgeltfortzahlung an Feiertagen sowie im Krankheitsfall. Der ArbGeb ist dagegen darlegungs- und beweispflichtig dafür, welche konkreten Vereinbarungen über die Heranziehung im Einzelnen bestehen. Für die Einhaltung der Ankündigungsfrist des Abs. 2 ist ebenfalls der ArbGeb darlegungs- und beweispflichtig.

13 *Arbeitsplatzteilung*

(1) Arbeitgeber und Arbeitnehmer können vereinbaren, dass mehrere Arbeitnehmer sich die Arbeitszeit an einem Arbeitsplatz teilen (Arbeitsplatzteilung). Ist einer dieser Arbeitnehmer an der Arbeitsleistung verhindert, sind die anderen Arbeitnehmer zur Vertretung verpflichtet, wenn sie der Vertretung im Einzelfall zugestimmt haben. Eine Pflicht zur Vertretung besteht auch, wenn der Arbeitsvertrag bei Vorliegen dringender betrieblicher Gründe eine Vertretung vorsieht und diese im Einzelfall zumutbar ist.

(2) Scheidet ein Arbeitnehmer aus der Arbeitsplatzteilung aus, so ist die darauf gestützte Kündigung des Arbeitsverhältnisses eines anderen in die Arbeitsplatzteilung einbezogenen Arbeitnehmers durch den Arbeitgeber unwirksam. Das Recht zur Änderungskündigung aus diesem Anlass und zur Kündigung des Arbeitsverhältnisses aus anderen Gründen bleibt unberührt.

(3) Die Absätze 1 und 2 sind entsprechend anzuwenden, wenn sich Gruppen von Arbeitnehmern auf bestimmten Arbeitsplätzen in festgelegten Zeitabschnitten abwechseln, ohne dass eine Arbeitsplatzteilung im Sinne des Absatzes 1 vorliegt.

(4) Durch Tarifvertrag kann von den Absätzen 1 und 3 auch zuungunsten des Arbeitnehmers abgewichen werden, wenn der Tarifvertrag Regelungen über die Vertretung der Arbeitnehmer enthält. Im Geltungsbereich eines solchen Tarifvertrages können nicht tarifgebundene Arbeitgeber und Arbeitnehmer die Anwendung der tariflichen Regelungen über die Arbeitsplatzteilung vereinbaren.

---

1 ErfK/*Preis*, § 12 TzBfG Rz. 44. | 2 BAG v. 24.10.2001 – 5 AZR 245/00, ArbRB 2002, 158; v. 14.8.2002 – 5 AZR 417/01, DB 2003, 155. | 3 BAG v. 13.2.2002 – 5 AZR 470/00, NZA 2002, 683.

I. Inhalt und Zweck. Die Vorschrift regelt die Möglichkeit der **Arbeitsplatzteilung** (sog. Job-Sharing) sowie der sog. **Turnusarbeit** und die Rechtsfolgen im Hinblick auf die Vertretungspflicht und den Kündigungsschutz bei Ausscheiden eines ArbN aus der Arbeitsplatzteilung[1]. Nicht dem ArbGeb, sondern den ArbN, die sich einen Arbeitsplatz teilen, obliegt die Arbeitszeitverteilung. Aufgrund der Zeitsouveränität bestimmen sie einen wesentlichen Aspekt ihrer Arbeitsorganisation selbst. Durch Verknüpfung ihrer Arbeitszeit erbringen sie damit die Leistung, die ansonsten von einem Vollzeitarbeitnehmer (es kann aber auch ein Teilzeitarbeitsplatz aufgeteilt werden) erbracht wird. Es handelt sich demgemäß immer um TeilzeitArbN. Zur Vermeidung einer erheblichen Belastung der sich in der Regel einen Vollzeitarbeitsplatz teilenden Teilzeitkräfte ist eine Vertretungsverpflichtung von besonderen Voraussetzungen abhängig.

II. Vertragliche Regelungen (Abs. 1 Satz 1). Die Arbeitsplatzteilung (Job-Sharing) setzt eine **besondere arbeitsvertragliche Vereinbarung** voraus. Gegenstand des Arbeitsvertrages ist nicht die alternierende Besetzung eines Arbeitsplatzes durch zwei Teilzeitkräfte, sondern die Übertragung eines Arbeitsplatzes an zwei oder mehr ArbN unter wesentlicher Übertragung eines Teils der dafür erforderlichen Arbeitsorganisation, insb. der Arbeitszeiteinteilung. Es ist Aufgabe der beteiligten ArbN, ihre Tätigkeit so zu koordinieren, dass sie aus ihren individuellen Beiträgen eine den Arbeitsanforderungen des Arbeitsplatzes gerechtwerdende Gesamtleistung erbringen, die der einer Vollzeitkraft entspricht.

Grundsätzlich wird Arbeitsplatzteilung **einzelvertraglich** vereinbart. Um die nötige Koordination und die genügende „Abdeckung" eines Vollzeitarbeitsplatzes zu erreichen, müssen die einzelnen Arbeitsverträge bzw. das Arbeitszeitdeputat der beteiligten ArbN individuell festgelegt werden. Außerdem sind ggf. die Arbeitsaufgaben und weitere Einzelheiten zur notwendigen Koordination vertraglich zu regeln.

Die **Arbeitszeitverteilung bzw. -planung** obliegt nicht dem ArbGeb, sondern den beteiligten ArbN. Als Gruppe erbringen sie gegenüber dem ArbGeb die Arbeitsleistung, die von seiten eines Vollzeitarbeitnehmers geschuldet wird. Die beteiligten ArbN sind jedoch hinsichtlich der Arbeitspflicht keine Gesamtschuldner, sondern nur verpflichtet, ihr persönliches Arbeitsdeputat zu leisten[2]. Der an der Arbeitsplatzteilung beteiligte ArbN schuldet somit nur das aufgrund der vereinbarten Arbeitszeitdauer zu erbringende Arbeitsleistung innerhalb der intern verteilten Arbeitszeit. Es besteht auch kein Ausgleichsanspruch nach § 426 BGB gegen den anderen beteiligten ArbN, wenn es zu einer nicht abgesprochenen Vertretung kommt.

Gegenüber dem ArbGeb besteht die Pflicht, die Arbeitszeitverteilung im Rahmen eines sog. **Arbeitszeitplanes** festzulegen. Sofern den betroffenen ArbN insoweit die Möglichkeit von Änderungen vertraglich eingeräumt wird, ist es zweckmäßig, dass arbeitsvertraglich dem ArbGeb ein Veto-Recht, ggf. auch ein Leistungsbestimmungsrecht vorbehalten bleibt.

Hinsichtlich des **Arbeitsentgelts**, der **Entgeltfortzahlung bei Krankheit** und im **Urlaub** gelten die allgemeinen Regelungen, wie sie auch bei Teilzeitbeschäftigten zur Anwendung gelangen.

III. Vertretungsregelungen (§ 1 Satz 2 und Satz 3). Arbeitszeitteilung bedingt **keine automatische Vertretungspflicht** hinsichtlich des verhinderten anderen ArbN. Die Vertretung des ausgefallenen anderen ArbN bedingt Mehrarbeit. Sie als gewissermaßen automatische Verpflichtung zu unterstellen, widerspricht dem nach § 12 Abs. 1 bestehenden Verbot der individuellen Vereinbarung eines variablen Arbeitszeitdeputats. Auch zur Urlaubsvertretung ist der andere ArbN nur aufgrund einer entsprechenden Vereinbarung verpflichtet. Demgemäß besteht nur eine Vertretungspflicht, wenn entweder die in Satz 2 oder die in Satz 3 genannten Voraussetzungen vorliegen:

Satz 2 verpflichtet den an einem Arbeitsplatz beteiligten anderen ArbN zur Vertretung eines verhinderten ArbN, wenn er der Vertretung **im Einzelfall zugestimmt** hat. Vorausgesetzt wird eine konkrete individuelle Zustimmung des vertretenden ArbN. Diese Entscheidung kann nicht vorab vertraglich geregelt werden. Die Zustimmung kann konkludent erklärt werden, zB durch Arbeitsaufnahme.

Zum anderen kann eine Pflicht zur Vertretung nach Satz 3 bestehen, wenn dies **arbeitsvertraglich** für den Fall des Vorliegens dringender betrieblicher Gründe **festgelegt** ist.

Das **dringende betriebliche Erfordernis** zur Vertretungsarbeit muss sodann im Einzelfall vorliegen. Dieses ergibt sich nicht bereits aus dem bloßen Ausfall des anderen ArbN. Die Arbeitsverhinderung *muss zu zusätzlichen* Auswirkungen (erhebliche Störung der Betriebsabläufe) führen. Außerdem ist der ArbN auch bei einer vertraglich vorgesehenen Pflicht zur Vertretung nur zu der zusätzlichen Arbeitsleistung verpflichtet, wenn ihm dies im Einzelfall zumutbar ist. Für teilzeitbeschäftigte ArbN, die sich mit anderen ArbN einen Arbeitsplatz teilen, hängt die Zumutbarkeit im Wesentlichen von der Planungsmöglichkeit bzw. dem zeitlichen Vorlauf, der Lage und der Dauer der Vertretungsarbeit ab (hinsichtlich der Zumutbarkeit wird auch auf die Regelung des § 275 Abs. 3 BGB verwiesen).

---

1 Zu den hierzu abzugrenzenden Begriffen „job-splitting", „job-pairing" und „split-level-sharing" siehe Annuß/Thüsing/*Maschmann*, § 13 TzBfG Rz. 4. | 2 MünchArbR/*Schüren*, Erg.-Bd. § 166 Rz. 93.

11 **IV. Bestandsschutz (Abs. 2).** Da es sich grundsätzlich um rechtlich **unabhängige Arbeitsverhältnisse** der an einem Arbeitsplatz beteiligten ArbN handelt, gelten für die gleichen ArbN grundsätzlich ohne Einschränkung für sich genommen die arbeitsrechtlichen Bestandsschutzbestimmungen. Gleichwohl bestimmt Abs. 2 Satz 1 ausdrücklich, dass eine Kündigung nicht darauf gestützt werden darf, dass einer der anderen ArbN aus der Arbeitsplatzteilung ausscheidet. Dieses Kündigungsverbot gilt auch in Kleinbetrieben (§ 23 KSchG) und auch bereits in den ersten sechs Monaten eines Arbeitsverhältnisses. Demgemäß ist auch eine an den Bestand des Arbeitsverhältnisses mit dem anderen beteiligten ArbN geknüpfte auflösende Bedingung unzulässig.

12 Satz 2 lässt ausdrücklich die Möglichkeit einer **Änderungskündigung** wegen des Ausscheidens eines anderen ArbN aus der Arbeitsplatzteilung und die Möglichkeit der Beendigungskündigung aus anderen Gründen zu. Die Änderungskündigung kann aus dringenden betrieblichen Gründen gerechtfertigt sein, wenn sich nach Ausscheiden des anderen an der Arbeitsplatzteilung beteiligten ArbN kein Ersatz findet und deshalb der verbliebene ArbN entweder nur an einem anderen Arbeitsplatz oder unter Übernahme der bisher von dem anderen ArbN erbrachten Tätigkeiten in Vollzeit weiterbeschäftigt werden kann.

13 **V. Turnusarbeit (Abs. 3).** Der Arbeitsplatzteilung dieser Bestimmung wird auch die im zeitlich festgelegten Wechsel erfolgende Besetzung mehrerer Arbeitsplätze durch **ArbN-Gruppen** zugeordnet. Auch in dem Fall, dass mehrere ArbN als Gruppe nicht nur an einem, sondern an bestimmten mehreren Arbeitsplätzen ihre Arbeitsleistung erbringen, kann dieser Gruppe die Arbeitszeit, dh. die Festlegung der Arbeitszeitlage, in eigener Verantwortung überlassen werden. Hierauf sind die Vertretungs- und Bestandsschutzregelungen der Arbeitsplatzteilung entsprechend anwendbar.

Derartige sich einen Arbeitsplatz teilende oder sich am Arbeitsplatz abwechselnden ArbN-Gruppen sind zu unterscheiden von den Betriebsgruppen iSd. § 75 Abs. 2 Satz 2 BetrVG und des § 87 Abs. 1 Nr. 13 BetrVG[1].

14 **VI. Tarifvertragliche Regelungen (Abs. 4).** Durch TV kann von den Regelungen der Arbeitsplatzteilung (Abs. 1) und der Turnusarbeit (Abs. 3) auch **zuungunsten der ArbN** abgewichen werden. Bedeutsam ist dies in erster Linie wegen der Möglichkeit, durch TV von der individualrechtlichen Notwendigkeit der Vereinbarung fester Arbeitszeiten abweichen zu können. Der TV muss aber auch Regelungen über die Vertretung der ArbN enthalten. Satz 2 gibt die Möglichkeit, dass auch nicht tarifgebundene ArbGeb und ArbN, soweit sie dem Geltungsbereich dieses TV zuzuordnen sind, diese tariflichen Regelungen durch Inbezugnahme vereinbaren.

Dritter Abschnitt. Befristete Arbeitsverträge

14 *Zulässigkeit der Befristung*
(1) Die Befristung eines Arbeitsvertrages ist zulässig, wenn sie durch einen sachlichen Grund gerechtfertigt ist. Ein sachlicher Grund liegt insbesondere vor, wenn

1. der betriebliche Bedarf an der Arbeitsleistung nur vorübergehend besteht,
2. die Befristung im Anschluss an eine Ausbildung oder ein Studium erfolgt, um den Übergang des Arbeitnehmers in eine Anschlussbeschäftigung zu erleichtern,
3. der Arbeitnehmer zur Vertretung eines anderen Arbeitnehmers beschäftigt wird,
4. die Eigenart der Arbeitsleistung die Befristung rechtfertigt,
5. die Befristung zur Erprobung erfolgt,
6. in der Person des Arbeitnehmers liegende Gründe die Befristung rechtfertigen,
7. der Arbeitnehmer aus Haushaltsmitteln vergütet wird, die haushaltsrechtlich für eine befristete Beschäftigung bestimmt sind, und er entsprechend beschäftigt wird oder
8. die Befristung auf einem gerichtlichen Vergleich beruht.

(2) Die kalendermäßige Befristung eines Arbeitsvertrages ohne Vorliegen eines sachlichen Grundes ist bis zur Dauer von zwei Jahren zulässig; bis zu dieser Gesamtdauer von zwei Jahren ist auch die höchstens dreimalige Verlängerung eines kalendermäßig befristeten Arbeitsvertrages zulässig. Eine Befristung nach Satz 1 ist nicht zulässig, wenn mit demselben Arbeitgeber bereits zuvor ein befristetes oder unbefristetes Arbeitsverhältnis bestanden hat. Durch Tarifvertrag kann die Anzahl der Verlängerungen oder die Höchstdauer der Befristung abweichend von Satz 1 festgelegt werden. Im Geltungsbereich eines solchen Tarifvertrages können nicht tarifgebundene Arbeitgeber und Arbeitnehmer die Anwendung der tariflichen Regelungen vereinbaren.

---

1 Zum Entgeltausfallprinzip beim Gruppenakkord s. BAG v. 26.2.2003 – 5 AZR 162/02, DB 2003, 1121.

(2a) In den ersten vier Jahren nach der Gründung eines Unternehmens ist die kalendermäßige Befristung eines Arbeitsvertrages ohne Vorliegen eines sachlichen Grundes bis zur Dauer von vier Jahren zulässig; bis zu dieser Gesamtdauer von vier Jahren ist auch die mehrfache Verlängerung eines kalendermäßig befristeten Arbeitsvertrages zulässig. Dies gilt nicht für Neugründungen im Zusammenhang mit der rechtlichen Umstrukturierung von Unternehmen und Konzernen. Maßgebend für den Zeitpunkt der Gründung des Unternehmens ist die Aufnahme einer Erwerbstätigkeit, die nach § 138 der Abgabenordnung der Gemeinde oder dem Finanzamt mitzuteilen ist. Auf die Befristung eines Arbeitsvertrages nach Satz 1 findet Absatz 2 Satz 2 bis 4 entsprechende Anwendung.

(3) Die Befristung eines Arbeitsvertrages bedarf keines sachlichen Grundes, wenn der Arbeitnehmer bei Beginn des befristeten Arbeitsverhältnisses das 58. Lebensjahr vollendet hat. Die Befristung ist nicht zulässig, wenn zu einem vorhergehenden unbefristeten Arbeitsvertrag mit demselben Arbeitgeber ein enger sachlicher Zusammenhang besteht. Ein solcher enger sachlicher Zusammenhang ist insbesondere anzunehmen, wenn zwischen den Arbeitsverträgen ein Zeitraum von weniger als sechs Monaten liegt. Bis zum 31. Dezember 2006 ist Satz 1 mit der Maßgabe anzuwenden, dass an die Stelle des 58. Lebensjahres das 52. Lebensjahr tritt.

(4) Die Befristung eines Arbeitsvertrages bedarf zu ihrer Wirksamkeit der Schriftform.

I. Inhalt und Zweck 1	h) Übergangsweise Beschäftigung 78
II. Allgemeines – Geltungsbereich und Beurteilungszeitpunkt 2	i) Sicherung der personellen Kontinuität der Betriebsratsarbeit 79
1. Betroffene Arbeitnehmer 2	j) Verschleiß 80
2. Zeitlicher Geltungsbereich 3	4. Nachträgliche Befristung 81
3. Betrieblicher Geltungsbereich 5	5. Dauer der Befristung und ihr sachlicher Grund 82
4. Beurteilungszeitpunkt 7	
III. Befristung aus sachlichem Grund (Abs. 1) . . . 9	6. Mehrfache Befristung 83
1. Grundsatz 9	7. Befristung einzelner Vertragsbedingungen . . 87
2. Sachgründe (Abs. 1, Satz 2) 10	IV. Befristung ohne das Erfordernis eines sachlichen Grundes (Abs. 2, Abs. 2a und Abs. 3) 91
a) Vorübergehender Bedarf (Nr. 1) 12	
b) Tätigkeit im Anschluss an eine Ausbildung oder an ein Studium (Nr. 2) 16	1. Zeitlich begrenzte Befristung ohne Sachgrund (Abs. 2) 91
c) Vertretung (Nr. 3) 22	a) Dauer und Anzahl der Befristungen (Satz 1) 91
d) Eigenart der Arbeitsleistung (Nr. 4) 32	
e) Erprobung (Nr. 5) 37	b) Verlängerung 92
f) Gründe in der Person des Arbeitnehmers (Nr. 6) 46	c) Neueinstellung (Satz 2) 95
	d) Tarifvertragliche Abweichungen (Satz 3 und Satz 4 101
g) Vergütung aus Haushaltsmitteln (Nr. 7) . . 53	
h) Gerichtlicher Vergleich (Nr. 8) 56	2. Zeitlich begrenzte Befristung ohne Sachgrund bei Neugründungen (Abs. 2a) 104
3. Weitere Sachgründe 58	
a) Altersgrenzen 59	3. Altersbefristung (Abs. 3) 110
b) Altersteilzeit 70	V. Schriftform und Grund der Befristung (Abs. 4) . 113
c) Arbeitsbeschaffungsmaßnahmen 71	1. Schriftform (Abs. 4) 113
d) Berufs- und Erwerbsunfähigkeit 73	2. Angabe des Grundes 120
e) Drittmittelbewilligung 75	3. Fehlende Schriftform 123
f) Eingliederungsvertrag 76	VI. Mitbestimmung 125
g) Projektbezogene Befristung 77	

Lit.: *Backhaus*, Das neue Befristungsrecht, Sonderbeilage zu NZA Heft 24/2001, 8; *Bauer*, Befristete Arbeitsverträge unter neuen Vorzeichen, BB 2001, 2473 und 2526; *Däubler*, Das neue Teilzeit- und Befristungsgesetz, ZIP 2001, 217; *Dieterich*, Die Befristung von Trainerverträgen im Spitzensport, NZA 2000, 857; *Hromadka*, Pensionsalter und Pensionierungsmöglichkeiten, DB 1985, Beil. 11, 1; *Hromadka*, Befristete und bedingte Arbeitsverhältnisse neu geregelt, BB 2001, 621 und 674; *Kliemt*, Das neue Befristungsrecht, NZA 2001, 296; *Leuchten*, Widerrufsvorbehalt und Befristung von Arbeitsvertragsbedingungen, insbesondere Provisionsordnungen, NZA 1994, 721; *Löwisch*, „Zuvor" bedeutet nicht: „In aller Vergangenheit", BB 2001, 254; *Oetker*, Die „Neueinstellung" als Grund für den Abschluss befristeter Arbeitsverträge (Art. 1, § 1 Abs. 1 BeschFG 1985), DB 1989, 576; *Pöttl*, Befristete Arbeitsverträge nach dem Gesetz über Teilzeitarbeit und befristete Arbeitsverträge im Geltungsbereich des BAT, NZA 2001, 582; *Preis/Gotthardt*, Schriftformerfordernis für Kündigungen, Aufhebungsverträge und Befristungen nach § 623 BGB, NZA 2000, 348; *Preis/Gotthardt*, Neuregelung der Teilzeitarbeit und befristeten Arbeitsverhältnisse, DB 2000, 2065; *Preis/Gotthardt*, Das Teilzeit- und Befristungsgesetz, DB 2001, 145; *Richardi/Annuß*, Gesetzliche Neuregelung von Teilzeitarbeit und Befristung, NZA 2001, 2201; *Schlachter*, Befristete Einstellung nach Abschluss der Ausbildung – Sachgrund erforderlich?, NZA 2003, 1180; *Schmalenberg*, Ungenießbar, obwohl die Verfallfrist gerade erst zu laufen beginnt?, ArbRB 2003, 27; *Schmidt/Senne*, Das gemeinschaftliche Verbot der Altersdiskriminierung und seine Bedeutung für das deutsche Arbeitsrecht, RdA 2002, 80; *Straub*, Erste Erfahrungen mit dem Teilzeit- und Befristungsgesetz, NZA 2001, 919; *Thüsing/Lambrich*, Umsetzungsdefizite in § 14 TzBfG?, BB 2002, 829; *Thüsing/Stelljes*, Fragen zum Entwurf eines Gesetzes zu Reformen am Arbeitsmarkt, DB 2003, 1673.

1   **I. Inhalt und Zweck.** In Abgrenzung zu sonstigen Dienstverträgen bestimmt § 620 Abs. 3 BGB, dass für **Arbeitsverträge, die auf bestimmte Zeit abgeschlossen werden**, das Teilzeit- und Befristungsgesetz gilt. Mit § 14 sind allgemein die gesetzlichen Voraussetzungen für befristete und auflösend bedingte Arbeitsverträge normiert worden. Die Vorschrift dient damit der Umsetzung des § 5 der Rahmenvereinbarung über befristete Arbeitsverträge (Richtlinie 1999/70/EG[1]), wonach die Mitgliedsstaaten Maßnahmen zur Verhinderung des Missbrauchs aufeinander folgender befristeter Arbeitsverträge zu ergreifen haben. Dies soll dadurch vermieden werden, dass entweder sachliche Gründe für die Verlängerung von Arbeitsverträgen oder eine zulässige Maximaldauer oder eine Höchstzahl von Verlängerungen vorgeschrieben werden.

2   **II. Allgemeines – Geltungsbereich und Beurteilungszeitpunkt. 1. Betroffene ArbN.** Die Bestimmung gilt für **alle ArbN**, auch für ArbN mit besonderem Kündigungsschutz, so dass für diese keine erhöhten Anforderungen an den Sachgrund der Befristung gestellt werden können[2]. Entgegen der bis zum 31.12.2000 bestehenden rechtlichen Situation gilt keine Ausnahme für **leitende Angestellte** gem. § 14 Abs. 2 KSchG, die die Befugnis haben, ArbN einzustellen oder zu entlassen, auch wenn mit ihnen im Anstellungsvertrag von vornherein eine finanzielle Entschädigung für die Beendigung des Arbeitsverhältnisses vereinbart wurde (zB ein Übergangsgeld oder eine bei Ablauf der Befristung fällig werdende Abfindung). Verträge mit Organen und gesetzlichen Vertretern juristischer Personen unterliegen keiner Befristungskontrolle, da diese keine ArbN sind (vgl. § 5 BetrVG und § 5 ArbGG).

3   **2. Zeitlicher Geltungsbereich.** Die Vorschrift gilt vom **ersten Tag des Arbeitsverhältnisses** an. Die Befristungskontrolle unterliegt deshalb keiner dem § 1 Abs. 1 KSchG entsprechenden Wartezeit[3]. Also bedarf auch die Vereinbarung der Befristung eines Arbeitsverhältnisses für die Dauer von sechs Monaten grundsätzlich eines Sachgrundes, es sei denn, man macht von der Möglichkeit der sachgrundlosen Befristung der Abs. 2–3 Gebrauch. Dieses Erfordernis entspricht der Vorgabe durch die Richtlinie 1999/70/EG und findet seine Bestätigung in der ausdrücklich in Abs. 1 Nr. 5 als Sachgrund genannten Erprobung.

4   Hinweis: Wird gem. § 15 Abs. 3 eine Kündigungsmöglichkeit auch während der Befristung vereinbart, so gilt aber für eine in den ersten sechs Monaten des befristeten Arbeitsverhältnisses ausgesprochene Kündigung die Wartefrist des § 1 Abs. 1 KSchG.

5   **3. Betrieblicher Geltungsbereich.** Entgegen der bis zum 31.12.2000 bestehenden rechtlichen Situation gelten die Befristungsregelungen auch für sog. **Kleinbetriebe** gem. § 23 Abs. 1 Satz 2 und 3 KSchG. Die entgegenstehende Gesetzesbegründung[4], findet weder in dem Gesetz noch in der zugrunde liegenden Richtlinie 1999/70/EG eine Bestätigung[5]. Anders als die die Teilzeitarbeit regelnden Bestimmungen (siehe hierzu § 8 Abs. 7) enthält der die befristeten Arbeitsverträge regelnden dritte Abschnitt dieses Gesetzes keine von einer bestimmten Anzahl von ArbN abhängige Ausnahme.

6   Hinweis: Auch hier gilt allerdings die Kleinbetriebsregelung dann, wenn gem. § 15 Abs. 3 von der Vereinbarung einer Kündigungsmöglichkeit Gebrauch gemacht wird.

7   **4. Beurteilungszeitpunkt.** Die Rechtswirksamkeit einer Befristung richtet sich nach den **bei Vertragsabschluss** vorliegenden Umständen. Später eintretende Ereignisse sind ohne Einfluss auf die Wirksamkeit der Befristung[6]. Anders kann es sich verhalten, wenn bestimmte Umstände, von denen die Übernahme in ein unbefristetes Arbeitsverhältnis abhängig gemacht wurde, inzwischen eingetreten sind, der ArbGeb sich aber dennoch auf die Befristungsabrede beruft, obwohl der oder die ArbN/in inzwischen (zB infolge Schwangerschaft) einen erhöhten Kündigungsschutz genießt. Hat man zuvor schon einen Dauerarbeitsplatz in Aussicht gestellt, so kann es sich deshalb als rechtsmissbräuchlich darstellen, wenn ersichtlich nur ein neu hinzugetretener Umstand (zB Schwangerschaft) für das Beibehalten der ursprünglich vereinbarten Befristung maßgeblich ist[7].

8   Bei mehreren aufeinander folgenden befristeten Arbeitsverhältnissen (sog. **Kettenbefristungen**) ist grundsätzlich nur die Befristung des letzten Arbeitsvertrages auf die sachliche Rechtfertigung zu überprüfen[8]. In dem Abschluss eines befristeten Arbeitsvertrages liegt zugleich konkludent die vertragliche Aufhebung eines – etwaigen – unbefristeten früheren Arbeitsvertrages. Jedoch wird durch den vorbehaltlos geschlossenen Folgevertrag nicht darauf verzichtet, die Unwirksamkeit der Befristung des vorangegangenen Vertrages innerhalb der Frist des § 17 geltend zu machen. Soll gleichwohl bereits vor Ablauf der Klagefrist des § 17 vertraglich auf die Geltendmachung der Unwirksamkeit der Befristung verzichtet werden, so muss dies in der vertraglichen Vereinbarung unmissverständlich zum Ausdruck kommen[9]. Etwas anderes gilt dann, wenn einverständlich der letzte Arbeitsvertrag unter

---

1 ABl. v. 10.7.1999, L 175/43. |2 Annuß/Thüsing/*Maschmann*, § 14 TzBfG Rz. 7. |3 *Däubler*, ZIP 2001, 217, 222; Hromadka, BB 2001, 621. |4 BT-Drs. 14/4374, S. 18, zu § 14 Abs. 1. |5 *Däubler*, ZIP 2001, 217, 222, Preis/ Gotthardt, DB 2000, 2065, 2066; Richardi/Annuß, BB 2000, 2201, 2204. |6 BAG v. 17.2.1983 – 2 AZR 481/81, AP Nr. 14 zu § 15 KSchG 1969. |7 BAG v. 26.4.1995 – 7 AZR 936/94, NZA 1996, 87. |8 BAG v. 8.5.1985 – 7 AZR 191/84, AP Nr. 97 zu § 620 BGB – Befristeter Arbeitsvertrag; v. 10.8.1994 – 7 AZR 695/93, NZA 1995, 30; BAG v. 1.12.1999 – 7 AZR 236/98, DB 2000, 675. |9 BAG v. 26.7.2000 – 7 AZR 43/99, NZA 2001, 264.

dem Vorbehalt abgeschlossen wurde, dass nicht schon ein unbefristetes Arbeitsverhältnis besteht[1]. Wegen der Klagefrist des § 17 ist aber auch die rechtzeitige Klageerhebung erforderlich. Schließlich kann es auf die sachliche Rechtfertigung des vorangegangenen Vertrages ankommen, wenn es sich bei dem letzten Vertrag nur um einen **unselbständigen Annex** zum vorhergehenden Vertrag handelt. Dies ist der Fall, wenn nur die Laufzeit des alten Vertrages verhältnismäßig geringfügig korrigiert mit dem Sachgrund der Befristung in Einklang gebracht wird, dieser aber ansonsten derselbe bleibt[2] oder sich aus den ausdrücklichen oder konkludenten Vereinbarungen ergibt, dass das Arbeitsverhältnis auf keine neue Grundlage gestellt werden sollte[3].

Zur **Darlegungs- und Beweislast** siehe Rz. 14 ff. zu § 17.

III. Befristung aus sachlichem Grund (Abs. 1). 1. Grundsatz. Ein befristetes Arbeitsverhältnis ist grundsätzlich nur dann wirksam befristet, wenn für die Befristung ein **sachlicher Grund** vorliegt. Ausnahmen gelten gem. Abs. 2, Abs. 2a und Abs. 3 sowie nach den durch § 23 erfassten gesetzlichen Sonderregelungen 9

Aus dem Gesetz ergibt sich nicht, worin ein eine Befristung rechtfertigender rechtlicher Grund iSd Bestimmung zu sehen ist. Das Gesetz konkretisiert diesen unbestimmten Rechtsbegriff vielmehr durch 8 Beispielsfälle, in denen immer ein sachlicher Grund vorliegt.

2. Sachgründe (Abs. 1 Satz 2). Die **typischen Gründe**, die nach der Rspr. des BAG die Befristung eines Arbeitsvertrages rechtfertigen können, werden in dieser Bestimmung zu den Nr. 1–8 genannt. Wie sich aus der Formulierung ergibt, handelt es sich aber nur um eine beispielhafte Aufzählung. Es werden weder andere von der Rspr. bisher akzeptierte noch weitere Gründe ausgeschlossen (siehe dazu Ziff. 3, Rz. 58 ff.). 10

Die ausdrücklich normierten Regelbeispiele können aber eine **Rückwirkung** auf die bisherige Rspr. des BAG haben, weil in ihnen eine normative Bewertung des jeweiligen Befristungsgrundes liegt[4]. 11

a) Vorübergehender Bedarf (Nr. 1). Dieser Sachgrund liegt vor, wenn die Arbeitsleistung **nur vorübergehend benötigt** wird („Aushilfsarbeitsverhältnis"). In Abgrenzung zu der in Nr. 3 angeführten Vertretung setzt der Sachgrund des vorübergehenden betrieblichen Bedarfs einen Zusatzbedarf voraus. Es kann sich dabei um einen vorübergehend erhöhten Arbeitskräftebedarf zur Bewältigung zusätzlicher Arbeitsaufgaben oder eines periodisch wiederkehrenden Arbeitsanfalls handeln[5] (zB in Saison- oder Kampagnebetrieben). Vorübergehend kann der Bedarf aber auch deshalb sein, weil der Arbeitskräftebedarf zukünftig wegfällt. Dies kann darauf beruhen, dass in Fällen von Rationalisierungsmaßnahmen ArbN nur noch für eine Übergangszeit bis zur vollständigen Verwirklichung des Vorhabens benötigt werden, oder wenn sich der ArbGeb bereits bei Vertragsabschluss zur Schließung des Betriebes bzw. der Dienststelle entschlossen hat und davon ausgehen muss, dass eine Weiterbeschäftigung des ArbN in einem anderen Betrieb bzw. in einer anderen Dienststelle nicht möglich sein wird[6]. Voraussetzung ist aber, dass der ArbN von vornherein zu dem Zweck eingestellt ist, einen vorübergehenden Bedarf an Arbeitskräften abzudecken, der nicht durch den normalen Betriebsablauf, sondern einen zeitlich begrenzten zusätzlichen Arbeitsanfall oder später wegfallenden Arbeitskräftebedarf begründet wird. Es muss daher im Zeitpunkt des Vertragsabschlusses aufgrund greifbarer Tatsachen zu erwarten sein, dass die Arbeit demnächst wieder mit der normalen Belegschaftsstärke bewältigt werden kann bzw. der befristet eingestellte ArbN in absehbarer Zeit nicht mehr benötigt wird[7]. 12

Eine Befristung des Arbeitsvertrages „auf Vorrat", um sich künftige Umsetzungsmöglichkeiten offen zu halten, ist sachlich nicht gerechtfertigt[8]. Die **Unsicherheit in der Einschätzung** des zukünftigen Arbeitskräftebedarfs rechtfertigt keine Befristung[9], da diese jeder unternehmerischen Tätigkeit innewohnende Unsicherheit über die künftige Entwicklung und der dadurch hervorgerufene wechselnde Bedarf an Arbeitskräften nicht zu Lasten des ArbN gehen können. 13

Allein eine geplante **Betriebsveräußerung** rechtfertigt keine Befristung des Arbeitsvertrages wegen eines für den bisherigen ArbGeb bestehenden vorübergehenden Bedarfs, da damit der Kündigungsschutz nach § 613 a Abs. 4 Satz 1 BGB umgangen wird[10]. 14

Der vorübergehende Bedarf kann entweder **kalendermäßig** bestimmt sein oder aber sich aus dem **Zweck** ergeben (zB Weihnachtsgeschäft). Die Wirksamkeit der Befristung wegen eines vorübergehenden Bedarfs setzt nicht voraus, dass der ArbN für die gesamte Dauer dieses erhöhten Bedarfs eingestellt wird[11]. 15

---

1 BAG v. 4.6.2003 – 7 AZR 523/02, NZA-RR 2003, 621. | 2 BAG v. 1.12.1999 – 7 AZR 236/98, DB 2000, 675. | 3 BAG v. 15.8.2001 – 7 AZR 144/00, NZA 2002, 696 – Orientierungssätze. | 4 Preis/Gotthardt, DB 2000, 2065. | 5 BAG v. 8.5.1985 – 7 AZR 191/84, AP Nr. 97 zu § 620 BGB – Befristeter Arbeitsvertrag; sa. BAG v. 11.2.2004 – 7 AZR 362/03, DB 2004, Heft 15, X. | 6 BAG v. 3.12.1997 – 7 AZR 651/96, NZA 1998, 1000. | 7 BAG v. 10.6.1992 – 7 AZR 346/91, EzA, § 620 BGB Nr. 116; v. 15.8.2001 – 7 AZR 274/00, NZA 2002, 464 – Orientierungssatz. | 8 LAG Köln v. 14.1.1999 – 6 Sa 1165/98, LAGE § 21 BErzGG Nr. 3. | 9 BAG v. 22.3.2000 – 7 AZR 758/98, NZA 2000, 881. | 10 BAG v. 2.12.1998 – 7 AZR 579/97, BB 1999, 1555. | 11 *Hromadka*, BB 2001, 621.

16 b) **Tätigkeit im Anschluss an eine Ausbildung oder an ein Studium (Nr. 2).** Ohne dass ein in der Person des ArbN liegender Grund iSd. Nr. 6 vorliegen muss, soll der hier angeführte sachliche Grund den **Berufsstart erleichtern.** Ein die Befristung rechtfertigender Grund besteht daher bereits dann, wenn ein ArbN im Anschluss an eine Ausbildung oder ein Studium befristet beschäftigt wird, um ihm den Übergang in eine Anschlussbeschäftigung zu erleichtern. Die Gesetzesbegründung verweist auf entsprechende tarifliche Regelungen in vielen Wirtschaftsbereichen[1]. Soweit der gesetzlich genannte Sachgrund auch die Anschlussbeschäftigung im Anschluss an ein Studium nennt, so wird in der Gesetzesbegründung als Beispiel der Werkstudent angeführt, dem nach dem Studium bei seinem bisherigen ArbGeb eine befristete Beschäftigung angeboten werden kann[2].

17 Sieht man einmal davon ab, dass mit diesem Befristungsgrund tarifliche Übernahmeregelungen im Anschluss an die Ausbildung eine gesetzliche Rechtfertigung erfahren, besteht allenfalls **bei Werksstudenten** wegen des in Abs. 2 Satz 2 genannten Erfordernisses der erstmaligen Beschäftigung ein praktisches Bedürfnis, von dem hier genannten Befristungsgrund Gebrauch zu machen (ein Berufsausbildungsverhältnis ist dagegen kein Arbeitsverhältnis iSv. Abs. 2 Satz 2[3]).

18 Im Gegensatz zu Abs. 2 Satz 1 und Abs. 2a Satz 1 ist bei Zugrundelegung dieses Befristungsgrundes **keine zeitliche Höchstgrenze** zu beachten. Berücksichtigt man den gesetzlich formulierten Befristungszweck der Erleichterung des Übergangs in eine Anschlussbeschäftigung, so kann jedoch die Zulässigkeit längerer Befristungen zweifelhaft sein. Maßstab für die Dauer der Befristungen des auf diesen sachlichen Grund gestützten Arbeitsverhältnisses werden die in Übernahmeklauseln von TV genannten Zeiträume von einem halben Jahr bis zu einem Jahr sein[4].

19 Nicht gesetzlich geregelt ist, ob der Umstand, dass die Befristung „im Anschluss" an eine Ausbildung oder ein Studium erfolgen muss, **eine Unterbrechung** zwischen der Ausbildung oder dem Studium zulässt, und mit welcher Dauer. Hier, wie auch hinsichtlich des Befristungsgrundes selbst, muss ein Kausalzusammenhang zu dem verfolgten Zweck der Befristung bestehen. Eine nahtlose Verlängerung der Ausbildung durch ein befristetes Arbeitsverhältnis ist deshalb nicht erforderlich[5]. Eine längere Unterbrechung stellt aber den verfolgten Zweck der Befristung in Frage, erst recht eine zwischenzeitliche Beschäftigung bei einem anderen ArbGeb.

20 Der als Sachgrund genannte Zweck der Erleichterung des Übergangs in eine Anschlussbeschäftigung liegt nicht nur dann vor, wenn es um eine Überbrückung im Hinblick auf einen konkret zugedachten festen unbefristeten Arbeitsplatz geht, sondern auch schon dann, wenn der ArbN durch seine berufliche Tätigkeit **berufliche Erfahrungen** erwirbt[6]. Die Aussicht auf eine Anschlussbeschäftigung muss noch nicht konkret bestehen[7].

21 Der in der Gesetzesbegründung angeführte Beispielsfall des Werksstudenten lässt den Schluss zu, dass eine Anschlussbeschäftigung iSd. in Nr. 2 angeführten Grundes nur **bei demselben ArbGeb** in Betracht kommen kann. Hierfür spricht, dass eine Befristung zu dem Zweck, die Zeit bis zum Beginn einer bereits feststehenden anderen Beschäftigung zu überbrücken, durch den in Nr. 6 genannten Sachgrund erfasst wird[8]. Andererseits setzt der hier genannte Sachgrund nicht ausdrücklich voraus, dass die Anschlussbeschäftigung bei demselben ArbGeb bezweckt ist. Diesem wäre schließlich auch schon durch eine Probezeitbefristung gem. Nr. 5 oder, wie bereits vorstehend herausgestellt wurde, durch eine sachgrundlose Befristung nach Abs. 2 Satz 1 geholfen[9]. Da der in Nr. 2 angeführte Sachgrund nicht ohne weiteres eine verbindliche Konkretisierung zulässt[10], sollte, sofern nicht eine Festlegung des Sachgrundes von vornherein notwendig ist, von der Möglichkeit der sachgrundlosen Befristung des Abs. 2 Satz 1 Gebrauch gemacht werden, wenn nicht eine Vorbeschäftigung iSv. Abs. 2 Satz 2 vorliegt.

22 c) **Vertretung (Nr. 3).** Entsprechend der bisherigen Rspr. wird in Nr. 3 als Sachgrund die Befristung eines ArbN zur **Vertretung** eines anderen ArbN angeführt. Anders als in dem in Nr. 1 genannten Sachgrund geht es hier nicht um die Bewältigung eines vorübergehenden höheren Arbeitsanfalls. Der sachliche Rechtfertigungsgrund für diese Befristung liegt darin, dass der ArbGeb bereits zu einem vorübergehend ausfallenden ArbN in einem Rechtsverhältnis steht und mit der Rückkehr dieses ArbN rechnet[11], so dass von vornherein nur ein vorübergehender, zeitlich durch die Rückkehr des Vertretenen begrenzter Bedarf besteht. Sofern dies notwendig ist, trägt dieser Befristungsgrund aber auch die Zeit der Einarbeitung des Vertreters.

---

1 BT-Drs. 14/4374, S. 19; siehe dazu auch BAG vom 14.10.1997 – 7 AZR 811/96, DB 1998, 14. |2 BT-Drs. 14/4374, S. 19. |3 Begründung zum Gesetzentwurf der Bundesregierung, BT-Drs. 14/4374, S. 20; aA *Däubler*, ZIP 2001, 217, 223; *Schlachter*, NZA 2003, 1180. |4 *Däubler*, ZIP 2001, 217; Annuß/Thüsing/*Maschmann*, § 14 TzBfG Rz. 32: Bis zu zwei Jahre; ErfK/*Müller-Glöge*, § 14 TzBfG Rz. 50: In Abhängigkeit von den Vorkenntnissen des Arbeitnehmers und der Arbeitsmarktsituation. |5 *Däubler*, ZIP 2001, 217. |6 *Hromadka*, DB 2001, 621. |7 ErfK/*Müller-Glöge*, § 14 TzBfG Rz. 50. |8 *Kliemt*, NZA 2001, 296. |9 Die Möglichkeit, die Anschlussbeschäftigung auch bei einem anderen Arbeitgeber anzutreten, bejaht *Hromadka*, BB 2001, 621. |10 *Däubler*, ZIP 2001, 217. |11 BAG v. 4.6.2003 – 7 AZR 406/02, DB 2003, 1683.

Bereits vor In-Kraft-Treten des Teilzeit- und Befristungsgesetzes war der Sachgrund der vorüber- 23
gehenden Vertretung in § 21 BErzGG geregelt. Diese Vertretungsregelung für den Fall eines Beschäftigungsverbotes nach dem Mutterschutzgesetz, für die Elternzeit oder einer Arbeitsfreistellung zur Betreuung eines Kindes gilt mit seiner speziellen Regelung weiter (s. hierzu Rz. 9 ff. zu § 23).

Auch im Falle der Vertretung eines ArbN muss im **Zeitpunkt des Vertragsabschlusses** entweder zeit- 24
lich bestimmbar oder zumindest absehbar sein, dass der Vertretungsbedarf durch die zu erwartende Rückkehr des zu vertretenen ArbN wegfällt[1]. Der genaue Zeitpunkt der Rückkehr des zu vertretenen ArbN und damit die Dauer des Vertretungsbedarfs brauchen nicht festzustehen, auch nicht, ob der zu Vertretene die Arbeit wieder in vollem Umfang aufnehmen wird[2]. Der ArbGeb muss daher vor Abschluss des befristeten Arbeitsvertrags nicht von sich aus Erkundigungen über die gesundheitliche Entwicklung des erkrankten oder über die Planung des beurlaubten ArbN einholen[3]. Muss der ArbGeb aufgrund der ihm vorliegenden Informationen aber erhebliche Zweifel daran haben, ob die zu vertretene Stammkraft überhaupt wieder zurückkehren wird, kann dies dafür sprechen, dass der Sachgrund der Vertretung nur vorgeschoben ist[4]. Teil des Sachgrundes der Vertretung ist die Prognose über den voraussichtlichen Wegfall des Vertretungsbedarfs durch die Rückkehr des Vertretenen[5]. Die bloße Unsicherheit der künftigen Entwicklung des Arbeitskräftebedarfs rechtfertigt nicht die Befristung[6]. Mit zunehmender Dauer der Beschäftigung sind an die Prognose des Vertretungsbedarfs höhere Anforderungen zu stellen; eine Befristung aus Vertretungsgründen kann daher nur sachlich gerechtfertigt sein, wenn bei Abschluss des befristeten Vertrages hinreichend sichere konkrete Anhaltspunkte für den endgültigen Wegfall des Vertretungsbedarfs vorliegen[7].

Scheidet der zu vertretene ArbN vor Wiederaufnahme seiner Tätigkeit aus dem Arbeitsverhältnis 25
aus, kann auch im Wege einer ergänzenden Vertragsauslegung der Befristungsregelung nicht entnommen werden, dass das Vertretungsarbeitsverhältnis dann endet[8]. Durch das endgültige Ausscheiden des zu vertretenen Mitarbeiters aus dem Arbeitsverhältnis entfällt schließlich nicht der Bedarf an der Arbeitsleistung der Ersatzkraft. Deshalb rechtfertigt der Sachgrund der Vertretung für sich allein nicht die Befristung des Arbeitsvertrages mit dem Vertreter bis zum Ausscheiden des zu Vertretenen aus seinem Beschäftigungsverhältnis[9]. Dieser Vertretungsbedarf setzt voraus, dass der ArbGeb mit der Rückkehr des zu vertretenen ArbN rechnet.

Um sich vor einem solchen Ergebnis des gewissermaßen durch Zweckverfehlung entstehenden unbe- 26
fristeten Arbeitsverhältnisses zu schützen, ist entweder nur eine Befristung **für die Dauer des Vertretungsbedarfs** selbst zu vereinbaren, so dass gem. § 15 Abs. 1 das Arbeitsverhältnis mit Ablauf der vereinbarten Zeit endet. Ist die Dauer des Vertretungsbedarfs, wie zB in Krankheitsfällen, nicht ohne weiteres bei Vertragsabschluss exakt bestimmbar, so sollte man sich wegen der genannten Risiken nicht auf die Benennung einer auflösenden Bedingung (§ 21) oder einer Zweckbefristung iSd. § 15 Abs. 2 beschränken. Vielmehr ist eine **Kombination von Zeit- und Zweckbefristung** bzw. auflösender Bedingung („**Doppelbefristung**") angeraten[10], etwa wie folgt:

Vertragsbeispiel: 27
„Der ArbN wird wegen Vertretung des erkrankten ArbN ... befristet eingestellt. Das Arbeitsverhältnis endet mit Ablauf des ... (Datum), bei früherer Wiederaufnahme der Tätigkeit durch den ArbN ... an diesem Tag."

Hinweis: Eine Höchstdauer zu vereinbaren, um damit dem Nichteintritt der auflösenden Bedingung 28
bzw. dem fehlgeschlagenen Zweck zu begegnen (... längstens jedoch bis zum ...) ist wegen der in § 22 Abs. 1 normierten Unabdingbarkeit des § 15 Abs. 5 problematisch[11].

Der Wortlaut der Nr. 3, wonach der ArbN zur Vertretung „eines anderen ArbN" beschäftigt werden 29
muss, steht einer **mittelbaren Vertretung**, wie sie von der Rspr. als ausreichender Sachgrund anerkannt wurde, nicht entgegen[12]. Dies ergibt sich aus dem Wortlaut („eines") und dem erklärten Willen des Gesetzgebers, an die Rspr. des BAG anzuknüpfen. Danach braucht keine Beziehung zu den zuvor von dem Vertretenen wahrgenommenen Aufgaben zu bestehen. Es reicht zur wirksamen Befristung aus, dass durch den zeitlichen Ausfall eines Mitarbeiters ein als vorübergehend anzusehender Bedarf einer zusätzlichen Beschäftigung des ArbN entsteht („**Gesamtvertretungsbedarf**"), und dieser ArbN gerade wegen dieses Bedarfs eingestellt wird. Ein konkreter sachlicher Zusammenhang zwischen den

---

1 BAG v. 23.1.2002 – 7 AZR 440/00, NZA 2002, 665; v. 2.7.2003 – 7 AZR 529/02, DB 2004, 80. | 2 BAG v. 6.12.2000 – 7 AZR 262/99, BB 2001, 833. | 3 BAG v. 4.6.2003 – 7 AZR 523/02, NZA-RR 2003, 621. | 4 BAG v. 21.2.2001 – 7 AZR 200/00, BB 2001, 1479. | 5 BAG v. 27.6.2001 – 7 AZR 326/00, nv. | 6 BAG v. 22.3.2000 – 7 AZR 758/98, NZA 2000, 881. | 7 BAG v. 12.9.1996 – 7 AZR 790/95, NZA 1997, 313. | 8 BAG v. 26.6.1996 – 7 AZR 674/95, DB 1996, 2289. | 9 BAG v. 8.7.1998 – 7 AZR 382/97, NZA 1998, 1279; v. 5.6.2002 – 7 AZR 201/01, ZIP 2002, 1738. | 10 BAG v. 15.8.2001 – 7 AZR 263/00, nv.: Eine etwaige Unwirksamkeit der Zweckbefristung hat keine Auswirkungen auf die zugleich vereinbarte Zeitbefristung; auch für diese Befristung muss dann aber ein sachlicher Grund gegeben sein. S. auch BAG v. 4.12.2002 – 7 AZR 492/01, NZA 2003, 611. | 11 1 Hromadka, BB 2001, 621. | 12 Hromadka, BB 2001, 621; aA Lakies in Handbuch des Bund-Verlages, § 133 Rz. 286.

Arbeitsaufgaben des Vertretenen und des Vertreters ist danach nicht nötig[1]. Der Vertreter muss nicht auf dem Arbeitsplatz des Vertretenen eingesetzt werden, also nicht dessen Aufgaben übernehmen. Voraussetzung ist jedoch, dass Umsetzungs- oder Versetzungsbefugnisse eine Einzelvertretung des ausgefallenen Mitarbeiters ermöglichen würden[2]. Die befristete Aufstockung eines Teilzeit- auf ein Vollzeitarbeitsverhältnis ist daher nicht durch den Sachgrund der Vertretung gerechtfertigt, wenn der vertretene ArbN höher eingruppiert ist als die Vertretungskraft[3]. Ist die befristete Einstellung eines ArbN nur möglich, weil die für den Stelleninhaber vorgesehenen Haushaltsmittel durch dessen zeitweise Beurlaubung oder Teilzeitbeschäftigung vorübergehend frei werden, so kann der Sachgrund der zeitlich begrenzten Verfügbarkeit der Haushaltsmittel im Vordergrund stehen und die Befristung rechtfertigen[4].

30 Auch setzt der Befristungsgrund des Vertretungsbedarfs **keine zeitliche Kongruenz** der Befristung und des tatsächlich bestehenden Vertretungsbedarfs voraus. Dass stets ein bestimmter, messbarer Vertretungsbedarf zB im gesamten Schuldienst eines Landes besteht, der nicht oder nicht vollständig durch eine Personalreserve abgedeckt wird, steht einer wirksamen Befristung einer zur Vertretung einer bestimmten Kollegin eingestellten Lehrerin deshalb nicht entgegen[5]. Die Vorhersehbarkeit weiteren Vertretungsbedarfs schließt eine wirksame Befristung nicht aus[6]. Der Vertretungsbedarf muss aber auf einer zeitlich entsprechenden Abwesenheit planmäßig eingesetzter ArbN beruhen[7]. Ist bereits bei Vertragsabschluss absehbar, dass der Vertreter an einem anderen Arbeitsplatz derselben oder an einer anderen Dienststelle desselben Verwaltungszweiges am selben Dienstort weiterbeschäftigt werden könnte, und war die Einstellung eines Vertreters insoweit auch bereits geplant, liegt kein sachlicher Grund für die befristete Einstellung zur Vertretung vor. Der Sachgrund der Vertretung berechtigt nicht zur Einstellung einer sog. Daueraushilfe/Dauervertretung.

Ist der vertretene ArbN **teilzeitbeschäftigt**, rechtfertigt der Sachgrund der Vertretung nicht die Befristung des Arbeitsvertrages einer vollzeitbeschäftigten Vertretungskraft[8].

31 Nach dem Willen des Gesetzgebers liegt ein Vertretungsfall iSd. Nr. 3 auch vor, wenn ein ArbN einen Beamten zu vertreten hat[9].

32 d) **Eigenart der Arbeitsleistung (Nr. 4).** Der Befristungsgrund „Eigenart der Arbeitsleistung" bezieht sich insb. auf das von der Rspr. aus der Rundfunkfreiheit (Art. 5 Abs. 1 GG) abgeleitete Recht der Rundfunkanstalten, programmgestaltende Mitarbeiter aus Gründen der Programmplanung lediglich für eine bestimmte Zeit zu beschäftigen[10]. Entscheidend für diesen Befristungsgrund ist die zur Erfüllung des Programmauftrages notwendige **Freiheit und Flexibilität der Rundfunkanstalten**. Diese Gesichtspunkte sind gegenüber dem Bestandsschutzinteresse des ArbN abzuwägen. Wenn aber die Redakteure im Regelfall unbefristet beschäftigt werden, so kann der Sachgrund der Rundfunkfreiheit nicht eine Befristung des Arbeitsvertrages eines Redakteurs stützen[11].

33 Dieser Gesichtspunkt der **journalistischen Freiheit** gilt auch für andere Medien.

34 Zur „Eigenart der Arbeitsleistung" iSd. Nr. 4 gehört auch die Wahrung der **freien Entfaltung der Kunst** (Art. 5 Abs. 3 GG). Sie begründet das Recht der Bühnen, entsprechend dem vom Intendanten verfolgten künstlerischen Konzept, Arbeitsverträge mit Solisten (Schauspieler, Solosänger, Tänzer, Kapellmeister ua.) jeweils befristet abzuschließen[12]. Auch wenn wegen des normativen Vorrangs des unbefristeten Arbeitsverhältnisses der Befristungsgrund der „Eigenart der Arbeitsleistung" restriktiv ausgelegt werden muss, so sind die in Art. 5 GG geschützten Rechte insgesamt geeignet, eine Befristung zu rechtfertigen. Für den Bereich der Wissenschaft und Lehre wird diesem Gesichtspunkt im Hochschulrahmengesetz Rechnung getragen (siehe dazu die Kommentierung III. 5, Rz. 19 ff. zu § 23).

35 Zur Sicherung der verfassungsrechtlich geschützten Unabhängigkeit der freien Mandatsausübung sind auch die Befristungen der Arbeitsverhältnisse von **wissenschaftlichen Mitarbeitern einer Parlamentsfraktion** sachlich gerechtfertigt. Eine Befristung des Arbeitsvertrages nur für die Dauer einer Legislaturperiode ist aber nur bei den Mitarbeitern sachlich begründet, deren Aufgabe darin besteht, die Fraktion durch sachliche Beratung und politische Bewertung zu unterstützen[13].

---

1 BAG v. 3.12.1986 – 7 AZR 354/85, AP Nr. 110 zu § 620 BGB – Befristeter Arbeitsvertrag; v. 20.1.1999 – 7 AZR 640/97, NZA 1999, 928.　|2 BAG v. 20.1.1999 – 7 AZR 640/97, NZA 1999, 928.　|3 LAG Hamm v. 20.3.2003 – 11 (5) Sa 1265/01, nv., n.rkr., AZ beim BAG: 7 AZR 390/03.　|4 BAG v. 15.8.2001 – 7 AZR 263/00, DB 2002, 52. |5 BAG v. 3.12.1986 – 7 AZR 354/85, AP Nr. 110 zu § 620 BGB – Befristeter Arbeitsvertrag; nicht übertragbar auf die Befristungspraxis in der Finanzverwaltung: LAG Hess. v. 16.9.1999 – 12 Sa 2034/98, NZA-RR 2000, 293. |6 BAG v. 3.10.1984 – 7 AZR 192/83, AP Nr. 87 zu § 620 BGB – Befristeter Arbeitsvertrag.　|7 BAG v. 20.1.1999 – 7 AZR 640/97, NZA 1999, 928.　|8 BAG v. 4.6.2003 – 7 AZR 532/02, DB 2003, 2340.　|9 BT-Drs. 14/4374, S. 19. |10 BT-Drs. 14/4374, S. 19; die zugrunde liegende Rspr.: BAG v. 11.12.1991 – 7 AZR 128/91, AP Nr. 144 zu § 620 BGB – Befristeter Arbeitsvertrag; v. 24.4.1996 – 7 AZR 719/95, NZA 1997, 196; v. 22.4.1998 – 5 AZR 342/97, NZA 1998, 1336.　|11 LAG Köln v. 1.9.2000 – 4 Sa 401/00, NZA-RR 2001, 234.　|12 BT-Drs. 14/4374, S. 19; BAG v. 2.7.2003 – 7 AZR 612/02, NZA 2004, 311.　|13 BAG v. 26.8.1998 – 7 AZR 450/97, NZA 1999, 149; dies folgt bereits aus dem in diesem Bereich geltenden Grundsatz der Diskontinuität.

Der Befristungsgrund der „Eigenart der Arbeitsleistung" wird darüber hinaus auch für **Berufssportler**, wie zB Profifußballer, gelten müssen. Die besondere Erfolgsorientierung und Branchenüblichkeit begründen hier den Sachgrund der „Eigenart der Arbeitsleistung"[1]. Obwohl weniger von der Tätigkeit selbst geprägt, wird deshalb auch der Befristungsgrund des „**Verschleißes**", der fehlenden Motivationskraft, dem Grund der „Eigenart der Arbeitsleistung" zuzuordnen sein (siehe dazu auch unten Rz. 80). 36

e) Erprobung (Nr. 5). Um vor einer längeren arbeitsvertraglichen Bindung die fachliche und persönliche **Eignung für die vorgesehene Tätigkeit** festzustellen, ist in ständiger Rspr. des BAG die Beschäftigung des ArbN zur Probe als sachlicher Befristungsgrund anerkannt[2]. Dies gilt nicht, wenn dem ArbGeb die Eignung des auf Dauer einzustellenden ArbN bereits aus einer vorhergehenden Beschäftigung bekannt ist. 37

Der Befristungsgrund der Erprobung kann auch vorliegen, wenn nach einer abgeschlossenen Entziehungskur die Rückfallgefahr erprobt werden soll[3].

Die **zulässige Dauer** ist nicht beschränkt, orientiert sich aber idR an der Wartezeit des § 1 Abs. 1 Satz 1 KSchG, wird also grundsätzlich die Dauer von 6 Monaten nicht überschreiten können[4]. Nur bei Vorliegen besonderer, eine längere Erprobungsdauer rechtfertigender Umstände, wie zB spezielle Anforderungen an die spätere Tätigkeit, kann eine die Dauer von 6 Monaten überschreitende Befristungsdauer für die Erprobung gerechtfertigt sein. 38

Der Sachgrund der Erprobung kann auch **eine nochmalige Befristung** rechtfertigen. Dies wird dann der Fall sein, wenn das erste zur Erprobung befristet abgeschlossene Arbeitsverhältnis nicht ausreichte, um sich von der Eignung des ArbN für die spätere Tätigkeit überzeugen zu können. Dies kann auf den besonderen Anforderungen an die spätere Tätigkeit oder auf einer längeren Krankheit des ArbN während des zunächst vereinbarten Probearbeitsverhältnisses beruhen. 39

Der in Nr. 5 genannte Erprobungszweck stellt auch einen sachlichen Grund für eine **auflösende Bedingung** dar (§ 21). Bei einer Einstellung zur Probe kann eine auflösende Bedingung beispielsweise in der Nichtvorlage eines Gesundheitsattestes[5] oder in der fehlenden Eignung für den Schuldienst[6] liegen. Wenn die Bedingung von einer Prüfungsleistung abhängig gemacht wird, so muss diese objektivierbar sein oder die Prüfung muss von einer neutralen Stelle abgenommen werden. Die Bedingung darf nicht willkürlich von der subjektiven Beurteilung des ArbGeb abhängig sein[7]. 40

Vertragsbeispiel: Probezeit auf der Grundlage eines befristeten Arbeitsverhältnisses 41
„Der Vertrag wird für die Dauer von 6 Monaten zur Probe abgeschlossen. Er endet mit Ablauf dieser Probezeit, sofern er nicht zuvor durch schriftliche Vereinbarung verlängert wird. Sofern das Arbeitsverhältnis über das Ende der Probezeit hinaus fortgesetzt wird, gilt der Inhalt dieses Vertrages, soweit nichts Abweichendes vereinbart wird. Während der vereinbarten Probezeit kann das Arbeitsverhältnis mit einer Frist von zwei Wochen gekündigt werden."

Vertragsbeispiel: Auflösende Bedingung
„Der Vertrag wird vorbehaltlich der noch festzustellenden gesundheitlichen Eignung des ArbN abgeschlossen. Er endet daher, ohne dass es einer Kündigung bedarf, wenn aufgrund der gesundheitlichen Begutachtung feststeht, dass der ArbN für die vertraglich vorgesehene Tätigkeit nicht geeignet ist, spätestens jedoch zwei Wochen nach Zugang der schriftlichen Mitteilung des ArbGeb über die Feststellung der fehlenden gesundheitlichen Eignung. Während der hier vereinbarten Vertragslaufzeit kann das Arbeitsverhältnis mit den gesetzlichen Kündigungsfristen gekündigt werden."

Auch wenn sich der ArbN während des befristeten Probearbeitsverhältnisses als für die spätere Tätigkeit geeignet erweist, hat der ArbN **keinen Anspruch auf Übernahme** in ein unbefristetes Arbeitsverhältnis nach Beendigung des auf den Sachgrund der Erprobung gestützten Arbeitsverhältnisses[8]. Es kann sich aber als **rechtsmissbräuchlich** darstellen, wenn sich der ArbGeb auf die Befristung beruft, nachdem ihm zB die Schwangerschaft der befristet eingestellten ArbN-in bekannt geworden ist, sofern er während des bisherigen befristeten Arbeitsverhältnisses den Eindruck erweckt hat, einer Fortsetzung des Arbeitsverhältnisses über den zunächst vorgesehenen Beendigungstermin stehe nichts mehr entgegen[9]. Dahingehend wird man auch den EuGH verstehen müssen, wenn er nur „unter bestimmten Umständen" in der Nichterneuerung eines befristeten Vertrages eine sich als unmittelbare Diskriminierung darstellende Einstellungsverweigerung sieht[10]. 42

---

1 OLG Hamm v. 29.5.2000 – 12 W 11/00, NZA-RR 2000, 461. | 2 BAG v. 30.9.1981 – 7 AZR 789/78, AP Nr. 61, zu § 620 BGB – Befristeter Arbeitsvertrag. | 3 LAG Köln v. 5.3.1998 – 10 Sa 1229/97, NZA 1999, 321 Ls. | 4 Unabhängig vom Datum des Vertragsabschlusses ist der erste Arbeitstag in die Zeitberechnung einzubeziehen: BAG v. 27.6.2002 – 2 AZR 382/01, BB 2003, 312. | 5 LAG Hess. v. 8.12.1994 – 12 Sa 1103/94, LAGE, § 620 BGB – Bedingung. | 6 BAG v. 31.8.1994 – 7 AZR 983/93, NZA 1995, 1212. | 7 *Hromadka*, BB 2001, 621. | 8 BAG v. 24.4.1996 – 7 AZR 719/95, NZA 1997, 196. | 9 BAG v. 16.3.1989 – 2 AZR 325/88, AP Nr. 8 zu § 1 BeschFG. | 10 EuGH v. 4.10.2001 – Rs. C – 438/99 Maria Louisa Jiménez Melgar, NZA 2001, 1243.

43 Wegen des nach Abs. 2 Satz 2 bestehenden sog. Vorbeschäftigungsverbotes kann an das zur Erprobung befristete Arbeitsverhältnis **kein Arbeitsverhältnis ohne Sachgrund** gem. Abs. 2 und 2a angeschlossen werden. Ggf. ist von vornherein ein Arbeitsverhältnis ohne Sachgrund nach Abs. 2 oder ggf. nach Abs. 2a in Erwägung zu ziehen.

44 Von dem gem. Nr. 5 befristeten Probearbeitsverhältnis ist die Vereinbarung einer lediglich „**vorgeschalteten" Probezeit** zu unterscheiden. Allein die Vereinbarung einer „Probezeit" im Arbeitsvertrag beinhaltet keine Befristung. Sie ist lediglich wegen der Kündigungsfrist nach § 622 Abs. 3 BGB bedeutsam. Nur dann, wenn eindeutig das Probearbeitsverhältnis mit Ablauf einer bestimmten Dauer oder zu einem bestimmten Zeitpunkt bzw. mit Eintritt einer auflösenden Bedingung enden soll, besteht ein befristetes Probearbeitsverhältnis.

Ist die einem unbefristeten Arbeitsverhältnis vorgeschaltete Probezeit innerhalb der vorgesehenen Dauer „nicht bestanden", so kann dem ArbN eine zusätzliche Bewährungschance eingeräumt werden, indem das Arbeitsverhältnis innerhalb der Probezeit mit einer überschaubaren, längeren Kündigungsfrist gekündigt und dem ArbN für den Fall seiner Bewährung die Wiedereinstellung zugesagt wird. Diese Grundsätze gelten auch für einen entsprechenden Aufhebungsvertrag[1] für die Dauer, die einer der verlängerten tariflichen oder vertraglichen Kündigungsfrist entspricht (im vom BAG entschiedenen Fall wurde dadurch eine Verlängerung um vier Monate erreicht).

45 Aber auch bei einem aus **anderem Sachgrund** befristetem Arbeitsverhältnis kann eine Probezeit wegen der kurzen Kündigungsfrist des § 622 Abs. 3 BGB „vorgeschaltet" werden.

46 f) **Gründe in der Person des ArbN (Nr. 6).** Ein in der Person des ArbN liegender sachlicher Befristungsgrund iSd. Nr. 6 liegt nach der Gesetzesbegründung unter Bezugnahme auf die Rspr. dann vor, wenn ein ArbN aus sozialen Gründen vorübergehend beschäftigt wird, um zB die Zeit bis zum Beginn einer bereits feststehenden anderen Beschäftigung, des Wehrdienstes oder eine Studiums **überbrücken** zu können. Darüber hinaus kann die Befristung eines Arbeitsvertrages personenbedingt gerechtfertigt sein, wenn der Arbeitsvertrag für die Dauer einer befristeten Aufenthaltserlaubnis des ArbN geschlossen wird und zum Zeitpunkt des Vertragsschlusses hinreichend gewiss ist, dass die Aufenthaltserlaubnis nicht verlängert wird[2].

47 Wird jedoch ein Arbeitsverhältnis befristet, um dem ArbN **aus sozialen Gründen** eine Übergangsregelung zur Suche eines anderen Arbeitsplatzes oder zur Überwindung von **Übergangsschwierigkeiten** nach Abschluss der Ausbildung zu schaffen, so handelt es sich eher um den in Nr. 2 angeführten Befristungsgrund. Der Gesetzesbegründung ist zu entnehmen, dass der Befristungsgrund der Nr. 6 eine befristete Übergangsregelung nur zulässt, wenn bereits feststeht, dass der ArbN über eine andere Beschäftigung verfügt oder aus anderen Gründen gehindert ist, ein unbefristetes Arbeitsverhältnis zu übernehmen.

48 Zu den personenbedingten Gründen iSd. Nr. 6 ist auch die in § 8 Abs. 3 ATZG zugelassene Befristung des Arbeitsverhältnisses **bis zum Bezug einer Rente nach ATZ-Arbeit** gem. § 38 VI zu zählen. Danach können ArbN und ArbGeb in der Vereinbarung über die ATZ-Arbeit die Beendigung des Arbeitsverhältnisses ohne Kündigung zu einem Zeitpunkt vorsehen, in dem der ArbN Anspruch auf eine Rente nach ATZ-Arbeit hat. – Ob nach dem Gesetzeswortlaut auch die Altersgrenze zu dem in Nr. 6 genannten Befristungsgrund zu zählen ist, ist aber zweifelhaft und könnte auch gegen das Diskriminierungsverbot der Richtlinie 2000/78/EG sprechen (siehe zur Altersgrenze im Einzelnen nachstehend Rz. 59 ff.)

49 Dagegen bringt der Gesichtspunkt einer bloßen **Nebenbeschäftigung** keine in der Person des ArbN liegende geringere Schutzbedürftigkeit mit sich. Auch liegt bei der Befristung von Arbeitsverträgen mit **Studenten** der sachliche Grund nicht schon darin, dass diese neben ihrer Tätigkeit einem Studium nachgehen und mit der Nebentätigkeit nicht ihren vollen Lebensunterhalt verdienen[3]. Die Befristung kann auch nicht auf den Gesichtspunkt der Anpassung der Erwerbstätigkeit an die Erfordernisse des Studiums gestützt werden[4]. Dazu bieten eine flexible Ausgestaltung des Arbeitsverhältnisses und § 12 geeignete Möglichkeiten.

50 Nach § 611a BGB ist das **Geschlecht** kein in der Person des ArbN liegender Grund für die Befristung eines Arbeitsvertrages[5].

51 Der **Wunsch des ArbN**, einen befristeten Arbeitsvertrag abzuschließen, kann ein in der Person des ArbN liegender Grund sein und deshalb die Befristung sachlich rechtfertigen. Da im Zeitpunkt des Vertragsabschlusses Einigkeit über die Befristung unterstellt werden kann, reicht allerdings das bloße Einverständnis des ArbN zu einer Befristung nicht aus, um von einem die sachliche Befristung tatsächlich rechtfertigenden Wunsch sprechen zu können. Auch die ausdrückliche Fixierung im Arbeitsver-

---

[1] BAG v. 7.3.2002 – 2 AZR 93/01, DB 2002, 1997. | [2] BAG v. 12.1.2000 – 7 AZR 863/98, BB 2000, 933; BT-Drs. 14/4374, S. 19. | [3] BAG v. 10.8.1994 – 7 AZR 695/93, NZA 1995, 30. | [4] BAG v. 29.10.1998 – 7 AZR 561/97, BB 1999, 962. | [5] BT-Drs. 14/4374, S. 19.

trag, dass die Befristung auf Wunsch des ArbN erfolgt, genügt für sich genommen nicht. Es müssen vielmehr objektive Anhaltspunkte dafür vorliegen, dass der ArbN gerade an einer befristeten Beschäftigung Interesse hat[1] und deshalb auch bei einem Angebot einer unbefristeten Einstellung nur einen befristeten Vertrag vereinbart hätte[2]. Das Interesse an der Befristung darf also nicht mit dem Interesse an der Beschäftigung als solcher verwechselt werden. Sofern auch eine unbefristete Einstellung möglich ist, sollte daher dem ArbN diese Möglichkeit zuvor aufgezeigt und dieses Angebot dokumentiert werden.

Hinweis: Sofern die Befristung allein auf den von dem ArbN geäußerten Wunsch gestützt werden soll, empfiehlt es sich in den Vertrag ausdrücklich aufzunehmen, dass der ArbN die Wahlmöglichkeit zwischen einem unbefristeten und einem befristeten Arbeitsvertrag hatte und sich für Letzteren entschieden hat. Diese Wahlmöglichkeit braucht jedoch dann nicht aufgezeigt zu werden, wenn vom ArbN ein von ihm genannter, ggf. auch nachweisbarer Befristungsgrund angegeben werden kann (zB ein beabsichtigter längerer Auslandsaufenthalt). 52

g) Vergütung aus Haushaltsmitteln (Nr. 7). Nach Nr. 7 ist die Befristung eines Arbeitsvertrages zulässig, wenn der ArbN aus Mitteln vergütet wird, die **haushaltsrechtlich für eine befristete Beschäftigung** bestimmt sind, und er entsprechend beschäftigt wird. Diese Regelung stellt einen Sonderbefristungstatbestand für den **öffentlichen Dienst** dar. Dem Wortlaut nach entspricht Nr. 7 der früheren Regelung des § 57b Abs. 2 Nr. 2 HRG. Danach waren Haushaltsmittel für eine befristete Beschäftigung bestimmt, wenn der Haushaltsgesetzgeber eine Mittelverwendung für befristete Arbeitsverhältnisse anordnet und mit einer konkreten Sachregelung verbindet[3]. Unerheblich war dabei, ob die Mittel dafür summenmäßig oder in Form befristeter Planstellen ausgewiesen werden. Dementsprechend lässt der Befristungstatbestand der Nr. 7 es zu, dass pauschal bestimmte Haushaltsmittel ohne zeitliche Begrenzung für bestimmte Arten von Tätigkeiten nur zur befristeten Beschäftigung vorgesehen werden[4]. Der in der Gesetzesbegründung erfolgte Hinweis, dass gemäß dieser gesetzlichen Regelung die Befristung eines Arbeitsvertrages aufgrund zeitlich begrenzter Haushaltsmittel, zB für bestimmte Forschungsprojekte, sachlich gerechtfertigt sein soll[5], kommt dagegen im Gesetzeswortlaut nicht zum Ausdruck. Es fragt sich deshalb, ob diese nach dem Gesetzeswortlaut erfolgte Privilegierung des öffentlichen Dienstes zu einer Änderung der bisherigen Rspr. in Bezug auf die Befristung von Arbeitsverhältnissen aufgrund haushaltsrechtlicher Erwägungen führen wird. 53

Nach der **bisherigen Rspr.** können haushaltsrechtliche Erwägungen für sich genommen keinen sachlichen Grund für die Befristung des Arbeitsvertrages darstellen[6]. Dies gilt auch dann, wenn der Haushaltsplan die jeweiligen Mittel nur vorübergehend ausweist (zB mit einem sog. kw-Vermerk)[7], eine allgemeine Mittelkürzung zu erwarten ist oder allgemeine Einsparungen haushaltsrechtlich angeordnet werden[8]. Nur dann, wenn im Zeitpunkt des Vertragsabschlusses aufgrund konkreter Tatsachen die Prognose getroffen werden kann, dass für die Beschäftigung des ArbN Haushaltsmittel nur vorübergehend zur Verfügung stehen werden, besteht ein sachlicher Grund für die Befristung eines Arbeitsverhältnisses[9]. Aufgrund einer derartigen konkreten Entscheidung des Haushaltsgesetzgebers kann die Befristung eines Arbeitsverhältnisses auch dann sachlich gerechtfertigt sein, wenn an sich ein Dauerbedarf an der Beschäftigung des ArbN besteht[10]. Zur Wirksamkeit einer Befristung aus haushaltsrechtlichen Erwägungen ist es nicht erforderlich, dass der befristet eingestellte ArbN einer bestimmten **Planstelle**, aus deren Mittel er vergütet werden soll, zugeordnet werden soll, und dass die Dauer der Befristung mit der Dauer der dem Inhaber dieser Planstelle jeweils bewilligten Beschäftigung übereinstimmt. Der Haushaltsgesetzgeber muss sich aber mit den Verhältnissen dieser Stelle befasst und aus sachlichen Gründen festgestellt haben, dass sie in Wegfall geraten soll[11]. 54

Der Befristungstatbestand der Nr. 7 findet keine Anwendung auf **privatrechtlich organisierte ArbGeb**. Eine bloße Mittelzuweisung/Drittmittelbewilligung aus Haushaltsmitteln an private ArbGeb ist keine haushaltsrechtliche Bestimmung iSd. Nr. 7. – Zur Befristung bei Arbeitsbeschaffungsmaßnahmen und Drittmittelbewilligung siehe nachstehend Rz. 71 und 75. 55

h) Gerichtlicher Vergleich (Nr. 8). Die Vereinbarung der Befristung eines Arbeitsvertrages im Rahmen eines gerichtlichen Vergleichs ist gemäß Nr. 8 ein sachlich rechtfertigender Befristungsgrund. Damit wird nur zum Teil die bisherige Rspr. bestätigt. Bislang war man überwiegend der Auffassung, dass eine wirksame Befristungsvereinbarung sowohl in einem gerichtlichen als auch in einem außergericht- 56

---

[1] BAG v. 26.4.1985 – 7 AZR 316/84, AP Nr. 91 zu § 620 BGB – Befristeter Arbeitsvertrag; v. 12.12.1985 – 2 AZR 9/85, AP Nr. 96 zu § 620 BGB – Befristeter Arbeitsvertrag. | [2] BAG v. 4.12.2002 – 7 AZR 492/01, DB 2003, 2016; v. 4.6.2003 – 7 AZR 406/02, BB 2003, 1683. | [3] BAG v. 24.1.1996 – 7b AZR 342/95, NZA 1996, 1036. | [4] *Preis/Gotthardt*, DB 2000, 2065 (2071). | [5] BT-Drs. 14/4374, S. 19. | [6] BAG v. 29.8.1979 – 4 AZR 863/77 und v. 14.1.1982 – 2 AZR 245/80, AP Nr. 50, 64 zu § 620 BGB – Befristeter Arbeitsvertrag. | [7] BAG v. 19.3.1998 – 8 AZR 626/96, EzA Art. 20 EinigungsV Nr. 62. | [8] BAG v. 27.1.1988 – 7 AZR 292/87, AP Nr. 116 zu § 620 BGB – Befristeter Arbeitsvertrag. | [9] BAG v. 7.7.1999 – 7 AZR 609/97, BB 2000,934; v. 24.10.2001 – 7 AZR 542/00, DB 2003, 49; s. auch BAG v. 15.8.2001 – 7 AZR 263/00, DB 2002, 52, obwohl dort die Haushaltsmittel nicht befristet, sondern nur begrenzt für eine Vertretung verfügbar waren. | [10] BAG v. 7.7.1999 – 7 AZR 609/97, BB 2000, 934. | [11] BAG v. 16.1.1987 – 7 AZR 487/85, AP Nr. 111 zu § 620 BGB – Befristeter Arbeitsvertrag.

lichen Vergleich wirksam getroffen werden kann. Allerdings war dies bereits durch die Rspr. eingeschränkt auf eigentlich als Aufhebungsvereinbarungen zu kennzeichnende Vergleichsregelungen, mit denen die gegensätzlichen Rechtsstandpunkte über das Fortbestehen eines Arbeitsverhältnisses einer Einigung zugeführt wurden. Im Unterschied dazu kann jetzt jeder Prozessvergleich einen Sachgrund für die Befristung abgeben, also auch in einem Rechtsstreit über das Bestehen eines Arbeitsverhältnisses sowie die nachträgliche Befristung eines unbefristeten Arbeitsverhältnisses.

Mit dem gerichtlichen Vergleich iS dieser Vorschrift ist der Prozessvergleich nach § 794 Abs. 1 Nr. 1 ZPO gemeint, der zwischen den Parteien eines Rechtsstreits zur Beilegung des Verfahrens vor einem deutschen Gericht abgeschlossen wird. Ihm gleichgestellt ist gemäß § 278 Abs. 6 ZPO ein von den Parteien durch Schriftsatz gegenüber dem Gericht akzeptierter schriftlicher Vergleichsvorschlag des Gerichts.

57 Mit der gesetzlichen Regelung in Nr. 8 ist klargestellt, dass nur der gerichtliche Vergleich einen eigenständigen Sachgrund darstellt. Dies wird damit begründet, dass die Mitwirkung des Gerichts an dem Vergleich eine hinreichende Gewähr für die Wahrung der Schutzinteressen des ArbN bietet[1]. Der **außergerichtliche Vergleich** kommt somit als selbständiger Befristungsgrund nicht mehr in Betracht[2].

58 **3. Weitere Sachgründe.** Die Gesetzesbegründung und ihr folgend auch der Gesetzeswortlaut machen deutlich, dass die Aufzählung in Abs. 1 Satz 2 nur beispielhaft ist und weder andere von der Rspr. bisher akzeptierte noch weitere Gründe ausschließen soll. Die Begründung selbst nennt als weitere Beispiele Arbeitsbeschaffungs- und Strukturanpassungsmaßnahmen nach SGB III sowie die übergangsweise Beschäftigung eines ArbN auf einem Arbeitsplatz, dessen endgültige Besetzung durch einen Mitarbeiter – zB nach abgeschlossener Ausbildung – vorgesehen ist[3].

Dass das Gesetz und die hier zugrunde liegende Begründung nicht von einer abschließenden Aufzählung der Sachgründe ausgehen, widerspricht der **europarechtlichen Vorgabe** in § 5 Abs. 1a der Richtlinie 1999/70/EG[4]. Es ist jedoch von keinem Umsetzungsdefizit auszugehen[5]. In Einzelfällen bleibt ohnehin die Möglichkeit, mit den üblichen Auslegungsinstrumentarien Befristungssachverhalte den gesetzlich genannten Sachgründen zuzuordnen.

Außerdem bleiben gem. § 23 Befristungen von Arbeitsverträgen nach anderen gesetzlichen Vorschriften möglich (siehe hierzu die Kommentierung zu § 23 TzBfG). Auch das BAG hatte bereits eine „Typologie sachlicher Gründe" entwickelt, ohne weitere Rechtfertigungsgründe damit auszuschließen[6]. Die ausdrücklich in § 14 Abs. 1 Satz 2 normierten Regelbeispiele können aber eine Rückwirkung auf die bisherige ArbG-Rspr. haben, weil in ihnen eine normative Bewertung der jeweiligen Befristungsgrundes liegt[7]. Der bisherigen Rspr. sind im Wesentlichen folgende weitere Sachgründe zu entnehmen:

59 **a) Altersgrenzen.** Eine Beendigung des Arbeitsverhältnisses mit oder nach Vollendung des 65. Lebensjahres[8], also mit Erreichen der **Regelaltersgrenze** in der gesetzlichen RV (§ 35 SGB VI) sehen die meisten Einzelverträge, BV[9] und TV vor. In verschiedenen Berufsgruppen sehen TV auch eine frühere Beendigung vor (so zB für Piloten mit Vollendung des 60. Lebensjahres, MTV Nr. 4 Bordpersonal Aero-Lloyd § 20 Abs. 1).

60 Während das BAG in einer derartigen Abrede bislang die Vereinbarung einer **auflösenden Bedingung** gesehen hat[10], geht der für das Befristungsrecht zuständige Siebte Senat des BAG von einer **Befristung** aus[11]. Ein bestimmter Zeitpunkt sieht die Beendigung des Arbeitsverhältnisses vor und nicht ein unsicheres Ereignis iS. einer auflösenden Bedingung.

61 Als Sachgrund für die Beendigung des Arbeitsverhältnisses mit Erreichen einer Altersgrenze, die mit dem Bezug einer Altersrente korrespondiert, sieht die Rspr. eine **ausgewogene Altersstruktur**[12] und zusätzlich die **finanzielle Absicherung** des ArbN durch den Bezug der gesetzlichen Altersrente nach Vollendung des 65., ggf. 63. Lebensjahres[13] an. Infolgedessen kann in **Vereinbarungen über ATZ-Arbeit** nach § 8 Abs. 3 ATZG die Beendigung des Arbeitsverhältnisses ohne Kündigung zu einem Zeitpunkt vorgesehen werden, in dem der ArbN Anspruch auf eine Rente nach ATZ-Arbeit gemäß § 38 SGB VI hat (dem Wesen nach aber als auflösende Bedingung).

---

1 BT-Drs. 14/4374, S. 19. | 2 *Däubler*, ZIP 2001, 217; *Hromadka*, BB 2001, 621; aA *Bauer*, BB 2001, 2526. | 3 BT-Drs. 14/4374, S. 18. | 4 KR/*Lipke*, Anhang II zu § 620 BGB, § 14 TzBfG Rz. 28 f. | 5 Siehe dazu *Thüsing/Lambrich*, BB 2002, 829. | 6 BAG v. 13.4.1983 – 7 AZR 51/81, AP Nr. 76 zu § 620 BGB – Befristeter Arbeitsvertrag; einschr.: BAG v. 15.3.1995 – 7 AZR 659/93, NZA 1995, 1038 (1039). | 7 *Preis/Gotthardt*, DB 2000,2065. | 8 Zum maßgebenden Geburtsdatum siehe BAG v. 14.8.2002 – 7 AZR 469/01, DB 2003, 394. | 9 Da es fraglich ist, ob unter einer Altersgrenzenregelung eine soziale Angelegenheit zu verstehen ist, erscheint jedoch zweifelhaft, ob § 88 BetrVG dafür eine ausreichende gesetzliche Grundlage bietet. | 10 BAG v. 20.12.1984 – 2 AZR 3/84, AP Nr. 9 zu § 620 BGB – Bedingung; s.a. für den Fall der Flugtauglichkeit: BAG v. 11.10.1995 – 7 AZR 119/95, DB 1996, 891. | 11 BAG v. 14.8.2002 – 7 AZR 469/01, DB 2003, 394. | 12 BVerfG v.30.3.1999 – 1 BvR 1814/94, NZA 1999, 816. | 13 BAG v. 14.8.2002 – 7 AZR 469/01, DB 2003, 394; v. 6.8.2003 – 7 AZR 9/03, NZA 2004, 96; v. 19.11.2003 – 7 AZR 296/03, BB 2004, 892.

Zumindest mittelbar ist § 41 Satz 2 SGB VI zu entnehmen, dass Vereinbarungen von Altersgrenzen in **62** **TV, BV** und **Einzelarbeitsverträgen** zulässig sind, soweit sie auf die Vollendung des 65. Lebensjahres abstellen. Eine vertraglich vorgesehene frühere Beendigung wegen Altersrentenbezuges gilt nur, wenn die abweichende Regelung innerhalb der letzten 3 Jahre vor dem Zeitpunkt abgeschlossen oder bestätigt wurde, in dem der ArbN vor Vollendung des 65. Lebensjahres eine Rente wegen Alters beantragen kann (siehe §§ 36, 37, 40 SGB VI). Maßgeblich für die Berechnung dieser Dreijahresfrist ist nicht die Vollendung des 65. Lebensjahres, sondern der mit dem ArbN vereinbarte Zeitpunkt des Ausscheidens[1]. Derartige, drei Jahre vor dem möglichen Altersrentenbezugszeitpunkt und Beendigungszeitpunkt abgeschlossene Befristungsvereinbarungen bedürfen keines (zusätzlichen) sachlichen Grundes. Die Regelung des § 41 Satz 2 SGB VI erfasst aber nicht die Vereinbarungen, in denen der für die Beendigung des Arbeitsverhältnisses vorgesehene Zeitpunkt nichts mit dem Entstehen eines Anspruchs auf eine SozV-Rente zu tun hat. Für befristete Arbeitsverhältnisse, die mit einem neu eingestellten ArbN abgeschlossen werden, der das 58. (bis zum 31. 12. 2006: Das 52.) **Lebensjahr** vollendet hat, ist diese frühere Beendigungsmöglichkeit wegen der Regelung in Abs. 3 irrelevant.

Da sowohl eine Befristung (§ 14 Abs. 4) als auch eine auflösende Bedingung (§ 21 iVm. § 14 Abs. 4) im **63** Arbeitsvertrag schriftlich vereinbart werden müssen, bedarf auch die Altersbegrenzung der **schriftlichen Fixierung**. Wegen der mit dem Schriftformerfordernis verfolgten Warnfunktion und § 307 Abs. 1 Satz 2 BGB ist es angebracht, sich hinsichtlich dieser Regelung nicht mit einer bloßen Verweisung auf einen einschlägigen TV zu begnügen, sofern dieser nicht allgemeinverbindlich ist oder beide Vertragspartner tarifgebunden sind. Empfehlenswert ist es deshalb, ausdrücklich den Text der tariflichen Altersgrenze[2] oder zumindest eine knappe Altersbegrenzung wie folgt in den schriftlichen Einzelarbeitsvertrag aufzunehmen:

Vertragsbeispiel: **64**
„Das Arbeitsverhältnis endet mit Ablauf des Monats, in welchem der ArbN das 65. Lebensjahr vollendet, es sei denn, der ArbN kann schon vor Vollendung des 65. Lebensjahres eine Altersrente beantragen, und die Beendigung des Arbeitsverhältnisses mit Bezug der vorzeitigen Altersrente wird innerhalb der letzten drei Jahre vor diesem Bezugszeitpunkt von dem ArbN bestätigt."

Bei Berufsgruppen, bei denen die Tätigkeit nicht nur eine unverminderte körperliche und geistige **65** **Leistungsfähigkeit** erfordert, sondern darüber hinaus mit besonderer Schwierigkeit und Verantwortung verbunden ist, sind Höchstaltersgrenzen anerkannt, die bereits vor Vollendung des 65. Lebensjahres liegen. Da das besondere Interesse an der Gewährleistung der Sicherheit des Flugverkehrs ein sachlicher Grund ist, ist die einzelvertraglich[3] und tarifvertraglich[4] vorgesehene Höchstbegrenzung des Arbeitsverhältnisses von Cockpit-Personal auf 60 Jahre rechtswirksam. Dies entspricht der bisherigen Regelung des § 41 Abs. 1 Satz 2 LuftBO (bei der es sich aber nur um eine Soll-Vorschrift handelte) und grundsätzlich auch der noch nicht in Kraft getretenen Vorschrift der Nr. 1060 der europäischen Regeln der „Joint Aviation Requirements – Flight Crew Licensing" (JAR-FCL 1)[5]. Aus gleichen o.ä. sachlichen Erwägungen heraus sind deshalb auch für andere Berufsgruppen vertragliche Vereinbarungen von Altersgrenzen möglich, die eine Beendigung des Arbeitsverhältnisses bereits vor Vollendung des 65. Lebensjahres vorsehen. Sofern besondere Interessen an einer früheren Beendigung des Arbeitsverhältnisses bestehen, verletzen dahingehende Vereinbarungen weder das Grundrecht auf Berufsfreiheit (Art. 12 Abs. 1 GG) noch den Gleichheitssatz (Art. 3 Abs. 1 GG). Auch steht solchen Vereinbarungen nicht die Empfehlung des Rates der Europäischen Gemeinschaft 82/857/EWG entgegen[6]. Weil ein an Art. 12 Abs. 1 GG und seiner gesetzlichen Konkretisierungen (§ 41 SGB VI, § 1 KSchG) orientierter Sachgrund fehlt, ist eine tarifliche Altersgrenze von 55 Jahren für das Kabinenpersonal nicht zu rechtfertigen[7], jedoch die Grenze von 60 Jahren[8].

Zur wirksamen Festlegung einer Altersgrenze in **BV und TV** reicht es aus, wenn sie vom Bezug der **66** sozialversicherungsrechtlichen Altersrente abhängig gemacht wird, sofern diese eine ausreichende Altersversorgung gewährleistet[9]. Die Wirksamkeit wird mit der Kompensation des Arbeitsplatzverlustes durch Altersversorgung gerechtfertigt[10].

---

1 BAG v. 17.4.2002 – 7 AZR 40/01, BB 2002, 1865. | 2 *Preis/Gotthardt*, NZA 2000, 348. | 3 BAG v. 20.2.2002 – 7 AZR 748/00, NZA 2002, 789. | 4 BAG v. 12.2.1992 – 7 AZR 100/91, AP Nr. 5 zu § 620 BGB – Altersgrenze; v. 25.2.1998 – 7 AZR 641/96, DB 1998, 1420; v. 11.3.1998 – 7 AZR 700/96, DB 1998, 1422; v. 27.11.2002 – 7 AZR 655/01, NZA 2003, 1056 Orientierungssatz; ArbG Frankfurt v. 31.10.2001 – 9 Ca 1344/01, NZA-RR 2002, 313. | 5 Seit dem 1.9.1998 gilt § 41 Abs. 1 Satz 2 LuftBO aber nicht mehr für die in § 1 Abs. 2 Nr. 1 LuftBO bezeichneten Luftfahrzeuge (Großflugzeuge): BAG v. 23.1.2002 – 7 AZR 586/00, NZA 2002, 669. | 6 BAG v. 12.2.1992 – 7 AZR 100/91, AP Nr. 5 zu § 620 BGB – Altersgrenze; v. 25.2.1998 – 7 AZR 641/96, BB 1998, 2165. | 7 BAG v. 31.7.2002 – 7 AZR 140/01, NZA 2003, 1155. | 8 BAG v. 27.11.2002 – 7 AZR 414/01, DB 2003, 1000; v. 27.11.2002 – 7 AZR 655/01, NZA 2003, 1056 Orientierungssatz. | 9 BAG v. 20.11.1987 – 2 AZR 284/86, AP Nr. 2 zu § 620 BGB – Altersgrenze; v. 10.3.1992 – 1 ABR 67/91, AP Nr. 96 zu § 99 BetrVG; v. 12.2.1992 – 7 AZR 100/91, AP Nr. 5 zu § 620 BGB – Altersgrenzen; v. 14.8.2002 – 7 AZR 469/01, DB 2003, 394. | 10 BAG v. 1.12.1993 – 7 AZR 428/93, AP Nr. 4 zu § 41 SGB VI.

67 Wenn BV oder TV **unterschiedliche Altersgrenzen** vorsehen, gilt das Günstigkeitsprinzip. Als günstig wird bei der Vereinbarung von Altersgrenzen die Regelung angesehen, die dem ArbN das Wahlrecht einräumt, ob er arbeiten oder Altersrente beziehen will. Daher ist eine nachfolgende BV ungünstiger, wenn sie ein derartiges Wahlrecht beseitigt und eine feste, frühere Altersgrenze vorsieht[1]. Dies gilt auch gegenüber Einzelverträgen. Enthalten diese keine Altersgrenze, so kommt auch kein Vergleich zustande, vielmehr gilt dann die Altersgrenze gem. der BV oder dem TV.

68 TV oder BV, die für Männer und Frauen **unterschiedliche Altersgrenzen** vorsehen (zB für Männer das 65. Lebensjahr und für Frauen das 60. Lebensjahr), verstoßen mit diesen Regelungen wegen ihres Diskriminierungscharakters gegen Art. 141 EG (früher Art. 119 EG) und Art. 3 Abs. 2 GG[2].

69 Die **Richtlinie 2000/78/EG** steht grundsätzlich Altersgrenzen nicht entgegen. Von einer Diskriminierung durch eine Altersgrenze ist dann nicht auszugehen, wenn die arbeitsvertraglichen Regelungen sämtlicher vergleichbarer ArbN Altersgrenzen beinhalten. Jüngere ArbN werden von ihr ebenso betroffen wie ältere ArbN, nur zu einem späteren Zeitpunkt. Überdies ist in § 41 SGB VI bereits eine Normierung iSd. Art. 6 Abs. 1 der Richtlinie 2000/78/EG zu sehen, die mittelbar beschäftigungspolitischen Zielen dient. Art. 6 der Richtlinie 2000/78/EG lässt Ungleichbehandlungen wegen des Alters zu, sofern sie objektiv und angemessen sind und im Rahmen des nationalen Rechts durch ein legitimes Ziel, insb. aus den Bereichen Beschäftigungspolitik, Arbeitsmarkt und berufliche Bildung gerechtfertigt sind, und die Mittel zur Erreichung dieses Ziel angemessen und erforderlich sind[3]. Nicht berührt werden durch die Richtlinie die Festsetzung von Altersgrenzen für den Eintritt in den Ruhestand (Erwägung 14 zur Richtlinie 2000/78/EG).

70 **b) ATZ.** Eine Befristung des Arbeitsverhältnisses bis zum Bezug einer **Rente nach ATZ-Arbeit** gem. § 38 SGB VI lässt § 8 Abs. 3 ATZG zu. Danach können ArbN und ArbGeb in der Vereinbarung über die ATZ-Arbeit die Beendigung des Arbeitsverhältnisses ohne Kündigung zu einem Zeitpunkt vorsehen, in dem der ArbN Anspruch auf eine Rente nach ATZ-Arbeit hat.

71 **c) Arbeitsbeschaffungsmaßnahmen.** Die Befristung eines **ABM-Vertrages** ist sachlich begründet, wenn der ArbGeb im Vertrauen auf eine zeitlich begrenzte Förderungszusage und Zuweisung im Rahmen einer Arbeitsbeschaffungsmaßnahme nach §§ 260 ff. SGB III den ArbN einstellt und er ohne diese Zusage einen leistungsfähigeren oder keinen ArbN eingestellt hätte[4]. Die Dauer der Befristung muss aber mit der Dauer der Zuweisung übereinstimmen. Der Umstand, dass im Zuweisungsbescheid die Förderung im Rahmen einer Arbeitsbeschaffungsmaßnahme von einer späteren Übernahme des zugewiesenen ArbN in ein unbefristetes Arbeitsverhältnis abhängig gemacht wird, begründet für den betroffenen ArbN keine Rechte. Er kann daraus keinen Anspruch auf Abschluss eines unbefristeten Arbeitsvertrages herleiten[5].

72 **Vertragsbeispiel:**

„Der ArbN wird für die Zeit vom ... bis ... als ... im Rahmen einer Arbeitsbeschaffungsmaßnahme nach den §§ 260 ff. SGB III in der jeweils geltenden Fassung eingestellt.

Die ersten ... Monate der Laufzeit dieses Vertrages gelten als Probezeit.

Das Arbeitsverhältnis endet mit Ablauf der Frist, für die es eingegangen worden ist, ohne dass es einer vorherigen Kündigung bedarf. Unabhängig von der Befristung kann das Arbeitsverhältnis beiderseits mit den gesetzlichen Kündigungsfristen gekündigt werden.

Die außerordentliche Kündigung aus wichtigem Grund bleibt unberührt."

73 **d) Berufs- und Erwerbsunfähigkeit.** Verschiedene TV, so zB § 59 BAT, und Arbeitsverträge sehen eine Beendigung des Arbeitsverhältnisses auch schon mit der Berufs- und Erwerbsunfähigkeit[6] vor, dh. also mit Eintritt einer auflösenden Bedingung (§ 21). Der Sachgrund ist einerseits darin zu sehen, den ArbN vor einer gesundheitlichen Überforderung zu schützen. Andererseits trägt eine derartige Regelung dem Interesse des ArbGeb Rechnung, sich von einem ArbN zu trennen, der gesundheitsbedingt nicht mehr in der Lage ist, seine nach dem Arbeitsvertrag geschuldete Leistung zu erbringen[7]. Die Beendigung tritt jedoch dann nicht ein, wenn der ArbN noch auf seinem oder einem anderen, ihm nach seinem Leistungsvermögen zumutbaren freien Arbeitsplatz weiterbeschäftigt werden könnte[8]. Dies setzt aber jedenfalls in den Fällen, in denen der ArbN durch seinen Rentenantrag eine Voraussetzung für den Eintritt der auflösenden Bedingung selbst geschaffen hat, voraus, dass er vor der Zustellung des Rentenbescheides und vor der tarifvertraglich vorgesehenen Beendigung des Arbeitsverhältnisses gegenüber dem ArbGeb die Weiterbeschäftigung verlangt hat[9]. Der ArbGeb muss daher nicht

---

1 BAG v. 7.11.1989 – GS 3/85, AP Nr. 46 zu § 77 BetrVG. | 2 EuGH v. 17.5.1990 – Rs. C-262/88, NZA 1990, 775 – Barber; v. 14.12.1993 – Rs. C-110/91, NZA 1994, 165 – Moroni. | 3 AA *Schmidt/Senne*, RdA 2002, 80. | 4 BAG v. 15.2.1995 – 7 AZR 680/94, DB 1995, 1916; v. 26.4.1995 – 7 AZR 936/94, DB 1995, 2374; v. 2.12.1998 – 7 AZR 508/97, DB 1999, 694. | 5 BAG v. 26.4.1995 – 7 AZR 936/94, DB 1995, 2384. | 6 Mit dem Rentenreformgesetz 1999 entfiel aber die bisherige Rente wegen Berufsunfähigkeit. | 7 BAG v. 6.12.2000 – 7 AZR 302/99, NZA 2001, 792. | 8 BAG v. 6.12.2000 – 7 AZR 302/99, NZA 2001, 792. | 9 BAG v. 31.7.2002 – 7 AZR 118/01, BB 2003, 476.

von sich aus prüfen, ob und welche Weiterbeschäftigungsmöglichkeiten bestehen[1]. Außerdem ist grundsätzlich erst die mit dem Bezug dauerhafter Rentenleistungen verbundene wirtschaftliche Absicherung des ArbN geeignet, die Beendigung des Arbeitsverhältnisses auf Grund auflösender Bedingung zu rechtfertigen[2]. Auch hier gilt das Diskriminierungsverbot der Richtlinie 2000/78/EG.

§ 92 SGB IX ist auf eine im Arbeitsvertrag/TV vorgesehene Beendigung bei dauernder voller Erwerbsminderung bzw. bei dauernder Erwerbsunfähigkeit unanwendbar, so dass in diesen Fällen nicht die vorherige Zustimmung des Integrationsamtes einzuholen ist. Anders verhält es sich, wenn nur eine Zeitrente bewilligt wird. 74

e) **Drittmittelbewilligung.** Während Abs. 1 Satz 2 Nr. 7 die Befristung wegen der Vergütung aus Haushaltsmitteln rechtfertigt, ist aber auch die Finanzierung von Maßnahmen, Forschungsaufgaben und Stellen aus anderen **Mitteln Dritter** ein zulässiger Befristungsgrund, wenn ein Bezug zur Besetzung der Stelle entsteht. Es müssen jedoch konkrete Anhaltspunkte dafür vorhanden sein, dass der zur Verfügung gestellte Arbeitsplatz zum vorgesehenen Zeitpunkt tatsächlich wegfallen wird[3]. Stellt der Drittmittelgeber seine bisherige Bezuschussung der Personalkosten vorzeitig endgültig ein, so wird ein wegen der Bezuschussung befristet abgeschlossenes Arbeitsverhältnis nicht vorzeitig nach § 313 BGB (Wegfall der Geschäftsgrundlage) beendet. Es kann vor Ablauf der vertraglich vorgesehenen Beendigung grundsätzlich nur durch eine Kündigung aus dringenden Gründen beendet werden[4], es sei denn, dass nach § 15 Abs. 3 die Möglichkeit einer ordentlichen Kündigung vereinbart ist. 75

f) **Eingliederungsvertrag.** Gem. § 229 SGB III kann die AA die Eingliederung von **förderungsbedürftigen Arbeitslosen** fördern. Der Eingliederungsvertrag nach § 231 SGB III kann auf die Dauer von mindestens zwei Wochen, längstens sechs Monate befristet werden[5]. Der Eingliederungsvertrag stellt jedoch kein Arbeitsverhältnis dar[6], kann deshalb einer sachgrundlosen Befristung nach § 14 Abs. 2 und 2a vorausgehen. Dagegen rechtfertigt der Eingliederungszuschuss für ältere ArbN nach § 218 Abs. 1 Nr. 3 SGB III keine Befristung, da er nicht der Arbeitsbeschaffung dient[7]. 76

g) **Projektbezogene Befristung.** Die projektbezogene Befristung setzt voraus, dass konkrete Anhaltspunkte dafür vorliegen, dass die Aufgabe tatsächlich nur von begrenzter Dauer ist. Ein sachlicher Grund liegt deshalb nicht vor, wenn Lehrer für bestimmte Volkshochschulkurse eingestellt werden, deren Fortführung möglich ist, wenn eine entsprechende Nachfrage besteht und die erforderlichen Haushaltsmittel bewilligt werden[8]. Dies gilt auch bei sog. Drittmittelfinanzierungen im Hochschulbereich. Die allgemeine Unsicherheit über das Weiterlaufen von Drittmitteln reicht als Befristungsgrund nicht aus[9]. 77

h) **Übergangsweise Beschäftigung.** Ein sachlicher Grund für die Befristung eines Arbeitsvertrages liegt vor, wenn ein ArbN übergangsweise auf einem Arbeitsplatz beschäftigt werden soll, dessen **endgültige Besetzung durch einen anderen Mitarbeiter** vorgesehen ist. Deshalb kann die Befristung gerechtfertigt sein, wenn sich der ArbGeb bereits im Zeitpunkt des Abschlusses des befristeten Arbeitsvertrages gegenüber einem auf unbestimmte Zeit einzustellenden ArbN vertraglich gebunden hat[10]. Insbesondere ist der Sachgrund für die Befristung eines Arbeitsvertrages anerkannt, wenn ein ArbN vorübergehend bis zum dem Zeitpunkt beschäftigt werden soll, in dem ein Auszubildender des ArbGeb seine **Berufsausbildung beendet** und der ArbGeb dessen Übernahme in ein Arbeitsverhältnis konkret beabsichtigt[11]. Dieser Befristungsgrund setzt nicht voraus, dass der ArbGeb dem Auszubildenden die Übernahme in ein Arbeitsverhältnis bereits zugesagt hat. Es genügt vielmehr, dass der ArbGeb im Zeitpunkt des Vertragsabschlusses mit dem befristet eingestellten ArbN nach seiner Personalplanung die Übernahme des Auszubildenden für den Fall eines normalen Geschehensablaufs beabsichtigt, und dass keine greifbaren Umstände entgegenstehen, die gegen die Übernahme des Auszubildenden sprechen[12]. Von dem Befristungsgrund des vorübergehenden Bedarfs (Abs. 1 Satz 2 Nr. 1) unterschiedet sich dieser Grund dadurch, dass der Arbeitsplatz nicht wegfallen soll. Auch geht es im eigentlichen Sinne nicht um eine Vertretung gemäß Abs. 1 Satz 2 Nr. 3. 78

i) **Sicherung der personellen Kontinuität der BR-Arbeit.** Das Interesse des ArbGeb an der personellen Kontinuität des BR kann grundsätzlich ein Sachgrund für die Befristung des Arbeitsverhältnisses sein[13]. Maßgeblich sind dabei der Erhalt der Funktionsfähigkeit des im Betrieb gebildeten BR sowie das Interesse, dass nicht durch ein vermeidbares Ausscheiden der BR-Mitglieder aus dem Betrieb 79

---

1 BAG v. 6.12.2000 – 7 AZR 302/99, NZA 2001, 792. | 2 BAG v. 6.12.2000 – 7 AZR 302/99, NZA 2001, 792; s. aber BAG v. 3.9.2003 – 7 AZR 661/02, NZA 2004, 328. | 3 BAG v. 16.1.1987 – 7 AZR 487/85, AP Nr. 111 zu § 620 BGB – Befristeter Arbeitsvertrag. | 4 LAG Hamm v. 5.2.1998 – 17 Sa 913/97, NZA-RR 1999, 18 – Ls. | 5 § 232 Abs. 1 SGB III. | 6 BAG v. 17.5.2001 – 2 AZR 10/00, ArbRB 2001, 39. | 7 BAG v. 4.6.2003 – 7 AZR 489/02, NZA 2003, 1143. | 8 BAG v. 8.4.1992 – 7 AZR 135/91, AP Nr. 146 zu § 620 BGB – Befristeter Arbeitsvertrag. | 9 BAG v. 25.1.1980 – 7 AZR 69/78, AP Nr. 52 zu § 620 BGB – Befristeter Arbeitsvertrag; v. 21.1.1987 – 7 AZR 265/85, AP Nr. 4 zu § 620 BGB – Hochschule; v. 28.2.1992 – 7 AZR 464/91, nv. | 10 BAG v. 6.11.1996 – 7 AZR 909/95, DB 1997, 1927. | 11 BAG v. 21.4.1993 – 7 AZR 388/92, AP Nr. 148 zu § 620 BGB – Befristeter Arbeitsvertrag; BAG v. 26.1.1996 – 11 (13) Sa 1103/95, BB 1996, 1618. | 12 BAG v. 1.12.1999 – 7 AZR 449/98, BB 2000, 1525 (zu III. 3 c d.Gr.); v. 19.9.2001 – 7 AZR 333/00, NZA 2002, 696 – Orientierungssatz. | 13 BAG v. 23.1.2002 – 7 AZR 611/00, BB 2002, 1097.

und dem BR während dessen Amtszeit kostspielige Neuwahlen erforderlich werden. Die Befristung des Arbeitsverhältnisses des BR-Mitglieds muss aber geeignet und erforderlich sein, um die personelle Kontinuität des BR zu wahren. Erforderlich ist sie nur, wenn ohne den Abschluss des befristeten Arbeitsvertrages das Arbeitsverhältnis mit dem BR-Mitglied enden würde, und der ArbGeb nicht ohne Beeinträchtigung seiner betrieblichen Interessen die personelle Kontinuität der BR-Arbeit durch einen unbefristeten Arbeitsvertrag sichern könnte.

80 **j) Verschleiß.** Auch das Vorliegen eines Verschleißtatbestandes kann ein sachlicher Befristungsgrund sein, wenn die vereinbarte Befristung zB geeignet ist, der **Gefahr eines Verschleißes** bzw. nachlassender Motivationskraft in der Beziehung zwischen dem Trainer und den zu betreuenden Sportlern wirksam vorzubeugen[1]. Für sich genommen ist aber der Leistungserfolg zu unpräzise und daher als Befristungsgrund ungeeignet[2]. Eine rechtswirksame Befristung muss sich an der konkreten Notwendigkeit eines Trainerwechsel und der hierfür maßgeblichen Dauer orientieren.

81 **4. Nachträgliche Befristung.** Zur wirksamen nachträglichen Befristung eines unbefristeten und unter Kündigungsschutz stehenden Arbeitsverhältnisses ist ebenfalls gem. Abs. 1 ein sachlicher Grund nötig[3]. Die freie Wahlmöglichkeit des ArbN, ein für ihn günstiges Vertragsänderungsangebot anzunehmen oder abzulehnen, ist für sich gesehen kein Sachgrund dafür, das geänderte Arbeitsverhältnis auch zu befristen[4]. Die nachträgliche Befristung kann zunächst auf unbestimmte Zeit eingegangene Arbeitsverhältnisses kann auch im Wege der Änderungskündigung erfolgen. Die Änderung der Arbeitsbedingungen ist aber ua. dann unwirksam, wenn die Befristung nicht aus sachlichem Grund gerechtfertigt ist[5]. Wegen der Notwendigkeit des Vorliegens eines sachlichen Grundes für die Befristung können mit den geringeren Anforderungen an eine Änderungskündigung (§ 2 KSchG) nicht die Voraussetzungen einer wirksamen Beendigungskündigung (§ 1 KSchG) umgangen werden[6]. – Ebenso wie für den Aufhebungsvertrag kann für die nachträgliche Befristung ein Widerrufsrecht des ArbN nach § 312 BGB in Betracht kommen. Solange keine gefestigte Rspr. hierzu vorliegt, erscheint es deshalb angeraten, die Vereinbarung einer nachträglichen Befristung mit einer **Widerrufsbelehrung** gemäß § 355 Abs. 2 BGB zu versehen oder ggf. nachweisbar jede „Überrumpelung" zu vermeiden[7].

82 **5. Dauer der Befristung und ihr sachlicher Grund.** Bei der **Zeitbefristung** gem. § 15 Abs. 1 bedarf die **Dauer** keiner eigenständigen sachlichen Rechtfertigung. Die gewählte Vertragsdauer muss nicht stets mit der Dauer des Sachgrundes für die Befristung voll übereinstimmen[8]. Die Befristungsdauer muss sich jedoch am Befristungsgrund orientieren und mit ihm derart in Einklang stehen, dass sie nicht gegen das Vorliegen eines sachlichen Grundes spricht[9]. Mit zunehmender Dauer der Beschäftigung bei demselben ArbGeb steigen die Anforderungen an den Sachgrund der Befristung[10]. Die Dauer des befristeten Arbeitsvertrages wird bei der Zweckbefristung und der Vereinbarung einer auflösenden Bedingung durch die **Zweckerreichung** bzw. den **Eintritt der Bedingung** selbst bestimmt, so dass der Zweck bzw. die auflösenden Bedingung zugleich auch die Dauer rechtfertigen müssen.

83 **6. Mehrfache Befristung.** Bei mehreren aufeinander folgenden befristeten Arbeitsverhältnissen (sog. **Kettenbefristungen**) ist im Rahmen der arbeitsgerichtlichen Befristungskontrolle grundsätzlich nur die **Befristung des letzten Arbeitsvertrages** auf ihre sachliche Rechtfertigung zu prüfen[11]. In dem Abschluss eines befristeten Arbeitsvertrages liegt zugleich konkludent die vertragliche Aufhebung eines – etwaigen – unbefristeten früheren Arbeitsvertrages. Etwas anderes gilt dann, wenn die Vertragsparteien den Folgevertrag unter dem **Vorbehalt** abgeschlossen haben, dass der neue befristete Arbeitsvertrag nur gelten soll, wenn die Parteien nicht schon aufgrund des vorangegangenen Vertrages in einem unbefristeten Arbeitsverhältnis stehen[12]. Ein einseitiger vom ArbN erklärter Vorbehalt reicht nicht aus[13]. Wegen der nach § 17 zu beachtenden Klagefrist ist aber auch die rechtzeitige Klagerhebung erforderlich.

84 Auf die sachliche Rechtfertigung des vorangegangenen Vertrages kann es ankommen, wenn es sich bei dem letzten Vertrag nur um einen **unselbständigen Annex** zum vorhergehenden Vertrag handelt. Dies ist der Fall, wenn nur die Laufzeit des alten Vertrages verhältnismäßig geringfügig korrigiert mit dem Sachgrund der Befristung in Einklang gebracht wird, dieser aber ansonsten derselbe bleibt[14]. Auch kann der vorletzte Vertrag maßgeblich sein, wenn sich aus ausdrücklichen oder konkludenten

---

1 BAG v. 29.10.1998 – 7 AZR 436/97, DB 1999, 853. | 2 *Dieterich*, NZA 2000, 857. | 3 BAG v. 8.7.1998 – 7 AZR 245/97, NZA 1999, 81; v. 26.8.1998 – 7 AZR 349/97, BB 1999, 424. | 4 BAG v. 26.8.1998 – 7 AZR 349/97, BB 1999, 424. | 5 BAG v. 25.4.1996 – 2 AZR 609/95, DB 1996, 1780; v. 8.7.1998 – 7 AZR 245/97, NZA 1999, 81. | 6 AA *Hromadka*, BB 2001, 674. | 7 S. BAG v. 27.11.2003 – 2 AZR 177/03, DB 2003, Heft 49, S. XVI – Presseinformation. | 8 BAG v. 11.11.1998 – 7 AZR 328/97, BB 1999, 423. | 9 BAG v. 15.3.1989 – 7 AZR 264/88, AP Nr. 126 zu § 620 BGB – Befristeter Arbeitsvertrag; v. 31.8.1994 – 7 AZR 983/93, AP Nr. 163 zu § 620 BGB – Befristeter Arbeitsvertrag. | 10 BAG v. 11.12.1991 – 7 AZR 431/90, NZA 1992, 883 (886); v. 11.11.1998 – 7 AZR 328/97, BB 1999, 423. | 11 BAG v. 8.5.1985 – 7 AZR 191/84, AP Nr. 97 zu § 620 BGB – Befristeter Arbeitsvertrag; v. 21.1.1987 – 7 AZR 265/85, AP Nr. 4 zu § 620 BGB – Hochschule; v. 11.12.1991 – 7 AZR 431/90, NZA 1992, 883 (885); v. 10.8.1994 – 7 AZR 695/93, NZA 1995, 30; v. 1.12.1999 – 7 AZR 236/98, DB 2000, 675. | 12 BAG v. 4.6.2003 – 7 AZR 352/02, DB 2003, 2340; v. 4.6.2003 – 7 AZR 523/02, NZA-RR 2003, 621. | 13 BAG v. 4.6.2003 – 7 AZR 523/02, NZA-RR 2003, 621. | 14 BAG v. 1.12.1999 – 7 AZR 236/98, DB 2000, 675.

Vereinbarungen ergibt, dass die Vertragsschließenden ihr Arbeitsverhältnis nicht auf eine neue Grundlage stellen wollten[1].

Mit zunehmender Dauer der Beschäftigung bei demselben ArbGeb steigen die **Anforderungen an den Sachgrund** der Befristung[2]. Ist aus Vertretungsgründen bereits mehrfach das Arbeitsverhältnis befristet abgeschlossen worden, kann aufgrund der langjährigen Beschäftigung der Abschluss eines weiteren befristeten Arbeitsvertrages nur noch gerechtfertigt sein, wenn hinreichend sichere Anhaltspunkte für den endgültigen Wegfall des Vertretungsbedarfs vorliegen[3]. 85

Mehrfache Befristungen von Zeitarbeitsverträgen, sofern der einzelne nicht die Dauer von 5 Jahren überschreitet, sind auch im **öffentlichen Dienst** nach den Sonderregelungen 2y BAT zulässig. 86

7. Befristung einzelner Arbeitsvertragsbedingungen. Einzelne Arbeitsvertragsbedingungen können auch befristet werden. – Das Schriftformerfordernis des Abs. 4 gilt hierfür nicht[4]. – Auch unterliegt die Befristung einzelner Arbeitsbedingungen nicht der **Befristungskontrolle** des Abs. 1[5]. Es sind jedoch die von der Rechtsprechung entwickelten Grundsätze zur Wirksamkeit der Befristung einzelner Vertragsbedingungen weiterhin anzuwenden[6]. Das KSchG gewährt nicht nur einen Bestandsschutz, sondern gem. § 2 KSchG auch einen Inhaltsschutz. 87

Demgemäß bedarf die Befristung einzelner Arbeitsbedingungen (zB eines Akkords, einer Prämie, einer Leistungszulage oder einer Provision) im Rahmen eines unbefristeten Arbeitsvertrages eines sachlichen Grundes, wenn bei unbefristeter Änderung die neuen Arbeitsbedingungen dem **Änderungsschutz des Kündigungsschutzgesetzes** (§ 2 KSchG iVm. § 1 Abs. 2, 3 KSchG) unterliegen würde[7]. Einzelvertragliche Vereinbarungen, die darauf abzielen, den gesetzlichen Inhaltsschutz des Arbeitsverhältnisses (§ 2 KSchG) objektiv zu umgehen, sind daher unwirksam[8]. 88

Da aber nicht der Bestand des Arbeitsverhältnisses in Frage steht, werden von der Rspr. an den sachlichen Grund **geringere Anforderungen** gestellt[9]. Von einer objektiven Umgehung des gesetzlichen Änderungskündigungsschutzes ist dann auszugehen, wenn derartig wesentliche Elemente des Arbeitsvertrages der Befristung unterliegen, deren Änderung das Gleichgewicht zwischen Leistung und Gegenleistung grundlegend beeinflusst[10]. Bei der befristeten Gewährung eines zusätzlichen Vergütungsbestandteils ist die Grenze dort zu ziehen, wo ohne dieses zusätzliche Arbeitsentgelt eine übliche Vergütung iSv. § 612 BGB vereinbart bleibt, oder dieses Entgelt gegenüber der Gesamtvergütung nur unwesentlich ist. Zu dem vom kündigungsrechtlichen Änderungsschutz nach § 2 KSchG erfassten Kernbereich des Arbeitsverhältnisses werden daher zB nicht Provisionen gezählt, die nur zusätzlich zur tariflich festgelegten Vergütung befristet eingeräumt werden, und die nur ca. 15 % der Gesamtvergütung ausmachen. Für derartige nicht das Gleichgewicht zwischen Leistung und Gegenleistung beeinflussende Arbeitsbedingungen ist mithin kein sachlicher Grund erforderlich.

Ebenso wie bei der Befristung des Arbeitsverhältnisses als Ganzes muss die gewählte **Dauer** der Befristung mit dem Sachgrund selbst im Einklang stehen[11]. Die Tarifvorschriften der SR 2y BAT gelten nicht für die Befristung einzelner Vertragsbedingungen[12]. 89

Die Befristung einzelner Vertragsbedingungen kann **nicht sachgrundlos** erfolgen, also nicht auf Abs. 2 oder Abs. 2a gestützt werden[13]. Da Abs. 2 Satz 2 und Abs. 2a für eine wirksame sachgrundlose Befristung eine Neueinstellung voraussetzen, können bei einem bereits bestehenden Arbeitsverhältnis im Nachhinein nicht einzelne Arbeitsbedingungen ohne Vorliegen eines Sachgrundes wirksam befristet werden. Wird ein ArbN iSd. Abs. 2 Satz 2 oder Abs. 2a **neu eingestellt**, so wird man aber, statt das gesamte Arbeitsverhältnis sachgrundlos zu befristen, in den Grenzen des Abs. 2 Satz 1 bzw. Abs. 2a einzelne Arbeitsbedingungen ohne Sachgrund befristen können. 90

IV. Befristung ohne das Erfordernis eines sachlichen Grundes (Abs. 2, Abs. 2a und Abs. 3). 1. Zeitlich begrenzte Befristung ohne Sachgrund (Abs. 2). a) Dauer und Anzahl der Befristungen (Satz 1). Nach dieser Vorschrift ist die kalendermäßige Befristung eines Arbeitsvertrages ohne sachlichen Grund bis zur Dauer von **zwei Jahren** zulässig. Kalendermäßig ist eine Befristung, wenn sie kalendermäßig (vom 1.4.2004 bis 31.3.2005) bzw. durch Angabe eines Beendigungstermins bestimmt oder bestimmbar (ab 1.4.2004 für ein Jahr) ist. Zweckbefristungen oder Arbeitsverträge mit auflösender Bedingung iSd. § 21 können nicht nach dieser Bestimmung abgeschlossen werden, da in diesen Fällen durch den Zweck oder die auflösende Bedingung der Beendigungstatbestand gekennzeichnet wird. Bis zur Gesamtdauer von zwei Jahren ist eine dreimalige Verlängerung (siehe dazu Rz. 92) des kalendermäßig befristeten Ar- 91

---

1 BAG v. 15.8.2001 – 7 AZR 144/00, NZA 2002, 696 – Orientierungssatz. | 2 BAG v. 11.12.1991 – 7 AZR 431/90, NZA 1992, 883 (886); v. 11.11.1998 – 7 AZR 328/97, BB 1999, 423. | 3 BAG v. 11.12.1991 – 7 AZR 431/90, NZA 1992, 883 (886); v. 11.11.1998 – 7 AZR 328/97, BB 1999, 423. | 4 BAG v. 3.9.2003 – 7 AZR 106/03, DB 2004, 490. | 5 BAG v. 14.1.2003 – 7 AZR 213/03, DB 2004, 1101. | 6 BAG v. 14.1.2003 – 7 AZR 213/03, DB 2004, 1101. | 7 BAG v. 13.6.1986 – 7 AZR 650/84, AP Nr. 19 zu § 2 KSchG 1969; v. 4.6.2003 – 7 AZR 406/02, BB 2003, 1683. | 8 BAG v. 12.12.1984 – 7 AZR 509/83, AP Nr. 6 zu § 2 KSchG 1969; v. 21.4.1993 – 7 AZR 297/92, NZA 1994, 476. | 9 LAG Berlin v. 1.3.2002 – 6 Sa 71/02, NZA-RR 2003, 68; *Leuchten*, NZA 1994, 721 (726). | 10 BAG v. 21.4.1993 – 7 AZR 297/92, NZA 1994, 476 (477); v. 4.6.2003 – 7 AZR 406/02, BB 2003, 1683. | 11 *Leuchten*, NZA 1994, 721 (726). | 12 BAG v. 15.4.1999 – 7 AZR 734/97, NZA 1999, 1115. | 13 BAG v. 23.1.2002 – 7 AZR 563/00, ZIP 2002, 1417.

beitsvertrages zulässig. Ohne dass ein die Befristung rechtfertigender Grund vorzuliegen braucht, kann also zB viermal ein Arbeitsvertrag mit jeweils einer Dauer von 6 Monaten abgeschlossen werden.

92 **b) Verlängerung.** Eine Verlängerung iSd. Satzes 1 setzt eine **nahtlose Weiterbeschäftigung** voraus. Das bisherige befristete Arbeitsverhältnis wird über den zunächst vereinbarten Endtermin bis zu dem neu vereinbarten Endtermin fortgesetzt. Es darf zu keiner – auch zu keiner nur kurzfristigen – Unterbrechung kommen. Ansonsten ist die Verlängerung mit der Folge unwirksam, dass wegen der – gewollten – Fortsetzung über das zuvor vereinbarte Befristungsende hinaus nach § 15 Abs. 5 ein unbefristetes Arbeitsverhältnis besteht.

Die Verlängerung muss **vor dem Ablauf** des zu verlängernden Vertrages schriftlich vereinbart werden[1]. Die wesentlichen arbeitsvertraglichen Bedingungen sind im Falle einer Verlängerung **beizubehalten**[2]. Dies folgt aus dem Begriff der Verlängerung. Diese Einschränkung kann nicht dadurch umgangen werden, dass unmittelbar vor Ablauf der Befristung einvernehmlich der Vertragsinhalt geändert und sodann das zuvor geänderte befristete Arbeitsverhältnis verlängert wird, sofern die Verlängerung von dieser vorherigen Änderung abhängig ist. Unschädlich ist dagegen eine Vertragsveränderung allein zugunsten des ArbN[3], insb. wenn darauf ein vertraglicher oder gesetzlicher Anspruch besteht (so zB auf eine von der Dauer der Beschäftigungszeit abhängige Gehaltserhöhung oder auf Verringerung der Arbeitszeit).

93 **Verlängerungsklausel:**
„Das mit dem ArbN seit dem ... gem. § 14 Abs. 2 TzBfG bestehende befristete Arbeitsverhältnis wird unter Beibehaltung der übrigen Vertragsvereinbarungen nach § 14 Abs. 2 Satz 1 TzBfG über das zunächst vorgesehene Vertragsende am ... hinaus bis ... verlängert."

94 **Hinweis:** Ohne Kündigungsvorbehalt (siehe dazu § 15 Abs. 3) kann während der Befristung nicht gekündigt werden. Ist die Kündigung vorbehalten worden, so gelten für eine Kündigung während der Befristungsdauer die allgemeinen kündigungsrechtlichen Regelungen.

95 **c) Neueinstellung (Satz 2).** Im Gegensatz zu dem bis zum 31.12.2000 geltenden Beschäftigungsförderungsgesetz kann eine Befristung ohne Sachgrund gemäß dieser Bestimmung nur bei Neueinstellungen vereinbart werden[4]. **Ausgeschlossen** sind somit alle ArbN, die irgendwann einmal zu demselben ArbGeb in einem Arbeitsverhältnis standen. Vorausgehen dürfen nur Ausbildungsverhältnisse[5] einschließlich berufsbezogener Praktika, wenn eine etwaige Vergütung in keinem Verhältnis zur Arbeitsleistung steht, Eingliederungsverhältnisse nach §§ 229 ff. SGB III[6], wirksame Leiharbeitsverhältnisse, eine Beschäftigung im Rahmen eines freiwilligen sozialen Jahres und wegen Fehlens eines Arbeitsverhältnisses der Einsatz als Zivildienstleistender (so. § 15a ZDG). Eine sachgrundlose Befristung an eine Befristung mit sachlichem Grund bei demselben ArbGeb ist somit auch ausgeschlossen. Ebenso ist eine erneute sachgrundlose Befristung auch ohne engen sachlichen Zusammenhang unzulässig, wenn mit demselben ArbGeb zuvor ein unbefristetes Arbeitsverhältnis oder eine nach § 14 Abs. 2 Satz 1 bzw. Abs. 2a erleichterte Befristung bestand. Demzufolge ist bei einem bestehenden Arbeitsverhältnis eine sachgrundlose Befristung **einzelner Arbeitsbedingungen** nachträglich nicht möglich (siehe dazu auch vorstehend Rz. 87 ff.). Das Anschlussverbot gilt auch für Befristungen bis zu 6 Monaten[7].

96 Bei der Beurteilung, ob es sich um einen Arbeitsvertrag mit demselben ArbGeb handelt, kommt es auf den **ArbGeb im arbeitsvertraglichen Sinne** an[8]. Maßgeblich ist also nicht die tatsächliche Eingliederung in einen Betrieb, sondern die individualrechtliche Bindung. Es liegt jedoch ein rechtsmissbräuchlicher Umgehungstatbestand vor, wenn mehrere rechtlich und tatsächlich verbundene VertragsArbGeb, die in bewusstem und gewolltem Zusammenhang wirken, abwechselnd mit einem ArbN befristete Arbeitsverträge schließen, und der Wechsel ausschließlich deshalb erfolgt, um auf diese Weise über die zulässigen Befristungsmöglichkeiten hinaus sachgrundlose Befristungen aneinander reihen zu können, sich also an der konkreten Beschäftigung nichts ändert[9]. Geht ein Arbeitsverhältnis gem. § 613a BGB auf einen **neuen Betriebsinhaber** über und soll es nach seiner Beendigung durch den neuen ArbGeb nach Abs. 2 befristet fortgesetzt werden, so liegt kein ArbGebWechsel iS dieser Vorschrift vor, da durch den Betriebsinhaberwechsel das Arbeitsverhältnis des § 613a BGB bereits auf den neuen ArbGeb übergegangen war. Ein bei dem Betriebsveräußerer bereits beendetes Arbeitsverhältnis darf aber vorausgehen, da nur ein vorangegangenes Arbeitsverhältnis mit demselben ArbGeb eine Befristung nach Abs. 2 Satz 1 bzw. Abs. 2a ausschließt. § 613a BGB regelt die Folgen eines Arb-

---

1 BAG v. 26.7.2000 – 7 AZR 51/99, BB 2000, 2576; v. 25.10.2000 – 7 AZR 483/99, BB 2001, 526; v. 24.1.2001 – 7 AZR 567/99, FA 2001, 242. | 2 BAG v. 26.7.2000 – 7 AZR 51/99, BB 2000, 2576. | 3 Annuß/Thüsing/*Maschmann*, § 14 TzBfG Rz. 65. | 4 BAG v. 6.11.2003 – 2 AZR 690/02, DB 2003, Heft 46, XVIII – Presseinformation. | 5 Begründung zum Gesetzentwurf der Bundesregierung, BT-Drs. 14/4374, S. 20; LAG Niedersachsen v. 4.7.2003 – 16 Sa 103/03, LAGReport 2003, 292; aA *Däubler*, ZIP 2001, 217, 223; *Schlachter*, NZA 2003, 1180. | 6 BAG v. 17.5.2001 – 2 AZR 10/00, ArbRB 2001, 39: Der Eingliederungsvertrag ist kein Arbeitsverhältnis. | 7 BAG v. 6.11.2003 – 2 AZR 690/02, DB 2003, Heft 46, XVIII – Presseinformation. | 8 BAG v. 25.4.2001 – 7 AZR 376/00, ZIP 2001, 1511. | 9 LAG Nds. v. 29.1.2003 – 10 SHa 18/02, NZA-RR 2003, 624.

GebWechsels bei einem noch bestehenden Arbeitsverhältnis. Ist der ArbN früher bei einem durch Verschmelzung untergegangenen Unternehmen beschäftigt gewesen, so steht Abs. 2 oder 2a einer Einstellung durch einen übernehmenden oder neu gebildeten Rechtsträger nicht entgegen[1].

Ist die Befristung nach dieser Bestimmung **unzulässig**, gilt der Arbeitsvertrag gemäß § 16 als auf unbestimmte Zeit geschlossen. Kettenbefristungen (auch: „Befristungsketten"), insb. der Wechsel zwischen Befristungen ohne und mit sachlichem Grund, sollen dadurch erheblich erschwert werden. Zulässig bleiben aber Befristungen aus sachlichem Grund nach Abs. 1 oder spezialgesetzlichen Regelungen – zB §§ 57a ff. HRG – im Anschluss an eine sachgrundlose Befristung.

Mit einer **teleologischen Reduktion** meint *Löwisch*[2] nicht jedes Vorarbeitsverhältnis ausschließen zu müssen. Unter Hinweis auf die Verjährungsregelungen des BGB sei dann von keinem vorangehendem Arbeitsverhältnis iSd. § 14 Abs. 2 TzBfG auszugehen, wenn das frühere Arbeitsverhältnis länger als zwei Jahre zurückliegt. Die von *Löwisch* aufgezeigte Lösung ist jedoch für den insb. als anwaltlichen Berater tätigen Rechtsanwender wegen des Risikos des stattdessen unbefristet bestehenden Arbeitsverhältnisses wenig hilfreich. Sie widerspricht zudem dem Gesetzeswortlaut und der ausdrücklichen Gesetzesbegründung[3].

Hinweis und Vertragsklausel: Es empfiehlt sich, dieses Risiko dadurch zu vermeiden, dass im Personalfragebogen ausdrücklich nach einer Vorbeschäftigung in dem Unternehmen oder einem Betrieb des Unternehmens gefragt wird.

In den Arbeitsvertrag kann die Bestätigung aufgenommen werden:
„Der ArbN erklärt ausdrücklich, noch nie in einem Betrieb dieses Unternehmens oder einer Rechtsvorgängerin gearbeitet zu haben. Ist diese Erklärung falsch, so endet das Arbeitsverhältnis spätestens zwei Wochen nach Zugang der schriftlichen Feststellung der Unrichtigkeit dieser Erklärung."

Ist die Erklärung des ArbN falsch, so kann der Arbeitsvertrag wegen arglistiger Täuschung gemäß § 123 BGB angefochten werden. Fehlt es an der hierfür erforderlichen „Arglist", so stellt sich die Frage, ob auch der Gesichtspunkt des Wegfalls der Geschäftsgrundlage (§ 313 Abs. 2 BGB) zu einer sofortigen Beendigung des Arbeitsverhältnisses führt[4]. – Das vorstehende Beispiel enthält eine auflösende Bedingung, die als Rechtsbedingung nicht dem § 21 unterfällt[5].

Der Arbeitsplatz muss **nicht mit einem Arbeitslosen** besetzt werden. Auch muss für die Befristung ohne sachlichen Grund **kein neuer Arbeitsplatz** hierfür geschaffen werden.

d) Tarifvertragliche Abweichungen (Satz 3 und Satz 4). Gemäß Abs. 2 Satz 3 kann durch TV die **Anzahl der Verlängerungen** oder die **Höchstdauer der Befristung** ohne Sachgrund abweichend festgelegt werden. Dies kann nach § 22 Abs. 1 auch zuungunsten der ArbN geschehen. Entgegen dem Gesetzeswortlaut („oder") sind die TV in Abs. 2 Satz 3 eingeräumten Abweichungen nicht nur alternativ möglich. Die Gesetzesbegründung lässt vielmehr eine andere Anzahl von Verlängerungen „sowie" eine andere Höchstbefristungsdauer zu[6]. In TV sind danach beide Veränderungen zusammen oder nur eine von beiden möglich. Soweit Abs. 2 Satz 3 tarifliche Regelungen zulässt, ist auch eine Reduzierung auf null möglich, so dass eine Befristung ohne Sachgrund tarifvertraglich ausgeschlossen werden kann[7].

Auch auf der Grundlage bzw. im Geltungsbereich des **BAT** können befristete Arbeitsverhältnisse ohne Sachgrund gemäß § 14 Abs. 2 und Abs. 3 vereinbart werden (s. Protokollnotiz Nr. 6 zu Nr. 1 SR 2y). Im Arbeitsvertrag ist **ausdrücklich anzugeben**, dass es sich um ein Arbeitsverhältnis nach § 14 Abs. 2 oder Abs. 3 TzBfG handelt. Diese Angabe hat konstitutive Bedeutung[8]. Die Dauer des Arbeitsverhältnisses soll in der Regel zwölf Monate nicht unterschreiten, muss aber mindestens sechs Monate betragen.

Der tariflichen Regelung können sich nach Satz 4 im Geltungsbereich eines solchen TV nicht tarifgebundene ArbGeb und ArbN durch eine Vereinbarung anschließen. Mit dieser **Tariföffnungsklausel** sollen branchenspezifische Lösungen erleichtert werden.

2. Zeitlich begrenzte Befristung ohne Sachgrund bei Neugründungen (Abs. 2a). Aufgrund des Gesetzes zu Reformen am Arbeitsmarkt wird durch die Neueinfügung eines Abs. 2a für **neugegründete Unternehmen** ab 1.1.2004 die **Möglichkeit der sachgrundlosen Befristung** gem. Abs. 2 auf die Gesamtdauer von vier Jahren erstreckt. Ziel ist es nach der Entwurfsbegründung, Unternehmen in der schwierigen Aufbauphase den Abschluss befristeter Arbeitsverträge besonders zu erleichtern. Hinsichtlich des Begriffs des neu zu gründenden Unternehmens knüpft die Bestimmung an die Regelung in § 112a Abs. 2 BetrVG an. Als Zeitpunkt der Gründung gilt die Aufnahme einer nach § 138 AO mitteilungspflichtigen Erwerbstätigkeit. Maßgeblich ist die Aufnahme der Erwerbstätigkeit, nicht der Zeitpunkt der Mitteilung an das FA. Erfasst werden auch Neugründungen vor dem In-Kraft-Treten des Gesetzes.

---

1 *Bauer*, BB 2001, 2473. | 2 *Löwisch*, BB 2001, 254. | 3 BT-Drs. 14/4374, S. 19/20. | 4 So *Straub*, NZA 2001, 919. | 5 *Annuß/Thüsing/Maschmann*, § 14 TzBfG Rz. 79. | 6 BT-Drs. 14/4374, S. 20. | 7 *Däubler*, ZIP 2001, 217 (225); *Backhaus*, Sonderbeilage zu NZA Heft 24/2001, 8; aA *Pöttl*, NZA 2001, 582. | 8 LAG Düsseldorf v. 18.11.1999 – 11 Sa 1039/99, NZA-RR 2000, 291.

Ausgenommen von der Neugründung iS dieser Vorschrift sind Neugründungen im Zusammenhang mit Umstrukturierungen von Unternehmen. Um einer Missbrauchsmöglichkeit entgegenzuwirken, wird also eine maßgebliche gesellschaftsrechtliche Beteiligung an dem neuen Unternehmen den Begriff einer Neugründung in Frage stellen. Dies betrifft in erster Linie die Gesamtrechtsnachfolge nach dem UmwG. Dagegen wird eine Neugründung infolge eines sog. Management-buy-out als Existenzgründung gelten. Ein unternehmerischer Neuanfang iSd. Vorschrift kann auch in der Übernahme eines Betriebes gemäß § 613a BGB liegen[1], sofern es sich nicht um eine bloße Umgehungsmaßnahme handelt.

105 Die sachgrundlose Befristung für die Dauer von insgesamt vier Jahren besteht **innerhalb der ersten vier Jahre** nach Aufnahme der Erwerbstätigkeit. Demgemäß ist die sachgrundlose und mehrfache Befristung bis zur Dauer von insgesamt vier Jahren nicht nur im Zeitpunkt der Existenzgründung oder unmittelbar danach möglich, sondern bis zu dem Zeitpunkt, in welchem das Unternehmen vier Jahre alt wird, so dass sie bis in das achte Jahr des Unternehmensbestands hineinreichen kann.

Nach der Gesetzesbegründung kommt es für den **Beginn des Vier-Jahres-Befristungszeitraumes** nicht auf den Abschluss des Arbeitsvertrages, sondern auf den Zeitpunkt der vereinbarten Arbeitsaufnahme an. Dem steht allerdings der Wortlaut der Vorschrift entgegen, indem dort von der Befristung des Arbeitsvertrages selbst gesprochen wird.

106 Wie nach Abs. 2 können Zweckbefristungen oder Arbeitsverträge mit auflösender Bedingung iSd. § 21 nicht nach Abs. 2a abgeschlossen werden. Es werden durch Absatz 2a **nur kalendermäßig befristete Arbeitsverträge** erfasst.

107 Nicht die Gesamtbefristungsdauer von vier Jahren ausschöpfende befristete Arbeitsverträge können bis zur Gesamtdauer von vier Jahren **verlängert** werden. Die Anzahl der Verlängerungsmöglichkeiten ist jedoch anders als in Abs. 2 nicht begrenzt. Zur Verlängerung und den dabei zu beachtenden Voraussetzungen siehe Rz. 92.

108 Im Übrigen finden nach diesem neu eingefügten Abs. 2a die Sätze 2 bis 4 des Abs. 2 entsprechende Anwendung. Bei einem neu gegründeten Unternehmen kann einer Neueinstellung entgegenstehen, dass ein ArbN innerhalb der ersten vier Jahre nach Aufnahme der Erwerbstätigkeit sachgrundlos befristet eingestellt werden soll, der unmittelbar nach Aufnahme der Erwerbstätigkeit schon einmal in dem Unternehmen tätig war. Wegen des Problems der Neueinstellung siehe im Übrigen Rz. 95 ff.

Entsprechend Abs. 2 Satz 3 kann durch TV die **Anzahl der Verlängerungen** oder die **Höchstdauer der Befristung** anders festgelegt werden. Durch TV können daher entgegen der gesetzlichen Regelung die Anzahl der möglichen Verlängerungen begrenzt werden. Auch kann von der vierjährigen Höchstbefristungsdauer abgewichen werden. Siehe im Übrigen hierzu wie zur Anwendung der tariflichen Regelung durch nicht tarifgebundene ArbGeb und ArbN die Kommentierung zu Rz. 101 ff.

109 **Hinweis:** Will man nicht von der Möglichkeit Gebrauch machen, durch „Minibefristungen" und die uneingeschränkten Verlängerungsmöglichkeiten den Zeitrahmen von vier Jahren auszuschöpfen, sondern von vornherein eine längere Befristung vereinbaren, so ist eine **Kündigungsmöglichkeit** nach § 15 Abs. 3 zu bedenken. Ist die Kündigung vorbehalten worden, so gelten für eine Kündigung während der Befristungsdauer die allgemeinen kündigungsrechtlichen Regelungen, also auch der Beginn des Kündigungsschutzes nach der Wartefrist von sechs Monaten gemäß § 1 KSchG.

110 **3. Altersbefristung (Abs. 3).** Ohne Einschränkung ist nach dieser Vorschrift eine sachgrundlose Befristung von Arbeitsverhältnissen mit ArbN möglich, die im Zeitpunkt des Vertragsbeginns das **58. Lebensjahr** vollendet haben. Durch Art. 7 des Ersten Gesetzes für moderne Dienstleistungen am Arbeitsmarkt vom 23. 12. 2002[2] ist **bis zum 31. Dezember 2006** das Mindestalter auf das **52. Lebensjahr** festgesetzt. Da bei einer Zweckbefristung und einer auflösenden Bedingung der Beendigungstatbestand durch den Zweck oder die auflösende Bedingung selbst gekennzeichnet wird, scheidet schon begrifflich für derartige Arbeitsverhältnisse eine sachgrundlose Vereinbarung aus. In § 21 wird auch die sog. Altersbefristung gemäß § 14 Abs. 3 nicht zitiert.

Mit ArbN, die 58 bzw. 52 Jahre alt sind, können sachgrundlose Befristungen beliebig lang vereinbart und unbegrenzt verlängert werden. Nach Satz 2 darf dieser ArbN **nicht in engem sachlichen Zusammenhang zuvor in einem unbefristeten Arbeitsverhältnis** gestanden haben. Vorausgehen darf dieser „Altersbefristung" jedoch ein befristetes Arbeitsverhältnis, also auch eine Befristung ohne Sachgrund gemäß Abs. 2. Infolgedessen kann ein ArbN nach Vollendung des 56. bzw. bis zum 31. 12. 2006 nach Vollendung des 50. Lebensjahres auf Dauer ohne Sachgrund befristet eingesetzt werden (allerdings darf es sich bei der ersten sachgrundlosen Befristung – mit dem 56. bzw. 50. Lebensjahr – nur um eine Neueinstellung handeln, Abs. 2 Satz 2).

Ob diese „Altersbefristung" mit der Richtlinie 1999/70/EG vereinbar ist, erscheint fraglich[3]. Dies gilt insb. auch im Hinblick auf die Richtlinie 2000/78/EG, da ein derartiger Befristungsfreiraum nicht geeig-

---

[1] *Thüsing/Stelljes*, BB 2003, 1673; aA KDZ/*Däubler*, § 14 TzBfG Rz. 174e. |2 BGBl. I S. 4607. |3 *Däubler*, ZIP 2001, 217, 224.

Einer sog. **Altersbefristung** gem. Abs. 3 darf ein unbefristetes Arbeitsverhältnis nur vorausgehen, wenn **kein enger sachlicher Zusammenhang** besteht. Ein solcher enger sachlicher Zusammenhang ist nach Abs. 3 Satz 3 insb. anzunehmen, wenn zwischen den Arbeitsverträgen ein Zeitraum von weniger als sechs Monaten liegt. Dieser Zeitraum bemisst sich nach der tatsächlichen Unterbrechung. Er muss also zwischen der rechtlichen Beendigung des früheren und dem vereinbarten Beginn des neuen Arbeitsverhältnisses liegen. Ein enger sachlicher Zusammenhang kann aber auch nach einer Zeitspanne von mehr als 6 Monaten gegeben sein, wenn die Wiederaufnahme der Tätigkeit nach Ablauf von 6 Monaten schon bei Ablauf des ersten befristeten Vertrages beabsichtigt war und der ArbN im darauf folgenden Arbeitsverhältnis mit gleichen oä. Arbeiten betraut wird wie im ersten Arbeitsverhältnis[2]. 111

Hinweis: Sofern eine solche „Altersbefristung" als Beendigungsdatum den Bezug der Altersrente anführt, ist die Bestimmung des § 41 Satz 2 SGB VI zu beachten, wonach eine auf den Bezug der Altersrente bezogene Beendigungsklausel nur wirksam ist, wenn sie in den letzten drei Jahren vor diesem Zeitpunkt abgeschlossen oder von dem ArbN bestätigt worden ist. 112

V. Schriftform und Grund der Befristung (Abs. 4). 1. Schriftform (Abs. 4). Wegen des nach dieser Vorschrift bestehenden Schriftformerfordernisses ist eine eindeutige vorherige **schriftliche Regelung der Befristung** notwendig. Aus der Regelung muss hervorgehen, 113

- dass es sich um einen befristeten Arbeitsvertrag handelt,
- wann der Arbeitsvertrag endet – Dauer oder Zeitpunkt – (Zeitbefristung),
- bzw. für welchen Zweck die Befristung erfolgt (Zweckbefristung),
- bzw. durch welches zukünftige Ereignis der Vertrag beendet wird (auflösende Bedingung).

Die Schriftform gemäß § 126 Abs. 1 und Abs. 2 BGB kann nach § 126 Abs. 3 BGB durch die **elektronische Form** gemäß § 126a BGB ersetzt werden, da Abs. 4 anders als § 623 BGB, der früher hierfür galt, die elektronische Form nicht ausschließt. Allerdings spricht hiergegen das nach § 2 Abs. 1 Satz 2 Ziffer 3 NachwG für die Angabe der vorhersehbaren Dauer des Arbeitsverhältnisses einzuhaltende **Schriftformerfordernis** des § 126 BGB, so dass in der Praxis zur Vermeidung eines Risikos die Einhaltung der Form des § 126 BGB empfehlenswert ist.

Die Befristung selbst bedarf gem. Abs. 4 zu ihrer **Wirksamkeit** der Schriftform. Dieses Formerfordernis gilt deshalb für die kalendermäßig bestimmte Befristung und die Zweckbefristung sowie für atypische befristete Verträge, wie solche mit Höchstdauer und gleichzeitigem Recht zur ordentlichen Kündigung oder Zweckbefristungen verbunden mit einer Höchstdauer. Für auflösend bedingte Arbeitsverhältnisse gilt das Schriftformerfordernis ebenfalls (§ 21 iVm. § 14 Abs. 4). Schriftlich abgeschlossen werden müssen auch Vereinbarungen über die befristete Weiterbeschäftigung während des Kündigungsschutzprozesses unter der auflösenden Bedingung des Obsiegens des ArbGeb[3]. In Ermangelung einer Absprache gilt das Schriftformerfordernis nicht bei der Beschäftigung bis zum rechtskräftigen Abschluss des Bestandschutzverfahrens, wenn dies allein zur Abwendung der Zwangsvollstreckung dient[4]. 114

Die Schriftform ist auch für befristete Arbeitsverhältnisse einzuhalten, die auf **gesetzlichen Sonderregelungen** beruhen (§ 21 BErzGG, HRG, ÄArbVtrG). Etwas anderes gilt jedoch für Berufsausbildungsverhältnisse sowie für Volontäre und Praktikanten iSv. § 19 BBiG, da diese Verträge gem. § 14 BBiG bereits kraft Gesetzes bedingt und befristet sind. 115

Auch jede befristete **Verlängerung** eines befristeten Arbeitsvertrags bedarf der Schriftform. Dies gilt auch dann, wenn nur der Endtermin abgeändert wird und für eine Verlängerungsabrede, die ohne eine Nichtverlängerungsmitteilung eine befristete Fortsetzung beinhaltet. 116

Das Schriftformerfordernis des Abs. 4 gilt nicht für die Befristung einzelner **Arbeitsbedingungen**[5]. 117

Eine Befristung in einem **TV** (zB eine Altersgrenze) ist ohne einzelvertragliche Schriftform wirksam, wenn beide Vertragspartner tarifgebunden sind. Fraglich ist, ob eine bloße **Bezugnahme** auf einen die Befristung enthaltenden TV ausreicht, wenn nicht beide Vertragspartner tarifgebunden sind. Um der Warnfunktion des § 14 Abs. 4 gerecht zu werden, empfiehlt es sich, die tarifliche Befristungsregel als 118

---

1 Zu Reaktionsmöglichkeiten s. *Schmalenberg*, ArbRB 2003, 27. | 2 LAG Köln v. 9.11.1988 – 5 Sa 884/88, DB 1989, 533; LAG Hamm v. 15.12.1988 – 17 Sa 1472/88, DB 1989, 534; *Oetker*, DB 1989, 576. | 3 BAG v. 22.10.2003 – 7 AZR 113/03, DB 2003, Heft 45, XVII - Presseinformation; LAG Hamm v. 16.1.2003 – 16 Sa 1126/02, DB 2003, 1739 rkr.; zu den Folgen der Unterschriftsverweigerung durch den ArbN bzgl. § 615 BGB s. LAG Niedersachsen v. 30.9.2003 – 13 Sa 570/30, NZA-RR 2004, 194. | 4 LAG Hamm v. 31.10.2003 – 5 Sa 1396/03, nv. | 5 BAG v. 3.9.2003 – 7 AZR 106/03, DB 2004, 490; *Preis/Gotthardt*, DB 2001, 145 (150); *Däubler*, ZIP 2001, 217 (224).

Textpassage in den schriftlichen Arbeitsvertrag aufzunehmen[1]. Die Bezugnahme muss ohnehin schriftlich erfolgen.

119 Das Schriftformerfordernis gilt nur für die Befristung selbst, **nicht für den befristeten Arbeitsvertrag generell.** – Es bleibt aber die Nachweispflicht gem. § 2 NachwG zu beachten.

120 **2. Angabe des Grundes.** Sofern nicht eine sachgrundlose Befristung gemäß Abs. 2 oder 2a vereinbart wird, ist es für eine wirksame Befristung des Arbeitsverhältnisses erforderlich, dass der **Befristungsgrund** materieller Inhalt der Vereinbarung ist. Er muss aber grundsätzlich **nicht schriftlich** vereinbart werden[2]. Es besteht kein gesetzliches Zitiergebot. Das Vorliegen eines Sachgrundes ist keine formale, sondern eine materielle Wirksamkeitsvoraussetzung. Allerdings ist bei **Zweckbefristungen** und **auflösenden Bedingungen** der Sachgrund schriftlich anzugeben, da die vorgesehene Beendigung aus dem Sachgrund folgt, also durch den Zweck oder die auflösende Bedingung der Beendigungstatbestand erst gekennzeichnet wird (dies ergibt sich auch aus § 2 Nr. 3 NachwG). Dem ArbN muss der Zeitpunkt der Zweckerfüllung auch voraussehbar sein und in überschaubarer Zeit liegen[3]. Hier ist daher das vertragsbeendende Ereignis schriftlich zu vereinbaren[4]. – Zur zusätzlichen Mitteilungspflicht, um ein zweckbefristetes oder auflösend bedingtes Arbeitsverhältnis wirksam zu beenden, siehe § 15 Abs. 2 und die dortige Kommentierung.

Ein etwaiger **Erprobungszweck** ist anzuführen, wenn die verkürzte Kündigungsfrist gem. § 622 Abs. 3 BGB gelten soll. Er ist aber auch deshalb mitzuteilen, um diesen Zweck dem ArbN zu verdeutlichen[5].

Es kann im Interesse der **Beweissicherung** liegen, den Befristungsgrund schriftlich anzuführen. Dies ist insb. dann zweckmäßig, wenn die Befristung aus in der Person des ArbN liegenden Gründen, etwa auf Wunsch des ArbN (§ 14 Abs. 1 Nr. 6 TzBfG), erfolgt.

Außer bei Zweckbefristungen und bei auflösend bedingten Arbeitsverträgen (s. auch § 2 Abs. 1 Nr. 3 NachwG) setzt die rechtswirksame Befristung eines Arbeitsverhältnisses nicht voraus, dass der Befristungsgrund dem ArbN bei Vertragsabschluss **mitgeteilt** wird.

121 Vom Einzelfall abhängig ist, ob man sich **auf eine sachgrundlose Befristung gem. Abs. 2 oder 2a berufen** kann, wenn entgegen dem gesetzlichen Erfordernis ein Befristungsgrund im Arbeitsvertrag angegeben ist. Grundsätzlich steht es den Vertragsparteien frei, sich bei einer kalendermäßigen Befristung auf die Rechtsgrundlage zu stützen, die die Befristung rechtfertigt[6]. Wird der Befristungsgrund in der Vereinbarung genannt, so ist daher zu prüfen, ob die Angaben nur iS einer Tätigkeitsbeschreibung gemeint ist, oder ob andere Rechtsgrundlagen ausgeschlossen werden sollen. Da dazu im Allgemeinen kein Anlass besteht, ist im Zweifel das Erste anzunehmen[7]. Auch wenn im Arbeitsvertrag ein Sachgrund genannt ist, kann die Befristung daher als sachgrundlose Befristung gerechtfertigt sein, wenn die gesetzlichen Voraussetzungen für eine sachgrundlose Befristung bei Vertragsschluss vorlagen[8]. Anders verhält es sich, wenn nicht nur ein einfacher Hinweis auf den Sachgrund erfolgt, sondern im Arbeitsvertrag eine sachliche Begründung für die Befristung enthalten ist, die eine sachgrundlose Befristung als ausgeschlossen gelten lässt. In diesem Fall gilt eine sachgrundlose Befristung als abbedungen[9].

122 Teilweise sehen **TV** eine ausdrückliche schriftliche Angabe des Grundes vor. Beispielhaft seien hier die Sonderregelungen für Zeitangestellte, Angestellte für Aufgaben von begrenzter Dauer und für Aushilfsangestellte zum BAT (SR 2y BAT) genannt. Danach ist zwar nicht der konkrete sachliche Befristungsgrund im Arbeitsvertrag anzugeben, aber die Vereinbarung der einschlägigen tariflichen Befristungsform, also die Vereinbarung, ob der Angestellte als Zeitangestellter, als Angestellter für Aufgaben von begrenzter Dauer oder als Aushilfsangestellter eingestellt worden ist[10]. Liegen mehrere sachliche Gründe vor, so müssen alle benannt sein, wenn sie bei der gerichtlichen Befristungskontrolle Berücksichtigung finden sollen[11]. Missverständliche oder nach dem tariflichen Sprachgebrauch unzutreffende Bezeichnungen des Befristungsgrundes nach Nr. 2 Abs. 1 SR 2y BAT sind unschädlich, wenn sich ein übereinstimmender Wille der Vertragsparteien über den tatsächlichen Befristungsgrund feststellen lässt[12]. Stimmt jedoch der tatsächliche Sachgrund der Befristung nicht mit der vereinbarten Befristungsgrundform iSd. SR 2y BAT überein, ist die Befristung unwirksam[13] Bei sachgrundlosen Befristungen ist ausdrücklich anzugeben, dass es sich um ein Arbeitsverhältnis nach § 14 Abs. 2 bzw. 2a oder 3 handelt (Protokollnotiz Nr. 6a zu Nr. 1 SR 2y BAT).

---

1 *Preis/Gotthardt*, NZA 2000, 348 (358). |2 BAG v. 15.8.2001 – 7 AZR 263/00, DB 2002, 52. |3 BAG v. 26.3.1986 – 7 AZR 599/84, AP Nr. 103 zu § 620 BGB – Befristeter Arbeitsvertrag. |4 *Preis/Gotthardt*, NZA 2000, 348 (359). |5 BAG v. 31.8.1994 – 7 AZR 983/93, AP Nr. 163 zu § 620 BGB – Befristeter Arbeitsvertrag. |6 BAG v. 24.4.1996 – 7 AZR 719/95, NZA 1997, 196. |7 BAG v. 26.6.2002 – 7 AZR 92/01, ArbRB 2002, 359; v. 4.12.2002 – 7 AZR 545/01, NZA 2003, 916; *Hromadka*, BB 2001, 674. |8 BAG v. 4.12.2002 – 7 AZR 245/01, DB 2003, 1174; v. 4.12.2002 – 7-AZR 545/01, NZA 2003, 916. |9 BAG v. 5.6.2002 – 7 AZR 241/01, AP Nr. 13 zu § 1 BeschFG 1996. |10 BAG v. 20.2.1991 – 7 AZR 81/90, AP Nr. 137 zu § 620 BGB – Befristeter Arbeitsvertrag; s. auch BAG v. 28.3.2001 – 7 AZR 701/99, NZA 2002, 667; v. 17.4.2002 – 7 AZR 665/00, AP Nr. 21 zu § 2 BAT SR 2y. |11 BAG v. 20.2.1991 – 7 AZR 81/90, AP Nr. 137 zu § 620 BGB – Befristeter Arbeitsvertrag; v. 17.4.2002 – 7 AZR 283/01, NZA 2002, 1111 – Orientierungssätze. |12 BAG v. 25.11.1992 – 7 AZR 191/92, AP Nr. 150 zu § 620 BGB – Befristeter Arbeitsvertrag. |13 BAG v. 31.7.2002 – 7 AZR 72/01, ArbRB 2003, 42.

3. Fehlende Schriftform. Die Nichteinhaltung der Schriftform hat die **Unwirksamkeit der Befristung**, 123
nicht aber gemäß §§ 125, 139 BGB des Arbeitsverhältnisses insgesamt zur Folge. Gemäß § 16 besteht
zwischen den Arbeitsvertragsparteien ein unbefristetes Arbeitsverhältnis. Zu den Rechtsfolgen wird
auf § 16 und die dortige Kommentierung verwiesen.

Die schriftliche Fixierung erst **nach mündlicher Vereinbarung** eines befristeten Arbeitsvertrages 124
und Arbeitsaufnahme führt nicht rückwirkend zu einer wirksamen Befristung, so dass ein unbefristetes Arbeitsverhältnis vorliegt. Die Möglichkeit der Befristung ohne Sachgrund ist damit gemäß
Abs. 2 Satz 2 bzw. Abs. 2a erschöpft (da die Bestätigung eines nichtigen Vertrages gemäß § 141 Abs. 2
BGB keine rückwirkende Kraft hat und nur die Leistungsverpflichtung zur Folge hat, kann es allenfalls treuwidrig sein, sich in diesem Fall auf die vorangegangene Beschäftigung zu berufen). Nach der
schriftlichen Fixierung der Befristung scheidet die erleichterte Kündigungsmöglichkeit des § 16
Satz 2 aus.

VI. Mitbest. In Unternehmen mit idR mehr als 20 wahlberechtigten ArbN besteht auch vor der befristeten Einstellung eines ArbN das MitbestR des BR nach § 99 Abs. 1 BetrVG. Der BR hat erneut ein 125
MitbestR, wenn das befristete Arbeitsverhältnisse über das ursprüngliche Befristungsende hinaus verlängert wird.

Im Rahmen der gem. § 99 Abs. 1 BetrVG erforderlichen Unterrichtung ist dem BR im Falle einer beabsichtigten Befristung mitzuteilen, dass die beabsichtigte Einstellung befristet erfolgen soll. Um von
vornherein zum Schutz eines befristet Beschäftigten die Rechte nach § 99 Abs. 2 Nr. 3 BetrVG geltend
machen zu können, ist dabei auch die Dauer der Befristung anzugeben.

Der BR kann seine Zustimmung bei Vorliegen eines der in § 99 Abs. 2 BetrVG genannten Gründe verweigern. Dabei kann er sich nur darauf stützen, dass die geplante Einstellung ganz unterbleiben
muss[1]. Der BR kann seine Ablehnung also nicht damit begründen, dass die **Befristung unwirksam sei**[2],
zB wegen Fehlen eines sachlichen Grundes. Das MitbestR gem. § 99 BetrVG gibt dem BR bei Einstellungen kein Instrument einer umfassenden Vertragsinhaltskontrolle[3]. Nichts anderes gilt selbst dann,
wenn die tarifliche Regelung befristete Arbeitsverträge nur bei Vorliegen eines sachlichen oder in der
Person des ArbN liegenden Grundes zulässt. In der Regel handelt es sich dabei nicht um eine Norm,
deren Verletzung ein Zustimmungsverweigerungsrecht nach § 99 Abs. 2 Nr. 1 BetrVG begründen
kann[4].

Eine gleichwohl gem. § 99 Abs. 3 BetrVG erfolgte Ablehnung des BR kann jedoch nicht ohne weiteres
als unbeachtlich übergangen werden. Sofern die Verweigerung der Zustimmung sich nicht von vornherein als offensichtlich unsinnig und daher als rechtsmissbräuchlich darstellt, kann der ArbGeb also
auch dann zur Einleitung des Zustimmungsersetzungsverfahrens nach § 99 Abs. 4 BetrVG gezwungen
sein, wenn der BR seine Zustimmungsverweigerung meint, auf das Fehlen eines sachlichen Grundes
oder die Nichtzulässigkeit einer Befristung gem. § 14 Abs. 2 oder 2a stützen zu können.

Ein **besonderes MitbestR** sehen verschiedene Landesgesetze zum Personalvertretungsrecht hinsichtlich der „Befristung von Arbeitsverhältnissen" vor (so zB § 72 Abs. 1 Nr. 1 LPVG Nordrhein-West- 126
falen und § 63 Abs. 1 Nr. 4 LPVG Bdb.). Das MitbestR erstreckt sich in diesen Fällen auf die inhaltliche
Ausgestaltung der Arbeitsverhältnisse. Dem Personalrat sind deshalb vor dem Abschluss der Befristungsvereinbarung auch der jeweilige Befristungsgrund[5] und die beabsichtigte Befristungsdauer mitzuteilen. Seine Zustimmung muss vor Abschluss der Befristungsvereinbarung vorliegen[6]. Eine Verletzung dieses MitbestR führt zur Unwirksamkeit der Befristungsabrede, ohne dass das Vertragsverhältnis im Übrigen berührt wird[7]. Es besteht daher als unbefristetes Arbeitsverhältnis fort[8]. Die Befristung
des Arbeitsverhältnisses ist wegen Verletzung des MitbestR auch unwirksam, wenn der Personalrat
seine Zustimmung (hier nach § 72 Abs. 1 Satz 1 Nr. 1 LPVG NW) für ein 1 Jahr dauerndes Arbeitsverhältnis erteilt hat, jedoch danach die Vertragsparteien einen Zeitvertrag mit kürzerer Vertragsdauer
schließen[9]. Es besteht dann ein Arbeitsverhältnis auf Dauer und nicht nur für den zunächst geplanten
Zeitraum. Unerheblich ist dagegen, wenn ein falsches Eintrittsdatum genannt wurde[10]. Diese Grundsätze sind aber auf die betriebsverfassungsrechtliche Regelung nicht übertragbar, da sich die Mitbest.
nach § 99 Abs. 1 BetrVG nur auf die Einstellung selbst erstreckt.

---

1 BAG v. 28.6.1994 – 1 ABR 59/93, NZA 1995, 387. | 2 BAG v. 16.7.1985 – 1 ABR 35/83, NZA 1986, 163. | 3 BAG
v. 28.6.1994 – 1 ABR 59/93, NZA 1995, 387. | 4 BAG v. 28.6.1994 – 1 ABR 59/93, NZA 1995, 387. | 5 S. hierzu
BAG v. 27.9.2000 – 7 AZR 412/99, BB 2001, 412. | 6 LAG Köln v. 1.8.2000 – 13 (10) Sa 637/00, FA 2001, 217.
| 7 BAG v. 20.2.2002 – 7 AZR 707/00, NZA 2002, 811. | 8 Das gilt auch bei einer Verlängerung eines befristeten
Arbeitsverhältnisses ohne Zustimmung des Personalrats: LAG Rh.-Pf. v. 28.2.2001 – 9 Sa 1451/00, NZA-RR 2002,
166. | 9 BAG v. 8.7.1998 – 7 AZR 308/97, DB 1998, 2121. | 10 LAG Düsseldorf v. 1.2.2002 – 10 Sa 1628/01,
NZA-RR 2003, 111.

15 *Ende des befristeten Arbeitsvertrages*
(1) Ein kalendermäßig befristeter Arbeitsvertrag endet mit Ablauf der vereinbarten Zeit.

(2) Ein zweckbefristeter Arbeitsvertrag endet mit Erreichen des Zwecks, frühestens jedoch zwei Wochen nach Zugang der schriftlichen Unterrichtung des Arbeitnehmers durch den Arbeitgeber über den Zeitpunkt der Zweckerreichung.

(3) Ein befristetes Arbeitsverhältnis unterliegt nur dann der ordentlichen Kündigung, wenn dies einzelvertraglich oder im anwendbaren Tarifvertrag vereinbart ist.

(4) Ist das Arbeitsverhältnis für die Lebenszeit einer Person oder für längere Zeit als fünf Jahre eingegangen, so kann es von dem Arbeitnehmer nach Ablauf von fünf Jahren gekündigt werden. Die Kündigungsfrist beträgt sechs Monate.

(5) Wird das Arbeitsverhältnis nach Ablauf der Zeit, für die es eingegangen ist, oder nach Zweckerreichung mit Wissen des Arbeitgebers fortgesetzt, so gilt es als auf unbestimmte Zeit verlängert, wenn der Arbeitgeber nicht unverzüglich widerspricht oder dem Arbeitnehmer die Zweckerreichung nicht unverzüglich mitteilt.

Lit.: *Hromadka*, Befristete und bedingte Arbeitsverhältnisse neu geregelt, BB 2001, 621 und 674; *Sowka*, Es lebe die Zweckbefristung – trotz des Teilzeit- und Befristungsgesetzes!, DB 2002, 1158.

1 I. Inhalt und Zweck. Die Vorschrift regelt die **Beendigung** von wirksam befristeten Verträgen. Bei kalendermäßig befristeten Arbeitsverträgen ist dies der Ablauf der vereinbarten Zeit, bei Zweckbefristungen und auflösend bedingten Verträgen die Zweckerreichung bzw. der Eintritt der Bedingung. Jedoch erfolgt die Beendigung erst nach Zugang einer schriftlichen Unterrichtung über den Zeitpunkt der Zweckerreichung bzw. des Eintritts der Bedingung. Mit den in den Absätzen 1–3 geregelten Beendigungstatbeständen eines wirksam befristeten Arbeitsverhältnisses werden die allgemein anerkannten Regeln über die Beendigung befristeter Arbeitsverträge gesetzlich normiert. Entsprechend der bisherigen gesetzlichen Regelung wird vorausgesetzt, dass befristete Arbeitsverhältnisse nicht ordentlich kündbar sind, so dass Abs. 3 der Bestimmung festlegt, unter welchen Voraussetzungen das befristete Arbeitsverhältnis ordentlich gekündigt werden kann. Die Absätze 4 und 5 treten für Arbeitsverhältnisse an die Stelle der allgemeinen Regeln der §§ 624 und 625 BGB.

Gemäß § 37b SGB III ist ein ArbN verpflichtet, sich unverzüglich bei der AA **arbeitssuchend zu melden**, wenn er von der Beendigung seines Beschäftigungsverhältnisses erfährt. Andernfalls drohen Kürzungen bei einem eventuellen späteren Arbeitslosengeldbezug. Der ArbGeb wird durch § 2 Abs. 2 Satz 2 Nr. 3 SGB III verpflichtet, „frühzeitig vor Beendigung des Arbeitsverhältnisses" den ArbN über die Pflicht zu Eigenbemühungen für einen neuen Arbeitsplatz sowie zur unverzüglichen Meldung bei der AA **zu informieren**. Hierfür sind folgende Formulierungen geeignet:

Hinweis im Vertrag bei zeitlich befristetem Arbeitsverhältnis: Zur Aufrechterhaltung ungekürzter Ansprüche auf Arbeitslosengeld ist der ArbN verpflichtet, sich 3 Monate vor Ablauf des Vertragsverhältnisses persönlich bei der Agentur für Arbeit arbeitssuchend zu melden. Sofern dieses Arbeitsverhältnis für eine kürzere Dauer als 3 Monate befristet ist, besteht diese Verpflichtung unverzüglich. Weiterhin wird auf die Pflicht zur eigenen aktiven Beschäftigungssuche hingewiesen.

Hinweis in schriftlicher Mitteilung über die Zweckerreichung bzw. den Eintritt der auflösenden Bedingung: Zur Aufrechterhaltung ungekürzter Ansprüche auf Arbeitslosengeld sind Sie verpflichtet, sich unverzüglich nach Erhalt dieses Schreibens persönlich bei der Agentur für Arbeit arbeitssuchend zu melden. Weiterhin wird auf die Pflicht zur eigenen aktiven Beschäftigungssuche hingewiesen.

2 II. Ende bei kalendermäßiger Befristung (Abs. 1). Nach dieser Vorschrift endet ein wirksam kalendermäßig befristeter Arbeitsvertrag mit **Ablauf der vereinbarten Zeit**, ohne dass es einer Kündigung bedarf.

3 Dies gilt auch für ArbN, die einem **besonderen Kündigungsschutz** unterliegen (zB dem MuSchG oder der Regelung des § 85 SGB IX). Das Beendigungsdatum kann sich entweder aus dem vereinbarten Enddatum ergeben oder aus der im Vertrag vereinbarten Dauer.

4 III. Ende bei Zweckbefristung (Abs. 2). 1. Zweckerreichung bzw. Eintritt der Bedingung. Ein wirksam zweckbefristeter Arbeitsvertrag (§ 3 Abs. 1 Satz 2) endet mit dem **Erreichen des vereinbarten Zwecks**. Ist eine auflösende Bedingung vereinbart worden, so endet das befristete Arbeitsverhältnis dementsprechend mit **Eintritt der Bedingung** (§ 21 iVm. § 15 Abs. 2). Frühestens enden jedoch sowohl der zweckbefristete wie auch der bedingte Arbeitsvertrag zwei Wochen nach Zugang der schriftlichen Unterrichtung über den Zeitpunkt der Zweckerreichung bzw. des Bedingungseintritts. Wird der vereinbarte Zweck nicht erreicht oder fällt er fort oder tritt die Bedingung nicht ein, so ist durch Auslegung der Zweck- bzw. Bedingungsabrede festzustellen, ob das Arbeitsverhältnis gleichwohl beendet wird[1].

---

1 Annuß/Thüsing/*Maschmann*, § 15 TzBfG Rz. 2.

2. Ankündigung und Auslauffrist. Da der ArbN den genauen Zeitpunkt der Zweckerreichung und damit das Ende des befristeten Arbeitsverhältnisses im Allgemeinen nicht kennt, ist der ArbGeb verpflichtet, dem ArbN den Zeitpunkt der Zweckerreichung mindestens **zwei Wochen vorher schriftlich mitzuteilen**. Dasselbe gilt hinsichtlich des Zeitpunktes des Bedingungseintritts. Die Unterrichtung ist keine Willens-, sondern eine Wissenserklärung. Gleichwohl muss sie durch den ArbGeb erfolgen. Eine Mitteilung durch einen nicht bevollmächtigten Dritten reicht nicht. Die zweiwöchige Mindestankündigungsfrist soll dem ArbN Zeit geben, sich auf das bevorstehende Ende des Arbeitsverhältnisses einzustellen. In den Fällen, in denen die Zweckbefristung oder die auflösende Bedingung aber auf Gründen in der Person des ArbN beruht, fehlt dem ArbGeb naturgemäß die erforderliche Information, um einer Ankündigung entsprechen zu können. In derartigen Fällen ist eine zusätzliche Information durch den ArbGeb überflüssig, so dass man aufgrund teleologischer Reduktion in diesen Fällen von einer Beendigung des Arbeitsvertrages mit der Zweckerreichung bzw. mit Eintritt der auflösenden Bedingung selbst auszugehen hat[1].

Wegen der rechtlichen Auswirkungen der Mitteilung des ArbGeb an den ArbN ist die **gesetzliche Schriftform** des § 623 BGB iVm. § 126 BGB einzuhalten, so dass die elektronische Form nicht ausreicht[2], obwohl die Bestimmung keine anders lautende Regelung iSv. § 126 Abs. 3 BGB enthält. In der Unterrichtung ist der **Zeitpunkt** der Zweckerreichung bzw. des Bedingungseintritts genau mitzuteilen. Diese Angabe muss richtig sein. Erfolgt keine Unterrichtung, wird die Form nicht eingehalten oder ist die Mitteilung hinsichtlich des Zeitpunktes der Zweckerreichung bzw. des Bedingungseintritts unzutreffend, so wird die 2-Wochen-Frist nicht in Lauf gesetzt, auch wenn der Zweck objektiv erreicht oder die Bedingung eingetreten ist[3] (zu den Folgen bei tatsächlicher Fortsetzung des Arbeitsverhältnisse siehe Abs. 5). Bei mangelhafter oder fehlender Unterrichtung kann sich aber der ArbN auf das objektive Erreichen des Befristungszwecks berufen und mit diesem Zeitpunkt seine Arbeit einstellen[4].

Das Arbeitsverhältnis endet frühestens **zwei Wochen nach Zugang** der schriftlichen Unterrichtung. Die Dauer der Auslauffrist entspricht der gesetzlichen Kündigungsfrist nach § 622 Abs. 3 BGB. Für die Berechnung dieser Frist gelten die §§ 187, 188 Abs. 2 BGB.

Das Arbeitsverhältnis kann nicht vor dem objektiven Erreichen des Vertragszwecks bzw. vor dem Eintritt der auflösenden Bedingung enden. Erfolgt die Unterrichtung **nicht rechtzeitig**, also zwei Wochen vor der Zweckerreichung oder Eintritt der Bedingung, so endet das Arbeitsverhältnis nicht vor Ablauf der 2-wöchigen Auslauffrist. Zwischen dem Zeitpunkt der Zweckerreichung bzw. des Bedingungseintritts besteht das Arbeitsverhältnis mit allen Rechten und Pflichten fort. Nimmt der ArbGeb die Arbeitsleistung nicht an, kommt er in Annahmeverzug. Diese Rechtsfolge tritt auch ein, wenn wegen der Zweckerreichung oder des Bedingungseintritts die geschuldete Arbeitsleistung nicht mehr erbracht werden kann. Dies gilt jedoch nicht, wenn die Zweckbefristung oder die auflösende Bedingung auf Gründen in der Person des ArbN beruht, und dem ArbGeb im Gegensatz zu dem ArbN die Zweckerreichung oder der Bedingungseintritt nicht bekannt ist (s. vorstehend Rz. 5 aE). – Zum Beginn der Klagefrist siehe § 17 Satz 3 und die Kommentierung dort zu Rz. 13.

Die Auslauffrist kann durch TV oder einzelvertraglich **verlängert**, jedoch **nicht verkürzt** werden (§ 22 Abs. 1).

3. Verhältnis zwischen Abs. 2 und Abs. 5. Sofern das Arbeitsverhältnis mit Wissen des ArbGeb tatsächlich fortgesetzt wird, **verlängert** es sich im direkten Anschluss an die Zweckerreichung bzw. den Bedingungseintritt nach Abs. 5 **auf unbestimmte Zeit**, wenn es nicht zu der erforderlichen – in diesem Fall aber auch unverzüglichen – schriftlichen Unterrichtung kommt, oder der ArbGeb nicht unverzüglich der Fortsetzung des Arbeitsverhältnisses widerspricht. Mit dieser gesetzlich vorgesehenen „stillschweigenden" Verlängerung wird sichergestellt, dass der ArbGeb trotz objektiver Zweckerreichung bzw. Bedingungseintritt das Ende des befristeten Arbeitsverhältnisses nicht beliebig hinausschieben kann[5].

4. Darlegungs- und Beweislast. Bei der Zweckerreichung bzw. dem Bedingungseintritt handelt es sich um eine **rechtsvernichtende Einwendung**, so dass dem ArbGeb insoweit die Darlegungs- und Beweislast obliegt. Die Darlegungs- und Beweislast erstreckt sich nicht nur auf die fiktive Zweckerreichung bzw. den Bedingungseintritt, sondern betrifft auch die wirksame schriftliche Unterrichtung über die Zweckerreichung bzw. den Bedingungseintritt und den Zeitpunkt des Zugangs dieser Information beim *ArbN*[6].

---

1 *Hromadka*, BB 2001, 674 (676). | 2 Annuß/Thüsing/*Maschmann*, § 15 TzBfG Rz. 4; aA ErfK/*Müller-Glöge*, § 15 TzBfG Rz. 2. | 3 KR/*Lipke/Bader*, Anhang II zu § 620 BGB, § 15 TzBfG Rz. 14; Annuß/Thüsing/*Maschmann*, § 15 TzBfG Rz. 6; aA ErfK/*Müller-Glöge* § 15 TzBfG Rz. 3: Liegt der richtige Zeitpunkt vor dem angegebenen Datum, gilt das mitgeteilte Datum, im umgekehrten Fall der Zeitpunkt der Zweckerreichung. | 4 Annuß/Thüsing/*Maschmann*, § 15 TzBfG Rz. 5; aA ErfK/*Müller-Glöge*, § 15 TzBfG Rz. 7: Der Arbeitnehmer kann nur außerordentlich kündigen, wenn er nicht mehr vertragsgerecht beschäftigt werden kann und wird. | 5 BT-Drs. 14/4374, S. 21. | 6 MünchArbR/*Wank*, Erg.-Bd. § 116 Rz. 263.

12 **IV. Kündigungsmöglichkeit (Abs. 3).** Grundsätzlich endet ein befristeter oder auflösendbedingter Arbeitsvertrag erst mit dem Ende der Befristungsdauer, dem vereinbarten Zeitpunkt, der Zweckerreichung oder des Eintritts der Bedingung. Eine **ordentliche Kündigung** während des Laufes der Befristung ist daher nach dieser Vorschrift nur möglich, wenn dies einzelvertraglich oder durch TV ausdrücklich vereinbart ist. Die einzelvertragliche Inbezugnahme auf einen TV, der eine derartige Kündigungsmöglichkeit einräumt, reicht aus[1]. Die in der Rspr. anerkannte Möglichkeit einer außerordentlichen Kündigung bei tariflichem Ausschluss der ordentlichen Kündigung ist grundsätzlich nicht auf eine für einen überschaubaren Zeitraum (zB ein Jahr) erfolgte Befristung übertragbar[2]. Es ist deshalb besonders zu vereinbaren, dass das Arbeitsverhältnis nur bis zu einem bestimmten Zeitpunkt andauern soll, dass aber eine vorzeitige ordentliche Kündigung möglich ist (sog. Höchstbefristung). Die Kündigungsmöglichkeit während der Befristung kann auch auf einer formlosen, auch konkludenten Vereinbarung beruhen[3].

13 **Vertragsbeispiel:**
„Das Arbeitsverhältnis wird befristet bis zum ..., weil ...
Das Arbeitsverhältnis endet am ..., ohne dass es einer Kündigung bedarf.
Die ersten drei Monate gelten als Probezeit. Während der Dauer des Arbeitsverhältnisses kann beiderseits mit einer Frist von .../nach Maßgabe der gesetzlichen Kündigungsfristen gekündigt werden."

Für eine Kündigung aufgrund einer derartig vereinbarten Kündigungsmöglichkeit sind **sämtliche für Kündigungen geltenden Bestimmungen** zu beachten.

14 Auch ohne Kündigungsvorbehalt bleiben das Recht zur **außerordentlichen Kündigung** gem. § 626 BGB und das Kündigungsrecht des Insolvenzverwalters nach § 113 InsO unberührt.

15 **V. Kündigungsmöglichkeit bei Verträgen über mehr als fünf Jahre (Abs. 4).** Speziell für befristete Arbeitsverhältnisse übernimmt diese Vorschrift inhaltlich unverändert die Regelung des § 624 BGB. Danach besteht für den **ArbN** die Möglichkeit, einen Arbeitsvertrag, der für die **Lebenszeit** des ArbGeb, des ArbN oder einer dritten Person oder für **längere Zeit als fünf Jahre** eingegangen wurde, nach dem Ablauf von fünf Jahren mit einer Frist von sechs Monaten (zu jedem Termin) zu kündigen. Die zweite Alternative gilt für zweckbefristete oder auflösend bedingte Arbeitsverträge, wenn die Zweckerreichung oder die Bedingung erst nach mehr als fünf Jahren eintritt. Die 5-Jahres-Frist beginnt mit dem tatsächlichen Vollzug des Arbeitsvertrages. Die besondere Kündigungsfrist dieser Bestimmung verdrängt die Frist nach § 622 BGB[4]. Sie kann gem. § 22 nicht zu Ungunsten des ArbN abbedungen werden.

Im Übrigen wird ergänzend auf die Kommentierung zu **§ 624 BGB** Bezug genommen.

16 **VI. Stillschweigende Verlängerung (Abs. 5).** Diese Vorschrift stellt eine **Spezialregelung** für befristete und gem. § 21 auflösend bedingte Arbeitsverträge gegenüber der allgemeinen Regelung des § 625 BGB dar. Die Bestimmung betrifft Zeitbefristungen, Zweckbefristungen sowie auflösend bedingte Arbeitsverträge, jedoch nicht die Fortgeltung befristeter einzelner Vertragsbedingungen[5]. Wird das Arbeitsverhältnis nach einer Kündigung, Anfechtung oder Aufhebungsvertrag über den Endzeitpunkt hinaus fortgesetzt, gilt diese Bestimmung nicht, sondern weiterhin § 625 BGB[6].

17 Die Rechtsfolge des auf unbestimmte Zeit verlängerten Arbeitsverhältnisses knüpft an die willentliche **Weiterarbeit** unmittelbar nach Auslaufen eines kalendermäßig befristeten Arbeitsvertrages, Zweckerreichung oder Eintritt der auflösenden Bedingung an. Ein nach Ablauf der Befristung genommener Urlaub führt nicht zur Verlängerung[7]. Der ArbN muss von dem Ablauf der Vertragszeit Kenntnis haben.

18 Wird das Arbeitsverhältnis nach dem Befristungsende bzw. der Zweckerreichung (oder nach Eintritt der auflösenden Bedingung, § 21) mit Wissen des ArbGeb fortgesetzt, so gilt es dann als auf unbestimmte Zeit verlängert, wenn der ArbGeb nicht unverzüglich **widerspricht** oder dem ArbN die Zweckerreichung bzw. den Eintritt der auflösenden Bedingung nicht unverzüglich **mitteilt** und damit die 2-Wochen-Frist des Abs. 2 in Gang setzt. Unter Fortsetzung des Arbeitsverhältnisses iSv. Abs. 5 ist die tatsächliche Erbringung der vertraglich geschuldeten Arbeitsleistung nach Ablauf der vereinbarten Frist, der Zweckerreichung oder dem Bedingungseintritt zu verstehen, nicht das Fortbestehen des Arbeitsverhältnisses infolge fehlender oder mangelhafter Unterrichtung gemäß Abs. 2. Die Bestimmung setzt ein **Wissen** des ArbGeb hinsichtlich der Fortsetzung der Tätigkeit voraus, nicht aber hinsichtlich der Vertragsbeendigung infolge Zeitablauf, der Zweckerreichung oder des Eintritts der auflösenden Bedingung[8].

---

[1] *Annuß/Thüsing/Maschmann*, § 15 TzBfG Rz. 10. | [2] BAG v. 7.3.2002 – 2 AZR 173/01, NZA 2002, 963. | [3] *Hromadka*, BB 2001, 674 (676). | [4] BT-Drs. 14/4374, S. 20. | [5] BAG v. 3.9.2003 – 7 AZR 106/03, DB 2004, 490. | [6] MünchArbR/*Wank*, Erg.-Bd. § 116 Rz. 269. | [7] BAG v. 24.10.2001 – 7 AZR 620/00, nv. | [8] LAG Düsseldorf v. 26.9.2002 – 5 Sa 748/02, DB 2003, 668.

Mit dieser Regelung für den Fall der Zweckerreichung oder des Eintritts der auflösenden Bedingung zusätzlich zu der in Abs. 2 aufgestellten Notwendigkeit der **unverzüglichen Unterrichtung** des ArbN soll sichergestellt werden, dass der ArbGeb trotz objektiver Zweckerreichung oder Eintritts der auflösenden Bedingung das Ende des befristeten Arbeitsverhältnisses nicht beliebig hinausschieben kann. Da Abs. 5 im Gegensatz zu Abs. 2 keine schriftliche Unterrichtung, sondern nur eine Mitteilung erfordert, reicht ein bloßer mündlicher Hinweis des ArbGeb aus[1]. Aus Beweisgründen und zur Ermittlung des Ablaufs der 2-Wochen-Frist des Abs. 2 sowie wegen der Feststellung des Beginns der Klagefrist gemäß § 17 Satz 3 **empfiehlt** es sich für die Praxis, auch die Mitteilung gemäß. Abs. 5 dem ArbN schriftlich zukommen zu lassen.

19

Eine unbefristete Verlängerung des Arbeitsverhältnisse tritt gemäß Abs. 5 aber nur dann ein, wenn der ArbGeb selbst oder ein zur Einstellung[2] oder Entlassung **befugter Mitarbeiter** des ArbGeb von der Beendigung des Arbeitsverhältnisses durch Ablauf der Vertragszeit und der Weiterarbeit des ArbN **Kenntnis** hat.

20

Die Mitteilung und der Widerspruch müssen unverzüglich, also ohne schuldhaftes Zögern (§ 121 BGB) erfolgen. Der Widerspruch ist eine einseitige empfangsbedürftige Willenserklärung, für die die allgemeinen Vorschriften über Abgabe, Zugang, Vertretung usw. gelten[3].

21

Wird bereits während des Laufes des Arbeitsverhältnisses ein Prozess über die angeblich rechtswidrige Befristung geführt und das Arbeitsverhältnis über das Fristende bzw. die Zweckerreichung oder Eintritt der auflösenden Bedingung hinaus fortgesetzt, so ist in dem vom ArbGeb im Entfristungsprozess gestellten **Klagabweisungsantrag** der Widerspruch gegen die Fortsetzung eines Arbeitsverhältnisses iSd. Abs. 5 zu sehen[4].

22

Gemäß § 22 Abs. 1 kann die sich aus Abs. 5 ergebende Rechtsfolge eines Arbeitsverhältnisses von unbestimmter Dauer bei befristeten Arbeitsverträgen **nicht wirksam vertraglich ausgeschlossen** werden. Die wirksame Vereinbarung einer aus einer Kombination einer Zweck- mit einer Zeitbefristung bestehenden „Doppelbefristung" ist daher fraglich[5].

23

Im Übrigen wird ergänzend Bezug genommen auf die Kommentierung zu § 625 BGB.

VII. Nichtverlängerungsmitteilung. Von den Mitteilungen der Absätze 2 und 5 zu unterscheiden sind Nichtverlängerungsmitteilungen im **Bühnenbereich**. Aufgrund einer tariflichen Regelung tritt dort eine automatische Verlängerung des Arbeitsverhältnisses um eine Spielzeit ein, wenn nicht bis zu einem bestimmten Zeitpunkt eine Nichtverlängerungsmitteilung erfolgt. Dabei sind bestimmte Fristen einzuhalten. Außerdem hängt die Wirksamkeit der Nichtverlängerungsmitteilung von der Anhörung des betroffenen Schauspielers ab. Wegen der Einzelheiten wird auf die tariflichen Besonderheiten verwiesen.

24

VIII. Weiterbeschäftigungsanspruch/Wiedereinstellungspflicht. Ein Anspruch des ArbN auf Wiedereinstellung bzw. Fortbeschäftigung besteht nach Ablauf eines wirksam befristeten Arbeitsverhältnisses grundsätzlich auch dann nicht, wenn sich entgegen der ursprünglichen Prognose auf Grund neuer Umstände eine Möglichkeit zur Weiterbeschäftigung ergibt[6]. Ein solcher Anspruch besteht nur in Ausnahmefällen, also zB dann, wenn dem betroffenen ArbN, insb. im Falle der Befristung wegen der Erprobung schon Zusagen hinsichtlich einer Übernahme in ein unbefristetes Arbeitsverhältnis gemacht worden sind. Eine mittelbare Sanktion besteht jedoch insofern, als der BR gem. § 99 Abs. 2 Nr. 3 BetrVG einen Grund zur Zustimmungsverweigerung geltend machen kann, weil bei Nichtbeachtung der Informationspflicht davon ausgegangen werden kann, dass von vornherein ein gleich geeigneter befristet beschäftigter ArbN nicht berücksichtigt wurde.

25

Ein Weiterbeschäftigungsanspruch bzw. Anspruch auf Abschluss eines weiteren befristeten Arbeitsvertrags kann aber bestehen, wenn die „Nichterneuerung" eines befristeten Arbeitsverhältnisses ihren Grund in der Schwangerschaft der ArbN-in hat. Die Verweigerung auf Abschluss eines weiteren befristeten Arbeitsvertrages stellt sich in diesem Fall als eine unmittelbare **Diskriminierung** aufgrund des Geschlechts dar (Art. 2 Abs. 1 und Art. 3 Abs. 1 der Richtlinie 76/207/EWG)[7]. Dasselbe muss gelten, wenn sich diese Entscheidung aus anderen Gründen als diskriminierend darstellt (siehe Richtlinien 2000/43/EG und 2000/78/EG – zB weil eine Schwerbehinderung festgestellt wurde).

26

IX. Mitbest. Die **Beendigung des Arbeitsvertrages** aufgrund der vereinbarten Befristung, Zweckerreichung oder Eintritts der auflösenden Bedingung gibt keinen Anlass zur vorherigen Anhörung des BR gem. § 102 BetrVG, da das Vertragsverhältnis nicht aufgrund einer Kündigung beendet wird. Dies gilt auch dann, wenn der ArbN gem. § 15 Abs. 2 bzw. § 21 iVm. § 15 Abs. 2 durch den ArbGeb über den Zeitpunkt der Zweckerreichung oder des Bedingungseintritts schriftlich unterrichtet wird oder eine all-

27

---

1 *Hromadka*, BB 2001, 621 (624); MünchArbR/*Wank*, Erg.-Bd. § 116 Rz. 272; aA Annuß/Thüsing/*Maschmann*, § 15 TzBfG Rz. 22. | 2 BAG v. 20.2.2002 – 7 AZR 662/00, NZA 2002, 1000, Ls. | 3 Annuß/Thüsing/*Maschmann*, § 15 TzBfG Rz. 21. | 4 LAG Köln v. 10.3.1995 – 13 Sa 842/94, nv. (zu § 625 BGB). | 5 *Hromadka*, BB 2001, 621, Fn. 32; aA KR/*Bader*, Anhang II zu § 620 BGB, § 3 TzBfG Rz. 48; *Sowka*, DB 2002, 1158. | 6 BAG v. 20.2.2002 – 7 AZR 600/00, ZIP 2002, 1162. | 7 EuGH v. 4.10.2001 – Rs. C-438/99, Maria Luisa Jiménez Melgar, NZA 2001, 1243.

gemeine Beendigungsmitteilung erhält. Weder die Information gem. § 15 Abs. 2 noch die Beendigungsmitteilung stellen eine Kündigung iSd. § 102 BetrVG dar.

28 Wird jedoch das befristete Arbeitsverhältnis **vorzeitig gekündigt** (zB fristlos oder aufgrund einer Kündigungsvereinbarung gem. § 15 Abs. 3), so ist der BR nach § 102 BetrVG zur beabsichtigten Kündigung vorher anzuhören.

29 Wenn der ArbGeb der Fortsetzung des Arbeitsverhältnisses **nicht widerspricht**, besteht im Falle des § 15 Abs. 5 ein MitbestR des BR gemäß § 99 Abs. 1 BetrVG.

16 Folgen unwirksamer Befristung

Ist die Befristung rechtsunwirksam, so gilt der befristete Arbeitsvertrag als auf unbestimmte Zeit geschlossen; er kann vom Arbeitgeber frühestens zum vereinbarten Ende ordentlich gekündigt werden, sofern nicht nach § 15 Abs. 3 die ordentliche Kündigung zu einem früheren Zeitpunkt möglich ist. Ist die Befristung nur wegen des Mangels der Schriftform unwirksam, kann der Arbeitsvertrag auch vor dem vereinbarten Ende ordentlich gekündigt werden.

1 **I. Grundsatz (Satz 1, Halbs. 1).** Nach dieser Vorschrift ist Rechtsfolge einer unwirksamen Befristung oder auflösenden Bedingung, dass das Arbeitsverhältnis als unbefristetes gilt. Unwirksam ist nur die Befristungsabrede. Der Arbeitsvertrag gilt also mit seinem übrigen Inhalt auf unbestimmte Zeit fort.

2 **II. Kündigungsmöglichkeiten. 1. Materielle Unwirksamkeit (Satz 1, Halbs. 2).** Die Bestimmung folgt der Auffassung, dass durch die Entfristung nur der ArbN-Schutz verwirklicht werden soll. Auch ohne die Vereinbarung einer Kündigungsmöglichkeit nach § 15 Abs. 3 kann der ArbN im Falle einer unwirksamen Befristung von Anfang an das Arbeitsverhältnis **ordentlich kündigen**. Ist dem ArbN die Unwirksamkeit der Befristung bekannt, kann er aber auch die an sich unwirksame Vereinbarung gegen sich gelten lassen und sich unter Hinweis auf die Befristungsabrede mit dem vereinbarten Ende ohne Kündigung einseitig aus dem Arbeitsverhältnis lösen[1].

Sofern der ArbN nicht kündigt und nicht gem. § 17 die Unwirksamkeit der Befristung mit einer Klage angreift, bleibt es aber bei der Rechtswirksamkeit und der sodann geltenden Folge aus § 15 Abs. 1 (entsprechend § 7 KSchG).

3 Dagegen kann der **ArbGeb** im Falle einer unwirksamen Befristung den Arbeitsvertrag frühestens zum vereinbarten Ende ordentlich kündigen, es sei denn, dass einzelvertraglich oder tarifvertraglich eine ordentliche Kündigung während der Befristung vereinbart worden ist. Sofern für den ArbGeb nur die Kündigungsmöglichkeit nach dieser Vorschrift besteht, kann die Kündigung zwar schon vor dem vereinbarten Ende ausgesprochen werden, sie darf jedoch frühestens zum vereinbarten Ende wirken. Dabei sind die vertraglichen oder gesetzlichen Kündigungsfristen zu beachten. Bei Anwendbarkeit des Kündigungsschutzgesetzes (also u.a. nach Ablauf der Wartezeit des § 1 Abs. 1 KSchG[2]) muss die Kündigung zudem nach § 1 KSchG sozial gerechtfertigt sein. Die dem ArbGeb eingeräumte Kündigungsmöglichkeit lässt nur die Kündigung zu einem bestimmten Zeitpunkt zu, begründet aber kein besonderes Kündigungsrecht[3].

4 **2. Formelle Unwirksamkeit.** Beruht die Unwirksamkeit der Befristung nur auf dem **Mangel der Schriftform** des § 14 Abs. 4 kann der Arbeitsvertrag sowohl von dem ArbN wie auch von dem ArbGeb vor dem vereinbarten Ende ordentlich gekündigt werden. Dies gilt also auch ohne die Vereinbarung der Kündigungsmöglichkeit während der Befristung (§ 15 Abs. 3). Auch für die den Arbeitsvertragsparteien eingeräumte Möglichkeit der ordentlichen Kündigung wegen des Verstoßes gegen die Schriftform sind die Kündigungsfristen zu beachten, für den ArbGeb zudem die übrigen Kündigungsschutzvorschriften bzw. -einschränkungen.

5 Unberührt von der Frage der Wirksamkeit der Befristung und der daraus sich nach dieser Vorschrift ergebenden Kündigungsmöglichkeiten bleibt für beide Seiten das Recht zur außerordentlichen Kündigung.

6 Die Vorschrift gilt nur für die Befristung des gesamten Vertrages, nicht für die Befristung einzelner Vertragsbedingungen.

17 Anrufung des Arbeitsgerichts

Will der Arbeitnehmer geltend machen, dass die Befristung eines Arbeitsvertrages rechtsunwirksam ist, so muss er innerhalb von drei Wochen nach dem vereinbarten Ende des befristeten Arbeitsvertrages Klage beim Arbeitsgericht auf Feststellung erheben, dass das Arbeitsverhältnis auf Grund der Befristung nicht beendet ist. Die §§ 5 bis 7 des Kündigungsschutzgesetzes gelten entspre-

---

1 KDZ/*Däubler*, § 16 TzBfG Rz. 7; Annuß/Thüsing/*Maschmann*, § 16 TzBfG Rz. 1; aA KR/*Lipke*/*Bader*, Anhang II zu § 620 BGB, § 16 TzBfG Rz. 3. | 2 BAG v. 6.11.2003 – 2 AZR 690/02, DB 2003, Heft 46, XVIII – Presseinformation. | 3 *Preis*/*Gotthardt*, DB 2001, 145.

chend. **Wird das Arbeitsverhältnis nach dem vereinbarten Ende fortgesetzt, so beginnt die Frist nach Satz 1 mit dem Zugang der schriftlichen Erklärung des Arbeitgebers, dass das Arbeitsverhältnis auf Grund der Befristung beendet sei.**

Lit.: *Hromadka*, Befristete und bedingte Arbeitsverhältnisse neu geregelt, BB 2001, 674; *Kliemt*, Das neue Befristungsrecht, NZA 2001, 296; *Opolony*, Die Nichtverlängerungsmitteilung bei befristeten Bühnenarbeitsverhältnissen, NZA 2001, 1351.

I. Inhalt und Geltungsbereich. Die Unwirksamkeit einer Befristungsabrede muss nach dieser Vorschrift innerhalb von drei Wochen durch **Klage** bei dem ArbG geltend gemacht werden. Die Klagefrist von drei Wochen gilt nicht nur für die Fälle der kalendermäßigen Befristung, sondern auch für zweckbefristete und – entgegen der früheren Rspr. – auflösendbedingte Arbeitsverträge (§ 21 iVm. § 17). Von der dreiwöchigen Klagefrist dieser Bestimmung werden zudem Befristungsabreden aufgrund anderer Bestimmungen erfasst (zB Bundeserziehungsgeldgesetz, Hochschulrahmengesetz). Nicht anwendbar ist die dreiwöchige Klagefrist auf die Befristung einzelner Arbeits- bzw. Vertragsbedingungen (zB von halber auf volle Wochenarbeitszeit)[1]. 1

Alle Arten von Unwirksamkeitsgründen werden von der Klagefrist erfasst[2]. Dies gilt nicht nur für das Fehlen eines erforderlichen Sachgrundes, das Fehlen der Voraussetzungen nach § 14 Abs. 2 oder 3, sondern auch für die Unwirksamkeit aufgrund fehlender Schriftform[3]. Entsprechend der seit dem 1.1.2004 geltenden Regelung in § 4 Satz 1 KSchG, müssen im Falle einer Befristung oder auflösenden Bedingung innerhalb der Klagefrist sämtliche Unwirksamkeitsgründe (zB auch fehlende landesrechtlich gebotene Zustimmung des Personalrats zur Befristung oder die Nichterfüllung von § 41 Satz 2 SGB VI) geltend gemacht werden. 2

Umstritten ist, ob die dreiwöchige Klagefrist zu beachten ist, wenn offen ist, **ob überhaupt eine Befristung** (zB wegen angeblicher Fälschung der Unterschrift) vereinbart worden ist[4]. Es empfiehlt sich, auch in derartigen Zweifelsfällen unbedingt die **Klagefrist zu beachten**. 3

II. Klagefrist und Antrag. 1. Ausschlussfrist (Satz 1). Die **Klagefrist** beträgt drei Wochen. Sie beginnt mit dem vereinbarten Ende des befristeten Arbeitsvertrages. Fristbeginn und -ablauf berechnen sich nach § 222 ZPO, §§ 187, 188 Abs. 2 BGB. Die Klagefrist ist mit der Klagerhebung gewahrt, was der Fall ist, wenn die Klage am letzten Tag der Frist beim ArbG eingeht. Sie ist eine vom Gericht zu beachtende Ausschlussfrist. 4

Der **zweckbefristete** Arbeitsvertrag endet an sich mit dem Zeitpunkt der Zweckerreichung, der **auflösend bedingte** mit dem Zeitpunkt des Bedingungseintritts. Das vereinbarte Vertragsende wird aber durch die Regelung des § 15 Abs. 2 modifiziert. Geht die schriftliche Unterrichtung nach § 15 Abs. 2 dem ArbN erst so spät zu, dass die dort genannte Zwei-Wochen-Frist erst nach der Zweckerreichung bzw. dem Bedingungseintritt endet, so beginnt die Klagefrist erst **mit dem Zugang der schriftlichen Unterrichtung**[5]. Da sich aber die Unterrichtung durch den ArbGeb als überflüssig darstellen kann, weil die Zweckbefristung oder die auflösende Bedingung auf Gründen in der Person des ArbN beruht, oder aber der ArbGeb für den ArbN ersichtlich von keiner Unterrichtungspflicht ausgeht (evtl. auch nur aus Unkenntnis dieser Pflicht), **empfiehlt** es sich, unabhängig vom Zugang der Unterrichtung durch den ArbGeb den Zeitpunkt der Zweckerreichung bzw. des Bedingungseintritts als Beginn der Klagefrist zugrunde zu legen. Zum Fristbeginn bei Fortsetzung des Arbeitsverhältnisses nach dem vereinbarten Ende siehe unten Rz. 13.

Bei **mehreren aufeinander folgenden** Befristungsabreden wird die Klagefrist für jede Befristungsvereinbarung mit dem Ablauf der darin vereinbarten Befristung und nicht erst mit dem Ablauf der letzten Befristung in Lauf gesetzt[6] (siehe zu mehrfachen Befristungen § 14 Rz. 83 ff.). Dies gilt auch bei **Kettenbefristungen** bzw. Kettenarbeitsverhältnissen, nicht jedoch, wenn es sich bei dem letzten Vertrag nur um einen **unselbständigen Annex** zum vorhergehenden Vertrag handelt. Dies ist der Fall, wenn nur die Laufzeit des alten Vertrages verhältnismäßig geringfügig korrigiert mit dem Sachgrund der Befristung in Einklang gebracht wird, dieser aber ansonsten derselbe bleibt. 5

Die sog. Entfristungsklage kann aber auch schon **nach Abschluss des Arbeitsvertrages** erhoben werden und nicht erst nach der vertraglich vorgesehenen Beendigung. In diesem Falle muss der ArbN jedoch die Umstände darlegen, aus denen sich ein alsbaldiges Feststellungsinteresse ergibt[7]. 6

---

1 BAG v. 4.6.2003 – 7 AZR 406/02, BB 2003, 1683; *Kliemt*, NZA 2001, 296; aA Annuß/Thüsing/*Maschmann*, § 17 TzBfG Rz. 2. | 2 *Hromadka*, BB 2001, 674. | 3 LAG Düsseldorf v. 26.9.2002 – 5 Sa 748/02, LAG Report 2003, 33. | 4 Nicht zu beachten: BAG v. 20.2.2002 – 7 AZR 622/00, NZA 2002, 1304; LAG Düsseldorf v. 1.3.2002 – 18 Sa 860/01, DB 2002, 1892; KR/*Lipke/Bader*, Anhang II zu § 620 BGB, § 17 TzBfG Rz. 5; ErfK/*Müller-Glöge*, § 17 TzBfG Rz. 6; zu beachten: LAG Hess. v. 18.1.2000 – 9 Sa 964/99, NZA 2000, 1071; Annuß/Thüsing/*Maschmann*, § 17 TzBfG Rz. 3. | 5 ErfK/*Müller-Glöge*, § 17 TzBfG Rz. 9; aA Annuß/Thüsing/*Maschmann*, § 17 TzBfG Rz. 5: Dies gilt nur bei Fortsetzung des Arbeitsverhältnisses nach dem vereinbarten Ende. | 6 BAG v. 24.10.2001 – 7 AZR 686/00, DB 2002, 536. | 7 BAG v. 12.10.1979 – 7 AZR 960/77, AP Nr. 48 zu § 620 BGB – Befristeter Arbeitsvertrag; LAG Düsseldorf v. 18.11.1999 – 11 Sa 1039/99, NZA-RR 2000, 291.

7 Die Übergabe einer sog. **Nichtverlängerungsanzeige/Beendigungsmitteilung**[1] löst nicht die Klagefrist aus. Die Mitteilung, dass das Arbeitsverhältnis nicht verlängert wird, bzw. es bei der vereinbarten Beendigung bleibt, stellt aus der Sicht des ArbGeb keine Kündigung dar, sondern hat nur klarstellende Bedeutung[2].

8 **2. Antrag (Satz 1).** Nach dem ausdrücklichen Wortlaut der Bestimmung ist die **Klage auf die Feststellung** zu richten, dass das Arbeitsverhältnis aufgrund der Befristung bzw. auflösenden Bedingung nicht beendet ist. Da es um einen punktuellen Streitgegenstand geht, ist ein allgemeiner Feststellungsantrag regelmäßig unzulässig[3].

9 **Formulierungsbeispiel für den Klagantrag:**
„Festzustellen, dass das zwischen den Parteien bestehende Arbeitsverhältnis nicht aufgrund der Befristung im Vertrag vom ... am ... beendet worden ist und zu unveränderten Bedingungen unbefristet fortbesteht."

Aus der Klage muss sich eindeutig ergeben, gegen welche konkrete Befristungsvereinbarung sich die Klage richtet, jede einzelne Befristung ist gesondert anzugreifen.

10 **3. Versäumung der Frist (Satz 2).** Nach dieser Bestimmung gelten die §§ 5–7 KSchG entsprechend. Auch bei Klagen gegen Befristungen oder auflösende Bedingungen kann nach § 5 KSchG ein Antrag auf nachträgliche Zulassung gestellt werden. Siehe hierzu im Einzelnen die Kommentierung zu § 5 KSchG.

11 Mit einer isoliert erhobenen **Leistungsklage** wird die Klagefrist nicht gewahrt, auch wenn sie auf die Unwirksamkeit der Befristung gestützt wird (zB Klage auf Zahlung der Vergütung über das Befristungsende hinaus)[4].

12 Wird die Rechtsunwirksamkeit einer Befristung oder einer auflösenden Bedingung **nicht rechtzeitig** innerhalb der dreiwöchigen Klagefrist geltend gemacht, so gilt gem. § 7 KSchG die Befristung als von Anfang an rechtswirksam. Bei einer **Klagerücknahme** tritt diese Rechtsfolge rückwirkend ein, wenn die 3-Wochen-Frist bereits abgelaufen ist[5].

13 **4. Fristbeginn bei Fortsetzung über den Beendigungstermin hinaus (Satz 3).** Mit der Regelung in Satz 3 wird für die sog. Entfristungsklage der Beginn der Klagefrist **gehemmt** bis zum Zugang der schriftlichen Erklärung des ArbGeb, das Arbeitsverhältnis sei aufgrund der Befristung beendet[6]. Dies gilt nicht nur für zweckbefristete und auflösend bedingte Arbeitsverträge, sondern auch für kalendermäßig befristete Arbeitsverträge, auch wenn nach § 15 Abs. 5 bereits ein unbefristetes Arbeitsverhältnis vorliegt[7]. Bedeutsam wird diese Regelung, wenn das **bisherige** befristete Arbeitsverhältnis **fortgesetzt** wird. Erbringt also der ArbN über den vereinbarten Beendigungstermin (Fristende, Zweckerreichung oder Bedingungseintritt) hinaus die vertraglich geschuldete Arbeitsleistung, beginnt die Klagefrist erst mit dem **Zugang der schriftlichen Mitteilung**, dass das Arbeitsverhältnis aufgrund der Befristung beendet ist. Dabei muss zum Ausdruck kommen, dass der ArbGeb das Arbeitsverhältnis als beendet ansieht. Infolgedessen kann die Mitteilung nach dieser Bestimmung grundsätzlich erst nach dem vereinbarten Beendigungszeitpunkt erfolgen; aber nicht nur, wenn der ArbN ohne Kenntnis des ArbGeb weiterarbeitet, sondern auch dann, wenn es bereits zuvor zur Fiktion des § 15 Abs. 5 gekommen ist[8]. Es muss sich um eine schriftliche Erklärung handeln. Wegen der rechtlichen Auswirkungen der Mitteilung des ArbGeb an den ArbN ist die **Schriftform des § 623 BGB** iVm. § 126 BGB einzuhalten, so dass die elektronische Form nicht ausreicht, obwohl die Bestimmung keine anders lautende Regelung iSv. § 126 Abs. 3 BGB enthält[9].

14 **III. Prozessuales.** Für das Verfahren gelten die **allgemeinen Verfahrensgrundsätze**.

15 Da die Vorschrift nicht auf die §§ 9, 10 KSchG verweist, können weder vom ArbN noch vom ArbGeb **Auflösungsanträge** gestellt werden.

16 Bei unwirksamen Befristungen hat der ArbN in gleichem Maße wie bei einer gerichtlich für unwirksam erklärten Kündigung nach den Grundsätzen des Beschlusses des Großen Senats vom 27.2.1985[10] einen Anspruch auf **vorläufige Weiterbeschäftigung**[11] bis zum rechtskräftigen Abschluss des Verfahrens, sofern nicht überwiegende schutzwerte Interessen des ArbGeb einer solchen Beschäftigung entgegenstehen.

---

1 Zur Nichtverlängerungsmitteilung bei befristeten Bühnenarbeitsverhältnissen siehe *Opolony*, NZA 2001, 1351. |2 BAG v. 26.4.1979 – 2 AZR 431/77 und v. 7.3.1980 – 7 AZR 177/78m, AP Nr. 47, 54 zu § 620 BGB – Befristeter Arbeitsvertrag. |3 BAG v. 16.4.2003 – 7 AZR 119/02, BAGReport 2003, 357. |4 BAG v. 25.3.1976 – 2 AZR 127/75, AP Nr. 10 zu § 626 BGB – Ausschlussfrist (zu II 2 d.Gr.). |5 BAG v. 26.6.2002 – 7 AZR 122/01, ZIP 2002, 1779. |6 KR/*Lipke*/*Bader*, Anhang II zu § 620 BGB, § 17 TzBfG Rz. 32. |7 AA LAG Düsseldorf v. 26.9.2002 – 5 Sa 748/02, LAGReport 2003, 33. |8 Annuß/Thüsing/*Maschmann*, § 17 TzBfG Rz. 6. |9 Annuß/Thüsing/*Maschmann*, § 17 TzBfG Rz. 7. |10 BAG v. 27.2.1985 – GS 1/84, AP Nr. 14 zu § 611 BGB – Beschäftigungspflicht. |11 BAG v. 13.6.1985 – 2 AZR 410/84, AP Nr. 19 zu § 611 BGB – Beschäftigungspflicht; v. 28.9.1988 – 7 AZR 451/87, AP Nr. 125 zu § 620 BGB – Befristeter Arbeitsvertrag.

Hinsichtlich der **Darlegungs- und Beweislast** ist zu unterscheiden, ob überhaupt der Abschluss eines befristeten Arbeitsvertrages streitig ist, seine Dauer oder die Unwirksamkeit der Befristung. Der ArbGeb ist darlegungs- und beweispflichtig dafür, dass es zum Abschluss eines befristeten Arbeitsvertrages gekommen ist. Die Befristungskontrolle ist auf den Zeitpunkt der Vereinbarung bezogen. 17

Auch ist der ArbGeb darlegungs- und beweispflichtig für das **Vorliegen des sachlichen Grundes**[1]. 18

Die Darlegungs- und Beweislast für das **Fehlen eines sachlichen Grundes** trifft nach der Rspr. den ArbN[2]. Dem ArbN kommt jedoch nach Lage des jeweiligen Falles der Beweis des ersten Anscheins zugute[3].

Wird eine **sachgrundlose Befristung** gem. § 14 Abs. 2 oder 2a mit der Klage angegriffen, so hat der ArbGeb die Voraussetzungen der Zulässigkeit der Befristung darzulegen und zu beweisen, also die Voraussetzungen des § 14 Abs. 2 Satz 1 oder Abs. 2a und für das Vorliegen einer Neueinstellung[4]. 19

Stützt sich der Sachgrund der Befristung auf eine Prognose (wie zB in Fällen eines vorübergehenden Mehrbedarfs an Arbeitsplätzen), gilt eine **abgestufte Darlegungslast**. Wird die Prognose des ArbGeb durch die nachfolgende Entwicklung bestätigt, besteht eine ausreichende Vermutung dafür, dass sie hinreichend fundiert erstellt worden ist. Es ist Aufgabe des ArbN, Tatsachen vorzubringen, die die Richtigkeit der Prognose im Zeitpunkt des Abschlusses des Zeitvertrages in Frage stellen[5]. Wenn sich eine im Zeitpunkt des Vertragsabschlusses erstellte Prognose später nicht bestätigt, muss der ArbGeb die Tatsachen vortragen, die ihm jedenfalls im Zeitpunkt des Vertragsabschlusses den hinreichend sicheren Schluss darauf erlaubten, dass nach Ablauf der Befristung die Weiterbeschäftigung des ArbN nicht mehr möglich sein werde[6]. 20

Bezüglich der **Dauer** des befristeten Arbeitsverhältnisses trägt nach den allgemeinen Grundsätzen derjenige die Darlegungs- und Beweislast, der sich auf die vorzeitige Beendigung des Arbeitsverhältnisses beruft[7]. 21

18 Information über unbefristete Arbeitsplätze

Der Arbeitgeber hat die befristet beschäftigten Arbeitnehmer über entsprechende unbefristete Arbeitsplätze zu informieren, die besetzt werden sollen. Die Information kann durch allgemeine Bekanntgabe an geeigneter, den Arbeitnehmern zugänglicher Stelle im Betrieb und Unternehmen erfolgen.

I. Informationspflicht (Satz 1). Befristet beschäftigte ArbN sind durch den ArbGeb über zu besetzende unbefristete Arbeitsplätze zu **informieren**. Die Vorschrift setzt § 6 Abs. 1 der Rahmenvereinbarung über befristete Arbeitsverträge (Richtlinie 1999/70/EG) um. Die Informationspflicht besteht gegenüber jedem befristet beschäftigten ArbN, also nicht nur denjenigen gegenüber, die konkret dem Wunsch auf Übernahme in ein unbefristetes Arbeitsverhältnis geäußert haben (so aber § 7 Abs. 2 hinsichtlich der Teilzeitkräfte). Hinzuweisen ist auf freie und frei werdende unbefristete Arbeitsplätze. 1

Der Bekanntmachungsregelung des Satzes 2 ist zu entnehmen, dass auch bei einer individuellen Information einzelner ArbN auf Dauerarbeitsplätze **im gesamten Unternehmen**, also auch in anderen Betrieben desselben Unternehmens hinzuweisen ist[8]. 2

Die Unterrichtung hat so **rechtzeitig** zu erfolgen, dass sich der befristet beschäftigte ArbN noch für den zu besetzenden Dauerarbeitsplatz bewerben kann. 3

Werden einzelne ArbN individuell über freie unbefristete Arbeitsplätze informiert, so braucht sich die Information jedoch nur auf „**entsprechende**" Arbeitsplätze zu erstrecken. Darunter sind unter Berücksichtigung der in § 3 Abs. 2 erfolgten begrifflichen Festlegung auf vergleichbare Arbeitsplätze solche zu verstehen, auf denen gleiche oder ähnliche Tätigkeiten erbracht werden[9]. 4

II. Form der Bekanntgabe (Satz 2). Über die individuelle Information einzelner befristet beschäftigter ArbN hinaus hat der ArbGeb nach dieser Regelung die Möglichkeit, den Hinweis auf Dauerarbeitsplätze **allgemein bekannt** zu geben. Dies muss an geeigneter, den ArbN zugänglicher Stelle im Betrieb und Unternehmen (also ggf. auch in mehreren Betrieben) geschehen. Entscheidend ist, dass eine allgemeine Kenntnisnahme gewährleistet ist. Die Information kann am schwarzen Brett, in der Werkzeitung, aber auch im Intranet erfolgen, wenn hierauf alle ArbN Zugriff haben[10]. Wird diese allgemeine *Bekanntgabe* gewählt, so kann die Information auf Dauerarbeitsplätze wegen der durchweg unterschiedlichen Arbeitsanforderungen der einzelnen befristeten Arbeitsplätze nicht auf „entsprechende" 5

---

1 BAG v. 12.10.1994 – 7 AZR 745/93, NZA 1995, 780. | 2 BAG v. 6.5.1982 – 2 AZR 1037/79 und v. 13.5.1982 – 2 AZR 87/80, AP Nr. 67, 68 zu § 620 BGB – Befristeter Arbeitsvertrag. | 3 BAG v. 6.5.1982 – 7 AZR 1037/79 und v. 13.5.1982 – 2 AZR 87/80, AP Nr. 67, 68 zu § 620 BGB – Befristeter Arbeitsvertrag. | 4 BAG v. 6.12.1989 – 7 AZR 441/89, NZA 1990, 741 (743): zu § 1 Abs. 1 Satz 1 BeschFG 1985. | 5 BAG v. 3.11.1999 – 7 AZR 846/98, NZA 2000, 126. | 6 BAG v. 12.1.2000 – 7 AZR 863/98, BB 2000, 933. | 7 BAG v. 12.10.1994 – 7 AZR 745/93, NZA 1995, 780. | 8 KR/*Bader*, Anhang II zu § 620 BGB, § 19 TzBfG Rz. 3. | 9 KR/*Bader*, Anhang II zu § 620 BGB, § 19 TzBfG Rz. 3. | 10 *Kliemt*, NZA 2001, 296.

6 III. Sanktionen/Schadensersatz. Eine unmittelbare **Sanktion** bei einem Verstoß gegen die Informationspflicht sieht das Gesetz nicht vor. Insbesondere hat der nicht informierte befristet beschäftigte ArbN keinen Anspruch auf Weiterbeschäftigung über das Beendigungsdatum hinaus, sofern eine unbefristete Einstellung auf einem anderen vergleichbaren Arbeitsplatz möglich ist[1]. Eine mittelbare Sanktion kann sich jedoch aus dem Zustimmungsverweigerungsrecht des BR nach § 99 Abs. 2 Nr. 3 BetrVG ergeben, weil bei Nichtbeachtung der Informationspflicht davon ausgegangen werden kann, dass von vornherein ein gleich geeigneter befristetet beschäftigter ArbN nicht berücksichtigt wurde.

7 Gegen einen **Schadensersatzanspruch** wegen nicht richtiger oder nicht rechtzeitiger Information spricht, dass die Bestimmung mehr Transparenz bezweckt, um die Möglichkeit zum Übergang in ein unbefristetes Arbeitsverhältnis zu schaffen. Da die Vorschrift aber eine vertragliche Nebenpflicht konkretisiert, kann wegen Verletzung der Informationspflicht ein Schadensersatzanspruch nach § 280 BGB bestehen. Ein auch nur mittelbarer Anspruch auf Übertragung eines unbefristeten Arbeitsplatzes folgt aus diesem Zweck nicht, so dass es sich um kein Schutzgesetz iSd. des § 823 Abs. 2 BGB handelt[2].

19 Aus- und Weiterbildung

Der Arbeitgeber hat Sorge zu tragen, dass auch befristet beschäftigte Arbeitnehmer an angemessenen Aus- und Weiterbildungsmaßnahmen zur Förderung der beruflichen Entwicklung und Mobilität teilnehmen können, es sei denn, dass dringende betriebliche Gründe oder Aus- und Weiterbildungswünsche anderer Arbeitnehmer entgegenstehen.

1 **I. Arbeitgeberseitige Verpflichtung.** Der ArbGeb hat dafür zu sorgen, dass befristet beschäftigte ArbN auch an angemessenen **Aus- und Weiterbildungsmaßnahmen** teilnehmen können. Damit sollen die Chancen befristet beschäftigter ArbN auf einen Dauerarbeitsplatz verbessert und die berufliche Entwicklung sowie Mobilität des befristetet Beschäftigten gefördert werden. Mit dieser Bestimmung wird § 6 Abs. 2 der Rahmenvereinbarung über befristete Arbeitsverträge (Richtlinie 1999/70/EG) umgesetzt.

2 Wie die nach § 10 bestehende Verpflichtung zur Aus- und Weiterbildung von teilzeitbeschäftigten ArbN gibt diese Regelung **keinen eigenständigen Anspruch** auf Durchführung derartiger Maßnahmen. Besteht im Unternehmen kein Angebot an Aus- und Weiterbildungsmaßnahmen, so kann aus dieser Bestimmung der befristet beschäftigte ArbN keinen Anspruch herleiten.

3 Die Aus- und Weiterbildungsverpflichtung des ArbGeb bezieht sich nicht nur auf die aktuelle Tätigkeit des befristet beschäftigten, sondern auch auf die **Verbesserung der beruflichen Qualifikation** als Voraussetzung für die Übernahme einer qualifizierteren Tätigkeit[3]. Jedoch muss die Aus- und Weiterbildungsmaßnahme insb. bezogen auf die Art der Tätigkeit des ArbN, die vorgesehene Dauer der befristeten Beschäftigung, die Dauer der Aus- und Weiterbildungsmaßnahme und den für den ArbGeb entstehenden Kostenaufwand angemessen sein. Wenn ein vergleichbarer Dauerarbeitsplatz die durch die Aus- und Weiterbildung vermittelte Qualifizierung erfordert, so ist die Maßnahme angemessen, so dass der Gesichtspunkt der über die Beschäftigungszeit hinausgehenden Qualifikation dem nicht entgegensteht[4]. Die Vorschrift betrifft interne und externe Bildungsmaßnahmen des ArbGeb.

4 **II. Entgegenstehende betriebliche Gründe.** Der ArbGeb kann gegenüber dem Qualifizierungswunsch eines befristet beschäftigten ArbN geltend machen, dass diesem **dringende betriebliche Gründe** entgegenstehen. Wegen der durch die Freistellung zur Aus- und Weiterbildung entstehenden betrieblichen Folgen sind diese Gründe mit den in § 7 Abs. 1 Satz 1 BUrlG angeführten dringenden betrieblichen Gründen vergleichbar. Durch die Teilnahme an derartigen Aus- und Weiterbildungsmaßnahmen müsste es deshalb zu einer erheblichen Beeinträchtigung der Betriebsabläufe kommen.

5 Dem Qualifizierungswunsch und damit der Berücksichtigung bei der Teilnahme an Aus- und Weiterbildungsmaßnahmen kann zudem die Aus- und Weiterbildung **anderer ArbN** entgegenstehen, die unter beruflichen oder sozialen Gesichtspunkten vorrangig zu berücksichtigen sind. Die Auswahl von konkurrierenden Weiterbildungsinteressen unbefristet und befristet Beschäftigter ist nach billigem Ermessen zu treffen (§ 315 BGB)[5].

---

1 Auch die Protokollnotiz Nr. 4 zu Nr. 1 SR zu BAT enthält kein Anstellungsgebot, BAG v. 2.7.2003 – 7 AZR 529/02, DB 2004, 80. |2 ErfK/*Müller-Glöge*, § 18 TzBfG Rz. 10; aA KR/*Bader*, Anhang II zu § 620 BGB, § 18 TzBfG Rz. 11; KDZ/*Däubler*, § 18 TzBfG Rz. 3. |3 BT-Drs. 14/4374, S. 21. |4 AA MünchArbR/*Wank*, Erg.-Bd. § 116 Rz. 305. |5 KR/*Bader*, Anhang II zu § 620 BGB, § 19 TzBfG Rz. 12.

Auflösend bedingte Arbeitsverträge | Rz. 1 § 21 TzBfG

Nur dann, wenn die Nichtberücksichtigung bei der Teilnahme an einer Aus- und Weiterbildungsmaßnahme den Gleichbehandlungsgrundsatz verletzt oder sich als willkürlich darstellt, kann ein **Individualanspruch** auf Teilnahme und ggf. ein Schadensersatzanspruch nach § 280 BGB bestehen. 6

20 *Information der Arbeitnehmervertretung*
Der Arbeitgeber hat die Arbeitnehmervertretung über die Anzahl der befristet beschäftigten Arbeitnehmer und ihren Anteil an der Gesamtbelegschaft des Betriebes und des Unternehmens zu informieren.

Mit dieser Vorschrift wird § 7 Abs. 3 der Rahmenvereinbarung über befristete Arbeitsverträge (Richtlinie 1999/70/EG) entsprochen. Der ArbN-Vertretung soll durch die hier vorgesehenen **Informationen** ermöglicht werden, Einfluss auf die betriebliche Einstellungspraxis zu nehmen und die Einhaltung der gesetzlichen Vorschriften über befristete Arbeitsverhältnisse zu überwachen[1]. Diese Informationspflicht ist nicht von der Anzahl der im Unternehmen beschäftigten ArbN abhängig. 1

Aus der Information muss sich die Anzahl der befristet beschäftigten ArbN ergeben. Außerdem muss der Anteil an der Gesamtbelegschaft des Betriebes und des Unternehmens angegeben werden[2].

Mit dieser Bestimmung werden die Informationspflichten nach § 80 Abs. 2 Satz 1 BetrVG ergänzt.

Informationen über die Anzahl der befristet beschäftigten ArbN und ihrem Anteil an der Gesamtbelegschaft sind der zuständigen **ArbN-Vertretung** gegenüber zu geben. In den vom BetrVG erfassten Betrieben und Unternehmen sind dies die BR und GesamtBR, nicht aber die KonzernBR, da sich die Bestimmung nur auf Betriebe und Unternehmen bezieht. Der Umfang der Angaben wird durch den jeweiligen Adressaten bestimmt, so dass der jeweilige BR nur die betriebsbezogene Anzahl und Anteile erfahren muss, während der GesamtBR Anspruch auf die unternehmensbezogenen Informationen hat. Ebenfalls informationsberechtigt sind die ArbN-Vertretungen gem. § 3 BetrVG, die abweichend oder zusätzlich gebildet werden können, wie Spartenbetriebsräte (§ 3 Abs. 1 Nr. 2 BetrVG) oder zusätzliche betriebsverfassungsrechtliche Vertretungen (§ 3 Abs. 1 Nr. 4 und 5 BetrVG). Im öffentlich-rechtlichen Bereich sind den Personalvertretungen und im kirchlichen Bereich den Mitarbeitervertretungen die Informationen zu erteilen. 2

Die Informationserteilung unterliegt **keiner Formvorschrift**. 3

Die **Häufigkeit** richtet sich nach dem aktuellen Informationsbedarf. Eine § 110 Abs. 1 BetrVG entsprechende Häufigkeit sieht die Bestimmung nicht vor[3]. 4

Die nach dieser Vorschrift bestehende Informationspflicht **bezweckt** vorrangig die Einhaltung der Diskriminierungs- und Benachteiligungsverbote gem. § 4 Abs. 2 Satz 1 und § 5, die Beteiligung von befristet beschäftigten ArbN an angemessenen Aus- und Weiterbildungsmaßnahmen (§ 19) sowie die Einhaltung der Informationspflicht des ArbGeb über zu besetzende unbefristete Arbeitsplätze (§ 18). 5

Der seitens des BR nach dieser Bestimmung bestehende Informationsanspruch korrespondiert mit dem in § 99 Abs. 2 Nr. 3 BetrVG aufgenommenen Verweigerungsgrund, dass ein gleich geeigneter befristet Beschäftigter bei einer unbefristeten Neueinstellung übergangen wird. Dieses Zustimmungsverweigerungsrecht erweitert die nach § 18 gegenüber befristet beschäftigten ArbN bestehende Informationspflicht über zu besetzende unbefristete Arbeitsplätze. 6

21 *Auflösend bedingte Arbeitsverträge*
Wird der Arbeitsvertrag unter einer auflösenden Bedingung geschlossen, gelten § 4 Abs. 2, § 5, § 14 Abs. 1 und 4, § 15 Abs. 2, 3 und 5 sowie die §§ 16 bis 20 entsprechend.

Lit.: *Hromadka*, Das neue Teilzeit- und Befristungsgesetz, NJW 2001, 400; *Thüsing/Lambrich*, Umsetzungsdefizite in § 14 TzBfG?, BB 2002, 829.

I. Begriff und Normzweck. Die auflösende Bedingung wird dem mit Sachgrund befristeten Arbeitsverhältnis gleichgestellt. **Auflösend bedingt** ist ein Arbeitsvertrag, wenn dessen Ende von einem ungewissen Ereignis abhängt, dessen Eintritt nicht Voraussetzung des Vertrages ist. Mit Eintritt der auflösenden Bedingung endet das Arbeitsverhältnis (§ 158 Abs. 2 BGB). Im Unterschied zu dem zeitbefristeten Arbeitsvertrag ist also das Ende des auflösend bedingten Arbeitsvertrages von dem ungewissen Eintritt eines zukünftigen Ereignisses abhängig. Der Unterschied zu einem zweckbefristeten Arbeitsvertrag besteht darin, dass bei Letzterem nur der Zeitpunkt des Eintritts der Zweckerreichung und damit der Zeitpunkt des Endes des Arbeitsverhältnisses ungewiss ist. 1

---

1 BT-Drs. 14/4374, S. 21. | 2 AA KR/*Bader*, Anhang II zu § 620 BGB, § 20 TzBfG Rz. 5. | 3 Für eine entsprechende Anwendung KDZ/*Däubler*, § 20 TzBfG Rz. 2.

2 Indem die Bestimmung die auflösende Bedingung dem mit Sachgrund befristeten Arbeitsverhältnis **gleichstellt**, können grundsätzlich alle Gründe, die eine Befristung erlauben, auch eine auflösende Bedingung rechtfertigen[1]. Demzufolge können an den sachlichen Grund bei einer Bedingung keine strengeren Anforderungen gestellt werden als bei einer Befristung[2]. Soweit in der Gesetzesbegründung auf die heutige Rspr. des BAG verwiesen wird, so gilt dies nur für die entsprechende Anwendung von Vorschriften über befristete Arbeitsverträge auf auflösend bedingte Arbeitsverträge.

Von einer Gleichstellung ist auch aufgrund des der Vorschrift zugrunde liegenden § 3 Abs. 1 der Rahmenvereinbarung über befristete Arbeitsverträge (Richtlinie 1999/70/EG) auszugehen, da die dortige Definition des befristet beschäftigten ArbN zugleich auch den auflösend bedingten Arbeitsvertrag erfasst.

3 **II. Nicht anwendbare Bestimmungen (§ 14 Abs. 2, 2a und 3, § 15 Abs. 1 und 4).** Von den die befristeten Arbeitsverträge regelnden dritten Abschnitt finden nicht § 14 Abs. 2, 2a und 3 sowie § 15 Abs. 1 und 4 Anwendung. Hinsichtlich der zuletzt genannten Vorschriften ergibt sich dies aus der begrifflichen Festlegung auf kalendermäßig befristete Arbeitsverträge. Die Nichtanwendbarkeit der eine sachgrundlose Befristung ermöglichenden Bestimmungen des § 14 Abs. 2, 2a und 3 folgt aus dem durch die auflösende Bedingung bereits begrifflich vorausgesetzten Regelungsbedarf. Da bei einer auflösenden Bedingung der Beendigungstatbestand notwendigerweise einer begrifflichen Umschreibung bedarf, folgt daraus aber nicht, dass bei der auflösenden Bedingung besonders schwerwiegende sachliche Gründe vorliegen müssen.

4 **III. Anwendbare Bestimmungen. 1. Diskriminierungs- und Benachteiligungsverbot (§ 4 Abs. 2 und § 5).** Ein ArbN, der im Rahmen eines auflösend bedingten Arbeitsvertrages beschäftigt wird, darf in entsprechender Anwendung des § 4 Abs. 2 nicht gegenüber einem vergleichbaren (siehe hierzu entsprechend § 3 Abs. 2) unbefristet tätigen ArbN diskriminiert werden. Ihm gegenüber gilt auch das Benachteiligungsverbot des § 5. Es wird insoweit auf die Kommentierung zu diesen beiden Vorschriften verwiesen.

5 **2. Sachgründe (§ 14 Abs. 1 Satz 2).** Grundsätzlich können alle Gründe, die eine Befristung rechtfertigen, auch eine auflösende Bedingung rechtswirksam begründen. Es wird daher auf die vorstehende Kommentierung zu § 14 Abs. 1 Satz 2 verwiesen. Da sich die vereinbarte auflösende Bedingung als Beendigungstatbestand für das Arbeitsverhältnis darstellt, bedarf sie bereits in der Vereinbarung des Arbeitsverhältnisses einer abschließenden Beschreibung, so dass eine objektive Nachprüfung des Bedingungseintritts und der rechtlichen Relevanz der zugrunde gelegten Bedingung möglich ist[3]. Auflösende Bedingungen können die in § 14 Abs. 1 Satz 2 beispielhaft genannten Sachgründe wie folgt rechtfertigen:

6 **a) Vorübergehender Bedarf (Nr. 1).** Der durch diesen Sachgrund vorausgesetzte **Zusatzbedarf** kann durch eine auflösende Bedingung begrenzt werden (zB die Einstellung von zusätzlichen Laborkräften wegen einer Seuchengefahr bzw. einer bereits ausgebrochenen Seuche).

7 **b) Tätigkeit im Anschluss an eine Ausbildung oder an ein Studium (Nr. 2).** Hier kann die auflösende Bedingung darin liegen, dass der ArbN eine **Anschlussbeschäftigung** findet. Zweckmäßigerweise wird man dies jedoch mit einer Höchstbefristung koppeln.

8 **c) Vertretung (Nr. 3).** Insbesondere in Krankheitsfällen erfolgt die befristete Einstellung einer **Vertretungskraft** unter der auflösenden Bedingung der Wiedergenesung des vertretenen ArbN. Wird der Vertretungsbedarf durch eine solche auflösende Bedingung begrenzt, so bedeutet dies allerdings, dass das Vertretungsarbeitsverhältnis nicht endet, wenn der vertretene ArbN aus dem Beschäftigungsverhältnis ganz ausscheidet[4]. Ist diese Folge nicht gewollt, so ist eine Kombination von auflösender Bedingung und Zweckbefristung angeraten (siehe dazu auch die Kommentierung zu § 14 Abs. 1 Satz 2 Nr. 3).

9 **d) Eigenart der Arbeitsleistung (Nr. 4).** Zweckmäßig kann eine auflösende Bedingung für diesen Sachgrund sein, wenn die Befristung zB an bestimmte **ungewisse Entwicklungen** der für die Programmgestaltung maßgeblichen Faktoren geknüpft wird[5]. Auch kann der sog. **Verschleißtatbestand** eine auflösende Bedingung rechtfertigen (wie zB das Nichterreichen eines bestimmten Klassenerhalts der Mannschaft).

10 **e) Erprobung (Nr. 5).** Bei einer Einstellung zur Probe kann eine auflösende Bedingung in der Nichtvorlage eines Gesundheitsattestes[6] oder in der fehlenden Eignung für den Schuldienst[7] liegen. Aller-

---

1 *Hromadka*, NJW 2001, 400. | 2 *Hromadka*, NJW 2001, 400; KR/*Bader*, Anhang II zu § 620 BGB, § 21 TzBfG Rz. 17; aA KDZ/*Däubler*, § 21 TzBfG Rz. 7. | 3 Dass die abstrakt angeführte Bedingung sodann einseitig herbeigeführt wird, steht dem nicht entgegen, wenn hierfür sachliche Gründe vorliegen; s. dazu BAG v. 2.7.2003 – 7 AZR 612/02, NZA 2004, 311. | 4 BAG v. 26.6.1996 – 7 AZR 674/95, DB 1996, 2289. | 5 BAG v. 2.7.2003 – 7 AZR 612/02, NZA 2004, 311: „künstlerische Gestaltungsfreiheit". | 6 LAG Hess. vom 8.12.1994 – 12 Sa 1103/94, LAGE § 620 BGB – Bedingung. | 7 BAG v. 31.8.1994 – 7 AZR 983/93, NZA 1995, 1212.

dings muss die Eignung objektivierbar sein, darf also nicht von der subjektiven Beurteilung des ArbGeb abhängig sein.

f) Gründe in der Person des ArbN (Nr. 6). Der diesem Sachgrund zuzuordnende **Wunsch** des ArbN nach einer Befristung kann durch die auflösende Bedingung begrenzt sein, dass der ArbN eine Anstellung in dem eigentlich erlernten Beruf findet oder die Lizenzspielermannschaft der 1. oder 2. Bundesliga angehört[1]. Entscheidend ist das Interesse des ArbN an der Befristung anstelle eines unbefristeten Vertrages. Als auflösende Bedingung kann sich auch die Abhängigkeit von dem **Vorliegen einer Aufenthaltserlaubnis** als Grund für die Befristung darstellen.

Sofern man in dem Erreichen einer bestimmten **Altersgrenze** die Vereinbarung einer auflösenden Bedingung sieht, wären Altersgrenzen auch diesem Sachgrund zuzuordnen (siehe dazu die Kommentierung zu § 14 Abs. 1 Satz 2). Da die Altersgrenze (zB Vollendung des 65. Lebensjahres) ein bestimmter Zeitpunkt ist, ist aber das Erreichen eines bestimmten Alters kein unsicheres Ereignis iS einer auflösenden Bedingung. Dagegen liegt die Vereinbarung einer auflösenden Bedingung vor, wenn das Arbeitsverhältnis mit der **Erwerbsunfähigkeit** beendet wird (siehe zB § 59 BAT). – Wegen der weiteren Einzelheiten wird auf die Kommentierung zu § 14 Abs. 1 Satz 2 verwiesen.

g) Vergütung aus Haushaltsmitteln (Nr. 7). Dieser Sachgrund ist für eine auflösende Bedingung deshalb **nicht geeignet**, weil von vornherein eine Befristung vorausgesetzt wird, also keine Ungewissheit über das Vorhandensein der Haushaltsmittel ausreicht[2].

h) Gerichtlicher Vergleich (Nr. 8). In der Regel bestimmt ein **gerichtlicher Vergleich** einen konkreten Beendigungstermin. Die Beendigung kann jedoch auch von einer auflösenden Bedingung abhängig gemacht werden. Da aber die auflösende Bedingung zugleich auch den Beendigungstatbestand rechtfertigt, kommt dem gerichtlichen Vergleich in diesem Falle grundsätzlich keine einen Sachgrund ersetzende Bedeutung zu.

3. Weitere Sachgründe. Folgt man der Gesetzesbegründung, dass die Aufzählung in § 14 Abs. 1 Satz 2 nur beispielhaft ist, so können auch auflösende Bedingungen **auf andere Gründe** gestützt werden[3]. In der Rspr. ist eine auflösende Bedingung für die Beendigung des Arbeitsverhältnisses bei festgestellter Fluguntauglichkeit für zulässig erachtet worden, sofern keine zumutbare Beschäftigungsmöglichkeit auf einem freien Arbeitsplatz besteht[4] oder eine „Abstiegsklausel" in einem Vertrag mit einem Eishockeyspieler[5]. Die Tatsache einer geminderten Erwerbsfähigkeit stellt für sich genommen keinen eine auflösende Bedingung rechtfertigenden Grund dar. Erst die Einbindung der Interessen der betroffenen ArbN durch die Absicherung an die rentenrechtliche Versorgung rechtfertigt den Auflösungstatbestand ohne Kündigung[6] (hierzu sind die Auswirkungen der Richtlinie 2000/78/EG zu berücksichtigen). Demgemäß lässt § 8 Abs. 3 ATZG in ATZ-Verträgen die auflösende Bedingung zu, dass das Arbeitsverhältnis ohne Kündigung mit dem Rentenbezugszeitpunkt endet.

Eine **Umgehung kündigungsrechtlicher Vorschriften** ist dagegen anzunehmen, wenn das Arbeitsverhältnis oder die auflösende Bedingung von der Nichtrückkehr aus dem Urlaub[7], des Entfallens staatlicher Förderung, des Trinkens von Alkohol oder des Konsums von Drogen abhängig gemacht wird. Hierdurch wird im Ergebnis die – unzulässige – Vereinbarung absoluter Kündigungsgründe eröffnet.

4. Schriftform und Grund der Befristung (§ 14 Abs. 4). Der auflösend bedingte Arbeitsvertrag unterliegt ebenfalls dem **Schriftformerfordernis** des § 14 Abs. 4. Da die vorgesehene Beendigung aus dem Sachgrund der auflösenden Bedingung folgt, wird der Beendigungstatbestand durch diesen selbst gekennzeichnet. Die gewählte Bedingung muss daher so umschrieben sein, dass der Eintritt des Ereignisses, an das die Beendigung des Arbeitsverhältnisses geknüpft wird, objektiv erkennbar ist. – Im Übrigen wird Bezug genommen auf die Kommentierung zu § 14 Abs. 4.

5. Beendigung, Kündigungsmöglichkeit und stillschweigende Verlängerung (§ 15 Abs. 2, 3 und 5). Das auf eine auflösende Bedingung gestützte befristete Arbeitsverhältnis endet **mit Eintritt der Bedingung**. Wie bei der Zweckbefristung bedarf es aber der **schriftlichen Unterrichtung** durch den ArbGeb über den Zeitpunkt des Eintritts der auflösenden Bedingung. Frühestens zwei Wochen nach Zugang dieser schriftlichen Unterrichtung endet das Arbeitsverhältnis[8].

Auch das auflösend bedingte Arbeitsverhältnis kann während seiner Laufzeit beiderseits nur dann **ordentlich gekündigt** werden, wenn dies einzelvertraglich oder im anwendbaren TV vereinbart ist (§ 15 Abs. 3).

---

1 BAG v. 4.12.2002 – 7 AZR 492/01, DB 2003, 2016. |2 S. dazu die Gesetzesbegründung siehe BT-Drs. 14/4374, S. 19. |3 *Thüsing/Lambrich*, BB 2002, 829; aA KR/*Lipke*, Anhang II zu § 620 BGB, § 14 TzBfG Rz. 28. |4 BAG v. 11.10.1995 – 7 AZR 119/95, BB 1996, 1441. |5 LAG Düsseldorf vom 26.5.1995 – 10 (15) Sa 1886/94, LAGE § 620 BGB – Bedingung Nr. 5; bzgl. eines Fußballtrainers s. BAG v. 4.12.2002 – 7 AZR 492/01, NZA 2003, 611. |6 BAG v. 11.3.1998 – 7 AZR 101/97, NZA 1998, 1180. |7 BAG v. 19.12.1974 – 2 AZR 565/73, BB 1975, 651. |8 Im BAT ist die Frist gemäß Protokollnotiz Nr. 6 g zu Nr. 1 SR 2y zu beachten.

20 Wird das Arbeitsverhältnis nach Eintritt der auflösenden Bedingung mit Wissen des ArbGeb **fortgesetzt**, so entsteht nach § 15 Abs. 5 ein unbefristetes Arbeitsverhältnis, wenn der ArbGeb nicht unverzüglich widerspricht oder dem ArbN den Eintritt der auflösenden Bedingung nicht unverzüglich mitteilt. – Es wird im Übrigen auf die Kommentierung zu § 15 Abs. 2, 3 und 5 verwiesen.

21 **6. Folgen einer unzulässigen auflösenden Bedingung (§ 16).** Ist die auflösende Bedingung **unwirksam**, so gilt der Arbeitsvertrag in entsprechender Anwendung des § 16 Satz 1 Halbs. 1, als auf unbestimmte Zeit geschlossen. Dies gilt für alle Unwirksamkeitsgründe. Da das Wesen einer auflösenden Bedingung darin besteht, dass der Eintritt des zukünftigen Ereignisses ungewiss ist, kann die dem ArbGeb nach § 16 Satz 1, Halbs. 2, eingeräumte Kündigungsmöglichkeit unter Umständen nicht realisiert werden, so dass schon deshalb die Vereinbarung einer **Kündigungsmöglichkeit** gem. § 15 Abs. 3 unbedingt **zu empfehlen** ist. Bei Nichteinhaltung des Schriftformerfordernisses besteht nach § 16 Satz 2 für beide Arbeitsvertragsparteien die Möglichkeit der ordentlichen Kündigung auch vor Eintritt der Bedingung.

Bezüglich der Folgen einer unwirksamen Befristung wird im übrigen Bezug genommen auf die Kommentierung zu § 16.

22 **7. Klagefrist (§ 17).** Aufgrund der entsprechenden Anwendung des § 17 gilt auch bei auflösenden Bedingungen eine **dreiwöchige Klagefrist**. Die Rechtsfolgen der §§ 5–7 KSchG gelten auch bei einer auflösenden Bedingung. – Ergänzend wird Bezug genommen zur Kommentierung zu § 17.

23 **8. Information und Weiterbildung (§§ 18–20).** Auf auflösend bedingte Arbeitsverhältnisse sind weiterhin entsprechend anwendbar die Vorschriften des **§ 18** (Information über unbefristete Arbeitsplätze), des **§ 19** (Aus- und Weiterbildung) sowie des **§ 20** (Information der ArbN-Vertretung). Da die Besonderheit einer auflösenden Bedingung darin liegt, dass die Beendigung von dem ungewissen Eintritt eines zukünftigen Ereignisses abhängt, ist es schon zur Vermeidung von Missverständnissen notwendig, bei der Information der ArbN-Vertretung die auflösend bedingten Arbeitsverhältnisse gesondert auszuweisen[1].

Vierter Abschnitt. Gemeinsame Vorschriften

22 *Abweichende Vereinbarungen*
(1) Außer in den Fällen des § 12 Abs. 3, § 13 Abs. 4 und § 14 Abs. 2 Satz 3 und 4 kann von den Vorschriften dieses Gesetzes nicht zuungunsten des Arbeitnehmers abgewichen werden.

(2) Enthält ein Tarifvertrag für den öffentlichen Dienst Bestimmungen im Sinne des § 8 Abs. 4 Satz 3 und 4, § 12 Abs. 3, § 13 Abs. 4, § 14 Abs. 2 Satz 3 und 4 oder § 15 Abs. 3, so gelten diese Bestimmungen auch zwischen nicht tarifgebundenen Arbeitgebern und Arbeitnehmern außerhalb des öffentlichen Dienstes, wenn die Anwendung der für den öffentlichen Dienst geltenden tarifvertraglichen Bestimmungen zwischen ihnen vereinbart ist und die Arbeitgeber die Kosten des Betriebes überwiegend mit Zuwendungen im Sinne des Haushaltsrechts decken.

1 **I. Abweichungsmöglichkeiten (Abs. 1). 1. Grundsatz.** Von den Regelungen des Gesetzes darf grundsätzlich **nicht zuungunsten** des ArbN abgewichen werden. Ausnahmen sind nur TV in den in der Vorschrift genannten drei Fällen gestattet. Durch BV, aber auch durch Einzelarbeitsvertrag, obwohl dieser in der Gesetzesbegründung angeführt wird[2], kann überhaupt nicht von den gesetzlichen Bestimmungen zuungunsten des ArbN abgewichen werden. Die Einschränkung auch tariflicher Regelungen gilt auch für bereits bestehende TV[3].

Anders als § 6 Abs. 3 BeschFG weist das Teilzeit- und Befristungsgesetz keine „**Kirchenklausel**" auf – auch nicht für den Bereich der Teilzeitarbeit –, so dass kirchlichen ArbGeb über den sog. Dritten Weg keine abweichende Regelung möglich ist[4].

2 Wegen der Ergänzungsfunktion zu § 4 KSchG ist auch **§ 17 zwingend**, so dass weder zugunsten noch zuungunsten des ArbN davon abgewichen werden kann[5].

3 **2. Ausnahmen.** Nur in den in der Vorschrift genannten **drei Fällen** kann durch einen TV zuungunsten des ArbN von den gesetzlichen Regelungen abgewichen werden. Dies sind die in § 12 geregelte Arbeit auf Abruf (§ 12 Abs. 3), die in § 13 Abs. 1 und 3 geregelte Arbeitsplatzteilung (§ 13 Abs. 4) und die Festlegung der Anzahl der Verlängerungen oder die Höchstdauer der Befristungen von sachgrundlosen Befristungen des § 14 Abs. 2 und 2a (§ 14 Abs. 2 Satz 3 und 4). Wegen der möglichen tariflichen Regelungen und der Möglichkeit der arbeitsvertraglichen Inbezugnahme in den genannten Einzelfällen wird auf die jeweilige Kommentierung zu §§ 12, 13 und 14 verwiesen.

---

1 KDZ/*Däubler*, § 21 TzBfG Rz. 28. | 2 BT-Drs. 14/4374, S. 22. | 3 KR/*Bader*, Anh. II zu § 620 BGB, § 22 TzBfG Rz. 2. | 4 AA Annuß/Thüsing/*Thüsing*, § 22 TzBfG Rz. 6; s. dazu auch *Müller-Volbehr*, Teilzeitarbeit und kirchliche Arbeitsverhältnisse, NZA 2002, 301. | 5 KR/*Bader*, Anh. II zu § 620 BGB, § 22, § 21 TzBfG Rz. 2.

Ungünstigere Abweichungen, bei TV in den nicht ausgenommenen Fällen, sind **unwirksam**. Bei der Vereinbarung unzulässiger Befristungsregelungen führt dies nach § 16 zu einem unbefristeten Arbeitsvertrag.

II. TV des öffentlichen Dienstes (Abs. 2). 1. Tarifvertraglicher Geltungsbereich. Die nach Abs. 1 möglichen Abweichungen in TV können auch unter den jeweiligen gesetzlichen Voraussetzungen zwischen **nicht tarifgebundenen** ArbN und ArbGeb vereinbart werden. Dies gilt aber nur für nicht tarifgebundene ArbGeb und ArbN in dem Geltungsbereich eines solchen TV.

Eine Ausnahme sieht diese Vorschrift für die Anwendung von TV des **öffentlichen Dienstes** vor. Danach kann auch zwischen nicht tarifgebundenen ArbGeb und ArbN außerhalb des öffentlichen Dienstes ein TV für den öffentlichen Dienst vereinbart werden, der Regelungen zu § 8 Abs. 4 Satz 3 und 4, § 12 Abs. 3, § 13 Abs. 4, § 14 Abs. 2 Satz 3 und 4 bzw. Abs. 2a oder § 15 Abs. 3 enthält. Voraussetzung ist aber, dass zwischen den Vertragsparteien die Anwendung des für den öffentlichen Dienst geltenden TV vereinbart ist. Es reicht nicht, wenn nur die einzelnen verschlechternden tarifvertraglichen Regelungen vereinbart werden. Dies würde auch bei vorformulierten Arbeitsverträgen (§ 305 BGB) § 307 BGB widersprechen. Vielmehr wird die Anwendung des gesamten TV vorausgesetzt [1]. Außerdem wird vorausgesetzt, dass die ArbGeb die Kosten des Betriebs überwiegend mit Zuwendungen iSd. Haushaltsrechts decken. Dies betrifft insb. die in Form einer GmbH organisierten, nicht tarifgebundenen Forschungseinrichtungen, wie die Fraunhofer-Gesellschaft und die Max-Planck-Gesellschaft.

2. BAT. a) Teilzeit. Bezüglich der **Verringerung der Arbeitszeit** enthält § 15b BAT eine Sonderregelung. Dass die Arbeitszeitreduzierung nur von Vollzeitbeschäftigten beansprucht werden kann, benachteiligt jedoch Teilzeitbeschäftigte ohne sachlichen Grund. Der Ausschluss der Teilzeitbeschäftigten ist daher unwirksam [2]. Auch die in § 15b BAT vorausgesetzten besonderen Anforderungen in der Person des ArbN widersprechen § 22 und den gesetzlich eingeräumten Möglichkeiten von Abweichungen zuungunsten von ArbN.

b) Befristungen. Auf Befristungen sind im öffentlichen Dienst die **Sonderregelungen** für Zeitangestellte, Angestellte für Aufgaben von begrenzter Dauer und für Aushilfsangestellte (SR 2y BAT), wie sie auch für vergleichbare TV für Angestellte des öffentlichen Dienstes oder öffentliche Einrichtungen gelten, anwendbar. Diese enthalten eine Einschränkung gegenüber den gesetzlichen Befristungsmöglichkeiten. Entsprechend den Bedürfnissen des öffentlichen Dienstes sind die befristeten Arbeitsverhältnisse typisiert und inhaltlich ausgestaltet. Befristete Arbeitsverträge sind zulässig, wenn die Angestellten für eine bestimmte Zeit, für Aufgaben von begrenzter Dauer oder zur Aushilfe eingestellt werden. Diese Befristungsgrundformen des Zeitangestellten, des Angestellten für Aufgaben von begrenzter Dauer und des Aushilfsangestellten stehen selbständig nebeneinander. Der Sachgrund der Vertretung ist der Befristungsgrundform des Aushilfsangestellten zuzuordnen. Der Begriff des Zeitangestellten ist nicht der Oberbegriff dieser drei Befristungsgrundformen [3].

Der Abschluss eines Zeitvertrages für die Dauer von mehr als fünf Jahren ist unzulässig. Nicht verboten ist aber die **Aneinanderreihung mehrerer Verträge**, die insgesamt die Dauer von fünf Jahren überschreiten [4]. Das gilt aber nicht für zweckbefristete Arbeitsverträge, zB zu Urlaubsvertretungen [5].

Nach Nr. 2 Abs. 1 SR 2y BAT ist **im Arbeitsvertrag** anzugeben, ob der Angestellte als Zeitangestellter, als Angestellter für Aufgaben von begrenzter Dauer oder als Aushilfsangestellter eingestellt wird, nicht aber der konkrete Befristungsgrund [6]. Auf einen anderen Befristungsgrund als den im Arbeitsvertrag angegebenen kann sich der ArbGeb später nicht berufen [7]. Die Tarifvorschriften der SR 2y BAT gelten nicht für die Befristung einzelner Vertragsbedingungen [8].

Gemäß Protokollnotiz Nr. 6 zu Nr. 1 SR 2y BAT können **sachgrundlose Befristungen** nach § 14 Abs. 2 und 3 vereinbart werden. Im Arbeitsvertrag ist aber anzugeben, dass es sich um ein Arbeitsverhältnis nach § 14 Abs. 2 oder Abs. 3 handelt.

23 *Besondere gesetzliche Regelungen*
Besondere Regelungen über Teilzeitarbeit und über die Befristung von Arbeitsverträgen nach anderen gesetzlichen Vorschriften bleiben unberührt.

Lit.: *Köster/Schiefer/Überacker*, Arbeits- und sozialversicherungsrechtliche Fragen des Bundeserziehungsgeldgesetzes 1992, DB 1992, Beil. 10, 9; *Rudolf/Rudolf*, Zum Verhältnis der Teilzeitansprüche nach § 15 BErzGG, § 8 TzBfG, NZA 2002, 602.

---

1 KR/*Bader*, Anh. II zu § 620 BGB, § 22 TzBfG Rz. 11; KDZ/*Däubler/Zwanziger*, § 22 TzBfG Rz. 27; aA Annuß/Thüsing/*Thüsing*, § 22 TzBfG Rz. 12. | 2 BAG v. 18.3.2003 – 9 AZR 126/02, DB 2004, 319. | 3 BAG v. 29.10.1998 – 7 AZR 561/97, BB 1999, 963. | 4 BAG v. 22.3.1985 – 7 AZR 487/84, AP Nr. 89 zu § 620 BGB – Befristeter Arbeitsvertrag. | 5 BAG v. 26.3.1986 – 7 AZR 599/84, NZA 1987, 238 (240). | 6 BAG v. 24.4.1996 – 7 AZR 605/95, DB 1997, 1137. | 7 BAG v. 28.3.2001 – 7 AZR 701/99, AP Nr. 227 zu § 620 BGB – Befristeter Arbeitsvertrag; v. 17.4.2002 – 7 AZR 665/00, AP Nr. 21 zu § 2 BAT SR 2y. | 8 BAG v. 15.4.1999 – 7 AZR 734/97, NZA 1999, 1115.

1 **I. Allgemeines.** Nach dieser Vorschrift bleiben **besondere Regelungen** über Teilzeitarbeit und über die Befristung von Arbeitsverträgen unberührt. Die Spezialgesetze gehen den Regelungen des Teilzeit- und Befristungsgesetzes vor, wenn in ihnen bestimmte Gegenstände speziell geregelt sind.

2 **Fehlen einschlägige** Regelungen oder weichen sie nicht vom TzBfG ab, so gelten die Vorschriften des Teilzeit- und Befristungsgesetzes gegenüber diesen Sonderregelungen ergänzend. Dies gilt vor allem für die Klagefrist des § 17.

3 **II. Besondere Regelungen über Teilzeitarbeit. 1. ATZ-Gesetz.** Das die Förderung durch die BA regelnde ATZ-Gesetz räumt ArbN, die das 55. Lebensjahr vollendet haben und innerhalb der letzten fünf Jahre vor Beginn der ATZ mindestens 1080 Kalendertage arbeitslosenversicherungspflichtig beschäftigt gewesen sind, die Möglichkeit ein, die Arbeitszeit auf die Hälfte der bisherigen wöchentlichen Arbeitszeit zu reduzieren (§ 2 Abs. 1 ATZG). Die Verringerung der Arbeitszeit muss sich auf die Zeit erstrecken, bis eine Rente wegen Alters beansprucht werden kann. Die Höchstförderungsdauer für Arbeitsverhältnisse, in denen nach dem ATZ-Gesetz die Arbeitszeit reduziert wird, beträgt 6 Jahre (§ 4 ATZG). – Es wird im Übrigen auf die Kommentierung zum ATZ-Gesetz verwiesen.

4 **2. § 15 BErzGG.** Während der **Elternzeit** besteht für jeden Elternteil nach § 15 Abs. 4–7 BErzGG Anspruch auf Verringerung der Arbeitszeit. Begrenzt wird die wöchentliche Arbeitszeit nach § 15 Abs. 4 BErzGG auf maximal 30 Stunden und durch die in § 15 Abs. 7 Satz 1 Nr. 3 BErzGG vorgesehene zeitliche Untergrenze von 15 Wochenstunden. Voraussetzung für diesen Anspruch auf Verringerung der Arbeitszeit während der Elternzeit ist, dass das Arbeitsverhältnis in demselben Betrieb oder Unternehmen länger als sechs Monate besteht und der ArbGeb unabhängig von Auszubildenden in der Regel mehr als 15 ArbN beschäftigt.

Der Anspruch auf Verringerung der Arbeitszeit muss dem ArbGeb **8 Wochen** oder, wenn die Verringerung unmittelbar nach der Geburt des Kindes oder nach der Mutterschutzzeit beginnen soll, **6 Wochen** (entsprechend der Frist nach § 16 Abs. 1 Satz 1 BErzGG) vor der geplanten Verringerung der Arbeitszeit bzw. vor Beginn der Tätigkeit schriftlich mitgeteilt werden (die Fristwahrung ist im Gegensatz zu § 8 Abs. 2 Anspruchsvoraussetzung). In dem Verringerungsantrag müssen der Beginn und der Umfang der verringerten Arbeitszeit angegeben werden. Der Antrag soll auch die gewünschte Verteilung der Arbeitszeitverringerung enthalten. Der Anspruch besteht dann nicht, wenn ihm **dringende betriebliche Erfordernisse** entgegenstehen (§ 15 Abs. 7 Satz 1 Nr. 4 BErzGG). – Gegenüber dem Teilzeitanspruch des § 8 Abs. 4 müssen also hier die Voraussetzungen für die Ablehnung seitens des ArbGeb schwerer wiegen. Für eine Einigung über den Antrag auf eine Verringerung der Arbeitszeit und ihre Ausgestaltung ist eine Frist von vier Wochen vorgesehen (§ 15 Abs. 5 BErzGG). Wird der Elternzeitanspruch nicht geltend gemacht, kann der Teilzeitanspruch aber auf § 8 gestützt werden, auch wenn die Voraussetzungen des § 15 BErzGG vorliegen[1]. – Nicht nur im Falle der ausdrücklichen Ablehnung, sondern auch bei nicht rechtzeitiger Mitteilung der Entscheidung ist der ArbGeb auf Zustimmung zur Arbeitszeitverringerung zu verklagen (§ 15 Abs. 7 Satz 3 BErzGG). Anders als in § 8 Abs. 5 Satz 2 kann keine Zustimmungsfiktion eintreten.

Der Teilzeitanspruch nach § 15 Abs. 6 und Abs. 7 BErzGG ist für die Zeit, in der Elternzeit in Anspruch genommen wird, zu § 8 lex specialis[2]. Der Rückgriff auf § 8 ist daher nur außerhalb der Elternzeit möglich. – Es wird im Übrigen auf die Kommentierung zum BErzGG verwiesen.

5 **3. § 81 Abs. 5 SGB IX.** Nach § 81 Abs. 5 Satz 3 SGB IX haben **schwerbehinderte Menschen** einen Anspruch auf Teilzeitbeschäftigung. Voraussetzung ist, dass die kürzere Arbeitszeit wegen der Art oder Schwere der Behinderung notwendig ist. Der Anspruch kann von dem schwerbehinderten ArbN jederzeit, auch wiederholt, geltend gemacht werden. Vonseiten des ArbGeb kann in entsprechender Anwendung des § 81 Abs. 4 SGB IX der Anspruch abgelehnt werden, wenn ihm die Erfüllung des Teilzeitwunsches für den ArbGeb nicht zumutbar oder mit unverhältnismäßigen Aufwendungen verbunden wäre oder soweit staatliche oder berufsgenossenschaftliche Arbeitsschutzvorschriften entgegenstehen. Sofern der ArbGeb Unzumutbarkeit geltend macht, reichen nicht betriebliche (§ 8 Abs. 4) oder dringende betriebliche (§ 15 Abs. 7 Satz 1 Nr. 4 BErzGG) Gründe aus. Hinsichtlich der Aufwendungen für den Teilzeitarbeitsplatz ist zu berücksichtigen, dass gem. § 81 Abs. 5 Satz 2 SGB IX die Integrationsämter den ArbGeb bei der Einrichtung von Teilzeitarbeitsplätzen zu unterstützen haben.

6 **4. Öffentlicher Dienst.** Zur Förderung von Frauen und der Vereinbarkeit von Familie und Beruf sehen verschiedene Landesgesetze die Einräumung von **Teilzeittätigkeit für Frauen** vor. Die Gesetzesbegründung führt zu § 23 ausdrücklich §§ 8, 10 und 12 des Frauenfördergesetzes des Bundes an[3].

---

1 Siehe iE – auch zu den unterschiedlichen Voraussetzungen – *Rudolf/Rudolf*, NZA 2002, 602. | 2 Annuß/Thüsing/*Lambrich*, § 23 TzBfG Rz. 26. | 3 BT-Drs. 14/4374, S. 22.

III. Besondere Regelungen über befristete Arbeitsverträge. 1. § 8 Abs. 3 ATZG. Diese Vorschrift ermöglicht **Befristungen des ATZ-Vertrages** auf den Tag, an dem der ArbN die Voraussetzungen für den Bezug von Altersrente nach ATZ-Arbeit erfüllt (§ 237 SGB VI)[1].

2. AÜG. Mit der Aufhebung der besonderen Befristungsverbote sind auf **Leiharbeitsverhältnisse** die **allgemeinen Vorschriften des § 14 TzBfG** anzuwenden. Dem Synchronisationsverbot wird insofern weiterhin Bedeutung zukommen, als der Verleiher das Risiko der zukünftig fehlenden Beschäftigungsmöglichkeit nicht ohne weiteres auf den ArbN abwälzen kann. Allerdings besteht nun auch die Möglichkeit, nicht nur bei der erstmaligen Befristung, sondern gemäß § 14 Abs. 2 und 2a unter den dort genannten Voraussetzungen ein befristetes Arbeitsverhältnis ohne Sachgrund abzuschließen und zu verlängern.

3. § 21 BErzGG. Durch § 21 BErzGG wird die befristete Einstellung von Ersatzkräften für **im Mutterschutz oder Elternzeit** befindliche ArbN/innen ermöglicht. Die Befristung muss nach § 14 Abs. 4 schriftlich vereinbart werden.

Nach § 21 Abs. 1 BErzGG liegt ein **sachlicher Grund** für die Befristung eines Arbeitsverhältnisses vor, wenn ein ArbGeb einen ArbN zur Vertretung eines ArbN für die Dauer der Beschäftigungsverbote nach dem Mutterschutzgesetz und/oder für die Dauer der Elternzeit oder einer auf TV, BV oder Individualvertrag beruhenden Arbeitsfreistellung zur Betreuung eines Kindes einstellt. Die Aushilfskraft muss nicht auf dem Arbeitsplatz des in Mutterschutz oder Elternzeit befindlichen ArbN eingesetzt werden. Der Mutterschutz bzw. die Elternzeit muss nur für die befristete Einstellung kausal sein[2].

Nach § 21 Abs. 3 BErzGG muss die Dauer der Befristung des Arbeitsvertrages kalendermäßig bestimmt oder bestimmbar sein. Die Befristungsdauer muss sich nach der tatsächlich beantragten Elternzeit richten. In die Befristungsdauer können gem. § 21 Abs. 2 BErzGG die notwendigen Einarbeitungszeiten der Ersatzkraft einbezogen werden.

Neben der Zeitbefristung lässt § 21 Abs. 3 BErzGG für die in § 21 Abs. 1 und Abs. 2 BErzGG genannten Vertretungsfällen auch die **Zweckbefristung** eines Arbeitsvertrages zu. Dies erleichtert die Einstellung von Ersatzkräften. Da während des Beschäftigungsverbotes nach dem Mutterschutzgesetz in der Regel das Ende der von der ArbN-in/dem ArbN schon beabsichtigten anschließenden Elternzeit noch nicht „kalendermäßig bestimmbar" ist, kann nur mit Hilfe einer Zweckbefristung von vornherein für beide zu überbrückenden Vertretungszeiträume eine Ersatzkraft eingestellt werden. Zulässig ist auch eine Kombination der Zweckbefristung mit einer Zeitbefristung. Diese empfiehlt sich, um sicherzustellen, dass der befristete Arbeitsvertrag mit dem ursprünglich vorgesehenen Ende der Elternzeit endet. Ansonsten geht das Arbeitsverhältnis mit dem Ende der Elternzeit und der Nichtrückkehr des/der in Elternzeit befindlichen ArbN/ArbN-in in einen unbefristeten Arbeitsvertrag über[3].

Die Befristungen nach § 21 BErzGG können für die gesamte Zeit oder auch für Teile vorgenommen werden. Es ist daher zulässig, mehrere ArbN **nacheinander** als Ersatzkräfte einzustellen oder mit derselben Vertretungskraft mehrere befristete Arbeitsverträge abzuschließen[4].

Obwohl seit dem 1. 1. 1992 in § 21 Abs. 1 BErzGG nicht mehr ausdrücklich aufgenommen ist, dass die Befristung für die Dauer eines Erziehungsurlaubs nur für einen solchen gilt, der für den vertretenen ArbN **zu Recht** verlangt wurde, ist die Befristung nur zulässig, wenn im Zeitpunkt des Vertragsabschlusses bereits Elternzeit verlangt war, und zwar nur für diese Dauer[5]. Die befristet eingestellte Ersatzkraft hat grundsätzlich die gleichen Rechte wie ein unbefristet eingestellter ArbN.

Gem. § 21 Abs. 4 BErzGG kann das befristete Arbeitsverhältnis ordentlich mit einer Frist von 3 Wochen **gekündigt** werden, auch wenn nicht ausdrücklich ein ordentliches Kündigungsrecht während der Befristung vereinbart worden ist, wenn die Elternzeit ohne Zustimmung des ArbGeb nach § 16 Abs. 4 BErzGG vorzeitig endet, und der ArbN dem ArbGeb die vorzeitige Beendigung seiner Elternzeit mitgeteilt hat. Die Kündigung kann dann zu dem Zeitpunkt ausgesprochen werden, zu dem die Elternzeit endet.

Das **Kündigungsschutzgesetz** ist auf diese durch die vorzeitige Beendigung der Elternzeit bedingte Kündigung gem. § 21 Abs. 5 BErzGG nicht anwendbar. Ausnahmen können sich allerdings durch Sonderkündigungsschutz (eines schwerbehinderten Menschen, Mutterschutz) ergeben. Gemäß § 21 Abs. 6 BErzGG kann das Sonderkündigungsrecht des § 21 Abs. 4 BErzGG aber auch vertraglich ausgeschlossen werden.

---

1 Zur Diskriminierung von Frauen, wenn die tarifvertragliche Regelung Altersteilzeitarbeit nur bis zu dem Zeitpunkt erlaubt, in dem erstmals eine ungekürzte Rente aus der gesetzlichen Altersversorgung in Anspruch genommen werden kann: EuGH v. 20.3.2003 – C-187/00, BB 2003, 1184 – Helga Kutz-Bauer. | 2 BAG v. 15.8.2001 – 7 AZR 263/00, DB 2002, 52. | 3 BAG v. 26.6.1996 – 7 AZR 674/95, DB 1996, 2289. | 4 *Köster/Schiefer/Überacker*, DB 1992, Beil. 10, 1 (9); der vorhersehbare weitere Bedarf an Vertretungskräften schließt eine Befristung wegen Erziehungsurlaubs (jetzt: Elternzeit) nicht aus, LAG Köln v. 13.9.1995 – 2 Sa 568/95, NZA-RR 1996, 125. | 5 BAG v. 9.11.1994 – 7 AZR 243/94, NZA 1995, 575.

15 Wenn **ohne diese Einschränkung eine Kündigung** während der Elternzeit vorbehalten bleiben soll, bedarf es einer ausdrücklichen Vereinbarung der Kündigungsmöglichkeit gemäß § 15 Abs. 3. In diesem Fall ist das Kündigungsschutzgesetz anwendbar.

16 **Vertragsbeispiel:**
Der/die Arbeitnehmer/in wird als Vertreter/in für Frau ... während der Dauer ihrer Mutterschutzfrist in der Zeit vom ... bis ... und bis zum Ablauf der evtl. sich anschließenden Elternzeit befristet eingestellt. Das Ende der Elternzeit wird dem/der Arbeitnehmer/in schriftlich mitgeteilt, wenn feststeht, ob und wie lange die/der vertretene Arbeitnehmerin/Arbeitnehmer Elternzeit nimmt. Endet die Elternzeit vor dem mitgeteilten Beendigungsdatum, so endet das Arbeitsverhältnis mit der Wiederaufnahme der Tätigkeit durch die vertretene Arbeitnehmerin. Ungeachtet der Kündigungsmöglichkeit nach § 21 Abs. 4 BErzGG kann das Arbeitsverhältnis während der Elternzeit mit den gesetzlichen Kündigungsfristen gekündigt werden."

17 **4. Eingliederungsvertrag nach §§ 229 ff. SGB III.** Gem. § 229 SGB III kann die AA die **Eingliederung von förderungsbedürftigen Arbeitslosen** fördern.

18 Der Eingliederungsvertrag nach § 231 SGB III kann auf die **Dauer** von mindestens zwei Wochen, längstens sechs Monate befristet werden (§ 232 Abs. 1 SGB III). Der Eingliederungsvertrag stellt jedoch kein Arbeitsverhältnis dar[1], kann deshalb einer sachgrundlosen Befristung nach § 14 Abs. 2 oder 2a vorausgehen.

19 **5. §§ 57a ff. HRG.** Mit dem 5. Gesetz zur Änderung des Hochschulrahmengesetzes ua. Vorschriften vom 16.2.2002 (in kraft getreten am 23.2.2002 – BGBl. I S. 693) haben ua. die Befristungsregelungen im **Hochschulbereich** eine wesentliche Änderung erfahren. Gleichzeitig ist das Gesetz über befristete Arbeitsverträge mit wissenschaftlichem Personal an Forschungseinrichtungen gem. Art. 2 des 5. Gesetzes zur Änderung des Hochschulrahmengesetzes und anderer Vorschriften aufgehoben worden.

20 **a) Rechtliche Situation.** Gem. § 57a Abs. 1 Satz 5 HRG sind die §§ 57a ff. HRG **Spezialregelungen**, die im Hochschulbereich unter den gesetzlich genannten Voraussetzungen Befristungen ohne sachlichen Grund zulassen. Daneben gelten die allgemeinen Vorschriften und Grundsätze über befristete Arbeitsverträge und deren Kündigung (so zB das Schriftformerfordernis des § 14 Abs. 4 und die Klagefrist des § 17). Alternativ können mit dem unter den Geltungsbereich der §§ 57a ff. HRG fallenden Personal auch befristete Arbeitsverträge nach den allgemeinen arbeitsrechtlichen Regelungen abgeschlossen werden, wie sie insb. im Teilzeit- und Befristungsgesetz niedergelegt sind. Sie werden jedoch gem. § 57b Abs. 2 Satz HRG auf die **Höchstbefristungsdauer** des § 57b HRG voll angerechnet. Nach Ablauf der Befristungshöchstdauer der §§ 57a ff. HRG sind, gem. § 57b Abs. 2 Satz 3 HRG befristete Arbeitsverträge nach Maßgabe des Teilzeit- und Befristungsgesetzes gerechtfertigt. Wegen der Einschränkung des § 14 Abs. 2 Satz 2 können diese abs Satz 2 können diese abs nach Befristungen gem. §§ 57a ff. HRG nur noch wirksam abgeschlossen werden, wenn dafür ein Sachgrund vorliegt.

21 **b) Geltungsbereich.** Die erleichterten Befristungsmöglichkeiten der §§ 57a ff. HRG **gelten** gem. § 1 HRG für Universitäten, Pädagogische Hochschulen, Kunsthochschulen, Fachhochschulen und sonstige Einrichtungen des Bildungswesens, die nach Landesrecht staatliche Hochschulen sind. Nach § 70 Abs. 5 HRG sind die vorgenannten Bestimmungen auch auf staatlich anerkannte Hochschulen entsprechend anwendbar. Darüber hinaus gelten die Bestimmungen der §§ 57a–57c und § 57e HRG entsprechend für die in § 1 des Gesetzes über befristete Arbeitsverträge mit wissenschaftlichem Personal an Forschungseinrichtungen genannten Einrichtungen sowie für überwiegend staatlich oder auf der Grundlage des Art. 91b GG von Bund und Ländern gemeinsam geförderten Einrichtungen. Forschungseinrichtungen iSd. § 57d HRG sind insb. die Institute der Max-Planck-Gesellschaft und der Fraunhofer-Gesellschaft, die in der Hermann-von-Helmholtz-Gemeinschaft mit Deutschen Forschungszentren zusammengeschlossenen Einrichtungen und die Institute der sog. „Blauen Liste". Die Anwendbarkeit der Befristungsmöglichkeiten der §§ 57a ff. HRG auch auf befristete Arbeitsverträge mit wissenschaftlichen Mitarbeitern außeruniversitärer Forschungseinrichtungen hat allerdings zur Folge, dass die Befristungshöchstgrenze für die Beschäftigung im Bereich der Hochschulen und im Bereich der außeruniversitären Forschungseinrichtungen zusammengerechnet werden, so dass ein Wechsel zwischen Hochschule und Forschungseinrichtung nicht die Möglichkeit schafft, die Befristungshöchstgrenzen erneut auszuschöpfen.

22 **Hinweis:** Entsprechend der sich aus § 14 Abs. 2 Satz 2 ergebenden Notwendigkeit ist deshalb dringend angeraten, dass sich die in § 1 HRG genannten Einrichtungen sowie die außeruniversitären Forschungseinrichtungen ausdrücklich bestätigen lassen, dass der einzustellende wissenschaftliche Mitarbeiter weder zuvor noch während der Einstellung über einen Vertrag gem. §§ 57a ff. HRG verfügt bzw. verfügte.

---

1 BAG v. 17.5.2001 – 2 AZR 10/00, ArbRB 2001, 39.

c) Betroffene Mitarbeiter. Die Sonderregelungen für befristete Arbeitsverhältnisse im Hochschulbereich **beschränken** sich auf Arbeitsverträge mit wissenschaftlichen und künstlerischen Mitarbeitern und Mitarbeiterinnen (§ 53 HRG) sowie mit wissenschaftlichen[1] und künstlerischen Hilfskräften. Bei diesen Mitarbeitergruppen unterstellt der Gesetzgeber, dass zum einen ihre Beschäftigung der eigenen Aus-, Fort- und Weiterbildung dient und zum anderen der regelmäßige Austausch des Personals zur Sicherung der Innovation in Forschung und Lehre an den Hochschulen notwendig ist. Für andere Mitarbeiterinnen und Mitarbeiter im Hochschulbereich ist auf die allgemeinen Regelungen zur Befristung von Arbeitsverträgen zurückzugreifen.

Das bislang in § 54 HRG bezeichnete **Personal mit ärztlichen Aufgaben** ist nicht in den personellen Geltungsbereich der Sonderbefristatbestände übernommen worden. Insoweit ist der Gesetzgeber davon ausgegangen, dass bei diesem Personenkreis kein Anlass besteht, die Qualifizierungsphase über die in der Neuregelung der §§ 57a ff. HRG vorgesehenen Zeiträume hinaus zu erstrecken. Die Facharztqualifikation von Ärzten oder Ärztinnen, die an einer Hochschule als wissentliche Mitarbeiter oder Mitarbeiterinnen beschäftigt werden, kann innerhalb der in § 57b HRG geregelten Grenzen durchaus erreicht werden. Außerhalb der Universitäten ist die Befristungsmöglichkeit im Gesetz über befristete Arbeitsverträge mit Ärzten in der Weiterbildung geregelt (siehe dazu nachstehend 6, Rz. 52.).

Lehrkräfte für besondere Aufgaben, Lektoren und Lektorinnen (§ 56 HRG) können, soweit diese nicht als wissenschaftliche Mitarbeiter und Mitarbeiterinnen gem. § 53 HRG beschäftigt werden können, nach den allgemeinen Regelungen und Grundsätzen für befristete Arbeitsverträge eingestellt werden (so zB zur Sicherstellung eines aktualitätsbezogenen Unterrichts[2]).

Gem. § 57c HRG gelten die Befristungsregelungen der §§ 57a, 57b und § 57e HRG entsprechend für die in § 57c HRG genannten **Privatdienstverträge**. Dies sind befristete Arbeitsverträge, die ein Mitglied einer Hochschule, das Aufgaben seiner Hochschule selbständig wahrnimmt, zur Unterstützung bei der Erfüllung dieser Aufgaben mit einem aus Mitteln Dritter vergüteten Mitarbeiter abschließt. Mit einer Einbeziehung des Privatdienstvertrages in die Befristungsregelungen der §§ 57a ff. HRG soll eine mehrfache Ausschöpfung der Befristungshöchstgrenzen durch Wechsel der ArbGeb (Hochschule, Forschungseinrichtung und Privatdienstverträgen mit Professoren) vermieden werden.

Eine Sonderregelung, auch im Hinblick auf die Befristungsdauer, enthält § 57e HRG für **Hilfskräfte**, die als Studierende an der Hochschule eingeschrieben sind und noch nicht über einen ersten berufsqualifizierenden Hochschulabschluss verfügen.

In den in § 57d HRG genannten Forschungseinrichtungen betreffen die Befristungsregelungen der §§ 57a ff. HRG nicht nur wissenschaftliche Mitarbeiterinnen und Mitarbeiter sowie wissenschaftliche Hilfskräfte, sondern insgesamt das dort angestellte **wissenschaftliche Personal**. Befristete Arbeitsverträge gem. §§ 57a ff. HRG können daher in den in § 57b HRG genannten Forschungseinrichtungen auch mit Wissenschaftlern in Leitungspositionen vereinbart werden.

Im Unterschied zum früheren Recht gilt für die zum § 57a ff. HRG befristet einzustellenden wissenschaftlichen Mitarbeiterinnen und Mitarbeiter **keine altersbezogene Einstellungsgrenze** für die erstmalige Begründung eines befristeten Arbeitsverhältnisses.

d) Befristungsdauer. Wesentlich für die Neuregelung befristeter Beschäftigung im Hochschulbereich ist, dass die Befristungslegitimation nicht mehr über einzelne Sachgründe erfolgt, sondern über **Befristungsgrenzen**, denen die Vorstellung einer „typisierten Qualifikationsphase" zugrunde liegt. Innerhalb der Befristungshöchstdauer muss deshalb entgegen der bisherigen gesetzlichen Regelung nicht mehr geprüft werden, ob die befristete Beschäftigung zur Aus-, Fort- und Weiterbildung, zum Wissenstransfer innerhalb und außerhalb der Hochschule oder zur Erprobung erfolgt. Innerhalb dieses Zeitraumes hat die Hochschule auch jede Möglichkeit, zur Verfolgung dieser Zwecke Drittmittel oder haushaltsmäßig projektgebundene Mittel einzusetzen. Die Sicherstellung des Zweckes der Drittmittelverwendung und zweckgebundenen Haushaltsmittel erfolgt daher über das Haushaltsrecht und nicht über das Recht der befristeten Arbeitsverträge.

Gem. § 57b Abs. 1 Satz 1 HRG können Mitarbeiterinnen und Mitarbeiter **ohne Promotion** für maximal sechs Jahre befristet beschäftigt werden. Der Gesetzgeber hielt einen Zeitraum von sechs Jahren für angemessen, um sowohl eine Hinführung zur Promotion als auch den Abschluss des Verfahrens zu ermöglichen. Eine befristete Beschäftigung von bis zu sechs Jahren von nicht promovierten wissenschaftlichen Mitarbeiterinnen und Mitarbeitern ist aber auch dann möglich, wenn diese keine Promotion anstreben.

Anders als bisher sind in diese Befristungshöchstdauer auch die Beschäftigungszeiten als wissenschaftliche oder künstlerische Hilfskraft **einzurechnen**.

---

[1] Zur wissenschaftlichen Tätigkeit s. LAG Berlin v. 15.2.2002 – 2 Sa 2209/01, NZA-RR 2002, 612. | [2] BVerfG v. 24.4.1996 – 1 BvR 712/86, BVerfGE 94, 268, 288 f.

33 Gem. § 57b Abs. 1 Satz 2 HRG ist **nach abgeschlossener Promotion** eine Befristung bis zu einer Dauer von sechs Jahren, im Bereich der Medizin bis zu einer Dauer von neun Jahren zulässig. Es wird dabei davon ausgegangen, dass sich wissenschaftliche Mitarbeiterinnen und Mitarbeiter mit abgeschlossener Promotion innerhalb von sechs Jahren durch Erbringung weiterer wissenschaftlicher Leistungen und Tätigkeiten in der Lehre für die Übernahme eines Professorenamtes qualifizieren können.

34 Da § 57b Abs. 1 Satz 1 und Satz 2 HRG jeweils von vornherein einmalige Befristungen ohne Sachgrund mit einer Dauer von sechs Jahren zulassen, besteht die bedeutsame Abweichung von der schon bisher im BGB vorhandenen **Befristungsgrenze des § 624 BGB**, wie sie für Arbeitsverhältnisse gleich lautend in § 15 Abs. 4 enthalten ist. Der Regelungsgehalt des § 624 BGB und des **§ 15 Abs. 4 TzBfG** wird in dem Schutz gegen eine zu lange Bindung des Dienstverpflichteten bzw. ArbN an einen Dienstberechtigten bzw. ArbGeb gesehen. Er dient damit der persönlichen Freiheit, insb. der Sicherung der Freiheit der Berufswahl (Art. 12 GG). Auch wenn gem. § 57a Abs. 1 Satz 5 HRG die arbeitsrechtlichen Vorschriften und Grundsätze über befristete Arbeitsverträge und deren Kündigung nur insoweit anzuwenden sind, als sie den Vorschriften der §§ 57b–57e HRG nicht widersprechen, so können dennoch die vorgenannten verfassungsrechtlichen Grundsätze einer Ausschöpfung der Befristungshöchstdauer in einer einmaligen Befristung entgegenstehen. **Bedenken an der Wirksamkeit** einer einmaligen Befristung mit der in § 57b HRG vorgesehenen Höchstdauer von sechs Jahren ergeben sich deshalb auch aus der Richtlinie 1999/70/EG. Danach hat sich der nationale Gesetzgeber an den in den jeweiligen Mitgliedsstaaten geltenden Prinzipien zu orientieren (§ 8 Nr. 3 der Rahmenvereinbarung über befristete Arbeitsverhältnisse).

35 Befristete Arbeitsverträge mit nicht promovierten oder promovierten wissenschaftlichen oder künstlerischen **Hilfskräften** können gem. § 57b Abs. 1 Satz 3 HRG bis zu einer Dauer von insgesamt vier Jahren abgeschlossen werden (Hilfskräfte sind Mitarbeiterinnen und Mitarbeiter, deren Arbeitszeit weniger als die Hälfte der regelmäßigen Arbeitszeit beträgt. Wissenschaftliche Hilfskräfte verfügen über einen ersten berufsqualifizierenden Berufsabschluss). Ebenfalls auf vier Jahre begrenzt ist die Befristung von Arbeitsverhältnissen mit studentischen Hilfskräften (§ 57e HRG).

36 e) **Anrechnung von Arbeitsverhältnissen.** Auf die in § 57b Abs. 1 HRG geregelte zulässige Befristungsdauer sind **alle befristeten Arbeitsverhältnisse mit mehr als einem Viertel der regelmäßigen Arbeitszeit**, die mit einer deutschen Hochschule oder einer Forschungseinrichtung iSd. § 57d HRG abgeschlossen wurden, sowie entsprechende Beamtenverhältnisse auf Zeit und Privatdienstverträge nach § 57c HRG anzurechnen (§ 57b Abs. 2 Satz 1 HRG). Dies gilt aber nur für Beschäftigungszeiten als wissenschaftlicher oder künstlerischer Mitarbeiter, wie sie §§ 57a ff. HRG erfassen. Nebenbeschäftigungen, die bis zu einem Viertel der regelmäßigen Arbeitszeit wahrgenommen werden – etwa als Referendar oder Korrekturassistent – bleiben damit anrechnungsfrei. Nach § 57b Abs. 1 Satz 2 HRG ist aber auch diese Zeit anzurechnen, wenn diese Beschäftigungsphase zum Zwecke der Anfertigung einer Promotion genutzt wird.

37 Gemäß § 57b Abs. 2 Satz 2 HRG werden auf die Befristungshöchstdauer auch befristete Arbeitsverhältnisse angerechnet, die **nach anderen Rechtsvorschriften** abgeschlossen wurden.

38 Sofern die Tätigkeit als wissenschaftliche oder künstlerische **Hilfskraft** mehr als ein Viertel der regelmäßigen Arbeitszeit ausgemacht hat, wird diese Tätigkeit als wissenschaftliche oder künstlerische Hilfskraft auf die in § 57b Abs. 1 und 2 HRG zulässige Befristungsdauer angerechnet. In die Höchstgrenzenberechnung fließen auch **Befristungen in Privatdienstverträgen** gem. § 57c HRG ein. Ferner werden auch die Befristungshöchstgrenzen für die Beschäftigung **im Bereich der Hochschulen und der außeruniversitären Forschungseinrichtungen** (§ 57d HRG) zusammengerechnet. Die Befristungshöchstgrenzen können daher nach einem Wechsel zwischen Hochschule und Forschungseinrichtung nicht erneut in Anspruch genommen werden.

39 Nicht auf die zulässige Befristungsdauer des § 57b Abs. 1 Satz 1 HRG werden die Beschäftigungszeiten als **studentische Hilfskraft** angerechnet (§ 57e Satz 2 HRG).

40 f) **Verlängerungen.** § 57b Abs. 1 Satz 4 HRG stellt klar, dass innerhalb der jeweils zulässigen Gesamtbefristungsdauer befristete Arbeitsverträge auch mit kürzeren Fristen abgeschlossen und dann **ohne zahlenmäßige Beschränkung verlängert** werden können. Wie bei einer Verlängerung gem. § 14 Abs. 2 Satz 1 bzw. Abs. 2a setzt eine Verlängerung eine nahtlose Weiterbeschäftigung voraus. Trotz der differenzierten Regelungen in § 57b HRG ist eine von § 14 Abs. 2 Satz 1 bzw. Abs. 2a abweichende Auslegung dem Wortlaut nach ausgeschlossen.

41 § 57b Abs. 4 HRG enthält eine abschließende Regelung derjenigen Zeiten, die auf die Dauer eines nach § 57b Abs. 1 HRG befristeten Arbeitsvertrages **nicht angerechnet** werden, bzw. kann die jeweilige Dauer eines nach § 57b Abs. 1 HRG befristeten Arbeitsvertrages mit Einverständnis der Mitarbeiterin *oder des Mitarbeiters um diese in § 57b Abs. 4 HRG* angeführten Unterbrechungszeiten verlängert werden. Damit verlängert sich das nach § 57b Abs. 1 HRG befristete Arbeitsverhältnis um die in § 57b Abs. 4 HRG angeführten Nichtanrechnungszeiträume.

Eine bedeutsame **Verlängerungsregel** enthält § 57b Abs. 1 Satz 2 Halbs. 2 HRG. Wer innerhalb oder außerhalb eines Beschäftigungsverhältnisses nach § 57b Abs. 1 Satz 1 iVm. Abs. 1 Satz 1 HRG schneller als in sechs Jahren zum Abschluss einer Promotion gelangt, kann die eingesparte Zeit in der sog. Postdocphase des § 57b Abs. 1 Satz 2 HRG entsprechend anhängen. Damit kann die **Höchstdauer** der Befristungsmöglichkeiten gem. § 57b Abs. 1 Satz 1 und Satz 2 HRG von 12 Jahren **ausgeschöpft** werden. Auch Promotionszeiten, die vor dem Abschluss der Erstausbildung lagen, werden berücksichtigt. 42

g) **Tarifvertragliche Abweichungen.** Gem. § 57a Abs. 1 Satz 3 HRG können durch **TV** bezüglich bestimmter Fachrichtungen oder Forschungsbereiche in Abweichung von den in § 57b HRG angeführten Fristen kürzere oder längere Befristungshöchstdauern festgelegt werden. Ebenso können die TV für bestimmte Fachrichtungen oder Forschungsbereiche die zulässige Zahl von Verlängerungen von befristeten Arbeitsverhältnissen beschränken. 43

Bedeutsam ist, dass die **Sonderregelungen** 2y zum BAT, der im Hochschulbereich allgemein zugrunde liegt, auf Befristungen gem. §§ 57a ff. HRG nicht anwendbar sind. Die SR2 y zum BAT erfüllen die in § 57a Abs. 1 Satz 3 HRG genannten Voraussetzungen nicht, weil sie für den gesamten öffentlichen Dienst allgemein gelten, also weder auf den Bereich von Wissenschaft und Forschung beschränkt sind noch innerhalb dieses Bereiches auf bestimmte Fachrichtungen oder Forschungsbereiche. Für den öffentlichen Dienst ist deshalb zu beachten, dass wegen der Nichtanwendbarkeit der SR 2y zum BAT und der dort geregelten Kündigungsmöglichkeit während der Befristung die Vereinbarung eines befristeten Arbeitsverhältnisses gem. § 57a ff. HRG einer **gesonderten Kündigungsvereinbarung** bedarf. 44

§ 57a Abs. 1 Satz 4 HRG ermöglicht es nicht tarifgebundenen Arbeitsvertragsparteien, die dem Geltungsbereich eines gem. § 57a Abs. 1 Satz 3 HRG abgeschlossenen TV unterliegen, die **Anwendung der tarifvertraglichen Regelungen** einzelvertraglich zu vereinbaren. 45

h) **Vertragliche Regelungen/Angabe des Befristungsgrundes.** Nach § 57b Abs. 3 Satz 1 HRG ist im Arbeitsvertrag anzugeben, ob die Befristung auf der **Befristungsregelung des HRG beruht**. Wird dieses Zitiergebot verletzt, folgt hieraus jedoch nicht unbedingt, dass es sich um ein unbefristetes Arbeitsverhältnis handelt. Vielmehr kann die Befristung in diesen Fällen nur nicht auf den Sondertatbestand der Befristung des § 57b Abs. 1 HRG gestützt werden. Die konkrete Befristung kann jedoch nach Maßgabe des Teilzeit- und Befristungsgesetzes gerechtfertigt sein, also insb. dann, wenn ein Sachgrund iSd. § 14 Abs. 1 vorliegt. 46

Nach § 57b Abs. 3 Satz 3 HRG muss die **Dauer der Befristung** kalendermäßig bestimmt oder bestimmbar sein. Zweckbefristungen und auflösende Bedingungen sind deshalb in befristeten Arbeitsverträgen gem. §§ 57a ff. HRG ausgeschlossen. 47

Abgesehen von TV (siehe vorstehend g, Rz. 44) kann durch Vereinbarung von den Bestimmungen der §§ 57b und 57c HRG **nicht abgewichen** werden. Abweichungen sind nur insofern zulässig, als von vornherein wissenschaftliche und künstlerische Mitarbeiter sowie wissenschaftliche und künstlerische Hilfskräfte in unbefristeten Arbeitsverhältnissen beschäftigt werden oder aber man von vornherein nicht von den Befristungsmöglichkeiten des §§ 57a ff. HRG Gebrauch macht, sondern sich nach den allgemeinen Befristungsregelungen des Teilzeit- und Befristungsgesetzes richtet. 48

i) **Kündigungsmöglichkeit.** Eine Kündigung des befristeten Arbeitsverhältnisses ist während der Laufzeit nur möglich, wenn dies **ausdrücklich vereinbart** ist (§ 15 Abs. 3). Dies gilt gem. § 57a Abs. 1 Satz 5 HRG auch für die nach den §§ 57a ff. HRG befristeten Arbeitsverträgen im Hochschul- und Forschungsbereich. 49

j) **Übergangsregelung.** Die neugefassten Bestimmungen der §§ 57a ff. HRG gelten nur für Verträge, die **ab dem 23.2.2002** abgeschlossen werden. Auf zuvor abgeschlossene Verträge bleibt das bis dahin geltende Recht anwendbar. Eine Übergangsregelung fehlt. Den sich durch die Anrechnungsregelung bei bereits zuvor begonnenen Promotionen oder Habilitationen ergebenden Schwierigkeiten tragen die in § 57f Abs. 2 und Abs. 3 HRG eingeräumten Übergangsfristen bis zum 28. 2. 2005 bzw. 28. 2. 2003 Rechnung. 50

6. Ärzte in der Weiterbildung. Das Gesetz über befristete Arbeitsverträge mit Ärzten in der Weiterbildung (ÄArbVtrG) vom 15. 5. 1986 (BGBl. I S. 742) zuletzt geändert durch Art. 3 des Gesetzes zur Änderung des HRG vom 16.2.2002 (BGBl. I S. 693) gibt eine **gesetzliche Grundlage für befristete Arbeitsverträge** mit Ärzten. Gem. § 1 Abs. 1 dieses Gesetzes liegt ein die Befristung eines Arbeitsvertrages mit einem Arzt rechtfertigender sachlicher Grund vor, wenn die Beschäftigung des Arztes seiner Weiterbildung zum Facharzt oder dem Erwerb einer Anerkennung für einen Schwerpunkt oder dem Erwerb einer Zusatzbezeichnung, eines Fachkundenachweises oder einer Bescheinigung über eine fakultative Weiterbildung dient. Eine Befristung nach § 1 Abs. 1 ÄArbVtrG setzt nicht voraus, dass der Arzt ausschließlich zu seiner Weiterbildung beschäftigt wird. Es genügt, dass die Beschäftigung diesen Zweck fördert[1]. 51

---

[1] BAG v. 24.4.1996 – 7 AZR 428/95, DB 1996, 2338.

52 Nach § 1 Abs. 3 ÄArbVtrG sind **Höchstdauern** bei der Befristung einzuhalten, sie darf die Dauer von acht Jahren nicht überschreiten. Im Rahmen dieser Höchstdauer kann aber die Dauer der Befristung des Arbeitsvertrages vertraglich vereinbart werden. Sie muss gemäß § 1 Abs. 2 ÄArbVtrG jedoch kalendermäßig bestimmt oder bestimmbar sein, darf also nicht zweckbefristet auf die Facharztanerkennung bezogen sein[1]. Die Dauer der Befristung darf aber **nicht den Zeitraum unterschreiten**, für den der weiterbildende Arzt die Weiterbildungsbefugnis besitzt, es sei denn, der für die Befristung maßgebliche Weiterbildungsgrund ist vorher erreicht (§ 1 Abs. 3 Satz 5 und 6 ÄArbVtrG).

53 § 1 Abs. 5 ÄArbVtrG schließt **entgegenstehende Bestimmungen** und damit auch etwaige entgegenstehende tarifvertragliche Regelungen aus. Als lex specialis geht das ÄArbVtrG § 14 Abs. 2 und 2a vor, weil bei Anwendung von § 14 Abs. 2 und 2a und der danach möglichen Höchstbefristungsdauer die Mindestbefristungsdauer der Weiterbildungsbefugnis des weiterbildenden Arztes nicht eingehalten werden kann. Wenn der Arbeitsvertrag unter den Anwendungsbereich des HRG fällt, so gelten die Bestimmungen des § 1 Abs. 1 bis 5 ÄArbVtrG nicht (§ 1 Abs. 6 ÄArbVtrG).

Übergangsregelung

1 Das TzBfG ist zum 1.1.2001 in Kraft getreten. Es enthält **keine Übergangsregelung**. Seitdem richten sich Teilzeitverträge und befristete Arbeitsverträge nach diesem Gesetz, soweit nicht Sonderregelungen gelten.

2 Für befristete Arbeitsverhältnisse ist das sog. **Tatbestandsprinzip** maßgeblich, wenn es um befristete Arbeitsverträge geht, die vor dem 1.1.2001 abgeschlossen worden sind. Danach ist das Recht anwendbar, das in dem Zeitpunkt Gültigkeit hat, in dem sich der zu regelnde Sachverhalt, nämlich der Abschluss des befristeten Arbeitsvertrages, tatbestandlich verwirklicht. Dies gilt insb. hinsichtlich des **Schriftformerfordernisses**, aber auch hinsichtlich des nunmehr bestehenden Erfordernisses eines sachlichen Grundes für ein befristetes Arbeitsverhältnis in einem **sog. Kleinbetrieb** gem. § 23 KSchG.

3 Das nach § 14 Abs. 2 Satz 2 und Abs. 2a bei sachgrundlosen Befristungen bestehende **Verbot der vorangegangenen Beschäftigung** bei demselben ArbGeb kommt nur zur Anwendung bei sachgrundlosen Befristungen, die nach dem 31.12.2000 vereinbart worden sind[2].

---

[1] BAG v. 14.8.2002 – 7 AZR 266/01, DB 2002, 2549. | [2] BAG v. 15.1.2003 – 7 AZR 346/02, BB 2003, 1620; v. 15.1.2003 – 7 AZR 535/02, NZA 2003, 1092.

Umwandlungsgesetz

vom 28.10.1994 (BGBl. I S. 3210, ber. 1995 I S. 428),
zuletzt geändert durch Gesetz vom 12.6.2003 (BGBl. I S. 838)

– Auszug –

Siebentes Buch. Übergangs- und Schlussvorschriften

322 *Gemeinsamer Betrieb*
Führen an einer Spaltung oder an einer Teilübertragung nach dem Dritten oder Vierten Buch beteiligte Rechtsträger nach dem Wirksamwerden der Spaltung oder der Teilübertragung einen Betrieb gemeinsam, gilt dieser als Betrieb im Sinne des Kündigungsschutzrechts.

Lit.: *Däubler,* Der Gemeinschaftsbetrieb im Arbeitsrecht, FS für Albrecht Zeuner, 1984, 19; *Rieble,* Kompensation der Betriebsspaltung durch den Gemeinschaftsbetrieb mehrerer Unternehmen (§ 322 UmwG), FS für Günther Wiese, 1998, 453.

I. Entstehungsgeschichte; systematische Verknüpfung mit § 1 Abs. 2 Nr. 2 BetrVG. Von § 322 UmwG aF ist aufgrund der BetrVG-Novelle 2001 nur noch der bisherige Abs. 2 übrig geblieben. Abs. 1 aF, der einen Vermutungstatbestand für das Vorliegen eines Gemeinschaftsbetriebs im betriebsverfassungsrechtlichen Sinne enthielt[1], ist – mit Änderungen des Wortlauts – nunmehr in das BetrVG „implantiert" worden (vgl. § 1 Abs. 2 Nr. 2 BetrVG sowie die dortige Kommentierung). Erhalten geblieben ist dagegen die **kündigungsrechtliche** Regelung, wonach der als „Produkt" einer Spaltung oder Teilübertragung entstehende Gemeinschaftsbetrieb kraft gesetzlicher Fiktion auch als Betrieb iSd. Kündigungsschutzrechts „gilt". 1

II. Gemeinschaftsbetrieb im kündigungsschutzrechtlichen Sinne. a) Bedeutung. Da die Rspr. die Rechtsfigur des gemeinsamen Betriebs mehrerer rechtlich selbständiger Unternehmen inzwischen nicht nur für das Betriebsverfassungsrecht, sondern auch für das Kündigungsrecht „entdeckt" hatte[2], sah sich der Gesetzgeber des Umwandlungsgesetzes offenbar veranlasst, iS einer „Klarstellung"[3] auf die Möglichkeit eines solchen kündigungsschutzrechtlichen Gemeinschaftsbetriebes als Resultat einer voraufgegangenen Spaltung eines zuvor einheitlichen Rechtsträgers besonders hinzuweisen. 2

Haben sich nach dem Wirksamwerden der Spaltung selbständige Rechtsträger zur gemeinsamen Führung eines Betriebs rechtlich verbunden, so ist im Falle einer betriebsbedingten Kündigung zB für die Prüfung einer **anderweitigen Beschäftigungsmöglichkeit** (§ 1 Abs. 2 Satz 2 Nr. 1b, Satz 3 KSchG) oder bei der Frage der **Sozialauswahl** (§ 1 Abs. 3 KSchG) auf die Verhältnisse des gemeinsamen Betriebs abzustellen[4]. Im Klartext bedeutet dies: Liegt nach der Spaltung der Rechtsträger ein Gemeinschaftsbetrieb der an der Spaltung beteiligten Rechtsträger vor, werden die kündigungsschutzrechtlichen Folgen der Spaltung gewissermaßen „neutralisiert", indem alle im Rahmen des Kündigungsschutzgesetzes relevanten Fragestellungen so behandelt werden, als ob dieser Betrieb weiterhin ein und demselben Rechtsträger zugeordnet wäre. Diese Rechtsfolge ist im Verhältnis zu den betroffenen ArbN **nicht abdingbar**[5]. Eine wichtige **Einschränkung** ergibt sich allerdings insofern, als sich der betriebsbedingt gekündigte ArbN auch im Gemeinschaftsbetrieb nur auf **Weiterbeschäftigungsmöglichkeiten** in anderen Betrieben iSv. § 1 Abs. 2 Satz 2 Nr. 1b, 2. Alt. KSchG berufen kann, soweit sich die entsprechenden (freien!) Arbeitsplätze **in demjenigen Unternehmen** befinden, mit dem ihn ein **Arbeitsverhältnis** verbindet[6]. 3

Diese quasi „gesamtschuldnerische Haftung im kündigungsschutzrechtlichen Außenverhältnis" lässt es ratsam erscheinen, dass die beteiligten Rechtsträger bei Vorliegen eines Gemeinschaftsbetriebs **interne Ausgleichsregelungen**, etwa für im Rahmen der §§ 9, 10 KSchG oder aufgrund arbeitsgerichtlicher Vergleiche fällig werdende **Abfindungen**, treffen. Der Gemeinschaftsbetrieb führt nämlich keineswegs zwangsläufig dazu, dass alle beteiligten Rechtsträger „Gesamt-ArbGeb" sämtlicher Betriebsangehöri- 4

---

1 S. dazu Kallmeyer/*Willemsen,* § 322-UmwG Rz. 1 ff.; s. auch Semler/Stängel/*Simon,* § 322 UmwG Rz. 2 f. | 2 Vgl. etwa BAG v. 13.6.1985 – 2 AZR 452/84, AP Nr. 10 zu § 1 KSchG 1969; v. 18.1.1980 – 2 AZR 355/89, AP Nr. 9 zu § 23 KSchG 1969; wN bei APS/*Moll,* § 23 KSchG Rz. 14 ff. | 3 Vgl. BegrRegE BT-Drs. 12/6699 S. 174. | 4 So wörtlich die Begr. RegE, BT-Drs. 12/6699 S. 174. | 5 Unstr.; vgl. nur *Boecken,* Unternehmensumwandlungen Rz. 304 ff. | 6 Vgl. *Boecken,* Unternehmensumwandlungen Rz. 296; *Hohenstatt,* in Willemsen/Hohenstatt/Schweibert/*Seibt,* Umstrukturierung, Rz. H 149; aA Lutter/*Joost,* § 322 UmwG Rz. 23; zur separaten Zuordnung der Arbeitsverhältnisse im Gemeinschaftsbetrieb sogleich unter Rz. 4.

gen werden; vielmehr können die Arbeitsverhältnisse individualarbeitsrechtlich durchaus separat zugeordnet werden[1].

5   Die unabhängig hiervon bei Vorliegen eines Gemeinschaftsbetriebes gebotene einheitliche Behandlung im Rahmen des Kündigungsschutzgesetzes kann nun dazu führen, dass nach den Grundsätzen der Sozialauswahl (§ 1 Abs. 3 KSchG) unter Umständen **Austauschkündigungen** bei Trägerunternehmen A durchgeführt werden müssen, weil Trägerunternehmen B in seinem Betriebsteil (zB T) im Bereich des Außendienstes Personal abbaut und sich ein sozial besonders schutzbedürftiger, von der Kündigung bedrohter ArbN von B auf die Möglichkeit der Weiterbeschäftigung auf einem vergleichbaren, mit einem sozial weniger schutzbedürftigen ArbN besetzten Arbeitsplatz bei A beruft.

6   Eine weitere Bedeutung von Abs. 2 liegt darin, dass bei Vorliegen eines Gemeinschaftsbetriebes für die Ermittlung der **Mindestarbeitnehmerzahl** für das Eingreifen des Kündigungsschutzgesetzes gemäß § 23 KSchG alle ArbN ohne Rücksicht auf ihre individualarbeitsrechtliche Zuordnung zu den einzelnen Rechtsträgern **zusammenzurechnen** sind[2].

7   b) **Voraussetzungen; Gestaltungsfreiheit der an der Spaltung beteiligten Rechtsträger**. Die materiellen Voraussetzungen für das Vorliegen eines Gemeinschaftsbetriebes im kündigungsschutzrechtlichen Sinne sind grundsätzlich dieselben wie im Rahmen des BetrVG (vgl. die dortige Kommentierung § 1 BetrVG Rz. 15 ff.), **die Vermutung des § 2 Abs. 2 Nr. 2 BetrVG gilt hier jedoch** ausweislich des Gesetzeswortlauts **nicht**.

8   Diese Frage ist allerdings in der bisherigen Lit. zu § 322 Abs. 2 aF (vgl. oben Rz. 1) **streitig;**[3] für die entsprechende Anwendung der Vermutungsregel des bisherigen Abs. 1 spricht sich *Joost* aus[4], nach dessen Ansicht es nicht ersichtlich sei, weshalb die Vermutung für das BetrVG sinnvoll sein soll, für das Kündigungsschutzrecht dagegen nicht[5]. Diesen tatsächlichen oder vermeintlichen Widerspruch zu lösen wäre aber angesichts des eindeutigen Gesetzeswortlauts Aufgabe des Gesetzgebers und nicht des Rechtsanwenders. Im Übrigen sollte die praktische Bedeutung der Streitfrage nicht überschätzt werden, da sich die ArbG im Kündigungsschutzprozess im Zweifel an der „vorgefundenen" betriebsverfassungsrechtlichen Situation orientieren werden. Die Unterschiede in Bezug auf die Darlegungs- und Beweislast bei § 1 Abs. 2 Nr. 2 BetrVG einerseits und § 322 UmwG andererseits dürften daher wohl in der Regel nur relevant werden, wenn zum Zeitpunkt des Kündigungsschutzprozesses noch eine Auseinandersetzung zwischen ArbGeb und BR über das Vorliegen oder Nichtvorliegen eines Gemeinschaftsbetriebes iSv. § 1 Abs. 2 Nr. 2 BetrVG anhängig ist.

9   Unabhängig von der vorstehend behandelten Frage bewirkt § 322 weder für sich genommen noch in Verbindung mit § 323 Abs. 1 einen rechtlichen Zwang, den bisher einheitlichen Betrieb nach der Spaltung als Gemeinschaftsbetrieb iSd. Rspr. zu führen. Es stellt vielmehr eine wesentliche, durch die vorgenannten Bestimmungen keineswegs eingeschränkte **unternehmerisch-strategische Entscheidung** dar, ob die an der Spaltung beteiligten Rechtsträger künftig kündigungsschutzrechtlich eigenständig und getrennt agieren oder durch einen gemeinsamen Betrieb miteinander verbunden sein sollen. Allerdings reicht insoweit eine bloße Willensbetätigung der beteiligten Rechtsträger nicht aus; es müssen, wenn eine Separierung gewollt ist, auch die entsprechenden Fakten (insb. getrennte Leitung in sozialen und personellen Angelegenheiten) geschaffen werden (vgl. zum Ganzen auch § 1 BetrVG Rz. 15 ff.).

323 *Kündigungsrechtliche Stellung*

(1) **Die kündigungsrechtliche Stellung eines Arbeitnehmers, der vor dem Wirksamwerden einer Spaltung oder Teilübertragung nach dem Dritten oder Vierten Buch zu dem übertragenden Rechtsträger in einem Arbeitsverhältnis steht, verschlechtert sich auf Grund der Spaltung oder Teilübertragung für die Dauer von zwei Jahren ab dem Zeitpunkt ihres Wirksamwerdens nicht.**

(2) **Kommt bei einer Verschmelzung, Spaltung oder Vermögensübertragung ein Interessenausgleich zustande, in dem diejenigen Arbeitnehmer namentlich bezeichnet werden, die nach der Umwandlung einem bestimmten Betrieb oder Betriebsteil zugeordnet werden, so kann die Zuordnung der Arbeitnehmer durch das Arbeitsgericht nur auf grobe Fehlerhaftigkeit überprüft werden.**

Lit.: *Gentges*, Die Zuordnung von Arbeitsverhältnissen beim Betriebsübergang, RdA 1996, 265; *Hartmann*, Die privatautonome Zuordnung von Arbeitsverhältnissen nach Umwandlungsrecht, ZfA 1997, 21; *Willemsen* in Willemsen/Hohenstatt/Schweibert/Seibt, Umstrukturierung, Rz. G 153 ff. und H 150 ff.

---

1 Vgl. BAG v. 5.3.1987 – 2 AZR 623/85, AP Nr. 30 zu § 15 KSchG 1969. | 2 Ebenso *Bauer/Lingemann*, NZA 1994, 1057, 1060; *Boecken*, Unternehmensumwandlungen Rz. 293; Lutter/*Joost*, § 322 UmwG Rz. 23; *Wlotzke*, DB 1995, 40, 44. | 3 Wie hier *Bauer/Lingemann*, NZA 1994, 1057, 1060; *Boecken*, Unternehmensumwandlungen Rz. 290; *Heinze*, ZfA 1997, 1, 12; *Kallmeyer*, ZIP 1994, 1747, 1757; *Mengel*, Umwandlungen im Arbeitsrecht S. 314 f.; *Hörtnagl* in Schmitt/Hörtnagl/Stratz, Rz. 16. | 4 In Lutter, Umwandlungsrechtstage, S. 328. | 5 Ähnlich auch Lutter/*Joost*, § 322 UmwG Rz. 22, der der hier vertretenen Gegenauffassung „verfehltes positivistisches Rechtsdenken" vorhält; *Düwell*, NZA 1996, 393, 397; diff. DKK/*Trümner*, § 1 BetrVG Rz. 89 ff.

I. Erhaltung der kündigungsrechtlichen Stellung nach Spaltung oder Teilübertragung (Abs. 1).

1. Bedeutung und Inhalt der Vorschrift. a) Analyse des Gesetzeswortlauts. Es handelt sich um die wohl **rätselhafteste Bestimmung** des gesamten Umwandlungsgesetzes. Abs. 1 ist geradezu ein Paradebeispiel dafür, wie durch ungenaue Terminologie des Gesetzgebers fortwährender Rechtsunsicherheit und einer ausufernden Rspr. Tür und Tor geöffnet wird; eine alsbaldige Korrektur erscheint dringend angezeigt.

Nach dem **Wortlaut** von Abs. 1 **verschlechtert sich die „kündigungsrechtliche Stellung"** eines ArbN **auf Grund der Spaltung oder Teilübertragung** für die Dauer von **zwei Jahren** ab dem Zeitpunkt ihres **Wirksamwerdens nicht**. Die erste **Kernfrage** lautet, was mit „kündigungsrechtlicher Stellung" gemeint ist, ein Terminus, der sich sonst bisher in keinem arbeitsrechtlichen Gesetz findet. Ist damit (nur) der *permanente*, durch entsprechende rechtliche Regelungen „verbriefte" rechtliche *Status* gemeint, oder sichert Abs. 1 darüber hinaus auch das bisherige faktische kündigungsrechtliche Umfeld, das in einem späteren Kündigungsschutzprozess relevant werden kann (also beispielsweise die Zahl der bisher im Betrieb beschäftigten ArbN, Existenz und Zahl vergleichbarer Arbeitsplätze, Sozialdaten der anderen, bisher im Betrieb beschäftigten ArbN, alles Umstände, die für den Ausgang eines Kündigungsschutzprozesses bedeutsam werden und damit die „kündigungsrechtliche Stellung eines ArbN" zumindest mittelbar beeinflussen können)?

Einen ersten Hinweis zur Beantwortung der Auslegungsfrage gibt das Gesetz selbst, indem es von einer Verschlechterung der kündigungsrechtlichen Stellung „auf Grund der Spaltung oder Teilübertragung" spricht. Die geforderte **kausale Verknüpfung** zwischen Verschlechterung der kündigungsrechtlichen Stellung und Spaltung bzw. Teilübertragung lässt darauf schließen, dass Abs. 1 nur vor solchen negativen Statusveränderungen in kündigungsrechtlicher Hinsicht schützen soll, die sich aktuell und unmittelbar bereits mit dem „Wirksamwerden" der Spaltung (Teilübertragung) ergeben; die kündigungsrechtliche Stellung muss also in Form eines aktuellen „Schutzdefizits" bereits im Zeitpunkt des Wirksamwerdens der Spaltung direkt berührt sein. Von einer solchen aktuellen und konkreten Einbuße kündigungsrechtlichen Schutzes kann aber nur die Rede sein, wenn den kündigungsrechtlichen Status prägende Normen aufgrund der Spaltung (Teilübertragung) mit ihrem Wirksamwerden keine Anwendung mehr finden; lediglich latente Verschlechterungen, die sich nicht bereits im Zeitpunkt der Spaltung (Teilübertragung), sondern, wenn überhaupt, erst im weiteren Verlauf *nach* der Spaltung (Teilübertragung) manifestieren können, wie etwa die Einengung des Kreises der in die Sozialauswahl gemäß § 1 Abs. 3 KSchG einzubeziehenden ArbN auf Grund der Abtrennung eines Teils der bisherigen Belegschaft, müssen als nicht unmittelbar und dauerhaft statusprägende Merkmale bei dieser Auslegung außer Betracht bleiben.

b) Entstehungsgeschichte. Die Interpretation von Abs. 1 iSd. befristeten Beibehaltung (unmittelbar) statusprägender kündigungsrechtlicher Normen wird durch die Entwicklung der Vorschrift im Laufe des Gesetzgebungsverfahrens untermauert. In dem Referentenentwurf[1] war sie noch nicht enthalten. Die Ergänzungsvorschläge des Bundesministers für Arbeit und Sozialordnung vom 9.4.1992 zum Referentenentwurf enthielten in Ziffer 4 eine mit dem jetzigen Abs. 1 bereits weitgehend identische Regelung. In der Begründung heißt es, für eine Übergangszeit von zwei Jahren solle der ArbN seine kündigungsrechtliche Stellung auch dann nicht verlieren, wenn ein Rechtsträger derart gespalten werde, dass in dem neuen, ihn beschäftigenden Rechtsträger die für die Anwendbarkeit des **Kündigungsschutzgesetzes** notwendige Beschäftigtenzahl nicht mehr erreicht werde.

Die Begründung zu der nunmehr Gesetz gewordenen Regelung des Abs. 1[2] nimmt diesen Ansatz des Bundesarbeitsministeriums nahezu wörtlich auf:

„Für eine Übergangszeit von zwei Jahren nach dem Wirksamwerden der Spaltung oder Teilübertragung eines Rechtsträgers soll sich die kündigungsrechtliche Stellung eines ArbN dieses Rechtsträgers auch dann nicht verschlechtern können, wenn in dem neuen, ihn beschäftigenden Rechtsträger die für die Anwendbarkeit kündigungsrechtlicher Regelungen notwendige Beschäftigtenzahl nicht erreicht wird; dies betrifft insbesondere § 23 Abs. 1 des KSchG."

c) Teleologische und systematische Auslegung. Einen weiteren Auslegungshinweis gibt schließlich die systematische Stellung des Abs. 1 im Gesetzesaufbau der §§ 322 bis 325. Gemäß § 322 gilt ein Betrieb nach der Spaltung dann – aber auch nur dann – als einheitlicher Betrieb iSd. Kündigungsschutzrechts, wenn die beteiligten Rechtsträger ihn nach der Spaltung oder Teilübertragung gemeinsam führen; ob dies der *Fall ist*, obliegt allein ihrer Entscheidung und Gestaltung (siehe oben Erl. zu § 322 Rz. 9).

Wollte man § 323 Abs. 1 iSd. Erhaltung nicht nur des rechtlichen, sondern auch des faktischen Status quo (*ein* Betrieb) interpretieren, würde damit die in § 322 Abs. 1 vorausgesetzte Privatautonomie der beteiligten Rechtsträger im Ergebnis für die Dauer von zwei Jahren aufgehoben; es bliebe ihnen dann praktisch gar nichts anderes übrig, als den Betrieb für diesen Zeitraum als einheitlichen iSd. KSchG

---

[1] Beilage Nr. 112a zum Bundesanzeiger vom 20.6.1992. | [2] BegrRegE BT-Drs. 12/6699 S. 175.

fortzuführen[1]. Gerade dies zeigt aber, dass nur die oben (Rz. 3) dargestellte „enge" Auslegung von Abs. 1 der Gesetzessystematik gerecht wird.

8 Den Vertretern der **Gegenansicht**[2] ist einzuräumen, dass der (zu) vage gefasste Wortlaut von Abs. 1 eine Interpretation iS einer Beibehaltung „kündigungsrechtlicher Begleitumstände" (= ein einheitlicher Betrieb) für sich genommen zwar nicht zwingend ausschließt, wenngleich, wie oben (Rz. 2 f.) dargelegt wurde, die Qualifizierung solcher nur mittelbar den Kündigungsschutz beeinflussender Umstände als (auf Dauer „angelegte") „kündigungsrechtliche Stellung" bereits zweifelhaft erscheint.

9 Angesichts der Entstehungsgeschichte und des systematischen Zusammenhangs der Norm ist jedoch davon auszugehen, dass derartige **weitere kündigungsrechtlich relevanten Umstände von Abs. 1 nicht fingiert werden**[3], die Bedeutung der Norm sich entsprechend der Begründung des Regierungsentwurfs mithin darin erschöpft, die **Fortgeltung kündigungsrechtlicher Normen** für einen Zeitraum von zwei Jahren nach der Spaltung bzw. Teilübertragung sicherzustellen, deren Anwendung ansonsten, insb. wegen Absinkens der Beschäftigtenzahl unter die jeweils maßgebliche Mindestgrenze, entfallen würde.

10 Anders gewendet: Abs. 1 garantiert für den dort genannten Zeitraum lediglich, *dass* die bisher für das Arbeitsverhältnis maßgeblichen kündigungsrechtlichen Normen auch nach der Spaltung (Teilübertragung) angewandt werden; *wie* sie jedoch angewandt werden, richtet sich ausschließlich **nach den tatsächlichen und rechtlichen Verhältnissen, wie sie sich nach der Spaltung bzw. Teilübertragung ergeben**[4]. Es wird mithin insb. nicht die Einheitlichkeit des bisherigen Betriebs fingiert, wenn gleichzeitig mit dem bisherigen Rechtsträger auch der Betrieb gespalten wurde und die sich an der Spaltung beteiligten Rechtsträger nicht gemäß § 322 auf die Weiterführung als einheitlichen Betrieb verständigt haben. Dies gilt insb. für die Sozialauswahl nach § 1 Abs. 3 KSchG und die Möglichkeit der unternehmensbezogenen Weiterbeschäftigung nach § 1 Abs. 2 KSchG[5].

11 **2) Von Abs. 1 erfasste kündigungsrechtliche Regelungen. a) Grundsatz.** Eine weitere Unklarheit des Abs. 1 bezieht sich darauf, was mit „**kündigungsrechtlicher**" Stellung eines ArbN gemeint ist. Nach der Begründung zum Regierungsentwurf[6] zielt die Norm zwar in allererster Linie auf § 23 Abs. 1 KSchG, also die **Erhaltung des gesetzlichen Kündigungsschutzes** trotz **Absinkens der Beschäftigtenzahl** unter die maßgebliche Grenze[7]. *Bauer/Lingemann*[8] meinen, dass man „kündigungsrechtlich" restriktiv iSv. „kündigungs*schutz*rechtlich" verstehen müsse. Dem ist in der Lit. zu Recht der differenzierte Sprachgebrauch des Gesetzgebers entgegengehalten worden[9], wie er sich insb. aus einem Vergleich mit § 322 („im Sinne des Kündigungs*schutz*rechts") ergibt. Es kommen also außer den Normen des KSchG auch sonstige kündigungsrechtliche Regelungen in Betracht, allerdings mit der Maßgabe, dass (1) nur die (befristete) weitere Anwendung dieser Normen, nicht aber ein „Einfrieren" der für ihre Anwendung maßgeblichen tatsächlichen Begleitumstände verlangt werden kann (siehe oben Rz. 9 f.) und (2) es sich um solche Normen handeln muss, die die „**kündigungsrechtliche Stellung des ArbN**" selbst inhaltlich regeln, nicht aber solche, die sich lediglich im Wege des „Reflexes" zugunsten des ArbN auswirken oder auswirken können. Entsprechend dem Wortsinn des Begriffs „**Stellung**" muss es sich also um eine dem ArbN selbst eingeräumte **(subjektive) Rechtsposition** handeln.

12 **b) Einzelne Anwendungsfälle.** Als gemäß Abs. 2 befristet weiter anzuwendende Regelungen kommen demzufolge aus dem Kündigungsschutzgesetz neben §§ 1 bis 15 insb. auch §§ **17 ff. KSchG** in Betracht, **sofern** man die Regelungen über **Massenentlassungen** auch als Schutznormen zugunsten der einzelnen ArbN auffasst. Richtiger Ansicht nach verfolgt der in den §§ 17 bis 23 KSchG geregelte Massenentlassungsschutz aber arbeitsmarktpolitische Ziele[10]; er bezweckt (und erreicht) demgegenüber keine Verstärkung des individuellen Bestandsschutzes[11]. Eine unveränderte Anwendung der §§ 17 ff. KSchG entsprechend der bisher (vor der Spaltung) maßgeblichen ArbN-Zahl könnte sich sogar als kontraproduktiv erweisen, wie *Trümner*[12] überzeugend nachgewiesen hat. Die §§ 17 ff. KSchG fallen mithin *nicht* unter Abs. 1[13].

---

1 So folgerichtig vom Standpunkt der Gegenmeinung *Kallmeyer*, ZIP 1994, 1746, 1757; *Trümner*, AiB 1995, 309, 312 f. | 2 Vgl. außer den bereits Genannten zB *Bachner*, NJW 1995, 2881, 2884; *Boecken*, Unternehmensumwandlungen Rz. 275; *Däubler*, RdA 1995, 136, 143, *Herbst*, AiB 1995, 5, 12 f.; *Mengel*, Umwandlungen im Arbeitsrecht S. 265 ff.; diff. *Wlotzke*, DB 1995, 40, 44; jedenfalls in der Tendenz wie hier dagegen *Bauer/Lingemann*, NZA 1994, 1057, 1060; Lutter/*Joost*, § 323 UmwG Rz. 14 ff.; *Kreßel*, BB 1995, 925, 928; APS/*Steffan*, Rz. 6 ff.; *Hörtnagl* in Schmitt/Hörtnagl/Stretz, Rz. 10; vgl. ferner *Willemsen*, NZA 1996, 791, 799 f.; *Hohenstatt*, in Willemsen/Hohenstatt/Schweibert/Seibt, Umstrukturierung, Rz. H 154. | 3 Zutr. *Kreßel*, BB 1995, 925, 928; anders die in Rz. 8 genannten Vertreter der Gegenmeinung. | 4 *Willemsen*, NZA 1996, 791, 800. | 5 Ebenso Lutter/*Joost*, § 323 UmwG Rz. 18 f. | 6 BT-Drs. 12/6699 S. 175. | 7 Insoweit unstreitig; vgl. zB *Bauer/Lingemann*, NZA 1994, 1057, 1060; *Däubler*, RdA 1995, 136, 143; *Joost* in Lutter, Umwandlungsrechtstage, S. 326; *Kreßel*, BB 1995, 925, 928. | 8 NZA 1994, 1057, 1060. | 9 Vgl. KR/*Friedrich*, §§ 322, 323, 324 UmwG Rz. 38; *Trümner*, AiB 1995, 309, 311 ff.; *Wlotzke*, DB 1995, 40, 44. | 10 Vgl. BAG v. 3.10.1963 – 2 AZR 160/63, AP Nr. 9 zu § 15 KSchG; v. 6.12.1973 – 2 AZR 10/73, AP Nr. 1 zu § 17 KSchG 1969; *Schaub*, ArbRHdb, § 142 I 1. | 11 Vgl. BAG v. 6.12.1973 – 2 AZR 10/73, AP Nr. 1 zu § 17 KSchG 1969; KR/*Weigand*, § 17 KSchG Rz. 9: bloße „Reflexwirkung". | 12 AiB 1995, 309, 313; krit. dazu APS/*Moll*, Vor §§ 17 ff. KSchG Rz. 10 ff. | 13 Wie hier *Bauer/Lingemann*, NZA 1994, 1057, 1061; Lutter/*Joost*, § 323 UmwG Rz. 20; *Hohenstatt* in Willemsen/Hohenstatt/Schweibert/Seibt, Umstruk-

In Bezug auf § 15 KSchG (Sonderkündigungsschutz für BR-Mitglieder etc.) wird der bisher geschützte ArbN lediglich die weitere Anwendung der Bestimmung als solcher verlangen können, nicht jedoch die Fiktion des Fortbestands des BR- oder sonstigen Amts, wenn er infolge der Spaltung aus dem jeweiligen Gremium ausgeschieden ist. In diesen Fällen gilt mithin für den **Zweijahreszeitraum** nach Abs. 1 der nachwirkende Kündigungsschutz gemäß § 15 Abs. 1 Satz 2 KSchG bzw. die entsprechende Regelung für andere Amtsträger, und zwar ungeachtet der nunmehrigen Betriebsgröße, nicht jedoch das Zustimmungserfordernis nach § 15 Abs. 1 Satz 1 KSchG iVm. § 103 Abs. 1 BetrVG[1]. **13**

Sehr streitig ist die Frage, ob auch **betriebsverfassungsrechtliche Regelungen**, die sich mit der Kündigung von Arbeitsverhältnissen und deren Folgen befassen (zB § 95 [Auswahlrichtlinien], § 99 [bei Änderungskündigung], §§ 102, 103 [Mitwirkung des BR bei Kündigungen] und §§ 111, 112, 112a [Interessenausgleich/Sozialplan bei Betriebsänderungen und Massenentlassungen]), von der befristeten „Bestandgarantie" des Abs. 1 erfasst werden[2]. **14**

Die Frage ist nach dem hier vertretenen Standpunkt (siehe oben Rz. 3) schon deshalb zu verneinen, weil es sich hierbei nicht um Normen handelt, die die individuelle kündigungsrechtliche Rechtsstellung des ArbN regeln[3]. Darüber hinaus würde eine Erstreckung von Abs. 1 auf kündigungsrechtlich relevante MitbestR des BR zu einem unauflösbaren **Wertungswiderspruch** zu § 325 Abs. 2 führen[4].

Dies gilt auch für alle sonstigen betriebsverfassungsrechtlichen Regelungen, die im Zusammenhang mit Kündigungen relevant werden, insb. die §§ 111 ff. BetrVG (**Interessenausgleich** und **Sozialplan bei Betriebsänderungen**). Die bloße Aussicht, im Falle von Betriebsänderungen/Massenentlassungen in den Genuss eines Sozialplans zu gelangen, gehört nicht zur **kündigungsrechtlichen** Stellung und wird daher nicht geschützt, wenn der Rechtsträger des „Spaltbetriebs" weniger als 21 ArbN hat und damit aus dem Anwendungsbereich der §§ 111 ff. BetrVG herausfällt[5]. Die Beibehaltung der Beteiligungsrechte des BR ist in diesem Falle (nach Ablauf eines etwaigen Übergangsmandats iSv. § 21a BetrVG) nur im Rahmen einer Kollektivvereinbarung nach § 325 Abs. 2 möglich[6]. Der Verlust der „Aussicht" auf einen Sozialplan bei späteren Betriebsänderungen ist auch kein im Rahmen der Spaltung ausgleichspflichtiger Nachteil iSv. § 112 BetrVG[7]. **15**

Bei **tariflichen Regelungen** über Kündigungsfristen und sog. „**Unkündbarkeit**" sowie entsprechenden Regelungen in **BV** lässt sich der erforderliche direkte Bezug zur „kündigungsrechtlichen Stellung eines ArbN" indes nicht in Abrede stellen[8]. Hier ist allerdings die entscheidende Frage, ob der Gesetzgeber überhaupt solche kollektivrechtlichen Regelungen von Abs. 1 erfasst wissen wollte oder ob ihr Fortbestand sich nicht ausschließlich nach § 613a Abs. 1 Sätze 2–4 BGB richten soll, die gemäß § 324 auf alle Spaltungsfälle anwendbar sind (siehe dazu im Einzelnen unten § 324 Rz. 19 ff.). **16**

Die **Gesetzesmaterialien** (siehe oben Rz. 5) legen eher den Schluss nahe, dass bei Abs. 1 an tarifvertragliche und sonstige kollektivrechtliche Regelungen überhaupt nicht gedacht war. Dies spricht dafür, „kündigungsrechtlich" iSv. „kündigungsgesetzlich" auszulegen mit der Folge, dass sich der Fortbestand kollektivrechtlicher Kündigungsbestimmungen ausschließlich nach § 613a Abs. 1 Satz 2 bis 4 BGB richtet[9]. Die Frage wird insb. dann praktisch relevant, wenn nach der Spaltung/Teilübertragung die bisher die kündigungsrechtliche Stellung des ArbN regelnden Tarifnormen gemäß § 613a Abs. 1 Satz 3 BGB durch einen anderen, insoweit ungünstigeren TV abgelöst werden. Nach der hier vertretenen Auffassung ist dies trotz Abs. 1 möglich.

3. Abdingbarkeit. § 323 Abs. 1 ist seinem Schutzzweck entsprechend grundsätzlich nicht im Vorhinein abdingbar (*Joost* in Lutter Rz. 23). Allerdings schließt er nur Verschlechterungen „auf Grund der Spaltung oder Teilübertragung" aus, **Veränderungen aus sonstigen Gründen** bleiben also **zulässig**[10]. **17**

---

turierung, Rz. H 152 mwN; APS/*Steffan*, Rz. 14; aA DKK/*Buschmann*, § 21 BetrVG Rz. 60; *Mengel*, Umwandlungen im Arbeitsrecht S. 266 mwN; für die Anwendung des „Günstigkeitsprinzips" in diesem Fall KR/*Friedrich*, §§ 322, 323, 324 UmwG Rz. 45. |1 AA Lutter/*Joost*, § 323 UmwG Rz. 13 f.: Zweijährige Beibehaltung des Kündigungsschutzes nach § 15 Abs. 1 Satz 1 KSchG; ihm zust. ErfK/*Ascheid*, §§ 322, 323, 324 UmwG Rz. 4; wie hier dagegen *Hohenstatt*, in Willemsen/Hohenstatt/Schweibert/Seibt, Umstrukturierung, Rz. H 153; Semler/Stängel/*Simon*, § 323 UmwG Rz. 12. |2 Dafür insbesondere *Mengel*, Umwandlungen im Arbeitsrecht S. 266 ff.; abl. Bauer/Lingemann, NZA 1994, 1057, 1060 f.; *Boecken*, Unternehmensumwandlungen Rz. 277 f.; Lutter/*Joost*, § 323 UmwG Rz. 15 ff. |3 Zutr. KR/*Friedrich*, §§ 322, 323, 324 UmwG Rz. 44. |4 So zu Recht *Trümner*, AiB 1995, 309, 313; *Boecken*, Unternehmensumwandlungen Rz. 278. |5 IE wie hier Bauer/Lingemann, NZA 1994, 1057, 1061; *Trümner*, AiB 1995, 309, 312. |6 Ebenso *Trümner*, AiB 1995, 309, 312. |7 Vgl. BAG vom 10.12.1996, DB 1997, 1416; dazu ausf. *Schweibert* in Willemsen/Hohenstatt/Schweibert/Seibt, Umstrukturierung, Rz. C 254 ff. |8 Ebenso *Trümner*, AiB 1995, 309, 314, allerdings mit zu weitreichenden Schlussfolgerungen hinsichtlich des Fortbestandes der Unkündbarkeit nach Ablauf der Zweijahresfrist; *Wlotzke*, DB 1995, 40, 44. |9 Im Ergebnis ebenso *Kreßel*, BB 1995, 925, 928; *Hohenstatt* in Willemsen/Hohenstatt/Schweibert/Seibt, Umstrukturierung, Rz. H 156: § 324 UmwG iVm. § 613a BGB als *lex specialis*; aA und genau umgekehrt dagegen *Wlotzke*, DB 1995, 40, 44: § 323 Abs. 1 UmwG geht insoweit dem § 613a Abs. 1 Satz 2 bis 4 BGB als lex specialis vor; ebenso *Boecken*, Unternehmensumwandlungen Rz. 276; APS/*Steffan*, Rz. 11; KR/*Friedrich*, §§ 322, 323, 324 UmwG Rz. 35; Lutter/*Joost*, § 323 UmwG Rz. 25. |10 Bauer/Lingemann, NZA 1994, 1057.

18 Für die Zeit *nach* der Umwandlung werden die privatautonomen Regelungsmöglichkeiten der Parteien durch § 323 Abs. 1 nicht eingeschränkt[1]. Allerdings ist in diesem Zusammenhang die Rspr. des BAG zu beachten, wonach im Anwendungsbereich des § 613a BGB Änderungen von Arbeitsbedingungen anlässlich eines Betriebsübergangs eines „sachlichen Grundes" bedürfen[2].

19 **4. Analogiefähigkeit.** Eine analoge Anwendung der gesetzestechnisch missglückten Regelung des Abs. 1 auf Umstrukturierungsfälle außerhalb des Umwandlungsgesetzes ist **abzulehnen**[3].

20 **II. Zuordnung von ArbN im Interessenausgleich (Abs. 2).** Die Vorschrift ist ein „Produkt der allerletzten Phase der Gesetzesberatungen im BT-Rechtsausschuss"[4] und lehnt sich an „ähnliche Vorschriften in der neuen Insolvenzordnung" (gemeint ist § 125 InsO) an[5]. Sie soll die **Zuordnung** von ArbN insb. bei **Spaltung** (Teilung) von Betrieben **erleichtern**, indem den Betriebspartnern ein entsprechender Gestaltungsspielraum im Rahmen eines Interessenausgleichs gemäß § 112 Abs. 1 BetrVG eingeräumt wird. Wegen der engen Verzahnung dieser Bestimmung mit § 126 Abs. 1 Nr. 9 UmwG einerseits und § 613a BGB andererseits sollen weitere Einzelheiten im Zusammenhang mit § 324 (dort Rz. 28 ff.) dargestellt werden.

324 Rechte und Pflichten bei Betriebsübergang

§ 613a Abs. 1, 4 bis 6 des Bürgerlichen Gesetzbuchs bleibt durch die Wirkungen der Eintragung einer Verschmelzung, Spaltung oder Vermögensübertragung unberührt.

Lit.: *Annuß*, Der Betriebsübergang in der neuesten Rechtsprechung des Bundesarbeitsgerichts, BB 1998, 1582; *Ascheid*, § 613a BGB: Aktuelle Tendenzen zur Neubestimmung seines Anwendungsbereichs, in Preis/Willemsen, Umstrukturierung von Betrieb und Unternehmen im Arbeitsrecht, 1999, S. 20; *Berscheid*, Rest- bzw. Übergangsmandat des Betriebsrats nach geltendem und künftigem Recht, Zuordnung von Arbeitsverhältnissen bei Betriebsaufspaltung, -veräußerung und -verschmelzung, WPrax 1994, 6; *Boecken*, Der Übergang von Arbeitsverhältnissen bei Spaltung nach dem neuen Umwandlungsrecht, ZIP 1994, 1087; *Boecken*, Unternehmensumwandlungen im Arbeitsrecht, 1996; *B. Gaul*, Das Schicksal von Tarifverträgen und Betriebsvereinbarungen bei der Umwandlung von Unternehmen, NZA 1995, 717; *B. Gaul*, Das Arbeitsrecht der Betriebs- und Unternehmensspaltung, 2002; *Gentges*, Die Zuordnung von Arbeitsverhältnissen beim Betriebsübergang, RdA 1996, 265; *Gussen/Dauck*, Die Weitergeltung von Betriebsvereinbarungen und Tarifverträgen bei Betriebsübergang und Umwandlung, 2. Aufl. 1997; *Hanau/Vossen*, Die Auswirkungen des Betriebsinhaberwechsels auf Betriebsvereinbarungen und Tarifverträge, FS für Hilger und Stumpf, 1983, S. 271; *Hartmann*, Die privatautonome Zuordnung von Arbeitsverhältnissen nach Umwandlungsrecht, ZfA 1997, 21; *Hennrichs*, Zum Formwechsel und zur Spaltung nach dem neuen Umwandlungsgesetz, ZIP 1995, 794; *Henssler*, Unternehmensumstrukturierung und Tarifrecht, FS für Günter Schaub, 1998, S. 311; *Hill*, Das neue Umwandlungsrecht und seine Auswirkungen auf die betriebliche Altersversorgung, Betriebliche Altersversorgung 1995, 114; *Hromadka/Maschmann/Wallner*, Der Tarifwechsel, 1996; *Kallmeyer*, Spaltung nach neuem Umwandlungsgesetz: Anwendung des § 133 UmwG auf Arbeitnehmeransprüche?, ZIP 1995, 550; *K. Mertens*, Umwandlung und Universalsukzession, 1992; *K. Mertens*, Zur Universalsukzession in einem neuen Umwandlungsrecht, AG 1994, 66; *Moll*, Kollektivvertragliche Arbeitsbedingungen nach einem Betriebsübergang, RdA 1996, 275; *Th. Müller*, Umwandlung des Unternehmensträgers und Betriebsvereinbarung, RdA 1996, 287; *Schaub*, Tarifverträge und Betriebsvereinbarungen beim Betriebsübergang und Umwandlung von Unternehmen, FS für Günther Wiese, 1998, S. 535; *K. Schmidt*, Universalsukzession kraft Rechtsgeschäfts – Bewährungsprobe eines zivilrechtsdogmatischen Rechtsinstituts im Unternehmensrecht, AcP 191 (1991), 495; *Wellenhofer-Klein*, Tarifwechsel durch Unternehmensstrukturierung, ZfA 1999, 239; *Willemsen* in Willemsen/Hohenstatt/Schweibert, Umstrukturierung und Übertragung von Unternehmen, 1999, Teil G; *Willemsen*, Aktuelle Tendenzen zur Abgrenzung des Betriebsübergangs, DB 1995, 924; *Willemsen*, Der Grundtatbestand des Betriebsübergangs nach § 613a BGB, RdA 1991, 204; *Willemsen/Annuß*, Neue Betriebsübergangsrichtlinie – Anpassungsbedarf im deutschen Recht?, NJW 1999, 2073; *Wollenschläger/Pollert*, Rechtsfragen des Betriebsübergangs nach § 613a BGB, ZfA 1996, 547; *Zerres*, Arbeitsrecht. Aspekte bei der Verschmelzung von Unternehmen, ZIP 2001, 359.

1 **I. Anwendbarkeit von § 613a Abs. 1 und 4 bis 6 BGB in allen Umwandlungsfällen außer Formwechsel; Tatbestandsvoraussetzungen. 1. Entstehungsgeschichte; Rechtsgrundverweisung.** Die Vorschrift ist erst auf Grund der Beratungen im Rechtsausschuss „entsprechend dem von Gewerkschaftsseite bei der Anhörung am 20.4.1994 geäußerten Wunsch"[6] in das Gesetz aufgenommen worden. Trotz der etwas unklaren Formulierung („bleibt unberührt") ist damit die zuvor in Rspr. und Lit. höchst kontrovers diskutierte Frage, ob § 613a BGB, der einen Betriebsübergang „durch Rechtsgeschäft" verlangt,

---

1 Lutter/*Joost*, § 323 UmwG Rz. 23. | 2 Vgl. BAG v. 18.8.1976 – 5 AZR 95/75; v. 26.1.1977 – 5 AZR 302/75; v. 17.1.1980 – 3 AZR 160/79, AP Nr. 4, 5 und 18 zu § 613a BGB; v. 29.10.1985 – 3 AZR 485/83, AP Nr. 4 zu § 1 BetrAVG – Betriebsveräußerung = DB 1986, 1779; krit. dazu Willemsen, RdA 1987, 327; s. zum Ganzen auch Komm. zu § 613a BGB Rz. 248. | 3 Vgl. auch *Hanau* in Hromadka (Hrsg.), Arbeitsrecht und Beschäftigungskrise, 1997, S. 82, 91; *Mengel*, Umwandlungen im Arbeitsrecht, S. 451 f.; *Willemsen*, NZA 1996, 791, 800. | 4 *Wlotzke*, DB 1995, 40, 45. | 5 Vgl. Begr. des Rechtsausschusses, BT-Drs. 12/7850 S. 145. | 6 *Neye*, ZIP 1994, 919.

auch im Falle der Gesamtrechtsnachfolge gilt[1], jedenfalls für die Verschmelzung, Spaltung und Vermögensübertragung nunmehr **positiv entschieden**[2].

Es handelt es sich um eine **Rechtsgrundverweisung**, nicht um eine Rechtsfolgenverweisung; dh. die Frage, **ob** und **wann** ein Tatbestand des Betriebs- oder Betriebsteilübergangs iSv. § 613a BGB vorliegt, muss in jedem der in § 324 genannten Umwandlungsfälle und für jede der in Betracht kommenden (Teil-)Einheiten **eigenständig geprüft** werden (siehe dazu auch § 613a BGB Rz. 188 sowie unten Rz. 6 f.). Ursprünglich umfasste die Verweisung nur die Absätze 1 und 4 des § 613a BGB; nach dessen Ergänzung um die Absätze 5 und 6 (siehe dort) wurde § 324 entsprechend angepasst.

2. Erfasste Umwandlungsarten; praktische Relevanz des § 613a BGB. Die Anwendung von § 613a BGB kommt bei allen **Umwandlungsarten** in Betracht, die mit einem **Rechtsträgerwechsel** verbunden sind, also bei der **Verschmelzung**, allen Formen der **Spaltung** sowie bei der **Vermögensübertragung**, nicht dagegen beim Formwechsel, weil hier der Rechtsträger (ArbGeb) identisch bleibt und lediglich sein „Rechtskleid" sich ändert. Für die **Spaltung** besteht eine Wechselbeziehung zu § 126 Abs. 1 Nr. 9, wonach der Spaltungs- und Übernahmevertrag ua. enthalten muss „... die genaue Bezeichnung und Aufteilung der Gegenstände des Aktiv- und Passivvermögens, die an jeden der übernehmenden Rechtsträger übertragen werden, sowie der übergehenden **Betriebe und Betriebsteile** unter Zuordnung zu dem übernehmenden Rechtsträger". Soweit in derartigen Fällen ein Betriebs- bzw. Betriebsteilübergang iSv. § 613a BGB zeitlich mit der Umwandlung zusammenfällt, richten sich die Rechtsfolgen für die ArbN ausschließlich nach dieser arbeitsrechtlichen Norm, so dass abweichende umwandlungsvertragliche Gestaltungen unbeachtlich sind; gerade dies ist der Sinn der gesetzlichen Anordnung, wonach Abs. 1 und 4 des § 613a BGB durch die Wirkung der Eintragung einer Verschmelzung, Spaltung oder Vermögensübertragung „unberührt" bleiben sollen. Nur soweit § 613a BGB mangels Vorliegens eines Betriebs- oder zumindest Betriebsteilübergangs *nicht* eingreift, kommt eine (rein) umwandlungsrechtliche Gestaltung der Rechtsfolgen für die Arbeitsverhältnisse in Betracht (siehe dazu unten Rz. 27). Davon zu trennen ist die Frage, ob hinsichtlich der **Haftung** für Verbindlichkeiten des übertragenden Rechtsträgers ausschließlich die Regelungen des § 613a BGB oder diejenigen des UmwG gelten[3].

Ob und in Bezug auf welche Arbeitsverhältnisse es im Zusammenhang mit einer Umwandlung zu einem Betriebs- oder Betriebsteilübergang iSv. § 613a BGB kommt, ist in **jedem Einzelfall** unter Zugrundelegung der maßgeblichen **Rspr. des BAG** zu § 613a BGB zu prüfen. Dies folgt aus der Qualifizierung des § 324 als Rechtsgrundverweisung (siehe oben Rz. 1). Die maßgebliche Tatsachengrundlage hierfür ist den Bestimmungen des Umwandlungsvertrages (insb. in Bezug auf die jeweils zu übertragenden Vermögensgegenstände) zu entnehmen. Daher sollte bereits bei ihrer Formulierung darauf geachtet werden, dass der Bezug zu den von der Rspr. des BAG aufgestellten Kriterien (unten Rz. 5) erkennbar wird. Die in Umwandlungsverträgen häufig anzutreffende gemeinsame abstrakte Feststellung der Parteien, dass es sich um einen bzw. mehrere Betriebs(teil)übergänge iSv. § 613a BGB handele, hat für die arbeitsrechtliche Beurteilung allenfalls indizielle Bedeutung und bindet die ArbG in einem nachfolgenden Rechtsstreit daher nicht.

Die **praktische Relevanz** der Anwendung des § 613a BGB in Umwandlungsfällen ist unübersehbar: Sobald mit dem Übertragungsvorgang ein Betrieb- oder Betriebsteilübergang im Sinne dieser Bestimmung verbunden ist, hat der übernehmende Rechtsträger hinsichtlich der auf ihn übergehenden Arbeitsverhältnisse **kein freies Auswahlermessen** mehr (siehe dazu Rz. 24); andererseits bedarf es für die Übertragung der Arbeitsverhältnisse **nicht mehr der individuellen Zustimmung** der betroffenen ArbN (dazu sowie zum Widerspruchsrecht der ArbN unten Rz. 14 ff.). Des Weiteren kommt es beim Übergang eines Betriebs oder Betriebsteils zur Fortgeltung bzw. Ablösung von in **Kollektivverträgen** (TV, Betriebsvereinbarungen) geregelten Arbeitsbedingungen entweder auf kollektivrechtlicher Grundlage oder gemäß § 613a Abs. 1 Satz 2 bis 4 BGB. Schließlich findet das „Kündigungsverbot" gemäß § 613a Abs. 4 BGB Anwendung.

Die Abgrenzung der **Tatbestandsseite** des § 613a BGB wirft in **Umwandlungsfällen** grundsätzlich dieselben Fragestellungen und Schwierigkeiten auf wie in den von dieser Rechtsnorm nach der Entstehungsgeschichte zunächst erfassten Fällen der Singularsukzession. Unbeschadet der **Kasuistik**, die sich in der Rspr. des BAG in der Folge von *„Ayse Süzen"* bereits herausgebildet hat (vgl. die Darstellung zu § 613a BGB Rz. 88 ff.) ist für die richtige Subsumtion der **Kerngedanke** der Regelung *entscheidend, dass* nämlich nur die Weiternutzung einer vorhandenen, vom bisherigen Betriebsinhaber geschaffenen, auf Dauer angelegten und auf einen bestimmten Betriebszweck ausgerichteten **Arbeitsorganisation** durch den „Übernehmer" die – schwerwiegende – Rechtsfolge des auto-

---

[1] Vgl. zum früheren Diskussionsstand die Nachweise bei *Boecken,* ZIP 1994, 1087, 1089, Fn. 20; *Hanau,* ZGR 1990, 515, 548, Fn. 6; *K. Schmidt,* AcP 191 (1991), 495, 516, Fn. 132 sowie zum Ganzen *Quander,* Betriebsinhaberwechsel. |2 S. dazu auch § 613a BGB Rz. 183 sowie Kallmeyer/*Willemsen,* § 324 UmwG Rz. 1 f. |3 Im letzteren Sinne BAG v. 6.8.2002 – 1 AZR 247/01, AP Nr. 154 zu § 112 BetrVG 1972, unter C 1. d.Gr.

matischen Eintritts in alle dieser (Teil-)Organisation „anhaftenden" Arbeitsverhältnisse zu rechtfertigen vermag[1].

6 Bei der **Verschmelzung** wird dieser Grundgedanke in aller Regel zum Tragen kommen, weil der übertragende Rechtsträger erlischt (§ 20 Abs. 1 Nr. 2) und die Weiterführung der von diesem aufgebauten betrieblichen Strukturen und bisher verfolgten wirtschaftlichen Zwecke durch den aufnehmenden Rechtsträger die geradezu „klassische" Zielsetzung einer Fusion ist. Das von der Betriebsteilübertragung bekannte Unterscheidungsproblem, ob eine organisatorisch abgrenzbare Einheit oder lediglich arbeitstechnisch unverbundene „bloße" Betriebsmittel übertragen werden, stellt sich hier nicht, weil die **ungeteilte Rechtsnachfolge** nach § 20 Abs. 1 Nr. 1 sämtliche materiellen und immateriellen Betriebsmittel erfasst; der übernehmende Rechtsträger rückt in vollem Umfang in die Rechtsstellung des Übertragers ein. Betreibt dieser ein Unternehmen mit ArbN, ist die Anwendung des § 613a Abs. 1 BGB somit in der Regel vorgegeben. Entsprechendes gilt bei der Vermögens*voll*übertragung iSv. § 174 Abs. 1 UmwG.

7 **Gänzlich anders** stellt sich die Rechtslage insoweit bei allen sonstigen Formen der **übertragenden** Umwandlung, also bei der **Spaltung, Ausgliederung und Vermögensteilübertragung**, dar. Hier kann – und wird in der Praxis sehr häufig – die **umwandlungsrechtliche** Gesamtrechtsnachfolge in Gegenstände des Anlage- und Umlaufvermögens („Betriebsmittel") zugleich die arbeitsrechtliche Sonderrechtsnachfolge in die jeweils „zugehörigen" Arbeitsverhältnisse auslösen; **zwingend** ist dies – im Gegensatz zur Verschmelzung – aber **keineswegs**. Der Grund für die insoweit notwendige **Unterscheidung** liegt formal in dem Charakter des § 324 als Rechtsgrundverweisung (s. Rz. 1) und materiell in der praktisch unbegrenzten **Zuweisungsfreiheit** der am Spaltungs-/Ausgliederungsvertrag bzw. Spaltungsplan beteiligten Parteien hinsichtlich der übergehenden Vermögensgegenstände, die durch die Anwendung des § 613a BGB in Umwandlungsfällen **nicht in Frage gestellt** wird. Rechtsträgerspaltungen brauchen daher keineswegs so strukturiert zu werden, dass die jeweils zu übertragenden Vermögensbestandteile arbeitsrechtlich betrachtet den Betrieb oder Betriebsteil bilden und mit ihnen auch die zuzuordnenden Arbeitsverhältnisse gemäß § 613a BGB auf den übernehmenden Rechtsträger übergehen. So kann zB in einem Ausgliederungsvertrag die Übertragung (nur) eines Betriebsgrundstücks auf einen neuen Rechtsträger vereinbart werden, ohne dass dieser damit mangels Übergangs einer wirtschaftlichen Einheit iSd. EuGH- und BAG-Rspr. (s.o. Rz. 5) in die Arbeitsverhältnisse der auf dem Betriebsgrundstück beschäftigten ArbN einträte. Die zwingende Wirkung des § 613a BGB entfaltet sich also nicht auf der Tatbestands-, sondern auf der Rechtsfolgenseite (siehe dazu im einzelnen Rz. 13 ff.). Insoweit – und nur insoweit – ist es daher zutreffend, von einem **Vorrang des § 613a Abs. 1 BGB** gegenüber der umwandlungsrechtlichen (partiellen) Gesamtrechtsnachfolge auszugehen.

8 **3. Übergang durch Rechtsgeschäft; Zeitpunkt des Übergangs.** Die rechtsdogmatische Einordnung des § 324 als Rechtsgrundverweisung ist auch bei der Auslegung und Anwendung des Merkmals „**durch Rechtsgeschäft**" zu beachten. Allerdings ist die frühere Streitfrage, ob es sich bei der umwandlungsrechtlichen Universalsukzession um eine solche durch Rechtsgeschäft handele, durch das „Machtwort des Gesetzgebers" (siehe oben Rz. 1) nunmehr im positiven Sinne entschieden[2]. Als „Rechtsgeschäft" ist in den Umwandlungsfällen somit in der Regel der Verschmelzungsvertrag, Spaltungsplan/-vertrag bzw. in den Fällen der Vermögensübertragung nach § 174 der Übertragungsvertrag anzusehen.

9 Die Qualifizierung des Umwandlungsvertrags als Rechtsgeschäft iSv. § 613a BGB ist für die Bestimmung des genauen **Zeitpunkts**, zu dem die Arbeitsverhältnisse im Falle der Betriebs- oder Betriebsteilübertragung auf den übernehmenden Rechtsträger übergehen, von erheblicher Bedeutung. Soweit sich aus dem Umwandlungsvertrag und seiner **tatsächlichen Durchführung** nichts Abweichendes ergibt (dazu sogleich unten), fallen das **Wirksamwerden** des umwandlungsrechtlichen dinglichen Übertragungsakts einerseits und die gesetzliche Nachfolge des übernehmenden Rechtsträgers in die dem zu übertragenden Betrieb oder Betriebsteil „anhaftenden" Arbeitsverhältnisse somit zeitlich **zusammen**. Maßgeblich ist insoweit der Zeitpunkt der Eintragung der Verschmelzung oder sonstigen Umwandlung in das Handelsregister (vgl. § 20 Abs. 1 Nr. 1, § 131 Abs. 1 Nr. 1), **nicht** dagegen der **Verschmelzungsstichtag** iSv. § 5 Abs. 1 Nr. 6 bzw. der Spaltungsstichtag iSv. § 126 Abs. 1 Nr. 6 UmwG. Eine auf diese Stichtage **rückwirkende** Übertragung von Arbeitsverhältnissen nach § 613a BGB durch Vereinbarung im Umwandlungsvertrag kommt somit **nicht in Betracht**.

10 Wohl aber können sich die Vertragsparteien darauf verständigen bzw. kann im Spaltungsplan vorgesehen werden, dass der übernehmende Rechtsträger in der **Zwischenphase** zwischen Abschluss des

---

1 Vgl. BAG v. 11.9.1997 – 8 AZR 555/95, NJW 1998, 1253: Gegensatzbildung zwischen Übernahme einer bestehenden und dem Aufbau einer neuen Arbeitsorganisation; ausf. dazu Willemsen in Willemsen/Hohenstatt/Schweibert, Umstrukturierung, Rz. G 33 ff. und G 99; *Willemsen*, RdA 1998, 204 sowie Komm. zu § 613a BGB Rz. 5 ff., 106, 127 ff. | 2 Ebenso Lutter/*Joost*, § 324 UmwG Rz. 11; *Bauer/Lingemann*, NZA 1994, 1057, 1061; s. dazu auch § 613a BGB Rz. 187.

umwandlungsrechtlichen Rechtsgeschäfts und Wirksamwerden des dinglichen Übertragungsakts gemäß § 20 Abs. 1 Nr. 1 bzw. § 131 Abs. 1 Nr. 1 in die Stellung des Betriebsinhabers iSv. § 613a BGB einrückt, was einen entsprechend **früheren Übergang der Arbeitsverhältnisse** zur Folge hat[1]. Rechtsgrundlage für einen solchen vorgezogenen Betriebsübergang ist dann aber nicht der Umwandlungsvertrag als solcher, sondern ein zeitgleich oder später abgeschlossener Betriebs(teil)überlassungsvertrag, dessen Möglichkeit daraus resultiert, dass § 613a BGB nicht die dingliche Übertragung von Rechtsmitteln voraussetzt, sondern die rechtsgeschäftliche Einräumung der **Nutzungsbefugnis** an den Betriebsmitteln (zB iS eines Pacht- oder sonstigen Überlassungsvertrages) ausreichen lässt[2]. Es kommt also für § 613a BGB und die Bestimmung des Betriebsinhabers iS dieser Norm nicht entscheidend darauf an, wem die Betriebsmittel gehören, sondern darauf, wem die zivilrechtliche Befugnis zusteht, **den Betrieb im eigenen Namen** und (jedenfalls in der Regel) für eigene Rechnung zu **führen**[3].

Die Übertragung dieser sog. **„betrieblichen Leitungsmacht"** kann daher unabhängig von und zeitlich vor dem dinglichen Übergang der Betriebsmittel infolge der umwandlungsrechtlichen Universalsukzession erfolgen, wenn eine entsprechende Vereinbarung zwischen den beteiligten Rechtsträgern vorliegt, die unter Umständen auch konkludent, dh. durch tatsächlichen (vorzeitigen) Eintritt in die ArbGebStellung und die betrieblich-organisatorische Leitung mit Einverständnis des übertragenden Rechtsträgers zustande kommen kann. Hier ist in der Praxis also eine gewisse **Vorsicht** angezeigt, zumal ein solches zeitliches Auseinanderklaffen von Betriebs(teil)übergang iSv. § 613a BGB einerseits und Wirksamwerden der Verschmelzung/Spaltung andererseits schwierige Zweifels- und Abgrenzungsfragen (zB im Hinblick auf den Beginn des Fristablaufs für das Widerspruchsrecht der ArbN; siehe dazu Rz. 13 ff.) und ggf. auch steuerrechtliche Komplikationen mit sich bringen kann. Soll sichergestellt werden, dass Vermögens- und Betriebsübergang zeitlich zusammenfallen, muss auf Eingriffe des übernehmenden Rechtsträgers in die Betriebsführung und -organisation vor der Eintragung entweder ganz verzichtet oder zumindest im Verhältnis zu den ArbN(!) eindeutig klargestellt werden, dass die faktische Übernahme von Leitungsfunktionen in dieser Zwischenphase **im Namen und für Rechnung** des übertragenden Rechtsträgers erfolgt. Derartige bloße **Betriebsführungsverträge** lösen nämlich **nicht** die Rechtsfolge des § 613a BGB aus, wenn und solange der Betriebsführer gegenüber der Belegschaft im Namen des „eigentlichen" Betriebsinhabers auftritt[4].

Die Rechtsfigur des Betriebsführungsvertrages kann aber auch für die Zeit **nach** dem Wirksamwerden der Verschmelzung/Spaltung erhebliche Bedeutung erlangen. Mit ihrer Hilfe lässt sich nämlich – so gewollt – der Übergang von Arbeitsverhältnissen gemäß § 613a BGB auf den die wesentlichen Betriebsmittel übernehmenden Rechtsträger vermeiden, indem dieser zeitgleich mit der Umwandlung (konkret nur möglich, soweit diese nicht zum Erlöschen des übertragenden Rechtsträgers führt) mit dem übertragenden Rechtsträger einen **Betriebsführungsvertrag** schließt, der diesen dazu verpflichtet, die zu übertragende betriebliche Einheit weiterhin (gegenüber den ArbN!) **im eigenen Namen**, wenn auch künftig für Rechnung des übernehmenden Rechtsträgers, zu führen. Da es sich bei einer solchen Vertragsgestaltung der Sache nach nur um eine **Gewinnabführung** handelt, die aber an der Betriebsinhaberschaft nichts ändert, findet solchenfalls ein Übergang der Arbeitsverhältnisse auf den übernehmenden Rechtsträger nicht statt[5]. Auch hieran zeigt sich der **Vorrang der arbeitsrechtlichen vor der umwandlungsrechtlichen Bewertung** der Rechtsfolgen von Umwandlungsvorgängen in Bezug auf die Überleitung von Arbeitsverhältnissen.

II. Rechtsfolgen der Geltung von § 613a Abs. 1 und 4 BGB. 1. Übergang des Arbeitsverhältnisses kraft Gesetzes; Widerspruchsrecht des ArbN. Gemäß § 613a Abs. 1 BGB geht das Arbeitsverhältnis im Falle eines Betriebsinhaberwechsels kraft Gesetzes, also ohne dass es irgendwelcher hierauf gerichteter rechtsgeschäftlicher Erklärungen der Beteiligten bedarf, auf den neuen Betriebsinhaber über. Der gesetzliche Übergang erfasst den **gesamten Inhalt** des Arbeitsverhältnisses einschließlich der **Versorgungsanwartschaften** aktiver ArbN (zu allen weiteren Einzelheiten vgl. § 613a BGB Rz. 237 ff.). Genau dieselbe Rechtsfolge ergibt sich nach dem Grundsatz der Gesamtrechtsnachfolge in den Fällen der Verschmelzung, Spaltung oder Vermögensübertragung. Auch ohne die Geltung von § 613a Abs. 1 BGB würden die Arbeitsverhältnisse mithin – beispielsweise im Falle der Spaltung gemäß § 131, solange der Spaltungsvertrag eine entsprechende gegenteilige Festlegungen enthielte – auf den bzw. die übernehmenden Rechtsträger übergehen; § 132 iVm. § 613 Satz 2 BGB (nur „im Zweifel" keine Übertragbarkeit des Anspruchs auf Dienstleistung) stünde dem nicht entgegen, solange der Inhalt des Arbeitsverhältnisses unverändert bleibt[6]. Eine derartige Inhaltsänderung ist aber in der Regel zu verneinen, wenn das Arbeitsverhältnis auch nach der Spaltung dem bisherigen Betrieb bzw. Betriebsteil zugeordnet bleibt.

---

1 So jetzt ausdrücklich auch BAG v. 25.5.2000 – 8 AZR 416/99, AP Nr. 209 zu § 613a BGB = DB 2000, 1966, 1967; Semler/Stängel/*Simon*, § 324 UmwG Rz. 13; aA *Salje*, RdA 2000, 126, der für eine zwingende Verzahnung von Betriebsübergang und Umwandlung plädiert und für den Übergang der Arbeitsverhältnisse ausschließlich auf den Zeitpunkt der Eintragung abstellen will. | 2 Allg.M; vgl. nur *Seiter*, Betriebsinhaberwechsel, 1980, S. 41, 44 sowie Komm. zu § 613a BGB Rz. 15, 46. | 3 Vgl. *Seiter*, Betriebsinhaberwechsel, 1980, S. 41 sowie Komm. zu § 613a BGB Rz. 46. | 4 Vgl. *Seiter*, Betriebsinhaberwechsel, 1980, S. 38 sowie Komm. zu § 613a BGB Rz. 47 f., 197. | 5 Ebenso *Seiter*, Betriebsinhaberwechsel, 1980, S. 38. | 6 Vgl. *Boecken*, ZIP 1994, 1093.

14 Die Bedeutung des Hinweises auf § 613a Abs. 1 BGB liegt demnach in Bezug auf die Übertragbarkeit von Arbeitsverhältnissen darin, dass er zum einen den gesetzlichen Übergang der Arbeitsverhältnisse zusammen mit dem Betrieb bzw. Betriebsteil – und zwar **ohne** insoweit bestehende **Gestaltungsfreiheit** der Parteien des Umwandlungsvertrages (Rz. 24) und **ohne notwendige Zustimmung der ArbN** – bestätigt, zum anderen aber auch darin, dass das von der Rspr. des BAG[1] unter Billigung des EuGH[2] entwickelte und inzwischen gesetzlich anerkannte (§ 613a Abs. 6 BGB) **Widerspruchsrecht des ArbN** infolge der pauschalen Verweisung in § 324 zugleich mit in das Gesetz „implantiert" wird[3]. Soweit § 613a BGB eingreift, braucht der einzelne ArbN also nicht im Rahmen der Verschmelzung, Spaltung usw. um Zustimmung zum Übergang eines Arbeitsverhältnisses ersucht zu werden (Widerspruchs- statt Zustimmungslösung); eine Zustimmung ist dagegen, wie *Boecken*[4] richtig erkannt hat, nur bei rein spaltungsrechtlicher Übertragung von Arbeitsverhältnissen, also außerhalb eines Betriebs- oder Betriebsteilübergangs, erforderlich (s. dazu auch unten Rz. 27).

15 Auf den **Formwechsel** passt weder § 613a BGB noch das Widerspruchsrecht, da in diesem Fall die Identität des bisherigen ArbGeb vollständig erhalten bleibt. Daher erwähnt § 324 diesen Umwandlungsfall zu Recht nicht.

16 Spezifische **Schwierigkeiten** bereitet die Anerkennung und Anwendung des Widerspruchsrechts dort, wo „konstruktionsbedingt" mit der Umwandlung der bisherige Rechtsträger (ArbGeb) **erlischt**, also bei der **Verschmelzung, Aufspaltung** und **Vollübertragung**. Klar ist bislang nur, dass der ArbN durch Ausübung seines Widerspruchsrechts in diesen Fällen nicht die Fortsetzung seines Arbeitsverhältnisses mit dem bisherigen Rechtsträger (ArbGeb) erreichen kann[5]. Wegen der weiteren Einzelheiten wird auf die Komm. zu § 613a BGB (dort Rz. 357) verwiesen.

17 2. „Kündigungsverbot" gemäß § 613a Abs. 4 BGB. § 613a Abs. 4 BGB, der eine Kündigung „wegen Betriebsübergangs" für unwirksam erklärt, Kündigungen „aus anderen Gründen" jedoch unberührt lässt, stellt eine spezialgesetzliche Ausprägung des allgemeinen Umgehungsverbots dar[6]. Soweit die Umwandlung mit einem Betriebsübergang oder Betriebsteilübergang einhergeht, ist auf Grund der nunmehr ausdrücklichen Klarstellung im Gesetzestext das in § 613a Abs. 4 BGB enthaltene **Kündigungsverbot** anwendbar[7]. Es gilt grundsätzlich für Kündigungen sowohl vor wie auch nach dem Betriebsübergang. Wie § 613a Abs. 4 Satz 2 BGB zeigt, schließt das Verbot Kündigungen, die nur im **zeitlichen und sachlichen Zusammenhang** mit der Umwandlung bzw. dem Betriebsübergang ausgesprochen werden, jedoch auf „anderen", dh. **eigenständigen Gründen** beruhen (zB Auftragsrückgang, Rationalisierung, Entstehen von Synergieeffekten), keineswegs aus; insoweit gilt – entgegen weit verbreiteter Ansicht in der Praxis – auch keine einjährige Sperre. Wegen der Einzelheiten wird auf die Komm. zu § 613a BGB (dort Rz. 304 ff.) verwiesen.

18 3. Haftungsfragen. Es fällt auf, dass § 324 lediglich Abs. 1 und Abs. 4 bis 6 des § 613a BGB in Bezug nimmt, Abs. 2 und 3 mithin ausdrücklich ausklammert. Welche Schlussfolgerungen sich daraus im Einzelnen ableiten lassen, insb., ob in Bezug auf die Haftung für arbeitsrechtliche Ansprüche § 613a Abs. 2 BGB neben oder anstelle der Regelung gemäß § 22 und § 133 UmwG gilt, ist in der Lit. umstritten[8]. Die durch Art. 2 des Gesetzes zur Bereinigung des Umwandlungsrechts v. 28.10.1994 (BGBl. I S. 3210) vorgenommene Anpassung des Textes von § 613a Abs. 3 BGB beantwortet diese Frage jedenfalls nicht. Für den Vorrang der umwandlungsrechtlichen Haftung sprechen aber ihr spezialgesetzlicher Charakter sowie die Erwägung, dass ein Grund für eine Schlechterstellung der ArbN gegenüber anderen Gläubigern nicht erkennbar ist (vgl. auch die Komm. zu § 613a BGB Rz. 301).

19 4. Fortgeltung von TV und BV gemäß § 613a Abs. 1 Sätze 2–4 BGB. Durch § 324 ist ferner klargestellt, dass in Fällen der Verschmelzung, Spaltung und Vermögensübertragung auch § 613a Abs. 1 Sätze 2–4 BGB Anwendung finden, die das Schicksal von **TV und BV** im Falle eines Betriebsübergangs zum Gegenstand haben. Danach gelten die bisherigen Normen von TV und BV nach einem Betriebsübergang fort, indem sie zum „Inhalt des Arbeitsverhältnisses" zwischen ArbN und neuem Betriebsinhaber werden und für **ein Jahr nach Betriebsübergang** nicht zum Nachteil der ArbN geändert werden dürfen. Die Regelung beruht auf der EG-Richtlinie 77/187 EWG über den Betriebsübergang v. 14.2.1977[9] und gibt

---

1 St. Rspr. seit BAG v. 2.10.1974 – 5 AZR 504/73, AP Nr. 1 zu § 613a BGB; vgl. ferner BAG v. 7.4.1993 – 2 AZR 449/91 B, AP Nr. 22 zu § 1 KSchG 1969 – Soziale Auswahl. | 2 ZIP 1993, 221. | 3 Auf diese Konsequenz weist eindeutig auch die Begr. RegE, BT-Drs. 12/6699 S. 121 hin; im Ergebnis ebenso BAG v. 25.5.2000 – 8 AZR 416/99, AP Nr. 209 zu § 613a BGB = DB 2000, 1966, 1967; *Bauer/Lingemann*, NZA 1994, 1057, 1061; *Boecken*, ZIP 1994, 1087, 1091 ff.; *Däubler*, RdA 1995, 136, 140; *Lutter/Joost*, § 324 UmwG Rz. 34 ff.; *Kreßel*, BB 1995, 925, 930; *Mertens*, AG 1994, 73; *Willemsen*, RdA 1993, 137; *Willemsen*, NZA 1996, 798; aA *Hennrichs*, ZIP 1995, 794, 799 f. | 4 ZIP 1994, 1087, 1093. | 5 So auch die Begr. RegE BT-Drs. 12/6699 S. 121. | 6 Vgl. *Willemsen*, ZIP 1983, 411, 413 mwN in Fn. 12; aus der Rspr. BAG AP Nr. 40, 47, 74 und 75 zu § 613a BGB. | 7 Unstreitig, vgl. nur *Joost* in Lutter, Umwandlungstage, S. 326; *Willemsen*, NZA 1996, 799; *Wlotzke*, DB 1995, 40, 43. | 8 Für einen generellen Vorrang der umwandlungsrechtlichen Haftungsbestimmungen gegenüber § 613a Abs. 2 BGB *Lutter/Joost*, § 324 UmwG Rz. 45; *Kallmeyer*, § 133 UmwG Rz. 11; *Wlotzke*, DB 1995, 40, 43; aus rechtspolitischer Sicht zum damaligen Referentenentwurf auch *Willemsen*, RdA 1993, 138; unklar *Däubler*, RdA 1995, 136, 142. | 9 ABl. EG Nr. L 61 v. 5.3.1977, 26.

Anlass zu zahlreichen Zweifelsfragen, hinsichtlich derer auf die Komm. zu § 613a BGB (Rz. 249 ff.) Bezug genommen wird.

Für das Verständnis und die praktische Handhabung ist wichtig, dass es sich bei den gemäß § 324 auch im Umwandlungsfall anwendbaren Bestimmungen des § 613a Abs. 1 Sätze 2–4 BGB lediglich um eine **Auffangregelung** handelt. Eine solche ist erforderlich, weil die Mitgliedschaft des (bisherigen) ArbGeb in einem bestimmten **ArbGebVerband** und damit auch die Bindung an einen Verbandstarifvertrag nicht automatisch kraft Gesamtrechtsnachfolge auf den neuen Rechtsträger übergeht[1], derartige TV also nicht „automatisch" kollektivrechtlich weitergelten[2]. Daraus folgt aber umgekehrt, dass es der Regelung des § 613a Abs. 1 Satz 2 BGB dann nicht bedarf, wenn die bisherigen TV kollektivrechtlich weitergelten. Dies ist insb. dann der Fall, wenn es sich um einen **FirmenTV** handelt[3]. Dieser gehört bei der **Verschmelzung** zu den Verbindlichkeiten iSv. § 20 Abs. 1 Nr. 1[4] und geht daher im Wege der Gesamtrechtsnachfolge auf den übernehmenden Rechtsträger über; allerdings bleibt sein **Geltungsbereich** auf die betrieblichen Verhältnisse bei dem übertragenden Rechtsträger beschränkt, so dass der kollektivrechtlich fortgeltende FirmenTV nicht für ArbN des aufnehmenden Rechtsträgers gilt[5]. Bei der **Auf-/Abspaltung** bzw. **Ausgliederung** geht der FirmenTV gem. § 131 Abs. 1 Nr. 1 (nur) insoweit auf den bzw. die übernehmenden Rechtsträger über, wie dies im Spaltungs- und Übernahmevertrag vorgesehen ist[6]. Es kann hier aber nicht zu einer „Vervielfachung" des FirmenTV kommen[7]; vielmehr kann die Vertragsstellung aus einem FirmenTV jeweils nur *einem* Rechtsträger zugewiesen werden, weil allein dies der vertragsrechtlichen Grundlage entspricht. Im Falle des **Verbands-(Flächen-)TV** besteht die kollektivrechtliche Bindung auf ArbGebSeite fort, wenn der neue Rechtsträger demselben ArbGebVerband wie der bisherige Rechtsträger angehört bzw. beitritt oder wenn der TV gem. § 5 TVG für **allgemeinverbindlich** erklärt worden ist. Bei einer solchen kollektivrechtlichen Fortgeltung findet § 613a Abs. 1 Sätze 2 bis 4 BGB **keine Anwendung**[8].

Entsprechendes gilt auch für **BV**. Behält der Betrieb nach der Verschmelzung oder Spaltung des Rechtsträgers seine **Identität** bei[9], ändert sich seine arbeitstechnisch-organisatorische Zusammensetzung also nicht oder nur unwesentlich, gelten nach neuerer Rspr. des BAG alle bestehenden BV für und gegen den neuen Betriebsinhaber (Rechtsträger) normativ weiter[10]. Wird dagegen ein **Betriebsteil** aus einem bestehenden Betrieb im Zuge der Umwandlung tatsächlich **ausgegliedert** (Betriebsspaltung), scheidet eine kollektivrechtliche Fortgeltung der bisher geltenden BV für diesen Betriebsteil aus, und es findet § 613a Abs. 1 Sätze 2–4 BGB Anwendung (zT aA BAG v. 18.9.2002, s. dazu Komm. § 613a BGB Rz. 256). Dies gilt nach – streitiger, aber zutreffender – Auffassung auch dann, wenn dem BR des „abgebenden" Betriebs für den abgespaltenen Betriebsteil ein **Übergangsmandat** nach § 321 zusteht[11]. Wegen der Rechtslage bei Gesamt- und KonzernBV vgl. die Komm. zu § 613a BGB Rz. 258 ff.

Hinsichtlich aller weiterer Einzelheiten, insb. zur Ablösung von BV und TV durch beim Erwerber geltende Kollektivregelungen nach § 613a Abs. 1 Satz 3 und 4 BGB, wird auf die Kommentierung zu § 613a BGB (dort Rz. 267 ff.) Bezug genommen.

III. Zuordnung von ArbN bei Verschmelzung, Spaltung und Vermögensübertragung (Verhältnis von § 613a BGB zu § 323 Abs. 2). 1. Gestaltungsfreiheit hinsichtlich der Zuordnung von Betrieben und Betriebsteilen. Gemäß § 613a Abs. 1 Satz 1 BGB (iVm. § 324) geht das Arbeitsverhältnis auf den „neuen" Betriebsinhaber über. Wer das ist, bestimmt sich im Umwandlungsfalle nach den Bestimmungen des Verschmelzungs-, Spaltungs- bzw. Übertragungsvertrags, bei der Spaltung zur Neugründung nach dem Spaltungsplan gemäß § 136. Da § 613a BGB lediglich die Rechtsfolgen einer Betriebs- bzw. Betriebsteilübertragung regelt, nicht aber die rechtsgeschäftliche Disposition über derartige Vermögensgegenstände selbst normiert oder gar einschränkt, liegt es unbeschadet von § 324 UmwG iVm. § 613a

---

1 Vgl. BAG v. 13.7.1994 – 4 AZR 555/93, AP Nr. 14 zu § 3 TVG – Verbandszugehörigkeit; DB 1999, 290; ebenso *Joost*, ZIP 1995, 979; Wiedemann/*Oetker*, § 3 TVG Rz. 163. | **2** BAG v. 5.10.1993 – 3 AZR 586/92, AP Nr. 42 zu § 1 BetrAVG – Zusatzversorgungskassen; v. 13.7.1994 – 4 AZR 555/93, AP Nr. 14 zu § 3 TVG – Verbandszugehörigkeit; für die Möglichkeit einer Rechtsnachfolge in die Verbandsmitgliedschaft bei entsprechender Regelung im Spaltungs- und Übernahmevertrag LAG BW BB 2001, 257; rkr. | **3** BAG v. 24.6.1998 – 4 AZR 208/97, DB 1999, 290 m. Anm. *Trappehl/Lambrich*; *B. Gaul*, NZA 1995, 717, 722 f.; Lutter/*Joost*, § 324 UmwG Rz. 18 f.; *Schaub*, FS Wiese, S. 535, 538; aA *Gussen/Dauck*, Weitergeltung Rz. 367 ff.; s. dazu auch Komm. § 613a BGB Rz. 262. | **4** BAG v. 24.6.1998 – 4 AZR 208/97, DB 1999, 290. | **5** mit der Konsequenz sog. Tarifpluralität; dazu eingehend *Hohenstatt* in Willemsen/Hohenstatt/Schweibert, Umstrukturierung, Rz. E 91 ff. | **6** *Hohenstatt* in Willemsen/Hohenstatt/Schweibert, Umstrukturierung, Rz. E 99 f. mwN. | **7** So jedoch *Wellenhofer-Klein*, ZfA 1999, 239, 262 mwN; aA *Boecken*, Unternehmensumwandlungen Rz. 207; Wiedemann/*Oetker*, § 3 TVG Rz. 156; *Hohenstatt* in Willemsen/Hohenstatt/Schweibert, Umstrukturierung, Rz. E 99. | **8** Allg. Meinung, vgl. nur BAG v. 24.6.1998 – 4 AZR 208/97, DB 1999, 290; MünchArbR/*Wank*, 2. Aufl. 2000, § 124 Rz. 168, 187 mwN. | **9** Zu den Voraussetzungen im einzelnen *Hohenstatt* in Willemsen/Hohenstatt/Schweibert, Umstrukturierung, Rz. D 49 ff. | **10** Vgl. BAG v. 5.2.1991 – 1 ABR 32/90 und v. 27.7.1994 – 7 ABR 37/93, AP Nr. 89 und 118 zu § 613a BGB; *Hanau/Vossen*, FS Hilger/Stumpf, 1983, S. 271 ff. sowie Komm. zu § 613a BGB Rz. 255 ff. | **11** Wie hier *Th. Müller*, RdA 1996, 287, 291 und ihm folgend GK-BetrVG/*Kreutz*, § 77 BetrVG Rz. 326 unter Aufgabe der Ansicht in der Vorauf., vgl. dazu sowie zu neuen Entwicklungen in der Rspr. auch Komm. zu § 613a BGB Rz. 255 ff.; aA *Bachner*, NZA 1997, 79, 81 f.; *Düwell*, NZA 1996, 393, 395; *Gussen/Dauck*, Weitergeltung Rz. 333 f.; vgl. zum Ganzen auch *Hohenstatt* in Willemsen/Hohenstatt/Schweibert, Umstrukturierung, Rz. E 17 ff.

BGB in der **Privatautonomie der beteiligten Rechtsträger**, die Zuordnung von Betrieben und Betriebsteilen für die Zeit nach der Umwandlung zu regeln, insb. bestehende Betriebe organisatorisch zu spalten und die so entstehenden Betriebsteile auf jeweils verschiedene Rechtsträger zu übertragen. Insoweit sind also für das Arbeitsrecht die Festlegungen im Spaltungs- und Übernahmevertrag (vgl. § 126 Abs. 1 Nr. 9) maßgeblich. Bei der **Verschmelzung** ergibt sich insoweit kein Regelungsbedarf, weil künftiger Betriebsinhaber (ArbGeb) nur der übernehmende bzw. (bei Verschmelzung im Wege der Neugründung) nur der neugegründete Rechtsträger sein kann.

24   2. **Bindung der Zuordnung von Arbeitsverhältnissen an § 324 UmwG iVm. § 613a Abs. 1 Satz 1 BGB.** Während über das „Ob" des Betriebsübergangs also rechtsgeschäftlich entschieden wird[1], sind die Parteien des Spaltungsvertrages (bzw. bei Auf- oder Abspaltung zur Neugründung das Vertretungsorgan des übertragenden Rechtsträgers bei Aufstellung des Spaltungsplans nach § 136) hinsichtlich der **Zuordnung der Arbeitsverhältnisse keineswegs frei**. Insoweit gilt vielmehr (über § 324) § 613a Abs. 1 Satz 1 BGB, der zwingend vorschreibt, dass die Arbeitsverhältnisse mit dem Betrieb bzw. Betriebsteil verbunden bleiben müssen, zu dem sie funktional gehören, der Verbund zwischen übergehendem Betrieb(steil) und Arbeitsverhältnis also bestehen bleiben muss[2]. Die noch in § 126 des Referentenentwurfs vom 15.4.1992 enthaltene Möglichkeit einer „beliebigen" Zuordnung von Arbeitsverhältnissen im Spaltungs- und Übernahmevertrag[3] ist zu Recht nicht Gesetz geworden. Vielmehr heißt es jetzt zutreffend in der Begründung zu § 126 Abs. 1 Nr. 9[4], die Freiheit der Beteiligten, grundsätzlich jeden Gegenstand jedem beliebigen Rechtsträger zuzuweisen, erfahre hinsichtlich der Arbeitsverhältnisse durch die zwingende Regelung des § 613a Abs. 1 Satz 1 BGB eine Einschränkung.

25   Die Arbeitsverhältnisse müssen also im Spaltungsvertrag/plan bzw. Übernahmevertrag so zugeordnet werden, wie dies der **objektiven Zugehörigkeit** zu den jeweils zu übertragenden Betrieben oder Betriebsteilen entspricht. Eine dem entgegenstehende anderweitige Zuordnung im Spaltungs- oder Übernahmevertrag ist **ohne Zustimmung** des betreffenden ArbN **unwirksam**[5].

26   3. **Zuordnung in unklaren Fällen; Möglichkeit der Zuordnung in einem Interessenausgleich gemäß § 323 Abs. 2. a) Bei Nichtbestehen eines BR bzw. Nichtzustandekommen eines Interessenausgleichs nach § 323 Abs. 2.** Die Anwendung des § 613a BGB bereitet – auch außerhalb des UmwG – spezifische Schwierigkeiten dort, wo von der Spaltung eines Betriebs betroffene Arbeitsverhältnisse nicht eindeutig einem Betriebsteil zugeordnet werden können, so dass unklar ist, *ob* und ggf. auf *welchen* neuen Rechtsträger sie gemäß § 613a Abs. 1 Satz 1 übergehen sollen[6]. Diese Problematik ergibt sich insb. dann, wenn ein ArbN **in verschiedenen Betriebsteilen** („Springer") beschäftigt war oder **betriebsteilübergreifende Funktionen** wahrgenommen hat (Verwaltung, Stabsfunktionen) (s. dazu Komm. zu § 613a BGB Rz. 225 ff.)[7]. Aus praktischer Sicht empfiehlt es sich, die **Zuordnung in Form von Personallisten** als Anlage zum Spaltungs- bzw. Übernahmevertrag vorzunehmen. Diese Zuordnung vollzieht sich allerdings **nicht außerhalb des § 613a BGB**, sondern ist vielmehr an dessen Wertungen gebunden, wenn und solange das Arbeitsverhältnis nach objektiven Gesichtspunkten *schwerpunktmäßig* einem Betrieb bzw. Betriebsteil zugeordnet werden kann (s. dazu auch Komm. § 613a BGB Rz. 227). War beispielsweise ein Betriebselektriker zu 70 % in der Produktion und zu 30 % in der Betriebswerkstatt eingesetzt, gebietet es § 613a BGB im Falle der Aufspaltung des Betriebs, ihn dem Betriebsteil „Produktion" zuzuordnen (es sei denn, dass mit Zustimmung des ArbN eine anderweitige Regelung getroffen wird). Bei Wahrung solcher objektiver Kriterien kommt dem Spaltungs- bzw. Übernahmevertrag in Bezug auf § 613a Abs. 1 Satz 1 BGB eine **quasi-konstitutive Bedeutung** zu[8]. Entgegen der Auffassung von *Boecken*[9] bedarf es dann insoweit auch nicht der Zustimmung des betroffenen ArbN; es verbleibt vielmehr bei dem allgemeinen Widerspruchsrecht im Rahmen von § 613a BGB[10]. Ob die Zuordnung „übergreifender" Arbeitsverhältnisse sachlichen Gesichtspunkten iS einer Schwerpunktbildung entspricht, unterliegt allerdings – anders als eine Zuordnung im Interessenausgleich gemäß § 323 Abs. 2 (dazu unten Rz. 28 ff.) – **in vollem Umfang der gerichtlichen Nachprüfung**. Um diesbezüglichen Risiken vorzubeugen, kann es sich uU empfehlen, bereits im **Vorfeld der Spaltung** für eine sachgerechte Zuordnung der Arbeitsverhältnisse – ggf. auch im Wege „**korrigierender Versetzungen**" – Sorge zu tragen[11].

27   Der (vorherigen oder nachträglichen) Zustimmung des ArbN bedarf es mithin nur dann, wenn der Übergang des Arbeitsverhältnisses eindeutig **außerhalb des § 613a BGB** stattfinden soll, also wenn

---

[1] *Joost* in Lutter, Umwandlungsrechtstage, S. 320. | [2] Eingehend zu dem Prinzip des „Gleichlaufs" von Arbeitsplatz und Arbeitsverhältnis im Rahmen von § 613a BGB *Willemsen*, RdA 1993, 134 f.; *Willemsen*, NZA 1996, 798 f.; iE wie hier *Boecken*, ZIP 1994, 1087, 1091; *Joost* in Lutter, Umwandlungsrechtstage, S. 320; *Kallmeyer*, ZIP 1994, 1757. | [3] Dazu kritisch *Willemsen*, RdA 1993, 135 f. | [4] BT-Drs. 12/6699 S. 118. | [5] Ebenso *Boecken*, ZIP 1994, 1087, 1091; *Hartmann*, ZfA 1997, 1, 24 f.; *Kallmeyer*, ZIP 1994, 1757; *Willemsen*, RdA 1993, 135 f.; zum SpTrUG bereits *Ising/Thiell*, DB 1991, 2082. | [6] S. dazu allgemein *Gentges*, RdA 1996, 265; *Kreitner*, Kündigungsrechtliche Probleme beim Betriebsinhaberwechsel, 1989; *Lieb*, ZfA 1994, 229, 232 ff.; *Th. Müller/Thüsing*, ZIP 1997, 1869 ff. | [7] S. auch *Kallmeyer/Willemsen*, § 324 UmwG Rz. 36 ff. | [8] Vgl. *Willemsen*, RdA 1993, 137; ebenso bereits für den Spaltungsplan nach dem SpTrUG *Ising/Thiell*, DB 1991, 2084. | [9] ZIP 1994, 1091. | [10] Dazu oben Rz. 14 ff.; ebenso Semler/Stängel/*Simon*, § 323 UmwG Rz. 38. | [11] Vgl. hierzu auch *Gentges*, RdA 1996, 265, 273, 275; *Willemsen*, RdA 1993, 137.

etwa im Zuge der Spaltung überhaupt kein Betrieb oder (geschlossener) Betriebsteil auf einen anderen Rechtsträger übergeht oder wenn zwar ein Betriebsteil übergeht, das betreffende Arbeitsverhältnis jedoch zu dem „zurückbleibenden" (Rest-)Betrieb gehört[1]. In diesem Fall handelt es sich um einen „rein spaltungsrechtlichen" Übergang von Arbeitsverhältnissen, für den § 613a BGB insgesamt *nicht* gilt.

Beispiel: Bei der Abspaltung des Marketing- und Vertriebsbereichs aus einem Pharma-Unternehmen sollen laut Spaltungsplan fünf Chemiker aus der (bei dem abspaltenden Unternehmen verbleibenden) Forschungs- und Entwicklungsabteilung mit in die künftige Vertriebsgesellschaft übergehen, um die dort tätigen Außendienstmitarbeiter beratend zu unterstützen. Eine solche Regelung wäre nur mit Zustimmung der betreffenden ArbN wirksam (die auch noch nachträglich erteilt werden kann). Kommt es auf diese Weise zum Übergang der Arbeitsverhältnisse, ist an eine *analoge* Anwendung (nur) des § 613a Abs. 1 Sätze 2–4 BGB hinsichtlich des (einstweiligen) Fortbestands kollektivrechtlich begründeter Ansprüche zu denken (s. dazu Rz. 19 ff.). Der Übergang der Arbeitsverhältnisse selbst vollzieht sich aber nicht auf Grund von § 613a Abs. 1 BGB, sondern (allein) auf Grund des Spaltungsplans. Dieser muss die **außerhalb** von § 613a BGB übergebenden Arbeitsverhältnisse **namentlich aufführen**[2]; die bloße Nennung von Betrieben oder Betriebsteilen (§ 126 Abs. 1 Nr. 9 aE) reicht hier gerade **nicht** aus[3].

b) Bei Zustandekommen eines Interessenausgleichs nach § 323 Abs. 2. Die Vorschrift des § 323 Abs. 2 (Entstehungsgeschichte siehe § 323 Rz. 20) ermöglicht es ArbGeb und BR in Anlehnung an § 125 InsO, bei **Verschmelzung, Spaltung und Vermögensübertragung** die Zuordnung der ArbN für die Zeit nach der Umwandlung zu einem bestimmten Betrieb oder Betriebsteil in einem **Interessenausgleich** iSv. § 112 Abs. 1 BetrVG zu regeln. Bei Zustandekommen eines solchen, nur auf **freiwilliger Basis** möglichen Interessenausgleichs kann die Zuordnung der ArbN durch das ArbG nur noch auf **grobe Fehlerhaftigkeit** überprüft werden. Voraussetzung für einen solchen Interessenausgleich ist allerdings das Vorliegen einer **Betriebsänderung** iSv. §§ 111 ff. BetrVG[4].

Der rechtssystematische Standort der Bestimmung ist unklar. Sie scheint eine Art „Kompensation" dafür zu sein, dass die in § 126 des Referentenentwurfs vom 15.4.1992 noch enthaltene Möglichkeit, die Zuordnung der Arbeitsverhältnisse mehr oder weniger beliebig im Spaltungs- und Übernahmevertrag zu regeln, nicht Gesetz geworden ist (s. dazu auch Rz. 24). Ein solches „freies" Zuordnungsrecht hätte § 613a BGB und dem europäischen Recht (EG-Richtlinie v. 14.2.1977 (jetzt: v. 12.3.2001, ABl. EG Nr. L 082) über den Betriebsübergang widersprochen. Es kann indes nicht angenommen werden, dass der Gesetzgeber mit § 323 Abs. 2 diese zwingenden Vorgaben „überspielen" wollte. § 323 Abs. 2 ist daher gesetzes- und europarechtskonform dahin gehend auszulegen, dass die Betriebsparteien bei einer Zuordnung qua Interessenausgleich an die **Vorgaben des § 613a BGB** gebunden sind, wonach die Arbeitsverhältnisse dem Betrieb bzw. Betriebsteil „folgen", dem sie bisher angehört haben. Lediglich bei insoweit bestehenden **Zweifeln**, etwa im Falle von „Springern" (s. dazu Rz. 26 f.), können die Betriebsparteien im Interessenausgleich eine eigenständige, gleichsam konstitutive Regelung treffen, die dann sowohl im Individualprozess wie auch in einem arbeitsgerichtlichen Beschlussverfahren nur noch auf „grobe Fehlerhaftigkeit" überprüft werden kann[5].

Was „**grobe Fehlerhaftigkeit**" bedeutet, muss wiederum im Lichte des § 613a BGB interpretiert werden: Es ist nicht zulässig, in einem Interessenausgleich nach § 323 Abs. 2 aus **reinen Zweckmäßigkeitserwägungen** – etwa wegen einer ohnehin für die Zeit nach der Umwandlung vorgesehenen Rationalisierung oder Umstrukturierung – ArbN ohne ihre Zustimmung einem anderen Betrieb oder Betriebsteil zuzuordnen als demjenigen, dem sie bisher (eindeutig) angehörten[6]. Ein eigenes Regelungsermessen haben die Betriebsparteien daher nur in den bereits mehrfach erwähnten Zweifelsfällen, deren Bedeutung durch die neuere Rspr. des BAG (s. dazu Komm. zu § 613a BGB Rz. 226 mwN) allerdings deutlich zurückgegangen ist und sich nunmehr auf diejenigen Fälle beschränken dürfte, in denen ein ArbN *in* (nicht *für*) verschiedene(n) Betriebe bzw. Betriebsteile(n) tätig gewesen ist[7]. Hier ist die Zuordnung

---

1 Insoweit zutr. *Boecken*, ZIP 1994, 1087, 1091; vgl. auch *Boecken*, Unternehmensumwandlungen Rz. 71, auch zu weiteren insoweit denkbaren Konstellationen; vgl. ferner zur Bedeutung des § 132 Satz 2 bei *Auf*spaltung *Hartmann*, ZfA 1997, 27. Grundsätzlich anderer Auffassung (keine Zustimmung des ArbN erforderlich) mit ausführl. Begründung *Gaul*, Das Arbeitsrecht der Betriebs- und Unternehmensspaltung, § 12 Rz. 43 f. |2 Ebenso Begr. zum Regierungsentwurf, BR-Drs. 75/94 S. 118. |3 Vgl. dazu und zu weiteren mit der umwandlungsrechtlichen Zuordnung verbundenen Fragen *Willemsen* in Willemsen/Hohenstatt/Schweibert/Seibt, Umstrukturierung, Rz. G 157 ff. |4 AA Semler/Stängel/*Simon*, § 323 UmwG Rz. 20 mwN. |5 IE ebenso Lutter/*Joost*, § 324 UmwG Rz. 33; *Wlotzke*, DB 1995, 40, 45; unklar *Bauer/Lingemann*, NZA 1994, 1057, 1061; *Däubler*, RdA 1995, 136, 141; grundsätzlich aA dagegen *Boecken*, Unternehmensumwandlungen Rz. 123 ff., der den Anwendungsbereich von § 323 Abs. 2 von vornherein auf den Übergang von Arbeitsverhältnissen *außerhalb* von § 613a BGB begrenzen will; damit würde die Vorschrift aber weitgehend ihres – vom Gesetzgeber offensichtlich intendierten – praktischen Anwendungsbereichs beraubt. |6 Ebenso Lutter/*Joost*, § 324 UmwG Rz. 37. |7 S. zum Ganzen Kallmeyer/*Willemsen*, § 324 Rz. 38; aA. offenbar Lutter/*Joost*, § 324 UmwG Rz. 37 iVm. Rz. 30, der eine Zuordnung nach § 323 Abs. 2 auch für ArbN mit betriebs(teil)übergreifenden Tätigkeiten zulassen will, dem steht aber die oben genannte neuere Rspr. des BAG entgegen.

im Interessenausgleich nur gerichtlich angreifbar bei „grober Fehlerhaftigkeit", die bereits dann zu verneinen ist, wenn es für die Zuordnung einen **sachlichen Grund** gibt, der die Zuordnung mindestens **vertretbar** erscheinen lässt. Dieser sachliche Grund muss sich seinerseits am Zweck des § 613a BGB orientieren, dh., die Betriebsparteien müssen bei der Zuordnung der ArbN objektive Kriterien zugrunde legen, die für die (ggf. schwerpunktmäßige) Zugehörigkeit eines ArbN zu einem bestimmten Betrieb oder Betriebsteil sprechen. Nur wo derartige Kriterien fehlen oder zu keinem greifbaren Ergebnis führen, haben die Betriebsparteien im Rahmen des Interessenausgleichs nach § 323 Abs. 2 weitgehend freie Hand[1].

31 Unklar ist auch die **rechtliche Wirkungsweise** eines nach § 323 Abs. 2 zustande gekommenen, nicht „offensichtlich fehlerhaften" Interessenausgleichs[2]. Nach bisheriger Rspr. des BAG entfaltet ein Interessenausgleich iSv. § 112 Abs. 1 BetrVG **keine normative Wirkung**; es handelt sich lediglich um eine „Naturalobligation" im Verhältnis zwischen ArbGeb und BR[3]. Da nicht angenommen werden kann, dass der Gesetzgeber des Umwandlungsgesetzes dem Interessenausgleich iSv. § 323 Abs. 2 eine neuartige, von § 112 Abs. 1 BetrVG abweichende Rechtsqualität beimessen wollte, dürfte seine Wirkungsweise im Rahmen von § 323 Abs. 2 wohl am ehesten so zu erklären sein, dass der Interessenausgleich in diesem Falle eine kraft Gesetzes wirkende Ergänzung des Verschmelzungs-, Spaltungs- bzw. Übernahmevertrages darstellt[4]. Es handelt sich gewissermaßen um eine „Kompensation" für die ursprünglich ins Auge gefasste, dann aber wieder fallen gelassene **freie Zuordnungskompetenz** der Parteien des Umwandlungsvertrages, die – in freilich deutlich beschränktem Umfang – durch eine solche der *Betriebs*parteien ersetzt wurde. Die Zuordnung erfolgt also im Interessenausgleich selbst und bedarf, solange die Grenze grober Fehlerhaftigkeit nicht überschritten ist, **keiner gesonderten individualrechtlicher Umsetzung** durch den ArbGeb[5]; allerdings bleibt dem ArbN auch in diesem Falle das **Widerspruchsrecht** im Rahmen von § 613a Abs. 6 BGB (s. oben Rz. 13 ff.), mit dessen Ausübung er jedoch nur den Verbleib beim bisherigen ArbGeb, nicht jedoch die Zuordnung zu einem anderen Rechtsträger erreichen kann[6] (zu der Situation bei Erlöschen des übertragenden Rechtsträgers siehe oben Rz. 16 ff.). Aus der „privilegierten" Zuordnungskompetenz der Betriebsparteien ist des Weiteren zu folgern, dass bei einem **Widerspruch** zwischen der Zuordnung nach Verschmelzungs-/Spaltungsvertrag einerseits und Interessenausgleich iSv. § 323 Abs. 2 andererseits letzterem der **Vorrang** gebührt[7].

32 Wegen des Vorrangs der Zuordnung im **Interessenausgleich** empfiehlt es sich, einen solchen **möglichst vor bzw. zeitgleich** mit dem Verschmelzungs-/Spaltungsvertrag abzuschließen. Ist mit der Umwandlung die **Spaltung eines Betriebs** verbunden, muss das Unternehmen ohnehin idR *vor* deren Durchführung den BR unterrichten und über die geplanten Maßnahmen mit dem Ziel eines Interessenausgleichs beraten (vgl. § 111 Satz 2 Nr. 3 nF, § 112 BetrVG). Zur Vermeidung künftiger Streitigkeiten ist es dringend ratsam, einen solchen Interessenausgleich anzustreben, der auch die Zuordnungsfrage regelt. Ein derartiger Interessenausgleich ist allerdings, wie bereits erwähnt, anders als ein Sozialplan (vgl. § 112 Abs. 4 BetrVG) **nicht durch Spruch einer Einigungsstelle erzwingbar**, sondern kann nur auf freiwilliger Basis im Wege der Einigung mit dem BR zustande kommen.

33 Ein nach § 323 Abs. 2 zustande gekommener Interessenausgleich, der die Zuordnung der ArbN zu einem bestimmten Betrieb bzw. Betriebsteil nach der Umwandlung regelt, konsumiert („**verbraucht**") richtiger Auffassung zufolge das ansonsten bestehende **MitbestR gemäß § 99 BetrVG** bei (einzelnen) Einstellungen und Versetzungen[8]. Der BR kann also bei einer derartigen einvernehmlichen Zuordnung der Einstellung nicht mehr gemäß § 99 Abs. 2 BetrVG widersprechen.

34 **IV. Zuordnung von Versorgungsansprüchen ausgeschiedener ArbN (Pensionäre und Versorgungsanwärter).** Nach ganz hM in der arbeitsrechtlichen Rspr. und Lit. gilt § 613a BGB **nicht für Pensionäre und ausgeschiedene Versorgungsanwärter**, da diese nicht mehr in einem Arbeitsverhältnis zum Betriebsinhaber stehen (vgl. Komm. zu § 613a BGB Rz. 237). Die Möglichkeit der Zuweisung von Pensionsverpflichtungen gegenüber dem vorgenannten Personenkreis wird also infolge der Verweisung von Abs. 1 auf § 613a BGB **nicht eingeschränkt**[9].

---

1 Im Ergebnis ebenso Lutter/*Joost*, § 324 UmwG Rz. 37; weiter gehend offenbar *Bauer/Lingemann*, NZA 1994, 1057, 1061. | 2 Dazu ausf. *Hartmann*, ZfA 1997, 21, 31 ff. mwN; *Mengel*, Umwandlungen im Arbeitsrecht S. 109 f. | 3 Vgl. BAG v. 28.8.1991 – 7 ABR 72/90, AP Nr. 2 zu § 85 ArbGG 1979; *Willemsen/Hohenstatt*, NZA 1997, 345 ff.; krit. dazu im vorliegenden Zusammenhang *Däubler*, RdA 1995, 136, 141. | 4 Vgl. auch *Willemsen*, NZA 1996, 799. | 5 AA *Hartmann*, ZfA 1997, 21, 31 ff. und *Mengel*, Umwandlungen im Arbeitsrecht, S. 109 f.; wie hier Lutter/*Joost*, § 324 UmwG Rz. 33. | 6 Ebenso Lutter/*Joost*, § 323 UmwG Rz. 41. | 7 Anders Lutter/*Joost*, § 324 UmwG Rz. 30, nach dessen Auffassung bei Bestehen eines Betriebsrats die Zuordnung nur im Interessenausgleich erfolgen kann. Dagegen spricht aber, dass ein Interessenausgleich nach allgemeinen betriebsverfassungsrechtlichen Grundsätzen nicht erzwingbar ist, vgl. § 112 Abs. 2 und 3 BetrVG, so dass jedenfalls bei *Scheitern* eines solchen Interessenausgleichs ein praktisches Bedürfnis für die Regelung „unklarer" Fälle im Verschmelzungs- bzw. Spaltungsvertrag bestehen kann. | 8 Ebenso *Däubler*, RdA 1995, 136, 141; *Hartmann*, ZfA 1997, 21, 32; offen gelassen von *Wlotzke*, DB 1995, 40, 45. | 9 Ebenso *Hill*, Betriebliche Altersversorgung 1995, 114, 116.

Eine Einschränkung der Zuordnungsfreiheit bei Spaltung in Bezug auf Versorgungsverpflichtungen gegenüber bereits ausgeschiedenen ArbN folgt auch nicht aus § 4 BetrAVG. Diese auf die vertragliche Schuldübernahme zugeschnittene Bestimmung findet im Falle der Spaltung gerade **keine Anwendung**[1]. Insbesondere lässt sich ein Zustimmungserfordernis auch nicht mit § 132 Satz 1 begründen, da die bei Einzelübertragung von Verbindlichkeiten erforderliche Mitwirkung des Gläubigers gemäß §§ 414 ff. BGB bei der Spaltung gerade nicht verlangt wird. Konkret bedeutet dies die weitgehende **Gestaltungsfreiheit** bei der Zuordnung von Pensionsverpflichtungen im Zuge der Spaltung, zu der es demzufolge einer Zustimmung weder des betroffenen Pensionärs bzw. Versorgungsanwärters noch des **Pensionssicherungsvereins (PSV)** bedarf[2]. Der PSV ist insoweit auf die umwandlungsrechtlichen **Gläubigerschutzbestimmungen** verwiesen. Zusätzliche **schuldrechtliche Verpflichtungsklauseln** zwischen den beteiligten Rechtsträgern sind uU ratsam[3].

325 Mitbestimmungsbeibehaltung

(1) Entfallen durch Abspaltung oder Ausgliederung im Sinne des § 123 Abs. 2 und 3 bei einem übertragenden Rechtsträger die gesetzlichen Voraussetzungen für die Beteiligung der Arbeitnehmer im Aufsichtsrat, so finden die vor der Spaltung geltenden Vorschriften noch für einen Zeitraum von fünf Jahren nach dem Wirksamwerden der Abspaltung oder Ausgliederung Anwendung. Dies gilt nicht, wenn die betreffenden Vorschriften eine Mindestzahl von Arbeitnehmern voraussetzen und die danach berechnete Zahl der Arbeitnehmer des übertragenden Rechtsträgers auf weniger als in der Regel ein Viertel dieser Mindestzahl sinkt.

(2) Hat die Spaltung oder Teilübertragung eines Rechtsträgers die Spaltung eines Betriebes zur Folge und entfallen für die aus der Spaltung hervorgegangenen Betriebe Rechte oder Beteiligungsrechte des Betriebsrats, so kann durch Betriebsvereinbarung oder Tarifvertrag die Fortgeltung dieser Rechte und Beteiligungsrechte vereinbart werden. Die §§ 9 und 27 des Betriebsverfassungsgesetzes bleiben unberührt.

Lit.: *Bartodziej*, Reform des Umwandlungsrechts und Mitbestimmung, ZIP 1994, 580; *Henssler*, Umstrukturierung von mitbestimmten Unternehmen, ZfA 2000, 241; *Joost*, Arbeitsrechtliche Angaben im Umwandlungsvertrag, ZIP 1995, 983; *Jung*, Umwandlungen unter Mitbestimmungsverlust, 2000; *Kallmeyer*, Das neue Umwandlungsgesetz, ZIP 1994, 1758; *Neye*, Die Reform des Umwandlungsrechts, DB 1994, 2069; *Seibt* in Willemsen/Hohenstatt/Schweibert, Umstrukturierung und Übertragung von Unternehmen, 1999, Rz. F 1 ff.

I. Befristete Beibehaltung der Unternehmensmitbestimmung (Abs. 1). 1. Gesetzesgeschichte, Regelungsgegenstand. Die erst im Vermittlungsausschuss in den Gesetzestext aufgenommene Norm des Abs. 1[4] bricht mit der noch dem Regierungsentwurf zugrunde liegenden Absicht, die unternehmensbezogene **Mitbestimmungsordnung** durch das Umwandlungsgesetz unverändert zu lassen und aus dieser Neutralität möglicherweise resultierende mittelbare Beeinträchtigungen der MitbestR von ArbN im Aufsichtsrat hinzunehmen[5]. Die jetzige Regelung ist zurückzuführen auf die Ansicht der Bundesratsmehrheit, durch Beibehaltungsregeln müsse sichergestellt werden, dass sich der bestehende Mitbestimmungsstatus durch Unternehmensumwandlungen nicht verschlechtert[6], worauf schließlich auch die Verweigerung der Zustimmung des Bundesrates zum Regierungsentwurf gestützt wurde[7]. Während die SPD-Fraktion für sämtliche Umwandlungsarten iSd. § 1 eine Öffnungsklausel bevorzugte, wonach durch TV die Beibehaltung des Mitbestimmungsregimes oder die Schaffung eines Beirates hätte vereinbart werden können, ordnet nunmehr § 325 Abs. 1 Satz 1 in Anlehnung an die Konzeption des § 1 Abs. 3 Montan-MitbestG eine auf die Fälle der **Abspaltung** (§ 123 Abs. 2) und **Ausgliederung** (§ 123 Abs. 3) beschränkte sowie auf fünf Jahre befristete Beibehaltung der Mitbest. an.

Die Gesetz gewordene Kompromisslösung offenbart eine gesetzgeberische Inkonsequenz, da man einerseits von der mitbestimmungsneutralen Gestaltung des Umwandlungsrechts abgerückt ist, was im Kern zu einer Erweiterung des geltenden MitbestR geführt hat[8], andererseits jedoch die Umwandlungsformen der Verschmelzung und Vermögensübertragung wie auch des Formwechsels trotz des hier praktisch gleichermaßen möglichen Verlustes von MitbestR[9] unberücksichtigt ließ. Auch bei **Aufspaltung** gilt Abs. 1 nicht. Eine **Analogie** scheidet angesichts des völlig eindeutigen Gesetzeswortlauts aus[10].

---

1 Ebenso im Ergebnis *Hill*, Betriebliche Altersversorgung 1995, 117; ErfK/*Steinmeyer*, § 4 BetrAVG Rz. 4. In der Tendenz ähnlich vor der Reform des Umwandlungsrechts bereits BAG v. 11.11.1986 – 3 AZR 194/85, AP Nr. 61 zu § 613a BGB. | 2 Ebenso *Hill*, Betriebliche Altersversorgung 1995, Satz 117; ausf. zu dieser Thematik *Doetsch/Rühmann* in Willemsen/Hohenstatt/Schweibert, Umstrukturierung, Rz. J 142 ff. mwN. | 3 Vgl. dazu auch Lutter/*Teichmann*, § 132 UmwG Rz. 20. | 4 BR- Drs. 843/94 Anlage Nr. 3. | 5 BT-Drs. 12/6699 S. 75. | 6 BT-Drs. 12/7265 S. 5. | 7 Vgl. *Neye*, DB 1994, 2069. | 8 So richtig *Bartodziej*, ZIP 1994, 580. | 9 Dazu *Bartodziej*, ZIP 1994, 580. | 10 Goutier/Knopf/Tulloch/*Bermel*, § 325 UmwG Rz. 10; Lutter/*Joost*, § 325 UmwG Rz. 13; *Jung*, Umwandlungen S. 255; *Seibt* in Willemsen/Hohenstatt/Schweibert/Seibt, Umstrukturierung, Rz. F 99; *Willemsen*, NZA 1996, 803.

3 Die Regelungswirkung des Abs. 1 ist auf die **Beibehaltung** des Mitbestimmungsstatuts **beim übertragenden Rechtsträger** beschränkt, so dass sich die Unternehmensmitbestimmung bei den übernehmenden Rechtsträgern ohne weiteres nach den allgemeinen gesetzlichen Vorschriften richtet[1]. Hinsichtlich der **übernehmenden Rechtsträger** wird also **in keinem Fall** die Mitbestimmungspflicht **erweitert**[2]. Mitbestimmungsverluste, die durch Veränderungen bei einem **anderen als dem übertragenden**, bisher mitbestimmungspflichtigen **Rechtsträger** verursacht werden, sind ebenfalls durch § 325 nicht erfasst[3].

4 **2. Anwendungsbereich und -voraussetzungen.** Die gesetzlichen Voraussetzungen für die Beteiligung der ArbN im Aufsichtsrat müssen durch **Abspaltung** oder **Ausgliederung** entfallen. Die für diesen Fall vorgesehene befristete Weitergeltung der Unternehmensmitbestimmung erfasst sämtliche insoweit bestehenden Systeme, also sowohl die entsprechenden Regelungen des BetrVG 1952 (§§ 76 ff.) und des Montan-MitbestG als auch die Mitbestimmungsordnung des MitbestG.

5 Auf den ersten Blick könnte zweifelhaft sein, ob es nur auf den Entfall der Voraussetzungen des bisherigen Mitbestimmungsregimes ankommt oder ob allein jene Fälle erfasst sein sollen, in denen eine Vertretung der ArbN im Aufsichtsrat nach keinem der drei Mitbestimmungssysteme mehr gegeben wäre. Klarheit schafft insoweit Abs. 1 Satz 1 Halbs. 2, der die Beibehaltung des bisherigen Mitbestimmungsstatuts und nicht etwa eine Sicherung des „Minimalstandes" nach dem BetrVG 1952 vorsieht. Dies kann nur erreicht werden, wenn man für die Anwendbarkeit des Abs. 1 ausschließlich auf den **Wegfall der Voraussetzungen nach dem bisher einschlägigen Mitbestimmungssystem** abstellt[4].

Beispiel: Gliedert etwa eine GmbH mit 2.500 ArbN Vermögensteile auf eine Tochter-GmbH mit 600 ArbN aus, so wäre die verbleibende GmbH nicht mehr von dem MitbestG (§ 1 Abs. 1 Nr. 2) erfasst und unterläge nur noch der „drittelparitätischen" Mitbest. nach dem BetrVG 1952. Für die Dauer von fünf Jahren behält jedoch Abs. 1 Satz 1 die Anwendung des MitbestG bei, so dass der Aufsichtsrat des übertragenden Unternehmens erst nach Ablauf dieses Zeitraums nach § 77 BetrVG 1952 drittelparitätisch zu besetzen ist. Für die Tochter gilt dagegen von Anfang an das Mitbestimmungsstatut des BetrVG 1952.

6 Die praktisch wichtigste Ursache für den Entfall des bisherigen Mitbestimmungsstatuts dürfte die des Absinkens unter die jeweiligen Zahlengrenzen (§ 1 Abs. 1 Nr. 2 MitbestG, § 1 Abs. 2 Montan-MitbestG, §§ 76, 77a BetrVG 1952) sein, wobei die frühere Mitbestimmungsordnung nach Abs. 1 Satz 2 nur dann aufrechterhalten wird, wenn die Zahl der beim übertragenden Unternehmen beschäftigten ArbN nach der Spaltung **wenigstens noch einem Viertel** der jeweiligen gesetzlichen Mindestzahl entspricht (die „kritische Grenze" liegt also für die befristete Fortgeltung des MitbestG bei 500, für diejenige der drittelparitätischen Mitbest. nach dem BetrVG 1952 bei 125 ArbN). In vielen dieser Fälle bedarf es der Mitbestimmungsbeibehaltung nach § 325 Abs. 1 Satz 1 jedoch wegen Eingreifens der mitbestimmungsrechtlichen **Konzernklauseln** (vgl. § 5 MitbestG, §§ 76, 77a BetrVG 1952) nicht. Soweit diese eingreifen, finden weder das „25 %-Quorum" noch die Fünf-Jahres-Frist Anwendung[5].

7 Dagegen ist Abs. 1 Satz 1 nicht einschlägig, wenn auf Grund der Unternehmensspaltung erstmals die **Tendenzbindung** des übertragenden Unternehmens nach § 1 Abs. 4 MitbestG eintreten sollte, wobei insoweit allerdings nicht allein quantitative Merkmale den Ausschlag geben dürfen[6]. Der Fortbestand des bisherigen Mitbestimmungsstatuts gemäß Abs. 1 kommt in diesem Falle nicht in Betracht, da dies gegen die den einschlägigen Gesetzen (insb. § 1 Abs. 4 MitbestG) zugrunde liegende verfassungsrechtliche Wertung (insb. Art. 4 und 5 GG) verstieße[7].

8 Unsicher erscheint, ob das bisherige Mitbestimmungsregime auch dann noch beizubehalten ist, wenn nach der Spaltung die **Gesamtzahl** der ArbN in den an der Spaltung beteiligten Unternehmen unter die jeweiligen Zahlengrenzen absinkt, weil dann die vom Gesetz geforderte **Kausalität** der Spaltung für den Verlust des bisherigen Mitbestimmungsstatuts zweifelhaft wird.

Beispiel: Eine GmbH mit 2.050 ArbN (A) gliedert einen Unternehmensteil mit 400 ArbN auf eine neue GmbH (B) aus. Kurz darauf werden bei A 40 ArbN und bei B 20 ArbN entlassen, so dass beide Unternehmen zusammen weniger als 2.000 ArbN beschäftigen.

Es ist davon auszugehen, dass auch in diesen Fällen die Unternehmensmitbestimmung fortbesteht, für das Eingreifen von Abs. 1 Satz 1 mithin allein auf den Zeitpunkt der Spaltung abzustellen ist. Anderenfalls bliebe unberücksichtigt, dass insb. die Abspaltung oder Ausgliederung zur Aufnahme bedeu-

---

[1] *Joost*, ZIP 1995, 983; *Kreßel*, BB 1995, 926. | [2] *Willemsen*, NZA 1996, 803. | [3] Vgl. die Beispiele bei *Seibt* in Willemsen/Hohenstatt/Schweibert/Seibt, Umstrukturierung, Rz. F 109 ff. zu den teilweise komplexen *Konzernsachverhalten* sowie zu Umwandlungen bei der GmbH & Co. KG. | [4] IE ebenso: *Boecken*, Unternehmensumwandlungen Rz. 429 ff.; APS/*Steffan*, § 325 UmwG Rz. 4; Lutter/*Joost*, § 325 UmwG Rz. 18 ff.; *Seibt* in Willemsen/Hohenstatt/Schweibert/Seibt, Umstrukturierung, Rz. F 107; Widmann/Mayer/*Wissmann*, § 325 UmwG Rz. 11. | [5] *Seibt* in Willemsen/Hohenstatt/Schweibert/Seibt, Umstrukturierung, Rz. F 103. | [6] Vgl. zur sog. „Geprägetheorie": *Raiser*, § 1 MitbestG Rz. 44 mwN; s. auch Komm. zu § 1 MitbestG Rz. 13. | [7] *Willemsen*, NZA 1996, 803; *Seibt* in Willemsen/Hohenstatt/Schweibert/Seibt, Umstrukturierung, Rz. F 114.

tende **Rationalisierungseffekte** nach sich ziehen und damit verschiedene Möglichkeiten der Personaleinsparung eröffnen kann. § 325 Abs. 1 Satz 1 soll nach seinem Schutzzweck gerade auch diesen Entwicklungen begegnen[1]. Aus dem Abstellen allein auf den Zeitpunkt der Spaltung folgt weiterhin, dass ein erst nach diesem Zeitpunkt durchgeführter Personalabbau bei dem übertragenden Rechtsträger, der zu der erstmaligen Unterschreitung der für das bisherige Mitbestimmungsstatut relevanten ArbN-Zahl führt, nicht die Anwendung des Satz 1 auslöst[2].

Umstritten ist das **Verhältnis zu § 1 Abs. 3 Montan-MitbestG**, der im Falle des dauerhaften Absinkens unter die Beschäftigtenzahlen des § 1 Abs. 2 Montan-MitbestG eine Fortgeltung der Vorschriften des Montan-MitbestG für die Dauer von sechs Jahren vorsieht. Nach einer Auffassung regelt Abs. 1 die Folgen des auf Grund einer Abspaltung oder Ausgliederung an sich eintretenden Mitbestimmungsverlustes **abschließend** und lässt deshalb insoweit für die etwas weiter greifende Beibehaltungsvorschrift des § 1 Abs. 3 Montan-MitbestG keinen Raum[3]. Richtiger erscheint es jedoch, mit der Gegenauffassung[4] von einem Vorrang von § 1 Abs. 3 Montan-MitbestG auszugehen. Entsprechendes gilt dann auch für § 16 Abs. 2 MitbestErgG.

3. Rechtsfolgen. Soweit Abs. 1 greift, sind bei dem übertragenden Rechtsträger – und nur bei diesem (siehe Rz. 3) – die vor der Spaltung geltenden Vorschriften bezüglich der „**Beteiligung der ArbN im Aufsichtsrat**" für den Zeitraum von fünf Jahren nach dem Wirksamwerden der Abspaltung oder Ausgliederung weiterhin anzuwenden. Dieser Wortlaut spricht für eine restriktive Auslegung[5]. **Nach Ablauf** der Fünfjahresfrist hat der Vorstand bzw. die Geschäftsführung das sog. **Statusverfahren** nach §§ 97 ff. AktG einzuleiten, es sei denn, dass wegen zwischenzeitlichen Wiederanstiegs der ArbN-Zahl beim übertragenden Rechtsträger – ggf. auch im Wege der Konzernzurechnung (vgl. Rz. 6) – die **allgemeinen** Anwendungsvoraussetzungen für das zunächst nach Abs. 1 „konservierte" Mitbestimmungsstatut nunmehr wieder erfüllt sind. Umgekehrt kann bereits während der Fünfjahresfrist ein endgültiger Mitbestimmungsverlust eintreten, insb., wenn **nach dem Umwandlungsstichtag** die Mindestzahl von ArbN (s. Rz. 6) bei dem übertragenden Rechtsträger unterschritten wird[6].

II. Fortgeltung der Beteiligungsrechte des BR (Abs. 2). 1. Gesetzesgeschichte, Regelungsgegenstand. Abs. 2 enthält für den Fall der Betriebsspaltung durch Spaltung oder Teilübertragung eines Rechtsträgers eine **Öffnungsklausel**, die eine zeitlich unbegrenzte[7] Beibehaltung solcher Rechte oder Beteiligungsrechte des **BR** durch BV oder TV ermöglicht, die infolge der Umwandlung entfallen sind. Es geht also allein um eine Erweiterung der betriebsverfassungsrechtlichen Mitbest., nicht um diejenige auf Unternehmensebene[8].

Diese ebenfalls erst im Vermittlungsausschuss in den Gesetzestext eingefügte Vorschrift enthält einerseits eine bemerkenswerte **Neuerung** insofern, als die Existenz bestimmter Rechte des BR entgegen dem grundsätzlich zwingenden Charakter des Betriebsverfassungsrechts per Gesetz in die alleinige Entscheidungsgewalt der Tarif- oder Betriebspartner gelegt wird; doch ist sie andererseits im Wesentlichen nur eine Festschreibung der früheren Rechtslage, wonach durch TV oder BV einzelne Aufgaben dem obligatorischen MitbestR über den im BetrVG vorgesehenen Umfang hinaus unterworfen werden können[9].

2. Anwendungsbereich. Die Spaltung oder Vermögensteilübertragung muss eine Spaltung des Betriebes iSd. BetrVG zur Folge haben, so dass der Begriff der **Betriebsspaltung** im technischen Sinne zu verstehen ist. Erforderlich ist weiterhin der Entfall von Rechten oder Beteiligungsrechten nach §§ 38 Abs. 1 (Zahl der Freistellungen), 99 (personelle Einzelmaßnahmen), 106 Abs. 1 (**Wirtschaftsausschuss**), 111 ff. BetrVG (**Betriebsänderungen**) in Betracht kommen, sondern auch **Rechte des BR**, die schon bislang durch TV oder BV geregelt waren. Ebenso wird man die durch Betriebsabsprachen näher ausgestaltete Position des BR als beibehaltungsfähiges Recht idS anzusehen haben. Unklar ist, ob nach § 325 Abs. 1 auch die Befugnis des BR festgeschrieben werden kann, **zwei Mitglieder** in den **GesamtBR** zu entsenden (§ 47 Abs. 2 BetrVG). Entgegen *Däubler*[10] wird man dies verneinen müssen, da § 47 Abs. 2 BetrVG kein originäres Recht des EinzelBR enthält. Dies verdeutlicht insb. die Stimmengewichtung nach § 47 Abs. 7

---

1 AA für die soeben geschilderte Konstellation offenbar Widmann/Mayer/*Wissmann*, § 325 UmwG Rz. 18. |2 *Seibt* in Willemsen/Hohenstatt/Schweibert, Umstrukturierung, Rz. F 112; zust. Lutter/*Joost*, § 325 UmwG Rz. 21; aA Widmann/Mayer/*Wissmann*, § 325 UmwG Rz. 17. |3 *Boecken*, Unternehmensumwandlungen Rz. 437; ausf. *Heinze*, ZfA 1997, 1, 17 f. |4 Widmann/Mayer/*Wissmann*, § 325 UmwG Rz. 44 ff. und Lutter/*Joost*, § 325 UmwG Rz. 36. |5 *Seibt*, in Willemsen/Hohenstatt/Schweibert, Umstrukturierung, Rz. F 108; für Einbeziehung auch der Regelungen über den Arbeitsdirektor (§ 33 MitbestG, § 13 Montan-MitbestG, § 13 MitbestErgG) demgegenüber Lutter/*Joost*, § 325 UmwG Rz. 28 und ErfK/*Oetker*, Einl. MitbestG Rz. 18. |6 Ebenso Lutter/*Joost*, § 325 UmwG Rz. 31. |7 *Kallmeyer*, ZIP 1994, 1758. |8 Zu freiwilligen Modifikationen der Unternehmensmitbestimmung bei Umwandlung vgl. *Henssler*, ZfA 2000, 241, 260; *Seibt* in Willemsen/Hohenstatt/Schweibert/Seibt, Umstrukturierung, Rz. F 13 ff., 167. |9 Vgl. BAG v. 18.8.1987 – 1 ABR 30/86, AP Nr. 23 zu § 77 BetrVG; BAG v. 10.2.1988 – 1 ABR 70/86, AP Nr. 53 zu § 99 BetrVG 1972; *Fitting*, § 88 BetrVG Rz. 3 ff.; aA *Richardi*, § 87 BetrVG Rz. 9; allg. *Neye*, DB 1994, 2069; *Joost* in Lutter, Umwandlungsrechtstage, S. 313. |10 RdA 1995, 136, 145.

BetrVG. Auch im Übrigen scheidet eine Anwendung von Abs. 2 auf die Beteiligung an einem GesamtBR aus[1]. Ebenfalls kraft ausdrücklicher Anordnung ausgeschlossen sind Vereinbarungen nach Abs. 2 im Bereich der §§ 9 und 27 (unten Rz. 15).

14 Der Fortbestand der Rechte des BR kann durch **TV**, wobei insb. ein FirmenTV in Betracht kommt, oder durch **BV** gesichert werden. Wird eine Regelung über den Fortbestand sowohl durch TV als auch durch BV getroffen, so richtet sich das Verhältnis beider Rechtsquellen zueinander nach allgemeinen Grundsätzen[2]. Eine BV iSv. Abs. 2 ist, da freiwillig, **nicht durch Anrufung der Einigungsstelle erzwingbar**[3].

15 Zu beachten ist, dass sich nach Abs. 2 Satz 2 die **Größe des BR** (§ 9 BetrVG) und die Bildung eines **Betriebsausschusses (§ 27 BetrVG)** ausschließlich an der Größe der jeweils nach der Umwandlung verbleibenden Betriebe orientieren. Dem ist die gesetzgeberische Wertung zu entnehmen, dass der Bestand dieser Rechte strikt an die gesetzlichen Vorgaben des BetrVG gebunden ist und nicht der Erweiterung durch TV oder BV zugänglich sein soll.

16 Eine Vereinbarung iSd. Abs. 2 kann für **alle** aus der Betriebsspaltung hervorgegangenen **Betriebe** getroffen werden. Angesichts des Wortlauts der Vorschrift mag auf den ersten Blick jedoch zweifelhaft erscheinen, **wer** zur Vereinbarung über die Fortgeltung berufen ist. Richtigerweise ist hier zwischen BV und TV zu **differenzieren**. Aus dem Umstand, dass die notwendig „zweipoligen" BV nur innerhalb des jeweiligen Betriebes wirken, ist zu folgern, dass die Vereinbarung über die Fortgeltung durch BV grundsätzlich nur **in den sich aus der Umwandlung ergebenden Betrieben** getroffen werden kann[4]. Diese Auffassung findet ihre Bestätigung in der Vorschrift des § 21a BetrVG, wonach der BR des früheren Betriebs allein in dem dortigen Sonderfall auch Handlungen mit Wirkung für die aus der Umwandlung hervorgehenden Betriebe vornehmen kann, und ferner darin, dass für die hier in Rede stehenden Fälle eine Fortgeltung nicht über § 324 UmwG iVm. § 613a Abs. 1 Satz 2 BGB begründet werden kann. Deshalb kann also der BR des aufgespaltenen Betriebs nicht ohne weiteres noch vor der Spaltung eine Fortgeltung seiner Rechte für die BR der Spaltbetriebe vereinbaren. Dies ist vielmehr nur in den Fällen des **Übergangsmandats** gemäß § 21a BetrVG möglich, so dass der BR des bisherigen Betriebes **vor** der Betriebsspaltung in Vorwegnahme seines **späteren** Übergangsmandats auch zum Abschluss einer Fortgeltungsvereinbarung befugt ist, was unmittelbar aus dem Charakter des Übergangsmandats als „Vollmandat" folgt (vgl. Komm. zu § 21a BetrVG Rz. 10). Grundsätzlich anderes muss hingegen für Fortgeltungsvereinbarungen in **TV** gelten. FirmenTV bleiben wegen der mit der Umwandlung verbundenen partiellen Gesamtrechtsnachfolge grundsätzlich auch nach der Umwandlung wirksam, so dass eine entsprechende Regelung mit Wirkung für die aus der Betriebsspaltung entstehenden Betriebe auch schon vor der Spaltung getroffen werden. Demgegenüber ist für die praktische Wirksamkeit einer in einem VerbandsTV enthaltenen Fortgeltungsvereinbarung notwendige und hinreichende Bedingung, dass für die Rechtsträger der neuen Betriebe die allgemeinen Voraussetzungen der Tarifbindung gegeben sind.

17 Ein besonderes Problem ergibt sich in den Fällen der **Teilübertragung** eines Rechtsträgers nach § 174 Abs. 2. Dabei kann es zu einer Übertragung von einem privaten auf einen öffentlich-rechtlichen Rechtsträger – und umgekehrt – kommen, wodurch die Grenze zwischen dem Anwendungsbereich des BetrVG einerseits und der Personalvertretungsgesetze andererseits überschritten würde. Insoweit ist der Wortlaut des Abs. 2 etwas irreführend, da hier allein der BR und nicht auch der Personalrat Erwähnung findet. Es stellt sich daher die Frage, ob auch solche Rechte beibehalten werden können, die dem Vertretungsorgan bei an sich unveränderter Sachlage nach dem jeweils anderen Gesetz nicht zustehen würden. Ohne weiteres zu verneinen ist dies für solche Rechte des BR (bzw. Personalrats), die dem auf den gespaltenen Betrieb künftig zur Anwendung kommenden Gesetz bereits ihrer Art nach fremd sind. So könne etwa der Fortbestand des Rechts zur Bildung eines Wirtschaftsausschusses (§ 106 BetrVG) oder die Fortgeltung der Vorschriften über Interessenausgleich und Sozialplan (§§ 111 ff. BetrVG) für den Bereich der Personalvertretungsgesetze nicht wirksam vereinbart werden. Keine Bedenken bestehen jedoch dagegen, die jeweils geringeren Anwendungsvoraussetzungen eines grundsätzlich in beiden Gesetzen verankerten Rechts des BR (bzw. Personalrates) für den neuen Betrieb (bzw. für die neue Dienststelle) zu vereinbaren. So kann etwa bei Teilübertragung eines Rechtsträgers von einem öffentlich-rechtlichen Versicherungsunternehmen auf eine Versicherungs-Aktiengesellschaft die Beteiligung des neuen BR bei personellen Einzelmaßnahmen auch dann vereinbart werden, wenn weder in der alten Dienststelle noch im neuen Betrieb mehr als 20 wahlberechtigte ArbN beschäftigt waren bzw. sind (vgl. etwa § 75 BPersVG einerseits, § 99 BetrVG andererseits).

---

[1] Ebenso Lutter/Joost, § 325 UmwG Rz. 50; APS/Steffan, § 325 Rz. 15. | [2] Vgl. dazu etwa HSG/Hess, § 77 BetrVG Rz. 80 ff. | [3] Ebenso Lutter/Joost, § 325 UmwG Rz. 46. | [4] Lutter/Joost, § 325 UmwG Rz. 45 geht demgegenüber von einer allgemeinen Abschlusskompetenz auch des BR des übertragenden Rechtsträgers aus; wie hier dagegen Boecken, Unternehmensumwandlungen Rz. 418.

Wertpapiererwerbs- und Übernahmegesetz*

vom 20.12.2001 (BGBl. I S. 3822), zuletzt geändert durch Gesetz vom 25.11.2003 (BGBl. I S. 2304)

I. Einleitung. Seit dem 1.1.2002 ist im WpÜG das Verfahren für sämtliche öffentliche Angebote zum Erwerb von Wertpapieren niederlegt, die von einer Aktiengesellschaft oder Kommanditgesellschaft auf Aktien mit Sitz im Inland ausgegeben wurden und zum Handel an einem organisierten Markt zugelassen sind (§ 1, § 2 Abs. 3, 7 und 8). Dabei unterscheidet das Gesetz (1) öffentliche Angebote zum Erwerb von Wertpapieren, (2) freiwillige Übernahmeangebote und (3) Pflichtangebote. In Abgrenzung zu einem einfachen Angebot zum Erwerb von Wertpapieren (§ 2 Abs. 1) sind Übernahmeangebote solche öffentlichen Kauf- oder Tauschangebote zum Erwerb von Wertpapieren der Zielgesellschaft, die auf den Erwerb der Kontrolle an dieser Gesellschaft gerichtet sind (§ 29 Abs. 1). Als Kontrolle definiert das Gesetz das Halten von mindestens 30 % der Stimmrechte an der Zielgesellschaft (§ 29 Abs. 2). Die Regeln über das Pflichtangebot verpflichten denjenigen, der unmittelbar oder mittelbar die Kontrolle über eine Zielgesellschaft erlangt hat, den übrigen Aktionären ein Angebot zur Übernahme ihrer Aktien zu machen (§ 35 Abs. 2). Für sämtliche öffentliche Angebote zum Erwerb von Wertpapieren legt das Gesetz dem Bieter und den Geschäftsleitungsorganen des Zielunternehmens Pflichten auf, ein detailliertes Verfahren und materielle Vorschriften einzuhalten, wobei das Bundesaufsichtsamt für den Wertpapierhandel (Bundesaufsichtsamt) die Aufsicht über die Einhaltung dieser gesetzlichen Vorschriften ausübt. **1**

Ausweislich der Begründung zum Regierungsentwurf und des Berichtes des federführenden Finanzausschusses des Deutschen Bundestages sollen durch das Gesetz ua. *„rasche, umfassende Informationen und Transparenz für die Anteilseigner der Zielgesellschaft und deren Arbeitnehmer, auch durch Abgabe einer begründeten Stellungnahme des Vorstandes zu dem Angebot, in die auch die Position der Arbeitnehmer aufzunehmen ist,"*[1] gewährleistet werden (Transparenz- und Informationsgrundsatz). Der hier genannte **doppelte Adressatenkreis des Transparenz- und Informationsgrundsatzes** ist Ausdruck des *Stakeholder*-Gedankens, demzufolge bei Aktienerwerben und Unternehmensübernahmen nicht nur die Interessen der Aktionäre geschützt werden müssen, sondern auch die Interessen anderer *Stakeholder*, wie zB der ArbN der Zielgesellschaft. Dies sieht der Gesetzgeber insb. deswegen für notwendig an, als Unternehmensübernahmen für die ArbN der Zielgesellschaft wegen der einer Übernahme häufig nachfolgenden Umstrukturierungen weitreichende Folgen haben können. Vor diesem Hintergrund hat der Gesetzgeber zum Schutz der ArbN und den betriebsverfassungsrechtlichen Organen drei Regelungstopoi verwendet, nämlich (1) Informationspflichten der Geschäftsleitungsorgane gegenüber den Arbeitnehmern bzw. dem zuständigen BR sowie dem Recht zur Stellungnahme der ArbN bzw. des zuständigen BR (hierzu Rz. 3-33), (2) die Zuordnung gewisser Geschäftsleitungsmaßnahmen im Zusammenhang mit Übernahmen zum – regelmäßig mit ArbN-Vertretern besetzten – Aufsichtsrat (hierzu Rz. 34) sowie (3) die Besetzung des Beirates beim Bundesaufsichtsamt mit Vertretern der ArbN (hierzu Rz. 35). **2**

II. Informationspflichten und Recht zur Stellungnahme. 1. Allgemeines. Der Gesetzgeber verpflichtet den Vorstand des Zielunternehmens als Geschäftsleitungsorgan, den zuständigen BR oder, sofern ein solcher nicht besteht, unmittelbar die ArbN zu informieren über (1) die Entscheidung des Bieters zur Abgabe eines Angebots (§ 10 Abs. 5 Satz 2), (2) die Angebotsunterlage des Bieters, in dem bestimmte Angaben über die Auswirkungen des Angebots auf die ArbN und ihre Vertretungen sowie die Beschäftigungsbedingungen enthalten sein müssen (§§ 14 Abs. 4 Satz 2, 35 Abs. 2 Satz 2 iVm. § 11 Abs. 2 Satz 3 Nr. 2) und (3) die Stellungnahme(n) des Vorstandes und Aufsichtsrates des Zielunternehmens zum Angebot (§ 27 Abs. 3 Satz 2). Darüber hinaus sind Vorstand und Aufsichtsrat verpflichtet, eine etwaige Stellungnahme des zuständigen BR bzw. der ArbN der eigenen Stellungnahme beizufügen und diese zu veröffentlichen (§ 27 Abs. 2). Das Gesetz räumt damit dem BR oder, sofern ein solcher nicht besteht, unmittelbar den ArbN, der Zielgesellschaft das Recht ein, eine eigene Stellungnahme zu dem Angebot des Bieters zu entwickeln und veröffentlichen zu lassen. **3**

Die im WpÜG geregelten Informationspflichten der Geschäftsleitungsorgane werden durch Veränderungen auf *Unternehmens*ebene (genauer: auf der Gesellschafterebene des Unternehmens), während *die allgemeinen Individualrechte der ArbN und Beteiligungsrechte des BR* (insb. §§ 111 ff. BetrVG) durch Änderung auf *Betriebs*ebene ausgelöst werden. In gleicher Weise wie bei den umwandlungsrechtlichen Informationspflichten gegenüber dem BR gilt auch hier die **sog. Trennungstheorie**[2]: Die allgemeinen arbeitsrechtlichen Bestimmungen und Grundsätze finden keine Anwendung auf den unternehmensrechtlichen Vorgang (das WpÜG enthält insoweit abschließende arbeitsrechtliche Begleit- **4**

---

* Vom Abdruck des Gesetzestextes wurde abgesehen. | 1 Beschluss und Bericht Finanzausschuss, BT-Drs. 14/7477 v. 14.11.2001, S. 54. | 2 Vgl. *Seibt*, DB 2002, 529; *Willemsen*, NZA 1996, 791, 795 f.; KölnKommWpÜG/*Hirte*, § 10 Rz. 83.

vorschriften), die WpÜG-Vorschriften verdrängen allerdings auch nicht die allgemeinen arbeitsrechtlichen Regeln und Grundsätze bei den der Unternehmensübernahme etwa nachfolgenden Umstrukturierungsmaßnahmen.

5   Der Vergleich der arbeitnehmerschützenden Begleitvorschriften im WpÜG gegenüber denjenigen des Umwandlungsrechts deckt einen Wertungswiderspruch auf: Zwar lehnt sich der WpÜG-Gesetzgeber bei den arbeitnehmerschützenden Informationspflichten an die umwandlungsrechtlichen Regelungen an[1], er geht jedoch über diese in mehrfacher Hinsicht hinaus, obwohl der vom WpÜG erfasste Sachverhalt, nämlich der Erwerb von Wertpapieren einer AG oder KGaA (also ein Gesellschafterwechsel), von der arbeits*rechtlichen* Intensität hinter den im Umwandlungsrecht geregelten Umwandlungsformen zurückbleibt. Denn durch den Erwerb der Wertpapiere ändert sich ja weder der Unternehmensträger selbst (wie bei den übertragenden Rechtsträgern bei Verschmelzung oder Spaltung iSv. §§ 2 ff., 123 ff. UmwG) noch deren Rechtsform (wie beim Formwechsel iSv. § 190 UmwG). Unmittelbare Rechtsfolgen für die ArbN und ihre betriebsverfassungsrechtlichen Organe können sich also nur ergeben, wenn infolge des Wertpapiererwerbes sich die Konzernzugehörigkeit des Zielunternehmens ändert bzw. eine Konzernzugehörigkeit zum ersten Mal entsteht und sich dadurch Änderungen für die betriebsverfassungsrechtlichen Organe[2] oder für die Unternehmensmitbestimmung im Aufsichtsrat der Gesellschaft[3] ergeben[4]. Das Auseinanderfallen der arbeitnehmerschützenden Regelungen im Übernahmerecht einerseits und im Umwandlungsrecht andererseits ist auch deshalb misslich, weil beide Rechtsmaterien bei einem einheitlichen Vorgang (Wertpapiererwerb durch Verschmelzung oder Spaltung) durchaus parallel Anwendung finden[5].

6   Zur besseren **Einordnung der WpÜG-Informationspflichten in den Gesamtablauf eines typisierten Erwerbsangebots** soll die nachfolgende tabellarische Übersicht dienen, in der die wesentlichen Verfahrensschritte bei Abgabe eines öffentlichen Kaufangebots aufgeführt und die arbeitsrechtlichen Informationspflichten durch Fettdruck markiert sind[6]:

Ziff.	Maßnahme wesentlicher Natur	Zeitrahmen/Fristen
1	Vorbereitungsmaßnahmen des Bieters (zB zur Finanzierung des Angebots) (§ 13 Abs. 1)	Vor Veröffentlichung des Angebotes (Ausnahme: Finanzierungsmaßnahmen, die zwingend der Zustimmung der Hauptsammlung des Bieters bedürfen, zB Beschlussfassung über Sachkapitalerhöhung/Schaffung genehmigten Kapitals, siehe Ziff. 16)
2	Veröffentlichung Entscheidung des Bieters zur Abgabe eines Angebotes (bei freiwilligem Angebot) (§ 10 Abs. 1)	Unverzüglich nach Herbeiführung der Entscheidung des Bieters über Abgabe des Angebots
	Veröffentlichung Erlangung der Kontrolle oder Antrag auf Befreiung gem. § 37 (bei Pflichtangebot) (§ 35 Abs. 1)	Innerhalb von 7 Tagen nach Erlangung der Kontrolle
3	**Schriftliche Mitteilung an Vorstand der Zielgesellschaft über Entscheidung des Bieters zur Abgabe eines Angebots und Unterrichtung des BR (bzw. der ArbN) durch Vorstand der Zielgesellschaft (§§ 10 Abs. 5, 35 Abs. 1)**	**Unverzüglich nach Veröffentlichung (Ziff. 2)**
4	Übermittlung Angebotsunterlage an BaFin (§§ 14 Abs. 1, 35 Abs. 2)	Innerhalb von 4 Wochen nach Veröffentlichung (Ziff. 2)
5	Veröffentlichung Angebotsunterlage durch den Bieter mittels Bekanntgabe im Internet und Abdruck in überregionalem Börsenpflichtblatt (§ 14 Abs. 2)	Unverzüglich nach (1) Gestattung durch BaFin oder (2) Ablauf einer Frist von 10/15 Tagen seit Übermittlung der Angebotsunterlage an BaFin
6	Übermittlung Angebotsunterlage durch Bieter an Vorstand der Zielgesellschaft (§ 14 Abs. 4)	Unverzüglich nach Veröffentlichung (Ziff. 5)

---

1 Vgl. § 5 Abs. 1 Nr. 9, Abs. 3 (Verschmelzung), § 126 Abs. 1 Nr. 11, Abs. 3 (Spaltung), § 194 Abs. 1 Nr. 7, Abs. 2 (Formwechsel) UmwG. | 2 Vgl. *Willemsen/Hohenstatt*, Unternehmensumstrukturierung, D 5, 7, 72 ff., insb. 84 ff. (Konzernbetriebsrat). | 3 Vgl. *Willemsen/Seibt*, Unternehmensumstrukturierung, F17, 27 ff., 31 ff. | 4 Ansonsten können nur im *Gefolge* des Wertpapiererwerbs mittelbare Änderungen für die betrieblichen Strukturen des Zielunternehmens eintreten, für die das Betriebsverfassungsrecht allerdings einen eigenständigen Regelungsmechanismus, insbesondere die §§ 111 ff. BetrVG, bereit hat. | 5 Hierzu ausf. *Seibt/Heiser*, ZHR 2001, 466 ff. | 6 Entnommen aus *Seibt*, DB 2002, 529, 530.

Ziff.	Maßnahme wesentlicher Natur	Zeitrahmen/Fristen
7	Übermittlung Angebotsunterlage durch Vorstand der Zielgesellschaft an BR bzw. ArbN der Zielgesellschaft (§ 14 Abs. 4)	Unverzüglich nach Erhalt der Mitteilung
8	Veröffentlichung Anzahl der dem Bieter bereits zustehenden Wertpapiere der Zielgesellschaft sowie Anzahl der Wertpapiere, über die dem Bieter bereits Annahmeerklärungen der Aktionäre der Zielgesellschaft zugegangen sind, sowie Mitteilung über Veröffentlichung an das BaFin durch Übersendung eines Belegs über Veröffentlichung (§§ 23 Abs. 1, 16 Abs. 2)	Nach Veröffentlichung der Angebotsunterlage wöchentlich sowie in der letzten Woche vor Ablauf der Annahmefrist täglich Unverzüglich nach Ablauf der Annahmefrist (Ergebnis des Angebots) Bei Übernahmeangeboten: ggf. Unverzüglich nach Ablauf der weiteren Annahmefrist im Falle eines Übernahmeangebotes
9	Ggf. Einberufung HV der Zielgesellschaft und Zugänglichmachen bestimmter Dokumente an alle Aktionäre sowie Bekanntmachung durch den Vorstand der Zielgesellschaft (§ 16 Abs. 4)	Vor oder nach Veröffentlichung der Angebotsunterlage iSd. Ziff. 4; spätestens aber 2 Wochen vor dem Tag der HV, der innerhalb der Annahmefrist liegen muss
	Ggf. Durchführung HV der Zielgesellschaft (§ 16 Abs. 4)	Während der Annahmefrist
10	Ggf. Mitteilung an Bieter und BaFin über Einberufung HV durch Vorstand der Zielgesellschaft (§ 16 Abs. 3)	Unverzüglich
11	Ggf. Stellungnahme des BR (bzw. der ArbN) der Zielgesellschaft zum Angebot (§ 27 Abs. 2)	Keine Frist
12	Veröffentlichung Stellungnahme des Vorstands und des Aufsichtsrats der Zielgesellschaft zum Angebot (ggf. mit Stellungnahme nach Ziff. 11) (§ 27 Abs. 3)	Unverzüglich nach Übermittlung der Angebotsunterlage (bzw. nach Übermittlung von Änderungen hierzu) – Frist beträgt in der Praxis regelmäßig mindestens 2 Wochen.
13	Übermittlung Stellungnahme (Ziff. 12) an den BR (bzw. die ArbN) der Zielgesellschaft (§ 27 Abs. 3)	Gleichzeitig mit der Veröffentlichung iSd. Ziff. 12
14	Annahme Angebot durch Aktionäre der Zielgesellschaft während der Annahmefrist (§ 16 Abs. 1) [auch vor Ziff. 9 möglich]	Regel-Annahmefrist: 4-10 Wochen, beginnend mit Veröffentlichung der Angebotsunterlage (Ausnahmen in §§ 21 Abs. 5, 22 Abs. 2, 16 Abs. 2)
15	Ggf. Abgabe konkurrierender Angebote Dritter (§ 22 Abs. 1) [auch vor Ziff. 9 möglich]	Während der Annahmefrist
16	Ggf. Herbeiführung Beschluss HV des Bieters, sofern dieser zur Bedingung für die Durchführung des Angebotes gemacht wurde (§ 25)	Unverzüglich, spätestens bis zum 5. Werktag vor Ablauf der Annahmefrist
17	Ggf. Änderung Angebotes (Veröffentlichung Änderung), Übermittlung Änderung durch den Bieter an den Vorstand der Zielgesellschaft, Übermittlung geändertes Angebot an BR (bzw. die Arbeitnehmer), ggf. Stellungnahme des BR (bzw. der ArbN) der Zielgesellschaft, Veröffentlichung Stellungnahme des Vorstands und des Aufsichtsrats der Zielgesellschaft zu dem geänderten Angebot, *Übermittlung* Stellungnahme des Vorstands und des Aufsichtsrats an BR (bzw. die ArbN) der Zielgesellschaft (§§ 21 Abs. 1, 2, 14 Abs. 4, 27 Abs. 1)	Angebotsänderung spätestens 1 Werktag vor Ablauf der Annahmefrist
18	Ggfs. Rücktritt vom Vertrag durch Aktionäre (§§ 21 Abs. 4, 22 Abs. 3)	Spätestens bis zum Ablauf der ggf. verlängerten Annahmefrist bzw. der Annahmefrist des ursprünglichen Angebots des Bieters

Ziff.	Maßnahme wesentlicher Natur	Zeitrahmen/Fristen
19	Bekanntgabe Ergebnis des Angebots durch Bieter (§ 23 Abs. 1)	Unverzüglich nach Ablauf der (weiteren) Annahmefrist
20	Bei Übernahmeangeboten: Erweiterte Annahmefrist (sog. Zaunkönigregelung; § 16 Abs. 2)	2 Wochen nach Bekanntgabe des Ergebnisses gemäß Ziff. 19

7 **2. Unterrichtung über Entscheidung des Bieters zur Angebotsabgabe.** Hat der Bieter die Entscheidung zur Abgabe eines Angebots zum Erwerb von Wertpapieren gefasst, so hat er diese Entscheidung den jeweils betroffenen Geschäftsführungen der Börsen und dem Bundesaufsichtsamt mitzuteilen und in mindestens einem überregionalen Börsenpflichtblatt oder über ein elektronisch betriebenes Informationsverbreitungssystem zu veröffentlichen (§ 10 Abs. 1–3). Darüber hinaus hat der Bieter dem Vorstand der Zielgesellschaft unverzüglich nach dieser Veröffentlichung die Entscheidung zur Angebotsabgabe schriftlich mitzuteilen (§ 10 Abs. 5 Satz 1). Der Vorstand der Zielgesellschaft ist seinerseits nach § 10 Abs. 5 Satz 2 verpflichtet, den zuständigen BR oder, sofern ein solcher nicht besteht, unmittelbar die ArbN über diese Mitteilung des Bieters unverzüglich zu unterrichten. Ausweislich der Begründung zum Regierungsentwurf dient diese Mitteilungspflicht dazu, die ArbN in die Lage zu versetzen, ihre betriebsverfassungsrechtlichen Rechte wahrnehmen zu können[1]. Eine Erörterungs- oder gar Beratungspflicht trifft den Vorstand allerdings nicht[2].

8 Anders als die Mitteilungsverpflichtung des Bieters gegenüber dem Vorstand der Zielgesellschaft unterliegt die Mitteilungsverpflichtung des Vorstandes gegenüber dem BR bzw. den ArbN **keinem bestimmten Formerfordernis**[3]. So könnte die Unterrichtung auch mündlich erfolgen, wenngleich in der Praxis aus Beweissicherungszwecken in der Regel eine schriftliche Unterrichtung, ggf. unter Hinweis auf die vom Bieter veranlasste Veröffentlichung im Börsenpflichtblatt bzw. im elektronischen Informationsverbreitungssystem, erfolgt. Eine Übersetzung der Mitteilung für fremdsprachliche BR bzw. ArbN ist nicht gesetzlich gefordert[4].

9 Die Mitteilung über die Entscheidung des Bieters ist zu richten an den „zuständigen BR". Welcher BR zuständig ist, hängt von der Struktur des Zielunternehmens ab[5]. Dabei gilt – wie übrigens auch im Anwendungsbereich des Umwandlungsgesetzes[6] – die **Kompetenzzuordnung des BetrVG**[7]:

- Ist das Zielunternehmen herrschendes Unternehmen eines Konzerns iSv. § 18 AktG und besteht dort ein KonzernBR, so ist dieser – entgegen der Begründung des Regierungsentwurfes[8] – *nicht* der zuständige BR im Sinne dieser Regelung. Denn nach § 58 Abs. 1 BetrVG ist der KonzernBR ausschließlich zuständig „für die Behandlung von Angelegenheiten, die den Konzern oder mehrere Konzernunternehmen betreffen und nicht durch die einzelnen GesamtBR innerhalb ihrer Unternehmen geregelt werden können". Die Entscheidung des Bieters zur Angebotsabgabe sowie die Angebotsabgabe selbst betreffen in rechtlicher Hinsicht indes nur das Zielunternehmen, nicht jedoch den Konzern oder mehrere Konzernunternehmen; diese sind nur wirtschaftlich betroffen[9]. Vielmehr ist der GesamtBR bzw. der BR des Zielunternehmens zuständig[10].

- Besteht ein GesamtBR für mehrere Betriebe des Zielunternehmens, so ist dieser GesamtBR Mitteilungsempfänger (§ 50 Abs. 1 BetrVG)[11]. Bestehen zwar mehrere Betriebe mit BR, jedoch – entgegen § 47 Abs. 1 BetrVG – kein GesamtBR beim Zielunternehmen, so sind – entgegen der BAG-Rspr.[12] aus gesetzesteleologischen Gründen (Transparenz und Information durch effektive Verfahrensvorschriften) – nicht die ArbN unmittelbar, sondern sämtliche BR zu informieren[13].

- Besteht bei der Zielgesellschaft lediglich ein Betrieb und ein BR, so ist dieser zuständiger Mitteilungsempfänger[14].

---

1 Begr. RegE-WpÜG zu § 10 Abs. 5, BT-Drs. 14/7034 v. 5.10.2001 S. 40 = ZIP 2001, 1262, 1268. | 2 *Seibt*, DB 2002, 529, 532; *Grobys*, NZA 2002, 1, 4; Geibel/Süßmann/*Grobys*, § 10 WpÜG Rz. 99; KölnKommWpÜG/*Hirte*, § 10 Rz. 83. | 3 *Seibt*, DB 2002, 529, 532; Geibel/Süßmann/*Grobys*, § 10 WpÜG Rz. 95; *Seibt*, DB 2002, 529, 532; KölnKommWpÜG/*Hirte*, § 10 Rz. 90. | 4 *Seibt*, DB 2002, 529, 532; Geibel/Süßmann/*Grobys*, § 10 WpÜG Rz. 92; KölnKommWpÜG/*Hirte*, § 10 Rz. 90. | 5 Vgl. Begründung RegE-WpÜG zu § 10 Abs. 5, BT-Drs. 14/7034 v. 5.10.2001 S. 40 = ZIP 2001, 1262, 1268; KölnKommWpÜG/*Hirte*, § 10 Rz. 85. | 6 Hierzu zB Schmitt/Hörtnagel/*Stratz*, § 5 UmwG Rz. 54; Lutter/*Lutter*, § 5 UmwG Rz. 86. | 7 Daher ist auch ein etwa bestehender Europäischer Betriebsrat nicht zuständiger Mitteilungsempfänger; vgl. *Seibt*, DB 2002, 529, 532 Fn. 24; *Grobys*, NZA 2002, 1, 3; Geibel/Süßmann/*Grobys*, § 10 WpÜG Rz. 78; KölnKommWpÜG/*Hirte*, § 10 Rz. 88. | 8 Begr. RegE-WpÜG zu § 10 Abs. 5, BT-Drs. 14/7034 v. 5.10.2001 S. 40 = ZIP 2001, 1262, 1268; dieser Auffassung folgend *Grobys*, NZA 2002, 1, 3; Geibel/Süßmann/*Grobys*, § 10 WpÜG Rz. 74. | 9 So *Seibt*, DB 2002, 529, 532; vgl. auch ErfK/*Eisemann*, § 50 BetrVG Rz. 2; aA *Fitting*, § 50 BetrVG Rz. 14. | 10 Zur gleichsinnigen Auffassung bei Umwandlungsfällen zB Kallmeyer/*Willemsen*, § 5 UmwG Rz. 75 mwN; Lutter/*Lutter*, § 5 UmwG Rz. 86 mwN; aA *Melchior*, GmbHR 1996, 833, 835. | 11 *Seibt*, DB 2002, 529, 532; *Grobys*, NZA 2002, 1, 2; KölnKommWpÜG/*Hirte*, § 10 Rz. 90. | 12 Vgl. BAG v. 6.4.1976 – ABR 27/74, AP Nr. 2 zu § 50 BetrVG 1972; v. 14.12.1993 – AZR 618/93, AP Nr. 81 zu § 7 BetrAVG; vgl. auch ErfK/*Eisemann*, § 50 BetrVG Rz. 2; aA *Fitting*, § 50 BetrVG Rz. 14. | 13 *Seibt*, DB 2002, 529, 532; *Grobys*, NZA 2002, 1, 2; KölnKommWpÜG/*Hirte*, § 10 Rz. 90; zur gleichsinnigen Auffassung bei Umwandlungsfällen Schmitt/Hörtnagel/*Stratz*, § 5 UmwG Rz. 55. | 14 *Seibt*, DB 2002, 529, 532; KölnKommWpÜG/*Hirte*, § 10 Rz. 88.

- Besteht kein BR beim Zielunternehmen, so entfällt nun – anders als in Umwandlungsfällen[1] – die Mitteilungspflicht nicht, sondern die Mitteilung hat unmittelbar gegenüber den ArbN zu erfolgen[2]. Freie Mitarbeiter, LeihArbN oder im Rahmen von Werkverträgen tätige Personen sind keine mitteilungsberechtigten ArbN[3]. Auf welchem Weg die ArbN zu informieren sind, regelt das Gesetz allerdings nicht. Nach allgemeinen arbeitsrechtlichen Grundsätzen hat der Vorstand dafür zu sorgen, dass jedes Belegschaftsmitglied von der Mitteilung mühelos Kenntnis nehmen kann[4], wobei die objektive Möglichkeit der Kenntnisnahme unter gewöhnlichen Umständen ausreicht. Dies kann zB erfolgen durch (1) Veröffentlichung der Mitteilung in der Werkszeitung, (2) durch die Vervielfältigung der Mitteilung und Verteilung mit der Hauspost, über das Internet, per E-Mail oder durch Zusendung an die Privatanschrift, (3) auf einer Betriebsversammlung oder (4) durch Anschlag der Mitteilung am schwarzen Brett[5].

- Bestehen bei einem Zielunternehmen nicht für alle Betriebe ein BR oder GesamtBR, so wären nach dem isolierten Gesetzeswortlaut neben dem (Gesamt-)BR auch die Mitarbeiter unmittelbar zu informieren, die in Betrieben ohne BR beschäftigt sind. Allerdings folgt aus § 50 Abs. 1 Satz 1 Halbs. 2 BetrVG eine Annexkompetenz des GesamtBR für die Entgegennahme der Mitteilung für alle ArbN des Zielunternehmens, was auch die praktische Durchführung der Informationspflicht sehr vereinfacht[6].

Die Mitteilungsverpflichtung besteht in jedem Fall nur gegenüber dem jeweils ranghöchsten Gremium des Zielunternehmens[7] und bezieht sich ausweislich des eindeutigen Wortlauts nur auf die BR bzw. ArbN des Zielunternehmens, dh. nicht auf solche Gremien oder ArbN, die bei Konzerngesellschaften gebildet bzw. beschäftigt sind[8]. In der Praxis wird man Zweifelsfragen bei der Feststellung des zuständigen BR dadurch lösen, dass die Mitteilung vorsorglich an alle möglicherweise zuständigen BR erfolgt[9].

Die Mitteilungsverpflichtung gegenüber einem BR ist unter Anwendung von § 26 Abs. 3 Satz 2 BetrVG erfüllt, wenn der Vorsitzende des BR bzw. im Falle seiner Verhinderung sein Stellvertreter die Mitteilung wahrnimmt oder entgegennimmt. Sind sowohl der Vorsitzende als auch sein Stellvertreter verhindert und hat der BR versäumt, für diesen Fall Vorkehrungen zu treffen, so kann die Mitteilung gegenüber jedem BR-Mitglied erfolgen[10]. Die Mitteilung über die Entscheidung des Bieters zur Angebotsabgabe hat durch den Vorstand unverzüglich nach deren eigener Kenntnis zu erfolgen, dh. ohne schuldhaftes Zögern (§ 121 Abs. 1 Satz 1 BGB)[11].

3. Inhalt der Angebotsunterlage. Nach § 11 Abs. 1 hat der Bieter eine Angebotsunterlage in deutscher Sprache zu erstellen und zu veröffentlichen, welche die Angaben enthält, die notwendig sind, damit die Aktionäre in Kenntnis der Sachlage über das Angebot entscheiden können[12]. Dabei hat die Angebotsunterlage auch zu enthalten (§ 11 Abs. 2 Satz 3 Nr. 2) *„Angaben über die Absichten des Bieters im Hinblick auf die künftige Geschäftstätigkeit der Zielgesellschaft, insbesondere den Sitz und den Standort wesentlicher Unternehmensteile, die Verwendung ihres Vermögens, ihre künftigen Verpflichtungen, die Arbeitnehmer und deren Vertretung, die Mitglieder ihrer Geschäftsführungsorgane und wesentliche Änderungen der Beschäftigungsbedingungen einschließlich der insoweit vorgesehenen Maßnahmen"*. Ausweislich der Gesetzesbegründung besteht der Sinn und Zweck dieser Angabenverpflichtung nicht nur darin, den Aktionär als Adressat des Angebots umfassend über die Pläne des Bieters zu informieren, sondern es sollen auch die ArbN-Vertretungen frühzeitig über die Absichten des Bieters informiert werden, damit bereits im Vorfeld der Übernahme eine sozialverträgliche Durchführung erleichtert werden kann[13].

Das Gesetz verlangt – anders als noch der Diskussionsentwurf zum WpÜG – nur Angaben über die „Absichten des Bieters" im Hinblick auf bestimmte Umstände, die in der Zukunft liegen. Dabei übernimmt der Bieter natürlich keine Garantie dafür, dass die in der Angebotsunterlage hier angegebenen Absichten tatsächlich eintreffen oder umgesetzt werden. Vielmehr müssen die Angaben (nur) zum Zeitpunkt der Veröffentlichung der Angebotsunterlage[14] zutreffend die Absichten des Bieters wieder-

---

1 Vgl. *Joost*, ZIP 1995, 976, 985; Schmitt/Hörtnagel/*Stratz*, § 5 UmwG Rz. 53 und 155, § 194 UmwG Rz. 12 f.; Lutter/*Lutter*, § 5 UmwG Rz. 87; *Willemsen*, RdA 1998, 23, 32; *Boecken*, Unternehmensumwandlungen und Arbeitsrecht, Rz. 336. | 2 Diese Verpflichtung zur unmittelbaren Unterrichtung der ArbN, die von der klassischen Konzeption kollektiver Beteiligungsrechte abweicht, findet sich auch bei § 613a Abs. 5 und 6 BGB. | 3 *Seibt*, DB 2002, 529, 532; KölnKommWpÜG/*Hirte*, § 10 Rz. 93. | 4 Vgl. *Fitting*, § 110 BetrVG Rz. 4; ErfK/*Hanau/Kania*, § 110 BetrVG Rz. 3. | 5 Vgl. *Fitting*, § 110 BetrVG Rz. 4; *Richardi*, § 110 BetrVG Rz. 6; *Seibt*, DB 2002, 529, 532; abweichend im Hinblick auf Aushänge an den für Mitarbeiterangelegenheiten vorgehaltenen schwarzen Brettern ErfK/*Hanau/Kania*, § 110 BetrVG Rz. 3; DKK/*Däubler*, § 110 BetrVG Rz. 9. | 6 *Seibt*, DB 2002, 529, 532; *Grobys*, NZA 2002, 1, 3; KölnKommWpÜG/*Hirte*, § 10 Rz. 92. | 7 *Seibt*, DB 2002, 529, 532; Ehricke/Ekkenga/*Oechsler*, § 10 WpÜG Rz. 25; vgl. auch Geibel/Süßmann/*Grobys*, § 10 WpÜG Rz. 76, der jedoch im Übrigen die abweichende Auffassung der Zuständigkeit des Konzernbetriebsrats vertritt. | 8 *Seibt*, DB 2002, 529, 532; KölnKommWpÜG/*Hirte*, § 10 Rz. 85; aA *Grobys*, NZA 2002, 1, 3. | 9 *Seibt*, DB 2002, 529, 532; *Grobys*, NZA 2002, 1, 3; Geibel/Süßmann/*Grobys*, § 10 WpÜG Rz. 76. | 10 *Seibt*, DB 2002, 529, 532; *Fitting*, § 26 BetrVG Rz. 36; zur gleichsinnigen Regelung bei Umwandlungsfällen Goutier/Bermel/*Hannappel*, § 5 UmwG Rz. 127. | 11 *Seibt*, DB 2002, 529, 532; KölnKommWpÜG/*Hirte*, § 10 Rz. 84; Ehricke/Ekkenga/*Oechsler*, § 10 WpÜG Rz. 25. | 12 Hierzu ausf. *Hamann*, ZIP 2001, 2249 ff.; KölnKommWpÜG/*Seydel*, § 11 Rz. 18 ff. | 13 Vgl. Begr. RegE-WpÜG zu § 11 Abs. 1, BT-Drs. 14/7034 vom 5.10.2001 S. 41 = ZIP 2001, 1262, 1270. | 14 *Seibt*, DB 2002, 529, 532; *Steinmeyer/Häger*, § 11 WpÜG Rz. 50; abweichend (Abfassung der Angebotsunterlage) *Grobys*, NZA 2002, 1, 5; Geibel/Süßmann/*Grobys*, § 11 WpÜG Rz. 28.

geben[1]. Zu den besonders die Interessen der ArbN und ihre Vertretung berührenden **Pflichtangaben** gehören die Angaben über

- den Sitz der Zielgesellschaft;
- den Standort wesentlicher Unternehmensteile;
- die Verwendung des Vermögens der Zielgesellschaft;
- die ArbN der Zielgesellschaft und deren Vertretung;
- wesentliche Änderungen der Beschäftigungsbedingungen einschließlich der insoweit vorgesehenen Maßnahmen.

14 Die Verlagerung des Sitzes der Zielgesellschaft hat, sofern er ins Ausland erfolgt, Auswirkungen auf die Zusammensetzung des Aufsichtsrates, da die Mitbestimmungsgesetze nur auf Unternehmen mit Sitz in Deutschland Anwendung finden (s. § 76 BetrVG 1952 Rz. 5; § 1 MitbestG Rz. 7; § 1 MontanMitbestG Rz. 14). Angaben zum Standort wesentlicher Unternehmensteile und die Verwendung des Vermögens der Zielgesellschaft werden in der Praxis häufig auf Restrukturierungsmaßnahmen hinweisen, welche dann bei der Umsetzung betriebsverfassungsrechtliche Mitwirkungsrechte der BR auslösen können. Primär arbeitsrechtlichen Inhalt haben die Angaben über *„die Arbeitnehmer der Zielgesellschaft und deren Vertretung und wesentliche Änderungen der Beschäftigungsbedingungen einschließlich der insoweit vorgesehenen Maßnahmen"*. Diese Formulierung lehnt sich an die umwandlungsrechtlichen Vorschriften (vgl. § 5 Abs. 1 Nr. 9, § 126 Abs. 1 Nr. 11, § 194 Abs. 1 Nr. 7 UmwG) an, geht aber mit dem Hinweis auf die Änderungen der Beschäftigungsbedingungen über die Anforderungen des Umwandlungsgesetzes auch hinaus. Da die Durchführung des Aktienerwerbs bzw. der Unternehmensübernahme – mit Ausnahme etwaiger Änderungen für die Unternehmensmitbestimmung und die betriebsverfassungsrechtlichen Organe – keine Auswirkungen auf die individualrechtliche oder kollektivarbeitsrechtliche Position der ArbN sowie die Betriebsstrukturen beim Zielunternehmen haben, werden hier auch die **mittelbaren, beabsichtigten Folgen des Aktienerwerbs** zu schildern sein, damit dem Gesetz ein sinnvoller Anwendungsbereich verbleibt[2]. Auch insoweit geht das WpÜG über das – richtig ausgelegte[3] – Umwandlungsrecht hinaus. Allerdings sind nur solche Folgen für die ArbN und deren Vertretungen sowie Änderungen der Beschäftigungsbedingungen aufzuführen, die auf hinreichend konkret formulierten Planungen des Bieters beruhen und nicht nur wage Ideen, ohne Abstimmung im Gesamtgremium der Geschäftsleitung des Bieters sind[4]. Aus dem gesetzgeberischen *telos* (Transparenz des Verfahrens und der Informationen für die Aktionäre) folgt, dass an den Detaillierungsgrad der arbeitsrechtlichen Angaben keine übermäßigen Anforderungen zu stellen sind. In der Regel werden Angaben über die (mittelbaren) Folgen des Aktienerwerbs erforderlich sein auf (1) die Arbeitsverträge der Beschäftigten, (2) die Geltung von TV und BV, (3) die Struktur der betriebsverfassungsrechtlichen Organe (BR, Sprecherausschüsse) (4) die Unternehmensmitbestimmung im Aufsichtsrat der Zielgesellschaft und (5) die Beschäftigungsbedingungen[5].

15 Werden zu den vorgenannten Aspekten in den Angebotsunterlagen keine Aussagen getroffen, so ist die Angebotsunterlage dann nicht unvollständig, wenn nach vernünftiger Auffassung des Bieters keine Änderungen zum *status quo ante* bei Durchführung der beabsichtigten Maßnahmen zu erwarten sind[6]. Allerdings verlangt das Bundesaufsichtsamt in der Praxis zur Vermeidung von Missverständnissen, dass sog. Negativerklärungen im Hinblick auf die vorgenannten Themenkreise abgegeben werden.

16 4. **Verpflichtung zur Übermittlung der Angebotsunterlage.** Der Bieter hat in gleicher Weise wie bei seiner Entscheidung über die Abgabe des Angebots auch die Angebotsunterlage zu veröffentlichen und diese dem Vorstand der Zielgesellschaft zu übermitteln (§ 14 Abs. 1–3, Abs. 4 Satz 1). Der Vorstand der Zielgesellschaft hat wiederum die Angebotsunterlage *„unverzüglich dem zuständigen Betriebsrat oder, sofern ein solcher nicht besteht, unmittelbar den Arbeitnehmern zu übermitteln"* (§ 14 Abs. 4 Satz 2). Auch diese Bestimmung soll – ausweislich der Begründung zum Regierungsentwurf – die ArbN in die Lage versetzen, die ihnen anderweitig gesetzlich eingeräumten Rechte wahrzunehmen[7].

---

1 Zur Verminderung von Haftungsrisiken ist es empfehlenswert, durch geeignete Unterlagen zu dokumentieren, worauf die Darstellung dieser Absichten beruht; vgl. *Seibt*, DB 2002, 529, 532; *Hamann*, ZIP 2001, 2249, 2252; *Steinmeyer/Häger*, § 11 WpÜG Rz. 50. | 2 *Seibt*, DB 2002, 529, 532; *Geibel/Süßmann/Grobys*, § 11 WpÜG Rz. 27; KölnKommWpÜG/*Seydel*, § 11 Rz. 72. | 3 Bei §§ 5 Abs. 1 Nr. 9, 126 Abs. 1 Nr. 11, 194 Abs. 1 Nr. 7 UmwG sind die nur mittelbar mit einer Umwandlung verbundenen Folgen nicht in das Umwandlungsdokument aufzunehmen; so Lutter/*Lutter*, § 5 UmwG Rz. 54 ff.; *Kallmeyer/Willemsen*, § 5 UmwG Rz. 50 ff.; *Sagasser/Bula/Brünger/Sagasser/Ködderitsch*, Umwandlungen, Rz. J 69; Schmitt/Hörtnagel/*Stratz*, § 5 UmwG Rz. 47; *Widmann/Mayer*, § 5 UmwG Rz. 200; *Boecken*, Unternehmensumwandlungen und Arbeitsrecht, Rz. 319 ff.; *Engelmeyer*, DB 1996, 2542; *Bungert*, NZG 1998, 733, 734; aA *Bachner*, NJW 1995, 2881, 2886; *Däubler*, RdA 1995, 137, 138; *Hjort*, NJW 1999, 750, 751 ff.; *Wlotzke*, DB 1995, 45; wohl auch OLG Düsseldorf v. 15.5.1998 – 3 Wx 156/98, NZG 1998, 648 (*obiter dictum*). | 4 Vgl. KölnKommWpÜG/*Seydel*, § 11 Rz. 72. | 5 Vgl. *Geibel/Süßmann/Grobys*, § 11 WpÜG Rz. 31 f. | 6 *Seibt*, DB 2002, 529, 533; zur gleichsinnigen Auffassung bei Umwandlungsfällen *Kallmeyer/Willemsen*, § 5 UmwG Rz. 59. | 7 Begründung RegE-WpÜG zu § 14 Abs. 4, BT-Drs. 14/7034 v. 5.10.2001 S. 45 = ZIP 2001, 1262, 1273.

Für die Auslegung dieser Übermittlungspflicht gelten dieselben Grundsätze wie im Hinblick auf die Mitteilungsverpflichtung des Vorstandes nach § 10 Abs. 5 Satz 2[1].

5. Stellungnahme(n) der Geschäftsleitungsorgane und des BR bzw. der ArbN zum Angebot des Bieters. 17
Nach § 27 Abs. 1 haben der Vorstand und der Aufsichtsrat der Zielgesellschaft eine begründete Stellungnahme zu dem Angebot (sowie zu jeder seiner Änderungen) abzugeben. Dabei muss die Stellungnahme insb. auch eingehen auf *„die voraussichtlichen Folgen eines erfolgreichen Angebots für die Zielgesellschaft, die Arbeitnehmer und ihre Vertretung, die Beschäftigungsbedingungen und die Standorte der Zielgesellschaft"* (§ 27 Abs. 1 Satz 2 Nr. 2). Diese Stellungnahme der Geschäftsleitungsorgane der Zielgesellschaft soll gewährleisten, dass die Aktionäre als Adressaten des Angebots umfassend über die Folgen eines erfolgreichen Angebots für die Zielgesellschaft informiert werden. Nebenzweck der Stellungnahme ist allerdings auch, dass die Geschäftsleitungsorgane der Gesellschaft hierdurch angehalten werden, „ihre gesellschaftsrechtlichen Verpflichtungen zur sachgerechten Wahrnehmung der in der Gesellschaft zusammentreffenden Interessen" (darunter auch diejenigen der ArbN) wahrzunehmen, mögliche Beeinträchtigung dieser Interessen durch das Angebot zu erkennen sowie ggf. durch Begleitmaßnahmen auszugleichen (zB Abschluss von Betriebsvereinbarungen) und die ArbN und ihre Vertretung hierüber zu informieren[2].

Damit werden die Geschäftsleitungsorgane verpflichtet, im Sinne einer **Prognoseerklärung** auf der 18
Basis der von dem Bieter in der Angebotsunterlage (und ggf. in weiteren Dokumenten, wie in Presseveröffentlichungen oder im Internetauftritt des Bieters) erklärten Absichten die „voraussichtlichen" Folgen eines erfolgreichen Angebots für die ArbN und ihre Vertretungen, die Beschäftigungsbedingungen und die Standorte der Zielgesellschaft darzustellen[3]. Vorstand und Aufsichtsrat haben hierbei nur eine Plausibilitätskontrolle der in der Angebotsunterlage enthaltenen arbeitsrechtlichen Angaben durchzuführen[4]. Gleichwohl steht es Vorstand und Aufsichtsrat der Zielgesellschaft frei, im Rahmen der übernahmerechtlichen und aktienrechtlichen Neutralitätspflicht (§ 33 WpÜG, §§ 93, 116 AktG) eigene, auf Mitteilungen des Bieters basierende Übernahmeszenarien sowie deren Folgen darzustellen.

In der Praxis werden Vorstand und Aufsichtsrat eine gemeinsame Stellungnahme entwerfen und ver- 19
öffentlichen. Das ist allerdings nicht zwingend, sondern es können auch getrennte Stellungnahmen entwickelt werden[5]. In jedem Fall muss es sich aber um Stellungnahmen der Organe Vorstand und Aufsichtsrat (in Form getrennter Beschlussfassungen[6]) handeln, so dass **dissentierende Stellungnahmen einzelner Organmitglieder** (zB ArbN-Vertreter im Aufsichtsrat) zwar bei Einhaltung der allgemeinen aktienrechtlichen Grenzen zulässig[7], aber nicht im übernahmerechtlichen Verfahren zu veröffentlichen sind. In der Praxis wird es weiter sinnvoll sein, die Stellungnahme des Vorstandes und des Aufsichtsrates zunächst in einem gemeinsamen Ausschuss mit Vertretern beider Gremien vorzubereiten (keine Beschlusskompetenz), der dann den Entwurf zur Beschlussfassung an den Vorstand und den Aufsichtsrat bzw. Aufsichtsratsausschuss (Rz. 34) übermittelt.

Darüber hinaus ergibt sich aus § 27 Abs. 2, dass auch der zuständige BR (Rz. 9), oder, sofern ein sol- 20
cher nicht besteht, unmittelbar die ArbN der Zielgesellschaft berechtigt sind, eine Stellungnahme zu dem Angebot des Bieters zu erstellen, die dann der Vorstand (nicht auch der Aufsichtsrat nach dem eindeutigen Gesetzeswortlaut) seiner Stellungnahme beizufügen hat (Zweck: Information der Aktionäre über die Haltung der ArbN[8]). Wird nur eine gemeinsame Stellungnahme des Vorstandes und des Aufsichtsrates erstellt und veröffentlicht, so ist die Stellungnahme des BR bzw. die ArbN dieser gemeinsamen Stellungnahme beizufügen[9]. Der BR bzw. die ArbN sind allerdings nicht verpflichtet, eine eigene Stellungnahme zu entwickeln[10].

Bei der Stellungnahme des Vorstands einerseits und derjenigen des BR bzw. der ArbN andererseits han- 21
delt es sich um zwei voneinander unterschiedene Stellungnahmen (vgl. § 27 Abs. 2)[11]. Daher ist auch der Vorstand (bzw. bei der gemeinsamen Stellungnahme auch der Aufsichtsrat) grundsätzlich für den Inhalt der Stellungnahme des BR bzw. der ArbN nicht verantwortlich[12]. Die Geschäftsleitungsorgane trifft insoweit auch **keine formelle oder materielle Prüfungspflicht** im Hinblick auf deren Stellungnahme[13]. Allerdings wird man dem Vorstand die Berechtigung zuerkennen müssen, **Änderungen an der Stellungnahme des BR** bzw. der ArbN vornehmen zu dürfen bzw. von der Beifügung jährlich abzusehen, wenn – ähnlich den

---

1 Vgl. *Seibt*, DB 2002, 529, 533; KölnKommWpÜG/*Seydel*, § 14 Rz. 71. | 2 Vgl. Begr. RegE-WpÜG zu § 27 Abs. 2, BT-Drs. 14/7034 v. 5.10.2001 S. 52 = ZIP 2001, 1262, 1280. | 3 *Seibt*, DB 2002, 529, 534; vgl. auch Begr. RegE-WpÜG zu § 27 Abs. 1, BT-Drs. 14/7034 v. 5.10.2001 S. 52 = ZIP 2001, 1262, 1280: „Grundlage der Stellungnahme werden hierbei *insbesondere* die Angaben des Bieters in der Angebotsunterlage über seine strategische Planung im Hinblick auf die Zielgesellschaft sein." | 4 *Seibt*, DB 2002, 529, 534; KölnKommWpÜG/*Hirte*, § 27 Rz. 42; Geibel/Süßmann/*Grobys*, § 27 WpÜG Rz. 17. | 5 *Seibt*, DB 2002, 529, 534; vgl. auch Einzelbegründung zu § 27, Beschlussempfehlung und Bericht des Finanzausschusses, BT-Drs. 14/7477 v. 14.11.2001 S. 68. | 6 *Seibt*, DB 2002, 529, 534; KölnKommWpÜG/*Hirte*, § 27 Rz. 20. | 7 Vgl. Begr. RegE-WpÜG zu § 27 Abs. 1 WpÜG, BT-Drs. 14/7034 v. 5.10.2001 S. 52 = ZIP 2001, 1262, 1280; *Seibt*, DB 2002, 529, 534; Ehricke/*Ekkenga*/Oechsler, § 27 WpÜG Rz. 9. | 8 Begr. RegE-WpÜG zu § 27 Abs. 2 BT-Drs. 14/7034 v. 5.10.2001 S. 52 = ZIP 2001, 1262, 1281. | 9 *Seibt*, DB 2002, 529, 534; KölnKommWpÜG/*Hirte*, § 27 Rz. 62. | 10 *Seibt*, DB 2002, 529, 534; Ehricke/*Ekkenga*/Oechsler, § 27 WpÜG Rz. 28. | 11 *Seibt*, DB 2002, 529, 534. | 12 *Seibt*, DB 2002, 529, 534; KölnKommWpÜG/*Hirte*, § 27 Rz. 62. | 13 *Seibt*, DB 2002, 529, 534.

der Vorschriften in § 126 Abs. 2 Nr. 1 und 3 AktG zugrunde liegenden Gedanken – (1) sich der Vorstand durch die Beifügung dieser Stellungnahme strafbar machen würde[1] oder (2) diese Stellungnahme in wesentlichen Punkten offensichtlich falsche oder irreführende Angaben oder wenn sie Beleidigungen enthält[2]; entsprechend dem Transparenz- und Informationsgrundsatz wird der Vorstand auch zur Änderung an der Stellungnahme berechtigt sein bzw. in Ausnahmefällen von einer Beifügung absehen können, wenn (3) diese in Bezug auf das konkrete Angebot völlig unbedeutend ist oder bloß inhaltlose Floskeln enthält[3]. Bei extrem langen Stellungnahmen genügt der Vorstand seiner Beifügungspflicht, wenn er im Fall des Abdrucks seiner eigenen Stellungnahme in einem Börsenpflichtblatt gemäß § 14 Abs. 3 Nr. 2 statt des Volltextes der Stellungnahme einen Hinweis auf eine kostenlos zugängliche Informationsquelle (zB eine Internetadresse) sowie ggf. eine ihm von dem BR bzw. den ArbN zur Verfügung gestellte Zusammenfassung veröffentlicht[4]. Da es sich bei der Stellungnahme des BR bzw. der ArbN um eine kapitalmarktrelevante Information handelt, kommt auch dem Bundesaufsichtsamt eine Überwachungskompetenz zu[5]. Schadensersatzansprüche gegen die Verursacher dieser Stellungnahme kommen nicht in Betracht, da diese ArbN-Stellungnahme nach dem Willen des Gesetzgebers nicht haftungsbewehrt sein sollte und überdies der Einfluss dieser Stellungnahme auf das Anlegerverhalten als gering einzuschätzen ist[6].

22 Da Vorstand und Aufsichtsrat der Zielgesellschaft nach § 27 Abs. 1 Satz 1, Abs. 3 Satz 1 ihre gemeinsame Stellungnahme bzw. die Stellungnahmen **unverzüglich** (dh. regelmäßig wohl mindestens 2 Wochen) nach Übermittlung der Angebotsunterlage veröffentlichen müssen, sind die Geschäftsleitungsorgane weder berechtigt noch verpflichtet, mit der Veröffentlichung ihrer Stellungnahme(n) auf die Erstellung der Stellungnahme des BR bzw. der ArbN über diese Zeitperiode der Unverzüglichkeit hinaus zu warten[7]. Allerdings steht es dem Vorstand der Zielgesellschaft frei (und dies wird in der Praxis nach dem Grundsatz der vertrauensvollen Zusammenarbeit auch zu empfehlen sein), nach Übermittlung der Angebotsunterlage an den zuständigen BR bzw. die ArbN Kontakt mit diesen zu halten, um bei entsprechendem Interesse des BR bzw. der ArbN eine Veröffentlichung der Stellungnahme mit der Vorstands-Stellungnahme im Rahmen der Unverzüglichkeitsfrist zu ermöglichen[8]. Zu einer Nachtrags-Veröffentlichung ist der Vorstand in keinem Fall verpflichtet, da dies dem Transparenz- und Informationsgrundsatz entgegenstehen würde[9].

23 Besteht beim Zielunternehmen kein zuständiger BR, so dürfte in der Praxis die Erstellung einer **Stellungnahme der AN** schwierig sein. Da nach § 27 Abs. 2 die ArbN der Zielgesellschaft nur *eine* Stellungnahme dem Vorstand zur Weiterverbreitung übermitteln dürfen, sind Stellungnahmen einzelner ArbN-Gruppen unzulässig und brauchen vom Vorstand nicht berücksichtigt zu werden (Grund: Solche Einzel-Stellungnahmen würden dem Transparenz- und Informationsziel des WpÜG auch entgegenstehen)[10]. Die ArbN könnten sich allerdings verständigen, dass die Ergebnisse einer Betriebsversammlung, die die Angebotsunterlage zum Gegenstand hatte, protokolliert werden und diese Niederschrift als Stellungnahme der ArbN dem Vorstand übermittelt wird[11].

24 Der BR bzw. die ArbN sind berechtigt, zur Verfassung der Stellungnahme **externe Sachverständige**, zB Rechtsanwälte, Steuerberater oder Wirtschaftsprüfer, hinzuzuziehen. Eine Pflicht der Zielgesellschaft zur Übernahme der dadurch anfallenden Kosten aus §§ 80 Abs. 3, 40 Abs. 1 BetrVG setzt jedoch voraus, dass eine vorherige Vereinbarung mit dem ArbGeb getroffen und der Grundsatz der Verhältnismäßigkeit beachtet wurde[12]. Zur Erstattung der den ArbN selbst im Zusammenhang mit der Anfertigung der Stellungnahme entstandenen Kosten ist die Zielgesellschaft dagegen nicht verpflichtet[13].

25 Vorstand und Aufsichtsrat haben ihre Stellungnahme nach § 27 Abs. 3 Satz 2 dem zuständigen BR oder, sofern ein solcher nicht besteht, unmittelbar den ArbN zu übermitteln. Die in diesem Zusammenhang auftretenden Auslegungsfragen sind entsprechend dem zu §§ 10 Abs. 5 Satz 2, 14 Abs. 4 Satz 2 Ausgeführtem zu entscheiden. Dabei ist die gesamte Stellungnahme des Vorstandes und des Aufsichtsrates zu übermitteln, also nicht nur der Teil, der die arbeitsrechtlichen Angaben nach § 27 Abs. 1 Satz 2 Nr. 2 enthält[14].

---

[1] *Seibt*, DB 2002, 529, 534; Geibel/Süßmann/*Grobys*, § 27 WpÜG Rz. 33; aA KölnKommWpÜG/*Hirte*, § 27 Rz. 62. | [2] *Seibt*, DB 2002, 529, 534; Geibel/Süßmann/*Grobys*, § 27 WpÜG Rz. 33; aA KölnKommWpÜG/*Hirte*, § 27 Rz. 62. | [3] *Seibt*, DB 2002, 529, 534; *Grobys*, NZA 2002 S. 1, 6; aA KölnKommWpÜG/*Hirte*, § 27 Rz. 62; Ehricke/*Ekkenga*/Oechsler, § 27 WpÜG Rz. 33. | [4] Vgl. Geibel/Süßmann/*Grobys*, § 27 WpÜG Rz. 35; Ehricke/*Ekkenga*/Oechsler, § 27 WpÜG Rz. 33. | [5] Hierzu ausf. *Seibt* in Henze/Hoffmann-Becking (Hrsg.), Gesellschaftsrecht-Forum 2003, S. 337, 361. | [6] *Seibt* in Henze/Hoffmann-Becking (Hrsg.), Gesellschaftsrecht-Forum 2003, S. 337, 362; in KölnKommWpÜG/*Hirte*, § 27 WpÜG Rz. 27 aE. | [7] *Seibt*, DB 2002, 529, 534; ähnlich KölnKommWpÜG/*Hirte*, § 27 Rz. 64 (Ausnahme: Geringfügige und angekündigte Verzögerung). | [8] Vgl. Begründung RegE-WpÜG zu § 27 Abs. 2, BT-Drs. 14/7034 v. 5.10.2001 S. 52 = ZIP 2001, 1262, 1281; *Seibt*, DB 2002, 529, 534; KölnKommWpÜG/*Hirte*, § 27 Rz. 63; Steinmeyer/*Häger*, § 27 WpÜG Rz. 12. | [9] *Seibt*, DB 2002, 529, 534; Ehricke/*Ekkenga*/Oechsler, § 27 WpÜG Rz. 36; aA *Grobys*, NZA 2002 S. 1, 6; KölnKommWpÜG/*Hirte* § 27 Rz. 64; Diff. Steinmeyer/*Häger*, § 27 WpÜG Rz. 12. | [10] *Seibt*, DB 2002, 529, 535; Ehricke/*Ekkenga*/Oechsler, § 27 WpÜG Rz. 31; aA *Grobys*, NZA 2002, 1, 6; Geibel/Süßmann/*Grobys*, § 27 WpÜG Rz. 29. | [11] *Seibt*, DB 2002, 529, 535. | [12] *Seibt*, DB 2002, 529, 535; Ehricke/*Ekkenga*/Oechsler, § 27 WpÜG Rz. 29; KölnKommWpÜG/*Hirte*, § 27 Rz. 58, 61. | [13] *Seibt*, DB 2002, 529, 535; KölnKommWpÜG/*Hirte*, § 27 Rz. 61; Geibel/Süßmann/*Grobys*, § 27 WpÜG Rz. 31. | [14] *Seibt*, DB 2002, 529, 535; KölnKommWpÜG/*Hirte*, § 27 Rz. 74; Ehricke/*Ekkenga*/Oechsler, § 27 WpÜG Rz. 41; gleichsinnig zu der umwandlungsrechtlichen Zuleitungsverpflichtung Kallmeyer/Willemsen, § 5 UmwG Rz. 74.

6. Folgen der Verletzung der Informationspflichten. a) Verletzung der Pflicht zur Erstellung der Angebotsunterlage. Das Bundesaufsichtsamt überwacht im Rahmen seiner Zuständigkeit, dass der Bieter die Angebotsunterlage nach Maßgabe von § 11 erstellt. Enthält die Angebotsunterlage Pflichtangaben nicht oder verstoßen die in der Angebotsunterlage enthaltenen Angaben offensichtlich gegen Vorschriften des WpÜG oder einer WpÜG-Rechtsverordnung, so untersagt das Bundesaufsichtsamt das Angebot (§ 15 Abs. 1). Darüber hinaus kann das Bundesaufsichtsamt zur Einhaltung der übernahmerechtlichen Vorschriften alle Anordnungen treffen, die geeignet und erforderlich sind, Missstände, welche die ordnungsgemäße Durchführung des Verfahrens beeinträchtigen oder erhebliche Nachteile für den Wertpapiermarkt bewirken können, zu beseitigen oder zu verhindern (§ 4 Abs. 1 Satz 3). Allerdings nimmt das Bundesaufsichtsamt die ihm zugewiesenen Aufgaben und Befugnisse nach § 4 Abs. 2 **ausschließlich im öffentlichen Interesse** wahr. Demgemäß vermittelt auch weder § 4 Abs. 1 Satz 3 noch § 15 Abs. 1 einen Drittschutz, so dass insb. Aktionäre der Zielgesellschaft (und erst recht nicht ArbN oder BR der Zielgesellschaft) keinen öffentlich-rechtlichen Anspruch auf ein Einschreiten des Bundesaufsichtsamtes geltend machen können[1]. Im Regelfall scheiden auch Schadensersatzansprüche von Aktionären oder ArbN gegen den Bieter aus § 823 Abs. 2 BGB iVm. § 11 WpÜG[2] sowie Unterlassungsansprüche des BR bzw. von ArbN gegen eine Fortführung des Angebots[3] aus. 26

Allerdings sieht § 12 Abs. 1 – den Vorschriften zur börsengesetzlichen Prospekthaftung in §§ 45, 46 BörsG nachgebildet – eine **Grundlage für Schadenersatzansprüche** für diejenigen Aktionäre vor, die das Angebot des Bieters angenommen haben, wenn die *„für die Beurteilung des Angebots wesentlichen Angaben der Angebotsunterlage unrichtig oder unvollständig"* sind[4]. Ob auch fehlerhafte oder unvollständige Angaben nach § 11 Abs. 2 Satz 3 Nr. 2 (Angaben über die Absichten des Bieters im Hinblick auf zB die ArbN und deren Vertretungen einschließlich der insoweit vorgesehenen Maßnahmen) „wesentlich" iSv. § 12 Abs. 1 Satz 1 sein können, wird man nur im Einzelfall nach dem Maßstab eines durchschnittlichen, verständigen Anlegers[5] entscheiden können. Im Regelfall wird das allerdings nicht der Fall sein[6]. 27

Das Bundesministerium für Arbeit und Sozialordnung hat im Gesetzgebungsverfahren darauf hingewiesen, dass den BR oder den ArbN des Zielunternehmens zwar keine direkten Ansprüche gegenüber dem Bieter zukämen, allerdings der zuständige BR die Möglichkeit habe, mit dem Vorstand Vereinbarungen zu Vermeidung der Abmilderung entstehender Nachteile zu treffen, zB verbindliche Vereinbarungen zur Beschäftigungssicherung, an die dann auch der Bieter gebunden ist[7]. Der Vorstand unterliegt allerdings beim Abschluss solcher BV den sich aus § 33 Abs. 1 WpÜG und § 93 Abs. 1 Satz 1 AktG ergebenden Grenzen[8]. Weicht der Bieter nach erfolgreicher Übernahme von seinen Angaben betreffend die ArbN in der Angebotsunterlage ab und werden dadurch ArbN entlassen oder erleiden andere wirtschaftliche Nachteile, so greifen – auch nach Auffassung des Bundesministerium für Arbeit und Sozialordnung – ausschließlich die Schutzregelungen des BetrVG ein, insb. die Regelung über den Interessenausgleich und die Sozialabgaben[9]. 28

Eine Verletzung der Pflichten nach § 11 Abs. 2 führt aus verfassungsrechtlichen Gründen nicht zum Rechtsverlust nach § 59[10]. 29

b) Verletzung der Informationspflichten des Vorstandes. Verletzt der Vorstand seine Übermittlungspflichten aus §§ 10 Abs. 5 Satz 2, 14 Abs. 4 Satz 2, 35 Abs. 2 Satz 2, so stellt dies zunächst eine Ordnungswidrigkeit dar (§ 60 Abs. 1 Nr. 2 lit. b). Auch die unterbliebene oder nicht vollständige Weiterleitung der Stellungnahme des Vorstandes und des Aufsichtsrates zum Angebot des Bieters an den BR bzw. die ArbN (§ 27 Abs. 3 Satz 2) wird als Ordnungswidrigkeit qualifiziert (§ 60 Abs. 1 Nr. 2 lit. c). Beide Ordnungswidrigkeiten können mit einer Geldbuße bis zu 200 000 Euro geahndet werden (§ 60 Abs. 3 Letzte Var.). Demgegenüber qualifiziert das Gesetz eine Verletzung von § 27 Abs. 2 (Pflicht zur 30

---

1 Hierzu ausf. *Seibt* in Henze/Hoffmann-Becking (Hrsg.), Gesellschaftsrecht-Forum 2003, S. 337, 352 ff.; *Seibt*, ZIP 2003, 1865, 1870 ff.; Ehricke/Ekkenga/*Oechsler*, § 4 WpÜG Rz. 11 f. | 2 Hierzu *Seibt* in Henze/Hoffmann-Becking (Hrsg.), Gesellschaftsrecht-Forum 2003, S. 337, 358; *Seibt*, ZIP 2003, 1865, 1868 mwN. | 3 Zu Unterlassungsansprüchen des Betriebsrats gegen mit bestimmungswidrige Maßnahmen ausf. Willemsen/*Schweibert*, Unternehmensumstrukturierung, C 304 f., 307 ff., 328 mwN. | 4 Hierzu *Hamann*, ZIP 2001, 2249, 2255 ff. | 5 Vgl. Assmann/Lenz/Ritz, § 13 VerkProspG Rz. 25; Schäfer/*Hamann*, §§ 45, 46 BörsG nF Rz. 31; *Hamann*, ZIP 2001, 2249, 2256; KölnKommWpÜG/*Möllers*, § 12 Rz. 33 ff.; *Steinmeyer*/Häger, § 12 WpÜG Rz. 6 | 6 So *Seibt*, DB 2002, 529, 535; aA Ehricke/Ekkenga/Oechsler, § 12 WpÜG Rz. 3. Der Gesetzessystematik in § 11 Abs. 2 ist bereits eine *Differenzierung* zwischen wesentlichen Angaben (Satz 2) und ergänzenden Angaben (Satz 3) zu entnehmen. Darüber hinaus werden die arbeitsrechtlichen Angaben nach Maßgabe von § 11 Abs. 2 Satz 3 Nr. 2 WpÜG selten für die Entscheidung des Aktionärs, ob das Angebot angenommen werden sollte, wesentliche Bedeutung haben. – Zum Wesentlichkeitsmaßstab auch Begr. RegE-WpÜG zu § 12 Abs. 1, BT-Drs. 14/7034 v. 5.10.2001 S. 42 = ZIP 2001, 1262, 1271. | 7 Vgl. Stellungnahme Ausschuss für Arbeit und Sozialordnung, abgedr. in Beschlussempfehlung und Bericht des Finanzausschusses, BT-Drs. 14/7477 v. 14.11.2001 S. 65. | 8 *Seibt*, DB 2002, 529, 535. | 9 *Seibt*, DB 2002, 529, 535; vgl. Stellungnahme Ausschuss für Arbeit und Sozialordnung, abgedr. in Beschlussempfehlung und Bericht des Finanzausschusses, BT-Drs. 14/7477 v. 14.11.2001 S. 65. | 10 *Seibt*, DB 2002, 529, 535; KölnKommWpÜG/*Kremer*/Oesterhaus, § 59 Rz. 43; Ehricke/Ekkenga/ Oechsler, § 59 WpÜG Rz. 10; aA Geibel/Süßmann/*Tschauner*, § 59 WpÜG Rz. 14.

Beifügung der Stellungnahme des BR bzw. der ArbN zur Stellungnahme des Vorstandes) nicht als Ordnungswidrigkeit.

31 Die Verletzung der den Vorstand treffenden übernahmerechtlichen Pflichten wird regelmäßig auch eine **Sorgfaltspflichtverletzung** darstellen (§ 93 AktG), was eine Schadenersatzpflicht gegenüber der Gesellschaft auslösen könnte. Allerdings ist der Eintritt eines Schadens bei Verletzung der Informationspflichten wohl eher theoretisch. Auch verbandsrechtliche Unterlassungsansprüche gegen den Vorstand scheiden aus, da durch die Verletzung der Informationspflichten (zB Nicht-Beifügung der BR-Stellungnahme) allenfalls die Entscheidungs*bildung* über die Mitgliedschaft, nicht aber die Entscheidungs*befugnisse* der Aktionäre aus der Mitgliedschaft beeinträchtigt sind[1].

32 Es bleibt natürlich dabei, dass das Bundesaufsichtsamt auf der Grundlage von § 4 Abs. 1 Satz 3 auch Anordnungen gegenüber den Geschäftsleitungsorganen des Zielunternehmens treffen kann, die geeignet und erforderlich sind, um Verletzungen der übernahmerechtlichen Verfahrensbestimmungen abzustellen bzw. auszugleichen. Allerdings vermittelt diese Ermächtigungsnorm – wie ausgeführt – keinen Drittschutz, so dass Aktionäre (und erst recht nicht ArbN oder BR) der Zielgesellschaft **keinen öffentlich-rechtlichen Anspruch auf ein Einschreiten des Bundesaufsichtsamtes** und im Regelfall auch keine Schadenersatzansprüche aus § 823 Abs. 2 BGB (iVm. den WpÜG-Mitteilungsvorschriften) geltend machen können[2].

33 Die **Sanktionsvorschrift des § 59 Satz 1 (Rechtsverlust beim Bieter)** ist nur auf die Verletzung von dem Bieter obliegenden Pflichten anwendbar, ist daher entsprechend teleologisch zu reduzieren und findet keine Anwendung auf die Verletzung von dem Vorstand der Zielgesellschaft obliegenden Pflichten (zB arbeitsrechtliche Informationspflichten)[3].

34 **III. Mit-Entscheidungsprärogative bei Abwehrmaßnahmen zugunsten des Aufsichtsrats sowie Recht zur Stellungnahme.** Der Gesetzgeber hat mit § 33 Abs. 1 Satz 2 Alt. 3 bestimmte, zur Abwehr von Kaufangeboten geeignete Geschäftsleitungsmaßnahmen der Mit-Entscheidungsprärogative des Aufsichtsrates unterstellt und zwar auch aus Gründen des ArbN-Schutzes[4]. Diese arbeitnehmerschützende Intention wird bei der Beantwortung der Frage nicht vollkommen außer Acht gelassen werden können, ob der Aufsichtsrat die Wahrnehmung dieser beiden durch das Gesetz zugewiesenen Kompetenzen einem Aufsichtsratsausschuss zuweisen kann und wie dieser zusammenzusetzen ist. Das in § 107 Abs. 3 Satz 2 AktG geregelte Delegationsverbot (Beschlüsse, dass bestimmte Arten von Geschäften nur mit Zustimmung des Aufsichtsrates vorgenommen werden dürfen) regelt nach zutreffender Auffassung nur, dass der Aufsichtsrat als Gesamtgremium zwingend darüber entscheiden muss, ob die in § 33 Abs. 1 Satz 2 Alt. 3 geregelte Mit-Entscheidungsprärogative zugunsten des Aufsichtsrates einem bestimmten Aufsichtsratsausschuss überwiesen wird; diese Bestimmung verbietet es aber nicht, dass der Aufsichtsrat im Rahmen seiner Geschäftsordnung die im Einzelfall zu behandelnde Erteilung der Zustimmung zu Abwehrmaßnahmen einem **Aufsichtsratsausschuss** überträgt[5]. Auch für das Recht zur Stellungnahme nach § 27 Abs. 1 gilt das aktienrechtliche Delegationsverbot nicht[6]. In der Praxis wird die Überweisung dieser durch das WpÜG zugewiesenen Aufsichtratkompetenzen zu einem bestimmten „Übernahmeausschuss" sinnvoll sein, wobei es wegen § 171 Abs. 2 Satz 2 AktG (Aufsichtsratsbericht über Ausschüsse) angeraten sein kann, die Einrichtung des Ausschusses zwar vorzubereiten, diesen aber erst bei einem konkreten Anlass einzusetzen (Reserveausschuss)[7]. In der Regel wird wegen der gesetzgeberischen Intention mindestens ein ArbN-Vertreter in den für die Erarbeitung der Stellungnahme zuständigen Ausschuss zu berufen sein[8].

35 **IV. Beirat beim Bundesaufsichtsamt.** Der Gesetzgeber hat dem Bundesaufsichtsamt als zuständiger Aufsichtsbehörde einen Beirat beigestellt, der bei der Gesetzesaufsicht mitwirken und das Bundesaufsichtsamt, insb. bei dem Erlass von Rechtsverordnungen für die Aufsichtstätigkeit, beraten soll (§ 5 Abs. 3). Unter den vom Bundesministerium der Finanzen bestellten Mitgliedern des 15-köpfigen Gremiums sind zwingend auch zwei Vertreter der ArbN, deren Bestellung nach Anhörung der „betroffenen Kreise" (zB DGB) erfolgen soll (§ 5 Abs. 1 Satz 2 Nr. 4, Satz 3). Durch die Bestellung von ArbN-Vertretern in den Beirat sollen auch bei der behördlichen Überwachungstätigkeit der Gesetzesanwendung die Belange der ArbN institutionell abgesichert werden[9].

---

1 Hierzu LG Düsseldorf v. 14.12.1999 – 10 O 495/99 Q, AG 2000, 233, 234 – Mannesmann. | 2 Hierzu *Seibt* in Henze/Hoffmann-Becking (Hrsg.), Gesellschaftsrecht-Forum 2003, S. 337, 360 f. | 3 *Seibt*, DB 2002, 529, 536. | 4 BT-Drs. 14/7477 v. 14.11.2001 S. 61: *„Die Interessen der Beschäftigten [werden] gewahrt, insbesondere durch die umfassenden Informationsverpflichtungen des Bieters und die Regelung, dem Vorstand der Zielgesellschaft innerhalb seiner Geschäftsführungskompetenz Abwehrmaßnahmen bereits dann zu ermöglichen, wenn ihnen der Aufsichtsrat zugestimmt [hat], weil die Anliegen der Arbeitnehmer in den Aufsichtsrat eingebracht werden [können]."* | 5 Vgl. OLG Hamburg v. 15.9.1995 – 11 U 20/95, ZIP 1995, 1673, 1674; KölnKommAktG/*Mertens*, § 107 Rz. 150; *Hüffer*, § 107 AktG Rz. 18; KölnKommWpÜG/*Hirte*, § 33 Rz. 87; Ehricke/Ekkenga/Oechsler, § 33 Rz. 62; *Jaeger*, ZIP 1995, 1735, 1737 f. | 6 *Seibt*, DB 2002, 529, 536; KölnKommWpÜG/*Hirte*, § 27 Rz. 21. | 7 *Seibt*, DB 2002, 529, 536. | 8 *Seibt*, DB 2002, 529, 536; KölnKommWpÜG/*Hirte*, § 33 Rz. 87 und § 27 WpÜG Rz. 21. Zum Diskriminierungsgebot bei der Ausschussbesetzung § 25 MitbestG Rz. 5. | 9 *Seibt*, DB 2002, 529, 536.

Internationales und europäisches Arbeitsrecht

A. Internationales Arbeitsrecht

Einführungsgesetz zum Bürgerlichen Gesetzbuch

in der Fassung der Bekanntmachung vom 21.9.1994 (BGBl. I S. 2494, ber. I 1997, S. 1061), zuletzt geändert durch Gesetz vom 31.3.2004 (BGBl. I S. 478)

– Auszug –

Art. 27 *Freie Rechtswahl*
(1) Der Vertrag unterliegt dem von den Parteien gewählten Recht. Die Rechtswahl muss ausdrücklich sein oder sich mit hinreichender Sicherheit aus den Bestimmungen des Vertrages oder aus den Umständen des Falles ergeben. Die Parteien können die Rechtswahl für den ganzen Vertrag oder nur für einen Teil treffen.

(2) Die Parteien können jederzeit vereinbaren, dass der Vertrag einem anderen Recht unterliegen soll als dem, das zuvor auf Grund einer früheren Rechtswahl oder auf Grund anderer Vorschriften dieses Unterabschnitts für ihn maßgebend war. Die Formgültigkeit des Vertrages nach Art. 11 und Rechte Dritter werden durch eine Änderung der Bestimmung des anzuwendenden Rechts nach Vertragsschluss nicht berührt.

(3) Ist der sonstige Sachverhalt im Zeitpunkt der Rechtswahl nur mit einem Staat verbunden, so kann die Wahl des Rechts eines anderen Staates – auch wenn sie durch die Vereinbarung der Zuständigkeit eines Gerichts eines anderen Staates ergänzt ist – die Bestimmungen nicht berühren, von denen nach dem Recht jenes Staates durch Vertrag nicht abgewichen werden kann (zwingende Bestimmungen).

(4) Auf das Zustandekommen und die Wirksamkeit der Einigung der Parteien über das anzuwendende Recht sind die Artikel 11, 12 und 29 Abs. 3 und Art. 31 anzuwenden.

Art. 30 *Arbeitsverträge und Arbeitsverhältnisse von Einzelpersonen*
(1) Bei Arbeitsverträgen und Arbeitsverhältnissen darf die Rechtswahl der Parteien nicht dazu führen, dass dem Arbeitnehmer der Schutz entzogen wird, der ihm durch die zwingenden Bestimmungen des Rechts gewährt wird, das nach Absatz 2 mangels einer Rechtswahl anzuwenden wäre.

(2) Mangels einer Rechtswahl unterliegen Arbeitsverträge und Arbeitsverhältnisse dem Recht des Staates,

1. in dem der Arbeitnehmer in Erfüllung des Vertrages gewöhnlich seine Arbeit verrichtet, selbst wenn er vorübergehend in einen anderen Staat entsandt ist, oder

2. in dem sich die Niederlassung befindet, die den Arbeitnehmer eingestellt hat, sofern dieser seine Arbeit gewöhnlich nicht in ein und demselben Staat verrichtet, es sei denn, dass sich aus der Gesamtheit der Umstände ergibt, dass der Arbeitsvertrag oder das Arbeitsverhältnis engere Verbindungen zu einem anderen Staat aufweist; in diesem Fall ist das Recht dieses anderen Staates anzuwenden.

Art. 34 *Zwingende Vorschriften*
Dieser Unterabschnitt berührt nicht die Anwendung der Bestimmungen des deutschen Rechts, die ohne Rücksicht auf das auf den Vertrag anzuwendende Recht den Sachverhalt zwingend regeln.

I. Begriff 1	b) Objektive Anknüpfung 15
II. Internationale Gerichtsbarkeit 3	aa) Gewöhnlicher Arbeitsort 17
III. Rechtsnormen 5	bb) Sitz der einstellenden Niederlassung . . 23
IV. Internationales Individualarbeitsrecht . . 6	cc) Engere Verbindung 24
1. Zeitlicher Anwendungsbereich 7	c) Einschränkungen der Rechtswahlfreiheit . 25
2. Inhaltlicher Anwendungsbereich 8	aa) Arbeitsverhältnis ohne Auslandsberührung, Art. 27 Abs. 3 EGBGB 26
3. Bestimmung des anzuwendenden Rechts . . 10	bb) Zwingende Bestimmungen des bei objektiver Anknüpfung anzuwendenden Rechts, Art. 30 Abs. 1 EGBGB 28
a) Rechtswahl 11	
aa) Grundsätzliches 11	
bb) Vereinbarung 13	

cc) Zwingende Vorschriften des deutschen Rechts, Art. 34 EGBGB	32	V. **Internationales kollektives Arbeitsrecht**	40
dd) Ordre public, Art. 6 EGBGB	36	1. Internationales Betriebsverfassungsrecht	41
4. Geltungsbereich des anzuwendenden Rechts	37	2. Internationales Tarifrecht	45
		3. Internationales Arbeitskampfrecht	49
		VI. **Anwendung einer ausländischen Rechtsordnung**	50

Lit.: *Birk*, Arbeitskollisionsrecht und Tarifvertrags- und Arbeitskampfrecht (§ 20 und § 21), in: Münchener Handbuch zum Arbeitsrecht, Bd. 1, 2. Aufl. 2000; *Kaufmann/Kessler/v. Maydell*, Arbeits- und Sozialrecht bei grenzüberschreitenden Sachverhalten, 1998; *Eser*, Arbeitsrecht im multinationalen Unternehmen, 1996; *Förster/Heidenreich/Heuser*, Auslandsentsendung und Beschäftigung ausländischer Arbeitnehmer, 2002; *Franzen*, Internationales Arbeitsrecht, AR-Blattei SD 920, Stand 10/93; *Gamillscheg*, Internationales Arbeitsrecht, 1959; *Gerauer* (Hrsg.), Auslandseinsatz von Arbeitnehmern im Arbeits-, Sozialversicherungs- und Steuerrecht, 2000; *Gnann/Gerauer*, Arbeitsvertrag bei Auslandsentsendung, 2002; *Heilmann*, Das Arbeitsvertragsstatut, 1991; *Heinz/Schuhmann/Busemann*, Ausländische Arbeitnehmer, 2. Aufl. 2002; *Heuser/Heidenreich/Förster*, Auslandsentsendung und Beschäftigung ausländischer Arbeitnehmer, 2. Aufl. 2003; *Hofmann/Rohrbach/Nowak*, Auslandsentsendung, 2002; *Hoppe*, Die Entsendung von Arbeitnehmern ins Ausland – Kollisionsrechtliche Probleme und internationale Zuständigkeit – Eine Untersuchung anhand praktischer Vertragsgestaltungen, 1999; *Höreth/Vogel*, Global Employment, 2001; *Junker*, Internationales Arbeitsrecht im Konzern, 1992; *Krause*, Beschäftigung ausländischer Arbeitnehmer, 3. Aufl. 1995; *Maurer*, Personaleinsatz im Ausland, 2003; *Stoll*, Eingriffsnormen im IPR, dargestellt am Beispiel des Arbeitsrechts, 2002; *Wimmer*, Die Gestaltung internationaler Arbeitsverhältnisse durch kollektive Normenverträge, 1992; *Winkler v. Mohrenfels*, Abschluss des Arbeitsvertrages und anwendbares Recht, in: Oetker/Preis, Europäisches Arbeits- und Sozialrecht (EAS) B 3000, Stand: 8/98.
Vgl. zudem die Literaturübersicht zum AEntG.

1 **I. Begriff.** Der Begriff „Internationales Arbeitsrecht" wird hier iSv. Arbeitskollisionsrecht verstanden und ist damit von dem des Arbeitsvölkerrechts und dem des europäischen Arbeitsrechts zu unterscheiden. Das Arbeitsvölkerrecht ist ein durch mulitlaterale Übereinkommen (vgl. zB Europ. Arbeitsrecht, Vorb. Rz. 2 ff.) geschaffenes Recht. Eine herausragende Rolle spielen die IAO (Internationale Arbeitsorganisation) und das IAA (Internationales Arbeitsamt)[1]. Der Begriff des europäischen Arbeitsrechts erfasst zum einen das Recht, welches durch Rechtsakte der Europäischen Gemeinschaft geschaffen wurde; es erfasst ebenfalls das europäische Arbeitsvölkerrecht, also den Teil des Arbeitsvölkerrechts, welcher sich auf die europäischen Staaten bezieht. Demgegenüber ist das Internationale Arbeitsrecht **nationales Recht**. Es beschäftigt sich allein mit der Frage, **welches nationale Recht anwendbar ist**, wenn ein Sachverhalt eine Verbindung zum Ausland (sog. Auslandsberührung) aufweist, zB weil die Beschäftigung im Ausland erfolgt oder der ArbN eine ausländische Staatsangehörigkeit oder das beschäftigende Unternehmen seinen Sitz im Ausland hat.

2 Da das Internationale Arbeitsrecht nationales Recht ist, unterscheiden sich die Internationalen Arbeitsrechte der einzelnen Staaten. Der deutsche Richter wird die Frage, welches Recht in einem Fall mit Auslandsberührung Anwendung findet, daher möglicherweise anders beantworten als sein Kollege im Ausland (vgl. aber unten Rz. 5). Verspricht eine Klage vor dem deutschen Richter und der von ihm anzuwendenden Rechtsordnung wenig Aussicht auf Erfolg, ist die Möglichkeit einer **Klage im Ausland** zu untersuchen. Der ausländische Richter wird ggf. eine andere Rechtsordnung anzuwenden haben, welche dem Klagebegehren möglicherweise entsprechen würde. Dabei sind die Fragen der Kosten eines solchen Rechtsstreits sowie die Frage der Vollstreckbarkeit der ausländischen Entscheidung einer sorgfältigen Prüfung zu unterziehen. Die folgenden Ausführungen beschränken sich auf die Darstellung des deutschen Internationalen Arbeitsrechts.

3 **II. Internationale Gerichtsbarkeit.** Soll in einem Fall mit Auslandsberührung die Klage vor einem deutschen Gericht anhängig gemacht werden, ist zunächst zu untersuchen, ob das deutsche Gericht international zuständig ist[2]. Die internationale Zuständigkeit wird für arbeitsrechtliche Klagen vorrangig durch die am 1.2.2002 in Kraft getretene EG-VO 44/2001 über die gerichtliche Zuständigkeit und die Anerkennung und Vollstreckung von Entscheidungen in Zivil- und Handelssachen[3] geregelt. Sie ist in sämtlichen Mitgliedstaaten der EG außer Dänemark anwendbar[4]. Nach Art. 18, 19 der VO kann der ArbN ua. in dem Mitgliedstaat Klage erheben, in dem der ArbGeb seinen Wohnsitz hat oder in dem der ArbN gewöhnlich seine Arbeit verrichtet[5]. Nach Art. 20 Abs. 1 der VO kann der ArbN lediglich in dem Mitgliedstaat verklagt werden, in welchem er seinen Wohnsitz hat. Gem. Art. 21 ist eine

---

1 Weiterf. MünchArbR/*Birk*, § 17 Rz. 1 ff.; *Franzen*, Rz. 9 ff. | 2 Dazu *Trenner*, Internationale Gerichtsstände in grenzüberschreitenden Arbeitsvertragsstreitigkeiten, 2002. | 3 V. 22.12.2000, ABl. EG 2001 L-12/1, geändert durch VO 1496/2002, ABl. EG 2002, L-225/3. Mit dem Beitritt der neuen Mitgliedstaaten (Europ. Arbeitsrecht Vorb. Rz. 5) erstreckt sich die VO 44/2001 auf diese, vgl. Beitrittsakte, Anhang II. 18, ABl. EG 2003, L-236/711.
|4 Art. 1 Abs. 3 der VO. Die Verordnung ersetzt das (inhaltlich ähnliche) Brüsseler Übereinkommen über die gerichtliche Zuständigkeit und die Vollstreckung gerichtlicher Entscheidungen in Zivil- und Handelssachen (EuGVÜ) v. 27.9.1968, ABl. EG 1998 C-27/1 (konsolidierte Fassung), welches im Verhältnis zu Dänemark anwendbar bleibt. Für die EFTA-Staaten (Norwegen, Island, Schweiz) gilt das dem Brüsseler Übereinkommen entsprechende Übereinkommen von Lugano v. 16.9.1988, ABl. EG 1988 L-319/9. | 5 BAG v. 29.5.2002 – 5 AZR 141/01, AP Nr. 17 zu § 38 ZPO – Internationale Zuständigkeit. Zum Arbeitnehmerbegriff: vgl. BAG v. 20.8.2003 – 5 AZR 45/03, AP Nr. 1 zu Art. 5 Lugano-Abkommen.

Vereinbarung über den internationalen Gerichtsstand nur nach Entstehung der Streitigkeit zulässig oder wenn die Vereinbarung dem ArbN weitere Gerichtsstände einräumt.

Ist der Anwendungsbereich der VO und der Übereinkommen nicht eröffnet, richtet sich die internationale Zuständigkeit, soweit nicht spezialgesetzliche Regelungen greifen (insb. § 8 AEntG), spiegelbildlich nach den Regelungen über die örtliche Zuständigkeit der ZPO[1]. Der ArbGeb kann also ua. in der Bundesrepublik Deutschland verklagt werden, wenn er hier seinen Verwaltungssitz (§ 17 ZPO analog)[2], seine Niederlassung (§ 21 ZPO analog) oder uU auch nur ein Büro (§ 23 ZPO analog)[3] hat. Gegen den ArbN kann in Deutschland ua. Klage erhoben werden, wenn er hier seinen Wohnsitz (§ 13 ZPO analog) oder er die Arbeitsleistung in Deutschland zu erbringen[4] hat (§ 29 ZPO analog). In betriebsverfassungsrechtlichen Streitigkeiten ist entsprechend auf § 82 ArbGG abzustellen[5]. 4

III. Rechtsnormen. Das deutsche Arbeitskollisionsrecht wird maßgeblich durch die Art. 27, 30 und 34 geregelt. Diese gehen zurück auf das Europäische Schuldvertragsübereinkommen vom 19.6.1980[6]. Das bedeutet, dass das Arbeitskollisionsrecht der Staaten, die dieses Abkommen ratifiziert haben[7], übereinstimmt. Die Normen betreffen das Individualarbeitsrecht. Das kollektive Arbeitskollisionsrecht (internationales Betriebsverfassungsrecht, Arbeitskampfrecht und Tarifrecht) ist nur in Ansätzen kodifiziert und weitgehend ungeklärt (unten Rz. 40 ff.). 5

IV. Internationales Individualarbeitsrecht. Bei individualarbeitsrechtlichen Sachverhalten, die eine Verbindung zum Recht eines ausländischen Staates haben, bestimmen die Art. 27, 30 und 34, welche Rechtsordnung Anwendung findet[8]. 6

1. Zeitlicher Anwendungsbereich. Diese Normen sind auch anzuwenden, wenn der entsprechende Arbeitsvertrag bereits vor ihrem In-Kraft-Treten am 1.9.1986 geschlossen wurde, da es sich bei einem Arbeitsvertrag nicht um einen „abgeschlossenen Vorgang" iSd. Art. 220 Abs. 1 handelt[9]. 7

2. Inhaltlicher Anwendungsbereich. Der inhaltliche Anwendungsbereich des Art. 30 EGBGB ist eröffnet, wenn der Sachverhalt einen **Arbeitsvertrag** bzw. ein (zB auch nur faktisches) **Arbeitsverhältnis** betrifft. Auf die Wirksamkeit des Vertrages kommt es also nicht an, Art. 32 Abs. 1 Nr. 5. Die Frage der Qualifikation, dh. die Frage danach, ob es sich um einen Arbeitsvertrag handelt oder beispielsweise um einen selbständigen Dienstvertrag, entscheidet sich grundsätzlich nach der sog. lex fori[10], dh. nach deutschem Recht. Da Art. 30 allerdings auf ein EG-Übereinkommen zurückgeht (Rz. 5), ist gem. Art. 36 auf eine einheitliche Auslegung im Verhältnis zu den anderen Vertragsstaaten zu achten. Wegen der großen Übereinstimmungen bei der Auslegung des Begriffs „Arbeitsvertrag" dürfte eine Orientierung am deutschen materiell-rechtlichen Arbeitsvertragsbegriff zulässig sein[11]. 8

Die Regelungen des EGBGB finden ferner nur Anwendung, wenn der Sachverhalt eine sog. **Auslandsberührung** aufweist (Rz. 1). Eine ausreichende Auslandsberührung ist allerdings bereits gegeben, wenn die Parteien durch Vereinbarung ihr Rechtsverhältnis einer ausländischen Rechtsordnung unterstellen (sog. Rechtswahl, Rz. 11 ff.)[12]. 9

3. Bestimmung des anzuwendenden Rechts. Die Bestimmung des anzuwendenden Rechts richtet sich zunächst nach Art. 27; es ist also zu prüfen, ob die Parteien (ggf. konkludent) eine bestimmte Rechtsordnung wirksam gewählt haben (dazu Rz. 11). Ist das nicht der Fall, ist die anwendbare Rechtsordnung gem. Art. 30 Abs. 1 EGBGB objektiv zu bestimmen (dazu Rz. 15). Haben die Parteien jedoch eine wirksame Rechtswahl getroffen, ist weiter zu prüfen, ob zum Schutze des ArbN zwingende Bestimmungen einer anderen Rechtsordnung eingreifen, von denen die Parteien nicht abweichen können (Art. 27 Abs. 3, 30 Abs. 1, 34, 6) (dazu Rz. 25 ff.). 10

a) Rechtswahl. aa) Grundsätzliches. Nach Art. 27, 30 Abs. 1 ist vorrangig die Rechtsordnung anwendbar, welche die Parteien gewählt haben. Die Parteien können also unter den in Art. 30 Abs. 1 bestimmten Einschränkungen durch Vereinbarung bestimmen, welche Rechtsordnung auf das Arbeitsverhältnis Anwendung finden soll. Auch die Wahl einer Rechtsordnung, zu welcher keine weitere Sach- 11

---

[1] BAG v. 16.2.2000 – 4 AZR 14/99, AP Nr. 54 zu § 2 TVG. | [2] Vgl. BAG v. 3.5.1995 – 5 AZR 15/94, AP Nr. 32 zu Internat. Privatrecht Arbeitsrecht. | [3] BAG v. 12.12.2001 – 5 AZR 255/00, AP Nr. 10 zu Art. 30 EGBGB nF. Lediglich Konto bei deutscher Bank: BAG v. 17.7.1997 – 8 AZR 328/95, AP Nr. 13 zu § 38 ZPO. | [4] BAG v. 9.10.2002 – 5 AZR 307/01, AP Nr. 18 zu § 38 ZPO – Internationale Zuständigkeit; v. 19.3.1996 – 9 AZR 656/94, AP Nr. 2 zu § 328 ZPO. | [5] BAG v. 12.2.1985 – 1 ABR 3/83, AP Nr. 1 zu Art. 1 Nato-Truppenstatut. | [6] BT-Drs. 10/503, S. 6; konsolidierte Fassung ABl. EG 1998, C-27/34. | [7] Das sind neben der Bundesrepublik Deutschland: Belgien, Dänemark, Frankreich, Italien, Irland, Luxemburg, die Niederlande, das Vereinigte Königreich, Griechenland, Spanien, Portugal, Finnland, Österreich, Schweden. | [8] Für Bedienstete Internationaler Organisationen vgl. MünchKomm/*Martiny*, 3. Aufl. 1998, Art. 30 EGBGB Rz. 9a ff. | [9] BAG v. 29.10.1992 – 2 AZR 267/92, AP Nr. 31 zu Internat. Privatrecht Arbeitsrecht; BAG v. 11.12.2003 – 2 AZR 627/02 noch nv; diff. *Mankowski*, IPRax 1994, 88 ff. | [10] Grundl. BGH v. 22.3.1967 – IV ZR 148/65, BGHZ 47, 324, 336 (betr. Scheidung). | [11] Vgl. dazu BAG v. 20.8.2003 – 5 AZR 45/03, AP Nr. 1 zu Art. 5 Lugano-Abkommen (betr. internationale Zuständigkeit); *Mankowski*, BB 1997, 465 ff. Unterschiedliche Fallgruppen bei Staudinger/*Magnus*, 13. Aufl. 2002, Art. 30 EGBGB Rz. 35 ff. Zur Telearbeit: *Springer*, Virtuelle Wanderarbeit 2002; zu im Ausland tätigen „Freiwilligen" *Joussen*, NZA 2003, 1173. | [12] *Franzen*, Rz. 60.

verhaltsberührung besteht, ist möglich. Selbst für ein Arbeitsverhältnis, das keinerlei Bezug zum Ausland aufweist, kann in den Grenzen des Art. 27 Abs. 3 (unten Rz. 26 f.) eine Rechtswahl getroffen werden. Die Rechtswahl bezieht sich nur auf das materielle Recht des Staates (Art. 4 Abs. 2).

12   Sie kann auch nur für einen **Teil des Vertrages** getroffen werden (Art. 27 Abs. 1 Satz 3)[1]. Der Schutz der ArbN wird auch in diesem Falle durch Art. 30 Abs. 1 gewährleistet.

13   **bb) Vereinbarung.** Die Rechtswahl erfolgt durch ausdrückliche oder konkludente Vereinbarung (Art. 27 Abs. 1 Satz 2). Das auf Zustandekommen und Wirksamkeit der Vereinbarung anzuwendende Recht bestimmt sich nach Art. 27 Abs. 4, 11, 12, 31. Notwendig ist, dass sich ein entsprechender realer Parteiwille mit hinreichender Sicherheit aus den Bestimmungen des Vertrages oder den Umständen des Falles ergibt[2]. Indizien für die konkludente Wahl einer bestimmten Rechtsordnung sind zB: Vereinbarung eines Gerichtsstands[3] oder eines ständigen Schiedsgerichts in diesem Staat[4], die arbeitsvertragliche Bezugnahme auf TV und sonstige Regelungen am Sitz des ArbGeb[5], Vertragsabschluss im Ausland, Hinzuziehung ausländischer Rechtsanwälte und Vertrag in ausländischer Sprache[6]. Die Rechtswahl kann auch durch TV erfolgen[7].

14   Die Rechtswahl muss nicht bei Vertragsschluss erfolgen; sie kann auch zu einem späteren Zeitpunkt, ggf. auch erst vor Gericht getroffen werden (**nachträgliche Rechtswahl**). Eine einmal getroffene Rechtswahl kann später geändert werden (§ 27 Abs. 2 Satz 1); die Änderung soll im Zweifel ex tunc wirksam sein[8], abzustellen ist insoweit auf den Parteiwillen[9]. Die nachträgliche Rechtswahl kann ebenfalls konkludent erfolgen[10], insb. indem sich beide Parteien im Prozess auf eine bestimmte Rechtsordnung einlassen. Dies gilt jedoch nur, soweit die Parteien im Hinblick auf die Rechtswahl mit Gestaltungswillen handeln; die bloße irrtümliche Annahme, eine bestimmte Rechtsordnung sei anwendbar, genügt nicht[11].

15   **b) Objektive Anknüpfung.** Haben die Parteien keine wirksame Rechtswahl getroffen, ist das anwendbare Recht gem. Art. 30 Abs. 2 zu bestimmen (objektive Anknüpfung). Verweist Art. 30 Abs. 2 auf eine ausländische Rechtsordnung, so ist damit nur das materielle Arbeitsrecht dieses Staates gemeint. Das Internationale Arbeitsrecht des Staates ist nicht anzuwenden, so dass eine Rück- oder Weiterverweisung ausgeschlossen ist, Art. 35 Abs. 1. Das objektiv anwendbare Recht wird wiederum gem. Art. 34 durch zwingendes deutsches Recht (unten Rz. 32 ff.) und gem. Art. 6 durch den ordre public (unten Rz. 36) korrigiert.

16   Nach Art. 30 Abs. 2 ist zunächst die Rechtsordnung am gewöhnlichen Arbeitsort des ArbN anzuwenden (dazu Rz. 17 ff.); besteht ein solcher nicht, gilt das Recht am Ort der einstellenden Niederlassung (dazu Rz. 28 ff.). Ist in beiden Fällen allerdings eine engere Verbindung zu einer anderen Rechtsordnung gegeben, greift diese ein (dazu Rz. 32 ff.).

17   **aa) Gewöhnlicher Arbeitsort.** Vorrangig ist an das Recht des Staates anzuknüpfen, in welchem der ArbN in Erfüllung des Vertrages gewöhnlich seine Arbeit verrichtet, selbst wenn er vorübergehend in einen anderen Staat entsandt ist, Art. 30 Abs. 2 Nr. 1. Der gewöhnliche Arbeitsort ist der Ort, an welchem das Arbeitsverhältnis seinen Schwerpunkt hat. Er wird regelmäßig durch den gewöhnlichen Einsatz- oder Tätigkeitsort bestimmt[12]. Bei typischer Eingliederung des ArbN in einen Betrieb ist der gewöhnliche Arbeitsort der Lageort des Betriebs. Er umfasst bei Einsatz an wechselnden Orten innerhalb eines Staates das gesamte Staatsgebiet; ist also nicht auf eine bestimmte politische Gemeinde begrenzt[13]. Vor der tatsächlichen Aufnahme der Arbeit ist auf den geplanten Arbeitsort abzustellen[14].

18   Für **Flugpersonal** ist nach Ansicht der Rspr. kein gewöhnlicher Aufenthalt feststellbar; auf das Recht des Staates, in welchem das Flugzeug registriert ist, kommt es nicht an. Anzuknüpfen sei deshalb an das Recht des Staates, in welchem sich die einstellende Niederlassung befindet (unten Rz. 23)[15]. Für **Seeleute** auf Handelsschiffen bestimmt § 21 Abs. 4 Satz 1 des Flaggenrechtsgesetzes[16], dass Art. 30

---

1 In diese Richtung: BAG v. 20.11.1997 – 2 AZR 631/96, AP Nr. 1 zu § 18 GVG; LAG Frankfurt v. 14.8.2000 – 10 Sa 982/99 IPRspr. 2000, 231. Ebenso MünchKomm/*Martiny*, 3. Aufl. 1998, Art. 30 EGBGB Rz. 14 mwN. Krit. ErfK/*Schlachter*, EGBGB Rz. 4. | 2 BAG v. 26.7.1995 – 5 AZR 216/94, AP Nr. 7 zu § 157 BGB; v. 12.12.2001 – 5 AZR 255/00, AP Nr. 10 zu Art. 30 EGBGB nF. | 3 BAG v. 23.7.1986 – 5 AZR 120/85, nv. | 4 *Franzen*, Rz. 67. | 5 BAG v. 26.7.1995 – 5 AZR 216/94, AP Nr. 7 zu § 157 BGB; v. 12.12.2001 – 5 AZR 255/00, AP Nr. 10 zu Art. 30 EGBGB nF. | 6 BGH v. 19.1.2000 – VIII ZR 275/98, NJW-RR 2000, 1002, 1004. | 7 LAG Rh.-Pf. v. 16.6.1981 – 3 Sa 791/80, IPRspr. 1981 Nr 44. Vgl. auch BAG v. 11.9.1991 – 4 AZR 71/91, AP Nr. 29 zu Internat. Privatrecht Arbeitsrecht: TV-Parteien könnten Rechtsstatut bestimmen; Staudinger/*Magnus*, 13. Aufl. 2002, Art. 30 EGBGB Rz. 63. | 8 Palandt/*Heldrich*, Art. 27 EGBGB Rz. 10 mwN. | 9 Staudinger/*Magnus*, 13. Aufl. 2002, Art. 27 EGBGB Rz. 109 mwN. | 10 BAG v. 23.7.1986 – 5 AZR 120/85, nv. | 11 BGH v. 19.1.2000 – VIII ZR 275/98, NJW-RR 2000, 1002, 1004. | 12 BAG v. 12.12.2001 – 5 AZR 255/00, AP Nr. 10 zu Art. 30 EGBGB nF. Ähnlich zu Art. 5 Abs. 1 EuGVÜ (Fn. 3) EuGH v. 13.7.1993 – Rs. C-125/92, Slg. 1993 I, 4075, 4105 f. – Mulox; v. 9.1.1997- Rs. C-383/95, Slg. 1997 I, 57, 77 f. – Rutten = AP Nr. 2 zu Art. 5 Brüsseler Abkommen. | 13 BAG v. 9.7.2003 – 10 AZR 593/02, AP Nr. 261 zu § 1 TVG – Tarifverträge: Bau; v. 12.12.2001 – 5 AZR 255/00, AP Nr. 10 zu Art. 30 EGBGB nF. | 14 MünchKomm/*Martiny*, 3. Aufl. 1998, Art. 30 EGBGB Rz. 31. | 15 BAG v. 12.12.2001 – 5 AZR 255/00, AP Nr. 10 zu Art. 30 EGBGB nF. Weiterführend Staudinger/*Magnus*, 13. Aufl. 2002, Art. 30 EGBGB Rz. 161 ff. | 16 Neufassung v. 26.10.1998, BGBl. I S. 3140.

bei AÜ[1], bei der Vereinbarung von Wettbewerbsverboten[2] oder in der Insolvenz des ArbGeb sowie der ArbN-Schutz ieS (insb. Jugendarbeits-, Mutter- und Schwerbehindertenschutz).

cc) Zwingende Vorschriften des deutschen Rechts, Art. 34 EGBGB. Die Parteiautonomie wird weiter durch Art. 34 begrenzt. Danach sind Bestimmungen des **deutschen** Rechts, welche ohne Rücksicht auf das auf den Vertrag anzuwendende Recht den Sachverhalt zwingend regeln, stets anzuwenden. Diese Bestimmungen setzen sich also nicht nur gegenüber einer von den Vertragsparteien gewählten Rechtsordnung durch, sondern auch gegenüber der nach Art. 30 Abs. 2 objektiv anwendbaren Rechtsordnung. Sie werden als **Eingriffsnormen** bezeichnet. Um Eingriffsnormen, also um international zwingende Normen, handelt es sich nur, wenn die Normen entweder ausdrücklich (zB § 7 AEntG) oder nach ihrem Sinn und Zweck ohne Rücksicht auf das deutsche Kollisionsrecht Anwendung finden sollen. Dafür ist erforderlich, dass die Normen nicht nur auf den Schutz von Individualinteressen zielen, sondern mit ihnen zumindest auch öffentliche Gemeinwohlinteressen verfolgt werden[3]. Für einen auch auf öffentliche Interessen ausgerichteten Normzweck sprechen gezielte regulierende Eingriffe in private Rechtsverhältnisse des Wirtschafts- und Arbeitslebens durch Verbote bestimmter Schuldverhältnisse oder Genehmigungsvorbehalte für bestimmte Vertragstypen; solche Normen können dem privaten, wie dem öffentlichen Recht zuzuordnen sein[4]. 32

Art. 34 hat Ausnahmecharakter und ist daher restriktiv auszulegen[5]. Die Auslegung ist im Arbeitsrecht problematisch, da mit arbeitsrechtlichen Bestimmungen in aller Regel ein sozialpolitischer Zweck verfolgt wird. ArbN-Schutzvorschriften, die in erster Linie den Individualschutz des ArbN bezwecken, sollten daher Art. 34 nicht ohne weiteres unterstellt werden[6]. Das gilt auch für deutsche Gesetze, durch welche europäisches Richtlinienrecht (dazu Europ. Arbeitsrecht Vorb. Rz. 12 ff.) umgesetzt wird. Solche Bestimmungen sind nicht automatisch Eingriffsnormen iSd. Art. 34; vielmehr ist ihr international zwingender Charakter durch Auslegung zu ermitteln[7]. Bestimmungen aus für allgemeinverbindlich erklärte TV (vgl. § 5 TVG) sind idR nicht als Eingriffsnormen zu qualifizieren (vgl. aber AEntG Vorb. Rz. 3, §§ 1, 7 Abs. 2 AEntG für das Baugewerbe)[8]. Im Anwendungsbereich des AEntG werden auch außerhalb des Baugewerbes Eingriffsnormen durch §§ 1, 7 AEntG begründet; vgl. auch den Katalog in § 7 Abs. 1 AEntG. 33

Art. 34 greift nur ein, wenn eine ausländische Rechtsordnung Anwendung findet. Voraussetzung ist weiter, dass der Sachverhalt einen hinreichenden Bezug zur Rechtsordnung der Bundesrepublik Deutschland aufweist[9]. 34

Beispiele für Normen, welche von der Rspr. als Eingriffsnormen qualifiziert worden sind: § 14 Abs. 1 MuSchG[10], § 3 EFZG[11], Regelungen über den Kündigungsschutz der Betriebsverfassungsorgane, bei Massenentlassungen und in der Tendenz auch für den Kündigungsschutz von Schwerbehinderten, Schwangeren und Müttern[12], die materiell-rechtlichen Insolvenzvorschriften[13], § 15 BErzGG[14]. Abgelehnt wurde der zwingende Charakter für: die Bestimmungen des Kündigungsschutzgesetzes (§§ 1 bis 14 KSchG), für den Kündigungsschutz im SeemG[15] und für § 613a BGB[16]. 35

dd) Ordre public, Art. 6 EGBGB. Art. 6 bestimmt darüber hinaus allgemein, dass eine ausländische Norm nicht anzuwenden ist, wenn diese Anwendung zu einem Ergebnis führen würde, welches mit wesentlichen Grundsätzen des deutschen Rechts offensichtlich unvereinbar wäre, insb. wenn sie gegen die Grundrechte verstieße. Die Bedeutung der Vorschrift ist gering; die Rspr. hat einen Verstoß gegen den ordre public wiederholt abgelehnt[17]. Im Einzelfall kann sie trotzdem zum Tragen kommen[18]. 36

---

1 BAG v. 17.2.1993 – 7 AZR 167/92, AP Nr. 9 zu § 10 AÜG. | 2 LArbG Frankfurt v. 14.8.2000 – 10 Sa 982/99, IPRspr. 2000, 231. | 3 BAG v. 9.7.2003 – 10 AZR 593/02, AP Nr. 261 zu § 1 TVG – Tarifverträge: Bau; v. 12.12.2001 – 5 AZR 255/00, AP Nr. 10 zu Art. 30 EGBGB nF. | 4 BAG v. 24.8.1989 – 2 AZR 3/89, AP Nr. 30 zu Internat. Privatrecht Arbeitsrecht. | 5 Staudinger/*Magnus*, 13. Aufl. 2002, Art. 34 EGBGB Rz. 45 ff. | 6 So auch ErfK/*Schlachter*, EGBGB Rz. 16. | 7 Vgl. EuGH v. 9.11.2000 – Rs. C-381/98, Slg. 2000 I, 9305, 9334 (Rz. 21) – Ingmar, betr. Ausgleichsanspruch des Handelsvertreters. Weiterführend Staudinger/*Magnus*, 13. Aufl. 2002, Art. 34 EGBGB Rz. 41 ff. Entsprechend bereits BAG v. 29.10.1992 – 2 AZR 267/92, AP Nr. 31 zu Internat. Privatrecht Arbeitsrecht zu § 613a BGB. | 8 BAG v. 9.7.2003 – 10 AZR 593/02, AP Nr. 261 zu § 1 TVG – Tarifverträge: Bau; v. 6.11.2002 – 5 AZR 61/01 (A), AP Nr. 1 zu § 1a AEntG; v. 4.5.1977 – 4 AZR 10/76, AP Nr. 30 zu § 1 TVG – Tarifverträge: Bau; *Hanau*, in: *Hanau/Steinmeyer/Wank*, § 15 Rz. 470 mwN; *Franzen*, SAE 2003, 190, 193. | 9 BGH v. 19.3.1997 – VIII ZR 316/96, BGHZ 135, 124, 136. | 10 BAG v. 12.12.2001 – 5 AZR 255/00, AP Nr. 10 zu Art. 30 EGBGB nF. | 11 BAG v. 12.12.2001 – 5 AZR 255/00, AP Nr. 10 zu Art. 30 EGBGB nF. Krit. *Franzen*, IPRax 2003, 239, 241. | 12 BAG v. 24.8.1989 – 2 AZR 3/89, AP Nr. 30 zu Internat. Privatrecht Arbeitsrecht. | 13 BAG v. 24.3.1992 – 9 AZR 76/91, AP Nr. 28 zu Internat. Privatrecht Arbeitsrecht. | 14 LAG v. 16.11.1999 – 4 Sa 463/99, LAGE Art. 30 EGBGB Nr. 5. | 15 BAG v. 24.8.1989 – 2 AZR 3/89, AP Nr. 30 zu Internat. Privatrecht Arbeitsrecht. Zum SeemG auch BAG v. 3.5.1995 – AP Nr. 32 zu Internat. Privatrecht Arbeitsrecht. | 16 BAG v. 29.10.1992 – 2 AZR 267/92, AP Nr. 31 zu Internat. Privatrecht Arbeitsrecht. | 17 BAG v. 24.8.1989 – 2 AZR 3/89 u. v. 10.4.1975 – 2 AZR 128/74, AP Nr. 30, 12 zu Internat. Privatrecht, betr. Kündigungsschutz; v. 26.2.1985 – 2 AZR 1/83, AP Nr. 31 zu Internat. Privatrecht Arbeitsrecht, betr. Abhängigkeit einer Provision vom Bestand des Arbeitsverhältnisses; v. 29.10.1992 – 2 AZR 267/92, AP Nr. 31 zu Internat. Privatrecht Arbeitsrecht, betr. §613a BGB. | 18 Vgl. BAG v. 3.5.1995 – AP Nr. 32 zu Internat. Privatrecht Arbeitsrecht, betr. indisches Arbeitsrecht. Zum alten Recht BAG v. 29.6.1978 – 2 AZR 973/77, AP Nr. 8 zu § 38 ZPO – Internationale Zuständigkeit.

37 **4. Geltungsbereich des anzuwendenden Rechts.** Die nach den unter 3. dargestellten Grundsätzen bestimmte Rechtsordnung bestimmt das materielle Recht (oben Rz. 11, 15), welches auf das Arbeitsverhältnis Anwendung findet. Das gilt gem. Art. 31 zunächst für die Frage nach der Einigung und der materiellen Wirksamkeit des **Vertragsschlusses**. Allerdings ist die Frage der Rechtsfähigkeit nach Art. 7 (vgl. aber Art. 12) gesondert anzuknüpfen; für die Form ist Art. 11 maßgeblich.

38 Der **Geltungsbereich** des Arbeitsvertragsstatuts bestimmt sich nach Art. 32 Abs. 1. Damit sind beispielsweise[1] folgende Sachbereiche dem Arbeitsvertragsstatut unterstellt: die Hauptleistungspflichten der Arbeitsvertragsparteien einschließlich der Leistungsverweigerungsrechte (mit Ausnahme des Arbeitskampfs), Fürsorge- und Treuepflichten, Entgeltfortzahlung, Kündigungsschutz (mit Ausnahme des Kündigungsschutzes für BR-Mitglieder[2])[3], Aufhebungsvertrag, ArbN-Haftung (zur deliktischen Haftung aber Art. 40 bis 42 EGBGB), individualrechtliche Versorgungszusagen im Rahmen einer betrAV[4], ArbNErf.

39 Nach Art. 32 Abs. 2 ist im Hinblick auf die Erfüllungsmodalitäten das am Erfüllungsort geltende Recht zu berücksichtigen. Zu diesen Erfüllungsmodalitäten gehören im Arbeitsrecht zB Feiertagsregelungen, Höchstarbeitszeiten oder Unfallverhütungsvorschriften. Diese Bestimmungen sind also vielfach solche des **öffentlichen Arbeitsschutzrechts**. Da Art. 32 Abs. 2 aber nur die „Berücksichtigung" dieses Rechts verlangt, findet nach Maßgabe der oben dargestellten Grundsätze (Rz. 30) auch hier das Günstigkeitsprinzip Anwendung. Im Übrigen kann öffentliches Arbeitsschutzrecht nach Art. 30 Abs. 1, 27 Abs. 3, 34, 6 anzuwenden sein. Öffentlich-rechtliche Normen, welche dem ArbN keinen Rechtsanspruch einräumen, können für die Bestimmung der Nebenpflichten der Arbeitsvertragsparteien von Bedeutung sein[5].

40 **V. Internationales kollektives Arbeitsrecht.** Das internationale kollektive Arbeitsrecht ist nur vereinzelt gesetzlich geregelt. Das EGBGB findet grundsätzlich keine Anwendung. Abzustellen ist daher auf die von Rspr. und Schrifttum entwickelten Grundsätze.

41 **1. Internationales Betriebsverfassungsrecht.**[6] Die Grundsätze des deutschen internationalen Betriebsverfassungsrechts legen fest, welche Rechtsordnung in einem Fall mit Auslandsberührung Anwendung findet, in welchem die Mitbest. der ArbN in Frage steht. Erfasst wird nur die betriebliche Mitbest., nicht die unternehmerische[7].

42 Anwendung findet im Grundsatz das Recht des Ortes, in welchem der Betrieb belegen ist, unabhängig vom Arbeitsvertragsstatut der beschäftigten ArbN. Für sämtliche in der Bundesrepublik Deutschland gelegenen Betriebe gilt damit das BetrVG, auch wenn diese Betriebe ausländischen Unternehmen angehören. Umgekehrt gilt das BetrVG nicht für einen Betrieb, der einem deutschen Unternehmen angehört, wenn der Betrieb im Ausland gelegen ist. Begründet wird dies von der Rspr. mit dem **Territorialitätsprinzip**[8]. Die jeweils anwendbare Rechtsordnung entscheidet also darüber, ob und wie BR, Gesamt- oder KonzernBR gewählt werden können bzw. müssen und welche Rechte und Pflichten ihnen zustehen. Zum EBR vgl. Komm. zum EBRG. Für Seebetriebe vgl. § 114 Abs. 3 BetrVG.

43 Obwohl das BetrVG für einen im Ausland gelegenen Betrieb keine Geltung beansprucht, kann das Gesetz auf dort tätige ArbN Anwendung finden. Werden nämlich ArbN von einem inländischen Betrieb in den ausländischen Betrieb lediglich entsandt, bleiben sie mit dem inländischen Betrieb verbunden, so dass das BetrVG für sie weiterhin anwendbar bleibt (sog. **Ausstrahlung**). Nach der Rspr. ist dafür eine Beziehung zum Inlandsbetrieb erforderlich, die es rechtfertige, die Auslandstätigkeit der im Inland entfalteten Betriebstätigkeit zuzurechnen. Maßgeblich dafür seien insb. die Dauer der Auslandstätigkeit und die Frage, ob und wieweit der ArbN im Ausland in eine betriebliche Struktur eingegliedert sei. Ein hinreichender Bezug zum Inlandsbetrieb fehle in der Regel bei dauernd im Ausland tätigen ArbN, wobei jedoch ein vom ArbGeb vorbehaltenes Rückrufrecht ein starkes Indiz für einen fortbestehenden Inlandsbezug sein könne, sofern ihm praktische Bedeutung zukomme[9]. Ein Inlandsbezug könne sich auch daraus ergeben, dass das Direktionsrecht gegenüber dem ArbN vom inländischen Betrieb ausgeübt wird, wenn eine Eingliederung in eine ausländische Betriebsstruktur nicht feststellbar sei[10]. Entscheidend ist also die Frage, ob die Betriebszugehörigkeit des ArbN erhalten bleibt. Dies wird auch bei grenzüberschreitender AÜ (§ 14 Abs. 1 AÜG) bejaht[11]. Demgegenüber

---

[1] Weiterführend *Franzen*, Rz. 135 ff.; Staudinger/*Magnus*, 13. Aufl. 2002, Art. 30 EGBGB Rz. 214 ff.; MünchKomm/*Martiny*, 3. Aufl. 1998, Art. 30 EGBGB Rz. 50 ff.; MünchArbR/*Birk*, § 20 Rz. 112 ff. |2 BAG v. 7.12.1989 – 2 AZR 228/89, AP Nr. 27 zu Internat. Privatrecht Arbeitsrecht. |3 BAG v. 24.8.1989 – 2 AZR 3/89, AP Nr. 30 zu Internat. Privatrecht Arbeitsrecht. |4 BAG v. 18.12.1967 – 3 AZR 458/66, AP Nr. 11 zu Internat. Privatrecht Arbeitsrecht. |5 *Franzen*, Rz. 178 ff. |6 Spezielle Lit.: *Fischer*, Der internationale Betrieb, RdA 2002, 160 *Agel/Pahlke*, Der internationale Geltungsbereich des Betriebsverfassungsrechts, 1998; *E. Lorenz*, Die Grundsätze des deutschen internationalen Betriebsverfassungsrechts, in FS W. Lorenz, 1991, S. 441. |7 Zur Anknüpfung der unternehmerischen Mitbestimmung Staudinger/*Großfeld*, 13. Aufl. 1998, Internationales Gesellschaftsrecht, Rz. 510 ff. |8 BAG v. 20.2.2001 – 1 ABR 30/00, AP Nr. 23 zu § 101 BetrVG 1972; v. 25.4.1978 – 6 ABR 2/77 u. v. 21.10.1980 – 6 AZR 640/79, AP Nr. 16, 17 zu Internat. Privatrecht Arbeitsrecht. Im Ergebnis zust. ohne auf das Territorialitätsprinzip abzustellen: *Junker*, S. 373; *Franzen*, Rz. 189 mwN. |9 BAG v. 20.2.2001 – 1 ABR 30/00, AP Nr. 23 zu § 101 BetrVG 1972; v. 30.4.1987 – 2 ARZ 192/86, AP Nr. 15 zu § 12 SchwbG; v. 25.4.1978 – 6 ABR 2/77 u. v. 21.10.1980 – 6 AZR 640/79, AP Nr. 16, 17 zu Internat. Privatrecht Arbeitsrecht. |10 BAG v. 7.12.1989 – 2 AZR 228/89, AP Nr. 27 zu Internat. Privatrecht Arbeitsrecht. |11 BAG v. 22.3.2000 – 7 ABR 34/98, AP Nr. 8 zu § 14 AÜG.

soll das BetrVG keine Anwendung auf ArbN finden, die ausschließlich für einen Auslandseinsatz[1] oder aber ausschließlich für den ausländischen Betrieb (sog. Ortskräfte, vgl. entsprechend § 91 Abs. 1 Nr. 1 BPersVG) eingestellt wurden.

Die Anwendbarkeit des BetrVG auf entsandte ArbN bedeutet beispielsweise, dass die Kündigung eines ins Ausland entsandten ArbN unwirksam ist, wenn der inländische BR nicht angehört wurde (§ 102 Abs. 1 BetrVG)[2] oder dass sich das MitbestR gem. § 87 Abs. 1 Nr. 10 BetrVG auch auf Lohnzulagen ins Ausland entsandter ArbN erstreckt[3]. Die ArbN nehmen an der Wahl zum BR teil. Die Zulässigkeit einer Teilbetriebsversammlung dieser ArbN im ausländischen Betrieb lehnt das BAG ab[4]. Dagegen soll der ArbGeb gem. § 40 Abs. 1 BetrVG die Kosten dafür tragen, dass der inländische BR ein Mitglied des „Betriebsrats" einer ausländischen Schwestergesellschaft als Referenten einlädt[5].

2. Internationales Tarifrecht.[6] Entsprechend der Doppelnatur des TV (§ 1 TVG Rz. 1) hat das internationale Tarifrecht über zwei Regelungskomplexe zu entscheiden: Zum einen muss es festlegen, welche Rechtsordnung über Zustandekommen, Wirksamkeit und Beendigung des TV selbst entscheidet (sog. TV-Statut). Zum anderen ist zu entscheiden, ob und inwieweit der normative Teil des TV auf ArbN anzuwenden ist, deren Arbeitsverhältnis einen Auslandsbezug aufweist[7].

Der TV selbst ist nicht nach Art. 30 anzuknüpfen; entsprechend der schuldrechtlichen Seite des TV werden insbes. die Art. 27, 28, 31, 32, 35 aber für anwendbar gehalten. Gem. Art. 27 können die TV-Parteien daher oder das anwendbare Recht selbst bestimmen (zur Rechtswahl oben Rz. 11 ff.)[8]. Die Rechtswahl ist auch konkludent möglich[9]. Wurde keine Rechtswahl getroffen, ist gem. Art. 28 Abs. 1 Satz 1 das Recht anwendbar, zu dem die engste Verbindung besteht[10]. Indizien sind der Ort des Verwaltungssitzes der TV-Parteien oder der Arbeitsort der vom Vertrag erfassten ArbN[11].

Der Geltungsbereich des TV-Statuts erfasst neben Zustandekommen (zur Rechtsfähigkeit vgl. Art. 7), der Wirksamkeit und der Beendigung des TV auch sonstige schuldrechtliche Wirkungen wie zB die Friedenspflicht. Er soll auch die Tarifbindung und die Tarifwirkung erfassen, also die Frage, ob und wie der TV normativ auf die Arbeitsverhältnis einwirkt[12]. Voraussetzung und Wirksamkeit einer Allgemeinverbindlicherklärung richten sich nach dem Recht des Staates, in welchem sie erklärt wurde[13].

Keine Einigkeit besteht darüber, wie der Geltungsbereich des normativen Teils eines TV zu bestimmen ist, dh., ob auf ein bestimmtes Arbeitsverhältnis mit Auslandsbezug ein bestimmter TV anzuwenden ist oder nicht. Zum Teil wird vertreten, dass der TV nur anzuwenden sei, wenn das TV-Statut mit dem Arbeitsvertragsstatut übereinstimme[14]. Ganz überwiegend wird ein derartiger Einklang von TV- und Arbeitsvertragsstatut aber nicht für notwendig gehalten[15]. Das BAG geht von dem Grundsatz aus, dass die Regelungskompetenz der TV-Parteien nur für Arbeitsverhältnisse besteht, die dem deutschen Arbeitsrecht unterliegen[16]. Dem ist im Ergebnis zuzustimmen. Zunächst wird man davon ausgehen müssen, dass über den Geltungsbereich das TV-Statut entscheidet. Ist das deutsche Recht TV-Statut, muss mangels normativer Vorgabe eine entsprechende Regel entwickelt werden. Vorgeschlagen wird, dass TV im Grundsatz nur auf Arbeitsverhältnisse Anwendung finden sollen, welche ihren Schwerpunkt im räumlichen Geltungsbereich des TV haben[17]. Der Schwerpunkt bestimmt sich in der Regel nach der objektiven Anknüpfung des Art. 30 Abs. 2. Unterliegt damit ein TV deutschem Recht, fallen sämtliche Arbeitsverhältnisse in den Geltungsbereich des Vertrages, bei welchen der ArbN seinen gewöhnlichen Arbeitsort in Deutschland hat, auch wenn er vorübergehend ins Ausland entsandt wird (vgl. zur objektiven Anknüpfung oben Rz. 15 ff.). Die Arbeitsvertragsparteien können die Anwendbarkeit eines TV nicht mehr dadurch verhindern, dass sie ein ausländisches Arbeitsvertragsstatut wählen[18].

Die TV-Parteien können daneben durch Vereinbarung weitere Arbeitsverhältnisse dem Anwendungsbereich des TV zuordnen, sofern ein ausreichender Inlandsbezug dieser Arbeitsverhältnisse erkennbar

---

1 BAG v. 21.10.1980 – 6 AZR 640/79, AP Nr. 17 zu Internat. Privatrecht Arbeitsrecht. | 2 BAG v. 9.11.1977 – 5 AZR 132/76, AP Nr. 13 zu Internat. Privatrecht Arbeitsrecht. | 3 BAG v. 30.1.1990 – 1 ABR 2/89, AP Nr. 41 zu § 87 BetrVG 1972 – Lohngestaltung. | 4 BAG v. 27.5.1982 – 6 ABR 28/80, AP Nr. 3 zu § 42 BetrVG 1972. | 5 LAG Stuttgart v. 16.1.1998 – 5 TaBV 14/96, NZA-RR 1998, 306, 307 ff. | 6 Spezielle Lit.: *Deinert*, Der europäische Kollektivvertrag, 1999; *Demarne*, Anwendung nationaler Tarifverträge bei grenzüberschreitenden Arbeitsverhältnissen, 1999; *Hanau*, Kollektives Arbeitsrecht (§ 19), in: *Steinmeyer/Wank*; *Hergenröder*, Internationales Tarifvertragsrecht, in: AR-Blattei SD 1550.15, Stand 2/1998; *Lohmann*, Grenzüberschreitende Firmentarifverträge, 1993; *Kowanz*, Europäische Kollektivvertragsordnung, 1999; *Walz*, Multinationale Unternehmen und internationaler Tarifvertrag, 1981; *Wiedemann*, TVG, § 1 Rz. 60 ff. | 7 Staudinger/*Magnus*, 13. Aufl. 2002, Art. 30 EGBGB Rz. 249. | 8 Staudinger/*Magnus*, 13. Aufl. 2002, Art. 30 EGBGB Rz. 252 mwN. Dahingehend auch BAG v. 11.9.1991 – 4 AZR 71/91, AP Nr. 29 zu Internat. Privatrecht Arbeitsrecht. AA MünchArbR/*Birk*, § 21 Rz. 30. | 9 Staudinger/*Magnus*, 13. Aufl. 2002, Art. 30 EGBGB Rz. 251 f. | 10 Vgl. auch BAG v. 16.2.2000 – 4 AZR 14/99, AP Nr. 54 zu § 2 TVG. | 11 *Junker*, S. 425. | 12 Staudinger/*Magnus*, 13. Aufl. 2002, Art. 30 EGBGB Rz. 255 f. | 13 MünchArbR/*Birk*, § 21 Rz. 42. | 14 *Löwisch/Rieble*, TVG, 2. Aufl. 1992, Grundlagen Rz. 69, 73 f. | 15 Staudinger/*Magnus*, 13. Aufl. 2002, Art. 30 EGBGB Rz. 258 mwN. | 16 BAG v. 9.7.2003 – 10 AZR 593/02, AP Nr. 261 zu § 1 TVG – Tarifverträge: Bau; aber: BAG v. 25.6.2002 – 9 AZR 405/00, AP Nr. 12 zu § 1 AEntG: Regelungskompetenz durch AEntG verliehen. | 17 Staudinger/*Magnus*, 13. Aufl. 2002, Art. 30 EGBGB Rz. 259. Dahin gehend auch BAG v. 20.8.2003 – 5 AZR 362/02, AP Nr. 245 zu § 620 BGB – Befristeter Arbeitsvertrag. | 18 So noch BAG v. 4.5.1977 – 4 AZR 10/76, AP Nr. 30 zu § 1 TVG – Tarifverträge: Bau.

ist[1]. Das BAG hat entschieden, dass ein TV Regelungen für Arbeitsverhältnisse im Ausland beschäftigter deutscher Angestellter zum Gegenstand haben könne[2]. Vgl. auch die Kommentierung zum AEntG.

49 3. **Internationales Arbeitskampfrecht.**[3] Das internationale Arbeitskampfrecht soll die Frage entscheiden, welche Rechtsordnung auf einen Arbeitskampf anwendbar ist, welcher Auslandsberührung aufweist. Als Anknüpfungspunkte werden der Arbeitsort, der Arbeitskampfort, das Deliktsstatut[4] oder auch eine Schwerpunktbetrachtung vorgeschlagen[5]. Andere halten eine einheitliche Anknüpfung der mit dem Arbeitskampf verbundenen rechtlichen Probleme für verfehlt[6].

50 **VI. Anwendung einer ausländischen Rechtsordnung.** Ist nach den Regelungen über das Internationale Arbeitsrecht eine ausländische Rechtsordnung anwendbar, so ist deren Inhalt gem. § 293 ZPO durch das Gericht von Amts wegen festzustellen. Eine Verletzung dieser Pflicht kann mit der Verfahrensrüge beanstandet werden. Nach der Rspr. des BGH genügt es nicht, lediglich auf ausländisches Gesetzesrecht zurückzugreifen. Vielmehr muss das Recht ermittelt und angewandt werden, wie der Richter des jeweiligen Landes es auslegt und anwendet. Der Umfang der Ermittlungen obliege zwar dem pflichtgemäßen Ermessen des Richters; je detaillierter und kontroverser aber die Parteien zur ausländischen Rechtsordnung vortrügen, desto höher werden die Anforderungen an die Ermittlung durch das Gericht[7].

B. Europäisches Arbeitsrecht
Vertrag zur Gründung der Europäischen Gemeinschaft

– Auszug –

Vom 25.3.1957 (BGBl. II S. 766, in der Fassung des Vertrags über die Europäische Union v. 7.2.1992, BGBl. II S. 1253/1256, in der Fassung des Vertrags von Nizza vom 26.2.2001, BGBl. 2001 II S. 1667, konsolidierte Fassung ABl. EG 2002 C-325/33)

Vorbemerkungen

Lit.: *Asshoff/Bachner/Kunz*, Europäisches Arbeitsrecht im Betrieb, 1996; *Birk*, Grundlagen des Europäischen Arbeitsrechts (§ 18) und Arbeitsrechtliche Regelungen der Europäischen Union (§ 19), in: Münchener Handbuch zum Arbeitsrecht, Bd. 1, 2. Aufl. 2000; *Blanpain*, European Labour Law, 7. Aufl., Den Haag u.a. 2000; *Blanpain/Schmidt/Schweigert*, Europäisches Arbeitsrecht, 2. Aufl. 1996; *Bercusson*, European Labour Law, London u.a. 1996; *Feuerborn*, Grenzüberschreitender Einsatz von Fremdfirmenpersonal, in: Oetker/Preis, EAS, Stand 8/2003; *Fuchs/Marhold*, Europäisches Arbeitsrecht, 2001; *Hanau/Steinmeyer/Wank*, Handbuch des europäischen Arbeits- und Sozialrechts (HAS), 2002; *Henssler/Braun*, Arbeitsrecht in Europa, 2003; *Kerwer*, Das europäische Gemeinschaftsrecht und die Rechtsprechung der deutschen Arbeitsgerichte, 2003; *Krimphove*, Europäisches Arbeitsrecht, 2. Aufl. 2001; *Nielsen*, European Labour Law, Kopenhagen 2000; *Oetker/Preis*, Europäisches Arbeits- und Sozialrecht (EAS): Rechtsvorschriften, systematische Darstellung, Entscheidungssammlung, Stand 8/2003; *Schiek*, Europäisches Arbeitsrecht, 1997; *M. Schmidt*, Europäisches Arbeitsrecht, in: Weiß/Gagel, Handbuch des Arbeits- und Sozialrechts, § 32 A, Stand 10/1999; *Weiß/Gagel*, Das Arbeitsrecht der Europäischen Gemeinschaft, 2001.

I. Begriff 1	cc) Richtlinienkonforme Auslegung 18
II. Arbeitsvölkerrecht der europäischen Staaten ... 2	dd) Entschädigungsansprüche bei fehlender oder mangelhafter Umsetzung ... 20
III. Arbeitsrecht der Europäischen Gemeinschaft .. 5	c) Empfehlungen, Stellungnahmen 22
1. Primäres Gemeinschaftsrecht 6	3. Sonstige Rechtsquellen 23
a) Allgemeines 6	a) Völkerrechtliche Verträge 23
b) Anwendbarkeit 7	aa) Allgemeines 23
2. Sekundäres Gemeinschaftsrecht 8	bb) Anwendbarkeit 24
a) Verordnungen 10	b) Europäisches Richterrecht 25
aa) Allgemeines 10	4. Verhältnis zum nationalen Recht 26
bb) Anwendbarkeit 11	a) Vorrang europäischen Rechts 26
b) Richtlinien 12	b) Gerichtliche Durchsetzung 29
aa) Allgemeines 12	
bb) Anwendbarkeit 13	

---

1 MünchArbR/*Birk*, § 21 Rz. 50. | 2 BAG v. 11.9.1991 – 4 AZR 71/91, AP Nr. 29 zu Internat. Privatrecht Arbeitsrecht. | 3 Spezielle Lit.: *Hergenröder*, Der Arbeitskampf mit Auslandsberührung, 1987; *Hergenröder*, AR-Blattei Arbeitskampf VIII, AR-Blattei SD 170.8, Stand 11/2000 sowie die nachfolgend Genannten. | 4 Dazu MünchKomm/*Kreuzer*, 3. Aufl. 1998, Art. 38 EGBGB Rz. 193 f.; dagegen *Preis*, Kollektivarbeitsrecht, 2003, S. 366. | 5 *Franzen*, Rz. 213 ff. | 6 MünchArbR/*Birk*, § 21 Rz. 65. | 7 BGH v. 23.6.2003 – II ZR 305/01, NJW 2003, 2685 f. Weiterführend *Geimer*, IZPR, 2. Aufl. 2001, Rz. 2577 f.

I. Begriff.
Unter europäischem Arbeitsrecht ist zum einen das Arbeitsrecht zu verstehen, welches durch oder aufgrund von Rechtsakten der EG geschaffen wurde (Rz. 5 ff.). Unter den Begriff europäisches Arbeitsrecht fällt aber auch der Teil des Arbeitsvölkerrechts, welcher sich auf die europäischen Staaten bezieht, insb. die das Arbeitsrecht betreffenden Übereinkommen des Europarats (Rz. 2 ff.).

II.
Das **Arbeitsvölkerrecht**[1] **der europäischen Staaten** ist für die praktische Rechtsanwendung von geringerer Relevanz, da die jeweiligen Abkommen in der Regel den Bürgern keine subjektiven, durchsetzbaren Rechte verleihen, sondern nur die Mitgliedstaaten verpflichten, die das Abkommen ratifiziert haben. Zu den wichtigsten **Abkommen des Europarats** gehören: a) die Europäische Konvention zum Schutz der Menschenrechte und Grundfreiheiten (EMRK) vom 4.11.1950[2], über deren Verletzung der EuGH für Menschenrechte auch auf Antrag eines Bürgers, einer nichtstaatlichen Organisation oder Personenvereinigung entscheiden kann, b) die Europäische Sozialcharta (ESC) vom 18.10.1961[3] und die zu dieser ergangenen Zusatzprotokolle[4], c) das Europäische Niederlassungsabkommen vom 13.12.1955[5] und d) das Übereinkommen zum Schutz des Menschen bei der automatischen Verarbeitung personenbezogener Daten vom 28.1.1981[6].

Sonstige internationale Übereinkommen mit arbeitsrechtlichem Bezug sind a) das Europäische Übereinkommen über die Arbeit des im internationalen Straßenverkehr beschäftigten Fahrpersonals (AETR) vom 1.7.1970[7], b) das Abkommen über die Arbeitsbedingungen der Rheinschiffer vom 21.5.1954[8], c) die Vereinbarung über die Hafenstaatkontrolle vom 26.1.1982[9] und das Nato-Truppenstatut vom 19.6.1951[10] und das dazugehörige Zusatzabkommen vom 3.8.1959[11].

Praktisch relevante **Abkommen** sind heute noch die Vereinbarungen zur Erleichterung der Arbeitsaufnahme, welche mit Polen[12] und Ungarn[13] geschlossen wurden. Mit Ungarn[14], Polen[15] und der CSFR[16] bestehen weiter Abkommen über die Beschäftigung zur Erweiterung der beruflichen und sprachlichen Kenntnisse. Daneben existieren Abkommen zur Beschäftigung aufgrund von Werkverträgen mit der CSFR[17], Polen[18], der Türkei[19], Bulgarien[20], Rumänien[21] und Ungarn[22]; diese Abkommen können für die Erteilung einer Arbeitserlaubnis von Bedeutung sein. Zwar sind die CSFR, Polen und Ungarn der EU beigetreten; im Hinblick auf die ArbN-Freizügigkeit gelten jedoch Übergangsregelungen (Rz. 5a).

III. Arbeitsrecht der Europäischen Gemeinschaft.
Mit dem Vertrag über die EU vom 7.2.1992[23] wurde die EG Teil der EU und das bisherige Gemeinschaftsrecht ein eigenständiger Teil des Rechts der EU. Regelungen mit arbeitsrechtlichem Inhalt wurden von der EG geschaffen. Aus diesem Grund ist es zulässig, im Folgenden weiterhin von Gemeinschaftsrecht zu sprechen.

Zu den Staaten der EU gehören neben der Bundesrepublik Deutschland Belgien, Dänemark, Finnland, Frankreich, Griechenland, Großbritannien, Irland, Italien, Luxemburg, Niederland, Österreich, Portugal, Schweden, Spanien sowie seit dem 1.5.2004 die zehn weiteren **Beitrittsländer:** Estland, Lettland, Litauen, Malta, Polen, Slowakei, Slowenien, Tschechische Republik, Ungarn und Zypern. Seit dem 1.5.2004 gilt in den neuen Mitgliedstaaten grundsätzlich das europäische Recht[24]. Für einige arbeitsrechtlich relevante Bereiche wurden allerdings Übergangsfristen vereinbart. Im sensiblen Bereich der ArbN-Freizügigkeit gibt es eine maximal siebenjährige Übergangsfrist, die es den alten Mitgliedstaaten erlaubt, zunächst für zwei Jahre ihre nationalen Regelungen beizubehalten. Von dieser Möglichkeit hat die Bundesrepublik Deutschland Gebrauch gemacht. Nach fünf Jahren gilt prinzipiell Freizügigkeit auch für ArbN. Im Falle einer schweren Störung des Arbeitsmarktes oder der Gefahr einer solchen Störung können die alten Mitgliedstaaten ihre nationalen Regelungen für höchstens zwei weitere Jahre aufrechterhalten. Diese Regelung gilt gegenüber allen neuen Mitgliedstaaten außer

---

1 Zu den wichtigsten allgemeinen völkerrechtlichen Abkommen mit Bezügen zum Arbeitsrecht MünchArbR/ *Birk*, § 18 Rz. 7 ff. | 2 BGBl. 1952 II S. 685, zuletzt geändert durch Protokoll Nr. 11 v. 11.5.1994, BGBl. 1995 II S. 579. Neubekanntmachung v. 17.5.2002, BGBl. II S. 1055. Die 12. und 13. Protokolle v. 4.11.2000 und v. 3.5.2002 sind bislang nicht in Kraft. | 3 BGBl. 1964 II S. 1261, zuletzt geändert BGBl. 2001 II S. 496. Die Bundesrepublik Deutschland hat die Revidierte Sozialcharta vom 1.7.1999 bisher weder gezeichnet noch ratifiziert. | 4 V. 5.5.1988, v. 21.10.1991 und v. 9.11.1995; die Bundesrepublik Deutschland hat diese jedoch nicht ratifiziert. | 5 BGBl. 1959 II S. 997. | 6 BGBl. 1985 II S. 539; das Zusatzprotokoll v. 8.11.2001 hat die Bundesrepublik Deutschland ratifiziert, es ist jedoch noch nicht in Kraft. | 7 BGBl. 1974 II S. 1475, zuletzt geändert BGBl. 1997 II S. 1079. | 8 BGBl. 1957 II S. 217. | 9 BGBl. 1982 II S. 585; Neufassung BGBl. 2000 II S. 892. | 10 BGBl. 1961 II S. 1183. | 11 BGBl. 1961 II S. 1183, zuletzt geändert durch Abkommen v. 18.3.1993, BGBl. 1994 II S. 2594. | 12 V. 23.8.1979 BGBl. 1979 II S. 1164, zuletzt geändert BGBl. 1991 II S. 1018. | 13 V. 23.7.1981 BGBl. 1981 II S. 904, zuletzt geändert durch BGBl. 1998 II S. 1394. | 14 V. 16.12.1989 BGBl. 1990 II S. 148, zuletzt geändert durch BGBl. 1993 II S. 1210. | 15 V. 7.6.1990 BGBl. 1991 II S. 501. | 16 V. 23.4.1991 BGBl. 1992 II S. 1018. | 17 V. 24.4.1991 BGBl. 1991 II S. 820, zuletzt geändert BGBl. 1993 II S. 178. | 18 V. 31.1.1990 BGBl. 1990 II S. 602, zuletzt geändert durch BGBl. 1993 II S. 1125. | 19 V. 18.11.1991 BGBl. 1992 II S. 54. | 20 V. 12.3.1991 BGBl. 1991 II S. 863. | 21 V. 4.7.1996 BGBl. 1996 II S. 1303. | 22 V. 3.1.1989 BGBl. 1990 II S. 1310, zuletzt geändert durch BGBl. 1998 II S. 1396. Eine solche Vereinbarung wurde auch mit Jugoslawien geschlossen, Vereinbarung v. 24.8.1988, BGBl. 1989 II S. 774, zuletzt geändert durch BGBl. 1992 II S. 349. Diese Vereinbarung gilt für die Nachfolgestaaten fort, BGBl. 1992 II S. 1146 u. 1196, 1993 II S. 1261, 1994 II S. 326, 1997 II S. 961. | 23 „Vertrag von Maastricht", BGBl. II S. 1253. | 24 Beitrittsvertrag und Beitrittsakte ABl. EG 2003 L-235/17 ff. und 33 ff.

Malta und Zypern. Ferner wurde für die Bundesrepublik Deutschland und Österreich eine besondere Schutzklausel eingefügt, mit welcher die Dienstleistungsfreiheit von Unternehmen aus den Beitrittsländern, die Dienstleistungen im Bereich des Baugewerbes und der Gebäudereinigung anbieten, unter bestimmten Voraussetzungen beschränkt werden kann.

6   **1. Primäres Gemeinschaftsrecht. a) Allgemeines.** Das primäre Gemeinschaftsrecht enthält in erster Linie institutionelle Regelungen, Kompetenzregelungen und Zielvorgaben. Regelungswerke sind vor allem der EGV einschließlich seiner Anhänge, Zusatzprotokolle und Erklärungen. Zum Primärrecht gehören gem. Art. 6 Abs. 1 EUV auch die Grundsätze der Freiheit, der Demokratie, die Achtung der Menschenrechte und Grundfreiheiten sowie der Rechtsstaatlichkeit. Nach Art. 6 Abs. 2 EUV achtet die Union die Grundrechte der EMRK und die Grundrechte, welche sich aus gemeinsamen Verfassungsüberlieferungen der Mitgliedstaaten als allgemeine Grundsätze des Gemeinschaftsrechts ergeben[1]. Diese dürften sich insb. in der Charta der Grundrechte der EU vom 7.12.2000[2] wiederfinden[3]. Nach der bisherigen Rspr. gehören zum Primärrecht der allgemeine Gleichheitssatz[4], das Recht des ArbN auf freie Wahl des ArbGeb[5], der Grundsatz der Verhältnismäßigkeit[6], der Vertrauensschutz[7] und das Recht auf Gewährung effektiven Rechtsschutzes[8]. Daneben enthält der Vertrag über die Europäische Atomgemeinschaft arbeitsschutzrechtliche Regelungen.

7   **b) Anwendbarkeit.** Das Primärrecht richtet sich seiner Natur nach zum überwiegenden Teil an die Mitgliedstaaten. Ist im Ausnahmefall jedoch (auch) der Bürger Adressat der Bestimmung (zB Verbot der Diskriminierung wegen des Geschlechts nach Art. 141 Abs. 1 und 2 EGV[9]), ist die jeweilige Bestimmung unmittelbar anwendbar.

8   **2. Sekundäres Gemeinschaftsrecht.** Das sekundäre Gemeinschaftsrecht leitet sich vom Primärrecht ab und muss mit diesem in Einklang stehen. Es besteht gem. Art. 249 EGV insb. aus VO, Richtlinien und Empfehlungen.

9   Zum Erlass sekundären Gemeinschaftsrechts bedarf die EU einer **Ermächtigungsgrundlage**. Ermächtigungsgrundlagen für das Arbeitsrecht finden sich in den Art. 136 ff. EGV, insb. in Art. 137 EGV. Die schwer verständliche Norm[10] beschränkt die EU auf die Unterstützung und Ergänzung der Tätigkeiten der Mitgliedstaaten. Gem. Abs. 6 sind zudem das Arbeitsentgelt (dazu unten Art. 141 EGV Rz. 38), das Koalitionsrecht, das Streik- und Aussperrungsrecht ausgenommen. Der EuGH wird wahrscheinlich in dem Bemühen, ein Tätigwerden der EU auf breiter Basis zu ermöglichen, eine weite Auslegung des Art. 137 EGV befürworten.

10   **a) Verordnungen. aa) Allgemeines.** Auf dem Gebiet des Arbeitsrechts verleiht der EGV keine Kompetenzen zum Erlass von VO. Diese haben daher mit Ausnahme der VO 1612/68 über die Freizügigkeit der ArbN innerhalb der Gemeinschaft[11] für das Arbeitsrecht nur am Rande Bedeutung, so zB die VO 3820/85 und 3821/85[12], welche für angestellte wie selbständige Fahrer Einsatz- und Ruhezeiten regeln. Arbeitsrechtlich relevant ist zB auch die VO 547/72 zur Beweiskraft ausländischer Arbeitsunfähigkeitsbescheinigungen[13].

11   **bb) Anwendbarkeit.** Gem. Art. 249 Abs. 2 EGV haben VO allgemeine Geltung. Sie sind in allen ihren Teilen verbindlich und gelten unmittelbar in jedem Mitgliedstaat.

12   **b) Richtlinien. aa) Allgemeines.** Die Richtlinien sind das maßgebliche Gestaltungsinstrument der EG auf dem Gebiete des Arbeitsrechts. Die wichtigsten der bislang ergangenen arbeitsrechtlichen Richtlinien werden unter Art. 141 EGV Rz. 37 ff., 56 ff. sowie an den Stellen dargestellt, an welchen die Richtlinien das deutsche Arbeitsrecht umgestaltet haben (zB § 613a BGB).

13   **bb) Anwendbarkeit.** Nach Art. 249 Abs. 2 EGV sind Richtlinien für jeden Mitgliedstaat, an den sie gerichtet sind, hinsichtlich des zu erreichenden Ziels verbindlich. Die Form und Mittel zur Erreichung des Ziels sind jedoch der jeweiligen innerstaatlichen Stelle überlassen. Richtlinien sind daher im jeweiligen Mitgliedstaat grundsätzlich **nicht unmittelbar anwendbar**. Sie enthalten vielmehr einen Befehl an den nationalen Gesetzgeber, die Richtlinie innerhalb einer bestimmten Frist in nationales Recht

---

1 In Art. 136 Abs. 1 EGV wird zudem auf die Europäische Sozialcharta v. 18.10.1961 (Rz. 2) und die Gemeinschaftscharta der sozialen Grundrechte der Arbeitnehmer v. 9.12.1989, Vorentwurf Kom/89/248endg., verwiesen. Zum Grundrechtsschutz in der Gemeinschaft umfassend Hanau/Steinmeyer/Wank/*Wank*, HAS, 2002, § 13. | 2 ABl. EG 2000, C-364/1. Zum sog. Äquivalenz- und Effektivitätsgrundsatz bzgl. der Ausübung durch die Gemeinschaftsordnung verliehener Rechte EuGH v. 10.4.2003 – Rs. C-276/01, Slg. 2003 I, 3735, 3774 ff. (Rz. 60 ff.) – Steffensen; v. 9.12.2003 – Rs. C-129/00, EuZW 2004 151 ff. (Rz. 25) – Kommission gegen Italien. | 3 *Schmidt*, Arbeitsrecht, 2001, I. Rz. 86. Zu den arbeitsrechtlich relevanten Grundrechten ebenda Rz. 95 ff. | 4 EuGH v. 19.10.1977 – Rs. 117/76, 16/77, Slg. 1977, 1753, 1770 – Ruckdeschel. | 5 EuGH v. 16.12.1992 – Rs. C-132/91, C-138/91, C-139/91, Slg. 1992 I, 6577, 6609 – Katsikas. | 6 EuGH v. 11.1.2000 – Rs. C-285/98, Slg. 2000 I, 69, 105 – Kreil. | 7 EuGH v. 12.12.1996 – Rs. C-241/95, Slg. 1996 I, 6699, 6731 – Accrington Beef. | 8 EuGH v. 22.9.1998 – Rs. C-185/97, Slg. 1998 I, 5199, 5220 – Coote. | 9 EuGH v. 8.4.1976 – Rs. 43/75, Slg. 1976, 455, 472 ff. – Defrenne II; vgl. unten Art. 141 EGV Rz. 4. | 10 *Calliess/Ruffert-Krebber*, EU-Vertrag und EG-Vertrag, 2. Aufl. 2002, Art. 137 Rz. 1. | 11 V. 15.10.1968, ABl. EG 1968 L-257/2. | 12 Beide v. 20.12.1985, ABl. EG 1985 L-370/1 und 370/8. | 13 Vgl. Art. 18 der Verordnung 574/72 (unten Art. 39 EGV Rz. 2).

umzusetzen. Dagegen können Private grundsätzlich keine Rechte aus der Richtlinie herleiten bzw. nicht durch die Richtlinie verpflichtet werden.

Von diesem Grundsatz fehlender unmittelbarer Anwendbarkeit macht der EuGH jedoch eine Ausnahme, wenn der Mitgliedstaat es versäumt hat, die Richtlinie fristgerecht umzusetzen. In diesem Fall kann sich der Mitgliedstaat selbst auf die fehlende Umsetzung nicht mehr berufen. Der Private kann daher **gegenüber dem Mitgliedstaat** Rechte aus der Richtlinie geltend machen (sog. vertikale Direktwirkung). Die vertikale Direktwirkung setzt voraus, dass die Richtlinie nicht fristgerecht oder unzulänglich umgesetzt wurde und die Vorschrift, auf welche sich der ArbN beruft, hinreichend genau und bestimmt ist[1]. Auf arbeitsrechtliche Richtlinien trifft Letzteres allerdings oft nicht zu[2].

Auf die vertikale Direktwirkung kann sich der Betroffene auch berufen, wenn Klagegegner nicht die Bundesrepublik Deutschland, sondern ein nichtstaatliches, aber dem öffentlichen Bereich zurechenbares Rechtssubjekt ist, zB ein **öffentlicher ArbGeb**[3]. Darunter ist unabhängig von ihrer Rechtsform jede Einrichtung zu verstehen, die dem Staat oder dessen Aufsicht untersteht und die kraft staatlichen Rechtsakts eine Dienstleistung im öffentlichen Interesse zu erbringen hat und hierzu mit besonderen Rechten ausgestattet ist, welche über diejenigen hinausgehen, die für die Beziehungen zwischen Privaten gelten[4], zB kommunale ArbGeb, öffentlich-rechtlich verfasste Kreditinstitute[5], nicht aber der Rettungsdienst des Roten Kreuzes[6]. Der öffentliche ArbGeb kann selbst keine Rechte und Pflichten aus der Richtlinie geltend machen[7].

Die Grundsätze über die vertikale Direktwirkung finden auch Anwendung, wenn sich der Private gegenüber einer **anderen staatlichen Stelle**, zu der er nicht in einem Arbeitsverhältnis steht, auf eine arbeitsrechtliche Richtlinie berufen will. Deshalb kann auch der (private) ArbGeb aus einer arbeitsrechtlichen Richtlinie Rechte gegenüber einer staatlichen Stelle herleiten, wenn diese in einer Weise Hoheitsbefugnisse gegen ihn ausübt, welche nicht im Einklang mit der Richtlinie stehen[8].

Eine weiter gehende Direktwirkung der Richtlinie im Verkehr zwischen Privaten (**horizontale Direktwirkung**) lehnt der EuGH ab[9]. Der ArbN kann daher gegenüber seinem privaten ArbGeb keine Rechte aus einer nicht ordnungsgemäß umgesetzten Richtlinie herleiten. In diesem Fall bleiben dem ArbN nur Entschädigungsansprüche gegen den Mitgliedstaat (unten Rz. 21 ff.).

cc) Richtlinienkonforme Auslegung.[10] Gem. Art. 249 Abs. 3, Art. 10 Abs. 1 Satz 1 EGV ist der Mitgliedstaat zur Umsetzung der Richtlinie und damit zur Erreichung der Ziele der Richtlinie verpflichtet. Dies hat Folgen für die Auslegung des nationalen Rechts, durch welches die Richtlinie umgesetzt werden soll. Die Auslegung nationalen Rechts hat sich an dem Sinn und Zweck zu orientieren, den die EG mit der Richtlinie verfolgt[11]. In einem ersten Schritt ist deshalb die Richtlinie selbst auszulegen. Dazu sind insb. die Erwägungen zur Richtlinie, welche dieser vorangestellt sind, die amtlichen Erläuterungen und die Materialien heranzuziehen. Weiter sind die anderen Sprachversionen des Richtlinientextes zu berücksichtigen. In einem zweiten Schritt ist zu prüfen, ob das nationale Recht den Anforderungen, die die Richtlinie stellt, genügt. Dabei ist im Rahmen der üblichen Methodik möglichst ein Einklang mit den Anforderungen der Richtlinie herzustellen[12]. Erlaubt die Wortlautgrenze keinen Einklang, ist zu prüfen, ob im Wege der Analogie oder der teleologischen Reduktion ein Einklang zu erreichen ist[13].

Es ist allerdings zu berücksichtigen, dass sich das Umsetzungsgebot gem. Art. 249 Abs. 3, Art. 10 Abs. 1 Satz 1 EGV an den Mitgliedstaat richtet. Dieser entscheidet darüber, welche staatlichen Organe mit der Umsetzung der Richtlinie beauftragt sind. In Deutschland ist das Prinzip der Gewaltenteilung (Art. 20 Abs. 3 GG) zu beachten; die Umsetzung der Richtlinie an sich ist also dem deutschen Gesetzgeber vorbehalten. Sie kann nicht gegen oder ohne den Willen des Gesetzgebers durch die Gerichte erfolgen. Die richtlinienkonforme Auslegung kann daher nicht dazu führen, dass der Richter das nationale Recht contra legem mit dem Ziel interpretiert, den Anforderungen der Richtlinie Genüge zu tun[14]. Eine richtlinienkonforme Auslegung scheidet deshalb aus, wenn der Gesetzgeber zum Ausdruck gebracht hat, dass er eine der Richtlinie möglicherweise nicht entsprechende Regelung hat setzen oder beibehalten wollen[15]. Hat der Gesetzgeber die Richtlinie insgesamt nicht umgesetzt, darf sich der Richter nicht zum Ersatz-

---

1 EuGH v. 26.2.1986 – Rs. 152/84, Slg. 1986, 723, 748 ff. – Marshall I. | 2 MünchArbR/*Birk*, § 18 Rz. 111. | 3 EuGH v. 26.2.1986 – Rs. 152/84, Slg. 1986, 723, 749 – Marshall I. | 4 EuGH v. 12.7.1990 – Rs. C-188/89, Slg. 1990, 3313, 3347 ff. – Foster. | 5 ErfK/*Wißmann*, EGV Vorb. Rz. 9. | 6 BAG v. 18.2.2003 – 1 ABR 2/02, AP Nr. 11 zu § 611 BGB – Arbeitsbereitschaft. | 7 EuGH v. 8.10.1987 – Rs. 80/86, Slg. 1987, 3969, 3985 f. – Kolpinghuis Nijmegen. | 8 EuGH v. 25.7.1991 – Rs. C-345/89, Slg. 1991 I, 4047, 4065 ff. – Stoeckel. | 9 EuGH v. 14.7.1994 – Rs. 91/92, Slg. 1994, 3325, 3355 f. – Faccini Dori. Dazu *Kerwer*, S. 105 ff. | 10 Zur richtlinienkonformen Auslegung allgemein: *Brechmann*, Die richtlinienkonforme Auslegung, 1994; *Franzen*, Privatrechtsangleichung durch die EG, 1999, S. 291 ff.; *Canaris*, Die richtlinienkonforme Auslegung und Rechtsfortbildung im System der juristischen Methodenlehre, FS Bydlinski, 2002, S. 47 ff. | 11 EuGH v. 10.4.1984 – Rs. 14/83, Slg. 1984, 1891, 1909 – von Colson und Kamann. | 12 EuGH v. 4.2.1988 – Rs. 157/86, Slg. 1988, 673, 690 – Murphy; *Roth*, Europäisches Recht und nationales Recht, FS 50 Jahre BGH, 2000, Bd. 2, S. 847, 865 f. | 13 *Franzen*, Privatrechtsangleichung durch die EG, 1999, S. 405 ff. Der BGH hält die Wortlautgrenze wohl für bindend, BGH v. 2.12.2003 – XI ZR 421/02, DB 2004, 429 ff.; BGH v. 9.4.2002 – XI ZR 91/99, BGHZ 150, 248, 256 f. | 14 *Canaris*, FS Bydlinski, 2002, S. 91 ff. | 15 BAG v. 5.6.2003 – 6 AZR 114/02, AP Nr. 2 zu § 611 BGB – Bereitschaftsdienst; v. 18.2.2003 – 1 ABR 2/02, AP Nr. 11 zu

gesetzgeber aufschwingen[1]. Ist der deutsche Gesetzgeber hingegen der Ansicht, dass die Richtlinie oder Teile der Richtlinie bereits durch bestehendes Recht ausreichend umgesetzt sind, können und müssen auch diese Gesetze richtlinienkonform ausgelegt werden[2]. Vor Ablauf der Umsetzungsfrist ist eine richtlinienkonforme Auslegung des nationalen Rechts möglich, aber nicht zwingend[3].

20 **dd) Entschädigungsansprüche bei fehlender oder mangelhafter Umsetzung.** Setzt ein Mitgliedstaat eine Richtlinie nicht fristgerecht und/oder nicht ordnungsgemäß um, kann der Mitgliedstaat dem Privaten, dem durch die Nichtumsetzung ein Schaden entstanden ist, zur Leistung einer Entschädigung verpflichtet sein. Es handelt sich um einen Fall der Staatshaftung. Der Anspruch begründet sich nicht nach deutschem Staatshaftungsrecht, Rechtsgrundlage ist vielmehr das Gemeinschaftsrecht. Der Staat darf an die Geltendmachung eines solchen Anspruchs vor den nationalen Gerichten keine höheren Anforderungen stellen als an Klagen, welche sich auf das nationale Staatshaftungsrecht stützen. Die Durchsetzung des Anspruchs darf nicht übermäßig erschwert werden[4].

Ein Entschädigungsanspruch kann auch dadurch begründet werden, dass ein nationales (auch höchstinstanzliches) Gericht Gemeinschaftsrecht unrichtig anwendet und dem Rechtssuchenden dadurch ein Schaden entsteht[5].

21 Der Anspruch auf Entschädigung ist an drei **Voraussetzungen** geknüpft[6]: Erstens muss die nicht oder nicht ordnungsgemäß umgesetzte Vorschrift darauf gerichtet sein, dem Geschädigten ein Recht zu verleihen. Der Inhalt dieses Rechts muss durch die Richtlinie ausreichend bestimmt sein. Zweitens muss der Verstoß des Mitgliedstaats gegen das Umsetzungsgebot der Richtlinie hinreichend qualifiziert sein. Das ist insb. der Fall, wenn der Mitgliedstaat die Grenzen, welche seinem Ermessen bei der Umsetzung der Richtlinie gesetzt sind, offenkundig und erheblich überschritten hat. Dies wurde vom BGH für den Fall verneint, dass bis zur Klärung durch den EuGH die mangelhafte Umsetzung der Richtlinie nicht offenkundig war[7]. Drittens muss zwischen dem Verstoß und dem Schaden ein unmittelbarer Kausalzusammenhang bestehen.

22 **c) Empfehlungen, Stellungnahmen.** Empfehlungen und Stellungnahmen sind gem. Art. 249 Abs. 5 EGV nicht verbindlich, können aber für die Auslegung des (umgesetzten) Gemeinschaftsrechts von Bedeutung sein[8].

23 **3. Sonstige Rechtsquellen. a) Völkerrechtliche Verträge. aa) Allgemeines.** Die EG ist gem. Art. 281 EGV Völkerrechtssubjekt und kann daher selbst völkerrechtliche Verträge schließen. Sie ist gem. Art. 293 EGV verpflichtet, für die dort genannten Gebiete Verhandlungen aufzunehmen. Aufgrund dieser Vorschrift wurde das EWG-Übereinkommen über die gerichtliche Zuständigkeit und die Vollstreckung gerichtlicher Entscheidungen in Zivil- und Handelssachen[9] geschlossen.

24 **bb) Anwendbarkeit.** Gem. Art. 300 EGV geschlossene Abkommen sind für die Organe der Gemeinschaft und für die Mitgliedstaaten verbindlich (Abs. 7). Vorschriften aus Abkommen, welche von der EG mit internationalen Organisationen oder Drittstaaten geschlossen wurden, können darüber hinaus wie eine Richtlinie (oben Rz. 14 ff.) unmittelbar anwendbar sein[10].

25 **b) Europäisches Richterrecht.** Entscheidungen des EuGH (Art. 220 ff. EGV) bzw. des Gerichts 1. Instanz (Art. 225 EGV) entfalten Rechtskraft grundsätzlich nur inter partes. Im Falle der Vorabentscheidung (Art. 234 EGV; vgl. unten Art. 234 EGV Rz. 1 ff.) binden sie das vorlegende nationale Gericht. De jure kommt den Entscheidungen des EuGH und des Gerichts 1. Instanz keine präjudizielle Wirkung zu. De facto allerdings werden die Entscheidungen von den nationalen Gerichten beachtet, zumal ein oberstes nationales Gericht zur Vorlage an den EuGH gem. Art. 234 Abs. 3 EGV unter den dort genannten Voraussetzungen verpflichtet wäre.

---

§ 611 BGB – Arbeitsbereitschaft. Weitgehend BGH v. 9.4.2002 – XI ZR 91/99, BGHZ 150, 248, 256 f.: Ein in der Gesetzesbegr. zum Ausdruck gebrachter Wille des Gesetzgebers könne korrigiert werden, da davon auszugehen sei, dass der Gesetzgeber eine richtlinienkonforme Regelung habe treffen wollen. | 1 Ausf. MünchArbR/*Birk*, § 18 Rz. 106; BAG v. 5.3.1996 – 1 AZR 590/92, AP Nr. 226 zu Art. 3 GG. | 2 EuGH v. 14.7.1994 – Rs. 91/92, Slg. 1994, 3325, 3355 f. – Faccini Dori; BAG v. 2.4.1996 – 1 ABR 47/95, AP Nr. 5 zu § 87 BetrVG 1972 – Gesundheitsschutz. | 3 BAG v. 18.2.2003 – 9 AZR 272/01, AP Nr. 22 zu § 611a BGB; BGH v. 5.2.1998 – I ZR 211/95, BGHZ 138, 55, 61 ff.; ErfK/*Wißmann*, EGV Vorb. Rz. 16. Daher auch keine Vorlageberechtigung nach Art. 234 Abs. 2 EGV: EuGH v. 15.3.2001 – Rs. C-165/98, Slg. 2001 I, 2189, 2219 f. – Mazzoleni. | 4 EuGH v. 22.4.1997 – Rs. C-66/95, Slg. 1997 I, 2163, 2191 – Sutton; v. 19.11.1991 – Rs. C-6/90, 9/90, Slg. 1991 I, 5357, 5416 – Francovich. | 5 EuGH v. 30.9.2003 – C-224/01, NJW 2003, 3539 ff. (Rz. 30 ff., 100 ff.) – Köbler; dazu v. *Danwitz*, JZ 2004, 301 ff. | 6 EuGH v. 4.12.2003 – Rs. C-63/01, NJW-RR 2004, 564 ff. (Rz. 83–88) – Evans; v. 22.4.1997 – Rs. C-66/95, Slg. 1997 I, 2163, 2191 – Sutton; v. 19.11.1991 – Rs. C-6/90, 9/90, Slg. 1991 I, 5357, 5413 ff. – Francovich. | 7 BGH v. 24.10.1996 – III ZR 127/91, BGHZ 134, 30, 38 ff.; EuGH v. 5.3.1996 – Rs. C-46/93, 48/93 Slg. 1996 I, 1029, 1150 – Brasserie du pêcheur. | 8 EuGH v. 13.12.1989 – Rs. C-322/88, Slg. 1989, 4407, 4421 – Grimaldi. | 9 V. 27.9.1968, BGBl. 1972 II 774. Das Übereinkommen wird jetzt weitgehend verdrängt durch die VO 44/2001 v. 22.12.2000, ABl. EG 2001 L-12/1. Dazu auch Int. Arbeitsrecht Rz. 3. | 10 EuGH v. 29.1.2002 – Rs. C-162/00, NZA 2002, 377, 378 – Slg. 2002 I, 1049, 1079 – Pokrzeptowicz-Meyer; v. 27.9.2001 – Rs. C-63/99, Slg. 2001 I, 6369, 6407 – Gloszczuk; v. 4.5.1999 – Rs. C-262/96, Slg. 1999 I, 2685, 2763 – Sürül; BAG v. 22.3.2000 – 7 AZR 226/98, AP Nr. 24 zu § 57b HRG; *Grabitz/Hilf-Randelzhofer/Forsthoff*, Das Recht der EU, Bd. 1, Vor Art. 39–55 EGV, Stand 5/01, Rz. 29.

4. Verhältnis zum nationalen Recht. a) Vorrang europäischen Rechts. Die Bundesrepublik Deutschland hat eigene Hoheitsrechte gem. Art. 23 GG auf die Europäische Gemeinschaft übertragen und sie damit zur Schaffung einer supranationalen Rechtsordnung ermächtigt. Primäres und sekundäres Gemeinschaftsrecht beanspruchen daher Vorrang vor nationalem Recht; der Lex-posterior-Grundsatz findet in diesem Verhältnis keine Anwendung[1]. In dem Fall, dass sich europäisches und nationales Recht widersprechen, ist demnach das europäische Recht anzuwenden. Dies gilt für nicht nur für einfaches nationales Gesetzesrecht, sondern auch für TV[2]. Der nationale Richter hat das dem europäischen Recht widersprechende Recht außer Acht zu lassen (vgl. unten Rz. 30 f.). 26

Zu einer Kollision zwischen nationalem und europäischem Recht kommt es aber nur, soweit das europäische Recht in dem konkreten Rechtsverhältnis Anwendung findet. Zu einer Kollision nationalen Rechts mit einer **Richtlinie** kommt es daher nur, wenn diese im konkreten Fall unmittelbar anwendbar ist. Da die Richtlinie im Rechtsverhältnis zwischen privatem ArbGeb und ArbN keine Anwendung findet (oben Rz. 18), hat der nationale Richter eine richtlinienwidrige nationale Bestimmung anzuwenden[3]. 27

Das Verhältnis des primären und sekundären Gemeinschaftsrechts zu den Normen des GG ist ungeklärt. Während der EuGH annimmt, dass das Gemeinschaftsrecht auch dem nationalen Verfassungsrecht vorgehe[4], behält sich das BVerfG grundsätzlich vor, die Normen des sekundären Gemeinschaftsrecht am GG[5], insb. an den Grundrechten zu prüfen. Solange aber durch die EG ein wirksamer Grundrechtsschutz gewährleistet wird, verzichtet das BVerfG auf eine eigene Prüfung. Entsprechende Verfassungsbeschwerden und Richtervorlagen werden nicht angenommen[6]. Aufgrund des zunehmenden Schutzes der Menschen- und Grundrechte durch die EG (Art. 6 Abs. 1 und 2 EUV, oben Rz. 6), dürfte sich daran auch in Zukunft nichts ändern. 28

Eine Kollision zwischen europäischem und nationalem Recht liegt vor, wenn der Sachverhalt unter die Tatbestände einer Norm des europäischen und einer Norm des nationalen Rechts zu subsumieren ist und beide Normen unterschiedliche Rechtsfolgen anordnen. Eine Kollision besteht nicht, wenn das europäische Recht eine Abweichung durch nationales Recht zulässt. Auf dem Gebiet des Arbeitsrechts ist es insb. möglich, dass der Mitgliedstaat bei der Umsetzung einer Richtlinie über deren Mindestanforderungen zulässigerweise hinausgeht (Art. 137 Abs. 5 EGV).

b) Gerichtliche Durchsetzung. Das nationale Gericht ist von Amts wegen verpflichtet zu prüfen, ob eine Kollision zwischen nationalem oder europäischem Recht vorliegt. Stellt es eine solche fest, hat es das europäische Recht anzuwenden. Eine Verpflichtung zur Vorlage an den EuGH oder ein übergeordnetes nationales Gericht besteht nicht. Das Gericht kann daher die gemeinschaftsrechtswidrige nationale Norm inzident verwerfen. Das gilt auch für Normen eines TV[7]. Die Gemeinschaftsrechtswidrigkeit führt nicht zur Nichtigkeit der nationalen Norm[8]. Die Verwerfungskompetenz der nationalen Gerichte kann zu einer uneinheitlichen Rspr. führen. 29

Diese Verwerfungskompetenz besteht allerdings nur, soweit das europäische Recht Anwendung findet. Im Falle nicht oder nicht ordnungsgemäß umgesetzter Richtlinien ist zu beachten, dass diese grundsätzlich nicht unmittelbar anwendbar sind. Der nationale Richter kann (und muss) daher nur eine richtlinienkonforme Auslegung des nationalen Rechts vornehmen; er darf nicht zum Ersatzgesetzgeber werden. Ist eine richtlinienkonforme Auslegung nicht möglich, muss er das richtlinienwidrige nationale Recht anwenden (dazu oben Rz. 28); dem Betroffenen bleibt nur ein Entschädigungsanspruch gegen den Staat (oben Rz. 21 ff.). 30

Will ein ArbGeb oder ein ArbN eine mögliche Verletzung europäischen Arbeitsrechts vor dem EuGH geltend machen, kann er dem nationalen Gericht die der Verletzung zugrunde liegende Rechtsfrage stellen; das Gericht ist gem. Art. 234 Abs. 1 und 2 EGV zur Vorlage aber lediglich berechtigt, nicht verpflichtet. Für das Arbeitsrecht besteht eine Verpflichtung zur Vorlage unter den Voraussetzungen des Art. 234 Abs. 3 EGV grundsätzlich nur für das BAG. Käme das BAG seiner Vorlagepflicht nicht nach, könnte der Betroffene nach der Rspr. des BVerfG uU wegen einer Verletzung des Rechts auf den gesetzlichen Richter gem. Art. 101 Abs. 1 Satz 2 GG Verfassungsbeschwerde erheben[9]. Vgl. im Übrigen die Kommentierung zu Art. 234 EGV.

---

1 EuGH v. 15.7.1964 – Rs. 6/64, Slg. 1964, 1251, 1269 – Costa ./. ENEL.; v. 13.2.1969 – Rs. 14/68, Slg. 1969, 1, 13 f. – Wilhelm. | 2 EuGH v. 31.5.1995 – Rs. 400/93, Slg. 1995 I, 1275, 1313 f. – Royal Copenhagen; v. 20.3.2003 – Rs. C-187/00, Slg. 2003 I, 2741, 2794 f. – Kutz-Bauer. | 3 ZB BAG v. 18.2.2003 – 1 ABR 2/02, AP Nr. 11 zu § 611 BGB – Arbeitsbereitschaft. Von der Verpflichtung zur richtlinienkonformen Auslegung (Rz. 18 f.) ist er freilich nicht entbunden. Weiter kann er eine nationale Norm außer Acht lassen, wenn für den Erlass der nationalen Norm durch eine Richtlinie Verfahrensvorschriften aufgewiesen wurden und diese nicht eingehalten worden sind, EuGH v. 26.9.2000 – Rs. C-443/98, Slg. 2000 I, 7535, 7584 f. – Unilever Italia. | 4 EuGH v. 11.1.2000 – Rs. C-285/98, Slg. 2000 I, 69, 102 – Kreil; v. 17.12.1970 – Rs. 11/70, Slg. 1970, 1125, 1135 – Internationale Handelsgesellschaft. | 5 BVerfG v. 12.10.1993 – 2 BvR 2134 und 2159/92, BVerfGE 89, 155, 188. | 6 BVerfG v. 22.10.1986 – 2 BvR 197/83, BVerfGE 73, 339, 387 – Solange II; v. 7.6.2000 – 2 BvL 1/97, BVerfGE 102, 147, 161 ff. – Bananenmarkt. | 7 EuGH v. 7.2.1991 – 184/89, Slg. 1991 I, 297, 321 – Nimz. | 8 Weiterführend ErfK/*Wißmann*, EGV Vorb. Rz. 21. | 9 BVerfG v. 22.10.1986 – 2 BvR 197/83, BVerfGE 73, 339, 366 ff. – Solange II.

Art. 39 [Freizügigkeit der Arbeitnehmer]

(1) Innerhalb der Gemeinschaft ist die Freizügigkeit der Arbeitnehmer gewährleistet.

(2) Sie umfasst die Abschaffung jeder auf der Staatsangehörigkeit beruhenden unterschiedlichen Behandlung der Arbeitnehmer der Mitgliedstaaten in Bezug auf Beschäftigung, Entlohnung und sonstige Arbeitsbedingungen.

(3) Sie gibt – vorbehaltlich der aus Gründen der öffentlichen Ordnung, Sicherheit und Gesundheit gerechtfertigten Beschränkungen – den Arbeitnehmern das Recht,
 a) sich um tatsächlich angebotene Stellen zu bewerben;
 b) sich zu diesem Zweck im Hoheitsgebiet der Mitgliedstaaten frei zu bewegen;
 c) sich in einem Mitgliedstaat aufzuhalten, um dort nach den für die Arbeitnehmer dieses Staates geltenden Rechts- und Verwaltungsvorschriften eine Beschäftigung auszuüben;
 d) nach Beendigung einer Beschäftigung im Hoheitsgebiet eines Mitgliedstaats unter Bedingungen zu verbleiben, welche die Kommission in Durchführungsverordnungen festlegt.

(4) Dieser Artikel findet keine Anwendung auf die Beschäftigung in der öffentlichen Verwaltung.

I. Allgemeines 1	2. Ausreise, Einreise und Aufenthalt 24
1. Normzweck 1	a) Ausreise aus der Bundesrepublik Deutschland 25
2. Rechtsgrundlagen 2	b) Einreise, Aufenthalt und Verbleib in einem Mitgliedstaat 26
II. Persönlicher Anwendungsbereich 4	aa) Einreise und Aufenthalt 26
1. Berechtigte 4	(1) Zum Zwecke der Ausübung eines Arbeitsverhältnisses 26
a) Staatsangehörigkeit 5	(2) Zur Stellensuche 27
aa) Unionsbürger 5	bb) Verbleiberechte 28
bb) Angehörige von Drittstaaten . . . 7	(1) Arbeitslosigkeit 28
(1) Angehörige von Staaten des Europäischen Wirtschaftsraums (EWR), Schweiz 8	(2) Ausscheiden aus dem Arbeitsleben 29
(2) Angehörige von Staaten, mit denen die EG Abkommen geschlossen hat 9	c) Vorbehalt der öffentlichen Ordnung, Sicherheit und Gesundheit 30
(a) Türkei 9	3. Zugang zur Beschäftigung 33
(b) Assoziierungsabkommen . . . 10	a) Arbeitserlaubnis 34
(c) Drittstaatsangehörige bei Entsendung aus einem EU- oder EWR-Mitgliedstaat 11	b) Sprachkenntnisse 35
cc) Familienangehörige 12	c) Berufliche Qualifikation 36
b) Arbeitnehmereigenschaft 13	d) Quotenregelungen 37
aa) Allgemeines 13	4. Gleichbehandlung bei der Ausübung der Beschäftigung 38
bb) Einzelfälle 15	a) Allgemeines 38
cc) Arbeitgeber 19	b) Unmittelbare und mittelbare Diskriminierung 40
2. Verpflichtete 20	aa) Allgemeines 40
III. Räumlicher Anwendungsbereich 21	bb) Rechtfertigung 42
IV. Sachlicher Anwendungsbereich 22	cc) Anwendungsbereich 43
1. Allgemeines 22	c) Inländerdiskriminierung 44
a) Gemeinschaftsrechtlicher Bezug . . 22	5. Beschränkungsverbot 45
b) Öffentliche Verwaltung 23	

Lit.: *Birk*, Arbeitsrechtliche Regelungen der Europäischen Union (§ 19 I.), in: Münchener Handbuch zum Arbeitsrecht, Bd. 1, 2. Aufl. 2000; *Bittner*, Europäisches und internationales Betriebsrentenrecht, 2000; *Coester/Denkhaus*, Die Verordnungen zur Freizügigkeit der Arbeitnehmer, in: Oetker/Preis, Europäisches Arbeits- und Sozialrecht (EAS) B 2100, Stand: 10/99; *Fabis*, Die Auswirkungen der Freizügigkeit gem. Art. 48 EGV auf Beschäftigungsverhältnisse im nationalen Recht, 1995; *Frikell/Hoffmann/Platzer*, Ausländische Arbeitskräfte am Bau, 1996; *Hailbronner*, Grundregeln der Freizügigkeit (D. I.), in: Dauses, Handbuch des EG-Wirtschaftsrechts, 1998; *Handoll*, Free Movement of Persons in the EU, 1995; *Hanau*, Freizügigkeit der Arbeitnehmer (§ 15), in: Hanau/Steinmeyer/Wank, Handbuch des europäischen Arbeits- und Sozialrechts (HAS), 2002; *Heinze*, Reichweite und Grenze der Freizügigkeit als Grundfreiheit für Arbeitsuchende, in: Heinze u.a., 9. Bonner Europa-Symposion Arbeitsförderung in Europa, 1997, S. 53; *Heyer*, Diskriminierungs- und Beschränkungsverbot im Rahmen der gemeinschaftsrechtlichen Arbeitnehmerfreizügigkeit, Diss. Köln 1996; *Reichold*, Europäische Freizügigkeit und nationales Arbeitsrecht, 1997; *Roloff*, Das Beschränkungsverbot des Art. 39 EG (Freizügigkeit) und seine Auswirkungen auf das nationale Arbeitsrecht, 2003; *Runggaldier*, Freizügigkeit der Arbeitnehmer im EG-Vertrag, in: Oetker/Preis, Europäisches Arbeits- und Sozialrecht (EAS) B 2000, Stand 4/96; *Schlewing/Schuhmann/Heinz*, Ausländisches Arbeitnehmer-, Aufenthalts-, Arbeitsgenehmigungs-, Arbeits-, Steuer- und Sozialversicherungsrecht, 1998, S. 23 ff.; *Sieveking*, Probleme des Rechtsstatus von Grenzgängern, in: Hailbronner (Hrsg.), 30 Jahre Freizügigkeit in Europa, 1998, S. 219; *Veltmann*, Der Anwendungsbereich des Freizügigkeitsrechts der Arbeitnehmer gemäß Art. 48 EGV, 2000; *Ziekow/Guckelberger*, Die Richtlinien zur Regelung des Aufenthaltsstatus, in: Oetker/Preis, Europäisches Arbeits- und Sozialrecht (EAS) B 2200, Stand 5/00.

1 **I. Allgemeines. 1. Normzweck.** Die Freizügigkeit der ArbN gehört zu den Grundfreiheiten, die der EG-Vertrag garantiert (Art. 3 Abs. 1c), 14 Abs. 2 EGV). Sie gibt dem ArbN das Recht, in jedem Mitgliedstaat eine Beschäftigung zu suchen und diese auszuüben (Abs. 3). Weiter ist eine Ungleichbehandlung bei der Beschäftigung, Entlohnung oder sonstigen Arbeitsbedingungen, die an die Staatsangehörigkeit anknüpft, ausgeschlossen (Abs. 2). Diese Rechte stehen dem ArbN nicht nur gegenüber dem Mitgliedstaat, sondern auch gegenüber privaten ArbGeb zu (horizontale Direktwirkung). Art. 39 EGV gilt für die neuen Mitgliedstaaten aufgrund von Übergangsregelungen noch nicht (Vorb. Rz. 6).

2. Rechtsgrundlagen. Neben Art. 39 EGV sind Rechtsgrundlagen für die Freizügigkeit der ArbN die Art. 40 bis 42 EGV sowie die VO 1612/68 über die Freizügigkeit der ArbN innerhalb der Gemeinschaft[1] und die VO 1251/70 über das Recht der ArbN, nach Beendigung einer Beschäftigung im Hoheitsgebiet eines Mitgliedstaats zu verbleiben[2]. Einreise und Aufenthalt regeln die Richtlinien 64/221[3], 68/360[4], 90/364[5], 90/365[6] und 93/96[7]; sie wurden umgesetzt durch das Aufenthaltsgesetz/EWG[8]. Die Richtlinie 2003/86 betreffend das Recht auf Familienzusammenführung[9] ist bis zum 3.10.2005 umzusetzen. Daneben treten eine Reihe von Richtlinien, welche die Anerkennung von Berufsabschlüssen regeln (unten Rz. 36). Diese Vorschriften werden ergänzt durch Bestimmungen, welche die soziale Sicherheit der ArbN gewährleisten sollen. Dies sind insb. die VO 1408/71[10] und 574/72[11].

Die Freizügigkeit der Unionsbürger (Art. 17 Abs. 1 Satz 1 EGV) wird weiter durch Art. 18 Abs. 1 EGV gewährt, nach welchem jeder Unionsbürger das Recht hat, sich im Hoheitsgebiet der Mitgliedstaaten vorbehaltlich der im EGV und der in den Durchführungsvorschriften vorgesehenen Beschränkungen und Bedingungen frei zu bewegen und aufzuhalten, und weiter durch Art. 12 Abs. 1 EGV, nach dem jede Diskriminierung aufgrund der Staatsangehörigkeit verboten ist. Auf diese Bestimmungen kann sich der Betroffene unmittelbar gegenüber dem Mitgliedstaat berufen. Im Übrigen ist das Verhältnis dieser Regelungen zur ArbN-Freizügigkeit des Art. 39 EGV nicht vollends geklärt. Art. 39 EGV ist wohl lex specialis zu Art. 12 und 18 EGV. Deshalb kann sich der Betroffene auf Art. 18 EGV nur berufen, wenn er die Voraussetzungen erfüllt, unter denen Art. 39 EGV und das korrespondierende Sekundärrecht Freizügigkeit gewähren[12]. So überspielt Art. 18 EGV nicht die Bedingungen des allgemeinen Aufenthaltsrechts für Unionsbürger, welches sich aus Art. 1 Abs. 1 der Richtlinie 90/364 ergibt; es setzt voraus, dass der Betroffene für sich und seine Kinder über einen genügenden Krankenversicherungsschutz und ausreichende Existenzmittel verfügt[13].

II. Persönlicher Anwendungsbereich. 1. Berechtigte. Auf die Freizügigkeit können sich primär Staatsangehörige eines Mitgliedstaats (dazu a) berufen, welche in einem anderen Mitgliedstaat ein Arbeitsverhältnis begründen oder ausüben wollen (dazu b).

a) Staatsangehörigkeit. aa) Unionsbürger. Die Freizügigkeit steht grundsätzlich nur Personen zu, welche die Staatsangehörigkeit eines Mitgliedstaates haben, also Unionsbürger sind (Art. 17 Abs. 1 Satz 1 EGV). Dies ergibt sich aus Art. 1 Abs. 1 der VO 1612/68 (Rz. 2). Welchen Personen die Staatsangehörigkeit eines Mitgliedstaates verliehen wird, regelt der Mitgliedstaat nach nationalem Recht[14]. Die Mitgliedstaaten haben dazu entsprechende Erklärungen abgegeben[15]. Die Bundesrepublik Deutschland hat erklärt, dass Deutsche iSd. Gemeinschaftsrechts alle Deutschen sind, die von Art. 116 GG erfasst werden. Auf den Wohnsitz oder den gewöhnlichen Aufenthalt des Unionsbürgers kommt es nicht an. Es schadet nicht, wenn ein Unionsbürger zusätzlich die Staatsangehörigkeit eines Drittstaats hat. Dies gilt auch, wenn der Aufnahmestaat lediglich die Staatsangehörigkeit des Drittstaats anerkennt[16].

---

1 V. 15.10.1968, ABl. EG 1968 L-257/1, zuletzt geändert durch Verordnung Nr. 2434/92 v. 27.7.1992, ABl. EG 1992 L-245/1. | 2 V. 29.6.1970, ABl. EG 1970 L-142/24. | 3 V. 4.4.1964, ABl. EG 1964 L-56/850 zur Koordinierung der Sondervorschriften für die Einreise und den Aufenthalt von Ausländern, soweit sie aus Gründen der öffentlichen Ordnung, Sicherheit und Gesundheit gerechtfertigt sind. Ergänzend dazu ist die Richtlinie 72/194 v. 18.3.1972, ABl. EG 1972 L-21/32. | 4 V. 15.10.1968, ABl. EG 1968 L-257/13 zur Aufhebung der Reise- und Aufenthaltsbeschränkungen für Arbeitnehmer der Mitgliedstaaten und ihre Familienangehörigen innerhalb der Gemeinschaft, zuletzt geändert durch Beschluss des Rates 95/1 v. 1.1.1995, ABl. EG 1995 L-1/1. | 5 V. 28.6.1990, ABl. EG 1990 L-180/26 über das Aufenthaltsrecht. | 6 V. 28.6.1990, ABl. EG 1990 L-180/28 über das Aufenthaltsrecht der aus dem Erwerbsleben ausgeschiedenen Arbeitnehmer und selbständig Erwerbstätigen. | 7 V. 29.10.1993, ABl. EG 1993 L-31/59 über das Aufenthaltsrecht der Studenten. | 8 V. 22.7.1969, BGBl. I S. 949, idF v. 31.1.1980, BGBl. 1980 I S. 116, zuletzt geändert durch Gesetz v. 23.12.2003, BGBl. I S. 2848. | 9 V. 22.9.2003, ABl. EG 2003, L-251/12. | 10 V. 14.6.1971, ABl. EG 1971 L-149/2 zur Anwendung der Systeme der sozialen Sicherheit auf Arbeitnehmer und deren Familien, die innerhalb der Gemeinschaft zu- oder abwandern, idF der Verordnung 631/04 v. 31.3.2004, ABl. EG 2004 L-100/1. | 11 V. 21.3.1974, ABl. EG 1974 L-74/1 über die Durchführung der Verordnung 1408/71 (Rz. 2), idF der Verordnung 631/04 v. 31.3.2004, ABl. EG 2004 L-100/1. | 12 So auch *Grabitz/Hilf-Randelzhofer/Forsthoff*, Das Recht der EU, Bd. 1, Art. 39 EGV, Stand 5/01, Rz 190 ff.; *Grabitz/Hilf-Hilf*, Bd. 1, Art. 18 EGV, Stand 1/01, Rz. 1, 10. In diese Richtung EuGH v. 21.9.1999, Rs. 378/97, Slg. 1999 I, 6207, 6229 – Wijsenbeek; v. 11.4.2000 – Rs.C-356/98, Slg. 2002 I, 2623, 2676 f. – Kaur; v. 20.9.2001 – Rs. 184/99, Slg. 2001 I, 6193, 6244 – Grzelczyk; offen gelassen in EuGH v. 12.5.1998 – Rs. C-85/96, Slg. 1998 I, 2691, 2725 f. – Martínez Sala; weiter gehend EuGH v. 11.7.2002 – Rs. C-224/98, Slg. 2002 I, 6191, 6222 ff. – D'Hoop. | 13 EuGH v. 17.9.2002 – Rs. C-413/99, Slg. 2002 I, 7091, 7165 ff. – Baumbast und R. | 14 EuGH v. 20.2.2001 – Rs. 192/99, Slg. 2001 I, 1237, 1265 – Kaur. | 15 Weiterführend *Grabitz/Hilf-Randelzhofer/Forsthoff*, Das Recht der EU, Bd. 1, Vor Art. 39–55 EGV, Stand 5/01, Rz. 14 ff. | 16 EuGH v. 7.7.1992 – Rs. C- 369/90, Slg. 1992 I, 4239, 4262 – Micheletti (zur Niederlassungsfreiheit).

6 Personen, die ausschließlich die Staatsangehörigkeit eines Drittstaats haben, kommt die Freizügigkeit nur zugute, wenn sie durch einer Sonderregelung begünstigt werden (unten Rz. 7 ff.) oder wenn sie Familienangehörige eines Unionsbürgers sind (unten Rz. 12).

7 **bb) Angehörige von Drittstaaten.** Diesen Personen kann, soweit sie nicht als Familienangehörige eines Unionsbürgers begünstigt werden, die Freizügigkeit nur aufgrund völkerrechtlicher Abkommen zustehen. Dies gilt auch für Staatenlose und Flüchtlinge[1].

8 **(1) Angehörige von Staaten des EWR, Schweiz.** Nach Art. 28 des Abkommens über den EWR vom 2.5.1992 und dessen Anhang V[2] steht den Angehörigen von Staaten des EWR die volle Freizügigkeit iSd. Art. 39 EGV zu. Das Abkommen ist mit Wirkung zum 1.1.1994 in Kraft getreten[3]; es entfaltet keine Rückwirkung. Nach dem Beitritt Österreichs, Finnlands und Schwedens zur EG sind von diesem Abkommen nur noch Island, Liechtenstein und Norwegen betroffen. Mit der Schweiz haben die EG und die Mitgliedstaaten ein Abkommen über die Freizügigkeit geschlossen[4].

9 **(2) Angehörige von Staaten, mit denen die EG Abkommen geschlossen hat.**[5] **(a) Türkei.**[6] Zwischen der EWG und der Türkei wurde am 12.9.1963 ein Assoziierungsabkommen geschlossen[7], welches zusammen mit den konkretisierenden Beschlüssen des Assoziationsrats türkischen ArbN Arbeits- und Aufenthaltsrechte zubilligt. So besteht gem. Art. 6 Abs. 1 des Beschlusses 1/80 des Assoziationsrats[8], dem unmittelbare Wirkung zukommt[9], ein Anspruch auf Erneuerung der Arbeitserlaubnis, wenn der ArbN ein Jahr ordnungsgemäß in einem Mitgliedstaat beschäftigt war; erst nach vier Jahren ordnungsgemäßer Beschäftigung besteht ein Recht auf Zugang zum Arbeitsmarkt[10]. Art. 13 und Art. 41 Abs. 1 des Zusatzprotokolls (Fn. 7), die ebenfalls unmittelbar anwendbar sind, verbieten es, die Rechtsstellung der Arbeitssuchenden und ArbN im Verhältnis zu ihrer Rechtsstellung am 1.12.1980 zu verschlechtern[11]. Unmittelbare Wirkung kommt auch dem Gleichbehandlungsgebot des Art. 10 Abs. 1 zu[12]. Art. 7 gewährt Familienangehörigen eines türkischen ArbN unter bestimmten Voraussetzungen ein Recht auf Zugang zum Arbeitsmarkt. Art. 3 Abs. 1 des Beschlusses 3/80 des Assoziationsrats[13] enthält ein sozialversicherungsrechtliches Diskriminierungsverbot.

10 **(b) Assoziierungsabkommen.** Die EG und die Mitgliedstaaten haben mit den Staaten Tunesien, Algerien, Marokko, Polen, Ungarn, Bulgarien, Slowakei, Tschechien, Rumänien, Estland, Lettland und Litauen Assoziierungsabkommen geschlossen, welche den Angehörigen dieser Staaten beschränkte Rechte bei der Gleichbehandlung bei den Arbeitsbedingungen und im Rahmen der sozialen Sicherheit gewähren[14]. Polen, Ungarn, die Slowakei, Tschechien, Estland, Lettland und Litauen sind der EU zwar beigetreten, soweit und solange jedoch die Übergangsregelungen (Vorb. Rz. 6) gelten, können die Abkommen noch von Bedeutung sein. Den weniger eingeschränkten Gleichbehandlungsgeboten in den Abkommen mit Marokko, Algerien und Tunesien kommt unmittelbare Wirkung zu[15]; eine unmittelbare, horizontale Direktwirkung hat der EuGH auch für Art. 37 des mit Polen und für Art. 38 des mit

---

1 *Groeben/Thiesing/Ehlermann-Wölker*, Kommentar zum EU-/EG-Vertrag, Bd. 1, 6. Aufl. 2003, Vor Art. 39 bis 41 Rz. 73. | 2 BGBl. 1993 II S. 266. | 3 BGBl. 1993 II S. 519 ff. | 4 Abkommen v. 21.6.1999 zwischen der Europäischen Gemeinschaft und ihren Mitgliedstaaten einerseits und der Schweizerischen Eidgenossenschaft und andererseits über die Freizügigkeit, BT-Drs. 14/6100, S. 7. | 5 Weiterführend *Weiß*, Die Personenverkehrsfreiheiten von Staatsangehörigen assoziierter Staaten, 1998; *Weber*, Der assoziationsrechtliche Status Drittangehöriger in der Europäischen Union, 1997; *Evtimor*, Rechtsprobleme der Assoziierung der mittel- und osteuropäischen Länder, 1998. | 6 Weiterführend *Gutmann*, Die Assoziationsfreizügigkeit türkischer Staatsangehöriger, 2. Aufl. 1999; *Lichtenberg/Limme/Gümrükcu*, Gastarbeiter – Einwanderer – Bürger? Die Rechtsstellung türkischer Arbeitnehmer in der EU, 1996. | 7 ABl. EG 1964, 3687, BGBl. 1964 II S. 509, zuletzt geändert BGBl. 1975 II S. 165; Zusatzprotokoll vom 23.11.1970, ABl. EG 1972 L-293/2. | 8 V. 19.9.1980, abgedr. in ANBA 1981, 2. | 9 Vgl. nur EuGH v. 32.1.1997 – Rs. 171/95, Slg. 1999 I, 341, 348 f. – Tetik. | 10 EuGH v. 19.11.2002 – Rs. C-188/00, Slg. 2002 I, 10691, 10722 ff. – Kurz; v. 11.5.2000 – Rs. 37/98, Slg. 2000 I, 2927, 2967 ff. – Savas; v. 10.2.2000 – Rs. 340/97, Slg. 2000 I, 957, 982 ff. – Nazli (anschließende Straffälligkeit). | 11 EuGH v. 21.10.2003 – Rs. C-317/01, InfAuslR 2004, 32 ff. (Rz. 58 ff.) – Abatay. | 12 BAG v. 22.3.2000 – 7 AZR 226/98 Nr. 24 zu § 57b HRG. | 13 V. 19.9.1980, ABl. EG 1983 C-110/1. | 14 **1. Tunesien:** Europa-Mittelmeer-Abkommen zur Gründung einer Assoziation zwischen den Europäischen Gemeinschaften und ihren Mitgliedstaaten einerseits und der Tunesischen Republik andererseits v. 17.7.1995, ABl. EG 1998 L-97/2 (Art. 64); Kooperationsübereinkommen zwischen der EWG und der Tunesischen Republik v. 25.4.1976, ABl. EG 1978 L-265/2 (Art. 40). **2. Algerien:** Kooperationsübereinkommen zwischen der EWG und der Demokratischen Volksrepublik Algerien v. 26.4.1976, ABl. EG 1978 L-263/2 (Art. 39). **3. Marokko:** Kooperationsübereinkommen zwischen der EWG und dem Königreich Marokko v. 27.4.1976, ABl. EG 1978 L-264/2 (Art. 40, 41). Weiter gelten die Europaabkommen zur Gründung einer Assoziation zwischen den Europäischen Gemeinschaften und ihrer Mitgliedstaaten einerseits und **4. der Republik Polen** andererseits v. 16.12.1991, ABl. EG 1993 L-348/2 (Art. 37, 38); **5. der Republik Ungarn** andererseits v. 16.12.1991, ABl. EG 1993 L-347/2 (Art. 37, 38); **6. der Republik Bulgarien** andererseits v. 8.3.1993, ABl. EG 1994 L-358/3 (Art. 38, 39); **7. der Slowakischen Republik** andererseits v. 4.10.1993, ABl. EG 1993 L-359/2 (Art. 38, 39); **8. Tschechische Republik** andererseits v. 4.10.1993, ABl. EG 1994 L-360/2 (Art. 38, 39); 9. Rumänien andererseits v. 1.2.1994, ABl. EG 1994 L-357/2 (Art. 38, 39); 10. der Republik Estland, 11. der Republik Lettland, 12. der Republik Litauen andererseits v. 12.6.1995, ABl. EG 1998 L-68/3, L-26/3, L-51/3 (Art. 36, 37), (Art. 37, 38), (Art. 37, 38). | 15 *Runggaldier*, Rz. 138 mwN.

der Slowakei geschlossenen Abkommens bejaht[1]. Ein Anspruch auf erstmaligen Zugang zum Arbeitsmarkt eines Mitgliedstaats wird nicht eingeräumt. Daneben bestehen Abkommen über Partnerschaft und Zusammenarbeit mit Russland und zahlreichen weiteren Staaten der ehemaligen Sowjetunion, in welchen auch Regelungen über Arbeitsbedingungen enthalten sind[2].

(c) **Drittstaatsangehörige bei Entsendung aus einem EU- oder EWR-Mitgliedstaat.**[3] Nach der Rspr. des EuGH haben Unternehmen, welche in der EU oder im EWR niedergelassen sind, das Recht, Drittstaatsangehörige, die von ihnen ordnungsgemäß beschäftigt werden, vorübergehend in andere Mitgliedstaaten zu entsenden. Das Recht auf Entsendung steht dem die Dienstleistungsfreiheit (Art. 49 EGV) in Anspruch nehmenden ArbGeb zu[4], nicht dem ArbN. Der ArbN kann sich auf Art. 39 EGV nicht berufen, da er keinen Zutritt zum Arbeitsmarkt anstrebt[5].

11

cc) **Familienangehörige.** Familienangehörigen steht eine abgeleitete Freizügigkeit nach Art. 10 bis 12 der VO 1612/68 (Rz. 2) zu (zur Richtlinie 2003/86 oben Rz. 2). Ihr Einreise- und Aufenthaltsrecht hängt damit von der Rechtsposition des ArbN ab[6]; der Status eines ehemaligen Wanderarbeiters kann genügen[7]. Ein Aufenthaltsrecht haben, soweit der ArbN über angemessenen Wohnraum verfügt, der Ehegatte[8], Verwandte in absteigender Linie, die noch nicht 21 Jahre alt sind oder denen der ArbN Unterhalt gewährt, Verwandte und Verschwägerte in aufsteigender Linie, denen der ArbN Unterhalt gewährt oder mit denen er im Herkunftsland in häuslicher Gemeinschaft lebt (Art. 10). Eine Arbeitserlaubnis steht auch dem Ehegatten und den Kindern des ArbN zu, soweit diese noch nicht 21 Jahre alt sind oder er ihnen Unterhalt gewährt (Art. 11). Bei der Gewährung des Unterhalts kommt es nur auf die tatsächlichen Umstände, weder auf das Bestehen einer Leistungsverpflichtung noch auf eine Bedürftigkeit des Unterhaltenden an[9]. Die Rechtsposition der Ehegatten erstreckt sich grundsätzlich nicht auf Partner einer nichtehelichen Lebensgemeinschaft[10]. Für Partner einer eingetragenen Lebenspartnerschaft oder Personen, welche in einem ähnlichen Rechtsverhältnis nach dem Recht eines andere Mitgliedstaats leben[11], kann dies im Hinblick auf Art. 3 Abs. 1 und im Umkehrschluss aus Art. 3 Abs. 2 der Richtlinie 2000/78[12] nicht gelten[13]. Art. 12 sieht eine Gleichbehandlung der Kinder des ArbN für die Schul- und Berufsausbildung vor. Weitere Aufenthalts- und Freizügigkeitsgewährungen für Familienangehörige enthalten insb. Art. 1 Abs. 2, Art. 2 Abs. 2 der Richtlinie 90/364 (oben Rz. 2), Art. 1, 3, 4 der Richtlinie 68/360 und Art. 1, 2 Abs. 2, Art. 3 der VO 1251/70 (oben Rz. 2).

12

b) **ArbN-Eigenschaft. aa) Allgemeines.** Auf die Freizügigkeit kann sich der ArbN, aber auch der ArbGeb berufen, der eine Person als ArbN beschäftigen möchte (unten Rz. 19). Der Begriff des ArbN ist nicht nach nationalem Recht auszulegen, sondern nach europäischem Recht. Ansonsten bliebe es den Mitgliedstaaten überlassen, durch hohe Anforderungen an die ArbN-Eigenschaft den Anwendungsbereich der Freizügigkeit einzuengen[14]. Eine normierte Definition findet sich im europäischen Recht allerdings nicht. Der ArbN-Begriff wurde daher durch die Rspr. des EuGH konkretisiert. Der Gerichtshof stellt zunächst fest, dass es **keinen einheitlichen ArbN-Begriff** im europäischen Recht gebe. Vielmehr könne die Definition des Begriffs je nach Anwendungsbereich unterschiedlich sein[15]. Da diese Abweichungen im Ergebnis jedoch nur Randbereiche berühren, wird im Folgenden auch auf Ausführungen des EuGH Bezug genommen, die zu anderen Grundfreiheiten ergangen sind.

13

Für die Freizügigkeit geht der EuGH grundsätzlich davon aus, dass der ArbN-Begriff weit auszulegen sei[16]. Art. 1 Abs. 1 der VO 1612/68 spricht davon, dass der ArbN eine Tätigkeit in einem „Lohn- oder Ge-

14

---

1 EuGH v. 29.1.2002 – Rs. C-162/00, Slg. 2002 I, 1049, 1082 – Pokrzeptowicz-Meyer; v. 8.5.2003 – Rs. C-438/00, Slg. 2003 I, 4135, 4164 ff. (Rz. 24 ff.) – Kolpak. Ebenso für das Niederlassungsrecht in Art. 44 Abs. 3 des mit Polen geschlossenen Abkommens EuGH v. 27.9.2001 – Rs. C-63/99, Slg. 2001 I, 6369, 6408 f. – Gloszczuk. Für Art. 45 Abs. 3 des mit Tschechien geschlossenen Abkommens EuGH v. 20.11.2001 – Rs. C-268/99, Slg. 2001 I, 8615, 8671 ff. – Jany. Anders für das Recht auf Zugang zum Arbeitsmarkt BAG v. 25.6.2002 – 9 AZR 405/00 und 439/01, AP Nr. 12 und 15 zu § 1 AEntG (unter 5 b) cc) bzw. 3 e) bb) (3)). 2 **Ukraine:** Abkommen v. 14.6.1994, ABl. EG 1998 L-49/3; **Russland:** v. 24.6.1994 ABl. EG 1997 L-327/3; **Republik Moldau:** v. 28.11.1994, ABl. EG 1998, L-181/3; **Kasachstan:** v. 23.1.1995, ABl. EG 1999 L-196/3; **Kirgisische Republik:** v. 19.2.1995, ABl. EG 1999 L-196/48; **Georgien:** v. 22.4.1996, ABl. EG 1999 L-205/3; **Aserbaidschan:** v. 22.4.1996, ABl. EG 1999, L-246/3; **Usbekistan:** v. 21.6.1996, ABl. EG 1999 L-21.6.1996. 3 Dazu Wichmann, Dienstleistungsfreiheit und grenzüberschreitende Entsendung von Arbeitnehmern, 1998. 4 EuGH v. 27.3.1990 – Rs. C-113/89, Slg. 1990 I, 1417, 1443 – Rush Portuguesa; Hanau/Steinmeyer/Wank/Hanau, HAS, 2002, § 15 Rz. 10, 425 ff. 5 EuGH v. 25.10.2001 – Rs. C-49, 50, 52–54, 68–71/98, Slg. 2001, 7831, 7897 – Finalarte; v. 9.8.1994 – Rs. C-43/93, Slg. 1993 I, 3803, 3825 – Vander Elst. 6 EuGH v. 11.4.2000 – Rs.C-356/98, Slg. 2000 I, 2623, 2675 f. – Kaba. 7 EuGH v. 17.9.2002 – Rs. C-413/99, Slg. 2000 I, 7091, 7153 ff. – Baumbast und R. 8 Auf ein Zusammenleben der Ehegatten kommt es nicht an, EuGH v. 13.2.1985 – Rs. 267/83, Slg. 1985, 567, 589 f. – Diatta. 9 EuGH v. 18.6.1987 – Rs. 316/85, Slg. 1987, 2811, 2838 – Lebon. 10 EuGH v. 17.4.1986 – Rs. 59/86, Slg. 1986, 1283, 1300 f. – Reed. 11 Überblick bei Verschraegen, FamRZ 2000, 65. 12 V. 27.11.2000, ABl. EG 2000 L-303/16 zur Festlegung eines allgemeinen Rahmens für die Verwirklichung der Gleichbehandlung in Beschäftigung und Beruf, dazu unten Art. 141 EGV Rz. 61 ff. 13 Ebenso Grabitz/Hilf-Randelzhofer/Forsthoff, Das Recht der EU, Bd. 1, Art. 39 EGV, Stand 5/01, Rz. 76. Anders Hanau/Steinmeyer/Wank/Hanau, HAS, 2002, § 15 Rz. 69. 14 EuGH v. 19.3.1964 – Rs. C-75/63, Slg. 1964, 379, 396 – Unger; v. 21.6.1988 – Rs. 39/86, Slg. 1988, 3161, 3201 – Lair. 15 EuGH v. 13.1.2004 – Rs. C-256/01, NZA 2004, 201 ff. (Rz. 63) – Allonby; v. 12.5.1998 – Rs. C-85/96, Slg. 1998 I, 2691, 2719 – Martínez Sala. 16 EuGH v. 6.11.2003 – Rs. C-413/01, NZA 2004, 87 ff. (Rz. 23) – Ninni-Orasche.

haltsverhältnis" ausübe. Daraus folgert der EuGH, dass sich der ArbN durch die weisungsgebundene Erbringung einer Leistung für einen anderen während einer bestimmten Zeit auszeichne, sofern der andere für diese Tätigkeit eine Gegenleistung versprochen habe[1]. Abzustellen sei nicht auf die „formale Einstufung als Selbständiger" nach innerstaatlichem Recht. Es komme auf die „Freiheit bei der Wahl von Zeit, Ort und Inhalt" der Arbeit an[2]. Dagegen spricht die Innehabung oder Teilhabe an unternehmerischen Risiken, die freie Gestaltung der Arbeitszeit und die Beschäftigung von Hilfskräften für eine Tätigkeit als Selbständiger[3]. Bei der Tätigkeit muss es sich um eine wirtschaftliche iSd. Art. 2 EGV handeln. Auf eine bestimmte Mindestdauer des Beschäftigungsverhältnisses kommt es nicht an. Umstände aus der Zeit vor oder nach der Beschäftigung sind unerheblich[4]. Im Grundsatz unterscheidet sich dieser ArbN-Begriff damit nicht wesentlich vom deutschen ArbN-Begriff (Vor § 611 Rz. 19 ff.)[5]; in den Randbereichen kommen jedoch durchaus Abweichungen vor.

15 **bb) Einzelfälle.** Die ArbN-Eigenschaft wird vom EuGH bejaht: Unabhängig vom öffentlich-rechtlichen Status des ArbGeb zB für Beamte oder Beschäftigte im öffentlichen Dienst[6], auch für Studienreferendare[7], vgl. aber Rz. 23. Berufssportler sind ebenfalls ArbN[8]; eine wirtschaftliche Tätigkeit iSd. Art. 2 EGV liegt allerdings nicht vor, wenn die Betätigung lediglich von sportlichem Interesse ist[9]. Eine wirtschaftliche Tätigkeit kann aber vorliegen, wenn eine gewerbliche Tätigkeit für kirchliche, religiöse oder weltanschaulich geprägte Vereinigungen geleistet wird, sofern diese für die Tätigkeit eine Gegenleistung erbringen[10]. Dies gilt grundsätzlich ebenfalls für eine Beschäftigung durch die Gesellschaft des Ehegatten[11]. Einem Geschäftsführer, der zugleich Alleingesellschafter ist, wurde die ArbN-Eigenschaft abgesprochen[12]. Hat der Geschäftsführer keine oder geringere Organqualität, kann er jedoch ArbN sein[13]. Grundsätzlich können auch Prostituierte ArbN sein[14].

16 ArbN-Eigenschaft ist anzunehmen für Teilzeitkräfte, auch wenn sie zB nur zwölf Stunden wöchentlich arbeiten[15] oder wenn ihr Vertrag keine Mindeststundenzahl vorsieht[16]. Die ArbN-Eigenschaft hindert es auch nicht, wenn die Bezahlung unter dem branchenüblichen Mindesteinkommen liegt (wie zB bei Praktikanten) und/oder die Person daneben andere Einkünfte erzielt[17]. Es kommt auch nicht darauf an, ob die Entlohnung die Existenz sichert oder die Höhe des (gesetzlich in einigen Mitgliedstaaten vorgeschriebenen) Mindestlohns erreicht[18]. Es ist daher unschädlich, wenn die Person neben der abhängigen Beschäftigung öffentliche Mittel zur Sicherung ihres Lebensunterhalts erhält[19]. Auch nach § 19 BSHG Beschäftigte sind als ArbN einzustufen[20]. Schließlich hindert auch eine Beteiligung am Unternehmensgewinn die ArbN-Eigenschaft grundsätzlich nicht[21].

17 Aus Art. 39 Abs. 3 a), b) EGV ergibt sich, dass die Freizügigkeit auch demjenigen zusteht, der sich um Arbeit bewirbt. Der **Arbeitsuchende** ist daher als ArbN zu qualifizieren[22]. Der bloße Bezug von Alg genügt indes nicht zur Begründung der ArbN-Eigenschaft[23] (vgl. auch unten Rz. 28). **Aus dem Arbeitsleben ausgeschiedene ArbN** können gem. Art. 39 Abs. 3 d) unter bestimmten Voraussetzungen in dem Mitgliedstaat verbleiben (unten Rz. 29).

---

1 EuGH v. 23.3.2004 – Rs. C-138/02, noch nv. – Collins; v. 3.7.1986 – Rs. 66/85, Slg. 1986, 2121, 2144 – Lawrie-Blum. Zur Weisungsbindung auch Hanau/Steinmeyer/Wank/*Wank*, HAS, 2002, § 14 Rz. 14. | 2 EuGH v. 13.1.2004 – Rs. C-256/01, NZA 2004, 201 ff. (Rz. 71 f.) – Allonby. | 3 EuGH v. 14.12.1989 – Rs. C-3/87, Slg. 1989, 4459, 4505 – The Queen – Ministry of Agriculture. | 4 EuGH v. 6.11.2003 – Rs. C-413/01, NZA 2004, 87 ff. (Rz. 28 ff.) – Ninni-Orasche; v. 21.6.1988 – Rs. 197/86, Slg. 1988, 3205, 3244 – Brown. | 5 *Mankowski*, BB 1997, 465, 468. | 6 EuGH v. 30.9.2003 – C 224/01, NJW 2003, 3539 ff. (Rz. 70 ff.) – Köbler; v. 15.1.1998 – Rs. C-19/96, Slg. 1998 I, 47, 65 – Schöning-Kougebetopoulou; v. 17.10.1995 – Rs. C-227/94, Slg. 1995 I, 3301, 3316 – Olivieri-Coenen; v. 3.7.1986 – Rs. 66/85, Slg. 1986, 2121, 2145 – Lawrie-Blum. | 7 EuGH v. 3.7.1986 – Rs. 66/85, Slg. 1986, 2121, 2145 – Lawrie-Blum. | 8 EuGH v. 8.5.2003 – Rs. C-438/00, Slg. 2003 I, 4135, 4166 f. (Rz. 31 ff.) – Kolpak; v. 13.4.2000 – Rs. 176/96, Slg. 2000 I, 2681, 2732 – Lehtonen; v. 15.12.1995 – Rs. C-415/93, Slg. 1995 I, 4921, 5068 ff. – Bosman; v. 12.12.1974 – Rs. 36/74, Slg. 1974, 1405, 1418 – Walrave. | 9 EuGH v. 15.12.1995 – Rs. C-415/93, Slg. 1995 I, 4921, 5064 – Bosman. | 10 EuGH v. 5.10.1988 – Rs. 196/87, Slg. 1988, 6159, 6173 – Steymann; *Runggaldier*, Rz. 24. | 11 EuGH v. 8.6.1999 – Rs. C-337/97, Slg. 1999 I, 3289, 3311 – Meeusen. | 12 EuGH v. 27.6.1996 – Rs. 107/94, Slg. 1996 I, 3113, 3121 – Asscher. | 13 EuGH v. 7.5.1998 – Rs. 350/96, Slg. 1998 I, 2521, 2529 f., 2544 ff. – Clean Car Autoservice. Zur deutschen Diskussion vgl. Erman/*Hanau*, BGB, Bd. 1, 10. Aufl. 2000, § 611 BGB Rz. 151 mwN; § 611 BGB Rz. mwN. | 14 Betr. Dienstleistungsfreiheit: EuGH v. 20.11.2001 – Rs. C-268/99, Slg. 2001 I, 8615, 8675 ff. – Jany; v. 18.5.1982 – Rs. 115 und 116/81, Slg. 1982, 1665, 1707 ff. – Adoui und Cornuaille; VGH Mannheim v. 19.4.2000 – 11 S 1387/99, NVwZ 2000, 1070, 1071 ff.; BVerfG v. 22.3.2000 – 2 BvR 426/00, NVwZ 2000, Beilage 7, S. 73 f. Kritisch *Runggaldier*, Rz. 19. | 15 EuGH v. 3.6.1986 – Rs. 139/85, Slg. 1985, 1741, 1749 f. – Kempf. | 16 EuGH v. 26.2.1992 – Rs. C-357/89, Slg. 1992 I, 1027, 1059 – Raulin. | 17 EuGH v. 26.2.1992 – Rs. C-3/90, Slg. 1992 I, 1071, 1105 – Bernini; v. 3.6.1986 – Rs. 139/85, Slg. 1985, 1741, 1749 ff. – Kempf; v. 23.3.1982 – Rs. 53/81, Slg. 1982, 1035, 1050 f. – Levin. | 18 EuGH v. 23.3.1982 – Rs. 53/81, Slg. 1982, 1035, 1050 f. – Levin. | 19 EuGH v. 3.6.1986 – Rs. 139/85, Slg. 1985, 1741, 1750 f. – Kempf. | 20 EuGH v. 26.11.1998 – Rs. C-1/97, Slg. 1998 I, 7747, 7781 – Birden. | 21 EuGH v. 14.12.1989 – Rs. C-3/87, Slg. 1989, 4459, 4505 – The Queen – Ministry of Agriculture. | 22 EuGH v. 12.5.1998 – Rs. C-85/96, Slg. 1998 I, 2691, 2719 – Martínez Sala; vgl. auch *Runggaldier*, Rz. 38. | 23 EuGH v. 4.10.1991 – Rs. C-15/10, Slg. 1991 I, 4655, 4680 – Middleburgh (vorangegangene freiwillige Zahlung von Beiträgen zur Arbeitslosenversicherung durch Selbständigen).

Freizügigkeit der Arbeitnehmer   Rz. 23 **Art. 39 EGV**

Dagegen ist nach der Rspr. des EuGH **kein ArbN**, wer lediglich Tätigkeiten erbringt, die völlig untergeordnet und unwesentlich und die wirtschaftlich nicht von einem gewissen Wert sind[1]. Dazu kann auch eine Beschäftigung zählen, die lediglich therapeutischen Zwecken dient[2]. Nach Ansicht des BVerwG soll auch die bloße Mithilfe im Haushalt der Familie gegen Kost und Unterbringung nicht ausreichend sein[3]. Die ArbN-Eigenschaft **endet** grundsätzlich mit der Beendigung des Arbeitsverhältnisses, sofern sich an dieses nicht eine Arbeitssuche (oben Rz. 27) anschließt[4]. Aus dem Grundsatz der Gleichbehandlung (unten Rz. 38 ff.) kann jedoch folgen, dass der frühere ArbN weiterhin Anspruch auf bestimmte, während seines Arbeitsverhältnisses erworbene Vergünstigungen hat[5]. 18

cc) **ArbGeb.** Auf die Freizügigkeit der ArbN kann sich auch der **ArbGeb** berufen, der einen ArbN aus einem anderen Mitgliedstaat anstellen will[6]. Aus Art. 2 der VO 1612/68 (Rz. 2) ergibt sich, dass ArbGeb mit den Angehörigen fremder Mitgliedstaaten Arbeitsverträge schließen und diese erfüllen können, ohne dass sich daraus Diskriminierungen ergeben dürfen. 19

2. **Verpflichtete.** Die Freizügigkeit ist zunächst durch die Mitgliedstaaten zu gewährleisten, dh. sowohl durch den Heimat-, wie durch den Aufnahmestaat. Darüber hinaus verpflichten die aus Art. 39 EGV resultierenden Diskriminierungsverbote nach neuerer Rspr. auch Private[7], sog. horizontale Direktwirkung[8]. Der einzelne ArbN kann sich demnach auch gegenüber dem ArbGeb auf das Diskriminierungsverbot berufen. Er kann sich daneben gegen Diskriminierungen wenden, welche aus TV, Verbandsvorschriften und sonstigen Kollektivvereinbarungen resultieren. Daneben kann er sich auf Art. 7 Abs. 4 der VO 1612/68 stützen. Ob sich die horizontale Direktwirkung auch auf Beschränkungsverbote (unten Rz. 45 ff.) erstreckt, bleibt abzuwarten. 20

III. Räumlicher Anwendungsbereich. Der räumliche Anwendungsbereich ergibt sich aus Art. 299 EGV, welcher die Anwendung der Bestimmungen des Vertrages auf die Hoheitsgebiete der Mitgliedstaaten im Einzelnen festlegt. Die Beschäftigung muss jedoch nicht auf dem Gebiet der Gemeinschaft ausgeübt werden. Ausreichend ist es, wenn ein hinreichend enger Bezug zum Recht eines Mitgliedstaates besteht. Das ist zB der Fall bei der Beschäftigung aufgrund eines Heuerverhältnisses, welches dem Recht eines Mitgliedstaates unterliegt, auf einem Schiff, das die Flagge eines Mitgliedstaates führt[9]. Ausreichend ist es zB auch, wenn der Arbeitsvertrag nach dem Recht eines Mitgliedstaats geschlossen wurde, in einer Gerichtsstandsvereinbarung ein Gerichtsstand in einem Mitgliedstaat bestimmt wurde und der ArbN dem SozV- und Steuersystem eines Mitgliedstaats unterworfen ist[10]. Der hinreichend enge Bezug wird durch die vorübergehende Entsendung in einen Drittstaat nicht abgebrochen[11]. 21

IV. Sachlicher Anwendungsbereich. 1. Allgemeines. a) Gemeinschaftsrechtlicher Bezug. Die Regelungen über die Freizügigkeit greifen nur ein, wenn der Sachverhalt einen relevanten Auslandsbezug aufweist[12]. Reine „Inlandssachverhalte" werden also nicht erfasst. 22

b) **Öffentliche Verwaltung.** Art. 39 Abs. 4 EGV bestimmt, dass die Vorschrift keine Anwendung auf die Beschäftigung in der öffentlichen Verwaltung findet. Der EuGH legt diese Vorschrift eng aus; sie bleibe auf Stellen beschränkt, deren Ausübung typischerweise staatliche Hoheitsfunktionen beanspruche und die deshalb eine besondere Verbundenheit des Stelleninhabers zum Staat voraussetze[13]. In Deutschland ist die Berufung eines Unionsbürgers in das Beamtenverhältnis gem. § 7 Abs. 1 Nr. 1 Alt. 2 BBG, § 4 Abs. 1 Nr. 1 BRRG möglich; dem Vorbehalt des Art. 39 Abs. 4 EGV entsprechen § 7 Abs. 2 BBG und § 4 Abs. 2 BRRG. Die ganz überwiegende Anzahl von Tätigkeiten in der öffentlichen 23

---

1 EuGH v. 13.4.2000 – Rs. 176/96, Slg. 2000 I, 2681, 2731 – Lehtonen; v. 26.2.1992 – Rs. C-357/89, Slg. 1992 I, 1027, 1057 f. – Raulin; v. 5.10.1988 – Rs. 196/87, Slg. 1988, 6159, 6173 – Steymann; v. 3.7.1986 – Rs. 66/85, Slg. 1986, 2121, 2144 – Lawrie-Blum; v. 23.3.1982 – Rs. 53/81, Slg. 1982, 1035, 1050 – Levin. │2 EuGH v. 31.5.1989 – Rs. 344/87, Slg. 1989, 1621, 1646 – Bettary. │3 BVerwG v. 24.10.1984 – 1 B 9/84, NJW 1985, 1301 f. │4 EuGH v. 20.3.2001 – Rs. C-33/99, Slg. 2001 I, 2415, 2472 – Fahmi. │5 EuGH v. 31.5.2001 – Rs. C-43/99, Slg. 2001 I, 4265, 4313 f. – Leclere; v. 27.11.1997 – Rs. C-57/96, Slg. 1997 I, 6689, 6719 – Meints. │6 EuGH v. 7.5.1998 – Rs. C-350/96, Slg. 1998 I, 2521, 2545 f. – Clean Car Autoservice; v. 14.12.1989 – Rs. C-3/87, Slg. 1989 I, 4459, 4498, 4507 – Agegate. │7 EuGH v. 6.6.2000 – Rs. C-281/98, Slg. 2000, 4139, 4173 – Angonese. │8 Zu den durch die Grundrechte gezogenen Grenzen Hanau/Steinmeyer/Wank/*Hanau*, HAS, 2002, § 15 Rz. 199 ff. │9 EuGH v. 27.9.1989 – Rs. 9/88, Slg. 1989, 2989, 3010 – Da Veiga. │10 EuGH v. 30.4.1996 – Rs. C-214/94, Slg. 1996 I, 2273, 2278 f. – Boukhalfa; BAG v. 8.8.1996 – 6 AZR 771/93, AP Nr. 22 zu Art. 48 EWG-Vertrag. │11 EuGH v. 15.12.1995 – Rs. C-415/93, Slg. 1995 I, 4921, 5067 – Bosman; v. 12.7.1984 – Rs. 237/83, Slg. 1984, 3153, 3162 f. – Prodest; weitgehend: EuGH v. 29.7.1994 – Rs. 60/93, Slg. 1994 I, 2991, 3003 – Alderwereld. *Grabitz/Hilf-Randelzhofer/Forsthoff*, Das Recht der EU, Bd. 1, Vor Art. 39–55 EGV, Stand 5/01, Rz. 43 ff. │12 EuGH v. 25.7.2002 – Rs. C-459/99, Slg. 2002 I, 6591, 6654 – MRAX; v. 16.1.1997 – Rs. C-134/95, Slg. 1997 I, 195, 210 – Unitá Socio-Samarita Locale N° 47 di Biella; v. 28.1.1992 – Rs. 392/90, Slg. 1992 I, 341, 356 f. – Steen I. │13 EuGH v. 17.12.1980 – Rs. 149/79, Slg. 1980, 3881, 3900 – Kommission gegen Belgien; v. 3.7.1986 – Rs. 66/85, Slg. 1986, 2121, 2147 – Lawrie-Blum; v. 29.10.1998 – Rs. C-114/97, Slg. 1998 I, 6717, 6742 – Kommission gegen Spanien. Keine Anwendung auf Tätigkeit für private Sicherheits- und Überwachungsunternehmen: EuGH v. 31.5.2001 – Rs. C-283/99, Slg. 2001 I, 4363, 4385 ff. – Kommission gegen Italien. Beschränkte Anwendung auf Kapitäne EuGH v. 30.9.2003 – Rs. C-47/02 und Rs. C-405/01, DVBl. 2004, 182 f. (Rz. 56 ff.) – Anker und DVBl. 2004, 197 (Rz. 37 ff.) – Colegio. Weiterführend Hanau/Steinmeyer/Wank/*Hanau*, HAS, 2002, § 15 Rz. 134 ff.

Verwaltung fällt demnach nicht unter die Ausnahmevorschrift[1]; dies gilt erst Recht für die Beschäftigung bei Verwaltungseinrichtungen, welche kommerzielle Dienstleistungen anbieten, zB im öffentlichen Verkehrswesen, bei Energieversorgern, im Post- und Fernmeldewesen, bei Rundfunk- und Fernsehanstalten und im öffentlichen Gesundheitswesen[2].

24   **2. Ausreise, Einreise und Aufenthalt.** Rechtsfragen der Ausreise, Einreise und des Aufenthalts sind nach der deutschen Rechtsordnung Teilgebiete des öffentlichen Rechts. Da sie aber für die Freizügigkeit von zentraler Bedeutung sind, werden sie hier behandelt. Die Freizügigkeitsrechte werden unter a) und b), die Grenzen unter c) dargestellt.

25   **a) Ausreise aus der Bundesrepublik Deutschland.** Das BVerfG stützt die Ausreise- und Auswanderungsfreiheit auf Art. 2 Abs. 1 GG[3]. Daneben kann sich der Unionsbürger auf Art. 18 Abs. 1 EGV (oben Rz. 3) berufen. Die Ausreisefreiheit wird weiter gewährt in Art. 2 Abs. 1 der EMRK (Vorb. Rz. 2, 7) und in Art. 12 Abs. 2 des Internationalen Pakts über bürgerliche und politische Rechte[4]. Zur Suche, Begründung oder Ausübung eines Arbeitsverhältnisses in einem anderen Mitgliedstaat kann sich der Unionsbürger auf Art. 39 EGV und auf Art. 2 Abs. 1 Satz 1 der Richtlinie 68/360 (oben Rz. 2) stützen.

26   **b) Einreise, Aufenthalt und Verbleib in einem Mitgliedstaat. aa) Einreise und Aufenthalt. (1) Zum Zwecke der Ausübung eines Arbeitsverhältnisses.** Die Einreisefreiheit wird neben Art. 39 EGV auch von Art. 18 Abs. 1 EGV gewährleistet, vgl. dazu aber oben Rz. 3. Im Übrigen wird das allgemeine Recht zur Einreise und zum Aufenthalt in der Bundesrepublik Deutschland vom deutschen Ausländerrecht geregelt, also dem Ausländergesetz, der dazu ergangenen Durchführungsverordnung und dem Asylverfahrensgesetz. Für Unionsbürger, welche nach Deutschland oder in einen anderen Mitgliedstaat zum Zwecke der Suche und Ausübung eines Arbeitsverhältnisses einreisen oder sich dort aufhalten wollen, gelten vorrangig (Vorb. Rz. 27) Art. 39 Abs. 1 und 3 EGV und die Richtlinie 68/360, welche in der Bundesrepublik Deutschland durch das Aufenthaltsgesetz/EWG (oben Rz. 2) umgesetzt wurde. Nach Art. 3 Abs. 1 der Richtlinie hat der Mitgliedstaat einem Unionsbürger die Einreise zu gestatten, wenn dieser einen gültigen Personalausweis oder Reisepass vorlegen kann. Dem Unionsbürger ist gem. Art. 4 der Richtlinie weiter eine „Aufenthaltserlaubnis für Angehörige eines Mitgliedstaats der EWG" zu erteilen, wenn er einen Personalausweis oder Reisepass und die Einstellungserklärung des ArbGeb oder eine Arbeitsbescheinigung vorweisen kann; weitere Dokumente dürfen nicht verlangt werden. Diese Aufenthaltserlaubnis hat nur deklaratorische Wirkung, da der Unionsbürger ein eigenes subjektives Recht auf den Aufenthalt hat; ein solches Recht wird ihm nicht erst durch den Mitgliedstaat verliehen. Nach Art. 6 Abs. 1 b) der Richtlinie muss die Aufenthaltserlaubnis für mindestens fünf Jahre erteilt werden; nach Ablauf dieser Zeit ist sie ohne weiteres zu verlängern. Die Verlängerung darf nicht mit der Begründung abgelehnt werden, sie sei zu spät beantragt worden[5]. Eine kürzere Befristung der Aufenthaltserlaubnis ist nur für ein Arbeitsverhältnis möglich, welches auf mindestens drei Monate und weniger als ein Jahr befristet ist (Abs. 3 Satz 1). Ist das Arbeitsverhältnis auf weniger als drei Monate befristet, benötigt der ArbN keine Aufenthaltserlaubnis (Art. 8 Abs. 1a); dies gilt auch für Grenzgänger (Art. 8 Abs. 1b); vgl. für diese auch Art. 2 Abs. 1c) der VO 1251/70, Rz. 2). Bei vorübergehender Arbeitsunfähigkeit wegen Krankheit oder Unfall darf die Arbeitserlaubnis nicht entzogen werden (Art. 7). Nach § 7a des Aufenthaltsgesetzes/EWG kann die Aufenthaltserlaubnis auch unbefristet erteilt werden.

27   **(2) Zur Stellensuche.** Aus Art. 39 Abs. 3 a) und b) EGV ergibt sich, dass die Freizügigkeit auch einem Unionsbürger zusteht, der sich in einem anderen Mitgliedstaat auf eine Stelle bewerben möchte. Der EuGH hat daraus geschlossen, dass auch der Arbeitsuchende sich auf die Freizügigkeit berufen kann[6]. Dies gilt auch, wenn er in dem Mitgliedstaat erst nach Stellenangeboten suchen will. Darüber hinaus ordnet Art. 5 der VO 1612/68 an, dass ein Staatsangehöriger eines Mitgliedstaats, der in einem anderen Mitgliedstaat eine Beschäftigung sucht, dort die gleiche Hilfe erhalten muss, wie sie ein Einheimischer erhält. Nicht eindeutig geklärt ist, inwieweit das Aufenthaltsrecht des Arbeitsuchenden befristet werden kann. Nach Ansicht des EuGH ist ein sechsmonatiges Aufenthaltsrecht jedenfalls ausreichend. Kann der Betroffene aber nach dieser Frist nachweisen, dass seine Arbeitssuche begründete Aussicht auf Erfolg hat, darf er nicht ausgewiesen werden[7]. Die Stellensuche in anderen Mitglied-

---

1 EuGH v. 3.7.1986 – Rs. 66/85, Slg. 1986, 2121, 2146 f. – Lawrie-Blum (Studienreferendar); v. 27.11.1991 – Rs. C-4/91, Slg. 1991 I, 5627, 5639 f. – Bleis (Lehrer); v. 30.11.2000 – Rs. C-195/98, Slg. 2000 I, 10497, 10548 – ÖGB (Lehrer und Assistenten); v. 30.9.2003 – Rs. C-224/01, NJW 2003, 3539 ff. (Rz. 70 ff.) – Köbler; v. 30.5.1989 – Rs. 33/88, Slg. 1989, 1591, 1609 – Allué I (Fremdsprachenlektor an Universität); v. 28.11.1989 – Rs. 379/87, Slg. 1989, 3967, 3988 ff. – Groener (Fremdsprachenlektor an öffentlicher Bildungseinrichtung); v. 13.7.1993 – Rs. C-42/92, Slg. 1993 I, 4047, 4069 ff. – Tijssen (staatliche Wirtschaftsprüfer); v. 16.6.1987 – Rs. 225/85, Slg. 1987, 2625, 2639 f. – Kommission gegen Italien (Forscher im nationalen Forschungsrat, der nicht mit staatlichen Leitungs- und Beratungsfunktionen betraut war). |2 EuGH v. 2.7.1996 – Rs. C-290/94, Slg. 1996 I, 3285, 3319 ff. – Kommission gegen Griechenland; v. 2.7.1996 – Rs. C-473/93, Slg. 1996 I, 3248, 3277 ff. – Kommission gegen Luxemburg. |3 BVerfG v. 16.1.1957 – Rs. 1 BvR 253/56, BVerfGE 6, 32, 41 f. |4 V. 19.12.1966, BGBl. 1973 II S. 1534. |5 Zum Aufenthaltsrecht nach dem Beschluss 1/80 des Assoziationsrats (oben Rz. 9): EuGH v. 16.3.2000 – Rs. C-329/97, Slg. 2000 I, 1487, 1522 – Ergat. |6 EuGH v. 12.5.1998 – Rs. C-85/96, Slg. 1998 I, 2691, 2719 – Martínez Sala; vgl. auch *Runggaldier*, Rz. 38. Zum Einwand fehlender Vermittelbarkeit auf dem Arbeitsmarkt Hanau/Steinmeyer/Wank/*Hanau*, HAS, 2002, § 15 Rz. 43 ff. |7 EuGH v. 26.2.1991 – Rs. C-292/89, Slg. 1991 I, 745, 779 – Antonissen.

staaten kann auch durch die EURES (European Employment Services) und die sog. Euroberater[1] unterstützt werden.

bb) Verbleiberechte. (1) Arbeitslosigkeit. Nach Art. 7 Abs. 1 der Richtlinie 68/360 darf die Arbeitserlaubnis bei unfreiwilliger[2] Arbeitslosigkeit nicht entzogen werden, wenn die zuständige AA dies ordnungsgemäß bestätigt. Nach Art. 7 Abs. 1 bis 3 der VO 1612/68 genießt der Arbl. die gleichen sozialen Vergünstigungen sowie die gleichen Rechte im Hinblick auf die berufliche Wiedereingliederung und Wiedereinstellung wie Einheimische. Er kann wie diese Berufsschulen und Umschulungszentren in Anspruch nehmen. Voraussetzung ist jedoch, dass der Arbl. tatsächlich von seiner Freizügigkeit Gebrauch gemacht hat und in einem anderen Mitgliedstaat beschäftigt war[3].

(2) Ausscheiden aus dem Arbeitsleben. ArbN, die eine bestimmte Zeit in einem anderen Mitgliedstaat beschäftigt waren, das Rentenbezugsalter erreicht haben oder dauerhaft arbeitsunfähig sind und deshalb aus dem Arbeitsverhältnis ausscheiden, können nach Art. 2 der VO 1251/70 (Rz. 2, vgl. auch § 1 Abs. 1 Nr. 5, 6a Abs. 1, 2, 6 bis 10 Aufenthaltsgesetz/EWG) unter den dort genannten Voraussetzungen in diesem Staat verbleiben, vgl. auch Art. 39 Abs. 3 d) EGV. Die Freizügigkeit aus dem Arbeitsleben ausgeschiedener ArbN wurde durch die Richtlinie 90/365 (Rz. 2) noch erweitert, ua. wurde sie auf Selbständige ausgedehnt. Voraussetzung für ein Aufenthaltsrecht ist danach allerdings, dass der aus dem Erwerbsleben ausgeschiedene ArbN über ausreichende Existenzmittel verfügt (Art. 1 Abs. 1).

c) Vorbehalt der öffentlichen Ordnung, Sicherheit und Gesundheit. Die sich aus Art. 39 Abs. 3 EGV ergebenden Freizügigkeitsrechte stehen unter dem Vorbehalt von Beschränkungen, die aus Gründen der öffentlichen Ordnung, Sicherheit und Gesundheit gerechtfertigt sind. Auf diesen Vorbehalt können sich auch Private berufen[4]. Konkretisiert wurde der Vorbehalt durch die Richtlinie 64/221 (oben Rz. 2), die in Deutschland durch § 12 Aufenthaltsgesetz/EWG umgesetzt wurde. Danach kann aus den genannten Gründen die Einreise sowie die Erteilung oder Verlängerung der Aufenthaltserlaubnis verweigert werden oder die Entfernung aus dem Hoheitsgebiet verfügt werden (Art. 2 Abs. 1 der Richtlinie 64/221). Die Beschränkungen sind allerdings dem Grundsatz der Verhältnismäßigkeit unterworfen[5]. Die Freizügigkeit darf nur beschränkt werden, wenn eine tatsächliche und hinreichend schwere Gefährdung besteht, die ein Grundinteresse der Gesellschaft berührt[6]. Gegen entsprechende Entscheidungen müssen Rechtsbehelfe zur Verfügung stehen; ein abgelehntes Gesuch muss nach angemessener Frist einer erneuten Prüfung unterzogen werden[7].

Aus Gründen der **öffentlichen Gesundheit** können die Beschränkungen ausgeübt werden, wenn eine Krankheit oder ein Gebrechen nach der im Anhang zur Richtlinie 64/221 beigefügten Liste vorliegt. In Deutschland sind Krankheiten und Infektionen mit Krankheitserregern nach §§ 6, 7 Infektionsschutzgesetz maßgeblich[8]. Tritt die Krankheit erst nach der Einreise auf, ist eine Ausweisung oder die Verweigerung der Verlängerung der Aufenthaltserlaubnis unzulässig (Art. 4 Abs. 2).

Beschränkungen zum Schutze der **öffentlichen Sicherheit und Ordnung** sind nur zulässig, wenn die Gefährdung auf das persönliche Verhalten der Person zurückzuführen ist (Art. 3 Abs. 1). Die Begriffe öffentliche Sicherheit und Ordnung sind eng auszulegen; jedoch kommt den Mitgliedstaaten bei der Definition ein Beurteilungsspielraum zu[9]. Die Beschränkung darf nicht auf ein Verhalten gestützt werden, welches der Staat bei Inländern toleriert (zB Prostitution)[10]. Eine strafrechtliche Verurteilung allein rechtfertigt die Beschränkung nicht (Art. 3 Abs. 2). So ist eine auf generalpräventive Argumente (zB bei Rauschgiftdelikten) gestützte Ausweisung unzulässig[11]. Auch die Inanspruchnahme von Sozialhilfe im Aufnahmestaat lässt eine Beschränkung der Freizügigkeit nicht zu[12].

3. Zugang zur Beschäftigung. Nach Art. 1 der VO 1612/68 hat der Unionsbürger ungeachtet seines Wohnorts das Recht, ein Arbeitsverhältnis in einem anderen Mitgliedstaat nach den für die ArbN dieses Staates geltenden Rechts- und Verwaltungsvorschriften aufzunehmen und auszuüben (Abs. 1). Er

---

1 Es handelt sich um ein europäisches Informationsnetz für Fragen der Beschäftigung; im Internet unter http://europa.eu.int/employment_social/elm/eures/. Sog. Euroberater finden sich in Deutschland zB bei der Bundesagentur für Arbeit, bei einzelnen AA, beim DGB usw. | 2 Weiterführend Hanau/Steinmeyer/Wank/*Hanau*, HAS, 2002, § 15 Rz. 53 ff.; EuGH v. 6.11.2003 – Rs. C-413/01, NZA 2004, 87 ff. (Rz. 41 ff.) – Ninni-Orasche. | 3 EuGH v. 26.5.1993, Rs. C-171/91, Slg. 1993 I, 2925, 2956 f. – Tsiotras; v. 4.10.1991 – Rs. C-15/10, Slg. 1991 I, 4655, 4680 f. – Middleburgh. | 4 EuGH v. 15.12.1995 – Rs. C-415/93, Slg. 1995 I, 4921, 5066 – Bosman. | 5 EuGH v. 26.11.2002 – Rs. C-100/01, Slg. 2002 I, 10981, 11015 – Oteiza Olazabal. | 6 EuGH v. 18.5.1989 – Rs. 249/86, Slg. 1989, 1263, 1291 – Kommission gegen Deutschland; v. 9.3.2000 – Rs. C-355/98, Slg. 2000 I, 1221, 1246 – Kommission gegen Belgien. | 7 EuGH v. 17.6.1997 – Rs. C-65/95, Slg. 1997 I, 3343, 3387 ff. – Shingara. | 8 V. 20.7.2000, BGBl. I S. 1045, zuletzt geändert durch Gesetz v. 24.12.2003, BGBl. I S. 2954, (Satorius Nr. 292). Zu den dort genannten Krankheiten gehören gem. § 6 Abs. 1 Satz 1 h) auch die Masern; zu den relevanten Krankheitserregern gehört nach § 7 Abs. 3 Nr. 2 der HI-Virus. Dies ist nach Ansicht von MünchArbR/*Birk*, § 19 Rz. 59 richtlinienwidrig (dazu Vorb. Rz. 14 ff.). | 9 EuGH v. 4.12.1974 – Rs. 41/74, Slg. 1974, 1337, 1350 – van Duyn. | 10 EuGH v. 18.5.1982 – Rs. 115 und 116/81, Slg. 1982, 1665, 1707 – Adoui und Cournaille. | 11 EuGH v. 29.4.2004 – Rs. C-482/01, noch nicht v. Orfanopoulos; v. 10.2.2000 – Rs. C-340/97, Slg. 2000 I, 957, 987 f. – Nazli; v. 19.1.1999 – Rs. C-348/96, Slg. 1999 I, 21, 30 f. – Calfa. | 12 EuGH v. 20.9.2001 – Rs. 184/99, Slg. 2001 I, 6193, 6245 f. – Grzelczyk; Groeben/Thiesing/Ehlermann/*Wölker*, Kommentar zum EU-/EG-Vertrag, Bd. 1, 6. Aufl. 2003, Art. 39 Rz. 134 mwN.

hat insb. mit dem gleichen Vorrang wie inländische Stellenbewerber Anspruch auf Zugang zu den verfügbaren Stellen (Abs. 2). Es handelt sich bei dem Recht auf Zugang zur Beschäftigung um eine besondere Ausprägung des Gleichbehandlungsgrundsatzes. Es lässt sich auf Art. 39 Abs. 2 a) bis c) und 3 EGV stützen; der Vorbehalt der öffentlichen Sicherheit und Ordnung (Rz. 30 ff.) gilt nicht[1]. Auch die mittelbare Diskriminierung (dazu Rz. 40 ff.) ist unzulässig[2]. Für das Zugangsrecht sind im Einzelnen die Art. 2 bis 6 der VO 1612/68 relevant. Insbesondere darf nach Art. 6 Abs. 1 der VO 1612/69 von einem Unionsbürger hinsichtlich des Gesundheitszustandes, des Berufs oder sonstiger Anforderungen nicht mehr verlangt werden als von Inländern.

34 **a) Arbeitserlaubnis.** Zunächst einmal bedarf es für die Aufnahme einer Beschäftigung keiner Arbeitserlaubnis, wie sie von den Angehörigen von Drittstaaten verlangt wird (vgl. § 284 Abs. 1 Satz 2 Nr. 1 SGB III).

35 **b) Sprachkenntnisse.** Erfordert eine bestimmte Beschäftigung allerdings Sprachkenntnisse, sind entsprechende Anforderungen in Rechts- oder Verwaltungsvorschriften oder Verwaltungspraktiken zulässig (Art. 3 Abs. 1 Satz 2 der VO 1612/69)[3]. Der private ArbGeb kann von dem Unionsbürger nur die Sprachkenntnisse verlangen, die er auch von inländischen Stellenbewerbern erwartet. Eine Forderung nach einem speziellen Nachweis, der von ausländischen Unionsbürgern nur unter unverhältnismäßigen Kosten und Mühen erworben werden kann und der zum Nachweis für notwendige Sprachkenntnisse nicht erforderlich ist, darf der ArbGeb nicht stellen[4].

36 **c) Berufliche Qualifikation.** Im Hinblick auf die berufliche Qualifikation kann der ArbGeb grundsätzlich eine im Inland absolvierte Ausbildung verlangen. In einer Reihe von Richtlinien wurden die Mitgliedstaaten jedoch verpflichtet, besondere Regelungen zu schaffen, nach denen in einem anderen Mitgliedstaat erworbene Diplome, Befähigungsnachweise und Prüfungszeugnisse im Inland anzuerkennen sind[5]. Sofern keine Anerkennungsregelungen für bestimmte Qualifikationen bestehen, ist zumindest der Mitgliedstaat verpflichtet, die Gleichwertigkeit eines ausländischen Diploms durch die Behörden prüfen zu lassen, bevor er Sanktionen gegen den ArbN verhängt[6]. Bei objektiver Gleichwertigkeit der Diplome darf der Mitgliedstaat die Anerkennung nicht verweigern[7].

37 **d) Quotenregelungen.** Nach Art. 4 Abs. 1 der VO 1612/68 dürfen in Rechts- und Verwaltungsvorschriften keine Quotenregelungen geschaffen werden, die sich auf den Anteil der Staatsangehörigen anderer Mitgliedstaaten beziehen. Aus diesem Grund dürfen auch Berufssportvereine etwaige Quotenregelungen nicht auf die Angehörigen der Mitgliedstaaten erstrecken[8]. Hängen bestimmte Vergünstigungen vom Anteil inländischer ArbN ab, sind nach Abs. 2 der Regelung die ArbN anderer Mitgliedstaaten zu den inländischen Arbeitnehmen zu rechnen; vgl. auch § 285 Abs. 1 Nr. 2 SGB III.

38 **4. Gleichbehandlung bei der Ausübung der Beschäftigung. a) Allgemeines.** Neben dem allgemeinen Diskriminierungsverbot aus Art. 12 EGV (oben Rz. 3) bestimmt Art. 39 Abs. 2 EGV die Abschaffung jeder auf Staatsangehörigkeit beruhenden unterschiedlichen Behandlung der ArbN in Bezug auf Beschäftigung, Entlohnung oder sonstiger Arbeitsbedingungen. Konkretisiert wird dieses Gleichbehandlungsgebot durch die Art. 7 bis 9 der VO 1612/68.

39 Verstößt eine gesetzliche Norm gegen ein Diskriminierungsverbot, wird sie durch vorrangiges europäisches Recht (Vorb. Rz. 27) ersetzt, dh. die benachteiligte Gruppe wird in die begünstigende Regelung mit-

---

1 Groeben/Thiesing/Ehlermann/*Wölker*, Kommentar zum EU-/EG-Vertrag, Bd. 1, 6. Aufl. 2003, Art. 39 Rz. 122. |2 EuGH v. 7.5.1998 – Rs. 350/96, Slg. 1998 I, 2521, 2529 f., 2546 ff. – Clean Car Autoservice. |3 EuGH v. 28.11.1989 – Rs. 379/87, Slg. 1989, 3967, 3991 ff. – Groener. |4 EuGH v. 6.6.2000 – Rs. 281/98, Slg. 2000 I, 4139, 4173 ff. – Angonese. |5 Richtlinie 89/48 v. 21.12.1988 über eine allgemeine Regelung zur Anerkennung der **Hochschuldiplome, die eine mindestens dreijährige Berufsausbildung** abschließen, ABl. EG 1989 L-19/16; Richtlinie 92/51 v. 18.6.1992 über eine zweite allgemeine Regelung zur Anerkennung **beruflicher Befähigungsnachweise** in Ergänzung zur Richtlinie 89/48, ABl. EG 1992 L-209/25; Richtlinie 95/43 v. 20.7.1995 zur **Änderung** der Anhänge C und D der Richtlinie 92/51, ABl. EG 1995 L-184/21; Richtlinie 97/38 v. 20.7.1997 zur **Änderung** des Anhangs C der Richtlinie 92/51, ABl. EG 1997 L-184/31; Richtlinie 99/42 v. 7.6.1999 über ein Verfahren zur Anerkennung der Befähigungsnachweise für die unter die **Liberalisierungs- und Übergangsrichtlinien** fallende Berufstätigkeit in Ergänzung der allgemeinen Regelung zur Anerkennung der Befähigungsnachweise, ABl. EG 1999 L-201/77; Entscheidung 85/368 v. 16.7.1985 des Rates über die Entsprechungen der beruflichen Befähigungsnachweise zwischen Mitgliedstaaten der EG, ABl. EG 1985 L-199/56; Entschließung des Rates v. 15.7.1996 zur Transparenz auf dem Gebiet der Qualifikationen, ABl. EG 1996 C-224/7. – **Richtlinien für bestimmte Berufsgruppen: Ärzte:** Richtlinie 93/16 v. 5.4.1993, ABl. EG 1993 L-165/1; Richtlinie 97/50 v. 6.10.1997, ABl. EG 1997 L-291/35; Richtlinie 98/21 v. 8.4.1998, ABl. EG 1998 L-119/15; **Zahnärzte:** Richtlinie 78/686 v. 25.7.1978, ABl. EG 1978 L-233/1; **Tierärzte:** Richtlinie 78/1026 v. 18.12.1978, ABl. EG 1978 L-362/1; **Apotheker:** Richtlinie 85/432 v. 16.9.1985, ABl. EG 1985 L-253/34, Richtlinie 85/433, ABl. EG 1985 L-253/37; **Krankenpflegepersonal:** Richtlinie 77/452 v. 27.7.1977, ABl. EG 1977 L-176/1; **Hebammen:** Richtlinie 80/154 v. 21.1.1980, ABl. EG 1980 L-33/1; **Architekten:** Richtlinie 85/384 v. 10.6.1985, ABl. EG 1985 L-223/15. Vgl. auch für **Versicherungsagenten u. -makler:** Richtlinie 77/92 v. 13.12.1976, ABl. EG 1977 L-26/14; **Rechtsanwälte:** Richtlinie 98/5 v. 16.2.1998, ABl. EG 1998 L-77/36. |6 EuGH v. 15.10.1987 – Rs. 222/86, Slg. 1987, 4097, 4116 f. – UNECTEF. |7 EuGH v. 7.5.1992 – Rs. C-104/91, Slg. 1992 I, 3003, 3028 – Borrell (betr. Niederlassungsfreiheit); v. 13.11.2003 – Rs. C-313/01, DVBl. 2004, 305 ff. (Rz. 57 ff.) – Morgenbesser. |8 EuGH v. 15.12.1995 – Rs. C-415/93, Slg. 1995 I, 4921, 5074 – Bosman.

einbezogen. Die Gleichstellung erfolgt grundsätzlich mit Rückwirkung[1]. Verstößt eine Regelung in einem TV[2], einer sonstigen Kollektivvereinbarung oder einem Arbeitsvertrag gegen das Diskriminierungsverbot, sind diese Regelungen gem. Art. 7 Abs. 3 der VO 1612/68 nichtig, dh. die Begünstigung ist auch der benachteiligten Gruppe zu gewähren[3]. Versagt der ArbGeb dem Stellenbewerber aufgrund seiner Staatsangehörigkeit die Einstellung oder versagt er seinem ArbN aus diesem Grund eine Beförderung, kommt ein Entschädigungsanspruch nach den Grundsätzen, die zur Richtlinie 76/207 (vgl. Art. 141 EGV Rz. 52 f, § 611a BGB Rz. 63 ff.) entwickelt wurden, in Betracht[4]; Art. 6 Abs. 1 der VO 1612/68 ist insoweit mit Art. 3 Abs. 1 der Richtlinie 76/207 vergleichbar. In Deutschland wurde die Richtlinie durch § 611a BGB umgesetzt, der daher als Anhaltspunkt dienen kann.

b) Unmittelbare und mittelbare Diskriminierung. aa) Allgemeines. Verboten ist jede unterschiedliche Behandlung, die unmittelbar an die Staatsangehörigkeit anknüpft. Das gilt auch bei vorübergehender Beschäftigung in einem Drittstaat[5]. In ständiger Rspr. geht der EuGH weiter aus, dass auch die mittelbare Diskriminierung grundsätzlich nicht zulässig ist. Sie liegt vor, wenn eine Regelung sich ihrem Wesen nach eher auf Wanderarbeitnehmer als auf inländische ArbN auswirken kann und folglich die Gefahr besteht, dass diese besonders benachteiligt werden[6]. Die mittelbare Diskriminierung kann jedoch unter bestimmten Voraussetzungen gerechtfertigt sein (unten Rz. 42). **40**

Eine mittelbare Diskriminierung liegt nahe, wenn die Regelung eine unterschiedliche Behandlung vorsieht, welche an Umstände anknüpft, die tatsächlich mehr oder minder stets mit einer bestimmten Staatsangehörigkeit einhergehen, zB frühere **Beschäftigungszeiten** in einem bestimmten Mitgliedstaat[7], die Ausstellung von **Personenstandsurkunden** durch einen bestimmten Mitgliedstaat[8], der **Geburtsort**, der **Ort der Eheschließung** oder auch die Zugehörigkeit zu einer bestimmten **Berufsgruppe**[9]. Insbesondere die Wahl des **Wohnsitzes** als Unterscheidungskriterium kann zu mittelbarer Diskriminierung führen[10]. **41**

bb) Rechtfertigung. Zulässig ist eine mittelbare Diskriminierung nur, wenn sie durch objektive, von der Staatsangehörigkeit der betroffenen ArbN unabhängige Erwägungen gerechtfertigt ist und in einem angemessenen Verhältnis zum verfolgten Zweck steht[11]. Als legitimer Zweck kommen beispielsweise die Kohärenz des Steuersystems[12], der Schutz der öffentlichen Gesundheit[13], eine angemessene Bedarfsdeckung im Rahmen des zur Verfügung stehenden Finanzhaushalts[14], nicht aber die leichtere Zustellbarkeit von Bescheiden und die leichtere Vollstreckbarkeit von Strafen[15] oder die leichtere Sicherung eines aktualitätsbezogenen Unterrichts[16] in Betracht. **42**

cc) Anwendungsbereich. Das Diskriminierungsverbot in Art. 39 Abs. 2 EGV erfasst die Bereiche Beschäftigung, Entlohnung und „sonstige Arbeitsbedingungen". Die VO 1612/68 erweitert den Anwendungsbereich auf sämtliche „Beschäftigungs- und Arbeitsbedingungen", insb. die Entlohnung, die Kündigung, die berufliche Wiedereingliederung und die Wiedereinstellung (Art. 7 Abs. 1). Zu den „sonstigen Arbeitsbedingungen" gehören beispielsweise freiwillig gezahlte Trennungsentschädigungen[17], Überbrückungsbeihilfe[18], besonderer Kündigungsschutz[19] sowie die in Fn. 7 zu Rz. 41 genannten Vergünsti- **43**

---

1 Die Ausführungen zu Art. 141 EGV gelten entsprechend, vgl. dort Rz. 33. | 2 EuGH v. 15.1.1998 – Rs. C-15/96, Slg. 1998 I, 47, 70 – Schöning-Kougebetopoulou. | 3 EuGH v. 26.1.1999 – Rs. C-18/95, Slg. 1999 I, 345, 394 – Terhoeve; v. 15.1.1998 – Rs. C-15/96, Slg. 1998 I, 47, 70 – Schöning-Kougebetopoulou. | 4 ErfK/*Wißmann* 20 EGV Art. 39 Rz. 40. | 5 EuGH v. 12.12.1974 – Rs. 36/74, Slg. 1974, 1405, 1420 f. – Walrave. | 6 EuGH v. 12.2.1974 – Rs. 152/73, Slg. 1974, 153, 164 f. – Sotgiu; v. 30.11.2000 – Rs. 195/98, Slg. 2000 I, 10497, 10549 – ÖGB. | 7 EuGH v. 30.11.2000 – Rs. 195/98, Slg. 2000 I, 10497, 10547 ff. – ÖGB (Lohnsteigerung); v. 12.3.1998 – Rs. C-187/96, Slg. 1998 I, 1995, 1115 ff. – Kommission gegen Griechenland (Lohnsteigerung und Dienstalter); v. 15.1.1998 – Rs. C-15/96, Slg. 1998 I, 47, 65 ff. – Schöning-Kougebetopoulou (tarifliche Höhergruppierung); v. 23.2.1992 – Rs. C-419/92, Slg. 1992 I, 505, 519 ff. – Scholz (Punktesystem bei Bewerbung); v. 12.3.1998 – Rs. C-187/96, Slg. 1998 I, 1095, Rs. 21 ff. – Kommission gegen Griechenland (Dienstalter); v. 30.9.2003 – Rs. C-224/01, NJW 2003, 3539 ff. (Rz. 70 ff.) – Köbler (Dienstalter). | 8 EuGH v. 2.12.1997 – Rs. C-336/94, Slg. 1997 I, 6761, 6780 – Dafeki (Altersruhegeld); v. 14.3.2000 – Rs. C-102 und 221/98, Slg. 2000 I, 1287, 1325 ff. – Kocak. | 9 EuGH v. 30.5.1989 – Rs. 33/88, Slg. 1989, 1591, 1610 ff. – Allué I. | 10 EuGH v. 29.10.1998 – Rs. C-114/97, Slg. 1998 I, 6732, 6742 ff. – Kommission gegen Spanien (staatliche Zulassung); v. 14.12.1995 – Rs. C-279/93, Slg. 1995 I, 225, 258 ff. – Schumacker (Ehegattensplitting); v. 14.9.1999 – Rs. 391/97, Slg. 1999 I, 5451, 5483 ff. – Gschwind (Ehegattensplitting); v. 16.5.2000 – Rs. 87/99, Slg. 2000 I, 3337, 2259 ff. – Zurstrassen (Zusammenveranlagung v. Ehegatten); v. 5.3.1998 – Rs. C-160/96, Slg. 1998 I, 843, 882 ff. – Molenaar (Pflegegeld); v. 12.5.1998 – Rs. C-85/96, Slg. 1998 I, 2691, 2716 ff. – Martínez Sala (Erziehungsgeld). | 11 EuGH v. 7.5.1998 – Rs. 350/96, Slg. 1998 I, 2521, 2529 f., 2547. – Clean Car Autoservice; v. 30.11.2000 – Rs. 195/98, Slg. 2000 I, 10497, 10549 – ÖGB. | 12 EuGH v. 28.1.1992 – Rs. C-204/90, Slg. 1992 I, 249, 283 f. – Bachmann; v. 13.11.2003 – Rs. C-209/01, DVBl. 2004, 303 ff. (Rz. 41 ff.) – Schilling. | 13 EuGH v. 10.3.1993 – Rs. C-111/91, Slg. 1993 I, 817, 843 f. – Kommission gegen Luxemburg. | 14 EuGH v. 2.8.1993 – Rs. C-259/91, Slg. 1993 I, 4309, 4334 – Allué II. | 15 EuGH v. 7.5.1998 – Rs. 350/96, Slg. 1998 I, 2521, 2529 f., 2547 ff. – Clean Car Autoservice; v. 26.10.1995 – Rs. C-151/94, Slg. 1995 I, 3685, 3706 – Kommission gegen Luxemburg. | 16 EuGH v. 2.8.1993 – Rs. C-259/91, Slg. 1993 I, 4309, 4334 – Allué II; v. 20.10.1993 – Rs. C-272/92, Slg. 1993 I, 5185, 5207 f. – Spotti. | 17 EuGH v. 12.2.1974 – Rs. 152/73, Slg. 1974, 153, 163 ff. – Sotgiu. | 18 Vgl. Schlussanträge Rs. C-400/02, – Merida. | 19 EuGH v. 13.12.1972 – Rs. 44/72, Slg. 1972, 1243, 1248 f. – Marsman.

gungen. Erfasst sind weiter steuerliche und soziale Vergünstigungen (Art. 7 Abs. 2)[1], die Inanspruchnahme von Berufsschulen und Umschulungszentren (Art. 7 Abs. 3), die Zugehörigkeit zur Gewerkschaft und die Ausübung gewerkschaftlicher Rechte (Art. 8) sowie die Wohnung einschließlich der Erlangung des Eigentums an dieser (Art. 9). Nach Art. 8 Abs. 1 Satz 1 Halbs. 2 der VO 1612/68 kann ein Staatsangehöriger eines anderen Mitgliedstaats allerdings von der Teilnahme an der Verwaltung von Körperschaften des öffentlichen Rechts und der Ausübung eines öffentlich-rechtlichen Amts ausgeschlossen werden[2]. Im Übrigen erfasst das Diskriminierungsverbot auch den Bereich der öffentlichen Verwaltung; die Ausnahmevorschrift des Art. 39 Abs. 4 EGV (oben Rz. 23) findet im Rahmen des Art. 39 Abs. 2 EGV keine Anwendung[3].

44 c) **Inländerdiskriminierung.** Zu einer sog. Inländerdiskriminierung kann es kommen, wenn das Gemeinschaftsrecht ausländischen Wanderarbeitnehmern bestimmte Rechte zuerkennt, welche die Mitgliedstaaten ihren eigenen Staatsangehörigen nicht einräumen, so dass der einheimische ArbN gegenüber dem ausländischen benachteiligt ist. Nach der Rspr. des EuGH kann sich der Betroffene in einer solchen Situation nur auf das Diskriminierungsverbot des Art. 39 Abs. 2 EGV stützen, wenn ein sog. grenzüberschreitender Sachverhalt (oben Rz. 22) vorliegt[4].

45 **5. Beschränkungsverbot.** Der EuGH geht in seiner Rspr. über das Diskriminierungsverbot (Rz. 38 ff.) hinaus. Unwirksam können auch nicht diskriminierende Regelungen sein, die einen Staatsangehörigen eines Mitgliedstaats daran hindern oder davon abhalten, sein Herkunftsland zu verlassen, um von seinem Recht auf Freizügigkeit Gebrauch zu machen[5]. Dies gilt auch, wenn diese Regelungen gleichermaßen für Inländer gelten. Beschränkungsverbote wurden durch die Rspr. des EuGH zunächst für die Warenverkehrsfreiheit (Art. 38 EGV) und die Dienstleistungsfreiheit (Art. 49 EGV) entwickelt[6]. Eine beschränkende Regelung ist zulässig, wenn sie dem Schutz von Allgemeinwohlinteressen dient und dem Verhältnismäßigkeitsgrundsatz entspricht[7]. Eine Beschränkung kann daher gerechtfertigt sein, wenn sie dem ArbN-Schutz dient[8], dh. wenn sie den ArbN einen tatsächlichen Vorteil verschafft, der deutlich zu ihrem sozialen Schutz beiträgt[9]. Ungeklärt ist, ob bzw. inwieweit eine horizontale Direktwirkung (oben Rz. 1, 20) des Beschränkungsverbots besteht[10] und ob bzw. inwieweit bloße Modalitäten der Leistungserbringung dem Beschränkungsverbot unterfallen[11].

46 Wie weitgehend die vom EuGH zu diesen Grundfreiheiten aufgestellten Grundsätze auf die Freizügigkeit übertragbar sind, ist noch weitgehend offen[12]. Im Fall Bosmann[13] hat der EuGH eine Transferregelung für unzulässig erklärt, welche den Vereins- und Landeswechsel für Fußballspieler nach Ablauf ihres Vertrages erschwerte[14]. Damit stellt sich grundsätzlich die Frage, ob und inwieweit Regelungen, die eine Bindung des ArbN an den Arbeitsvertrag über längere Dauer hinweg bezwecken - insb. durch Vertragsstrafen (vgl. auch § 309 Nr. 6 BGB Rz. 8 f.) - mit Art. 39 EGV vereinbar sind. Aber auch Vorschriften, die an die Beendigung des Vertrages durch den ArbN anderweitige Nachteile knüpfen (Verlust von Anwartschaften bei der betrAV, Ansprüche des ArbGeb auf Rückzahlung von Aus- und Weiter-

---

1 Vgl. Fn. 10 zu Rz. 41. Weiter EuGH v. 30.9.1975 – Rs. C-32/75, Slg. 1975, 1085, 1095 – Cristini (Fahrpreisermäßigungen); v. 10.3.1993 – Rs. C-111/91, Slg. 1993 I, 817, 843 ff. – Kommission gegen Luxemburg (Leistung anlässlich Geburt); v. 8.6.1999 – Rs. C-337/9, Slg. 1999 I, 3289, 3312 – Meeusen (Studienfinanzierung); v. 20.9.2001 – Rs. 184/99, Slg. 2001 I, 6193, 6241 ff. – Grzelczyk (Sozialhilfe); v. 12.9.2002 – Rs. C-431/01, Slg. 2002 I, 7075, 7082 ff. – Mertens (direkte Steuern). Weiterführend Hanau/Steinmeyer/Wank/*Hanau*, HAS, 2002, § 15 Rz. 175 ff. |2 Dazu ErfK/*Wißmann*, 20 EGV Art. 39 Rz. 39. |3 Hanau/Steinmeyer/Wank/*Hanau*, HAS, 2002, § 15 Rz. 144 ff. |4 EuGH v. 7.7.1992 – Rs. C-370/90, Slg. 1992 I, 4265, 4294 f. – Singh; v. 2.7.1998 – Rs. C-22/95, Slg. 1998 I, 4239, 4250 – Kapasakalis; v. 11.10.2001 – Rs. C-95/99, Slg. 2001 I, 7413, 7462 – Kahil. |5 EuGH v. 15.12.1995 – Rs. C-415/93, Slg. 1995 I, 4921, 5069 – Bosman; v. 27.1.2000 – Rs. C-190/98, Slg. 2000 I, 493, 521 f. – Graf.; v. 2.10.2003 – Rs. C-232/01, noch nv. (Rz. 16) – van Lent; v. 12.12.2002 – Rs. C-385/00, Slg. 2002 I, 11819 (Rz. 78) – de Groot; v. 23.9.2003 – Rs. C-109/01, DVBl. 2004, 176 ff. (Rz. 54) – Akrich; v. 18.1.2001 – Rs. C-162/99, Slg. 2001 I, 541, 567 – Kommission gegen Italien (betr. Niederlassungsfreiheit u. Wohnsitzerfordernis); v. 13.11.2003 – Rs. C-153/02, EuZW 2004, 120 ff. (Rz. 41 ff.) – Neri (betr. Niederlassungsfreiheit). Zur Dienstleistungsfreiheit (Art. 49 EGV): EuGH v. 15.3.2001 – Rs. C-165/98, Slg. 2001 I, 2189, 2221 – Mazzoleni; v. 24.1.2002 – Rs. C-164/99, Slg. 2002 I, 787, 812 – Portugaia Construções; *Heyer* S. 193 ff. |6 *Grabitz/Hilf-Randelzhofer/Forsthoff*, Das Recht der EU, Bd. 1, Vor Art. 39–55 EGV, Stand 5/01, Rz. 86 ff.; Art. 39 EGV, Stand 5/01, Rz. 164 ff. |7 EuGH v. 24.11.1993 – Rs. C-267 und 268/91, Slg. 1993 I, 6097, 6131 – Keck. Zur Dienstleistungsfreiheit (Art. 49 EGV): EuGH v. 20.2.2001 – Rs. C-205/99, Slg. 2001 I, 1271, 1311 – Analir; v. 15.3.2001 – Rs. C-165/98, Slg. 2001 I, 2189, 2221 – Mazzoleni; v. 11.12.2003 – Rs. C-215/01, NJW 2004, 435 ff. (Rz. 35 ff.) – Schnitzer. |8 Zur Dienstleistungsfreiheit (Art. 49 EGV): EuGH v. 23.11.1999 – Rs. C-369/96, Slg. 1999 I, 8453, 8514 – Arblade; v. 15.3.2001 – Rs. C-165/98, Slg. 2001 I, 2189, 2222 – Mazzoleni; v. 24.1.2002 – Rs. C-164/99, Slg. 2002 I, 787, 813 – Portugaia Construções. |9 Zur Dienstleistungsfreiheit (Art. 49 EGV): EuGH v. 24.1.2002 – Rs. C-164/99, Slg. 2002 I, 787, 815 – Portugaia Construções; v. 25.10.2001 – Rs. C-49, 50, 52–54, 68–71/98, Slg. 2001, 7831, 7901 – Finalarte. |10 Weiterführend Hanau/Steinmeyer/Wank/*Hanau*, HAS, 2002, § 15 Rz. 252 f. |11 *Rieble/Lessner*, ZfA 2002, 29, 58 mwN. |12 Ausf. *Grabitz/Hilf-Randelzhofer/Forsthoff*, Das Recht der EU, Bd. 1, Art. 39 EGV, Stand 5/01, Rz. 164 ff. |13 *Parpart*, Die unmittelbare Bindung Privater an die Personenverkehrsfreiheit, 2003. |13 EuGH v. 15.12.1995 – Rs. C-415/93, Slg. 1995 I, 4921, 5069 ff.; v. 13.4.2000 – Rs. C-176/96, Slg. 2000 I, 2681, 2732 – Lehtonen; BAG v. 20.11.1996 AP Nr. 12 zu § 611 BGB – Berufssport. Vgl. auch BGH v. 27.9.1999 – II ZR 305/98, BGHZ 142, 304, 314 f.; v. 25.9.1999 – II ZR 377/98, AP Nr. 114 zu Art. 12 GG. |14 Ebenso bzgl. Transferzeiten EuGH v. 13.4.2000, Rs. C-190/98, Slg. 2000 I, 2681, 2728 ff. – Lehtonen.

bildungskosten), könnten betroffen sein. Für den Verlust einer Abfindung bei arbeitnehmerseitiger Kündigung hat der EuGH keinen Verstoß gegen Art. 39 EGV angenommen[1].

Gegen das Verbot der Beschränkung der Dienstleistungsfreiheit (Art. 49 EGV) können auch nationale Regelungen verstoßen, welche aus dem Ausland entsandten ausländischen ArbN günstigere inländische Arbeitsbedingungen (zB Mindestlohn) gewähren, da hierdurch die wirtschaftliche Attraktivität der Entsendung für den ausländischen ArbGeb sinkt[2]; ebenso verstößt es gegen die Dienstleistungsfreiheit, wenn inländische ArbGeb den in einem allgemeinverbindlich erklärten TV festgesetzten Mindestlohn durch den Abschluss eines FirmenTV unterschreiten können, während dies einem ArbGeb, der in einem anderen Mitgliedstaat ansässig ist, nicht möglich ist[3]. Vgl. ingesamt die Kommentierung zum AEntG Vorb. Rz. 7 ff.

Art. 141 [Gleiches Entgelt für Männer und Frauen]

(1) Jeder Mitgliedstaat stellt die Anwendung des Grundsatzes des gleichen Entgelts für Männer und Frauen bei gleicher oder gleichwertiger Arbeit sicher.

(2) Unter „Entgelt" im Sinne dieses Artikels sind die üblichen Grund- oder Mindestlöhne und -gehälter sowie alle sonstigen Vergütungen zu verstehen, die der Arbeitgeber aufgrund des Dienstverhältnisses dem Arbeitnehmer unmittelbar oder mittelbar in bar oder in Sachleistungen zahlt.
Gleichheit des Arbeitsentgelts ohne Diskriminierung aufgrund des Geschlechts bedeutet,

a) dass das Entgelt für eine gleiche nach Akkord bezahlte Arbeit aufgrund der gleichen Maßeinheit festgesetzt wird,

b) dass für eine nach Zeit bezahlte Arbeit das Entgelt bei gleichem Arbeitsplatz gleich ist.

(3) Der Rat beschließt gemäß dem Verfahren des Artikels 251 und nach Anhörung des Wirtschafts- und Sozialausschusses Maßnahmen zur Gewährleistung der Anwendung des Grundsatzes der Chancengleichheit und der Gleichbehandlung von Männern und Frauen in Arbeits- und Beschäftigungsfragen, einschließlich des Grundsatzes des gleichen Entgelts bei gleicher oder gleichwertiger Arbeit.

(4) Im Hinblick auf die effektive Gewährleistung der vollen Gleichstellung von Männern und Frauen im Arbeitsleben hindert der Grundsatz der Gleichbehandlung die Mitgliedstaaten nicht daran, zur Erleichterung der Berufstätigkeit des unterrepräsentierten Geschlechts oder zur Verhinderung bzw. zum Ausgleich von Benachteiligungen in der beruflichen Laufbahn spezifische Vergünstigungen beizubehalten oder zu beschließen.

I. Allgemeines 1	aa) Allgemeines 33
1. Normzweck 1	bb) Betriebliche Altersversorgung 34
2. Sekundärrecht 2	(1) Allgemeines 34
3. Verhältnis zum nationalen Recht 3	(2) Zugang zu einem System der betrieblichen Altersversorgung 35
II. Grundsatz der Entgeltgleichheit (Art. 141 Abs. 1 und 2 EGV) 4	(3) Sonstige Regelungen zu den Modalitäten der Leistung aus der betrieblichen Altersversorgung 36
1. Allgemeines 4	III. Chancengleichheit und Gleichbehandlung in (sonstigen) Arbeits- und Beschäftigungsfragen (Art. 141 Abs. 3 EGV) 37
2. Persönlicher Anwendungsbereich 5	
a) Berechtigte 5	
b) Verpflichtete 6	
3. Räumlicher Anwendungsbereich 7	1. Allgemeines; Richtlinie 76/207 37
4. Sachlicher Anwendungsbereich 8	2. Persönlicher Anwendungsbereich 41
a) Allgemeines 8	3. Räumlicher Anwendungsbereich 42
b) Einzelfälle 9	4. Sachlicher Anwendungsbereich 43
c) Leistungen im Rahmen der Altersversorgung 10	5. Diskriminierung 45
aa) Gesetzliche Rentenversicherung . . 10	a) Allgemeines 45
bb) Beamtenversorgung 10	b) Geschlecht als „echte" Voraussetzung . . 48
cc) Betriebliche Altersversorgung . . . 11	c) Vorschriften zum Schutz der Frau . . . 49
(1) Beiträge 11	d) Maßnahmen zur Förderung der Chancengleichheit 50
(2) Leistungen 14	6. Beweislast 51
d) Gleiche oder gleichwertige Arbeit . . . 16	7. Rechtsfolgen 52
5. Diskriminierung 22	IV. Positive Diskriminierung (Art. 141 Abs. 4 EGV) . 54
a) Allgemeines 22	V. Exkurs: Verbot der Diskriminierung aufgrund der Rasse, der ethnischen Herkunft, der Religion, der Weltanschauung, einer Behinderung, des Alters oder der sexuellen Ausrichtung 56
b) Unmittelbare Diskriminierung 23	
c) Mittelbare Diskriminierung 24	
d) Beweislast 28	
6. Rechtsfolge eines Verstoßes 29	1. Allgemeines 56
a) Allgemeines 29	2. Richtlinie 2000/43 58
b) Gleichheit des Entgelts 32	3. Richtlinie 2000/78 63
c) Rückwirkung der Entscheidung 33	

---

1 EuGH v. 27.1.2000 – Rs. C-190/98, Slg. 2000 I, 493, 523 f. – Graf. | 2 EuGH v. 24.1.2002 – Rs. C-164/99, Slg. 2002 I, 787, 812 – Portugaia Construções; v. 25.10.2001 – Rs. C-49, 50, 52–54, 68–71/98, Slg. 2001, 7831, 7900 ff. – Finalarte. | 3 EuGH v. 24.1.2002 – Rs. C-164/99, Slg. 2002 I, 787, 817 – Portugaia Construções.

EGV Art. 141 Rz. 1   Gleiches Entgelt für Männer und Frauen

Lit.: *Appel u.a.*, Handbuch zur Gleichstellung der Geschlechter im Arbeitsrecht – Gesetzliche Grundlagen, Praxisbeispiele, Handlungsmöglichkeiten, 1998; *Birk*, Arbeitsrechtliche Regelungen der Europäischen Union (§ 19 V.), in: Münchener Handbuch zum Arbeitsrecht, Bd. 1, 2. Aufl. 2000; *C. Blomeyer*, Das Verbot der mittelbaren Diskriminierung gemäß Art. 119 EGV, 1994; *Döse*, Frauenarbeit in Europa und Gemeinschaftsrecht, 2000; *Eichinger*, Grundsatz der Gleichbehandlung hinsichtlich des Zugangs zur Beschäftigung, zur Berufsausbildung und zum beruflichen Aufstieg sowie in Bezug auf die Arbeitsbedingungen, in: Oetker/Preis, Europäisches Arbeits- und Sozialrecht (EAS) B 4200, Stand: 1/99; *Feldhoff*, Der Anspruch auf gleichen Lohn für gleichwertige Arbeit, 1998; *Fuchsloch*, Das Verbot der mittelbaren Geschlechterdiskriminierung, 1994; *Göddeke*, Die mittelbare Diskriminierung im System der Gleichbehandlung, 1997; *Hartmann*, Gleichbehandlung und Tarifautonomie: Zur Ermittlung der Rechtsfolgen bei Gleichheitsverstößen in Tarifverträgen, 1993; *Kandler*, Sanktionsregelungen für Verstöße gegen die EG-Gleichbehandlungsrichtlinie, 2003; *Kister*, Entschädigung und geschlechtsbedingte Diskriminierung bei der Begründung eines Arbeitsverhältnisses, 2000; *Liu*, Arbeitsrechtliche Diskriminierung durch Arbeitnehmer, 2002; *Meyer*, Das Diskriminierungsverbot des Gemeinschaftsrechts als Grundsatznorm und Gleichheitsrecht, 2002; *Nishihara*, Das Recht auf geschlechtsneutrale Behandlung nach dem EGV und GG, 2002; *van Overbeek*, Handbuch zur Gleichbehandlung von Männern und Frauen in der Europäischen Gemeinschaft, 1995; *Pfarr*, Gleichbehandlung von Männern und Frauen im Arbeitsverhältnis, AR-Blattei SD 800.2, Stand 7/2000; *Plötscher*, Der Begriff der Diskriminierung im Europäischen Gemeinschaftsrecht, 2003; *Preis/Mallosek*, Überblick über das Recht der Gleichbehandlung von Männern und Frauen im Gemeinschaftsrecht, in: Oetker/Preis, Europäisches Arbeits- und Sozialrecht (EAS) B 4000, Stand: 12/1995; *Schiek*, Differenzierte Gerechtigkeit, 2000; *Schlachter*, Grundsatz des gleichen Entgelts nach Art. 119 EG-Vertrag und der Richtlinie 75/117/EWG, in: Oetker/Preis, Europäisches Arbeits- und Sozialrecht (EAS) B 4100, Stand: 4/1998; *M. Schmidt*, Teilzeitarbeit in Europa, 1995; *dies.*, Das Arbeitsrecht der Europäischen Gemeinschaft, 2001; *Scholz*, Lohngleichheit durch Verfahren, 2000; *Westenberger*, Die Entschädigungs- und Beweislastregeln des § 611a BGB im Lichte des deutschen und des europäischen Rechts, 2001; *Wiedemann*, Die Gleichbehandlungsgebote im Arbeitsrecht, 2001; *Winter*, Gleiches Entgelt für gleichwertige Arbeit, 1998; *Wisskirchen*, Mittelbare Diskriminierung von Frauen im Erwerbsleben, 1994.

1   **I. Allgemeines. 1. Normzweck.** Art. 141 EGV normiert das Gebot der Gleichbehandlung von Männern und Frauen im Arbeitsleben. Demgegenüber enthielt die Vorgängernorm (Art. 119 EGV aF) lediglich ein Verbot der Ungleichbehandlung bei der Entlohnung. Der Grundsatz der Gleichbehandlung von Mann und Frau ist auch in Art. 23 der Charta der Grundrechte[1] normiert worden; schon vor deren Schaffung gehörte er zu den Grundrechten der Gemeinschaft[2]. Die umfangreiche Rspr. des EuGH zu den Fragen der Diskriminierung aufgrund des Geschlechts wird für die sich entwickelnde Rechtslage zu sonstigen Diskriminierungsverboten (unten Exkurs Rz. 56 ff.) als Vorbild dienen.

Art. 141 Abs. 3 EGV enthält eine Ermächtigungsgrundlage für den Rat, weitere Maßnahmen zur Gewährleistung des Gleichbehandlungsgrundsatzes im Arbeitsleben zu treffen. Abs. 4 der Norm stellt eine Öffnungsklausel dar, nach der die Mitgliedstaaten diskriminierende Regelungen schaffen können, um der Benachteiligung eines Geschlechts entgegenzuwirken.

2   **2. Sekundärrecht.** Zum Sekundärrecht gehören die Richtlinie 75/117 zur Lohngleichheit[3], die Richtlinie 76/207 zur Verwirklichung der Gleichbehandlung im Arbeitsleben[4], welche durch die Richtlinie 2002/73 geändert wurde[5], die Richtlinie 97/80 zur Beweislast[6] sowie die Richtlinien 86/378 und 96/97 betreffend die Betriebspensionen[7]. Diese Richtlinien werden sozialrechtlich flankiert durch die Richtlinie 79/7[8]. Daneben wurden spezielle Richtlinien über den Elternurlaub[9] und für Selbständige[10] geschaffen.

3   **3. Verhältnis zum nationalen Recht.** Art. 141 EGV genießt Vorrang vor nationalem Recht (Vorb. Rz. 27). Nationales Recht ist also iS dieser Vorschrift auszulegen. Steht die nationale Norm nicht mit Art. 141 EGV in Einklang, ist sie nicht anzuwenden[11]. Das gilt auch für Normen eines TV[12].

---

1 V. 7.12.2000, ABl. EG 2000, C-364/1; dazu Vorb. Rz. 7. Vgl. zudem Art. 16 der Gemeinschaftscharta der sozialen Grundrechte der Arbeitnehmer v. 9.12.1989, Vorentwurf Kom/89/248 endg. | 2 Vgl. EuGH v. 8.4.1976 – Rs. 43/75, Slg. 1976, 455, 473 (Rz. 12) – Defrenne II. | 3 Richtlinie v. 10.2.1975 zur Angleichung der Rechtsvorschriften der Mitgliedstaaten über die Anwendung des Grundsatzes des gleichen Entgelts für Frauen und Männer, ABl. EG 1975 L-45/19. | 4 Richtlinie v. 9.2.1976 zur Verwirklichung des Grundsatzes der Gleichbehandlung von Frauen und Männern hinsichtlich des Zugangs zur Beschäftigung, zur Berufsbildung und zum beruflichen Aufstieg sowie in Bezug auf die Arbeitsbedingungen, ABl. EG 1976 L-39/40. | 5 Richtlinie v. 23.9.2002 zur Änderung der Richtlinie 76/207, ABl. EG 2002 L-269/15. | 6 Richtlinie v. 15.12.1997 über die Beweislast bei Diskriminierung aufgrund des Geschlechts, ABl. EG 1998 L-14/6. | 7 Richtlinie 86/378 v. 24.7.1986 zur Verwirklichung des Grundsatzes der Gleichbehandlung von Männern und Frauen bei betrieblichen Systemen der sozialen Sicherheit, ABl. EG 1986 L-225/40, und Richtlinie 96/97 v. 20.12.1996 zur Änderung der Richtlinie 86/378, ABl. EG 1997 L-46/20. | 8 Richtlinie v. 19.12.1978 zur schrittweisen Verwirklichung des Grundsatzes der Gleichbehandlung von Männern und Frauen im Bereich der sozialen Sicherheit, ABl. EG 1979 L-6/24. | 9 Richtlinie v. 3.6.1996 zu der von UNICE, CEEP und EGB geschlossenen Rahmenvereinbarung über Elternurlaub, ABl. EG 1996 L-145/4. | 10 Richtlinie v. 11.12.1986 zur Verwirklichung des Grundsatzes der *Gleichstellung von Männern und Frauen die eine selbständige Erwerbstätigkeit – auch in der Landwirtschaft –* ausüben, sowie über den Mutterschutz, ABl. EG 1986 L-359/56. | 11 EuGH v. 7.2.1991 – Rs. 184/89, Slg. 1991 I, 297, 320 f. – Nimz; BAG v. 23.9.1992 – 4 AZR 30/92, AP Nr. 1 zu § 612 BGB – Diskriminierung. | 12 EuGH v. 7.2.1991 – Rs. 184/89, Slg. 1991 I, 297, 320 f. – Nimz.

II. Grundsatz der Entgeltgleichheit (Art. 141 Abs. 1 und 2 EGV). 1. Allgemeines. Art. 141 Abs. 1 und 2 EGV hat unmittelbare, auch horizontale Wirkung, dh. der Betroffene kann sich nicht nur unmittelbar gegenüber dem Staat, sondern auch gegenüber einem Privaten auf die Norm berufen (sog. horizontale Direktwirkung)[1]. Der ArbN kann also auf Grundlage des Grundsatzes der Entgeltgleichheit gegenüber dem öffentlichen und dem privaten ArbGeb seinen Anspruch[2] auf Gleichbehandlung vor den nationalen Gerichten geltend machen. Sekundärrechtlich wird der Grundsatz der Entgeltgleichheit durch die Richtlinie 75/117 (Rz. 2) konkretisiert, welche in Deutschland durch § 612 Abs. 3 BGB umgesetzt wurde (vgl. § 612 BGB Rz. 48 ff.).

2. Persönlicher Anwendungsbereich. a) Berechtigte. Auf das Recht zur Gleichbehandlung können sich ArbN berufen. Auch wenn der EuGH im Grundsatz davon ausgeht, dass es europarechtlich keinen einheitlichen ArbN-Begriff gebe[3], kann auf die Darstellung zur Freizügigkeit verwiesen werden (Art. 39 EGV Rz. 13 ff.), zumal auch dort teilweise auf Ausführungen des EuGH zurückgegriffen wurde, die sich auf die Gleichbehandlung der Geschlechter bezogen. Berechtigt kann auch ein Dritter sein, insb. wenn er Empfänger des Entgelts ist, zB die Witwe im Rahmen der Hinterbliebenenversorgung[4].

b) Verpflichtete. Das Gleichbehandlungsgebot verpflichtet die Mitgliedstaaten, die öffentlichen und die privaten ArbGeb (oben Rz. 4). Zur Beachtung des Gleichbehandlungsgrundsatzes sind auch die TV-Parteien verpflichtet[5]. Bei einem Verstoß einer Tarifnorm gegen das Gleichbehandlungsgebot ist aber der jeweilige ArbGeb zur Entgeltzahlung usw. verpflichtet. Da Art. 141 Abs. 2 Satz 1 EGV auch „mittelbare" Arbeitsentgelte erfasst, findet der Gleichbehandlungsgrundsatz auch Anwendung, wenn die Leistung von einem Dritten (zB im Rahmen der betrieblichen Altersversorgung) gezahlt wird. Zur Zahlung verpflichtet ist aber auch in diesem Fall der ArbGeb[6]; dies legt der Wortlaut der Norm nahe, nach dem von Entgelten die Rede ist, die „der ArbGeb" zahlt. Nimmt der Dritte jedoch eine „Treuhänderfunktion" für den ArbGeb wahr, ist er selbst zur Zahlung verpflichtet[7]. Keine Anwendung findet der Gleichbehandlungsgrundsatz, wenn Arbeitsverhältnisse zu zwei unterschiedlichen ArbGeb miteinander verglichen werden[8].

3. Räumlicher Anwendungsbereich. Für den räumlichen Anwendungsbereich gelten die zu Art. 39 EGV dargestellten Grundsätze (dort Rz. 21)[9].

4. Sachlicher Anwendungsbereich. a) Allgemeines. Der Begriff des Entgelts wird in Art. 141 Abs. 2 Satz 1 EGV näher bestimmt. Insbesondere aufgrund der Formulierung „sowie alle sonstigen Vergütungen" ist der Begriff weit; zusätzlich ist er nach der Rspr. des EuGH extensiv auszulegen. Gleichgültig ist es, ob die Leistung aufgrund vertraglicher oder gesetzlicher Grundlage erfolgt oder ob sie freiwillig erbracht wird[10]. Der Grundsatz des gleichen Entgelts gilt für jeden einzelnen Entgeltbestandteil[11].

b) Einzelfälle. Unter den Entgeltbegriff fallen neben den in der Norm genannten „üblichen Grund- oder Mindestlöhne und -gehälter(n)" beispielsweise: Stück- oder Ergebnislöhne[12], der dienstalterabhängige Aufstieg in eine höhere **Vergütungsgruppe**[13], Weihnachts**gratifikationen**[14], **Zulagen**[15], zB für ungünstige Arbeitszeiten[16], **Vergünstigungen** im Reiseverkehr[17] und bei der Nutzung von Betriebseinrichtungen[18], **Entgeltfortzahlung** bei Krankheit[19], **bezahlte Freistellung** wegen der Teilnahme an Schulungsveranstaltungen durch den BR[20], Leistungen während[21] bzw. wegen[22] des Mut-

---

1 EuGH v. 8.4.1976 – Rs. 43/75, Slg. 1976, 455, 472 ff. – Defrenne II. Einschr. *Calliess/Ruffert-Krebber*, EU-Vertrag und EG-Vertrag, 2. Aufl. 2002, Art. 141 Rz. 5 f. mwN. | 2 EuGH v. 7.2.1991 – Rs. 184/89, Slg. 1991 I, 297, 320 – Nimz. | 3 EuGH v. 12.5.1998 – Rs. C-85/96, Slg. 1998 I, 2691, 2719 – Martínez Sala | 4 EuGH v. 9.10.2001 – Rs. C-379/99, Slg. 2001 I, 7275, 7297 – Menauer; v. 6.10.1993 – Rs. C-19/91, Slg. 1993 I, 4879, 4944 – Ten Oever; v. 17.4.1997 – Rs. C-147/95, Slg. 1997 I, 2057, 2081 – Evrenopoulos; v. 7.1.2004 – Rs. C-117/01, NJW 2004, 1440 f. (Rz. 26 f.) – K. B. | 5 EuGH v. 7.2.1991 – Rs. 184/89, Slg. 1991 I, 297, 321 – Nimz. | 6 So auch *Schlachter*, Rz. 24. | 7 EuGH v. 9.10.2001 – Rs. C-379/99, Slg. 2001 I, 7275, 7297 ff. – Menauer; v. 28.9.1994 – Rs. C-200/91, Slg. 1994 I, 4389, 4411 f. – Coloroll; v. 28.9.1994 – Rs. C-128/93, Slg. 1994 I, 4583, 4597 – Fisscher. | 8 EuGH v. 13.1.2004 – Rs. C-256/01, NZA 2004, 201 ff. (Rz. 41 ff.) – Allonby (betr. leiharbeitsähnliches Verhältnis); v. 17.9.2002 – Rs. C-320/00, Slg. 2002 I, 7325, 7353 f. – Laurence; BAG v. 3.4.2003 – 6 AZR 633/01, AP Nr. 185 zu § 242 BGB – Gleichbehandlung. | 9 Weiterführend Calliess/Ruffert/*Krebber*, EU-Vertrag und EG-Vertrag, 2. Aufl. 2002, Art. 141 Rz. 19 ff. | 10 EuGH v. 17.5.1990 – Rs. C-262/88, Slg. 1990 I, 1889, 1950 – Barber; v. 6.2.1996 – Rs. C-457/93, Slg. 1996 I, 243, 266 – Lewark; v. 7.3.1996 – Rs. C-278/93, Slg. 1996 I, 1165, 1189 – Freers; v. 21.10.1999 – Rs. 333/97, Slg. 1999 I, 7243, 7278 – Lewen. | 11 EuGH v. 30.3.2000 – Rs. C-236/98, Slg. 2000 I, 2189, 2220 – JämO; v. 26.6.2001 – Rs. C-381/99, Slg. 2001 I, 4961, 4990 – Brunnhofer. | 12 EuGH v. 31.5.1995 – Rs. C-400/93, Slg. 1995 I, 1275, 1303 – Royal Copenhagen. | 13 EuGH v. 7.2.1991 – Rs. 184/89, Slg. 1991 I, 297, 318 – Nimz. | 14 EuGH v. 21.10.1999 – Rs. 333/97, Slg. 1999 I, 7243, 7278 – Lewen; v. 9.9.1999 – Rs. C-281/97, Slg. 1999 I, 5127, 5146 – Krüger. | 15 EuGH v. 26.6.2001 – Rs. C-381/99, Slg. 2001 I, 4961, 4990 – Brunnhofer. | 16 EuGH v. 30.3.2000 – Rs. C-236/98, Slg. 2000 I, 2189, 2219 – JämO. | 17 EuGH v. 9.2.1982 – Rs. 12/81, Slg. 1982, 359, 370 – Garland. | 18 EuGH v. 17.2.1998 – Rs. C-249/96, Slg. 1998 I, 621, 643 – Grant. | 19 EuGH v. 13.7.1989 – Rs. 171/88, Slg. 1989, 2743, 2759 – Rinner-Kühn; v. 19.11.1998 – Rs. C-66/96, Slg. 1998, 7327, 7369 – Høj Pedersen (Krankheit und Schwangerschaft). | 20 EuGH v. 4.6.1992 – Rs. C-360/90, Slg. 1992 I, 3589, 3611 f. – Bötel; v. 6.2.1996 – Rs. C-457/93, Slg. 1996 I, 243, 267 – Lewark. Für Personalrat: EuGH v. 7.3.1996 – Rs. C-278/93, Slg. 1996 I, 1165, 1190 – Freers. Zur Rechtfertigung einer solchen Ungleichbehandlung: BAG v. 5.3.1997 – 7 AZR 581/92 – AP Nr. 123 zu § 37 BetrVG 1972; *Schlachter*, Rz. 21 ff. | 21 EuGH v. 13.2.1996 – Rs. C-342/93, Slg. 1996 I, 475, 499 – Gillespie; v. 27.10.1998 – Rs. C-411/96, Slg. 1998 I, 6401, 6453 – Boyle. | 22 EuGH v. 16.9.1999 – Rs. C-218/98, Slg. 1999 I, 5723, 5747 – Abdoulaye.

terschaftsurlaubs, Entlassungsentschädigungen[1], **Abfindungen**[2], **Übergangsgeld**[3] und **Überbrückungsrenten**[4].

10 c) **Leistungen im Rahmen der Altersversorgung.** Nach der Rspr. des EuGH ist zwischen Sozial- und Betriebsrenten zu unterscheiden. **aa) Gesetzliche RV:** Nicht unter den Entgeltbegriff fallen die Beiträge zur und die Leistungen aus der gesetzlichen RV, da diese nicht „aufgrund des Dienstverhältnisses" anfallen, sondern auf gesetzlichen Grundlagen beruhen, welche von sozialpolitischen Erwägungen des Staates bestimmt werden[5]. **bb) Beamtenversorgung:** Beamtenpensionen fallen dagegen unter bestimmten Voraussetzungen unter den Entgeltbegriff, da der Staat als ArbGeb auftritt[6].

11 cc) **Betriebliche Altersversorgung.** Zu den Beiträgen zur und den Leistungen aus der betrAV besteht eine umfangreiche Rspr. des EuGH. **(1) Beiträge.** Die Beiträge zur betrAV sind Entgelt iSd. Art. 141 EGV[7]. Auf die Art der betrAV (Direktzusage, Direktversicherung, Pensionskasse usw.) kommt es nicht an. Die rechtliche Grundlage (Arbeitsvertrag, BV, freiwillige Leistung des ArbGeb usw.) ist gleichgültig; unschädlich ist es auch, wenn die Modalitäten durch gesetzliche Vorschriften geregelt werden[8], selbst wenn diese eine Pflichtmitgliedschaft anordnen[9]. Kein Entgelt soll aber vorliegen, wenn das Bruttogehalt von Männern und Frauen gleich ist, vom Gehalt der Männer aber ein Prozentsatz für einen Fonds der Hinterbliebenenversorgung abgeführt wird, soweit dieses System den entsprechenden Teil eines SozV-Systems ersetzt[10].

12 Im Falle der Zusage einer Rente mit einem garantierten Leistungsumfang steht die Gleichheit der Beitragszahlung in Konflikt mit der statistisch höheren Lebenserwartung der Frauen, aus der resultiert, dass zur Sicherung der Rentenansprüche der Frauen ein höheres Beitragsvolumen notwendig ist. Der EuGH geht zunächst davon aus, dass die Rentenhöhe der Frauen aus diesem Grunde nicht unter der der Männer liegen dürfe. Weiter stellt er fest, dass der ArbN-Anteil an der betrAV als Teil des Lohnanspruchs für Männer und Frauen stets gleich hoch sein müsse. Für den ArbGebAnteil gilt dies jedoch nicht, soweit der höhere ArbGebAnteil notwendig ist, um die Zusage einer bestimmten Rentenhöhe (für Frauen) zu erreichen[11].

13 Sagt der ArbGeb lediglich die Zahlung von Beiträgen in einer bestimmten Höhe zu, folgt daraus im Umkehrschluss, dass diese Leistungen entsprechend den nach Geschlecht unterschiedlichen versicherungsmathematischen Faktoren in unterschiedlicher Höhe ausgezahlt werden können[12].

14 **(2) Leistungen.** Auch die Leistungen aus der betrAV fallen unter den Entgeltbegriff und sind damit grundsätzlich (ebenda Rz. 13) in gleicher Höhe auszuzahlen. Da der Erhalt und die Höhe der Leistung von der Möglichkeit des **Zugangs** zu dem Betriebsrentensystem abhängt, unterfällt auch die Zugangsregelung dem Diskriminierungsverbot[13], Art. 6 Abs. 1 a) bis c) der Richtlinie 86/378. Das gilt auch, wenn die Möglichkeit besteht, dass die Zugehörigkeit zu einem Betriebsrentensystem durch Gesetz vorgeschrieben wird[14]. Auch die Festsetzung unterschiedlicher **Altersgrenzen** für den Leistungsbezug ist unzulässig[15], Art. 6 Abs. 1 e), f) der Richtlinie 86/378.

15 Wechselt der ArbN zu einem neuen ArbGeb und übernimmt dieser die Leistungsverpflichtungen des Systems, aus dem der ArbN ausscheidet, so hat der neue ArbGeb ggf. die Leistungen zu erhöhen, um dem Grundsatz der Gleichbehandlung Genüge zu tun[16].

16 d) **Gleiche oder gleichwertige Arbeit.** Zur Feststellung der Gleichheit oder Gleichwertigkeit der Arbeit sind zwei Personen oder Personengruppen eines Betriebes oder eines Unternehmens heranzuziehen. Der EuGH hat es beim Fehlen einer Vergleichsperson nicht zugelassen, die tatsächliche Entlohnung des ArbN mit der hypothetischen Entlohnung eines ArbN des anderen Geschlechts zu vergleichen[17].

---

1 EuGH v. 17.5.1990 – Rs. C-262/88, Slg. 1990 I, 1889, 1949 – Barber; v. 17.2.1993 – Rs. C-173/91, Slg. 1993 I, 673, 697 f. – Kommission gegen Belgien; v. 9.2.1999 – Rs. C-167/97, Slg. 1999 I, 623, 676 – Seymour-Smith; v. 13.7.2000 – Rs. C-166/99, Slg. 2000 I, 6155, 6185 – Defreyn. | 2 EuGH v. 14.9.1999 – Rs. C-249/97, Slg. 1999 I, 5295, 5324 – Gruber. | 3 EuGH v. 27.6.1990, Rs. C-33/89, Slg. 1990 I, 2591, 2611 – Kowalska. | 4 EuGH v. 9.11.1993 – Rs. C-132/92, Slg. 1993 I, 5579, 5603 – Roberts. | 5 EuGH v. 25.5.1971 – Rs. C-80/70, Slg. 1971, 445, 451 f. – Defrenne I. | 6 EuGH v. 28.9.1994 – Rs. C-7/93, Slg. 1994 I, 4471, 4518 – Beune; v. 29.11.2001 – Rs. C-366/99, Slg. 2001 I, 9383, 9428 ff. – Griesmar; v. 13.12.2001 – Rs. C-206/00, Slg. 2001 I, 10201, 10232 – Mouflin; v. 23.10.2003 – Rs. C-4/02, DVBl. 2004, 188 ff. (Rz. 63) – Schönheit; v. 12.9.2002 – Rs. C-351/00, Slg. 2002 I, 7007, 7046 ff. – Niemi. | 7 EuGH v. 11.3.1981 – Rs. 69/80, Slg. 1981, 767, 790 – Worringham; v. 25.5.2000 – Rs. 50/99, Slg. 2000 I, 4039, 4064 – Podesta. | 8 EuGH v. 28.9.1994 – Rs. C-200/91, Slg. 1994, 4389, 4422 – Coloroll. | 9 EuGH v. 25.5.2000 – Rs. 50/99, Slg. 2000 I, 4039, 4065 f. – Podesta. | 10 EuGH v. 3.12.1987 – Rs. 192/85, Slg. 1987, 4753, 4782 ff. – Newstead. | 11 EuGH v. 28.9.1994 – Rs. C-200/91, Slg. 1994, 4389, 4423 ff. – Coloroll; v. 22.12.1993 – Rs. C-152/91, Slg. 1993 I, 6935, 6962 – Neath. | 12 *Schlachter*, Rz. 17; *Blomeyer* NZA 1995, 49, 50. | 13 EuGH v. 13.5.1986 – Rs. 170/84, Slg. 1986, 1607, 1621, 1625 – Bilka; v. 28.9.1994 – Rs. C-57/93, Slg. 1994 I, 4541, 4572 ff. – Vroege; v. 24.10.1996 – Rs. C-435/93, Slg. 1996 I, 5223, 5249 ff. – Dietz; v. 13.1.2004 – Rs. C-256/01, NZA 2004, 201 ff. (Rz. 53) – Allonby. | 14 EuGH v. 24.10.1996 – Rs. C-435/93, Slg. 1996 I, 5223, 5249 ff. – Dietz. | 15 EuGH v. 17.5.1990 – Rs. C-262/88, Slg. 1990 I, 1889, 1953 – Barber; v. 14.12.1993 – Rs. C-110/91, Slg. 1993 I, 6591, 6614 ff. – Moroni. Anders für einmalige Zahlung: EuGH v. 16.2.1982 – Rs. 19/81, Slg. 1982, 555, 577 – Burton. Vgl. auch Schmidt, Arbeitsrecht, III. Rz. 56 zu den Auswirkungen des neuen Art. 141 Abs. 3 EGV. | 16 EuGH v. 28.9.1994 – Rs. C-200/91, Slg. 1994, 4389, 4328 ff. – Coloroll. | 17 EuGH v. 27.3.1980 – Rs. C-129/79, Slg. 1980, 1275, 1289 – Macarthys. Kritisch Calliess/Ruffert/*Krebber*, EU-Vertrag und EG-Vertrag, 2. Aufl. 2002 Art. 141 Rz. 54 ff.

Zwei Tätigkeiten sind als „gleich" anzusehen, wenn sie einen identischen Inhalt haben oder aber einander so ähnlich sind, dass die Beschäftigten austauschbar wären[1]. Art. 141 Abs. 1 EGV stellt jetzt ausdrücklich klar, dass sich der Grundsatz der Lohngleichheit auch auf gleichwertige Arbeiten erstreckt. Unter welchen Voraussetzungen zwei Tätigkeiten als gleichwertig zu behandeln sind, lässt sich nicht ohne weiteres feststellen. Die Kommission hat zu dieser Frage ein Memorandum und einen Leitfaden herausgegeben[2]. Es kommt nicht auf eine Ähnlichkeit der Tätigkeiten an, sondern darauf, ob den Tätigkeiten derselbe Wert zukommt. Von besonderer Relevanz sind die Art der Arbeit, die Ausbildungsanforderungen und die Arbeitsbedingungen[3].

Die Gleichheit oder Gleichwertigkeit ist objektiv zu beurteilen[4], auf die subjektive Wertschätzung des ArbGeb kommt es nicht an. Die Beurteilung obliegt den nationalen Gerichten[5]. Eine Orientierung an tarifvertraglichen Eingruppierungsvorschriften ist zulässig[6].

Eine Umgehung der Lohngleichheit wird vermieden, indem bei dem Vergleich der Tätigkeiten auf die tatsächlich ausgeführten Arbeiten abgestellt wird, nicht auf etwaige Aufgabenbeschreibungen. Auch die Verpflichtung eines ArbN, zusätzliche Leistungen zu erbringen, soll an der Gleichheit oder Gleichwertigkeit der Leistung nichts ändern, wenn diese zusätzlichen Leistungen nicht in Anspruch genommen werden[7]. Eine höhere Entlohnung ist jedoch zulässig, wenn der ArbN eine höhere Qualifikation aufweist, welche ihm ein breiteres Einsatzgebiet eröffnet[8]. Höhere (Zeit-)Löhne können auch ArbN gezahlt werden, die bessere Leistungen erbringen. Die Leistungsunterschiede zwischen den ArbN müssen jedoch feststellbar sein. Eine höhere Entlohnung gleich zu Einstellungsbeginn ist damit nicht zulässig[9].

Weiter kommt es nicht auf den Umfang der zeitlichen Verpflichtung an. Mit identischen Aufgaben betraute Voll- und Teilzeitbeschäftigte verrichten daher gleiche oder gleichwertige Arbeiten[10]. Zulässig ist es aber, wenn der ArbGeb Überstundenzuschläge erst ab dem Überschreiten der Vollarbeitszeit zahlt[11]. Die Höhe des Altersruhegelds kann von der tatsächlich geleisteten Arbeitszeit abhängig gemacht werden[12]. Auch soll das Ruhen des Arbeitsverhältnisses wegen Erziehungsurlaubs die Höhe einer Sonderzuwendung mindern können[13].

Im Übrigen muss die Lohngleichheit grundsätzlich nicht nur bei gleichzeitiger, sondern auch bei sukzessiver Beschäftigung beachtet werden. Dem Nachfolger auf einem Arbeitsplatz darf bei gleichem Arbeitsinhalt und -volumen daher nicht weniger gezahlt werden als dem Vorgänger, weil er ein anderes Geschlecht hat. Eine sukzessive Ungleichbehandlung, die aus wirtschaftlichen Gründen uÄ. erfolgt, ist dagegen zulässig[14]. Ist eine Tätigkeit höherwertiger als eine andere, muss für sie erst recht (mindestens) der gleiche Lohn gezahlt werden[15].

5. Diskriminierung. a) Allgemeines. Art. 141 Abs. 1 und 2 EGV verbietet nicht nur die unmittelbare, sondern auch die mittelbare Diskriminierung wegen des Geschlechts. Eine Diskriminierung liegt vor, wenn unterschiedliche Vorschriften auf gleiche Sachverhalte oder dieselbe Vorschrift auf ungleiche Sachverhalte angewandt wird[16]. Die Ungleichbehandlung gleichgeschlechtlich und verschiedengeschlechtlich orientierter Personen soll keine Diskriminierung wegen des Geschlechts sein[17].

b) Unmittelbare Diskriminierung. Eine Definition der unmittelbaren Diskriminierung findet sich in Art. 2 Abs. 2 1. Spiegelstrich der geänderten Richtlinie 76/207 (oben Rz. 2). Eine Regelung oder Maßnahme ist demnach unmittelbar diskriminierend, wenn eine Person aufgrund ihres Geschlechts in einer vergleichbaren Situation eine weniger günstige Behandlung erfährt, als sie eine Person des anderen Geschlechts erfährt, erfahren hat oder erfahren würde. Das ist nicht nur der Fall, wenn ausdrücklich zwischen Männern und Frauen differenziert wird, sondern auch, wenn an Merkmale angeknüpft wird, die ausschließlich eines der Geschlechter aufweist, wie Schwangerschaft, Geburt, Wehrpflicht usw. (vgl. unten Rz. 46)[18]. Eine Rechtfertigung der unmittelbaren Diskriminierung ist nicht möglich[19].

---

1 *Schlachter*, Rz. 29. |2 Memorandum v. 23.6.1994, Kom/94/6 endg.; Leitfaden v. 17.7.1996 zur Anwendung des Grundsatzes des gleichen Entgelts für Männer und Frauen bei gleichwertiger Arbeit, Kom/96/336 endg. |3 EuGH v. 11.5.1999 – Rs. 309/97, Slg. 1999 I, 2865, 2916 – Wiener Gebietskrankenkasse. |4 Vgl. dazu auch Erman/*Hanau*, BGB, 10. Aufl. 2000, Bd. 1 § 612 BGB Rz. 30 f. |5 EuGH v. 30.3.2000 – Rs. C-236/98, Slg. 2000 I, 2189, 2221 – JämO; v. 27.10.1993 – Rs. 127/92, Slg. 1993, 5535, 5573 – Enderby. |6 EuGH v. 31.5.1995 – Rs. C-400/93, Slg. 1995 I, 1275, 1313 – Royal Copenhagen; v. 1.7.1986 – Rs. 237/85, Slg. 1986, 2101, 2115 – Rummler. |7 *Schlachter*, Rz. 29. |8 EuGH v. 11.5.1999 – Rs. C-309/07, Slg. 1999 I, 2865, 2916 f. – Wiener Gebietskrankenkasse. |9 EuGH v. 26.6.2001 – Rs. C-381/99, Slg. 2001 I, 4961, 4999 – Brunnhofer. |10 EuGH v. 31.3.81 – Rs. 96/80, Slg. 1981, 911, 925 f. – Jenkins. |11 EuGH v. 15.12.1994 – Rs. C-399/92, Slg. 1994 I, 5727, 5755 – Helmig. |12 *EuGH* v. 23.10.2003 – Rs. C-4/02, DVBl. 2004, 188 ff. (Rz. 90 f.) – Schönheit. |13 BAG v. 15.4.2003 – 9 AZR 137/02, AP Nr. 4 zu § 1 TVG Tarifverträge: Bäcker. Zum „Wochenurlaub" BAG v. 21.3.2002 – 6 AZR 108/01 (A), AP Nr. 2 zu § 23a BAT-O. |14 EuGH v. 27.3.1980 – Rs. C-129/79, Slg. 1980, 1275, 1288 f. – Macarthys. |15 EuGH v. 4.2.1988 – Rs. 157/86, Slg. 1988, 673, 690 – Murphy. |16 EuGH v. 11.5.1999 – Rs. 309/97, Slg. 1999 I, 2865, 2916 – Wiener Gebietskrankenkasse. |17 EuGH v. 17.2.1998 – Rs. C-249/96, Slg. 1998 I, 621, 651. Dazu *Strick*, DEuFamR 2000, 82, 85 mwN. Die Entlassung eines Transsexuellen wegen einer Geschlechtsumwandlung stellt auch nach der Rspr. des EuGH eine Diskriminierung wegen des Geschlechts dar, EuGH v. 30.4.1996 – Rs. 13/94, Slg. 1996 I, 2149, 2165 – P; v. 7.1.2004 – Rs. C-117/01, NJW 2004, 1440 f. (Rz. 30 ff.) – K. B. |18 EuGH v. 8.11.1990 – Rs. 177/88, Slg. 1990, 3941, 3973 – Dekker; v. 14.7.1994 – Rs. 32/93, Slg. 1994 I, 3567, 3585 – Webb; v. 19.11.1998 – Rs. 66/96, Slg. 1998 I, 7327, 7370 – Høj Pedersen. |19 *Schmidt*, Arbeitsrecht, III Rz. 73.

24 **c) Mittelbare Diskriminierung.** Demgegenüber liegt eine mittelbare Diskriminierung nach Art. 2 Abs. 2 2. Spiegelstrich der geänderten Richtlinie 76/207 (Rz. 2) vor, wenn dem Anschein nach (geschlechts-)neutrale Vorschriften, Kriterien oder Verfahren Personen, die einem Geschlecht angehören, in besonderer Weise gegenüber Personen des anderen Geschlechts benachteiligen, es sei denn, die betreffenden Vorschriften, Kriterien oder Verfahren sind durch ein rechtmäßiges Ziel sachlich gerechtfertigt und die Mittel sind zur Erreichung dieses Ziels angemessen und erforderlich. Auf die (fehlende) Absicht, ein Geschlecht durch die Regelung oder Maßnahme zu diskriminieren, kommt es nicht an[1]. Typisches Beispiel ist die Benachteiligung von Teilzeitkräften[2]. Daneben kommt die Anknüpfung an unregelmäßige und/oder befristete Beschäftigung, an Heimarbeit, an die Versetzungsbereitschaft oder an die Bereitschaft, Überstunden zu leisten, an einen gehobenen Status (Vorgesetzter, gehobener Angestellter usw.) in Betracht.

25 Zur Feststellung einer mittelbaren Diskriminierung ist es notwendig, **Vergleichsgruppen** zu bilden. Dabei sind, soweit wie möglich, alle Personen einzubeziehen, auf welche sich das untersuchte Differenzierungskriterium auswirken kann[3]. Bei einer vertraglichen Einheitsregelungen sind alle Personen einzubeziehen, in deren Vertrag die Regelung enthalten ist. Bei einer Bestimmung in einem Kollektivvertrag sind alle Personen einzubeziehen, die in den persönlichen Geltungsbereich des Vertrages fallen oder gleichgestellt sind. Bei einer gesetzlichen Bestimmung ist grundsätzlich die gesamte Erwerbsbevölkerung einzubeziehen[4].

26 Dann ist die geschlechtsspezifische Zusammensetzung in der benachteiligten Gruppe und die in der Gesamtgruppe zu vergleichen[5]. Die „Gegenprobe", dh. die Prüfung, ob die nachteilige Wirkung auch anders als mit dem Geschlecht erklärt werden kann, ist nicht erforderlich. Es muss von der benachteiligenden Regelung ein wesentlich höherer Anteil der Angehörigen eines Geschlechts betroffen sein[6]. Genaue Prozentzahlen lassen sich der Rspr. des EuGH hierzu nicht entnehmen.

27 Eine mittelbare Diskriminierung liegt nicht vor, wenn die benachteiligende Regelung **angemessen und notwendig** und durch nicht auf das Geschlecht bezogene, sachliche Gründe **gerechtfertigt** ist. Notwendig ist, dass die Regelung der Verwirklichung eines wirklichen unternehmerischen Bedürfnisses (oder eines legitimen Ziels der Sozialpolitik eines Mitgliedstaats) dient, welches mit dem Gemeinschaftsrecht vereinbar ist, und die Regelung zu diesem Zweck in geeigneter, erforderlicher und verhältnismäßiger Weise eingesetzt wird. Die Beurteilung obliegt grundsätzlich dem nationalen Gericht[7]. So dürfen ArbN mit höherem Erfahrungswissen oder einer besonderen Qualifikation bevorzugt werden[8]. Dasselbe gilt für ArbN, welche qualitativ oder quantitativ höhere Arbeitsleistung erbringen[9] oder über ein höheres Maß an (erforderlicher) Flexibilität und Mobilität verfügen[10]. Die Bevorzugung von ArbN aufgrund einer pauschal behaupteten höheren „Motivation" ist keine Rechtfertigung[11]. Auch kann eine Diskriminierung bei der Einstellung nicht durch Umstände gerechtfertigt werden, welche erst im Laufe des Arbeitsverhältnisses zu Tage treten[12]. Eine Regelung ist auch nicht automatisch gerechtfertigt, wenn sich das Differenzierungskriterium in einer gesetzlichen oder tariflichen Norm findet; vielmehr unterliegen Gesetzgeber und Tarifpartner selbst dem Gleichbehandlungsgebot[13]. So ist kein legitimer sozialpolitischer Zweck ersichtlich, wenn die Tarifparteien in einer Regelung geringfügig Beschäftigte von einem Anspruch auf Sonderzahlung ausnehmen[14]. Finanzielle Engpässe und Sparzwänge sind keine Rechtfertigung; sie müssen „geschlechtsneutral" erreicht werden[15].

28 **d) Beweislast.** Die Beweislast für eine geschlechtsbedingt geringere Entlohnung trägt grundsätzlich der Anspruchsteller. Allerdings sieht Art. 4 Abs. 1 der Richtlinie 97/80 (Rz. 2, vgl. insoweit §§ 612 Abs. 3 Satz 3, 611a Abs. 1 Satz 3 BGB) eine Beweislastumkehr vor, wenn der Anspruchsteller Tatsachen glaubhaft macht, die eine unmittelbare oder mittelbare Diskriminierung vermuten lassen. Beweiserleichterungen existieren auch, wenn ein Entlohnungssystem so undurchschaubar gestaltet ist, dass

---

1 EuGH v. 13.5.1986 – Rs. 170/84, Slg. 1986, 1607, 1628 – Bilka. | 2 EuGH v. 13.5.1986 – Rs. 170/84, Slg. 1986, 1607, 1626 ff. – Bilka; v. 26.9.2000 – Rs. C-322/98, Slg. 2000 I, 7505, 7528 ff. – Kachelmann. Vgl. auch *Traupe*, Mittelbare Diskriminierung teilzeitbeschäftigter Betriebsratsmitglieder?, 2002. | 3 Vgl. EuGH v. 31.5.1995 – Rs. C-400/93, Slg. 1995 I, 1275, 1310 – Royal Copenhagen. | 4 Ausf. *Schlachter*, Rz. 44. | 5 Ausf. *Schlachter*, Rz. 43 ff. EuGH v. 9.2.1999 – Rs. C-167/97, Slg. 1999 I, 623, 682 ff. – Seymour-Smith. Der EuGH verzichtet allerdings oft auf einen Vergleich mit der Gesamtgruppe, vgl. EuGH v. 28.9.1994 – Rs. C-57/93, Slg. 1994 I, 5491, 4572 ff. – Vroege; weiterführend Calliess/Ruffert/*Krebber*, EU-Vertrag und EG-Vertrag, 2. Aufl. 2002, Art. 141 Rz. 53. | 6 EuGH v. 9.9.2003 – Rs. C-25/02, NZA 2003, 1137 ff. (Rz. 33) – Rinke; v. 23.10.2003 – Rs. C-4/02, DVBl. 2004, 188 ff. (Rz. 71) – Schönheit. | 7 EuGH v. 13.5.1986 – Rs. 170/84, Slg. 1986, 1607, 1628 – Bilka. | 8 EuGH v. 7.2.1991 – 184/89, Slg. 1991 I, 297, 321 – Nimz; v. 27.10.1993 – Rs. 127/92, Slg. 1993, 5535, 5575 – Enderby; v. 17.10.1989 – Rs. 109/88, Slg. 1989, 3199, 3228 – Danfoss. | 9 EuGH v. 15.12.1994 – Rs. C-399/92 – Helmig; v. 31.5.1995 – Rs. C-400/93, Slg. 1995 I, 1275, 1312 f. – Royal Copenhagen. | 10 EuGH v. 27.10.1993 – Rs. 127/92, Slg. 1993, 5535, 5575 – Enderby; v. 11.5.1999 – Rs. 309/07, Slg. 1999 I, 2865, 2917 – Wiener Gebietskrankenkasse. | 11 EuGH v. 13.7.1989 – Rs. 171/88, Slg. 1989, 2743, 2761 – Rinner-Kühn (angebliche höhere Motivation und betriebliche Verbundenheit von Vollzeitkräften). | 12 EuGH v. 26.6.2001 – Rs. C-381/99, Slg. 2001 I, 4961, 4999 – Brunnhofer. | 13 EuGH v. 6.4.2000 – Rs. C-226/98, Slg. 2000 I, 2447, 2481 f. – Jørgensen. | 14 EuGH v. 9.9.1999 – Rs. C-281/97, Slg. 1999 I, 5127, 5149 – Krüger. | 15 EuGH v. 6.4.2000 – Rs. C-226/98, Slg. 2000 I, 2447, 2481 f. – Jørgensen.

6. Rechtsfolge eines Verstoßes. a) Allgemeines. Im Falle eines Verstoßes einer Regelung gegen den in Art. 141 EGV normierten Gleichbehandlungsgrundsatz ist die Regelung nicht anzuwenden. Dies gilt unabhängig davon, ob es sich um eine gesetzliche, eine tarifvertragliche oder eine einzelvertragliche Regelung handelt. Unanwendbar ist lediglich die Regelung, die ein Geschlecht benachteiligt. Das benachteiligte Geschlecht ist damit in die begünstigende Regelung miteinzubeziehen. Dies führt zu einer automatischen **Anpassung nach oben**[2]. 29

Der Gesetzgeber, die TV-Parteien bzw. die Vertragsparteien können allerdings auch eine Einschränkung bzw. Minderung der Leistung auf niedrigerem Niveau bestimmen, solange eine neue Regelung dem Grundsatz der Gleichbehandlung der Geschlechter entspricht[3]. Verliert das vormals begünstigte Geschlecht bereits erworbene Ansprüche, Anwartschaften oder ähnliche Vorteile, kann die Neuregelung ihrerseits eine Benachteiligung des vormals begünstigten Geschlechts darstellen[4]. 30

TV-Parteien können sich gegen die Unanwendbarkeit einer Regelung nicht mit dem Argument der Tarifautonomie zur Wehr setzen[5]. Problematisch ist es allerdings, wenn ein TV eine Vielzahl gleichheitswidriger Bestimmungen oder Gewichtungen enthält. Die Nichtanwendbarkeit sämtlicher dieser Bestimmungen kann im Ergebnis dazu führen, dass der Richter selbst ein tarifliches Regelungssystem entwickeln müsste. In dieser Situation kommt eine befristete Aussetzung des Rechtsstreits in Betracht, während derer den TV-Parteien Gelegenheit gegeben wird, sich neu zu einigen[6]. 31

b) Gleichheit des Entgelts. Zur Gleichheit des Entgelts enthält zunächst Art. 141 Abs. 2 Satz 1 EGV eine Ausgangsbestimmung. Die Gleichheit bei Zeitlohnsystemen ergibt sich von selbst. Bei Leistungslohnsystemen muss nicht nur die Maßeinheit, sondern auch die Berechnungsmethode im Übrigen dieselbe sein. Bei Mischsystemen müssen die jeweiligen Systembestandteile unabhängig voneinander verglichen werden; ein pauschaler Gesamtvergleich ist unzulässig[7]. 32

c) Rückwirkung der Entscheidung. aa) Allgemeines. Art. 119 EGV aF verpflichtete die Mitgliedstaaten den Grundsatz des gleichen Entgelts ab dem 31.12.1962 anzuwenden[8]. Seit diesem Zeitpunkt entfaltet die Norm unmittelbare, auch horizontale Wirkung (oben Rz. 4). Der Anspruch des Betroffenen auf ein höheres Entgelt besteht also rückwirkend bis zu diesem Zeitpunkt, sofern er nicht verjährt ist oder Ausschlussfristen greifen. Da das Gemeinschaftsrecht keine Regelungen zur Verjährung oder zu Ausschlussfristen enthält, sind diese nach nationalem Recht zu beurteilen. Solche nationalen Regelungen sind aber dann nicht anzuwenden, wenn sie ungünstiger gestaltet sind als Beschränkungen, die sich auf nationales Recht beziehen, oder wenn sie den Anspruch faktisch ausschließen oder übermäßig erschweren[9]. 33

bb) Betriebliche Altersversorgung. (1) Allgemeines. Im Bereich der betrAV kann die Rückwirkung der Entscheidung zu erheblichen finanziellen Belastungen der Unternehmen führen. Aus diesem Grund haben der EuGH und der Gemeinschaftsgesetzgeber die Rückwirkung zeitlich begrenzt. Dabei unterscheidet der Gerichtshof zwischen dem Zugang zu einem System der betrAV und sonstigen Regelungen, die die Modalitäten (Höhe, Fälligkeit usw.) der Leistung bestimmen. War in einem Mitgliedstaat der Grundsatz des gleichen Entgelts allerdings schon vor dem 8.4.1976 in nationales Recht umgesetzt (zB Art. 3 Abs. 2 GG), kann sich der Betroffene auf diese nationalen Vorschriften ab deren In-Kraft-Treten berufen[10]. 34

(2) Zugang zu einem System der betrAV. Den Anspruch auf Zugang zu einem System der betrAV begrenzt der EuGH bis zum 8.4.1976[11]. An diesem Tag hatte der Gerichtshof in der Sache „Defrenne II" die unmittelbare horizontale Wirkung des Art. 141 EGV festgestellt (Rz. 4). Rückwirkend bis zu diesem Datum müssen also alle Zeiten berücksichtigt werden, während derer dem ArbN der Zugang zum Betriebsrentensystem hätte eröffnet werden müssen. Allerdings muss auch der ArbN die Beiträge, die er hätte aufbringen müssen, nachträglich leisten. 35

---

1 EuGH v. 17.10.1989 – Rs. 109/88, Slg. 1989, 3199, 3226 – Danfoss; v. 27.10.1993 – Rs. 127/92, Slg. 1993, 5535, 5577 – Enderby; v. 31.5.1995 – Rs. C-400/93, Slg. 1995 I, 1275, 1306 – Royal Copenhagen. | 2 EuGH v. 27.6.1990 – Rs. C-33/89, Slg. 1990 I, 2591, 2612 f. – Kowalska. | 3 EuGH v. 28.9.1994 – Rs. C-200/91, Slg. 1994 I, 4389, 4414 f. – Coloroll; v. 28.9.1994 – Rs. C-408/92, Slg. 1994 I, 4435, 4466 – Avdel Systems. | 4 EuGH v. 28.9.1994 – Rs. C-408/92, Slg. 1994 I, 4435, 4467 – Avdel Systems. | 5 EuGH v. 7.2.1991 – 184/89, Slg. 1991 I, 297, 321 – Nimz. | 6 *Schlachter*, Rz. 60. Grundsätzlich ist ein solches Vorgehen dem nationalen Richter verwehrt: EuGH v. 11.9.2003 – Rs. C-77/02, DVBl. 2003, 1514 ff. (Rz. 72) – Steinicke. | 7 EuGH v. 31.5.1995 – Rs. C-400/93, Slg. 1995 I, 1275, 1305 ff. – Royal Copenhagen; v. 30.3.2000 – Rs. C-236/98, Slg. 2000 I, 2189, 2220 – JämO; *Schlachter*, Rz. 27. | 8 Vgl. Art. 119 Abs. 1 EGV aF, Art. 7 Abs. 1 EGV aF, Art. 313 EGV. | 9 EuGH v. 16.5.2000 – Rs. C-78/98, Slg. 2000 I, 3201, 3256 ff. – Preston; v. 1.12.1998 – Rs. C-326/96, Slg. 1998 I, 7835, 7865 – Levez. | 10 EuGH v. 10.2.2000 – Rs. C-50/96, Slg. 2000 I, 743, 791 f. – Deutsche Telekom; v. 10.2.2000 – Rs. 234 und 235/96, Slg. 2000 I, 799, 819 f. – Vick; v. 10.2.2000 – Rs. 270 und 271/97, Slg. 2000 I, 929, 950 – Sievers. Vgl. auch BVerfG v. 5.8.1998 – 1 BvR 264/98, AP Nr 56 zu Art. 101 GG; BVerfG v. 19.5.1999 – 1 BvR 263/98, NZA 99, 815 f. | 11 EuGH v. 10.2.2000 – Rs. C-50/96, Slg. 2000 I, 743, 787 – Deutsche Telekom; v. 11.12.1997 – Rs. C-246/96, Slg. 1997 I, 7153, 7182 ff. – Magorrian.

36 **(3) Sonstige Regelungen zu den Modalitäten der Leistungen aus der betrAV.** Für solche Regelungen, welche sich auf die Höhe, die Fälligkeit, den Ausschluss usw. von Leistungen aus der betrAV auswirken, bestimmt das Protokoll zu Art. 119 des Vertrags zur Gründung der Europäischen Gemeinschaft, dass Leistungen nicht als Entgelt iSd. Norm gelten, sofern und soweit sie auf Beschäftigungszeiten vor dem 17.5.1990 zurückgeführt werden können[1]. Mit dieser Regelung soll die Rückwirkung bis zu diesem Zeitpunkt begrenzt werden. Am 17.5.1990 hat der Gerichtshof in der Sache „Barber" entschieden, dass sich ein Betroffener nicht auf die unmittelbare Wirkung des (heutigen) Art. 141 EGV berufen könne, um mit Wirkung von einem vor Erlass dieses Urteils liegenden Zeitpunkt einen Rentenanspruch geltend zu machen[2]. Dies hat der EuGH später dahingehend konkretisiert, dass die zeitliche Beschränkung für Leistungen gelte, welche für Beschäftigungszeiten nach dem 17.5.1990 geschuldet würden[3].

37 **III. Chancengleichheit und Gleichbehandlung in (sonstigen) Arbeits- und Beschäftigungsfragen (Art. 141 Abs. 3 EGV). 1. Allgemeines; Richtlinie 76/207.** Art. 141 Abs. 3 EGV enthält die Ermächtigungsgrundlage zum Erlass von Richtlinien zur Durchsetzung der Entgeltgleichheit (oben Rz. 4 ff.), aber auch zum Erlass von Richtlinien zur Gleichbehandlungen in sonstigen Arbeits- und Beschäftigungsfragen. Eine ähnliche (kaum abgrenzbare[4]) Ermächtigungsgrundlage enthält Art. 137 Abs. 1, 5. Spiegelstrich EGV.

38 Für Maßnahmen, welche sich auf das Entgelt beziehen, besteht ein Widerspruch der Norm zu Art. 137 Abs. 6 EGV, nach welchem die EU keine Ermächtigungsgrundlage für den Erlass von Richtlinien besitzt, welche das Arbeitsentgelt betreffen. Dieser Widerspruch kann nur aufgelöst werden, indem man aus Art. 137 Abs. 6 EGV Maßnahmen, welche die „relative Arbeitsentgelthöhe" betreffen, also die Höhe des Entgelts eines ArbN im Vergleich zu anderen ArbN, ausnimmt.

39 Indem Abs. 3 die Ermächtigung auf den weiten Begriff der „Arbeits- und Beschäftigungsfragen" erstreckt, scheint die Norm von der Existenz eines allgemeinen Gleichbehandlungsgrundsatzes in allen Arbeitsbedingungen auszugehen[5]. Sekundärrechtlich wurde der Gleichbehandlungsgrundsatz bereits durch die Richtlinie 76/207 (Rz. 2) auf den Zugang zur Beschäftigung, die Berufsbildung, den beruflichen Aufstieg sowie auf die Arbeitsbedingungen erstreckt. Die Richtlinie wurde in Deutschland maßgeblich durch die §§ 611a, 611b und 612a BGB umgesetzt[6]. Auf die Kommentierung dieser Normen wird daher zunächst verwiesen. Die Richtlinie wurde durch die Richtlinie 2002/73 (Rz. 2) geändert, welche im Wesentlichen die von der Rspr. entwickelten Grundsätze umsetzt.

40 Die Richtlinie hat im Gegensatz zu Art. 141 Abs. 1 und 2 EGV **keine unmittelbare horizontale Direktwirkung,** dh. der ArbN kann sich gegenüber dem privaten ArbGeb nicht auf die Richtlinie, sondern nur auf das nationale Recht berufen, mit dem die Richtlinie umgesetzt wurde. Gegenüber einem öffentlichen ArbGeb kann er jedoch Rechte aus der Richtlinie geltend machen. (Vorb. Rz. 16 f.). Im Übrigen ist er auf Schadensersatzansprüche gegen den Mitgliedstaat beschränkt (Vorb. Rz. 21 ff.).

41 **2. Persönlicher Anwendungsbereich.** Für den persönlichen Anwendungsbereich der Richtlinie kann wiederum auf die Darstellung zur Freizügigkeit verwiesen werden (Art. 39 EGV Rz. 13 ff.); der persönliche Anwendungsbereich ist damit keineswegs auf die in den §§ 611a, 611b und 612a BGB genannten „ArbN" begrenzt. Vielmehr fallen auch Beschäftigte im öffentlichen Dienst[7], Beamte[8], Angehörige der Streitkräfte[9] und Selbständige[10] in den Anwendungsbereich.

42 **3. Räumlicher Anwendungsbereich.** Hierzu wird auf Rz. 7 verwiesen.

43 **4. Sachlicher Anwendungsbereich.** Art. 3 der Richtlinie 76/207 erstreckt das Gleichbehandlungsgebot auf die Bedingungen des Zugangs – einschließlich der Auswahlkriterien – zu den Beschäftigungen oder Arbeitsplätzen – unabhängig vom Tätigkeitsbereich oder Wirtschaftszweig – und zu allen Stufen der beruflichen Rangordnung. Zum Zugang zur Beschäftigung zählt auch der Anspruch auf Wiedereingliederung und Wiedereinstellung[11]. Art. 4 der Richtlinie betrifft die Gleichbehandlung in Bezug auf den Zugang zu allen Arten und Stufen der Berufsberatung, der Berufsbildung, der beruflichen Weiterbildung und Umschulung. Art. 5 der Richtlinie verbietet schließlich die Diskriminierung hinsichtlich der Arbeits- einschließlich der Entlassungsbedingungen. Zu den Arbeitsbedingungen ge-

---

1 BGBl. 1992 II S. 1253, 1296. Die Protokolle sind gem. Art. 311 EGV Bestandteil des Vertrages. | 2 EuGH v. 17.5.1990 – Rs. C-262/88, Slg. 1990 I, 1889, 1955 f. – Barber. | 3 EuGH v. 6.10.1993 – Rs. C-19/91, Slg. 1993 I, 4926, 4945 – Ten Oever; v. 28.9.1994 – Rs. C-200/91, Slg. 1994 I, 4389, 4421 ff. – Coloroll; v. 10.2.2000 – Rs. C-50/96, Slg. 2000 I, 743, 787 f. – Deutsche Telekom; BAG v. 3.6.1997 – 3 AZR 910/95, AP Nr. 35 zu § 1 BetrAVG – Gleichbehandlung. | 4 Vgl. Grabitz/Hilf/*Langenfeld*, Das Recht der EU, Bd. 2, Art. 141, Stand 2/02, Rz. 75. | 5 Calliess/Ruffert/*Krebber*, EU-Vertrag und EG-Vertrag, 2. Aufl. 2002, Art. 141 Rz. 75. Krit. Grabitz/Hilf/*Langenfeld*, Das Recht der EU, Bd. 2, Art. 141, Stand 2/02, Rz. 4. | 6 Dazu Hanau/Steinmeyer/Wank/*Wank*, HAS, 2002, § 16 Rz. 243 ff. | 7 EuGH v. 2.10.1997 – Rs. C-1/95, Slg. 1997 I, 5253, 5281 – Gerster; v. 17.10.1995 – Rs. C-450/93, Slg. 1995 I, 3051, 3071 ff. – Kalanke. | 8 EuGH v. 7.12.2000 – Rs. C-79/99, Slg. 2000 I, 10997, 11028 f. – Schnorbus (betr zur Vorbereitungsdienst). Aus diesem Grund für eine analoge Anwendung des § 611a BGB auf Beamte *Erman/Hanau*, BGB, Bd. 1, 10. Aufl. 2000, § 611a BGB Rz. 4. | 9 EuGH v. 11.1.2000 – Rs. C-285/98, Slg. 2000 I, 69, 104 – Kreil; v. 26.10.1999 – Rs. C-273/99, Slg. 1999 I, 7403, 7440 – Sirdar. | 10 EuGH v. 21.5.1985 – Rs. 248/83, Slg. 1985, 1459, 1482 ff. – Kommission gegen Deutschland. | 11 EuGH v. 9.2.1999 – Rs. C-167/97, Slg. 1999 I, 623, 678 – Seymour-Smith.

hört auch ein Anspruch auf Erholungs- und Erziehungsurlaub, auf Verkürzung der Arbeitszeit[1], auf ATZ[2] oder auf einen Kindertagesstättenplatz[3]. Unter den Begriff der Entlassung fällt auch die einvernehmliche Beendigung des Arbeitsverhältnisses[4].

Nach Art. 2 Abs. 2, 4. Spiegelstrich, Abs. 3 der Richtlinie 76/207, welcher durch die Richtlinie 2002/73 (Rz. 2) eingefügt wurde, sind auch Belästigungen sowie die sexuelle Belästigung am Arbeitsplatz als Diskriminierung wegen des Geschlechts zu betrachten. Sie liegen vor bei unerwünschten, geschlechtsbezogenen Verhaltensweisen bzw. bei jeder Form von unerwünschtem Verhalten sexueller Natur, das sich in unerwünschter verbaler, nicht-verbaler oder physischer Form äußert, wenn dieses Verhalten bezweckt oder bewirkt, dass die Würde der betreffenden Person verletzt wird, und bzw. insb. wenn ein von Einschüchterungen, Anfeindungen, Erniedrigungen, Entwürdigungen und Beleidigungen gekennzeichnetes Umfeld geschaffen wird[5]. **44**

5. Diskriminierung. a) Allgemeines. Art. 2 Abs. 1 der Richtlinie 76/207 verbietet die unmittelbare wie die mittelbare Diskriminierung wegen des Geschlechts. Hier kann zunächst auf Rz. 22 ff. und auf § 611a BGB Rz. 11 ff. verwiesen werden. **45**

Unmittelbare Diskriminierungen knüpfen häufig an die Schwangerschaft der ArbN-in an. Der EuGH differenziert dabei zwischen unzulässigen Benachteiligungen aufgrund der Schwangerschaft und des Mutterschutzes und zulässigen Benachteiligungen, die an Krankheiten anknüpfen, auch wenn diese auf die Schwangerschaft zurückzuführen sind[6]. Eine schwangere ArbN-in darf auch nicht entlassen werden, wenn sie als Schwangerenvertretung eingestellt wurde[7]. Eine Entlassung soll auch bei Abschluss eines befristeten Arbeitsvertrages unzulässig sein, sogar wenn feststeht, dass die ArbN-in aufgrund der Schwangerschaft während eines wesentlichen Teils der Vertragszeit nicht wird arbeiten können[8]. Eine Verpflichtung zur Offenbarung der Schwangerschaft im Einstellungsgespräch ist auch bei Bestehen eines mutterschutzbedingten Beschäftigungsverbots nicht gegeben[9]; die Anfechtung eines Arbeitsvertrages aus diesem Grunde ist ebenfalls ausgeschlossen[10]. Ebenso ist die Nichtverlängerung eines befristeten Arbeitsvertrages aufgrund der Schwangerschaft unzulässig[11]. **46**

Im Falle der **mittelbaren Diskriminierung** kommt eine Rechtfertigung (oben Rz. 27) in Betracht. So hat der EuGH entschieden, dass die Bevorzugung von Bewerbern, die einen Wehr- oder Ersatzdienst abgeleistet haben, bei der Einstellung in den juristischen Vorbereitungsdienst zulässig sei[12]. Da die Sozialpolitik in die Zuständigkeit der Mitgliedstaaten fällt, zwingt das Gemeinschaftsrecht auch nicht dazu, dass Vollzeitbeschäftigte und Teilzeitbeschäftigte im Rahmen der Sozialauswahl im Falle einer betriebsbedingten Kündigung (§ 1 Abs. 3 KSchG) miteinander verglichen werden müssen[13]. Zur Förderung von Kleinbetrieben können diese von kündigungsschutzrechtlichen Bestimmungen ausgenommen werden[14]. **47**

b) Geschlecht als „echte Voraussetzung". Ausnahmen vom Grundsatz der Gleichbehandlung können nach der Neufassung des Art. 2 Abs. 6 der Richtlinie 76/207 durch die Richtlinie 2002/73 (Rz. 2) von den Mitgliedstaaten im Hinblick auf den Zugang zur Beschäftigung vorgesehen werden, wenn ein geschlechtsbezogenes Merkmal aufgrund der Art einer bestimmten beruflichen Tätigkeit oder der Bedingungen ihrer Ausübung eine „wesentliche und entscheidende berufliche Anforderung darstellt, sofern es sich um einen rechtmäßigen Zweck und eine angemessene Anforderung handelt". Die Neufassung der Regelung soll die einschlägige Rspr. des EuGH zu den Ausnahmen wiedergeben. Nach dieser dürfen Ausnahmen nur spezifische Tätigkeiten betreffen[15], sie sind eng auszulegen und unter Beachtung des Grundsatzes der Verhältnismäßigkeit anzuwenden[16]. Die nationalen Stellen verfügen jedoch über einen bestimmten Ermessensspielraum, wenn sie bestimmte Tätigkeiten vom Gleichbehandlungsgebot ausnehmen[17]. Vor diesem Hintergrund ist der Begriff „wesentliche und entscheidende berufliche Anforderung" eng auszulegen. Vgl. dazu § 611a BGB Rz. 26 ff. **48**

---

1 Zu letztem: EuGH v. 30.3.2000 – Rs. C-236/98, Slg. 2000 I, 2189, 2224 f. – JämO. | 2 EuGH v. 20.3.2003 – Rs. C-187/00, Slg. 2003 I, 2741, 2787 – Kutz-Bauer; v. 11.9.2003 – Rs. C-77/02, DVBl. 2003, 1514 ff. (Rz. 50 ff.) – Steinicke. Dazu auch BAG v. 20.8.2002 – 9 AZR 750/00, AP Nr. 6 zu § 1 TVG – Tarifverträge: Süßwarenindustrie. | 3 EuGH v. 19.3.2002 – Rs. C-476/99, Slg. 2002 I, 2891, 2932 ff. – Lommers. | 4 EuGH v. 16.2.1982 – Rs. C-19/81, Slg. 1982, 555, 575 – Burton. | 5 Vgl. dazu die Empfehlung und der Verhaltenskodex gegen sexuelle Belästigung, Empfehlung 92/131 v. 27.11.1991 der Kommission zum Schutz der Würde von Frauen und Männern am Arbeitsplatz, ABl. EG L-49/1 unter Anhang 2. Begriffsbestimmung. | 6 EuGH v. 8.11.1990 – Rs. C-179/88, Slg. 1990 I, 3979, 3999 f. – *Handels- og Kontorfunktionærernes Forbund*; v. 19.11.1998 – Rs. C-66/96, Slg. 1998, 7327, 7370 ff. – Høj Pedersen. | 7 EuGH v. 14.7.1994 – Rs. C-92/93, Slg. 1994 I, 3567, 3587 f. – Webb. | 8 EuGH v. 4.10.2001 – Rs. C-109/00, Slg. 2001, S. 6993, 7025 f. – Tele Danmark. Dagegen *Thüsing*, DB 2001, 2451, 2452. | 9 EuGH v. 3.2.2000 – Rs. C-207/98, Slg. 2000 I, 549, 573 f. – Mahlburg. | 10 EuGH v. 5.5.1994 – Rs. C-421/92, Slg. 1994 I, 1657, 1675 – Habermann-Beltermann. Zur Rechtslage bei befristeten Arbeitsverhältnissen *Eichinger*, Rz. 46. | 11 EuGH v. 4.10.2001 – Rs. C-438/99, Slg. 2001, 6915, 6955 – Melgar. | 12 EuGH v. 7.12.2000 – Rs. C-79/99, Slg. 2000 I, 10997, 11033 – Schnorbus. | 13 EuGH v. 26.9.2000 – Rs. C-322/98, Slg. 2000 I, 7505, 7531 – Kachelmann. | 14 EuGH v. 30.11.1993 – Rs. C-189/91, Slg. 1993 I, 6185, 6223 – Kirsammer-Hack. | 15 EuGH v. 30.6.1988 – Rs. 318/86, Slg. 1988, 3559, 3581 – Kommission gegen Frankreich. | 16 EuGH v. 15.5.1986 – Rs. 222/84, Slg. 1986, 1651, 1687 – Johnston. | 17 EuGH v. 26.10.1999 – Rs. C-273/99, Slg. 1999 I, 7403, 7442 – Sirdar.

EGV Art. 141 Rz. 49 Gleiches Entgelt für Männer und Frauen

49 **c) Vorschriften zum Schutz der Frau.** Sie sind nach Art. 2 Abs. 7 der Richtlinie 76/207 zulässig, insb. bei Schwangerschaft und Mutterschaft. Zu dem durch die Richtlinie 2002/73 (Rz. 2) neu geschaffenen Anspruch auf Rückkehr auf den Arbeitsplatz nach Ablauf des Mutterschaftsurlaubs in Art. 2 Abs. 7 Satz 2.

50 **d) Maßnahmen zur Förderung der Chancengleichheit.** Art. 2 Abs. 8 der Richtlinie 76/207 lässt Maßnahmen zur Förderung der Chancengleichheit zu, auch wenn diese benachteiligenden Wirkungen für Männer haben. Die Regelung verweist nunmehr auf Art. 141 Abs. 4 EGV, vgl. unten Rz. 54 f.

51 **6. Beweislast.** Zur Beweislast gelten die zum Lohngleichheitsgebot dargestellten Grundsätze (oben Rz. 28 sowie § 611a BGB Rz. 52 ff.).

52 **7. Rechtsfolgen.** Es gilt zunächst das zur Lohnungleichbehandlung Ausgeführte (oben Rz. 29 ff.), dh. die diskriminierende Maßnahme (zB die Kündigung[1]) ist nichtig, eine diskriminierende Regelung ist nicht anzuwenden. Dadurch kann auch hier eine Anpassung nach oben erfolgen (zB im Falle diskriminierender Urlaubsregelungen). Bei diskriminierenden Maßnahmen kommt weiter ein Anspruch des ArbN auf Unterlassung in Betracht. Dabei ist jedoch stets zu beachten, dass die Richtlinie 76/207 keine unmittelbare horizontale Wirkung hat (Rz. 40).

53 Daneben können Schadensersatzansprüche des ArbN bestehen. Das europäische Recht enthält für derartige Schadensersatzansprüche selbst keine Rechtsgrundlage. Art. 6 der Richtlinie 76/207 sieht nunmehr in Abs. 2 vor, dass die Mitgliedstaaten einen tatsächlichen und wirksamen Rechtsschutz gewährleisten und daher im Falle von Verstößen gegen den Gleichbehandlungsgrundsatz Sanktionen vorsehen müssen, die abschreckende Wirkung haben; der erlittene Schaden muss auf „angemessene Art und Weise" ausgeglichen werden. Entschädigungshöchstgrenzen sind grundsätzlich nicht zulässig[2]. Verstöße gegen den Gleichbehandlungsgrundsatz müssen nach ähnlichen materiellen und verfahrensrechtlichen Regeln geahndet werden wie Verstöße gegen nationales Recht, die ihrer Art und Schwere nach gleichartig sind[3]. Der Schadensersatzanspruch darf nicht vom Verschulden des ArbGeb abhängig gemacht oder durch Rechtfertigungsgründe ausgeschlossen werden[4]. Zu diesem Zweck hat der deutsche Gesetzgeber § 611a Abs. 2 bis 4 BGB geschaffen (vgl. dort Rz. 60 ff.). Gewährt der nationale Gesetzgeber einen Schadensersatzanspruch, sind Zinsen ab der Entstehung des Anspruchs zu zahlen[5]. Der nationale Gesetzgeber ist weiter verpflichtet sicherzustellen, dass ArbN nicht im Falle der Durchsetzung ihres Rechts auf Gleichbehandlung Maßregelungen (insb. Kündigungen, Art. 7 der Richtlinie 76/207) durch den ArbGeb zu befürchten haben[6] (vgl. § 612a BGB).

54 **IV. Positive Diskriminierung (Art. 141 Abs. 4 EGV).** Nach dieser Vorschrift können die Mitgliedstaaten gegen den Gleichbehandlungsgrundsatz zum Zwecke der Erleichterung der Berufstätigkeit des unterrepräsentierten Geschlechts oder zur Verhinderung bzw. zum Ausgleich von Benachteiligungen verstoßen. Aus dieser Regelung resultiert kein Recht des einzelnen ArbN auf die Durchführung entsprechender Maßnahmen.

55 Da die Norm weiter gefasst ist als die ähnliche Bestimmung in Art. 2 Abs. 4 der Richtlinie 76/207 (Rz. 2), sie als Primärrecht dieser Regelung jedoch vorgeht, ist die bisherige Rspr. des EuGH zur positiven Diskriminierung[7] nur noch eingeschränkt gültig[8]. Neben allgemeinen Hilfsangeboten für das unterrepräsentierte Geschlecht (zB Schulungen), ist gerade auch eine Besserstellung bei den Arbeitsbedingungen[9] sowie die Einführung einer Quotenregelung zulässig. Die Maßnahmen müssen nicht unmittelbar an das Geschlecht anknüpfen; es genügt wenn sie mittelbar (zB über das Kriterium Teilzeitbeschäftigung) das unterrepräsentierte Geschlecht begünstigen[10]. Grundsätzlich müssen die Maßnahmen dem Verhältnismäßigkeitsgrundsatz entsprechen[11]. Nicht gestattet ist die Bevorzugung von minderqualifizierten ArbN des unterrepräsentierten Geschlechts[12]. Die Norm richtet sich nicht an die Kollektivvertragsparteien und auch nicht an den privaten ArbGeb; die Einführung einer „Geschlechterquote" ist dem privaten ArbGeb also versagt[13].

---

1 EuGH v. 26.2.1986 – Rs. 152/84, Slg. 1986, 723, 739 – Marshall I. |2 So zuvor EuGH v. 10.4.1984 – Rs. 14/83, Slg. 1984, 1891, 1909 – von Colson und Kamann; v. 2.8.1993 – Rs. C-271/91, Slg. 1993 I, 4367, 4407 – Marshall II. |3 EuGH v. 22.4.1997 – Rs. C-180/95, Slg. 1997 I, 2195, 2222 – Draemphael. |4 EuGH v. 22.4.1997 – Rs. C-180/95, Slg. 1997 I, 2195, 2220 – Draemphael; v. 8.11.1990 – Rs. 177/88, Slg. 1990, 3941, 3975 – Dekker. |5 EuGH v. 2.8.1993 – Rs. C-271/91, Slg. 1993 I, 4367, 4409 – Marshall II. |6 EuGH v. 22.9.1998 – Rs. C-185/97, Slg. 1998 I, 5199, 5221 – Coote. |7 EuGH v. 19.3.2002 – Rs. C-476/99, Slg. 2002 I, 2891, 2934 ff. – Lommers; v. 28.3.2000 – Rs. C-158/97, Slg. 2000 I, 1875, 1916 ff. – Badeck; v. 17.10.1995 – Rs. C-450/93, Slg. 1995 I, 3051, 3077 f. – Kalanke; v. 11.11.1997 – Rs. C-409/95, Slg. 1997 I, 6363, 6391 ff. – Marshall. |8 Calliess/Ruffert/*Krebber*, EU-Vertrag und EG-Vertrag, 2. Aufl. 2002, Art. 141 Rz. 80 ff.; einschr. *Eichinger*, Rz. 103; anders Erman/*Hanau*, BGB, Bd. 1, 10. Aufl. 2000, § 611a BGB Rz. 15a. |9 BVerwG v. 18.7.2002 – 3 C 54/01, DVBl. 2003, 139, 142 f.: Förderung selbständiger Betriebsgründung im Handwerk. |10 EuGH v. 6.7.2000 – Rs. C-407/98, Slg. 2000 I, 5539, 5581 – Abrahamsson. |11 Calliess/Ruffert/*Krebber*, EU-Vertrag und EG-Vertrag, 2. Aufl. 2002, Art. 141 Rz. 83 ff., 95. |12 EuGH v. 6.7.2000 – Rs. C-407/98, Slg. 2000 I, 5539, 5583 – Abrahamsson. |13 Vgl. auch *Hanau*, Frauenförderung bei Ausschreibung und Besetzung von Arbeitsplätzen im deutschen und europäischen Recht, Gedächtnisschrift Lüderitz, 2000, S. 241, 262 (zu § 611a BGB).

V. Exkurs: Verbot der Diskriminierung aufgrund der Rasse, der ethnischen Herkunft, der Religion, der Weltanschauung, einer Behinderung, des Alters oder der sexuellen Ausrichtung[1]. 1. Allgemeines. Art. 13 EGV[2] ermächtigt den Rat einstimmig geeignete Vorkehrungen zu treffen, um Diskriminierungen aus den genannten Gründen zu bekämpfen. Der Rat hat daraufhin die Richtlinie 2000/43 zur Anwendung des Gleichbehandlungsgrundsatzes ohne Unterschied der Rasse oder ethnischen Herkunft[3] sowie die Richtlinie 2000/78 zur Festelegung eines allgemeinen Rahmens für die Verwirklichung der Gleichbehandlung in Beschäftigung und Beruf[4] angenommen. Die Richtlinien enthalten nur Mindestanforderungen. Die Umsetzungsfrist für die Richtlinie 2000/43 ist am 19.7.2003 (Art. 16), die Frist für die Richtlinie 2000/78 ist am 2.12.2003 abgelaufen; allerdings kann hinsichtlich der Diskriminierung wegen des Alters und wegen einer Behinderung eine Frist von weiteren drei Jahren ab diesem Datum in Anspruch genommen werden. 56

Die Auslegung der Richtlinien wird sich grundsätzlich an den zur Diskriminierung wegen des Geschlechts entwickelten Grundsätzen (oben Rz. 22 ff.) orientieren. Zu beachten ist jedoch, dass die neuen Diskriminierungsverbote lediglich in Richtlinien, **nicht aber im Primärrecht** (wie Art. 141 EGV) verankert sind. Die Richtlinien selbst sind nicht unmittelbar anwendbares Recht; allerdings ist das geltende nationale Recht richtlinienkonform auszulegen (Vorb. Rz. 19 ff.). Solange die Richtlinien aber nicht in deutsches Recht umgesetzt wurden, ist der betroffene ArbN gegenüber einem privaten ArbGeb (zum Staat als ArbGeb vgl. Vorb. Rz. 15 f.) grundsätzlich auf einen Entschädigungsanspruch gegen den Staat beschränkt (Vorb. Rz. 21 ff.)[5]. Gegen die Richtlinien verstoßendes deutsches Recht ist daher auch nach In-Kraft-Treten der Richtlinien **nicht unwirksam** (Vorb. Rz. 28, vgl. zB § 14 Abs. 3 TzBfG). Auch hier bleibt der betroffene ArbN auf einen Entschädigungsanspruch gegen den Staat verwiesen. 57

2. Richtlinie 2000/43. Die Richtlinie wendet sich gegen Diskriminierung wegen der „Rasse" und der „ethnischen Herkunft". Beide Begriffe werden in der Richtlinie und in den Erwägungsgründen nicht näher erläutert[6]. In den persönlichen Anwendungsbereich fallen alle Personen in öffentlichen und privaten Bereichen, einschließlich öffentlicher Stellen. Damit sind alle ArbN im europarechtlichen Sinne (Art. 39 EGV Rz. 13 ff.) erfasst sowie alle öffentlichen und privaten ArbGeb. Die Richtlinie findet keine Anwendung auf Angehörige eines Drittstaats oder Staatenlose (Art. 3 Abs. 2). 58

Für den Bereich des Arbeitsrechts wendet sich die Richtlinie gegen Diskriminierungen beim Zugang – einschließlich der Auswahlkriterien und Einstellungsbedingungen – zu abhängiger und selbständiger Erwerbsarbeit sowie hinsichtlich der Bedingungen für den beruflichen Aufstieg (Art. 3a), vgl. auch oben Rz. 39, 43), gegen Diskriminierungen beim Zugang zu allen Formen und Ebenen der Berufsberatung, der Berufsausbildung, der beruflichen Weiterbildung und der Umschulung einschließlich der praktischen Berufserfahrung (Art. 3b), gegen Diskriminierungen bei den Arbeits- und Beschäftigungsbedingungen, einschließlich der Entlassungsbedingungen und des Arbeitsentgelts (Art. 3c), vgl. auch oben Rz. 8 ff. und 39, 43) und hinsichtlich der Mitgliedschaft und Mitwirkung bei einer ArbGeb- oder ArbN-Organisation oder einer sonstigen Organisation, deren Mitglieder einer bestimmten Berufsgruppe angehören, sowie hinsichtlich der Inanspruchnahme von Leistungen einer solchen Organisation (Art. 3 d). 59

Die Richtlinie wendet sich gegen unmittelbare (oben Rz. 23) und mittelbare Diskriminierung. Eine mittelbare Diskriminierung liegt entsprechend den oben ausgeführten Grundsätzen (Rz. 24 ff.) schon vor, wenn Personen „in besonderer Weise" benachteiligt werden (dazu oben Rz. 26). Als Diskriminierung gelten auch Belästigungen. Das sind Verhaltensweisen, welche mit den Diskriminierungsgründen in Zusammenhang stehen und bezwecken oder bewirken, dass die Würde der betreffenden Person verletzt und ein von Einschüchterungen, Anfeindungen, Erniedrigungen, Entwürdigungen oder Beleidigungen gekennzeichnetes Umfeld geschaffen wird (Art. 2 Abs. 3). 60

Eine Ungleichbehandlung ist jedoch ausnahmsweise zulässig, wenn sie an ein Merkmal anknüpft, welches wegen der Art der beruflichen Tätigkeit oder der Bedingungen ihrer Ausübung eine wesentliche oder entscheidende berufliche Anforderung darstellt, sofern es sich um einen rechtmäßigen Zweck und eine angemessene Anforderung handelt (Art. 4, vgl. oben Rz. 48). Weiter ist eine Ungleichbehandlung zulässig, wenn es um eine Maßnahme positiver Diskriminierung geht (Art. 5, oben Rz. 54 f.). Die Vorschrift des Art. 7 („Viktimisierung") entspricht dem Maßregelungsverbot (oben Rz. 53). 61

Die Rechtsschutzmöglichkeiten für die Betroffenen sind in Art. 7 weit gesteckt. In Abs. 3 werden die Fristen für die Rechtsverfolgung der Bestimmung durch nationales Recht überlassen. Aufgrund der bisherigen Rspr. des EuGH (oben Rz. 33) ist aber anzunehmen, dass dem nationalen Gesetzgeber dabei Grenzen gesetzt sind[7]. Die Beweislastverteilung entspricht gem. Art. 8 derjenigen aus Art. 4 der Richtlinie 97/80. Ob die Regelung in Art. 8 Abs. 5, nach der von der Beweislastumkehr in Verfahren 62

---

1 Spezielle Literatur: *Mohr*, Schutz vor Diskriminierungen im Europäischen Arbeitsrecht, 2004; *Högenauer*, Die europäischen Richtlinien gegen Diskriminierung im Arbeitsrecht, 2002. | 2 Ein noch weiter gehendes Gleichbehandlungsgebot enthält Art. 21 der Grundrechtscharta der EU v. 7.12.2000, ABl. EG 2000, C-364/1. | 3 V. 29.6.2000, ABl. EG 2000 L-180/22. | 4 V. 27.11.2000, ABl. EG 2000 L-303/16. | 5 Zu den Rechtsfolgen der Nichtumsetzung vgl. *Thüsing*, NJW 2003, 3441 ff. Zur Umsetzungsproblematik *Eichenhofer*, ZESAR 2003, 349 ff. | 6 Dazu *Thüsing*, ZfA 2001, 397, 399 ff. | 7 *Schmidt*, Arbeitsrecht, III. Rz. 172.

EGV Art. 141 Rz. 63   Gleiches Entgelt für Männer und Frauen

abgesehen werden kann, in denen die Ermittlung des Sachverhalts dem Gericht oder einer anderen Stelle obliegt, wirksam ist, wird bezweifelt[1].

63   **3. Richtlinie 2000/78.** Die Gleichbehandlungsrichtlinie untersagt die Diskriminierung von Personen aufgrund ihrer Religion, ihrer Weltanschauung, einer Behinderung, ihres Alters oder ihrer sexuellen Ausrichtung. Der personelle Anwendungsbereich (Art. 3 Abs. 1 und 2) ist mit dem der Richtlinie 2000/43 identisch (Rz. 58); der sachliche Anwendungsbereich entspricht den gleich lautenden Art. 3 Abs. 1 a) bis d) der Richtlinie 2000/43. In Art. 2 Abs. 5 sieht die Richtlinie weiter einen Vorbehalt für Maßnahmen vor, die in einer demokratischen Gesellschaft für die Gewährleistung der öffentlichen Sicherheit, der Verteidigung der Ordnung und die Verhütung von Straftaten, zum Schutz der Gesundheit und zum Schutz der Rechte und Freiheiten anderer notwendig sind. Art. 3 Abs. 5 lässt Einschränkungen hinsichtlich der Diskriminierung wegen des Alters und der Behinderung für die Streitkräfte zu.

64   Zum Verbot der unmittelbaren und mittelbaren Diskriminierung gilt das zur Richtlinie 2000/43 Ausgeführte entsprechend (Art. 2 Abs. 1 bis 3, oben Rz. 60 f.). Gem. Art. 2 Abs. 4 gilt auch eine Anweisung zur Diskriminierung als Diskriminierung.

65   Zu den Ausnahmen, unter denen eine Ungleichbehandlung zulässig ist (Art. 4 und 7), vgl. ebenfalls oben Rz. 61. Eine Ungleichbehandlung ist gem. Art. 7 Abs. 2 weiter zulässig, wenn sie dem Schutz Behinderter am Arbeitsplatz oder ihrer Eingliederung in die Arbeitswelt dient. Ausnahmen für Kirchen, Religions- und Weltanschauungsgemeinschaften finden sich in Art. 4 Abs. 2.

66   Art. 5 enthält eine **Verpflichtung des ArbGeb** (vgl. zur unmittelbaren Wirkung Rz. 56 f.), nach der er die geeigneten und im konkreten Fall erforderlichen Maßnahmen zu ergreifen hat, um den **Menschen mit Behinderung** den Zugang zur Beschäftigung, die Ausübung des Berufs, den beruflichen Aufstieg und die Teilnahme an Aus- und Weiterbildungsmaßnahmen zu ermöglichen, es sei denn, diese Maßnahmen würden ihn unverhältnismäßig belasten. Solange die Belastung durch staatliche Mittel der Behindertenpolitik gedeckt werden, liegt keine unverhältnismäßige Belastung vor.

67   In Art. 6 finden sich weitere Sonderregelungen zur Diskriminierung wegen des Alters. So können Ungleichbehandlungen insb. zulässig sein, wenn sie Zielen der Beschäftigungspolitik, der Verbesserung der Situation auf dem Arbeitsmarkt oder der beruflichen Bildung dienen. Nach Art. 6 Abs. 1 b) und c) kann es weiter zulässig sein, nach den Merkmalen Mindestalter, Berufserfahrung, Dienstalter oder Höchstalter zu differenzieren, wenn damit legitime Ziele verfolgt werden. Weiter sind Ungleichbehandlungen im Rahmen der betrAV zulässig (Art. 6 Abs. 2).

68   Art. 11 enthält ein Maßregelungsverbot (oben Rz. 61). Hinsichtlich des Rechtsschutzes und der Beweislast gilt das zur Richtlinie 43/2000 Gesagte (oben Rz. 62).

Art. 234 *[Vorabentscheidungsverfahren]* **(1) Der Gerichtshof entscheidet im Wege der Vorabentscheidung**
a) über die Auslegung dieses Vertrags,

b) über die Gültigkeit und die Auslegung der Handlungen der Organe der Gemeinschaft und der EZB,

c) über die Auslegung der Satzungen der durch den Rat geschaffenen Einrichtungen, soweit diese Satzungen dies vorsehen.

(2) Wird eine derartige Frage einem Gericht eines Mitgliedstaats gestellt und hält dieses Gericht eine Entscheidung darüber zum Erlass seines Urteils für erforderlich, so kann es diese Frage dem Gerichtshof zur Entscheidung vorlegen.

(3) Wird eine derartige Frage in einem schwebenden Verfahren bei einem einzelstaatlichen Gericht gestellt, dessen Entscheidungen selbst nicht mehr mit Rechtsmitteln des innerstaatlichen Rechts angefochten werden können, so ist dieses Gericht zur Anrufung des Gerichtshofs verpflichtet.

Lit.: *EuGH*, Praktische Anweisungen für die Parteien, ABl. EG 2002 L-87/48; *EuGH*, Hinweise zur Vorlage von Vorabentscheidungsverfahren durch die innerstaatlichen Gerichte, EuZW 1997, 142; *Dauses*, Das Vorabentscheidungsverfahren nach Art. 177 EG-Vertrag, 2. Aufl. 1995; *Gündisch/Wienhus/Hirsch*, Rechtsschutz in der Europäischen Union, 2. Aufl. 2003; *Hakenberg/Stix-Hackl*, Handbuch zum Verfahren vor dem Europäischen Gerichtshof, 2. Aufl. 2000; *Koenig/Sander*, Einführung in das EG-Prozessrecht, 2. Aufl. 2002; *Rengeling/Middeke/Gellermann*, Rechtsschutz in der Europäischen Union, 2. Aufl. 2003.

1   **I. Allgemeines. 1. Normzweck.** Jedes nationale Gericht ist verpflichtet, anhängige Verfahren daraufhin zu überprüfen, ob dem nationalen Recht vorrangige (Vorb. Rz. 27 ff.) Regelungen des europäischen Gemeinschaftsrechts Anwendung finden. Das Gemeinschaftsrecht hat der nationale Richter in eigener Verantwortung auszulegen und anzuwenden (Vorb. Rz. 19 f.). Mit dem Vorabentscheidungsverfahren nach Art. 234 *EGV soll die einheitliche Auslegung und Anwendung des Gemeinschaftsrechts gefördert werden.* Daneben

---

1 *Schmidt*, Arbeitsrecht, III. Rz. 174: Verstoß gegen den Grundsatz der Effektivität des Gemeinschaftsrechts.

stärkt die Norm den Individualrechtsschutz der Unionsbürger. Der EuGH ist keine „Superrevisionsinstanz"; vielmehr gibt er dem Gericht und den Parteien die Möglichkeit, im Rahmen eines Zwischenverfahrens die Gültigkeit und die Auslegung gemeinschaftsrechtlicher Normen vom EuGH feststellen zu lassen.

2. Sonstige Verfahren vor dem EuGH. Das Vertragsverletzungverfahren nach Art. 226 EGV (vgl. oben Rz. 15) und das Nichtigkeitsverfahren von Art. 230 EGV können nur durch den Mitgliedstaat bzw. die Kommission oder den Rat durchgeführt werden. Sie spielen für das Arbeitsrecht eine geringere Rolle. 2

3. Richtervorlage nach Art. 100 GG. Zu einer Konkurrenz der Zwischenverfahren nach Art. 234 EGV vor dem EuGH und nach Art. 100 GG vor dem BVerfG kann es kommen, wenn im Ausgangsrechtsstreit neben einer Gemeinschaftsrechtswidrigkeit auch eine mögliche Verfassungswidrigkeit des nationalen Rechts in Betracht kommt. Muss das nationale Recht wegen Gemeinschaftsrechtswidrigkeit unangewendet bleiben (Vorb. Rz. 27 ff.), ist die Richtervorlage zum BVerfG unzulässig, da die Norm nicht mehr entscheidungserheblich ist. In sonstigen Fällen soll dem nationalen Gericht die Wahl zwischen beiden Vorlageverfahren bleiben[1]. 3

II. Gegenstand des Vorabentscheidungsverfahrens. Nach Maßgabe von Abs. 1 a) bis c) entscheidet der EuGH ausschließlich über die Auslegung und die Gültigkeit von Gemeinschaftsrecht. Die Gültigkeit primären Gemeinschaftsrechts (Vorb. Rz. 7 ff.) und die Auslegung und Gültigkeit nationalen Rechts können nicht Verfahrensgegenstand sein. Auch über die Anwendung des Gemeinschaftsrechts auf den Sachverhalt entscheidet der EuGH nicht[2]. Da der EuGH jedoch in der Regel sehr fallbezogen argumentiert, wird dem nationalen Gericht praktisch die Subsumption abgenommen. Der EuGH befindet auch **nicht** darüber, ob Normen des nationalen Rechts mit dem Gemeinschaftsrecht vereinbar sind[3], inwieweit sie gemeinschaftsrechtskonform auszulegen sind oder ob sie wegen Gemeinschaftsrechtswidrigkeit keine Anwendung finden. Über diese Fragen hat das nationale Gericht zu entscheiden. 4

Nach Abs. 1 a) der Norm kann zunächst die Auslegung des EGV Gegenstand des Vorabentscheidungsverfahrens sein. Die Vorschrift erfasst nicht nur den Vertragstext, sondern das in Vorb. Rz. 7 genannte, anhand des EGV entwickelte Primärrecht. Der Begriff Auslegung ist weit zu verstehen; er umfasst insb. die teleologische Auslegung[4], aber auch die Analogie. 5

Unter die in Abs. 1 b) genannten „Handlungen der Organe" fällt ua. das gesamte Sekundärrecht (Vorb. Rz. 9 ff.). Die Norm ermöglicht es damit, die Auslegung und die **Gültigkeit** sämtlicher VO, Richtlinien, Empfehlungen und Stellungnahmen zum Verfahrensgegenstand zu machen. Auch völkerrechtliche Verträge (Vorb. Rz. 24 f.), bei denen die EG (ggf. neben den Mitgliedstaaten)[5] Vertragspartei ist, sind überprüfbar. Bei der Prüfung der Gültigkeit von Sekundärrecht untersucht der EuGH allein mögliche Verstöße gegen höherrangiges Gemeinschaftsrecht. 6

III. Vorlage durch das nationale Gericht. 1. Vorlageberechtigung (Abs. 2). a) Gericht. Vorlageberechtigt nach Abs. 2 sind nur Gerichte. Dies sind Einrichtungen, welche auf gesetzlicher Grundlage geschaffen wurden, deren Gerichtsbarkeit einen ständigen und obligatorischen Charakter hat und die Rechtsstreitigkeiten auf Grundlage eines rechtsstaatlich geordneten Verfahrens in richterlicher Unabhängigkeit potentiell rechtskräftig entscheiden[6]. Damit fallen sämtliche Gerichte der Arbeitsberichtsbarkeit unter den Gerichtsbegriff des Art. 234 Abs. 2 EGV. Keine Gerichte in diesem Sinne sind Registergerichte oder mit der beklagten Verwaltung institutionell verbundene Gerichte[7], vertraglich gebildete Schiedsgerichte[8], Einigungsstellen und Schiedsstellen gem. § 76 BetrVG[9]. 7

b) Vorlagebefugnis. Das Gericht kann dem EuGH eine Frage zur Gültigkeit und Auslegung des Gemeinschaftsrechts vorlegen, wenn diese Frage in einem Prozess aufgeworfen wird und wenn das Gericht ihre Beantwortung für seine eigene Urteilsfällung für erforderlich hält. 8

Das Verfahren, in welchem die Frage entscheidungserheblich wird, kann neben dem Urteilsverfahren ein Beschlussverfahren (zB nach §§ 80 ff. ArbGG), ein Verfahren der freiwilligen Gerichtsbarkeit, aber auch ein Verfahren des einstweiligen Rechtsschutzes sein[10]. 9

Die Entscheidung des EuGH muss für den Erlass des Urteils **erforderlich** sein. Die Beurteilung der Erforderlichkeit ist grundsätzlich Sache des nationalen Gerichts. Der EuGH weist die Vorlage nur zurück, wenn offensichtlich kein Zusammenhang zwischen der vom vorlegenden Gericht gestellten Frage und den Gegebenheiten oder dem Gegenstand des Ausgangsverfahrens besteht, wenn das Problem hypothetischer Natur ist, so dass der EuGH nur als Gutachter tätig würde[11], oder wenn der EuGH nicht 10

---

1 Weiterführend ErfK/*Wißmann*, EGV Art. 234 Rz. 39 ff. | 2 EuGH v. 31.5.1995 – Rs. C-400/93, Slg. 1995 I, 1275, 1305 ff. – Royal Copenhagen; BAG v. 18.2.2003 – 1 ABR 2/02, AP Nr. 12 zu § 611 BGB – Arbeitsbereitschaft. | 3 EuGH v. 1.2.1996 – Rs. C-177/94, Slg. 1996 I, 161, 174 – Perfili. | 4 ZB EuGH v. 29.3.2001 – Rs. C-62/99, Slg. 2001 I, 2579, 2607 ff. – bofrost*. | 5 Dazu Calliess/Ruffert/*Wegener*, EU-Vertrag und EG-Vertrag, 2. Aufl. 2002, Art. 234 Rz. 7. | 6 EuGH v. 30.5.2002 – Rs. C-516/99, Slg. 2002 I, 4573, 4606 – Schmid. | 7 EuGH v. 30.5.2002 – Rs. C-516/99, Slg. 2002 I, 4573, 4606 – Schmid; v. 15.1.2002 – Rs. C-182/00, Slg. 2002 I, 547, 565 f. – Lutz. | 8 EuGH v. 1.6.1999 – Rs. C-126/27, Slg. 1999 I, 3055, 3092 – Eco Swiss. | 9 ErfK/*Wißmann*, EGV Art. 234 Rz. 17. | 10 EuGH v. 13.4.2000 – Rs. C-176/96, Slg. 2000 I, 2681, 2724 f. – Lehtonen. | 11 EuGH v. 5.2.2004 – Rs. C-380/01, noch nv. (Rz. 23 ff.) – Schneider; v. 30.11.2000 – Rs. C-195/98, Slg. 2000 I, 10497, 10545 – ÖGB.

über die tatsächlichen oder rechtlichen Angaben verfügt, die für eine zweckdienliche Beantwortung der Frage notwendig sind[1]. Vorgelegt werden kann zB die Frage, ob das Gemeinschaftsrecht einschlägig ist, ob eine nationale Norm gemeinschaftsrechskonform auszulegen ist[2], oder die Frage, wie nationale Regelungen auszulegen sind, die Gemeinschaftsrecht übernehmen[3].

11 Das Gericht **kann** vorlegen; die Entscheidung steht in seinem Ermessen (vgl. aber Rz. 12 und Rz. 15). Das gilt auch, wenn das Gericht von der Rspr. des EuGH abweichen will. Das Gericht entscheidet von Amts wegen; es bedarf keines Antrags von Seiten der Parteien. Die Verfahrensbeteiligten können die Vorlage lediglich anregen; eine solche Anregung bedarf keiner förmlichen Bescheidung durch das Gericht[4]. Die Verfahrensbeteiligten können die Vorlage nur erzwingen, indem sie den Rechtsstreit bis in die letzte Instanz weiterführen (Rz. 12). Das Gericht kann auch eine Frage vorlegen, die vom EuGH bereits entschieden wurde, um auf diese Weise eine erneute Prüfung zu erreichen (vgl. auch Art. 104 § 3 der VerfahrensO)[5]. Dies gilt sogar, wenn die erste Entscheidung des EuGH in demselben Ausgangsverfahren ergangen ist[6].

12 **2. Vorlagepflicht. a) Letztinstanzliche Gerichte (Abs. 3).** Zur Vorlage verpflichtet sind nationale Gerichte, deren Entscheidungen nicht mehr mit Rechtsmitteln angefochten werden können, also jedenfalls BGH, BAG und BSG. Daneben sollen nach umstrittener Ansicht alle Gerichte vorlageverpflichtet sein, wenn gegen ihre Entscheidung im konkreten Fall kein Rechtsmittel mehr zulässig ist[7]. Daher kann auch ein ArbG zur Vorlage verpflichtet sein, wenn die Berufung nach § 64 ArbGG nicht statthaft ist. Eine Vorlagepflicht eines LAG entsteht, wenn es die Revision nicht zulässt; also erst nach Erlass des Urteils. Dies wird damit begründet, dass die Nichtzulassungsbeschwerden nach § 72a und § 92a ArbGG keine Rechtsmittel iSd. Abs. 3 seien[8]. Keine Rechtsmittel, die die Vorlagepflicht entfallen ließen, sind auch die Verfassungsbeschwerde oder der Antrag auf Wiederaufnahme des Verfahrens.

13 Das Gericht entscheidet über die Vorlage von Amts wegen; die Vorlagepflicht entsteht nur, wenn die Beantwortung der Frage für die Entscheidung des Gerichts erforderlich ist (oben Rz. 10); insb. wenn das Gericht von der Rspr. des EuGH abweichen will. Eine Vorlagepflicht besteht nicht, wenn der EuGH die Frage bereits (für ein anderes Verfahren) entschieden hat; sei es auch in abstrakter Art und Weise[9], und das Gericht der Entscheidung folgen will. Eine Vorlagepflicht besteht auch nicht, wenn die richtige Auslegung des Gemeinschaftsrechts derart offenkundig ist, dass für vernünftige Zweifel kein Raum bleibt[10].

14 **b) Verwerfung von Gemeinschaftsrecht.** Eine ungeschriebene Vorlagepflicht besteht für alle Gerichte, welche in ihren Entscheidungen Regelungen des Gemeinschaftsrechts als ungültig behandeln wollen[11]. Insoweit nimmt der EuGH ein Verwerfungsmonopol für sich in Anspruch.

15 **c) Verletzung der Vorlagepflicht.** Verletzt ein Gericht seine Vorlagepflicht, stehen den Verfahrensbeteiligten grundsätzlich keine Rechtsbehelfe zur Verfügung. Lediglich in Fällen, in denen die Verletzung in „objektiv willkürlicher Weise" erfolgte, können sie das BVerfG wegen der Verletzung des grundrechtsgleichen Rechts auf den gesetzlichen Richter gem. Art. 101 Abs. 1 Satz 2 GG mit der Verfassungsbeschwerde anrufen[12]. Verstößt allerdings in einer bestimmten Rechtsfrage ein erheblicher Teil der Gerichte sowie das zuständige höchstinstanzliche Gericht gegen die Vorlagepflicht, kann es zu einem Vertragsverletzungsverfahren nach Art. 226 EGV kommen[13]. Da in der Verletzung der Vorlagepflicht ein Verstoß gegen das Gemeinschaftsrecht liegt, kann der Mitgliedstaat zudem für Schäden, die aus der Verletzung resultieren, haftbar sein (Vorb. Rz. 21 ff.).

16 **3. Gang des Verfahrens. a) Einleitung des Verfahrens.** Das nationale Gericht setzt analog Art. 148 ZPO das Ausgangsverfahren aus und beschließt das Vorabentscheidungsersuchen. In diesem Beschluss sollte in der Begründung das für die Frage erhebliche innerstaatliche Recht sowie alle relevanten Tatsachen und Erwägungen dargestellt werden, so dass der EuGH den Inhalt der Frage richtig erfassen kann[14]. Auf diese Weise wird dem EuGH auch eine Umdeutung von Fragen ermöglicht, die er für nicht vorlagefähig hält (oben Rz. 10). Die Vorlage erfolgt in der Amtssprache des Gerichts. Der EuGH hat praktische Anwei-

---

1 EuGH v. 13.3.2001 – Rs. C-379/98, Slg. 2001 I, 2099, 2176 – PreussenElektra. | 2 EuGH v. 14.9.2000 – Rs. C-343/98, Slg. 2000 I, 6659, 6699 f. – Collino. | 3 EuGH v. 17.12.1998 – Rs. C-2/97, Slg. 1998 I, 8597, 8641 – IP. | 4 BAG v. 20.11.2001 – 1 AZR 97/01, AP Nr. 39 zu § 113 BetrVG 1972; ErfK/*Wißmann*, EGV Art. 234 Rz. 21. | 5 Verfahrensordnung des Gerichtshofes der Europäischen Gemeinschaften vom 19.6.1991, konsolidierte Fassung ABl. EG 2003 C-193/1. | 6 ZB EuGH v. 2.5.1996 – Rs. C-206/94, Slg. 1996 I, 2357, 2382 ff. – Paletta II; v. 6.3.2003 – Rs. C-466/00, Slg. 2003 I, 2219, 2272 – Kaba II. | 7 BVerfG v. 13.6.1997 – 1 BvR 2102/95, AP Nr. 52 zu Art. 101 GG; ErfK/*Wißmann*, EGV Art. 234 Rz. 24 mwN. Dahin gehend auch EuGH v. 4.6.2002 – Rs. C-99/00, Slg. 2002 I, 4839, 4885 – Lyckeskog. | 8 BVerfG v. 13.6.1997 – 1 BvR 2102/95, AP Nr. 52 zu Art. 101 GG; ErfK/*Wißmann*, EGV Art. 234 Rz. 25 mwN. | 9 BAG v. 5.3.1996 – 1 AZR 590/92, AP Nr. 226 zu Art. 3 GG. | 10 BAG v. 6.11.2002 – 5 AZR 617/01 (A), AP Nr. 1 zu § 1a AEntG; v. 20.11.2001 – 1 AZR 97/01, AP Nr. 39 zu § 113 BetrVG 1972; ErfK/*Wißmann*, EGV Art. 234 Rz. 28 mwN. | 11 EuGH v. 17.7.1997 – Rs. C-334/95, Slg. 1997 I, 4517, 4554 f. – Krüger. | 12 BVerfG v. 5.8.1998 – 1 BvR 264/98 und v. 13.6.1997 – 1 BvR 2102/95 = AP Nr. 56 und 52 zu Art. 101 GG. Weiterführend ErfK/*Wißmann*, EGV Art. 234 Rz. 30. | 13 EuGH v. 9.12.2003 – Rs. C-129/00, EuZW 2004, 151 ff. | 14 EuGH v. 8.7.1998 – Rs. C-9/98, Slg. 1998 I, 4261, 4265 – Agostini. Vgl. auch: EuGH v. 23.2.2003 – Rs. C-445/01, Slg. 2003 I, 1807, 1817 ff. – Simoncello; v. 21.1.2003 – Rs. C-318/00, Slg. 2003 I, 905, 932 ff. – Bacardi; v. 8.5.2003 – Rs. C-111/01, Slg. 2003 I, 4207, 4238 (Rz. 33 ff.) – Ganter.

Vorabentscheidungsverfahren   Rz. 19 Art. 234 EGV

sungen veröffentlicht, wie die Schriftsätze der Anwälte der Parteien auszusehen haben[1]; an diesen kann sich auch das Gericht orientieren. Die Vorlage ist vom Gericht gem. Art. 23 Abs. 1 der Satzung[2] des EuGH unmittelbar an die Kanzlei des EuGH zu übermitteln. Die Prozessakten sind beizufügen.

b) Verfahrensablauf. Beim EuGH wird das Ersuchen in sämtliche Amtssprachen der Gemeinschaft 17
übersetzt und anschließend den Parteien des Ausgangsverfahrens, den Mitgliedstaaten, der Kommission und ggf. dem Rat bzw. dem Europäischen Parlament zugeleitet. Innerhalt von zwei Monaten können diese Stellung nehmen. Das Gericht wird nicht beteiligt. Eine Stellungnahme der Bundesrepublik Deutschland erfolgt durch das jeweils zuständige Bundesministerium. Darauf folgt die mündliche Verhandlung vor dem EuGH. Gem. Art. 104a der Verfahrensordnung des EuGH[3] kann bei außerordentlicher Dringlichkeit ein beschleunigtes Verfahren erfolgen. Das Verfahren vor dem EuGH ist gem. Art. 72 der Verfahrensordnung grundsätzlich kostenfrei.

c) Beendigung des Verfahrens. Der EuGH entscheidet regelmäßig durch Urteil, welches in öffentlicher 18
Sitzung verkündet und dem vorlegenden Gericht übermittelt wird. Das Urteil wird durch die Schlussanträge des Generalanwalts vorbereitet, welche mit dem Urteil in der amtlichen Sammlung veröffentlicht werden. Das vorlegende Gericht kann weiter die Erledigung des Verfahrens vor dem EuGH bewirken, indem es das Vorabenscheidungsersuchen zurücknimmt[4].

4. Inhalt und Wirkung des Urteils. Das Urteil wird mit dem Tage der Verkündung rechtskräftig. Für 19
die Bindung ist zu berücksichtigen, dass der EuGH lediglich über die Gültigkeit und Auslegung des Gemeinschaftsrechts entscheidet, nicht aber über den Ausgangsrechtsstreit (oben Rz. 4). In diesem Rahmen wirkt das Urteil verbindlich; allerdings nur inter partes. Das nationale Gericht hat also den Urteilstenor auszulegen und auf den Ausgangsrechtsstreit anzuwenden. Außerhalb des Rechtsstreits (erga omnes) wirkt das Urteil nur, wenn der EuGH eine Norm des Gemeinschaftsrechts für ungültig erklärt hat. Das Urteil wirkt grundsätzlich ex tunc; gelegentlich hat der EuGH allerdings die Rückwirkung zeitlich beschränkt (vgl. Art. 141 EGV Rz. 34 ff.).

---

1 ABl. EG 2002, L-87/48. Die Schriftsätze sollten so beschaffen sein, dass sie vom Gericht elektronisch verwaltet, gescannt und mit Texterkennungsprogrammen bearbeitet werden können. Es soll weißes, unliniertes Papier verwendet werden, das nur einseitig beschrieben werden darf. Dabei muss jeder Absatz nummeriert werden. Der Seitenumfang ist begrenzt. | 2 Protokoll über die Satzung des Gerichtshofs der Europäischen Wirtschaftsgemeinschaft, unterzeichnet in Brüssel am 17.4.1957, zuletzt geändert ABl. EG 2002 L-218/1. | 3 Oben Fn. 6 zu Rz. 11. | 4 BAG v. 17.7.1997 – 8 AZR 156/95, AP Nr. 15 zu EWG- Richtlinie Nr. 77/187.

Stichwortverzeichnis

Bearbeiter: Klaus Thölken

Fett gedruckte Gesetzeskürzel verweisen auf das kommentierte Gesetz, fett gedruckte Zahlen auf die kommentierte Vorschrift. Mager gedruckte Zahlen bezeichnen die Randziffer der Fundstelle. Wegen der Bedeutung der Gesetzeskürzel wird auf das Abkürzungsverzeichnis verwiesen.

Abfindung KSchG 10 1 ff.; Abfindungsanspruch bei betriebsbedingter Kündigung *siehe dort*; **Abgrenzung zur betrieblichen Altersversorgung BetrAVG Vorb.** 60; Abtretung KSchG 10 17; andere Ansprüche KSchG 10 16; Arbeitslosengeld, Ruhen des Anspruchs KSchG 9 Anhang 52, **SGB III 143a** 1 ff.; Arbeitsmarktschancen KSchG 10 10; Aufhebungsvertrag KSchG 9 Anhang 40 ff.; Auflösungsantrag *siehe dort*; **Bemessungsfaktoren KSchG 10** 3 ff.; Dauer des Arbeitsverhältnisses KSchG 10 8; Eigentumsgarantie GG 14 55; Einkommensteuer bei Abfindungen *siehe dort*; **Entscheidung des Gerichts KSchG 10** 23; Fünftelungsregelung *siehe dort*; **Höchstgrenze KSchG 10** 2; Insolvenz KSchG 10 19; Lebensalter KSchG 10 9; Maß der Sozialwidrigkeit KSchG 10 12; Monatsverdienst KSchG 10 6 f.; Pfändung KSchG 10 18; Sozialplanabfindung *siehe dort*; **Streitwert ArbGG 12** 23; Unvererblichkeit des Anspruchs BGB 613 12 f.; Vererbung KSchG 10 17; wirtschaftliche Situation KSchG 10 11, 14; Zwangsvollstreckung ArbGG 62 33
Abfindung von Anwartschaften BetrAVG 3 1 ff.; nicht abfindbare Anwartschaft BetrAVG 3 10; bei Ausscheiden BetrAVG 3 3 f.; Einkommensteuer EStG 3 61; bei fortbestehendem Arbeitsverhältnis BetrAVG 3 5; Fünftelungsregelung EStG 34 26; Höhe der Abfindung BetrAVG 3 11; Höhe der Versorgungsanwartschaft BetrAVG 3 8; laufende Leistungen BetrAVG 3 6 f.; Streitigkeiten BetrAVG 3 12; Voraussetzungen BetrAVG 3 8 ff.
Abfindungsanspruch bei betriebsbedingter Kündigung KSchG 1a 1 ff.; Berechnung KSchG 1a 20; gesetzlicher Anspruch KSchG 1a 5 f.; Hinweis des Arbeitgebers KSchG 1a 10 ff.; Kündigung KSchG 1a 7 ff.; Rechtsfolgen KSchG 1a 19 ff.; rein vertragliche Gestaltungen, Abgrenzung KSchG 1a 3 ff.; Sozialplanabfindung KSchG 1a 21; Verstreichenlassen der Klagefrist KSchG 1a 14 ff.
Abkehrwille, außerordentliche Kündigung BGB 626 154; betriebsbedingter Kündigungsgrund KSchG 1 265; verhaltensbedingter Kündigungsgrund KSchG 1 214
Ablehnung ArbGG 49 1 ff., 9 ff.; in Berufungsinstanz ArbGG 64 54; Besorgnis der Befangenheit *siehe dort*; Entscheidung ArbGG 49 21 ff.; Form ArbGG 49 28; gesetzlicher Ausschluss ArbGG 49 14; Gesuch ArbGG 49 19; Gründe ArbGG 49 13 ff.; Recht zur ~ ArbGG 49 10 ff.; Rechtsmissbrauch ArbGG 49 18; Rechtsmittel ArbGG 49 30; Revisionsinstanz ArbGG 72 31; rügelose Einlassung ArbGG 49 16 f.; Schiedsgerichtsmitglieder ArbGG 103 5 ff.; Selbstablehnungsanzeige ArbGG 49 20; Verfahren ArbGG 49 19 ff.; Verfahren nach ~ ArbGG 49 29; Verlust des ~srechts ArbGG 49 16 ff.; zuständiger Spruchkörper ArbGG 49 21
Abmahnung BGB 626 115 ff., **KSchG 1** 185 ff.; Abschwächung der Warnfunktion BGB 626 127; Ausnahmen vom ~serfordernis BGB 626 135 ff.; Ausspruch, wirksamer KSchG 1 198 ff.; Berechtigung BGB 626 123, 125, KSchG 1 198; Beschwerde beim Vorgesetzten KSchG 1 204; besonders schwere Pflichtverletzung BGB 626 136 f.; kein Beteiligungsrecht *des Betriebsrats KSchG 1 199; betriebsverfassungsrechtliche* BetrVG 23 9; Entbehrlichkeit KSchG 1 187 f.; Entfernungsanspruch KSchG 1 205 ff.; Erfordernis weiterer ~en KSchG 1

189 ff.; erneute Pflichtverletzung BGB 626 132 f.; Gegendarstellung KSchG 1 203; Inhalt KSchG 1 194 ff.; Konkretheit BGB 626 122; personenbedingte Kündigung KSchG 1 97 f.; Rechtsschutz KSchG 1 202 ff.; Rechtswirkungen KSchG 1 201; Streitwert ArbGG 12 26; Vergleichbarkeit der Pflichtverstöße KSchG 1 190; Verhältnismäßigkeit BGB 626 129, KSchG 1 197; Vorgehen gegen ~ BGB 626 130 f.; vorweggenommene KSchG 1 192; Wirksamkeitsvoraussetzungen KSchG 1 193 ff.; Zeitablauf KSchG 1 191; zeitliche Wirkung BGB 626 128; Zwangsvollstreckung des Entfernungsanspruchs ArbGG 62 34
Abrufarbeit TzBfG 12 1 ff.; Abruf TzBfG 12 15 ff.; Annahmeverzug des Arbeitgebers BGB 615 14; Arbeitsentgelt TzBfG 12 3, 25; Arbeitszeitrahmen TzBfG 12 10 ff.; Bandbreitenregelung TzBfG 12 14; Bezugszeitraum TzBfG 12 10 ff.; Darlegungs- und Beweislast TzBfG 12 28; Dauerbeschäftigungsverhältnis TzBfG 12 2 ff.; Entgeltfortzahlung TzBfG 12 26; Entgeltfortzahlung an Feiertagen EFZG 2 29; Mehrarbeit/Überstunden TzBfG 12 7; Tarifvertrag TzBfG 12 22 f.; Urlaubsberechnung BUrlG 3 31; vertragliche Abweichungen TzBfG 12 13 f.; vertragliche Grundlage TzBfG 12 8 f.; Vollzeit/Teilzeit TzBfG 12 6; vorübergehende Verhinderung BGB 616 10
Abschlagszahlungen BGB 614 19, 22; Rückgewähr BGB 614 23 ff.
Abschluss des Arbeitsvertrages BGB 611 30 ff., **GewO 105** 12 ff.
Abschlussfreiheit GewO 105 12 ff.; Berufsfreiheit GG 12 42 ff.; Beschränkung BGB 611 47 f.
Abschlussgebote BGB 611 49 ff.
Abschlussprüfung BBiG 34 1 ff.; Entscheidung über Zulassung BBiG 39 6 f.; Gebührenfreiheit BBiG 34 4; Gegenstand der Prüfung BBiG 35 1 ff.; Gleichstellung von Prüfungszeugnissen BBiG 43 1 ff.; Nichtbestehen und Übernahmerecht BetrVG 78a 16; Prüfungsausschüsse *siehe dort*; Prüfungsordnung BBiG 41 1 ff.; nach Vertragsende BBiG 14 5; vorzeitige BBiG 14 3, BBiG 40 1 ff.; wiederholte BBiG 14 4, BBiG 34 2; Zeugnis bei Bestehen BBiG 34 3; Zulassung von Außenseitern BBiG 40 4 f.; Zulassung nach außerbetrieblicher Berufsausbildung BBiG 40 6 ff.; Zulassungsvoraussetzungen BBiG 39 1 ff.
Abschlussverbote BGB 611 54 ff., **GewO 105** 22 f.; tarifvertragliche GewO 105 34
Abstimmung, Gericht ArbGG 9 7
Abteilungsversammlungen BetrVG 42 32 ff., BetrVG 43 6
Abtretung, Abfindung KSchG 10 17; einzelner Ansprüche auf Arbeitsleistung BGB 613 16 ff.; Unterlassungsanspruch nachvertragliches Wettbewerbsverbot HGB 74 123; Urlaubsabgeltungsanspruch BUrlG 1 24, BUrlG 7 123; Urlaubsanspruch BUrlG 1 23; Urlaubsentgelt BUrlG 11 61
Abwerbung, außerordentliche Kündigung BGB 626 155; Verbote HGB 75f 5
Abwicklungsvertrag, keine Schriftform BGB 623 22, KSchG 9 Anhang 6; Sperrzeit KSchG 9 Anhang 50, SGB III 144 13
AGB-Kontrolle, keine ~ bei Betriebsvereinbarung BetrVG 77 21, BGB 310 19, 21; Aufhebungsverträge KSchG 9 Anhang 35 f.; Tarifverträge BGB 310 19 f., 22; Arbeitsvertrag *siehe* „Formulararbeitsvertrag"

Stichwortverzeichnis

Aids, Frage des Arbeitgebers BGB 123 23; personenbedingter Kündigungsgrund KSchG 1 118; Test für Bewerber BGB 611 13
Akkordarbeit BGB 611 300; Entgeltfortzahlung an Feiertagen EFZG 2 46 f.; Entgeltfortzahlung im Krankheitsfall EFZG 4 50 ff.; Jugendliche JArbSchG 23 1 f.; Teilvergütung bei außerordentlicher Kündigung BGB 628 16
Aktienoptionen BGB 611 125 f.; aktienrechtliche Anforderungen BGB 611 128 ff.; Ausgestaltung der Konditionen BGB 611 132 f.; Betriebsübergang BGB 613a 232; Einkommensteuer bei Abfindungen EStG 3 61; Varianten BGB 611 126 f.; Wege zur Bereitstellung von Aktien BGB 611 129 ff.
Alkohol, außerordentliche Kündigung wegen Alkoholismus BGB 626 220 ff., 309; außerordentliche Kündigung wegen Trunkenheit BGB 626 305 ff.; außerordentliche Kündigung bei Verbotsverstoß BGB 626 220 f.; Entgeltfortzahlung bei Trunksucht EFZG 3 71 f.; Frage des Arbeitgebers nach Abhängigkeit BGB 123 20; personenbedingte Kündigung wegen Sucht KSchG 1 119 ff.; verhaltensbedingter Kündigungsgrund KSchG 1 215 ff.
Alleinentscheidung des Vorsitzenden, Antrag beider Parteien ArbGG 55 28 ff.; außerhalb der mündlichen Verhandlung ArbGG 53 3 ff.; Beweisbeschluss vor streitiger Verhandlung ArbGG 55 33 ff.; Folgen unzulässiger ~ ArbGG 55 32; aufgrund gesetzlicher Ermächtigung ArbGG 55 2 ff.; Säumnis beider Parteien ArbGG 55 12 f.; Säumnis einer Partei ArbGG 55 10 f.; wenn mündliche Verhandlung ArbGG 55 1 ff.
Allgemeine Aufgaben des Betriebsrates BetrVG 80 1 ff.; Antragsrecht BetrVG 80 29 ff.; Arbeitsschutz und betrieblicher Umweltschutz BetrVG 80 74 ff.; Auskunftsperson für Betriebsrat *siehe dort*; Behandlung von Anregungen BetrVG 80 44 ff.; Beschäftigungssicherung BetrVG 80 68 ff.; Bruttolohn- und gehaltslisten, Einblick *siehe dort*; Förderung der Beschäftigung älterer Arbeitnehmer BetrVG 80 58 f.; Förderung der Eingliederung besonders schutzwürdiger Personen BetrVG 80 52 f.; Förderung der Gleichstellung von Frauen und Männern BetrVG 80 35 ff.; Förderung der Vereinbarkeit von Familie und Erwerbstätigkeit BetrVG 80 40 ff.; Initiativrecht BetrVG 80 30 ff.; Integration ausländischer Arbeitnehmer BetrVG 80 61; Katalog BetrVG 80 7 ff.; Sachverständige (Betriebsrat) *siehe dort*; sämtliche Tätigkeitsbereiche BetrVG 80 2; Schutz vor Rassismus und Fremdenfeindlichkeit BetrVG 80 62 ff.; Überwachungsrechte des Betriebsrates *siehe dort*; Unterlagen, Vorlage *siehe dort*; Unterrichtung des Betriebsrates *siehe dort*; Wahl und Zusammenarbeit mit Jugend- und Auszubildendenvertretung BetrVG 80 57
Allgemeine Geschäftsbedingungen, siehe „AGB-Kontrolle", „Formulararbeitsvertrag"
Allgemeinverbindlichkeitserklärung, 50 v.H.-Klausel TVG 5 11 f.; Antrag TVG 5 16 ff.; Beginn TVG 5 27 f.; Bekanntmachung der ~ TVG 5 26; Bekanntmachung des Antrags TVG 5 20; Berufsfreiheit GG 12 30; Durchführungsverordnung TVG 5 6; Einvernehmen des Tarifausschusses TVG 5 21 f.; Ende TVG 5 29 f.; Entscheidung TVG 5 24 f.; öffentliches Interesse TVG 5 13 f.; Rechtsmängel TVG 5 35; Rechtsnatur TVG 5 5; Rechtsschutz TVG 5 36 ff.; rechtstatsächliche Bedeutung TVG 5 4; Rechtswegzuständigkeit ArbGG 2 33 f.; Sinn und Zweck TVG 5 1 f.; sozialer Notstand TVG 5 15; Tarifkonkurrenz TVG 4 44; Übereinstimmung mit Art. 3 Abs. 1 GG GG 3 34; Verfahren TVG 5 16 ff.; Voraussetzungen TVG 5 7 ff.; wirksamer Tarifvertrag TVG 5 7 ff.; Wirkungen TVG 5 31 ff.
Alter, Diskriminierungsverbot (EG) EGV 141 56 f., 63 ff.; personenbedingter Kündigungsgrund KSchG 1 123
Altersgrenze, auflösend bedingte Arbeitsverträge TzBfG 21 12; Befristungsgrund TzBfG 14 59 ff.; Berufsfreiheit und Tarifklauseln GG 12 59; bei betrieblicher Altersversorgung BetrAVG Vorb. 100 f., 105 f., BetrAVG 2 20 ff.; Diskriminierung wegen Überschreitung bestimmter ~ BetrVG 75 14; geschlechtsbezogene unterschiedliche ~ bei betrieblicher Altersversorgung BetrAVG 2 27 ff.; Gleichbehandlung von Männern und Frauen bei betrieblicher Altersversorgung BetrAVG 30a 1; wegen Leistungsfähigkeit TzBfG 14 65; personenbedingter Kündigungsgrund KSchG 1 123; Tarifklauseln TVG 1 91; als überraschende Klausel BGB 305c 5; unterschiedliche in Betriebsvereinbarung und Tarifvertrag TzBfG 14 67 f.; Zulässigkeit nach EU-Recht TzBfG 14 69; *siehe auch* „Altersgrenzenvereinbarungen"
Altersgrenzenvereinbarungen SGB VI 41 6 ff.; Befristungsgrund TzBfG 14 59 ff.; Drei-Jahres-Frist SGB VI 41 16; einzelvertragliche Vereinbarung SGB VI 41 11; Inhalt SGB VI 41 9 f.; kollektivarbeitsrechtliche Vereinbarungen SGB VI 41 12 ff., TzBfG 14 62; persönlicher Anwendungsbereich SGB VI 41 7; Rechtsfolgen SGB VI 41 17; Schriftform TzBfG 14 63; Sonderregelungen SGB VI 41 8; Übergangsvorschriften SGB VI 41 18 f.; Vereinbarungstypen SGB VI 41 11 f.
Altersrente, Altersgrenze bei betrieblicher Altersversorgung BetrAVG Vorb. 105 f.; Altersgrenzenvereinbarungen *siehe dort*; betriebliche Altersversorgung BetrAVG Vorb. 36 f.; Kündigungsschutz bei Altersrente *siehe dort*
Altersteilzeit ATZG Vorb. 1 ff.; Änderungen zum 1. Juli 2004 ATZG Vorb. 28 ff.; Anerkennungsantrag ATZG 12 2 ff.; Anspruch ATZG 2 5; Antragsverfahren ATZG 12 1 ff.; arbeitgeberbezogene Voraussetzungen ATZG 3 1 ff.; arbeitnehmerbezogene Voraussetzungen ATZG 2 1 ff.; Arbeitslosengeld ATZG 10 Rz. 1 ff.; arbeitsrechtliche Regelungen ATZG 8 1 ff.; Arbeitszeitmodelle ATZG 2 16 ff.; Aufstockungsleistungen ATZG 3 2 ff.; Aufstockungsleistungen, Berechnung ATZG Vorb. 31 ff.; Auskünfte und Prüfungen ATZG 13 1 f.; Befristung der Förderungsfähigkeit ATZG 16 1 ff.; Befristung bis Rentenbezug nach ~ TzBfG 14 70; Begriffsbestimmungen ATZG 6 1 ff.; Beschäftigtenzahl, Berechnung ATZG 7 1 ff.; Bußgeldvorschriften ATZG 14 1; Einkommensteuer bei Abfindungen EStG 3 37; Entgeltersatzleistungen ATZG 10 4 ff.; Entstehung des ATZG ATZG Vorb. 2 ff.; Erlöschen des Förderungsanspruchs ATZG 5 1 ff.; Erstattung der Aufstockungsleistungen ATZG Vorb. 42, ATZG 4 1 ff.; Erstattungsantrag ATZG 12 6 ff.; Erstattungspflicht des Arbeitnehmers ATZG 11 2; Förderung durch BA ATZG 4 1 ff.; Förderung individueller und flexibler Vertragsgestaltungen ATZG Vorb. 14 f.; Halbierung der Arbeitszeit ATZG Vorb. 30, ATZG 2 11 ff.; Insolvenzschutz ATZG Vorb. 35 ff., ATZG 8 8; künftige Bedeutung ATZG Vorb. 20 ff.; Mitwirkungspflichten des Arbeitnehmers ATZG 11 1 ff.; Mustervertrag ATZG Vorb. 26; Praxisanreize ATZG Vorb. 17 ff.; qualitativer Personalaustausch ATZG Vorb. 5 1; Regelarbeitsentgelt ATZG Vorb. 31; Rentenaufstockungsleistungen ATZG Vorb. 34; Rentenbeginn ATZG 2 10; Rentenrecht ATZG Vorb. 45; Rentenversicherungsbeiträge ATZG 3 21 f.; sozialverträgliche Personalanpassung ATZG Vorb. 10; steuerliche Vorteile EStG 3 7; Übergangsregelungen ATZG Vorb. 44, ATZG 15a 1, ATZG 15b 1, ATZG 15c 1, ATZG 15d 1, ATZG 15e 1, ATZG 15f 1; Übernahme der Aufstockungsleistungen außerhalb des Lohnfortzahlungszeitraumes ATZG Vorb. 43; Verordnungsermächtigung ATZG 15 1 ff.; versicherungspflichtige Auslandsbeschäftigung ATZG Vorb. 29; versicherungspflichtige Beschäftigung ATZG 2 7 ff.; Vertrag ATZG 2 2 ff.; Voraussetzungen ATZG Vorb. 27; Wiederbesetzungsproblematik ATZG 3 23 ff.; Ziele ATZG Vorb. 7 f.
Amtsenthebung BetrVG 24 10; Antrag BetrVG 23 13 ff.; betriebsverfassungsrechtliche Abmahnung BetrVG

Stichwortverzeichnis

23 9; gesetzliche Pflichten **BetrVG** 23 4 ff.; grobe Pflichtverletzung **BetrVG** 23 7; Verfahren **BetrVG** 23 13 ff.; Verletzung der Schweigepflicht **BetrVG** 79 39; kein Verschulden **BetrVG** 23 8; Voraussetzungen **BetrVG** 23 4 ff.; Wirkungen **BetrVG** 23 17; Zeitpunkt der Pflichtverletzung **BetrVG** 23 10

Amtsermittlungsprinzip siehe „Offizialmaxime"

Anbahnung des Arbeitsverhältnisses BGB 611 1 ff.

Anbahnungsverhältnis BGB 611 26 ff.; Pflichten des Arbeitgebers **BGB** 619a 70 ff.; Vertrauensschaden **BGB** 619a 73

Änderung des Arbeitsvertrags, Ablösung durch Betriebsvereinbarung und Tarifvertrag **BGB** 611 519 ff.; betriebliche Altersversorgung **BetrAVG** Vorb. 127; einseitige ~ **BGB** 611 502 ff.; einvernehmliche ~ **BGB** 611 497 ff.; Schriftformerfordernis **BGB** 611 500 f.

Änderungskündigung KSchG 2 1 ff.; Abgrenzungsfragen **KSchG** 2 36 ff.; Ablehnung des Änderungsangebots **KSchG** 2 30, 94; Altfälle bei Kündigungsfrist **BGB** 622 19; anderer freier Arbeitsplatz **KSchG** 2 44; Änderungsangebot **KSchG** 2 26 ff.; Angebot befristeter Weiterbeschäftigung **KSchG** 2 23; aus Anlass einer Arbeitsunfähigkeit **EFZG** 8 9; Annahme unter Vorbehalt **KSchG** 2 95; Anträge bei Änderungsschutzklage **KSchG** 2 87 ff.; Anwendungsbereich **KSchG** 2 11 ff.; Arbeitskräfteübergang **KSchG** 2 59; Arbeitslosmeldung **SGB III** 37b 10; Arbeitsplatzteilung **TzBfG** 13 12; Arbeitszeitverteilung **KSchG** 2 58; Auflösungsantrag **KSchG** 9 4; außerordentliche **BGB** 626 379 ff., **KSchG** 2 35, 63 f.; Beendigungskündigung statt ~ **KSchG** 2 19 ff.; Beendigungskündigung als erstes Element **KSchG** 2 24 f.; Beteiligung von Betriebsrat/Personalrat **KSchG** 2 72 ff.; betriebliche Altersversorgung **BetrAVG** Vorb. 128 f.; betriebsbedingte **KSchG** 2 52 ff.; Darlegungs- und Beweislast **KSchG** 2 90 f.; Direktionsrecht statt ~ **KSchG** 2 42; Direktionsrecht, Abgrenzung **KSchG** 2 12 ff.; Einkommensteuer bei Abfindungen **EStG** 3 29; einseitige Leistungsbestimmung **KSchG** 2 8; Erlöschen des Vorbehalts **KSchG** 7 6; wegen Gleichbehandlungsgrundsatz **BGB** 611 214; Herabgruppierung **KSchG** 2 61; Insolvenz **KSchG** 2 83; Klagefrist **KSchG** 4 37 ff.; Kollektivverträge bei Betriebsübergang **BGB** 613a 284; Kosten einer Änderungsschutzklage **KSchG** 2 97 ff.; Kündigungsverbote/-ausschlüsse **KSchG** 2 18; Mischtatbestand **KSchG** 2 47; mitbestimmungswidrige **BetrVG** 87 43; Nachweis wesentlicher Vertragsbedingungen **KSchG** 2 6; ordentliche/außerordentliche **KSchG** 2 11; personenbedingte **KSchG** 2 48 f.; prozessuale Fragen **KSchG** 2 84 ff.; Reaktionsmöglichkeiten **KSchG** 2 33; Rechtsfolgen **KSchG** 2 93 ff.; Rücknahme **KSchG** 2 96; Schriftform **KSchG** 2 7; Sonderkündigungsschutz von Funktionsträgern **KSchG** 2 81, **KSchG** 15 26; sonstige Unwirksamkeitsgründe **KSchG** 2 65 ff.; Sozialauswahl **KSchG** 2 60 ff.; Sozialwidrigkeit **KSchG** 2 31, 43 ff.; Streitwert **ArbGG** 12 22, **KSchG** 2 99; Teilkündigung, Abgrenzung **KSchG** 2 38; Unkündbarkeit **KSchG** 2 63 f.; verhaltensbedingte **KSchG** 2 50 f.; Vertragsinhaltsschutz **KSchG** 2 2, 22; Vorbehaltserklärung **KSchG** 2 33; Vorrang vor Beendigungskündigung **KSchG** 1 281 f.; Weiterbeschäftigungsanspruch **KSchG** 2 34, 92; widerspruchslose Weiterarbeit **KSchG** 2 32; Wiederherstellung der früheren Arbeitsbedingungen **KSchG** 8 1 ff.; Zusammenhang **KSchG** 2 26 ff.

Anerkenntnis ArbGG 55 8; Alleinentscheidung des Vorsitzenden **ArbGG** 55 9; Güteverhandlung **ArbGG** 54 36 f.

Anfechtung wegen Irrtums, Anfechtungsgründe **BGB** 119 2 ff.; wegen Arbeitnehmerbegriff **BGB** Vorb. 25; Ausgleichsquittung **BGB** 611 424; außerordentliche Kündigung, Abgrenzung **BGB** 626 26 ff.; Betriebsvereinbarung **BetrVG** 77 90; Eigenschaftsirrtum **BGB** 119 3 ff.; Entgeltfortzahlung **EFZG** 8 13; Erklärung **BGB** 119 12; Frist **BGB** 119 14; Inhalts- und Erklärungsirrtum **BGB** 119 2; Irrtum **BGB** 119 1 ff.; Kausalität **BGB** 119 11; Klagefrist nach erklärter Anfechtung **BGB** 119 18; und Kündigung **KSchG** 1 43 f.; keine Kündigung iSd. § 102 **BetrVG BetrVG** 102 5; Rechtsfolgen **BGB** 119 15 ff.; Treu und Glauben **BGB** 119 10

Anfechtung wegen Täuschung oder Drohung BGB 123 1 ff.; Ankündigung außerordentlicher Kündigung **BGB** 123 35; arglistige Täuschung **BGB** 123 2 ff.; Aufhebungsvertrag **KSchG** 9 Anhang 25; Ausgleichsquittung **BGB** 611 424; außerordentliche Kündigung, Abgrenzung **BGB** 626 26 ff.; Entgeltfortzahlung **EFZG** 8 13; Erklärung **BGB** 123 36; Fragerecht des Arbeitgebers siehe dort; Frist **BGB** 123 37; Kausalität **BGB** 123 36; und Kündigung **KSchG** 1 43 f.; keine Kündigung iSd. § 102 **BetrVG BetrVG** 102 5; Rechtsfolgen **BGB** 123 38; widerrechtliche Drohung **BGB** 123 35

Anfrageverfahren SGB IV 7 56 f.

Angebot der Arbeitsleistung BGB 615 25 ff.; Ablehnungserklärung **BGB** 615 33; Mitwirkungshandlung **BGB** 615 34 f.; tatsächliches **BGB** 615 27 ff.; wörtliches **BGB** 615 32 ff.; wörtliches, Entbehrlichkeit **BGB** 615 37 ff.

Angestellte BGB Vorb. 105 ff.

Anhörungs- und Erörterungsrecht des Arbeitnehmers BetrVG 82 1 ff.; Abhilfe **BetrVG** 82 10 ff.; Anhörungsrecht **BetrVG** 82 4 ff.; Beteiligung eines Betriebsratsmitgliedes **BetrVG** 82 30 ff.; betriebliche Angelegenheiten **BetrVG** 82 5 ff.; Beurteilung der Leistung **BetrVG** 82 23 ff.; Erläuterungen des Arbeitsentgelts **BetrVG** 82 19 ff.; Möglichkeiten der beruflichen Entwicklung **BetrVG** 82 26 ff.; Stellungnahme **BetrVG** 82 14 ff.; Streitigkeiten **BetrVG** 82 35 ff.; Zuständigkeit **BetrVG** 82 8 f.

Anlernling, Anwendbarkeit §§ 3-18 **BBiG BBiG** 19 1, 6 ff.

Annahmeverzug des Arbeitgebers BGB 615 1 ff.; Abdingbarkeit des Vergütungsanspruchs **BGB** 615 107; Angebot der Arbeitsleistung siehe dort; Annahme der Arbeitsleistung **BGB** 615 69 ff.; Anrechnung anderweitigen Erwerbs siehe dort; Anzeige wiederhergestellter Leistungsfähigkeit **BGB** 615 57 ff.; Beendigung **BGB** 615 68 ff.; Beendigung des Arbeitsverhältnisses **BGB** 615 72 ff.; betriebliche Mitbestimmung **BGB** 615 19 f.; Darlegungs- und Beweislast **BGB** 615 108; Durchsetzung des Verzugslohnanspruchs **BGB** 615 108 ff.; Entgeltfortzahlung im Krankheitsfall **EFZG** 3 14; erfüllbares Arbeitsverhältnis **BGB** 615 12 ff.; Formulararbeitsvertrag **BGB** Anhang zu 305-310 14; Leiharbeitsvertrag **AÜG** 11 23 f.; Leistungsfähigkeit **BGB** 615 45, 49 f.; Leistungswille **BGB** 615 45 ff.; keine Nachleistung von Diensten **BGB** 615 76; Nichtannahme der Arbeitsleistung **BGB** 615 60 ff.; Rechtsfolgen **BGB** 615 76 ff.; Tarifklauseln **TVG** 1 92; Unmöglichkeit, Abgrenzung **BGB** 615 5 ff.; Unzumutbarkeit der Annahme **BGB** 615 66 f.; Vergütungsanspruch **BGB** 611 401, **BGB** 615 78 ff.; Verzicht auf Verzugslohn **BGB** 615 84; Voraussetzungen **BGB** 615 12 ff.

Anpassung der Betriebsrente BetrAVG 16 1 ff.; Anpassungssysteme **BetrAVG** 16 2 f.; Auszahlungspläne **BetrAVG** 16 24; Beitragszusage mit Mindestleistung **BetrAVG** 16 25; Belange des Versorgungsempfängers **BetrAVG** 16 9 ff.; Darlegungs- und Beweislast **BetrAVG** 16 35 f.; gesetzliche Prüfungspflicht **BetrAVG** 16 4 ff.; gesetzlicher Ausschluss **BetrAVG** 16 19 ff.; Insolvenz **BetrAVG** 16 20 f.; jährliche einprozentige Anhebung **BetrAVG** 16 20 f.; Konzerndurchgriff **BetrAVG** 16 34; laufende Leistungen **BetrAVG** 16 5 ff.; nachholende **BetrAVG** 16 13 ff.; nachträgliche **BetrAVG** 16 16; öffentlicher Dienst **BetrAVG** 16 7; reallohnbezogene Obergrenze **BetrAVG** 16 17 f.; Rhythmus der Prüfungen **BetrAVG** 16 8; Teuerungsausgleich **BetrAVG** 16 10 ff., 27 ff.; Übergangsregelungen **BetrAVG** 30c 1 ff.; Überschussanteile **BetrAVG** 16 22; wirtschaftliche Lage des Arbeitgebers **BetrAVG** 16 26 ff.

Stichwortverzeichnis

Anrechnung anderweitigen Erwerbs BGB 615 85 ff.; nach § 11 KSchG **BGB 615** 87; anderweitiger Verdienst **BGB 615** 89 ff.; Arbeitslosmeldung beim Arbeitsamt **BGB 615** 101; Aufgabe/Beeinträchtigung vertraglicher Rechtspositionen **BGB 615** 98; Aufnahme anderweitiger Tätigkeit **BGB 615** 99; Auskunftsrecht des Arbeitgebers **BGB 615** 109 f.; Beschäftigungsmöglichkeit beim bisherigen Arbeitgeber **BGB 615** 95 f.; böswilliges Unterlassen **BGB 615** 93 ff.; Karenzentschädigung *siehe* „Anrechnung anderweitigen Erwerbs (Karenzentschädigung)"; Umfang **BGB 615** 88 ff.; Zumutbarkeit der anderweitigen Arbeit **BGB 615** 94; *siehe auch* „Zwischenverdienst"

Anrechnung anderweitigen Erwerbs (Karenzentschädigung) HGB 74c 1 ff.; 110%-Grenze **HGB 74c** 2 ff.; 125%-Grenze bei Wohnsitzverlegung **HGB 74c** 9 f.; abweichende Vereinbarungen **HGB 74c** 24 f.; Arbeitslosengeld **HGB 74c** 18; Auskunfts- und Nachweisanspruch **HGB 74c** 26 ff.; Beweislast **HGB 74c** 23; böswilliges Unterlassen **HGB 74c** 21 f.; Einkünfte **HGB 74c** 13 f.; Gewinne **HGB 74c** 16; Grenzen der Anrechnung **HGB 74c** 2 ff.; Nebeneinkünfte **HGB 74c** 17; Sozialabgaben **HGB 74c** 18

Anrechnung übertariflicher Zulagen BGB 611 539 ff.; Mitbestimmung **BetrVG 87** 193 ff.

Anschlussberufung ArbGG 64 38 ff.; bedingte **ArbGG 64** 42; Begründung **ArbGG 64** 40; Begründungsfrist **ArbGG 64** 41; Berufungsanschlussschrift **ArbGG 64** 40; Kosten **ArbGG 64** 43

Anschlussbeschwerde ArbGG 89 8

Anschlussrevision ArbGG 74 38 ff.; unselbständige **ArbGG 74** 38

Anschlussverbot TzBfG 14 95 ff.

Antrag (Beschlussverfahren), Änderung des Antrags **ArbGG 81** 24 ff.; Änderung des Antrags in Beschwerdeinstanz **ArbGG 87** 13; Antragsbefugnis **ArbGG 81** 9 ff.; Antragshäufung **ArbGG 81** 8; Antragsschrift **ArbGG 81** 1 ff.; Auslegung **ArbGG 81** 14; Feststellungsanträge **ArbGG 81** 17 f.; Feststellungsinteresse **ArbGG 81** 17; Gestaltungsanträge **ArbGG 81** Rz. 16; Globalanträge **ArbGG 81** 20 f.; Prozessstandschaft **ArbGG 81** 11 f.; Rechtsschutzinteresse **ArbGG 81** 16 ff.; Rücknahme des Antrags **ArbGG 81** 30 ff.; Rücknahme in Beschwerdeinstanz **ArbGG 87** 11 f.; Streitgegenstand **ArbGG 81** 4 f.; als Wahl der Verfahrensart **ArbGG 81** 6

Antrittsgebühr, Entgeltfortzahlung **EFZG 4** 31

Anwartschaftsausweis BetrAVG 2 46; Pensionssicherungsverein **BetrAVG 9** 1 f.

Anwerbung von Arbeitnehmern BGB 611 2 ff.

Anwesenheitsprämie, Entgeltfortzahlung **EFZG 4** 33, 36

Anzeige gegen Arbeitgeber, außerordentliche Kündigung **BGB 626** 156 ff.; verhaltensbedingter Kündigungsgrund **KSchG 1** 219 ff.

Arbeiter BGB Vorb. 105 ff.; Ungleichbehandlung mit Angestellten **BGB 611** 219 ff.

Arbeitgeber, Arbeitsverhältnis mit Mehrzahl von ~ **BGB Vorb.** 125 f.; Beteiligter **ArbGG 83** 21 f.; Eigentumsgarantie **GG 14** 18; als Grundrechtsträger **GG 12** 20; JArbSchG **JArbSchG 3** 1 f.; Tariffähigkeit **TVG 2** 21 ff.; TVG **TVG 2** 23; Zwangsverfahren gegen den Arbeitgeber *siehe dort*

Arbeitgeberbegriff des BetrAVG **BetrAVG 7** 29

Arbeitgeberdarlehen BGB 611 153 ff.

Arbeitgeberhaftung BGB 619a 65 ff.; Ausschlussklauseln **BGB 611** 454 ff.; deliktische **BGB 619a** 3 ff.; Klauselverbote **BGB 309** 10 ff.; Leistungsstörungen **BGB 611** 404 ff., **BGB 619a** 66 f.; nachvertragliche Pflichten **BGB 619a** 91 f.; Schutzgesetzverletzung **BGB 619a** 95; Verletzung von Vertragspflichten **BGB 619a** 74 ff.; verschuldensabhängige **BGB 619a** 66 ff.; verschuldensunabhängige *siehe* „Arbeitgeberhaftung, verschuldensunabhängige"; Vertragsbeendigung **BGB 619a** 89 f.; vorvertragliche Pflichten **BGB 619a** 70 ff.; *siehe auch* „Haftungsausschluss bei Arbeitsunfall", „Schadensersatzanspruch des Arbeitnehmers"

Arbeitgeberhaftung, verschuldensunabhängige BGB 619a 96 ff.; Abgeltung des Schadensrisikos **BGB 619a** 104 ff.; Analogie zu § 670 BGB **BGB 619a** 97; Einzelfälle **BGB 619a** 102 f.; Kilometergeld **BGB 619a** 105; Mitverschulden **BGB 619a** 108; PKW des Arbeitnehmers, Schaden **BGB 619a** 103; Schaden **BGB 619a** 98; Umfang des Ersatzanspruchs **BGB 619a** 107; Verschleißschäden **BGB 619a** 102; Verwirklichung eines betrieblichen Risikos **BGB 619a** 99 ff.

Arbeitgeberverband, Aufgaben und Zuständigkeiten **GG 9** 96 f.; kein Aufnahmeanspruch **TVG 3** 9; Ausschluss **GG 9** 103, **TVG 3** 12; Austritt **BGB 611** 449; Beteiligter **ArbGG 83** 31 f.; Betriebsversammlungen **BetrVG 46** 1; Eintritt **TVG 3** 8; Ende der Mitgliedschaft **TVG 3** 10 ff.; Mitgliedschaft **GG 9** 99 ff., **TVG 3** 7 ff.; OT-Mitgliedschaft **TVG 2** 16; Parteifähigkeit **ArbGG 10** 3, 5 f.; Satzungsautonomie **GG 9** 98; Spitzenorganisationen **TVG 12** 1 f.; Teilnahme an Betriebsversammlungen **BetrVG 46** 12 ff.; Verbandsvertreter bei Prozess **ArbGG 11** 7 f.; Wechsel **BGB 611** 450; Wirtschaftsausschuss **BetrVG 108** 26 f.; Zusammenwirken von Arbeitgeber und Betriebsrat **BetrVG 2** 7 ff.; *siehe auch* „Koalitionseigenschaft", „Tariffähigkeit", „Vereinigungen"

Arbeitnehmerähnliche Personen ArbGG 5 9 f., **BGB Vorb.** 111 ff.; Arbeitnehmer iS des BUrlG **BUrlG 2** 12 ff.; Arbeitnehmerbegriff **BetrVG 5** 11; Begriff **BGB Vorb.** 113; Einbeziehung vorformulierter Vertragsbedingungen **BGB 305** 13; Einzelfälle **BGB Vorb.** 114; Geltung des BetrAVG **BetrAVG 17** 7 ff.; Nichtgeltung des NachwG **NachwG 1** 4; TVG *siehe* „Arbeitnehmerähnliche Personen, TVG-Geltung"

Arbeitnehmerähnliche Personen, TVG-Geltung TVG 12a 1 ff.; Auftraggeber **TVG 12a** 12; Begriff der arbeitnehmerähnlichen Person **TVG 12a** 6 ff.; Entstehungsgeschichte **TVG 12a** 1; Handelsvertreter **TVG 12a** 15; künstlerische, schriftstellerische, journalistische Leistungen **TVG 12a** 14; mehrere Personen als Auftraggeber **TVG 12a** 13; persönliche Leistungserbringung **TVG 12a** 10; soziale Schutzbedürftigkeit **TVG 12a** 8; Tarifvertragsinhalte **TVG 12a** 18; Tarifvertragsparteien **TVG 12a** 17; Tätigkeit aufgrund Dienst- oder Werkverträgen **TVG 12a** 9; verfassungsrechtliche Grundlagen **TVG 12a** 2 f.; wirtschaftliche Abhängigkeit **TVG 12a** 7, 11

Arbeitnehmerbegriff ArbGG 5 1 ff., **BetrVG 5** 1 ff., **BGB Vorb.** 19 ff.; abweichende Ansätze im Schrifttum **BGB Vorb.** 56 ff.; arbeitsrechtlicher **BGB Vorb.** 21 ff.; nach ArbZG **ArbZG 2** 11; beispielhafte Abgrenzung **BetrVG 5** 11 ff.; Beschäftigung aus karitativen oder religiösen Gründen **BetrVG 5** 41 f.; Beschäftigung aus medizinischen oder erzieherischen Gründen **BetrVG 5** 43; besondere Personengruppen **ArbGG 5** 20 ff.; nach BUrlG **BUrlG 2** 2; nach EBRG **EBRG 45** 6; Einschränkung **BetrVG 5** 37 ff.; Einzelfälle **BGB Vorb.** 103 f.; fachliche Weisungsgebundenheit **BetrVG 5** 8; Familienangehörige des Arbeitgebers **BetrVG 5** 44; Feststellung und Geltendmachung **BGB Vorb.** 53 f.; Freizügigkeit, EG **EGV 39** 13 f.; Kündigungsschutz **KSchG 1** 3 f.; Merkmale **BGB Vorb.** 24 f.; MitbestG **MitbestG 3** 1; Mitglieder von Personensamtheiten **BetrVG 5** 40; örtliche und zeitliche Weisungsgebundenheit **BetrVG 5** 7; persönliche Abhängigkeit **BetrVG 5** 5 f., **BGB Vorb.** 42 ff.; privatrechtlicher Vertrag **BetrVG 5** 3 f., **BGB Vorb.** 29 ff.; problematische Fallgruppen **BGB Vorb.** 61 ff.; sozialversicherungsrechtlicher **BGB Vorb.** 19; steuerrechtlicher **BGB Vorb.** 20; Unselbständigkeit der Arbeitsleistung **BGB Vorb.** 40 f.; Verpflichtung zur Arbeitsleistung **BGB Vorb.** 39; Vertreter juristischer Personen **BetrVG 5** 38 f.; Weisungsgebundenheit **BGB Vorb.** 44 ff.

3187

Stichwortverzeichnis

Arbeitnehmerdarlehen BGB 611 156 f.
Arbeitnehmer-Entsendegesetz, Anmeldung AEntG 3 1 f.; Arbeitgeber **AEntG 1** 4; Arbeitnehmer **AEntG 1** 6; Arbeitnehmerüberlassung **AEntG 1** 10; Arbeitsverhältnis **AEntG 1** 3 ff.; Ausschluss vom Wettbewerb **AEntG** 6 1 f.; Bauleistungen **AEntG 1** 5; EG-Recht **AEntG Vorb.** 6 ff.; Entstehung **AEntG Vorb.** 1; erfasste Arbeitsbedingungen **AEntG 1** 1 f.; Geldbuße **AEntG** 5 6 f.; Haftung für Zahlung des Mindestentgelts **AEntG 1a** 1 ff.; Klagemöglichkeit **AEntG** 8 1 f.; Mindestarbeitsbedingungen **AEntG** 7 1 f.; Mindestlohn **AEntG Vorb.** 14 ff.; Ordnungswidrigkeiten **AEntG** 5 1 ff.; Prüfung und Kontrolle **AEntG** 2 1 ff.; Rechtsverordnung **AEntG** 1 14 ff.; Sozialkassenverfahren im Baugewerbe **AEntG** 1 11 ff.; Tarifvertrag **AEntG 1** 7 f., **TVG** 5 40; TV Mindestlohn **AEntG 1** Nach 17; Urlaubsvergütung **AEntG Vorb.** 18; Verfassungsrecht **AEntG Vorb.** 4 f.; Verordnung über zwingende Arbeitsbedingungen, Vierte **AEntG 1** Nach 17; Zustellung **AEntG** 4 1
Arbeitnehmererfindung siehe „Erfindung/technischer Verbesserungsvorschlag"
Arbeitnehmerhaftung gegenüber anderen Arbeitnehmern **BGB 619a** 57 ff.; Betriebsmittelgeber **BGB 619a** 62; Darlegungs- und Beweislast **BGB 619a** 43 ff.; gegenüber Dritten **BGB 619a** 60 ff.; siehe auch „Arbeitnehmerhaftung, Einschränkung"; Erweiterungsklauseln **BGB 611** 459; Formulararbeitsvertrag **BGB Anhang zu 305-310** 1 f.; Grundlagen **BGB 619a** 2 ff.; Haftungsausschluss bei Arbeitsunfall siehe dort; Leistungsstörungen **BGB 611** 407 ff.; Mankohaftung siehe dort; siehe auch „Schadensersatzanspruch des Arbeitgebers"
Arbeitnehmerhaftung, Einschränkung BGB 619a 1, 11 ff.; Abdingbarkeit **BGB 619a** 46; begünstigter Personenkreis **BGB 619a** 20; betriebliche Tätigkeit **BGB 619a** 21 ff.; dogmatische Umsetzung **BGB 619a** 17 ff.; grobe Fahrlässigkeit **BGB 619a** 30 ff.; Haftpflichtversicherung des Arbeitnehmers **BGB 619a** 39; Kfz-Kaskoversicherung **BGB 619a** 40; leichteste Fahrlässigkeit **BGB 619a** 37; mittlere Fahrlässigkeit **BGB 619a** 34 ff.; Mitverschulden des Arbeitgebers **BGB 619a** 41 f.; sachliche Begründung **BGB 619a** 12 ff.; Schadensteilung **BGB 619a** 34; Schadensverteilung nach Verschuldensgrad **BGB 619a** 27 ff.; Sozialschutz **BGB 619a** 14 f.; Versicherungsschutz **BGB 619a** 38 ff.; Voraussetzungen **BGB 619a** 20 ff.; Vorsatz **BGB 619a** 29
Arbeitnehmerpflichten BGB 611 283 ff.
Arbeitnehmerschutzrecht, Arbeitsrecht als ~ **BGB Vorb.** 1 ff.
Arbeitnehmerüberlassung, Abgrenzung **AÜG 1** 6; Abordnung zu Arbeitsgemeinschaft **AÜG 1** 7; Anzeigepflichten **AÜG** 7 1 ff.; Arbeitnehmerbegriff **BetrVG** 5 12; Arbeitnehmer-Entsendegesetz **AEntG 1** 10; Arbeitnehmerüberlassungsvertrag siehe dort; Arbeitsleistung beim Dritten **AÜG 1** 21 ff.; Arbeitsschutz **BGB 618** 14; Arbeitsunfähigkeitsanzeige **EFZG** 5 26; keine Arbeitsvermittlung **AÜG 1** 36; Auskunftspflichten **AÜG** 7 1 f., 9 ff.; Auskunftsverweigerungsrecht **AÜG** 7 24 f.; Ausland **AÜG 1** 55; behördlicher Nachschau **AÜG** 7 14 ff.; Berufsfreiheit **GG 12** 46; Betriebsratswahlberechtigung im Entleiherbetrieb **BetrVG** 7 15 ff.; Betriebsübergang **BGB 613a** 223; Bundesagentur für Arbeit **AÜG** 17 1 ff.; Durchsuchungsrecht **AÜG** 7 19 ff.; Einschränkungen im Baugewerbe **AÜG 1b** 1 ff.; Erlaubniserteilung **AÜG** 2 1 ff.; Erlöschen der Erlaubnis **AÜG** 2 13 f.; fehlende Betriebsstätte im EG-Raum oder EWR **AÜG 3** 40 ff.; Fiktion eines Arbeitsverhältnisses zum Entleiher **AÜG** 10 1 f.; gesetzliche Vermutung der Arbeitsvermittlung **AÜG 1** 45 ff.; gewerbsmäßige **AÜG** 1 5; Gewerbsmäßigkeit **AÜG 1** 32 ff.; Gleichstellung natürlicher oder juristischer Personen aus dem EWR **AÜG** 3 53 f.; Grundkenntnisse des Arbeits- und Sozialrechts **AÜG** 3 15 ff.; Hinweis bei Wegfall der Erlaubnis **AÜG** 11 21, **AÜG** 12 7; internationale Abkommen **AÜG** 3 55; Kleinbetriebe **AÜG 1a** 1 ff.; Konzern **AÜG 1** 53 f.; Kosten für Erlaubnis **AÜG 2a** 1 f.; Leiharbeitsvertrag siehe dort; mangelhafte Betriebsorganisation **AÜG** 3 23 ff.; Mitbestimmung im Entleiherbetrieb **AÜG** 14 12 ff.; Mitbestimmung bei personeller Einzelmaßnahme **BetrVG** 99 10; nachvertragliches Wettbewerbsverbot **HGB** 74 58; natürliche oder juristische Personen außerhalb des EWR **AÜG** 3 47 ff.; Nebenbestimmungen zur Erlaubnis **AÜG** 2 6 ff.; nichtige Erlaubnis **AÜG** 4 2; Ordnungswidrigkeiten **AÜG** 16 1 ff.; Personalaustausch **AÜG 1** 50 ff.; rechtswidrige Erlaubnis **AÜG** 4 1, 3 ff.; Rücknahme der Erlaubnis **AÜG** 4 1 ff.; statistische Meldungen **AÜG** 8 1 ff.; Straftat: Entleih ausländischer Arbeitnehmer ohne Genehmigung **AÜG 15a** 1 ff.; Straftat: Verleih ausländischer Arbeitnehmer ohne Genehmigung **AÜG** 15 1 ff.; unwirksame Rechtsgeschäfte **AÜG** 9 1 ff.; Unzuverlässigkeit **AÜG** 3 8 ff.; Verlängerung der Erlaubnis **AÜG** 2 12; Versagung der Erlaubnis **AÜG** 3 1 ff.; Versagungsgründe **AÜG** 3 5 ff.; Verstoß gegen Gleichstellungsverbot **AÜG** 3 28 ff., **AÜG** 9 12; Verwaltungszwang **AÜG** 6 1 ff.; Weisungsrecht des Entleihers **AÜG 1** 17 ff.; Widerruf der Erlaubnis **AÜG** 5 1 ff.; Zusammenarbeit von Behörden gegen illegale Beschäftigung **AÜG** 18 1 ff.
Arbeitnehmerüberlassungsgesetz, Ausnahmen vom Anwendungsbereich **AÜG 1** 49 ff.; Geltungsbereich **AÜG** 1 3 f.; Regelungszweck **AÜG 1** 1; Übergangsvorschrift **AÜG** 19 1 ff.
Arbeitnehmerüberlassungsvertrag AÜG 1 12 ff.; Angaben des Entleihers **AÜG** 12 9; Einstellungsverbot **AÜG** 9 13 f.; Ende **AÜG** 12 9; fehlende Verleihererlaubnis **AÜG** 9 4 ff.; Hinweis bei Wegfall der Erlaubnis **AÜG** 12 7; Schriftform **AÜG** 12 1 ff.; Weisungsrecht des Entleihers **AÜG 1** 17 ff.; Werkvertrag, Abgrenzung **AÜG 1** 16 ff.
Arbeitsbefreiung wegen Betriebsratstätigkeit BetrVG 37 6 ff.; Aufgabenbereich des Betriebsrates **BetrVG** 37 7 ff.; Erforderlichkeit nach Art und Umfang **BetrVG** 37 10 ff.; Lohnausfallprinzip **BetrVG** 37 14; ohne Minderung des Arbeitsentgelts **BetrVG** 37 14 ff.; Unabkömmlichkeit des Arbeitnehmers **BetrVG** 37 13; siehe auch „Freistellung von Betriebsratsmitgliedern"
Arbeitsbereitschaft ArbZG 2 5, **BGB 611** 324 ff.; Einwilligung bei tarifvertraglicher Arbeitszeitverlängerung **ArbZG** 7 19; Rettungssanitäter **BGB 611** 325; tarifvertragliche Arbeitszeitverlängerung **ArbZG** 7 4, 11
Arbeitsbeschaffungsmaßnahmen, außerordentliche Kündigung **BGB 626** 160; Befristungsgrund **TzBfG** 14 71 f.; fristlose Kündigung **BGB 626** 5; Urlaubsanspruch **BUrlG** 2 7
Arbeitsbescheinigung, materiell-rechtlicher Anspruch **ArbGG** 2 91; Rechtswegzuständigkeit **ArbGG** 2 86 f., 89
Arbeitsdirektor (MitbestG) MitbestG 33 1 ff.; gleichberechtigte Stellung im Vertretungsorgan **MitbestG** 33 7 ff.; Mindestzuständigkeit **MitbestG** 33 3 f.; Repräsentation des Unternehmens **MitbestG** 33 6; zusätzliche Aufgaben **MitbestG** 33 5
Arbeitsdirektor (Montan-MitbestG) Montan-MitbestG 13 1 ff.; Abberufung **Montan-MitbestG** 13 5; Bestellung **Montan-MitbestG** 13 2 ff.
Arbeitsentgelt BGB 611 85 ff.; Abrechnung siehe „Arbeitsentgelt, Abrechnung"; Abrufarbeit **TzBfG** 12 3, 25; Annahmeverzug des Arbeitgebers **BGB 615** 78 ff.; Anrechnung von Waren auf das ~ **GewO** 107 57 ff.; Arbeitsverhinderung aus persönlichen Gründen siehe dort; außerordentliche Änderungskündigung **BGB 626** 383; außerordentliche Eigenkündigung wegen Rückstand **BGB 626** 333; Begriff **BGB 611** 85; betriebliche Übung hinsichtlich Erhöhung **BGB 611** 237; Betriebsratsmitglied **BetrVG** 37 15; Betriebsversammlung **BetrVG** 44 23 ff.; bisheriges ~ iSd. **ATZG ATZG** 6

Stichwortverzeichnis

2 ff.; Eigenkündigung wegen Rückstand **BGB 614** 18; einstweilige Verfügung auf Zahlung **ArbGG 62** 78 ff.; Elternzeit **BErzGG Vor 15-21** 4 ff.; Entgeltgleichheit (BGB) *siehe dort*; Entgeltgleichheit (EG) *siehe dort*; Entstehungsgeschichte des § 107 GewO **GewO 107** 1 ff.; Erhöhung, Gleichbehandlung **BGB 611** 224; Erläuterungen des ~s durch Arbeitgeber **BetrVG 82** 19 ff.; Fälligkeit der Vergütung *siehe dort*; Frage des Arbeitgebers zum bisherigen ~ **BGB 123** 11; Geldschuld **BGB 611** 87; Geldzahlungspflicht **GewO 107** 12; Geltungsbereich des § 107 GewO **GewO 107** 6 ff.; Gleichbehandlungsgrundsatz **BGB 611** 223 ff.; Höhe **BGB 611** 86; kaufmännische Angestellte **HGB 59** 5 f.; Kreditierungsverbot **GewO 107** 47 ff.; Mindestlohn **AEntG Vorb.** 14 ff.; Nachweis des ~s **NachwG 2** 29 ff.; Reduzierung aufgrund Tarifvertrag **BGB 611** 544 ff.; Rückzahlung des Arbeitsentgelts *siehe dort*; Sachbezüge *siehe dort*; Stillschweigend vereinbarte Vergütung *siehe dort*; Streik **GG 9** 192; bei Suspendierung **BGB 611** 174; Tarifklauseln **TVG 1** 93; Teilvergütung bei außerordentlicher Kündigung *siehe dort*; Trinkgeld *siehe dort*; Truckverbot *siehe dort*; Verweigerung bei Streik **GG 9** 215 ff.; Währung **GewO 107** 16 f.; Zahlungsmodalitäten **BGB 611** 93 ff.; Zwangsvollstreckung des Anspruchs **ArbGG 62** 38; Zwischenverdienst *siehe dort*

Arbeitsentgelt, Abrechnung GewO 108 1 ff.; Anspruchsinhaber **GewO 108** 9; Entfallen der Abrechnungspflicht **GewO 108** 26 ff.; Entstehungsgeschichte **GewO 108** 2 ff.; Fälligkeit des Anspruchs **GewO 108** 11 ff.; Form **GewO 108** 14; Inhalt **GewO 108** 15 ff.; Rechtsnatur des Anspruchs **GewO 108** 6 ff.; Sinn und Zweck **GewO 108** 4 f.; Verletzung der Abrechnungspflicht **GewO 108** 29 f.; Zeitraum **GewO 108** 16 f.; Zusammensetzung des Arbeitsentgelts **GewO 108** 18 ff.; Zwangsvollstreckung des Anspruchs **ArbGG 62** 35

Arbeitserlaubnis, außerordentliche Kündigung bei Fehlen **BGB 626** 161 ff.; Entgeltfortzahlung im Krankheitsfall bei Fehlen **EFZG 3** 21; fehlende **BGB 611** 56; Freizügigkeit, EG **EGV 39** 34; Leiharbeitnehmer **AÜG 15** 8; personenbedingte Kündigung wegen Fehlens **KSchG 1** 124

Arbeitsförderung, Arbeitskampf **GG 9** 331 ff.

Arbeitsgemeinschaften BetrVG 3 15, 17; Abordnung keine Arbeitnehmerüberlassung **AÜG 1** 37 ff.; Rechtsstellung **BetrVG 3** 32

Arbeitsgerichte, Besetzung **ArbGG 6** 1 ff.

Arbeitsgerichtsbarkeit ArbGG 1 1 ff.; Deutsche Gerichtsbarkeit *siehe dort*

Arbeitsgruppe, Begriff **BetrVG 28a** 3 ff.; Betriebsgröße **BetrVG 28a** 7; Delegation von Mitbestimmungsrechten **BetrVG 87** 31; Gruppenvereinbarungen **BetrVG 28a** 1 ff.; Inhalt und Zweck **BetrVG 28a** 1 f.; Kündigung der Gruppenvereinbarung **BetrVG 28a** 21; Nachwirkung der Gruppenvereinbarung **BetrVG 28a** 21; Rahmenvereinbarung **BetrVG 28a** 8 f.; Rückfall der Beteiligungsrechte **BetrVG 28a** 22; Streitigkeiten **BetrVG 28a** 24; Übertragungsbeschluss **BetrVG 28a** 11 ff.; Vereinbarung als Betriebsvereinbarung **BetrVG 77** 9; Voraussetzungen für die Übertragung **BetrVG 28a** 7 ff.; Widerruf der Übertragung **BetrVG 28a** 23; Wirkungen der Übertragung **BetrVG 28a** 15 ff.

Arbeitskampf GG 9 146 ff.; arbeitnehmerähnliche Personen **TVG 12a** 20; Arbeitskampfstreitigkeiten *siehe dort*; außerordentliche Kündigung **BGB 626** 164 ff.; Beamte **GG 9** 320 f.; Begriff **GG 9** 146; Betriebsbesetzungen/-blockaden **GG 9** 266; Betriebsratsmitglied **BetrVG 74** 12; Betriebsverfassung **GG 9** 323 ff.; deliktisches Haftungssystem **GG 9** 176; Durchsetzung von Rechtsansprüchen **GG 9** 284; EG-Grundfreiheiten **GG 9** 359 ff.; Eigentumsgarantie **GG 14** 36 ff.; einfachgesetzliche Regelungen **GG 9** 156 f.; Entgeltfortzahlung an Feiertagen **EFZG 2** 28; Entgeltfortzahlung im Krankheitsfall **EFZG 3** 17; Entscheidung **GG 9** 349; Erhaltungsarbeiten **GG 9** 290 f., 293 f.; Erkämpfbarkeit schuldrechtlicher Vereinbarungen **GG 9** 280 f.; Ersatzgesetzgebung des BAG **GG 9** 164; Europäische Sozialcharta **GG 9** 261 f.; Existenzvernichtung des Gegners **GG 9** 269; Folgepflicht **GG 9** 351; freie Kampfmittelwahl **GG 9** 165; Friedenspflicht **GG 9** 285; Geltungsbereich des Tarifvertrages **GG 9** 289; gesamtwirtschaftliches Gleichgewicht **GG 9** 276; Grenzen **GG 9** 258 ff.; Grundsatz der Tarifeinheit **GG 9** 283; um internationalen Tarifvertrag **GG 9** 364 f.; Internationales ~recht **EGBGB 34** 49; internes Verbandsrecht **GG 9** 349; Kampfrechte der Arbeitnehmerseite **GG 9** 178 ff.; kollektivrechtliche Einheitstheorie **GG 9** 175 ff.; kollektivvertragliche ~ordnungen **GG 9** 159 ff.; Kollisionsrecht bei internationalen Arbeitskämpfen **GG 9** 362 f.; Kündigungsanhörung gemäß § 102 BetrVG **BetrVG 102** 11; Kündigungsgesetz **KSchG 25** 1 ff.; Kurzarbeitergeld **SGB III 174** 1 ff.; Länderverfassungen **GG 9** 158; Leiharbeitsvertrag **AÜG 11** 25 ff.; Lohngleichvereinbarung **GG 9** 319; Massenänderungskündigung **GG 9** 248 ff.; Maßnahmen keine Kündigung **KSchG 1** 49; Maßregelungsverbot **BGB 612a** 14 ff., **GG 9** 318; Mitbestimmung bei Kurzarbeit **GG 9** 326; Mitbestimmung bei Kurzarbeit/Überstunden **BetrVG 87** 89; Mitbestimmung bei personellen Einzelmaßnahmen **BetrVG 99** 11 ff., **GG 9** 327; Notdienstarbeiten **GG 9** 290, 292 f.; öffentlicher Dienst **GG 9** 320 f.; Personalvertretungsrecht **GG 9** 328; politische ~maßnahmen **GG 9** 272; Polizeirecht **GG 9** 348; Reaktionsmöglichkeiten der Arbeitgeberseite **GG 9** 209 ff.; Rechtsfolgen bei Unzulässigkeit **GG 9** 295 ff.; Rechtsgrundlagen **GG 9** 149 ff.; Schranken aus dem Grundgesetz **GG 9** 258 ff.; Solidaritätsprinzip **GG 9** 174; Sozialrecht **GG 9** 330 ff.; staatliche Neutralität **GG 9** 171 ff.; als Straftat **GG 9** 346 f.; Straftaten im Rahmen eines ~es **GG 9** 346 f.; Sympathiearbeitskampf **GG 9** 270 f.; Tarifautonomie **GG 9** 277 f.; Tarifbezogenheit **GG 9** 278 f.; tariffähige Koalitionen **GG 9** 282; Übermaßverbot **GG 9** 169 f.; überstaatliche Regelungen **GG 9** 151 ff.; Ultima-ratio-Prinzip **GG 9** 263 f.; unbeeinflussbare Ziele **GG 9** 270 f.; unbeteiligte Dritte **GG 9** 274 f.; unlautere Kampfmittel **GG 9** 265 ff.; Unternehmensmitbestimmung **GG 9** 329; unwirksame Regelungsziele **GG 9** 267; Urabstimmung **GG 9** 287; Urlaubsanspruch **BUrlG 1** 28 f., **BUrlG 3** 42 f.; Urlaubsentgelt **BUrlG 11** 52 f.; verfahrensmäßige Voraussetzungen **GG 9** 286 f.; verhaltensbedingter Kündigungsgrund **KSchG 1** 222; Verhandlungsparität **GG 9** 166 f.; Zivilrechtsdogmatik **GG 9** 175 ff.; Zugangsrecht von Gewerkschaften zum Betrieb **BetrVG 2** 18; Zurückbehaltungsrecht, gemeinsam ausgeübtes **GG 9** 254 ff.; *siehe auch* „Aussperrung", „Boykott", „Streik"

Arbeitskampfstreitigkeiten, Arbeitslosengeld/Kurzarbeitergeld **ArbGG 2** 47; bürgerliche Rechtsstreitigkeit **ArbGG 2** 45 ff.; einstweilige Verfügung **ArbGG 62** 74, **GG 9** 354 ff.; hoheitliche Maßnahmen **ArbGG 2** 46; Maßnahmen zum Zwecke des Arbeitskampfes **ArbGG 2** 50 ff.; Parteien **ArbGG 2** 54 ff.; Rechtswegzuständigkeit **ArbGG 2** 44 ff., **GG 9** 352 f.; unerlaubte Handlung **ArbGG 2** 49

Arbeitskleidung, Aufwendungsersatz **BGB 611** 275; Weisungsrecht **GewO 106** 46

Arbeitsleistung *siehe* „Arbeitspflicht".

Arbeitslosengeld, Ablauf einer Befristung **SGB III 143a** 36; Ablauf der ordentlichen Kündigungsfrist **SGB III 143a** 2 f.; ältere Arbeitnehmer *siehe* „Arbeitslosengelderstattung bei älteren Arbeitnehmern"; Altersteilzeit **ATZG 10** 1 ff.; Arbeitsentgelt **SGB III 143** 6 ff.; Arbeitskämpfe *siehe* „Arbeitslosengeld bei Arbeitskämpfen"; außerordentliche Kündigung und Abfindung **SGB III 143a** 37 ff.; Berechnung des Ruhenszeitraums bei Abfindung **SGB III 143a** 20 ff.; Ende des Beschäfti-

Stichwortverzeichnis

gungsverhältnisses SGB III 143 5; Entlassungsentschädigung SGB III 143a 18 f.; fiktive Kündigungsfrist SGB III 143a 22 f.; Freibetrag bei Abfindung SGB III 143a 29 ff.; Gleichwohlgewährung siehe dort; Jahreszeitraum SGB III 143a 27 f.; quantitative Begrenzungen des Ruhenszeitraums SGB III 143a 15 ff.; Rechtswegzuständigkeit bei Arbeitskampf ArbGG 2 47; rückwirkender Wegfall des Entgeltanspruchs SGB III 143 12 f.; Ruhen des Anspruchs bei Abfindung KSchG 9 Anhang 52, SGB III 143a 1 ff.; Ruhen des Anspruchs bei Arbeitsentgelt SGB III 143 1 ff.; Ruhen des Anspruchs wegen Urlaubsabgeltung SGB III 143 14 ff.; Ruhensdauer SGB III 143 11; Sperrzeit siehe dort; verspätete Arbeitslosmeldung SGB III 37b 11 f.; zeitliche Begrenzung des Ruhenszeitraums SGB III 143a 12 ff.

Arbeitslosengeld bei Arbeitskämpfen GG 9 333 ff., 358, SGB III 146 1 ff.; Entscheidung des Neutralitätsausschusses SGB III 146 31 ff.; fachlicher, aber nicht räumlicher Geltungsbereich des umkämpften Tarifvertrags SGB III 146 19 ff.; Gleichartigkeit der erhobenen Forderungen SGB III 146 20 ff.; Härteregelung SGB III 146 30; mittelbare Betroffenheit vom Arbeitskampf SGB III 146 16 ff.; Neutralitätspflicht SGB III 146 2, 6 ff.; Nichtbeteiligung am Arbeitskampf SGB III 146 8 f.; persönliche Partizipation SGB III 146 28 f.; räumlicher Geltungsbereich des umkämpften Tarifvertrags SGB III 146 18; Rechtsschutz gegen Entscheidung des Neutralitätsausschusses SGB III 146 34 ff.; rechtswidrige Arbeitskampfmaßnahmen SGB III 146 11 f.; Übernahmeprognose SGB III 146 26 f.

Arbeitslosengelderstattung bei älteren Arbeitnehmern SGB III 147a 1 ff.; Anrechnung auf Sozialplanabfindungen BetrVG 112 56; Alter des Arbeitnehmers beim Ausscheiden SGB III 147a 12 ff.; kein Anspruch auf alternative Sozialleistung SGB III 147a 19 ff.; Arbeitnehmermerkliste SGB III 147a 32 f.; Aufhebungsvertrag KSchG 9 Anhang 57 ff.; Beibringungsgrundsatz SGB III 147a 4; Beratungspflicht SGB III 147a 58 ff.; Berechtigung zur Kündigung aus wichtigem Grund SGB III 147a 38; Beschäftigungsdauer SGB III 147a 15 ff.; Einwände SGB III 147a 25 ff.; Gesetzgebungsgeschichte SGB III 147a 5 ff.; Kleinunternehmen SGB III 147a 28 ff.; Konzern SGB III 147a 56 f.; kürzere Unternehmenszugehörigkeit SGB III 147a 26 f.; kurzfristiger (drastischer) Personalabbau SGB III 147a 42 ff.; Minderung der Erstattungspflicht SGB III 147a 49 f.; Mitwirkungspflichten des Arbeitgebers SGB III 147a 63 f.; Personalabbau SGB III 147a 39 ff.; rechtmäßiger Arbeitslosengeldbezug SGB III 147a 3; sozial gerechtfertigte Kündigung SGB III 147a 34 ff.; Umfang der Erstattungspflicht SGB III 147a 51 ff.; unzumutbare Belastung SGB III 147a 45 ff.; Verjährung SGB III 147a 66; Vorabentscheidung SGB III 147a 60 ff.; Voraussetzungen SGB III 147a 11 ff.

Arbeitslosenversicherung, Elternzeit BErzGG Vor 15-21 14

Arbeitslosmeldung SGB III 37b 1 ff.; Änderungskündigungen SGB III 37b 10; Anspruchskürzung bei Arbeitslosengeld SGB III 37b 11 f.; bei Aufhebungsvertrag KSchG 9 Anhang 54; vor Beendigung des Arbeitsverhältnisses TzBfG 15 1; befristete Arbeitsverhältnisse SGB III 37b 8; Belehrungspflicht des Arbeitgebers SGB III 37b 13 ff.; unverzügliche persönliche Meldung beim Arbeitsamt SGB III 37b 3 ff.; vorübergehende Verhinderung BGB 616 34

Arbeitsmittel, Aufwendungsersatz BGB 611 276

Arbeitsort BGB 611 332 ff.; ausdrückliche Vereinbarung GewO 106 25 f.; keine ausdrückliche Vereinbarung GewO 106 27 ff.; betriebsbedingte Kündigung KSchG 1 323 ff.; Betriebsverlegung GewO 106 30; Einzelfälle BGB 611 336 ff.; Grenzen des Weisungsrechts GewO 106 72 ff.; langjährige Übung BGB 611 335; Nachweis des ~es NachwG 2 21 ff.; prozessuale Bedeutung BGB 611 343; wechselnder Einsatzort BGB 611 337; Weisungsrecht GewO 106 24 ff.

Arbeitspapiere, außerordentliche Kündigung BGB 626 168; einstweilige Verfügung auf Herausgabe ArbGG 62 76 f.; Rechtswegzuständigkeit ArbGG 2 82 ff.; Streitwert ArbGG 12 26; Zwangsvollstreckung der Herausgabe ArbGG 62 37

Arbeitspflicht BGB 611 283 ff.; Arbeitsverhinderung aus persönlichen Gründen siehe dort; Art und Beschaffenheit der Arbeit BGB 611 287 ff.; ausdrückliche Inhaltsbestimmung BGB 611 289; außerordentliche Kündigung bei Verletzung der ~ BGB 626 169 ff.; einseitige Inhaltsbestimmung BGB 611 293 ff.; einstweilige Verfügung ArbGG 62 75; enge Tätigkeitsbeschreibung GewO 106 20; generelle Tätigkeitsbeschreibung GewO 106 16 ff.; Grenzen des Weisungsrechts GewO 106 56 ff.; Inhalt BGB 611 286 ff., GewO 106 15 ff.; Inhaltsbestimmung aufgrund der Umstände BGB 611 290 f.; Intensität der Arbeit BGB 611 299 ff.; Konkretisierung BGB 611 290 f.; Nachweis der zu leistenden Tätigkeit NachwG 2 24 ff.; normative Inhaltsbestimmung BGB 611 292; Notfall GewO 106 21; Persönliche Arbeitsleistung siehe dort; prozessuale Durchsetzung BGB 611 344 ff.; Qualität der Arbeit BGB 611 301; Tätigkeitsgebundenheit BGB 611 285; Zwangsvollstreckung ArbGG 62 36

Arbeitsplatzausschreibung, Beteiligungsrechte bei Arbeitsplatzausschreibung siehe dort; geschlechtsbezogene Benachteiligung BGB 611b 1 ff.

Arbeitsplatzteilung TzBfG 13 1 ff.; Änderungskündigung TzBfG 13 12; Bestandsschutz TzBfG 13 11 f.; Tarifvertrag TzBfG 13 14; Turnusarbeit TzBfG 13 13; vertragliche Regelungen TzBfG 13 2 ff.; Vertretungsregelungen TzBfG 13 7 ff.

Arbeitsplatzwechsel, außerordentliche Eigenkündigung BGB 626 327

Arbeitsrechtliche Gesetze BGB Vorb. 143

Arbeitsschutz HGB 62 1 f.; allgemeine Aufgaben des Betriebsrats BetrVG 80 74 ff.; Anwendungsbereich BGB 618 13 f.; Arbeitnehmeranhörung zu ~maßnahmen BetrVG 81 23 ff.; Arbeitsstättenverordnung BGB 618 20; Arbeitsverweigerungsrecht BGB 618 37 f.; außerordentliche Eigenkündigung BGB 626 328; außerordentliche Kündigung BGB 626 184 f.; Bedeutung des technischen ~es BGB 618 17; Beschwerderecht BGB 618 49; deliktische Ansprüche BGB 618 46; EG-Recht BGB Vorb. 140, BGB 618 11; Entfernungsrecht BGB 618 39; Erfüllungsanspruch BGB 618 33 f.; Gefahr BGB 618 16; Gesundheit BGB 618 15; Haftungsausschluss BGB 618 47; häusliche Gemeinschaft BGB 618 32; Infektion BGB 618 27; Körperschutzausrüstung BGB 618 25; Kündigungsrecht BGB 618 48; Leiharbeitsvertrag AÜG 11 31 f.; Nachteilsverbot BGB 618 50; Normzweck BGB 618 1 f.; öffentlich-rechtliche Pflicht BGB 618 6 ff.; privatrechtliche Pflicht BGB 618 5; Räume BGB 618 19 ff.; Rechtsquellen des technischen ~es BGB 618 9 ff.; Regelung der Dienstleistungen BGB 618 24 ff.; Relativität BGB 618 18; Schadensersatzanspruch BGB 618 41 ff., BGB 619a 78; Schutzmaßnahmen BGB 618 1 ff.; Sondervorschriften BGB 618 4; sozialer BGB 618 8; technischer BGB 618 8 ff.; Überanstrengungen BGB 618 26; Unabdingbarkeit im Voraus BGB 619 1 f.; verhaltensbedingte Kündigung bei Verstoß KSchG 1 252; Vorrichtungen und Gerätschaften BGB 618 22 f.; Zurückbehaltungsrecht BGB 618 35 f., 40

Arbeitsunfähigkeit EFZG 3 33 ff.; Arbeitsunfähigkeitsanzeige siehe dort; Arbeitsunfähigkeitsbescheinigung siehe dort; außerordentliche Eigenkündigung BGB 626 332; außerordentliche Kündigung wegen Ankündigung BGB 626 189 ff.; außerordentliche Kündigung wegen Vortäuschens BGB 626 189 f.; Begriff EFZG 3

Stichwortverzeichnis

48 ff.; Dauer **EFZG 3** 90 ff.; Ende **EFZG 3** 88 f.; Entgeltfortzahlung an Feiertagen **EFZG 2** 22, **EFZG 4** 56; Ersatztätigkeit **EFZG 3** 53 f.; geschuldete Arbeitsleistung **EFZG 3** 42 ff.; Hausgewerbetreibende **EFZG 10** 8; Heimarbeiter **EFZG 10** 1 ff.; Kontrolluntersuchung durch medizinischen Dienst **EFZG 5** 85 ff.; Krankheit *siehe dort*; Kündigung aus Anlass der ~ **EFZG 8** 6 ff.; Kurzarbeit **EFZG 4** 57 f.; Kürzung von Sondervergütungen *siehe dort*; Leistungsstörung **BGB 611** 393; Teil-~ **EFZG 3** 51 f.; während des Urlaubs **BUrlG 9** 1 ff.; Urlaubsabgeltung **BUrlG 7** 114 ff.; Urlaubsanspruch **BUrlG 7** 139 f.; wiederholte ~ infolge derselben Krankheit **EFZG 3** 111 ff.

Arbeitsunfähigkeitsanzeige, anderweitige Kenntnis **EFZG 5** 3; Arbeitnehmer **EFZG 5** 2; Ausland **EFZG 5** 70 ff.; außerordentliche Kündigung **BGB 626** 186 ff.; Folgemitteilung **EFZG 5** 27 f.; Fortsetzungserkrankung **EFZG 5** 13; Inhalt **EFZG 5** 7 ff.; Inland **EFZG 5** 5 ff.; Normzweck und Entstehung **EFZG 5** 1; Rückkehr aus dem Ausland **EFZG 5** 83; Unverzüglichkeit **EFZG 5** 24 f.; verhaltensbedingte Kündigung **KSchG 1** 233; Verletzung der Mitteilungspflicht **EFZG 5** 29 ff.; Zeitpunkt **EFZG 5** 16 ff.

Arbeitsunfähigkeitsbescheinigung EFZG 5 32 ff.; ab drei Krankheitstagen **EFZG 5** 47 ff.; anderweitige Kenntnis **EFZG 5** 3; Arbeitnehmer **EFZG 5** 2; Arzt **EFZG 5** 34; Ausland **EFZG 5** 70, 76 ff.; außerordentliche Kündigung wegen Nichtvorlage **BGB 626** 188; Beweiswert **EFZG 5** 61 ff.; Beweiswert einer ausländischen ~ **EFZG 5** 80 ff.; bis drei Krankheitstage **EFZG 5** 46; Dreitagedauer, Berechnung **EFZG 5** 48 ff.; Folgebescheinigung **EFZG 5** 42; Inhalt und Form **EFZG 5** 35 ff.; Inland **EFZG 5** 5; Kosten **EFZG 5** 44; Normzweck und Entstehung **EFZG 5** 1; rückwirkende **EFZG 5** 38; während des Urlaubs **BUrlG 9** 11 f.; verhaltensbedingte Kündigung **KSchG 1** 233; Verletzung der Nachweispflicht **EFZG 5** 68 f.; Verzicht des Arbeitgebers **EFZG 5** 84; Vordruck **EFZG 5** 43; vorzeitige Vorlage auf Verlangen **EFZG 5** 55 ff.; Zweifel an Richtigkeit **EFZG 5** 66 f.

Arbeitsunfall SGB VII Vorb. 2; Entgeltfortzahlung im Krankheitsfall **EFZG 3** 63; Haftungsausschluss bei Arbeitsunfall *siehe dort*

Arbeitsverhältnis, Begründungsformen **BGB 611** 63 ff.; faktische Beendigung **KSchG 1** 48; fingiertes ~ zum Entleiher **AÜG 10** 1 ff.; *siehe auch „Beschäftigungsverhältnis"*

Arbeitsverhinderung aus persönlichen Gründen BGB 616 1 ff.; Abdingbarkeit **BGB 616** 49 f.; Anspruchsvoraussetzungen **BGB 616** 8 ff.; Anzeige- und Nachweispflichten **BGB 616** 45; Arbeitslosmeldung **BGB 616** 34; Arbeitsverhinderung **BGB 616** 13 ff.; Arztbesuch **BGB 616** 21 f.; Auszubildende **BBiG 12** 6; belastungsbezogene Betrachtungsweise **BGB 616** 40; Berufsausbildungsverhältnis **BGB 616** 38; Dauer **BGB 616** 37 ff.; Dienstverhältnis **BGB 616** 8 ff.; ehrenamtliche Tätigkeiten **BGB 616** 28; Einzelfälle **BGB 616** 19 ff.; Entgeltfortzahlung **BGB 616** 46; Entgeltfortzahlung im Krankheitsfall **EFZG 3** 31; ereignisbezogene Betrachtungsweise **BGB 616** 41; familiäre Ereignisse **BGB 616** 25 f.; fehlendes Verschulden **BGB 616** 44; Fortbestand des Vergütungsanspruchs **BGB 616** 1; Freizeit zur Stellungsuche **BGB 629** 14 ff.; Kausalität **BGB 616** 36; mehrfache Verhinderungsfälle **BGB 616** 43; öffentliche Pflichten **BGB 616** 27; persönliche Gründe **BGB 616** 17 f.; *Pflege naher Angehöriger* **BGB 616** 23 f., 42; Prüfungen **BGB 616** 31; Rechtsfolgen **BGB 616** 46 ff.; religiöse Pflichten **BGB 616** 33; Schadensersatzanspruch gegen Dritten **BGB 616** 48; Sonderregelungen **BGB 616** 5 ff.; Tarifklauseln **TVG 1** 94; Unvermeidbarkeit der Arbeitsverhinderung **BGB 616** 16; Unwetter **BGB 616** 35; Verkehrsstörungen **BGB 616** 35

Arbeitsvermittlung, Arbeitskampf **GG 9** 331 f.

Arbeitsverträge BGB Vorb. 148 ff.; Ablösung durch Kollektivverträge **BGB 611** 519 ff.; Berufsfreiheit **GG 12** 65 ff.; Formulararbeitsvertrag *siehe dort*; Gleichheitssatz **GG 3** 47 ff.; grundsätzlich formfrei **BGB 611** 37; inhaltliche Bestimmtheit **BGB 611** 33; Inhaltskontrolle **BGB 611** 415 ff.; Urlaub **BUrlG 13** 16 ff.; als Verbraucherverträge **BGB 310** 1 ff.; Wirksamkeitsvoraussetzungen **BGB 611** 31 ff.

Arbeitsverweigerung, außerordentliche Kündigung **BGB 626** 169 ff.; Gewissensgründe **BGB 611** 397, **BGB 626** 177 ff.; verhaltensbedingter Kündigungsgrund **KSchG 1** 223

Arbeitsvölkerrecht BGB Vorb. 132 ff., **EGV** Vorb. 2 ff.; Arbeitskampf **GG 9** 151; Richterrecht **EGV** Vorb. 26

Arbeitszeit BGB 611 303 ff.; Arbeitszeitkonten **ArbZG 7** 23 ff.; Aufsichtsbehörde **ArbZG 17** 1 ff.; Aufzeichnungs- und Nachweispflicht **ArbZG 16** 5 ff.; Auskunftspflicht des Arbeitgebers **ArbZG 17** 5; Ausnahmen im dringenden öffentlichen Interesse **ArbZG 15** 9 ff.; außergewöhnliche Fälle **ArbZG 14** 1 ff.; Bau- und Montagestellen **ArbZG 15** 3, 5, 13; Befugnisse der Aufsichtsbehörde **ArbZG 17** 6; Begriff **ArbZG 2** 3 ff., **BGB 611** 303; Behandlung, Pflege, Betreuung **ArbZG 14** 17; Beispiele **ArbZG 2** 7 f.; Berufsfreiheit **GG 12** 45, 61; Bestimmung der Dauer **GewO 106** 32 ff.; Bestimmung der Lage **BGB 611** 310 ff., **GewO 106** 32, 38 ff.; betriebsbedingte Kündigung wegen Änderung **KSchG 1** 323 ff.; Binnenschifffahrt **ArbZG 21** 1; bisherige ~ iSd. **ATZG ATZG 6** 5 ff.; Dauer **BGB 611** 304 ff.; Einzelfälle **BGB 611** 328 ff.; Ermächtigung des Bundesministeriums für Verteidigung **ArbZG 15** 12; Flexibilisierung **ArbZG 7** 1 ff.; Forschung und Lehre **ArbZG 14** 15; gefährliche Arbeiten **ArbZG 8** 1 ff.; Grenzen des Weisungsrechts **GewO 106** 77 ff.; Höchstarbeitszeit, nach **JArbSchG** *siehe dort*; werktägliche *siehe dort*; **JArbSchG 4** 1 ff., **JArbSchG 8** 1 ff.; kontinuierliche Schichtbetriebe **ArbZG 15** 3 ff., 13; Kraftfahrer **ArbZG 3** 14 ff.; Luftfahrt **ArbZG 20** 1; bei mehreren Arbeitgebern **ArbZG 2** 9 f.; Notfallarbeiten *siehe dort*; öffentlicher Dienst **ArbZG 15** 7, 13, **ArbZG 19** 1 ff.; Saison- und Kampagnebetriebe **ArbZG 15** 6, 13; Schadensverhütung, vorübergehende Beschäftigung **ArbZG 14** 14; Stichwort-ABC **ArbZG 2** 15; tarifvertragliche Abweichungen **ArbZG 7** 3 ff.; Vor- und Abschlussarbeiten **ArbZG 14** 16

Arbeitszeitflexibilisierung, Arbeitszeitkonten **ArbZG 7** 23 ff.; Beschäftigungsschutz **SGB IV 7** 33 ff.; Kündigungsschutz **SGB IV 7** 45 ff.; tarifvertragliche **ArbZG 7** 1 ff.

Arbeitszeitgesetz, Arbeitnehmer in häuslicher Gemeinschaft **ArbZG 18** 5; Aushangpflicht **ArbZG 16** 1 ff.; Entstehungsgeschichte **ArbZG 1** 1; Geltungsbereich **ArbZG 1** 6 ff.; Gesundheitsschutz des Arbeitnehmers **ArbZG 1** 2 f.; Nichtanwendbarkeit des Gesetzes **ArbZG 18** 1 ff.; Sonn- und Feiertagsarbeit **ArbZG 1** 4; Spezialregelungen **ArbZG 1** 7; Straf- und Bußgeldvorschriften **ArbZG 23** 1 f.; Übergangsvorschriften für Tarifverträge **ArbZG 25** 1 f.; Umsetzung von zwischenstaatlichen Vereinbarungen/von EG-Recht **ArbZG 24** 1; Zweck **ArbZG 1** 2 ff.

Arbeitszeitkonten ArbZG 7 23 ff.

Arrest ArbGG 62 46 ff.; Anordnung der Klageerhebung **ArbGG 62** 60; Aufhebung wegen veränderter Umstände **ArbGG 62** 61 f.; im Beschlussverfahren **ArbGG 85** 7; Gerichtsgebühren **ArbGG 12** 5; Güteverhandlung **ArbGG 54** 14; neue Tatsachen **ArbGG 56** 74; Rechtswegzuständigkeit **ArbGG 2** 11; keine Revisionsbeschwerde **ArbGG 77** 3; Verfahren **ArbGG 62** 52 ff.; Vollziehung **ArbGG 62** 63; Zuständigkeit **ArbGG 48** 8 f.

Ärzte in der Weiterbildung, Befristungen **TzBfG 23** 51 ff.

Ärztliche Untersuchung BGB 611 385; Bewerber **BGB 611** 12; Gesundheitsuntersuchungen Jugendlicher *siehe dort*

Assessment-Center BGB 611 18

Aufhebungsvertrag, Abschluss **KSchG 9** Anhang 1; Ab-

Stichwortverzeichnis

wicklung des Arbeitsverhältnisses **KSchG** 9 Anhang 45; ältere Arbeitnehmer **KSchG** 9 Anhang 57 ff.; Anfechtung **KSchG** 9 Anhang 25; aus Anlass einer Arbeitsunfähigkeit **EFZG** 8 11 f.; Anrechnung von Abfindungen auf Arbeitslosengeld **KSchG** 9 Anhang 52; Arbeitslosmeldung **KSchG** 9 Anhang 54; Aufklärungs- und Hinweispflichten **KSchG** 9 Anhang 17 ff., **BGB** 611 246; Ausgleichsklausel **KSchG** 9 Anhang 47; außerordentliche Kündigung, Abgrenzung **BGB** 626 31 ff.; Betriebsübergang **BGB** 613a 311 f.; Dienstvertrag **BGB** 620 22; einzelne Klauseln **KSchG** 9 Anhang 37 ff.; Inhalt **KSchG** 9 Anhang 33 ff.; Inhaltskontrolle **BGB** Anhang **zu** 305-310 3 ff.; Inkrafttreten **KSchG** 9 Anhang 8 f.; keine Kündigung iSd. § 102 BetrVG **BetrVG** 102 6; und Kündigungsschutz **KSchG** 1 45; nachvertragliches Wettbewerbsverbot **HGB** 74 70; Rückabwicklung **KSchG** 9 Anhang 31 f.; Rücktritt **KSchG** 9 Anhang 30; Schriftform **BGB** 623 21, **KSchG** 9 Anhang 2 ff.; einer Schwangeren **MuSchG** 9 48; Sperrzeit **KSchG** 9 Anhang 49 ff., **SGB III** 144 10 ff.; Teilvergütung bei außerordentlicher Kündigung **BGB** 628 23; Verstoß gegen Schriftformerfordernis **BGB** 623 48 ff.; Widerrufsrecht **KSchG** 9 Anhang 27 ff.; Wirksamkeit **KSchG** 9 Anhang 13 ff.; *siehe auch* „Einkommensteuer bei Abfindungen"

Aufklärungspflicht, mündliche Verhandlung **ArbGG** 57 6 ff.

Aufklärungspflichten des Arbeitgebers BGB 611 244 ff.; Aufhebungsvertrag **BGB** 611 246, **KSchG** 9 Anhang 17 ff.; vermögensrechtliche Dispositionen des Arbeitnehmers **BGB** 619a 88

Auflösende Bedingung, nicht anwendbare Bestimmungen **TzBfG** 20 3; Arbeitsvertrag **TzBfG** 3 6 f., **TzBfG** 20 1 ff.; Berufs- und Erwerbsunfähigkeit **TzBfG** 14 74 f.; Dienstvertrag **BGB** 620 17; Diskriminierungs- und Benachteiligungsverbot **TzBfG** 20 4; Erprobung als sachlicher Grund **TzBfG** 14 40 f.; Gleichstellung mit Sachgrund **TzBfG** 20 2 f.; Sachgründe **TzBfG** 21 5; Schriftform **BGB** 623 27; unzulässige **TzBfG** 21 21

Auflösung des Betriebsrates BetrVG 13 12, **BetrVG** 23 18 ff.; grobe Pflichtverletzung **BetrVG** 23 19; kollektive Pflichtverletzung **BetrVG** 23 18; Neuwahl **BetrVG** 23 25 f.; Verfahren **BetrVG** 23 21 ff.; Wirkungen **BetrVG** 23 24

Auflösungsantrag KSchG 9 1 ff.; Abfindung *siehe dort*; andere Abfindungsregelungen **KSchG** 9 27 f.; Antrag **KSchG** 9 3 ff.; des Arbeitnehmers **KSchG** 9 20 ff.; des Arbeitnehmers **KSchG** 9 15 ff.; außerordentliche Kündigung **KSchG** 13 10; beidseitiger **KSchG** 9 23; Bestand des Arbeitsverhältnisses **KSchG** 9 13 f.; Bestandsschutz **KSchG** 9 1; Betriebsübergang **KSchG** 9 14; Entgeltfortzahlung **EFZG** 8 14; Entscheidung des Gerichts **KSchG** 9 24 ff.; Gründe **KSchG** 9 2; Gründe des Arbeitgebers **KSchG** 9 20 ff.; Sozialwidrigkeit **KSchG** 9 10 ff.; Sperrzeit **SGB III** 144 9 ff.; Unzumutbarkeit der Fortsetzung des Arbeitsverhältnisses **KSchG** 9 15 ff.; Zeitpunkt **KSchG** 9 8

Auflösungsvertrag *siehe* „Aufhebungsvertrag"

Aufrechnung, Klauselverbote **BGB** 309 4; Rechtsweg **ArbGG** 48 42; Rechtswegzuständigkeit **ArbGG** 2 19; Streitwert **ArbGG** 12 26; Urlaubsabgeltungsanspruch **BUrlG** 7 123; Urlaubsentgelt **BUrlG** 11 61

Aufsichtsrat *siehe* „Unternehmensmitbestimmung", "Aufsichtsrat (BetrVG 1952) – AG, KGaA„ „Aufsichtsrat (BetrVG 1952) – GmbH„ „Aufsichtsrat (MitbestG)"

Aufsichtsrat (BetrVG 1952) – AG, KGaA BetrVG 1952 76 1 ff.; Amtszeit der Arbeitnehmervertreter **BetrVG** 1952 76 72 ff.; Anwendungsbereich **BetrVG** 1952 76 1 ff.; Arbeitnehmerzahl **BetrVG** 1952 76 10 ff.; ausländische *Gesellschaften* **BetrVG** 1952 76 5 f.; Beschlussfassung **BetrVG** 1952 76 27 ff.; Binnenorganisation des Aufsichtsrats **BetrVG** 1952 76 31 ff.; formwechselnde Umwandlung **BetrVG** 1952 76 9; Gründungsstadium **BetrVG** 1952 76 8; Rechte, Pflichten, Kompetenzen **BetrVG** 1952 76 34 f.; Rechtsstellung der Aufsichtsratsmitglieder **BetrVG** 1952 76 36 f.; Schutz der Arbeitnehmervertreter **BetrVG** 1952 76 38; Schweigepflicht für Arbeitnehmervertreter **BetrVG** 79 36; Tendenzbetriebe **BetrVG** 1952 81 1 ff.; Wahl *siehe* „Wahl der Aufsichtsratsmitglieder (BetrVG 1952)"; Zahl der Mitglieder **BetrVG** 1952 76 21 ff.; Zurechnung von Konzernunternehmen **BetrVG** 1952 77a 1 ff.; *siehe auch* „Unternehmensmitbestimmung"

Aufsichtsrat (BetrVG 1952) – GmbH BetrVG 1952 77 1 ff.; Anwendungsbereich **BetrVG** 1952 77 3 ff.; Rechte, Pflichten, Kompetenzen **BetrVG** 1952 77 12 ff.; Schweigepflicht für Arbeitnehmervertreter **BetrVG** 79 36; Tendenzbetriebe **BetrVG** 1952 81 1 ff.; Wahl *siehe* „Wahl der Aufsichtsratsmitglieder (BetrVG 1952)"; Zahl der Aufsichtsratsmitglieder **BetrVG** 1952 77 6 ff.; Zurechnung von Konzernunternehmen **BetrVG** 1952 77a 1 ff.; *siehe auch* „Unternehmensmitbestimmung"

Aufsichtsrat (MitbestG), Abberufung von Mitgliedern **MitbestG** 23 1 ff.; Abberufung der Mitglieder des Vertretungsorgans **MitbestG** 31 1, 8; Abberufung des Vorsitzenden **MitbestG** 27 7; Abberufung aus wichtigem Grund **MitbestG** 23 3 f.; Abberufungsverfahren **MitbestG** 23 2; Ablauf des Statusverfahrens **MitbestG** 6 6 ff.; Abstimmungen **MitbestG** 29 1 ff.; Amtszeit des Vorsitzenden **MitbestG** 27 6; Arbeitsdirektor (MitbestG) *siehe dort*; arbeitsrechtlicher Anstellungsvertrag **MitbestG** 31 10 ff.; Ausschüsse **MitbestG** 25 5; Behinderungsverbot **MitbestG** 26 1 f.; Bekanntmachungsverfahren **MitbestG** 6 7 ff.; Benachteiligungsverbot **MitbestG** 26 1; Beschluss **MitbestG** 29 2; Beschlussfähigkeit **MitbestG** 28 1 ff.; Beschränkung hinsichtlich Vertretungsorgans bei Ober/Untergesellschaft **MitbestG** 32 1 ff.; Bestellung und Abberufung der Mitglieder **MitbestG** 6 20 f.; Bestellung und Abberufung des Vorstandsvorsitzenden **MitbestG** 31 9; Bestellung der Mitglieder des Vertretungsorgans **MitbestG** 31 1 ff.; Entsendungsrecht **MitbestG** 8 2; erstmalige Anwendung des MitbestG **MitbestG** 37 3; gerichtliches Feststellungsverfahren **MitbestG** 6 15 f.; Größe **MitbestG** 7 1; innere Ordnung bei AG, KGaA, GmbH **MitbestG** 25 3 ff.; innere Ordnung bei Erwerbs/Wirtschaftsgenossenschaft **MitbestG** 25 7; Interessenkonflikt **MitbestG** 29 4; Kündigungsschutz **MitbestG** 26 6; Mehrheitsprinzip **MitbestG** 29 3; obligatorische Bildung **MitbestG** 6 1; Paritätsprinzip **MitbestG** 7 1; Rechte des Vorsitzenden **MitbestG** 27 8; Rechte, Pflichten, Kompetenzen **MitbestG** 25 8 ff.; Rechte, Pflichten, Kompetenzen bei AG **MitbestG** 25 9; Rechte, Pflichten, Kompetenzen bei Erwerbs/Wirtschaftsgenossenschaft **MitbestG** 25 14; Rechte, Pflichten, Kompetenzen bei GmbH **MitbestG** 25 11 ff.; Rechte, Pflichten, Kompetenzen bei KGaA **MitbestG** 25 10; Rechtsstellung der Mitglieder bei AG, KGaA, GmbH **MitbestG** 25 15 ff.; Rechtsstellung der Mitglieder bei Erwerbs/Wirtschaftsgenossenschaft **MitbestG** 25 18; Schweigepflicht für Arbeitnehmervertreter **BetrVG** 79 36; Spaltungen **MitbestG** 6 12; Statusverfahren **MitbestG** 6 2 f.; Stimmverbot **MitbestG** 29 4; Streitigkeiten hinsichtlich Abberufung **MitbestG** 23 4; Überleitungsvollzug **MitbestG** 6 17 f.; Umstrukturierungen **MitbestG** 6 11; Unternehmensverkäufe **MitbestG** 6 11; Verlust der Wählbarkeit **MitbestG** 24 1 f.; Vermittlungsausschuss **MitbestG** 27 9 ff.; Verschmelzungen **MitbestG** 6 12; Vertretungsorgan bei erstmaliger Anwendung des MitbestG **MitbestG** 37 4 f.; Vorsitz **MitbestG** 27 1 f.; Wahl der Aufsichtsratsmitglieder (MitbestG) *siehe dort*; Wahl des Vorsitzenden/Stellvertreters **MitbestG** 27 2 ff.; Wahlverfahren der Mitglieder des Vertretungsorgans **MitbestG** 31 3 ff.; Zusammensetzung **MitbestG** 7 1 f.; Zweitstimme des Vorsitzenden **MitbestG** 29 5 f.

Stichwortverzeichnis

Aufsichtsrat (Montan-MitbestG) Montan-MitbestG 3 1 ff.; Abberufung von Mitgliedern **Montan-MitbestG** 11 1 ff.; Aktienrecht analog **Montan-MitbestG** 3 2; Arbeitsdirektor (Montan-MitbestG) *siehe dort*; belegschaftsangehörige Arbeitnehmervertreter **Montan-MitbestG** 8 8 f.; Beschlussfähigkeit **Montan-MitbestG** 10 1; Bestellung der Mitglieder des Vertretungsorgans **Montan-MitbestG** 12 1 ff.; Entscheidung des OLG **Montan-MitbestG** 8 23 ff.; Entscheidung des Wahlorgans **Montan-MitbestG** 8 21 f.; gerichtliche Bestellung von Arbeitnehmervertretern **Montan-MitbestG** 8 12; Gewerkschaftsvertreter **Montan-MitbestG** 4 1; größere **Montan-MitbestG** 8 10; Größe **Montan-MitbestG** 9 1 f.; größerer **Montan-MitbestG** 9 1 f.; Rechte und Pflichten der Mitglieder **Montan-MitbestG** 4 5 ff.; Vermittlungsausschuss **Montan-MitbestG** 8 16 ff.; Wahl der Anteilseignervertreter **Montan-MitbestG** 8 3 ff.; Wahl der Arbeitnehmervertreter **Montan-MitbestG** 8 6 ff.; Wahl des neutralen Mitglieds **Montan-MitbestG** 8 13 ff.; Wählbarkeitsvoraussetzungen **Montan-MitbestG** 4 3 f.; Wahlverfahren **Montan-MitbestG** 8 1 ff.; Zusammensetzung **Montan-MitbestG** 4 2
Auftrag BGB Vorb. 10
Auftragsmangel, betriebsbedingter Kündigungsgrund **KSchG** 1 294
Aufwendungsersatz BGB 611 270 ff.; Bewerber **BGB** 629 17 f.; Entgeltfortzahlung im Krankheitsfall **EFZG** 4 29, 37; ersatzfähige Aufwendungen **BGB** 611 273 ff.; nicht ersatzfähige Aufwendungen **BGB** 611 279; Urlaubsentgelt **BUrlG** 11 26
Ausbildender BBiG 3 4; Ausbildungsmittel **BBiG** 6 9 ff.; Beauftragung eines Ausbilders **BBiG** 6 5 ff.; Berichtshefte **BBiG** 6 13 f.; Berufsschule **BBiG** 6 12; charakterliche Förderung **BBiG** 6 15 f.; Eignung zum Einstellen und Ausbilden **BBiG** 20 1; Eignungsfeststellung **BBiG** 23 1 ff.; erweiterte fachliche Eignung **BBiG** 21 1 ff.; fachliche Eignung **BBiG** 20 6 ff.; Freistellung des Auszubildenden **BBiG** 7 1 ff.; persönliche Eignung **BBiG** 20 2 ff.; Pflicht zur Berufsausbildung **BBiG** 6 1 f.; Übertragung von Verrichtungen **BBiG** 6 17 f.; Untersagung des Einstellens und Ausbildens **BBiG** 24 1 ff.
Ausbilder, Bestellung **BBiG** 20 9; Eignungsfeststellung **BBiG** 23 1 ff.; erweiterte fachliche Eignung **BBiG** 21 1 ff.; fachliche Eignung **BBiG** 20 6 ff.; Mitbestimmung bei Bestellung und Abberufung **BetrVG** 98 8 ff.; Untersagung des Ausbildens **BBiG** 24 1 ff.
Ausbildungsberufe BBiG 25 1 f.; Aufhebung der Anerkennung **BBiG** 25 9; Ausbildung nur nach Ausbildungsordnung **BBiG** 28 1 ff.
Ausbildungskosten *siehe* „Fort- und Ausbildungskosten"
Ausbildungsordnung BBiG 25 3 ff.; Ausbildung nur nach ~ **BBiG** 28 1 ff.
Ausbildungsstätte, Ausbildung außerhalb **BBiG** 22 7 ff.; Eignung **BBiG** 22 1 ff.; Eignungsfeststellung **BBiG** 23 1, 3 ff.; fehlende Eignung **BBiG** 24 3 ff.
Ausbildungsvergütung, Anrechnung von Sachleistungen **BBiG** 10 8 f.; Bemessung **BBiG** 11 1; besonderer **BBiG** 10 10; Fälligkeit **BBiG** 11 2 ff., **BGB** 614 9; Fortzahlung bei Ausfall der Berufsausbildung **BBiG** 12 4 ff.; Fortzahlung bei Freistellung **BBiG** 12 1 ff.; Höhe **BBiG** 10 4 ff.; Krankheit usw. **BBiG** 12 9 ff.; persönliche Verhinderung **BBiG** 12 6; Rechtsnatur **BBiG** 10 1 ff.
Ausbildungsvertrag siehe „Berufsausbildungsvertrag"
Ausbildungszeit, Anrechnung **BBiG** 29 1 ff.; Verkürzung **BBiG** 29 4; Verlängerung **BBiG** 29 5 ff.
Ausgleichsquittung BGB 611 420 ff., **KSchG Vorb. vor** 1 26 ff.; Anfechtung **BGB** 611 424; Auslegung **BGB** 611 421; Formularvertrag **BGB Anhang zu** 305-310 27 f., **BGB** 611 422; als überraschende Klausel **BGB** 305c 5; Verzichtbarkeit des Anspruchs **BGB** 611 423
Aushilfsarbeitsverhältnis TzBfG 14 12 ff.; Kündigung **BGB** 622 109 ff.; Nichtgeltung des NachwG **NachwG** 1 6
Auskunftsperson für Betriebsrat, Aufgaben **BetrVG** 80 120; Erforderlichkeit **BetrVG** 80 121; keine jederzeitige Anforderung **BetrVG** 80 123 f.; Sachkunde **BetrVG** 80 126 f.; sachkundige Arbeitnehmer **BetrVG** 80 122 ff.; Schutzbestimmungen **BetrVG** 80 134; Tätigkeit **BetrVG** 80 132; Vergütung **BetrVG** 80 133; Vorschlagsrecht **BetrVG** 80 128 ff.; Zweck **BetrVG** 80 119
Auslagen ArbGG 12 6 ff.; Fälligkeit **ArbGG** 12 8 ff.; Kostenschuldner **ArbGG** 12 11 f.
Ausländerfeindliche Äußerungen, außerordentliche Kündigung **BGB** 626 219
Ausländische Arbeitnehmer, Aufhebungsvertrag **KSchG** 9 Anhang 12; Berufsausbildungsvertrag **BBiG** 3 9 f.; fehlende Arbeitserlaubnis **BGB** 611 56
Auslandsentsendung, Arbeitnehmerbegriff **BetrVG** 5 14; Ausstrahlung des **BetrVG EGBGB** 34 43 f.; betriebliche Altersversorgung **BetrAVG Vorb.** 17 ff.; Geltungsbereich des BetrVG **BetrVG** 1 3; Nachweispflicht **NachwG** 2 48 ff.; Rechtsordnung **EGBGB** 34 19 ff.; *siehe auch* „Arbeitnehmer-Entsendegesetz"
Auslösung BGB 611 149 ff.; Entgeltfortzahlung **EFZG** 4 32
Ausschließung, Gerichtspersonen **ArbGG** 49 1 ff.; Gründe **ArbGG** 49 6; Personenkreis **ArbGG** 49 5; des Prozessbevollmächtigten bei Ausbleiben der Partei **ArbGG** 51 23 ff.; Verfahren **ArbGG** 49 7 f.
Ausschlussfrist für außerordentlicher Kündigung BGB 626 385 ff.; Anhörung **BGB** 626 408; Anwendungsbereich **BGB** 626 387 ff.; Beginn **BGB** 626 396 ff.; Berechnung **BGB** 626 421 ff.; Berufsausbildungsverhältnis **BBiG** 15 13; Beteiligung des Betriebsrats **BGB** 626 433 f.; betriebsbedingte Kündigung **BGB** 626 416; Darlegungs- und Beweislast **BGB** 626 477 ff.; Dauertatbestände **BGB** 626 412 ff.; Druckkündigung **BGB** 626 419 f.; Kenntnis von Kündigungstatsachen **BGB** 626 397 ff.; Kündigungsberechtigung **BGB** 626 397 ff.; mehrere zum Teil verfristete Kündigungsgründe **BGB** 626 86 f.; Normzweck **BGB** 626 385 f.; Rechtsfolgen des Fristablaufs **BGB** 626 426 ff.; rechtsmissbräuchliches Berufen auf ~ **BGB** 626 429 ff.; Unabdingbarkeit **BGB** 626 424 f.; Verdachtskündigung **BGB** 626 357, 417 f.
Ausschlussfristen BGB 611 425 ff.; Annahmeverzugslohn **BGB** 615 83; Auflösungsantrag gemäß § 78a Abs. 4 S. 2 Nr. 1 BetrVG **BetrVG** 78a 51 f.; Auslegung **TVG** 4 64; Beendigung des Arbeitsverhältnisses **TVG** 4 68; Begriff **TVG** 4 59; einseitige ~ **BGB** 611 433; Entschädigung wegen geschlechtsbezogener Benachteiligung **BGB** 611a 71; Fälligkeit des Anspruchs **TVG** 4 67; Formulararbeitsvertrag **BGB Anhang zu** 305-310 6 f.; Geltendmachung des Anspruchs **TVG** 4 66 ff.; Inhaltskontrolle **TVG** 4 65; Karenzentschädigung **HGB** 74 100; Musterprozess **TVG** 4 74; Nachweis wesentlicher Vertragsbedingungen **NachwG** 2 63; Provision **HGB** 65 14; Rückwirkungsprobleme **TVG** 4 71; Schadensersatzanspruch statt Urlaubs-/Urlaubsabgeltungsanspruch **BUrlG** 7 153 f.; tarifliche Ausschlussklauseln **TVG** 1 95 ff., **TVG** 4 59 ff.; nicht tarifvertraglich gewährte Rechte **TVG** 4 60 ff.; treuwidriges Berufen auf ~ **BGB** 611 428, **TVG** 4 72 ff.; als überraschende Klauseln **BGB** 305c 2; Urlaubsentgelt **BUrlG** 11 66 f.; Wirksamkeitsgrenzen **BGB** 611 429 ff.; Zeugnis **GewO** 109 13; zweistufige ~ **BGB** 611 434 ff.
Außendienstmitarbeiter, Arbeitnehmerbegriff **BetrVG** 5 13; Betriebsrat, Wahlberechtigung **BetrVG** 7 11; Vertretungsmacht des Handlungsgehilfen **HGB** 75g 1 ff.
Außerdienstliches Verhalten BGB 611 376 ff.; außerordentliche Kündigung **BGB** 626 200 ff.; verhaltensbedingter Kündigungsgrund **KSchG** 1 225 ff.
Außergewöhnliche Fälle *siehe* „Notfallarbeiten"
Außerordentliche Einkünfte *siehe* „Fünftelungsregelung"
Außerordentliche Kündigung KSchG 1 40 f.; Abgrenzung

3193

Stichwortverzeichnis

zu anderen Beendigungstatbeständen BGB 626 18 ff.; kein absoluter Kündigungsgrund BGB 626 72; Änderungskündigung BGB 626 379 ff.; Anhörung BGB 626 139; Ankündigung als Drohung BGB 123 35; Ausschlussfrist bei außerordentlicher Kündigung *siehe dort*; Berufsausbildungsverhältnis BBiG 15 5 ff.; Berufsfreiheit GG 12 77; Darlegungs- und Beweislast BGB 626 473 ff.; Dienstvertrag BGB 620 16; Eigenkündigung, außerordentliche *siehe dort*; Einkommensteuer bei Abfindungen EStG 3 37; Erweiterung des Rechts BGB 626 62 ff.; Gebot der Rechtssicherheit BGB 626 73; Geltendmachung der Unwirksamkeit KSchG 13 7 ff.; Geltungsbereich der Norm BGB 626 3 ff.; Gruppenbildung bei mehreren Kündigungssachverhalten BGB 626 83 ff.; Interessenabwägung *siehe dort*; Klagefrist (KSchG) KSchG 4 4; und KSchG KSchG 13 1 ff.; Kündigungsgründe BGB 626 150 ff.; mehrere Kündigungssachverhalte BGB 626 83 ff.; Mitteilung der Kündigungsgründe BGB 626 445 ff.; nachvertragliches Wettbewerbsverbot HGB 75 29 ff.; objektives Tatbestandsmerkmal BGB 626 140 ff.; personenbedingte BGB 626 340; Prognoseprinzip BGB 626 79 ff.; rechtswidriger Streik GG 9 302; Revision/Revisibilität des wichtigen Grundes BGB 626 484 ff.; Schadensersatz bei außerordentlicher Kündigung *siehe dort*; Schlichtungsverfahren bei Berufsbildungsverhältnis ArbGG 111 15 ff.; soziale Auslauffrist BGB 622 4, BGB 626 372 ff.; Stufenverhältnis zur ordentlichen Kündigung BGB 626 77 f.; Teilvergütung bei außerordentlicher Kündigung *siehe dort*; Umdeutung BGB 626 453 ff., KSchG 1 37, KSchG 13 13 ff.; Unabdingbarkeit BGB 626 46 ff.; unzumutbare Kündigungserschwerung BGB 626 51 ff.; Verfahrensfragen BGB 626 459 ff.; verhaltensbedingte BGB 626 341 f.; Verhältnismäßigkeitsprinzip BGB 626 110 ff.; Verletzung der Mitteilungspflicht BGB 626 449 ff.; Verletzung der Schweigepflicht des Betriebsratsmitglieds BetrVG 79 41 f.; Vertrauensstellung *siehe* „Außerordentliche Kündigung bei Vertrauensstellung"; Verzeihung BGB 626 68 f.; Wartezeit KSchG 1 9; wichtiger Grund BGB 626 71 f.; Zeitpunkt der Beendigung des Arbeitsverhältnisses BGB 626 370 ff.; Zeitpunkt der Entstehung des wichtigen Grundes BGB 626 147 ff.; Zwei-Stufen-Prüfung BGB 626 74 ff.; Zweiwochenfrist *siehe* „Ausschlussfrist bei außerordentlicher Kündigung"; *siehe auch* „Sonderkündigungsschutz von Funktionsträgern"

Außerordentliche Kündigung bei Vertrauensstellung BGB 627 1 ff.; Abdingbarkeit BGB 627 17 ff.; kein dauerndes Dienstverhältnis BGB 627 6 f.; Dienste höherer Art BGB 627 9; keine festen Bezüge BGB 627 8; Kündigung zur Unzeit BGB 627 11 f.; Normzweck BGB 627 1 f.; Teilvergütung bei außerordentlicher Kündigung *siehe dort*; Übertragung aufgrund besonderen Vertrauens BGB 627 10 f.; Voraussetzungen BGB 627 6 ff.

Außerordentliche Kündigung von Funktionsträgern BetrVG 103 1 ff.; Entscheidung des Betriebsrats BetrVG 103 11 ff.; geschützter Personenkreis BetrVG 103 5 ff.; Kündigung BetrVG 103 10; Verfahrensfehler des Betriebsrates BetrVG 103 15; Zustimmungsersetzungsverfahren (Funktionsträger) *siehe dort*; Zustimmungsverfahren BetrVG 103 11 ff.

Außertarifliche Angestellte BGB Vorb. 110; Mitbestimmung BetrVG 87 199; Mitbestimmung bei Eingruppierung BetrVG 99 25

Aussetzung des Verfahrens, Alleinentscheidung des Vorsitzenden ArbGG 55 16 ff.; Verdacht einer Straftat ArbGG 55 24 f.; Verfahren ArbGG 55 26; Vorabentscheidungsverfahren ArbGG 55 18; Vorgreiflichkeit ArbGG 2 17, ArbGG 55 19 ff.

Aussetzung von Betriebsratsbeschlüssen BetrVG 35 1 ff., *66 1 ff.*; Antragsberechtigung BetrVG 35 4; Antragsvoraussetzungen 66 2 ff.; Aussetzung des Beschlusses BetrVG 66 10; Begründung 66 8; Beschluss BetrVG 35 3, BetrVG 66 3 f.; erhebliche Beeinträchtigung wichtiger Interessen 66 5 ff.; erneute Beschlussfassung BetrVG 35 7 ff., BetrVG 66 11 f.; Folge eines Antrags BetrVG 35 5; Form BetrVG 66 9; Frist BetrVG 66 9; Streitigkeiten BetrVG 35 10, BetrVG 66 13 f.

Aussperrung, Abwehr rechtswidriger Kampfmaßnahmen GG 9 237; Angriffs~ GG 9 238 f.; Anschluss~ GG 9 230; Arbeitgeberverband bei rechtswidriger ~ GG 9 313 f.; Außenseiter GG 9 224; Einzel~ GG 9 229 ff.; Einzellösungsrecht des Arbeitgebers GG 9 236; Ende GG 9 225; Erklärung GG 9 222 f.; Firmentarifvertrag GG 9 231 ff.; Grenzen GG 9 226 ff.; lösende Abwehr~ GG 9 235; Rechtsfolgen bei Rechtswidrigkeit GG 9 303 ff.; selektive ~ und Maßregelungsverbot BGB 612a 21 ff.; Streik als Voraussetzung GG 9 221; suspendierende Abwehr~ GG 9 220 ff.; wilde GG 9 234, 253; *siehe auch* „Arbeitskampf"

Auswahlfreiheit, Beschränkung BGB 611 47, 49 ff.

Auswahlrichtlinien BGB 611 62, KSchG 1 406 ff.; beschränkte Überprüfbarkeit KSchG 1 412 ff.; Beteiligungsrechte bei Auswahlrichtlinien *siehe dort*; Betriebsrat bei Verstoß BetrVG 99 73; Betriebsratswiderspruch wegen Verstoßes BetrVG 102 71; Betriebsvereinbarungen KSchG 1 408; Darlegungs- und Beweislast KSchG 1 416; grobe Fehlerhaftigkeit KSchG 1 414 f.; Kriterien KSchG 1 409; tarifliche KSchG 1 407; Wirksamkeit KSchG 1 407 f.

Auszehrungsverbot, betriebliche Altersversorgung BetrAVG 5 3 ff.; Versorgungsverhältnisse vor dem 22.12.1974 BetrAVG 28 1 f.

Auszubildende *siehe* „Berufsausbildungsverhältnis"

Aut-aut-Fall ArbGG 2 29 f., ArbGG 48 25, 31 f.; Abgrenzung zum sic-non-Fall ArbGG 48 32

Baugewerbe, Arbeitnehmerüberlassung AÜG 1b 1 ff.; Urlaub BUrlG 13 64 ff.

Beamte, keine Arbeitnehmer ArbGG 5 18 f.; Arbeitnehmerbegriff BetrVG 5 15; Arbeitskampf GG 9 320 f.; Beamtenverhältnis neben Arbeitsverhältnis BGB Vorb. 27; keine Betriebsratswahlberechtigung BetrVG 7 7

Bedienungsgeld BGB 611 142 ff.; Urlaubsentgelt BUrlG 11 17 f.

Bedrohung, außerordentliche Kündigung BGB 626 228 ff.

Befangenheit *siehe* „Besorgnis der Befangenheit"

Befristetes Arbeitsverhältnis BGB 620 2, 23, TzBfG 3 1 ff., 14 1 ff.; abweichende Vereinbarungen TzBfG 22 1 ff.; Arbeitnehmerbegriff BetrVG 5 16; Arbeitslosmeldung SGB III 37b 8; Arbeitssuchend Meldung TzBfG 15 1; Aus- und Weiterbildung TzBfG 19 1 ff.; Beendigung TzBfG 15 1 ff.; befristet beschäftigter Arbeitnehmer TzBfG 3 2; Befristung einzelner Arbeitsvertragsbedingungen TzBfG 14 87 ff.; besondere gesetzliche Regelungen TzBfG 1 1 f., 7 ff.; betrieblicher Geltungsbereich TzBfG 14 5 f.; Beurteilungszeitpunkt TzBfG 14 7 f.; Darlegungs- und Beweislast Zweckerreichung/Bedingungseintritt TzBfG 15 11; Dauer TzBfG 14 82; Diskriminierungsverbot (TzBfG) *siehe dort*; keine Einbeziehung in Sozialauswahl KSchG 1 349; Einkommensteuer bei Abfindungen EStG 3 37; Ende bei kalendermäßiger Befristung TzBfG 15 2 f.; Ende bei Zweckbefristung TzBfG 15 4 ff.; Entfristungsklage *siehe dort*; fehlende Schriftform TzBfG 14 123 f.; Feiertage, Entgeltzahlung EFZG 2 9; Folgen unwirksamer Befristung TzBfG 16 1 ff.; Fristende keine Kündigung iSd. § 102 BetrVG BetrVG 102 4; Geltung für alle Arbeitnehmer TzBfG 14 2; Information der Arbeitnehmervertretung TzBfG 20 1 ff.; Information über befristete Arbeitsplätze TzBfG 18 1 ff.; Insolvenz InsO 113 7; kalendermäßige Befristung TzBfG 3 3; Kettenbefristungen TzBfG 14 8, 83 ff.; Klagefrist (Befristungsstreitigkeit) *siehe*

Stichwortverzeichnis

dort; Kündigung bei Verträgen über fünf Jahren **TzBfG 15** 15; Kündigungsmöglichkeit **TzBfG 15** 12 f.; und Kündigungsschutz **KSchG 1** 46; Mitbestimmung bei Beendigung **TzBfG 15** 27 ff.; Mitbestimmung bei Einstellung **TzBfG 14** 125 f.; nachträgliche Befristung **TzBfG 14** 81; Nachweis der Befristungsdauer **NachwG 2** 18 ff.; Nichtverlängerungsmitteilung **TzBfG 15** 24; Sachgrundlose Befristung *siehe dort*; Sachlicher Grund bei Befristung *siehe dort*; Schriftform **BGB 623** 8 ff., 24 ff., **TzBfG 14** Rz. 113 ff.; Schriftform bei Nichtverlängerungsmitteilung **BGB 623** 30; Sonderformen **TzBfG 3** 8 ff.; stillschweigende Verlängerung **BGB 625** 9, **TzBfG 15** 10, 16 ff.; Tarifverträge des öffentlichen Dienstes **TzBfG 22** 5 ff.; Tatbestandsprinzip bei Altverträgen **TzBfG Nach 23** 1; keine Übergangsregelung **TzBfG Nach 23** 2 f.; Vergleichbarkeit zu unbefristet Beschäftigten **TzBfG 3** 15 ff.; Verstoß gegen Schriftformerfordernis **BGB 623** 51 ff.; Weiterarbeit **TzBfG 15** 17; Weiterbeschäftigungsanspruch **TzBfG 15** 25 f.; Wiedereinstellungspflicht **TzBfG 15** 25 f.; zeitlicher Geltungsbereich **TzBfG 14** 3 f.; *siehe auch* „Auflösende Bedingung", „Hochschulen"

Befristung des Urlaubsanspruchs BUrlG 1 26, 7 70 f.; Abdingbarkeit **BUrlG 13** 44

Begünstigungsverbot Betriebsrat *siehe* „Benachteiligungs- und Begünstigungsverbot (BetrVG)"

Behinderte Menschen, Abgrenzung Behinderung/Krankheit **EFZG 3** 36; Gleichheitsrecht **GG 3** 143 ff.; Rücksichtnahme auf ~ **GewO 106** 128 ff.; *siehe auch* „Schwerbehinderte"

Behinderungsverbot BetrVG 78 1 ff.; Aufsichtsratsmitglieder (MitbestG) **MitbestG 26** 1 ff.; Behinderung **BetrVG 78** 7 ff.; Darlegungs- und Beweislast **BetrVG 78** 14; persönlicher Schutzbereich **BetrVG 78** 3 f.; Rechtsfolgen **BetrVG 78** 12 f.; Sprecherausschuss **SprAuG 2** 9 ff.; Streitigkeiten **BetrVG 78** 25 f.; Verschulden **BetrVG 78** 9

Beihilfen im Krankheitsfall, Streik **GG 9** 202

Beiordnung eines Rechtsanwalts ArbGG 11a 1 ff.; Antrag **ArbGG 11a** 8; einfach gelagerter Fall **ArbGG 11a** 6; fehlende Vertretungsmöglichkeit durch Verbandsvertreter **ArbGG 11a** 3; Hilfsbedürftigkeit **ArbGG 11a** 4; offensichtliche Mutwilligkeit **ArbGG 11a** 1; Sonderfall der Prozesskostenhilfe **ArbGG 11a** 1; uneingeschränkte **ArbGG 11a** 10; Unterbleiben **ArbGG 11a** 5 ff.; Verfahren **ArbGG 11a** 8 ff.; Vertretung der Gegenpartei **ArbGG 11a** 2; Voraussetzungen **ArbGG 11a** 2 f.

Beitrittsgebiet *siehe* „Neue Bundesländer"

Beleidigung, außerordentliche Eigenkündigung **BGB 626** 331; außerordentliche Kündigung **BGB 626** 285 ff.; verhaltensbedingter Kündigungsgrund **KSchG 1** 229

Benachteiligungs- und Begünstigungsverbot (BetrVG), Benachteiligung **BetrVG 78** 17; Betriebsverfassungsorgane **BetrVG 78** 1 ff.; Bevorzugung **BetrVG 78** 18; Darlegungs- und Beweislast **BetrVG 78** 24; Rechtsfolgen bei Verstoß **BetrVG 78** 21 ff.; Streitigkeiten **BetrVG 78** 25 f.; Unabhängigkeit **BetrVG 78** 16; Verschulden **BetrVG 78** 20

Benachteiligungs- und Begünstigungsverbot (SprAuG), Sprecherausschuss **SprAuG 2** 14 f.

Benachteiligungsverbot, Aufsichtsratsmitglieder (MitbestG) **MitbestG 26** 1, 5 f.; Betriebsrat *siehe* „Benachteiligungs- und Begünstigungsverbot (BetrVG)"; Kündigungsfrist **BGB 622** 57 ff.; tarifvertragliche Kündigungsfristen **BGB 622** 77; *siehe auch* „Maßregelungsverbot"

Beratung ArbGG 9 7; Ergebnis **ArbGG 60** 7

Bereicherungsanspruch, Urlaubsentgelt **BUrlG 5** 42 ff.; Vergütungsüberzahlung **BGB 611** 158 ff.; Vergütungsüberzahlung, Formularverträge **BGB Anhang zu 305-310** 19

Bereitschaftsdienst ArbZG 2 5 f., **BGB 611** 319 ff.; BAG **BGB 611** 322; EG-Recht **ArbZG 2** 6, **BGB 611** 320; Einwilligung bei tarifvertraglicher Arbeitszeitverlängerung **ArbZG 7** 19; Ruhepause **ArbZG 4** 3; tarifvertragliche Arbeitszeitverlängerung **ArbZG 7** 4, 11

Bergbau, Arbeitszeit nach Klima-Bergverordnung **ArbZG 8** 4 ff.; Jugendliche **JArbSchG 24** 1 f.

Bergmannsversorgungsschein, Abschlussgebot **BGB 611** 50

Berichtshefte BBiG 6 13 f.

Berufliche Fortbildung *siehe* „Fortbildung, berufliche"

Berufliche Umschulung *siehe* „Umschulung, berufliche"

Beruflicher Werdegang, Frage des Arbeitgebers **BGB 123** 9

Berufsausbildung BBiG 1 3 f.; Ausbildungsberater **BBiG 45** 2 f.; Ausbildungsberufe **BBiG 25** 1 f.; Ausbildungsordnung **BBiG 25** 3 ff.; außerhalb der Ausbildungsstätte **BBiG 27** 1 ff.; Beschäftigungsverhältnis **SGB IV 7** 32; Eignung zum Einstellen und Ausbilden **BBiG 20** 1 ff.; Gleichstellung von Prüfungszeugnissen **BBiG 43** 1 ff.; nur nach Ausbildungsordnung **BBiG 28** 1 ff.; Regelungsbefugnis der zuständigen Stelle **BBiG 44** 1 ff.; Stufenausbildung **BBiG 26** 1 ff.; Überwachung **BBiG 45** 1 ff.; andere Vertragsverhältnisse **BBiG 19** 1 ff.; Zwischenprüfungen **BBiG 42** 1 ff.

Berufsausbildungsverhältnis, Abschlussprüfung *siehe dort*; Arbeitnehmer **ArbGG 5** 5; Arbeitnehmer iSd. EFZG **EFZG 1** 12; Arbeitnehmerbegriff **BetrVG 5** 17; arbeitsrechtlicher Schutz **BBiG 3** 12; Aufgabe/Wechsel der Berufsausbildung **BBiG 15** 9; Ausbildungsvertrag *siehe dort*; Ausschlussfrist bei außerordentlicher Kündigung **BBiG 15** 13; Beachtung der Ordnung des Betriebes **BBiG 9** 8 f.; Beendigung **BBiG 14** 1 ff.; Befolgung von Weisungen **BBiG 9** 6 f.; Betriebsübergang **BGB 613a** 223; Eigenkündigung **BBiG 15** 7 ff.; einfaches Zeugnis **BBiG 8** 5 f.; zwischen Eltern und Kindern **BBiG 3** 13; Elternzeit **BErzGG 20** 1 ff.; fristlose Kündigung **BGB 626** 6; Insolvenz **InsO 113** 3; Kündigung **BBiG 15** 1 ff.; Kündigung während Probezeit **BBiG 15** 3 f., **BGB 622** 43; Kündigung nach Probezeit **BBiG 15** 5 ff., **BGB 622** 44; Kündigungsgründe **BBiG 15** 12; Kündigungsschutz **KSchG 1** 5; Kurzarbeitergeld **SGB III 172** 3; Lernpflicht **BBiG 9** 1; Pflichten **BBiG 9** 1 ff.; Pflichtverletzung **BBiG 9** 12 ff.; Probezeit **BBiG 13** 1 ff.; qualifiziertes Zeugnis **BBiG 8** 7; Rechtsnatur **BBiG 3** 1 f.; Rückzahlungsklauseln **BGB 611** 461; Schadensersatz bei vorzeitiger Beendigung **BBiG 16** 1 ff.; Schriftform **BGB 623** 12; Teilnahme an Ausbildungsmaßnahmen **BBiG 9** 4 f.; Übernahmerecht des Auszubildenden *siehe dort*; Unabdingbarkeit von Vorschriften **BBiG 18** 1 f.; Verschwiegenheitspflicht **BBiG 9** 11; Verzeichnis der Berufsausbildungsverhältnisse *siehe dort*; vorübergehende Verhinderung **BGB 616** 38; vorzeitige Abschlussprüfung **BBiG 14** 3; Weiterarbeit **BBiG 17** 1 ff., **BGB 625** 14; wiederholte Abschlussprüfung **BBiG 14** 4; Zeugnis **BBiG 8** 1 ff., **GewO 109** 26; *siehe auch* „Ausbildender", „Ausbilder", „Ausbildungsvergütung", „Berufsausbildungsvertrag", „Schlichtungsverfahren (Berufsausbildungsverhältnis)"

Berufsausbildungsvertrag, Abschluss **BBiG 3** 6 ff.; Änderung **BBiG 4** 17; Aushändigung **BBiG 4** 16; Ausländer **BBiG 3** 9 f.; fehlende Ausbildungsberechtigung **BBiG 3** 15 f.; Mängel **BBiG 3** 11; Minderjährige **BBiG 3** 7 f.; nichtige Vereinbarung **BBiG 5** 1 ff.; nichtige Zahlungsvereinbarungen **BBiG 5** 7 f.; Niederschrift **BBiG 4** 1 ff., **NachwG Vorb.** 20 ff.; Parteien des Vertrags **BBiG 3** 3 ff.; Schadensersatz **BBiG 5** 10 f.; Unabdingbarkeit von Vorschriften **BBiG 18** 1 f.; Unterschrift **BBiG 4** 15; Vertragsstrafenverbot **BBiG 5** 9; wesentlicher Inhalt **BBiG 4** 3 ff.; *siehe auch* „Berufsausbildungsverhältnis"

Berufsausbildungsvorbereitung BBiG 1 2; außerbetriebliche Träger **BBiG 52** 4 f.; Bescheinigung **BBiG 51** 3 f.; Maßnahmen **BBiG 50** 3; Personenkreis **BBiG 50** 1 f.;

Stichwortverzeichnis

Qualifizierungsbausteine **BBiG** 51 1 f.; Überwachung und Beratung **BBiG** 52 3; Untersagung **BBiG** 52 1

Berufsbildung BBiG 1 1, **BetrVG** 96 2 ff.; Berufsbildungsstätten **BBiG** 1 7 ff.; Elternzeit **BErzGG** 20 1 ff.; Geltungsbereich des BBiG **BBiG** 2 1 ff.; *siehe auch* „Berufsausbildungsvorbereitung"

Berufsfreiheit GG 12 1 ff.; Adressaten **GG** 12 15; Allgemeinverbindlichkeitserklärung **GG** 12 30; Arbeitsplatzwahl **GG** 12 12; Arbeitsverträge **GG** 12 65 ff.; Arbeitszwang und Zwangsarbeit **GG** 12 90 ff.; Ausbildungsfreiheit **GG** 12 86 ff.; Berufsausübung **GG** 12 14; Berufswahl **GG** 12 13; Betriebsvereinbarungen **GG** 12 31 f.; Betriebsverfassung **GG** 12 62 ff.; Eigentumsgarantie **GG** 14 10; Eingriff **GG** 12 21 ff.; einheitliches Grundrecht **GG** 12 5; geschützte Tätigkeit **GG** 12 12 ff.; Gesetze **GG** 12 41 ff.; Gesetz, einschränkendes **GG** 12 26; kollidierendes Verfassungsrecht **GG** 12 39 f.; und Kündigungsschutzrecht **KSchG Vorb. vor** 1 7, 10; Öffentlicher Dienst **GG** 12 82 ff.; Rechtfertigung für Einschränkung **GG** 12 25 ff.; Rechtsfolgen eines Verstoßes **GG** 12 85; Richterrecht **GG** 12 27; Schutzbereich **GG** 12 8 ff.; Stufenlehre **GG** 12 33 ff.; Tarifautonomie **GG** 12 56 ff.; Tarifverträge **GG** 12 28 f., 56 ff.; Träger des Grundrechts **GG** 12 16 f.; Verhältnis zu anderen Grundrechten **GG** 12 6 f.; Verhältnismäßigkeit einer Beeinträchtigung **GG** 12 33 ff

Berufsrichter ArbGG 6 3 ff.; Dienstaufsicht **ArbGG** 6 5; Mäßigungsgebot **ArbGG** 6 6; sachliche und persönliche Unabhängigkeit **ArbGG** 6 4

Berufsschule BBiG 6 12; Anrechnung auf Arbeitszeit **JArbSchG** 9 4; Beschäftigungsverbot **JArbSchG** 9 2 f.; kein Entgeltausfall **BBiG** 12 1 ff., **JArbSchG** 9 5; Freistellung **JArbSchG** 9 1

Berufsunfähigkeit, auflösende Bedingung **TzBfG** 14 74; personenbedingter Kündigungsgrund **KSchG** 1 129

Berufung, Alleinentscheidung des Vorsitzenden **ArbGG** 64 52; Anschlussberufung *siehe dort*; Anträge **ArbGG** 64 33; Begründung **ArbGG** 64 32 ff.; Begründung bei Mehrheit von Ansprüchen **ArbGG** 64 36; Berufungsschrift **ArbGG** 64 26 ff.; Beschleunigungspflicht in Bestandsschutzverfahren **ArbGG** 64 56; Beschwer **ArbGG** 64 5 f.; Beschwer, Berechnung **ArbGG** 64 9; Beschwerdewert **ArbGG** 64 3 f.; Beschwerdewert~ **ArbGG** 64 7 ff.; Beschwerdewert, nachträgliche Minderung **ArbGG** 64 10; Bestandsschutzstreitigkeiten **ArbGG** 64 13 f.; Einlegung **ArbGG** 64 26 ff.; E-Mail **ArbGG** 64 28; Erledigung **ArbGG** 64 49; Inhalt der Berufungsschrift **ArbGG** 64 29 f.; moderne Kommunikationstechnik **ArbGG** 64 27; Nichtzulassung **ArbGG** 64 23; Prüfungssperren **ArbGG** 65 1 ff.; Prüfungsumfang des LAG **ArbGG** 64 50; Rücknahme **ArbGG** 64 44 ff.; Statthaftigkeit **ArbGG** 64 1 ff.; Unterschrift **ArbGG** 64 26; gegen Versäumnisurteil **ArbGG** 64 15 ff.; Versäumnisverfahren **ArbGG** 64 53; Verzicht **ArbGG** 64 48; Vorschriften des erstinstanzlichen Verfahrens **ArbGG** 64 51 ff.; ZPO analog **ArbGG** 64 25 ff.; Zulassung **ArbGG** 61 17, **ArbGG** 64 20 ff.; Zulassungsgründe **ArbGG** 64 24

Berufungsbeantwortungsfrist ArbGG 66 1 ff., 17 ff.; Dauer **ArbGG** 66 17; einstweilige Verfügung **ArbGG** 66 20; Verlängerung **ArbGG** 66 19

Berufungsbegründungsfrist ArbGG 66 1 ff., 12 ff.; Fristversäumung **ArbGG** 66 21 f.; Verlängerung **ArbGG** 66 13 ff.

Berufungsfrist ArbGG 66 1 f.; Beginn **ArbGG** 66 6 ff.; Berechnung **ArbGG** 66 5; Fristversäumung **ArbGG** 66 21 f.; Notfrist **ArbGG** 66 4; Zustellung des Urteils **ArbGG** 66 6 ff.

Beschäftigungsgesellschaft, Arbeitnehmerbegriff **BetrVG** 5 18

Beschäftigungspflicht BGB 611 168 ff.; außerordentliche Eigenkündigung **BGB** 626 329; außerordentliche Kündigung von Funktionsträgern **KSchG** 15 40 ff.; Befreiung des Arbeitgebers **BGB** 611 172 ff.; einstweilige Verfügung hinsichtlich Beschäftigungsanspruch **ArbGG** 62 83 ff.; Geltendmachung **BGB** 611 171; Schadensersatzanspruch **BGB** 619a 76; Zwangsvollstreckung des Beschäftigungsanspruchs **ArbGG** 62 39 f.

Beschäftigungsverbot BGB 611 54, 59 f., **GewO** 105 24; Mutterschutz *siehe* „Beschäftigungsverbot (Mutterschutz)"; personenbedingter Kündigungsgrund **KSchG** 1 125

Beschäftigungsverbot (Mutterschutz), Entgeltfortzahlung im Krankheitsfall **EFZG** 3 19; Zuweisung einer Ersatztätigkeit **GewO** 106 22

Beschäftigungsverhältnis SGB IV 7 1; Anfrageverfahren **SGB IV** 7 56 f.; Arbeitsverhältnis **SGB IV** 7 5 f.; Beginn **SGB IV** 7 30; Berufsausbildung **SGB IV** 7 32; Beschäftigung **SGB IV** 7 2 ff.; besondere Fallgestaltungen **SGB IV** 7 Rz. 15 ff.; bisheriges Berufsleben **SGB IV** 7 Rz. 13; Eingliederung in den Betrieb **SGB IV** 7 10; Ende **SGB IV** 7 31; fehlendes Unternehmerrisiko **SGB IV** 7 11; feste Entlohnung **SGB IV** 7 12; flexible Arbeitszeitregelungen **SGB IV** 7 33 ff.; Freistellung **SGB IV** 7 36 f.; Freistellungsvereinbarung **SGB IV** 7 38; missglückter Arbeitsversuch **SGB IV** 7 7; Unterbrechung **SGB IV** 7 48 f.; Weisungsgebundenheit **SGB IV** 7 8 f.; Wertguthaben **SGB IV** 7 39 ff.

Beschleunigungsgrundsatz ArbGG 9 1 ff.; Einigungsstellenverfahren **BetrVG** 76 45 f.

Beschluss (Beschlussverfahren) ArbGG 84 1 ff.; drittinstanzlicher **ArbGG** 96 1 ff.; Inhalt **ArbGG** 84 4 ff.; Kammer **ArbGG** 84 2; präjudizielle Wirkung **ArbGG** 84 11 ff.; Rechtsmittelverzicht **ArbGG** 84 5; teilweise Entscheidungsreife **ArbGG** 84 3; Verkündung **ArbGG** 84 7; zweitinstanzlicher **ArbGG** 91 1 ff.

Beschlussverfahren ArbGG 80 1 ff.; Anhörung der Beteiligten **ArbGG** 83 37 ff.; Antrag (Beschlussverfahren) *siehe dort*; anzuwendende Vorschriften **ArbGG** 80 3 ff.; im Beschlussverfahren **ArbGG** 80 5; Beschwerde (Beschlussverfahren) *siehe dort*; Besonderheiten **ArbGG** 83 83 1 ff.; Beteiligte *siehe dort*; Feststellung der Unwirksamkeit eines Einigungsstellenspruchs **ArbGG** 81 23; bei Insolvenz zum Kündigungsschutz **InsO** 126 1 ff.; Kostenerstattung **ArbGG** 12a 14 ff.; Kostenfreiheit **ArbGG** 12 13 f.; Mitwirkungspflicht der Beteiligten **ArbGG** 83 6 ff.; Rechtsbeschwerde (Beschlussverfahren) *siehe dort*; Rechtswegzuständigkeit (Beschlussverfahren) *siehe dort*; Streitwert **ArbGG** 12 26; Tariffähigkeit/Tarifzuständigkeit **ArbGG** 97 1 ff.; Vorabentscheidung über Mitbestimmungsrecht der Einigungsstelle **ArbGG** 81 22

Beschlussverfahren (Einigungsstellenbesetzung) ArbGG 2a 11, 98 1 ff.; Beisitzer **ArbGG** 98 9; Beschwerde gegen Entscheidung **ArbGG** 98 12; Besetzungsanträge **ArbGG** 98 7 ff.; Entscheidung **ArbGG** 98 5; offensichtliche Unzuständigkeit **ArbGG** 98 6; Verfahren **ArbGG** 98 2 ff.; Vorsitzender **ArbGG** 98 8

Beschlussverfahren (Tariffähigkeit/Tarifzuständigkeit) ArbGG 2a 22 ff., 97 1 ff., **TVG** 2 40 ff.; Antragsteller **ArbGG** 97 6 f.; DGB-Schiedsverfahren **ArbGG** 97 11 ff.; Rechtskraft **ArbGG** 97 15 ff.; Tariffähigkeit **ArbGG** 97 2 f.; Tarifzuständigkeit **ArbGG** 97 4 f.; vorgreifliche Rechtsfrage **ArbGG** 97 18 ff.; weitere Beteiligte **ArbGG** 97 8 ff.; Zulässigkeit des Antrags **ArbGG** 97 10

Beschwerde ArbGG 78 1 ff.

Beschwerde (Beschlussverfahren) ArbGG 87 1 ff.; Anschlussbeschwerde **ArbGG** 89 8; Begründung **ArbGG** 89 4 ff.; Beschränkung **ArbGG** 88 1 ff.; Beschwer **ArbGG** 87 6 f.; Beschwerdebefugnis **ArbGG** 87 5; beschwerdefähige Entscheidung **ArbGG** 87 2 f.; Einigungsstellenbesetzung **ArbGG** 98 12; Einlegung **ArbGG** 89 1 ff.; erstinstanzlicher Verfahrensfehler **ArbGG** 91 3; Meistbegünstigungsgrundsatz **ArbGG** 88 5 f.; Rücknahme

Stichwortverzeichnis

ArbGG 89 12; Verfahren ArbGG 87 8 ff., 90 1 ff.; Vertretung im Verfahren ArbGG 87 10; Verwerfung ArbGG 89 9 f.; Verzicht ArbGG 89 13; Wirkung der Einlegung ArbGG 87 19

Beschwerderecht gegen Abmahnung KSchG 1 204; Adressat BetrVG 84 12 f.; außerordentliche Kündigung BGB 626 205; beim Betriebsrat BetrVG 85 1 ff.; Behandlung durch Arbeitgeber BetrVG 85 13 ff.; Behandlung durch Betriebsrat BetrVG 85 7 ff.; Benachteiligungsverbot BetrVG 84 22 ff.; berechtigte Beschwerde BetrVG 85 12, 14 f.; Bescheidung der Beschwerde BetrVG 84 17 ff.; betriebliche Beschwerdestelle BetrVG 86 8 ff.; Betriebsvereinbarung BetrVG 86 7; Einigungsstelle bei Beschwerde *siehe dort*; ergänzende Vereinbarungen BetrVG 86 1 ff.; Gegenstand der Beschwerde BetrVG 84 8 ff., 85 4; Hinzuziehung eines Betriebsratsmitgliedes BetrVG 84 16; individuelles BetrVG 84 1 ff.; tarifliche Schlichtungsstelle BetrVG 86 11; Tarifvertrag BetrVG 86 6; unberechtigte Beschwerde BetrVG 85 8 ff., 16 f.; *siehe auch* „Sexuelle Belästigung"

Besetzung der Arbeitsgerichte ArbGG 6 1 ff.

Besetzungsklauseln, Berufsfreiheit GG 12 60; Tarifvertrag TVG 1 102 ff.

Besonderer Kündigungsschutz *siehe* „Sonderkündigungsschutz"

Besonderes Verhandlungsgremium EBRG 45 2, 21 ff.; Abschluss der Vereinbarung EBRG 45 31 f.; Beendigung/Nicht-Aufnahme von Verhandlungen EBRG 45 32; Bestellung EBRG 45 26; Bildung EBRG 45 23 f.; demokratisches Prinzip/Gleichheitssatz EBRG 45 29; Konstituierung EBRG 45 30; Schutzvorschriften EBRG 45 22; Stimmgewichtung EBRG 45 28; Verfassung EBRG 45 30; Zusammensetzung EBRG 45 25

Besorgnis der Befangenheit ArbGG 49 15; Befangenheit ArbGG 49 15; Einigungsstellenmitglieder BetrVG 76 63 ff.

Beteiligte ArbGG 83 18 ff.; Anhörung ArbGG 83 37 ff.; Arbeitgeber ArbGG 83 21 f.; Arbeitgeberverbände ArbGG 83 31 f.; Arbeitnehmer ArbGG 83 26 f.; Betriebsrat ArbGG 83 23 f.; Betriebsratsmitglieder ArbGG 83 25; Gewerkschaften ArbGG 83 28 f.; Jugend- und Auszubildendenvertretung ArbGG 83 33; nach materiellem Recht ArbGG 83 20; Schwerbehindertenvertretung ArbGG 83 36; Wahlvorstand ArbGG 83 35; Wirtschaftsausschuss ArbGG 83 34

Beteiligtenfähigkeit ArbGG 10 7 ff.; Ende ArbGG 10 9; Personen und Stellen ArbGG 10 8; Rechtsfolgen bei Fehlen ArbGG 10 10

Beteiligungsrechte bei Akkord, Prämien, leistungsbezogenen Entgelten BetrVG 87 200 ff.; Akkord BetrVG 87 201 ff.; Prämien BetrVG 87 201, 204; Umfang BetrVG 87 206; vergleichbare leistungsbezogene Entgelte BetrVG 87 205; Zweck BetrVG 87 200

Beteiligungsrechte bei Arbeits- und Gesundheitsschutz BetrVG 87 131 ff.; Arbeitsschutzvorschriften BetrVG 89 5 ff.; Arbeitsunfälle BetrVG 87 132; ausfüllungsbedürftige Rahmenvorschriften BetrVG 87 134; Aushändigung von Niederschriften BetrVG 89 32; Berufskrankheiten BetrVG 87 132; Durchführung der Arbeitsschutz- und Unfallverhütungsvorschriften BetrVG 89 3 ff.; Durchführung der Vorschriften BetrVG 89 11 ff.; Gesundheitsschutz BetrVG 87 133; Hinzuziehung bei Arbeitsschutzfragen BetrVG 89 20 f.; Initiativrecht BetrVG 87 139; mitbestimmungsfreie Maßnahmen BetrVG 87 137; mitbestimmungspflichtige Maßnahmen BetrVG 87 136; Regelungen BetrVG 87 135; Streitigkeiten BetrVG 89 37 f.; Teilnahmerecht an Besprechungen mit Sicherheitsbeauftragten BetrVG 89 30 f.; Umfang BetrVG 87 136 ff.; Unfallanzeige BetrVG 89 33 f.; Unterstützung der für den Arbeitsschutz zuständigen Stellen BetrVG 89 14 ff.; Verstöße BetrVG 89 35 f.; weitere Beteiligungsrechte BetrVG 87 140 f.

Beteiligungsrechte bei Arbeitsentgelt-Auszahlung BetrVG 87 95 ff.; Begriffsbestimmung BetrVG 87 96; Grenzen BetrVG 87 103; Umfang BetrVG 87 97 ff.; Zweck BetrVG 87 95

Beteiligungsrechte bei Arbeitsplatzausschreibung BetrVG 93 1 ff.; Art und Weise der Ausschreibung BetrVG 93 8 f.; Initiativrecht BetrVG 93 2 ff.; Streitigkeiten BetrVG 93 10

Beteiligungsrechte bei Arbeitsplatzgestaltung, Arbeitsablauf, Arbeitsumgebung BetrVG 90 1 ff.; Abwendung der Belastung BetrVG 91 15; Änderung BetrVG 91 5 f.; Arbeitsplätze BetrVG 90 12 f.; Arbeitsverfahren und Arbeitsabläufe BetrVG 90 9 ff.; Art der Unterrichtung BetrVG 90 15; Ausgleich BetrVG 91 17 f.; Auswirkungen auf die Arbeitnehmer BetrVG 90 23 f.; Baumaßnahmen BetrVG 90 5 f.; Beratung BetrVG 90 20 ff.; besondere Belastung BetrVG 91 9 ff.; Darlegungslast BetrVG 91 12; Einigungsstelle BetrVG 91 19; Entscheidung des Arbeitgebers BetrVG 90 27 f.; Inhalt des Mitbestimmungsrechts BetrVG 91 13 ff.; korrigierendes Mitbestimmungsrecht BetrVG 91 2; menschengerechte Gestaltung der Arbeit BetrVG 90 25 f.; Milderung der Belastung BetrVG 91 16; neue Techniken BetrVG 90 2; offensichtlicher Widerspruch BetrVG 91 8; Planungsstadium BetrVG 90 1; Reparatur- und Renovierungsarbeiten BetrVG 90 6; Streitigkeiten BetrVG 90 29 f., BetrVG 91 20 ff.; technische Anlagen BetrVG 90 7 f.; Unterrichtungspflicht BetrVG 90 3 ff.; Vertreter des Arbeitgebers BetrVG 90 19; Voraussetzungen BetrVG 91 4 f.; Widerspruch zu arbeitswissenschaftlichen Erkenntnissen BetrVG 91 7; Zeitpunkt der Unterrichtung BetrVG 90 14; Zuständigkeit des Gesamtbetriebsrates BetrVG 50 9; Zuständigkeit des Konzerntriebsrates BetrVG 58 6

Beteiligungsrechte bei Arbeitszeit BetrVG 87 67 ff.; Ausdehnung der werktäglichen Arbeitszeit ArbZG 3 11; Beginn und Ende der täglichen Arbeitszeit BetrVG 87 70 ff.; Begriffsbestimmung BetrVG 87 69; betriebsübliche Arbeitszeit BetrVG 87 82; Einzelfälle BetrVG 87 73; Kurzarbeit GewO 106 37; Lage der Arbeitszeit GewO 106 42; Ruhepausen ArbZG 4 4, BetrVG 87 79; Teilzeitwunsch TzBfG 8 36; Überstunden GewO 106 37; Umfang BetrVG 87 70 ff.; Verteilung auf einzelne Wochentage BetrVG 87 77 f.; vorübergehende Verkürzung oder Verlängerung der betriebsüblichen Arbeitszeit BetrVG 87 81 ff.; Zuständigkeit des Gesamtbetriebsrates BetrVG 50 8

Beteiligungsrechte bei Auswahlrichtlinien BetrVG 95 1 ff.; Auswahlrichtlinien BetrVG 95 2; Einstellungsrichtlinien BetrVG 95 4; Initiativrecht BetrVG 95 13; Kündigungsrichtlinien BetrVG 95 7 ff.; Mitbestimmungsrecht BetrVG 95 10 ff.; Regelungsinhalte der Richtlinien BetrVG 95 3 ff.; Schwellenwert BetrVG 95 13; Streitigkeiten BetrVG 95 16 ff.; Umgruppierungsrichtlinien BetrVG 95 6; Versetzungsrichtlinien BetrVG 95 5; Zuständigkeit BetrVG 95 14

Beteiligungsrechte bei Berufsbildung BetrVG 96 1 ff.; Auswahl von Arbeitnehmern für Berufsbildungsmaßnahme BetrVG 98 16 ff.; Bedarfsanalyse BetrVG 96 13; Beratungsrecht bei Einführung von Bildungsmaßnahmen BetrVG 97 1 ff.; Berufsbezug BetrVG 96 5; Berufsbildung BetrVG 96 2 ff.; Bestellung und Abberufung von Ausbildern BetrVG 98 8 ff.; Betriebsbezug BetrVG 96 6; Bildungsbezug BetrVG 96 3 ff.; Durchführung von Berufsbildungsmaßnahmen BetrVG 98 4 ff.; Gebot der Zusammenarbeit BetrVG 96 9; Gestaltungsspielraum des Arbeitgebers BetrVG 98 4; Initiativ- und Beratungsrecht BetrVG 96 11 f.; Mitbestimmungsrecht in besonderen Fällen BetrVG 97 5 f.; Mitbestimmungsrecht bei der Durchführung von Berufsbildungsmaßnahmen BetrVG 98 1 ff.; persönliche und fachliche Eignung des Ausbilders BetrVG 98 9; Pflicht zur För-

Stichwortverzeichnis

derung **BetrVG 96** 9 ff.; sonstige Bildungsmaßnahmen **BetrVG 98** 21; Streitigkeiten **BetrVG 96** 17; Streitigkeiten hinsichtlich Bestellung oder Abberufung eines Ausbilders **BetrVG 98** 12 ff.; Tätigkeitsänderungen **BetrVG 97** 5 ff.; Überwachungspflicht **BetrVG 96** 14 ff.; Vernachlässigung der Aufgaben durch den Ausbilder **BetrVG 98** 9

Beteiligungsrechte bei Beschäftigungssicherung BetrVG 92a 1 ff.; Begründungspflicht des Arbeitgebers **BetrVG 92a** 6 ff.; Beratungsrecht **BetrVG 92a** 3 ff.; Streitigkeiten **BetrVG 92a** 9; Vorschlagsrecht **BetrVG 92a** 2

Beteiligungsrechte bei betrieblichem Vorschlagswesen BetrVG 87 208 ff.; betriebliches Vorschlagswesen **BetrVG 87** 209 ff.; Initiativrecht **BetrVG 87** 213; Umfang **BetrVG 87** 211 f.; Zweck **BetrVG 87** 208

Beteiligungsrechte bei betrieblicher Lohngestaltung BetrVG 87 174 ff.; Aufstellen von Entlohnungsgrundsätzen **BetrVG 87** 183; betriebliche Altersversorgung **BetrAVG Vorb.** 148 f., 173 f., 179; betriebliche Lohngestaltung **BetrVG 87** 180 ff.; Einführung, Anwendung, Änderung von Entlohnungsmethoden **BetrVG 87** 184; freiwillige Leistungen **BetrVG 87** 189 ff.; Gesetzessystematik **BetrVG 87** 187; Grenzen **BetrVG 87** 185; kollektiver Tatbestand **BetrVG 87** 181; Lohn **BetrVG 87** 176 f.; lohnpolitische Entscheidungen **BetrVG 87** 179; mitbestimmungsfreie Entscheidungen **BetrVG 87** 191; mitbestimmungsfreie Individualtatbestände **BetrVG 87** 182; mitbestimmungspflichtige Entscheidungen **BetrVG 87** 192; Nichtbeachtung **BetrVG 87** 186; Zuständigkeit des Gesamtbetriebsrates **BetrVG 50** 8; Zweck **BetrVG 87** 174

Beteiligungsrechte bei Betriebsänderungen BetrVG 111 1 ff., **BetrVG 112** 1 ff.; Anwendungsvoraussetzungen **BetrVG 111** 9 ff.; Ausgliederung einzelner Betriebsteile **BetrVG 111** 26; Bagatellausgliederung **BetrVG 111** 42; Berater **BetrVG 111** 66 ff.; Beratung **BetrVG 111** 65; Bestehen eines Betriebsrats **BetrVG 111** 9 ff.; Betriebsänderung **BetrVG 111** 19 ff.; Betriebsanlagen, grundlegende Änderungen **BetrVG 111** 44, 49 f.; Betriebsorganisation, grundlegende Änderungen **BetrVG 111** 44, 48, 50; Betriebszweck, grundlegende Änderungen **BetrVG 111** 44, 48, 50; Einschränkung **BetrVG 111** 27 ff.; Einschränkung eines wesentlichen Betriebsteils **BetrVG 111** 33; Form der Unterrichtung **BetrVG 111** 62; Fortgeltung bei Spaltung/Teilübertragung **UmwG** 325 11 ff.; geplante Betriebsänderung **BetrVG 111** 60; Gesetzesentwicklung **BetrVG 111** 4 ff.; Inhalt und Umfang der Unterrichtung **BetrVG 111** 63 f.; Katalog **BetrVG 111** 20; neue Arbeitsmethoden und Fertigungsverfahren **BetrVG 111** 51 f.; Personalabbau **BetrVG 111** 27 ff.; Rechtzeitigkeit der Unterrichtung **BetrVG 111** 61; Schwellenwert **BetrVG 111** 16; Sicherung der Beteiligungsrechte **BetrVG 111** 78 ff.; Sicherungsverfügung **ArbGG 85** 11; Spaltung **BetrVG 111** 39 ff.; Stilllegung **BetrVG 111** 22 ff.; Stilllegung eines wesentlichen Betriebsteils **BetrVG 111** 30 ff.; Unternehmensgröße **BetrVG 111** 12 ff.; Verlegung des ganzen Betriebs/wesentlicher Betriebsteile **BetrVG 111** 34 ff.; wesentliche Nachteile **BetrVG 111** 21; Zeitpunkt der Unterrichtung **BetrVG 111** 59 ff.; Zusammenschluss mit anderen Betrieben **BetrVG 111** 37 ff.; Zuständigkeit **BetrVG 111** 72 ff.; Zuständigkeit des Gesamtbetriebsrates **BetrVG 50** 13 f.; Zuständigkeit des Konzernbetriebsrates **BetrVG 58** 8; *siehe auch „Sozialplan"*

Beteiligungsrechte bei Gruppenarbeit BetrVG 87 214 ff.; Delegation **BetrVG 87** 218; Gruppenarbeit **BetrVG 87** 215; mitbestimmungsfreie Angelegenheiten **BetrVG 87** 216; mitbestimmungspflichtige Angelegenheiten **BetrVG 87** 217; Umfang **BetrVG 87** 216 f.; Zweck **BetrVG 87** 214

Beteiligungsrechte bei Kündigung, Adressat der Informationen **BetrVG 102** 17; Änderungskündigung **BetrVG 102** 3, 39, **KSchG 2** 72 ff.; Art der Kündigung **BetrVG 102** 26; ausdrückliches Absehen von Stellungnahme **BetrVG 102** 60; Auslandsbezug **BetrVG 102** 8; Ausschlussfrist bei außerordentlicher Kündigung **BGB 626** 433 ff.; außerordentliche Kündigung **BetrVG 102** 30; außerordentliche Kündigung eines Unkündbaren **BetrVG 102** 67; Äußerung von Bedenken **BetrVG 102** 61 ff.; Äußerungsfristen **BetrVG 102** 62 ff.; Beendigungstatbestände **BetrVG 102** 2 ff.; Beschlussfassung des Betriebsrates **BetrVG 102** 48 ff.; Beteiligung nach anderen Vorschriften als nach § 103 **BetrVG BetrVG 102** 101 f.; betriebsbedingte Kündigung **BetrVG 102** 35 ff.; Darlegungs- und Beweislast **BetrVG 102** 46; Eigenkündigung **BetrVG 102** 13; Einlegung eines Widerspruchs **BetrVG 102** 66 ff.; Entscheidung des Betriebsrates **BetrVG 102** 55 ff.; Erweiterung der Mitbestimmung **BetrVG 102** 98 ff.; Fehler in Betriebsratssphäre **BetrVG 102** 82; fehlerhafte Einleitung des Anhörungsverfahrens **BetrVG 102** 47; fehlerhafte Sozialauswahl **BetrVG 102** 70; Form und Umfang der Unterrichtung **BetrVG 102** 18 f.; geschützte Arbeitnehmer **BetrVG 102** 7 ff.; handlungsfähiger Betriebsrat **BetrVG 102** 14 ff.; Informationsanspruch des Arbeitnehmers **BetrVG 102** 80 f.; Inhalt der Unterrichtung **BetrVG 102** 25 ff.; Interessenausgleich mit Namensliste **InsO 125** 14 f., **KSchG 1** 431 ff.; krankheitsbedingte Kündigung **KSchG 1** 167; Kündigung **BetrVG 102** 2; Kündigung auf Veranlassung des Betriebsrates **BetrVG 102** 12; Kündigungsfrist **BetrVG 102** 27; Kündigungsgründe **BetrVG 102** 28 ff.; Massenentlassungen **KSchG 17** 17 ff.; Nachfrage nach weiteren Informationen **BetrVG 102** 57; Nachschieben von Kündigungsgründen **BetrVG 102** 40 ff., **BGB 626** 465 ff.; ordentliche Kündigung **BetrVG 102** 31 ff.; ordnungsgemäße Beschlussfassung **BetrVG 102** 53 f.; personenbedingte Kündigung **BetrVG 102** 34, **KSchG 1** 167; Schweigen **BetrVG 102** 59; Schwerbehinderte **BetrVG 102** 23, **SGB IX** 92 85 f.; Sozialdaten **BetrVG 102** 25; subjektive Determination der Kündigungsgründe **BetrVG 102** 28 f.; Unterrichtungspflicht **BetrVG 102** 14 ff.; Verantwortungsbereich des Betriebsrates **BetrVG 102** 48; verhaltensbedingte Kündigung **BetrVG 102** 33; Verschwiegenheitspflicht **BetrVG 102** 54; Verstoß gegen Auswahlrichtlinien **BetrVG 102** 71; Verzicht auf Beteiligung **BetrVG 102** 45; Vorratskündigung **BetrVG 102** 22; Weiterbeschäftigungsmöglichkeit auf anderem Arbeitsplatz **BetrVG 102** 72 ff.; Weiterbeschäftigungsmöglichkeit im Konzern **BetrVG 102** 73; Weiterbeschäftigungsmöglichkeit mit Umschulung oder Fortbildung **BetrVG 102** 75 f.; Weiterbeschäftigungsmöglichkeit unter geänderten Vertragsbedingungen **BetrVG 102** 77 f.; Widerspruch **BetrVG 102** 68; Widerspruchsgründe **BetrVG 102** 69 ff.; Wiederholungskündigungen **BetrVG 102** 21; Zeitpunkt der Unterrichtung **BetrVG 102** 20 ff.; zuständiges Gremium **BetrVG 102** 50 ff.; Zustimmung zur Kündigung **BetrVG 102** 58

Beteiligungsrechte beim Ordnungsverhalten BetrVG 87 60 ff.; Einzelfälle **BetrVG 87** 63; Gesetzessystematik **BetrVG 87** 86; Grenzen **BetrVG 87** 65; mitbestimmungsfreies Arbeitsverhalten **BetrVG 87** 64; Umfang **BetrVG 87** 62

Beteiligungsrechte bei Personalfragebogen BetrVG 94 1 ff., **BGB 123** 4 f.; betriebsbezogenes berechtigtes Interesse des Arbeitgebers **BetrVG 94** 6; Formulararbeitsverträge **BetrVG 94** 7; Personalfragebogen **BetrVG 94** 2 ff.; persönliche Verhältnisse **BetrVG 94** 5; Streitigkeiten **BetrVG 94** 12; Zustimmungsrecht des Betriebsrates **BetrVG 94** 9 ff.

Beteiligungsrechte bei Personalplanung BetrVG 92 1 ff.; Begriffsbestimmung **BetrVG 92** 2 ff.; Beratungsrechte **BetrVG 92** 15 ff.; besondere Fördermaßnahmen

Stichwortverzeichnis

BetrVG 92 19; Regelungszweck BetrVG 92 1; Streitigkeiten BetrVG 92 23; Umfang der Unterrichtung BetrVG 92 12; Unterrichtungsrechte BetrVG 92 10 ff.; Vorlage von Unterlagen BetrVG 92 13 f.; Vorschlagsrechte BetrVG 92 18; Zeitpunkt der Unterrichtung BetrVG 92 13; Zuständigkeiten BetrVG 92 22

Beteiligungsrechte in personellen Angelegenheiten, allgemeine Beurteilungsgrundsätze BetrVG 94 8; Beteiligungsrechte bei Arbeitsplatzausschreibung *siehe dort*; Beteiligungsrechte bei Auswahlrichtlinien *siehe dort*; Beteiligungsrechte bei Berufsbildung *siehe dort*; Beteiligungsrechte bei Beschäftigungssicherung *siehe dort*; Beteiligungsrechte bei Kündigung *siehe dort*; Beteiligungsrechte bei Personalfragebogen *siehe dort*; Beteiligungsrechte bei Personalplanung *siehe dort*; leitende Angestellte BetrVG 105 1 ff.; Zuständigkeit des Gesamtbetriebsrates BetrVG 50 10; Zuständigkeit des Konzernbetriebsrates BetrVG 58 7

Beteiligungsrechte in personellen Einzelmaßnahmen, Änderung der Arbeitsbedingungen als Einstellung BetrVG 99 20; Änderungskündigung KSchG 2 74 ff.; Arbeitnehmerüberlassung BetrVG 99 10; Arbeitskampf BetrVG 99 11 ff., GG 9 327; Arbeitsort, sich ändernder BetrVG 99 42, 47; Auslandsbeziehungen BetrVG 99 14; Beendigung bei Befristung TzBfG 15 27 ff.; Begründung des Widerspruchs BetrVG 99 89 f.; Benachteiligung anderer Arbeitnehmer BetrVG 99 74 ff.; Benachteiligung des betroffenen Arbeitnehmers BetrVG 99 82 f.; besondere Schweigepflicht BetrVG 99 60 f.; Besorgnis von Nachteilen BetrVG 99 75; betroffene Arbeitnehmer BetrVG 99 9 f.; Drittfirma BetrVG 99 21 f.; Eingruppierung BetrVG 99 24 ff.; einseitig aufgestelltes und angewandtes Vergütungssystem BetrVG 99 28; Einstellung BetrVG 99 17 ff.; Einstellung mit Befristung TzBfG 14 125 f.; Erheblichkeit der Zuweisung eines anderen Arbeitsbereichs BetrVG 99 44 ff.; Erweiterung BetrVG 99 16; Fortgeltung bei Spaltung/Teilübertragung UmwG 325 11 ff.; kollektive Vergütungsordnung BetrVG 99 26 f.; konzerninterne Arbeitnehmerüberlassung BetrVG 99 23; Kündigung anderer als Nachteil BetrVG 99 76; längerfristige Zuweisung eines anderen Arbeitsbereichs BetrVG 99 45; Missachtung bei Ein- und Umgruppierung BetrVG 99 97; Missachtung bei Einstellung BetrVG 99 95; Missachtung bei Versetzung BetrVG 99 96; Mitbestimmung bei Zuweisung anderer Tätigkeit GewO 106 23; Mitbeurteilungsrecht bei Eingruppierung BetrVG 99 29; Nichtberücksichtigung eines gleich geeignet befristet Beschäftigten BetrVG 99 80 f.; Personalien aller vorgesehenen Bewerber BetrVG 99 53 ff.; positives Konsensprinzip BetrVG 99 1; rassistische oder fremdenfeindliche Betätigung BetrVG 99 86; Rechtsstellung des einzelnen Arbeitnehmers BetrVG 99 94 ff.; Richtigkeitskontrolle bei Eingruppierung BetrVG 99 26; Schwellenwert BetrVG 99 2 ff.; sonstige Nachteile für Arbeitnehmer BetrVG 99 78; Sperrvermerke von Bewerbern BetrVG 99 54; Störung des Betriebsfriedens BetrVG 99 86 f.; Streitigkeiten BetrVG 99 98 f.; Teilzeitarbeit während Elternzeit BErzGG 15 24; typischer Wechsel des Arbeitsplatzes BetrVG 99 49; Übernahme eines Leiharbeitnehmers AÜG 14 12 f.; Umfang des Unterrichtungsrechts BetrVG 99 52 ff.; Umgruppierung BetrVG 99 32 ff.; Unterlassen einer Ausschreibung BetrVG 99 84 f.; Unterrichtung des Betriebsrates BetrVG 99 50 ff.; Unterrichtung bei Eingruppierung BetrVG 99 58; Unterrichtung bei Einstellung BetrVG 99 53 ff.; Unterrichtung bei Umgruppierung BetrVG 99 59; Unterrichtung bei Versetzungen BetrVG 99 57; Versetzung BetrVG 99 36 ff.; Verstoß gegen Auswahlrichtlinien BetrVG 99 73; Verstoß gegen Rechtsvorschriften BetrVG 99 64 ff.; Vertretung bei Elternzeit BErzGG 21 12; Vorhandensein eines Betriebsrates BetrVG 99 8; Vorläufige personelle Maßnahmen *siehe dort*; Weiterbeschäftigung auf anderem Arbeitsplatz KSchG 1 279; Wochenfrist bei Zustimmungsverweigerung BetrVG 99 91; Zuständigkeit des Gesamtbetriebsrates BetrVG 50 11; Zuständigkeit des Konzernbetriebsrates BetrVG 58 7; Zustimmung BetrVG 99 62; Zustimmungsverweigerungsgründe BetrVG 99 63 ff.; Zustimmungsverweigerungsverfahren BetrVG 99 88 ff.; Zwangsgeld bei personellen Einzelmaßnahmen *siehe dort*

Beteiligungsrechte bei Sozialeinrichtungen BetrVG 87 142 ff.; Ausgestaltung BetrVG 87 151; Ausübung BetrVG 87 153; beschränkter Wirkungsbereich BetrVG 87 144 f.; betriebliche Altersversorgung BetrAVG Vorb. 148 f., 172, 176 ff., 180; Form BetrVG 87 150; Gesetzessystematik BetrVG 87 160; Grenzen BetrVG 87 158; mitbestimmungsfreie Entscheidungen BetrVG 87 148 f.; mitbestimmungsfreie Sozialeinrichtungen BetrVG 87 146; mitbestimmungspflichtige Sozialeinrichtungen BetrVG 87 146; Nichtbeachtung BetrVG 87 159; Sozialeinrichtung BetrVG 87 143; Sozialeinrichtungen ohne eigene Rechtspersönlichkeit BetrVG 87 155; Sozialeinrichtungen mit eigenem Betriebsrat BetrVG 87 156; Sozialeinrichtungen mit eigener Rechtspersönlichkeit BetrVG 87 154; Umfang BetrVG 87 147; Verwaltung BetrVG 87 152; Zuständigkeit des Gesamtbetriebsrates BetrVG 50 8

Beteiligungsrechte in sozialen Angelegenheiten BetrVG 87 1 ff.; Beteiligungsrechte bei Akkord, Prämien, leistungsbezogenen Entgelten *siehe dort*; Beteiligungsrechte bei Arbeits- und Gesundheitsschutz *siehe dort*; Beteiligungsrechte bei Arbeitsentgelt-Auszahlung *siehe dort*; Beteiligungsrechte bei Arbeitsplatzgestaltung, Arbeitsablauf, Arbeitsumgebung *siehe dort*; Beteiligungsrechte bei Arbeitszeit *siehe dort*; Beteiligungsrechte beim Ordnungsverhalten *siehe dort*; Beteiligungsrechte bei betrieblichem Vorschlagswesen *siehe dort*; Beteiligungsrechte bei betrieblicher Lohngestaltung *siehe dort*; Beteiligungsrechte bei Gruppenarbeit *siehe dort*; Beteiligungsrechte bei Sozialeinrichtungen *siehe dort*; Beteiligungsrechte bei technischen Einrichtungen *siehe dort*; Beteiligungsrechte bei Urlaub *siehe dort*; Beteiligungsrechte bei Wohnräumen *siehe dort*; Dotierungsrahmen BetrVG 87 17 f.; dynamische Blankettverweisung auf Tarifverträge BetrVG 87 29; Eil- und Notfälle BetrVG 87 21 f.; einzelne Mitbestimmungstatbestände BetrVG 87 60 ff.; Erweiterung des Mitbestimmungsrechts BetrVG 87 25 ff.; Erweiterung durch Tarifvertrag BetrVG 87 30; Form der Ausübung BetrVG 87 35 ff.; freiwillige Leistung BetrVG 87 17 ff.; Gesetzesvorbehalt BetrVG 87 6 ff.; individualrechtliche Folgen bei Nichtbeachtung BetrVG 87 41 ff.; Initiativrecht BetrVG 87 32 ff.; Kollektivvereinbarung BetrVG 87 3 ff.; Nichtbeachtung BetrVG 87 38 ff.; noch nicht gewählter Betriebsrat BetrVG 87 40; persönlicher Geltungsbereich BetrVG 87 2; Rechtsstreitigkeiten BetrVG 87 51 ff.; Theorie der Wirksamkeitsvoraussetzung BetrVG 87 38 ff.; Verzicht des Betriebsrates BetrVG 87 28; Zuständigkeit des Gesamtbetriebsrates BetrVG 50 8; Zuständigkeit des Konzernbetriebsrates BetrVG 58 5 ff.

Beteiligungsrechte des Sprecherausschusses, allgemeine Beurteilungsgrundsätze SprAuG 30 3; Behandlung leitender Angestellter SprAuG 27 1 f.; Betriebsänderungen SprAuG 32 6 ff.; bloße Mitwirkungsrechte SprAuG Vorb. vor 25 ff. 1; Einstellung SprAuG 31 2; Gehaltsgestaltung SprAuG 30 2; Gehaltslisten SprAuG 25 3; Kündigung SprAuG 31 4 f.; personelle Maßnahmen SprAuG 31 1 ff.; personelle Veränderungen SprAuG 31 3; soziale Angelegenheiten SprAuG 30 1 f.; Sprechervereinbarungen *siehe dort*; Unterrichtung durch den Arbeitgeber SprAuG 25 2 f.; Unterrichtung über wirtschaftliche Angelegenheiten SprAuG 32

3199

Stichwortverzeichnis

2 ff.; Unterstützung einzelner leitender Angestellter **SprAuG** 26 1; Verstöße des Arbeitgebers **SprAuG** 30 4; wirtschaftliche Angelegenheiten **SprAuG** 32 1 ff.

Beteiligungsrechte bei technischen Einrichtungen **BetrVG** 87 115 ff.; Bestimmung zur Überwachung **BetrVG** 87 120; Gesetzessystematik **BetrVG** 87 130; Grenzen **BetrVG** 87 128; individualrechtliche Folgen bei Nichtbeachtung **BetrVG** 87 129; mitbestimmungsfreie Einrichtungen **BetrVG** 87 124; mitbestimmungspflichtige Einrichtungen **BetrVG** 87 121; technische Einrichtungen **BetrVG** 87 116; Telekommunikationseinrichtungen **BetrVG** 87 122 f.; Überwachung **BetrVG** 87 118 f.; zur Überwachung bestimmt **BetrVG** 87 117 ff.; Umfang **BetrVG** 87 125 ff.; Verhalten oder Leistung **BetrVG** 87 119; Zuständigkeit des Gesamtbetriebsrates bei EDV-System **BetrVG** 50 8; Zuständigkeit des Gesamtbetriebsrates bei Telefonanlage **BetrVG** 50 8; Zweck **BetrVG** 87 115

Beteiligungsrechte beim Umweltschutz BetrVG 89 1 ff.; Aushändigung von Niederschriften **BetrVG** 89 32; betrieblicher Umweltschutz, Begriff **BetrVG** 89 23 ff.; Durchführung der Vorschriften **BetrVG** 89 11 ff.; Hinzuziehung bei Umweltschutzfragen **BetrVG** 89 21 f.; Streitigkeiten **BetrVG** 89 37 f.; Umweltschutzvorschriften **BetrVG** 89 9 f.; Zweck **BetrVG** 89 35 f.

Beteiligungsrechte bei Urlaub BetrVG 87 104 ff.; Grenzen **BetrVG** 87 113; Initiativrecht **BetrVG** 87 112; mitbestimmungsfreie Tatbestände **BetrVG** 87 111; Nichtbeachtung **BetrVG** 87 114; Streit über einzelne Urlaubswünsche **BetrVG** 87 109 f.; Urlaub **BetrVG** 87 105; Urlaubsgrundsätze **BetrVG** 87 106; Urlaubsplan **BetrVG** 87 107 f.; Zuständigkeit des Gesamtbetriebsrates **BetrVG** 50 8; Zweck **BetrVG** 87 104

Beteiligungsrechte in wirtschaftlichen Angelegenheiten **BetrVG** 106 2 ff.; Betriebsübergang **BGB** 613a 290 ff.; Fortgeltung bei Spaltung/Teilübertragung **UmwG** 325 11 ff.; Zuständigkeit des Gesamtbetriebsrates **BetrVG** 50 12 ff.; Zuständigkeit des Konzernbetriebsrates **BetrVG** 58 8; siehe auch „Beteiligungsrechte bei Betriebsänderungen"

Beteiligungsrechte bei Wohnräumen BetrVG 87 161 ff.; allgemeine Festlegung der Nutzungsbedingungen **BetrVG** 87 169; Ausübung **BetrVG** 87 170; Gesetzessystematik **BetrVG** 87 173; Grenzen **BetrVG** 87 171; Kündigung des Mietverhältnisses **BetrVG** 87 167; Nichtbeachtung **BetrVG** 87 172; Umfang **BetrVG** 87 165 ff.; Werkdienstwohnungen **BetrVG** 87 164; Werkmietwohnungen **BetrVG** 87 162 f.; Wohnräume **BetrVG** 87 162; Zuweisung von Wohnraum **BetrVG** 87 166; Zweck **BetrVG** 87 161

Betrieb, Begriff siehe „Betriebsbegriff"; Eigentumsgarantie **GG** 14 26

Betriebliche Altersversorgung, Abänderung individualrechtlicher Zusagen **BetrAVG Vorb.** 126 ff.; Abänderung von Versorgungssystemen **BetrAVG Vorb.** 124 ff.; Abgrenzung zu anderen Leistungen **BetrAVG Vorb.** 56 ff.; Abgrenzung zur Personenversicherung **BetrAVG Vorb.** 62 f.; ablösende Betriebsvereinbarung **BetrAVG Vorb.** 146 f., **BetrVG** 77 55; Ablösung von Gesamtversorgungssystemen **BetrAVG Vorb.** 163 f.; Altersgrenzen **BetrAVG Vorb.** 100 f.; Altersvermögensgesetz **BetrAVG Vorb.** 7 ff.; am Unternehmen beteiligte Personen **BetrAVG** 17 10 ff.; am Unternehmen nicht beteiligte Personen **BetrAVG** 17 9; Änderung bei laufenden Leistungen **BetrAVG Vorb.** 160 ff.; Änderung aus nicht wirtschaftlichen Gründen **BetrAVG Vorb.** 163 f.; Änderungskündigung **BetrAVG Vorb.** 128 f.; Änderungsvereinbarung **BetrAVG Vorb.** 127; Anrechnung anderweitiger Versorgungsbezüge **BetrAVG** 5 8 ff.; anwendbares Recht bei unterbliebener Rechtswahl **BetrAVG Vorb.** 19 f.; Arbeitnehmer **BetrAVG** 17 4 ff.; arbeitnehmerähnliche Personen **BetrAVG** 17 7 ff.; Arbeits- und Dienstverhältnisse vor dem 22.12.1974 **BetrAVG** 26 1 ff.; Auslandsbezug **BetrAVG Vorb.** 17 f.; Bausteinzusagen **BetrAVG Vorb.** 119; Beendigung des Arbeitsverhältnisses **BetrAVG Vorb.** 102 f.; beitragsorientierte **BetrAVG** 1 4; Beitragszusage mit Mindestleistung **BetrAVG** 1 5 f.; Berechnung der Versorgungsleistung **BetrAVG Vorb.** 110 ff.; betriebliche Übung **BetrAVG Vorb.** 82, **BGB** 611 237; Betriebsübergang **BGB** 613a 237 ff.; Betriebsvereinbarung **BetrAVG Vorb.** 88 f.; Betriebsvereinbarung, nachfolgende bei individualrechtlichen Zusagen **BetrAVG Vorb.** 137 ff.; Durchführungswege **BetrAVG Vorb.** 64 ff., **BetrAVG** 1 2, 1b 24 ff.; dynamische Versorgungssysteme **BetrAVG Vorb.** 118; Eigenvorsorge **BetrAVG** 1 9 f.; eingeschränkte freie Rechtswahl **BetrAVG Vorb.** 18; Einheitsregelung **BetrAVG Vorb.** 79; Einstandspflicht **BetrAVG** 1 3; Einzelzusage **BetrAVG Vorb.** 78; Entgeltgleichheit **EGV** 141 11 ff., 34 ff.; Entgeltumwandlung siehe dort; Erfüllungsübernahme **BetrAVG** 4 5; Ergänzungsfunktion **BetrAVG Vorb.** 25; Freiwilligkeit **BetrAVG Vorb.** 23; Funktion **BetrAVG Vorb.** 24 ff.; Fürsorge- und Entgeltcharakter **BetrAVG Vorb.** 26 ff.; Gesamtversorgungssysteme **BetrAVG Vorb.** 122 f.; Gesamtzusage **BetrAVG Vorb.** 80 f.; geschlechtsbezogene unterschiedliche Altersgrenzen **BetrAVG** 2 27 ff.; Gesetzesvorrang **BetrAVG** 17 26; Gleichbehandlungsgrundsatz **BetrAVG Vorb.** 29 ff., 91 ff., **BGB** 611 226; halbdynamische Versorgungssysteme **BetrAVG Vorb.** 118; hierarchische Versorgungssysteme **BetrAVG Vorb.** 120 f.; historische Entwicklung **BetrAVG Vorb.** 3 ff.; individualrechtliche Zusagen **BetrAVG Vorb.** 77 ff.; Kapitalleistungen **BetrAVG Vorb.** 53 f.; Kennzeichen **BetrAVG Vorb.** 23 f.; kollektivrechtliche Zusagen **BetrAVG Vorb.** 83 ff.; Kündigung einer Betriebsvereinbarung **BetrVG** 77 56; Legaldefinition **BetrAVG Vorb.** 22; Leibrenten **BetrAVG Vorb.** 50 f.; Leistungsarten **BetrAVG Vorb.** 34 f.; Leistungsbegriff **BetrAVG Vorb.** 34 f.; Leistungsvoraussetzungen **BetrAVG Vorb.** 96 ff.; Liquidation bei unmittelbare Zusage von Versorgungsleistungen **BetrAVG** 4 10; Lohngleichheit Frau/Mann **BGB** 612 68, 73, 82 f.; Mitbestimmung **BetrAVG Vorb.** 148 f., 171 ff.; mitbestimmungsfreie Entscheidungen **BetrVG** 87 149; Motive des Gesetzgebers **BetrAVG Vorb.** 1 f.; Nichtanwendbarkeit des BetrAVG **BetrAVG** 17 19 ff.; Öffentlicher Dienst, Sonderregelungen **BetrAVG** 18 1 ff.; persönlicher Anwendungsbereich **BetrAVG Vorb.** 16; persönlicher Geltungsbereich des **BetrAVG** 17 1 ff.; Rechtsbegründungsakte **BetrAVG Vorb.** 76 ff.; Rechtswegzuständigkeit **ArbGG** 2 92 ff., **BetrAVG Vorb.** 184 ff.; sachlicher Anwendungsbereich des BetrAVG **BetrAVG Vorb.** 11 ff., **BetrAVG** 1 1; Spaltung **UmwG** 324 34 f.; statische Versorgungssysteme **BetrAVG Vorb.** 117; Tariföffnungsklausel **BetrAVG** 17 23 ff.; Tarifvertrag **BetrAVG Vorb.** 84 ff.; Teilzeitbeschäftigte **TzBfG** 4 8; Treuhandlösungen **BetrAVG** 4 11; Übergangsregelung für öffentlichen Dienst **BetrAVG** 30d 1 ff.; Übernahme von Versorgungsverbindlichkeiten **BetrAVG** 4 1 ff.; Unklarheitenregel **BetrAVG Vorb.** 33; Unverfallbarkeit der betrieblichen Altersversorgung siehe dort; Vereinbarungen nach dem SprAuG **BetrAVG Vorb.** 90; Verfehlungen während des Arbeitsverhältnisses **BetrAVG Vorb.** 167 ff.; Verfehlungen durch Ausgeschiedene **BetrAVG Vorb.** 170; Verjährung **BetrAVG** 18a 1 f.; Versorgungsanwartschaften siehe dort; versorgungsfähige Dienstzeit **BetrAVG Vorb.** 111 f.; versorgungsfähiges Einkommen **BetrAVG Vorb.** 113 ff.; Versorgungssysteme **BetrAVG Vorb.** 116 ff.; Versorgungszweck **BetrAVG Vorb.** 24; Vertragsfreiheit **BetrAVG Vorb.** 28; Vorzeitige Betriebsrente siehe dort; Wartezeit **BetrAVG Vorb.** 98 f.; Wegfall der Geschäftsgrundlage **BetrAVG Vorb.** 133 f.; Widerruf **BetrAVG Vorb.** 131 ff.; Widerruf wegen Treu-

Stichwortverzeichnis

bruch **BetrAVG Vorb.** 165 ff.; wirtschaftliche Notlage **BetrAVG Vorb.** 134; Zeitrenten **BetrAVG Vorb.** 52; Zuständigkeit des Gesamtbetriebsrates **BetrVG 50** 8

Betriebliche Ordnung, außerordentliche Kündigung **BGB 626** 206 ff.; Einhaltung **BGB 611** 353 ff.

Betriebliche Übung *siehe* „Betriebsübung"

Betriebsänderung, Beteiligungsrechte bei Betriebsänderungen *siehe dort*; Beteiligungsrechte des Sprecherausschusses **SprAuG 32** 6 f.; Betriebsübergang als ~ **BetrVG 111** 53 ff.; gerichtliche Zustimmung bei Insolvenz **InsO 122** 1 ff.; Interessenausgleich mit Namensliste (InsO) *siehe dort*; Interessenausgleich mit Namensliste (KSchG) **KSchG 1** 420 f.; *siehe auch* „Transferleistungen"

Betriebsarzt, Arbeitnehmerstatus **BGB Vorb.** 73

Betriebsausschuss BetrVG 27 1 ff.; Amtszeit **BetrVG 27** 6; Aufgaben **BetrVG 27** 8 ff.; Ausbleiben der Wahl **BetrVG 27** 15; fehlerhafte Aufgabendelegation **BetrVG 27** 17; Geschäftsführung **BetrVG 27** 8 ff.; Gewerkschaftsteilnahme **BetrVG 27** 9; kleinere Betriebe **BetrVG 27** 14; laufende Geschäfte **BetrVG 27** 10; Mängel bei der Wahl **BetrVG 27** 16; Nachwahl **BetrVG 27** 7; Streitigkeiten **BetrVG 27** 15 ff.; übertragene Aufgaben **BetrVG 27** 11 ff.; Wahl **BetrVG 27** 3 ff.; *siehe auch* „Fachausschüsse"

Betriebsbedingte Kündigung KSchG 1 255 ff.; Abfindungsanspruch bei betriebsbedingter Kündigung *siehe dort*; Änderung des Beschäftigungsbedarfs **KSchG 1** 263 f., 319 ff.; Änderung von Ort und Art der Arbeit **KSchG 1** 321 f.; Änderungskündigung, Vorrang **KSchG 1** 281 f.; keine anderweitige Weiterbeschäftigung **KSchG 1** 274 ff.; Ausschlussfrist bei außerordentlicher Kündigung **BGB 626** 416; außerbetriebliche Ursachen **KSchG 1** 260; Berufsfreiheit **GG 12** 78; betriebliche Erfordernisse **KSchG 1** 257 ff.; Betriebsbezogenheit **KSchG 1** 258; Beurteilungszeitpunkt **KSchG 1** 289; Darlegungs- und Beweislast **KSchG 1** 290 ff.; Dringlichkeit **KSchG 1** 285 ff.; einzelne Kündigungsgründe **KSchG 1** 293 ff.; innerbetriebliche Ursachen **KSchG 1** 260; Interessenabwägung **KSchG 1** 285 ff.; Konkurrenz um freie Arbeitsplätze **KSchG 1** 283; Sozialauswahl *siehe dort*; Sphäre des Arbeitgebers **KSchG 1** 257; ultima ratio **KSchG 1** 272 f.; unternehmerische Entscheidung **KSchG 1** 266 f.; Wegfall des Beschäftigungsbedarfs **KSchG 1** 262; Widerspruch gegen Betriebsübergang **BGB 613a** 359 ff.; zumutbare Umschulungs- und Fortbildungsmaßnahme **KSchG 1** 280; *siehe auch* „Kündigungsgrund"

Betriebsbegriff BetrVG 1 8 ff.; Belegschaft **BGB 613a** 16; Betriebsinhaber **BetrVG 1** 15; Betriebsmittel **BGB 613a** 15 ff.; Betriebsübergang **BGB 613a** 12 ff.; auf Dauer angelegt **BGB 613a** 19 f.; Einheit **BGB 613a** 13 f.; keine Erwerbszwecke **BGB 613a** 22; hoheitliche Tätigkeiten **BGB 613a** 24 ff.; Kriterien **BetrVG 1** 10 ff.; MitbestG **MitbestG 3** 2; öffentlich-rechtliche Einheiten **BGB 613a** 23; räumliche Nähe **BetrVG 1** 12; übergreifende Leitungsstruktur **BetrVG 1** 10; verfassungskonforme Auslegung **GG 3** 24; Wirtschaftlichkeit **BGB 613a** 21 ff.; Zweck des Betriebs **BGB 613a** 18; *siehe auch* „Betriebsteilübergang"

Betriebsferien BUrlG 7 28; Betriebsvereinbarung **BUrlG 13** 39; kraft Weisungsrechts **GewO 106** 40 f.

Betriebsfrieden, außerordentliche Kündigung **BGB 626** 206 ff.; Verbot der Störung **BetrVG 74** 14 f.

Betriebsgeheimnis, Betriebs- und Geschäftsgeheimnisse, Begriff **BetrVG 106** 50; Eigentumsgarantie **GG 14** 32 f.; Rechtswegzuständigkeit **ArbGG 2** 81; Unterrichtung des Wirtschaftsausschusses **BetrVG 106** 48 ff.; *siehe auch* „Geheimhaltungspflicht der Betriebsverfassungsorgane", „Verschwiegenheitspflicht"

Betriebsgruppe BGB Vorb. 122; Rechtswegzuständigkeit **ArbGG 2** 115

Betriebsinhaber, Begriff **BGB 613a** 45 ff.; Leitungs- und Organisationskompetenz **BGB 613a** 46 ff.; rechtliche Anknüpfung **BGB 613a** 45

Betriebsrat, Allgemeine Aufgaben des Betriebsrates *siehe dort*; Amtsverlust des letzten ~smitgliedes **BetrVG 21** 12; Amtszeit **BetrVG 21** 1 ff.; Auflauf der Amtszeit **BetrVG 24** 2; Auflösung des Betriebsrates *siehe dort*; Befristungsgrund Sicherung der personellen Kontinuität **TzBfG 14** 79; Beginn der Amtszeit **BetrVG 21** 2 ff.; Beschlüsse *siehe* „Betriebsratsbeschlüsse"; Beteiligter **ArbGG 83** 23 f.; Betriebsrat bei Störung **BetrVG 99** 86 f.; Betriebsratstätigkeit außerhalb der Arbeitszeit *siehe dort*; Betriebsstilllegung **BetrVG 21** 14; Betriebsübergang **BetrVG 21** 13, 24 6, **BGB 613a** 285 ff.; einstweilige Verfügung gegenüber ~ **ArbGG 85** 12; Ende der Amtszeit **BetrVG 21** 5 ff.; Fachausschüsse *siehe dort*; grobe Verstöße gegen betriebsverfassungsrechtliche Ordnung **BetrVG 23** 1 ff.; Hausrecht **BetrVG 40** 29; Kosten *siehe* „Betriebsratskosten"; Mitbestimmung *siehe* „Beteiligungsrechte ..."; Rechtsstellung **BetrVG 1** 7; Rechtsstellung von Betriebsräten gemäß § 3 Abs. 1 Nr. 1 bis 3 **BetrVG 3** 30 ff.; regelmäßige Amtszeit **BetrVG 21** 6; Restmandat *siehe dort*; Rücktritt **BetrVG 13** 10; Sonderkündigungsschutz von Funktionsträgern *siehe dort*; sonstige Arbeitnehmervertretungsstrukturen **BetrVG 3** 13 f.; Spartenbetriebsräte **BetrVG 3** 10 ff.; Straftat bei Behinderung/Störung **BetrVG 119** 3; Streitigkeiten über Beginn/Ende der Amtszeit **BetrVG 21** 16; Übergangsmandat *siehe dort*; Umstrukturierungen **BetrVG 3** 35 ff., **BetrVG 21** 15; unregelmäßige Amtszeit **BetrVG 21** 7 ff.; unternehmenseinheitlicher ~ **BetrVG 3** 8 f., 21 1 ff.; Verhältnis zu Betriebsversammlung **BetrVG 45** 20 f.; Vertrauensvolle Zusammenarbeit *siehe dort*; Weiterführung der Geschäfte **BetrVG 22** 1 ff.; Zusammenarbeit mit Sprecherausschuss **SprAuG 2** 3 ff.

Betriebsräteversammlung BetrVG 53 1 ff.; Berichtspflicht des Gesamtbetriebsrates **BetrVG 53** 8; Berichtspflicht des Unternehmers **BetrVG 53** 9 f.; Betriebsratsmitglieder **BetrVG 53** 2; Einberufung **BetrVG 53** 6 f.; Gesamtbetriebsratsmitglieder **BetrVG 53** 3; Gewerkschaftsbeauftragte **BetrVG 53** 5; Streitigkeiten **BetrVG 53** 12; Teilnahmeberechtigte **BetrVG 53** 2 ff.; Unternehmer **BetrVG 53** 4; Zeitpunkt **BetrVG 53** 7

Betriebsratsbeschlüsse BetrVG 33 1 ff.; absolute Mehrheit **BetrVG 33** 11; Abstimmungsverfahren **BetrVG 33** 14; Änderung **BetrVG 33** 15; Aufhebung **BetrVG 33** 16; Aussetzung von Betriebsratsbeschlüssen *siehe dort*; Beschlussfähigkeit **BetrVG 33** 5 ff.; Beschlussfassung **BetrVG 33** 9 ff.; einfache Mehrheit **BetrVG 33** 10 ff.; förmliche Sitzung **BetrVG 33** 3 f.; gerichtliche Rechtskontrolle **BetrVG 33** 18; Interessenkollision **BetrVG 33** 13; Nichtigkeit **BetrVG 33** 19 ff.; ordnungsgemäße Einberufung **BetrVG 33** 4; Streitigkeiten **BetrVG 33** 17 ff.

Betriebsratsfähigkeit BetrVG 1 1 ff.; Verlust **BetrVG 21** 11

Betriebsratskosten BetrVG 40 1 ff.; Aufwendungen der Betriebsratsmitglieder **BetrVG 40** 18 ff.; Bekanntgabe durch Arbeitgeber **BetrVG 40** 8; Bücher und Zeitschriften **BetrVG 40** 32; Büropersonal **BetrVG 40** 37; Computer **BetrVG 40** 35; E-Mail **BetrVG 40** 36; Erforderlichkeit der Kosten **BetrVG 40** 6; Freistellungsanspruch **BetrVG 40** 10; Generalklausel **BetrVG 40** 1; Gesamtbetriebsrat **BetrVG 51** 8; Geschäftsführung **BetrVG 40** 11 ff.; gesetzliches Schuldverhältnis **BetrVG 40** 3; Grundsätze der Kostentragungspflicht **BetrVG 40** 4 ff.; Informations- und Kommunikationstechnik **BetrVG 40** 2, 33 ff.; Prozesskosten **BetrVG 40** 12 f.; Räume **BetrVG 40** 28 f.; Rechtsanwaltskosten **BetrVG 40** 14 ff.; Rechtsanwaltskosten Einigungsstelle **BetrVG 76a** 31 f.; Regelungsstreitigkeiten **BetrVG 40** 17; Reisekosten **BetrVG 40** 19 f.; Sachaufwand **BetrVG 40** 26 ff.;

Stichwortverzeichnis

Sachmittel **BetrVG** 40 30 ff.; Schulungskosten **BetrVG** 40 21 ff.; Streitigkeiten **BetrVG** 40 38; Telefonanlage **BetrVG** 40 34; Unterrichtung der Arbeitnehmer **BetrVG** 40 31; Vorschuss **BetrVG** 40 9; keine Zustimmung des Arbeitgebers **BetrVG** 40 7

Betriebsratsmitglieder, Absinken der Zahl der ~ **BetrVG** 13 9; Amtsenthebung *siehe dort*; Anzahl **BetrVG** 9 1 ff.; Arbeitskampf **BetrVG** 74 12; Beendigung des Arbeitsverhältnisses **BetrVG** 24 4 ff.; Beteiligte **ArbGG** 83 25; Beteiligung gemäß § 82 Abs. 2 S. 2 und 3 **BetrVG** 82 30 ff.; Betriebsratstätigkeit außerhalb der Arbeitszeit *siehe dort*; Ehrenamt **BetrVG** 37 1, 3 ff.; einköpfiger Betriebsrat **BetrVG** 9 7; Erlöschen der Mitgliedschaft **BetrVG** 24 1 ff.; ermäßigte Anzahl **BetrVG** 11 1 ff.; Feststellung der Nichtwählbarkeit **BetrVG** 24 11 f.; Freistellung von Betriebsratsmitgliedern *siehe dort*; Grundsatz der Unentgeltlichkeit **BetrVG** 37 3; Hinzuziehung bei Beschwerde **BetrVG** 84 16; Hinzuziehung gemäß § 83 Abs. 1 S. 2 und 3 **BetrVG** 83 15; mehrköpfiger Betriebsrat **BetrVG** 9 7; Niederlegung des Betriebsratsamtes **BetrVG** 24 3; Rechtsfolgen des Erlöschens der Mitgliedschaft **BetrVG** 24 13; Sonderkündigungsschutz von Funktionsträgern *siehe dort*; Straftat: Benachteiligung/Begünstigung **BetrVG** 119 4; Streitigkeiten hinsichtlich Anzahl **BetrVG** 9 9; Streitigkeiten über Erlöschen der Mitgliedschaft **BetrVG** 24 14; Teilzeitbeschäftigte **TzBfG** 4 7; unzulässiger Vorteil **BetrVG** 37 5; Veränderungen der Belegschaftsstärke **BetrVG** 9 6; Verbot der beruflichen Diskriminierung **BetrVG** 37 29 f.; Verbot der Entgeltdiskriminierung **BetrVG** 37 24 ff.; Verlust der Wählbarkeit **BetrVG** 24 7 ff.

Betriebsratssitzung, Ablauf **BetrVG** 29 15; Ablauf der konstituierenden Sitzung **BetrVG** 29 5 f.; Arbeitgeber, Teilnahme **BetrVG** 29 14; Benachrichtigung des Arbeitgebers **BetrVG** 30 4; Einberufung **BetrVG** 29 1 ff.; Gewerkschaftsbeauftragter **BetrVG** 31 2 f.; Gewerkschaftsteilnahme **BetrVG** 31 1 ff.; konstituierende Sitzung **BetrVG** 29 2 ff.; Ladung **BetrVG** 29 9 f.; Mitteilung an die Gewerkschaft **BetrVG** 31 6; Nichtöffentlichkeit **BetrVG** 30 5; Rechte und Pflichten des Gewerkschaftsbeauftragten **BetrVG** 31 7 ff.; Schweigepflicht über Verlauf **BetrVG** 79 32; Streitigkeiten **BetrVG** 29 17 ff.; Streitigkeiten hinsichtlich Gewerkschaftsteilnahme **BetrVG** 31 10; Teilnehmer **BetrVG** 29 12 ff.; weitere Sitzungen **BetrVG** 29 7 ff.; zeitliche Lage **BetrVG** 30 2 f.; Zeitpunkt **BetrVG** 29 11

Betriebsratstätigkeit außerhalb der Arbeitszeit BetrVG 37 17 ff.; betriebsbedingte Gründe **BetrVG** 37 18; betriebsratsbedingte Gründe **BetrVG** 37 19; freigestelltes Betriebsratsmitglied **BetrVG** 38 30; primärer Freizeitausgleich **BetrVG** 37 20; sekundäre Mehrarbeitsvergütung **BetrVG** 37 21 f.

Betriebsratsvorsitzender, Amtsdauer **BetrVG** 26 6; Aufgaben **BetrVG** 26 7 ff.; Geschäftsführung **BetrVG** 26 8; Stellvertreter **BetrVG** 26 12; Streitigkeiten betreffend Amtsausübung **BetrVG** 26 13, 15; Streitigkeiten betreffend Wahl **BetrVG** 26 13 f.; Vertretung des Betriebsrates **BetrVG** 26 9 f.; Wahl **BetrVG** 26 1 ff.; zwingendes Recht **BetrVG** 26 2

Betriebsratswahlen, Absinken der Zahl der Betriebsratsmitglieder **BetrVG** 13 9; allgemeine Wahl **BetrVG** 14 8; Anschluss an Wahlzeiträume **BetrVG** 13 14; Auflösung des Betriebsrats **BetrVG** 13 12; Aushang des Ergebnisses **BetrVG** 18 8; außerhalb des regelmäßigen Wahlzeitraums **BetrVG** 13 7 ff.; Beamte in Postunternehmen **BetrVG** 14 20; Beteiligung eines Betriebsteils **BetrVG** 4 12 f.; Betriebsöffentlichkeit hinsichtlich Wahlergebnis **BetrVG** 18 6; Betriebsräte gemäß § 3 Abs. 1 Nr. 1 bis 3 **BetrVG BetrVG** 3 25 ff.; Durchführung **BetrVG** 14 1 ff., **BetrVG** 18 5; Einleitung **BetrVG** 18 3 f.; Ermächtigung zum Erlass von Wahlordnungen **BetrVG** 126 1; Ermittlung der Mindestsitze für das Geschlecht in der Minderheit **BetrVG** 15 6; Feststellung betriebsratsfähiger Organisationseinheiten **BetrVG** 18 12 f.; Feststellung des Wahlergebnisses **BetrVG** 18 6 ff.; freie Wahl **BetrVG** 14 7; geheime Wahl **BetrVG** 14 5; Gleichstellung Frau/Mann **BetrVG** 15 5; Kleinbetriebe *siehe* „Wahlverfahren in Kleinbetrieben"; Kosten **BetrVG** 20 11 ff.; Leiharbeitnehmer **AÜG** 14 6 ff.; Leitende Angestellte, Zuordnungsverfahren *siehe dort*; Mehrheitswahl **BetrVG** 14 12 f.; Nichtbestehen eines Betriebsrates **BetrVG** 13 13; Nichtigkeit **BetrVG** 19 23 ff.; persönliche Kosten **BetrVG** 20 13; Rechtswidrigkeit der Behinderung **BetrVG** 20 3; regelmäßige **BetrVG** 13 2 ff., **BetrVG** 125 1; Rücktritt **BetrVG** 13 10; Sachkosten **BetrVG** 20 12; Sanktionierung unzulässiger Störungen **BetrVG** 20 8 ff.; Sitzverteilung auf die Geschlechter **BetrVG** 15 7 ff.; Straftat: Behinderung/Beeinflussung **BetrVG** 119 2; Streitigkeiten **BetrVG** 13 15, **BetrVG** 18 16 ff.; Streitigkeiten Geschlecht in der Minderheit **BetrVG** 15 10; Streitigkeiten Störungen **BetrVG** 20 15; Streitigkeiten Wahlkosten **BetrVG** 20 15; Streitigkeiten Wahlverfahren **BetrVG** 14 21; unmittelbare Wahl **BetrVG** 14 6; unzulässige Beeinflussung **BetrVG** 20 5 ff.; Verbot der Behinderung **BetrVG** 20 2 ff.; Verhältniswahl **BetrVG** 14 10 f.; Versäumnis von Arbeitszeit **BetrVG** 20 14; Wahlanfechtung *siehe dort*; Wählbarkeit *siehe dort*; Wahlberechtigung *siehe dort*; Wahlbewerber *siehe dort*; Wahlgrundsätze **BetrVG** 14 4 ff.; Wahlkampf **BetrVG** 20 6; Wahlniederschrift **BetrVG** 18 7; Wahlschutz **BetrVG** 20 2 ff.; Wahlverfahren **BetrVG** 14 9 ff.; Wahlvorschläge der Arbeitnehmer **BetrVG** 14 17 f.; Wahlvorschläge der Gewerkschaften **BetrVG** 14 19; Wahlvorstand (Betriebsrat) *siehe dort*; Wahlzeit **BetrVG** 13 3 f.; wesentliche Veränderung der Belegschaftsstärke **BetrVG** 13 8; Zeitpunkt **BetrVG** 13 1 ff.; Zusammensetzung des Betriebsrats **BetrVG** 15 1 ff.; Zusammensetzung nach Geschlechtern **BetrVG** 15 1, 3 ff.; Zusammensetzung nach Organisationsbereichen und Beschäftigungsarten **BetrVG** 15 2

Betriebsrisiko BGB 615 112 ff.; Abdingbarkeit **BGB** 615 122; Einschränkung der Arbeitnehmerhaftung **BGB** 619a 12 f.; Einzelfälle **BGB** 615 116; Existenzgefährdung **BGB** 615 120; soziale Arbeits- und Betriebsgemeinschaft **BGB** 615 114; Sphärentheorie **BGB** 615 115; Vertretenmüssen des Arbeitgebers **BGB** 615 119

Betriebsstilllegung BetrVG 111 22 ff.; außerordentliche Kündigung **BGB** 626 231 ff.; betriebsbedingter Kündigungsgrund **KSchG** 1 300 ff., **BetrVG** 21 14; Betriebsübergang **BGB** 613a 74 ff., 176; Sonderkündigungsschutz von Funktionsträgern **KSchG** 15 91 ff.; vorübergehende ~ als Kündigungsgrund **KSchG** 1 301

Betriebsteile, Betriebsratswahl des Hauptbetriebs **BetrVG** 4 12 f.; Eigenständigkeit nach Aufgabenbereich und Organisation **BetrVG** 4 9 ff.; Kennzeichnung **BetrVG** 4 3 ff.; räumliche Entfernung **BetrVG** 4 6 ff.; als selbständige Betriebsteile **BetrVG** 4 1 ff.; unselbständige **BetrVG** 4 4

Betriebsteilübergang BGB 613a 31 ff.; Betriebsrat **BGB** 613a 285 ff.; Betriebsteil, Begriff **BGB** 613a 31 ff.; *siehe auch* „Betriebsübergang"

Betriebsübergang BGB 613a 1 ff.; Annahmeverzug des Arbeitgebers **BGB** 615 17; Ansprüche des neuen Arbeitgebers **BGB** 613a 242 ff.; Arbeitgeberdarlehen **BGB** 611 155; Art des Unternehmens/Betriebs **BGB** 613a 100 ff.; Aufhebungsvertrag **KSchG** 9 Anhang 14; Beteiligungsrechte **BGB** 613a 290 ff.; als Betriebsänderung **BetrVG** 111 53 ff.; Betriebsbegriff *siehe dort*; Betriebsform und Methoden **BGB** 613a 103 ff.; Betriebsinhaber *siehe dort*; Betriebsmittel und Belegschaft **BGB** 613a 150 f.; Betriebsmittel bei Produktionsbetrieb, fehlende Übernahme **BGB** 613a 111 ff.; Betriebsmittel bei Produktionsbetrieb, Indizfunktion bei Übergang **BGB** 613a 116 ff.; betriebsmittelarme Tä-

Stichwortverzeichnis

tigkeiten **BGB 613a** 122 ff., 140 ff.; betriebsmittelintensive/betriebsmittelarme Tätigkeiten, Unterscheidung **BGB 613a** 97 f.; Betriebsmittelveräußerung **BGB 613a** 92; Betriebsorganisation und Betriebszweck **BGB 613a** 106 ff.; Betriebsrat **BetrVG** 21 13, 24 6, **BGB 613a** 285 ff.; Betriebsstilllegung **BGB 613a** 74 ff.; Betriebsvereinbarungen **BetrVG** 77 69 f.; Betriebszweck, Fortführung **BGB 613a** 167 ff.; Bezugnahmeklauseln auf Tarifverträge **BGB 613a** 275 ff.; Darlegungs- und Beweislast **BGB 613a** 374 f.; Dauer der tatsächlichen Fortführung **BGB 613a** 72 f.; Dienstleistungsbetrieb **BGB 613a** 122 ff.; Einkommensteuer bei Abfindungen **EStG** 3 29; Eintritt in die Rechte und Pflichten aus dem Arbeitsverhältnis **BGB 613a** 229 ff.; Entstehung und Entwicklung **BGB 613a** 1 ff.; Erlöschen der Inhaberschaft **BGB 613a** 58 ff.; fehlende Übernahme jeglichen Personals **BGB 613a** 153 ff.; Fortführungsmöglichkeit **BGB 613a** 68 f.; Fortführungswille und tatsächliche Fortführung **BGB 613a** 81 ff.; Funktionsnachfolge **BGB 613a** 91, 172; Haftung des bisherigen Betriebsinhabers **BGB 613a** 297 f.; Haftung des neuen Betriebsinhabers **BGB 613a** 295 f.; Identitätsverlust durch Neuorganisation **BGB 613a** 127 f.; Identitätswahrung **BGB 613a** 88 ff.; Inhaberwechsel **BGB 613a** 57 ff.; Innenverhältnis bisheriger/neuer Betriebsinhaber **BGB 613a** 299; in der Insolvenz **BGB 613a** 366 ff.; internationales Privatrecht **BGB 613a** 378 f.; klare vertragliche Regelungen **BGB 613a** 70 f.; Kollektivverträge des Erwerbers **BGB 613a** 267 ff.; Kundenkreis, Beibehaltung **BGB 613a** 157 ff.; Kündigung **KSchG** 1 305 ff.; Kündigungsverbot wegen Betriebsübergang *siehe dort*; Kundschaft, Übergang **BGB 613a** 156 ff.; Lieferanten, dieselben **BGB 613a** 163 f.; materielle Betriebsmittel, Übergang **BGB 613a** 110 ff.; nachvertragliches Wettbewerbsverbot **HGB** 74 121 f.; neue Betriebsorganisation und Personalübernahme **BGB 613a** 152; Normzweck **BGB 613a** 5 ff.; Orts- und Kundenbindung **BGB 613a** 101 f.; Ortsverlagerung **BGB 613a** 171; Privatisierung/Umstrukturierung öffentlicher Rechtsträger **BGB 613a** 192 ff.; prozessuale Fragen **BGB 613a** 371 f.; Qualifikation des Personals **BGB 613a** 141 f.; Rechtsfolgen **BGB 613a** 221 ff.; durch Rechtsgeschäft **BGB 613a** 183 ff.; Rechtsgeschäft, Anforderungen **BGB 613a** 196 ff.; Regelungsabrede **BetrVG** 77 104; Sieben-Punkte-Prüfung **BGB 613a** 93 ff.; Tarifverträge **BGB 611** 451, **TVG** 3 45; Tatbestandsvoraussetzungen **BGB 613a** 11 ff.; tatsächliche Fortführung **BGB 613a** 64 ff.; Transaktionsansatz **BGB 613a** 54 ff.; Übergang **BGB 613a** 54 ff.; Übergang der Arbeitsverhältnisse **BGB 613a** 221 ff.; Übernahme der Belegschaft **BGB 613a** 137 ff.; Übernahme der Inhaberschaft **BGB 613a** 63 ff.; Übertragbarkeit des Arbeitsleistungsanspruchs **BGB 613a** 19; Umwandlung *siehe* „Betriebsübergang (Umwandlung)"; Unabdingbarkeit **BGB 613a** 248; unmittelbare Rechtsbeziehungen **BGB 613a** 198 ff.; Unterbrechung der Betriebstätigkeit **BGB 613a** 175 f.; Unterrichtung *siehe* „Betriebsübergang, Unterrichtung des Arbeitnehmers"; unwirksames Rechtsgeschäft **BGB 613a** 207; Urlaubsanspruch **BUrlG** 1 32 ff.; Versorgungsverbindlichkeiten **BetrAVG** 4 13; Vollmachtrecht **BGB 613a** 236; Wert der immateriellen Aktiva **BGB 613a** 129 ff.; wesentlicher Teil der Belegschaft **BGB 613a** 147 ff.; Widerspruchsrecht bei Betriebsübergang *siehe dort*; Wille des bisherigen Inhabers **BGB 613a** 201 ff.; Zuordnung der Arbeitsverhältnisse **BGB 613a** 225 ff.; *siehe auch* „Betriebsteilübergang".

Betriebsübergang (Umwandlung) **BGB 613a** 187 ff., 301 f.; Ausgliederung **UmwG** 324 7; betriebliche Leitungsmacht **UmwG** 324 11; Betriebsführungsvertrag **UmwG** 324 11 f.; Betriebsvereinbarungen **UmwG** 324 19, 21; Entstehungsgeschichte **UmwG** 324 1; grobe Fehlerhaftigkeit des Interessenausgleichs **UmwG** 324 30; Haftungsfragen **UmwG** 324 18; Interessenausgleich hinsichtlich Zuordnung **UmwG** 324 28 ff.; Kündigungsverbot **UmwG** 324 17; durch Rechtsgeschäft **UmwG** 324 8; Rechtsgrundverweisung **UmwG** 324 1; Spaltung **UmwG** 324 7; Tarifverträge **UmwG** 324 19 f.; Teilübertragung **UmwG** 324 7; Übergang des Arbeitsverhältnisses **UmwG** 324 13 f.; Umwandlungsarten **UmwG** 324 2 ff.; Verschmelzung **UmwG** 324 6; Widerspruchsrecht **UmwG** 324 14 ff.; Zeitpunkt **UmwG** 324 9 ff.; Zuordnung von Arbeitnehmern **UmwG** 324 23 ff.; Zuordnung in unklaren Fällen **UmwG** 324 26 ff.; Zuordnung von Versorgungsansprüchen **UmwG** 324 34 f.

Betriebsübergang, Unterrichtung des Arbeitnehmers **BGB 613a** 315 ff.; in Aussicht genommene Maßnahmen **BGB 613a** 336 ff.; Betriebsvereinbarungen **BGB 613a** 330; Entstehungsgeschichte **BGB 613a** 315 ff.; Folgen des Übergangs **BGB 613a** 328 ff.; Folgen unrichtiger/unvollständiger Unterrichtung **BGB 613a** 340 ff.; Gegenstand der Unterrichtung **BGB 613a** 326 ff.; Geltungsbereich **BGB 613a** 318 ff.; Grund für den Übergang **BGB 613a** 327; Haftungsvorschriften **BGB 613a** 331; nachträgliche Veränderungen **BGB 613a** 344 ff.; Parteien des Unterrichtungsanspruch **BGB 613a** 321 ff.; Tarifverträge **BGB 613a** 330; Widerspruchsrecht **BGB 613a** 335; Zeitpunkt der Unterrichtung **BGB 613a** 325; Zeitpunkt des Übergangs **BGB 613a** 326.

Betriebsübung **BGB Vorb.** 150, **BGB 611** 228 ff.; Ablösung **BGB 611** 234 ff.; Ablösung durch Betriebsvereinbarung **BetrVG** 77 62 ff.; Beendigung **BGB 611** 233; betriebliche Altersversorgung **BetrAVG Vorb.** 82; Betriebsübergang **BGB 613a** 230; Bindungswille **BGB 611** 231; Einzelfälle **BGB 611** 238; Fallgruppen **BGB 611** 237; als Grenze des Weisungsrechts **GewO** 106 60 ff.; Herleitung **BGB 611** 228; revisionsgerichtliche Behandlung **ArbGG** 73 13; Voraussetzungen **BGB 611** 229 ff.; Vorbehalt **BGB 611** 230.

Betriebsvereinbarung **BetrVG** 77 1 ff., **BGB Vorb.** 147; ablösende bei betrieblicher Altersversorgung **BetrAVG Vorb.** 146 f., **BetrVG** 77 55; Ablösung betrieblicher Einheitsregelungen **BetrVG** 77 62 ff.; Ablösung oder Verschlechterung von Arbeitsvertragsregelungen **BGB 611** 521 ff.; Abrufarbeit **TzBfG** 12 24; Abschlussgebote **BGB 611** 52; Abschlussmängel **BetrVG** 77 84 ff.; Abschlussverbote **BGB 611** 57; Abweichende Regelungen Sonn- und Feiertagsarbeit **ArbZG** 12 1 ff.; keine AGB-Kontrolle **BetrVG** 77 21, **BGB 310** 19, 21; Altersgrenzen **SGB VI** 41 14, **TzBfG** 14 62; Änderung **BGB 611** 532 ff.; Arbeitskampfregelungen **GG** 9 160 ff.; Arbeitsverträge, betriebsvereinbarungsoffene **BetrVG** 77 68; ausgeschiedene Arbeitnehmer **BetrVG** 77 25 f.; Ausgliederung eines Betriebsteils **BetrVG** 77 71 f.; Auslegung **BetrVG** 77 22; Ausnahmen von Veränderungssperre **BGB 613a** 281 ff.; Ausschluss ordentlicher Kündigung **BetrVG** 77 35; außerordentliche Kündigung **BetrVG** 77 36; Bekanntgabe **BetrVG** 77 19 f.; Berufsfreiheit **GG** 12 31 f.; Beschwerderecht **BetrVG** 86 7; betriebliche Altersversorgung **BetrAVG Vorb.** 88 f.; Betriebsferien **BUrlG** 13 39; Betriebsspaltung und Übertragung **BetrVG** 77 71 ff.; Betriebsübergang **BetrVG** 77 69 f.; Betriebsvereinbarung **BetrVG** 77 14 ff.; vom **BetrVG** abweichende Regelungen **BetrVG** 3 19 f.; des Erwerbers bei Betriebsübergang **BGB 613a** 267 ff.; Formvorschriften **BGB 611** 41; Fortgeltung bei Betriebsübergang **BGB 613a** 249 ff., **BGB 613a** 262 ff.; Freiwillige Betriebsvereinbarung *siehe dort*; gerichtliche Klärung von Zweifelsfragen **BetrVG** 77 91 ff.; geschlechtsbezogene Benachteiligung **BGB 613a** 13; Gewerkschaften **BetrVG** 77 94 ff.; Gleichbehandlungsgrundsatz **BGB 611** 195; Gleichbehandlungsgrundsatz, Verstoß **BGB 611** 218; Gleichheitssatz **GG** 3 43 ff.; als Grenze des Weisungsrechts **GewO** 106 88, 90 ff.; Hinweis auf ~ **NachwG** 2 38 ff.; Insolvenz **InsO** 120 1 ff.; Irrtumsan-

Stichwortverzeichnis

fechtung **BetrVG 77** 90; kollektive Günstigkeit **BetrVG 77** 63 ff.; Kündigung **BetrVG 77** 34 ff.; Kündigung bei betrieblicher Altersversorgung **BetrVG 77** 56; Lohngleichheit Frau/Mann **BGB 612** 63; Mitbestimmungsrechte bei Spaltung/Teilübertragung **UmwG 325** 11 ff.; nachfolgende bei betrieblicher Altersversorgung **BetrAVG Vorb.** 137 ff.; Nachwirkung **BetrVG 77** 44 ff.; Nichtigkeit **BetrVG 77** 85 ff.; normative Wirkung **BetrVG 77** 2 ff.; persönlicher Geltungsbereich **BetrVG 77** 23 ff.; räumlicher Geltungsbereich **BetrVG 77** 27 ff.; Rückwirkung **BetrVG 77** 31; sachlicher Geltungsbereich **BetrVG 77** 32 f.; schuldrechtliche Wirkung **BetrVG 77** 5 ff.; sonstige Beendigungsgründe **BetrVG 77** 39 ff.; Sprache **BetrVG 77** 18; Tarifvertrag **TVG 4** 49 f.; Überwachung durch Betriebsrat **BetrVG 80** 20; Umdeutung **BetrVG 77** 88 ff.; Umwandlung **UmwG 324** 19 ff.; Urlaub **BUrlG 13** 22 f.; Verhältnis zu Arbeitsvertrag **BetrVG 77** 59 ff.; Verhältnis zu Gesamt/Konzernbetriebsvereinbarung **BetrVG 77** 58; Verhältnis zwischen gleichrangigen ~en **BetrVG 77** 54 ff.; Verhältnis zu höherrangigem Recht **BetrVG 77** 47 ff.; verschlechternde bei betrieblicher Altersversorgung **BetrAVG Vorb.** 159; Vertragsfreiheit, Beschränkungen **GewO 105** 38 ff.; Verwirkung von Ansprüchen **BetrVG 77** 4; Verzicht auf Ansprüche **BetrVG 77** 3; zeitlicher Geltungsbereich **BetrVG 77** 30 f.; Zustandekommen **BetrVG 77** 10 ff.

Betriebsverfassungsgesetz, abweichende Regelungen **BetrVG 3** 1 ff.; abweichender Tarifvertrag bei Inkrafttreten des ~es **BetrVG 128** 1; Arbeitskampf **GG 9** 323 ff.; Auslandseinsatz von Arbeitnehmern **BetrVG 1** 3; Außerkrafttreten von Vorschriften **BetrVG 129** 1 ff.; Ausstrahlung bei Auslandsentsendung **EGBGB 34** 43 f.; keine Beeinträchtigung der Koalitionen **BetrVG 2** 19 f.; Berufsfreiheit **GG 12** 62 ff.; Geltungsbereich **BetrVG 1** 2 f.; Inkrafttreten **BetrVG 132** 1; Leiharbeitnehmer **AÜG 14** 1 ff.; Nichtanwendbarkeit für öffentlichen Dienst **BetrVG 130** 1 ff.; Verweisungen **127** 1; Zweck **BetrVG 1** 1

Betriebsverlegung BGB 611 342; Direktionsrecht **GewO 106** 30

Betriebsversammlung BetrVG 42 1 ff.; Ablauf der regelmäßigen ~ **BetrVG 43** 8 ff.; allgemeinpolitische Themen **BetrVG 45** 5; auf Antrag einer Gewerkschaft **BetrVG 43** 33 ff.; während der Arbeitszeit **BetrVG 44** 6 ff.; außerordentliche **BetrVG 43** 24 ff.; außerordentliche ~ auf Antrag des Arbeitgebers **BetrVG 43** 26; außerordentliche ~ auf Antrag von Arbeitnehmern **BetrVG 43** 27; außerordentliche ~ außerhalb der Arbeitszeit **BetrVG 43** 30 f., **44** 18 ff.; außerordentliche ~ des Betriebsrats **BetrVG 43** 28; Berichtspflicht des Arbeitgebers **BetrVG 43** 17 f.; Dauer **BetrVG 44** 11; Drei-Schicht-Betrieb **BetrVG 44** 8; Einladung **BetrVG 42** 19 ff.; Einladung der Gewerkschaften **BetrVG 46** 10 f.; Fahrtkostenerstattung **BetrVG 44** 30 ff.; Frauenförderung **BetrVG 45** 14; gewerkschaftliche Angelegenheiten **BetrVG 45** 11; Hausrecht **BetrVG 42** 23; Integration ausländischer Arbeitnehmer **BetrVG 45** 15; Kosten der Betriebsratsarbeit **BetrVG 43** 19; Kundenbetriebe **BetrVG 44** 16; Leitung **BetrVG 42** 22 ff.; Nicht-Öffentlichkeit **BetrVG 42** 26 ff.; ordentliche ~ außerhalb der Arbeitszeit wegen Eigenart des Betriebes **BetrVG 44** 12 ff.; Ort **BetrVG 42** 18; Rechtsnatur **BetrVG 42** 10; Referenten **BetrVG 45** 6; regelmäßige ~en **BetrVG 43** 5, 7; sozialpolitische Themen **45** 8 ff.; Streitigkeiten **BetrVG 42** 37, **BetrVG 44** 36, **BetrVG 45** 22; Streitigkeiten wegen Teilnahme eines Gewerkschaftsbeauftragten **BetrVG 46** 19; tarifpolitische Angelegenheiten **BetrVG 45** 7; Tätigkeitsbericht **BetrVG 43** 9, 11; Teilnahme- und Rederecht des Arbeitgebers **BetrVG 43** 13 ff.; Teilnahme von Vertretern des Arbeitgeberverbands **BetrVG 46** 1, 12 ff.; Teilnahmerecht von Gewerkschaftsbeauftragten **BetrVG 46** 1 ff.;

Teilnehmer **BetrVG 42** 14 ff.; Teilversammlungen **BetrVG 42** 29 ff.; umweltpolitische Fragen **BetrVG 45** 12; unzulässige Themen **BetrVG 44** 34 f., **BetrVG 45** 18 f.; keine Vergütung bei fehlerhafter ~ **BetrVG 44** 34 f.; Vergütungsanspruch **BetrVG 44** 23 ff.; Verhältnis zu Betriebsrat **BetrVG 45** 20 f.; Vernetzung der Wirtschaft **BetrVG 44** 15; wirtschaftliche Angelegenheiten **BetrVG 45** 13; Zeitpunkt **BetrVG 44** 1 f., 6 ff.; zulässige Themen **BetrVG 45** 2 ff.; zusätzliche **BetrVG 43** 21 ff.

Bewachungsgewerbe, Sonn- und Feiertagsarbeit **ArbZG 10** 14

Beweisaufnahme, Durchführung **ArbGG 58** 9; im Beschlussverfahren **ArbGG 83** 15 ff.; schiedsgerichtliche **ArbGG 106** 1 ff.

Beweisbeschluss vor streitiger Verhandlung **ArbGG 55** 33 ff.

Beweislast siehe „Darlegungs- und Beweislast"

Beweisverfahren ArbGG 58 1 ff.; Freibeweis **ArbGG 58** 8; Normen des Arbeitsgerichtsverfahrens **ArbGG 58** 3; selbständiges **ArbGG 58** 10; verfassungs- und europarechtliche Normen **ArbGG 58** 5 f.; zivilprozessuale Normen **ArbGG 58** 4; Zweck **ArbGG 58** 2

Bewerber, Aufwendungen **BGB 629** 17 f.

Bewerberauswahl BGB 611 10 ff.; Informationserhebung bei Dritten **BGB 611** 23 f.; Mitteilungspflichten des Arbeitgebers **BGB 611** 25

Bezugnahmeklauseln auf sonstige Arbeitsbedingungen **BGB 611** 452 f.

Bezugnahmeklauseln auf Tarifverträge BGB 611 439 ff., **TVG 3** 15 ff.; Auslegung **TVG 3** 23 ff.; Betriebs(teil)übergang **BGB 611** 451, **BGB 613a** 275 ff.; dynamische Verweisung **TVG 3** 17; Entgeltfortzahlung im Krankheitsfall **EFZG 4** 68 f.; Inhaltskontrolle **BGB 307** 12 f., **611** 440 f.; konkludente Bezugnahme **BGB 611** 446; Kündigungsfristen **BGB 622** 117 ff.; statische Verweisung **TVG 3** 17; als überraschende Klauseln **BGB 305c** 5, **BGB 611** 442 ff.; Umfang **TVG 3** 22; Unklarheitenregel **BGB 611** 445; Urlaub **BUrlG 13** 16 ff.; Verbandsaustritt **BGB 611** 449; Verbandswechsel **BGB 611** 450; Wirkung **TVG 3** 27 ff.; Zweck **TVG 3** 16

Bildschirmarbeitsplätze, Regelungen iSd. § 87 Abs. 1 Nr. 7 **BetrVG BetrVG 87** 138; Zuständigkeit des Gesamtbetriebsrates **BetrVG 50** 8

Bildungsurlaub, Berufsfreiheit **GG 12** 51 f.

Billiges Ermessen als Grenze des Weisungsrechts **GewO 106** 115 ff.; Grundsatz **GewO 106** 119 ff.; mittelbare Drittwirkung der Grundrechte **GewO 106** 125 ff.

Binnenschifffahrt, Arbeitszeit **ArbZG 21** 1; Jugendliche **JArbSchG 20** 1 f.

Boykott GG 9 240 ff.; Akzessorietät **GG 9** 246 f.; Begriff **GG 9** 240; Rechtmäßigkeit **GG 9** 244 f.; zwei Teilakte **GG 9** 245

Bruttolohn- und gehaltslisten, Einblick, Ausnahmen **BetrVG 80** 113 f.; Berechtigter **BetrVG 80** 115 f.; Betriebsrat **BetrVG 80** 107 ff.; Bruttolohn- und gehaltslisten **BetrVG 80** 109 ff.; Einsicht **BetrVG 80** 111 f.; Sprecherausschuss **SprAuG 25** 3; Streitigkeiten **BetrVG 80** 149; Zweck **BetrVG 80** 108

Bühnen, Befristungsgrund Eigenart der Arbeitsleistung **TzBfG 14** 34; Nichtverlängerungsmitteilung **TzBfG 15** 24; Schriftform bei Nichtverlängerungsmitteilung **BGB 623** 30

Bundesagentur für Arbeit, **AÜG AÜG 17** 1 f.; Massenentlassungen **KSchG 20** 1 ff.; Massenentlassungen in besonderen Betrieben **KSchG 21** 1 ff.; Zusammenarbeit bei Ordnungswidrigkeiten nach AÜG **AÜG 18** 1 ff.

Bundesarbeitsgericht, Prozessvertretung **ArbGG 11** 9 ff.; Rechtsmittel gegen Beschlüsse und Verfügungen **ArbGG 78** 34; Vorlagepflicht EuGH **EGV 234** 12 f.

Bußgelder, nicht ersatzfähige Aufwendungen **BGB 611** 279; Vorschriften siehe „Straf- und Bußgeldvorschriften"

Stichwortverzeichnis

Chefärzte, Arbeitnehmerstatus BGB Vorb. 73; ArbZG, Nichtanwendbarkeit ArbZG 18 3
Computer, Betriebsrat BetrVG 40 35

Darlegungs- und Beweislast, Abrufarbeit TzBfG 12 28; Änderungsschutzklage KSchG 2 90 f.; Annahmeverzug des Arbeitgebers BGB 615 108; Anpassung der Betriebsrente BetrAVG 16 35 f.; außerordentliche Kündigung BGB 626 473 ff.; Auswahlrichtlinien KSchG 1 416; Behinderung eines Betriebsverfassungsorgans BetrVG 78 14; Benachteiligung oder Begünstigung eines Betriebsverfassungsorgans BetrVG 78 24; Benachteiligung wegen des Geschlechts BGB 611a 52 ff.; betriebsbedingte Kündigung KSchG 1 290 ff.; Betriebsübergang BGB 613a 374 f.; Diskriminierungsverbot (TzBfG) TzBfG 4 16, 25; Entfristungsklage TzBfG 17 17 ff.; Formulararbeitsvertrag BGB 305 14, BGB 307 23; geschlechtsbezogene Benachteiligung BGB 611a 52 ff.; Gleichbehandlungsgrundsatz GG 3 75, BGB 611 209 f.; Haftung des Arbeitnehmers BGB 619a 43 ff.; Haftungsausschluss bei Arbeitsunfall SGB VII 104 16; Individualabreden BGB 305b 4 f.; Interessenausgleich mit Namensliste (KSchG) KSchG 1 427 ff., 436 f.; Kleinbetriebsklausel KSchG 23 17; Kündigungsanhörung des Betriebsrates BetrVG 102 46; vor Kündigungsausspruch bei krankheitsbedingter Kündigung KSchG 1 168; vor Kündigungsausspruch bei personenbedingter Kündigung KSchG 1 168; Kündigungsfrist BGB 622 131 f.; Kündigungsschutz KSchG 1 51 f.; im Kündigungsschutzprozess bei personenbedingter Kündigung KSchG 1 169 f.; Modifikationen in Formulararbeitsverträgen BGB 611 436 ff.; Nachweisgesetz NachwG Vorb. 39 ff.; negative Gesundheitsprognose KSchG 1 137 f., 149; Rechtswegzuständigkeit ArbGG 48 19 f.; Sozialauswahl KSchG 1 440 ff.; stillschweigende Verlängerung des Dienstverhältnisses BGB 625 53; Teilzeitanspruch TzBfG 8 49; Überraschungsverbot BGB 305c 6; Ungleichbehandlung Frau/Mann GG 3 104 f.; Unzumutbarkeit der Weiterbeschäftigung eines Auszubildenden BetrVG 78a 72; Urlaubsbescheinigung BUrlG 6 29; verhaltensbedingte Kündigung KSchG 1 211 f.; Widerspruch zu arbeitswissenschaftlichen Erkenntnissen BetrVG 91 12; Wiedereinstellungsanspruch KSchG 1 86; Zeugnis GewO 109 28; Zweckerreichung/Bedingungseintritt TzBfG 15 11
Darlehen BGB 611 153 f.
Datenschutz BGB 611 258 ff.; außerordentliche Kündigung BGB 626 236 ff.; Betriebsrat BetrVG 79 33; Fragerecht des Arbeitgebers BGB 123 30 f.; Nachweispapier nach NachwG NachwG Vorb. 55; Personalakten BetrVG 83 20 f.
Detektivkosten ArbGG 12a 10
Deutsche Gerichtsbarkeit, besondere Sachentscheidungsvoraussetzung ArbGG 1 3; Kirchen/Religionsgemeinschaften ArbGG 1 7; NATO-Truppen ArbGG 1 6; Territorialitätsprinzip ArbGG 1 3 ff.
Diebstahl, außerordentliche Kündigung BGB 626 288 ff.
Dienstordnungsangestellte, fristlose Kündigung BGB 626 9 f.; Kündigung/Entlassung KSchG 1 6
Dienstreisen, Arbeitszeit BGB 611 331
Dienstvereinbarungen BGB Vorb. 147; Fortgeltung bei Privatisierungen BetrVG 130 8
Dienstverschaffungsvertrag BGB Vorb. 15; Arbeitnehmerüberlassungsvertrag, Abgrenzung AÜG 1 28
Dienstvertrag BGB 620 3; Arbeitnehmerüberlassungsvertrag, Abgrenzung AÜG 1 26; Beendigung „Dienstvertrag, Beendigung"; Werkvertrag, Abgrenzung BGB Vorb. 9; siehe auch „Freie Mitarbeiter"
Dienstvertrag, Beendigung BGB 620 1 ff.; Aufhebungsvertrag BGB 620 22; auflösende Bedingung BGB 620 17; Befristung BGB 620 4 ff.; Befristungsdauer BGB 620 6 ff.; Doppelbefristung BGB 620 8; fristlose Kündigung BGB 620 16; Insolvenz InsO 113 3; Kündigung bei Befristung BGB 620 11 ff.; Kündigungsfrist BGB 621 1 ff.; unwirksame Befristung BGB 620 10; Verlängerung BGB 620 4; Zweckbefristung BGB 620 5, 8; siehe auch „Stillschweigende Verlängerung"
Dienstwagen BGB 611 88 ff.; Entgeltfortzahlung EFZG 4 40; Entziehung BGB 611 90; Formulararbeitsvertrag BGB Anhang zu 305-310 12; Teilzeitwunsch TzBfG 8 38
Direktionsrecht BGB Vorb. 151, BGB 611 293 ff., GewO 106 1 ff.; Änderung der Arbeitszeit BGB 611 307 f.; Änderungskündigung KSchG 2 42; statt Änderungskündigung KSchG 2 8; Änderungskündigung, Abgrenzung KSchG 2 12 f.; Arbeitsvertrag als Grenze GewO 106 55 ff.; außerdienstliches Verhalten GewO 106 47; außerordentliche Kündigung BGB 626 174 ff.; Auszubildende BBiG 9 6 f.; Bedeutung GewO 106 5 ff.; Beschäftigungsverhältnis SGB IV 7 8 f.; betriebliche Übung als Grenze GewO 106 60 ff.; Betriebsbuße GewO 106 51; Betriebsvereinbarung als Grenze GewO 106 88, 90 ff.; billiges Ermessen als Grenze GewO 106 115 ff.; Dauer der Arbeitszeit GewO 106 32 ff.; Einschränkung durch betriebliche Übung BGB 611 237; Entstehungsgeschichte GewO 106 1; Erweiterung durch Tarifvertrag BGB 611 294; fachliche Weisungsgebundenheit BGB Vorb. 45; Gegenstand GewO 106 12 ff.; Gesetze als Grenzen GewO 106 104 ff.; Gleichbehandlungsgrundsatz BGB 611 189; Grenzen GewO 106 54 ff.; Grenzen bei Dauer der Arbeitszeit GewO 106 78 ff.; Grenzen bei Lage der Arbeitszeit GewO 106 81 f.; Grenzen bei Ordnung und Verhalten im Betrieb GewO 106 87; Grenzen bei Ort der Arbeitsleistung GewO 106 72 ff.; Inhalt der Arbeitsleistung GewO 106 15 ff.; Konkretisierung GewO 106 60 ff., 75 f.; Konkretisierung bei Arbeitszeit GewO 106 83 ff.; Kontrollmaßnahmen GewO 106 48 f.; Lage der Arbeitszeit BGB 611 312, GewO 106 32, 38 ff.; Mitbestimmung bei Zuweisung anderer Tätigkeit GewO 106 23; mutterschutzrechtliches Beschäftigungsverbot GewO 106 22; niedriger vergütete Arbeit BGB 611 295; Ordnung und Verhalten im Betrieb GewO 106 43 ff.; Ort der Arbeitsleistung BGB 611 334, GewO 106 24 ff.; örtliche Weisungsgebundenheit BGB Vorb. 45, 47; Regelungsabrede als Grenze GewO 106 89, 92 f.; Rücksichtnahme auf Behinderungen GewO 106 128 f.; Selbstbindung GewO 106 69 f.; Sinn und Zweck GewO 106 3 f.; Streitigkeiten GewO 106 132 f.; Tarifklauseln TVG 1 125; Tarifvertrag als Grenze GewO 106 95 ff.; Verhaltensvorschriften GewO 106 46 f.; vorformulierter Vertragsbestimmungen BGB Anhang zu 305-310 15 ff.; zeitliche Weisungsgebundenheit BGB Vorb. 45 f.
Direktversicherung BetrAVG Vorb. 69, BetrAVG 1b 25 ff.; vor dem 22.12.1974 BetrAVG 27 1 f.; Unverfallbarkeit BetrAVG 1b 26, 2 32 ff.; Vervielfältigungsregelung EStG 3 11
Diskriminierungsverbot (BetrVG) BetrVG 75 1 f.; absolute Differenzierungsverbote BetrVG 75 9 f.; Abstammung und Herkunft BetrVG 75 11; „alle im Betrieb tätigen Personen" BetrVG 75 6; Betriebsratsmitglieder BetrVG 37 24 f.; Förderung der Persönlichkeit BetrVG 75 3, 18 f.; Grundsätze von Recht und Billigkeit BetrVG 75 7; kollektives „Amtsrecht" BetrVG 75 2; politische oder gewerkschaftliche Betätigung oder Einstellung BetrVG 75 13; relative Differenzierungsverbote BetrVG 75 8; Religion BetrVG 75 12; sexuelle Ausrichtung BetrVG 75 3; sexuelle Identität BetrVG 75 12; Streitigkeiten BetrVG 75 23 f.; Überschreitung von Altersgrenzen BetrVG 75 14; zur Überwachung Verpflichtete BetrVG 75 5; Überwachungsgebot BetrVG 75 4 ff.; zulässige Ungleichbehandlung BetrVG 75 15 ff.
Diskriminierungsverbot (EG) BGB Vorb. 139, BGB 611a 7 ff., EGV 141 22 ff., 45 ff.; bei Ausübung der Beschäfti-

Stichwortverzeichnis

gung EGV 39 38 ff.; mittelbare Diskriminierung EGV 141 24 ff., 47; positive Diskriminierung EGV 141 54 f.; Rasse, ethnische Herkunft EGV 141 56 ff.; Religion, Weltanschauung, Behinderung, Alter, sexuelle Ausrichtung EGV 141 56 f., 63 ff.; unmittelbare Diskriminierung EGV 141 23, 46; *siehe auch* „Entgeltgleichheit (EG)", „Freizügigkeit der Arbeitnehmer", „Gleichbehandlungsgrundsatz (EG)"

Diskriminierungsverbot (GG) GG 3 125 ff.; absolutes Anknüpfungsverbot GG 3 140; Abstammung GG 3 136; Abwägungsmodell GG 3 141; Beeinträchtigung GG 3 132; Behinderte GG 3 143 ff.; Eingriffe GG 3 142; EU-Angehörige GG 3 139; Geschlecht GG 3 135; Gruppenmerkmale GG 3 135 ff.; jede Differenzierung GG 3 133; Rasse GG 3 137; Schutzbereich GG 3 127 f.; Staatsangehörigkeit GG 3 138 f.; Wirkung GG 3 129 ff.

Diskriminierungsverbot (TzBfG), abweichende Vereinbarungen TzBfG 4 26 f.; Arbeitsentgelt (Befristung) TzBfG 4 17 ff.; Arbeitsentgelt (Teilzeit) TzBfG 4 3 ff.; auflösend bedingter Arbeitsvertrag TzBfG 21 4; Betriebsbezogenheit (Befristung) TzBfG 4 26 f.; Darlegungs- und Beweislast TzBfG 4 16, 25; Dauer des Arbeitsverhältnisses TzBfG 4 20 f.; Geltungsbereich TzBfG 4 2; Inhalt TzBfG 4 1; Rechtsfolgen (Befristung) TzBfG 4 24; Rechtsfolgen (Teilzeit) TzBfG 4 13 ff.; sachliche Gründe (Befristung) TzBfG 4 22 f.; sachliche Gründe (Teilzeit) TzBfG 4 11 f.; Sozialauswahl TzBfG 4 10; Teilzeitarbeit TzBfG 4 3 ff.; Unkündbarkeit TzBfG 4 9

Dispositionsgrundsatz, im Beschlussverfahren ArbGG 83 2 ff.; Einigungsstellenverfahren BetrVG 76 47

Doppelarbeitsverhältnis, Arbeitnehmerbegriff BetrVG 5 19

Dozenten, Arbeitnehmer oder freie Mitarbeiter BGB Vorb. 69 f.

Dritthaftung, Forderungsübergang bei Dritthaftung (EFZG) *siehe dort*; Forderungsübergang bei Dritthaftung (SGB X) *siehe dort*

Drittmittelkürzung, betriebsbedingter Kündigungsgrund KSchG 1 310

Drogen, außerordentliche Kündigung bei Verbotsverstoß BGB 626 220 f.; Frage des Arbeitgebers nach Abhängigkeit BGB 123 20; personenbedingte Kündigung wegen Sucht KSchG 1 119 f.; Test für Bewerber BGB 611 14; verhaltensbedingter Kündigungsgrund KSchG 1 215 ff.

Druckkündigung BGB 626 358 ff.; Ausschlussfrist bei außerordentlicher Kündigung BGB 626 419 f.; personenbedingte Kündigung KSchG 1 126; Schadensersatz BGB 626 365 f.; Voraussetzungen BGB 626 362 ff.

Druckluftverordnung, Arbeitszeit ArbZG 8 2

Effektivklausel BGB 611 540, TVG 1 108 ff.; allgemeine TVG 1 109; begrenzte TVG 1 110

EG-Recht *siehe* „Europäisches Arbeitsrecht"

Ehescheidung, personenbedingter Kündigungsgrund KSchG 1 127

Eheschließung, außerordentliche Eigenkündigung BGB 626 330; personenbedingter Kündigungsgrund KSchG 1 127

Ehrenämter, außerordentliche Kündigung BGB 626 240 f.; personenbedingte Kündigungsgrund KSchG 1 128; vorübergehende Verhinderung BGB 616 28

Ehrenamtliche Richter ArbGG 6 2, 7 ff.; Befugnisse ArbGG 53 11 f.; Entschädigung ArbGG 6 9; keine Überprüfung der Berufung ArbGG 65 11; keine Überprüfung durch Beschwerdegericht ArbGG 88 4

Eigengruppe BGB Vorb. 121, 123 f.; außerordentliche Kündigung BGB 626 143 ff.; *Rechtswegzuständigkeit* ArbGG 2 115; als Vertragspartner BGB Vorb. 124

Eigenkündigung KSchG 1 39; Anhörung des Betriebsrates BetrVG 102 13; Aufgabe/Wechsel der Berufsausbildung BBiG 15 9; zum Ende der Elternzeit BErzGG 19 1 ff.; Entgeltfortzahlung EFZG 8 27 ff.; einer Schwangeren MuSchG 9 48; Sozialplan, Schlechterstellung BetrVG 112 48 f.; Sperrzeit SGB III 144 6 f.; *siehe auch* „Eigenkündigung, außerordentliche"

Eigenkündigung, außerordentliche BGB 626 322 ff.; Auszubildender BBiG 15 7 f.; Kündigungsgründe BGB 626 325 ff.; nachvertragliches Wettbewerbsverbot HGB 75 4 ff.

Eigenschaftsirrtum BGB 119 3 ff.; verkehrswesentliche Eigenschaften BGB 119 3 f.

Eigentum des Arbeitnehmers, Schutz BGB 611 264 ff., BGB 619a 81 ff.

Eigentumsgarantie GG 14 1 ff.; Adressaten GG 14 58 f.; Anteilseigentum GG 14 34 f.; Arbeitnehmerschutz GG 14 40 f.; Arbeitskampf GG 14 36 ff.; Arbeitsplatz GG 14 54 f.; Arbeitsrecht GG 14 6; Bedeutung GG 14 1 ff.; Beeinträchtigungen GG 14 61; Berufsfreiheit GG 14 10; Betriebsgeheimnisse GG 14 32 f.; Eigentum GG 14 16 f.; Eigentum im internationalen Recht GG 14 14 f.; Eigentumsposition des Arbeitgebers GG 14 18; Eigentumspositionen der Arbeitnehmer GG 14 42 ff.; eingerichteter und ausgeübter Gewerbebetrieb GG 14 23 f.; Enteignung GG 14 69 ff.; Grenzen der Beschränkbarkeit GG 14 66 ff.; Inhaltsbestimmung GG 14 63 f.; Koalitionsfreiheit GG 14 36 ff.; Konkurrenzen GG 14 9 ff.; und Kündigungsschutzrecht KSchG Vorb. vor 1 ff.; Produktion GG 14 19 ff.; Schrankennormen GG 14 65; Schutzbereich GG 14 16 ff.; Träger des Grundrechts GG 14 60; Unternehmerfreiheit GG 14 12

Einfirmenvertreter, Arbeitnehmerbegriff BetrVG 5 20

Eingerichteter und ausgeübter Gewerbebetrieb, Eigentumsgarantie GG 14 23 ff.

Eingliederungsvertrag, Befristungsgrund TzBfG 14 76; Schriftform bei Auflösungserklärung BGB 623 28

Eingruppierung TVG 1 113 ff.; Änderungskündigung KSchG 2 61; Mitbestimmungsrecht BetrVG 99 24 ff.; Mitbestimmungsrecht, Missachtung BetrVG 99 97; Mitteilung und NachwG NachwG Vorb. 46; Streitwert ArbGG 12 24; Tarifautomatik TVG 1 114; Unterrichtung Betriebsrat BetrVG 99 58

Einigungsstelle BetrVG 76 1 ff.; Ablehnung des Vorsitzenden ArbGG 49 4; Amtszeit BetrVG 76 20; Anrufung BetrVG 76 16; Antragstellung vor der ~ BetrVG 76 18 f.; Arbeitsplatzgestaltung, Arbeitsablauf, Arbeitsumgebung BetrVG 91 19 ff.; Art der Berechnung des Honorars BetrVG 76a 13 f.; Auslagenersatz BetrVG 76a 16; Auswahlrichtlinien BetrVG 95 16 f.; Bedarfs-~ BetrVG 76 4; Beisitzer BetrVG 76 23 ff.; Beratung BetrVG 76 72; Berufsfreiheit GG 12 32; Beschlussfassung BetrVG 76 73 ff.; Beschlussverfahren (Einigungsstellenbesetzung) *siehe dort*; Beschlussverfahren über Bestehen des Mitbestimmungsrechts ArbGG 81 22; Besorgnis der Befangenheit BetrVG 76 63 ff.; Beweismittel und -aufnahme BetrVG 76 70 ff.; Bildung BetrVG 76 14 ff.; Bindungswirkung des Spruchs BetrVG 76 92 f., 96; Eilfälle BetrVG 76 97 f.; Ermessen, Überprüfung BetrVG 76 112 f.; Ersatzmitglieder BetrVG 76 27; erzwingbare BetrVG 76 6 f.; Fälligkeit des Honorars BetrVG 76a 15; Feststellung der Unwirksamkeit eines Spruchs ArbGG 81 23; Form des Spruchs BetrVG 76 90; Freistellung von Betriebsratsmitgliedern BetrVG 38 19 ff.; freiwillige BetrVG 76 8; gerichtliche Durchsetzung von Honorar- und sonstigen Kosten BetrVG 76a 34 f.; gerichtliche Überprüfung des Spruchs BetrVG 76 100 ff.; Geschäftsaufwand BetrVG 76a 33; gescheiterte Verhandlungen BetrVG 76 15; Grenzen der Entscheidung BetrVG 76 87 ff.; gütliche Einigung BetrVG 76 69; Honorar bei betriebsangehörigen Beisitzern BetrVG 76a 18 ff.; Honorar bei betriebsfremden Beisitzern BetrVG 76a 21 ff.; Honorar und sonstige Kosten der Bei-

Stichwortverzeichnis

sitzer **BetrVG 76a** 18 ff.; Honorar und sonstige Kosten des Vorsitzenden **BetrVG 76a** 4 ff.; Honorarbemessung betriebsfremde Beisitzer **BetrVG 76a** 21 ff.; Honorarbemessung Gewerkschaftssekretäre und Rechtsanwälte als Beisitzer **BetrVG 76a** 27; Honorarbemessung Vorsitzender **BetrVG 76a** 7 ff.; Honorarregelungen durch Tarifvertrag oder Betriebsvereinbarung **BetrVG 76a** 29 f.; Interessenausgleich **BetrVG 112** 20 ff.; Konstituierung **BetrVG 76** 49 ff.; Kosten **BetrVG 76a** 1 ff.; Kosten der Vertretung des Betriebsrats **BetrVG 76a** 31 f.; Ladung der Beisitzer **BetrVG 76** 52 ff.; Meinungsverschiedenheiten bei Beschwerde von Arbeitnehmern *siehe* „Einigungsstelle bei Beschwerde"; offensichtliche Unzuständigkeit **ArbGG 98** 6; Protokollführung **BetrVG 76** 57; Rechtsfolgen bei Unwirksamkeit **BetrVG 76** 114 f.; Rechtsstellung der Mitglieder **BetrVG 76** 28 ff.; Sachentscheidung **BetrVG 76** 84 f.; Säumnisentscheidung **BetrVG 76** 97 f.; Schadensersatzansprüche **BetrVG 76** 33 f.; Schulungs- und Bildungsveranstaltungen für Betriebsratsmitglieder **BetrVG 37** 41; Schwierigkeit der Streitigkeit **BetrVG 76a** 9; sonstige Entscheidungen **BetrVG 76** 81 ff.; soziale Angelegenheiten **BetrVG 87** 45 ff.; Sozialplan **BetrVG 112** 58 ff.; Sprechstunden **BetrVG 39** 4; kein „Spruch" **BetrVG 76** 79 f.; ständige **BetrVG 76** 5; Überprüfungsfrist **BetrVG 76** 107 f.; Umfang der gerichtlichen Überprüfung **BetrVG 76** 110 ff.; Unternehmens/Konzernebene **BetrVG 76** 12; Unterrichtung des Wirtschaftsausschusses *siehe* „Einigungsstelle (Wirtschaftsausschuss)"; Verdienstausfall bei Honorarbemessung **BetrVG 76a** 10 f.; Verfahrensbevollmächtigte **BetrVG 76** 58; Verfahrensgrundsätze **BetrVG 76** 35 f.; Verfahrensordnung **BetrVG 76** 35 f.; kein vollstreckbarer Titel **BetrVG 76** 94; Vorsitzender **BetrVG 76** 21 f.; Zeitaufwand bei Honorarbemessung **BetrVG 76a** 8; Zeitpunkt der Zuleitung **BetrVG 76** 91; Zuständigkeitsprüfung **BetrVG 76** 59 f.; Zuständigkeitszweifel trotz gerichtlicher Bestellung **ArbGG 98** 11

Einigungsstelle (Wirtschaftsausschuss) BetrVG 109 1 ff.; Auskunfts- oder Vorlageverlangen des Wirtschaftsausschusses **BetrVG 109** 6 f.; Bildung **BetrVG 109** 11; bindender Spruch **BetrVG 109** 14; Durchsetzung des Spruchs **BetrVG 109** 15 ff.; Einigungsversuch zwischen Unternehmer und (Gesamt-)Betriebsrat **BetrVG 109** 8 ff.; Entscheidung **BetrVG 109** 12 f.; Streitigkeiten **BetrVG 109** 18 ff.; Verfahren **BetrVG 109** 13; Voraussetzungen des Verfahrens **BetrVG 109** 4 ff.; Zuständigkeit der Einigungsstelle **BetrVG 109** 5

Einigungsstelle bei Beschwerde BetrVG 85 20 ff.; Benachteiligungsverbot **BetrVG 85** 31; freiwilliges Verfahren **BetrVG 85** 27; Grenzfälle **BetrVG 85** 25; Kompetenz **BetrVG 85** 28 f.; Mitbestimmung **BetrVG 85** 26; Rechtsansprüche **BetrVG 85** 22 ff.; Streitigkeiten **BetrVG 85** 32 ff.; Unterrichtung **BetrVG 85** 30; Zuständigkeit **BetrVG 85** 21 ff.

Einkommensteuer, Abfindungen *siehe* „Einkommensteuer bei Abfindungen"; Berechnung und Abführung **BGB 619a** 86; Fünftelungsregelung *siehe dort*; Karenzentschädigung **HGB 74** 127; Rechtsweg **ArbGG 2** 27; Schadensersatz bei außerordentlicher Kündigung **BGB 628** 80; Sozialplanabfindung **BetrVG 112** 93; Trinkgeld **GewO 107** 73

Einkommensteuer bei Abfindungen EStG 3 Rz, 1 ff., **KSchG 10** 20 f.; Abfindung, Begriff **EStG 3** 39 ff.; Anrufungsauskunft **EStG 3** 72; arbeitgeberseitig veranlasste Auflösung **EStG 3** 31 ff.; Arbeitnehmerbegriff **EStG 3** 24; Auflösung des Dienstverhältnisses **EStG 3** 26 ff.; Aufwendungen **EStG 3** 68; Betriebszugehörigkeitsdauer **EStG 3** 66; Einzelfälle arbeitgeberseitiger Veranlassung **EStG 3** 37; Einzelfälle Auflösung **EStG 3** 29; Einzelfälle von Erfüllungsleistungen **EStG 3** 61; Entstehungsgeschichte **EStG 3** 20 ff.; Erfüllungsleistungen **EStG 3** 55 ff.; Freibetrag **EStG 3** 16 ff.; Freibetrag, Höhe **EStG 3** 63 ff.; Freibetragsnutzung bei Teilzahlungen **EStG 3** 69; Fünftelungsregelung *siehe dort*; gerichtliche Auflösung **EStG 3** 38; Konkurrenzverhältnis der Steuerprivilegien **EStG 3** 12 ff.; Lohnsteuerverfahren **EStG 3** 70 ff.; Nettolohnvereinbarungen **EStG 3** 80; Rechtsgrundlage der Zahlung **EStG 3** 51; Rückzahlung einer Abfindung **EStG 3** 78; Sozialversicherungsbeiträge **EStG 3** 79; Steuerbefreiungen **EStG 3** 4 ff.; Steuerermäßigungen **EStG 3** 9 ff.; steuerfreie Abfindungen **EStG 3** 81; steuerliches Arbeitsverhältnis **EStG 3** 23 ff.; Übergangsgelder **EStG 3** 6; unerhebliche Umstände **EStG 3** 47 ff.; Veranlagung des Arbeitnehmers **EStG 3** 75 ff.; Vervielfältigungsregelung **EStG 3** 11; Weiterbeschäftigung beim bisherigen Arbeitgeber **EStG 3** 29; Zahlungsweise **EStG 3** 53 f.; Zusammenhang Beendigung/Zahlung **EStG 3** 52

Einlassungsfrist ArbGG 47 1 ff.; Abkürzung **ArbGG 47** 9; Anwendungsbereich **ArbGG 47** 3 f.; Berechnung **ArbGG 47** 6 f.; Dauer **ArbGG 47** 5; Nichteinhaltung **ArbGG 47** 10

Einsatzprämie, Entgeltfortzahlung **EFZG 4** 33 ff.

Einspruch bei Versäumnisurteil ArbGG 59 3 ff.; Form **ArbGG 59** 6 f.; Frist **ArbGG 59** 4 f.

Einstellung, Beteiligungsrechte des Sprecherausschusses **SprAuG 31** 2; Mitbestimmungsrecht **BetrVG 99** 17 ff.; Mitbestimmungsrecht, Missachtung **BetrVG 99** 95; sachgrundlose Befristung bei Neu-~ **TzBfG 14** 95 ff.

Einstellungsanspruch, einzelvertraglicher **BGB 611** 53; im öffentlichen Dienst aufgrund Art. 33 Abs. 2 GG **BGB 611** 53; Zwangsvollstreckung **ArbGG 62** 41

Einstellungstests BGB 611 17 ff.

Einstellungsuntersuchungen BGB 611 12 ff.

Einstweilige Verfügung ArbGG 62 46, 64 ff.; allgemeiner Unterlassungsanspruch des Betriebsrats **BetrVG 87** 58; Arbeitskampf **GG 9** 354 ff.; Aufhebung personeller Einzelmaßnahme gemäß § 99 BetrVG **BetrVG 99** 99; keine Auflösung des Betriebsrates **BetrVG 23** 23; Berufungsbeantwortungsfrist **ArbGG 66** 20; im Beschlussverfahren **ArbGG 85** 7 ff.; gegenüber Betriebsrat **ArbGG 85** 12; betriebsverfassungsrechtlicher Weiterbeschäftigungsanspruch **BetrVG 102** 91; Einzelfälle **ArbGG 62** 74 ff.; Entbindung von der Weiterbeschäftigungspflicht des Auszubildenden **BetrVG 78a** 79; Entscheidung im Beschlussverfahren **ArbGG 85** 15; Gerichtsgebühren **ArbGG 12** 5; Güteverhandlung **ArbGG 54** 14; Mitbestimmungsrecht, Sicherung **ArbGG 85** 10; nachvertragliches Wettbewerbsverbot **HGB 74** 115; neue Tatsachen **ArbGG 56** 74; Rechtswegzuständigkeit **ArbGG 2** 11; Regelungsverfügung **ArbGG 62** 67 ff.; keine Revisionsbeschwerde **ArbGG 77** 3; Sicherungsverfügung **ArbGG 62** 26; Streitwert **ArbGG 12** 26; Teilzeitanspruch **TzBfG 8** 50 ff.; Teilzeitbeschäftigung bei Elternzeit **BErzGG 15** 29; Übernahmerecht des Auszubildenden **BetrVG 78a** 79; Unterrichtungs- und Beratungsrecht vor Betriebsänderungen **ArbGG 85** 11; Urlaubsanspruch **BUrlG 7** 61 ff.; Verfahren **ArbGG 62** 73; Verlängerung der Arbeitszeit bei Teilzeitarbeit **TzBfG 9** 13; Zuständigkeit **ArbGG 48** 8 f.

Eintagsarbeitsverhältnis, Feiertage, Entgeltzahlung **EFZG 2** 9

Elektronische Dokumente ArbGG 46b 1 ff.; Dokumente **ArbGG 46b** 8; Eingang bei Gericht **ArbGG 46b** 12; rechtliche Voraussetzungen **ArbGG 46b** 5 f.; Signatur **ArbGG 46b** 9 f.; technische Voraussetzungen **ArbGG 46b** 7; Übermittlung **ArbGG 46b** 11; Voraussetzungen **ArbGG 46b** 4 ff.

Elternzeit BErzGG Vor 15-21 1 ff.; Ablehnung des Teilzeitanspruchs **BErzGG 15** 17 ff.; Änderung der Anspruchsberechtigung **BErzGG 16** 13; Anspruch auf Teilzeitarbeit **BErzGG 15** 12, 14 ff.; anspruchsberechtigter Personenkreis **BErzGG 15** 1 f.; Arbeitgeberwechsel **BErzGG 15** 6; Arbeitsentgelt und Sonderleistun-

Stichwortverzeichnis

gen **BErzGG Vor 15-21** 4 ff.; Auswirkungen auf arbeitsrechtliche Stellung **BErzGG Vor 15-21** 3 ff.; befristeter Arbeitsvertrag zur Vertretung **BErzGG 21** Rz 1 ff.; zur Berufsbildung Beschäftigte **BErzGG 20** 1 ff.; Bescheinigung **BErzGG 16** 7; betriebsverfassungsrechtliche Stellung **BErzGG Vor 15-21** 11; Dauer **BErzGG 15** 3; einstweilige Verfügung hinsichtlich Teilzeitarbeit **BErzGG 15** 29; Entgeltfortzahlung im Krankheitsfall **EFZG 3** 23; Erklärung **BErzGG 16** 1 ff.; Erklärungsfrist **BErzGG 16** 2 ff.; Erwerbstätigkeit während ~ **BErzGG 15** 9 ff.; Heimarbeiter **BErzGG 20** 4; Inanspruchnahme **BErzGG 15** 8, **BErzGG 16** 1 ff.; Kündigungsfrist bei Eigenkündigung **BErzGG 19** 1 ff.; Mehrlingsgeburten **BErzGG 15** 3 f.; Mitbestimmung **BErzGG 15** 24; nachträgliche Veränderung **BErzGG 16** 8 ff.; Resturlaub **BErzGG 17** 6 ff.; selbständige Tätigkeit **BErzGG 15** 10; Sonderkündigungsschutz *siehe* „Sonderkündigungsschutz bei Elternzeit"; sozialversicherungsrechtliche Stellung **BErzGG Vor 15-21** 12 ff.; Streitigkeiten hinsichtlich Teilzeitarbeit **BErzGG 15** 26 ff.; Teilzeitarbeit beim gleichen Arbeitgeber **BErzGG 15** 11; Teilzeitarbeit bei fremdem Arbeitgeber **BErzGG 15** 10; Tod des Kindes **BErzGG 16** 12; Übertragung **BErzGG 15** 3 ff.; Unabdingbarkeit des Anspruchs **BErzGG 15** 7; Urlaub, Kürzung **BErzGG 17** 1 ff.; Urlaubsabgeltung **BErzGG 17** 9 f.; Urlaub, zu viel gewährter **BErzGG 17** 11 f.; Verteilung der Teilzeitarbeit **BErzGG 15** 23; Zeitabschnitte **BErzGG 16** 6

E-Mail, Berufung **ArbGG 64** 28; Betriebsrat **BetrVG 40** 36

Entbindung von der Weiterbeschäftigungspflicht BetrVG 78a 38 ff.; antragsablehnende Entscheidung **BetrVG 78a** 47; antragsstattgebende Entscheidung **BetrVG 78a** 46; Ausschlussfrist **BetrVG 78a** 51 f.; Beschlussverfahren **ArbGG 2a** 10; Darlegungs- und Beweislast **BetrVG 78a** 72; dringende betriebliche Gründe **BetrVG 78a** 65 ff.; einstweiliger Rechtsschutz **BetrVG 78a** 79; Feststellungsantrag **BetrVG 78a** 49 ff.; freier Arbeitsplatz **BetrVG 78a** 66 f.; geänderte Arbeitsbedingungen **BetrVG 78a** 69 f.; personenbedingte Gründe **BetrVG 78a** 64; Unternehmen **BetrVG 78a** 71; Unzumutbarkeit der Weiterbeschäftigung **BetrVG 78a** 60 ff.; wirksames Weiterbeschäftigungsverlangen **BetrVG 78a** 57 ff.

Entfernung betriebsstörender Arbeitnehmer BetrVG 104 1 ff.; Arbeitnehmer **BetrVG 104** 1; Beschlussverfahren **BetrVG 104** 11; Durchsetzung des Entfernungsverlangens **BetrVG 104** 11 ff.; Entfernungsverlangen **BetrVG 104** 6 ff.; Entscheidung des ArbG **BetrVG 104** 12; gesetzwidriges Verhalten **BetrVG 104** 2; grobe Verletzung der Grundsätze des § 75 **BetrVG 104** 3; rassistische und fremdenfeindliche Betätigungen **BetrVG 104** 4; Reaktion des Arbeitgebers **BetrVG 104** 9 f.; störendes Verhalten **BetrVG 104** 2 ff.; Störung des Betriebsfriedens **BetrVG 104** 5; Zwangsgeld **BetrVG 104** 13

Entfristungsklage TzBfG 17 1 ff.; Antrag **TzBfG 17** 8 f.; Antrag auf nachträgliche Zulassung **TzBfG 17** 10; Darlegungs- und Beweislast **TzBfG 17** 17 ff.; Fortsetzung des Arbeitsverhältnisses über Beendigungstermin hinaus **TzBfG 17** 13; Klagefrist **TzBfG 17** 4 ff.; prozessuales **TzBfG 17** 14 ff.; Versäumung der Klagefrist **TzBfG 17** 10 ff.; vorläufige Weiterbeschäftigung **TzBfG 17** 16

Entgeltfortzahlung an Feiertagen EFZG 2 1 ff.; Abrufarbeit **TzBfG 12** 26; Anspruchsberechtigung **EFZG 2** 5 ff.; Arbeitsausfall infolge des Feiertages **EFZG 2** 19 ff.; Arbeitskampf **EFZG 2** 28; Arbeitstage vor/nach dem Feiertag **EFZG 2** 58 f.; Arbeitsunfähigkeit **EFZG 2** 22, **EFZG 4** 56; Auseinanderfallen von Arbeitsort und Wohnsitz **EFZG 2** 15 ff.; Beschäftigungsverbote an *gesetzlichen Feiertagen* **EFZG 2** 10 ff.; Darlegungs- und Beweislast bei „Arbeitsbummelei" **EFZG 2** 76; Entgeltfortzahlung im Krankheitsfall **EFZG 3** 24; Feiertage **EFZG 2** 12 ff.; Fernbleiben von der Arbeit **EFZG 2** 60 ff.; fortzuzahlendes Arbeitsentgelt **EFZG 2** 33 ff.; Kurzarbeit **EFZG 2** 25, 50 ff.; Monatsgehalt **EFZG 2** 35; pauschalierte **EFZG 2** 49; Schichtarbeit **EFZG 2** 26 f.; Sonderurlaub **EFZG 2** 24; Streik **GG 9** 200; teilweises Fernbleiben von der Arbeit **EFZG 2** 64 ff.; unentschuldigtes Fernbleiben von der Arbeit **EFZG 2** 55 ff., 68 ff.; Urlaub **EFZG 2** 23; variable Arbeitszeiten **EFZG 2** 29; variable Vergütungen **EFZG 2** 36 ff.; Vor- und Nachholen der Feiertagsarbeit **EFZG 2** 31; witterungsbedingter Arbeitsausfall **EFZG 2** 30; Zweck der Bestimmung **EFZG 2** 1 f.

Entgeltfortzahlung im Krankheitsfall, Abrufarbeit **TzBfG 12** 26; Abweichungen zu Ungunsten des Arbeitnehmers **EFZG 12** 15 ff.; Annahmeverzug des Arbeitgebers **EFZG 3** 14; Anspruchsberechtigte **EFZG 3** 3; Arbeitsausfall aus anderen Gründen **EFZG 3** 13 ff.; Arbeitsentgelt **EFZG 4** 28; Arbeitsentgeltformen, zu berücksichtigende **EFZG 4** 30 ff.; Arbeitserlaubnis, fehlende **EFZG 3** 21; Arbeitskampf **EFZG 3** 15 f.; Arbeitsunfähigkeit *siehe dort*; Arbeitsunwilligkeit **EFZG 3** 17; Aufwendungsersatz **EFZG 4** 29; Auszubildende **BBiG 12** 9 ff.; Beendigung des Arbeitsverhältnisses *siehe* „Entgeltfortzahlung und Beendigung des Arbeitsverhältnisses"; Beginn **EFZG 3** 83 ff.; Bemessungsgrundlage, abweichende aufgrund Tarifvertrag **EFZG 4** 64 f.; Berechnungsgrundlage, abweichende aufgrund Tarifvertrag **EFZG 4** 66 f.; Beschäftigungsverbote **EFZG 3** 18 ff.; Darlegungs- und Beweislast **EFZG 3** 81, 110; Darlegungs- und Beweislast bei Fortsetzungserkrankung **EFZG 3** 132; Darlegungs- und Beweislast hinsichtlich Zeitfaktor **EFZG 4** 26; Dauer **EFZG 3** 90 ff.; Elternzeit **EFZG 3** 23; Ende **EFZG 3** 88 ff.; endgültiges Leistungsverweigerungsrecht **EFZG 7** 16 ff.; Entgeltfortzahlung an Feiertagen **EFZG 3** 24; Entgeltfortzahlungsgesetz *siehe dort*; erneuter Anspruch nach sechs Monaten **EFZG 3** 115 ff.; erneuter Anspruch nach zwölf Monaten **EFZG 3** 125 ff.; Forderungsübergang bei Dritthaftung (EFZG) *siehe dort*; Freistellung, bezahlte **EFZG 3** 22; Geldfaktor **EFZG 4** 6, 27 f.; gesundheitswidriges und heilungswidriges Verhalten **EFZG 3** 79; gleichbleibende Arbeitszeit **EFZG 4** 9; Gleichstellungsabrede **EFZG 4** 68 f.; Höhe **EFZG 4** 1 ff.; Kausalität **EFZG 3** 11 ff.; Kurzarbeit **EFZG 3** 25, 4 57 f.; Kürzung von Sondervergütungen *siehe dort*; leistungsabhängiges Entgelt **EFZG 4** 44 ff.; Leistungsverweigerungsrecht des Arbeitgebers **EFZG 7** 1 ff.; Lohngleichheit Frau/Mann **BGB 612** 70; Mitverschulden des Arbeitgebers **EFZG 3** 60; Mitverschulden Dritter **EFZG 3** 59; modifiziertes Entgeltausfallprinzip **EFZG 4** 4 f.; mutterschutzrechtliches Verbot **EFZG 3** 19; Nebentätigkeit **EFZG 3** 80; Nichtvorlage des Sozialversicherungsausweises **EFZG 7** 15; Normzweck und -entstehung **EFZG 3** 1; Organspende **EFZG 3** 75; Rechtsmissbrauch **EFZG 3** 10; Rechtsnatur des Anspruchs **EFZG 3** 5 f.; regelmäßige Arbeitszeit **EFZG 4** 8; ruhendes Arbeitsverhältnis **EFZG 3** 26; Schichtarbeit **EFZG 4** 13; Schulungsteilnahme **EFZG 3** 27; Schwangerschaftsabbruch **EFZG 3** 133, 135 ff.; Sportunfall **EFZG 3** 69 f.; Sterilisation **EFZG 3** 133 f.; Streik **GG 9** 197 ff.; Suchterkrankungen **EFZG 3** 71 ff.; Suizidversuch **EFZG 3** 76; tarifvertragliche Abweichungen **EFZG 4** 60 ff.; Tätlichkeit, Schlägerei **EFZG 3** 77 f.; Tatsachenvergleiche **EFZG 12** 13 f.; tatsächliche Arbeitsaufnahme **EFZG 3** 94; Überstunden **EFZG 4** 20 f.; Umlageverfahren *siehe dort*; Unfälle **EFZG 3** 62 ff.; Unverschulden **EFZG 3** 56 ff.; Urlaub **EFZG 3** 28 f.; Verschulden **EFZG 3** 57 ff.; Verzicht auf entstandene und fällige Ansprüche **EFZG 12** 10 ff.; vorläufiges Leistungsverweigerungsrecht bei Auslandserkrankung **EFZG 7** 11 f.; vorläufiges Leistungsverweigerungsrecht bei Inlandserkrankung **EFZG 7** 7 ff.; Wartezeit **EFZG 3** 138 ff.; wechselnde Arbeitszeiten **EFZG 4** 14 ff.; wiederholte Arbeitsunfähigkeit infolge derselben Krankheit **EFZG 3** 111 ff.; witterungsbedingter Arbeitsausfall **EFZG** 3 32; Zeitfaktor **EFZG** 4 6 ff.; Zuschuss zum Krankengeld **EFZG** 4 54 f.; *siehe auch* „Maßnahme der medizinischen Vorsorge oder Rehabilitation"

Entgeltfortzahlung und Beendigung des Arbeitsverhältnisses, Anfechtung des Arbeitsvertrages **EFZG** 8 13; Anlasskündigung **EFZG** 8 6 ff.; Anspruchsdauer bei Anlasskündigung **EFZG** 8 23 f.; Aufhebungsvertrag **EFZG** 8 11 f.; Auflösungsantrag **EFZG** 8 14; Darlegungs- und Beweislast bei Anlasskündigung **EFZG** 8 25 f.; Eigenkündigung **EFZG** 8 27 ff.; Ende der Entgeltfortzahlung wegen Beendigung des Arbeitsverhältnisses **EFZG** 8 33 ff.; Entgeltfortzahlung trotz Beendigung des Arbeitsverhältnisses **EFZG** 8 5 ff.; Kündigungsmotiv: Arbeitsunfähigkeit **EFZG** 8 15 ff.; Normzweck- und entstehung **EFZG** 8 1 f.; subjektiver Beweggrund **EFZG** 8 20 ff.

Entgeltfortzahlungsgesetz, Arbeitnehmer **EFZG** 1 8 f.; Entstehung und Ziele **EFZG** 1 1 ff.; Feiertag **EFZG** 1 7; Krankheitsfall **EFZG** 1 6; persönliche Unanwendbarkeit **EFZG** 1 13 f.; persönlicher Anwendungsbereich **EFZG** 1 8; räumlicher Geltungsbereich **EFZG** 1 16 ff.; Übergangsvorschriften **EFZG** 13 1 f.; Unabdingbarkeit **EFZG** 12 1 f.; Zweck **EFZG** 1 4 ff.

Entgeltgleichheit (BGB) BGB 612 48 ff.; Anwendungsbereich **BGB** 612 54 ff.; Benachteiligung durch das Geschlecht **BGB** 612 71 ff.; Darlegungs- und Beweislast bei mittelbarer Diskriminierung **BGB** 612 86; Einzelfälle **BGB** 612 66 ff.; Entlohnung nach Marktlage **BGB** 612 76; gleiche Arbeit **BGB** 612 59; gleichwertige Arbeit **BGB** 612 60 f.; mittelbare Diskriminierung **BGB** 612 74 ff.; Rechtfertigung für mittelbare Diskriminierung **BGB** 612 77 f.; Rechtsfolge **BGB** 612 81 ff.; Vereinbarung **BGB** 612 62 ff.; Vergütung **BGB** 612 65; verwandte Vorschriften **BGB** 612 48 ff.

Entgeltgleichheit (EG) EGV 141 1 ff., **GG** 3 93; Berechtigte **EGV** 141 5; betriebliche Altersversorgung **BetrAVG** 2 27 f., **EGV** 141 11 ff., 34 f.; Beweislast **EGV** 141 28; Diskriminierung **EGV** 141 22 ff.; gesetzliche Rentenversicherung **EGV** 141 10; gleiche/gleichwertige Arbeit **EGV** 141 16 ff.; nationales Recht **EGV** 141 3; Normzweck **EGV** 141 1; Rechtsfolgen eines Verstoßes **EGV** 141 29 ff.; Rückwirkung **EGV** 141 33 f.; sachlicher Anwendungsbereich **EGV** 141 8 ff.; Sekundärrecht **EGV** 141 2; und Tarifautonomie **GG** 9 133; unmittelbare Wirkung **EGV** 141 4; Verpflichtete **EGV** 141 6

Entgeltgleichheit (GG) GG 3 107 f.

Entgeltumwandlung BetrAVG 1 7 f., **BetrAVG** 1a 1 ff., **BetrAVG** 1b 34 f.; Abfindung **BetrAVG** 3 8; Arbeitgeberwechsel **BetrAVG** 4 12; Ausschluss des Anspruchs **BetrAVG** 1a 10 f.; Durchführung **BetrAVG** 1a 4 ff.; historische Entwicklung **BetrAVG** 1a 1 f.; Insolvenzschutz nach dem 31.12.1998 **BetrAVG** 30b 1; Insolvenzsicherung **BetrAVG** 7 24; steuerliche Förderung **BetrAVG** 1a 12 f.; nach Tarifvertrag **BetrAVG** 17 27 f.; Unverfallbarkeit **BetrAVG** 2 44; Zusagen nach dem 31.12.2002 **BetrAVG** 30e 2

Entreicherungseinwand, Vergütungsüberzahlung **BGB** 611 159 ff.

Entschädigung gemäß § 61 Abs. 2 ArbGG BGB 628 88 ff.; Antrag **ArbGG** 61 23 f.; Festsetzung **ArbGG** 61 23 ff., 29; Festsetzung der Erfüllungsfrist **ArbGG** 61 28; Teilurteil **ArbGG** 61 30; Zwangsvollstreckung **ArbGG** 61 31 ff.

Entwicklungshelfer, Rechtswegzuständigkeit **ArbGG** 2 108

Erfindung/technischer Verbesserungsvorschlag, Erfinderverfügung **ArbGG** 2 118 ff.; Leiharbeitsvertrag **AÜG** 11 33; Rechtswegzuständigkeit **ArbGG** 2 118 ff.; Vergütung für technische Verbesserungsvorschläge **ArbGG** 2 124

Erfüllungsgehilfe, Zurechnung **BGB** 619a 69

Erhaltungsarbeiten, Arbeitskampf **GG** 9 290 f., 293 f.

Erinnerung ArbGG 78 5

Erledigung der Hauptsache, Güteverhandlung **ArbGG** 54 38; Revisionsinstanz **ArbGG** 75 26 f.

Erledigung des Beschlussverfahrens ArbGG 83a 7 ff.; allseitige Zustimmung **ArbGG** 83a 8; Einstellung des Verfahrens **ArbGG** 83a 10; Zustimmungsverweigerung eines Beteiligten **ArbGG** 83a 9

Ermittlungsverfahren, Frage des Arbeitgebers **BGB** 123 13

Ersatzdienst, Frage des Arbeitgebers nach künftigem ~ **BGB** 123 27

Ersatzmitglieder BetrVG 14 14; Amtsenthebung **BetrVG** 23 11; Ausscheiden **BetrVG** 25 3; Beginn des besonderen Kündigungsschutzes **KSchG** 15 48 ff.; besonderer Kündigungsschutz **BetrVG** 103 8, **KSchG** 15 18 ff.; Betriebsrat **BetrVG** 25 1 f.; Ende des besonderen Kündigungsschutzes **KSchG** 15 54 f.; Gesamtbetriebsrat **BetrVG** 47 17, 51 8; Gesamt-Jugend- und Auszubildendenvertretung **BetrVG** 72 16 ff., 73 9; Jugend- und Auszubildendenvertretung **BetrVG** 65 10 ff.; Konzernbetriebsrat **BetrVG** 55 3; Konzern-Jugend- und Auszubildendenvertretung **BetrVG** 73b 6; Kündigungs- und Versetzungsschutz **BetrVG** 25 12; Nachrückverfahren **BetrVG** 25 8 ff.; nachwirkender besonderer Kündigungsschutz **KSchG** 15 80 ff.; nachwirkender Kündigungsschutz **BetrVG** 25 13; rechtliche Verhinderung **BetrVG** 25 6 f.; Rechtsstellung **BetrVG** 25 11 ff.; Reihenfolge **BetrVG** 25 9; Schulungs- und Bildungsveranstaltungen **BetrVG** 25 14; Stellvertretung **BetrVG** 25 4 ff.; Streitigkeiten **BetrVG** 25 15; tatsächliche Verhinderung **BetrVG** 25 5; Übernahmerecht des Auszubildenden **BetrVG** 78a 9

Erwerbsminderungsrente, betriebliche Altersversorgung **BetrAVG** Vorb. 40 ff.

Erwerbsunfähigkeit, auflösende Bedingung **TzBfG** 14 74 f.; personenbedingter Kündigungsgrund **KSchG** 1 129; Urlaubsabgeltung **BUrlG** 7 107

Et-et-Fall ArbGG 2 29 f., 48 25, 30

EuGH, Vorabentscheidungsverfahren (EuGH) *siehe dort*

Europäische Aktiengesellschaft, Unternehmensmitbestimmung **MitbestG** 1 5 f.

Europäische Betriebsräte EBRG 45 1 ff.; bis 21.9.1996 geschlossene Vereinbarungen **EBRG** 45 74 ff.; Arbeitnehmer **EBRG** 45 6; Arbeitnehmermitwirkung **EBRG** 45 6; Auskunftsanspruch Arbeitnehmerzahl **EBRG** 45 16 ff.; Beschlussverfahren **ArbGG** 2a 20; Betriebsübergang **BGB** 613a 294; bisherige Vereinbarungen **EBRG** 45 2; dreistufiges Regelungssystem **EBRG** 45 2; einzelnes Unternehmen mit mindestens 1000 Beschäftigten **EBRG** 45 13; kraft Gesetzes *siehe* „Europäische Betriebsräte kraft Gesetzes"; grenzüberschreitende Tätigkeit **EBRG** 45 12; Richtlinie **EBRG** 45 1; territorialer Geltungsbereich **EBRG** 45 11; Übergangstatbestand **EBRG** 45 74 ff.; Unternehmen **EBRG** 45 7; Unternehmensgruppe **EBRG** 45 7; Unternehmensgruppe mit mindestens 1000 Beschäftigten **EBRG** 45 14; Unterrichtung und Anhörung **EBRG** 45 5; Unterrichtung und Anhörung gemäß § 19 EBRG **EBRG** 45 49; kraft Vereinbarung *siehe* „Europäische Betriebsräte kraft Vereinbarung"; zentrale Leitung **EBRG** 45 8 f.

Europäische Betriebsräte kraft Gesetzes EBRG 45 2, 50 ff.; Änderung der Zusammensetzung **EBRG** 45 69; Auffangtatbestand **EBRG** 45 50; außergewöhnliche Umstände **EBRG** 45 64; Beginn und Ende der Mitgliedschaft **EBRG** 45 58 f.; Beschlüsse **EBRG** 45 55; Dauer der Mitgliedschaft **EBRG** 45 59; Durchsetzung der Unterrichtungs- und Anhörungsrechte **EBRG** 45 65 f.; Ende durch Schaffung eines EBR kraft Vereinbarung **EBRG** 45 71; Ende wegen Wegfalls der gesetzlichen Grundlagen **EBRG** 45 70; Entstehungsvarianten **EBRG** 45 51; Gegenstand der Unterrichtung und Anhörung

Stichwortverzeichnis

EBRG 45 63 f.; Geschäftsführung EBRG 45 53 ff.; Geschäftsordnung EBRG 45 56; Konstituierung EBRG 45 53; rechtspolitische Bewertung EBRG 45 3; Sachverständige EBRG 45 57; Sitzungen EBRG 45 54; Tendenzunternehmen EBRG 45 68; Unterrichtung der örtlichen Arbeitnehmer/Arbeitnehmervertreter EBRG 45 67; Unterrichtungs- und Anhörungsrechte EBRG 45 61 ff.; Zusammensetzung EBRG 45 52; *siehe auch* „Europäische Betriebsräte"

Europäische Betriebsräte kraft Vereinbarung EBRG 45 2, 20 ff.; Beginn und Ende der Mitgliedschaft EBRG 45 38; Besonderes Verhandlungsgremium *siehe dort*; Durchsetzung der Unterrichtungs- und Anhörungsrechte EBRG 45 45; Ende der Vereinbarung EBRG 45 47; fristlose Kündigung der Vereinbarung EBRG 45 48; Grundsatz der Gestaltungsfreiheit EBRG 45 33; Inhalt der Vereinbarung über die Errichtung EBRG 45 33 ff.; offene Auslegungsfragen/Regelungslücken EBRG 45 34; organisatorische Regelungen EBRG 45 36; rechtswidrige Vereinbarung EBRG 45 35; Regeltatbestand EBRG 45 20; Schutzvorschriften EBRG 45 46; Unterrichtungs- und Anhörungsrechte EBRG 45 41 ff.; Verschwiegenheit EBRG 45 40; *siehe auch* „Europäische Betriebsräte"

Europäisches Arbeitsrecht BGB Vorb. 135 ff., EGV Vorb. 1 ff.; Altersgrenzen TzBfG 14 69; Arbeitnehmer-Entsendegesetz AEntG Vorb. 6 ff.; Arbeitskampf GG 9 153 ff., 359 ff.; Arbeitsvölkerrecht EGV Vorb. 2 f.; Beitrittsländer EGV Vorb. 6; Bereitschaftsdienst ArbZG 2 6; Beteiligung der Arbeitnehmer in wirtschaftlichen Angelegenheiten BetrVG 106 6; EG-Grundfreiheiten und Arbeitskampf GG 9 359 f.; Einzelregelungen BGB Vorb. 138 ff.; Europäische Betriebsräte *siehe dort*; Europäische Sozialcharta und Arbeitskampf GG 9 261 f.; Freizügigkeit der Arbeitnehmer *siehe dort*; gerichtliche Durchsetzung EGV Vorb. 10 f.; gleiches Entgelt für Männer und Frauen BGB 612 49 ff.; internationaler Tarifvertrag, Arbeitskampf GG 9 364 f.; Kollision EGV Vorb. 27 ff.; Mitbestimmungsrecht EBRG 45 4; Nachweis-Richtlinie NachwG Vorb. 7 ff.; primäres Gemeinschaftsrecht EGV Vorb. 7 ff.; Richtlinien EGV Vorb. 3 ff.; sekundäres Gemeinschaftsrecht EGV Vorb. 9 ff.; sexuelle Belästigung BeschSchG 2 17 f.; Tarifverträge TVG Einl. 14; Verordnungen EGV Vorb. 11 f.; völkerrechtliche Verträge EGV Vorb. 24 f.; Vorrang EGV Vorb. 27 ff.

Fachausschüsse, Aufgaben BetrVG 28 6 f.; Aufgaben zur selbständigen Erledigung BetrVG 28 7; Betriebsrat BetrVG 28 1 ff.; Errichtung BetrVG 28 2 f.; Inhalt und Zweck BetrVG 28 1; Stellung BetrVG 28 5; Streitigkeiten BetrVG 28 12; Wahl BetrVG 28 4

Fahrerlaubnisentziehung/Fahrverbot, außerordentliche Kündigung BGB 626 242 ff.; personenbedingter Kündigungsgrund KSchG 1 130

Fahrtkosten, Aufwendungsersatz BGB 611 273; Betriebsversammlung BetrVG 44 30 ff.

Faktisches Arbeitsverhältnis, Leiharbeitsvertrag AÜG 9 9 f.

Fälligkeit der Vergütung BGB 614 1 ff., HGB 64 1 ff.; Abdingbarkeit BGB 614 5 f.; arbeitsrechtliche Sonderregeln BGB 614 7 ff.; Formulararbeitsvertrag BGB Anhang zu 305-310 13; Urlaubsentgelt BUrlG 11 54 f.; Zahlungszeit BGB 614 3 f.

Familiäre Mitarbeit, Arbeitnehmer ArbGG 5 22; Arbeitnehmerbegriff BetrVG 5 21, 44; Beschäftigungsverhältnis SGB IV 7 16 ff.; kein privatrechtlicher Vertrag BGB Vorb. 33 f.

Familiäre Verhältnisse, Frage des Arbeitgebers BGB 123 18; personenbedingter Kündigungsgrund KSchG 1 157

Fehlgeschlagene Vergütungserwartung, Anwendung von § 612 Abs. 1 BGB BGB 612 11 ff.; Ausbleiben einer nachträglichen Vergütungsvereinbarung BGB 612 16; Fehlen einer Vergütungsvereinbarung BGB 612 17 ff.

Fehlzeiten, krankheitsbedingte BGB 612a 26 f.; Kürzung von Sonderzahlungen BGB 611 102 ff., 612a 25 ff.; streikbedingte BGB 611 105; Tantieme BGB 611 122, 124; verhaltensbedingter Kündigungsgrund bei unentschuldigten ~ KSchG 1 251

Feiertage EFZG 2 12 ff.; Entgeltfortzahlung an Feiertagen *siehe dort*; Heimarbeiter EFZG 11 1 ff.

Feiertagsarbeit *siehe* „Sonn- und Feiertagsarbeit"

Fernauslösung BGB 611 150 ff.

Feststellungsklage ArbGG 46 13 ff.; (Nicht)Bestehen eines Rechtsverhältnisses ArbGG 46 15 ff.; außerordentliche Kündigung BGB 626 460 f.; besondere Prozessvoraussetzungen ArbGG 46 14; Feststellungsinteresse ArbGG 46 18 f.; Kündigungsschutzklage KSchG 4 10 f., 49; schiedsgerichtliches Verfahren ArbGG 104 5; Urlaubsanspruch BUrlG 7 60

Finanzgerichtsbarkeit, Rechtsweg, Abgrenzung ArbGG 2 27

Firmenfahrzeug *siehe* „Dienstwagen"

Firmentarifvertrag TVG 1 7; Arbeitgeber TVG 3 14; Aussperrung GG 9 231 f.; Berufsfreiheit GG 12 29; Streik GG 9 189; Tarifzuständigkeit TVG 2 35; Umwandlung TVG 3 47

Fluglizenz, personenbedingter Kündigungsgrund KSchG 1 131

Förderung eines Geschlechts BGB 611a 45 ff., GG 3 116 ff.; und § 611a BGB BGB 611a 51; EG-Recht BGB 611a 46 ff.; positive Diskriminierung – EG EGV 141 54 f.; Quotenregelungen GG 3 117 ff.; umgekehrte Diskriminierung BGB 611a 45

Forderungsübergang bei Dritthaftung (EFZG) EFZG 6 1 ff.; Arbeitskollegen EFZG 6 13; Auskunftspflicht des Arbeitnehmers EFZG 6 20; Dritter als Schädiger EFZG 6 9 ff.; Familienangehörige EFZG 6 10 ff.; gesetzlicher Schadensersatzanspruch wegen des Verdienstausfalls EFZG 6 4 ff.; konkurrierende Forderungsübergänge EFZG 6 23 f.; Maßnahmen der medizinischen Vorsorge und Rehabilitation EFZG 9 36; Nachteilsverbot EFZG 6 21 f.; Normzweck EFZG 6 2; Umfang EFZG 6 14 ff.; Zeitpunkt EFZG 6 19

Forderungsübergang bei Dritthaftung (SGB X) SGB X 116 1 ff.; Auskunftsanspruch SGB X 116 39; Befriedigungsvorrecht SGB X 116 62 ff.; Beitragsregress SGB X 116 43 ff.; Einziehung der Bundesagentur für Arbeit SGB X 116 100; Einziehungsermächtigung bei Sozialhilfeanspruch SGB X 116 38; Familienprivileg SGB X 116 71 ff.; fehlender Antrag SGB X 116 33; Geltungsbereich SGB X 116 1 f.; gesetzliche Änderungen des Sozialleistungsanspruchs SGB X 116 34; gesetzliche Schadensersatzansprüche SGB X 116 7 ff.; gesetzlicher Anspruchsübergang SGB X 116 27; grenzüberschreitende Sachverhalte SGB X 116 101 f.; Kongruenz von Schadensersatz- und Leistungsgegenstand SGB X 116 11 ff.; Leistungsverpflichtung des Trägers SGB X 116 2; Mitverschulden/Mitverantwortung SGB X 116 53 ff.; Möglichkeit eines (künftigen) Sozialleistungsanspruchs SGB X 116 30 ff.; neuer Gläubiger SGB X 116 6; pauschalierter Mindestersatz SGB X 116 88 ff.; Pauschalierungsvereinbarungen SGB X 116 95 ff.; personelle Kongruenz SGB X 116 12; Quotenvorrecht bei fehlender Mehrbelastung des Trägers SGB X 116 66 ff.; Quotenvorrecht bei gesetzlicher Anspruchsbegrenzung SGB X 116 50 f.; Regress bei Ersatzleistung an den Geschädigten SGB X 116 49; sachliche Kongruenz SGB X 116 13 f.; Schadensersatzanspruch dem Grunde nach SGB X 116 29; Schadensersatzansprüche SGB X 116 7 ff.; Schadensersatzumfang, sozialrechtliche Sonderregeln SGB X 116 9; Sozialleistungsansprüche SGB X 116 10; Umfang SGB X 116 25 f.; unfallversicherungsrechtliche Haftungsbeschränkungen SGB X 116 4; unter auflösender Bedingung SGB X 116 31; Verfügungen über den Schadensersatzanspruch SGB X 116 35 ff.; Verjährung SGB X 116 40 f.; Verzicht SGB X 116 33; weitere Schädiger und Haftungsbeschränkung gemäß § 104 SGB VII SGB VII 104 9; zeitliche Kongruenz SGB X 116 24; Zeitpunkt SGB X 116 28 ff.; Zuständigkeit SGB X 116 42

Formulararbeitsvertrag BGB 611 417 ff.; Abweichung von der gesetzlichen Regelung BGB 307 15 f.; Altersgrenze BGB 305c 5; Altverträge BGB 310 16 f.; Änderungsvorbehalte BGB 308 3, KSchG 2 15; Annahme- und Leistungsfrist BGB 308 2; Arbeitnehmerhaftung BGB Anhang zu 305-310 1 f.; Arbeitsverträge und §§ 305 ff. BGB BGB 310 14 ff.; Arbeitsverträge als Verbraucherverträge BGB 310 1 ff.; Aufhebungsverträge BGB Anhang zu 305-310 3 f.; Aufrechnungsverbot BGB 309 4; Ausgleichsquittung BGB 305c 5, BGB Anhang zu 305-310 27 f.; Ausschlussfristen BGB 305c 5, BGB Anhang zu 305-310 7 f.; Begleitumstände bei Vertragsschluss BGB 310 11 f.; Berufsfreiheit GG 12 68 f.; Besonderheiten des Arbeitsrechts BGB 310 23 ff.; Beurteilungszeitpunkt BGB 307 2; Beweislastveränderungen BGB 309 14; Bezugnahmeklauseln auf Tarifverträge BGB 305c 5, BGB 307 12 f.; Checkliste BGB Vorb. vor 305-310 1; Darlegungs- und Beweislast BGB 305 14, BGB 307 23; Darlegungs- und Beweislast bei Individualabreden BGB 305b 4 f.; Dienstwagenregelungen BGB Anhang zu 305-310 11; Einbeziehung BGB 305 10 ff.; einmalige Verwendung BGB 310 8 ff.; einzelne Klauseln BGB 611 419 ff.; Empfangsbekenntnisse BGB 309 16; Entgeltrisiko BGB Anhang zu 305-310 14; Erklärungsfiktion BGB 308 4 ff.; Fälligkeitsklauseln BGB Anhang zu 305-310 13; Form von Anzeigen und Erklärungen BGB 309 17 ff.; Gefährdung des Vertragszwecks BGB 307 17; geltungserhaltende Reduktion BGB 306 4 f.; Generalklausel BGB 307 1; genereller Prüfungsmaßstab BGB 307 3; gesetzeswiederholende Klauseln BGB 307 9 f.; Gleichstellung von Tarifverträgen, Betriebs-, Dienstvereinbarungen BGB 310 26; Haftungsausschluss nach § 309 Nr. 7 BGB BGB 309 10 ff.; Individualabreden BGB 305 8 ff.; Individualabreden, Vorrang BGB 305b 1 ff.; Klauselverbote mit Wertungsmöglichkeit BGB 308 1 ff.; Klauselverbote ohne Wertungsmöglichkeit BGB 309 1 ff.; Leistungsbeschreibungen und Preisvereinbarungen BGB 307 6 ff.; Leistungsbestimmung BGB Anhang zu 305-310 15 ff.; Leistungsverweigerungsrechte BGB 309 2 f.; Mahnung und Fristsetzung BGB 309 5; Nachweisgesetz und AGB-Kontrolle NachwG Vorb. 5 f.; Pauschalierung von Mehr- und Überarbeit BGB Anhang zu 305-310 18; Rechtsfolgen bei Nichteinbeziehung und Unwirksamkeit BGB 306 1 ff.; relativer Verbraucherbegriff BGB 310 4; Rückzahlung von Ausbildungs/Fortbildungskosten BGB Anhang zu 305-310 20; Schadenspauschalierung BGB 309 6 f.; Schranken der Inhaltskontrolle BGB 307 4 ff.; Schriftformabrede BGB 305b 1 ff.; Stellen der Vertragsbedingungen BGB 305 6, BGB 310 7; tarifliche Regelungen BGB 310 ff.; Tarifverträge TVG 1 88 f.; Tatsachenbestätigungen BGB 309 15; Teilbarkeit von Arbeitsvertragsklauseln BGB 306 3; Transparenzgebot BGB 307 18 ff.; Überraschungsverbot BGB 305c 1 ff.; Überraschungsverbot, Darlegungs- und Beweislast BGB 305c 6; Umgehungsverbot BGB 306a 1; unangemessene Benachteiligung BGB 307 21 f.; unbeachtliche Umstände BGB 305 7; Unklarheitenregel BGB 305c 7 ff.; Unwirksamkeit einzelner Vertragsbestimmungen BGB 306 4 f.; Vertragsbedingungen BGB 305 1 ff.; Vertragsstrafe BGB 309 8 f., BGB Anhang zu 305-310 21 ff., BGB 611 487 ff.; Verzichtsvereinbarungen BGB Anhang zu 305-310 27 f.; Vorformulierung BGB 305 5; Wechsel des Vertragspartners BGB 309 13; Wettbewerbsverbot BGB 305c 5; Widerrufsvorbehalt BGB 611 514; zeitlicher Anwendungsbereich der §§ 305 ff. BGB BGB 310 16 f.; Zugangsfiktionen BGB 308 7

Formvorschriften siehe „Schriftform"

Fort- und Ausbildungskosten, angemessene Gegenleistung BGB 611 465 f.; Bindungsdauer BGB 611 468; Bindungsintensität BGB 611 467 ff.; Höhe der Rückzahlungslast BGB 611 469; Inhaltskontrolle von Rückzahlungsklauseln BGB Anhang zu 305-310 20; Rückzahlungsklauseln BGB 611 460 ff.; Rückzahlungstatbestand BGB 611 470 f.; Zeitpunkt der Vereinbarung der Rückzahlungsabrede BGB 611 472

Fortbildung, berufliche BBiG 1 5; statt betriebsbedingter Kündigung KSchG 1 280; Gleichstellung von Prüfungszeugnissen BBiG 46 6; Prüfungen BBiG 46 1 ff.

Fortsetzungserkrankung EFZG 3 96, 115 f.; Arbeitsunfähigkeitsanzeige EFZG 5 13

Frachtführer, Arbeitnehmer oder freier Mitarbeiter BGB Vorb. 89 ff.

Fragerecht des Arbeitgebers BGB 123 3 ff.; Datenschutzbestimmungen BGB 123 9 ff.; einzelne Fragen BGB 123 9 ff.; Falschbeantwortung BGB 123 8; Grenzen BGB 123 6 ff.; Umfang BGB 123 6 ff.

Franchising BGB Vorb. 17; Arbeitnehmerbegriff BetrVG 5 22; Urlaubsanspruch BUrlG 2 7

Frauenförderung siehe „Förderung eines Geschlechts"

Freibeweis ArbGG 58 8

Freie Berufe, Arbeitnehmerstatus BGB Vorb. 71 ff.; Mandantenschutzklauseln HGB 74 53; Mandantenübernahmeklauseln HGB 74 54

Freie Mitarbeiter, Arbeitnehmerbegriff BetrVG 5 23; Betriebsübergang BGB 613a 224; Kündigungsfrist BGB 621 16; nachvertragliches Wettbewerbsverbot HGB 74 9 f.; siehe auch „Dienstvertrag"

Freischichtmodelle, Entgeltfortzahlung an Feiertagen EFZG 2 27; Urlaub BUrlG 3 22 f.; Urlaubsentgelt BUrlG 11 40.

Freistellung/Suspendierung BGB 611 172 ff.; Abgrenzung zum Urlaubsanspruch BUrlG 1 8 f.; Aufhebungsvertrag KSchG 9 Anhang 39; Ausbildungsvergütung, Fortzahlung BBiG 12 1 f.; außerordentliche Kündigung, Abgrenzung BGB 626 43 ff.; Berufsschulunterricht BBiG 7 1 ff., JArbSchG 9 1; Beschäftigungsverhältnis SGB IV 7 36 f.; Einkommensteuer bei Abfindungen EStG 3 61; einseitige BGB 611 173 f.; Freizeit zur Stellungssuche siehe dort; Gesundheitsuntersuchungen Jugendlicher JArbSchG 46 15; Jugend- und Auszubildendenvertretung BetrVG 65 47; bei Kündigung BGB 611 177, 179 f.; Kündigung nicht beinhaltend KSchG 1 47; für Prüfungen des Auszubildenden BBiG 7 1 ff.; für Prüfungen von Jugendlichen JArbSchG 10 1 f.; vereinbarte BGB 611 175 ff.; keine Versetzung iSd. § 99 BetrVG BetrVG 99 41; Wettbewerbsverbot, nachvertragliches HGB 74 61

Freistellung von Betriebsratsmitgliedern BetrVG 38 1 ff.; Abberufung BetrVG 38 24; Abmeldung BetrVG 38 27; anderweitige Regelungen BetrVG 38 12 ff.; Anwesenheitspflicht BetrVG 38 26; Anzahl der Freistellungen BetrVG 38 3 ff.; Bemessungsgrundlage BetrVG 38 4; Dauer BetrVG 38 23; Diskriminierungsschutz BetrVG 38 32 ff.; Einigungsstellenverfahren BetrVG 38 19 ff.; Entgeltfortzahlung BetrVG 38 29; Gesamtbetriebsrat BetrVG 51 8; Lohnausfallprinzip BetrVG 38 29; Maßnahmen der Berufsbildung BetrVG 38 34; Nachfolger BetrVG 38 25; Nachholung beruflicher Entwicklung BetrVG 38 35; Rechtsstellung BetrVG 38 26 ff.; Streitigkeiten BetrVG 38 36 f.; Teilfreistellungen BetrVG 38 6 ff.; Verfahren BetrVG 38 16; Wahl BetrVG 38 16 ff.; zeitweilige Verhinderung BetrVG 38 15; zusätzliche BetrVG 38 9 ff.; siehe auch „Arbeitsbefreiung wegen Betriebsratstätigkeit"

Freistellungsvertrag BGB 611 178 ff.

Stichwortverzeichnis

Freiwillige Betriebsvereinbarung BetrVG 88 1 ff.; Errichtung von Sozialeinrichtungen BetrVG 88 18 f.; Förderung der Vermögensbildung BetrVG 88 20 ff.; Grenzen der Mitbestimmung BetrVG 88 7 ff.; zu Lasten der Arbeitnehmer BetrVG 88 9 f.; Maßnahmen zur Bekämpfung von Rassismus und Fremdenfeindlichkeit BetrVG 88 25 ff.; Maßnahmen des betrieblichen Umweltschutzes BetrVG 88 15 ff.; Maßnahmen zur Integration ausländischer Arbeitnehmer BetrVG 88 25 ff.; mögliche Regelungsgegenstände BetrVG 88 4 ff.; keine Nachwirkung BetrVG 88 12; Streitigkeiten BetrVG 88 28 ff.; Verhütung von Arbeitsunfällen und Gesundheitsschädigung BetrVG 88 13 ff.; Zustandekommen/Wirkung/Kündigung BetrVG 88 11

Freiwilliges soziales/ökologisches Jahr, Rechtswegzuständigkeit ArbGG 2 109 ff.

Freiwilligkeitsvorbehalt BGB 611 508 ff.

Freizeit zur Stellungssuche BGB 629 1 ff.; Abdingbarkeit BGB 629 23; Anspruchsvoraussetzungen BGB 629 2 ff.; Darlegungs- und Beweislast BGB 629 24; Dauer BGB 629 12 f.; dauerndes Dienstverhältnis BGB 629 2 ff.; Durchsetzung BGB 629 20 ff.; Kündigung BGB 629 6 ff.; Normzweck BGB 629 1; Rechtsfolgen BGB 629 12 f.; Vergütungsanspruch BGB 629 14 ff.; Verlangen BGB 629 9 ff.

Freizügigkeit der Arbeitnehmer EGV 39 1 ff.; Arbeitgeber EGV 39 19; Arbeitnehmereigenschaft EGV 39 13 ff.; Arbeitslosigkeit EGV 39 28; Aufenthalt EGV 39 24, 26 ff.; Ausreise EGV 39 24 f.; Ausscheiden aus dem Arbeitsleben EGV 39 29; Ausübung Arbeitsverhältnis EGV 39 26; Berechtigte EGV 39 4 ff.; Beschränkungsverbote (EuGH) EGV 39 45 ff.; Diskriminierung, unmittelbare/mittelbare EGV 39 40 ff.; Drittstaatsangehörige EGV 39 7 ff.; Einreise EGV 39 24, 26; Familienangehörige EGV 39 12; gemeinschaftsrechtlicher Bezug EGV 39 22; Gleichbehandlung EGV 39 38 ff.; Inländerdiskriminierung EGV 39 44; Koalitionsfreiheit GG 9 16; Normzweck EGV 39 1; öffentliche Verwaltung EGV 39 23; räumlicher Anwendungsbereich EGV 39 21; Rechtsgrundlagen EGV 39 2 f.; Stellensuche EGV 39 27; Unionsbürger EGV 39 5 f.; Verpflichtete EGV 39 20; Vorbehalt der öffentlichen Ordnung, Sicherheit, Gesundheit EGV 39 30 ff.; Zugang zur Beschäftigung EGV 39 33 ff.

Fremdpersonal BetrVG 5 24

Friedenspflicht, absolute TVG 1 67 f.; Arbeitskampf GG 9 285, 324; Betriebspartner BetrVG 74 9 ff.; Betriebsversammlung BetrVG 45 15; relative TVG 1 63 ff.; Sprecherausschuss SprAuG 2 16 ff.; Verbot von Arbeitskampfmaßnahmen BetrVG 74 10 ff.

Fristlose Kündigung siehe „Außerordentliche Kündigung"

Fünftelungsregelung EStG 34 1 ff.; Außerordentlichkeit der Einkünfte EStG 34 36 ff.; Berechnung der Tarifmilderung EStG 34 48 ff.; Einkommensermittlung EStG 34 46 f.; Einzelfälle von Entschädigungen EStG 34 26, 32; Entschädigung für mehrjährige Tätigkeit EStG 34 35; Entlassungsentschädigung EStG 34 22 ff.; Entschädigung für Aufgabe/Nichtausübung einer Tätigkeit EStG 34 27 ff.; Entschädigungen iSd. § 24 EStG EStG 34 17 ff.; Ersatz entgangener/entgehender Einnahmen EStG 34 19 ff.; Fürsorgeleistungen EStG 34 42; Gestaltungsaspekte EStG 34 11 ff.; potentieller Progressionsnachteil EStG 34 43 ff.; Progressionsmilderung EStG 34 3 ff.; Rechtsentwicklung EStG 34 6 ff.; Rückzahlung empfangener Entschädigungen EStG 34 53; unschädliche Ausnahmefälle EStG 34 41 f.; veranlagungszeitbezogene Vergleichsbetrachtung EStG 34 44; Verfahren EStG 34 51 f.; Vergleichsrechnung EStG 34 43 ff.; Vergütungen für mehrjährige Tätigkeiten EStG 34 33 ff.; Vorteilhaftigkeit EStG 34 10; Werbungskosten EStG 34 47; Zufluss in einem Jahr EStG 34 38 ff.; Zusammenballung EStG 34 15, 34 ff.

Gaststätten, Ruhezeit ArbZG 5 3

Gebrauchsüberlassung, Arbeitnehmerüberlassungsvertrag, Abgrenzung AÜG 1 29

Gefährliche Arbeiten, Arbeitszeit ArbZG 8 1 ff.; Jugendliche JArbSchG 22 1 ff.; Verordnungen ArbZG 8 2 ff.

Gefahrstoffverordnung, Arbeitszeit ArbZG 8 3

Gefälligkeitsverhältnis BGB 612 18

Gegnerunabhängigkeit, Koalition TVG 2 9 ff.

Geheimhaltungspflicht der Betriebsverfassungsorgane BetrVG 79 1 ff.; ausdrückliche Geheimhaltungserklärung BetrVG 79 11 ff.; Ausnahmen BetrVG 79 20 ff.; Betriebs- oder Geschäftsgeheimnisse BetrVG 79 7 ff.; Betriebsrat BetrVG 80 148; Dauer BetrVG 79 17 ff.; Kenntniserlangung BetrVG 79 15 f.; Kündigungsanhörung BetrVG 102 54; personelle Einzelmaßnahmen BetrVG 99 60 f.; persönliche Arbeitnehmerdaten BetrVG 79 30 f.; Rechtsfolgen BetrVG 79 27 f.; sonstige Schweige- und Geheimhaltungspflichten BetrVG 79 29 ff.; Straftat: Verletzung der Verschwiegenheitspflicht BetrVG 120 1 ff.; Streitigkeiten BetrVG 79 51 ff.; Unterlassungsansprüche BetrVG 79 43 f.; Verletzung BetrVG 79 38 ff.; verpflichteter Personenkreis BetrVG 79 3 ff.; Wirtschaftsausschuss BetrVG 107 37 f.

Geldstrafen, nicht ersatzfähige Aufwendungen BGB 611 279

Geltungsbereich des Tarifvertrags TVG 4 13 ff.; Branche TVG 4 15 ff.; fachlicher TVG 4 18; gemeinsame Einrichtungen TVG 4 21 ff.; persönlicher ieS TVG 4 19; räumlicher TVG 4 14; zeitlicher TVG 4 20

Gemeinsame Ausschüsse BetrVG 28 8 ff.; selbständige Entscheidungen BetrVG 28 11; Streitigkeiten BetrVG 28 12

Gemeinschaftsbetrieb BetrVG 1 16 ff., KSchG 23 6; Auflösung BetrVG 1 29; Betriebsübergang BGB 613a 50; fehlende Organisationsänderung nach Betriebsteilübertragung BetrVG 1 21 ff.; Führungsvereinbarung BetrVG 1 18; Gesamtbetriebsrat BetrVG 47 27 ff.; gesetzliche Kennzeichnung BetrVG 1 16; Gleichbehandlungsgrundsatz BGB 611 201; Indizien BetrVG 1 19; im kündigungsschutzrechtlichen Sinne UmwG 322 1 ff.; Rechtsfolge BetrVG 1 28; Schwellenwert für Beteiligungsrecht bei Betriebsänderung BetrVG 111 16; übergreifender Leitungsapparat BetrVG 1 17; Unternehmensmitbestimmung (MitbestG) MitbestG 1 2 ff.; Vermutung BetrVG 1 20 f., UmwG 322 7 f.; Widerlegung der gesetzlichen Vermutung BetrVG 1 27; Wirtschaftsausschuss BetrVG 106 27 f.; Zusammenarbeit der beteiligten Rechtsträger BetrVG 1 20

Genetische Analysen, Bewerber BGB 611 15 f.

Genetische Veranlagung, Frage des Arbeitgebers BGB 123 22

Genossenschaft, Arbeitsleistung auf Grund Mitgliedschaft BGB Vorb. 37

Gerichtsgebühren ArbGG 12 2 ff., ArbGG Anhang Anlage 1; Arbeitsgericht ArbGG 12 3; Arrest ArbGG 12 5; Bundesarbeitsgericht ArbGG 12 4; einstweilige Verfügung ArbGG 12 5; Fälligkeit ArbGG 12 8 ff.; Kostenschuldner ArbGG 12 11 f.; Landesarbeitsgericht ArbGG 12 4; Verweisungskosten ArbGG 48 65

Gerichtsstand siehe „Örtliche Zuständigkeit"

Geringfügig Beschäftigte SGB IV 8 1 ff.; Arbeitnehmerbegriff BetrVG 5 25; keine berufsmäßige Ausübung SGB IV 8 14 f.; Dauerbeschäftigung SGB IV 8 6; Feststellungslast SGB IV 8 23; geringfügige Entlohnung SGB IV 8 6 ff.; Gleitzone SGB IV 8 28; kurzfristige Beschäftigung SGB IV 8 10 ff.; Nachweis wesentlicher Vertragsbedingungen NachwG 1 6; Privathaushalte SGB IV 8 16; Rechtsfolgen SGB IV 8 27 f.; regelmäßiges Arbeitsentgelt SGB IV 8 7 ff.; Risiken für Arbeitgeber SGB IV 8 24 f.; selbständige Tätigkeit SGB IV 8 26; Teilzeitbeschäftigte TzBfG 2 7; Zeitgeringfügigkeitsgrenzen SGB IV 8 11 ff.; Zusammenrechnung SGB IV 8 17 ff.

Stichwortverzeichnis

Gesamtbetriebsrat BetrVG 47 1 ff.; abweichende Regelung der Mitgliederzahl **BetrVG 47** 18 ff.; Arbeitsbefreiung **BetrVG 51** 8; Ausschluss von Mitgliedern **BetrVG 48** 1 ff.; Beschlussfassung **BetrVG 51** 9 f.; Bestellung des Wirtschaftsausschusses **BetrVG 107** 20; Betriebsänderung **BetrVG 111** 72 ff.; Betriebsübergang **BGB 613a** 288 f.; Entsendung der Mitglieder **BetrVG 47** 14; Erlöschen der Mitgliedschaft **BetrVG 49** 1 ff.; Errichtung **BetrVG 47** 2 ff.; Ersatzmitglieder **BetrVG 47** 17, **BetrVG 51** 8; Gemeinschaftsbetrieb **BetrVG 47** 27 f.; Gesamtbetriebsausschuss **BetrVG 51** 6; Geschäftsführung **BetrVG 51** 5 ff.; Geschäftsordnung **BetrVG 51** 8; Konstituierung **BetrVG 51** 2 ff.; Kosten **BetrVG 51** 8; Kündigungsanhörung gemäß § 102 BetrVG **BetrVG 102** 51; mehrere Betriebsräte **BetrVG 47** 6; Niederschrift **BetrVG 51** 8; obligatorische Verkleinerung **BetrVG 47** 22 ff.; Rechte und Pflichten **BetrVG 51** 11; Sitzungen **BetrVG 51** 8; Streitigkeiten zu Errichtung oder Zusammensetzung **BetrVG 47** 30; Streitigkeiten über Geschäftsführung und innere Ordnung **BetrVG 51** 12; Umstrukturierungen **BetrVG 47** 7 ff.; Umwandlung **BetrVG 47** 9 f.; Unternehmen **BetrVG 47** 2 ff.; Vorsitz **BetrVG 51** 5; Zahl der Mitglieder **BetrVG 47** 15; Zuständigkeit siehe „Gesamtbetriebsrat, Zuständigkeit"

Gesamtbetriebsrat, Zuständigkeit BetrVG 50 1 ff.; kraft Auftrags **BetrVG 50** 17 f.; betriebsratslose Betriebe **BetrVG 50** 16; fehlende betriebliche Regelungsmöglichkeit **BetrVG 50** 4 f.; kraft Gesetzes **BetrVG 50** 15; soziale Angelegenheiten **BetrVG 50** 8; Streitigkeiten **BetrVG 50** 19; überbetrieblicher Bezug **BetrVG 50** 3; Zweifelsfälle **BetrVG 50** 6

Gesamtbetriebsvereinbarung, Betriebsübergang **BetrVG 77** 79 ff., **BGB 613a** 258; Umstrukturierungen **BetrVG 47** 12 f.; Verhältnis zu Betriebsvereinbarung **BetrVG 77** 58

Gesamthafenbetrieb, mehrere Arbeitgeber **BGB Vorb.** 126

Gesamt-Jugend- und Auszubildendenvertretung BetrVG 72 1 ff.; Abstimmung **BetrVG 72** 26 ff.; abweichende Vereinbarungen zur Mitgliederzahl **BetrVG 72** 19 ff.; analoge Anwendung von Vorschriften **BetrVG 73** 8 ff.; Ausschluss **BetrVG 73** 11 f., 31; Ausschüsse **BetrVG 73** 22 f.; Aussetzung von Beschlüssen **BetrVG 73** 34; Beschlussfassung **BetrVG 73** 30; Besprechungen **BetrVG 73** 37; bestehender Gesamtbetriebsrat **BetrVG 72** 5 f.; Bildung **BetrVG 72** 7 f.; Ehrenamt **BetrVG 73** 18; Ende **BetrVG 72** 9; Erlöschen der Mitgliedschaft **BetrVG 73** 24; Errichtung **BetrVG 72** 3 ff.; Ersatzmitglieder **BetrVG 73** 9; Geschäftsführung **BetrVG 73** 1 ff.; Geschäftsordnung **BetrVG 73** 17; Gewerkschaftsteilnahme **BetrVG 73** 14 f.; konstituierende Sitzung **BetrVG 73** 6 f., 28 f.; Kosten **BetrVG 73** 20; mehrere Jugend- und Auszubildendenvertretungen **BetrVG 72** 4; Mitgliederzahl **BetrVG 72** 11 ff.; Rechte und Pflichten **BetrVG 73** 32 f.; Rechtsstellung der Mitglieder **BetrVG 72** 10; Schulungsveranstaltungen **BetrVG 73** 19; Sitzungen **BetrVG 73** 4 ff., 13; Sitzungsprotokoll **BetrVG 73** 16; Stimmengewichtung bei gemeinsamem Betrieb **BetrVG 72** 34 f.; Streitigkeiten **BetrVG 72** 40 f., **73** 38 f.; Teilnahme an Gesamtbetriebsratssitzungen **BetrVG 73** 35 f.; Umlageverbot **BetrVG 73** 21; Vorsitzender und Stellvertreter **BetrVG 73** 10; Zuständigkeit **BetrVG 73** 25 ff.

Gesamtrechtsnachfolge, kein Betriebsübergang **BGB 613a** 186; Versorgungsverbindlichkeiten **BetrAVG 4** 13

Gesamtschwerbehindertenvertretung, Teilnahme an Sitzungen des Gesamtbetriebsrates **BetrVG 52** 1 ff.

Gesamtsprecherausschuss SprAuG 19 1 ff.; Amtszeit **SprAuG 19** 7; Auftragszuständigkeit **SprAuG 19** 4 f.; Größe **SprAuG 19** 2; Stimmengewichtung **SprAuG 19** 6; überbetriebliche Angelegenheiten **SprAuG 19** 3; Zusammensetzung **SprAuG 19** 2; Zuständigkeit **SprAuG 19** 3 ff.

Gesamtzusage BGB Vorb. 149; Ablösung durch Betriebsvereinbarung **BetrVG 77** 62 ff.; betriebliche Altersversorgung **BetrAVG Vorb.** 80 f.

Geschäfts/Rufschädigung, außerordentliche Kündigung **BGB 626** 246

Geschäftsbesorgung BGB Vorb. 11; Arbeitnehmerüberlassungsvertrag, Abgrenzung **AÜG 1** 27

Geschäftsfähigkeit BGB 611 34 ff.; erweiterte ~ des Arbeitgebers **BGB 611** 36; erweiterte ~ des Arbeitnehmers **BGB 611** 35; Nichtigkeitsfolgen, Umfang bei beschränkter ~ **BGB 611** 84

Geschäftsgeheimnis siehe „Verschwiegenheitspflicht"

Geschäftsordnung, Änderung **BetrVG 36** 6; Aufhebung **BetrVG 36** 6; Betriebsrat **BetrVG 36** 1 ff.; Erlass **BetrVG 36** 5; Europäische Betriebsräte kraft Gesetzes **EBRG 45** 56; Geltungsdauer **BetrVG 36** 7; Gesamtbetriebsrat **BetrVG 51** 8; Inhalt **BetrVG 36** 2 ff.; Streitigkeiten **BetrVG 36** 8

Geschäftsverteilungsplan ArbGG 48 11

Geschlechtsbezogene Benachteiligung BetrVG 75 10, **BGB 611a** 1 ff.; Adressaten **BGB 611a** 12 f.; Arbeitsplatzausschreibung **BGB 611b** 1 ff.; Arten des Diskriminierung **BGB 611a** 11; Benachteiligung **BGB 611a** 17; Beweislast **BGB 611a** 52 ff.; Einzelfälle mittelbarer Diskriminierung **BGB 611a** 42; Einzelfälle unmittelbarer Diskriminierung **BGB 611a** 33 ff.; geschützter Personenkreis **BGB 611a** 14 f.; Höhe der Entschädigung **BGB 611a** 67 ff.; Kausalität **BGB 611a** 59; Klage siehe „Geschlechtsbezogene Benachteiligung, Klage"; mittelbare Diskriminierung **BGB 611a** 11, 36 ff., **BGB 612** 74 ff.; Rechtsfolgen **BGB 611a** 60 ff.; sachliche Gründe **BGB 611a** 41; Schadensersatzanspruch **BGB 611a** 60 ff.; sonstige Diskriminierungsverbote **BGB 611a** 3 ff.; unmittelbare Diskriminierung **BGB 611a** 11, 18 ff.; unverzichtbare Voraussetzung **BGB 611a** 25 ff.; Unverzichtbarkeit im weiteren Sinne **BGB 611a** 28 ff.; Vereinbarungen und Maßnahmen **BGB 611a** 16; Voraussetzungen der Entschädigung **BGB 611a** 64 ff.; wesentlich stärkere Belastung eines Geschlechts **BGB 611a** 37 ff.; siehe auch „Entgeltgleichheit (BGB)", „Entgeltgleichheit (EG)", „Gleichberechtigung von Frau und Mann"

Geschlechtsbezogene Benachteiligung, Klage ArbGG 61b 1 ff.; Berechnung der Klagefrist **ArbGG 61b** 6 ff.; Frist **ArbGG 61b** 3 ff.; mündliche Verhandlung **ArbGG 61b** 12 ff.; örtliche Zuständigkeit **ArbGG 61b** 9 ff.

Gesellschaft, Dienstleistungen für ~ **BGB Vorb.** 12 ff.

Gesellschafter, kein Arbeitnehmer **BGB Vorb.** 36; Arbeitnehmerbegriff **BetrVG 5** 26; Beschäftigungsverhältnis bei GbR **SGB IV 7** 20; Beschäftigungsverhältnis mitarbeitender ~ **SGB IV 7** 24 f.; Beschäftigungsverhältnis bei OHG **SGB IV 7** 21; Beschäftigungsverhältnis bei stillem ~ **SGB IV 7** 23; Geltung des BetrAVG **BetrAVG 17** 13 f.

Gesetzesumgehung, Nichtigkeit **BGB 611** 72

Gesetzliches Verbot, Verstoß **BGB 611** 71 f., 81; Kündigung **KSchG 13** 24

Gestaltungsklage ArbGG 46 22

Gesundheitsschutz des Arbeitnehmers BGB 611 252 ff.; Arbeitszeitgesetz **ArbZG 1** 2 f.; Zuständigkeit des Gesamtbetriebsrates **BetrVG 50** 8

Gesundheitsuntersuchungen Jugendlicher JArbSchG 46 1 ff.; Arbeitgeberwechsel **JArbSchG 46** 8; Aufbewahrungspflicht **JArbSchG 46** 13; außerordentliche Nachuntersuchung **JArbSchG 46** 7; Eingreifen der Aufsichtsbehörde **JArbSchG 46** 14; Ergänzungsuntersuchung **JArbSchG 46** 10; Ermächtigung **JArbSchG 46** 18; erste Nachuntersuchung **JArbSchG 46** 4 f.; Erstuntersuchung **JArbSchG 46** 2 f.; Freistellung **JArbSchG 46** 15; Gefährdungsvermerk **JArbSchG 46** 12; gegenseitige

3213

Stichwortverzeichnis

Unterrichtungen der Ärzte JArbSchG 46 17; Kosten JArbSchG 46 16; Mitteilung, Bescheinigung JArbSchG 46 11; Normzweck JArbSchG 46 1
Gesundheitszustand, Frage des Arbeitgebers BGB 123 19
Gewerbeordnung, Neuregelung arbeitsrechtlicher Vorschriften GewO Vorb. 1 ff.
Gewerkschaften, Aufgaben und Zuständigkeiten GG 9 96 f.; kein Aufnahmeanspruch TVG 3 9; Ausschluss von Mitgliedern GG 9 103 f., TVG 3 12; Beendigung der Mitgliedschaft GG 9 102 ff.; Beschlussverfahren bei betriebsverfassungsrechtlichen Rechten ArbGG 2a 14; Beteiligte ArbGG 83 28 ff.; Betriebsvereinbarungen BetrVG 77 94 ff.; Betriebsversammlung auf Antrag BetrVG 43 33 ff.; Eintritt TVG 3 8; Ende der Mitgliedschaft TVG 3 10 ff.; Entsendungsrecht in Wahlvorstand BetrVG 16 9; Kostentragung Betriebsratsschulungen BetrVG 40 23 f.; Mitgliedschaft GG 9 99 ff., TVG 3 7 ff.; mittelbare Beeinflussung der Betriebsratswahlen BetrVG 20 7; Parteifähigkeit ArbGG 10 3 f., 6, GG 9 94; Rechtsweg bei Mitgliedschaftsfragen ArbGG 2 64; Rechtsweg bei Unterlassungsanspruch ArbGG 2 62; rechtswidriger Streik GG 9 306 ff.; Satzungsautonomie GG 9 98; Spitzenorganisationen iSd. TVG TVG 12 1 ff.; Teilnahme an Betriebsausschusssitzung BetrVG 27 9; Teilnahme an Betriebsräteversammlung BetrVG 53 5; Teilnahme an Betriebsratssitzung BetrVG 31 1 ff.; Teilnahme an Betriebsversammlung BetrVG 46 1 ff.; Teilnahme an Gesamtbetriebsratssitzung BetrVG 51 8; keine Teilnahme am Monatsgespräch BetrVG 74 6; Teilnahme an Sitzung der Gesamt-Jugend- und Auszubildendenvertretung BetrVG 73 14 f.; Teilnahme an Sitzung der Jugend- und Auszubildendenvertretung BetrVG 65 19 ff.; Teilnahme an Sitzung der Konzern-Jugend- und Auszubildendenvertretung BetrVG 73b 10 f.; Verbandsvertreter bei Prozess ArbGG 11 7 f.; Vertretensein im Betrieb GG 9 95; Wahlanfechtung BetrVG 19 20; Wirtschaftsausschuss BetrVG 108 23 ff.; Zugangsrecht zum Betrieb BetrVG 2 11 ff.; Zusammenwirken von Arbeitgeber und Betriebsrat mit ~ BetrVG 2 7 ff.; *siehe auch* „Koalitionseigenschaft", „Tariffähigkeit", „Vereinigungen"
Gewerkschaftliche Betätigung BGB 611 381
Gewerkschaftszugehörigkeit, Abschlussgebot BGB 611 49; Frage des Arbeitgebers BGB 123 14
Gewinnbeteiligung, Abgrenzung zur betrieblichen Altersversorgung BetrAVG Vorb. 57; Teilvergütung bei außerordentlicher Kündigung BGB 628 17
Gewissensgründe, Arbeitsverweigerung BGB 611 397, BGB 626 177 ff.; personenbedingter Kündigungsgrund KSchG 1 133
Gleichbehandlungsgrundsatz (EG) EGV 141 37, 39 ff., GG 3 13 f.; Direktwirkung EGV 141 40; Diskriminierung EGV 141 45 ff.; Geschlecht als „echte Voraussetzung" EGV 141 48; persönlicher Anwendungsbereich EGV 141 41; Rasse, ethnische Herkunft EGV 141 56 f.; Rechtsfolgen EGV 141 52 f.; Religion, Weltanschauung, Behinderung, Alter, sexuelle Ausrichtung EGV 141 56 f., 63 ff.; sachlicher Anwendungsbereich EGV 141 43 f.
Gleichbehandlungsgrundsatz, arbeitsrechtlicher BGB 611 181 ff., GG 3 47 ff.; Abgrenzung BGB 611 183 f.; Abgrenzung zu besonderen Diskriminierungsverboten BGB 611a 10; Änderungskündigung BGB 611 214; Arbeiter/Angestellte BGB 611 219 ff.; Arbeitsentgelt BGB 611 223 ff.; Ausübung des Widerrufsrechts BGB 611 513; bestehendes Rechtsverhältnis BGB 611 192 ff.; betriebliche Altersversorgung BetrAVG Vorb. 29 ff., 91 ff., BGB 611 226; Betriebsübergang BGB 613a 247; Betriebsvereinbarung BGB 611 218; Darlegungs- und Beweislast BGB 611 209 f., GG 3 75; Diskriminierungsverbot (BetrVG) *siehe dort*; Diskriminierungsverbot (TzBfG) *siehe dort*; EG *siehe* „Gleichbehandlungsgrundsatz (EG)"; Einzelfragen BGB 611 219; Geltung BGB 611 181; Geltungsbereich BGB 611 185 ff.; Grundlage GG 3 49; Herkunft BGB 611 181; Inhalt BGB 611 182, GG 3 50 ff.; kollektiver Bezug einer Maßnahme BGB 611 186 ff.; Konzern GG 3 55; Kündigung BGB 626 368 f.; Kündigungsschutz KSchG 1 71; Leiharbeitnehmer, Gleichstellungsgebot AÜG 3 28 ff.; Rechtfertigungsgründe einer Ungleichbehandlung BGB 611 202 f.; Rechtsfolgen des Verstoßes BGB 611 211 ff., GG 3 53; rückwirkende Gleichstellung BGB 611 215; Schadensersatzanspruch BGB 611 213; Sonderzahlungen BGB 611 225; Sozialplan BetrVG 112 47, 57; Sozialplanabfindung BGB 611 227; Tarifvertrag BGB 611 217; Unternehmen GG 3 54; Vergleichsgruppe BGB 611 196 ff.
Gleichberechtigung von Frau und Mann GG 3 88 ff.; Abgrenzung GG 3 88 ff.; Beeinträchtigung GG 3 95 ff.; Beweislast bei Ungleichbehandlung GG 3 104 f.; Entgeltgleichheit GG 3 107 f.; Förderung durch Betriebsrat BetrVG 80 35 ff.; Gleichstellung GG 3 106 f.; individuelle Auswahlentscheidungen GG 3 102 f.; mittelbare Diskriminierung GG 3 99 ff.; Schutzbereich GG 3 91; Teilzeitarbeit GG 3 112 ff.; unmittelbare Diskriminierung GG 3 96 ff.; unmittelbare Geltung GG 3 92; *siehe auch* „Förderung eines Geschlechts"
Gleichheitssatz GG 3 1 f.; Adressaten GG 3 7 ff.; Arbeitsverträge GG 3 47 ff.; Auslegung von Normen GG 3 29; Ausstrahlungswirkung GG 3 8; Berufung auf Differenzierungsgründe GG 3 69 ff.; Beschäftigungsgruppen GG 3 20 ff.; Betriebsvereinbarungen GG 3 43 ff.; Differenzierungsgrund GG 3 62 ff.; Differenzierungsgründe bei Tarifverträgen GG 3 72 ff.; EG-Recht *siehe* „Diskriminierungsverbot (EG)", „Gleichbehandlungsgrundsatz (EG)"; Funktion GG 3 3 f.; Gesetzgebung GG 3 16 ff.; Gleichbehandlungsgrundsatz, arbeitsrechtlicher *siehe dort*; Gleichberechtigung von Frau und Mann *siehe dort*; gleichheitswidrige Gesetze GG 3 76 ff.; gleichheitswidrige Tarifverträge GG 3 82 ff.; Grundrechtsträger GG 3 11; Konkurrenzen GG 3 12; „neue Formel" der BVerfG GG 3 59 ff.; Normzweck GG 3 1 f.; Rechtsprechung: Beachtung des ~es GG 3 30 ff.; sachlicher Grund für Ungleichbehandlung GG 3 56 ff.; Schutzbereich GG 3 6; Stichtagsregelungen GG 3 68; Tarifverträge GG 3 35 ff.; Typisierung GG 3 65 ff.; Vergleichsgruppen GG 3 57 f.; Verwaltung: Beachtung des ~es GG 3 33 f.; Willkürverbot GG 3 59, 61; *siehe auch* „Diskriminierungsverbot (GG)", „Diskriminierungsverbot (TzBfG)"
Gleichstellungsabrede BGB 611 447 ff., TVG 3 23 ff.; Entgeltfortzahlung im Krankheitsfall EFZG 4 68 f.; Wegfall des geltenden Tarifvertrags TVG 3 30; *siehe auch* „Bezugnahmeklauseln auf Tarifverträge"
Gleichwohlgewährung SGB III 143 19 ff.; Abfindungsanspruch SGB III 143a 42 ff.; Anspruchsübergang auf Bundesagentur für Arbeit SGB III 143 23 ff.; Erstattung durch den Arbeitnehmer SGB III 143 26 ff.
Gleitende Arbeitszeit ArbZG 7 25; Annahmeverzug des Arbeitgebers BGB 615 13; vorübergehende Verhinderung BGB 616 9
GmbH, Beschäftigungsverhältnis mitarbeitender Gesellschafter SGB IV 7 24 f.
GmbH & Co. KG, Geltung des BetrAVG BetrAVG 17 16 f.
GmbH-Geschäftsführer, Anstellungsvertrag BGB Vorb. 94 f., 97 ff.; kein Arbeitnehmer ArbGG 5 14, 16; Beschäftigungsverhältnis SGB IV 7 24 ff.; Kündigungsfrist BGB 621 11 ff., BGB 622 28; nachvertragliches Wettbewerbsverbot HGB 74 9 f.; Rechtswegzuständigkeit ArbGG 2 138 ff.; Übergang Arbeitsverhältnis zum Anstellungsverhältnis BGB Vorb. 100 ff.; Widerruf der Organstellung/Kündigung BGB 626 34 ff.
Graphologische Gutachten BGB 611 21
Gratifikation *siehe* „Sonderzahlungen"

Stichwortverzeichnis

Greifbare Gesetzwidrigkeit, außerordentliche Beschwerde **ArbGG 78** 32 f.

Großer Senat ArbGG 45 1 ff.; Divergenzvorlage **ArbGG 45** 4 ff.; Grundsatzvorlage **ArbGG 45** 9 ff.; Verfahren **ArbGG 45** 12 f.; Wirkung der Entscheidung **ArbGG 45** 14; Zusammensetzung **ArbGG 45** 2; Zuständigkeit **ArbGG 45** 3 ff.

Grundrechte, und Kündigungsschutzrecht **KSchG Vorb. vor 1** 7 ff.; mittelbare Drittwirkung **GewO 106** 125 ff.; Tarifverträge, Grundrechtsbindung **TVG Einl.** 15 ff.; *siehe auch* „Berufsfreiheit", „Eigentumsgarantie", „Gleichheitssatz", „Koalitionsfreiheit", „Vereinigungsfreiheit"

Gruppenarbeitsverhältnis BGB Vorb. 121 ff., **BGB 613** 7; Eigengruppe **BGB Vorb. 121, 123** f.; Kündigungsschutz **KSchG 1** 6; Rechtswegzuständigkeit **ArbGG 2** 115; Schlechtleistung **BGB 619a** 45

Günstigkeitsprinzip BGB 611 519 ff., **GG 9** 118 ff., **TVG 4** 29 ff.; Ablöseprinzip **BGB 611** 528 ff.; kollektives ~ **BGB 611** 522 ff.; Kündigungsfristen **BGB 622** 104 ff.; Sprechervereinbarungen **SprAuG 28** 12; Vergleichsgegenstand **TVG 4** 30 f.; Vergleichsmethode **TVG 4** 32 ff.

Güteverhandlung ArbGG 54 1 ff.; Ablauf **ArbGG 54** 22 ff.; Antragstellung **ArbGG 54** 26; Dispositionsmöglichkeiten der Parteien **ArbGG 54** 28 ff.; einstweilige Verfügung/Arrest **ArbGG 54** 14; Ergebnis **ArbGG 54** 39; Erörterung **ArbGG 54** 22 ff.; nach gewillkürtem Parteiwechsel **ArbGG 54** 10; Mahnverfahren **ArbGG 54** 7; obligatorisches Verfahren **ArbGG 54** 6 ff.; Sachverhaltsaufklärung **ArbGG 54** 25; Säumnis beider Parteien **ArbGG 54** 42 ff.; Säumnis einer Partei **ArbGG 54** 40 f.; schriftliches Vorverfahren, Ausschluss **ArbGG 47** 13; Veränderungen der Streitgegenstände **ArbGG 54** 9; Verfahren nach ergebnisloser ~ **ArbGG 54** 45 ff.; Verfahrensgrundsätze **ArbGG 54** 4 ff.; Verhandlung vor dem Vorsitzenden **ArbGG 54** 5; Verweisung wegen örtlicher Unzuständigkeit **ArbGG 54** 8; Vorbereitung **ArbGG 54** 20 f.; Vorbringen von Angriffs- und Verteidigungsmitteln **ArbGG 54** 27; weitere **ArbGG 54** 15 ff.

Gütliche Erledigung ArbGG 57 24 ff.; getrennte Telefonate **ArbGG 57** 26

Haftung des Arbeitgebers *siehe* „Arbeitgeberhaftung"; des Arbeitnehmers *siehe* „Arbeitnehmerhaftung"

Haftungsausschluss bei Arbeitsunfall BGB 619a 57 ff., **SGB VII Vorb. vor 104-113** 1 ff.; Anrechnung bei Vorsatz und Wegeunfall **SGB VII 104** 14; Ansprüche **SGB VII 104** 6; belastete Personen **SGB VII 104** 2 ff.; betrieblich Tätige **SGB VII 105** 1 ff.; betriebliche Tätigkeit **SGB VII 105** 4; Bindung der Gerichte **SGB VII 108** 1 ff., **SGB VII 112** 1; Darlegungs- und Beweislast **SGB VII 104** 16; derselbe Betrieb **SGB VII 105** 6; Entgeltfortzahlung und Dritthaftung **EFZG 6** 13; Feststellungsberechtigung **SGB VII 109** 1 f.; und Forderungsübergang bei Dritthaftung **SGB X 116** 4; gemeinsame Betriebsstätte **SGB VII 106** 15; geschädigte nicht versicherte Unternehmer **SGB VII 105** 10 f.; grenzüberschreitende Sachverhalte **SGB VII 104** 15; Haftungsersetzungsprinzip **SGB VII Vorb. vor 104-113** 1, 4; Nachteile **SGB VII Vorb. vor 104-113** 4; Personenschäden **SGB VII 104** 6; Pflegebedürftige, Pflegepersonen *SGB VII 106 5*; privilegierte Personen **SGB VII Vorb. vor 104-113** 2; Regress des Sozialversicherungsträgers **SGB VII 110** 1 ff.; Schädiger als Organe/gesetzliche Vertreter **SGB VII 111** 1 ff.; Schädigung der Leibesfrucht **SGB VII 104** 13; Seefahrt **SGB VII 107** 1; sozialpolitische Begründung **SGB VII Vorb. vor 104-113** 3; Tageseinrichtungen, Schulen **SGB VII 106** 2 ff.; kein Übergang gemäß § 116 **SGB X SGB VII 104** 12; Unfallverursacher **SGB VII 105** 3; Unglücksfälle **SGB VII 106** 6; Unternehmensbesucher **SGB VII 106** 16; Unternehmer **SGB VII 104** 1; Unternehmer bei gemeinsamer Betriebsstätte **SGB VII 106** 10 ff.; Verfahrensaussetzung **SGB VII 108** 8; Verfassungswidrigkeit von § 105 Abs. 2 **SGB VII SGB VII 105** 12; Verjährung des Regressanspruchs **SGB VII 113** 1 ff.; Verschulden bei Regress **SGB VII 110** 4; Versicherte nach § 106 **SGB VII SGB VII 106** 1 ff.; nicht versicherte Unternehmer **SGB VII 105** 2, 8 f.; versicherte Unternehmer **SGB VII 105** 9; Versicherungsfall **SGB VII 104** 5; Vorsatz **SGB VII 104** 10; Vorteile **SGB VII Vorb. vor 104-113** 4; vorübergehende betriebliche Tätigkeit auf gemeinsamer Betriebsstätte **SGB VII 106** 8 ff.; vorübergehende Tätigkeit **SGB VII 106** 14; Wegeunfall **SGB VII 104** 11; weitere Schädiger **SGB VII 104** 7 ff.; „Wie"-Beschäftigte **SGB VII 104** 3; Zivilschutz **SGB VII 106** 7

Handelsvertreter, Arbeitnehmerstatus **ArbGG 5** 11 ff., **BetrVG 5** 27, **BGB Vorb.** 76 ff.; Einfirmenvertreter **ArbGG 5** 12; einzelne Vertragsklauseln **BGB Vorb.** 80 ff.; fristlose Kündigung **BGB 626** 10; Kündigungsfrist **BGB 621** 15; Nichtgeltung des **TVG TVG 12a** 15; Weisungsgebundenheit **BGB Vorb.** 77 ff.

Handlung *siehe* „Vornahme einer Handlung"

Handlungsgehilfe *siehe* „Kaufmännische Angestellte"

Hausgewerbetreibende, Arbeitnehmerbegriff **BetrVG 5** 29; Arbeitsunfähigkeit **EFZG 10** 8; Urlaub **BUrlG 12** 1 ff.; Urlaubsentgelt **BUrlG 12** 17

Haushaltshilfen, Arbeitnehmerbegriff **BetrVG 5** 28; Kündigungsfrist **BGB 622** 25

Haustarifvertrag *siehe* „Firmentarifvertrag"

Hebamme, Arbeitnehmerstatus **BGB Vorb.** 73

Heimarbeiter, Abweichungsverbot von EFZG-Vorschriften **EFZG 12** 20 f.; Annahmeverzug des Arbeitgebers **BGB 615** 22; Arbeitnehmer **BGB 5** 8, **BetrVG 5** 29; Arbeitsunfähigkeit **EFZG 10** 1 ff.; Betriebsrat, Wählbarkeit **BetrVG 8** 8; Einstellung gemäß § 99 **BetrVG BetrVG 99** 19; Elternzeit **BErzGG 20** 4; Feiertagsgeld **EFZG 11** 1 ff.; Geltung des JArbSchG **JArbSchG 1** 6; Kündigungsfrist **BGB 621** 16, **BGB 622** 51; Urlaub **BUrlG 12** 1 ff.; Urlaubsentgelt **BUrlG 12** 15 f.

Hinterbliebenenversorgung, betriebliche Altersversorgung **BetrAVG Vorb.** 44 ff.; Voraussetzungen bei betrieblicher Altersversorgung **BetrAVG Vorb.** 108 f.; vorzeitige Betriebsrente **BetrAVG 6** 31; Waisen **BetrAVG Vorb.** 48 f.; Witwen/Witwer **BetrAVG Vorb.** 45 ff.

Hochschulen, Anrechnung von Arbeitsverhältnissen **TzBfG 23** 36 ff.; ärztliche Aufgabe **TzBfG 23** 24; Befristungen **TzBfG 23** 19 ff.; Befristungsdauer **TzBfG 23** 30 ff.; Geltungsbereich für Befristungen **TzBfG 23** 21 f.; Kündigung bei Befristung **TzBfG 23** 49; Lektoren **TzBfG 23** 25; Privatdienstverträge **TzBfG 23** 45; tarifvertragliche Abweichungen **TzBfG 23** 43 ff.; Verlängerungen **TzBfG 23** 40 ff.; wissenschaftliche und künstlerische Mitarbeiter **TzBfG 23** 23; wissenschaftliches Personal **TzBfG 23** 28 f.

Höchstarbeitszeit, werktägliche **ArbZG 3** 1 ff.; Ausgleichszeitraum **ArbZG 3** 5 ff.; Ausgleichszeiträume für Arbeitszeitverlängerungen **ArbZG 7** 20; mögliche Ausgleichszeiten **ArbZG 3** 10; verlängerte bei Arbeitsbereitschaft oder Bereitschaftsdienst **ArbZG 7** 11, 4, 19; Verlängerung **ArbZG 3** 3 ff.

Höhergruppierung, unterlassene ~ und Maßregelungsverbot **BGB 612a** 33

IAO-Abkommen **BGB Vorb.** 134; gleiches Entgelt Frauen/Männer **BGB 612** 52

Informationspflichten (WpÜG) WpÜG 1 ff.; Inhalt der Angebotsunterlagen **WpÜG 12** ff.; Stellungnahme **WpÜG 17** ff.; Übermittlung der Angebotsunterlage **WpÜG 16**; Umwandlungsrecht **WpÜG 5**; Unterrichtung über Entscheidung des Bieters zur Angebotsabgabe **WpÜG 7** ff.; Verletzung der ~ **WpÜG 26** ff.

3215

Stichwortverzeichnis

Insolvenz, Abfindung **KSchG 10** 19; Änderungskündigung **KSchG 2** 83; außerordentliche Kündigung **BGB 626** 247; Berufsausbildungsverhältnis **InsO 113** 3; Beschlussverfahren zum Kündigungsschutz **InsO 126** 1 ff.; Beschlussverfahren bei Streitigkeiten **ArbGG 2a** 12; Betriebsänderung **InsO 122** 1 ff.; betriebsbedingter Kündigungsgrund **KSchG 1** 311; Betriebsübergang **BGB 613a** 210, 366 ff.; Betriebsveräußerung **InsO 128** 1 ff.; Betriebsvereinbarungen **InsO 120** 1 ff.; Drei-Wochen-Frist **InsO 122** 2 ff.; Insolvenzsozialplan *siehe dort*; kein Interessenausgleich **InsO 122** 2 ff.; Interessenausgleich mit Namensliste (InsO) *siehe dort*; Kündigung **InsO 113** 1 ff.; Kündigung vor Dienstantritt **InsO 113** 5; Kündigungsanhörung gemäß § 102 BetrVG **BetrVG 102** 10; Kündigungsfrist **BGB 621** 17, **BGB 622** 53 ff., **InsO 113** 8; Kündigungsschutz **KSchG Vorb. vor 1** 42 ff.; Kündigungsschutzklage bei namentliche Bezeichnung **InsO 127** 1 ff.; nachvertragliches Wettbewerbsverbot **HGB 74** 124; Rechtswegzuständigkeit **ArbGG 2** 72; Schadensersatz **InsO 113** 9; Schadensersatz bei außerordentlicher Kündigung **BGB 628** 84 f.; Sonderregelung Beteiligungsrecht bei Betriebsänderung **BetrVG 111** 18; Urlaubsanspruch **BUrlG 1** 30; Zeugniserteilung **GewO 109** 8

Insolvenzsicherung, Altersteilzeit **ATZG Vorb.** 35 ff., **ATZG 8** 8; vertragliche **BetrAVG 7** 60 f.; *siehe auch* „Pensionssicherungsverein"

Insolvenzsozialplan InsO 124 1 ff.; Abschlagszahlungen **InsO 124** 13; BetrVG-Sozialplanrecht **InsO 124** 1 f.; drei Phasen **InsO 124** 3 f.; insolvenznaher Sozialplan **InsO 124** 11 ff.; Sozialplan nach Insolvenzeröffnung **InsO 124** 4 ff.

Integrationsamt, Beteiligung von Betriebsrat/Personalrat **SGB IX 92** 85 f.; Negativ-Attest **SGB IX 92** 87 f.; Präklusion **SGB IX 92** 89; Rechtsmittel **SGB IX 92** 91 ff.; Verfahren bei außerordentlichen Kündigungen **SGB IX 92** 68 ff.; Verfahren bei betriebsbedingten Kündigungen **SGB IX 92** 58 ff.; Verfahren bei ordentlicher Kündigung **SGB IX 92** 36 ff.; Verwaltungsakte **SGB IX 92** 90; Zustimmung und Ausschlussfrist bei außerordentlicher Kündigung **BGB 626** 439 ff.; Zustimmungsverfahren **SGB IX 92** 34 ff.

Interessenabwägung KSchG 1 64 f.; Abwägungskriterien bei personenbedingter Kündigung **KSchG 1** 113 ff.; Arbeitgeberinteressen **BGB 626** 96; Arbeitnehmerinteressen **BGB 626** 97; Ausschluss der ordentlichen Kündigung **BGB 626** 101 ff.; außerordentliche Kündigung **BGB 626** 92 ff.; außerordentliche Kündigungsgründe, vereinbarte **BGB 626** 66; betriebsbedingte Kündigung **KSchG 1** 285 ff.; Darlegungs- und Beweislast bei personenbedingter Kündigung **KSchG 1** 174; häufige Kurzerkrankungen **KSchG 1** 146; krankheitsbedingte Kündigung **KSchG 1** 140; krankheitsbedingte Minderung der Leistungsfähigkeit **KSchG 1** 154; Langzeiterkrankung **KSchG 1** 151; personenbedingte Kündigung **KSchG 1** 113 ff.; Unzumutbarkeit der Fortsetzung bis Fristablauf **BGB 626** 100 ff.; verhaltensbedingte Kündigung **KSchG 1** 208 ff.

Interessenausgleich BetrVG 112 1, 4 ff.; Einigungsstelle **BetrVG 112** 20 ff.; Freiwilligkeit **BetrVG 112** 10; Gegenstand **BetrVG 112** 7; Inhalt **BetrVG 112** 4 ff.; innerbetrieblich vereinbarter **BetrVG 112** 11 ff.; Insolvenz **InsO 122** 2 ff.; kollektivrechtliche Bindungswirkung **BetrVG 112** 26; normative Wirkung **BetrVG 112** 25; Vermittlung durch Bundesagentur für Arbeit **BetrVG 112** 16 ff.; Wirkungen **BetrVG 112** 25 f.; Zuordnung von Arbeitnehmern bei Umwandlung **UmwG 324** 28 ff.; Zustandekommen **BetrVG 112** 10 ff.; Zuständigkeit **BetrVG 112** 14 f.; Zuständigkeit des Gesamtbetriebsrates **BetrVG 50** 13; *siehe auch* „Interessenausgleich mit Namensliste (InsO)", „Interessenausgleich mit Namensliste (KSchG)"

Interessenausgleich mit Namensliste (InsO) InsO 125 1 ff.; ausgewogene Personalstruktur **InsO 125** 12; beschränkte Überprüfung der Sozialauswahl **InsO 125** 10 ff.; Betriebsratsanhörung **InsO 125** 14; Betriebsveräußerung **InsO 128** 1 ff.; geplante Betriebsänderung **InsO 125** 2; grob fehlerhafte Sozialauswahl **InsO 125** 11 f.; Kündigungsschutzprozess **InsO 125** 16; namentliche Bezeichnung **InsO 125** 7; rechtliche Wirkungen **InsO 125** 8 f.; Urkundeneinheit **InsO 125** 3; Vermutung der Betriebsbedingtheit **InsO 125** 8 f.; Weiterbeschäftigungsmöglichkeit **InsO 125** 9; wesentliche Änderung der Sachlage **InsO 125** 13

Interessenausgleich mit Namensliste (KSchG) KSchG 1 418 ff.; Änderung der Umstände **KSchG 1** 434; Änderungskündigung **KSchG 1** 422; Beteiligung des Betriebsrats **KSchG 1** 431 ff.; Betriebsänderung **KSchG 1** 420 f.; Beweislastumkehr **KSchG 1** 427 f.; bloße Namensliste **KSchG 1** 424; Darlegungs- und Beweislast **KSchG 1** 436 f.; Rechtsfolgen **KSchG 1** 427 ff.; Schriftform **KSchG 1** 423; Voraussetzungen **KSchG 1** 420 ff.

Interessenvertretung gemäß § 18a BBiG BBiG 18a 1 ff.; Beschlussverfahren **ArbGG 2a** 21; Verordnungsermächtigung **BBiG 18b** 1

Internationale Zuständigkeit ArbGG 1 9, 48 4 f., **EGBGB 34** 3 f.

Internationales Arbeitsrecht EGBGB 34 1 ff.; Anwendung einer ausländischen Rechtsordnung **EGBGB 34** 50; anzuwendendes Recht **EGBGB 34** 10 ff.; Arbeitskampfrecht **EGBGB 34** 49; Begriff **EGBGB 34** 1 f.; Betriebsverfassungsrecht **EGBGB 34** 41 ff.; deutsches ~ **EGBGB 34** 2; engere Verbindung **EGBGB 34** 24; Geltungsbereich des anzuwendenden Rechts **EGBGB 34** 37 f.; gewöhnlicher Arbeitsort **EGBGB 34** 17 ff.; Individualarbeitsrecht **EGBGB 34** 6 ff.; inhaltlicher Anwendungsbereich von Art. 30 EGBGB **EGBGB 34** 8 f.; Jugendarbeitsschutz **JArbSchG 1** 16; kollektives Arbeitsrecht **EGBGB 34** 40 ff.; Kündigungsschutz **KSchG Vorb. vor 1** 31 ff.; objektive Anknüpfung **EGBGB 34** 15 ff., **KSchG Vorb. vor 1** 32; Rechtswahl *siehe dort*; Sitz der einstellenden Niederlassung **EGBGB 34** 23; Tarifvertragsrecht **EGBGB 34** 45 ff.; *siehe auch* „Europäisches Arbeitsrecht"

Internationales Privatrecht, Betriebsübergang **BGB 613a** 378 f.

Internet, außerordentliche Kündigung wegen privater Nutzung **BGB 626** 260; verhaltensbedingte Kündigung wegen privater Nutzung **KSchG 1** 247

Invaliditätsrente, betriebliche Altersversorgung **BetrAVG Vorb.** 38 ff.; Voraussetzungen bei betrieblicher Altersversorgung **BetrAVG Vorb.** 107; vorzeitige Betriebsrente **BetrAVG 6** 31

IRVAZ, Entgeltfortzahlung an Feiertagen **EFZG 2** 29

Job-Sharing *siehe* „Arbeitsplatzteilung"

Journalisten *siehe* „Medienmitarbeiter"

Jubiläumsgelder, Abgrenzung zur betrieblichen Altersversorgung **BetrAVG Vorb.** 59

Jugend- und Auszubildendenversammlung BetrVG 71 1 ff.; Arbeitgeber **BetrVG 71** 10; Arbeitgeberverband **BetrVG 71** 11; Arbeitnehmer **BetrVG 71** 14, 16; Betriebsrat **BetrVG 71** 13; Durchführung **BetrVG 71** 18; Einberufung **BetrVG 71** 4; Gewerkschaften **BetrVG 71** 12; Kosten **BetrVG 71** 18 f.; Mitglieder der Jugend- und Auszubildendenvertretung **BetrVG 71** 15; Muster einer Einladung **BetrVG 71** 21; Streitigkeiten **BetrVG 71** 22 f.; Teilnahmerecht **BetrVG 71** 8 f.; Versammlungsarten **BetrVG 71** 5 ff.; Zuständigkeit **BetrVG 71** 3

Jugend- und Auszubildendenvertretung **BetrVG 60** 1 ff.; Abstimmung bei Betriebsratssitzung **BetrVG 67** 23 f.; aktives Wahlrecht **BetrVG 61** 3 ff.; allgemeine Aufgaben **BetrVG 70** 1 ff.; allgemeines Teilnahmerecht an

Stichwortverzeichnis

Betriebsratssitzungen **BetrVG** 67 3 ff.; Amtszeit **BetrVG** 64 12 ff.; Anregungen **BetrVG** 70 21 ff.; Antragsrecht **BetrVG** 70 6 ff.; Antragsrecht für Betriebsratssitzung **BetrVG** 67 27 ff.; nicht anwendbare Vorschriften **BetrVG** 65 43 ff.; Arbeitsbefreiung **BetrVG** 65 29 f.; Aufgaben **BetrVG** 60 16; Ausbildung in mehreren Betrieben **BetrVG** 60 8; Ausbildung in mehreren Unternehmen **BetrVG** 60 8; Ausbildungsbetriebe **BetrVG** 60 8; Beendigung des Amts **BetrVG** 62 21 ff.; Berufsausbildung **BetrVG** 60 12; Beschlussfassung **BetrVG** 65 23 f.; besondere Betroffenheit **BetrVG** 67 11 f.; besonderes Teilnahmerecht an Betriebsratssitzungen **BetrVG** 67 10 ff.; Beteiligte **ArbGG** 83 33; Betriebsrat **BetrVG** 60 14; Betriebsratssitzungen **BetrVG** 65 15 ff.; Bildung von Ausschüssen **BetrVG** 65 15 ff.; keine doppelte Wählbarkeit **BetrVG** 61 13 f.; Ehrenamt **BetrVG** 65 28; Erforderlichkeit einer Schulungs- und Bildungsveranstaltung **BetrVG** 65 32; Erlöschen der Mitgliedschaft **BetrVG** 65 8 f.; Errichtung **BetrVG** 60 4 ff.; Ersatzmitglieder **BetrVG** 65 10 f.; fehlende Beteiligung bei Betriebsratssitzung **BetrVG** 67 25 f.; keine Freistellung **BetrVG** 65 47; Geschäftsführung **BetrVG** 65 1 ff.; Geschäftsordnung **BetrVG** 65 26 f.; Geschlechterquote **BetrVG** 62 16 ff.; Gesetzesgeschichte **BetrVG** 62 2 ff.; Gleichstellung **BetrVG** 70 14 f.; grobe Pflichtverletzungen **BetrVG** 65 54 f.; Informationspflicht des Betriebsrates **BetrVG** 67 36 ff.; Integration ausländischer Arbeitnehmer **BetrVG** 70 28 ff.; jugendliche Arbeitnehmer **BetrVG** 60 11; Kosten **BetrVG** 65 39 f.; Mindestgröße **BetrVG** 60 11 ff.; Mitgliederzahl **BetrVG** 62 9 ff.; passives Wahlrecht **BetrVG** 61 9 ff.; personelle Einzelmaßnahmen **BetrVG** 67 21 f.; Rechtsstellung **BetrVG** 60 17 ff.; „in der Regel" **BetrVG** 60 13; Rücktritt **BetrVG** 64 16; Schulungs- und Bildungsveranstaltung **BetrVG** 65 32 ff.; Sitzungen **BetrVG** 65 18, 48 ff.; Sitzungsniederschrift **BetrVG** 65 25; Sprechstunden der Jugend- und Auszubildendenvertretung *siehe dort*; Stimmrecht bei Betriebsratssitzungen **BetrVG** 67 20 ff.; Streitigkeiten hinsichtlich allgemeiner Aufgaben **BetrVG** 70 43 f.; Streitigkeiten über Amtszeit **BetrVG** 64 19 f.; Streitigkeiten über Anzahl **BetrVG** 62 25; Streitigkeiten über Bildung und Zuständigkeit **BetrVG** 60 21; Streitigkeiten über Schulungs- und Bildungsveranstaltungen **BetrVG** 65 57; Streitigkeiten wegen Teilnahme an Besprechungen mit Betriebsrat **BetrVG** 68 10; Streitigkeiten wegen Teilnahme an Betriebsratssitzung usw. **BetrVG** 67 41 f.; Teilnahme an Betriebsratssitzungen **BetrVG** 67 1 ff.; Teilnahme an gemeinsamen Besprechungen mit Betriebsrat **BetrVG** 68 1 ff.; Teilnahme eines Gewerkschaftsvertreters **BetrVG** 65 19 ff.; Teilnahme an Sprechstunde des Betriebsrates **BetrVG** 39 6; Teilnahmeberechtigte **BetrVG** 65 53; Teilnahmerecht bei speziellen Tagesordnungspunkten **BetrVG** 67 13 ff.; Übernahmerecht des Auszubildenden *siehe dort*; Überwachungsrecht **BetrVG** 70 16 ff.; Umlageverbot **BetrVG** 65 41; Unterrichtung durch Betriebsrat **BetrVG** 70 34 ff.; Verdienstsicherung **BetrVG** 65 31; Verletzung gesetzlicher Pflichten **BetrVG** 65 4 f.; Verständigung des Betriebsrates bei Sitzung **BetrVG** 65 49; Vollendung des 25. Lebensjahrs **BetrVG** 64 17 f.; Vorberatung **BetrVG** 67 29 f.; Vorlage von Unterlagen **BetrVG** 70 40 f.; Vorsitzender **BetrVG** 65 13 f.; Wahl *siehe* „Jugend- und Auszubildendenvertretung, Wahl"; Wahlrecht **BetrVG** 61 1 ff.; Wegfall der Voraussetzungen **BetrVG** 60 19 f.; Zusammensetzung **BetrVG** 62 13 ff.

Jugend- und Auszubildendenvertretung, Wahl **BetrVG** 63 1 ff.; Anfechtung **BetrVG** 63 9; außerordentliche **BetrVG** 64 8 f.; Durchführung **BetrVG** 63 40 ff.; Grundsätze **BetrVG** 63 2 ff.; Kosten **BetrVG** 63 11; Nichtigkeit **BetrVG** 63 10; regelmäßige **BetrVG** 64 3 f.; Streitigkeiten **BetrVG** 62 26, **BetrVG** 63 44 f., **BetrVG** 64 19; Streitigkeiten über Wahlberechtigung und Wählbarkeit **BetrVG** 61 19; Wahlschutz **BetrVG** 63 12 ff.; Wahlvorschläge **BetrVG** 63 7 f.; Wahlvorstand (Jugend- und Auszubildendenvertretung) *siehe dort*; Zeitpunkt **BetrVG** 64 2 ff.

Jugendarbeitsschutz, „ähnliche" Ausbildungsverhältnisse **JArbSchG** 1 8; Akkordarbeit **JArbSchG** 23 1 f.; Alkohol **JArbSchG** 31 3; Arbeitszeit **JArbSchG** 8 1 ff.; ArbZG, Nichtanwendbarkeit **ArbZG** 18 7; Aufsichtsbehörde **JArbSchG** 54 1 ff.; Aushänge **JArbSchG** 50 1 ff.; Auskunftspflicht des Arbeitgebers **JArbSchG** 50 5; Auslandsbeschäftigung **JArbSchG** 1 16; Ausnahmebewilligung **JArbSchG** 54 6; Ausschuss für ~ bei Aufsichtsbehörde **JArbSchG** 57 2 ff.; behördliche Anordnungen und Ausnahmen **JArbSchG** 27 1 ff.; Bergbau **JArbSchG** 24 1 f.; Beschäftigung im Familienhaushalt **JArbSchG** 1 14; Freiheitsentziehung **JArbSchG** 62 2; Freizeit **JArbSchG** 13 1 f.; Fünf-Tage-Woche **JArbSchG** 15 1 f.; Gefährdungen **JArbSchG** 29 1; gefährliche Arbeiten **JArbSchG** 22 1 ff.; Gesundheitsuntersuchungen Jugendlicher *siehe dort*; häusliche Gemeinschaft **JArbSchG** 30 1 f.; Hilfeleistungen, gelegentliche/geringfügige **JArbSchG** 1 9 f.; jede Form abhängiger Beschäftigung **JArbSchG** 1 7; Jugendliche **JArbSchG** 2 1; Kauffahrteischiffe **JArbSchG** 62 1; Kollisionsrecht **JArbSchG** 1 15 f.; Landesausschuss für Jugendarbeit **JArbSchG** 57 1, 3 ff.; menschengerechte Arbeitsgestaltung **JArbSchG** 28 1 f.; Mitteilung über Verstöße **JArbSchG** 54 5; Nachtruhe **JArbSchG** 14 1 ff.; Notfallarbeiten **ArbZG** 14 10, **JArbSchG** 21 1 f.; persönliche Abhängigkeit **JArbSchG** 1 3 f.; Prüfungen, Freistellung **JArbSchG** 10 1 f.; Rechtsverordnung, Ermächtigung **JArbSchG** 21b 1 f., 26 1 ff.; Ruhepausen **JArbSchG** 11 1 f.; Samstagsruhe **JArbSchG** 16 1 ff.; Schichtzeit **JArbSchG** 12 1 f.; Schutzgebote **JArbSchG** 31 2; Tabak **JArbSchG** 31 3; tarifvertragliche Abweichungen **JArbSchG** 21a 1 f.; Unterweisung über Gefahren **JArbSchG** 29 2; Verbot der Beschäftigung durch bestimmte Personen **JArbSchG** 25 1 ff.; Verzeichnisse der Jugendlichen **JArbSchG** 50 4; Vollzeitschulpflicht **JArbSchG** 2 2; Züchtigungsverbot **JArbSchG** 31 1

Jugendarbeitsschutzgesetz, Ordnungswidrigkeiten **JArbSchG** 60 1 ff.; persönlicher Geltungsbereich **JArbSchG** 1 1; sachlicher Geltungsbereich **JArbSchG** 1 3 ff.

KAPOVAZ *siehe* „Abrufarbeit"

Karenzentschädigung **HGB** 74 72 ff.; Abgeltung durch andere Bezüge **HGB** 74 88; Anrechnung anderweitigen Erwerbs (Karenzentschädigung) *siehe dort*; Ausschlussfrist **HGB** 74 100; Auszahlung **HGB** 74 98 ff.; Berechnung **HGB** 74 76 ff.; Berechnungsmethode **HGB** 74 84 ff.; Einkommensteuer bei Abfindungen **EStG** 3 61; einzubeziehende Vergütungsbestandteile **HGB** 74 76 f.; erhöhte zur Abwendung des Lösungsrechts **HGB** 75 22 ff.; Sozialversicherungsbeiträge **HGB** 74 125 f.; Steuerrecht **HGB** 74 127; Teilzeitbeschäftigung **HGB** 74 87; Umsatzsteuer **HGB** 74 103; Unabdingbarkeit **HGB** 75d 1 f.; Untergrenze **HGB** 74 73; Verjährung **HGB** 74 99; Verzug **HGB** 74 101 f.; Wegfall bei Verstoß gegen Wettbewerbsverbot **HGB** 74 116; Zahlungspflichtiger **HGB** 74 89; zuletzt bezogene Leistungen **HGB** 74 85; Zusage **HGB** 74 90 ff.

Kaufmännische Angestellte, Fälligkeit der Vergütung **BGB** 614 8; fehlende Vertretungsmacht bei Außendienst **HGB** 75h 1 f.; Geltungsbereich der §§ 59 **HGB** **HGB** Vorb. vor 59 5 f.; Handlungsgehilfe, Definition **HGB** 59 2 f.; Tarifverträge **HGB** Vorb. vor 59 7; Umfang der Dienstleistungspflicht **HGB** 59 4; Vergütungsanspruch **HGB** 59 5 f.; Vertretungsmacht bei Außendienst **HGB** 75g 1 ff.

Stichwortverzeichnis

Kettenbefristungen TzBfG 14 8, 83 ff.; 97; steigende Anforderungen TzBfG 14 85
Kinder, ab 13 Jahren JArbSchG 5 7; Ausnahmen vom Beschäftigungsverbot **JArbSchG 5** 3 ff.; Begriff JArbSchG 2 1; behördliche Ausnahmen vom Beschäftigungsverbot JArbSchG 6 1 ff.; Beschäftigungs- und Arbeitstherapie JArbSchG 5 4; Beschäftigungsverbot JArbSchG 5 1 f.; Betriebspraktikum JArbSchG 5 5; Kinderarbeitsschutzverordnung JArbSchG 5 10; Lohnsteuerkarten JArbSchG 5 4; richterliche Weisung JArbSchG 5 6; Schulferien JArbSchG 5 8; Unterrichtung der Personensorgeberechtigten JArbSchG 5 9; nicht vollzeitschulpflichtige ~, Beschäftigung JArbSchG 7 1 f.
Kirchen/Religionsgemeinschaften BetrVG 118 32 ff.; Arbeitskampf GG 9 259; Arbeitszeit ArbZG 7 16; ArbZG, Nichtanwendbarkeit im liturgischen Bereich ArbZG 18 6; Beamte BGB Vorb. 38; Begriff BetrVG 118 33; Einrichtung einer Religionsgemeinschaft BetrVG 118 35 ff.; Jugendliche bei liturgischen Handlungen JArbSchG 21a 4; karitative oder erzieherische Zwecke BetrVG 118 36; Kirchliche Arbeitnehmer siehe dort; Kleriker keine Arbeitnehmer BGB Vorb. 38; Kündigungsschutz KSchG Vorb. vor 1 39 f.; privatrechtliche Organisation BetrVG 118 34; Sprecherausschuss SprAuG 1 11; staatliche Gerichte ArbGG 1 7; Streitigkeiten BetrVG 118 39; Teil der Religionsgemeinschaft BetrVG 118 37; Übertragung von Unternehmen oder Betrieben BetrVG 118 38; Unternehmensmitbestimmung (MitbestG) MitbestG 1 13
Kirchliche Arbeitnehmer BGB Vorb. 127 ff.; Arbeitskampf GG 9 259; außerordentliche Kündigung BGB 626 248; Dritter Weg BGB Vorb. 130; Entgeltfortzahlung EFZG 4 63; gleiches Entgelt Frauen/Männer BGB 612 57 f.; personenbedingter Kündigungsgrund KSchG 1 134 f.; verhaltensbedingter Kündigungsgrund KSchG 1 228
Klage ArbGG 46 10 ff.; Einlassungsfrist siehe dort; Geschlechtsbezogene Benachteiligung, Klage siehe dort
Klagearten ArbGG 46 12 ff.
Klagefrist (Befristungsstreitigkeit) TzBfG 17 1 ff.; auflösend bedingter Arbeitsvertrag TzBfG 21 22; Beginn TzBfG 17 4 f.; mehrere Befristungsabreden TzBfG 17 5; Unwirksamkeitsgründe TzBfG 17 2
Klagefrist (KSchG) KSchG Vorb. vor 1 22, KSchG 4 1 ff., 25 ff.; alle Unwirksamkeitsgründe KSchG 4 1; Änderungskündigung KSchG 4 37 ff.; außerordentliche Kündigung KSchG 4 4; Auszubildende KSchG 1 5; behördliche Zustimmung zur Kündigung KSchG 4 41 ff.; Berechnung KSchG 4 32; Einhaltung KSchG 4 34; Geltungsbereich KSchG 4 3 ff.; Hinweispflicht des Gerichts KSchG 6 11; Luftfahrt KSchG 24 5 f.; materiellrechtliche Folgen KSchG 4 33; Seeschifffahrt KSchG 24 5 f.; verlängerte KSchG 6 1 ff.; Verstreichenlassen KSchG 1a 14 ff.; Wahrung KSchG 4 35 f.; Wirksamwerden der Kündigung KSchG 7 1 ff.; Zugang der Kündigung KSchG 4 26 ff.; Zulassung verspäteter Klagen siehe dort; Zustellung „demnächst" KSchG 4 35
Klagenhäufung, Rechtsweg ArbGG 48 40
Klagerücknahme ArbGG 55 2; Alleinentscheidung des Vorsitzenden ArbGG 55 3 ff.; Anschlussrevision ArbGG 74 41; Güteverhandlung ArbGG 54 33 f.; Revisionsinstanz ArbGG 74 35
Kleinbetriebe, Arbeitnehmerüberlassung AÜG 1a 1 ff.; Vereinbarung kürzerer Kündigungsfrist BGB 622 114 ff.; Wahlverfahren in Kleinbetrieben siehe dort
Kleinbetriebsklausel KSchG 1 50, KSchG 23 7 ff.; Altarbeitnehmer KSchG 23 11; Berufsfreiheit GG 12 48; betriebliche Arbeitnehmer KSchG 23 9; Darlegungs- und Beweislast KSchG 23 17; Feststellung der Arbeitnehmerzahl KSchG 23 13 ff.; mehr als zehn Arbeitnehmer KSchG 23 12; Neu-Arbeitnehmer KSchG 23 10; regelmäßig Beschäftigte KSchG 23 16; Teilzeitbeschäftigte KSchG 23 15; Verfassungsgemäßheit GG 3 22 f., KSchG Vorb. vor 1 11, KSchG 23 8; Zweck KSchG 23 7
Kleinstbetriebe BetrVG 4 17
Koalitionseigenschaft GG 9 31 ff.; Gegnerunabhängigkeit GG 9 41 ff.; Koalitionszweck GG 9 38 ff.; leitende Angestellte und Gegnerreinheit GG 9 43 f.; Überbetrieblichkeit GG 9 47; Unabhängigkeit GG 9 41 ff.; Unabhängigkeit von Staaten, Kirchen, Parteien GG 9 46; Vereinigung GG 9 32 ff.; Wahrung und Förderung der Arbeits- und Wirtschaftsbedingungen GG 9 38 ff.; siehe auch „Tariffähigkeit"
Koalitionsfreiheit GG 9 10 ff.; Aufgaben und Zuständigkeiten der Koalitionen GG 9 96 ff.; keine Beeinträchtigung durch BetrVG BetrVG 2 19 f.; Begriff GG 9 10 f.; Bestandsgarantie GG 9 73; Betätigungsgarantie GG 9 74 ff.; Drittwirkung GG 9 91 f.; Eigentumsgarantie GG 14 36 f.; einfachgesetzliche Regelungen GG 9 79; Ersatzgesetzgebung GG 9 86; kein Gesetzesvorbehalt GG 9 80; grundrechtsimmanente Schranken GG 9 81 f.; Grundrechtsträger GG 9 26 ff.; historische Entwicklung GG 9 18 f.; innere Strukturen der Koalitionen GG 9 98 ff.; internationales Koalitionsrecht GG 9 105 f.; juristische Personen GG 9 27; Koalitionen GG 9 11; kollektive GG 9 73 f.; Konkurrenzen GG 9 28 ff.; negative individuelle GG 9 66 ff.; positive individuelle GG 9 65; Rechtsbehelfe GG 9 89 ff.; Rechtsgrundlagen des Koalitionsrechts GG 9 12 ff.; Rechtsprechung zur Normkonkretisierung GG 9 85; Schranken GG 9 80 f.; Spezialfall der Vereinigungsfreiheit GG 9 25; Tarifautonomie siehe dort; Tariftreueregelungen GG 9 71 f.; Vereinigungsfreiheit, Streitigkeiten siehe dort; Verfassungsbeschwerde GG 9 89 f.; verfassungsgerichtliche Schrankenziehung GG 9 83 f.; völkerrechtliche Regelwerke GG 9 15; Wesentlichkeitstheorie GG 9 88; siehe auch „Arbeitgeberverband", „Gewerkschaften", „Koalitionseigenschaft", „Tariffähigkeit"
Kommanditisten, Beschäftigungsverhältnis mit KG SGB IV 7 22; Geltung des BetrAVG BetrAVG 17 15
Konkurrentenklage, einstweilige Verfügung ArbGG 62 87
Konzern BetrVG 54 2 ff.; Arbeitnehmer BetrVG 5 30; Arbeitnehmerüberlassung AÜG 1 53 f.; Auslandsbezug BetrVG 54 9 f.; Einkommensteuer bei Abfindungen – Umsetzung EStG 3 29; faktischer Konzern BetrVG 54 5; Gemeinschaftsunternehmen BetrVG 54 6; Gleichbehandlungsgrundsatz BGB 611 200, GG 3 55; Konzern im Konzern BetrVG 54 7 f.; Mitbestimmung bei ~interner Arbeitnehmerüberlassung BetrVG 99 23; Sozialplan BetrVG 112 77; Spartenbetriebsräte BetrVG 3 10 f.; Unternehmensmitbestimmung (MitbestG) MitbestG 5 1 ff.; Unterordnungs~ BetrVG 54 3 ff.; Vertrags- oder Eingliederungs~ BetrVG 54 4; Weiterbeschäftigung im ~ und Betriebsrat BetrVG 102 73
Konzernbetriebsrat, abweichende Mitgliederzahl BetrVG 55 5; Ausschluss von Mitgliedern BetrVG 56 1 ff.; Beschlussfassung BetrVG 59 7 f.; Entsendung bei (paritätischen) Gemeinschaftsunternehmen BetrVG 55 6; Erlöschen der Mitgliedschaft BetrVG 57 1 ff.; Errichtung BetrVG 54 1 ff.; Errichtungsbeschlüsse BetrVG 54 12; Ersatzmitglieder BetrVG 55 3; keine feststehende Dienstzeit BetrVG 54 13; Geschäftsführung BetrVG 59 4 ff.; Konstituierung BetrVG 59 2 f.; Konzernbetriebsausschuss BetrVG 59 5; Konzernunternehmen mit nur einem Betriebsrat BetrVG 54 14; Stimmengewichtung BetrVG 55 4; Streitigkeiten bei Errichtung oder Auflösung BetrVG 54 21; Streitigkeiten über Geschäftsführung und innere Ordnung BetrVG 59 9; Streitigkeiten bei Zusammensetzung, Stimmengewichtung BetrVG 55 7; Umstrukturierungen BetrVG 54 15 ff.; Voraussetzungen für Errichtung BetrVG 54 2 ff.; Zusammensetzung BetrVG 55 2 f.; Zuständigkeit siehe „Konzernbetriebsrat, Zuständigkeit"; siehe auch „Konzern"

Stichwortverzeichnis

Konzernbetriebsrat, Zuständigkeit BetrVG 58 1 ff.; kraft Auftrags BetrVG 58 12 ff.; Einzelfälle BetrVG 58 5 ff.; fehlende Regelungsmöglichkeit im Unternehmen BetrVG 58 4; kraft Gesetzes BetrVG 58 2 ff.; gesetzliche Zuweisung BetrVG 58 9; Streitigkeiten BetrVG 58 15; Unternehmen ohne Gesamtbetriebsrat BetrVG 58 10; unternehmensübergreifender Bezug BetrVG 58 3

Konzernbetriebsvereinbarung BetrVG 58 11; Abweichungen durch betriebliche Übung BGB 611 237; Betriebsübergang BetrVG 77 82, BGB 613a 259; Umstrukturierungen BetrVG 54 19 f.; Verhältnis zu Betriebsvereinbarung BetrVG 77 58

Konzern-Jugend- und Auszubildendenvertretung BetrVG 73a 1 ff.; Amtszeit BetrVG 73a 14 ff.; analoge Anwendung von Vorschriften BetrVG 73b 5 ff.; Ausschluss von Mitgliedern BetrVG 73b 22; Ausschüsse BetrVG 73b 8; Aussetzung von Beschlüssen des Konzernbetriebrats BetrVG 73b 27; Beschlussfassung BetrVG 73b 19 f.; besonderer Kündigungsschutz BetrVG 73b 32; Ehrenamt BetrVG 73b 14; Erlöschen der Mitgliedschaft BetrVG 73b 23; Errichtung BetrVG 73a 4 ff.; Geschäftsführung BetrVG 73b 1 ff.; Geschäftsordnung BetrVG 73b 13; Gewerkschaftsteilnahme BetrVG 73b 10 f.; konstituierende Sitzung BetrVG 73b 4; Konzern BetrVG 73a 5; Konzernbetriebsrat BetrVG 73a 12 f.; Kosten BetrVG 73b 17; mehrere Gesamt-Jugend- und Auszubildendenvertretungen BetrVG 73a 6 f.; Mitgliederzahl BetrVG 73a 17 f.; Quorum BetrVG 73a 8 f.; Rechte und Pflichten BetrVG 73b 21; Schulungsveranstaltungen BetrVG 73b 15 f.; Sitzungen BetrVG 73b 2 ff., 9; Sitzungsniederschrift BetrVG 73b 12; Stimmengewichtung BetrVG 73a 22 f.; Stimmengewichtung bei einheitlichem Betrieb BetrVG 73a 28; Streitigkeiten BetrVG 73a 30, BetrVG 73b 34 f.; Teilnahme an gemeinsamen Besprechungen BetrVG 73b 31; Teilnahme an Konzernbetriebsratssitzungen BetrVG 73b 28 ff.; Umlageverbot BetrVG 73b 18; Vorsitzender und Stellvertreter BetrVG 73b 7; Zuständigkeit BetrVG 73b 24 ff.; Zustimmung der Gesamt-Jugend- und Auszubildendenvertretungen BetrVG 73a 8 ff.; Zweck BetrVG 73a 3

Konzernschwerbehindertenvertretung, Teilnahme an Sitzungen des Konzernbetriebsrates BetrVG 59a 1 f.

Konzernsprecherausschuss SprAuG 24 1 ff.; Amtszeit SprAuG 24 7; Errichtung SprAuG 24 2 f.; Zuständigkeit SprAuG 24 5 f.

Körperbehinderung, Frage des Arbeitgebers BGB 123 25 f.

Kosten des Betriebsrats siehe „Betriebsratskosten"

Kosten im Urteilsverfahren ArbGG 12 1 ff., ArbGG 12a 3; Änderungsschutzklage KSchG 2 97 ff.; Anrufung eines unzuständigen Gerichts ArbGG 12a 12; Arbeitsgericht ArbGG 12a 1, 4 ff.; Ausschluss der Kostenerstattung ArbGG 12a 4 ff.; Landesarbeitsgericht ArbGG 12a 2, 13; notwendige Kosten ArbGG 12a 11; Parteivereinbarung ArbGG 12a 8; Reisekosten ArbGG 12a 9

Kraftfahrer, Arbeitszeit ArbZG 3 14 ff.; Lenkzeiten ArbZG 3 16; Ruhezeit ArbZG 3 18, ArbZG 5 5; Sonn- und Feiertage ArbZG 9 4; Unterbrechungen ArbZG 3 17; verhaltensbedingte Kündigung KSchG 1 231

Krankenfürsorge BGB 617 1 ff.; Anspruchsvoraussetzungen BGB 617 4 ff.; Rechtsfolgen BGB 617 12 ff.; Sonderregeln BGB 617 16; Unabdingbarkeit im Voraus BGB 619 1 f.

Krankengeld EFZG 3 8 f.; Zuschuss zum ~ EFZG 4 54 f.

Krankenhäuser, Arbeitszeit ArbZG 14 17; Ruhezeit ArbZG 5 3 f.

Krankenversicherung, Arbeitskampf GG 9 338; Elternzeit BErzGG Vor 15-21 12; Sperrzeit SGB III 144 36

Krankheit EFZG 3 34 ff.; aufeinander folgende ~en EFZG 3 105 f.; außerordentliche Eigenkündigung BGB 626 332; außerordentliche Kündigung BGB 626 186 ff.; Begriff KSchG 1 136; dieselbe ~ bei Fortsetzungs-~ EFZG 3 98 ff.; Fortsetzungs-~ EFZG 3 96 ff., 115 ff.; Frage des Arbeitgebers BGB 123 19; Organspenden EFZG 3 40; regelwidriger Körper- und Geisteszustand EFZG 3 38 ff.; Schwangerschaft EFZG 3 39; sich überschneidende ~en EFZG 3 107 ff.; während des Urlaubs BUrlG 9 1 ff.; Ursache EFZG 3 41; verhaltensbedingte Kündigung wegen Pflichtverletzung KSchG 1 232; wiederholte Arbeitsunfähigkeit infolge derselben ~ EFZG 3 111 ff.; siehe auch „Arbeitsunfähigkeit"

Krankheitsbedingte Kündigung KSchG 1 136 ff.; Alkohol- und Drogensucht KSchG 1 119 ff.; Beteiligung des Betriebs/Personalrats KSchG 1 167; Betriebsablaufstörungen KSchG 1 144; Darlegungs- und Beweislast hinsichtlich erheblicher Beeinträchtigung betrieblicher Interessen KSchG 1 173; Darlegungs- und Beweislast hinsichtlich Interessenabwägung KSchG 1 174; Darlegungs- und Beweislast vor Kündigungsausspruch KSchG 1 168; Darlegungs- und Beweislast im Kündigungsschutzprozess KSchG 1 169 ff.; Darlegungs- und Beweislast hinsichtlich negativer Prognose KSchG 1 170 ff.; Darlegungs- und Beweislast hinsichtlich Weiterbeschäftigungsmöglichkeit KSchG 1 175; Entgeltfortzahlungskosten KSchG 1 145; erhebliche Beeinträchtigung betrieblicher Interessen bei häufigen Kurzerkrankungen KSchG 1 144 f.; erhebliche Beeinträchtigung betrieblicher Interessen bei Langzeiterkrankung KSchG 1 150; erhebliche Beeinträchtigung betrieblicher Interessen bei Minderung der Leistungsfähigkeit KSchG 1 153; Interessenabwägung KSchG 1 140; Interessenabwägung bei häufigen Kurzerkrankungen KSchG 1 146; Interessenabwägung bei Langzeiterkrankung KSchG 1 151; Interessenabwägung bei Minderung der Leistungsfähigkeit KSchG 1 154; negative Gesundheitsprognose bei häufigen Kurzerkrankungen KSchG 1 142 f.; negative Gesundheitsprognose bei Langzeiterkrankung KSchG 1 147 ff.; negative Gesundheitsprognose bei Minderung der Leistungsfähigkeit KSchG 1 152; Personalreserve KSchG 1 145; Überbrückungsmaßnahmen KSchG 1 144

Kreditierungsverbot GewO 107 47 ff.

Kündigung und Anfechtung des Arbeitsvertrags KSchG 1 43 f.; Außerordentliche Kündigung siehe dort; Berufsausbildungsverhältnis BBiG 15 1 ff.; Beseitigung KSchG 1 38; Beteiligungsrechte bei Kündigung siehe dort; Beteiligungsrechte des Sprecherausschusses SprAuG 31 4 f.; Erklärungs- und Willensmängel 13 29; Freistellung bei BGB 611 179 f.; Freizeit zur Stellensuche BGB 629 6 f.; Gleichbehandlungsgrundsatz BGB 611 190; Inhalt der Erklärung KSchG 1 123; Kündigungsgründe, Angabe KSchG 1 29; Maßregelungsverbot BGB 612a 13, 32; Mischtatbestände BGB 626 88 ff.; nachvertragliches Wettbewerbsverbot unwirksamer ~ HGB 74 62; und nichtiger Arbeitsvertrag KSchG 1 43; Ort und Zeit KSchG 1 28; Rücknahme KSchG 4 44 ff.; Schriftform BGB 623 17 ff., KSchG 1 28; Schriftsatz-~ KSchG 1 33; sittenwidrige KSchG 13 19 ff.; sonstige Beendigungstatbestände KSchG 1 39 f.; aus sonstigen Gründen unwirksame ~ und KSchG KSchG 13 22 ff.; Streitwert ArbGG 12 16 ff.; Suspendierung bei ~ BGB 611 177; Tarifklauseln TVG 1 123; Tarifvertrag TVG 1 24 ff.; Umdeutung KSchG 1 36; Urlaubsanspruch BUrlG 1 31, 7 36 ff.; als Verstoß gegen gesetzliches Verbot KSchG 13 24; Verstoß gegen Schriftformerfordernis BGB 623 44 ff.; Verstoß gegen Treu und Glauben KSchG 13 25 f.; Vertragspflichtverletzung durch rechtsunwirksame ~ KSchG Vorb. vor 1 45 f.; Vertretung KSchG 1 30; vorsorgliche KSchG 1 26; Vorvertrag BGB 611 29; Zugang der Kündigung siehe dort; siehe auch „Kündigungsgrund"

Kündigungseinspruch KSchG 3 1 ff.

Kündigungsfrist BGB 622 1 ff.; Abdingbarkeit bei Dienstverhältnis BGB 621 29 ff.; Altfälle BGB 622 15 ff.; An-

Stichwortverzeichnis

stellung auf Lebenszeit **BGB 624** 10 ff.; Anwendungsbereich **BGB 622** 23 ff.; Benachteiligungsverbot **BGB 622** 57 ff.; Berechnung **BGB 622** 126 ff.; Beschäftigungszeiten **BGB 622** 33 ff.; besondere ~en **BGB 622** 37 ff.; Betriebsratswahlberechtigung während ~ **BetrVG 7** 14; Betriebsrat, Wählbarkeit nach Ablauf der ~ **BetrVG 8** 7; Darlegungs- und Beweislast **BGB 622** 131 f.; Dienstverhältnis für länger als fünf Jahre **BGB 624** 13 f.; Dienstverhältnisse **BGB 621** 1 ff.; Eigenkündigung zum Ende der Elternzeit **BErzGG 19** 1 ff.; einzelvertragliche Regelung **BGB 622** 96 ff.; Entstehungsgeschichte **BGB 622** 7 ff.; Fristen bei Dienstverhältnis **BGB 621** 18 ff.; Grund-~ **BGB 622** 30; Günstigkeitsvergleich Einzelvertrag/Tarifvertrag **BGB 622** 104 ff.; Insolvenz **BGB 622** 17, **InsO 113** 8; Leiharbeitsvertrag **AÜG 11** 22; Nachweis der ~en **NachwG 2** 37; soziale Auslauffrist **BGB 622** 4, **BGB 626** 372 ff.; Tarifvertragliche Kündigungsfristen *siehe dort*; Unabdingbarkeit des § 624 **BGB BGB 624** 21 ff.; ungleiche ~ Arbeiter/Angestellte **BGB 611** 221, **GG 3** 21; verlängerte ~en **BGB 622** 31 f.; Verträge über fünf Jahre **BGB 624** 1 ff.; Vollendung des 25. Lebensjahres **BGB 622** 3

Kündigungsgrund, Abgrenzung zur außerordentlichen Kündigung **KSchG 1** 66 f.; Altersteilzeit **ATZG 8** 2 ff.; bei Berufsausbildungsverhältnis **BBiG 15** 12; Betriebsübergang *siehe* „Kündigungsverbot wegen Betriebsübergang"; Beurteilungszeitraum **KSchG 1** 73 f.; Dreiteilung der Kündigungsgründe **KSchG 1** 55; gemischte Sachverhalte **KSchG 1** 70; Konkurrenz der Kündigungstatbestände **KSchG 1** 68 f.; Leistungsstörungen **BGB 611** 414; mehrere Sachverhalte **KSchG 1** 69; Nachschieben von Kündigungsgründen *siehe dort*; objektives Bestehen bei Kündigungsgrund **KSchG 1** 59; Störung des Vertragsverhältnisses **KSchG 1** 60; ultima ratio **KSchG 1** 63; Zukunftsbezogenheit **KSchG 1** 61 f.

Kündigungsschutz, Arbeitnehmerbegriff **KSchG 1** 3 ff.; außerhalb des Kündigungsschutzes **KSchG Vorb. vor 1** 14 ff.; Berufsfreiheit **GG 12** 73 ff.; in besonderen Betrieben **KSchG Vorb. vor 1** 35 ff.; in besonderen Rechtslagen **KSchG Vorb. vor 1** 42 ff.; Darlegungs- und Beweislast **KSchG 1** 51 ff.; Dreiteilung der Kündigungsgründe **KSchG 1** 55; einzelvertraglicher **KSchG Vorb. vor 1** 20; Entstehung und Entwicklung **KSchG Vorb. vor 1** 1 ff.; Gleichbehandlungsgrundsatz **KSchG 1** 71; grundrechtlicher Rahmen **KSchG Vorb. vor 1** 7 ff.; Insolvenz **KSchG Vorb. vor 1** 42 ff.; Interessenabwägung **KSchG 1** 64 f.; kirchliche Arbeitnehmer **BGB Vorb. 128** f.; kollektivvertraglicher **KSchG Vorb. vor 1** 19; Kündigungsschutzgesetz *siehe dort*; Verzicht **KSchG Vorb. vor 1** 26 ff.

Kündigungsschutz bei Altersrente, Entwicklungsgeschichte des § 41 SGB VI **SGB VI 41** 1; geschützter Personenkreis **SGB VI 41** 2 f.; Rechtsfolgen **SGB VI 41** 5; Umfang des Kündigungsschutzes **SGB VI 41** 4; Zweck des § 41 SGB VI **SGB VI 41** 1

Kündigungsschutzgesetz, Angestellte in leitender Stellung **KSchG 14** 1 ff.; Arbeitnehmerbegriff **KSchG 1** 3 ff.; Berufsfreiheit **GG 12** 74 f.; betrieblicher Geltungsbereich **KSchG 23** 1 ff.; Entstehung und Entwicklung **KSchG Vorb. vor 1** 1 ff.; Geltungsbereich des 3. Abschnitts **KSchG 23** 18 f.; Inkrafttreten **KSchG 26** 1; internationaler Geltungsbereich **KSchG Vorb. vor 1** 31 ff.; Kleinbetriebsklausel *siehe dort*; Konzeption **KSchG Vorb. vor 1** 21 ff.; leitende Angestellte **KSchG 14** 8 f.; Luftverkehrsbetriebe **KSchG 24** 1 ff.; Organvertreter **KSchG 14** 3 ff.; Schifffahrtsbetriebe **KSchG 24** 1 ff.; Vertreter von Personengesamtheiten **KSchG 14** 7; Wartezeit (KSchG) *siehe dort*; zwingende Geltung **KSchG Vorb. vor 1** 24

Kündigungsschutzklage/-verfahren KSchG 4 9 ff.; Änderungskündigung **KSchG 2** 84 ff.; Anträge bei Änderungsschutzklage **KSchG 2** 87 ff.; Auflösungsantrag *siehe dort*; Ausschlussfrist bei außerordentlicher Kündigung **BGB 626** 477 ff.; außerordentliche Kündigung **BGB 626** 459, **KSchG 13** 7 ff.; Beklagter bei Betriebsübergang **KSchG 4** 19; besondere Prozessförderungspflicht **ArbGG 61a** 1 ff.; Betriebsratsmitglied, Amtsausübung **BetrVG 24** 5; bei Betriebsübergang **BGB 613a** 376; Entscheidung des Arbeitsgerichts **KSchG 4** 47 ff.; Feststellungsklage **KSchG 4** 10 f., 49; Form der Klage **KSchG 4** 12 f.; Hinweispflicht des Gerichts **KSchG 6** 11; Inhalt der Klageschrift **KSchG 4** 14 ff.; Klagefrist (KSchG) *siehe dort*; Lohnansprüche **KSchG 4** 50 f.; Nachschieben von Gründen und Betriebsratsanhörung **BetrVG 102** 40 ff.; namentliche Bezeichnung gemäß § 126 Abs. 1 InsO **InsO 127** 1 ff.; namentliche Bezeichnung bei Interessenausgleich **InsO 125** 16; Nichtfortsetzungserklärung *siehe dort*; Person des Beklagten **KSchG 4** 17 ff.; Prozessverwirkung **KSchG 7** 4; Rechtskraftumfang bei außerordentlicher Kündigung **BGB 626** 487 ff.; Revision/Revisibilität des wichtigen Grundes **BGB 626** 484 ff.; Rücknahme der Kündigung **KSchG 4** 46; schiedsgerichtliches Verfahren **ArbGG 104** 3; Stellungnahme gemäß § 3 KSchG **KSchG 4** 40; Streitwert bei Kündigungsschutzklage neben Leistungsklage **ArbGG 12** 21; Streitwert bei Kündigungsschutzklage neben Weiterbeschäftigungsanspruch **ArbGG 12** 20; Urlaubsanspruch **BUrlG 7** 37, **KSchG 4** 52; Urlaubsanspruch und Schadensersatz **BUrlG 7** 146 f.; Wirksamwerden der Kündigung **KSchG 7** 1 ff.; Zulassung verspäteter Klagen *siehe dort*; zuständiges Gericht **KSchG 4** 20 f.; *siehe auch* „Zwischenverdienst"

Kündigungsverbot wegen Betriebsübergang BGB 613a 304 ff.; Fortsetzungs-/Wiedereinstellungsanspruch **BGB 613a** 308; Rationalisierungs-/Sanierungskündigungen **BGB 613a** 313 f.; Reichweite **BGB 613a** 309 ff.; Veräußererkündigung auf Erwerberkonzept **BGB 613a** 314; „wegen" des Betriebsübergangs **BGB 613a** 305 ff.; Zweck **BGB 613a** 304

Künstler, Arbeitnehmerstatus **BGB Vorb. 74**

Kur *siehe* „Maßnahme der medizinischen Vorsorge oder Rehabilitation"

Kurzarbeit BGB 611 317; Annahmeverzug des Arbeitgebers **BGB 615** 24; Anordnung **SGB III 169** 2; Entgeltfortzahlung an Feiertagen **EFZG 2** 25, 50 ff.; Entgeltfortzahlung im Krankheitsfall **EFZG 3** 25, **EFZG 4** 57 f.; Klauseln **GewO 106** 80; Kurzarbeitergeld *siehe dort*; Massenentlassungen **KSchG 19** 1 ff.; Mitbestimmung **BetrVG 87** 84, **GewO 106** 37; Mitbestimmung bei Arbeitskampf **GG 9** 326; Tarifklauseln **TVG 1** 124; Urlaubsberechnung **BUrlG 3** 39 ff.; Urlaubsentgelt **BUrlG 11** 44 ff.; Weisungsrecht **GewO 106** 36; Zuständigkeit des Gesamtbetriebsrates **BetrVG 50** 8

Kurzarbeitergeld, Anzeige bei Agentur für Arbeit **SGB III 173** 1 ff.; Arbeitsausfall **SGB III 170** 1 ff.; Arbeitskampf **GG 9** 336 f., **SGB III 174** 1 ff.; Arbeitsplatzerhalt **SGB III 169** 1; betriebliche Voraussetzungen **SGB III 171** 1 ff.; Dauer **SGB III 177** 1 ff.; Mitwirkung an Vermittlungsbemühungen des Arbeitsamtes **SGB III 172** 10 ff.; persönliche Voraussetzungen **SGB III 172** 1 ff.; Rechtswegzuständigkeit bei Arbeitskampf **ArbGG 2** 17 f.; Sozialversicherungsbeiträge **SGB III 179** 3; Struktur-~ **SGB III 175** 1 ff.; Transfer-Kurzarbeitergeld *siehe* „Transferleistungen"; versicherungspflichtige Beschäftigung **SGB III 172** 2 f.; *siehe auch* „Arbeitslosengeld bei Arbeitskämpfen"

Kürzung von Sondervergütungen EFZG 4a 1 ff.; Arbeitsentgelt **EFZG 4a** 27; Arbeitstage im Referenzzeitraum **EFZG 4a** 28 f.; Grenzen **EFZG 4a** 22 ff.; Jahreszeitraum **EFZG 4a** 25 f.; Kleingratifikationen **EFZG 4a** 10; Krankheitszeiten **EFZG 4a** 17 ff.; Maßnahmen der medizinischen Vorsorge und Rehabilitation **EFZG 9** 35; Normzweck und Entstehung **EFZG 4a** 1 ff.; Sondervergütungen **EFZG 4a** 4 ff.; Vereinbarung **EFZG 4a** 11 ff.

Stichwortverzeichnis

Ladenschlussgesetz, Ersatzfreistellungen ArbZG 9 8; Sonn- und Feiertage ArbZG 9 6 ff.
Ladungsfrist ArbZG 47 11 f.
Landesarbeitsgericht, Prozessvertretung ArbGG 11 9 ff.
Landwirtschaft, Ruhezeit ArbZG 5 3; Sonn- und Feiertagsarbeit ArbZG 10 13
Lehrbeauftragte BGB Vorb. 31
Lehrer, Arbeitnehmer oder freie Mitarbeiter BGB Vorb. 69 f., BUrlG 2 7
Leiharbeit siehe „Arbeitnehmerüberlassung"
Leiharbeitnehmer, Arbeitskampf AÜG 11 25 ff.; Arbeitsschutz AÜG 11 31 f.; Auskunftsanspruch AÜG 13 1 f.; betriebsverfassungsrechtliche Rechte AÜG 14 6 ff.; betriebsverfassungsrechtliche Zuordnung AÜG 14 1 ff.; Erfindung/technischer Verbesserungsvorschlag AÜG 11 33; Gleichstellungsanspruch AÜG 10 28; Kündigungsfrist BGB 622 26; Kündigungsfrist, Verkürzung BGB 622 113; siehe auch „Leiharbeitsvertrag"
Leiharbeitsvertrag AÜG 1 7 ff.; Annahmeverzug AÜG 11 23 f.; Arbeitsentgelt AÜG 11 13; Arbeitsort AÜG 11 11; Arbeitszeit AÜG 11 14; Befristungsdauer AÜG 11 10; Beginn AÜG 11 9; Einstellungsverbot AÜG 9 15 ff.; fehlende Verleihererlaubnis AÜG 9 4 f., 9 ff.; Fiktion eines Arbeitsverhältnisses zum Entleiher AÜG 10 1 ff.; gesamtschuldnerische Haftung bei Unwirksamkeit AÜG 10 24 ff.; Hinweis auf Tarifverträge/Betriebsvereinbarungen AÜG 11 17; Hinweis bei Wegfall der Erlaubnis AÜG 11 21; Kündigungsfristen AÜG 11 16, 22; Leistungen wenn nicht verliehen AÜG 11 7; Merkblatt der Erlaubnisbehörde AÜG 11 20; Nachweis wesentlicher Vertragsbedingungen AÜG 11 1 ff., NachwG Vorb. 16 ff.; persönliche Daten AÜG 11 8; Schadensersatz bei Unwirksamkeit AÜG 10 18 ff.; Tätigkeitsbeschreibung AÜG 11 12; Urlaub AÜG 11 15; Verleiherdaten AÜG 11 6; siehe auch „Leiharbeitnehmer"
Leistungsbestimmungsrechte siehe „Direktionsrecht"
Leistungsklage ArbGG 46 12; Streitwert bei ~ neben Kündigungsschutzklage ArbGG 12 21; Urlaubsanspruch BUrlG 7 55 ff.
Leistungslohn siehe „Akkordarbeit"
Leistungsstörungen BGB 611 387 ff.; Haftung des Arbeitgebers BGB 619a 66 ff.
Leistungsverweigerungsrecht, Entgeltfortzahlung EFZG 7 1 ff.; faktische und praktische Unmöglichkeit BGB 611 391; Klauselverbote BGB 309 2 f.; Leiharbeitnehmer bei Arbeitskampf AÜG 11 25 ff.; persönliche Unzumutbarkeit BGB 611 392 ff.; sexuelle Belästigung BeschSchG 4 6 ff.; Vergütungsanspruch BGB 611 399 f., 403
Leitende Angestellte BetrVG 5 45 ff., BGB Vorb. 108 ff.; Abfindungsschutz KSchG 14 8 ff.; Anhörung gemäß § 102 BetrVG BetrVG 102 7 ff.; ArbZG, Nichtanwendbarkeit ArbZG 18 2; Auskunftsperson für Betriebsrat BetrVG 80 125; Begriff BGB Vorb. 109; Behandlung bei letzter Wahl einer Arbeitnehmervertretung BetrVG 5 60; kein Beschwerderecht BetrVG 84 2; keine Beteiligungsrechte des Betriebsrates bei Personalplanung BetrVG 92 20; funktionaler Grundtatbestand BetrVG 5 55 ff.; Gegenreinheit einer Koalition GG 9 43 f.; Generalvollmacht BetrVG 5 52 f.; Information des Betriebsrates in personellen Angelegenheiten BetrVG 105 1 ff.; Legaldefinition BetrVG 5 46 ff.; Leitungsebene BetrVG 5 61; Prokura BetrVG 5 52, 54; regelmäßiges Jahresarbeitsentgelt BetrVG 5 62 f.; selbständige Einstellungs- und Entlassungsberechtigung BetrVG 5 49 ff.; Sprecherausschuss siehe dort; Streitigkeiten BetrVG 5 64; Unterstützung durch Sprecherausschuss SprAuG 26 1; Versammlung der leitenden Angestellten siehe dort; Wirtschaftsausschuss BetrVG 107 9; Zweifelsfälle BetrVG 5 59 ff.
Leitende Angestellte, Zuordnungsverfahren BetrVG 18a 1 ff.; gegenseitige Unterrichtung BetrVG 18a 3; gemeinsame Sitzung der Wahlvorstände BetrVG 18a 4; Streitigkeiten BetrVG 18a 11 ff.; Vermittler BetrVG 18a 5 ff.; nicht zeitgleiche Verfahren BetrVG 18a 9 f.; zeitgleiche Wahlen BetrVG 18a 2 ff.; Zweck BetrVG 18a 1
Lohngleichheit siehe „Entgeltgleichheit (BGB)", „Entgeltgleichheit (EG)"
Lohnpfändungen, Abschlagszahlungen BGB 614 27 f.; personenbedingter Kündigungsgrund KSchG 1 159; Pfändungsschutz siehe dort; Vorschüsse BGB 614 27 f.
Lohnsteuer siehe „Einkommensteuer"
Lohnsteuerkarte, Kinder JArbSchG 54 4; materiellrechtlicher Anspruch des Arbeitnehmers ArbGG 2 91; Rechtswegzuständigkeit ArbGG 2 86 ff.
Luftfahrt, Arbeitszeit ArbZG 20 1; Kündigungsschutzgesetz KSchG 24 1 ff.

Mahnverfahren ArbGG 46a 1 ff.; allgemeine Verfahrensvoraussetzungen ArbGG 46a 2; Antrag ArbGG 46a 9 ff.; automatisiertes ArbGG 46a 36; Durchführung ArbGG 46a 9 ff.; Entscheidung ArbGG 46a 17 ff.; erbrachte Gegenleistung ArbGG 46a 7; Erlass des Mahnbescheids ArbGG 46a 22 ff.; Formular ArbGG 46a 9; Güteverhandlung ArbGG 54 7; Inhalt des Antrags ArbGG 46a 1 ff.; Klauselverbote BGB 309 5; Kosten ArbGG 46a 34; keine öffentliche Bekanntmachung ArbGG 46a 8; örtliche Zuständigkeit ArbGG 46a 3; Rechtswegzuständigkeit ArbGG 2 10; Unterschrift ArbGG 46a 10; Vollmacht ArbGG 46a 11; Vollstreckungsbescheid ArbGG 46a 30 f.; Widerspruch ArbGG 46a 25 ff.; Zahlungsanspruch ArbGG 46a 4 ff.; Zurückweisung ArbGG 46a 18 ff.; Zuständigkeit ArbGG 48 12; Zustellung des Mahnbescheids ArbGG 46a 24
Mankohaftung BGB 619a 47 ff.; Beweislast BGB 619a 53; Formulararbeitsvertrag BGB Anhang zu 305-310 2; gesetzliche BGB 619a 48 f.; vertragliche BGB 619a 51 ff.
Massenänderungskündigung zur Druckausübung GG 9 248 ff.
Massenentlassungen KSchG 17 1 ff.; Anzeigepflicht KSchG 17 27 ff.; Arbeitnehmerzahl KSchG 17 8 ff.; Aufhebungsvertrag KSchG 9 Anhang 15; Auskunftspflicht gegenüber Betriebsrat KSchG 17 20; Beherrschungsklausel KSchG 17 37; Beratung mit Betriebsrat KSchG 17 24; Beteiligung des Betriebsrats KSchG 17 17 ff.; betrieblicher Anwendungsbereich KSchG 17 7; Entlassungssperre KSchG 18 1 ff.; Entscheidungen der Agentur für Arbeit KSchG 20 1 ff.; Entscheidungen der Agentur für Arbeit bei besonderen Betrieben KSchG 21 1 ff.; Freifrist KSchG 18 13; Geltungsbereich KSchG 23 18 f.; Kündigung durch Arbeitgeber KSchG 17 13; Kurzarbeit KSchG 19 1 ff.; Mindestinhalt der Anzeige KSchG 17 34; persönlicher Geltungsbereich KSchG 17 4; Pflichten nach BetrVG KSchG 17 25 f.; Rechtsfolgen der Anzeige KSchG 17 38 ff.; sachlicher Geltungsbereich KSchG 17 5; Saison- und Kampagnebetriebe KSchG 22 1 ff.; Sollangaben der Anzeige KSchG 17 35; Spaltung/Teilübertragung UmwG 323 12; während Sperrfrist KSchG 18 4 ff.; Stellungnahme des Betriebsrats KSchG 17 32 f.; Unterrichtung zwischen Arbeitgeber und Betriebsrat KSchG 17 36; Unterrichtungspflicht gegenüber Betriebsrat KSchG 17 21 ff.; Verlängerung der Sperrfrist KSchG 18 12; Voraussetzungen der Anzeigepflicht KSchG 17 6 f.; Zahl der Entlassungen KSchG 17 12 f.; Zeitraum der Entlassungen KSchG 17 15 f.
Maßnahme der medizinischen Vorsorge oder Rehabilitation BUrlG 10 1 ff., EFZG 9 1 ff.; analoge Anwendung des EFZG EFZG 9 21 ff.; Anlasskündigung EFZG 9 40; Arbeitsverhinderung EFZG 9 23 ff.; ärztliche Verordnung EFZG 9 18; Beginn, Ende, Dauer des Entgeltfortzahlungsanspruchs EFZG 9 28 ff.; Begriff EFZG 9 5 ff.; Be-

Stichwortverzeichnis

willigung **EFZG 9** 13 ff.; Entgelt **EFZG 9** 34; Entgeltfortzahlungsanspruch **BUrlG 10** 14 ff.; Forderungsübergang bei Dritthaftung **EFZG 9** 36; Gesetzesgeschichte **BUrlG 10** 1 ff.; Kürzung Sondervergütung **EFZG 9** 35; Leistungsverweigerungsrecht des Arbeitgebers **EFZG 9** 37 f., 46 f.; Maßnahmen der medizinischen Rehabilitation **EFZG 9** 8 ff.; Maßnahmen der medizinischen Vorsorge **EFZG 9** 7; medizinische Rehabilitation **BUrlG 10** 6 ff.; medizinische Vorsorgeleistungen **BUrlG 10** 6; Nachweis **EFZG 9** 42 f., 45; Normzweck und Entstehung **EFZG 9** 1 ff.; personenbedingter Kündigungsgrund **KSchG 1** 155; Rechtsfolgenanordnung **BUrlG 10** 20 ff.; Schonungszeiten **BUrlG 10** 11 ff., **EFZG 9** 19 f.; Tarifvertrag **BUrlG 13** 55; Übergangsvorschrift **BUrlG 15a** 1; Unterrichtung **EFZG 9** 42 ff.; Urlaub im Anschluss **BUrlG 7** 35, **BUrlG 10** 11 ff.; Verschulden des Arbeitnehmers **EFZG 9** 27; vorläufiges Leistungsverweigerungsrecht des Arbeitgebers **EFZG 9** 7 10

Maßregelungsverbot, Arbeitgeber **BGB 612a** 5; Arbeitnehmer **BGB 612a** 4; Arbeitskampf **GG 9** 318; auflösend bedingter Arbeitsvertrag **TzBfG 21** 4; Benachteiligung **BGB 612a** 7 ff.; Beweislast **BGB 612a** 35; Entstehungsgeschichte **BGB 612a** 1; Fallgruppen **BGB 612a** 13 ff.; Kausalität **BGB 612a** 10 f.; Maßnahme **BGB 612a** 6; Normzweck **BGB 612a** 2; Rechtsfolgen **BGB 612a** 31 ff.; sexuelle Belästigung **BeschSchG 4** 11; Tarifklauseln **TVG 1** 126; TzBfG, Inanspruchnahme von Rechten **TzBfG 5** 1 ff.; Vereinbarung **BGB 612a** 6; Verlangen der Erfüllung der Nachweispflicht **NachwG Vorb.** 38; Voraussetzungen **BGB 612a** 4 ff.; zulässige Rechtsausübung **BGB 612a** 12

Medienmitarbeiter, Arbeitnehmer oder freie Mitarbeiter **BetrVG 5** 31, **BGB Vorb.** 62 ff.; Befristungsgrund Eigenart der Arbeitsleistung **TzBfG 14** 32 f.; Berufsfreiheit **GG 12** 81

Mehrarbeit BGB 611 315; Abrufarbeit **TzBfG 12** 7; Annahmeverzug des Arbeitgebers **BGB 615** 15; stillschweigend vereinbarte Vergütung **BGB 612** 23; Vergütung siehe „Überstundenvergütung"

Meinungsäußerung BGB 611 378 ff.; außerordentliche Kündigung **BGB 626** 207 ff.; verhaltensbedingter Kündigungsgrund **KSchG 1** 235

Mietvertrag, Betriebsübergang **BGB 613a** 212

Minderjährige ArbGG 11 2; Aufhebungsvertrag **KSchG 9** Anhang 10; Berufsausbildungsvertrag **BBiG 3** 7 f.; Gewerkschaftsbeitritt **GG 9** 100; nachvertragliches Wettbewerbsverbot **HGB 74a** 19

Minderleistung, verhaltensbedingter Kündigungsgrund **KSchG 1** 239

Mitarbeiterversammlungen BetrVG 42 11

Mitarbeitervertretung, Kündigungsanhörung **BetrVG 102** 52; Recht der – **BGB Vorb.** 131

Mitbestimmung, Unternehmensmitbestimmung siehe dort; siehe im Übrigen "Beteiligungsrechte ..."

Mitteilungs/Berichtspflichten, außerordentliche Kündigung bei Verstoß **BGB 626** 254 f.

Mittelbares Arbeitsverhältnis BGB Vorb. 116 ff., **BGB 613** 6; Kündigungsschutz **KSchG 1** 6

Mobbing BGB 611 256, 354 f.

Monatsgespräch BetrVG 74 3 ff.; Sinn **BetrVG 74** 3; Teilnahmerecht **BetrVG 74** 5 f.; volle Besetzung **BetrVG 74** 4

Montan-Mitbestimmung, Anwendungsbereich **Montan-MitbestG 1** 7 ff.; Aufsichtsrat (Montan-MitbestG) siehe dort; Besitzstandsklausel **Montan-MitbestG 1** 20 f.; Konzernwahlklausel **Montan-MitbestG 1** 18 f.; Mitbest-ErgG **Montan-MitbestG 1** 22 ff.; rechtstatsächliche Bedeutung **Montan-MitbestG 1** 4; Rechtsverordnung **Montan-MitbestG 15** 1; Sicherungsgesetze **Montan-MitbestG 1** 3; als Sonderregelungen **Montan-MitbestG 1** 1 f.; verfassungsrechtliche Bedenken **Montan-MitbestG 1** 5 f.; Vorrang **Montan-MitbestG 2** 1 ff.

Mündliche Verhandlung ArbGG 57 1 ff.; Anhörung der Parteien **ArbGG 57** 5; Antragstellung **ArbGG 57** 3; Aufklärungs- und Hinweispflichten **ArbGG 57** 6 ff.; Einführung in den Sach- und Streitstand **ArbGG 57** 4; nach ergebnisloser Güteverhandlung **ArbGG 54** 45 ff.; Erledigung im ersten Termin **ArbGG 57** 10 ff.; Eröffnung **ArbGG 57** 2; Güteverhandlung **ArbGG 54** 4; Klage wegen geschlechtsbedingter Benachteiligung **ArbGG 61b** 12 f.; Prozessförderungspflicht **ArbGG 57** 15 ff.; Schließung **ArbGG 60** 5; Wiedereröffnung **ArbGG 60** 6; siehe auch „Streitige Verhandlung, Vorbereitung"

Mündlichkeitsgrundsatz, Ausschluss des schriftlichen Verfahrens **ArbGG 46** 7; Einigungsstellenverfahren **BetrVG 76** 43 f.

Musiker, Arbeitnehmerstatus **BGB Vorb.** 74

Mutterschaftsgeld, Berufsfreiheit **GG 12** 47; Umlageverfahren **LFZG 10** 8

Mutterschaftslohn, Streik **GG 9** 199; Umlageverfahren **LFZG 10** 8

Mutterschutz, Beschäftigungsverbot (Mutterschutz) siehe dort; Sonderkündigungsschutz nach MuSchG siehe dort

Nachschieben von Kündigungsgründen **KSchG 1** 88 ff.; außerordentliche Kündigung **BGB 626** 462 ff.; Betriebsratsanhörung **BetrVG 102** 40 ff., **BGB 626** 465 ff.; Grenzen **KSchG 1** 88 ff.; Verwirkung gemäß § 626 Abs. 2 BGB **KSchG 1** 89; Zustimmungsersetzungsverfahren **BetrVG 103** 19

Nachtarbeit ArbZG 6 1 ff.; arbeitsmedizinische Untersuchung **ArbZG 6** 7 ff.; Aufsichtsbehörde **ArbZG 6** 23; Ausgleich für ~ **ArbZG 6** 18 ff.; Begriff **ArbZG 2** 13; Gestaltung der Arbeit **ArbZG 6** 2 ff.; Gestaltungsempfehlungen **ArbZG 6** 4; Kündigung wegen Leistungseinschränkung **ArbZG 6** 16; Sanktionen **ArbZG 6** 5, 22; Umsetzung **ArbZG 6** 13 ff.; Verbot für Jugendliche **JArbSchG 14** 1 ff.; Weiterbeschäftigung auf Tagesarbeitsplatz **ArbZG 6** 14; Weiterbildung **ArbZG 6** 21; werktägliche Arbeitszeit **ArbZG 6** 6; Zuschläge **ArbZG 6** 20

Nachtarbeitnehmer ArbZG 2 14

Nachteilsausgleich BetrVG 113 1 ff.; Abfindungshöhe **BetrVG 113** 14; Abweichen vom Interessenausgleich **BetrVG 113** 4 ff.; Entlassung **BetrVG 113** 11; Kausalität **BetrVG 113** 11 f.; Streitwert **ArbGG 12** 26; unterlassener Versuch eines Interessenausgleichs **BetrVG 113** 10; Wirksamkeit der Kündigung **BetrVG 113** 13; zwingende Abweichung vom Interessenausgleich **BetrVG 113** 8

Nachtzeit ArbZG 2 12

Nachweis wesentlicher Vertragsbedingungen GewO 105 43 ff.; und AGB-Kontrolle **NachwG Vorb.** 5 f.; Änderungen **NachwG 3** 1 ff.; Änderungskündigung **KSchG 2** 6; Arbeitsentgelt **NachwG 2** 29 ff.; Arbeitsort **NachwG 2** 21 ff.; Aushändigung der Niederschrift **NachwG 2** 5 ff.; Aushändigung eines schriftlichen Arbeitsvertrages **NachwG 2** 62; Auslandseinsatz **NachwG 2** 48 ff.; Ausschlussfristen **NachwG 2** 63; Beendigung des Arbeitsverhältnisses **NachwG 2** 65; Befristungsdauer **NachwG 2** 18 ff.; Beweissituation **NachwG Vorb.** 39 ff.; Beweissituation bei Verletzung der Nachweispflicht **NachwG Vorb.** 41 ff.; Beweissituation bei Verstoß **NachwG Vorb.** 15; Datenschutz **NachwG Vorb.** 55; deklaratorischer Charakter **NachwG Vorb.** 13 f., **NachwG 2** 1; EG-Richtlinie **NachwG Vorb.** 7 ff.; Erfüllungsanspruch **NachwG Vorb.** 30 f.; Frist **NachwG 2** 8 ff.; andere Gesetze **NachwG Vorb.** 16 ff.; Gesetzeszweck **NachwG Vorb.** 1 ff.; Kollektivvereinbarungen **NachwG 2** 38 ff.; Kontrollmöglichkeiten nach BetrVG **NachwG Vorb.** 53 f.; Kündigungsfristen **NachwG 2** 37; Leiharbeitsverhältnis **AÜG 11** 1 ff., **NachwG Vorb.** 16 ff.; Maßregelungsverbot **NachwG Vorb.** 38; Mindestinhalt **NachwG 2** 2 ff.; Mindestkatalog **NachwG 2** 11 ff.; persönlicher Anwen-

Stichwortverzeichnis

dungsbereich **NachwG** 1 1 ff.; Rechtsmissbrauchseinwand **NachwG Vorb.** 35; Rüge der inhaltlichen Unrichtigkeit **NachwG Vorb.** 47 ff.; sanktionsfreier Verstoß **NachwG Vorb.** 27 ff.; Schadensersatzanspruch bei Verstoß **NachwG Vorb.** 32 ff.; Tätigkeitsbeschreibung **NachwG** 2 24 ff.; Teilersetzungsmöglichkeit durch Hinweis auf Kollektivregelungen **NachwG** 2 51 ff.; Teilersetzungsmöglichkeit durch Verweisung auf Gesetze **NachwG** 2 61; Übergangsregelung **NachwG** 4 1 ff.; Unabdingbarkeit **NachwG** 5 1 f.; Urlaubsdauer **NachwG** 2 35 f.; Verjährung **NachwG** 2 64; Verstoß **NachwG Vorb.** 27 ff.; Vertragsparteien **NachwG** 2 12 ff.; Verwirkung **NachwG** 2 66; „wesentlich" **NachwG** 2 3; Zeitpunkt des Beginns des Arbeitsverhältnisses **NachwG** 2 17; Zurückbehaltungsrecht bei Verstoß **NachwG Vorb.** 37

Nachwirkung von Tarifnormen TVG 4 5 ff.; Ablösung durch andere Abmachung **TVG** 4 11 f.; tarifdispositives Gesetzesrecht **TVG** 4 9; weitergeltende Normen **TVG** 4 10; Weitergeltung als Rechtsnorm **TVG** 4 7 ff.

NATO-Truppen, deutsche Gerichtsbarkeit **ArbGG** 1 6; Kündigungsschutz **KSchG Vorb. vor** 1 37 f.

Nebenarbeiten BGB 611 297

Nebenpflichten, Arbeitgeber **BGB** 611 239 ff.; Arbeitnehmer **BGB** 611 347 ff.; besondere ~ des Arbeitnehmers **BGB** 611 349; einzelne ~ des Arbeitgebers **BGB** 611 241 ff.; Sanktionen **BGB** 611 240; sonstige ~ des Arbeitnehmers **BGB** 611 386

Nebentätigkeit BGB 611 368 ff.; außerordentliche Kündigung **BGB** 626 256 ff.; berechtigte Interessen des Arbeitgebers **BGB** 611 372; Einzelfälle **BGB** 611 374; Entgeltfortzahlung **EFZG** 3 80; Folgen bei pflichtwidriger ~ **BGB** 611 375; gesetzlicher Rahmen **BGB** 611 369; öffentlicher Dienst **BGB** 611 373; personenbedingter Kündigungsgrund **KSchG** 1 128; Umfang **BGB** 611 371; verhaltensbedingter Kündigungsgrund **KSchG** 1 236; und Wettbewerbsverbot **HGB** 60 2; Wirksamkeitsvoraussetzung **BGB** 611 370

Nettolohnvereinbarung BGB 611 96 ff.; Änderung der maßgeblichen Umstände **BGB** 611 99; Auslegung **BGB** 611 98; besondere Arten **BGB** 611 101 ff.; Fehlbeträge **BGB** 611 100; Inhalt **BGB** 611 97

Neue Bundesländer, fristlose Kündigung nach Einigungsvertrag **BGB** 626 11 ff.; Insolvenzsicherung **BetrAVG** 7 25; Tarifrecht **TVG** 10 4 f.

Neueinstellung, derselbe Arbeitgeber **TzBfG** 14 95 f.; sachgrundlose Befristung bei ~ **TzBfG** 14 95 ff.

Nichtfortsetzungserklärung KSchG 12 1 ff.; nicht aufgelöstes Arbeitsverhältnis **KSchG** 12 2; außerordentliche Kündigung, Abgrenzung **BGB** 626 39 f.; Ausübung des Wahlrechts **KSchG** 12 4 f.; Beendigung des alten Arbeitsverhältnisses **KSchG** 12 6 f.; Fortsetzung des alten Arbeitsverhältnisses **KSchG** 12 5; neues Arbeitsverhältnis **KSchG** 12 3; Schriftform **BGB** 623 19; Vergütungsansprüche **KSchG** 12 8 f.

Nichtigkeit von Arbeitsverträgen BGB 611 70 ff.; und Kündigung **KSchG** 1 43; Nichtigkeitsgründe **BGB** 611 71 ff.; Rechtsfolgen **BGB** 611 80 ff.

Nichtigkeitsklage ArbGG 79 2; nicht vorschriftsmäßige Besetzung des Gerichts **ArbGG** 79 5

Nichtleistung BGB 611 408 f.

Nichtrauchereigenschaft, Frage des Arbeitgebers **BGB** 123 21

Nichtraucherschutz BGB 618 28 ff.; Ermessen **BGB** 618 30; Publikumsverkehr **BGB** 618 31

Nichtzulassungsbeschwerde ArbGG 72a 1 ff.; abschießende Regelung **ArbGG** 72a 3 f.; Anträge **ArbGG** 72a 12 f.; aufschiebende Wirkung **ArbGG** 72a 9; Begründungsanforderungen **ArbGG** 72a 31 ff.; Begründungsfrist **ArbGG** 72a 16 f.; Belehrung **ArbGG** 72a 11; Beschluss **ArbGG** 72a 36; im Beschlussverfahren **ArbGG** 92a 1 ff.; Beurteilungszeitpunkt **ArbGG** 72a 39; Divergenzbeschwerde **ArbGG** 72a 18 ff.; Einlegung **ArbGG** 72a 8 ff.; Entscheidung **ArbGG** 72a 34 ff.; Form **ArbGG** 72a 8; Grundsatzbeschwerde **ArbGG** 72a 24 ff.; Kosten **ArbGG** 72a 42; Notfrist **ArbGG** 72a 10; Revisionsbeschwerde **ArbGG** 77 6; Richterbank **ArbGG** 72a 35; Tarifvertragsauslegung **ArbGG** 72a 26 ff.; Verfahrensmangel in zweiter Instanz **ArbGG** 72a 4 f.; Verfassungsbeschwerde **ArbGG** 72a 7; Wirkung der Entscheidung **ArbGG** 72a 40

Notdienstarbeiten, Arbeitskampf **GG** 9 290, 292 ff.

Notfallarbeiten ArbZG 14 1 ff., **BGB** 611 298; keine andere Abhilfemöglichkeit **ArbZG** 14 11; trotz anderweitiger Arbeitspflichten **GewO** 106 21; außergewöhnliche Fälle **ArbZG** 14 6 f.; keine außergewöhnlichen Fälle **ArbZG** 14 8; Jugendliche **ArbZG** 14 10, **JArbSchG** 21 1 ff.; Notfall **ArbZG** 14 3 f.; keine Notfälle **ArbZG** 14 5; Überstunden **BGB** 611 316; zulässige Arbeiten **ArbZG** 14 9

Offenbarungspflichten des Arbeitnehmers **BGB** 123 32 ff.; verhaltensbedingte Kündigung **KSchG** 1 237

Öffentliche Zustellung ArbGG 47 7

Öffentlicher Dienst, Anpassung der Betriebsrente **BetrAVG** 16 7; Arbeitskampf **GG** 9 320 ff.; Arbeitszeit **ArbZG** 19 1 ff.; **ArbZG**, Nichtanwendbarkeit bei Dienststellenleitern **ArbZG** 18 4; befristete Arbeitsverhältnisse und Tarifverträge **TzBfG** 22 5 ff.; Befristung wegen Haushaltsmitteln **TzBfG** 14 53 ff.; Berufsfreiheit **GG** 12 82 ff.; betriebsbedingte Kündigung **KSchG** 1 312 f.; Betriebsverfassungsgesetz, Nichtanwendbarkeit **BetrVG** 130 1 ff.; Einstellungsanspruch nach Art. 33 Abs. 2 **GG BGB** 611 49; flexible Arbeitszeitregelungen **ArbZG** 15 7, 13; Freizügigkeit, **EG EGV** 39 23; fristlose Kündigung in den neuen Bundesländern **BGB** 626 11 ff.; Nebentätigkeit **BGB** 611 373; personenbedingte Kündigung **KSchG** 1 156, 227; politische Betätigung **BGB** 611 382; politische Betätigung als Kündigungsgrund **KSchG** 1 158; Quotenregelungen **GG** 3 122; Sprecherausschuss **SprAuG** 1 10

Öffentlichkeit ArbGG 52 1 ff.; Ausschließung der ~ **ArbGG** 52 8 ff.; Ausschließung von Amts wegen **ArbGG** 52 9 ff.; Ausschließung auf Antrag **ArbGG** 52 14 ff.; Ausschließungsgründe **ArbGG** 52 8; Ausschlussverfahren **ArbGG** 52 20 ff.; Erfindungsgeheimnis **ArbGG** 52 16; Gefährdung der öffentlichen Ordnung **ArbGG** 52 11; Gefährdung der Sittlichkeit **ArbGG** 52 12; Geschäfts- und Betriebsgeheimnis **ArbGG** 52 15; Inhalt der Ausschlussentscheidung **ArbGG** 52 24 f.; Jedermann-Zugänglichkeit **ArbGG** 52 2 f.; öffentliche Verhandlung **ArbGG** 52 4 f.; Rechtsmittel **ArbGG** 52 26; Revisionsinstanz **ArbGG** 72 31; Schutz der Privatsphäre **ArbGG** 52 18 f.; Steuergeheimnis **ArbGG** 52 17; Verbot von Ton- und Filmaufnahmen **ArbGG** 52 6 f.; Verletzung des ~sgebots **ArbGG** 52 27; Versagung des Zutritts **ArbGG** 52 3; Zweckmäßigkeitsgründe für Ausschließung **ArbGG** 52 13

Öffentlich-rechtliche Dienstverhältnisse BGB Vorb. 30

Offizialmaxime, im Beschlussverfahren **ArbGG** 83 2 ff.; Einigungsstellenverfahren **BetrVG** 76 48

Öffnungsklausel siehe „Tariföffnungsklausel"

Ordentliche Gerichtsbarkeit, Rechtsweg, Abgrenzung **ArbGG** 2 28 ff.

Ordentliche Kündigung KSchG 1 21 ff.; befristetes Arbeitsverhältnis **TzBfG** 15 12 f.; Einkommensteuer bei Abfindungen **EStG** 3 37; Mischtatbestände **BGB** 626 88 ff.; nachvertragliches Wettbewerbsverbot **HGB** 75 15 f.; als Rechtsgeschäft **KSchG** 1 24 f.; rechtswidriger Streik **GG** 9 302; Teilvergütung bei außerordentlicher Kündigung **BGB** 628 24; Umdeutung **KSchG** 1 36; Umdeutung in Anfechtung **BGB** 119 13; Urlaubsanspruch **BUrlG** 1 31.

Ordnungsgeld, Ausbleiben einer Partei **ArbGG** 51 20 ff.

Stichwortverzeichnis

Ordnungswidrigkeiten *siehe* „Straf- und Bußgeldvorschriften"
Organmitglieder, Anstellungsvertrag **BGB Vorb.** 94 ff.; keine Arbeitnehmer **ArbGG** 5 14 ff.; Geltung des BetrAVG **BetrAVG** 17 11 f.; Kündigungsfrist **BGB** 621 11 ff.; nachvertragliches Wettbewerbsverbot **HGB** 74 9 f.; Rechtswegzuständigkeit **ArbGG** 2 138 ff.
Ort der Arbeitsleistung *siehe* „Arbeitsort"
Örtliche Zuständigkeit ArbGG 2 141 ff., **ArbGG** 48 16; Alleinentscheidung des Vorsitzenden **ArbGG** 55 15; allgemeiner Gerichtsstand **ArbGG** 2 142; arbeitsgerichtliche Entscheidung **ArbGG** 48 77 ff.; Beschluss **ArbGG** 48 78; im Beschlussverfahren **ArbGG** 82 1 ff.; besonderer Gerichtsstand **ArbGG** 2 143 ff.; Bindungswirkung des Beschlusses **ArbGG** 48 79 f.; Entscheidung **ArbGG** 48 72 ff.; Gerichtsstand des Erfüllungsortes **ArbGG** 2 143 f.; Gerichtsstand der Niederlassung **ArbGG** 2 145 ff.; Gerichtsstandsvereinbarung **ArbGG** 2 152; Güteverhandlung bei Verweisung **ArbGG** 54 8; Klage wegen geschlechtsbedingter Benachteiligung **ArbGG** 61b 3 ff.; Kündigungsschutzklage **KSchG** 4 24; Mahnverfahren **ArbGG** 46a 3; maßgeblicher Zeitpunkt **ArbGG** 48 18; mehrere Gerichtsstände **ArbGG** 2 151; Prüfungsreihenfolge **ArbGG** 48 17; Prüfungssperre für Berufungsgericht **ArbGG** 65 8 f.; Prüfungssperre für Beschwerdegericht **ArbGG** 88 3; Säumnis **ArbGG** 48 75 f.; tarifvertragliche Regelung **ArbGG** 48 84 ff.; Widerklage **ArbGG** 2 149
OT-Mitgliedschaft GG 9 59, **TVG** 2 16, **TVG** 3 3 ff.; Aufteilungsmodell **TVG** 3 3; Stufenmodell **TVG** 3 4; Zulässigkeit **TVG** 3 5
Outsourcing, betriebsbedingter Kündigungsgrund **KSchG** 1 296 ff.; Betriebsübergang **BGB** 613a 71, 173, 214 ff.

Pachtvertrag, Betriebsübergang **BGB** 613a 212 f.
Parteifähigkeit ArbGG 10 1 ff.; Arbeitgeberverbände **ArbGG** 10 3, 5 f.; Gewerkschaften **ArbGG** 10 3 f., 6, **GG** 9 94; Rechtsfolgen bei Fehlen **ArbGG** 10 10
Parteipolitische Betätigung, Verbot **BetrVG** 74 16 ff.
Parteiwechsel, Güteverhandlung nach gewillkürtem ~ **ArbGG** 54 10
Parteizugehörigkeit, Frage des Arbeitgebers **BGB** 123 16
Passivlegitimation, Betriebsübergang **BGB** 613a 371 ff.
Pausen *siehe* „Ruhepausen"
Pensionsfonds BetrAVG Vorb. 72 ff., **BetrAVG** 1b 28 ff.; Insolvenzsicherung **BetrAVG** 7 4 f.; Insolvenzsicherung und Übertragung der Leistungspflicht **BetrAVG** 8 3; Unverfallbarkeit **BetrAVG** 1b 29, **BetrAVG** 2 42
Pensionskassen BetrAVG Vorb. 70, **BetrAVG** 1b 28 ff.; Ausscheiden des Arbeitnehmers **BetrAVG** 30e 3; Unverfallbarkeit **BetrAVG** 1b 29, **BetrAVG** 2 41; Vervielfältigungsregelung **EStG** 3 11
Pensionssicherungsverein BetrAVG 14 1 ff.; Abfindung von Anwartschaften **BetrAVG** 8 4; Amtshilfe **BetrAVG** 11 7; Anmeldung von Ansprüchen **BetrAVG** 9 4; keine Anpassung von Anwartschaften **BetrAVG** 7 27; Anpassung laufender Leistungen **BetrAVG** 7 12 f.; Anrechnung von Nachdienstzeiten **BetrAVG** 7 20; Anrechnung von Vordienstzeiten **BetrAVG** 7 19; Anschrift **BetrAVG** 14 1; Anwartschaften **BetrAVG** 7 14 ff.; Auffanglösung **BetrAVG** 14 9; außergerichtlicher Liquidationsvergleich **BetrAVG** 7 34 ff.; außergerichtlicher Stundungs- oder Quotenvergleich **BetrAVG** 7 45 f.; Beiträge **BetrAVG** 10 1 ff.; Beitragsaufkommen **BetrAVG** 10 3 f.; Beitragsbescheide **BetrAVG** 10 4; Beitragspflicht **BetrAVG** 10 2; Bemessungsgrundlagen **BetrAVG** 10 5 ff.; Berechnung der unverfallbaren Versorgungsanwartschaft **BetrAVG** 7 26; bestätigter Insolvenzplan **BetrAVG** 7 51; Entgeltumwandlung **BetrAVG** 7 24; Erstmeldung **BetrAVG** 11 2 f.; Folgemeldungen **BetrAVG** 11

4 f.; Forderungsübergang **BetrAVG** 9 5 ff.; geschützte Durchführungswege **BetrAVG** 7 2 ff.; gesetzliches Schuldverhältnis **BetrAVG** 7 7; Höchstgrenze **BetrAVG** 7 53 ff.; Insolvenzen ab dem 1.1.1975 **BetrAVG** 30 1 ff.; Insolvenzsicherung **BetrAVG** 7 1; Insolvenzstichtag **BetrAVG** 7 9 f.; Insolvenzverfahren mit Sanierungserfolg **BetrAVG** 7 47; Klagen gegen ~ **BetrAVG** 14 8; laufende Leistungen **BetrAVG** 7 7 ff.; Leistungsbescheid **BetrAVG** 9 1 ff.; Leistungseinschränkungen **BetrAVG** 7 50 ff.; Leistungserbringung trotz Insolvenz **BetrAVG** 7 52; Masselosigkeit, offensichtliche **BetrAVG** 7 41 ff.; Meldepflichten **BetrAVG** 11 1 ff.; Mitgliedschaft **BetrAVG** 14 6; Mitteilungen im Insolvenzfall **BetrAVG** 11 6; Mitteilungspflichten **BetrAVG** 9 1 ff.; neue Bundesländer **BetrAVG** 7 25; neue Unverfallbarkeitsfristen **BetrAVG** 7 21 ff.; Ordnungswidrigkeiten **BetrAVG** 12 1 ff.; Organisation **BetrAVG** 14 7; rechtliche Doppelstellung **BetrAVG** 14 5; Rechtswegzuständigkeit **ArbGG** 2 102 ff., **BetrAVG** 14 8; rückständige Leistungen **BetrAVG** 7 56; Säumniszuschläge **BetrAVG** 10a 1 f., 5; Selbsthilfeeinrichtung **BetrAVG** 14 2 ff.; Sicherungsfälle **BetrAVG** 7 28 ff.; Übertragung der Leistungspflicht **BetrAVG** 8 1 ff.; Unternehmensfortführung **BetrAVG** 7 44 ff.; Unternehmensliquidation **BetrAVG** 7 30 ff.; Unverfallbarkeit der Anwartschaften **BetrAVG** 7 15 ff.; Vermögensübergang bei Unterstützungskasse **BetrAVG** 9 9 ff.; Verschwiegenheitspflicht **BetrAVG** 15 1; Versicherungsanspruch **BetrAVG** 7 8; Versicherungsmissbrauch **BetrAVG** 7 57 ff.; wirtschaftliche Notlage **BetrAVG** 7 48 f.; Zinsen bei Säumnis **BetrAVG** 10a 1, 3 ff.; Zustimmung zur Übernahme von Versorgungsverbindlichkeiten **BetrAVG** 4 7 f.; Zwangsvollstreckung **BetrAVG** 10 9
Personalakten, Beginn und Ende des Einsichtsrechts **BetrVG** 83 17; Begriff **BetrVG** 83 5 ff.; Datenschutz **BetrVG** 83 20 ff., **BGB** 611 258 f.; Einsichtsrecht **BetrVG** 83 1 ff.; Entfernung rechtswidriger Abmahnungen **KSchG** 1 205 ff.; Erklärung des Arbeitnehmers **BetrVG** 83 18 ff.; Führung **BetrVG** 83 8 ff.; Hinzuziehung eines Betriebsratsmitgliedes **BetrVG** 83 15; Streitigkeiten **BetrVG** 83 22 ff.
Personalfragebogen BGB 123 3 ff.; *siehe auch* „Beteiligungsrechte bei Personalfragebogen", „Fragerecht des Arbeitgebers"
Personalplanung BGB 611 10; Begriff **BetrVG** 92 2 ff.
Personalrabatt BGB 611 92
Personenbedingte Kündigung KSchG 1 92 ff.; Abgrenzung zur verhaltensbedingten Kündigung **KSchG** 1 178 ff.; Abmahnung **KSchG** 1 97 ff.; Änderungskündigung **KSchG** 2 48 ff.; außerordentliche Kündigung **BGB** 626 340; Beteiligung des Betriebs-/Personalrats **KSchG** 1 167; Betriebsablaufstörungen **KSchG** 1 106 ff.; Beurteilungszeitpunkt **KSchG** 1 101; Darlegungs- und Beweislast hinsichtlich erheblicher Beeinträchtigung betrieblicher Interessen **KSchG** 1 173; Darlegungs- und Beweislast hinsichtlich Interessenabwägung **KSchG** 1 174; Darlegungs- und Beweislast vor Kündigungsausspruch **KSchG** 1 168; Darlegungs- und Beweislast im Kündigungsschutzprozess **KSchG** 1 169 ff.; Darlegungs- und Beweislast hinsichtlich negativer Prognose **KSchG** 1 170 ff.; Darlegungs- und Beweislast hinsichtlich Weiterbeschäftigungsmöglichkeit **KSchG** 1 175; Definition **KSchG** 1 93; einzelne Kündigungsgründe **KSchG** 1 117 ff.; erhebliche Beeinträchtigung betrieblicher Interessen **KSchG** 1 106 ff.; fehlende Fähigkeit und Eignung **KSchG** 1 94; Interessenabwägung **KSchG** 1 112; negative Prognose der negativen Eignung und Fähigkeit **KSchG** 1 103 ff.; öffentlicher Dienst **KSchG** 1 156; Personalreserve **KSchG** 1 109; Prüfungsschema **KSchG** 1 102 ff.; Sozialauswahl **KSchG** 1 100; Überbrückungsmaßnahmen **KSchG** 1 108 ff.; Umsetzungsmöglichkeit **KSchG** 1 108; Ursache

Stichwortverzeichnis

der Leistungsstörung **KSchG** 1 95; Verschulden **KSchG** 1 96; Weiterbeschäftigungsmöglichkeit **KSchG** 1 99; Wiedereinstellungsanspruch **KSchG** 1 166; *siehe auch* „Kündigungsgrund"
Persönliche Abhängigkeit, Eigenart der Tätigkeit **BGB Vorb.** 43; Eingliederung in Organisation des Arbeitgebers **BGB Vorb.** 48; Fremdnützigkeit der Arbeitsleistung **BGB Vorb.** 49; Hilfskriterien **BGB Vorb.** 50; untaugliche Kriterien **BGB Vorb.** 51 f.; Weisungsgebundenheit **BGB Vorb.** 44 ff.
Persönliche Arbeitsleistung, Anspruch **BGB** 613 14 ff.; Arbeitsleistung durch Dritten **BGB** 613 5; Dispositivität **BGB** 613 4; gesetzliche Gestattung **BGB** 613 8; Pflicht **BGB** 613 2 ff.; Übertragbarkeit **BGB** 613 16 ff.; Unverblichkeit **BGB** 613 9 ff.; Vererblichkeit **BGB** 613 15
Persönliches Erscheinen ArbGG 51 1 ff.; Anordnung **ArbGG** 51 4 ff., **ArbGG** 56 30; Anordnungsentscheidung **ArbGG** 51 8 ff.; Anordnungsgrund **ArbGG** 51 4 ff.; Ausbleiben **ArbGG** 51 14 ff.; im Beschlussverfahren **ArbGG** 80 6; entschuldigtes Ausbleiben **ArbGG** 51 14 ff.; Entschuldigungsgründe **ArbGG** 51 16; Entsendung eines Vertreters **ArbGG** 51 18 f.; Wirkung der Parteierklärungen **ArbGG** 51 13
Persönlichkeitsschutz BGB 611 255 ff., **BGB** 619a 79 f., 94
Pfändungsschutz, Abfindung **KSchG** 10 18; Sachbezüge **GewO** 107 40 f.; Schadensersatz bei außerordentlicher Kündigung **BGB** 628 87; Urlaubsabgeltungsanspruch **BUrlG** 7 123; Urlaubsentgelt **BUrlG** 11 61
Pflegeversicherung, Arbeitskampf **GG** 9 338; Elternzeit **BErzGG Vor** 15-21 12
Pflichtenkollision BGB 611 396
Politische Betätigung BGB 611 382 f.; außerordentliche Kündigung **BGB** 626 207 f.; personenbedingter Kündigungsgrund **KSchG** 1 158; Verbot parteipolitischer Betätigung **BetrVG** 74 16 ff.
Präklusion *siehe* „Zurückweisung verspäteten Vorbringens"
Praktikant, Anwendbarkeit §§ 3-18 BBiG **BBiG** 19 1, 3, 7 f.
Prekäre Arbeitsverhältnisse BGB Vorb. 115
Presse, Sonn- und Feiertagsarbeit **ArbZG** 10 9
Probearbeitsverhältnis BGB 622 40; auflösende Bedingung **TzBfG** 14 40 f.; nochmalige Befristung **TzBfG** 14 39; Probe als sachlicher Befristungsgrund **TzBfG** 14 37 ff.; stillschweigende Verlängerung **BGB** 625 13; „vorgeschaltete" Probezeit **TzBfG** 14 44 f.; zulässige Dauer **TzBfG** 14 38
Probezeit BGB 622 37 f.; Abgrenzung zum Probearbeitsverhältnis **TzBfG** 14 44 f.; Berufsausbildungsverhältnis **BBiG** 13 1 f.; Kündigung Berufsausbildungsverhältnis während ~ **BBiG** 15 3 f.
Prokura, außerordentliche Eigenkündigung wegen Verweigerung **BGB** 626 334
Provision HGB 65 1 ff.; Ausschlussfristen **HGB** 65 14; Begriff **HGB** 65 3 ff.; Bezirksschutz **HGB** 65 8; nicht durchgeführte Geschäfte **HGB** 65 11; Entgeltfortzahlung **EFZG** 4 53, **HGB** 65 15; Entstehen des Anspruchs **HGB** 65 9 ff.; Mindestentgelt **HGB** 65 5 f.; Teilvergütung bei außerordentlicher Kündigung **BGB** 628 18; Urlaubsentgelt **BUrlG** 11 14 ff.; Vereinbarung **HGB** 65 2; Verjährung **HGB** 65 13; Verweisung auf § 87 f. HGB **HGB** 65 7 ff.; Widerrufsvorbehalt **HGB** 65 4
Prozessfähigkeit ArbGG 11 1 ff.; Zweifel **ArbGG** 11 4
Prozessförderungspflicht, besondere in Kündigungsschutzverfahren **ArbGG** 61a 1 ff.; in mündlicher Verhandlung **ArbGG** 56 77 f., **ArbGG** 57 15 ff.
Prozessführung, durch Dritte **ArbGG** 11 5 ff.; durch Parteien selbst **ArbGG** 11 1 ff.
Prozesskostenhilfe ArbGG 11a 11 ff.; Aufhebung der Bewilligung **ArbGG** 11a 15; Bewilligungsreife **ArbGG** 11a 13; hinreichende Erfolgsaussicht **ArbGG** 11a 12; Mahnverfahren **ArbGG** 46a 35; Nichtzulassungsbeschwerde **ArbGG** 72a 41; sofortige Beschwerde **ArbGG** 78 11; Verfassungswidrigkeit der früheren Einschränkung **GG** 3 27; Verweisung im PKH-Verfahren **ArbGG** 48 66; Vordrucke **ArbGG** 11a 16; Zuständigkeit **ArbGG** 48 6 f.
Prozessmaximen ArbGG 46 3
Prozessstandschaft, im Beschlussverfahren **ArbGG** 81 11 f.; gesetzliche **ArbGG** 3 7; gewillkürte **ArbGG** 3 8
Prozessvergleich, Güteverhandlung **ArbGG** 54 29 ff.
Prozessvertretung ArbGG 11 5 ff.; Beschwerdeverfahren **ArbGG** 87 10
Prüfungsausschüsse, Berufung der Mitglieder **BBiG** 37 5 ff.; Beschlüsse **BBiG** 38 4; Beschlussfähigkeit **BBiG** 38 3; Eignung der Prüfer **BBiG** 37 2; Entschädigung der Mitglieder **BBiG** 37 9 f.; Errichtung **BBiG** 36 1 ff.; gemeinsame **BBiG** 36 3; Niederschrift **BBiG** 38 5; Vorsitzender **BBiG** 38 1 f.; Zusammensetzung **BBiG** 37 1 ff.
Psychologische Tests BGB 611 20

Qualifikation, berufliche, Freizügigkeit, **EG EGV** 39 36
Qualitätszirkel, keine Bildungsmaßnahme **BetrVG** 96 8
Quotenregelungen, Frauen **GG** 3 117 ff.; Freizügigkeit, **EG EGV** 39 37

Rationalisierung, betriebsbedingte Kündigung **KSchG** 1 314 ff.
Rauchverbot, außerordentliche Kündigung bei Verstoß **BGB** 626 220 ff.; verhaltensbedingte Kündigung bei Verstoß **KSchG** 1 238
Rechtliches Gehör ArbGG 55 27; Einigungsstellenverfahren **BetrVG** 76 41 f.; schiedsgerichtliches Verfahren **ArbGG** 104 8
Rechtsanwalt, Arbeitnehmerstatus **BGB Vorb.** 72; nachvertragliches Wettbewerbsverbot **HGB** 74 57; Prozessvertreter **ArbGG** 11 5 f.
Rechtsanwaltsbetriebsrat, Betriebsrat **BetrVG** 40 14 ff.; Festsetzungsverfahren **ArbGG** 12 29 ff.; Schlichtungsverfahren **ArbGG** 111 36 f.
Rechtsbeschwerde ArbGG 78 1 f., 27 ff.; Einlegung und Begründung **ArbGG** 78 31; Rechtswegzuständigkeit, Entscheidung **ArbGG** 48 49 ff.; Spezialregelungen **ArbGG** 78 30; ZPO analog **ArbGG** 78 28
Rechtsbeschwerde (Beschlussverfahren) ArbGG 92 1 ff.; Divergenz **ArbGG** 92 6, 8; Einlegung **ArbGG** 94 1 ff.; Entscheidung **ArbGG** 96 1 ff.; Gründe **ArbGG** 92a 1 ff.; grundsätzliche Bedeutung **ArbGG** 92 6 f.; Rücknahme **ArbGG** 92 12; Verfahren **ArbGG** 92 10 ff., 95 1 ff.; verfahrensbeendender Beschluss des LAG **ArbGG** 92 2 f.; nicht verfahrensbeendender Beschluss des LAG **ArbGG** 92 4; Wirkung **ArbGG** 92 13; Zulassung **ArbGG** 92 5 ff.; Zulassungsentscheidung **ArbGG** 92 9
Rechtshilfe, Ausland **ArbGG** 13 8 f.; Datenübermittlung an Dritte **ArbGG** 13 10 f.; Inland **ArbGG** 13 1 ff.; schiedsgerichtliches Verfahren **ArbGG** 106 4 ff.
Rechtskraft, Beschluss 2. Instanz im Beschlussverfahren **ArbGG** 91 7; Beschluss im Beschlussverfahren **ArbGG** 84 8 ff.; Beschluss im Beschlussverfahren – Tariffähigkeit/Tarifzuständigkeit **ArbGG** 97 15 ff.
Rechtsmittelbelehrung ArbGG 9 12 ff.; befristete Rechtsmittel **ArbGG** 9 13 ff.; Beschluss im Beschlussverfahren **ArbGG** 84 6; Form **ArbGG** 9 16; höhere Gewalt **ArbGG** 9 21; Inhalt **ArbGG** 9 17 ff.; Jahresfrist **ArbGG** 9 20 ff.; Nachholung oder Berichtigung **ArbGG** 9 26; Rechtsfolgen fehlender oder fehlerhafter ~ **ArbGG** 9 20 f.; Sprungrevision **ArbGG** 76 12; unterbliebene Zustellung der Entscheidung **ArbGG** 9 25; Zulässigerklärung eines nicht statthaften Rechtsmittels **ArbGG** 9 24
Rechtsnachfolge, gesetzliche **ArbGG** 3 2 f.; vertragliche **ArbGG** 3 5 f.; Zuständigkeit **ArbGG** 3 1 ff.
Rechtspfleger, Einsatz und Aufgaben **ArbGG** 9 8 ff.
Rechtsquellen BGB Vorb. 132 ff.; **GewO** 105 7 f.; Rangfolge **BGB Vorb.** 154 f.

3225

Stichwortverzeichnis

Rechtsstaatsprinzip, Tarifverträge **TVG** Einl. 19
Rechtsverordnungen BGB Vorb. 144
Rechtswahl EGBGB 34 11 ff.; Arbeitsverhältnis ohne Auslandsberührung **EGBGB 34** 26 f.; betriebliche Altersversorgung **BetrAVG** Vorb. 18 ff.; Einschränkungen **EGBGB 34** 25 ff.; Kündigungsschutz **KSchG** Vorb. vor 1 33 f.; nachvertragliches Wettbewerbsverbot **HGB 74** 14; ordre public **EGBGB 34** 36; Vereinbarung **EGBGB 34** 13 f.; zwingende Bestimmung trotz ~ **EGBGB 34** 29 ff.; zwingende deutsche Vorschriften **EGBGB 34** 32 ff.
Rechtswegzuständigkeit ArbGG 48 1 ff.; Abgrenzung zur ordentlichen Gerichtsbarkeit **ArbGG 48** 24 ff.; Abgrenzung zur Verwaltungs-, Finanz- und Sozialgerichtsbarkeit **ArbGG 48** 23; Anfechtbarkeit der Entscheidung **ArbGG 48** 45 ff.; Beschlussverfahren *siehe* „Rechtswegzuständigkeit (Beschlussverfahren)"; Bindungswirkung der Entscheidung **ArbGG 48** 59 f.; Darlegungs- und Beweislast **ArbGG 48** 19 ff.; Entscheidung **ArbGG 48** 35 ff.; Entscheidung des Gerichts des zulässigen Rechtsweges **ArbGG 48** 61 ff.; Kosten der Verweisung **ArbGG 48** 65; maßgeblicher Zeitpunkt **ArbGG 48** 18; Prüfungsreihenfolge **ArbGG 48** 17; Rechtsfolgen des Verweisungsbeschlusses **ArbGG 48** 67; Rechtsmittel gegen Inzidententscheidung **ArbGG 48** 53 ff.; Rechtsmittel gegen Klageabweisung bei unzulässigem Rechtsweg **ArbGG 48** 58; Unzulässigkeit **ArbGG 48** 39 ff.; Urteilsverfahren *siehe* „Rechtswegzuständigkeit (Urteilsverfahren)"; Vorabentscheidung **ArbGG 48** 36 ff.; Zulässigkeit **ArbGG 48** 36 ff.
Rechtswegzuständigkeit (Beschlussverfahren) ArbGG 2a 1 ff.; betriebliche Ordnung **ArbGG 2a** 15; betriebsverfassungsrechtliche Angelegenheiten **ArbGG 2a** 2 ff.; Prüfungssperre für Beschwerdegericht **ArbGG 2a** 8 ff.; Tariffähigkeit/Tarifzuständigkeit **ArbGG 2a** 22 ff.; Widerklage **ArbGG 2** 18; *siehe auch* „Rechtswegzuständigkeit"
Rechtswegzuständigkeit (Urteilsverfahren) ArbGG 2 1 ff.; Abgrenzung zu anderen Gerichtsbarkeiten **ArbGG 2** 21 ff.; abschließende Aufzählung **ArbGG 2** 4; Arbeitgeber gegen Einrichtungen **ArbGG 2** 105 ff.; Arbeitnehmererfindung **ArbGG 2** 118 ff.; Arbeitskampfstreitigkeiten *siehe dort*; Aufrechnung **ArbGG 2** 19; ausschließliche Zuständigkeit **ArbGG 2** 5; Aut-aut-Fall **ArbGG 2** 29 f., **ArbGG 48** 25, 31 f.; besondere Verfahrensarten **ArbGG 2** 8 ff.; betriebliche Altersversorgung **ArbGG 2** 92 ff.; bürgerlichrechtliche Streitigkeiten **ArbGG 2** 20; Entwicklungshelfer **ArbGG 2** 108; enumerative Aufzählung **ArbGG 2** 3; Et-et-Fall **ArbGG 2** 29 f., 48 25, 30; fakultative Zuständigkeit **ArbGG 2** 6; Fallgruppen der Rechtswegzuständigkeit **ArbGG 2** 32 ff.; freiwilliges soziales/ökologisches Jahr **ArbGG 2** 109 ff.; gemeinsame Einrichtung **ArbGG 2** 96 ff.; Kosten durch Anrufung eines unzuständigen Gerichts **ArbGG 12a** 12; Pensionssicherungsverein **ArbGG 2** 102 ff.; Prüfungssperre für Berufungsgericht **ArbGG 65** 2 ff.; Sic-non-Fall **ArbGG 2** 29 f., 48 25 ff.; Streitigkeiten zwischen Arbeitnehmer und Arbeitgeber *siehe dort*; Streitigkeiten zwischen Arbeitnehmern *siehe dort*; Streitigkeiten der Organvertreter **ArbGG 2** 138 ff.; Tarifvertragsstreitigkeiten *siehe dort*; Urheberrecht **ArbGG 2** 125 ff.; Vereinigungsfreiheit, Streitigkeiten *siehe dort*; keine Vorabentscheidung des ArbG trotz Rüge **ArbGG 65** 4 ff.; Vorfragenprüfungskompetenz **ArbGG 2** 14 ff.; Werkstätten für Behinderte **ArbGG 2** 117; Widerklage **ArbGG 2** 18; Zusammenhangsklagen *siehe dort*; *siehe auch* „Rechtswegzuständigkeit"
Regelungsabrede BetrVG 77 97 ff.; Beendigung **BetrVG 77** 102 f.; Betriebsübergang **BetrVG 77** 104; Gegenstand **BetrVG 77** 98; als Grenze des Weisungsrechts **GewO 106** 89, 92 f.; schuldrechtliche Beziehungen **BetrVG 77** 99; Sprecherausschuss **SprAuG 28** 14; Überwachung durch Betriebsrat **BetrVG 80** 20
Reiskosten, Aufwendungsersatz **BGB 611** 273
Religionsgemeinschaften *siehe* „Kirchen/Religionsgemeinschaften"
Religionszugehörigkeit, Frage des Arbeitgebers **BGB 123** 16
Rentenversicherung, gesetzliche, und Altersteilzeit **ATZG** Vorb. 45; Arbeitskampf **GG 9** 339; Elternzeit **BErzGG** Vor 15-21 13; Entgeltgleichheit **EGV 141** 10; selbständige Tätigkeit **SGB IV 7** 59
Restitutionsklage ArbGG 79 2; Schiedsspruch **ArbGG 110** 12; Schwerbehinderte **ArbGG 79** 7
Restmandat, Anwendungsbereich **BetrVG 21b** 3 ff.; Aufwendungen **BetrVG 21b** 16; Betriebsrat **BetrVG 21b** 1 ff.; Betriebsspaltung **BetrVG 21b** 5 f.; Betriebsstilllegung **BetrVG 21b** 4; Betriebszusammenlegung **BetrVG 21b** 5, 7; Dauer **BetrVG 21b** 14; Inhalt **BetrVG 21b** 9 ff.; Kosten **BetrVG 21b** 15; personelle Zusammensetzung **BetrVG 21b** 12 f.; Streitigkeiten **BetrVG 21b** 18; Verhältnis zu Übergangsmandat **BetrVG 21b** 17; kein Vollmandat **BetrVG 21b** 9; Zweck **BetrVG 21b** 1
Rettungssanitäter, Wartezeit **BGB 611** 325
Revision ArbGG 72 1 ff.; Anschlussrevision *siehe dort*; anwendbare Vorschriften **ArbGG 72** 29 ff.; Beschwer **ArbGG 74** 2; Eingang beim BAG **ArbGG 74** 13; Einlegung **ArbGG 74** 6 ff.; Entscheidungen vor der Terminierung **ArbGG 74** 31 ff.; Form **ArbGG 74** 6; Frist für Einlegung **ArbGG 74** 10 ff.; Gründe *siehe* „Revisionsgründe"; Inhalt der ~sschrift **ArbGG 74** 8; revisible Entscheidungen **ArbGG 72** 4 f.; nicht revisible Urteile **ArbGG 72** 6; Revisionsbefugnis **ArbGG 74** 2 f.; Rücknahme **ArbGG 74** 34; Streithelfer **ArbGG 74** 3; im unterbrochenen Verfahren **ArbGG 74** 4; Vertretensein bei der Einlegung **ArbGG 74** 7; Verwerfung als unzulässig **ArbGG 74** 31 f.; Verzicht **ArbGG 74** 36 f.; wiederholte **ArbGG 74** 5; ohne Zulassung **ArbGG 72** 3; Zulassung *siehe* „Revisionszulassung"
Revisionsbegründung, Antrag **ArbGG 74** 18 ff.; Antragsänderung **ArbGG 74** 19; Auseinandersetzung mit dem angefochtenen Urteil **ArbGG 74** 21 ff.; Form **ArbGG 74** 14; Frist **ArbGG 74** 15 ff.; Fristverlängerung **ArbGG 74** 17; Hilfsantrag zu Hauptantrag **ArbGG 74** 20; Inhalt **ArbGG 74** 18 ff.; Verfahrensrügen **ArbGG 74** 25 ff.
Revisionsbeschwerde ArbGG 77 1 ff.; Beschlüsse, eine Berufung verwerfende **ArbGG 77** 2; Divergenz **ArbGG 77** 5; Einlegung **ArbGG 77** 7; Entscheidung **ArbGG 77** 8; grundsätzliche Bedeutung **ArbGG 77** 5; keine Nichtzulassungsbeschwerde **ArbGG 77** 6; Sonderform der Rechtsbeschwerde **ArbGG 78** 3; Zulassung im Tenor **ArbGG 77** 4
Revisionsgründe ArbGG 73 1 ff.; absolute **ArbGG 73** 17 ff.; Besetzung des Gerichts **ArbGG 73** 18; betriebliche Übung **ArbGG 73** 13; Entscheidung ohne Gründe **ArbGG 73** 20; Ermessensentscheidungen, Überprüfung **ArbGG 73** 9; Fünf-Monats-Frist, Überschreiten **ArbGG 73** 21; Gesetzes- und Satzungsrecht **ArbGG 73** 4 f.; irrevisibles Verfahrensrecht **ArbGG 73** 22 f.; kollektives Recht **ArbGG 73** 6 f.; materielles Recht **ArbGG 73** 4 ff.; Prozesshandlungen, Auslegung **ArbGG 73** 15; Rechtsverletzungen **ArbGG 73** 2 ff.; unbestimmte Rechtsbegriffe **ArbGG 73** 8; Ursächlichkeit des Rechtsfehlers **ArbGG 73** 24; Verfahrensmängel **ArbGG 73** 16 ff.; Vertragskontrolle **ArbGG 73** 10 ff.
Revisionsurteil ArbGG 75 1 ff.; Aufhebung des Urteils **ArbGG 75** 12; Bedeutung von Sachantrag und Revisionsgründen **ArbGG 75** 2 f.; Bindungswirkung bei Zurückverweisung **ArbGG 75** 15 f.; Form **ArbGG 75** 17 f.; Inhalt **ArbGG 75** 19 f.; Tatsachenmaterial **ArbGG 75** 8 ff.; Unterschriften **ArbGG 75** 20; Verfahrensmängel **ArbGG 75** 4 ff.; Zurückverweisung **ArbGG 75** 13 ff.; Zu-

Stichwortverzeichnis

rückweisung der Revision **ArbGG** 75 11; Zustellung **ArbGG** 75 22
Revisionszulassung ArbGG 72 2 f., 7 ff.; beschränkte **ArbGG** 72 23 ff.; Divergenz **ArbGG** 72 13 ff.; kein eigener Beurteilungsspielraum **ArbGG** 72 8; Entscheidung **ArbGG** 72 21 ff.; Entscheidung von Amts wegen **ArbGG** 72 7 f.; Form der Entscheidung **ArbGG** 72 21 f.; grundsätzliche Bedeutung **ArbGG** 72 9 ff.; unbeschränkte **ArbGG** 72 23; Wirkung **ArbGG** 72 27 f.; Zulassungsgründe **ArbGG** 72 9 ff.
Richterrecht BGB Vorb. 152 f.; europäisches **EGV** Vorb. 26
Richtlinien (EG) EGV Vorb. 13 ff.; Anwendbarkeit **EGV** Vorb. 14 ff.; Entschädigungsansprüche bei mangelhafter Umsetzung **EGV** Vorb. 21 ff.; richtlinienkonforme Auslegung **EGV** Vorb. 19 f.; vertikale Direktwirkung **EGV** Vorb. 15 ff.
Rolliersystem, Urlaub **BUrlG** 3 18 f.; Urlaubsentgelt **BUrlG** 11 40
Rotes-Kreuz-Schwestern, kein Arbeitsverhältnis **BGB** Vorb. 35
Rücktritt, Aufhebungsvertrag **KSchG** 9 Anhang 30; außerordentliche Kündigung, Abgrenzung **BGB** 626 18 ff.; Sperrabrede unter Arbeitgebern **HGB** 75f 8 ff.; Verstoß gegen nachvertragliches Wettbewerbsverbot **HGB** 74 119
Rückzahlung des Arbeitsentgelts BGB 611 158 ff.; Brutto- oder Nettobetrag **BGB** 611 167; Fälligkeit **BGB** 611 166; Formularverträge **BGB** Anhang zu 305-310 19
Rückzahlungsklausel, Berufsfreiheit **GG** 12 70; Fort- und Ausbildungskosten **BGB** 611 460 ff.; als Kündigungserschwerung **BGB** 622 61; Sonderzahlungen **BGB** 611 111 ff.; tarifvertragliche **TVG** 1 131; Überzahlungen **BGB** Anhang zu 305-310 19; Umzugskosten **BGB** 611 479 ff.
Rufbereitschaft ArbZG 2 5, **BGB** 611 326 ff.; Ruhepause **ArbZG** 4 3
Ruhendes Arbeitsverhältnis, Arbeitnehmerbegriff **BetrVG** 5 32; Beginn der Entgeltfortzahlung im Krankheitsfall **EFZG** 3 86; Betriebsrat, Wählbarkeit **BetrVG** 8 13; Betriebsrat, Wahlberechtigung **BetrVG** 7 13; Entgeltfortzahlung im Krankheitsfall **EFZG** 3 26; Sozialauswahl **KSchG** 1 350
Ruhepausen ArbZG 4 1 f.; bis 6 Stunden Arbeitszeit **ArbZG** 4 5; zwischen 6 und unter 9 Stunden Arbeitszeit **ArbZG** 4 6; Begriff **ArbZG** 4 2 f.; Festlegung **ArbZG** 4 4 ff.; Gestaltung **ArbZG** 4 10; Jugendliche **JArbSchG** 11 1 f.; kurzfristige Überschreitung der 9-Stunden-Grenze **ArbZG** 4 7; Mitbestimmung **BetrVG** 87 79; Ort **ArbZG** 4 10; Sanktionen **ArbZG** 4 9
Ruhezeit ArbZG 2 4 f., **ArbZG** 5 1 ff.; abweichende zur Herbeiführung eines regelmäßigen Schichtwechsels **ArbZG** 15 8, 13; Ausnahmen **ArbZG** 5 3 ff.; Kraftfahrer **ArbZG** 3 18; Mindest~ **ArbZG** 5 2; Sanktionen **ArbZG** 5 6
Rundfunk- und Fernsehen, Sonn- und Feiertagsarbeit **ArbZG** 10 9; *siehe auch* „Medienmitarbeiter"

Sachbezüge GewO 107 21 ff.; Anrechnung auf Ausbildungsvergütung **BBiG** 10 8 f.; Begriff **GewO** 107 25 ff.; Beschaffenheit **GewO** 107 35 ff.; Eigenart des Arbeitsverhältnisses **GewO** 107 32; Entgeltfortzahlung **EFZG** 4 39 f.; im Interesse des Arbeitnehmers **GewO** 107 29 f.; Pfändungsfreigrenzen **GewO** 107 40 ff.; Urlaubsentgelt **BUrlG** 11 19; Verstöße **GewO** 107 33 f.
Sachgrundlose Befristung TzBfG 14 91 ff.; Altersbefristung **TzBfG** 14 Rz. 110 ff.; Altervertrag **TzBfG** 14 3; Anschlussverbot **TzBfG** 14 95 ff.; Befristung bis zu zwei Jahren **TzBfG** 14 91; Berufen auf ~ bei Angabe eines Grundes **TzBfG** 14 121; derselbe Arbeitgeber **TzBfG** 14 95 f.; Kettenbefristungen **TzBfG** 14 97; Neugründungen **TzBfG** 14 Rz. 104 ff.; Tarifvertrag **TzBfG** 14 Rz. 101 ff.; Verlängerung **TzBfG** 14 92 ff.
Sachliche Zuständigkeit ArbGG 48 15
Sachlicher Grund bei Befristung TzBfG 14 9 ff.; Altersgrenze *siehe dort*; Altersteilzeit **TzBfG** 14 70; Angabe des Grundes **TzBfG** 14 120 ff.; Anschluss an eine Ausbildung oder Studium **TzBfG** 14 16 ff.; Arbeitsbeschaffungsmaßnahmen **TzBfG** 14 71 f.; auflösend bedingte Arbeitsverträge **TzBfG** 21 5 ff.; Ausscheiden des Vertretenen **TzBfG** 14 25 ff.; beispielhafte Aufzählung **TzBfG** 14 58; Berufs- und Erwerbsunfähigkeit **TzBfG** 14 74 f.; Drittmittelbewilligung **TzBfG** 14 75; Eigenart der Arbeitsleistung **TzBfG** 14 32 ff.; Eingliederungsvertrag **TzBfG** 14 76; gerichtlicher Vergleich **TzBfG** 14 56 f.; Gründe in der Person des Arbeitnehmers **TzBfG** 14 46 ff.; mittelbare Vertretung **TzBfG** 14 29; bei nachträglicher Befristung **TzBfG** 14 81; personelle Kontinuität der Betriebsratsarbeit **TzBfG** 14 79; Probearbeitsverhältnis *siehe dort*; projektbezogene Befristung **TzBfG** 14 77; typische Gründe **TzBfG** 14 10 ff.; übergangsweise Beschäftigung **TzBfG** 14 78; Vergütung aus Haushaltsmitteln **TzBfG** 14 53 ff.; Verschleiß bei Sportlern **TzBfG** 14 80; Vertretung **TzBfG** 14 22 ff.; Vertretung bei Elternzeit **BErzGG** 21 1 ff.; vorübergehender Bedarf **TzBfG** 14 12 ff.; Wunsch des Arbeitnehmers **TzBfG** 14 51 f.; keine zeitliche Kongruenz von Befristung und Vertretungsbedarf **TzBfG** 14 30
Sachverständige, Entschädigung **ArbGG** 9 11; Europäische Betriebsräte kraft Gesetzes **EBRG** 45 57; Ladung **ArbGG** 56 31, 34; Wirtschaftsausschuss **BetrVG** 108 18 ff.
Sachverständige (Betriebsrat) BetrVG 80 135 ff.; Begriff **BetrVG** 80 136 ff.; Erforderlichkeit **BetrVG** 80 139 ff.; Streitigkeiten **BetrVG** 80 150; Vereinbarung **BetrVG** 80 143 ff.
Saison- und Kampagnebetriebe, Arbeitszeit **ArbZG** 15 6, 13; Massenentlassungen **KSchG** 22 1 ff.
Satzungsrecht BGB Vorb. 145
Schadensersatz bei außerordentlicher Kündigung BGB 628 1 ff., 38 ff.; Abdingbarkeit **BGB** 628 Rz. 7 ff.; Anwendungsbereich **BGB** 628 Rz. 2 ff.; andere Arten der Vertragsbeendigung **BGB** 628 41 ff.; Auflösungsverschulden **BGB** 628 49 ff.; Berufsausbildungsverhältnis **BBiG** 16 1 ff.; Darlegungs- und Beweislast **BGB** 628 91 ff.; Einkommensteuer **BGB** 628 80; ersatzfähiger Schaden **BGB** 628 53 ff., 64 ff.; Insolvenz **BGB** 628 84 f.; Kausalität **BGB** 628 63; Kündigung **BGB** 628 41 ff.; Mitverschulden **BGB** 628 78; Normzweck **BGB** 628 Rz. 1; Pfändungsschutz **BGB** 628 87; Schaden des Arbeitnehmers **BGB** 628 74 ff.; Schutzzweck des Arbeitgebers **BGB** 628 64 ff.; Sozialversicherungsrecht **BGB** 628 81 ff.; unwirksame Kündigung **BGB** 628 48; Veranlassung der Vertragsbeendigung **BGB** 628 52; Verjährung **BGB** 628 86; zeitliche Begrenzung des Anspruchs **BGB** 628 54 ff.
Schadensersatzanspruch, Abbruch von Vertragsverhandlungen **BGB** 611 27; gegen Auszubildenden **BBiG** 9 12 ff.; Berufsausbildungsverhältnis **BBiG** 5 10 f.; Forderungsübergang bei Dritthaftung (EFZG) *siehe dort*; Forderungsübergang bei Dritthaftung (SGB X) *siehe dort*; Geheimhaltungspflicht der Betriebsverfassungsorgane **BetrVG** 79 45 ff.; geschlechtsbezogene Benachteiligung **BGB** 611a 60 ff.; Insolvenzkündigung **InsO** 113 9; gegen Mitglieder der Einigungsstelle **BetrVG** 76 33 f.; rechtswidriger Streik **GG** 9 308 f.; Schadensersatz bei außerordentlicher Kündigung *siehe dort*; Schadenspauschalierung **BGB** 309 6 f., **BGB** 611 484 f.; Verstoß gegen nachvertragliches Wettbewerbsverbot **HGB** 74 118; vertragswidriges schuldhaftes Verhalten **BGB** 628 41 ff.
Schadensersatzanspruch des Arbeitgebers, Berufsausbildungsverhältnis **BBiG** 16 1 ff.; des neuen Arbeitgebers bei Zeugnis **GewO** 109 35 f.; rechtswidriger

Stichwortverzeichnis

Streik **GG 9** 298 ff., 316 f.; Schlechtleistung **BGB 619a** 8; Vergütungsüberzahlung **BGB 611** 165; Wettbewerbsverbot **HGB 61** 11 ff.; *siehe auch* „Arbeitnehmerhaftung"

Schadensersatzanspruch des Arbeitnehmers, Annahmeverzugslohn **BGB 615** 104 ff.; Berufsausbildungsverhältnis **BBiG 16** 1 ff.; Druckkündigung **BGB 626** 365 f.; falsche Lohnberechnung **BGB 611** 164; Gleichbehandlungsverstoß – EG-Recht **EGV 141** 53; Insolvenzkündigung **InsO 113** 9; nicht mögliche Gleichbehandlung **BGB 611** 213; Nichtmitteilung der Nichtübernahme eines Auszubildenden **BetrVG 78a** 23; rechtsunwirksame Kündigung **KSchG Vorb.** vor 1 45 f.; Schutzpflichtverletzung aus § 618 **BGB BGB 618** 41 ff.; statt Urlaubsabgeltungsanspruch **BUrlG 7** 145; Urlaubsabgeltungsanspruch, Vererblichkeit **BUrlG 7** 148 ff.; Urlaubsabgeltungsanspruch, Verfall **BUrlG 7** 153 f.; Urlaubsabgeltungsanspruch, Verjährung **BUrlG 7** 152; Verletzung der Nachweispflicht **NachwG Vorb.** 32 ff.; Zeugnis **GewO 109** 35 ff.; *siehe auch* „Arbeitgeberhaftung", „Forderungsübergang bei Dritthaftung (SGB X)"

Schadenspauschalierung BGB 611 484 f.; Klauselverbote **BGB 309** 6 f.

Scheinselbständigkeit SGB IV 7 54 f.; Berufsfreiheit **GG 12** 80

Schichtarbeit ArbZG 6 1 ff.; Anordnung **GewO 106** 39; Arbeitszeit in kontinuierlichen Schichtbetrieben **ArbZG 15** 3 ff., 13; Entgeltfortzahlung an Feiertagen **EFZG 2** 26 f.; Entgeltfortzahlung im Krankheitsfall **EFZG 4** 13; Gestaltung der Arbeit **ArbZG 6** 2 ff.; Gestaltungsempfehlungen **ArbZG 6** 4; Jugendliche **JArbSchG 12** 1 f.; Sanktionen **ArbZG 6** 5; Sonn- und Feiertagsarbeit in kontinuierlichen Schichtbetrieben **ArbZG 12** 8; Urlaub bei Wechsel-~ **BUrlG 3** 20 ff.

Schiedsgerichtliches Verfahren ArbGG 101 1 ff.; Ablehnung von Schiedsgerichtsmitgliedern **ArbGG 103** 5 ff.; Anhörung der Parteien **ArbGG 105** 1 ff.; Ausschluss der Arbeitsgerichtsbarkeit **ArbGG 4** 1 ff.; Bedeutung und Wirkung der Schiedsklage **ArbGG 101** 1 ff.; Berufsgruppen **ArbGG 101** 10; Besetzung **ArbGG 105** 2; Beweisaufnahme **ArbGG 106** 1 ff.; Beweismittel **ArbGG 106** 2; Einzelschiedsvereinbarung **ArbGG 101** 10 ff.; einzelvertragliche Übernahmevereinbarung **ArbGG 101** 14 ff.; Ermessen des Schiedsgerichts **ArbGG 104** 11 f.; Gesamtschiedsvereinbarung **ArbGG 101** 7 ff.; Kündigungsschutzklage **ArbGG 104** 3, **KSchG 4** 22; mündliche Anhörung **ArbGG 105** 1 f.; Parteien des Schiedsvertrages **ArbGG 101** 5 f.; Rechtshilfeersuchen **ArbGG 106** 4 ff.; Rechtsprechung **ArbGG 101** 2; Regelungen im Schiedsvertrag **ArbGG 104** 9 f.; Säumnis **ArbGG 105** 6 f.; Schiedseinrede **ArbGG 102** 1 ff.; Schiedsspruch *siehe dort*; staatliches Prozessrecht **ArbGG 104** 4 ff.; unmittelbare Tarifgeltung **ArbGG 101** 12 f.; Unmöglichkeitsanzeige **ArbGG 102** 8 f.; Unparteiische **ArbGG 103** 3; Unzulässigkeit **ArbGG 110** 6 f.; Vergleich **ArbGG 107** 1 ff.; Verlust der Schiedseinrede **ArbGG 102** 7 f.; Vertretung der Parteien **ArbGG 105** 4 f.; Zusammensetzung des Schiedsgerichts **ArbGG 103** 1 ff.

Schiedsspruch ArbGG 108 1 ff.; Abstimmung **ArbGG 108** 2; Aufhebung wegen Verletzung einer Rechtsnorm **ArbGG 110** 8 ff.; Aufhebungsgründe **ArbGG 110** 6 ff.; Aufhebungsklage **ArbGG 110** 14 ff.; Aufhebungsverfahren **ArbGG 110** 1 ff.; Inhalt **ArbGG 108** 6 f.; Niederlegung **ArbGG 108** 11; Rechtswirkungen **ArbGG 108** 12 ff.; Restitutionsklagegründe **ArbGG 110** 12; Unterschriften **ArbGG 108** 4 f.; Urteil des ArbG **ArbGG 110** 18 ff.; Verkündung **ArbGG 108** 4; Vollstreckbarkeitserklärung des Arbeitsgerichts **ArbGG 109** 3 f.; Zustandekommen **ArbGG 108** 1 ff.; Zustellung **ArbGG 108** 8 ff.; Zwangsvollstreckung **ArbGG 109** 1 ff.

Schifffahrt *siehe* „Binnenschifffahrt", „Seeschifffahrt"

Schlechtleistung BGB 611 411 ff., **BGB 619a** 7 ff.; außerordentliche Kündigung **BGB 626** 261 ff.; Schadensersatz **BGB 619a** 8; vergebliche Aufwendung **BGB 619a** 9; verhaltensbedingter Kündigungsgrund **KSchG 1** 240

Schlichtungsrecht (Tarifvertrag) GG 9 366 ff.; Schlichtungsstelle statt Einigungsstelle **BetrVG 76** 9 ff.; staatliche Schlichtung **GG 9** 371 ff.; Tarifautonomie **GG 9** 368; vertragliche Schichtung **GG 9** 374 f.

Schlichtungsverfahren (Berufsausbildungsverhältnis) ArbGG 111 1 ff.; abschließende Klage beim ArbG **ArbGG 111** 30 ff.; Anerkennung **ArbGG 111** 23 ff.; Anrufungszwang **ArbGG 111** 12; bei außerordentlicher Kündigung **ArbGG 111** 15 ff.; Durchführung **ArbGG 111** 19 ff.; erneutes **ArbGG 111** 14; Kosten **ArbGG 111** 36 f.; mündliche Verhandlung **ArbGG 111** 19; rechtsstaatliche Grundsätze **ArbGG 111** 20; Schlichtungsausschüsse **ArbGG 111** 5 ff.; Schlichtungsspruch **ArbGG 111** 21; Streit aus einem Berufsausbildungsverhältnis **ArbGG 111** 8 f.; Streitgegenstände **ArbGG 111** 8 ff.; Wirkungen des Schlichtungsspruchs **ArbGG 111** 23 ff.; Zuständigkeit der Ausschüsse **ArbGG 111** 7; Zwangsvollstreckung **ArbGG 111** 26 ff.

Schmiergeldverbot BGB 611 364 ff.; außerordentliche Kündigung **BGB 626** 265 ff.; Rechtsfolgen **BGB 611** 366; verhaltensbedingte Kündigung **KSchG 1** 250

Schriftform BGB 623 31 ff., **GewO 105** 16 ff.; Anforderungen **BGB 611** 43 f.; Arbeitnehmerüberlassungsvertrag **AÜG 12** 1 ff.; des Arbeitsvertrags aufgrund Tarifklausel **BGB 611** 40, **TVG 1** 118; Aufhebungsvertrag **BGB 623** 21, **KSchG 9 Anhang 2** ff.; Beendigungstatbestände **BGB 623** 1 ff.; befristeter Arbeitsvertrag **BGB 623** 8 ff., 24 ff., **TzBfG 14** Rz. 113 ff.; Betriebsvereinbarung **BGB 611** 41; betriebsverfassungsrechtliche Formvorschriften **BGB 611** 40; Darlegungs- und Beweislast **BGB 623** 57 f.; einzelvertragliche Regelung **BGB 611** 42, **BGB 623** 41; Entstehungsgeschichte des § 623 **BGB BGB 623** 3 ff.; fehlende bei befristetem Arbeitsverhältnis **TzBfG 14** 123 f.; Geltendmachung der Nichtigkeit **BGB 611** 83; gesetzliche Formvorschriften **BGB 611** 39; gewillkürte ~ **BGB 611** 44; Interessenausgleich mit Namensliste (KSchG) **KSchG 1** 423; Kündigung **BGB 623** 17 ff., **KSchG 1** 28; Kündigung aufgrund Tarifklausel **BGB 623** 40; nachvertragliches Wettbewerbsverbot **HGB 74** 28 ff.; persönlicher Anwendungsbereich des § 623 **BGB BGB 623** 11 ff.; Sprechervereinbarungen **SprAuG 28** 5; des Tarifvertrags **TVG 1** 15 ff.; treuwidriges Berufen auf Formmangel **BGB 611** 45; Unabdingbarkeit des § 623 **BGB BGB 623** 23 ff.; ungenannte Beendigungstatbestände **BGB 623** 27 ff.; Verstoß bei Aufhebungsvertrag **BGB 623** 48 ff.; Verstoß bei Befristungsabrede **BGB 623** 51 ff.; Verstoß bei Kündigung **BGB 623** 43 ff.; zeitlicher Anwendungsbereich des § 623 **BGB BGB 623** 6 ff.

Schriftformabrede GewO 105 16 ff.; betriebliche Übung bei ~ **BGB 611** 232; Formulararbeitsvertrag **BGB 305b** 1 ff.; keine Konkretisierung der Arbeitsbedingungen **GewO 106** 68

Schriftliches Verfahren, Ausschluss im erstinstanzlichen Verfahren **ArbGG 46** 7; Berufungsinstanz **ArbGG 64** 55

Schriftsatzkündigung KSchG 1 33

Schulden, personenbedingter Kündigungsgrund **KSchG 1** 159; verhaltensbedingter Kündigungsgrund **KSchG 1** 241

Schuldnerverzug des Arbeitgebers BGB 614 11 f.; Urlaubsanspruch **BUrlG 7** 134 ff

Schüler, Arbeitnehmereigenschaft **BetrVG 5** 34

Schulungs- und Bildungsveranstaltungen für Betriebsratsmitglieder BetrVG 37 31 ff.; amtsbezogener Bildungsurlaub **BetrVG 37** 31; Anerkennung **BetrVG 37** 35 f.; Beschlussverfahren bei Streitigkeiten wegen Anerkennung **ArbGG 2a** 13; Einigungsstelle **BetrVG 37** 41; Entgeltanspruch bei Streik **GG 9** 203; Entgeltfort-

Stichwortverzeichnis

zahlung im Krankheitsfall **EFZG** 3 27; erforderliche Kenntnisse **BetrVG** 37 32 ff.; freigestelltes Betriebsratsmitglied **BetrVG** 38 31; kollektiver Anspruch **BetrVG** 37 31 ff.; Kostentragung **BetrVG** 40 21 ff.; Mitteilung an Arbeitgeber **BetrVG** 37 40; Rechtsfolgen der Arbeitsbefreiung **BetrVG** 37 42 ff.; Streitigkeiten **BetrVG** 37 47 f.; Verfahren bei Arbeitsbefreiung **BetrVG** 37 38 ff.; Verhältnis § 36 Abs. 6 und 7 **BetrVG** **BetrVG** 37 37; zulässige Inhalte **BetrVG** 37 32 ff.

Schutzpflichten des Arbeitgebers BGB 611 252 ff., **BGB** 619a 78; *siehe auch* „Arbeitsschutz"

Schwangerschaft, Beginn **MuSchG** 9 14 f.; Frage des Arbeitgebers **BGB** 123 24; Irrtumsanfechtung **BGB** 119 5; Krankheit **EFZG** 3 39; Kündigungsverbot **MuSchG** 9 13 ff.; Offenbarung im Einstellungsverfahren **BGB** 611a 24; unmittelbare Diskriminierung **BGB** 611a 20 f.; zulässige Differenzierungsfälle **BGB** 611a 23; Zulassung verspäteter Klagen **KSchG** 5 5

Schwangerschaftsabbruch, Entgeltfortzahlung **EFZG** 3 133, 135 ff.

Schwerbehinderte EFZG 3 36; Anerkennungsverfahren **SGB IX** 92 23 ff.; keine Einbeziehung in Sozialauswahl **KSchG** 1 341; Entstehungsgeschichte des **SGB IX** **SGB IX** 92 12 ff.; erweiterter Bestandsschutz **SGB IX** 92 95 ff.; gemeinsame Voraussetzungen des besonderen Schutzes **SGB IX** 92 17 ff.; geschützter Personenkreis **SGB IX** 92 2 ff.; gleichberechtigte Teilhabe **SGB IX** 92 1; Kriterium bei Sozialauswahl **KSchG** 1 378 ff.; Kündigungsanhörung des Betriebsrates **BetrVG** 102 23; Restitutionsklage **ArbGG** 79 7; Schwerbehinderteneigenschaft *siehe dort*; Sonderkündigungsschutz Schwerbehinderter *siehe dort*; Territorialität **SGB IX** 92 4; *siehe auch* „Behinderte Menschen"

Schwerbehinderteneigenschaft, Frage des Arbeitgebers **BGB** 123 25 f., **GG** 3 148; Irrtumsanfechtung **BGB** 119 6; Sonderkündigungsschutz **SGB IX** 92 17; Stichtagsregelungen **GG** 3 149

Schwerbehindertenvertretung BetrVG 32 2, **SGB IX** 92 9 ff.; Beteiligte **ArbGG** 83 36; Betriebsratssitzungen **BetrVG** 32 1 ff.; Geheimhaltungspflicht **BetrVG** 79 37; Streitigkeiten über Teilnahme an Betriebsratssitzung **BetrVG** 32 5; Wählbarkeit **BetrVG** 32 3; Wirtschaftsausschuss **BetrVG** 108 28 f.

Scientology-Kirche, außerordentliche Kündigung **BGB** 626 269 ff.; Frage des Arbeitgebers nach Mitgliedschaft **BGB** 123 17

Seemannsämter, Zuständigkeit **ArbGG** 111 1 ff.

Seeschifffahrt, Arbeitszeit **ArbZG** 18 8 ff.; ArbZG, Nichtanwendbarkeit **ArbZG** 18 8; außerordentliche Kündigung **BGB** 626 16 f.; Feiertage **EFZG** 2 14; Hafenarbeitszeit der Besatzung **ArbZG** 18 11; Haftungsausschluss bei Arbeitsunfall **SGB VII** 107 1; Heuerschein **NachwG Vorb.** 24 f.; Kündigungsfrist **BGB** 622 52; Kündigungsschutzgesetz **KSchG** 24 1 ff.; Notfälle und dringende Fälle **ArbZG** 18 13; Rechtsordnung **EGBGB** 34 18; Schriftform bei Kündigung **BGB** 623 13; Seearbeitszeit **ArbZG** 18 9; Seearbeitszeit der Besatzung **ArbZG** 18 10; Sonn- und Feiertage **ArbZG** 18 14; Sonn- und Feiertagsarbeit **ArbZG** 12 7; Ungleichbehandlung ausländischer Seeleute **GG** 3 27; Verpflegungs-, Bedienungs- und Krankenpflegepersonal **ArbZG** 18 12

Selbstbeurlaubung, außerordentliche Kündigung **BGB** 626 272 ff.; Kündigungsschutz **BUrlG** 7 18; Urlaubsanspruch **BUrlG** 7 16; Urlaubsentgelt **BUrlG** 7 17; verhaltensbedingter Kündigungsgrund **KSchG** 1 253

Sexuelle Belästigung BGB 611a 43 f.; Abgrenzungsprobleme **BeschSchG** 2 19; Ablehnung der Handlung **BeschSchG** 2 16; am Arbeitsplatz **BeschSchG** 2 3; arbeitsrechtliche Maßnahmen **BeschSchG** 4 1 ff.; außerordentliche Kündigung **BGB** 626 226 f.; Begriff **BeschSchG** 2 8 ff.; Bekanntgabe des Gesetzes **BeschSchG** 7 1; Benachteiligungsverbot **BeschSchG** 4 11; Beschwerdeprüfung **BeschSchG** 3 6; Beschwerderecht **BeschSchG** 3 1 ff.; und Beschwerderecht nach BetrVG **BetrVG** 84 3; EG-Richtlinie **BeschSchG** 2 17 f., **EGV** 141 44; Entstehungsgeschichte des BeschSchG **BeschSchG** 1 1 f.; Fortbildung im öffentlichen Dienst **BeschSchG** 5 1; Leistungsverweigerung **BeschSchG** 4 6 ff.; Maßnahmen nach Beschwerde **BeschSchG** 3 7 ff.; persönlicher Anwendungsbereich des BeschSchG **BeschSchG** 1 3; Pflichtverletzung **BeschSchG** 2 20; pornographische Darstellungen **BeschSchG** 2 15; Schutzpflicht des Arbeitgebers **BeschSchG** 2 1 ff.; Soldaten **BeschSchG** 6 1; sonstiges Verhalten **BeschSchG** 2 11 ff.; strafrechtlich relevantes Verhalten **BeschSchG** 2 10; unabhängige Beschwerdestelle **BeschSchG** 3 10; verhaltensbedingter Kündigungsgrund **KSchG** 1 242; Zweck des BeschSchG **BeschSchG** 1 3

Sicherheitsbeauftragter, Teilnahmerecht des Betriebsrates an Besprechungen **BetrVG** 89 30 f.

Sicherheitsbedenken, personenbedingter Kündigungsgrund **KSchG** 1 160

Sicherungsübertragung, Betriebsübergang **BGB** 613a 211

Sic-non-Fall ArbGG 2 29 f., **ArbGG** 48 25 ff.; Abgrenzung zum aut-aut-Fall **ArbGG** 48 32

Signatur, elektronische Dokumente **ArbGG** 46b 9 f.

SIMAP-Urteil ArbZG 2 6

Sittenwidrigkeit BGB 611 73 ff., 82; Ausschlussfristen **BGB** 611 431; Einzelfälle **BGB** 611 74 ff.; Kündigung **KSchG** 13 19 ff.; nachvertragliches Wettbewerbsverbot **HGB** 74a 24

Sittlichkeitsdelikte, außerordentliche Kündigung **BGB** 626 297 f.

Sitzungsniederschrift BetrVG 34 1 ff.; Anwesenheitsliste **BetrVG** 34 9; Aushändigung einer Abschrift **BetrVG** 34 10 f.; Beweismittel **BetrVG** 34 3; Einsichtsrecht **BetrVG** 34 14 ff.; Einwendungen **BetrVG** 34 12 f.; Ermessen **BetrVG** 34 6; Mindestinhalt **BetrVG** 34 1, 5; Streitigkeiten **BetrVG** 34 18; Unterzeichnung **BetrVG** 34 8; Verhandlung **BetrVG** 34 3; Wirksamkeitsvoraussetzung für Beschlüsse **BetrVG** 34 3; Zweck **BetrVG** 34 2

Sitzungspolizei ArbGG 9 6

Sofortige Beschwerde ArbGG 78 1 f.; Abhilfe **ArbGG** 78 18 ff.; Anschlussbeschwerde **ArbGG** 78 17; Begründung **ArbGG** 78 16; im Beschlussverfahren **ArbGG** 83 40; Beschwer **ArbGG** 78 9 f.; Einlegung **ArbGG** 78 12 ff.; Entscheidung des LAG **ArbGG** 78 22 ff.; erfolgreiche **ArbGG** 78 25 f.; gesetzliche Zulassung **ArbGG** 78 7; Kosten- und Streitwertbeschwerden **ArbGG** 78 10; „ohne mündliche Verhandlung" **ArbGG** 78 8; Nichtabhilfe **ArbGG** 78 21; Prozesskostenhilfe **ArbGG** 78 11; unbegründete **ArbGG** 78 24; kein Vertretungszwang **ArbGG** 78 15; Voraussetzungen **ArbGG** 78 6 ff.; Zurückverweisung wegen wesentlichen Verfahrensmangels **ArbGG** 78 26

Sonderkündigungsschutz KSchG Vorb. vor 1 17; außerordentliche Kündigung **BGB** 626 101 ff.; Betriebsrat *siehe* „Sonderkündigungsschutz von Funktionsträgern"; Elternzeit *siehe* „Sonderkündigungsschutz bei Elternzeit"; Initiatoren einer Betriebsratswahl **BetrVG** 17 12; Mutterschutz *siehe* „Sonderkündigungsschutz nach MuSchG"; Schwerbehinderte *siehe* „Sonderkündigungsschutz Schwerbehinderter"; Wehrdienst *siehe* „Sonderkündigungsschutz bei Wehrdienst"

Sonderkündigungsschutz bei Elternzeit BErzGG 18 1 ff., **BGB** 622 49 f.; geschützter Personenkreis **BErzGG** 18 7 ff.; Inhalt und Reichweite **BErzGG** 18 23 ff.; sonstige kündigungsrechtliche Vorschriften **BErzGG** 18 30 ff.; Verlangen der Elternzeit **BErzGG** 18 26 ff.; Voraussetzungen **BErzGG** 18 11 ff.; Zustimmung und Ausschlussfrist bei außerordentlicher Kündigung **BGB** 626 439 f.

Stichwortverzeichnis

Sonderkündigungsschutz bei Wehrdienst ArbPlSchG 2 1 ff.; ausländische Wehrpflichtige **ArbPlSchG** 2 6; außerordentliche Kündigung **ArbPlSchG 2** 16 ff.; ordentliche Kündigung vor/nach dem Wehrdienst **ArbPlSchG** 2 13 ff.; ordentliche Kündigung während des Wehrdienstes **ArbPlSchG** 2 11 f.; Wehrpflichtige **ArbPlSchG 2** 3 ff.; zeitlicher Geltungsbereich **ArbPlSchG 2** 9; Zivildienstleistende **ArbPlSchG** 2 7 f.

Sonderkündigungsschutz nach MuSchG MuSchG 9 1 ff.; Aufhebungsvertrag **MuSchG 9** 48; besondere Fälle **MuSchG 9** 37 ff.; Eigenkündigung **MuSchG 9** 48; Entbindung **MuSchG 9** 18 f.; Entstehungsgeschichte **MuSchG 9** 1 ff.; Kenntnis des Arbeitgebers **MuSchG 9** 20 ff.; nachholende Kenntnisverschaffung **MuSchG 9** 25 ff.; Nichtigkeit einer Kündigung **MuSchG 9** 47; persönlicher Geltungsbereich **MuSchG 9** 11 f.; Schwangerschaft **MuSchG 9** 13 f.; Unkenntnis der Arbeitnehmerin **MuSchG 9** 28 f.; Zustimmung und Ausschlussfrist bei außerordentlicher Kündigung **BGB 626** 439 f.; Zweck **MuSchG 9** 1

Sonderkündigungsschutz Schwerbehinderter BGB 622 45 ff., **SGB IX 92** 5 ff.; vor Anerkennungsentscheidung **SGB IX 92** 26 f.; Ausnahmen **SGB IX 92** 7; Beginn **SGB IX 92** 19; Berufung auf besonderen Schutz **SGB IX 92** 28 ff.; Ende **SGB IX 92** 20; Gleichstellung **SGB IX 92** 18; Kenntnis des Arbeitgebers **SGB IX 92** 21 f.; Voraussetzungen **SGB IX 92** 17 ff.; Zustimmungsverfahren *siehe* „Integrationsamt"

Sonderkündigungsschutz von Funktionsträgern BetrVG 103 3 f., **KSchG 15** 1 ff.; Änderungskündigung **KSchG 2** 81, **KSchG 15** 26; außerordentliche Kündigung **KSchG 15** 27 ff.; beendet der Amtszeit **KSchG 15** 36 ff.; Betriebsratsmitglieder/Personalratsmitglieder **KSchG 15** 44 ff.; Beginn und Dauer des nachwirkenden **KSchG 15** 74 ff.; Ersatzmitgliedern **KSchG 15** 48 ff.; Wahlbewerber **KSchG 15** 62 f.; Wahlinitiatoren **KSchG 15** 67 f.; Wahlvorstand **KSchG 15** 56 ff.; Beschäftigungspflicht **KSchG 15** 40 ff.; Besonderes Verhandlungsgremium **EBRG 45** 22; Betriebsstilllegung **KSchG 15** 91 ff.; Beurteilungszeitpunkt beim nachwirkenden **KSchG 15** 71 ff.; Entstehungsgeschichte **KSchG 15** 7 ff.; nicht erfasste Personengruppen **KSchG 15** 1 ff.; Ersatzmitgliedern **KSchG 15** 18 ff.; geschützter Personenkreis **KSchG 15** 13 ff.; Inhalt des Schutzes **KSchG 15** 22 ff.; innerhalb der Amtszeit **KSchG 15** 22 ff.; nachwirkender **KSchG 15** 71 ff.; nachwirkender bei Ersatzmitgliedern **KSchG 15** 80 ff.; nachwirkender bei Wahlinitiatoren **KSchG 15** 77 ff.; neues Arbeitsverhältnis **KSchG 16** 1 ff.; Nichtigkeit **KSchG 15** 25; Spaltung/Teilübertragung **UmwG 323** 13; Stilllegung einer Betriebsabteilung **KSchG 15** 99 ff.; Verfahrensfragen **KSchG 15** 85 ff.; Wirtschaftsausschussmitglieder **BetrVG 107** 36; *siehe auch* „Außerordentliche Kündigung von Funktionsträgern"

Sonderurlaub, Entgeltfortzahlung an Feiertagen **EFZG 2** 24; Entgeltfortzahlung im Krankheitsfall **EFZG 3** 29

Sonderzahlungen BGB 611 101 ff.; Abgrenzung zur betrieblichen Altersversorgung **BetrAVG Vorb.** 58; Betriebsübung **BGB 611** 106 f.; Elternzeit **BErzGG Vor 15-21** 4 ff.; Gleichbehandlungsgrundsatz **BGB 611** 225; Kürzung wegen Fehlzeiten **BGB 611** 102 ff., **BGB 612a** 25 ff.; Kürzung von Sondervergütungen *siehe dort*; Kürzung wegen vorzeitigen Ausscheidens **BGB 611** 110; Kürzung, proportionale/überproportionale **BGB 611** 107 f.; Kürzungsklausel, Auslegung **BGB 611** 109; reiner Entgeltcharakter **BGB 611** 113; Rückzahlungsklausel **BGB 611** 111 f.; Teilvergütung bei außerordentlicher Kündigung **BGB 628** 19; Urlaubsentgelt **BUrlG 11** 24; Urlaubsgeld **BUrlG 11** 56 ff.

Sonn- und Feiertagsarbeit, abweichende Regelungen **ArbZG 12** 1 ff.; Arbeitsplatzsicherung **ArbZG 13** 18, 20 ff.; Arbeitszeitgesetz **ArbZG 1** 4; Arbeitszeitgrenzen **ArbZG 11** 3; Ausgleich **ArbZG 11** 1 ff.; Ausnahmen, Katalog **ArbZG 10** 1 ff.; Bäckereien und Konditoreien **ArbZG 10** 30; Bedürfnisgewerbe **ArbZG 13** 3; Bewachungsgewerbe **ArbZG 10** 14; Bewilligung durch die Aufsichtsbehörde **ArbZG 13** 9 ff.; Datennetze und Rechnersysteme **ArbZG 10** 18; Ersatzruhetage **ArbZG 11** 4 ff.; Feststellungen der Aufsichtsbehörde **ArbZG 13** 5 ff.; Finanzgeschäfte **ArbZG 10** 31; Forschungsarbeiten **ArbZG 10** 19, 27 ff.; Gastronomie und Haushalt **ArbZG 10** 5; Handelsgewerbe **ArbZG 13** 15; Hilfsdienste **ArbZG 10** 2 ff.; Inventur **ArbZG 13** 16; Jugendliche am Feiertag **JArbSchG 18** ff.; Jugendliche am Sonntag **JArbSchG 17** 1 ff.; Konti-Betrieb **ArbZG 12** 8; Kraftfahrer und Beifahrer **ArbZG 9** 4; Krankenpflege **ArbZG 10** 4; kulturelle Veranstaltungen **ArbZG 10** 6; Landwirtschaft **ArbZG 10** 13; Messen und Ausstellungen **ArbZG 10** 10; Mindestzahl beschäftigungsfreier Sonntage **ArbZG 11** 2; Misslingen von Arbeitsergebnissen **ArbZG 10** 19, 21 ff.; naturwissenschaftlich-technische Gründe **ArbZG 13** 18 f.; öffentliche Zwecke **ArbZG 10** 3; Presse und Rundfunk **ArbZG 10** 8; Produktionsarbeiten **ArbZG 10** 29; Rechtsschutz bei Bewilligung **ArbZG 13** 30; Reinigungs- und Instandhaltungsarbeiten **ArbZG 10** 16; Sanktionen **ArbZG 13** 31; Schadensverhütung **ArbZG 13** 15; Seeschifffahrt **ArbZG 12** 7, **ArbZG 18** 14; Sonn- und Feiertagsruhe *siehe dort*; Sport, Freizeit, Erholung, Vergnügen **ArbZG 10** 8; Urlaubsanspruch **BUrlG 3** 16 f.; Verderben **ArbZG 10** 19 f.; Verkehrs- und Transportsysteme **ArbZG 10** 11; Vermeidung von Schäden an Produktionseinrichtungen **ArbZG 10** 28; Verordnungsermächtigungen **ArbZG 13** 1 ff.; Versorgungs- und Entsorgungsbetriebe **ArbZG 10** 12; Vorbereitungsarbeiten **ArbZG 10** 17; Wohltätigkeitsveranstaltungen **ArbZG 10** 7

Sonn- und Feiertagsruhe ArbZG 9 1 ff.; mehrschichtige Betriebe **ArbZG 9** 3; Urlaubsanspruch **BUrlG 3** 14 f.

Sozialauswahl KSchG 1 327 ff.; Altersteilzeit **ATZG 8** 5; Änderungskündigung **KSchG 2** 60 ff.; ausgenommene Arbeitnehmer **KSchG 1** 339 ff.; ausgewogene Personalstruktur **KSchG 1** 399 ff.; Auskunftspflicht **KSchG 1** 438 f.; Austauschbarkeit **KSchG 1** 356 ff.; Auswahlrichtlinien *siehe dort*; berechtigte betriebliche Interessen **KSchG 1** 392 ff.; Betriebsbezogenheit **KSchG 1** 333 ff.; Betriebsratswiderspruch wegen Fehlerhaftigkeit **BetrVG 102** 70; Betriebszugehörigkeitsdauer **KSchG 1** 371; Beurteilungsspielraum **KSchG 1** 385 f.; Bildung der Auswahlgruppe **KSchG 1** 333 ff.; Darlegungs- und Beweislast **KSchG 1** 440 ff.; gleiche betriebliche Ebene **KSchG 1** 355; Grundkriterien **KSchG 1** 367 ff.; Gruppenbildung **KSchG 1** 352 ff.; Interessenausgleich mit Namensliste (KSchG) *siehe dort*; Kündigungsrichtlinien **BetrVG 95** 8 f.; Lebensalter **KSchG 1** 372 f.; Nichteinbeziehung von Arbeitnehmern **KSchG 1** 390 ff.; personenbedingte Kündigung **KSchG 1** 100; Punktetabellen **KSchG 1** 387 ff.; Schwerbehinderung **KSchG 1** 378 ff.; sonstige Kriterien **KSchG 1** 381 ff.; Teilzeitbeschäftigte **TzBfG 4** 10; Unterhaltspflichten **KSchG 1** 374 ff.; Vergleichbarkeit **KSchG 1** 352 ff.; keine Vertragsänderung **KSchG 1** 360 ff.; Widerspruch gegen Betriebsübergang **BGB 613a** 360

Sozialgerichtsbarkeit, Rechtsweg, Abgrenzung **ArbGG 2** 23 ff.

Sozialhilfe, Arbeitskampf **GG 9** 330

Sozialkassenverfahren im Baugewerbe, Arbeitnehmer-Entsendegesetz **AEntG 1** 11 ff.

Sozialplan BetrVG 112 1 ff., 27 ff.; Abfindung *siehe* „Sozialplanabfindung"; Abwägungsgrundsatz **BetrVG 112** 61; Änderung **BetrVG 112** 83; Anfechtung **BetrVG 112** 94; Ausgleich der wirtschaftlichen Nachteile **BetrVG 112** 35 ff.; Ausgleichszahlungen **BetrVG 112** 40; außerordentliche Kündigung **BetrVG 112** 86; Aussichten auf dem Arbeitsmarkt **BetrVG 112** 66; durch Einigungs-

Stichwortverzeichnis

stellenspruch **BetrVG** 112 58 ff.; einvernehmlicher **BetrVG** 112 33 ff.; Einzelfallbetrachtung **BetrVG** 112 62 ff.; Ermessensrichtlinien **BetrVG** 112 62 ff.; erzwingbarer **BetrVG** 112a 1 ff.; Erzwingbarkeit **BetrVG** 112 30 f.; Geltung für Ausgeschiedene **BetrVG** 77 25; Härtefonds **BetrVG** 112 43; individualrechtlicher Anspruch **BetrVG** 112 89 ff.; Insolvenzsozialplan *siehe dort*; ordentliche Kündigung **BetrVG** 112 84 f.; personeller Geltungsbereich **BetrVG** 112 32; Privilegierung bei Neugründungen **BetrVG** 112a 6 ff.; Rahmen-~ **BetrVG** 112 31; rechtliche Schranken **BetrVG** 112 46 ff.; Rechtswirkungen **BetrVG** 112 78 f.; Regelungsbefugnis der Einigungsstelle **BetrVG** 112 60; reiner Personalabbau **BetrVG** 112a 5; Schwellenwerte **BetrVG** 112a 3 f.; Streitigkeiten **BetrVG** 112 90 ff.; Transfermaßnahmen gemäß SGB III **BetrVG** 112 71 ff.; Überbrückungsgelder **BetrVG** 112 39; Verfassungsmäßigkeit der Erzwingbarkeit **BetrVG** 112 3; Verhältnis zum Tarifvertrag **BetrVG** 112 80 f.; vorsorglicher **BetrVG** 112 31; Wegfall der Geschäftsgrundlage **BetrVG** 112 87 f.; Weiterbeschäftigungsmöglichkeiten **BetrVG** 112 67 ff.; wirtschaftliche Vertretbarkeit **BetrVG** 112 74 ff.; Zustandekommen **BetrVG** 112 33 f.; Zuständigkeit der Einigungsstelle **BetrVG** 112 59; Zuständigkeit des Gesamtbetriebsrates **BetrVG** 50 14; Zweck **BetrVG** 112 29

Sozialplanabfindung BetrVG 112 38; Abfindungsanspruch bei betriebsbedingter Kündigung **KSchG** 1a 21; Gleichbehandlungsgrundsatz **BGB** 611 227; Verrechnung mit Nachteilausgleichsansprüchen **BetrVG** 113 17; Widerspruch gegen Betriebsübergang **BGB** 613a 364

Sozialstaatsprinzip, Tarifverträge **TVG Einl.** 20

Sozialversicherungsausweis, Nichtvorlage **EFZG** 7 15

Sozialversicherungsbeiträge, Abfindungen **EStG** 3 79; Betriebsübergang **BGB** 613a 233; Karenzentschädigung **HGB** 74 125 f.; Kurzarbeitergeld **SGB III** 179 3; Nichtzahlung **BGB** 611 267; ordnungsgemäße Zahlung **BGB** 619a 87; Rechtsweg **ArbGG** 2 25 f.; Schadensersatz bei außerordentlicher Kündigung **BGB** 628 81 ff.; *siehe auch "Forderungsübergang bei Dritthaftung (SGB X)"*

Sozialwidrigkeit, absolute Gründe **KSchG** 1 56; Änderungskündigung **KSchG** 2 31, 43 ff.; Beendigungskündigung **KSchG** 1 55 ff.; *siehe im Übrigen "Kündigungsschutz"*

Spaltung *siehe "Umwandlung"*

Sperrfrist, Massenentlassungen während Sperrfrist **KSchG** 18 4 ff.; bei Massenentlassungsanzeige **KSchG** 18 3; Widerspruch gegen Betriebsübergang **BGB** 613a 363

Sperrwirkung *siehe* Tarifvorrang/Sperrwirkung

Sperrzeit SGB III 144 1 ff.; Arbeitsaufgabe **SGB III** 144 5 ff.; arbeitsvertragswidriges Verhalten **SGB III** 144 15 ff.; Aufhebungsvertrag **KSchG** 9 Anhang 49 ff.; **SGB III** 144 10 ff.; Beratung **SGB III** 144 4; besondere Härte **SGB III** 144 32 f.; kalendermäßiger Ablauf **SGB III** 144 2 f.; Kausalität **SGB III** 144 19 ff.; Lösung des Beschäftigungsverhältnisses **SGB III** 144 5 ff.; Minderung des Arbeitslosengeldanspruchs **SGB III** 144 34; Nichtvorliegen eines wichtigen Grundes **SGB III** 144 26 ff.; Rechtsfolgen **SGB III** 144 30 ff.; Ruhen des Arbeitslosengeldanspruchs **SGB III** 144 30; Verschulden **SGB III** 144 22 ff.; zweimalige **SGB III** 144 35

Sportler, Arbeitnehmerstatus **BGB Vorb.** 75; Befristungsgrund Eigenart der Arbeitsleistung **TzBfG** 14 36; Verschleiß als Befristungsgrund **TzBfG** 14 80

Sportunfall, Entgeltfortzahlung **EFZG** 3 69 f.

Sprachkenntnisse, Freizügigkeit, EG **EGV** 39 35

Sprecherausschuss SprAuG 1 1 ff.; § 21a BetrVG nicht analog hinsichtlich Übergangsmandat **BetrVG** 21a 22; Amtsenthebung **SprAuG** 9 1; Amtszeit **SprAuG** 8 14 ff.; Arbeitsbefreiung **SprAuG** 14 2; Aufgaben **SprAuG** 25 1 ff.; Behandlung leitender Angestellter **SprAuG** 27 1 f.; Behinderungsverbot **SprAuG** 2 9 ff.; Benachteiligungs- und Begünstigungsverbot **SprAuG** 2 14 f.; Beschlussverfahren **ArbGG** 2a 17; Beteiligungsrechte des Sprecherausschusses *siehe dort*; Betrieb **SprAuG** 1 7 f.; Betriebsübergang **BGB** 613a 294; Entgelt- und Tätigkeitsschutz **SprAuG** 14 5; Friedenspflicht **SprAuG** 2 16 ff.; Gesamtsprecherausschuss *siehe dort*; Gesamtvereinbarungen **SprAuG** 2 7; Koalitionen **SprAuG** 2 8; Konzernsprecherausschuss *siehe dort*; Kooperationsmodell **SprAuG** 2 1; Kostentragung **SprAuG** 14 3; öffentlicher Dienst **SprAuG** 1 10; persönlicher Geltungsbereich **SprAuG** 1 6; räumlicher Geltungsbereich **SprAuG** 1 13 f.; rechtliche Stellung der Mitglieder **SprAuG** 14 1; Religionsgemeinschaften **SprAuG** 1 11; sachlicher Geltungsbereich **SprAuG** 1 7 ff.; Schulungs- und Bildungsveranstaltungen **SprAuG** 14 4; Sitzung mit Betriebsrat **BetrVG** 29 16; Sprechervereinbarungen *siehe dort*; Unternehmens-~ **SprAuG** 20 1 ff.; Unterstützung einzelner leitender Angestellter **SprAuG** 26 1; Vereinbarung über betriebliche Altersversorgung **BetrAVG Vorb.** 90; Verschwiegenheitspflicht bei personellen Maßnahmen **SprAuG** 31 6; Wahlen *siehe "Sprecherausschusswahlen"*; Zusammenarbeit **SprAuG** 2 1 f.; Zusammenarbeit zwischen ~, Betriebsrat und Arbeitgeber **SprAuG** 2 6 f.; Zusammenarbeit mit Arbeitgeber **SprAuG** 2 2; Zusammenarbeit mit Betriebsrat **SprAuG** 2 3 ff.

Sprecherausschusswahlen SprAuG 8 1 ff.; Ablauf **SprAuG** 8 10 ff.; Amtszeit **SprAuG** 8 14 ff.; Behinderungs- und Beeinflussungsverbot **SprAuG** 8 3; Leitende Angestellte, Zuordnungsverfahren *siehe dort*; Wählbarkeit **SprAuG** 8 6 ff.; Wahlberechtigung **SprAuG** 8 4 f.; Wahlvorstand **SprAuG** 8 11; Zusammensetzung des Sprecherausschusses **SprAuG** 8 8 f.

Sprechervereinbarungen SprAuG 28 4 f.; Abschluss **SprAuG** 28 4 f.; Beendigung **SprAuG** 28 13; Geheimhaltungspflicht **SprAuG** 29 1; Günstigkeitsprinzip **SprAuG** 28 12; Inhaltsregelung **SprAuG** 28 3; Regelungsgegenstand **SprAuG** 28 2 f.; Richtlinie **SprAuG** 28 7 ff.; Schranken **SprAuG** 28 6; Schriftform **SprAuG** 28 5; unmittelbare Wirkung **SprAuG** 28 11

Sprechstunden, Betriebsrat **BetrVG** 39 1 ff.; Einigungsstelle **BetrVG** 39 4; Einrichtung **BetrVG** 39 1; Gesamtbetriebsrat **BetrVG** 51 8; Jugend- und Auszubildendenvertretung *siehe "Sprechstunden der Jugend- und Auszubildendenvertretung"*; Leiharbeitnehmer **AÜG** 14 10; keine Minderung des Arbeitsentgelts **BetrVG** 39 7 ff.; Streitigkeiten **BetrVG** 39 10

Sprechstunden der Jugend- und Auszubildendenvertretung BetrVG 69 1 ff.; Arbeitsentgelt **BetrVG** 69 15 f.; Beschlussfassung **BetrVG** 69 5 f.; Betriebsgröße **BetrVG** 69 3 f.; Durchführung **BetrVG** 69 12 f.; Einigungsstelle **BetrVG** 69 10; Konkretisierung **BetrVG** 69 8 ff.; Kosten **BetrVG** 69 14; Streitigkeiten **BetrVG** 69 20 ff.; Teilnahmerechte des Betriebsratsvorsitzenden **BetrVG** 69 17 ff.

Sprungrechtsbeschwerde ArbGG 96a 1 ff.; Verfahren nach Entscheidung über Zulassungsantrag **ArbGG** 96a 16 ff.; Zulassungsantrag **ArbGG** 96a 7 ff.; Zulassungsentscheidung **ArbGG** 96a 11 ff.; Zulassungsgründe **ArbGG** 96a 10; Zulassungsverfahren **ArbGG** 96a 4 ff.; Zustimmungserklärung **ArbGG** 96a 7 ff.

Sprungrevision ArbGG 76 1 ff.; Antrag **ArbGG** 76 4 f.; Beschluss der Kammer **ArbGG** 76 11; beschränkte Zulassung **ArbGG** 76 13; Bindung des BAG **ArbGG** 76 15 f.; Entscheidung **ArbGG** 76 10 f.; Form der Zulassung **ArbGG** 76 10; Fristen **ArbGG** 76 19; Gründe **ArbGG** 76 9; Möglichkeiten der beschwerten Partei **ArbGG** 76 17 f.; Rechtsmittelbelehrung **ArbGG** 76 12; Sonderrechtsbehelf **ArbGG** 76 1 f.; Verfahren vor dem BAG **ArbGG** 76 20 ff.; Verfahrensrügen **ArbGG** 76 21; Wahl-

Stichwortverzeichnis

recht nach Zulassung **ArbGG** 76 18; Wirkung der Zulassung **ArbGG** 76 14 ff.; Zulassungsverfahren **ArbGG** 76 3 ff.; Zurückverweisung **ArbGG** 76 22; Zustimmungserklärung **ArbGG** 76 6 ff.
Stasi-Tätigkeit, Frage des Arbeitgebers **BGB** 123 28 f.; Irrtumsanfechtung **BGB** 119 8
Stellenausschreibung BGB 611 2 ff.; Betriebsrat bei Unterlassen **BetrVG** 99 84 f.; geschlechtsneutrale ~ **BGB** 611 5, **BGB** 611b 1 ff.; Teilzeitarbeit *siehe* „Stellenausschreibung (Teilzeit)"
Stellenausschreibung (Teilzeit) TzBfG 7 1 ff.; Folgen einer unzureichenden ~ **TzBfG** 7 6 f.; Geeignetheit des Arbeitsplatzes **TzBfG** 7 4 f.; Informationspflicht gegenüber Arbeitnehmer **TzBfG** 7 8 f.; Informationspflicht gegenüber Arbeitnehmervertretungen **TzBfG** 7 15 ff.
Stellensuche, Freizeit zur Stellungssuche *siehe dort*
Stellvertretung BGB 611 46
Sterilisation, Entgeltfortzahlung **EFZG** 3 133 f.
Stillschweigend vereinbarte Vergütung BGB 612 3 ff.; „den Umständen nach" **BGB** 612 26 ff.; Erbringung höherwertiger Dienste **BGB** 612 20 ff.; Fiktion **BGB** 612 4; Normzweck **BGB** 612 5 f.; Rechtsfolge **BGB** 612 30; Voraussetzungen **BGB** 612 8 ff.; wirksamer Vertrag **BGB** 612 8
Stillschweigende Verlängerung, Abdingbarkeit des § 625 BGB **BGB** 625 47 ff.; Ablauf der Dienstzeit **BGB** 625 18 ff.; befristetes Arbeitsverhältnis **BGB** 625 9, **TzBfG** 15 10, 16 ff.; befristetes Probearbeitsverhältnis **BGB** 625 1; Darlegungs- und Beweislast **BGB** 625 53; Dienstverhältnis **BGB** 625 1 ff.; Fiktionswirkung **BGB** 625 43 ff.; Fortsetzung des Dienstverhältnisses **BGB** 625 25 ff.; Kenntnis des Dienstberechtigten **BGB** 625 32 ff.; kein unverzüglicher Widerspruch **BGB** 625 37 ff.; vorläufige Fortsetzung des Dienstverhältnisses **BGB** 625 11 f.
Störung des Geschäftsgrundlage *siehe* „Wegfall der Geschäftsgrundlage"
Straf- und Bußgeldvorschriften, Altersteilzeit **ATZG** 14 1; Arbeitnehmer-Entsendegesetz **AEntG** 5 1 ff.; AÜG **AÜG** 16 1 ff.; ausländische Leiharbeitnehmer ohne Genehmigung **AÜG** 15 1 ff., 15a 1 ff.; Bundesagentur für Arbeit bei Ordnungswidrigkeiten nach AÜG **AÜG** 18 1 ff.; Mitteilungen usw. an Pensionssicherungsverein, Nichtvornahme **BetrAVG** 12 1 ff.; Straftaten gegen Betriebsverfassungsorgane und ihre Mitglieder **BetrVG** 119 1 ff.; Verletzung von Informationspflichten (BetrVG) **BetrVG** 121 1 ff.; Verletzung der Verschwiegenheitspflicht **BetrVG** 120 1 ff.; Verstöße gegen ArbZG **ArbZG** 23 1 f.; Verstöße gegen JArbSchG **JArbSchG** 60 1 ff.
Strafhaft, außerordentliche Kündigung **BGB** 626 299 ff.; personenbedingter Kündigungsgrund **KSchG** 1 161
Straftaten, Arbeitskampf als Straftat **GG** 9 342 ff.; außerdienstliche ~ **BGB** 611 377; außerordentliche Kündigung **BGB** 626 279 ff.; Geheimhaltungspflicht der Betriebsverfassungsorgane **BetrVG** 79 50; personenbedingter Kündigungsgrund **KSchG** 1 162; im Rahmen von Arbeitskämpfen **GG** 9 346 f.; Streik **GG** 9 315; verhaltensbedingter Kündigungsgrund **KSchG** 1 243
Strafverfahren, Frage des Arbeitgebers **BGB** 123 13
Streik GG 9 178 ff.; Abkehr **GG** 9 205; Außenseiter **GG** 9 187; Beendigung **GG** 9 204; Dreizonenmodell **GG** 9 216; Durchhaltetaktik der Arbeitgeberseite **GG** 9 209 f.; Erhaltungsarbeiten **GG** 9 290 f., 293 f.; Fehlzeiten und Sonderzahlung **BGB** 611 105; Firmentarifvertrag **GG** 9 189; Formen **GG** 9 179 ff.; gesamtwirtschaftliches Gleichgewicht **GG** 9 276; Gewerkschaft bei rechtswidrigem ~ **GG** 9 306 ff.; gewerkschaftliche Organisation **GG** 9 184 f.; grundsätzliche Zulässigkeit **GG** 9 182 f.; *Kampfgegner* **GG** 9 188 f.; Lohnverweigerungsrecht des Arbeitgebers **GG** 9 215 ff.; Notdienstarbeiten **GG** 9 293 f.; politischer **GG** 9 272 ff.; Reaktionsmöglichkeiten der Arbeitgeberseite **GG** 9 209 ff.; Rechtsfolgen für Arbeitsverhältnis **GG** 9 190 ff.; Rechtsfolgen bei Rechtswidrigkeit **GG** 9 296 ff.; Stilllegung des Betriebes durch Arbeitgeber **GG** 9 211 ff.; strafbare Handlungen **GG** 9 315; Streikarbeiten **GG** 9 206 ff.; subjektivprivates Gestaltungsrecht **GG** 9 190 f.; Sympathie~ **GG** 9 270 ff.; unbeteiligte Dritte **GG** 9 274 f.; Urabstimmung **GG** 9 287 f.; Urlaubsbegehren **BUrlG** 7 137; Wellenstreik **GG** 9 217; wilder **GG** 9 186, 251 f.; *siehe auch* „Arbeitskampf"
Streikarbeiten, Verweigerung **GG** 9 206 ff.
Streikbruchprämien GG 9 210; Maßregelungsverbot **BGB** 612a 14 ff., 34
Streitgenossenschaft, schiedsgerichtliches Verfahren **ArbGG** 104 6
Streitige Verhandlung, Vorbereitung **ArbGG** 56 1 ff., **ArbGG** 57 11 ff.; Anforderung amtlicher Auskünfte und Urkunden **ArbGG** 56 28 f.; Anforderung von Urkunden und sonstigen Gegenständen **ArbGG** 56 15 ff.; Benachrichtigung der Parteien **ArbGG** 56 37; Beweiserhebung **ArbGG** 56 6; Darlegungslücken und Aufklärungsdefizite **ArbGG** 56 10 ff.; Maßnahmen **ArbGG** 56 9 ff.; Pflicht zur Vorbereitung **ArbGG** 56 3 ff.; Prozessförderungspflicht **ArbGG** 56 77 f., **ArbGG** 57 15 ff.; Tarifrecht, Ermittlung **ArbGG** 56 36
Streitigkeiten zwischen Arbeitnehmer und Arbeitgeber, Arbeitspapiere **ArbGG** 2 67 f.; Arbeitspapiere **ArbGG** 2 82 f.; aus dem Arbeitsverhältnis **ArbGG** 2 69 ff.; über Bestehen oder Nichtbestehen eines Arbeitsverhältnisses **ArbGG** 2 74 f.; über das Eingehen und Nachwirken eines Arbeitsverhältnisses **ArbGG** 2 76 f.; Insolvenz **ArbGG** 2 72; Rechtswegzuständigkeit **ArbGG** 2 65 f.; aus unerlaubter Handlung **ArbGG** 2 79 f.; Vollstreckungsabwehrklage **ArbGG** 2 71; Werkswohnungen **ArbGG** 2 73; aus Zusammenhang mit Arbeitsverhältnis **ArbGG** 2 92 ff.
Streitigkeiten zwischen Arbeitnehmern, aus gemeinsamer Arbeit **ArbGG** 2 115; Rechtswegzuständigkeit **ArbGG** 2 112 ff.; unerlaubte Handlung **ArbGG** 2 116
Streitwert ArbGG 12 15 ff., **ArbGG** Anhang Anlage 2; Abfindung **ArbGG** 12 23; Abmahnung **ArbGG** 12 26; Änderungskündigung **ArbGG** 12 22, **KSchG** 2 99; Antrag **ArbGG** 12 29; Arbeitspapiere **ArbGG** 12 26; Aufrechnung **ArbGG** 12 26; Berechnung **ArbGG** 61 13; Beschlussverfahren **ArbGG** 12 26; Beschwerde **ArbGG** 12 28; Bestandsstreitigkeiten **ArbGG** 12 16 ff.; Eingruppierungen **ArbGG** 12 24; einstweilige Verfügung **ArbGG** 12 26; Festsetzung **ArbGG** 12 27 ff., **ArbGG** 61 10 ff.; Folgen unterbliebener ~festsetzung **ArbGG** 61 16; Form der Festsetzung **ArbGG** 61 14 f.; Leistungsklage neben Kündigungsschutzklage **ArbGG** 12 21; mehrere Kündigungen **ArbGG** 12 19; Nachteilsausgleich **ArbGG** 12 26; Regelstreitwert **ArbGG** 12 17; Teilzeitanspruch **ArbGG** 12 26, **TzBfG** 8 53; Vergleich **ArbGG** 12 26; Vierteljahresverdienst **ArbGG** 12 17 f.; Weiterbeschäftigungsanspruch **ArbGG** 12 26; Weiterbeschäftigungsanspruch neben Kündigungsschutzklage **ArbGG** 12 20; wiederkehrende Leistungen **ArbGG** 12 24; Zeugnis **ArbGG** 12 26, **GewO** 109 41; Zweck **ArbGG** 12 15
Stress-Interviews BGB 611 19
Studenten, Arbeitnehmereigenschaft **BetrVG** 5 33
Stufenausbildung BBiG 26 1 ff.; Zwischenprüfungen **BBiG** 42 5
Subunternehmer, Arbeitnehmer oder freier Mitarbeiter **BGB** Vorb. 88 ff.
Suspendierung *siehe* „Freistellung/Suspendierung"

Tantiemen **BGB** 611 117 ff.; Abgrenzung zur betrieblichen Altersversorgung **BetrAVG** Vorb. 57; Auskunftsrechte **BGB** 611 123; Berechnung **BGB** 611 120 ff.; dividendenabhängige **BGB** 611 121; Fehlzeiten **BGB** 611 122, 124; Formen **BGB** 611 119; *siehe auch* „Provision"

Stichwortverzeichnis

Tarifautonomie GG 9 107 ff., **TVG Einl.** 5 ff.; Arbeitskampf **GG** 9 277 ff.; Berufsfreiheit **GG** 12 56 ff.; und EG-Recht **GG** 9 133 f.; und einfache Gesetze **GG** 9 140 f.; einfachgesetzliche Ausgestaltung **GG** 9 117 ff.; Friedensfunktion **TVG Einl.** 10; Gemeinwohlbindung **GG** 9 142 f.; gesamtgesellschaftliche Aufgaben **TVG Einl.** 9; Grenzen **GG** 9 132 f.; Innenschranken **TVG Einl.** 35 ff.; kollidierendes Verfassungsrecht **GG** 9 135 ff.; Ordnungsfunktion **TVG Einl.** 11; personelle Reichweite **GG** 9 115 f.; sachliche Reichweite **GG** 9 110 ff.; Schutzfunktion **TVG Einl.** 9; Sinn **GG** 9 107 ff.; unmittelbare Wirkung **GG** 9 117 ff.; Verteilungsfunktion **TVG Einl.** 12; zwingende Wirkung der Tarifnormen **TVG Einl.** 7

Tarifbindung TVG 3 1 ff.; Außenseiterklauseln **TVG** 3 33; Beginn **TVG** 3 37 ff.; Betriebsnormen **TVG** 3 34 ff.; betriebsverfassungsrechtliche Normen **TVG** 3 34 f.; Ende **TVG** 3 40 ff.; Fortwirkung bei Umwandlung **TVG** 3 46 ff.; Fortwirkung bei Verbandsaustritt **TVG** 3 341 ff.; aufgrund Mitgliedschaft **TVG** 3 6 ff.; OT-Mitgliedschaft **TVG** 2 16, **TVG** 3 3 ff.; Streitigkeiten **TVG** 3 50; Umfang **TVG** 3 2

Tarifeinheit TVG 4 42 f.; und Arbeitskampf **GG** 9 283; Koalitionsfreiheit **GG** 9 77

Tariffähigkeit TVG 2 1 ff.; Anerkennung des Tarif-, Arbeitskampf-, Schlichtungsrechts **GG** 9 55; Arbeitgeber **TVG** 2 21 ff.; Arbeitskampfbereitschaft **GG** 9 60 f., **TVG** 2 17; Beginn und Ende bei Verbänden **TVG** 2 20; Begriff **TVG** 2 2 f.; Berufsverbände **TVG** 2 4 ff.; Beschlussverfahren (Tariffähigkeit/Tarifzuständigkeit) *siehe dort*; demokratische Willensbildung **TVG** 2 13; einheitlicher Gewerkschaftsbegriff **GG** 9 62; freiwilliger, privatrechtlicher Zusammenschluss **TVG** 2 6; Gegnerunabhängigkeit **TVG** 2 9 ff.; gesamtschuldnerische Haftung **TVG** 2 28; körperschaftliche Struktur **TVG** 2 8; OT-Mitgliedschaft **GG** 9 59; Regelungsgegenstand **TVG** 2 1; soziale Mächtigkeit **GG** 9 48 ff., **TVG** 2 18; keine soziale Mächtigkeit auf Arbeitgeberseite **GG** 9 54; Spitzenorganisationen **TVG** 2 25 ff.; nicht tariffähige Koalition **GG** 9 63 f.; Tarifwilligkeit **GG** 9 56 ff., **TVG** 2 15; überbetriebliche Organisation **TVG** 2 12; Verband auf Dauer **TVG** 2 7; Voraussetzungen **TVG** 2 5 ff.; *siehe auch „Koalitionseigenschaft"*

Tarifkonkurrenz TVG 4 39 ff.; Spezialitätsgrundsatz **TVG** 4 40; Tarifeinheit **TVG** 4 42 f.

Tariföffnungsklausel GG 9 127 ff., **TVG** 4 28; BetrAVG-Regelungen **BetrAVG** 17 23 ff.; betriebliche Altersversorgung **BetrAVG** 17 23 ff.; Betriebsvereinbarung **BetrVG** 77 52

Tarifpluralität TVG 4 39, 45 ff.; Koalitionsfreiheit **GG** 9 77

Tarifrecht, Arbeitnehmerähnliche Personen, TVG-Geltung *siehe dort*; Beitrittsgebiet **TVG** 10 4 f.; Ermittlung **ArbGG** 56 36; historische Entwicklung **TVG Einl.** 1 f.; internationales **EGBGB** 34 45 ff.; Reformbestrebungen **TVG Einl.** 37; tarifdispositives Recht **TVG Einl.** 27 f.; Tarifoffenheit **TVG Einl.** 24 ff.

Tarifregister TVG 6 1 ff.; Auskunft **TVG** 6 10; Einsicht **TVG** 6 9; Eintragung **TVG** 6 3 ff.; Inhalt **TVG** 6 6; Wirkung der Eintragung **TVG** 6 7 f.; Zuständigkeit **TVG** 6 2

Tariftreueregelungen TVG 9 71 f.

Tarifvertrag BGB Vorb. 146; Abrufarbeit **TzBfG** 12 22 f.; Abschluss **TVG** 1 11 ff.; Abschlussgebot zugunsten bestimmter Gruppen **BGB** 611 51; Abschlussnormen **GewO** 105 37, **TVG** 1 47 ff.; Abschlussverbote **BGB** 611 57; abweichende *Regelungen* Sonn- und Feiertagsarbeit **ArbZG** 12 1 ff.; AGB-Kontrolle **BGB** 310 19 f., 22; Altersgrenzen **SGB** VI 41 13, **TzBfG** 14 62; Änderung **BGB** 611 538 ff.; Angabe des Befristungsgrundes **TzBfG** 14 122; arbeitnehmerähnliche Personen **TVG** 12a 17 f.; Arbeitskampfforderungen **GG** 9 159; Arbeitsplatzteilung **TzBfG** 13 14; Arbeitszeitflexibilisierung **ArbZG** 7 1 ff.; Aufhebungsvertrag **TVG** 1 22; Aufspaltung **TVG** 3 49; Ausdehnung der werktäglichen Arbeitszeit **ArbZG** 3 11; Auslandsberührung **TVG Einl.** 38; Auslegung **TVG** 1 75 ff.; Auslegung des normativen Teils **TVG** 1 76 ff.; Ausnahmen von Veränderungssperre **BGB** 613a 281 ff.; außerordentliche Kündigung **BGB** 626 64 f., **TVG** 1 25 ff.; Beendigung **TVG** 1 21 ff.; Beendigungsnormen **TVG** 1 50; befristete Arbeitsverhältnisse und öffentlicher Dienst **TzBfG** 22 5 ff.; Begriff **TVG** 1 1 f.; Bekanntgabe im Betrieb **TVG** 8 1 ff.; Berufsfreiheit **GG** 12 28 f., 56 ff.; Beschwerderecht **BetrVG** 86 6; betriebliche Altersversorgung **BetrAVG Vorb.** 84 ff.; betriebliche Übung hinsichtlich Übernahme **BGB** 611 237; Betriebsnormen **TVG** 1 51 f., **TVG** 3 34 ff.; Betriebsvereinbarung **TVG** 4 49 f.; betriebsverfassungsrechtliche Normen **TVG** 1 53 f., **TVG** 3 34 f.; vom BetrVG abweichende Regelungen **BetrVG** 3 4 ff.; vom BetrVG bei In-Kraft-Treten abweichender ~ **BetrVG** 128 1; Bezugnahme auf Gesetzesbestimmungen **TVG Einl.** 29 ff.; Bezugnahmeklauseln auf Tarifverträge *siehe dort*; Differenzierungsgründe und Gleichheitssatz **GG** 3 72 ff.; Differenzierungsklauseln **TVG** 1 107; Durchführungspflicht **TVG** 1 69 ff.; Einwirkungspflicht **TVG** 1 69 f.; einzelne Tarifnormen **TVG** 1 91 ff.; Entgeltreduzierung **BGB** 611 544 ff.; Entgeltumwandlung **BetrAVG** 17 27 f.; Entstehungsgeschichte **TVG** 1 81; des Erwerbers bei Betriebsübergang **BGB** 613a 267 ff.; europäisches und internationales Recht **TVG Einl.** 14; Formvorschriften **BGB** 611 40, **BGB** 623 40; Fortgeltung bei Betriebsübergang **BGB** 613a 249 ff., **BGB** 613a 262 ff.; Geltungsbereich des Tarifvertrags *siehe dort*; gemeinsame Einrichtungen **TVG** 1 55; Gemeinwohlbindung **TVG Einl.** 22; gerichtliche Kontrolle der Verfassungsmäßigkeit **TVG Einl.** 22; geschlechtsbezogene Benachteiligung **BGB** 611a 13; Gleichbehandlungsgrundsatz **BGB** 611 194; Gleichbehandlungsgrundsatz, Verstoß **BGB** 611 217; Gleichheitssatz **GG** 3 35 ff.; gleichheitswidriger **GG** 3 82 ff.; als Grenze des Weisungsrechts **GewO** 106 95 ff.; Grundrechtsbindung **TVG Einl.** 15 ff.; Hinweis auf ~ **NachwG** 2 38 ff.; Hochschulen **TzBfG** 23 43 ff.; Inhaltsnormen **GewO** 105 36, **TVG** 1 45 f.; internationaler ~, Arbeitskampf **GG** 9 364 f.; für kaufmännische Angestellte **HGB Vorb. vor** 59 7; Kontrolle **TVG** 1 87 f.; Kündigungsfristen *siehe* „Tarifvertragliche Kündigungsfristen"; Lohngleichheit Frau/Mann **BGB** 612 63; Lückenfüllung **TVG** 1 83 ff.; Mindestlohn Baugewerbe **AEntG** 1 Nach 17; Mitbestimmungsrechte bei Spaltung/Teilübertragung **UmwG** 325 11 ff.; mittelbare Diskriminierung **AGG** 3 Rn. 44; nachvertragliches Wettbewerbsverbot **HGB** 74 4; Nachwirkung von Tarifnormen *siehe dort*; normativer Teil **TVG** 1 40 ff.; Normwirkung **TVG** 4 1 ff.; ordentliche Kündigung **TVG** 1 24; Parteien **TVG** 1 5 ff.; Prorogationsvereinbarungen **ArbGG** 48 84 ff.; prozessuale Normen **TVG** 1 57; ranghöhere Regelungen **TVG** 4 36 ff.; Rechtsnatur **TVG** 1 3 f.; Rechtsstaatsprinzip **TVG Einl.** 19; rechtstatsächliche Bedeutung **TVG Einl.** 1 f.; Regelungslücke bei Teilnichtigkeit **GG** 3 83 ff.; Rückwirkungsvereinbarung **TVG** 1 127 ff.; sachgrundlose Befristung **TzBfG** 14 Rz. 101 ff.; Schriftform **TVG** 1 15 ff.; schuldrechtlicher Teil **TVG** 1 60 ff.; Sinn und Zweck **TVG** 1 82; Sozialstaatsprinzip **TVG Einl.** 20; Streitigkeiten *siehe* „Tarifvertragsstreitigkeiten"; systematischer Zusammenhang **TVG** 1 80; andere Tarifverträge **TVG** 4 37 ff.; Übergangsregelung Arbeitszeitgesetz **ArbZG** 25 1 f.; Übersendungs- und Mitteilungspflicht **TVG** 7 1 ff.; Überwachung der Durchführung durch Betriebsrat **BetrVG** 80 19; Umwandlung **UmwG** 324 19 f.; unzulässige Regelungen **TVG** 1 58 ff.; Unzumutbarkeit **TVG** 1 25 ff.; Urlaub **BUrlG** 13 1 ff.; Urteilsübersendung in ~ssachen **ArbGG** 63 1 ff.; vereinbarte Pflichten im Schuldverhältnis **TVG** 1 72 ff.; verfassungswidrige Regelungen **GG** 3 41; Verhältnis zu anderen Regelungen **TVG** 4 25 ff.; Verhältnis zum Sozialplan **BetrVG** 112

Stichwortverzeichnis

80 f.; Verhandlungsanspruch **TVG** 1 11; Verlust tariflicher Rechte **TVG** 4 52 ff.; Verschmelzung **TVG** 3 48; Vertragsfreiheit, Beschränkungen **GewO** 105 32 ff.; Vertragsrecht **TVG** 1 12 ff.; Verweisungsklauseln **TVG** 1 106; Wegfall der Geschäftsgrundlage **TVG** 1 34 f.; Wortlaut **TVG** 1 79

Tarifvertragliche Kündigungsfristen BGB 622 65 ff.; Auslegung **BGB** 622 66 f.; Benachteiligungsverbot **BGB** 622 77; einzelvertragliche Bezugnahme **BGB** 622 117 ff.; Entfristung **BGB** 622 75 ff.; Erschwerung der Kündigung **BGB** 622 72 ff.; Günstigkeitsvergleich **BGB** 622 104 ff.; konstitutiv/deklaratorisch **BGB** 622 67 ff.; Kündigungsfristen Arbeiter/Angestellte **BGB** 622 80 ff., **GG** 3 42; Lücke bei verfassungswidriger Regelung **BGB** 622 93 ff.; verfassungsrechtliche Grenzen **BGB** 622 78 ff.; *siehe auch „Unkündbarkeit"*

Tarifvertragsgesetz, Arbeitnehmerähnliche Personen, TVG-Geltung *siehe dort;* Durchführungsbestimmungen **TVG** 11 1 f.; Inkrafttreten **TVG** 13 1; Spitzenorganisationen **TVG** 12 1 ff.; Tarifordnungen und Lohngestaltungsanordnungen **TVG** 10 1 ff.

Tarifvertragsstreitigkeiten „aus" Tarifverträgen **ArbGG** 2 37 f.; Bestehen/Nichtbestehen von Tarifverträgen **ArbGG** 2 40; Bindungswirkung gerichtlicher Entscheidungen **TVG** 9 1 ff.; bürgerliche Rechtsstreitigkeit **ArbGG** 2 33 f.; erweiterte Rechtskraftwirkung **ArbGG** 2 41 ff.; Feststellungsklage und Bindungswirkung **TVG** 9 6 ff.; gerichtliche Kontrolle von Tarifverträgen **GG** 9 144 f.; Parteien **ArbGG** 2 35 f.; rechtskräftige Entscheidung **TVG** 9 14 ff.; Rechtswegzuständigkeit **ArbGG** 2 32 ff.; Umfang der Bindungswirkung **TVG** 9 19 f.; Voraussetzungen der Bindungswirkung **TVG** 9 10 ff.

Tarifvorrang/Sperrwirkung BetrVG 77 48 ff., **GG** 9 121 ff.; Geltungsbereich des Tarifvertrags **BetrVG** 77 11 f.; Gruppenvereinbarung **BetrVG** 28a 19; Mitbestimmung in sozialen Angelegenheiten **BetrVG** 87 6, 9 ff.; Öffnungsklausel **BetrVG** 77 52; Tarifüblichkeit **BetrVG** 77 50; Übernahme eines Tarifvertrags durch Betriebsvereinbarung **BetrVG** 77 53; Verhältnis §§ 77 Abs. 3/87 Abs. 1 BetrVG **BetrVG** 77 51; Zwei-Schranken/Vorrangtheorie **BetrVG** 87 15; zwingende und abschließende Regelung **BetrVG** 87 13

Tarifzuständigkeit TVG 2 29 ff.; Beschlussverfahren (Tariffähigkeit/Tarifzuständigkeit) *siehe dort;* Fehlen **TVG** 2 39; Satzung **TVG** 2 33 f.; Streitigkeiten im DGB **ArbGG** 97 11 ff., **TVG** 2 38

Taschenkontrollen BGB 611 384

Tätlichkeiten, außerordentliche Kündigung **BGB** 626 228; Entgeltfortzahlung **EFZG** 3 77 f.; verhaltensbedingter Kündigungsgrund **KSchG** 1 229

Technischer Verbesserungsvorschlag *siehe* „Erfindung/technischer Verbesserungsvorschlag"

Teilbefristung BGB 611 516 ff.

Teilkündigung KSchG 1 42; Änderungskündigung, Abgrenzung **KSchG** 2 38; Schriftform **BGB** 623 19

Teilurlaub BUrlG 5 1 ff.; Arbeitsverhältnisse ab Juli eines Jahres **BUrlG** 5 5 f.; Ausscheiden vor erfüllter Wartezeit **BUrlG** 5 17 ff.; Ausscheiden nach erfüllter Wartezeit in der ersten Hälfte der Kalenderjahres **BUrlG** 5 25 ff.; Bruchteile von Urlaubstagen **BUrlG** 5 34 ff.; Nichterfüllung der Wartezeit im Kalenderjahr **BUrlG** 5 5 ff.; Rückforderung von Urlaubsentgelt **BUrlG** 5 39 ff.; Tarifvertrag **BUrlG** 13 33 ff.; Übertragung **BUrlG** 5 13 ff.

Teilurteil, Entschädigung gemäß § 61 Abs. 2 ArbGG **ArbGG** 61 30; Zurückverweisung bei Unzulässigkeit **ArbGG** 68 11

Teilvergütung bei außerordentlicher Kündigung BGB 628 Rz. 1 ff.; Abdingbarkeit **BGB** 628 7 ff.; Anwendungsbereich **BGB** 628 Rz. 2 ff.; Herabsetzung der Vergütung **BGB** 628 21 ff.; Kündigung „ohne Veranlassung" **BGB** 628 25 ff.; Kündigung durch vertragswidriges Verhalten des Arbeitnehmers **BGB** 628 28; Monatslohn **BGB** 628 15; Normzweck **BGB** 628 Rz. 1; Stundenlohn **BGB** 628 14; Umfang und Berechnung **BGB** 628 12 ff.; unwirksame Kündigung **BGB** 628 22; vorausgezahlte Vergütung **BGB** 628 34 ff.; Wegfall des Interesses **BGB** 628 29 ff.

Teilzeit- und Befristungsgesetz, betrieblicher Geltungsbereich **TzBfG** 1 7 f.; Geltungsbereich **TzBfG** 1 5; persönlicher Geltungsbereich **TzBfG** 1 6; keine Übergangsregelung **TzBfG Nach** 23 1 ff.; zeitlicher Geltungsbereich **TzBfG** 1 9; Zielsetzung **TzBfG** 1 1 f.

Teilzeitanspruch TzBfG 8 1 ff.; Abänderung der Arbeitszeitlage durch den Arbeitgeber **TzBfG** 8 30 ff.; Ablehnung durch den Arbeitgeber **TzBfG** 8 28 ff.; Ablehnungsgründe **TzBfG** 8 17 ff.; Ablehnungsgründe im Tarifvertrag **TzBfG** 8 22; Angebot **TzBfG** 8 16; Anspruchssperre **TzBfG** 8 5; Auswirkung auf Gegenleistung **TzBfG** 8 37 f.; betriebliche Ablehnungsgründe **TzBfG** 8 17 ff.; betriebliche Voraussetzungen **TzBfG** 8 6 f.; Beurteilungszeitpunkt bei Prozess **TzBfG** 8 48; Darlegungs- und Beweislast **TzBfG** 8 49; einstweilige Verfügung **ArbGG** 62 88, **TzBfG** 8 50 ff.; Elternzeit **BErzGG** 15 12, 14 ff.; Entscheidung **TzBfG** 8 26 ff.; erneutes Verringerungsverlangen **TzBfG** 8 33 ff.; Fiktion der Annahme **TzBfG** 8 27; Form **TzBfG** 8 10 f.; Inhalt **TzBfG** 8 12 ff.; Klage **TzBfG** 8 40 ff.; konditionale Verknüpfung **TzBfG** 8 13; Mitbestimmungsrecht **TzBfG** 8 36; Mitteilung **TzBfG** 8 26; Organisationskonzept **TzBfG** 8 19; persönliche Voraussetzungen **TzBfG** 8 3 ff.; Prüfungsreihenfolge bei Ablehnung **TzBfG** 8 21; sechsmonatiges Arbeitsverhältnis **TzBfG** 8 4; Streitwert **ArbGG** 12 26, **TzBfG** 8 53; Umfang **TzBfG** 8 12; Verhandlung **TzBfG** 8 25; Verlangen **TzBfG** 8 24; Verteilung **TzBfG** 8 12; Zeitpunkt der Geltendmachung **TzBfG** 8 8 f.

Teilzeitarbeit TzBfG 2 1; Arbeitnehmerbegriff **BetrVG** 5 35; Arbeitszeitrelation **TzBfG** 2 3; Aus- und Weiterbildung **TzBfG** 10 1 ff.; Begriff teilzeitbeschäftigter Arbeitnehmer **TzBfG** 2 1 ff.; besondere gesetzliche Regelungen **TzBfG** 23 1 ff.; Diskriminierungsverbot (TzBfG) *siehe dort;* Elternzeit **BErzGG** 15 9 ff.; Förderung **TzBfG** 6 1 f.; geringfügig Beschäftigte **TzBfG** 2 7; Kündigungsverbot wegen Weigerung **TzBfG** 11 1 ff.; Mitbestimmung bei Arbeitszeit **BetrVG** 87 72; mittelbare Frauendiskriminierung **GG** 3 112 ff.; Sozialplanabfindung **BetrVG** 112 53; Stellenausschreibung (Teilzeit) *siehe dort;* Urlaubsberechnung **BUrlG** 3 28 ff.; vergleichbare Vollzeitbeschäftigte **TzBfG** 2 4 ff.; Verlängerung der Arbeitszeit **TzBfG** 9 1 ff.; Wettbewerbsverbot **HGB** 60 11

Telearbeit, Arbeitnehmerstatus **BetrVG** 5 36, **BGB Vorb.** 93

Telefonieren, außerordentliche Kündigung **BGB** 626 260; verhaltensbedingter Kündigungsgrund **KSchG** 1 247

Tendenzbetrieb BetrVG 118 1 ff.; Arbeitszeit, Beteiligungsrechte **BetrVG** 87 68, **BetrVG** 118 23 f.; Arbeitszeitmenge **BetrVG** 118 13 f.; Berichterstattung und Meinungsäußerung **BetrVG** 118 10; Berichtspflicht bei Betriebsräteversammlung **BetrVG** 53 10; Betriebsänderung, Beteiligungsrechte **BetrVG** 111 17; Druckerei **BetrVG** 118 18 f.; Einschränkung der Beteiligungsrechte **BetrVG** 118 20 ff.; erzieherische Bestimmung **BetrVG** 118 7; Europäische Betriebsräte kraft Gesetzes **EBRG** 45 68; geistig-ideelle Bestimmungen **BetrVG** 118 12; herrschendes Unternehmen – MitbestG **MitbestG** 1 15; Interessenausgleich **BetrVG** 118 29; karitative Bestimmung **BetrVG** 118 6; koalitionspolitische Bestimmung **BetrVG** 118 4; konfessionelle Bestimmung **BetrVG** 118 5; Konzern – MitbestG **MitbestG** 1 14; Kündigungsanhörung gemäß § 102 BetrVG

Stichwortverzeichnis

vatautonome Vereinbarungen **MitbestG** 1 19 f.,; Pseudo-Auslandsgesellschaft **MitbestG** 1 8; Rechtsform **MitbestG** 1 2 f.; Religionsgemeinschaften **MitbestG** 1 13; Teilkonzernspitze **MitbestG** 5 12 ff.; Tendenzunternehmen **MitbestG** 1 13 ff.; Unterordnungskonzern **MitbestG** 5 3 ff.; US-amerikanische Kapitalgesellschaften **MitbestG** 1 10; Vermögensholding **MitbestG** 5 7; *siehe auch* „Unternehmensmitbestimmung"

Unternehmenssprecherausschuss SprAuG 20 1 ff.

Unterrichtung der Arbeitnehmer über wirtschaftliche Lage BetrVG 110 1 ff.; Abstimmung mit Wirtschaftsausschuss **BetrVG** 110 10 f.; Inhalt **BetrVG** 110 15 f.; Schriftform **BetrVG** 110 12; Schwellenwert **BetrVG** 110 7; Sprache **BetrVG** 110 14; Streitigkeiten **BetrVG** 110 20 f.; Unternehmen mit mehr als 20 Arbeitnehmern **BetrVG** 110 17 ff.; Zeitpunkt **BetrVG** 110 8 f.; Zugang **BetrVG** 110 13

Unterrichtung des Betriebsrates BetrVG 80 81 ff.; Aufgabenbezug **BetrVG** 80 82 f.; über befristet beschäftigte Arbeitnehmer **TzBfG** 20 1 ff.; Bruttolohn- und gehaltslisten, Einblick *siehe dort*; Form **BetrVG** 80 95; Rechtzeitigkeit **BetrVG** 80 93; Streitigkeiten **BetrVG** 80 149; Umfang **BetrVG** 80 88 ff.; Unterlagen, Vorlage *siehe dort*

Unterrichtungs- und Erörterungspflichten des Arbeitgebers BetrVG 81 1 ff.; Arbeitnehmeranhörung zu Arbeitsschutzmaßnahmen **BetrVG** 81 23 f.; über Aufgabe, Tätigkeitsbereich und Verantwortung der Arbeitnehmers **BetrVG** 81 5 ff.; persönlicher Geltungsbereich **BetrVG** 81 4; Planung und Einführung neuer Techniken **BetrVG** 81 25 ff.; Rechtsfolgen bei Nichtbeachtung **BetrVG** 81 31 ff.; Streitigkeiten **BetrVG** 81 38; über Unfallgefahren **BetrVG** 81 14 ff.; Veränderungen im Arbeitsbereich **BetrVG** 81 21 f.; Zweck **BetrVG** 81 3

Unterstützungskassen BetrAVG Vorb. 71, 1b 31 ff.; Abänderung der Altersversorgung **BetrAVG Vorb.** 142 ff.; Unverfallbarkeit **BetrAVG** 1b 32, 2 43; Vermögensübergang auf Pensionssicherungsverein **BetrAVG** 9 9 ff.; wirtschaftliche Notlage **BetrAVG** 7 49

Untersuchungshaft, außerordentliche Kündigung **BGB** 626 302; personenbedingter Kündigungsgrund **KSchG** 1 161

Unübertragbarkeit *siehe* „Persönliche Arbeitsleistung"

Unverfallbarkeit der betrieblichen Altersversorgung BetrAVG 1b 1 ff.; vor dem 1.1.2001 geltende Unverfallbarkeitsfristen **BetrAVG** 30f 1 f.; Anrechnung von Nachdienstzeiten **BetrAVG** 2 19; Arbeitgeberwechsel **BetrAVG** 1b 11, 15 f.; Beendigung der Versorgungszusage **BetrAVG** 1b 10; Beitragszusage mit Mindestleistung **BetrAVG** 2 45; Betriebszugehörigkeit **BetrAVG** 1b 12 ff.; Blankettzusage **BetrAVG** 1b 8; Direktversicherung **BetrAVG** 1b 26, 2 32 f.; Eigentumspositionen der Arbeitnehmer **GG** 14 46; Entgeltumwandlung **BetrAVG** 2 44; Erteilung der Versorgungszusage **BetrAVG** 1b 6 f.; flexible Altersgrenze **BetrAVG** 2 25 f.; frühere feste Altersgrenze **BetrAVG** 2 22 ff.; geschlechtsbezogene unterschiedliche Altersgrenzen **BetrAVG** 2 27 f.; gesetzliche Voraussetzungen **BetrAVG** 1b 3 f.; historische Entwicklung **BetrAVG** 1b 1 f.; Invaliditäts- und Hinterbliebenenleistungen **BetrAVG** 2 7 ff.; Konzern-Betriebszugehörigkeitszeiten **BetrAVG** 1b 14; Mindestzeiten **BetrAVG** 2 1 ff.; mögliche Betriebszugehörigkeit **BetrAVG** 2 20 ff.; möglicher Versorgungsanspruch **BetrAVG** 2 4 f.; Pensionsfonds **BetrAVG** 1b 29, **BetrAVG** 2 42; Pensionskasse **BetrAVG** 1b 29, **BetrAVG** 2 41; tatsächliche Betriebszugehörigkeit **BetrAVG** 2 17 f.; Unterstützungskasse **BetrAVG** 1b 32, **BetrAVG** 2 43; Versorgungsregelungen und Bemessungsgrundlagen bei Ausscheiden **BetrAVG** 2 10 ff.; vertragliche **BetrAVG** 1b 22 f.; Vollendung des 65. Lebensjahres **BetrAVG** 2 21; Vordienstzeiten **BetrAVG** 1b 7, 17 f.; Vorruhestand **BetrAVG** 1b 21; Wartezeit **BetrAVG** 1b 19; Wechsel in EU-Mitgliedsstaaten **BetrAVG** 1b 20; zeitanteilige Quotierung **BetrAVG** 2 16 f.; zugesagter Leistungsumfang **BetrAVG** 2 2 f.; Zusagedauer **BetrAVG** 1b 5 ff.

Urheberrecht, Rechtswegzuständigkeit wegen Vergütungsstreit **ArbGG** 2 125 ff.

Urkunden, Beiziehung von Akten **ArbGG** 56 22 f.; Beiziehung von Personalakten **ArbGG** 56 21; Bezugnahme auf Sammlungen **ArbGG** 56 20; Voraussetzungen für Vorlagepflicht **ArbGG** 56 19; Vorlegung **ArbGG** 56 15 ff.

Urkunden- und Wechselprozess ArbGG 46 8; Rechtswegzuständigkeit **ArbGG** 2 8 f.

Urlaub BUrlG 1 1 ff.; Abdingbarkeit von Schadensersatzansprüchen **BUrlG** 7 155; Abgrenzung zur Freistellung aus anderen Gründen **BUrlG** 1 8 ff.; Ablehnung des ~swunsches **BUrlG** 7 26 f.; Abtretung/Pfändung **BUrlG** 1 23; im Anschluss an medizinische Rehabilitation **BUrlG** 7 35, **BUrlG** 10 11 ff.; Arbeitnehmerbegriff **BUrlG** 2 2; Arbeitskampf **BUrlG** 1 28 f., **BUrlG** 3 42 f.; Arbeitsunfähigkeit **BUrlG** 7 139 f., **BUrlG** 9 4; Arbeitsunfähigkeit, Tarifregelung **BUrlG** 13 53 f.; Aufhebungsvertrag **KSchG** 9 Anhang 39; außerordentliche Eigenkündigung wegen Verweigerung **BGB** 626 335; außerordentliche Kündigung bei Überschreitung **BGB** 626 272 ff.; Bahn und Post **BUrlG** 13 67 f.; Bauwirtschaft **BUrlG** 13 64 ff.; Befristung des Urlaubsanspruchs *siehe dort*; Berechnung *siehe* „Urlaubsdauer"; Bestand des Arbeitsverhältnisses **BUrlG** 1 13 ff.; Betriebsübergang **BUrlG** 1 32 ff.; Doppelansprüche **BUrlG** 6 1 ff.; Doppelansprüche, Tarifvertrag **BUrlG** 13 37; einstweilige Verfügung **ArbGG** 62 89 ff., **BUrlG** 7 61 ff.; Entgeltfortzahlung an Feiertagen **EFZG** 2 23; Entgeltfortzahlung im Krankheitsfall **EFZG** 3 28 f.; Erfüllung **BUrlG** 1 25, **BUrlG** 7 1 ff.; Erkrankung **BUrlG** 9 1 ff.; Erkrankung, Tarifregelung **BUrlG** 13 53 f.; Erwerbstätigkeit während des ~s **BUrlG** 8 1 f.; Erwerbstätigkeit während des ~s, Tarifvertrag **BUrlG** 13 52; Fälligkeit **BUrlG** 1 20; Feststellungsklage **BUrlG** 7 60; Freistellung von der Arbeitsleistung **BUrlG** 7 2 f.; Freistellungserklärung **BUrlG** 7 3 f.; gerichtliche Durchsetzung **BUrlG** 7 54 ff.; Heimarbeit **BUrlG** 12 1 ff.; Inhalt des Anspruchs **BUrlG** 1 5 ff.; Insolvenz **BUrlG** 1 30; Jugendliche **JArbSchG** 19 1 ff.; Kündigung **BUrlG** 1 31, **BUrlG** 7 36 ff.; Kündigung wegen Erwerbstätigkeit **BUrlG** 8 16 f.; Kürzung bei Elternzeit **BErzGG** 17 1 ff.; Kürzungsumfang beim neuen Arbeitgeber **BUrlG** 6 12 f.; Leistungsbestimmung **BUrlG** 7 12 ff.; Leistungserfolg **BUrlG** 7 15; Leistungsklage **BUrlG** 7 55 ff.; Leistungsstörungen **BUrlG** 7 133 ff.; Leistungsverweigerungsrecht hinsichtlich ungeteilten Urlaubs **BUrlG** 7 49 ff.; Nachgewährung wegen Erkrankung **BUrlG** 9 15 ff.; nachträgliche Änderung des Zeitraums **BUrlG** 7 41 ff.; Nachweis der Arbeitsunfähigkeit **BUrlG** 9 11 ff.; Personalengpässe **BUrlG** 7 27; Rechtsposition des früheren Arbeitgebers **BUrlG** 6 ff.; Rest-~ bei Elternzeit **BErzGG** 17 6 ff.; Schadensersatz im Kündigungsfall **BUrlG** 7 146 f.; Schadensersatzanspruch **BGB** 619a 77; soziale Gründe **BUrlG** 7 30 ff.; Streik **BGB** 9 193 ff.; Teilurlaub *siehe dort*; Unabdingbarkeit des Mindesturlaubs **BUrlG** 1 12, **BUrlG** 13 1 ff., 24 ff.; Unmöglichkeit **BUrlG** 7 138; Unvererblichkeit des Anspruchs **BGB** 613 10, **BUrlG** 1 22; Urlaubsabgeltung *siehe dort*; Urlaubsbescheinigung *siehe dort*; Urlaubsdauer *siehe dort*; Urlaubsgewährung durch ersten Arbeitgeber **BUrlG** 6 10 f.; urlaubsrechtliche Bestimmungen **BUrlG** 15 1 ff.; Urlaubsübertragung *siehe dort*; Vereinbarung über Abbruch im Bedarfsfalle **BUrlG** 7 44; Vererblichkeit des Schadensersatzanspruchs **BUrlG** 7 148 ff.; Verfall eines Schadensersatzanspruchs **BUrlG** 7 153 f.; Verjährung **BUrlG** 7 152; Verzug **BUrlG** 7 134 ff.; zu viel gewährter bei Elternzeit **BErzGG** 17 11 f.; Wartezeit (BUrlG) *siehe*

Stichwortverzeichnis

dort; Widerruf **BUrlG** 7 43; Wunsch des Arbeitnehmers **BUrlG** 7 22 ff.; zeitliche Festlegung **BUrlG** 7 19 ff.; Zulassung verspäteter Klagen **KSchG** 5 30; zusammenhängende Gewährung **BUrlG** 7 45 ff.; zusammenhängende Gewährung, Abdingbarkeit **BUrlG** 13 41 ff.; Zwangsvollstreckung **ArbGG** 62 43; Zweck **BUrlG** 1 4; Zweckwidrigkeit einer Erwerbstätigkeit **BUrlG** 8 7 ff.; zwei aufeinander folgende Arbeitsverhältnisse **BUrlG** 6 6 ff.

Urlaubsabgeltung BUrlG 7 93 ff.; Abdingbarkeit **BUrlG** 7 130 ff.; Abdingbarkeit von Schadensersatzansprüchen **BUrlG** 7 155; Abtretung/Aufrechnung/Pfändung **BUrlG** 7 123; Abtretung/Pfändung **BUrlG** 1 24; Arbeitsfähigkeit **BUrlG** 7 104 ff.; Beendigung des Arbeitsverhältnisses **BUrlG** 7 97 ff.; Befristung **BUrlG** 7 133; Berechnung **BUrlG** 7 116 ff.; Bestehen des Urlaubsanspruchs **BUrlG** 7 102; bei bestehendem Arbeitsverhältnis **BUrlG** 7 98 ff.; Elternzeit **BErzGG** 17 9 f.; Entstehung von Gesetzes wegen **BUrlG** 7 109 f.; Erfüllbarkeit des Urlaubsanspruchs **BUrlG** 7 103 ff.; Erwerbsunfähigkeit **BUrlG** 7 107; Inhalt des Anspruchs **BUrlG** 7 111 ff.; Leistungsstörung **BUrlG** 7 111; Rechtsnatur **BUrlG** 7 93 ff.; Schadensersatz statt ~ **BUrlG** 7 145; Surrogat **BUrlG** 7 93 ff.; Tarifvertrag **BUrlG** 13 48 ff.; Teilurlaub **BUrlG** 5 12; Tod **BUrlG** 7 101; Unmöglichkeit des Freistellungsanspruchs **BUrlG** 7 112; Unvererblichkeit des Anspruchs **BGB** 613 11, **BUrlG** 7 118 f.; Vererblichkeit des Schadensersatzanspruchs **BUrlG** 7 148 ff.; Verfall eines Schadensersatzanspruchs **BUrlG** 7 153 f.; Verjährung eines Schadensersatzanspruchs **BUrlG** 7 152

Urlaubsbescheinigung BUrlG 6 17 ff.; Darlegungs- und Beweislast **BUrlG** 6 29; Erfüllung des Anspruchs **BUrlG** 6 21 ff.; gerichtliche Durchsetzung des Anspruchs **BUrlG** 6 24 ff.; Inhalt **BUrlG** 6 17; Rechtsposition des neuen Arbeitgebers **BUrlG** 6 23 f.

Urlaubsdauer BUrlG 1 21, **BUrlG** 3 1 ff.; Änderung der Arbeitszeit **BUrlG** 3 33 ff.; Berechnung **BUrlG** 3 7 ff.; Entstehungsgeschichte **BUrlG** 3 1 ff.; Fünftagewoche **BUrlG** 3 10 ff.; Kurzarbeit **BUrlG** 3 39 ff.; Nachweis der ~ **NachwG** 2 35 f.; Normzweck **BUrlG** 3 4 ff.; Sonn- und Feiertage **BUrlG** 3 14 ff.; sonstige arbeitsfreie Tage **BUrlG** 3 25 ff.; tarifliche Regelungen **BUrlG** 13 29 f.; Teilzeitarbeit **BUrlG** 3 28 ff.; Unabdingbarkeit **BUrlG** 3 44; unentschuldigte Fehltage **BUrlG** 3 27; ungleichmäßige Arbeitszeitverteilung **BUrlG** 3 18 ff.; Werktage **BUrlG** 3 5

Urlaubsentgelt BUrlG 1 6, **BUrlG** 11 1 ff.; Abdingbarkeit **BUrlG** 11 68 f.; Abtretung/Pfändung **BUrlG** 1 23; nach AEntG **AEntG Vorb.** 18; Arbeitsausfälle **BUrlG** 11 51 ff.; Berechnungsgrundsätze **BUrlG** 11 3 ff.; Berechnungsvorschrift **BUrlG** 11 1 ff.; Berechnungszeitraum **BUrlG** 11 34 f.; durchschnittlicher Verdienst **BUrlG** 11 36 ff.; Erwerbstätigkeit während des Urlaubs **BUrlG** 8 12 ff.; Fälligkeit **BGB** 614 10, **BUrlG** 11 54 f.; Geldfaktor **BUrlG** 11 3 f., 8 ff.; Hausgewerbetreibende **BUrlG** 12 17; Heimarbeiter **BUrlG** 12 15 f.; Kurzarbeit **BUrlG** 11 44 ff.; Pfändung/Abtretung/Aufrechnung **BUrlG** 11 61; Rückforderung **BUrlG** 5 42 ff.; Rückforderungsverbot nach § 5 Abs. 3 **BUrlG** 5 39 ff.; Selbsturlaubung **BUrlG** 7 17; Tarifvertrag **BUrlG** 13 56 ff.; Verdiensterhöhungen **BUrlG** 11 41 f.; Verdienstkürzungen **BUrlG** 11 43; Verfall **BUrlG** 11 66 f.; Vergütungsbestandteile **BUrlG** 11 9 ff.; Verjährung **BUrlG** 11 65; Verwirkung **BUrlG** 11 64; Verzicht **BUrlG** 11 62; Zeitfaktor **BUrlG** 11 39 f.

Urlaubsgeld BUrlG 11 56 ff.; Verzicht **BUrlG** 11 63; *siehe auch "Sonderzahlungen"*

Urlaubsübertragung BUrlG 7 80 ff.; betriebliche Gründe **BUrlG** 7 81; persönliche Gründe **BUrlG** 7 82 ff.; Tarifvertrag **BUrlG** 13 45 ff.; Teilurlaub bei Arbeitsverhältnis *ab Juli* **BUrlG** *5 13 f.*, Teilurlaub wegen Ausscheidens vor erfüllter Wartezeit **BUrlG** 5 22; Teilurlaub wegen Ausscheidens nach erfüllter Wartezeit **BUrlG** 5 32;

Übertragungsvorgang **BUrlG** 7 86; Urlaub im Übertragungszeitraum **BUrlG** 7 88 ff.

Urteil, Abfassung **ArbGG** 60 16 ff.; Fristen **ArbGG** 60 17; Fristversäumung **ArbGG** 60 18 ff.; Inhalt *siehe* „Urteilsinhalt"; Übersendung in Tarifvertragssachen **ArbGG** 63 1 ff.; Unterschriften **ArbGG** 60 16; Verkündung *siehe* „Urteilsverkündung"; Zustellung *siehe dort*

Urteil des Berufungsgerichts ArbGG 69 1 ff.; Entbehrlichkeit von Tatbestand und Entscheidungsgründen **ArbGG** 69 8, 11 ff.; Fristen **ArbGG** 69 7; Kurzfassung von Tatbestand und Entscheidungsgründen **ArbGG** 69 9; Neufassung der Vorschrift **ArbGG** 69 1; Protokollurteil **ArbGG** 69 14; Rechtsmittelverzicht **ArbGG** 69 12; Schließung der mündlichen Verhandlung **ArbGG** 60 5; ohne Tatbestand und Nichtzulassungsbeschwerde **ArbGG** 69 10; Unterschriften **ArbGG** 69 2 ff.; Verkündung **ArbGG** 60 2, **ArbGG** 69 6 f.

Urteilsinhalt ArbGG 61 1 ff.; Entscheidungsgründe **ArbGG** 61 6; Streitwertfestsetzung **ArbGG** 61 10 ff.; Tatbestand **ArbGG** 61 5; Urteilsformel **ArbGG** 61 4; Weglassen von Tatbestand und Entscheidungsgründen **ArbGG** 61 7

Urteilsverfahren ArbGG 46 2; anzuwendende Vorschriften **ArbGG** 46 4; ausgenommene Vorschriften **ArbGG** 46 5 ff.; Beschlüsse **ArbGG** 61 36; kein früher erster Termin **ArbGG** 46 5

Urteilsverkündung ArbGG 60 1 ff.; besonderer Termin **ArbGG** 60 15; Form **ArbGG** 60 13 ff.; Protokoll **ArbGG** 60 15; sofortige **ArbGG** 60 8; wesentlicher Inhalt der Entscheidungsgründe **ArbGG** 60 14

Verbraucherverträge, Arbeitsverträge als ~ **BGB** 310 1 ff.

Verdachtskündigung BGB 626 344 ff.; Aufklärung des Sachverhalts **BGB** 626 350 f.; Ausschlussfrist bei außerordentlicher Kündigung **BGB** 626 417 f.; personenbedingte Kündigung **KSchG** 1 164; spätere Erkenntnisse **BGB** 626 352 ff.; Verdacht **BGB** 626 348 f.; Wiedereinstellungsanspruch **BGB** 626 354 ff., **KSchG** 1 82

Verein, Dienstleistungen für ~ **BGB Vorb.** 12

Vereinigungen GG 9 5 ff., 32 ff.; demokratische Willensbildung **GG** 9 37; Freiwilligkeit des Beitritts **GG** 9 33; längere Zeit des Zusammenschlusses **GG** 9 34 ff.; verbotene **GG** 9 8 f.; Zusammenschluss **GG** 9 32

Vereinigungsfreiheit GG 9 1 ff.; Grundrechtsträger **GG** 9 2; Koalitionsfreiheit *siehe dort*; negative Vereinsfreiheit **GG** 9 4; Schutzbereich **GG** 9 3 f.; verbotene Vereinigungen **GG** 9 8 f.; Vereinigungen **GG** 9 5 ff.

Vereinigungsfreiheit, Streitigkeiten, Betätigungsfreiheit **ArbGG** 2 60; gewerkschaftlicher Unterlassungsanspruch **ArbGG** 2 62; Rechtswegzuständigkeit **ArbGG** 2 58 ff.; unerlaubte Handlung **ArbGG** 2 60; Vereinigungsfreiheit **ArbGG** 2 60 f.

Vereinsmitgliedschaft, Leistung von Diensten **BGB Vorb.** 35 f.

Vererblichkeit, Abfindungsanspruch, Unvererblichkeit **BGB** 613 12 f.; persönliche Arbeitsleistung **BGB** 613 15; persönliche Arbeitsleistung, Unvererblichkeit **BGB** 613 9 ff.; Schadensersatzanspruch und Urlaubsabgeltungsanspruch **BUrlG** 7 148 ff.; Urlaubsabgeltungsanspruch **BGB** 613 11, **BUrlG** 7 118 f.; Urlaubsanspruch, Unvererblichkeit **BGB** 613 10, **BUrlG** 1 22

Verfahrensart, Entscheidung **ArbGG** 2a 26 f., **ArbGG** 48 68 ff.; maßgeblicher Zeitpunkt **ArbGG** 48 18; Prüfungsreihenfolge **ArbGG** 48 17; richtige **ArbGG** 48 14; Überprüfung durch Berufungsgericht **ArbGG** 65 10

Verfahrensgrundsätze ArbGG 46 3

Verfahrensmangel, erstinstanzlicher in Beschlussverfahren **ArbGG** 91 3; nicht korrigierbarer **ArbGG** 68 3 ff.; keine Nichtzulassungsbeschwerde bei ~ in zweiter Instanz **ArbGG** 72a 4 ff.; schwerste Verfahrensfehler

Stichwortverzeichnis

ArbGG 68 2; nicht vollständige ArbG-Entscheidung **ArbGG** 68 6 ff.; Zurückverweisung **ArbGG** 68 1 ff.
Verfassungsbeschwerde, Nichtzulassung der Revision **ArbGG** 72a 7; Verletzung der Koalitionsfreiheit **GG** 9 89 f.
Verfassungsfeindliche Organisationen, Frage des öffentlichen Arbeitgebers **BGB** 123 15
Verfassungsrecht BGB Vorb. 142; und Arbeitsrecht **BGB Vorb.** 2 ff.
Vergleich, Befristungsgrund gerichtlicher ~ **TzBfG** 14 56 f.; im Beschlussverfahren **ArbGG** 83a 1 ff.; Revisionsinstanz **ArbGG** 75 25; schiedsgerichtliches Verfahren **ArbGG** 107 1 ff.; Streitwert **ArbGG** 12 26; Verfügungsbefugnis **ArbGG** 83a 5; Verfügungsmacht **ArbGG** 83a 4; Verzicht auf tarifliche Rechte **TVG** 4 55
Vergütung *siehe* „Arbeitsentgelt"
Verhaltensbedingte Kündigung KSchG 1 176 ff.; Abgrenzung zur personenbedingten Kündigung **KSchG** 1 178 ff.; Abmahnung *siehe dort*; Änderungskündigung **KSchG** 2 50 f.; außerordentliche Kündigung **BGB** 626 341 f.; Darlegungs- und Beweislast **KSchG** 1 211; einzelne Kündigungsgründe **KSchG** 1 213 ff.; Grenzfälle **KSchG** 1 182 f.; Interessenabwägung **KSchG** 1 208 ff.; als letztes Mittel **KSchG** 1 185; negative Zukunftsprognose **KSchG** 1 184; rechtswidriger Streik **GG** 9 302; schuldhafte Vertragspflichtverletzung **KSchG** 1 178 ff.; steuerbares Verhalten **KSchG** 1 178, 181; Verschulden **KSchG** 1 181; Vertragspflichtverletzung **KSchG** 1 179 f.; *siehe auch* „Kündigungsgrund"
Verjährung, Arbeitslosengelderstattung bei älteren Arbeitnehmern **SGB III** 147a 66; betriebliche Altersversorgung **BetrAVG** 18a 1 f.; Forderungsübergang gemäß § 116 SGB X **SGB X** 116 40 f.; Karenzentschädigung **HGB** 74 99; Nachweis wesentlicher Vertragsbedingungen **NachwG** 2 64; Provision **HGB** 65 13; Regressanspruch gegen Schädiger bei Arbeitsunfall **SGB VII** 113 1 ff.; Schadensersatz bei außerordentlicher Kündigung **BGB** 628 86; Schadensersatzanspruch statt Urlaubs-/Urlaubsabgeltungsanspruchs **BUrlG** 7 152; Urlaubsentgelt **BUrlG** 11 65; Wettbewerbsverstoß: Schadensersatz und Eintritt **HGB** 61 23 ff.
Vermögensverhältnisse, Frage des Arbeitgebers **BGB** 123 10
Versammlung der leitenden Angestellten SprAuG 15 1 ff.; während Arbeitszeit **SprAuG** 15 4; Durchführung **SprAuG** 15 3 f.; Einberufung **SprAuG** 15 1 f.; Entgeltfortzahlung und Kosten **SprAuG** 15 6; Teilnahmeberechtigte **SprAuG** 15 5
Versäumnisurteil, Berufung **ArbGG** 64 15 ff.; Einspruch bei Versäumnisurteil *siehe dort*; Revisionsinstanz **ArbGG** 75 23 f.
Versäumnisverfahren ArbGG 59 1 ff.; im Beschlussverfahren **ArbGG** 80 7; fehlende Rechtsbehelfsbelehrung **ArbGG** 59 2
Verschmelzung *siehe* „Umwandlung"
Verschuldung des Arbeitnehmers, außerordentliche Kündigung **BGB** 626 315
Verschwiegenheitspflicht BetrVG 79 34, **BGB** 611 350 ff.; außerordentliche Kündigung **BGB** 626 236 ff.; Auszubildende **BBiG** 9 11; nach Beendigung des Arbeitsverhältnisses **BGB** 611 351; Europäische Betriebsräte kraft Vereinbarung **EBRG** 45 40; Geheimhaltungspflicht der Betriebsverfassungsorgane *siehe dort*; personenbedingter Kündigungsgrund bei Verstoß **KSchG** 1 132; Sanktionen **BGB** 611 352; Straftat: Verletzung der ~ **BetrVG** 120 1 ff.; verhaltensbedingte Kündigung bei Verstoß **KSchG** 1 248
Versetzung BGB 611 338, 341; Einkommensteuer bei Abfindungen **EStG** 3 29; Mitbestimmungsrecht **BetrVG** 99 36 ff.; Mitbestimmungsrecht, Missachtung **BetrVG** 99 96; Unterrichtung Betriebsrat **BetrVG** 99 57; Versetzungsklauseln **GewO** 106 57 ff., 73 f.

Versetzungsschutz von Funktionsträgern BetrVG 103 2, 25 ff.; Einverständnis des Betroffenen **BetrVG** 103 28; Funktionsträger **BetrVG** 103 26; Rechtsentscheidung des Betriebsrates **BetrVG** 103 30; Verhältnis zu § 99 BetrVG **BetrVG** 103 31; Zustimmungsverweigerung **BetrVG** 103 31
Versicherungsvermittler, Arbeitnehmerstatus **BGB Vorb.** 76 ff.; einzelne Vertragsklauseln **BGB Vorb.** 80 ff.; Weisungsgebundenheit **BGB Vorb.** 77 ff.
Versorgungsanwartschaften, Abfindung von Anwartschaften *siehe dort*; Änderungen **BetrAVG Vorb.** 150 ff.; Berufsfreiheit **GG** 12 53; Betriebsübergang **BGB** 613a 237 ff.; Betriebsübergang in der Insolvenz **BGB** 613a 369; Eigentumspositionen der Arbeitnehmer **GG** 14 44 ff.; erdiente Dynamik **BetrAVG Vorb.** 154 ff.; nicht erdiente Versorgungsbestandteile **BetrAVG Vorb.** 158; erdienter Teilwert **BetrAVG Vorb.** 151 ff.; Grundsatz der Verhältnismäßigkeit **BetrAVG Vorb.** 150 ff.; Spaltung **UmwG** 324 34 f.; Unverfallbarkeit der betrieblichen Altersversorgung **BetrAVG Vorb.** 124 ff.; Gleichbehandlungsgrundsatz **BetrAVG Vorb.** 29 ff.; Gleichbehandlungsgrundsatz – Männer **BetrAVG** 30a 1; Konditionenkartelle **BetrAVG Vorb.** 65 66; mittelbare **BetrAVG Vorb.** 68; unmittelbare **BetrAVG Vorb.** 65 ff.
Verspätetes Vorbringen *siehe* „Zurückweisung verspäteten Vorbringens"
Vertagung, Entscheidung **ArbGG** 57 21 ff.; Gründe **ArbGG** 57 18 ff.; Prozessförderungspflicht **ArbGG** 57 18 ff.
Vertragsanbahnung BGB 611 1 ff.; Anbahnungsverhältnis **BGB** 611 26 ff.; Informationserhebung bei Dritten **BGB** 611 25; Mitteilungspflichten des Arbeitgebers **BGB** 611 25
Vertragsfreiheit GewO 105 1 ff.; Abschlussfreiheit **GewO** 105 12 ff.; und Arbeitsrecht **BGB Vorb.** 1 ff.; Berufsfreiheit **GG** 12 66; Beschränkung der Kündigungsfreiheit **KSchG vor** 1 1 ff.; Beschränkung durch Betriebsvereinbarung **GewO** 105 38 ff.; Beschränkungen aufgrund Tarifvertrag **GewO** 105 32 ff.; betriebliche Altersversorgung **BetrAVG Vorb.** 28; Rechtsquellenlehre **GewO** 105 7; Schranken **GewO** 105 20 ff.
Vertragsschluss BGB 611 30 ff.
Vertragsstrafe BGB 611 486 ff.; Abgrenzung **BGB** 611 486; Berufsausbildungsverhältnis **BBiG** 5 9; Bestimmtheitsgrundsatz **BGB** 611 493; in Formulararbeitsverträgen **BGB Anhang zu 305-310** 21 ff., **BGB** 611 487 ff.; Klauselverbote **BGB** 309 8 f.; unangemessen hohe ~ **BGB** 611 490 ff.; bei Verstoß gegen nachvertragliches Wettbewerbsverbot *siehe* „Vertragsstrafe (Wettbewerbsverbot)"
Vertragsstrafe (Wettbewerbsverbot) HGB 75c 1 ff.; Antrag auf Herabsetzung **HGB** 75c 12; Beweislast hinsichtlich Herabsetzung **HGB** 75c 11; Dauerverstöße **HGB** 75c 15; Herabsetzung **HGB** 75c 8 ff.; Höhe **HGB** 75c 6 f.; Interessenabwägung bei Herabsetzung **HGB** 75c 10; „für jeden Fall der Zuwiderhandlung" **HGB** 75c 14 f.; schuldhaftes Handeln **HGB** 75c 13; Verwirkung **HGB** 75c 13 ff.; Zulässigkeit **HGB** 75c 4 f.
Vertragstypen des BGB BGB Vorb. 7 ff.
Vertrauensarbeitszeit ArbZG 7 29; Mitbestimmung **BetrVG** 87 74; Mitbestimmung bei Abschaffung der technischen Zeiterfassung **BetrVG** 87 127
Vertrauensleute, gewerkschaftliche, Tarifklauseln **TVG** 1 119
Vertrauensschutz des Arbeitgebers bei Verstoß gegen Gleichbehandlungsgrundsatz **BGB** 611 216
Vertrauensvolle Zusammenarbeit BetrVG 2 1 ff.; Arbeitskampf **GG** 9 323; generelle Verhaltensregeln **BetrVG** 74 2; Streitigkeiten **BetrVG** 74 19 f.; Verhandlungskultur **BetrVG** 74 8

Stichwortverzeichnis

Vertretung, Kündigung **KSchG** 1 30 ff.; Schriftsatzkündigung **KSchG** 1 33

Verwaltungsgerichtsbarkeit, Rechtsweg, Abgrenzung **ArbGG** 2 21 f.

Verwirkung, Ansprüche aus Betriebsvereinbarung **BetrVG** 77 4; des Kündigungsrechts **KSchG** 1 72; Nachweis wesentlicher Vertragsbedingungen **NachwG** 2 66; Prozess~ **KSchG** 7 4; tariflicher Rechte **TVG** 4 56; Urlaubsentgelt **BUrlG** 11 64; Zeugnisanspruch **GewO** 109 14

Verzeichnis der Berufsausbildungsverhältnisse, Ablehnung der Eintragung **BBiG** 32 3 f., 6; Antrag auf Eintragung **BBiG** 33 1 ff.; Einrichtung und Führung **BBiG** 31 1 ff.; Eintragung **BBiG** 32 1 f., 6; Löschung **BBiG** 32 5 f.

Verzeihung, außerordentliche Kündigung **BGB** 626 68 ff.

Verzicht ArbGG 55 6; Alleinentscheidung des Vorsitzenden **ArbGG** 55 7; Ansprüche aus Betriebsvereinbarung **BetrVG** 77 3; außerordentliche Kündigung **BGB** 626 67, 70; Formulararbeitsvertrag **BGB Anhang zu 305-310** 27 f.; Güteverhandlung **ArbGG** 54 35, 37; auf Kündigungsrecht **KSchG** 1 72; Kündigungsschutz **KSchG Vorb. vor 1** 26 ff.; tarifliche Rechte **TVG** 4 53 ff.; Urlaubsentgelt **BUrlG** 11 62; Urlaubsgeld **BUrlG** 11 63

Verzug, Annahmeverzug des Arbeitgebers *siehe dort*; des Arbeitnehmers **BGB** 611 410; Schuldnerverzug des Arbeitgebers *siehe dort*

Verzugszinsen BGB 614 12

Völkerrecht BGB Vorb. 132 ff.

Vollstreckungsbescheid ArbGG 46a 30 ff.; Einspruch **ArbGG** 46a 33

Volontär, Anwendbarkeit §§ 3-18 BBiG **BBiG** 19 1 f., 7 f.

Vorabentscheidungsverfahren (EuGH) EGV 234 1 ff.; Ablauf **EGV** 234 17; Beendigung **EGV** 234 18; Einleitung **EGV** 234 16; Gegenstand **EGV** 234 4 ff.; Gerichte als Vorlageberechtigte **EGV** 234 7; Normzweck **EGV** 234 1; und Richtervorlage nach Art. 100 GG **EGV** 234 3; Urteil **EGV** 234 19; Vorlagebefugnis **EGV** 234 8 ff.; Vorlagepflicht **EGV** 234 12 ff.

Vorläufige personelle Maßnahmen BetrVG 100 1 ff.; Ablauf **BetrVG** 100 8 ff.; Anträgebegründung **BetrVG** 100 12; Anwendungsbereich **BetrVG** 100 2 f.; arbeitsgerichtliches Verfahren **BetrVG** 100 10 ff.; Aufklärung des Arbeitnehmers über Sach- und Rechtslage **BetrVG** 100 7; besonderes einstweiliges Rechtsschutzverfahren **BetrVG** 100 1; Drei-Tages-Frist **BetrVG** 100 10; dringende Erforderlichkeit aus sachlichem Grund **BetrVG** 100 4 ff.; Entscheidung des Gerichts **BetrVG** 100 14 ff.; innerbetriebliches Verfahren **BetrVG** 100 8 f.; zwei Anträge **BetrVG** 100 11

Vorläufige Vollstreckbarkeit ArbGG 62 2 ff.; Antrag auf Ausschließung **ArbGG** 62 7; Ausschließung **ArbGG** 62 6 ff.; Beschlüsse im Beschlussverfahren **ArbGG** 85 2 f.; Entscheidung auf Ausschluss **ArbGG** 62 18 ff.; nicht zu ersetzender Nachteil **ArbGG** 62 8 ff.; Glaubhaftmachung **ArbGG** 62 17

Vornahme einer Handlung, Anwendungsbereich **ArbGG** 61 19 ff.; Entschädigungsfestsetzung **ArbGG** 61 23 ff.; Verurteilung **ArbGG** 61 18 ff.

Vorruhestand, Unverfallbarkeit der betrieblichen Altersversorgung **BetrAVG 1b** 21

Vorsatz, Arbeitnehmerhaftung **BGB** 619a 29; kein Haftungsbeschränkung bei Arbeitsunfall **SGB VII** 104 10; des Unternehmers **SGB VII** 104 14

Vorschlagsrecht der Arbeitnehmer BetrVG 86a 1 ff.; Adressat **BetrVG** 86a 9; Arbeitszeit **BetrVG** 86a 14; Ausübung **BetrVG** 86a 7; Behandlung durch Betriebsrat **BetrVG** 86a 15 ff.; Benachteiligungsverbot **BetrVG** 86a 20; keine Form und Frist **BetrVG** 86a 8; Quorum **BetrVG** 86a 12 f.; Streitigkeiten **BetrVG** 86a 21 ff.; Teilnahmerecht an Betriebsratssitzung **BetrVG** 86a 19; Themen **BetrVG** 86a 6; Unterrichtungspflicht **BetrVG** 86a 18; unterstützter Vorschlag **BetrVG** 86a 11 ff.; Vorschlagsrecht **BetrVG** 86a 5 ff.; weitere Behandlung durch Betriebsrat **BetrVG** 86a 10

Vorschüsse BGB 614 19 ff.; Rückgewähr **BGB** 614 23 ff.

Vorsitzender, Befugnisse **ArbGG** 53 1 ff.

Vorstandsmitglied einer AG, Anstellungsvertrag **BGB Vorb.** 94, 96 ff.; Beschäftigungsverhältnis **SGB IV** 7 28 f.; Kündigungsfrist **BGB** 621 13, **BGB** 622 29; nachvertragliches Wettbewerbsverbot **HGB** 74 9 f.; Rechtswegzuständigkeit **ArbGG** 2 138 ff.; Übergang Arbeitsverhältnis zum Anstellungsverhältnis **BGB Vorb.** 100 ff.; Widerruf der Organstellung/Kündigung **BGB** 626 34 ff.

Vorstellungskosten, Ersatz **BGB** 611 7 f.

Vorstrafen, Frage des Arbeitgebers **BGB** 123 12; Irrtumsanfechtung **BGB** 119 7

Vorübergehende Verhinderung *siehe* „Arbeitsverhinderung aus persönlichen Gründen"

Vorvertrag BGB 611 28 f.

Vorzeitige Betriebsrente BetrAVG 6 1 ff.; Berechnung **BetrAVG** 6 15 ff.; gesetzliche Altersrente **BetrAVG** 6 5 ff.; Höhe **BetrAVG** 6 14 ff.; Höhe bei Ausscheiden mit unverfallbarer Anwartschaft **BetrAVG** 6 21 ff.; kürzere Betriebszugehörigkeit **BetrAVG** 6 22 ff.; quasiratierlicher Abschlag **BetrAVG** 6 17 ff.; ratierliches Kürzung **BetrAVG** 6 28; verringerte Anzahl von Steigerungsbeträgen **BetrAVG** 6 16; versicherungsmathematischer Abschlag **BetrAVG** 6 20; Wartezeit **BetrAVG** 6 8; Wegfall der Leistungen **BetrAVG** 6 12 f.; Zahlungsverlangen **BetrAVG** 6 10; Zeit vor Inkrafttreten des BetrAVG **BetrAVG** 29 1 f.; zweifache Kürzung **BetrAVG** 6 22 ff.

Wahl der Aufsichtsratsmitglieder (BetrVG 1952) BetrVG 1952 76 39 ff.; abhängiges Unternehmen **BetrVG 1952** 76 62; aktives Wahlrecht **BetrVG 1952** 76 39; Anfechtung **BetrVG 1952** 76 52 ff.; Beschlussverfahren bei Streitigkeiten **ArbGG** 2a 18; GmbH **BetrVG 1952** 77 19; Grundsätze **BetrVG 1952** 76 45 f.; bei herrschendem Konzernunternehmen **BetrVG 1952** 76 61 ff.; herrschendes Unternehmen **BetrVG 1952** 76 63; Konzernierung **BetrVG 1952** 76 64 f.; Konzerntatbestand **BetrVG 1952** 76 62 ff.; passives Wahlrecht **BetrVG 1952** 76 40 ff.; System **BetrVG 1952** 76 49 f.; Verfahren **BetrVG 1952** 76 47 f.; Wahl der Arbeitnehmer bei herrschendem Konzernunternehmen **BetrVG 1952** 76 69 ff.; Wahlberechtigung **BetrVG 1952** 76 39 ff.; Wahlordnung **BetrVG 1952** 87a 1 f.; Wahlrecht bei abhängigen Gesellschaften **BetrVG 1952** 76 68

Wahl der Aufsichtsratsmitglieder (MitbestG) MitbestG 18 1 ff.; Abstimmungsausschreiben **MitbestG** 18 19; Amtszeit der Delegierten **MitbestG** 18 25 f.; Anfechtung **MitbestG** 22 1 ff.; Anfechtung der Delegiertenwahl **MitbestG** 21 1 ff.; Aufstellung und Bekanntmachung der Wählerlisten **MitbestG** 18 10 f.; Bekanntmachung **MitbestG** 18 5; Bekanntmachung Abstimmung über Art der Wahl **MitbestG** 18 18 ff.; Bekanntmachung Abstimmung für Wahlvorschlag leitende Angestellte **MitbestG** 18 15 ff.; Bekanntmachung der Mitglieder **MitbestG** 19 1 ff.; Bekanntmachung Wahlvorschläge für Arbeitnehmer **MitbestG** 18 13; Bekanntmachung der Wahlvorstände **MitbestG** 18 12 ff.; Beschlussverfahren bei Streitigkeiten **ArbGG** 2a 18; Betriebswahlvorstand **MitbestG** 18 7; Delegiertenwahl **MitbestG** 18 21 ff.; durch die Delegierten **MitbestG** 18 31 ff.; drei Wahlordnungen **MitbestG** 18 1; von Ersatzmitgliedern durch Delegierte **MitbestG** 18 38 f.; von Gewerkschaftsvertretern durch Delegierte **MitbestG** 18 37; Hauptwahlvorstand **MitbestG** 18 9; Reduktionsverfahren **MitbestG** 18 23; Übergangsregelung **MitbestG** 40 1; von Unternehmensangehörigen durch Delegierte **MitbestG** 18 31 ff.; Unternehmenswahlvorstand **MitbestG** 18 8; Urwahl **MitbestG** 18 40 ff.; Verfahren bei Delegiertenwahl **MitbestG** 18 27 ff.;

Stichwortverzeichnis

Verfahren bei Urwahl **MitbestG** 18 41 ff.; Verordnungen **MitbestG** 39 1; Wahl der Anteilseigner **MitbestG** 8 1; Wahl der Delegierten **MitbestG** 18 22; Wählbarkeit der Gewerkschaftsvertreter **MitbestG** 7 4; Wählbarkeit der Unternehmensangehörigen **MitbestG** 7 3; Wahlkosten **MitbestG** 20 1; Wahlschutz **MitbestG** 20 1; Wahlverfahren **MitbestG** 18 2 f.; Wahlverfahren, Ablaufschema **MitbestG** 18 4; Wahlvorschläge **MitbestG** 18 14; Wahlvorstände **MitbestG** 18 6 ff.; Zahl der Delegierten **MitbestG** 18 23 f.

Wahlanfechtung BetrVG 13 11, **BetrVG** 19 1 ff.; wegen Verfahrensverstößen **BetrVG** 19 10 f.; Anfechtungsverfahren **BetrVG** 19 14 ff.; Arbeitnehmer **BetrVG** 19 19; Berechtigung **BetrVG** 19 18 ff.; Berichtigung **BetrVG** 19 12; Beschlussverfahren **BetrVG** 19 14; Beteiligte **BetrVG** 19 15; Frist **BetrVG** 19 17; Gewerkschaft **BetrVG** 19 20; Kausalität **BetrVG** 19 13; Nichtigkeit der Wahl **BetrVG** 19 23 ff.; Nichtigkeitserklärung **BetrVG** 19 2; Rechtsschutzinteresse **BetrVG** 19 16; Voraussetzungen **BetrVG** 19 4 ff.; wesentliche Vorschriften **BetrVG** 19 5 ff.; Wirkung **BetrVG** 19 21 f.

Wählbarkeit, alle Wahlberechtigten **BetrVG** 8 5 ff.; neu errichtete Betriebe **BetrVG** 8 14; sechsmonatige Betriebszugehörigkeit **BetrVG** 8 10 ff.; Streitigkeiten **BetrVG** 8 1 ff., 15; Voraussetzungen **BetrVG** 8 4 ff.; Wahlanfechtung **BetrVG** 19 8 f.

Wahlberechtigung, Arbeitnehmer **BetrVG** 7 5 f.; Beamte **BetrVG** 7 7; Bedeutung **BetrVG** 7 21 f.; Betriebsratswahl **BetrVG** 7 1 ff.; Betriebszugehörigkeit **BetrVG** 7 8 ff.; Streitigkeiten **BetrVG** 7 23; Wahlalter **BetrVG** 7 20; Wahlanfechtung **BetrVG** 19 6 f.

Wahlbewerber, Sonderkündigungsschutz **KSchG** 15 62 ff.

Wahlinitiatoren, nachwirkender besonderer Kündigungsschutz **KSchG** 15 77 ff.; Sonderkündigungsschutz **KSchG** 15 67

Wahlverfahren in Kleinbetrieben, Betriebsrat **BetrVG** 14a 1 ff.; Einladung zur Wahlversammlung **BetrVG** 14a 6 f.; Einleitung der Wahl **BetrVG** 14a 11 ff.; einstufiges Verfahren **BetrVG** 14a 16 ff.; erste Wahlversammlung zur Wahl des Wahlvorstands **BetrVG** 14a 5 ff.; Jugend- und Auszubildendenvertretung **BetrVG** 63 32 ff.; nachträgliche schriftliche Stimmabgabe **BetrVG** 14a 18; Streitigkeiten **BetrVG** 14a 20; vereinfachtes Wahlverfahren kraft Vereinbarung **BetrVG** 14a 19; Wahlausschreiben **BetrVG** 14a 12; Wählerliste **BetrVG** 14a 11; Wahlvorschläge **BetrVG** 14a 13; Zweistufigkeit **BetrVG** 14a 1 ff.; zweite Wahlversammlung zur Wahl des Betriebsrats **BetrVG** 14a 14 f.; zwingendes ~ **BetrVG** 14a 1

Wahlvorstand (Betriebsrat), Aufgaben **BetrVG** 18 1 ff.; Sonderkündigungsschutz **BetrVG** 103 9, **KSchG** 15 56 ff.; Bestellung **BetrVG** 16 1 ff.; Bestellung durch Betriebsrat **BetrVG** 16 3 ff.; Bestellung in betriebsratslosen Betrieben **BetrVG** 17 1 ff.; Bestellung in Kleinbetrieben durch Betriebsrat **BetrVG** 17a 3; Bestellung in Kleinbetrieben ohne Betriebsrat **BetrVG** 17a 4 f.; Bestellung im vereinfachten Wahlverfahren **BetrVG** 17a 1 ff.; Beteiligter **ArbGG** 83 35; Ersatzbestellung durch Arbeitsgericht **BetrVG** 17 7 f.; Ersatzbestellung durch Arbeitsgericht **BetrVG** 16 10 f.; Ersatzbestellung durch Gesamt- bzw. Konzernbetriebsrat **BetrVG** 16 12 f.; Ersatzkompetenz des Arbeitsgerichts in betriebsratslosen Betrieben **BetrVG** 17 11; Ersetzung durch das Arbeitsgericht **BetrVG** 18 9 ff.; Form der Bestellung **BetrVG** 16 7; Primärkompetenz des Gesamt- oder Konzernbetriebsrates **BetrVG** 17 1, 3 ff.; Sekundärkompetenz der Betriebsversammlung **BetrVG** 17 2, 6 ff.; Streitigkeiten bei Bestellung in Kleinbetrieben **BetrVG** 17a 6; Streitigkeiten hinsichtlich Bestellung und Zusammensetzung **BetrVG** 16 14; Vorbereitung und Durchführung der Wahl siehe „Betriebsratswahlen"; Wahl auf Betriebsversammlung **BetrVG** 17 9 f.;

Zeitpunkt der Bestellung **BetrVG** 16 5 f.; Zusammensetzung **BetrVG** 16 8 f.

Wahlvorstand (Jugend- und Auszubildendenvertretung) BetrVG 63 17 ff.; Aufgaben **BetrVG** 63 17; Sonderkündigungsschutz **KSchG** 15 56 ff.; Bestellung **BetrVG** 63 17 ff.; Bestellung durch Betriebsrat **BetrVG** 63 18 ff.; Ersatzbestellung durch das Arbeitsgericht **BetrVG** 63 22 ff.; Ersatzbestellung durch Gesamt/Konzernbetriebsrat **BetrVG** 63 30 f.; Mitgliederzahl **BetrVG** 63 20; Vereinfachte Bestellung **BetrVG** 63 32 ff.

Waisen siehe „Hinterbliebenenversorgung"

Waren, Anrechnung auf Arbeitsentgelt **GewO** 107 57 ff.

Wartezeit (BUrlG) BUrlG 1 19; Beginn **BUrlG** 4 6 ff.; Dauer **BUrlG** 4 1 ff.; EG-Recht **BUrlG** 4 3; Ende **BUrlG** 4 9 ff.; Quotelungsregelungen **BUrlG** 4 4; tarifliche Verlängerung **BUrlG** 13 32; Unterbrechung des Arbeitsverhältnisses **BUrlG** 4 16 ff.; Verlängerung/Verkürzung **BUrlG** 4 5

Wartezeit (KSchG) KSchG 1 7 ff.; abweichende Vereinbarungen **KSchG** 1 9; Arbeitsverhältnis **KSchG** 1 10; Berechnung **KSchG** 1 19 f.; Darlegungs- und Beweislast **KSchG** 1 53; Luftfahrt **KSchG** 24 4; Seeschifffahrt **KSchG** 24 4; Unterbrechung **KSchG** 1 14 ff.; ununterbrochener Bestand des Arbeitsverhältnisses **KSchG** 1 14 ff.; Zugehörigkeit zu demselben Betrieb/Unternehmen **KSchG** 1 11 ff.; Zweck **KSchG** 1 6

Waschen, Arbeitszeit **BGB** 611 329

Wegerisiko BGB 615 117

Wegeunfall, kein Haftungsbeschränkung **SGB VII** 104 11; Herbeiführung durch Unternehmer **SGB VII** 104 14

Wegezeit, Arbeitszeit **BGB** 611 330; Betriebsversammlung **BetrVG** 44 27

Wegfall der Geschäftsgrundlage, Arbeitnehmerbegriff, Falschzuordnung **BGB Vorb.** 25; außerordentliche Kündigung, Abgrenzung **BGB** 626 21 ff.; betriebliche Altersversorgung **BetrAVG Vorb.** 133; Betriebsvereinbarung **BetrVG** 77 43; Leistungsverweigerungsrecht gemäß § 275 Abs. 2 und 3 BGB, Abgrenzung **BGB** 611 398; Sozialplan **BetrVG** 112 87 f.; Tarifvertrag **TVG** 1 34 f.

Wehrdienst, Frage des Arbeitgebers nach künftigem ~ **BGB** 123 27; personenbedingter Kündigungsgrund **KSchG** 1 165; Sonderkündigungsschutz bei Wehrdienst siehe dort

Weihnachtsgeld siehe „Sonderzahlungen"

Weisungsrecht siehe „Direktionsrecht"

Weiterbeschäftigungsanspruch, allgemeiner BetrVG 102 97 ff., **BGB** 611 169, **KSchG** 4 54 ff.; Änderungskündigung **KSchG** 2 34, 92; Anwendung von § 612 Abs. 1 BGB **BGB** 612 15; einstweilige Verfügung **ArbGG** 62 83 ff.; Entfristungsklage **TzBfG** 17 16; Schadensersatzanspruch **BGB** 619a 76; Sozialauswahl **KSchG** 1 351; Streitwert **ArbGG** 12 20, 26; Urlaubsanspruch **BUrlG** 1 17; vorübergehende Verhinderung **BGB** 616 12; Zwangsvollstreckung **ArbGG** 62 39 f.

Weiterbeschäftigungsanspruch, betriebsverfassungsrechtlicher BetrVG 102 83 ff., **KSchG** 4 53; Änderungskündigung **BetrVG** 102 84, **KSchG** 2 34, 92; Annahmeverzug des Arbeitgebers **BGB** 615 21; Durchsetzung **BetrVG** 102 91; Entbindung von der Weiterbeschäftigungspflicht **BetrVG** 102 92 ff.; Entbindungsgrund **BetrVG** 102 94; Inhalt **BetrVG** 102 89 f.; Klageerhebung des Arbeitnehmers **BetrVG** 102 86; offenkundig kein Widerspruchsrecht **BetrVG** 102 96; ordentliche Kündigung **BetrVG** 102 84; unzumutbare wirtschaftliche Belastung **BetrVG** 102 95; Urlaubsanspruch **BUrlG** 1 17; Voraussetzungen **BetrVG** 102 84 ff.; vorübergehende Verhinderung **BGB** 616 12; Weiterbeschäftigungsverlangen **BetrVG** 102 87 f.; Widerspruch des Betriebsrates **BetrVG** 102 85

Weiterbeschäftigungsmöglichkeit, bei betriebsbedingter Kündigung **KSchG** 1 274 ff.; Betriebsratswider-

Stichwortverzeichnis

spruch wegen ~ **BetrVG** 102 72 ff.; Darlegungs- und Beweislast bei personenbedingter Kündigung **KSchG** 1 175; freier Arbeitsplatz **KSchG** 1 275; geeigneter Arbeitsplatz **KSchG** 1 276; Interessenausgleich mit Namensliste **InsO** 125 9; im Konzern **KSchG** 1 278; personenbedingte Kündigung **KSchG** 1 99; Sozialplan **BetrVG** 112 67 ff.; Unternehmensbezug **KSchG** 1 277; Zustimmung der Arbeitnehmervertretung **KSchG** 1 279

Weiterbildung, befristet beschäftigte Arbeitnehmer **TzBfG** 19 1 ff.; Nachtarbeitnehmer **ArbZG** 6 21; Teilzeitbeschäftigte **TzBfG** 10 1 ff.

Werkswohnung BGB 611 91; außerordentliche Eigenkündigung wegen Mängel **BGB** 626 336 ff.; Mitbestimmungsrecht **BetrVG** 87 162 ff.; Rechtswegzuständigkeit **ArbGG** 2 73; Veräußerung einer Werkmietwohnung **BetrVG** 87 168

Werkvertrag BGB Vorb. 8 f.; Arbeitnehmerüberlassungsvertrag, Abgrenzung **AÜG** 1 16 f., 21 ff.; Dienstvertrag, Abgrenzung **BGB Vorb.** 9

Wertguthaben, Beschäftigungsverhältnis **SGB IV** 7 39 f.

Wettbewerbsverbot HGB 60 1 ff.; Arbeitsaufnahme **HGB** 60 7; Auskunft und Rechnungslegung **HGB** 61 10; außerordentliche Kündigung **BGB** 626 317 ff., **HGB** 60 8; Berufsfreiheit **GG** 12 71; bei bestehendem Arbeitsverhältnis **BGB** 611 358 ff.; Betreiben/Verbreitung **HGB** 60 15 ff.; Betrieb eines anderen Handelsgewerbes **HGB** 60 13 ff.; Betriebsübergang **BGB** 613a 243; einstweilige Verfügung **ArbGG** 62 92; Eintritt in eine Gesellschaft **HGB** 61 21; Eintrittsrecht **HGB** 61 16 ff.; Einwilligung **HGB** 60 25 f.; Geltungsbereich des § 61 **HGB HGB** 61 2; Geschäftemachen **HGB** 60 21 ff.; Handelsgewerbe **HGB** 60 14; Handelszweig des Arbeitgebers **HGB** 60 13; Inhalt **BGB** 611 361; Konkurrenzsituation **HGB** 60 18 f., 24; Leiharbeitnehmer **AÜG** 9 18; nachvertragliches siehe „Wettbewerbsverbot, nachvertragliches"; Nebentätigkeiten **HGB** 60 2; Prinzipal **HGB** 60 4; Rechtsfolge **BGB** 611 362; Rechtsgrundlage **BGB** 611 358; Reichweite **HGB** 60 12 f.; Schadensersatz **HGB** 61 11 ff.; Sinn und Zweck **BGB** 611 360 f.; Tätigkeit auf eigene Rechnung **HGB** 61 19 f.; Tätigkeit auf fremde Rechnung **HGB** 61 22; Teilzeitarbeit **HGB** 60 11; als überraschende Klausel **BGB** 305c 15; Unterlassungsansprüche **HGB** 61 5; unwirksame Arbeitgeberkündigung **HGB** 60 9; Verbot des Geschäftemachens **HGB** 60 20 ff.; verhaltensbedingte Kündigung **KSchG** 1 249; Verjährung bei Schadensersatz und Eintritt **HGB** 61 23 ff.; Verletzung des ~s **HGB** 61 1 ff.; Verschulden bei Schadensersatzanspruch des Arbeitgebers **HGB** 61 3 f.; Wahlrecht zwischen Schadensersatz/Eintrittsrecht **HGB** 61 7 ff.; zeitlicher Anwendungsbereich **HGB** 60 6 ff.; Zwangsvollstreckung **ArbGG** 62 44

Wettbewerbsverbot, nachvertragliches BGB 611 363, **GewO** 110 1 ff., **HGB** 74 1 ff.; Abhängigkeit vom Willen des Arbeitgebers **HGB** 74 105; Abhängigkeit vom Willen des Arbeitnehmers **HGB** 74 106; abweichende Vereinbarungen **HGB** 75 36 f.; kein Anspruch auf Abschluss **HGB** 74 59; Aufhebungsvertrag **KSchG** 9 Anhang 44; Auflösungstatbestände **HGB** 75 1 ff.; Aushändigung einer Urkunde **HGB** 74 32 f.; Auskunftsanspruch **HGB** 74 110 f.; Auskunftsbegehren hinsichtlich Verzichts **HGB** 75a 16 ff.; Auslegung **HGB** 74 38; außerhalb §§ 74 ff. **HGB HGB** 74 57 f.; außerordentliche Eigenkündigung – Lösungsrecht **HGB** 75 4 ff.; außerordentliche Kündigung – Lösungsrecht **HGB** 75 29 ff.; Auszahlungszeitpunkt **HGB** 74b 1 ff.; bedingtes **HGB** 74 104 ff.; Berechnung bei variablen Bezügen **HGB** 74b 5 ff.; berechtigtes geschäftliches Interesse des Arbeitgebers **HGB** 74a 4 ff.; Berufsfreiheit **GG** 12 71; Beschränkungen außerhalb §§ 74 ff. **HGB HGB** 74 52 ff.; Betriebsübergang **BGB** 613a 244 ff.; Dauer **HGB** 74 51; Ehrenwort **HGB** 74 36; einstweilige Verfügung **HGB** 74 115; Fälligkeit **HGB** 74b 1 ff.; Form **HGB** 74 27 ff.; Form des Verzichts **HGB** 75a 9; Geheimhaltungsklauseln **HGB** 74 55; Gewerbe **HGB** 74 37; Gleichbehandlungsgrundsatz **HGB** 74 8; Höchstdauer zwei Jahre **HGB** 74a 17 f.; Inhalt **HGB** 74 37 ff.; Inhalt des Verzichts **HGB** 75a 10 ff.; Inkrafttreten **HGB** 74 60 ff.; Insolvenz **HGB** 74 124; Karenzentschädigung siehe dort; Konkurrenzunternehmen **HGB** 74 44; konzerndimensionaler Schutz **HGB** 74 47; Kunde, Zulieferer, Abnehmer **HGB** 74 46; Mandantenschutzklauseln **HGB** 74 53; Mandantenübernahmeklauseln **HGB** 74 54; Minderjährige **HGB** 74a 19; nachvertragliche Treuepflicht **HGB** 74 5; Nichtigkeit/Unwirksamkeit **HGB** 74 16 f.; objektiv aufschiebende Bedingung **HGB** 74 107 f.; ordentliche Kündigung – Lösungsrecht **HGB** 75 15 ff.; örtliche Reichweite **HGB** 74a 9; persönlicher Geltungsbereich **HGB** 74 9 ff.; Präzisierungsklauseln **HGB** 74 48; räumlicher Geltungsbereich **HGB** 74 50; Rechtsfolgen eines Verzichts **HGB** 75a 14 ff.; Rechtsmängel **HGB** 74 15 ff.; Rechtswahl **HGB** 74 14; Rücktritt bei Sperrabrede **HGB** 75f 8 ff.; Rücktritt bei Verstoß **HGB** 74 119; sachliche Reichweite **HGB** 74a 5 ff.; Schadensersatz bei Verstoß **HGB** 74 118; Schriftform **HGB** 74 28 ff.; Sittenwidrigkeit **HGB** 74a 24; Sperrabrede unter Arbeitgebern **HGB** 75f 1 ff.; Streitigkeiten **HGB** 74 26; Tarifvertrag **HGB** 74 4; tätigkeitsbezogenes **HGB** 74 40; teilweise Unverbindlichkeit **HGB** 74 24 f.; Übergang auf Dritte **HGB** 74 121; Unabdingbarkeit **HGB** 75d 1; unbillige Erschwerung des Fortkommens **HGB** 74a 13 ff.; unmögliche Konkurrenztätigkeit **HGB** 74 66 f.; Unterlassungsansprüche **HGB** 74 112 ff.; unternehmensbezogenes **HGB** 74 40; Unverbindlichkeit **HGB** 74 18 ff., **74a** 1 ff.; unwirksamer Arbeitsvertrag **HGB** 74 7; verbotene Tätigkeiten **HGB** 74 39 ff.; Verbotsformulierungen **HGB** 74 41 ff.; Verletzung **HGB** 74 109 ff.; Verpflichtung eines Dritten **HGB** 74 21 ff.; vertragliche Aufhebung **HGB** 74 69 ff.; vertragliche Vereinbarung **HGB** 74 6 ff.; Vertragsstrafe bei Verstoß siehe „Vertragsstrafe (Wettbewerbsverbot)"; Verzicht **HGB** 75a 1 ff.; Wahlrecht bei Unverbindlichkeit **HGB** 74 19 ff.; Wegfall **HGB** 74 66 ff.; Wegfall der Entschädigungspflicht **HGB** 74 116; zeitlicher Geltungsbereich **HGB** 74 12 f.; Zeitpunkt des Verzichts **HGB** 75a 5 ff.

Widerklage, örtliche Zuständigkeit **ArbGG** 2 149; Rechtswegzuständigkeit **ArbGG** 2 18, **ArbGG** 48 41

Widerrufsvorbehalt BGB 611 502 ff., 511 ff., **KSchG** 1 42; Aufhebungsvertrag **KSchG** 9 Anhang 27 ff.; Ausübung des Widerrufsrechts **BGB** 611 513; Formulararbeitsvertrag **BGB** 611 514; Vertragsgestaltung **BGB** 611 515; wirksame Vereinbarung **BGB** 611 512

Widerspruchsrecht bei Betriebsübergang BGB 613a 345 ff.; Annahmeverzug des bisherigen Betriebsinhabers **BGB** 613a 358; Anrechnung anderweitigen Erwerbs **BGB** 615 97; Anwendungsbereich **BGB** 613a 348 f.; Ausübung **BGB** 613a 350 ff.; Einkommensteuer bei Abfindungen **EStG** 3 37; Entwicklung **BGB** 613a 345 f.; Fortbestand des Arbeitsverhältnisses mit dem bisherigen Inhaber **BGB** 613a 357; kündigungsschutzrechtliche Folgen **BGB** 613a 359 ff.; massenhafte Ausübung **BGB** 613a 354 f.; Monatsfrist **BGB** 613a 350; Rechtsfolgen **BGB** 613a 356 ff.; Rechtsnatur **BGB** 613a 347; Schriftform **BGB** 613a 351; Sozialplanabfindung **BetrVG** 112 50; Verhinderung des Übergangs **BGB** 613a 356; Verzicht **BGB** 613a 365

Wiederaufnahme des Verfahrens ArbGG 79 1 ff.

Wiedereingliederungsverhältnis EFZG 3 55; Urlaubsanspruch **BUrlG** 2 27

Wiedereinsetzung, Berufungsbegründungsfrist **ArbGG** 66 22; Berufungsfrist **ArbGG** 66 22; Nichtzulassungsbeschwerde **ArbGG** 72a 41; Revisionsbegründungsfrist **ArbGG** 74 15 f.; sofortige Beschwerde **ArbGG** 78 14

Wiedereinstellungsanspruch KSchG 1 75 ff.; keine anderweitige Disposition des Arbeitgebers **KSchG** 1 83; Anwendbarkeit des KSchG **KSchG 1** 79; befristetes Arbeitsverhältnis **TzBfG 15** 25 f.; Darlegungs- und Beweislast **KSchG 1** 86; Informationsanspruch **KSchG 1** 85; krankheitsbedingte Kündigung **KSchG 1** 166; nachträglicher Wegfall des Kündigungsgrundes innerhalb Kündigungsfrist **KSchG 1** 80 ff.; Neuabschluss eines Arbeitsvertrages **KSchG 1** 84; personenbedingte Kündigung **KSchG 1** 166; Prognoserisiko **KSchG 1** 75; Prozessuales **KSchG 1** 87; Rechtsfolgen **KSchG 1** 84 ff.; Rechtsgrundlage **KSchG 1** 76; Tarifklauseln **TVG 1** 132; Verdachtskündigung **BGB 626** 354 ff.; Voraussetzungen **KSchG 1** 77 f.; wirksame Kündigung **KSchG 1** 78; Zwangsvollstreckung **ArbGG 62** 41

Wiedereröffnung der Verhandlung ArbGG 53 9

Wintergeld/Winterausfallgeld, Entgeltfortzahlung an Feiertagen **EFZG 2** 30

Wirtschaftsausschuss BetrVG 106 1 ff.; Abberufung **BetrVG 107** 21 f.; abweichend vereinbarte Betriebsverfassungsstrukturen **BetrVG 106** 29 f.; Änderung der Betriebsorganisation oder des Betriebszwecks **BetrVG 106** 81; Aufgabe und Funktion **BetrVG 106** 8 ff.; Aufgabenübertragung auf (Gesamt)Betriebsausschuss **BetrVG 108** 43; Aufgabenübertragung auf einen Ausschuss des Betriebsrates **BetrVG 107** 41 ff.; Aufgabenübertragung auf einen Ausschuss des Gesamtbetriebsrates **BetrVG 107** 46 ff.; ausländisches Unternehmen **BetrVG 106** 26; keine Beratungspflicht des Unternehmers **BetrVG 106** 54; Berichtspflicht **BetrVG 108** 33 ff.; Beschlüsse **BetrVG 108** 7; Bestehen eines Betriebsrates **BetrVG 106** 23; Bestellung **BetrVG 107** 14 ff.; Beteiligter **ArbGG 83** 34; betrieblicher Umweltschutz **BetrVG 106** 69 ff.; Betriebsübergang **BGB 613a** 292; Bildung **BetrVG 106** 15 ff.; Dauer der Amtszeit **BetrVG 107** 17 ff.; Eignung der Mitglieder **BetrVG 107** 10 ff.; Einigungsstelle (Wirtschaftsausschuss) siehe dort; Einschränkung oder Stilllegung von Betrieben oder Betriebsteilen **BetrVG 106** 74 f.; Erläuterung des Jahresabschlusses **BetrVG 108** 36 ff.; Ersetzung des ~es **BetrVG 107** 40 ff.; Fabrikations- und Arbeitsmethoden **BetrVG 106** 68; Gefährdung von Betriebs- und Geschäftsgeheimnissen **BetrVG 106** 48 ff.; Generalklausel **BetrVG 106** 82 f.; Gewerkschaftsbeauftragter als Teilnehmer **BetrVG 108** 23 ff.; Kosten **BetrVG 107** 39; persönliche Voraussetzungen **BetrVG 107** 4 ff.; Produktions- und Absatzlage **BetrVG 106** 60 ff.; Produktions- und Investitionsprogramme **BetrVG 106** 63 ff.; Rationalisierungsvorhaben **BetrVG 106** 66 f.; Rechtsstellung der Mitglieder **BetrVG 107** 30 ff.; sachkundige Arbeitnehmer als Teilnehmer **BetrVG 108** 16 f.; Sachverständiger als Teilnehmer **BetrVG 108** 18 ff.; Schulungen **BetrVG 107** 33 f.; Schwellenwert **BetrVG 106** 19 ff.; Schwerbehindertenvertretung als Teilnehmer **BetrVG 108** 28 f.; Sitzungen **BetrVG 108** 1 ff.; Sitzungsteilnehmer **BetrVG 108** 10 ff.; Sonderfälle **BetrVG 106** 24 ff.; bei Spaltung/Teilübertragung **UmwG 325** 11 ff.; Streitigkeiten **BetrVG 106** 84 ff., **108** 44 ff.; Streitigkeiten hinsichtlich Errichtung, Zusammensetzung, Amtszeit **BetrVG 107** 52 ff.; Umstrukturierungen, Auswirkungen auf ~ **BetrVG 107** 23 ff.; Unterlagen **BetrVG 106** 41 ff., **BetrVG 108** 32; Unternehmen **BetrVG 106** 16 ff.; Unternehmenszugehörigkeit **BetrVG 107** 6; Unternehmer oder dessen Vertreter als Teilnehmer **BetrVG 108** 11 ff.; Unterrichtungspflicht des Unternehmers **BetrVG 106** 31 ff.; Verhältnis zu anderen Unterrichtungsrechten **BetrVG 106** 11 ff.; Verlegung von Betrieben oder Betriebsteilen **BetrVG 106** 76; Vertreter der Arbeitgebervereinigung als Teilnehmer **BetrVG 108** 26 f.; wirtschaftliche Angelegenheiten **BetrVG 106** 55 ff.; wirtschaftliche oder berufliche Absicherung **BetrVG 107** 35; wirtschaftliche und finanzielle Lage des Unternehmens **BetrVG 106** 57 ff.; Zahl der Mitglieder **BetrVG 107** 3; Zeitpunkt der Unterrichtung **BetrVG 106** 12; Zusammenschluss oder Spaltung von Unternehmen oder Änderung der Zusammensetzung **BetrVG**…; **BetrVG 106** 77 ff.; Zusam…

Wirtschaftsrisiko BGB 6…

Witwen/Witwer siehe „Hin…

Wucher BGB 611 78; still… gütung **BGB 612** 10

…enversorgung"
…d vereinbarte Ver-

Zeugen, Entschädigung **ArbGG**… 31 ff.

…ung **ArbGG 56**

Zeugnis BGB 630 1 ff., **GewO 109** 1…keit **GewO 109** 12; Abwicklung des… Abdingbarses **GewO 9** Anhang 45; Arten Gew…verhältnisdungs~ **GewO 109** 26; Auskünfte Gew…6; Ausbilschlussfristen **GewO 109** 13; Berichtig… 30; Aus-27; Berichtigungsklage **GewO 109** 40; …wO 109 dungsverhältnis **BBiG 8** 1 ff.; Beweislast G…ausbileinfaches **GewO 109** 17; Einheitlichkeitsgru…09 28; …wO 109 7; Einreden **GewO 109** 15; Ents… Gegeschichte **GewO 109** 1; Erfüllungsort **GewO**…ngs-Erteilungsklage **GewO 109** 39; Fälligkeit de…1; spruchs **GewO 109** 10; formelle Anforderungen G… 109 9; Geltungsbereich **GewO 109** 3; Musteraufbau …wO 109 24; Person des Ausstellers **GewO 109** 8; Sch… densersatzanspruch des Arbeitnehmers **GewO 109** 35 ff.; Schadensersatzanspruch des neuen Arbeitgebers **GewO 109** 35 f.; Schlussformel **GewO 109** 19; Selbständige, einem Arbeitnehmer sozial vergleichbare **BGB 630** 2; Streitigkeiten **GewO 109** 37 ff.; Streitwert **ArbGG 12** 26, **GewO 109** 41; Verhalten **GewO 109** 19; Verhaltens- und Leistungsbewertung **GewO 109** 20; Verwirkung **GewO 109** 14; Vollständigkeitsgrundsatz **GewO 109** 6; Wahrheitsgrundsatz **GewO 109** 4; Widerruf **GewO 109** 29; Wohlwollensgrundsatz **GewO 109** 5; Zeugnissprache **GewO 109** 21 f.; Zwangsvollstreckung **ArbGG 62** 45, **GewO 109** 42; Zwischen~ **GewO 109** 25

Zölibatsklausel, personenbedingter Kündigungsgrund **KSchG 1** 127

Zugang der Kündigung KSchG 1 34, **KSchG 4** 26; Abwesenheit des Adressaten **KSchG 4** 29; Annahmeverweigerung **KSchG 4** 30; Kenntniserlangung **KSchG 4** 27; Zugangsvereitelung **KSchG 4** 30

Zulagen BGB 611 115 f.; Entgeltfortzahlung **EFZG 4** 42 f.; Lohngleichheit Frau/Mann **BGB 612** 69; Streik **GG 9** 201; Urlaubsentgelt **BUrlG 11** 22 f.

Zulässigkeit des Rechtsweges siehe „Rechtswegzuständigkeit"

Zulassung neuer Angriffs- und Verteidigungsmittel ArbGG 67 1 ff.; Prozessförderungspflicht in der Berufungsinstanz **ArbGG 67** 15 ff.; Zurückweisung verspäteten Vorbringens siehe dort

Zulassung verspäteter Klagen KSchG 5 1 ff.; Antrag **KSchG 5** 6 ff.; Einzelfälle **KSchG 5** 24 ff.; Entscheidung **KSchG 5** 15 ff.; Falschauskunft **KSchG 5** 25; Fristen **KSchG 5** 10 ff.; Krankheit **KSchG 5** 27; Mittel zur Glaubhaftmachung **KSchG 5** 9; Postlaufzeiten **KSchG 5** 28; schuldlose Verhinderung **KSchG 5** 4 f.; Schwangerschaft **KSchG 5** 5; Tatsachen **KSchG 5** 8; unverschuldete Unkenntnis **KSchG 5** 29; Urlaub **KSchG 5** 30; Verfahren **KSchG 5** 14; Verschulden des gesetzlichen Vertreters **KSchG 5** 31; Wiedereinsetzung **KSchG 5** 2

Zurückbehaltungsrecht des Arbeitnehmers BGB 614 13 ff.; Arbeitsschutz **BGB 618** 40; außerordentliche Kündigung **BGB 626** 176 ff.; Fortbestand des Vergütungsanspruchs **BGB 618** 40; gemeinsam ausgeübtes ~ bei Pflichtverletzungen des Arbeitgebers **GG 9** 254 f.; Schutzpflichtverletzung nach § 618 BGB **BGB 618** 35 f.; Verletzung der Nachweispflicht **NachwG Vorb.** 37

Zurückverweisung, an Berufungsgericht **ArbGG 75** 13 ff.; Entscheidung nur über Zulässigkeit der Klage **ArbGG 68** 9; Sprungrevision **ArbGG 76** 22; unzulässiges Teilur-

Stichwortverzeichnis

ensmangel **ArbGG 68** 1 ff.; teil **ArbGG 68** uchs als unzulässig **ArbGG 68** 8; Verwerfung eines Urteils **ArbGG 68** 10; Zweites Vorbringen **ArbGG 56** 38 ff.; Zurückweisung **ArbGG 56** 75; nach §§ 296 Abs. 2, 282 nach § 296 Abs. 2 **ArbGG 56** 76 ff.; nach §§ 296 Abs. 2, 282 Abs. 1 **ArbGG 56** 80 ff.; angemessene Frist **ArbGG** Abs. 2 ZPO vorbereitender Schriftsätze **ArbGG 56** 43 f.; Ausgang **ArbGG 56** 47 ff.; Beschlussverfahren **ArbGG 56** 81; Beschwerdeverfahren **ArbGG 87** 14 ff.; **ArbGG** **ArbGG 56** 74; Entscheidung **ArbGG 56** 70; Eilverfahren Berufungsinstanz **ArbGG 56** 88; Flucht in Fluchs **ArbGG 56** 84 ff.; Folgen **ArbGG 56** 71 f.; die Zustellung der Auflagen- und Fristsetzungs-Fong **ArbGG 56** 45 f.; nicht genügende Entschuldigung Verspätung **ArbGG 67** 8, 10; gerichtliche Auflagenauflage **ArbGG 56** 42; grobe Nachlässigkeit bei Verstoß gegen allgemeine Prozessförderungspflicht **ArbGG 67** 12 ff.; Kausalität **ArbGG 56** 56 f.; keine Mitursächlichkeit des Gerichts für Verzögerung **ArbGG 56** 64 f.; rechtliches Gehör **ArbGG 56** 66; Überprüfung durch LAG **ArbGG 67** 5; unstreitiger Sachverhalt **ArbGG 67** 4; unzureichende Entschuldigung oder Glaubhaftmachung **ArbGG 56** 67 ff.; Verhinderung **ArbGG 56** 84 ff.; wegen Verletzung der konkreten Prozessförderungspflicht **ArbGG 67** 6 ff.; Verspätete Mitteilung von Angriffs- und Verteidigungsmitteln **ArbGG 56** 82; verspäteter Vortrag **ArbGG 56** 51 ff.; bei Verstößen gegen die allgemeine Prozessförderungspflicht **ArbGG 67** 11 ff.; Verzögerung des Rechtsstreits **ArbGG 56** 54 ff., **ArbGG 67** 8 f.; Verzögerungsbegriff **ArbGG 56** 58 ff.; verzögerungsrelevanter Vortrag **ArbGG 56** 54 f.; Voraussetzungen **ArbGG 56** 41; in zweiter Instanz **ArbGG 67** 2 ff.

Zusammenballung EStG 34 15, 34 ff.; Fürsorgeleistungen **EStG 34** 42; potentieller Progressionsnachteil **EStG 34** 43 ff.; unschädliche Ausnahmefälle **EStG 34** 41 f.; veranlagungszeitbezogene Vergleichsbetrachtung **EStG 34** 44; Vergleichsrechnung **EStG 34** 43 ff.; Zufluss in einem Jahr **EStG 34** 38 ff.

Zusammenhangsklagen ArbGG 2 128 ff.; Anhängigkeit der Hauptklage **ArbGG 2** 131 f.; Hauptklage **ArbGG 2** 130; durch Klagenhäufung oder Klageerweiterung **ArbGG 2** 135; Parteien **ArbGG 2** 136; Zusammenhang **ArbGG 2** 133

Zusammenhangstätigkeiten BGB 611 297

Zusatzurlaub von Schwerbehinderten BUrlG 15 3 ff.; Schuldnerverzug **BUrlG 7** 136; Urlaubsabgeltung **BUrlG 7** 110

Zusatzversorgung, öffentlicher Dienst **BetrAVG 18** 1 ff.; Übergangsregelung für öffentlichen Dienst **BetrAVG 30d** 1 ff.

Zuschläge, Entgeltfortzahlung **EFZG 4** 42 f.; Nachtarbeit **ArbZG 6** 20; Urlaubsentgelt **BUrlG 11** 22 f.

Zuständigkeit, im Beschlussverfahren *siehe* „Rechtswegzuständigkeit (Beschlussverfahren)"; internationale **ArbGG 1** 9, **ArbGG 48** 4 f.; Örtliche Zuständigkeit *siehe dort*; Rechtswegzuständigkeit *siehe dort*; Seemannsämter **ArbGG 111** 1 f.; im Urteilsverfahren *siehe* „Rechtswegzuständigkeit (Urteilsverfahren)"

Zustellung ArbGG 50 1 ff.; Arbeitnehmer-Entsendegesetz **AEntG 4** 1; arbeitsgerichtliche Entscheidungen **ArbGG 50** 2 f.; Frist für Urteile **ArbGG 50** 7 f.; öffentliche **ArbGG 47** 7; Schiedsspruch **ArbGG 108** 8 ff.; sonstige Entscheidungen **ArbGG 50** 4; sonstige Schriftstücke **ArbGG 50** 5 f.; Verbandsvertreter **ArbGG 50** 9 ff.

Zustimmungsersetzungsverfahren, Ausschlussfrist bei außerordentlicher Kündigung **BGB 626** 435 ff.; rechtskräftige Ersetzung der Zustimmung bei außerordentlicher Kündigung **BGB 626** 481 f.; Zustimmungsverweigerung bei personeller Einzelmaßnahme **BetrVG 99** 92 f.

Zustimmungsersetzungsverfahren (Funktionsträger) KSchG 15 85 ff.; Antrag **BetrVG 103** 17 f.; außerordentliche Kündigung **BetrVG 103** 17 ff., **KSchG 15** 31 ff.; Darlegung der Gründe **KSchG 15** 85 f.; Ersetzung durch das ArbG **BetrVG 103** 20; Nachschieben von Kündigungsgründen **BetrVG 103** 19; Präklusionswirkung **BetrVG 103** 23; Rechtsmittel **BetrVG 103** 21; Rechtsstellung des Funktionsträgers **BetrVG 103** 23 f.; Suspendierung **BetrVG 103** 24; Versetzung **BetrVG 103** 31

Zwangsgeld bei personellen Einzelmaßnahmen, Antrag auf Verfahren **BetrVG 101** 4; Antrag auf Zwangsgeld **BetrVG 101** 6; Anwendungsbereich **BetrVG 101** 2 f.; Entscheidung des Gerichts **BetrVG 101** 5; Verfahren **BetrVG 101** 4 f.; Vollstreckungsverfahren **BetrVG 101** 6; zweistufiges Verfahren **BetrVG 101** 1 ff.

Zwangsverfahren gegen den Arbeitgeber BetrVG 23 27 ff.; Erkenntnisverfahren **BetrVG 23** 34 ff.; gesetzliche Pflichten **BetrVG 23** 30; grobe Verstöße gegen betriebsverfassungsrechtliche Ordnung **BetrVG 23** 1; grober Verstoß **BetrVG 23** 31 f.; Rechtsmittel **BetrVG 23** 42; Stellung im Anspruchs- und Sanktionssystem **BetrVG 23** 28 f.; Verpflichtung zur Unterlassung oder Duldung einer Handlung **BetrVG 23** 38 f.; Verpflichtung zur Vornahme einer Handlung **BetrVG 23** 40 f.; Vollstreckung der Ordnungs-/Zwangsgeldverhängung **BetrVG 23** 42; Vollstreckungsverfahren **BetrVG 23** 37 ff.; Voraussetzungen **BetrVG 23** 30 ff.

Zwangsversteigerung, Betriebsübergang **BGB 613a** 208

Zwangsverwaltung, Betriebsübergang **BGB 613a** 208 f.

Zwangsvollstreckung ArbGG 62 1 ff.; arbeitsrechtlicher Titel **ArbGG 62** 33 ff.; aus Beschlüssen im Beschlussverfahren **ArbGG 85** 1 ff.; Einstellung *siehe* Zwangsvollstreckung, Einstellung; Entschädigung gemäß § 61 Abs. 2 **ArbGG** **ArbGG 61** 31 ff.; örtliche Zuständigkeit **ArbGG 48** 13; Rechtswegzuständigkeit **ArbGG 2** 12 f., **ArbGG 48** 13; Schlichtungsspruch **ArbGG 111** 26 ff.; Urlaubsanspruch **BUrlG 7** 56, 59; Zeugnis **GewO 109** 42

Zwangsvollstreckung, Einstellung ArbGG 62 21 ff.; Alleinentscheidung des Vorsitzenden **ArbGG 55** 14; Entscheidung **ArbGG 62** 25 ff.; Rechtsbehelf **ArbGG 62** 28 f.; Revisionsinstanz **ArbGG 74** 33; Verfahren **ArbGG 62** 24

Zweckbefristung TzBfG 3 4 f.; Dienstvertrag, Beendigung **BGB 620** 5, 8; Ende **TzBfG 15** 4 ff.

Zwischenfeststellungsklage ArbGG 46 20 f.

Zwischenurteil ArbGG 61 35; Berufungsfähigkeit **ArbGG 64** 2; Revisionsfähigkeit **ArbGG 72** 4

Zwischenverdienst KSchG 11 1 ff.; Annahmeverzug **KSchG 11** 5; Anrechnung des möglichen anderweitigen Verdienstes **KSchG 11** 10 ff.; Anrechnung öffentlich-rechtlicher Leistungen **KSchG 11** 13 f.; Anrechnung des tatsächlichen anderweitigen Verdienstes **KSchG 11** 7 ff.; keine Anspruchsgrundlage **KSchG 11** 2; Höhe des Verzugslohns **KSchG 11** 6 ff.

Henssler/Willemsen/Kalb, Arbeitsrecht Kommentar

● Hinweise und Anregungen: _____
_____
_____
_____

● Auf Seite _____ Gesetz _____ § _____ Rz. _____ Zeile _____ von oben/unten
muss es statt _____
_____
_____

richtig heißen: _____
_____
_____

Henssler/Willemsen/Kalb, Arbeitsrecht Kommentar

● Hinweise und Anregungen: _____
_____
_____
_____

● Auf Seite _____ Gesetz _____ § _____ Rz. _____ Zeile _____ von oben/unten
muss es statt _____
_____
_____

richtig heißen: _____
_____
_____

Absender:

_____

_____

_____

Antwortkarte

Verlag Dr. Otto Schmidt KG
– Lektorat –
Unter den Ulmen 96-98

50968 Köln

So können Sie uns auch erreichen:
lektorat@otto-schmidt.de

<u>Wichtig:</u> Bitte immer den Titel des Werks angeben!

Absender:

_____

_____

_____

Antwortkarte

Verlag Dr. Otto Schmidt KG
– Lektorat –
Unter den Ulmen 96-98

50968 Köln

So können Sie uns auch erreichen:
lektorat@otto-schmidt.de

<u>Wichtig:</u> Bitte immer den Titel des Werks angeben!